中华人民共和国标准地名词典

第三卷

中华人民共和国民政部　编

商务印书馆
创于1897 The Commercial Press

图书在版编目(CIP)数据

中华人民共和国标准地名词典.第三卷/中华人民共和国民政部编.--北京:商务印书馆,2025.

ISBN 978-7-100-24748-1

Ⅰ.K92-61

中国国家版本馆CIP数据核字第2024LX9519号

中华人民共和国标准地名词典

第三卷

中华人民共和国民政部 编

商务印书馆出版

(北京王府井大街36号 邮政编码100710)

商务印书馆发行

南京爱德印刷有限公司印刷

ISBN 978-7-100-24748-1

2025年6月第1版 开本 880×1230 1/16

2025年6月第1次印刷 印张 76½

定价:1280.00元

《中华人民共和国标准地名词典》

编纂委员会

编　辑　部

《中华人民共和国标准地名词典》

鸣谢人员

黄树贤　李纪恒　唐登杰　宫蒲光　柳　拯
阿斯亚·斯马义　蔡鸿源　曹跃进　陈爱兵　陈德彧　陈　芳　陈洪刚　陈济云
陈建民　陈克相　陈　力　陈　玲　陈　桥　陈　武　邓湘贵　丁照霞　段宗亚
范炳涛　冯建国　高东海　高　峰　高洪山　葛传庆　关惜分　郭华峰　郭惠敏
郭　静　郭勇干　胡建林　胡耀辉　胡振全　黄　伟　黄智晖　计时华　康苏芳
李保华　李　波　李德润　李立新　李　伟　李咸群　李　绚　李　云　梁劲羽
林　雅　零振洪　刘春萍　刘家鹏　刘莉莉　刘清民　刘伟权　罗卫红　马　斌
麦暮秋　孟向珑　穆大鹏　倪　力　庞连兴　青格勒图　邱智宽　饶美奕
饶添发　沈林平　石瑞林　石　崧　时焕瑞　史　悦　司新鲜　孙　燕　谭烈飞
万顺福　汪　韧　汪勇飞　王　斌　王发玉　王建富　王立松　王萌萌　王艳丽
吴　蓓　吴金勇　吴小平　吴新传　谢俊奇　谢延智　徐海康　许静静　许文益
颜领章　杨成文　杨锦胜　杨景云　杨军梅　杨月艳　杨再念　姚　逊　易　兵
于建波　曾　明　曾　群　张　峰　张光廷　张宏年　张　杰　张隽华　张克强
张　明　张汝文　张　瑞　张铁军　张　伟　张志毅　赵建敏　赵　丽　赵　鹏
赵庭朴　赵　勇　周　龙　庄茂军　左保革

目　　录

前　　言

地名是国家治理的基础，是人们生产生活的载体，是中华民族历史文化的凝结。五千年沧海桑田、筚路蓝缕、自强不息，铸就了我国地名的“根”与“魂”，形成了十分丰富的地名体系。据统计，现存的仅千年以上的古县就有800多个、千年古镇1000多个、千年古村落7000多个，众多历史地名成为中华文明的有力见证，构成了中国乃至世界文化遗产的重要组成部分。同时，地名也在不断发展变化。及时编纂出版一部标准地名词典，更好地为公众提供权威、科学的地名检索查询渠道和服务，是推进国家治理体系和治理能力现代化的基础性工程，是顺应新时代人民对美好生活向往的必然要求，是传承和保护优秀传统地名文化的题中应有之义。

我国先后于20世纪80、90年代编撰过地名词典。1979—1986年，我国组织开展了第一次全国地名普查。1982年，经国务院批准，中国地名委员会、教育部、原国家出版局共同组织编纂了《中华人民共和国地名词典》，每个省（自治区、直辖市）一卷。1993年民政部和原新闻出版署决定，在《中华人民共和国地名词典》各分卷基础上，编纂出版《中华人民共和国地名大词典》（五卷本），由商务印书馆于1998年起陆续出版。这两部地名词典有效满足了当时的需要。近年来，伴随着经济社会快速发展，特别是城镇化进程不断加快，大量新地名不断涌现，记录、定位地名的手段也在不断提升，原来的两部词典刊载的地名信息不全、不准、不新问题日益突出，亟待更新完善。

为全面、准确地摸清我国地名现状，2014年1月至2019年5月，国务院启动了第二次全国地名普查。5年多来，各级地名普查机构和普查人员深入学习贯彻习近平新时代中国特色社会主义思想和习近平总书记关于加强和规范地名管理、保护传承弘扬中华优秀地名文化的重要指示精神，精心组织、团结协作、艰苦奋斗，圆满完成了各项普查任务，全面查清了我国地名现势详情，对不规范地名进行了标准化处理，建立了准确翔实的全国地名数据库，具备了再次编纂标准地名词典的条件。2016年6月，民政部决定正式启动《中华人民共和国标准地名词典》（以下统称《词典》）的编纂工作。历时3年多，在全国千余名地名工作者和其他专家学者的共同努力下，《词典》终于问世了。

《词典》汇辑了政区、山水、名胜、交通等各类自然地理实体和人文地理实体地名，共有词条约20万条，每个词条均包含了地名书写、读音、位置、来历、含义、历史沿革、文化内涵、地理实体概况等要素，总字数3000万字左右，分为6卷出版，是当前最新、最全的一部大型地名工具书。《词典》突出地名基本要素、文化属性、指代地理实体等基本特征，力求达到“四性一化”的客观效果。“四性”即时代性、权威性、科学性、群众性。时代性，指的是在采词上以第二次全国地名普查资料为基础，紧密结合党的十八大以来的时代特点，采用了最全、最新的资料和信息。权威性，指的是运用普查采集的第一手资料，吸纳了众多地名专家最新的研究成果，由国家级出版机构精心编纂与出版。科学性，指的是在采词、释义、编排、检索等主要环节上，既继承已有的成功经验，又恰当运用新的科研成果，保证词目释文中的资料、数据翔实有据，表述准确、规范。群众性，指的是《词典》的编纂具有广泛的群众基础，并努力满足群众和社会使用需要，有较高的实用和收藏价值。“一化”即标准化，这是对《词典》的基本要求。

《词典》的编纂出版，得到了各方面的大力支持。各省（自治区、直辖市）和新疆生产建设兵团民政及地名管理部门，不辞辛苦，克服困难，认真组织开展资料搜集、整理与修改工作，为《词典》的编纂打下了良好基础。商务印书馆从《词典》策划、组织计划实施、指导编纂方法，直到编辑加工、审稿定稿、排校印制，付出了极大的心血。在此，我们对为本《词典》编纂、出版提供帮助和支持的单位和有关人员，表示诚挚的感谢！

由于《词典》编纂工作时间紧、任务重、要求高，加之人手有限，难免存在错讹不周之处，我们诚恳地希望广大读者批评指正。

《中华人民共和国标准地名词典》编纂委员会

2019年12月

编纂例言

一、本词典共采收中华人民共和国国土范围内的地名约20万条，3000余万字（未包括香港特别行政区、澳门特别行政区、台湾省）。

二、本词典资料截止日期为2014年12月31日。与全国第二次地名普查时间要求一致。

三、本词典所收地名按8个部分依次排列，即：①政区、居民点、城镇交通，②自然地理实体，③交通运输设施，④科教文卫体等事业单位，⑤名胜古迹和纪念地，⑥农业和水利设施，⑦工矿企业，⑧服务业。

四、本词典采词的基本要求

1. 第一部分行政区域及其他区域类地名：

(1)街道、镇、乡及以上行政区域名全收。镇、乡及以上行政区域人民政府驻地名全收。均作为独立词条列入。

(2)其他区域类地名包括区片、大型居民区、经国家和省级有关部门批准并由地级市以上政府管理的开发区、县及以上城市的重要独立广场，以及目前尚在使用的跨省和跨市、县重要地域名和1949年以来曾用而现已废置的县及以上重要旧政区名。

2. 第一部分居民点类地名：

(1)经国家有关部门批准的“中国历史文化名镇名村”和“中国传统村落”全收。选收具有明显特点的非镇、乡人民政府驻地的居民点（自然村）。

(2)收入2014年被评为全国（省）文明社区（文明单位）的社区。各级党政机构一律不收。

(3)收入近30年来新建的有一定规模、居住人口较多且连片建设的新型住宅区。

3. 第一部分城镇交通类地名：

(1)收入县及以上城市、少数大型城镇的主干道和具有突出特点的特色街巷。

(2)城市轨道交通线路（包括地铁、轻轨、有轨电车等）全收。

(3)收入规模大、历史久、有城市干道交通功能的县及以上城市桥梁（不含名胜古迹类桥梁）和大型立交桥。

(4)收入特大型和大型、具有地名意义的城市综合交通枢纽。

(5)收入县及以上城市市区重要的铁路车站和公路长途汽车站。本部分中只列词条名，释文见交通运输设施类同名词条。

(6)电车、汽车、地铁等各类公共交通车站，各类停车场，一律不收。

4. 第二部分自然地理实体类地名：

收入山地、高原、丘陵、平原、三角洲、盆地、峡谷、洞、泉、瀑布、沙漠、沼泽、戈壁、河流、湖泊、林区、草原、冰川、海、海湾、海峡、岛屿、半岛、岬角等类地名中的重要者。

5. 第三部分交通运输设施类地名：

包括铁路运输、公路运输和交通运输附属设施三类。收入国有铁路、高铁、国道、高速公路、省道及桥梁、车站、港口、机场等地名。

6. 第四部分科教文卫体等事业单位类地名：

包括科研单位，教育单位（高等院校、中等专业学校、中小学），文化设施，医疗设施，体育设施和城市大型建筑六类。收入国家、省级科研单位、高等院校，有特色的中小学及大型图书馆、博物馆、文化馆、剧场，重要的医院、体育场馆等地名。采收知名度高、有地名意义和重要社会文化意义的城市大型建筑名与优秀建筑。

7. 第五部分名胜古迹和纪念地类地名：

包括纪念地、重点文物保护单位、风景名胜区、重要景点和一般名胜古迹、自然保护区五类。收入国家（省级）纪念地、文物保护单位、风景名胜区，一般名胜古迹和纪念地酌情采收。自然保护区仅收入国家、省级实体。不采收墓、碑、塔、亭、楼、殿、阁、门、阙等孤立建筑。解放区和革命根据地名不采收。

8. 第六部分农业和水利设施类地名：

包括大型农场、牧场、林场、渔场，水利枢纽、水库、灌区，渠道、堤防（海塘）类重要水利工程。闸、坝、排灌站等独立设施不采收。

9. 第七部分工矿企业类地名：

包括采矿业、电站（厂）和加工工业三类。采收各工业部门中具有地名意义的特大型和大型企业实体。

10. 第八部分服务业类地名：

采收具有地名意义的大型商场、市场，三星级以上宾馆、饭店，仓储、物流、邮政（含快递），大型金融，以及具有地名意义的大型、知名的信息传输、软件和信息技术服务企业。

五、本词典的词条编排

第一部分条目，按行政区划隶属关系依次排列。第二至八部分条目按分类和分省相结合的原则排列。大类下分中类、小类。在同一中类或小类词目中，先排全国性、跨省的大条目，再按省（自治区、直辖市）的顺序排出省内条目。

六、本词典的汉语地名拼写方法

以中国地名委员会（84）中地字第17号文件《中国地名汉语拼音字母拼写规则（汉语地名部分）》的规定为准，同时要体现地名汉语拼音的时代性与实用性。蒙古、维吾尔、藏3种民族语地名，在正文中均按国家测绘总局和中国文字改革委员会制定的《少数民族语地名汉语拼音字母音译转写法》拼写。

七、本词典的每卷正文之前，均有本卷词条的词目表。为方便读者检索，本词典每卷都设有本卷地名的汉语拼音音序索引，置于本卷正文之后。

八、本词典分6卷出版。第一至四卷为第一部分政区、居民点、城镇交通类词条。第五、六卷为第二至八部分词条。

第一卷为国条、首都条及华北（北京、天津、河北、山西、内蒙古）、东北（辽宁、吉林、黑龙江）地区8省、自治区、直辖市词条。

第二卷为华东（上海、江苏、浙江、安徽、福建、江西、山东）地区7省、直辖市词条。

第三卷为中南（河南、湖北、湖南、广东、广西、海南）地区6省、自治区词条。

第四卷为西南（重庆、四川、贵州、云南、西藏）、西北（陕西、甘肃、青海、宁夏、新疆）地区10省、自治区、直辖市词条。

九、因香港特别行政区、澳门特别行政区、台湾省和福建省金门县未参与第二次全国地名普查，无法取得各类标准地名资料。因而，在本词典中只收录“香港特别行政区”“澳门特别行政区”“台湾省”“金门县”4个词目，而不列行政区划细目及词条释文。

第三卷词目表

河南省

濮阳县

许昌市

魏都区

禹州市

长葛市

许昌县

鄢陵县

株洲市

天元区

荷塘区

芦淞区

石峰区

醴陵市

株洲县

攸县

邵阳市

临湘市

岳阳县

华容县

湘阴县

石门县

张家界市

永定区

武陵源区

慈利县

桑植县

郴州市

北湖区

苏仙区

资兴市

桂阳县

麻阳苗族自治县

新晃侗族自治县

芷江侗族自治县

靖州苗族侗族自治县

越秀区

荔湾区

海珠区

天河区

白云区

黄埔区

番禺区

花都区

广西壮族自治区

海南省

海口市

秀英区

龙华区

琼山区

美兰区

三亚市

吉阳区

海棠区

天涯区

崖州区

三沙市

省直辖县级行政单位

五指山市

琼海市

河南省

河南省［Hénán Shěng］ 简称豫。别名中州、中原。北纬 31°23′—36°22′，东经 110°21′—116°39′。在中国中部偏东，黄河中、下游地区。东南接安徽省，南邻湖北省，西连陕西省，北接山西省、河北省，东北接山东省。面积 16.6 万平方千米。人口 10662 万。以汉族为主，还有回、蒙古、满等民族。辖郑州、开封、洛阳、平顶山、安阳、鹤壁、新乡、焦作、濮阳、许昌、漯河、三门峡、南阳、商丘、信阳、周口、驻马店 17 地级市，济源市 1 省辖县级市。共 50 市辖区、20 县级市、87 县。省会郑州。

夏、商时为畿内地。西周为东都之地，有卫、管、蔡等 30 多诸侯国。东周为京畿地。战国属魏、韩、卫等国。秦置三川、颍川、东、砀、南阳 5 郡。西汉置河南、弘农、河内、东、陈留、颍川、汝南、南阳等郡和淮阳国。西汉末属豫州，居九州之中，习称“中州”或“中原”。东汉改河南郡为河南尹(为都城所在地)、淮阳国为陈国。三国魏与西晋建都今境。魏置豫州。晋为司州、兖州、豫州和荆州地。北魏建都洛阳，置司州、怀州、豫州、广州、东豫州。北周、隋初以洛阳为东京。隋炀帝改州为郡，置 17 郡。唐以洛阳为东都，置河南道，后增置都畿道。五代除后唐都洛阳外，余均都汴梁。宋尝置东京(都汴梁)、西京(都洛阳)，并置京畿、京东、京西 3 路。金置南京路，宣宗移都于汴京(今开封)。元置河南江北等处行中书省，治汴梁。以境内大部处于黄河之南，故称河南，省名由此始。明洪武元年(1368)置中书分省，治开封府。二年(1369)改河南等处行中书省。九年(1376)改行中书省为承宣布政使司。省境大致确定。清为河南省，省会开封府，辖 9 府、5 直隶州和淅川直隶厅，96 县。1913 年分豫东、豫西、豫南、豫北 4 道，辖 108 县。1927 年废道。1932 年设置 11 行政督察区。1949 年辖开封、郑州 2 市，郑州、洛阳、陕州、陈留、商丘、许昌、淮阳、南阳、信阳、潢川 10 专区，省会开封市。黄河以北县市析置平原省，省会新乡市。1952 年撤平原省，所辖 2 市 3 专区及东明县划归河南省。1954 年省会迁郑州。1964 年东明县复归山东省，同时将山东省范县、寿张县金堤河以南地区划归河南省，成今境。

河南地处中原，历史悠久，开发较早，为中华民族重要发祥地之一。中华文明起源，文字发明，城市形成和区划建置设立，均与河南关系密切。50 万年前旧石器时代，此地已出现农牧结合的原始农业，如安阳小南海的小南海文化。五六千年前新石器时代，创造了裴李岗、仰韶及龙山文化。远古传说中的伏羲、尧、舜、禹多与河南有关。传舜封长子商于古虞国。禹初封地在今禹州境。见于甲骨文记载在河南境内有衣、雇、宁、间、凡、苗、洹等地名。禹都阳城(今登封)、盘庚迁殷(今安阳)、周公营造雒邑(今洛阳)均在此。河南省名因所处地理位置而来。县、市命名起源古国名较多，沿用时间长。境内著名古封国有宋(今商丘)、卫(今淇县)、陈(今淮阳)、蔡(今上蔡)、郑(今新郑)、韩(今禹州)、许(今许昌东)、管(今郑州)、应(今平顶山市郊区)、黄(今潢川)、蒋(今淮滨)、杞(今杞县)等。今仍在使用与古封国相关的地名有项城、沈丘、封丘、许昌、虞城、温县、息县、邓州、上蔡、新蔡、杞县等。河南地理环境复杂，以地理实体命名的地名占绝对优势，且保持长期稳定。豫北多与水有关，豫东则体现平原特点。其中以河川命名的约占县(市)总数 1/4，如漯河、济源、伊川、淅川、潢川、栾川、渑池、唐河、扶沟、淇县、浚县、范县、淮滨、临颍等。以山命名的有平顶山、方城、桐柏、确山、光山、罗山、鲁山等。以“山南水北谓之阳”为原则命名的有安阳、濮阳、南阳、汝阳、泌阳、淮阳、荥阳、宜阳、汤阴、舞阳、沁阳等。以地理形势命名的有新野、夏邑、鄢陵、平舆等。河南地处中原，战争频繁，地名和历史事件、历史人物、避讳有关的占一定数量。其中以历史事件得名的有修武、偃师、获嘉、西平、遂平、封丘等。以历史人物得名的有孟津、登封、襄城、孟州等。因避讳改名的有商水、内乡、商城、南乐、正阳等。以神话传说命名的有鹤壁、长葛、郸城等。表示祈望吉祥意愿的有开封、许昌、洛宁、新安、固始、武陟、永城、博爱、镇平、民权等。部分市县得名于初设时的镇、乡、村名，如新乡、焦作、周口、驻马店、通许、西峡、台前。有些是两县合并而成，如兰考、原阳。省内聚落地名以姓氏加通名“村”或“庄”命名的约占总数 70%，这与明代自山西向河南大量移民有关，以豫东、豫北、豫南最多，如张庄、李庄、许家庄等。部分村名保留“营”“屯”“铺”“驿”等军事组织或古驿站名。有的直接以历史人物命名，如太公泉村、百里奚村等。有些与皇帝陵寝有关，如巩义市南石、北石村，喂庄，清易镇(自然镇)等。以民间传说、神话故事命名的有二仙庄、大宋佛、小宋佛等。以吉祥嘉语命名的有永安、仁旺、兴宁、大兴等。朱仙、虢镇、汜水、广武、高阳、圈镇是古城镇名。省境西部山区地形复杂，多山地丘陵和黄土台地，因以山、崖、沟、峪、坪、岭、岗、盘、岔、塬、凹等作聚落通名者多。北部因黄河泛滥，形成沙岗、洼地，聚落多以丘、岗、堆、洼命名。在与水域相近的地区，多河、滩、湾、坡、潭、泉作通名，如岳滩、百泉。淮南大别山区以畈、冲、堰、围子、塆、塘作通名。有些聚落因用字生僻不易辨认或书写，以谐音而演变，或因雅化而生新地名，如忘骡庄雅化为王罗庄，土壕雅化成英豪等。村名演变亦有规律，一由复杂变简单，如武陟县冯李村，原为冯杨豹峰、李杨豹峰，合称为冯李杨豹峰村，后简化成今名。二由多名变一名，如襄城黄柳，原为小柳庄、黄庄等 5 村落，后由黄、柳 2 姓发起筑寨，统称黄柳。三由一名派生多名，如巩义市青龙山，本名霸山，因其西麓有永安陵，故东、西二山命名为东青龙、西青龙，继而派生出青龙河、青龙桥、青龙沟、青龙寨等地名。

河南地势自西向东呈阶梯状递降，平原、盆地、山地、丘陵、黄土地及风沙地兼备。豫北、豫西、豫南三面环山，中部为丘陵，东部为平原。豫北太行山地一般海拔 1000 米左右，山峰 1500 米以上。豫西伏牛山地由小秦岭、崤山、熊耳山、伏牛山、外方山组成，众多高峰海拔 1500 米以上，以嵩山较著，伏牛山为黄河、淮河、长江水系分水岭。豫南桐柏—大别山地处鄂豫皖 3 省交界。南阳盆地为境内最大山间盆地。豫东平原又称黄淮海平原，为华北平原组成部分，为国内重要农产区。省内最高峰为灵宝市小秦岭西端老鸦岔垴，海拔 2413.8 米，最低点在固始县淮河出省境处，海拔 23 米。属亚热带向暖温带过渡的大陆性季风气候，以伏牛山—淮河沿线为界呈南北差异。年均气温 12.8—15.5℃，1 月气温 −2—2℃，7 月气温 27—28℃，年均降水量 738.1 毫米。无霜期 190—230 天。境内河道分属长江、黄河、淮河、海河四大水系，流域面积 100 平方千米以上的河道 560 条，多自西部山地向东北、东南、南流，形成扇状分布。黄河横贯中北部，流域面积 3.6 万平方千米，主要支流有蟒河、沁河、伊洛河、天然文岩渠等，在郑州邙山渐成地上“悬河”。淮河横贯省境东南部，流域面积 8.8 万平方千米，洪汝河、沙颍河、涡河等众多支流分布广且流长。豫西南唐河、白河、老灌河、丹江为长江水系汉水支流，流域面积 2.7 万平方千米。豫北属海河水系，流域面积 1.5 万平方千米，水质好，埋藏浅，可淤灌农田。三门峡水库和小浪底水利枢纽工程位于黄河干流，南水北调中线工程自丹江口水库陶岔引水，穿越境内四大水系，在安阳北出境。土壤以棕壤、褐土、黄棕壤、盐碱土、潮土、砂姜黑土、水稻土为主。豫北为淤土、两合土，淮南为红色棕壤，黄淮平原多沙壤。森林资源较少，植被单纯。嵩山、云台山、伏牛山为世界地质公园。有王屋山、嵖岈山等国家地质公园 7 个。有内乡宝天曼、信阳鸡公山等国家级自然保护区 12 个，省级自然保护区 22 个。有黄河故道、五龙洞、桐柏淮河源等国家森林公园 31 个，省级森林公园 78 个。有国家重点保护野生动物 94 种，珍稀动物有丹顶鹤、白尾海雕、金钱豹、青山羊、猕猴、白鹳长尾雉、金雕、大鲵等。有黄河鲤鱼、淇河鲫鱼、丹江鲴鱼、丹江鳜鱼等较名贵鱼种。已探明矿产资源煤、石油、天然气、铝土、钼、金、红柱石、天然碱、蓝石棉、蓝晶石、铸型用砂岩、珍珠岩、伊利石黏土、水泥配料用黏土、天然油石、水气等 109 种，其中储量居全国首位的 12 种，居前十位的 74 种。有国家重点实验室 10 个，省重点实验室 91 个。有国家级工程技术研究中心 10 个，省级工程技术研究中心 771 个。有科技企业孵化器 71 个。有国家级创新型(试点)企业 18 个，省级创新型(试点)企业 424 个。有郑州大学、河南大学、河南中医药大学等普通高等院校129所，特殊教育学校142所。有中国最大的地方剧种豫剧。有世界级文化节会新郑黄帝拜祖祭典、郑州国际少林武术节，国家级中国洛阳牡丹花会等。有国家级文化产业示范园区1个，省级文化产业示范园区5个。有三级医院45个。有国家级高水平体育后备人才基地11个，省级单项体育后备人才训练基地52个。自夏商以来有20余朝代在此建都，境内地上、地下文物资源分别居全国第二及第一位，馆藏文物总量居全国第一。有全国重点文物保护单位仰韶村遗址、商代遗址等358个，省级文物保护单位1047个。古建筑自东汉至清历代具备。有世界文化遗产龙门石窟、安阳殷墟、登封"天地之中"历史建筑群、大运河河南段、丝绸之路河南段，世界非物质文化遗产罗山皮影戏，国家级非物质文化遗产豫剧、木兰传说、大相国寺梵乐、小相狮舞、陈氏太极拳、朱仙镇木版年画、浚县泥咕咕、钧瓷烧制技艺、唐三彩烧制技艺、地坑院营造技艺等79项，省级非物质文化遗产372项。有国家级非物质文化遗产生产性保护示范基地5个。有国家5A级旅游景区嵩山少林寺、开封清明上河园、洛阳龙门石窟等12个，国家4A级旅游景区114个，省级风景名胜区12个。其中洛阳龙门石窟为中国三大石窟之一。有国家级经典红色景区10个，全国爱国主义教育基地13个，其中"人工天河"红旗渠被誉为世界第八大奇迹。有全国科普教育基地12个。洛阳、开封、安阳、郑州居中国八大古都之列。有洛阳、开封、安阳、商丘、南阳、郑州、濮阳、浚县8座中国历史文化名城。新郑市、汤阴县、沁阳市、修武县、上蔡县、汝南县、长葛市、淮阳县、项城县被认定为千年古县。三次产业比例12∶51∶37。为全国性粮食、棉花、油料生产基地。耕地面积居全国第三位，小麦播种面积、产量居全国之首，是全国重点产棉区之一，芝麻产量居全国首位。省境东部多农田林网及果园，主产苹果、葡萄、大枣、柿子等水果。林地分布于伏牛山、桐柏—大别山区，林木覆盖率22.7%。畜牧业总产值全国第一，生猪、大牲畜及山绵羊饲养量居全国前列。有国家级农业产业化示范基地2个，农产品地理标志55个。有名优特农产品梅营红薯、信阳毛尖茶、焦作山药、卢氏杂粮、道口烧鸡、禹州粉条、新郑大枣等。有绿色环保农产品延津小麦等。形成以能源、原材料、机械、纺织、食品加工为主的工业体系。有平顶山、焦作、鹤壁、义马四大煤矿区，中原油田、南阳油田2个大型油田。有国家级经济技术开发区郑州、鹤壁、漯河、开封、许昌5个。有国家级高新技术产业开发区郑州、洛阳、安阳、南阳4个。服务业以通信、物流、电子商务、商贸业为主。有中华老字号企业22家。41种产品获得国家地理标志产品保护。已形成由铁路、公路、航空、水运、管道构成的交通运输网络。第二条亚欧大陆桥贯穿全境。铁路营运总里程5017千米，其中高铁915千米。地方铁路运营里程1500千米。郑州、新乡、商丘、洛阳、南阳、信阳为国家铁路交通十字枢纽。公路通车里程25万千米，包括9条高速通车里程5859千米，京港澳、连霍、大广、二广等9条国道，94条省道。有郑州新郑、洛阳、南阳3个机场，其中郑州新郑国际机场是全国八大区域性枢纽机场之一，国家一类航空口岸。内航河道1439千米，沙颍河周口段、淮河淮滨段全年通航。

郑州［Zhèngzhōu］ 简称郑。别名商都、绿城。河南省省会。在郑州市境中北部，北濒黄河，西依嵩山，有"雄峙中枢，控御险要"之称。面积1054平方千米。人口478.4万。有汉、回、满、蒙古、土家、壮、苗等民族。是中国建城历史最长的城市。五次为都，八代为州，先后名亳、嚣(隞)、管、管城等。春秋属郑国区域。商代中期都此筑城，城址在今顺城街、杜岭街以东，金水路以南，城东路以西，城南路以北。周长7千米。汉代南以商城墙为基础，重修北城墙，西起今市体育场以北，至城东路接东城墙，废弃北墙以北约1/3商城旧址。其后历代修筑沿用。隋开皇三年(583)改管州为郑州，始称今名。近代随京汉、陇海两铁路开通建郑州站，周围商贾云集，人口日增，街市渐兴。老城外拓建商业街大同路、德化街，城区渐扩展。至1948年郑州城区面积5平方千米，人口16.4万。1954年省会由开封迁郑，始为国家重点建设城市之一。沿铁路兴建一批大中型企业，形成工业区带状格局。省直办公机构和生活区沿金水路及其以北区域分布。省级文化、商业、体育公共设施相继建成。以二七广场为中心，黄河路、金水路、中原路、陇海路等东西干道与城东路、文化路、南阳路、嵩山路、大学路等南北干道呈网状分布。1981年底郑州建成区面积65平方千米。1991年郑州高新技术产业开发区设立始，城区建设整体向西发展。1993年设郑州经济技术开发区，2002年设郑东新区，城区向东延伸。2007年设郑州航空港区，2010年设郑州新郑综合保税区，城区向东南快速扩展。至2014年底郑州建成区面积412.7平方千米，绿化覆盖率40.2%，人均公共绿地12.3平方米。金水河、熊儿河自西南向东北穿城而过。城市布局分为主城区、航空港经济新城和东、南、西3新城区。金水路—金水东路沿线多分布省级行政机关，为省级科研单位、文化体育设施集中地、先进制造业基地，俗称"行政区"。郑东新区成为新的政治、文化、金融中心。中原路沿线为市直机关所在地，为郑州市重要的工业生产基地，形成以纺织服装、装备制造业为主的工业体系。北部的北大学城与东部龙子湖高校园区为两处大学集中地。是中国八大古都之一和"世界都市联盟"成员。为中国历史文化名城。有世界文化遗产2项。有全国重点文物保护单位83个，包括距今10万年的织机洞遗址，距今1万年的李家沟遗址，距今8000多年的裴李岗遗址，距今6800多年的大河村遗址，距今5300多年的双槐树遗址，距今4100多年的王城岗遗址，距今3600多年的商城遗址。有中国考古发掘的最早瓮城、最早宫殿、最早北斗九星圜丘。这里是夏朝的创世王都、商朝的开国之都。从远古时期到王国时期，不同时期在这里留下了具有重大影响的历史遗迹。有城市标志性建筑二七纪念塔、郑州国际会展中心、千禧广场、新郑机场T2航站楼、河南博物院、河南艺术中心、郑州东站、中原福塔。公共绿化地与街心公园错落分布于高层楼群之间。商业、服务业分区淡化，散布于境内各干道沿线。是跨境贸易电子商务试点城市，有大型商场105个，星级宾馆45个，国际会展中心2个。城区周边有机电产品、建材、煤炭、汽车、摩托车等多个国家级批发交易市场。绕城高速公路、快速路、主次干路等1300余条道路呈开放式网格布局。郑州高新技术产业开发区与郑州经济技术开发区呈西北—东南呼应。是国家电力、邮政、电信枢纽城市，国家级互联网首个直联点，全国十大通信网络交换枢纽。轨道交通与城市下穿隧道构成地下交通网络。是全国铁路、公路、航空枢纽城市。是全国铁路特等客运站和全国最大的铁路客运中转站之一。郑州铁路枢纽是最为繁忙的客货运国家综合交通枢纽之一。有亚洲最大编组站郑州铁路北站。有亚洲大型高铁站点之一，国内唯一米字形枢纽郑州东站。郑州车站地处京广、陇海铁路干线交会处。有9条高速公路，107、310国道及10余条省级干线公路过境，有19个公路客运站。郑州航空港为中原地区对外的重要通道。

郑 州 市

郑州市［Zhèngzhōu Shì］ 河南省辖地级市。北纬34°16′—34°59′，东经112°42′—114°13′。在省境中部偏北。面积7446平方千米。户籍人口794.1万，常住人口937.8万。以汉族为主，还有回、满、蒙古、土家、壮、苗等民族。辖中原、二七、管城回族、金水、上街、惠济6区，中牟1县，代管巩义、荥阳、新密、新郑、登封5县级市。市人民政府驻中原区。隋开皇三年(583)改荥州为郑州，治成皋(今荥阳汜水)，郑州之名始此，因春秋为郑国地而得名。十六年(596)改郑州为管州，治管城(今管城回族区)。大业二年(606)复名郑州。唐武德四年(621)分置郑州、管州。贞观元年(627)废管州人郑州。宋熙宁五年(1072)废郑州。元丰八年(1085)复置。崇宁四年(1105)郑州建为"西辅"，为宋代四辅郡之一。明属开封府。清雍正二年(1724)升为直隶州，属河南省。十二年(1734)复属开封府。光绪二十九年(1903)复为直隶州。1913年改郑县，属豫东道。1914年属开封道。1928年设郑州市。1931年复郑县。1948年置郑州市，属河南省。1954年省会由开封迁郑。地处中原腹地，地势西高东低，呈阶梯状，由山地、丘陵向平原过渡。最高海拔1512.4米，最低海拔73米。年均气温14.7℃，1月平均气温0.5℃，7月平均气温27.1℃。年均降水量632.4毫米。年均无霜期209天。河流分属黄河、淮河两大流域，黄河流域面积占25.2%，主要河流有伊洛河、汜水、枯河等。淮河流域面积占74.8%，主要河流有颍河、双洎河、贾鲁河、索须河、七里河、东风渠等。有野生植物1900种，其中国家重点保护野生植物16种。有郑州黄河湿地自然保护区。有河南嵩山国家森林公园、具茨山国家森林公园。森林覆盖率33.4%。有矿产资源煤、铝矾土、耐火黏土、水泥灰岩、油石、硫铁矿、石英砂等。有国家级科研单位21个。有高校56所，高(完)中106所，初中291所，中等职业学校(含省属中专学校)131所，小学935所，特殊教育学校11所，河南省人民医院、郑州大学第一附属医院等三级医院37个。有河南省体育中心、郑州航海体育场。为国家历史文化名城。有世界文化遗产"天地之中"历史建筑群、大运河通济渠郑州段。有全国重点文物保护单位观星台、嵩岳寺塔、少林寺塔林、少林寺初祖庵、汉三阙(太室阙、少室阙、启母阙)、中岳庙、大河村遗址、郑州商代遗址、巩义石窟、北宋皇陵、黄帝故里(轩辕祠)、康百万庄园、郑州二七纪念塔及纪念堂等74个,省级文物保护单位59个。有世界地质公园、国家级风景名胜区中岳嵩山。有名胜古迹少林寺、中岳庙、黄帝故里、商代遗址等。有省级风景名胜区黄河、环翠峪、浮戏山雪花洞。三次产业比例2∶50∶48。粮食作物以小麦、玉米、水稻为主。有名优特农产品中牟大蒜、西瓜、新郑大枣、新密金银花、荥阳河阴石榴、二七樱桃、黄河鲤鱼等。工业以电子信息、汽车及装备制造、新材料、生物及医药、现代食品制造、铝及铝精深加工、家居和品牌服装制造为主。服务业以现代物流、会展、文化旅游、服务外包为主。有五星级宾馆6个,四星级宾馆6个,三星级宾馆23个。为中部地区最大的物资集散地。有国家级开发区3个,省级产业集聚区(新区)23个。有全国三大商品交易所之一郑州商品交易所。有铁路438千米,高铁210千米,公路12000千米,高速386千米。为国家铁路货运中心、国家公路物流中心、中南邮政物流中心、国际航空货运中心。有亚洲最大的列车编组站、中国最大的零担货物转运站。有一类航空、铁路口岸、公路二类口岸各1个。陇海、京广铁路,京广、郑西高铁,京港澳、连霍高速,107、310国道过境。有郑州新郑国际机场,开通民航航线162条,其中国际航线25条,通往国内外30余城市。

大石桥 [Dàshí Qiáo] 在市区中部。以铭功路、南阳路与金水路交会区域为中心。1939年为方便出行在金水河建两孔石拱桥,称石桥。1980年改建为三孔钢筋水泥桥,称大石桥。金水河流经。有标志性建筑郑州人民公园。经济以商业为主。有百文国际眼镜城、南阳路医疗器械批发市场、奥斯卡影城、市妇幼保健院等。通多路公交车。

新通桥 [Xīntōng Qiáo] 在市区中部。以二七路、文化路与金水路交会区域为中心。20世纪50年代新建跨金水河桥以连通文化路、二七路,故名。绿树成荫。金水河流经。有人民公园、滨河公园、省工业展览馆、广州大酒店、市政协、河南省煤炭厅、郑州大学第二附属医院、友谊宾馆、省体育馆等。通多路公交车。

郑州经济技术开发区 [Zhèngzhōu Jīngjì Jìshù Kāifāqū] 在市境东南部。东至107国道,南至郑民高速,西至机场高速,北至陇海铁路。面积160平方千米。1993年4月成立,2000年2月经国务院正式批准建立国家级经济技术开发区,由郑州市政府管理。以汽车、电子信息、装备制造为主导产业。入驻企业1.1万余家,其中外商投资企业205家,世界及国内500强企业78家。有独立科研与技术开发机构89个,其中国家级重点实验室2个,工程技术研究中心37个,国家级科技企业孵化器2个。与郑州公路物流中心、郑州东站、公路货运中心站毗邻。有高速、国道、环城快速路过境。

郑州航空港经济综合实验区 [Zhèngzhōu Hángkōnggǎng Jīngjì Zōnghé Shíyànqū] 在市境东南部。东至223省道,南至炎黄大道,西至京港澳高速,北至双湖大道。规划面积415平方千米,建成面积21.84平方千米。2007年10月经河南省政府批准建立省级经济开发区。2010年10月经国务院批准建立国家级经济开发区,由郑州市政府管理。战略定位为国际航空物流中心、以航空经济为引领的现代产业基地、内陆地区对外开放重要门户、现代航空都市、中原经济区核心增长极。重点发展培育临空高端服务及知识创新功能,形成以航空物流业、高端制造业、现代服务业为主的现代空港产业体系。设有智能终端、航空制造维修、生物医药、商贸会展、精密机械、电子商务、电子信息、航空物流8大产业园,入驻上海中兴通讯技术有限公司、北京天宇朗通通信有限公司、富士康科技集团、河南啸鹰航空产业有限公司、菜鸟网、苏宁、顺丰电商网等高新技术企业2589个。已建成集航空、城际铁路、轨道交通、高速于一体的综合交通枢纽。

农业路 [Nóngyè Lù] 在市境中部偏北。东起中州大道,西至嵩山北路。与沙口路、南阳路、文化路、花园路、经三路等相交。长7.8千米,宽60米。沥青路面。1970年开工,1972年建成。2011年向东延伸。因在市区北部原农业耕作区得名。两侧有河南农业大学、丹尼斯百货花园路店、国际企业中心、360国贸、省博物院、省农科院、省农业厅、中国国家小麦工程技术研究中心等。通多路公交车。

东风路 [Dōngfēng Lù] 在市境中部偏北。东起中州大道,西至沙口路。与南阳路、文化路、花园路、经三路等相交。长7.5千米,宽50米。沥青路面。1990年开工,1994年建成。2011年向东延伸。因北临东风渠得名。为科技一条街,有省内最大的电子科技批发市场。两侧有区政府、省中医第二附属医院、绿荫公园、河南科技市场、郑州轻工业学院、省工商局等。通多路公交车。

金水路 [Jīnshuǐ Lù] 在市境中部。东起中州大道,西至陇海铁路。与沙口路、南阳路、文化路、花园路、经三路等相交。长7.1千米,宽60米。沥青路面。1953年开工,1954年建成。后经多次改扩建。2005年向东延伸。因沿金水河修建得名。两侧有紫荆山公园、人民公园、河南中州皇冠假日宾馆、索菲特国际饭店等。通多路公交车。

中原路 [Zhōngyuán Lù] 在市境中部偏西。东起京广铁路立交桥,西至荥阳市。与绕城高速、西四环、西三环、桐柏路、嵩山路等相交。长28千米,宽60米。沥青路面。1958年建设,因郑州地处中原且道路主要位于中原区得名。1976年向西延伸至西三环。2000年再次西延。两侧有市委、市政府、郑州大学、中原工学院、河南工业大学、市青少年宫、西流湖公园等。通多路公交车。

航海路 [Hánghǎi Lù] 在市境南部。东起万三公路,西至西四环。与紫荆山路、城东南路、未来路、中州大道、朝凤路等相交。长9.7千米,宽50米。沥青路面。1987年始建。因位于中船重工七一三研究所及航空工业管理学院附近得名。1988年扩建,以京广铁路、郑密路为界,分段命名为航海东路、航海中路、航海西路。两侧有中原福塔、经开区管委会、黄河科技学院、郑州市第二人民医院、郑州市卫校、中州大学等。通多路公交车。

嵩山路 [Sōngshān Lù] 在市境中部。南起绕城高速,北至五龙口南路。与农业路、黄河路、金水西路、建设东路、陇海中路等相交。长16千米,宽30—50米。沥青路面。1955年建设。称嵩山路,遵循中原区南北向道路以山命名的原则得名。1996年扩建,以中原路为界,分段命名为嵩山北路、嵩山南路。两侧有碧沙岗公园、月季公园、绿城广场、市博物馆、省电业局、省图书馆、烈士陵园、郑州电视台等。通多路公交车。

大学路 [Dàxué Lù] 在市境中部。南起绕城高速,北至建设东路。与中原东路、康复后街、康复前街、桃源路、汝河路等相交。长16.6千米,宽60米。沥青路面。1985年建设。后经多次扩建。因路侧有多所大学得名。2002年以陇海中路、航海中路为界,分段命名为大学北路、大学中路、大学南路。1985年南段曾名金海大道。两侧有郑州大学第一附属医院、郑州大学医学院、郑州大学老校区、郑州测绘学校、郑州航空工业管理学院、郑州市地税局、工商管理局等。通多路公交车。

花园路 [Huāyuán Lù] 在市境中部。南起金水路,北至大河路。与开元路、三全路、国基路、北三环路、东风路等相交。长12.7千米,宽50米。沥青路面。1954年开工,1960年建成。2007年改扩建。因直通黄河花园口得名。为郑州著名商业街。两侧有紫荆山百货、正道中环百货、大商新玛特郑州总店、永乐电器、苏宁电器、正道花园商厦、省政协、市动物园、省电视台等。通多路公交车。

紫荆山路 [Zǐjīngshān Lù] 在市境中部。南起航海东路,北至金水路。与商城路、城南路、陇海东路、二里岗南街等相交。长4.7千米,宽50米。沥青路面。1994年建设。因道路沿线紫荆山公园及紫荆山百货大楼得名。2009年向南延伸,航海东路南段又称紫荆山南路。两侧有紫荆山公园、市第一人民医院、市邮政局等。通多路公交车。

中州大道 [Zhōngzhōu Dàdào] 在市境东部。南起南四环路,北至大河路。与迎宾路、三全路、北三环路、东风路、农业路等相交。长26.5千米,宽100米。沥青路面。原为107国道穿城区路段,2005年命今名。因河南古称"中州",有"中原连九州"之意,寓道路连通四方,故名。2011年延伸。两侧有郑州国家森林公园、郑东新区CBD、郑州建材大世界、世纪欢乐园等。为市区东部新旧城区分界线,贯通中心城区南北。通多路公交车。

郑州地铁1号线 [Zhèngzhōu Dìtiě 1 Hào Xiàn] 在市境北部。一期工程西流湖站—市体育中心站共20站。途经西三环站、秦岭路站、五一公园站、碧沙岗站、绿城广场站、医学院站、郑州火车站、二七广场站、人民路站、紫荆山站、燕庄站、民航路站、会展中心站、黄河南路站、农业南路站、东风南路站、郑州东站、博学路站。长34.6千米。2009年开工,2013年通车。途经2开发区和中原区、二七区、管城回族区、金水区,缓解了市区东西向交通压力,加强了新老城区的联系。站台文化主题为厚重中原、活力郑州,主题色彩为中国红。有9车站设计了文化主题墙。

中 原 区

中原区 [Zhōngyuán Qū] 郑州市人民政府驻地。在市境西部。面积193平方千米。人口84.4万。以汉族为主,还有回、满、朝鲜等民族。辖12街道、1镇、1乡。区人民政府驻建设路街道。1948年设郑州市第三区。1955年更名建设区。1961年更名中原区。因位于中原地区中心且中原路贯穿东西,故名。2000年起拆迁改造。有标志性建筑碧沙岗公园,与中原商贸城、商业大厦、碧沙精品广场、新华书店、国美电器、五星电器等共同构成郑州西区碧沙岗商圈。西部有中原万达广场等构成的城市综合体。棉纺西路沿线多高档居住小区,有锦艺城、王府井、锦绣城等大型购物中心,五星级酒店、五星级影院及综合商务楼,形成帝湖精品商贸圈和岗刘商贸圈。东北部为以郑州火力发电厂、煤炭仓库为核心的工业及商业仓储区。有西流湖。索河、索须河、贾鲁河、金水河流经。有国家级科研机构6个,高校22所,中学49所,小学41所。有省级重点中学郑州一中、郑州外国语中学。有科学技术馆、群众艺术宫、博物馆、文化馆、图书馆、档案馆等。有郑州大学附属郑州中心医院等三级医院5个,二级医院3个。有省内首家国际标准壁球场。有马庄遗址、碧沙岗公园、西流湖公园等。有省级文物保护单位、省级爱国主义教育基地碧沙岗公园，为北伐阵亡将士烈士陵园。二、三产业比例31∶69。农业以发展休闲观光农业为主，有农家乐项目地里庄园等休闲观光园、天伦嘉园、西苑农庄等。工业以机械制造业为主，有煤矿综采液压支架研发制造和汽车零配件制造企业郑州煤矿机械集团。服务业以商贸业、物流业为主，有金马凯旋家居CBD郑州产业园、锦艺国际轻纺城。有购物中心、百货、超市、专卖店等。有国家级郑州高新技术产业开发区。陇海铁路、郑西高铁、310国道、地铁1号线过境。有郑州长途客运西站。通多路公交车。

郑州高新技术产业开发区［Zhèngzhōu Gāoxīn Jìshù Chǎnyè Kāifāqū］ 在区境北部。东临西三环，南临陇海铁路，西临郑州西南绕城高速，北邻连霍高速。面积99平方千米。1991年经国务院批准建立国家级高新技术产业开发区，由郑州市政府管理。建成电子电器产业园、电子商务产业园、大学科技园、中部软件园、国家动漫产业基地等科技园区。有国家重点实验室5个，产业技术研究院4个，国家级工程中心11个，部属研究院8个。涉及北斗卫星导航定位系统及产业发展和轨道交通、智能装备、电子商务、电子电器、网络动漫等领域。有解放军信息工程大学、郑州大学等高校4所。已入驻企业1.8万家，包括汉威电子、光力科技、威科姆等。陇海铁路、连霍高速、310国道、地铁1号线过境。通多路公交车。

郑州长途客运西站［Zhèngzhōu Chángtú Kèyùn Xīzhàn］ 见交通运输设施部分“郑州长途客运西站”条。

建设路街道［Jiànshèlù Jiēdào］ 中原区人民政府驻地。在区境中部。面积1平方千米。人口4万。1955年设。因建设路得名。1955年起兴建与纺织业有关的企业、学校、机关、科研院。2000年起修建多处公园绿地，改造城中村并新建安置小区和高层建筑群。有标志性建筑五一公园。有省纺织建筑设计院、省服装研究所。有河南工程学院、中原工学院、河南工业技师学院，高中1所，初中1所，小学1所，三级医院1个，卫生服务中心1个，卫生服务站3个。有省工人文化宫、文化站、文化中心、图书室。工业以建筑业为主，有河南五建建设集团。地铁1号线过境。通多路公交车。

林山寨街道［Línshānzhài Jiēdào］ 属中原区。在区境东南部。面积4平方千米。人口7.3万。1961年设。因林山寨村得名。传朱姓聚居，村西有岭，得名朱林山寨。清末演称林山寨。20世纪80年代末建郑州商业大厦，渐成郑州西区主要商业中心。90年代城中村拆迁改造，兴建裕达国贸大厦和多个文化场馆。有煤炭部郑州设计研究院等国家级科研院所。有河南工业大学等高校2所，中学4所，小学4所，三级医院2个，卫生服务中心1个，卫生服务站7个。有图书馆、博物馆、郑州艺术宫、群众艺术馆、老年宫、曲艺宫。有省级文物保护单位、省级爱国主义教育基地碧沙岗公园。有裕达国贸大厦、郑州商业大厦及其周边碧沙岗商圈。经济以商贸、金融业为主。地铁1号线过境。通多路公交车。

棉纺路街道［Miánfǎnglù Jiēdào］ 属中原区。在区境东部。面积2平方千米。人口3.8万。1961年设。因棉纺路得名。2000年始棉纺厂生产区先后改建成居住小区、商务写字楼及购物中心等。有标志性建筑棉纺厂生活区牌坊式大门3处。有初中1所，小学5所，卫生服务中心2个。经济以商贸服务业为主，有鑫苑国际广场、万乘国际广场等综合商务区。陇海铁路、地铁1号线过境。有中原站货运站。通多路公交车。

秦岭路街道［Qínlǐnglù Jiēdào］ 属中原区。在区境东部。面积3平方千米。人口4万。1962年设。因秦岭路得名。2008年起拆迁改造城中村。新建郑州王府井百货等多个大型商业、住宅、商务综合区。有中学1所，小学3所，卫生服务中心2个，卫生服务站1个。有幼儿园、文化活动中心、文化长廊、图书室。有健身园、活动广场。有国棉六厂生活区牌坊式大门。经济以商贸服务业为主。有西元国际广场购物中心、锦艺城购物中心、佳和家居尚品家具馆等。陇海铁路、地铁1号线过境。通多路公交车。

桐柏路街道［Tóngbǎilù Jiēdào］ 属中原区。在区境东北部。面积7平方千米。人口9.7万。1961年设。因桐柏路得名。1971年改建贾鲁河为人工湖并辟为西流湖公园。1995年建成郑州纺织大世界。2005年修建月季公园。2013年起拆迁改造城中村。有河南纺织科学研究所、郑州市城市园林科研所、市纺织科学研究所。有初中3所，小学4所，卫生服务中心2个，卫生服务站8个。有街道文化站、社区文化中心、社区图书室。经济以工业企业、仓储企业为主，为综合性工业区、商业仓储区，有火力发电厂、汽车制造厂、铝厂、煤炭仓库、外贸仓库等。陇海铁路过境。通多路公交车。

三官庙街道［Sānguānmiào Jiēdào］ 属中原区。在区境东部。面积6平方千米。人口5.9万。1956年设。因办事处位于三官庙村得名。1988年建成郑州汽车客运西站。1992年扩建郑州热电厂。2008年起拆迁改造城中村。2012年建成欧凯龙国际建材家具采购中心中原店。有中学1所，小学3所，卫生服务中心2个，卫生服务站4个。有文化艺术团体、文化站、公共图书室、电子阅览室。有郑州煤矿机械集团。地铁1号线过境。通多路公交车。

绿东村街道［Lùdōngcūn Jiēdào］ 属中原区。在区境东部。面积5平方千米。人口6万。1961年设。因绿东村得名。1962年中机六院由北京迁此，一批中小企业同期兴建。2000年后陆续兴建高层住宅楼、商务写字楼。有机械工业部第六设计研究院、中国地质科学院郑州矿产综合利用研究所。有技校和职业学校4所，中学1所，小学2所，幼儿园4所，三级医院1个，二级医院1个，卫生服务中心1个，卫生服务站5个。有区文化馆、文化站、文化活动中心、农村文化大院。经济以商贸服务业为主，有饮食服务业和宾馆旅店经营。通多路公交车。

汝河路街道［Rǔhélù Jiēdào］ 属中原区。在区境东南部。面积5平方千米。人口9.1万。1985年设。因汝河路得名。先后建汝河居住小区、汝河路。20世纪90年代初起建高层楼房、金水河滨河公园。2003年新建八一游园。2013年起改造城中村。金水河流经。有中学2所，小学6所，幼儿园8所，二级医院1个，卫生服务中心1个，卫生服务站2个。有街道综合文化站。工业以建筑安装业为主，有部分生产型企业。通多路公交车。

航海西路街道［Hánghǎi Xīlù Jiēdào］ 属中原区。在区境东南部。面积14平方千米。人口12万。2005年由大岗刘乡改设。因航海西路得名。陆续建成多个村民安置小区、现代化居住小区及城市游园。2008年建成中国(郑州)化工物流园项目一期工程。金水河、贾鲁河流经。有常庄水库。有中学2所，小学5所，二级医院1个，卫生服务中心2个，卫生服务站5个。有文化活动中心、农家书屋、影院。经济以商贸业和现代服务业为主，有帝湖商贸圈和岗刘商贸圈。郑西高铁过境。通多路公交车。

中原西路街道［Zhōngyuán Xīlù Jiēdào］ 属中原区。在区境东部。面积1平方千米。人口2.6万。2005年设。因中原西路得名。2006年起改造城中村。2010年建中原万达广场。2013年建居民安置房。有初中1所，小学3所，卫生服务中心1个，卫生服务站1个。有农家书屋。经济以商贸服务业为主。有商业街、商超、汽贸一条街等。地铁1号线过境。通多路公交车。

须水街道［Xūshuǐ Jiēdào］ 属中原区。在区境西部。面积29平方千米。人口4.6万。2011年撤须水镇析设。2013年起拆迁改造村庄。因须水河得名。有职业技术学校4所，中学2所，小学3所，幼儿园3所，卫生院1个，卫生所12个。有市疾病预防控制中心、天方中医药心血管病研究院等。有文化大院。有省级文物保护单位马庄遗址、白寨遗址。经济以农业、工业为主。农业开发观光项目，有集约化花卉、蔬菜生产，林果种植。有以纺织服装、家居为主的商贸物流业和品牌服装制造业。陇海铁路、郑西高铁、310国道过境。通多路公交车。

西流湖街道［Xīliúhú Jiēdào］ 属中原区。在区境西部。面积30平方千米。人口8.2万。2011年撤须水镇析设。因西流湖得名。1971年改造贾鲁河谷，引黄河水西流成湖，故名西流湖。2012年起拆迁改造城中村。贾鲁河流经。有西流湖。有常庄水库。南水北调中线工程过境。有高校4所，中学3所，小学4所，幼儿园3所，卫生院1个，卫生所10个。有农家书屋。经济以农业、工业为主。农业以粮食、林果种植为主。工业有磨料磨具厂、钢材厂。陇海铁路、郑西高铁、310国道、地铁1号线过境。通多路公交车。

石佛镇［Shífó Zhèn］ 中原区辖镇。在区境北部。面积42平方千米。人口13.6万。辖10居委会、17村委会，有27自然村。镇人民政府驻陈庄。1955年置石佛乡。1961年成立公社。1983年复乡。1997年改镇。唐初有石佛寺，因寺得名。贾鲁河、索须河流经。有高校3所，初中9所，小学15所，卫生服务中心4个。有郑州美术馆、郑州雕塑艺术馆。有全国重点文物保护单位小双桥遗址。有西流湖城市生态公园、雕塑公园。定期举办农民文化艺术节。工业以农副食品加工、机械加工及包装、医药制造、电子设备制造、电力、新材料、纺织机械为主。服务业以动漫软件、电子商务、互联网和相关信息技术服务为主。有河南省国家大学科技园、中部软件园。陇海铁路、连霍高速、310国道过境。通多路公交车。

陈庄［Chénzhuāng］ 石佛镇人民政府驻地。在区政府驻地建设路街道西北5千米。人口1800。以姓氏命名。聚落呈长方形。有郑州商贸技师学院、小学、雕塑艺术馆、雕塑公园。种植小麦、玉米、蔬菜。有畜牧业、加工和制造业等。通多路公交车。

沟赵乡［Gōuzhào Xiāng］ 中原区辖乡。在区境西北部。面积57平方千米。人口16.5万。辖9居委会、22村委会，有50自然村。乡人民政府驻贾庄。1948年设沟赵乡。1956年改祥营乡。1958年并入古荥公社。1961年析设沟赵公社。1983年复乡。因区域四面环沟且赵姓居多得名。索河、须水河、索须河流经。有郑州大学、郑州轻工业学院、河南工业大学。有中学9所，小学9所，三级医院1个，卫生服务中心2个。有幼儿园。有全国重点文物保护单位后庄王仰韶文化遗址。农业以种植小麦、玉米、蔬菜为主。有电子电器产业园、电子商务产业园。陇海铁路，连霍、郑州西南绕城高速，地铁1号线过境。通多路公交车。

贾庄［Jiǎzhuāng］ 沟赵乡人民政府驻地。在区政府驻地建设路街道西北11千米。人口

3400。以姓氏命名。聚落呈团块状。有小学、卫生所。2006年在贾庄村东挖掘清理遗迹107个,出土宋金墓葬器物及少量清代墓葬遗物。种植小麦、玉米、蔬菜。有机械制造加工业。通多路公交车。

二七区

二七区［Èrqī Qū］　郑州市辖区。在市境中部。面积156平方千米。人口76.6万。辖13街道、1镇、1乡。区人民政府驻淮河路街道。1948年为郑州市第二区。为纪念1923年2月7日京汉铁路工人大罢工,于1955年更名二七区。1958年改公社。1980年复名二七区。20世纪80年代以来,围绕二七广场和火车站广场扩街道、建商场,形成市区商贸、交通中心。2000年起旧城改造,形成老城区、新城区及低密度现代田园生态区格局。贾鲁河、贾峪河、金水河、熊儿河流经。有尖岗水库。有矿产资源煤炭、石灰岩、黏土等。有核工业第五研究设计院、中国船舶重工集团公司第713研究所等科研机构。有高校3所,中学15所,小学56所,三级医院7个,二级医院14个,文化馆1个,图书馆1个,文艺团体3个。有郑州火车头体育场。有全国重点文物保护单位二七纪念塔、二七纪念堂,其中二七纪念塔为郑州市标志性建筑。有省级文物保护单位胡家脑旧石器时代文化遗址、芦村河夏代古遗址等4个。有全国爱国主义教育基地郑州烈士陵园。有百年德化商业步行街、市博物馆、凤凰岛旅游景区、樱桃沟景区、蝴蝶岛景区等。二、三产业比例20∶80。以现代制造业、商业服务业为主,侯寨乡、马寨镇有少量农业生产,种植小麦、玉米,特产樱桃、葡萄。工业以现代食品制造、高端装备制造为主,有省级马寨产业集聚区,以食品加工为主。有郑州新大方重工科技有限公司,有桥梁施工成套技术和产品。服务业以商贸服务业为主。二七商圈汇聚多个中高档购物中心。有德化街、福寿街等特色商业街区。为中原地区电力、电信、邮政枢纽。京广、陇海铁路,郑少、郑尧、郑州西南绕城等高速,地铁1号线过境。有郑州站、郑州客运总站、郑州长途客运南站。通多路公交车。

二七广场［Èrqī Guǎngchǎng］　在城区中部。面积4.3万平方米。为纪念1923年2月7日京汉铁路工人大罢工命名,为烈士司文德、汪胜友牺牲地。1951年修建,2003—2004年改扩建。有二七纪念塔,高63米,顶部高矗一枚红五星,塔底层有地道与道口相通。为郑州市重要标志。广场内设中心旱喷、音响设施、照明灯饰,旱喷铺装展示1923年以郑州为中心,包括京汉铁路和沿线主要城市的地图。周边有华联商厦、商城大厦、百货大楼、国际友谊广场、金博大商城、丹尼斯商场、购书中心等大型商场和数百家中小型商店、餐饮店。地铁1号线设站。通多路公交车。

绿城广场［Lǜchéng Guǎngchǎng］　在城区西南部。面积12万平方米。1986年开工,1987年建成。1997年改扩建。因郑州别称"绿城"得名。体现绿化主题,绿地面积占一半以上,绿植以"点、线、面"布局,乔木、灌木、草本植物相结合。"巍巍嵩山""滔滔黄河"2雕塑有中原文化特色。有集会活动区、中心文化娱乐区、园林观赏区。周边有市委、市政府、国网河南省电力公司等。地铁1号线设站。通多路公交车。

河医立交桥［Héyī Lìjiāoqiáo］　在城区西南部。占地面积3.3万平方米。有3层互不交叉的不同方向的城市道路在此立体相交。最高层离地面13米。1994年开工,同年建成。因紧邻河南医科大学第一附属医院得名。为大型钢筋混凝土预应力连续箱梁结构式立交桥。日交通流量136890车次。

郑州站［Zhèngzhōu Zhàn］　见交通运输设施部分"郑州站"条。

郑州客运总站［Zhèngzhōu Kèyùn Zǒngzhàn］　见交通运输设施部分"郑州客运总站"条。

郑州客运南站［Zhèngzhōu Kèyùn Nánzhàn］　见交通运输设施部分"郑州客运南站"条。

淮河路街道［Huáihélù Jiēdào］　二七区人民政府驻地。在区境中部。面积4平方千米。人口6.5万。1997年设。因淮河路得名。2007年起拆迁改造城中村,建设综合性现代化商住区,建郑淮游园、亚新游园,拓宽改造多条主干道。有省同位素研究所。有高校黄河科技大学。有中专1所,中学3所,小学1所,三级医院1个。经济以餐饮、商贸服务业为主。有淮河路餐饮一条街。通多路公交车。

解放路街道［Jiěfànglù Jiēdào］　属二七区。在区境东北部。面积0.3平方千米。人口3000。1961年设。因解放路得名。拓建老坟岗集贸市场。1992年起老坟岗一带旧城改造,改建多个大型商业网点。有二级医院1个。有"巴巴墓"、小楼清真寺。经济以商贸服务业为主。有三星级亚细亚大酒店、新玛特购物广场等,为二七商圈核心。地铁1号线过境。通多路公交车。

铭功路街道［Mínggōnglù Jiēdào］　属二七区。在区境东北部。面积1平方千米。人口2.8万。1955年设。因铭功路得名。20世纪50—60年代兴建公园,修整道路。70年代修建二马路立交桥。80—90年代先后改造大石桥,修建解放路,拓宽正兴街。2007年改造城中村。2014年建成华润大厦、华润万象城等居住小区。有标志性建筑解放路天主教堂。有中学1所,小学2所,卫生服务站2个。有市人民公园、胡公祠、彭公祠。经济以商贸服务业为主。京广铁路过境。通多路公交车。

一马路街道［Yīmǎlù Jiēdào］　属二七区。在区境东北部。面积0.7平方千米。人口4000。1954年设。因一马路得名。1961年建郑州长途汽车中心站。20世纪70年代建中原大厦。80年代建格林兰大酒店,改造火车站地区。2008年建成地下服装批发商城地一大道。有卫生服务站1个。有全国重点文物保护单位、省级爱国主义教育基地二七纪念堂。经济以商贸业为主。有郑州大酒店、天泉大酒店等。为火车站地区商贸中心,服装、小商品批发集散地。京广铁路过境。有郑州站、郑州长途汽车中心站。通多路公交车。

福寿街［Fúshòu Jiē］　在一马路街道东部。长0.8千米,宽30米。沥青路面。形成于清末,取福寿吉祥意命名。1915年已成商业街,沿街有打包厂、瓷器、土产、五金、时货等,以棉花打包厂居多。南段集中英美烟草公司、南洋兄弟烟草公司、美孚、德士古等国外经销代理商。1980年后多次拓宽改造,形成以五金、百货、服装、影视、音响、饮食、建材等为主的综合性商业街。两侧有万博商城、中州商场、郑州大酒店、郑州国际小商品城、苑陵商场等。通多路公交车。

蜜蜂张街道［Mìfēngzhāng Jiēdào］　属二七区。在区境东北部。面积1平方千米。人口3.2万。1961年设。因蜜蜂张村得名。清末养蜂能手张广德来此放养蜜蜂,后成养蜂村,改名蜜蜂张。20世纪70年代修建中原东路跨铁路立交桥、二马路副桥、太和路副桥。80—90年代新建多处高层楼房。2010年建郑州站西广场及地下停车场,开通京沙快速路及京广北路双孔隧道,修建轨道交通。有中学1所,小学1所,二级医院3个,卫生服务站1个。有铁路文化馆。经济以餐饮服务及批发零售为主。地铁1号线过境。通多路公交车。

五里堡街道［Wǔlǐbǎo Jiēdào］　属二七区。在区境西北部。面积3平方千米。人口6.3万。1961年设碧沙岗街道。1962年因地处五里堡附近更今名。先后修建广场、城市游园、集贸市场。20世纪90年代修建多个批发市场,改造旧城区。1994年建河医立交桥。1995年拓宽多条主干道。金水河流经。有科研机构7所,郑州大学医学院等高校3所,郑州市农业机械化学校等中专3所,中学1所,小学3所,三级医院2个,二级医院4个,卫生服务站1个。有滨河公园、碧沙岗公园。经济以商贸业为主。通多路公交车。

大学路街道［Dàxuélù Jiēdào］　属二七区。在区境中部偏西。面积3平方千米。人口6.9万。1961年设。因大学路得名。先后拓宽改造嵩山路等道路,修建大学路,建成多个居住小区。金水河流经。有郑州大学。有中学4所,小学2所,三级医院1个,二级医院1个。有市青少年宫。有绿城广场。经济以服务业为主。有商业街、超市等。通多路公交车。

建中街街道［Jiànzhōngjiē Jiēdào］　属二七区。在区境中部偏北。面积4平方千米。人口8.2万。1961年设。因原建中街得名。先后拓宽改造多条主干道,新建多个高层居住小区。有高校2所,中学2所,小学7所,三级医院1个,二级医院3个。有幼儿园、火车头体育场。经济以商贸服务业为主,有古玩城、灯具广场等。通多路公交车。

福华街街道［Fúhuájiē Jiēdào］　属二七区。在区境中部偏东。面积5平方千米。人口9.1万。1961年设。为铁路单位聚集区。因福华街得名。先后拓宽改造多条道路及陇海路高架桥,建陇西新村。熊儿河流经。有中国船舶重工集团第713研究所。有中学1所,小学4所,二级医院1个,卫生服务站1个。有幼儿园、郑州铁路局文化宫。经济以商贸业为主,有郑州鞋城。通多路公交车。

德化街街道［Déhuàjiē Jiēdào］　属二七区。在区境东北部。面积0.2平方千米。人口1万。1955年设。因德化街得名。先后拓宽改造大同路、苑陵街、南下街等。2003年建郑州国际友谊广场。2008年建金智万博商城。有小学1所,二级医院1个,卫生服务站1个。有幼儿园。有全国重点文物保护单位二七纪念塔,为标志性建筑。经济以商贸业为主。有德化街商业步行街。有四星级粤海大酒店、箱包城、商场等。地铁1号线过境。通多路公交车。

德化街［Déhuà Jiē］　在德化街街道中部。长0.4千米,宽22米。石料路面。1905年始建。初时南段称天中里,北段称惠仁街。后更名德化街,寓"以德立商、以德育人、以德化人"。1905年后渐成商旅中转地和附近各县货物集散地,旅栈、货栈等相继出现。有鸿盛久布店、精华眼镜店、三友鞋店、京都老蔡记馄饨馆、葛记焖饼、老天成金饰行、胜利理发厅、天一泉浴池等。1950年后铺设沥青路面。店房、店面多次更新,各业齐备,被誉为郑州"王府井"。曾改名"中二七路"。1979年复名德化街。1987年起旧城改造,北端新建亚细亚商场,中段有德化街百货大楼、三得利商场、妇幼用品大楼、刘胡兰副食品大楼等。2002年改造后,沿街有百年德化风情购物公园、友谊大厦等。为集购物、文化、娱乐、观光、休闲、美食功能于一体的现代化步行景观街。

嵩山路街道［Sōngshānlù Jiēdào］ 属二七区。在区境南部。面积14平方千米。人口6.9万。2005年设。因嵩山路得名。2008年起新建集商贸、餐饮、办公、居住于一体的综合性小区,拓宽多条道路等。建成6千米景观生态林、生态廊道。南水北调运河、金水河流经。有中学5所,小学3所,三级医院1个,卫生服务站1个。有幼儿园。有全国爱国主义教育基地郑州烈士陵园。经济以建筑、商贸服务业为主。通多路公交车。

长江路街道［Chángjiānglù Jiēdào］ 属二七区。在区境南部。面积5平方千米。人口6.5万。2006年设。因长江路得名。2010年拆迁改造2城中村,建成集大型商业广场、室外步行街、商务酒店、高档住宅于一体的现代城市综合体。修建汉江路,南延人和路。有河南省交通职业技术学院、郑州测绘学院等院校3所,中学2所,小学2所,幼儿园1所,社区卫生服务中心1个,卫生服务站1所。经济以商贸业为主。有四星级酒店中都饭店、商业街区、大型商超及品牌专卖店。有郑州客运总站。通多路公交车。

京广路街道［Jīngguǎnglù Jiēdào］ 属二七区。在区境东南部。面积8平方千米。人口6万。2006年设。因京广路得名。2007年起改建集住宅、商业、写字楼于一体的安置小区,拓宽连云路、京沙快速路,修建南屏路、爱心路。有高校2所,中学3所,小学5所,三级医院1个。有幼儿园、社区图书室等。经济以商贸业为主。有商贸城等。有郑州汽车客运南站。通多路公交车。

马寨镇［Mǎzhài Zhèn］ 二七区辖镇。在区境西南部。面积30平方千米。人口4.7万。辖9居委会、4村委会,有54自然村。镇人民政府驻马寨。1976年成立刘胡垌公社。1983年改乡。1998年设马寨镇。因镇政府驻地得名。贾峪河、贾鲁河流经。有中学2所,小学13所,卫生院1个,卫生所13个。有幼儿园、公共图书室等。有省级文物保护单位常庙城址、陈家沟遗址。有民间艺术舞龙、舞狮、盘鼓、旱船等。经济以食品加工制造业为主。有省马寨产业集聚区,为区食品工业生产基地。京广高铁,石武客运专线,郑少、郑州西南绕城高速过境。通多路公交车。

马寨［Mǎzhài］ 马寨镇人民政府驻地。在区政府驻地淮河路街道西南10千米。人口1700。因清道光年间马姓定居于此得名。聚落呈块状。有中小学、幼儿园、卫生室等。以食品制造业为主。通公交车。

侯寨乡［Hóuzhài Xiāng］ 二七区辖乡。在区境南部。面积82平方千米。人口7.3万。辖18居委会、10村委会,有125自然村。乡人民政府驻侯寨。1949年设侯寨乡。1960年改公社。1983年复乡。因乡政府驻地得名。贾鲁河、金水河、熊儿河流经。有高校2所,中学2所,小学15所,卫生院1个,卫生所1个。有幼儿园、文化大院、图书阅览室等。有旅游景点樱桃沟、烤鱼沟、蝴蝶岛。经济以旅游服务业为主,有林果种植业。产樱桃、葡萄、梨、杏等杂果。郑尧、郑州西南绕城高速,郑密、樱桃沟环线公路过境。通多路公交车。

侯寨［Hóuzhài］ 侯寨乡人民政府驻地。在区政府驻地淮河路街道西南6千米。人口2100。明代郭氏迁此,为纪念身居侯位的先祖,周围又筑寨墙,故名侯寨。聚落呈块状。有中小学、幼儿园、卫生所、文化广场等。种植小麦、玉米。有铁路信号厂、冷弯型钢厂等。有集贸市场。郑密公路经此。通多路公交车。

管城回族区

管城回族区［Guǎnchéng Huízú Qū］ 郑州市辖区。在市境东南部。面积184平方千米。人口64.1万,其中回族占5.5%。辖9街道、1镇、2乡。区人民政府驻北下街街道。1958年陇海区、金水回族区合并为管城区。1960年更名红旗公社。1961年复名管城区。1966年更名向阳区。1981年改称向阳回族区。1983年更今名。因区域为古管国都城且为回族聚居地得名。城建风格现代与传统相融合。20世纪90年代后改造西北部老城区及西南部、南乔家门,拓宽改造紫荆山路、东西大街等,建花园小区和商业楼宇邮政综合生产楼、金城国贸大厦。1982、2004年整修城隍庙。1991年起建设商城城墙遗址保护景观区、郑州商代遗址公园、郑州商城博物苑,形成以“园中城・城中园”为特色的旅游、文化、休闲片区。中东部利用莆田西站建立仓储及商品批发市场。东部和南部兴建大批新型高档居住小区、物流商贸城、休闲游乐园。淮河水系的熊儿河、七里河、潮河、十八里河流经。有中国农业科学院郑州果树所等科研中心9所。有黄河科技学院、郑州财税金融职业学院。有中学13所,小学38所,三级医院5个,二级医院6个。有区文化馆、市体育馆。有全国重点文物保护单位郑州商代遗址,省级文物保护单位城隍庙及文庙。二、三产业比例36∶64。有金星啤酒厂等农业产业化龙头企业。工业以客车制造业、农产品深加工为主。服务业以商贸服务为主,有银基商贸城、大上海城、百盛购物广场、中原黄金珠宝交易中心、光彩市场等。有金岱产业集聚区。陇海、京广铁路,京珠、机场高速过境。有陇海汽车站、郑汴路长途汽车站。通多路公交车。

北下街街道［Běixiàjiē Jiēdào］ 管城回族区人民政府驻地。在区境西北部。面积1平方千米。人口3万。以汉族为主,还有回、满、蒙古、壮等民族。1956年设。因北下街得名。20世纪80年代后改造旧城区,打通二七广场周边道路,沿街新建5座大楼。1987年建商城大厦。1991年建西昌小区。1998年后相继拓延紫荆山路,建金城国贸等楼宇群及红旗广场。有小学1所,卫生所1个,社区卫生服务中心1个。有市体育馆。有全国重点文物保护单位郑州商代遗址。有三益街铁路工人夜校遗址,清真寺2坊4座,基督教堂1座。有商城游园、郑园、三角公园。经济依托火车站商圈发展商贸批零业和楼宇经济。通多路公交车。

西大街街道［Xīdàjiē Jiēdào］ 属管城回族区。在区境西北部。面积1平方千米。人口3.9万。1956年设。1988年并入北下街街道。2000年复设。因西大街得名。2000年拓宽西大街,建郁金香苑小区及银座国际等商贸大厦。2011年开展郑州商城城墙遗址南城墙西段保护工程。有中学1所,小学1所。有全国重点文物保护单位郑州商代遗址。经济主要依托火车站商圈、二七商圈发展商贸批零业,有人保财险及人寿保险公司。通多路公交车。

南关街道［Nánguān Jiēdào］ 属管城回族区。在区境西部。面积2平方千米。人口4.3万。1960年设。因位于商代古城南城关得名。1971年更名向阳路街道。1981年复今名。1988年布厂街、东三马路2街道并入。20世纪90年代后社区改造加速,新建多处大型居住小区。1993年建银基商贸城。2000年后民乐里拆迁,在陇海路南关街交叉口建安置房。2001年建世贸商城。2003年东三马路拓宽改造。熊儿河流经。有中学1所,小学3所,社区卫生服务中心1个。经济以商贸批发、零售为主,有银基商贸城、世贸商城、锦荣商贸城、豫泰商业广场等。通多路公交车。

城东路街道［Chéngdōnglù Jiēdào］ 属管城回族区。在区境东部。面积2平方千米。人口5.6万。1962年设北大街街道。1984年因街道办事处迁城东路更今名。20世纪90年代后建世茂广场、丰源官邸、中房新锐office等住宅区和新型商务楼。2011年开展郑州商城城墙遗址东段、南段保护工程。熊儿河流经。有信息工程大学电子技术学院等。有中专1所,小学2所,社区卫生服务中心1个。有全国重点文物保护单位郑州商代遗址,省级文物保护单位城隍庙。经济以商贸批发、零售为主。通多路公交车。

东大街街道［Dōngdàjiē Jiēdào］ 属管城回族区。在区境中部。面积2平方千米。人口2.4万。1955年设。因东大街得名。为商城遗址保护工程规划的重要区域。1991年起建郑州商代遗址博物苑。2011年开展郑州商城城墙遗址部分主体及城墙断面保护工程,延伸紫荆山路。1999—2001年拓宽改造东大街、书院街,建紫燕华庭、裕鸿花园小区。熊儿河流经。有高中1所,初中2所,小学1所,三级医院1个,二级医院1个。有全国重点文物保护单位郑州商代遗址,省级文物保护单位郑州文庙。围绕紫荆商圈发展商贸经济,有黄金珠宝交易。通多路公交车。

书院街［Shūyuàn Jiē］ 在东大街街道南部。长0.9千米,宽10米。混凝土路面。明代东段名纸坊巷。崇祯十年(1637)创建天中书院,清代改称东里书院,故名。历为多所中学所在地,今仍有郑州十中、市第三职业中等专业学校。有建于1929年保存完好的郭家大院。通多路公交车。

二里岗街道［Èrlǐgǎng Jiēdào］ 属管城回族区。在区境东南部。面积3平方千米。人口8万。1955年设。因二里岗文化遗址得名。2000年起开发多个商建小区。有中学1所,小学3所。有全国重点文物保护单位郑州商代遗址二里岗部分。经济以商贸业批零为主,形成厨具、家电、汽车产品销售集群。有酒店用品城等。有圃田西站。通多路公交车。

陇海马路街道［Lǒnghǎi Mǎlù Jiēdào］ 属管城回族区。在区境南部。面积3平方千米。人口5.5万。1961年由南关街道析设。因陇海路得名。20世纪80—90年代沿新郑路等处建居住小区。1982年建金星啤酒厂及配套住宅、幼儿园等设施。90年代打通紫荆山路。2009年起先后建融汇国际大厦、方圆创世大厦等商务楼及方圆创世花园小区。十八里河、熊儿河流经。有河南省文物考古研究院。有中学1所,小学2所,二级医院1个。经济以商贸服务业为主。有陇海客运站。通多路公交车。

紫荆山南路街道［Zǐjīngshān Nánlù Jiēdào］ 属管城回族区。在区境西南部。面积8平方千米。人口7万。2000年析十八里河镇与陇海马路街道部分区域设。因紫荆山南路得名。2000年起建润滑油、汽配、茶叶、粮油等批发市场。2006年起建时代骏庭、花都港湾等小区,改造五里堡等城中村。有中学2所,小学4所,卫生院1个。经济以茶叶、皮具等批发业为主。有郑州南站。通多路公交车。

航海东路街道［Hánghǎi Dōnglù Jiēdào］ 属管城回族区。在区境东南部。面积9平方千米。人口10万。2003年析紫荆山南路街道部分区域设。因航海东路得名。2004年建世纪欢乐园,为标志性建筑。改建安徐庄公馆,建芦邢庄花园,正商华钻、富田太阳城等大型社区。

新建紫东路等道路。十八里河流经。有中国农科院郑州果树研究所。有郑州旅游职业学院。有中学2所,小学5所,卫生院1个。经济以金融、旅游服务业为主。通多路公交车。

十八里河镇［Shíbālǐhé Zhèn］ 管城回族区辖镇。在区境东南部。面积31平方千米。人口3万。辖12村委会,有18自然村。镇人民政府驻十八里河。1953年设十八里河乡。1958年成立南郊公社。1968年更名十八里河公社。1983年改乡。1996年置镇。因镇政府驻地得名。十八里河流经。有中学1所,小学9所,三级医院1个,卫生院1个,卫生所36个。有站马屯遗址。有民间艺术戏曲、盘鼓、空竹、狮子舞、挑花篮等。白马寺农历二月初二有庙会。农业以种植小麦、蔬菜为主。有农副产品加工业。服务业以商贸物流、电子商务为主。郑州西南绕城高速、107国道、郑新快速通道过境。通多路公交车。

十八里河［Shíbālǐhé］ 十八里河镇人民政府驻地。在区政府驻地北下街街道南9千米。人口2500。村以河名。聚落呈梯形。有十八里河水库。有区实验中学、镇小学、卫生院。有马岗遗址、白马寺遗址。种植小麦、玉米、花生、芝麻。有生物制药企业。107国道经此。

南曹乡［Náncáo Xiāng］ 管城回族区辖乡。在区境东南部。面积94平方千米。人口19.6万。辖26村委会,有60自然村。乡人民政府驻南曹。1955年设南曹中心乡。1963年成立南曹公社。1983年改乡。因乡政府驻地得名。七里河、十八里河、潮河流经。有水库4个。有中专2所,高中1所,初中3所,小学15所,三级医院1个,二级医院2个,卫生院1个。有安庄遗址、李马庄东南遗址、曹古寺遗址等。经济以农业为主,有农业精品园区4个,特产草莓、桃、大枣。京广铁路,郑州西南绕城、机场高速过境。通多路公交车。

南曹［Náncáo］ 南曹乡人民政府驻地。在区政府驻地北下街街道东南13千米。人口2500。村在曹古寺南,故名。聚落呈团块状。有中小学、卫生所。有安庄遗址。主产小麦、玉米、花生、大豆,有农业精品园区4个。南绕城高速、机场高速经此。

圃田乡［Pǔtián Xiāng］ 管城回族区辖乡。在区境东部。面积54平方千米。人口19.2万。辖17村委会,有35自然村。乡人民政府位于商都路。1966年由南曹公社析设圃田公社。1983年圃田公社改乡。因古有圃田泽得名。东风渠、潮河等流经。有小学1所,三级医院2个,二级医院2个,卫生院2个。有古迹列子祠。有民间艺术社火、纸扎等。经济以商贸为主,有建材市场。陇海铁路、京港澳高速过境。通多路公交车。

金　水　区

金水区［Jīnshuǐ Qū］ 郑州市辖区。在市境东北部。面积242平方千米。人口202.8万。辖19街道。区人民政府驻东风路街道。1960年成立金水公社。1961年改区。因金水河得名。城区以中州大道为界分新旧两部分。旧城呈倒L形,开通多条城市干道,打通城市隧道,增建城市绿地、广场、游园,修建金水河、东风渠滨河公园。城市道路呈网格布局。金水路、花园路区域为行政区。金水路东段多星级酒店。紫荆山路、人民路、农业路为商业集中区。文化路沿线为大中专院校集中地。有标志性建筑河南省人民会堂、河南博物院、文博广场。新城建设始于2000年。中央商务区有内外两环高层建筑、商业步行街、如意湖湖区及标志性建筑郑州国际会展中心、河南艺术中心、郑州会展宾馆,分别体现嵩岳古塔、陶埙、六棱塔等中原特色。龙湖区湖心区经运河与中央商务区连接,形似如意。龙子湖高校园区以高校环绕龙子湖,湖心岛分布图书馆、体育馆等设施。黄河、贾鲁河、索须河、熊儿河等流经。有国家重点科研机构河南农业大学小麦工程技术研究中心、郑州大学橡塑模具工程技术中心。有河南中医学院、河南农业大学、河南财经政法大学等高校20所,中专25所,中学32所,小学87所,郑州市儿童医院等三级医院14个,二级医院10个,省疾病预防控制中心1个,国家高水平垒球后备体育人才基地1个。有河南艺术中心、郑州国际会展中心、河南博物院等。有省豫剧团、省京剧团、省曲剧团、省话剧院等文艺团体。有全国重点文物保护单位大河村遗址、郑州商代遗址北段,省级文物保护单位黄河博物馆旧址等5个。有郑州国家森林公园、郑州海洋馆、郑州市动物园。二、三产业比例12∶88。农业以发展林果、花卉生产示范园及沿黄生态旅游为主。工业以农副食品加工、食品制造、印刷、非金属制造、电气机械及器材制造为主。服务业以金融、商贸服务、房地产、物流业为主。楼宇经济特色凸显。有多家银行、证券、保险企业总部、世界500强企业。有特色商业街区18个。有郑州商品交易所、河南科技市场、陈砦花卉交易市场等。有省级开发区郑东新区。京广铁路,石武铁路客运专线,连霍、京港澳高速,107国道辅道,地铁1号线过境。有郑州北站、郑州东站、郑州汽车北站、郑州汽车东站。通多路公交车。

郑州东站［Zhèngzhōudōng Zhàn］ 见交通运输设施部分“郑州东站”条。

郑州汽车北站［Zhèngzhōu Qìchē Běizhàn］ 见交通运输设施部分“郑州汽车北站”条。

郑州汽车东站［Zhèngzhōu Qìchē Dōngzhàn］ 见交通运输设施部分“郑州汽车东站”条。

东风路街道［Dōngfēnglù Jiēdào］ 金水区人民政府驻地。在区境西北部。面积7平方千米。人口15.1万。2002年由南阳新村街道、文化路街道和庙李镇部分区域合并设立。因东风路得名。2002年后在主干道沿线兴建高档住宅和写字楼。2004年起新建多个安置小区。2010年建城市隧道,拓宽道路。沿渠道修建休闲景观带。有河南财经政法大学等高校。有中学3所,小学7所,三级医院1个,二级医院2个,卫生院2个,卫生所2个,卫生站1个,诊所23个。工业以食品加工为主。服务业以电子科技、商贸、房地产为主。有科技特色商业街区。通多路公交车。

经八路街道［Jīngbālù Jiēdào］ 属金水区。在区境南部。面积3平方千米。人口8.2万。1961年设。因经八路得名。陆续兴建住宅区,建设教育、医疗及服务单位。2007年新建高层居住小区。2012年拆除非法建筑,改建生活市场。金水河流经。有中学3所,小学7所,三级医院1个,卫生院2个,卫生所2个,卫生站1个,诊所23个。有实验幼儿园。有省文联、省豫剧团、省京剧院、省群众艺术馆、省工业展览馆。有省级文物保护单位毛泽东塑像。主要道路绿树成荫,有白鹭鸟栖息。经济以金融、商贸服务业为主。有河南饭店、正道中环百货、建文新世界商城、黄河路服装市场、中原古玩城、玉器字画特色街等。通多路公交车。

花园路街道［Huāyuánlù Jiēdào］ 属金水区。在区境东南部。面积3平方千米。人口4.5万。1961年析原纬三路街道部分区域设立。因花园路得名。2000年起建大量高层建筑。2001—2013年扩建花园路、金水路。有标志性建筑省人民会堂。金水河流经。有中学2所,小学3所,二级医院1个,卫生服务中心1个。有老年模特艺术团。有紫荆山公园、经纬广场。经济以商贸、酒店住宿、餐饮服务业为主。有省建设银行、省人民保险公司总部。有百货、服装、农贸市场。有五星级中州皇冠假日酒店、索菲特国际饭店。餐饮网点遍布。地铁1号线过境。通多路公交车。

人民路街道［Rénmínlù Jiēdào］ 属金水区。在区境东南部。面积2平方千米。人口4.2万。1961年设。因人民路得名。1994年修建紫荆山立交桥。2001年延伸紫荆山路。2014年拆迁棚户区。金水河流经。有中学3所,小学1所,三级医院1个,二级医院2个,医疗服务中心2个。有幼儿园、图书室、省话剧团、河南歌舞演艺集团等。有省级文物保护单位黄河博物馆旧址。经济以金融、商贸服务业为主。有百货、图书大厦、舞蹈服饰销售特色街。有郑州烤鸭、合记烩面。地铁1号线过境。通多路公交车。

杜岭街道［Dùlǐng Jiēdào］ 属金水区。在区境南部。面积1平方千米。人口1.8万。1955年设。因杜岭街得名。1994年起改造老旧街道。2012年改造太康路,升级老旧小区。金水河流经。有郑州幼儿师范。有小学1所,三级医院1个,卫生服务站1个。有幼儿园、科普活动站。有金水河滨河公园。为商代古城西城墙所在地。经济以商贸业为主。有郑州市百货大楼及商业街、影像文化产业街、新华书店、机电城。通多路公交车。

大石桥街道［Dàshíqiáo Jiēdào］ 属金水区。在区境西南部。面积2平方千米。人口4.1万。1972年由南阳路、经八路2街道析设。因大石桥得名。1994年建大石桥立交桥。2010年建京沙快速通道。2013年金水路西延,拆迁城中村。有标志性建筑省体育馆。金水河流经。有中学1所,小学1所,三级医院2个,卫生服务中心1个,卫生服务站2个。有幼儿园、市图书馆。经济以商贸服务业为主。有体育用品及体育器械、医疗器械、妇幼用品、餐饮服务特色街。有三星级河南宾馆。京广、陇海铁路过境。通多路公交车。

南阳路街道［Nányánglù Jiēdào］ 属金水区。在区境西南部。面积3平方千米。人口7.2万。1961年由金水公社岗杜、郑纺机2分社合并设立。因南阳路得名。2006年起新建多处花园式安置小区。2013年改造老旧楼院。有中学2所,小学4所,卫生服务中心1个,卫生服务站4个。有省红十字血液中心、省职业病防治所。工业以纺织机械制造为主。服务业以商业为主。有农副产品市场、小商品城、食品城。京广铁路过境。通多路公交车。

南阳新村街道［Nányáng Xīncūn Jiēdào］ 属金水区。在区境西北部。面积8平方千米。人口11.5万。1961年设。因南阳新村得名。20世纪60年代兴建铁路局家属院,后改造老旧小区。2009年修建京沙快速路。2012年起建多栋高层住宅及商务楼。有铁道警官高等专科学校。有中学2所,小学6所,二级医院2个,卫生院2个,卫生服务站3个。有幼儿园、文化站、图书室。经济以机械和食品加工为主。有多家电器卖场及物流企业。通多路公交车。

文化路街道［Wénhuàlù Jiēdào］ 属金水区。在区境北部。面积6平方千米。人口10.4万。1961年设。因文化路得名。2006年起建郑州国贸中心等集商业、酒店式公寓、写字楼为一体的复合型楼群。有国家小麦工程技术研究中心、省农业科学院、省社会科学院。有河南农业大学等高校10所,中学3所,小学4所,三级医院1个，门诊部（所）29个。有幼儿园、省博物院、市动物园。经济以金融、房地产、商贸服务业为主。有花园路商圈、酒吧餐饮特色街。通多路公交车。

丰产路街道［Fēngchǎnlù Jiēdào］ 属金水区。在区境中部。面积8平方千米。人口15.1万。2000年析花园街道部分区域和原祭城镇常砦村合并设立。因丰产路得名。2006年起建多处安置小区。2007年改扩建中州大道为南北交通动脉。有标志性建筑报业大厦。有中学1所，小学2所，三级医院1个，二级医院2个。有幼儿园、图书馆、科普活动站。工业以医疗器械制造为主。服务业以金融、商贸业为主，有多家银行、保险、证券等机构。有妇幼用品专业市场、餐饮休闲特色街。通多路公交车。

北林路街道［Běilínlù Jiēdào］ 属金水区。在区境中部偏北。面积6平方千米。人口10.3万。2002年析文化路街道部分区域和原柳林镇马李庄村4自然村合并设立。因北林路得名。2013年拆迁城中村。有标志性建筑省广播电视中心。东风渠流经。有华北水利水电大学。有中学3所，小学3所，卫生所3个。有东风渠滨河公园。工业以食品制造为主。有商务楼宇产业带、汽配装饰广场、餐饮休闲服务区。通多路公交车。

未来路街道［Wèiláilù Jiēdào］ 属金水区。在区境南部。面积5平方千米。人口12万。2002年析花园路、人民路街道部分区域和祭城镇燕庄村合并设立。因未来路得名。2006年起城中村改建高档住宅、星级酒店、购物广场的综合建筑群。金水河、熊儿河流经。有河南中医药大学。有小学3所，三级医院2个，卫生服务中心1个。有图书室、文化中心、文化站、科普活动站等。有毛主席视察燕庄纪念亭、滨河公园。经济以金融、楼宇、房地产、商贸业为主。有中国建设银行、工商银行等金融机构。有五星级酒店2个，四星级酒店4个，三星级酒店4个。休闲购物、餐饮网点遍布。地铁1号线过境。通多路公交车。

凤凰台街道［Fènghuángtái Jiēdào］ 属金水区。在区境南部。面积5平方千米。人口3.1万。2006年撤祭城镇析设。因凤凰台村得名。2006—2007年改造城中村，新建花园式居住小区，改建道路。熊儿河流经。有中学2所，小学1所，社区服务中心1个，社区服务站2个。有幼儿园、图书馆、文化站。有民间艺术团体。经济以商贸业为主。有东建材商圈，包括建材、灯具、铝材、陶瓷五金水暖、塑钢等专业市场。通多路公交车。

兴达路街道［Xīngdálù Jiēdào］ 属金水区。在区境东北部。面积31平方千米。人口1.6万。2010年设。因兴达路得名。地处黄河故道。有小学4所，卫生服务站5个。有图书室、文化站。经济以苗木花卉种植及沿黄旅游业为主。农业种植经济果林，发展采摘农业和观光农业。有种植型示范园区、省奶牛繁育中心、省种牛养殖中心。石武铁路客运专线，连霍、京珠高速，107国道辅道过境。有刘江黄河大桥。通多路公交车。

国基路街道［Guójīlù Jiēdào］ 属金水区。在区境北部。面积12平方千米。人口18.4万。2011年撤柳林镇析设。因国基路得名。2013年拆迁城中村。有标志性建筑河南电视台8号演播厅。贾鲁河、魏河、东风渠流经。有黄河水利科学研究院。有中学2所，小学9所，卫生所7个。多绿植景观带、城市游园绿地。经济以金融、商贸、物流业为主。有汽车用品街、旧机动车交易市场、汽配世界、建材港、农产品物流配送中心、水产批发市场等。连霍高速过境。有郑州汽车北站。通多路公交车。

杨金路街道［Yángjīnlù Jiēdào］ 属金水区。在区境北部。面积24平方千米。人口3.8万。2011年撤柳林镇析设。因杨金路得名。贾鲁河、魏河流经。有中学1所，小学4所，卫生所9个。有图书室、文化站。农业以种植粳米、林果、蔬菜为主。工业以印刷、包装材料、纺织、化工、食品加工为主。有马头岗污水处理厂。石武铁路客运专线、连霍高速、107国道辅道过境。通多路公交车。

丰庆路街道［Fēngqìnglù Jiēdào］ 属金水区。在区境西北部。面积14平方千米。人口21万。2011年由庙李镇分设。因丰庆路得名。贾鲁河、魏河、东风渠流经。有中学6所，小学6所，三级医院1个，卫生院3个。有郑州海洋馆。工业以食品加工、电气制造、包装业为主。服务业以商贸业为主，有蔬菜、花卉、汽车交易集散地及古玩城。310国道过境。通多路公交车。

祭城路街道［Zhàichénglù Jiēdào］ 属金水区。在区境中部。面积65平方千米。人口8.2万。2006年撤祭城镇析设。因原祭城路得名。先后开通200余条城市道路，修建50余座桥梁。沿如意湖建郑州国际会展中心、河南艺术中心、郑州会展宾馆。建成一批公园、绿地、雕塑。贾鲁河、熊儿河流经。有中学10所，小学12所，三级医院3个，二级医院1个，卫生院1个，卫生所3个。有省地质博物馆。有全国重点文物保护单位大河村遗址博物馆。有湿地公园、龙湖、如意湖等景点。经济以金融、商贸、房地产业为主。有世界500强企业总部、银行、证券、保险、信托机构。有郑州商品交易所。有五星级酒店永和伯爵、美盛喜来登等。石武铁路客运专线、连霍高速、107国道辅道、地铁1号线过境。有郑州东站。通多路公交车。

龙子湖街道［Lóngzǐhú Jiēdào］ 属金水区。在区境东部。面积17平方千米。人口15万。2005年由姚桥乡改设。因龙子湖得名。至2011年先后两批村庄拆迁安置。修建道路，开挖龙子湖及蓄水，沿湖建高校、湖心岛公益设施。贾鲁河、魏河、东风渠流经。有科技园、煤化工研究院。有高校15所，中学1所，小学1所，卫生院1个，卫生所5个。经济以农业为主。有花卉苗木种植业、沿黄河观光农家乐。有奶牛、肉牛养殖基地。连霍、京港澳高速，地铁1号线过境。通多路公交车。

上街区

上街区［Shàngjiē Qū］ 郑州市辖区。在市境西部。面积62平方千米。人口14万。辖5街道、1镇。区人民政府驻济源路街道。1958年析荥阳县成立上街区。因陇海铁路上街车站得名。2000年起城镇化拆迁改造。南部为五云山山地生态公园，北部为郑州通用航空试验区，东部有欧凯龙凯特城市广场。有标志性建筑银剑雕塑。金华路沿线多分布高档居住小区，有五星级影院、综合商务楼及多个大型购物中心。地势南高北低。汜水河、枯河流经。有国家铝冶炼工程技术研究中心。有中学5所，小学9所，二级医院2个。有文化馆、图书馆、活动中心。有河南省重竞技运动管理中心。有省级文物保护单位西柏社遗址。有五云山山地生态公园。二、三产业比例65∶35。农业以都市型现代农业为主。工业以铝及铝加工、新材料、汽车配件、装备制造行业为主。为中国铝工业基地。服务业以商贸、餐饮、楼宇经济为主。有郑州通航试验区。陇海铁路、郑西高铁、连霍高速、310国道过境。通多路公交车。

济源路街道［Jǐyuánlù Jiēdào］ 上街区人民政府驻地。在区境东部。面积5平方千米。人口4.5万。1971年由中心路街道析设。因济源路得名。新建6高档小区，形成临街门面房商业中心。2009年起修建多处公园绿地。2010—2013年改造城中村、旧城区。有国家铝冶炼工程技术研究中心。有高中1所，初中1所，小学3所，社区卫生服务中心9个，门诊部（所）12个，体育场馆1个。有人民广场。经济以阀门生产为主。陇海铁路过境。通多路公交车。

中心路街道［Zhōngxīnlù Jiēdào］ 属上街区。在区境中部。面积4平方千米。人口4.5万。2001年设。因中心路得名。2012年建丹江路生态廊道，扩建峨眉路。2013年任庄村拆迁改造为企业用地。有小学2所，二级医院1个，社区卫生服务中心11个。有图书馆、青少年活动中心、艺术宫。经济以商贸、金融业为主，为餐饮业集中地。通多路公交车。

新安路街道［Xīn'ānlù Jiēdào］ 属上街区。在区境中部偏西。面积5平方千米。人口2万。1971年设反修路街道。2001年更今名。因新安路得名。先后建设、改造主干道。枯河流经。有小学2所，二级医院1个，社区卫生服务中心5个。有幼儿园。工业以铝及铝制品深加工为主。服务业以商贸业为主。有大型农贸市场及多家物流企业。陇海铁路过境。通多路公交车。

工业路街道［Gōngyèlù Jiēdào］ 属上街区。在区境北部。面积5平方千米。人口2万。2002年设。因工业路得名。2012年起对道路延伸改造，在核心区建设路网。有社区卫生服务中心3个。有幼儿园。经济以工业为主，有航空专业材料、冶金辅料、高精陶瓷、惰性电极材料等产业。陇海铁路过境。通多路公交车。

矿山街道［Kuàngshān Jiēdào］ 属上街区。在区境南部。面积1平方千米。人口1万。1961年设。以主干道命名。1996年起建小关矿职工医院、员工活动中心、综合文化站等。有小学1所，社区卫生服务中心1个。有幼儿园。经济以矿石深加工和矿石经营为主。有隐形眼镜生产厂家。310国道过境。通多路公交车。

峡窝镇［Xiáwō Zhèn］ 上街区辖镇。在区境南部。面积47平方千米。人口4.5万。辖3居委会、23村委会，有79自然村。镇人民政府驻北峡窝。1964年成立峡窝公社。1983年改乡。1994年置镇。因地处魏岗岭南北山间低洼地带得名。索河、汜水河流经。有高中2所，初中1所，小学3所，卫生院1个，卫生所23个，社区卫生服务中心2个。有幼儿园。有五云山山地生态公园。有省级历史文化名村方顶村，现存完整的明清古建筑群。经济以农业、工业为主。农业产小麦、玉米等。工业以碳素、铸造、机械制造加工、塑料制品、建筑材料为主。陇海铁路、连霍高速、310国道过境。通多路公交车。

北峡窝［Běixiáwō］ 峡窝镇人民政府驻地。在区政府驻地济源路街道西南4千米。人口3000。明洪武年间建村名峡窝，后分两处，此处居北，故名。聚落呈条状。有高中、初中、卫生服务中心。以种植、加工和制造业为主。通多路公交车。

惠济区

惠济区［Huìjì Qū］ 郑州市辖区。在市境北部。面积233平方千米。人口28.2万。辖6

街道、2镇。区人民政府驻新城街道。1987年设邙山区。2003年更今名。因惠济桥村和惠济长桥遗址得名。2000年后由农村改造为城区。企业迁驻,东北部建成炎黄主题旅游区,东南部为大学城。英才街沿线多高档居住小区,有工厂及多个专业交易中心。西部为古文化旅游区。南部为商贸区。西枕邙山,北临黄河,地势由西北向东南倾斜,黄河、贾鲁河、索须河、枯河流经。有大专7所,中专2所,中学6所,小学47所,三级医院1个,二级医院1个,区文化馆、档案馆、图书馆各1个,省级体育场馆1个。有全国重点文物保护单位西山遗址、古荥汉代冶铁遗址、荥阳故城,省级文物保护单位纪信墓及碑刻、荥泽县城隍庙、敖仓城、花园口黄河决堤处、黄河第一铁路桥旧址、惠济长桥。有国家级黄河风景名胜区,与丰乐农庄、黄河湿地公园、绿源山水、马拉湾海浪浴场、黄河迎宾馆风景区构成黄河文化游览区。有国家级非物质文化遗产澄泥砚制作技艺。三次产业比例6∶47∶47。农业以种植粮食作物、绿色蔬菜、花木林果为主,有陈砦花卉市场双桥基地。工业以速冻食品加工为主。服务业以商贸业为主,有蔬菜、调味品、水产品及汽车交易类大型批发市场。京广铁路,连霍、西绕城高速过境。有郑州北站。通多路公交车。

花园口立交桥 [Huāyuánkǒu Lìjiāoqiáo] 在城区中部偏北。占地面积5.4万平方米。有3层互不交叉的不同方向的城市道路在此立体相交。最高层离地面16.5米。2009年开工,2011年建成。因地理位置得名。为大型枢纽型全互通式立交。日交通流量25万辆。

新城街道 [Xīnchéng Jiēdào] 惠济区人民政府驻地。在区境中部偏北。面积35平方千米。人口3.1万。2003年由毛庄镇改设。因新城路得名。打通、扩建新城路。枯河、索须河、东风渠、贾鲁河流经。有郑州经贸学院。有中、小学各1所,村级卫生所15个。有景点古树苑,内有国家二级保护植物对接白蜡、大叶女贞。有郑州市黄河国家湿地公园。经济以工业、服务业为主。工业以食品生产加工为主。有毛庄蔬菜批发市场。通多路公交车。

刘寨街道 [Liúzhài Jiēdào] 属惠济区。在区境南部。面积3平方千米。人口4.2万。1980年由南阳新村街道析设。因刘寨村得名。先后改造南阳路、东风路、兴隆铺路,建清华园小区等。有中、小学各1所,幼儿园11所,社区卫生服务站5个,卫生所7个。有同乐文化广场。经济以商贸业为主,有大型时尚购物中心、家纺城。京广、郑焦城际铁路过境。通多路公交车。

老鸦陈街道 [Lǎoyāchén Jiēdào] 属惠济区。在区境南部。面积17平方千米。人口2.6万。2003年由老鸦陈镇改设。因老鸦陈村得名。先后开通、改建主干道,建大型居住小区。索须河、贾鲁河流经。有省新闻出版学校。有小学5所,幼儿园9所,村级卫生所6个。农业主要种植玉米、小麦。工业以电气行业为主,有郑州郑控电气有限公司。京广、郑焦城际铁路过境。通多路公交车。

长兴路街道 [Chángxīnglù Jiēdào] 属惠济区。在区境南部。面积12平方千米。人口10万。2003年设。因长兴路得名。2006年治理贾鲁河,扩建江山路、长兴路、金杯路。有标志性建筑省体育中心。贾鲁河流经。有郑州大学体育学院。有中学1所,小学4所,幼儿园15所,三级医院1个,二级医院1个,社区卫生服务站1个。有盘鼓队、民间故事队、空竹队、戏曲队等。经济以商贸业为主。连霍高速,京广、郑焦城际铁路过境。通多路公交车。

迎宾路街道 [Yíngbīnlù Jiēdào] 属惠济区。在区境东部。面积13平方千米。人口4.9万。2003年设。因迎宾路得名。2012年拆迁改造城中村。2013年修建田园路、天元路。先后建成多处中高档居住小区。有标志性建筑黄河迎宾馆。索须河、贾鲁河流经。有高校5所,中学1所,小学5所,幼儿园11所,社区卫生服务中心1个。有综合文化站、文化活动室、图书阅览室。经济以商贸业为主。有北大学城商圈、河南汽车贸易中心。通多路公交车。

西黄刘 [Xīhuángliú] 在区政府驻地新城街道东4千米。属迎宾路街道。为花园口镇人民政府驻地。人口2200。清《修关帝庙碑文》载:该村原称西黄府,俗称皇府庄,后刘姓迁此渐兴,改称西皇刘,后演为今名。聚落呈团块状。有小学、幼儿园。有郑州市电业局环城分局、郑州济仁中医院等。经济以蔬菜种植、个体经营、外出务工为主。

大河路街道 [Dàhélù Jiēdào] 属惠济区。在区境北部。面积23平方千米。人口1.9万。2005年由毛庄镇改设。因大河路得名。先后新建及改扩建江山路、天河路等干道。2009年建成怡丰森林湖小区、中原四季水产物流港。枯河、索须河流经。有小学6所,幼儿园4所,卫生所7个。有文化站、文化活动室、村级图书阅览室。有丰乐农庄。经济以种植业、商贸业为主。主要种植小麦、玉米。通多路公交车。

古荥镇 [Gǔxíng Zhèn] 惠济区辖镇。在区境西部。面积78平方千米。人口3.1万。辖10村委会,有53自然村。镇人民政府驻古荥。1955年设古荥乡。1958年改公社。1983年改乡。1995年置镇。因镇政府驻地得名。有中学1所,小学5所。有幼儿园。有文化服务中心、图书阅览室。为中国历史文化名镇。有国家级非物质文化遗产黄河澄泥砚制作技艺。有全国重点文物保护单位古荥汉代冶铁遗址、荥阳故城遗址、西山仰韶文化遗址,省级文物保护单位纪信墓、敖仓城、黄河第一铁路桥旧址、荥泽县城隍庙。经济以生态观光农业、古汉文化旅游业为主。京广、郑焦城际铁路,省道南商线过境。通多路公交车。

古荥 [Gǔxíng] 古荥镇人民政府驻地。在区政府驻地新城街道西7千米。人口6200。因地处古荥泽得名。聚落呈团块状。有中小学、幼儿园、卫生院、文化站。有古荥汉代冶铁遗址、西山仰韶文化遗址、荥阳故城遗址、纪信墓、敖仓城、黄河第一铁路桥旧址、荥泽县城隍庙。经济以生态种植、古汉文化旅游为主。省道虞灵线经此。

花园口镇 [Huāyuánkǒu Zhèn] 惠济区辖镇。在区境东部。面积54平方千米。人口2.3万。辖8村委会,有29自然村。镇人民政府驻迎宾路街道西黄刘。1969年成立花园口公社。1983年改乡。1998年置镇。因明嘉靖年间建花园,清康熙年间开辟渡口,故名。索须河、贾鲁河流经。有初中1所,幼儿园3所,卫生院1个,卫生所8个。有文化活动室、图书室。经济以水产养殖和沿黄河旅游为主。农业种植小麦、玉米,养殖鲤鱼、草鱼、鲳鱼。广花铁路支线、107国道及辅道过境。有郑新黄河大桥。通多路公交车。

巩 义 市

巩义市 [Gǒngyì Shì] 河南省直辖县级市,由郑州市代管。北纬34°44′,东经113°01′。在郑州市境西部。面积1042平方千米。人口82.4万。辖5街道、15镇。市人民政府驻紫荆路街道。秦庄襄王元年(前249)始置巩县,寓意“山河四塞,巩固不拔”。汉属河南郡。北齐废巩县。隋开皇十九年(599)复巩县,属河南郡。唐开元初(713)属河南府。明、清属河南府。1913年属豫西道。1914年属河洛道。1927年直属河南省。1932年后隶属第十行政督察区、郑州专区、开封专区。1958年属郑州市。1961年复属开封专区。1963年县人民政府驻地由站街镇迁孝义镇。1983年复属郑州市。1991年撤县设市,取原巩县名及驻地孝义镇名各一字命名。2014年由省直管。1994年建成体育馆。1995年新建道路6条。2002年展开新区开发、老城改造和小城镇建设。2003—2009年先后建成陇海桥、新兴桥、伊洛河公园、石河道公园。2012年伊洛河景观带绿化升级。2013年建成东周路、洛书路等19条道路,拆迁高尚村、北官庄村。形成旧城区以居住和商贸为主导,新城区集行政、金融、科技教育、文化娱乐、居住功能于一体的城市格局。北临黄河,南依嵩山,地势自南向北逐渐降低。最高海拔1440.2米,最低海拔103.8米。年均气温14.6℃,1月平均气温0.4℃,7月平均气温27.3℃。年均降水量583毫米。黄河、洛河流经。有矿产资源煤、铝土、耐火黏土、硫铁矿、熔剂灰岩、水泥灰岩、水泥黏土、陶瓷土(高岭土)、镓矿等21种。有野生植物1300余种,其中国家重点保护野生植物有银杏、水杉等13种。有野生动物200余种,其中国家重点保护野生动物有大鸨、东方白鹳、黑鹳等24种。有省级森林公园3个。森林覆盖率35.27%。有高校1所,中等职业学校5所,高中6所,初中29所,小学71所,二级医院3个,图书馆、文化馆各1个。有市体育馆。有全国重点文物保护单位宋陵、巩县石窟、康百万庄园、巩义窑址、稍柴遗址、花地嘴遗址、铁生沟冶铁遗址、刘镇华庄园、张祜庄园、慈云寺石刻,省级文物保护单位杜甫诞生窑等24个。有省级爱国主义教育示范基地、科普教育基地巩义市博物馆。为河洛文化发源地。有国家4A级旅游景区康百万庄园、长寿山,国家3A级旅游景区巩县石窟、杜甫故里、嵩阴、浮戏山雪花洞。三次产业比例1∶69∶30。农业以种植小麦、玉米、红薯、棉花、蔬菜为主,有苹果、葡萄、桃、杏、石榴等林果种植。工业以机械、化工、煤炭、电力、钢铁、建材、铝加工、电线电缆、耐材生产加工为主,有省豫联产业集聚区、巩义市产业集聚区。服务业以通信、房地产、旅游、现代物流、物业管理等为主。陇海铁路,郑西高铁,连霍、焦桐高速,310国道,省道郑三、大练线过境。通多路公交车。

市民文化广场 [Shìmín Wénhuà Guǎngchǎng] 在市区东部。面积12万平方米。2010年开工,2011年建成。因市民文化艺术中心在广场中部得名。自北向南分为北广场、市民文化艺术中心、南广场3部分。整体呈古铲币状。北广场以川字形形成三条轴线。中心为河洛文化轴线,分布河洛汇流、洛书、伏羲、河图4小广场,与水景形成水体景观。东西两侧为历史文化轴线,分布北魏、宋、春秋与晋、唐、清文化园,以雕塑为载体展现历史文化名人和文化元素。市民文化艺术中心外形为古刀币形状。南广场为洛水文化园,由洛水之门、河洛文化之旅、未来之门组成。周边有金融商业区、市委等行政部门、郑州华裕国际酒店等。通公交车。

人民路 [Rénmín Lù] 在市区中部。东起和平路,西至孝义路。与桐本路、建设路、新华路、交通路相交。长2.6千米,最宽处40米。沥青路面。1969年修建,1976—2004年3次拓宽改造。两侧有中国银行等金融机构及市粮食局、国税局、市人民医院、大中型商场、宾馆、游园等。通公交车。

建设路［Jiànshè Lù］ 在市区中部。南起杜甫路，北至石河路。与陇海路、人民路、新兴路、货场路相交。长5千米，宽30—40米。沥青路面。1965年修建，1984—2003年6次拓宽改造。两侧有市交警大队、交通银行、武警医院、商场、居住小区等。通公交车。

新华路［Xīnhuá Lù］ 在市区中部。南起杜甫路，北至货场路。与人民路、新兴路相交。长2.3千米，宽30米。沥青路面。1965年修建，1976—2003年4次改扩建。两侧有新华书店、宾馆、小游园、商场、财政局等。通公交车。

巩义站［Gǒngyì Zhàn］ 见交通运输设施部分“巩义站”条。

巩义汽车站［Gǒngyì Qìchēzhàn］ 见交通运输设施部分“巩义汽车站”条。

紫荆路街道［Zǐjīnglù Jiēdào］ 巩义市人民政府驻地。在市境中部。面积12平方千米。人口2.8万。2003年设嵩山路街道。2004年更今名。因紫荆路得名。2005年起建成多个居住小区。2011年建市民文化艺术中心、文化广场。有郑州成功财经学院。有九年一贯制学校1所，小学1所，二级医院1个。有文化站。农业以种植小麦、玉米为主。工业以光伏、地毯织造、机械制造为主。服务业以房地产、商贸业、饮食业为主。陇海铁路、焦桐高速、省道沁新线过境。通多路公交车。

新华路街道［Xīnhuálù Jiēdào］ 属巩义市。在市境中部偏西。面积3平方千米。人口5.2万。2003年设。因新华路得名。先后建成多个居住小区。有中学2所，小学1所，民办医院2个。有文化站、社区文化中心、社区图书室。有书法、绘画、摄影、剪纸、舞蹈、戏曲、太极、武术、收藏、空竹、风筝等文体协会。有业余文艺团队。经济以商贸业、餐饮服务业为主。通多路公交车。

杜甫路街道［Dùfǔlù Jiēdào］ 属巩义市。在市境中部偏西。面积15平方千米。人口5.8万。2003年设。因分布在杜甫路两侧得名。先后建成多个居住小区。拓宽延长道路。建成建材、钢材、汽配、家具灯饰、建筑工具、科技、家居等市场。有高中1所，小学5所，二级医院2个，民办医院2个，博物馆、文化站各1个。有全国重点文物保护单位北宋皇陵永昭陵、永厚陵。农业以种植小麦、玉米为主。工业以选矿设备、机械制造加工等为主。服务业以商贸为主，有建材、钢材、汽配、家具灯饰、建筑工具、科技、家居等市场。有巩义汽车站。通多路公交车。

永安路街道［Yǒng'ānlù Jiēdào］ 属巩义市。在市境西部。面积5平方千米。人口2700。2003年设。因永安路得名。2014年修补改造多条道路。有高中1所，九年一贯制学校1所，卫生所2个。有文化站。有古迹永定陵保护区、包拯墓等。农业以种植小麦、玉米，养殖猪、牛、羊为主。工业以装备制造、特种钢铁、耐材生产加工等为主，为郑州市工业重点示范园区。服务业以物流、仓储管理等为主，以货运代理、货物包装、信息交易、汽车贸易、酒店餐饮为辅。通公交车。

孝义街道［Xiàoyì Jiēdào］ 属巩义市。在市境西北部。面积22平方千米。人口4.4万。2003年设。西汉称枣园，东汉以田真三兄弟哭活紫荆树传说改名孝义。建多个居住小区及道路。石子河流经。有中学3所，小学6所，卫生院1个，卫生所33个。有省级文物保护单位孝义兵工厂旧址。农业种植小麦、玉米、蔬菜，养殖猪、牛、羊。有综合性现代都市型农业观光园区。工业以机械制造为主，生产制砖机和水泥矿山机械系列产品，有碳素制品、耐材等冶金建材。服务业以房地产、批发零售、餐饮为主。陇海铁路过境。通公交车。

米河镇［Mǐhé Zhèn］ 巩义市辖镇。在市境东部。面积53平方千米。人口4.7万。辖19村委会，有121自然村。镇人民政府驻两河口。1961年成立米河公社。1984年改乡。1990年置镇。原以村北小河多泥沙得名泥河，后因居民多马姓，马忌泥喜米，清末改米河。南部山地，北部丘陵。汜水河、玉仙河、小关河、水头河流经。有中学2所，小学6所，卫生院1个，卫生所31个。有文化站。农业种植小麦、玉米，养殖猪、羊、牛。工业有机械、耐材、建材、煤炭、印刷等企业。有省级文物保护单位苇园瓷窑遗址、程家大院、米北遗址、福昌寺。陇海、郑铝地方铁路，郑西高铁，310国道过境。通公交车。

两河口［Liǎnghékǒu］ 米河镇人民政府驻地。在市政府驻地紫荆路街道东28千米。人口1700。玉仙河与小关河在此汇流，故名。聚落呈扇状。有小学、卫生院。种植小麦、玉米。310国道经此。

新中镇［Xīnzhōng Zhèn］ 巩义市辖镇，在市境东南部。面积53平方千米。人口1.8万。辖1居委会、15村委会，有137自然村。镇人民政府驻茶店。1958年为新中乡。后改公社。1983年复乡。1996年置镇。原以老君庙琉璃瓦顶命名琉璃庙沟。1919年以孙中山思想改名新中。有浮戏山。玉仙河流经。有峡峪水库。有中学1所，小学2所，卫生院1个，卫生所18个。有文化站。有全国重点文物保护单位张祜庄园，省级文物保护单位泰茂庄园。有国家3A级旅游景区浮戏山雪花洞。有豫西抗日纪念地。农业以小麦、玉米种植，牛、羊养殖为主。工业有耐材、机械、建材、化工等企业。服务业以旅游和现代服务业为主。通公交车。

茶店［Chádiàn］ 新中镇人民政府驻地。在市政府驻地紫荆路街道东30千米。人口2900。宋代曾在此设茶叶店，故名。聚落呈团块状。有中小学、幼儿园、卫生室。有清代建筑凤仙桥、聚仙桥。种植小麦、玉米、金银花。火巩公路经此。通公交车。

小关镇［Xiǎoguān Zhèn］ 巩义市辖镇。在市境东部。面积56平方千米。人口3.2万。辖13村委会，有60自然村。镇人民政府驻小关。1952年设小关区。1958年改乡。1961年成立公社。1984年复乡。1990年置镇。因镇政府驻地得名。小关河、段河流经。有龙门水库。有市三职专。有中学1所，小学3所，卫生院1个，卫生所27个。有文化站。农业以小麦、玉米种植，羊、牛养殖为主。工业有耐材、煤炭、铝矾土、水泥、机械、化工等企业。郑铝铁路专线、310国道过境。通公交车。

小关［Xiǎoguān］ 小关镇人民政府驻地。在市政府驻地紫荆路街道东22千米。人口4300。原为郑州—洛阳路上的关隘，规模较小，故名。聚落呈团块状。有中小学、幼儿园、卫生院。种植小麦、玉米。310国道经此。通公交车。

竹林镇［Zhúlín Zhèn］ 巩义市辖镇。在市境中部偏东。面积18平方千米。人口1.1万。辖7居委会，有37自然村。镇人民政府驻竹林街社区。1994年析小关镇竹林村、孙寨村3村民小组、大峪沟镇刘沟村、寨城村1村民小组置竹林镇。以镇政府原驻地竹林村得名。明以前两山夹竹，称竹林沟，故名。有中学1所，小学2所，卫生院1个，卫生所7个。有文化站。有国家4A级旅游景区竹林长寿山。工业以耐材、化工、制药等产业为主。服务业以旅游业、餐饮业为主。310国道过境。通公交车。

竹林街社区［Zhúlínjiē Shèqū］ 竹林镇人民政府驻地。在市境东部。面积3平方千米。人口1900。1996年成立。因原竹林村得名。有居民楼15栋。设置便民车棚、便民食堂、敬老爱老休息室、健身活动室、便民服务中心、医药箱、便民角等服务设施。每年组织“九月九金秋孝老敬亲”“百叟宴”活动。开展贤孝之家和文明家庭评选活动。每月发放高龄老人补贴。每周六开展志愿者服务日活动。有文艺团体盘鼓队、秧歌队等。有中小学、卫生院。有耐材、制药、印刷等企业。310国道经此。通公交车。

大峪沟镇［Dàyùgōu Zhèn］ 巩义市辖镇。在市境东部。面积84平方千米。人口3.6万。辖21村委会，有110自然村。镇人民政府驻大峪沟。1958年成立大峪沟公社。1984年改乡。1990年置镇。因镇政府驻地得名。南部山区，北部丘陵。后寺河、西泗河、东泗河流经。有凉水泉水库。有中学1所，小学4所，卫生院1个，卫生所29个。有文化站。有全国重点文物保护单位慈云寺石刻，省级文物保护单位海上桥村传统民居。农业以种植小麦、玉米，养殖羊、牛为主。工业有耐材、煤炭、建材、机械、化工等企业。孝大铁路专线、310国道过境。通公交车。

大峪沟［Dàyùgōu］ 大峪沟镇人民政府驻地。在市政府驻地紫荆路街道东南12千米。人口1300。地处山区，山沟多且大，故名。聚落呈团块状。有中小学、卫生院。种植小麦、玉米。310国道经此。通公交车。

民权［Mínquán］ 在市政府驻地紫荆路街道东南15千米。大峪沟镇辖自然村。人口2300。1921年本地学生联络乡绅商定，为推崇孙中山先生“三民主义”，诸村共以“民权”为名。聚落呈团块状。有全国重点文物保护单位慈云寺石刻。有古塔等建筑遗存。钟慈公路经此。通公交车。

河洛镇［Héluò Zhèn］ 巩义市辖镇。在市境东北部。面积129平方千米。人口3.1万。辖23村委会，有67自然村。镇人民政府驻石关。1996年由沙鱼沟乡改置河洛镇。2005年南河渡镇并入。因黄河、洛河在域内交汇得名。有中学2所，小学1所，卫生院2个，卫生所28个。有文化站。有全国重点文物保护单位巩县石窟、刘镇华庄园，省级文物保护单位洪沟遗址、伏羲台遗址、双槐树遗址、常香玉故居。农业以种植小麦、玉米、石榴、葡萄、苹果，养殖猪、牛为主。工业有轧钢、耐材、机械、净水剂等企业。陇海铁路，连霍高速，省道郑三、大练线过境。通公交车。

石关［Shíguān］ 河洛镇人民政府驻地。在市政府驻地紫荆路街道北6千米。人口2200。北魏时以石山对峙得名。聚落呈团块状。种植小麦、玉米、石榴。省道郑三、大练线经此。通公交车。

站街镇［Zhànjiē Zhèn］ 巩义市辖镇。在市境北部。面积27平方千米。人口3.2万。辖18村委会，有31自然村。镇人民政府驻东站镇。1949年为城关镇。1958年改公社。1980年更名站街公社。1984年改镇。因原巩县城南有火车站得名。东泗河、西泗河流经。有中学1所，小学1所，卫生院1个，卫生所22个。有文化站。有全国重点文物保护单位黄冶唐三彩窑址、花地嘴遗址，省级文物保护单位杜甫诞生窑、兴佛寺。有国家3A级旅游景区杜甫故里。农业以种植小麦、玉米，养殖猪、牛为主。工业有机械、化工、陶瓷、耐材等企业，有省豫联产业集聚区。陇海铁路，郑西高铁，连霍、焦桐高速，省道大练线过境。设站街站。通公交车。

东站镇［Dōngzhànzhèn］ 站街镇人民政府驻地。在市政府驻地紫荆路街道东北5千米。人口1000。原为城东递运所，因处巩县老城以东,设有车站,故名。聚落呈团块状。有中小学、幼儿园、卫生院。种植小麦、玉米。陇海铁路经此。通公交车。

南瑶湾［Nányáowān］ 在市政府驻地紫荆路街道东北6千米。站街镇辖自然村。人口1800。洛河经此形成河湾,右岸民居为窑洞,得名窑湾,有两村,此村居南称南窑湾,后改“窑”为“瑶”,成今名。聚落呈团块状。有省级文物保护单位杜甫诞生窑。有杜甫故里纪念馆。陇海铁路、连霍高速、七大公路经此。通公交车。

康店镇［Kāngdiàn Zhèn］ 巩义市辖镇。在市境西北部。面积109平方千米。人口4.5万。辖22村委会,有54自然村。镇人民政府驻康南。1958年成立康店公社。1984年改乡。1996年置镇。因镇政府驻地得名。地处邙山丘陵,有数万亩滩地。黄河、洛河流经。有中学16所,小学6所,卫生院1个,卫生所30个。有文化站。有全国重点文物保护单位、国家4A级旅游景区康百万庄园,省级文物保护单位康北古城址、塌坡仰韶文化遗址。农业以种植小麦、玉米、苹果、葡萄、杏为主。工业以机械、钢缆、化工、铸造业为主。陇海铁路、连霍高速、省道郑三线过境。有黄河渡口。通公交车。

康南［Kāngnán］ 康店镇人民政府驻地。在市政府驻地紫荆路街道西6千米。人口4000。明初康姓自山西洪洞县迁此,开设饭店称康家店,演为村名。后分康南、康北两村,此村居南,故名。聚落呈团块状。有中小学、幼儿园、卫生院。有康百万庄园。种植小麦、玉米、葡萄。省道郑三线经此。通公交车。

北山口镇［Běishānkǒu Zhèn］ 巩义市辖镇。在市境中部。面积55平方千米。人口3.7万。辖13村委会,有47自然村。镇人民政府驻北山口。1957年设北山口乡。1963年成立公社。1984年复乡。1996年置镇。因镇政府驻地得名。有青龙山。后寺河流经。有中学3所,小学5所,卫生院1个,卫生所29个。有文化站。有全国重点文物保护单位白河瓷窑遗址,省级文物保护单位水地河仰韶文化遗址、青龙禅寺。农业种植小麦、玉米。工业有耐材、冶金、化工、机械等企业。郑西高铁、焦桐高速、310国道、省道大练线过境。通公交车。

北山口［Běishānkǒu］ 北山口镇人民政府驻地。在市政府驻地紫荆路街道南3千米。人口5400。因位于后寺河出山口北得名。聚落呈团块状。有小学、幼儿园。有体育广场。种植小麦、玉米。郑西高铁、310国道经此。通公交车。

西村镇［Xīcūn Zhèn］ 巩义市辖镇。在市境西南部。面积78平方千米。人口5.9万。辖16村委会,有28自然村。镇人民政府驻西村。1956年设西村乡。1958年成立西村红旗公社。1963年改西村公社。1984年改乡。1993年置镇。因镇政府驻地得名。有金牛山、白云山。坞罗河、天坡河流经。有坞罗、天坡、赵窑水库。有中学1所,小学4所,卫生院1个,卫生所48个。有文化站。有全国重点文物保护单位北宋皇陵永安陵、永昌陵、永熙陵。农业以种植小麦、玉米,养殖猪、鸡、牛为主。工业有煤矿、耐材、冶金、建材、机械、管件等企业。省道大练线过境。通公交车。

西村［Xīcūn］ 西村镇人民政府驻地。在市政府驻地紫荆路街道西南13千米。人口8000。原名许村,北宋在此设东、西作坊,此村居西,故名。聚落呈团块状。有中小学、幼儿园、卫生院、文化站。种植小麦、玉米、大豆。310国道经此。通公交车。

芝田镇［Zhītián Zhèn］ 巩义市辖镇。在市境西部。面积40平方千米。人口4.8万。辖14村委会,有17自然村。镇人民政府驻芝田。1963年成立芝田公社。1983年改乡。1993年置镇。因镇政府驻地得名。坞罗河、天坡河流经。有中学1所,小学3所,卫生院1个,卫生所37个。有文化站。有全国重点文物保护单位北宋皇陵永定陵、永裕陵、永泰陵和稍柴遗址,省级文物保护单位刘家大院、启圣阁、蔡庄文魁坊、喂庄遗址。农业以种植小麦、玉米,养殖猪、牛为主。工业有机械、水泥、净水剂等企业。郑西高铁、310国道、省道大练线过境。通公交车。

芝田［Zhītián］ 芝田镇人民政府驻地。在市政府驻地紫荆路街道西南10千米。人口5800。因古时盛产灵芝得名。聚落呈团块状。有中小学、幼儿园、卫生院。种植小麦、玉米。郑西高铁、310国道经此。通公交车。

蔡庄［Càizhuāng］ 在市政府驻地紫荆路街道西南8千米。芝田镇辖自然村。人口6200。为北宋大臣蔡齐故里,称蔡家庄,简称蔡庄。聚落呈团块状。有小学。有全国重点文物保护单位北宋皇陵永定陵,省级文物保护单位蔡庄文魁坊。有蔡齐墓。310国道、省道大练线经此。通公交车。

八陵［Bālíng］ 在市政府驻地紫荆路街道西南14千米。芝田镇辖自然村。人口4700。宋哲宗赵煦归葬村南永泰陵,为北宋第八座陵寝,故名。聚落呈团块状。有全国重点文物保护单位北宋皇陵永泰陵。通公交车。

回郭镇［Huíguō Zhèn］ 巩义市辖镇。在市境西南部。面积47平方千米。人口11.6万。辖21村委会,有40自然村。镇人民政府驻东庙。1949年为回郭镇。1958年成立卫星公社。1968年改回郭公社。1984年复镇。传唐郭子仪曾转战于此,称回郭头,后简为今名。沙沟河、西河、乾沟河等流经。有中学2所,小学8所,卫生院1个,卫生所63个。有文化站。有北宋宗室亲王墓群。农业以种植小麦、玉米为主。工业以化工、机械、铝加工、电线电缆生产加工等为主。陇海铁路、郑西高铁、310国道过境。有巩义南站。通公交车。

东庙［Dōngmiào］ 回郭镇人民政府驻地。在市政府驻地紫荆路街道西南19千米。人口9500。因处镇境东部且村内有古庙得名。聚落呈团块状。有中小学、幼儿园、卫生院。种植小麦、玉米、大豆。310国道经此。通公交车。

鲁庄镇［Lǔzhuāng Zhèn］ 巩义市辖镇。在市境西南部。面积90平方千米。人口6.5万。辖29村委会,有58自然村。镇人民政府驻鲁庄。1949年为鲁庄区。1958年成立公社。1984年改乡。1996年置镇。因镇政府驻地得名。有赵城、桑家沟、曹河水库。有中学2所,小学7所,卫生院1个,卫生所38个。有文化站。有省级文物保护单位赵城遗址。有国家级非物质文化遗产小相狮舞。农业以种植小麦、玉米,养殖猪、羊为主。工业以机械、印刷、建材、耐材、针织行业为主。通公交车。

鲁庄［Lǔzhuāng］ 鲁庄镇人民政府驻地。在市政府驻地紫荆路街道西南20千米。人口5400。传鲁义姑救侄弃子于桑林,得名鲁义姑庄,演称鲁庄。聚落呈团块状。有中小学、幼儿园、卫生院。种植小麦、玉米。通公交车。

小相［Xiǎoxiàng］ 在市政府驻地紫荆路街道南24千米。鲁庄镇辖自然村。人口2800。汉丞相萧何曾在此歇马,名萧相庄,演为小相。聚落呈团块状。有国家级非物质文化遗产小相狮舞。产小相野菊花茶。通公交车。

夹津口镇［Jiājīnkǒu Zhèn］ 巩义市辖镇。在市境南部。面积52平方千米。人口2.5万。辖1居委会、13村委会,有48自然村。镇人民政府驻双河。1956年设夹津口乡。1975年改公社。1984年复乡。1996年置镇。地处坞罗河、丁沟河交汇夹角处,为南北交通河口,故名。有嵩山、讲山、金牛山等。最高峰嵩山玉柱峰,海拔1440.2米。坞罗河、井沟河流经。有中学1所,小学1所,卫生院1个,卫生所24个。有文化站。有全国重点保护文物单位铁生沟汉代冶铁遗址。有国家3A级旅游景区嵩阴风景区。农业以种植小麦、玉米,养殖猪、牛、羊为主。工业以煤矿、机械、建材加工为主。省道大练线、巩登旅游路过境。通公交车。

双河［Shuānghé］ 夹津口镇人民政府驻地。在市政府驻地紫荆路街道南14千米。人口1200。因在两条小河边形成两处聚居区得名。聚落呈团块状。有镇中心幼儿园、卫生院。种植小麦、玉米。省道大练线、巩登旅游路经此。通公交车。

涉村镇［Shècūn Zhèn］ 巩义市辖镇。在市境南部。面积95平方千米。人口3.7万。辖29村委会,有115自然村。镇人民政府驻后村。1958年成立涉村公社。1984年改乡。1990年置镇。2005年桃园镇并入。坞罗河与其支流在此汇合,出行需涉水,故名。南北列山,中间河川。有五指岭、蟠龙山。坞罗河、洪河流经。有桑树沟、洪河水库。有中学1所,小学41所,卫生院2个,卫生所39个。有文化站。有省级文物保护单位豫西抗日先遣支队司令部旧址、涉村东大庙。农业以种植小麦、玉米,养殖猪、牛、羊为主。工业以煤矿、耐材、机械产业为主。焦桐高速、省道大练线过境。通公交车。

后村［Hòucūn］ 涉村镇人民政府驻地。在市政府驻地紫荆路街道南15千米。人口2000。因所处地理位置相对靠后得名。聚落呈团块状。有中小学、卫生院。种植小麦、玉米。省道大练线经此。通公交车。

荥阳市

荥阳市［Xíngyáng Shì］ 河南省直辖县级市,由郑州市代管。北纬34°47′,东经113°23′。在郑州市境西北部。面积908平方千米。人口67.5万。以汉族为主,还有回、满、蒙古等民族。辖2街道、9镇、3乡。市人民政府驻索河街道。战国时因在荥泽之北筑城得名荥阳。秦置荥阳县,属三川郡。东汉属河南郡。三国魏析河南郡置荥阳郡,郡县并治古荥。北魏太和十七年(493)县治迁大栅城(今荥阳老城)。唐天授年间荥阳县更名武泰县。神龙元年(705)复名。北宋熙宁五年(1072)入管城县。元祐元年(1086)复。宋、元属郑州。明、清属河南布政使司开封府。1912年初属豫东道。1928年后属省第一行政督察区。1949年荥阳、广武、汜水3县合并为荥阳、成皋2县,属郑州专区。1954年属开封专区,同年成皋县并入荥阳县。1958年属郑州市。1961年复属开封专区。1971年复属郑州市。1994年设县级荥阳市,城区划分为老城、新城、新区。2004年增辟东区。2014年建成区面积35平方千米。索河以西为老城,荥阳古城所在,有明清县衙、董大知故居等百年建筑。索河以东至广武路为新城,为党政机关、事业单位集中地,有地标性建筑商业大厦、人民广场。广武路至京城路之间为新区,为金融单位集中地,有广武路街心带状公园、荥阳植物园。京城路至郑州西南绕城高速之间为东区,大中型企业集聚,有标志性建筑郑氏三公像、文博中心。西、南为浅山区,东、北为平原。平均海拔200米。年均气温14.4℃,1月平均气温0.1℃,7月平均气温26.9℃。年均降水量600.6毫米。有二郎寨、大周山、马头山、万山、岵山等。黄河及索河、汜河、枯河等季节性河流流经。有矿产资源煤、铝土、白云岩、石灰岩、大理石、花岗石等。有野生植物桐、槐、榆、楸、杨树等75种。有野生动物狐狸、獾、兔、麻雀、喜鹊、燕等11种。森林覆盖率33.7%。有省级科研机构5个。有高校1所,中专1所,中学28所,小学55所,二级医院5个,文化馆、图书馆、博物馆各1个,体育场、象棋馆等体育场馆15个。有全国重点文物保护单位京城古城址、青台遗址、大师姑城址等9个,省级文物保护单位洞林寺、无缘真公禅师塔、秦王寨遗址等21个。有国家3A级旅游景区2个。有国家级非物质文化遗产苌家拳,省级非物质文化遗产黄河玉门号子、荥阳霜糖制作技艺等6项。三次产业比例5∶70∶25。农业以种植业为主,畜牧业、林业为辅。主要种植粮食、蔬菜、油料作物、水果,养殖生猪、禽、奶牛。林业有人工造林和经济果木种植。有地理标志保护产品荥阳柿子、广武大葱、河阴石榴、黄河鲤鱼。工业以阀门、建筑机械生产为主。服务业以商业、旅游服务为主。陇海铁路,郑西高铁,连霍、郑州西南绕城、郑云高速,310国道过境。通多路公交车。

人民广场［Rénmín Guǎngchǎng］ 在市区西部。面积3.5公顷。1997年开工,同年建成。呈南北向长方形,南端有喷泉池,东西两侧植雪松、银杏及花卉40余种。铺设绿地,有雕塑、华灯及大型LED电子屏。周边有荥阳宾馆、食药局、文物保护管理中心等。通公交车。

郑上路［Zhèngshàng Lù］ 在市区南部。东起京城路,西至省道张平线。与郑州绕城高速、荥泽大道等相交。长6.2千米,宽65米。沥青路面。1975年开工,1976年建成。2003—2005年改扩建。原为郑州市主城区至上街区公路,故名。两侧有市体育场、植物园、市中医院等。通多路公交车。

万山路［Wànshān Lù］ 在市区中部。南起中原西路,北至站前路。与索河路、大海寺路等相交。长5.6千米,宽40米。沥青路面。1983年开工,同年建成。1996、2007年两次南延。以万山命名。两侧有邮政局、荥阳中心汽车站、荥阳汽车南站、乔楼镇政府等。通多路公交车。

荥阳站［Xíngyáng Zhàn］ 见交通运输设施部分“荥阳站”条。

荥阳市汽车站［Xíngyáng Shì Qìchēzhàn］ 见交通运输设施部分“荥阳市汽车站”条。

索河街道［Suǒhé Jiēdào］ 荥阳市人民政府驻地。在市境中部。面积10平方千米。人口4.1万。2001年撤城关镇析设。因索河得名。2004—2008年改造城市排水管网。2012年起疏浚索河河道,建索滨公园。有中学1所,小学5所,二级医院2个,卫生院1个,卫生所8个。有幼儿园。有省级文物保护单位汉代韩仁铭碑刻。有市级爱国主义教育基地董天知故居。有人民广场。工业以建筑机械制造为主。有集贸市场、大型商场。陇海铁路、310国道过境。有荥阳市中心汽车站。通公交车。

京城路街道［Jīngchénglù Jiēdào］ 属荥阳市。在市境东部。面积16平方千米。人口5.6万。2000年撤城关镇析设。因京城路得名。2004年建荥阳植物园、市体育场、刘禹锡公园。有中学3所,小学8所,二级医院3个,卫生院1个,卫生所13个。有幼儿园、图书馆。有青铜雕塑郑氏三公像。工业以机械阀门、客车制造为主。有大型超市、商场。陇海铁路过境,设荥阳站。通公交车。

乔楼镇［Qiáolóu Zhèn］ 荥阳市辖镇。在市境中部。面积72平方千米。人口4.4万。辖19村委会,有128自然村。镇人民政府驻乔楼。1948年为乔楼区。1958年设乡。1959年改社。1983年复乡。1998年置镇。因镇政府驻地得名。索河流经。有丁店、楚楼水库。有中学1所,小学4所,卫生院1个,卫生所19个。有湿地公园、绿色生态园。农业主产小麦、玉米、淡水鱼。有土特产陈沟柿饼、万山冬桃。工业以建筑机械、矿山机械、精密铸造、面粉加工为支柱产业。郑西高铁、310国道过境。通多路公交车。

乔楼［Qiáolóu］ 乔楼镇人民政府驻地。在市政府驻地索河街道南4千米。人口400。乔寨村《乔氏家谱》载,清乾隆初年十四世孙乔国栋迁此盖楼,故名。聚落呈团块状。有中学、幼儿园、卫生院。主产小麦、玉米。有集贸市场。通公交车。

豫龙镇［Yùlóng Zhèn］ 荥阳市辖镇。在市境东部。面积69平方千米。人口5.7万。辖28村委会,有62自然村。镇人民政府驻二十里铺。1958年设二十里铺乡。1960年改公社。1983年复乡。1994年改置豫龙镇。因古名“遇隆镇”谐音得名。有中学1所,小学6所,卫生院1个,卫生所28个。有全国重点文物保护单位娘娘寨遗址、京城古城址。有关帝庙商代晚期遗址。有京襄城遗址生态园、李商隐公园。农业主产小麦、玉米。工业有汽车、阀门、印染、机械加工、化工、铝板材加工产业。服务业以物流为主。郑西高铁、郑州西南绕城高速过境。有郑州西站。通公交车。

二十里铺［Èrshílǐpù］ 豫龙镇人民政府驻地。在市政府驻地索河街道东7千米。人口3300。据碑刻记载原名“周岗铺”,清乾隆年间因距荥阳城二十华里改今名。聚落呈团块状。有小学、卫生院。有个体工商业。310国道经此。通公交车。

广武镇［Guǎngwǔ Zhèn］ 荥阳市辖镇。在市境东北部。面积155平方千米。人口10.2万。辖43村委会,有106自然村。镇人民政府驻广武。1956年设广武中心乡。1958年成立广武公社。1983年改乡。1993年置镇。因镇政府驻地得名。黄河、枯河、索河流经。有中学2所,小学6所,卫生院1个,卫生所43个。有全国重点文物保护单位青台仰韶文化遗址、秦代汉霸二王城、大师姑夏代大型城遗址。农业主产小麦、玉米、蔬菜。有地理标志保护产品广武大葱。工业以建筑业、机电产品为主。陇海铁路,连霍、郑州西南绕城、郑云高速过境。通公交车。

广武［Guǎngwǔ］ 广武镇人民政府驻地。在市政府驻地索河街道东北14千米。人口5400。古称“黄家店”,1931年广武县治迁此,称广武城,后更今名。聚落呈团块状。有中小学、卫生院。主产小麦、玉米。有个体工商业。通公交车。

王村镇［Wángcūn Zhèn］ 荥阳市辖镇。在市境西北部。面积91平方千米。人口6万。辖24村委会,有50自然村。镇人民政府驻王村。1958年成立红旗公社。1959年并入汜水公社。1963年析出,改王村公社。1983年改乡。1996年置镇。因镇政府驻地得名。南水北调干渠流经。有中学2所,小学9所,卫生院1个,卫生所24个。有全国重点文物保护单位苌村汉墓。有古柏渡、黄河万亩湿地景区。农业主产小麦、玉米、无公害蔬菜。工业以机械制造、铸造加工为主。连霍高速过境。通公交车。

王村［Wángcūn］ 王村镇人民政府驻地。在市政府驻地索河街道西北15千米。人口5100。原名“七户”,因秦王李世民率军夜宿后更名王留村,简为王村。聚落呈团块状。有中小学、卫生院。主产小麦、玉米、鲤鱼。有印刷业。省道郑三线经此。通公交车。

汜水镇［Sìshuǐ Zhèn］ 荥阳市辖镇。在市境西北部。面积58平方千米。人口2.7万。辖14村委会,有59自然村。镇人民政府驻汜水。1956年设汜水中心乡。1958年成立卫星公社。1959年改汜水公社。1983年改乡。1994年置镇。因镇政府驻地得名。黄河、汜河流经。有中学1所,小学1所,卫生院1个,卫生所14个。农业主产小麦、玉米。工业以汽车制造、医药化工、轻纺印染、建筑机械、消防器材、阀门生产为支柱产业。陇海铁路、连霍高速过境。通公交车。

汜水［Sìshuǐ］ 汜水镇人民政府驻地。在市政府驻地索河街道西北19千米。人口600。因东临汜河得名。聚落呈团块状。有中小学、卫生院。主产小麦、玉米。有少林汽车、康泰制药等企业。省道郑三线经此。通公交车。

高山镇［Gāoshān Zhèn］ 荥阳市辖镇。在市境西部。面积62平方千米。人口3.3万。辖19村委会,有86自然村。镇人民政府驻高山。1949年为高山区。1958年设乡。后改公社。1983年复乡。1996年改置高阳镇。2004年更今名。因镇政府驻地得名。有中学1所,小学1所,卫生院1个,卫生所19个。农业主产小麦、玉米。工业以阀门、碳素为支柱产业。陇海铁路、郑西高铁过境。通公交车。

高山［Gāoshān］ 高山镇人民政府驻地。在市政府驻地索河街道西19千米。人口1100。据《汜水县志》载,因有高姓聚居于此得名。聚落呈团块状。有中小学、卫生院。主产小麦、玉米。村南为镇工业区。通公交车。2014年被评为全国文明村。

冢岗［Zhǒnggǎng］ 在市政府驻地索河街道西17千米。高山镇辖自然村。人口400。传东汉刘秀经此遗落玉玺,一狗守护玉玺至饿死,刘秀葬狗于岗上,故名。聚落呈团块状。有文化广场、农家书院、文化长廊。组建文艺表演队、健身舞队,开展“十星级文明户”“好婆婆”“好媳妇”“致富能手”评选。主产小麦、玉米。通公交车。2014年被评为全国文明村。

刘河镇［Liúhé Zhèn］ 荥阳市辖镇。在市境西南部。面积56平方千米。人口2.6万。辖21村委会,有182自然村。镇人民政府驻刘河。1951年为刘河区。1956年设乡。1958年并入崔庙公社。1960年析设刘河公社。1983年复乡。1996年置镇。2005年庙子乡并入。因镇政府驻地得名。有五云山、紫金山、二郎寨等,祖师山海拔899米,为荥阳市最高峰。汜河、泥河流经。有矿产资源铝土、石灰石、煤炭。有中学1所,小学1所,卫生院1个,卫生所21个。有国家3A级旅游景区环翠峪。有郑韩长城。农业主产小麦、玉米。有水泥、林果、旅游产业。马米公路过境。通公交车。

刘河［Liúhé］ 刘河镇人民政府驻地。在市政府驻地索河街道西南15千米。人口300。清初刘姓建村称刘家河,简为刘河。聚落呈团块状。有小学、卫生院。主产小麦、玉米。有个体工商业。通公交车。

崔庙镇［Cuīmiào Zhèn］ 荥阳市辖镇。在市境南部。面积85平方千米。人口5.2万。辖22村委会,有224自然村。镇人民政府驻崔庙。1956年设崔庙中心乡。1958年成立崔庙公社。1983年改乡。1993年置镇。因镇政府驻地得名。南北列山,中部平原。有小顶山、马头山。索河流经。有矿产资源煤炭、铝土、石灰石、黏土。有中学1所,小学5所,卫生院1个,卫生所22个。有全国重点文物保护单位织机洞遗址。农业主产小麦、玉米。有建材、矿山机械产业。通公交车。

崔庙［Cuīmiào］ 崔庙镇人民政府驻地。在市政府驻地索河街道南13千米。人口1800。据《崔氏家谱》载,明万历年间四川右布政使崔仪告老还乡，在此修建庄园和"圣母奶奶庙"，故名。聚落呈团块状。有中小学、卫生院。产小麦、玉米。为农贸集散地。省道张平线经此。通公交车。

贾峪镇 [Jiǎyù Zhèn]　荥阳市辖镇。在市境东南部。面积84平方千米。人口6万。辖1居委会、26村委会，有176自然村。镇人民政府驻贾峪新镇。1948年为贾峪区。1956年设贾峪中心乡。1958年与槐林中心乡合并成立星火公社。1959年改贾峪公社。1983年改乡。1994年置镇。因镇政府驻地得名。贾峪河流经。有矿产资源煤炭、石灰石、白云岩。有中学1所，小学6所，卫生院1个，卫生所26个。有全国重点文物保护单位千尺塔，省级文物保护单位洞林寺、无缘真公禅师塔。农业主产小麦、玉米。工业以水泥、石材、建材、机械制造为支柱产业。郑州西南绕城高速过境。通公交车。

贾峪新镇 [Jiǎyùxīnzhèn]　贾峪镇人民政府驻地。在市政府驻地索河街道东南16千米。人口3000。有贾谷山，北宋形成集镇称贾谷镇，后"谷"演为"峪"成今名。聚落呈团块状。有中小学、幼儿园、卫生院。种植小麦、玉米。有个体工商业。县道桃花峪—贾峪线经此。

城关乡 [Chéngguān Xiāng]　荥阳市辖乡。在市境中部。面积54平方千米。人口4.5万。辖1居委会、28村委会，有60自然村。乡人民政府驻城关。1956年置城关中心乡。1958年改公社。1983年改城关乡。1986年析置金寨回族乡。因乡政府驻地得名。索河流经。有中学1所，小学2所，卫生院1个，卫生所29个。农业主产小麦、玉米。工业以建筑机械为支柱产业，为国内建筑机械主要生产基地。陇海铁路、郑西高铁、连霍高速、310国道过境。通公交车。

城关 [Chéngguān]　城关乡人民政府驻地。在市政府驻地索河街道西2千米。人口7200。因地处荥阳城关得名。聚落呈团块状。有小学、卫生所。主产小麦、玉米。有个体工商业、餐饮业。通公交车。

高村乡 [Gāocūn Xiāng]　荥阳市辖乡。在市境北部。面积107平方千米。人口5.9万。辖30村委会，有67自然村。乡人民政府驻高村。1958年成立东风公社。1959年改高村公社。1983年设乡。2005年北邙乡并入。因乡政府驻地得名。有中学1所，小学2所，卫生院1个，卫生所30个。有全国重点文物保护单位秦王寨遗址。有古迹官庄西周城址。农业主产小麦、玉米，特产河阴石榴。工业以医药、化工、水泵、锅炉制造为支柱产业，为国内氯化石蜡生产基地。连霍高速过境。通公交车。

高村 [Gāocūn]　高村乡人民政府驻地。在市政府驻地索河街道北12千米。人口3900。金代高氏聚居，故名。聚落呈团块状。有小学、卫生院。主产小麦、玉米。有个体工商业。省道郑三线经此。通公交车。

金寨回族乡 [Jīnzhài Huízú Xiāng]　荥阳市辖乡。在市境中部。面积5平方千米。人口7400，其中回族占75.5%，还有汉族。辖2村委会，有3自然村。乡人民政府驻金寨。1986年由城关乡析设。因乡政府驻地得名。有小学1所，卫生院1个，卫生所2个。有郑州市新材料产业园区。陇海铁路过境。通公交车。

金寨 [Jīnzhài]　金寨回族乡人民政府驻地。在市政府驻地索河街道西北4千米。人口5400。以回族为主，还有汉族。以姓氏命名。聚落呈团块状。有小学、卫生院。主产小麦、玉米。有餐饮业。通公交车。

新　密　市

新密市 [Xīnmì Shì]　河南省直辖县级市，由郑州市代管。北纬34°40′，东经113°40′。在郑州市境西南部。面积1001平方千米。人口82.2万。辖3街道、12镇、1乡。市人民政府驻青屏街街道。西周为密国、郐国。春秋为郑国新密邑。西汉置密县，据《尔雅》载："山如堂者密"，得名密县，属河南郡。东汉属河南尹。三国魏属河南郡。晋属荥阳郡。北魏因之。隋初废县入新郑，大业十二年(616)复置，属郑州。龙朔二年(662)属河南府。宋属郑州。元先后属郑州、钧州。明属禹州。1914年属开封道。1927年直属河南省。1932年属省第一行政督察区。1948年属郑州专区。1955年属开封专区。1958年属郑州市。1994年改新密市(县级)。因春秋为郑国新密邑，寓意"新兴的密县"，故名。先后修建城区道路13条。2010—2012年建溱水桥。西部为商业、行政功能区，东部为教育文化中心区，北部为商业区，南部为交通枢纽区。北、西、南三面环山，中部丘谷，东部平原。海拔400—1000米。最高峰五指岭海拔1108米。有五指岭、香峪山、鸡冠山、凤凰山。年均气温14.5℃，1月平均气温0.4℃，7月平均气温26.9℃。年均降水量648.6毫米。洧水河、青石河、溱水河、泽河、寺沟河流经。有矿产资源铝矾土、煤、铁、铝、密玉、陶土。有野生植物286种。有野生动物鸳鸯、黄鹂鸟、啄木鸟等184种。森林覆盖率43.96%。有省级工程技术研究中心1个，郑州城市职业学院，普通高中4所，初中31所，小学109所，二级医院3个，市疾病控制中心1个。有青屏剧院、新密市豫剧团、图书馆、博物馆、体育场。有全国重点文物保护单位打虎亭汉墓、古城寨城址、魏长城、后士郭壁画墓等，省级文物保护单位超化寺塔、马良沟遗址等。有国家级非物质文化遗产超化吹歌。有古迹密县县衙、法海寺、香峪寺、天仙庙、天爷洞。有国家4A级旅游景区伏羲山大峡谷，国家3A级旅游景区神仙洞森林公园。三次产业比例3∶67∶30。农业以种植小麦、玉米、棉花、花生，养殖畜禽为主。工业以煤炭、建材、造纸、耐材生产、服装生产为主。有省级重点产业园区新密市产业集聚区。服务业以通信、物流、商贸零售为主。郑少、郑尧高速，省道郑密、密杞、荥密、八官线过境。通多路公交车。

青屏广场 [Qīngpíng Guǎngchǎng]　在市区西部。面积6.1公顷。1996年开工，2001年建成。因位于青屏山下得名。四周有金属围栏，正门有花钟，中心铺硬石，绿地草坪相连，庭院灯错落。东南人工湖中有鸳鸯亭。西南小广场可举行文艺汇演，供居民憩息娱乐。周边有购物广场、家具国际馆等。通公交车。

溱水路 [Zhēnshuǐ Lù]　在市区北部。东起云蒙山水库，西至未来大道。与政通路、平安路、诚信路、大鸿路、长乐路等相交。长7.7千米，宽50米。沥青路面。1978年起分段建设，2014年建成。因溱水得名。两侧有市民政局、郑州城市职业学院、市文化馆、百货大楼和居住小区等。通多路公交车。

青屏大街 [Qīngpíng Dàjiē]　在市区中部。东起新惠街，西至香峪路。与平安路、诚信路、大鸿路、长乐路、长庆路等相交。长7千米，宽45米。沥青路面。1978年开工，1986年建成。因位于青屏山下得名。两侧有郑州城市职业学院、市文化馆、百货楼等。通多路公交车。

嵩山大道 [Sōngshān Dàdào]　在市区南部。东起密州大道，西至荥密路。与平安路、诚信路、长乐路、长宁街、气象街等相交。长14.2千米，宽40米。沥青路面。1975年开工，1986年建成。因嵩山得名。两侧有市客运中心站、市红十字中心医院、金鼎家具城等。通多路公交车。

新华路 [Xīnhuá Lù]　在市区南部。东起密州大道，西至长乐路。与开阳路、农业路、南密新路相交。全长2.8千米，宽50米。混凝土路面。2013年开工，同年建成。两侧有市实验初中、市第三高级中学、市体育场。通多路公交车。

溱水桥 [Zhēnshuǐ Qiáo]　在市区东部。长1027米，宽50米，最大跨度228米，桥下净高10米。2009年开工，2012年建成。因位于溱水路得名。为波形钢腹板无背索斜拉桥。最大载重55吨。通多路公交车。

新密市客运中心站 [Xīnmì Shì Kèyùn Zhōngxīnzhàn]　见交通运输设施部分"新密市客运中心站"条。

青屏街街道 [Qīngpíngjiē Jiēdào]　新密市人民政府驻地。在市境西部。面积11平方千米。人口10.2万。2001年设。因青屏街得名。改造道路、城中村，建设多处广场游园。有青屏山、雪花山。有高中1所，初中1所，小学2所，幼儿园1所，二级医院1个。有特殊教育学校。有博物馆、文化馆、文化站。有省级文物保护单位屏峰塔。有青屏山公园。农业以种植小麦、玉米为主。服务业以邮电、金融、物流、商贸业为主。有金博大购物中心。省道郑登线过境。通多路公交车。

新华路街道 [Xīnhuálù Jiēdào]　属新密市。在市境西部。面积13平方千米。人口4.7万。2001年设。因新华路得名。对原有道路升级改造。新建垃圾中转站、游园绿地。2013年溱水路东延。有标志性建筑市体育场。有初中1所，小学5所，幼儿园12所，二级医院2个，卫生院1个。有文化馆、公共图书馆。有古迹遗址战鼓山、天仙庙、白松图碑、三女冢、滴水棚等。农业以种植小麦、玉米、棉花、花生，养殖畜禽为主。工业以煤炭、建材、造纸、耐材生产为主。服务业以邮电、金融、物流、商贸业为主。有新密市火车站、新密市客运中心站。通多路公交车。

西大街街道 [Xīdàjiē Jiēdào]　属新密市。在市境西部。面积22平方千米。人口2.1万。2001年设。因西大街得名。先后开通城市道路8条。2009年改造棚户区。有标志性建筑青屏广场。有雪花山。绥水河流经。有初中2所，小学6所，幼儿园6所。有文化活动中心、图书室。有全国重点文物保护单位后士郭汉墓壁画，省级文物保护单位马鞍河遗址。有古迹报恩寺。有绥水滨河游园、动物园。农业以种植小麦、玉米、棉花、花生，养殖畜禽为主。工业以煤炭、建材、造纸、耐材产业为主。服务业以邮电、金融、物流、商贸为主。通多路公交车。

城关镇 [Chéngguān Zhèn]　新密市辖镇。在市境中部偏西。面积24平方千米。人口3.4万。辖10村委会，有115自然村。镇人民政府驻东街。1957年设城关乡。1958年成立五里店公社。1963年改城关公社。1982年置镇。因位于城镇关口得名。绥水河、西关河流经。有初中3所，小学4所，幼儿园3所，卫生院1个。有文化站。有全国重点文物保护单位密县县衙、密县瓷窑遗址，省级文物保护单位法海寺。有桧阳书院、火神庙、关帝庙。农业以种植小麦、玉米，养殖畜禽为主。工业以建材、耐材生产为主。商业以服饰、零售业为主。343国道、省道郑登线过境。通多路公交车。

东街 [Dōngjiē]　城关镇人民政府驻地。在市政府驻地青屏街街道南3千米。人口2700。清顺治时为仁育街，后分东、西大街，此村居东，故名。聚落呈团块状。有小学、卫生所。有全国重点文物保护单位密县县衙。农业种植小麦、玉米。有耐材生产、机械制造。通多路公交车。

米村镇 [Mǐcūn Zhèn]　新密市辖镇。在市境西北部。面积117平方千米。人口3.6万。辖32村委会,有213自然村。镇人民政府驻米村。1957年为米村中心乡。1958年成立米村公社。1984年改乡。1996年置镇。2005年尖山乡并入。因镇政府驻地得名。有五指岭。绥水河流经。有初中1所,小学1所,卫生院1个。有全国重点文物保护单位魏长城。古迹遗存有镇远炮台、望京楼遗址、天龙寺、五龙寺、玉石菩萨。有国家3A级旅游景区神仙洞。有民间文艺舞狮、高跷、腰鼓、盘鼓、说书戏。农业以种植小麦、玉米,养殖畜禽为主。工业以机械制造、耐材为主。商业以服饰、零售为主。郑少高速、省道荥密线过境。通多路公交车。

米村 [Mǐcūn] 米村镇人民政府驻地。在市政府驻地青屏街街道西北8千米。人口3100。明洪武年间米氏始祖从山西泽州迁入,故名。聚落呈散状。有中小学、幼儿园、卫生院。种植小麦、玉米。有米村煤矿。通多路公交车。

牛店镇 [Niúdiàn Zhèn] 新密市辖镇。在市境西部。面积79平方千米。人口5.1万。辖22村委会,有212自然村。镇人民政府驻牛店。1949年为牛店区。1964年改公社。1984年改置乡。1999年改置镇。因镇政府驻地得名。有马岭、二龙山。绥水河流经。有初中2所,小学10所,幼儿园7所,镇卫生院1个。有全国重点文物保护单位打虎亭汉墓,省级文物保护单位月台瓷窑遗址。有养钱池冶铁遗址。农业以种植小麦、玉米,养殖畜禽为主。产密玉。工业以煤炭和耐材生产、密玉加工为主。郑少高速、郑登快速通道、省道郑密线过境。通多路公交车。

牛店 [Niúdiàn] 牛店镇人民政府驻地。在市政府驻地青屏街街道西南10千米。人口4000。因纪念东汉县令时苗赠牛得名。聚落呈团块状。有中小学、幼儿园、卫生所。种植小麦、玉米。有耐材生产、机械制造。通多路公交车。

打虎亭 [Dǎhǔtíng] 在市政府驻地青屏街街道西南8千米。牛店镇辖自然村。人口2300。乾隆帝巡经此处射杀一猛虎,建御射亭以纪念,俗称打虎亭,故名。聚落呈团块状。有全国重点文物保护单位打虎亭汉墓。种植小麦、玉米。有耐材生产、机械制造等。省道郑密线经此。通多路公交车。

平陌镇 [Píngmò Zhèn] 新密市辖镇。在市境西南部。面积61平方千米。人口4.3万。辖20村委会,有192自然村。镇人民政府驻平陌。1951年为平陌区。1953年设平陌中心乡。1959年成立平陌公社。1984年改乡。1995年置镇。因镇政府驻地得名。有香山、鸡冠山。洧水河、红岩河流经。有初中1所,小学3所,镇卫生院1个。有古迹杨岭塔、白龙庙、天爷洞、香山庙。有天爷洞景区,举办天爷洞拜祖庙会。农业以种植小麦、玉米,养殖畜禽为主。工业以耐材产业为主。商业以服饰、零售为主。343国道过境。通多路公交车。

平陌 [Píngmò] 平陌镇人民政府驻地。在市政府驻地青屏街街道西南11千米。人口3800。古以东西为陌,村处东西狭长小平原上,故名。聚落呈团块状。有小学、幼儿园。有民间文艺舞狮。有耐材生产。通多路公交车。

超化镇 [Chāohuà Zhèn] 新密市辖镇。在市境南部。面积78平方千米。人口7.2万。辖24村委会,有285自然村。镇人民政府驻超化。1949年为超化镇。1955年设超化中心乡。1959年成立超化公社。1984年改乡。1991年置镇。因镇政府驻地得名。洧水河流经。有小学1所,卫生院1个。有省级文物保护单位超化寺、超化塔。有密南抗日民主政府旧址、杏树岗烈士陵园、栗树化石洞、裴李岗文化遗址。有九里山风景区。有国家级非物质文化遗产超化吹歌。农业以种植小麦、玉米,养殖猪、羊、家禽为主。工业以耐材生产为主。商登高速、343国道过境。通多路公交车。

超化 [Chāohuà] 超化镇人民政府驻地。在市政府驻地青屏街街道东南10千米。人口4800。因超化寺得名。聚落呈团块状。有小学、卫生所。有省级文物保护单位超化寺。有国家级非物质文化遗产超化吹歌。种植小麦、玉米。有耐材生产。省道八官线经此。通多路公交车。

莪沟 [Égōu] 在市政府驻地青屏街街道南9千米。超化镇辖自然村。人口3400。因洧水河经此形成峡谷,谷内莪草繁茂得名。聚落呈团块状。有裴李岗文化遗址。种植小麦、玉米。有耐材生产。省道八官线经此。通多路公交车。

苟堂镇 [Gǒutáng Zhèn] 新密市辖镇。在市境东南部。面积90平方千米。人口5.5万。辖24村委会,有314自然村。镇人民政府驻苟堂。1957年设苟堂乡。1958年并入大隗公社。1963年由大隗公社析设苟堂公社。1984年改乡。1997年置镇。因镇政府驻地得名。有火门山、七敏山。泽河流经。有初中1所,小学7所,幼儿园7所,卫生院1个。有古迹兴隆寺、南泉寺。农业以种植小麦、玉米、中药材为主。工业以耐材、造纸、煤炭业为主。服务业以服饰、零售为主。特产席编、桑杈、丝瓜鞋垫等。郑尧高速过境。通多路公交车。

苟堂 [Gǒutáng] 苟堂镇人民政府驻地。在市政府驻地青屏街街道东南20千米。人口3000。因五代名将李存勖与王彦章在此作战,泻湖成滩,发现狗蛟,谐音苟家滩,演为苟堂。聚落呈团块状。有幼儿园、卫生室。种植小麦、玉米。有耐材生产、机械制造。郑登快速通道经此。通多路公交车。

大隗镇 [Dàwěi Zhèn] 新密市辖镇。在市境东南部。面积58平方千米。人口6.3万。辖25村委会,有242自然村。镇人民政府驻大隗。1949年为大隗镇。1955年设大隗中心乡。1957年改大隗乡。1958年改公社。1984年复乡。1991年置镇。因镇政府驻地得名。洧水河流经。有中学2所,小学14所,卫生院1个。有幼儿园。有省级文物保护单位洪山庙。有古迹观寨修德观、大隗古城寨、窑沟瓷器遗址。有民间艺术大隗舞狮大铜乐、豫剧等。农业以种植小麦、玉米为主。工业以造纸、化工、耐材、机械制造、煤炭业为主。服务业以服饰、零售为主。特产大隗牛肉、大隗荷叶饼。郑尧、商登高速过境。通多路公交车。

大隗 [Dàwěi] 大隗镇人民政府驻地。在市政府驻地青屏街街道东南17千米。人口6200。因黄帝在大隗山问道得名。聚落呈散状。有中小学、幼儿园、卫生院。有大隗舞狮大铜乐、对龙灯、舞狮子、高跷、旱船等。种植小麦、玉米。有耐材生产、机械制造。通多路公交车。

刘寨镇 [Liúzhài Zhèn] 新密市辖镇。在市境东部。面积67平方千米。人口7.4万。辖20村委会,有158自然村。镇人民政府驻宋寨。1956年设刘寨中心乡。1957年改观音堂乡。1963年成立观音堂公社。1964年改刘寨公社。1984年改乡。1996年置镇。因刘姓在此定居筑寨得名。洧水河流经。有初中1所,小学2所,卫生院1个。有全国重点文物保护单位新砦遗址。有古迹黄帝宫。农业以种植小麦、玉米为主。工业以煤炭、电力、建材、造纸、玻璃制造为主。服务业以服饰、零售为主。密新铁路、郑尧高速、省道密杞线过境。通多路公交车。

宋寨 [Sòngzhài] 刘寨镇人民政府驻地。在市政府驻地青屏街街道东南17千米。人口3600。明万历年间宋氏从山西洪洞县迁此定居建寨,故名。聚落呈散状。有中小学、幼儿园、卫生院。有宋家楼院。有民间文艺舞狮。种植小麦、玉米。有耐材、机械制造产业。密新铁路经此。通多路公交车。

白寨镇 [Báizhài Zhèn] 新密市辖镇。在市境东北部。面积91平方千米。人口2.6万。辖23村委会,有301自然村。镇人民政府驻白寨。1955年设白寨、山白2中心乡。1958年改白寨乡,后改公社。1984年改设乡。1995年改置镇。因镇政府驻地得名。溱水河、贾鲁河流经。有中专1所,初中2所,小学12所,幼儿园12所,卫生院1个。有刘堂庙革命旧址。农业以种植小麦、玉米、蜜香杏、樱桃,养殖畜禽为主。工业以机械制造、耐材生产、食品加工为主。服务业以服饰、零售为主。郑少洛高速、郑登快速通道过境。通多路公交车。

白寨 [Báizhài] 白寨镇人民政府驻地。在市政府驻地青屏街街道东北17千米。人口4100。古称黑大王坟。明永乐年间白氏自山西洪洞县迁此筑寨,故名。聚落呈团块状。有小学、卫生所。种植小麦、玉米。有耐材生产、机械制造等。有商业零售。郑登快速通道经此。通多路公交车。

岳村镇 [Yuècūn Zhèn] 新密市辖镇。在市境东部。面积66平方千米。人口4.2万。辖22村委会,有210自然村。镇人民政府驻园林。1956年设岳村乡。1958年改公社。1984年复乡。1996年置镇。因有岳王坟得名。椿板河流经。有初中2所,小学4所,卫生院1个。有全国重点文物保护单位李家沟遗址,省级文物保护单位沙石嘴遗址。有二郎庙遗址、郑氏祠堂。农业以种植小麦、玉米,养殖畜禽为主。工业以煤炭、耐材、建筑材料业为主。服务业以服饰、零售为主。郑少高速,郑登快速通道,省道郑密、密杞线过境。通多路公交车。

园林 [Yuánlín] 岳村镇人民政府驻地。在市政府驻地青屏街街道东北12千米。人口2600。原为园林场,故名。聚落呈散状。有卫生所。种植小麦、玉米、水果。有果汁厂。省道郑密线经此。通多路公交车。

来集镇 [Láijí Zhèn] 新密市辖镇。在市境中部。面积63平方千米。人口5.8万。辖21村委会,有245自然村。镇人民政府驻来集。1951年为来集区。1955年设来集中心乡。1963年析设来集公社。1983年改乡。1996年置镇。因镇政府驻地得名。有云蒙山、浮山、马脊岭。洧水河流经。有初中2所,小学9所,幼儿园9所,镇卫生院1个。有省级文物保护单位马良沟遗址。有李堂老君庙、李堂药王庙。农业以种植玉米、小麦、蔬菜为主。工业以耐材生产、机械加工、煤炭业、石雕为主。郑登快速通道、省道密杞线过境。通多路公交车。

来集 [Láijí] 来集镇人民政府驻地。在市政府驻地青屏街街道东南10千米。人口4100。清初来姓居此经商,后兴集市,名来家集,简为今名。聚落呈团块状。有幼儿园、卫生所。种植小麦、玉米。有耐材生产。有零售业。通多路公交车。

曲梁镇 [Qūliáng Zhèn] 新密市辖镇。在市境东部。面积102平方千米。人口7.5万。辖29村委会,有176自然村。镇人民政府驻下牛。1956年设曲梁中心乡。1958年与牛集中心乡合并成立曲梁公社。1983年改乡。2010年置镇。由曲水与梁山复合得名。溱水河、洧水河流经。有初中1所,镇中心卫生院1个。

有全国重点文物保护单位古城寨遗址、曲梁遗址，省级文物保护单位郐国故城。有郑庄公墓、郑昭公墓、马家遗址、河西马遗址、冯京墓。农业以种植玉米、小麦为主。工业以耐材生产、服装加工为主。新郑—新密铁路、郑尧高速、省道密杞线过境。通多路公交车。

下牛［Xiàniú］ 曲梁镇人民政府驻地。在市政府驻地青屏街街道东南21千米。人口5200。明洪武年间牛氏自山西洪洞县迁此居下侧，故名。聚落呈团块状。有小学、幼儿园、卫生院。种植小麦、玉米。有耐材生产、机械制造。有零售、物流业。通多路公交车。

袁庄乡［Yuánzhuāng Xiāng］ 新密市辖乡。在市境北部。面积59平方千米。人口2.3万。辖1居委会、20村委会，有154自然村。乡人民政府驻姜沟。1957年设袁庄乡。1964年成立袁庄公社。1984年复乡。因明末袁氏自山西洪洞县迁此定居得名。有横山、大周山。陈垴河流经。有初中1所，小学4所，幼儿园6所，卫生院1个，卫生所21个。有省级文物保护单位屏峰塔。农业以种植小麦、玉米、大豆、红薯为主，产金银花、花椒、山枣、山杏等。畜牧业以养殖猪、羊、家禽为主。工业以耐材、建材生产为主。郑少高速过境。通多路公交车。

姜沟［Jiānggōu］ 袁庄乡人民政府驻地。在市政府驻地青屏街街道北8千米。人口2000。明代姜姓始祖自山西洪洞县迁此，在山沟中定居，故名。聚落呈带状。有小学、幼儿园、卫生院。种植小麦、玉米。有耐材生产。有零售业。商登高速经此。通多路公交车。

新郑市

新郑市［Xīnzhèng Shì］ 河南省直辖县级市，由郑州市代管。北纬34°23′，东经113°43′。在郑州市境南部。面积873平方千米。人口68.1万。以汉族为主，还有回、壮、满等民族。辖3街道、9镇、3乡。市人民政府驻新华路街道。春秋时郑桓公将郑国由咸林（今陕西华州区）迁此，以旧号于新邑，故名新郑。秦置新郑县。西汉属河南郡。大业初苑陵县并入，属荥阳郡。唐、五代、北宋属郑州。金、元属钧州。明、清属开封府。1913年属豫东道。1914年属开封道。1927—1948年历属省第一行政督察区、第四行政督察区、抗日民主政府豫西专区、郑州专区。1955年属开封专区。1958年属郑州市。1962年复属开封专区。1983年复属郑州市。1994年改新郑市。20世纪90年代城区南扩，改造城中村，修筑新华路、金城路等多条道路。人民路东延后建设城区东部。21世纪初改造中心城区，修建炎黄广场、体育场等公众休闲设施。2010年后旧城区迁拆，扩建黄帝故里景区。城区西为以黄帝故里为中心的旅游休闲区域，中为行政中心，东为教育文化中心，南为居住商贸服务区，北为以轩辕湖公园为中心的休闲宜居新区。西部低丘岗地，东部平原多陇岗沙丘。平均海拔123米。年均气温14.2℃，1月平均气温0℃，7月平均气温27.3℃。年均降水量699毫米。双洎河、黄水河等流经。有矿产资源石灰石、煤。森林覆盖率31.5%。有高校10所，中专7所，高中7所，初中30所，小学109所，特殊教育学校1所，三级医院3个，二级医院3个。有新郑市博物馆。有全国重点文物保护单位郑韩故城、华阳故城、苑陵故城、裴李岗遗址、唐户遗址、望京楼遗址。有国家级非物质文化遗产黄帝故里拜祖大典。有国家4A级旅游景区黄帝故里。有具茨山国家森林公园。三次产业比例3∶52∶45。农业以种植小麦、玉米、杂粮、花生为主，特产鸡心枣，种植泡桐、刺槐、枣树。工业以食品制造、酒业酿造、化工生产、水泥制造、玻璃加工、机械制造等产业为主。有省级产业园新港产业集聚区。服务业以商贸、物流、旅游、餐饮为主。京广铁路，京广高铁，京珠、郑尧、商登高速，107国道过境。有郑州新郑国际机场。通多路公交车。

炎黄广场［Yánhuáng Guǎngchǎng］ 在市区中部。面积2万平方米。1996年开工，1997年建成。为弘扬黄帝文化得名。南为林荫区，有健身器材、草坪绿地。中有炎黄二帝大型花岗岩雕像、音乐喷泉。北有圆形花坛，内有月季、牡丹等花卉，坛前由常绿植物冬青组成“炎黄广场”4字。举办“三月三拜祖大典”等节日庆典活动。周边有新郑市人民医院。通多路公交车。

人民路［Rénmín Lù］ 在市区中部。东起新港大道，西至新密公路。与新建路、中华路相交。长9.1千米，宽35米。沥青路面。1956年始建。2008年东延至新港大道，2014年西延至新密公路。因市人民政府驻此得名。两侧有市政府及劳动人事局、人民医院、炎黄广场、体育场、黄帝故里景区、郑州大学西亚斯国际学院、郑州技工学院、丹尼斯商场等。通多路公交车。

解放路［Jiěfàng Lù］ 在市区东部。南起炎黄大道，北至灵永公路。与烟厂大街、人民路相交。长15.3千米，宽30米。沥青路面。1904年开工，1948年建成。1990年北延。两侧有新烟街道办事处、新郑站、省建井二处、市人民医院、长城宾馆等。通多路公交车。

新郑站［Xīnzhèng Zhàn］ 见交通运输设施部分“新郑站”条。

新郑市汽车站［Xīnzhèng Shì Qìchēzhàn］ 见交通运输设施部分“新郑市汽车站”条。

新华路街道［Xīnhuálù Jiēdào］ 新郑市人民政府驻地。在市境中部。面积13平方千米。人口6.8万。2001年由城关乡析设。因新华路得名。修建仓城路、新烟路，北扩双拥路。改造多个城中村。有中学3所，小学5所，三级医院1个，二级医院2个，卫生院9个，卫生所12个，图书馆、体育馆各1个。有炎黄广场。有全国重点文物保护单位郑韩故城。经济以餐饮、休闲娱乐、建筑装饰等为主。通多路公交车。

新建路街道［Xīnjiànlù Jiēdào］ 属新郑市。在市境西部。面积6平方千米。人口4万。2001年由城关乡析设。因新建路得名。2002年老城区拆迁改造，扩大黄帝故里景区，建设商业步行街。有中学1所，小学3所。有新郑市博物馆。有省级文物保护单位卧佛寺塔、凤台寺塔。有黄帝故里景区。经济以商贸、旅游等服务业为主。通多路公交车。

新烟街道［Xīnyānjiē Jiēdào］ 属新郑市。在市境东部。面积4平方千米。人口4.3万。2001年由和庄镇析设。因街道办事处位于新烟厂大街得名。2012年改造城中村，修建永和街，改建永宁街。有郑州大学西亚斯国际学院、郑州工业应用技术学院。有小学3所，卫生所9个，门诊部6个。经济以食品加工、商贸、建筑、印刷、仓储物流为主。京广铁路过境。通多路公交车。

新村镇［Xīncūn Zhèn］ 新郑市辖镇。在市境西部。面积74平方千米。人口3.6万。辖22村委会，有95自然村。镇人民政府驻北吴庄。1974年成立新村公社。1983年改乡。1996年置镇。原有小庄村，1958年建新郑水泥厂，迁村至新址得名新村。双洎河、黄水河流经。有高校2所，中专1所，高中2所，初中2所，小学12所，幼儿园10所，卫生所25个。有全国重点文物保护单位裴李岗遗址，省级文物保护单位望京楼遗址。农业以种植小麦、玉米、杂粮为主。工业以医药、建材、机械制造为主。服务业以商贸、物流为主。商登高速、107国道过境。通公交车。

北吴庄［Běiwúzhuāng］ 新村镇人民政府驻地。在市政府驻地新华路街道西北5千米。人口1000。清乾隆年间吴姓定居，称吴家庄，简为吴庄。后因此村居北更今名。聚落呈团块状。有郑州理工职业学院、中小学、卫生院。经济以农业为主，种植小麦、玉米、杂粮。商登高速、107国道经此。通公交车。

辛店镇［Xīndiàn Zhèn］ 新郑市辖镇。在市境西部。面积86平方千米。人口8万。辖36村委会，有281自然村。镇人民政府驻辛店。1948年为辛店区。1955年设辛店中心乡。1956年改辛店乡。1958年改公社。1983年改乡。1994年置镇。2005年千户寨乡并入。因镇政府驻地得名。双洎河、溴水河流经。有中学3所，小学13所，卫生所40个。有全国重点文物保护单位人和寨遗址、欧阳修陵园。有具茨山国家森林公园。农业以种植小麦、玉米、杂粮为主。工业以煤炭、建材、机电设备、化工、服装加工为主。郑尧高速、省道鹿方线过境。通公交车。

辛店［Xīndiàn］ 辛店镇人民政府驻地。在市政府驻地新华路街道西12千米。人口4900。元张殷在路旁开店，名张殷店。后迁址建新店，演为今名。聚落呈团块状。有中学、小学、幼儿园、三级医院、卫生室。有村文化广场。种植小麦、玉米、杂粮。有商贸业。省道鹿方线经此。

人和寨［Rénhézhài］ 在市政府驻地新华路街道东北9千米。辛店镇辖自然村。人口1500。清咸丰年间村民为防匪扰筑寨，因村西土桥取名土桥寨。后取“天时不如地利，地利不如人和”意改今名。聚落呈带状。有小学、卫生室。有人和寨遗址。通公交车。

观音寺镇［Guānyīnsì Zhèn］ 新郑市辖镇。在市境西南部。面积63平方千米。人口4.7万。辖21村委会，有80自然村。镇人民政府驻观音寺。1953年为观音寺区。1955年设观音寺中心乡。1956年改观音寺乡。1958年改公社。1983年复乡。1996年置镇。因镇政府驻地得名。有具茨山、陉山。溴水河流经。有初中2所，小学11所，幼儿园8所，卫生所21个。有全国重点文物保护单位郑韩故城（韩王陵）。农业以种植小麦、玉米、杂粮，养殖猪、牛、羊、鸡为主。工业以建材、食品、农机、包装材料生产为主。服务业以商贸为主。省道郑淅线过境。通公交车。

观音寺［Guānyīnsì］ 观音寺镇人民政府驻地。在市政府驻地新华路街道西南8千米。人口600。因明代古刹观音寺得名。聚落呈散状。有初中、小学、幼儿园、三级医院、卫生室。有古迹观音寺。种植玉米、小麦、杂粮。有国家粮食储备仓库。有食品加工业。服务业以商贸为主。省道郑淅线经此。通公交车。

梨河镇［Líhé Zhèn］ 新郑市辖镇。在市境南部。面积42平方千米。人口3.3万。辖24村委会，有66自然村。镇人民政府驻梨河。1956年设梨河乡。1975年改梨河公社。1983年复乡。1996年置镇。因镇政府驻地得名。双洎河、溴水河流经。有初中1所，小学7所，幼儿园6所，三级医院1个，镇卫生院1个，卫生所14个。有全国重点文物保护单位郑韩古城墙。农业以种植玉米、小麦、杂粮，养殖猪、鸡为主。工业以食品加工、机械制造、饮料生产、酿造业等为主。服务业以商贸为主。京广铁路、107国道过境。通公交车。

梨河［Líhé］ 梨河镇人民政府驻地。在市政府驻地新华路街道南 5 千米。人口 1600。村北小河北岸有梨园，故名梨园河，后演为今名。聚落呈带状。有中小学、幼儿园、国家三级综合医院新郑市医院、卫生院。经济以农业大棚蔬菜、西瓜、油菜籽、芝麻等为主。107 国道经此。

和庄镇［Hézhuāng Zhèn］ 新郑市辖镇。在市境东部。面积 39 平方千米。人口 3 万。辖 16 村委会，有 33 自然村。镇人民政府驻河沿马。1983 年设车站乡。1990 年改置和庄镇。2001 年析设新烟街道。因镇政府原驻地和庄得名。和庄原名胡庄，因明末胡姓迁此得名，后有其他姓氏迁来，寓意和睦相处，且方言和、胡音近，演为今名。双洎河、莲河流经。有初中 2 所，小学 7 所，幼儿园 4 所，村级卫生所 12 个。农业以种植小麦、玉米、花生为主。工业以建材、医药、化工、电子制造、食品加工、新生能源制造为主。服务业以商贸、物流仓储为主。京广铁路、京广高铁、京港澳高速过境。通公交车。

河沿马［Héyánmǎ］ 和庄镇人民政府驻地。在市政府驻地新华路街道东 5 千米。人口 400。早年马姓迁莲河沿岸定居，故名。聚落呈团块状。有小学、幼儿园、三级医院。种植小麦、玉米。有饲料加工、电缆制造、商贸业。通公交车。

薛店镇［Xuēdiàn Zhèn］ 新郑市辖镇。在市境东北部。面积 56 平方千米。人口 5.5 万。辖 21 村委会，有 46 自然村。镇人民政府驻大吴庄。1952 年设薛店中心乡。1956 年改薛店乡。1958 年改公社。1983 年复乡。1994 年置镇。因宋代薛姓在官道旁开饭店得名。莲河、暖泉河流经。有中专 1 所，初中 1 所，小学 11 所，幼儿园 12 所，二级医院 1 个，卫生所 17 个。农业以种植玉米、小麦、花生为主。工业以食品加工、建材、酿造业为主。服务业以商贸、物流仓储等为主。京广铁路、京广高铁、京港澳高速、省道灵永线过境。有郑州新郑国际机场。通公交车。

大吴庄［Dàwúzhuāng］ 薛店镇人民政府驻地。在市政府驻地新华路街道东北 13 千米。人口 1000。吴姓在此定居，后分村而居，此村稍大，故名。聚落呈带状。有小学、二级医院、卫生所。种植小麦、玉米。有啤酒酿造、商贸、物流仓储。京广铁路、省道郑沈线经此。通公交车。

孟庄镇［Mèngzhuāng Zhèn］ 新郑市辖镇。在市境东北部。面积 67.6 平方千米。人口 4.1 万。辖 1 居委会、22 村委会，有 35 自然村。镇人民政府驻孟庄。1955 年设孟庄中心乡。1956 年改孟庄乡。1963 年改公社。1983 年复乡。1994 年置镇。因镇政府驻地得名。潮河、磉卢河流经。有初中 3 所，小学 8 所，幼儿园 8 所，村级卫生所 2 个。农业以种植玉米、小麦、花生、大枣为主。工业以红枣加工、副食加工为主。服务业以商贸、物流仓储等为主。京广铁路、京广高铁、京港澳高速、107 国道过境。有郑州新郑国际机场。通公交车。

孟庄［Mèngzhuāng］ 孟庄镇人民政府驻地。在市政府驻地新华路街道东北 23 千米。人口 2700。早年孟姓迁此，得名孟家庄，简称孟庄。聚落呈带状。有小学、幼儿园、村级卫生所。种植小麦、玉米、花生、大枣。有枣业加工。有商贸、物流仓储。京广铁路、新孟公路经此。通公交车。

郭店镇［Guōdiàn Zhèn］ 新郑市辖镇。在市境中北部。面积 77 平方千米。人口 4.5 万。辖 32 村委会，有 88 自然村。镇人民政府驻五里堡。1953 年为郭店区。1955 年设郭店中心乡。1956 年改郭店乡。1958 年改公社。1983 年复乡。1996 年置镇。原名窑店，周世宗柴荣在此留宿，以柴到窑中被烧不吉，下令改“窑”为“郭”，故名。黄水河、潮河流经。有高校 2 所，小学 12 所，幼儿园 10 所，村级卫生所 27 个。有全国重点文物保护单位华阳故城、五代后周皇陵，省级文物保护单位宋朝陈氏三宰相墓。农业以种植小麦、玉米、花生、杂粮为主，养殖猪、羊、鸡。工业以机械制造、副食品生产、建筑建材、木器加工为主。服务业以商贸、物流仓储为主。107 国道，省道灵永、郑淅线过境。通公交车。

五里堡［Wǔlǐbǎo］ 郭店镇人民政府驻地。在市政府驻地新华路街道西北 15 千米。人口 1600。古时五里为堡，十里为铺，因村距郭店铺五里得名。聚落呈散状。有小学、幼儿园、卫生院、文化站。每年农历六月初十有庙会。种植小麦、玉米、花生。省道鹿汝线经此。通公交车。

龙湖镇［Lónghú Zhèn］ 新郑市辖镇。在市境西北部。面积 98 平方千米。人口 6.7 万。辖 11 居委会、17 村委会，有 117 自然村。镇人民政府驻小乔。1983 年设小乔乡。1994 年改置龙湖镇。十七里河、十八里河如两条巨龙雄踞，故名。有泰山、梅山。十七里河、十八里河流经。有高校 8 所，中专 1 所，初中 2 所，小学 14 所，幼儿园 12 所，三级医院 1 个，村级卫生所 30 个。有大司龙山文化遗址。农业以种植小麦、玉米、杂果为主。工业以机械制造、钢材加工、副食品生产、建材、化工为主。服务业以商贸、仓储物流为主。郑尧、郑州绕城高速，107 国道，省道郑淅线过境。通公交车。

小乔［Xiǎoqiáo］ 龙湖镇人民政府驻地。在市政府驻地新华路街道西北 24 千米。人口 2200。明代村东有小桥，得村名小桥，演为小乔。聚落呈带状。有小学、幼儿园、村卫生所、敬老院。有机械制造、食品加工业。有商贸、物流仓储。107 国道、省道郑淅线经此。通公交车。

城关乡［Chéngguān Xiāng］ 新郑市辖乡。在市境西部。面积 40 平方千米。人口 3.4 万。辖 14 村委会，有 65 自然村。镇人民政府驻大周庄。1949 年为城关区。1958 年改公社。1983 年置乡。因原政府驻地位于城区西关口得名。双洎河流经。有中专 2 所，初中 2 所，小学 8 所，幼儿园 4 所，卫生院 1 个，卫生所 9 个。农业以种植小麦、玉米为主。工业以卫生洁具制造、食品加工、钢材加工、化工原料生产为主。服务业以商贸、餐饮为主。密杞地方铁路、107 国道、省道鹿方线过境。通公交车。

大周庄［Dàzhōuzhuāng］ 城关乡人民政府驻地。在市政府驻地新华路街道西 3 千米。人口 400。以姓氏及聚落规模得名。聚落呈带状。有中小学、幼儿园、卫生所。种植小麦、玉米。有卫生陶瓷洁具制造、食品加工业。有商贸业。107 国道、省道郑淅线过境。通公交车。

八千乡［Bāqiān Xiāng］ 新郑市辖乡。在市境东南部。面积 67 平方千米。人口 4.4 万。辖 27 村委会，有 50 自然村。乡人民政府驻八千。1949 年为高夏区。1955 年设八千中心乡。1956 年改八千乡。后改公社。1983 年复乡。因乡政府驻地得名。梅河、高路河流经。有中专 2 所，初中 2 所，小学 22 所，幼儿园 2 所，卫生院 1 个，卫生所 22 个。农业以种植小麦、玉米、花生、杂粮、蔬菜为主。工业以机械制造、副食品生产、板材加工、粮食加工为主。服务业以商贸、物流仓储为主。密杞地方铁路，省道滑确、鹿方线过境。通公交车。

八千［Bāqiān］ 八千乡人民政府驻地。在市政府驻地新华路街道东南 8 千米。人口 1900。清乾隆年间左姓富户存粮万石，朝廷欲封他为员外郎，左不悦，将粮分散藏之，朝廷三次查验均为八千石，村民习称“左八千”，后演为村名，简称八千。聚落呈带状。有中小学、卫生院、卫生所。种植玉米、花生、小麦。有板材加工业、商贸业。新椿公路经此。通公交车。

龙王乡［Lóngwáng Xiāng］ 新郑市辖乡。在市境东北部。面积 64 平方千米。人口 4 万。辖 28 村委会，有 52 自然村。乡人民政府驻龙王。1956 年设龙王乡。1975 年成立龙王公社。1983 年复乡。因乡政府驻地得名。梅河、黎明河流经。有初中 2 所，小学 16 所，幼儿园 6 所，卫生所 17 个。有全国重点文物保护单位苑陵故城。农业以种植小麦、玉米、花生、杂粮为主。工业以农产品加工、建筑建材、板材加工、铁业加工为主。服务业以商贸、仓储物流为主。京港澳高速、107 国道、省道鹿方线过境。通公交车。

龙王［Lóngwáng］ 龙王乡人民政府驻地。在市政府驻地新华路街道东北 13 千米。人口 3900。原名孔边村，因村内建龙王庙得今名。聚落呈卅字形。有初中、小学、幼儿园、三级医院。种植小麦、玉米、花生、杂粮。有农产品、板材加工。有商贸业。省道鹿方线经此。通公交车。

登封市

登封市［Dēngfēng Shì］ 河南省直辖县级市，由郑州市代管。北纬 34°27′，东经 113°02′。在郑州市境西南部。面积 1219 平方千米。人口 67.3 万。以汉族为主，还有回、壮、藏等民族。辖 3 街道、8 镇、4 乡。市人民政府驻嵩阳街道。隋大业元年(605)改纶氏县为嵩阳县。唐天册万岁二年(696)武则天改元万岁登封，改嵩阳县为登封县。五代时属汴州。宋属河南府。金颍阳县并入登封县，属金昌府。元、明、清均属河南府。1913 年属豫西道。1914 年属河洛道。1927 年属河南省。1932—1949 年历属河南省第十行政督察区、郑州专区、开封专区。1958 年属郑州市。1969 年复属开封专区。1983 年复属郑州市。1994 年设县级登封市。城区向东西扩展。中为老城区，市政府驻地、商业中心，有嵩阳公园、棋盘山公园等。东为工业产业集聚区，有中岳庙、卢崖瀑布景区。西为少林武术院校集聚区，有少林寺。有中岳庙、嵩阳书院、少林寺旅游风景线。地处嵩山低山丘陵地带。北为嵩山山地，南为箕山山地，中为登封盆地。平均海拔 500 米。有少室山、太室山。年均气温 14.5℃，1 月平均气温 0.4℃，7 月平均气温 26.3℃。年均降水量 604.5 毫米。颍河、狂河、洧河流经。有矿产资源煤、铝矾土、铁矿、石英砂、麦饭石等。有野生植物 1768 种，其中国家重点保护野生植物有古柏、银杏树、菩提树、流苏树、嵩参等 20 余种。有野生动物 104 种，其中国家重点保护野生动物有野猪、獾、狐狸等 10 余种。有嵩山国家森林公园。森林覆盖率 38%。有省级工程技术研究中心 10 个。有高校 1 所，中职 12 所，中学 41 所，小学 122 所，二级医院 4 个。有世界文化遗产天地之中历史建筑群，含少林寺、中岳庙、会善寺、嵩岳寺塔、嵩阳书院等 8 处。有全国重点文物保护单位王城岗遗址、南岳庙、刘碑寺造像碑、永泰寺塔、崇唐观石刻造像等 21 个，省级文物保护单位石淙河摩崖题记、曲河遗址等 17 个。有嵩山世界地质公园。有太室山、少室山景区。三次产业比例3∶57∶40。农业以种植业、畜牧、林业为主。主要种植小麦、玉米、红薯、花生、蔬菜,养殖猪、牛、羊等。林业有以核桃为主的经济林,以泡桐、杨树为主的速生林。有土特产茶亭沟红薯,芥丝,君召粉条、粉皮,石道牛肉等。工业以煤炭、电力、有色金属、耐材、磨料、建材加工为主。服务业以商业、通信、教育服务、金融、旅游等为主。登封铁路,郑少洛、焦桐、永登高速,207国道,郑登快速通道,省道大练、八官线过境。通多路公交车。

大禹路［Dàyǔ Lù］　在市区北部。东起太室路,西至登封大道。与阳城路、守敬路、崇福路、滨河路、嵩山路等相交。沥青路面。1993年开工,1997年建成。因大禹公园得名。长3.2千米,宽42米。两侧有大禹公园、郑州大学体育学院、小龙武院、武林公园、嵩阳公园等。通多路公交车和旅游观光车。

少林大道［Shàolín Dàdào］　在市区中部。东起韩村,西至少林河。与天中路、太和路、福佑路、阳城路、守敬路等相交。1974年开工,1994年建成。因少林寺得名。长10千米,宽40米。沥青混凝土路面。两侧有中岳庙、迎仙公园、市政府、法院、检察院等。通多路公交车。

登封市客运总站［Dēngfēng Shì Kèyùn Zǒngzhàn］　见交通运输设施部分“登封市客运总站”条。

嵩阳街道［Sōngyáng Jiēdào］　登封市人民政府驻地。在市境中部偏北。面积43平方千米。人口9.8万。2000年设。因嵩阳书院得名。先后建设改造多条道路及市人民医院、汽车站等。有省级工程技术研究中心5所。有郑州大学体育学院。有中学13所,小学23所,二级医院3个,卫生院1个,卫生服务站38个,卫生室6个。有博物馆、体育馆、图书馆、文化馆、老年活动中心等。有世界文化遗产嵩阳书院、嵩岳寺塔。有太室山风景区、嵩山世界地质公园。农业以环保农业、生态农业为主,种植小麦、玉米,有大棚蔬菜、苗圃等。工业以印刷、建材、食品加工为主。郑少洛高速、207国道、郑登快速通道过境。通多路公交车和旅游观光车。

少林街道［Shàolín Jiēdào］　属登封市。在市境中部偏北。面积78平方千米。人口1.6万。2000年设。因少林寺得名。2000年起规划建设少林寺景区,建少林小区,扩宽改造、新建道路。有矿产资源麦饭石、花岗石、石灰石等。有中学1所,小学3所,卫生院1个,卫生室9个。有世界文化遗产登封“天地之中”历史建筑群。有全国重点文物保护单位永泰寺等。有国家级非物质文化遗产少林功夫。有经济林和观赏林。粮食作物以小麦、玉米为主。有旅游服务产业。郑少洛高速、207国道过境。通多路公交车和旅游观光车。

中岳街道［Zhōngyuè Jiēdào］　属登封市。在市境中部偏北。面积56平方千米。人口2.4万。2000年设。因中岳庙得名。先后建设多条道路和郑州市第十六人民医院、市行政服务中心。有中学4所,小学3所,二级医院1个,卫生院1个,卫生室9个。有世界文化遗产中岳庙、太室阙。有卢崖瀑布、九龙潭等景区。为小杂果、烟薯、豆制品、苗圃花卉等生产基地。养殖业以猪、牛、羊、鸡为主。工业以汽车配件、耐材、新材料、建材等生产为主。郑少洛高速、省道郑登线过境。通多路公交车和旅游观光车。

大金店镇［Dàjīndiàn Zhèn］　登封市辖镇。在市境西南部。面积112平方千米。人口6.3万。辖34村委会,有134自然村。镇人民政府驻大金店。1958年成立大金店公社。1983年改乡。1994年置镇。因镇政府驻地得名。颍河流经。有矿产资源煤炭、花岗岩。有中学2所,小学6所,卫生院1个,卫生室37个。有全国重点文物保护单位南岳庙、清凉寺。农业以种植小麦、玉米、豆类、花生为主。工业以煤炭、建材、高温元器件、医药包装、化工、粮食加工为主。登封地方铁路、郑少洛高速、207国道、省道八官线过境。通多路公交车。

大金店［Dàjīndiàn］　大金店镇人民政府驻地。在市政府驻地嵩阳街道西南10千米。人口5800。古称负黍聚,又名西华,因商业繁荣改称金店。南宋时金人入主中原改今名。聚落呈正方形。有中小学、幼儿园、卫生室。为中国传统村落。有南岳庙。有传统商业街。207国道、省道八官线经此。

颍阳镇［Yǐngyáng Zhèn］　登封市辖镇。在市境西部。面积90平方千米。人口5.5万。辖25村委会,有82自然村。镇人民政府驻颍阳。1955年设颍阳中心乡。1958年改颍阳公社。1983年改乡。1993年置镇。因地处颍河之阳得名。狂河、倚箔河流经。有中学1所,小学7所,卫生院1个,卫生室25个。有幼儿园、敬老院、文化站。有省级文物保护单位新石器时代颍阳遗址。有省级非物质文化遗产民间歌舞“杨岭闹阁”。粮食作物以小麦、玉米、豆类为主,经济作物有核桃等。工业以煤炭、建材、农药生产为主。登封地方铁路、郑少洛高速、省道八官线过境。通多路公交车。

颍阳［Yǐngyáng］　颍阳镇人民政府驻地。在市政府驻地嵩阳街道西37千米。人口6600。因古为颍阳县治得名。聚落呈团块状。有中小学、幼儿园、卫生室。有古迹颍谷书院、崇法寺、宝林寺等。种植小麦、玉米、豆类、蔬菜。省道八官线经此。

卢店镇［Lúdiàn Zhèn］　登封市辖镇。在市境东部。面积56平方千米。人口2.9万。辖18村委会,有68自然村。镇人民政府驻卢店。1950年设卢店乡。1962年改公社。1983年复乡。1993年置镇。因镇政府驻地得名。勺河、月河流经。有中学2所,小学7所,卫生院1个,卫生室22个。农业以种植小麦、玉米、豆类,养殖生猪、家禽为主。工业以服装、食品、医药、磨料磨具、耐材、家具加工制造为主。郑少洛、永登高速,省道郑登、大练线过境。通公交车。

卢店［Lúdiàn］　卢店镇人民政府驻地。在市政府驻地嵩阳街道东11千米。人口7500。唐玄宗召卢鸿为谏议大夫,鸿不就,隐居于此,故名。聚落呈长方形。有中小学、幼儿园、卫生室。种植小麦、玉米、豆类,养殖生猪、家禽。有耐材、磨料企业。省道大练、郑登线经此。

告成镇［Gàochéng Zhèn］　登封市辖镇。在市境东南部。面积87平方千米。人口5.8万。辖30村委会,有142自然村。镇人民政府驻告成。唐设告成县。1955年设告成中心乡。1958年改公社。1983年改乡。1994年置镇。因镇政府驻地得名。颍河流经。有中学1所,小学6所,卫生院1个,卫生室30个。有世界文化遗产、全国重点文物保护单位观星台、周公测影台。有全国重点文物保护单位八方遗址,省级文物保护单位王城岗遗址、曲河瓷窑遗址。农业以种植小麦、玉米、红薯为主。有土特产茶亭沟红薯。工业以煤炭、电力、铝材、耐材、建材、瓷器生产加工为主。省道八官、大练线过境。通多路公交车。

告成［Gàochéng］　告成镇人民政府驻地。在市政府驻地嵩阳街道东南13千米。人口5900。因“武则天登嵩山封中岳大功告成”意得名。聚落呈长方形。有中小学、幼儿园、卫生室、文化广场等。有观星台、周公测影台。产小麦、玉米、红薯、蔬菜。有集贸市场。省道八官、大练线经此。通多路公交车。

大冶镇［Dàyě Zhèn］　登封市辖镇。在市境东部。面积99平方千米。人口7.7万。辖34村委会,有188自然村。镇人民政府驻大冶。1958年成立大冶公社。1983年改乡。1993年置镇。因镇政府驻地得名。洧水河、勺河流经。有石淙河、朝阳沟水库。有省级森林公园香山。有中学3所,小学10所,卫生院1个,卫生室34个。有幼儿园、敬老院、文化站、图书室等。有全国重点文物保护单位刘碑寺造像碑,省级文物保护单位石淙河摩崖题记、西施旧石器遗址。农业以种植玉米、小麦、大豆、蔬菜为主。工业以煤炭、电力、耐材、磨料磨具、建材加工为主。服务业有建材、餐饮、服装、日杂、电器等经营。新登地方铁路、平告铁路,永登高速、郑登快速通道、省道八官线等过境。通多路公交车。

大冶［Dàyě］　大冶镇人民政府驻地。在市政府驻地嵩阳街道东25千米。人口8000。因唐白居易令民众以煤代木烧陶、冶铁,得名陶冶镇,后因冶铁业比制陶业更盛,改称大冶。聚落呈多边形。有中小学、幼儿园、卫生室。种植小麦、玉米。西部镇工业区以煤炭、水泥企业为主。省道槐下线经此。

朝阳沟［Cháoyánggōu］　在市政府驻地嵩阳街道东南17千米。大冶镇辖自然村。人口3400。古名曹家湾,又名曹村,后以豫剧《朝阳沟》更今名。聚落呈团块状。有朝阳寺、朝阳沟水库等。为省传统村落。为传统曲剧《卷席筒》和现代豫剧《朝阳沟》取材创作地。有以《朝阳沟》为主题的杨兰春文化园、朝阳沟森林公园。主产小麦、玉米、核桃、樱桃等。郑登快速通道、省道槐下线经此。通公交车。

宣化镇［Xuānhuà Zhèn］　登封市辖镇。在市境东南部。面积55平方千米。人口2.9万。辖16村委会,有103自然村。镇人民政府驻王村。1983年设王村乡。1998年改宣化镇。因宣化寺得名。颍河流经。有白沙湖。有中学1所,小学3所,卫生院1个,卫生室16个。有幼儿园、敬老院、文化站等。农业以种植小麦、玉米、蔬菜为主。工业以煤炭、电力、耐材、磨料、建材行业为主。永登高速过境。通多路公交车。

王村［Wángcūn］　宣化镇人民政府驻地。在市政府驻地嵩阳街道东南33千米。人口2700。因王姓居多得名。聚落呈长方形。有中小学、幼儿园、卫生室、敬老院、文化广场等。主产小麦、玉米、蔬菜等。有集贸市场。永登高速、刘王公路经此。通多路公交车。

徐庄镇［Xúzhuāng Zhèn］　登封市辖镇。在市境东南部。面积76平方千米。人口2.9万。辖14村委会,有254自然村。镇人民政府驻徐庄。1961年成立马峪公社。1966年改徐庄公社。1983年改乡。2007年置镇。因镇政府驻地得名。马峪河流经。有中学1所,小学6所,卫生院1个,卫生室14个。有幼儿园、敬老院、文化站等。农业以种植小麦、玉米为主。工业以煤炭、水泥、耐材、建材加工为主。省道大练线过境。通多路公交车。

徐庄［Xúzhuāng］　徐庄镇人民政府驻地。在市政府驻地嵩阳街道东南25千米。人口3700。因徐姓建村得名。聚落呈长方形。有中小学、幼儿园、卫生室、敬老院、文化广场等。主产小麦、玉米等。有集贸市场。省道大练线、登徐公路经此。通多路公交车。

柏石崖［Bǎishíyá］　在市政府驻地嵩阳街道东南22千米。徐庄镇辖自然村。人口200。因处半山腰石壁上,柏树成林,称柏树崖,演为今名。聚落呈团块状。为中国传统村落。有省级文物保护单位登封柏石崖抗日先遣支队后方医院旧址。主产小麦、玉米、杂果、蔬菜。

东华镇［Dōnghuá Zhèn］　登封市辖镇。在市境中部。面积 85 平方千米。人口 5.8 万。辖 23 村委会,有 137 自然村。镇人民政府驻东金店。1912 年设东华镇。后改公社。1983 年改乡。2009 年复镇。因"繁华昌盛"意得名。颍河流经。有中学 2 所,小学 9 所,卫生院 1 个,卫生室 25 个。有幼儿园、敬老院、文化站、图书馆等。有省级文物保护单位杨村遗址、袁村遗址、程窑遗址。农业以种植小麦、玉米为主。工业以开采煤炭为主。省道八官线过境。通多路公交车。

东金店［Dōngjīndiàn］　东华镇人民政府驻地。在市政府驻地嵩阳街道南 9 千米。人口 6500。因位于大金店东得名。聚落呈长方形。有中小学、幼儿园、卫生院、敬老院、文化广场等。种植小麦、玉米。有建材、服装、五金、电器、医药、餐饮经营等。通多路公交车。

白坪乡［Báipíng Xiāng］　登封市辖乡。在市境南部。面积 82 平方千米。人口 3.2 万。辖 20 村委会,有 124 自然村。乡人民政府驻西白坪。1956 年设白栗坪中心乡。1958 年成立白坪公社。1983 年改乡。2005 年送表乡并入。因乡政府驻地原名白坪得名。地处熊箕盆地。白坪河流经。有中学 2 所,小学 3 所,卫生院 1 个,卫生室 22 个。有幼儿园、敬老院、文化站等。农业以种植小麦、玉米为主。工业以煤炭、硅石、石灰石开采为主。焦桐高速、207 国道过境。通多路公交车。

西白坪［Xībáipíng］　白坪乡人民政府驻地。在市政府驻地嵩阳街道南 19 千米。人口 2000。古时多白栗树,得名白栗坪,简称白坪,后分东、西两村,因方位改今名。聚落呈长条状。有中小学、幼儿园、卫生院。种植小麦、玉米。有煤矿企业。焦桐高速、登徐公路经此。

君召乡［Jūnzhào Xiāng］　登封市辖乡。在市境西部。面积 102 平方千米。人口 4.2 万。辖 21 村委会,有 108 自然村。乡人民政府驻君召。1958 年成立红旗公社。1960 年改君召公社。1983 年改乡。因乡政府驻地得名。颍河、狂河流经。有中学 1 所,小学 7 所,卫生院 1 个,卫生室 21 个。有幼儿园、敬老院、文化站等。有全国重点文物保护单位南洼二里头文化遗址,省级文物保护单位黄城古城遗址。农业以种植小麦、玉米、蔬菜为主。工业以煤炭开采、铸造、机械加工、农副产品加工为主。有土特产粉皮、粉条。临告地方铁路、郑少洛高速、省道八官线过境。通多路公交车。

君召［Jūnzhào］　君召乡人民政府驻地。在市政府驻地嵩阳街道西 30 千米。人口 4300。清初赵姓军官驻守,称军赵,后谐音君召。聚落呈长方形。有中小学、幼儿园、卫生室、文化大院、文化广场等。为省传统村落。有单进式或两进式四合院结构传统民居 60 余座,其中张家围院独具特色。"万生堂"中药店为典型明清四合院两进建筑,基本保留了原商号建筑风貌。主产小麦、玉米、核桃等。有集贸市场。通多路公交车。

石道乡［Shídào Xiāng］　登封市辖乡。在市境西南部。面积 102 平方千米。人口 4.2 万。辖 25 村委会,有 116 自然村。乡人民政府驻石道。1962 年成立石道公社。1983 年改乡。因乡政府驻地得名。为淮河、黄河分水岭。有珍珠泉。有中学 1 所,小学 2 所,卫生院 1 个,卫生室 25 个。有幼儿园、敬老院、文化站等。有省级文物保护单位龙泉寺。农业以种植小麦、玉米、豆类为主。工业以煤炭、电力、耐材、磨料磨具、建材加工为主。临告地方铁路、郑少洛高速、省道八官线过境。通多路公交车。

石道［Shídào］　石道乡人民政府驻地。在市政府驻地嵩阳街道西南 17 千米。人口 3000。宋代此地多石姓,且邻大道聚落,故名。聚落呈正方形。有中小学、幼儿园、卫生室、文化广场等。主产小麦、玉米、豆类等。有特色食品石道牛肉。有集贸市场。省道八官线过境。通多路公交车。

唐庄乡［Tángzhuāng Xiāng］　登封市辖乡。在市境东北部。面积 114 平方千米。人口 4 万。辖 27 村委会,有 112 自然村。乡人民政府驻唐庄。1961 年成立唐庄公社。1983 年改乡。古时因唐姓居多得名。勺河、双洎河流经。有九龙潭、卢崖寺瀑布。有中学 1 所,小学 2 所,卫生院 1 个,卫生室 27 个。有幼儿园、敬老院、文化站等。有省级文物保护单位玉溪宫、向阳遗址。有省级非物质文化遗产传统民俗"摸摸会"。农业以种植小麦、玉米、豆类为主。工业以煤炭、耐材、磨料磨具、建材、医药加工为主。郑少洛、商登高速,省道大练线过境。通多路公交车。

唐庄［Tángzhuāng］　唐庄乡人民政府驻地。在市政府驻地嵩阳街道东北 11 千米。人口 3300。因隋代有唐姓将军庄园得名。聚落呈团块状。有中小学、幼儿园、卫生院。种植小麦、玉米、豆类、蔬菜。有耐材、食品企业。省道大练线经此。

中牟县

中牟县［Zhōngmóu Xiàn］　郑州市辖县。北纬 34°43′,东经 113°58′。在郑州市境东部。面积 1393 平方千米。人口 77 万。以汉族为主,还有回、蒙古、满、彝、苗等民族。辖 3 街道、15 镇、1 乡。县人民政府驻广惠街街道。战国为赵国中牟邑(治今中牟县城东),因牟山得名。后赵国将中牟易于魏,西汉于此置中牟县,属河南郡。晋属荥阳郡。北魏太平真君八年(447)省入阳武。景明元年(500)复置。隋开皇初改名内牟县。十八年(598)改圃田。唐武德三年(620)复名中牟,置牟州。四年(621)州罢,县属管州。贞观元年(627)改属汴州。龙朔二年(662)属郑州。五代梁属开封府。元属汴梁路。明、清属开封府。1913 年属豫东道。1914 年属开封道。1927 年直属省。1932 年后历属省第一行政督察区、陈留专区、郑州专区、开封专区、开封地区。1983 年属郑州市。为春秋郑大夫祭仲封地,"中""仲"音近,且城北五里有牟山,故名。大部为平原。平均海拔 113.5 米。年均气温 14.4℃,1 月平均气温 0.1℃,7 月平均气温 26.9℃。年均降水量 589.4 毫米。黄河、贾鲁河、小清河、丈八沟、引黄干渠流经。有郑州黄河湿地自然保护区。森林覆盖率 27.4%。有省农业职业学院、郑州武警指挥学校。有中职 8 所,高中 3 所,初中 18 所,小学 78 所,三级医院 2 个,二级医院 2 个,公共图书馆、文化馆、文物所、广播电台、电视台各 1 个,艺术表演团体 1 个。有全国重点文物保护单位寿圣寺双塔,省级文物保护单位业王遗址、后魏遗址、老寨遗址、大寨遗址、东古城遗址、校氏墓地。有省级非物质文化遗产黄河打硪号子。有民间艺术面塑等。有国家 4A 级旅游景区郑州绿博园、方特欢乐世界,国家 3A 级旅游景区河南农业高新科技园。三次产业比例 9∶56∶35。发展观光旅游农业,有特色农业园,盛产大蒜、西瓜。工业以汽车制造、食品饮料加工、化学医药、机械加工、专用设备制造等为主。有时尚文化创意旅游产业。陇海铁路,连霍、京港澳、郑民、郑州西南绕城高速,310 国道,省道石镇线过境。通多路公交车。

新世纪广场［Xīnshìjì Guǎngchǎng］　在县城中部。面积 7.1 万平方米。1997 年开工,2000 年建成。取迎接新世纪意命名。由中心广场、老人儿童活动区、溜冰场、情人岛、人工湖、假山、鸽子楼、音乐喷泉等区域组成。四周绿色草坪簇拥着圆形中心广场。园内种植观赏性树木花草国槐、月季、三叶草等,有各类健身器材。为居民休闲活动场所。周边有中牟广播电视台等。通多路公交车。

青年路［Qīngnián Lù］　在县城中部。东起省道石镇线,西至中兴路。与城东路、新华街、解放路、建设路相交。分为青年东路、青年西路。长 3.4 千米,宽 30 米。沥青混凝土路面。1958 年开工,1965 年建成。1982 年拓宽。为县共青团组织修建,故名。两侧有光荣院、县长途客运站、农机配件市场、中牟宾馆、中牟大厦、县烈士陵园、青年路小学、县中医院、省农业职业学院等。通多路公交车。

解放路［Jiěfàng Lù］　在县城东部。南起陇海铁路立交桥,北至建安路。与东风路、官渡大街、青年路相交。分为解放南路、解放北路。长 3 千米,宽 30 米。沥青混凝土路面。1950 年开工,1953 年建成。1982 年扩建。两侧有县人民医院等。通多路公交车。

中牟站［Zhōngmóu Zhàn］　见交通运输设施部分"中牟站"条。

中牟县汽车站［Zhōngmóu Xiàn Qìchēzhàn］　见交通运输设施部分"中牟县汽车站"条。

广惠街街道［Guǎnghuìjiē Jiēdào］　中牟县人民政府驻地。在县境中部。面积 40 平方千米。人口 3.1 万。2010 年设。因广惠街得名。先后升级改造道路 30 余条,治理贾鲁河生态,拆迁改造城中村。贾鲁河、七里河、南干渠流经。有初中 3 所,小学 5 所,三级医院 1 个,卫生所 18 个。有幼儿园、体育馆、图书馆等。农业以种植花生、小麦、大蒜为主。工业以汽车产业为主。服务业以文化旅游业及农产品物流为主。有河南万邦国际农产品物流城,为中原地区蔬菜、水产海鲜、冻产品冷链物流中心。陇海铁路、107 国道过境。通多路公交车。

青年路街道［Qīngniánlù Jiēdào］　属中牟县。在县境中部。面积 16 平方千米。人口 8.5 万。2010 年设。因青年路得名。先后改造解放路特色商业街、民族路、深发路、西大街,建设绿色生态廊道。贾鲁河、小清河流经。有高中 3 所,初中 2 所,小学 5 所,二级医院 1 个,卫生所 15 个。有幼儿园等。有县烈士陵园。农业以种植黄瓜、西红柿、豆角等反季节蔬菜为主。工业以冶金、化工、造纸、农产品深加工为主。有大型农贸市场、冷库,为豫东地区冷藏保鲜基地。陇海铁路,新 107、310 国道过境。通多路公交车。

东风路街道［Dōngfēnglù Jiēdào］　属中牟县。在县境中部。面积 22 平方千米。人口 4.6 万。2010 年设。因东风路得名。先后升级改造解放路特色商业街、中兴路等道路,建设陇海铁路、郑民高速生态廊道,改造城中村。贾鲁河、小清河流经。有初中 1 所,小学 6 所,三级医院 1 个,二级医院 1 个,卫生所 8 个。有幼儿园。农业以种植花生、小麦、大蒜为主。工业以汽车及汽车零配件生产为主。有整车生产基地 3 个及汽车市场产业园。陇海铁路、郑民高速过境。通多路公交车。

韩寺镇［Hánsì Zhèn］　中牟县辖镇。在县境东南部。面积 68 平方千米。人口 4.1 万。辖 22 村委会,有 34 自然村。镇人民政府驻小韩。1960 年成立孟庄公社。1973 年改韩寺公社。1983 年改乡。1997 年置镇。古有洪福寺,清代韩姓僧人重修后称韩和尚寺,后简称韩寺,以寺得名。贾鲁河、丈八沟、小清河流经。有初中2所，小学18所，卫生院1个，卫生所30个。有幼儿园。有省级文物保护单位东古城遗址。农业以种植大棚西瓜、大蒜为主。工业以农副产品深加工、电子配件、建材为主。陇海铁路、郑民高速、省道石镇线过境。通多路公交车。

小韩［Xiǎohán］ 韩寺镇人民政府驻地。在县政府驻地广惠街街道东南13千米。人口1100。韩姓建村，故名。聚落呈团块状。有中心学校、幼儿园、卫生院。种植西瓜、大蒜、蔬菜等。有集贸市场，为农副产品集散地。通多路公交车。

官渡镇［Guāndù Zhèn］ 中牟县辖镇。在县境东部。面积123平方千米。人口6.8万。辖44村委会，有74自然村。镇人民政府驻板桥。1983年设邵岗乡。1996年置镇。因为官渡之战发生地得名。有初中1所，小学22所，卫生院1个，卫生所45个。有幼儿园等。农业以种植大蒜、西瓜、蔬菜为主，有休闲观光和文化体验农业。工业以生物能源、生物医药、电子信息、智能设备制造为主。陇海铁路，郑民高速，223、310国道，省道石镇线过境。通多路公交车。

板桥［Bǎnqiáo］ 官渡镇人民政府驻地。在县政府驻地广惠街街道东北11千米。人口1900。昔古渠上有板桥，村以桥名。唐名板桥店、板桥驿。明改建石桥，更名石桥村。清复名板桥。聚落呈团块状。有小学、幼儿园、卫生室等。种植小麦、花生、蔬菜、玉米、大蒜。有集贸市场。通多路公交车。

狼城岗镇［Lángchénggǎng Zhèn］ 中牟县辖镇。在县境东北部。面积132平方千米。人口3.8万。辖15村委会，有19自然村。镇人民政府驻狼城岗。1965年成立狼城岗公社。1983年改乡。1996年置镇。运粮河、狼南沟、狼北沟、引黄支渠流经。有黄河大堤。有初中3所，小学12所，卫生院1个，卫生所13个。有幼儿园。以生态旅游农业为主，有苹果、葡萄、核桃等采摘园。养殖鱼、鳖、蟹、鸭嘴鲟等水产及奶牛。连霍高速过境。通多路公交车。

狼城岗［Lángchénggǎng］ 狼城岗镇人民政府驻地。在县政府驻地广惠街街道东北25千米。人口6200。传金太子（狼主）宗望于此筑城屯兵，得名狼城岗。聚落沿黄河大堤两侧呈团块状分布。有小学、幼儿园、卫生室等。种植小麦、苹果、西瓜、大蒜。通多路公交车。

万滩镇［Wàntān Zhèn］ 中牟县辖镇。在县境西北部。面积62平方千米。人口3.3万。辖21村委会，有33自然村。镇人民政府驻万滩。1958年成立万滩公社。1983年改乡。1998年置镇。因镇政府驻地得名。石沟、油坊头沟流经。有初中1所，小学15所，卫生院1个，卫生所23个。有幼儿园。农业以种植小麦、玉米、莲菜为主，养殖猪、牛、羊、禽。有渔业制品及旅游观光产业。连霍高速过境。通多路公交车。

万滩［Wàntān］ 万滩镇人民政府驻地。在县政府驻地广惠街街道北16千米。人口2900。清雍正年间十里店北黄河决口，淤土成滩，万姓迁此定居，故名。聚落呈团块状。有小学、幼儿园、卫生室。有鱼、鳖、蟹等水产养殖和莲藕种植。为农副产品集散地。通多路公交车。

白沙镇［Báishā Zhèn］ 中牟县辖镇。在县境西部。面积66平方千米。人口5.7万。辖23村委会，有25自然村。镇人民政府驻白沙。1949年为白沙乡。1958年成立白沙公社。1983年复乡。1995年置镇。因镇政府驻地得名。贾鲁河、七里河、引黄淤灌干支渠流经。有初中2所，小学8所，卫生院1个，卫生所23个。有幼儿园、农村信用社。有千亩特种养殖、种植基地。北部灌区为蔬菜日光温室、全光照西瓜温室、食用菌大棚、百合种植园、莲藕种植等高效农业示范区。有2工业园区。陇海铁路，220、310国道过境。通多路公交车。

白沙［Báishā］ 白沙镇人民政府驻地。在县政府驻地广惠街街道西7千米。人口5700。因四周多白沙得名。聚落呈团块状。有小学、幼儿园、卫生室等。有蔬菜日光温室、全光照西瓜温室、食用菌大棚等高效农业。通多路公交车。

郑庵镇［Zhèng'ān Zhèn］ 中牟县辖镇。在县境西南部。面积75平方千米。人口3.7万。辖27村委会，有34自然村。镇人民政府驻小庄。1958年成立郑庵公社。1983年改乡。1996年置镇。原有郑姓在此设庵卖茶，称郑庵，后建陇海铁路郑庵站，因站得名。韩河、老丈八沟、台前河、引黄南干渠流经。有初中1所，小学23所，卫生院1个，卫生所18个。有幼儿园等。农业以种植小麦、大蒜、花生为主。有汽车服务博览园、农产品物流中心。郑民高速过境。通多路公交车。

小庄［Xiǎozhuāng］ 郑庵镇人民政府驻地。在县政府驻地广惠街街道西南7千米。人口1500。清同治年间郑姓迁此建村，得名小庄郑，后杨、胡二姓迁来，更名杨胡小庄，简称小庄。聚落呈团块状。有小学、幼儿园、卫生室等。种植大蒜、西瓜、花生。通多路公交车。

九龙镇［Jiǔlóng Zhèn］ 中牟县辖镇。在县境西南部。面积75平方千米。人口3.3万。辖24村委会，有45自然村。镇人民政府驻九龙。2005年芦医庙乡、谢庄镇合置九龙镇。因镇政府驻地得名。花马沟、白石磙潭沟、毛圪垱沟、祥云寺东河、祥云寺西河流经。有初中1所，小学17所，卫生院1个，卫生所21个。有幼儿园等。农业以种植小麦、玉米、花生、大枣、草莓为主。有汽车零部件、时尚物流等园区。京港澳、机场、郑民、郑州绕城高速过境。通多路公交车。

九龙［Jiǔlóng］ 九龙镇人民政府驻地。在县政府驻地广惠街街道西南12千米。人口2000。因村北有九龙岗得名。聚落呈团块状。有小学、幼儿园、卫生室等。种植小麦、玉米。有东风日产等汽车企业。通多路公交车。

张庄镇［Zhāngzhuāng Zhèn］ 中牟县辖镇。在县境西南部。面积52平方千米。人口2.8万。辖16村委会，有38自然村。镇人民政府驻张庄。1961年由八岗公社析设张庄公社。1994年改镇。因镇政府驻地得名。有初中1所，小学6所，卫生院1个，卫生所14个。农业以种植小麦、玉米、大蒜、大枣为主。有富士康科技、省口岸食品医疗器械检验检测中心。107国道、万三公路过境。通多路公交车。

张庄［Zhāngzhuāng］ 张庄镇人民政府驻地。在县政府驻地广惠街街道西南19千米。人口4000。明洪武年间张姓由山西洪洞县迁此建村，名张家庄，简为今名。聚落呈团块状。有小学、幼儿园、卫生室。种植小麦、大蒜。通多路公交车。

黄店镇［Huángdiàn Zhèn］ 中牟县辖镇。在县境南部。面积80平方千米。人口4.2万。辖32村委会，有46自然村。镇人民政府驻黄店。1955年设黄店中心乡。1958年成立黄店公社。1983年改乡。1999年置镇。因镇政府驻地得名。小清河流经。有初中2所，小学18所，卫生院1个，卫生所32个。有幼儿园、文化站等。有全国重点文物保护单位寿圣寺双塔，省级文物保护单位业王遗址。农业以种植西瓜、花生、蔬菜、大蒜为主。工业以农产品深加工为主。省道石镇线过境。通多路公交车。

黄店［Huángdiàn］ 黄店镇人民政府驻地。在县政府驻地广惠街街道南19千米。人口400。传唐代黄姓于古道旁开店，后成村，故名。聚落呈团块状。有小学、幼儿园、卫生室。种植西瓜、花生、大蒜。刁黄公路经此。通多路公交车。

大孟镇［Dàmèng Zhèn］ 中牟县辖镇。在县境中部偏北。面积115平方千米。人口5.7万。辖32村委会，有73自然村。镇人民政府驻大孟。1949年为大孟区。1956年设乡。1961年成立公社。1983年复乡。2001年置镇。因镇政府驻地得名。贾鲁河、石沟、大孟沟、水溃沟流经。有初中1所，小学12所，卫生院1个，卫生所31个。有幼儿园、文化站、公共图书室等。有民间艺术武术、书画、戏曲、舞狮、盘鼓、腰鼓、秧歌等。农业以种植大棚西瓜、蔬菜、草莓等观光农业为主。畜牧业以养殖生猪、蛋鸡、奶牛为主。工业以农副产品深加工、冷藏保鲜为主。连霍高速、省道石镇线、县道中万线过境。通多路公交车。

大孟［Dàmèng］ 大孟镇人民政府驻地。在县政府驻地广惠街街道东北9千米。人口2000。明代孟姓兄弟自山西洪洞县迁此，后发展为两村，此处规模较大，故名。聚落呈团块状。有中学、幼儿园、卫生院、艺术文化中心。种植大蒜、玉米。省道石镇线经此。通多路公交车。

刘集镇［Liújí Zhèn］ 中牟县辖镇。在县境西北部。面积92平方千米。人口5.5万。辖30村委会，有53自然村。镇人民政府驻盆窑。1956年设刘集乡。1969年成立刘集公社。1983年复乡。2007年置镇。明代刘姓由山西洪洞县迁此建村并成集市，名刘家集，简称刘集。贾鲁河、杨桥总干渠、北干渠、南干渠流经。有初中2所，小学19所，卫生院1个，卫生所30个。有幼儿园、文化站、公共图书室。有国家4A级旅游景区郑州绿博园、方特欢乐世界。有民间艺术秧歌、盘鼓、旱船、舞狮、舞龙、曲艺等。农业以种植大棚西瓜、蔬菜、草莓等观光农业为主。连霍高速过境。通多路公交车。

盆窑［Pényáo］ 刘集镇人民政府驻地。在县政府驻地广惠街街道西北11千米。人口300。明末建村，先祖以建窑烧盆为生，故名烧盆窑家庄，清乾隆年间简称盆窑。聚落呈团块状。有中学、卫生所。种植小麦、玉米。通多路公交车。

八岗镇［Bāgǎng Zhèn］ 中牟县辖镇。在县境西南部。面积56平方千米。人口3.3万。辖17村委会，有29自然村。镇人民政府驻八岗。1956年设八岗中心乡。1958年成立八岗公社。1983年改乡。1989年析设张庄乡。2009年八岗乡改镇。因镇政府驻地得名。丈八沟流经。有初中1所，小学12所，卫生院1个，卫生所19个。有幼儿园、文化站、公共图书室。有盘鼓、舞龙、秧歌、旱船等农民文艺队。农业以种植小麦、玉米、大蒜、西瓜为主。万三公路过境。通多路公交车。

八岗［Bāgǎng］ 八岗镇人民政府驻地。在县政府驻地广惠街街道西南14千米。人口2400。原名王家庄，明末因兵火迁今址，因四周有8土岗得今名。聚落呈团块状。有中学、中心学校、幼儿园、卫生院等。有邮政所。有老寨龙山文化遗址。种植小麦、花生、西瓜、大蒜。通多路公交车。

雁鸣湖镇［Yànmínghú Zhèn］ 中牟县辖镇。在县境北部。面积97平方千米。人口2.9万。辖19村委会，有21自然村。镇人民政府驻西村。1983年设东漳乡。2004年改雁鸣湖乡。2010年置镇。因雁鸣湖得名。赵口总干渠、运粮河、东干河、丁干河、丁村沟支渠流经。

有黄河大堤。有初中1所，小学13所，卫生院1个，卫生所19个。有幼儿园、文化站、公共图书室。有国家3A级旅游景区河南农业高新科技园。有省级非物质文化遗产打硪号子。以水产养殖和水面种植为特色产业。连霍高速等过境。通多路公交车。

西村 [Xīcūn] 雁鸣湖镇人民政府驻地。在县政府驻地广惠街街道北19千米。人口4300。原为东漳村，1983年拆分为两村，此处居西得名。聚落呈矩形。有中小学、幼儿园、卫生所。有省级非物质文化遗产黄河打硪号子。农业以小麦、玉米种植为主，有水产养殖。中东、东赵公路经此。

三官庙镇 [Sānguānmiào Zhèn] 中牟县辖镇。在县境南部。面积104平方千米。人口6.3万。辖46村委会，有60自然村。镇人民政府驻三官庙。1956年设三官庙中心乡。1958年成立公社。1983年改三官庙乡。2005年冯堂乡并入。2011年置镇。因镇政府驻地得名。小清河、湾洪河、韩家沟、坡董沟、马家沟等流经。有初中3所，小学23所，卫生院1个，卫生所24个。有幼儿园、文化站、公共图书室。农业以小麦、玉米、花生、西瓜、大蒜种植为主。省道石镇线过境。通多路公交车。

三官庙 [Sānguānmiào] 三官庙镇人民政府驻地。在县政府驻地广惠街街道南24千米。人口1300。清初在此修庙，内塑天官、地官、水官3神像，取名三官庙，村以庙名。聚落呈团块状。有中小学、卫生院、卫生所。有邮政所。农业以小麦、花生、玉米、西瓜、大蒜种植为主。通多路公交车。

姚家镇 [Yáojiā Zhèn] 中牟县辖镇。在县境中部偏南。面积84平方千米。人口3.2万。辖22村委会，有35自然村。镇人民政府驻姚家。1956年设姚家中心乡。1958年成立姚家公社。1983年改乡。2011年置镇。因镇政府驻地得名。丈八沟、新沙河、小清河流经。有初中1所，小学19所，卫生院1个，卫生所32个。有幼儿园、文化站、公共图书室。农业以大棚西瓜、蔬菜、草莓等种植为主。有弘亿国际农民创业园。工业以汽车产业和农副产品深加工为主。陇海铁路、郑民高速、省道石镇线过境。通多路公交车。

姚家 [Yáojiā] 姚家镇人民政府驻地。在县政府驻地广惠街街道南8千米。人口2900。明代姚姓由山西迁此建村，得名姚家庄，简为今名。聚落呈团块状。有中小学、幼儿园、卫生院。种植小麦、大蒜、西瓜。省道石镇线经此。通多路公交车。

刁家乡 [Diāojiā Xiāng] 中牟县辖乡。在县境东南部。面积79平方千米。人口3.9万。辖28村委会，有37自然村。乡人民政府驻刁家。1961年成立刁家公社。1983年改乡。因乡政府驻地得名。丈八沟、小清河、马河流经。有初中1所，小学15所，卫生院1个，卫生所30个。有幼儿园、文化站、公共图书室。有万邦农业示范园。农业以小麦、花生、玉米、西瓜、大蒜种植为主。中刁、刁黄公路过境。通多路公交车。

刁家 [Diāojiā] 刁家乡人民政府驻地。在县政府驻地广惠街街道东南22千米。人口1800。刁姓始居，清顺治年间名刁家庄，咸丰年间筑寨，名刁家寨，后简为今名。聚落呈团块状。有中小学、幼儿园、卫生院。农业以大蒜、蔬菜、花生种植为主。中刁、刁黄公路经此。通多路公交车。

开封市

开封市 [Kāifēng Shì] 河南省辖地级市。北纬34°11′—35°01′，东经113°52′—115°15′。在省境中部偏东，黄河南岸。面积6266平方千米。户籍人口463万，常住人口458万。以汉族为主，还有回、满、蒙古、藏、朝鲜、壮、维吾尔等民族。辖龙亭、顺河回族、鼓楼、禹王台、祥符5区，杞县、通许、尉氏、兰考4县。市人民政府驻龙亭区。秦置启封县。汉景帝元年(前156)更名开封县。东魏天平元年(534)置梁州(治今开封市区)，辖阳夏、开封、陈留3郡。北齐省开封郡入陈留郡。北周大象元年(579)因临汴水，改梁州为汴州，治今开封城。隋大业初废汴州。唐武德四年(621)复置。延和元年(712)开封县治移今开封城。五代后梁开平元年(907)定都汴州城，将城邑改称东都，设开封府。五代后晋、后汉、后周以及北宋均都于此，称东京开封府。金初称汴京。贞元元年(1153)改称南京开封府。元改汴梁路。明洪武初定开封为北京，旋复称开封府。1914年改称开封道。1929年设开封市。1930年撤市。1932年设河南省第一行政督察区。1948年改称开封市，为省会。1954年省会迁郑州。1969年更名开封地区。1983年更为省辖开封市。名称源于春秋时郑庄公筑启封城，取"启拓封疆"意名，为避汉景帝刘启讳，改称开封。地势西北高东南低。海拔60—80米。属温带大陆性季风气候。年均气温14.2℃，1月平均气温−0.2℃，7月平均气温27.1℃。年均降水量631.8毫米。年均无霜期221天。惠济河、马家河、黄汴河、贾鲁河、涡河、运粮河等流经。有矿产资源石油、天然气、煤炭、石灰岩、岩盐、石膏等。有野生植物300余种，其中有国家重点保护野生植物核桃楸、青檀、刺五加、野大豆、紫斑牡丹、太行花、无喙兰。有野生动物60余种，其中有国家二级保护动物啄木鸟、猫头鹰、隼等13种。有柳园口省级湿地自然保护区。有省级工程技术研究中心16个，省级重点实验室1个。有高校5所，高中47所，初中228所，小学1401所，特殊教育学校9所，文化馆14个，三级医院11个。有国家一级图书馆2个，国家二级图书馆1个，国家三级图书馆2个。艺术表演团体9个。有全国重点文物保护单位铁塔、刘青霞故居、繁塔、启封故城、延庆观等19个，省级文物保护单位龙亭、铁犀牛、曹植墓、开封天主教堂、竹林遗址等44个。有国家5A级旅游景区清明上河园，国家4A级旅游景区龙亭公园、大相国寺、包公祠、开封府、铁塔公园、中国翰园。有国家级非物质文化遗产朱仙镇木版年画、开封盘鼓、大相国寺梵乐、开封汴绣等9项。举办中国开封菊花文化节。三次产业比例19∶45∶36。农业以小麦、玉米、水稻、红薯、大豆种植为主。有经济作物花生、棉花、大蒜、西瓜等。有名特优水产品斑点叉尾鮰、中华鳖、黄河鲤等。有土特产朱仙镇豆腐干、花生糕、桶子鸡、菊花火锅、麻辣花生、沙家酱牛肉等。工业有汽车及零部件、装备制造、化工、新材料、食品、纺织服装、光伏、木业、生物医药、电子信息等产业集群，有省级精细化工产业集聚区。服务业以旅游、餐饮、酒店、娱乐等行业为主。有国家级开封经济技术开发区。有铁路225千米，高速418千米，公路6911千米。陇海、京广、京九、郑开城际铁路，郑徐高速客运专线，连霍、日南、大广、郑民高速，220、310国道，省道郑沈、民信、兰罗、濮封线等过境。

开封 [Kāifēng] 别称菊城。开封市聚落。在市境西北部。面积1664平方千米。人口170万。以汉族为主，还有回、满、蒙古等民族。开封城由战国大梁城演变而来。商代已有城邑。魏惠王六年(前364)国都自安邑(今山西省夏县西北)迁此改称大梁，扩建城郭，有城门12座，城高7仞。十年(前360)开凿鸿沟，自荥阳引黄河水入圃田泽，经大梁城北人逢泽，连接沙河。隋大业元年(605)开凿通济渠(后称汴渠)流经浚仪城南。唐建中二年(781)扩建汴州城，周长20里余，门10座，为今城雏形。五代后周世宗显德三年(956)始筑外城，周48里余。北宋增筑、重修，成三重城郭。外城周长50里余，12门。内城周长20里余，10门。皇城周长5里，6门。城内以御街为中轴线，呈棋盘状。金末内城南、北城墙外扩。后历经兵燹水患，多次重修，至明代外城消失。清代康熙、道光年间重修开封城。光绪三十年(1904)修成省第一条近代城市道路鼓楼街至吴胜角马路。三十三年(1907)辟南关为商埠，渐成新型市区。清末至民初出现万福楼金店、河南大学大礼堂、同和裕银号、天主教河南总修院、红洋楼等西式及中西合璧建筑。1928年另辟南城门。1949年后辟新开门、河大门、迎宾门、小西门。1957年建铁塔公园。1958年起东、西、南郊先后形成新工业区。1976年拆除鼓楼楼台辟为广场。1988年改造宋都御街。1989年建成开封黄河线大桥。1992年建开封经济技术开发区，城区向西延伸至郑州市东界。1994年整修城墙，重建城门楼3座。1998年建金明广场。2000年后改造城墙外侧为环城公园。2006年郑开大道通车。2006—2013年建市精细化工产业集聚区，开挖大宋御河建仿宋桥梁11座。2014年建开封西湖。有标志性建筑开封城墙、铁塔、繁塔、延庆观玉皇阁、国民革命军阵亡将士纪念塔、宋都御街、市博物馆等。中部为旅游、商贸区。鼓楼街、寺后街、书店街、马道街十字街区为商业区。东为重工业区。西为现代复合型新城区，集高新技术、先进制造和科研教育、旅游休闲为一体。南为轻工、物流等为主的商贸区。北为教育、自然生态居民区。陇海、郑徐、郑开城际铁路，连霍、郑民高速过境。

新街口 [Xīnjiēkǒu] 在市区中部。泛指宋都御街、西大街、西门大街、中山路北段交会处及附近区域。有明代周王府。因周王后代新建多处府邸，原址一带称老府门。1927年老府门西街改称新街口街，后渐取代老府门之名。为集旅游、购物、餐饮、休闲、文化娱乐为一体的多功能商业区。内有仿宋商业街宋都御街，街两侧角楼对称而立，楼阁店铺排列紧密，匾额、楹联、幌子、字号均取自宋史记载，古风突出，青灰色筒板瓦曲线屋顶，十字脊，悬鱼惹草，犁状斗拱，棱型外柱，额枋替木，彩画装饰等形象地再现宋代建筑风貌。有50余家店铺以经营开封特产、传统风味、古玩字画为主。有多个大型商场、购物中心及地方特色小吃街。有新玛特、万博广场等购物娱乐中心。多条城市干道经此。通多路公交车。

东京大道 [Dōngjīng Dàdào]　在市区北部。东起东环北路，西至十二大街。与开柳路、西环城路、黄河大街等相交。长15.6千米，宽40米。混凝土路面。1981年开工，1982年建成。2001、2014年扩建。原称北环城路，后以开封原称东京更今名。两侧有河南大学新校区、万岁山大宋武侠城等。通多路公交车。

西门大街 [Xīmén Dàjiē]　在市区中部偏西。东起中山街，西至大梁门。与玉皇庙街、城隍庙后街、大兴街、旗纛街相交。长1.6千米，宽50米。混凝土路面。建于北宋。1995年拓宽，1998年东扩。北宋称踊路街，明称西门内大街，清自西向东为西门大街、城隍庙后街、前营门街、新街口街，1998年统称今名。两侧有河南大学第一附属医院、淮河医院、西门基督教堂、普济寺等。通多路公交车。

宋城路 [Sòngchéng Lù]　在市区西南部。东起西环城路，西至十三大街。与黄河大街、夷山大街、金明大道等相交。长10.8千米，宽50米。混凝土路面。20世纪70年代建，1981年称城西四路，后改赵屯路。1993年取开封原为北宋国都意更名宋城路。2006年向西延至十三大街。两侧有开封电视台、市质量技术监督局、开封经济技术开发区。有郑开城际铁路宋城路站。通多路公交车。

滨河路 [Bīnhé Lù]　在市区南部。东起建设路，西至西环城路。与五一路、中山路、解放路等相交。长6.5千米，宽40米。混凝土路面。20世纪初建，1976年东延。1984、1996年两次拓宽。因南滨黄汴河得名。两侧有豫东建材大世界、陇海铁路开封站东货场、开封农机总公司、天主教河南省总修院旧址等。通多路公交车。

华夏大道 [Huáxià Dàdào]　在市区南部。东起上禾大道，西至金明大道。与蔡屯路、五一路等相交。长8.2千米，宽40米。混凝土路面。1956年建郑汴路段。1982年建机场北路段，2014年2路段扩建合并更今名，取夏朝曾建都于此意。两侧有蔬菜和水产批发市场、市民政福利园区、市第五人民医院、求实中学等。通多路公交车。

金明大道 [Jīnmíng Dàdào]　在市区西部。南起郑民高速，北至连霍高速。与复兴大道、东京大道、郑开大道、晋安路、汉兴路、宋城路等相交。长14.7千米，宽60米。混凝土路面。1981年开工，1993年建成，2010年南延。原称西三街，后因途经金明池遗址更今名。两侧有汽车销售公司及4S店、金明池公园等。有金明汽车客运站。通多路公交车。

黄河大街 [Huánghé Dàjiē]　在市区中部偏西。南起魏都路，北至复兴大道。与东京大道、大梁路、晋安路、汉兴路、宋城路相交。长6.2千米，宽40米，混凝土路面。20世纪70年代建，1981年命名为建西一街。1993年因通黄河黑岗渡口更名为黄河大街。两侧有开封市教育局、体育局、文化广电新闻出版局等行政单位及多处住宅小区。通多路公交车。

龙　亭　区

龙亭区 [Lóngtíng Qū]　开封市人民政府驻地。在市境西北部。面积375平方千米。人口46.3万。以汉族为主，还有回、蒙古等民族。辖8街道、3乡。区人民政府驻北道门街道。1955年合并开封特别市第三、第四区部分域设龙亭区。1966年更名红星区。1972年复名。2014年金明区并入。因北宋皇宫遗址龙亭得名。地势平坦。有鸭子湖。大宋御河、北支河、黄汴河、清水河等流经。有高校8所，中学10所，小学54所，幼儿园102所，三级医院4个，文化艺术团体4个。有全国重点文物保护单位开封城墙、山陕甘会馆，省级文物保护单位龙亭、镇河铁犀、刘少奇在开封陈列馆、开封府文庙棂星门、河南省立第一工业学校旧址。有景点遗迹龙亭公园、天波杨府纪念馆、中国翰园碑林、清明上河园、毛主席视察黄河处、黄河风景游览区、万岁山森林公园、仓颉陵、文庙街清真寺、孟子游梁祠、林公堤、午门石狮、华北体育场旧址等。有民间艺术盘鼓、汴绣、舞狮、龙灯、旱船、推小车、高跷、大头跳、老背少、二鬼摔、跑驴、腰鼓、秧歌和花篮舞等。三次产业比例4∶23∶73。农业以小麦、水稻、玉米种植为主，有猪、牛饲养。工业以汽车零部件、专用设备制造为主。有市汽车贸易园区。服务业以旅游、商贸为主。郑开城际铁路、郑徐高铁，连霍高速，省道永定线过境。有开封北站。

金明广场 [Jīnmíng Guǎngchǎng]　在城区中部。占地10万平方米。1998年开工，1999年建成，2012年扩建。因处金明池遗址西北且金明大道经过得名。广场东北、西北、西南均为绿地，东南有大型音乐喷泉水池及溜冰场。水池周边有7根龙柱，象征开封七朝古都，刻有各朝国君及重大历史事件等。中心环岛转盘立有不锈钢雕塑《黄河风》，由开封二字拼音首字母组成乘风破浪图形。为集爱国主义教育、科普宣传、文化传播、展览演出、健身娱乐功能的综合性广场。周边有市财政局、市人大、中国农业银行、中原银行大厦、金穗大厦、开元名都大酒店、浪漫之都生活小区。通多路公交车。

金明汽车站 [Jīnmíng Qìchēzhàn]　见交通运输设施部分“金明汽车站”条。

北道门街道 [Běidàomén Jiēdào]　龙亭区人民政府驻地。在区境东北部。面积1平方千米。人口1.7万。1960年设。因原北道门街得名。2011年东延龙亭北路。2013年改造西棚板街南部居民区为客家源文化广场。有小学1所，卫生所2个。有开封文化会客厅。有省级文物保护单位省立第一工业学校旧址。有孟子游梁祠。经济以商贸、旅游业为主。通公交车。

北书店街道 [Běishūdiàn Jiēdào]　属龙亭区。在区境东北部。面积1平方千米。人口2.2万。1955年设。因北书店街得名。2013年改造北部居民区为客家源文化广场。2014年拓宽刷绒街、三胜街、文庙街。有小学1所，幼儿园4所，三级医院1个，卫生所2个。有客家源文化广场。有全国重点文物保护单位山陕甘会馆，省级文物保护单位中共豫陕区委旧址、刘少奇在开封陈列馆、开封府文庙棂星门。有文庙街清真寺。经济以商贸、旅游业为主。通公交车。

文庙街 [Wénmiào Jiē]　在北书店街道北部。长279米，宽8米。沥青路面。因清初开封府文庙得名。曾名司后街、法院街。2014年拓宽，东口北侧改建客家源文化广场和珠玑巷。有省级文物保护单位开封府文庙棂星门。

徐府街 [Xúfǔ Jiē]　在北书店街道南部。长421米，宽8米。沥青路面。因明代中山王徐达子孙奉旨修建府第得名。1912年后曾称教育厅西街。1940年前后复名。有全国重点文物保护单位山陕甘会馆。南侧建新天地商业区，商铺为仿古建筑，有传统小吃夜市。通公交车。

北书店街 [Běishūdiàn Jiē]　在北书店街道南部。长305米，宽20米。混凝土路面。明称大店街。清因多经营文房四宝改书店街。清光绪年间分南北两部分，该街居北，故称今名。为商业步行街，有书店及文具、体育用品、中外乐器等店。建筑多为两层阁楼式仿古风格。通公交车。

午朝门街道 [Wǔcháomén Jiēdào]　属龙亭区。在区境东北部。面积2平方千米。人口1.4万。1955年由午朝门镇改设。因清代万寿宫午朝门遗址得名。1985年建体育馆。1986年拓宽宋都御街。20世纪90年代后建旅游景点多处，拓宽道路多条。有中学1所，小学2所，幼儿园2所，卫生所2个。有午朝门广场、市体育场。有全国重点文物保护单位皇城北墙遗址，省级文物保护单位龙亭公园。有周王府萧墙遗址、午门石狮、华北体育场旧址。有开封菊花文化节。经济以旅游、商贸为主。通公交车。

宋都御街 [Sòngdūyù Jiē]　在午朝门街道中部。长400米，宽40米。混凝土路面。北宋时在宫门内，故名。明时为周王府处所。清称午朝门大街。20世纪初称中山路北段。1986年拓宽改造，两侧建仿古建筑。1991年更今名。南口立“宋都御街”牌坊，两侧各立大象石雕1尊，上骑持枪武士。北有北宋石狮一对。有樊楼、东西角楼。店铺经营开封特产、传统风味、古玩字画等，匾额、楹联、幌子、字号均取自宋史记载。为旅游干线。通多路公交车。

大兴街道 [Dàxīng Jiēdào]　属龙亭区。在区境中南部。面积1平方千米。人口1.2万。1955年大兴、城隍庙、西门3镇合并设立。因大兴街得名。20世纪80—90年代新扩建一批城市道路。2013年拓宽街路多条。2014年建成七盛角工程。大宋御河流经。有中学1所，小学1所，三级医院1个，卫生院1个，卫生所2个。有全国重点文物保护单位开封城墙，省级文物保护单位宗公祠。有国家5A级旅游景区清明上河园。有景点大宋御河之夏荫园、汴梁人家、母子桥、龙韵桥等。经济以商业、餐饮和旅游为主。通公交车。

城西街道 [Chéngxī Jiēdào]　属龙亭区。在区境西部。面积2.6平方千米。人口6.2万。以汉族为主，还有回、满、蒙古等民族。1980年设，因位于老城西部得名。1980年后新建居民区多处。黄汴河流经。有高校1所，中学1所，小学1所，三级医院1个。有青少年科技活动室、社区科普大学、科普活动站。经济以商贸加工为主。通公交车。

梁苑街道 [Liángyuàn Jiēdào]　属龙亭区。在区境西部。面积2.4平方千米。人口4.3万。以汉族为主，还有回、满、蒙古、苗、壮、朝鲜等民族。1988年由大兴街道析设。因梁苑新村得名。黄汴河流经。有高校1所，小学1所，幼儿园3所，三级医院1个，卫生所7个。有全国重点文物保护单位开封城墙西段。有盘鼓、腰鼓、舞蹈、武术队12支。经济以商贸服务业为主。通公交车。

杏花营街道 [Xìnghuāyíng Jiēdào]　属龙亭区。在区境西南部。面积123平方千米。人口3.3万。2014年撤杏花营镇改设。因杏花营得名。运粮河、马家河流经。有初中2所，小学6所，卫生院1个，卫生所1个。农业以西瓜、花生、蔬菜种植为主，有猪、羊、家禽饲养，有西瓜批发市场。陇海铁路，郑民高速，220、310国道过境。通公交车。

金耀街道 [Jīnyào Jiēdào]　属龙亭区，在区境西部。面积66.7平方千米。人口13.5万。以汉族为主，还有满、回等民族。2014年撤西郊乡改设。因金耀路得名。有金明池、开封西湖。马家河北支流经。有高校2所，中学2所，卫生院1个，文化站1个，社区文化中心15个，图书室12个。农业以小麦、玉米种植为主，有经济作物西瓜、花生、蔬菜,畜牧业以猪、羊、牛、家禽饲养为主。陇海、郑开城际铁路,郑徐高铁,连霍高速过境。通公交车。

北郊乡［Běijiāo Xiāng］ 龙亭区辖乡。在区境东北部。面积34平方千米。人口5.1万。辖28居委会,有22自然村。乡人民政府驻北关街社区。1965年设水稻公社。1983年改置乡。因位于开封城北得名。黄汴河流经。有黄河水利职业技术学院。有中学1所,小学1所,卫生院1个,卫生所33个。有省级文物保护单位明代镇河铁犀。有万岁山森林公园。农业以水稻、小麦种植为主,有特产花生、西瓜等。连霍高速过境。

北关街社区［Běiguānjiē Shèqū］ 北郊乡人民政府驻地。在区境东北部。面积0.7平方千米。人口1400。2012年成立。因北关街得名。有现代风格楼房320栋,别墅23栋。有养老服务中心、中学、幼儿园、卫生院、社区诊所。区建设局、民政局等单位驻此。通多路公交车。

孙李唐社区［Sūnlǐtáng Shèqū］ 属北郊乡。在区境中北部。面积0.7平方千米。人口1000。2012年成立。因孙李唐村得名,源于南唐后主李煜被囚于此。民居为砖混结构高层住宅。有养老服务,家庭教育,少儿活动中心,电影院。有社区诊所。通多路公交车。2014年被评为省级文明社区。

柳园口乡［Liǔyuánkǒu Xiāng］ 龙亭区辖乡。在区境东北部。面积59平方千米。人口3.8万。辖24居委会,有33自然村。乡人民政府驻牛庄社区。1961年成立牛庄公社。1978年改柳园口公社。1983年改置乡。因柳园渡口得名。柳园口引黄灌区总干渠等流经。有省级柳园口湿地自然保护区。有中学1所,小学8所,卫生院1个,卫生所24个。有历史文物建筑仓颉陵、林公堤。有民间艺术盘鼓、舞狮、龙灯、旱船、推小车、高跷、大头跳、老背少、二鬼摔、跑驴、腰鼓、秧歌和花篮舞等。经济以农业种植为主,主种水稻、小麦,有林果业、池塘养鱼,有特产花生。连霍高速过境。通公交车。

牛庄社区［Niúzhuāng Shèqū］ 柳园口乡人民政府驻地。在区境北部。面积2平方千米。人口3000。2012年成立。因牛庄得名。有楼房69栋,别墅19栋,多为砖混结构低层住宅。有志愿者服务站、老年活动中心、卫生院、卫生室。区法院北郊法庭驻此。通公交车。

水稻乡［Shuǐdào Xiāng］ 龙亭区辖乡。在区境西北部。面积80平方千米。人口2.6万。辖16居委会,有38自然村。乡人民政府驻堤角社区。1965年成立水稻公社。1983年改置乡。取"引黄种稻改土,前景富裕在望"意得名。黄河、马家河北支、黄汴河流经。有中学1所,小学8所,卫生院1个,卫生室16个,民间文化艺术表演团体1个,盘鼓队4支、文化活动中心16个。农业以水稻、小麦、玉米种植为主,有特产黄河鲤鱼。连霍高速、郑徐高铁过境。有开封高铁北站。通多路公交车。

堤角社区［Dījiǎo Shèqū］ 水稻乡人民政府驻地。在区境西部。面积4平方千米。人口2000。2012年成立。因堤角村得名。东干渠流经。民居多砖木结构坡顶式瓦房和砖混结构平顶房,以2层为主。有青少年活动室、老年娱乐中心、图书馆、养老院。有中学、幼儿园、卫生院。农业以小麦、玉米种植为主。省道永定线经此。

顺河回族区

顺河回族区［Shùnhé Huízú Qū］ 开封市辖区。在市境西北部。面积86平方千米。人口22.9万,其中回族占11.9%。以汉族为主,还有满、蒙古等民族。辖8街道。区人民政府驻清平街道。1953年置顺河回族自治区。1956年更名顺河回族区。1972年改为顺河区。1980年更今名。2005年原郊区东郊乡、土柏岗乡划入。因惠济河纵贯南北,且回族聚居,故名。处黄河大冲积扇东南翼,平均海拔71米。有铁塔湖。惠济河流经。有高校7所,中学12所,小学31所,三级医院1个,二级医院1个。有全国重点文物保护单位刘青霞故居、开封东大寺、铁塔、河南留学欧美预备学校旧址、天主教河南总修院旧址,省级文物保护单位开封天主教堂、张钫故宅、河南贡院碑。有景点汴京公园、北宋白衣阁、南北教经胡同、双龙巷等。有国家4A级旅游景区铁塔风景区。有国家级非物质文化遗产汴绣、灯笼张、撂石锁。三次产业比例5∶54∶41。农业以小麦、稻谷种植为主,产蔬菜,有生猪、奶牛饲养。工业以纺织、电机、空分设备、高压阀门、冶金、建材、化工、医药为主。服务业以商贸、金融、物流为主。陇海铁路、郑徐铁路客运专线等过境。有开封汽车东站。通多路公交车。

开封汽车东站［Kāifēng Qìchē Dōngzhàn］ 见交通运输设施部分"开封汽车东站"条。

清平街道［Qīngpíng Jiēdào］ 顺河回族区人民政府驻地。在区境西部。面积3平方千米。人口2.2万。以回族为主,还有满、蒙古、壮等民族。1958年设。因清平南北街得名。2002年改建都市花苑小区。有高校1所,中学1所,小学2所,二级医院1个,卫生所1个。有全国重点文物保护单位刘青霞故居、东大寺,省级文物保护单位天主教堂。有刘峙故宅、王家胡同清真女学堂、文殊寺街清真寺、吉公馆、犹太教寺遗址教经胡同。有民间艺术七式拳、查拳。经济以零售业、民族特色餐饮服务业为主。有回族食品一条街、北羊市清真市场。通公交车。

铁塔街道［Tiětǎ Jiēdào］ 属顺河回族区。在区境西北部。面积2平方千米。人口2.5万。1956年设北门街道。1962年改今名。因祐国寺塔俗称铁塔得名。2002年拓宽解放大道。2008年建龙瑞苑、上城世家小区。有高校1所,中学1所,小学1所,卫生所1个。有全国重点文物保护单位祐国寺塔、河南留学欧美预备学校旧址,省级文物保护单位河南贡院碑。有河南省佛学社旧址。有开封城安远门、中原民间艺术博物馆。有国家级非物质文化遗产开封汴绣。经济以旅游业、消费品零售业为主。通公交车。

曹门街道［Cáomén Jiēdào］ 属顺河回族区。在区境东部。面积3平方千米。人口1.8万。1955年撤曹门镇改设。因曹门大街得名。2000年拓宽曹门大街。2012年后开始改造棚户区,建双龙帝苑、双龙巷等。有中学2所,小学1所,卫生所1个。有回族幼儿园、红旗幼儿园。有盘鼓、腰鼓队。有省级文物保护单位张钫故宅。有景点田家宅院、白衣阁、双龙巷。经济以旅游业、消费品零售业为主。通公交车。

双龙巷［Shuānglóng Xiàng］ 在曹门街道西部。长560米,宽10米。沥青路面。因宋太祖和宋太宗曾居于此得名。曾名鸡儿巷、法院东街、新棚场街。旧时门楼、宅院较多,为清末民初民用建筑风格,至今有保存完整的二进院、四合院,以二进院居多,前后院之间有葫芦、八角等形式的二门楼。民宅墙上曾有2石雕龙头,现仅余西段1处。是中原地区保存较好的四合院片区之一。沿街有市第八中学、市实验幼儿园等。通公交车。

宋门街道［Sòngmén Jiēdào］ 属顺河回族区。在区境西南部。面积4平方千米。人口3.8万。1976年由工业街道析设。因处古宋门外城墙以东得名。有高校3所,中学1所,小学2所,卫生所1个。有市歌剧院、宋门关清真寺。有特色民间艺术腰鼓、盘鼓、花篮舞、秧歌、大头娃娃、豫剧等。有食品加工业等。通公交车。

工业街道［Gōngyè Jiēdào］ 属顺河回族区。在区境中部。面积2平方千米。人口4.7万。1966年设工业区街道,后称东方红街道。1972年改今名。因工业区得名。2001年建十一化建职工活动中心。有高校3所,中学3所,小学6所,三级医院1个,卫生所1个。有特色民间艺术京剧、豫剧、腰鼓、盘鼓、民族舞等。经济以设备制造业、零售业为主。通公交车。

苹果园街道［Píngguǒyuán Jiēdào］ 属顺河回族区。在区境西北部。面积2平方千米。人口3.6万。1994年由宋门街道析设。因苹果园小区得名。2010年新建江南人家、东方明珠小区。有中学2所,小学1所,卫生所1个。有市妇幼保健院。有汴京公园、东京极地海洋馆。经济以旅游、零售业为主。通公交车。

东苑街道［Dōngyuàn Jiēdào］ 属顺河回族区。在区境中东部。面积38平方千米。人口5.8万。2014年撤东郊乡改设。因东苑小区得名。有中学1所,小学11所,卫生院1个,卫生所1个。有全国重点文物保护单位天主教河南总修院旧址,省级文物保护单位开封天主教堂。有幕天坡古战场遗址、北宋宴台遗址、张仪墓、张耳墓、王旦墓、宜春苑遗址、市烈士陵园等。有特色民间艺术秧歌、旱船、盘鼓、大头娃娃、老年推车等。农业以小麦、水稻、玉米种植为主,畜牧业以生猪、奶牛、鸡饲养为主,渔业以甲鱼、青鱼、鲤鱼养殖为主。工业以机械设备制造、汽车零部件加工、商贸物流为主。有汴东产业集聚区。陇海铁路过境。有长途汽车东站。通公交车。

宴台河［Yàntáihé］ 在区政府驻地清平街道东3千米。属东苑街道。人口1600。因有张仪之墓,形似砚,得名砚台。明有河称砚台河。后谐为今名。聚落呈团块状。有小学、医疗点。有科普文化长廊、健身广场、农民书屋、村级乐教队。有蔬菜种植、畜牧养殖。2014年被评为全国文明村。

土柏岗街道［Tǔbǎigǎng Jiēdào］ 属顺河回族区。在区境东部。面积21平方千米。人口2.4万。2014年撤土柏岗乡改设。因土柏岗村得名。柳干渠、东干渠、惠北泄水河、开兰河流经。有初中1所,小学7所,幼儿园6所,卫生院1个,卫生所1个。有千年古庙盘石庙,王懿德墓。有地方特色民间艺术盘鼓、旱船、腰鼓、竹马、大头娃娃等。有火电厂、水泥厂、粉煤灰砖厂。大广、连霍高速,省道开兰、东郑线过境。通公交车。

鼓楼区

鼓楼区［Gǔlóu Qū］ 开封市辖区。在市境西北部。面积65平方千米。人口17.5万。以汉族为主,还有回、满、蒙古、壮、朝鲜等民族。辖8街道。区人民政府驻州桥街道。1950年第二区改称东区。1956年改称鼓楼区。1966年更名为红光区。1972年复称鼓楼区。因鼓楼得名。20世纪50—70年代建纺织、轻工、化工工业区,修建改造多条道路,建鼓楼广场。1979年相国寺重修。1986年建商业城、购物广场、市场。1987年恢复书店街清末建筑,改造惠济河城内河段,修筑内环路。1996年建朱雀苑广场。1997—2000年改造中山路、解放路、马道街商业步行街。改建环城公园。2003年建金明工业园区。2013年复建鼓楼及地下商业街。北为商业旅游区、城墙公园。中为轻工、化工工业区，有金明工业园区、市民政福利园区。南为农业区。运粮河、马家河、黄汴河流经。有高校1所，中学8所，小学18所，三级医院5个。有文化馆、文化站、文化艺术团体。有全国重点文物保护单位相国寺、延庆观，省级文物保护单位善义堂清真寺、祥符县文庙大成殿。有古州桥遗址、人民会场、开封宾馆二号楼。有国家4A级旅游景区包公祠、大相国寺、开封府。有曲艺大鼓、道情、评词、鼓子曲、梨花大鼓、鼓儿词、河南坠子、相声、竹板快书等。三次产业比例3：32：65。农业以小麦种植为主，有花生、蔬菜等经济作物。有生猪饲养。工业以非金属矿物制品、化学原料及化学制品制造为主。服务业以商贸、旅游业为主。郑民高速，220、310国道，省道永定线过境。有开封汽车西站。

开封汽车西站［Kāifēng Qìchē Xīzhàn］　见交通运输设施部分“开封汽车西站”条。

州桥街道［Zhōuqiáo Jiēdào］　鼓楼区人民政府驻地。在区境北部。面积2平方千米。人口2.3万。1980年由州桥公社改设。因北宋州桥遗址得名。1987年建包公祠。1988年建市博物馆(老馆)。2002年建开封府城。有中学1所，小学1所，卫生所2个。有街道文化站、社区文化中心。有群众文艺表演团体舞蹈、秧歌、戏曲等12个。有市老年大学、市老干部活动中心。有全国重点文物保护单位延庆观。有古州桥遗址、国家4A级旅游景区开封府城。经济以商业、旅游业为主。有开封汽车西站。通公交车。

相国寺街道［Xiàngguósì Jiēdào］　属鼓楼区。在区境北部。面积1平方千米。人口6000。以汉族为主，还有回、满等民族。1955年设鼓楼街道。1963年改今名。因域内原相国寺得名。1976年辟建鼓楼广场。1986年建振河商业城、三毛美美购物广场和大相国寺市场。1987年恢复书店街清末建筑风格。2000年改造马道街为商业步行街。2013年复建鼓楼和鼓楼地下商业街。有小学1所，三级医院1个，卫生所2个，文化艺术团体3个。有省级文物保护单位善义堂清真寺。经济以商业为主，有商场、酒店多处。有鼓楼特色商业街区。通公交车。

鼓楼街［Gǔlóu Jiē］　在相国寺街道东北部。长430米，宽30米。混凝土路面。明洪武十二年(1379)在街西端建鼓楼，称鼓楼东街。清称鼓楼街。曾名图书馆东街、省府路东段。1948年后复名。与马道街、寺后街、书店街形成商业中心。沿街仿古式建筑，东端立有冯玉祥将军塑像，西端有鼓楼。有鼓楼夜市小吃、土特产。有玉祥大酒店、阳光酒店、大众影剧院、航天家电商场等。有老字号门店新生饭庄、王大昌茶庄。通公交车。

铁佛寺街［Tiěfósì Jiē］　在相国寺街道中部。长74米，宽5米。沥青路面。因北宋相国寺慧林禅院故址内奉铸铁佛像，故名。曾称新治街。为商业街。有旧书古书市场，市国际服装厂、小旅社、快餐店。通公交车。

马道街［Mǎdào Jiē］　在相国寺街道中部。长441米，宽18米。花岗岩路面。因明代街内驻防卫快班(马队)得名。西侧临大相国寺。自明代起商铺林立。两侧多二层楼，为巴洛克建筑风格。为以经营服装为主商业步行街。通公交车。

新华街道［Xīnhuá Jiēdào］　属鼓楼区。在区境北部。面积1平方千米。人口1.8万。以汉族为主，还有回、满、蒙古等民族。1955年设。因新华街得名。1961年迁建胭脂河集贸市场。1977年拓宽改造自由路。1979年重修相国寺。1987年改南部河段为暗渠，建内环南路。1993年改建商住楼，重建胭脂河副食品市场。2000年建万发苑小区。2006年翻新祥符县文庙大成殿。2007年改建锦绣皇城小区。有高校1所，职专1所，小学1所，三级医院1个，卫生院1个，卫生所2个，社区卫生服务中心1个，舞蹈、秧歌、戏曲等文化娱乐团体6个。有街道文化站、社区文化中心。有全国重点文物保护单位、国家4A级旅游景区相国寺。有文物人民会场、开封宾馆二号楼。经济以商贸、旅游为主。通公交车。

卧龙街道［Wòlóng Jiēdào］　属鼓楼区。在区境东北部。面积1平方千米。人口2.4万。以汉族为主，还有回、满等民族。1955年设。因卧龙街得名。1987年改惠济河城东段为暗渠，修筑内环东路。1994年整修开封城墙，重建小南门城门楼。2000年拓宽改造解放路。2004年建瑞安花园小区。2008年建大润发购物广场。有中学2所，小学1所，卫生所2个，社区卫生服务站5个，文化站1个，社区文化中心8个，盘鼓、戏曲、秧歌等文化娱乐团体7个。经济以商业为主。有门窗、装饰材料店铺集中区，市旧货市场。通公交车。

西司门街道［Xīsīmén Jiēdào］　属鼓楼区。在区境北部。面积2平方千米。人口3.1万。以汉族为主，还有回、满、蒙古、朝鲜等民族。1955年设大坑沿街道。1956年更今名。因西司门街得名。1974年建街巷。1981年改西支河为暗渠铺路成街。1987年拓宽西支河街。1988年建包公祠。1991、1992年拓宽改造丁道路角街、观前街、包府坑西街。2007年建西司桥。有中学2所，小学3所，三级医院2个，卫生所2个，社区卫生服务中心1所，文化站1个，社区文化中心6个，舞蹈、秧歌、戏曲等文化娱乐团体6个。有全国重点文物保护单位延庆观。经济以商业、旅游业为主。通公交车。

五一街道［Wǔyī Jiēdào］　属鼓楼区。在区境西南部。面积3.6平方千米。人口4.6万。1981年设。因五一路得名。有中学1所，小学1所，幼儿园1所，卫生所2个，社区医疗卫生服务站3个。工业以化工生产为主。通多路公交车。

南苑街道［Nányuàn Jiēdào］　属鼓楼区。在区境中南部。面积20平方千米。人口1.6万。2005年由南郊乡析设九村街道。2006年更今名。因处东南城乡接合部得名。2013年建民和路、民谐路，南延金明大道。有中学2所，小学5所，幼儿园2所，三级医院1个，卫生院1个，卫生所3个，社区卫生服务中心1个，社区卫生服务站2个，社区(村)文化中心2个，舞蹈、秧歌、戏曲等文艺演出团体12个。有街道青少年科技活动室、科普活动站。农业以环保生态产业为主，有大棚蔬菜、小麦、玉米、花生等种植。养殖业以生猪、奶牛、家禽饲养为主。工业以机械、建材、电器配件、食品加工为主。310国道、省道永定线过境。通公交车。

仙人庄街道［Xiānrénzhuāng Jiēdào］　属鼓楼区。在区境南部。面积35平方千米。人口1.3万。2005年由仙人庄乡改设。因仙人庄得名。运粮河、马家沟、东一干渠、东二干渠流经。有中学1所，小学6所，卫生院1个，卫生所3个，文化站1个，社区(村)文化中心2个，盘鼓、秧歌等文艺表演团体3个。农业以环保生态产业为主，有大棚蔬菜、小麦、玉米、花生、西瓜等种植。养殖业以生猪、奶牛、家禽饲养为主。有制药、机械、建材、电器配件、食品加工等企业。郑民高速、省道永定线过境。

禹　王　台　区

禹王台区［Yǔwángtái Qū］　开封市辖区。在市境西北部。面积57.4平方千米。人口17.4万，以汉族为主，还有回、满、蒙古、朝鲜等民族。辖5街道、2乡。区人民政府驻三里堡街道。1948年设开封市第五区。1956年称南关区。1966年更名红旗区。1972年复名南关区。2005年更名禹王台区。因古迹禹王台得名。1974—1979年重建陇海铁路开封站，扩建车站广场，建禹王台立交桥。2001年拓宽改造多条道路，建演武厅、惠泽苑2小区。2010—2014年重建陇海铁路东闸口立交桥，拓宽东闸口街，改建、新建多个小区。马家河、黄汴河、惠济河流经。有中学6所，小学16所，三级医院1个，二级医院3个。有文化馆、文化站。有秧歌、盘鼓、军乐、豫剧、花篮、大头舞、太极扇、旱船等类文艺表演团队44个。有全国重点文物保护单位繁塔、国共“黄河归故”谈判旧址红洋楼，省级文物保护单位禹王台、夏理逊墓、辛亥革命十一烈士墓等7个。有繁塔公园。三次产业比例6：43：51。农业以蔬菜、菊花种植为主，有奶牛养殖。工业以精细化工、新材料为主，有开封市精细化工产业园。服务业以商贸、物流、仓储为主。有商贸城，蔬菜、果品、副食品批发市场及仓储区。310国道，省道永定、沈舞线过境。有开封长途汽车中心站。通多路公交车。

开封站［Kāifēng Zhàn］　见交通运输设施部分“开封站”条。

三里堡街道［Sānlǐpù Jiēdào］　禹王台区人民政府驻地。在区境西北部。面积2平方千米。人口1.7万。1955年撤民享镇改设民享街道。1962年更今名。因三里堡街得名。1979年拓宽五福路，改建居民区。2010—2014年改建陇海新村、越宫京园小区、中州新城小区。有中学1所，小学2所，幼儿园1所，二级医院2个，社区医疗卫生服务站3个。有全国重点文物保护单位国共“黄河归故”谈判旧址红洋楼，省级文物保护单位柯莱恩住宅楼。经济以商贸、物流业为主。陇海铁路过境。通公交车。

新门关街道［Xīnménguān Jiēdào］　属禹王台区。在区境东北部。面积3平方千米。人口2.3万。1955年由新门关、繁塔2镇合并设立。因新门关街得名。1978年重建惠济河滨河路桥、花园街桥。1979年建陇海铁路禹王台立交桥。1987年重建黄汴河羊市桥。2001年拓宽改造新门关街、演武厅西街道，改建演武厅小区、惠泽苑小区。建正阳家园小区、广宇春天小区。2010年改建环城公园。黄汴河、惠济河流经。有省级重点中学开封高中，小学1所，幼儿园1所，卫生院1个，社区医疗卫生服务站2个。经济以商贸、物流业为主，有五金电料批发市场、面粉厂。陇海铁路过境。通公交车。

繁塔街道［Pótǎ Jiēdào］　属禹王台区。在区境南部。面积2平方千米。人口1.4万。1988年由新门关街道析设。因繁塔得名。1995年改建东闸口街。2000年后重建禹南东街、禹南西街。2010年重建陇海铁路东闸口立交桥，拓宽改建东闸口街。2012年改建景园小区，建繁塔公园东门和禹王台公园西门。有小学2所，幼儿园1所，卫生院1个，社区医疗卫生服务站1个。有全国重点文物保护单位繁塔，省级文物保护单位禹王台、辛亥革命十一烈士墓(含孙中山铜像)。经济以商贸、物流、仓储、旅游业为主。有制药企业。陇海铁路、省道马开线过境。通公交车。

官坊街道 [Guānfāng Jiēdào] 属禹王台区。在区境中部。面积1平方千米。人口1.9万。1955年撤官坊镇改设车站街道。1980年更今名。因官坊西街得名。1978年改建陇海铁路开封站。2000年后拓宽中山路南段,改建沿街商住楼,改建万事和花园小区、铁路职工家属区等。2014年改建陇海铁路西闸口立交桥。有中学1所,小学2所,幼儿园2所,二级医院1个,社区医疗卫生服务站3个。有省级文物保护单位国民革命军阵亡将士纪念塔。经济以商贸、物流、仓储业为主。陇海铁路过境。有开封站、开封长途汽车中心站。通公交车。

菜市街道 [Càishì Jiēdào] 属禹王台区。在区境西北部。面积1平方千米。人口1.8万。1955年撤中山镇改设。因南关菜市集贸市场得名。1984—1989年建滨河路西段,改建一路桥、大南门桥。2000年拓宽中山路南段,改建居民小区。2008年建中大义乌商贸城。2010年建环城公园。黄汴河流经。有中学1所,小学1所,幼儿园2所,三级医院1个,社区医疗卫生服务站1个。有省级文物保护单位夏理逊墓。经济以商贸、物流业为主。通公交车。

南郊乡 [Nánjiāo Xiāng] 禹王台区辖乡。在区境南部。面积16平方千米。人口3.2万。辖20居委会。乡人民政府驻大李庄社区。1955年李庄、南柴屯等4乡合置南郊乡。后改公社。1983年复置乡。因位于区境南部得名。马家河、惠济河流经。有小学3所,幼儿园5所,卫生院1个,文化站1个,文化广场2个,图书馆、文化馆、敬老院各1个。有省级文物保护单位开封伞塔。有扬州门遗址。经济以物流、仓储、果蔬批发业为主。农业以蔬菜种植为主,有菊花种植。310国道过境。通多路公交车。

大李庄社区 [Dàlǐzhuāng Shèqū] 南郊乡人民政府驻地。在区境西南部。面积0.4平方千米。人口1100。明末李姓居民在此定居,称李庄。后为区别村西小李庄更名大李庄。2012年成立。民居以2层楼房为主,有庭院。有小学、幼儿园、卫生院、敬老院、超市等。有菊花种植基地。通公交车。

汪屯乡 [Wāngtún Xiāng] 禹王台区辖乡。在区境东南部。面积33平方千米。人口3.1万。辖12居委会。乡人民政府驻高楼社区。1961年成立汪屯公社。1983年改置乡。因乡政府原驻地汪屯得名。明代有汪姓自山西移此屯垦为业,称汪家屯,简称汪屯。马家河、惠济河流经。有中学1所,小学4所,幼儿园8所,卫生院1个,敬老院1个。有广场。经济以蔬菜种植、精细化工为主。农业以小麦、玉米、薯类、蔬菜种植为主。有市精细化工产业集聚区。310国道等过境。

高楼社区 [Gāolóu Shèqū] 汪屯乡人民政府驻地。在区境东南部。面积1平方千米。人口1600。清代高姓官员居此建楼成村,称高家楼,简称高楼。2012年成立。民居以2层楼房为主,有庭院。有中小学、幼儿园、卫生院、敬老院、超市。省道沈舞线等经此。通公交车。

祥符区

祥符区 [Xiángfú Qū] 开封市辖区。在市境中部偏北。面积1291平方千米。人口81.7万。以汉族为主,还有回、满、白、彝等民族。辖1街道、5镇、9乡。区人民政府驻城东街道。据《宋史》卷七:"大中祥符元年春正月乙丑,有黄帛曳左承天门南鸱尾上。……戊辰,大赦,改元",改年号为大中祥符,改浚仪县为祥符县。1913年改祥符县为开封县。2014年撤开封县改祥符区。贾鲁河、涡河、惠济河流经。有技校8所,中学38所,小学145所,二级医院4个。有全国重点文物保护单位朱仙镇岳飞庙(含关帝庙)、启封故城。有特色民间艺术唢呐吹奏、高跷、旱船、推小车、盘鼓、腰鼓等。三次产业比例27∶38∶35。农业以玉米、小麦、水稻、红薯、大豆种植等为主。工业以设备制造、化工原料生产为主。有黄龙产业集聚区、祥符区电子商务产业园。服务业有酒店服务、服装、粮油、电商、日化经营。连霍、大广、巩固、郑民、日兰、兰南等高速,220、310国道,省道永定、吴黄、陈大、沈舞线过境。

祥符汽车站 [Xiángfú Qìchēzhàn] 见交通运输设施部分"祥符汽车站"条

城东街道 [Chéngdōng Jiēdào] 祥符区人民政府驻地。在区境西部。面积12平方千米。人口3.5万。2014年撤城关镇改设城东街道。因位于开封城东得名。惠济河流经。有初中6所,小学13所,二级医院3个,卫生所10个。农业以小麦、玉米、红萝卜种植为主。工业以服装加工、面粉加工、榨油为主。服务业以酒店服务、服装粮油销售为主。310国道过境。通公交车。

陈留镇 [Chénliú Zhèn] 祥符区辖镇。在区境东南部。5平方千米。人口6.1万。辖1居委会、28村委会,有71自然村。镇人民政府驻陈留。1949年为城关镇。1957年更名陈留镇。1958年成立五爱公社。1961年改陈留公社。1984年改陈留乡。1986年复置镇。因镇政府驻地得名。惠济河、铁底河流经。有高中1所,初中2所,小学26所,二级医院1个,卫生院1个,卫生所29个。农业以粮食种植为主,有肉猪饲养。工业以纺织业、制造业为主。服务业以商贸为主。大广、日南、郑民高速过境。有陈留客运站。通公交车。

陈留 [Chénliú] 陈留镇人民政府驻地。在区政府驻地城东街道东南14千米。人口1.1万。春秋时名留,为郑国城邑。后被陈国所并,故名。历为陈留郡、陈留县治所。聚落呈块状。惠济河流经村北。有区第二人民医院、区第四高中。有中小学、幼儿园、文化站、卫生院、敬老院。农业以小麦、玉米、花生种植为主。省道开杞、开周线等经此。

仇楼镇 [Qiúlóu Zhèn] 祥符区辖镇。在区境东南部。面积71平方千米。人口5.2万。辖32村委会,有49自然村。镇人民政府驻仇楼。1949年为仇楼区。1955年设仇楼中心乡。1958年成立东风公社。1961年改仇楼公社。1984年改置乡。1999年撤乡建镇。因镇政府驻地得名。惠济河、铁底河流经。有初中2所,小学19所,幼儿园10所,卫生院1个,卫生所34个。有镇文化站、公共图书室。农业以蔬菜种植为主。服务业以冷藏业为主。日南、郑民高速过境。通公交车。

仇楼 [Qiúlóu] 仇楼镇人民政府驻地。在区政府驻地城东街道东南20千米。人口1500。因仇氏兄弟在此建牌楼得名。聚落呈团状。有中小学、卫生院。农业以小麦、西瓜种植为主。省道马桥—开封线经此。

八里湾镇 [Bālǐwān Zhèn] 祥符区辖镇。在区境东部。面积82平方千米。人口5.6万。辖23村委会,有77自然村。镇人民政府驻八里湾。1952年设八里湾乡。1958年成立幸福公社。1963年改八里湾公社。1984年改置乡。1997年撤乡建镇。因镇政府驻地得名。淤泥河、兴月沟、柏慧沟流经。有初中2所,小学15所,卫生院1个,卫生所24个。有文化站、公共图书室。农业以蔬菜种植为主,有奶牛、生猪、家禽饲养。工业以化工生产、食品加工、机械加工、塑料加工为主。服务业以商贸为主。连霍高速过境。通公交车。

八里湾 [Bālǐwān] 八里湾镇人民政府驻地。在区政府驻地城东街道东13千米。人口3600。因距淤泥河流经的巫山坡、郑庄2村各8里,故名。聚落呈团状。有小学、卫生院。农业以小麦、玉米种植为主。

曲兴镇 [Qūxīng Zhèn] 祥符区辖镇。在区境东北部。面积66平方千米。人口3.3万。辖16村委会,有61自然村。镇人民政府驻曲兴。1955年设曲兴中心乡。1958年成立卫星公社。1961年改曲兴公社。1984年改置乡。1999年撤乡建镇。因镇政府驻地得名。圈章河、东干渠、北干渠流经。有初中1所,小学13所,卫生院1个,卫生所18个。有古迹曲兴大王庙、白云阁、关帝庙等。有明清两处黄河决口遗址。农业以蔬菜种植为主,有生猪、羊、牛、家禽饲养。服务业以商业为主。陇海铁路,日南、连霍高速,310国道过境。通公交车。

曲兴 [Qūxīng] 曲兴镇人民政府驻地。在区政府驻地城东街道东北23千米。人口4500。传明末曲姓在此建曲兴集,后简为今名。聚落呈椭圆形。有中小学、卫生院。有付家斧凿。农业以小麦、花生种植为主。310国道经此。

朱仙镇 [Zhūxiān Zhèn] 祥符区辖镇。在区境西南部。面积74平方千米。人口5.5万。辖1居委会,14村委会,有35自然村。镇人民政府驻朱仙镇(自然村)。1955年设朱仙镇中心乡。1958年成立自愿公社。1961年改置朱仙镇区。后改朱仙镇公社。1984年改置朱仙镇乡。1986年置朱仙镇。因镇政府驻地得名。运粮河、孙城河、涡河流经。有初中2所,小学14所,卫生院1个,卫生所16个。为中国历史文化名镇。有全国重点文物保护单位朱仙镇岳飞庙、朱仙镇清真寺、启封故城。有国家级非物质文化遗产朱仙镇木版年画。有木版年画博物馆。农业以小麦、花生、西瓜种植为主,有牛、羊养殖,有特产朱仙镇豆腐干。服务业以商贸为主。连霍、大广高速等过境。通公交车。

朱仙镇 [Zhūxiānzhèn] 朱仙镇人民政府驻地。在区政府驻地城东街道西南20千米。人口1.3万。传为战国朱亥(被尊为仙人)故里,故名。聚落呈井字状。有中学、卫生院。有古迹岳飞庙、清真寺、关帝庙、大石桥、朱亥墓。农业以小麦、玉米、花生种植为主。开许公路经此。

半坡店乡 [Bànpōdiàn Xiāng] 祥符区辖乡。在区境南部。面积89平方千米。人口5.1万。辖24村委会,有80自然村。乡人民政府驻半坡店。1955年设半坡店中心乡。1958年成立王爱公社。1961年改半坡店公社。1984年改置乡。因乡政府驻地得名。惠贾渠、南铁底河、小清河流经。有初中2所,小学15所,幼儿园7所,卫生院1个,卫生所24个。有乡文化站、公共图书室。有古迹桃花洞、蔡伯喈墓等。农业以蔬菜种植为主,有生猪、羊、牛、家禽饲养。服务业以商业为主。日南、大广、郑民高速过境。通公交车。

半坡店 [Bànpōdiàn] 半坡店乡人民政府驻地。在区政府驻地城东街道南16千米。人口1500。传河北岸半坡上设有客店,故名。聚落呈团状。有中小学、卫生院、卫生所。农业以小麦、玉米、花生种植为主。开周公路经此。

罗王乡 [Luówáng Xiāng] 祥符区辖乡。在区境东部。面积42平方千米。人口3万。辖24村委会,有77自然村。乡人民政府驻罗王。1963年成立罗王公社。1984年改置乡。2005年土山岗乡并入。因乡政府驻地得名。圈章河流经。有初中3所,小学22所,幼儿园15所,卫生院2个,卫生所27个。有虎丘寺古人类遗址。农业以小麦、玉米种植为主。服务业以商业为主。陇海铁路、日南高速过境。通公交车。

罗王［Luówáng］　罗王乡人民政府驻地。在区政府驻地城东街道东 23 千米。人口 2400。清咸丰年间为防水患，罗村、王庄、李洼、黄楼 4 村合筑土寨，因罗、王 2 姓人居多，故以此命村名。聚落呈不规则片状。有中小学、卫生院。农业以小麦、花生种植为主。郑徐高铁经此。

刘店乡［Liúdiàn Xiāng］　祥符区辖乡。在区境东北部。面积 80 平方千米。人口 3 万。辖 22 村委会，有 43 自然村。乡人民政府驻刘店。1974 年由袁坊、罗王 2 公社析设刘店公社。1984 年改置乡。因乡政府驻地得名。地处黄河高滩区。有初中 1 所，小学 13 所，幼儿园 15 所，卫生院 1 个，卫生所 25 个。农业以蔬菜种植为主，有肉牛、生猪、羊、家禽饲养。工业以食品加工、塑料制品、建筑材料加工为主。服务业以商业为主。106 国道过境。通公交车。

刘店［Liúdiàn］　刘店乡人民政府驻地。在区政府驻地城东街道东北 21 千米。人口 2800。传刘姓最早在此开店，故名。聚落呈团状。有中小学、幼儿园、卫生院、卫生室。农业以小麦、玉米、西瓜、油菜种植为主。106 国道经此。

袁坊乡［Yuánfáng Xiāng］　祥符区辖乡。在区境北部偏东。面积 79 平方千米。人口 4.1 万。辖 19 村委会，有 30 自然村。乡人民政府驻袁坊。1955 年设袁坊中心乡。1958 年改黄河公社。1961 年改袁坊公社。1984 年改置乡。因乡政府驻地得名。有初中 2 所，小学 11 所，卫生院 1 个，卫生所 18 个。有古迹仓颉墓、造纸台、仓垣城等。有省级非物质文化遗产白拳等，有剪纸工艺。农业以蔬菜种植为主。服务业以商业为主。大广高速，106、310 国道过境。通公交车。

袁坊［Yuánfáng］　袁坊乡人民政府驻地。在区政府驻地城东街道北 13 千米。人口 9000。传清时为渡口，有人在废船上搭圆形茅舍卖茶，成村后称圆房，后演为今名。聚落呈团状。有中小学、幼儿园。有省级非物质文化遗产白拳等。农业以小麦、玉米种植为主。有窑业。袁毛公路经此。

杜良乡［Dùliáng Xiāng］　祥符区辖乡。在区境东部。面积 104 平方千米。人口 6.2 万。辖 30 村委会，有 76 自然村。乡人民政府驻鄢陵府。1949 年为杜良乡。1955 年设杜良中心乡。1958 年并入黄河公社。1965 年析设杜良公社。1984 年改置乡。因乡政府原驻地杜良得名。北干渠、东干渠、淤泥河、圈章河流经。有初中 2 所，小学 23 所，卫生院 1 个，卫生所 34 个。农业以水稻、小麦、玉米、花生种植为主，有特产杜良大米。工业以稻草编织为主。服务业有酒店服务和零售业。连霍、大广高速，106、310 国道过境。通公交车。

鄢陵府［Yānlíngfǔ］　杜良乡人民政府驻地。在区政府驻地城东街道东北 20 千米。人口 1500。传此地为明代周王府鄢陵王庄园，故名。聚落呈团状。有小学、卫生院。农业以玉米、小麦种植为主。省道吴黄线经此。

兴隆乡［Xīnglóng Xiāng］　祥符区辖乡。在区境中部。面积 51 平方千米。人口 3.9 万。辖 2 居委会、12 村委会，有 37 自然村。乡人民政府驻兴隆。1949 年设兴隆乡。1961 年改兴隆公社。1984 年改置乡。因乡政府驻地得名。惠济河、泄水渠流经。有初中 1 所，小学 8 所，卫生院 1 个，卫生所 17 个。有盘鼓、腰鼓、曲剧团等文艺团体。有古迹兴隆庵、东站地堡。农业以林果种植为主，有奶牛、生猪、家禽饲养。工业以化工、油脂、橡胶、汽修业为主。服务业以通信业为主。陇海铁路、大广高速，310 国道过境。通公交车。

兴隆［Xīnglóng］　兴隆乡人民政府驻地。在区政府驻地城东街道东 7 千米。人口 1900。传早年有兴隆庵，后成集，称兴隆集，简为今名。聚落呈团状。有小学、卫生院。农业以玉米、小麦种植为主。

西姜寨乡［Xījiāngzhài Xiāng］　祥符区辖乡。在区境西南部。面积 140 平方千米。人口 5.4 万。辖 31 村委会，有 83 自然村。乡人民政府驻西姜寨。1949 年为西姜寨区。1961 年成立西姜寨公社。1984 年改置乡。因乡政府驻地得名。白芋沟、金盔李河、运粮河、涡河、贾鲁河流经。有初中 2 所，小学 23 所，卫生院 1 个，卫生所 30 个。有豫剧团、盘鼓队等文艺团体。农业以小麦、黄豆、玉米种植为主，产苹果、梨、葡萄、大枣、西瓜、蜂蜜。工业以化工、食品加工、塑料制品、建筑材料生产为主。服务业以商业为主。郑民高速过境。通公交车。

西姜寨［Xījiāngzhài］　西姜寨乡人民政府驻地。在区政府驻地城东街道西南 25 千米。人口 1100。传姜姓最早居此建寨，因东有东姜寨，故名西姜寨。之后 2 村合并，统称西姜寨。聚落呈团状。有中小学、幼儿园、卫生院、卫生室。农业以玉米、小麦、花生种植为主。

万隆乡［Wànlóng Xiāng］　祥符区辖乡。在区境南部。面积 165 平方千米。人口 5 万。辖 28 村委会，有 74 自然村。乡人民政府驻万隆。1949 年为万隆乡。1961 年置万隆公社。1984 年改置乡。2005 年大李庄乡并入。因乡政府驻地得名。孙城河、运粮河、涡河流经。有初中 2 所，小学 24 所，幼儿园 28 所，卫生院 2 个，卫生所 29 个。有文化站、公共图书室。有古迹万隆岗新石器时期文化遗址。农业以西瓜、花生种植为主。工业以食品深加工为主。服务业以商贸为主，有花生、西瓜农特产专业市场。省道朱仙镇—大李庄、高楼—大双沟、张庄—西姜寨线过境。通公交车。

万隆［Wànlóng］　万隆乡人民政府驻地。在区政府驻地城东街道南 16 千米。人口 3200。传古时有龙死于此，名烂龙岗，后改万龙岗，谐为万隆岗，又简为今名。聚落呈团状。有中小学、幼儿园、卫生院、卫生室。农业以玉米、小麦种植为主。

范村乡［Fàncūn Xiāng］　祥符区辖乡。在区境南部。面积 120 平方千米。人口 3.8 万。辖 23 村委会，有 61 自然村。乡人民政府驻范村。1949 年置范村乡。1958 年成立八一公社。1961 年改范村公社。1984 年复置乡。因乡政府驻地得名。惠贾渠、马家沟、大高庙东沟、东干渠流经。有初中 1 所，小学 13 所，幼儿园 16 所，卫生院 1 个，卫生所 22 个。有文化站、公共图书馆。农业以小麦、玉米、红薯、花生、西瓜、蔬菜种植为主，有奶牛、猪、羊、家禽饲养，有特产铁皮石榴、西瓜。工业以食品深加工、建筑材料生产为主。服务业以商贸为主，有农特产专业市场。陇海铁路、郑民高速过境。通公交车。

范村［Fàncūn］　范村乡人民政府驻地。在区政府驻地城东街道西南 9 千米。人口 1500。以姓氏得名。聚落呈团状。有中小学、卫生院、卫生室。农业以玉米、小麦、花生种植为主。县道高大线经此。

杞　县

杞县［Qǐ Xiàn］　开封市辖县。北纬 34°34′，东经 114°46′。在市境东南部。面积 1243 平方千米。人口 122 万。以汉族为主，还有回、藏、苗、土家、满等民族。辖 8 镇、13 乡。县人民政府驻城关镇。隋开皇十六年(596)置杞州，治雍丘县。唐贞观元年(627)废杞州，圉城、外黄人雍丘县，属汴州。五代后晋改雍丘县为杞县，五代后汉复名雍丘。金以避世宗完颜雍讳，复称杞县。元属汴梁路。明、清属开封府。1913、1914 年属豫东道、开封道。1927 年直属河南省。1932 年属河南省第一行政督察区。1949 年属陈留专区。1952—1969 年历属郑州专区、开封专区、开封地区。1983 年属开封市。因古多杞柳得名。地处沙地沙丘平原区，东北为黄河故道，中南为冲积平原。地势坦缓，西北高东南低。平均海拔 58 米。属暖温带大陆性季风气候。年均气温 14.1℃，1 月平均气温 −1.9℃，7 月平均气温 27.8℃。年降水量 722 毫米。惠济河、淤泥河、铁底河、小白河流经。森林覆盖率11.9%。有高中 4 所，职专 1 所，初中 49 所，小学 596 所，二级医院 3 个，体育场 1 个。有全国重点文物保护单位 1 个，省级文物保护单位 4 个。有国家级非物质文化遗产杞人忧天传说，省级非物质文化遗产莫家酱菜、伊尹传说、潘氏烧伤疗法。三次产业比例 31 : 35 : 34。农业以小麦、玉米种植为主，产大蒜、辣椒、棉花。工业有化工、纺织、造纸、制革、机械制造、粮食加工、蔬菜加工、服装加工、磁性材料辐照激光等行业。有土特产“金杞”大蒜、杞县酱菜，阳堌袁氏豆腐干。服务业有商贸餐饮、物流运输、金融保险等。商登、郑民高速，106 国道，省道马开、侯饭、吴黄线过境。

杞县汽车站［Qǐ Xiàn Qìchēzhàn］　见交通运输设施部分“杞县汽车站”条。

城关镇［Chéngguān Zhèn］　杞县人民政府驻地。在县境中部。面积 17 平方千米。人口 8.7 万。以汉族为主，还有回族。辖 19 居委会，有 26 自然村。镇人民政府驻兴隆社区。1949 年为城关区。1952 年设城关镇。1963 年成立城关公社。1982 年改置镇。以镇政府原驻地城关得名。有高中 3 所，初中 6 所，小学 12 所，二级医院 3 个，卫生院 21 个，卫生所 19 个，文化广场 1 个。有省级文物保护单位大成殿。农业以红萝卜种植为主。工业以食品加工为主，有县酱菜厂。服务业以商贸为主。106 国道，省道吴黄、马开线过境。

兴隆社区［Xīnglóng Shèqū］　城关镇人民政府驻地。在县境中部。面积 2 平方千米。人口 2700。因兴隆桥得名。2008 年成立。民居以 6 层及以上住宅楼为主，有楼房 21 栋，别墅 26 栋。有老年活动室、卫生服务站、便民服务站等。有小学、卫生所。通公交车。

五里河镇［Wǔlǐhé Zhèn］　杞县辖镇。在县境中部。面积 56 平方千米。人口 6.8 万。以汉族为主，还有回族。辖 35 村委会，有 86 自然村。镇人民政府驻五里河。1975 年成立五里河公社。1984 年改设乡。1999 年改置镇。因镇政府驻地得名。小蒋河、东风干渠流经。有初中 2 所，小学 35 所，卫生院 1 个，卫生室 48 个。有古迹古陶陵遗址、凤凰台古墓群。农业以小麦、棉花、玉米、大蒜、大豆种植为主。106 国道，杞竹、杞沙公路过境。

五里河［Wǔlǐhé］　五里河镇人民政府驻地。在县政府驻地城关镇南 3 千米。人口 1400。明称五里庙，清因距县城 5 里，村前后各有河改今名。聚落呈团块状。有小学、卫生室。农业以小麦、玉米种植为主。有特产大蒜。106 国道经此。

傅集镇［Fùjí Zhèn］　杞县辖镇。在县境南部。面积 68 平方千米。人口 6.4 万。以汉族为主，还有回族。辖 40 村委会，有 62 自然村。镇人民政府驻傅集。1949 年为傅集区。1963

年成立傅集公社。1984 年改设乡。1996 年改置镇。因镇政府驻地得名。小蒋河、小温河流经。有初中 2 所,小学 40 所,卫生院 1 个,卫生室 52 个。有吴芝圃故居。农业以小麦、大蒜、玉米、大豆、棉花种植为主。106 国道、省道吴黄线过境。

傅集 [Fùjí] 傅集镇人民政府驻地。在县政府驻地城关镇南 18 千米。人口 7100。古时傅姓建村,称傅家庄。右有孙庄,左有响旗营,因避患 3 村合筑土寨,仍名傅家庄。继而青陵店集迁此,更名傅家集,后简称傅集。聚落呈团块状。有中小学、卫生院、卫生室。有古迹利济桥、开智小学、中共杞县地委旧址、伊东公园遗址、村北烈士陵园。农业以小麦、大蒜、玉米、大豆种植为主。106 国道、省道吴黄线经此。

圉镇镇 [Yǔzhèn Zhèn] 杞县辖镇。在县境南部。面积 74 平方千米。人口 6.9 万。以汉族为主,还有回族。辖 32 村委会,有 62 自然村。镇人民政府驻圉镇(自然村)。秦始称"圉"。1955 年设圉镇中心乡。1958 年成立水简公社。1963 年改圉镇公社。1984 年改设乡。1993 年改置镇。因镇政府驻地得名。铁底河、小白河流经。有高中 1 所,初中 2 所,小学 34 所,卫生室 72 个。有古迹春秋圉城遗址、三贤祠。农业以小麦、玉米、辣椒、大蒜种植为主。杞竹公路、省道吴黄线过境。

圉镇 [Yǔzhèn] 圉镇镇人民政府驻地。在县政府驻地城关镇南 25 千米。人口 7000。"圉"作"御"解,春秋时有"马有圉,牛有牧"之说。古为春秋陈地,后被郑夺权,因忧虑被楚国夺走,设兵马于此,故名。聚落呈团块状。有中小学、卫生室。有古迹春秋圉城遗址、三贤祠。农业以小麦、玉米、辣椒种植为主。杞官、杞竹公路经此。

高阳镇 [Gāoyáng Zhèn] 杞县辖镇。在县境西部。面积 72 平方千米。人口 7.7 万。以汉族为主,还有回族、黎族。辖 33 村委会,有 54 自然村。镇人民政府驻高阳。1949 年为高阳区。1958 年成立公社。1984 年改置乡。1990 年改置镇。因镇政府驻地得名。铁底河、幸福干渠流经。有初中 2 所,小学 33 所,卫生院 1 个,卫生室 34 个。有杞县八景之一"高阳晚渡""狗脊骨树"。有古迹郦食其郦商墓、段岗文化遗址等。农业以小麦、玉米、花生、辣椒、大蒜种植为主。杞沙沃公路过境。

高阳 [Gāoyáng] 高阳镇人民政府驻地。在县政府驻地城关镇西南 11 千米。人口 6300。据《大戴礼记・五帝德六十二》载,颛顼高阳氏佐少昊有功受封于此,故名。聚落呈团块状。有中小学、卫生室。农业以小麦、花生、辣椒种植为主,有特产大白菜。杞沙公路经此。

葛岗镇 [Gěgǎng Zhèn] 杞县辖镇。在县境西部。面积 80 平方千米。人口 8 万。以汉族为主,还有回族。辖 35 村委会,有 36 自然村。镇人民政府驻葛岗。1949 年设葛岗区。1955 年设葛岗中心乡。1958 年成立葛岗公社。1984 年改设乡。1996 年改置镇。因镇政府驻地得名。惠济河、曹李河、小蒋河流经。有初中 2 所,小学 35 所,卫生院 1 个,卫生室 53 个。有伊尹庙。农业以小麦、玉米、红薯种植为主,有经济作物棉花、大蒜。省道马开线、县道泥葛线过境。

葛岗 [Gěgǎng] 葛岗镇人民政府驻地。在县政府驻地城关镇西 10 千米。人口 4600。原为岗地,明代葛姓迁此,故名。聚落呈团块状。有中小学、卫生院、敬老院。农业以小麦、玉米、棉花、花生、大蒜种植为主。省道马开线经此。

阳堌镇 [Yánggù Zhèn] 杞县辖镇。在县境北部。面积 84 平方千米。人口 5.5 万。以汉族为主,还有回族。辖 33 村委会,有 44 自然村。镇人民政府驻阳堌。1949 年设阳堌区。1955 年设阳堌中心乡,1958 年成立阳堌公社。1984 年改设乡,1997 年撤乡建镇。因镇政府驻地得名。杜庄河流经。有高中 1 所,初中 2 所,卫生院 1 个,卫生所 33 个。农业以小麦、玉米、黄豆、红薯种植为主,有经济作物花生、西瓜等。106 国道过境。

阳堌 [Yánggù] 阳堌镇人民政府驻地。在县政府驻地城关镇北 17 千米。人口 9900。春秋时村建于古睢水土堤南,堌为挡水堤,故名。聚落呈团块状。有中小学、卫生院、卫生室。农业以小麦、花生种植为主。106 国道、阳泥公路经此。

邢口镇 [Xíngkǒu Zhèn] 杞县辖镇。在县境中部偏南。面积 55 平方千米。人口 5.5 万。以汉族为主,还有回族。辖 25 村委会,有 53 自然村。镇人民政府驻邢口。1975 年成立邢口公社。1984 年改设乡。2001 年改置镇。因镇政府驻地得名。小蒋河、小河寨沟流经。有初中 2 所,小学 25 所,卫生院 1 个,卫生室 30 个。有省级文物保护单位虎邱寺,革命纪念地何氏宗祠。农业以小麦、玉米、大蒜种植为主。106 国道、省道侯饭线过境。

邢口 [Xíngkǒu] 邢口镇人民政府驻地。在县政府驻地城关镇南 12 千米。人口 5300。明代邢姓在此摆渡,称邢家渡口,简称邢口。聚落呈团块状。有中小学、卫生院、卫生室。有省级文物保护单位虎邱寺。农业以小麦、玉米、大蒜种植为主。106 国道、省道侯饭线经此。

裴村店乡 [Péicūndiàn Xiāng] 杞县辖乡。在县境东部。面积 88 平方千米。人口 6.4 万。以汉族为主,还有回族、藏族。辖 29 村委会,有 68 自然村。乡人民政府驻前刘庄。1952 年设裴村店区。1955 年设裴村店中心乡。1958 年成立裴村店公社。1984 年改设乡。因乡政府原驻地裴村店得名。以孔丘向当地人赔情道歉传说得名赔情店,后"赔"讹为"裴"。北宋时称裴村,清称今名。惠济河、崔林河流经。有初中 2 所,小学 29 所,卫生院 1 个,卫生室 30 个。有全国重点文物保护单位鹿台岗遗址。农业以小麦、玉米、大蒜、辣椒种植为主。省道马开线过境。

前刘庄 [Qiánliúzhuāng] 裴村店乡人民政府驻地。在县政府驻地城关镇东 11 千米。人口 500。明末刘姓始建村,故名。聚落呈团块状。有中小学、卫生室。农业以小麦、玉米、大蒜、辣椒种植为主。省道马开线经此。

宗店乡 [Zōngdiàn Xiāng] 杞县辖乡。在县境西南部。面积 47 平方千米。人口 3.8 万。辖 15 村委会,有 56 自然村。乡人民政府驻后店。1975 年成立宗店公社。1984 年改设乡。因乡政府原驻地宗店得名。明代宗姓居此开宗家店旅店,后繁衍成村,名宗店。小温河、铁底河流经。有初中 1 所,小学 15 所,卫生院 1 个,卫生室 15 个。农业以小麦、玉米、大豆、棉花种植为主。106 国道过境。

后店 [Hòudiàn] 宗店乡人民政府驻地。在县政府驻地城关镇南 30 千米。人口 600。因位于宗店后,故名后店。聚落呈团块状。有中小学、卫生院、敬老院。农业以小麦、玉米、棉花种植为主。106 国道经此。

板木乡 [Bǎnmù Xiāng] 杞县辖乡。在县境南部。面积 54 平方千米。人口 4.5 万。辖 24 村委会,有 48 自然村。乡人民政府驻板木。1949 年置板木区。1955 年设中心乡。1958 年成立跃进公社。1980 年更名板木公社。1984 年改设乡。因乡政府驻地得名。铁底河流经。有初中 2 所,小学 24 所,卫生院 1 个,卫生室 30 个。农业以小麦、玉米、大豆、棉花、芝麻、红薯种植为主。通公路。

板木 [Bǎnmù] 板木乡人民政府驻地。在县政府驻地城关镇南 30 千米。人口 8600。因传此地风水好,多墓葬,故称板墓。后"墓"雅为"木"。聚落呈团块状。有中小学、卫生室。农业以小麦、玉米、大豆种植为主。

竹林乡 [Zhúlín Xiāng] 杞县辖乡。在县境南部。面积 42 平方千米。人口 3.6 万。辖 16 村委会,有 48 自然村。乡人民政府驻竹林。1952 年设竹林乡。1975 年成立竹林公社。1984 年改设乡。因乡政府驻地得名。小白河、大堰沟流经。有初中 1 所,小学 13 所,卫生院 1 个,卫生室 20 个。有省级文物保护单位竹林仰韶文化遗址,老党寨烈士陵园,许绩、许香墓。农业以小麦、玉米、大豆、棉花、红薯种植为主。省道骆通线过境。

竹林 [Zhúlín] 竹林乡人民政府驻地。在县政府驻地城关镇南 33 千米。人口 2500。古时因此地茂林修竹称竹林岗,清咸丰年间防乱筑寨,名竹林寨,后简称竹林。聚落呈团块状。有中小学、卫生室。农业以小麦、玉米、大豆种植为主。

官庄乡 [Guānzhuāng Xiāng] 杞县辖乡。在县境西南部。面积 58 平方千米。人口 4.5 万。辖 26 村委会,有 65 自然村。乡人民政府驻官庄。1955 年设官庄中心乡。1958 年成立官庄公社。1984 年改设官庄乡。因乡政府驻地得名。小白河流经。有初中 1 所,小学 26 所,卫生院 1 个,卫生室 45 个。农业以小麦、玉米、大豆、棉花、西瓜、红薯种植为主。省道吴黄、骆通线过境。

官庄 [Guānzhuāng] 官庄乡人民政府驻地。在县政府驻地城关镇西南 30 千米。人口 2000。明为官府庄园,俗称官庄。清咸丰年间防乱筑寨,名官庄寨,后简称官庄。聚落呈团块状。有中小学、卫生室。农业以小麦、玉米、大蒜种植为主。省道吴黄、骆通线经此。

湖岗乡 [Húgǎng Xiāng] 杞县辖乡。在县境西南部。面积 46 平方千米。人口 4.7 万。辖 20 村委会,有 39 自然村。乡人民政府驻下坡。1975 年成立湖岗公社。1984 年改设乡。因乡政府原驻地湖岗得名。地貌经黄河冲积,多数淤垫,伏行数里至湖岗隆起,故名。小白河流经。有初中 2 所,小学 20 所,卫生院 1 个,卫生室 28 个。农业以小麦、玉米、棉花、红薯种植为主。通公路。

下坡 [Xiàpō] 湖岗乡人民政府驻地。在县政府驻地城关镇西南 23 千米。人口 500。因在湖岗土岗下,故名下坡。聚落呈团块状。有小学、卫生室。农业以小麦、玉米、棉花等种植为主。

苏木乡 [Sūmù Xiāng] 杞县辖乡。在县境中部偏西南。面积 49 平方千米。人口 5.6 万。辖 30 村委会,有 40 自然村。乡人民政府驻苏木。1975 年成立苏木公社。1984 年改设乡。因乡政府驻地得名。铁底河流经。有初中 2 所,小学 30 所,卫生院 1 个,卫生室 48 个。农业以小麦、玉米、棉花、大蒜等种植为主。省道侯饭线、县道杞竹线等过境。

苏木 [Sūmù] 苏木乡人民政府驻地。在县政府驻地城关镇西南 13 千米。人口 4800。《杞县志》载,原为小岗,元时民避水患于此成村,名苏木岗。清咸丰年间筑寨,称苏木岗寨,后简称苏木。聚落呈团块状。有中小学、卫生院(室)。农业以小麦、玉米、棉花、大蒜种植为主。省道侯饭线、县道杞竹线经此。

沙沃乡 [Shāwò Xiāng] 杞县辖乡。在县境西南部。面积 45 平方千米。人口 4.9 万。辖 26 村委会,有 33 自然村。乡人民政府驻沙沃。1955 年设沙沃中心乡。1958 年成立沙沃公社。1984 年改设乡。因乡政府驻地得名。

小白河、小清河、铁底河流经。有初中 3 所，小学 26 所，卫生院 1 个，卫生室 28 个。农业以小麦、玉米、棉花、大蒜、大豆、青椒种植为主。省道侯饭线、县道杞沙线过境。

沙沃［Shāwò］ 沙沃乡人民政府驻地。在县政府驻地城关镇西南 18 千米。人口 5400。原名沙窝集。1949 年后改沙沃集，后简为今名。聚落呈团块状。有中小学、卫生室。农业以小麦、玉米、棉花、青椒种植为主。省道侯饭线经此。

平城乡［Píngchéng Xiāng］ 杞县辖乡。在县境西北部。面积 76 平方千米。人口 7.4 万。辖 40 村委会，有 39 自然村。乡人民政府驻平城。1949 年为平城区。1955 年设平城中心乡。1958 年成立平城公社。1984 年改设乡。因乡政府驻地得名。惠济河、泥沟河流经。有初中 2 所，小学 40 所，卫生院 1 个，卫生室 64 个。有杞国公陈德祠堂。农业以小麦、玉米、红薯种植为主，有特产粉皮、粉条。省道吴黄线过境。

平城［Píngchéng］ 平城乡人民政府驻地。在县政府驻地城关镇西北 15 千米。人口 4900。明初平姓迁此定居，为人公正，人称平如秤，因以平秤为村，亦称平秤寨，清讹为平城。聚落呈团块状。有中小学、卫生院(室)。农业以小麦、玉米、红薯种植为主。省道吴黄线经此。

泥沟乡［Nígōu Xiāng］ 杞县辖乡。在县境北部。面积 69 平方千米。人口 5.5 万。辖 34 村委会，有 49 自然村。乡人民政府驻中泥沟。1975 年成立泥沟公社。1984 年改设乡。因乡政府驻地得名。淤泥河、圈章河流经。有初中 1 所，小学 34 所，卫生院 1 个，卫生室 61 个。农业以小麦、玉米、大豆、花生、西瓜、红薯种植为主。县道泥葛线过境。

中泥沟［Zhōngnígōu］ 泥沟乡人民政府驻地。在县政府驻地城关镇北 20 千米。人口 1300。唐初村北有河，村四周泥沟纵横，俗称泥沟。后按方位分前、中、后，称中泥沟。聚落呈团块状。有育龙双语学校、中小学、卫生室。农业以小麦、玉米、大豆、花生、西瓜、红薯种植为主。

柿园乡［Shìyuán Xiāng］ 杞县辖乡。在县境北部。面积 68 平方千米。人口 7.1 万。辖 33 村委会，有 60 自然村。乡人民政府驻柿园。1949 年设柿园区。1955 年设中心乡。1958 年成立柿园公社。1984 年改设乡。因乡政府驻地得名。惠济河、杜庄河、淤泥河流经。有中学 3 所，小学 33 所，卫生院 1 个，卫生室 43 个。农业以小麦、玉米、大豆、花生、西瓜、红薯种植为主。106 国道过境。

柿园［Shìyuán］ 柿园乡人民政府驻地。在县政府驻地城关镇北 9 千米。人口 2700。原为明代化姓柿树园，后人迁此，繁衍成村。清设集市名柿园集，简称柿园。聚落呈团块状。有中小学、卫生院(室)。农业以小麦、玉米、大豆、花生、西瓜种植为主。106 国道经此。

西寨乡［Xīzhài Xiāng］ 杞县辖乡。在县境东北部。面积 80 平方千米。人口 5.1 万。辖 32 村委会，有 49 自然村。乡人民政府驻西寨。1955 年设西寨乡。1975 年成立西寨公社。1984 年改设乡。因乡政府驻地得名。茅草河、崔林河流经。有中学 2 所，小学 31 所，卫生院 1 个，卫生室 36 个。农业以小麦、玉米、大豆、花生、大蒜种植为主。通公路。

西寨［Xīzhài］ 西寨乡人民政府驻地。在县政府驻地城关镇东北 12 千米。人口 3000。传禹治水时筑肥阳城。汉高祖赐名西肥。明崇祯年间筑寨，称西肥寨，简称西寨。聚落呈团块状。有中小学、卫生室。农业以小麦、玉米、大豆、花生、大蒜种植为主。

城郊乡［Chéngjiāo Xiāng］ 杞县辖乡。在县境中部。面积 34 平方千米。人口 1.1 万。辖 7 居委会，15 村委会，有 38 自然村。乡人民政府驻梁堂。1991 年析城关镇、五里河乡部分地域设城郊乡。因环绕城关镇得名。惠济河流经。有初中 1 所，小学 22 所，卫生院 1 个，卫生室 34 个。农业以小麦、玉米、大豆、花生、大蒜等种植为主。106 国道，省道马开、吴黄线过境。

梁堂［Liángtáng］ 城郊乡人民政府驻地。在县政府驻地城关镇西北 3 千米。人口 800。明洪武年间梁姓迁此建村，故名。聚落呈团块状。有中小学、卫生室。农业以小麦、玉米、大蒜等种植为主。省道吴黄线经此。

通许县

通许县［Tōngxǔ Xiàn］ 开封市辖县。北纬 34°48′，东经 114°48′。在市境南部。面积 767 平方千米。人口 56.4 万。以汉族为主，还有回、藏、壮、蒙古、白、维吾尔、满等民族。辖 6 镇、6 乡。县人民政府驻城关镇。北宋建隆三年(962)置通许镇，地临东京(今开封)通许昌大道，故名。北宋咸平五年(1002)置咸平县(治今城关镇)。金大定二十九年(1189)改通许县，属南京路开封府。元属汴梁路。明、清属开封府。1913—1932 年历属豫东道、开封道、河南省、省第一行政督察区。1949—1955 年属陈留专区、郑州专区、开封专区。1969 年属开封地区。1983 年属开封市。地势平坦，西北略高。暖温带和半干旱型气候区，大陆型季风气候。平均海拔 61.5 米。年均气温 14.2℃，1 月平均气温 −0.3℃，7 月平均气温 29.5℃。年均降水量 682.4 毫米。涡河、涡河故道、孙城河、惠贸渠、小青河、百邸沟等流经。森林覆盖率 21.3%。有高中 5 所，职高 2 所，初中 39 所，小学 263 所，二级医院 3 个，文化馆、图书馆、电影院、豫剧团各 1 个。有子羽、曹植、李左车、九女、庞涓、寇准、欧阳修、梁颢等历史名人墓地，涧头、大岗李、大双沟、小岗张、东水沃、山龙口古墓群。有清真寺和烈士陵园。三次产业比例 42∶33∶25。农业以种植业为主，主产小麦、棉花、玉米、花生、黄豆、红薯等。有邸阁乡无子西瓜、"天仓"牌土豆、"汴南翠"黄瓜。工业以纺织、酿酒、化工、机械制造、农副产品深加工为主。服务业以商品批发和零售、仓储、酒店住宿、餐饮业、金融、房地产开发为主。日南、大广高速，省道兰罗、漯嵩、栾卢线过境。

通许县汽车站［Tōngxǔ Xiàn Qìchēzhàn］ 见交通运输设施部分"通许县汽车站"条。

城关镇［Chéngguān Zhèn］ 通许县人民政府驻地。在县境中部。面积 46 平方千米。人口 6.6 万。以汉族为主，还有回、藏、壮、蒙古、白等民族。辖 13 居委会。镇人民政府位于幸福路。1951 年建城关镇。1956 年设城关乡。1958 年成立城关公社。1982 年改置镇。惠贾渠、涡河流经。有中学 2 所，小学 15 所，二级医院 3 个，卫生院 1 个，卫生所 18 个。有岳家湖、子羽墓、庞涓墓等。有民间传统文化旱船、盘鼓等。农业以小麦、花生种植为主。工业以化肥生产为主。通公交车。

咸平大道［Xiánpíng Dàdào］ 在县城北部。西起迎宾大道，东至工业大道。与民生路、富民路、解放路、上海路等相交。长 5.2 千米，宽 30 米。沥青路面。1998 年开工，1999 年建成，2009 年翻修。因通许县古称咸平得名。两侧有公安局、人民检察院等单位。通公交车。

工业大道［Gōngyè Dàdào］ 在县城中部。北起裕丰路，南至文卫路。与行政路相交。长 3.6 千米，宽 30 米。沥青路面。2001 年开工，2003 年建成。因沿途多工业厂矿得名。两侧有禾丰食料、海壹食品等公司。通公交车。

竖岗镇［Shùgǎng Zhèn］ 通许县辖镇。在县境西部。面积 62 平方千米。人口 4.4 万。以汉族为主，还有回、藏、壮、蒙古、白等民族。辖 26 村委会，有 44 自然村。镇人民政府驻竖岗。1954 年设竖岗区。1958 年成立竖岗公社。1983 年改设乡。1999 年改置镇。因镇政府驻地得名。涡河、百邸沟、张百沟、孙城河流经。有职中 1 所，初中 2 所，小学 26 所，卫生院 1 个，卫生所 21 个。有文化站、敬老院。有民族传统文化旱船、腰鼓、盘鼓。农业以小麦、棉花、玉米、花生、大豆种植为主。工业有金属丝钢厂、水泥预制件厂和建筑、建材、面粉加工、木材加工等。省道漯嵩线过境。

竖岗［Shùgǎng］ 竖岗镇人民政府驻地。在县政府驻地城关镇西南 14 千米。人口 4900。位于南北略长的黄土岗上，故名。聚落呈片状。有小学、幼儿园、诊所。农业以玉米、小麦种植为主。开扶、密杞铁路经此。

玉皇庙镇［Yùhuángmiào Zhèn］ 通许县辖镇。在县境东南部。面积 46 平方千米。人口 5.6 万。以汉族为主，还有回、藏、壮、蒙古、白等民族。辖 32 村委会，有 73 自然村。镇人民政府驻玉皇庙。1958 年成立玉皇庙公社。1983 年改设乡。1996 年改置镇。因镇政府驻地得名。涡河故道、小清河流经。有初中 4 所，小学 27 所，卫生院 1 个，卫生所 28 个。有文化站。有民族传统文化踩高跷、腰鼓、盘鼓等。农业以小米、玉米、棉花、大豆等种植为主。工业有窑厂、油厂、冷库、造纸厂、建筑公司等。省道民信线、通太公路过境。

玉皇庙［Yùhuángmiào］ 玉皇庙镇人民政府驻地。在县政府驻地城关镇东南 20 千米。人口 4600。因村东南角原有玉皇大帝庙得名。聚落呈不规则块状。标台沟流经。有中小学、幼儿园、诊所。有腰鼓队。农业以小麦、玉米、大豆、大蒜种植为主。大广高速、省道栾卢线经此。

四所楼镇［Sìsuǒlóu Zhèn］ 通许县辖镇。在县境东部。面积 74 平方千米。人口 5.1 万。以汉族为主，还有回、藏、壮、蒙古、白等民族。辖 28 村委会，有 81 自然村。镇人民政府驻四所楼。1949 年为四所楼区。1956 年设四所楼乡。1958 年成立四所楼公社。1983 年改设乡。1996 年改置镇。因镇政府驻地得名。小清河、于任沟流经。有初中 3 所，小学 24 所，卫生院 1 个，卫生所 27 个。有敬老院和文化站。有民间传统文化旱船、盘鼓等。农业以小麦、玉米、棉花、大豆等种植为主。工业有机械、砖瓦、木器、食品、兽药等工厂。省道漯嵩线过境。

四所楼［Sìsuǒlóu］ 四所楼镇人民政府驻地。在县政府驻地城关镇东南 13 千米。人口 3100。传明初娄姓四兄弟迁入，因和睦相处，定村名四和娄，后因均盖楼，演为四所楼。聚落呈长条形。有小学、幼儿园、诊所。农业以花生、大豆、西瓜、红薯种植为主。岭阴、冯七公路经此。

朱砂镇［Zhūshā Zhèn］ 通许县辖镇。在县境东北部。面积 86 平方千米。人口 6.2 万。以汉族为主，还有回、藏、壮、蒙古、白等民族。辖 36 村委会，有 39 自然村。镇人民政府驻朱砂。1949 年为朱砂岗区。1956 年改设乡。1958 年改公社。1983 年复设乡。1996 年改置镇。因镇政府驻地得名。枣林沟、小清河、铁底河流经。有中学 5 所，小学 28 所，卫生院 1 个，卫生所 31 个。有敬老院。有民族传统文化踩高跷、盘鼓等。农业以小麦、玉米、棉花、花生种植为主。工业有面粉厂、农机厂、木器厂等。兰南高速过境。

朱砂［Zhūshā］ 朱砂镇人民政府驻地。在县政府驻地城关镇东北9千米。人口5400。传村北有朱砂色土岗，又朱姓居多，故名。聚落呈块状。有小学、幼儿园、诊所。农业以花生、大豆、西瓜、红薯、大蒜种植为主，有生猪、牛、羊、家禽饲养。大广高速经此。

长智镇［Chángzhì Zhèn］ 通许县辖镇。在县境东部。面积67平方千米。人口4.4万。以汉族为主，还有回、藏、壮、蒙古、白等民族。辖22村委会，有36自然村。镇人民政府驻长智。1949年设长智乡。1975年成立长智公社。1983年改设乡。2001年改置镇。因镇政府驻地得名。小清河、涡河、枣林沟流经。有初中3所，小学29所，卫生院1个，卫生所19个。有敬老院。有古迹曹植墓、于氏祖茔、高旺屯雷公寺等。有民族传统文化盘鼓、腰鼓等。农业以小麦、棉花、玉米、大豆、花生种植为主。工业有面粉厂、机械厂、预制件厂、瓦砖厂、纸箱厂、鞭炮烟花厂等。县道冯七线过境。

长智［Chángzhì］ 长智镇人民政府驻地。在县政府驻地城关镇东北10千米。人口4100。传北宋时村名北郭，后太监郭槐"狸猫换太子"事件败露，因此村离京城较近且村名有"郭"字，为免受株连，结合村域聚落狭长特点，改称长智。聚落呈长条形。枣林沟流经。有小学、幼儿园、诊所。农业以大豆、玉米、小麦、红萝卜种植为主，有生猪、羊、鸡、鸭、鹅饲养。县道冯七线经此。

冯庄乡［Féngzhuāng Xiāng］ 通许县辖乡。在县境北部。面积56平方千米。人口3.6万。以汉族为主，还有回、藏、壮、蒙古、白等民族。辖26村委会，有29自然村。乡人民政府驻冯庄。1975年成立冯庄公社。1983年改设乡。因乡政府驻地得名。涡河故道、惠贾渠流经。有中学2所，小学16所，卫生院1个，卫生所20个。有古迹西城古文化遗迹、大双沟古墓群、北宋梁颢墓遗址、七里湾潘氏古墓群、山龙口王氏祖茔、唐宋古墓群等名胜。有民间传统文化旱船、盘鼓等。农业以小麦、大蒜种植为主。商贸以日用品和汽车销售为主。开扶公路过境。

冯庄［Féngzhuāng］ 冯庄乡人民政府驻地。在县政府驻地城关镇北8千米。人口700。传冯姓老祖在此定居，故名。聚落呈条状。有小学、幼儿园、诊所。农业以蔬菜、小麦、花生种植为主，有生猪、牛、羊、鸡、鸭饲养。省道兰罗线过境。

孙营乡［Sūnyíng Xiāng］ 通许县辖乡。在县境西北部。面积74平方千米。人口5.1万。以汉族为主，还有回、藏、壮、蒙古、白等民族。辖31村委会，有40自然村。乡人民政府驻半截楼。1949年为孙营区。1955年设孙营乡。1962年成立孙营公社。1983年改设乡。因乡政府原驻地南孙营得名。涡河、孙城河、姜清沟流经。有初中3所，小学20所，卫生院1个，敬老院1个。有古迹李佐车墓、九女冢、开国寺遗迹等。有民间传统文化旱船、盘鼓等。农业以小麦、花生、红薯、大豆、玉米种植为主。工业以生产木材、建材、食品、彩塑顶棚、水果糖等为主。省道漯嵩线过境。

半截楼［Bànjiélóu］ 孙营乡人民政府驻地。在县政府驻地城关镇西10千米。人口1000。原称赵亭，后因村西半截全为楼房，改为半截楼。聚落呈块状。有中小学。有卫生院（室）。农业以小麦、玉米、大豆种植为主。冯上公路经此。

大岗李乡［Dàgǎnglǐ Xiāng］ 通许县辖乡。在县境西南部。面积46平方千米。人口4.7万。以汉族为主，还有回、藏、壮、蒙古、白等民族。辖25村委会，有45自然村。乡人民政府驻南岗。1951年设大岗李乡。1975年成立大岗李公社。1983年复设乡。因乡政府原驻地大岗李村得名。百邸沟流经。有初中1所，小学24所，卫生院1个，卫生所19个。有锣戏剧团。有古迹北宋寇准墓、明李诚宅基遗址、北宋皇姑冢。农业以小麦、花生种植为主。有电车厂。通大公路过境。

南岗［Nángǎng］ 大岗李乡人民政府驻地。在县政府驻地城关镇西南15千米。人口1800。原为大岗李村。后分为南岗和北岗2村，该村位于南部，故名。聚落呈块状。土壤类型为沙质土、黏质土。有小学、幼儿园、诊所。农业以小麦、玉米、大豆、西瓜等种植为主。

寇村［Kòucūn］ 在县政府驻地城关镇西南17千米。大岗李乡辖自然村。人口2700。传一千多年前宋朝宰相寇准死后葬于该村，故名。聚落呈块状。有小学、幼儿园、诊所。有寇准墓遗址。经济以种植小麦、玉米、西瓜等为主。大邸公路经此。

邸阁乡［Dǐgé Xiāng］ 通许县辖乡。在县境南部。面积37平方千米。人口3.9万。以汉族为主，还有回、藏、壮、蒙古、白等民族。辖22村委会，有42自然村。乡人民政府驻邸阁。1949年为邸阁区。1956年设邸阁乡。1958年改公社。1983年复设乡。因乡政府驻地得名。惠贾渠、涡河、仲庄沟流经。有中学3所，小学19所，卫生院1个，卫生所20个。有高跷队、腰鼓队、盘鼓队等。农业以小麦、西瓜种植为主。有电子厂。省道兰罗线过境。

邸阁［Dǐgé］ 邸阁乡人民政府驻地。在县政府驻地城关镇南15千米。人口3000。传邸官员在此建阁居住，故名。聚落呈窄条形。有小学、幼儿园、诊所。有高跷队。农业以小麦、玉米、花生、西瓜种植为主。省道兰罗线经此。

练城乡［Liànchéng Xiāng］ 通许县辖乡。在县境东南部。面积31平方千米。人口4.1万。以汉族为主，还有回、藏、壮、蒙古、白等民族。辖24村委会，有51自然村。乡人民政府驻练城。1949年设练城乡。1962年成立练城小公社。1975年成立练城公社。1983年复设乡。因乡政府驻地得名。涡河、小清河流经。有中学1所，小学24所，卫生院1个，卫生所23个。有腰鼓队、盘鼓队等。农业以小麦种植为主。大广高速、省道卢栾线、县道冯七线过境。

练城［Liànchéng］ 练城乡人民政府驻地。在县政府驻地城关镇东南16千米。人口2600。北魏高欢曾在此筑城，名炼城，后被焚。五代刘知远、清末黄道军均在此练兵，遂以同音改今名。聚落呈不规则状。有小学、幼儿园、诊所。有盘鼓队。农业以大豆、玉米、小麦种植为主，有生猪、羊、家禽饲养。大广高速、省道卢栾线、县道冯七线经此。

厉庄乡［Lìzhuāng Xiāng］ 通许县辖乡。在县境中部。面积36平方千米。人口3.7万。以汉族为主，还有回、藏、壮、蒙古、白等民族。辖23村委会，有61自然村。乡人民政府驻厉庄。1975年成立厉庄公社。1983年改设乡。因乡政府驻地得名。涡河故道、惠贾渠流经。有中学2所，小学17所，卫生院1个，卫生所23个。农业以小麦种植为主。工业有汽车零部件生产厂。开扶、通玉公路过境。

厉庄［Lìzhuāng］ 厉庄乡人民政府驻地。在县政府驻地城关镇南15千米。人口1200。明代厉氏迁此落户，故名。聚落呈块状。有小学、幼儿园、诊所。农业以小麦、玉米、花生、西瓜种植为主。省道陈大、兰罗线经此。

尉 氏 县

尉氏县［Wèishì Xiàn］ 开封市辖县。北纬34°24′，东经114°10′。在市境西南部。面积1308平方千米。人口103万。以汉族为主，还有回族。辖10镇、7乡。县人民政府驻城关镇。春秋为"郑大夫尉氏之邑"，故名。秦始皇三年（前244）置尉氏县，治今城关镇，属颍川郡。两汉属陈留郡。东魏属开封郡。北齐县废，入开封县。隋开皇六年（586）复置县，属颍川郡。唐属汴州、陈留郡。北宋属开封府。元属汴梁路。明、清属开封府。1913—1932年历属豫东道、开封道、河南省、河南省第一行政督察区。1949—1955年历属陈留专区、郑州专区、开封专区。1969年属开封地区。1983年属开封市。地势西北高东南低。海拔59—70米。年均气温14.1℃，1月平均气温0℃，7月平均气温26.8℃。年均降水量692.3毫米。涡河、贾鲁河流经。森林覆盖率22%。有高中5所，初中45所，小学249所，三级医院1个，二级医院4个，国家高水平体育后备人才基地6个，省优秀运动队后备人才训练基地3个。有全国重点文物保护单位兴国寺塔、刘青霞故居。有省级非物质文化遗产翟氏唢呐、洧川豆腐制作技艺。有地方特色民间艺术唢呐、舞狮、舞龙、高跷、盘鼓、腰鼓、背阁、肘阁、抬老四、二鬼扳跌等。三次产业比例32∶48∶20。农业以小麦、玉米、花生、大豆种植为主，大棚蔬菜、果树为辅，有蛋鸭、生猪、肉牛饲养。工业以棉纺、农副产品加工、机械制造、化工为主。有双级产业集聚区新尉工业园区。服务业以餐饮、零售为主。兰南、商登、机西高速，省道侯饭、七蚁、永定、郑刘线过境。有尉氏汽车站。通公交车。

尉氏汽车站［Wèishì Qìchēzhàn］ 见交通运输设施部分"尉氏汽车站"条。

城关镇［Chéngguān Zhèn］ 尉氏县人民政府驻地。在县境中部。面积17平方千米。人口9.2万。辖7居委会，有14自然村。镇人民政府驻小东门。秦以来历为县治。1948年置城关区。1955年改置城关镇。1958年改公社。1982年复置镇。因历为城市关卡得名。贾鲁河、西三干渠、刘麦河流经。有特殊教育学校1所，中学4所，小学7所，三级医院1个，二级医院3个，卫生院1个，卫生所10个。有全国重点文物保护单位刘青霞故居、兴国寺塔，省级文物保护单位魏晋阮籍啸台。农业以生猪、蛋鸭养殖为主。工业以机械、橡塑、化工、棉纱产业为主。服务业以餐饮、零售为主。省道七蚁、郑刘、永定线过境。

西大街［Xī Dàjiē］ 在县城中部。北起鱼市街，南至人民中路。长345米，宽16米。碎石沥青路面。1988年开工，1997年建成。县政府前有两条大街，此街居西得名。两侧店铺林立，商业繁华，有便利店、家电、服饰。有焦裕禄事迹展览馆、全国重点文物保护单位刘青霞故居。通公交车。

南街［Nán Jiē］ 在县城南部。为南向单行道。北起人民中路，南至铁路北街。长450米，宽25米。碎石沥青路面。1958年整修，1962年部分路段修成沥青路面，1975年第二次整修拓宽。古时县城设关卡，此路位于南关故名。曾名依仁街、中山南街。两侧店铺林立，商业繁华，有便利店、餐饮、服务行业。通公交车。

东大街［Dōng Dàjiē］ 在县城中心。北起新民街、黎明街、鱼市街交会处，南至人民中路。长332米，宽16米。碎石沥青路面。1958年整修，1962年部分路段修成沥青路面，1988年拓宽。县政府前有两条大街，此街居东得名。为商业街。两侧店铺林立，有便利店、餐饮、服务行业。有县水利局、县供电公司。通公交车。

北街［Běi Jiē］　在县城北部。北起三贤路，南至文化路。长430米，宽25米。碎石沥青路面。1958年整修，1962年部分路段修成沥青路面，1988年拓宽。古时县城设关卡，此路位于北关故名。途经居民区，有餐饮、便利店、服务行业。通公交车。

小东门［Xiǎodōngmén］　城关镇人民政府驻地。在镇境东北部。人口2.2万。因位于县城小东门得名。聚落呈块状。有中小学、卫生院、文化活动广场。有省级文物保护单位魏晋阮籍啸台。有商贸业。省道永定线经此。

洧川镇［Wěichuān Zhèn］　尉氏县辖镇。在县境西南部。面积55平方千米。人口5.8万。辖37村委会，有56自然村。镇人民政府驻洧川。1949年为洧川县。1954年设洧川区。1958年成立洧川公社。1983年改设乡。1988年改置镇。因镇政府驻地得名。双洎河、杜公河流经。有中学2所，小学20所，二级医院1个，卫生院1个。有省级文物保护单位洧川城隍庙、洧川南城门。农业以大棚蔬菜种植为主。工业以金属加工、翻砂铸造为主。省道七蚁线过境。

洧川［Wěichuān］　洧川镇人民政府驻地。在县政府驻地城关镇西南25千米。人口8000。取洧水(今双洎河)流经平川得名。聚落呈块状。有中小学、诊所。有古迹洧川城隍庙、洧川南城门。农业以小麦、玉米种植为主，特产洧川豆腐。商业以日用品、家具零售为主。省道七蚁线，县道永刘、大洧线经此。

朱曲镇［Zhūqǔ Zhèn］　尉氏县辖镇。在县境西南部。面积59平方千米。人口6.4万。辖32村委会，有51自然村。镇人民政府驻朱曲。明称朱曲镇。1948年设朱曲区。1958年成立朱曲公社。1983年改设乡。1997年改置镇。因镇政府驻地得名。有中学2所，小学17所，卫生院1个。工业有阀门铸造、机械配件、板材加工、棉纱纺织、橡胶制品、铜玉工艺品等行业。机西高速、县道永刘合线过境。

朱曲［Zhūqǔ］　朱曲镇人民政府驻地。在县政府驻地城关镇西南18千米。人口6000。传唐代建村，朱姓居多，村被杜公河弯曲绕过，故名。聚落呈块状。有中小学、诊所。有古迹子产庙遗址、许汴故道，御赐下马牌为纪念吕蒙正所设。农业以小麦、玉米、花生、棉花种植为主。有阀门、矿产等企业。县道永刘合线等经此。

蔡庄镇［Càizhuāng Zhèn］　尉氏县辖镇。在县境南部。面积65平方千米。人口5.3万。辖40村委会，有57自然村。镇人民政府驻蔡庄。1955年设蔡庄乡。1958年成立红旗公社。1963年改蔡庄公社。1983年改设乡。1995年改置镇。因镇政府驻地得名。双洎河、康沟河、杜公河流经。有中学3所，小学12所，卫生院1个。有古迹五峰山、圣井、白鹿岗遗址、王三官金头银胳膊之墓、蔡邕墓。农业以小麦、玉米、花生种植为主。兰南高速等过境。

蔡庄［Càizhuāng］　蔡庄镇人民政府驻地。在县政府驻地城关镇南15千米。人口7000。传东汉蔡邕居此，乡人以为荣，称蔡相乡，又称蔡家庄、蔡庄集，后称蔡庄。聚落呈块状。有中小学、诊所。农业以小麦、玉米种植为主。县道尉刘线经此。

永兴镇［Yǒngxīng Zhèn］　尉氏县辖镇。在县境东南部。面积109平方千米。人口8万。辖35村委会，有67自然村。镇人民政府驻永兴。1948年置永兴区。1956年设永兴中心乡。1957年改永兴乡。1958年改永兴公社。1983年改设乡。1994年改置镇。因镇政府驻地得名。有中学2所，小学19所，卫生院1个。有古迹七贤庙、弥勒寺、兴隆寺、吕东来墓、汉墓岗。农业以小麦、玉米、大豆种植为主，有果树种植。工业以香精香料、农机具制造、食品加工产业为主。省道郑刘线、县道永刘线过境。

永兴［Yǒngxīng］　永兴镇人民政府驻地。在县政府驻地城关镇东南19千米。面积3平方千米。人口2100。古因宋人侯百川在河上摆渡名侯百川。后有名士改名为永兴。聚落呈块状。有中小学、诊所。农业以小麦、玉米种植为主。省道郑刘线、县道永刘线经此。

张市镇［Zhāngshì Zhèn］　尉氏县辖镇。在县境东南部。面积70平方千米。人口5.2万。以汉族为主，还有回族。辖25村委会，有53自然村。镇人民政府驻张市。1955年设张市中心乡。1958年成立张市公社。1983年改设乡。1996年改置镇。因镇政府驻地得名。贾鲁河、尉扶河流经。有中学2所，小学16所，卫生院1个。有古迹刘仁轨墓、普照寺遗址。有“九九”农民起义纪念地。农业以小麦、玉米、大豆种植为主。工业有皮革、面粉、板材加工行业。兰南高速、省道郑刘线、县道闹前线过境。

张市［Zhāngshì］　张市镇人民政府驻地。在县政府驻地城关镇东南12千米。人口2800。有张姓妇女常于此施舍茶水，故名张氏。后设集市，谐音改今名。聚落呈带状。有中小学、诊所。有普照寺遗址。农业以小麦、玉米种植为主。省道郑刘线、县道闹前线经此。

十八里镇［Shíbālǐ Zhèn］　尉氏县辖镇。在县境东部。面积87平方千米。人口5.8万。辖35村委会，有68自然村。镇人民政府驻十八里。1949年设十八里乡。1955年设中心乡。1958年成立十八里公社。1983年改设乡。2000年改置镇。因镇政府驻地得名。贾鲁河、东三干渠流经。有初中2所，小学16所，卫生院1个。有古迹商周文化遗址、汉将马武墓、岑彭墓。有园林苗木合作社、鱼鸭特色混养。工业有家具、新型建材、清洁能源行业。兰南高速、省道侯饭线过境。

十八里［Shíbālǐ］　十八里镇人民政府驻地。在县政府驻地城关镇东9千米。人口1300。因距县城18华里得名。聚落呈块状。有中小学、诊所。农业以西瓜、小麦种植为主。兰南高速、省道侯饭线经此。

水坡镇［Shuǐpō Zhèn］　尉氏县辖镇。在县境东北部。面积85平方千米。人口6.2万。辖34村委会，有57自然村。镇人民政府驻水坡。1949年设水坡乡。1955年设水坡中心乡。1958年成立火箭公社。1961年改水坡公社。1983年改设乡。2008年改置镇。因镇政府驻地得名。贾鲁河、百邸沟、涡河、东三干渠流经。有中学2所，小学17所，卫生院1个。有古迹杨衮墓、段干木墓、李牧墓、清代祖师爷庙慈善碑、汉墓群、隋唐瓦岗寨遗址、程咬金洞遗址等。农业以小麦、玉米、花生、大豆种植为主。工业有板材加工、棉纺、农药化工、电子科技、橡胶等企业。省道永定线，县道闹前线过境。

水坡［Shuǐpō］　水坡镇人民政府驻地。在县政府驻地城关镇东北11千米。人口3400。地势低洼，间有坡地，故名。聚落呈块状。有中小学、诊所。农业以小麦、玉米、西瓜种植为主。县道闹前线经此。

大营镇［Dàyíng Zhèn］　尉氏县辖镇。在县境西部。面积62平方千米。人口3.8万。辖31村委会，有51自然村。镇人民政府驻大营。1955年设大营中心乡。1958年成立大营公社。1983年改设乡。2011年改置镇。因镇政府驻地得名。属黄河古道带，为川形地貌。小清河、北康沟河、南康沟河发源于此。有中学2所，小学22所，卫生院1个。有古迹陈平墓、晏婴冢等。农业以蔬菜、桃果种植、绿化苗圃为主，有肉牛、生猪饲养。工业有木材加工、橡胶、建材、现代家具、食品饮料、金属冶炼等行业，有家具产业园、科技产业园、建材物流园。商登、机西高速，省道郑刘线过境。

大营［Dàyíng］　大营镇人民政府驻地。在县政府驻地城关镇西10千米。人口1500。岳飞抗金曾扎营于此，故名。聚落呈块状。有中小学、诊所。有晏婴冢。农业以小麦、西瓜、蔬菜种植为主。省道郑刘线经此。

庄头镇［Zhuāngtóu Zhèn］　尉氏县辖镇。在县境北部。面积117平方千米。人口5.3万。辖35村委会，有62自然村。镇人民政府驻庄头。1948年设庄头乡。1958年成立庄头公社。1983年改设乡。2013年改置镇。因镇政府驻地得名。贾鲁河流经。有中学3所，小学10所，卫生院1个。有古迹康王城遗址、青云禅寺等。农业以小麦、玉米种植为主，有经济作物香瓜、大蒜、芥蓝、西瓜。有现代化农业观光园。工业有纺织、家具制造、食品加工、医疗器械等企业。有科技食品工业园、县产业集聚区。省道永定线、县道歇刁线过境。

庄头［Zhuāngtóu］　庄头镇人民政府驻地。在县政府驻地城关镇西北10千米。人口3100。村始建于土岗头，称岗头村。后筑寨称人和寨。明崇祯年间岗被铲平，村庄渐扩，称庄头。聚落呈块状。有小学、诊所。有康王城遗址。农业以小麦、玉米、蔬菜大棚种植为主。有科技食品工业园、香精香料厂等。县道歇刁线经此。

邢庄乡［Xíngzhuāng Xiāng］　尉氏县辖乡。在县境西北部。面积88平方千米。人口5.5万。辖31村委会，有52自然村。乡人民政府驻邢庄。1963年成立邢庄公社。1983年改设乡。因乡政府驻地得名。明家沟、明改河、北康沟河、西三干渠流经。有中学1所，小学12所，卫生院1个。有古迹尚村商王墓、康王墓。农业以小麦、玉米、大豆种植为主，有苗圃绿化企业。工业有医疗器械、纺织行业。有商贸城。省道七蚁、永定线过境。

邢庄［Xíngzhuāng］　邢庄乡人民政府驻地。在县政府驻地城关镇西北3千米。人口1200。以姓氏得名。聚落呈块状。有中小学、诊所。农业以小麦、玉米种植为主。省道永定线经此。

大马乡［Dàmǎ Xiāng］　尉氏县辖乡。在县境西部。面积72平方千米。人口4.8万。辖25村委会，有66自然村。乡人民政府驻大马。1949年为大马区。1950年改设大马乡。1959年成立大马公社。1983年改设乡。因乡政府驻地得名。小青河、小黑河、南康沟河流经。有中学1所，小学16所，卫生院。有古迹商周文化遗址、汉代墓葬等。农业以小麦、玉米种植为主，有特产无公害瓜果，有奶牛养殖。工业以粮食加工、金属冶炼、板材加工为主。县道门刘、大洧线过境。

大马［Dàmǎ］　大马乡人民政府驻地。在县政府驻地城关镇西南18千米。人口3600。明代马姓在此定居，名马家庄。清代发展为马家集。为区别村东较小的马姓村庄，称大马。聚落呈块状。有中小学、诊所。有九女冢。农业以小麦、玉米种植为主。县道门刘、大洧线经此。

岗李乡［Gǎnglǐ Xiāng］　尉氏县辖乡。在县境西部。面积97平方千米。人口6.4万。辖38村委会，有62自然村。乡人民政府驻岗李。1958年成立岗李公社。1983年改置乡。因乡政府驻地得名。有中学2所，小学18所，卫生院1个。有古迹苑陵城遗址、嵩岳庙遗址、冉家坟碑、石香幢等。农业以小麦、玉米种植为主,有樱桃、核桃等特色经济作物,有畜牧养殖业。工业以有色金属业、板材加工为主。县道门刘、永刘线过境。

岗李［Gǎnglǐ］ 岗李乡人民政府驻地。在县政府驻地城关镇西南25千米。人口1300。传明代李姓迁居岗上,后成村称岗李。聚落呈块状。有小学、诊所。农业以小麦、瓜果种植为主。县道门刘线经此。

门楼任乡［Ménlóurèn Xiāng］ 尉氏县辖乡。在县境中部。面积62平方千米。人口4.3万。辖26村委会,有44自然村。乡人民政府驻门楼任。1949年设门楼任乡。1958年成立门楼任公社。1983年改设乡。因乡政府驻地得名。有中学6所,小学22所,卫生院1个。农业以小麦、玉米、蔬菜种植为主,有小杂果生产基地、肉牛养殖场。工业以印刷、板材加工、农产品加工为主。新周高速,省道七蚁线,县道门刘、门朱线过境。

门楼任［Ménlóurèn］ 门楼任乡人民政府驻地。在县政府驻地城关镇西南9千米。人口1500。传明初任姓迁此并建门楼,故名。聚落呈块状。有小学、诊所。农业以小麦、蔬菜、瓜果种植为主。省道七蚁线、县道门刘线经此。

文家［Wénjiā］ 在县政府驻地城关镇西南10千米。门楼任乡辖自然村。人口1300。因文姓得名。聚落呈块状。有规模化肉牛养殖区、肉牛养殖合作社。省道七蚁线经此。2011年被评为全国文明村。

大桥乡［Dàqiáo Xiāng］ 尉氏县辖乡。在县境中部。面积54平方千米。人口4.2万。辖24村委会,有49自然村。乡人民政府驻大桥。1963年成立大桥公社。1983年改设乡。因乡政府驻地得名。康沟河流经。有中学2所,小学14所,卫生院1个。有古迹清代进士刘致中墓、刘家祠堂等。农业以小麦、玉米种植为主,有生猪养殖区、规模养牛厂。工业以金属板材、食品加工、能源产业为主。省道七蚁、永定线过境。

大桥［Dàqiáo］ 大桥乡人民政府驻地。在县政府驻地城关镇西南1千米。人口3200。因村东大石桥得名。聚落呈块状。有小学、诊所。有刘家祠堂、刘致中墓。农业以小麦、玉米种植为主。省道七蚁线经此。

南曹乡［Náncáo Xiāng］ 尉氏县辖乡。在县境南部。面积72平方千米。人口5.8万。辖34村委会,有53自然村。乡人民政府驻南曹。1955年设南曹中心乡。1958年成立南曹公社。1983年改设乡。因乡政府驻地得名。贾鲁河、康沟河流经。有中学1所,小学19所,卫生院1个。有古迹新石器时期仰韶文化遗址、凉马寺。农业以果树种植为主,有家畜养殖合作社。工业有棉纺织业,油料加工业,电子、铝材加工,铸造业。省道永定线、县道永刘线过境。

南曹［Náncáo］ 南曹乡人民政府驻地。在县政府驻地城关镇南13千米。人口2000。传曹操在此屯兵,分南北2寨,此村在南,故名南曹寨,后简为今名。聚落呈块状。有中小学、诊所。农业以小麦、玉米种植为主。省道七蚁线、县道永刘线经此。

小陈乡［Xiǎochén Xiāng］ 尉氏县辖乡。在县境东南部。面积46平方千米。人口3.1万。辖20村委会,有28自然村。乡人民政府驻小陈。1956年设小陈乡。1975年成立小陈公社。1983年改设乡。因乡政府驻地得名。东三干渠、贾鲁河、尉扶河流经。有初中1所,小学13所,卫生院1个。有省级文物保护单位阮籍墓。农业以果树、苗圃种植为主。工业以棉纱纺织、油料加工、塑胶生产为主。县道永刘、闹前线过境。

小陈［Xiǎochén］ 小陈乡人民政府驻地。在县政府驻地城关镇东南11千米。人口1500。明洪武年间陈姓迁此建村,因村小,始称小陈庄,后简称小陈。聚落呈块状。有中小学、诊所。农业以小麦、玉米种植为主。

兰考县

兰考县［Lánkǎo Xiàn］ 开封市辖县。北纬34°49′,东经114°48′。在市境东北部。面积1109平方千米。人口83万。辖5镇、11乡。县人民政府驻城关镇。东汉章帝时改甾县为考城。北魏为考阳。隋复为考城。清嘉庆二十四年(1819)设兰仪县(治今城关镇)。宣统元年(1909)避溥仪讳,改兰仪为兰封。1954年兰封、考城2县合并,各取1字名兰考县。1955年属开封专区。1969年属开封地区。1983年属开封市。地势北高南低。遗黄河故道3条,多沙丘及盐碱、洼地。平均海拔68米。年均气温14℃,1月平均气温－1.0℃,7月平均气温25.9℃。年均降水量678毫米。森林覆盖率20%。有高中3所,初中54所,小学227所,二级医院3个,图书馆、文化馆各1个。有全国重点文物保护单位、国家4A级旅游景区焦裕禄烈士陵园,省级文物保护单位黄陵岗塞河功完碑、张良墓。有文物古迹谢家双楼等。有国家级非物质文化遗产麒麟舞,省级非物质文化遗产卧拐秧歌、仪封三弦书。三次产业比例23∶44∶33。农业以小麦、玉米、大豆、花生、苹果、葡萄、棉花、大枣种植为主,有特产秋油腐乳、葡萄酒、兰考泡桐。工业以家具制造、木制品加工、食品及农副产品加工、机械制造为主。服务业以商贸物流、文化旅游为主。陇海铁路,连霍、日兰高速,106、220、310国道过境。有兰考站。

兰考站［Lánkǎo Zhàn］ 见交通运输设施部分“兰考站”条。

兰考汽车站［Lánkǎo Qìchēzhàn］ 见交通运输设施部分“兰考汽车站”条。

城关镇［Chéngguān Zhèn］ 兰考县人民政府驻地。在县境西南部。面积17平方千米。人口8.1万。辖5居委会,有5自然村。镇人民政府驻城北社区。1949年为城关镇。1958年改公社。1983年复置镇。兰商干渠流经。有中学2所,小学5所,二级医院3个,卫生院1个,卫生所56个。有全国重点文物保护单位、国家4A级旅游景区焦裕禄烈士陵园。有景点焦桐。有地方特色民间艺术麒麟舞、秧歌、木驴等。有机械、食品加工等厂。陇海铁路、106国道、兰郑公路过境。

兴兰大道［Xīnglán Dàdào］ 在镇区北部。东起胜利路,西至济阳路。与裕禄大道、黄河路、朝阳路等相交。长3.5千米,宽30米。沥青路面。2002年开工,同年建成。取“振兴兰考”意得名。两侧有人民广场、阳光大厦、法院、财政大厦。通公交车。

裕禄大道［Yùlù Dàdào］ 在镇区中部。南起车站路,北至106国道。与文明路、中三路等相交。长5千米,宽41米。沥青路面。原为106国道城区段。2008年改建。为纪念焦裕禄同志更今名。两侧有县政府等机关单位、南湖公园、温州商贸城、兰考图书馆、兰考中心医院、焦裕禄纪念园等。通公交车。

胜利路［Shènglì Lù］ 在镇区东部。南起车站路,北至文体路。与文明路等相交。长3.4千米,宽24米。沥青路面。1975年为土路。1981年铺设沥青路面,1982年完工。2009年拓宽改建并命名。两侧有农用机械、装修建材商店。通公交车。

城北社区［Chéngběi Shèqū］ 城关镇人民政府驻地。在县境西北部。面积6平方千米。人口3700。因位于县城北部得名。2012年成立。有现代风格楼房6栋、别墅590栋。有健身操队、锣鼓队、广场舞队。有小学、人民医院、中心医院、兰考县体育馆等。有焦裕禄烈士陵园。通公交车。

堌阳镇［Gùyáng Zhèn］ 兰考县辖镇。在县境北部。面积66平方千米。人口7.2万。辖48村委会,有56自然村。镇人民政府驻堌阳。1956年设堌阳乡。1958年改公社。1984年改设乡。1986年改置镇。因镇政府驻地得名。有中学5所,小学20所,卫生院1个,卫生所48个。农业以小麦、玉米、大豆、棉花种植为主。工业以桐木加工为主,有装饰材料加工。日兰高速、106国道、省道东郑线过境。

堌阳［Gùyáng］ 堌阳镇人民政府驻地。在县政府驻地城关镇东北20千米。人口5万。“堌”为“堤”意,传古时地势较高,如大堤挡着河水,又位于黄河之北,古称河北为阳,故名。聚落呈团块状。有中小学、幼儿园、敬老院、卫生院。农业以小麦、玉米、大豆、花生种植为主,有特产堌阳馒头。有农副产品集散地。省道东郑线经此。

南彰镇［Nánzhāng Zhèn］ 兰考县辖镇。在县境东北部。面积98平方千米。人口7.3万。辖33村委会,有75自然村。镇人民政府驻南彰。1958年成立南彰公社。1984年改设乡。1994年改置镇。因镇政府驻地得名。有中学5所,小学22所,卫生院1个,卫生所33个。有省级文物保护单位黄陵岗塞河功完碑。有民间艺术木版画、腰鼓等。农业以芹菜、大葱、萝卜种植为主。工业以板材加工为主。220国道过境。

南彰［Nánzhāng］ 南彰镇人民政府驻地。在县政府驻地城关镇东北36千米。人口4300。原村东庙内有南海大士神像,以“南海大士很灵验,能表彰人间之善美”意为庙命名南彰,村以庙名。聚落呈团块状。有中小学、幼儿园、南彰医院、敬老院、文化广场。农业以小麦、玉米种植为主,有特产山药。孙红、城南公路经此。

宋庄［Sòngzhuāng］ 在县政府驻地城关镇东北35千米。南彰镇辖自然村。人口1700。原称黄陵岗,后宋姓居多,故改今名。聚落呈团块状。有盘鼓队。有省级文物保护单位黄陵岗塞河功完碑。农业以小麦、玉米种植为主。

考城镇［Kǎochéng Zhèn］ 兰考县辖镇。在县境东南部。面积96平方千米。人口8.2万。以汉族为主,还有回族。辖50村委会,有137自然村。镇人民政府驻张君墓。1984年设张君墓乡。1986年改置镇。2014年更今名。因曾为考城县县治得名。有中学3所,小学31所,卫生院1个,卫生所50个。农业以小麦、花生、豆角种植为主。工业有木器、服装、纺织等厂。省道兰曹线过境。

张君墓［Zhāngjūnmù］ 考城镇人民政府驻地。在县政府驻地城关镇东29千米。人口6200。原称张庄寨。清乾隆年间黄河大水冲来一口棺材,上写“张君”二字,便将棺材埋于寨东北500米。因张姓财多势大,故更今名。聚落呈团块状。有中小学。有县第二人民医院、卫生室。农业以小麦、玉米、花生种植为主。省道兰曹线经此。

红庙镇［Hóngmiào Zhèn］ 兰考县辖镇。在县境中部。面积64平方千米。人口6.5万。以汉族为主,还有回族等。辖27村委会,有46自然村。镇人民政府驻红庙。1956年设红庙乡。1958年改公社。1984年改设乡。1999年改置镇。有中学3所,小学16所,卫生院1个,卫生所27个。因镇政府驻地得名。有孔祥明革命烈士纪念桥。有国家级非物质文化遗产红庙麒麟舞。农业以蔬菜、瓜类种植为主。工业以家具制造、面粉、建材为主。省道兰曹线过境。

红庙 [Hóngmiào] 红庙镇人民政府驻地。在县政府驻地城关镇东北13千米。人口7200。清乾隆年间建红砖庙,后建寨,名红庙寨,简为今名。聚落呈团块状。有中小学、幼儿园,卫生院。农业以小麦、玉米种植为主。有特产绿豆渣饼。省道兰曹线经此。

城关乡 [Chéngguān Xiāng] 兰考县辖乡。在县境西南部。面积106平方千米。人口6.9万。辖23村委会,有75自然村。乡人民政府驻许贡庄。1949年置城关区。1956年设城关乡。1958年改公社。1984年改设乡。因位于城关镇四周得名。有中学4所,小学18所,卫生院1个,卫生所24个。有地方民间艺术腰鼓、盘鼓等。有红色旅游胜地焦桐。农业以小麦、玉米、棉花种植为主。工业有家具、纺织、制药等厂。连霍、日南高速,106、220、310国道,省道兰曹线过境。

许贡庄 [Xǔgòngzhuāng] 城关乡人民政府驻地。在县政府驻地城关镇西北2千米。人口900。传古时有贡生到此游玩,后许姓在此安家,故名。聚落呈团块状。有小学、卫生所。农业以小麦、玉米种植为主。省道东郑线经此。

三义寨乡 [Sānyìzhài Xiāng] 兰考县辖乡。在县境西部。面积98平方千米。人口6.5万。以汉族为主,还有回、白等民族。辖40村委会,有51自然村。乡人民政府驻李氏寨。1956年设三义寨乡。1958年改公社。1984年改设乡。清咸丰年间3村合为议筑寨,人称义举,故名。黄河大堤贯境。有中学3所,小学21所,卫生院1个,卫生所40个。有省级文物保护单位张良墓。农业以棉花、小麦、玉米、藕种植为主。有机械、食品加工等厂。陇海铁路,连霍、日兰高速,220、310国道过境。

李氏寨 [Lǐshìzhài] 三义寨乡人民政府驻地。在县政府驻地城关镇西5千米。人口1400。因李氏迁此建村得名。聚落呈块状。有初中、幼儿园、卫生院。农业以小麦、玉米、棉花种植为主。有混凝土、建材企业。220国道经此。

东坝头乡 [Dōngbàtóu Xiāng] 兰考县辖乡。在县境西北部。面积38平方千米。人口3.8万。辖15村委会,有31自然村。乡人民政府驻东坝头。1975年成立东坝头公社。1984年改设乡。因乡政府驻地得名。黄河大堤贯境。有中学2所,小学12所,卫生院1个,卫生所15个。有红色旅游景点毛主席视察黄河纪念亭、毛主席视察杨庄小学纪念亭等。农业以小麦、玉米种植为主,有猪、牛、羊、鸡饲养。日兰高速、106国道过境。

东坝头 [Dōngbàtóu] 东坝头乡人民政府驻地。在县政府驻地城关镇北12千米。人口2900。原为黄河长坝,咸丰年间黄河在此决口,冲断长坝,形成两个"坝头",该村位于东岸,故称东坝头。聚落呈团块状。有中小学、幼儿园、卫生院。农业以玉米、小麦种植为主。兰坝、阎坝公路经此。

爪营乡 [Zhǎoyíng Xiāng] 兰考县辖乡。在县境西北部。面积39平方千米。人口4.1万,以汉族为主,还有回、满等民族。辖15村委会,有16自然村。乡人民政府驻爪营。1949年为爪营区。1956年置乡。1958年改公社。1984年复置乡。因乡政府驻地得名。有中学1所,小学11所,卫生院1个,卫生所15个。农业以小麦、玉米种植为主,有牛、羊、驴、猪、家禽养殖。兰菏公路经此。

爪营 [Zhǎoyíng] 爪营乡人民政府驻地。在县政府驻地城关镇西北13千米。人口1600。清代名瓜营。传当地河务官在呈文中误写"瓜"为"爪",经御批成今名。聚落呈团块状。有中小学、幼儿园、卫生院。农业以小麦、玉米等种植为主。京广公路经此。

谷营乡 [Gǔyíng Xiāng] 兰考县辖乡。在县境西北部。面积70平方千米。人口4.1万。辖26村委会,有22自然村。乡人民政府驻谷营。1975年成立谷营公社。1984年改设乡。因乡政府驻地得名。有中学1所,小学10所,卫生院1个,卫生所26个。有上方寺。农业以小米、玉米种植为主,有棉花、果树,肉牛、奶牛、猪、兔饲养。阎坝公路接106国道。

谷营 [Gǔyíng] 谷营乡人民政府驻地。在县政府驻地城关镇北15千米。人口6400。传清咸丰年间有一户人家迁此营生,称孤营,因"孤""谷"同音,后改为谷营。聚落呈团块状。有中小学、幼儿园、卫生院。农业以小麦、玉米种植为主。有特产花生、棉花。

小宋乡 [Xiǎosòng Xiāng] 兰考县辖乡。在县境东北部。面积73平方千米。人口5.5万。辖38村委会,有46自然村。乡人民政府驻小宋。1956年设小宋乡。1958年改公社。1984年改设乡。因乡政府驻地得名。四明河、黄蔡河流经。有中学3所,小学17所,卫生院1个,卫生所38个。有腰鼓队。有卧拐秧歌。农业以小麦、玉米种植为主。省道东郑线过境。

小宋 [Xiǎosòng] 小宋乡人民政府驻地。在县政府驻地城关镇东北27千米。人口8100。传宋郊、宋祁兄弟二人进京赶考,曾在此停住,后弟宋祁在此定居,故村取名小宋。聚落呈团块状。有中小学、幼儿园、卫生院。农业以小麦、玉米种植为主。有特产绿豆、粉皮。孙红、孟马公路经此。

孟寨乡 [Mèngzhài Xiāng] 兰考县辖乡。在县境东北部。面积37平方千米。人口2.5万。辖22居委会、19村委会,有21自然村。乡人民政府驻孟寨。1975年成立孟寨公社。1984年改设乡。因乡政府驻地得名。有中学2所,小学11所,卫生院1个,卫生所19个。农业以小麦、玉米种植为主。兰菏公路过境。

孟寨 [Mèngzhài] 孟寨乡人民政府驻地。在县政府驻地城关镇东北13千米。人口3100。传清代中期孟姓迁此建村,故名。聚落呈团块状。有中小学、幼儿园、卫生院。农业以小麦、玉米种植为主。

许河乡 [Xǔhé Xiāng] 兰考县辖乡。在县境东部。面积43平方千米。人口3.2万。辖24村委会,有39自然村。乡人民政府驻许河。1975年成立许河公社。1984年改设乡。因乡政府驻地得名。有中学2所,小学10所,卫生院1个,卫生所24个。有民间传统文化许氏彩塑、黄氏河南坠子、崔园子化妆坠子、崔园子大平调。农业以小麦、玉米、棉花种植为主。工业以服装加工、鞋帽加工为主。省道兰曹线过境。

许河 [Xǔhé] 许河乡人民政府驻地。在县政府驻地城关镇东38千米。人口1500。村民从老许河村迁此,名新许河,习惯称为许河。聚落呈团块状。有小学、幼儿园、卫生院。农业以小麦、玉米种植为主。有特产山药。

葡萄架乡 [Pútaojià Xiāng] 兰考县辖乡。在县境中部。面积50平方千米。人口3.2万。以汉族为主,还有回族。辖20村委会,有44自然村。乡人民政府驻葡萄架。1975年成立葡萄架公社。1984年改设乡。因乡政府驻地得名。有中学2所,小学12所,卫生院1个,卫生所20个。有特产黄杏、红桃。工业以木制品加工、机械制造为主。省道兰曹线等过境。

葡萄架 [Pútaojià] 葡萄架乡人民政府驻地。在县政府驻地城关镇东30千米。人口1600。传明末搭有葡萄架,下设茶摊,故名。聚落呈团块状。有中小学、幼儿园、卫生院。农业以小麦、玉米种植为主。

阎楼乡 [Yánlóu Xiāng] 兰考县辖乡。在县境中部。面积34平方千米。人口3.5万。以汉族为主,还有回族。辖24村委会,有19自然村。乡人民政府驻阎楼。1975年成立阎楼公社。1984年改设乡。因乡政府驻地得名。有中学1所,小学11所,卫生院1个,卫生所24个。农业以小麦、玉米、棉花、花生种植为主。工业以板材和鞋垫加工、木制品深加工为主。兰小、兰茨公路过境。

阎楼 [Yánlóu] 阎楼乡人民政府驻地。在县政府驻地城关镇东北22千米。人口2000。原名北庄堂。传清乾隆年间阎姓迁此建楼,称阎家楼,后简为阎楼。聚落呈团块状。有小学、幼儿园、综合文化站、卫生院、敬老院。农业以小麦、玉米、花生种植为主。孙红公路经此。

仪封乡 [Yífēng Xiāng] 兰考县辖乡。在县境南部。面积119平方千米。人口4.8万。辖33村委会,有68自然村。乡人民政府驻仪封。1958年成立仪封公社。1984年改设乡。因乡政府驻地得名。黄河故道贯境。有中学2所,小学15所,卫生院1个,卫生所33个。有古迹请见夫子处碑。有特产苹果、葡萄。有机械、果汁加工、酿酒等厂。陇海铁路、兰仪公路过境。

仪封 [Yífēng] 仪封乡人民政府驻地。在县政府驻地城关镇东13千米。人口300。原称白楼村。明洪武初仪封县城因水患曾迁县治于此,故名。聚落呈团块状。有中学、卫生院。有景点"请见夫子处"。有特产苹果。兰仪公路经此。

洛阳市

洛阳市 [Luòyáng Shì] 河南省辖地级市。北纬33°35′—35°05′,东经111°08′—112°59′。在省境西部。面积1.5万平方千米。户籍人口696.2万,常住人口667.8万。以汉族为主,还有回、满、蒙古等民族。辖洛龙、老城、西工、瀍河回族、涧西、吉利6区,孟津、新安、栾川、嵩县、汝阳、宜阳、洛宁、伊川8县,代管偃师1县级市。市人民政府驻洛龙区。战国时有雒阳县。秦改为洛阳县。东汉复名雒阳。三国魏复称洛阳。1948年析洛阳县城区置洛阳市(县级)。1952年改省辖。1958年复由洛阳专区代管。1964年复归省辖。1983年偃师、孟津、新安3县并入。1986年撤洛阳地区,宜阳、伊川、汝阳、洛宁、嵩县、栾川6县并入。1993年偃师撤县建市(县级),仍由洛阳市代管。因在洛水之北,水之北谓"阳",故名。地处黄土丘陵与山地过渡地带。西部山势高峻,海拔多1000—2000米。东北为低山丘陵。最高峰鸡角尖海拔2213米。平均海拔147米。有邙山、邙山、青要山、荆紫山等山脉。年均气温14.6℃,1月平均气温−1.2℃,7月平均气温27℃。年降水量528—800毫米。年均无霜期210天。黄河、洛河、伊河等流经。有小浪底、西霞院、陆浑、故县大型水库。有矿产资源钼、铝、钨、硫等,其中钼矿储量居全国第一位。有野生植物831种,其中有国家重点保护野生植物牡丹、连香树、香果树、秤锤树、秦岭冷杉、水曲柳等64种。有野生动物365种,其中有国家一级保护野生动物金钱豹、梅花鹿、黑鹳、金雕、玉带海雕、丹顶鹤、白鹤、大鸨、白尾海雕、白肩雕、朱鹮、东方白鹳,国家二级保护野生动物58种,省级重点保护野生动物30余种。有国家级黄河湿地自然保护区、河南伏牛山自然保护区,省级熊耳山自然保护区。森林覆盖率47%。有国家级科研院所矿山机械研究院、有色金属研究院、机械工业第十设计院等14个,河南科技大学等高校4所,中学408所,小学756所,三级医院17个,国家级体育后备人才基地3个,全国科普教育基地4个。有世界文化遗产龙门石窟、含嘉仓、回洛仓、汉魏洛阳城、隋唐洛阳城定鼎门、新安汉函谷关遗址。有全国重点文物保护单位龙门石窟(含白居易墓)、白马寺、二里头遗址等43个,省级文物保护单位周公庙、王弯遗址、潞泽会馆等105个。省级爱国主义教育基地八路军驻洛阳办事处旧址、叶挺独立团纪念馆、洛阳古墓博物馆等46个。有国家5A级景区龙门石窟、白云山、老君山鸡冠洞、龙潭大峡谷,国家4A级景区关林、白马寺、重渡沟等15个,国家3A级景区16个。有世界地质公园黛眉山、伏牛山。有国家森林公园白云山、龙峪湾、花果山等7个,省级森林公园8个。国家级非物质文化遗产洛阳牡丹文化节、河洛大鼓、真不同洛阳水席等8项,省级非物质文化遗产洛阳澄泥砚、刘井薛氏石刻、曹屯排鼓等27项。三次产业比例8∶56∶36。农业以小麦、玉米、红薯、花生种植为主,有经济作物棉花、苹果、核桃等。工业有装备制造、能源电力、石油化工、新材料、硅光伏及光电产业。服务业以商贸业为主。有国家级高新技术开发区1个,省级产业集聚区17个,省级工业园区2个。有铁路812千米,高铁200千米,公路2478千米,高速576千米。陇海、焦柳、蒙中铁路,郑西高铁,连霍、二广、宁洛、郑卢、洛栾、环城高速,207、310、311、312国道及多条省道过境。有洛阳机场,民航航线10条,通往北京、上海、昆明、大连、西宁及大阪、曼谷、河内等国内外城市。

洛阳[Luòyáng] 洛阳市聚落。在市境北部。面积694平方千米。人口192万。以汉族为主,还有回、满、蒙古等民族。周初建王城(今王城公园)、成周。平王迁都王城。敬王迁都成周。东汉光武帝定都成周。北魏孝文帝迁都洛阳。隋在汉魏洛阳故城以西建隋东都城。武则天改称神都。金重建洛阳城,即今老城区。自东周、东汉始,历三国魏、西晋、北魏、隋、唐、五代后梁、五代后唐均都于此,历时600余年,遂有"九朝古都"之称。有城门12座,宫殿以复道相连。北魏时洛阳城东西10千米,南北7.5千米,为国际性商业城市。隋、唐跨洛河两岸,由南宫城、皇城、外郭城等几部分组成,为漕运中心。1949年后建涧西工业区,为工业城市。20世纪90年代起扩宽改造城市出入口,建设城市主干道,整治旅游区。建洛阳经济技术开发区、洛阳高新技术开发区。相继改造多个广场和西工体育场。改扩建洛阳火车站、杨文铁路编组站,建成洛阳集装箱码头和储运仓。2003年建成洛阳新区。至2014年市区面积694平方千米,中心城区面积445.8平方千米。形成南北、东西向城市景观风貌带。生活区以文化、商业、居住、旅游服务为主。产业—生活区以工业、居住、商业、物流为主。综合区以行政、商务、居住、工业为主。综合新区以工业、居住为主,主要发展高新技术和无污染、高附加值产业。产业发展区以石化工业为主。有标志性建筑"九龙鼎"、天堂、明堂、洛阳市体育中心、洛阳歌剧院等。有世界文化遗产龙门石窟、含嘉仓、回洛仓、汉魏洛阳城、隋唐洛阳城定鼎门遗址等。有名胜古迹白马寺、金代齐云塔、关林、周公庙、潞泽会馆、安国寺、河南府文庙、府城隍庙、文峰塔、孔子入周问礼碑、第十八集团军驻洛阳办事处旧址、天子驾六博物馆等。有民俗文化匾额、皮影、剪纸、刺绣等。为古丝绸之路的东方起点,是国内著名旅游城市和国家对外开放城市。位列中国七大古都之一,为国家历史文化名城。形成公路、铁路、民用航空、水路为主的交通运输格局。通多路公交车。

中州路[Zhōngzhōu Lù] 在市境中部。西起洛新快速通道,东至洛河大桥与堤顶路交会处。与建设路、王城大道、纱厂路、解放路等相交。长29千米,宽70米。沥青路面。1955年建设。1975年改扩建,2012年东延。洛阳地处古九州之中州,故名。两侧有解放军外语学院、王城公园等。通多路公交车。

九都路[Jiǔdū Lù] 在市境中部。西起龙鳞路,东至启明南路。与瀛洲路、南昌路、王城大道等相交。长21.5千米,宽70米。沥青路面。1965年开工,1996年建成。2007年改扩建。因洛阳为九朝古都得名。两侧有单晶硅厂、电视台、洛浦公园等。通多路公交车。

开元大道[Kāiyuán Dàdào] 在市境南部。西起西南绕城高速,东至二广高速。与园西大道、瀛洲路、王城大道等相交。长22千米,宽95米。沥青路面。2002年始建。2007年改扩建,2011年全线通车。原称关林大道,2004年以"继往开来,开创历史新纪元"意改今名。两侧有市行政单位、会展中心等。通多路公交车。

瀛洲路[Yíngzhōu Lù] 在市境中部。北起九都西路,南至关林路。与河洛路、滨河北路、滨河南路、开元大道等相交。长5.7千米,宽60米。沥青路面。2006年开工,2009年建成。传瀛洲为仙居之地,故名。两侧有河南科技大学、河南科技大学附属医院、洛龙科技园等。通多路公交车。

王城大道[Wángchéng Dàdào] 在市境中部。北起连霍高速,南至洛栾快速路。与中州路、古城路、牡丹大道等相交。长12千米,宽90米。沥青路面。1982年建设。2003年扩建,2005年全线通车。因通过周王城遗址,故名。两侧有南部生态旅游区、国色牡丹园、升龙广场、王城公园、市体育中心等。通多路公交车。

定鼎路[Dìngdǐng Lù] 在市境中部。北起洛吉快速路,南至洛阳桥。与九都路、中州路、玄武门大街等相交。长5千米,宽50米。沥青路面。1955年始建,后经多次改扩建,1982年建成。因途经周公庙,庙内有鼎堂大殿,故名。两侧有周公庙、明堂、天堂等文物。通多路公交车。

龙门大道[Lóngmén Dàdào] 在市境中部。北起洛阳桥,南至龙门街。与滨河南路、太康东路、开元大道等相交。长12千米,宽90米。沥青路面。1956年开工,1957年建成。2011年改扩建。因路南端龙门石窟得名。两侧有市钢材市场、省地矿局第一地质矿产调查院、洛阳龙门海洋馆等。通多路公交车。

洛龙区

洛龙区[Luòlóng Qū] 洛阳市人民政府驻地。在市境南部。面积211平方千米。人口40.3万。以汉族为主,还有回、壮、蒙古、白等民族。辖10街道、9镇。区人民政府驻开元路街道。1956年设郊区。2000年更名洛龙区。洛即洛河,寓河洛之龙在文明沃土滋养下奋然腾飞意,故名。2003—2014年拆迁安置城中村,新建主次干道、绿地、公园。属伊洛河冲积平原,西北高东南低,有龙门山等。洛河、伊河等流经。有通津渠、古洛渠。有国家二级保护动物豆雁、鸳鸯,省级保护动物红腹锦鸡。有国家级科研机构中硅高科、中船重工725所、中航光电等4个,高校3所,中学9所,小学32所,三级医院2个,二级医院5个,文化馆、图书馆、博物馆各1个。有洛阳综合体育中心。有世界文化遗产龙门石窟、白居易墓园、汉魏洛阳城遗址、隋唐洛阳城定鼎门遗址、隋唐大运河。有全国重点文物保护单位白马寺、关林古建筑群、齐云塔、隋唐东都城遗址,省级文物保护单位邵雍祠、苏秦墓等8个。有旅游景点狄仁杰墓园、广化寺、隋唐城遗址植物园等。有国家级非物质文化遗产关公信俗,省级非物质文化遗产关林朝圣大典、洛阳海神传说、大里王狮舞、曹屯排鼓等17项。有特色文化陈家鼓技艺、陈屯社火等。三次产业比例6∶44∶50。农业以蔬菜鲜果、牡丹花卉、食用菌种植及观光农业为主。工业以硅光伏、装备制造、新材料产业为主。服务业以电子信息、商贸业为主。郑西高铁,连霍、二广、南洛高速过境。通多路公交车。

洛阳龙门站[Luòyáng Lóngmén Zhàn] 见交通运输设施部分"洛阳龙门站"条。

关林客运汽车站[Guānlín Kèyùn Qìchēzhàn] 见交通运输设施部分"关林客运汽车站"条。

开元路街道[Kāiyuánlù Jiēdào] 洛龙区人民政府驻地。在区境中部。面积6平方千米。人口6万。2007年设。因开元大道得名。新建道路15条。一支渠、大清渠等流经。有中学2所,小学3所,卫生院1个,卫生所3个,文化馆、图书馆各1个,社区服务中心5个。有省级非物质文化遗产曹屯排鼓。有多家大型商业企业。通公交车。

安乐路街道[Ānlèlù Jiēdào] 属洛龙区。在区境北部。面积1平方千米。人口1万。1983年由安乐镇改设。因安乐路得名。2002年后拓宽、硬化道路,改建或新置公共基础设施,绿化、亮化主要交通路口。有洛阳师范学院,中学2所。农业以小麦、玉米等粮食作物,芹菜、茄子、黄瓜、大葱等蔬菜种植为主。服务业以农业科技为主。通公交车。

关林街道[Guānlín Jiēdào] 属洛龙区。在区境中部。面积11平方千米。人口5.3万。以汉族为主,还有回、壮、蒙古、白等民族。2012年撤关林镇析设。因关林庙得名。2012—2014年拆迁改造村落多处,改造道路。有中专3所,中学2所,小学6所,二级医院1个,卫生院1个,卫生所1个,文化站1个。有全国重点文物保护单位、国家4A级旅游景区关林。有国家级非物质文化遗产关公信俗,省级非物质文化遗产关林朝圣大典。农业以小麦、玉米种植为主。有关林市场。通公交车。

太康东路街道［Tàikāngdōnglù Jiēdào］ 属洛龙区。在区境中部。面积10平方千米。人口2.2万。以汉族为主,还有回族等。2012年撤关林镇析设。因太康东路得名。2012—2014年拆迁、改造村落多处。有小学4所,三级医院1个,卫生所6个,文化站、文化室各6个。经济以商贸业为主。焦柳铁路过境。通公交车。

古城街道［Gǔchéng Jiēdào］ 属洛龙区。在区境西部。面积15平方千米。人口4.1万。以汉族为主,还有回族等。2012年撤古城乡析设。因处于隋唐外郭城得名。拆迁村落,新建、扩建道路。有积翠湖、凝碧湖、新月湖。洛河、多条景观渠流经。有高校2所,中职1所,中学4所,小学8所,二级医院1个,卫生院1个,卫生室10个,文化站1个,文化室8个。有综合体育中心。有全国重点文物保护单位隋唐东都城遗址,省级文物保护单位殚季遗址。工业以机械加工、制造、轴承研发制造、汽车摩托车配件、环保设备等行业为主。通公交车。

科技园街道［Kējìyuán Jiēdào］ 属洛龙区。在区境西南部。面积31平方千米。人口4.2万。2012年撤古城乡析设。因洛龙科技园得名。拆迁村落,新建、扩建道路。洛河、多条景观渠流经。有中学1所,小学7所,卫生所20个,敬老院1个,文化站1个,文化室9个。有洛龙科技园。郑西高铁,宁洛、郑卢、洛栾高速过境。通公交车。

龙门街道［Lóngmén Jiēdào］ 属洛龙区。在区境南部。面积20平方千米。人口3.1万。2012年撤龙门镇析设。因有龙门山得名。隋炀帝选都洛阳时,见伊水从两山之阙蜿蜒北上如腾飞之龙,遂称伊阙为龙门。拆迁村落多处,安置居民区。伊河、伊东渠流经。有中学2所,小学6所,三级医院1个,二级医院1个,卫生院1个,卫生所8个,文化站1个,文化室12个,养老机构3个。有省级文物保护单位洛龙区壁画墓。有森林公园。经济以商贸旅游服务为主。焦柳铁路、郑西高铁、二广高速过境。有洛阳龙门站。通公交车。

龙门石窟街道［Lóngmén Shíkū Jiēdào］ 属洛龙区。在区境南部。面积32平方千米。人口3.6万。以汉族为主,还有回族等。2012年撤龙门镇析设。因龙门石窟得名。2012—2014年建唐式风格景区专用停车场。伊河、伊东渠流经。有中学2所,小学5所,文化站1个,文化室10个。有世界文化遗产龙门石窟、白居易墓园。有景点广化山寺。经济以旅游服务业为主。二广、宁洛、郑少洛、洛阳西南环高速过境。通公交车。

翠云路街道［Cuìyúnlù Jiēdào］ 属洛龙区。在区境中部。面积5平方千米。人口2.9万。以汉族为主,还有回族等。2014年由古城、关林2街道析设。因翠云路得名。新建道路。有开阳湖、兴洛湖。大清渠、兴洛渠流经。有中学2所,小学6所,卫生院1个,卫生所6个,文化站1个,文化室9个。经济以商贸和旅游服务为主,有综合商贸中心多个。有五星级钼都利豪酒店。通公交车。

辛店街道［Xīndiàn Jiēdào］ 属洛龙区。在区境西部。面积60平方千米。人口4.8万。以汉族为主,还有苗族等。1995年设辛店镇。2012年由辛店镇改设。因辛店村得名。传昔有人开店,名新店,后谐音称今名。洛河等流经。有中学1个,小学7个,卫生院1个,卫生所22个。有洛阳八景之一"龙池金鱼"。农业以小麦、玉米、棉花、豆类等种植为主。工业有科技、锂电等企业。郑西高铁,西南环城、洛卢高速过境。通公交车。

安乐镇［Ānlè Zhèn］ 洛龙区辖镇。在区境北部。面积22平方千米。人口4.7万。辖16村委会,有19自然村。镇人民政府驻安乐窝。1956年设安乐乡。1958年与军屯等乡合设洛南公社。1965年成立安乐公社。1984年改设安乐乡。1995年改置镇。因镇政府驻地得名。洛河、大明渠等流经。有洛阳师范学院。有教师进修学校1所,中学1所,小学6所,卫生院1个,卫生所12个,文化站1个,敬老院1个。有世界文化遗产隋唐定鼎门遗址。有全国重点文物保护单位隋唐洛阳城遗址,省级文物保护单位邵雍祠、洛阳博物馆。有景点隋唐城遗址植物园、洛阳国花园等。农业以蔬菜种植为主。服务业以汽车销售为主。通多路公交车。

安乐窝［Ānlèwō］ 安乐镇人民政府驻地。在区政府驻地开元路街道北8千米。人口4300。据清《洛阳县志》载,安乐窝者,宋邵康节先生安居之所也。先生自号"安乐先生",故名。聚落呈长方形。有小学、卫生所。有省级文物保护单位邵雍祠。有旅游、汽车和配件销售。

白马寺镇［Báimǎsì Zhèn］ 洛龙区辖镇。在区境东北部。面积26平方千米。人口2.4万。以汉族为主,还有回族等。辖2居委会、16村委会,有30自然村。镇人民政府驻白马寺。1958年成立白马寺公社。1965年帽郭公社并入。1984年改置白马寺镇。因镇政府驻地得名。洛河流经。有中学1所,小学3所,文化站1个,三级医院1个,二级医院1个,卫生院1个,卫生所14个,敬老院1个。有世界文化遗产汉魏洛阳城遗址,有全国重点文物保护单位白马寺、齐云塔,有新石器时代文化遗址2个。有省级非物质文化遗产大里王狮舞、转秋,市级非物质文化遗产陈村鼓艺、陈屯社火。农业以蔬菜种植为主。畜牧业以猪、牛饲养为主。陇海、焦柳铁路,二广高速过境。通多路公交车。

白马寺［Báimǎsì］ 白马寺镇人民政府驻地。在区政府驻地开元路街道东北13千米。人口2300。初名白马里、靳家寨、安和寨。因在白马寺附近,村民历来协助修寺,故名。聚落呈长方形。有小学、卫生院。有白马寺、汉魏洛阳城遗址、狄仁杰墓园、齐云塔。农业以小麦、玉米种植为主。洛白公路经此。通多路公交车。

李楼镇［Lǐlóu Zhèn］ 洛龙区辖镇。在区境东北部。面积34平方千米。人口5万。辖26村委会,有35自然村。镇人民政府驻李楼。1965年成立李楼公社。1984年改设乡。2005年石人乡并入。2011年改置镇。因镇政府驻地得名。洛河、伊河流经。有中学1所,小学7所,卫生院1个,卫生所39个,文化站1个,敬老院1个。有省级文物保护单位苏秦墓。有夏庄遗址、郭氏老宅。有省级非物质文化遗产海神的传说、洛阳海神乐、李八先生妇科。有传统文化凉洛寨泥娃娃、三官庙挠阁等。工业以轴承机械、机械加工、粮食加工为主。焦柳铁路、二广高速过境。通多路公交车。

李楼［Lǐlóu］ 李楼镇人民政府驻地。在区政府驻地开元路街道东北10千米。人口5100。传唐时有李氏兄弟所盖"望乡楼",得名李家楼,后称今名。聚落呈不规则状。有中小学。有省级非物质文化遗产洛阳海神乐,有传统文化凉洛寨泥娃娃等。有蔬菜交易市场,特色蔬菜专业园区多个。有粮食加工、轴承机械、摩托车制造。通多路公交车。

丰李镇［Fēnglǐ Zhèn］ 洛龙区辖镇。在区境西南部。面积34平方千米。人口4.3万。辖16村委会,有33自然村。镇人民政府驻丰李。1956年设丰李中心乡。1958年成立丰李公社。1983年改设乡。1996年改置镇。因镇政府驻地得名。有中学4所,小学8所,卫生院1个,卫生所26个。农业以小麦、玉米种植为主。有建筑企业。郑西高铁、郑卢高速、安虎公路过境。通多路公交车。

丰李［Fēnglǐ］ 丰李镇人民政府驻地。在区政府驻地开元路街道西南10千米。人口6800。据《李氏家谱》载,明初李氏迁此,希望过上好日子,故名。聚落呈片状。有中小学、卫生院、文体广场等。产核桃、花生等。洛宜铁路经此。通多路公交车。

寇店镇［Kòudiàn Zhèn］ 洛龙区辖镇。在区境东部。面积64平方千米。人口4万。辖21村委会,有60自然村。镇人民政府驻寇店。1961年设寇店区。1962年改公社。1983年改乡。1995年改镇。因镇政府驻地得名。有矿产资源石灰石、硅石、钾长石、钠长石等。有中学3所,小学21所,卫生院1个。农业以花木种植为主。工业以钢制办公家具为主。通公路。

寇店［Kòudiàn］ 寇店镇人民政府驻地。在区政府驻地开元路街道东南18千米。人口3300。传宰相寇准曾居此,故名。聚落呈方形。有小学、卫生院。农业以小麦、玉米种植为主,有棉花、大豆等。

李村镇［Lǐcūn Zhèn］ 洛龙区辖镇。在区境东南部。面积83平方千米。人口8.5万。辖20居委会、9村委会,有53自然村。镇人民政府驻李村。1958年成立李村公社。1984年改设乡。1994年改置镇。因镇政府驻地得名。有矿产资源石英石、煤矿等。有中学4所,小学29所,卫生院1个。农业以小麦、玉米、花生种植为主。郑西高铁、洛偃快速、省道顾龙线过境。

李村［Lǐcūn］ 李村镇人民政府驻地。在区政府驻地开元路街道东南12千米。人口2900。唐中宗年间太子李弘近侍董弘为使太子免受迫害,示其有难后自缢身亡。时人感其义举,以太子为村名。聚落呈方形。有小学、卫生院。农业以粮食作物小麦、玉米种植为主,有蔬菜、花木。郑西高铁、洛偃快速、省道顾龙线经此。

诸葛镇［Zhūgě Zhèn］ 洛龙区辖镇。在区境南部。面积60平方千米。人口5.4万。辖15居委会、8村委会,有29自然村。镇人民政府驻诸葛。1962年成立诸葛公社。1983年改设乡。1994年改置镇。因镇政府驻地得名。有矿产资源煤、水泥灰岩、石灰石、白云岩、石英石等。有中学2所,小学23所,二级医院1个,卫生院1个。农业以小麦、玉米、花生种植为主。工业有建材、精密仪器、电缆等企业。郑西铁路、二广高速、省道顾龙线过境。通公交车。

诸葛［Zhūgě］ 诸葛镇人民政府驻地。在区政府驻地开元路街道东南8千米。人口6200。三国时期诸葛诞(诸葛亮同族)曾居此,故名。聚落呈四边形。有中小学、卫生院。农业以小麦、玉米种植为主,有蔬菜、花卉。郑西铁路、二广高速、省道顾龙线经此。

庞村镇［Pángcūn Zhèn］ 洛龙区辖镇。在区境东部。面积33平方千米。人口4.1万。辖14村委会,有24自然村。镇人民政府驻掘山村。1988年析寇店、李村2乡部分地域设庞村乡。1994年改置镇。原名伊滨村,后为纪念东汉时居此的太尉庞参改今名。有中学1所,小学14所,卫生院1个。经济以钢制家具产业为主。省道顾龙线过境。

掘山村［Juéshāncūn］ 庞村镇人民政府驻地。在区政府驻地开元路街道东17千米。人口2600。大禹治水时为疏通伊洛河道,船只聚此,建大量"撅栓"拴船,演为今名。聚落呈长方形。有小学、卫生室。农业以小麦、玉米种植为主。工业以钢制办公家具为主。省道顾龙线经此。

佃庄镇［Diànzhuāng Zhèn］ 洛龙区辖镇。在区境东北部。面积39平方千米。人口4.3万。辖19村委会，有38自然村。镇人民政府驻黄庄。1956年设佃庄中心乡。1962年成立佃庄公社。1983年复设乡。1997年改置镇。因古时在洛阳做工的佃户聚此得名。有中学3所，小学13所，卫生院1个，卫生所21个。农业以小麦、玉米、春茄种植为主。有化工、包装、光电等企业。207国道，县道岳安、府金线过境。

黄庄［Huángzhuāng］ 佃庄镇人民政府驻地。在区政府驻地开元路街道东北15千米。人口2400。明初黄姓自山西洪洞迁此建村，故名。聚落呈方形。有中小学、卫生院。农业以小麦、玉米、芦笋、大豆、春茄种植为主。207国道经此。

老城区

老城区［Lǎochéng Qū］ 洛阳市辖区。在市境东北部。面积58平方千米。人口19万。以汉族为主，还有回、满、蒙古等民族。辖8街道。区人民政府驻西关街道。1956年设老城区。1958年与西工区合置洛北区。1975年分设洛北区和西工区。1982年洛北区改今名。2000年原郊区部分域划入。为周代洛邑古城、隋唐洛阳城所在地，故名。20世纪80年代城区主要道路为“东西两条路，南北一贯穿”。1991年中州东路老城段扩建。2010年起经过3年修改和完善，完成以老城东南隅、西南隅历史文化街区为主体的古城保护与整治。有标志性建筑物九龙鼎等。有邙山。洛河、瀍河、南城河流经。有中学4所，小学20所，体育运动学校1所，二级医院2个，体育馆、文化馆、图书馆各1个。有全国重点文物保护单位洛阳八路军办事处、周公庙、府文庙等7个，省级文物保护单位安国寺、城隍庙、文峰塔等9个。有名胜古迹董公祠、妥灵宫、明堂等，旅游景点洛阳牡丹园、古墓博物馆、隋唐洛阳城国家遗址公园等。三次产业比例6∶42∶52。农业以小麦、玉米等粮食作物及瓜果、蔬菜等经济作物种植为主，有都市生态农业。工业以机械装备制造、钨钼材料深加工以及建材行业为主。服务业以文化旅游、物流、商贸等为主。陇海铁路、310国道、省道渑邓线过境。有洛阳机场。通多路公交车。

西关街道［Xīguān Jiēdào］ 老城区人民政府驻地。在区境东南部。面积2平方千米。人口2.4万。以汉族为主，还有回、满等民族。1955年设。因古时西城门位此得名。2009—2010年拆迁市中心隋唐遗址保护区。2013年建成隋唐洛阳城国家遗址公园。有标志性建筑九龙鼎。中州渠流经。有小学2所，二级医院1个，卫生服务中心1个，卫生服务站6个。有全国重点文物保护单位周公庙，有隋唐洛阳城国家遗址公园，孔子问礼处、府城隍庙、九龙鼎、雷锋广场等名胜古迹。经济以文化旅游、商贸等为主。有建筑机械、城建等企业。通公交车。

西南隅街道［Xīnányú Jiēdào］ 属老城区。在区境东南部。面积1平方千米。人口1万。以汉族为主，还有回、土家等民族。1955年设。因在老洛阳城西南角得名。有标志性建筑丽景门等。中州渠流经。有中学1所，卫生服务中心1个，卫生服务站1个。有名胜古迹洛阳古城墙、督察院、安国寺、府城隍庙、明清古民宅、史家大院、丽景门等。经济以住宿、餐饮、古玩字画经营为主。有百年老店真不同及家居博览中心、文博城等。有商业区聚居区，多小吃。通公交车。

西北隅街道［Xīběiyú Jiēdào］ 属老城区。在区境东南部。面积1平方千米。人口2.5万。以汉族为主，还有回、土家等民族。1955年设。因在老洛阳城西北角得名。中州渠流经。有中学2所，小学2所，卫生服务中心1个，卫生服务站3个。有安喜门、建安门、古城天街、赵春娥纪念馆等。经济以住宿、餐饮为主。有王府烤鸭店等餐饮品牌。通公交车。

东南隅街道［Dōngnányú Jiēdào］ 属老城区。在区境东南部。面积1平方千米。人口0.7万。以汉族为主，还有回、蒙古、土家等民族。1963年设。因在老洛阳城东南角得名。有标志性建筑钟鼓楼、文峰塔等。中州渠流经。有小学1所，二级医院1个，卫生服务中心1个，卫生服务站3个。有全国重点文物保护单位府文庙，省级文物保护单位文峰塔。有名胜古迹钟鼓楼、文峰塔、府文庙、董公祠、妥灵宫等。经济以旅游开发、文化服务、古玩经营为主。有八角楼金街、十字街等小吃街。通公交车。

东北隅街道［Dōngběiyú Jiēdào］ 属老城区。在区境东南部。面积1平方千米。人口2.1万。以汉族为主，还有回族等。1955年设。因在老洛阳城东北角得名。有标志性建筑青年宫广场等。瀍河流经。有市体育运动学校、洛阳幼儿师范学校。有小学2所，卫生服务中心1个，社区卫生服务站3个。有全国重点文物保护单位洛阳老子纪念馆。有景点明代福王府、青年宫广场、三观庙等。经济以餐饮、住宿、商贸、旅游为主。通公交车。

南关街道［Nánguān Jiēdào］ 属老城区。在区境东南部。面积0.3平方千米。人口0.8万。以汉族为主，还有回族等。1955年设。因在老洛阳城南门外得名。有中学1所，小学1所，社区卫生服务站1个。有全国重点文物保护单位八路军驻洛办事处纪念馆。有古街道马市街、贴廓巷、吕氏街和小石桥街等。经济以餐饮、住宿、商贸、旅游为主。通公交车。

洛浦街道［Luòpǔ Jiēdào］ 属老城区。在区境南部。面积5平方千米。人口3.3万。以汉族为主，还有回族。2000年由洛北乡析设。因临洛河北岸得名。洛河流经。有小学1所，卫生服务中心1个，卫生服务站6个。有市乳腺病医院。有山陕会馆、下清宫、洛浦公园、南关公园。经济以餐饮、住宿、商贸、物流为主。310国道过境。通公交车。

邙山街道［Mángshān Jiēdào］ 属老城区。在区境西北部。面积48平方千米。人口5.6万。以汉族为主，还有回、蒙古、土家等民族。2012年撤邙山镇改设。因邙山得名。地处黄土丘陵。瀍河流经。有中学3所，小学8所，卫生服务站2个，卫生所18个，文化馆1个，公共图书馆1个。有景点上清宫、吕祖庙、洛阳古代艺术博物馆、古墓博物馆和上清宫森林公园、国家牡丹园、洛阳国际牡丹园、洛阳牡丹园等。经济以牡丹产业、物流、商贸为主。有牡丹产业带、农副产品批发市场、钢材批发市场等。有洛阳机场。310国道、省道洛孟线过境。通公交车。

西工区

西工区［Xīgōng Qū］ 洛阳市辖区。在市境中部。面积55平方千米。人口35万。以汉族为主，还有回、彝、土家等民族。辖10街道。区人民政府驻王城路街道。1913年在老城西修建兵营，俗称西工上，简称西工。1956年设西工区。1958年与老城区合并设洛北区。1975年复西工区。处洛河下游中北部，北高南低，有平原、丘陵和少量坡地。年均气温14.7℃，1月平均气温－1.2℃，7月平均气温27℃。洛河、涧河流经。有国家级科研机构3个，中职8所，中学14所，小学29所，特殊教育学校2所，三级医院3个，二级医院6个，体育场馆、文化馆、图书馆、博物馆各1个，公园2个。有全国重点文物保护单位西工兵营，省级文物保护单位史家湾遗址、东干沟遗址、东周王城西城墙遗址等5个。二、三产业比例43∶57。农业以粮食作物小麦、玉米种植为主。工业以农业装备、工程建筑装备制造、食品加工为主。服务业以商贸为主。有河南洛阳工业园区。陇海、焦枝铁路，连天、南洛高速过境。有洛阳火车站。通多路公交车。

王城大桥［Wángchéng Dàqiáo］ 在城区中部。长700米，宽36.5米，最大跨度30米，桥下净高19.5米。2004年开工，2005年建成。因在王城大道，故名。为大型河道桥梁，箱梁式桥。最大载重40吨。通公交车。

洛阳站［Luòyáng Zhàn］ 见交通运输设施部分“洛阳站”条。

洛阳客运总站［Luòyáng Kèyùn Zǒngzhàn］ 见交通运输设施部分“洛阳客运总站”条。

洛阳长途客运中心站［Luòyáng Chángtú Kèyùn Zhōngxīnzhàn］ 见交通运输设施部分“洛阳长途客运中心站”条。

王城路街道［Wángchénglù Jiēdào］ 西工区人民政府驻地。在区境西南部。面积4平方千米。人口7.9万。以汉族为主，还有回、蒙古、壮、藏等民族。1975年设胜利路街道。1982年因王城大道改今名。先后升级改造建材市场，建原洛阳单晶硅厂区。涧河、中州渠流经。有中学2所，小学3所，特殊教育中心学校1所，二级医院1个，卫生服务站7个，图书馆8个，文化馆8个，工人俱乐部1个。经济以商业、建筑业为主。通公交车。

金谷园街道［Jīngǔyuán Jiēdào］ 属西工区。在区境中部。面积2平方千米。人口7万。以汉族为主，还有满、蒙古、藏等民族。1956年设。因洛阳八大景之一“金谷春晴”得名。先后搬迁白马集团公司，建楼宇经济及紫禁城商业项目。有中学3所，小学4所，文化中心1个，文化馆7个，三级医院1个，二级医院2个。有洛阳周王城天子驾六博物馆。经济以商贸为主。有大型图书市场洛阳图书城。有洛阳火车站。通公交车。

西工街道［Xīgōng Jiēdào］ 属西工区。在区境东部。面积2平方千米。人口5.1万。以汉族为主，还有蒙古、回、朝鲜等民族。1956年设。因位于西工区中心地带得名。中州渠流经。有中学2所，小学3所，三级医院1个，卫生服务站4个，体育馆1个，文化馆1个，图书馆1个。有纪念地2个。经济以商贸服务为主，有多个商厦。通公交车。

邙岭路街道［Mánglǐnglù Jiēdào］ 属西工区。在区境北部。面积4平方千米。人口2万。以汉族为主，还有苗、满、回等民族。1982年由道北街道分设邙山街道。1983年改为邙岭路街道。因邙岭路得名。拆迁改造市木材公司，建德众汽车城。邙山大渠流经。有高校3所，中学1所，小学2所，卫生服务站3个，社会福利院1个，图书馆1个，文化馆1个。经济以化工、木材加工为主。连天公路过境。有洛阳飞机场。通公交车。

道北路街道［Dàoběilù Jiēdào］ 属西工区。在区境东北部。面积2平方千米。人口4万。以汉族为主，还有回族等。1975年设。因在陇海铁路北得名。有中学2所,小学2所,卫生服务中心1个,卫生服务站4个,文化宫1个,多功能文化中心1个,文化活动站4个。有洛阳烈士陵园。有商业储运、粮食加工、粮油仓储企业。有大型陶瓷、家电、副食、钢材批发市场。陇海铁路、310国道、连霍高速等过境。通公交车。

唐宫路街道［Tánggōnglù Jiēdào］　属西工区。在区境东北部。面积3平方千米。人口2.8万。以汉族为主,还有回、壮等民族。1975年设玻璃厂路街道。1982年更今名。因环绕唐宫路得名。建九州池遗址。有中专1所,中学1所,小学3所,卫生服务站6个,图书馆5个,文化馆4个。有历史遗址1处。经济以商贸、旅游业为主。通公交车。

汉屯路街道［Hàntúnlù Jiēdào］　属西工区。在区境中部。面积2平方千米。人口2.3万。1991年设。因汉屯路得名。改造汉康路及永昌路农贸市场道路。涧河流经。有中学1所,小学1所,三级医院1个,卫生服务站4个,文化馆5个,博物馆1个。有王城公园。经济以商贸业为主。通公交车。

凯旋东路街道［Kǎixuándōnglù Jiēdào］　属西工区。在区境东部。面积1平方千米。人口3.2万。以汉族为主,还有回、满、朝鲜等民族。1991年由唐宫路街道析设。因在凯旋东路两侧得名。建长乐街桥,提升改造博南路仿古一条街。洛河、中州渠流经。有中学3所,小学3所,二级医院2个,卫生服务站4个,文化馆1个,图书馆4个。有清真寺。经济以商贸业为主。通公交车。

红山街道［Hóngshān Jiēdào］　属西工区。在区境西北部。面积32平方千米。人口3.4万。以汉族为主,还有满、蒙古等民族。2011年由红山乡改设。20世纪60年代取"中华大地红旗飘飘"意得名。涧河、金水河流经。有中学2所,小学7所,卫生院1个,卫生所18个,文化馆1个。有遗址4处。有樱桃沟风景区。农业以小麦、玉米种植为主,产樱桃、柿子、葡萄、桃、草莓等。有河南洛阳工业园区。有机械制造企业多家。连天、南洛高速过境。通公交车。

洛北街道［Luòběi Jiēdào］　属西工区。在区境东南部。面积10平方千米。人口3万。以汉族为主,有回、满等民族。2011年由洛北乡改设。涧河、洛河流经。有中学1所,小学5所,文化馆4个,图书馆14个,二级医院1个,卫生院1个,卫生所13个。有历史遗址5个。有洛浦公园。有商务公司多家。通公交车。

瀍河回族区

瀍河回族区［Chánhé Huízú Qū］　洛阳市辖区。在市境东部。面积42平方千米。人口17.5万,其中回族占16%。辖7街道、1乡。区人民政府驻东关街道。元代渐成回族聚居区。1957年成立瀍河回族区。因瀍河及为回族聚居区得名。洛河、瀍河流经。有中州渠。有高校1所,中学9所,小学15所,三级医院3个,二级医院3个。有古迹景点洛阳民俗博物馆、孔子入周问礼碑、古唐寺、老子故里、含嘉仓、回洛仓、西周铸铜遗址等。有清真寺13个。三次产业比例2∶30∶68。农业以种植业、畜牧业为主,有小麦、玉米、红薯、蔬菜种植,奶牛、羊、猪、鸡等饲养。服务业以物流、钢材销售、汽车销售等为主。有双碳经济产业工业园区。陇海、焦柳铁路,二广高速,省道洛白线过境。有洛阳东站。通多路公交车。

东关街道［Dōngguān Jiēdào］　瀍河回族区人民政府驻地。在区境西南部。面积3平方千米。人口2万,其中回族占21%,还有汉、蒙古、满等民族。1957年为爽明街道。1958年更今名。因在老洛阳城东部得名。有中学4所,小学4所,三级医院1个,卫生服务中心1个,卫生服务站2个。有景点及古遗址孔子入周问礼乐至此碑、老子故里、东关大石桥、东关清真寺。经济以商贸业为主。通多路公交车。

瀍西街道［Chánxī Jiēdào］　属瀍河回族区。在区境西部。面积2平方千米。人口1.7万。1962年设东站街道。1963年改今名。因曾在洛阳八小景之一"瀍壑朱樱"的瀍河西畔,故名。建居住小区,改造洛阳东站和广场。有中学1所,小学3所,卫生服务中心1个,卫生服务站3个。经济以商贸业为主,有大北门文化产业园、农贸市场。有洛阳火车东站。通多路公交车。

五股路街道［Wǔgǔlù Jiēdào］　属瀍河回族区。在区境西部。面积4平方千米。人口3.9万。1962年设。因平等街向北连接5路口得名。有中学2所,小学3所,三级医院1个,卫生服务中心1个,卫生服务站3个。有洛铁体育活动中心、俱乐部、文化站、文化活动中心、养老服务中心。通多路公交车。

北窑街道［Běiyáo Jiēdào］　属瀍河回族区。在区境西南部。面积4平方千米。人口2.7万。以汉族为主,还有回、苗、藏等民族。1958年由瀍东回族自治区改设。旧时居民多烧砖瓦为生,土崖凿窑而居,窑场多,故名。有中学1所,小学2所,三级医院1个,二级医院1个,卫生服务中心1个,卫生服务站3个。有清真寺2处。有牛、羊肉销售市场。通公交车。

塔湾街道［Tǎwān Jiēdào］　属瀍河回族区。在区境东部。面积2平方千米。人口2万。1970年设。传古时有宝塔高入云端,且南为洛河转弯处,故名。改造机车厂棚户区。有中学1所,小学1所,二级医院1个,卫生服务中心1个,卫生服务站1个。经济以装备制造、商贸业为主。有机车制造、城市轨道车辆制造、机车装备制造企业。有农贸市场。通公交车。

杨文街道［Yángwén Jiēdào］　属瀍河回族区。在区境东北部。面积8平方千米。人口1.8万。1977年设。原以杨坟车站得名,后以谐音改今名。先后建成一批居住区。有技校2所,中学1所,小学1所,二级医院1个,卫生服务中心1个,卫生室4个。农业以粮食作物小麦、玉米、红薯种植为主。有油料作物油牡丹。产核桃、冬枣等。有洛阳火车货运站。通公交车。

华林街道［Huálín Jiēdào］　属瀍河回族区。在区境南部。面积2平方千米。人口5300。2005年设。因华林路得名。有中学1所,小学1所,卫生所1个。有卫生服务站、幼儿园。经济以商贸业为主,有建材城。通公交车。

瀍河回族乡［Chánhé Huízú Xiāng］　瀍河回族区辖乡。在区境东部。面积27平方千米。人口3.5万,其中回族占42.8%,还有汉族。辖9居委会、2村委会。乡人民政府驻下窑。1965年成立瀍河公社。1984年改设瀍河回族乡。有中学2所,小学2所,卫生院1个,卫生所11个,敬老院1个。有古迹遗址含嘉仓、回洛仓、唐寺等。有塔西、塔东、中窑、马坡清真寺。农业以小麦、玉米、红薯种植为主,有蔬菜种植,有奶牛、羊、猪、鸡等饲养。有清真饮食一条街。产洛阳探铲。有工业园区1个。二广高速、省道洛白路过境。通多路公交车。

下窑［Xiàyáo］　瀍河回族乡人民政府驻地。在区政府驻地东关街道东北2千米。人口1200,其中回族占21%。因居北窑下得名。聚落呈散状。有社区服务中心、卫生室。有商品零售业。310国道经此。通公交车。

涧西区

涧西区［Jiànxī Qū］　洛阳市辖区。在市境西部。面积89平方千米。人口54.9万。以汉族为主,还有回、满、壮等民族。辖13街道。区人民政府驻湖北路街道。1954年为洛阳市第四区。1955年更名涧西区。因在涧河以西得名。洛河、涧河、王祥河流经。有国家级工程技术研究中心1个,重点实验室2个。有河南科技大学等高校3所,中学20所,小学30所,三级医院3个,二级医院8个,区级档案馆、文化馆、图书馆、文化信息资源共享工程中心各1个。有全国重点文物保护单位、中国历史文化名街涧西工业遗产街区。有西苑公园、牡丹公园。二、三产业比例48∶52。农业以小麦、玉米种植为主,有猪、羊饲养。工业以机械、轴承、耐火材料为主。服务业以商贸业为主,有商区及金融、保险机构多家。有省级洛阳市先进制造业集聚区。宁洛高速、310国道过境。通多路公交车。

洛阳桥［Luòyáng Qiáo］　在城区中部。长559米,宽19米,最大跨度421.2米,桥下净高19.5米。1956年建老洛阳桥。1982年在东侧建新桥。因唐代李益"何堪好风景,独上洛阳桥"诗句得名。为大型河道桥梁,预应力钢筋混凝土T型简支桥。最大载重20吨。通公交车。

中州桥［Zhōngzhōu Qiáo］　在城区中部。长104.4米,宽47米,最大跨度27米,桥下净高15.3米。1954年开工,1955年建成。1985年改建。因在中州路得名。为大型河道桥梁,三孔悬臂式混凝土桥。最大载重40吨。通公交车。

瀛洲大桥［Yíngzhōu Dàqiáo］　在城区西南部。长610米,宽31米,最大跨度27米,桥下净高40米。2007年开工,2009年建成。因在瀛洲路得名。为大型河道桥梁。最大载重20吨。通公交车。

湖北路街道［Húběilù Jiēdào］　涧西区人民政府驻地。在区境中部偏南。面积3平方千米。人口4.3万。以汉族为主,还有回、满等民族。1956年设。因湖北路得名。改建牡丹广场,建湖南路菜市场,改造棚户区,改造上海市场、广州市场2步行街及皖中路。有国家级科研单位1个,高校1所,中学2所,小学4所,二级医院1个,卫生院1个,卫生所6个。有牡丹公园。经济以商贸业为主。通公交车。

天津路街道［Tiānjīnlù Jiēdào］　属涧西区。在区境中北部。面积4平方千米。人口4.3万。以汉族为主,还有回、满、朝鲜等民族。1956年设。因天津路得名。先后改造棚户区多处,改造嵩山路及芳华路农贸市场道路。有小学2所,三级医院1个,卫生院1个,卫生所6个。经济以商贸业为主,有轴承公司。通公交车。

长春路街道［Chángchūnlù Jiēdào］　属涧西区。在区境东部。面积4平方千米。人口4万。以汉族为主,还有回、满等民族。1956年设。因长春路得名。建长春路综合性农贸市场和洛阳市摩托车市场,建居住小区多个。有中学1个,小学2个,二级医院1个,卫生院1个,卫生所6个。有铜加工厂、热力公司、机电安装等企业。有商贸业。通公交车。

南昌路街道［Nánchānglù Jiēdào］　属涧西区。在区境东南部。面积4平方千米。人口

5.5万。以汉族为主，还有回、满等民族。1979年设。因南昌路得名。拆迁安置王府庄，改造道路多条。有小学1所，中学1所，三级医院1个，二级医院1个，卫生所6个。经济以商贸业为主。通公交车。

长安路街道［Cháng'ānlù Jiēdào］ 属涧西区。在区境中部。面积5平方千米。人口7.3万。以汉族为主，还有回、满、壮等民族。1956年设青岛路街道。1980年改今名。因长安路得名。对拖厂家属区进行老旧小区三供一业改造、对陇北二路进行改造提升。有中学1个，小学2个，三级医院1个，卫生院1个，卫生所6个。有中国历史文化名街、全国重点文物保护单位涧西工业遗产街区。有热电厂。通公交车。

重庆路街道［Chóngqìnglù Jiēdào］ 属涧西区。在区境西北部。面积6平方千米。人口3.6万。以汉族为主，还有回、满、维吾尔等民族。1961年设。因重庆路得名。改造重庆路三社区等，建重辉菜市场。有中学1所，小学2所，二级医院1个，卫生所4个。有机械制造企业。有商贸业。通公交车。

郑州路街道［Zhèngzhōulù Jiēdào］ 属涧西区。在区境西部。面积6平方千米。人口9.7万。以汉族为主，还有回、满、壮等民族。1961年设。因郑州路得名。改造经适房、棚户区、安置小区。改造龙鳞路农贸市场道路。有高校1所，中学2所，二级医院1个，卫生院1个，卫生所6个。有耐火材料、重工企业等。通公交车。

武汉路街道［Wǔhànlù Jiēdào］ 属涧西区。在区境西部。面积4平方千米。人口4.9万。以汉族为主，还有回、蒙古、满等民族。1956年设。因武汉路得名。建造谷水西建材市场和农贸市场、建党湾大桥，拆迁改造谷水西社区。有高校1所，中学1所，小学2所，二级医院1个，卫生所7个。工业以铸造、机械加工为主。通公交车。

徐家营街道［Xújiāyíng Jiēdào］ 属涧西区。在区境南部。面积2平方千米。人口1.1万。以汉族为主，还有回、满等民族。1976年设。唐初大将徐懋功在洛阳西郊安营扎寨，故名徐家营。先后改造老旧小区。有中学1所，小学1所，二级医院1个，卫生院1个。工业以摩托车制造为主。通公交车。

珠江路街道［Zhūjiānglù Jiēdào］ 属涧西区。在区境东部。面积4平方千米。人口4.4万。以汉族为主，还有回、满、朝鲜等民族。1990年设。因珠江路得名。建万达广场，拆迁改造南十街坊。有高校1所，中学2所，小学2所，卫生院2个，卫生站10个。有西苑公园。经济以商贸业为主。有五星级华阳国际大饭店。通公交车。

周山路街道［Zhōushānlù Jiēdào］ 属涧西区。在区境东南部。面积3平方千米。人口4.2万。以汉族为主，还有回、满等民族。1993年设。因周山路得名。有中学1所，小学2所，二级医院1个，卫生所1个。有周山森林公园、周山王陵。有光电科技公司、钼钨材料公司等。通公交车。

工农街道［Gōngnóng Jiēdào］ 属涧西区。在区境西部。面积14平方千米。人口1.5万。以汉族为主，还有回、满等民族。2012年撤工农乡改设。取"工农关系密切"意得名。安置改造小所社区，建西南环公路、秦岭路等道路。洛河、涧河、王祥河流经。有中学1所，小学1所，卫生院1个，卫生所8个。经济以农业为主，种植小麦、玉米等。畜牧业以养殖猪、羊为主。工业以铸造、机械加工为主。西南环城高速、310国道等过境。通公交车。

瀛洲街道［Yíngzhōu Jiēdào］ 属涧西区。在区境南部。面积37平方千米。人口6.5万。以汉族为主，还有回族。2012年撤孙旗屯乡改设。因瀛洲路得名。属丘陵地势。有中学5所，小学8所，卫生院1个，卫生所13个，文化活动中心12个，图书室14个。有东马沟遗址、孙旗屯遗址、周灵王陵、周三王陵、周山森林公园、洛浦秋风公园等。农业以小麦、玉米、谷子、红薯种植为主。工业有特大轴承制造、石化炼油设备、耐火材料、钨钼钛铝有色金属精加工等产业。有工业园区。西南绕城、郑卢高速过境。通公交车。

吉 利 区

吉利区［Jílì Qū］ 洛阳市辖区。在市境东北部。面积80平方千米。人口6.8万。以汉族为主，还有回、维吾尔等民族。辖4街道。区人民政府驻吉利街道。1978年孟县吉利公社和济源县坡头公社7大队划归吉利工区。1982年设吉利区。传汉光武帝刘秀在此躲过王莽追兵，以"此地在大河之阳，太行脚下，是龙脉所在，大吉大利"，故名。北依太行，南濒黄河。海拔160—290米。年均气温14.2℃，1月平均气温−0.3℃，7月平均气温27.5℃。黄河、湛河、涧河等流经。有西霞院水利枢纽。有省己烷特种溶剂油工程技术研究中心。有中学3所，小学6所，二级医院2个，图书馆、文化馆各1个。有全国重点文物保护单位万佛山石窟，省级文物保护单位古湛城遗址。有古迹景点马洞南遗址、东寨西遗址、营花寨、横涧村、万佛山石窟、商汤王庙、长春观、圣水庙。有省级非物质文化遗产硪工号子，地方特色民间艺术刺绣、黄河号子等，民俗文化舞龙、舞狮、竹马、旱船。三次产业比例3∶48∶49。农业以小麦、玉米、花生种植为主，有猪、奶牛、鱼饲养。有特产黄河鲤鱼。工业以化工、化纤、纺织为主。服务业以商贸物流为主。焦柳铁路、二广高速、207国道、洛吉快速路过境。通公交车。

吉利街道［Jílì Jiēdào］ 吉利区人民政府驻地。在区境中部偏东。面积16平方千米。人口1.6万。2012年撤吉利乡析设。因吉利村得名。有中学1所，小学3所，卫生院1个，文化站1个，文化室7个。有戏曲演出队、文化广场。有景点里村泰山庙、长春观遗址、紫阳书院遗址等。农业以小麦、玉米种植为主，养殖鱼、猪。有石化工业聚集地。通公交车。

西霞院街道［Xīxiáyuàn Jiēdào］ 属吉利区。在区境西部。面积22平方千米。人口1.4万。2012年撤吉利乡析设。因临近西霞院水利工程得名。有小学3所，文化站1个，文化室12个，卫生室12个。有戏曲演出队。有景点西霞院库区、万佛山石窟、凤凰寨遗址等。有湿地公园、文化广场。农业以玉米、小麦、花生、红薯种植为主，有特色养殖黄河鲤鱼。焦柳铁路、洛吉快速路过境。通公交车。

康乐街道［Kānglè Jiēdào］ 属吉利区。在区境中部偏西。面积17平方千米。人口1.9万。2013年设。因康乐社区得名。有中学1所，小学2所，卫生服务室5个，文化站1个，文化室11个。有文化广场。有景点青牛观、点将台、王母庙、观音堂等。农业以小麦、玉米种植为主。工业以石油化工为主。有洛阳市国家级高新技术开发区吉利科技园。通公交车。

河阳街道［Héyáng Jiēdào］ 属吉利区。在区境东部。面积24平方千米。人口1.9万。2013年设。因原古河阳城得名。有中学2所，小学3所，二级医院2个，卫生服务室7个，文化站1个，文化室7个。有景点老君庙、营花寨、转枝柏等。农业以韭菜、山药、花生、玉米、莲菜种植为主。有特色养殖黄河鲤鱼。207国道、二广高速过境。通公交车。

偃 师 市

偃师市［Yǎnshī Shì］ 河南省直辖县级市，由洛阳市代管。北纬34°22′，东经112°35′。在洛阳市境东部。面积668平方千米。人口62.2万。辖4街道、9镇。市人民政府驻槐新街道。汉置偃师县（治今老城），取武王伐纣"息偃戎师"得名，属河南郡。东汉、三国魏属河南尹。西晋并入洛阳县。隋开皇十六年（596）复置偃师县。北宋熙宁八年（1075）降缑氏县为镇，并入偃师县，属河南府。金属金昌府。元属河南府路。明、清属河南府。1935年因洛水涨溢，县治由偃师老城迁槐庙（今槐新街道）。1913—1932年历属豫西道、河洛道、河南省、第十行政督察区。1948、1969年属洛阳专区、洛阳地区。1983年属洛阳市。1993年改县级市。新建华夏广场、火车站广场、商都文化广场、商城植物园、滨河公园等。2002—2007年相继建多条道路，拆迁改造火车站等处。建南部新区，拆迁改造村落。2013年伊洛大道、槐新北路完成提升改造。2014年城市完成多处旧城改造，拆迁西寺庄。有标志性建筑华夏广场、商都文化广场、华夏第一王爵、华夏第一鼎、利簋等。处伊河—洛河下游黄土丘陵中部。南为嵩山余脉万安山，北为邙山，中为伊洛河冲积平原。海拔105—1302米。年均气温14.4℃，1月平均气温0.2℃，7月平均气温27.3℃。年均降水量533.9毫米。洛河、伊河流经。有矿产资源煤、铝矾土、石英石、云岩石等。森林覆盖率10.9%。有国家级技术研究中心1个，省级工程技术研究中心3个，高中7所，中学30所，小学45所，三级医院2个，二级医院2个，省级田径中长跑训练基地1个。有全国重点文物保护单位二里头遗址、商城遗址、辟雍碑等9个，省级文物保护单位灰嘴遗址、杜甫墓、大唐三藏圣教序碑等14个。有古迹景点颜真卿墓、吕不韦墓、古镮辕关遗址、周总理纪念馆、会圣宫碑、刘国故城遗址、水泉石窟等。有国家3A级旅游景区商城博物馆。有省级非物质文化遗产河洛大鼓、刘井薛氏石刻、宋氏通背拳、银条的种植栽培与烹饪、"东蔡庄高抬故事"、石砚雕刻、玄奘信俗。有地方特色民间艺术偃师排鼓、府店火马、西管茅狮舞、光明高架狮子等。三次产业比例5∶53∶42。农业以小麦种植为主，有国家地理标志产品偃师银条。工业以三轮车、新能源、新材料产业为主，有电线电缆、制鞋、耐火材料、石化管件、轻纺、农副产品加工。服务业以商贸物流为主，为中原地区铝合金交易基地。陇海铁路，郑西高铁，连霍高速，207、310国道等过境。

民主路［Mínzhǔ Lù］ 在市区中部。西起商都北路，东至迎宾路。与槐新路、新新路等相交。长1.6千米，宽24米。沥青路面。1935年始建。1985—1995年扩建。沿途多党政机关及商贸单位，两侧有偃师西剧院、供销社、市政府、市委、火车站等。通公交车。

偃师站［Yǎnshī zhàn］ 见交通运输设施部分"偃师站"条。

偃师汽车站［Yǎnshī Qìchēzhàn］ 见交通运输设施部分"偃师汽车站"条。

槐新街道［Huáixīn Jiēdào］ 偃师市人民政府驻地。在市境北部。面积15平方千米。人口8.3万。2013年撤城关镇设置。因槐庙、新城分别为今昔偃师治所，故名。改造迎宾路、槐新路、商都北路。有高中1所,初中4所,小学8所,三级医院1个,卫生院1个,卫生所10个。有名胜古迹客家人南迁首发地纪念碑、古偃师县城、虎头山森林公园、烈士陵园等。工业有制鞋、摩托车制造等。有偃师站、偃师汽车站。通公交车。

首阳山街道［Shǒuyángshān Jiēdào］　属偃师市。在市境西北部。面积54平方千米。人口5.2万。2012年设。因在首阳山以西得名。建华夏西路、新城路,新型住宅小区多个。洛河流经。有中学1所,小学5所,卫生院1个,卫生所27个,文化站1个。有全国重点文物保护单位汉魏故城,省级文物保护单位西晋皇陵。有名胜古迹旅人桥、永宁寺、普救寺遗址,曹魏、西晋帝陵冢,吕不韦墓、苏秦墓等。农业以小麦、玉米种植为主,产蔬菜、牡丹、葡萄、核桃等。工业有化工、建材、铸造、塑编、硅产业。陇海铁路,207、310国道过境。通公交车。

商城街道［Shāngchéng Jiēdào］　属偃师市。在市境北部。面积20平方千米。人口3.6万。2013年设。因商城遗址得名。改造窑头城中村,村改居。建商城博物馆,拓宽改建商城路、槐新路。有中学4所,小学8所,卫生所11个。有全国重点文物保护单位偃师商城遗址,省级文物保护单位杜甫墓。有古迹遗址伊尹墓、田横墓、司马懿及司马师墓、杜预墓等。有国家3A级景区商城博物馆。有电厂及制鞋、建材企业。陇海铁路、310国道过境。通公交车。

伊洛街道［Yīluò Jiēdào］　属偃师市。在市境北部。面积13平方千米。人口6.6万。2013年设。因洛河、伊河在此汇流得名。拆迁改造齐庄、后庄等城中村,建新型住宅区及安居工程多个。有中学3所,其中省级重点高中1所,小学2所,三级医院1个,二级医院1个,卫生所6个。有周恩来总理视察纪念馆、张海书法艺术馆、许远墓等。有省级非物质文化遗产银条种植栽培与烹饪。农业以小麦、玉米种植为主。银条为国家原产地域保护产品。有制鞋、食品加工、化工等企业。310国道过境。通公交车。

翟镇镇［Zháizhèn Zhèn］　偃师市辖镇。在市境中部偏西。面积32平方千米。人口4.4万。辖19村委会,有42自然村。镇人民政府驻翟镇(自然村)。1958年成立翟镇公社。1983年改设乡。1994年改置镇。因镇政府驻地得名。有中学2所,小学6所,二级医院1个,卫生室24个。有全国重点文物保护单位二里头夏朝都城遗址。农业以小麦种植为主。工业有针织、化工、制药企业。207国道过境。

翟镇［Zháizhèn］　翟镇镇人民政府驻地。在市政府驻地槐新街道西南10千米。人口2700。原名翟家庄。据《中华姓氏大辞典》载:"周成王封次子于翟(故城在河南洛阳东),其后以为氏"。后成经贸商贾之集,改为翟镇。聚落呈矩形夹于伊河、洛河之间。有中小学、卫生院、文化站。农业以小麦、玉米种植为主。有省级小麦育种中心河南省才智种子开发有限公司。工业有针织企业。207国道过境。

岳滩镇［Yuètān Zhèn］　偃师市辖镇。在市境中部。面积29平方千米。人口4.6万。辖18村委会,有45自然村。镇人民政府驻寇圪垱。1961年成立岳滩公社。1983年改设乡。1996年改置镇。因岳滩得名。原名双龙镇,后取山上有丘为岳、地处河滩意改今名。有中学3所,小学15所,卫生院1个,卫生所18个。农业以小麦、玉米种植为主。工业以三轮摩托车制造为主。310国道过境。

寇圪垱［Kòugēdàng］　岳滩镇人民政府驻地。在市政府驻地槐新街道南5千米。人口2400。北宋名相寇准后裔为避战乱携族人迁此,遂以寇姓命名。聚落呈正方形。有中小学、卫生院、文化站。农业以小麦、玉米种植为主。310国道经此。

顾县镇［Gùxiàn Zhèn］　偃师市辖镇。在市境中部。面积43平方千米。人口6.2万。辖15村委会,有37自然村。镇人民政府驻顾县(自然村)。1962年成立顾县公社。1983年改设乡。1993年改置镇。因镇政府驻地得名。有中学1所,小学9所,卫生院1个,卫生所15个。有省级文物保护单位玉皇庙。有名胜古迹藏梅寺、杨村晚渡等。有国家级非物质文化遗产河洛大鼓。农业以小麦、玉米种植为主。工业以电线电缆、机械加工、耐火材料产业为主。郑西高铁、310国道过境。

顾县［Gùxiàn］　顾县镇人民政府驻地。在市政府驻地槐新街道南8千米。人口9600。五代后周时村址处曾为缑氏县城,故称古县、故县,后演为今名。聚落呈团块状。有中小学、卫生院、敬老院。有任西和烈士纪念亭。农业以小麦、玉米种植为主。有电线电缆、仪表电子等企业。310国道经此。

缑氏镇［Gōushì Zhèn］　偃师市辖镇。在市境南部。面积80平方千米。人口6.7万。辖24村委会,有72自然村。镇人民政府驻缑氏。秦置缑氏县。北宋熙宁八年(1075)为镇。1958年成立缑氏公社。1983年改设乡。1994年改置镇。因镇政府驻地得名。有中学4所,小学6所,卫生院1个,卫生所24个,敬老院2个。有省级田径中长跑训练基地。有全国重点文物保护单位唐恭陵、刘国故城,省级文物保护单位灰嘴遗址、太子宏墓及石刻、张氏节孝坊、玄奘故里。有省级非物质文化遗产玄奘信俗。农业以小麦、玉米种植为主。有特色农业规范化生产基地。工业以耐火材料、鼓乐器制作、特种润滑油、机车配件产业为主。207国道过境。

缑氏［Gōushì］　缑氏镇人民政府驻地。在市政府驻地槐新街道南17千米。人口7900。因唐时曾为缑氏县城得名。聚落呈团块状。有中小学、卫生院、敬老院。有唐恭陵。农业以小麦、玉米种植为主。有耐火材料、鼓乐器制作等企业。207国道经此。

府店镇［Fǔdiàn Zhèn］　偃师市辖镇。在市境东南部。面积128平方千米。人口5.9万。辖29村委会,有106自然村。镇人民政府驻府店。1958年成立府店公社。1961年改府店区。1962年复公社。1983年改设乡。1994年改置镇。2005年佛光乡并入。因镇政府驻地得名。有中学3所,小学6所,卫生室31个,敬老院1个。有全国重点文物保护单位滑国故城、唐升仙太子碑。有名胜古迹缑山古轘辕关、鹅岭口、古道十八盘等。农业以小麦、玉米种植为主。工业有多晶硅、耐火材料加工和煤炭开采。207国道过境。

府店［Fǔdiàn］　府店镇人民政府驻地。在市政府驻地槐新街道东南18千米。人口2500。明弘治《偃师县志》载,春秋时为滑国都城,称轘辕府。郑灭滑国,废府为店,故名。聚落呈团块状。有中小学、卫生院、敬老院。有全国重点文物保护单位滑国故城、唐升仙太子碑。农业以小麦、玉米种植为主。有耐火材料、净水剂等产业。207国道经此。

高龙镇［Gāolóng Zhèn］　偃师市辖镇。在市境西南部。面积38平方千米。人口3.8万。辖16村委会,有30自然村。镇人民政府位于207国道和省道顾龙线交叉口。1966年成立高龙公社。1983年改设乡。1994年改置镇。因原驻地高龙得名。东汉时为皇家陵区,传为龙脉所在,故名。伊河流经。有国家级技术研究中心1个,中学1所,小学5所,卫生所21个。有省级文物保护单位皇陵南兆域。农业以小麦、玉米种植为主。工业有硅材加工、家具制造、石油化工、耐火材料加工等。郑西高铁、207国道、省道顾龙线过境。

山化镇［Shānhuà Zhèn］　偃师市辖镇。在市境东北部。面积69平方千米。人口4.9万。辖17村委会,有78自然村。镇人民政府驻山化。1962年成立山化公社。1983年改设乡。2011年改置镇。因镇政府驻地得名。有中学1所,小学11所,卫生院1个,卫生所19个。有全国重点文物保护单位会圣宫碑,省级文物保护单位寺沟造像碑、九龙庙。有商汤王陵、颜真卿墓、王铎墓。有民居土窑洞景观。农业以小麦、玉米种植为主。工业有化工、制鞋、机械制造。陇海铁路、连霍高速、省道郑三线过境。

山化［Shānhuà］　山化镇人民政府驻地。在市政府驻地槐新街道东8千米。人口2800。山姓村民最早居此,村子较小,故名山圪垯,后有公社位该村与化村之间,取两村首字名山化,村随公社更名。聚落呈团状。有中小学、卫生院、敬老院。农业以小麦、玉米种植为主。工业有化工、制鞋等企业。有采石场。省道偃石线经此。

大口镇［Dàikǒu Zhèn］　偃师市辖镇。在市境西南部。面积89平方千米。人口4.6万。辖1居委会、28村委会,有55自然村。镇人民政府驻大口。1958年成立大口公社。1983年改设乡。2013年改置镇。因镇政府驻地得名。有中学2所,小学2所,卫生院1个,卫生所30个。有全国重点文物保护单位宋陵采石场,省级文物保护单位清代防旱碑、牛心山石碑坊。有名胜古迹牛心山慈航佛寺、双龙山森林公园等。农业以小麦、玉米种植为主,有无公害蔬菜标准化示范基地。工业有耐火材料制品、钢制家具、石雕等产业。县道火焦线过境。

大口［Dàikǒu］　大口镇人民政府驻地。在市政府驻地槐新街道西南18千米。人口5700。因处大谷关北口,名大谷口,后称大口。聚落呈团状。有中小学、卫生院、敬老院。农业以小麦、玉米种植为主。有耐火材料企业。县道火焦线经此。

邙岭镇［Mánglǐng Zhèn］　偃师市辖镇。在市境西北部。面积59平方千米。人口3.5万。以汉族为主,还有回族。辖14村委会,有17自然村。镇人民政府驻杨庄。1969年成立邙岭公社。1983年改设乡。2013年改置镇。因邙岭得名。有中学3所,小学5所,卫生室17个。有省级非物质文化遗产"东蔡庄高抬故事"。有伯夷叔齐墓、李冲墓、申阳革命纪念馆、刘道安故居等。农业以小麦、玉米种植为主,有黄杨种植。工业以壁纸、机械加工为主。连霍高速、省道郑三线过境。

杨庄［Yángzhuāng］　邙岭镇人民政府驻地。在市政府驻地槐新街道北7千米。人口2900。因明洪武年间杨姓迁此得名。聚落呈团块状。有中小学、卫生院、文化站。有花木种植,黄杨种植基地。有壁纸厂、洁具厂。连霍高速经此。

孟津县

孟津县［Mèngjīn Xiàn］　洛阳市辖县。北纬34°49′,东经112°27′。在市境北部。面积759平方千米。人口46万。以汉族为主,还有蒙古、回、壮等民族。辖10镇。县人民政府驻城关镇。金改河清县为孟津县。明嘉靖十七年(1538)黄河水患,县治迁孟津老城。元、明、清属河南府。1913—1932年历属豫西道、河洛道、河南省、第十行政督察区。1949年属洛阳专区。1959年县治迁至长华(今城关镇),属洛阳专区。1969年属洛阳地区。1983年属洛阳市。《尚书·禹贡》注:孟为地名,在孟置津(即渡口),谓之孟津。因周武王会八百诸侯于孟津渡得名。地处伊河—洛河下游黄土塬和黄土丘陵地带。西为低山丘陵,东为丘岗,东北、南有局部冲积平原。平均海拔262米。有邙山。年均气温13.7℃,1月平均气温0.5℃,7月平均气温26.5℃。年均降水量657.2毫米。黄河流经。有矿产资源煤、紫砂岩、砂岩、砂、黏土等。有野生动物724种,其中有国家一级保护野生动物大鸨、丹顶鹤、黑鹳等10种,国家二级保护野生动物灰鹤、大天鹅、白琵鹭等29种。森林覆盖率14.8%。有中学22所,小学74所,二级医院6个。有国家级自然保护区黄河湿地自然保护区。有全国重点文物保护单位汉光武帝陵、汉魏故城、邙山古墓群,省级文物保护单位负图寺大殿、鹞店古寨、魏家坡民居等18个。有中国传统古村落卫坡村、乔庄村、石碑凹村。有国家4A级旅游景区黄河小浪底、汉光武帝陵,国家3A级旅游景区龙马负图寺、王铎故居。有国家级非物质文化遗产平乐正骨、唐三彩,省级非物质文化遗产河图的传说。有地方特色铁谢羊肉汤、王铎书法、平乐农民牡丹画。三次产业比例9:54:37。农业以小麦、玉米种植为主,经济作物有花生、蔬菜,有猪、羊、奶牛饲养。有特产孟津梨。工业以装备制造、能源电子及化工新材料等为主。服务业以商贸物流、旅游为主。有省级华阳、空港产业集聚区及循环经济、现代服务业、科技、现代物流专业园区。有陇海、焦枝铁路,连霍、二广、洛阳绕城高速,207、310国道过境。

孟津汽车站[Mèngjīn Qìchēzhàn] 见交通运输设施部分"孟津汽车站"条。

城关镇[Chéngguān Zhèn] 孟津县人民政府驻地。在县境中部。面积79平方千米。人口7.5万。辖12居委会、18村委会,有119自然村。镇人民政府驻长华。1956年设长华中心乡。1958年成立长华公社。1982年改置城关镇。为县城所在地,故名。瀍河流经。有中学6所,小学11所,二级医院4个,卫生院1个,卫生所30个。有敬老院、文化广场、生态园、湿地公园等。有省级文物保护单位寺河南遗址、大阳河遗址。农业以小麦、玉米种植为主。经济作物以蔬菜、花椒为主。畜牧业以饲养猪、鸡为主。工业以装备制造业为主。有新城科技园区。省道郑三、郭木线,洛吉快速路过境。

桂花大道[Guìhuā Dàdào] 在县城中部。西起瀍河大道,东至洛吉快速路。与汉魏大道、小浪底大道、会盟大道、朝阳大道等相交。长6.6千米,宽48米。沥青路面。1985年开工,同年建成。1986年扩建。原名桂花路,2010年更今名。因此路多种桂花得名。两侧有县委、县政府、孟津一高西校区、孟津实验小学、文化广场、农贸市场等。通公交车。

小浪底大道[Xiǎolàngdǐ Dàdào] 在县城中部。北起黄河大道,南至连霍高速路口。与桂花大道、会盟大道、汉魏大道、瀍河大道等相交。长9.1千米,宽58米。沥青路面。1985年开工,同年建成。1986年扩建。原名建设路,2010年更今名。因小浪底水利枢纽工程得名。两侧有环保局、城建局、县人民医院、商业步行街、岭南生态园、瀍源公园、魏孝文帝陵等。通公交车。

黄河大道[Huánghé Dàdào] 在县城北部。西起瀍河大道,东至永平路。与华阳路、汉魏大道、小浪底大道、河清路等相交。长3.1千米,宽48米。沥青路面。1985年开工,同年建成。1986年扩建。原名黄河路,2010年更今名。因此路与黄河平行得名。两侧有移民局、交通局、黄河公园、王铎书法馆等。通公交车。

会盟大道[Huìméng Dàdào] 在县城南部。西起瀍源大道,东至桂花大道。与华阳路、汉魏大道、小浪底大道等相交。长4.5千米,宽53米。沥青路面。1985年开工,同年建成。1986年扩建。原名会盟路,取《史记·殷本纪》"周武王之东伐,至盟津,诸侯叛殷会周者八百"得名。2010年更今名。两侧有检察院、妇幼保健院、孟津双语学校、孟津职教中心、文化广场、商贸城等。通公交车。

长华[Chánghuá] 城关镇人民政府驻地。在镇境中部。人口6000。传有陈氏家族迁居此,名陈家凹,又因地处长形凹地,又名长凹,1931年谐音为长华。聚落呈团状。有中小学、文化中心、卫生院、敬老院等。有商品零售业。省道沿黄线、县道孟邙线经此。

会盟镇[Huìméng Zhèn] 孟津县辖镇。在县境东部。面积129平方千米。人口6万。辖1居委会、19村委会,有118自然村。镇人民政府驻陆村。1958年成立老城公社。1984年改设老城乡。1994年改置会盟镇。因古为八百诸侯会盟之地得名。黄河流经。有中学3所,小学9所,卫生院1个,卫生所20个。有省级文物保护单位负图寺大殿、拟山园帖石刻、李际期墓、小潘沟遗址。有国家3A级旅游景区龙马负图寺、王铎故居。有省级非物质文化遗产河图的传说。有伏羲文化节、荷花节等。农业以小麦、玉米、水稻种植为主,产莲藕、孟津梨。有黄河商品鲤鱼生产基地。工业有新型建材和农副产品加工。焦枝铁路,连霍、二广高速,207国道等过境。

陆村[Lùcūn] 会盟镇人民政府驻地。在县政府驻地城关镇东17千米。人口4000。明洪武年间陆村先祖迁此以姓建村,名陆家村,简为今名。聚落呈散状。有中小学、文化广场、卫生院、敬老院等。有小潘沟遗址。农业以小麦、玉米、水稻、花生、莲藕等种植为主。有集贸市场。二广高速、洛常、孟扣公路经此。通多路公交车。

平乐镇[Pínglè Zhèn] 孟津县辖镇。在县境东南部。面积64平方千米。人口5万。辖1居委会、19村委会,有35自然村。镇人民政府驻平乐。1956年设平乐中心乡。1958年改平乐公社。1984年改设乡。1993年改置镇。因镇政府驻地得名。有中学2所,小学8所,卫生院1个,卫生所20个。有全国重点文物保护单位汉魏故城和邙山陵墓群,省级文物保护单位鹞店古寨、石象、新庄烧窑遗址、新庄遗址。有国家级非物质文化遗产平乐正骨。农业以粮食作物小麦、玉米、谷子种植为主。经济作物有爱宕梨、蔬菜、葡萄。畜牧业以饲养奶牛为主。有中国平乐牡丹画创意产业园区、洛阳汉魏风情演绎园、物流产业园等。陇海、焦枝铁路,二广、连霍高速,207、新310国道,洛常公路过境。

平乐[Pínglè] 平乐镇人民政府驻地。在县政府驻地城关镇东南20千米。人口7300。东汉永平五年(62)为迎西域人贡的飞廉、铜马筑平乐观,故名。聚落呈团状。有中小学、文化广场、卫生院、敬老院等。农业以小麦、玉米种植为主。有国家级非物质文化遗产平乐正骨。有特色小吃脯肉。焦枝铁路,连霍、二广高速,洛常公路经此。

送庄镇[Sòngzhuāng Zhèn] 孟津县辖镇。在县境东南部。面积43平方千米。人口3.1万。以汉族为主,还有回族、壮族。辖1居委会、16村委会,有38自然村。镇人民政府驻送庄。1956年设送庄乡。1962年改公社。1984年复乡。1997年改置镇。因镇政府驻地得名。有中学1所,小学5所,卫生院1个,卫生所17个。有汉明帝陵、汉桓帝陵、后唐明宗陵。有老君堂、白鹿寺院、慧林寺、裴度午桥庄等遗址。有桃花节、草莓采摘节等。农业以小麦、玉米种植为主。有特产无子西瓜、桃。工业有炼钢炼铁、耐火材料、机械加工等产业。焦枝铁路、连霍高速、新310国道、洛常公路过境。

送庄[Sòngzhuāng] 送庄镇人民政府驻地。在县政府驻地城关镇东南15千米。人口4300。传村原多孙姓,取名孙家庄。后因秦王李世民被李密俘获,密部将秦琼等将李世民送走,改名送驾庄,简为今名。聚落呈椭圆形。有中小学、卫生院、敬老院等。农业以小麦、玉米、花生种植为主。县道送平线经此。

白鹤镇[Báihè Zhèn] 孟津县辖镇。在县境东北部。面积118平方千米。人口5.9万。辖3居委会、28村委会,有216自然村。镇人民政府驻白鹤。1956年置白鹤中心乡。1958年改白鹤公社。1984年改置乡。1995年撤乡建镇。2005年王良乡并入。因镇政府驻地得名。黄河流经。有国家级黄河湿地自然保护区。有中学3所,小学9所,卫生院2个,卫生所31个。有全国重点文物保护单位汉光武帝陵,省级文物保护单位柿林遗址。有国家4A级旅游景区汉光武帝陵。农业以粮食作物小麦、玉米,经济作物棉花、花椒、核桃种植为主。工业有装备制造、机械加工、能源化工等。有产业集聚区。有白鹤三绝铁谢羊肉汤、黄河奇石、黄河鲤鱼。焦枝铁路、洛吉快速路等过境。

白鹤[Báihè] 白鹤镇人民政府驻地。在县政府驻地城关镇东北15千米。人口7000。传村西南关爷寨高台有白鹤栖息,故名。聚落呈团块状。古为横穿黄河的渡口。有中小学、卫生院。农业以小麦、玉米种植为主。省道永孟、济邓线,县道崔白线经此。

朝阳镇[Cháoyáng Zhèn] 孟津县辖镇。在县境南部。面积68平方千米。人口4.6万。辖3居委会、24村委会,有45自然村。镇人民政府驻朝阳。1958年成立海资公社。1965年更名朝阳公社。1984年改设朝阳乡。1995年改置镇。因镇政府驻地得名。瀍河流经。有中学1所,小学9所,卫生院1个,卫生所27个。有全国重点文物保护单位邙山古墓群核心保护区北魏孝文帝陵,省级文物保护单位卦沟遗址、元义墓、魏家坡民居。有中国传统村落、河南省历史文化名村卫坡村。有国家级非物质文化遗产唐三彩传统烧制技艺。农业以优质小麦、花卉、药材、无公害蔬菜等种植为主。工业有汽车配件、机车配件、高端装备制造、标准件等产业。服务业有仓储物流、文化旅游等。有洛北现代服务业集聚区。连霍高速、洛吉快速、新310国道等过境。

朝阳[Cháoyáng] 朝阳镇人民政府驻地。在县政府驻地城关镇南8千米。人口2000。传原为帝王仓库,为誉财广物盛,取名海资。1965年因地处邙山之阳,面向九朝古都洛阳,更名朝阳。聚落呈散状。有中小学、卫生院、敬老院等。农业以小麦、玉米种植为主。连霍高速、洛吉快速、310国道经此。

卫坡[Wèipō] 在县政府驻地城关镇南9千米。朝阳镇辖自然村。人口1700。此为宋代宰相魏仁溥花园,清顺治年间卫氏先祖迁此,故名。聚落呈不规则状。为中国传统村落。有清代古民居建筑群。连霍高速、县道孟邙线经此。

麻屯镇[Mátún Zhèn] 孟津县辖镇。在县境西南部。面积48平方千米。人口3.9万。以汉族为主,还有蒙古族。辖2居委会、23村委会,有66自然村。镇人民政府驻麻屯。1956年设麻屯中心乡。1958年改设麻屯公社。

1984年改设乡。1996年改置镇。因镇政府驻地得名。金水河流经。有中学2所，小学8所，卫生院1个，卫生所25个。有省级文物保护单位薄姬岭遗址。有特色农业薰衣草、樱桃、花椒种植等。工业有工程及农业装备制造、新材料、节能环保等产业。有空港集聚区。有洛阳机场。连霍高速、新310国道、机场路、小浪底专用线过境。

麻屯［Mátún］　麻屯镇人民政府驻地。在县政府驻地城关镇西南19千米。人口4000。因居民多麻姓得名。聚落呈散状。有中小学、卫生院、敬老院等。有机械加工、装备制造企业。服务业以旅游为主。举办物资交流会。机场路、小浪底专线经此。

马屯镇［Mǎtún Zhèn］　孟津县辖镇。在县境西北部。面积112平方千米。人口4.3万。辖1居委会、27村委会，有122自然村。镇人民政府驻马屯。1956年设马屯中心乡。1958年改马屯公社。1984年改设乡。1996年改置镇。2005年黄鹿山乡并入。因镇政府驻地得名。黄河、瀍河流经。有小浪底水利枢纽工程。有中学1所，小学11所，卫生院1个，卫生所28个。有省级文物保护单位班沟遗址。有国家4A级景区黄河小浪底。有中国传统村落乔庄村。有小浪底观瀑节、黄河祈福大典等。农业以小麦、玉米种植为主，产薄皮核桃、冬枣、山鹰椒、五彩红薯。工业有机械加工等。省道郑三线、小浪底专用线经此。

马屯［Mǎtún］　马屯镇人民政府驻地。在县政府驻地城关镇西北11千米。人口4000。传东汉时皇帝游北邙，夜宿圣驾村（今名上村），随行人马屯扎于此，故名。聚落呈团状。有中小学、卫生院、文化广场、敬老院等。农业以小麦、玉米、花生种植为主。省道郑三线、瀍源公路经此。

乔庄［Qiáozhuāng］　在县政府驻地城关镇西18千米。马屯镇辖自然村。人口300。因乔姓居多得名。聚落呈团状。为中国传统村落。有清代中后期建筑80余处。孟津灌区专线经此。

横水镇［Héngshuǐ Zhèn］　孟津县辖镇。在县境西部。面积56平方千米。人口4万。辖1居委会、16村委会，有91自然村。镇人民政府驻横水。1956年设横水中心乡。1958年成立横水公社。1984年改设乡。1994年改置镇。因镇政府驻地得名。黄河、瀍河流经。有煤炭。有中学2所，小学3所，卫生院1个，卫生所17个。农业以粮食作物小麦、玉米，经济作物花生、蔬菜等种植为主。有特色小吃横水卤肉。省道郑三线、小浪底专用线过境。

横水［Héngshuǐ］　横水镇人民政府驻地。在县政府驻地城关镇西16千米。人口9900。因有两条小河与街道十字交叉，故名。聚落呈散状。有中小学、卫生院、敬老院等。农业以小麦、玉米种植为主。有横水卤肉。孟横公路经此。

常袋镇［Chángdài Zhèn］　孟津县辖镇。在县境西南部。面积44平方千米。人口3万。辖1居委会、18村委会，有45自然村。镇人民政府驻常袋。1962年成立常袋公社。1984年改设乡。2011年改置镇。因镇政府驻地得名。有中学1所，小学6所，卫生院1个，卫生所19个。有中国传统村落石碑凹。有省级文物保护单位石保吉、石保兴墓碑。有特色农业红提、大粒樱桃种植，奶牛养殖。工业有机械、铸造、化工、电子、耐火材料等产业。连霍高速、小浪底专用线等过境。

常袋［Chángdài］　常袋镇人民政府驻地。在县政府驻地城关镇西南11千米。人口3000。传该村原为嵇康造酒地，因嵇康常带布袋四乡讨账，故名。聚落呈散状。有中小学、卫生院、敬老院等。种植小麦、玉米、红薯及豆类。小浪底专线经此。

石碑凹［Shíbēiwā］　在县政府驻地城关镇西15千米。常袋镇辖自然村。人口1200。原名宣武村，传为唐武则天花园，后渐成宋开国元勋石守信家族墓地，陵前立有石碑，遂改今名。聚落呈长方形。为中国传统村落。有石氏双碑、明清宅院、炮楼等。连霍高速经此。

新　安　县

新安县［Xīn'ān Xiàn］　洛阳市辖县。北纬34°43′，东经112°09′。在市境西北部。面积1160平方千米。人口52.4万。辖10镇、1乡。县人民政府驻城关镇。秦始皇二十六年（前221）始置新安县，属三川郡。取"新治安宁"意得名。西汉析置谷成县，新安属弘农郡。三国魏因之。西晋属河南郡。北周保定五年（565）置东垣县。隋开皇十六年（596）省新安入东垣。大业初改东垣县为新安县，属河南郡。唐贞观元年（627）属河南府。北宋、金因之。元属河南府路，明、清属河南府。1913—1948年历属豫西道、河洛道、河南省、第十一行政督察区、晋冀鲁豫边区太岳第五专区、豫西第一专区。1954、1969年属洛阳专区、洛阳地区。1983年属洛阳市。地处豫西浅山丘陵区，西北高东南低。海拔500—1300米。年均气温14.2℃，1月平均气温0.1℃，7月平均气温26.8℃。年均降水量642毫米。黄河、畛河、涧河流经。有矿产资源煤、硫黄、石英石、铝等。森林覆盖率30%。有中学26所，小学135所，三级医院1个，二级医院3个。有国家5A级旅游景区龙潭大峡谷，世界地质公园、国家4A级旅游景区黛眉山等，国家3A级旅游景区生工矿。有世界文化遗产、全国重点文物保护单位新安函谷关，全国重点文物保护单位、国家二级博物馆千唐志斋，省级文物保护单位南岗遗址、安乐遗址等。有景点荆紫仙山、漏明崖、青要山、王乔仙洞、奇石山庄等。有省级非物质文化遗产黄河澄泥砚、九莲灯，地方特色烫面角、黄河故事，民间艺术唢呐、竹马旱船、舞狮、九莲灯，黄河神龙等。三次产业比例6∶60∶34。农业以小麦、玉米种植为主，产辣椒。工业以能源、冶金、化工、制造业为主。有特产澄泥砚、紫砂茶具、樱桃、消食丸、黄河奇石等。服务业以休闲旅游、物流、电商为主。陇海铁路、连霍高速、310国道等过境。有新安站。

新安站［Xīn'ān Zhàn］　见交通运输设施部分"新安站"条。

新安汽车站［Xīn'ān Qìchēzhàn］　见交通运输设施部分"新安汽车站"条。

城关镇［Chéngguān Zhèn］　新安县人民政府驻地。在县境中部偏南。面积75平方千米。人口9.6万。辖25居委会、11村委会，有54自然村。以汉族为主，还有回、壮、满等民族。镇人民政府驻北关。1949年置城关镇。1951年改设区。1956年改设乡。1958年改跃进公社。1962年改城关公社。1984年复置城关镇。因在县城城关得名。涧河流经。有矿产资源煤、铁、铝等。有中学10所，小学18所，三级医院1个，二级医院3个，卫生院1个，文化站（室）35个。有世界文化遗产、全国重点文物保护单位汉函谷关。有夷里温泉等。农业以小麦、玉米种植为主。工业以陶瓷、制造业为主。有陶厂、机械厂。陇海铁路、连霍高速、310国道过境。通多路公交车。

黄河大道［Huánghé Dàdào］　在县城南部。东起汉函谷关路，西至万基路。与北京路、南京路、杭州路、上海路等相交。长12.9千米，宽15米。混凝土路面。原为310国道城区段，1996年扩宽。因黄河为过县境第一条大河，故名。两侧有县政府、县检察院、县法院等。通多路公交车。

北关［Běiguān］　城关镇人民政府驻地。在镇境东部。人口6800。因位置得名。聚落呈长方形。有小学、卫生院、卫生室。有民间传统艺术戏班、社火等。农业以小麦、玉米种植为主。陇海铁路、310国道、新仓公路经此。

石寺镇［Shísì Zhèn］　新安县辖镇。在县境北部。面积69平方千米。人口4.3万。辖2居委会、18村委会，有57自然村。镇人民政府驻石寺。1956年设石寺乡。1959年改公社。1984年复改乡。1985年改置镇。因镇政府驻地得名。处浅山丘陵区。南畛、北畛2支流流经。有矿产资源煤炭、铝矾土等。有中学3所，小学8所，卫生院1个，卫生所20个。有文化站。有古迹遗址关帝庙、将军庙、龙山寺和马陵之战遗址等。有民间艺术河洛大鼓曲艺班、民间社火班、黄河神龙社舞班和剪纸书法等。有工矿旅游景观1处。农业以小麦、玉米种植为主，有蔬菜。工业以采矿、建材、机械制造为主。省道南石、郑三线过境。

石寺［Shísì］　石寺镇人民政府驻地。在县政府驻地城关镇西北12千米。人口5000。因石窟佛寺得名。聚落呈长方形。有中小学、卫生院、敬老院。农业以小麦、玉米种植为主。省道郑三线经此。

上孤灯［Shànggūdēng］　在县政府驻地城关镇西北15千米。石寺镇辖自然村。人口1600。传庞涓见一槐树上挂一孤灯，上刻"庞涓死于此地"，后被乱箭射死于树下。孙膑在此树下庆贺，得名孤灯村。后村分上、下，此为上孤灯。聚落呈长方形。有小学、文体活动中心、黄河神龙艺术团。农业以小麦、玉米种植为主。有耐火材料厂等企业。有农贸市场。省道南石线过境。为2011年全国文明村。

五头镇［Wǔtóu Zhèn］　新安县辖镇。在县境东部。面积89平方千米。人口5.7万。辖1居委会、26村委会，有132自然村。镇人民政府驻五头。1959年成立五头公社。1984年改设乡。1997年改置镇。因镇政府驻地得名。金水河流经。有中学2所，小学16所，卫生院1个，卫生室26个，文化站1个，文化室26个。有东垣故城、宝珍观、王府庄遗址。农业以小麦、玉米种植为主，产樱桃、蔬菜。工业以铸造、耐火材料、木材加工为主。连霍高速过境。

五头［Wǔtóu］　五头镇人民政府驻地。在县政府驻地城关镇东北14千米。人口2300。因村处五山头、五水头得名。聚落呈多边形。有中小学、卫生院。农业以小麦、玉米种植为主。杨郭公路经此。

磁涧镇［Cíjiàn Zhèn］　新安县辖镇。在县境东南部。面积109平方千米。人口6.6万。辖9居委会、27村委会，有141自然村。镇人民政府驻磁涧。1956年设磁涧中心乡。1958年成立东风公社。1962年改磁涧公社。1984年改磁涧乡。1994年改置镇。因镇政府驻地得名。南为秦岭丘陵区，中含磁河小川道，北为邙山丘陵区。磁河流经。有中学2所，小学9所，卫生院1个，卫生所21个，文化站1个，文化室29个。农业以小麦、玉米种植为主，产樱桃、蔬菜。工业有陶瓷厂、机械加工公司。陇海铁路、310国道过境。

磁涧［Cíjiàn］　磁涧镇人民政府驻地。在县政府驻地城关镇东南13千米。人口2800。因磁水、涧水在此交汇得名。聚落呈多边形。有中小学、卫生院。农业以小麦、玉米种植为主。310 国道经此。

铁门镇 [Tiěmén Zhèn] 新安县辖镇。在县境西部。面积 114 平方千米。人口 6.5 万。辖 8 居委会、25 村委会,有 104 自然村。镇人民政府驻铁门。宋置铁门镇。明仍名铁门。清设阙门镇。1912 年后复名铁门。1956 年设铁门乡。1959 年改铁门公社。1984 年复乡。1985 年改置镇。因镇政府驻地得名。有中学 2 所,小学 27 所,二级医院 1 个,卫生院 2 个,卫生室 33 个,文化站 1 个,文化室 12 个,图书室 12 个。有全国重点文物保护单位千唐志斋,省级文物保护单位张钫故居。有洞真观、烂柯仙迹、韩擒虎墓、新村遗址。工业以发电、化工、冶炼、建材为主。陇海铁路、连霍高速、310 国道过境。通公交车。

铁门 [Tiěmén] 铁门镇人民政府驻地。在县政府驻地城关镇西 15 千米。人口 4200。因在缺门山旁,古名缺门。又因东青龙、西凤凰两山相对如阙,或作阙门。清光绪二十一年(1895)治县毛大猷,以犯讳改称铁门。聚落呈不规则形。涧河流经。有小学、卫生室。有千唐志斋、张钫故居。农业以小麦、玉米种植为主。

北冶镇 [Běiyě Zhèn] 新安县辖镇。在县境中部偏北。面积 152 平方千米。人口 4.1 万。辖 1 居委会、31 村委会,有 136 自然村。镇人民政府驻柿树岭。1956 年设北冶乡。1958 年改公社。1984 年复乡。2005 年西沃乡并入。2009 年改置镇。因原驻地北冶得名。古代冶铁出名,且处南冶(今石寺)之北,故名。地处丘陵浅山区。有小学 11 所,中学 2 所,卫生院 1 个,卫生室 31 个,文化站 1 个,文化室 31 个。有景点始祖山河漏明崖。农业以小麦、玉米种植为主,产玫瑰、蔬菜。畜牧业以鸡、猪养殖为主。工业以采矿、陶瓷加工为主。省道灵卢线过境。

柿树岭 [Shìshùlǐng] 北冶镇人民政府驻地。在县政府驻地城关镇北 19 千米。人口 2200。因多柿树得名。有中小学、卫生院、曲剧团、鼓乐队。农业以小麦、玉米、油菜种植为主。省道灵卢线经此。

南李村镇 [Nánlǐcūn Zhèn] 新安县辖镇。在县境南部。面积 86 平方千米。人口 3.6 万。辖 1 居委会、30 村委会,有 79 自然村。镇人民政府驻南李村。1956 年设李村中心乡。1962 年成立李村公社。1984 年改南李村乡。2009 年改置镇。因镇政府驻地得名。有中学 1 所,小学 12 所,卫生院 1 个,卫生所 31 个。有秧歌队、锣鼓队。农业以小麦、玉米种植为主,产辣椒。有规模养猪场。工业以采矿、制造业为主。通公路。

南李村 [Nánlǐcūn] 南李村镇人民政府驻地。在县政府驻地城关镇南 6 千米。人口 2200。传古时村北栗树满坡,故名栗村。1911 年后写作礼村。1949 年后定名李村。因与石子镇李村同名,更今名。聚落呈六边形。有中小学、卫生院。农业以小麦、玉米种植为主。县道铁磁线经此。

仓头镇 [Cāngtóu Zhèn] 新安县辖镇。在县境东北部。面积 74 平方千米。人口 2.8 万。辖 1 居委会、20 村委会,有 53 自然村。镇人民政府驻新仓。1959 年成立仓头公社。1984 年改设乡。1997 年乡大部为黄河小浪底水库淹没区。1999 年析正村乡 12 村与原仓头乡余部合并。2009 年改置仓头镇。因镇人民政府原驻地仓头得名。该村在汉代官府所建粮、盐仓库南端,故名。有中学 1 所,小学 15 所,卫生院 1 个,卫生所 21 个。有文化站、文化室、影剧院。有孙都王黑子望清楼基座、鹰嘴山风景区、养士学校革命纪念馆。农业以小麦、玉米种植为主,产红薯、蔬菜。畜牧业以养猪为主。工业以食品药品加工为主。省道郑三线过境。

新仓 [Xīncāng] 仓头镇人民政府驻地。有县政府驻地城关镇东北 31 千米。人口 800。因 1999 年重建仓头乡政府得名。有中小学、卫生院、敬老院。农业以小麦、玉米种植为主。省道郑三线经此。

石井镇 [Shíjǐng Zhèn] 新安县辖镇。在县境西北部。面积 192 平方千米。人口 3 万。辖 1 居委会、28 村委会,有 133 自然村。镇人民政府驻石井。1951 年称石井区。1956 年设石井乡。1958 年成立黄河公社,后改石井公社。1984 年复石井乡。2005 年峪里乡并入。2010 年改置石井镇。因镇政府驻地得名。黄河、青河流经。有中学 1 所,小学 9 所,卫生院 1 个,卫生所 29 个。有文化站、文化室。有业余戏剧、民间社火、民间曲艺班。有黛眉山世界地质公园。农业以小麦、玉米种植为主,有红薯、花生,特产峪里柿饼、角角岭大杏。畜牧业以养鸭为主。工业以采矿、制造业为主。省道灵卢线过境。

石井 [Shíjǐng] 石井镇人民政府驻地。在县政府驻地城关镇北 28 千米。人口 1900。清乾隆《新安县志》载:"村有一井,水自石窦涌出,饮居民数百家。以石井得名"。聚落呈团块状。有中小学、卫生院、敬老院。有明代玉皇阁。农业以小麦、玉米种植为主。有采矿业。新峪公路经此。

寺坡山 [Sìpōshān] 在县政府驻地城关镇西北 29 千米。人口 400。因在寺坡山得名。聚落呈点状。有卫生室。为省级传统村落。有明、清、民国时石瓦房、古民居、古树。农业以小麦、玉米种植为主,养殖蜜蜂。

东山底 [Dōngshāndǐ] 在县政府驻地城关镇西 38 千米。人口 800。因该村处黛眉山东麓,故名。聚落呈点状。黄河流经。为中国传统村落。村内保留有 200 余年历史的古院落,还有黛眉奶奶庙等古迹。有卫生室。农业以小麦、玉米种植为主,产柿饼、花生味传统食品。省道灵卢线经此。

正村镇 [Zhèngcūn Zhèn] 新安县辖镇。在县境中部。面积 52 平方千米。人口 3.8 万。辖 1 居委会、20 村委会,有 51 自然村。镇人民政府驻正村。1956 年设正村乡。1959 年成立正村公社。1984 年改乡。1999 年析出 12 村划入仓头乡。2010 年改置正村镇。因镇政府驻地得名。有中学 2 所,小学 5 所,卫生院 1 个,卫生所 21 个。有秧歌队、锣鼓队、唢呐班。有古迹小龙庙、白云观。农业以小麦、玉米种植为主,产蔬菜。工业以采矿、化工为主。省道郑三线等过境。

正村 [Zhèngcūn] 正村镇人民政府驻地。在县政府驻地城关镇北 12 千米。人口 3500。传村南冢子岭有庄王坟,葬有庄王真骨,名真村。又位于县城至狂口大道正中,故名正村。聚落呈长方形。有中小学、卫生院、敬老院。农业以小麦、玉米种植为主。省道郑三线经此。

曹村乡 [Cáocūn Xiāng] 新安县辖乡。在县境西北部。面积 141 平方千米。人口 2 万。辖 1 居委会、22 村委会,有 122 自然村。乡人民政府驻曹村。1956 年设曹村乡。1962 年成立公社。1984 年复乡。因乡政府驻地得名。西有山,峡谷深邃,东为浅山丘陵、河谷地貌。畛河流经。有中学 1 所,小学 4 所,卫生院 1 个,卫生所 23 个,文化站 9 个,图书室 12 个。农业以小麦、玉米种植为主,产蔬菜。工业以采矿、木材加工为主。省道郑三线过境。

曹村 [Cáocūn] 曹村乡人民政府驻地。在县政府驻地城关镇西北 20 千米。人口 1900。传早年有曹氏兄弟迁此避世,故名。有中小学、卫生院。农业以小麦、玉米种植为主。省道郑三线经此。

栾川县

栾川县 [Luánchuān Xiàn] 洛阳市辖县。北纬 33°52′,东经 111°37′。在市境西南部。面积 2477 平方千米。人口 34 万。辖 12 镇、2 乡。县人民政府驻城关镇。宋崇宁三年(1104)始置栾川县(治今城关镇),属虢州。金贞元二年(1154)废县为镇,属卢氏县。1947 年析卢氏县东南部、嵩县西部复设栾川县(县政府驻今城关镇)。1949 年属陕州专区。1952 年属洛阳专区。1969 年属洛阳地区。1986 年属洛阳市。《水经注》载:"世人谓伊水为鸾水,故名斯川为鸾川也"。古鸾、栾相通,故为栾川。地处豫西伏牛山腹地,地势西南高东北低。海拔最高 2212.5 米,最低 450 米,平均海拔 750 米。伊河、小河、明白河、淯河流经。年均气温 12.1℃,1 月平均气温 −0.8℃,7 月平均气温 24.3℃。年均降水量 863 毫米。有矿产资源钼、钨、铅、锌等。有野生植物 1661 种,其中有国家一级保护野生植物银杏、红豆杉、杜仲,国家二级保护野生植物香果树、连香树、山白树等 17 种。有野生动物 180 种,其中有国家一级保护野生动物金钱豹、朱鹮、黑鹳、白肩雕、金雕,国家二级保护野生动物穿山甲、水獭、原麝等 66 种。森林覆盖率 83.3%。有国家级自然保护区、国家森林公园老君山、龙峪湾,其中老君山为世界地质公园。有中学 21 所,小学 135 所,二级医院 2 个。有全国重点文物保护单位七里坪遗址,省级文物保护单位抱犊寨、靳家楼、常氏石刻、老君山铁造像、漫子头遗址。有国家 5A 级旅游景区老君山鸡冠洞,重渡沟、养子沟、伏牛山滑雪场、抱犊寨等及景点天河大峡谷、九龙山温泉等。有地方特色文化靠山簧剧种。三次产业比例 10∶57∶33。农业以小麦、玉米、土豆种植为主,有经济作物中药材、蔬菜等。有特产栾川豆腐、无核柿子。工业以有色金属综合开采加工为主。服务业以旅游为主。洛栾高速,311 国道,省道鹿嵩、沈卢、三邓线过境。

栾川汽车站 [Luánchuān Qìchēzhàn] 见交通运输设施部分"栾川汽车站"条。

城关镇 [Chéngguān Zhèn] 栾川县人民政府驻地。在县境南部。面积 8 平方千米。人口 5.5 万。辖 7 居委会、1 村委会,有 63 自然村。镇人民政府位于耕莘中路。1961 年成立城关镇公社。1962 年建城关镇。1963 年废镇为大队。1982 年复城关镇。因辖县城城关得名。南北均为山峦。伊河流经。有中学 2 所,小学 7 所,二级医院 2 个,卫生所 8 个。有省级文物保护单位常氏石刻。经济以商贸业为主。洛卢公路过境。通多路公交车。

兴华路 [Xīnghuá Lù] 在县城中部。东起伏牛路,西止鸾州大道。与文化路、长春路、八一路等相交。长 4.1 千米,宽 16 米。沥青路面。1978 年开工,1986 年建成。以振兴中华意命名。两侧有县武装部、农业局、教育局、牧业局、商务局等。通多路公交车。

君山路 [Jūnshān Lù] 在县城东部。东起双龙桥,西至鸾州大道。与钼都路、伊水路、伏牛路、长春路等相交。长 5.2 千米,宽 35 米。沥青路面。1979 年开工,1986 年建成。因紧邻老君山风景区得名。两侧有公安局、林业局、黄金局、交通局等。通多路公交车。

赤土店镇 [Chìtǔdiàn Zhèn] 栾川县辖镇。在县境中部。面积 152 平方千米。人口 1.3

万。辖10村委会,有101自然村。镇人民政府驻赤土店。1956年设赤土店中心乡。1961年成立赤土店公社。1984年改设乡。1998年改置镇。因镇政府驻地得名。北沟河流经。有中学1所,小学3所,卫生院1个,卫生室10个。农业以玉米、中药材种植为主。畜牧业以养殖猪、牛、鸡为主。工业以钼、钨、铁、锌、铜采选为主。三邓公路过境。

赤土店［Chìtǔdiàn］　赤土店镇人民政府驻地。在县政府驻地城关镇北7千米。人口1700。传明末李自成义军在此地开矿炼银,炉厂遍地,土被烧红,称赤土地,后演为今名。聚落呈团块状。有中小学、卫生院、卫生室。有选矿业。三邓公路经此。

合峪镇［Héyù Zhèn］　栾川县辖镇。在县境东部。面积306平方千米。人口2.2万。以汉族为主,还有回族等。辖21村委会,有158自然村。镇人民政府驻合峪。1956年设合峪中心乡。1958年改公社。1984年改设乡。1995年改置镇。因镇政府驻地得名。明白河、西乡河流经。有中学1所,小学21所,卫生院1个,卫生室19个。农业以小麦、玉米、板栗、中药材种植为主。工业以萤石开采及钼、钨深加工为主。311国道、洛栾快速路过境。

合峪［Héyù］　合峪镇人民政府驻地。在县政府驻地城关镇东北27千米。人口3000。传原称黑峪。1911年秀才张德仁来此执教,以“四面朝向集中为合”地貌特征,改黑峪为合峪。聚落呈团块状。有中小学、卫生院。农业以玉米、小麦种植为主。311国道、洛栾快速路经此。

潭头镇［Tántóu Zhèn］　栾川县辖镇。在县境东北部。面积247平方千米。人口3.4万。辖26村委会,有223自然村。镇人民政府驻潭头。1956年设潭头中心乡。1958年改潭头公社。1970年析设秋扒公社。1984年改潭头乡。1993年改置镇。因镇政府驻地得名。小河、伊河流经。有中学2所,小学19所,卫生院1个,卫生室23个。有河南大学遗址。有国家4A级旅游景区重渡沟。农业以小麦、玉米种植为主。有采矿企业。省道伊卢线过境。

潭头［Tántóu］　潭头镇人民政府驻地。在县政府驻地城关镇东北29千米。人口4200。传禹凿龙门,伊阙劈开前此地为渊潭之头,故名。聚落呈团状。有中小学、卫生院。农业以小麦、玉米种植为主。省道伊卢线经此。

大王庙［Dàwángmiào］　在县政府驻地城关镇东北30千米。潭头镇辖自然村。人口1700。传元有朱姓大王在此避难,因识破天机被龙抓身亡,后人建庙纪念,故名。聚落呈团状。有小学、卫生室。有甘露寺、娃娃桥、河南大学遗址。农业以小麦、玉米种植为主。旧祖公路经此。

重渡［Chóngdù］　在县政府驻地城关镇东北20千米。潭头镇辖自然村。人口1500。因从潭头步行至此须两渡伊河得名。聚落呈带状。有小学、卫生院、文化书屋。有省级文物保护单位靳家楼,国家4A级旅游景区重渡沟。有住宿、餐饮、旅游商品开发产业。景区公路经此。2014年被评为全国文明村。

三川镇［Sānchuān Zhèn］　栾川县辖镇。在县境西部。面积91平方千米。人口2.6万。辖11村委会,有138自然村。镇人民政府驻三川。1956年设三川中心乡。1958年成立三川公社。1984年改设乡。1995年改置镇。因镇政府驻地得名。淯河、北川河流经。有中学1所,小学9所,卫生院1个,卫生室10个。有国家4A级景区抱犊寨。农业以玉米、中药材、食用菌种植为主。工业以钼、铅、锌采选加工为主。省道沈卢线过境。

三川［Sānchuān］　三川镇人民政府驻地。在县政府驻地城关镇西北29千米。人口4500。因上川、北川、下川3条河流交汇于此得名。聚落呈团状。有中小学、卫生院、剧场、休闲广场。有庙宇、基督教堂。有商贸业。省道沈卢线经此。

抱犊寨［Bàodúzhài］　在县政府驻地城关镇西北37千米。三川镇辖自然村。传曾有一名牧童常抱犊上山,食灵芝草成仙,道号抱犊真人,山遂名抱犊山。后民众为避兵患上山结寨,故名。有国家4A级景区抱犊寨。景区公路经此。

冷水镇［Lěngshuǐ Zhèn］　栾川县辖镇。在县境北部。面积52平方千米。人口1.8万。辖7村委会,有107自然村。镇人民政府驻冷水。1955年设冷水中心乡。1961年成立冷水公社。1984年改设乡。1995年改置镇。因冷水街得名。淯河流经。有中学1所,小学1所,卫生院1个,卫生室(所)18个,文化站、文化广场、剧院各1个。有龙王庙遗址。农业以玉米、中药材、蔬菜种植为主。工业以钼、铅、锌采选加工为主。朱三公路过境。

冷水［Lěngshuǐ］　冷水镇人民政府驻地。在县政府驻地城关镇北23千米。人口400。因海拔高,气温低,河水凉,故名。聚落呈团块状。有中小学、卫生院、剧院、文化广场、文化站。有关帝庙遗址。有商品零售、房屋租赁业。朱三公路经此。

陶湾镇［Táowān Zhèn］　栾川县辖镇。在县境西南部。面积231平方千米。人口3.2万。辖19村委会,有209自然村。镇人民政府驻陶湾。1956年设陶湾中心乡。1958年成立陶湾公社。1984年改设乡。1995年改置镇。因镇政府驻地得名。有西沟、南沟、北沟3峡谷。西沟核桃岔为伊河源头。有中学1所,小学15所,卫生院1个,卫生室19个。农业以玉米种植为主,有牛、猪、鸡养殖。工业以钼、铅、锌、铁采选加工为主。洛卢公路过境。

陶湾［Táowān］　陶湾镇人民政府驻地。在县政府驻地城关镇西17千米。人口1900。有碑刻载,明末陶姓居此,取名陶家湾,简称今名。聚落呈团块状。有中小学、剧院、卫生院。有零售业。洛卢公路经此。

石庙镇［Shímiào Zhèn］　栾川县辖镇。在县境南部。面积96平方千米。人口1.9万。辖10村委会,有113自然村。镇人民政府驻石庙。1956年设石庙中心乡。1970年成立石庙公社。1984年改设乡。2009年改置镇。因镇政府驻地得名。伊河流经。有中学1所,小学1所,卫生院1个,卫生室10个。有黄密寺遗址、黄密寺。有国家4A级旅游景区伏牛山滑雪度假乐园。农业以玉米、中药材、绿化苗木种植为主。工业以钼、钨选矿加工为主。311国道,石冷、石杨公路过境。

石庙［Shímiào］　石庙镇人民政府驻地。在县政府驻地城关镇西8千米。人口2100。传清嘉庆年间一商人到此打造石庙一座,香火旺盛,故名。聚落呈团状。有中小学、卫生院。有商品零售业。311国道经此。

庙子镇［Miàozǐ Zhèn］　栾川县辖镇。在县境东南部。面积348平方千米。人口2.5万。辖29村委会,有163自然村。镇人民政府驻庙子。1958年成立庙子公社。1984年改设乡。2009年改置镇。因镇政府驻地得名。有伏牛山。伊河、东沟河、洪洛河流经。有中学2所,小学12所,卫生院2个,卫生室29个。有国家4A级旅游景区龙峪湾国家森林公园。农业以小麦、玉米、中药材、食用菌种植为主。工业以钼、铁、锌、铜选矿加工为主。洛栾高速、311国道、洛栾快速路过境。

庙子［Miàozǐ］　庙子镇人民政府驻地。在县政府驻地城关镇东14千米。人口3200。传一白马从洪洛河跳出啃食麦苗,被枪击中后马腿断而复原。众以为神,建白马庙。后避水患,重建白马庙,比原庙小,得今名。聚落呈团状。有小学、卫生院。有爷帝庙、地藏庙、地姑庙、玉皇庙等。有商品零售业。311国道、洛栾快速路经此。

狮子庙镇［Shīzǐmiào Zhèn］　栾川县辖镇。在县境北部。面积276平方千米。人口2万。辖21村委会,有180自然村。镇人民政府驻狮子庙。1956年设狮子庙中心乡。1958年成立白狮公社。1970年改狮子庙公社。1984年改设乡。2010年改置镇。因镇政府驻地得名。小河流经。有中学1所,小学7所,卫生院1个,卫生室21个。农业以小麦、玉米、中药材种植为主。工业以金、银、铁、钼、铅选矿加工为主。伊卢公路过境。

狮子庙［Shīzǐmiào］　狮子庙镇人民政府驻地。在县政府驻地城关镇北26千米。人口1500。过去山高林密,多野兽。为保人畜平安,百姓建山神庙,庙基刻有石狮,故名。聚落呈块状。有小学、文化室、卫生院、卫生室。农业以小麦、玉米、蔬菜种植为主。县道旧祖线经此。

白土镇［Báitǔ Zhèn］　栾川县辖镇。在县境西北部。面积148平方千米。人口2.7万。辖12村委会,有123自然村。镇人民政府驻马超营。1956年设白土中心乡。1970年成立白土公社。1984年改设乡。2011年改置镇。因白土岭得名。小河流经。有中学1所,小学11所,卫生院1个,卫生室12个。农业以小麦、玉米、中药材种植为主。工业以金、银、钼、铅、铁选矿加工为主。县道旧祖线过境。

马超营［Mǎchāoyíng］　白土镇人民政府驻地。在县政府驻地城关镇西北33千米。人口2600。传三国时马超曾在此扎营,故名。聚落呈块状。有中小学、卫生院。有民间传统艺术鼓乐、雄狮爬高杆。农业以牡丹、柿子、核桃、中药连翘种植为主。旧三公路经此。

叫河镇［Jiàohé Zhèn］　栾川县辖镇。在县境西南部。面积164平方千米。人口2万。辖15村委会,有125自然村。镇人民政府驻叫河。1956年设叫河中心乡。1970年成立叫河公社。1984年改设乡。2011年改置镇。因镇政府驻地得名。淯河流经。有天河大峡谷景区。有中学1所,小学13所,卫生院1个,卫生室15个。农业以玉米、中药材、食用菌种植为主。有钼选矿企业3个。县道旧祖线过境。

叫河［Jiàohé］　叫河镇人民政府驻地。在县政府驻地城关镇西北28千米。人口3900。淯河源出冷水,经三川至此,因地势陡降,水流奔腾咆哮,称叫河,村以河名。聚落呈团状。有中小学、卫生院、卫生室。有犁水庙、关爷庙、铁佛寺等。农业以玉米、土豆种植为主。县道旧祖线经此。

栾川乡［Luánchuān Xiāng］　栾川县辖乡。在县境南部。面积122平方千米。人口3.3万。辖2居委会、13村委会,有90自然村。乡人民政府位于君山路。1956年设栾川中心乡。1958年成立城关公社。1959年改栾川公社。1982年改城关镇公社。1984年析设栾川乡。因乡政府在栾川县城得名。四面环山。伊河、北沟河流经。有中学1所,小学7所,卫生室15个。有全国重点文物保护单位七里坪遗址,省级文物保护单位老君山铁造像、漫子头遗址。有国家5A级旅游景区老君山鸡冠洞、国家4A级旅游景区养子沟。农业以小麦、玉米种植为主。工业以制药、选矿为主。洛栾快速路过境。

秋扒乡［Qiūpá Xiāng］　栾川县辖乡。在县境北部。面积159平方千米。人口1.1万。辖

9村委会，有86自然村。乡人民政府驻秋扒。1970年成立秋扒公社。1984年改设乡。因乡政府驻地得名。有小学5所，卫生院1个，卫生室26个。有非物质文化遗产靠山黄剧种、三弦书等。农业以小麦、玉米、中药材种植为主。县道旧祖线过境。

秋扒［Qiūpá］ 秋扒乡人民政府驻地。在县政府驻地城关镇北27千米。人口1200。传原为多楸树的河滩，称楸树趴，习称秋扒，故名。聚落呈团状。有千年古柏一株。有小学、卫生院。农业以小麦、玉米种植为主。县道旧祖线经此。

嵩县

嵩县［Sōng Xiàn］ 洛阳市辖县。北纬34°08′，东经112°05′。在市境西南部。面积3009平方千米。人口62万。以汉族为主，还有满、回等民族。辖10镇、6乡。县人民政府驻城关镇。金皇统元年(1141)设嵩州，以境内外方山为嵩山起脉得名。明洪武二年(1369)降嵩州为嵩县，属河南府。清因之。1913—1932年属豫西道、河洛道、河南省、第十行政督察区。1960、1969年属洛阳专区、洛阳地区。1986年属洛阳市。地势西南向东北逐降。平均海拔1228.3米。海拔两千米以上山峰7座。年均气温14.0℃，1月平均气温0℃，7月平均气温26.8℃。年均降水量689毫米。伊河、汝河、白河流经。森林覆盖率68%。有中学21所，小学314所，三级医院2个，二级医院4个。三次产业比例14∶34∶52。农业以中药材、食用菌种植为主。畜牧业以饲养生猪、牛、羊为主。有土特产银鱼、槲叶、银杏、嵩胡等。工业以采矿、制造、化工为主，为钼工业基地、氟化工产业基地。服务业以旅游为主。洛栾高速、311国道、省道南车线过境。

嵩县汽车站［Sōng Xiàn Qìchēzhàn］ 见交通运输设施部分"嵩县汽车站"条。

城关镇［Chéngguān Zhèn］ 嵩县人民政府驻地。在县境北部。面积101平方千米。人口13.8万。辖6居委会、14村委会，有113自然村。镇人民政府位于嵩州路。1941年为城元镇。1958年成立城关公社。1982年置城关镇。高都河、贾寨河等流经。有中学2所，小学17所，三级医院2个，二级医院3个，卫生院1个，卫生所18个，敬老院1个。有景点财神庙、文庙、周公庙、康公祠遗址、嵩县老城遗址等。农业以小麦、玉米种植为主，产小红薯、中药材。有林场。工业以装成桥梁，仓库设备、升降机与电梯、管道、喷水、暖气、通风、空调设备，机电产品再制造，废旧汽车零部件，工程机械，机床等为主。服务业以旅游为主。洛栾快速路过境。

人民路［Rénmín Lù］ 在县城中部。西北起行政路，东南至陆浑大道。与嵩州路、建设路、白云大道等相交。长2.6千米，宽20米。沥青路面。1992年扩建，1994年建成。两侧多高层写字楼。有县政府、县农行、县工行等单位。通公交车。

白云大道［Báiyún Dàdào］ 在县城中部。西南起陆浑大道，东北至天城路。与大禹路、永安街、人民路等相交。长5.4千米，宽40米。沥青路面。1999年开工，同年建成。因白云山得名。两侧有县第一高中、县中医院、黄金大厦等。通公交车。

建设路［Jiànshè Lù］ 在县城中部。西南起大禹路，东北至翠山街。与两程路、人民路等相交。长2.5千米，宽30米。沥青路面。1992年开工，1993年建成。因县城扩建自此路始，故名。两侧有县人民医院、市中医药学校附属医院、县建设银行、中药三厂等。通公交车。

田湖镇［Tiánhú Zhèn］ 嵩县辖镇。在县境北部。面积123平方千米。人口7.7万。辖31村委会，有131自然村。镇人民政府驻田湖。民国时为田湖镇。1952年设田湖乡。1958年成立田湖公社。1984年改设乡。1987年改置镇。因镇政府驻地得名。有九皋山、西岩山、陆浑岭等。伊河流经。有中学2所，小学34所，卫生院1个，卫生室31个，敬老院1个。有全国重点文物保护单位两程故里，省级文物保护单位铺沟石窟。有景点窑店村遗址、姜太公庙等。农业以小麦、玉米、红薯、蔬菜种植为主。工业有电动车、箱包、建材、化工等企业。洛栾高速、洛栾快速路过境。

田湖［Tiánhú］ 田湖镇人民政府驻地。在县政府驻地城关镇东北16千米。人口200。传远古时龙门以南为五阳江，九皋山为江中大岛，后大禹治水凿开龙门，湖底沉积成田，故名。聚落呈块状。有中小学、幼儿园、卫生院(所)。有景点田湖寨北寨门、三清洞等。农业以小麦、玉米、花生、棉花种植为主。有水泥厂。洛栾快速路、老洛栾公路经此。

旧县镇［Jiùxiàn Zhèn］ 嵩县辖镇。在县境西部。面积149平方千米。人口2.7万。辖13村委会，有230自然村。镇人民政府驻旧县(自然村)。1961年成立旧县小公社。1975年改旧县公社。1984年改设乡。1998年改置镇。因镇政府驻地得名。属浅山丘陵区，东西丘陵，南北环山。伊河流经。有中学1所，小学14所，卫生院1个，卫生室13个，敬老院1所。有城隍庙、吉祥寺、老县衙旧址。产中药材。有选矿企业。洛栾高速、344国道过境。

旧县［Jiùxiàn］ 旧县镇人民政府驻地。在县政府驻地城关镇西南26千米。人口2800。因唐曾设伊阳县于此，故名。聚落呈块状。有中小学、卫生院。有歌舞楼旧址等。农业以玉米、小麦种植为主。伊卢公路经此。

车村镇［Chēcūn Zhèn］ 嵩县辖镇。在县境南部。面积553平方千米。人口5.7万。辖26村委会，有416自然村。镇人民政府驻车村。1958年成立车村公社。1984年改设乡。1995年改置镇。因镇政府驻地得名。地处伏牛山腹地，南山北岭，中河川盆地，海拔575—2129米。牛庄河、明白河等流经。有矿产资源萤石、铁、铅锌、钼、金等。有中学2所，小学24所，二级医院1个，卫生室24个，敬老院1个。有红椿寺、慈光寺、菩提寺。有国家5A级旅游景区白云山，国家4A级旅游景区木札岭，国家3A级旅游景区卧龙谷。有民间传统文化孙店曲剧团、高装、官亭舞狮等。农业以小麦、玉米、中药材种植为主。有采矿业。311国道等过境。

车村［Chēcūn］ 车村镇人民政府驻地。在县政府驻地城关镇南39千米。人口4200。因车姓曾居此得名。有中小学、县第三人民医院。有太和城遗址。聚落呈块状。农业以中药材、玉米、油菜、红薯、小麦种植为主。311国道经此。

木扎岭［Mùzhālǐng］ 在县政府驻地城关镇东南45千米。车村镇辖自然村。人口200。由于此山高，当地人一度认为再无比此山岭更高的地方，取名"没大岭"，后演为今名。聚落呈块状。为伏牛山军事要道。有国家4A级旅游景区木扎岭。有三官庙旧址。农业以核桃、山萸肉、玉米、油菜、红薯、小麦、大豆种植为主。311国道经此。

闫庄镇［Yánzhuāng Zhèn］ 嵩县辖镇。在县境北部。面积131平方千米。人口4.2万。辖21村委会，有262自然村。镇人民政府驻闫庄。1947年设阎庄区。1958年设阎庄乡。后改阎庄公社。1961年复阎庄区。1963年复阎庄公社。1984年改乡。2007年改置闫庄镇。因镇政府驻地得名。为浅山丘陵区。有露宝寨山、西岩山、火焰山等。焦涧川、凤阳河等流经。有中学1所，小学23所，卫生院1个，卫生室21个，敬老院1个。有景点法华寺、龙兴寺、朱熹庙、万选才故居、万氏佳城、西岩山等。农业以大葱、花生、核桃种植为主，有黄牛饲养。有机械厂、纸厂。老洛栾公路等过境。

闫庄［Yánzhuāng］ 闫庄镇人民政府驻地。在县政府驻地城关镇北12千米。人口4200。原名銮驾镇。因唐永昌元年(689)武则天到思远山(即西岩山)游历赏景驻驾于此而得名。历经宋、元、明、清至咸丰，原名未改。到同治六年(1867)经王书敬率众把凤凰台、古垛庄、銮驾镇、闫家庄等八庄合成一寨(寨里寨外三里三)，后演变为闫庄。聚落呈块状。有中小学、卫生院、卫生所。农业以小麦、玉米、大葱种植为主。有黄牛市场。洛栾公路等经此。

德亭镇［Détíng Zhèn］ 嵩县辖镇。在县境西北部。面积321平方千米。人口4.7万。以汉族为主，还有回族。辖24村委会，有264自然村。镇人民政府驻德亭。1956年设德亭中心乡。1961年成立德亭小公社。1964年改德亭公社。1984年改设乡。2009年改置镇。因镇政府驻地得名。属浅山丘陵区。鹰嘴山海拔1859.6米。伊河流经。有山峡水电站、龙佛水库等。有中学1所，小学21所，卫生院1个，卫生室24个，敬老院1个。有景点梅子沟古遗址、佛泉寺、龙王庙、天池山景区等。有民间传统文化高跷、锣鼓队、豫剧团等。农业以小麦、玉米、红薯、大豆等种植为主。工业开采黄金、钼、铁、银、萤石等。嵩卢公路、梅韩公路等过境。

德亭［Détíng］ 德亭镇人民政府驻地。在县政府驻地城关镇西14千米。面积1.5平方千米。人口3600。元末明初有隐士李怀德乐善好施，在村中筑亭，得名怀德村，后演为今名。聚落呈散状。有中小学、卫生院、敬老院。农业以小麦、玉米、红薯、花生、大豆种植为主。老洛栾公路等经此。

大章镇［Dàzhāng Zhèn］ 嵩县辖镇。在县境西南部。面积262平方千米。人口3.5万。辖17村委会，有314自然村。镇人民政府驻大章。1961年成立大章公社。1984年设大章乡。2009年改置大章镇。因镇政府驻地得名。有鹰嘴山、潘龙山。伊河流经。有矿产资源金。有中学1所，小学18所，卫生院1个，卫生室18个，敬老院1个。有矿业公司等。洛栾高速、老洛栾公路、洛栾快速路过境。

大章［Dàzhāng］ 大章镇人民政府驻地。在县政府驻地城关镇西南20千米。人口3800。传战国时韩王领兵在此大战，得名大仗，后演为今名。聚落呈块状。有中小学、卫生院、敬老院。农业以小麦、玉米、红薯种植为主。老洛栾公路经此。

白河镇［Báihé Zhèn］ 嵩县辖镇。在县境南部。面积310平方千米。人口1.4万。辖12村委会，有343自然村。镇人民政府驻白河。1956年为庙街中心乡。1958年设白河乡，后成立白河公社。1984年改设乡。2010年改置镇。因镇政府驻地得名。最高峰玉皇顶2211.6米。白河流经。有旋风湾、草立坪、刁崖等水电站。有矿产资源金、铁、铜等。有国家自然保护区宝天曼、国家级森林保护区龙池曼。有中学1所，小学12所，卫生院1个，卫生室11个，敬老院1个。有国家5A级景区白云山，景点云岩寺、千年银杏林、菩提莲山景区、云岩寺等。农业以食用菌、中药材种植为主。高兰、旧邓公路过境。

白河［Báihé］　白河镇人民政府驻地。在县政府驻地城关镇南60千米。人口600。因曾有龙王古庙得名庙街，1949年后，因白河流经改今名。聚落呈带状。有中小学、卫生院、敬老院。农业以玉米、红薯种植为主。高兰公路经此。

纸房镇［Zhǐfáng Zhèn］　嵩县辖镇。在县境中部。面积184平方千米。人口3.7万。辖4居委会、17村委会，有327自然村。镇人民政府驻纸房。1958年成立东风公社。1963年更名纸房公社。1984年改设乡。2011年改置镇。因镇政府驻地得名。有黄花曼、祖始顶、扳倒井等山。沙沟河、吕沟河、五道沟河等流经。有台上、朱王岭水库等。有矿产资源钼、钾长石等。有中学2所，县教师进修学校、特殊教育学校各1所，小学19所，卫生院1个，卫生室22个，敬老院1个。有景点七峰山、伊尹祠、竹林寺、老龙山等。有家具厂、纺织公司等。洛栾高速等过境。

纸房［Zhǐfáng］　纸房镇人民政府驻地。在县政府驻地城关镇南30千米。人口5200。清中期，有一个商人在伊河岸边新河滩三角地建作坊，制作生产鞭炮的活纸，故名。聚落呈块状。有县教师进修学校、县特殊教育学校、中小学、卫生院。农业以小麦、玉米、红薯种植为主。洛栾高速经此。

饭坡镇［Fànpō Zhèn］　嵩县辖镇。在县境东北部。面积102平方千米。人口2.4万。辖17村委会，有158自然村。镇人民政府驻饭坡。1975年成立饭坡公社。1984年改设乡。2013年改置镇。因镇政府驻地得名。有九皋山、禹王山、青山。八达河、洛沟河流经。有禹山水库。有中学2所，小学17所，卫生院1个，卫生室17个，敬老院1个。有曲里温泉。农业以小麦、玉米、红薯、辣椒、花生种植为主。洛栾高速等过境。

饭坡［Fànpō］　饭坡镇人民政府驻地。在县政府驻地城关镇东北13千米。人口1400。传东汉刘秀被王莽追至此，席间闻王莽即到，遂将饭食泼予地上骑马而去，村因名饭泼，后演为今名。聚落呈块状。有中小学、卫生院、敬老院。农业以小麦、玉米种植为主。侯饭公路等经此。

大坪乡［Dàpíng Xiāng］　嵩县辖乡。在县境北部。面积117平方千米。人口3.7万。辖18村委会，有202自然村。乡人民政府驻大坪。1975年成立大坪公社。1984年改设乡。因乡政府驻地得名。山地丘陵地貌。有露宝寨山、雪大顶。九女河、赵村河等流经。有中学1所，小学18所，卫生院1个，卫生室18个，敬老院1个。有景点庆安禅寺、源头活水、万亩油菜花、露宝寨景区、青沟湖、嵖嵖峡等。农业以小麦、玉米、花生、蔬菜种植为主。老洛栾公路等过境。

大坪［Dàpíng］　大坪乡人民政府驻地。在县政府驻地城关镇北11千米。人口1600。因地势平坦，明末为太坪村，清顺治年间改今名。聚落呈块状。有中学、卫生院、敬老院。农业以小麦、玉米、大豆、红薯、花生等种植为主。老洛栾公路经此。

库区乡［Kùqū Xiāng］　嵩县辖乡。在县境东北部。面积72平方千米。人口4.6万。辖1居委会、26村委会，有179自然村。乡人民政府驻桥北。1954年设桥北中心乡。1963年成立库区公社。1984年改设乡。因在陆浑水库南北(现为东西)两岸，故名。为丘陵半山区。吴村河、龙驹河、干涧河、草寺沟河流经。有中学2所，小学26所，卫生院1个，卫生室26个，养老院1个。有省级文物保护单位仰韶文化遗址。有龙山文化遗址、梁园村二里头文化遗址。有民间文艺桥北村放河灯、安岭村木偶戏、桥北村水墨画。农业以粮食作物小麦、玉米、红薯种植为主。有木业制品厂、水泥公司等。洛栾快速路，洛栾、嵩汝公路过境。

桥北［Qiáoběi］　库区乡人民政府驻地。在县政府驻地城关镇东北7千米。人口3600。宋名十里铺。清乾隆年间在龙驹河修渠引水，在渠上建小桥，村在桥之北，故名，亦称桥铺。聚落呈块状。有中小学、卫生院、敬老院。有战国新城遗址、桥北遗址。农业以小麦、玉米、大豆、红薯、花生种植为主。洛栾快速路经此。

何村乡［Hécūn Xiāng］　嵩县辖乡。在县境中部。面积93平方千米。人口3.3万。辖1居委会、16村委会，有172自然村。乡人民政府驻何村。1963年成立何村公社。1984年改设乡。因乡政府驻地得名。为浅山丘陵区。贾寨、黄寨、桥头河等流经。有矿产资源金、银、铜、锰等。有中学1所，小学17所，卫生院1个，卫生室17个，敬老院1个。有景点玉泉山寺庙、岱岳宫等。农业以小麦、玉米种植为主，产桃、梨、李子、杏等。有钼业、药业公司等。洛栾高速、老洛栾公路、洛栾快速路过境。

何村［Hécūn］　何村乡人民政府驻地。在县政府驻地城关镇西南5千米。人口1000。因何姓先在此落户得名。聚落呈块状。有中小学、幼儿园、卫生院(所)。农业以小麦、玉米、红薯等种植为主。洛栾公路经此。

九店乡［Jiǔdiàn Xiāng］　嵩县辖乡。在县境东北部。面积94平方千米。人口2.4万。辖17村委会，有161自然村。乡人民政府驻九店。1955年设九店中心乡。1961年成立九店公社。1984年改设乡。因乡政府驻地得名。黄贝沟、石槽沟、郭沟等流经。有中学1所，小学18所，卫生院1个，卫生所17个。有景点九皋山、鹤鸣观、云居寺等。农业以小麦、玉米种植为主。嵩汝、田九公路过境。

九店［Jiǔdiàn］　九店乡人民政府驻地。在县政府驻地城关镇东20千米。人口400。传西晋时人烟稀少，张姓在此开一酒店，后被9强人所占，开成9家店铺，名九家店，后演为今名。聚落呈块状。有中小学、卫生院。农业以小麦、玉米、大豆、皂角、花生种植为主。侯饭、嵩汝公路经此。

黄庄乡［Huángzhuāng Xiāng］　嵩县辖乡。在县境东部。面积185平方千米。人口2.8万。辖26村委会，有307自然村。乡人民政府驻黄庄。1958年设黄庄乡。1958年成立红光公社。1963年改为黄庄公社。1984年改设乡。因乡政府驻地得名。属山区。有双峰山、祖师顶、竹竿垛等山。汝河流经。有红堂大树丫、天息百叶、石楼等水库40座。有矿产资源铁、磷、铜等10余种。有伊利石、竹叶石等观赏石。有中学1所，小学13所，卫生院1个，卫生室23个，敬老院1个。有景点黄庄祖师庙、先人寨、万人坑、“油桐王”与古柏等。经济以烟花爆竹、中药材产业为主。农业以小麦、玉米、花生种植为主，畜牧业养牛、猪、羊、鸡、兔为主。县道上纸线等过境。

黄庄［Huángzhuāng］　黄庄乡人民政府驻地。在县政府驻地城关镇东南18千米。人口1400。明代有黄姓人家迁此，故名。聚落呈块状。有小学、卫生院。农业以小麦、玉米种植为主，产花生、核桃。县道上纸线等经此。

木植街乡［Mùzhíjiē Xiāng］　嵩县辖乡。在县境南部。面积227平方千米。人口1.4万。辖15村委会，有141自然村。乡人民政府驻木植街。1956年设木植街乡。1958年成立公社。1961年设区。1963年复公社。1984年改设乡。因乡政府驻地得名。有杨山等海拔千米以上高峰10余座。汝河流经。有中学1所，小学15所，卫生院1个，卫生室15个，敬老院1个。有景点杨山寨、张槐寺、黑龙庙等。农业以小麦、玉米、红薯种植为主，有獭兔和生态黑猪养殖。有采矿企业。陆车、石杨公路等过境。

木植街［Mùzhíjiē］　木植街乡人民政府驻地。在县政府驻地城关镇东南23千米。人口300。因古代盛产木材得名。聚落呈块状。有中小学、卫生院、敬老院。农业以小麦、玉米、药材种植为主。省道南车线经此。

汝阳县

汝阳县［Rǔyáng Xiàn］　洛阳市辖县。北纬34°08′，东经112°12′。在市境南部。面积1333平方千米。人口48.7万。辖8镇、5乡。县人民政府驻城关镇。唐先天元年(712)置伊阳县。元至正三年(1343)撤伊阳县入嵩州。明成化十二年(1476)重设伊阳县，属汝州。1913—1932年历属豫西道、河洛道、豫西行政督察区、河南省、第十行政督察区等。1949年属洛阳专区。1959年因伊阳、宜阳2县名音近，以伊阳在汝河北岸改今名。1986年属洛阳市。南为山地，中部丘陵，北为平川、丘陵。最高山峰鸡冠山海拔1602米，最低点杜康河底海拔220米。平均海拔543米。年均气温14℃，1月平均气温0.2℃，7月平均气温26.9℃。年均降水量670毫米。汝河、马蓝河、浑椿河等流经。有野生植物500余种，其中有国家重点保护野生植物银杏、红豆杉、白皮松、夹竹桃、红椿、香樟、水曲柳。有野生动物82种，其中有国家重点保护野生动物大鲵、红腹锦鸡、金雕等16种。有矿产资源钼、铝、锌等。森林覆盖率54.2%。有省级科研机构3个，中学24所，小学210所，中职3所，体育运动学校1所，三级医院1个，二级医院2个，体育场、体育馆各1个。有全国重点文物保护单位魏明帝高平陵，省级文物保护单位观音寺、文庙、南寨岭遗址等5个。有古迹遗址练溪寺、宝应寺、圣王台遗址、古严遗址及旧石器文化、仰韶文化和龙山文化遗址多处。有国家4A级旅游景区恐龙地质公园、西泰山景区、杜康造酒遗址公园、龙隐景区。有云梦山古军校游览区、岘山道教景区、大虎岭国家森林公园等。有省级非物质文化遗产杜康酒及酿造工艺、南庄木偶戏、铁炉营三弦铰子书，地方特色文化梅花玉及雕制工艺、南街排鼓、云梦鬼谷子传说等。有旅游节事活动炎黄文化节、杜康封坛大典、云梦鬼谷军事文化节、观音寺水陆法会等。三次产业比例13∶63∶24。农业以小麦、玉米、红薯种植为主，有经济作物花生、蔬菜、棉花等。工业以酿酒、采矿冶炼、建材为主。服务业以现代物流、电子商务、快递服务为主。焦柳铁路，二广、宁洛高速，省道郭木、侯饭、常付线过境。

汝阳汽车站［Rǔyáng Qìchēzhàn］　见交通运输设施部分“汝阳汽车站”条。

城关镇［Chéngguān Zhèn］　汝阳县人民政府驻地。在县境中部。面积92平方千米。人口11.1万。辖12居委会、11村委会，有99自然村。以汉族为主，还有回、满、苗、彝、蒙古等民族。镇人民政府位于凤山路。1949年为城关区。1951年设城关镇。1958年成立红旗公社。1961年改城关公社。1982年复置城关镇。因县治所在地有城门，习称城关，故名。南、北多山岭，中部为汝河冲积平原。汝河、马兰河、涧河等流经。有矿产资源煤、铝、铁等。有中学2所，小学20所，三级医院1个，二级医院2个，卫生院1个，卫生所23个。有省级文物保护单位文庙、古严遗址。有景点云梦山景区、凤凰山森林公园、瑞云山森林公园、练溪寺、古城寨遗址等。有非物质文化遗产南街排鼓、云梦鬼谷子传说。农业以小麦、玉米、红薯种植为主。工业以机械制造、矿产品加工为主，有工业开发区。省道郭木、侯饭线过境。有汝阳汽车站。

人民路［Rénmín Lù］ 在县城中部。西起东大街，东至杜康大道。与新华路、凤山路、刘伶路等相交。长1.8千米，宽30米。沥青路面。1957年建沙石路面。1972年铺修沥青路面。1982、1998年修人行道，铺设彩砖。两侧有县政府、文化广场、邮电局、商场、银行、宾馆等。通多路公交车。

城东［Chéngdōng］ 城关镇辖自然村。在镇境南部。人口4700。《左传》载，鲁昭公二十九年（前513）晋国在汝河南岸建城池，见城东一里处路边开有客栈，渐成聚落，故名。聚落呈团状。有中小学、文化大院、体育场（馆）等。有古城寨遗址。有瑞云山森林公园。有煤矿、杜康酒分厂、轴承厂等企业。省道郭木线、县道伊鲁线经此。

上店镇［Shàngdiàn Zhèn］ 汝阳县辖镇。在县境中部。面积52平方千米。人口4.1万。辖15村委会，有118自然村。镇人民政府驻上店。明初设上店里。1949年设上店区。1958年成立超美公社。1962年改上店公社。1984年设上店乡。1996年改置镇。因镇政府驻地得名。南为丘陵，北为冲积平原。汝河、圪塔河、桂柳河等流经。有中学2所，小学15所，卫生院1个，卫生所15个。有省级文物保护单位南寨岭仰韶文化遗址、竹园旧石器遗址。有牛、羊、猪、鸡饲养及中药材产业。工业有有色金属加工、木材加工、建材、造纸行业。有特产麻花、梅花玉。省道郭木线过境。

上店［Shàngdiàn］ 上店镇人民政府驻地。在县政府驻地城关镇西南6千米。人口1.3万。早年汝河南岸上下游分别有李氏兄弟所开酒店，此地近上游店，故名。聚落呈长方形。有中小学、卫生院、文化服务中心。特产麻花。省道郭木线经此。

付店镇［Fùdiàn Zhèn］ 汝阳县辖镇。在县境南部。面积216平方千米。人口1.7万。辖1居委会、13村委会，有189自然村。镇人民政府驻付店。清初设付店镇。1949年为付店区。1957年为付店中心乡。1958年成立付店公社。1984年改设乡。2000年改置镇。因镇政府驻地得名。以山地为主。靳村河、斜纹河源于此。有矿产资源钼、铅锌、铁、铜等，有中国最大单体钼矿床。有中学1所，小学14所，卫生院1个，卫生所15个。有国家4A级旅游景区西泰山原生态风景区、龙溪漂流。经济以矿业、旅游业、菌业为主。省道郭木线过境。

付店［Fùdiàn］ 付店镇人民政府驻地。在县政府驻地城关镇西南36千米。人口900。元代付姓在鲁家场北边开客栈，习称付家店，后简为今名。聚落呈带状。有中小学、卫生院、文化服务中心。农业以玉米、小麦、食用菌种植为主。省道郭木线、县道三禅线经此。

小店镇［Xiǎodiàn Zhèn］ 汝阳县辖镇。在县境东部。面积66平方千米。人口4.7万。以汉族为主，还有苗、蒙古、土家等民族。辖20村委会，有68自然村。镇人民政府驻小店。1955年设小店中心乡。1958年成立钢铁公社。1962年改小店公社。1984年改设乡。1994年改置镇。因镇政府驻地得名。南北多山，中为汝河冲积平原。汝河、霍阳河、关帝河流经。有中学2所，卫生院1个，卫生所20个。有省级文物保护单位观音寺。有圣王台仰韶文化遗址、关帝商周遗址。有古迹名胜紫逻古城遗址、广成关遗址、金代摩崖石刻、古铁矿洞遗址、双峰山石八阵等。农业以小麦、玉米、水稻、花生种植为主。工业有钢铁、水泥、火电、化工、纺织、机械等企业。二广高速，省道侯饭线，县道汝安、小柏线过境。

小店［Xiǎodiàn］ 小店镇人民政府驻地。在县政府驻地城关镇东10千米。人口9900。明初马姓移民到紫逻川，在路旁开店，故名。聚落呈团块状。有中小学、卫生院、文化服务中心。有铸造业。省道侯饭线经此。

圣王台［Shèngwángtái］ 在县政府驻地城关镇东14千米。小店镇辖自然村。人口1600。汤王率文武百官到凤凰山上设坛登台为民祈雨，故名。聚落呈团状。有中小学、文化大院。为省级历史文化名村、省级传统村落。有省级文物保护单位观音寺。有圣王台仰韶文化遗址、汤王殿。农业以小麦、玉米种植为主。县道小柏线经此。

刘店镇［Liúdiàn Zhèn］ 汝阳县辖镇。在县境东南部。面积76平方千米。人口3.5万。辖12村委会，有117自然村。镇人民政府驻刘店。1955年设刘店乡。后改公社。1984年改设乡。2010年改置镇。因镇政府驻地得名。属丘陵区。关帝河、霍阳河流经。有中学2所，小学12所，卫生院1个，卫生所12个。有汝阳恐龙国家地质公园。有名胜古迹段家秀楼、岘山佛爷洞、干寨山楚长城石墙遗址等。农业以小麦、玉米种植为主。工业以生产玻璃砂、生石灰等为主。二广高速，县道小柏、汝寄线过境。

刘店［Liúdiàn］ 刘店镇人民政府驻地。在县政府驻地城关镇东南12千米。人口2900。古有骆驼商队往来霍阳河，有刘姓人家在河北岸开客栈，人称刘家店，简为今名。聚落呈条状。有中小学、卫生院、文化服务中心、文化广场。农业以小麦、玉米种植为主。县道小柏、汝寄线经此。

内埠镇［Nèibù Zhèn］ 汝阳县辖镇。在县境东北部。面积69平方千米。人口5.6万。以汉族为主，还有回、苗、土家等民族。辖1居委会、18村委会，有33自然村。镇人民政府驻内埠。1949年设内埠区。1955年设内埠中心乡。1958年成立内埠红星公社。1960年改内埠公社。1984年改内埠乡。2010年改置镇。因镇政府驻地得名。西、北为丘陵。牛家河、柳沟、杜庄河等流经。有中学3所，小学19所，卫生院2个，卫生所19个。有全国文物保护单位魏明帝高平陵。有名胜古迹五纵山薄姬塔、华宝寨、广兴寺、汉代古墓群遗址等。农业以小麦、玉米、大豆、棉花种植为主。工业有玻璃、天源气体、陶瓷等企业。有县产业聚集区和工业园区。有寿衣制作传统。焦枝铁路，洛界、二广高速，省道常付线，县道汝安、大蔡线过境。

内埠［Nèibù］ 内埠镇人民政府驻地。在县政府驻地城关镇北22千米。人口1.1万。西汉时广成泽北岸为江浙通往陕西丝绸古道上一段，商贾多歇于此，形成内地货栈，故名。聚落呈长方形。有中小学、卫生院、卫生所、文化大院。有汉代古墓群、广兴寺。农业以小麦、玉米、棉花、谷子种植为主。有寿衣加工业。县道大蔡线经此。

三屯镇［Sāntún Zhèn］ 汝阳县辖镇。在县境南部。面积140平方千米。人口4.5万。以汉族为主，还有回族。辖24村委会，有269自然村。镇人民政府驻三屯。明设三屯镇。1947年设三屯区。后改公社。1984年改三屯乡。2011年改置镇。因镇政府驻地得名。四周环山，中部盆地。马兰河流经。有玉马水库。有矿产资源铜、铁、铅、锌等。有中学1所，小学24所，卫生院1个，卫生所24个。有景点岘山、三屯广行宫、红军寨、蝎子寨、玉马平湖、清凉寨风景区、马蓝河漂流等。农业以小麦、玉米、红薯种植为主。县道小柏、汝鲁线过境。

三屯［Sāntún］ 三屯镇人民政府驻地。在县政府驻地城关镇南10千米。人口5300。战国时楚国问鼎洛阳，三次屯兵霍阳山口，后屯兵处形成聚落，故名。聚落呈多边形。有中小学、文化服务中心、卫生院、卫生所、养老院。农业以玉米、小麦种植为主。县道小柏、汝鲁线经此。

陶营镇［Táoyíng Zhèn］ 汝阳县辖镇。在县境北部。面积59平方千米。人口3.9万。以汉族为主，还有回、蒙古、苗等民族。辖14村委会，有39自然村。镇人民政府驻陶营。1955年设陶营中心乡。1961年成立陶营公社。1984年改设乡。2013年改置镇。因镇政府驻地得名。为一山二岭七分川地形。牛架河流经。有中学2所，小学15所，卫生院1个，卫生所14个。有古树名木。有省级非物质文化遗产木偶戏、三弦铰子书。农业以小麦、玉米、棉花等种植为主。有观光休闲农业。二广高速、县道临葛线过境。

陶营［Táoyíng］ 陶营镇人民政府驻地。在县政府驻地城关镇东北17千米。人口5700。明代河南卫屯兵广成泽，有营将姓陶，故名陶家营，后简为今名。聚落呈团状。有中小学、卫生院、文化服务中心、文化大院。有陶姓祖堂、大虎岭农业公园等。农业以小麦、玉米、油菜种植为主。县道罗葛、内陶线经此。

柏树乡［Bǎishù Xiāng］ 汝阳县辖乡。在县境西部。面积78平方千米。人口2.7万。辖13村委会，有147自然村。乡人民政府驻上柏树沟。1949年设柏树乡。1961年改公社。1984年复乡。因乡政府驻地得名。地处丘陵浅山区。汝河、漫流河、华沟河等流经。有中学2所，小学13所，卫生院1个，卫生所13个。农业以红薯种植为特色。有矿产资源石灰岩、焦煤等。工业有煤矿、水泥厂等企业。省道侯饭线过境。

上柏树沟［Shàngbǎishùgōu］ 柏树乡人民政府驻地。在县政府驻地城关镇西10千米。人口900。此处为孙膑砍柏树之地，称柏树沟。后因方位习称今名。聚落呈带状。有小学、幼儿园、卫生院、文化服务中心。有柏树商周文化遗址。农业以红薯种植为主。344国道、省道侯饭线经此。通公交车。

十八盘乡［Shíbāpán Xiāng］ 汝阳县辖乡。在县境南部。面积113平方千米。人口2.1万。以汉族为主，还有回族。辖16村委会，有272自然村。乡人民政府驻十八盘。1956年设十八盘中心乡。1958年成立十八盘公社。1984年改设乡。2005年竹园乡并入。因乡政府驻地得名。汝河、斜纹河、浑椿河等流经。有中学2所，小学16所，卫生院1个，卫生所16个。有名胜古迹清凉寨、常界岭巡检司遗址。农业以小麦、玉米种植为主。有特产食用菌、中药材。省道郭木线、县道上黄线过境。

十八盘［Shíbāpán］ 十八盘乡人民政府驻地。在县政府驻地城关镇西南15千米。人口200。因村北山高，盘旋18个弯道，有"紧十八，慢十八，不紧不慢又十八"之说，故名。聚落呈带状。有中小学、卫生院、卫生室、文化服务中心、文化广场。农业以小麦、玉米种植为主。有特产香菇、木耳。省道郭木线经此。

靳村乡［Jìncūn Xiāng］ 汝阳县辖乡。在县境西南部。面积129平方千米。人口1.3万。辖11村委会，有275自然村。乡人民政府驻靳村。1950年设靳村中心乡。1962年成立靳村公社。1984年改设乡。因乡政府驻地得名。最高峰石岗帽海拔1476米。靳村河流经。有矿产资源铅锌、磁铁、锰等。有中学1所，小学11所，卫生院1个，卫生所11个。有景点恐龙谷漂流景区、须弥山佛教景区、天心山古矿景区、靳总兵墓。农业以小麦、玉米种植为主，产柴胡、冬花、连翘等中药材。县道斜靳、付靳、靳泰线过境。

靳村［Jìncūn］ 靳村乡人民政府驻地。在县政府驻地城关镇西南45千米。人口400。明代有靳姓居此，后官居总兵之职，称"靳总兵"，故名。聚落呈带状。有中小学、卫生院、文化服务中心、文化大院。有靳总兵墓。农业以小麦、玉米种植为主。有特产香菇。县道斜靳、付靳线经此。

王坪乡［Wángpíng Xiāng］ 汝阳县辖乡。在县境南部。面积162平方千米。人口1.4万。辖12村委会，有275自然村。乡人民政府驻王坪。1949年设王坪乡。1962年成立王坪公社。1984年改设乡。因乡政府驻地得名。属深山区。有国家重点保护野生动物娃娃鱼、野猪、羚羊等10余种。马蓝河、荡泽河流经。有虎盘水库。有中学1所，小学12所，卫生院1个，卫生所12个。有名胜古迹焦山楚长城遗址、普救关、歇马岭巡检司遗址、鸡冠山风景区、虎盘寨景区、清凉寨原始森林等。农业以香菇、木耳等食用菌和中药材种植为主。工业以矿山开采、矿产品加工为主。县道汝鲁线过境。

王坪［Wángpíng］ 王坪乡人民政府驻地。在县政府驻地城关镇南28千米。人口300。战国时楚庄王带兵向北扩大疆土，翻过普救关后扎帐屯兵。后在楚庄王扎帐处形成村落，故名。聚落呈带状。有中小学、卫生院、文化服务中心、滨河游园。有千年古树、黑尖山石寨。有特产木耳、香菇、中药材。县道汝鲁线经此。

蔡店乡［Càidiàn Xiāng］ 汝阳县辖乡。在县境西北部。面积80平方千米。人口5.7万。以汉族为主，还有回、维吾尔等民族。辖27村委会，有50自然村。乡人民政府驻蔡店。1951年置蔡店镇。1955年设蔡店中心乡。1958年成立红星公社。1961年改蔡店区。1962年改公社。1984年改设乡。因乡政府驻地得名。为南高北低丘陵地。杜康河、陆浑总干渠流经。有草营湖。有中学3所，小学24所，卫生院1个，卫生所24个。有名胜古迹杜康造酒遗址公园、明代藏兵洞、比干墓等。农业以小麦、玉米、高粱种植为主。工业以酿酒为主。特产蔡店寿衣、蔡店卤肉。省道郭木线、县道临葛线过境。

蔡店［Càidiàn］ 蔡店乡人民政府驻地。在县政府驻地城关镇西北25千米。人口6000。东汉有蔡姓在杜康河岸开车马店，故名。聚落呈块状。有中小学、乡卫生院、卫生室、文化服务中心、文化大院、文化广场、敬老院。特产蔡店卤肉、杜康酒。农业以小麦、玉米种植为主。省道郭木线、县道临葛线经此。

杜康［Dùkāng］ 在县政府驻地城关镇西北27千米。蔡店乡辖自然村。人口2900。黄帝时期杜康在空桑涧酿酒，后形成村落，故名。聚落呈团状。有小学、卫生室、文化大院、文化广场。为中国传统村落、河南省传统村落、河南省历史文化名村。有杜康祠、杜康墓、杜康造酒遗址公园、杜康仰韶文化遗址。有传统白酒酿造业。省道郭木线经此。

宜阳县

宜阳县［Yíyáng Xiàn］ 洛阳市辖县。北纬34°52′，东经112°17′。在市境中部。面积1607平方千米。人口72万。辖11镇、5乡。以汉族为主，还有回、满等民族。县人民政府驻城关镇。战国韩置宜阳县，因治所在宜水之北得名，属三川郡。两汉、三国魏、西晋属弘农郡。北魏末置宜阳郡，另析置甘棠县。隋初郡废。唐武德二年(619)改宜阳县为福昌县。金改寿安县为宜阳县(治今城关镇)。元初宜阳县属河南府路。至元三年(1266)宜阳县改宜安县。明初复名。明、清属河南府。1913—1932年历属豫西道、河洛道、河南省、省第十行政督察区。1949年属洛阳专区。1969年属洛阳地区。1986年属洛阳市。平均海拔360米。有灵山寺、花果山、锦屏山。年均气温14.4℃，1月平均气温0.6℃，7月平均气温27.2℃。年均降水量676.7毫米。森林覆盖率26.7%。有省级森林公园香鹿山生态园。有中学38所，小学117所，三级医院2个，二级医院4个。有古迹景点仰韶、龙山和商周等文化遗址、韩昭侯墓、晋高祖陵、韩国故都、汉八关城、古石城、汉光武庙、五花寺塔、虎头寺、福昌阁、白杨古桥群等。有省级非物质文化遗产苏羊竹马、宜阳灵山庙会。三次产业比例12∶38∶50。农业以小麦、玉米、红薯等种植为主，有生猪、牛、羊饲养。有特产丹皮、丹参、柴胡。工业以农机制造、陶瓷、水泥生产为主。服务业以旅游、商贸为主。郑卢高速，省道南车、夏宜线过境。有宜阳汽车站。

宜阳汽车站［Yíyáng Qìchēzhàn］ 见交通运输设施部分"宜阳汽车站"条。

城关镇［Chéngguān Zhèn］ 宜阳县辖镇。在县境东部。面积11平方千米。人口10万。辖6居委会，有61自然村。镇人民政府位于红旗东路。1958年成立城关镇公社。1970年置城关镇。因在县城城关得名。有中学3所，小学4所，三级医院1个，二级医院2个，卫生院1个，卫生所6个。有冶金、机械制造、水电、造纸、化工等企业。洛宜铁路支线、宜洛公路过境。

文化路［Wénhuà Lù］ 在县城中部。北起兴宜西路，南至解放路。与文明中路、育新路等相交。长850米，宽35米。沥青路面。1994年开工，2003年建成。2011年改扩建。因有县文化馆及东街学校得名。两侧有洛阳广播电视大学、镇派出所、商业大厦、县文化局、东街学校等。通公交车。

人民路［Rénmín Lù］ 在县城南部。北起滨河南路，南至南环路。与滨兴宜东路、文明东路等相交。长1.2千米，宽90米。沥青路面。1973年开工，同年建成。两侧有双语实验幼教中心、宜阳汽车站、县中医院、县妇幼保健院等。通多路公交车。

李贺大道［Lǐhè Dàdào］ 在县城北部。西起灵龙大道，东至洛宜交界处牌窑桥。与拥军路、锦屏路、锦龙大道等相交。长8.5千米，宽30米。沥青路面。1998年开工，2004年建成。因通往李贺故里得名。两侧有县第一高中、县人武部、县政务大厦等。通公交车。

锦龙大道［Jǐnlóng Dàdào］ 在县城东部。北起北环路，南至南环路。与李贺大道、红旗东路、兴宜东路等相交。长3.3千米，宽40米。沥青路面。2010年开工，同年建成。两侧有水晶城、龙祥城、县技工学校附属初级中学等。通多路公交车。

柳泉镇［Liǔquán Zhèn］ 宜阳县辖镇。在县境中部。面积121平方千米。人口6.5万。辖29村委会，有126自然村。镇人民政府驻柳泉。1956年设柳泉中心乡。1958年成立柳泉公社。1961年设柳泉区。1962年复公社。1983年改设乡。1996年改置镇。因镇政府驻地得名。北部多丘陵。洛河、汪洋河、柳泉河等流经。有中学3所，小学25所，卫生院1个，卫生所29个。农业以粮食作物小麦、玉米、谷子，经济作物花生、蔬菜、棉花、油菜种植为主。县道宜柳线等过境。

柳泉［Liǔquán］ 柳泉镇人民政府驻地。在县政府驻地城关镇西13千米。人口6900。早年此地多柳，并有泉，故名。聚落呈正方形。有小学、卫生院、卫生所、文化广场。农业以粮食作物小麦、玉米，经济作物花生种植为主。省道八官线经此。

韩城镇［Hánchéng Zhèn］ 宜阳县辖镇。在县境中部偏西。面积88平方千米。人口5.8万。辖25村委会，有48自然村。镇人民政府驻韩城。1958年成立韩城公社。1983年改设乡。1998年改置镇。因镇政府驻地得名。有中学2所，小学23所，卫生院1个，文化站1个。有全国重点文物保护单位韩都故城。有古迹福昌阁等。农业以小麦、玉米、花生、大蒜种植为主，有肉牛、生猪饲养。有特产九都大白蒜。有油脂、食品企业。省道八官、南车线过境。

韩城［Hánchéng］ 韩城镇人民政府驻地。在县政府驻地城关镇西23千米。人口1万。战国时韩国曾建都于此，故名。曾以河为界称东关、西关，总称韩城。聚落呈片状。有中小学、卫生院、敬老院。有韩都故城、清真寺。农业以小麦、玉米、花生种植为主。省道八官线经此。

白杨镇［Báiyáng Zhèn］ 宜阳县辖镇。在县境东南部。面积97平方千米。人口5.3万。辖25村委会，有56自然村。镇人民政府驻白杨镇(自然村)。1956年设白杨中心乡。1958年成立白杨公社。1983年改设乡。1998年改置镇。因镇政府驻地得名。有中学1所，小学11所，卫生院1个，卫生所25个，文化站2个，剧场、影剧院各1个。农业以小麦、玉米、棉花种植为主。工业有煤炭、化工、铸造等企业。县道樊白、白龙线过境。

白杨镇［Báiyángzhèn］ 白杨镇人民政府驻地。在县政府驻地城关镇南16千米。人口1.3万。传明清时此处有驻军，因村有白杨树得名白杨戍。清同治年间筑寨后改今名。聚落呈块状。有中小学、卫生院、敬老院。有山陕会馆、西寺庙、魁星阁等。农业以小麦、玉米种植为主。平赵公路经此。

香鹿山镇［Xiānglùshān Zhèn］ 宜阳县辖镇。在县境东北部。面积122平方千米。人口6.2万。辖31村委会，有191自然村。镇人民政府驻寻村。1983年设寻村乡。2000年改置镇。2011年更名香鹿山镇。因香鹿山得名。有中学4所，小学28所，二级医院2个，卫生院1个，卫生所32个，文化站、剧场、影剧院各1个。有香鹿山生态园、宜阳烈士陵园、召伯听政处。农业以粮食作物小麦、红薯、玉米、谷子等，经济作物棉花、油菜等种植为主。郑卢高速过境。

寻村［Xúncūn］ 香鹿山镇人民政府驻地。在县政府驻地城关镇东北6千米。人口3500。早年有山西移民至此以期寻找佳处定居，故名。聚落呈长方形。有中小学、卫生所、文化广场。农业以粮食作物小麦、玉米种植为主。洛宜公路经此。

锦屏镇［Jǐnpíng Zhèn］ 宜阳县辖镇。在县境东部。面积88平方千米。人口5.8万。辖5居委会、19村委会，有71自然村。镇人民政府驻高桥。1983年设城关乡。2009年撤乡建锦屏镇。因附近锦屏山得名。有中学4所，小学18所，三级医院1个，卫生院1个，卫生所23个，文化站2个，影剧院1个。有省级文物保护单位虎头寺石窟、二里庙宋代陶瓷遗址。有景点龙王冲、喷玉泉、寿安寺等。农业以小麦、玉米、蔬菜、瓜果种植为主。工业以手工制造及能源开发为主，有陶瓷、煤业、化工等企业。洛宜南、安虎、八官公路等过境。

高桥［Gāoqiáo］ 锦屏镇人民政府驻地。

在县政府驻地城关镇东2千米。人口7500。以早年村旁河沟上高桥得名。聚落呈块状。有小学、卫生院、幸福院。农业以小麦、玉米、花生、棉花、核桃种植为主。有化肥厂。郑卢公路经此。

三乡镇［Sānxiāng Zhèn］ 宜阳县辖镇。在县境西部。面积68平方千米。人口3.7万。辖27村委会，有43自然村。镇人民政府驻三乡。1956年设三乡中心乡。1958年成立三乡公社。1983年改设乡。2009年改置镇。因镇政府驻地得名。有中学2所，小学14所，卫生院1个，卫生所27个，文化站2个，影剧院1个。有全国重点文物保护单位五花寺塔。有景点汉光武庙、竹阁寺等。农业以粮食作物小麦、玉米、红薯、豆类种植为主。郑卢高速，省道八官线，县道盐三、水麻线过境。

三乡［Sānxiāng］ 三乡镇人民政府驻地。在县政府驻地城关镇西南35千米。人口5000。据县志载，原名三箱，后3小村合为1村，故名。聚落呈长方形。有中小学、卫生院、敬老院。有汉山文化园、五花寺、汉光武庙等。农业以小麦、玉米、大蒜、西瓜种植为主。郑卢高速、省道八官线经此。

张坞镇［Zhāngwù Zhèn］ 宜阳县辖镇。在县境西部。面积115平方千米。人口4万。辖25村委会，有65自然村。镇人民政府驻凹里。1956年设张坞中心乡。1958年改公社。1983年改张坞乡。2010年改置镇。据旧县志载，西魏大统年间地方武装首领张白坞组织义军驻扎于此，故名。有中学1所，小学18所，卫生院1个，卫生所25个，文化站1个，敬老院1个。有省级文物保护单位苏羊仰韶文化遗址。有省级非物质文化遗产苏羊竹马。农业以油菜、芝麻、花生、棉花种植为主。省道安虎线、县道元桥线过境。

凹里［Āolǐ］ 张坞镇人民政府驻地。在县政府驻地城关镇西南33千米。人口2100。因地势得名。聚落呈块状。有中小学、卫生院、敬老院。农业以小麦、玉米种植为主，有生猪饲养。有水力发电、木材加工、选矿等企业。省道安虎线经此。

苏羊［Sūyáng］ 在县政府驻地城关镇西南39千米。张坞镇辖自然村。人口1800。传早年此地有羊遇猛兽惊吓致死，故名。聚落呈菱形。有卫生所、文化广场。有省级文物保护单位苏羊遗址。有省级非物质文化遗产苏羊竹马。省道安虎线经此。

莲庄镇［Liánzhuāng Zhèn］ 宜阳县辖镇。在县境中部。面积82平方千米。人口3.5万。辖16村委会，有43自然村。镇人民政府驻莲庄。1962年成立莲庄公社。1983年改设乡。2011年改置镇。因镇政府驻地得名。有中学1所，小学8所，卫生院1个，卫生所17个，文化站1个，敬老院1个，幸福院2个。经济作物以棉花、油菜、药材为主，畜牧业以养猪为主。省道安虎、南车线等过境。

莲庄［Liánzhuāng］ 莲庄镇人民政府驻地。在县政府驻地城关镇西17千米。人口2100。因村南莲花山得名。聚落呈条状。有中小学、卫生院、文化站、敬老院。农业以小麦、玉米种植为主。省道安虎线经此。

赵保镇［Zhàobǎo Zhèn］ 宜阳县辖镇。在县境南部。面积128平方千米。人口3.4万。辖19村委会，有134自然村。镇人民政府驻东赵保。1956年设赵堡中心乡。1958年成立赵堡公社。1983年改设赵堡乡。1987年更名赵保乡。2013年改置镇。因镇政府驻地得名。有寺河、赵庄、胜利水库等。有中学3所，小学20所，卫生院1个，卫生所19个，文化站2个。有景点兴泰宫遗址、眉城遗址、万善桥等。经济作物以棉花、花生为主。南闫、赵白、宜赵公路等过境。

东赵保［Dōngzhàobǎo］ 赵保镇人民政府驻地。在县政府驻地城关镇西南12千米。人口9400。传早年赵姓在此定居，曾筑土堡，名赵堡。后分置两村，此村居东，故名。聚落呈长方形。陈宅河流经。有中小学、卫生院。有大众图书馆旧址。农业以小麦、玉米、花生种植为主。平莲公路经此。

樊村镇［Fáncūn Zhèn］ 宜阳县辖镇。在县境东部。面积57平方千米。人口3.1万。辖15村委会，有64自然村。镇人民政府驻樊村。1956年设樊村中心乡。1962年成立樊村公社。1983年改设乡。2013年改置镇。因镇政府驻地得名。有中学2所，小学17所，卫生院1个，卫生所15个，文化站1个。农业以粮食作物小麦、玉米、红薯，经济作物棉花、花生、油料、中药材种植为主。畜牧业以饲养猪、牛、羊为主。有石灰石、煤矿。县道樊白线过境。

樊村［Fáncūn］ 樊村镇人民政府驻地。在县政府驻地城关镇东南10千米。人口1100。明代樊姓从黄河北迁此，故名。聚落呈不规则状。有中小学、卫生院、敬老院。农业以小麦、玉米种植为主，有羊饲养。宜老公路经此。

盐镇乡［Yánzhèn Xiāng］ 宜阳县辖乡。在县境西北部。面积170平方千米。人口7.4万。辖36村委会，有212自然村。乡人民政府驻大寨。1958年成立盐镇公社。1983年改盐镇乡。2005年石陵乡并入。有中学3所，小学35所，卫生院1个，卫生所36个，文化站、剧场、影剧院各1个。有古迹晋高祖石敬瑭显陵。农业以粮食作物小麦、玉米、谷子、红薯为主，经济作物花生、油菜、棉花、朝天椒为主。有特产贾院猪皮柿饼、耿沟大鸡蛋杏、盐镇粉条、刘岭豆腐。郑西客运专线、省道夏宜线过境。

大寨［Dàzhài］ 盐镇乡人民政府驻地。在县政府驻地城关镇西北29千米。人口900。村民居于较大的寨内，故名。聚落呈片状。农业以小麦、玉米种植为主。盐三公路经此。

高村乡［Gāocūn Xiāng］ 宜阳县辖乡。在县境西北部。面积120平方千米。人口5.3万。辖39村委会，有134自然村。乡人民政府驻高村。1956年设高村中心乡。1961年成立高村公社。1983年改设乡。2005年西石村乡并入。因乡政府驻地得名。有中学2所，小学27所，卫生院1个，卫生所39个，文化站、文化服务中心各1个。有古迹圆光寺遗址、齐华寺遗址等。有经济作物辣椒、杂粮等。省道南车线过境。

高村［Gāocūn］ 高村乡人民政府驻地。在县政府驻地城关镇西北29千米。人口1500。原名道头，后因在丘陵之上，东西两边均临深沟，改今名。聚落呈椭圆形。有中小学、卫生院、文化广场、敬老院。农业以小麦、玉米种植为主。省道南车线经此。

花果山乡［Huāguǒshān Xiāng］ 宜阳县辖乡。在县境西南部。面积125平方千米。人口4000。辖8村委会，有91自然村。乡人民政府驻穆册。1950年设乡。1961年成立穆册公社。1983年改设穆册乡。2011年更名花果山乡。因花果山得名。有中学1所，小学2所，卫生院1个，卫生所8个，文化站1个。有花果山国家森林公园。农业以小麦、玉米、豆类种植为主。元穆公路过境。

穆册［Mùcè］ 花果山乡人民政府驻地。在县政府驻地城关镇西南33千米。人口900。传昔有穆姓县令造福乡里，后民众感念其德，以其子穆册名村。地处宜阳、洛宁、嵩县3县要道，又名穆册关。聚落呈带状。有中小学、卫生院、文化站、敬老院。农业以小麦、玉米种植为主。元穆公路经此。

上观乡［Shàngguān Xiāng］ 宜阳县辖乡。在县境西南部。面积143平方千米。人口7000。辖8村委会，有162自然村。乡人民政府驻上观。1961年成立上观公社。1983年改设乡。因乡政府驻地得名。有中学1所，小学6所，卫生院1个，文化站1个。有梨树沟桃园文化。农业以粮食作物小麦、玉米、花生，经济作物棉花、油菜种植为主。涧上公路等过境。

上观［Shàngguān］ 上观乡人民政府驻地。在县政府驻地城关镇西南23千米。人口1400。清代村北建有道观，村势高于道观，故名观上，后演为今名。聚落呈条状。有中小学、卫生院、敬老院。农业以小麦、玉米、花生种植为主。涧上公路经此。

董王庄乡［Dǒngwángzhuāng Xiāng］ 宜阳县辖乡。在县境南部。面积75平方千米。人口3.4万。辖20村委会，有120自然村。乡人民政府驻董王庄。1956年设董王庄中心乡。1961年成立董王庄公社。1983年改设乡。因乡政府驻地得名。有中学1所，小学23所，卫生院1个，卫生所8个，文化站1个，敬老院1个。农业以粮食作物小麦、玉米、谷子，经济作物棉花、花生种植为主。省道南车线、洛栾快速路等过境。

董王庄［Dǒngwángzhuāng］ 董王庄乡人民政府驻地。在县政府驻地城关镇西南19千米。人口1700。原名董庄，后王姓迁入改今名。聚落呈多边形。有中小学、卫生院、敬老院、文化广场。农业以小麦、玉米、花生等种植为主，有羊、牛饲养。省道南车线经此。

洛宁县

洛宁县［Luòníng Xiàn］ 洛阳市辖县。北纬34°23′，东经111°38′。在市境西部。面积2036平方千米。人口48.6万。以汉族为主，还有回、满等民族。辖10镇、8乡。唐武德元年(618)熊耳县更名永宁县。元至元三年(1266)长水县省入永宁，属河南府。明、清属河南府。1913年因与四川永宁道重名，又临洛水，取“希望洛河安宁”意，改永宁为洛宁县(治今城关镇)，属豫西道。1914—1932年属河洛道、第十一行政督察区。1947年分为洛南、洛北2县。1949年复合置洛宁县，属陕州专区。1952年属洛阳专区。1968年属洛阳地区。1986年属洛阳市。地势西高东低。平均海拔1000米。最高峰全宝山海拔2130.2米。年均气温13.7℃，1月平均气温－3℃，7月平均气温19℃。年均降水量613.6毫米。洛河、下峪涧、崇阳河等流经。有矿产资源金、银、铅、锌等。有国家二级保护树种水曲柳、核桃楸、领春木等12种，其中白皮松、巴山冷杉为珍稀濒危树种。有国家一级保护野生动物黑鹳、金雕大鸨等11种，国家二级保护野生动物白鹈鹕、小天鹅、红腹锦鸡、褐林鸮等68种。有神灵寨国家森林公园。森林覆盖率58.91%。有中专1所，中学33所，小学186所，三级医院1个，二级医院2个。有全国重点文物保护单位西王村遗址，省级文物保护单位禄地遗址、唐城遗址、坡头遗址等8个。有名胜古迹仓颉造字台遗址、隋炀帝陵、故县水库、金门绿竹风情园。有国家级非物质文化遗产洛书传说。三次产业比例22∶49∶29。农业以小麦、玉米、谷子种植为主，产蔬菜、苹果、芝麻、油葵，有肉牛、生猪、肉鸭、蛋鸡、獭兔饲养。工业以有色金属加工、生态电力、农副产品精深加工等产业为主。服务业以旅游、物流、电子商务为主。郑卢高速，省道八官线、安虎线、三邓线过境。有洛宁汽车站。

洛宁汽车站［Luòníng Qìchēzhàn］ 见交通运输设施部分“洛宁汽车站”条。

城关镇［Chéngguān Zhèn］ 洛宁县人民政府驻地。在县境东南部。面积9平方千米。人口4.5万。辖3居委会、1村委会，有4自然村。镇人民政府位于永宁大道。老城名永固城，由苻坚建于前秦建元年间(370—384)，苻坚字永固，得名永固城。隋为永宁县、洛宁县治。1956年为城关乡。1958年改城关镇，同年成立城关公社。1979年析置城关镇。1986年析置王范回族镇。因在县城城关得名。洛河流经。有中专1所，中学4所，小学7所，图书馆、文化馆各1个，三级医院1个，卫生院3个，卫生所6个。有公园3个。有古迹文庙、城隍庙、聚魁楼等。经济以肉类加工、药品加工、商贸业、饲养生猪、鸡为主。郑卢高速，省道八官、三邓线过境。

兴宁路［Xīngníng Lù］ 在县城中部。西起坞西桥，东至凤翼路。与民族路、长虹路、京宁路等相交。长4.5千米，宽34米。沥青路面。1961年建。1990年改建。寓“洛宁兴旺发达”意得名。两侧有县政府、工商局、财政局、教育局。通公交车。

王范回族镇［Wángfàn Huízú Zhèn］ 洛宁县辖镇。在县境东部。面积15平方千米。人口1.4万，其中回族占31.4%，还有汉族。辖4村委会，有4自然村。镇人民政府驻王范。民国时期称王范镇。1949年设王范乡。1955年设王范中心乡。1956年改属城关乡。1986年由城关镇析置王范回族镇。2010年龙凤村划入。因镇政府驻地得名。洛河流经。有中学2所，小学3所，二级医院1个，卫生院1个。有清真寺2个。经济以畜牧养殖、种植业和商贸服务业为主，有木业企业。省道八官线过境。

王范［Wángfàn］ 王范回族镇人民政府驻地。在县政府驻地城关镇西5千米。人口1.1万，其中回族占45%。传唐代此地为码头，由王、范两姓在此经营，故名。聚落呈长方形。有中小学、卫生室、文化站。有清真寺、永宁阁。有商贸服务业。省道八官线经此。

上戈镇［Shànggē Zhèn］ 洛宁县辖镇。在县境西部。面积220平方千米。人口1.6万。辖18村委会，有256自然村。镇人民政府驻上戈。1949年设上戈乡。1955年设上戈中心乡。1958年改公社。1984年复乡。1999年改置镇。因镇政府驻地得名。有中学1所，小学5所，卫生院1个，卫生所18个。有景点秦王寨、乔家大院、娘娘庙等。农业以苹果种植为主。有苹果采摘节。省道八官线等过境。

上戈［Shànggē］ 上戈镇人民政府驻地。在县政府驻地城关镇西55千米。人口1200。传村有河，遇洪涝会淹没村庄，天神放金锅于河口以防水患，得名上锅，后演为上戈。聚落呈不规则状。有中小学、卫生院。有双龙寺、乔家大院。农业以小麦、玉米种植为主，产苹果。省道八官线经此。

下峪镇［Xiàyù Zhèn］ 洛宁县辖镇。在县境西南部。面积206平方千米。人口1.7万。辖19村委会，有348自然村。镇人民政府驻下峪。1956年设下峪乡。1958年成立下峪公社。1984年改乡。2009年改置镇。因镇政府驻地得名。有矿产资源银、铅。有中学1所，小学20所，卫生院1个，卫生所19个，敬老院1个。有全宝山国家森林公园、故县水库景区。农业以小麦、玉米种植为主。省道安虎线过境。

下峪［Xiàyù］ 下峪镇人民政府驻地。在县政府驻地城关镇西南46千米。人口2500。宋时名谷。元代因柳林成行改为柳林镇。清代因地处南涧河下游山谷改今名。聚落呈条状。有中小学、卫生院、文化站、敬老院。有银凤山生态园、文昌楼。农业以小麦、玉米、大豆种植为主。有商贸、餐饮业。省道安虎线经此。

河底镇［Hédǐ Zhèn］ 洛宁县辖镇。在县境东北部。面积134平方千米。人口4.4万。以汉族为主，还有回族。辖35村委会，有144自然村。镇人民政府驻河底。1955年设河底中心乡。后改公社。1984年改河底乡。2005年杨坡乡并入。2009年改置河底镇。因镇政府驻地得名。连昌河、西渡水流经。有中学2所，小学3所，卫生院1个，卫生所35个。有景点城村张家大院、山陕会馆、千佛寺等。农业以小麦、玉米、红薯、辣椒种植为主。县道韩茶、洛渑线过境。

河底［Hédǐ］ 河底镇人民政府驻地。在县政府驻地城关镇东北45千米。人口3700。唐时为莎栅镇，宋改为双龙镇，因南北有两道丘陵，且为西渡水和崤水合抱之底部，故改今名。聚落呈V字状。有中小学、卫生院。有山陕会馆，基督教堂。农业以小麦、玉米、红薯、辣椒种植为主。县道韩茶、洛渑线经此。

城村［Chéngcūn］ 在县政府驻地城关镇东北40千米。河底镇辖自然村。人口1400。元末张姓为避兵乱迁此，清乾隆末年张家修筑寨墙，墙外有护城河，故名。聚落呈U字形。有小学、卫生室。为中国传统村落。有古民居张家大院。农业以小麦、玉米、红薯、辣椒、西瓜种植为主。后官公路经此。

兴华镇［Xīnghuá Zhèn］ 洛宁县辖镇。在县境西南部。面积169平方千米。人口2.2万。辖25村委会，有61自然村。镇人民政府驻兴华。1949年改中山镇为兴华镇。1958年设兴华乡。后改公社。1984年改乡。2009年改置镇。因镇政府驻地得名。兴华河、阳峪河、董寺河流经。有矿产资源金、银、铅、钼等。有中学1所，小学20所，卫生院1个，卫生所25个。有仓颉造字台遗址。有省级森林公园全宝山。农业以小麦、玉米、豆类种植为主，产淡竹。省道安虎线过境。

兴华［Xīnghuá］ 兴华镇人民政府驻地。在县政府驻地城关镇西南32千米。人口2900。原名孙洪峪，辛亥革命成功后改名中山镇，1948年为纪念革命烈士张兴华改今名。聚落呈葫芦状。有中小学、卫生院、文化广场。有华严寺。农业以小麦、玉米种植为主。有兴华竹编工艺品。省道安虎线经此。

东宋镇［Dōngsòng Zhèn］ 洛宁县辖镇。在县境东北部。面积151平方千米。人口4.6万。辖37村委会，有143自然村。镇人民政府驻东宋。1955年设西坞中心乡。1958年改公社。1962年更名东宋公社。1984年改设乡。2005年中河乡并入。2010年改置镇。因镇政府驻地得名。有矿产资源金、银、铅等。自古为西通晋、陕，东达洛阳的崤函古道咽喉。渡洋河流经。有龙潭水库。有中学2所，小学20所，卫生院1个，卫生所18个。有景点程家大院、隋炀帝陵、尚书宋礼墓、鹿桥驿、临泉驿遗址。农业以粮食作物小麦、玉米种植为主，畜牧业以养殖生猪、羊、牛、鸡为主。有特产官庄西瓜、樱桃、苹果。省道三邓线，县道三洛、洛渑线过境。

东宋［Dōngsòng］ 东宋镇人民政府驻地。在县政府驻地城关镇东北15千米。人口2200。明洪武年间有宋氏三兄弟从山西迁此，老大住大宋，老三住小宋，此地在大宋、小宋之东，故名。聚落呈长方形。有小学、卫生院、广场。农业以小麦、玉米种植为主，产苹果、小杂果。县道洛渑线经此。

程家庄［Chéngjiāzhuāng］ 在县政府驻地城关镇东北15千米。东宋镇辖自然村。人口3400。因村民多姓程，故名。聚落呈长方形。有小学、卫生室。为中国传统村落。有程氏旧宅、二程祠。农业以小麦、玉米种植为主。县道洛渑线经此。

马店镇［Mǎdiàn Zhèn］ 洛宁县辖镇。在县境中部偏北。面积135平方千米。人口2.5万。辖24村委会，有95自然村。镇人民政府驻马店。1955年设马庄中心乡。1958年成立马店公社。1984年改设乡。2011年改置镇。因镇政府驻地得名。洛河流经。有水电站。有中学1所，小学15所，卫生院1个，卫生室17个。产金珠果。省道八官线过境。

马店［Mǎdiàn］ 马店镇人民政府驻地。在县政府驻地城关镇西10千米。人口3300。清初马姓在此开骡马大店，故名。聚落呈长方形。有中小学、卫生院、敬老院。有泰山庙等古迹。农业以小麦、玉米种植为主。省道八官线经此。

故县镇［Gùxiàn Zhèn］ 洛宁县辖镇。在县境西部。面积142平方千米。人口9000。辖12村委会，有12自然村。镇人民政府驻寻峪。1951年设故县乡。后改公社。1984年复故县乡。2011年改置镇。因原为东晋后期小诸侯国，被灭后称故县。洛河流经。有中学1所，小学12所，卫生院1个，卫生所12个。有故县水库景区、龙泉观、三清洞。农业以小麦、玉米、豆类种植为主，畜牧业以生猪、羊、牛、鸡饲养为主。郑卢高速，省道八官、安虎线过境。

寻峪［Xúnyù］ 故县镇人民政府驻地。在县政府驻地城关镇西75千米。人口900。以峪名村。聚落呈长方形。有中小学、卫生院。有龙泉观、三清洞、千年古银杏、故县水库景区。农业以小麦、玉米种植为主，有生猪、羊、牛、鸡饲养。省道安虎线经此。

赵村镇［Zhàocūn Zhèn］ 洛宁县辖镇。在县境中部偏南。面积139平方千米。人口5.3万。辖34村委会，有78自然村。镇人民政府驻赵村。1955年设赵村中心乡。1958年成立赵村公社。1984年改设乡。2011年改置镇。因镇政府驻地得名。有大沟口水库。有矿产资源金、银等。有中学2所，小学19所，卫生院1个，卫生所34个。农业以小麦、玉米种植为主。有采矿业。郑卢高速、省道安虎线过境。

赵村［Zhàocūn］ 赵村镇人民政府驻地。在县政府驻地城关镇西南13千米。人口2900。原名尖龙寨，后因赵姓改称今名。聚落呈团状。有中学、卫生院、敬老院。农业以小麦、玉米种植为主，有生猪、羊、牛、鸡饲养。郑卢高速、省道安虎线经此。

城郊乡［Chéngjiāo Xiāng］ 洛宁县辖乡。在县境中部。面积58平方千米。人口4.6万。辖21村委会，有62自然村。乡人民政府位于迎宾大道。1956年设城关中心乡。1958年改城关公社。1984年改城关乡。1987年更名城郊乡。处县城东西两侧，为县城郊区，故名。洛河流经。有中学3所，小学19所，卫生院1个，卫生所21个。农业以粮食作物小麦、玉米种植为主，产蔬菜，畜牧业以生猪、羊、牛、鸡养殖为主。有木材加工、粮食加工等企业。省道八官线过境。

小界乡［Xiǎojiè Xiāng］ 洛宁县辖乡。在县境西北部。面积174平方千米。人口3.1万。以汉族为主，还有回族。辖32村委会，有219自然村。乡人民政府驻小界。1956年由城关镇析置小界乡。1962年成立小界公社。1984年改乡。2005年王村乡并入。因乡政府驻地得名。渡洋河流经。有中学2所，小学5所，卫生院1个，卫生所26个。有景点崤峣山、春山农庄、祝家原寺等。有自行车越野赛、农历三月十二山起庙会。农业以小麦、玉米种植为主，畜牧业以养殖生猪、羊、牛、鸡为主。省道三邓线过境。

小界［Xiǎojiè］ 小界乡人民政府驻地。在县政府驻地城关镇西北15千米。人口700。小涧河流经，得名小石涧，后演为小界。聚落呈带状。有中小学、卫生院。农业以小麦、玉米种植为主。省道三邓线经此。

长水乡 [Chángshuǐ Xiāng] 洛宁县辖乡。在县境中部。面积121平方千米。人口1.4万。辖13村委会，有184自然村。乡人民政府驻长水。1955年设长水中心乡。1958年成立长水公社。1984年改设乡。因乡政府驻地得名。洛河流经。有矿产资源金、银等。有中学1所，小学12所，卫生院1个，卫生所10个。有景点"洛出书处"、龙头山等。农业以粮食作物小麦、玉米种植为主，畜牧业以养殖生猪、羊、牛、鸡为主。郑卢高速过境。

长水 [Chángshuǐ] 长水乡人民政府驻地。在县政府驻地城关镇西19千米。人口2800。有山，洛河出之，长流直下，故名。聚落呈长方形。古为豫西重镇。有中小学、卫生院、敬老院。农业以小麦、玉米种植为主。省道八官线经此。

罗岭乡 [Luólǐng Xiāng] 洛宁县辖乡。在县境西部。面积152平方千米。人口1.1万。辖14村委会，有120自然村。乡人民政府驻罗岭。1955年设罗岭中心乡。1962年成立罗岭公社。1984年改设乡。因乡政府驻地得名。东涧河、大铁沟、小铁沟流经。有金矿。有中学1所，小学2所，卫生院1个，卫生所10个。有省级文物保护单位商山寺。有景点石佛山摄影基地、玄沪摩崖石刻等。有农历三月初七香山庙会。农业以小麦、大豆、核桃种植为主，有生猪、牛饲养。省道八官线过境。

罗岭 [Luólǐng] 罗岭乡人民政府驻地。在县政府驻地城关镇西25千米。人口1800。因罗姓始居得名。聚落呈条状。有中学1所，小学1所，卫生院1个。有香山寺。农业以小麦、玉米种植为主。省道八官线经此。

底张乡 [Dǐzhāng Xiāng] 洛宁县辖乡。在县境中部。面积137平方千米。人口2.4万。辖29村委会，有81自然村。乡人民政府驻底张。1971年成立底张公社。1984年改设乡。因乡政府驻地得名。有矿产资源金、银。底张河流经。有中学1所，小学17所，卫生院1个，卫生所7个。有李翔梧故居、程家祠堂、关帝庙、圣母庙等。农业以小麦、玉米、大豆种植为主，有生猪、羊、牛、鸡饲养。有商贸业。省道安虎线过境。

底张 [Dǐzhāng] 底张乡人民政府驻地。在县政府驻地城关镇西南22千米。人口1500。该村早年由张姓居住，又处库谷底部，故名。聚落呈川字形。有中小学、卫生院、卫生室。农业以小麦、玉米种植为主。县道磨兴线经此。

草庙岭 [Cǎomiàolǐng] 在县政府驻地城关镇西南25千米。底张乡辖自然村。人口600。因古时有草房圣母庙得名。聚落呈阶梯状。为中国传统村落。有古民居郭家大院。农业以小麦、玉米种植为主。

西山底乡 [Xīshāndǐ Xiāng] 洛宁县辖乡。在县境南部。面积80平方千米。人口2.1万。辖19村委会，有220自然村。乡人民政府驻西山底。1955年设西山底中心乡。1957年设西山底乡。1971年设西山底公社。1984年改设乡。因乡政府驻地得名。景阳涧流经。有矿产资源金、银等。有中学4所，小学13所，卫生院1个，卫生所19个。有洛南抗日办事处旧址、龙泉寺。农业以粮食作物小麦、玉米、大豆种植为主，畜牧业以生猪、羊、牛、鸡养殖为主。有金矿3处。郑卢高速、省道安虎线过境。

西山底 [Xīshāndǐ] 西山底乡人民政府驻地。在县政府驻地城关镇西南15千米。人口2900。因在杨岭东麓，东山底之西，故名。聚落呈块状。有中小学、卫生院、卫生室。有龙泉寺。农业以小麦、玉米种植为主。省道三邓线经此。

陈吴乡 [Chénwú Xiāng] 洛宁县辖乡。在县境东南部。面积162平方千米。人口3.5万。辖28村委会，有82自然村。乡人民政府驻陈吴。1955年设陈吴中心乡。1958年成立陈吴公社。1984年改设乡。因乡政府驻地得名。洛河流经。有矿产资源金、银等。有中学2所，小学19所，二级医院1个，卫生院1个，卫生所18个。有景点崛溪谷、绿竹风情园、禄地仰韶文化遗址、范家大院等。有绿竹风情节。农业以小麦、玉米种植为主，有生猪、羊、牛、鸡饲养。有矿产品贸易公司。省道安虎线过境。

陈吴 [Chénwú] 陈吴乡人民政府驻地。在县政府驻地城关镇南11千米。人口3000。原名陈坞。明末以陈、吴2姓改今名。聚落呈长方形。有中小学、卫生院。农业以小麦、玉米种植为主。省道安虎线经此。

禄地 [Lùdì] 在县政府驻地城关镇南4千米。陈吴乡辖自然村。人口4100。初名芦地。东魏为北陆县治，名陆地，后演为今名。聚落呈长方形。有龙山文化遗址、李家祠堂。有三圣庙古庙会。农业以小麦、玉米种植为主。省道安虎线经此。

涧口乡 [Jiànkǒu Xiāng] 洛宁县辖乡。在县境东南部。面积127平方千米。人口2.8万。辖20村委会，有68自然村。乡人民政府驻涧口。1971年成立涧口公社。1984年改设乡。因乡政府驻地得名。涧河流经。有中学1所，小学13所，卫生院1个，卫生所19个。有神灵寨国家森林公园、仰韶文化遗址。农业以小麦、玉米种植为主，有生猪、羊、牛、鸡饲养。郑卢高速、省道安虎线经此。

涧口 [Jiànkǒu] 涧口乡人民政府驻地。在县政府驻地城关镇东南7千米。人口2600。因在陶峪涧口得名。聚落呈椭圆形。有中小学。有唐坡仰韶文化遗址。农业以小麦、玉米种植为主。省道安虎线经此。

伊 川 县

伊川县 [Yīchuān Xiàn] 洛阳市辖县。北纬34°33′，东经112°46′。在市境南部。面积1060平方千米。人口84万。辖11镇、3乡。县人民政府驻城关镇。1927年设自由县。1931年平等县大部地域划入。1932年自由县更名伊川县，属第十行政督察区。1949年属洛阳专区。1969年属洛阳地区。1986年属洛阳市。因在伊河川地得名。年均气温14.5℃，1月平均气温0.5℃，7月平均气温27.3℃。年均降水量642毫米。伊河、洛河流经。有中学41所，小学101所，三级医院1个，二级医院2个。有全国重点文物保护单位范仲淹墓、土门遗址、二程(程颐、程颢)墓，省级文物保护单位邵雍墓、后梁宣陵、伊川书院、温氏宅院、鸣皋南岳庙、姚崇墓。有国家4A级旅游景区二程文化园，国家3A级旅游景区鹤鸣峡。有省级非物质文化遗产仿青铜器制作技艺，地方特色民间艺术仿古青铜器、跑阵等。三次产业比例8∶41∶51。农业以小麦、玉米种植为主，有牛、羊、鸡饲养。工业以煤、电、铝、磨料磨具、机械制造为主。服务业以旅游、物流为主。有省级伊川县产业集聚区。焦柳铁路，宁洛、二广、洛栾、郑少高速，洛栾快速路，省道洛界、洛卢、郑卢线过境。

伊川汽车站 [Yīchuān Qìchēzhàn] 见交通运输设施部分"伊川汽车站"条。

城关镇 [Chéngguān Zhèn] 伊川县人民政府驻地。在县境中部。面积73平方千米。人口13.6万。辖10居委会、19村委会，有30自然村。镇人民政府位于人民东路。1958年成立城关公社。1982年改置城关镇。因古代进出县城必须通过城门(关)，人们习称县城所在处为城关。伊河流经。有中学5所，小学21所，三级医院1个，二级医院2个，卫生院1个，卫生所28个。有景点程园、伊阙古城、皇觉寺等。农业以小麦、玉米、蔬菜、水果种植为主，有生猪、羊饲养。工业以精深加工为主。洛栾、二广、郑少洛高速，省道洛界线过境。

人民路 [Rénmín Lù] 在县城中部。东起滨河大道，西至省道八官线。与文化路、酒城路、新鹏路等相交。长1100米，宽16米。沥青路面。1988年开工，同年建成。两侧有县政府、烈士陵园等。通多路公交车。

杜康大道 [Dùkāng Dàdào] 在县城东部。北起豫港大道，南至伊龙大道。长1900米，宽60米。沥青路面。2003年开工，同年建成。为纪念酒祖杜康得名。两侧有县运管所等。通多路公交车。

鸣皋镇 [Mínggāo Zhèn] 伊川县辖镇。在县境西南部。面积77平方千米。人口6.3万。辖39村委会，有44自然村。镇人民政府驻鸣皋。古为鹤鸣镇。1927年设鸣皋区。后改公社。1984年改鸣皋乡。1996年改镇。因镇政府驻地得名。伊河流经。有中学1所，小学1所，卫生院1个，卫生所39个。有古迹南岳庙、伊川书院等。农业以小麦、玉米、红薯、西瓜种植为主。有塑料、化工、商贸等企业。洛栾快速路过境。

鸣皋 [Mínggāo] 鸣皋镇人民政府驻地。在县政府驻地城关镇西南18千米。人口1.2万。因村南隔伊河有九皋山，以《诗经》"鹤鸣九皋，声闻于天"得名。聚落呈块状。有中小学、卫生院、文化站、敬老院。有南岳庙、伊川书院。农业以小麦、玉米、红薯、花生等种植为主。有制砖、塑料、水泥预制企业。省道鹿嵩线、洛栾快速路、鸣白公路经此。

水寨镇 [Shuǐzhài Zhèn] 伊川县辖镇。在县境中部。面积42平方千米。人口3.2万。辖11村委会，有18自然村。镇人民政府驻水寨。1975年成立水寨公社。1984年改设乡。1994年改置镇。因镇政府驻地得名。有中学1所，小学1所，卫生院1个，卫生所11个。农业以小麦、玉米、蔬菜种植为主。工业以耐火材料、铝深加工为主。焦枝铁路、二广高速、省道常付线过境。

水寨 [Shuǐzhài] 水寨镇人民政府驻地。在县政府驻地城关镇东4千米。人口4400。古时附近有一片积水，人们临水筑寨形成村落，故名。聚落呈方形。有中小学、卫生院、敬老院。农业以谷子、小麦、玉米等种植为主。省道常付线经此。

彭婆镇 [Péngpó Zhèn] 伊川县辖镇。在县境东北部。面积90平方千米。人口6.3万。辖34村委会，有46自然村。镇人民政府驻彭婆。1958年成立彭婆公社。1984年改乡。1996年改镇。因镇政府驻地得名。有万安山。伊河、曲河等流经。有中学1所，小学1所，卫生院1个，卫生所34个。工业有铸钢锻造、高温耐材、机械加工、新型能源等产业。焦枝铁路，二广、少洛高速，省道常付线过境。

彭婆 [Péngpó] 彭婆镇人民政府驻地。在县政府驻地城关镇东北14千米。人口6000。商朝大夫彭铿被封今彭婆一带，其母死后葬于此，故名。聚落呈块状。有中小学、卫生院、敬老院。农业以谷子、小麦、玉米、红薯种植为主。省道常付线经此。

白沙镇［Báishā Zhèn］ 伊川县辖镇。在县境东南部。面积79平方千米。人口7万。辖26村委会，有79自然村。镇人民政府驻白沙。1958年成立白沙公社。1984年改乡。2008年改镇。因镇政府驻地得名。有宝雨山、和尚山、娘娘山等。白绛河等流经。有煤炭。有中学1所，小学1所，卫生院1个，卫生所26个。农业以小麦、玉米、蔬菜种植为主。工业有化工、铸造、铝深加工等企业。焦枝铁路、省道常付线过境。

白沙［Báishā］ 白沙镇人民政府驻地。在县政府驻地城关镇南11千米。人口8100。因白绛河流经，河底沙为白色，故名。聚落呈块状。有中小学、卫生院、敬老院。农业以谷子、小麦、玉米、红薯种植为主。省道五白、常付线经此。

江左镇［Jiāngzuǒ Zhèn］ 伊川县辖镇。在县境东部。面积78平方千米。人口5.7万。辖35村委会，有84自然村。镇人民政府驻江左。1948年设江左区。1958年成立江左公社。1984年改乡。2009年改置镇。因镇政府驻地得名。有中学1所，小学1所，卫生院1个，卫生所35个。农业以小麦、玉米种植为主，有无公害蔬菜种植、农业观光。郑卢高速、省道鹿方线等过境。

江左［Jiāngzuǒ］ 江左镇人民政府驻地。在县政府驻地城关镇东24千米。人口7600。传唐高宗李治称此地"江左风景不过如此"，故名。聚落呈块状。有中小学、卫生院。有无公害蔬菜种植、农业观光。郑卢高速经此。

高山镇［Gāoshān Zhèn］ 伊川县辖镇。在县境西部。面积63平方千米。人口5.1万。辖23村委会，有36自然村。镇人民政府驻高山。1965年成立高山公社。1984年改设乡。2009年改镇。因镇政府驻地得名。有中学1所，小学1所，卫生院1个，卫生所23个。有古迹大觉寺。工业以水泥、陶粒、煤矿、陶瓷加工制造产业为主。丰鸣、平白、古马公路过境。

高山［Gāoshān］ 高山镇人民政府驻地。在县政府驻地城关镇西15千米。人口2200。原名憩鹤山。因四周高峰叠翠，山峦起伏，更今名。聚落呈块状。有中小学、卫生院、敬老院。农业以小麦、玉米种植为主。古马公路经此。

吕店镇［Lǚdiàn Zhèn］ 伊川县辖镇。在县境东部。面积102平方千米。人口6.5万。辖38村委会，有82自然村。镇人民政府驻吕店。1948年设吕店乡。1958年成立吕店公社。1984年改设乡。2010年改置镇。因镇政府驻地得名。有万安山。丁慧河流经。有矿产资源煤、铝等。有中学1所，小学1所，卫生院1个，卫生所38个。有景点万安山、清泉寺、白雀寺、温氏故居等。有农业深加工企业、旅游观光采摘园。郑少洛高速等过境。

吕店［Lǚdiàn］ 吕店镇人民政府驻地。在县政府驻地城关镇东北22千米。人口2600。传吕姓人家在此开店，往来于伊川、偃师两地客商常歇脚于此，故名。聚落呈块状。有中小学、卫生院、文化站。有吕店烈士陵园、山神庙。农业以小麦、玉米种植为主。有吕店水库。掘丁、江彭公路经此。

半坡镇［Bànpō Zhèn］ 伊川县辖镇。在县境东南部。面积48平方千米。人口1.9万。辖12村委会，有30自然村。镇人民政府驻半坡。1975年成立半坡公社。1984年改设乡。2011年改置镇。因镇政府驻地得名。有马铃山、黑龙山等。白绛河流经。有矿产资源煤炭、铝矾土、石灰石等。有中学1所，小学1所，卫生院1个，卫生所12个。农业以小麦、谷子种植为主，有核桃、中药材种植。省道八官、常付线过境。

半坡［Bànpō］ 半坡镇人民政府驻地。在县政府驻地城关镇东26千米。人口2500。因在半山腰得名。聚落呈方形。有中小学、卫生院、幼儿园、敬老院。农业以小麦、玉米、红薯、花生、芝麻、油菜、棉花种植为主。五白公路经此。

酒后镇［Jiǔhòu Zhèn］ 伊川县辖镇。在县境西南部。面积71平方千米。人口3.5万。辖27村委会，有63自然村。镇人民政府驻酒后。1948年设酒后区。1962年成立酒后公社。1984年改设乡。2013年改置镇。因镇政府驻地得名。伊河、杜康河等流经。有中学1所，小学1所，卫生院1个，卫生所27个。有鹤鸣峡风景区。农业以中药材、薄皮核桃等种植为主。洛栾高速，宜老、白梁公路过境。

酒后［Jiǔhòu］ 酒后镇人民政府驻地。在县政府驻地城关镇西南26千米。人口4800。建村初每早大雾笼罩，且有酒味，故曰酒雾头，演为酒后头，后简为今名。聚落呈块状。有中小学、卫生院、敬老院。有养猪场、养牛场。永昌大道过境。

白元镇［Báiyuán Zhèn］ 伊川县辖镇。在县境南部。面积78平方千米。人口5.3万。辖20村委会，有23自然村。镇人民政府驻白元。1948年设白元区。1956年设白元中心乡。后改公社。1984年改设乡。2014年改镇。因镇政府驻地得名。地处豫西浅山丘陵区，东为坡岭区，西为伊河川区。伊河、杜康河流经。有中学1所，小学1所，卫生院1个，卫生所20个。有景点净土寺、庄子洞、金山寺等。农业以小麦、玉米、谷子种植为主，有苗木花卉种植。工业有酿酒、铸造企业。省道郭木线过境。

白元［Báiyuán］ 白元镇人民政府驻地。在县政府驻地城关镇南8千米。人口8000。秦将白起曾屯兵于此，取名寨子街。后附近发现白元帅墓，更今名。聚落呈块状。有中小学、卫生院。有金山寺。农业以小麦、玉米种植为主，有牛、猪、鸡饲养。有钢材企业。白梁公路经此。

鸦岭乡［Yālǐng Xiāng］ 伊川县辖乡。在县境西北部。面积150平方千米。人口7万。辖41村委会，有115自然村。乡人民政府驻鸦岭。1956年设鸦岭中心乡。1958年成立鸦岭公社。1984年改设乡。2005年常川乡并入。因乡政府驻地得名。甘水河等流经。有中学1所，小学1所，卫生院1个，卫生所41个。有石佛寺。农业以红薯种植为主。洛栾高速，崔周、丰鸣公路等过境。

鸦岭［Yālǐng］ 鸦岭乡人民政府驻地。在县政府驻地城关镇西北7千米。人口3100。夕阳西下时常有乌鸦栖落，鸣声不绝，故名。聚落呈块状。有中小学、卫生院、敬老院。农业以小麦、玉米、红薯等种植为主。崔周公路经此。

平等乡［Píngděng Xiāng］ 伊川县辖乡。在县境南部。面积53平方千米。人口5.6万。辖16村委会，有23自然村。乡人民政府驻平等。1962年成立平等公社。1984年改设乡。因乡政府驻地得名。伊河、银河、顺阳渠等流经。有中学1所，小学1所，卫生所16个。产大蒜。工业以磨料、磨具深加工为主，有天然气工业园区。省道洛卢线过境。

平等［Píngděng］ 平等乡人民政府驻地。在县政府驻地城关镇西南7千米。人口1.1万。曾名莘店、大莘店、莘渠镇。1927年因系平等县治易今名。聚落呈长方形。有中小学、卫生所。有邵雍书院。农业以小麦、玉米、红薯、大蒜种植为主，有羊饲养。省道鹿嵩线经此。

葛寨乡［Gězhài Xiāng］ 伊川县辖乡。在县境西南部。面积76平方千米。人口3.5万。辖19村委会，有38自然村。乡人民政府驻葛寨。1958年成立葛寨公社。后改公社。1983年改设葛寨乡。因乡政府驻地得名。有中学2所，小学7所，卫生院2个，卫生所19个。有天门山景区。工业以仿古青铜器为主，有铜鼎、天子驾六等仿古工艺生产。水梁、汝葛公路等过境。

葛寨［Gězhài］ 葛寨乡人民政府驻地。在县政府驻地城关镇南17千米。人口1万。因村西有葛将军墓得名。聚落呈圆形。有中小学、幼儿园、卫生院、敬老院。农业以玉米、小麦种植为主，产红薯、花生、大豆、芝麻、棉花等。白梁公路经此。

平 顶 山 市

平顶山市［Píngdǐngshān Shì］ 河南省辖地级市。北纬33°08′—34°20′，东经112°14′—113°45′。在省境中部。面积7882平方千米。户籍人口577万，常住人口563万。以汉族为主，还有回、蒙古、满、壮、苗等民族。辖新华、卫东、石龙、湛河4区，宝丰、叶县、鲁山、郏县4县，代管舞钢、汝州2县级市。市人民政府驻新华区。1954年成立平顶山煤矿筹备处。1956年成立平顶山矿区。1957年置地级平顶山市。1958年降为县级市，属许昌专区。1964年复为平顶山矿区，后改为平顶山特区(地级)。1968年复平顶山市。1971年韩梁矿区与宝丰县薛庄乡划入。1977年舞钢工区划入。1983年原许昌地区鲁山、宝丰、叶县3县划入。1986年原许昌地区襄城、郏县，洛阳地区临汝县划入。因平顶山得名。地势西高东低。西为伏牛山、外方山区，大部为低山丘陵。东属北汝河、沙河洪冲积平原。海拔500—1000米。最高峰石人山海拔2153米。年均气温15.1℃，1月平均气温4℃，7月平均气温28℃。年均降水量729.8毫米。年均无霜期214天。北汝河、沙河、湛河、澧河、石河、灰河、干江河、洪河等流经。有昭平台、白龟山、孤石滩、石漫滩等水库。有矿产资源煤、铝土、盐、耐火黏土、紫色陶土、石灰石、铁、硅石、石膏、石墨、磷、大理石等。有野生植物1800余种，其中有国家重点保护野生植物红豆杉、连香树等19种。有国家重点保护野生动物黑鹳、大鸨、天鹅、东方白鹳等。有尧山国家级自然保护区。森林覆盖率31.2%。有省级工程技术研究中心1个，高校6所，高中25所，中职20所，初中163所，小学1028所，特殊学校8所，三级医院4个。有全国重点文物保护单位风穴寺及塔林、苏祠和墓、香山寺大悲观音大士塔及碑刻、望城岗冶铁遗址、清凉寺汝官窑遗址等25个。有国家级非物质文化遗产马街书会、锣鼓艺术（大铜器）等。三次产业比例10∶55∶35。农业以小麦、玉米、水稻、甘薯种植为主。有土特产党参、天麻、杜仲、猕猴桃、猴头菇、黑木耳、张良姜、郏县红牛等。名产鲁山绸、宝丰酒、汝瓷、紫砂陶等。工业以煤炭、电力能源为主。服务业以旅游业为主。有铁路400千米，高速65.7千米。焦枝、漯宝铁路，207、311国道，郑南、洛界公路过境。

平顶山 [Píngdǐngshān] 平顶山市聚落。在市境中部。面积90平方千米。人口102万。以汉族为主，还有回、蒙古、土家等民族。1960年城区面积达到10平方千米。1985年后建大批商品住宅楼，平房区改建为楼房区，建成各有特色的卫星城区、带状开放型湛河公园及中原商场等多个大型商业设施，建成工业品、食品、饮食等专业市场和商业街。有市文化艺术中心、市图书馆、市体育村、市体育场及多处城市湿地、园林、文物、景点，多所高校、职业高中、中小学及医疗单位。有煤炭工业区。铁路、国道等于此交会。通多路公交车。

平顶山市高新技术产业开发区 [Píngdǐngshān Shì Gāoxīn Jìshù Chǎnyè Kāifāqū] 在市境东部。东至昆阳大道，西至创业大道，南至长江路，北至建设路。面积48平方千米。因市名得名。1995年经河南省政府批准建立省级开发区，由平顶山市政府管理。有现代装备制造、新型化工和新材料三大特色产业集群。有企业350余个。有国家级科技企业孵化器和省级专利技术展示交易中心。311国道过境。

矿工路 [Kuànggōng Lù] 在市境中部偏北。东起东环路，西至平安大道。与新华路、开源路、体育路、光明路等相交。长8.1千米，宽27—50米。沥青、水泥路面。1956年开工，1965年建成。1978—1980、1989—1991年改扩建。因两旁矿工及家属较多得名。两侧有市体育局、实验高级中学、新华区消防大队、省煤田地质局四队、平顶山电子技术学校、平顶山热力集团、东苑综合市场、馨安大厦等。通多路公交车。

平安大道 [Píng'ān Dàdào] 在市境北部。东起郑南公路，西至省道禹州花石—平顶山程庄线。与西环路、凌云路、光明路、新华路、东环路等相交。长21.7千米，宽30米。沥青、水泥路面。1956年开工，1959年建成。1970、1980、2006年改扩建。原名程平路，后取"建设和谐平安社会"之意更今名。两侧有市第三高级中学、氧气供应站、河南中平煤电公司、平顶山矿务局三矿、神马集团能源化工研究所、平顶山平煤客运站等。通多路公交车。

开源路 [Kāiyuán Lù] 在市境中部。南起宁洛高速，北至平安大道。与五一路、矿工路、优越路、建设路、湛河北路等相交。长3.8千米，宽30米。沥青、水泥路面。1956年修建，泥结碎石路面，时称平马路。1977年加宽改造。1981年寓"开发平顶山煤炭资源"之意更今名。2007年南延至南洛高速收费站。两侧有广厦置业，经协大厦，市第八、第十三、第二十八中学，市城市规划局，开源路小学，市第四人民医院等。通多路公交车。

光明路 [Guāngmíng Lù] 在市境中部偏西。南起南环路，北至平安大道。与矿工路、建设路、启蒙路、曙光街、湛河北路等相交。长5千米，宽30米。沥青路面。1965年修建。1973年南延。1984年加宽改造。2006年后多次延伸。寓"美好未来"之意得名。两侧有市实验高级中学、市四十四中、市工商局新华分局、新华区地税局、湛河区政府等。通多路公交车。

凌云路 [Língyún Lù] 在市境西部。南起姚电大道，北至平安大道。与长虹路、园林路、金石路、建设路、南环路等相交。长3.7千米，宽27米。沥青、水泥路面。1965年建设。1984、2009年改扩建。寓"腾飞发展"之意得名。两侧有三矿职工医院、市鹰城心理健康发展中心、平顶山学院家属院、中国煤炭机械集团等。通多路公交车。

新华区

新华区 [Xīnhuá Qū] 平顶山市人民政府驻地。在市境中部。面积157平方千米。人口38.9万。以汉族为主，还有回、满、蒙古等民族。辖10街道、2镇。区人民政府驻曙光街街道。1969年置新华区，以"新中国建设的工业新城"意命名。1970年与卫东区合并设中心区。1977年撤中心区，复新华区。1979年韩梁街道划入。1993年郊区部分地域划入，南环路、姚孟2街道及叶刘等4村划入郊区。北为生活和生产区，西为党政群机关、工厂、商业、文教区。西北为生产区和企业生活区。西向东逐渐由丘陵向平原过渡。海拔76—505米。年均气温16.5℃。年均降水量755.7毫米。有青石山、香山、龙山等。应河、西杨村河、陈庄沟、稻田沟、湛河流经。有高校3所，中专4所，中学22所，小学42所，三级医院3个，二级医院1个。有全国重点文物保护单位应国墓地，省级文物保护单位香山寺。有省级非物质文化遗产妙善观音传说。有湛河公园。二、三产业比例60∶40。农业以小麦、玉米种植为主。工业以电子电器、高端装备制造业为主。服务业以商贸业为主，有特色商业区及花卉、建材等大型商贸网点。有民营企业创业园、电子电器工业园、循环经济工业园、高端装备制造园区。漯宝铁路，宁洛、武西高速等过境。有建西汽车站、矿区铁路中心站。通多路公交车。

曙光街街道 [Shǔguāngjiē Jiēdào] 新华区人民政府驻地。在区境东南部。面积4平方千米。人口4.2万。1996年由光明路街道析设。因曙光街得名。有初中1所，小学2所，三级医院1个，卫生服务站4个，卫生室1个，文化站1个，社区图书室2个，文化娱乐团体3个。工业以煤矿机械制造为主。服务业以餐饮、金融、批发零售业为主。通多路公交车。

光明路街道 [Guāngmínglù Jiēdào] 属新华区。在区境中部。面积3平方千米。人口3.8万。1978年由矿工路、西市场2街道析设。因光明路得名。1996年建居民区多个。有初中3所，小学4所，二级医院1个，卫生服务站5个，卫生室1个，体育场1个。有鹰城广场。工业以电力、新型耐材生产为主。通多路公交车。

中兴路街道 [Zhōngxīnglù Jiēdào] 属新华区。在区境东部。面积1平方千米。人口3.4万。1978年析矿工路街道4个居民区设立。因中兴路得名。西杨村河流经。有小学2所，三级医院2个，卫生服务站4个。经济以商品批零、餐饮服务为主。通多路公交车。

矿工路街道 [Kuànggōnglù Jiēdào] 属新华区。在区境东部最北端。面积4平方千米。人口4.9万。1958年设友谊路街道。1963年改今名。因矿工路得名。陈庄沟流经。有初中1所，小学4所，卫生服务站5个，卫生室1个，综合文化活动中心1个，社区文化活动室5个，社区文化广场4个，社区图书室5个。有矿工俱乐部、矿区文化宫。有煤炭企业。通多路公交车。

西市场街道 [Xīshìchǎng Jiēdào] 属新华区。在区境西北部。面积6平方千米。人口3.6万。1958年设。因西市场得名。先后建道路多条，住宅区多处。有高校1所，高中1所，初中3所，小学2所，卫生院2个，卫生服务站6个，街道文化站1个，社区文化中心5个，社区图书室4个，文化娱乐团体10个。工业以矿用设备、耐火材料生产为主。有区民营经济工业园和西部物流园。有蔬菜批发、建材市场。平煤铁路专用线过境。通多路公交车。

新新街街道 [Xīnxīnjiē Jiēdào] 属新华区。在区境西北部。面积5平方千米。人口2.9万。1958年设。因新新街得名。先后修建新兴路等道路多条，住宅区多处。有高中1所，初中2所，小学2所，幼儿园8所，卫生服务站、卫生室、文化活动中心、社区图书室各2个。工业以煤炭开采为主。平煤铁路专用线等过境。

青石山街道 [Qīngshíshān Jiēdào] 属新华区。在区境西北部。面积1平方千米。人口1.6万。1974年设。因青石山得名。先后修建青石路等道路多条，住宅区多处。有初中1所，小学1所，卫生服务站1个，街道文化站2个，社区文化艺术中心4个，社区图书室4个。工业以发电、水泥、煤炭开采为主。通多路公交车。

湛河北路街道 [Zhànhéběilù Jiēdào] 属新华区。在区境东南部。面积1平方千米。人口2.6万。2003年由中兴路街道析设。因湛河北路得名。先后建道路多条，住宅区多处。有中学2所，小学2所，幼儿园3所，哮喘病医院1个，社区卫生服务站2个。有四星级酒店1个。通多路公交车。

湖滨路街道 [Húbīnlù Jiēdào] 属新华区。在区境西部。面积7平方千米。人口2.1万。2003年析滍阳镇6村设。因湖滨路得名。先后建夏耘路等道路多条，住宅区多处。沙河、乌江河流经。有初中3所，小学2所，幼儿园4所，卫生院1个，卫生服务站3个，卫生室16个。有文化站、图书馆。工业以制帽、机电设备、隔膜锂电池、高压大容量变压器产业为主。通多路公交车。

西高皇街道 [Xīgāohuáng Jiēdào] 属新华区。在区境西南部。面积8平方千米。人口1.2万。2005年析焦店镇西高皇等4村设。因西高皇村得名。先后修建七星路等道路多条，住宅区多处。有高校1所，高中1所，初中2所，小学2所，卫生服务站3个，卫生室4个。有街道图书站、社区图书室。有白鹭洲国家湿地公园。经济以金融服务业、批发零售业、物流运输业为主。通多路公交车。

焦店镇 [Jiāodiàn Zhèn] 新华区辖镇。在区境西部。面积62平方千米。人口4.6万。以汉族为主，还有回族。辖26村委会，有28自然村。镇人民政府驻高庄。1949年为焦店区。1955年设焦店中心乡。1966年成立红旗公社。1979年改焦店公社。1983年改设乡。1996年改置镇。宋代名将焦赞后人为避战乱至此，开设客栈，取名焦家店，后简称焦店。有香山、擂鼓台山、余沟山、大龙山、小龙山等。有小学7所，卫生院1个，卫生室19个。有民族饮食文化广场。农业以小麦、玉米种植为主。有采摘园、石榴园农业基地。工业有服装、煤炭、机械、新型材料、新型建材、玻璃等企业。漯宝线铁路、宁洛高速过境。通多路公交车。

高庄 [Gāozhuāng] 焦店镇人民政府驻地。在区政府驻地曙光街街道西5千米。人口1200。高姓始居，故名。聚落呈团块状。有小学、卫生院。农业以小麦、玉米种植为主。有机械厂。通多路公交车。

滍阳镇 [Zhìyáng Zhèn] 新华区辖镇。在区境西部。面积65平方千米。人口2.5万。辖29村委会，有41自然村。镇人民政府驻薛庄。西魏、隋、唐初置滍阳县。唐贞观九年(635)废县为镇。1949年为滍阳区。1956年设滍阳中心乡。后改公社。1983年改薛庄乡。1996年改镇。1999年更名滍阳镇。因滍阳古镇得名。应河、福水流经。有高校1所,高中1所,小学12所,卫生院1个,卫生室29个。有全国重点文物保护单位应国墓地。有清代建筑群曲家大院。农业以小麦、玉米、大豆种植为主,有水产养殖园。工业以煤炭开采、石料加工、水泥预制为主。漯宝铁路,宁洛、郑尧高速,平宝公路过境。通多路公交车。

薛庄［Xuēzhuāng］ 滍阳镇人民政府驻地。在区政府驻地曙光街街道西15千米。人口2800。传明初山西洪洞县迁民至此成村,因薛姓兴旺得名。聚落呈团块状。有中小学、幼儿园、卫生院。农业以小麦、玉米、大豆种植为主。通公交车。

卫东区

卫东区［Wèidōng Qū］ 平顶山市辖区。在市境东部。面积126平方千米。人口33万。辖13街道。区人民政府驻东安路街道。1969年设卫东区,以“捍卫毛泽东思想”意得名。1970年与新华区合并称中心区。1977年分置,仍称卫东区。1993年东高皇乡划入。地势北高南低。海拔75.8—473.7米。年均气温15℃。年均降水量726毫米。有落凫山、锛角山、平顶山、张寨山、马棚山、焦赞山。西湛河、东湛河、城东河、吴寨沟、月台河流经。有高中2所,初中11所,小学29所,三级医院1个,二级医院3个。有全国重点文物保护单位蒲城店遗址。有寺岗古文化遗址、门楼张清代建筑群。有山顶公园、东湖公园、青年公园、地质纪念碑等。三次产业比例2∶41∶57。农业以小麦、玉米种植为主。工业以煤炭开采、能源化工、装备制造、建材纺织为主,有工业园多个。服务业以现代物流、金融保险、现代商贸、文化旅游、养老及健康服务为主。311国道过境。通多路公交车。

平顶山长途汽车站［Píngdǐngshān Chángtú Qìchēzhàn］ 见交通运输设施部分“平顶山长途汽车站”条。

东安路街道［Dōng'ānlù Jiēdào］ 卫东区人民政府驻地。在区境中部。面积2.1平方千米。人口3.3万。1989年由东环路街道析设。以东安路得名。有标志性建筑物资大厦、广电中心、体育村。湛河、城东河流经。有初中1所,小学2所,卫生服务站4个,卫生室6个。有热力、热电、型材、化纤织造、材料加工企业。通多路公交车。

优越路街道［Yōuyuèlù Jiēdào］ 属卫东区。在区境中部。面积1平方千米。人口3.1万。1960年成立优越路公社。1963年改设优越路街道。因优越路得名。有高校1所,小学2所,三级医院1个,卫生服务站5个,卫生室4个。有地质纪念碑。经济以商贸服务业为主,有特色商业街区、购物广场等。通多路公交车。

五一路街道［Wǔyīlù Jiēdào］ 属卫东区。在区境西北部。面积3平方千米。人口3.5万。1958年设,后撤。1974年由优越路街道析设。因五一路得名。有中学3所,小学2所,卫生服务站7个。经济以商贸服务业为主。有平顶山长途汽车站。通多路公交车。

建设路街道［Jiànshèlù Jiēdào］ 属卫东区。在区境西部。面积4平方千米。人口4.5万。1980年设。因建设路得名。有高中1所,小学2所,二级医院1个,卫生服务站5个,卫生室5个。工业以纺织业为主。服务业以商贸服务业为主。通多路公交车。

东环路街道［Dōnghuánlù Jiēdào］ 属卫东区。在区境东北部。面积5平方千米。人口3.9万。1961年设先锋路街道。1981年以东环路更今名。先后修建机厂路、文丰巷、兴胜街等道路,新建多处居民区。有月台河、吴寨沟流经。有初中1所,小学2所,卫生服务站4个,卫生室2个。农业以大麦、小麦、豆类种植为主,有生猪、家禽饲养。工业以采矿业为主。通多路公交车。

东工人镇街道［Dōnggōngrénzhèn Jiēdào］ 属卫东区。在区境东北部。面积5平方千米。人口2万。1972年由先锋路街道析设。因矿业职工住宅区东工人镇得名。有高校2所,小学2所,卫生服务站3个。有东湖公园。工业以采矿业为主。通多路公交车。

光华路街道［Guānghuálù Jiēdào］ 属卫东区。在区境东北部。面积9平方千米。人口2.5万。1978年设平路街道。1981年更今名。因光华路得名。有初中1所,小学2所,二级医院1个,卫生服务站1个,卫生室2个。工业以采矿业为主。通多路公交车。

鸿鹰街道［Hóngyīng Jiēdào］ 属卫东区。在区境东部。面积5平方千米。人口3.1万。2001年由东安路街道部分地域和原东高皇乡大营村合并设立。因鸿鹰小区得名。先后建焦西路等道路多条,新居民区多处。有小学2所,卫生服务站4个,卫生室13个。经济以商贸业为主,有建材、茶叶、花卉等专业市场。通多路公交车。

皇台街道［Huángtái Jiēdào］ 属卫东区。在区境东部。面积6平方千米。人口1.8万。2001年由原东高皇乡2村和东工人镇街道部分地域合并设立。因皇台徐村得名。有初中3所,小学3所,卫生服务站6个,卫生室6个。工业有尼龙化工、工程塑料、新材料、开关零部件、高压开关制造企业。有商贸服务业。通多路公交车。

北环路街道［Běihuánlù Jiēdào］ 属卫东区。在区境西北部。面积16平方千米。人口2.2万。2003年由原东高皇乡3村和五一路街道部分地域合并设。因北环路得名。有平顶山、落凫山。有小学3所,二级医院1个,卫生服务站3个,卫生室7个。农业以小麦种植为主,有生猪饲养。工业以采矿业为主。通多路公交车。

东高皇街道［Dōnggāohuáng Jiēdào］ 属卫东区。在区境东北部。面积36平方千米。人口1.3万。2011年由原东高皇乡部分地域改设。因东高皇村得名。传汉高祖刘邦破秦入关经此,修建高皇庙,后于庙旁建村称高皇庙村,简称高皇。又以村处市区东部称今名。月台河流经。有初中2所,小学3所,卫生室7个。农业以小麦、玉米、油料作物种植为主,特产石榴。工业以采矿业为主。平郏公路过境。通多路公交车。

蒲城街道［Púchéng Jiēdào］ 属卫东区。在区境东部。面积17平方千米。人口6000。2011年析原东高皇乡8村设。因蒲城村得名。东晋末年后赵石虎部将蒲洪自立称王,在此筑城,故名。有小学1所,卫生室4个。有全国重点文物保护单位蒲城店遗址。有门楼张清代民居建筑群。农业以小麦、玉米种植为主,产杏、桃、草莓等,有生猪、家禽饲养。许南公路过境。通多路公交车。

申楼街道［Shēnlóu Jiēdào］ 属卫东区。在区境东部。面积8平方千米。人口6000。2013年析蒲城街道、东工人镇街道、皇台街道部分地域设。因申楼村得名。传清代申姓探花迎娶京城名门闺秀,因妻子怀念父母亲友,造高楼供其远望,得名申楼,故名。乌江河流经。有小学1所,卫生室5个。农业以小麦、玉米种植为主。通多路公交车。

石龙区

石龙区［Shílóng Qū］ 平顶山市辖区。在市境西部。面积37平方千米。人口6万。以汉族为主,还有回、满等民族。辖4街道。区人民政府驻人民路街道。1971年析宝丰县、鲁山县部分地域和4国营煤矿设西区。1997年撤西区设石龙区。因石龙河贯穿全境得名。地势西北高东南低,属浅山丘陵区。最高峰娘娘山海拔528.4米。年均气温14.5℃,1月平均气温1.3℃,7月平均气温27.2℃。年均降水量632毫米。石龙河流经。有中学1所,小学11所。有省级文物保护单位白朗墓。有高家大院、双堂庙等。三次产业比例1∶75∶24。农业以小麦、玉米种植为主。工业以煤矿、煤化工、纺织、建材等为主。服务业以商贸、餐饮业为主。平煤铁路专线,207国道,省道平桐、南石线过境。有石龙汽车站。通多路公交车。

石龙汽车站［Shílóng Qìchēzhàn］ 见交通运输设施部分“石龙汽车站”条。

人民路街道［Rénmínlù Jiēdào］ 石龙区人民政府驻地。在区境北部。面积10平方千米。人口1.1万。以汉族为主,还有回、满、蒙古、朝鲜等民族。2002年撤南顾庄乡析设。因人民路得名。建住宅区多处。有中学1所,小学3所,卫生院1个,卫生所4个。有省级文物保护单位白朗墓。有火龙岗祖师庙遗址、樊钟秀故居。工业以焦化、建材、煤化工及棉纺织为主。农业以玉米、小麦、棉花、蔬菜种植为主。南石公路过境。通公交车。

高庄街道［Gāozhuāng Jiēdào］ 属石龙区。在区境西部。面积13平方千米。人口1.2万。以汉族为主,还有回、满、蒙古、哈尼等民族。1982年撤韩梁街道析设。因高庄村得名。高姓始居,形成村落,故名。有小学3所,卫生所4个。有文物龙凤云妆观遗址、双堂庙、古迹慈恩寺等。农业以玉米、小麦、红薯、蔬菜种植为主。工业以煤炭生产为主。207国道过境。有石龙汽车站。通公交车。

龙兴街道［Lóngxīng Jiēdào］ 属石龙区。在区境东南部。面积6平方千米。人口1.9万。以汉族为主,还有回、满、蒙古、土家等民族。1982年撤韩梁街道析设。1999年取“振兴石龙区”意更今名。先后改扩建天丰路,新建创业路等道路。有小学2所,卫生所3个。有元次山墓。工业以采煤、选煤、建材为主。农业以玉米、小麦、红薯、花生、大豆种植为主。通公交车。

龙河街道［Lónghé Jiēdào］ 属石龙区。在区境中东部。面积8平方千米。人口1.4万。以汉族为主,还有回、满、蒙古、土家等民族。2002年撤南顾庄乡析设。因石龙河得名。有小学3所,卫生所4个。有文物高家大院、黑鱼桥。农业以玉米、小麦、芝麻、花生、大豆种植为主。工业以煤炭、建材、化工、物流为主。省道平桐线过境。通公交车。

湛河区

湛河区［Zhànhé Qū］ 平顶山市辖区。在市境中部。面积124平方千米。人口28.8万。

以汉族为主，还有回、蒙古等民族。辖9街道、1乡。区人民政府驻新华区曙光街街道。1962年析叶县、宝丰县各部分区域置郊区。1994年郊区更名湛河区。因北临湛河得名。地处伏牛山东部余脉与黄淮平原交接地带，地势平坦。地貌呈川字形。最高处海拔184米。年均气温14.8℃。年均降水量1000毫米。沙河、湛河流经。有白龟山水库。有矿产资源石灰岩、河砂、黏土、磷矿等。有高校2所，中学15所，小学29所，二级医院3个。有市图书馆。有省级文物保护单位马禿塔儿墓。有古迹景点湛河公园、白龟山水库、陈家大院、鱼陵山汉墓群等。三次产业比例3∶54∶43。农业以小麦、玉米、水稻种植为主。工业以电器制造、机械制造、火力发电为主。服务业以商贸、餐饮、酒店服务为主。平舞、漯宝铁路，南洛高速过境。有平顶山市客运中心汽车站。

平顶山市客运中心汽车站 [Píngdǐngshān Shì Kèyùn Zhōngxīn Qìchēzhàn] 见交通运输设施部分“平顶山市客运中心汽车站”条。

马庄街道 [Mǎzhuāng Jiēdào] 属湛河区。在区境北部。面积2平方千米。人口3.9万。1974年设牛马庄街道。1978年更今名。2005年轻工路街道2村划入。因原马庄得名。旧时为歇脚休息地，渐成牲口交易市场，名牛马庄。后牛庄、马庄分离，故名。有中学1所，小学3所，二级医院1个，卫生所10个。工业有机械、电器等企业。通公交车。

南环路街道 [Nánhuánlù Jiēdào] 属湛河区。在区境北部。面积0.3平方千米。人口3.7万。1978年析牛马庄街道设车站街道。1981年以南环路更今名。有高校1所，中学2所，小学2所，二级医院1个，卫生所9个。经济以商贸服务业为主。有火车站商圈。有平顶山市客运中心汽车站。通公交车。

姚孟街道 [Yáomèng Jiēdào] 属湛河区。在区境西北部。面积7平方千米。人口2.1万。1975年设。因姚孟发电公司得名。有中学2所，小学1所，二级医院1个，卫生所4个。农业以小麦、玉米种植为主。工业以发电、制造业为主。有物流运输业。平宝铁路、南洛高速过境。通公交车。

九里山街道 [Jiǔlǐshān Jiēdào] 属湛河区。在区境北部。面积3平方千米。人口5.2万。1995年设。因九里山得名。2013年建居住小区。南延凌云路。有小学3所，卫生所10个。工业有机械制造、环保、轨枕企业。通公交车。

轻工路街道 [Qīnggōnglù Jiēdào] 属湛河区。在区境东北部。面积4平方千米。人口3.3万。1997年析马庄街道设。因轻工路得名。有平顶山市技师学院。有中学2所，小学5所，卫生所7个。工业有制药、氯碱、玻璃制品、啤酒饮品企业。通公交车。

高阳路街道 [Gāoyánglù Jiēdào] 属湛河区。在区境东北部。面积4平方千米。人口0.6万。2004年由北渡镇4村和轻工路街道利民社区合并设。因原高阳路得名。有市财经学校、市培德学校。有中学1所，小学1所，卫生所4个。有电力、啤酒酿造企业。通公交车。

北渡街道 [Běidù Jiēdào] 属湛河区。在区境中部偏南。面积19平方千米。人口4.9万。1996年撤北渡乡置北渡镇。2014年撤北渡镇设。因北渡村得名。因村位于原沙河渡口北岸得名。有高校1所，中学4所，小学4所，卫生所7个。农业以小麦、玉米种植为主，有大棚草莓种植。工业有纸业、气囊丝等企业。通公交车。

荆山街道 [Jīngshān Jiēdào] 属湛河区。在区境东南部。面积16平方千米。人口1.9万。2014年设。因荆山村得名。村处荆山南麓，故名。有小学2所，卫生所12个。农业以小麦、玉米、大豆种植为主。有省级文物保护单位马禿塔儿墓。有平顶山烈士陵园。通公交车。

河滨街道 [Hébīn Jiēdào] 属湛河区。在区境西南部。面积15平方千米。人口1.7万。2014年设。因街道办事处在白龟山水库旁边、辖地多在沙河之滨得名。有小学1所，卫生所10个。有市爱国主义教育基地陶士党烈士纪念碑。农业以小麦、玉米、水稻、大豆等种植为主。通公交车。

曹镇乡 [Cáozhèn Xiāng] 湛河区辖乡。在区境西南部。面积57平方千米。人口4.6万。辖27村委会，有62自然村。乡人民政府驻曹镇(自然村)。1949年为曹镇区。1956年改设乡。1958年改公社。1983年复乡。因乡政府驻地得名。有中学3所，小学7所，卫生院1个，卫生所27个。有鱼陵山汉墓、李绿园故居、刘嘉茅庵。平通、苗张公路过境。

曹镇 [Cáozhèn] 曹镇乡人民政府驻地。在区政府驻地曙光街街道西南10千米。人口7500。因曹姓始居，且系附近较大村集镇，故名曹村镇，后简称曹镇。聚落呈长方形。有中学、卫生院、文化站、敬老院。有传说包公被囚过的水牢。有农历正月十六和三月初六古庙会。有鱼养殖。特产曹镇大米。农历逢单日有晨集，逢六有物资交流会。通多路公交车。

舞钢市

舞钢市 [Wǔgāng Shì] 河南省直辖县级市，由平顶山市代管。北纬33°08′，东经113°21′。在平顶山市境东南部。面积646平方千米。人口34.6万。辖5街道、4镇、4乡。市人民政府驻垭口街道。1977年设舞钢区，属平顶山市，因舞阳钢铁公司得名。1979年属许昌地区。1982年复属平顶山市。1990年撤舞钢区设舞钢市(县级)，由河南省直辖，平顶山市代管。地势西北、东南高，东北、西南低。海拔100—872米。年均气温14.6℃，1月平均气温1.4℃，7月平均气温27.5℃。年均降水量965.8毫米。滚河、滟河、韦河、甘江河等流经。有矿产资源铁、钒、钛、金、铀、钴、稀土等。森林覆盖率32%。有中专1所，幼儿师范学校2所，高中3所，初中14所，小学174所，二级医院2个。有剧院、文化馆、档案馆、市文化活动中心。有全国重点文物保护单位舞钢冶铁遗址群，省级文物保护单位石漫滩水库大坝旧址、柏国故城等。有国家4A级旅游景区二郎山、灯台架、祥龙谷，有石漫滩国家水利风景区。有铁山庙会习俗。三次产业比例10∶49∶41。农业以小麦、玉米、甘薯种植为主，有花生、油菜、棉花、芝麻等作物，有猪、牛、羊、家禽饲养。渔业有水库养殖和池塘养殖。有土特产小磨油、贝母、老粗布、清真食品等。工业以钢铁、纺织为主，有中国宽厚钢板生产基地。服务业以商贸、餐饮为主。有商业步行街。漯舞、平舞铁路，焦桐高速，七蚁、高兰、平桐公路过境。

奋飞广场 [Fènfēi Guǎngchǎng] 在市区南部。面积2000平方米。1999年开工，2000年建成。取奋发有为、振翼高飞之意命名。广场中央圆形花坛的两根钢柱上固定着几只飞翔的钢质大雁雕塑，象征舞钢振翼高飞。周围有5个扇形花池。中间有大型电子屏幕。为集休闲、娱乐、集会为一体的多功能广场。周边有舞钢公司工人文化宫。通多路公交车。

石漫滩大道 [Shímàntān Dàdào] 在市区中部偏南。东起钢城路，西至湖滨大道。与小石门路相交。长2.4千米，宽10米。混凝土路面。1974年开工，同年建成。1994年扩建。因南邻石漫滩水库得名。两侧有长途汽车站、酒店、商业百货大楼。通多路公交车。

舞钢长途汽车客运站 [Wǔgāng Chángtú Qìchē Kèyùnzhàn] 见交通运输设施部分“舞钢长途汽车客运站”条。

垭口街道 [Yākǒu Jiēdào] 舞钢市人民政府驻地。在市境中部。面积4平方千米。人口2万。1993年设。因地处鹁鸽楼山与火山之间得名。先后改造城中村。有高中1所，初中1所，小学2所，卫生院2个，卫生所32个。有苗庄秧歌、舞狮。经济以商贸、金融和物流业为主。农业以大棚蔬菜种植为主。有购物广场、大型超市、银行。通公交车。

寺坡街道 [Sìpō Jiēdào] 属舞钢市。在市境中部。面积5平方千米。人口2.3万。1974年设。因地处山坡，昔有寺院得名。先后完成道路整修、游园广场亮化，建成日间照料中心等。有中学1所，小学1所，幼儿园1所，卫生院2个，卫生所10个。经济以商贸、工业为主。工业以钢铁生产为主。省道焦新线过境。有舞钢长途汽车客运站。通公交车。

朱兰街道 [Zhūlán Jiēdào] 属舞钢市。在市境北部。面积6平方千米。人口1.9万。1974年设。因朱兰村得名。村附近生长蓝青色竹子得名竹蓝店，后谐音称今名。有教育进修学校1所，高中1所，初中1所，幼儿园1所，二级医院2个，卫生院2个，卫生所20个。经济以商贸、工业为主。工业以矿业、纺织业为主。通公交车。

院岭街道 [Yuànlǐng Jiēdào] 属舞钢市。在市境中部。面积6平方千米。人口2.1万。1974年设。办事处紧邻院岭，故名。因地处丘陵，并界于院窑和院庄两村之间得名院岭。有小学1所，卫生所9个。经济以商业、钢铁生产为主。通公交车。

矿建街道 [Kuàngjiàn Jiēdào] 属舞钢市。在市境西北部。面积6平方千米。人口9000。2007年设。因处矿源社区且国家冶金部第六工程队在此采矿、建矿，故名。有小学2所，卫生所3个。农业以小麦、玉米、大豆种植为主。工业以矿业为主。杜大、赵河公路过境。通公交车。

尚店镇 [Shàngdiàn Zhèn] 舞钢市辖镇。在市境西南部。面积107平方千米。人口4.6万。辖32村委会，有167自然村。镇人民政府驻尚店。1949年为尚店区。1957年设尚店乡。1958年改公社。1983年改设乡。1988年改置镇。2002年王店乡并入。因镇政府驻地得名。有中学1所，小学26所，卫生院2个。有名胜古迹灵光禅寺、清真寺、五峰山等。农业以玉米、小麦、棉花、蔬菜种植为主。有特产五香清真牛肉、天方牌山野菜、五峰山鲜香菇等。焦桐高速、省道平桐线过境。

尚店 [Shàngdiàn] 尚店镇人民政府驻地。在市政府驻地垭口街道西南12千米。人口1000。明初山西尚姓移民在此开店经商，故名。聚落呈块状。有中小学、幼儿园、卫生院。农业以小麦、玉米、棉花种植为主。有回族餐饮业。

八台镇 [Bātái Zhèn] 舞钢市辖镇。在市境西北部。面积54平方千米。人口3.1万。辖20村委会，有163自然村。1949年设八台区。1955年改乡。1958年成立公社。1983年复乡。1994年改置镇。镇人民政府驻八台。因镇政府驻地得名。有中学2所，小学4所，卫生院1个，卫生所20个。农业以小麦、玉米种植为主。省道平桐线过境。

八台 [Bātái] 八台镇人民政府驻地。在市政府驻地垭口街道西北10千米。人口2800。传北宋名将杨炎景在此建8练兵台，故名。聚落呈块状。有中小学、幼儿园、卫生院。农业以小麦、玉米种植为主。省道平桐线经此。

尹集镇［Yǐnjí Zhèn］　舞钢市辖镇。在市境东南部。面积101平方千米。人口2.5万。辖19村委会，有123自然村。镇人民政府驻尹集。1949年设尹集区。1958年成立尹集公社。1983年改设乡。1996年改置镇。因镇政府驻地得名。有中学1所，小学5所，卫生院1个，卫生所19个。有虎头山爱国主义红色教育基地。有国家4A级旅游景区九头崖、二郎山。农业以玉米、小麦、黄豆种植为主，有香菇、花生种植。有乡村旅游、农家乐。省道平驻线过境。

尹集［Yǐnjí］　尹集镇人民政府驻地。在市政府驻地垭口街道东南15千米。人口1500。明初山西洪洞县尹姓商人迁此开店经商，形成集市，称"尹家集"，后简称为尹集。聚落呈块状。有中小学、幼儿园、卫生院。农业以玉米、小麦种植为主。有乡村旅游、面粉加工企业。平驻公路经此。

枣林镇［Zǎolín Zhèn］　舞钢市辖镇。在市境北部。面积77平方千米。人口5.3万。辖39村委会，有79自然村。镇人民政府驻枣林。1965年成立枣林公社。1983年改设乡。2010年改置镇。因镇政府驻地得名。有中学2所，小学13所，卫生院2个，卫生所38个。有南岗龙山文化遗址、安寨关帝庙、金代墓葬。有民间艺术鱼灯舞、羊抵头。农业以小麦、玉米、大豆种植为主。省道七蚁线过境。

枣林［Zǎolín］　枣林镇人民政府驻地。在市政府驻地垭口街道东北17千米。人口800。明初李姓迁此定居，此地有枣树林，取名枣李庄，后演为今名。聚落呈块状。有中小学、幼儿园、卫生院。农业以小麦、玉米、大豆种植为主。省道七蚁线经此。

庙街乡［Miàojiē Xiāng］　舞钢市辖乡。在市境西北部。面积51平方千米。人口1.5万。辖12村委会，有81自然村。乡人民政府驻庙街。1988年析八台乡设庙街乡。因乡政府驻地得名。有小型水库5个。有中学1所，小学7所，卫生院1个，卫生所12个。有古迹韩棱墓、战国冶铁遗址、舜王庙等。有九龙山风景区。农业以玉米、小麦、大豆种植为主，有桃、李、梨、杏、石榴等水果，灵芝、防风、半夏、柴胡、金银花、何首乌等中药材。有矿业、旅游业。焦桐高速过境。

庙街［Miàojiē］　庙街乡人民政府驻地。在市政府驻地垭口街道西北6千米。人口800。村内建有舜王庙，明清时期形成街市，后称"牛郎庙街"，清末改称庙街。聚落呈块状。农业以玉米、小麦、大豆种植为主。有矿业、旅游业。杨八公路经此。

铁山乡［Tiěshān Xiāng］　舞钢市辖乡。在市境中部。面积43平方千米。人口2.6万。辖15村委会，有67自然村。乡人民政府驻冢李。1980年成立铁山公社。1983年改设乡。因一富含铁矿石的山得名。有中学1所，小学7所，卫生院1个，卫生所10个。有战国冶铁遗址，以铸"龙泉剑"闻名。有省级非物质文化遗产鱼灯舞。以纺织工业为主。漯舞铁路、省道平驻线、舞泌公路过境。

冢李［Zhǒnglǐ］　铁山乡人民政府驻地。在市政府驻地垭口街道北5千米。人口1200。明初李姓迁此建村，村西临一土冢，故名。聚落呈块状。有小学、幼儿园。农业以小麦、玉米种植为主。有纺织企业。平驻公路经此。

武功乡［Wǔgōng Xiāng］　舞钢市辖乡。在市境东部。面积51平方千米。人口2.6万。辖22村委会，有61自然村。乡人民政府驻武功。1949年设武功区。1956年设武功乡。1958年改公社。1961年改区。1965年复公社。1983年改设乡。因乡政府驻地得名。有中学1所，小学14所，卫生院1个，卫生所24个。有古迹祭公祠、法藏寺、显庆寺、沟头赵遗址等。农业以苗木花卉、莲藕种植，肉鸡、肉鸽、生猪、奶牛养殖为主。有花卉苗木、林果基地，肉鸡、生猪、奶牛、梅花鹿等养殖园。省道七蚁、高兰线，许泌公路过境。

武功［Wǔgōng］　武功乡人民政府驻地。在市政府驻地垭口街道东北10千米。人口1900。原村东南有砖瓦窑和深沟，取名窑沟。清康熙年间知县蔡汝齐以武力平反有功，更今名。聚落呈块状。有市卫生学校、市机械电子科技学校、小学、幼儿园、卫生院。农业以苗木花卉、小麦、蔬菜、桃、无花果、猕猴桃种植为主，有肉鸽、猪、牛、蚯蚓、白玉蜗牛饲养。省道七蚁线、许泌公路经此。

杨庄乡［Yángzhuāng Xiāng］　舞钢市辖乡。在市境中部偏南。面积134平方千米。人口2.7万。辖21村委会，有147自然村。乡人民政府驻褚庄。1965年成立杨庄公社。1983年改乡。杨姓迁此建村，故名。有龙王撞、灯台架、云摩顶、大望山等山。有中学1所，小学9所，卫生院1个，卫生所21个。经济以乡村旅游、食用菌种植、獭兔养殖为主。有特产香菇、黑木耳、山野菜等。许泌公路过境。

褚庄［Chǔzhuāng］　杨庄乡人民政府驻地。在市政府驻地垭口街道西南4千米。人口700。明初褚姓迁此建村，故名。聚落呈块状。有卫生院、文化站。农业以小麦、玉米种植为主。许泌公路经过。

汝　州　市

汝州市［Rǔzhōu Shì］　河南省直辖县级市，由平顶山市代管。北纬34°10′，东经112°50′。在平顶山市境东北部。面积1573平方千米。人口120万。以汉族为主，还有回、维吾尔、蒙古、藏、苗等民族。辖5街道、11镇、4乡。市人民政府驻煤山街道。唐先天元年(712)置临汝县。五代周废临汝县入梁县。宋、金、元因之。明废梁县入汝州。清因之。1913年废州复临汝县。1988年设汝州市，由平顶山市代管。以古汝州得名。地处浅山丘陵区，地势西高东低、南北高中间低。海拔145—1165.8米。年均气温15.7℃，1月平均气温1.3℃，7月平均气温28.6℃。年均降水量567.4毫米。北汝河流经。有矿产资源煤、铝土、水泥灰岩、铁、铜、地热矿泉水等。森林覆盖率31.6%。有省级工程技术研究中心5个，中职5所，特殊教育学校1所，高中6所，初中58所，小学385所，二级医院2个，文化馆、档案馆、图书馆各1个，影剧院15个。有全国重点文物保护单位风穴寺及塔林、汝州文庙、煤山遗址等7个，省级文物保护单位14个。有旅游景点怪坡景区、九峰山景区、温泉景区、汝瓷博物馆等。有国家级非物质文化遗产汝瓷烧制技艺、曲剧，省级非物质文化遗产宋氏中医外科，有地方特色文化剪纸、肉疙瘩舞、手工绿豆粉、皮制作技艺等。三次产业比例12∶53∶35。农业以小麦、玉米、红薯、大豆种植为主，有棉花、花生、芝麻、油菜等种植。工业以煤炭、电力、化学、机械、陶瓷制造为主，产汝瓷。为高速铁路无砟轨道轨枕、轨道板、火车轮生产基地。服务业以旅游、金融、商贸业为主。焦柳铁路，南洛、二广、林桐高速，207国道过境。

广成路［Guǎngchéng Lù］　在市区中部。东起林桐高速连接线，西至洪山路。与龙山大道、云禅大道、宏翔大道、城垣路、望嵩路等相交。长8.6千米，宽40米。沥青混凝土路面。1986年开工，1990年建成。分西、中、东3段。传轩辕帝曾在西崆峒山问道于广成子，故名。两侧有市骨科医院、第一人民医院、煤山公园等。通多路公交车。

丹阳路［Dānyáng Lù］　在市区中部。东起龙山大道，西至西环路。与城垣路、望嵩路、洗耳路相交。长3.4千米，宽26米。沥青混凝土路面。明代建，1981年西延，1986年东延。分西、中、东3段。因东有丹阳观称丹阳观街，后演今名。两侧有市政府、武装部、畜牧局、购物商场、长途汽车站等。通多路公交车。

望嵩路［Wàngsōng Lù］　在市区中部。南起汝河大桥北端，北至朝阳中路。与广成路、丹阳路、中大街、建设路相交。长6.8千米，宽16—40米。沥青混凝土路面。明代建中段，称城隍庙街。1970年南扩，1983年北延。分南、中、北3段。因路旁古望嵩楼得名。两侧有剧院广场、市一高等中学、市文广新局、汝州剧院等。通多路公交车。

风穴路［Fēngxué Lù］　在市区北部。南起广成路，北至风穴寺景区。与朝阳路、向阳路、梦想大道、207国道相交。长9.1千米，宽9—31米。沥青混凝土路面。1992年开工，1995年建成。因连接城区至风穴寺景区，故名。两侧有市第二高中、市六中、市卫计局、市广电总台等单位。通多路公交车。

汝州站［Rǔzhōu Zhàn］　见交通运输设施部分"汝州站"条。

汝州汽车站［Rǔzhōu Qìchēzhàn］　见交通运输设施部分"汝州汽车站"条。

煤山街道［Méishān Jiēdào］　汝州市人民政府驻地。在市境中部。面积15平方千米。人口5.3万。2002年析原汝州镇部分地域设。因煤山遗址得名。洗耳河、幸福渠流经。有中学3所，小学8所，二级医院1个，社区卫生服务中心1个。有文化大院、文化活动广场、图书馆。有全国重点文物保护单位煤山遗址。有煤山公园、洗耳河带状公园、双拥公园等。农业以小麦、玉米种植为主，有蔬菜、花卉种植。畜牧业以养殖猪、牛、羊、家禽为主。工业以汝瓷生产、食品、面粉加工、汽车维修为主。服务业以餐饮、商品批发、零售业为主。有果品批发市场、步行街等。焦柳铁路、侯饭公路过境。通公交车。

骑庄［Qízhuāng］　属煤山街道。在市政府驻地煤山街道西2千米。骑岭乡人民政府驻地。人口2400。村处土岭上，名骑岭，后演为今名。聚落呈块状。有中小学、幼儿园、卫生室。农业以小麦、玉米、红薯种植为主。侯饭公路经此。

钟楼街道［Zhōnglóu Jiēdào］　属汝州市。在市境中部。面积21平方千米。人口4.9万。以汉族为主，还有回族。2002年析原汝州镇部分地域设。先后建北汝河护堤、汝东高新技术园区、云禅大道中段、207国道新线市区中段、丹阳东路、中大街、中央公园南部、汝河公园。因古钟楼得名。北汝河、二五跃进渠流经。有中学1所，小学7所。有全国重点文物保护单位张公巷窑址和法行寺塔2个。有清代古钟楼、法行寺。农业以小麦、玉米、瓜果、蔬菜种植为主，有红提葡萄、核桃、香椿、黄梨等。工业以彩印包装、生物制药、电子科技研发为主。服务业以餐饮、商品批发、零售业为主，有建材市场。207国道、洛界公路过境。通公交车。

风穴路街道［Fēngxuélù Jiēdào］　属汝州市。在市境中部。面积20平方千米。人口4.2万。2002年析原汝州镇部分地域设立。先后建中央公园水系、云禅大道、207国道新线、朝阳东路、广城东路。因风穴路得名。东二干渠、二五跃进渠流经。有中专2所,中学4所,小学6所,二级医院1个,街道社区卫生服务中心1个。有文化大院、文化活动广场、图书室。有幸福公园、文化宫游园、地矿游园、东盛游园等。经济以餐饮和批发、零售业为主。207国道、侯饭公路过境。通公交车。

洗耳河街道[Xǐ'ěrhé Jiēdào] 属汝州市。在市境中部。面积23平方千米。人口5.2万。以汉族为主,还有回族。2002年析原汝州镇部分地域设。先后建道路多条及北汝河护堤。因洗耳河得名。北汝河、荆河、洗耳河、二五跃进渠流经。有中专1所,中学4所,小学8所,社区卫生服务中心1个,卫生室9个。有汝瓷博物馆。有古迹文庙、城隍庙、南禅寺、刘庄清真寺等。有汝河湿地公园、森林公园。服务业以餐饮、商品批发、零售业为主。焦柳铁路、侯饭公路过境。有汝州站。通公交车。

汝南街道[Rǔnán Jiēdào] 属汝州市。在市境中部偏南。面积59平方千米。人口4.5万。以汉族为主,还有回族。2002年设。以在北汝河南岸得名。北汝河、炉沟河、燕子河流经。有中学3所,小学9所,卫生院1个,卫生室16个,社区卫生服务中心1个。有古迹朝阳寺、重福寺、观音禅院、火烧寺、虎头戏楼、培风塔等。工业以能源化工、装备制造、陶瓷建材为主。焦柳铁路,207国道,宁洛高速,县道戎观、上观线过境。通多路公交车。

王寨[Wángzhài] 属汝南街道。在市政府驻地煤山街道南18千米。王寨乡人民政府驻地。人口1700。传古有王氏兄弟在此建小寨,故名王小寨,后演为王寨。聚落呈块状。有中小学、卫生院。农业以小麦、玉米、红薯种植为主。有机械铸造、火力发电、电动车生产企业。汝蟒公路经此。

寄料镇[Jìliào Zhèn] 汝州市辖镇。在市境西南部。面积175平方千米。人口8.1万。辖34村委会,有290自然村。镇人民政府驻寄料街。1958年成立寄料公社。1961年改区。1962年复公社。1984年改设乡。1988年改置镇。因镇政府驻地得名。炉沟河、燕子河、荡泽河流经。有初中3所,小学10所,卫生院1个,卫生室35个。有镇文化中心、文化大院、文化书屋。有名胜古迹张湾古人类遗址、楚长城遗址、来安寨、九峰山、砚山风景区。农业以小麦、玉米种植为主,有棉花等,有红果、花椒种植基地。有煤炭生产加工、食品加工、轴承工装等企业。庙洪公路、二广高速过境。有公交班车。

寄料街[Jìliàojiē] 寄料镇人民政府驻地。在市政府驻地煤山街道西南23千米。人口3300。传汉刘秀寄存马料于此,故名。聚落呈块状。有中小学、卫生院、体育场馆、文化场馆、集贸市场。农业以小麦、玉米、红薯种植为主。庙洪、汝鲁公路经此。

温泉镇[Wēnquán Zhèn] 汝州市辖镇。在市境西北部。面积77平方千米。人口5.7万。以汉族为主,还有回族。辖28村委会,有59自然村。镇人民政府驻温泉街。1975年成立温泉镇公社。1984年改设乡。1988年改置镇。2005年临汝镇15村划入。因有温泉得名。有初中3所,小学25所,卫生院1个,卫生室28个。有名胜古迹娘娘山、銮驾山、官庄、武后池、汉帝池、官池、汤王祠等。农业以小麦、玉米、蔬菜种植为主,有花生、棉花种植,生猪养殖。工业以面粉加工、有机肥料、复合肥料加工、家具生产为主。服务业以洗浴休闲业为主。有温泉疗养院、温泉度假村等。宁洛高速,侯饭、南张、坡车、温邓公路等过境。

温泉街[Wēnquánjiē] 温泉镇人民政府驻地。在市政府驻地煤山街道西北19千米。人口3800。因有天然温泉,村民沿泉居住,形成街道,故名。西汉初年称温汤,唐代改称温塘,金正隆六年(1161)改温泉街至今。聚落呈块状。有中小学、疗养院、集贸市场等。有温泉、武后池遗址、汤王祠等。农业以小麦、玉米、蔬菜种植为主。工业以食品加工、家具制造、肥料加工为主。服务业有洗浴、疗养、旅游、餐饮、住宿、休闲娱乐等。南张、官温公路经此。

临汝镇[Línrǔ Zhèn] 汝州市辖镇。在市境西北部。面积87平方千米。人口7.8万。以汉族为主,还有回族。辖24村委会,有49自然村。镇人民政府驻临汝。1949年为临汝区。1956年设临汝镇乡。1958年改临汝镇公社。1984年改设乡。1993年改置镇。因镇政府驻地得名。有崆峒山、娘娘山、长虫山、轿顶山、白云山等。北汝河、暴雨河流经。有中学4所,小学27所,卫生院1个,卫生室24个。有省级文物保护单位妙水寺。农业以小麦、玉米、棉花、蔬菜种植为主。有蔬菜、花卉苗木、果林等种植生产基地。工业有原煤、矿石开采、水泥生产、面粉、食品加工厂等。焦柳铁路、宁洛高速、洛界公路过境。通公交车。

临汝[Línrǔ] 临汝镇人民政府驻地。在市政府驻地煤山街道西北25千米。人口1.4万。以汉族为主,还有回族。唐贞元八年(792)为临汝县治所,故名。聚落呈块状。有中小学、卫生室、集贸市场、文化大院。有崆峒山祖师庙遗址。农业以小麦、玉米种植为主。有餐饮、住宿、娱乐、养生等服务。焦柳铁路、洛界公路经此。

小屯镇[Xiǎotún Zhèn] 汝州市辖镇。在市境东南部。面积123平方千米。人口10.2万。以汉族为主,还有回、满等民族。辖44村委会,有75自然村。镇人民政府驻小屯。1956年设小屯中心乡。1957年设小屯乡。1958年成立小屯公社。1961年改小屯区。1962年复公社。1984年改设乡。1996年改置镇。因镇政府驻地得名。北汝河、朝川河流经。有职业中专1所,中学5所,小学39所,卫生院1个,卫生室46个。有文化站、文化活动中心、图书室。有古迹景点古安城遗址、岑彭墓、姑娘墓、培风塔、女娲庙、慈清宫、安坡寺银洞等。农业以水稻、小麦、玉米、棉花、豆类种植为主。工业以煤矿开采为主。焦柳铁路,207国道,南洛、焦桐高速,汝平公路过境。

小屯[Xiǎotún] 小屯镇人民政府驻地。在市政府驻地煤山街道东南14千米。人口4300。传明末有小店,人口渐增得名小屯街,后简为今名。聚落呈块状。有中小学、卫生室。农业以小麦、玉米、红薯种植为主,有鸡、生猪养殖。有物资集散地,有集市、物资交流会。焦柳铁路、宁洛高速经此。

杨楼镇[Yánglóu Zhèn] 汝州市辖镇。在市境西部。面积76平方千米。人口7.6万。以汉族为主,还有回族。辖24村委会,有79自然村。镇人民政府驻杨楼。1919年为杨楼镇。1956年设杨楼乡。1958年改公社。1984年复设乡。2009年改置镇。因镇政府驻地得名。北汝河、炉沟河流经。有中学3所,小学18所,卫生院1个,村卫生室24个,文化站1个,农村书屋20个。有省级文物保护单位李楼遗址。农业以小麦、玉米、红薯、蔬菜种植为主,有无公害蔬菜、高淀粉红薯生产基地。工业有绿色食品加工、铸造加工、新型建材、塑料管材等企业。有工业集聚区。南洛高速,庙洪、前石公路过境。

杨楼[Yánglóu] 杨楼镇人民政府驻地。在市政府驻地煤山街道西14千米。人口5200。清以杨姓楼房名杨家楼,后简为今名。聚落呈块状。有中小学、幼儿园、卫生院。农业以小麦、玉米、红薯种植为主。有家具厂、预制厂、棉布厂、丝织厂等企业。有定期物资交流会。庙洪、前石公路经此。

蟒川镇[Mǎngchuān Zhèn] 汝州市辖镇。在市境南部。面积143平方千米。人口6.9万。以汉族为主,还有回、满、壮等民族。辖34村委会,有203自然村。镇人民政府驻核桃园。1957年设蟒川乡。1958年改公社。1984年复置乡。2009年改置镇。传南山有大蟒蛇到黑龙潭饮水经此,得名蟒下川,后简今名。燕子河、蟒川河、朝川河流经。有中学5所,小学32所,卫生院1个,村级卫生室37个。有文化站、农村文化大院、农家书屋。有省级文物保护单位严和店宋代汝窑遗址。有古迹景点罗圈村古冰川遗址、周赧王墓及天子坟寺、蒋姑烟云、蝙蝠奇洞、石门峡谷、滕口瀑布等。农业以小麦、玉米、红薯种植为主。工业以煤焦化、陶瓷新型材料、硅石光伏、阀门制造为主。小北、上观、戎观公路过境。

核桃园[Hétaoyuán] 蟒川镇人民政府驻地。在市政府驻地煤山街道西南15千米。人口1300。因附近有核桃园得名。聚落呈块状。有小学、幼儿园、卫生室。农业以小麦、玉米、红薯种植为主。省道郑汝线经此。

半扎[Bànzhā] 在市政府驻地煤山街道西南16千米。蟒川镇辖自然村。人口3000。清同治年间为防匪患筑寨,寨内街道南北均无法建房,形成半拉(个)街,后演变为今名。聚落呈块状。有古寨墙、西寨门和古民居40余处。有古迹“山陕会馆”关帝庙、文昌阁、双孔石拱桥等。有古刹会。农业以小麦、玉米、红薯种植为主。

庙下镇[Miàoxià Zhèn] 汝州市辖镇。在市境西北部。面积94平方千米。人口8万。以汉族为主,还有回族。辖24村委会,有74自然村。镇人民政府驻庙下街。1949年为庙下区。1956年设乡。1958年改公社。1984年复乡。2011年改置镇。因镇政府驻地得名。北汝河、庙下河流经。有中学5所,小学27所,卫生院1个,村级卫生室31个,文化站1个,文化大院24个。有古迹中岳庙行宫、清旭寺、佛山寺、玉泉寺、中海伏黄安、梁王城遗址等。农业以小麦、玉米、红薯种植为主。有淀粉、粉条、粉丝生产基地。焦柳铁路,南洛高速,常付、庙洪公路等过境。

庙下街[Miàoxiàjiē] 庙下镇人民政府驻地。在市政府驻地煤山街道西北14千米。人口8600。以汉族为主,还有回族。清曾名庙下铺、庙下镇。以建村于唐代中岳庙之下,发展成街得名。聚落呈带状。有中小学、幼儿园、卫生院。农业以小麦、玉米、红薯、棉花种植为主。有物资交流会。焦柳铁路,常付、庙洪公路经此。

陵头镇[Língtóu Zhèn] 汝州市辖镇。在市境北部。面积91平方千米。人口5.6万。以汉族为主,还有回族。辖27村委会,有108自然村。镇人民政府驻陵头。1956年设陵头中心乡。1958年成立陵头公社。1984年改设乡。2011年改置镇。因镇政府驻地得名。有牛头山、鹿台山、庇山、牛肋巴山等。洗耳河、荆河流经。有中学3所,小学18所,卫生院1个,卫生室27个。有文化服务中心、文化大院、文化书屋。有宋代魏王赵廷美及其家族墓葬、新石器时代遗址、杨寨遗址等。有原煤、矿石开采、化肥生产、食品加工等企业。夏宜阳公路过境。

陵头[Língtóu] 陵头镇人民政府驻地。在市政府驻地煤山街道西北12千米。人口3000。因处北宋魏王赵廷美陵墓西侧得名。聚落呈矩形。有中小学、卫生室、文化大院。有魏悼园。农业以小麦、玉米、红薯种植为主。有集贸市场、定期物资交流会。李许公路经此。

米庙镇 [Mǐmiào Zhèn]　汝州市辖镇。在市境东北部。面积 95 平方千米。人口 5.9 万。辖 29 村委会,有 99 自然村。镇人民政府驻米庙。1984 年设尚庄乡。2011 年改置米庙镇。因镇政府驻地得名。黄涧河、石堰沟、东二干渠、二五跃进渠流经。有中学 4 所,小学 25 所,卫生院 1 个,卫生室 22 个,文化站 1 个,农家书屋 22 个。有全国重点文物保护单位风穴寺。有古迹王河盘仰韶文化遗址、承休国遗址、玉皇沟遗址、达鲁花赤墓、武崔重兴土寨等。有嵩箕山国家森林公园。为河南曲剧发祥地之一。农业以小麦、玉米、红薯、棉花种植为主,有无公害蔬菜生产基地。工业有玻璃制品、陶瓷、纺织、家具制造、矿产开采等企业。林桐高速,侯饭、十米、纸张、米郭、杨车公路等过境。

米庙 [Mǐmiào]　米庙镇人民政府驻地。在市政府驻地煤山街道东北 10 千米。人口 1600。传明初米姓迁此建庙定居,故名。聚落呈矩形。有小学、卫生室。有祖师庙。农业以小麦、玉米、红薯种植为主。有集贸市场、物交会。侯饭公路经此。

纸坊镇 [Zhǐfāng Zhèn]　汝州市辖镇。在市境东部。面积 69 平方千米。人口 8.7 万。以汉族为主,还有回、满、苗等民族。辖 37 村委会,有 88 自然村。镇人民政府驻纸坊街。1949 年为纸坊区。1956 年改设乡。1958 年改公社。1984 年复设乡。2013 年改置镇。因镇政府驻地得名。北汝河、黄涧河流经。有中学 5 所,小学 20 所,卫生院 1 个,卫生室 36 个,镇文化站 1 个,农村书屋 27 个。有古迹景点中山寨遗址、阎村遗址、龙泉寺、东焦庄中岳庙、武巡店京兆家祠以及四十八间转圈楼、韩氏宗祠等。有省级传统村落纸东、纸北、赵南、武巡 4 个。农业以小麦、玉米、红薯、瓜果、大豆种植为主。工业有建材生产、粮油加工、竹木加工、发制品加工等企业。林桐高速、常付公路过境。

纸坊街 [Zhǐfāngjiē]　纸坊镇人民政府驻地。在市政府驻地煤山街道东 13 千米。人口 7000。传明初晋人韩香迁此建村,开造纸作坊,故名。聚落呈块状。有中小学、幼儿园、卫生院、敬老院。有阎村遗址。有假发、建材、面粉及副食品加工厂。有物交会。纸张公路经此。

大峪镇 [Dàyù Zhèn]　汝州市辖镇。在市境东北部。面积 153 平方千米。人口 2.6 万。辖 24 村委会,有 203 自然村。镇人民政府驻大峪。1956 年设大峪乡。1958 年改公社。1984 年改设乡。2013 年改置镇。因镇政府驻地得名。大红寨山海拔 1150.6 米。有中学 2 所,小学 15 所,卫生院 1 个,卫生室 24 个,文化大院 1 个。有景点紫云山风景区,大、小红寨山,观音堂,祖师顶,明清古山寨梁家寨、石榴嘴寨等,汝窑遗址、抗日县政府旧址、王沟河南省军区司令部旧址、路泉八路军医院旧址等。农业以小麦、玉米种植为主,有核桃、杏、柿子种植。工业有石料、砖瓦、石灰等厂。林桐高速、侯饭公路过境。

大峪 [Dàyù]　大峪镇人民政府驻地。在市政府驻地煤山街道东北 23 千米。人口 700。地处大红寨西南山谷中,宋以后称大峪店,后简为今名。聚落呈块状。有小学、卫生院、文化大院。有北宋汝窑遗址。农业以小麦、玉米、红薯种植为主。有物资交流会。侯饭、班大、焦新公路过境。

王寨乡 [Wángzhài Xiāng]　汝州市辖乡。在市境中部。面积 72 平方千米。人口 5.4 万。以汉族为主,还有回族。辖 33 村委会,有 58 自然村。乡人民政府驻汝南街道王寨。1962 年成立王寨公社。1984 年改乡。因乡政府驻地得名。北汝河、燕子河、炉沟河、裴家河流经。有中学 3 所,小学 15 所,乡卫生院 1 个,卫生室 35 个,体育场所 8 个。有省级文物保护单位庆阳古城文化遗址。有国家级非物质文化遗产曲剧。农业以小麦、玉米、红薯、棉花、花生种植为主。工业有建筑、建材等企业。南洛高速过境。

骑岭乡 [Qílǐng Xiāng]　汝州市辖乡。在市境中部偏北。面积 57 平方千米。人口 5.3 万。以汉族为主,还有回族。辖 14 村委会,有 85 自然村。乡人民政府驻煤山街道骑庄。1956 年设骑岭乡。1958 年分属城关、尚庄 2 公社。1962 年成立骑岭公社。1984 年复置乡。乡境内有山岭纵贯南北,故名。洗耳河、荆河、东二干渠流经。有马庙水库、大张水库。有中学 2 所,小学 14 所,乡文化站 1 个,卫生院 1 个,卫生室 13 个。有全国重点文物保持单位风穴寺及塔林,省级文物保护单位槐树尹遗址、大张遗址。有古迹洪山庙汉代墓群、河湾村东遗址、唐代著名诗人刘希夷墓园、明代兵部侍郎滕昭墓,有年寺、竹林庙和安洼中岳庙等旅游景点。农业以小麦、玉米、蔬菜种植为主。有万亩脐橙生态农业园、无公害蔬菜生产基地。有原煤开采、建材制造、家具生产、汝瓷烧制、水泥、饮料等企业。服务业以餐饮、旅游为主。焦柳铁路、207 国道、侯饭公路过境。

夏店乡 [Xiàdiàn Xiāng]　汝州市辖乡。在市境西北部。面积 67 平方千米。人口 3.6 万。辖 20 村委会,有 51 自然村。乡人民政府驻新村。1956 年设夏店乡。1958 年并入陵头公社。1991 年复设夏店乡。以夏姓建村且沿街多店铺得名。荆河、陆浑灌区东二干渠流经。有中学 1 所,小学 16 所,综合文化服务站 1 个,图书室 20 个,卫生院 1 个,卫生室 20 个。有古迹普照寺、禹王庙等。农业以小麦、玉米、豆类种植为主。工业有原煤开采、建筑材料生产、食品加工等企业。县道关湾、坊庙线过境。

新村 [Xīncūn]　夏店乡人民政府驻地。在市政府驻地煤山街道西北 15 千米。人口 700。1977 年夏店水库淹没区移民迁此建村,故名。聚落呈块状。有中小学、幼儿园、卫生室。农业以小麦、玉米、红薯种植为主。夏宜、沁新公路经此。

焦村乡 [Jiāocūn Xiāng]　汝州市辖乡。在市境东部。面积 64 平方千米。人口 2.9 万。以汉族为主,还有回族。辖 16 村委会,有 74 自然村。乡人民政府驻焦村。1956 年设焦村乡。1961 年成立焦村公社。1991 年复设乡。因乡政府驻地得名。黄涧河、水沟河、东二干渠流经。有中学 1 所,小学 14 所,卫生院 1 个,卫生室 14 个,文化站 1 个,文化活动中心 1 个,图书馆 6 个。有古迹景点神德宫遗址、宋元汝窑遗址、张村地道、九龙山、姜公庙、状元沟、太山庙、张进士府、紫云山风景区。农业以小麦、玉米、瓜菜种植为主。有特产西瓜。工业以面粉及副食品加工为主。林桐高速、侯饭公路过境。

焦村 [Jiāocūn]　焦村乡人民政府驻地。在市政府驻地煤山街道东 15 千米。人口 2300。原名左村镇,明初焦姓迁入,改称焦家村。清名焦村镇,后简为今名。聚落呈矩形。有中小学、卫生室、文化活动中心。有汝窑遗址。农业以小麦、玉米、红薯种植为主。有集贸市场。侯饭公路经此。

宝丰县

宝丰县 [Bǎofēng Xiàn]　平顶山市辖县。北纬 34°01′,东经 113°17′。在市境中部。面积 722 平方千米。人口 52 万。以汉族为主,还有回、满、壮、蒙古、苗、傣、畲等民族。辖 9 镇、3 乡。县人民政府驻城关镇。宋宣和二年(1120)以"物宝源丰、宝货兴发"改龙兴县为宝丰县。元至元三年(1266)废县为镇。明成化十一年(1475)复置宝丰县,属汝州。崇祯十六年(1643)改宝州。清初复置宝丰县。1913—1932 年历属豫西道、河洛道、河南省、第五行政督察区。1949 年后属许昌专区。1960 年撤宝丰县,划归平顶山市。1961 年复宝丰县,仍属许昌专区。1969 年属许昌地区。1983 年属平顶山市。地势北高南低。海拔 40—98 米。有药皇山、铁山、娘娘山、擂鼓台、锯齿岭、龙山、红石山、三龙山、青石山、文笔山等。年均气温 14.4℃,1 月平均气温 0.8℃,7 月平均气温 26.9℃。年均降水量 757.4 毫米。北汝河、石河、净肠河等流经。有矿产资源煤、铝矾土、紫砂陶土、石灰石等。森林覆盖率 28.1%。有中学 16 所,小学 132 所,特殊教育学校 1 所,二级医院 3 个,魔术演出团体 1400 多个。有全国重点文物保护单位清凉寺汝官窑遗址、香山寺大悲观音大士塔及碑刻、父城遗址。有古迹文峰塔、塔里赤墓碑、白朗故居等。有国家级非物质文化遗产马街书会、宝丰酒传统酿造技艺、汝瓷烧制技艺。三次产业比例 8∶65∶27。农业以小麦、玉米、大豆种植为主,有花生、棉花、油菜种植。工业有煤炭、机械、酿酒、陶瓷、化工、建材、食品加工等企业。有特产汝瓷、翟集陈醋、宝丰酒。服务业以物流、商贸、养老服务为主。焦柳、漯宝铁路,207 国道过境。

世纪广场 [Shìjì Guǎngchǎng]　在县城南部。2002 年开工,2003 年建成。面积 7.3 公顷。分葵花广场、万人集会广场、二十一世纪列柱广场、音乐喷泉、林下广场、购物中心。植有风景树和草坪。东西两侧分别以 6 米宽道路连接购物通道,有照明等设施。为集休闲、娱乐、集会、购物为一体的多功能现代化广场。周边有文笔山。通城际公交和多路公交车。

宝丰长途汽车站 [Bǎofēng Chángtú Qìchēzhàn]　见交通运输设施部分"宝丰长途汽车站"条。

城关镇 [Chéngguān Zhèn]　宝丰县人民政府驻地。在县境中部。面积 11 平方千米。人口 5.9 万。以汉族为主,还有回、蒙古、苗、满等民族。辖 11 居委会,有 7 自然村。镇人民政府位于人民路。1949 年为城关区。1955 年改置城关镇。后改公社。1960 年改宝丰镇。1961 年复城关镇。1965 年改公社。1982 年复城关镇。辖城内及四关,故名。南水北调中线工程干渠流经。有特殊教育学校 1 所,中学 2 所,小学 4 所,二级医院 2 个,卫生院 1 个,卫生所 10 个,文化站 1 个,图书室 12 个。有省级文物保护单位文庙大成殿、文峰塔、贾复庙和贾复坟、中原野战军会议旧址。农业以蔬菜种植为主。工业有食品加工、建材、化工等企业。焦柳、漯宝铁路等过境。通多路公交车。

迎宾大道 [Yíngbīn Dàdào]　在县城南部。东起文化路,西至君文路。与春风路、永明路、中兴路等相交。长 4.4 千米,宽 50 米。沥青路面。1980 年开工,1989 年建成。2000 年扩建。原称南环路,取迎接四面八方宾客之意更今名。两侧有红星学校、第二初级中学、中国银行、电业公司、宝丰酒业、县长途汽车站、购物商场、世纪广场等。通公交车。

人民路 [Rénmín Lù]　在县城中部。东起东环路,西至君文路。与为民路、龙兴中路、父城大道、山河路等相交。分东、中、西 3 段。长 7 千米,宽 40 米。沥青路面。1975 年开工,1986 年建成西段,1994 年建成东段。2012 年东延。两侧有多个机关事业单位和商店。通公交车。

龙兴路 [Lóngxīng Lù] 在县城西部。南起兴宝路,北至望京路。与宝州路、冯异路、裕民路等相交。分南、中、北3段。长5.4千米,宽27米。沥青路面。1977年开工,1980年建成。因宝丰县曾名龙兴县得名。两侧有移动公司、农行、幼儿园、第二初级中学、平顶山市第二人民医院、购物商场等。通公交车。

周庄镇 [Zhōuzhuāng Zhèn] 宝丰县辖镇。在县境东部。面积56平方千米。人口3.7万。辖1居委会、24村委会,有62自然村。镇人民政府驻周庄。1965年成立周庄公社。1983年改设乡。1995年改置镇。因镇政府驻地得名。玉带河、燕子河、净肠河流经。有中学1所,小学11所,卫生院1个,卫生所26个,文化站1个,图书室13个,文化大院15个。有省级文物保护单位中共中央中原局中原军区宝丰旧址群。农业以小麦、玉米、红薯种植为主,有食用菌、大棚蔬菜、林果、油料种植,奶牛、肉牛养殖。工业有农产品加工、碳素材料等企业。有县民营经济示范园区。漯宝铁路,南洛、郑尧高速,省道南石线过境。

周庄 [Zhōuzhuāng] 周庄镇人民政府驻地。在县政府驻地城关镇东5千米。人口1900。明初周姓始居,故名。聚落呈长条形。有中小学、幼儿园、卫生院、敬老院。农业以小麦、玉米、花生种植为主。省道南石线经此。

闹店镇 [Nàodiàn Zhèn] 宝丰县辖镇。在县境东部。面积62平方千米。人口3.9万。辖25村委会,有56自然村。镇人民政府驻闹店。1949年为闹店区。1959年改公社。1983年改设乡。1993年改置镇。因镇政府驻地得名。有大龙山、小龙山、香山、蜘蛛山。石河、净肠河流经。有中学1所,小学9所,卫生院1个,卫生所26个,文化站1个,图书室9个。有全国重点文物保护单位香山寺大悲观音大士塔及碑刻。农业以小麦、玉米种植为主,产杏、李、葡萄、核桃。有林果蔬主体种植园、生态农业旅游观光基地。工业有农产品加工、建筑材料、机械零部件加工等企业。郑尧高速、省道南石线、平郏公路过境。

闹店 [Nàodiàn] 闹店镇人民政府驻地。在县政府驻地城关镇东14千米。人口3600。原名杜家寨,隋唐时形成繁荣店铺区,称闹店,后取代聚落名。聚落呈块状。有中小学、卫生院。农业以小麦、玉米种植为主。有新型建材企业。有市集、古会。省道南石线经此。

石桥镇 [Shíqiáo Zhèn] 宝丰县辖镇。在县境东部。面积72平方千米。人口4.5万。辖28村委会,有73自然村。镇人民政府驻大石桥。1955年建石桥中心乡。1959年改石桥公社。1961年改石桥区。后复公社。1983年改设石桥乡。1990年改置镇。因镇政府驻地得名。北汝河、石河、净肠河流经。南水北调中线工程过境。有中学1所,小学18所,卫生院1个,卫生所28个,文化站1个,公共图书室12个。有省级文物保护单位窦庄、高铁炉、冢坡新石器时代文化遗址、中共中央中原局中原军区宝丰旧址群。有民间艺术铜器、秧歌。农业以小麦、玉米、蔬菜种植为主。工业以农产品加工为主。县道石小线过境。

大石桥 [Dàshíqiáo] 石桥镇人民政府驻地。在县政府驻地城关镇东北10千米。人口2000。因石河上有五孔拱形大石桥得名。聚落呈长条形。有中小学、幼儿园、卫生院、文化大院。村东南部有清代建筑民居。有蔬菜种植。有农副产品加工。县道石小线经此。

高皇庙 [Gāohuángmiào] 在县政府驻地城关镇北10千米。石桥镇辖自然村。人口2600。因供奉刘邦高皇庙得名。聚落呈方块状。有中小学、幼儿园、卫生室。为河南省历史文化名村。有省文物保护单位高皇庙。有传统建筑。有民间艺术戏曲、锣鼓、唢呐、旱船、秧歌等,荆编、竹编等。有传统古刹庙会。县道石小线经此。

商酒务镇 [Shāngjiǔwù Zhèn] 宝丰县辖镇。在县境北部。面积62平方千米。人口4.4万。辖27村委会,有43自然村。镇人民政府驻商酒务。1949年设商酒务区。1955年设商酒务中心乡。后改商酒务公社。1983年改设乡。1992年改置镇。因镇政府驻地得名。净肠河、小泥河流经。有中学1所,小学11所,卫生院1个,卫生所27个,文化活动中心25个,图书室12个。有省级文物保护单位明道祠、东周讲武城遗址、宋代榷酒、龙泉寺仰韶文化遗址、春风亭遗址、中共中央中原局中原军区宝丰旧址群。有国家级非物质文化遗产宝丰酒酿造技艺。农业以小麦、玉米种植为主。工业有新能源企业。有循环经济产业园区。焦柳铁路、南洛高速、时南公路过境。

商酒务 [Shāngjiǔwù] 商酒务镇人民政府驻地。在县政府驻地城关镇西北11千米。人口4900。原名春风寨。宋代设商酒务,渐演为聚落名。聚落呈长条形。有中学、中心小学、实验小学、幼儿园、卫生院。为河南省传统村落、国家级非物质文化遗产宝丰酒酿造技艺传承村。有宋代榷酒、春风亭遗址。主街两侧分布传统建筑,青砖灰瓦。农业以小麦、玉米种植为主。商北、商鲁公路经此。

北张庄 [Běizhāngzhuāng] 在县政府驻地城关镇西北9千米。商酒务镇辖自然村。人口400。始名张庄。1984年更名为北张庄。聚落呈长条形。为省级非物质文化遗产宝丰提线木偶戏传承地。有单层青砖木坡脊式传统建筑群。

龙泉寺 [Lóngquánsì] 在县政府驻地城关镇西北8千米。商酒务镇辖自然村。人口1700。因龙泉寺得名。聚落呈长条形。有仰韶文化龙泉寺遗址。有青石地基砖木坡脊式传统建筑群。焦柳铁路、省道南石线经此。2005年被评为全国文明村。

大营镇 [Dàyíng Zhèn] 宝丰县辖镇。在县境西部。面积133平方千米。人口6.8万。辖56村委会,有169自然村。镇人民政府驻大营。1955年设大营乡。后改公社。1983年改设乡。1985年改置镇。2005年观音堂乡并入。因镇政府驻地得名。石河、净肠河流经。有龙兴寺水库。中学1所,小学14所,卫生院1个,卫生所56个,文化站2个,图书馆1个,农家书屋36个。有全国重点文物保护单位清凉寺汝瓷窑址,省级文物保护单位中共中央中原局中原军区宝丰旧址群。农业以小麦、玉米种植为主。工业以煤炭、新型建材、铝矾土加工、汝瓷烧造为主。平煤神马集团专用铁路线、207国道、省道南石线、县道戎大线过境。

大营 [Dàyíng] 大营镇人民政府驻地。在县政府驻地城关镇西北18千米。人口1.2万。原名双城。北齐设关驻兵以御北周,改今名。聚落呈块状。有中小学、幼儿园、卫生院等。为中国传统村落。有清代山陕会馆、豫西军工处兵工厂二分厂旧址、王之晋旧居。有青砖墙木坡脊式传统建筑。农业以小麦、玉米种植为主。有机械、假发钩织企业。207国道经此。

白石坡 [Báishípō] 在县政府驻地城关镇西20千米。大营镇辖自然村。人口1300。建村于山坡上,附近多白石,故名。聚落呈长条状。为中国传统村落。有传统建筑青砖墙木结构坡脊式瓦房、清广寺。农业以樱桃、大树菠萝种植为主。有硅石英砂、饲料、建筑材料、陶瓷烧制等企业。

张八桥镇 [Zhāngbāqiáo Zhèn] 宝丰县辖镇。在县境西南部。面积76平方千米。人口3.7万。辖28村委会,有70自然村。镇人民政府驻张八桥。1955年设张八桥乡。1965年改公社。1983年改设乡。1993年改置镇。因镇政府驻地得名。应河、净肠河流经。有河陈水库。有中学1所,小学11所,卫生院1个,卫生所28个,文化服务中心1个,文化大院21个,图书室21个,民间艺术团体8个。有省级文物保护单位白朗故居和墓地、中共中央中原局中原军区宝丰旧址群。农业以小麦、玉米、薯类种植为主,有牛、羊、生猪、家禽饲养。有工业园区。焦柳铁路等过境。

张八桥 [Zhāngbāqiáo] 张八桥镇人民政府驻地。在县政府驻地城关镇西9千米。人口2100。明代张姓乡绅捐资建桥,名张八桥,村以桥名。聚落呈长条形。有中小学、卫生院。农业以小麦、玉米、薯类种植为主,有牛、羊、生猪、家禽饲养。有农副产品贸易。

杨庄镇 [Yángzhuāng Zhèn] 宝丰县辖镇。在县境南部。面积62平方千米。人口4.6万。辖10居委会、19村委会,有52自然村。镇人民政府驻杨老庄。1983年设小店乡。1991年改置杨庄镇。以镇政府驻地得名。有中学2所,小学13所,二级医院1个,卫生院1个,卫生所29个,文化站1个,文化大院4个,文化艺术团体18个。有全国重点文物保护单位小李庄遗址,省级文物保护单位石洼村文笔峰塔和中共中央中原局中原军区宝丰旧址群。有国家级非物质文化遗产马街书会。农业以小麦、玉米、果蔬种植为主。有水泥、洗煤、焦化、碳素等企业。有农、贸、运输、物交会等专业市场。焦柳铁路、311国道、郑尧高速过境。

杨老庄 [Yánglǎozhuāng] 杨庄镇人民政府驻地。在县政府驻地城关镇西南3千米。人口2600。杨姓较早建村,故名。聚落呈长条形。有中小学、幼儿园、卫生院。有明清建筑群杨家大院。农业以小麦、玉米种植为主。有集贸市场。

马街 [Mǎjiē] 在县政府驻地城关镇南8千米。杨庄镇辖自然村。人口4400。原名马渡店。后发展成街,称马渡街,简称马街。聚落呈长条形。为中国传统村落。有传统民居。有国家级非物质文化遗产马街书会。311国道经此。

赵庄镇 [Zhàozhuāng Zhèn] 宝丰县辖镇。在县境北部。面积45平方千米。人口3.4万。辖22村委会,有24自然村。镇人民政府驻赵庄。1977年成立赵庄公社。1983年改设乡。2014年改置镇。以镇政府驻地得名。北汝河、石河流经。有中学1所,小学9所,卫生院1个,卫生所24个,农村文化大院19个,图书阅览室19个。有魔术演出团体多个。有省级文物保护单位中共中央中原局中原军区宝丰旧址群、塔里赤墓碑。农业以小麦、水稻、玉米种植为主。工业有食品加工、汽车修理、魔术道具制作、歌舞服装制作等企业。南洛高速过境。

赵庄 [Zhàozhuāng] 赵庄镇人民政府驻地。在县政府驻地城关镇北13千米。人口800。赵姓始居,故名。聚落呈长条形。有中小学、幼儿园、卫生室、文化广场。农业以小麦、玉米、油菜、花生种植为主。有物资交流会。时宝公路经此。

肖旗乡 [Xiāoqí Xiāng] 宝丰县辖乡。在县境中部偏北。面积63平方千米。人口3.8万。辖28村委会,有61自然村。乡人民政府驻肖旗营。1965年成立肖旗公社。1983年改设乡。因乡政府驻地得名。石河、净肠河流经。有中学1所,小学10所,卫生院1个,卫生所28个,文化大院15个,图书室15个。有魔术团多个。有省级文物保护单位解庄遗址、中共中央中原局中原军区宝丰旧址群、新石器时代龙山文化遗址。农业以小麦、玉米、红薯种植为主，有油菜、芝麻、棉花种植，猪、牛、羊、鸡养殖。有小麦、红薯、杂粮基地。有专业集贸市场。南洛高速，时南公路，省道南石线、县道薛杨线等过境。

肖旗营［Xiāoqíyíng］　肖旗乡人民政府驻地。在县政府驻地城关镇北5千米。人口1500。明为肖姓屯田旗级营地，故名。聚落呈长条形。有中小学、幼儿园、卫生院。农业以小麦、玉米、红薯种植为主，有牲畜养殖。有物资交流会。

前营乡［Qiányíng Xiāng］　宝丰县辖乡。在县境西北部。面积40平方千米。人口3万。辖25村委会，有39自然村。乡人民政府驻前营。1977年成立前营公社。1983年改设乡。因乡政府驻地得名。石河流经。有中学1所，小学11所，卫生院1个，卫生所25个，文化艺术团体6个。有省级文物保护单位龙兴寺及石塔、大吴庄龙山文化遗址、五龙庙汉墓群、中共中央中原局中原军区宝丰旧址群。农业以小麦、玉米、果蔬种植为主，有枣园、用材林、林药间作、小麦基地。工业有洗煤、炼焦等企业。有商贸市场。207国道，县道薛杨、商龙线过境。

前营［Qiányíng］　前营乡人民政府驻地。在县政府驻地城关镇西北19千米。人口2500。原名苇蒲寺，明代军营设此，称苇子营。因与邻村重名，改前苇子营，简称前营。聚落近方形。有小学、幼儿园、卫生院。农业以小麦、玉米、油菜、花生种植为主。有商业网点、集贸市场、物资交流会。

李庄乡［Lǐzhuāng Xiāng］　宝丰县辖乡。在县境东部。面积41平方千米。人口2.7万。辖2居委会、24村委会，有74自然村。乡人民政府驻李庄。1977年析闹店公社成立李庄公社。1983年改设乡。因乡政府驻地得名。运粮河流经。有中学2所，小学12所，卫生院1个，卫生所26个，文化站1个，图书室20个，文化大院10个。有全国重点文物保护单位父城遗址。有古迹后秦白雀寺、东汉冯异墓、王霸墓等，景点落凫山、界山擂鼓台、龙山水帘洞、花果水泉洞、始祖庙、龙山庙、龙隐宫、白雀寺等。有省级非物质文化遗产妙善观音传说。农业以小麦、玉米、果蔬类种植为主。平洛高速、省道南石线过境。

李庄［Lǐzhuāng］　李庄乡人民政府驻地。在县政府驻地城关镇东20千米。人口1400。李姓始居，故名。聚落呈长条形。有小学、卫生院。有淮陵侯王霸墓遗址。农业以小麦、玉米、花生、芝麻、油菜种植为主。

程庄［Chéngzhuāng］　在县政府驻地城关镇东南22千米。李庄乡辖自然村。人口1800。清同治年间村民为防侵扰同心筑寨，名同协寨。后以村中程姓为主更今名。聚落呈椭圆形。有卫生所1个。为中国传统村落。有明清老宅程家大院、刘家大院15处。

叶　县

叶县［Yè Xiàn］　平顶山市辖县。北纬33°37′，东经113°21′。在市境东南部。面积1389平方千米。人口89.5万。以汉族为主，还有回、满等民族。辖3街道、8镇、8乡。县人民政府驻九龙街道。秦置叶阳县。西汉改叶阳县为叶县。三国属魏。西晋属南阳国。隋属颍川郡。唐武德四年(621)于叶县置叶州。五年(622)废，县属许州。开元三年(715)属汝州。宋因之。金初仍属汝州。天会十四年(1136)县治迁昆阳古城(即今县城)。泰和八年(1208)属南阳府裕州。元至元三年(1266)昆阳、舞阳2县并入，属汴梁路南阳府裕州。明属河南布政司南阳府裕州。清属南阳府。1913年属汝阳道。1933年直属河南第六行政督察区。1949年属许昌专区。1983年属平顶山市。因春秋叶邑得名。地势西南高东北低。平均海拔85米。最高峰老青山海拔650.2米。年均气温14.9℃，1月平均气温1.1℃，7月平均气温27.7℃。年均降水量806毫米。汝河、湛河、沙河、灰河、澧河、干江河流经。有矿产资源岩盐等19种。森林覆盖率19.5%。有省级工程技术研究中心1个，高中3所，初中24所，小学339所，二级医院2个，博物馆2个，文化馆、图书馆、档案馆、电影院各1个，豫剧团1个，体育场馆1个。有全国重点文物保护单位叶县县衙、叶邑故城、文集遗址，省级文物保护单位8个。有景点叶公陵园、中国工农红军第九军誓师地、叶县烈士陵园等。有国家级非物质文化遗产大秧歌，省级非物质文化遗产霸王鞭、二黄戏。三次产业比例22∶54∶24。农业以小麦、玉米种植为主，有猪、牛、羊、禽养殖。有土特产张集硬面馍、马湾白桃、洪庄杨鸭蛋等。工业以摩托车制造、尼龙化工及制品、盐化工及制盐为主。服务业以商贸物流业为主。平舞地方专用铁路，兰南、焦桐、宁洛高速，311国道，郑南公路过境。

文化广场［Wénhuà Guǎngchǎng］　在县城东部。面积2.2公顷。2004年开工，2005年建成。因北邻文化路得名。两侧种金丝垂柳、栾树，中部有演出舞台、大电视屏幕、喷泉。为集宣传、文化传播、休闲娱乐于一体的综合性广场。周边有新华书店、饭店、宾馆、酒庄等。通公交车。

昆阳大道［Kūnyáng Dàdào］　在县城中部。南起省道郑州—南阳线，北至宁洛高速。与玄武大道、九龙路、文化路、叶廉路、叶舞路相交。长9.6千米，宽40米。沥青路面。原为许南公路，2004年扩建。因今县治古为昆阳城得名。两侧有盐业局、中国银行、建设银行、昆阳大楼、人民商场、昆阳商城、万泉河市场等。通多路公交车。

文化路［Wénhuà Lù］　在县城东部。东起叶公大道，西至昆阳大道。长2.7千米，宽15—40米。水泥路面。2003年开工，2005年建成。因西段附近有文化馆得名。两侧有疾病预防控制中心、人民检察院、国土资源局、购物商场、宾馆、文化广场等。通公交车。

叶县长途汽车总站［Yè Xiàn Chángtú Qìchē Zǒngzhàn］　见交通运输设施部分“叶县长途汽车总站”条。

九龙街道［Jiǔlóng Jiēdào］　叶县人民政府驻地。在县境中部偏北。面积22平方千米。人口4.9万。2014年撤城关乡、昆阳镇析设。因九龙路得名。沙河流经。有初中1所，小学12所，卫生院1个，卫生室21个。有叶县县衙、黄庭坚书法石刻、文庙、真武庙和孙家岗遗址等古迹。有民间艺术舞狮、龙灯、腰鼓、旱船、高跷、舞扇等。农业以小麦、玉米、蔬菜种植为主。工业有牧渔绳网、铝业企业。有商场。平舞铁路，311国道，郑南、时南公路过境。通公交车。

昆阳街道［Kūnyáng Jiēdào］　属叶县。在县境中部偏北。面积20平方千米。人口4.2万。2014年撤城关乡、昆阳镇析设。因位于昆水北得名。灰河流经。有高中1所，初中2所，小学9所，二级医院1个，卫生院1个，卫生室14个。有古迹中堰遗址。农业以小麦、玉米种植为主，有牛、猪、鸡、鸭饲养。工业以盐业开发、皮革制品为主。有河南盐业物流中心。郑南公路过境。通公交车。

盐都街道［Yándū Jiēdào］　属叶县。在县境中部偏北。面积27平方千米。人口3万。2014年撤城关乡、昆阳镇析设。因盐业发达得名。沙河、灰河流经。有高中1所，初中4所，小学11所，二级医院1个，卫生室15个。有刘秀秣马厉兵遗址、子路问津处遗址。农业以小麦、玉米种植为主。工业以盐业开发、机械制造、皮革制品为主。311国道，宁洛、南兰高速过境。通公交车。

任店镇［Réndiàn Zhèn］　叶县辖镇。在县境西部。面积85平方千米。人口6.7万。辖36村委会，有54自然村。镇人民政府驻任店。1951年置任店区。1955年设任店中心乡。1956年改任店乡。1958年改公社。1984年复任店乡。1988年改置镇。因镇政府驻地得名。有初中1所，小学26所，幼儿园35所，卫生院2个，卫生室57个。有国家级非物质文化遗产大秧歌。农业以小麦、玉米、大豆、花生种植为主，有高效农业示范园。工业有铸钢管、水泥预制件、机械、食品加工厂等企业。有农贸市场。311国道、平桐公路过境。

任店［Réndiàn］　任店镇人民政府驻地。在县政府驻地九龙街道西11千米。人口7500。古称凤台，因传村内有土台，有凤凰栖息其上得名。北宋崇宁年间县令任椭葬此，遂易今名。聚落呈方形。有中小学、幼儿园、卫生院。有古迹山陕会馆、古泰山庙等。有国家级非物质文化遗产大秧歌。农业以小麦、玉米、花生种植为主，有艾草种植基地。平桐公路经此。

寺庄［Sìzhuāng］　在县政府驻地九龙街道西7千米。任店镇辖自然村。人口4000。北周天和六年(571)建龙岩寺，后寺旁建村，故名。有古迹龙岩寺。有舞龙舞狮、秧歌、腰鼓等民间艺术，有豫剧、二黄剧表演队。311国道经此。

保安镇［Bǎo'ān Zhèn］　叶县辖镇。在县境南部。面积117平方千米。人口3.8万。辖35村委会，有120自然村。镇人民政府驻保安。1951年设保安区。1956年改乡。1958年改公社。1984年复设乡。1988年改置镇。因镇政府驻地得名。有燕山水库。有初中1所，小学17所，卫生院1个，卫生室33个。有古迹楚长城遗址、楚方城关、烽燧遗址、卷城古城等。畜牧业以饲养猪、羊为主。有红果、山楂种植。工业有磷肥、大理石、面粉等厂。兰南高速过境。

保安［Bǎo'ān］　保安镇人民政府驻地。在县政府驻地九龙街道南30千米。人口5600。因地理位置特殊，历为兵家必争之地，人们渴望安居乐业，故名。聚落沿春秋时古道呈带状分布。有小学、幼儿园、卫生院、卫生所。农业以蔬菜、小麦、玉米种植为主。有红军烈士墓。兰南高速、郑南公路经此。

仙台镇［Xiāntái Zhèn］　叶县辖镇。在县境东部。面积84平方千米。人口6.4万。辖47村委会，有81自然村。镇人民政府驻仙台。1984年设坟台乡。1988年改置镇。1994年更今名。以镇政府驻地得名。澧河流经。有初中1所，小学23所，卫生院1个，卫生室51个。有曲剧团。有古迹汉代王乔墓。有省级非物质文化遗产霸王鞭。农业以小麦、玉米、油菜、红薯种植为主。工业有电子、食品加工企业。有粮食收储企业。平舞铁路、焦桐高速、省道道白线、漯叶公路过境。

仙台［Xiāntái］　仙台镇人民政府驻地。在县政府驻地九龙街道东南15千米。人口4700。汉明帝年间传有飞凫仙术的叶县令王乔卒后葬此，称坟台。唐代建叶令祠，并置仙州，后改今名。聚落沿春秋时古道呈带状分布。有中小学、幼儿园、卫生院。有清真寺。有集贸市场、商业门店。焦桐高速、省道逍白线经此。

遵化店镇［Zūnhuàdiàn Zhèn］ 叶县辖镇。在县境北部。面积52平方千米。人口3.1万。辖24村委会，有42自然村。镇人民政府驻遵化店。1973年成立遵化店公社。1984年改设乡。1994年改置镇。以镇政府驻地得名。沙河、湛河流经。有初中1所，小学5所，卫生院1个，卫生室30个。有文化站。有古迹明代衔庆庵、"文王化行南国处"石碑等。农业以小麦、玉米、油菜、花生、蔬菜种植为主，有无公害蔬菜生产基地。工业有冶炼加工、食品加工、建筑等企业，有建筑建材基地。宁洛高速、郑南公路过境。

遵化店［Zūnhuàdiàn］ 遵化店镇人民政府驻地。在县政府驻地九龙街道北11千米。人口1500。古称桥头堡。因西周文王化行南国至此，为遵其教化，名遵化。因处交通要道，沿路设店铺，故名。聚落沿春秋时古道呈带状分布。有中小学、幼儿园、卫生院。有古迹文王庙。有古刹大会。农业以蔬菜种植为主。有加工企业。311国道经此。

叶邑镇［Yèyì Zhèn］ 叶县辖镇。在县境南部。面积96平方千米。人口6.4万。辖43村委会，有125自然村。镇人民政府驻常庄。1984年设旧县乡。2008年改置叶邑镇。因原驻地为楚国叶邑城，故名。有高中1所，初中2所，小学23所，卫生院1个，卫生室43个。有全国重点文物保护单位叶邑故城。有古迹叶公沈诸梁墓、西陂水利工程遗址。农业以小麦、玉米种植为主，有蔬菜种植。有省级无公害蔬菜生产基地老鸦蔬菜大棚果蔬园区。兰南高速，郑南、平桐公路过境。

常庄［Chángzhuāng］ 叶邑镇人民政府驻地。在县政府驻地九龙街道南16千米。人口1300。明初常姓建村，故名。聚落呈带状。有小学、幼儿园、卫生所。农业以小麦、玉米种植为主。郑南、龙旧公路经此。

廉村镇［Liáncūn Zhèn］ 叶县辖镇。在县境东部。面积88平方千米。人口6.6万。辖53村委会，有94自然村。镇人民政府驻廉村。1953年设廉村区。1956年改置乡。1958年改公社。1984年复改乡。2008年改置镇。因镇政府驻地得名。有初中1所，小学24所，卫生院1个，卫生室53个。有古迹骆庄、鲁寨新石器文化遗址和唐代"讲武台"等。农业以小麦、玉米、红薯种植为主。工业有农机、化工、针织、食品加工厂等企业。焦桐高速、省道时南线过境。

廉村［Liáncūn］ 廉村镇人民政府驻地。在县政府驻地九龙街道东南12千米。人口2000。明初建南北2村，因距离接近，名连村。后人取廉洁之意改廉村。聚落呈块状。有中小学、幼儿园、卫生院。有新石器文化遗址。农业以小麦、玉米、红薯种植为主。有食品、家具企业。省道时南线经此。

常村镇［Chángcūn Zhèn］ 叶县辖镇。在县境西南部。面积178平方千米。人口5万。辖37村委会，有208自然村。镇人民政府驻常村。1956年设常村乡。后改公社。1984年改设乡。2011年改置镇。因镇政府驻地得名。有石门山。澧河流经。有初中1所，小学28所，卫生院1个，卫生室37个。有全国重点文物保护单位文集遗址，省级文物保护单位楚长城遗址。农业以小麦、玉米、大豆种植为主，有猪、牛、羊、家禽养殖。工业有石英砂、水泥预制件、刺绣、面粉厂等企业。省道逍白线过境。

常村［Chángcūn］ 常村镇人民政府驻地。在县政府驻地九龙街道西南25千米。人口2700。明代常姓于此建村，故名。因明代太常寺卿牛凤卒后葬此，又名太常村。清咸丰年间筑寨，称常村寨，简称常村。有中小学、幼儿园、卫生院。有文化广场。有商业零售网点、物资交流会。省道逍白线经此。

文集［Wénjí］ 在县政府驻地九龙街道西南23千米。常村镇辖自然村。人口700。地处古道要冲，唐代文姓在此建村，后渐成集，故名。聚落呈块状。有全国重点文物保护单位文集遗址。有新石器前期文化遗址、塌河寺遗址。省道逍白线经此。

辛店镇［Xīndiàn Zhèn］ 叶县辖镇。在县境南部。面积140平方千米。人口5.1万。辖39村委会，有169自然村。镇人民政府驻辛店。1955年设辛店中心乡。1956年改辛店乡。1958年改公社。1984年复辛店乡。2011年改置镇。因镇政府驻地得名。干江河流经。有燕山水库。有初中1所，小学13所，卫生院1个，卫生室39个。有古迹毛仁禅寺、凤凰冢、始祖庙、三皇殿、望夫石、楚长城遗址。有望夫石山省级森林公园。农业以小麦、玉米、红薯种植为主。工业有食品加工、磁铁生产等企业。平舞铁路、焦桐高速、省道平桐线过境。

辛店［Xīndiàn］ 辛店镇人民政府驻地。在县政府驻地九龙街道南24千米。人口2600。古称天平街，明末被洪水冲毁，西迁建新村，后渐成集镇，名新店，后演为今名。聚落呈块状。有中小学、幼儿园、卫生院、敬老院。农业以小麦、玉米、红薯种植为主。有食品加工企业。双日有晨集，有物资交流会。省道平桐线经此。

夏李乡［Xiàlǐ Xiāng］ 叶县辖乡。在县境西南部。面积102平方千米。人口5.1万。辖30村委会，有111自然村。乡人民政府驻夏李。1951年设夏李区。1955年设夏李中心乡。1956年改乡。1958年改公社。1984年改乡。以乡政府驻地得名。有初中1所，小学25所，卫生院1个，卫生室31个。有古迹景点春秋战国楚长城、汉"三皇冢"、北魏唐城遗址、高楼山八戒洞等。农业以小麦、玉米、红薯种植为主，有黄牛饲养。平驻公路过境。

夏李［Xiàlǐ］ 夏李乡人民政府驻地。在县政府驻地九龙街道西南17千米。人口3900。明初，李姓四兄弟从山西洪洞县迁此，以春、夏、秋、冬为序建村。因该村为老二所建，故名。聚落呈圆形。有中小学、幼儿园、卫生院。有北魏唐城遗址。农业以小麦、玉米种植为主。有农交会、古庙会。省道平驻线过境。

马庄回族乡［Mǎzhuāng Huízú Xiāng］ 叶县辖乡。在县境中部。面积10平方千米。人口1.6万，其中回族占53%，还有汉族。辖8村委会，有18自然村。乡人民政府驻马庄。1985年析田庄乡设马庄回族乡。因乡政府驻地得名。有初中1所，小学6所，卫生院1个，卫生室8个。有清真寺。农业以小麦、玉米种植为主，有牛、羊饲养。工业以屠宰加工为主。省道郑南线过境。

马庄［Mǎzhuāng］ 马庄回族乡人民政府驻地。在县政府驻地九龙街道南3千米。人口2600。元初马姓迁此建村，故名。聚落呈块状。有回民中学、回民小学、民族文化广场。有清真寺。有牛羊肉加工、客货运输。省道郑南线经此。

田庄乡［Tiánzhuāng Xiāng］ 叶县辖乡。在县境中部。面积56平方千米。人口4.4万。辖28村委会，有69自然村。乡人民政府驻田庄。1956年设田庄乡。1965年成立田庄公社。1984年改乡。1985年析设马庄回族乡。因乡政府驻地得名。有初中1所，小学23所，卫生院1个，卫生室31个。农业以小麦、玉米、果蔬种植为主，有无公害蔬菜基地。工业有面粉、罐头、制盐等企业。平舞铁路、省道郑南线、逍白公路过境。

田庄［Tiánzhuāng］ 田庄乡人民政府驻地。在县政府驻地九龙街道南7千米。人口1600。因东南、南、西南各有一古冢，称三冢村。后田姓迁入，称田丰村，简称田庄。聚落呈带状。有中小学、幼儿园、卫生院。有乡文化体育广场。农业以小麦、玉米、瓜果种植为主。省道郑南线、洪辛公路经此。

东李［Dōnglǐ］ 在县政府驻地九龙街道南5千米。田庄乡辖自然村。人口600。明末郭、李2姓沿沟建村，李姓于沟东建村，名东李，郭姓于沟西建村，取名郭庄，后二村合并，以东李为名。聚落呈块状。有健身文化广场。逢农历二、八日有集市。省道郑南线经此。2014年被评为全国文明村。

龙泉乡［Lóngquán Xiāng］ 叶县辖乡。在县境东南部。面积82平方千米。人口5万。辖33村委会，有89自然村。乡人民政府驻龙泉。1956年设龙泉乡。1965年成立龙泉公社。1984年改乡。因乡政府驻地得名。有初中1所，小学22所，卫生院1个，卫生室35个。有省级文物保护单位澧河石桥。有古迹宋代人工运河、汉代舞阳古城遗址等。农业以小麦、玉米种植为主。工业有面粉、木器加工、砖瓦等厂家。焦桐高速过境。

龙泉［Lóngquán］ 龙泉乡人民政府驻地。在县政府驻地九龙街道东南16千米。人口2400。因村北佛殿内有井，称龙泉，村以井名。聚落呈块状。有中小学、幼儿园、卫生院。有省级文物保护单位澧河石桥。农业以小麦、玉米、水果种植为主。有超市、家具城、家电、餐饮、洗浴等服务业。

水寨乡［Shuǐzhài Xiāng］ 叶县辖乡。在县境东部。面积53平方千米。人口3.7万。辖31村委会，有52自然村。乡人民政府驻水寨。1965年成立水寨公社。1984年改乡。以乡政府驻地得名。有初中1所，小学17所，卫生院1个，卫生室33个。有古迹下堰遗址、法云寺等。农业以小麦、玉米、大豆种植为主。工业有酿酒、构件、制鞋、食品加工等企业。省道逍白线过境。

水寨［Shuǐzhài］ 水寨乡人民政府驻地。在县政府驻地九龙街道东15千米。人口2700。清咸丰年间筑寨，因四周常年积水，故名。聚落呈块状。有小学、幼儿园、卫生院。农业以小麦、玉米、油菜、大豆、芝麻、花生、棉花种植为主。省道时南线经此。

邓李乡［Dènglǐ Xiāng］ 叶县辖乡。在县境东北部。面积60平方千米。人口5万。辖32村委会，有47自然村。乡人民政府驻邓李。1956年设邓李乡。1965年成立邓李公社。1984年改乡。因乡政府驻地得名。白龟山水库南干渠流经。有初中1所，小学19所，卫生院1个，卫生室32个。有章环寺。有孔子过叶遗迹。农业以小麦、玉米种植为主，养殖生猪、肉牛、肉鸽、蛋肉鸡，特产马湾白桃。有养殖场和面粉厂。兰南高速过境。

邓李［Dènglǐ］ 邓李乡人民政府驻地。在县政府驻地九龙街道东北15千米。人口2700。原名西湖村。明初邓李2姓迁此建村，改名邓李。聚落呈块状。有小学、幼儿园、卫生院。有寺庙。农业以小麦、玉米种植为主，有猪、羊、家禽饲养。叶舞公路经此。

龚店乡［Gōngdiàn Xiāng］ 叶县辖乡。在县境东北部。面积62平方千米。人口5.5万。辖29村委会，有42自然村。乡人民政府驻龚店。1956年置龚店乡。1958年改公社。1984年复置乡。因乡政府驻地得名。有初中1所，小学19所，卫生院2个，卫生室29个。有古迹讲武台、卧羊山、子路问津处、汝坟故城遗址等。农业以小麦、玉米种植为主，有西瓜、柿子、蘑菇。有特产蒲公英。工业有面粉、机械、木工、造纸等企业。311 国道、兰南高速过境。

龚店［Gōngdiàn］　龚店乡人民政府驻地。在县政府驻地九龙街道东北 9 千米。人口 5000。明洪武年间龚姓建村开店，取名“龚家店”。清咸丰年间筑寨，称同聚寨。后因居交通要道，渐成集市，称龚店街，简称龚店。聚落呈块状。有中小学、幼儿园、卫生院。农业以小麦、玉米、蔬菜、芝麻、花生种植为主。有传统手工编织技艺，产凉席。

洪庄杨乡［Hóngzhuāngyáng Xiāng］　叶县辖乡。在县境东北部。面积 45 平方千米。人口 4 万。辖 24 村委会，有 31 自然村。乡人民政府驻洪庄杨。1974 年成立洛岗公社。1982 年更名洪庄杨公社。1984 年改置乡。因乡政府驻地得名。有初中 1 所，小学 17 所，卫生院 1 个，卫生室 24 个。有古迹洛岗戏楼、府君庙。农业以小麦、玉米、花生种植为主。有特产洪庄杨鸭蛋。有能源化工、机械制造、轻工纺织、家具制作、汽车贸易、仓储物流等企业。兰南高速过境。

洪庄杨［Hóngzhuāngyáng］　洪庄杨乡人民政府驻地。在县政府驻地九龙街道东北 19 千米。人口 3900。原洪姓在此建村，称洪庄。后称洪全寨、洪庄寨、洪状元村。明初杨姓迁入，改名洪庄杨。聚落呈团块状。有中小学、幼儿园、卫生院。有府君庙、汉代龙柏。农业以小麦、玉米、蔬菜种植为主。有土特产张集硬面馍。兰南高速经此。

鲁　山　县

鲁山县［Lǔshān Xiàn］　平顶山市辖县。北纬 33°44′，东经 112°54′。在市境西部。面积 2432 平方千米。人口 92 万。辖 4 街道、7 镇、13 乡。县人民政府驻鲁阳街道。隋大业元年(605)废鲁州为鲁县。唐武德四年(621)又置鲁州。贞观元年(627)废鲁州设鲁山县。八年(634)属河南道汝州。宋、元、明、清因之。1913—1948 年历属豫西道、河洛道、河南省、省第五行政督察区、豫陕鄂边区第五行政区、豫西区第五行政区。1949 年属许昌专区。1983 年属平顶山市。因古鲁山(今露山坡)得名。西、南、北三面环山，中、东部为平原。海拔 90.1—2153.1 米。年均气温 14.8℃，1 月平均气温 0.7℃，7 月平均气温 27.7℃。年均降水量827.8 毫米。沙河、南水北调工程流经。有昭平台水库。有矿产资源煤、磷、石膏、大理石、铝土、铁、铅锌等。有野生植物 1300 种，其中有国家重点保护野生植物水杉、银杏、连香等 13 种。有野生动物 600 种，其中有国家重点保护野生动物金钱豹、艾叶豹、大鲵、羚羊等 17 种。森林覆盖率 62%。有中职 3 所，高中 3 所，初中 38 所，小学 223 所，二级医院 1 个，图书馆、文化馆、剧团、剧院各 1 个。有全国重点文物保护单位望城岗冶铁遗址、段店窑址、元次山碑，省级文物保护单位豫陕鄂军政大学旧址。有国家 5A 级旅游景区尧山—中原大佛，国家 4A 级旅游景区画眉谷，国家 3A 级旅游景区秘洞、龙潭峡、好运谷等。有省级非物质文化遗产王忠福泥塑、李福才剪纸。有特色民间艺术鼓儿词、坠子书、高桩故事、竹马、旱船、铜器、国乐等。三次产业比例 21∶36∶43。农业以小麦、玉米种植为主。工业以煤炭、化工、水泥、耐火材料、丝绸、花岗岩板材产业为主。服务业以商贸服务业为主。有特产丝绸、猕猴桃、张良姜、梁洼陶瓷等。焦柳铁路，郑尧、二广高速，207、311 国道过境。

文化广场［Wénhuà Guǎngchǎng］　在县城南部。面积 1.56 公顷。2007 年开工，2008 年建成。因位于文化局旁得名。西有小礼堂，北有喷泉。建成生态与文化相融的园艺种植区。为集健身、休闲、娱乐为一体的综合性广场。周边有望城岗冶铁遗址、宣传文化中心、居住小区等。通公交车。

向阳路［Xiàngyáng Lù］　在县城中部。南起鲁平大道，北至人民路。与顺城路、老城大街相交。长 2.8 千米，宽 25 米。沥青混凝土路面。1963 年开工，同年建成。2012 年延建。寓光明意得名。两侧有鲁阳小学、四街小学、鲁阳影院。通公交车。

人民路［Rénmín Lù］　在县城北部。西起鲁平大道，东至大浪河桥。与钢厂路、花园路、向阳路、健康路、站前路相交。长 3.8 千米，宽 30 米。沥青混凝土路面。1958 年开工，1963 年建成。两侧有县房管局、人民医院、鲁山长途汽车站。通公交车。

老城大街［Lǎochéng Dàjiē］　在县城中部。东起花园路，西至向阳路。与健康路、墨公路相交。长 2.4 千米，宽 22 米。沥青混凝土路面。1984 年开工，1986 年建成。因地处老城区得名。两侧有县委、县政府，鲁阳第一小学、露峰第一小学等。通公交车。

鲁平大道［Lǔpíng Dàdào］　在县城南部。西起人民路，东至 311 国道。与花园路、墨公路、向阳路相交。长 4.2 千米，宽 30 米。沥青混凝土路面。2000 年开工，2002 年建成。为鲁山县到平顶山市主要道路，故名。两侧有酒店、县文化广场、县地税局、县公安局。通公交车。

鲁山站［Lǔshān Zhàn］　见交通运输设施部分“鲁山站”条。

鲁山中心汽车站［Lǔshān Zhōngxīn Qìchēzhàn］　见交通运输设施部分“鲁山中心汽车站”条。

鲁阳街道［Lǔyáng Jiēdào］　鲁山县人民政府驻地。在县境中部偏东。面积 9 平方千米。人口 4.2 万。2007 年撤鲁阳镇析设。为北魏鲁阳镇治所，故名。2012 年建冶铁遗址公园一期工程、望城路等道路多条。2013 年重修健康路。有初中 1 所，小学 7 所，卫生所 11 个，文化站 1 个，图书室 10 个。农业以玉米、小麦、蔬菜种植为主。通多路公交车。

露峰街道［Lùfēng Jiēdào］　属鲁山县。在县境中部偏东。面积 10 平方千米。人口 3.8 万。2007 年撤鲁阳镇析设。因露峰山得名。2007—2009 年先后建成中心公园、牛郎织女风情园。有中学 1 所，小学 6 所，二级医院 1 个，卫生所 8 个，文化站 1 个，社区文化中心 7 个。工业有新型建材、纺织等企业，有工业园区。焦枝铁路、郑尧高速、311 国道过境。通公交车。

下洼社区［Xiàwā Shèqū］　属露峰街道。在县境中部偏东。张店乡人民政府驻地。面积 2 平方千米。人口 2000。因下洼居民点得名。2011 年成立。以高密度低层建筑为主。社区服务以开展体育活动为特点，有篮球、网球场地，老年体育娱乐设施等。有小学、卫生室。通公交车。

琴台街道［Qíntái Jiēdào］　属鲁山县。在县境中部偏东。面积 18 平方千米。人口 4.7 万。2007 年撤鲁阳镇分设。因琴台遗迹得名。先后新建、改建北后街、健康路等道路多条。有高中 1 所，初中 1 所，小学 7 所，幼儿园 15 所，聋哑学校 1 所，教师进修学校 1 所，卫生所 24 个，文化站 1 个，社区文化中心 12 个，社区图书室 10 个。农业以玉米、小麦、蔬菜种植为主。通公交车。

汇源街道［Huìyuán Jiēdào］　属鲁山县。在县境中部偏东。面积 12 平方千米。人口 2 万。2007 年撤鲁阳镇析设。因域内数条河流交汇于此得名。先后建文兴路、新兴路等道路。有小学 5 所，卫生所 6 个，文化站 1 个。农业以小麦、玉米、花生种植为主。通公交车。

下汤镇［Xiàtāng Zhèn］　鲁山县辖镇。在县境中部偏西。面积 121 平方千米。人口 3.2 万。辖 2 居委会、20 村委会，有 227 自然村。镇人民政府驻新街社区。1949 年称下汤区。后改公社。1983 年改设乡。1988 年改置镇。位于“三汤”温泉带下游，故名。沙河流经。有初中 2 所，小学 8 所，卫生院 1 个，卫生所 25 个，农家书屋 7 个。有古迹下汤遗址、核桃园古白涨。农业以小麦、玉米、水稻种植为主，有花生、甘薯、豆类种植，产苹果、柿子、梨、桐油籽及中药材枣仁、全蝎、柴胡等。有温泉。二广、郑尧高速，311 国道过境。

新街社区［Xīnjiē Shèqū］　下汤镇人民政府驻地。在县境中部偏西。面积 0.9 平方千米。人口 5600。位于下汤新街，故名。2011 年成立。以高密度低层建筑为主，少数为三层楼房。有人民调解、文化共建、治安保卫、计划生育等社区服务。有中小学、幼儿园、卫生院。通公交车。

梁洼镇［Liángwā Zhèn］　鲁山县辖镇。在县境东北部。面积 63 平方千米。人口 3.6 万。辖 17 村委会，有 54 自然村。镇人民政府驻梁洼。1956 年设梁洼乡。后改公社。1983 年复设乡。1986 年改置镇。因镇政府驻地得名。有初中 2 所，小学 7 所，卫生院 1 个，卫生所 22 个，文化站 1 个。有全国重点文物保护单位段店窑址。有古迹唐元次山墓、桃花店瓷窑遗址等。有民间文化鲁山花瓷制作技艺。农业以小米、玉米种植为主。工业有煤矿、炼焦、化工、建材、陶瓷企业。有传统手工艺品郎店琉璃瓻吞。平韩铁路、鲁梁公路过境。

梁洼［Liángwā］　梁洼镇人民政府驻地。在县政府驻地鲁阳街道东北 12 千米。人口 1.2 万。晋称桃花店，因桃花殊胜得名。后因地势低，且梁姓始居，改今名。聚落呈团状。有中小学、幼儿园、卫生院。农业以小麦、玉米种植为主。有采矿、炼焦、建材、化工、陶瓷业。有集贸市场。平韩铁路、鲁梁公路经此。

张官营镇［Zhāngguānyíng Zhèn］　鲁山县辖镇。在县境东南部。面积 79 平方千米。人口 5.5 万。辖 45 村委会，有 83 自然村。镇人民政府驻张官营。1945 年为张官营镇。1950 年为区。1956 年设张官营乡。1958 年改公社。1983 年复设乡。1989 年改置镇。因镇政府驻地得名。灰河、泥河、丑河、白龟山南干渠、昭平台南干渠流经。有中学 2 所，小学 14 所，卫生院 1 个，卫生所 45 个。有古迹箪城遗址、前城遗址。农业以小麦、玉米种植为主，有花生、西瓜、苹果。311 国道过境。

张官营［Zhāngguānyíng］　张官营镇人民政府驻地。在县政府驻地鲁阳街道东南 27 千米。人口 1.2 万。黄氏建村，故初名黄家寨。明代张姓在此屯军，改今名。聚落呈圆形。有小学、卫生室。农业以小麦、玉米种植为主。311 国道经此。

张良镇［Zhāngliáng Zhèn］　鲁山县辖镇。在县境东南部。面积 90 平方千米。人口 5.6 万。辖 41 村委会，有 123 自然村。镇人民政府驻张良。1956 年设张良乡。后改公社。1983 年复设乡。1986 年改置镇。因镇政府驻地得名。昭平台南干渠、张良支渠、韩信支渠流经。有高中 1 所，初中 6 所，小学 41 所，卫生院 1 个，卫生所 41 个。有小老庄遗址、贺堂遗址。农业以小麦、玉米、花生、蔬菜种植为主。有特产张良姜。311 国道过境。

张良［Zhāngliáng］　张良镇人民政府驻地。在县政府驻地鲁阳街道东南 17 千米。人口

1700。因汉初张良领兵驻此得名。聚落呈椭圆形。有小学、幼儿园、卫生院、卫生室。农业以玉米、小麦、蔬菜、香菇、木耳种植为主。311国道、辛方公路经此。

尧山镇［Yáoshān Zhèn］ 鲁山县辖镇。在县境西部。面积304平方千米。人口2.5万。辖22村委会，有289自然村。镇人民政府驻尧山。1983年设二郎庙乡。2000年改置尧山镇。因镇政府驻地得名。沙河流经。有初中3所，小学23所，卫生院1个，卫生所22个，文化站1个。有国家5A级旅游景区尧山、国家4A级旅游景区画眉谷。有古迹胡家庄宋瓷遗址、二郎庙古戏楼。经济以林业和旅游业为主。农业以小麦、玉米、蔬菜种植为主，有食用菌厂、农家乐。有猕猴桃加工厂、面粉厂、木材厂等企业。311国道过境。

尧山［Yáoshān］ 尧山镇人民政府驻地。在县政府驻地鲁阳街道西80千米。人口4800。原名二郎庙村，后因尧山更今名。聚落呈带状。有中小学、幼儿园、卫生院。有墨子遗址、二郎庙古戏楼、二郎庙、关公庙等。农业以玉米、小麦、香菇、木耳种植为主，有猪、牛、羊饲养。311国道经此。

赵村镇［Zhàocūn Zhèn］ 鲁山县辖镇。在县境西部。面积213平方千米。人口2.6万。辖29村委会，有296自然村。镇人民政府驻赵村。1949年为赵村区。后改公社。1983年改设乡。2014年改置镇。因镇政府驻地得名。沙河流经。有温泉。有初中3所，小学32所，卫生院1个，村卫生所30个，文化站1个，图书馆1个。有国家5A级旅游景区佛泉寺。农历正月初一至十五有中原大佛庙会。农业以小麦、玉米种植为主，有猪、牛、羊养殖。有绢花加工、氟石选矿等企业。郑尧、二广高速，311国道过境。

赵村［Zhàocūn］ 赵村镇人民政府驻地。在县政府驻地鲁阳街道西70千米。人口1200。传周时造父为周穆王养马，称马王爷，赐姓赵。清乾隆年间称赵家村。后简今名。聚落呈三角形。有中小学、幼儿园、卫生院、文化大院。农业以小麦、玉米、芦笋种植为主。有电厂、氟石选矿厂。有集贸市场。郑尧高速、311国道经此。

瓦屋镇［Wǎwū Zhèn］ 鲁山县辖镇。在县境西北部。面积130平方千米。人口3.5万。辖19村委会，有199自然村。镇人民政府驻瓦屋。1956年设瓦屋区。1958年改公社。1983年改设乡。2014年改置镇。因镇政府驻地得名。荡泽河流经。有初中2所，小学7所，幼儿园1所，卫生院1个，卫生所26个，文化站1个，村图书室19个。有古迹汤河新石器文化遗址、下纸坊古墓、马老庄古柏、耐庄雷音寺、大潺寺等。有省级非物质文化遗产“高桩故事”。农业以小麦、玉米、花生、红薯、芝麻种植为主，产红薯粉条、粉丝、粉皮、柿饼、中药材、柞蚕等。二广高速、省道庙洪线过境。

瓦屋［Wǎwū］ 瓦屋镇人民政府驻地。在县政府驻地鲁阳街道西北40千米。人口3600。昔有村民在此建瓦屋，故名。聚落呈带状。有中小学、卫生院、卫生室。农业以小麦、玉米、花生种植为主。每月有集市。省道庙洪线经此。

四棵树乡［Sìkēshù Xiāng］ 鲁山县辖乡。在县境西南部。面积127平方千米。人口1.6万。辖12村委会，有115自然村。乡人民政府驻四棵树。1961年成立四棵树公社。1983年改设乡。因乡政府驻地得名。清水河流经。有初中2所，小学10所，卫生院1个，卫生所12个，文化站1个。有景点文殊寺、珍珠滩、密洞等。农业以小麦、玉米、水稻、豆类种植为主。有花岗岩板材加工厂。二广高速、207国道过境。

四棵树［Sìkēshù］ 四棵树乡人民政府驻地。在县政府驻地鲁阳街道西45千米。人口1000。聚落呈带状。有中小学、卫生院。有树龄200余年古皂角树。农业以水稻、玉米、小麦种植为主。207国道经此。

团城乡［Tuánchéng Xiāng］ 鲁山县辖乡。在县境西南部。面积101平方千米。人口1.4万。辖11村委会，有208自然村。乡人民政府驻鸡冢。1961年成立鸡冢公社。1983年改设鸡冢乡。2006年更今名。因团城山得名。团城河流经。有初中1所，小学11所，卫生院1个，卫生所11个，文化站1个。有花园沟、五道庙辛夷树群、黄土岗仰韶文化遗址。农业以小麦、玉米、水稻种植为主。产辛夷、杜仲。通公路。

鸡冢［Jīzhǒng］ 团城乡人民政府驻地。在县政府驻地鲁阳街道西南35千米。人口400。《鲁山地名志》载，古有农妇养鸡致富，资助穷苦农民，死后，村民常在她坟上添土，日久成冢，得名鸡冢。聚落呈带状。有中小学、幼儿园、卫生院。农业以玉米、小麦、水稻种植为主。

熊背乡［Xióngbèi Xiāng］ 鲁山县辖乡。在县境南部。面积130平方千米。人口2.3万。辖20村委会，有140自然村。乡人民政府驻熊背。1961年成立熊背公社。1983年改设乡。因乡政府驻地得名。瀼河流经。有初中1所，小学10所，卫生院2个，卫生所18个。有黑阴寺、黄岗寺遗址。农业以小麦、玉米、花生、红薯、食用菌种植为主。焦柳铁路，郑南西线、洛南公路过境。

熊背［Xióngbèi］ 熊背乡人民政府驻地。在县政府驻地鲁阳街道西南16千米。人口700。据《鲁山地名志》载，古时有店铺设在路旁山岗，状如熊背，名熊背店，简今名。聚落呈带状。有中小学、卫生院、卫生室。农业以小麦、玉米种植为主。省道金孟线经此。

瀼河乡［Ránghé Xiāng］ 鲁山县辖乡。在县境中部偏南。面积85平方千米。人口5.3万。辖26村委会，有115自然村。乡人民政府驻瀼河。1958年成立瀼河公社。1961年改区。1969年复为瀼河公社。1983年改瀼河乡。因乡政府驻地得名。瀼河流经。有初中2所，小学19所，幼儿园3所，卫生院1个，村卫生所28个，文化站1个，图书室16个。有商周平高城遗址、邓寨新石器文化遗址、汉代鲁阳关。农业以小麦、玉米、红薯种植为主，有板栗、柿子、核桃。焦枝铁路、禹孟公路过境。

瀼河［Ránghé］ 瀼河乡人民政府驻地。在县政府驻地鲁阳街道西南12千米。人口3000。据《鲁山县志》载，唐元次山举家迁至江西九江瑞昌之瀼溪，后人追念，改鲁阳关水为瀼河。村以河名。聚落呈长方形。有中小学、幼儿园、卫生院。有清代佛爷庙。农业以玉米、小麦种植为主。有丝绵加工、雨搭加工企业。焦柳铁路、省道金孟线经此。

观音寺乡［Guānyīnsì Xiāng］ 鲁山县辖乡。在县境西北部。面积58平方千米。人口2.6万。辖11村委会，有117自然村。乡人民政府驻观音寺。1969年成立石坡头公社。1980年更名观音寺公社。1983年改设乡。因乡政府驻地得名。有老婆寨山、将军山、歪头山等。荡泽河、英河、寨沟河流经。有初中2所，小学5所，幼儿园1所，卫生院1个，卫生所11个。有古迹观音寺、中王庙等。农业以小麦、玉米、花生、红薯种植为主。工业有磁选场和石墨加工企业。省道庙洪线过境。

观音寺［Guānyīnsì］ 观音寺乡人民政府驻地。在县政府驻地鲁阳街道西北25千米。人口2100。古有观音寺，故名。聚落呈带状。有小学、幼儿园、卫生院、卫生室。农业以玉米、小麦、香菇、木耳种植为主，有猪、牛、羊养殖。省道汝州庙下—叶县洪庄杨线经此。

背孜乡［Bèizī Xiāng］ 鲁山县辖乡。在县境西北部。面积92平方千米。人口2.5万。辖10村委会，有198自然村。乡人民政府驻背孜。1956年设背孜乡。1962年成立背孜公社。1983年改乡。因乡政府驻地得名。荡泽河流经。有初中2所，小学10所，卫生院2个，卫生所24个，文化站1个。有宋代瓷器遗址。农业以小麦、玉米、红薯种植为主。有特产柞蚕茧、中药材。太澳高速、省道庙洪线过境。

背孜［Bèizī］ 背孜乡人民政府驻地。在县政府驻地鲁阳街道西北45千米。人口1900。《鲁山地名志》载，明嘉靖前名北子店，后演为背孜店，简今名。聚落呈块状。有中小学、卫生院。为中国传统村落。有老街明清建筑群、地方文化“高桩故事”。农业以小麦、玉米种植为主。有建筑材料厂。太澳高速、省道庙洪线经此。

仓头乡［Cāngtóu Xiāng］ 鲁山县辖乡。在县境北部。面积79平方千米。人口2.5万。辖19村委会，有133自然村。乡人民政府驻仓头。1956年设仓头乡。1969年成立仓头公社。1983年复乡。因乡政府驻地得名。白河、禹王河流经。有初中2所，小学20所，卫生院1个，卫生所10个。有古迹新石器时代遗址、西周贵族墓群、仓颉冢、仓颉祠、禹王冢、文殊寺、楚长城等。农业以小麦、玉米种植为主，有花生、板栗、桃、杏。省道庙洪线过境。

仓头［Cāngtóu］ 仓头乡人民政府驻地。在县政府驻地鲁阳街道北25千米。人口600。昔设官粮仓，又因地形似船，村位于“船舱”处，房舍散列“船”南北两头，故名。聚落呈带状。有小学、卫生所。为河南省历史文化名村。有仓颉冢、仓颉祠。农业以小麦、玉米、花生种植为主。

董周乡［Dǒngzhōu Xiāng］ 鲁山县辖乡。在县境西北部。面积99平方千米。人口5.2万。辖38村委会，有189自然村。乡人民政府驻周庄。1956年设董村中心乡。1958年成立董村公社。1982年更名董周公社。1983年改乡。2007年划五里头、七里头、小贾庄3村人鲁阳街道，划米章、八里仓、贾王庄3村人琴台街道。乡政府原驻董村，后迁周庄，取两地首字而名。七里河流经。有初中8所，小学48所，卫生院1个，卫生所33个，文化站、影剧院各1个。农业以小麦、玉米、水稻、豆类、红薯种植为主，产黄背木耳。焦柳铁路、311国道等过境。

周庄［Zhōuzhuāng］ 董周乡人民政府驻地。在县政府驻地鲁阳街道西10千米。人口200。因周姓在此建村得名。聚落呈长方形。有小学、卫生室。农业以小麦、玉米种植为主。省道庙洪线经此。

张店乡［Zhāngdiàn Xiāng］ 鲁山县辖乡。在县境北部。面积107平方千米。人口3.5万。辖32村委会，有159自然村。乡人民政府驻露峰街道下洼社区。1958年成立张店公社。1983年改设乡。1996年驻地迁至下洼。2007年划望城岗村人鲁阳街道，划叶茂庄、下洼、上洼、后营、新华5村入露峰街道，划马洼、宗庄、刘营、余堂4村入琴台街道，划詹营、王瓜营、军王、赵庄、申庄、大王庄6村人汇源街道。因乡政府原驻地张店得名。古时张姓在此设骡马店，名张家店，后易今名。昭平台北干渠流经。有初中7所，小学33所，卫生院1个，卫生所6个，文化站1个。有西肖楼龙山文化遗址、白象店唐代瓷窑遗址等。农业以小麦、玉米、水稻种植为主，有花生、甘薯种植。焦柳铁路、311国道过境。

辛集乡［Xīnjí Xiāng］　鲁山县辖乡。在县境东部。面积92平方千米。人口5.3万。辖36村委会，有195自然村。乡人民政府驻辛集。1956年设辛集乡。1958年成立辛集公社。1961年置辛集区。1969年改公社。1983年改乡。因乡政府驻地得名。大浪河流经。有初中6所，小学34所，卫生院1个，卫生所33个，文化站1个。有牛郎织女传说的发源地露峰山、徐玉诺故居、1948年豫西区党委扩大会议会址。农业以小麦、玉米种植为主，有花生、甘薯、苹果、葡萄。焦柳铁路、郑尧高速过境。

辛集［Xīnjí］　辛集乡人民政府驻地。在县政府驻地鲁阳街道东11千米。人口1100。据《鲁山地名志》载，明末清初有集市迁此，建村称新集，后因辛姓管理集务易名辛集。聚落呈散状。有中小学、幼儿园、卫生院。农业以小麦、玉米种植为主。郑尧高速经此。

磙子营乡［Gǔnzǐyíng Xiāng］　鲁山县辖乡。在县境东南部。面积105平方千米。人口6.5万。辖44村委会，有109自然村。乡人民政府驻磙子营。1980年成立磙子营公社。1983年改乡。因乡政府驻地得名。澎河、泥河、簟河流经。有农业高中1所，初中8所，小学42所，卫生院1个，卫生所105个。农业以小麦、玉米种植为主。有旅游小商品加工、板材加工、粮食加工等企业。311国道过境。

磙子营［Gǔnzǐyíng］　磙子营乡人民政府驻地。在县政府驻地鲁阳街道东南25千米。人口1800。据《鲁山地名志》载，原名薛店街，因河床改道名河滚，后军屯设营，得今名。聚落呈块状。有中小学、卫生所。农业以玉米、花生、小麦、蔬菜种植为主。有粮食、板材、纸箱等加工企业。311国道经此。

马楼乡［Mǎlóu Xiāng］　鲁山县辖乡。在县境东南部。面积150平方千米。人口9.1万。辖58村委会，有157自然村。乡人民政府驻马楼。1956年设马楼中心乡。1958年成立马楼公社。1961年改马楼区。1969年复公社。1983年改乡。因乡政府驻地得名。沙河、澎河、肥河流经。有中学3所，小学20所，乡卫生院1个，村卫生所107个。有景点战国遗址、茂林寺、澎河湖等。农业以小麦、玉米种植为主，有花生。有特产竹子、中药材。工业有钢材、粮油、羽绒加工业。311国道、省道鲁艾线、县道白沙线过境。

马楼［Mǎlóu］　马楼乡人民政府驻地。在县政府驻地鲁阳街道东南15千米。人口3300。据《鲁山地名志》载，马姓建楼得名马家楼，简称马楼。聚落呈带状。有中学、幼儿园、卫生室。农业以小麦、玉米种植为主。311国道经此。

昭平台库区乡［Zhāopíngtáikùqū Xiāng］　鲁山县辖乡。在县境中部。面积82平方千米。人口2.5万。辖18村委会，有110自然村。乡人民政府驻婆娑街。1980年成立昭平台库区公社。1983年改乡。有昭平台水库，故名。有初中2所，小学18所，卫生院1个，卫生所20个。有古迹龙山、仰韶文化遗址和墨子注经阁、刘累墓等。有国家级水利风景区昭平湖。农业以小麦、玉米、豆类种植为主，产木耳、柿子、板栗，有猪、牛、羊、鸡饲养。工业有粮油加工、建筑材料等企业。207、311国道，郑尧高速过境。

婆娑街［Pósuōjiē］　昭平台库区乡人民政府驻地。在县政府驻地鲁阳街道西12千米。人口4300。明嘉靖《鲁山县志》载："店近西山，树荫郁而影婆娑"，故名。聚落呈块状。有中小学、幼儿园、卫生院、村卫生室。养殖水产，产鲢鱼。农业以玉米、小麦种植为主，产香菇、木耳。311国道经此。

郏　县

郏县［Jiá Xiàn］　平顶山市辖县。北纬33°48′，东经113°00′。在市境北部。面积737平方千米。人口61.8万。以汉族为主，还有回、满、蒙古、壮等民族。辖2街道、8镇、5乡。县人民政府驻龙山街道。秦置郏县，属颍川郡。东汉建武六年(30)废入父城县。建安中复置，属汝城郡。北魏太和十七年(493)改龙山县。永安元年(528)改坱城。东魏仍称龙山。北齐废县。隋开皇元年(581)改汝南县。十八年(598)改辅城县。大业四年(608)改郏城县。元至元三年(1266)废为黄渠镇。大德八年(1304)复置郏县，属汝州。明成化十二年(1476)属汝州直隶州。清因之。民国初属河洛道，后曾属河陕汝道、豫西道。1927—1947年属豫西行政区、省第五行政督察区、豫西第五专区。1949年属许昌专区。1986年属平顶山市。因春秋楚郏邑得名。地处伏牛山前倾斜平原区，东南、西北高，中部低。海拔86—790.8米。年均气温15.5℃，1月平均气温0.8℃，7月平均气温27.0℃。年均降水量704.6毫米。北汝河流经。有矿产资源煤、石灰岩、陶土、石英砂岩、紫砂陶土等。森林覆盖率37.1%。有中专3所，中学21所，小学241所，二级医院1个。有剧院、文化馆、图书馆、档案馆。有全国重点文物保护单位郏县文庙、苏祠和墓、山陕会馆、临沣寨，省级文物保护单位11个。有中国历史文化名村(镇)临沣寨、张店村、冢头镇，省级2个。有中国传统村落15个，省级62个。有国家级非物质文化遗产大铜器，省级非物质文化遗产李冰金镶玉制作、庞庄二黄戏。三次产业比例15∶63∶22。农业以小麦、玉米、甘薯种植为主。有地方名种郏县红牛、郏县大尾寒羊。工业以机械、煤炭、耐火材料、轴承、陶瓷生产为主。服务业以旅游、商品批发零售业为主。郑尧高速，省道洛界、郑南线过境。

人民广场［Rénmín Guǎngchǎng］　在县城中部偏东。面积3.6万平方米。2010年开工，2011年建成。有绿化长廊、水池，栽种花草树木10余种，绿化面积约1.5万平方米。为集休闲、娱乐、集会、健身为一体的综合性广场。周边有北游园、县文化中心、县会议中心、展览馆、科技馆、图书综合楼。通公交车。

东坡大道［Dōngpō Dàdào］　在县城中部偏东。西起经二路，东至祥云路。与经一路、复兴路、紫云路、和平路、兴业路等相交。长5.4千米，宽32米。沥青路面。1988年开工，1990年建成。为纪念苏东坡得名。两侧有农村信用联社、汽车站等。通公交车。

复兴路［Fùxīng Lù］　在县城中部偏东。北起凤翔大道，南至南二环路。与龙山大道、行政路、东坡大道、文化大道相交。长2.8千米，宽40米。沥青路面。1990年开工，1992年建成。2003年改造。取重新振兴之意命名。两侧有县畜牧局、电业局、工商局、城市执法局、交警队等单位。通公交车。

紫云路［Zǐyún Lù］　在县城中部偏东。北起凤翔大道，南至南二环路。与龙山大道、行政路、东坡大道、文化大道相交。长2.9千米，宽32米。沥青路面。2011年开工，2013年建成。因东南紫云山命名。两侧有县住建局、国土局、农业局等单位。通公交车。

郏县长途汽车站［Jiá Xiàn Chángtú Qìchēzhàn］　见交通运输设施部分"郏县长途汽车站"条。

龙山街道［Lóngshān Jiēdào］　郏县人民政府驻地。在县境中部偏南。面积19平方千米。人口6.3万。1982年置城关镇。2009年改设龙山街道。因龙山县城遗址得名。有中学2所，小学6所，二级医院1个，卫生院1个。有西大街社区铜器队和业余豫剧团等。有全国重点文物保护单位郏县文庙、山陕会馆。有国家级非物质文化遗产大铜器。经济以商贸服务业为主。省道洛界、郑南西线等过境。通公交车。

东城街道［Dōngchéng Jiēdào］　属郏县。在县境东部。面积17平方千米。人口9000。2009年析王集乡6村设东城街道。因位于县城东部得名。有中学1所，小学3所。工业以矿山机械、医药制品、太阳能发电为主。有中小型产业集聚区。通公交车。

冢头镇［Zhǒngtóu Zhèn］　郏县辖镇。在县境东北部。面积53平方千米。人口5.9万。辖35村委会，有49自然村。镇人民政府驻冢头。1947年置冢头镇。1948年为冢头区。1958年改公社。1984年改乡。1989年改镇。因镇政府驻地得名。肖河、会河、蓝河流经。有中学2所，小学21所，卫生院1个，文化站1个，图书室35个。为中国历史文化名镇。有古迹冢头遗址、薄姬冢、纪氏台旧址、石佛寺、纪信冢等。农业以小麦、玉米、红薯、蔬菜种植为主。有红薯基地、无公害蔬菜基地。工业有矿山机械制造、食品加工等企业。郑尧高速、省道郑南西线过境。

冢头［Zhǒngtóu］　冢头镇人民政府驻地。在县政府驻地龙山街道东北13千米。人口8700。因位于西汉薄姬疑冢西端得名。聚落呈长条状。有中小学、卫生院、卫生所、文化广场。为中国传统村落。有冢头遗址、薄姬冢、秦都司宅第、解学士宅第，现存传统建筑群。有集贸市场及百货、餐饮、家具类商业街。郑尧高速、省道郑南西线经此。

李渡口［Lǐdùkǒu］　在县政府驻地龙山街道东北13千米。冢头镇辖自然村。人口1100。明初李姓迁此，靠蓝河渡口建村，故名。聚落呈长条状。有小学、卫生室、文化广场。为中国传统村落。有古寨墙、护寨壕。民居多为明清古建筑。

安良镇［Ānliáng Zhèn］　郏县辖镇。在县境北部。面积100平方千米。人口6.1万。辖41村委会，有91自然村。镇人民政府驻安良。1956年置安良乡。1958年改公社。1984年复设乡。1989年改镇。因镇政府驻地得名。蓝河、肖河、胡河流经。有中学1所，小学31所，卫生院1个，卫生所41个。有省级文物保护单位狮王寺、水泉古文化遗址、曹沟抗日旧址。有东风桥。有国家级非物质文化遗产大铜器。有地方特色民间艺术秧歌、唢呐等。农业以小麦、玉米、花生、红薯种植为主。工业有煤炭、陶瓷、红石加工、冶炼铸造等企业。省道花程线过境。

安良［Ānliáng］　安良镇人民政府驻地。在县政府驻地龙山街道东北8千米。人口4200。唐代有安亮在此设店，称安亮店。清嘉庆年间为避乱建寨，取安居乐业之意名安乐镇。村名演为安良。聚落呈椭圆形。有中小学、幼儿园、卫生院、卫生室。有古迹广佛寺。农业以小麦、玉米、花生种植为主。有晨集、古刹大会。郑神公路经此。

堂街镇［Tángjiē Zhèn］　郏县辖镇。在县境东南部。面积62平方千米。人口5万。辖36村委会，有107自然村。镇人民政府驻堂街。1948年为堂街区。1956年设乡。1958年改公社。1984年复乡，并析设姚庄回族乡。1988年改堂街镇。因镇政府驻地得名。芝河、运粮河、杨柳河、石河流经。有中学1所，小学24所，卫生院1个，卫生所36个，文化站1个。有全国重点文物保护单位临沣寨。有景点紫云山、紫云寺、宝象寺等。有地方特色民间艺术孟庄狮子攀登云天摩。农业以小麦、玉米、蔬菜种植为主。有粮油加工、酿酒、预制构件等企业。郑尧高速、平郏公路过境。

堂街［Tángjiē］ 堂街镇人民政府驻地。在县政府驻地龙山街道东南 13 千米。人口 3300。隋代建三教堂，堂前东西大街称堂前街，后演为堂街。聚落呈长方形。有中小学。农业以小麦、花生、辣椒种植为主。有晨集、古刹大会。平郏公路经此。

临沣寨［Línfēngzhài］ 在县政府驻地龙山街道东南 10 千米。堂街镇辖自然村。人口 600。原名水田村、红石寨。后因临沣溪改今名。聚落呈椭圆形。为中国历史文化名村、中国传统村落。有清代四合院、三合院 20 余处。寨墙由红石砌筑。平郏公路经此。

薛店镇［Xuēdiàn Zhèn］ 郏县辖镇。在县境西部。面积 74 平方千米。人口 6.9 万。辖 38 村委会，有 48 自然村。镇人民政府驻薛店。1955 年设薛店乡。1958 年改公社。1984 年复设乡。1993 年改置镇。因镇政府驻地得名。北汝河流经。有中学 2 所，小学 27 所，卫生院 1 个，卫生室 38 个，文化站 1 个，图书室 27 个。有太朴遗址、青杨庙南遗址、钧台遗址、哈剌觧墓碑。有国家级非物质文化遗产大铜器。有地方特色民间艺术秧歌。农业以小麦、玉米、蔬菜种植为主。工业有食品加工、服装加工、农具制造、钢铁铸造、修配等企业。省道洛界线过境。

薛店［Xuēdiàn］ 薛店镇人民政府驻地。在县政府驻地龙山街道西 15 千米。人口 7800。薛姓将军葬于此，且村有店铺，故名。聚落呈椭圆形。有中小学、幼儿园、卫生院、文化广场、文化大院、图书室。农业以小麦、玉米、蔬菜种植为主。有服装加工、五金铸造、食品加工等企业。有商贸中心、商贸城、水果市场和餐饮一条街等。省道洛界线经此。

后冢王［Hòuzhǒngwáng］ 在县政府驻地龙山街道西北 18 千米。薛店镇辖自然村。人口 6300。有王姓在周定王冢北建村，故名。聚落呈长方形。有小学、文化广场、图书室。为中国传统村落。有周定王冢。有坑塘形似太极图，塘半为水，半为陆。有街、巷、眼井数量对应五行八卦、二十八星宿，民居绕井而建。

长桥镇［Chángqiáo Zhèn］ 郏县辖镇。在县境东部。面积 50 平方千米。人口 5.8 万。辖 34 村委会，有 61 自然村。镇人民政府驻东长桥。1958 年成立长桥公社。1984 年改设乡。1995 年改置镇。因镇政府驻地得名。北汝河、吕梁河、蓝河、叶犨河流经。有中学 2 所，小学 17 所，卫生院 1 个，卫生所 41 个，文化站 1 个，图书室 26 个。有古迹窦堂孝子坊、“见职平”李台三墓与碑、薄姬冢、观音寺、红石坊、摩陂、蓝桥遗址等。农业以小麦、玉米、花生、蔬菜种植为主，产坡河萝卜。工业有针织服装、磨料磨具、机械加工、食品加工等企业。郑尧高速、省道洛界线过境。

东长桥［Dōngchángqiáo］ 长桥镇人民政府驻地。在县政府驻地龙山街道东 14 千米。人口 3100。明永乐年间秦姓迁此建村，名秦庄。明末李姓与人结亲，为方便往来修一石桥，村在桥东，故名。聚落呈椭圆形。有中学、幼儿园、卫生院。农业以小麦、玉米种植为主。有晨集、物资交流会、小满会、古刹大会。

茨芭镇［Cíbā Zhèn］ 郏县辖镇。在县境西北部。面积 103 平方千米。人口 5.8 万。辖 41 村委会，有 104 自然村。镇人民政府驻茨芭。1955 年置茨芭乡。1958 年改公社。1984 年复设乡。2008 年改镇。因镇政府驻地得名。鲁医河、干河流经。有中学 1 所，小学 18 所，卫生院 1 个，卫生所 41 个，文化站 1 个，图书室 30 个。有全国重点文物保护单位苏祠和墓、省级文物保护单位姑嫂寺。有国家级非物质文化遗产大铜器，省级非物质文化遗产二黄戏，民间艺术秧歌。有 3A 级旅游景区三苏园。农业以小麦、玉米、棉花种植为主。工业以采矿、农产品加工为主。省道洛界线过境。

茨芭［Cíbā］ 茨芭镇人民政府驻地。在县政府驻地龙山街道西北 25 千米。人口 2000。此处原为荒丘，茨藜丛生，蔓爬遍地，故名茨爬。民国初更今名。聚落呈长方形。有小学、幼儿园、卫生室。农业以油菜、芝麻种植为主。有集、古刹会、新兴物交会。

苏坟寺［Sūfénsì］ 在县政府驻地龙山街道西北 17 千米。茨芭镇辖自然村。人口 1200。明初王姓迁此建村，村东有三苏坟，南有广庆寺，故名。聚落呈长方形。有幼儿园、文化广场、卫生室。为中国传统村落。有全国重点文物保护单位苏祠和墓，传统建筑保存完好。

齐村［Qícūn］ 在县政府驻地龙山街道西北 20 千米。茨芭镇辖自然村。人口 1700。聚落呈长方形。清初齐姓迁此建村，故名。有小学、幼儿园、村卫生室。为中国传统村落。有明清传统建筑群。有铁农具制造，产胡氏菜刀。有例会、古会。肖苏公路经此。

山头赵［Shāntóuzhào］ 在县政府驻地龙山街道西北 20 千米。茨芭镇辖自然村。人口 2000。清初赵姓迁山头边定居，故名。聚落呈长方形。有幼儿园、文化大院、村卫生室。为中国传统村落。有传统建筑群。有古刹会。

黄道镇［Huángdào Zhèn］ 郏县辖镇。在县境西北部。面积 45 平方千米。人口 2.1 万。辖 13 村委会，有 37 自然村。镇人民政府驻东黄道。1948 年设黄道乡。1958 年改公社。1984 年复设乡。2008 年改置镇。因镇政府驻地得名。粉浆河、马蹄河流经。有中学 1 所，小学 7 所，卫生院 1 个。有古迹谒主沟钧窑遗址、拔剑泉、永庆寺等。有国家级非物质文化遗产大铜器，民间艺术秧歌。农业以小麦、玉米种植为主。工业以能源、耐火材料、建材为主。郑景公路过境。

东黄道［Dōnghuángdào］ 黄道镇人民政府驻地。在县政府驻地龙山街道西北 12 千米。人口 4300。古称神前。有一黄姓老道为村民挖泉取水，改称黄老道村，简称黄道。后村中黄姓迁村西另建西黄道，始更今名。聚落沿粉浆河西岸呈带状分布。有小学、卫生院、文化广场。有古迹永庆寺、拔剑泉。农业以小麦、玉米、红薯种植为主。有陶瓷、水泥、耐火材料企业。有晨集、古刹大会。郑景公路经此。

李口镇［Lǐkǒu Zhèn］ 郏县辖镇。在县境东南部。面积 50 平方千米。人口 2.8 万。辖 23 村委会，有 52 自然村。镇人民政府驻李口。1948 年设李口乡。1958 年成立公社。1984 年复设乡。2011 年改置镇。因镇政府驻地得名。芝河流经。有中学 2 所，小学 12 所，卫生院 1 个，村级卫生室 23 个，文化站 1 个，图书室 16 个，敬老院 1 个，文化大院 17 个，业余剧团 7 个，铜器舞蹈队 16 个。有古迹龙泉寺、天官街等。有国家级非物质文化遗产大铜器。农业以小麦、玉米、油菜种植为主。工业有焦化、建材、医药、食品加工等企业。省道南石线过境。

李口［Lǐkǒu］ 李口镇人民政府驻地。在县政府驻地龙山街道东南 19 千米。人口 5300。明洪武年间李姓迁此定居，称李家口村，后简称李口。聚落呈正方形。有中小学、幼儿园、卫生院、村史馆。有天官府、进士第等明清建筑。农业以小麦、玉米、红薯种植为主。有砖瓦制造、造纸、粮食加工等企业。有晨集、古刹会、绠会。平郏公路经此。

张店［Zhāngdiàn］ 在县政府驻地龙山街道东南 21 千米。李口镇辖自然村。人口 3200。明代张姓迁此建村，并设店铺，故名。聚落呈梯形。有中小学、卫生院（所）、敬老院、文化大院等。为中国历史文化名村、中国传统村落。有古迹寨隍、护城河、节孝坊、留侯祠、叶洛故道、洗马池等。农业以小麦、玉米、蔬菜种植为主。有古庙会。平郏公路经此。

王集乡［Wángjí Xiāng］ 郏县辖乡。在县境中东部。面积 54 平方千米。人口 4.4 万。辖 30 村委会，有 60 自然村。乡人民政府驻辛庄。1955 年设王集乡。1958 年改公社。1984 年复置乡。2010 年八里营等 5 村划入东城街道。因乡政府原驻地王集得名。元至大年间王姓迁此建村，后有集市，故名。北汝河、胡河、叶犨河、双庙河流经。有中学 1 所，小学 18 所，卫生院 1 个，卫生所 45 个。有文化站、图书室。有铁匠庄东南岗遗址。农业以小麦、玉米、红薯种植为主，有大豆、棉花、蔬菜。工业有农副产品加工、造纸、建材等企业。郑尧高速、平郏公路、省道洛界线过境。

辛庄［Xīnzhuāng］ 王集乡人民政府驻地。在县政府驻地龙山街道东 7 千米。人口 2200。韩氏先茔碑文记载：明初韩姓同刘姓迁此取名新庄，后演为辛庄。聚落呈长方形。有小学、卫生室、文化大院、集贸市场等。农业以小麦、玉米、花生种植为主。有造纸、建材等企业。有古寺会。省道洛界线经此。

姚庄回族乡［Yáozhuāng Huízú Xiāng］ 郏县辖乡。在县境东南部。面积 9 平方千米。人口 9000，其中回族占 55%，还有汉族。辖 6 村委会，有 14 自然村。乡人民政府驻南三郎庙。1948 年设姚庄乡。1956 年并入堂街乡。1984 年由堂街乡析设姚庄回族乡。1986 年乡政府迁至南三郎庙。因乡政府原驻地姚庄得名。运粮河流经。有中学 1 所，小学 5 所，卫生院 1 个。有文化站、图书室。有省级非物质文化遗产李冰金镶玉。农业以小麦、玉米、红薯、大豆种植为主，有辣椒、花生、花卉种植，牛、羊、鸡养殖。平郏公路、省道南石线过境。

南三郎庙［Nánsānlángmiào］ 姚庄回族乡人民政府驻地。在县政府驻地龙山街道东南 12 千米。人口 1500。原名杏花村，建有三郎庙，渐以庙名代村名。因与冢头镇三郎庙重名，更今名。聚落呈长方形。有小学、幼儿园。有清真寺 1 座。农业以小麦、玉米、红薯、大豆种植为主。有物交大会、绠会。

小张庄［Xiǎozhāngzhuāng］ 在县政府驻地龙山街道东南 15 千米。姚庄回族乡辖自然村。人口 600。张布郎弟兄 2 人迁河东建村，名张布郎庄。其分支在此建村，故名。聚落呈长方形。为中国传统村落。多砖木脊坡式瓦房。

白庙乡［Báimiào Xiāng］ 郏县辖乡。在县境中部。面积 46 平方千米。人口 3.8 万。辖 24 村委会，有 50 自然村。乡人民政府驻白庙。1958 年成立白庙公社。1984 年改乡。因乡政府驻地得名。济蓝渠、南水北调中线工程流经。有中学 1 所，小学 11 所，卫生院 1 个，卫生所 25 个，文化站 1 个，图书室 20 个。有国家级非物质文化遗产大铜器。农业以小麦、玉米、红薯、大豆种植为主。工业以矿山机械制造、轴承制造、磨料磨具加工制造、电力机械设备制造、环保设备制造为主。有机电环保设备专业园区。郑神公路过境。

白庙［Báimiào］ 白庙乡人民政府驻地。在县政府驻地龙山街道东北 3 千米。人口 1700。明代建村，因原有一白衣菩萨庙得名。聚落呈椭圆形。有小学、幼儿园。农业以小麦、玉米、红薯、大豆种植为主。有古庙会。郑神公路经此。

广阔天地乡［Guǎngkuòtiāndì Xiāng］　郏县辖乡。在县境西南部。面积 14 平方千米。人口 1.5 万。辖 11 村委会，有 23 自然村。乡人民政府驻大李庄。1968 年为纪念毛泽东批示，成立广阔天地大有作为公社。1980 年改称大李庄公社。1984 年改大李庄乡。1992 年更今名。有中学 1 所，小学 2 所，卫生院 1 个，卫生所 12 个。有博物馆、文化站、文化大院。有古迹鲁姑寺、青龙庙。有国家级非物质文化遗产大铜器。有民间传统艺术秧歌。有 3A 级旅游景区广阔天地大有作为纪念馆。农业以小麦、玉米、花生种植为主。工业有铁锅铸造、化工、磨料磨具、农产品深加工等企业。省道洛界线过境。

大李庄［Dàlǐzhuāng］　广阔天地乡人民政府驻地。在县政府驻地龙山街道西南 5 千米。人口 1500。明初李姓先居于此，称李庄，后村庄扩大，故更今名。聚落呈椭圆形。有小学、幼儿园、卫生院、广阔天地博物馆、广阔天地大有作为纪念馆。有毛泽东手迹碑。农业以小麦、玉米、花生种植为主。有造纸、饲料、铁锅、钢丝轮企业。有鲁姑寺会。省道洛界线等经此。

邱庄［Qiūzhuāng］　在县政府驻地龙山街道西南 5 千米。广阔天地乡辖自然村。人口 1000。因明初邱姓迁此得名。聚落呈长方形。有小学、文化广场。省道洛界线等经此。2011 年被评为全国文明村。

渣园乡［Zhāyuán Xiāng］　郏县辖乡。在县境西部。面积 41 平方千米。人口 3.6 万。辖 25 村委会，有 49 自然村。乡人民政府驻宋堡。1952 年设渣园区。1958 年成立渣园公社。1984 年改乡。因渣园村得名。广阔渠、北汝河流经。有中学 1 所，小学 2 所，卫生院 1 个，卫生所 25 个，文化站 1 个，图书室 25 个。有古迹马头张遗址、婆娑园旧址。农业以小麦、玉米种植为主。工业以机电、建材生产为主，生产矿用电动液压阀、碟刹阀等产品。省道洛界线过境。

宋堡［Sòngbǔ］　渣园乡人民政府驻地。在县政府驻地龙山街道西 6 千米。人口 2800。村原名古堡，清初宋姓自宋沟迁此定居，改名宋堡。聚落呈长方形。有小学、幼儿园、卫生院。农业以小麦、玉米种植为主。有面粉厂、砂轮厂。有物交会、小满会。省道洛界线经此。

渣园村［Zhāyuáncūn］　在县政府驻地龙山街道西北 6 千米。渣园乡辖自然村。人口 1600。北宋崔鹏免官后隐居郏城西，置婆娑园。明末园中瓦砾狼藉，渣滓遍地，称渣子园，村以园名。聚落呈长方形。为中国传统村落。有古街巷，传统建筑群。

安　阳　市

安阳市［Ānyáng Shì］　河南省辖地级市。北纬 35°12′—36°21′，东经 113°38′—114°59′。在省境北部。面积 7413 平方千米。户籍人口 576.5 万，常住人口 509 万。以汉族为主，还有回、蒙古、满、壮、苗等民族。辖文峰、北关、殷都、龙安 4 区，安阳、汤阴、滑县、内黄 4 县，代管林州县级市。市人民政府驻文峰区。战国先属魏，为宁新中邑，后属赵，始称安阳，因位于洹水之北而得名。秦分属上党、邯郸 2 郡。汉属河内郡和魏郡。三国魏属司州魏郡。北魏天兴四年(401)魏郡属相州。北周大象二年(580)相州、魏郡迁治安阳城。隋开皇初魏郡废，大业初复置而相州废。唐武德初魏郡改相州，置总管府。天宝元年(742)改为邺郡，乾元元年(758)复改相州。五代晋置彰德军。金明昌三年(1192)改相州置彰德府。元至元初改彰德路。明复彰德府属河南行省。清为河南省彰德府。1913 年废府，属豫北道。1914 年属河北道。1927 年道废，直属河南省。1932 年属河南省第三行政督察区。1949 年析安阳城及近郊置安阳市，属平原省。1952 年属河南省。1961 年属安阳专区。1968 年属安阳地区。1974 年属河南省，由安阳地区代管。1983 年撤安阳地区，并安阳、汤阴、林县、淇县、浚县入安阳市。1986 年淇、浚 2 县析出，黄、滑 2 县并入。1994 年撤林县设县级林州市，由安阳市代管。以安定、兴旺得名。处太行山东山前倾斜平原北部和延津—内黄微起伏平原北端。西部山地丘陵，东部黄卫冲积平原。平均海拔 550 米。最高点四方垴海拔 1632 米。年均气温 14.1℃，1 月平均气温 −1.0℃，7 月平均气温 29℃。年均降水量 588.8 毫米。年均无霜期 201 天。漳、洹、羑、汤等河流经。有煤、铁、铜、铅、锰、石英砂等矿产资源。有野生植物 2000 种，其中国家一级保护野生植物红豆杉、银杏，国家二级保护野生植物有野大豆、太行菊。有野生动物 207 种，其中有国家二级保护野生动物 39 种。有国家森林公园五龙洞。森林覆盖率 23.5%。有中国农业科学院棉花科学研究所，国家级重点实验室 1 个，省级重点实验室 1 个，省级工程技术研究中心 12 个，高校 6 所，中职 18 所，中学 268 所，小学 1224 所，三级医院 10 个。有中国文字博物馆，国家一级文化馆 1 个，国家二级文化馆 1 个，国家一级图书馆 1 个。有世界文化遗产殷墟，全国重点文物保护单位袁林、三杨庄遗址、安阳天宁寺塔、安阳高陵等 22 个，省级文物保护单位小南海洞穴遗址、岳飞故里、渔洋村遗址等 63 个。有千年古县汤阴县，省级历史文化名镇任村镇、道口镇、万古镇。有国家 5A 级旅游景区殷墟、红旗渠、太行大峡谷，国家 4A 级旅游景区羑里城、岳飞庙、马氏庄园，国家 3A 级旅游景区颛顼帝喾陵、黄华神苑、天平山。有国家级非物质文化遗产跑帷子、淮调、落腔等 7 项，省级非物质文化遗产李新张年画、苏奇灯笼画、吕村战鼓、梅花拳、周易文化等 23 项。三次产业比例 9 : 54 : 37。农业以小米、玉米种植，猪、牛、羊养殖为主。工业以冶金建材、煤化工、装备制造、电子信息为主。有汽车及零部件、新能源、食品、生物医药、纺织服装等产业集群。有国家级高新技术产业开发区 2 个。服务业以商贸、旅游为主。特产大红袍花椒、山楂、核桃、板栗、花生、红枣、龙泉花卉等。有公路 8085.4 千米，高速 209.6 千米。京广铁路，京广高铁，京港澳、大广、南林、济东、濮鹤、范辉高速，106、107、230、341、342 国道，省道内罗、安鹤、安平、林济、范红、范林、濮安线过境。

安阳［Ānyáng］　别名相州、彰德府。安阳市聚落。在市境中部。面积 543 平方千米。人口 110 万。以汉族为主，还有回、蒙古、满、壮、苗等民族。古为商都，今城区小屯为八大古都之一。商王盘庚从奄迁都于此。故城秦至隋 4 迁。今城址北魏天兴元年(398)筑。宋景德三年(1006)增筑。明洪武年间改筑 9 里 11 步。成化十三年(1477)重修。1949 年后城垣拆废，城区面积仅 4.5 平方千米。20 世纪前后拓宽、新修主次干道 20 余条。90 年代建成区面积 40 平方千米。2014 年底逐步形成“三区三城”格局。中心区以传统商业、中央商务、政治文化功能为主，有历史文化名城安阳古城。南部新城区以先进装备制造、电子信息、新能源等现代产业为主。新西区以钢铁、化工为主，有物流园、北部殷墟大遗址公园。安汤新城以金融商贸、体育文化、旅游休闲、科技研发为主。安东新城以精密铸造、电子信息、物流为主，有新东产业集聚区、高铁客运站。洹北新城以先进装备制造、高端纺织为主，有洹河历史风光休闲游览区。有标志性建筑中国文字博物馆、安阳市迎宾馆、玄鸟、北大街等。有殷墟、天宁寺塔、袁林、彰德府城隍庙、高阁寺、豫北纱厂工人罢工集会旧址等。有安阳火车站、安阳客运中心站。通多路公交车。

人民大道［Rénmín Dàdào］　在市境北部。西起彰德路，东至京港澳高速。与红旗路、东风路、东工路、平原路、中华路等相交。长 5.2 千米，宽 60—66 米。沥青路面。1957 年建设，初名油厂路。1960 年更名人民大道。1986 年起止点变更，西起彰德路，东至东外环路。1995 年拓宽改建。2002 年向东延伸至京港澳高速成今状。两侧有安阳市第六中学、安阳妇幼保健院、中国文字博物馆、安阳汽车客运东站及 2 大型购物广场。通多路公交车。

彰德路［Zhāngdé Lù］　在市境中部。北起五七桥，南至黄河大道。与人民大道、解放大道、文峰大道、文明大道、文昌大道等相交。长 10.4 千米，宽 45 米。沥青路面。1951 年建设。1963 年铺设沥青路面。1986 年将纱厂路、解放路至洹滨南路段更名为彰德路，因安阳旧称“彰德”得名。2002 年将原彰德路、西环城、相西路统一命名为彰德路。两侧有洹园、市工人文化宫、银座商城、安阳圣玛医院、三角湖公园、紫竹花园小区等。通多路公交车。

东风路［Dōngfēng Lù］　在市境东部。北起邺城大道，南至黄河大道。与韩陵路、洹滨北路、洹滨南路、安漳大道、人民大道、文峰大道、文明大道、文昌大道等相交。长 9.5 千米，宽 60 米。沥青路面。1959 年开工，同年建成，1960 年命名。2002 年贯通东环城路、相东路、银杏大街。两侧有人民公园、市人才交流中心、市三医院、文峰区财政局、市九中、安阳商都银行等。通多路公交车。

文　峰　区

文峰区［Wénfēng Qū］　安阳市人民政府驻地。在市境中部。面积 179 平方千米。人口 39.2 万。以汉族为主，还有回、朝鲜等民族。辖 15 街道、2 镇。区人民政府驻东大街街道。1949 年设第二区。1955 年第三区并入。1956 年改今名。因文峰塔得名。1988 年改造北大街。2000 年建文峰中路。年均气温 13.6℃。年均降水量 606.1 毫米。白沙河、羑河流经。有三角湖。有高校 5 所，中学 17 所，小学 44 所，特殊教育学校 1 所，三级医院 3 个，二级医院3个，体育场馆1个。有市博物馆、市图书馆、市会展中心。有全国重点文物保护单位文峰塔，省级文物保护单位高阁寺、彰德府城隍庙、昼锦堂记碑、小白塔。有省级非物质文化遗产郑家老粉坊粉皮制作技艺、姚家膏药。三次产业比例3∶34∶63。农业以小麦、玉米种植为主。工业以装备制造为主。服务业以金融、商贸、文化旅游为主。有商业街区多个。有五星级酒店2个。有国家级安阳高新技术产业开发区。京广铁路，京港澳、南林高速，安林公路过境。

安阳高新技术产业开发区［Ānyáng Gāoxīn Jìshù Chǎnyè Kāifāqū］ 在区境南部。东至光明路，南至南外环，西至京广铁路，北至文昌大道。面积30平方千米。1992年成立。1995年3月经河南省人民政府批准为省级高新技术产业开发区。2010年9月经国务院批准为国家级高新技术产业开发区。由安阳市政府管理。以光伏新能源、先进装备制造、电子信息、生物技术为主。入驻新能光伏、欧美亚光伏太阳能、鑫盛机床、宏源车轮等企业52个。有国家级高新技术企业5个，省级工程技术中心1个，省级企业技术中心3个。国道、高速、城区道路交错。通多路公交车。

文化广场［Wénhuà Guǎngchǎng］ 在城区北部。面积33.4公顷。2009年开工，2010年建成。因广场南部有市博物馆、图书馆得名。有南、北广场，中央喷泉。绿化面积19.8万平方米，活动面积6.9万平方米，水面面积3.3万平方米。有音乐喷泉水幕电影水面3.3万平方米。喷泉南为殷商广场，矗立方柱灯8个，展示安阳文字、殷商文化；北为太极广场，有雕刻八卦图案的太极灯14个。为集文化展示、节庆活动、休闲健身于一体的综合性广场。周边有市委、市政府、市会展中心。通多路公交车。

东大街街道［Dōngdàjiē Jiēdào］ 文峰区人民政府驻地。在区境西北部。面积1平方千米。人口0.7万。1955年设。因东大街得名。2000年起拆迁老城区，贯通文峰中路。有博物馆1个。有全国重点文物保护单位彰德府城隍庙、高阁寺。有古迹崔铣祠、文昌阁。有旧城十八巷之一小颜巷。有省级非物质文化遗产姚家膏药。服务业以商贸为主。通多路公交车。

头二三道街街道［Tóu'èrsāndàojiē Jiēdào］ 属文峰区。在区境西北部。面积1平方千米。人口0.8万。1979年设。因头道、二道、三道3街得名。2000年起拆迁老城区，贯通文峰中路。有全国重点文物保护单位韩王庙与昼锦堂。有古迹袁氏小宅。服务业以商贸为主。通多路公交车。

甜水井街街道［Tiánshuǐjǐngjiē Jiēdào］ 属文峰区。在区境西北部。面积1平方千米。人口1万。1958年设。1979年复设。2000年起改造仓巷街等历史文化街区。有中学1所，小学1所，三级医院1个，二级医院1个，卫生院1个。有古迹郭朴祠堂。服务业以商贸为主。有四星级宾馆1个。通多路公交车。

东关街道［Dōngguān Jiēdào］ 属文峰区。在区境北部。面积2平方千米。人口4万。1985年由头二三道街、东大街2街道析设。因处老城东关而得名。2000年贯通文峰中路。有职业技术学院1所，中学1所，小学1所，卫生院1个，卫生所1个。有古迹玉皇庙。服务业以商贸为主。通多路公交车。

南关街道［Nánguān Jiēdào］ 属文峰区。在区境北部。面积5平方千米。人口4.9万。1958年设御路街街道。1986年因处古城南关而改今名。2002年延建东风路、彰德路、文明大道。有市师范学院。有中学3所，小学3所，卫生所3个。有古迹井楼、火神庙。服务业以商贸、仓储为主。通多路公交车。

西大街街道［Xīdàjiē Jiēdào］ 属文峰区。在区境西北部。面积1平方千米。人口0.6万。1955年设。因西大街得名。2000年起拆迁老城区，贯通文峰中路。有小学1所，二级医院1个，卫生所1个。有全国重点文物保护单位天宁寺塔，省级文物保护单位小白塔。有省级非物质文化遗产郑家老粉坊粉皮制作技艺。有名胜古迹天宁寺、许三礼祠、角湖公园。服务业以商贸为主。有南大街、西大街商业街区。通多路公交车。

西关街道［Xīguān Jiēdào］ 属文峰区。在区境西北部。面积2平方千米。人口2.1万。以汉族为主，还有回、满、朝鲜等民族。1956年设。因处老城西关而得名。延建彰德路。先后开通多条城市道路，原西环城路成为彰德路延伸段，迁建大型企业。有小学1所，卫生院1个。有清真寺。服务业以商贸为主。京广铁路过境。通多路公交车。

北大街街道［Běidàjiē Jiēdào］ 属文峰区。在区境西北部。面积1平方千米。人口0.6万。1955年设。1956年改名裴家巷街道。1979年复名。因北大街得名。1988年改造北大街，重修钟楼、郭朴祠等。2003年拓宽唐子巷。有中等职业学校1所，小学1所。有活佛宝塔。服务业以商贸为主。有传统商业街裴家巷、钟楼巷、仁义巷等。通多路公交车。

紫薇大道街道［Zǐwēidàdào Jiēdào］ 属文峰区。在区境北部。面积4平方千米。人口3.5万。2003年设。因紫薇大道得名。2005年建市第六医院。有中学1所，小学3所，特教学校1所，三级医院1个，卫生院1个，卫生所3个。有人民公园。服务业以商贸为主。通多路公交车。

光华路街道［Guānghuálù Jiēdào］ 属文峰区。在区境北部。面积4平方千米。人口3.7万。2003年撤东郊乡析设。因光华路得名。先后建民安街、兴隆街。2011年建成安阳国际义乌商贸城。有中学2所，小学1所，二级医院1个。服务业以商业、餐饮、娱乐休闲为主。通多路公交车。

中华路街道［Zhōnghuálù Jiēdào］ 属文峰区。在区境东部。面积11平方千米。人口3.3万。2003年撤白璧镇、高庄乡析设。因中华路得名。2008年建成市图书馆、博物馆大厦。2009年兴建中央商务区。2010年建成市民活动文化广场。2011年建成安阳国际会展中心。2014年建成市民之家。有中学1所，小学3所，三级医院1个。农业以蔬菜种植为主。服务业以房地产业、商业、餐饮、娱乐休闲为主。通多路公交车。

永明路街道［Yǒngmínglù Jiēdào］ 属文峰区。在区境东北部。面积6平方千米。人口2万。以汉族为主，还有满、回、壮等民族。2003年由东郊乡析设。因永明路得名。2011年改造汪家店城中村。有中学1所，小学3所，卫生院1个，卫生所4个。有名胜易园。服务业以房地产业、商业为主。通多路公交车。

峨嵋大街街道［Éméidàjiē Jiēdào］ 属文峰区。在区境西部。面积11平方千米。人口3.9万。2006年设。因峨嵋大街得名。先后建设峨嵋东路、滨河南路、金钟大街、银杏西路、昆仑大街、衡山大街，改造十里铺、三里屯棚户区。洪河流经。有中国农业科学院棉花研究所。有中学3所，小学2所，卫生院1个，卫生所1个。有文化站、体育场。农业以小麦、玉米、蔬菜种植为主。工业以先进装备制造、制衣为主。有轻纺、钢材等专业市场4个。通多路公交车。

银杏大街街道［Yínxìngdàjiē Jiēdào］ 属文峰区。在区境中部。面积11平方千米。人口2.6万。2006年设。因银杏大街得名。先后建武夷西路、黄河南路。2013年建成安阳世贸中心。有小学3所，卫生院1个，卫生所1个。农业以小麦、玉米种植为主。工业以先进装备制造、电子信息、生物技术为主。通多路公交车。

商颂大街街道［Shāngsòngdàjiē Jiēdào］ 属文峰区。在区境中部。面积11平方千米。人口9.6万。2006年设。因商颂大街得名。先后建滨河北路、金莎大道、洪河中桥。2013年建成华强新天地。洪河、白沙河流经。有高校2所，职业院校3所，卫生院1个。农业以小麦、玉米、棉花种植为主。工业以装备制造、电子信息、生物医药为主。通多路公交车。

宝莲寺镇［Bǎoliánsì Zhèn］ 文峰区辖镇。在区境南部。面积48平方千米。人口5.5万。辖24村委会，有37自然村。镇人民政府驻郭村集。1957年设郭村乡。1958年改公社。1983年复乡。1995年改置宝莲寺镇。2003年划归文峰区。因明代宝莲寺得名。白沙河、羑河流经。有初中3所，小学13所，卫生院1个，卫生所30个。农业以小麦、玉米种植，奶牛、猪、蛋鸡养殖为主。特产崇召西瓜。工业以装备制造、电子信息、生物医药、现代化物流为主。京广铁路，京港澳、安林高速，107国道过境。

郭村集［Guōcūnjí］ 宝莲寺镇人民政府驻地。在区政府驻地东大街街道南10千米。人口4200。古处城郭之东，宋称东郭，明成集市，改今名。聚落呈团块状。有小学、幼儿园、卫生院、文化站、防城遗址等。农业以小麦、玉米、蔬菜种植为主。通多路公交车。

高庄镇［Gāozhuāng Zhèn］ 文峰区辖镇。在区境东南部。面积60平方千米。人口5.6万。辖27村委会，有29自然村。镇人民政府驻高庄。1959年成立高庄公社。1983年设乡。2013年改镇。因镇政府驻地得名。洪河、羑河流经。有中学3所，小学10所，卫生院1个，卫生所27个。农业以小麦、玉米、蔬菜种植为主。工业以铁路器材与装备制造、服装制衣为主。有物流业。省道濮安线过境。

高庄［Gāozhuāng］ 高庄镇人民政府驻地。在区政府驻地东大街街道东南9千米。人口800。传明初高姓移此而得名。聚落呈块状。有幼儿园、卫生院、文化站、敬老院。农业以小麦、玉米种植为主。省道濮安线经此。

北关区

北关区［Běiguān Qū］ 安阳市辖区。在市境东北部。面积59平方千米。人口24.7万。辖9街道。区人民政府驻灯塔路街道。1973年设。因处古城北关而得名。改扩建金水路、戏院街、人民大道中段、北辰大道、安漳大道、中华路，兴建中华桥游园、沃尔玛、嘉茂购物广场、商都时代广场、乐宜购物、中大万象城、中医院养护楼等。年均气温13.6℃，1月平均气温−1.8℃，7月平均气温26.7℃。年均降水量606.1毫米。洹河流经。有国家级企业技术中心1个，省级企业技术中心2个。有中学7所，小学23所，三级医院5个，二级医院2个。有中国文字博物馆、市工人文化宫、市群众艺术馆。有全国重点文物保护单位袁林，省级文物保护单位明义士故居。有关帝庙。有省级非物质文化遗产烙画。三次产业比例1∶24∶75。农业以小麦、玉米种植为主。工业以纺织服装、无人机装备制造为主，有北关纺织产业集聚区。服务业以商贸、物流、健康养老、文化旅游为主。

有布匹、花卉、食品等专业市场。京九铁路、京珠高速、107国道过境。有安阳站、安阳汽车客运中心站等。通多路公交车。

安阳站［Ānyáng Zhàn］　见交通运输设施部分“安阳站”条。

安阳汽车客运中心站［Ānyáng Qìchē Kèyùn Zhōngxīnzhàn］　见交通运输设施部分“安阳汽车客运中心站”条。

安阳汽车客运东站［Ānyáng Qìchē Kèyùn Dōngzhàn］　见交通运输设施部分“安阳汽车客运东站”条。

灯塔路街道［Dēngtǎlù Jiēdào］　北关区人民政府驻地。在区境东部。亦为安阳县人民政府驻地。面积2平方千米。人口4.5万。1984年由豆腐营街道析设。因灯塔路得名。先后改造人民大道，兴建曼哈顿、宜居畅苑、新都现代城等住宅区。有中学2所，小学3所，三级医院1个，二级医院1个。有省级文物保护单位明义士故居。服务业以商贸为主。通多路公交车。

红旗路街道［Hóngqílù Jiēdào］　属北关区。在区境中部偏西。面积2平方千米。人口4.6万。1968年文峰区设红旗路街道。1973年划入北关区。因红旗路得名。先后兴建沃尔玛、嘉茂购物广场、商都时代广场、乐宜购物中心、中太万象城，改造东方红片区。有中学1所，小学3所，三级医院1个。服务业以商贸为主。通多路公交车。

解放路街道［Jiěfànglù Jiēdào］　属北关区。在区境西南部。面积1平方千米。人口2.4万。1979年设。因解放路得名。先后改造文化宫广场、洹水公园、火车站、汽车站、邮政大楼。2011年扩建戏院街，建成金水路。2013年建成博地大酒店、中冠布匹市场。有小学2所，特教学校1所，三级医院1个。有工人文化宫、群艺馆。有省级非物质文化遗产安阳灯谜。有民俗葫芦烙画、剪纸。服务业以商贸为主。有机床、锻压设备、轴承等制造业。有四星级宾馆1个。京广铁路过境。有安阳站、安阳汽车站。通多路公交车。

豆腐营街道［Dòufuyíng Jiēdào］　属北关区。在区境东北部。面积4平米千米。人口5.2万。1968年文峰区设豆腐营街道。1973年划入北关区。因自然村得名。传原名四府庄，后窦姓为官清廉，为纪念之而改名窦府营，演为豆腐营。2011年修建滨河路，延伸洹滨南路、向阳路。先后建成怡海花园、辉龙城市家园等小区。有中学1所，小学2所，三级医院1个。有洹河风光带。服务业以商贸为主。有小商品批发市场，国药控股、上安钢铁集团总部位于此。通多路公交车。

洹北街道［Huánběi Jiēdào］　属北关区。在区境北部。面积7平方千米。人口4.9万。1984年由豆腐营街道析设。因处洹河北而得名。先后建成北辰大道，延伸胜利路，开发洹北、洹上人家等小区。有中学2所，小学1所。有全国重点文物保护单位袁林，省级爱国主义教育基地市烈士陵园。有民俗桃核雕刻、蛋壳彩绘、蛋壳雕刻。有安阳航空文化旅游节。工业以石墨及碳素加工、染料制造、金属加工为主。服务业以商贸为主。通多路公交车。

曙光路街道［Shǔguānglù Jiēdào］　属北关区。在区境东部。面积4平方千米。人口4.5万。2003年由豆腐营街道析设。因曙光路得名。先后修建文博街，扩建安彰大道、中华路。有中学1所，小学1所，二级医院1个。有中国文字博物馆。有民俗技艺吹画、大米微雕。服务业以商贸为主，有建材大市场。通多路公交车。

民航路街道［Mínhánglù Jiēdào］　属北关区。在区境西北部。面积2平方千米。人口1.1万。2003年由洹北街道析设。因民航路得名。先后建成食品城，花卉、水果、蔬菜等批发市场。有安阳工学院。有中学1所，小学1所，三级医院1个。有洹岸游园憩园、汇芳苑等。服务业以商贸为主。通多路公交车。

彰东街道［Zhāngdōng Jiēdào］　属北关区。在区境东部。面积24平方千米。人口2.3万。2003年由安阳县、原郊区析设。处市东，且因其旧称彰德府而得名。先后修建永明路，拓宽中华路，建四季花都、朝霞人家、枫海苑等小区。洹河流经。有小学7所，卫生所17个。有民俗崇义犁耙灯。农业以小麦、玉米、蔬菜种植为主。有李家庄蔬菜、水果批发市场。石武高铁、京珠高速过境。通多路公交车。

彰北街道［Zhāngběi Jiēdào］　属北关区。在区境中部偏北。面积16平方千米。人口5万。2003年撤北郊乡析设。处市北，因其旧称彰德府而得名。先后修建中华桥游园，延伸平原路、中华路、胜利路，建成北辰大道及水木清华、元泰中华园等小区。有小学4所，卫生所15个。有名胜古迹安阳桥、袁林、洹北商城遗址。有民俗安阳桥正月十六庙会。农业以小麦、玉米、蔬菜种植为主。工业以冶金、铸造、化工、织染、内衣加工、建筑等为主。通多路公交车。

殷都区

殷都区［Yīndū Qū］　安阳市辖区。在市境西北部。面积69平方千米。人口25万。以汉族为主，还有回、满等民族。辖9街道、1乡。区人民政府驻梅园庄街道。1972年设铁西区。2003年改殷都区。因殷商都城遗址得名。修建文明大道、文峰大道、文源街等五纵，铁西路、中州路、太行路、梅东路等六横道路网，开发贞元广场、钢东公园、愉字园、丹枫园、殷墟游园，建设安钢、电厂生活区、果园、世纪家园等住宅小区。年均气温14.1℃，1月平均气温−1.8℃，7月平均气温27℃。年均降水量556.8毫米。洹河流经。有中学11所，小学32所，三级医院1个，二级医院3个，剧院1个，文化馆2个。有世界文化遗产、全国重点文物保护单位殷墟，省级文物保护单位韩琦墓、后母戊鼎保护埋藏处、永安寨遗址。三次产业比例1∶58∶41。农业以小麦、玉米、蔬菜种植为主。工业以钢铁、能源、冶金建材为主。服务业以物流、商贸为主。京广铁路、107国道过境。有安阳汽车客运西站。

安阳汽车客运西站［Ānyáng Qìchē Kèyùn Xīzhàn］　见交通运输设施部分“安阳汽车客运西站”条。

梅园庄街道［Méiyuánzhuāng Jiēdào］　殷都区人民政府驻地。在区境中部。面积8平方千米。人口8.6万。以汉族为主，还有回族等。1972年设。因与梅园庄相邻而得名。先后建安阳体育馆、安钢体育场、安钢游泳馆、钢东公园、丹枫园、钢花路，兴建安钢生活区等住宅区。有中学2个，小学4个，三级医院1个。服务业以商贸为主，有集贸市场、安钢百货等。省道东大线过境。通多路公交车。

李珍街道［Lǐzhēn Jiēdào］　属殷都区。在区境西北部。面积10平方千米。人口1.4万。1982年设。因李珍村得名。先后建李珍矿、铜冶煤矿家属院。农业以小麦、玉米种植为主。工业以矿产开采、冶金为主。省道东大线过境。通多路公交车。

水冶街道［Shuǐyě Jiēdào］　属殷都区。在区境西部。面积5平方千米。人口1.3万。1975年设。因安阳县水冶镇得名。先后建多处家属院。有中学1所，小学1所，二级医院2个，卫生所2个。农业以小麦、玉米种植为主。工业以化工、冶金、矿产开采为主。南林高速、省道东大线、安林公路过境。通多路公交车。

铁西路街道［Tiěxīlù Jiēdào］　属殷都区。在区境东部。面积4平方千米。人口4万。1984年设。因铁西路得名。先后建平原制药厂、安阳电业局、铁路家属院及同乐花园、世纪名城等小区。有高中1所，初中1所，小学2所，幼儿园8所，二级医院1个，卫生院1个，卫生所22个。有世界文化遗产、全国重点文物保护单位殷墟。服务业以商贸、旅游为主。通多路公交车。

电厂路街道［Diànchǎnglù Jiēdào］　属殷都区。在区境西部。面积1平方千米。人口1.1万。1979年设。2014年柴库、梁邵2村划入。因电厂路得名。先后建安阳河大桥、电厂立交桥。2008年扩建安阳西站。有中学1所，小学1所，卫生所8个。有幼儿园、文化站、敬老院等。农业以小麦、玉米种植为主。服务业以商贸为主。有热电产业。107国道、安林公路过境。通多路公交车。

清风街街道［Qīngfēngjiē Jiēdào］　属殷都区。在区境东南部。面积2平方千米。人口3.4万。2003年由文明大道街道析设。因清风街得名。2003年建成贞元广场。有中学2所，小学1所，卫生院1个，卫生所7个。有幼儿园、图书室等。服务业以商贸为主，有创业一条街、殷都小吃城。通多路公交车。

纱厂路街道［Shāchǎnglù Jiēdào］　属殷都区。在区境东北部。面积2平方千米。人口2.4万。1981年北关区设立纱厂路街道。因纱厂路得名。2003年划入殷都区。2007年建成愉字园。洹河流经。有中学1所，小学1所，卫生院1个，卫生所3个。有幼儿园、文化站、图书室、考古博物馆、周易文化馆等。农业以小麦、玉米种植为主。服务业以商贸为主。有纺织业。京广铁路过境。通多路公交车。

北蒙街道［Běiméng Jiēdào］　属殷都区。在区境北部。面积23平方千米。人口3.5万。2003年撤北郊乡析设。因安阳古称北蒙得名。2008年建北蒙生态观光园。洹河流经。有洹河湾森林公园。有中学1所，小学2所，卫生院1个，卫生所33个。有幼儿园、文化馆、图书室等。有殷墟王陵遗址、吴家大院、韩琦墓遗址等名胜古迹。农业以小麦、玉米种植为主。有林业生态观光园及温棚林果、无公害蔬菜生产基地等。工业以钢铁、冶炼、机械铸造为主，有钢铁深加工工业园。107国道过境。通多路公交车。

武官［Wǔguān］　在区政府驻地梅园庄街道北3千米。属北蒙街道。人口2000。传旧为殷商武官司马驻地，因此得名。聚落呈环状。有省级文物保护单位后母戊鼎保护埋藏处。种植玉米、小麦。通公交车。

相台街道［Xiàngtái Jiēdào］　属殷都区。在区境西南部。面积5平方千米。人口3万。2003年设。因战国拜相台遗址得名。2007年建成安钢会展中心。2013年建成丹枫园。有小学3所，卫生院1个，卫生所12个。工业以钢铁工业为主。安李铁路、107国道、安林公路过境。

西郊乡［Xījiāo Xiāng］　殷都区辖乡。在区境中部偏西。面积23平方千米。人口3.4万。辖1居委会、18村委会，有22自然村。乡人民政府位于安钢大道。1959年成立东风公社。1962年改西郊公社。1983年设乡。因处西部郊区而得名。洹河流经。有中学4所，小学2所，卫生院1个，卫生所39个。有世界文化遗产、全国重点文物保护单位殷墟。农业以小麦、玉米种植为主。工业以冶金、能源为主。107国道过境。

小屯［Xiǎotún］ 在区政府驻地梅园庄街道东北2千米。西郊乡辖自然村。人口800。明初始有村庄，因万历四年(1576)有小屯而得名。聚落呈团状。有小学、幼儿园、考古工作站。有世界文化遗产、全国重点文物保护单位、全国爱国主义教育基地、国家5A级旅游景区殷墟。有景点殷墟王陵遗址、宫殿宗庙遗址、洹北商城遗址、妇好墓等。农业以玉米、小麦种植为主。安李铁路经此。

龙安区

龙安区［Lóng'ān Qū］ 安阳市辖区。在市境西南部。面积236平方千米。人口21.9万。辖6街道、2镇、1乡。区人民政府驻文明大道街道。1981年设郊区。2003年定今名。取龙山、安桂花首字得名。先后建金华路、建设路、龙图街、龙云街。2012年建安阳市产业集聚区。年均气温13.6℃。年均降水量约600毫米。有南水北调中线工程、五八英雄渠。有中学8所，小学50所，二级医院1个。有省级文物保护单位彰善桥、孙氏旧宅、白龙庙、马投涧玉皇庙。有名胜古迹安阳蜡梅园、九龙山、四门券、龙泉水库。三次产业比例2∶81∶17。农业以小麦、玉米种植为主，特产免淘小米。工业以新型装备制造、新材料、新能源、煤炭化工为主。服务业以生态旅游、休闲养老、现代物流为主。有南北花卉集散交易中心。京广、瓦日铁路，107、341国道，省道濮安线过境。

文明大道街道［Wénmíngdàdào Jiēdào］ 龙安区人民政府驻地。在区境东北部。面积3平方千米。人口0.8万。1974年设一钢路街道。1986年因文明大道改今名。2010年整修烟厂路、梅东路。2011年建成安彩大道。有初中1所，卫生院1个。有幼儿园、图书室等。工业以机械制造为主。通多路公交车。

文昌大道街道［Wénchāngdàdào Jiēdào］ 属龙安区。在区境东北部。面积5平方千米。人口1.5万。2003年撤东郊乡析设。2013年改造文昌大道及于家庄、四府坟2城中村。有标志性建筑"玄鸟"雕塑。有职业技术学校1所，小学3所，卫生院1个，卫生所5个。有幼儿园、图书室等。工业以钢压延、加工为主。通多路公交车。

田村街道［Tiáncūn Jiēdào］ 属龙安区。在区境东南部。面积6平方千米。人口0.9万。2003年设。因办事处所在村得名。明嘉靖《彰德府志》卷八载，传早年有田姓定居，宋代称田村。2000年建成郜家庄、杨家庄隧道。2012年建成南田村公路桥。有中学1所，小学3所，卫生院1个，卫生所5个。有幼儿园、图书室等。农业以小麦、玉米种植为主。工业以有色金属冶炼、加工为主。107国道过境。通多路公交车。

彰武街道［Zhāngwǔ Jiēdào］ 属龙安区。在区境西北部。面积7平方千米。人口2.7万。2003年设。因办事处所在村得名。春秋战国时诸侯征战于此，为表彰胜者武功，取名彰武。2006年修中龙山友谊桥。2007年修北彰武—西王公路。有中学1所，小学4所，卫生院1个，卫生所8个。有幼儿园、图书室等。有名胜古迹九龙山、朝元洞、彰武水库。农业以小麦、玉米种植为主。工业以化工为主。有龙山煤矿。瓦日铁路、安林高速、省道通太线过境。通多路公交车。

太行小区街道［Tàihángxiǎoqū Jiēdào］ 属龙安区。在区境东北部。面积3平方千米。人口2.6万。2003年由文明大道街道析设。因太行小区得名。2011年扩建清风街。有小学1所，二级医院1个，卫生院1个，卫生所2个。有幼儿园、文化站、图书室等。服务业以商贸为主。通多路公交车。

中州路街道［Zhōngzhōulù Jiēdào］ 属龙安区。在区境东北部。面积3平方千米。人口0.2万。2003年由文明大道街道析设。因中州路得名。2012年整修文源街。有初中1所，卫生所1个。有图书室、文化站等。服务业以商贸为主。通多路公交车。

龙泉镇［Lóngquán Zhèn］ 龙安区辖镇。在区境西南部。面积64平方千米。人口3.4万。辖33村委会，有49自然村。镇人民政府驻龙泉。1958年成立龙泉公社，属安阳县。1961年属市郊区。1983年设乡。1999年改镇。2003年属龙安区。因镇政府驻地得名。洪河、金线河流经。有中学1所，小学14所，卫生院1个，卫生所33个。有幼儿园、文化站、广播站等。有名胜古迹花卉生态园、安阳蜡梅园、龙泉水库、四门券、白龙潭庙。农业以小麦、玉米、花卉苗木种植为主。有1700多年花卉栽培历史，为全国花卉之乡。有名贵品种安桂花、蜡梅、翠蓝松、荫绣球等。工业以铁合金、机械加工、煤电为主。服务业以商贸为主。京广铁路、安林高速、107国道、省道濮安线过境。

龙泉［Lóngquán］ 龙泉镇人民政府驻地。在区政府驻地文明大道街道西南12千米。人口1400。古名零泉，北周建德六年(577)为零泉县治。后因龙泉水库改今名。聚落呈团块状。有小学、卫生院、图书室、龙泉水库、零泉禅寺等。农业以小麦、玉米、花卉苗木种植为主。通多路公交车。

马投涧镇［Mǎtóujiàn Zhèn］ 龙安区辖镇。在区境南部。面积105平方千米。人口5.3万。辖44村委会，有66自然村。镇人民政府驻马投涧。1957年安阳县设马投涧乡。1958年改公社。1983年复乡。2003年划入龙安区。2013年改镇。因镇政府驻地得名。有中学2所，小学15所，卫生院1个，卫生所44个。有幼儿园、文化站等。有省级文物保护单位彰善桥、马投涧玉皇庙。农业以玉米、小麦种植为主。特产小米、大岷杏等。工业以机械设备制造为主。有香油加工业。安林高速、107国道、省道胡鹤线过境。通多路公交车。

马投涧［Mǎtóujiàn］ 马投涧镇人民政府驻地。在区政府驻地文明大道街道西南9千米。人口3000。因村南沟涧呈马头形，故名马头涧，后改今名。聚落团块状。有中小学、卫生院。有省级文物保护单位马投涧玉皇庙。农业以小麦、玉米种植为主。省道胡鹤线经此。

东风乡［Dōngfēng Xiāng］ 龙安区辖乡。在区境北部。面积48平方千米。人口5.3万。辖32村委会，有36自然村。乡人民政府驻西八里庄。1969年成立东风公社。1983年设乡。洪水河流经。有中学1所，小学13所，卫生院1个，卫生所33个。有文化站、图书室、敬老院等。农业以小麦、玉米种植为主。有樱花园、蔬菜园等。工业以包装材料、机械加工为主。安林高速、107国道、省道安鹤线、安姚公路过境。

西八里庄［Xībālǐzhuāng］ 东风乡人民政府驻地。在区政府驻地文明大道街道北2千米。人口1200。因离鼓楼西8华里而得名。聚落呈团块状。有中小学、卫生院、文化站、敬老院等。种植小麦、玉米。通多路公交车。

林州市

林州市［Línzhōu Shì］ 河南省直辖县级市，由安阳市代管。北纬36°05′，东经113°48′。在安阳市市境西部。面积2046平方千米。人口110万。辖4街道、15镇、1乡。市人民政府驻开元街道。古名隆虑，以西临隆虑山得名。西汉高帝二年(前205)置隆虑县。东汉延平元年(106)避殇帝刘隆讳，改名林虑县。金贞祐三年(1215)升置林州。元太宗七年(1235)降为县。至元四年(1267)复州，属彰德路。明洪武三年(1370)复为县。1913—1933年历属豫北道、河北道、河南省、第三行政督察区。1940年分置林北、林南2县，1946年2县合置林县。1949年属安阳专区。1969年属安阳地区。1983年属安阳市。1994年改为林州市。因古林州得名。建多条道路及产业集聚区。西为太行山区，东为低山丘陵盆地。平均海拔306米。最高峰四方垴海拔1632米。年均气温12.8℃，1月平均温度－2.5℃，7月平均温度25.8℃。年均降水量672.1毫米。淇、淅、洹、浊漳河流经。有铁、煤、白云石、石英石等矿产资源。有五龙洞国家森林公园。森林覆盖率40.8%。有省级工程技术中心1个，中学13所，小学15所，二级医院4个，体育场1个。有全国重点文物保护单位红旗渠、阳台寺双石塔、惠明寺、洪谷寺塔、千佛洞石窟，省级文物保护单位文庙、文峰塔等19个。有国家5A级旅游景区红旗渠、太行大峡谷等。三次产业比例4∶57∶39。农业以玉米、小麦种植为主。工业以冶金、机械铸造、建材生产加工为主。服务业以旅游、商贸为主。有红旗渠国家级经济开发区。省道东南、安林、合嘴、浚南、翟阳线过境。通多路公交车。

红旗渠广场［Hóngqíqú Guǎngchǎng］ 在市区中部。面积1.9公顷。1999年开工，2000年建成。以弘扬红旗渠精神命名。原为市体育场。有中心主水景、隐形喷泉区、绿荫区、儿童活动区等。绿化面积16亩，种植垂柳、小叶女贞、黄杨等。东侧有李先念题词"发扬红旗渠精神，建设社会主义新农村"纪念碑，西侧有形象墙，表达红旗渠"青年洞""分水岭""红英汇流""穿心坝"等场景。周边有宾馆、酒店。通多路公交车。

红旗渠大道［Hóngqíqú Dàdào］ 在市区北部。东起学院路，西至红旗渠观光大道。与翠薇路、龙安路、太行路、振林路、长安路等相交。长9.6千米，宽60米。沥青路面。1992年开工，1993年建成。后4次改造。2003年以弘扬红旗渠精神命名。穿过商业中心。两侧有建设大厦、京林理想城、建行、春晖广场、市政府、863科技园、市卫生局。通多路公交车。

长春大道［Chángchūn Dàdào］ 在市区北部。东起省道翟阳线，西至王相路。与学院路、翠薇路、龙安路、太行路、振林路等相交。长4.4千米，宽45米。沥青路面。1992年开工，1994年建成。后4次改造。原名站前街，2003年以吉言佳语改今名。两侧有市国土局、实验三小、市一中等。通多路公交车。

王相路［Wángxiàng Lù］ 在市区西部。南起鲁班大道，北至桃园大道。与林虑山大道、红旗渠大道、兴林街、长春大道、人民街等相交。长5.2千米，宽50米。沥青路面。2000年开工，2003年建成。2007年改造。原名西二环路，后因王相岩景区改今名。两侧有新城市花园、二级医院、市民政局等。通多路公交车。

振林路［Zhènlín Lù］ 在市区中部。南起天平大道，北至红旗渠大道。与兴林街、庙前街、人民街、向阳街、龙山街等相交。长 6.2 千米，宽 20 米。沥青路面。1983 年开工，1984 年建成。1992 年改造。原名城里大街，1989 年因抗美援朝二级战斗英雄栗振林改今名。两侧有市第二医院、市财政局、实验二小、实验六小等。通多路公交车。

林州市汽车站 [Línzhōu Shì Qìchēzhàn] 见交通运输设施部分"林州市汽车站"条。

林州市汽车客运中心 [Línzhōu Shì Qìchē Kèyùn Zhōngxīn] 见交通运输设施部分"林州市汽车客运中心"条。

开元街道 [Kāiyuán Jiēdào] 林州市人民政府驻地。在市境中部。面积 12 平方千米。人口 4.5 万。2003 年撤城关镇析设。寓意开元盛世而命名。先后改扩建红旗渠大道、太行路，建人民广场。有中学 6 所，小学 5 所，三级医院 1 个，卫生所 71 个。服务业以商贸为主，有商贸城、金融广场、地下商城等。有 4 星级酒店 1 个，3 星级酒店 1 个。通多路公交车。

振林街道 [Zhènlín Jiēdào] 属林州市。在市境中部。面积 9 平方千米。人口 4.5 万。2003 年撤城关镇析设。因抗美援朝二级战斗英雄栗振林得名。先后延伸振林路、长安路。有中学 4 所，小学 5 所，二级医院 2 个，卫生室 19 个。服务业以商贸为主，有大型商场、商业街等。通多路公交车。

桂圆街道 [Guìyuán Jiēdào] 属林州市。在市境中部。面积 12 平方千米。人口 3.6 万。2003 年撤城关镇析设。因桂圆小区得名。先后延伸红旗渠大道、学院路，改造小菜园村。有红旗渠干部管理学院。有小学 7 所，二级医院 1 个，卫生所 21 个。有幼儿园、图书馆等。服务业以商贸、旅游为主，有蔬菜、水果、粮油、肉类副食品集散贸易。通多路公交车。

龙山街道 [Lóngshān Jiēdào] 属林州市。在市境中部。面积 8 平方千米。人口 3.1 万。2003 年撤城关镇析设。因龙头山得名。先后改扩建安林公路、龙安路、桃园大道。有中学 2 所，小学 2 所，卫生室 22 个。有市烈士陵园。服务业以商贸、餐饮为主。通多路公交车。

合涧镇 [Héjiàn Zhèn] 林州市辖镇。在市境西南部。面积 134 平方千米。人口 6.4 万。辖 31 村委会，有 137 自然村。镇人民政府驻王家。1958 年成立合涧公社。1983 年设乡。1988 年改镇。因山涧溪流经此汇入淅河而得名。淅河流经。有中学 3 所，小学 17 所，卫生院 1 个，卫生所 31 个。有幼儿园、文化站、广播站、敬老院等。有全国重点文物保护单位洪谷寺塔与千佛洞石窟，省级文物保护单位洪谷寺塔林、大缘禅师摩崖石塔。有国家 3A 级旅游景区洪谷山。农业以玉米、小麦种植为主，有板栗、核桃、花椒经济林。工业以化工、铸造、机械加工、制塑、建材加工为主。省道东南、葛嘴线过境。

王家 [Wángjiā] 合涧镇人民政府驻地。在市政府驻地开元街道南 15 千米。人口 1200。因明初王氏建村而得名。聚落呈块状。有中小学、幼儿园、卫生室。农业以小麦、玉米种植为主。有红薯粉皮加工业。省道东南线经此。

北庵沟 [Běi'āngōu] 在市政府驻地开元街道西南 18 千米。合涧镇辖自然村。人口 100。因旧有尼姑庵，北有山沟而得名。聚落呈块状。有全国重点文物保护单位洪谷寺塔与千佛洞石窟。农业以玉米、小麦种植为主。通景区道路。

临淇镇 [Línqí Zhèn] 林州市辖镇。在市境南部。面积 185 平方千米。人口 8.8 万。辖 1 居委会、45 村委会，有 204 自然村。镇人民政府驻临淇。1958 年成立临淇公社。1983 年设乡。1988 年改镇。因镇政府驻地得名。淇河流经。有中学 1 所，小学 26 所，卫生院 1 个，卫生所 44 个。有幼儿园、文化站、广播站、敬老院等。农业以玉米、小麦种植为主。特产淇河鲫鱼。工业以水箱制造为主。有河南老字号岐山堂小磨香油。省道东南、浚南线过境。

临淇 [Línqí] 临淇镇人民政府驻地。在市政府驻地开元街道南 36 千米。人口 1.2 万。因东临淇河而得名。东魏曾置临淇县。聚落呈块状。有中小学、幼儿园、卫生院、淇苑广场。服务业以商贸为主。

东姚镇 [Dōngyáo Zhèn] 林州市辖镇。在市境东南部。面积 174 平方千米。人口 5.7 万。辖 39 村委会，有 94 自然村。镇人民政府驻东姚。1958 年成立东姚公社。1983 年设乡。1988 年改镇。因镇政府驻地得名。母猪河、辛庄河流经。有中学 1 所，小学 19 所，卫生院 1 个，卫生所 36 个。有白云山、尧帝避暑行宫、兴国寺、丹露台、愚公洞等名胜古迹。农业以小麦、玉米、谷子种植为主。工业以冶金、塑料加工为主。省道葛嘴、瞿阳线过境。

东姚 [Dōngyáo] 东姚镇人民政府驻地。在市政府驻地开元街道东南 30 千米。人口 4700。白云山三仙庙唐贞观二十三年(649)碑文记载："古相林邑之东五十里许有村曰姚。"故以方位命名。聚落呈块状。有中小学、幼儿园、卫生室。农业以小麦、玉米种植为主。特产小米。省道葛嘴线经此。

横水镇 [Héngshuǐ Zhèn] 林州市辖镇。在市境东部。面积 144 平方千米。人口 8.7 万。辖 50 村委会，有 67 自然村。镇人民政府驻桥东。1958 年成立横水公社。1983 年设乡。1988 年改镇。因洹河东西横贯而得名。有中学 2 所，小学 24 所，卫生院 1 个，卫生所 42 个。有文化站、广播站、敬老院等。有省级文物保护单位慈源寺、九家庄石塔。农业以玉米、小麦种植为主。特产冬凌草。工业以电解铝、机械铸造、水泥建材、白云石开发为主。安林高速、省道瞿阳线过境。

桥东 [Qiáodōng] 横水镇人民政府驻地。在市政府驻地开元街道东 10 千米。人口 900。因处洹河大桥以东而得名。聚落呈块状。洹河流经。有中小学、幼儿园、卫生室、慈善广场。农业以玉米、小麦种植为主。有集贸市场。南林、林长高速，省道大林线经此。

河顺镇 [Héshùn Zhèn] 林州市辖镇。在市境东北部。面积 114 平方千米。人口 6.6 万。辖 39 村委会，有 53 自然村。镇人民政府驻河顺。1958 年成立河顺公社。1983 年设乡。1988 年改镇。因镇政府驻地得名。有中学 2 所，小学 28 所，卫生院 1 个，卫生所 41 个。有幼儿园、文化站、广播站、敬老院等。有全国重点文物保护单位惠明寺，省级文物保护单位崇善寺石塔、河顺桥、申村冶铁遗址。农业以玉米、小麦种植为主。工业以煤机装备制造、石墨碳素加工、机械铸造、玻璃化工为主。中南、京广铁路，林长高速过境。

河顺 [Héshùn] 河顺镇人民政府驻地。在市政府驻地开元街道北 15 千米。人口 3400。因有 2 条季节性河流经，原村名魏家河，后取吉祥意改今名。聚落呈块状。有中小学、幼儿园、卫生室。有省级文物保护单位河顺桥。农业以小麦、玉米种植为主。有集贸市场。京广铁路，水王、安姚公路经此。

申村 [Shēncūn] 在市政府驻地开元街道东北 9 千米。河顺镇辖自然村。人口 3000。原名利城，意为盈利之城。唐大历三年(768)山东云州申家岗人迁此，改今名。聚落呈块状。有全国重点文物保护单位惠明寺，省级文物保护单位申村冶铁遗址。农业以小麦、玉米种植为主。安姚、陵东公路经此。

任村镇 [Réncūn Zhèn] 林州市辖镇。在市境西北部。面积 185 平方千米。人口 4.7 万。辖 33 村委会，有 108 自然村。镇人民政府驻任村。1958 年成立任村公社。1983 年设乡。1988 年改镇。因镇政府驻地得名。处晋、冀、豫 3 省交界处。浊漳河流经。有中学 1 所，小学 26 所，卫生院 1 个，卫生所 33 个。有文化站、广播站、敬老院等。为省级历史文化名镇。有全国重点文物保护单位红旗渠，省级文物保护单位昊天观、盘阳村传统民居(含法济寺)、跃进渠。农业以玉米、小麦种植为主。工业以汽车配件、发电机、煤矿机械配件制造，石英砂开采为主。离日铁路、林长高速、省道东南线过境。

任村 [Réncūn] 任村镇人民政府驻地。在市政府驻地开元街道北 25 千米。人口 6600。因元至正年间(1341—1368)任氏建村而得名。聚落呈块状。有中小学、幼儿园、卫生室。为中国传统村落。有省级文物保护单位昊天观。农业以小麦、玉米种植为主，产核桃、山楂等。有集贸市场。省道东南线经此。

姚村镇 [Yáocūn Zhèn] 林州市辖镇。在市境北部。面积 102 平方千米。人口 8.5 万。辖 48 村委会，有 95 自然村。镇人民政府驻姚村。1958 年成立姚村公社。1983 年改乡。1988 年改镇。因镇政府驻地得名。洹河流经。有中学 3 所，小学 26 所，卫生院 1 个，卫生所 37 个。有幼儿园、文化站、广播站、敬老院等。农业以玉米、小麦种植为主。工业以汽车配件制造、建筑建材、冷热带钢、玻壳原料加工、制药为主。晋豫鲁铁路、林长高速、省道东南线、安姚公路过境。2009 年被评为全国文明镇。

姚村 [Yáocūn] 姚村镇人民政府驻地。在市政府驻地开元街道北 13 千米。人口 3900。汉代为烧窑场，因姚氏居此看窑而得名。聚落呈块状。有中小学、幼儿园、卫生室。农业以小麦、玉米种植为主。工业以冶金、铸造为主。有集贸市场。省道东南线、安姚公路经此。

陵阳镇 [Língyáng Zhèn] 林州市辖镇。在市境中部偏北。面积 26 平方千米。人口 2.9 万。辖 2 居委会、20 村委会，有 21 自然村。镇人民政府驻北陵阳。1993 年由河顺、姚村 2 镇析设。因陵阳河得名。洹河流经。有中学 1 所，小学 6 所，卫生所 22 个。有幼儿园、广播站、敬老院。农业以玉米、小麦种植为主。工业以铸造、装备制造、机械加工为主。有红旗渠国家级经济技术开发区。京广铁路，新河、安林、安姚公路过境。

北陵阳 [Běilíngyáng] 陵阳镇人民政府驻地。在市政府驻地开元街道北 10 千米。人口 4000。处陵阳河北而得名。聚落呈团块状。有中小学、幼儿园、卫生所、七一广场。工业以特钢制造、铸造为主。有红旗渠国家级经济技术开发区。省道陵平线经此。

原康镇 [Yuánkāng Zhèn] 林州市辖镇。在市境西南部。面积 137 平方千米。人口 3.9 万。辖 36 村委会，有 215 自然村。镇人民政府驻原康。1958 年成立原康公社。1983 年设乡。1988 年改镇。因镇政府驻地得名。淅河流经。有中学 1 所，小学 10 所，卫生院 1 个，卫生所 36 个。有文化站、广播站、敬老院。农业以玉米、小麦种植为主，产黄芩、柴胡、血参、桔梗等中药材。工业以玻璃化工、机械制造为主。为豫北玻璃制品生产基地。省道东南线过境。

原康 [Yuánkāng] 原康镇人民政府驻地。在市政府驻地开元街道南 20 千米。人口 2300。五代后晋开运二年(945)建村，因处小平原，西临康王泉而得名。聚落呈块状。有中小学、幼儿园、卫生室。农业以小麦、玉米、大豆种植为主。工业以玻璃化工为主。有集贸市场。省道东南线经此。

五龙镇［Wǔlóng Zhèn］ 林州市辖镇。在市境东南部。面积193平方千米。人口6.2万。辖25村委会，有116自然村。镇人民政府驻西蒋。1958年成立泽下公社。1983年改乡。1996年改置五龙镇。因五龙洞国家森林公园得名。淇河流经。有中学3所，小学23所，卫生院1个，卫生所25个。有文化站、广播站、敬老院。有全国重点文物保护单位阳台寺双石塔，省级文物保护单位刘氏庄园、城峪故城。农业以玉米、小麦种植为主。工业以锅炉制造、白酒酿造、建材加工、制衣为主。鹤辉高速，省道翟阳、浚南线过境。

西蒋［Xījiǎng］ 五龙镇人民政府驻地。在市政府驻地开元街道南50千米。人口2600。隋末高士达筑城于现五龙镇，窦建德将军城西驻防，取名西将。后起义失败，窦建德率部逃往河北，西将驻地荒芜，故以"将上长草"命名西蒋。聚落呈块状。有中小学、幼儿园、卫生室。农业以小麦、玉米种植为主。有集贸市场。省道翟阳线经此。

岭后［Lǐnghòu］ 在市政府驻地开元街道东南34千米。五龙镇辖自然村。人口2700。原因处杨村东而名东杨。清嘉庆年间（1796—1820）因处山岭后而改今名。聚落呈块状。有全国重点文物保护单位阳台寺双石塔。农业以小麦、玉米种植为主。陈大公路经此。

采桑镇［Cǎisāng Zhèn］ 林州市辖镇。在市境中部偏南。面积85平方千米。人口5.2万。辖28村委会，有43自然村。镇人民政府驻南采桑。1958年成立采桑公社。1983年设乡。1996年改镇。因镇政府驻地得名。有中学1所，小学6所，卫生院1个，卫生所28个。有文化站、广播站、敬老院等。工业以建筑业为主，有特级建筑企业2个，一级3个，二级5个。为全国建筑之乡。省道翟阳线过境。

南采桑［Náncǎisāng］ 采桑镇人民政府驻地。在市政府驻地开元街道东南13千米。人口4600。战国时期桑树成林，以采桑养蚕得名。后分置2村，此地处南而称南采桑。聚落呈块状。有中小学、幼儿园、卫生室。农业以小麦、玉米种植为主。有集贸市场。省道翟阳线经此。

东岗镇［Dōnggǎng Zhèn］ 林州市辖镇。在市境东北部。面积133平方千米。人口4.6万。辖25村委会，有33自然村。镇人民政府驻东岗。1958年成立东岗公社。1983年设乡。1996年改镇。因镇政府驻地得名。有中学2所，小学23所，卫生院1个，卫生所36个。有文化站、广播站、敬老院等。有省级文物保护单位双龙寺摩崖造像及双石塔、正阳集冶铁遗址。农业以小麦、玉米种植为主，特产核桃、柿子、花椒、黄杏。林清、河东、陵东、东杨公路过境。

东岗［Dōnggǎng］ 东岗镇人民政府驻地。在市政府驻地开元街道东北27千米。人口3600。因处东部岗地得名。聚落呈块状。有中小学、幼儿园、卫生室、文化广场。农业以玉米、小麦种植为主，特产核桃、花椒、柿子、花生。林清、河东公路经此。

桂林镇［Guìlín Zhèn］ 林州市辖镇。在市境中部偏南。面积92平方千米。人口4.1万。辖33村委会，有69自然村。镇人民政府驻桂林。1958年成立小店公社。1983年设乡。1998年改置桂林镇。因镇政府驻地得名。浙河流经。有中学1所，小学33所，卫生院1个，卫生所33个。有幼儿园、文化站、敬老院等。有古迹圆通寺、龙泉寺、望仙桥、佛岭古塔。农业以玉米、小麦种植为主。工业以机械制造、化工、碳素加工为主。省道葛嘴线过境。

桂林［Guìlín］ 桂林镇人民政府驻地。在市政府驻地开元街到东南17千米。人口1300。明万历年间（1573—1619）三井村韩氏开设茶水小店并建村，因周皆土岭，且形似柜而得名柜岭，后以谐音改今名。聚落呈块状。有中小学、幼儿园、卫生室。农业以小麦、玉米种植为主。特产晚秋黄梨。有集贸市场。省道葛嘴线经此。

茶店镇［Chádiàn Zhèn］ 林州市辖镇。在市境南部。面积96平方千米。人口3.5万。辖23村委会，有101自然村。镇人民政府驻茶店。1958年成立茶店公社。1983年设乡。2014年改镇。因镇政府驻地得名。有中学1所，小学18所，卫生院1个，卫生所23个。农业以玉米、小麦种植为主。特产太行菊。有乡村旅游业。省道东南线、林新公路过境。

茶店［Chádiàn］ 茶店镇人民政府驻地。在市政府驻地开元街道南30千米。人口800。因元代李氏设茶水店而得名。聚落呈块状。有中小学、幼儿园、卫生院、文化广场。农业以小麦、玉米、谷子种植为主。特产核桃、花椒、柿子、杭白菊。林新公路经此。

石板岩镇［Shíbǎnyán Zhèn］ 林州市辖镇。在市境西北部。面积89平方千米。人口0.9万。辖17村委会，有218自然村。镇人民政府驻石板岩。1958年成立石板岩公社。1983年设乡。2014年改镇。因镇政府驻地得名。露水河流经。有中学1所，小学4所，卫生院1个，卫生所17个。有文化站、广播站、敬老院、国际滑翔基地、谷文昌故居、扁担精神纪念馆等。有省级非物质文化遗产花棍舞。有国家4A级旅游景区太行大峡谷。农业以玉米、小麦种植为主。特产花椒。服务业以旅游为主。林石、任石公路过境。

石板岩［Shíbǎnyán］ 石板岩镇人民政府驻地。在市政府驻地开元街道西22千米。人口600。清同治十年（1871）魏氏建村，因有天然石板岩得名。聚落呈块状。有中小学、幼儿园、卫生室。有名胜桃花谷。农业以玉米、小麦种植为主。有游客中心。林石公路经此。

朝阳［Cháoyáng］ 在市政府驻地开元街道西北13千米。石板岩镇辖自然村。人口100。明嘉靖元年（1522）申姓建村，因坐北朝南，背风向阳而得名。聚落呈块状。为中国传统村落。处太行大峡谷景区内，为中国文联书画中心、太行山水中国画协会及众多美术院校写生基地。农业以玉米、小麦种植为主。特产核桃、花椒。有农家乐旅游。太行天路经此。

漏子头［Lòuzitóu］ 在市政府驻地开元街道西北17千米。石板岩镇辖自然村。人口100。位于险道上头，行至险处需爬行通过，乡人习称此路段为漏子而得名。聚落呈线状。为中国传统村落。有清代特色民居79间。有卫生室。有国家3A级旅游景区太行屋脊。农业以小麦、玉米、血参、桔梗、花椒、核桃种植为主。车漏公路经此。

草庙［Cǎomiào］ 在市政府驻地开元街道西北12千米。石板岩镇辖自然村。人口100。因旧有黄贝草覆顶的奶奶庙，俗称草庙而得名。聚落呈块状。为中国传统村落。有省级非物质文化遗产花棍舞。服务业以旅游为主。石高公路经此。

梨园坪［Líyuánpíng］ 在市政府驻地开元街道西北15千米。石板岩镇辖自然村。人口300。因有古殿宇而称殿园坪。后以梨树成园改今名。聚落呈块状。为中国传统村落。有古庙、碑刻等。农业以玉米、小麦种植为主，兼种党参、山果。特产山楂、花椒、核桃等。有山楂制品加工业。沟上公路经此。

南湾［Nánwān］ 在市政府驻地开元街道西北15千米。石板岩镇辖自然村。人口300。因露水河东北绕弯流经而得名。聚落呈块状。为中国传统村落。有谷文昌故居，有省级非物质文化遗产花棍舞。任石公路经此。

城郊乡［Chéngjiāo Xiāng］ 林州市辖乡。在市境中部。面积146平方千米。人口10万。辖43村委会，有195自然村。乡人民政府驻仓口社区。1988年由城关乡析设。因处市郊区得名。有中学1所，小学11所，二级医院1个，卫生所29个。有省级文物保护单位黄华塔林。有名胜天平山、黄华山。农业以玉米、小麦种植为主。工业以化工、铸造、机械加工、建材为主。有国家863科技孵化园。通多路公交车。

仓口社区［Cāngkǒu Shèqū］ 城郊乡人民政府驻地。在市境中部。面积1平方千米。人口6000。因仓口街得名。2002年成立。民居以6层以上住宅楼为主。有老年日间照料中心、志愿服务站、儿童活动室、文体活动室。市财政局驻此。有小学、卫生所。通多路公交车。

安阳县

安阳县［Ānyáng Xiàn］ 安阳市辖县。北纬36°07′，东经114°07′。在市境北部。面积1141平方千米。人口93.3万。辖13镇、7乡。县人民政府驻北关区灯塔路街道。春秋称戏阳，战国名安阳。秦置安阳县，治安阳城，属邯郸郡。汉初废。西晋复县，属魏郡。北魏废。隋开皇十年（590）复置，属相州。唐初先后省零泉、相县入安阳。宋属彰德军。金属彰德府。元至元六年（1269）省辅岩县入安阳，属彰德路。明、清属彰德府，为府治。1913—1933年历属豫北道、河北道、河南省、第三行政督察区。1947年邺、彰南2县析出。1949年安阳市析出。1954年邺县并入。1952年属安阳专区。1959年属安阳市。1969年属安阳地区。1983年属安阳市。以安定、兴旺得名。西为低山丘陵区，东为冲积平原，东南为洼地。平均海拔70米。最高点沙帽垴海拔674米，最低点广润坡海拔54.5米。年均气温13.6℃，1月平均气温－1.8℃，7月平均气温26.9℃。年均降水量606.1毫米。洹、汤2河流经。有铁、煤、锰、铝等矿产资源。森林覆盖率25%。有省级工程技术研究中心1个，中专3所，高中6所，初中60所，小学297所，文化馆3个，文艺团体3个。有全国重点文物保护单位小南海石窟、灵泉寺石窟、安阳高陵、西蒋村马氏庄园等6个，省级文物保护单位大寒遗址、永和桥、安阳县抗日民主政府旧址、渔洋村遗址等8个。有国家级非物质文化遗产淮调，省级非物质文化遗产苏奇灯笼画、孟村九曲黄河灯展会、曲沟抬阁。三次产业比例10∶57∶33。农业以小麦、玉米、棉花、油菜种植为主，产小杂粮、蔬菜、食用菌。工业以钢铁冶炼、煤焦化工、水泥建材、铁合金、机械装备制造为主。服务业以商贸为主。京广铁路，石武高铁，京港澳高速，107国道，安林、安大公路过境。有安阳东站。

安阳东站［Ānyángdōng Zhàn］ 见交通运输设施部分"安阳东站"条。

水冶镇［Shuǐyě Zhèn］ 安阳县辖镇。在县境西部。面积91平方千米。人口13万。辖18居委会、41村委会，有50自然村。镇人民政府驻水冶。1951年设水冶镇。1959年改公社。1987年复镇。2014年蒋村乡并入。因镇政府驻地得名。粉红江、珠泉河流经。有中学7所，小学29所，卫生院2个，卫生所92个。有全国重点文物保护单位、国家4A级旅游景区西蒋村马氏庄园。农业以小麦、玉米种植为主。工业以钢铁、水泥、耐温材料、铸造为主。省道东大线、安林公路过境。

水冶［Shuǐyě］ 水冶镇人民政府驻地。在县政府驻地灯塔路街道西 22 千米。人口 3.5 万。为古冶铁地，原名牟口冶，北魏时用水力鼓风冶铁，改今名。聚落呈团块状。珠泉河流经。有珍珠泉。有中小学、幼儿园、卫生所、文化广场。农业以小麦、玉米种植为主。工业以冶金、煤炭开采、水泥、化工、食品加工为主。有集贸市场。省道东大线、安林公路经此。

西蒋村［Xījiǎngcūn］ 在县政府驻地灯塔路街道西 22 千米。水冶镇辖自然村。人口 4400。唐代前名朗将隅。元称将村。明《续彰德府志》载有蒋村。后蒋村东边独立出一村为东蒋村，原蒋村改称西蒋村。聚落呈团块状。珠泉河流经。有全国重点文物保护单位、国家 4A 级旅游景区西蒋村马氏庄园。农业以小麦、玉米种植为主。工业以钢铁铸造为主。有集贸市场。安林公路经此。

铜冶镇［Tóngyě Zhèn］ 安阳县辖镇。在县境西北部。面积 54 平方千米。人口 3.5 万。辖 26 村委会，有 22 自然村。镇人民政府驻南铜冶。1958 年成立铜冶公社。1983 年设乡。1987 年改镇。因镇政府驻地得名。粉红江流经。有中学 2 所，小学 13 所，卫生院 1 个，卫生所 38 个。农业以小麦、玉米、棉花种植为主。特产苹果、柿子、花椒等。工业以煤化工、铸造、机械加工为主。省道东大线过境。

南铜冶［Nántóngyě］ 铜冶镇人民政府驻地。在县政府驻地灯塔路街道西北 30 千米。人口 2200。传古有铜铁冶炼处，因村居其南而得名。聚落呈团块状。有中小学、幼儿园、卫生室、文化广场。农业以小麦、玉米种植为主。有集贸市场。省道东大线经此。通多路公交车。

善应镇［Shànyìng Zhèn］ 安阳县辖镇。在县境西南部。面积 68 平方千米。人口 3 万。辖 23 村委会，有 34 自然村。镇人民政府驻北善应。1958 年成立天喜镇公社。1982 年改善应公社。1983 年设乡。1987 年改镇。因镇政府驻地得名。洹河流经。有中学 2 所，小学 13 所，卫生院 1 个，卫生所 22 个。有文化站、敬老院等。有全国重点文物保护单位灵泉寺石窟、小南海石窟，省级文物保护单位小南海原始人洞穴遗址、楼上坡瓷窑遗址。农业以小麦、玉米种植为主。特产南海咸鸭蛋。工业以煤炭开采、建筑建材为主。省道东大线过境。

北善应［Běishànyìng］ 善应镇人民政府驻地。在县政府驻地灯塔路街道西 22 千米。人口 3200。洹水经林州横水镇潜入地下，流至安阳西南 60 余里喷涌而出。古人以"逢横而入，逢善而出"而称善应。又以地处洹河北岸而称今名。聚落呈团块状。有小南海水库。有中小学、幼儿园、卫生室、文化广场。农业以小麦、玉米种植为主。有集贸市场。省道东大线经此。通多路公交车。

南平［Nánpíng］ 在县政府驻地灯塔路街道西 26 千米。善应镇辖自然村。人口 4100。因三面靠山，南面较平而得名。聚落呈团块状。有幼儿园、卫生室等。有全国重点文物保护单位灵泉寺石窟。有景点万佛沟。农业以小麦、玉米、谷子、蔬菜种植为主。县道天交线经此。

装货口［Zhuānghuòkǒu］ 在县政府驻地灯塔路街道西南 37 千米。善应镇辖自然村。人口 200。因地处小南海西，河面宽阔，适宜船只装卸货物而得名。聚落呈团块状。有全国重点文物保护单位小南海石窟。有集贸市场。南海大道经此。

柏庄镇［Bǎizhuāng Zhèn］ 安阳县辖镇。在县境中部偏北。面积 42 平方千米。人口 3.7 万。辖 38 村委会，有 39 自然村。镇人民政府驻南王庄。1957 年设辛店乡。1958 年改公社。1983 年复乡。1995 年改置柏庄镇。因柏庄市场得名。有中学 2 所，小学 8 所，卫生院 1 个，卫生所 35 个。农业以小麦、玉米种植为主。工业以纺织、制衣、内衣加工为主。京港澳高速、107 国道过境。有安阳汽车北站。

南王庄［Nánwángzhuāng］ 柏庄镇人民政府驻地。在县政府驻地灯塔路街道北 10 千米。人口 1000。传明初王姓自山西洪洞迁此，后繁衍成村，因居辛店集南而得名。聚落呈团块状。有中小学、幼儿园、卫生室、文化广场。农业以小麦、玉米种植为主。有集贸市场。

白璧镇［Báibì Zhèn］ 安阳县辖镇。在县境东部。面积 66 平方千米。人口 7.5 万。辖 37 村委会，有 58 自然村。镇人民政府驻白璧集。1955 年设白璧区。1957 年改乡。1958 年改公社。1983 年复乡。1987 年改镇。因镇政府驻地得名。洹河流经。有中学 4 所，小学 19 所，卫生院 1 个，卫生所 37 个。有文化站、敬老院等。有省级文物保护单位大寒遗址。农业以小麦、玉米、棉花种植为主。有中国农科院棉花研究所基地。工业以化工、铸造、制塑为主。石武高铁、京珠高速、省道安楚线过境。有安阳东站。

白璧集［Báibìjí］ 白璧镇人民政府驻地。在县政府驻地灯塔路街道东 12 千米。人口 1300。传古有白玉堂庙，墙壁白色，故称白壁。清代雅称白璧，后成集，改今名。聚落呈团块状。有中小学、幼儿园、卫生室、文化广场。农业以玉米、小麦种植为主。有集贸市场。安大公路经此。

曲沟镇［Qūgōu Zhèn］ 安阳县辖镇。在县境中部。面积 30 平方千米。人口 5.1 万。辖 17 村委会，有 17 自然村。镇人民政府驻曲沟。1955 年设曲沟区。1957 年改乡。1958 年改公社。1983 年复乡。1995 年改镇。因镇政府驻地得名。金线河流经。有中学 2 所，小学 11 所，卫生院 1 个，卫生所 18 个。有文化站、敬老院等。有省级非物质文化遗产曲沟抬阁。农业以小麦、玉米种植为主。工业以铁合金加工为主。为华北地区铁合金集散地。安林高速过境。

曲沟［Qǔgōu］ 曲沟镇人民政府驻地。在县政府驻地灯塔路街道西 13 千米。人口 4400。原名干戈沟，后觉不雅，因多弯曲沟渠而改今名。聚落呈团块状。有中小学、幼儿园、卫生室、文化广场。农业以玉米、小麦种植为主。有集贸市场。

吕村镇［Lǚcūn Zhèn］ 安阳县辖镇。在县境东部。面积 62 平方千米。人口 7.6 万。辖 40 村委会，有 67 自然村。镇人民政府驻李寨。1957 年设吕村乡。1958 年改公社。1983 年复乡。1997 年改镇。因镇政府原驻地吕村集得名。2004 年镇政府迁李寨。洹河流经。有中学 2 所，小学 25 所，卫生院 1 个，卫生所 40 个。有文化站、敬老院等。有省级非物质文化遗产吕村战鼓。农业以玉米、小麦种植为主。工业以制衣、建材、食品加工为主。有商品集散贸易。省道安楚线过境。

李寨［Lǐzhài］ 吕村镇人民政府驻地。在县政府驻地灯塔路街道东 24 千米。人口 2000。传早年李姓迁此，以栅为门，称栅子。后成村寨，因李姓居多而改今名。聚落呈团块状。有中小学、幼儿园、卫生室、文化广场。农业以玉米、小麦种植为主。有集贸市场。省道安楚线经此。

伦掌镇［Lúnzhǎng Zhèn］ 安阳县辖镇。在县境西北部。面积 67 平方千米。人口 3.8 万。辖 23 村委会，有 23 自然村。镇人民政府驻伦掌。1958 年成立伦掌公社。1983 年设乡。2009 年改镇。因镇政府驻地得名。有中学 4 所，小学 12 所，卫生院 1 个，卫生所 40 个。有文化站、敬老院等。有康王坟遗址、香山古寺、唐代古塔。农业以小麦、玉米种植为主。工业以煤炭开采、铸造、机械加工、建材为主。县道狄清线过境。

伦掌［Lúnzhǎng］ 伦掌镇人民政府驻地。在县政府驻地灯塔路街道西北 25 千米。人口 3100。处卧龙岗下，形似龙爪，得名龙掌，后以谐音改今名。聚落呈团块状。有中小学、幼儿园、卫生室、文化广场。农业以玉米、小麦种植为主。有集贸市场。

崔家桥镇［Cuījiāqiáo Zhèn］ 安阳县辖镇。在县境东部。面积 55 平方千米。人口 5.6 万。辖 44 村委会，有 64 自然村。镇人民政府驻崔家桥。1955 年设崔家桥区。1958 年设乡，同年改公社。1983 年复乡。2009 年改镇。因镇政府驻地得名。洹河流经。有中学 3 所，小学 19 所，卫生院 1 个，卫生所 44 个。有文化站、敬老院等。农业以小麦、玉米种植为主。工业以汽车配件、钢材加工为主。有芝麻糖加工业。石武高铁、省道施北线过境。

崔家桥［Cuījiāqiáo］ 崔家桥镇人民政府驻地。在县政府驻地灯塔路街道东北 11 千米。人口 2600。传因庙顶有三垄瓦而得名三垄瓦村。后崔姓建桥，名崔家桥，以桥名村。聚落呈团块状。有中小学、幼儿园、卫生室、文化广场。农业以小麦、玉米种植为主。有集贸市场。

辛村镇［Xīncūn Zhèn］ 安阳县辖镇。在县境东南部。面积 71 平方千米。人口 7.4 万。辖 43 村委会，有 50 自然村。镇人民政府驻南辛村。1957 年设辛村乡。1958 年改公社。1983 年复乡。2010 年改镇。因镇政府驻地得名。洹河、汤河流经。有中学 3 所，小学 29 所，卫生院 1 个，卫生所 43 个。有文化站、敬老院等。农业以小麦、玉米种植为主。有食用菌种植合作社。工业以家具、木器、食品、建材加工为主。安南高速过境。

南辛村［Nánxīncūn］ 辛村镇人民政府驻地。在县政府驻地灯塔路街道东南 28 千米。人口 3800。因处洹河南岸，与辛村集隔河相望而得名。聚落呈团块状。有中小学、幼儿园、卫生室、文化广场。农业以玉米、小麦种植为主。工业以电子、家具、木器加工为主。有集贸市场。

韩陵镇［Hánlíng Zhèn］ 安阳县辖镇。在县境中部。面积 35 平方千米。人口 3.2 万。辖 18 村委会，有 27 自然村。镇人民政府驻东梁贡。1957 年设王宁乡。1958 年改公社。1982 年因韩陵山更名韩陵公社。1983 年设乡。2011 年改镇。有中学 1 所，小学 11 所，卫生院 1 个，卫生所 18 个。有幼儿园、文化站、敬老院等。农业以小麦、玉米种植为主，产花籽山药、甜玉米、食用菌、中药材、小杂果等。工业以食品加工、装备制造为主。狄安公路过境。

东梁贡［Dōngliánggòng］ 韩陵镇人民政府驻地。在县政府驻地灯塔路街道东北 8 千米。人口 2000。传原有梁姓贡生，时人敬称梁公，后以此为村名。宋称梁公，清代讹为梁贡。民国时期因位于西梁贡之东而称东梁贡。聚落呈团块状。有中小学、幼儿园、卫生室、文化广场。农业以玉米、小麦种植为主。有集贸市场。

永和镇［Yǒnghé Zhèn］ 安阳县辖镇。在县境东部。面积 48 平方千米。人口 5.2 万。辖 40 村委会，有 49 自然村。镇人民政府驻永和。宋熙宁七年（1074）废永和县为镇。1957

年设永和乡。1958 年改公社。1983 年复乡。2013 年改镇。因镇政府驻地得名。洹河流经。有中学 2 所,小学 17 所,卫生院 1 个,卫生所 40 个。有幼儿园、文化站、敬老院等。有省级文物保护单位永和桥。农业以小麦、玉米种植为主。工业以化工、食品加工、内衣加工、建材为主。有物资交流大会。安大公路过境。

永和［Yǒnghé］ 永和镇人民政府驻地。在县政府驻地灯塔路街道东 18 千米。人口 5100。历为长乐、尧城、长平、永定县治所。宋天圣七年(1029)永定县避真宗永定陵讳改名永和县,意为永远谦让和谐。后为村名。聚落呈团块状。有中小学、幼儿园、卫生室、文化广场。有省级文物保护单位永和桥。农业以小麦、玉米种植为主。有集贸市场。

都里镇［Dūlǐ Zhèn］ 安阳县辖镇。在县境西北部。面积 87 平方千米。人口 2.2 万。辖 15 村委会,有 29 自然村。镇人民政府驻都里。1957 年设都里乡。1958 年改公社。1983 年复乡。2013 年改镇。因镇政府驻地得名。漳河流经。有中学 3 所,小学 5 所,卫生院 1 个,卫生所 24 个。有幼儿园、文化站、敬老院等。有省级文物保护单位跃进渠。农业以小麦、玉米种植为主。特产大红袍花椒。工业以铁矿开采为主。县道狄清线过境。

都里［Dūlǐ］ 都里镇人民政府驻地。在县政府驻地灯塔路街道西北 35 千米。人口 5000。因传隋末刘武周举兵反叛,建都于此而得名。聚落呈团块状。有中小学、幼儿园、卫生室、文化广场。农业以玉米、小麦种植为主。有集贸市场。

磊口乡［Lěikǒu Xiāng］ 安阳县辖乡。在县境西部。面积 60 平方千米。人口 2.3 万。辖 16 村委会,有 19 自然村。乡人民政府驻北磊口。1957 年设磊口乡。后改公社。1983 年复乡。因乡政府驻地得名。粉红江流经。有中学 3 所,小学 10 所,卫生院 1 个,卫生所 30 个。有幼儿园、文化站、敬老院等。有全国重点文物保护单位修定寺塔,省级文物保护单位安阳县抗日民主政府旧址。农业以小麦、玉米种植为主。特产柿子、核桃。工业以矿产开采、建材、化工为主。安林铁路支线、省道东大线过境。

北磊口［Běilěikǒu］ 磊口乡人民政府驻地。在县政府驻地灯塔路街道西 32 千米。人口 2100。汉末名兰口,宋名逻口,清初改名磊口,意为石头很多。后分 4 村,此村居北,得今名。聚落呈团块状。有中小学、幼儿园、卫生室、文化广场。农业以小麦、玉米种植为主。有集贸市场。石林铁路、安姚公路经此。

清凉山［Qīngliángshān］ 在县政府驻地灯塔路街道西北 34 千米。磊口乡辖自然村。人口 1200。因山得名。聚落呈团块状。有全国重点文物保护单位修定寺塔。有古迹清凉寺。农业以玉米、小麦种植为主。

许家沟乡［Xǔjiāgōu Xiāng］ 安阳县辖乡。在县境西部。面积 58 平方千米。人口 4 万。辖 20 村委会,有 21 自然村。乡人民政府驻相村。1957 年设许家沟乡。1958 年改公社。1983 年复乡。因明洪武年间(1368—1398)许氏迁居土沟旁而得名。有中学 3 所,小学 12 所,卫生院 1 个,卫生所 60 个。有幼儿园、文化站、敬老院等。农业以小麦、玉米种植为主。工业以煤炭加工、水泥、化工为主。有柿产品加工业。安林公路过境。

相村［Xiāngcūn］ 许家沟人民政府驻地。在县政府驻地灯塔路街道西 23 千米。人口 1200。民国《续安阳县志》载:"相村,在水冶西南,战国时蔺相如故里。"聚落呈团块状。有中小学、幼儿园、卫生室、文化广场。农业以玉米、小麦种植为主。有集贸市场。安林公路经此。

马家乡［Mǎjiā Xiāng］ 安阳县辖乡。在县境西南部。面积 62 平方千米。人口 3 万。辖 22 村委会,有 28 自然村。乡人民政府驻马家。1958 年成立交口公社。1959 年改名马家公社。1983 年设乡。因乡政府驻地得名。有中学 2 所,小学 7 所,卫生院 1 个,卫生所 22 个。有幼儿园、文化站、敬老院等。有全国重点文物保护单位兴阳禅寺塔。农业以小麦、玉米种植为主,产核桃、花椒。工业以建材、机械加工、汽车配件制造为主。安林高速、安林公路过境。

马家［Mǎjiā］ 马家乡人民政府驻地。在县政府驻地灯塔路街道西 30 千米。人口 1100。清乾隆三年(1738)《安阳县志》载,原为南齐村,后明马姓移民增多而改今名。聚落呈团块状。有中小学、幼儿园、卫生室、文化广场。农业以玉米、小麦、油菜种植为主。有集贸市场。安林高速、安林公路经此。

安丰乡［Ānfēng Xiāng］ 安阳县辖乡。在县境北部。面积 86 平方千米。人口 6.4 万。辖 42 村委会,有 43 自然村。乡人民政府驻北张家庄。1958 年成立邵家屯公社。1966 年取安阳棉花丰收之意改名安丰公社。1983 年设乡。有中学 3 所,小学 18 所,卫生院 1 个,卫生所 80 个。有幼儿园、文化站、敬老院等。有全国重点文物保护单位安阳高陵。有古迹西门大夫庙记碑、西门豹渠闸门沟遗址。农业以棉花种植为主。有化工、机械修配、耐火材料加工业。京广铁路、107 国道、省道胶海线、安峰公路过境。

北张家庄［Běizhāngjiāzhuāng］ 安丰乡人民政府驻地。在县政府驻地灯塔路街道北 15 千米。人口 1200。传明初张姓自山西洪洞迁此,称张家庄。后分南、北 2 村,因此处居北称今名。聚落呈团块状。有中小学、幼儿园、卫生室、文化广场。农业以玉米、小麦种植为主。有集贸市场。县道狄清线经此。

西高穴［Xīgāoxué］ 在县政府驻地灯塔路街道北 18 千米。安丰乡辖自然村。人口 2400。传建村于古漳水环绕的台地上且多墓穴,得名高穴。后分东、西 2 村,因此处居西得今名。清代及民国时曾称西高榭。聚落呈团块状。有幼儿园、卫生室、图书室等。有全国重点文物保护单位安阳高陵。农业以玉米、小麦种植为主。高陵路经此。

渔洋［Yúyáng］ 在县政府驻地灯塔路街道北 19 千米。安丰乡辖自然村。人口 3500。传三国时为养鱼、牧羊处,故名鱼羊。清乾隆年间(1736—1795)改今名。聚落呈块状。为中国传统村落。有省级文物保护单位渔洋村遗址。农业以玉米、小麦种植为主。省道胶海线经此。

洪河屯乡［Hónghétún Xiāng］ 安阳县辖乡。在县境北部。面积 52 平方千米。人口 4 万。辖 33 村委会,有 32 自然村。乡人民政府驻洪河屯。1955 年设洪河屯区。1957 年设乡。1958 年改公社。1983 年复乡。因乡政府驻地得名。洹河流经。有南水北调工程。有中学 3 所,小学 11 所,卫生院 1 个,卫生所 38 个。有幼儿园、文化站、敬老院等。有古迹赵简王墓、彪涧桥、御桥、兴龙寺、玄武庙、三新寺等。农业以小麦、玉米、棉花种植为主。工业以纺织、内衣加工、锻造为主。京广铁路、107 国道过境。

洪河屯［Hónghétún］ 洪河屯乡人民政府驻地。在县政府驻地灯塔路街道北 11 千米。人口 5000。明初屯田于横河边,得名横河屯,后谐音成今名。聚落呈团块状。有中小学、幼儿园、卫生室、文化广场。农业以玉米、小麦种植为主。有集贸市场。京广铁路,县道狄清线,安姚、洪积、翟曲公路经此。

瓦店乡［Wǎdiàn Xiāng］ 安阳县辖乡。在县境东部。面积 58 平方千米。人口 5.1 万。辖 30 村委会,有 31 自然村。乡人民政府驻瓦店集。1957 年设瓦店乡。1958 年改公社。1983 年复乡。因乡政府驻地得名。洹河、汤河、羑河流经。有广润陂滞洪区。有中学 2 所,小学 17 所,卫生院 1 个,卫生所 30 个。有幼儿园、文化站、敬老院等。农业以小麦、玉米、红薯种植为主。工业以机械、食品、建材加工为主。有建筑业。省道濮封线过境。

瓦店集［Wǎdiànjí］ 瓦店乡人民政府驻地。在县政府驻地灯塔路街道东南 19 千米。人口 3500。造瓦技艺高超。后因洹水流经,往来商客众多,渐成码头,多店铺,成集镇而得名。聚落呈团块状。有中小学、幼儿园、卫生室、文化广场。农业以玉米、小麦种植为主。有集贸市场。

北郭乡［Běiguōxiāng］ 安阳县辖乡。在县境东部。面积 52 平方千米。人口 5.2 万。辖 26 村委会,有 33 自然村。乡人民政府驻杨北郭。1957 年设北郭乡。1958 年并入吕村公社。1977 年析设北郭公社。1983 年改乡。因乡政府驻地得名。有中学 1 所,小学 19 所,卫生院 1 个,卫生所 24 个。有幼儿园、文化站、敬老院等。农业以小麦、玉米、食用菌种植为主。工业以食品、建材、塑料制品加工为主。省道范红线过境。

杨北郭［Yángběiguō］ 北郭乡人民政府驻地。在县政府驻地灯塔路街道东 32 千米。人口 1200。《水经注·淇水》载:"白沟自县(内黄)北,经戏阳城东,谓之'羛阳郭'。"北宋《相台志》载有北郭、南郭。清乾隆年间《安阳县志》载有北郭村。此村杨姓居多,故名杨北郭。1949 年后杨北郭、雷北郭合并成立杨北郭村。聚落呈团块状。有中小学、幼儿园、卫生室、文化广场。农业以玉米、小麦种植为主。有集贸市场。

汤阴县

汤阴县［Tāngyīn Xiàn］ 安阳市辖县。北纬 35°55′,东经 114°21′。在市境南部。面积 646 平方千米。人口 50.1 万。以汉族为主,还有回、苗、满、壮、土家等民族。辖 9 镇、1 乡。县人民政府驻城关镇。战国魏为荡阴邑。因处荡水之南得名。西汉置荡阴县。隋开皇六年(586)置汤阴县,治今城关镇古贤村,属汲郡。十年(590)并入安阳县。十六年(596)置荡源县。大业二年(606)省入安阳县。唐武德四年(621)置汤源县。贞观六年(632)复名汤阴县,治迁今址,属相州。宋宣和初属浚州,旋属相州,后属彰德路。明、清属彰德府。1913—1933 年历属豫北道、河北道、河南省、第三行政督察区。1949 年属安阳专区。1958 年属新乡专区。1961 年复属安阳专区。1969 年属安阳地区。1983 年属安阳市。地处太行山低山丘陵和山前倾斜平原区。西部山丘,东部平坦,间有洼地。海拔 53—100 米。年均气温 13.7℃,1 月平均气温 -1.2℃,7 月平均气温 26.7℃。年均降水量 587 毫米。汤、羑、永通河流经。有汤河国家湿地公园。森林覆盖率 25%。有省级工程技术研究中心 1 个,高中 2 所,职高 1 所,初中 23 所,小学 143 所,特殊教学校 1 所,二级医院 2 个,文化馆、图书馆、档案馆各 1 个,剧院 2 个。有全国重点文物保护单位岳飞庙、羑里城遗址、白营遗址,省级文物保护单位邶城遗址、汤阴文庙大成殿、扁鹊庙等 15 个,省级爱国主义教育基地 1 个。有国家级非物质文化遗产菜经纬舞,省级非物质文化遗产周易文化、岳飞传说、汤阴剪纸。为省级历史文化名城。三次产业比例16∶56∶28。农业以玉米、小麦种植，肉鸡、猪养殖为主，产棉花、食用菌、蔬菜。有省级无公害农产品瓦岗小杂粮、永达肉鸡、韩庄金针菇等11个。工业以食品、医药、钢铁、机械工业为主。有食品、冶金建材、生物医药、装备制造、纺织服装、新型材料、电子电器等产业集群。服务业以商贸、物流为主。京广铁路，京广高铁，京港澳高速，107国道，省道范林、永定线过境。

城关镇［Chéngguān Zhèn］　汤阴县人民政府驻地。在县境西部。面积20平方千米。人口19.5万。以汉族为主，还有回族等。辖16村委会，有20自然村。镇人民政府位于精忠路。1947年设城关镇。1958年成立公社。1980年复镇。汤河流经。有初中9所，小学9所，二级医院2个，卫生院1个，卫生所16个。有全国重点文物保护单位岳飞庙，省级文物保护单位汤河桥、奎光阁、文笔塔、汤阴文庙大成殿。农业以小麦、玉米种植为主。工业以食品、医药加工为主。服务业以商贸为主。京广铁路、107国道、省道范林线过境。有汤阴县汽车站、汤阴站。

人和大道［Rénhé Dàdào］　在县城北部。西起铁东路，东至金华路。与文王路、文昌路、光明路、中华路、光华路等相交。长4.3千米，宽60米。沥青路面。2010年开工，同年建成。取意政通人和得名。两侧有人和公园、市第八医院、安阳幼儿师范等。通多路公交车。

长虹路［Chánghóng Lù］　在县城中部。西起铁东路，东至中华路。与向阳路、大北街、信合路、光明路等相交。长3.3千米，宽55米。沥青路面。1990年开工，1993年建成。2009、2014年改造。以吉言佳语得名。两侧有县人力与社保中心、便民中心等。通多路公交车。

政通路［Zhèngtōng Lù］　在县城中部。西起铁东路，东至京港澳高速。与向阳路、岳庙街、大南街、星阁路、信合路等相交。长4千米，宽19—40米。沥青路面。2008年开工，2014年建成。取意政通人和得名。两侧有商贸城、县委、实验一小、法院等。通多路公交车。

精忠路［Jīngzhōng Lù］　在县城南部。西起铁东路，东至汤伏路。与向阳路、岳庙街、星阁路、信合路、光明路等相交。长6.7千米，宽31—60米。沥青路面。1986年开工，1987年建成。2008、2010、2012年改造。因路侧的岳飞铜像得名。两侧有汤阴汽车站、城关镇政府、县第二医院、汽车东站等。通多路公交车。

汤阴站［Tāngyīn Zhàn］　见交通运输设施部分“汤阴站”条。

汤阴县汽车站［Tāngyīn Xiàn Qìchēzhàn］　见交通运输设施部分“汤阴县汽车站”条。

菜园镇［Càiyuán Zhèn］　汤阴县辖镇。在县境东部。面积76平方千米。人口5.8万。以汉族为主，还有回族等。辖36村委会，有47自然村。镇人民政府驻菜园。1950年设菜园镇。1958年改公社。1983年设乡。1987年复镇。因镇政府驻地得名。汤河、永通河、羑河流经。有初中2所，小学27所，卫生院1个，卫生所36个。有省级文物保护单位双石桥、玄帝庙、岳飞故里。农业以小麦、玉米种植，鸡、猪养殖为主。工业以碳素加工、纺织为主。省道范林、永定线过境。

菜园［Càiyuán］　菜园镇人民政府驻地。在县政府驻地城关镇东北18千米。人口6200。传古为寺院菜园而得名。历为集镇，清中期青冢集移此，仍称菜园。聚落呈团块状。汤河流经。有中小学、幼儿园、卫生院。农业以玉米、小麦、棉花种植为主。省道范林、永定线经此。

程岗［Chénggǎng］　在县政府驻地城关镇东北17千米。菜园镇辖自然村。人口1900。原名岳家庄，宋名将岳飞故里。岳飞遇害后以村西有2岗改名双凤岗。明初程氏迁此，改名程岗。聚落呈团块状。有省级文物保护单位岳飞故里。有岳帝庙、岳武穆王故里碑等。农业以玉米、小麦种植为主。省道范林线经此。

任固镇［Rèngù Zhèn］　汤阴县辖镇。在县境东部。面积87平方千米。人口5.8万。辖35村委会，有36自然村。镇人民政府驻任固。1956年设任固乡。1958年改公社。1983年复乡。1987年改镇。因镇政府驻地得名。汤河、卫河流经。有初中2所，小学25所，卫生院1个，卫生所34个。有幼儿园、文化站、敬老院等。有省级文物保护单位四面佛造像碑。农业以小麦、玉米种植，猪养殖为主。特产花生、食用菌。工业以生物科技、食品加工为主。省道范林线过境。

任固［Rèngù］　任固镇人民政府驻地。在县政府驻地城关镇东北27千米。人口8500。东临卫河，北滨汤、羑2河，取堤防永固之意得名。昔为集镇，商业发达。聚落呈团块状。有中小学、幼儿园、卫生院、文化站。农业以玉米、小麦种植为主。省道范林线经此。

五陵镇［Wǔlíng Zhèn］　汤阴县辖镇。在县境东南部。面积67平方千米。人口5.1万。辖27村委会，有28自然村。镇人民政府驻五陵。1947年设五陵镇。1957年设乡。1958年改公社。1983年复乡。1987年改镇。因镇政府驻地得名。卫河流经。有初中2所，小学14所，卫生院1个，卫生所40个。有幼儿园、文化站、敬老院等。有古迹水旱码头、桃花渡口。有民俗背阁、秧歌。农业以小麦、玉米、林果种植，牛、猪养殖为主。特产苹果、梨、山楂、猪蹄等。工业以纺织、食品加工为主。瓦日铁路、省道范林线过境。

五陵［Wǔlíng］　五陵镇人民政府驻地。在县政府驻地城关镇东南25千米。人口5400。因汤阴境内丘陵自西向东起伏，至此为第五道岭而得名。明清成集镇。聚落呈团块状。卫河流经。有中小学、幼儿园、卫生院、文化站、敬老院等。有名胜古迹火神庙、兴隆寺。农业以玉米、小麦种植为主。有商贸业。瓦日铁路、省道范林线经此。

宜沟镇［Yígōu Zhèn］　汤阴县辖镇。在县境南部。面积128平方千米。人口6.5万。辖56村委会，有58自然村。镇人民政府驻宜沟。明清《汤阴县志》载有宜沟镇。1956年设宜沟乡。1958年改公社。1983年改乡。1987年改镇。因镇政府驻地得名。永通河、淤泥河、汾河流经。有南水北调工程。有初中2所，小学24所，卫生院1个，卫生所56个。有幼儿园、文化站、敬老院等。有省级文物保护单位赵窑石佛。有古迹龙壁石刻、法云禅寺、西明寺、首阳山和合殿。农业以小麦、玉米、小杂粮种植为主，兼种核桃、梨。工业以装备制造、新型材料加工为主。有黄酒酿造，挂面、食品加工等。服务业以物流为主。京广铁路、京广高铁、京港澳高速、107国道过境。

宜沟［Yígou］　宜沟镇人民政府驻地。在县政府驻地城关镇南12千米。人口1.1万。《图经》曰：“魏文帝幸洛道病，有巫师以水饮之，立愈，故名宜师沟水。”村以此为名。聚落呈团块状。有中小学、幼儿园、卫生院、文化站、敬老院等。有民俗背阁、踩高跷、舞狮、武术。农业以核桃、梨种植为主。工业以装备制造、新型建材加工为主。服务业以商贸、物流为主。京广铁路、京广高铁、京港澳高速、107国道经此。

白营镇［Báiyíng Zhèn］　汤阴县辖镇。在县境中部偏北。面积39平方千米。人口3.8万。辖26村委会，有29自然村。镇人民政府驻白营。1958年成立白家营公社。1983年改白营乡。2011年改镇。因镇政府驻地得名。汤河、羑河流经。有初中6所，小学16所，卫生院1个，卫生所28个。有幼儿园、文化站、敬老院等。有全国重点文物保护单位白营遗址，省级文物保护单位桂香宫塔。有国家级非物质文化遗产跑帷子。农业以小麦、玉米种植，猪、牛、羊养殖为主。特产山药、芦笋、食用菌等。工业以食品加工、制药、节能技术为主。京广高铁、京港澳高速、省道范林线过境。

白营［Báiyíng］　白营镇人民政府驻地。在县政府驻地城关镇东5千米。人口2500。传春秋时郝姓将军安营于此，得名郝坛营。元末明初仅剩白姓，改名白家营。1949年后简称今名。聚落呈团块状。有中小学、幼儿园、卫生院、文化站等。有全国重点文物保护单位白营遗址。农业以小麦、玉米种植为主。工业以食品、医药加工为主。京广高铁、京港澳高速、省道范林线过境。

伏道镇［Fúdào Zhèn］　汤阴县辖镇。在县境东南部。面积75平方千米。人口5.1万。辖29村委会，有29自然村。镇人民政府驻伏道。1956年设伏道乡。1958年改公社。1983年复乡。2011年改镇。因镇政府驻地得名。永通河、淤泥河流经。有初中1所，小学17所，卫生院1个，卫生所29个。有幼儿园、文化站、敬老院等。有省级文物保护单位扁鹊庙。有县烈士陵园。农业以小麦、玉米种植，猪、羊养殖为主。特产艾草。工业以食品、饲料加工为主。省道永定线过境。

伏道［Fúdào］　伏道镇人民政府驻地。在县政府驻地城关镇东南6千米。人口5500。传扁鹊周游经此，秦太医李醯使人伏于道旁，刺死扁鹊，后葬于南岗而得名。清乾隆三年(1738)《汤阴县志》载：“殷纣囚禁姬昌于汤，为监视遂驻兵于伏道。”聚落呈团块状。永通河、淤泥河流经。有中小学、幼儿园、卫生院、文化站、敬老院等。农业以小麦、玉米种植，猪、羊、家禽养殖为主。特产艾草。工业以食品、医药加工为主。省道永定线经此。

古贤镇［Gǔxián Zhèn］　汤阴县辖镇。在县境中部偏北。面积38平方千米。人口3.3万。辖21村委会，有21自然村。镇人民政府驻古贤。1962年由白家营、菜园2公社析设古贤公社。1983年改乡。2013年改镇。因镇政府驻地得名。汤河、永通河流经。有初中1所，小学14所，卫生院1个，卫生所21个。有幼儿园、文化站、敬老院等。有省级文物保护单位古贤桥、岳飞先茔。农业以小麦、玉米种植为主，兼种樱桃。工业以建材、机械制造、化工为主。有粮食仓储业。省道范林线过境。

古贤［Gǔxián］　古贤镇人民政府驻地。在县政府驻地城关镇东11千米。人口4100。隋开皇六年(586)设县邑。开皇十六年(596)迁至汤阴城。宋、明、清代称故县。1928年为避重名而改今名。聚落呈团块状。有中小学、幼儿园、卫生院、文化站、敬老院等。有省级文物保护单位古贤桥。有民俗火龙、花伞表演、盘鼓、小车旱船。农业以小麦、玉米种植为主。省道范林线经此。

韩庄镇［Hánzhuāng Zhèn］　汤阴县辖镇。在县境西北部。面积66平方千米。人口5.1万。辖33村委会，有40自然村。镇人民政府位于为民路。1954年设韩庄乡。1958年并入城关公社。1961年析设韩庄公社。1983年改乡。2013年改镇。传明洪武年间(1368—1398)山西洪洞迁民于此，为韩姓种地、看坟，得名韩家庄。明、清称韩庄。汤河、羑河流经。有南水北调工程。有初中3所,小学21所,卫生院1个,卫生所33个。有幼儿园、文化站、敬老院等。有全国重点文物保护单位羑里城遗址,省级文物保护单位五里岗墓地。农业以食用菌、蔬菜、林果苗木种植为主。工业以金属冶炼、机械制造、纺织服装为主。京广、瓦日、汤鹤铁路,107国道,省道范林线过境。

羑河 [Yǒuhé] 在县政府驻地城关镇北2千米。韩庄镇辖自然村。人口1500。《水经注》载:"羑水出汤阴西北四十里,流羑里城北,东入荡水,适村在河旁,故村名漾河。"曾名南漾河、北漾河。聚落呈团块状。有小学、幼儿园、卫生所、文化站。有全国重点文物保护单位羑里城遗址。农业以草莓、甜瓜种植为主。有蔬菜采摘园。

瓦岗乡 [Wǎgǎng Xiāng] 汤阴县辖乡。在县境东部。面积39平方千米。人口3.3万。辖19村委会,有21自然村。乡人民政府驻瓦岗。1962年由菜园、五陵、伏道3公社析设冯村公社。1963年更名瓦岗公社。1983年改乡。因乡政府驻地得名。有中学1所,小学13所,卫生院1个,卫生所19个。有幼儿园、文化站、敬老院等。有省级文物保护单位邶城遗址。农业以小麦、玉米种植为主。特产小杂粮。工业以食品、饲料加工为主。省道永定线过境。

瓦岗 [Wǎgǎng] 瓦岗乡人民政府驻地。在县政府驻地城关镇东19千米。人口2900。传岗顶有博侯祠,纪念西汉张骞,得名博望岗。明清以地形如瓦而改名瓦子岗,简称瓦岗。聚落呈团块状。有中小学、幼儿园、卫生院、文化站、敬老院等。农业以小麦、玉米种植为主。

邶城 [Bèichéng] 在县政府驻地城关镇东23千米。瓦岗乡辖自然村。人口2600。为邶国都城,周武王封武庚之地。邶,指退位帝王居住之邑。明置邶城镇,清末改今名。聚落呈团块状。有省级文物保护单位邶城遗址。农业以小麦、玉米种植,鹌鹑养殖为主。

滑县

滑县 [Huá Xiàn] 安阳市辖县。东经140°30′,北纬35°34′。在市境东南部。面积1814平方千米。人口133.9万。以汉族为主,还有蒙古、回、藏、布依等民族。辖12镇、10乡。县人民政府驻道口镇。隋开皇十六年(596)置滑州。明洪武二年(1369)省白马县入滑州。七年(1374)降州为县,治今滑台故城,属直隶大名府。清雍正三年(1725)属卫辉府。1913—1933年历属豫北道、河北道、河南省、第三行政督察区。1949年治迁道口镇,属濮阳专区。1954年属安阳专区。1958年属新乡专区。1962年复属安阳专区。1969年属安阳地区。1983年属濮阳市。1986年属安阳市。因滑台城得名。"滑氏为垒,后人增以为城,临河有台,故曰滑台城。"处黄河冲积平原,地势西南高东北低。平均海拔60米。卫、大宫、金堤、柳青河等流经。年均气温13.9℃,1月平均气温-1.0℃,7月平均气温26.9℃。年均降水量610.5毫米。有石油。有省级太阳能硅片及电池片工程技术研究中心。有特殊教育学校1所,教师进修学校1所,中学50所,小学299所,二级医院6个,博物馆、文化馆、图书馆、档案馆各1个,剧场2个,体育场馆2个,文艺团体5个。有世界文化遗产大运河滑县段,全国重点文物保护单位明福寺塔,省级文物保护单位大王庙、宋氏墓碑、三义寨古文化遗址、大刘营古文化遗址等8个。有国家级非物质文化遗产大弦戏、二夹弦、大平调、木版年画,省级非物质文化遗产秦氏绢艺、罗卷戏、黄氏膏药、黄塔膏药、文盛馆羊肉卤制作技艺等13项。有名胜古迹大运河古街区、瓦岗寨隋唐仿古景区、森林公园、滑州西湖、滑园等。三次产业比例34∶41∶25。农业以小麦、玉米、棉花种植为主。工业以食品、纺织印染、医药化工、电线电缆、电子产品为主。服务业以商贸、物流为主。有特产道口烧鸡、滑县木版年画、道口锡器、安绣、老庙牛肉、黄塔膏药。有多个工业园区及大豆纤维研发生产基地。新菏铁路,大广、长济高速,省道吴黄、郑吴、东上、大海、杨小线过境。

道口镇 [Dàokǒu Zhèn] 滑县人民政府驻地。在县境西北部。面积18平方千米。人口8.3万。以汉族为主,还有满、回等民族。辖10村委会,有74自然村。镇人民政府驻道口。1951年设道口镇。1958年改公社。1982年复镇。因镇政府驻地得名。大功河、卫河流经。有初中5所,小学6所,二级医院1个,卫生院2个,卫生所46个。有幼儿园、文化站、敬老院等。为省级历史文化名镇。有世界文化遗产大运河滑县段,省级文物保护单位道口镇大王庙。有省级非物质文化遗产道口正月古会、道口烧鸡制作技艺、黄氏膏药。有民俗背阁抬阁、莲花灯舞、军庄秧歌等。有造纸、纺织、烧鸡食品加工、电线电缆、塑胶制品五大支柱产业。农业以小麦、玉米种植为主。工业以化工、电子、建材、农副产品加工为主。省道东上、大海线过境。

中州大道 [Zhōngzhōu Dàdào] 在县城中部。东起东环路,西至大宫桥。与滑兴路、文明大道、解放路、人民路相交。长6.5千米,宽50米。沥青路面。1985年开工,2012年建成。因古豫州位居九州正中,称中州。该道路位于滑县城区正中位置,取相同寓意得名。两侧有财政局、民政局、县烈士陵园等。通多路公交车。

滑州大道 [Huázhōu Dàdào] 有县城中部。西起环湖路,东至东环路。与滑兴路、文明大道、解放路、人民路相交。长3.9千米,宽54米。沥青路面。2000年开工,同年建成。因滑县古称滑州而得名。两侧有国土局、教体局、公安局、欧阳书院等。通多路公交车。

解放路 [Jiěfàng Lù] 在县城西部。北起北环路,南至南环路。与道康路、向阳路、卫河路相交。长4.5千米,宽45米。沥青路面。2009年开工,同年建成。两侧有道口镇五小、县邮政、县政府等。通多路公交车。

人民路 [Rénmín Lù] 在县城中西部。东起北环路,南至南环路。与卫河路、滑州大道、新鑫路、黄河路、长虹大道相交。长8.3千米,宽45米。沥青路面。1996年开工,2011年建成。两侧有卫生局、县税务局、县实验幼儿园、财政局。通多路公交车。

滑县长途汽车站 [Huá Xiàn Chángtú Qìchēzhàn] 见交通运输设施部分"滑县长途汽车站"条。

道口 [Dàokǒu] 道口镇人民政府驻地。在镇境西南部。人口1.2万。以汉族为主,还有满、回等民族。古为黄河金堤左岸渡口,最早李姓摆渡为生,称李家道口,后改今名。聚落呈带状。有中小学、幼儿园、卫生室、敬老院等。有省级文物保护单位大王庙。有道口镇古街区。有省级非物质文化遗产道口正月古会、道口烧鸡制作技艺、黄氏膏药。有民俗背阁抬阁、莲花灯舞、军庄秧歌等。农业以玉米、小麦种植为主。工业以农副产品加工为主,有烧鸡制作、锡器加工。有卫西工业园区、集贸市场。省道东上、大海线经此。

城关镇 [Chéngguān Zhèn] 滑县辖镇。在县境西北部。面积104平方千米。人口6.8万。辖76村委会,有48自然村。镇人民政府驻城关。1949年为城关区。1958年成立城关公社。1983年设乡。1987年改镇。因镇政府驻地得名。有初中3所,小学10所,二级医院5个,卫生院1个,卫生所47个。有幼儿园、文化站、敬老院等。为省级历史文化名镇。有全国重点文物保护单位明福寺塔。有古迹欧阳书院、李文成攻城遗址、滑伯墓、魁星阁。有民俗裴氏泥塑。农业以小麦、玉米种植,猪、鸡、牛、羊养殖为主。工业以农副产品加工为主。省道郑吴、东上、大海线过境。

城关 [Chéngguān] 城关镇人民政府驻地。在县政府驻地道口镇东6千米。人口1.5万。以汉族为主,还有满、回等民族。因曾为滑县治所而得名。聚落呈团块状。有中小学、幼儿园、卫生室。有古迹文庙大成殿、滑县古县城城墙遗址、瓠子堤遗址、天理教攻城遗址。农业以小麦、玉米种植为主。服务业以商贸为主。省道郑吴、东上、大海线经此。

九街村 [Jiǔjiēcūn] 在县政府驻地道口镇东6千米。城关镇辖自然村。人口1600。处老县城内,依序得名。聚落呈团块状。有全国重点文物保护单位明福寺塔。农业以小麦、玉米种植为主。省道郑吴、东上、大海线经此。

白道口镇 [Báidàokǒu Zhèn] 滑县辖镇。在县境北部。面积114平方千米。人口7.1万。辖46村委会,有47自然村。镇人民政府驻白道口。1957年设白道口乡。1958年改公社。1983年复乡。1987年改镇。因镇政府驻地得名。金堤河流经。有初中2所,小学16所,卫生院1个,卫生所46个。有幼儿园、文化站、敬老院等。有古迹王太师画像碑记、四八惨案烈士碑、十二眼井等。农业以小麦、玉米种植为主。工业以粮食深加工、电线电缆加工为主。有电缆工业园区。107国道,省道郑台、三武线过境。

白道口 [Báidàokǒu] 白道口镇人民政府驻地。在县政府驻地道口镇东北20千米。人口8000。原名白家渡口,后演为白道口。聚落呈团块状。有中小学、幼儿园、卫生室、敬老院等。有李明德烈士墓。农业以小麦、玉米种植为主。服务业以商贸为主。有集贸市场。为内黄、浚等县物资集散地。省道濮封、郑台线经此。

留固镇 [Liúgù Zhèn] 滑县辖镇。在县境中部。面积116平方千米。人口8.7万。辖71村委会,有71自然村。镇人民政府驻留固。1958年成立留固公社。1983年设乡。1987年改镇。因镇政府驻地得名。城关河、贾公河流经。有初中3所,小学17所,卫生院1个,卫生所91个。有幼儿园、文化站、敬老院等。有古迹庄子墓、汲黯冢、汲偃墓、白马县城白马墙遗址、龙山大庙遗址。农业以小麦、玉米种植为主。工业以零件加工为主。省道开遂、民信线过境。

留固 [Liúgù] 留固镇人民政府驻地。在县政府驻地道口镇东南18千米。人口6900。清同治年间(1862—1874)成集,因姓氏得名留固集。古时留、刘多通用,取意居住稳固。1949年后简称今名。聚落呈团块状。有中小学、幼儿园、卫生室、敬老院等。农业以小麦、玉米种植为主。工业以纺织为主。有集贸市场。省道吴黄线经此。

上官镇 [Shàngguān Zhèn] 滑县辖镇。在县境中部。面积98平方千米。人口7.6万。辖57村委会,有47自然村。镇人民政府驻上官村。1958年成立上官公社。1983年设乡。1987年改镇。因镇政府驻地得名。有初中3所,小学14所,卫生院4个,卫生所57个。有幼儿园、文化站、敬老院、胡权墓等。农业以小麦、玉米种植,猪、鸡、牛、羊养殖为主。工业以农产品加工为主。省道南濮、吴黄线过境。

上官村［Shàngguāncūn］ 上官镇人民政府驻地。在县政府驻地道口镇西南20千米。人口8900。传汉为渡口，在瓠子河北岸，称铁牛渡。明洪武年间(1368—1398)上官氏迁此，改今名。聚落呈团块状。有中小学、幼儿园、卫生室、敬老院、泰山庙等。农业以小麦、玉米、花生种植为主。工业以农产品加工为主。省道白上、东上线经此。

牛屯镇［Niútún Zhèn］ 滑县辖镇。在县境西南部。面积118平方千米。人口7.8万。辖68村委会，有69自然村。人民政府驻牛屯。1962年成立牛屯公社。1983年改乡。1987年改镇。因镇政府驻地得名。有初中3所，小学14所，卫生院1个，卫生所68个。有幼儿园、文化站、敬老院等。有蔡京墓、宋阁老墓、宋文恪公祠堂、卫庄公墓。农业以玉米、小麦种植，生猪、牛、羊、鸡养殖为主。工业以纺织、机械加工为主。新菏铁路、长济高速过境。

牛屯［Niútún］ 牛屯镇人民政府驻地。在县政府驻地道口镇南34千米。人口7300。古为官道驿站，宋乾德年间(963—967)因玄武神庙得名玄武镇，清康熙年间(1662—1722)为避讳改名元武镇，渐形成牲畜交易市场，更名牛市屯，后简称今名。聚落呈团块状。有中小学、幼儿园、卫生室、敬老院等。农业以小麦、玉米、花生种植为主。服务业以商贸为主。有集贸市场。新菏铁路、长济高速经此。

万古镇［Wàngǔ Zhèn］ 滑县辖镇。在县境东南部。面积85平方千米。人口6.5万。辖42村委会，有385自然村。镇人民政府驻万古集。1955年设万古乡。1958年改公社。1983年复乡。1996年改镇。因镇政府驻地得名。有初中1所，小学10所，卫生院1个，卫生所42个。有幼儿园、文化站、敬老院等。有冀鲁豫军区四分区烈士陵园。有古迹玉皇阁、师廷丘、翟义冢、天锡殿。有国家级非物质文化遗产二夹弦，省级非物质文化遗产罗卷戏。农业以小麦、玉米种植，鸡、猪、羊养殖为主，兼种金银花、大豆。大广高速过境。

万古集［Wàngǔjí］ 万古镇人民政府驻地。在县政府驻地道口镇东南30千米。人口2800。原名都隆集、万户。明初肖、李、杜、史等姓自山西陆续迁此，取“万古长青”之意改今名。聚落呈团块状。有中小学、幼儿园、卫生室、敬老院等。有冀鲁豫军区四分区烈士陵园、革命烈士纪念馆。有古迹玉皇阁。农业以小麦、玉米种植为主。服务业以商贸为主。有集贸市场。大广高速经此。

高平镇［Gāopíng Zhèn］ 滑县辖镇。在县境东南部。面积73平方千米。人口6万。辖48村委会，有41自然村。镇人民政府驻高平集。1957年设高平乡。1958年改公社。1983年复乡。1996年改镇。因镇政府驻地得名。有初中2所，小学14所，卫生院1个，卫生所52个。有幼儿园、文化站、敬老院等。农业以小麦、玉米种植为主。工业以电器、电线电缆、塑料板材、锅炉制造为主。省道卫济线过境。

高平集［Gāopíngjí］ 高平镇人民政府驻地。在县政府驻地道口镇东南38千米。人口6000。传唐贞观年间(627—649)使臣进贡鹅，经此处古潭，戏水而飞，既高又平，故名高平，后成集市。聚落呈团块状。有中小学、幼儿园、卫生室、敬老院等。农业以小麦、玉米种植为主。服务业以商贸为主。有集贸市场。

王庄镇［Wángzhuāng Zhèn］ 滑县辖镇。在县境西部。面积78平方千米。人口6.2万。辖39村委会，有37自然村。镇人民政府驻莫洼集。1954年设王庄乡。1958年改公社。1983年复乡。1999年改镇。因清末道清铁路王庄站得名。有初中3所，小学14所，卫生院1个，卫生所39个。有幼儿园、文化站、敬老院等。农业以小麦、玉米种植为主。工业以食品、新型建材、木材加工，制冷设备制造为主。省道郑台线过境。

莫洼集［Mòwājí］ 王庄镇人民政府驻地。在县政府驻地道口镇西南10千米。人口4000。原有莫庄村，后清末修建铁路，在村南洼地设站，渐成集市，地势低洼，习称莫洼集。聚落呈带状。有中小学、幼儿园、卫生室、敬老院等。农业以小麦、玉米种植为主。服务业以商贸为主。有集贸市场。省道郑台线经此。

老店镇［Lǎodiàn Zhèn］ 滑县辖镇。在县境中部偏西。面积96平方千米。人口7.6万。辖60村委会，有63自然村。镇人民政府驻老店集。1957年设老店、马兰2乡。1958年合设老店公社。1983年改乡。2007年改镇。因镇政府驻地得名。城关河、柳青河、柳里河等流经。有初中3所，小学33所，卫生院1个，卫生所60个。有幼儿园、文化站、敬老院等。有国家级非物质文化遗产马兰木版年画。农业以小麦、玉米种植为主。工业以大豆纤维、卫材加工为主。县道孔牛线过境。

老店集［Lǎodiànjí］ 老店镇人民政府驻地。在县政府驻地道口镇东南21千米。人口1600。传曾为黄河渡口，明洪武年间(1368—1398)山西洪洞牛姓迁居此地，名老牛渡。又因开店而名老牛店。渐成集市，演为今名。聚落呈团块状。有中小学、幼儿园、卫生室、敬老院等。农业以小麦、玉米种植为主。有集贸市场。县道孔牛线经此。

慈周寨镇［Cízhōuzhài Zhèn］ 滑县辖镇。在县境南部。面积65平方千米。人口5.4万。辖44村委会，有37自然村。镇人民政府驻慈周寨。1949年设慈周寨乡。1958年改公社。1983年复乡。2014年改镇。因镇政府驻地得名。有初中2所，小学11所，卫生院1个，卫生所44个。有幼儿园、文化站、敬老院等。有国家级非物质文化遗产李方屯木版年画。农业以小麦、玉米、花生、果蔬种植为主。为省果蔬示范基地。有慈周寨花生交易市场。大广高速，省道吴黄、卫济线过境。

慈周寨［Cízhōuzhài］ 慈周寨镇人民政府驻地。在县政府驻地道口镇东南28千米。人口7900。隋末瓦岗军赈济饥民，后成村落而得名。聚落呈团块状。有中小学、幼儿园、卫生室、敬老院、烈士陵园等。农业以小麦、玉米、花生、果蔬种植为主。有花生、果蔬集散贸易。大广高速经此。

焦虎镇［Jiāohǔ Zhèn］ 滑县辖镇。在县境西南部。面积81平方千米。人口6.5万。辖48村委会，有41自然村。镇人民政府驻焦虎。1962年成立焦虎公社。1983年改乡。2014年改镇。因镇政府驻地得名。有初中2所，小学11所，卫生院1个，卫生所48个。有幼儿园、文化站、敬老院、刘圪垱遗址等。农业以小麦、玉米种植为主。有大葱、山药种植基地。工业以木器加工、纺织为主。服务业以商贸为主。230国道、省道卫济线过境。

焦虎［Jiāohǔ］ 焦虎镇人民政府驻地。在县政府驻地道口镇南35千米。人口6400。传明洪武年间(1368—1398)焦虎自山西洪洞迁此而得名。聚落呈团块状。有中小学、幼儿园、卫生室、敬老院、灵阳宫庙等。农业以小麦、玉米种植为主。服务业以商贸为主。有集贸市场。省道卫济线经此。

枣村乡［Zǎocūn Xiāng］ 滑县辖乡。在县境北部。面积85平方千米。人口4.5万。辖40村委会，有41自然村。乡人民政府驻枣村。1957年设枣村乡。1958年改公社。1983年复乡。因乡政府驻地得名。有初中2所，小学16所，卫生院1个，卫生所40个。有幼儿园、文化站、敬老院、大屯遗址等。有民俗根雕、面塑、盘鼓、皮影戏。农业以小麦、玉米种植，鸡、猪、牛、羊养殖为主。省道郑吴、郑台线过境。

枣村［Zǎocūn］ 枣村乡人民政府驻地。在县政府驻地道口镇东北10千米。人口2700。原有冯庄，明代成集，后迁址枣园内，居民渐多，得名枣村集，后演为今名。聚落呈团块状。有中小学、幼儿园、卫生室、敬老院等。农业以小麦、玉米种植为主。有集贸市场。省道郑吴线经此。

四间房乡［Sìjiānfáng Xiāng］ 滑县辖乡。在县境东北部。面积71平方千米。人口4.2万。辖27村委会，有28自然村。乡人民政府驻四间房。1958年成立四间房公社。1983年改乡。因乡政府驻地得名。有初中2所，小学11所，卫生院1个，卫生所30个。有幼儿园、文化站、敬老院等。有名胜古迹行务碑、天齐庙、广济桥。有省级非物质文化遗产小红拳、大平调、秦氏绢艺。农业以小麦、玉米、林木、果蔬种植为主。工业以农产品加工为主。省道郑吴、吴黄线过境。

四间房［Sìjiānfáng］ 四间房乡人民政府驻地。在县政府驻地道口镇东北35千米。人口3200。明洪武年间(1368—1398)郭、张、戴、马4姓迁此，名四家房，后讹传为今名。聚落呈团块状。有中小学、幼儿园、卫生室、敬老院等。农业以小麦、玉米种植，猪、羊、牛养殖为主。省道郑吴线经此。

八里营乡［Bālǐyíng Xiāng］ 滑县辖乡。在县境中部偏东。面积110平方千米。人口6.9万。辖64村委会，有38自然村。乡人民政府驻八里营。1956年设八里营乡。1958年改公社。1983年复乡。因乡政府驻地得名。有初中1所，小学14所，卫生院1个，卫生所67个。有幼儿园、文化站、敬老院等。有古迹卫国都城遗址、卫王殿、慧子冢、张平冢。农业以小麦、玉米、棉花、油料作物、果蔬种植为主。特产洋香瓜。大广高速、省道大海线过境。

八里营［Bālǐyíng］ 八里营乡人民政府驻地。在县政府驻地道口镇东30千米。人口5000。春秋时卫国迁都于此，因宫殿距国君葬地8里而得名。聚落呈团块状。有中小学、幼儿园、卫生室、敬老院等。农业以小麦、玉米种植为主。服务业以商贸为主。有集贸市场。省道大海线经此。

赵营乡［Zhàoyíng Xiāng］ 滑县辖乡。在县境东部。面积72平方千米。人口4.5万。辖26村委会，有28自然村。乡人民政府驻赵营。1955年设赵营乡。1958年改公社。1983年复乡。因乡政府驻地得名。有初中1所，小学10所，卫生院1个，卫生所27个。有幼儿园、文化站、敬老院等。有古迹西乱革遗址、白云观遗址、韩擒虎墓。农业以小麦、玉米种植，鸡、猪、牛、羊养殖为主。工业以食品、建材加工为主。县道赵冢线过境。

赵营［Zhàoyíng］ 赵营乡人民政府驻地。在县政府驻地道口镇东北40千米。人口3200。原名永寿集，明初燕王北征，将军赵永驻营于此，改今名。聚落呈团块状。有中小学、幼儿园、卫生室、敬老院等。农业以小麦、玉米种植为主。服务业以商贸为主。有集贸市场。县道赵冢线经此。

大寨乡［Dàzhài Xiāng］ 滑县辖乡。在县境东部。面积68平方千米。人口4.7万。辖44村委会，有45自然村。乡人民政府驻大寨。1957年设大寨乡。1958年改公社。1983年复乡。因乡政府驻地得名。有初中2所，小学14

所，卫生院1个，卫生所37个。有幼儿园、文化站、敬老院等。农业以小麦、玉米种植，猪、羊、肉鸡养殖为主。工业以冷饮食品、农畜产品加工为主。省道大海线过境。

大寨［Dàzhài］ 大寨乡人民政府驻地。在县政府驻地道口镇东41千米。人口2600。明洪武年间(1368—1398)孙氏大郎自山西迁此，得名大郎，后因兵家安营扎寨而改名大郎寨，渐演为今名。聚落呈团块状。有中小学、幼儿园、卫生室、敬老院等。农业以小麦、玉米种植为主。服务业以商贸为主。有集贸市场。省道大海线经此。

桑村乡［Sāngcūn Xiāng］ 滑县辖乡。在县境东南部。面积51平方千米。人口4.4万。辖34村委会，有37自然村。乡人民政府驻桑村。1949年为桑村区。1955年设乡。1958年改公社。1983年复乡。因乡政府驻地得名。有初中2所，小学11所，卫生院1个，卫生所34个。有幼儿园、文化站、敬老院等。有甘露寺抗日干校遗址、赵紫阳故居。农业以小麦、玉米种植，鸡、猪、羊养殖为主。省道卫济线过境。

桑村［Sāngcūn］ 桑村乡人民政府驻地。在县政府驻地道口镇东46千米。人口3100。因昔居桑林间而得名。聚落呈团块状。有中小学、幼儿园、卫生室、敬老院等。农业以小麦、玉米种植为主。服务业以商贸为主。有集贸市场。省道卫济线经此。

老爷庙乡［Lǎoyémiào Xiāng］ 滑县辖乡。在县境东南部。面积70平方千米。人口5.7万。辖58村委会，有60自然村。乡人民政府驻老爷庙。1952年设老爷庙乡。1958年改公社。1983年复乡。因乡政府驻地得名。有初中2所，小学14所，卫生院1个，卫生所58个。有幼儿园、文化站、敬老院等。有省级文物保护单位三义寨古文化遗址。农业以小麦、玉米种植，牛、羊、猪、鸡养殖为主。省道卫济线过境。

老爷庙［Lǎoyémiào］ 老爷庙乡人民政府驻地。在县政府驻地道口镇东南45千米。人口7600。传唐代修建祖庙，名老爷庙，沿为村名。聚落呈团块状。有中小学、幼儿园、卫生室、敬老院等。农业以小麦、玉米种植为主。工业以农产品加工为主。服务业以商贸为主。有集贸市场。省道卫济线经此。

瓦岗寨乡［Wǎgāngzhài Xiāng］ 滑县辖乡。在县境南部。面积56平方千米。人口3.9万。辖29村委会，有24自然村。乡人民政府驻瓦岗寨。1958年成立瓦堽公社。1974年改瓦岗公社。1983年设瓦岗寨乡。因乡政府驻地得名。有初中1所，小学13所，卫生院1个，卫生所22个。有幼儿园、文化站、敬老院等。有名胜古迹瓦岗军点将台、瓦岗寨隋唐仿古景区。农业以小麦、玉米种植，鸡、猪、牛、羊养殖为主。大广高速、省道卫济线过境。

瓦岗寨［Wǎgāngzhài］ 瓦岗寨乡人民政府驻地。在县政府驻地道口镇东南35千米。人口4500。《春秋左传》载，鲁定公八年(前502)齐攻鲁，晋国救鲁定公于此。后建“瓦亭”于岗上，故名瓦岗。明代改称瓦堽。1974年复名。聚落呈团块状。有中小学、幼儿园、卫生室、敬老院等。有古迹瓦岗军点将台。农业以小麦、玉米、花生种植为主。服务业以商贸为主。有集贸市场。省道卫济线经此。

半坡店乡［Bànpōdiàn Xiāng］ 滑县辖乡。在县境西部。面积92平方千米。人口5.3万。辖47村委会，有43自然村。乡人民政府驻半坡店。1958年成立半坡店公社。1983年改乡。因乡政府驻地得名。有初中3所，小学15所，卫生院1个，卫生所47个。有幼儿园、文化站、敬老院等。有古迹皇姑寺塔。有省级非物质文化遗产黄塔膏药、明氏正骨。有民俗踩高跷、秧歌、打花棍。农业以小麦、玉米种植，牛、羊、猪、鸡养殖为主。省道卫济线过境。

半坡店［Bànpōdiàn］ 半坡店乡人民政府驻地。在县政府驻地道口镇西南26千米。人口3100。因明洪武年间(1368—1398)荣氏自山西洪洞迁至老黄河南岸半坡处开设店铺而得名。聚落呈团块状。有中小学、幼儿园、卫生室、敬老院等。农业以小麦、玉米、花生种植为主。服务业以商贸为主。有集贸市场。省道卫济线经此。

小铺乡［Xiǎopù Xiāng］ 滑县辖乡。在县境西北部。面积61平方千米。人口4.4万。辖41村委会，有41自然村。乡人民政府驻小铺。1953年设小铺乡。1958年改公社。1983年复乡。因乡政府驻地得名。有初中2所，小学11所，卫生院1个，卫生所33个。有幼儿园、文化站、敬老院等。农业以小麦、玉米种植，鸡、猪、牛、羊养殖为主。230国道，省道郑台、开遂线过境。

小铺［Xiǎopù］ 小铺乡人民政府驻地。在县政府驻地道口镇南5千米。人口2800。明洪武年间(1368—1398)山西洪洞迁民于此，因沿老黄河滩搭建草铺店而得名。聚落呈团块状。有中小学、幼儿园、卫生室、敬老院等。农业以小麦、玉米、花生种植为主。服务业以商贸为主。有集贸市场。省道郑台线经此。

内 黄 县

内黄县［Nèihuáng Xiàn］ 安阳市辖县。北纬35°58′，东经114°53′。在市境东部。面积1176平方千米。人口81.1万。以汉族为主，还有回、满、苗、蒙古等民族。辖8镇、9乡。县人民政府驻城关镇。汉高帝九年(前198)置内黄县，治今汤阴县东北故城，属魏郡。北魏承平初年(508)并入临漳县。隋开皇六年(586)复内黄县。隋属相州，后属汲郡。唐先后属黎州、相州、汲州。金、元属滑州，治今城关镇。明属大名府。清属彰德府。1913—1933年历属豫北道、河北道、河南省、第三行政督察区。1949—1958年属濮阳专区、安阳专区、新乡专区。1961年复属安阳专区。1969年属安阳地区。1983属濮阳市。1986年属安阳市。因位于黄河北，北为内而得名。处黄河冲积平原，多沙少淤。地势西高东低。海拔50—70米。年均气温13.7℃，1月平均气温－2.2℃，7月平均气温27.1℃。年均降水量544.7毫米。卫、汤、硝、洹、岳飞等河流经。森林覆盖率36.4%。有高中5所，初中36所，小学194所，三级医院1个，二级医院3个，体育馆、图书馆各1个。有全国重点文物保护单位三杨庄汉代村庄遗址、大兴寺塔，省级文物保护单位颛顼帝喾二帝陵、商太戊中宗陵、李堌石塔、刘次范遗址等10个。有第一届中共濮阳县委旧址、农民革命起义旧址、冀鲁豫军区成立旧址、冀鲁豫边区行署成立旧址，“四·一二”反扫荡纪念地等。有国家级非物质文化遗产内黄落腔，省级非物质文化遗产罗卷戏、大平调、李新张木板年画、高王庙会等15个。三次产业比例31∶41∶28。农业以小麦、玉米、花生、大豆种植为主，产大棚瓜菜、林果。工业以陶瓷、机械制造、纺织、食品饮料产业为主。有新技术产业集聚区、陶瓷产业园区。服务业以商贸、物流为主。南林、范辉高速，230、341、342国道，省道濮安、范林、大林、东上线过境。

内黄汽车站［Nèihuáng Qìchēzhàn］ 见交通运输设施部分“内黄汽车站”条。

城关镇［Chéngguān Zhèn］ 内黄县人民政府驻地。在县境中部偏东。面积114平方千米。人口10.4万。以汉族为主，还有苗、白、回、布依等民族。辖57村委会，有55自然村。镇人民政府驻城关。1955年设城关镇。1957年改乡。1958年改公社。1984年复置镇。因镇政府驻地得名。硝河流经。有初中2所，小学11所，三级医院1个，二级医院3个，卫生院1个，卫生所57个。有幼儿园、文化站、敬老院等。有省级文物保护单位三灵侯庙碑。农业以小麦、玉米、花生种植为主。工业以化工、铸造、机械加工、纺织、食品加工、建材为主。230国道，省道吴黄、东上、葛嘴线过境。有内黄汽车站。

人民路［Rénmín Lù］ 在县城北部。东起东环路，西至帝喾大道。与硝河大道、繁阳大道、枣乡大道、黄池北路、颛顼大道等相交。长4.3千米，宽60米。沥青路面。2003年开工，同年建成。两侧有内黄公园、一中分校、县政府、公安局、人民医院、长途汽车站等。通公交车。

建设路［Jiànshè Lù］ 在县城中部。东起东环路，西至帝喾大道。与硝河大道、繁阳大道、枣乡大道、颛顼大道相交。长4.3千米，宽55米。沥青路面。1996年开工，1997年建成。2005年延伸。两侧有档案局、实验中学、实验三小、财政局、国税局、地税局、教体局等。通公交车。

帝喾大道［Dìkù Dàdào］ 在县城中部偏西。北起人民路，南至南环路。与建设路、朝阳路、振兴路相交。长4.7千米，宽60米。沥青路面。1993年开工，同年建成。2014年延伸。因帝喾陵得名。两侧有华润医药、翔宇医疗、中原石油机械等。通公交车。

颛顼大道［Zhuānxū Dàdào］ 在县城中部。北起繁阳一路，南至南环路。与人民路、建设路、朝阳路、振兴路相交。长4.7千米，宽45米。沥青路面。1993年开工，1994年建成。2014年改建。因颛顼陵墓得名。两侧有内黄邮政、县民政局、荣康医院、都市花园小区等。通多路公交车。

城关［Chéngguān］ 城关镇人民政府驻地。在镇境中部。人口5万。宋淳熙十六年(1189)原县城自今东庄镇旧县村迁治于此，因城墙内外有四街、四关而得名。聚落呈块状。有中小学、幼儿园、卫生院、文化站、敬老院等。有省级文物保护单位三灵侯庙碑。有传统古会。农业以小麦、玉米、花生、大棚瓜菜种植为主。有农副产品加工业。服务业以商贸为主。有集贸市场。省道吴黄、东上、葛嘴线经此。

东庄镇［Dōngzhuāng Zhèn］ 内黄县辖镇。在县境中部。面积92平方千米。人口6.7万。辖44村委会，有46自然村。镇人民政府驻东庄。1957年设东庄乡。1958年改公社。1984年复乡。1987年改镇。因镇政府驻地得名。卫河流经。有初中4所，小学16所，卫生院1个，卫生所44个。有幼儿园、文化站、敬老院等。农业以小麦、玉米种植为主。工业以制陶制瓷，食品、油脂加工，工艺品生产为主。省道东上、葛嘴线过境。

东庄［Dōngzhuāng］ 东庄镇人民政府驻地。在县政府驻地城关镇西南9千米。人口6000。宋代因处原县城(今旧县村)东而名东庄。明嘉靖十六年(1537)《内黄县志》载为“东庄集”。聚落呈块状。有中小学、幼儿园、卫生院、文化站、图书室、广播站等。农业以小麦、玉米、花生、瓜菜、果树种植，猪、羊、牛养殖为主。工业以农副产品加工为主。服务业以商贸为主。省道葛嘴线经此。

井店镇［Jǐngdiàn Zhèn］ 内黄县辖镇。在

县境西南部。面积47.8平方千米。人口4.4万。辖35村委会，有40自然村。镇人民政府驻井店。1957年设井店乡。1958年改公社。1984年复乡。1987年改镇。因镇政府驻地得名。卫河流经。有初中2所，小学8所，卫生院1个，卫生所35个。有幼儿园、文化站、敬老院等。有省级文物保护单位李垌石塔、荒年志碑。农业以小麦、玉米种植为主。工业以食品加工、机械加工、化工为主。日瓦铁路、230国道、省道胡鹤线过境。

井店［Jǐngdiàn］　井店镇人民政府驻地。在县政府驻地城关镇西南25千米。人口5200。传隋唐前有井姓开起"井家老店"，供旅客临时休息用而得名。聚落呈块状。有中小学、幼儿园、卫生院、文化站、图书室等。农业以小麦、玉米、花生种植为主。服务业以商贸为主。日瓦铁路、230国道、省道胡鹤线经此。

梁庄镇［Liángzhuāng Zhèn］　内黄县辖镇。在县境南部。面积101.1平方千米。人口4.3万。辖40村委会，有46自然村。镇人民政府驻梁庄。1957年设梁庄乡。1958年改公社。1983年复乡。1998年改镇。因镇政府驻地得名。硝河流经。有初中1所，小学11所，卫生院1个，卫生所40个。有幼儿园、文化站、敬老院等。有全国重点文物保护单位三杨庄汉代村庄遗址，省级文物保护单位颛顼帝喾二帝陵。有省级非物质文化遗产大锣戏。有颛顼帝喾二帝陵祭祖节。农业以小麦、花生、红枣种植为主。工业以食品、线材加工为主。汤台铁路，濮鹤高速，省道内中、东前线过境。

梁庄［Liángzhuāng］　梁庄镇人民政府驻地。在县政府驻地城关镇南30千米。人口1100。隋末建村，因梁姓聚居得名。聚落呈块状。有中小学、幼儿园、卫生院、文化站、敬老院等。农业以小麦、玉米种植为主。工业以木材、电线电缆、农产品加工为主。服务业以商贸为主。农历双日逢集，有集贸市场。濮鹤高速经此。

后河镇［Hòuhé Zhèn］　内黄县辖镇。在县境南部。面积120平方千米。人口4.9万。辖31村委会，有30自然村。镇人民政府驻后河。1957年设后河乡。1958年改公社。1984年复乡。1998年改镇。因镇政府驻地得名。硝河流经。有初中1所，小学16所，卫生院1个，卫生所31个。有幼儿园、文化站、敬老院等。有省级文物保护单位"四·一二"阵亡将士暨殉难同胞公墓碑。有抗战遗迹万人坑、血泪井。农业以小麦、玉米、花生种植为主，有红枣采摘园。工业以制陶制瓷、机械加工、塑料印刷、食品饮料加工为主。服务业以商贸、物流为主。日瓦铁路，范辉高速，省道吴黄、胡鹤线过境。

后河［Hòuhé］　后河镇人民政府驻地。在县政府驻地城关镇南15千米。人口2200。处黄河故道北，得名北后河，后演为今名。聚落呈块状。有中小学、幼儿园、卫生院、文化站、敬老院等。农业以小麦、玉米种植为主。有集贸市场。省道民信线经此。

楚旺镇［Chǔwàng Zhèn］　内黄县辖镇。在县境北部。面积39.5平方千米。人口4.2万。辖22村委会，有18自然村。镇人民政府驻楚旺。1957年设楚旺乡。1958年改公社。1984年复乡。1987年改镇。因镇政府驻地得名。卫河、岳飞河、漳河流经。有初中2所，小学9所，卫生院1个，卫生所22个。有幼儿园、文化站、敬老院、宋义墓等。有民俗背阁、秧歌。农业以玉米、小麦种植为主。工业以制陶制瓷、医疗器械制造、造纸、植物油加工、棉纺为主。230国道、省道大林线过境。

楚旺［Chǔwàng］　楚旺镇人民政府驻地。在县政府驻地城关镇北15千米。人口11000。传项羽夺宋义军救赵，后人建楚王庙祭祀之，村以庙名楚祠里，后因经济繁荣兴旺而改今名。聚落呈块状。有中小学、幼儿园、卫生院、文化站、敬老院等。农业以小麦、玉米种植为主。工业以副食加工、农用机械制造为主。服务业以商贸为主。农历双日逢集。省道大林、东上线经此。

田氏镇［Tiánshì Zhèn］　内黄县辖镇。在县境西北部。面积54平方千米。人口5万。辖42村委会，有39自然村。镇人民政府驻田氏。1957年设田氏乡。1958年改公社。1984年复乡。2008年改镇。因镇政府驻地得名。有初中2所，小学14所，卫生院1个，卫生所42个。有幼儿园、文化站、敬老院等。农业以小麦、玉米种植为主。工业以洗煤、机械加工、制塑、建材为主。南林高速、省道大林线过境。

田氏［Tiánshì］　田氏镇人民政府驻地。在县政府驻地城关镇西北25千米。人口4000。因商汤王名"天乙"转化得名。聚落呈块状。有中小学、幼儿园、卫生院、文化站、敬老院等。农业以小麦、玉米种植为主。农历每月二、五、八逢集，有集贸市场。省道大林线经此。

二安镇［Èr'ān Zhèn］　内黄县辖镇。在县境西南部。面积57.1平方千米。人口4.2万。辖29村委会，有32自然村。镇人民政府驻后安。1957年设安化城乡。1958年改公社。1960年更名二安公社。1984年改乡。2014年改镇。因辖区有前安、后安2村得名。卫河流经。有初中2所，小学9所，卫生院1个，卫生所29个。有幼儿园、文化站、敬老院等。有省级文物保护单位佛说般若波罗蜜多心经幢、清净寺大像碑。农业以小麦、玉米种植为主。工业以食品加工为主。有腐竹加工基地、豆制品产业园。日瓦铁路、省道胡鹤线过境。

后安［Hòu'ān］　二安镇人民政府驻地。在县政府驻地城关镇西南27千米。人口3100。原名夜王城。传清咸丰十一年(1861)宋景诗义军经此，百姓安然无恙，改称安化城。后分前、后2村，此处因方位居后而称后安。聚落呈块状。有中小学、幼儿园、卫生院、文化站、敬老院等。有传统古会。农业以小麦、玉米种植为主。有集贸市场。省道胡鹤线经此。2011年被评为全国文明村。

张龙乡［Zhānglóng Xiāng］　内黄县辖乡。在县境中部偏北。面积49.2平方千米。人口3.9万。辖21村委会，有22自然村。乡人民政府驻大张龙。1957年设张龙乡。1958年改公社。1984年复乡。因乡政府驻地得名。卫河流经。有中专1所，初中1所，小学10所，卫生院1个，卫生所32个。有幼儿园、文化站、敬老院等。有残碑唐代诗人"沈公(佺期)故里纪念碑"。农业以小麦、玉米、花生种植为主。工业以纺织，非金属矿物制品、专用设备制造为主。有农业科技博览园、内黄果蔬城。南林高速、省道东上线过境。

大张龙［Dàzhānglóng］　张龙乡人民政府驻地。在县政府驻地城关镇北4千米。人口2800。因张姓居九龙庙东侧且村落较大而得名。聚落呈块状。有中小学、幼儿园、卫生院、文化站、敬老院等。经济以温室蔬菜种植、商贸为主。农业以小麦、玉米、花生种植为主。有集贸市场。县道张沈线经此。

马上乡［Mǎshàng Xiāng］　内黄县辖乡。在县境东北部。面积78.1平方千米。人口5万。辖36村委会，有30自然村。乡人民政府驻东马上。1957年设马上乡。1958年改公社。1984年复乡。因乡政府驻地得名。硝河、卫河流经。有初中2所，小学13所，卫生院1个，卫生所38个。有幼儿园、文化站、敬老院、黄吉士墓等。农业以小麦、玉米、花生种植为主。有花卉博览园、林海生态庄园。工业以化工、铸造、机械加工、纺织、电力设备制造、医疗用品生产为主。有光电、工程机械租赁等企业。南林高速、省道葛嘴线过境。

东马上［Dōngmǎshàng］　马上乡人民政府驻地。在县政府驻地城关镇北6千米。人口3000。明清为官府牧马之地，称马场，后改名马生，清末演为马上。后分东、西2村，此处居东称东马上。聚落呈块状。有中小学、幼儿园、卫生院、文化站、敬老院等。农业以小麦、玉米、花生种植为主，以温棚瓜菜种植为特色。有集贸市场。省道葛嘴线经此。

高堤乡［Gāodī Xiāng］　内黄县辖乡。在县境西部。面积61.1平方千米。人口4.6万。辖25村委会，有24自然村。乡人民政府驻北寨。1957年设高堤乡。1958年改公社。1984年复乡。因黄河故道鲧堤得名。卫河流经。有初中1所，小学11所，卫生院1个，卫生所34个。有幼儿园、文化站、敬老院等。有省级文物保护单位玄武帝庙。农业以小麦、玉米、花生种植为主。工业以制塑、机械加工、铸造、农产品加工为主。省道葛嘴线过境。

北寨［Běizhài］　高堤乡人民政府驻地。在县政府驻地城关镇西5千米。人口3100。处黄河故道鲧堤之上，因方位得名北高堤，后因堤分为二，为防水患、盗匪，各修土寨，分别名南寨、北寨。聚落呈块状。有中小学、幼儿园、卫生院、文化站、敬老院等。农业以小麦、玉米、花生种植为主。有集贸市场。南前公路经此。

亳城乡［Bóchéng Xiāng］　内黄县辖乡。在县境中部偏南。面积72.2平方千米。人口5.2万。辖28村委会，有28自然村。乡人民政府驻西亳城。1957年设亳城乡。1958年改公社。1984年复乡。因乡政府驻地得名。硝河流经。有初中3所，小学10所，卫生院1个，卫生所56个。有幼儿园、文化站、敬老院等。有全国重点文物保护单位大兴寺塔，省级文物保护单位商太戊中宗陵、刘次范遗址。农业以小麦、玉米、花生种植为主。工业以电子、食品加工、建材为主。省道东上线、县道兰前线过境。

西亳城［Xībóchéng］　亳城乡人民政府驻地。在县政府驻地城关镇西南12千米。人口3200。商王太戊建都于亳，历经商中宗、河亶甲、祖乙3代计100余年，故名亳城，后因在东亳城以西，改今名。聚落呈块状。有中小学、幼儿园、卫生院、文化站、敬老院等。农业以小麦、玉米、花生种植为主。有集贸市场。省道东上线经此。

六村乡［Liùcūn Xiāng］　内黄县辖乡。在县境南部。面积72.1平方千米。人口3.4万。辖22村委会，有22自然村。乡人民政府驻穆六村。1957年设六村乡。1958年改公社。1984年复乡。因乡政府驻地得名。硝河流经。有初中1所，小学11所，卫生院1个，卫生所22个。有幼儿园、文化站、敬老院等。有省级文物保护单位温邢堌"二一五"革命斗争遗址。有纪念地二八农协旧址、中共濮阳县委旧址。农业以尖椒、小麦、玉米种植为主。工业以矿山机械加工、建材、家具、纺织为主。有辣椒交易市场。日瓦铁路、省道濮安线过境。

穆六村［Mùliùcūn］　六村乡人民政府驻地。在县政府驻地城关镇西南21千米。人口1300。传明初穆氏迁此，与其他迁居之人分居6村庄，关系密切而得名。聚落呈块状。有中小学、幼儿园、卫生院等。农业以尖椒、小麦、玉米种植为主。有传统古会。有尖椒交易市场。日瓦铁路、省道胡鹤线经此。

中召乡［Zhōngzhào Xiāng］　内黄县辖乡。在县境东南部。面积58.9平方千米。人口3.6万。辖28村委会，有31自然村。乡人民政府驻中召。1957年设中召乡。1958年改公社。1984年复乡。因乡政府驻地得名。有初中3所,小学12所,卫生院1个,卫生所34个。有幼儿园、文化站、敬老院等。农业以小麦、玉米、花生种植为主。工业以化工、制衣、门业、农副产品及饲料加工为主。濮鹤高速,省道郑台、民信线过境。

中召［Zhōngzhào］ 中召乡人民政府驻地。在县政府驻地城关镇南38千米。人口5900。有"五虎四照出天子"之传说,因照通召,地处南召、北召之间而得名。聚落呈块状。有中小学、幼儿园、卫生院、文化站、敬老院等。农业以小麦、玉米、花生种植为主。农历每月初一、三、五、七、九逢集,有集贸市场。省道郑台线经此。

宋村乡［Sòngcūn Xiāng］ 内黄县辖乡。在县境北部。面积40.7平方千米。人口3.9万。辖26村委会,有25自然村。乡人民政府驻代宋村。1962年由楚旺公社析设宋村公社。1984年改乡。因乡政府驻地得名。有初中2所,小学8所,卫生院1个,卫生所25个。有幼儿园、文化站、敬老院等。农业以小麦、玉米、花生种植为主。工业有医药、矿用钎具加工、制衣等。县道兰前线过境。

代宋村［Dàisòngcūn］ 宋村乡人民政府驻地。在县政府驻地城关镇北22千米。人口1000。明洪武年间(1368—1398)戴姓建村,临近宋庄,故名戴宋村。后以谐音改今名。聚落呈块状。有中小学、幼儿园、卫生院、文化站、敬老院等。农业以小麦、玉米种植为主。工业以副食品加工为主。服务业以商贸为主。有传统古会、集贸市场。县道兰前线经此。

石盘屯乡［Shípántún Xiāng］ 内黄县辖乡。在县境西北部。面积44.3平方千米。人口3.4万。辖26村委会,有25自然村。乡人民政府驻石盘屯。1957年设石盘屯乡。1958年改公社。1984年复乡。因乡政府驻地得名。岳飞河流经。有初中2所,小学9所,卫生院1个,卫生所38个。有幼儿园、文化站、敬老院、岳飞庙等。农业以小麦、玉米种植为主。工业以粮食、木材家具、医用材料加工为主。安南高速、县道兰前线过境。

石盘屯［Shípántún］ 石盘屯乡人民政府驻地。在县政府驻地城关镇西北14千米。人口4000。传岳飞母子坐石瓮漂此,得救后放瓮于庙内盘石上而得名。聚落呈块状。有中小学、幼儿园、卫生院、文化站、敬老院等。农业以小麦、玉米种植为主。有传统古会、集贸市场。

豆公乡［Dòugōng Xiāng］ 内黄县辖乡。在县境西北部。面积44平方千米。人口3.6万。辖20村委会,有15自然村。乡人民政府驻豆公。1957年设豆公乡。1958年改公社。1984年复乡。因乡政府驻地得名。汤河、卫河、洹河流经。有初中1所,小学11所,卫生院1个,卫生所27个。有幼儿园、文化站、敬老院等。有民俗桃花节。农业以小麦、玉米种植为主。工业以木材、家具、建材加工,纺织为主。县道内豆线过境。

豆公［Dòugōng］ 豆公乡人民政府驻地。在县政府驻地城关镇西北17千米。人口6700。传隋唐之交,河北农民起义军领袖窦建德曾在此屯兵,有惠于民,故名窦公。后谐音称豆公。聚落呈块状。有中小学、幼儿园、卫生院、敬老院。农业以小麦、玉米种植为主。县道内豆线经此。

鹤壁市

鹤壁市［Hèbì Shì］ 河南省辖地级市。北纬35°26′—36°02′,东经113°05′—114°45′。在省境北部。面积2182平方千米。户籍人口162.1万,常住人口159.7万。以汉族为主,还有回、满、朝鲜、蒙古、壮等民族。辖淇滨、鹤山、山城3区,浚县、淇县2县。市人民政府驻淇滨区。1957年析汤阴、安阳2县置鹤壁市,直属省。1958年改县级市,属新乡专区。1961年归安阳专区。1969年属新乡地区。1974年改地级市。1986年浚县、淇县划入。传古有双鹤栖于南山之峭壁,其山曰鹤山,后在峭壁下建村而得名。地处太行山低山丘陵和山前倾斜平原及延津—内黄微起伏平原。西为丘陵,海拔150—400米,最高海拔1019米。东属山前洪积冲积平原,卫河两侧有洼地,最低海拔53.1米。年均气温13.6℃,1月平均气温0.8℃,7月平均气温29.5℃。年均降水量498.7毫米。年均无霜期225天。卫河及支流淇河、汤河、羑河、思德河、折胫河、泗河、新庄河流经。有盘石头水库。有煤、瓦斯气、铝矾土、硫铁矿、玄武石、石灰石、花岗石、水泥灰岩、白云岩、石英砂岩、耐火黏土等矿产资源。有野生植物构树、黄荆、枸杞、杜梨、黄楝、柿子树、野皂角、野大豆。有国家一级保护野生动物水獭、桃花水母、大天鹅、丹顶鹤、白鹤、白头鹤、黑鹳、白鹳、大鸨、金雕。有黄庙沟原始次生林。森林覆盖率31.7%。有高校3所,中等职业技术学校9所,中学86所,小学356所,二级医院14个,公共图书馆4个,文化馆6个,博物馆2个,综合档案馆6个,文艺团体6个。有全国地掷球训练基地。有世界文化遗产大运河卫河浚县段、黎阳仓遗址。有全国重点文物保护单位10个,省级文物保护单位22个。有花窝遗址、刘庄文化遗址、纣王墓、摘心台、五岩山东魏石窟、玄天洞石塔、汉代冶铁遗址、西周卫国墓葬区、唐宋古瓷窑遗址、宋代采煤遗址、北魏大石佛、云梦山古军库等古迹。有上峪地幔窗口、淇河冰臼群、淇河、大伾山、云梦山、灵山、五岩山、天然太极图等景点。有国家级非物质文化遗产3项。有国家历史文化名城浚县、省历史文化名城淇县。三次产业比例10∶72∶18。农业以小麦、谷子、玉米、棉花种植为主,产柿子、核桃、苹果、花椒、红枣、葡萄等。有药材天花粉、酸枣仁、丹参、枸杞、远志等。特产淇河鲫鱼、双黄鸭蛋、缠丝鸭蛋、冬凌草、无核枣等。工业以煤电化材、食品加工、汽车零部件、金属镁精深加工、电子信息产业为主。有机械制造、铸造冶炼、陶瓷水泥、光伏、造纸印刷、纺织编织、农畜产品深加工等。有金属镁基地。服务业以旅游、物流为主。有鹤壁国家经济技术开发区。有铁路99千米,高铁34千米,公路4464千米,高速75千米。晋豫鲁、京广铁路,京港高铁,京港澳、范辉高速,107国道过境。

鹤壁［Hèbì］ 鹤壁市聚落。在市境中部。面积34平方千米。人口29.7万。以汉族为主,还有回、壮、藏、朝鲜等民族。宋代已有采煤业,清末、民国时煤矿遍布。1949年建设第一煤矿。1956年后陆续建到第九煤矿。商业网点布于主街新华街两侧。1957年建新城区,修南北主干道3条和东西主街道5条。聚落依煤矿分布呈南北狭长形,民居依地势起伏而筑,有山城之貌。市直机关、文教部门和电子、轻纺、食品等厂集中于大胡区片,建材、陶瓷等厂集中于中山区片,机械工厂集中于鹤壁集区片,电力、化工工业集中于鹿楼区片。1990年建淇滨经济开发区。新区城矿分离。北部建国家经济技术开发区。西、南为淇河生态带,2009年沿河建国家湿地公园。西南为商务中心区。中为城市综合体。东南为高铁站特色商业区。南为职教园区。有铁路、高铁、高速、国道。通多路公交车。

长风路［Chángfēng Lù］ 在市境西北部。南起牟山大道,北至中山路。与建设街、朝阳街、朝霞街、奔流街、汤河街等相交。长9.4千米,宽15米。沥青路面。1958年开工,同年建成。因李白诗句"长风破浪会有时"得名。两侧有宝马宾馆、地王广场等。通公交车。

中山路［Zhōngshān Lù］ 在市境西北部。南起汤河街,北至黎明桥。与鹤源路、五岩街、药王街、教场街等相交。长5.1千米,宽28米。沥青混凝土路面。因西倚中山得名。1957年开工,同年建成,2002年改扩建。两侧有鹤山区财政局、地税局、文教体局等。通公交车。

淇滨区

淇滨区［Qíbīn Qū］ 鹤壁市人民政府驻地。在市境中部偏西。面积306平方千米。人口26万。辖3街道、2镇、2乡。区人民政府驻九州路街道。1966年设鹤壁市郊区。1997年浚县大赉店镇划入。1998年鹤壁集乡、姬家山乡划归鹤山区,石林乡、鹿楼乡划归山城区。2001年更名淇滨区。2008年浚县钜桥镇划入。因位于淇河之滨得名。20世纪90年代后建设新区。年均气温14.5℃。年均降水量664.9毫米。淇河、汤河、羑河、泗河等流经。有盘石头水库,天然冰臼群、温泉。有中学18所,小学59所,二级医院6个,文化馆7个。有省级文物保护单位辛村西周贵族墓葬遗址、千佛洞石窟、玄天洞石塔、大赉店文化遗址、陇西尹公浮图。有许穆夫人垂钓处、罗贯中隐居地等。有省级非物质文化遗产白蛇闹许仙传说。有国家3A级旅游风景区金山嘉祐禅寺、天然太极图。三次产业比例5∶58∶37。农业以小麦、夏玉米种植为主。产柿子、苹果、梨、山楂、大枣、香椿等。特产淇河鲫鱼、缠丝鸭蛋、冬凌草等。工业以金属镁深加工、机械制造、食品加工、汽摩配、节能建材、通讯器材为主。服务业以商贸为主。京广铁路,京广高铁,京珠、濮鹤高速,107国道,省道东大、大海、葛嘴线过境。通公交车。

鹤壁国家经济技术开发区［Hèbì Guójiā Jīngjì Jìshù Kāifāqū］ 在区境中部。北至牡丹江路,东至香山路,南至淇滨大道,西至金阳大街。面积7平方千米。1992年12月被省政府批准为省级经济开发区。由鹤壁市政府管理。2010年11月经国务院批准升级为国家级经济技术开发区。辖城北、金山、东杨3工业园区。入驻企业400多家,有创世电机、永达美基食品等。为电子信息产业、全国镁加工产业示范基地。铁路、高铁、高速、国道、省道过境,交通便利。

新世纪广场[Xīnshìjì Guǎngchǎng] 在区境中部。面积150亩。1999年开工,2002年建成。因建设时间得名。由北向南有市政广场、文化广场、游憩休闲广场。市政广场以高66米的新世纪钟塔为主题,也是鹤壁市新区城市标志性建筑。钟塔北侧,借助一层边廊台阶,搭建面积达110平方米的广场文化活动舞台。游憩休闲区以鹤壁市地图为基本形状的浅水湖面,与彩色音乐喷泉、游廊及西部山林缓丘共同营造公园式休闲广场。为集市政、文化娱乐、休闲为一体的多功能、综合性广场。绿化覆盖率65%。周边有大型商场及商业步行街。通公交车。

淇滨大道[Qíbīn Dàdào] 在区境中部。西起金山路,东至东海路。与太行路、华山路、华夏北路、嵩山路、泰山路等相交。长3.9千米,宽60米。沥青路面。1992年开工,1997年建成。因处淇河之滨得名。两侧有市政府、邮政大厦、水务大厦、智慧鹤壁、市工商局、京立医院、银行等。通公交车。

兴鹤大街[Xīnghè Dàjiē] 在区境中部。南起南海路,北至渤海路。与延河路、海河路、黎阳路、淇滨大道、珠江路等相交。长8.6千米,宽60米。沥青路面。1993年开工,2002年建成。因"振兴鹤壁"之意得名。两侧有酒店、商务中心、商厦等。通公交车。

鹤壁站[Hèbì Zhàn] 见交通运输设施部分"鹤壁站"条。

鹤壁东站[Hèbìdōng Zhàn] 见交通运输设施部分"鹤壁东站"条。

鹤壁市汽车客运总站[Hèbì Shì Qìchē Kèyùn Zǒngzhàn] 见交通运输设施部分"鹤壁市汽车客运总站"条。

九州路街道[Jiǔzhōulù Jiēdào] 淇滨区人民政府驻地。在区境南部。面积16平方千米。人口15万。1999年设。因九州路得名。先后建成新世纪广场、兴鹤大街、九州路、淇滨大道、黄河路、淮河路、华夏南路等。淇河流经。有中学8所,小学10所,二级医院4个,卫生所4个。有省级文物保护单位大赉店遗址。有花窝遗址、天赉渠首、淇水乐园、森林公园等名胜古迹。服务业以商贸为主。京广高铁、京港澳高速、107国道过境。通多路公交车。

金山街道[Jīnshān Jiēdào] 属淇滨区。在区境中部。面积29平方千米。人口2.4万。2005年由庞村镇改设。因黑山又名金山得名。2011年建金山工业区。淇河流经。有中学2所,小学6所,卫生院1个,卫生所15个。有辛村、刘庄等遗址。有金山旅游区、寒坡洞等。农业以生态林业,奶牛养殖为主。特产淇河鲫鱼、冬凌草。工业以食品加工、光电、制药为主。有采摘园。省道东大线过境。通多路公交车。

蔡庄[Càizhuāng] 在区政府驻地九州路街道西北6千米。属金山街道。人口600。原为黑山寺菜园,建村后因此得名。聚落呈块状。有小学,有憩仙居墓地。农业以小麦、玉米种植为主。省道东大线经此。2011年被评为全国文明村。

黎阳路街道[Líyánglù Jiēdào] 属淇滨区。在区境中部。面积9平方千米。人口5万。1999年设。因黎阳路得名。先后修建黎阳路、淇河路、卫河路,建设城北工业区,兴建企业。有中学2所,小学3所,二级医院2个,卫生所9个。服务业以商业、住宿、房地产业为主。有家装建材、汽车修配、仓储物流等。通多路公交车。

大赉店镇[Dàlàidiàn Zhèn] 淇滨区辖镇。在区境东北部。面积41平方千米。人口2.5万。辖20村委会,有20自然村。镇人民政府驻大八角社区。1954年浚县设大赉店乡。1958年成立大赉店公社。1983年改乡。1992年改镇。2001年划入淇滨区。因镇政府原驻地得名。淇河流经。有中学2所,小学8所,卫生院1个,卫生所19个。农业以花木、食用菌、山药、芦笋、黄梨木种植为主。有开心农场。京广铁路、京珠高速、107国道过境。

大八角社区[Dàbājiǎo Shèqū] 大赉店镇人民政府驻地。在区境东北部。面积0.5平方千米。人口2300。明末清初有八角状水井,有2八角村,因该村较大而名。2008年成立。有体育活动场所、文化娱乐场所、大八角戏楼。有市外国语中学、卫生所。农业以小麦、玉米、红薯种植为主。通公交车。

钜桥镇[Jùqiáo Zhèn] 淇滨区辖镇。在区境东南部。面积70平方千米。人口4万。辖35村委会,有37自然村。镇人民政府驻钜桥。1957年浚县设钜桥乡。1958年改公社。1983年复乡。1998年改镇。2008年划入淇滨区。因镇政府驻地得名。淇河流经。有中学2所,小学16所,卫生院1个,卫生所18个。有商代鹿台新石器时代文化遗址、女娲宫等名胜古迹。农业以小麦、玉米种植为主。工业以铸造、粮油加工、建材、酿造为主。京广铁路、京珠高速、107国道过境。

钜桥[Jùqiáo] 钜桥镇人民政府驻地。在区政府驻地九州路街道东南5千米。人口6000。因古钜桥遗址得名。商代为粮仓,《尚书·周书·武成》有"散鹿台之财,发钜桥之粟"的记载。聚落呈块状。有小学、卫生所。农业以小麦、玉米种植为主。省道浚南线、县道钜新线经此。

上峪乡[Shàngyù Xiāng] 淇滨区辖乡。在区境西北部。面积62平方千米。人口0.9万。辖18村委会,有35自然村。乡人民政府驻上峪。1985年鹿楼乡析设上峪乡。因乡政府驻地得名。有火山地幔窗口。淇河流经。有中学1所,小学4所,卫生院1个,卫生所9个。有青岩寺、青岩洞、千佛洞、白龙庙等古迹。农业以小麦、玉米、谷子、棉花、苹果、柿子、核桃种植为主。工业以生物科技、风电、光电为主。有乡村旅游。鹿上公路、西南旅游专线过境。

上峪[Shàngyù] 上峪乡人民政府驻地。在区政府驻地九州路街道西北17千米。人口500。清道光年间(1821—1850)建村,因地处山谷之首而得名。聚落呈块状。有火山地幔窗口。有中心学校、卫生院。农业以小麦、玉米、红薯种植为主。工业以石料、矿泉水加工为主。鹿上公路经此。

大河涧乡[Dàhéjiàn Xiāng] 淇滨区辖乡。在区境西北部。面积85平方千米。人口1.7万。辖16村委会,有19自然村。乡人民政府驻大河涧。1966年鹿楼公社析设大河涧公社。1983年改乡。因乡政府驻地得名。淇河流经。有中学1所,小学12所,卫生院1个,卫生所12个。有赵南古长城、双塔寺、盘石头水库等景点。农业以柿子、苹果、桃、杏、核桃、梨、枣种植为主。工业以水泥加工、铸造、镁冶炼为主。壶台公路过境。

大河涧[Dàhéjiàn] 大河涧乡人民政府驻地。在区政府驻地九州路街道西北23千米。人口1200。涧河流经。因水流较大而得名。聚落呈块状。有小学、卫生室。农业以小麦、玉米、红薯种植为主。壶台公路经此。

鹤 山 区

鹤山区[Hèshān Qū] 鹤壁市辖区。在市境西北部。面积139平方千米。人口12.7万。辖5街道、1镇、1乡。区人民政府驻中山北路街道。1960年成立鹤山煤矿公社。1961年分设鹤山区。1967年鹤山区更名工农区。1980年复为鹤山区。因"古有双鹤栖于南山之峭壁,其山曰鹤山"之说得名。先后建煤炭物流园区、化工园区、花卉园区。南北分布中山、鹤壁集、九矿3区片。2009年开始旧城改造。地处太行山区与华北平原交接处,西为低山,东为丘陵。海拔87—576米。有鹤山、五岩山、人头山、阿斗寨等。汤河、羑河、金线河、洹河、新庄河流经。年均气温14.7℃。年均降水量690毫米。有煤、瓦斯、石灰岩、水泥灰岩、白云岩等矿产资源。主要植物种类有90余种,其中有省级珍稀濒危植物野大豆、刺五加。有野生动物86种,其中有国家二级重点保护野生动物灰鹤、野莺,省级重点保护野生动物乌龟、苍鹭。森林覆盖率23%。有中学5所,小学24所,文化馆站3个。有艺术表演团体。有省级文物保护单位东魏石窟、鹤壁集古瓷窑遗址。有省级旅游风景区黄庙沟、南山森林公园。有五岩山景区、盘龙寺风景区、东齐古植物化石群、阿斗寨旅游区、竹林寺、静居寺等名胜古迹。三次产业比例3∶86∶11。农业以小麦、玉米、谷子、红薯、花卉、中药材、棉花种植为主。特产东齐香椿。工业以煤炭、金属镁综合利用、机械铸造、煤矸石综合利用和精细化工为主。服务业以物流、旅游为主。汤鹤、矿区、浚鹤铁路,省道大白线过境。

中山北路街道[Zhōngshānběilù Jiēdào] 鹤山区人民政府驻地。在区境东南部。面积1平方千米。人口1.2万。1979年由中山路街道析设立康新路街道。1982年因中山北路改今名。先后改造旧城,拓宽中山路。汤河流经。有小学2所,卫生所2个。工业以化工为主。通公交车。

中山路街道[Zhōngshānlù Jiēdào] 属鹤山区。在区境东南部。面积5平方千米。人口2.5万。1961年设。因中山路得名。2010年改造旧城,拓宽中山路。2014年建百岩园、百树园2公园。有中山、马家岭。汤河流经。有中学1所,小学3所,卫生院1个,卫生所4个。有宝峰寺。工业以化工、特钢、农药加工为主。服务业以商贸为主。省道东大线过境。通公交车。

新华街街道[Xīnhuájiē Jiēdào] 属鹤山区。在区境中部。面积2平方千米。人口0.8万。1961年设鹤壁集街道。1982年因新华书店改今名。2001年建南北大街。2012年拓宽、绿化羑河。羑河流经。有小学1所,卫生所4个。有柏灵桥等古迹。工业以机械制造为主。服务业以商贸、餐饮为主。汤鹤铁路过境。有汽车客运站。通公交车。

鹤山街街道[Hèshānjiē Jiēdào] 属鹤山区。在区境中部。面积3平方千米。人口1.1万。1979年由鹤壁集街道(现新华街街道)析设新生路街道。1982年因区政府更今名。先后拓宽城市道路,改造旧城,建商业门店。羑河流经。有小学1所,卫生所4个。有省级文物保护单位鹤壁集古瓷窑遗址。有鹤壁窑博物馆。工业以电焊条加工、矿产开采为主。服务业以商贸为主。省道东大线过境。通公交车。

九矿广场街道[Jiǔkuàngguǎngchǎng Jiēdào] 属鹤山区。在区境北部。面积8平方千米。人口1.1万。1963年设间寨街道。1982年因鹤煤公司九矿广场更今名。先后改造旧城,拓宽一街路。金线河流经。有中学1所,小学2所,卫生所2个。有阿斗寨旅游区。农业以小麦、玉米、棉花种植为主,有花卉园艺。工业以化工、防水材料加工为主。服务业以商贸为主。省道东大线过境。通公交车。

鹤壁集镇［Hèbìjí Zhèn］ 鹤山区辖镇。在区境北部。面积49平方千米。人口4万。辖8居委会、24村委会，有65自然村。镇人民政府驻鹤壁集。1953年汤阴县设鹤壁乡。1956年改镇。1957年划入鹤壁市。1960年与陈家庄、间寨2公社合并成立鹤山煤矿公社。1981年更名鹤壁集公社。1984年改乡。1998年属鹤山区。2010年改镇。因镇政府驻地得名。有南山、房子山。汤河、羑河、金线河流经。有中学2所，小学10所，卫生院1个，卫生所40个。有宋代采煤遗址、唐宋古瓷窑遗址。农业以小麦、玉米、棉花种植为主。有园艺苗木、蔬菜基地及林牧场等。工业以建材、机械制造、化工、光电为主。有煤炭物流园区。汤鹤铁路、省道东大线过境。有鹤壁北站。通公交车。

鹤壁集［Hèbìjí］ 鹤壁集镇人民政府驻地。在区政府驻地中山北路街道北2千米。人口6000。传古有双鹤栖于南山峭壁，其山曰鹤山，其村曰鹤壁，成集后改今名。聚落呈块状。有南山、凤凰山。羑河流经。有煤炭资源。有中小学、卫生院、卫生所。有宋代采煤、唐宋古瓷窑等遗址。有明代东大庙、东券门等。农业以小麦、玉米种植为主。汤鹤铁路、省道东大线经此。有鹤壁北站。通多路公交车。

姬家山乡［Jījiāshān Xiāng］ 鹤山区辖乡。在区境西部。面积53平方千米。人口1.3万。辖15村委会，有31自然村。乡人民政府驻娄家沟。1985年由郊区鹤壁集乡析设姬家山乡。1998年划入鹤山区。因乡政府原驻地得名。有中学1所，小学5所，卫生院1个，卫生所15个。有莲花洞、人头山、五岩山洞、苇泉寺、孙思邈庙、穆桂英洞等名胜古迹。农业以柿子、苹果、核桃、杏种植为主。特产香椿、黄连籽。工业以科技化工、镁冶炼为主。有姬家山产业园区。通公交车。

娄家沟［Lóujiāgōu］ 姬家山乡人民政府驻地。在区政府驻地中山北路街道西北4千米。人口1800。因清康熙末年娄姓在山沟建村而得名。聚落呈长方形。有小学、卫生室。农业以小麦、玉米、果树种植为主。工业以煤炭开采、预制板加工为主。通公交车。

王家辿［Wángjiāchān］ 姬家山乡辖自然村。在区政府驻地中山北路街道西11千米。人口200。明初王氏迁此山谷中，故名。聚落呈长条状。为中国传统村落。有特色建筑倒座楼房。有玉皇庙、奶奶庙、古戏台、油坊、榨油机、木制榨油槽等古迹。有传统社火表演。为山区旅游示范村。有旅游、餐饮、住宿业。特产香椿、柿子、黄楝籽等。通公交车。

山城区

山城区［Shānchéng Qū］ 鹤壁市辖区。在市境西北部。面积197平方千米。人口24万。辖7街道、1镇。区人民政府驻红旗街道。1961年置山城区。1957年底在山坡筑城。2000年旧城改造，整修城区主干道。新建住宅小区和地王广场商业圈，建桐岭湿地、淇河景观园等。2010年建高层建筑和高档小区。因地处丘陵，具山城风貌而得名。地势西高东低，西为丘陵，东为小平原。海拔100—224.7米。汤河、淇河、羑河流经。有中学10所，小学42所，二级医院3个。有国家一级文化馆、省级文化大院。有全国重点文物保护单位赵南长城，省级文物保护单位鹿楼冶铁遗址、李家大院。有古迹赖家河商周文化遗址、“三叔坟”、法隆寺遗址。有景点鹤鸣湖、华北第一柏及影视基地等。有省级红色旅游景点石林军事会议遗址，省级爱国主义教育基地烈士陵园。有省历史文化名镇石林镇。有省级非物质文化遗产金龟舞、大胡九河黄酒酿造技艺。有民间艺术剪纸、铁花焰火、蛤蚌舞、秧歌舞、大花轿等地方特色文化。三次产业比例2∶81∶17。农业以小麦、玉米种植，猪、牛、羊、鸡养殖为主。工业以煤化工、新型建材和装备制造为主，有矿用绞车、煤质分析仪、汽车插接件等。服务业以商贸为主。汤鹤、浚鹤铁路，省道葛嘴、东大线过境。通公交车。

红旗街道［Hóngqí Jiēdào］ 山城区人民政府驻地。在区境西南部。面积3平方千米。人口5.3万。1972年设长风路街道。1981年因红旗街改今名。先后修建道路，改造棚户区，建成多处居民小区。汤河流经。有中学2所，小学4所，幼儿园10所，二级医院3个，卫生所15个。有毛主席万岁像、枫岭公园等。服务业以商贸为主。通多路公交车。

长风中路街道［Chángfēngzhōnglù Jiēdào］ 属山城区。在区境南部。面积7平方千米。人口2.5万。1961年设红旗街道。1981年因长风中路改今名。先后修建红旗街、长风路、奔流街、北岗路、前进路等，建成多处小区。汤河、泗河流经。有中学1所，小学2所，卫生所9个。有金博大广场等。服务业以商贸为主。通多路公交车。

山城路街道［Shānchénglù Jiēdào］ 属山城区。在区境西部。面积2平方千米。人口2.5万。1962年由红旗街道析设汤河街道。1968、1972年先后更名东风、钢铁路街道。1981年因山城路改今名。汤河流经。先后建成多处小区。有中学2所，小学3所，卫生所8个。服务业以商贸为主。通多路公交车。

汤河桥街道［Tānghéqiáo Jiēdào］ 属山城区。在区境西部。面积2平方千米。人口2.1万。1978年由钢铁路街道（现山城路街道）析设。因桥得名。汤河流经。先后修建道路，建成多处小区。有中学3所，小学2所，卫生所8个。服务业以商贸为主。通多路公交车。

鹿楼街道［Lùlóu Jiēdào］ 属山城区。在区境南部。面积2平方千米。人口1.5万。1963年设。1968年更名跃进街道。1972年复名。因鹿楼街得名。先后修建道路，建成多处小区。泗河流经。有中学1所，小学2所，卫生所7个。服务业以商贸为主。通多路公交车。

宝山街道［Bǎoshān Jiēdào］ 属山城区。在区境南部。面积25平方千米。人口5.2万。2012年撤鹿楼乡析设。因临宝山工业园区得名。汤河流经。有小学3所，卫生院1个，卫生所13个。服务业以商贸为主。通多路公交车。

大胡街道［Dàhú Jiēdào］ 属山城区。在区境西部。面积20平方千米。人口5.1万。2012年撤鹿楼乡析设。因大胡村得名。有小学5所，卫生所12个。有景点李家大院等。服务业以商贸为主。通多路公交车。

大胡［Dàhú］ 在区政府驻地红旗街道东1千米。属大胡街道。人口8400。传孔子周游列国经此，两小儿用瓦片在道上垒城作戏。孔子叫其让道，小儿曰：“为车当避于城，难以城避车，我辈年幼何以避之？”孔子无言以对，只得绕道，怒曰：“胡垒！”因此传说得名。后人多村大，改为大胡垒村，又简为今名。聚落呈团块状。为中国传统村落。曾为汤阴县以西地区通往县城的通衢之地，也是山西通往齐鲁的咽喉要道。有省级文物保护单位明代工部尚书李燧的“李家大院”，建筑群为明清民居建筑风格。有乾隆年间石碑、民俗大花轿。工业以黄酒酿造为主。通多路公交车。

肥泉［Féiquán］ 在区政府驻地红旗街道东北10千米。属大胡街道。人口1300。村东头树林间有一处天然泉，传明初山西洪洞移民围泉耕种，水土肥沃，因此得名。聚落呈团块状。为中国传统村落。有始建于清道光年间的张家大院，共有房屋38栋189间，建筑面积4000多平方米。明清建筑风格，坐北朝南，整体分东西4纵排列，大部分建筑沿中轴线对称而建，具有典型的儒家文化特色。通多路公交车。

石林镇［Shílín Zhèn］ 属山城区。在区境东北部。面积97平方千米。人口3.2万。辖39村委会，有51自然村。镇人民政府驻西石林。1957年汤阴县设石林乡。1958年成立公社。1961年划入鹤壁市。1984年改乡。1998年划入山城区。2010年改镇。因镇政府驻地原名得名。有中学1所，小学21所，卫生院1个，卫生所45个。有刘邓大军石林军事会议旧址、法隆寺遗址、华北第一柏等。为省历史文化名镇。农业以小麦、玉米种植为主。工业以制陶制瓷、矿山机械制造为主。晋中南铁路、省道葛嘴线、汤鹤公路过境。有鹤壁时丰站。通公交车。

西石林［Xīshílín］ 石林镇人民政府驻地。在区政府驻地红旗街道东北6千米。人口1500。传唐有法隆寺，为佛教圣地，称释迦牟尼之林，简称“释林”，演为石林。后成东、中、西3村，此处居西称今名。聚落呈团块状。有中学、卫生院、卫生室。有刘邓大军石林军事会议旧址、法隆寺遗址、华北第一柏等。农业以小麦、玉米种植为主。有陶瓷工业园区。汤鹤公路经此。

浚县

浚县［Xùn Xiàn］ 鹤壁市辖县。北纬35°40′，东经114°32′。在市境东部。面积966平方千米。人口66.5万。辖4街道、6镇、1乡。县人民政府驻黎阳街道。北宋政和五年（1115）升安利军为浚州。金皇统八年（1148）改通州。天德三年（1151）复浚州。明洪武二年（1369）废州改县，治迁今城关镇，属大名府。清雍正三年（1725）属卫辉府。1913—1933年属豫北道、河北道、河南省、第三行政督察区。1949—1952年属平原省安阳专区、河南省安阳专区。1958—1983年属新乡专区、安阳专区、安阳地区、安阳市。1986年划归鹤壁市。因卫河、淇河汇流称浚水而得名。地处太行山前倾斜平原，西北为丘陵，东为平原，西南为洼地。海拔53.1—231.8米。年均气温13.8℃，1月平均气温1.5℃，7月平均气温27℃。年均降水量663.2毫米。淇河、卫河流经。有大理石、石灰石、白沙等矿产资源。森林覆盖率21%。有职业学校5所，中学34所，小学251所，二级医院3个。有世界文化遗产大运河卫河浚县段、黎阳仓遗址。有全国重点文物保护单位、省级文物保护单位各4个。有景点大伾山、浮丘山，古迹子贡墓碑、雍榆城遗址。有革命纪念地、烈士陵园等。有国家非物质文化遗产泥咕咕、西路大平调、民间社火、正月古庙会。为国家历史文化名城。三次产业比例21∶57∶22。农业以小麦、玉米、棉花、油菜、花生、芝麻种植为主。有土特产红枣、枣花蜜、兔肉、大碾萝卜、小河白菜、吴二锅花生米等。工业以食品和家居用品制造为主。有食品企业。服务业以仓储、物流、旅游为主。鹤濮高速，鹤浚快速通道，230、515国道过境。

浚州广场［Xùnzhōu Guǎngchǎng］　在县城北部。面积1400平方米。2000年开工，2014年建成。因处浚州大道北而得名。以种植花木花期的不同，分春、夏、秋、冬4园区。景观将草地、灌木、乔木相搭配，以地方性植被、乡土植物为基调，适当引进适于生长条件的外来植物，共栽植银杏、水杉、乌桕、国槐、椿树、红枫、樱花、蜡梅、西府海棠等乔灌木53种4500余株。铺设青石路面。为市民休闲娱乐场所。周边有检察院、行政大厅、科达学校、艺术中心、尚城公园、商业网点等。通公交车。

浚州大道［Xùnzhōu Dàdào］　在县城北部。东起老善堂路，西至永定路。与黄河路、民生路、永兴路、天宁路相交。长7.1千米，宽60米。沥青路面。2005年开工，2011年建成。因古浚州得名。两侧有县医院、科达中学、实验二小、党校、居民小区、酒业公司等。通公交车。

黎阳路［Líyáng Lù］　在县城北部。东起省道东上线，西至省道永定线。与卫河路、北关街、黄河路相交。长2.8千米，宽35米。沥青路面。1984年开工，1985年建成。原称北环路，2007年因浚县古称黎阳而改今名。两侧有县委、县政府、财政局、图书馆、居民小区等。通公交车。

黄河路［Huánghé Lù］　在县城中部。南起白云路，北至长丰大道。与浚州大道、黎阳路相交。长4.7千米，宽50米。沥青路面。1984年开工，1985年建成。因浚县一带为黄河故道而得名。两侧有公路局、商务局、黎阳中学、老县医院、农行、东江置业、居民小区、县汽车站等。通公交车。

浚县汽车站［Xùn Xiàn Qìchēzhàn］　见交通运输设施部分"浚县汽车站"条。

黎阳街道［Líyáng Jiēdào］　浚县人民政府驻地。在县境中部偏东。面积31平方千米。人口5.8万。2011年设。因浚县古称黎阳而得名。有中学3所，小学13所，卫生院1个，卫生所33个。农业以玉米、小麦、蔬菜种植为主。范辉高速、省道东上线、县道五浚线过境等。通公交车。

卫溪街道［Wèixī Jiēdào］　属浚县。在县境中部偏南。面积46平方千米。人口8.2万。2011年设。因地处卫河两岸，有云溪桥而得名。有中学5所，小学13所，二级医院2个，卫生院1个，卫生所32个。有文化中心、古城广场、子贡广场等。农业以玉米、小麦、蔬菜种植为主。工业以石刻、建材为主。通公交车。

西街［Xījiē］　在县政府驻地黎阳街道西南2千米。属卫溪街道。人口4500。县城有东、西、南、北4街，该村居西，故名。聚落呈块状。为中国传统村落。有全国重点文物保护单位浚县古城墙、省级文物保护单位世袭翰林府。有李氏公馆、王氏庄园等。农业以粮食种植、牲畜养殖为主。通公交车。

浚州街道［Xùnzhōu Jiēdào］　属浚县。在县境中部偏北。面积22平方千米。人口5.1万。2011年设。因浚县古称浚州，"随山浚川"之意得名。有中学3所，小学9所，二级医院1个，卫生院1个，卫生所26个。农业以小麦、玉米种植，猪、鸡养殖为主。工业以防盗门、木门制造，饲料面粉加工为主。鹤濮高速，省道安长、浚南线过境。通公交车。

伾山街道［Pīshān Jiēdào］　属浚县。在县境东部。面积37平方千米。人口5万。2011年设。因大伾山得名。有中学2所，小学13所，卫生院1个，卫生所21个。有世界文化遗产黎阳仓遗址。有黎阳津、四女台、子贡墓等名胜古迹。农业以玉米、小麦、蔬菜种植为主。有杨玘屯泥咕咕、角场营元宵等特色文化产业。鹤濮高速、省道东上线过境。通公交车。

善堂镇［Shàntáng Zhèn］　浚县辖镇。在县境东北部。面积176平方千米。人口9.4万。辖62村委会，有65自然村。镇人民政府驻东善堂。1949年设七区。1955年改善堂区。1957年分设善堂、迎阳铺2乡，后迎阳铺乡并入善堂乡。1958年改公社。1984年复乡。1992年改镇。因镇政府驻地得名。有中学6所，小学34所，卫生院1个，卫生所68个。有白马坡、白马津、临河城、颜良墓、逯明台、佛时寺等名胜古迹。农业以小麦、玉米、花生、尖椒、瓜果、蔬菜种植，猪、牛、羊养殖为主。工业以板材加工为主。为豫北板材加工基地。濮鹤高速、省道东上线过境。有浚县东站。通公交车。2005、2009年被评为全国文明镇。

东善堂［Dōngshàntáng］　善堂镇人民政府驻地。在县政府驻地黎阳街道东北17千米。人口2700。元代前有10家善人募资所修庙堂，得名什善堂。清乾隆年间(1736—1795)东、西分筑寨墙，分东、西善堂，因该村居东而得名。聚落呈块状。有中小学、卫生院、卫生室。有宋东岳庙遗址。农业以小麦、玉米、花生种植为主。省道东上线经此。

屯子镇［Túnzi Zhèn］　浚县辖镇。在县境西北部。面积135平方千米。人口7.8万。辖52村委会，有57自然村。镇人民政府驻屯子。1957年设屯子乡。1958年成立公社。1984年复乡。1997年改镇。因镇政府驻地得名。卫河流经。有石灰岩、页岩、膨润土等矿产资源。有中学2所，小学29所，卫生院1个，卫生所55个。有常仙甫故居、天门会旧址、善化山、象山等名胜古迹。农业以小麦、玉米种植为主。有石雕石刻产业。濮鹤高速、省道永定线过境。通公交车。

屯子［Túnzi］　屯子镇人民政府驻地。在县政府驻地黎阳街道西北12千米。人口3600。古称顿丘，春秋晋国设县。后因顿、屯谐音，改称今名。清乾隆二十四年(1759)设屯子所。聚落呈块状。有中小学、卫生院、卫生室。农业以小麦、玉米种植为主。有石雕业。

郑厂［Zhèngchǎng］　在县政府驻地黎阳街道西北11千米。屯子镇辖自然村。人口2300。明初郑姓自山西洪洞迁此，名郑家厂，后简称今名。自古为石料开采加工场地，因居石厂之中，又称中石厂。聚落呈块状。有千年历史的石雕技艺。为石料建材基地。农业以粮食种植、牲畜养殖为主。

王庄镇［Wángzhuāng Zhèn］　浚县辖镇。在县境北部。面积100平方千米。人口7万。辖46村委会，有75自然村。镇人民政府驻王庄。1957年设王庄乡。1958年改公社。1984年复乡。2010年改镇。因镇政府驻地得名。卫河、井固河流经。有中学2所，小学28所，卫生院1个，卫生所48个。农业以玉米、小麦、大豆、苗木种植，猪、鸡养殖为主。工业以粮食精深加工、畜牧加工为主。范辉高速，县道浚五线过境。通公交车。

王庄［Wángzhuāng］　王庄镇人民政府驻地。在县政府驻地黎阳街道东北12千米。人口1000。唐代称迁安镇。元代2王姓大户居此，因名王二庄，清代成集市，改称王庄集，后简为今名。聚落呈块状。有中小学、卫生院。农业以玉米、小麦种植为主。县道浚五线经此。

新镇镇［Xīnzhèn Zhèn］　浚县辖镇。在县境西南部。面积120平方千米。人口9.3万。辖50村委会，有69自然村。镇人民政府驻新镇(自然村)。1949年设第六区。1955年改新镇区。1957年设乡。1958年改公社。1983年复乡。1995年改镇。因镇政府驻地得名。有中学5所，小学39所，卫生院1个，卫生所50个。有新镇古街、淇门古街、宿胥口、升仙塔、田仙碑等古迹。农业以果蔬种植为主。省道郑吴、永定线，县道钜新线过境。通公交车。

新镇［Xīnzhèn］　新镇镇人民政府驻地。在县政府驻地黎阳街道西南25千米。人口6700。元代称新安。濒卫河，村民多以装卸货船为生，成集镇，明初改今名。聚落呈块状。有中学、卫生院、文化艺术广场、坎墙、关帝庙等。农业以玉米、小麦种植为主。省道永定线经此。

小河镇［Xiǎohé Zhèn］　浚县辖镇。在县境南部。面积117平方千米。人口7.3万。辖62村委会，有94自然村。镇人民政府驻小河。1955年设小河区。1957年改乡。1958年改公社。1984年复乡。1995年改镇。因镇政府驻地得名。有石灰石、灰岩、黏土、砂、膨润土、陶土等矿产资源。有中学3所，小学30所，卫生院1个，卫生所64个。有景点"同山晚照"。农业以小麦、玉米种植，猪、鸡养殖为主。省道大海、永定线过境。通公交车。

小河［Xiǎohé］　小河镇人民政府驻地。在县政府驻地黎阳街道西南14千米。人口2300。明洪武年间(1368—1398)张、马、谢3姓自山西洪洞迁此，名顺河集。明永乐年间(1403—1424)卫河决口，集散，遂又在小河边建村，故名。聚落呈块状。有小学、卫生院、卫生室。农业以小麦、玉米种植为主。省道永定线经此。

卫贤镇［Wèixián Zhèn］　浚县辖镇。在县境西南部。面积92平方千米。人口6.7万。辖48村委会，有55自然村。镇人民政府驻卫贤。1957年设卫贤乡。1958年成立公社。1984年复乡。2001年改镇。因镇政府驻地得名。淇河流经。有中学2所，小学23所，卫生院1个，卫生所43个。农业以小麦、玉米种植为。省道大海线、县道钜新线过境。通公交车。

卫贤［Wèixián］　卫贤镇人民政府驻地。在县政府驻地黎阳街道西南25千米。人口4700。为春秋时卫地，隋唐设县，宋废为镇，明清以谐音称卫贤集。清乾隆二十四年(1759)设卫县所。1949年改今名。聚落呈块状。有中小学、卫生院、卫生室。农业以小麦、玉米种植为主。省道大海线经此。

白寺乡［Báisì Xiāng］　浚县辖乡。在县境中部偏西。面积107平方千米。人口5.3万。辖43村委会，有45自然村。乡人民政府驻白寺。1957年设白寺乡。1958年成立公社。1984年复乡。因乡政府驻地得名。有灰岩、黏土、页岩、大理石岩、白云岩、砂、膨润土、陶土、煤、铝矾土等矿产资源。有中学1所，小学18所，卫生院1个，卫生所42个。农业以小麦、玉米种植，猪、鸡养殖为主。工业以水泥、木料加工为主。范辉高速、省道浚南线过境。通公交车。

白寺［Báisì］　白寺乡人民政府驻地。在县政府驻地黎阳街道西7千米。人口5500。传秦始皇登泰山回归途中，于山顶祭祀白帝，遂称山为白祀，山下村庄称白祀集。唐开元年间(713—742)修建隆兴寺后，改称白寺。清乾隆二十四年(1759)设白寺所。聚落呈块状。有中小学、卫生院、卫生室。有白寺花石开采遗址、白祀碑、谢氏老宅。农业以小麦、玉米种植为主。省道浚南线经此。

淇　县

淇县［Qí Xiàn］　鹤壁市辖县。北纬35°36′，东经114°12′。在市境西南部。面积576

平方千米。人口29万。辖4街道、4镇、1乡。县人民政府驻桥盟街道。元置淇州。明洪武元年(1368)改淇州置淇县,治朝歌,属卫辉府。1913—1952年属豫北道、河北道、河南省、第三行政督察区、平原省安阳专区、河南省安阳专区。1954年并入汤阴县。1962年复置淇县。1969年属安阳地区。1983年属安阳市。1986年属鹤壁市。因淇水得名。地处太行山低山丘陵和山前倾斜平原。海拔63—1019米。年均气温13.9℃,1月平均气温-1.1℃,7月平均气温27℃。年均降水量635.1毫米。折胫河、思德河流经。有铁、铜、铅、铝、锰、石英石、大理石、白云岩、石膏、重晶石、蛭石、黏土等矿产资源。森林覆盖率21.7%。有中学23所,小学128所,二级医院2个。有全国重点文物保护单位2个,省级文物保护单位9个。有国家4A级旅游风景区云梦山景区、古灵山景区。有古迹云梦山古军岸,仰韶聚落遗址9处,龙山文化遗址25处。有民间艺术根雕、剪纸、蛋壳画、黑陶、秸秆画、乐腔、五调腔等。三次产业比例10∶77∶13。农业以小麦、玉米、棉花、花椒、冬凌草种植为主,产苹果、核桃、柿子、梨。有畜牧养殖业,以双尾蝎、肉鸡养殖为主。特产淇河鲫鱼、缠丝鸭蛋、软核蜜枣。工业以电力、纺织、化工、造纸、机械、建材、冶炼、食品加工、饲料加工、卫生材料产业为主。服务业以旅游为主。京广铁路、京广高铁、京珠高速、107国道过境。

云梦大道 [Yúnmèng Dàdào] 在县城中部。西起朝歌路,东至京港澳高速。与107国道、淇园路、淇河路、鹤淇大道、卫都路相交。长2.1千米,宽35米。沥青路面。1980年开工,1982年建成。原名朝歌北路,2005年因云梦山改今名。两侧有气象局、幼儿园、县一中等。通公交车。

淇河路 [Qíhé Lù] 在县城东部。北起太行大道,南至桃园路。与同济大道、上街路、红旗路、云梦大道相交。长1.2千米,宽12米。混凝土路面。1983年开工,1989年建成。因临近淇河而得名。两侧有幼儿园、居民小区、三珍大厦等。通公交车。

淇县站 [Qí Xiàn Zhàn] 见交通运输设施部分"淇县站"条。

淇县汽车站 [Qí Xiàn Qìchēzhàn] 见交通运输设施部分"淇县汽车站"条。

桥盟街道 [Qiáoméng Jiēdào] 淇县人民政府驻地。在县境东南部。面积23平方千米。人口2万。2010年设。传原乔、孟2姓同时来居,名乔孟,后演化为桥盟。思德河流经。有中学2所,小学9所,卫生院1个,卫生所24个。有古迹轩辕坟遗址、清光绪帝师王光谦故里等。农业以小麦、玉米、红薯种植为主,兼种棉花、花生、核桃、柿子。特产无核枣。工业以化工、建材、铸造、机电为主。京广铁路、京广高铁、京珠高速、107国道、省道大海线过境。通公交车。

朝歌街道 [Zhāogē Jiēdào] 属淇县。在县境中部偏东。面积24平方千米。人口5.7万。2010年设。因淇县古称朝歌得名。有中专1所,中学5所,小学10所,二级医院2个,卫生院1个,卫生所25个。有图书馆等。有摘心台、纣王宫、二道朝歌城、西坛殷周社稷坛遗址、东关商周制骨作坊遗址、卫都古定昌宫殿遗址、卫国故城遗址、荆轲冢、清初扯淡碑等古迹。农业以小麦、玉米种植为主,有蔬菜大棚。有蔬菜、综合、农贸市场,夜市街等。京广铁路、石武高铁、京珠高速、107国道、淇浚公路过境。有淇县站、长途汽车站。通公交车。

卫都街道 [Wèidū Jiēdào] 属淇县。在县境中部偏西。面积21平方千米。人口1万。2010年设。因卫国故城遗址得名。有中学3所,小学1所,卫生院1个,卫生所7个。有折胫河遗址、肥泉遗址、肉林酒池遗址、朝阳寺等古迹。农业以小麦、玉米、红薯、棉花、花生、芝麻、豆类种植,家畜、家禽养殖为主。工业以服装、棉纺、食品加工、制造为支柱产业,有化工、酿造、电力、造纸等。通公交车。

灵山街道 [Língshān Jiēdào] 属淇县。在县境西部。面积43平方千米。人口5000。2010年设。因国家4A级旅游风景区灵山得名。有红卫水库。有小学2所,卫生室1个。有景点朝歌寨、尖山、朝阳寺、清凉庵、灵山小镇等。农业以小麦、玉米、花生、油菜、棉花、红薯、绿豆、芝麻种植为主。鹤辉高速、省道大海线过境。通公交车。

高村镇 [Gāocūn Zhèn] 淇县辖镇。在县境东北部。面积74平方千米。人口4.6万。辖29村委会,有67自然村。镇人民政府驻新乡屯。1949年为二区。1957年改高村乡。1958年成立公社。1983年复乡。1992年改镇。传商代为朝歌城北淇水关,地势高,状如船,中心有石桥。明万历年间(1573—1619)因涨水石桥现蜃景,以为瑞气,更名高村桥,后简为高村。淇河、思德河流经。有中学7所,小学30所,卫生院1个,卫生所38个。有省级文物保护单位石河岸遗址、石佛寺田迈造像碑。有景点浮山森林公园、百年古国槐、"夫妻柏"等。农业以小麦、玉米、棉花、红薯种植,猪、鸡养殖为主。工业以汽车配件制造、食品加工、制衣为主。服务业以物流为主。京广铁路,京港澳、鹤辉高速,107国道,省道浚南线过境。

新乡屯 [Xīnxiāngtún] 高村镇人民政府驻地。在县政府驻地桥盟街道北9千米。人口2900。因明代新乡段姓逃此而得名。聚落呈长方形。有中小学、幼儿园、卫生室、文化大院。农业以小麦、玉米种植为主。服务业以商贸为主。

北阳镇 [Běiyáng Zhèn] 淇县辖镇。在县境南部。面积115平方千米。人口4.1万。辖34村委会,有64自然村。镇人民政府驻北阳。1957年设北阳乡。1958年改公社。1983年复乡。2001年改镇。因镇政府驻地得名。有云梦山、鹿腹山等。有中学2所,小学23所,卫生院1个,卫生所33个。有文化站等。有全国重点文物保护单位云梦山摩崖石刻,省级文物保护单位凉马台遗址、王庄遗址等。有唐天宁寺陈婆造心经浮图、大马庄汉代古墓、西裴屯遗址、南阳村商代遗址、烈士亭、烈士纪念碑等。有国家4A级旅游风景区云梦山。农业以小麦、玉米、谷子、绿豆、红薯、棉花、花生、芝麻种植为主。特产无核枣。京广铁路、京广高铁、京珠高速、107国道过境。

北阳 [Běiyáng] 北阳镇人民政府驻地。在县政府驻地桥盟街道西南7千米。人口2000。因地处南沙河之北而得名。聚落呈正方形。有中小学、卫生室、北阳遗址、高氏宗祠等。农业以小麦、玉米种植为主。有面粉加工业。县道高云线经此。

西岗镇 [Xīgǎng Zhèn] 淇县辖镇。在县境东南部。面积63平方千米。人口5万。辖35村委会,有54自然村。镇人民政府驻西岗。1949年为三区。1958年成立西岗公社。1983年改乡。2009年改镇。因镇政府驻地得名。淇河流经。有中学2所,小学22所,卫生院1个,卫生所36个。有玉皇阁、许穆夫人垂钓处、明代郡马楼刘璋故里、包公庙、皇王庙古楼房等名胜古迹。有省级非物质文化遗产五调腔。有明清淇县八景之一"纣窝滩声"。农业以小麦、玉米、山药、蔬菜种植为主。工业以服装、汽车零部件、面粉、饲料加工为主。省道大海线、县道淇石线过境。

西岗 [Xīgǎng] 西岗镇人民政府驻地。在县政府驻地桥盟街道东南6千米。人口4000。古时冯清因其号而称西冈先生,邻里有事便找其商议,声势渐大,遂以"西冈"名村,后演为今名。聚落呈不规则形状。有小学、卫生室。农业以小麦、玉米种植为主,兼种蔬菜、红薯。有面粉、机械、香油、硫酸等加工业。有商贸业。县道淇石线经此。

庙口镇 [Miàokǒu Zhèn] 淇县辖镇。在县境北部。面积92平方千米。人口3.1万。辖20村委会,有65自然村。镇人民政府驻庙口。1949年为四区。1958年成立庙口公社。1983年改乡。2010年改镇。因镇政府驻地得名。有夺丰水库。思德河、淇河流经。有中学2所,小学1所,卫生院1个,卫生所20个。有省级文物保护单位青岩绝石窟。有金佛寺。农业以小麦、玉米、花生、油菜、棉花种植为主。特产淇河鲫鱼。工业以石材加工为主。鹤辉高速,省道浚南、大海线过境。

庙口 [Miàokǒu] 庙口镇人民政府驻地。在县政府驻地桥盟街道西北15千米。人口400。因庙处太行山入口而得名。聚落呈长方形。有中小学、卫生室。农业以玉米、小麦种植为主。省道浚南、大海线经此。

黄洞乡 [Huángdòng Xiāng] 淇县辖乡。在县境北部。面积113平方千米。人口1.3万。辖14村委会,有53自然村。乡人民政府驻黄洞。1956年设黄洞乡。1958年并入庙口公社。1964年析设黄洞公社。1983年复改乡。因乡政府驻地得名。有夺丰水库。有中学1所,小学10所,卫生院1个,卫生室14个。有纣王殿、武公祠遗址、前嘴石窟、林坚洞、安乐窝、"八一"纪念林、玉皇顶、小西天、白虎岩寺等名胜古迹。农业以小麦、玉米种植为主,兼种棉花、大红袍花椒、薄皮核桃、柿子等。有铸钢件、石粉、石渣、工程、橡塑等加工业。省道大海、浚南线过境。

黄洞 [Huángdòng] 黄洞乡人民政府驻地。在县政府驻地桥盟街道15千米。人口2300。传村西北寺院下有大石洞,为秘密通道,寺院发生危难可从此处脱身。殿中滚龙柱上记载:该村名黄家洞,后演称黄洞。聚落呈不规则形状。有小学、卫生室。有元代瓷窑遗址、清地震碑、玉皇顶、小西天、老母沟等名胜古迹。农业以种植为主。特产小米、红薯、柿子、核桃等。省道浚南线经此。

石老公 [Shílǎogōng] 在县政府驻地桥盟街道西北13千米。黄洞乡辖自然村。人口200。因山坡矗立有天然老翁石像而得名。聚落呈不规则形状。有卫生室。为中国传统村落。有清代石头古民居,多为二层三合院、四合院楼房。有竹林古寺。农业以小麦、玉米种植为主。特产大红袍花椒、柿子、核桃、冬凌草等。

温坡 [Wēnpō] 在县政府驻地桥盟街道西北15千米。黄洞乡辖自然村。人口不足100。因地处向阳山坡而得名。聚落呈带状。有小学、卫生室。为中国传统村落。有清代古村、古桥、古井、古民居。农业以玉米、小麦种植为主。特产大红袍花椒。

新 乡 市

新乡市［Xīnxiāng Shì］　河南省辖地级市。北纬 34°53′—35°50′，东经 113°23′—115°01′。在省境北部。面积 8304 平方千米。户籍人口 603.7 万，常住人口 570.8 万。以汉族为主，还有回、蒙古、满等民族。辖红旗、卫滨、凤泉、牧野 4 区，新乡、获嘉、原阳、延津、封丘、长垣 6 县，代管卫辉、辉县 2 县级市。市人民政府驻红旗区。隋开皇六年(586)析获嘉、汲县地于新中乡置新乡县，取“新中乡”首尾二字命名，治新乐城。唐分属河北道、河南道。宋分属京畿路、京西北路、河北西路。元分属直隶中书省、行中书省。明分属开封府、卫辉府。清分属开封府、怀庆府、卫辉府。1911 年分属河南第三、第四行政督察区。1948 年于新乡县小冀镇设新乡市。1949 年为平原省省会，太行四专区改新乡专区。1952 年属河南省。1958 年新乡专区、安阳专区合并为新乡专区。1959、1960 年新乡、获嘉 2 县先后并入。1964 年复分出。1969 年新乡专区改名新乡地区。1983 年改由省直辖，新乡、汲县 2 县改由市辖。1986 年撤地区设新乡市(地级)，获嘉、辉县、原阳、延津、封丘、长垣 6 县划入。地处太行山低山丘陵盆地和延津一内黄微起伏平原过渡地带。西北为山地丘陵，最高点十字岭海拔 1732 米；东南为黄卫冲积平原。平均海拔 72 米。年均气温 14.5℃，1 月平均气温 3℃，7 月平均气温 29.3℃。年均降水量 554 毫米。年均无霜期 198 天。天然渠、文岩渠、金堤河、卫河、人民胜利渠、共产主义渠等流经。有铁、铜、铝、锌、铝土、煤等矿产资源。有豫北黄河故道鸟类湿地国家自然保护区。森林覆盖率 22.5%。有国家级科研单位中国农业科学院农田灌溉研究所、中国科学院封丘农业生态实验站等 4 个，高校 10 所，中职 34 所，中学 500 所，小学 1432 所，三级医院 7 个。有全国重点文物保护单位比干庙、潞简王墓、白云寺、望京楼等 18 个，省级文物保护单位平原省委旧址、山西会馆、小店河清代民居建筑群、东岳庙等 44 个。有国家 4A 级旅游景区百泉风景区、宝泉风景区、九莲山风景区、八里沟风景区等 9 个。有省级森林公园延津县黄河故道、原阳博浪沙、凤凰山等 5 个。有国家级非物质文化遗产辉县剪纸、百泉药会、中州大鼓，省级非物质文化遗产柳毅传说、卫辉比干祭典、小咚鼓艺术等 29 项。三次产业比例 12∶52∶36。农业以小麦、玉米、棉花、花生、水稻种植为主。有国家地理标志产品新乡小麦等 9 个，国家级高效农业园区 7 个。特产原阳大米、封丘金银花、辉县山楂、卫辉卫红花等。工业以纺织、电子、建材为主，为省纺织、电子工业基地。服务业以餐饮、物流、文化旅游为主。有干线公路 13143 千米。京广、新菏、新焦铁路，京广高铁，京港澳、长济、大广、晋新高速，106、107 国道，省道 12 条过境。

新乡［Xīnxiāng］　新乡市聚落。在市境中部。面积 180 平方千米。常住人口 120 万。以汉族为主，还有回、蒙古、满等民族。十六国前燕慕容臧筑古新乐城。隋开皇六年(586)为新乡县治。唐武德元年(618)扩筑城垣，以县治、文庙为中心，护城河、城墙环绕。1949 年后呈“区块状”向外扩展，形成铁西、卫北、卫南、渠东 4 区域。先后修复开发文庙、七世同居坊、潞简王墓等古迹，建成人民公园、牧野公园、儿童公园、卫河公园、向阳公园等休闲游乐场所。分行政办公区、商业区、文化区、工业区、仓储区等。20 世纪 90 年代后城市向东、南拓展。东部建城市新区，有新行政中心和科教园区。东南部建高新技术开发区。东、南建设小店工业区与平原新区，形成新工业基地。有标志性建筑火车站广场、豫北大厦、百货大楼等。棋盘状道路网纵横交错。通多路公交车。

金穗大道［Jīnsuì Dàdào］　在市境中部。西起自由街，东至东环路。与和平大道、新飞大道、牧野大道、新中大道相交。长 9 千米，宽 51—80 米。沥青路面。1951 年修建，以方位命名为南干道。1984、2014 年两次扩建。2004 年因企业改今名。两侧有汽车东站、市人民公园、市中心医院、新乡学院、新乡医学院、市一中、国际饭店、新乡商会大厦等。通多路公交车。

华兰大道［Huálán Dàdào］　在市境南部。西起解放大道，东至新中大道。与和平大道、新飞大道、牧野大道相交。长 6.1 千米，宽 45 米。沥青路面。1958 年修建，因途经机床厂命名为机床厂路。1983 年更名五一路。2004 年因企业改今名。两侧有新乡医学院、河南科技学院、华兰生物、佐今明药业、第三十中学、花卉市场等。通多路公交车。

科隆大道［Kēlóng Dàdào］　在市境南部。西起解放大道，东至新二街。与胜利街、和平大道、新飞大道、牧野大道相交。长 5.4 千米，宽 45 米。沥青路面。1958 年修建，因化工企业集中于此而得名化工路。2009 年因企业改今名。两侧有科隆集团、传染病医院、中心血站、体育运动学校等。通多路公交车。

西华大道［Xīhuá Dàdào］　在市境西部。南起人民路，北至北环路。与建设路、宏力大道、中同街相交。长 2.7 千米，宽 60 米。沥青路面。1952 年修建，因方位得名西干道。1970 年改铺沥青路面。2004 年因企业改今名。两侧有卫滨区法院、铁路文化宫、有机化工厂等。通多路公交车。

解放大道［Jiěfàng Dàdào］　在市境西部。南起南环路，北至建设路。与科隆大道、华兰大道、金穗大道、平原路、宏力大道相交。长 6.8 千米，宽 45 米。沥青路面。1949 年为纪念新乡解放，将原大桥街、中央大街、中正路整体命名为解放路。2004 年改今名。两侧有平原商场、大商新玛特购物中心、市体育场等。通多路公交车。

和平大道［Hépíng Dàdào］　在市境中部。南起南环路，北至北环路。与科隆大道、华兰大道、金穗大道、平原路、宏力大道相交。长 8.8 千米，宽 60 米。沥青路面。1952 年修建，取“保卫世界和平”意得名和平路。2004 年更名和平大道。两侧有人民公园、体育中心、第二中学、妇幼保健院、公立医院、邮政局等。通多路公交车。

新飞大道［Xīnfēi Dàdào］　在市境中东部。南起 107 国道，北至北环路。与科隆大道、华兰大道、金穗大道、平原路、宏力大道相交。长 12.8 千米，宽 65 米。沥青路面。1964 年修建，以方位得名东干道。2004 年因企业改今名。两侧有长途汽车东站、货运交易中心、豫北家具大世界、牧野公园等。通多路公交车。

牧野大道［Mùyě Dàdào］　在市境中部偏东。南起 107 国道，北至北环路。与科隆大道、华兰大道、金穗大道、平原路、宏力大道相交。长 8.8 千米，宽 45 米。沥青路面。1949 年前建成，因牧野大战发生地而得名牧野路。2004 年改今名。两侧有河南师范大学、牧野湖等。通多路公交车。

新中大道［Xīnzhōng Dàdào］　在市境东部。南起 107 国道，北至双泉路。与科隆大道、华兰大道、金穗大道、平原路、宏力大道、北环路相交。长 17.2 千米，宽 68 米。沥青路面。1964 年建成。2000 年扩建。2004 年因新乡古为新中乡而改今名。两侧有新乡移动分公司、新乡银行、互联网大厦等。通多路公交车。

红 旗 区

红旗区［Hóngqí Qū］　新乡市人民政府驻地。在市境东南部。面积 166 平方千米。人口 40 万。辖 6 街道、2 镇、1 乡。区人民政府驻西街街道。1966 年取“高举红旗”意改卫北公社为红旗区。2003 年新乡县关堤乡、洪门镇划入。2006 年延津县小店镇划入。卫河、人民胜利渠、赵定河、东孟姜女河流经。有高校 5 所，中学 25 所，小学 38 所，三级医院 2 个，二级医院 2 个。有全国重点文物保护单位大观圣作之碑，省级文物保护单位七世同居坊、文庙大成殿、东宁寺遗址等 4 个。2000 年后建设新区。建牧野广场、和谐公园、人民公园、牧野湖、定国湖等。有标志性建筑市政府广场、平原博物馆、靖业大厦、市公安局大楼、商会大厦等。东为国家经济技术开发区，南为高新技术产业园区。三次产业比例 4∶61∶35。农业以小麦、玉米种植为主，有经济作物棉花、油料、蔬菜等。工业以纺织、铸造、精品皮件、起重设备等产业为主。服务业以商业、零售业为主。京广铁路、京广高铁、京港澳高速、106 国道、省道林桐线过境。有高铁新乡东站、新乡长途汽车东站等。通多路公交车。

新乡高新技术产业开发区［Xīnxiāng Gāoxīn Jìshù Chǎnyè Kāifāqū］　在区境南部。东至新东大道，西至青龙路，南至新原路、和平大道，北至向阳路。占地 5300 公顷。1992 年 7 月建立。2012 年 9 月经国务院正式批准成立国家级高新技术开发区。由新乡市政府管理。有动力电池与新能源汽车产业、生命科学和生物技术产业、大数据产业、航空航天军民融合产业四大产业集群。有国家级孵化器 2 个，国家级企业技术中心和工程实验室 9 个，省级工程(技术)研究中心和企业技术中心 40 多个。入驻企业 238 家，其中高新技术企业 38 个。有知名企业新能电动车、高远公路、华兰生物、拓新生化、华为、软通动力、平原滤清器等。有 10 横 6 纵道路网。通多路公交车。

牧野广场［Mùyě Guǎngchǎng］　在城区中部偏东。面积 33 万平方米。2004 年开工，同年建成。因牧野之战而得名。东区以牧野湖为核心，分为湖滨休闲区、湖光水色观景区、生态湿地观景区和一处城市沙滩。西区以“牧野文化”为主题，有大型音乐喷泉广场、“历史源泉”平台、林荫广场、树阵广场、奔马广场。有喷泉、骏马雕塑、景观小品、乒乓球台、健身器材等设施。绿地面积占 70%。为举办大型集会、文艺演出、展览，市民健身休闲，紧急避难的综合性场所。周边有新乡日报社、广电中心、图书馆、黄河河务局等单位。通多路公交车。

新乡东站［Xīnxiāngdōng Zhàn］ 见交通运输设施部分“新乡东站”条。

西街街道［Xījiē Jiēdào］ 红旗区人民政府驻地。在区境西北部。面积1.3平方千米。人口2万。1958年设。因原小西街得名。20世纪90年代改造城中村。2003年建成金桂大厦。卫河流经。有小学1所，二级医院1个，卫生所7个。有全国重点文物保护单位大观圣作之碑，省级文物保护单位文庙大成殿。服务业以商贸为主，有电器商城。通多路公交车。

东街街道［Dōngjiē Jiēdào］ 属红旗区。在区境西北部。面积2.2平方千米。人口3万。1958年设。因原东大街得名。1958年建成人民公园。2002年起相继建成关帝庙历史文化街、锦街、石牌坊历史文化街、饮马口亚太时代步行街等。卫河流经。有中学1所，小学3所，业余体校1所，卫生所4个。有省级文物保护单位七世同居坊。有古迹关帝庙、李家大院等。服务业以商贸为主，有大型商场、超市等。通多路公交车。

渠东街道［Qúdōng Jiēdào］ 属红旗区。在区境西北部。面积5平方千米。人口4万。1980年设。因处人民胜利渠以东而得名。2002年改造城中村。卫河流经。有小学2所，卫生所5个。有牧野广场。工业以建材、家居、装饰加工、汽摩制造、电子为主。有制造、建材生产基地。有四星级新乡国际饭店。通多路公交车。

文化街街道［Wénhuàjiē Jiēdào］ 属红旗区。在区境西部。面积3平方千米。人口3万。1984年设南干道街道，后因辖区教育资源丰富，文化氛围浓郁改今名。2002年后建成星海假日王府及弘泰文化佳苑等小区。有市电大、市职教中心。有中学4所，小学5所，二级医院1个，卫生所6个，市体育中心1个。服务业以商贸为主。通多路公交车。

向阳街道［Xiàngyáng Jiēdào］ 属红旗区。在区境南部。面积2.9平方千米。人口4万。1988年设向阳小区街道，因向阳小区得名，2005年改今名。2000年建成向阳公园，2003年新建多个小区。有省工业科技学校。有中学2所，小学2所，三级医院1个，卫生院4个，卫生所6个。服务业以商贸为主，有购物广场。通多路公交车。

振中街街道［Zhènzhōngjiē Jiēdào］ 属红旗区。在区境南部。面积18平方千米。人口5.4万。1993年设。因振中街得名。1999年建成公安大楼。2003年后建成多个居住小区。赵定河流经。有中学4所，小学4所，卫生所6个。有省级文物保护单位东宁寺。工业以制冷设备制造为主。省道林桐线过境。通多路公交车。

洪门镇［Hóngmén Zhèn］ 红旗区辖镇。在区境中部。面积34平方千米。人口11万。辖9居委会、13村委会，有13自然村。镇人民政府驻洪门社区。1955年新乡县设洪门乡。1958年改公社。1983年复乡。1996年改镇。2003年划入红旗区。因弘农寺内鸿门古塔得名鸿门，后演为今名。东孟姜女河、赵定河流经。有高校4所，中学4所，小学15所，三级医院1个，卫生院1个，卫生所21个。有古迹泰山庙、留庄营古戏楼。农业以小麦、玉米种植为主。工业以电子、加工制造为主。107国道、省道西曹线过境。通多路公交车。

洪门社区［Hóngmén Shèqū］ 洪门镇人民政府驻地。在区境中部。面积1平方千米。人口3900。因处洪门镇区得名。2012年成立。有楼房120幢，均为多层建筑。有便民服务中心、文化活动中心、民兵活动中心及便民超市、电子阅览室、书画室、图书室等，还有书法、鞭陀、戏迷协会和社区军鼓队。有小学、幼儿园、卫生服务站等。有古迹泰山庙等。洪门公安分局驻此。通多路公交车。

关堤［Guāndī］ 在区政府驻地西街街道东南11千米。洪门镇辖自然村。为关堤乡人民政府驻地。人口3000。明初官、王2姓建村，依堤而居，名官王堤，后演今名。聚落呈团块状。有小学、卫生室、幸福院、骨伤医院、关爷庙、四十七烈士纪念碑等。农业以小麦、玉米种植为主。京港澳高速、107国道、三原公路经此。

小店镇［Xiǎodiàn Zhèn］ 红旗区辖镇。在区境东部。面积67平方千米。人口4万。辖23村委会，有23自然村。镇人民政府驻小店。1946年延津县设中山镇。1955年设小店乡。1958年改公社。1983年复乡。1995年改镇。2006年划入红旗区。因镇政府驻地得名。东孟姜女河流经。有中学2所，小学10所，卫生院1个，卫生所21个。农业以小麦、玉米、棉花、花生种植，猪、羊养殖为主。工业以设备制造为主。京广高铁、京港澳高速、107国道过境。有新乡东站。通多路公交车。

小店［Xiǎodiàn］ 小店镇人民政府驻地。在区政府驻地西街街道东12千米。人口6100。处古交通要道，传宋末镇南八里申店村民开店，称小店，后以此名村。聚落呈块状。有中小学、幼儿园、卫生院。农业以小麦、玉米种植为主。司小公路经此。

关堤乡［Guāndī Xiāng］ 红旗区辖乡。在区境东南部。面积32平方千米。人口4万。辖19村委会，有19自然村。乡人民政府驻洪门镇关堤。1976年新乡县古固寨、朗公庙、洪门3乡析设关堤公社。1983年改乡。2003年划入红旗区。2006年洪门镇部分地域、新乡县朗公庙镇油坊堤村划入，部分地域划出。因乡政府驻地得名。东孟姜女河流经。有中学3所，小学16所，卫生所19个。有省级文物保护单位崇宁寺。农业以小麦、玉米、红薯、花生种植为主。京广高铁、京港澳高速、107国道、省道西曹线过境。通多路公交车。

卫 滨 区

卫滨区［Wèibīn Qū］ 新乡市辖区。在市境西南部。面积52平方千米。人口20万。以汉族为主，还有回、满、蒙古等民族。辖7街道、1镇。区人民政府驻健康路街道。1952年设第二区。1955年更名新华区。2003年更名卫滨区。因地处卫河之滨得名。1986年起陆续实施旧城改造，建成规模居住小区71个。改扩建主次干道46条。人民胜利渠、孟姜女河、卫河流经。有中学6所，小学25所，三级医院2个，二级医院3个，文化馆1个，文化艺术团体10个，剧院1个。有全国重点文物保护单位尊胜陀罗尼经幢。有暴张烈士纪念堂、络丝潭遗址等名胜古迹。三次产业比例3∶50∶47。农业以小麦、玉米、棉花、蔬菜种植为主。工业以制造业为主。服务业以商贸、物流业为主。京广、新焦、新菏铁路，省道三原、冢沁线过境。有新乡客运总站。通多路公交车。

新乡站［Xīnxiāng Zhàn］ 见交通运输设施部分“新乡站”条。

新乡客运总站［Xīnxiāng Kèyùn Zǒngzhàn］ 见交通运输设施部分“新乡客运总站”条。

健康路街道［Jiànkānglù Jiēdào］ 卫滨区人民政府驻地。在区境东北部。面积2平方千米。人口3.5万。1958年设。因健康路得名。先后建成时代广场、文化步行街等。有中学2所，小学2所，三级医院1个，卫生院4个。有市体育场。服务业以商贸为主，有新都汇、胖东来生活广场等。通多路公交车。

胜利路街道［Shènglìlù Jiēdào］ 属卫滨区。在区境东部。面积4平方千米。人口1万。1958年设。因胜利路得名。2007年建光彩大市场。赵定排河流经。有小学2所，幼儿园7所，二级医院1个，卫生院1个，卫生所1个。有养老院。工业以制造业为主，有化工、建筑、安装等。通多路公交车。

解放路街道［Jiěfànglù Jiēdào］ 属卫滨区。在区境东北部。面积1平方千米。人口1.6万。1958年设。因解放路得名。2007年建光彩大市场。卫河流经。有小学2所，三级医院1个，二级医院1个，卫生所3个。有卫河公园、河朔图书馆、暴张烈士纪念堂。服务业以商贸为主，有商城、百货大楼、商业步行街等。通多路公交车。

中同街街道［Zhōngtóngjiē Jiēdào］ 属卫滨区。在区境北部。面积3平方千米。人口2.4万。1958年设。因中同街得名。先后建成多处花园小区。有中学2所，小学2所，幼儿园1所，卫生院1个，卫生所3个，图书馆1个。有老君庵寺庙。服务业以商贸为主，有造纸业。通多路公交车。

自由路街道［Zìyóulù Jiēdào］ 属卫滨区。在区境北部。面积1平方千米。人口1.5万。1958年设。因自由路得名。先后建成多处花园住宅区。有小学1所，幼儿园3所，二级医院1个，卫生院3个，养老院3个。有国家3A级旅游景区海宁皮革城。有景点平原公园等。服务业以商贸为主。有“中华老字号”罗锅店卤肉、中华名小吃牛忠喜烧饼。通多路公交车。

南桥街道［Nánqiáo Jiēdào］ 属卫滨区。在区境东部。面积4平方千米。人口3万。1981年设。因临近解放南桥而得名。先后改扩建城市道路，新建多处花园住宅区。有初中1所，小学1所，幼儿园4所，卫生院5个，卫生所3个，养老院2个。服务业以商贸为主。有纺织、储贸等专业市场。有肉类、食品加工业。通多路公交车。

铁西街道［Tiěxī Jiēdào］ 属卫滨区。在区境北部。面积3平方千米。人口2.6万。1991年设。因处京广铁路西侧而得名。先后建设、重修多条城市道路。卫河、西孟姜女河流经。有小学1所，幼儿园6所，卫生院4个，卫生所3个，养老院3个。服务业以商贸为主。有无氧铜材加工业。通多路公交车。

平原镇［Píngyuán Zhèn］ 卫滨区辖镇。在区境西南部。面积35平方千米。人口4.2万。辖1居委会、26村委会，有26自然村。镇人民政府驻梁任旺。1961年成立平原公社。1983年改乡。2013年改镇。因地势平坦而得名。有中学3所，小学11所，卫生所27个。有全国重点文物保护单位尊胜陀罗尼经幢，省级文物保护单位高永乐造像碑、平原省委旧址。农业以小麦、玉米、水稻种植为主。工业以人造革、罐头饮料加工为主。107国道过境。通多路公交车。

梁任旺［Liángrènwàng］ 平原镇人民政府驻地。在区政府驻地健康路街道南7千米。人口2300。因明代任、梁2姓先后迁此而得名。聚落呈团块状。有小学、卫生室。农业以小麦、水稻种植为主。省道安平线经此。

凤 泉 区

凤泉区［Fèngquán Qū］ 新乡市辖区。在

市境北部。面积116平方千米。人口14万。辖2街道、2镇、1乡。区人民政府驻宝山西路街道。1982年析红旗区北站街道、北站公社置北站区。2003年改今名，新乡县大块镇划入。因凤凰山、愚公泉得名。2004年建汉风文化休闲广场。2013年改扩建主次干道多条，改造城中村、棚户区多处，建宏铭时代广场、时代华庭、卫北园区公租房等居住区。2014年建全民健身中心、游泳馆。有凤凰山。南水北调渠、百泉河、共产主义渠、卫河流经。有中学9所，小学24所，图书馆2个。有世界文化遗产、全国重点文物保护单位潞简王墓。有古文化遗址鲁堡龙山文化、何屯仰韶文化、牧野古战场等。有国家4A级旅游景区潞王陵。有凤凰山国家矿山公园、愚公泉等。有省级非物质文化遗产东张门村小咚鼓艺术、东同古村小鼓、贵氏针灸、落腔。三次产业比例4∶38∶58。农业以小麦、玉米种植为主。有土特产张门大葱、大块麻鸭等。工业以建材、机械装备制造、电池新能源、化纤纺织、化工为主。服务业以商贸为主，有购物广场、商场等。京广铁路、晋新高速、107国道过境。通多路公交车。

宝山西路街道［Bǎoshānxīlù Jiēdào］ 凤泉区人民政府驻地。在区境东部。面积3平方千米。人口1.7万。1984年设。因宝山西路得名。2004年建设星湖花园。2010年建造高层楼盘20多栋。有中学3所，小学2所，幼儿园5所，卫生院3个，卫生所11个。有省级非物质文化遗产贵氏针灸。服务业以商贸、金融、教育培训为主，有零售、餐饮等。有大型超市3个。有化纤产业。京广铁路过境。通多路公交车。

宝山东路街道［Bǎoshāndōnglù Jiēdào］ 属凤泉区。在区境东北部。面积4平方千米。人口6000。1984年设。因宝山东路得名。2010年建造楼盘10多栋。有幼儿园2所，卫生所3个。工业以建材、电力为主。服务业以商贸为主，有大型超市1个。京广铁路过境。通多路公交车。

大块镇［Dàkuài Zhèn］ 凤泉区辖镇。在区境西部。面积50平方千米。人口5.2万。辖14村委会，有16自然村。镇人民政府驻大块。1955年新乡县设大块乡。1958年改公社。1983年改乡。1996年改镇。2003年划入凤泉区。因镇政府驻地得名。百泉河流经。有中学3所，小学7所，幼儿园8所，卫生院1个，卫生所35个。有龙山文化遗址、四十七烈士殉难处、为和平解放新乡谈判签字纪念地。有省级非物质文化遗产落腔。有秦光彩扎纸艺术。工业以铜材加工、电源材料、机械制造、食品加工为主。晋新高速、省道三原线过境。通多路公交车。

大块［Dàkuài］ 大块镇人民政府驻地。在区政府驻地宝山西路街道西13千米。人口8100。隋代称南块村。明永乐初秦、刘2姓迁此后分居数块高地，南块人口多、发展快，故更名大块。聚落呈块状。有中小学、幼儿园、卫生院、卫生所。有龙山文化遗址。有省级非物质文化遗产落腔。工业以电池生产、化工、无碳纸及食品加工为主。菏宝高速经此。通多路公交车。

耿黄镇［Gěnghuáng Zhèn］ 凤泉区辖镇。在区境南部。面积27平方千米。人口3.9万。辖12村委会，有12自然村。镇人民政府驻耿庄。1955年设耿黄乡。1958年改公社。1984年改乡。2013年改镇。取境内耿庄、黄屯各一字得名。有中学2所，小学9所，幼儿园15所，卫生所20个。有何屯仰韶文化遗址、鲁堡龙山文化遗址、汉代粮囤遗迹、唐代石塔、郭泪墓、张善与故居等。有省级非物质文化遗产小咚鼓艺术。工业以建材、化工、化纤、纺织、特种汽车制造为主。京广铁路、107国道过境。通多路公交车。

耿庄［Gěngzhuāng］ 耿黄镇人民政府驻地。在区政府驻地宝山西路街道南2千米。人口3900。原名西戒海，明代耿姓居多，改称耿家庄，后简今名。聚落呈团块状。有中小学、幼儿园、卫生所。农业以小麦、玉米种植为主。有建材、化工、化纤、房地产开发、教育培训、商品零售、餐饮等业。菏宝高速、省道山詹线经此。2009年被评为全国文明村。

潞王坟乡［Lùwángfén Xiāng］ 凤泉区辖乡。在区境东北部。面积31平方千米。人口2.7万。辖12村委会，有12自然村。乡人民政府驻坟上。1983年设潞王坟乡。因明代藩王潞王之坟得名。有中学1所，小学6所，幼儿园5所，卫生所13个。有全国重点文物保护单位、国家4A级旅游景区潞王陵。有省级非物质文化遗产东同古小鼓。有国家矿山公园、省级森林公园凤凰山。工业以纯净水生产、建材、钢铁铸造等为主。服务业以旅游为主。京广铁路、107国道过境。通多路公交车。

坟上［Fénshàng］ 潞王坟乡人民政府驻地。在区政府驻地宝山西路街道北4千米。人口1300。因地处潞王坟丘山坡之上而得名。聚落呈零星块状。有幼儿园、卫生所。有全国重点文物保护单位、国家4A级旅游景区潞王陵。农业以小麦、玉米种植为主。服务业以旅游为主。通多路公交车。

牧 野 区

牧野区［Mùyě Qū］ 新乡市辖区。在市境北部。面积98平方千米。人口33.8万。以汉族为主，还有回、苗、满、壮、土家等民族。辖7街道、2镇。区人民政府驻牧野镇。2003年设牧野区。因商末牧野之战发生地而得名。改建、新建县乡道路，通村公路。拆建市政道路33条，桥梁4处。修建定国湖景观。有标志性建筑英雄广场、环宇立交桥。卫河、共产主义渠、民生渠、西孟姜女河流经。有国家级中国电波传播研究所1个，国家级重点实验室1个，省级工程技术研究中心4个，高校1所，中学4所，小学36所，三级医院2个，二级医院2个，文化馆1个。有省级文物保护单位平原省委旧址，省级爱国主义教育基地新乡市烈士陵园。有太公庙、兴国寺、大里法海寺、定国寺、蘧伯玉故居、龙山文化遗址、兴德寺、龙华寺等名胜古迹。有省级非物质文化遗产岳家拳、张氏耳病针灸疗法。三次产业比例2∶51∶47。农业以小麦、玉米、棉花、花生种植为主，产萝卜、白菜、大葱、西红柿等。工业以家电、新型建材、包装印刷、食品加工为主。为电池电源、民用车辆生产基地。有国家级化学与物理电源产业园区，省级工业园1个。服务业以商贸、物流为主。有文化宫城市商业综合体、水产品大世界、农产品配送中心等。京广铁路，京珠高铁，晋新、长济、京广高速，107国道，省道三原、濮范线等过境。通多路公交车。

牧野镇［Mùyě Zhèn］ 牧野区人民政府驻地。在区境北部。面积28平方千米。人口3.4万。辖1居委会、21村委会，有18自然村。镇人民政府驻朱庄屯。1959年成立牧野公社。1983年改乡。2013年改镇。因地处卫河以北，为古牧野之战主战场而得名。卫河流经。有中学1所，小学6所，卫生院1个，卫生所20个。有兴国寺、朱庄屯龙山文化遗址、曲里遗址。有温室大棚蔬菜种植基地。工业以机械、化工、轻纺、建筑、包装、食品加工为主。长济高速过境。通多路公交车。

卫北街道［Wèiběi Jiēdào］ 属牧野区。在区境南部。面积2平方千米。人口2.2万。1958年设。因处卫河北岸得名。有中学1所，小学3所，幼儿园2所，社区卫生服务中心4个和燎原医院。有文化宫旧址、毛泽东雕像。有腰鼓队、秧歌队、艺术表演队。服务业以商贸、住宿、餐饮为主。有集贸市场1个。京广铁路过境。通多路公交车。

新辉路街道［Xīnhuīlù Jiēdào］ 属牧野区。在区境南部。面积3平方千米。人口1.9万。1980年由卫北街道析设。因新辉路得名。1997年改造西华大道。2014年拆建西干桥。卫河流经。有高中1所，小学1所，幼儿园5所，社区卫生服务中心2个，卫生所1个，文体活动室1个。服务业以商贸为主。有电力设备、机械制造业。京广铁路过境。通多路公交车。

荣校路街道［Róngxiàolù Jiēdào］ 属牧野区。在区境南部。面积2平方千米。人口4.7万。1985年设。因荣校路得名。2003年扩建新飞、和平2大道。2012年扩建宏力大道。卫河流经。有国家级重点实验室1个，中学4所，小学1所，幼儿园7所，二级医院1个，社区卫生服务站3个，社区书屋3个。有古迹太公庙。服务业以商贸为主。通多路公交车。

北干道街道［Běigàndào Jiēdào］ 属牧野区。在区境中部。面积2平方千米。人口4.1万。1969年设。临近宏力大道，因其原名北干道得名。有中学1所，小学4所，幼儿园6所，二级医院1个，卫生所3个。经济以商贸、机械制造、建材为主。为市工业聚集地之一。通多路公交车。

花园街道［Huāyuán Jiēdào］ 属牧野区。在区境南部。面积1平方千米。人口3.3万。1958年设。因原有西、南、北3个花园而得名。2005年建水岸清华小区。2009年建绿都小区。有小学2个，三级医院1个，卫生院5个，卫生所9个，文化馆(站)3个，图书室4个，舞蹈、曲艺等文艺团体4个。有名胜古迹市烈士陵园、英雄广场、千佛堂、恩锡九源坊等。服务业以商贸为主。通多路公交车。

东干道街道［Dōnggàndào Jiēdào］ 属牧野区。在区境中部。面积4平方千米。人口7.1万。1981年设。因新飞大道原名东干道得名。有中学2所，小学3所，幼儿园4所，三级医院1个，卫生所10个，文化室2个，文化大院1个，舞蹈、曲艺等文艺团体9个。工业以机械制造、电子、资源加工为主。服务业以商贸、房地产开发为主。通多路公交车。

和平路街道［Hépínglù Jiēdào］ 属牧野区。在区境东部。面积31平方千米。人口4万。2002年设。因和平大道原名得名。2003年拓宽和平路(现和平大道)。东孟河、卫河流经。有小学2所，幼儿园2所，卫生所5个。有定国寺。农业以小麦、玉米种植，鸡、羊、猪养殖为主。工业以电池电源、机械制造为主。有国家(新乡)化学与物理电源产业园。京广高铁、107国道过境。有石武站。通多路公交车。

朱庄屯［Zhūzhuāngtún］ 牧野镇人民政府驻地。在镇境东北部。人口1900。原名鹰杨屯，后因距朱庄较近，讹传为朱庄屯，沿用至今。聚落呈团块状。有医务室、广播站等。有龙山文化遗址。农业以蔬菜、小麦、玉米种植为主。服务业以商贸为主。有蔬菜批发交易市场。通多路公交车。

王村镇［Wángcūn Zhèn］ 牧野区辖镇。在区境西部。面积24平方千米。人口3.1万。辖1居委会、18村委会，有18自然村。镇人民政府驻李庄。1966年由卫北公社析设西王村公社。1983年改王村乡。1995年改镇。因王村得名。卫河流经。有中学2所，小学8所，幼儿园18所，卫生院1个，卫生所22个。有文化站、马坊遗址、高湾遗址、许作梅墓。农业以小麦、玉米种植为主。有苗木花卉种植基地。工业以机械、食品加工、化工为主。有电动车生产基地。有花卉城。京广铁路过境。通多路公交车。

李庄［Lǐzhuāng］ 王村镇人民政府驻地。在区政府驻地牧野镇西北6千米。人口1000。传清代李姓逃此建李家屯，后易今名。聚落呈团块状。有卫生院。有舞狮表演传统。农业以蔬菜、小麦、玉米种植为主。服务业以商贸为主。通多路公交车。

卫辉市

卫辉市［Wèihuī Shì］ 河南省直辖县级市，由新乡市代管。北纬35°23′，东经114°03′。在新乡市境东北部。面积868平方千米。人口48.8万。以汉族为主，还有回、蒙古、满、壮等民族。辖7镇、6乡。市人民政府驻城郊乡。1948年在今汲水镇和城郊乡间增设卫辉市。1949年撤卫辉市并入汲县。1988年撤汲县设县级卫辉市。因地处古卫州与辉州要冲得名。1988年后新建多个居住小区。建新乡医学院第一附属医院综合病房楼、豫商大厦等标志性建筑。改扩建主次干道多条，建向阳桥等城市道路桥梁8座。新建东湖广场公园、顺城关公园等。处太行山地向延津—内黄微起伏平原过渡地带，地势西高东低。海拔63—1069米。年均气温13.8℃，1月平均气温－0.6℃，7月平均气温26.8℃。年均降水量576.5毫米。卫河、共产主义渠、南水北调中线干渠、东孟姜女河、沧河、十里河、大沙河流经。有煤、铁、麦饭石等矿产资源。有黄河故道鸟类湿地国家自然保护区。森林覆盖率12.1%。有高校2所，中学32所，小学149所，三级医院1个，二级医院2个。为省历史文化名城。有全国重点文物保护单位望京楼、比干庙、香泉寺石窟、陀罗尼经幢，省级文物保护单位孝文皇帝造九级一躯碑、镇国塔、徐氏家祠等10个。有国家4A级旅游景区比干林园。有跑马岭地质公园、灵泉峡、龙卧岩、姜太公故里、孔子击磬处等名胜古迹。有省级非物质文化遗产柳毅传说、比干祭典、姜太公传说等6项。三次产业比例10∶45∶45。农业以小麦、玉米、棉花种植，生猪养殖为主。工业以化工、食品加工、机械加工、建材为主。有省级卫辉市产业集聚区。服务业以商贸服务业为主。有新型装饰材料、新型包装材料基地。京广铁路，石武客运专线，京港澳、范辉、晋新高速，107国道，省道林桐、郑台、卫济线过境。

卫州广场［Wèizhōu Guǎngchǎng］ 在市区中部。面积12.5公顷。2004年开工，2006年建成。因卫辉古称卫州而得名。分东、西2区。东区有为纪念书画家卢光照、秦岭云、侯德昌所建的红色“三笔亭”；西区有花灯广场。中间由莲花池、步行桥相连。周边有多处政府机关。通多路公交车。

健康路［Jiànkāng Lù］ 在市区西南部。东起南马市街，西至学院西路。与比干大道、人民路等相交。长2.3千米，宽16米。混凝土路面。1970年拓建。原名新马路，1983年因新乡医学院第一附属医院改今名。为繁华商业街。两侧有泰隆商场、卫辉集贸市场、万隆生活广场、建业生活广场、教师进修学校等。通公交车。

卫辉站［Wèihuī Zhàn］ 见交通运输设施部分“卫辉站”条。

卫辉市汽车总站［Wèihuī Shì Qìchē Zǒngzhàn］ 见交通运输设施部分“卫辉市汽车总站”条。

汲水镇［Jíshuǐ Zhèn］ 卫辉市辖镇。在市境南部。面积10平方千米。人口7.8万。辖10居委会。镇人民政府位于北马市街。1955年设城关镇。1958年改公社。1968年复镇。2000年改今名。因古代居民去卫河汲水而得名。有城湖。有中学3所，小学8所，三级医院1个，卫生院2个，卫生所10个。有图书馆、博物馆、群艺馆。有全国重点文物保护单位后晋陀罗尼经幢、明望京楼，省级文物保护单位徐世昌家祠、王家大楼。工业以纺织、纸品、化工、机械制造为主。京广铁路、京港澳高速、107国道过境。有卫辉站。

太公镇［Tàigōng Zhèn］ 卫辉市辖镇。在市境西北部。面积89平方千米。人口3万。以汉族为主，还有回族等。辖36村委会，有63自然村。镇人民政府驻前太公泉。1955年设太公泉乡。1958年改公社。1983年复乡。1994年改镇。2008年改今名。因为姜太公故里而得名。香泉河、太公河流经。有中学1所，小学17所，卫生院1个，卫生所39个。有全国重点文物保护单位香泉寺石窟，省级文物保护单位战国魏长城。有姜太公故里、六度寺、芳兰遗址等古迹。农业以小麦、玉米种植，生猪饲养为主，有林业。省道翟阳线，县道卫吴、马杏线过境。

前太公泉［Qiántàigōngquán］ 太公镇人民政府驻地。在市政府驻地城郊乡西北13千米。人口1100。乾隆版《汲县志》载：“汲故城西北三十里，有太公泉，太公故居也。”明时以泉名村，本村居南，因此得名。聚落呈团块状。有中小学、卫生院。有太公祠、太公庙、太公钓鱼台等古迹。农业以小麦、玉米、红薯种植为主。有农副产品贸易市场。县道卫吴、马杏线经此。

孙杏村镇［Sūnxìngcūn Zhèn］ 卫辉市辖镇。在市境西南部。面积36平方千米。人口2.7万。辖17村委会，有14自然村。镇人民政府驻大任庄。1955年设孙杏村乡。1958年并入柳庄公社。1961年析设孙杏村公社。1983年改乡。1994年改镇。因孙杏村得名。明万历年间(1573—1619)孙姓自山东迁此，门前栽植杏树，故称孙杏村。卫河、东孟姜女河流经。有中学1所，小学7所，卫生院1个，卫生所20个。有汲城旧址、汲冢遗址。农业以小麦、玉米、棉花、油菜种植为主。石武高铁，京珠、济东高速，107国道，省道郑吴、郑台线过境。

大任庄［Dàrénzhuāng］ 孙杏村镇人民政府驻地。在市政府驻地城郊乡西南9千米。人口2000。传昔时遍长野竹，故名野竹村。明初任姓自山西洪洞迁此，改今名。聚落呈团块状。有小学、卫生室。农业以小麦、玉米、棉花、花生种植，牲畜养殖为主。工业有机械设备制造、建材加工等。省道郑台线经此。

后河镇［Hòuhé Zhèn］ 卫辉市辖镇。在市境南部。面积45平方千米。人口3万。辖33村委会，有34自然村。镇人民政府驻后河。1956年设后河乡。1958年并入柳庄公社。1961年析设后河公社。1983年改乡。1994年改镇。因镇政府驻地得名。有中学2所，小学12所，卫生院1个，卫生所35个。农业以小麦、玉米、棉花种植为主。工业以造纸、印刷器材制造、食品加工、变压器制造为主。京港澳高速、省道郑台线过境。

后河［Hòuhé］ 后河镇人民政府驻地。在市政府驻地城郊乡东9千米。人口1400。清康熙二十六年(1687)河北保定迁民于此，与本地王、肖、余3姓在河北岸建村，因此得名。聚落呈团块状。有中小学、卫生院等。农业以小麦、玉米、棉花种植为主。省道郑台线经此。

李源屯镇［Lǐyuántún Zhèn］ 卫辉市辖镇。在市境东部。面积64平方千米。人口5.5万。辖32村委会，有38自然村。镇人民政府驻榆林庄。1955年设李源屯乡。1958年改公社。1983年复乡。1993年改镇。因李源屯得名。初名同心寨，传隋末起义首领李源屯兵于此改称李源屯。有中学3所，小学24所，卫生院1个，卫生所34个，敬老院1个。农业以小麦、玉米、红薯、花生、棉花种植，生猪养殖为主。工业以淀粉、板材、食品加工，造纸，机械制造为主。有生猪交易市场。省道郑台线过境。

榆林庄［Yúlínzhuāng］ 李源屯镇人民政府驻地。在市政府驻地城郊乡东15千米。人口2000。明初称郭平，后因榆树成林改今名。聚落呈团块状。有小学、幼儿园、卫生室。农业以小麦、玉米、棉花、花生种植为主。省道郑台线经此。

唐庄镇［Tángzhuāng Zhèn］ 卫辉市辖镇。在市境西部。面积70平方千米。人口4.5万。辖31村委会，有37自然村。镇人民政府驻崔庄。1955年设唐庄乡。1958年改公社。1983年复乡。1996年改镇。因唐庄得名。原名前吕续村，明初唐姓自山西洪洞迁此而改唐家庄，简为唐庄。卫河流经。有中学2所，小学16所，卫生院1个，卫生所32个。农业以小麦、玉米种植为主，兼种棉花、蔬菜、水果等。有万亩桃园。工业以啤酒酿造、钢材加工、建材、薄膜生产为主。京广铁路、107国道、省道翟阳线过境。

崔庄［Cuīzhuāng］ 唐庄镇人民政府驻地。在市政府驻地城郊乡西8千米。人口800。传有李宿寺，寺东建村，故名李宿，清雍正年间(1723—1735)因多崔姓而改今名。聚落呈团块状。有中小学、卫生院。农业以小麦、玉米种植为主。有农副产品集散贸易。每年举办唐庄桃花节。107国道经此。

上乐村镇［Shànglècūn Zhèn］ 卫辉市辖镇。在市境东北部。面积65平方千米。人口3.9万。辖33村委会，有35自然村。镇人民政府驻上乐村。1955年设上乐村乡。1958年改公社。1983年复乡。1996年改镇。因镇政府驻地得名。卫河流经。有中学3所，小学13所，卫生院1个，卫生所35个。农业以小麦、玉米种植为主，兼种棉花、花生等。曲律公路过境。

上乐村［Shànglècūn］ 上乐村镇人民政府驻地。在市政府驻地城郊乡东北18千米。人口3500。古有长堤，明洪武年间(1368—1398)山西洪洞徐姓迁此，堤上建村，取名上落村，后雅为今名。聚落呈团块状。有小学、幼儿园、卫生所。农业以小麦、玉米种植为主。县道马杏线经此。

城郊乡［Chéngjiāo Xiāng］ 卫辉市人民政府驻地。在市境南部。面积52平方千米。人口3.7万。辖34村委会，有41自然村。乡人民政府驻东关。1968年由城关镇析设城郊公社。1983年改乡。2005年倪湾乡并入。因处城关郊区得名。有中学3所，小学14所，卫生院1个，卫生所28个。农业以小麦、玉米、蔬菜种植为主。工业以纺织、食品加工、建材为主。京港澳高速、107国道过境。

东关［Dōngguān］ 城郊乡人民政府驻地。在乡境东部。人口1000。因处旧城东门外而得名。聚落呈团块状。有小学、图书室。农业以小麦、玉米种植为主。工业以造纸、纸箱加工为主。通市区道路。

狮豹头乡［Shībàotóu Xiāng］ 卫辉市辖乡。在市境西北部。面积209平方千米。人口1.5万。辖42村委会，有219自然村。乡人民政府驻砂掌。1955年设狮豹头乡。1958年改公社。1983年复乡。2005年东拴马、大池山2乡并入。因狮头、豹头2山得名。沧河、香泉河流经。有中学1所，小学20所，卫生院1个，卫生所35个。有国家3A级旅游景区跑马岭地质公园、红色教育基地太行军区第七军分区司令部旧址等。农业以小麦、玉米种植为主。有畜牧业。省道翟阳线过境。

砂掌［Shāzhǎng］　狮豹头乡人民政府驻地。在市政府驻地城郊乡西北25千米。人口700。明万历年间(1573—1619)移民建村，因周围多黄沙且地形似掌而得名。聚落呈散状。有中小学、卫生院、图书室。农业以小麦、玉米种植为主。特产核桃、柿子等。

小店河［Xiǎodiànhé］　在市政府驻地城郊乡西北23千米。狮豹头乡辖自然村。人口500。清初闫姓自林县吕儿庄迁沧河岸边开店，因此得名。聚落呈团块状。为中国传统村落。有省级文物保护单位小店河清代民居建筑群。有寨门、寨墙。有院落10座，单体建筑86座。农业以小麦、玉米、谷子种植为主。有农家乐旅游业。省道翟阳线经此。

安都乡［Āndū Xiāng］　卫辉市辖乡。在市境北部。面积79平方千米。人口3.8万。辖32村委会，有44自然村。乡人民政府驻秦安都。1955年设安都乡。1958年并入顿坊店公社。1962年析设安都公社。1983年改乡。因乡政府驻地得名。有中学2所，小学15所，卫生院1个，卫生所33个。农业以小麦、玉米种植为主。特产卫红花、核桃、柿子、枣等。工业以生物化工、食品加工为主。省道翟阳线、县道马杏线过境。

秦安都［Qín'āndū］　安都乡人民政府驻地。在市政府驻地城郊乡西北17千米。人口1000。北辽肖银宗陈兵于此，临时安下都城，称安都。后因多秦姓而改今名。聚落呈团块状。有中小学、卫生院。农业以小麦、玉米种植为主。特产棉花、花生等。有农副产品贸易。县道马杏线经此。

顿坊店乡［Dùnfāngdiàn Xiāng］　卫辉市辖乡。在市境北部。面积58平方千米。人口3.2万。辖21村委会，有25自然村。乡人民政府驻后庄。1955年设顿坊店乡。1958年改公社。1983年复乡。因顿坊店得名。古处驿道旁，街市繁华，多店铺、作坊，北有墩台，故名墩坊店，后雅化为顿坊店。卫河流经。有中学2所，小学14所，卫生院1个，卫生所21个。有全国重点文物保护单位比干庙。农业以小麦、玉米种植，猪、牛、鸡养殖为主。工业以纺织为主。京广铁路、京珠高速、107国道、县道马杏线过境。通公交车。

后庄［Hòuzhuāng］　顿坊店乡人民政府驻地。在市政府驻地城郊乡北10千米。人口1100。明初从山西洪洞移民迁此，处比干庙北侧，得名后庄。聚落呈团块状。有卫生所。农业以小麦、玉米种植为主。107国道经此。

柳庄乡［Liǔzhuāng Xiāng］　卫辉市辖乡。在市境南部。面积42平方千米。人口3.4万。辖22村委会，有25自然村。乡人民政府驻李进宝屯。1955年设柳庄乡。1958年改公社。1983年改乡。因乡政府原驻地得名。为春秋鲁国柳下惠故里，明初重建，取名柳庄。有中学2所，小学9所，二级医院2个，卫生院1个，卫生所23个。农业以小麦、玉米、棉花种植为主。工业以食品、面粉加工为主。京港澳高速，省道郑台、翟阳线过境。

李进宝屯［Lǐjìnbǎotún］　柳庄乡人民政府驻地。在市政府驻地城郊乡东南2千米。人口1300。明洪武年间(1368—1398)山西洪洞李进宝迁此，因此得名。聚落呈团块状。有小学、幼儿园。农业以小麦、玉米、棉花种植为主。特产花生、红薯。有农副产品贸易。省道郑台线经此。

庞寨乡［Pángzhài Xiāng］　卫辉市辖乡。在市境东部。面积49平方千米。人口2.8万。辖13村委会，有9自然村。乡人民政府驻小屯。1955年设庞寨乡。1958年并入李源屯公社。1973年析设庞寨公社。1983年改乡。因乡政府原驻地得名。为防洪、防匪村围筑土寨，多姓庞，故称庞家寨，清乾隆年间(1736—1795)简为庞寨。有中学1所，小学8所，卫生院1个，卫生所14个。农业以小麦、玉米、蔬菜种植，雏鹰养殖为主。工业以面粉加工、乳业为主。省道新范线过境。

小屯［Xiǎotún］　庞寨乡人民政府驻地。在市政府驻地城郊乡东25千米。人口2400。地势稍高，古曾屯放防洪物资，村庄较小，因此得名。聚落呈团块状。有小学、幼儿园、卫生院、卫生所。种植小麦、玉米、棉花、花生等。有农副产品贸易。省道新范线经此。

辉　县　市

辉县市［Huīxiàn Shì］　河南省直辖县级市，由新乡市代管。北纬35°27′，东经113°48′。在新乡市境西北部。面积2007平方千米。人口84.1万。以汉族为主，还有回、蒙古、藏、满等民族。辖2街道、12镇、8乡。市人民政府驻城关街道。金宣宗贞祐三年(1215)于苏门县治所置辉州，取百泉卫源庙“清晖殿”同音字及谢灵运“山水含清辉”诗意得名。元至元三年(1266)苏门县并入辉州。明洪武元年(1368)降辉州为辉县，属卫辉府。1913—1931年历属豫北道、河北道、河南省、省第四行政督察区。1949—1969年属平原省新乡专区、河南省新乡专区、新乡地区、新乡市。1988年撤县建辉县市。建市医院、学校、电力调度中心、行政服务中心、图书大厦等，拆改城中村多处，建文昌花园、锦绣花园、辉城港湾等居住小区及灶君庙广场、文昌阁广场、综合性文化广场，改扩建城区主次干道多条。地处太行山南倾斜平原区向卫河平原过渡带。平均海拔97米。西北为太行山，最高峰十字岭海拔1732米。东部丘陵150—500米。年均气温14.0℃，1月平均气温－0.9℃，7月平均气温27.3℃。年均降水量640.5毫米。峪河、石门河、黄水河、刘店干河、百泉河、淇河流经。有煤、铁、石灰岩、泥炭、耐火黏土、硅石等矿产资源。有野生植物酸枣、连翘等1760余种，其中有国家重点保护野生植物银杏、红豆杉、青檀等10余种。有野生动物野兔、野猪等180余种，其中有国家重点保护野生动物猕猴、金钱豹、金雕等30余种。有国家级太行山猕猴自然保护区。森林覆盖率24.8%。有省级工程技术研究中心3个，中学46所，中职2所，小学145所，二级医院2个。有图书馆、文化馆、博物馆。有全国重点文物保护单位孟庄遗址、琉璃阁遗址、共城城址、天王寺善济塔、百泉、白云寺、大运河古河道，省级文物保护单位普照大禅寺石塔、文昌阁、凡城遗址等15个。有国家4A级旅游景区八里沟、万仙山、宝泉、九莲山、关山国家地质公园，景区百泉、回龙天界山、五龙山等。有国家级非物质文化遗产辉县剪纸、百泉药会，省级非物质文化遗产崔莺莺和张生的故事、落腔、六月送羊。三次产业比例12∶58∶30。农业以小麦、玉米、棉花、油料、麻类、药材、食用菌种植，生猪、肉牛、蛋鸡、波尔山羊养殖为主。工业以建材、装备制造、纺织加工、药品食品产业为主。服务业以商贸、文化、旅游、金融、仓储物流等为主。范辉、新晋、鹤辉、沿太行高速，234、342国道，省道濮辉、辉原、薄原、卫济、封辉线过境。

苏门大道［Sūmén Dàdào］　在市区北部。东起孟电工业大道，西至金河路。与学院路、卫源路、百泉路、和谐路、共和路等相交。长8.5千米，宽38米。沥青路面。1970年开工，同年建成，2013年重修。原名城北街。2009年因苏门山改今名。两侧有李时珍塑像、苏门中学、梅溪馨居小区、城北中学、大型超市等。通公交车。

共城大道［Gòngchéng Dàdào］　在市区中部。东起清晖路，西至学院路。与清源路、共和路、和谐路、百泉路等相交。长5.7千米，宽47米。沥青路面。明景泰二年(1451)县城修复后建成。原为东、西大街，因辉县古有“共城”之称，2009年合并更名为共城大道。两侧有市第二高中、八盘磨学校、市委、市政府、瑞成锦绣花园小区等。通公交车。

太行大道［Tàiháng Dàdào］　在市区南部。东起孟电工业大道，西至学院路。与百泉路、和谐路、共和路、清晖路、清源路等相交。长7.1千米，宽45米。沥青路面。1993年开工，同年建成，2009年改扩建。原名南环路，后因辉县市处太行山中而改今名。两侧有“共”字雕塑、市第一高中、市卫计委、市高级中学、居住小区等。通公交车。

城关街道［Chéngguān Jiēdào］　辉县市人民政府驻地。在市境东南部。面积8平方千米。人口8.4万。2005年由城关镇改设。沿用原镇名，因有东、南、西3关口得名。先后建成四路口社区、锦绣花园等居住区。有中学12所，小学7所，二级医院2个，卫生院1个，卫生所12个。有文昌阁广场、文化广场、古县衙旧址等。有全国重点文物保护单位共城城址、琉璃阁遗址、天王寺善济塔。工业以机械制造、印刷、加工等为主。通公交车。

胡桥街道［Húqiáo Jiēdào］　属辉县市。在市境东南部。面积30平方千米。人口3.3万。2005年由胡桥乡改设。因胡桥村得名。清初邑民胡京建利涉桥，得名胡家桥，后简称胡桥。相继建成兆丰花园、东方星园、樊寨花园等多个小区。百泉河流经。有中学2所，小学9所，卫生院1个，卫生所22个，文化站1个，文化大院21个，农家书屋17个。农业以小麦、玉米种植，生猪、蛋鸡、肉鸡、肉羊养殖为主。工业以橡胶、活性炭加工、乳业、生物科技为主。通公交车。

薄壁镇［Bóbì Zhèn］　辉县市辖镇。在市境西部。面积197平方千米。人口4.2万。辖37村委会，有86自然村。镇人民政府驻薄壁。1958年成立薄壁公社。1983年改乡。1988年改镇。因镇政府驻地得名。峪河、王村河、鸭口河流经。有中学1所，小学13所，卫生院1个，卫生所37个，文化站1个，文化大院3个。有全国重点文物保护单位白云寺，省级文物保护单位五百罗汉碑、普照大禅寺石塔。有白云寺国家森林公园。有文化古迹、革命圣地40多处。农业以小麦、玉米种植为主。工业以机械、汽车配件加工为主。省道卫柿、薄口线过境。

薄壁［Bóbì］　薄壁镇人民政府驻地。在市政府驻地城关街道西25千米。人口8000。传隋唐时王姓夫妇开店，用高粱秆织箔代壁，因此得名。聚落呈团块状。有中小学、卫生院。农业以小麦、玉米种植为主。省道辉薄线经此。

峪河镇［Yùhé Zhèn］　辉县市辖镇。在市境西南部。面积69平方千米。人口4.9万。辖33村委会，有32自然村。镇人民政府驻峪河。1956年设峪河乡。1958年改公社。1983年复乡。1988年改镇。因镇政府驻地得名。峪河南、北支，重泉河流经。有煤炭、天然气、砂等矿产资源。有中学1所，小学8所，卫生院1个，卫生所58个。有省级文物保护单位凤头岗遗址。农业以小麦、玉米种植为主。工业以机械、粮食、鞋帮、纸箱、炉具加工为主。服务业以商贸、金融保险、仓储物流为主。省道薄口、濮辉线过境。

峪河［Yùhé］ 峪河镇人民政府驻地。在市政府驻地城关街道西南22千米。人口7400。因河得名。峪河即元代瑶河，现当地村民仍习称“峪”为“yáo”音。聚落呈散状。有中小学、幼儿园、卫生院。农业以小麦、玉米种植为主。工业以机械、面粉加工为主。省道薄亢线经此。

百泉镇［Bǎiquán Zhèn］ 辉县市辖镇。在市境北部。面积80平方千米。人口8.2万。辖15居委会、18村委会，有47自然村。镇人民政府驻百泉。1955年设百泉乡。1958年省入城关公社。1963年析设百泉公社。1983年改乡。1988年改镇。因镇政府驻地得名。有石灰岩资源。有中学7所，小学14所，卫生院4个，卫生所60个。有全国重点文物保护单位百泉。有国家级非物质文化遗产药市习俗(百泉药会)。有国家3A级旅游景区百泉湖。农业以小麦、玉米种植为主。盛产山楂、柿子、红枣、核桃及各类中药材。工业以碳素、纺织、机械制造、医药为主。234国道，省道辉原线，县道金西、横三线过境。

百泉［Bǎiquán］ 百泉镇人民政府驻地。在市政府驻地城关街道西北4千米。人口5700。因全国重点文物保护单位百泉得名。名起商周，《荀子》(武王伐纣)载：“朝食于戚，暮宿于百泉。”元明曾名马家桥、马桥镇。1949年后简称马桥。1958年复今名。聚落呈团块状。有小学、卫生院。有国家级非物质文化遗产药市习俗(百泉药会)。有国家3A级旅游景区百泉湖。有面粉加工、轴承制造、混凝土加工等企业。省道辉原、卫济、三原线，县道横三线经此。通公交车。

孟庄镇［Mèngzhuāng Zhèn］ 辉县市辖镇。在市境东南部。面积36平方千米。人口7万。辖27村委会，有31自然村。镇人民政府驻孟庄。1958年成立孟庄公社。1983年改乡。1988年改镇。因镇政府驻地得名。有中学2所，小学15所，卫生院1个，卫生所55个。有全国重点文物保护单位孟庄遗址。农业以小麦、玉米种植为主。工业以电力、建材、机械制造、化工、纺织、食品及农副产品加工为主。省道辉陵、辉卫线过境。

孟庄［Mèngzhuāng］ 孟庄镇人民政府驻地。在市政府驻地城关街道东南5千米。人口3500。原名北上封，明万历年间(1573—1619)因郭孟诸居此改孟诸村，后演今名。聚落呈团块状。有中小学、卫生室。有全国重点文物保护单位孟庄遗址。工业以电力、混凝土加工、造纸、标准件等为主。省道辉陵线经此。

常村镇［Chángcūn Zhèn］ 辉县市辖镇。在市境东南部。面积91平方千米。人口5万。辖35村委会，有40自然村。镇人民政府驻常村。1958年成立常村公社。1983年改乡。1994年改镇。因镇政府驻地得名。郭柳河、响水河流经。有中学1所，小学7所，卫生院1个，卫生所35个。有全国重点文物保护单位长城遗址。农业以小麦、玉米种植为主。工业以化工、汽车配件制造、制药、机械、建材为主。省道辉卫线过境。

常村［Chángcūn］ 常村镇人民政府驻地。在市政府驻地城关街道东北7千米。人口5000。明初常姓居此，因此得名。聚落呈团块状。有中小学、卫生室。农业以小麦、玉米种植为主。工业有耐火材料加工、制砖、采石等。县道卫吴线经此。

吴村镇［Wúcūn Zhèn］ 辉县市辖镇。在市境西南部。面积95平方千米。人口6.2万。辖42村委会，有46自然村。镇人民政府驻潘村。1955年设吴村乡。1958年并入峪河公社。1962年析设吴村公社。1983年改乡。1994年改镇。2005年王敬屯乡并入。传汉末因出兵迟缓延误战机得名误村，后演为吴村。卫河、纸坊沟河流经。有中学1所，小学20所，卫生院1个，卫生所45个。有竹林七贤遗址、邓城遗址。农业以小麦、玉米、棉花种植为主。工业以电力、煤业、纺织为主。县道卫吴线过境。

潘村［Pāncūn］ 吴村镇人民政府驻地。在市政府驻地城关街道西南28千米。人口1200。传明代潘姓自山西迁此，因此得名。聚落呈团块状。有小学、卫生室、图书室。农业以小麦、玉米种植为主。省道辉吴线、卫方公路经此。

南村镇［Náncūn Zhèn］ 辉县市辖镇。在市境北部。面积118平方千米。人口3万。辖25村委会，有72自然村。镇人民政府驻南村。1958年成立南村公社。1983年改乡。1994年改镇。因镇政府驻地得名。南村河流经。有中学1所，小学2所，卫生院1个，卫生所26个。有全国重点文物保护单位长城遗址。有景点古道十八盘、搬倒井、金王庙、李文成纪念地等。农业以小麦、玉米种植为主。工业以机械、制衣、鞋帮加工、炉具生产、柿子醋酿造为主。省道辉林、辉陵线过境。

南村［Náncūn］ 南村镇人民政府驻地。在市政府驻地城关街道西北24千米。人口4200。明初在洪水河南岸建村，因此得名。聚落呈团块状。有中小学、卫生室。农业以小麦、玉米、核桃种植为主。工业以农副产品、食品加工为主。省道辉陵线经此。

南寨镇［Nánzhài Zhèn］ 辉县市辖镇。在市境北部。面积79平方千米。人口2.3万。辖28村委会，有172自然村。镇人民政府驻南寨。1958年成立南寨公社。1983年改乡。1994年改镇。2006年三郊口乡并入。因镇政府驻地得名。香木河流经。有中学1所，小学5所，卫生院2个，卫生所30个。有图书室。有民间艺术豫剧、秧鼓等。有全国重点文物保护单位长城遗址。农业以小麦、玉米种植为主。盛产山楂、核桃、苹果、柿子。产党参、连翘等中药800多种。工业以石墨、模具、弹簧、果类食品加工为主。省道辉陵、浚南线过境。

南寨［Nánzhài］ 南寨镇人民政府驻地。在市政府驻地城关街道北35千米。人口2700。有南、北2村，该村居南并筑寨，因此得名。聚落呈团块状。有中小学、卫生室、露天剧场等。农业以小麦、玉米、核桃、柿子种植为主。工业以模具、果类食品加工为主。省道辉陵线经此。

上八里镇［Shàngbālǐ Zhèn］ 辉县市辖镇。在市境西部。面积204.5平方千米。人口2万。辖17村委会，有118自然村。镇人民政府驻上八里。1955年设上八里乡。1958年改上八里公社。1983年复乡。1996年改镇。因镇政府驻地得名。石门河流经。有中学1所，小学5所，卫生院1个，卫生所18个。有文化站。有省级文物保护单位白鹿山寺院群旧址、老爷顶真武庙。有国家4A级旅游景区八里沟、九莲山、回龙，国家3A级旅游景区关山国家地质公园。农业以小麦、玉米种植为主。工业以石材、机械加工为主。县道八冀线过境。

上八里［Shàngbālǐ］ 上八里镇人民政府驻地。在市政府驻地城关街道西北20千米。人口1400。传清代山中石门庙和尚出山八里迎接香客，因地势分别称上、中、下八里，该村居上，因此得名。聚落依山势呈带状分布。有中小学、卫生室。农业以小麦、玉米、核桃、花生种植为主。县道八冀线经此。

北云门镇［Běiyúnmén Zhèn］ 辉县市辖镇。在市境南部。面积50平方千米。人口5.6万。辖29村委会，有30自然村。镇人民政府驻北云门。1969年由赵固公社析设北云门公社。1983年改乡。1996年改镇。因镇政府驻地得名。刘店干河、黄水河流经。有煤、沙等矿产资源。有中学2所，小学13所，卫生院1个，卫生所51个。有省级文物保护单位凡城遗址。农业以小麦、玉米种植，生猪、蛋鸡、奶牛养殖为主。省道卫济线过境。

北云门［Běiyúnmén］ 北云门镇人民政府驻地。在市政府驻地城关街道西南6千米。人口2800。传宋代在兵营北门外建村，故名北营门，元代渐演今名。聚落呈散状。有中小学、卫生室、兴国寺遗址。农业以小麦、玉米种植为主。县道卫吴线经此。

占城镇［Zhànchéng Zhèn］ 辉县市辖镇。在市境南部。面积59平方千米。人口3.8万。辖28村委会，有30自然村。镇人民政府驻大占城。1955年获嘉县设大占城乡。1958年改占城公社。1959年划入辉县。1983年改乡。2000年改镇。因镇政府驻地得名。石门河、峪河流经。有煤炭资源。有中学1所，小学9所，卫生院1个，卫生所33个。农业以玉米、小麦、棉花种植为主。盛产苹果、桃、柿子、梨、山楂。工业以综合加工、机械、纺织、磷肥生产为主。省道薄口线，县道黄马线过境。

大占城［Dàzhànchéng］ 占城镇人民政府驻地。在市政府驻地城关街道西南20千米。人口2400。古名欑茅，传为汤之封地，西汉为萧何封地。五代时更名为欑城，后演为酇城、大酇城。1949年后简为今名。聚落呈团块状。有中小学、卫生室。农业以小麦、玉米、大棚蔬菜种植，生猪、蛋鸡养殖为主。有机械加工业。省道薄口线经此。

冀屯镇［Jìtún Zhèn］ 辉县市辖镇。在市境西南部。面积81平方千米。人口5.2万。辖33村委会，有36自然村。镇人民政府驻冀屯。1969年由赵固、峪河、薄壁3公社析设冀屯公社。1983年改乡。2005年褚邱乡并入。2011年改镇。因镇政府驻地得名。有煤炭资源。有中学2所，小学12所，卫生院2个，卫生所36个。有普救寺、白马将军庙、莺莺坟、李虎寨、炮台岭等遗址。有省级非物质文化遗产“崔莺莺和张生的故事”。农业以小麦、玉米、棉花、花生种植，生猪、蛋鸡养殖为主。工业以机械加工为主。省道卫柿、薄原、卫济线，县道黄马线过境。

冀屯［Jìtún］ 冀屯镇人民政府驻地。在市政府驻地城关街道西南18千米。人口3600。明初冀姓迁此，得名冀家屯，1949年后简为今名。聚落呈团块状。有中小学、卫生室。农业以小麦、玉米、花生、蔬菜、菌菇种植为主。县道卫吴线经此。

黄水乡［Huángshuǐ Xiāng］ 辉县市辖乡。在市境西北部。面积130平方千米。人口1.1万。辖13村委会，有92自然村。乡人民政府驻河西。1969年由高庄、上八里2公社析设黄水公社。1983年改乡。因黄水河得名。有花岗岩、石英石、石灰岩、白干土等矿产资源。有中学1所，小学3所，卫生院1个，卫生所12个。有十字岭景区。农业以小麦、玉米、花生种植为主，产山楂、苹果、桃等。工业以建材、机械加工为主。省道沿南太行线，县道高黄、黄马线，市旅游环路过境。

河西［Héxī］ 黄水乡人民政府驻地。在市政府驻地城关街道西北18千米。人口500。

因泉水浑浊不清而得名浆水庄，后因居黄水河西侧而改今名。聚落呈团块状。有小学、卫生室。农业以小麦、玉米、花生种植为主。省道沿南太行线经此。

拍石头乡［Pāishítóu Xiāng］ 辉县市辖乡。在市境东北部。面积130平方千米。人口1万。辖17村委会，有154自然村。乡人民政府驻拍石头。1969年由高庄公社析设拍石头公社。1983年改乡。因乡政府驻地得名。处太行山区，有边墙岭、阴山、鸡冠山等山峰。有矿产资源铝土、铜、镁等。有中学1所，小学2所，卫生院1个，卫生所10个。有景点黑鹿河、郊东沟、扳倒井等。农业以小麦、玉米种植，牛、羊、猪、鸡养殖为主。特产小米、核桃、山楂、柿子等。工业有混凝土加工、采石等。县道横三线过境。

拍石头［Pāishítóu］ 拍石头乡人民政府驻地。在市政府驻地城关街道北15千米。人口100。明代建村，名南窑。后因有池水而改称泊池头、泼池头，又演为今名。聚落沿山沟呈带状分布。有小学、卫生室。盛产柿子、核桃等。县道横三线经此。

高庄乡［Gāozhuāng Xiāng］ 辉县市辖乡。在市境中部。面积92平方千米。人口4.5万。以汉族为主，还有回族等。辖23村委会，有58自然村。乡人民政府驻高庄。1956年设高庄乡。1958年改高庄公社。1983年复乡。因乡政府驻地得名。有中学2所，小学11所，卫生院1个，卫生所44个。有省级文物保护单位重门城遗址。农业以小麦、玉米种植为主。工业以混凝土建材、机械制造、化工制药、纺织、橡胶为主。省道辉陵线过境。

高庄［Gāozhuāng］ 高庄乡人民政府驻地。在市政府驻地城关街道西北11千米。人口5100。明代建村，因地势低洼得名低庄，后为祈求躲避水灾改今名。聚落呈团块状。有中小学、卫生室。农业以小麦、玉米种植为主。省道辉陵线经此。

张村乡［Zhāngcūn Xiāng］ 辉县市辖乡。在市境东部。面积108平方千米。人口1.8万。辖24村委会，有91自然村。乡人民政府驻牛村。1969年由常村公社析设张村公社。1983年改乡。因乡政府原驻地张村得名。有煤炭、耐火土、页岩等矿产资源。有中学1所，小学3所，卫生院1个，卫生所25个。有省级文物保护单位赵长城遗址。农业以小麦、玉米种植为主。工业以煤矿、石料开采为主。县道卫吴线过境。

牛村［Niúcūn］ 张村乡人民政府驻地。在市政府驻地城关街道东北12千米。人口1500。因明初牛姓迁此建村得名。聚落呈团块状。有小学、卫生室。主产小麦、玉米、谷子。

赵固乡［Zhàogù Xiāng］ 辉县市辖乡。在市境南部。面积65平方千米。人口4.6万。辖30村委会，有32自然村。乡人民政府驻板桥。1958年成立赵固公社。1983年改乡。因乡政府原驻地赵固得名。石门河、黄水河流经。有煤炭资源。有中学1所，小学5所，卫生院1个，卫生所21个。有赵固遗址、兴福寺、罗祖庙、关帝庙、赵固局遗址、战国古墓遗址、长春观等名胜古迹。有地方特色民间艺术书法、绘画等。为中国民间文化艺术(书画)之乡。农业以小麦、玉米种植，生猪、蛋鸡、羊、牛养殖为主。工业以能源、造纸、食用油加工为主。省道辉薄线、县道黄马线过境。

板桥［Bǎnqiáo］ 赵固乡人民政府驻地。在市政府驻地城关街道西13千米。人口3500。因有北石板桥得名。聚落呈团块状。有中小学、卫生室、露天剧场、聚仙观碑刻等。农业以小麦、玉米、桃种植为主。

西平罗乡［Xīpíngluó Xiāng］ 辉县市辖乡。在市境北部。面积105平方千米。人口2.2万。辖19村委会，有34自然村。乡人民政府驻西平罗。1969年由南村、南寨2公社析设西平罗公社。1983年改乡。因乡政府驻地得名。香木河、南村河流经。有要街水库。有中学1所，小学2所，卫生院1个，卫生所11个。农业以小麦、玉米种植为主，盛产花生、油菜、药材。工业以石墨、粮食加工、木材加工、机械加工、建材为主。省道辉陵、浚南线过境。

西平罗［Xīpíngluó］ 西平罗乡人民政府驻地。在市政府驻地城关街道西北29千米。人口3000。因周围环山，地形像罗筛，北魏时人称罗城，后按方位演变为今名。聚落呈团块状。有中小学、卫生室、敬老院等。农业以小麦、玉米、核桃、柿子种植为主。有粮食、木材加工业。省道辉陵线经此。

洪洲乡［Hóngzhōu Xiāng］ 辉县市辖乡。在市境中部。面积46.5平方千米。人口1.1万。辖7村委会，有17自然村。乡人民政府驻五里河。1987年由城关镇和孟庄、上八里2乡析设。乡政府驻地位于石门、黄水2河冲积的沙洲上，因此得名。有中学2所，小学11所，卫生院1个，卫生所29个。农业以小麦、玉米种植为主。工业以冶金、机械制造、新能源为主。省道封辉线、县道黄马线过境。

五里河［Wǔlǐhé］ 洪洲乡人民政府驻地。在市政府驻地城关街道西北12千米。人口1400。处石门、黄水2河交汇处，河床宽约5华里，因此得名。聚落呈团块状。有小学、卫生室。农业以小麦、玉米、花生、大豆种植为主。省道封辉线经此。

沙窑乡［Shāyáo Xiāng］ 辉县市辖乡。在市境西北部。面积133平方千米。人口1.3万。辖18村委会，有107自然村。乡人民政府驻北沙水。1973年成立沙窑、后庄2公社。1983年设沙窑、后庄2乡。2005年后庄乡并入沙窑乡。清代张宋孙3姓各开木炭窑，得名仨窑，后因窑内土质含沙量高改称砂石窑，后演为沙窑。南村河、张家河流经。有中学2所，小学2所，卫生院2个，卫生所14个。有国家4A级旅游景区万仙山。农业以小麦、玉米种植为主。工业以果类食品加工为主。产山楂、海棠果、核桃、柿饼。省道辉陵、浚南线过境。

北沙水［Běishāshuǐ］ 沙窑乡人民政府驻地。在市政府驻地城关街道西北34千米。人口400。因昔日土少沙多，故村民结合祈盼取名沙水，为与南沙水有别，改今名。聚落呈团块状。有小学、卫生室、文化广场。农业以小麦、玉米、核桃、柿子种植为主。

郭亮［Guōliàng］ 在市政府驻地城关街道西北35千米。沙窑乡辖自然村。人口400。传东汉末年农民起义军郭亮退守此地，巧用计谋成功转移，建村后为纪念之而取今名。聚落依山势呈带状分布。为中国传统村落。有古迹清代龙王殿、民国民居等。有景点红龙洞、白龙洞、郭亮挂壁公路等。农业以山楂、柿子、核桃种植为主。服务业以旅游为主。

新乡县

新乡县［Xīnxiāng Xiàn］ 新乡市辖县。北纬35°18′，东经113°51′。在市境南部。面积393平方千米。人口36.2万。辖6镇、1乡。县人民政府驻小冀镇。隋开皇六年(586)析汲县、获嘉县置新乡县，取汲县新中乡首尾字得名，属河内郡。唐初属义州，后属殷州。唐贞观元年(627)属河北道卫州汲郡。五代属卫州。宋熙宁六年(1073)废县为镇，并入汲县。元祐二年(1087)复置，属卫州汲郡。金属河北西路卫州河平军。元属中书省燕南河北道卫辉路。明属河南省布政使司卫辉府。清属河南省卫辉府。1913—1932年属豫北道、河北道、河南省、省第四行政督察区。1949年析置新乡市。1952年属河南省。1959年并入新乡市。1961年复置县。1968年县政府驻地迁小冀镇，后迁新乡市。1983年属新乡市。2003年县政府驻地迁回小冀镇。地处平原区。海拔70—80米。年均气温14℃，1月平均气温14℃，7月平均气温27℃。年均降水量548.3毫米。卫河、东孟姜女河、西孟姜女河、百泉河、共产主义渠、人民胜利渠、民生渠等流经。森林覆盖率23.1%。有省级工程技术研究中心8个，高中8所，初中25所，小学102所，二级医院3个，全民健身活动中心1个。有公共图书馆、文化馆。有全国重点文物保护单位西明寺造像碑，省级文物保护单位李大召遗址、合河石桥、合河泰山庙、店后营遗址。有红色旅游景区刘庄展览馆、史来贺同志纪念馆、刘庄村等。有龙山文化遗址、西周古鄘国都城遗址、汉代古阳堤、汉代获嘉县古城、冯石城、唐塔等古迹。有景点京华度假村、县历代石刻艺术博物馆、龙泉观光园区等。有国家级非物质文化遗产中州大鼓，省级非物质文化遗产怀梆、小冀背桩、小宋佛高跷、朗公庙竹马。三次产业比例7∶80∶13。农业以小麦、玉米、棉花、花生种植为主。工业以医药、造纸、化工为主。服务业以网络商务为主。有省级新乡经济开发区。京广、太新、新菏铁路，京广高铁，京港澳、长济高速，107国道，省道山詹、西曹、三原、冢沁线过境。通多路公交车。

小冀镇［Xiǎojì Zhèn］ 新乡县人民政府驻地。在县境西部。面积38平方千米。人口5.8万。辖7居委会、19村委会，有24自然村。镇人民政府驻小冀。1945年设小冀镇。1948年析设四区。1955年区改小冀乡。1956年小冀镇并入小冀乡。1958年改公社，同年并入七里营公社。1961年复小冀镇，同年七里营公社析设小冀公社。1965年小冀镇并入小冀公社。1983年改乡。1985年改镇。因镇政府驻地得名。有高中3所，初中5所，小学13所，二级医院1个，卫生院1个，卫生室17个，公共图书馆(室)19个，文化馆1个，全民健身活动中心1个。有省级非物质文化遗产小冀背桩。有国家4A级旅游景区京华园。农业以小麦、玉米种植，生猪养殖为主。工业以机械、医疗、化工为主。服务业以商贸为主。京广铁路、省道山詹线过境。通多路公交车。

青龙大道［Qīnglóng Dàdào］ 在县城中部。西起县道胡韦线，东至省道三原线。与青年大街、中央大道、黄河大道等相交。长13.4千米，宽40米。沥青路面。20世纪80年代开工，1990年建成。后多次延建，2013年改扩建。因初建时从青年大街通往龙泉村得名。两侧有中联集团、县医院、龙泉苑、化肥公司等。通多路公交车。

金融大道［Jīnróng Dàdào］ 在县城南部。西起青年大街，东至迎恩大道。与中央大道、平和街、祥和街等相交。长4.3千米，宽45米。沥青路面。2007年开工，2010年建成。因初建时拟在两侧建金融机构而得名。两侧有开发区客运站、县商务中心、凤鸣湖等。通多路公交车。

青年大街［Qīngnián Dàjiē］ 在县城中部。北起海伦大道，南至二支排路。与青龙大道、民兴路、和谐大道、黄河大道、金融大道、中央大道等相交。长13.4千米，宽40米。沥青路面。

20世纪90年代初开工，1994年建成。2006、2010、2012年分段改建。寓意新乡县如青年般充满朝气而得名。两侧有县烈士陵园、化肥公司、京华园、七里营镇政府等。通多路公交车。

小冀［Xiǎojì］ 小冀镇人民政府驻地。在镇境西部。人口1.2万。传唐代冀姓开银器铺，后兄弟不和，兄迁走弟留此，因此得名。聚落呈团块状。有中小学、二级医院、卫生院。有省级非物质文化遗产小冀背桩。有国家4A级旅游景区京华园。农业以小麦、棉花、玉米种植为主。工业以机械制造为主。县道胡韦线经此。通多路公交车。

京华［Jīnghuá］ 小冀镇辖自然村。在镇境中部。人口5000。因企业得名。聚落呈团块状。有中小学、幼儿园、二级医院。村集体经济实力雄厚，有新乡京华实业公司、新乡县京华镁业公司。实现住有所居、病有所医、学有所教、老有所养、难有所解。有国家4A级旅游景区京华园。京华文化大院占地近2万平方米。农业以小麦、棉花、玉米种植为主。通多路公交车。2005年被评为全国文明村。

张青［Zhāngqīng］ 小冀镇辖自然村。在镇境东部。人口3100。明永乐年间（1403—1424）张姓居此，以期盼张姓万年长青之意而得名。聚落呈团块状。有小学、卫生室、休闲健身广场。有省张青实业总公司、新乡恒久远药业公司等多个集体企业。形成集体、个体、外资、股份制等多种形式的"混合型"经济模式。是村民代表提案制的发源地。农业以小麦、棉花、玉米种植为主。通多路公交车。2011年被评为全国文明村。

翟坡镇［Zháipō Zhèn］ 新乡县辖镇。在县境中西部。面积46平方千米。人口4.1万。辖22村委会，有22自然村。镇人民政府驻南翟坡。1976年由大召营、小冀2公社析设翟坡公社。1983年改乡。1994年改镇。因镇政府驻地得名。西孟姜女河流经。有高中1所，初中1所，小学11所，卫生院1个，卫生室22个，文化站1个，农家书屋15个。有文化娱乐中心、健身广场。有全国重点文物保护单位西明寺造像碑。有省级非物质文化遗产小宋佛高跷。农业以小麦、玉米、水稻、蔬菜、食用菌、草莓种植为主。工业以造纸、化工、振动机械为主。有省级技术研发中心。京广、新菏铁路，省道山詹线过境。通多路公交车。

南翟坡［Nánzháipō］ 翟坡镇人民政府驻地。在县政府驻地小冀镇东北6千米。人口3100。唐开元间（713—741）翟姓居大水泊南得名南翟泊，后演今名。聚落呈团块状。西孟姜女河流经。有小学、卫生院、休闲健身广场。农业以小麦、玉米、水稻、棉花种植为主。京广、新菏铁路经此。通多路公交车。

七里营镇［Qīlǐyíng Zhèn］ 新乡县辖镇。在县境南部。面积111平方千米。人口10.4万。辖53村委会，有50自然村。镇人民政府驻七里营。1955年设七里营乡。1958年改公社。1983年复乡。1995年改镇。因镇政府驻地得名。有高中2所，初中12所，小学31所，卫生院1个，卫生室51个，文化馆1个，公共图书馆（室）51个，运动场馆6个。有省级爱国主义教育基地刘庄村。有毛主席视察纪念馆、刘庄展览馆、史来贺同志纪念馆、龙泉观光园区等。农业以小麦、玉米、棉花、花生种植，生猪养殖为主。工业以生物医药、造纸、机械为主。京广铁路、京广高铁、107国道、省道山詹线过境。通多路公交车。

七里营［Qīlǐyíng］ 七里营镇人民政府驻地。在县政府驻地小冀镇西南3千米。人口1.1万。传唐代因距小冀、八柳渡7里，得名七里店，宋代亦称双杨集，明代因多次有大军扎营而改今名。聚落呈团块状。有中小学、卫生院、图书馆、健身广场、毛主席视察七里营纪念馆等。农业以小麦、棉花、玉米种植为主。有小麦良种基地。工业以造纸为主。有工业园区、集贸市场。通多路公交车。

刘庄［Liúzhuāng］ 在县政府驻地小冀镇南6千米。七里营镇辖自然村。人口1800。明成化年间（1465—1487）刘氏老二自山西洪洞迁至黄河滩垦荒，称刘二庄。1956年易今名。聚落呈团块状。有中小学、卫生室。为省级爱国主义教育基地。有刘庄展览馆、史来贺同志纪念馆、史来贺故居、新村住宅区等。农业以小麦、棉花、玉米种植为主。工业以医药、淀粉、机械为主。服务业以商贸、旅游为主。通多路公交车。2005年被评为全国文明村。

龙泉［Lóngquán］ 在县政府驻地小冀镇东北3千米。七里营镇辖自然村。人口4100。元代因地形如龙且有水井而得名。聚落呈团块状。有中小学、卫生室、活动广场、体育中心、文化大院、龙泉寺、龙泉苑景区等。农业以小麦、棉花、玉米种植为主。特产龙泉黄金梨。工业以造纸、化工、橡胶、铜板加工为主。有龙泉实业公司。省道山詹线经此。通多路公交车。2000年被评为全国文明村。

朗公庙镇［Lǎnggōngmiào Zhèn］ 新乡县辖镇。在县境东部。面积80平方千米。人口6.3万。辖29村委会，有28自然村。镇人民政府驻朗公庙。1955年设朗公庙乡。1958年改公社。1983年改乡。1995年改镇。因镇政府驻地得名。东孟姜女河流经。有高中1所，初中3所，小学18所，卫生院1个，卫生室29个，文化站1个，运动场馆1个。有国家级非物质文化遗产中州大鼓，省级非物质文化遗产朗公庙竹马。有民俗朗中鼓舞会、大泉旱船舞等。农业以小麦、玉米、棉花种植为主。工业以化工、振动机械为主。京广、新菏铁路，京广高铁，京港澳高速，107国道，省道三原线过境。通多路公交车。

朗公庙［Lǎnggōngmiào］ 朗公庙镇人民政府驻地。在县政府驻地小冀镇东10千米。人口6700。唐始有人住，明初建村，名王二十八屯，后因朗公庙改今名。聚落呈团块状。有中小学、卫生室。有省级非物质文化遗产朗公庙竹马。有仓颉寺、仓颉纪念活动。农业以小麦、玉米、棉花种植为主。省道三原线经此。通多路公交车。

古固寨镇［Gǔgùzhài Zhèn］ 新乡县辖镇。在县境东部。面积49平方千米。人口4.1万。辖15村委会，有17自然村。镇人民政府驻古固寨。1955年设古固寨乡。1958年改公社。1983年复乡。1994年改镇。因镇政府驻地得名。有高中1所，初中2所，小学12所，二级医院2个，卫生院1个，卫生室13个，文化馆1个，图书室7个，运动场馆1个。农业以小麦、玉米、花生、大豆、红薯种植为主。工业以电力设备、体育用品制造为主。新菏铁路、省道西曹线过境。通多路公交车。

古固寨［Gǔgùzhài］ 古固寨镇人民政府驻地。在县政府驻地小冀镇东北19千米。人口9100。明洪武年间（1368—1398）因庵得名姑姑庵，清同治八年（1869）筑寨后称姑姑寨，后雅今名。聚落呈团块状。有中小学、卫生院、卫生室、休闲健身广场、文化大院等。农业以花生、小麦、玉米种植，鸡、猪、羊养殖为主。新菏铁路、省道西曹线经此。通多路公交车。

大召营镇［Dàzhàoyíng Zhèn］ 新乡县辖镇。在县境西北部。面积30平方千米。人口2万。辖13村委会，有13自然村。镇人民政府驻大召营。1955年设大召营乡。1958年改公社。1983年复乡。1996年改镇。因镇政府驻地得名。有初中1所，小学5所，卫生院1个，卫生室14个，文化站1个，健身广场13个。有省级文物保护单位李大召遗址、店后营遗址。有西周古鄘国都城遗址、兴国寺遗址、明顺妃娘娘坟、郭仲隗墓、王金岭艺术馆等。农业以小麦、玉米、花生种植为主。工业以精细加工、机械制造、化工、过滤环保器具制造为主。新焦铁路、省道冢沁线过境。通多路公交车。

大召营［Dàzhàoyíng］ 大召营镇人民政府驻地。在县政府驻地小冀镇北10千米。人口3200。明宣德年间（1426—1435）姜本组并大赵、小殷、小时3庄为耕营，名大赵庄耕营，简称大赵营，后误写为今名。聚落呈团块状。有中小学、卫生室、休闲健身广场、文化大院、阅览室等。农业以小麦、玉米、棉花种植为主。新焦铁路、省道冢沁线经此。通多路公交车。

合河乡［Héhé Xiāng］ 新乡县辖乡。在县境西北部。面积38平方千米。人口3.5万。辖20村委会，有24自然村。乡人民政府驻合河。1955年设合河乡。1958年改公社。1983年复乡。因乡政府驻地得名。卫河流经。有初中1所，小学12所，卫生院1个，卫生所20个，文化站1个，图书室20个。有健身休闲广场等。有省级文物保护单位合河石桥、合河泰山庙。有国家级非物质文化遗产怀梆。农业以小麦、玉米、花生种植为主。有无公害蔬菜、食用菌种植基地等。有集贸市场。长济高速过境。通多路公交车。

合河［Héhé］ 合河乡人民政府驻地。在县政府驻地小冀镇北16千米。人口5700。唐代在丹、小清、百泉3河汇流处南建村，因此得名。聚落呈团块状。有中小学、卫生室、文化站、休闲健身广场。有省级文物保护单位合河石桥、合河泰山庙。农业以小麦、玉米、水稻种植为主。县道胡韦线经此。通多路公交车。

获 嘉 县

获嘉县［Huòjiā Xiàn］ 新乡市辖县。北纬35°16′，东经113°39′。在市境西部。面积462平方千米。人口45万。以汉族为主，还有回、蒙古等民族。辖8镇、3乡。县人民政府驻城关镇。汉元鼎六年（前111）置获嘉县，因武帝获南越相吕嘉首得名。晋末废。北魏太和二十三年（499）复置。孝昌中设南修武县。北齐天宝七年（556）废获嘉县。隋开皇初改南修武县为获嘉县，治徙今址。十六年（596）为殷州治。大业初属河内郡。唐属怀州。北宋天圣四年（1026）属卫州。元属卫辉路。明、清属卫辉府。1913—1933年属豫北道、河北道、河南省、第四行政督察区。1949年属平原省新乡专区。1952年属河南省。1960年撤县，并入新乡市。1961年复置。1969年属新乡地区。1986年属新乡市。地处黄、沁、卫河冲积平原，间有洼地。平均海拔70米。年均气温14.4℃，1月平均气温-0.2℃，7月平均气温27.5℃。年均降水量573毫米。卫河及支流共产主义渠、孟姜女河、人民胜利渠流经。有煤、铁、铝土、石灰岩等矿产资源。森林覆盖率23.3%。有高中5所，初中27所，小学106所，二级医院3个，艺术团体4个，文化馆、图书馆、影剧院各1个，综合体育场馆4个。有省级文物保护单位同盟山武王庙、城隍庙、文庙、香山寺、刘伶墓等8个。有省级非物质文化遗产马皮舞、独腿高跷、踢棒槌、木板年画。三次产业比例16∶59∶25。农业以小麦、玉米、棉花、水稻种植为主。有土特产饸饹条、中和烧饼、药黑豆、贡米、杂粮、绿豆粉皮等。培植花卉苗木。工业以化工、机械制造、建筑业为主。京广、石太铁路，长济高速，武济、长济、沿南太行公路过境。有汽车客运总站。

获嘉站 [Huòjiā Zhàn]　见交通运输设施部分“获嘉站”条。

获嘉汽车站 [Huòjiā Qìchēzhàn]　见交通运输设施部分“获嘉汽车站”条。

城关镇 [Chéngguān Zhèn]　获嘉县人民政府驻地。在县境北部。面积30平方千米。人口7万。辖16居委会、6村委会，有22自然村。镇人民政府驻南关。1947年设城厢镇。1958年改城关镇公社。1960年更名获嘉公社。1961年设城关镇。唐贞观十三年(639)起历为县治，因此得名。有中学4所，小学5所，二级医院2个，卫生服务站35个，图书馆1个，文化馆1个，文化广场2个。有省级文物保护单位文庙、城隍庙。农业以玉米、小麦种植为主。工业以现代化工、机械制造、新能源为主。石太铁路，省道武济、长济、沿南太行线过境。有获嘉站、汽车客运总站。

文圣路 [Wénshèng Lù]　在县城中部。东起中山路，西至信义路。与新华街、行政大街、振兴街、学府街、元鼎大街相交。长4.3千米，宽50米。混凝土路面。原为土路，1982年改扩建。曾名中山街，1982年更名建设街，2012年因临近文庙改今名。两侧有县第一初中、东关学校、文庙公园等。

行政大街 [Xíngzhèng Dàjiē]　在县城中部。北起和平路，南至仁爱路。与文圣路、红旗路、健康路、同盟大道、凤凰大道相交。长3.7千米，宽28米。混凝土路面。原为土路，1982年改扩建。因县政府得名。两侧有农行、邮政银行、政府广场、商业广场、景文超市等。

新华街 [Xīnhuá Jiē]　在县城北部。北起和平路，南至仁爱路。与文圣路、红旗路、健康路、同盟大道、凤凰大道相交。长3.5千米，宽40米。混凝土路面。原为折桂、仁爱、南关、解放4街土路，1982年合并改建。两侧有邮政银行、地税局办税大厅、城隍庙、商业街等。

南关 [Nánguān]　城关镇人民政府驻地。在镇境北部。人口3900。因昔处城南门得名。聚落呈团块状。有中小学、幼儿园、卫生院、卫生室。农业以小麦、玉米种植为主。工业以海绵加工为主。新焦铁路，省道长济、薄口线经此。

照镜镇 [Zhàojìng Zhèn]　获嘉县辖镇。在县境东北部。面积33平方千米。人口3.1万。辖17村委会，有18自然村。镇人民政府驻照镜。1955年设照镜乡。1958年改公社。1983年复乡。1994年改镇。因镇政府驻地得名。大沙河流经。有初中2所，小学8所，卫生院1个，卫生室17个。有省级文物保护单位同盟山武王庙。农业以玉米、小麦种植，猪、牛、羊养殖为主。工业以医药、日用化工、机械制造为主。济东高速、省道沿南太行线过境。

照镜 [Zhàojìng]　照镜镇人民政府驻地。在县政府驻地城关镇东北5千米。人口3200。传姜太公在此举照妖镜擒妲己，因此得名。聚落呈团块状。有中小学、幼儿园、卫生室、幸福院、文化广场等。农业以小麦、玉米种植为主。有集贸市场。县道楼丁线经此。

楼村 [Lóucūn]　在县政府驻地城关镇东北7千米。照镜镇辖自然村。人口3600。因多楼姓而得名。聚落呈团块状。有小学、健身广场、卫生室、便民服务点等。农业以小麦、玉米种植为主。工业有精细化工等。县道楼丁线经此。2009年被评为全国文明村。

黄堤镇 [Huángdī Zhèn]　获嘉县辖镇。在县境西北部。面积35平方千米。人口2.4万。辖11村委会，有11自然村。镇人民政府驻黄堤。1955年设马厂乡。1958年改公社。1961年更名狮子营公社。1983年改乡。1996年改黄堤镇。因镇政府驻地得名。大沙河流经。有初中2所，小学8所，卫生院1个，卫生所12个。农业以小麦、玉米、棉花、蔬菜、水果种植，猪、鸡养殖为主。工业以金属加工、机械制造、化工建材为主。服务业以物流为主。新焦铁路、济东高速、省道武济线过境。有狮子营站。

黄堤 [Huángdī]　黄堤镇人民政府驻地。在县政府驻地城关镇西10千米。人口3800。因土堤上种植楝树得名黄楝堤，后简为今名。聚落呈团块状。有中小学、幼儿园、卫生室、幸福院、文化广场等。有马氏接骨技术。农业以小麦、玉米种植为主。工业以塑胶、氧化铝加工为主。有集贸市场。新焦铁路、省道武济线经此。

中和镇 [Zhōnghé Zhèn]　获嘉县辖镇。在县境中部偏西。面积25平方千米。人口3.2万。辖14村委会，有12自然村。镇人民政府驻中和。1955年设中和乡。1958年改公社。1983年复乡。1993年改镇。因镇政府驻地得名。有高中1所，初中2所，小学9所，卫生院1个，卫生室14个。有名胜古迹寂照寺、中和镇天主教堂。农业以玉米、小麦种植为主。工业以造纸包装、高压电器制造、化工、酿酒、农产品加工为主。省道长济线过境。

中和 [Zhōnghé]　中和镇人民政府驻地。在县政府驻地城关镇西南9千米。人口8900。汉代有南和、中和、北和3自然村，清代因战乱3村合一，改今名。聚落呈团块状。有中小学、幼儿园、卫生室、幸福院、文化广场等。有民间艺术背桩、高跷、抬阁等。农业以小麦、玉米种植为主。工业以造纸包装、高压电器制造、化工为主。有集贸市场。省道长济线经此。通多路公交车。

徐营镇 [Xúyíng Zhèn]　获嘉县辖镇。在县境西南部。面积42平方千米。人口3.7万。辖25村委会，有19自然村。镇人民政府驻徐营。1955年设徐营乡。1958年改公社。1983年复乡。1994年改镇。因镇政府驻地得名。有初中2所，小学12所，卫生院1个，卫生室25个，艺术团体4个。有省级非物质文化遗产马皮舞。农业以小麦、玉米、水稻种植为主，兼种地黄、薏苡等中药材。工业以无碳复写纸、药用包装、中药材加工为主。省道长济线过境。通多路公交车。

徐营 [Xúyíng]　徐营镇人民政府驻地。在县政府驻地城关镇西南15千米。人口8100。明洪武年间(1368—1398)徐伏宝安营屯田，因此得名。聚落呈团块状。有中小学、幼儿园、卫生室、幸福院、文化广场等。农业以小麦、玉米、水稻种植为主。有集贸市场。省道长济线经此。通多路公交车。

冯庄镇 [Féngzhuāng Zhèn]　获嘉县辖镇。在县境南部。面积53.1平方千米。人口4.7万。辖23村委会，有23自然村。镇人民政府驻冯庄。1955年设固县乡。1956年改冯庄乡。1958年改公社。1983年复乡。1994年改镇。因镇政府驻地得名。有初中1所，小学12所，卫生院1个，基层卫生服务站23所，文化休闲广场9个。农业以小麦、水稻、玉米、蔬菜、水果种植为主。工业以食品加工、机械制造、建材装饰为主。京广铁路、汲詹公路过境。通多路公交车。

冯庄 [Féngzhuāng]　冯庄镇人民政府驻地。在县政府驻地城关镇南20千米。人口6500。原名南卫，明初冯姓迁入，清初更名冯家庄。1912年简为今名。聚落呈团块状。有中小学、幼儿园、卫生室、幸福院、文化广场等。农业以小麦、玉米、水稻种植为主。工业以草毡制品加工、防盗门生产为主。有集贸市场。京广铁路、安平公路经此。通多路公交车。

亢村镇 [Kàngcūn Zhèn]　获嘉县辖镇。在县境东南部。面积55.7平方千米。人口5万。辖23村委会，有21自然村。镇人民政府驻亢村。1955年设王官营乡。1958年改亢村公社。1983年改乡。1986年改镇。因镇政府驻地得名。有初中2所，小学19所，卫生院1个，卫生室23个。农业以玉米、小麦、水稻种植为主。工业以机械、阀门、风机、家具、电子电器制造为主。京广铁路、省道沿南太行线、安平公路过境。通多路公交车。

亢村 [Kàngcūn]　亢村镇人民政府驻地。在县政府驻地城关镇南16千米。人口1.4万。因孔子学生陈亢卒于此而得名，明清时设亢村驿。聚落呈团块状。有中小学、幼儿园、卫生室、幸福院、文化广场等。有夏言渡河词碑、飞龙寺等古迹。农业以小麦、玉米、水稻种植为主。工业以阀门、机械制造为主。有集贸市场。京广铁路、省道沿南太行线经此。通多路公交车。

史庄镇 [Shǐzhuāng Zhèn]　获嘉县辖镇。在县境西部。面积44.3平方千米。人口4.1万。辖20村委会，有21自然村。镇人民政府驻史庄。1955年设史庄乡。1958年改公社。1983年复乡。1999年改镇。2005年张巨乡并入。因镇政府驻地得名。大狮涝河流经。有初中4所，小学9所，卫生院1个，卫生室20个。有省级文物保护单位香山寺。有齐州古城遗址、龙山文化遗址、汉代古冢等古迹。农业以小麦、玉米种植，猪、牛养殖为主。工业以橡胶加工为主。省道武济、长济线过境。通多路公交车。

史庄 [Shǐzhuāng]　史庄镇人民政府驻地。在县政府驻地城关镇西5千米。人口3900。明洪武年间(1368—1398)史氏自山西洪洞迁此，因此得名。聚落呈团块状。有中小学、幼儿园、卫生室、幸福院、文化广场等。农业以小麦、玉米种植为主。工业以园林绿化、橡胶加工为主。有集贸市场。县道西大线经此。通多路公交车。

位庄乡 [Wèizhuāng Xiāng]　获嘉县辖乡。在县境北部。面积31平方千米。人口3万。辖2居委会、13村委会，有14自然村。乡人民政府驻陈位庄。1956年设位庄乡。1958年改公社。1983年复乡。因乡政府原驻地得名。卫河流经。有初中1所，小学9所，二级医院1个，卫生院1个，卫生室13个。有南阳城遗址。有民间艺术背装、抬阁、皇杠等。农业以玉米、小麦种植为主。工业以汽车零配件加工、纺织、高低压电器为主。省道沿南太行线过境。通多路公交车。

陈位庄 [Chénwèizhuāng]　位庄乡人民政府驻地。在县政府驻地城关镇西北3千米。人口3100。明初为卫庄营，后演为位庄，明嘉靖年间(1522—1566)陈氏迁此，改今名。聚落呈团块状。有中小学、幼儿园、卫生室、幸福院、文化广场等。农业以玉米、小麦种植为主。有集贸市场。省道沿南太行线经此。通多路公交车。

大新庄乡 [Dàxīnzhuāng Xiāng]　获嘉县辖乡。在县境中部偏南。面积52平方千米。人口4.4万。辖24村委会，有24自然村。乡人民政府驻大新庄。1956年设大新庄乡。1961年改公社。1983年改乡。2005年大呈乡并入。因乡政府驻地得名。有中学1所，小学11所，卫生院2个，卫生室24个。农业以小麦、玉米、水稻种植为主。工业以包装、防火门生产为主。省道沿南太行线过境。通多路公交车。

大新庄 [Dàxīnzhuāng]　大新庄乡人民政

府驻地。在县政府驻地城关镇南11千米。人口3600。原名河道营,后被焚,又原址新建,因此得名。聚落呈团块状。有中小学、幼儿园、卫生室、幸福院、文化广场等。农业以小麦、玉米、水稻种植为主。有集贸市场。省道沿南太行线经此。通多路公交车。

太山乡 [Tàishān Xiāng] 获嘉县辖乡。在县境东部。面积36平方千米。人口3.7万。辖26村委会,有26自然村。乡政府驻太山庙。1956年设太山庙乡。1983年改太山乡。2005年丁村乡并入。因乡政府驻地得名。西孟姜女河流经。有初中1所,小学8所,卫生院1个,卫生室26个。农业以小麦、玉米种植为主。工业以纺织、印染、机械制造、化工为主。省道薄口线过境。通多路公交车。

太山庙 [Tàishānmiào] 太山乡人民政府驻地。在县政府驻地城关镇东南9千米。人口5500。因太山庙得名。聚落呈团块状。有中小学、幼儿园、卫生室、幸福院、文化广场等。农业以小麦、玉米、水稻、蔬菜种植为主。工业以纺织、印染为主。有集贸市场。省道沿南太行线经此。通多路公交车。

原阳县

原阳县 [Yuányáng Xiàn] 新乡市辖县。北纬35°52′,东经113°45′。在市境南部。面积1329平方千米。人口78.9万。辖3街道、6镇、10乡。县人民政府驻阳和街道。秦始置阳武县。西汉析阳武县置原武县。后历经变化。1950年原武、阳武2县合并设原阳县,取2县首字得名。1952年属河南省新乡专区。1969年属新乡地区。1986年属新乡市。地处黄河冲积平原区,地势西高东低。海拔70.5—93.5米。年均气温14.4℃,1月平均气温0.1℃,7月平均气温27.1℃。年均降水量565.2毫米。黄河、文岩渠、天然渠等流经。森林覆盖率20.4%。有高中7所,职高4所,初中54所,小学150所,二级医院3个,体育场馆1个。有豫剧团、盘鼓队、艺术团、说唱团等文艺团体。有全国重点文物保护单位玲珑塔,省级文物保护单位陈平祠、谷堆文化遗址、张苍墓、古博浪沙遗址。有省级非物质文化遗产五柳集抬阁、原武盘鼓。三次产业比例24∶48∶28。农业以小麦、玉米、水稻种植为主。工业以机械制造、食品加工、机电电气、家具加工为主。京港澳、原焦高速,107国道,省道连西、赵原、魏桥、三原、翟阳线过境。通多路公交车。

黄河大道 [Huánghé Dàdào] 在县城北部。西起京港澳高速,东至中兴街。与太行大道、惠民街相交。长7.7千米,宽60米。沥青路面。2004年开工,2005年建成。因原阳南濒黄河而得名。两侧有卫计委、人武部、公安局、法院、县政府、财政局、桦港商业广场及多个住宅小区。通公交车。

解放路 [Jiěfàng Lù] 在县城南部。西起景明路,东至省道封辉线。与太行大道相交。长7.3千米,宽40米。沥青混凝土路面。1982年开工,同年建成,1993年加宽,1997年改建,2005年改扩建。原名南干道,2006年改今名。两侧有玄武公园、县人民法院、县河务局、中学等。通公交车。

太行大道 [Tàiháng Dàdào] 在县城西部。北起翔宇路,南至云帆路。与文源路、翰林路、黄河大道、解放路等相交。长6.4千米,宽60米。沥青路面。2005年开工,2006年建成。因原阳北枕太行而得名。两侧有县一中、食药监局、产业集聚区管委会等。通公交车。

中兴街 [Zhōngxīng Jiē] 在县城中部。北起翔宇路,南至永安路。与建设路、黄河大道、解放路、民主路相交。长7.6千米,宽60米。沥青路面。1982年开工,同年建成,1997年改扩建。原名西干道,1997年改人民路。2010年寓中国复兴、国家强大之意改今名。两侧有县客运站、县中心医院等。通公交车。

原阳汽车站 [Yuányáng Qìchēzhàn] 见交通运输设施部分"原阳汽车站"条。

阳和街道 [Yánghé Jiēdào] 原阳县人民政府驻地。在县境中部。面积20平方千米。人口2.1万。2014年撤城关镇析设。取原阳和谐发展之意得名。有卫生院1个,卫生所19个。农业以小麦、玉米、水稻种植为主。工业以生产汽车零部件、食品、家具等为主。省道封辉线过境。通公交车。

龙源街道 [Lóngyuán Jiēdào] 属原阳县。在县境西部。面积17平方千米。人口1.2万。2012年由祝楼乡析7村与县农牧场合设。因龙源小区得名。先后建成平原大道、丹江路、白河路等。有小学1所,幼儿园5所,卫生室8个。农业以小麦、玉米种植,猪、鸡、羊养殖为主。有商贸城。107、311国道过境。通多路公交车。

原兴街道 [Yuánxīng Jiēdào] 属原阳县。在县境中部。面积41平方千米。人口8.2万。2014年撤城关镇析设。取原阳兴盛之意得名。有中学7所,小学20所,二级医院2个,卫生院1个,卫生室40个,敬老院1个。有省级文物保护单位谷堆文化遗址、张苍墓、古博浪沙遗址。有夏家院遗址、龙王庙等古迹。有民俗洋鼓、腰鼓、龙灯会、盘鼓等。农业以小麦、玉米种植为主。服务业以商贸、金融、物流为主。省道长邵线、县道胡韦线过境。

师寨镇 [Shīzhài Zhèn] 原阳县辖镇。在县境西部。面积77平方千米。人口5.3万。辖28村委会,有32自然村。镇人民政府驻师寨。1955年设师寨乡。1958年改公社。1983年复乡。2000年改镇。因镇政府驻地得名。有小学8个,卫生院1所,卫生所31个。农业以水稻、小麦、玉米种植,猪、牛、羊养殖为主。有小麦良种基地。工业以化工、粮食加工为主。107国道过境。

师寨 [Shīzhài] 师寨镇人民政府驻地。在县政府驻地阳和街道西9千米。人口2300。原名大堤村,传明洪武年间(1368—1398)师睢自山西洪洞迁此,后人丁兴旺,遂改名师家寨,后演为今名。聚落呈团块状。有小学、卫生室、农家书屋。农业以小麦、玉米种植为主。

齐街镇 [Qíjiē Zhèn] 原阳县辖镇。在县境东部。面积41平方千米。人口5.6万。辖42村委会,有42自然村。镇人民政府驻齐街。1955年设齐街乡。1958年改公社。1983年复乡。2008年改镇。因镇政府驻地得名。有中学2所,小学23所,卫生院1个,卫生室42个,敬老院1个。农业以小麦、玉米种植为主。有绿豆粉皮加工业。有特色产业草帘编制。311国道、县道焦韦线过境。

齐街 [Qíjiē] 齐街镇人民政府驻地。在县政府驻地阳和街道东25千米。人口5100。传汉初齐姓开店定居,渐为集镇,初称齐亦集、齐家镇,1949年后演为今名。聚落呈团块状。有小学、卫生室。有古清真寺、古宋槐等古迹。农业以小麦、玉米种植为主。有养鸡场、养猪场、蔬菜大棚。有粮食加工业。311国道经此。

太平镇 [Tàipíng Zhèn] 原阳县辖镇。在县境东部。面积88平方千米。人口4.5万。辖48村委会,有50自然村。镇人民政府驻太平镇。1955年设太平镇乡。1973年改公社。1983年复乡。2005年梁寨乡并入。2008年改镇。因镇政府驻地得名。有中学4所,小学16所,卫生院1个,卫生所28个,敬老院1个,舞蹈、盘鼓、腰鼓、高跷、戏曲、军鼓等文艺表演队18支。农业以水稻种植,猪、鸡、牛养殖为主。工业以汽车配件制造为主。311国道、县道焦韦线过境。

太平镇 [Tàipíngzhèn] 太平镇人民政府驻地。在县政府驻地阳和街道东15千米。人口2500。古为衙地,传系仓颉的演兵场,后取演兵保卫太平之意改名太平镇。明代因谷伦开店经商成集市而更名谷伦集。清代复名。聚落呈团块状。有中学、幼儿园、卫生院、卫生所。农业以小麦、玉米、水稻种植为主。311国道经此。

福宁集镇 [Fúníngjí Zhèn] 原阳县辖镇。在县境北部。面积99平方于米。人口5.2万。辖44村委会,有44自然村。镇人民政府驻中岳。1952年设福宁集乡。1958年并人杨湾乡。1959年析设福宁集公社。1983年改乡。2005年王杏兰乡并入。2009年改镇。因镇政府原驻地得名。明景泰年间(1450—1456)李氏自山西洪洞迁此,孙李坤为省祭官,以其号福宁名村,称福宁集。有中学4所,小学17所,卫生院2个,卫生所40个,敬老院1个,盘鼓队5支,武术队3支,秧歌队10支。有汉相张苍故里文化遗址张大夫寨。农业以小麦、玉米、花生种植,生猪养殖为主。工业以机械、门业、生物助剂、印染、汽车配件制造为主。有冬瓜、油桃批发市场。京广高铁、京珠高速过境。

中岳 [Zhōngyuè] 福宁集镇人民政府驻地。在县政府驻地阳和街道北10千米。人口2400。因中岳山得名。聚落呈团块状。有中小学、卫生室。农业以花生、玉米、小麦种植为主。原新公路经此。

韩董庄镇 [Hándǒngzhuāng Zhèn] 原阳县辖镇。在县境西南部。面积58平方千米。人口4.1万。辖28村委会,有38自然村。镇人民政府驻韩董庄。1958年设韩董庄乡,同年改公社。1983年复乡。2013年改镇。因镇政府驻地得名。有初中1所,小学20所,卫生院1个,卫生所36个。农业以蔬菜、玉米、小麦、水稻种植,猪、牛养殖为主。工业以木材、面粉、塑料加工为主。石武高铁、原焦高速过境。

韩董庄 [Hándǒngzhuāng] 韩董庄镇人民政府驻地。在县政府驻地阳和街道西南21千米。人口2300。传明万历八年(1580)韩姓定居,称韩庄。明万历十八年(1590)董姓迁至附近,取名董庄。清中叶人口渐多,渐合二为一而改今名。聚落呈团块状。有中小学、卫生所。工业以塑料加工为主。省道魏桥线、黄河大堤公路经此。

原武镇 [Yuánwǔ Zhèn] 原阳县辖镇。在县境西南部。面积65平方千米。人口2.6万。辖29村委会,有47自然村。镇人民政府驻原武镇(自然村)。1950年原武县改设原武镇。1956年改原武乡。1958年改公社。1959年并入师寨公社。1965年复原武公社。1983年复乡。1985年复镇。因镇政府驻地得名。有中学2所,小学14所,卫生院1个,卫生所16个。有全国重点文物保护单位玲珑塔。农业以水稻、小麦、玉米种植,猪、牛、羊养殖为主。工业以食品、机械、电子、草编加工为主。石武高铁,京港澳、原焦高速,107、311国道过境。

原武镇 [Yuánwǔzhèn] 原武镇人民政府驻地。在县政府驻地阳和街道西南13千米。人口3600。古名阳池城,为魏惠王十五年(前355)魏将龙贾所筑。隋开皇十六年(596)为原陵县治。唐为原武县治。1950年县废,沿为村名。聚落呈团块状。有中小学、幼儿园、卫生院。有善护寺、城隍庙、易经阁等古迹。农业以玉米、小麦、水稻种植为主。107、311国道经此。

葛埠口乡［Gěbùkǒu Xiāng］　原阳县辖乡。在县境中部偏西。面积57平方千米。人口3.3万。辖24村委会，有29自然村。乡人民政府驻黑洋山。1955年设葛埠口乡。1958年改公社。1983年复乡。2005年黑洋山乡并入。因乡政府原驻地得名。明洪武年间(1368—1398)葛姓自山西洪洞迁此，临堤堡口建村，得名葛家堡口。有中学3所，小学17所，二级医院1个，卫生院1个，卫生所36个，敬老院1个。农业以小麦、玉米、水稻种植为主。工业以汽车配件、加工业、建筑建材等为主。省道长邵线、县道胡韦线过境。

黑洋山［Hēiyángshān］　葛埠口乡人民政府驻地。在县政府驻地阳和街道西北6千米。人口5100。以昔黑洋山得名。聚落呈团块状。有中小学、卫生室。农业以小麦、玉米、花生种植，牛、羊、兔、猪养殖为主。县道胡韦线经此。

蒋庄乡［Jiǎngzhuāng Xiāng］　原阳县辖乡。在县境西南部。面积75平方千米。人口3.7万。辖41村委会，有53自然村。乡人民政府驻蒋庄。1973年官厂、韩董庄2公社析设蒋庄公社。1983年改蒋庄乡。因乡政府驻地得名。有中学1所，小学35所，幼儿园35所，卫生院1个，卫生所42个，文化大院7个，文化广场12个。有张良渡、杜屋渡口等遗址。农业以小麦、玉米种植为主。京珠高速过境。

蒋庄［Jiǎngzhuāng］　蒋庄乡人民政府驻地。在县政府驻地阳和街道西南17千米。人口800。传清初蒋姓自黄河南岸迁此，因此得名。聚落呈团块状。有中小学、幼儿园、卫生院、卫生所、文化广场。农业以小麦、玉米、花生种植为主。有商贸城。京珠高速经此。

官厂乡［Guānchǎng Xiāng］　原阳县辖乡。在县境南部。面积96平方千米。人口4万。辖38村委会，有46自然村。乡人民政府驻官厂。1955年设官厂乡。1958年改公社。1983年复乡。因乡政府驻地得名。有中学2所，小学19所，卫生院1个，卫生所38个，敬老院1个。有原阳县抗日民主政府旧址。农业以小麦、玉米、花生种植为主。有奶牛生产基地。黄河大堤公路过境。

官厂［Guānchǎng］　官厂乡人民政府驻地。在县政府驻地阳和街道南14千米。人口3000。传明代黄河多次决口，村处开封至黄河工地要道，管河官员、差役寄居，故名官场，后演为今名。聚落呈团块状。有中小学、卫生所。有民俗高跷、旱船、腰鼓、龙灯、盘鼓等。农业以小麦、玉米种植为主。服务业以商贸、餐饮为主。

大宾乡［Dàbīn Xiāng］　原阳县辖乡。在县境东部。面积65平方千米。人口4万。辖31村委会，有31自然村。乡人民政府驻大宾。1955年设大宾乡。1958年改公社。1983年复乡。因乡政府驻地得名。黄河流经。有中学1所，小学11所，卫生院1个，卫生所46个。有官渡之战古战场遗址。农业以小麦、水稻、蔬菜种植，猪、羊、牛、家禽养殖为主。311国道，黄河大堤、原陡公路过境。

大宾［Dàbīn］　大宾乡人民政府驻地。在县政府驻地阳和街道东11千米。人口3600。传明初山西洪洞迁民于此，友人来访，无钱招待，其妻剪发卖钱打酒，友临别留诗"空壶留故友，剪发待宾朋"，遂得名待宾。后谐音演为今名。聚落呈团块状。有中小学、卫生院、卫生室。农业以小麦、玉米、水稻种植为主。原陡公路经此。

陡门乡［Dǒumén Xiāng］　原阳县辖乡。在县境东南部。面积137平方千米。人口6.8万。辖44村委会，有59自然村。乡人民政府驻陡门。1952年设陡门乡。1956年更名韦城乡。1958年并入朱庄公社。1959年析设陡门公社。1983年改乡。2005年郭庄乡并入。因乡政府驻地得名。有中学3所，小学24所，幼儿园13所，卫生院2个，卫生所44个，敬老院1个。农业以小麦、玉米、水稻、花生、大豆、棉花种植，鲤鱼、草鱼、鲢鱼养殖为主。黄河大堤公路过境。

陡门［Dǒumén］　陡门乡人民政府驻地。在县政府驻地阳和街道东南23千米。人口5500。传唐代有陡山寺，村居寺前，名陡山寺门，后简为今名。聚落呈团块状。有小学、卫生室。农业以小麦、玉米种植，猪、羊、牛、家禽养殖为主。

路寨乡［Lùzhài Xiāng］　原阳县辖乡。在县境东北部。面积60平方千米。人口4.3万。辖34村委会，有34自然村。乡人民政府驻路寨。1955年设路寨乡。1958年改公社。1983年复乡。因乡政府驻地得名。有中学3所，小学20所，卫生院1个，卫生所34个，敬老院1个。农业以小麦、玉米种植为主。工业以建材、化工医药等为主。省道魏桥线过境。

路寨［Lùzhài］　路寨乡人民政府驻地。在县政府驻地阳和街道东17千米。人口3600。传元末明初路姓居此，因此得名。聚落呈团块状。有中小学、幼儿园、卫生院。农业以小麦、玉米种植为主。省道魏桥、于福线经此。

阳阿乡［Yáng'ē Xiāng］　原阳县辖乡。在县境北部。面积37平方千米。人口4.2万。辖37村委会，有38自然村。乡人民政府驻阳阿。1955年设阳阿乡。1958年改公社。1983年复乡。因乡政府驻地得名。有中学2所，小学20所，卫生院1个，卫生所39个，敬老院1个，文化大院9个。农业以小麦、花生种植为主。省道魏桥、翟阳线过境。

阳阿［Yáng'ē］　阳阿乡人民政府驻地。在县政府驻地阳和街道东北10千米。人口4900。清乾隆九年(1744)《阳武县志》载，汉代名叫户牖乡库里上，民众俗称阳武村、阳号村，后演为今名。聚落呈团块状。有中小学、卫生院。为陈平故里，有省级文物保护单位陈平祠。农业以蔬菜、花生、林果种植为主。工业以机械、复合材料等为主。省道魏桥、郑滑线经此。

靳堂乡［Jìntáng Xiāng］　原阳县辖乡。在县境南部。面积100平方千米。人口4.9万。辖35村委会，有50自然村。乡人民政府驻靳堂。1961年成立靳堂公社。1983年改乡。2005年包厂乡并入。因乡政府驻地得名。有中学2所，小学13所，卫生院1个，卫生所35个，敬老院1个。农业以小麦、玉米种植为主。311国道，县道原包、原官线，黄河大堤公路过境。

靳堂［Jìntáng］　靳堂乡人民政府驻地。在县政府驻地阳和街道东6千米。人口800。传明初靳姓自山西洪洞迁此水潭边定居，得名靳家潭，后谐音演为今名。聚落呈团块状。有中小学、卫生院、卫生所。农业以小麦、玉米种植为主。311国道经此。

祝楼乡［Zhùlóu Xiāng］　原阳县辖乡。在县境西部。面积96平方千米。人口3.5万。辖25村委会，有28自然村。乡人民政府驻祝楼。1962年成立祝楼公社。1983年改乡。因乡政府驻地得名。有中学3所，小学17所，卫生院1个，卫生所17个，文化大院2个。农业以小麦、水稻种植，牛、羊、猪、禽养殖为主。工业以农副产品深加工、化工建材、机械配件、粮食食品加工等为主。郑焦高速，107、311国道，省道薄口线过境。

祝楼［Zhùlóu］　祝楼乡人民政府驻地。在县政府驻地阳和街道西24千米。人口4100。传明初祝姓自山西洪洞迁此，村南为河洼，初名祝家洼，后改今名。聚落呈团块状。有中小学、卫生室、农家书屋。农业以小麦、玉米种植为主。107国道、省道魏桥线经此。

桥北乡［Qiáoběi Xiāng］　原阳县辖乡。在县境西南部。面积70平方千米。人口3.1万。辖21村委会，有28自然村。乡人民政府驻马井。1973年由韩董庄公社析设葛庄公社。1982年改桥北公社。1983年改乡。因处郑州黄河公路大桥北端而得名。有中学2所，小学12所，卫生院1个，卫生所21个，文化大院3个。农业以小麦、玉米种植，猪、牛、羊养殖为主。产花生、大豆等。工业以农副产品深加工等为主。107国道、省道魏桥线过境。

马井［Mǎjǐng］　桥北乡人民政府驻地。在县政府驻地阳和街道西南22千米。人口1800。清初马姓在此挖井，名马家井，后演今名。聚落呈团块状。有小学、幼儿园、卫生室、农家书屋。农业以小麦、玉米种植为主。省道魏桥线经此。

延　津　县

延津县［Yánjīn Xiàn］　新乡市辖县。北纬35°10′，东经114°36′。在市境东部。面积888平方千米。人口52万。辖5镇、7乡。县人民政府驻城关镇。秦嬴政五年(前242)以境内多棘置酸枣县。宋政和七年(1117)改酸枣县为延津县，因黄河延津渡口得名。金贞祐三年(1215)升延州。元至元七年(1270)州废，复延津县。清雍正五年(1727)胙城县并入。清末属新卫怀道。1913—1952年属豫北道、河北道、河南省、第四行政督察区、平原省新乡专区、河南省新乡专区。1969年属新乡地区。1986年属新乡市。1951年后整修、拓宽老城道路。1986年改造城区。1995年拓宽改造永安大道。1996年起改造城市道路多条，形成"五纵六横"道路网。2001—2005年建三角公园、人民广场及人民公园、长宁公园、廪香园等。2008年建温州精品商业街。相继建居民小区多个。地处黄河冲积平原，地势西南高东北低。平均海拔73米。年均气温13.9℃，1月平均气温−0.6℃，7月平均气温26.8℃。年均降水量588.4毫米。文岩渠流经。森林覆盖率23.3%。有高中2所，中职2所，中学21所，小学201所，二级医院3个，大型体育馆1个。有国家一级图书馆、文化馆。有全国重点文物保护单位沙门城遗址、广唐寺塔，省级文物保护单位大觉寺万寿塔、太平天国英王陈玉成就义纪念地、延浚汲淇四县边抗日办事处旧址。有国家级非物质文化遗产大平调，省级非物质文化遗产二夹弦。有国家3A级旅游景区黄河故道森林公园。三次产业比例23∶56∶21。农业以小麦、玉米、花生种植为主，产菠菜、胡萝卜等，特产延津小麦。工业以酿制、食品、制造、电子等产业为主。服务业以商贸、餐饮为主。新菏铁路，济东高速，省道内罗、封辉、郑吴、长济、长邵线过境。

人民广场［Rénmín Guǎngchǎng］　在县城中部。面积4公顷。2003年开工，同年建成。因人民路得名。内有喷泉、休闲长廊、21世纪"崛起"雕塑、绿地等。栽植广玉兰、红叶李、合欢、白蜡、大叶女贞、湖北枫杨、黄金槐、雪松、棕榈等30余种花木。为市民休闲娱乐、锻炼身体、开展文化活动的重要场所。周边有联通公司、金隆花园小区。通公交车。

延津汽车站［Yánjīn Qìchēzhàn］　见交通运输设施部分"延津汽车站"条。

城关镇［Chéngguān Zhèn］ 延津县人民政府驻地。在县境南部。面积32平方千米。人口6.4万。辖5居委会、9村委会，有15自然村。镇人民政府位于西街。1955年设城关镇。1958年改城关公社。1983年复镇。因处老县城城关而得名。有中专1所，高中2所，初中7个，小学15个，二级医院1个，卫生院1个，卫生所9个。有人民广场、人民公园、县文化体育活动中心、青少年活动中心。有省级文物保护单位大觉寺万寿塔、太平天国英王陈玉成就义纪念地。服务业以商贸、餐饮、住宿为主。省道永定、西曹、魏桥线过境。通公交车。

人民路［Rénmín Lù］ 在县城中部。西起西安大道，东至东安大道。与健康路、文化路、建设路、棉东路、科技路、东安大道相交。长4.4千米，宽40米。为沥青路面。2003年开工，2004年建成。两侧有农行、人民广场、联通公司、农信社、人寿保险、城建局、商业门店等。

丰庄镇［Fēngzhuāng Zhèn］ 延津县辖镇。在县境东北部。面积49平方千米。人口3.8万。辖19村委会，有19自然村。镇人民政府驻丰庄。1955年设寇庄乡。1958年改公社。1970年更名丰庄公社。1983年改乡。1995年改镇。因镇政府驻地得名。大沙河流经。有中学1所，小学13所，卫生院1个，卫生所19个，文化站1个，腰鼓、盘鼓、武术等民间文艺团体5个。农业以小麦、玉米、花生、棉花种植为主。有温棚蔬菜特色种植。有集贸市场。省道永定、郑台线过境。有长途汽车站。

丰庄［Fēngzhuāng］ 丰庄镇人民政府驻地。在县政府驻地城关镇北35千米。人口3900。明初山西贾、丰2姓迁此，称丰家庄，后简为今名。聚落呈团块状。有中小学、卫生院。有民俗腰鼓、狮子舞等。农业以小麦、玉米、花生、棉花种植为主。工业以彩钢钢构生产为主。省道永定、郑台线经此。

东屯镇［Dōngtún Zhèn］ 延津县辖镇。在县境西北部。面积50平方千米。人口3.5万。辖24村委会，有23自然村。镇人民政府驻东屯。1956年西屯、吴安屯2乡合设东屯乡。1958年并入樊庄乡。1959年改樊庄公社。1962年改东屯公社。1983年复乡。1996年改镇。因镇政府驻地得名。大沙河流经。有中学3所，小学10所，卫生院1个，卫生所22个，文化站1个。农业以小麦、玉米、温棚油桃、金银花种植为主。工业以设备制造为主。长济高速，省道杨小、翟阳线过境。

东屯［Dōngtún］ 东屯镇人民政府驻地。在县政府驻地城关镇西北22千米。人口5100。明洪武年间(1368—1398)山西移民迁此建东王、东小王、东小杨、鲁4庄。清嘉庆年间(1796—1820)合为东王四屯。1916年简为今名。聚落呈团块状。有中小学、卫生所等。农业以小麦、玉米种植为主。工业以精密铸造、炉具制造为主。服务业以商贸为主。济东高速、省道杨小线经此。

石婆固镇［Shípógù Zhèn］ 延津县辖镇。在县境中部。面积79平方千米。人口4.6万。辖40村委会，有30自然村。镇人民政府驻石婆固。1975年由魏邱、胙城2公社析设石婆固公社。1983年改乡。2005年塔铺乡并入。2013年改镇。因镇政府驻地得名。有中学1所，小学11所，幼儿园7所，卫生院1个，卫生所40个，文化站1个。有全国重点文物保护单位沙门城遗址。有国家3A级旅游景区黄河故道森林公园。有景点酸枣阁、杨氏祠堂等。农业以小麦、玉米、食用菌种植为主。工业以建材、纺织为主。服务业以商贸为主。济东高速、省道冢沁线过境。

石婆固［Shípógù］ 石婆固镇人民政府驻地。在县政府驻地城关镇北8千米。人口4000。因堵漏黄河堤的石婆雕像而得名，旧称石婆固集。聚落呈团块状。有中小学、幼儿园、卫生院、卫生室。有明代酸枣阁。农业以小麦、玉米、花生、棉花种植为主。县道焦韦线经此。

王楼镇［Wánglóu Zhèn］ 延津县辖镇。在县境东部。面积61平方千米。人口3.5万。辖35村委会，有37自然村。镇人民政府驻王楼。1964年由魏邱公社析设王楼公社。1983年改乡。2013年改镇。因镇政府驻地得名。有中学1所，小学11所，幼儿园7所，卫生院5个，卫生所35个，文化站1个，舞狮、腰鼓、盘鼓、戏曲、二夹弦班等民间文艺团体35个。农业以小麦、玉米、棉花、水果种植为主。工业以纺织为主。新菏铁路、济东高速、县道魏牛线过境。通镇乡公交。

王楼［Wánglóu］ 王楼镇人民政府驻地。在县政府驻地城关镇东北17千米。人口2100。明初王姓筑土墙定居，名圈子村。明末建楼房易名王家楼，后简为今名。聚落呈团块状。有中小学、幼儿园、卫生院等。农业以小麦、玉米种植为主。县道王魏线经此。

僧固乡［Sēnggù Xiāng］ 延津县辖乡。在县境南部。面积60平方千米。人口3.3万。辖24村委会，有25自然村。乡人民政府驻李僧固。1964年由城关公社析设僧固公社。1983年改乡。因乡政府驻地得名。有中学2所，小学14所，卫生院1个，卫生所24个，文化站1个。农业以小麦、玉米种植为主。有特色温棚蔬菜种植。工业以白酒酿造、化工等为主。省道西曹、魏桥线过境。通公交车。

李僧固［Lǐsēnggù］ 僧固乡人民政府驻地。在县政府驻地城关镇东2千米。人口2500。唐末因白凌寺僧侣护民而得名僧固。清末形成李、申、梁3僧固，因此得名。聚落呈团块状。有中小学、文化站、卫生院、敬老院等。有颜良墓遗址。农业以小麦、玉米种植为主。有特色温棚蔬菜种植。有泡沫、食品等加工业。省道西曹线经此。

小潭乡［Xiǎotán Xiāng］ 延津县辖乡。在县境西南部。面积87平方千米。人口3.8万。辖39村委会，有42自然村。乡人民政府驻大潭。1955年设小潭乡。1958年改公社。1983年复乡。2005年新安乡并入。2009年部分地域划属城关镇。因小潭村得名。传北宋时黄河决口遗留大小水潭，村以潭名。有中学4所，小学22所，二级医院1个，卫生院1个，卫生所39个。农业以小麦、玉米种植为主。工业以食品加工、白酒酿造为主。省道西曹线过境。通公交车。

大潭［Dàtán］ 小潭乡人民政府驻地。在县政府驻地城关镇西4千米。人口1700。明洪武年间(1368—1398)山西泽、潞2州移民迁此，昔临20余亩大水潭，因此得名。聚落呈团块状。有中小学、卫生院。有民俗盘鼓。农业以小麦、玉米种植为主。有起重机械租赁业等。省道西曹线经此。通公交车。

魏邱乡［Wèiqiū Xiāng］ 延津县辖乡。在县境中部偏东。面积111平方千米。人口5万。辖44村委会，有46自然村。乡人民政府驻魏邱。1955年设魏邱乡。1958年改公社。1983年复乡。2005年朱寨乡并入。因乡政府驻地得名。有中学2所，小学15所，卫生院1个，卫生所44个，文化站1个，盘鼓、大平调、管弦队、唢呐班、戏曲班等民间文艺团体8个。有红花、食用菌特色种植。服务业以商贸为主。新菏铁路，济东高速，省道杨小、冢沁线过境。通公交车。

魏邱［Wèiqiū］ 魏邱乡人民政府驻地。在县政府驻地城关镇北12千米。人口2400。春秋时魏惠王落难经此病故，厝埋成丘，故名魏丘。后为避孔子讳演今名。聚落呈团块状。有中小学、幼儿园、卫生院。农业以小麦、玉米种植为主。有铸钢业。服务业以商贸为主。省道永定、冢沁线经此。

司寨乡［Sīzhài Xiāng］ 延津县辖乡。在县境东南部。面积70平方千米。人口4.6万。辖28村委会，有28自然村。乡人民政府驻司寨。1955年设司寨乡。1958年并入魏邱公社。1964年析设司寨公社。1983年复乡。2005年高寨乡并入。因乡政府驻地得名。有中学4所，小学24所，卫生院1个，卫生所28个，文化站1个，腰鼓队等民间文艺团体10个。农业以小麦、玉米种植为主，产蔬菜、瓜果。工业以橡胶、塑料制品加工为主。新菏铁路，省道冢沁、永定线过境。通公交车。

司寨［Sīzhài］ 司寨乡人民政府驻地。在县政府驻地城关镇东北16千米。人口1200。传明中期司姓居此，因此得名。聚落呈团块状。有小学、卫生院。农业以小麦、玉米种植为主。有商贸业。省道冢沁线经此。

马庄乡［Mǎzhuāng Xiāng］ 延津县辖乡。在县境东北部。面积95平方千米。人口5.3万。辖38村委会，有41自然村。乡人民政府驻马庄。1955年设马庄乡。1956年石邱乡并入。1958年改公社。1983年复乡。2005年班枣乡并入。因乡政府驻地得名。有中学2所，小学24所，卫生院2个，卫生所38个，文化站1个，村文化活动室37个，腰鼓、盘鼓、舞狮等民间文艺团体32个，健身广场38个。有省级文物保护单位延浚汲淇四县边抗日办事处旧址。有野厂抗日纪念馆。农业以小麦、玉米种植为主，有特色大棚蔬菜种植。省道永定线过境。通公交车。

马庄［Mǎzhuāng］ 马庄乡人民政府驻地。在县政府驻地城关镇北28千米。人口500。明代马姓定居，因此得名。聚落呈团块状。有中小学、卫生院。农业以小麦、玉米种植为主。有钢管制造业。省道永定线经此。

胙城乡［Zuòchéng Xiāng］ 延津县辖乡。在县境中部偏北。面积96平方千米。人口3.9万。辖22村委会，有32自然村。乡人民政府驻胙城。隋开皇十八年(598)改南燕县为胙城县，此为胙城专名之始。1955年设胙城乡。1958年改公社。1983年复乡。因乡政府驻地得名。有中学3所，小学16所，卫生院1个，卫生所22个，盘鼓、文艺等民间文艺团体20个。农业以小麦、玉米、花生、小杂果种植为主。有红薯、无花果、造纸林特色种植。工业以橡胶加工、制塑为主。省道杨小线过境。通公交车。

胙城［Zuòchéng］ 胙城乡人民政府驻地。在县政府驻地城关镇北16千米。人口3500。因古胙城得名。聚落呈团块状。有中小学、幼儿园、卫生院。农业以小麦、玉米、花生种植为主。县道班胙、焦韦线经此。

榆林乡［Yúlín Xiāng］ 延津县辖乡。在县境西部。面积65平方千米。人口3.1万。辖18村委会，有22自然村。乡人民政府驻榆林。1955年设榆林乡。1958年改夹堤公社。1959年改榆林公社。1968、1971年分别析设塔铺、新安2公社。1983年改乡。因乡政府驻地得名。有中学6所，小学20所，二级医院1个，卫生院1个，卫生所14个，文化站1个，剧团、曲艺、唢呐、盘鼓等民间文艺团体5个，健身广场16个。有全国重点文物保护单位沙门城遗址。农业以小麦、玉米种植为主，有胡萝卜、花生特色种植。工业以黑色金属冶炼和压延加工为主。省道翟阳、冢沁线过境。通公交车。

榆林［Yúlín］ 榆林乡人民政府驻地。在县政府驻地城关镇西12千米。人口3400。明代建村时此地榆树成林，因此得名。聚落呈团块状。有中小学、幼儿园、卫生院。农业以小麦、花生、玉米、红薯、瓜类种植为主。省道翟阳线经此。

封 丘 县

封丘县 [Fēngqiū Xiàn] 新乡市辖县。北纬34°53′，东经114°14′。在市境东南部。面积1221平方千米。人口81.5万。以汉族为主，还有回、蒙古、藏、朝鲜等民族。辖12镇、7乡。县人民政府驻城关镇。西汉置封丘县（治今城关镇），属陈留郡。西晋初省平丘县入封丘，属陈留国。北魏太平真君九年（448）并入酸枣县。景明二年（501）复置。北齐又废。隋开皇十六年（596）再置，属东郡。唐属河南道陈留郡。五代、北宋属开封府。元属江北道汴梁路。明属河南布政使司开封府。清乾隆四十一年（1776）划归卫辉府。1913—1932年属河北道、河南省、第四行政督察区。1949—1969属平原省濮阳专区、新乡专区、新乡地区。1986年属新乡市。因刘邦于此为翟母修祠，封墓成丘得名。处黄河冲积平原。海拔65—72.5米。年均气温14.7℃，1月平均气温－1℃，7月平均气温27℃。年均降水量601.8毫米。黄河、文岩渠、天然渠流经。有豫北黄河故道鸟类湿地国家自然保护区。有国家级农业科学研究所。有高中5所，初中16所，小学244所，二级医院2个。有文化馆、图书馆、博物馆、影剧院、体育场及豫剧团、二夹弦剧团等文艺团体。有青陵台、虫牢会盟、平丘会盟、黄池会盟遗址，陈桥驿宋太祖黄袍加身处，清河集等古迹。有青龙湖、曹岗险工、陈桥风景名胜区、黄寨森林公园等景点。有民间文艺高跷、旱船、狮子、大头乖乖、竹马、推小车、蹦老四儿、背阁等。三次产业比例33∶44∶23。农业以小麦、玉米、杂粮、花生种植为主。有土特产金银花、封丘芹菜、石榴、黄河鲤鱼、树莓、红薯粉条等。工业以装备制造、食品加工、纺织服装、生物化工、起重机械为主。服务业以商贸、餐饮为主。新菏铁路，大广高速，省道吴黄、西曹、赵原、冢沁、永定线过境。

封丘汽车站 [Fēngqiū Qìchēzhàn] 见交通运输设施部分“封丘汽车站”条。

城关镇 [Chéngguān Zhèn] 封丘县人民政府驻地。在县境中部。面积13平方千米。人口6万。以汉族为主，还有回、朝鲜等民族。辖13村委会，有13自然村。镇人民政府驻东街。1949年设第一区。1955年置城关镇。1958年与水车里乡合设城关公社。1982年复镇。因地处老县城城关而得名。有中学2所，小学7所，幼儿园7所，二级医院1个，卫生院1个，卫生所32个。工业以化纤、皮革加工、窗纱制作等为主。服务业以商品批发零售为主。省道赵原、西曹、永定线过境。有封丘汽车站、新封丘汽车站。

振兴路 [Zhènxīng Lù] 在县城中部。东起东环路，西至西环路。与东干道、幸福路、文化路等相交。长7.5千米，宽45米。沥青路面。2007年开工，2008年建成。寓振兴中华之意而得名。两侧有县民政局、电业局、教育局、粮食局等。

封黄路 [Fēnghuáng Lù] 在县城中部。南起北干道，北至北环路。与世纪大道、工业一路等相交。长15.2千米，宽50米。沥青路面。2007年开工，2008年建成。为县城通往黄德镇主要道路，因此得名。两侧有行政单位、新封丘汽车客运站等。

黄池路 [Huángchí Lù] 在县城中部。南起环湖路，北至兴华路。与封曹路、南干道、振兴路、北干道等相交。长7.1千米，宽35米。沥青路面。2007年开工，2008年建成。因历史事件“黄池会盟”命名。两侧有县商务局、黄池公园、人民公园、总工会等。

东街 [Dōngjiē] 城关镇人民政府驻地。在镇境中部。人口1500。以汉族为主，还有回族等。因处县城老十字路口东面得名。聚落呈团块状。有中小学、卫生所、城隍庙等。服务业以商品批发零售为主。

黄陵镇 [Huánglíng Zhèn] 封丘县辖镇。在县境东部。面积52.9平方千米。人口4.4万。辖30村委会，有30自然村。镇人民政府驻黄陵。1958年成立黄陵公社。1983年改乡。1993年改镇。因镇政府驻地得名。有中学3所，小学11所，幼儿园5所，卫生院1个，卫生所29个。有鸣条之战、平丘会盟等遗址。农业以小麦、玉米、杂粮、花生种植为主。工业有建筑、传统柳编等。有县起重机制造、环卫产业园区。省道吴黄线过境。

黄陵 [Huánglíng] 黄陵镇人民政府驻地。在县政府驻地城关镇东25千米。人口4200。明初村民自山西迁居黄土陵上，因此得名。聚落呈团块状。有中心学校、幼儿园、卫生院、卫生所。农业以种植小麦、玉米、花生、红薯等为主。

黄德镇 [Huángdé Zhèn] 封丘县辖镇。在县境北部。面积58平方千米。人口3.2万。辖26村委会，有26自然村。镇人民政府驻黄德。1958年成立黄德公社。1983年改乡。1996年改镇。因镇政府驻地得名。鸭古沟、大石桥沟流经。有中学3所，小学14所，幼儿园21所，卫生院1个，卫生所26个。农业以小麦、玉米、杂粮、花生、金银花、红尖椒种植为主。工业以矿山机械制造、食品加工、化工等为主。新菏铁路，济东高速，省道冢沁、永定线过境。

黄德 [Huángdé] 黄德镇人民政府驻地。在县政府驻地城关镇北15千米。人口4000。宋时有“黄河大王退水”的历史典故，为念其德，取名黄德。聚落呈团块状。有中小学、幼儿园、卫生院。农业以小麦、玉米、花生、红薯种植为主。特产金银花、柿子。省道冢沁、永定线经此。

应举镇 [Yìngjǔ Zhèn] 封丘县辖镇。在县境西部。面积96.4平方千米。人口4.8万。以汉族为主，还有回、苗等民族。辖55村委会，有56自然村。镇人民政府驻应举。1949年设第二区。1958年成立应举公社。1983年改乡。2001年改镇。因镇政府驻地得名。有中学3所，小学25所，幼儿园37所，卫生院2个，卫生所58个。农业以小麦、玉米、辣椒、大蒜、杂粮、花生、西红柿种植为主，有油用牡丹、阳光玫瑰葡萄、金银花等特色种植。工业以农副产品深加工为主。省道西曹、赵原线过境。

应举 [Yìngjǔ] 应举镇人民政府驻地。在县政府驻地城关镇西13千米。人口5200。昔为学子进京应试住宿、聚会之地，因此得名。聚落呈团块状。有中小学、幼儿园、卫生所。农业以小麦、玉米、黄豆、红薯、棉花、尖椒、大蒜、红花种植为主。省道西曹、赵原线，县道孙陈线经此。

陈桥镇 [Chénqiáo Zhèn] 封丘县辖镇。在县境南部。面积118.5平方千米。人口4.5万。以汉族为主，还有回族等。辖46村委会，有50自然村。镇人民政府驻陈桥。1949年设第四区。1975年成立陈桥公社。1983年改乡。2001年改镇。2005年司庄乡并入。因镇政府驻地得名。黄河流经。有中学2所，小学16所，卫生院1个，卫生所43个。有景点陈桥湿地公园、陈桥驿宋太祖黄袍加身处等。有油菜花生态旅游节。农业以小麦、玉米、水稻、花生、石榴种植，牛、家禽养殖为主。有石榴种植基地。大广高速过境。

陈桥 [Chénqiáo] 陈桥镇人民政府驻地。在县政府驻地城关镇东南13千米。人口4300。因陈姓捐资修桥得名陈桥，以桥名村。聚落呈团块状。有中小学、卫生院、卫生所。有景点陈桥驿宋太祖黄袍加身处。农业以小麦、玉米、杂粮、花生、石榴种植为主。大广高速经此。

赵岗镇 [Zhàogǎng Zhèn] 封丘县辖镇。在县境东北部。面积77.1平方千米。人口5.3万。辖39村委会，有42自然村。镇人民政府驻赵岗。1964年成立赵岗公社。1983年改乡。2001年改镇。2005年戚城乡并入。因镇政府驻地得名。有初中3所，小学25所，幼儿园15所，卫生院1个，卫生所9个。工业以起重机械、钢铁、水泵、混凝土制品、电子电器制造为主。大广高速，省道赵原、吴黄线过境。

赵岗 [Zhàogǎng] 赵岗镇人民政府驻地。在县政府驻地城关镇东北15千米。人口5200。明初赵姓自洪洞迁此地土岗建村，因此得名。聚落呈团块状。有中小学、幼儿园、卫生院、卫生所、敬老院。农业以小麦、玉米、杂粮、花生种植为主。工业以起重机械、钢铁、水泵、混凝土制品、电子电器制造为主。大广高速、省道赵原线经此。

留光镇 [Liúguāng Zhèn] 封丘县辖镇。在县境东北部。面积58平方千米。人口4.6万。辖28村委会，有28自然村。镇人民政府驻留光。1947年为第六区。1958年成立留光公社。1983年改乡。2010年改镇。因镇政府驻地得名。有中学1所，小学23所，幼儿园8所，卫生院1个，卫生所22个，文化站1个，健身场所10个。有古迹青堆遗址、息氏墓、蛤蟆塌气坑等。农业以小麦、玉米、杂粮、花生种植为主，盛产金银花、蔬菜。工业以面粉加工、纺织轻型装备制造为主。大广高速、省道吴黄线过境。

留光 [Liúguāng] 留光镇人民政府驻地。在县政府驻地城关镇东北17千米。人口4900。东汉初刘秀北征王朗驻跸于此，赐名刘光，后演为今名。聚落呈团块状。有中小学、卫生院、卫生所。有古迹蛤蟆塌气坑。农业以花生、树莓种植为主。工业以面粉加工、酿酒为主。大广高速、省道吴黄线经此。

潘店镇 [Pāndiàn Zhèn] 封丘县辖镇。在县境东部。面积73平方千米。人口5.3万。辖45村委会，有51自然村。镇人民政府驻潘店。1949年为第七区。1958年并入曹岗公社。1969年析设潘店公社。1983年改乡。2005年油坊乡并入。2010年改镇。因镇政府驻地得名。有中学3所，小学21所，幼儿园21所，卫生院1个，卫生所10个。工业以酿酒、面粉加工为主。大广高速，省道西曹、吴黄线过境。

潘店 [Pāndiàn] 潘店镇人民政府驻地。在县政府驻地城关镇东12千米。人口3400。传宋代潘仁美仿照皇宫建宝殿，称潘殿，后演为今名。聚落呈团块状。有中小学、幼儿园、卫生院。农业以小麦、玉米、杂粮、花生、金银花种植为主。大广高速，省道西曹、吴黄线经此。通公交车。

鲁岗镇 [Lǔgǎng Zhèn] 封丘县辖镇。在县境东部。面积53.3平方千米。人口3.6万。辖37村委会，有38自然村。镇人民政府驻鲁岗。1949年为第四区。1958年成立鲁岗公社。1983年改乡。2013年改镇。因镇政府驻地得名。有高中1所，初中1所，小学14所，卫生院1个，卫生所37个。工业以农机、面粉加工、灰沙制砖等为主。大广高速，省道西曹、吴黄线过境。

鲁岗［Lǔgǎng］ 鲁岗镇人民政府驻地。在县政府驻地城关镇东9千米。人口2400。明初鲁姓自山西洪洞迁至土岗建村，因此得名。聚落呈团块状。有中小学、卫生院、卫生所。农业以小麦、玉米、杂粮、花生、红薯、树莓种植为主。省道西曹线经此。

陈固镇［Chéngù Zhèn］ 封丘县辖镇。在县境西北部。面积61平方千米。人口3.7万。辖23村委会，有24自然村。镇人民政府驻陈固。1949年为第二区。1958年并入应举公社。1961年析设陈固公社。1983年改乡。2013年改镇。因镇政府驻地得名。有中学2所，小学20所，卫生院1个，卫生所39个。农业以小麦、玉米、杂粮、花生种植为主，有金银花特色种植、家庭养殖。工业以生物制药、食品加工、仪器制造等为主。县道赵陈、孙陈线过境。

陈固［Chéngù］ 陈固镇人民政府驻地。在县政府驻地城关镇西北17千米。人口3000。元代陈姓在大沙岗上建村，因此得名。聚落呈团块状。有中小学、幼儿园、卫生院。农业以小麦、玉米、杂粮、花生种植为主。特产金银花。县道赵陈、孙陈线经此。

李庄镇［Lǐzhuāng Zhèn］ 封丘县辖镇。在县境东南部。面积58平方千米。人口2.5万。以汉族为主，还有回族等。辖22村委会，有25自然村。镇人民政府驻李庄。1949年为第八区。1958年并入黄陵公社。1962年析设李庄公社。1983年改乡。2013年改镇。因镇政府驻地得名。黄河流经。有国家级豫北黄河故道鸟类湿地自然保护区。有初中1所，小学2所，幼儿园3所，卫生院1个，卫生所18个。农业以小麦、玉米、杂粮、花生、金银花种植为主，有家庭养殖。工业以起重机械制造为主。省道吴黄线、黄河大堤公路过境。

李庄［Lǐzhuāng］ 李庄镇人民政府驻地。在县政府驻地城关镇东南35千米。人口2600。清代李姓迁此，因此得名。聚落呈团块状。有中小学、幼儿园、卫生院、卫生所。农业以小麦、玉米、杂粮、花生种植为主。黄河大堤公路经此。

居厢镇［Jūxiāng Zhèn］ 封丘县辖镇。在县境北部。面积52.4平方千米。人口2.9万。辖19村委会，有19自然村。镇人民政府驻居厢。1975年由黄德公社析设居厢公社。1983年改乡。2014年改镇。因镇政府驻地得名。有中学2所，小学13所，卫生院1个，卫生室19个，文化站1个，图书室2个，敬老院2个。有虫牢会盟遗址。农业以小麦、玉米、杂粮、花生种植为主，有金银花特色种植、家庭养殖。工业以新型材料加工、农副产品深加工、机械制造等为主。省道永定线过境。

居厢［Jūxiāng］ 居厢镇人民政府驻地。在县政府驻地城关镇北10千米。人口3000。汉代寺庙香火旺盛，香客居厢房，后成村落，因此得名。聚落呈团块状。有中小学、幼儿园、卫生院。农业以小麦、玉米、杂粮、花生种植为主。省道永定线经此。

尹岗乡［Yǐngǎng Xiāng］ 封丘县辖乡。在县境东部。面积90平方千米。人口2.6万。辖29村委会，有31自然村。乡人民政府驻大庄。1975年由黄陵公社析设尹岗公社。1983年改乡。因乡政府原驻地得名。明末尹姓迁此，取名尹岗。黄河流经。有中学3所，小学12所，卫生院1个，卫生室29个。农业以小麦、玉米、大豆、花生、金银花种植为主。工业以起重机械、铝合金制品、聚氯乙烯管材、印刷制品制造为主。省道吴黄线、黄河大堤公路过境。

大庄［Dàzhuāng］ 尹岗乡人民政府驻地。在县政府驻地城关镇东30千米。人口4000。昔史姓定居，后村落渐大、姓氏渐多，因此得名。聚落呈团块状。有中小学、卫生所。农业以小麦、玉米、杂粮、花生种植为主。黄河大堤公路经此。

城关乡［Chéngguān Xiāng］ 封丘县辖乡。在县境西南部。面积67平方千米。人口5万。辖48村委会，有48自然村。乡人民政府驻三里辛。1949年为第一区。1958年成立城关公社。1983年改乡。2005年娄堤乡并入。因处封丘城关附近而得名。有中学4所，小学14所，卫生院2个，卫生室26个，文化站1个。农业以小麦、玉米、杂粮、花生种植为主，有金银花特色种植。工业以农产品加工为主。省道西曹、永定线，封尹公路过境。

三里辛［Sānlǐxīn］ 城关乡人民政府驻地。在县政府驻地城关镇东1千米。人口1500。原名辛庄，因距县城3里，故改今名。聚落呈团块状。有小学、卫生院、卫生所。农业以小麦、杂粮、花生种植为主。

荆乡回族乡［Jīngxiāng Huízú Xiāng］ 封丘县辖乡。在县境西部。面积7.7平方千米。人口0.5万，其中回族占99%，还有汉族等。辖5村委会，有5自然村。乡人民政府驻百寺。1952年设荆乡民族自治乡。1958年并入城关公社。1986年改荆乡回族乡。原为盐碱地，遍植红荆柳，因此得名。有中学1所，小学5所，卫生院1个，卫生所5个。农业以牛、羊、猪养殖为主。省道赵原线过境。

百寺［Bǎisì］ 荆乡回族乡人民政府驻地。在县政府驻地城关镇西4千米。人口600，均为回族。明代白姓建村，修清真寺，得名白寺，后谐音为今名。聚落呈团块状。有卫生院、卫生室。农业以小麦、玉米、杂粮种植，家畜、家禽养殖为主。省道赵原线经此。

王村乡［Wángcūn Xiāng］ 封丘县辖乡。在县境中部。面积50平方千米。人口4.2万。辖50村委会，有51自然村。乡人民政府驻贾王。1963年由城关公社析设王村公社。1983年改乡。由乡政府驻地名简化而得名。有中学1所，小学10所，二级医院1个，卫生院1个，卫生所38个，文化广场6个。有使君墓、十一烈士牺牲纪念地。工业以农机、榨油、塑料加工为主。省道赵原、永定、西曹线过境。

贾王［Jiǎwáng］ 王村乡人民政府驻地。在县政府驻地城关镇北2千米。人口400。明洪武年间(1368—1398)贾、王2姓迁此，因此得名。聚落呈团块状。有中小学、幼儿园、卫生院、卫生室。农业以小麦、玉米、杂粮、花生种植为主。盛产封丘芹菜。省道永定线经此。

荆隆宫乡［Jīnglónggōng Xiāng］ 封丘县辖乡。在县境西南部。面积122平方千米。人口5.6万。辖38村委会，有38自然村。乡人民政府驻荆隆宫。1949年为第五区。1958年成立荆隆宫公社。1983年改乡。2005年孙庄乡并入。因乡政府驻地得名。黄河流经。有中学3所，小学16所，卫生院1个，卫生所17个。农业以小麦、玉米、杂粮、花生种植为主，有金银花特色种植。工业以农产品加工为主。省道永定线、黄河大堤公路过境。

荆隆宫［Jīnglónggōng］ 荆隆宫乡人民政府驻地。在县政府驻地城关镇西南15千米。人口6800。明弘治六年(1493)黄河决口，用荆条填堵缺口，高高隆起，后建村，因此得名。聚落呈团块状。有中小学、幼儿园、卫生院。农业以小麦、玉米、杂粮、花生种植为主。黄河大堤公路经此。

曹岗乡［Cáogǎng Xiāng］ 封丘县辖乡。在县境东南部。面积79平方千米。人口3.5万。辖25村委会，有26自然村。乡人民政府驻曹岗。1958年成立曹岗公社。1983年改乡。因乡政府驻地得名。黄河流经。有中学2所，小学10所，卫生院1个，卫生所25个。有豫剧祥符调发源地清河集遗址。有青龙湖、曹岗险工景区。农业以小麦、玉米、杂粮、花生种植为主。大广高速，省道西曹、吴黄线过境。

曹岗［Cáogǎng］ 曹岗乡人民政府驻地。在县政府驻地城关镇东南17千米。人口2800。官渡之战时曹军曾驻扎于大沙岗上，因此得名。聚落呈团块状。有中心小学、幼儿园、卫生院。农业以小麦、玉米、杂粮、花生种植为主。省道西曹线经此。

冯村乡［Féngcūn Xiāng］ 封丘县辖乡。在县境东北部。面积51.2平方千米。人口3.5万。辖31村委会，有31自然村。乡人民政府驻冯村。1949年为第九区。1958年成立冯村公社。1983年改乡。因乡政府驻地得名。有中学2所，小学13所，卫生院1个，卫生所31个。农业以小麦、玉米、杂粮、花生种植为主，有金银花、蔬菜特色种植。工业以面粉加工、纺织轻型装备制造为主。省道赵原、吴黄线过境。通公交车。

冯村［Féngcūn］ 冯村乡人民政府驻地。在县政府驻地城关镇东北10千米。人口2500。明洪武年间(1368—1398)冯姓迁此，因此得名。聚落呈团块状。有中小学、卫生院。农业以小麦、玉米、杂粮、花生种植为主。省道赵原线经此。

长垣县

长垣县［Chángyuán Xiàn］ 新乡市辖县。北纬35°12′，东经114°46′。在市境东北部。面积1051平方千米。人口88万。辖5街道、11镇、2乡。县人民政府驻蒲西街道。秦以"县有防垣"设长垣县，属东郡。西汉属陈留郡。东汉析置长垣侯国、平丘县。隋开皇十六年(596)移治妇姑城，更名匡城县。五代后梁开平元年(907)因避讳复长垣县，属汴州。后唐同光元年(923)仍名匡城县。宋建隆元年(960)再避匡讳，改鹤丘县。真宗大中祥符二年(1009)复长垣县。金泰和四年(1204)迁县治于柳冢，属大名府。元初属大名路，后属开州。明洪武二年(1369)以河患移治蒲城，即今址。清因之。1912年属直隶省大名府。1936年属河北省、第十一行政督察区。1947—1952年历属平原省濮阳专区、河南省濮阳专区。1954年属新乡专区。1955年属安阳专区。1983年属濮阳市。1986年属新乡市。地处黄淮海平原中部，地势东南高西北低。海拔57.3—69.7米。年均气温14.4℃，1月平均气温－1.8℃，7月平均气温27.2℃。年均降水量576.9毫米。黄河、天然文岩渠、回木沟、文明渠流经。有长垣黄河湿地鸟类国家自然保护区。森林覆盖率30%。有高中2所，中职3所，初中45所，小学246所，二级医院3个。有展览馆、剧院、电影院、文化馆、档案馆、图书馆、体育场、体育馆各1个。有省级文物保护单位6个，省级非物质文化遗产6项。三次产业比例13∶52∶35。农业以小麦、玉米、大豆、花生、蔬菜、瓜果种植，鲢草鲫鲤、河蟹、团鱼、观赏鱼等水产品养殖为主。工业以起重装备制造、新能源、新材料和生物制药、汽车零配件为主。有起重机械及卫生材料产业聚集园区、防腐蚀材料及汽车零配件园区。服务业以商贸为主。新菏铁路、济东高速、106国道等过境。

亿隆广场［Yìlóng Guǎngchǎng］ 在县城西部。面积13.1万平方米。2000年开工，同年建成。因企业得名。分为中心广场区、文化广场区、芳草花镜区、健身休闲区、游憩区、绿景展示区、主入口区、过渡区。为群众休闲健身、举办大型集会活动的重要场所。周边有县政府、建设大厦、财经楼、文化局、亿隆商业街等。通公交车。

长城大道［Chángchéng Dàdào］　在县城北部。东起景贤大道，西至德邻大道。与龙逄大道、南京路、桂陵大道、宏力大道、博爱路等相交。长6.5千米，宽30—40米。沥青路面。1991年开工，1995年建成，2007年改扩建。原名建蒲路，1999年因企业冠名而得名。两侧有长垣汽车站、中医院、人民医院、金贝商贸城、体育场、宏力广场等。通多路公交车。

卫华大道［Wèihuá Dàdào］　在县城南部。东起龙逄大道，西至亿隆大道。与南关大街、繁荣路、桂陵大道、宏力大道、博爱路、德邻大道相交。长6.2千米，宽30—40米。混凝土路面。2001年开工，经多次改扩建，2012年建成。原名文明东、西路，后因企业冠名而得名。两侧有长垣汽车总站、西花园、人武部、宏力学校、宏力医院、卫华集团、蒲西医院、中原起重机厂、南关金源农贸市场、万德隆广场、铜塔寺景区等。通多路公交车。

亿隆大道［Yìlóng Dàdào］　在县城西部。北起中环路，南至山海大道。与人民路、卫华大道相交。长6.2千米，宽17米。混凝土路面。2005年开工，同年建成。原名西环大道，2005年因企业改今名。通公交车。

宏力大道［Hónglì Dàdào］　在县城西部。北起蒲城路，南至西二干渠桥。与长城大道、人民路、卫华大道、山海大道等相交。长10.1千米，宽26—40米。沥青、混凝土路面。1994年开工，经多次改扩建，2005年建成。原名红旗路，后因企业改今名。两侧有科技局、建设大厦、县政府、亿隆广场、人武部、宏力学校、如意园、长垣一中、行政服务中心、三善园等。通公交车。

龙逄大道［Lóngpáng Dàdào］　在县城东部。北起蒲城路，南至山海大道。与长城大道、卫华大道、匡城路等相交。长4.1千米，宽17—45米。混凝土路面。2004年建成。原名东环路，2010年为纪念夏末宰相关龙逄而改今名。两侧有汽车东站、长垣十中、蒲东二中、中原起重机械厂等。通公交车。

蒲西街道［Púxī Jiēdào］　长垣县人民政府驻地。在县境西部。面积27平方千米。人口5.9万。2006年设。因长垣县古称蒲城，又处城西，因此得名。先后改扩建留晖大道等城市道路，新建容园、长城公寓等居民区。有初中1所，小学4所，幼儿园8所，二级医院1个，卫生院1个，卫生所1个，文艺团体5个。有坠子、高跷等地方特色民间艺术。农业以小麦、玉米种植，猪、鸡养殖为主。新菏铁路过境。有长垣站、汽车总站。通多路公交车。

蒲东街道［Púdōng Jiēdào］　属长垣县。在县境中部。面积40千米。人口7.5万。2006年设。因处县城东部得名。先后改扩建龙逄大道、匡城路等，建设明珠广场、上善园，新建和平里、老城根等居民区及蒲东家具广场等。有初中3所，小学13所，幼儿园13所，二级医院2个，卫生院1个，卫生所1个，文艺团体16个。有河南坠子、南街高跷等地方特色民间艺术。有历史文化名巷郜胡同，圣庙遗址、龙山文化遗址。农业以小麦、玉米种植，牛、羊、猪、鸡养殖为主。省道永定线过境。有汽车东站。通多路公交车。

蒲北街道［Púběi Jiēdào］　属长垣县。在县境西部。面积38平方千米。人口2.3万。2006年设。因处县城北部得名。先后改扩建卫河路、淇河路、洞庭湖路等，建成浦苑小区、中国防腐材料博览城等。有中学1所，小学8所，卫生院1个，卫生所1个，文艺团体19个。有书法、绘画、戏曲、高跷等地方特色民间艺术。农业以小麦、玉米种植，猪、鸡、羊养殖为主。工业有县防腐蚀及新材料产业园。大广、菏宝高速过境。通公交车。

南蒲街道［Nánpú Jiēdào］　属长垣县。在县境南部。面积63.6平方千米。人口5.9万。2006年由张寨乡改设。因位于古蒲邑之南而得名。先后改扩建多条城市干道，新建多处花园式居民小区。有中学2所，小学11所，幼儿园16所，卫生院1个。农业以小麦、玉米种植，猪、鸡养殖为主。工业以起重装备制造、新能源、新材料、生物制药为主。有县起重配件加工基地。通多路公交车。

魏庄街道［Wèizhuāng Jiēdào］　属长垣县。在县境东南部。面积100平方千米。人口8.2万。2012年由魏庄镇改设。沿用原镇名。原名常兴集，明洪武年间（1368—1398）魏姓自山西洪洞迁此，改名魏庄。有中学4所，小学28所，幼儿园30所，卫生院2个，卫生所45个。有书法、绘画、戏曲等地方特色民间艺术。农业以小麦、玉米、大豆种植，鲢鱼、草鱼、河蟹、鲤鱼、鲫鱼养殖为主。工业以起重机械制造为主。为国家起重机械生产发祥地。长恼、阳泽公路过境。

丁栾镇［Dīngluán Zhèn］　长垣县辖镇。在县境北部。面积49平方千米。人口3.7万。辖34村委会，有38自然村。镇人民政府驻丁栾。1958年成立丁栾公社。1983年改乡。1989年析设张三寨乡。1994年改镇。因镇政府驻地得名。有初中3所，小学33所，幼儿园8所，卫生院1个，卫生所1个。有浮丘店遗址、角城龙山文化遗址。农业以小麦、玉米、大豆、棉花、花生种植为主。有冬枣、大棚蔬菜种植基地。工业以机械制造，竹器、窗纱、漆包线加工，纺织等为主。省道冢沁线过境。

丁栾［Dīngluán］　丁栾镇人民政府驻地。在县政府驻地蒲西街道东北10千米。人口7500。传村内道路均呈丁字形，丁丁相连，得名丁联，后以谐音改称丁栾。聚落呈团块状。有小学、幼儿园、卫生院。农业以小麦、玉米、大豆、棉花种植，猪、鸡养殖为主。省道冢沁线经此。

樊相镇［Fánxiāng Zhèn］　长垣县辖镇。在县境西北部。面积55.1平方千米。人口4.6万。辖37村委会，有39自然村。镇人民政府驻樊相。1958年成立樊相公社。1983年改乡。1994年改镇。因镇政府驻地得名。有初中3所，小学13所，幼儿园18所，卫生院1个，卫生所1个。农业以小麦、玉米种植，鸡、猪、羊养殖为主。工业以汽车零配件、木器加工等为主。有门业产业区。大广、济东高速过境。

樊相［Fánxiāng］　樊相镇人民政府驻地。在县政府驻地蒲西街道北9千米。人口5400。汉樊宏封侯于此，建长罗侯国，因此得名。聚落呈团块状。有中小学、幼儿园、卫生院。农业以小麦、玉米、花生种植，鸡、羊、猪养殖为主。服务业以商贸为主。省道吴黄线经此。

恼里镇［Nǎolǐ Zhèn］　长垣县辖镇。在县境东南部。面积90.6平方千米。人口5.2万。辖27村委会，有38自然村。镇人民政府驻恼里。1958年成立恼里公社。1983年改乡。1989年析设总管乡。1996年改镇。2005年部分地域划入魏庄街道。因镇政府驻地得名。有中学5所，小学26所，幼儿园14所，卫生院1个，卫生室30个。农业以小麦、玉米、大豆、花生、红薯种植为主。工业以起重机械制造、眼镜、电器、食品加工、铝合金热处理、橡胶等为主。长恼公路过境。

恼里［Nǎolǐ］　恼里镇人民政府驻地。在县政府驻地蒲西街道东南16千米。人口8500。原名匡城集、版邱集。清咸丰五年（1855）黄河改道，村处滩头，方言称滩头为河脑，谐音成今名。聚落呈团块状。有中心小学、卫生院。农业以小麦、玉米种植为主。工业以医疗器械、起重机械制造，涂料加工为主。服务业以商贸为主。长恼公路经此。

赵堤镇［Zhàodī Zhèn］　长垣县辖镇。在县境东北部。面积45平方千米。人口3.6万。辖30村委会，有40自然村。镇人民政府驻西赵堤。1976年由佘家公社析设赵堤公社。1983年改乡。2001年改镇。因镇政府驻地原名得名。有初中2所，小学15所，幼儿园16所，卫生院1个，卫生所35个，文化站1个，敬老院1个。农业以小麦、水稻种植，猪、羊、河蟹、鲤鱼、鲢鱼、团鱼养殖为主。工业以水稻加工、化工染料、制糖、纱布皮鞋加工等。新菏铁路过境。

西赵堤［Xīzhàodī］　赵堤镇人民政府驻地。在县政府驻地蒲西街道东北25千米。人口3200。清康熙十八年（1679）赵氏建村，后分东、西2村，因方位得今名。聚落呈团块状。有小学、卫生院。农业以小麦、水稻种植，羊、牛、鱼、螃蟹养殖为主。

常村镇［Chángcūn Zhèn］　长垣县辖镇。在县境西部。面积75.2平方千米。人口4.8万。辖40村委会，有49自然村。镇人民政府驻常村。1958年成立常村公社。1983年改乡。2001年改镇。因镇政府驻地得名。有初中2所，小学12所，幼儿园6所，卫生院1个，卫生室45个，文化站1个，图书室36个，文化大院31个。农业以小麦、玉米种植，猪、鸡养殖为主。工业以食品加工、农机制造、有色金属铸造、钼铁、电子为主。新菏铁路、省道冢沁线过境。

常村［Chángcūn］　常村镇人民政府驻地。在县政府驻地蒲西街道西10千米。人口6100。传原为常遇春墓地，后为集市、村落，因此得名。聚落呈团块状。有中小学、卫生院、文化站。农业以小麦、玉米、棉花、花生种植，鸡、羊、猪养殖为主。有商贸业。省道冢沁线经此。

孟岗镇［Mènggǎng Zhèn］　长垣县辖镇。在县境中部偏东。面积53平方千米。人口4.1万。辖34村委会，有59自然村。镇人民政府驻孟岗。1958年成立孟岗公社。1983年改乡。2006年部分区域划属蒲东街道。2009年改镇。因镇政府驻地得名。有初中3所，小学14所，幼儿园11所，卫生院1个，卫生室34个，绘画、书法、歌舞等文艺团体5个，文化大院34个。农业以小麦、玉米、水稻种植，猪、鸡养殖为主。工业以床上用品加工为主。有集贸市场2个。孟马公路过境。

孟岗［Mènggǎng］　孟岗镇人民政府驻地。在县政府驻地蒲西街道东10千米。人口5300。因孟氏在土岗上建村而得名。聚落呈团块状。有中心小学、卫生院。农业以小麦、玉米种植，鸡、羊、猪养殖为主。服务业以商贸为主。孟马公路经此。

满村镇［Mǎncūn Zhèn］　长垣县辖镇。在县境中部偏北。面积42平方千米。人口3.9万。辖23村委会，有40自然村。镇人民政府驻后满村。1963年由丁栾公社析设满村公社。1983年改乡。2009年改镇。因镇政府驻地原名得名。有初中1所，小学10所，幼儿园13所，卫生院1个，卫生室23个。有宜丘遗址。有省级非物质文化遗产二鬼打架。农业以小麦、玉米、大豆种植，鸡、猪、牛、羊养殖为主。有冬枣产业、蔬菜种植基地。工业以漆包线、毛刷、皮件、玻璃纤维加工为主。新菏铁路、省道冢沁线过境。

后满村［Hòumǎncūn］ 满村镇人民政府驻地。在县政府驻地蒲西街道东北8千米。人口3900。原名小敬寨，明初山西移民大量涌入，人满为限，改称满村。后以方位改今名。聚落呈团块状。有中心学校、卫生院。农业以小麦、玉米种植，羊、鸡养殖为主。工业以医疗器械、卫材、机械制造为主。省道冢沁线经此。

苗寨镇［Miáozhài Zhèn］ 长垣县辖镇。在县境东北部。面积54平方千米。人口4.6万。辖37村委会，有42自然村。镇人民政府驻苗寨。1961年由方里公社析设前苗寨、南岳2公社。1963年2公社合设苗寨公社。1983年改乡。2010年改镇。因镇政府驻地得名。黄河流经。有初中3所，小学12所，幼儿园7所，卫生院1个，卫生所37个。农业以小麦、玉米种植，猪、羊、鸡养殖为主。工业以防腐蚀材料加工为主。通公交车。

苗寨［Miáozhài］ 苗寨镇人民政府驻地。在县政府驻地蒲西街道东北25千米。人口2200。原名苗祭城，传为郑国祭仲封地，1954年取同音改今名。聚落呈团块状。有小学、卫生院。农业以小麦、大豆、玉米种植，猪、鸡、牛养殖为主。工业以防腐蚀材料加工为主。

张三寨镇［Zhāngsānzhài Zhèn］ 长垣县辖镇。在县境北部。面积42平方千米。人口3.5万。辖28村委会，有32自然村。镇人民政府驻张三寨。1989年由丁栾乡析设张三寨乡。2010年改镇。因镇政府驻地得名。有初中3所，小学14所，幼儿园17所，卫生院1个，卫生室41个。农业以小麦、玉米种植，猪、鸡养殖为主。工业以医疗器械制造、卫生用品生产、食品加工、化工油漆为主。有卫生材料工业聚集区。

张三寨［Zhāngsānzhài］ 张三寨镇人民政府驻地。在县政府驻地蒲西街道北12千米。人口6800。传明洪武年间（1368—1398）张氏三兄弟自洪洞迁此，因此得名。聚落呈团块状。有中心小学、卫生院。农业以小麦、玉米、花生、蔬菜种植，猪、鸡、鸭、鱼、兔养殖为主。有商贸业。城张公路经此。

方里镇［Fānglǐ Zhèn］ 长垣县辖镇。在县境东北部。面积50平方千米。人口4.2万。辖28村委会，有31自然村。镇人民政府驻方里。1958年成立方里公社。1983年改乡。2013年改镇。因镇政府驻地得名。回木沟流经。有初中2所，小学18所，幼儿园10所，卫生院1个，卫生室47个。农业以小麦、玉米、水稻种植为主。新菏铁路、菏宝高速过境。

方里［Fānglǐ］ 方里镇人民政府驻地。在县政府驻地蒲西街道东北18千米。人口4800。传昔时筑寨呈正方形，四周皆1华里，因此得名。聚落呈团块状。有中心小学、卫生院、敬老院。农业以小麦、玉米、大豆种植，鸡、猪、羊养殖为主。丁方、桑魏公路经此。

佘家镇［Shéjiā Zhèn］ 长垣县辖镇。在县境北部。面积55平方千米。人口5万。辖48村委会，有60自然村。镇人民政府驻佘家。1958年成立佘家公社。1983年改乡。2014年改镇。因镇政府驻地得名。有初中3所，小学15所，幼儿园16所，卫生院1个，卫生室43个，农家书屋25个，文化大院20个，文体活动室15个，文化广场10个。农业以小麦、玉米、水稻种植，猪、鸡养殖为主。工业以汽车配件、防腐保温制品、卫材加工为主。省道冢沁线过境。

佘家［Shéjiā］ 佘家镇人民政府驻地。在县政府驻地蒲西街道东北26千米。人口3700。明洪武年间（1368—1398）山西洪洞移民迁此，多佘姓，因此得名。聚落呈团块状。有中心校、中心小学、幼儿园、卫生院。农业以小麦、玉米、大豆、花生、棉花种植，鸡、猪养殖为主。陈赵公路经此。

芦岗乡［Lúgǎng Xiāng］ 长垣县辖乡。在县境东部。面积71平方千米。人口5.8万。辖41村委会，有64自然村。乡人民政府驻芦岗。1963年由孟岗公社析设芦岗公社。1983年改乡。因乡政府驻地得名。黄河、郑寨沟流经。有初中3所，小学16所，幼儿园15所，卫生院1个，卫生室41个，文化馆1个。有黄河大型浮桥。农业以小麦、玉米、大豆种植，猪、牛养殖为主。工业以工作服加工为主。串滩公路过境。

芦岗［Lúgǎng］ 芦岗乡人民政府驻地。在县政府驻地蒲西街道东12千米。人口3300。因昔人依芦苇岗开店而得名。聚落呈团块状。有中心小学、幼儿园、卫生院。有黄河大型浮桥。农业以小麦、玉米种植，猪、鸡、鸭养殖为主。马高公路经此。

武邱乡［Wǔqiū Xiāng］ 长垣县辖乡。在县境东北部。面积86平方千米。人口5.2万。辖36村委会，有55自然村。乡人民政府驻武邱。1963年由佘家公社析设武邱公社。1983年改乡。因乡政府驻地得名。有小学14所，幼儿园36所，卫生院1个，卫生室37个。农业以小麦、玉米种植，猪、鸡、牛养殖为主。工业以机械、制刷、化工、面粉、钢管、防腐蚀材料等为主。新菏铁路过境。

武邱［Wǔqiū］ 武邱乡人民政府驻地。在县政府驻地蒲西街道东北25千米。人口3300。传刘秀逃难至此得义犬舍命相救，埋尸于此。登基后，建义犬庙未成，留基台，以年号命名汉光武丘，后演为今名。聚落呈团块状。有中心学校、幼儿园、卫生院、敬老院。农业以小麦、玉米种植为主。服务业以商贸为主。串滩公路经此。

焦作市

焦作市［Jiāozuò Shì］ 河南省辖地级市。北纬34°48′—35°30′，东经112°32′—113°38′。在省境西北部。面积4071平方千米。户籍人口368.5万，常住人口352.3万。以汉族为主，还有回、满、壮、土家等民族。辖解放、中站、马村、山阳4区，修武、博爱、武陟、温县4县，代管沁阳、孟州2县级市。市人民政府驻解放区。古为洞西、洞东屯。元至元六年（1269）更名焦家作，后简称焦作，属修武县。清宣统二年（1910）为焦作镇。1945年置焦作市。1948年改焦作县。1949年改设焦作矿区，属平原省。1952年属河南省新乡专区。1956年改置焦作市，属河南省。1974年同属河南省和新乡地区。1982年由省直辖。1983年修武、博爱2县划入。1986年武陟、温县、孟县、济源、沁阳5县划入。1988—1996年济源、沁阳、孟县3县分别改市。济源由省直辖。2002年市政府由山阳区迁驻解放区。以焦姓在此开作坊得名。地处太行山脉与豫北平原过渡地带。北部为山地，海拔300—500米；南部为平原，海拔90—120米。最高海拔1117米。年均气温14.1℃，1月平均气温0.2℃，7月平均气温27.4℃。年均降水量650毫米。年均无霜期237天。黄河、大沙河、新河、沁河、济河、丹河、青天河、蟒河、南水北调中线总干渠流经。有野生植物1760种，其中有国家重点保护野生植物红豆杉、银杏、莲香树、野大豆。有野生动物853种，其中有国家一级保护野生动物金钱豹，二级保护野生动物猕猴、青羊。有黄河湿地国家级自然保护区，河南云台山国家级森林公园。森林覆盖率30.1%。有矿产资源煤、铁、铝、锌、硫铁矿石、水泥灰岩、耐火黏土等。有省级工程技术研究中心75家，河南理工大学等高校8所，中职13所，中学216所，小学545所，三级医院7个，大型体育馆8个。有豫剧团、怀梆剧团等文艺表演团体8个。有全国重点文物保护单位府城遗址、嘉应观、妙乐寺塔、天宁寺三圣塔、朱载堉墓、慈胜寺等27个，省级文物保护单位71个。有国家5A级旅游景区云台山、青天河、神农山，国家4A级旅游景区圆融寺、嘉应观、焦作影视城、陈家沟。有国家级非物质文化遗产陈氏太极拳、“四大怀药”种植与炮制等13项，省级非物质文化遗产59项。有地方特色民间艺术舞龙、舞狮、旱船、腰鼓、唢呐等。三次产业比例8∶67∶25。农业以种植粮食作物、林果、怀药、蔬菜为主，有畜牧养殖。工业以能源、有色冶金深加工、汽车零部件、农副产品深加工等为主。服务业以旅游、电子商务、物流配送为主。有土特产“四大怀药”（怀山药、怀地黄、怀牛膝、怀菊花）、温县铁棍山药、博爱生姜、孟州苹果、山阳绞胎瓷、博爱竹器、孟州麦秸画、沁阳驴肉、五里源松花蛋、武陟油茶、马村烧鸡等。有铁路114千米，高速204千米，公路7178千米。京广、焦柳、焦太、侯月、新月、郑焦城际铁路，晋新、原焦、长济、焦桐、郑云高速，207国道，省道新孟、新济、焦辉、焦克、郑常线过境。有焦作东站。

焦作［Jiāozuò］ 别名煤城、山阳。焦作市聚落。在市境东北部。面积111平方千米。人口99万。以汉族为主，还有回、满、壮等民族。19世纪末20世纪初英属福公司和中原公司在老牛河一带建矿，在附近筑路建房，设立学堂、医院、商店。1906年道清铁路通车，煤炭、工商业兴起。1910年初具城镇雏形。1956年街、路向外延伸，构成方形城区轮廓。1980年后引黄入焦，迁厂移村，新建园区。城区面积由1949年的2.5平方千米扩展到2014年的111平方千米。主干道由1985年的“两横两纵”增加到“六横六纵两环”。人民路中段为行政机关集中区。东南为文教区，有河南省理工大学等高校及焦作图书馆、科技馆、市体育中心等。周边为工业园区，东有电力等产业集聚区，南有高新技术产业集聚区，西有工业产业区，东北有循环产业园。由太行路、普济路、映湖路、山阳路构成方形繁华商业区，有万达广场、王府井百货等购物中心。有铁路、高速、国道、省道等，干支线交错，街巷密布。通多路公交车。

太行路［Tàiháng Lù］ 在市境北部。西起跃进路，东至山阳路。与长安路、牧野路、普济路、民主路、焦东路等相交。长9.4千米，宽45米。1958年建设，名铁路大道。1960年整修，更名工业大道。1965、1971、1979年分次向东、西延伸成今状。1983年因北临太行山而更今名。两侧有市九中、河南工程技术学校、市外国语中学、市公交北站、人民公园、市检察院、居住小区、商业门店等。通多路公交车。

解放路 [Jiěfàng Lù]　在市境北部。西起中南路，东至东海大道。与怡光路、紫荆路、普济路等相交。长21.8千米，宽45米。沥青路面。1915年建设原始路段，名中原大街。1956年为纪念焦作解放而更名解放路。1956、1969、1976、1998年分别改扩建。中部路段为繁华商业街，多高层建筑、商业门店。两侧有许衡广场、中站区政府、市中医院、东方红广场、人民英雄纪念塔、市医院、市公安局、市体育馆、马村区政府等。通多路公交车。

建设路 [Jiànshè Lù]　在市境北部。西起人民路，东至文昌路。与普济路、民主路、塔南路、焦东路、山阳路、中兴路等相交。长18.2千米，宽56米。沥青路面。1958年建设，名焦博路。1982年更名南干道。1983、1984年扩建，取"大力发展城市建设"之意更今名。两侧有焦作电厂、山阳区民政局、腾飞雕塑、市旅游汽车站、雕塑公园、市博物馆、市财政局等。通多路公交车。

人民路 [Rénmín Lù]　在市境北部。西起月山路，东至青龙大道。与中南路、怡光路、普济路、民主路、塔南路、焦东路、山阳路、中原路、文昌路相交。长42.2千米，宽66米。沥青路面。2000年开工，2002年建成，2005、2012年扩建。原名新港大道，2005年因临市政府改今名。两侧有王府井百货、人民广场、山阳区政府、焦作大学、山阳商城、鸿运国际商城等。通多路公交车。

普济路 [Pǔjì Lù]　在市境北部。北起影视路，南至神州路。与北环路、太行路、解放路、新园路、建设路、人民路、丰收路、世纪路相交。长9.9千米，宽56米。沥青路面。1986年开工，同年建成，1997、2002年扩建。原名西环路，2005年因临普济河更今名。两侧有焦作影视城、市中心血站、市城管局、月季农贸市场、云达国际饭店等。通多路公交车。

塔南路 [Tǎnán Lù]　在市境北部。北起解放路，南至丰收路。与建设路、工业路、站前路、人民路相交。长4.2千米，宽45米。沥青路面。1960年始建，1997、2009年扩建。因处人民英雄纪念塔南侧得名。为繁华商业街。两侧有华融国际大厦、丹尼斯生活广场等。通多路公交车。

山阳路 [Shānyáng Lù]　在市境北部。北起影视路，南至南海路。与太行路、解放路、建设路、工业路、站前路等相交。长10.4千米，宽56米。沥青路面。1985年始建。1990、1997、2002年扩建。原名东环路，2005年因焦作古称山阳城而更今名。两侧有市体育馆、焦作师范学校、太极体育中心、河南理工大学等。通多路公交车。

解　放　区

解放区 [Jiěfàng Qū]　焦作市人民政府驻地。在市境中部偏北。面积67平方千米。人口29.6万。以汉族为主，还有回、满、蒙古等民族。辖9街道。区人民政府驻民生街道。1958年焦作城区更名解放区。以纪念焦作解放得名。1902年后建城区干道多条。1960—1985年建铁路南站，改扩建解放路、民主路、建设路。21世纪初建人民路等干道多条。新建居住小区。增加城区、水域、绿地面积。有标志性建筑市政大厦、会议中心、人民广场等。北部为休闲旅游服务区，以黄河文化影视城为核心。中、南部为商业区。普济河、群英河、南水北调中线总干渠流经。有高校3所，职高2所，中学14所，小学17所，三级医院4个，二级医院4个。有省级爱国主义教育基地市烈士陵园，国家4A级旅游景区焦作影视城。三次产业比例1∶11∶88。农业以种植小麦、玉米为主。工业以光电、机械装备制造、重型机械制造为主。服务业以商贸为主。郑焦、新月铁路，晋新高速，207国道，省道长邵线过境。有焦作市客运总站。通多路公交车。

人民广场 [Rénmín Guǎngchǎng]　在城区中部。面积10公顷。2001年开工，2002年建成。因北邻市政府得名。为中轴对称式布局，由人字、天地、漫步、休闲等广场构成。中间有音乐喷泉，两侧有人字形建筑。栽植白蜡树、枫杨、合欢树、时令花草，绿化面积58%。为集休闲、娱乐、健身、景观于一体的公共活动场所。周边有政府单位、焦作人民会堂、阳光大厦等。通多路公交车。

焦作站 [Jiāozuò Zhàn]　见交通运输设施部分"焦作站"条。

焦作市客运总站 [Jiāozuò Shì Kèyùn Zǒngzhàn]　见交通运输设施部分"焦作市客运总站"条。

民生街道 [Mínshēng Jiēdào]　解放区人民政府驻地。在区境中部。面积4平方千米。人口4.1万。以汉族为主，还有回族等。1956年设。因原办事处位于民生街得名。1985年后相继修建贸易大厦、新亚商厦、香港城、三维商业广场等，改建百货楼商业步行街。有高校1所，职高1所，中学3所，小学3所，二级医院1个，卫生院1个，卫生所5个。有清真寺、基督教堂。有焦作煤矿工人罢工指挥部旧址、焦作市工学院工程馆、英福公司医院和钱庄旧址、军调处新乡执行小组焦作谈判地、百年焦作陈列馆等。经济以商贸为主。有商业街4个。通多路公交车。

民主街道 [Mínzhǔ Jiēdào]　属解放区。在区境东部。面积4平方千米。人口3万。2001年设。因民主路得名。先后新建和平街市场、新亚电器城及辉龙、华苑新城等小区。群英河流经。有小学1所，三级医院1家，二级医院2个，卫生院1个，卫生所4个。有省级爱国主义教育基地市烈士陵园。有月季公园。经济以商贸为主。有专业市场、综合商场。有市旅游汽车站。通多路公交车。

新华街道 [Xīnhuá Jiēdào]　属解放区。在区境中部。面积2平方千米。人口2.2万。1956年设新华中街街道。2001年更名新华街道。因新华街得名。1990—2010年相继建成陶瓷路、新园路、果园路等道路，新建丽景苑、西城花园等小区。普济河流经。有中学1所，三级医院1个，卫生院1个，卫生所3个。有道清铁路局火药库旧址等。经济以机电设备制造、餐饮为主。有农贸市场、电脑城、餐饮文化一条街等。通多路公交车。

焦西街道 [Jiāoxī Jiēdào]　属解放区。在区境西部。面积3平方千米。人口3万。1980年设。因地理位置得名。先后拓建普济路、建设路、卫校西街等道路，新建祥和、园林美墅、西城家园、西城美苑等小区。普济河流经。有小学1所，卫生院1个，卫生室4个。有焦作市森林公园。经济以文化产业、商贸业为主。有农贸市场。通多路公交车。

焦南街道 [Jiāonán Jiēdào]　属解放区。在区境东南部。面积6平方千米。人口4万。1976年设。因处市老城区南部得名。1980—2000年先后改造民主路、工业路、站前路等，打造装饰物资特色市场群，建设焦南文化休闲服务商业圈。有标志性建筑"腾飞"雕塑。群英河流经。有中学4所，小学2所，三级医院1个，卫生院1个，卫生所6个。经济以光电、铁路电缆制造、商贸为主。有焦作站。通多路公交车。

焦北街道 [Jiāoběi Jiēdào]　属解放区。在区境北部。面积1平方千米。人口2万。1980年设。因地理位置得名。先后改造民主路、太行路、北环路等。群英河流经。有高中1所，小学1所，卫生院1个，卫生所3个。有工人文化宫、人民公园等。经济以医用材料加工、建筑、影视设备制造为主。通多路公交车。

七百间街道 [Qībǎijiān Jiēdào]　属解放区。在区境西北部。面积3平方千米。人口2万。1958年设五百间街道。因焦西矿在此建房500间得名。后增建200间，1961年更今名。先后改建新华街、陶瓷路、太行路、北环路等，改造原矿区。有高校1所，中学1所，小学2所，卫生院1个，卫生所4个。有英福公司采煤矿业遗址、电机房旧址、电工房旧址等。经济以重型机械制造、电子电器产业为主。通多路公交车。

上白作街道 [Shàngbáizuò Jiēdào]　属解放区。在区境西北部。面积30平方千米。人口3万。2005年由上白作乡改设。沿用原乡名，因上白作村得名。普济河流经。有高校1所，中学1所，小学2所，三级医院1个，卫生院1个，卫生所11个。有古迹狼坡瓷窑遗址、郑府繁昌王墓、姬家宅院、田家民宅、上白作汉代遗址等。有国家4A级旅游景区焦作影视城。经济以机械制造、旅游为主。通多路公交车。

王褚街道 [Wángchǔ Jiēdào]　属解放区。在区境南部。面积15平方千米。人口7万。2005年由王褚乡改设。沿用原乡名，因王褚村得名。普济河、群英河、南水北调中线总干渠流经。有市农林科研院。有职高1所，高中1所，中学2所，小学5所，二级医院1个，卫生院1个，卫生所17个。有人民广场。经济以商贸为主。有市客运总站。通多路公交车。

中　站　区

中站区 [Zhōngzhàn Qū]　焦作市辖区。在市境中部偏北。面积162平方千米。人口12万。以汉族为主，还有回族。辖10街道。区人民政府驻李封街道。1956年置李封区。1958年改中站区。英福公司开采李封、王封2矿，中间设中转站，故名。1988年建解放路、新园路。拓宽改造跃进路、怡光路，新建经一至经四路、纬一至纬五路。2004年建许衡广场、许衡文化公园、生态植物园、衡苑矿山公园和多处街巷游园。建和顺、和美等小区。大沙河、白马门河、南水北调中线总干渠流经。有国家级科研机构1所，中学8所，小学11所，特殊学校1所，二级医院1个。有全国重点文物保护单位府城遗址、许衡墓园。有国家级非物质文化遗产要老虎之常家武虎、小尚虎舞，民间艺术炮捶、白猿通背拳、红拳、查拳、背桩等。三次产业比例1∶69∶30。农业以种植小麦、玉米、棉花、蔬菜为主，养殖猪、牛、羊、鸡。工业以现代化工、汽车零部件产业为主。服务业以商贸、餐饮为主。焦枝铁路，晋新、焦桐高速，省道卫柿、冢沁线过境。通多路公交车。

许衡广场 [Xǔhéng Guǎngchǎng]　在城区西部。面积3公顷。2003年开工，2004年建

成。为纪念许衡得名。中央有音乐喷泉，北端有观礼台、LED电子屏幕。两侧有许衡儒家文化宣传栏。有体育健身器材。为居民健身、休闲、餐饮、娱乐的重要场所。周边有商店、公园、中学、政府单位等。通多路公交车。

李封街道［Lǐfēng Jiēdào］ 中站区人民政府驻地。在区境东部。面积5.5平方千米。人口2.8万。2013年由李封矿管理区改设。因李封矿得名。有中学3所，小学3所。有幼儿园、图书馆、敬老院、青少年活动中心、区老年活动中心。有许衡文化公园、许衡广场等。有省级文物保护单位英福公司李封矿矿师办公旧址。经济以精细化工、食品加工、汽车维修、商贸、餐饮为主。通多路公交车。

王封街道［Wángfēng Jiēdào］ 属中站区。在区境东部。面积2.8平方千米。人口1.8万。以汉族为主，还有回族。2013年由王封矿管理区改设。因王封矿得名。白马门河、连深河流经。有中学1所，小学1所，二级医院1个，卫生院1个。有幼儿园、图书馆。有省级文物重点保护单位王封矿发电机房。经济以商贸、餐饮为主。有农贸、建材市场。有中站客车站。通多路公交车。

朱村街道［Zhūcūn Jiēdào］ 属中站区。在区境东南部。面积5平方千米。人口0.8万。2013年由朱村矿管理区改设。因朱村矿得名。有中学2所，小学2所，卫生院1个。有市特教学校、图书馆、焦作森林公园等。经济以商贸、餐饮、煤炭经营为主。有农贸市场、商业街。通多路公交车。

冯封街道［Féngfēng Jiēdào］ 属中站区。在区境西部。面积24平方千米。人口0.6万。2013年由硫磺矿管理区改设。因冯封村得名。为金代怀孟两州总督冯道受封之地，故名。有卫生院1个。经济以化工、机械、商贸、餐饮为主。通公交车。

龙洞街道［Lóngdòng Jiēdào］ 属中站区。在区境北部。面积4平方千米。人口0.2万。2013年由武钢黏土矿管理区改设。因古迹龙洞得名。2013年建成商业中心、文体中心、剧场。2014年改造龙武路、雪松街等。白马门河流经。有中学1所，卫生院1个。有图书馆、社区文化中心。经济以商贸、餐饮为主。中冰公路过境。通公交车。

月山街道［Yuèshān Jiēdào］ 属中站区。在区境北部。面积6平方千米。人口0.3万。以汉族为主，还有回、满等民族。1985年设。因月山寺得名。有图书馆。经济以商贸、餐饮为主。有农贸市场。焦直铁路过境。有月山站。通公交车。

丹河街道［Dānhé Jiēdào］ 属中站区。在区境西北部。面积2.2平方千米。人口0.6万。1980年设。因处丹河之畔得名。丹河流经。有群英水库大坝。为库区迁移区。郑太铁路过境。有后寨站。

许衡街道［Xǔhéng Jiēdào］ 属中站区。在区境西部。面积19.9平方千米。人口1.8万。2005年撤王封乡设许衡街道。为元代大儒许衡故里，故名。先后修建拓宽经三路、雪莲路等，新建和顺、和美、衡宇等小区。白马门河、大沙河流经。有中学1所，小学2所，卫生院1个，卫生所9个。有全国重点文物保护单位许衡墓。有国家级非物质文化遗产要老虎之常家武虎。有焦作生态植物园、衡苑矿山公园。农业以种植小麦、玉米为主。工业以新能源、化工、机械、建材为主。有农贸市场。省道卫柿、冢沁线，许官、中冰公路过境。通公交车。

府城街道［Fǔchéng Jiēdào］ 属中站区。在区境南部。面积24.7平方千米。人口3万。以汉族为主，还有回族等。2005年撤朱村乡设府城街道。因全国重点文物保护单位府城遗址得名。2010年新建朱村美苑、中南翰寓等小区。2012年改造产业集聚区。大石河、白马门河流经。有小学3所，卫生院1个，卫生所9个。有国家级非物质文化遗产要老虎之小尚虎舞。农业以种植小麦、玉米为主。工业以化工、橡胶为主。新月铁路，晋新、焦桐高速过境。通多路公交车。

北朱村［Běizhūcūn］ 在区政府驻地李封街道南3千米。府城街道辖自然村。人口8000。曾有朱温冢，兼因方位得名。聚落呈团块状。为中国传统村落。有多处明清时期四合院建筑群，其中张昺祠为省级文物保护单位。有传统武术红拳。农业以种植小麦、玉米为主。特产葡萄。通公交车。

龙翔街道［Lóngxiáng Jiēdào］ 属中站区。在区境北部。面积71.2平方千米。人口0.7万。2005年设。因办事处位于龙洞村，寓意"龙在飞翔"而得名。先后改建拓宽焦青、中冰公路，新建许河桥，建设高窑河—北业山区道路。大石河、群英河、白马门河流经。有太行山猕猴国家级自然保护区。有卫生院1个，卫生所11个。有省级文物保护单位中共焦作市委旧址、市政府旧址。有名胜古迹许河事件纪念地、南岭摩崖造像、北业冶铁遗址等。有省级非物质文化遗产通背拳。农业以种植小麦、玉米等为主。服务业以旅游、餐饮、住宿为主。晋新高速，焦青、许官公路过境。通公交车。

马村区

马村区［Mǎcūn Qū］ 焦作市辖区。在市境东北部。面积118平方千米。人口14.2万。辖7街道。区人民政府驻马村街道。1956年置马村区。1958年撤区。1961年复置。因中马村得名。传武王伐纣时经此下马休息名下马村。数日后武王上马处得名上马村。宋太祖曾在上、下马村之间驻兵，名中马村。2009年征迁南水北调中线主干渠两侧老棚户区。新建安置楼群、高档居住小区及区政府大楼。有标志性建筑时代广场。山门河、南水北调中线总干渠流经。有省级工程技术中心2个，中学12所，小学15所，二级医院2个，文化馆1个。有钟表博物馆。有省级文物保护单位天齐庙、聩城寨遗址、赵张弓遗址。有卫审符墓、韩愈墓、石佛寺等。有民间特色文化义门皇杠、山底皇杠、唢呐、武王伐纣传说。三次产业比例3∶58∶39。农业以种植小麦、玉米为主。工业以铝配套及深加工、生物医药、装备制造为主。服务业以商贸批发、电子商务、智能物流为主。有土特产薄皮核桃、皇家秋天葡萄、中华寿桃、马村烧鸡、山底小磨香油等。新月、郑焦铁路，省道斗武、卫柿线过境。有焦作市客运东站。通多路公交车。

时代广场［Shídài Guǎngchǎng］ 在城区东部。面积2.8公顷。2002年开工，同年建成。以吉言佳语命名。有坐西向东观礼台，东南北3侧为台阶式观礼区，中间为表演区域。有健身娱乐活动区域，四周绿树成荫。为集休闲娱乐、文艺汇演、健身于一体的大型活动场所。周边有公园、居住小区等。通多路公交车。

焦作市客运东站［Jiāozuò Shì Kèyùn Dōngzhàn］ 见交通运输设施部分"焦作市客运东站"条。

马村街道［Mǎcūn Jiēdào］ 马村区人民政府驻地。在区境西部。面积7平方千米。人口3.8万。1961年设。因下马村得名。2009年新建南水北调集中安置小区、道路、广场、公园等。山门河、南水北调中线总干渠流经。有中学2所，小学3所，卫生院1个，卫生所10个。有时代广场、绿园公园。经济以建筑建材、机械制造等为主。有名小吃马村烧鸡。有市客运东站。通多路公交车。

北山街道［Běishān Jiēdào］ 属马村区。在区境西北部。面积0.2平方千米。人口0.5万。1961年设。因临北部太行山得名。2009年改造棚户区。有卫生院1个，卫生所5个。经济以煤炭开采为主。省道卫柿线过境。通公交车。

冯营街道［Féngyíng Jiēdào］ 属马村区。在区境东北部。面积1平方千米。人口1.5万。1979年由九里山街道析设。因冯营工人村得名。有中学1所，小学2所，二级医院1个，卫生院1个，卫生室7个。经济以煤炭开采为主。官九公路过境。通多路公交车。

九里山街道［Jiǔlǐshān Jiēdào］ 属马村区。在区境东部。面积2平方千米。人口0.9万。1962年由九里山管理区改设。因临九里山得名。有中学2所，小学2所，卫生院1个，卫生室10个。经济以煤炭开采为主。九待公路过境。通公交车。

待王街道［Dàiwáng Jiēdào］ 属马村区。在区境南部。面积28平方千米。人口3.9万。2005年由待王镇改设。武王伐纣时百姓雪夜中箪食壶浆以迎王师，故名。山门河流经。先后修建拓宽待王路、建设路、文昌路、人民路等。有中学2所，小学3所，二级医院1个，卫生院1个，卫生室22个。有省级文物保护单位赵张弓遗址。有古迹石佛寺、孔子问礼处、汉墓葬群。有传统民间艺术皇杠、舞狮、舞龙等。农业以种植小麦、玉米、蔬菜为主。产葡萄。有焦作万方产业集聚区。新月、郑焦铁路，焦辉、文昌公路过境。通多路公交车。

安阳城街道［Ānyángchéng Jiēdào］ 属马村区。在区境北部。面积45平方千米。人口2.6万。2005年由安阳城乡改设。因居民点安阳城得名。山门河流经。有初中1所，小学4所，卫生院1个，卫生室25个。有全国重点文物保护单位安阳城遗址。有传统民间艺术皇杠、唢呐、怀梆、高跷、秧歌等。农业以种植小麦、玉米为主。特产薄皮核桃、中华寿桃等。工业以矿产开采为主。通公交车。

演马街道［Yǎnmǎ Jiēdào］ 属马村区。在区境东北部。面积37平方千米。人口2.5万。2005年由九里山乡改设。因演马矿得名。陆村涝河、南水北调中线总干渠流经。有矿产资源煤炭、云岩。有中学3所，小学2所，卫生院1所，卫生室22个。有省级文物保护单位聩城寨遗址、天齐庙遗址。有民间艺术舞龙、二鬼摔跤。农业以种植小麦、玉米为主。工业以新型建筑材料、装备制造为主。省道斗武线、九云公路过境。通公交车。

山阳区

山阳区［Shānyáng Qū］ 焦作市辖区。在市境中东部。面积284平方千米。人口55.2万。辖12街道、2镇、1乡。区人民政府驻新城街道。1957年置郊区。1991年更名山阳区。2000年修武县李万乡划入。2012年修武县、武陟县部分村和博爱县苏家作乡、阳庙镇划入。因处太行山之南且曾有山阳城故名。改造老城区，拓宽延伸解放路等多条道路，清淤扩宽瓮涧河，建雕塑公园、市博物馆等。2002年改造拆迁城乡结合部棚户区。修中原路、迎宾路、世纪路、神州路。有标志性建筑人民英雄纪念碑、东方红广场、夸父追日雕塑、焦作市广播电视发射塔。有商贸区、北部老城区、南部新城区、东北循环产业区、东南文教区。群英河、瓮涧河、新河、大沙河、南水北调中线总干渠流经。有河南理工大学等高校6所，中学17所，小学46所，三级医院2个，二级医院3个。有市体育中心。有全国重点文物保护单位山阳城遗址、寨卜昌村古建筑群，省级文物保护单位药王庙。有旅游景点巡返大圆通寺、龙源湖公园等。有省级非物质文化遗产绞胎瓷制作技艺。有民间艺术寺河花鼓、霸王鞭、抬黄杠、定和狮舞、得胜鼓等。二、三产业比例 40∶60。农业以种植小麦、玉米、大棚蔬菜为主。工业以轮胎制造、环保水泥、纺织服装、机械电子、化工建材、运动器材、食品加工为主。服务业以商贸、餐饮为主。新月铁路，晋新、焦桐、原焦高速，省道卫柿、郑常线过境。通多路公交车。

东方红广场 [Dōngfānghóng Guǎngchǎng] 在城区中部偏北。面积4.1公顷。1959年开工，同年建成。采用中轴对称式布局，北侧有欧式建筑群，楼前有台阶式观礼台，四周布有花式台灯。下方有人防工程。为纪念、集会、休闲诸功能于一体的综合性文化广场。周边有商场、企业、文化馆、青少年宫等。通多路公交车。

新城街道 [Xīnchéng Jiēdào] 山阳区人民政府驻地。在区境中部。面积25平方千米。人口3.7万。2005年由恩村乡改设。因处新城区而得名。先后改建山阳路、中原路、建设路等，新建市体育中心、龙源湖公园，新建居住小区。瓮涧河、南水北调中线总干渠流经。有高校2所，中学1所，小学5所，三级医院1个，二级医院1个，卫生院2个，卫生所10个。有市图书馆、科技馆。有全国重点文物保护单位山阳城遗址。经济以商贸为主。有综合批发市场。通多路公交车。

东方红街道 [Dōngfānghóng Jiēdào] 属山阳区。在区境西北部。面积2平方千米。人口5.2万。1967年解放区设焦东街道。1991年属山阳区。2001年因东方红广场更今名。先后改建塔南路、焦东路、太行路、解放路、建设路，新建远大南北苑、馨园等小区。群英河流经。有中学1所，小学3所，三级医院1个，二级医院1个，卫生院2个，卫生所6个。有标志性建筑人民英雄纪念碑。经济以商贸为主。通多路公交车。

焦东街道 [Jiāodōng Jiēdào] 属山阳区。在区境东北部。面积3平方千米。人口2.6万。2001年设。因处市中心城区东郊得名。先后改建解放东路、建设东路、东苑路等，新建餐饮一条街及多处小区。瓮涧河流经。有小学2所，卫生院1个，卫生室10个。经济以电缆制造、煤气加工为主。通多路公交车。

百间房街道 [Bǎijiānfáng Jiēdào] 属山阳区。在区境东北部。面积1平方千米。人口1万。2005年撤百间房乡设街道。沿用原乡名。清末英福公司开发煤矿，建103间房屋，故名。先后改建富康路、棚户区，新建澳华一品园、凤凰等小区。有技工学校1所，小学1所，卫生院1个，卫生室2个。经济以工业为主，有陶瓷、耐火材料、机械加工等。通多路公交车。

太行街道 [Tàiháng Jiēdào] 属山阳区。在区境北部。面积3平方千米。人口2.3万。1998年设。因北邻太行山得名。先后新建、改建太行路、北环路、塔北路、长青路等，建成黎明脚步公园及多处小区。瓮涧河、群英河流经。有技校1所，小学2所，卫生院1个，卫生室7个。经济以商贸为主。通多路公交车。

艺新街道 [Yìxīn Jiēdào] 属山阳区。在区境中部偏北。面积2平方千米。人口4.2万。1998年由焦东街道析设。2013年成丰路社区划入。因艺新剧院得名。先后改造解放中路、焦东路、工字路，新建清华园、东城美苑等小区。瓮涧河、群英河流经。有中学2所，小学2所，卫生院2个，卫生室18个。有市体育馆。经济以工业、商贸为主。工业以机械制造、水泥加工为主。有商业街。通多路公交车。

光亚街道 [Guāngyà Jiēdào] 属山阳区。在区境中部。面积2平方千米。人口2.4万。1998年设。因企业得名。先后改造建设东路、焦东路、波源路、光亚西路，新建波源、风神等小区。瓮涧河流经。有高校2所，中学1所，小学1所，三级医院1个，卫生院1个，卫生所4个。经济以橡胶制造为主。通多路公交车。

定和街道 [Dìnghé Jiēdào] 属山阳区。在区境西部。面积5平方千米。人口2.8万。1998年设。因定和村得名。先后改建塔南路、站前路，新建太极景润、远大未来城等小区。群英河、南水北调中线总干渠流经。有小学1所，卫生院1个，卫生室5个。有市博物馆。经济以商贸为主。通多路公交车。

中星街道 [Zhōngxīng Jiēdào] 属山阳区。在区境东北部。面积28平方千米。人口1.8万。2005年撤百间房乡设中星街道。寓意中原之星而得名。先后改建焦辉路、南山路、金山路等，新建鑫和、瑞丰苑等小区。山门河流经。有技校1所，初中1所，小学2所，卫生院1个，卫生所13个。农业以种植小麦、玉米、大豆为主，养殖猪、牛、羊。工业以新能源、新材料、装备制造、生物科技为主。通多路公交车。

李万街道 [Lǐwàn Jiēdào] 属山阳区。在区境南部。面积17平方千米。人口3.3万。以汉族为主，还有回、土家等民族。2005年由李万乡改设。因原乡政府驻地李万得名。先后新修世纪路、神州路、玉溪路、怀府路等，改建万鑫商城，新建生态广场及建业、常绿林溪谷等小区。大沙河、新河流经。有高中1所，中学1所，小学4所，卫生院1个，卫生所11个。有古迹观音庙、观音堂、南张遗址等。经济以机械制造、通信服务业为主。通多路公交车。

文苑街道 [Wényuàn Jiēdào] 属山阳区。在区境南部。面积22平方千米。人口3.9万。以汉族为主，还有回族等。2006年由李万街道析设。因教育资源丰富而以"文苑"为名。先后新修、改造山阳路、中原路、神州路、世纪路等，新建东方境界、中华新天地等小区。大沙河、新河流经。有高校1所，中学4所，小学2所，二级医院1个，卫生院1个，卫生所14个。有古迹观音庙、南李万遗址。农业以种植小麦、玉米、蔬菜为主。工业以乳业、冶金等为主。通多路公交车。

文昌街道 [Wénchāng Jiēdào] 属山阳区。在区境东南部。面积67平方千米。人口3.9万。以汉族为主，还有回族等。2012年设。因处中心城区东南方，为文昌星位，取文化昌盛寓意而得名。大沙河、新河、蒋沟流经。有中学2所，小学10所，卫生院1个，卫生所26个。有古迹三教堂、天爷庙、普济寺遗址等。农业以种植小麦、玉米、花生、蔬菜为主。长济高速、省道冢沁线过境。通公交车。

阳庙镇 [Yángmiào Zhèn] 山阳区辖镇。在区境西南部。面积26平方千米。人口3万。以汉族为主，还有回族等。辖15村委会，有19自然村。镇人民政府驻杨庄。1955年博爱县设阳庙乡。1958年改公社。1984年复乡。1992年改镇。2012年改隶山阳区。传春秋时期以"阳光普照"和古邑所在地称阳邑，后因有供奉东岳大帝的阳邑庙而更名阳庙。大沙河、新河、南水北调中线总干渠流经。有中学3所，小学4所，卫生院1个，卫生所15个。有阳邑庙大殿、中共博爱县第一个党支部旧址等。农业以种植小麦、玉米为主，养殖猪、牛。特产和酥。焦桐高速、省道郑常线过境。通公交车。

杨庄 [Yángzhuāng] 阳庙镇人民政府驻地。在区政府驻地新城街道西南12千米。人口2800。明初杨氏自山西迁此，故名。聚落呈团块状。有小学、医务室等。农业以种植小麦、玉米为主。

宁郭镇 [Níngguō Zhèn] 山阳区辖镇。在区境西南部。面积36平方千米。人口2.8万。以汉族为主，还有回族等。辖18村委会，有18自然村。镇人民政府驻宁郭。1955年武陟县设宁郭乡。1958年改公社。1983年复乡。1996年改镇。2012年改隶山阳区。因镇政府驻地得名。有中学2所，小学6所，卫生院1个，卫生所13个。有铁佛寺遗址、古柏观音寺、许衡纪念馆旧址等。经济以化工、建材、食品加工为主。长济、焦晋高速，省道郑常线过境。

宁郭 [Níngguō] 宁郭镇人民政府驻地。在区政府驻地新城街道西南9千米。人口6600。传明崇祯年间(1628—1644)欲修十里方圆城郭，崇祯七年(1634)修成，因监工贪污，长宽仅一里，为安民心，定名"安宁城郭"，后称今名。聚落呈团块状。有小学、医务室、图书阅览室。农业以种植小麦、玉米、蔬菜等为主。省道郑常线、县道焦贾线经此。

苏家作乡 [Sūjiāzuò Xiāng] 山阳区辖乡。在区境西南部。面积30平方千米。人口3.4万。以汉族为主，还有回族等。辖14村委会，有18自然村。乡人民政府驻司家寨。1962年博爱县成立苏家作公社。1984年改乡。2012年属山阳区。因乡政府原驻地得名。传为周代司寇苏忿生故园，苏氏在此开作坊，故名。幸福河、南水北调中线总干渠流经。有中学2所，小学4所，卫生院1个，卫生所14个。有全国重点文物保护单位寨卜昌村古建筑群。农业以种植小麦、玉米、蔬菜等为主，养殖猪、羊、家禽。焦桐、长济高速，省道郑常线过境。

司家寨 [Sījiāzhài] 苏家作乡人民政府驻地。在区政府驻地新城街道西南14千米。人口1500。传明初司、陆、刘、肖4姓自山西洪洞迁此。因以司姓为主在村南筑寨避水而得名。聚落呈团块状。有小学、医务室。农业以种植小麦、玉米为主。县道焦张线经此。

沁 阳 市

沁阳市 [Qìnyáng Shì] 河南省直辖县级市，由焦作市代管。北纬35°05′，东经112°56′。在焦作市境西部。面积624平方千米。人口49.3万。以汉族为主，还有回、蒙古、朝鲜等民族。辖4街道、6镇、3乡。市人民政府驻覃怀街道。1913年改怀庆府为沁阳县，因昔有沁阳城得名。1914—1933年属河北道、河南省、第四行政督察区。1949年属平原省新乡专区。1952年属河南省新乡专署。1969年属新乡地区。1986年属焦作市。1989年改省直辖县级市。1992年城市西扩。相继建北环路等道路7条。2010年始建城南新区，建中州路、中原路、未来路，形成"十纵十横"城市路网。城区面积由1990年的7平方千米扩大到22平方千米。新修天鹅湖、沁园公园、怀府广场、联盟广场、朱载堉文化艺术中心。改造城中村与旧城区。中东部为老城商业区，西为行政、教育及新型住宅区，南为工业企业集聚区。有标志性建筑七彩柱环岛、怀府广场、文化艺术中心。地处太行山南麓，北为山地，海拔250—1116.9米。中、南为平原，海拔110—130米。年均气温14.6℃，1月平均气温0.7℃，7月平均气温27.4℃。年均降水量583.7毫米。沁河、广利总干渠、丹河、安全河、猪龙河流经。有矿产资源铝矾土、煤、铁、铜、钾长石等。北部山区为太行山国家级猕猴自然保护区,有山白树、领春木、青檀、野大豆等31种省级保护植物,金雕、红嘴角鸮等25种国家重点保护鸟类,金钱豹、麝等5种国家保护野生动物。森林覆盖率19.4%。有高校1所,中学31所,小学110所,二级医院3个。有群艺馆、图书馆、博物馆各1个。有市体育中心。有全国爱国主义教育基地朱载堉纪念馆,省级爱国主义教育基地2个。有全国重点文物保护单位天宁寺三圣塔、朱载堉墓、沁阳北大寺、窄涧谷太平寺石窟、邘国故城、水南关清真寺阿文碑,省级文物保护单位野王古城、古羊肠坂等21个。有世界地质公园、国家5A级旅游景区神农山。有国家级非物质文化遗产唢呐艺术、高抬火轿、耍老虎之言状老虎、怀梆、"四大怀药"种植与炮制,省级非物质文化遗产神农传说、常平对子马等10项。有剧种怀梆、小蛮戏、两家闲戏等。三次产业比例6∶66∶28。农业以种植小麦、玉米、大豆、花生、蔬菜为主,养殖猪、牛、羊、鸡。有速生杨树、绿化苗木种植产业。特产"四大怀药"。工业以新能源、现代化工、电动车及动力电池、铝及铝深加工、复合材料、造纸、光电信息、新材料等为主。服务业以物流为主。太焦、焦枝铁路,长济、二广高速,省道冢沁、常付、郑常、卫柿、温邵、紫黄线过境。通多路公交车。

团结路 [Tuánjié Lù] 在市区北部。东起老沁河桥,西至神农大道。与香港街、太行大道、沁园路、铁路街等相交。长3.8千米,宽45米。1990年开工,1993年建成,2010年重建。途经水南关回民聚居区,寓意民族团结而得名。两侧有环保局、质监局、卫计委、公安局、检察院、司法局、疾控中心、永威学校等。通公交车。

覃怀路 [Tánhuái Lù] 在市区中部。东起东环路,西至神农大道。与东关大街、县东街、建设路等相交。长5.4千米,宽16—45米。水泥路面。1990年开工,1991年建成。因覃怀书院得名。两侧有市博物馆、沁阳高中、教师进修学校、市区供电所、交通局、住建局、水利局、规划局、新华书店、市委党校、实验中学等。通多路公交车。

建设路 [Jiànshè Lù] 在市区中部。南起中原路,北至北环路。与团结路、文化路、怀府路、覃怀路相交。长3.7千米,宽35米。沥青路面。1970年建设,1982年重修,2010年扩建。两侧有审计局、行政服务中心、总工会、汽车运输公司、食药监局、中医院等。通多路公交车。

沁阳汽车站 [Qìnyáng Qìchēzhàn] 见交通运输设施部分"沁阳汽车站"条。

覃怀街道 [Tánhuái Jiēdào] 沁阳市人民政府驻地。在市境东南部。面积14平方千米。人口3万。1995年设。因沁阳夏属覃怀而得名。先后改造东关大街、东环路、怀府路等,建成农贸市场、工业园区、植物花卉园等。沁河流经。有教师进修学校。有中学3所,小学4所,卫生院1个,卫生所14个。有全国爱国主义教育基地沁阳市博物馆。有全国重点文物保护单位天宁寺三圣塔。有省级非物质文化遗产怀帮黄酒酿造技艺。农业以种植小麦、玉米、蔬菜为主。工业以光伏、化工、铸造、机械加工、机械制造为主。省道温邵线过境。通多路公交车。

怀庆街道 [Huáiqìng Jiēdào] 属沁阳市。在市境中部偏东。面积13平方千米。人口3.3万。以汉族为主,还有回、满、蒙古等民族。1995年设。因明清为怀庆府治而得名。沁河、丹河流经。有中学1所,小学6所,卫生院1个,卫生所13个。有全国爱国主义教育基地朱载堉纪念馆。有全国重点文物保护单位沁阳北大寺,省级文物保护单位4个。农业以种植小麦、玉米、蔬菜为主。工业以玻璃钢、皮革、建材为主。服务业以商贸、物流为主。省道冢沁、常付线过境。通多路公交车。

太行街道 [Tàiháng Jiēdào] 属沁阳市。在市境东南部。面积16平方千米。人口2.8万。以汉族为主,还有回族等。1995年设。因沁阳北部为太行山而得名。先后改扩建北环路、团结路等。2000年后新建改造怀府路、团结路,新建永威学校、沁阳一中新校区等。沁河流经。有职业中专1所,中学4所,小学4所,二级医院1个,卫生院1个,卫生所17个。有文化站、怀府广场。有全国重点文物保护单位水南关清真寺阿文碑。有省级非物质文化遗产马坡八卦掌。农业以种植小麦、玉米、蔬菜为主。工业以机械加工、皮革、建材为主。服务业以电子商贸、物流为主。省道冢沁、常付线过境。通多路公交车。

水南关 [Shuǐnánguān] 在市政府驻地覃怀街道北1千米。属太行街道。人口3200。回族聚居区。原名北关村,后沁河冲刷,一分为二,此处居沁河南,故名。聚落呈团块状。有小学、文化广场、清真寺。有全国重点文物保护单位水南关清真寺阿文碑。有伊斯兰建筑风格民居。农业以种植小麦、玉米为主。工业以皮革为主。省道冢沁线经此。2011年被评为全国文明村。

沁园街道 [Qìnyuán Jiēdào] 属沁阳市。在市境东南部。面积21平方千米。人口3.6万。以汉族为主,还有回族等。1995年设。东汉明帝女住河内郡沁河岸边园林处,称沁园,故名。2005年建沁南产业园区。2010年新修中原路、中州路等,新建建材城、联盟文化广场等。有高校1所,职高1所,中学3所,小学5所,二级医院2个,卫生院1个,卫生所29个。有省级文物保护单位曹谨墓。有省级非物质文化遗产闹汤驴肉制作技艺。有标志性建筑市文化艺术中心。农业以种植小麦、玉米为主。工业以皮毛皮革加工、机械、造纸、建材、玻璃钢为主。长济高速,省道常付、温邵线过境。通多路公交车。

崇义镇 [Chóngyì Zhèn] 沁阳市辖镇。在市境南部。面积47平方千米。人口3.6万。以汉族为主,还有回、蒙古等民族。辖38村委会,有43自然村。镇人民政府驻崇义。1955年设崇义乡。1958年改公社。1983年改乡。1989年改镇。因镇政府驻地得名。猪龙河流经。有中学1所,小学9所,卫生院1个,卫生所38个,文化站1个。有省级文物保护单位崇义遗址。工业以铸造、造纸机械制造、皮革加工等为主。农业以种植小麦、玉米、蔬菜、大豆等为主。省道常付、紫黄线过境。通公交车。

崇义 [Chóngyì] 崇义镇人民政府驻地。在市政府驻地覃怀街道西南13千米。人口6100。以汉族为主,还有回族等。唐置忠义城,1949年取崇尚忠义之意更今名。聚落呈团块状。有中小学、卫生院、卫生室。有省级文物保护单位崇义遗址。农业以种植小麦、玉米、蔬菜为主。工业以造纸、机械制造等为主。省道常付、紫黄线经此。

西向镇 [Xīxiàng Zhèn] 沁阳市辖镇。在市境西北部。面积91平方千米。人口6.4万。以汉族为主,还有回族等。辖27村委会,有35自然村。镇人民政府驻西向。1955年设西向乡。1958年改公社。1983年复乡。1998年改镇。因镇政府驻地得名。沁河、安全河、逍遥石河流经。有中学2所,小学15所,卫生院1个,卫生所27个。有省级文物保护单位尧圣庙。有省级非物质文化遗产东高高氏古法造纸技艺。农业以种植小麦、玉米、花生、大豆等为主。工业以玻璃钢制造、化工、机械加工、耐火材料、铝业加工等为主。有大型超市、农贸市场。焦枝铁路、省道卫柿线过境。通公交车。

西向 [Xīxiàng] 西向镇人民政府驻地。在市政府驻地覃怀街道西北12千米。人口1.3万。春秋时期为向城,后因山洪冲积而三分,该村居西,得名西向城,简称西向。聚落呈团块状。有中小学、卫生院、陈氏宗祠等。农业以种植小麦、玉米、大豆、花生为主,养殖猪、牛、羊。工业以化工、玻璃钢制造为主。有名吃靳贤书烧饼。省道卫柿线经此。

西万镇 [Xīwàn Zhèn] 沁阳市辖镇。在市境东北部。面积37平方千米。人口3.9万。辖12村委会,有17自然村。镇人民政府驻西万村。1955年设西万乡。1958年改公社。1983年复乡。1988年改镇。因镇政府驻地得名。丹河、景明石河流经。有初中1所,小学8所,卫生院2个,卫生所12个。有省级文物保护单位3个。农业以种植小麦、玉米等为主。工业以防腐、耐火材料加工、钢铁等为主。服务业以煤炭物流运输为主。焦枝铁路,省道常付、卫柿线过境。有沁阳站。通公交车。

西万 [Xīwàn] 西万镇人民政府驻地。在市政府驻地覃怀街道北11千米。人口1.1万。处万善村西且多手工作坊,故名西万作,后改今名。聚落呈团块状。有中小学、卫生院。有省级文物保护单位田氏宗祠。农业以种植小麦、玉米为主。工业以水泥、耐火材料加工、制煤等为主。服务业以煤炭物流运输为主。焦枝铁路,省道常付、卫柿线经此。有沁阳站。

柏香镇 [Bǎixiāng Zhèn] 沁阳市辖镇。在市境西南部。面积90平方千米。人口6.2万。辖62村委会,有71自然村。镇人民政府驻柏香。1955年设柏香乡。1958年改公社。1983年复乡。1989年改镇。2005年葛村乡并入。因镇政府驻地得名。沁河、蟒河、猪龙河流经。有中学2所,小学16所,卫生院2个,卫生所62个。有省级文物保护单位圪垱坡遗址、郗城遗址。有古迹冯桥墓群等。有黄河澄泥砚、张记杂碎制作技艺。农业以种植小麦、玉米等为主。工业以造纸机械、民用采暖设备制造、机械精密铸造、绝缘材料加工等为主。长济高速,省道温邵、紫黄线过境。通公交车。

柏香 [Bǎixiāng] 柏香镇人民政府驻地。在市政府驻地覃怀街道西16千米。人口6000。传古有柏树林,香气四溢,故名。聚落呈团块状。有中小学、卫生院。农业以种植小麦、玉米等为主。工业以造纸设备制造、混凝土加工等为主。长济高速,省道温邵、紫黄线经此。

山王庄镇 [Shānwángzhuāng Zhèn] 沁阳市辖镇。在市境东北部。面积25平方千米。人口3.2万。辖17村委会,有17自然村。镇人民政府驻山王庄。1955年设山王庄乡。1958年改公社。1983年复乡。1989年改镇。因镇政府驻地得名。丹河流经。有初中1所,小学6所,卫生院1个,卫生所17个。有全国重点文物保护单位朱载堉墓,省级文物保护单位万善汤帝庙。有国家级非物质文化遗产高抬火轿,省级非物质文化遗产黑陶制作技艺。农业以种植小麦、玉米为主。工业以机械、化工、电子、橡胶、造纸等为主。服务业以煤炭物流运输为主。焦枝、太焦铁路,省道郑常、卫柿线过境。

山王庄 [Shānwángzhuāng] 山王庄镇人民政府驻地。在市政府驻地覃怀街道北12千米。人口4000。西晋"竹林七贤"之山涛、王戎曾隐居于此,故以姓氏命名。聚落呈团块状。有中小学、卫生院。经济以煤炭物流运输为主,种植业为辅。盛产生姜、大蒜。焦枝铁路,省道郑常、卫柿线经此。

万北［Wànběi］ 在市政府驻地覃怀街道东北11千米。山王庄镇辖自然村。人口1300。传唐初有红万寺，香火旺盛，近万人行善，得名万善。1971年分3村，该村居北，得名万北。聚落呈团块状。民居以花园式二层别墅为主。有小学、文化活动中心、卫生室、图书阅览室、农民夜校、灯光球场。有纸品包装、板纸加工、预制业等。省道卫柿线经此。2005、2009年被评为全国文明村。

紫陵镇［Zǐlíng Zhèn］ 沁阳市辖镇。在市境西北部。面积67平方千米。人口2.9万。辖13村委会，有18自然村。镇人民政府驻紫陵。1955年设紫陵乡。1958年改公社。1983年复乡。1989年改镇。因镇政府驻地得名。沁河、仙神河、云阳河、安全河流经。有太行山国家级猕猴自然保护区。有中学2所，小学7所，卫生院1个，卫生所13个。有全国重点文物保护单位窄涧谷太平寺石窟，省级文物保护单位神农山古建筑群、紫陵天爷庙。有国家5A级旅游景区神农山。农业以种植小麦、玉米为主。工业以玻璃钢制造、机械制造、煤化工等为主。为全国头饰饰品加工集散地。焦枝铁路，长济高速，省道卫柿、紫黄线过境。

紫陵［Zǐlíng］ 紫陵镇人民政府驻地。在市政府驻地覃怀街道西北16千米。人口6200。因临近紫陵涧而得名。聚落呈团块状。有中小学、卫生院、卫生室。有省级文物保护单位天爷庙。有国家5A级旅游景区神农山。农业以种植小麦、玉米为主。有万亩果园，盛产桃、杏、苹果、梨、葡萄等。工业以树脂加工、粮油机械制造、玻璃钢制造等为主。省道卫柿、紫黄线经此。

常平乡［Chángpíng Xiāng］ 沁阳市辖乡。在市境东北部。面积89平方千米。人口0.9万。辖12村委会，有45自然村。乡人民政府驻常平。1955年设常平乡。1958年改公社。1983年复乡。因乡政府驻地得名。处太行山区，有大小山峰31个。丹河流经。有中学1所，小学2所，卫生院1个，卫生所12个。有省级文物保护单位古羊肠坂、九渡寨。有省级非物质文化遗产常平对子马。有丹河峡谷风景区。农业以种植小麦、玉米、红薯为主。工业以矿产品开发、加工为主。太焦铁路，省道常付、郑常线过境。

常平［Chángpíng］ 常平乡人民政府驻地。在市政府驻地覃怀街道北18千米。人口2600。建于长而平的岭上，故名长平，后称今名。聚落呈带状。有中小学、卫生院。有省级文物保护单位古羊肠坂。有省级非物质文化遗产常平对子马。农业以种植小麦、玉米、红薯为主。有煤炭运输业。省道常付、郑常线经此。

九渡［Jiǔdù］ 在市政府驻地覃怀街道北20千米。常平乡辖自然村。人口500。因处丹河第九个渡口而得名。聚落呈带状。有小学、卫生室。为中国传统村落。依山面水而建，有青石古街巷、木结构建筑。有古建筑宋寨、杨军卫、水打磨等。有名胜古迹杨延昭墓、狐仙洞等。有旅游业。沁丹公路经此。

王召乡［Wángzhào Xiāng］ 沁阳市辖乡。在市境东南部。面积72平方千米。人口5.2万。辖47村委会，有54自然村。乡人民政府驻东祝策。1955年设王召乡。1958年改公社。1983年复乡。2005年木楼乡并入。因乡政府原驻地得名。传刘秀称帝前，在此设台招兵，后成村称王招，后演化为王召。沁河、济河、护城涝河流经。有中学2所，小学4所，卫生院2个，卫生所46个。有省级文物保护单位木楼遗址。有国家级非物质文化遗产耍老虎之言状老虎，省级非物质文化遗产两家闲戏。农业以种植小麦、玉米、蔬菜等为主。特产地黄、山药等。工业以造纸机械制造、碳素加工、建材、化工、酿酒等为主。省道温邵线过境。

东祝策［Dōngzhùcè］ 王召乡人民政府驻地。在市政府驻地覃怀街道东南5千米。人口700。传明代皇帝曾登坛诵祝策祭天，故名祝策，后分2村，该村在东，得今名。亦名后村。聚落呈团块状。有小学、卫生院。农业以种植小麦、玉米为主。有木器加工业。省道温邵线经此。

王曲乡［Wángqǔ Xiāng］ 沁阳市辖乡。在市境中部偏南。面积68平方千米。人口4.2万。辖41村委会，有57自然村。乡人民政府驻中王占。1955年设王曲乡。1958年改公社。1983年复乡。2005年王占乡并入。因乡政府原驻地得名。传刘秀称帝前曾在黄河北岸招兵买马，后被王莽追杀，屈尊养伤于此，故改村名为王屈，后演化为今名。沁河、伏背涝河流经。有中学2所，小学9所，卫生院2个，卫生所39个。有省级文物保护单位宋学义故居、邓禹冢。农业以种植小麦、玉米为主，养殖鸡、猪、牛。工业以造纸机械、化工、电动车制造、玻璃钢制造、防腐材料、食品加工等为主。省道常付、温邵线过境。

中王占［Zhōngwángzhàn］ 王曲乡人民政府驻地。在市政府驻地覃怀街道西南7千米。人口1300。传古人王清净至此建村，因携有传家宝玉瓒而取名王玉瓒，后称王占。再后三分，该村居中，故名。聚落呈团块状。有中小学、卫生院。农业以种植小麦、玉米为主。有皮革加工业。省道温邵线经此。

孟 州 市

孟州市［Mèngzhōu Shì］ 河南省直辖县级市，由焦作市代管。北纬34°50′，东经112°33′。在焦作市境西南部。面积542平方千米。人口38万。以汉族为主，还有回族。辖4街道、6镇、1乡。市人民政府驻大定街道。唐会昌三年(843)置孟州，治河阳县城。金大定二十八年(1188)孟州城河患，向北7.5千米筑今城。明洪武十年(1377)改孟州为孟县，属怀庆府。清因之。1913—1933年属豫北道、河北道、河南省、第四行政督察区。1949年属平原省新乡区专员公署。1952年属河南省新乡专区。1969年属新乡地区。1986年属焦作市。1996年撤县设县级市。1996年后城区建成“十三纵十横”路网，商业中心区与北部行政文化区、西部高新技术产业开发区、东部新兴产业开发区连为一体。相继建成滨河公园、人民公园、明珠游园、海尔广场、河雍广场等休闲娱乐场所15个。有标志性建筑黄河明珠、风帆雕塑等。西北为太行山前丘陵，东南为黄河冲积平原。平均海拔207.2米。年均气温14.2℃，1月平均气温−0.3℃，7月平均气温27.5℃。年均降水量586.9毫米。蟒河、蟒改河、新蟒河、漭龙河、黄河流经。有黄河湿地国家级自然保护区。森林覆盖率38.2%。有省级工程技术研究中心12个，中职2所，中学26所，小学66所，二级医院3个，市文化馆、图书馆、档案馆、博物馆、综合体育场馆各1个。有舞蹈等类文艺团体。有省级爱国主义教育基地烈士陵园。有全国重点文物保护单位韩愈墓，省级文物保护单位显圣王庙、河阳故城、禹寺龙山文化遗址等7个。有古迹锁水阁、韩湘子墓、二圣祠、岳云宫大殿等。有国家4A级旅游景区韩园、黄河湿地，省级风景名胜区古城湖。有国家级非物质文化遗产火龙舞、土硪号子，省级非物质文化遗产河阳花鼓戏、澄泥砚、韩愈传说、韩湘子传说、乔家制鼓技艺、南庄浑浆凉粉。三次产业比例8∶71∶21。农业以种植小麦、玉米、花生为主，养殖牛、羊、猪、鸡、兔。特产怀药、地黄、山药等。工业以汽车零部件、生物化工、皮毛加工和新材料为主。服务业以电子商务、物流为主。二广高速，207国道，省道获轵、常付线过境。通多路公交车。

海尔广场［Hǎi’ěr Guǎngchǎng］ 在市区中部。面积3.5公顷。2000年开工，2001年建成。因企业得名。采用中轴对称式布局。中央有凹陷圆形音乐喷泉景观，南侧有大型电子屏幕，东南为健身娱乐区，西南有回形走廊，东北与西北为健身活动区域，有健身器材。绿化面积46%。为集大型集会、休闲娱乐、健身为一体的公共娱乐场所。周边有行政服务中心、幼儿园、地税局等。通公交车。

河雍大街［Héyōng Dàjiē］ 在市区北部。西起会昌路，东至东环路。与农坛路、大定路、武松路相交。长2.6千米，宽60米。水泥混凝土路面。1996年开工，同年建成。因纪念秦置河雍县而得名。两侧有财政局、交通局、光荣院、惠亿家超市、滨河公园等。通多路公交车。

清风大街［Qīngfēng Dàjiē］ 在市区北部。西起西环路，东至大定路。与光华路、合欢路、会昌路、汇丰路、农坛路相交。长2.8千米，宽25米。水泥混凝土路面。2001年开工，同年建成。因东接青风岭而谐音得名。两侧饭店林立，为美食一条街，有幼儿园、小学、绿地广场等。通公交车。

黄河大道［Huánghé Dàdào］ 在市区中部。西起西环路，东至东环路。与光华路、合欢路、会昌路、汇丰路相交。长3.8千米，宽60米。沥青路面。1993年开工，同年建成，1996年重修。因孟州市濒临黄河而得名。两侧有地税局、幼儿园、中小学、医院、公园等。通多路公交车。

韩愈大街［Hányù Dàjiē］ 在市区南部。西起西环路，东至东环路。与许东路、光华路、合欢路、会昌路相交。长5.4千米，宽26米。沥青路面。1983年建设，1992、1995、1998年分别拓宽改造，向东西延伸成今状。原名城北路，1993年因纪念韩愈而更名。两侧有人大、农业局、三立超市、新合作超市、景文百货、幼儿园、社区卫生服务站、电影院等。通多路公交车。

孟州市社会汽车客运站［Mèngzhōu Shì Shèhuì Qìchē Kèyùnzhàn］ 见交通运输设施部分“孟州市社会汽车客运站”条。

大定街道［Dàdìng Jiēdào］ 孟州市人民政府驻地。在市境中部。面积28平方千米。人口3.9万。1998年由城关、缑村、化工3镇析设。以纪念金大定二十年(1188)筑上孟州城而得名。先后改造黄河大道，延伸东环路、南环路、韩愈大街，修建花封苑、街心花园等公园，新建建材大世界、森海家具城、电商小镇等市场，增建花封街、平山园、丰润等小区。有中学2所，小学5所，卫生院1个，卫生所23个。有古城墙遗址。有省级非物质文化遗产韩湘子传说。农业以种植小麦、玉米、花生为主。工业以机械配件制造、食品加工、生物科技、化工、包装为主。省道新孟、获轵线过境。通多路公交车。

段东［Duàndōng］ 属大定街道。在街道境东北部。人口900。传曾有渠，分上、下2段。明初张仲山自山西洪洞迁居下段渠东头居住，得名东张。1958年以地理方位改今名。聚落呈团块状。有幼儿园、医务室、文化活动场所。开展多项示范家庭活动。农业以种植小麦、玉米为主。省道获轵线经此。通公交车。2011年被评为全国文明村。

会昌街道［Huìchāng Jiēdào］ 属孟州市。

在市境中部。面积49平方千米。人口5万。1998年由城关镇析设。因纪念唐武宗会昌三年(843)升河阳县为孟州治所而得名。先后延伸黄河大道、南环路、西环路、合欢路、会昌路,拓宽韩愈大街,新建光华路、汇丰步行街、创智天地步行街等,增建海尔广场、武松公园及多处小区。有职业中专2所,中学3所,小学4所,二级医院3个,卫生院1个,卫生所29个。有金山寺。农业以种植小麦、玉米、花生、地黄为主。工业以机械配件、化工、建材、包装为主。服务业以餐饮为主。省道常付、获轵线过境。通多路公交车。

河雍街道 [Héyōng Jiēdào] 属孟州市。在市境中部。面积18平方千米。人口2.2万。2005年由城关、东小仇、谷旦3镇及会昌街道析设。因秦时孟州为三川郡河雍县而得名。先后延伸北环路、会昌路、合欢路、清风大街,兴建人民公园、清华园等。有中学3所,小学3所,卫生院1个,卫生所16个。有博物馆、体育馆、图书馆。农业以种植小麦、玉米为主。工业以食品、机械加工为主。有市社会汽车站。通多路公交车。

河阳街道 [Héyáng Jiēdào] 属孟州市。在市境东北部。面积22平方千米。人口2.9万。2005年大定街道,缑村、谷旦2镇析设。因纪念西汉武帝元封五年(106)更县名为河阳而得名。先后拓宽、延伸河雍大街、北环路、东环路、东黄河大道,新建滨河公园,增建旅游大厦、河阳世家小区等。蟒河流经。有中学5所,小学3所,卫生院1个,卫生所18个。有省级文物保护单位观音堂。有省级非物质文化遗产乔家制鼓技艺。农业以种植小麦、玉米、花生为主。工业以食品加工、化工、包装、机械加工为主。有电子商务、物流业等。省道获轵、谷黄线过境。通多路公交车。

化工镇 [Huàgōng Zhèn] 孟州市辖镇。在市境东南部。面积69平方千米。人口3.8万。辖20村委会,有24自然村。镇人民政府驻南刘庄。1958年成立化工公社。1983年设乡。1995改镇。宋时有青年夫妇定居,夫背弓打猎,不事农耕。后听妻劝,挂弓种田,渐成村庄,始名挂弓。年深日久,感挂弓无用,取而烧之,更名化弓。后因弓、工同音,演化为化工。黄河、新蟒河流经。有中学2所,小学4所,卫生院1个,卫生所20个。有玉隍庙。农业以种植小麦、玉米、花生、地黄为主。工业以板材、纸品加工等为主。北黄、王圆、赵孟、城化公路过境。

南刘庄 [Nánliúzhuāng] 化工镇人民政府驻地。在市政府驻地大定街道东南7千米。人口1700。传明洪武四年(1371)刘姓自山西洪洞迁此,始名刘庄,1980年更今名。聚落呈团块状。有小学、卫生所、文化广场。有玉隍庙。农业以种植小麦、玉米为主。王圆、城化公路经此。

南庄镇 [Nánzhuāng Zhèn] 孟州市辖镇。在市境东部。面积48平方千米。人口4.2万。以汉族为主,还有回族等。辖28村委会,有32自然村。镇人民政府驻北庄。1958年成立南庄公社。1983年改乡。1992年改镇。因镇政府原驻地得名。传陈桥兵变时,柴王大败,二将护卫小王逃难至此,分居南、北,渐成村庄,有南、北将庄之称。该村居南,称南将庄,后演化为南庄。新蟒河、老蟒河、蟒改河流经。有中学2所,小学3所,卫生院1个,卫生所28个。有敬老院。有清真寺。农业以种植小麦、玉米、花生、地黄为主。工业以皮毛加工、制衣制鞋、机械制造等为主。省道新孟、获轵线过境。

北庄 [Běizhuāng] 南庄镇人民政府驻地。在市政府驻地大定街道东8千米。人口1000。原因历史故事、方位得名北将庄,后简化为今名。聚落呈团块状。有中学、幼儿园、卫生室、文化广场等。农业以种植小麦、玉米、花生为主。省道新孟、获轵线经此。

桑坡 [Sāngpō] 在市政府驻地大定街道东7千米。南庄镇辖自然村。人口6400。均为回族。系五代晋枢密院使桑维翰故里,自然成坡,得名桑家坡,后称桑坡。聚落呈团块状。有伊斯兰建筑风格民居。有白老寺等清真寺10个。有小学、健身广场。经济以皮毛加工为主。有农贸市场。省道新孟、获轵线经此。通公交车。1999年被评为全国文明村。

城伯镇 [Chéngbǎi Zhèn] 孟州市辖镇。在市境东北部。面积39平方千米。人口3.2万。辖23村委会,有28自然村。镇人民政府驻城伯。1958年成立城伯公社。1983年改乡。1996年改镇。因镇政府驻地得名。蟒河、蟒改河、溢龙河流经。有中学1所,小学4所,卫生院1个,卫生所23个。有西后津遗址。农业以种植小麦、玉米、花生、地黄为主。工业以食品、机械、新材料加工等为主。省道谷黄、常付线过境。通公交车。

城伯 [Chéngbǎi] 城伯镇人民政府驻地。在市政府驻地大定街道东北7千米。人口2400。原为成、白2村,明末合一,苏、宋、王3姓共议:有成无土不为城,有城无人是空城,非吉相。遂将成、白2字分加偏旁,得名城伯。聚落呈团块状。有中学、卫生室、文化广场等。农业以种植小麦、玉米、花生、地黄为主。省道谷黄线经此。通公交车。

谷旦镇 [Gǔdàn Zhèn] 孟州市辖镇。在市境北部。面积39平方千米。人口3万。辖29村委会,有41自然村。镇人民政府驻谷旦。1958年成立谷旦公社。1983年改乡。1991年改镇。因镇政府驻地得名。蟒河、蟒改河流经。有中学2所,小学3所,卫生院1个,卫生所29个。有省级文物保护单位禹寺龙山文化遗址。农业以种植小麦、玉米为主,养殖兔、牛、猪。工业以饮料生产、机械制造为主。省道获轵、常付、谷黄线过境。通公交车。

谷旦 [Gǔdàn] 谷旦镇人民政府驻地。在市政府驻地大定街道北7千米。人口2300。《唐书·地理志》载:"武德三年(620)析河阳,置谷旦县,四年(621)省。"五代后周郭威改谷旦为郭旦。清乾隆年间(1736—1795)知县任孟过此,问及地名,叹曰:"若'谷旦'如此祥名何不用乎!"后称谷旦。聚落呈团块状。有中学、卫生室、文化广场等。农业以种植小麦、玉米、花生、地黄为主。省道常付线经此。通公交车。

西虢镇 [Xīguó Zhèn] 孟州市辖镇。在市境西南部。面积82平方千米。人口3.6万。辖21村委会,有37自然村。镇人民政府驻西虢。1958年成立西虢公社。1983年改乡。1996年改镇。因镇政府驻地得名。汶水河流经。有中学1所,小学6所,卫生院1个,卫生所21个。有名胜古迹义井遗址、韩愈陵园、顺涧湖、莫沟等。农业以种植小麦、玉米、花生、地黄为主。工业以板材、纸品加工等为主。有省级工业集聚区。济洛高速、207国道、省道常付线过境。通公交车。

西虢 [Xīguó] 西虢镇人民政府驻地。在市政府驻地大定街道西9千米。人口2300。曾称太平庄。有虢王冢,传东周时虢国国王葬此,取名虢村。因处城西而得名西虢。聚落呈团块状。有中学、卫生室、文化广场等。农业以种植小麦、玉米、花生等为主。省道常付线经此。通公交车。

赵和镇 [Zhàohé Zhèn] 孟州市辖镇。在市境西北部。面积78平方千米。人口3.9万。辖38村委会,有49自然村。镇人民政府驻西赵和。1958年成立赵和公社。1983年改乡。2005年改镇。因镇政府驻地得名。有中学3所,小学4所,卫生院1个,卫生所38个。有冶墙遗址。农业以种植小麦、玉米为主,养殖猪、鸡。工业以新材料加工、机械加工、化学工业为主。有个体经商。省道获轵线过境。通公交车。

西赵和 [Xīzhàohé] 赵和镇人民政府驻地。在市政府驻地大定街道西北11千米。人口1500。传明以前赵豁开店,以谐音称赵和。后因地理方位得今名。聚落呈带状。有小学、卫生室、文化广场等。农业以种植小麦、玉米为主,养殖猪、鸡。县道孟石线经此。通公交车。

槐树乡 [Huáishù Xiāng] 孟州市辖乡。在市境西部。面积73平方千米。人口2.3万。辖44村委会,有72自然村。乡人民政府驻槐树口。1958年成立槐树公社。1983年改乡。2005年石庄乡并入。因乡政府驻地得名。汶水河、南那河流经。有中学2所,小学4所,卫生院1个,卫生所44个。有国家级非物质文化遗产火龙舞。有省级风景名胜区古城湖。农业以种植小麦、玉米为主。工业以建筑材料生产、制塑、食品加工等为主。二广高速、207国道过境。通公交车。

槐树口 [Huáishùkǒu] 槐树乡人民政府驻地。在市政府驻地大定街道西北10千米。人口300。原因处6条道路之口得名六口集。后以有古槐而改今名。聚落呈人字形。有卫生所、敬老院等。经济以商贸为主。县道东全、龙石线经此。通公交车。

修武县

修武县 [Xiūwǔ Xiàn] 焦作市辖县。北纬35°13′,东经113°26′。在市境东部。面积633平方千米。人口27万。以汉族为主,还有回、土家、满、蒙古、苗等民族。辖5镇、3乡。县人民政府驻城关镇。商为宁邑。武王伐纣,勒兵于此,改修武邑。战国为南阳邑。秦置修武县,治今获嘉县城关镇,属河内郡。西汉析置山阳县。孝昌中改南修武县,并析置北修武县。东魏又置西修武县,治今城关镇。北齐天保七年(556)废南、北、西修武和山阳县,复修武县。隋开皇十六年(596)析置武陟县。大业十年(614)废修武入武陟县。唐武德二年(619)复置,治迁浊鹿城,后还治今城关镇,属殷州。贞观初属怀州。宋熙宁六年(1073)废修武入武陟。元祐元年(1086)复置,属怀州。元属怀庆路。明、清属怀庆府。1913—1933年属豫北道、河北道、河南省、第四行政督察区。1945年析西部置焦作市。1949年属平原省新乡专区。1952年属河南省新乡专区。1960年并入焦作市。1961年复置,属新乡专区。1969年属新乡地区。1983年属焦作市。地处太行山南麓,北部山区向南部平原阶梯次降。最高海拔1297.6米。平均海拔692.7米。年均气温14.5℃,1月平均气温−0.1℃,7月平均气温27.6℃。年均降水量560.4毫米。大沙河、山门河、新河、大狮涝河、南水北调中线总干渠等流经。有青龙洞水库。有矿产资源马鞍石、煤、煤层气、耐火黏土、铁矿、铝土等20余种。有野生植物1760种,其中有国家重点保护野生植物红豆杉、银杏、莲香树、野大豆。有野生动物50余种,其中有国家一级保护野生动物金钱豹,国家二级保护野生动物猕猴、青羊,国家濒危野生动物桃花水母。有国家级太行山区自然保护区。森林覆盖率28%。有高专1所,中专1所,中学3所,小学51所,二级医院2个,体育馆1个,博物馆2个。有豫剧团、怀梆剧团等文艺表演团体3个。有全国重点文物保护单位胜果寺和胜果寺塔、当阳峪瓷窑遗址、百家岩寺塔、汉献帝禅陵，省级文物保护单位浊鹿城遗址、龙山文化遗址、海蟾宫。有国家5A级旅游景区云台山，国家4A级旅游景区圆融寺。有景点青龙峡、峰林峡。有地方特色民间艺术旱船、舞狮、高跷、皇杠、腰鼓等。有国家级千年古县。三次产业比例9∶58∶33。农业以种植小麦、玉米、大豆、花生为主，养殖猪、鸡、牛、羊。工业以纺织、铝冶炼加工、装备制造、食品和农副产品加工为主。服务业以旅游、电子商务、通讯网络、物流快递为主。有土特产五里源松花蛋、当阳峪绞胎瓷、延陵大葱、云台山连翘、江旁庄大白菜等。新月、郑焦城际、中铝专用、赵固矿铁路，晋新、郑云高速，省道冢沁、斗武、林邓线过境。通多路公交车。

修武站［Xiūwǔ Zhàn］　见交通运输设施部分“修武站”条。

修武县汽车客运总站［Xiūwǔ Xiàn Qìchē Kèyùn Zǒngzhàn］　见交通运输设施部分“修武县汽车客运总站”条。

城关镇［Chéngguān Zhèn］　修武县人民政府驻地。在县境中部。面积29平方千米。人口8.3万。以汉族为主，还有回、蒙古等民族。辖5居委会、29村委会，有33自然村。镇人民政府驻北门。1955年设城关镇。1958年改乡。1961年成立公社。1983年设镇。因所辖区域分布在县城周围得名。大沙河流经。有中学5所，小学6所，二级医院1个，卫生院1个，卫生所36个。有全国重点文物保护单位胜果寺和胜果寺塔。有宁城、七贤等公园。农业以种植小麦、玉米、大棚蔬菜为主。工业以皮毛加工、电子元件、建材、粮油加工为主。服务业有商贸、电子商务、物流等。新月、郑焦城际铁路，省道斗武、冢沁线过境。通公交车。

健康路［Jiànkāng Lù］　在县城中部偏北。西起七贤大道，东至云台大道。与竹林大道相交。长1.8千米，宽20米。混凝土路面。1980年开工，同年建成。2003年拓宽。原县医院在此，寓意人民健康长寿而得名。两侧有县医院分院、健康路小学等。通多路公交车。

为民路［Wèimín Lù］　在县城中部偏南。西起七贤大道，东至茱萸大道。与竹林大道、云台大道相交。长2.7千米，宽37米。沥青路面。1980年开工，同年建成。1987、1988年拓宽。原名环城南路，2005年因沿途多政府机关而改今名。两侧有实验中学、居住小区等。通多路公交车。

七贤大道［Qīxián Dàdào］　在县城中部偏西。北起幸福路，南至万善路。与健康路、老城街、运河路相交。长4.8千米，宽30米。沥青路面。1984年开工，同年建成。1985、1991年拓宽改建。原名为环城西路，后为弘扬七贤文化而更今名。两侧有购物广场、银行、商业步行街、居住小区、环保局、教育局等。通多路公交车。

竹林大道［Zhúlín Dàdào］　在县城中部偏东。北起幸福路，南至万善路。与丰收路、为民路、运河路、老城街相交。长4.6千米，宽37米。沥青路面。1980年开工，同年建成。1985、1990年拓宽改建。始名环城东路，后借历史名人“竹林七贤”而改今名。两侧有实验二小、居住小区、工商局、民政局等。通多路公交车。

北门［Běimén］　城关镇人民政府驻地。在镇境西北部。人口1200。古代县城设4门4关，处老县城北门之内，故名。聚落呈团块状。有县医院分院。有卫生所。有清代建筑8处，民国建筑10处。农业以种植小麦、玉米为主。通公交车。

七贤镇［Qīxián Zhèn］　修武县辖镇。在县境北部。面积90平方千米。人口4.1万。辖27村委会，有38自然村。镇人民政府驻方庄。1955年设方庄乡。1961年改公社。1983年复乡。1986年改方庄镇。2011年更名七贤镇。曾为“竹林七贤”聚游之地，故名。南水北调中线总干渠流经。有中学3所，小学10所，卫生院1个，卫生所27个，敬老院1个。有全国重点文物保护单位百家岩寺塔、汉献帝禅陵。农业以种植小麦、玉米为主。工业以氧化铝加工、煤炭开采、制陶制瓷等为主。服务业以特色旅游为主。有观光园、采摘园、民俗文化村等。郑云高速，省道斗武、林邓线过境。通公交车。

方庄［Fāngzhuāng］　七贤镇人民政府驻地。在县政府驻地城关镇北15千米。人口1900。清初方、王2姓自山西陵川迁此，因方姓居多而得名。聚落呈团块状。有中学、卫生院、卫生所。有韩愈墓。农业以种植小麦、玉米、柿子、核桃为主。有乡村旅游。省道斗武线经此。通公交车。

丁村［Dīngcūn］　在县政府驻地城关镇东北22千米。七贤镇辖自然村。人口1300。传汉代丁兰(二十四孝子之一)居此葬此，为纪念丁兰而得名。南水北调中线总干渠流经。聚落呈团块状。有图书阅览室、健身活动场所、敬老院。经济以种植业为主，商贸为辅。有煤矿。卫吴公路经此。通公交车。2011年被评为全国文明村。

郇封镇［Huánfēng Zhèn］　修武县辖镇。在县境东南部。面积88平方千米。人口6.5万。以汉族为主，还有土家、回、蒙古等民族。辖37村委会，有37自然村。镇人民政府驻郇封。1955年设郇封乡。1961年改公社。1983年复乡。1996年改镇。2005年葛庄乡并入。因镇政府驻地得名。大沙河、大狮涝河、葛常河流经。有中学3所，小学17所，二级医院1个，卫生院2个，卫生所68个。有省级非物质文化遗产薛氏宗祠祭祖仪式。农业以种植小麦、玉米为主。工业以纺织、装备制造、农副产品加工等为主。服务业以电子信息、商贸物流为主。新月、郑焦城际铁路，晋新、郑云高速，省道斗武、冢沁线过境。通公交车。

郇封［Huánfēng］　郇封镇人民政府驻地。在县政府驻地城关镇南6千米。人口6400。唐高宗四子李素节葬此，因其封郇王而得名郇封。聚落呈团块状。有中学、卫生院、卫生所、阅览室等。有省级非物质文化遗产薛氏宗祠祭祖仪式。农业以种植小麦、玉米、大豆、花生为主。詹郇、获新公路经此。通公交车。

周庄镇［Zhōuzhuāng Zhèn］　修武县辖镇。在县境西部。面积36平方千米。人口1.6万。以汉族为主，还有回、侗等民族。辖11村委会，有11自然村。镇人民政府驻周庄。1955年设周庄乡。1961年改公社。1983年复乡。2013年改镇。因镇政府驻地得名。大沙河、新河、山门河流经。有中学1所，小学3所，卫生院1个，卫生所13个。农业以种植小麦、玉米、花生、大豆为主。工业以铝加工、机械装备制造、新型建材、农产品加工等为主。服务业有电子信息、电商、旅游。郑焦城际铁路、省道冢沁线过境。通公交车。

周庄［Zhōuzhuāng］　周庄镇人民政府驻地。在县政府驻地城关镇西8千米。人口1600。明末周姓自辉县裕国镇迁此，故名。聚落呈团块状。有中学、卫生院、卫生所、阅览室等。农业以种植小麦、玉米、大豆、花生为主。通公交车。

云台山镇［Yúntáishān Zhèn］　修武县辖镇。在县境北部。面积103平方千米。人口0.3万。辖10村委会，有38自然村。镇人民政府驻岸上。1955年设岸上乡。1961年改公社。1983年复乡。2013年因国家5A级旅游景区云台山改为云台山镇。有中学2所，卫生院1个，卫生所7个。农业以种植小麦、玉米等为主。省道斗武线过境。有乡村旅游。通公交车。

岸上［Ànshàng］　云台山镇人民政府驻地。在县政府驻地城关镇北23千米。人口900。传原有道姑庵，故名庵上，后演化为今名。聚落呈团块状。纸坊河流经。有中学、卫生院、卫生所、阅览室等。有景点万善寺、红石峡。有云台山地质博物馆。经济以旅游、餐饮住宿为主。省道斗武线经此。

一斗水［Yīdǒushuǐ］　在县政府驻地城关镇北29千米。云台山镇辖自然村。人口200。有斗状水井，不枯不溢，保持一斗容量，故名。聚落呈团块状。为中国传统村落。现存明清时期石头房数十间，以李家、贾家大院为特色。有景点一斗泉、龙显石、关帝庙、豫晋古道等。经济以种植业、旅游业为主。省道斗武线经此。

东岭后［Dōnglǐnghòu］　在县政府驻地城关镇西北29千米。云台山镇辖自然村。人口100。清初牛姓自山西陵川迁此，因处晋豫边界老苍岭东而得名。聚落呈团块状。为中国传统村落。现存明清古民居40余处。有古迹古戏楼、观音堂、龙王庙等。有千年古道“太行八陉”之白陉。经济以种植业、旅游业为主。

王屯乡［Wángtún Xiāng］　修武县辖乡。在县境南部。面积50平方千米。人口2.1万。辖16村委会，有20自然村。乡人民政府驻周流。1961年成立王屯、高村2公社。1983年改王屯、高村2乡。2005年王屯乡并入高村乡。2014年更名王屯乡。因乡政府原驻地得名。明初王姓自洛阳迁居，后本县赵姓迁入，得名王赵屯。后因赵姓减少而更名王屯。大狮涝河流经。有中学2所，小学8所，卫生院1个，卫生所24个。农业以种植小麦、玉米、花生、蔬菜为主。有采摘园、桃园等。有国家地理标志产品延陵大葱。工业以建材、农副产品深加工为主。有商贸服务业。晋新高速，省道斗武、位马、九高线过境。通公交车。

周流［Zhōuliú］　王屯乡人民政府驻地。在县政府驻地城关镇南6千米。人口3200。1933年《修武县志》载，唐时名周村，后刘氏姻亲迁此，遂改周刘，后演化为今名。聚落呈团块状。有小学、卫生院、卫生所、阅览室等。农业以种植小麦、玉米、花生、大葱为主。省道斗武线经此。

五里源乡［Wǔlǐyuán Xiāng］　修武县辖乡。在县境东北部。面积57平方千米。人口3.9万。辖22村委会，有23自然村。乡人民政府驻五里源。1955年设五里源乡。1961年改公社。1983年复乡。因乡政府驻地得名。大沙河、磨台营涝河流经。有中学2所，小学7所，卫生院1个，卫生所38个。有省级文物保护单位浊鹿城遗址、李固遗址、海蟾宫。农业以种植小麦、玉米为主。有观光农业。工业以铝制品加工、防腐瓷制造、煤炭开采为主。郑云高速、省道斗武线过境。通公交车。

五里源［Wǔlǐyuán］　五里源乡人民政府驻地。在县政府驻地城关镇东北8千米。人口5300。县志载，村周5里原有马坊、海子、龙母、蜈蚣、圣井5泉，故名五里泉。又因泉、源意思相通，后演化为五里源。聚落呈团块状。有中小学、卫生所、阅览室等。农业以种植小麦、玉米、大豆、棉花为主。产松花蛋。有煤矿。县道五老线经此。通公交车。

西村乡［Xīcūn Xiāng］　修武县辖乡。在县境西北部。面积206平方千米。人口1.6万。以汉族为主，还有白、回等民族。辖35村委会，有78自然村。乡人民政府驻西村。1955年设南坡乡。1960年改公社。1983年设西村乡。因乡政府驻地得名。大沙河流经。有中学1所,小学7所,卫生院1个,卫生所27个。有全国重点文物保护单位当阳峪瓷窑遗址。有国家5A级旅游景区青龙峡、峰林峡,国家4A级旅游景区圆融寺、净影寺。农业以种植小麦、玉米为主。有观光农业。特产核桃、山楂等。工业以陶瓷生产、农副产品深加工为主。有旅游服务业。焦青公路过境。通公交车。

西村 [Xīcūn] 西村乡人民政府驻地。在县政府驻地城关镇西北21千米。人口1900。明嘉靖年间(1522—1566)始名兴安村,清顺治十八年(1661)因处山门河西而改今名。聚落呈团块状。山门河流经。有中小学、卫生院、卫生所、阅览室等。农业以种植小麦、玉米、大棚蔬菜等为主。中焦公路经此。通公交车。

平顶爻 [Píngdǐngyáo] 在县政府驻地城关镇西北35千米。西村乡辖自然村。人口100。清初田姓自山西晋城迁此,原有平顶窑洞,得名平顶窑,后演化为今名。聚落呈带状。处国家5A级旅游景区青龙峡、峰林峡景区内。为中国传统村落。有名胜古迹云台天池、九寨关城堡、佛祖观音堂、赵匡胤缴毛场、淹井河等。经济以种植业、旅游业为主。

双庙 [Shuāngmiào] 在县政府驻地城关镇西北33千米。西村乡辖自然村。人口200。宋代因有佛爷庙、观音庙而得名。聚落呈团块状。处国家5A级旅游景区青龙峡、峰林峡景区入口。为中国传统村落,省级历史文化名村。有以清代郭武举旧居为代表的石砌民居。经济以种植业、民宿旅游业为主。

长岭 [Chánglǐng] 在县政府驻地城关镇西北30千米。西村乡辖自然村。人口100。传清同治年间(1862—1874)王姓自山西晋城迁此,村后山岭如龙,直通山西陵川,故名。聚落呈散状。为中国传统村落。有传统建筑40处。有国家级非物质文化遗产怀梆。为怀梆之乡。经济以种植业、民宿旅游业为主。

博爱县

博爱县 [Bó'ài Xiàn] 焦作市辖县。北纬35°10′,东经113°03′。在市境中部偏北。面积428平方千米。人口38.8万。以汉族为主,还有回、蒙古等民族。辖2街道、5镇、2乡。县人民政府驻清化镇街道。1927年由沁阳县析置博爱县,取"自由、平等、博爱"意得名。县治清化镇。1938年改为清化县。1945年复名博爱县,属晋冀鲁豫边区。1949年属平原省新乡地区。1961年属新乡专区。1983年属焦作市。地处太行山地和山前微倾斜平原区,北为低山丘陵,海拔500米;南为沁河冲积平原,海拔120米。最高点老王谷堆海拔979米。年均气温14.3℃,1月平均气温0.1℃,7月平均气温27.1℃。年均降水量580毫米。丹河、大新河、沁河、大石河、大沙河、幸福河、勒马河、运粮河、南横河、北横河、老蒋沟、新蒋沟、南水北调中线总干渠流经。有青天河水库。有矿产资源黏土、铝矾土、铁矿、石灰石、硫铁矿等。有野生植物1760种,其中有国家重点保护野生植物红豆杉、银杏、莲香树、野大豆。有野生动物27种,其中有国家一级保护野生动物金钱豹,二级保护野生动物猕猴、青羊、林麝。有国家级猕猴自然保护区。森林覆盖率21.3%。有省级工程技术研究中心21家。有职高2所,中学26所,小学60所,二级医院3个。有文化馆、图书馆、博物馆、体育馆。有全国重点文物保护单位西关清真寺、北魏摩崖石刻、西金城遗址,省级文物保护单位中共博爱县工委旧址、六堆寓遗址。有世界地质公园、国家5A级旅游景区青天河风景区。有古迹金城龙山文化遗址、苏寨戏楼等。有月山寺、太行博竹苑等景点。有国家级非物质文化遗产月山八极拳,省级非物质文化遗产二夹弦、清化扇艺制作技艺、清化竹器制作技艺、柏山缸制作技艺、上庄姜种植与加工、邗新社亲。三次产业比例9∶65∶26。农业以种植小麦、玉米、蔬菜、生姜为主,养殖生猪、奶牛、肉牛、蛋鸡。有国家地理标志认证农产品清化姜。工业以汽车零部件、服装纺织、生物化工、光伏新材料、食品加工为主。服务业以通讯、物流、仓储、商贸为主。特产竹器、陶缸、丝绸、纸扇、生姜等。新月、太焦、侯月、焦柳铁路,晋新、长济、焦桐高速,省道郑常、冢沁、大练、卫柿线过境。通多路公交车。

中山路 [Zhōngshān Lù] 在县城中部。西起月山路,东至海华路。与团结路、葵城路、滨河路相交。长3.8千米,宽42米。沥青路面。1982年开工,同年建成。1984、2005、2011年扩建。原名环城北路,2005年为纪念孙中山更今名。沿途商铺林立,商业繁荣。两侧有政府机关、体育馆、银行、商场、广场、居住小区等。通多路公交车。

葵城路 [Kuíchéng Lù] 在县城中部。北起发展大道,南至鸿昌路。与文化路、中山路、玉祥路相交。长4千米,宽42米。沥青路面。1953年开工,1957年建成。因县城古为葵城而得名。沿途商铺林立,商业繁荣。两侧有机关单位、银行、酒店、商场、商业中心城、湿地公园等。通公交车。

博爱县长途汽车站 [Bó'ài Xiàn Chángtú Qìchēzhàn] 见交通运输设施部分"博爱县长途汽车站"条。

清化镇街道 [Qīnghuàzhèn Jiēdào] 博爱县人民政府驻地。在县境中部偏南。面积28平方千米。人口6万。以汉族为主,还有回族等。2014年由清化镇析设。清化镇取自竹书记载:战国梁惠王元年(前370)有葵城,唐初为太行县治,宋、金为河内县清化镇。运粮河、幸福河、勒马河流经。有中学4所,小学6所,二级医院3个,卫生院1个,卫生所23个。有特教学校、图书馆、体育馆、敬老院等。有全国重点文物保护单位西关清真寺。有民间艺术武术、舞老虎、鱼拱莲等。农业以种植小麦、玉米、蔬菜为主。工业以铸造、汽车零部件制造为主。服务业以物流、电子商务为主。省道冢沁、大练、郑常线过境。有县长途汽车站。通公交车。

鸿昌街道 [Hóngchāng Jiēdào] 属博爱县。在县境中部。面积15平方千米。人口5万。2014年由清化镇析设。为纪念吉鸿昌得名。上秦河、幸福河、下秦河、运粮河流经。有中学4所,小学5所,卫生院1个,卫生所13个。有古迹七方五祖堂、毛家花园遗址等。有民间艺术舞龙、武术等。农业以种植小麦、玉米、蔬菜为主。服务业以商业、电子商务为主。省道卫柿线过境。通公交车。

柏山镇 [Bǎishān Zhèn] 博爱县辖镇。在县境东部。面积29平方千米。人口4.1万。辖11村委会,有12自然村。镇人民政府驻上期城。1958年成立柏山公社。1983年改乡。1993年改镇。2012年镇政府驻地迁至上期城。因镇政府原驻地得名。汉时因山上长满柏树,故名。上秦河、下秦河、幸福河、大石河流经。有中学2所,小学6所,卫生院1个,卫生所11个。有文化站、活动中心、图书室。有县烈士陵园。有宋代陶瓷窑址。有民间艺术武术、腰鼓等。农业以种植小麦、玉米为主。产冬枣、薄皮核桃等。工业以橡胶化工、机械制造为主。服务业有物流、商贸。太焦、焦柳铁路,省道冢沁、大练、卫柿线过境。通公交车。

上期城 [Shàngqīchéng] 柏山镇人民政府驻地。在县政府驻地清化镇街道东北4千米。人口2100。传汉武帝亲访柏山刘自然,责令"期月成城",村居城北,故名。聚落呈团块状。有小学、幼儿园、卫生室等。农业以种植小麦、玉米、蔬菜为主。产生姜。省道大练、卫柿线经此。通公交车。

月山镇 [Yuèshān Zhèn] 博爱县辖镇。在县境中部。面积23平方千米。人口3.2万。辖20村委会,有28自然村。镇人民政府驻后乔。1957年设上庄乡。1958年并入许良公社。1977年析设上庄公社。1983年改设乡。1992年因月山寺改月山镇。1999年镇政府驻地迁至后乔。丹河、运粮河、幸福河、引丹渠、上秦河、下秦河流经。有中学4所,小学5所,卫生院1个,卫生所20个。有文化站、活动中心、图书室、敬老院。农业以种植小麦、玉米为主。工业以汽车零部件加工为主。侯月、太焦、焦柳铁路,省道卫柿线,高九、丰许公路过境。有月山站。通公交车。

后乔 [Hòuqiáo] 月山镇人民政府驻地。在县政府驻地清化镇街道北4千米。人口1900。明代为东上庄,清乾隆年间(1736—1795)分村,该村居北,乔姓居多,故名。聚落呈团块状。有小学、幼儿园、卫生室等。农业以种植小麦、玉米、蔬菜为主。省道卫柿线经此。通公交车。

许良镇 [Xǔliáng Zhèn] 博爱县辖镇。在县境西部。面积29平方千米。人口5.2万。以汉族为主,还有回族等。辖23村委会,有49自然村。镇人民政府驻许良。明正德年间(1506—1521)曾设许良镇。期间名称多变。1927年改中山镇。1946年为纪念奚英烈士改称奚英镇。1958年成立奚英公社。1960年更名许良公社。1983年改乡。1992年改镇。因镇政府驻地得名。有矿产资源大理石、铝矾土。丹河、大新河流经。有中学3所,小学7所,卫生院1个,卫生所23个。有文化站、活动中心、图书室。有摩崖石窟、李商隐墓等。农业以种植小麦、玉米为主。工业以光伏、建材、化工、铸造、汽车零部件、竹制品加工为主。服务业以货运物流为主。太焦铁路,省道郑常、卫柿线过境。通公交车。

许良 [Xǔliáng] 许良镇人民政府驻地。在县政府驻地清化镇街道西6千米。人口7500。以汉族为主,还有回族等。宋名许良巷。清称竹坞郡,因盛产竹子得名。1960年后称许良。聚落呈非字形分布。有中小学、幼儿园、卫生室等。有民间舞蹈抬火轿。农业以种植小麦、玉米为主。有铸造、竹制品加工业。有集贸市场。省道郑常线、高九公路经此。通公交车。

磨头镇 [Mótóu Zhèn] 博爱县辖镇。在县境西南部。面积47平方千米。人口3.4万。以汉族为主,还有回族等。辖34村委会,有39自然村。镇人民政府驻磨头。1958年成立红旗公社。1962年改磨头公社。1983年设乡。1997年改镇。因镇政府驻地得名。丹河、大新河、南横河流经。有中学1所,小学6所,卫生院1个,卫生所34个。有图书室、敬老院等。有民间艺术王堡枪、武术等。有景点白马寺、太行博竹苑。农业以种植小麦、玉米、蔬菜、山药为主。工业有食品加工、天然气综合利用、机械制造。省道冢沁线、高九公路过境。通公交车。

磨头 [Mótóu] 磨头镇人民政府驻地。在县政府驻地清化镇街道西南7千米。人口300。以汉族为主,还有回族等。原名藏富村,传白色神马夜行啃青,至此掉头而回,故改名磨头。聚落呈团块状。有中小学、幼儿园、博爱农场学校、农场医院、卫生院。农业以种植小麦、玉米、蔬菜为主。有集贸市场。博磨公路经此。通公交车。

孝敬镇［Xiàojìng Zhèn］ 博爱县辖镇。在县境南部。面积60平方千米。人口5万。辖28村委会，有28自然村。镇人民政府驻东界沟。1961年成立孝敬公社。1983年改乡。2002年改镇。2005年界沟乡并入，镇政府驻地迁至东界沟。因镇政府原驻地得名。传汉初殷王司马卬生于此，侍母至孝，成村后取名孝敬。沁河、丹河、蒋沟河、运粮河、南横河流经。有中学2所，小学11所，卫生院1个，卫生所28个。有图书室、文化站、活动中心。农业以种植小麦、玉米、蔬菜、食用菌为主。工业以冻干蔬菜加工、铸造、机械加工、塑料制品、建筑材料为主。焦桐、长济高速，博王、高九公路过境。通公交车。

东界沟［Dōngjiègōu］ 孝敬镇人民政府驻地。在县政府驻地清化镇街道西南9千米。人口4800。以洪沟为界，村在沟东，故名。聚落呈带状。有中小学、卫生室等。农业以种植蔬菜、小麦、玉米为主。通公交车。

寨豁乡［Zhàihuō Xiāng］ 博爱县辖乡。在县境北部。面积131平方千米。人口1.4万。辖24村委会，有90自然村。乡人民政府驻寨豁。1960年柏山公社析设寨豁公社。1983年改乡。因乡政府驻地得名。有矿产资源铝矾土、铁、硫铁、石灰石等。丹河、大石河流经。有青天河水库。有中学1所，小学4所，卫生院1个，卫生所24个。有文化站、图书室、敬老院。有全国重点文物保护单位北魏摩崖石刻。有国家5A级旅游景区青天河。农业以种植小麦、玉米为主。有樱桃、晚秋黄梨、薄皮核桃等林果种植。工业以矿产品加工为主。太焦铁路、晋新高速、省道大练线过境。通公交车。

寨豁［Zhàihuō］ 寨豁乡人民政府驻地。在县政府驻地清化镇街道北11千米。人口400。明清时有古寨，寨下豁口处开店，得名寨豁店，后称今名。聚落呈扇形。有中小学、幼儿园、卫生室等。农业以种植小麦、玉米为主。有矿产品加工业。省道大练线经此。通公交车。

金城乡［Jīnchéng Xiāng］ 博爱县辖乡。在县境东南部。面积62平方千米。人口5.2万。辖28村委会，有28自然村。乡人民政府驻西金城。1958年成立金城公社。1983年改乡。2005年张茹集乡并入。因乡政府驻地得名。沁河、运粮河、勒马河、蒋沟河、官路河、南水北调中线总干渠流经。有中学2所，小学10所，卫生院1个，卫生所24个。有文化站、活动中心、图书室、敬老院。有全国重点文物保护单位西金城遗址。农业以种植小麦、玉米、蔬菜为主。产生姜、怀菊、山药。工业以冶金、碳素生产为主。长济、焦桐高速，省道大练线过境。通公交车。

西金城［Xījīnchéng］ 金城乡人民政府驻地。在县政府驻地清化镇街道东南8千米。人口6000。古称金亭，北魏为金城，宋改西金城至今。南水北调中线工程总干渠流经。有中小学、幼儿园、卫生室等。有全国重点文物保护单位西金城遗址。农业以种植小麦、玉米、蔬菜为主。长济、焦桐高速经此。通公交车。

武 陟 县

武陟县［Wǔzhì Xiàn］ 焦作市辖县。北纬35°05′，东经113°23′。在市境东南部。面积798平方千米。人口71.6万。以汉族为主，还有回、苗、满等民族。辖4街道、4镇、7乡。县人民政府驻木城街道。隋开皇十六年(596)析修武县南部置武陟县。大业二年(606)废武陟入修武县。唐武德四年(621)复置。唐贞观元年(627)废怀县入武陟县。五代十国属怀州。北宋属河北西路怀州。金属河东南路怀州。元属怀庆路总管府。明属河南布政使司怀庆府。清初属河南省怀庆府、河北河务兵备道怀庆府。1912—1932年属豫北道、河北道、河南省、第四行政督察区。1939年县治迁驻木栾店(今县城)。1949年属平原省新乡专署。1952年属河南省新乡行署。1986年属焦作市。“陟”意为兴起，取周武王兴起之意得名。地势西高东低。海拔81.3—107米。年均气温14.3℃，1月平均气温0℃，7月平均气温27℃。年均降水量538.2毫米。黄河、沁河、老蟒河、蒋沟河、济河流经。有野生植物200多种，野生动物刺猬、花面狸、豹猫、狍、山獾、大天鹅、小天鹅、大雕、大白鹭、大蟾蜍、蛇、蜥蜴等400多种。森林覆盖率23.9%。有省级工程技术研究中心6个。有高校1所，职校2所，中学32所，小学153所，二级医院6个，国家二级图书馆1个，国家一级文化馆1个，博物馆1个。有全国重点文物保护单位嘉应观、妙乐寺塔、千佛阁、青龙宫、商村遗址等，省级文物保护单位15个。有国家4A级旅游景区、国家水利风景区嘉应观。有国家级非物质文化遗产董永传说、二股弦、“四大怀药”种植与炮制，省级非物质文化遗产13项。三次产业比例12∶69∶19。农业以种植小麦、玉米、水稻等为主，养殖生猪、肉牛、奶牛、羊、肉鸡、肉鸭、鲤鱼。产山药、地黄、牛膝、菊花。特产武陟油茶。工业以造纸、食品、医药化工、机械制造为主。服务业以电子商务、文化旅游、现代物流为主。京广、郑焦城际铁路，原焦、长济、郑云高速，省道郑常、获轵、焦西、山詹、斗武线过境。有焦作东站。

兴华路［Xīnghuá Lù］ 在县城北部。西起红旗路，东至河朔大道。与和平路、黄河大道、木栾大道、迎宾大道等相交。长4.8千米，宽30米。沥青混凝土路面。1980年始建。1995年扩建。以振兴中华之意命名。两侧有县委、县政府、武陟一中、武陟中学、县医院、供销大厦、武陟宾馆、人民广场、武德广场等。通多路公交车。

黄河大道［Huánghé Dàdào］ 在县城中部。北起龙源路，南至文化路。与沁河路、兴华路、朝阳一路、朝阳二路、朝阳三路相交。长3.2千米，宽45米。沥青路面。1991年开工，1994年建成。2003年扩建。原名东环一路，2005年因黄河更今名。两侧有自然资源局、武陟汽车站、武陟宾馆、电动车商铺等。通多路公交车。

木栾大道［Mùluán Dàdào］ 在县城中部。北起龙源路，南至宜业路。与沁河路、兴华路、朝阳一路、朝阳二路相交。长7.4千米，宽50米。混凝土路面。1996年开工，1997年建成。2010、2014年扩建。原名东环二路，2005年因县城古称木栾店而更今名。两侧有兴华中学、县委党校、河务一局、龙泉湖公园等。通多路公交车。

武陟汽车站［Wǔzhì Qìchēzhàn］ 见交通运输设施部分“武陟汽车站”条。

木城街道［Mùchéng Jiēdào］ 武陟县人民政府驻地。在县境中部。面积11平方千米。人口5.8万。以汉族为主，还有回、满等民族。2012年由木城镇改设。以县城旧称木栾店而得名。先后绿化东大街，改造和平路、朝阳二路，新建和平、胜利游园及多处居住小区。沁河流经。有职高1所，中学5所，小学7所，卫生院1个，卫生所32个。有文化馆、博物馆、图书馆等。有全国重点文物保护单位千佛阁。工业以酿酒、纺织、粮食机械为主。服务业以商品零售为主。通多路公交车。

龙源街道［Lóngyuán Jiēdào］ 属武陟县。在县境中部。面积30平方千米。人口5万。2012年由龙源镇析设。沿用原镇名，因龙源村得名。先后改造高速入城路段，拓宽龙源路、红旗路，新建仰韶文化公园、覃怀公园、武德广场等。有中学7所，小学6所，二级医院4个，卫生院1个，卫生所38个。有全国重点文物保护单位青龙宫，省级文物保护单位东石寺遗址。有省级非物质文化遗产二月二庙会及祈雨旧规。工业以制药、铸造、棉纺、挂车制造为主。服务业以物流、商贸为主。有县汽车客运总站。通多路公交车。

龙泉街道［Lóngquán Jiēdào］ 属武陟县。在县境中部。面积31平方千米。人口2.8万。2012年由龙源镇及圪垱店、嘉应观2乡析设。因龙泉湖公园得名。先后南延迎宾大道，拓宽文化路，贯通木栾大道，新建龙兴苑广场等。沁河流经。有高校1所，中学3所，小学6所，二级医院2个，卫生所32个。有省级文物保护单位古槐寺遗址、玉皇庙。工业以装备制造、造纸、生物医药为主。服务业以房地产、商贸、酒店住宿、餐饮为主。有县汽车站。通多路公交车。

木栾街道［Mùluán Jiēdào］ 属武陟县。在县境中东部。面积21平方千米。人口2.8万。2012年由谢旗营镇及圪垱店、嘉应观2乡析设。以县城古称木栾店命名。先后建成城区道路、居住小区、县第二污水处理厂、武陟站、站前广场、南水北调水厂等。有中学1所，小学3所，卫生所6个。有省级文物保护单位安氏宗祠。农业以种植小麦、玉米、花生为主。工业以铸造、木板加工为主。郑云高速、省道郑常线过境。通多路公交车。

詹店镇［Zhāndiàn Zhèn］ 武陟县辖镇。在县境东南部。面积83平方千米。人口4.8万。辖27村委会，有25自然村。镇人民政府驻何营。1955年设马营乡。1958年因乡政府驻地迁移更名何营乡。后改公社。1983年改乡。1985年改詹店镇。因焦作东站原名詹店站而得名。黄河、人民胜利渠流经。有中学3所，小学10所，卫生院1个，卫生所51个。有省级文物保护单位何瑭墓祠。有省级非物质文化遗产武陟盘鼓。农业以种植小麦、玉米、水稻、花生、油菜为主，养殖猪、牛、鸡、羊、鹅。工业以饲料加工、粮食深加工、化工制药等为主。服务业以商贸为主。京广铁路、原焦高速、省道郑常线、山詹公路过境。

何营［Héyíng］ 詹店镇人民政府驻地。在县政府驻地木城街道东南19千米。人口5200。传明初军户建村称头铺营，后以人名改为王化营，清中期以何姓改何家营，后称何营。聚落呈团块状。有中小学、卫生院。有省级文物保护单位何瑭墓祠。农业以种植水稻、小麦、玉米为主。工业有面粉加工。服务业有商贸、餐饮。京广铁路、省道郑常线经此。

西陶镇［Xītáo Zhèn］ 武陟县辖镇。在县境西南部。面积37平方千米。人口5.3万。辖22村委会，有22自然村。镇人民政府驻西陶。1955年设西陶乡。1958年张武乡并入，改公社。1983年复改乡。1990年改镇。因镇政府驻地得名。沁河流经。有中学2所，小学17所，卫生院1个，卫生所44个，文化站1个。农业以种植小麦、玉米为主，养殖生猪。产山药、牛膝、地黄、菊花等。工业以食品加工、化工、造纸为主。服务业以商贸为主。省道获轵线过境。

西陶［Xītáo］ 西陶镇人民政府驻地。在县政府驻地木城街道西南17千米。人口7800。清康熙年间《武陟县志》载有东陶、西陶2村。

因陶姓建村，后分东、西2村，此处居西得名西陶。聚落呈团块状。有中小学、幼儿园、卫生院、卫生所、图书室等。农业以种植小麦、玉米为主。产山药、地黄、牛膝。工业以食品、玻璃加工为主。服务业有商贸、餐饮。县道陶沁线经此。

西滑封［Xīhuáfēng］ 在县政府驻地木城街道西南20千米。西陶镇辖自然村。人口1300。战国时为滑国封地，得名滑封。民国时分为东、西2村，此处居西得今名。聚落呈团块状。有中小学、卫生院、图书室、公园等。经济以村办集体经济为主，有食品加工、造纸、电缆制造、热电等。县道陶沁线经此。2005年被评为全国文明村。

谢旗营镇［Xièqíyíng Zhèn］ 武陟县辖镇。在县境东北部。面积58平方千米。人口6.4万。辖28村委会，有28自然村。镇人民政府驻谢旗营。1955年设谢旗营乡。1958年程封乡并入，改公社。1983年复乡。1996年改镇。因镇政府驻地得名。有中学1所，小学13所，卫生院1个，卫生所52个。农业以种植小麦、玉米、花生、蔬菜为主，养殖猪、牛、羊、鸡、鹌鹑。工业以塑料泡沫包装、玻璃加工、门业、食品加工等为主。服务业以商贸为主。有果品、建材、钢材等专业市场。郑焦城际铁路、郑云高速、省道获轵线过境。

谢旗营［Xièqíyíng］ 谢旗营镇人民政府驻地。在县政府驻地木城街道东北9千米。人口4500。北宋为太宁镇，传明洪武二年(1369)诬告村民谋反，谢姓将军带兵镇压，查明真相后安抚百姓，拔营而去，遂改名谢旗营。聚落呈团块状。有中小学、卫生院。农业以种植小麦、玉米为主，养殖猪、羊。服务业以商贸、餐饮为主。有果品批发市场。省道获轵线经此。

大封镇［Dàfēng Zhèn］ 武陟县辖镇。在县境西南部。面积84平方千米。人口8万。辖32村委会，有32自然村。镇人民政府驻大封。1955年设大封乡。1958年大司马乡并入，改公社。1983年改乡。1996年改镇。因镇政府驻地得名。黄河、济河、老蟒河、新蟒河流经。有中学3所，小学12所，卫生院1个，卫生所64个。有省级文物保护单位大司马遗址、赵庄遗址。有国家级非物质文化遗产二股弦。农业以种植小麦、玉米、花生为主。产山药、牛膝、地黄、菊花。工业以怀药加工为主。服务业以商贸为主。省道获轵线过境。

大封［Dàifēng］ 大封镇人民政府驻地。在县政府驻地木城街道西南21千米。人口5800。传因周武王伐纣途经此地大封功臣而得名。聚落呈团块状。有中小学、卫生院、图书室。农业以种植小麦、玉米为主。产地黄、山药、牛膝等。工业以怀药加工为主。服务业有商贸、餐饮。阳魁公路经此。

嘉应观乡［Jiāyīngguàn Xiāng］ 武陟县辖乡。在县境东南部。面积76平方千米。人口4.4万。辖15村委会，有18自然村。乡人民政府驻二铺营。1955年设二铺营乡。1958刘村乡并入，改公社。1983年复乡。1993年因全国重点文物保护单位嘉应观更今名。沁河流经。有中学2所，小学8所，卫生院1个，卫生所54个。有省级文物保护单位人利渠渠首。农业以种植小麦、玉米、花生、蔬菜等为主。有观光农业。服务业以商贸、旅游为主。郑焦城际铁路、郑云高速、省道郑常线过境。

二铺营［Èrpùyíng］ 嘉应观乡人民政府驻地。在县政府驻地木城街道东南10千米。人口7600。传明初军户在黄河渡口建村，何营称头铺营，此村称二铺营。聚落呈团块状。有中小学、卫生院。有黄河中下游分界点碑。农业以种植小麦、玉米、花生为主，养殖鹌鹑。有商贸、餐饮业。南刘公路经此。

乔庙乡［Qiáomiào Xiāng］ 武陟县辖乡。在县境东部。面积52平方千米。人口5.1万。辖28村委会，有29自然村。乡人民政府驻韩村。1955年设乔庙乡。1958年改公社。1983年复乡。因乡政府原驻地得名。明初乔大业等7户自山西洪洞迁此，依庙建村，故名。有中学2所，小学8所，卫生院1个，卫生所28个，文化站1个。有全国重点文物保护单位商村遗址，省级文物保护单位普济寺。农业以种植水稻、小麦、玉米、花生为主。工业以食品加工、制塑、铸造加工、节能材料制造为主。京广铁路、郑焦高速、省道郑常线过境。

韩村［Háncūn］ 乔庙乡人民政府驻地。在县政府驻地木城街道东北17千米。人口700。因韩姓得名。聚落呈团块状。有卫生室、健身广场。农业以种植小麦、玉米为主，养殖猪、羊。有餐饮业等。县道五老线经此。

圪垱店乡［Gēdàngdiàn Xiāng］ 武陟县辖乡。在县境东部。面积37平方千米。人口3.6万。辖18村委会，有22自然村。乡人民政府驻圪垱店。1955年设圪垱店乡。1958年改公社。1983年复乡。因乡政府驻地得名。有中学1所，小学7所，卫生院1个，卫生所43个。农业以种植小麦、玉米、水稻、花生、蔬菜为主，养殖猪、牛、羊、鸡。工业以皮毛加工、造纸、建材、木材加工为主。服务业以商贸为主。郑云、原焦高速，省道郑常线过境。

圪垱店［Gēdàngdiàn］ 圪垱店乡人民政府驻地。在县政府驻地木城街道东南10千米。人口1.1万。以汉族为主，还有回族等。传村民用秸秆搭铺开食宿店，秸秆俗称圪垱，故名。聚落呈团块状。有中小学、卫生院。农业以种植小麦、玉米、花生为主，养殖牛、羊。工业以纸业包装、皮毛加工为主。服务业以商贸、餐饮为主。原焦高速、省道郑常线经此。

三阳乡［Sānyáng Xiāng］ 武陟县辖乡。在县境西北部。面积75平方千米。人口4.8万。辖42村委会，有45自然村。乡人民政府驻三阳。1955年设三阳乡。1958年改公社。1983年复乡。2011年宁郭镇南部地域划人。因乡政府驻地得名。沁河、大狮涝河流经。有中学1所，小学4所，卫生院1个，卫生所37个，文化站1个。农业以种植小麦、玉米、花生为主，养殖肉牛、猪、羊、鸡。工业以食品加工、挂车制造、节能材料为主。服务业以汽车销售、仓储物流为主。原焦、长济高速，省道郑常、焦西线经此。

三阳［Sānyáng］ 三阳乡人民政府驻地。在县政府驻地木城街道西北11千米。人口6600。原名小高镇，1947年为纪念革命烈士刘三阳而更今名。聚落呈团块状。有中小学、卫生院等。农业以种植小麦、玉米、花生为主。工业以建材生产为主。服务业以汽车销售、餐饮为主。原焦高速、省道郑常线经此。

小董乡［Xiǎodǒng Xiāng］ 武陟县辖乡。在县境西北部。面积50平方千米。人口4.7万。辖20村委会，有23自然村。乡人民政府驻北王。1955年设小董乡。1958年改公社。1983年复设小董乡。因乡政府原驻地小董得名。传汉孝子董永居此，以董姓得名。沁河、勒马河、蒋沟河流经。有中学1所，小学17所，卫生院1个，卫生所20个，文化站1个，敬老院1个。有国家级非物质文化遗产董永传说，省级非物质文化遗产四股弦、陈氏正骨。农业以种植小麦、玉米、食用菌、西瓜为主，养殖长毛兔。工业以造纸、机械、建材、纺织、食品加工、医疗制剂为主。省道焦西线过境。

北王［Běiwáng］ 小董乡人民政府驻地。在县政府驻地木城街道西南18千米。人口5000。以姓氏得名王庄，后在北侧析分新庄，得名北王。聚落呈团块状。有小学、卫生室。农业以种植小麦、玉米、花生等为主。后北、高九公路经此。

大虹桥乡［Dàhóngqiáo Xiāng］ 武陟县辖乡。在县境中部偏西。面积76平方千米。人口5.1万。辖49村委会，有53自然村。乡人民政府驻大虹桥。1955年设大虹桥乡。1958年改公社。1983年复乡。2005年阳城乡并入。因乡政府驻地得名。沁河流经。有中学3所，小学4所，卫生院2个，卫生所51个，文化站1个，敬老院1个。有全国重点文物保护单位妙乐寺塔，省级文物保护单位山涛墓祠、岳家庙、怀城故城。农业以种植小麦、玉米、花生为主，养殖肉牛、猪、鹌鹑、獭兔。产山药、牛膝、地黄等。工业以制动器制造、碳素、食品加工为主。省道获轵、焦西线过境。

大虹桥［Dàhóngqiáo］ 大虹桥乡人民政府驻地。在县政府驻地木城街道西南13千米。人口3800。传沁河曾建石拱桥，形似彩虹，故名。聚落呈团块状。沁河流经。有中小学、幼儿园、卫生院、卫生所、图书室、水文站等。农业以种植小麦、玉米、花生为主。服务业以商贸、餐饮为主。省道焦西线，东张、阳魁公路经此。

北郭乡［Běiguō Xiāng］ 武陟县辖乡。在县境西南部。面积78平方千米。人口4.2万。辖30村委会，有36自然村。乡人民政府驻小司马。1955年设北郭乡。1958年改公社。1983年复乡。因乡政府原驻地得名。北郭处古“郇人城”(今上庄附近)之北，古时“城外为关，关外为郭”，故名。沁河、黄河、老蟒河流经。有中学1所，小学6所，卫生院1个，卫生所38个。有文化站、敬老院。有省级文物保护单位吉祥寺、隰城故城、崇宁寺罗汉殿。农业以种植小麦、玉米、花生为主，养殖奶牛、猪、牛。产山药、地黄、牛膝等。工业以有色金属加工、化工、食品饮料、中药材加工为主。省道获轵线过境。

小司马［Xiǎosīmǎ］ 北郭乡人民政府驻地。在县政府驻地木城街道西南10千米。人口1600。传司马懿曾扎兵营于此，聚落较小，故名。聚落呈团块状。有小学、卫生院、敬老院、文化活动中心。农业以种植小麦、玉米为主。产地黄、山药、牛膝等。服务业以商贸、餐饮为主。南益公路经此。

温　县

温县［Wēn Xiàn］ 焦作市辖县。北纬34°56′，东经113°04′。在市境南部。面积481平方千米。人口46.7万。辖7镇、3乡。县人民政府驻温泉镇。春秋晋置温县，治温城。北齐废。隋开皇十六年(596)复置，属怀州。大业十三年(617)县治迁李城(今温泉镇)。唐武德四年(621)改温县为李城县，属平州。八年(625)复名，隶怀州。显庆二年(657)属洛州。会昌三年(843)属孟州。金因之。元属怀庆路。明、清属怀庆府。1913—1932年属豫北道、河北道、河南省、第四行政督察区。1949年属平原省新乡专区。1952年属河南省新乡专区。1960年入沁阳县。1961年复置。1969年属新乡地区。1986年属焦作市。因有温泉得名。地处黄、沁河冲积平原。北部低洼，中部较高，南为滩地。平均海拔109.2米。年均气温14.6℃，1月平均气温0.2℃，7月平均气温27℃。年均降水量780.5毫米。黄河、新蟒河、老蟒河、蚰蜒河、荣涝河、济河、沁河、南水北调中线总干渠流经。有野生植物123种。有野生动物186种，其中有国家一级保护野生动物黑鹳、白鹳、大鸨、白头鹤、白鹤、丹顶鹤，二级保护动物大天鹅、小天鹅、鸳鸯、灰鹤、水獭等13种。森林覆盖率6%。有省级农业科研所。有中学18所，小学86所，三级医院1个，二级医院3个。有小麦博物馆、文化馆、图书馆。有全国重点文物保护单位慈胜寺、徐堡龙山文化古城遗址，省级文物保护单位遇仙观、王薛民居、司马故里旧址等10个。有国家级非物质文化遗产陈氏太极拳、“四大怀药”种植与炮制、虎舞、和氏太极拳，省级非物质文化遗产司马懿得胜鼓、怀梆、赵氏孤儿传说、黄河澄泥砚、李氏泥塑、武德镇抬鼓。有中国传统文化村、国家4A级旅游景区、太极拳发源地陈家沟，省传统文化村落北平皋、安乐寨、南张伦。三次产业比例10：72：18。农业以种植小麦、玉米为主。特产铁棍山药。工业以机械、建材、制鞋、制药等为主。服务业以商业、通信业等为主。焦桐高速，省道获轵、大练、温邵线过境。通多路公交车。

温县汽车客运站［Wēn Xiàn Qìchē Kèyùnzhàn］ 见交通运输设施部分“温县汽车客运站”条。

温泉镇［Wēnquán Zhèn］ 温县人民政府驻地。在县境中部偏南。面积71平方千米。人口9.4万。辖10居委会、19村委会，有35自然村。镇人民政府驻南大街。1956年设城关镇。1958年改公社。1983年复镇。1986年因古有温泉而更今名。荣涝河、蚰蜒河、老蟒河、新蟒河、黄河流经。有中学8所，小学11所，三级医院1个，二级医院3个，卫生院1个，卫生所29个。有省级文物保护单位西梁所遗址。农业以种植小麦、玉米为主。产铁棍山药、地黄、牛膝等。工业以农副产品加工、机械制造、制塑为主。服务业以商贸、旅游、通讯为主。省道获轵线过境。

子夏大街［Zǐxià Dàjiē］ 在县城东部。北起太极路，南至南环路。与振兴路、黄河路、太行路相交。长3.6千米，宽42米。沥青路面。1993年开工，同年建成。2010年改建。为纪念“孔门十哲”之一卜子夏得名。两侧有政府机关、子夏游园、酒店、餐馆、居住小区等。通多路公交车。

太行路［Tàiháng Lù］ 在县城中部偏北。西起司马大街，东至县道武孟线。与子夏大街、古温大街、人民大街、慈胜大街等相交。长3.6千米，宽42米。沥青路面。1992年开工，同年建成。2014年重修。取“南有黄河、北有太行”之意得名。两侧有政府机关、商店、广场等。通多路公交车。

南大街［Nándàjiē］ 温泉镇人民政府驻地。在镇境南部。人口3300。因道路南大街得名。聚落呈带状。有小学、卫生所、阅览室、健身广场。农业以种植小麦、玉米、山药、地黄为主。通公交车。

祥云镇［Xiángyún Zhèn］ 温县辖镇。在县境西南部。面积68平方千米。人口5.8万。辖33村委会，有40自然村。镇人民政府驻祥云镇（自然村）。1958年成立祥云镇公社。1983年改乡。1993年改祥云镇。因镇政府驻地得名。老蟒河、新蟒河、黄河流经。有省级农科所。有中学2所，小学11小学，卫生院1个，卫生所32个。有小麦博物馆。有张祥云烈士纪念地、大玉兰遗址、南贾遗址、南贾清凉寺等。农业以小麦、玉米种植为主。产铁棍山药、地黄、牛膝等。工业以橡胶、铝板材、制鞋、铸造等为主。省道获轵、谷黄线，县道温孟线过境。

祥云镇［Xiángyúnzhèn］ 祥云镇人民政府驻地。在县政府驻地温泉镇西南9千米。人口3600。1949年为纪念烈士张祥云命名。聚落呈带状。有中小学、卫生院。有张祥云烈士纪念地。农业以种植小麦、玉米为主。产铁棍山药、地黄、牛膝等。县道温孟线经此。

番田镇［Fāntián Zhèn］ 温县辖镇。在县境西部。面积63平方千米。人口5.3万。辖42村委会，有50自然村。镇人民政府驻番田。1958年成立番田公社。1983年改乡。1998年改镇。2005年杨垒镇并入。因镇政府驻地得名。猪龙河、蚰蜒河流经。有中学3所，小学12所，卫生院1个，卫生所42个。有全国重点文物保护单位慈胜寺，省级文物保护单位王薛民居。有蔡庄、东口、段村、王薛村等遗址。农业以种植小麦、玉米为主。产铁棍山药、地黄、牛膝等。工业以机械制造为主。省道获轵线过境。

番田［Fāntián］ 番田镇人民政府驻地。在县政府驻地温泉镇西北16千米。人口3600。传元时番人入侵，迫使战俘耕田，后战俘定居成村，取名番田。聚落呈团块状。有中小学、卫生院。农业以种植小麦、玉米为主。产铁棍山药、地黄等。

黄庄镇［Huángzhuāng Zhèn］ 温县辖镇。在县境西北部。面积67平方千米。人口6.2万。辖48村委会，有48自然村。镇人民政府驻黄庄。1958年成立黄庄公社。1983年改乡。1997年改镇。2005年林肇乡并入。因镇政府驻地得名。荣涝河、蚰蜒河、沁河流经。有中学2所，小学12所，卫生院1个，卫生所48个。有东韩村、林李庄、阳乡城等遗迹。农业以种植小麦、玉米为主。产铁棍山药、地黄、菊花等。工业以机械制造、制鞋等为主。温沁公路过境。

黄庄［Huángzhuāng］ 黄庄镇人民政府驻地。在县政府驻地温泉镇西北10千米。人口1700。因明初黄氏迁此得名。聚落呈团块状。有小学、卫生室、健身广场、图书室。农业以种植小麦、玉米为主。产铁棍山药、地黄、牛膝等。省道温邵、获轵线经此。

赵堡镇［Zhàobǎo Zhèn］ 温县辖镇。在县境东部。面积49平方千米。人口4.7万。辖22村委会，有25自然村。镇人民政府驻赵堡。1958年成立赵堡公社。1983年改乡。1994年改镇。因镇政府驻地得名。新蟒河、老蟒河、南水北调中线总干渠流经。有中学5所，小学9所，卫生院1个，卫生所22个。有省级文物保护单位北平皋遗址、陈家沟传统民居。有国家4A级旅游景区陈家沟。农业以种植小麦、玉米为主。产铁棍山药、地黄、菊花、牛膝等。工业以机械加工、印刷为主。服务业以旅游、餐饮为主。省道获轵线过境。

赵堡［Zhàobǎo］ 赵堡镇人民政府驻地。在县政府驻地温泉镇东北8千米。人口8400。因春秋时期晋国赵洁在此筑堡得名。南水北调中线总干渠流经。聚落呈团块状。有中小学、卫生院。农业以种植小麦、玉米为主。产铁棍山药、地黄、菊花。工业以机械加工、印刷等为主。县道温武线经此。

陈家沟［Chénjiāgōu］ 在县政府驻地温泉镇东8千米。赵堡镇辖自然村。人口3100。明洪武七年（1374）陈卜迁此，后以地势更名陈家沟，俗称陈沟。聚落呈团块状。南水北调中线总干渠流经。有小学、太极拳武术学校。为中国传统村落。有国家级非物质文化遗产陈氏太极拳。有国家4A级旅游景区陈家沟。有中华太极拳国际交流中心、中国太极拳博物馆、太极拳祖祠、陈氏祖林、杨露禅学拳处、陈照丕陵园、东大沟习武场等。经济以旅游业为主。

南张羌镇［Nánzhāngqiāng Zhèn］ 温县辖镇。在县境中东部。面积31平方千米。人口2.9万。辖15村委会，有19自然村。镇人民政府驻南张羌。1962年赵堡公社析设南张羌公社。1983年改乡。1999年改镇。因镇政府驻地得名。新蟒河、老蟒河、南水北调中线总干渠流经。有中学1所，小学7所，卫生院1个，卫生所17个。有省级文物保护单位陆庄遗址、陆庄汉墓群。有冉沟、徐沟、张圪垱等遗址。农业以种植小麦、玉米为主，养殖猪、羊。工业以铸造、制鞋等为主。省道获轵线过境。

南张羌［Nánzhāngqiāng］ 南张羌镇人民政府驻地。在县政府驻地温泉镇东4千米。人口2700。因西晋武官张羌葬于村北得名。聚落呈团块状。南水北调中线总干渠流经。有中小学、卫生院。农业以种植小麦、玉米为主。产铁棍山药、地黄、菊花等。省道获轵线、县道温武线经此。

武德镇［Wǔdé Zhèn］ 温县辖镇。在县境东北部。面积47平方千米。人口5.1万。辖27村委会，有30自然村。镇人民政府驻武德镇（自然村）。宋熙宁元年（1073）废武德县为武德镇，此为专名建制之始。1962年北冷公社析设武德镇公社。1983年改乡。2005年与徐堡镇合置武德镇。因镇政府驻地得名。济河、护城河、沁河流经。有中学2所，小学9所，卫生院1个，卫生所27个。有全国重点文物保护单位徐堡龙山文化古城遗址，省级文物保护单位州城遗迹、遇仙观。农业以种植小麦、玉米为主。工业以铸造、印刷等为主。省道大练线，县道陶沁、马武线过境。

武德镇［Wǔdézhèn］ 武德镇人民政府驻地。在县政府驻地温泉镇东北12千米。人口4900。因东魏天平元年（534）置武德郡而得名。聚落呈团块状。有中小学、卫生院。有省级文物保护单位州城遗迹。农业以种植小麦、玉米为主。产铁棍山药、地黄、牛膝。县道马武线经此。

岳村乡［Yuècūn Xiāng］ 温县辖乡。在县境中部偏南。面积26平方千米。人口2.5万。辖19村委会，有22自然村。乡人民政府驻五里远。1962年城关公社析设岳村公社。1983年改乡。2003年乡政府驻地迁至五里远。因乡政府原驻地得名。传明代前为岳姓居住，故称岳村。新蟒河、老蟒河、黄河流经。有小学5所，卫生院1个，卫生所17个。有省级文物保护单位关关碑、石奋墓。农业以种植小麦、玉米为主。产铁棍山药、地黄、牛膝。工业以农副产品加工、机械制造、制革、制鞋等为主。有建筑业。省道获轵、大练线，县道温孟线过境。

五里远［Wǔlǐyuǎn］ 岳村乡人民政府驻地。在县政府驻地温泉镇西南2千米。人口2300。元代前有大梨园5个，故称五梨园。清光绪三十一年（1905）因距县衙5里而改今名。聚落呈带状。有中小学、卫生所。有省级文物保护单位关关碑。农业以种植小麦、玉米为主。产铁棍山药、地黄、菊花、牛膝。省道大练线经此。

招贤乡［Zhāoxián Xiāng］ 温县辖乡。在县境西南部。面积35平方千米。人口2.4万。辖16村委会，有16自然村。乡人民政府驻西招贤。1955年设西招贤乡。1959年并入祥云镇公社。1962年析设招贤公社。1983年设乡。因乡政府驻地得名。猪龙河、新蟒河、老蟒河、黄河流经。有中学1所，小学7所，卫生院1个，卫生所16个。有省级文物保护单位温城遗址、司马故里旧址、安乐寨清代传统民居。有省级非物质文化遗产司马懿得胜鼓、黄河澄泥砚。农业以种植小麦、玉米为主。产铁棍山药、地黄、菊花、牛膝。工业以制鞋、建筑建材、机械制造为主。省道谷黄线、县道温孟线过境。

西招贤［Xīzhāoxián］ 招贤乡人民政府驻地。在县政府驻地温泉镇西南12千米。人口3700。三国时期曹操在此招得大贤司马懿，晋代司马家族在此设招贤馆，故名。聚落成团块状。有中小学、卫生院。农业以种植小麦、玉米为主。产铁棍山药、地黄、牛膝。省道谷黄线经此。

北冷乡 [Běilěng Xiāng] 温县辖乡。在县境东北部。面积21平方千米。人口2.4万。辖11村委会，有11自然村。乡人民政府驻北冷。1955年设北冷乡。1958年改公社。1983年复乡。因乡政府驻地得名。护城河、南水北调中线总干渠流经。有中学1所，小学4所，卫生院1个，卫生所11个。有国家级非物质文化遗产虎舞。农业以种植小麦、玉米为主。产铁棍山药、地黄、牛膝等。工业以化工、纺织、精密铸造、机械制造、农副产品加工等为主。省道大练线过境。

北冷 [Běilěng] 北冷乡人民政府驻地。在县政府驻地温泉镇北7千米。人口5300。东汉时期因处土岭之北而得名北岭，后谐音改为今名。聚落呈团块状。有中小学、卫生院、敬老院、健身广场。农业以种植小麦、玉米为主。产铁棍山药、地黄、牛膝等。省道大练线经此。

濮 阳 市

濮阳市 [Púyáng Shì] 河南省辖地级市。北纬35°20′—36°12′，东经114°52′—116°05′。在省境东北部。面积4188平方千米。户籍人口390万，常住人口360万。以汉族为主，还有回、满、壮等民族。辖华龙1区，清丰、南乐、范县、台前、濮阳5县。市人民政府驻华龙区。古称帝丘，濮阳之称始于战国，因在濮水之北得名。唐初为濮州，后改澶州。宋初为澶渊郡。大观元年(1107)升开德府。金为开州。明清因之。1949年为平原省濮阳专区。1952年属河南省。1954年撤濮阳专区，今濮阳、清丰、南乐3县并入安阳专区。1983年撤安阳地区及濮阳县，设濮阳市。1986年滑县、内黄县划属安阳市，长垣县划属新乡市。地处黄河冲积平原。平均海拔54米。年均气温13.3℃，1月平均气温−2℃，7月平均气温27℃。年均降水量572毫米。年均无霜期205天。黄河、金堤河、马颊河、卫河流经。有矿产资源石油、天然气、煤炭、盐、铁、铝等。有野生动物野兔、狐狸、獾、刺猬、猫头鹰、啄木鸟等54种。森林覆盖率23.5%。有省级工程技术研究中心13个。有高校1所，中学211所，小学1165所，三级医院3个，文化馆9个，图书馆7个。有中国乒乓球青少年训练基地等体育场馆8个。有杂技、戏剧、驯兽、武术、花船及高跷等艺术团体14个。有全国重点文物保护单位6个，省级文物保护单位38个。有国家4A级旅游风景区濮阳绿色庄园等2个。有全国爱国主义教育基地戚城遗址、清丰单拐革命旧址等3个，省级爱国主义教育基地刘邓大军渡黄河纪念馆等7个。有国家级非物质文化遗产柳子戏等8项，省级非物质文化遗产帝舜传说等34项。有中国传统村落单拐村，省传统村落东北庄等5个。为国家历史文化名城。三次产业比例13∶67∶20。农业以种植小麦、玉米、黄豆为主，有畜牧业。特产台前吴坝大蒜、清丰白灵菇。为国家商品粮生产基地之一。工业有电力、石油化工、造纸工业、装备制造、食品加工等产业。为煤化工、国家石油机械装备制造、羽绒及服饰加工基地。服务业以物流、旅游为主。有国家濮阳经济技术开发区。有铁路118.6千米，公路6468.8千米，高速168.5千米。京九、晋豫鲁铁路，大广、范辉、南林高速，106、240、341、342国道，省道郑吴、台孙、城南、卞张、吴黄线等过境。

濮阳 [Púyáng] 濮阳市聚落。在市境中部偏西。面积60平方千米。人口74万。以汉族为主，还有回、满、壮等民族。1983年随中原油田开发而兴。1984年始建主城区，相继开通胜利路、人民路、建设路等。2000年建道路170千米，桥梁24座，广场3个。2010年改造市场及背街小巷。2013年治理濮水河、新老马颊河等。至2014年年底建道路50余条，240千米。中部偏西为行政文化区，有戚城遗址、子路墓祠等古迹。中部偏东为商贸中心区、文教与油田服务片区。西北部为濮西开发区，有濮水公园、颐和广场、水秀国际大剧院、濮上园旅游度假区。东部为工业园区。北部为城乡一体化示范区。为国家石油化工、石油机械装备制造基地。有铁路、公路等。有濮阳火车站、长途汽车站。

中原路 [Zhōngyuán Lù] 在市境中部。东起106国道，西至濮鹤高速。与盘锦路、长庆路、马颊河路、金堤路、濮瑞路相交。长15千米，宽50米。沥青混凝土路面。1979年建设，后逐步改造。1987年因中原油田得名。2004年全线扩建、延伸，分为中原东路、中原中路、中原西路3段。两侧有华龙区政府、经开区管委会、中原油田勘探局、油田物探公司、设计院、测井公司、油田文化宫、油田图书馆、濮阳电视台、阳光大厦等。通多路公交车。

黄河路 [Huánghé Lù] 在市境中部。东起106国道，西至省道濮安线。与盘锦路、大庆路、马颊河路、昆吾路、濮瑞路相交。长18.2千米，宽50米。沥青碎石路面。1979年建设，后逐步改造。因黄河得名。2004年分为黄河东路、黄河中路、黄河西路3段。2014年全线扩建、延伸。两侧有市四中、市博物馆、市交通局、市地税局、市第二医院、职业技术学院等。通多路公交车。

胜利路 [Shènglì Lù] 在市境中部偏南。东起106国道，西至濮瑞路。与盘锦路、马颊河路、昆吾路、濮上路相交。长12.6千米，宽50米。沥青碎石路面。1984年建设，后多次扩建。因胜利油田得名。2004年分为胜利东路、胜利中路、胜利西路3段。2013年改造。两侧有华龙区二中、东方汽车站、市中医院、市公安局、市医院、濮水公园等。通多路公交车。

濮上路 [Púshàng Lù] 在市境中部偏西。南起铁丘路，北至卫都大街。与石化路、建设路、人民路、中原路、绿城路等相交。长8.4千米，宽40米。沥青碎石路面。1986年建设，后多次扩建。1987年命名为西环路。2004年因与濮阳相关的成语“桑间濮上”更今名，并分为濮上南路、濮上中路、濮上北路3段。2014年改造。两侧有大华宾馆、濮水公园、市迎宾馆、开发区检察院、市消防支队等。通多路公交车。

京开大道 [Jīngkāi Dàdào] 在市境中部。南起站前路，北至绿城路。与石化路、建设路、人民路、中原路、五一路等相交。长6.1千米，宽50米。沥青碎石路面。分南、中、北3段。原为106国道，1980年改为城区道路，后多次改造，2005年扩建。取北京及濮阳古称开州各一字得名。两侧有市红十字医院、戚城文物景区、购物广场、飞龙汽车站、长途汽车站、东方医院等。通多路公交车。

华 龙 区

华龙区 [Huálóng Qū] 濮阳市人民政府驻地。在市境中部偏西。面积360平方千米。人口67万。以汉族为主，还有回、蒙古等民族。辖13街道、2镇、2乡。区人民政府驻中原路街道。1985年析濮阳市郊区设市区。2002年因出土的蚌塑龙更今名，寓意龙图腾、龙文化起源地。以胜利路和京开大道交会处为中心，东为区政府、中原油田总部及濮东工业区，西为市直机关和中原化肥厂、中原乙烯工业区。2014年建人造山水龙山、西湖、东湖。地势西南高东北低。濮水河、马颊河、潴龙河等流经。有高校1所，中学20所，小学55所，幼儿园130所，三级医院3个，二级医院4个。有杂技博物馆、中原文化宫、图书馆等。有全国重点文物保护单位戚城遗址，省级文物保护单位铁丘遗址、孔悝城遗址、蒯聩台遗址。有国家4A级旅游景区濮阳绿色庄园、濮上园。有国家级非物质文化遗产东北庄杂技，省级非物质文化遗产二夹弦、陈氏通草浮雕、员氏古沉木雕刻。三次产业比例4∶41∶55。农业以种植业为主。有花卉基地。工业以石油化工为主。有濮东产业集聚区。服务业以商贸为主。晋豫鲁铁路，范辉、大广高速，日风、北广、南商、南濮公路等过境。有濮阳火车站、长途汽车站等。通多路公交车。

濮阳站 [Púyáng Zhàn] 见交通运输设施部分“濮阳站”条。

濮阳市长途汽车站 [Púyáng Shì Chángtú Qìchēzhàn] 见交通运输设施部分“濮阳市长途汽车站”条。

中原路街道 [Zhōngyuánlù Jiēdào] 华龙区人民政府驻地。在区境中部。面积7平方千米。人口5万。1987年设。因中原路得名。先后改造中原东路、五一路、马颊河路等，建设马颊河体育公园等。马颊河流经。有中学4所，小学1所，社区卫生服务中心1个。有濮阳广播电视台、东白仓三官庙、南里商娘娘庙、玄武庙等。有东白仓三官庙庙会。经济以商贸为主。通公交车。

胜利路街道 [Shènglìlù Jiēdào] 属华龙区。在区境中部偏南。面积18平方千米。人口5万。1987年设胜利东路街道。因胜利路得名。1997年更今名。先后改造胜利路、建设路、石化路、南海路等，建设南海花园、盟城等小区。有中学4所，小学4所，三级医院1个，社区卫生服务站及卫生所5个。有省级文物保护单位蒯聩台遗址。经济以商贸为主。有商厦、农贸市场。通公交车。

建设路街道 [Jiànshèlù Jiēdào] 属华龙区。在区境中部。面积7平方千米。人口4万。1987年设。因建设路得名。先后改造京开大道、建设中路、古城路等，建设锦绣花园、昆吾花园等小区，改造濮阳站、城中村等。有中学3所，小学3所，二级医院2个，卫生所及社区卫生服务站7个。有全国重点文物保护单位戚城遗址。有省级文物保护单位会盟台、子路坟、子路墓祠、蒯聩台遗址等。有国家4A级旅游景区戚城文物景区。经济以商贸、物流、房屋租赁为主。晋豫鲁铁路过境。有濮阳站。通公交车。

人民路街道［Rénmínlù Jiēdào］　属华龙区。在区境中部偏西。面积2平方千米。人口3万。1997年设。因人民路得名。先后改建人民路、建设路、振兴中路等，改造龙城广场等。有中学2所，小学3所，二级医院1个，社区卫生服务站8个，文化站1个，图书室5个。经济以商贸、房屋租赁为主。通公交车。

大庆路街道［Dàqìnglù Jiēdào］　属华龙区。在区境南部。面积6平方千米。人口3万。1997年设。因大庆路得名。先后改造胜利东路、黄河东路等，建设胜利新村、绿景新天地等小区。有中学4所，小学3所，社区卫生服务中心2个，卫生所及社区卫生服务站8个。有辛庙白玉寺庙会。农业以种植小麦、玉米为主。经济以机械加工、商贸为主。有东方汽车站。通公交车。

黄河路街道［Huánghélù Jiēdào］　属华龙区。在区境中部。面积5平方千米。人口4万。1997年设。因黄河路得名。先后改造黄河中路、中原中路、金堤中路、振兴中路等，建设颐和花园、军安等小区，改造城中村等。有中学4所，小学3所，三级医院1个，社区卫生服务站5个。有博物馆等。有西白仓奶奶庙会。经济以商贸、房屋租赁为主。有商贸市场。有市长途汽车站。

任丘路街道［Rénqiūlù Jiēdào］　属华龙区。在区境中部偏东。面积4平方千米。人口3万。1997年设。因任丘路得名。先后改造黄河东路、中原东路、五一东路等，建设世纪景园、玉兰花园等小区，改造新蕾公园、中原油田体育中心等。有勘探开发科学研究院、采油工程技术研究院、物探研究院、钻井工程技术研究院、勘察设计研究院。有中学6所，小学4所，社区卫生服务站3个。有文化宫、图书馆。有未名园、昆吾园、新蕾公园等。经济以商贸为主。为市商业中心之一。通公交车。

濮东街道［Púdōng Jiēdào］　属华龙区。在区境东部。面积13平方千米。人口4万。2013年设。因处市区东部得名。先后建设濮东龙湖广场、森林公园、实验中学、实验小学等。有中学4所，小学4所，卫生所及社区卫生服务站6个。有邓小平在李家楼革命纪念地、濮东森林公园。有宗氏杂技。农业以种植蔬菜为主，养殖猪、鸡。工业有石油深加工等。通公交车。

昆吾街道［Kūnwú Jiēdào］　属华龙区。在区境西南部。面积19平方千米。人口4万。2006年设。因濮阳古称昆吾国得名。先后改造昆吾路、胜利西路、石化西路等，建设紫东花园、梅园新村等小区，改造城中村等。濮水河流经。有国家级重点实验室1个，中学2所，小学2所，社区卫生服务中心2个，卫生所及社区卫生服务站7个。有中原绿色庄园、马庄古文化遗址、安庄党史碑亭、烈士碑亭等。农业以种植小麦、玉米为主，养殖猪。工业有乙烯加工、造纸、化工、生化等。经济以房产租赁、商贸为主。有国家级濮阳经济技术开发区。晋豫鲁铁路过境。通公交车。

长庆路街道［Chángqìnglù Jiēdào］　属华龙区。在区境中部。面积5平方千米。人口4万。2008年设。因长庆路得名。先后改造马颊河路、长庆中路、玉门路等。马颊河流经。有中学5所，小学2所，三级医院1个，社区卫生服务站2个。经济以商贸为主。为市特色商业区，有大型商城、商贸城、建材市场、家居博览中心等。通公交车。

皇甫街道［Huángfǔ Jiēdào］　属华龙区。在区境西部。面积20平方千米。人口3万。2006年设。因皇甫村得名。先后建设和改造黄河西路、中原西路、濮水路、濮阳职业技术学院、体育馆、濮阳气象科技馆等。有大学1所，幼师学校1所，中学3所，小学1所，二级医院1个，社区卫生服务中心1个。有国家4A级旅游景区濮上园。有景点结缘寺等。农业以种植小麦、玉米、蔬菜、鲜花为主。晋豫鲁铁路、大广高速、县道阳子线过境。通公交车。

开州街道［Kāizhōu Jiēdào］　属华龙区。在区境西北部。面积31平方千米。人口4万。2011年设。因濮阳古称开州而得名。先后建设和改造绿城路、卫都大街、城中村等。有中学3所，小学4所，社区卫生服务站17个。有图书馆、工人文化宫、铁佛寺、疙瘩犹立庙等。有景观东湖、西湖、龙山。农业以苗木种植为主。经济以房地产开发、商业、房屋租赁等为主。通公交车。

濮上街道［Púshàng Jiēdào］　属华龙区。在区境西部。面积26平方千米。人口5万。2014年设。因濮上路得名。有中学5所，小学6所，卫生所及社区卫生服务站19个。有市文化艺术中心、水秀龙珠馆、颐和广场、便民服务点等。经济以房屋租赁、商贸为主。有农贸市场、餐饮店、超市等。通公交车。

王助镇［Wángzhù Zhèn］　华龙区辖镇。在区境西南部。面积52.9平方千米。人口4万。辖36村委会，有37自然村。镇人民政府驻王助。1957年设王助乡。1958年改公社。1983年复乡。2011年改镇。因镇政府驻地得名。有中学3所，小学36所，幼儿园15所，卫生院1个，卫生室37个。有省级文物保护单位铁丘遗址。经济以特色农业为主，形成蔬菜、花卉、林果、畜牧四大支柱产业。工业以塑料化工、桐木板制品、农副产品加工为主。大广高速过境。

王助［Wángzhù］　王助镇人民政府驻地。在区政府驻地中原路街道西南14千米。人口3800。原名西八里，清中期有王子率军镇压白莲教，大屯集移此，因王子相助成集，更名王助集，后简化为今名。聚落呈团块状。有小学、卫生所。农业以种植蔬菜、花卉为主。工业有中原乙烯、纸业、煤化工等。大广高速、县道阳子线经此。通公交车。

岳村镇［Yuècūn Zhèn］　华龙区辖镇。在区境东部。面积37平方千米。人口4万。辖18村委会，有21自然村。镇人民政府驻岳村集。1957年设岳村乡。1958年改公社。1984年复乡。2014年改镇。因镇政府驻地得名。有中学2所，小学25所，幼儿园4所，卫生院1个，卫生室34个，文化站1个，文化活动室30个。有墩台遗址、明代门楼、石门额、光荣亭等。为中国杂技之乡。有东北庄杂技文化旅游园区、杂技博物馆。有国家级非物质文化遗产东北庄杂技。农业以种植苗木花卉、中药材、蔬菜为主。工业有建材、木材、农副产品加工等。有濮东产业集聚区。范辉高速、342国道、省道南商线过境。通多路公交车。

岳村集［Yuècūnjí］　岳村镇人民政府驻地。在区政府驻地中原路街道东北14千米。人口2900。传明初岳氏建村，名岳村。清后期筑围村寨，分寨里、寨外2村，寨里成集，名岳村集。聚落呈团块状。有中小学、幼儿园、卫生院。有岳村光荣亭。农业以种植小麦、玉米、蔬菜、苗木花卉为主，有畜牧养殖。342国道经此。通多路公交车。

孟轲乡［Mèngkē Xiāng］　华龙区辖乡。在区境北部。面积20平方千米。人口8万。辖4居委会、15村委会，有19自然村。乡人民政府驻孟轲集。1957年设孟轲乡。1958年改公社。1983年复乡。因乡政府驻地得名。有中学2所，小学2所，卫生院1个，村卫生室19个。有圆觉寺、田拐奶奶庙、魏氏宗祠等。有田拐奶奶庙会。农业以种植蔬菜为主，养殖猪、鸡。产苗木花卉、药材等。范辉高速，106、342国道，省道南商、南濮线过境。通多路公交车。

孟轲集［Mèngkējí］　孟轲乡人民政府驻地。在区政府驻地中原路街道东北4千米。人口3000。原为卫国干邑得名古干城。战国时期孟子曾讲学于此，著《孟子》七章。后为纪念孟子，以其姓名命名。后形成集市，名孟轲集。清代改名大贤店。1919年五四运动后复今名。聚落呈团块状。有中小学、卫生院、敬老院。有古会。农业以种植蔬菜为主。产苗木花卉、药材等。有集贸市场。范辉高速经此。通多路公交车。

胡村乡［Húcūn Xiāng］　华龙区辖乡。在区境西北部。面积42平方千米。人口3万。以汉族为主，还有蒙古、回等民族。辖21村委会，有25自然村。乡人民政府驻东王什。1957年设胡村乡。1958年改公社。1984年复乡。2005年清丰县王什乡并入。2011年析置开州街道，乡政府迁东王什。因乡政府原驻地得名。传明初为交通要道，设72家客店，因胡姓店既早且大，名胡村店。明末成集，又名胡村集，简称胡村。有中学1所，小学8所，幼儿园6所，卫生院1个，卫生室26个，文化站1个，文化活动室21个。有中华诸烈思念碑、佛圣寺等。农业以种植苗木花卉、中药材、蔬菜为主。工业以新材料、环保工业为主。大广、范辉高速过境。通多路公交车。

东王什［Dōngwángshí］　胡村乡人民政府驻地。在区政府驻地中原路街道西北7千米。人口4000。明代王氏迁此定居，称王氏，谐音称王什。后分东、西2村，此处居东，故名。聚落呈长方形。有小学、卫生院。有中共冀鲁豫边区党委诞生地。农业以食用菌、花卉种植等为主。县道阳子线、六豆公路经此。

清丰县

清丰县［Qīngfēng Xiàn］　濮阳市辖县。北纬35°53′，东经115°05′。在市境中部偏北。面积834平方千米。人口70万。以汉族为主，还有土家、蒙古、满、回等民族。辖5镇、12乡。县人民政府驻城关镇。唐大历七年(772)析顿丘、昌乐2县置清丰县。宋熙宁六年(1073)顿丘省入清丰县。大观三年(1109)属开德府。金皇统四年(1144)改属开州。明洪武七年(1374)属大名府。1912年属直隶省大名道。1928年属河北省第十四行政督察区。1952年属河南省濮阳专区。1954—1969年属安阳专区、新乡专区、安阳地区。1983年属濮阳市。因境内有隋孝子张清丰门阙而得名。大部地域属原顿丘县，故称古顿丘。属黄河冲积平原，地势西南高东北低。海拔44.2—53.5米。年均气温13.3℃，1月平均气温－2.3℃，7月平均气温26.9℃。年均降水量540毫米。卫河、马颊河、潴龙河流经。有矿产资源石油、天然气、矿井盐、煤等。有野生植物160余种。有野生动物鼠、野兔、狐狸、刺猬、猫头鹰、啄木鸟、蝙蝠等60余种。森林覆盖率25%。有中职3所，特殊教育学校，中学26所，小学128所，二级医院1个。有全国重点文物保护单位普照寺大雄宝殿、冀鲁豫边区革命根据地旧址。有张清丰孝子祠碑、唐槐、卫河县抗战烈士陵园、清丰抗战烈士祠等。有国家级非物质文化遗产麦秆画、柳子戏。有民俗文化舞龙、舞狮等。有中国传统村落单拐。三次产业比例22∶61∶17。农业以种植小麦、玉米、花生、辣椒、食用菌为主。工业以家居、食品、环保科技为主。服务业以商贸为主。有省级产业集聚区。南林、范辉高速，省道范林、范红、南商、南濮线，大广公路过境。通多路公交车。

晓月路［Xiǎoyuè Lù］ 在县城东南部。南起创业路，北至文化路。与安康路、江渎路、人民路相交。长3千米，宽30米。沥青路面。2011年开工，同年建成。因古时清丰八景之一“六塔晓月”得名。两侧有食品产业园、酒业公司等。通多路公交车。

清丰县汽车站［Qīngfēng Xiàn Qìchēzhàn］ 见交通运输设施部分“清丰县汽车站”条。

城关镇［Chéngguān Zhèn］ 清丰县人民政府驻地。在县境西南部。面积25平方千米。人口6.6万。辖25村委会，有47自然村。镇人民政府驻张仪庄。1944年设城关镇。1945年为一区。1954年设城关乡。1958年改公社。1984年复镇。明代修筑清丰县城，东西南北设四门，城门如关隘，故名。马颊河流经。有中学1所，小学7所，二级医院1个，卫生院1个，卫生室80个。有全国重点文物保护单位普照寺大雄宝殿，省级文物保护单位清丰县火车站旧址。有清丰县革命烈士陵园。农业以种植小麦、玉米、食用菌为主。工业有泡塑、食品加工、板业等。有商业广场、商业街等。106国道过境。

张仪庄［Zhāngyízhuāng］ 城关镇人民政府驻地。在镇境中部。人口1900。明末以武举人张仪命村名。1949年因村西有窑，称西窑上。村东新建街道，得名新街。后演变为西新街、西辛街。1958年2村合并，复称张仪庄。聚落呈长方形。有小学、县中医院。有清丰乐园、时代广场等。经济以商铺租赁为主。有集贸市场。省道范林线经此。通多路公交车。

马庄桥镇［Mǎzhuāngqiáo Zhèn］ 清丰县辖镇。在县境南部。面积15平方千米。人口3.7万。辖13村委会，有20自然村。镇人民政府驻金魏旧寨。1986年由王什、柳格、固城3乡析设马庄桥镇。2001年柳格乡部分地域划入。因马庄村西马颊河上有桥而得名。马颊河流经。有职业中专1所，初中2所，小学7所，卫生院2个，卫生室30个。农业以种植小麦、玉米为主。工业以石油开采、彩钢加工等为主。濮范高速、342国道、省道南濮线过境。

金魏旧寨［Jīnwèijiùzhài］ 马庄桥镇人民政府驻地。在县政府驻地城关镇南8千米。人口900。明永乐年间（1403—1424）建村，有金、魏2姓，村边有旧寨墙，故名。聚落呈条块状。有中专、中小学、卫生室。农业以种植小麦、玉米为主。县道马金线经此。通公交车。

瓦屋头镇［Wǎwūtóu Zhèn］ 清丰县辖镇。在县境东南部。面积58平方千米。人口5.8万。辖33村委会，有69自然村。镇人民政府驻瓦屋头。1957年设瓦屋头乡。1958年改公社。1984年复乡。1996年改镇。因镇政府驻地得名。有初中2所，小学22所，幼儿园2所，卫生院1个，卫生室38个。农业以种植小麦、玉米为主。工业以石油、天然气开采为主。范辉高速、省道南商线过境。

瓦屋头［Wǎwūtóu］ 瓦屋头镇人民政府驻地。在县政府驻地城关镇东南19千米。人口500。明洪武年间山西移民迁此定居，居东者多平房，居西者多瓦房，自东向西远望只见一片“瓦屋头”，由此得名。聚落呈长方形。有中小学、幼儿园、卫生院。农业以种植小麦、玉米为主。西双公路经此。

柳格镇［Liǔgé Zhèn］ 清丰县辖镇。在县境南部。面积43平方千米。人口4.2万。辖29村委会，有49自然村。镇人民政府驻柳格集。1956年设柳格乡。1958年改公社。1984年复乡。2001年部分地域划出。2011年改镇。因镇政府驻地得名。潴龙河流经。有初中1所，小学22所，幼儿园18所，卫生院1个，卫生室50个。农业以种植小麦、玉米、蔬菜为主。工业有家具制造、铁器锻造、木器加工等。范辉高速、106国道过境。

柳格集［Liǔgéjí］ 柳格镇人民政府驻地。在县政府驻地城关镇东南6千米。人口1400。明洪武二十一年（1388）孙、程、张、林、牛、郝等姓自山西洪洞迁此，柳树成林，格地成方，取名柳格，后兴集市，故名。聚落呈团块状。有中小学、卫生院、敬老院。农业以种植小麦、玉米为主。双古公路经此。

仙庄镇［Xiānzhuāng Zhèn］ 清丰县辖镇。在县境东北部。面积68平方千米。人口4.9万。辖38村委会，有70自然村。镇人民政府驻仙庄。1955年设仙庄乡。1958年改公社。1984年改乡。2011年改镇。因镇政府驻地得名。有初中2所，小学23所，幼儿园13所，卫生院2个，诊所90个。农业以种植小麦、玉米、辣椒等为主。工业有辣椒酱加工、家具生产、服饰加工等。有草编传统手工业。有商贸、物流业。有名吃薛氏驴肉。为豫鲁2省交界处物资集散地。省道范林、南濮线过境。

仙庄［Xiānzhuāng］ 仙庄镇人民政府驻地。在县政府驻地城关镇东北20千米。人口6000。传张果老曾在此修炼得道，取名仙庄。后因此地草编制品驰名国内外，又称草帽仙庄。聚落呈方块状。有中小学、幼儿园、卫生院、敬老院。农业以种植小麦、玉米为主。有草编传统手工业。省道葛嘴、卞张线经此。

六塔乡［Liùtǎ Xiāng］ 清丰县辖乡。在县境东南部。面积51平方千米。人口3.7万。辖33村委会，有64自然村。乡人民政府驻六塔集。1953年设六塔乡。1958年改公社。1984年复乡。因乡政府驻地得名。有初中1所，小学13所，幼儿园18所，卫生院1个，卫生所65个。农业以种植小麦、玉米、山药、辣椒、蔬菜等为主。工业以清洁能源、食品加工、机械制造为主。范辉高速、省道范林线过境。

六塔集［Liùtǎjí］ 六塔乡人民政府驻地。在县政府驻地城关镇东南19千米。人口3000。原名顺志村。传有寺院，院内有塔，塔前有池，每逢中秋，映出5个塔影，加之塔本身，共6塔，后兴集市，故名。聚落呈团块状。有中心小学、卫生院、敬老院。农业以种植小麦、玉米为主。省道范林线经此。

巩营乡［Gǒngyíng Xiāng］ 清丰县辖乡。在县境东北部。面积49平方千米。人口3.8万。辖33村委会，有45自然村。乡人民政府驻巩营。1956年设巩营乡。1958年并入仙庄公社。1962年析设巩营公社。1984年改乡。因乡政府驻地得名。潴龙河流经。有初中2所，小学14所，幼儿园9所，卫生院1个，诊所35个。有刘镜西故居。农业以种植小麦、玉米、花生、山药、蔬菜、食用菌等为主。工业以机械制造为主。省道南商线过境。

巩营［Gǒngyíng］ 巩营乡人民政府驻地。在县政府驻地城关镇东北27千米。人口1400。明洪武年间（1368—1398）巩氏自山西洪洞迁此，取名巩家营，后简化为今名。聚落呈团块状。有小学、卫生院、敬老院等。农业以种植小麦、玉米、花生、大豆为主。省道南商线经此。

马村乡［Mǎcūn Xiāng］ 清丰县辖乡。在县境东北部。面积58平方千米。人口4.7万。辖38行政村，有63自然村。乡人民政府驻马村。1955年设马村乡。1958年改公社。1984年复乡。因乡政府驻地得名。有初中1所，小学19所，卫生院1个，卫生室38个。有葛川墓、刘聚墓、明义勇公祠堂。有柳子戏和二夹弦剧团。农业以种植小麦、玉米、花生、山药、蔬菜等为主。工业有家具制造、机械加工、美术工艺、建材等。省道范林线过境。

马村［Mǎcūn］ 马村乡人民政府驻地。在县政府驻地城关镇东北15千米。人口1000。原名马村堡，清兴集市称马村集，后简化为今名。聚落呈团块状。有中小学、幼儿园、卫生院。有民间艺术团。农业以种植小麦、玉米为主。省道葛嘴线经此。

高堡乡［Gāopù Xiāng］ 清丰县辖乡。在县境北部。面积50平方千米。人口4万。辖30村委会，有40自然村。乡人民政府驻高堡。1962年马村公社析设高堡公社。1984年改乡。因乡政府驻地得名。潴龙河流经。有初中2所，小学16所，卫生院1个，卫生室44个。有崔珏墓、李元升家族墓等。农业以种植小麦、玉米、西瓜为主。工业有食品加工、化工等。有现代农业示范园、生态园，食用菌生产基地。106国道过境。

高堡［Gāopù］ 高堡乡人民政府驻地。在县政府驻地城关镇北11千米。人口1700。明初高姓自山西洪洞迁此，名高家堡，后简化为今名。聚落呈团块状。有中小学、卫生院。农业以种植小麦、玉米为主。106国道经此。

古城乡［Gǔchéng Xiāng］ 清丰县辖乡。在县境西北部。面积49平方千米。人口3.9万。辖25村委会，有33自然村。乡人民政府驻古城集。1955年设古城乡。1957年吴家村、佛店2乡并入。1958年改公社。1984年改乡。因乡政府驻地得名。马颊河流经。有初中1所，小学12所，卫生院1个，卫生室37个。有阴安城遗址、中共直南特委旧址、齐家村烈士墓地等。农业以种植小麦、玉米为主。产红薯、山药、生姜等。大广高速、省道范红线过境。

古城集［Gǔchéngjí］ 古城乡人民政府驻地。在县政府驻地城关镇西北8千米。人口3700。曾为汉阴安、唐清丰县治，明洪武二十一年（1388）山西洪洞移民迁此，取名古城。后为集市，改今名。聚落呈带状。有中小学、幼儿园、卫生院。有中共直南特委旧址。农业以种植玉米、小麦为主。大广高速、省道范红线经此。

大流乡［Dàliú Xiāng］ 清丰县辖乡。在县境西北部。面积45平方千米。人口3.2万。辖31村委会，有31自然村。乡人民政府驻北岳庄。1955年设大流乡。1958年改公社。1984年复乡。处马颊河东岸，以河水流势取名大流。潴龙河、马颊河流经。有初中1所，小学7所，幼儿园5所，卫生院1个，卫生室31个。有青石磙革命烈士纪念碑。农业以种植小麦、玉米、蔬菜为主，养殖生猪、乌鸡。工业以面粉、食品加工为主。大广、南林高速，省道南濮线过境。

北岳庄［Běiyuèzhuāng］ 大流乡人民政府驻地。在县政府驻地城关镇北12千米。人口1100。明永乐年间有大岳庄岳氏在村北建新村，取名北岳庄。聚落呈带状。有中学、卫生院。农业以种植小麦、玉米为主。省道南濮线经此。

韩村乡［Háncūn Xiāng］ 清丰县辖乡。在县境西南部。面积50平方千米。人口4万。辖34村委会，有46自然村。乡人民政府驻勾韩村。1955年设韩村乡。1958年与大屯乡合设韩村公社。1962年大屯公社析出。1984年改乡。因乡政府原驻地韩村集得名。黄河故道流经。有小学10所，卫生院1个，卫生室42个。有焦夫墓地。有民间文艺秧歌、高跷、大笛、旱船、舞龙、舞狮等。农业以种植小麦、玉米、蔬菜等为主。工业有风电、光伏发电等。大广高速、省道范林线、县道阳子线过境。

勾韩村［Gōuháncūn］　韩村乡人民政府驻地。在县政府驻地城关镇西9千米。人口1500。明洪武年间(1368—1398)韩姓自天津迁此,渐为村落,取名韩村。后勾姓自山西洪洞迁于附近,改今名。聚落呈团块状。有小学、卫生所。农业以种植小麦、玉米为主。省道范林线经此。

大屯乡［Dàtún Xiāng］　清丰县辖乡。在县境西部。面积45平方千米。人口3.9万。辖22村委会,有32自然村。乡人民政府驻大屯集。1956年设大屯乡。1957年刘庄乡并入。1958年划入古城、韩村2公社。1962年析设大屯公社。1984年设乡。因乡政府驻地得名。马颊河流经。有初中2所,小学10所,卫生院1个,诊所56个。有省级文物保护单位卫河县抗战烈士陵园。农业以种植小麦、玉米为主,养殖蛋鸡。产花生、西瓜等。工业以钢管加工、农副产品加工、家具生产为主。大广高速,县道阳子线过境。

大屯集［Dàtúnjí］　大屯乡人民政府驻地。在县政府驻地城关镇东8千米。人口4600。明洪武年间(1368—1398)山西屯留县迁民于此,沿用原迁处"屯里"名,后居者增多称大屯,又兴集市,改今名。聚落呈团块状。有中小学、卫生院、敬老院等。有省级文物保护单位卫河县抗战烈士陵园等。农业以种植小麦、玉米为主。县道刘裴线经此。

固城乡［Gùchéng Xiāng］　清丰县辖乡。在县境西南部。面积50平方千米。人口3.6万。辖24村委会,有32自然村。乡人民政府驻固城。1957年设固城乡。1958年改公社。1984年复乡。因乡政府驻地得名。马颊河流经。有初中1所,小学15所,卫生院1个,卫生室56个。有子路墓。有锣鼓、秧歌、舞龙、舞狮、高跷、戏曲等文艺团体6个。农业以种植小麦、玉米、蔬菜为主。工业有光伏发电、风电、壁画加工等。服务业有商业、物流等。大广高速、县道阳子线过境。

固城［Gùchéng］　固城乡人民政府驻地。在县政府驻地城关镇西南6千米。人口5000。古顿丘地,春秋晋筑顿丘城,战国置顿丘县,后晋置顿丘郡,城废后称故城,后演变为固城。聚落呈长方形。有中小学、卫生院。农业以种植玉米、小麦为主。县道阳子线经此。

双庙乡［Shuāngmiào Xiāng］　清丰县辖乡。在县境南部。面积47平方千米。人口3.8万。辖29村委会,有35自然村。乡人民政府驻双庙村。1956年设双庙乡。1957年沙河乡并入。1958年并入柳格公社。1962年析设双庙公社。1984年改乡。因乡政府驻地得名。潴龙河流经。有初中2所,小学6所,幼儿园12所,卫生院1个,卫生室61个。有全国重点文物保护单位冀鲁豫边区革命根据地旧址。农业以种植小麦、玉米、蔬菜等为主。有葡萄、苗木基地等。工业以铸造、建材、木器加工为主。范辉高速、县道固双线过境。

双庙村［Shuāngmiàocūn］　双庙乡人民政府驻地。在县政府驻地城关镇东南12千米。人口2300。明初有玉皇、关帝2庙,隔路相望,商贾聚此兴集。明洪武年间(1368—1398)山西洪洞迁民于此,取名双庙。聚落呈团块状。有中小学、卫生院。农业以种植小麦、玉米为主。县道固双线经此。

单拐［Shànguǎi］　在县政府驻地城关镇东15千米。双庙乡辖自然村。人口1200。明洪武年间(1368—1398)单姓自山西洪洞迁此,处寨墙拐弯处,故名。聚落呈团块状。有小学。有全国重点文物保护单位冀鲁豫边区革命根据地旧址,含冀鲁豫军区司令部旧址、冀鲁豫军区第一兵工厂旧址、冀鲁豫军区纪念馆等。为全国爱国主义教育基地、国家3A级旅游风景区。有"中原红都"之称。经济以旅游、餐饮为主。农业以种植小麦、玉米为主。

纸房乡［Zhǐfáng Xiāng］　清丰县辖乡。在县境中部。面积57平方千米。人口4.8万。辖35村委会,有42自然村。乡人民政府驻纸房街。1953年设纸房乡。1958年设纸房公社。1984年改乡。因乡政府驻地得名。潴龙河流经。有初中1所,小学23所,幼儿园13所,卫生院2个,卫生室43个。有南霁云墓、清丰抗战烈士祠等。有杂技表演团和斗羊比赛。农业以种植小麦、玉米、蔬菜等为主。有林业基地。县道双马线过境。

纸房街［Zhǐfángjiē］　纸房乡人民政府驻地。在县政府驻地城关镇东11千米。人口3700。明成化年间(1465—1487)李氏自山西洪洞迁此,以造纸为生,取名纸房。后因建寺院改名临河寺。再后李姓为纪念先祖改今名。聚落呈团块状。有中小学、卫生院。农业以种植小麦、玉米为主。县道双马线经此。

阳邵乡［Yángshào Xiāng］　清丰县辖乡。在县境西北部。面积65平方千米。人口5.4万。辖32村委会,有28自然村。乡人民政府驻阳邵集。1956年设卫河乡。1957年改阳邵乡。1958年改公社。1984年复乡。因乡政府驻地得名。加五支河、硝河流经。有初中2所,小学23所,幼儿园23所,卫生院1个,卫生室120个,文化站1个。为省级文化艺术之乡。有晁迥及其子晁宗悫墓地及墓碑,唐"顿丘花红"发源地遗址。有高跷、秧歌、锣鼓队等文艺团体。农业以种植小麦、玉米为主。产花生、西瓜等。有农业园区7个。工业以塑钢、管材加工等为主。南林高速、省道范红线、县道阳子线过境。

阳邵集［Yángshàojí］　阳邵乡人民政府驻地。在县政府驻地城关镇西北20千米。人口4300。明永乐年间(1403—1424)山西洪洞迁民于此,处黄河故道北。水北为阳,德高为劭,邵同劭。邵为邑部,宜作地名,故名阳邵。后渐成集市,更今名。聚落呈带状。有中小学、卫生院。农业以种植玉米、小麦为主。

南乐县

南乐县［Nánlè Xiàn］　濮阳市辖县。北纬36°04′,东经115°12′。在市境北部。面积629平方千米。人口53.4万。以汉族为主,还有回、满等民族。辖6镇、6乡。县人民政府驻城关镇。晋置昌乐县。五代梁讳昌,以县治居旧治南改南乐县,属广晋府。宋元丰四年(1081)筑新城于今城关镇,属河北东路大名府,后改属开德府。金至清属大名府。1928年归河北省大名道。1949年属平原省濮阳专区。1952年属河南省。1954年属安阳专区。1958年属新乡专区。1961年复属安阳专区。1969年属安阳地区。1983年属濮阳市。为黄卫洪积冲积平原。海拔42—50米。年均气温13.4℃,1月平均气温−2.3℃,7月平均气温27℃。年均降水量604.1毫米。卫河、马颊河、徒骇河等流经。森林覆盖率29.6%。有特殊教育学校,中职2所,中学22所,小学187所,二级医院1个。有图书馆、档案馆、博物馆、文化馆、体育场。有艺术表演团队。有省级文物保护单位仓颉陵遗址、南乐文庙。有红色旅游景点佛善村支部纪念地、"武联防"纪念地、县烈士陵园。有马颊河国家湿地公园。有国家级非物质文化遗产南乐目连戏,省级非物质文化遗产五花营狮子舞、付庄罗卷戏、张胡庄坠剧、蔡村木偶戏、西街龙舞、百尺四股弦、南杨村落腔、东寺庄游艺与竞技杨家枪、史官村仓颉庙会。三次产业比例20∶56∶24。农业以种植小麦、玉米为主,养殖牛、猪、羊、鸡、鸭。产红薯、花生。有国家地理标志保护产品西邵红杏。有土特产粉条、粉面、粉皮、莲藕等。工业以化工、制造、建材、纺织、服装、食品、酿造等产业为主。为国家生物基材料产业示范基地、空气炮生产基地。服务业以商贸、物流为主。大广、南林高速,省道南商、南濮、南杞线等过境。通多路公交车。

南乐县汽车站［Nánlè Xiàn Qìchēzhàn］　见交通运输设施部分"南乐县汽车站"条。

城关镇［Chéngguān Zhèn］　南乐县人民政府驻地。在县境中部。面积31平方千米。人口5.5万。以汉族为主,还有回族等。辖5居委会、16村委会,有18自然村。镇人民政府驻北街。1955年设城关镇。后改公社。1983年复镇。因处县城得名。有马颊河国家湿地公园。有中学4所,小学3所,幼儿园10所,二级医院1个,卫生院1个,卫生室40个。有敬老院、文化站等。有省级文物保护单位南乐文庙。有古迹城隍庙、关帝庙、古槐等。有省级非物质文化遗产西街龙舞。农业以种植小麦、玉米、瓜果、蔬菜为主。工业以食品加工、草编、棉纺、化工、酿酒等为主。有汽车修配业。有农贸市场。106、341国道过境。通多路公交车。

兴华路［Xīnghuá Lù］　在县城中部。东起光明路,西至一行路。与卫河街、繁水街、昌乐南北街、开元路、朝阳街相交。长1.5千米,宽40米。沥青路面。原为省道安济线,1990年改建为城区道路,称兴华路。1998年拓宽。取"振兴中华"之意命名。两侧有购物新天地、商业步行街、县医院、水利局等。通公交车。

开元路［Kāiyuán Lù］　在县城西部。南起南环路,北至傅潭路。与人民路、木伦河路、昌州路、帅亭街、育才路相交。长3.8千米,宽50米。沥青路面。1994年开工,1996年建成。2009年取开元盛世之意命今名。两侧有粮食局、实验二小、国税局、农行、新华书店、县供销社、人民广场、职业中专等。通公交车。

光明路［Guāngmíng Lù］　在县城中部。南起南环路,北至北环路。与人民路、昌州路、兴华路、仓颉路、傅潭路相交。长4.7千米,宽40米。沥青路面。1972年建设。1986、2003年拓宽改造。两侧有县委、县政府等。通公交车。

北街［Běijiē］　城关镇人民政府驻地。在镇境中部。人口1400。处县城十字街中心以北,故名。聚落呈团块状。有小学、幼儿园、卫生室、文化大院等。农业以种植小麦、玉米、蔬菜为主。工业以粮食加工、酿酒为主。服务业有商品零售、餐饮住宿等。通多路公交车。

韩张镇［Hánzhāng Zhèn］　南乐县辖镇。在县境东部。面积41平方千米。人口3.5万。辖27村委会,有28自然村。镇人民政府驻韩张。1956年设韩张乡。1958年改公社。1984年复乡。1986年改镇。因镇政府驻地得名。有中学1所,小学10所,幼儿园9所,卫生院1个,卫生室27个。有文化站、敬老院等。有省级非物质文化遗产付庄罗卷戏。农业以种植小麦、玉米、花生、蔬菜为主。工业有机械、化工、面粉、工艺、木器等加工。有传统草编手工艺。南林高速、341国道、省道南商线过境。

韩张［Hánzhāng］　韩张镇人民政府驻地。在县政府驻地城关镇东13千米。人口6400。春秋称朝城,唐开元中于此置朝城县。宋移治社婆镇,故城入南乐。传辽将南京(今北京)留守韩昌葬此,故称韩昌。后因村中韩姓多,称韩家镇。元末明初迁来望族张姓,遂改韩张店,衍为韩张。聚落呈团块状。有中小学、幼儿园、卫生室、文化活动中心等。农业以种植小麦、玉米、蔬菜为主。工业有化工、铸造、机械加工等。有传统草编手工艺。341国道经此。

元村镇［Yuáncūn Zhèn］ 南乐县辖镇。在县境西部。面积60平方千米。人口5.3万。辖18村委会，有18自然村。镇人民政府驻元村。1956年设元村乡。1958年改公社。1984年复乡。1986年改镇。因镇政府驻地得名。有中学1所，小学15所，幼儿园11所，卫生院1个，卫生室18个。有文化站、敬老院等。农业以种植小麦、玉米、蔬菜为主。工业以农机、压力容器制造、制衣、工艺品制作、面粉加工等为主。为省无公害蔬菜标准化基地之一。为国家压力容器生产基地。341国道、省道南杞线过境。

元村［Yuáncūn］ 元村镇人民政府驻地。在县政府驻地城关镇西13千米。人口8800。始为鲜卑族拓跋氏聚居地。北魏孝文帝改革，改汉姓元氏，遂称元村。聚落呈团块状。有中小学、幼儿园、卫生室、文化活动中心等。农业以种植小麦、玉米、蔬菜等为主。工业以压力容器制造、制衣为主。有名吃豆腐干。341国道、省道南杞线经此。

福堪镇［Fúkān Zhèn］ 南乐县辖镇。在县境东北部。面积67平方千米。人口5万。辖41村委会，有77自然村。镇人民政府驻福堪。1956年设福堪乡。1958年改公社。1984年复乡。2011年改镇。因镇政府驻地得名。徒骇河、马颊河、八里月牙河流经。有中学1所，小学21所，幼儿园14所，卫生院1个，卫生室41个。有文化站、敬老院。有赫胥陵东汉墓群等。农业以种植玉米、小麦、蔬菜等为主。有机械、板材、饲料、食品、面粉、制管、纺线等加工业。省道卞张线过境。

福堪［Fúkān］ 福堪镇人民政府驻地。在县政府驻地城关镇东北20千米。人口1700。传明代为韩家庄，因村南有水井，水旺质佳，饮可消病，堪称福地，遂更今名。聚落呈团块状。有中小学、卫生室、文化中心、健身广场等。农业以种植小麦、玉米、蔬菜为主。有食品、饲料、服装等加工业。有特色美食福堪烧鸡。有集贸市场。省道南商线经此。

张果屯镇［Zhāngguǒtún Zhèn］ 南乐县辖镇。在县境东南部。面积55平方千米。人口4.3万。辖30村委会，有31自然村。镇人民政府驻张果屯。1956年设张果屯乡。1958年改公社。1984年复乡。2013年改镇。因镇政府驻地得名。有中学1所，小学13所，幼儿园18所，卫生院1个，卫生室29个。有文化站、敬老院。有资圣寺（哑驴寺）、凉书台遗址等。农业以种植小麦、玉米、红薯、蔬菜为主。工业有食品加工、机械制造、生物科技、制衣、肥料生产等。南林高速、省道卞张线过境。

张果屯［Zhāngguǒtún］ 张果屯镇人民政府驻地。在县政府驻地城关镇东南12千米。人口4400。明初张姓为大族，族首张果善行义举，德高望重，去世后为褒其德，取村名为张果屯。聚落呈团块状。有中小学、卫生室、文化大院等。农业以种植小麦、玉米、蔬菜为主。工业有食品、油脂等加工。产粉面、粉条、粉皮。

千口镇［Qiānkǒu Zhèn］ 南乐县辖镇。在县境东部。面积61平方千米。人口4.7万。辖36村委会，有42自然村。镇人民政府驻千口。1956年设千口乡。1958年改公社。1984年复乡。2013年改镇。因镇政府驻地得名。有中学1所，小学16所，幼儿园20所，卫生院1个，卫生室36个。有文化站、敬老院。有梁天奇墓、千口古槐。有武装联防区遗址、冀鲁豫建国学院旧址等。农业以种植小麦、玉米、蔬菜为主。工业有木器加工、食品加工、饲料加工、棉纺、铸造等。有农贸市场。南林高速、341国道、省道南商线过境。

千口［Qiānkǒu］ 千口镇人民政府驻地。在县政府驻地城关镇东17千米。人口5400。古为大村，以有百姓千口而得名。聚落呈团块状。有中小学、卫生室、文化中心、便民服务点等。有树龄1500年的古槐。有化工、饲料加工等。有农贸市场，定期有集。341国道经此。

杨村乡［Yángcūn Xiāng］ 南乐县辖乡。在县境南部。面积54平方千米。人口3.5万。辖37村委会，有49自然村。乡人民政府驻杨村。1956年设吴村乡。1958年更名杨村乡，旋改公社。1984年改乡。因乡政府驻地得名。潴龙河流经。有中学1所，小学13所，幼儿园2所，卫生院1个，卫生室39个。有文化站、敬老院。有石磄墓、李从心墓、黄庄迁民碑等。有省级非物质文化遗产张胡庄坠剧。农业以种植小麦、玉米、蔬菜为主。工业有机械、洗涤制品、兽药加工、纺织等。南林高速、106国道过境。

杨村［Yángcūn］ 杨村乡人民政府驻地。在县政府驻地城关镇南8千米。人口1700。明永乐年间（1403—1424）杨姓自山西洪洞迁此，因姓氏得名。聚落呈团块状。有小学、卫生室、文化活动中心、健身广场等。农业以种植小麦、玉米、蔬菜为主。有棉纺、服装加工业等。有农贸市场。

谷金楼乡［Gǔjīnlóu Xiāng］ 南乐县辖乡。在县境北部。面积49平方千米。人口4.1万。辖25村委会，有31自然村。乡人民政府驻谷金楼集。1956年设谷金楼乡。1958年改公社。1984年复乡。因乡政府驻地得名。马颊河流经。有中学1所，小学16所，幼儿园5所，卫生院1个，卫生室34个。有文化站、敬老院等。有省级非物质文化遗产南杨村落腔。农业以种植小麦、玉米、花生为主。为省优质苹果基地。工业有面粉加工、建材加工、制衣、酿造等。106、341国道过境。

谷金楼集［Gǔjīnlóují］ 谷金楼乡人民政府驻地。在县政府驻地城关镇东北6千米。人口1700。传明代谷姓自谷家楼迁此，名谷家楼，因家、金谐音，演变为谷金楼。后渐成集市，故名。聚落呈团块状。有中小学、幼儿园、卫生室、文化活动中心、便民服务点等。特产苹果。工业有纸箱制作、制衣、建材等。有农贸市场。谷吴公路经此。

西邵乡［Xīshào Xiāng］ 南乐县辖乡。在县境北部。面积47平方千米。人口4.1万。辖27村委会，有34自然村。乡人民政府驻西邵集。1956年设西邵乡。1958年改公社。1984年复乡。因乡政府驻地得名。有中学1所，小学12所，幼儿园12所，卫生院1个，卫生室27个。有文化站、敬老院等。有省级非物质文化遗产五花营狮子舞。农业以种植小麦、玉米、蔬菜为主。为节水莲藕生产基地。有国家地理标志保护产品西邵红杏。工业有建筑建材、制衣、面粉及油料加工。106国道过境。

西邵集［Xīshàojí］ 西邵乡人民政府驻地。在县政府驻地城关镇北12千米。人口2900。唐代为河北五镇会兵处，设东、西哨所。明初西哨建村兴集，名西哨集，后演化为今名。聚落呈带状。有中小学、幼儿园、卫生室、文化活动中心等。农业以种植小麦、玉米等为主。特产红杏。有建材、木器加工业等。有农贸市场。

寺庄乡［Sìzhuāng Xiāng］ 南乐县辖乡。在县境西北部。面积59平方千米。人口6万。辖24村委会，有25自然村。乡人民政府驻寺庄。1956年设寺庄乡。1958年改公社。1984年复乡。因乡政府驻地得名。卫河流经。有中学1所，小学16所，幼儿园21所，卫生院1个，卫生室24个。有文化站、敬老院等。有国家级非物质文化遗产南乐目连戏。有传统武术杨家枪。农业以种植小麦、玉米、花生等为主。工业有面粉、电缆、草编加工、乳业等。大广高速过境。

寺庄［Sìzhuāng］ 寺庄乡人民政府驻地。在县政府驻地城关镇西北8千米。人口8000。明代前有安庆寺，依寺而居，故名。聚落呈团块状。有中小学、卫生室、文化活动中心、便民服务点、健身广场等。盛产桃、杏、柿子、大枣等。有冷饮制品、建材、酿酒业等。县道谷吴线经此。

梁村乡［Liángcūn Xiāng］ 南乐县辖乡。在县境西北部。面积48平方千米。人口4.2万。辖21村委会，有22自然村。乡人民政府驻梁村铺。1956年设梁村乡。1958年改公社。1984年复乡。因乡政府驻地得名。有中学1所，小学14所，幼儿园13所，卫生院1个，卫生室21个等。有省级文物保护单位仓颉陵遗址。有古迹仓颉庙、三娘子台等。农业以种植小麦、玉米、蔬菜为主。工业有铸造、面粉加工、酿造等。省道南杞线、县道谷吴线过境。

梁村铺［Liángcūnpù］ 梁村乡人民政府驻地。在县政府驻地城关镇西北14千米。人口3800。明洪武年间（1368—1398）有民迁此，因梁姓居多得名梁村。后设递铺，称梁村铺，村以铺名。聚落呈团块状。有中小学、卫生室、文化活动中心、健身广场、便民服务点等。农业以种植小麦、玉米等为主。有铸造、酿酒、食品加工业等。有农贸市场。省道南杞线、县道谷吴线过境。

近德固乡［Jìndégù Xiāng］ 南乐县辖乡。在县境西南部。面积49平方千米。人口4.1万。辖20村委会，有21自然村。乡人民政府驻佛善村。1956年设近德固乡。1958年改公社。1984年复乡。因乡政府原驻地近德固得名。清咸丰年间（1851—1861）设社学，名"近德"。村名取意"近乎道德之风永固"称近德固。马颊河流经。有马颊河国家湿地公园。有中学1所，小学10所，幼儿园13所，卫生院1个，卫生室20个。有中共佛善村支部纪念地。农业以种植小麦、玉米、花生等为主。工业有针织、面粉加工、建材、酿造等。大广高速、341国道过境。

佛善村［Fóshàncūn］ 近德固乡人民政府驻地。在县政府驻地城关镇西北6千米。人口6800。唐代有善佛寺，后人依寺建村，名善佛村，明代改今名。聚落呈团块状。有马颊河国家湿地公园。有小学、幼儿园、卫生室、健身广场、便民服务点。有中共佛善村支部纪念地。有刘大风墓、吴书升墓等。农业以种植小麦、玉米、花生等为主。工业有木器加工、建材、翻转犁制造等。有农贸市场。大广高速、341国道、县道侯齐线经此。

范县

范县［Fàn Xiàn］ 濮阳市辖县。北纬35°51′，东经115°29′。在市境东北部。面积560平方千米。人口55万。以汉族为主，还有回、满、蒙古等民族。辖7镇、5乡。县人民政府驻城关镇。西汉置范县，属东郡。三国属魏。晋属东平国。北魏为东平郡治。北齐县废。隋开皇十六年（596）复置，属济北郡。唐武德二年（619）以县置范州。五年（622）州废，县属济州。贞观八年（634）后属濮州。元初属东平府路，至元二年(1265)改属濮州。明、清因之。明洪武十三年(1380)县治迁至金堤北(今山东莘县古城)。1914—1939年属东昌道、曹濮道、冀鲁豫边区。1949年属平原省濮阳专区。1952年属山东省聊城专区。1956年濮县全境、观朝县部分域划入。1964年属河南省安阳专区。1969年属安阳地区。1983年属濮阳市。以滨范水得名。为黄卫洪积冲积平原和黄河滞洪区,地势西南高东北低。平均海拔49.3米。年均气温13.6℃,1月平均气温-1.7℃,7月平均气温27.2℃。年均降水量750毫米。黄河、金堤河、范水河流经。有矿产资源石油、天然气等。有野生动物黄鼬、鼠、刺猬、野兔等10余种。森林覆盖率32%。有中职1所,高中2所,初中21所,小学140所,二级医院2个,体育场馆1个。有秧歌、高跷、狮子舞、龙灯舞、花船、武术、杂耍等文艺团体13个。有国家级非物质文化遗产四平调。有全国重点文物保护单位冀鲁豫边区颜村铺革命旧址。有景点毛楼生态旅游区、范县中原荷花园。有省级爱国主义教育基地2个。有省级传统村落1个。三次产业比例9∶66∶25。农业以种植小麦、玉米、大豆、水稻为主。工业以化工、制造、建材、纺织、服装产业为主。服务业以商业、物流为主。晋豫鲁铁路,濮范高速,240、342国道,省道郑吴、大林、葛嘴、杨小线过境。

范县汽车站［Fàn Xiàn Qìchēzhàn］ 见交通运输设施部分“范县汽车站”条。

城关镇［Chéngguān Zhèn］ 范县人民政府驻地。在县境中部偏北。面积15平方千米。人口5万。辖13村委会,有13自然村。镇人民政府驻金村。1990年白衣阁、孟楼、颜村铺3乡析设城关镇。因处老县城而得名。新金线河、金堤河等流经。有职业高中2所,中学2所,小学2所,幼儿园29所,二级医院2个,卫生院1个。有十字坡遗址。农业以种植小麦、玉米、蔬菜为主。工业以化工、建材、纺织、服装等为主。服务业以商贸、信息服务、物流为主。240国道、省道范红线过境。通多路公交车。

黄河路［Huánghé Lù］ 在县城中部。东起榆林路,西至迎宾大道。与栖凤路、人民大道、英才路、文化街、杏林街相交。长5千米,宽40米。混凝土路面。1996年开工,1996年建成,2012年扩建。因黄河得名。两侧有县医院、文体馆等。通公交车。

金村［Jīncūn］ 城关镇人民政府驻地。在镇境北部。人口3000。传明洪武年间(1368—1398)金姓自山西洪洞迁此,故名。聚落呈团块状。有小学、幼儿园、卫生室、老年活动中心等。农业以种植小麦、玉米为主。服务业有商品零售、农贸交易、餐饮住宿等。240国道、省道范红线经此。通公交车。

濮城镇［Púchéng Zhèn］ 范县辖镇。在县境西南部。面积44平方千米。人口8万。辖51村委会,有68自然村。镇人民政府驻玉张。1956年山东省撤濮县改设范县濮城区。1958年区改公社。1964年划入河南省。1983年改镇。因濮州、濮县古城得名。有中学1所,小学11所,幼儿园24所,卫生院2个,卫生室51个。有文化馆、敬老院。有山东梆子剧团。有濮州故城、县衙等遗址。农业以种植小麦、玉米为主。工业以玻璃加工、橡塑、化工为主。服务业以物流、商贸为主。晋豫鲁铁路,省道濮淇、郑台线过境。

玉张［Yùzhāng］ 濮城镇人民政府驻地。在县政府驻地城关镇西南28千米。人口4000。明洪武年间(1368—1398)张姓自山西洪洞迁此,因有玉皇庙得名玉皇庙张庄,后简化为今名。聚落呈团块状。有中小学、卫生室等。农业以种植小麦、玉米为主。服务业有商品零售、住宿餐饮等。有名吃濮城杂拌、滑脊汤、沈家羊肉。省道濮淇线经此。通公交车。

龙王庄镇［Lóngwángzhuāng Zhèn］ 范县辖镇。在县境中部偏东。面积61平方千米。人口7万。辖69村委会,有76自然村。镇人民政府驻龙王庄。1955年设龙王庄乡,属山东省范县。1958年改公社。1964年划入河南省。1983年改乡。2005年孟楼乡并入。2011年改镇。因镇政府驻地得名。有中学3所,小学11所,幼儿园14所,卫生院21个,卫生室65个。有坠子、枣梆剧团、大平调剧团等。有释佛寺等。农业以种植小麦、大豆、玉米、水稻为主。工业以化工、建材、制造、纺织、服装为主。服务业以商贸为主。晋豫鲁铁路,德上、范辉高速,342国道,省道郑台、范林线过境。有范县东站。

龙王庄［Lóngwángzhuāng］ 龙王庄镇人民政府驻地。在县政府驻地城关镇东南17千米。人口1300。传古时刘姓种菜,雇有年轻小伙,系龙王化身,每逢天旱,变龙施雨,年年丰收。为求龙王长期保佑,盖龙王庙。香火旺盛,渐成村庄,故名。聚落呈团块状。有小学、卫生院。农业以种植小麦、水稻为主。省道郑台线,高濮、龙崔、王刘等公路经此。通公交车。

高码头镇［Gāomǎtóu Zhèn］ 范县辖镇。在县境东北部。面积49平方千米。人口5万。辖51村委会,有60自然村。镇人民政府驻高码头。1973年张庄公社析设高码头公社。1983年改乡。2011年改镇。因镇政府驻地得名。有中学1所,小学9所,幼儿园11所,卫生院1个,卫生室41个。有豫剧、梆子剧团等。有古迹范武子陵园、齐鲁分化台、周氏祠堂、石碑楼等。农业以种植小麦、大豆、玉米为主。工业以化工、制造、纺织、服装为主。服务业以商贸为主。晋豫鲁铁路,342国道,省道郑台、范红线过境。通公交车。

高码头［Gāomǎtóu］ 高码头镇人民政府驻地。在县政府驻地城关镇东南21千米。人口1200。传明代高姓迁此,有码头,故名。聚落呈团块状。有中小学、卫生院。农业以种植小麦、玉米为主。有羽绒加工业。有名吃高码头烧鸡。342国道经此。通公交车。

王楼镇［Wánglóu Zhèn］ 范县辖镇。在县境西部。面积39平方千米。人口4万。辖38村委会,有45自然村。镇人民政府驻王楼。1977年濮城、白衣阁2公社析设王楼公社。1983年改乡。2013年改镇。因镇政府驻地得名。有中学2所,小学11所,幼儿园7所,卫生院1个,卫生室36个。有大平调剧团。有皇姑庙遗址、苏佑墓。有省级非物质文化遗产野陈泥塑。农业以种植小麦、玉米、水稻为主。工业以化工、制造为主。服务业以商贸、物流为主。晋豫鲁铁路,范辉高速,342国道,省道范林、濮淇线过境。

王楼［Wánglóu］ 王楼镇人民政府驻地。在县政府驻地城关镇西南21千米。人口800。明初山西洪洞人王傲携家迁此,因盐碱土地取名王碱场。清中期修建楼阁,改今名。聚落呈团块状。有中小学、卫生院、卫生室。农业以种植小麦、玉米为主。有造纸、橡塑、防水等企业。342国道、省道郑台线经此。通公交车。

苏庄［Sūzhuāng］ 在县政府驻地城关镇西南22千米。王楼镇辖自然村。人口800。明代苏姓迁此,名苏庄。曾名白云庄、苏家堡、七里庙。聚落呈团块状。有小学。有省级文物保护单位尚书墓及尚书祠。农业以种植小麦、水稻为主。王毛公路经此。通公交车。2011年被评为全国文明村。

辛庄镇［Xīnzhuāng Zhèn］ 范县辖镇。在县境西南部。面积65平方千米。人口6万。辖56村委会,有66自然村。镇人民政府驻辛庄。1973年濮城公社析设辛庄公社。1983年改乡。2013年改镇。因镇政府驻地得名。有中学1所,小学17所,幼儿园16所,卫生院1个,卫生室48个。有山东梆子剧团等。有郑板桥纪念馆。有丹朱墓、毛岗烈士墓、毛楼生态旅游区等。农业以种植小麦、大豆、水稻为主,养殖生猪。工业以建材、制造为主,有风电、光伏发电。产特种润滑油脂。省道范林线过境。

辛庄［Xīnzhuāng］ 辛庄镇人民政府驻地。在县政府驻地城关镇西南28千米。人口1200。传清代有山东人迁此,艰辛度日,故名。聚落呈长方形。有中小学、幼儿园、卫生院。农业以种植水稻、玉米为主。省道杨小线、王毛公路经此。

陈庄镇［Chénzhuāng Zhèn］ 范县辖镇。在县境南部。面积45平方千米。人口4万。辖54村委会,有75自然村。镇人民政府驻陈庄。1977年杨集、龙王庄2公社析设羊二庄公社。1982年更名陈庄公社。1983年改乡。2014年改镇。因镇政府驻地得名。有中学1所,小学10所,幼儿园9所,卫生院1个,卫生室42个。有民间艺术枣梆、豫剧、杂技等。农业以种植小麦、水稻、大豆为主。工业以木业、制衣、汽车坐垫生产、塑胶加工为主。服务业以物流为主。德上高速、省道郑台线过境。

陈庄［Chénzhuāng］ 陈庄镇人民政府驻地。在县政府驻地城关镇东南19千米。人口1100。明初陈姓自山西洪洞迁此,以姓氏得名。聚落呈团块状。有小学、幼儿园、卫生院等。农业以种植小麦、水稻、莲藕为主。服务业有商品零售、餐饮住宿、农副产品贸易等。省道郑台线经此。通公交车。

杨集乡［Yángjí Xiāng］ 范县辖乡。在县境南部。面积56平方千米。人口6万。辖55村委会,有74自然村。乡人民政府驻杨集。1956年山东省濮县设杨集乡。1958年改公社。1964年划入河南省范县。1983年改乡。因乡政府驻地得名。有中学2所,小学14所,幼儿园14所,卫生院1个,卫生室52个。有晋冀鲁豫野战军强渡黄河纪念碑。有国家级非物质文化遗产罗卷戏。农业以种植小麦、水稻为主。有生态农牧业。工业有橡胶、食品加工企业。服务业以物流为主。范辉高速,240、342国道,省道郑台、范林线过境。有范县站。通公交车。

杨集［Yángjí］ 杨集乡人民政府驻地。在县政府驻地城关镇南18千米。人口2300。明初建村,原名黄二庄。后杨姓做生意,渐为集市,更今名。聚落呈团块状。有小学、幼儿园、卫生室等。农业以种植小麦、水稻为主。有名吃张家双瓤烧饼。240国道、省道郑台线经此。通公交车。

白衣阁乡［Báiyīgé Xiāng］ 范县辖乡。在县境中部。面积56平方千米。人口4万。辖44村委会,有49自然村。乡人民政府驻白衣阁。1966年成立白衣阁公社。1983年改乡。因乡政府驻地得名。有中学1所,小学8所,幼儿园10所,卫生院1个,卫生室35个。有冀鲁豫边区纪念馆、晋冀鲁豫野战军指挥部旧址等。农业以种植小麦、玉米为主。工业以制衣、纺织、家具、不锈钢门制造、彩印包装为主。服务业以物流、商贸为主。晋豫鲁铁路、濮范高速、省道郑吴线、高濮公路过境。

白衣阁［Báiyīgé］ 白衣阁乡人民政府驻地。在县政府驻地城关镇南14千米。人口4300。明宣德二年(1427)洪水泛滥,溺亡众多,堆起坟墓数十,故名青塚村。清康熙年间(1662—1722)为避讳,以有白衣阁亭而更今名。聚落呈长方形。有小学、幼儿园、卫生院。有省级文物保护单位晋冀鲁豫野战军指挥部旧址。农业以种植小麦、玉米、大豆为主。240国道经此。通公交车。

颜村铺乡 [Yáncūnpù Xiāng] 范县辖乡。在县境北部。面积49平方千米。人口4万。辖42村委会,有47自然村。乡人民政府驻颜村铺。1958年山东省范县成立颜村铺公社。1964年划入河南省。1983年改乡。因乡政府驻地得名。有中学1所,小学10所,幼儿园6所,卫生院1个,卫生室45个。有全国重点文物保护单位冀鲁豫边区颜村铺革命旧址。有榆园军起义遗址。农业以种植小麦、玉米、大豆为主。工业以纺织、服饰加工、门业等为主。服务业以信息服务、物流为主。德上高速、省道范红线过境。

颜村铺 [Yáncūnpù] 颜村铺乡人民政府驻地。在县政府驻地城关镇东南8千米。人口4000。明初颜姓自山西洪洞迁此,开设店铺,故名。聚落呈团块状。有小学、幼儿园、卫生室等。有全国重点文物保护单位冀鲁豫边区颜村铺革命旧址。农业以种植玉米、小麦为主。服务业有商品零售、餐饮住宿等。有名吃黄家烧鸡、武家烧鸡。颜陈公路经此。

陆集乡 [Lùjí Xiāng] 范县辖乡。在县境东南部。面积50平方千米。人口4万。辖46村委会,有50自然村。乡人民政府驻陆集。1977年龙王庄公社析设陆集公社。1983年改乡。因乡政府驻地得名。有中学1所,小学7所,幼儿园8所,卫生院1个,卫生室39个。有二夹弦、山东梆子剧团。有晋冀鲁豫野战军强渡黄河旧址。农业以种植小麦、玉米、大豆为主。工业以纺织、铜加工、木材加工为主。服务业以物流、商贸为主。省道郑台线过境。

陆集 [Lùjí] 陆集乡人民政府驻地。在县政府驻地城关镇东南22千米。人口1400。明初陆姓自山西洪洞迁此,开店设铺,渐成集市,名陆家集,后简化为今名。聚落呈团块状。有小学、幼儿园、卫生院等。农业以种植玉米、小麦为主。服务业有商品零售、农副产品集贸、餐饮住宿等。张濮公路经此。通公交车。

张庄乡 [Zhāngzhuāng Xiāng] 范县辖乡。在县境东部。面积50平方千米。人口5万。辖55村委会,有65自然村。乡人民政府驻前张庄。1958年成立张庄公社。1983年改乡。因乡政府驻地得名。黄河流经。有中学1所,小学7所,幼儿园10所,卫生院1个,卫生室42个。有闵子骞墓、顾国城遗址、"九二七"反扫荡纪念地等。农业以种植小麦、玉米、大豆为主。工业以木业、服饰加工为主。服务业以物流、商贸为主。省道范红、郑台线过境。

前张庄 [Qiánzhāngzhuāng] 张庄乡人民政府驻地。在县政府驻地城关镇东21千米。人口1300。明崇祯年间(1628—1644)张姓迁此,遍植白杨,故名白杨树张。后因重名,村又居前,更今名。聚落呈团块状。有小学、幼儿园、卫生院等。农业以种植小麦、玉米为主。服务业有商品零售、农副产品集贸、餐饮住宿等。省道范红、郑台线经此。通公交车。

台前县

台前县 [Táiqián Xiàn] 濮阳市辖县。北纬35°50′,东经115°39′。在市境东部。面积454平方千米。人口37.4万。以汉族为主,还有回、满等民族。辖6镇、3乡。县人民政府驻孙口镇。1973年设范县台前办事处。1978年设台前县,属安阳地区。1983年属濮阳市。明洪武年间刘姓迁原寿张城南凤凰台前建村,称台前刘庄,后简称台前村,故名。地势随黄河流向由西南向东北倾斜。海拔39.3—48.8米。年均气温15.5℃,1月平均气温-1.8℃,7月平均气温26.9℃。年均降水量532.5毫米。黄河、金堤河流经。有煤炭。有野生植物柽柳、杜李、酸枣棵、青蒿、碱蓬、茅草、芨芨草、苦菜、曲菜、沙打旺、水稗、莠草等130余种。有国家二级保护野生动物野天鹅、野鸭。森林覆盖率24.5%。有职校1所,高中2所,初中17所,小学147所,二级医院1个。有省级文物保护单位刘邓大军渡黄河纪念碑、纪念馆。有古迹晋王城遗址、张公艺墓、百忍堂、明代魏氏祖碑、大河神祠、古运河文物群等。有金堤河湿地公园。三次产业比例10∶58∶32。农业以种植小麦、玉米、大豆为主,养殖小尾寒羊。产吴坝大蒜、马楼西瓜等。工业以制衣、面粉加工、化工、机动车配件、板材加工等为主。服务业以商贸为主。京九、晋豫鲁铁路,省道郑吴、台孙线过境。通多路公交车。

台前站 [Táiqián Zhàn] 见交通运输设施部分"台前站"条。

台前汽车站 [Táiqián Qìchēzhàn] 见交通运输设施部分"台前汽车站"条。

孙口镇 [Sūnkǒu Zhèn] 台前县人民政府驻地。在县境中部。面积31平方千米。人口4万。辖29村委会,有26自然村。镇人民政府驻孙口。1962年台前县公社析设孙口公社,属山东省寿张县。1976年台前、打渔陈2公社析设孙口公社,属河南省范县。1978年属台前县。1984年改乡。2011年改镇。因镇政府驻地得名。黄河流经。有中学1所,小学14所,卫生院1个,卫生室29个。有省级文物保护单位刘邓大军渡黄河纪念馆、张公艺墓和百忍堂。农业以种植小麦、大豆为主。工业以面粉加工、化工等为主。服务业以商贸为主。京九、晋豫鲁铁路,342国道,省道台寿线过境。有台前站。通公交车。

槐荫路 [Huáiyīn Lù] 在县城北部。北起北金堤路,南至顺河街。与文化路、人民路、新华街相交。长1.7千米,宽12米。混凝土路面。1978年开工,同年建成,1997年扩建。因路侧遍植国槐而得名。两侧有县医院、曹杨韩小学、台前电视台、电力公司、宾馆等。通公交车。

金水路 [Jīnshuǐ Lù] 在县城中部。北起北金堤路,南至临黄大堤。与建新街、人民路、凤台大道相交。长5.4千米,宽24米。混凝土路面。1973年开工,同年建成,2005年扩建。因金堤河得名。两侧有新华书店、移动公司、金堤河公园、火车站、汽车站、宾馆、商厦等。通公交车。

孙口 [Sūnkǒu] 孙口镇人民政府驻地。在镇境东南部。人口1600。因渡口得名。明初此渡口在原县城东南,因八卦方位称"巽码头"。后因巽、孙音近,又有孙姓摆渡,1949年改称孙家码头。后又分村,此地称孙口。聚落呈团块状。有小学、幼儿园、卫生室、文化广场。有省级文物保护单位刘邓大军渡黄河纪念馆。有刘邓大军渡黄河纪念碑。农业以种植小麦、玉米、大豆为主。有砂石料产业。有集市。临黄大堤公路经此。

城关镇 [Chéngguān Zhèn] 台前县辖镇。在县境中部偏北。面积37平方千米。人口4万。辖28村委会,有32自然村。镇人民政府驻台前。1958年山东省寿张县成立台前公社。1964年划入河南省范县。1974年并入台前办事处。1976年析设孙口公社。1978年属台前县。1982年改城关镇。因镇政府驻县城内而得名。金堤河流经。有中学4所,小学16所,幼儿园9所,二级医院1个,卫生院1个,卫生室28个。有金堤河公园。有地藏王寺遗址、刘义墓、蚩尤冢等。农业以种植小麦、玉米为主。工业有面粉加工、羽绒加工、化工等。服务业有商贸、物流。有购物广场、农贸市场等。京九、晋豫鲁铁路,省道台寿线过境。

台前 [Táiqián] 城关镇人民政府驻地。在县政府驻地孙口镇北3千米。人口1100。明洪武二十年(1391)刘姓自山西洪洞迁至原寿张城南凤凰台前面,并在台前建村,故称台前刘庄。1912年更今名。聚落呈团块状。有中学、卫生室、幼儿园、文化广场。经济以商业、房屋租赁为主。前油公路经此。

侯庙镇 [Hóumiào Zhèn] 台前县辖镇。在县境西部。面积54平方千米。人口6万。辖53村委会,有54自然村。镇人民政府驻侯庙。1958年山东省寿张县成立侯庙公社。1964年划入河南省范县。1978年属台前县。1984年改乡。1999年改镇。因镇政府驻地得名。金堤河流经。有中学1所,小学24所,卫生院2个,卫生室36个。有民间艺术舞狮、花船、高跷、架鼓、鬼脸等。农业以种植小麦、大豆、玉米为主。有三皇谷生态园。工业以环保科技为主。服务业以商贸、餐饮、商品零售为主。晋豫鲁铁路、342国道过境。

侯庙 [Hóumiào] 侯庙镇人民政府驻地。在县政府驻地孙口镇西南15千米。人口2400。清初侯氏自保定府迁此并设家庙,故名。聚落呈团块状。有中小学、幼儿园、卫生院。经济以商贸为主。有传统集市。342国道经此。

打渔陈镇 [Dǎyúchén Zhèn] 台前县辖镇。在县境中部偏东。面积59平方千米。人口5万。辖52村委会,有54自然村。镇人民政府驻打渔陈。1958年山东省寿张县成立打渔陈公社。1964年划入河南省范县。1978年属台前县。1984年改乡。2011年改镇。因镇政府驻地得名。金堤河流经。有初中2所,小学28所,幼儿园30所,卫生院2个,卫生室68个。有迁民拓荒碑、红沙岭遗址、漏泽园等。农业以种植小麦、大豆、玉米为主。有双孢菇、樱桃特色种植基地。工业以食品加工、机械修配、塑料包装、纺织等为主。服务业以商贸、餐饮、商品零售为主。省道台寿线、县道小堤线过境。

打渔陈 [Dǎyúchén] 打渔陈镇人民政府驻地。在县政府驻地孙口镇东7千米。人口1000。古临黄河故道,地势低洼,处沙土岗地,村民以打鱼为业,故称晾网岗、晾鱼岗、打渔港。后因陈姓打鱼最早,为人厚道,改今名。聚落呈团块状。有中小学、幼儿园、卫生院等。农业以种植小麦、玉米为主。有化工产业。省道台寿线经此。

吴坝镇 [Wúbà Zhèn] 台前县辖镇。在县境东北部。面积38平方千米。人口3万。以汉族为主,还有回族等。辖37村委会,有39自然村。镇人民政府驻晋城。1973年范县夹河公社析设吴坝公社。1978年属台前县。1984年改乡。2013年改镇。明万历年间(1573—1620)吴氏族自山东汶上迁此,地势低洼,水灾频繁,修筑民堰,堆土筑坝,称吴家坝,简称吴坝。有中学5所,小学17所,卫生院1个,卫生室37个,敬老院1个。有省级文物保护单位晋王城遗址。有桃丘遗址、李玉安故居、刘邓大军渡黄河张堂渡口。农业以种植小麦、大豆、玉米、大蒜、山药为主。工业以制塑为主。服务业以商贸、餐饮、商品零售为主。省道郑吴线过境。

晋城 [Jìnchéng] 吴坝镇人民政府驻地。在县政府驻地孙口镇东北20千米。人口2000。传唐末晋王李克用筑军垒,后人称晋王城,简称晋城。聚落呈团块状。有中小学、幼儿园、卫生院。有省级文物保护单位晋王城遗址。

农业以种植小麦、玉米、大蒜、山药等为主。省道郑吴线经此。通公交车。

马楼镇［Mǎlóu Zhèn］　台前县辖镇。在县境西南部。面积 67 平方千米。人口 5 万。辖 55 村委会，有 72 自然村。镇人民政府驻马楼。1958 年山东省寿张县成立马楼公社。1964 年划入河南省范县。1978 年属台前县。1984 年改乡。2013 年改镇。因镇政府驻地得名。有中学 2 所，小学 18 所，幼儿园 4 所，卫生院 1 个，卫生室 72 个，文化站 1 个。有宋代裴城及裴城寺遗址。农业以种植小麦、大豆、玉米为主。特产富硒西瓜、铁棍山药。有农业示范园 3 个。工业以羽绒加工、汽车配件制造为主。服务业以商贸、餐饮、物流为主。县道党马线、临黄大堤公路过境。

马楼［Mǎlóu］　马楼镇人民政府驻地。在县政府驻地孙口镇西南 12 千米。人口 1100。明代初期，马姓迁此建村并盖有土楼 18 座，故名。聚落呈团块状。有中小学、幼儿园、卫生院等。经济以商贸为主。有集贸市场、汽配城。县道党马线、临黄大堤公路经此。

后方乡［Hòufāng Xiāng］　台前县辖乡。在县境中部偏西。面积 37 平方千米。人口 3 万。辖 30 村委会，有 34 自然村。乡人民政府驻后方。1961 年山东省寿张县设后方公社。1964 年划入河南省范县。1976 年马楼、台前、侯庙 3 公社析设后方公社。1978 年划属台前县。1984 年改乡。因乡政府驻地得名。有中学 1 所，小学 8 所，幼儿园 21 所，卫生院 1 个，卫生室 44 个。有精神病专科医院、敬老院等。有玉皇岭遗址、严嵩墓、武朝聘墓、玉皇庙等。农业以种植小麦、大豆、玉米、苗木、蔬菜为主。有农业示范园 4 个。工业有电机配件制造、橡胶制品、面粉加工等。服务业以商贸、餐饮、物流为主。晋豫鲁铁路，342 国道过境。有台前北站。

后方［Hòufāng］　后方乡人民政府驻地。在县政府驻地孙口镇西 7 千米。人口 1100。明永乐年间（1403—1424）方姓自山西洪洞县迁此，兼因方位称今名。聚落呈团块状。有中小学、幼儿园、精神病专科医院。经济以商贸为主。有集贸市场。342 国道、县道后马线经此。

清水河乡［Qīngshuǐhé Xiāng］　台前县辖乡。在县境西南部。面积 43 平方千米。人口 4 万。辖 43 村委会，有 55 自然村。乡人民政府驻清水河。1961 年范县马楼公社析设清水河公社。1978 年属台前县。1984 年改乡。因乡政府驻地得名。有中学 1 所，小学 38 所，卫生院 1 个，卫生室 43 个。有名胜古迹甘草堌堆革命纪念地、彦章驻军第五寨遗址、明代榆园起义军大本营遗址、王恒华道教碑、邵集凤凰台、药王庙等。农业以种植小麦、玉米、食用菌、苗木为主。工业以汽车配件制造、羽绒加工为主。服务业以商贸、餐饮、物流为主。县道侯清线过境。

清水河［Qīngshuǐhé］　清水河乡人民政府驻地。在县政府驻地孙口镇西南 20 千米。人口 3000。传明末官员南巡，配饰白玉坠河，打捞时河水清澈透明，很快完成打捞。官员赞叹："清水呀！清水！"遂称清水河。清初河北移民临河建村，故名。聚落呈团块状。有中小学、幼儿园、中心卫生院等。农业以种植小麦、玉米为主。有集市。县道侯清线经此。

夹河乡［Jiāhé Xiāng］　台前县辖乡。在县境东北部。面积 41 平方千米。人口 3 万。辖 45 村委会，有 47 自然村。乡人民政府驻前夹河。1958 年山东省寿张县成立夹河公社。1964 年划入河南省范县。1973 年析设吴坝公社。1978 年属台前县。1984 年改乡。因乡政府驻地得名。有中学 2 所，小学 23 所，二级医院 1 个，卫生室 26 个。有省级文物保护单位八里庙治黄碑（含镇河铁兽）、魏氏墓碑。农业以种植小麦、大豆、玉米、苗木、鸡腿菇、蔬菜为主。工业有羽绒制品、板材加工、保温材料等。服务业以商贸、餐饮、商品零售为主。省道郑吴线、夹长公路过境。

前夹河［Qiánjiāhé］　夹河乡人民政府驻地。在县政府驻地孙口镇东北 15 千米。人口 600。明初赵王河两岸各有村，曰"夹河"，取两村夹一河之意，北岸称后夹河，南岸称前夹河。聚落呈团块状。有中小学、卫生院、幼儿园等。农业以种植小麦、大豆、玉米为主。有樱桃种植园。县道林张、陆胡线经此。

濮阳县

濮阳县［Púyáng Xiàn］　濮阳市辖县。北纬 35°20′，东经 114°52′。在市境东南部。面积 1382 平方千米。人口 115 万。以汉族为主，还有回族等。辖 12 镇、9 乡。县人民政府驻城关镇。卫嗣君五年（前 330）始称濮阳。因在濮水之北得名。秦置濮阳县。两汉因之。金改澶州为开州。明洪武二年（1369）濮阳县并入开州。后历经变化，开州演为今濮阳市。1984 年原濮阳县域设濮阳市郊区。1987 年撤郊区复濮阳县。地处华北平原，黄河下游北岸。平均海拔 54 米。年均气温 13.4℃，1 月平均气温 −2.2℃，7 月平均气温 27.5℃。年均降水量 626 毫米。黄河、金堤河、马颊河等流经。有野生植物 484 种，其中有国家二级保护野生植物野大豆。有野生动物野兔、狐狸、獾、鼠、黄鼬、刺猬、雁、鹊、燕、布谷、画眉、鹌鹑等。有金堤河国家湿地公园、黄河湿地自然保护区。有矿产资源石油、盐等。森林覆盖率 25.5%。有中学 32 所，小学 403 所，二级医院 2 个，文化馆 1 个。有大平调、四平调、坠子等剧团 4 个。有全国重点文物保护单位西水坡遗址、卫国故城遗址、唐兀公碑，省级文物保护单位 8 个。三次产业比例 11∶64∶25。农业以种植小麦、玉米、大豆为主。产棉花、花生、药材、花卉、牧草。工业以石油化工、电子电气装备为主。服务业有商贸、物流等。晋豫鲁铁路，省道濮辉、郑台、濮淇、南濮、南商线，北广公路过境。通多路公交车。

濮阳汽车站［Púyáng Qìchēzhàn］　见交通运输设施部分"濮阳汽车站"条。

城关镇［Chéngguān Zhèn］　濮阳县人民政府驻地。在县境西北部。面积 51 平方千米。人口 11 万。辖 11 居委会、45 村委会，有 58 自然村。镇人民政府驻红卫。1950 年设城关镇。1958 年改公社。1981 年复镇。为濮阳老城区，旧辖 4 关，故名。金堤河、马颊河流经。有中学 11 所，小学 15 所，幼儿园 12 所，二级医院 2 个，卫生院 1 个，卫生室 55 个。有名胜古迹"中华第一龙"出土地、回銮碑、四牌楼、八都坊、古城墙、张挥公园等。农业以种植小麦、玉米为主。工业以化工、玻璃灯饰制造为主。有商业区。冀鲁豫铁路、106 国道过境。有濮阳站。

铁丘路［Tiěqiū Lù］　在县城北部。西起濮上路，东至 106 国道。与解放大道、育民路、工业路、吉庆路、大庆路相交。长 9.4 千米，宽 40 米。沥青路面。2010 年开工，2012 年建成。因铁丘遗址得名。两侧有多个居住小区、产业集聚区等。通多路公交车。

红旗路［Hóngqí Lù］　在县城中部。西起濮上路，东至大庆路。与解放大道、工业路、吉庆路、盘锦路相交。长 6 千米，宽 40 米。沥青路面。1982 年建设。1992 年拓宽改造。两侧有党政单位、中心广场等。通多路公交车。

国庆路［Guóqìng Lù］　在县城南部。西起濮上路，东至盘锦路。与解放大道、工业路、吉庆路、长庆路相交。长 5.7 千米，宽 40 米。沥青路面。1962 年开工，1964 年建成，1982 年重修，1995 年改建。因竣工时间得名。两侧有县医院、工商局等。通多路公交车。

解放大道［Jiěfàng Dàdào］　在县城中部。北起站南路，南至濮渠路。与铁丘路、红旗路、国庆路、挥公大道相交。长 4.2 千米，宽 40 米。沥青路面。1949 年前为濮渠公路（也称濮清公路）。1982 年重修，名解放路。2012 年拓宽改造。后改今名。两侧有金堤河国家湿地公园、水利局、汽车站、地税局等。通多路公交车。

红卫［Hóngwèi］　城关镇人民政府驻地。在镇境西部。人口 2100。原称舒家街，因舒氏先祖自山西洪洞县迁移至此得名。后因古县衙改建为仓库，此街位于仓库后面，得名仓后街。1953 年始先后更名北四街、北五街、民权街。1966 年因政治环境更名红卫。聚落呈团块状。有中学、卫生所、健身场地。经济以商贸为主。通多路公交车。

东窦堤［Dōngdòudī］　城关镇辖自然村。在镇境东部。人口 1500。明初窦氏自山西迁居金堤旁，名窦家堤。后分 2 村，该村居东，故名。聚落呈团块状。有卫生所。有唐代古墓群等。农业以种植小麦、玉米为主。通多路公交车。2011 年被评为全国文明村。

柳屯镇［Liǔtún Zhèn］　濮阳县辖镇。在县境东北部。面积 75 平方千米。人口 7 万。辖 42 村委会，有 46 自然村。镇人民政府驻柳屯。1949 年为三区。1956 年改柳屯乡。1958 年改公社。1983 年复乡。1986 年改镇。因镇政府驻地得名。有中学 1 所，小学 25 所，幼儿园 13 所，卫生院 1 个，卫生室 54 个。有全国重点文物保护单位唐兀公碑。农业以种植小麦、玉米、花生为主，养殖家禽。工业以石油化工为主。有农副产品加工业。晋豫鲁铁路、濮阳—范县公路过境。

柳屯［Liǔtún］　柳屯镇人民政府驻地。在县政府驻地城关镇东 22 千米。人口 4900。春秋时称柳下，为鲁、卫边城名邑。三国曹魏时为兵屯，名柳下屯，后简化为今名。聚落呈团块状。有中小学、卫生院等。经济以农副产品加工、养殖家禽、商贸为主。濮阳—范县公路经此。

文留镇［Wénliú Zhèn］　濮阳县辖镇。在县境中部偏东。面积 80 平方千米。人口 7 万。辖 62 村委会，有 85 自然村。镇人民政府驻文留。1956 年设文留乡。1958 年改公社。1983 年复乡。1986 年改镇。因镇政府驻地得名。有中学 1 所，小学 37 所，幼儿园 8 所，卫生院 1 个，卫生室 63 个，文化馆 1 个。有二十八烈士碑亭、宋元屯兵草料场、荆台遗址等。农业以种植小麦、玉米为主。工业以电光源、石油化工为主。省道南商线过境。

文留［Wénliú］　文留镇人民政府驻地。在县政府驻地城关镇东南 23 千米。人口 2400。传明永乐年间（1403—1424）贡生贾永死后葬此，管家文柳为其守墓，聚集成村，称文柳，后演化为今名。聚落呈团块状。有中小学、幼儿园、卫生所等。农业以种植小麦、玉米、花生等为主。

庆祖镇［Qìngzǔ Zhèn］　濮阳县辖镇。在县境西部。面积 76 平方千米。人口 7 万。辖 54 村委会，有 67 自然村。镇人民政府驻庆祖集。1955 年设庆祖乡。1958 年改公社。1984 年复乡。1986 年改镇。因镇政府驻地得名。有中学 1 所，小学 13 所，卫生院 1 个，卫生室 54 个，文化馆 1 个，敬老院 1 个，文艺团体 12 个。有古迹付将营太山庙石碑、大桑树华严寺遗址、唐代武陵墓(吴侃墓)等。农业以种植小麦、玉米为主。特产刘家传统驴肉等。工业以电光源、棉纺为主。省道南濮、濮淇线过境。

庆祖集［Qìngzǔjí］ 庆祖镇人民政府驻地。在县政府驻地城关镇南20千米。人口4900。宋有庆福寺,每年农历四月初八搭神棚祭祀祖先,俗称庆祖,遂成村名。聚落呈团块状。有中小学、幼儿园、卫生院、卫生室。农业以种植玉米、小麦为主。有个体工商业。

八公桥镇［Bāgōngqiáo Zhèn］ 濮阳县辖镇。在县境中部。面积80平方千米。人口6万。辖64村委会,有76自然村。镇人民政府驻八公桥。1956年设八公桥乡。1958年改公社。1983年复乡。1986年改镇。因镇政府驻地得名。有中学1所,小学26所,幼儿园14所,卫生院1个,文化馆1个。有奇袭八公桥战斗指挥部旧址、台上遗址。农业以种植小麦、玉米、花生为主。工业有油脂加工、电线制造等。有特色小吃壮馍、烧饼等。106国道、县道濮坝线过境。

八公桥［Bāgōngqiáo］ 八公桥镇人民政府驻地。在县政府驻地城关镇东南18千米。人口4200。宋代处小河沿岸,有8位老人倡议建桥,名八公桥,村因桥名。聚落呈团块状。有中小学、幼儿园、卫生院。农业以种植小麦、玉米、花生为主。106国道经此。

户部寨镇［Hùbùzhài Zhèn］ 濮阳县辖镇。在县境东北部。面积69平方千米。人口5万。辖47村委会,有72自然村。镇人民政府驻户部寨。1956年设户部寨乡。1958年改公社。1984年复乡。2011年改镇。因镇政府驻地得名。金堤河流经。有中学2所,小学22所,幼儿园9所,卫生院2个,卫生室47个,敬老院1个,文化大院46个。有"中原油田发现井"纪念碑、上元寺、李素若烈士墓、高庄凤凰台遗址等。农业以种植小麦、玉米为主。工业以油气开采为主。晋豫鲁铁路、省道郑台线过境。

户部寨［Hùbùzhài］ 户部寨镇人民政府驻地。在县政府驻地城关镇东26千米。人口2100。明初建村,名新成寨,后因村中段姓官居户部,俗称户部寨。聚落呈团块状。有小学、卫生室等。农业以种植小麦、玉米、花生为主。

徐镇镇［Xúzhèn Zhèn］ 濮阳县辖镇。在县境东南部。面积64平方千米。人口5万。辖53村委会,有63自然村。镇人民政府驻徐镇(自然村)。1956年设徐镇乡。1958年改公社。1983年复乡。1986年改镇。因镇政府驻地得名。有中学1所,小学27所,幼儿园7所,卫生院1个,卫生室53个。有古迹姚墟、长乐亭遗址、寿星徐三亭墓、王彦章墓、娄敬墓等。农业以种植水稻为主。工业有稻米加工、石油开采等。特产香米。省道濮洪线过境。

徐镇［Xúzhèn］ 徐镇镇人民政府驻地。在县政府驻地城关镇东南27千米。人口3400。元末战乱频繁,为求安宁,明初在此建寿星(徐三亭)庙镇守,故名徐镇。聚落呈团块状。有中小学、卫生院。有古迹姚墟、寿星徐三亭墓等。农业以种植水稻、玉米、花生为主。服务业以店铺经营为主。

鲁河镇［Lǔhé Zhèn］ 濮阳县辖镇。在县境中部偏北。面积67平方千米。人口5万。辖47村委会,有50自然村。镇人民政府驻鲁河。1956年设杜堌乡。1958年改公社。1960年更名鲁河公社。1983年改乡。2011年改镇。因镇政府驻地得名。有中学2所,小学22所,幼儿园8所,卫生院1个,卫生室47个。有元千户屯什八郎寨遗迹等。农业以种植小麦、玉米为主。省道南商线过境。

鲁河［Lǔhé］ 鲁河镇人民政府驻地。在县政府驻地城关镇东南15千米。人口2000。原名鲁家庄,宋开宝四年(971)黄河自澶渊决堤后南流,东经鲁家庄,称鲁家河,村名随改,后简化为今名。聚落呈团块状。有小学、卫生所。农业以种植小麦、玉米、花生为主。省道南商线经此。

子岸镇［Zǐ'àn Zhèn］ 濮阳县辖镇。在县境西部。面积75平方千米。人口6万。辖41村委会,有52自然村。镇人民政府驻子岸集。1956年设子岸乡。1958年改公社。1983年复乡。2013年改镇。因镇政府驻地得名。有中学1所,小学19所,幼儿园8所,卫生院1个,卫生室41个,文化站1个。有汉濮阳旧治故县、五鹿城、古化寨等遗址。农业以种植小麦、玉米、大豆、棉花、花生为主。清丰—渠村公路过境。

子岸集［Zǐ'ànjí］ 子岸镇人民政府驻地。在县政府驻地城关镇南11千米。人口2900。居瓠子河东岸,取名子岸,清初成集,改今名。聚落呈团块状。有中小学、幼儿园、卫生所。农业以种植小麦、玉米为主。

胡状镇［Húzhuàng Zhèn］ 濮阳县辖镇。在县境中部偏北。面积71平方千米。人口4万。辖5村委会,有60自然村。镇人民政府驻胡状。1957年设胡状乡。1958年改公社。1983年复乡。2013年改镇。因镇政府驻地得名。有中学1所,小学19所,幼儿园8所,卫生院1个,卫生室55个,文化站1个。有程庄古遗址、李玉坤烈士墓纪念地。农业以种植小麦、玉米为主。106国道过境。

胡状［Húzhuàng］ 胡状镇人民政府驻地。在县政府驻地城关镇东南18千米。人口3300。原名胡柳坡,宋代为纪念状元胡迪更名胡柳坡状元,简称今名。聚落呈团块状。有中小学、幼儿园、卫生院、卫生室。农业以种植小麦、玉米为主。

王称堌镇［Wángchēnggù Zhèn］ 濮阳县辖镇。在县境东部。面积74平方千米。人口6万。辖64村委会,有75自然村。镇人民政府驻王称堌。1957年设王称堌乡。1958年改公社。1985年复乡。2014年改镇。因镇政府驻地得名。有中学1所,小学33所,幼儿园7所,卫生院1个,卫生室64个,文化站1个。有古迹项梁屯兵处项城、石墓头等。有常庄抗日保卫战纪念地。农业以种植小麦、玉米为主。工业以石油开采为主。有香肠、点心加工厂。省道濮淇、临黄堤线过境。

王称堌［Wángchēnggù］ 王称堌镇人民政府驻地。在县政府驻地城关镇东南31千米。人口1400。传明初黄河泛滥,王称携家人移此土堌堆定居,后成村,故名。聚落呈团块状。有中小学、幼儿园、卫生室。农业以种植小麦、玉米为主。

新习镇［Xīnxí Zhèn］ 濮阳县辖镇。在县境西部。面积72平方千米。人口6万。辖47村委会,有49自然村。镇人民政府驻新习。1957年设新习乡。1958年改公社。1983年复乡。2014年改镇。因镇政府驻地得名。金堤河流经。有中学1所,小学17所,幼儿园20所,卫生院1个,卫生室47个。有古迹宣防宫、黑龙弯子、王珽墓、谢台臣故居、春秋古墓等。农业以种植蔬菜、花卉、林果为主,有畜牧养殖。为豫北生猪产销基地。工业以农产品加工、生物科技为主。服务业以商贸为主。大广高速、省道郑吴线过境。

新习［Xīnxí］ 新习镇人民政府驻地。在县政府驻地城关镇西南9千米。人口5100。明永乐初胡、苏、史、张诸姓自山西洪洞迁此,相处和睦,相互馈赠,得名新惠。明末遭兵焚,后胡氏倡导重建,崇礼勉志,更今名。聚落呈长方形。有中小学、幼儿园、卫生室、文化广场等。农业以种植蔬菜为主。有蔬菜批发贸易。有集贸市场。通公交车。

清河头乡［Qīnghétóu Xiāng］ 濮阳县辖乡。在县境北部。面积58平方千米。人口3万。辖21村委会,有24自然村。乡人民政府驻东清河头。1956年设清河头乡。1958年改公社。1983年复乡。因乡政府驻地得名。有中学1所,小学20所,幼儿园5所,卫生院1个,卫生室21个,文化站1个。农业以种植花生、蔬菜为主,养殖羊、猪。有杂果、草莓、甜瓜等林果业。有酿酒业。晋豫鲁铁路、106国道、省道郑台线过境。

东清河头［Dōngqīnghétóu］ 清河头乡人民政府驻地。在县政府驻地城关镇东10千米。人口7500。处清河源头,得名清河头。后分3处,此处居东,称今名。聚落呈团块状。有中小学、幼儿园、卫生院。农业以种植小麦、玉米等为主。

梁庄乡［Liángzhuāng Xiāng］ 濮阳县辖乡。在县境西南部。面积67平方千米。人口5万。辖53村委会,有54自然村。乡人民政府驻谷楼。1957年设梁庄乡。1958年改公社。1983年复乡。1990年乡政府迁谷楼。因乡政府原驻地得名。传明嘉靖年间(1522—1566)有梁姓寡妇,家资巨富,故称村名梁家庄,简称梁庄。有中学1所,小学23所,幼儿园9所,卫生院1个,卫生室53个,文化站1个。有古咸城遗址。农业以种植小麦、玉米为主。工业以石油开采为主。省道南商线过境。

谷楼［Gǔlóu］ 梁庄乡人民政府驻地。在县政府驻地城关镇东南19千米。人口1400。原名连岗村,明崇祯年间(1628—1644)谷氏迁住,建楼房,改名谷家楼,后简化为今名。聚落呈团块状。有小学、幼儿园、卫生所。农业以种植小麦、玉米为主。

白堽乡［Báigāng Xiāng］ 濮阳县辖乡。在县境东部。面积41平方千米。人口3万。辖51村委会,有61自然村。乡人民政府驻白堽。1957年设白堽乡。1958年改公社。1983年复乡。因乡政府驻地得名。有中学2所,小学13所,卫生院1个,村级诊所38个。有省级非物质文化保护遗产皮影戏、二夹弦。有中国石油之父孙健初故居。农业以种植水稻、小麦、玉米、大豆为主。工业以石油开采为主。省道濮淇线过境。

白堽［Báigāng］ 白堽乡人民政府驻地。在县政府驻地城关镇东29千米。人口1700。明初山西迁民由洪洞至此白沙岗建村,得名白岗庄。清末成集,易名白岗集。后演化为白堽。聚落呈团块状。有小学、幼儿园、卫生所、健身场地等。农业以种植小麦、水稻、玉米为主。

梨园乡［Líyuán Xiāng］ 濮阳县辖乡。在县境东南部。面积53平方千米。人口5万。辖51村委会,有62自然村。乡人民政府驻后梨园。1953年设梨园乡。1958年改公社。1983年复乡。因乡政府驻地得名。有中学1所,小学31所,幼儿园6所,卫生院1个,卫生室51个。农业以种植小麦、玉米为主。有特色美食王氏烧羊肉。

后梨园［Hòulíyuán］ 梨园乡人民政府驻地。在县政府驻地城关镇东南30千米。人口1200。传明永乐年间席氏、高氏自山西洪洞迁居此梨园旁建村,名梨园,后分南、北2村,该村居北,故名。聚落呈团块状。有中小学、幼儿园、卫生所等。农业以种植小麦、玉米、花生为主,养殖猪、羊、鸡。

五星乡［Wǔxīng Xiāng］ 濮阳县辖乡。在县境西北部。面积48平方千米。人口4万。

辖39村委会，有48自然村。乡人民政府驻五星集。1957年设五星乡。1958年改公社。1983年复乡。因乡政府驻地得名。有中学1所，小学18所，幼儿园6所，卫生院1个，卫生室39个，文化站1个。有瑕丘遗址。农业以种植小麦、玉米为主。工业以家具制作为主。有特色小吃五星羊肉汤等。濮阳—渠村、濮阳—坝头等公路过境。

五星集［Wǔxīngjí］ 五星乡人民政府驻地。在县政府驻地城关镇南9千米。人口3100。传西汉末年刘秀逃难行此瓠子河畔，天黑路迷，后天空五星相聚，刘秀寻星而走，最终脱险。后成村、成集，故名。聚落呈团块状。有中小学、幼儿园、卫生所等。农业以种植小麦、玉米为主。

郎中乡［Lángzhōng Xiāng］ 濮阳县辖乡。在县境南部。面积60平方千米。人口6万。辖63村委会，有69自然村。乡人民政府驻坝头。1957年设郎中乡。1958年改公社。1983年复乡。因乡政府原驻地得名。明初常氏自山西迁此，先辈曾官居郎中，故名。有中学1所，小学25所，幼儿园7所，卫生院1个，卫生室63个，文化馆1个。农业以种植小麦、玉米为主。有名吃坝头羊肉汤。106国道过境。

坝头［Bàtóu］ 郎中乡人民政府驻地。在县政府驻地城关镇南31千米。人口800。因黄河多次决口又多次修堤筑坝，村处坝前，故名。聚落呈团块状。有中小学、幼儿园、卫生所。农业以种植小麦、玉米为主。

海通乡［Hǎitōng Xiāng］ 濮阳县辖乡。在县境西南部。面积49平方千米。人口5万。辖47村委会，有55自然村。乡人民政府驻海通。1957年设海通乡。1958年改公社。1983年复乡。1986年改两门镇。1989年分设两门镇、海通乡。2005年两门镇并入海通乡。因乡政府驻地得名。有中学1所，小学19所，幼儿园6所，卫生院1个，文化站1个。有丁鉴塘烈士碑、团堽汉墓群等。农业以种植小麦、玉米、水稻为主。有荷花生态游乐园。省道南濮、濮淇线过境。

海通［Hǎitōng］ 海通乡人民政府驻地。在县政府驻地城关镇南28千米。人口2500。传古代河流纵横，常年积水，势如大海，戏称通海，村以此得名。聚落呈团块状。有中小学、幼儿园、卫生所、文化大院、健身场地等。农业以种植小麦、玉米为主。

渠村乡［Qúcūn Xiāng］ 濮阳县辖乡。在县境西南部。面积77平方千米。人口4万。辖34村委会，有58自然村。乡人民政府驻渠村。1957年设渠村乡。1958年改公社。1983年复乡。因乡政府驻地得名。有中学1所，小学19所，幼儿园3所，卫生院1个，卫生室34个。有蘧伯玉墓、二贤祠、护国寺等。农业以种植小麦、水稻为主。特产黑牛肉。省道南濮线过境。

渠村［Qúcūn］ 渠村乡人民政府驻地。在县政府驻地城关镇南34千米。人口1600。有春秋卫国先贤蘧伯玉墓，后人墓旁立村，得名蘧村。后因蘧、渠同音，演化为今名。聚落呈团块状。有中小学、幼儿园、卫生所、文化大院、健身场地等。农业以种植小麦、水稻为主。有农副产品加工业。

习城乡［Xíchéng Xiāng］ 濮阳县辖乡。在县境南部。面积62平方千米。人口4万。辖45村委会，有57自然村。乡人民政府驻习城集西街。1957年设乡。1958年改公社。1983年复乡。因乡政府驻地得名。有中学1所，小学19所，幼儿园5所，卫生院1个，卫生室45个，文化站1个。农业以种植小麦、玉米为主。有造纸业。106国道、省道临黄堤线过境。

习城集西街［Xíchéngjíxījiē］ 习城乡人民政府驻地。在县政府驻地城关镇东南31千米。人口2200。传原名北张村，明天启年间(1621—1628)周氏徙居，人盛村大，且文人集聚，为倡导习文知礼，改村名为习城，后成集，更名习城集。后分东、西2街，此处居西，故名。聚落呈团块状。有中小学、幼儿园、卫生所、文化大院。农业以种植小麦、玉米为主。省道临黄堤线经此。

许 昌 市

许昌市［Xǔchāng Shì］ 河南省辖地级市。北纬33°42′—34°24′，东经113°03′—114°19′。在省境中部。面积4996平方千米。户籍人口487.1万，常住人口431.5万。以汉族为主，还有回、满、蒙古、藏、苗、瑶、壮、维吾尔等民族。辖魏都区，许昌、鄢陵、襄城3县，代管禹州、长葛2县级市。市人民政府驻魏都区。南朝宋永初二年(421)置许昌郡。北魏改颍川郡。西魏复许昌郡。东魏天平元年(534)置颍州，许昌郡属之。武定七年(549)改颍州为郑州，治颍阴(今魏都区)。北周大定元年(581)改许州。隋改颍川郡。唐武德四年(621)改许州。天宝元年(742)改颍川郡，属河南道。乾元元年(758)复许州。北宋初置许州，属京西路。元丰三年(1080)升颍昌府，属京西北路。大观四年(1110)称许州。元仍之。明洪武元年(1368)长社县并入，属开封府。清初属河南省。雍正二年(1724)升直隶州。雍正十三年(1735)升许州府，属河南省。1913年府废，属豫东道。1932年属第二行政督察区。1948年成立许昌专区。1969年改地区。1986年改省辖地级市。1997年襄城县并入。传远古东夷族许由部落牧耕于此，故名“许”。三国魏黄初二年(221)曹丕以“汉亡于许，魏基昌于许”，改为许昌。处中原腹地，平均海拔73米。西部为低山丘陵，最高海拔1150米。东部为淮海平原西缘，最低海拔50米。年均气温14℃，1月平均气温0.5℃，7月平均气温27℃。年均降水量700毫米。年均无霜期218天。颍河、双洎河、清潩河、清流河、北汝河等流经。有矿产资源煤、铝土、铁、硅石、耐火黏土、石灰岩、大理石和白垩土等。有野生植物170种。有野生动物狼、猪獾、狗獾、赤狐等25种。有国家级森林公园2个。森林覆盖率32.5%。有国家级企业技术中心6个，省级企业技术中心44个。有高校4所，中学239所，小学1008所，三级医院3个。有博物馆3个，纪念馆7个，展览馆3个，档案馆2个。有大型体育场馆5个。有全国重点文物保护单位23个，省级文物保护单位55个。有省级爱国主义教育基地5个。有地方特色民间艺术豫剧、越调、曲剧等。有千年古县2个。有中国历史文化名镇1个，省级历史文化名镇4个，省级历史文化名村1个。有国家级非物质文化遗产3项，省级非物质文化遗产29项。有国家4A级旅游景区4个，国家3A级旅游景区4个。三次产业比例9∶68∶23。农业以种植小麦、玉米、辣椒为主。有国家农民专业合作社15个，省农民专业合作社31个。工业以电力装备、再生金属及制品、汽车及零部件、超硬材料及制品、电梯、食品冷链、发制品为主。有高端装备制造、新能源汽车、生物医药等新兴产业。有电力装备、人造金刚石、发制品、汽车零部件、电梯等生产基地。有国家级开发区1个，省级8个。服务业以商贸、旅游为主。有公路7078千米，高速公路260千米。京广铁路，京广高铁，京港澳、兰南、永登高速，107、230、234、240、311、344国道，省道郑浙、开遂、滑确线等过境。

许昌［Xǔchāng］ 别名莲城。许昌市聚落。在市境中部。面积97平方千米。人口50.7万。以汉族为主，还有回、满、蒙古等民族。西汉筑“灌台”，后称“思故台”。三国魏开挖运粮河。唐构筑城墙。明改为砖城，修葺学宫，创建文昌阁，建文峰塔。明代古城面积1.8平方千米，有护城河、城墙。1949年城区街道清晰，轮廓方正。1954年围绕北关文教区和市场前街发展。1959年形成城市雏形。1963年由里向外发展。1989年前城区集中于清潩河以西。1995年后沿京广铁路并向东拓展，形成18横13纵道路网，连接城区。2014年底形成“一核两心、一轴三廊、绿环五片”组团发展的丰字形城市空间结构。东部新城区为市政治、经济、文化中心，为行政办公、金融商贸、文化教育、交通枢纽、生活居住、电子商务、仓储物流、健康养老区。中部及西部老城区为城市文化、商业、旅游、居住区。西南部为高新技术产业基地、创新产业集聚区、科技兴贸创新基地。北部为复合型功能区。清潩河、灞陵河、饮马河等流经。有标志性建筑许都大剧院、许昌文博馆、许昌规划展览馆、许昌科技馆等。有许都公园、西湖公园、秋湖湿地公园、北海公园、芙蓉湖、鹿鸣湖等景区。有古迹春秋楼、灞陵桥、曹丞相府等。有风味小吃浆面条、热豆腐、滋补烩面等。铁路、高铁、高速、国道交错。有许昌站、许昌东站。

许昌经济技术开发区［Xǔchāng Jīngjì Jìshù Kāifāqū］ 在市境西南部。东、南、西至许昌县长村张乡边界，北至许由路。面积62平方千米。原名许昌市高新技术工业园区，1997年11月经河南省政府批准升级为省级经济技术开发区。2010年12月经国务院批准升级为国家级许昌经济技术开发区，由许昌市政府管理。形成装备制造业集群，电力装备产业链、电梯产业链，发制品和生物科技为主的“一群双链，两特色”产业格局。有永新电器、大盛微电、美特桥架、同心传动、悦诚科技等大型企业百余家。有高速节能电梯联合实验室。有西继迅达、许昌烟机、瑞新电气、元华生物省级企业技术中心。有西继迅达、恒源股份、美特桥架、永新电器省级工程技术研究中心。通公交车。

永昌路［Yǒngchāng Lù］ 在市境中部偏北。西起西环北路，东至花都大道。与灞陵路、五一路、劳动路、文峰北路等相交。长16.1千米，宽80米。沥青路面。以文峰北路为界分西、东路。1996年开工，2009年建成。原名北环路，2009年更今名，寓意永远昌盛。两侧有中原电气谷、汽车北站、河南宏伟置业、许昌电气职业技术学院等。通多路公交车。

建安大道［Jiàn'ān Dàdào］ 在市境中部。西起劳动南路，东至京港澳高速。与文化路、北关大街、文峰中路、八龙路等相交。长 6.8 千米，宽 40—60 米。沥青路面。2000 年开工，2001 年建成。因汉献帝年号建安及“建安文化”得名。两侧有市委、市政府、市政协、许都公园、东湖游园、许昌高中等。通多路公交车。

许由路 [Xǔyóu Lù] 在市境南部。西起西环南路，东至中原南路。与开元路、灞陵路、延安南路等相交。长 14.6 千米，宽 50 米。沥青路面。以文峰南路为界分西、东路。1985 年开工，1986 年建成。原名南环路、瑞金路，2003 年因纪念许由更今名。两侧有超市、宾馆、居住小区等。通多路公交车。

劳动路 [Láodòng Lù] 在市境中部。北起北苑大道，南至建设路。与农大路、新元大道、昌盛路、尚德路等相交。长 16.1 千米，宽 32—40 米。沥青路面。以永昌西路为界分北、南路。1972 年开工，1975 年建成，2014 年北延。以歌颂劳动人民而得名。两侧有体育场、市医院、西湖公园、魏源商业广场等。通多路公交车。

文峰路 [Wénfēng Lù] 在市境中部。北起北苑大道，南至瑞贝卡大道。与农大路、建德路、新元大道、龙泉街等相交。长 19.7 千米，宽 50—53 米。沥青路面。以永昌路、新兴路为界分北、中、南路。为郑州—信阳公路市区段，取名备战路。1984 年拓宽延长。1985 年因文峰塔更今名。1989 年拓宽延长。两侧有火车站、铁路分局、博物馆、戏校、广电局、人民银行、三鼎华悦大酒店、鑫悦广场等。通多路公交车。

魏武大道 [Wèiwǔ Dàdào] 在市境东部。北起北苑大道，南至南环东路。与农大路、建德路、新元大道、龙泉街等相交。长 21.9 千米，宽 80 米。沥青路面。1998 年开工，2003 年建成，2006、2009 年分别扩建延长。以曹操谥号“魏武帝”命名。两侧有全国输变电装备制造业基地、中原电气谷、许昌学院、许昌职业技术学院、许昌电气职业技术学院、许昌第二高级中学等。通多路公交车。

魏都区

魏都区 [Wèidū Qū] 许昌市人民政府驻地。在市境中部。面积 97 平方千米。人口 40.7万。辖 12 街道。区人民政府驻西大街街道。1948 年析许昌县城郊设许昌市(县级)。1960 年许昌县并入。1961 年市、县分设。1986 年市改魏都区。曾为三国时期魏国五都之一，故名。1999 年改造清潩河，建成千亩游园。2011 年连通河湖水系。清潩河、清泥河、运粮河、许扶运河流经。有省级企业技术中心 3 个。有高校 3 所，中学 18 所，小学 31 所，三级医院 3 个，二级医院 7 个，体育场馆 3 个，图书馆 3 个，科技馆 1 个。有全国重点文物保护单位 2 个，省级文物保护单位 2 个。有省级爱国主义教育基地 4 个。有八柏冢、王允墓、晁错墓等古迹。有国家级非物质文化遗产越调。三次产业比例 1∶52∶47。农业以种植小麦、玉米、蔬菜为主。工业以机械制造、纺织服装加工为主。有省级魏都产业集聚区。服务业有金融保险、楼宇经济、物流、文旅、电子商务、健康养老、会展经济等。有棉花交易、纺织服装、家居家具、农副产品、现代建材、电子机械配件等专业市场。有小商品中心、汽车物流园。有运粮河文化旅游带、南顺河街休闲风情带、七一路商贸业发展带、南大街传统商业发展带、丞相府休闲旅游带等。京广铁路，京广高铁，京港澳高速，107、311 国道过境。有许昌站、许昌东站、许昌市汽车客运总站。通多路公交车。

春秋广场 [Chūnqiū Guǎngchǎng] 在城区中部。面积 3.6 万平方米。1997 年开工，1998 年建成。因春秋楼得名。从北向南由休闲广场、中心广场和南部小广场组成。南部小广场“风水球”环绕图腾柱 8 根，古朴典雅。为举办大型聚会、市民群众游览休闲的重要场所。周边有大商新玛特鸿宝店、豫园美食城、奎楼商业街、天伦燃气大厦等。通多路公交车。

许昌站 [Xǔchāng Zhàn] 见交通运输设施部分“许昌站”条。

许昌市汽车客运总站 [Xǔchāng Shì Qìchē Kèyùn Zǒngzhàn] 见交通运输设施部分“许昌市汽车客运总站”条。

西大街街道 [Xīdàjiē Jiēdào] 魏都区人民政府驻地。在区境中部。面积 2 平方千米。人口 2.3 万。1956 年设。因西大街得名。先后拓宽改造清虚街、古槐街、西大街、东大街，新建魏武帝广场等。有中学 2 所，小学 2 所，二级医院 1 个，社区卫生服务中心 1 个，社区卫生服务站 6 个。有综合养老服务中心、社区托老站。有省级文物保护单位许州府衙。有市一中工字楼、曹丞相府景区。经济以商贸服务、旅游休闲、文化创意、特色餐饮为主。有豫园美食城一条街。通多路公交车。

东大街街道 [Dōngdàjiē Jiēdào] 属魏都区。在区境东部。面积 2.1 平方千米。人口 1.2万。以汉族为主，还有回族等。1956 年设。因东大街得名。东、南、北三面临护城河。先后拓宽改造建设路、东顺河街、东大街、天平街、察院西街、聚奎街，新建春秋楼、春秋广场、奎楼商业街等。有中学 1 所，小学 1 所，社区卫生服务中心 1 个，社区卫生服务站 4 个。有综合养老服务中心、社区托老站。有省级文物保护单位春秋楼。有回族聚居区引龙街、兴隆街、聚奎街。有清真寺。经济以商贸服务为主。有南大街工艺美术一条街、文会街清真饮食一条街、东大街家装卫浴一条街。通多路公交车。

西关街道 [Xīguān Jiēdào] 属魏都区。在区境西北部。面积 3.9 平方千米。人口 3.1 万。1956 年设。因老城区西关得名。先后改造华佗路、八一路、解放路、五一路，清淤运粮河，新建帝豪游园、中行大厦。清泥河、运粮河流经。有中学 1 所，小学 1 所，三级医院 1 个，社区卫生服务中心 1 个，社区卫生服务站 8 个。有综合养老服务中心、社区托老站。有西关天主教堂、许昌英美烟公司旧址、许昌信义医院旧址。经济以商贸服务为主。有农贸、综合市场等。通多路公交车。

南关街道 [Nánguān Jiēdào] 属魏都区。在区境中部偏南。面积 2.1 平方千米。人口 2 万。1956 年设。因南关大街得名。先后改造颍昌路、七一路、南关大街、三八路，重建市群众艺术馆。有中学 1 所，小学 3 所，幼儿园 1 所，二级医院 2 个，社区卫生服务中心 1 个，社区卫生服务站 5 个。有综合养老服务中心、社区托老站。经济以商贸服务为主。为区商业服务核心区。有胖东来时代广场、生活广场、绿洲梦想广场、三鼎商务广场、七一路电子数码特色街、思故台商业街等。有许昌站、许昌长途汽车总站。通多路公交车。

北大街街道 [Běidàjiē Jiēdào] 属魏都区。在区境中部偏北。面积 4.1 平方千米。人口 2.5万。1978 年设。因北关大街得名。先后改造北关大街、文化路、袁庄街、玉皇阁路、劳动路、建安大道、市体育场、西湖公园等。有中学 2 所，小学 1 所，社区卫生服务中心 1 个，社区卫生服务站 6 个。有综合养老服务中心、社区托老站。有许昌师专文科楼。经济以商贸服务为主。通多路公交车。

五一路街道 [Wǔyīlù Jiēdào] 属魏都区。在区境西南部。面积 3.7 平方千米。人口 3.2 万。1981 年设。因五一路得名。先后清淤运粮河，改造解放路、光明路、运粮河街、向阳路、许继大道等。运粮河流经。有中学 3 所，小学 1 所，三级医院 1 个，二级医院 2 个，社区卫生服务中心 1 个，社区卫生服务站 6 个。有综合养老服务中心、社区托老站。有许继广场、登秋台游园。经济以金融、商贸为主。有多家银行网点。通多路公交车。

丁庄街道 [Dīngzhuāng Jiēdào] 属魏都区。在区境北部。面积 4.5 平方千米。人口 2 万。2005 年由丁庄乡改设。因姓氏得名。先后建设安置小区，新建陈庄西街、丁庄街、洪山庙街，改建劳动路。清潩河、清泥河流经。有小学 1 所，社区卫生服务中心 1 个，社区卫生服务站 8 个。有综合养老服务中心、社区托老站。有古迹王允墓。经济以商贸、农产品加工为主。通多路公交车。

七里店街道 [Qīlǐdiàn Jiēdào] 属魏都区。在区境西部。面积 25.6 平方千米。人口 5.8 万。2005 年由七里店乡改设。因七里铺得名。先后建设安居小区，改建许继大道、八一路、天宝路，新建灞陵路、龙祥路、顺祥路、双河路、朝阳路。清泥河、颍汝总干渠流经。有灞陵湖。有市工商管理学校。有中学 1 所，小学 7 所，社区卫生服务中心 1 个，社区卫生服务站 13 个。有市青少年宫、综合养老服务中心、社区托老站等。有全国重点文物保护单位关帝庙。有三官庙遗址、中王庙。有许昌灞陵桥景区。经济以电气配件、商贸物流、文化旅游为主。有三国文化产业园。通多路公交车。

高桥营街道 [Gāoqiáoyíng Jiēdào] 属魏都区。在区境北部。面积 18.7 平方千米。人口 5.7 万。2005 年由高桥营乡改设。先后建设安居小区，改造永昌路、劳动路，新建裕丰街、万通街、隆昌路、宏腾路、永兴路、汉风路。清潩河、清泥河、饮马河流经。有许昌电气职业技术学院、市中心医院新院区。有小学 6 所，社区卫生服务中心 1 个，社区卫生服务站 12 个。有综合养老服务中心、社区托老站。有中央公园景区。有古迹八柏冢。工业以纺织服装、机械制造为主。有魏都产业集聚区。京广铁路过境。有许昌汽车北站。通多路公交车。

文峰街道 [Wénfēng Jiēdào] 属魏都区。在区境东南部。面积 2.3 平方千米。人口 4.1 万。2006 年南关街道析设。因全国重点文物保护单位文峰塔得名。先后改造莲城大道、新兴路、前进路、许都路、毓秀路。清潩河流经。有中学 1 所，小学 2 所，三级医院 1 个，社区卫生服务中心 1 个，社区卫生服务站 5 个。有综合养老服务中心、社区托老站。有省级爱国主义教育基地许昌市烈士陵园。有南湖游园景区。有古迹晁错墓。经济以房地产开发、住宿餐饮、建材家居、商贸服务为主。有长青街建材一条街。通多路公交车。

新兴街道 [Xīnxīng Jiēdào] 属魏都区。在区境南部。面积 4.7 平方千米。人口 3.4 万。2006 年设。因新兴路得名。先后改造文峰路、解放路、仓库路、兴华路、许由路。运粮河流经。有中学 2 所，小学 3 所，社区卫生服务中心 1 个，社区卫生服务站 11 个。有综合养老服务中心、社区托老站。经济以汽贸物流、建材家居、陶瓷、纸加工为主。有汽贸城、家具广场及陶瓷、农产品、建材等市场。京广铁路过境。有许昌汽车南站。通多路公交车。

半截河街道 [Bànjiéhé Jiēdào] 属魏都区。在区境东部。面积 23.3 平方千米。人口 5.4 万。2005 年由半截河乡改设。先后改建建安大道，新建智慧大道、魏文路、学院路、魏武大道、许州路等，延长前进路、新兴路，建设清潩河、东湖水系生态景观。有中学4所，小学3所，二级医院2个，社区卫生服务中心1个，社区卫生服务站10个。有许都大剧院、规划展览馆、博物馆、图书馆、科技馆、许都公园等。有古迹董妃墓。经济以房地产开发、住宿餐饮、建材家居、商贸服务为主。通多路公交车。

禹州市

禹州市［Yǔzhōu Shì］　河南省直辖县级市，由许昌市代管。北纬33°59′，东经113°03′。在许昌市境西部。面积1461平方千米。人口126万。以汉族为主，还有回、蒙古、满、白等民族。辖4街道、18镇、4乡。市人民政府驻颍川街道。秦始皇十七年(前230)置阳翟县，属颍川郡，郡、县治此。汉因之。三国魏属河南尹。西晋属河南郡。东魏兴和元年(539)置阳翟郡。隋属襄城郡。唐属河南府。北宋属颍昌府。金、元属钧州，县名及治所未变。明万历三年(1575)改为禹州，仍治今城关镇。清因之，属开封府。1913年改县，属豫东道，次年属开封道。1927年属省。1932年属第一行政督察区。1948年属豫西五行署。1949年属许昌专区。1969年属许昌地区。1986年属许昌市。1988年改禹州市。因古禹州得名。2003年建设城东新区。2006年新建财税大厦、农林大厦、广电大厦、夏禹公园等，改造颍河并修建防护栏。地处伏牛山脉与豫东平原过渡地带，地势西北高、东南低。海拔500—900米。年均气温14.4℃，1月平均气温0.3℃，7月平均气温27.4℃。年均降水量650毫米。颍河、涌泉河、蓝河、书堂河等流经。有白沙、纸坊、沙陀、龙头、龙尾、月湾等水库。有矿产资源煤炭、石灰石、铝矾土、陶土等。森林覆盖率23.2%。有许昌陶瓷职业学院、禹州市职业中专、市教师进修学校、市卫生学校等。有中学35所，小学302所，幼儿园344所，二级医院3个，科技馆1个，图书馆1个，体育馆1个，豫剧团1个。为省级历史文化名城。有全国重点文物保护单位钧台钧窑遗址、后汉皇陵等7个，省级文物保护单位义勇武安王大殿、伯灵翁庙戏楼等25个。有蔡文忠墓、周恭王墓、吕祖阁、琅城遗址等古迹。有国家级非物质文化遗产钧瓷烧制技艺、禹州药会，省级非物质文化遗产大禹神话传说、黄帝传说、顺店刺绣等8项。有传统技艺禹州泥塑、禹州粉条制作技艺、顺店打铁花等。有中国传统村落4个，省级传统村落27个。有市烈士陵园、大涧村、吴道子纪念馆等。有大鸿寨风景区、逍遥观风景区、明周王墓风景区、神垕古镇、颍河景观带、森林植物园等。三次产业比例8∶71∶21。农业以种植小麦、玉米为主，养殖牛、羊、鸡、猪。有中药材等特色种植。有迷迭香标准化种植基地。工业以能源、建材、装备制造等为主，有钧陶瓷、发制品、铸造、食品等特色产业。服务业以文旅、通讯、物流、商贸为主。有国家级中药材专业市场。平禹铁路，郑尧、永登高速，234国道，省道郑淅、卫新、博许、夏宜、鹿汝等线过境。有第一汽车站、第二汽车站、汽车东站。

禹王大道［Yǔwáng Dàdào］　在市区南部。东起轩辕路，西至西环路。与颍川路、柏山路、府东路、府西路等相交。长7.3千米，宽56米。沥青路面。1996年开工，1997年建成。2000年贯通颍川东路、钧州路。因大禹封地得名。途经市行政、文化、科教中心。两侧有夏禹公园、图书馆、科技馆、市中心医院、市卫计委、国土资源局、人民法院、检察院、禹王广场、陶瓷城、客运东站、客运二站等。通公交车。

阳翟大道［Yángdí Dàdào］　在市区中部。东起轩辕路，西至腾飞路。与颍川路、柏山路、药城路等相交。长7.2千米，宽40米。混凝土路面。2004年开工，2005年建成。因禹州古称阳翟得名。途经市工业企业集中地带。两侧有东风汽车部件公司、和汇集团、盛轩纸业、天瑞水泥、市体育馆等。通公交车。

药城路［Yàochéng Lù］　在市区东部。南起阳翟大道，北至永登高速。与禹王大道、滨河大道、颍北大道、北环路相交。长7.3千米，宽60米。混凝土路面。1994年开工，1996年建成。因中华药城得名。两侧有中华药城、商贸步行街、陶瓷城、禹王广场、禹州高中、许昌陶瓷学院、森林植物园、颍河水利风景区等。通公交车。

钧州大街［Jūnzhōu Dàjiē］　在市区中部。南起画圣路，北至北关桥。与滨河大道、迎宾路、公栈街、西大街、钧台路相交。长2.8千米，宽24米。沥青路面。1987年开工，1988年建成。1997年扩建。2000年全线贯通，称钧州大街。因禹州史称钧州得名。两侧有新华书店、北街小学、回族小学、钧都商场、广电商城、友谊广场、电影院、禹州宾馆等。通公交车。

禹州市客运东站［Yǔzhōu Shì Kèyùn Dōngzhàn］　见交通运输设施部分“禹州市客运东站”条。

颍川街道［Yǐngchuān Jiēdào］　禹州市人民政府驻地。在市境中部。面积12.6平方千米。人口5.5万。1999年设。因秦代颍川郡得名。先后改造南关大街、迎宾路、药城路、建设路、大同路、禹王大道，新建华夏大道、阳翟大道、颍川路、府东路、柏山路、友谊路。颍河、梁北沟流经。有中学1所，小学3所，二级医院2个，社区卫生服务中心1个，社区卫生服务站15个。有科技馆、体育馆、图书馆。有夏禹公园。有省级文物保护单位长春观大殿。工业以能源、建材、陶瓷为主。有开元步行街、禹王广场、中华药城、长春观批发街、陶瓷城、商贸大世界、建材市场。省道郑淅、夏宜线过境。有禹州汽车站、禹州市第二汽车站、客运东站。通多路公交车。

夏都街道［Xiàdū Jiēdào］　属禹州市。在市境中部。面积12.1平方千米。人口4.5万。1999年城关镇析设。因曾为夏都得名。先后改造颍河大街、钧州大街、滨河路、体育场、老广场、化肥厂。梁北沟流经。有省级工程技术研究中心1个，省级企业技术中心1个。有中学2所，小学6所，社区卫生服务中心1个，社区卫生服务站12个。有体育场。有夏都游园、钟鼓楼广场。有省级文物保护单位文庙大成殿、马懋故居、洪山庙。农业以种植大棚蔬菜、苗木、花卉为主。工业以陶瓷、塑胶、电线电缆、汽车配件为主。有农贸市场2个。有市第三汽车站。通多路公交车。

韩城街道［Hánchéng Jiēdào］　属禹州市。在市境中部。面积10.9平方千米。人口3.1万。1999年设。周威烈王十八年(前408)韩景侯迁都于此，故名。颍河流经。先后改造禹王大道、滨河大道、聂政台路、三官家路、商城路、韩城路、团结路、兴业路、瓷苑路、园区路、腾飞路。有中学2所，小学3所，社区卫生服务中心1个，社区卫生服务站11个。有省级文物保护单位禹州城隍庙、聂政台等。农业以种植蔬菜为主。工业以热电、汽车物流、塑制品加工为主。有市产业集聚区西产业园。有农贸市场。省道夏宜线过境。通多路公交车。

钧台街道［Jūntái Jiēdào］　属禹州市。在市境中部。面积12.3平方千米。人口4.5万。1999年撤城关镇析设。因古钧台得名。先后改造颍河大街、钧州大街、颍北大道、祥云大道、大学路、北关桥、东关桥，新建清颍桥、彩虹桥等。颍河、倒流江、南水北调中线总干渠等流经。有许昌陶瓷职业学院。有高中1所，中学1所，小学3所，二级医院1个，社区卫生服务中心1个，社区卫生服务站14个。有钧瓷博物馆。有全国重点文物保护单位钧台钧窑遗址，省级文物保护单位古钧台、阳翟城墙、十三帮会馆、怀帮会馆、天宁万寿寺等。有龙亭、禹王锁蛟井、张良洞、马文升祠堂等。有颍河景观带、颍河水利风景区、森林植物园。农业以种植蔬菜、花卉为主。工业以铸造、三轮车配件加工为主。服务业以商贸、物流为主。省道夏宜线过境。有禹州汽车北站。通多路公交车。

火龙镇［Huǒlóng Zhèn］　禹州市辖镇。在市境中部偏西。面积46平方千米。人口5.6万。辖26村委会，有47自然村。镇人民政府驻火龙。1961年设火龙区。1968年改公社。1984年改乡。1993年改镇。因镇政府驻地得名。颍河、南水北调中线总干渠流经。有中学1所，小学13所，卫生院1个，卫生室28个。有文化广场、敬老院等。有全国重点文物保护单位瓦店遗址，省级文物保护单位龙池花牌坊、郭氏民居。有冀寨遗址。农业以种植小麦、玉米、蔬菜为主。工业有造纸、织袜、铸造、木材加工、石墨加工、变速器制造、食品加工等。三洋、平禹铁路，省道夏宜线，禹州—神垕快速通道过境。

火龙［Huǒlóng］　火龙镇人民政府驻地。在市政府驻地颍川街道西9千米。人口1400。因火龙庙得名。聚落呈团块状。有中小学、卫生院、文化大院、敬老院。有全国重点文物保护单位瓦店遗址。农业以种植小麦、玉米为主。工业有机械修配、食品加工等。三洋、平禹铁路，省道夏宜线经此。

顺店镇［Shùndiàn Zhèn］　禹州市辖镇。在市境西北部。面积70.3平方千米。人口8.3万。辖5居委会、34村委会，有68自然村。镇人民政府驻顺店。1952年设十二区。1958年成立五四公社。1961年设顺店区。1968年改公社。1984年改乡。1987年改镇。因镇政府驻地得名。颍河流经。有白沙水库。有中学1所，小学25所，卫生院1个，卫生室62个。有少康城遗址、大王庙。有省级非物质文化遗产顺店刺绣。农业以种植小麦、玉米为主。工业以铸造、刺绣、磨料等为主。禹登铁路，永登高速，省道夏宜、永汝线过境。

顺店［Shùndiàn］　顺店镇人民政府驻地。在市政府驻地颍川街道西北15千米。人口1.1万。明末清初交通要道经此，道路顺畅，店铺众多，故名。聚落呈带状。有中小学、幼儿园、卫生院、文化大院、敬老院。有省级非物质文化遗产顺店刺绣。有传统庙会古刹会。农业以种植小麦、玉米为主。工业以铸造、手工丝织为主。有特色美食杂烔。禹登铁路、永登高速、省道夏宜线经此。

方山镇［Fāngshān Zhèn］　禹州市辖镇。在市境西部。面积64.2平方千米。人口4.3万。辖27村委会，有143自然村。镇人民政府驻方山。1949年设方山区。1958年并入鸠山公社。1961年复区。1968年成立公社。1984年改乡。1985年改镇。因镇政府驻地得名。涌泉河、潘家河流经。有纸房水库。有中学1所，小学18所，卫生院1个，卫生室50个。有敬老院、图书馆、文化广场。有太尉墓。农业以种植小麦、玉米为主。工业以煤炭、铸造、水泥、机械、面粉加工为主。省道永汝线过境。

方山［Fāngshān］　方山镇人民政府驻地。在市政府驻地颍川街道西25千米。人口2000。因方山得名。聚落呈团块状。有中小学、幼儿园、卫生院、文化大院。有方山寨庙碑、豫西抗日遗址。农业以种植小麦、玉米为主。工业有铸造、煤炭开采、机械加工等。省道永汝线经此。

神垕镇［Shénhòu Zhèn］ 禹州市辖镇。在市境西南部。面积49平方千米。人口4.5万。辖10居委会、10村委会，有94自然村。镇人民政府驻神垕。1941年设神垕镇。1958年成立火箭公社。1968年改神垕公社。1981年改镇。因镇政府驻地得名。有大刘山、云盖山、乾鸣山。肖河、小清河流经。有陶瓷职业学校，中学1所，小学10所，卫生院1个，卫生室35个。有文化馆、文化墙、主题公园。为中国钧瓷之都、中国历史文化名镇。有全国重点文物保护单位神垕钧窑址，省级文物保护单位伯灵翁庙戏楼、神垕古民居、神垕瓷窑址。有银杏古树。有赵家老宅、周家古瓷窑。有千年古街。有国家级非物质文化遗产钧瓷烧制技艺。有传统民俗神垕古镇社火。农业以种植小麦、玉米为主。工业以煤炭开采、制瓷为主。为陶瓷工业重镇、钧瓷原产地。服务业以旅游为主。禹州—神垕公路过境。

神垕［Shénhòu］ 神垕镇人民政府驻地。在市政府驻地颍川街道西南24千米。人口1.5万。明永乐二年(1404)朱棣获驺虞兽献于明成祖，认其乃神佑，遂取皇天后土之意，改大刘山为神垕山。村因山得名，意为神灵保佑之地。聚落呈拐尺状。肖河流经。有陶瓷职业学校、中小学、幼儿园、卫生院、文化中心。有全国重点文物保护单位神垕钧窑址，省级文物保护单位伯灵翁庙戏楼、神垕古民居。工业以煤炭开采、制瓷为主。有商业街、古玩市场。禹州—神垕公路经此。

鸿畅镇［Hóngchàng Zhèn］ 禹州市辖镇。在市境西南部。面积69平方千米。人口6.4万。辖38村委会，有95自然村。镇人民政府驻鸿畅。1968年神垕区析设鸿畅公社。1984年改乡。1993年改镇。因镇政府驻地得名。蓝河、小青河、石板河、倒流河、南水北调中线总干渠流经。有中学1所，小学17所，卫生院1个，卫生室59个。有名胜古迹涧头河石经幢、鸿北王氏祠堂、昆仑寺壁画、画圣吴道子故里。农业以种植小麦、玉米为主。工业以煤炭、铝矾土开采，石灰、水泥加工为主。为禹州、郏县交界处的重要集贸市场。三洋铁路、禹州—神垕公路过境。

鸿畅［Hóngchàng］ 鸿畅镇人民政府驻地。在市政府驻地颍川街道西南18千米。人口5800。宋代称洪长村，别名元老村。明改红畅。清乾隆年间(1736—1795)众多商贾来此经商，生意兴隆，市场繁荣，遂取"鸿大畅流"之意改今名。聚落呈团块状。石板河流经。有中小学、幼儿园、卫生院、文化大院。有古迹王氏祠堂。农业以种植小麦、玉米为主。工业有面粉、食品加工，制缸等。三洋铁路、禹州—神垕公路经此。

梁北镇［Liángběi Zhèn］ 禹州市辖镇。在市境东南部。面积47平方千米。人口4.8万。辖2居委会、23村委会，有47自然村。镇人民政府驻郭村。1968年城关镇析设梁北公社。1984年改乡。1994年改镇。因梁北村得名。小金河、小泥河、南水北调中线总干渠流经。有中学1所，小学10所，卫生院1个，卫生室25个。有名胜古迹杜康寺、观耜园、关帝庙、应侯祠等。农业以种植小麦、玉米为主。工业以煤炭开采、制瓷、机械、面粉加工、造纸为主。平禹、三洋铁路，郑尧高速，省道永汝线，禹州—神垕公路，禹州—神垕快速通道过境。

郭村［Guōcūn］ 梁北镇人民政府驻地。在市政府驻地颍川街道南5千米。人口2600。明洪武年间(1368—1398)杨姓迁此建楼，得名杨楼，后因郭姓迁入改今名。聚落呈团块状。有小学、幼儿园、卫生室、文化大院。农业以种植小麦、玉米为主。工业有制瓷、食品加工、机械、木材加工、面粉加工等。有农贸交易。农历单日晨集，逢七有物交会。省道永汝线、禹州—神垕公路经此。

梁北［Liángběi］ 在市政府驻地颍川街道南5千米。梁北镇辖自然村。人口2700。明初山西洪洞县移民住神庙沟嘴两侧，石桥下有梁，故依桥南、北取名梁南、梁北。清同治年间(1862—1874)为防匪患，在梁北筑寨，梁南迁入，统称梁北。聚落呈带状。有中小学、幼儿园、卫生院。农业以种植小麦、玉米为主。工业以建筑陶瓷、造纸为主。平禹、三洋铁路，省道永汝线经此。2011年被评为全国文明村。

古城镇［Gǔchéng Zhèn］ 禹州市辖镇。在市境东北部。面积54平方千米。人口4.7万。辖25村委会，有63自然村。镇人民政府驻大悲庙。1961年红星公社析设古城区。1968年成立公社。1984年改乡。1994年改镇。因古城村得名。传"黄帝臣雍父作臼杵"于此。春秋时先后称雍城、雍氏城、雍梁城。东汉末因司马懿屯兵于此改名司马古城。唐代因建显庆寺改名古城寺，后称古城村。白水河、红水河、具茨河、南水北调中线总干渠流经。有中学1所，小学15所，卫生院1个，卫生室45个。有文化中心、敬老院。有省级文物保护单位雍梁故城。有古迹显庆寺、马王庙、汉墓群。农业以种植小麦、玉米、红薯、中药材为主。为中药材禹白芷、禹南星原产地。工业以化工机械、板框压滤机、工业水泵制造、瓶盖加工为主。有薯制品加工业。郑尧高速、省道郑淅线过境。

大悲庙［Dàbēimiào］ 古城镇人民政府驻地。在市政府驻地颍川街道东北11千米。人口1100。曾有菩萨庙，因其法号得名。也因谐音称大北村。聚落呈带状。有小学、卫生室、文化大院。农业以种植小麦、玉米为主。有石灰加工业。省道郑淅线经此。

无梁镇［Wúliáng Zhèn］ 禹州市辖镇。在市境东北部。面积86.5平方千米。人口3.7万。辖2居委会、28村委会，有154自然村。镇人民政府驻无梁。1941年设无梁镇。1948年并入六区。1968年古城区析设无梁公社。1984年改乡。1987年改镇。因镇政府驻地得名。具茨河、石梁河、高底河流经。有中学1所，小学10所，卫生院1个，卫生室30个。有文化广场、敬老院。有全国重点文物保护单位明周王墓(含陪葬妃子墓)，省级文物保护单位具茨山岩画。有古迹卢照邻墓、黄龙庙、周恭王墓、周端王墓、东兴国寺、引吾桥。农业以种植小麦、玉米、中药材为主。工业有板框压滤、水泥、建材、石灰、石料加工等。郑尧高速、省道郑淅线过境。

无梁［Wúliáng］ 无梁镇人民政府驻地。在市政府驻地颍川街道东北15千米。人口1800。因明代无梁庙得名。聚落呈团块状。石梁河流经。有中小学、幼儿园、卫生院、文化大院。有无梁庙遗址。农业以种植小麦、玉米为主。工业以建材为主。有商贸街。省道永汝线经此。

文殊镇［Wénshū Zhèn］ 禹州市辖镇。在市境西部。面积64平方千米。人口4.8万。以汉族为主，还有回族等。辖34村委会，有103自然村。镇人民政府驻文殊。1968年方山区析设文殊公社。1984年改乡。2000年改镇。因镇政府驻地得名。涌泉河、蓝河流经。有纸坊水库。有中学3所，小学18所，卫生院2个，卫生室34个。有幼儿园、敬老院。有全国重点文物保护单位坡街关王庙大殿。有蔡文忠墓、玉泉寺。农业以种植小麦、玉米为主。工业有机械、采煤、铸造、木材加工、副食品加工等。禹登铁路过境。

文殊［Wénshū］ 文殊镇人民政府驻地。在市政府驻地颍川街道西19千米。人口2200。金代有文殊寺，寺旁建村成集，有店铺，称文殊店，后简称为今名。聚落呈团块状。蓝河流经。有中小学、幼儿园、卫生院、文化大院。有古迹蓝阳书院、文殊寺遗址。农业以种植小麦、玉米为主。工业以机械加工、铸造为主。燕磨公路经此。

鸠山镇［Jiūshān Zhèn］ 禹州市辖镇。在市境西部。面积93平方千米。人口3.7万。辖31村委会，有162自然村。镇人民政府驻唐庄。1958年成立鸠山公社。1961年并入方山区。1968年复鸠山公社。1984年改乡。2009年改镇。境内三山沿九岭向外辐射，得名九子山，简称九山，镇因谐音得名鸠山。涌泉河流经。有中学1所，小学12所，卫生院1个，卫生室30个。有幼儿园、敬老院。有省级文物保护单位天王安乐寨、闵庄瓷窑址。有鸠山银杏树、楚正泰故居、明徽庄王墓、简王墓、鸠山红专大学旧址。有国家4A级旅游景区大鸿寨。农业以种植小麦、玉米、中药材等为主。工业有煤炭、铝矾土开采、耐火材料加工等。省道焦桐线过境。

唐庄［Tángzhuāng］ 鸠山镇人民政府驻地。在市政府驻地颍川街道西28千米。人口1200。明初多唐姓，故名。聚落呈带状。涌泉河流经。有中小学、幼儿园、卫生院、文化大院。有龙泉寺院。农业以种植小麦、玉米为主。有农贸交易市场。省道永汝线经此。

褚河镇［Chǔhé Zhèn］ 禹州市辖镇。在市境东部。面积73平方千米。人口7.8万。以汉族为主，还有回族等。辖4居委会、33村委会，有100自然村。镇人民政府驻褚河。1961年设褚河区。1968年成立公社。1984年改乡。2010年改镇。因镇政府驻地得名。颍河流经。有中学3所，小学8所，卫生院1个，卫生室20个。有幼儿园、文化广场。有省级文物保护单位吴湾遗址。有古迹吕祖阁、崇玄观石刻、胡楼遗址等。农业以种植小麦、玉米、蔬菜为主。工业有机械、面粉加工等。有市东产业园、市中医药健康小镇。三洋铁路，永登、郑尧高速，省道夏宜线过境。

褚河［Chǔhé］ 褚河镇人民政府驻地。在市政府驻地颍川街道东南8千米。人口2500。颍河经此，当地称褚河，村以河名。聚落呈团块状。有中小学、幼儿园、卫生院、文化大院。农业以种植小麦、玉米为主。工业有机械、食品、面粉加工等。三洋铁路、郑尧高速、省道夏宜线经此。

郭连镇［Guōlián Zhèn］ 禹州市辖镇。在市境东部。面积46平方千米。人口6.1万。以汉族为主，还有回族等。辖3居委会、26村委会，有57自然村。镇人民政府驻郭连。1961年设郭连区。1968年成立公社。1984年改乡。2011年改镇。因镇政府驻地得名。吓水河、泥河、濂河、南水北调中线总干渠流经。有中学1所，小学10所，卫生院1个，卫生室30个。有幼儿园、敬老院。有古迹黄香墓、琅城遗址、关帝庙、李庄遗址、崇福寺等。农业以种植小麦、玉米、红薯、中药材为主。有迷迭香种植基地。工业以化工、纺织、铸造、机械加工为主。有粉条加工基地。郑尧、永登高速过境。

郭连［Guōlián］ 郭连镇人民政府驻地。在市政府驻地颍川街道东北9千米。人口5400。为郭嘉故里，处濂河之滨，故称郭连。聚落呈团块状。濂河流经。有中小学、幼儿园、卫生院。农业以种植小麦、玉米、红薯为主。工业以水泥、面粉加工、农机制造为主。

范坡镇［Fànpō Zhèn］ 禹州市辖镇。在市境东南部。面积68平方千米。人口6.9万。辖35村委会,有91自然村。镇人民政府驻范坡。1968年褚河区析设范坡公社。1984年改乡。2011年改镇。因镇政府驻地得名。颍河流经。有中学1所,小学18所,卫生院1个,卫生室49个。有幼儿园、敬老院。有省级文物保护单位清流学社。有野黄村遗址、钧阳宫村遗址。农业以种植小麦、玉米、红薯为主。工业以渔业机械、建材、纺织、食品、石墨坩埚制造为主。有粉条加工基地。郑尧高速过境。

范坡［Fànpō］ 范坡镇人民政府驻地。在市政府驻地颍川街道东南12千米。人口2700。明末范姓在坡地建村,故名。清咸丰十一年(1861)筑寨,又名范坡寨。聚落呈团块状。小泥河流经。有小学、幼儿园、卫生院、文化中心。农业以种植小麦、玉米为主。工业以机械加工、食品加工、纺织为主。古城—范坡公路经此。

朱阁镇［Zhūgé Zhèn］ 禹州市辖镇。在市境北部。面积70平方千米。人口4.6万。辖29村委会,有98自然村。镇人民政府驻朱阁。1968年成立朱阁公社。1984年改乡。2011年改镇。因镇政府驻地得名。颍河、下宋河、犊水河流经。有中学1所,小学12所,卫生院1个,卫生室48个。有幼儿园、敬老院。有名胜古迹大庙、洪福寺、湫水庙、孙席庄孙氏民居、杨桥、马文升墓等。农业以种植小麦、玉米、红薯、中药材为主。工业以机械制造、农副产品加工为主。永登高速、禹州—浅井公路过境。

朱阁［Zhūgé］ 朱阁镇人民政府驻地。在市政府驻地颍川街道北8千米。人口500。明初朱姓建村,村东有白衣阁,故名。聚落呈团块状。有中小学、幼儿园、卫生院、文化中心。农业以种植小麦、玉米、中药材为主。特产血参、玄参、杭白菊。禹州—浅井公路经此。

浅井镇［Qiǎnjǐng Zhèn］ 禹州市辖镇。在市境东部。面积108平方千米。人口3.3万。辖23村委会,有142自然村。镇人民政府驻浅井。1958年成立钢铁公社。1961年改浅井区。1968年改公社。1984年改乡。2011年改镇。因镇政府驻地得名。扒村河、书堂河、马沟河流经。有中学1所,小学11所,卫生院1个,卫生室46个。有幼儿园、敬老院。有全国重点文物保护单位扒村窑遗址,省级文物保护单位逍遥观、具茨山岩画、宋聘三故居。有古迹书堂庙。有中国传统村落浅井村、扒村。农业以种植小麦、玉米为主。工业以建材、板材加工、制瓷为主。省道永汝线过境。

浅井［Qiǎnjǐng］ 浅井镇人民政府驻地。在市政府驻地颍川街道西北15千米。人口900。明代宋姓迁人,因有浅水井得名。聚落呈团块状。书堂河流经。有中小学、幼儿园、卫生院、文化中心。为中国传统村落。有省级文物保护单位宋聘三故居。有传统集会古刹会。农业以种植小麦、玉米为主。工业有面粉、食品、机械加工。省道永汝线经此。

方岗镇［Fānggǎng Zhèn］ 禹州市辖镇。在市境中部。面积44平方千米。人口4.6万。辖24村委会,有56自然村。镇人民政府驻方岗。1977年文殊、火龙2公社析设方岗公社。1984年改乡。2012年改镇。因镇政府驻地得名。蓝河流经。有东炉水库。有中学1所,小学13所,卫生院1个,卫生室48个。有幼儿园、卫生院。有古迹王琴林故居、禹山禹王庙。有刘沟豆腐制作技艺。农业以种植小麦、玉米为主。工业以煤化工、制瓷为主。有禹州市钧陶瓷产业园区。禹登、三洋铁路,省道夏宜线,禹州—神垕快速通道过境。

方岗［Fānggǎng］ 方岗镇人民政府驻地。在市政府驻地颍川街道西12千米。人口5700。传方孝孺后人逃到此地定居,岗上建村,名方家岗。后分居三处,称东庄、南寨、北寨,统称方岗。聚落呈品字形。有中小学、幼儿园、卫生院、文化中心。农业以种植小麦、玉米为主。工业以煤化工、环保型耐火材料、印刷等为主。

花石镇［Huāshí Zhèn］ 禹州市辖镇。在市境西北部。面积71平方千米。人口6.2万。辖33村委会,有86自然村。镇人民政府驻花石。1961年由五四公社析设花石区。1968年成立公社。1984年改乡。2012年改镇。因镇政府驻地得名。颍河流经。有白沙水库。有中学1所,小学14所,卫生院1个,卫生室50个。有幼儿园。有省级文物保护单位义勇武安王大殿、阎寨夏文化遗址、杨氏民居。有夏龙潭寺。有中国传统村落白北村。有传统民俗花石徐庄社火。农业以种植小麦、玉米、红薯为主。工业以铸造、板材加工等为主。禹登铁路,省道夏宜、永汝线过境。

花石［Huāshí］ 花石镇人民政府驻地。在市政府驻地颍川街道西北21千米。人口5600。因村南石桥砌有花纹石头得名花池头,后演变为今名。聚落呈团块状。颍河流经。有中小学、幼儿园、卫生院、图书室。有省级文物保护单位义勇武安王大殿、杨氏民居。有永安寨遗址。农业以种植小麦、玉米为主。有铸造业。省道夏宜线经此。

张得镇［Zhāngdé Zhèn］ 禹州市辖镇,在市境南部。面积70平方千米。人口6.2万。辖38村委会,有66自然村。镇人民政府驻新贺庄。1958年成立八一公社。1961年改张得区。1968年成立公社。1984年改乡。2013年改镇。因原乡政府驻地得名。韩哀侯五年(前428)韩相张开地之子张平(乳名张得,为张良之父)在自家封地之上建立庄园,取名韩里,后形成大集镇。西汉时为纪念开埠之人张平改称张得。明代易名彰德店。清咸丰七年(1857)筑寨,名中和寨,又称张得镇。1948年后简称张得。吕梁河、南水北调中线总干渠流经。有中学1所,小学15所,卫生院1个,卫生室53个。有幼儿园、观音阁。有中国传统村落张西村。农业以种植小麦、玉米、中药材为主。郑尧高速、省道永汝线过境。

新贺庄［Xīnhèzhuāng］ 张得镇人民政府驻地。在市政府驻地颍川街道西南11千米。人口900。明正德三年(1509)贺姓迁此,称贺庄。1981年改今名。聚落呈长方形。南水北调中线总干渠流经。有小学、幼儿园、卫生室、文化中心。农业以种植小麦、玉米、中药材为主。省道永汝线、禹州—神垕公路经此。

苌庄乡［Chángzhuāng Xiāng］ 禹州市辖乡。在市境西北部。面积88平方千米。人口3.1万。辖31村委会,有177自然村。乡人民政府驻苌庄。1968年花石、浅井2区析设苌庄公社。1984年改乡。因乡政府驻地得名。有中学1所,小学18所,卫生院1个,卫生室52个。有幼儿园、敬老院。有全国重点文物保护单位五代后汉皇陵,省级文物保护单位具茨山岩画。有玩花台第六区抗日人民政府旧址。有古柏树。农业以种植小麦、玉米为主。工业以煤炭、铝矾土开采、水泥加工为主。永登高速、省道郑淅线过境。

苌庄［Chángzhuāng］ 苌庄乡人民政府驻地。在市政府驻地颍川街道西北22千米。人口2100。周敬王大夫苌弘曾居此,称苌弘街,后演变为今名。聚落呈带状。荟萃河流经。有小学、幼儿园、卫生室、文化中心。农业以种植小麦、玉米为主。工业以水泥、铸造、农副产品加工为主。

磨街乡［Mòjiē Xiāng］ 禹州市辖乡。在市境西部。面积51平方千米。人口2.4万。辖17村委会,有101自然村。乡人民政府驻磨街。1968年方山区析设磨街公社。1984年改磨街乡。因乡政府驻地得名。尚沟河、大涧河流经。有中学3所,小学5所,卫生院1个,卫生室26个。有幼儿园、敬老院。有大涧村瓷窑址、五龙泉风景区、华夏地质公园等。农业以种植小麦、玉米为主。工业以煤炭、太阳能发电为主。鸠山—神垕公路过境。

磨街［Mòjiē］ 磨街乡人民政府驻地。在市政府驻地颍川街道西南29千米。人口2700。产优质砂石,以锻制石磨、石碾驰名,渐成街市,得名磨山街,后简今名。聚落成团块状。有中小学、幼儿园、卫生院、文化大院。农业以种植小麦、玉米为主。工业以煤炭开采为主。有商贸服务业。鸠山—神垕公路经此。

大涧［Dàjiàn］ 在市政府驻地颍川街道西南27千米。磨街乡辖自然村。人口2000。因三条山涧小溪汇聚,岸边建村,故名。聚落呈三角形。有矿产资源煤炭、硫矿石、铜矿石、银矿石、碱矿、黑毛土等。有小学、幼儿园、卫生院、文化广场。有凤凰寨。农业以种植小麦、玉米为主。工业以煤炭、制瓷、建材为主。服务业以旅游为主。有华夏地质公园。1999年被评为全国文明村。

小吕乡［Xiǎolǚ Xiāng］ 禹州市辖乡。在市境南部。面积60平方千米。人口5.4万。辖28村委会,有52自然村。乡人民政府驻岗马。1961年八一公社析设小吕公社。1984年改乡。因小吕村得名。传为吕不韦故里,族人较多之处称大吕,较少则称小吕。吕梁河流经。有中学1所,小学13所,卫生院1个,卫生室50个。有幼儿园、敬老院。有吕西村古墓群。农业以种植小麦、玉米、红薯为主。工业有机械、印刷、门窗加工等。平禹铁路、郑尧高速、省道郑淅线过境。

岗马［Gǎngmǎ］ 小吕乡人民政府驻地。在市政府驻地颍川街道南12千米。人口2300。原名斜店街,明初被洪水冲毁。明末李自成部将马世耀在此养伤,后人定居,因南临福胜岗得名岗马寨,后演变为今名。聚落呈团块状。有中小学、幼儿园、卫生院、文化大院。农业以种植小麦、玉米为主。平禹铁路、郑尧高速、省道郑淅线经此。

山货回族乡［Shānhuò Huízú Xiāng］ 禹州市辖乡。在市境东北部。面积14平方千米。人口1.2万,其中回族占48%。辖6村委会,有15自然村。乡人民政府驻山货。1953年设山货回族乡。1958年并人卫星公社。1984年复设。因乡政府驻地得名。石梁河流经。有中学1所,小学2所,卫生院1个,卫生室10个。有幼儿园。有山货厂清真寺。农业以种植小麦、玉米为主。工业有机械加工、皮毛加工、制革、制胶等。禹州—山货、山货—浅井公路过境。

山货［Shānhuò］ 山货回族乡人民政府驻地。在市政府驻地颍川街道东北15千米。人口2300,其中回族占97%。古时石梁河通航,山区货物顺流至此,成为集散地,得名山货厂,后简称为今名。聚落呈团块状。有小学、幼儿园、卫生院。有山货厂清真寺。有回族古民居、伊斯兰文化一条街等。农业以种植小麦、玉米为主。工业有传统皮毛加工、机械制造等。禹州—山货、山货—浅井公路经此。

长葛市

长葛市［Chánggě Shì］ 河南省直辖县级

市，由许昌市代管。北纬34°20′，东经114°08′。在许昌市境北部。面积650平方千米。人口78万。以汉族为主，还有回、维吾尔等民族。辖4街道、10镇、2乡。市人民政府驻和尚桥镇。春秋有长葛邑，属郑，故城官亭乡孟寨村南。隋开皇六年(586)颍川县析设长葛县，治老城，属颍川郡。清属许州。1913年属豫东道，次年属开封道。1932年属第一行政督察区。1948年属许昌专区。1954年洧川县并入。1965年东北部划出。1969年属许昌地区。1986年属许昌市。1993年建县级市，由许昌市代管。为远古氏族部落葛天氏故址，后人永思其泽，故名长葛。2012年市政府驻地搬迁至和尚桥镇。城区建成"十横十纵"框架路网，形成"一环两轴"空间布局。地处豫西山区向豫东平原过渡地带。平均海拔77米。年均气温14.7℃，1月平均气温0.7℃，7月平均气温26.9℃。年均降水量726.2毫米。有矿产资源磁铁、煤等。清潩河、双洎河、石梁河、梅河、汶河流经。森林覆盖率20.5%。有职业学校1所，中学29所，小学146所，二级医院2个，文化馆1个，图书馆1个，档案馆1个，体育场馆2个。有全国重点文物保护单位石固遗址、禅静寺造像碑、十二连城，省级文物保护单位苗庄遗址、泰山庙大殿等5个。有古迹长葛古社柏、海子李遗址、陈寔墓、钟繇洗砚池等。有省级非物质文化遗产葛天氏传说、老城莲花灯舞、大周黄蜡制作技艺等9项。有传统技艺石固狮舞、石象常庄豆腐制作技艺、石象红萝卜种植技艺、南席小磨油制作技艺。有毛主席纪念馆、中原大铁佛寺。有豫星农业观光园、海洋湾欢乐水世界、葛天源风景区、鑫亮源水上生态欢乐园等。有钟繇文化广场、乐舞广场、科技文化广场、滨河公园、锦绣公园、杜村寺湿地公园等。三次产业比例5：74：21。农业以种植小麦、玉米、棉花、花生、蔬菜等为主，养殖猪、牛、羊、鸡等。有现代农业试验区。工业以现代装备制造、超硬材料及制品、再生金属加工、食品加工为主。有卫浴洁具、建筑机械、包装印刷、人造板材、蜂产品加工五大特色产业，电子信息、现代医药、新能源、新材料四大新兴产业。有省级农业产业化集群1个。服务业以物流、商贸、钢材交易、闲置设备调剂等为主。京广铁路，京广高铁，京港澳、兰南、郑尧高速，107、240国道，省道通长、夏宜、林桐、安平、内罗线过境。

钟繇文化广场［Zhōngyóu Wénhuà Guǎngchǎng］ 在市区北部。面积4公顷。2010年开工，2011年建成。以历史名人钟繇命名。有汉阙大门、中心广场、音乐喷泉、楷书文字甬道。有钟繇塑像，右手执笔，左手按剑，寓意"楷书鼻祖"，文道武功名满天下。为集文化、旅游、娱乐等功能于一体的大型广场。周边有海韵国际花园、钟繇陵园等。通多路公交车。

长社路［Chángshè Lù］ 在市区中部。东起京港澳高速，西至天河路。与魏武大道、金英路、钟繇大道、铁东路等相交。长8.5千米，宽24米。沥青混凝土路面。1987年开工，同年建成。传因社中树木长势好得名。分为东、中、西路。两侧有一峰城市广场、市医院、澳门大酒店、宇龙购物广场等。通多路公交车。

葛天大道［Gětiān Dàdào］ 在市区东南部。东起钟嵘路，西至钟繇大道。与魏武大道、张辽路、陈寔路、黄杰路、金英路等相交。沥青混凝土路面。2008年开工，2009年建成。2013年因远古葛天氏部落命名。两侧有市政府、法院、人民武装部、科技文化广场、国防教育中心、住宅小区等。通多路公交车。

人民路［Rénmín Lù］ 在市区中部。南起轻工路，北至107国道。与解放路、新华路、八七路等相交。长7.2千米，宽18米。沥青混凝土路面。原为107国道，1981年命名，1993年改建。两侧有黄河旋风公司、森源电气公司、"四二"惨案纪念碑等。通多路公交车。

钟繇大道［Zhōngyóu Dàdào］ 在市区中部。南起永和路，北至增福高架桥。与仁和路、森源路、葛天大道、学苑路等相交。长10.7千米，宽47米。沥青混凝土路面。1992年开工，1993年建成。1996年因历史人物钟繇得名。两侧有市钢材交易市场、市配件城、钟繇文化广场等。通多路公交车。

和尚桥［Héshang Qiáo］ 在市区中部。桥长55米，宽15米，最大跨度45米，桥下净高8米。1986年开工，1987年建成。位于原和尚桥遗址旁，故名。结构型式为钢筋混凝土空心板梁桥。设计荷载为公路－Ⅱ级。最大载重20吨。通公交车。

长葛站［Chánggě Zhàn］ 见交通运输设施部分"长葛站"条。

长葛汽车客运站［Chánggě Qìchē Kèyùnzhàn］ 见交通运输设施部分"长葛汽车客运站"条。

建设路街道［Jiànshèlù Jiēdào］ 属长葛市。在市境中部。面积7平方千米。人口5.6万。1995年由和尚桥镇析设。因建设路得名。先后改造学苑路、建设路、潩水路、轻工路复线，治理清潩河。清潩河流经。有中学1所，小学4所，幼儿园6所，二级医院1个，卫生所7个，文化中心5个。有济众桥、中央河南调查组旧址。有清潩河观光游览。农业以种植小麦、玉米为主。工业以建筑机械、卫生陶瓷为主。服务业以商贸、餐饮为主。有王庄市场。有长葛站、长葛汽车客运站。通多路公交车。

长兴路街道［Chángxīnglù Jiēdào］ 属长葛市。在市境中部。面积12平方千米。人口2.4万。1995年由增福庙乡析设。因长兴路得名。先后改造黄河路、颍川路、长兴路、众品路、钟繇大道。有中学4所，小学3所，卫生所7个。有幼儿园、图书馆、体育场。有钟繇墓。农业以种植小麦、玉米为主。工业以金刚石加工、肉类深加工、铝型材制造、电子电气、建筑机械、车辆制造、医药制品、轮胎制造为主。服务业以商贸为主。有建材装饰市场。通多路公交车。

长社路街道［Chángshèlù Jiēdào］ 属长葛市。在市境中部。面积7平方千米。人口3.5万。以汉族为主，还有回、满、蒙古等民族。1995年由和尚桥镇析设。因长社路得名。先后改造八一路、滨河路、双岳路、长社路、八七路，治理清潩河、小洪河，建设锦绣生态公园。清潩河流经。有中学1所，小学3所，二级医院1个，卫生所6个。有幼儿园、公园。有毛主席纪念馆、杨寨火神庙、岳氏忠孝祠。农业以种植小麦、玉米为主。工业以机械加工、卫生陶瓷、化工、板材加工、纺织、高压电器制造为主。服务业以商贸、餐饮为主。有商业步行街。有综合市场、摩托车专业市场等。通多路公交车。

金桥路街道［Jīnqiáolù Jiēdào］ 属长葛市。在市境中部。面积11平方千米。人口5.6万。1995年由和尚桥镇析设。因金桥路得名。先后建设金英路、朝阳路、金桥路、泰山路、解放路等。清潩河流经。有中学4所，小学3所，卫生所7个。有幼儿园。农业以种植小麦、玉米为主。工业以卫生陶瓷、棉纺织、电子电气、运动器材、印刷材料、机械制造为主。服务业以商贸为主。有农机配件、小商品、农产品等专业市场。通多路公交车。

和尚桥镇［Héshangqiáo Zhèn］ 长葛市人民政府驻地。在市境南部。面积41平方千米。人口4.5万。辖12居委会、11村委会，有63自然村。镇人民政府驻南坡杨。1949年为和尚桥区。1958年成立公社。1982年改城关镇。1987年更今名。因明代和尚桥得名。清潩河流经。有中学2所，小学13所，卫生院1个，卫生室10个。有幼儿园、敬老院、图书馆、文体中心等。有秦公庙、葛宪柱烈士墓。农业以种植小麦、玉米为主。有陶瓷、铝型材、机械、板材等加工业。服务业以商贸、物流为主。有建材、钢材、配件等专业市场。有物流园。京广铁路，107国道，省道通长、漯嵩线过境。

南坡杨［Nánpōyáng］ 和尚桥镇人民政府驻地。在镇境中部。人口8000。明初杨姓迁此，因处坡地取名坡杨，1982年因重名，以方位更今名。聚落呈团块状。有卫生服务站、老年活动室、便民服务站等。通多路公交车。

坡胡镇［Pōhú Zhèn］ 长葛市辖镇。在市境西部。面积47平方千米。人口6万。辖3居委会、31村委会，有49自然村。镇人民政府驻坡胡。1950年设坡胡乡。1958年成立公社。1984年改乡。1993年改镇。因镇政府驻地得名。暖泉河、白水河、石梁河、胜天湖河等流经。有川泉、土池、龙王潭。有中学2所，小学14所，卫生院1个，卫生室12个。有幼儿园、敬老院、文体中心等。有海子李遗址、翟道古化石遗址、盛氏宗祠、汪直墓。有民间艺术竹马、旱船、高跷、肘搁等。农业以种植小麦、玉米为主。工业有铸造、机械加工、制板、化工等。服务业以商贸、餐饮为主。郑尧高速、省道漯嵩线过境。

坡胡［Pōhú］ 坡胡镇人民政府驻地。在市政府驻地和尚桥镇西10千米。人口2000。明洪武年间(1368—1398)江西泰安胡姓来此，处荒坡，故名。聚落呈团块状。有中小学、幼儿园、卫生院、卫生所。农业以种植小麦、玉米为主。工业有汽配、建筑机械、高压电器制造等。省道漯嵩线经此。

后河镇［Hòuhé Zhèn］ 长葛市辖镇。在市境西部。面积44平方千米。人口5.1万。辖1居委会、27村委会，有45自然村。镇人民政府驻后河。1952年设后河区。1956年改乡。1958年并入坡胡公社。1962年复区。1966年改公社。1984年改乡。1985年改镇。因镇政府驻地得名。小洪河、胜太河、南水北调总干渠流经。有中学3所，小学11所，卫生院1个，卫生室10个。有幼儿园、敬老院、文体中心等。有省级文物保护单位郑国相国子产墓。有古迹葛仙灵池、杨佩璋故居、孔氏家祠、王买关帝庙、葛天老母洞遗址。农业以种植小麦、玉米、大豆为主。工业有汽配加工、卫生陶瓷、皮革加工等。有电瓷电器专业园区。服务业以商贸、餐饮为主。京广铁路，郑尧高速，省道郑浙、通长线过境。

后河［Hòuhé］ 后河镇人民政府驻地。在市政府驻地和尚桥镇西15千米。人口4500。因处小洪河北得名。原因道旁设店，亦名后河店。渐沿河成街，又名后河街。聚落呈带状。有中小学、幼儿园、卫生所、文化广场等。有杨佩璋故居、葛仙灵池。农业以种植小麦、玉米为主。工业有电瓷电器加工、卫生陶瓷烧制等。有集贸市场。京广铁路、郑尧高速引线、省道通长线经此。

石固镇［Shígù Zhèn］ 长葛市辖镇。在市境西部。面积39平方千米。人口4.3万。辖7居委会、21村委会，有42自然村。镇人民政府驻北寨东街。1949年为石固区。1956年改镇。1958年并入坡胡公社。1966年成立石固公社。1984年改乡。1985年改镇。石梁河流经，班固晚年居此，故名。暖泉河、胜天湖河等流经。有中学2所，小学14所，卫生院2个，卫生室13个。有幼儿园、敬老院、文体中心等。有全国重点文物保护单位石固遗址。有中共许昌第一个党支部(中共豫陕区石固南寨支部委员会)旧址、班固坟、白乐宫、古黄楝木树、杨庄遗址、合乍李龙山文化遗址、中王庙古建筑、石固西街古墓群等。有民间艺术肘阁、狮舞、铜器舞。农业以种植小麦、玉米为主。工业有制版、麻纺、机械加工、磁铁矿开发。有板材专业园区。服务业以商贸为主。有闲置设备调剂市场。省道漯嵩线过境。

北寨东街［Běizhàidōngjiē］　石固镇人民政府驻地。在市政府驻地和尚桥镇西南13千米。人口1700。唐、宋碑文记载，唐以前已建村，以方位分南、北两寨，处北寨东侧，故名。聚落呈团块状。有小学、幼儿园、卫生院、敬老院、文体中心等。有观音寺。有民间艺术狮舞。农业以种植小麦、玉米为主。有蔬菜基地。工业以配件机械加工为主。有小商品批发、闲置设备调剂市场。长葛—禹州公路经此。

老城镇［Lǎochéng Zhèn］　长葛市辖镇。在市境中部。面积51平方千米。人口5.9万。辖8居委会、21村委会，有73自然村。镇人民政府驻和平。1950年为城关区。1958年改公社。1971年更名老城公社。1984年改乡。1985年改镇。因镇政府原驻地长葛老县城得名。双洎河流经。有中学1所，小学14所，卫生院1个，卫生所2个。有幼儿园、敬老院、文体中心等。有全国重点文物保护单位禅静寺造像碑、十二连城，省级文物保护单位泰山庙大殿。有名胜古迹长葛古社柏、钟繇洗砚池、三佛殿、文庙戟门、旧县衙、台庙新石器时代遗址、槐树陈汉墓群、马庄古墓群、五龙庙大殿、福音堂、中州人文纪念园等。有卷煎制作技艺。农业以种植小麦、玉米、大豆为主。工业有农业机械加工、三轮车配件制造等。服务业以商贸为主。京广铁路，京港澳高速，省道漯嵩、安平线过境。

和平［Hépíng］　老城镇人民政府驻地。在市政府驻地和尚桥镇东北6千米。人口2800。明代曾名朱家巷，1950年后因和平门更今名。聚落呈团块状。有中小学、幼儿园、卫生院、敬老院、文体中心等。有全国重点文物保护单位禅静寺造像碑。有古迹钟繇洗砚池、旧县衙。有省级非物质文化遗产莲花灯舞。有卷煎制作技艺。农业以种植小麦、玉米、红薯为主。有集贸市场、废旧钢材交易市场。长南公路经此。

南席镇［Nánxí Zhèn］　长葛市辖镇。在市境东部。面积63平方千米。人口4.8万。辖31村委会，有69自然村。镇人民政府驻南席。1958年古桥区析设南席公社。1984年改南席乡。1985年改镇。因镇政府驻地得名。双洎河、汶河流经。有中学1所，小学11所，卫生院1个，卫生室31个。有幼儿园、敬老院、文体中心等。有高庙古墓群、茅岗李庄古墓群、杨笃生父杨廷翰母梁氏敕命碑。有传统南席小磨油制作技艺。农业以种植小麦、玉米、花生为主。工业以食品加工为主。服务业以商贸为主。兰南高速，省道漯嵩、长鄢线过境。

南席［Nánxí］　南席镇人民政府驻地。在市政府驻地和尚桥镇东27千米。人口4100。传为周南席王封地，故名。聚落呈团块状。双洎河流经。有中小学、幼儿园、养老服务中心。有席王冢遗址。有传统小磨油制作技艺。农业以种植小麦、玉米为主。有商贸城。为长葛市与尉氏、鄢陵2县交界处农产品集散地。长南公路经此。

大周镇［Dàzhōu Zhèn］　长葛市辖镇。在市境东北部。面积64平方千米。人口7.3万。辖4居委会、31村委会，有81自然村。镇人民政府驻赵庄。1952年席寺区析设大墙周区。1958年成立大墙周公社。1984年改乡。1995年改大周镇。因镇政府原驻地大墙周得名。传明代周姓兄弟分居，各建高墙大院，故名。双洎河、梅河、小黑河流经。有中学2所，小学14所，卫生院2个，卫生室35个。有幼儿园、敬老院、文体中心等。有名胜古迹打谷李村银杏树、马陵之战遗址、凤岗寨（凤凰城）、柳庄寺遗址。有省级非物质文化遗产大周黄蜡制作技艺。有民间艺术盘鼓、腰鼓。农业以种植小麦、玉米、花生为主。工业以有色金属冶炼、蜂产品加工为主。有大周产业集聚区。服务业以商贸、餐饮为主。省道通长线过境。

赵庄［Zhàozhuāng］　大周镇人民政府驻地。在市政府驻地和尚桥镇东北9千米。人口2400。明代赵姓迁此，定居打油，取名油房赵，后简化为今名。聚落呈团块状。有中小学、卫生院、幼儿园、文化广场等。农业以种植小麦、玉米为主。为铜、铝建材收购加工基地。省道通长线经此。

董村镇［Dǒngcūn Zhèn］　长葛市辖镇。在市境东部。面积52平方千米。人口5.2万。辖1居委会、26村委会，有69自然村。镇人民政府驻董村。1958年成立董村公社。1984年改乡。2000年改镇。因镇政府驻地得名。双洎河、汶河、干沟河流经。有中学1所，小学1所，卫生院2个，卫生室31个。有幼儿园、敬老院、文体中心等。有颍考叔庙、张辽墓、黑龙潭村古井、李河口古墓群。有省级非物质文化遗产木杆秤制作技艺。农业以种植小麦、玉米为主。工业有感光材料PS板、CT板、衡器制造等。服务业以商贸为主。有钢材市场。省道通长线、长南公路过境。

董村［Dǒngcūn］　董村镇人民政府驻地。在市政府驻地和尚桥镇东12千米。人口2800。传董永曾居且葬于此，故名。聚落呈团块状。有中小学、幼儿园、卫生室、敬老院、文化广场等。有木杆秤制作技艺。农业以白菜、核桃种植为主。工业以感光材料生产、机械配件加工为主。有衡器市场。长南公路经此。

石象镇［Shíxiàng Zhèn］　长葛市辖镇。在市境东部。面积56平方千米。人口5.1万。辖30村委会，有54自然村。镇人民政府驻石象。1949年设石象区。1955年并入城关区（今老城镇）。1956年析设石象乡。1958年成立石象公社。1984年改乡。2013年改镇。因镇政府驻地得名。老漯河、莲花河流经。有中学2所，小学9所，卫生院1个，卫生室30个。有幼儿园、敬老院、文体中心等。有省级文物保护单位苗庄遗址。有古迹封升岗、王求礼墓。有常庄豆腐制作技艺、红萝卜种植技艺。有民间艺术舞狮、龙灯、秧歌等。农业以种植小麦、玉米为主。特产胡萝卜、豆腐等。工业有建筑机械、密封材料、面粉加工、管材制造、豆制品加工等。服务业以商贸、餐饮为主。省道通长、漯嵩线过境。

石象［Shíxiàng］　石象镇人民政府驻地。在市政府驻地和尚桥镇东15千米。人口4000。明代建村，因西寨门小庙前有石雕大象得名。聚落呈团块状。有中小学、幼儿园、卫生院、卫生所。农业以种植小麦、玉米为主。有农贸市场。省道漯嵩线经此。

古桥镇［Gǔqiáo Zhèn］　长葛市辖镇。在市境东部。面积53平方千米。人口5万。辖33村委会，有57自然村。镇人民政府驻古桥。1954年为第九区。1956年改古桥乡。1958年成立公社。1984年改乡。2013年改镇。因镇政府驻地得名。双洎河、汶河流经。有中学2所，小学14所，卫生院1个，卫生室40个。有幼儿园、敬老院、文体中心等。有省级文物保护单位黄杰墓。有古迹陈寔墓、青石莲花座佛像、重修千佛堂碑记、谢庄古墓群、过家住宅。有民间艺术唢呐、高跷、龙灯、灯笼制作等。农业以种植小麦、玉米为主。有青铜工艺手工业。服务业以商贸为主。省道漯嵩线、长南公路过境。

古桥［Gǔqiáo］　古桥镇人民政府驻地。在市政府驻地和尚桥镇东26千米。人口2300。清初古姓架木桥，取名古家桥，简称古桥。聚落呈带状。有中小学、幼儿园、卫生院、敬老院、文体中心等。农业以种植小麦、玉米为主。有青铜工艺作坊40余家。长南公路经此。

增福庙乡［Zēngfúmiào Xiāng］　长葛市辖乡。在市境西北部。面积33平方千米。人口3万。辖18村委会，有47自然村。乡人民政府驻增福庙。1952年设增福庙区。1955年并入和尚桥区。1958年析设增福庙公社。1984年改乡。因乡政府驻地得名。清漠河流经。有中学1所，小学7所，卫生院1个，卫生所2个。有幼儿园、敬老院、文体中心等。有全国重点文物保护单位十二连城。有古迹胡氏节孝坊、增福水塔、会河三官庙。有民间艺术竹马、旱船、狮子舞、腰鼓等。农业以种植小麦、玉米为主。工业有高压电器、陶瓷、小型建筑机械制造等。服务业以商贸为主。石武高铁、京深高速、107国道、省道通长线过境。

增福庙［Zēngfúmiào］　增福庙乡人民政府驻地。在市政府驻地和尚桥镇北19千米。人口1600。明初李姓迁此，名石李村，后因建增福财神庙更今名。聚落呈团块状。有中小学、幼儿园、卫生院、文化广场、敬老院等。农业以种植小麦、玉米为主。有增福生态园、人工湖。有机械制造、食品加工、棉纺加工等企业。省道通长线经此。

官亭乡［Guāntíng Xiāng］　长葛市辖乡。在市境北部。面积64平方千米。人口5.1万。辖25村委会，有73自然村。镇人民政府驻柳树庙。1966年增福庙、城关、大墙周3公社析设官亭公社。1984年改乡。因乡政府原驻地得名。明为接官驿站，故名。双洎河流经。有佛耳岗水库。有中学1所，小学9所，卫生院3个，卫生所2个。有幼儿园、敬老院、文体中心等。有全国重点文物保护单位十二连城、省级文物保护单位长葛故城。有铁佛寺。农业以种植小麦、玉米为主。工业以蜂产品加工、机械制造、化工、建材为主。有旅游业。有海洋湾水上乐园、汽车主题公园、鑫亮源生态旅游度假区等。京广铁路、京港澳高速、省道通长线过境。

柳树庙［Liǔshùmiào］　官亭乡人民政府驻地。在市政府驻地和尚桥镇北11千米。人口1000。传原有陈、楚二村，后合并，庙前有柳树，称柳树庙。聚落呈长方形。有小学、诊所、敬老院、文体中心等。农业以种植小麦、玉米、红薯为主。工业有机械制造。107国道经此。

许昌县

许昌县［Xǔchāng Xiàn］　许昌市辖县。北纬34°07′，东经113°49′。在市境中部。面积1002平方千米。人口87.7万。辖2街道、7镇、9乡。县人民政府驻新元街道。西周为许国。秦置许县，属颍川郡。汉因之。东汉末称许都。三国魏黄初二年（221）以魏基昌于许更名许昌，属颍川郡。西晋因之。北魏移治今陈曹乡许田。唐属许州。五代唐更名许田县。宋熙宁四年（1071）并入长社县。元属汴梁路。明入许州，属开封府。1912年改许州为许昌县，属豫东道。1913年属开封道。1927年属省。1932年属第五行政督察区。1948年许昌市（县级）析出。1949年属许昌专区。1960年并入许昌市。1961年复县，属许昌专区。1969年属许昌地区。1986年属许昌市。地处伏牛山前倾斜平原区与临颍—夏邑平缓平原区间。平均海拔73米。年均气温14.7℃，1月平均气温

0.6℃,7月平均气温27.6℃。年均降水量727.5毫米。颍河、清潩河、石梁河、老潩河流经。有矿产资源煤、铁等。森林覆盖率14.7%。有高校1所,高中5所,初中21所,小学103所,二级医院3个,图书馆1个,档案馆1个,文化馆1个,豫剧团1个,体育场馆2个。有全国重点文物保护单位天宝宫、汉魏许都故城、灵井"许昌人"遗址,省级文物保护单位清真观、玉皇阁等6个。有古迹射鹿台遗址、夏侯渊墓、张公祠、岗于遗址、贾翊墓、灵井古井等。有省级爱国主义教育基地杨水才纪念馆。有省级非物质文化遗产4项。有许昌陈氏皮影制作技艺、丈地特色羊肉汤等。三次产业比例12∶61∶27。农业以种植小麦、玉米、棉花、大豆、红薯等为主,养殖生猪、牛、家禽。工业以发制品、汽车及零部件、农机制造、食品加工、纺织、精细化工为主。有产业集群3个。服务业以商贸、物流、餐饮为主。京广铁路,京珠、许平南、许尉、许亳、许登高速,107、240、311国道,省道内罗、林桐、永汝、鹿嵩线过境。

新元大道[Xīnyuán Dàdào] 在县城中部。东起中原北路,西至汉风路。与劳动路、滨河路、镜水路等相交。长11.3千米,宽50米。沥青路面。2005年开工,2007年建成。2010年命名创业大道,2011年寓意开启新纪元更今名。两侧有北海公园、兴业大厦、创业大厦、住宅小区等。通公交车。

昌盛路[Chāngshèng Lù] 在县城中部。东起许州路,西至汉风路。与劳动路、滨河路、镜水路等相交。长4.5千米,宽30米。沥青路面。2007年开工,2009年建成。2010年寓意兴旺兴盛而得名。两侧有尚集产业集聚区、远东传动轴公司等。通公交车。

新元街道[Xīnyuán Jiēdào] 许昌县人民政府驻地。在县境北部。面积10平方千米。人口1.9万。2014年由尚集镇析设。因新元大道得名。清潩河、饮马河、小洪河流经。有河南农业大学许昌分校。有中学1所,小学2所,卫生服务中心1个,卫生服务站32个。有体育场。工业以发制品加工为主。有县产业集聚区。服务业以商贸、物流为主。通多路公交车。

许由街道[Xǔyóu Jiēdào] 属许昌县。在县境南部。面积17平方千米。人口1.9万。2014年由将官池镇析设。因许由路得名。清潩河流经。先后改造许由路、瑞贝卡大道、魏武大道,清淤绿化清潩河。有中学1所,小学2所,卫生服务中心1个,卫生服务站11个。工业以发制品加工为主。服务业以商贸、物流为主。通多路公交车。

将官池镇[Jiàngguānchí Zhèn] 许昌县辖镇。在县境南部。面积12平方千米。人口1.7万。以汉族为主,还有回族等。辖2居委会、17村委会,有43自然村。镇人民政府驻将官池。1949年为祖师区。1958年并入于庄公社。1962年复区。1965年成立祖师公社。1982年更名将官池公社。1984年改乡。1995年改镇。因镇政府驻地得名。清潩河流经。有初中1所,小学2所,卫生院1个,卫生室18个。有文化站、广播站、图书室等。有秋湖徐氏家谱碑。农业以种植蔬菜为主。工业以档发加工、能源建材、医药化工为主。服务业以汽贸物流、纺织家居贸易为主。石武高铁、兰南高速、107国道过境。通多路公交车。

将官池[Jiàngguānchí] 将官池镇人民政府驻地。在县政府驻地新元街道南15千米。人口2900。传东汉末年曹操在此屯兵,将士常在水池汲水,故名。聚落呈团块状。清潩河流经。有中学、中心校、幼儿园、卫生院、养老服务中心、卫生服务站。有商场、超市、建材家居广场。农业以种植小麦、玉米、大豆、蔬菜为主。兰南高速、107国道经此。

五女店镇[Wǔnǚdiàn Zhèn] 许昌县辖镇。在县境东部。面积73平方千米。人口5.8万。以汉族为主,还有回族等。辖35村委会,有61自然村。镇人民政府驻老店。1951年设五女店区。1958年成立公社。1984年改乡。1988年改镇。因镇政府原驻地得名。昔为官道,沿路多店铺,村西有五女冢,故名。老潩河、小黑河流经。有初中2所,小学4所,卫生室35个,文化服务中心1个。有丁庄遗址、毛玠墓。农业以种植小麦、玉米、大豆为主。工业以食品加工、档发加工、印刷包装为主。服务业以商贸、物流、休闲旅游为主。311国道过境。

老店[Lǎodiàn] 五女店镇人民政府驻地。在县政府驻地新元街道东南18千米。人口1000。传为生长蒲桑树的坡地,称桑树坡,后官道经此设客店,故名。聚落呈带状。有幼儿园。农业以种植花卉苗木为主。311国道经此。

尚集镇[Shàngjí Zhèn] 许昌县辖镇。在县境北部。面积40平方千米。人口3.4万。辖14居委会、2村委会,有37自然村。镇人民政府驻尚集。1949年为尚集区。1958年成立尚集公社。1984年改乡。1988年改镇。因镇政府驻地得名。小洪河、小黑河、清泥河流经。有大专1所,中学2所,小学3所,二级医院1个,卫生院1个,卫生所11个。有文化站、村级活动中心、图书馆、幼儿园等。有贾翊墓。工业以传动轴、档发加工为主。有中原电气谷、县尚集产业集聚区。107国道、省道安平线过境。通多路公交车。

尚集[Shàngjí] 尚集镇人民政府驻地。在县政府驻地新元街道东南3千米。人口3600。明称德礼镇。清咸丰年间(1851—1861)筑寨,弯店晨集迁此,因多尚姓称尚家集、尚集寨。1912年后称尚集。为县新城区。有中小学、幼儿园、卫生院、卫生所。有芙蓉湖。工业以机械、汽车零配件加工为主。服务业以商贸、物流为主。河信—关庄公路经此。通多路公交车。

苏桥镇[Sūqiáo Zhèn] 许昌县辖镇。在县境北部。面积78平方千米。人口6.1万。以汉族为主,还有回族等。辖10居委会、23村委会,有71自然村。镇人民政府驻湾马。1950年为苏桥区。1958年成立公社。1984年改乡。1988年改镇。因镇政府原驻地苏桥得名。清潩河、石梁河流经。有初中1所,小学5所,二级医院1个,卫生院1个,卫生室33个。有农村书屋、公园。有省级文物保护单位华佗墓。有古迹马腾墓、司堂农民暴动遗址、苏家桥、滹沱村板桥。有省级非物质文化遗产杜寨书会。有丈地特色羊肉汤、德兴长清真糕点传统手工制作技艺、丈地沙家烧鸡和牛肉传统手工制作技艺。农业以种植小麦、玉米、大豆为主。工业以腐竹加工、机械制造、木材加工为主。京广铁路、107国道过境。通多路公交车。

湾马[Wānmǎ] 苏桥镇人民政府驻地。在县政府驻地新元街道西北3千米。人口900。马姓居河湾处,故名。聚落呈团块状。有商贸业。闫庄—尤里公路经此。

蒋李集镇[Jiǎnglǐjí Zhèn] 许昌县辖镇。在县境南部。面积85平方千米。人口5.7万。以汉族为主,还有回族等。辖33村委会,有89自然村。镇人民政府驻蒋李集。1951年设蒋李集区。1958年成立公社。1960年撤销。1962年复蒋李集区。1965年改公社。1984年改乡。1988年改镇。因镇政府驻地得名。颍河、白马沟、小泥河、灵沟河流经。有初中2所,小学8所,卫生院1个,卫生室35个。有文化站、广播站、敬老院。有省级文物保护单位伏皇后墓。有寺台庙遗址、徐庶母墓、圪垱遗址、赵堂城址、赵庄黑龙王庙遗址、河沿陈村陈氏五墓。农业以种植小麦、玉米、大豆为主。工业以汽车挡风玻璃制造、童装加工为主。京广铁路过境。通公交车。

蒋李集[Jiǎnglǐjí] 蒋李集镇人民政府驻地。在县政府驻地新元街道南21千米。人口3000。明洪武年间(1368—1398)蒋、李二姓迁此,在东湖(已涸)西侧分别建村。清道光年间(1821—1850)连为一体,名东湖寨。后因有集市更今名。有中小学、幼儿园、卫生所、文化广场。农业以种植小麦、玉米、大豆为主。刘王—尚坡公路经此。

张潘镇[Zhāngpān Zhèn] 许昌县辖镇。在县境东南部。面积54平方千米。人口5.1万。以汉族为主,还有回族等。辖28村委会,有59自然村。镇人民政府驻张潘。1965年由五女店公社析设张潘公社。1984年改乡。2000年改镇。因镇政府驻地得名。小黑河、新沟河、张潘沟流经。有初中2所,小学4所,卫生院1个,卫生室30个。有文化站、广播站、敬老院。有全国重点文物保护单位汉魏许都故城。有古迹张公祠、愍帝陵、郄虑墓、伏完墓、徐晃墓、无厢寺古文化遗址、中王家祠。农业以种植小麦、玉米、大豆为主。工业以精细化工、农机制造为主。永登高速、省道永汝线过境。

张潘[Zhāngpān] 张潘镇人民政府驻地。在县政府驻地新元街道东南22千米。人口6000。因汉献帝张、潘2妃冢得名。聚落呈长方形。有中小学、幼儿园、卫生院。农业以种植小麦、玉米、辣椒为主。工业有精细化工、机械加工等。为许昌、临颍、鄢陵3县交界处农贸市场。永登高速、省道许洛线经此。

灵井镇[Língjǐng Zhèn] 许昌县辖镇。在县境西部。面积67平方千米。人口5.9万。以汉族为主,还有回族等。辖29村委会,有91自然村。镇人民政府驻灵井。1941年设灵井镇。1947年改灵泉镇。1949年改灵井区。1958年成立公社。1984年改乡。2001年改镇。因镇政府驻地得名。有初中1所,小学10所,卫生院1个,卫生室30个。有文化站、广播站、图书室、体育场。有全国重点文物保护单位灵井"许昌人"遗址,省级文物保护单位清真观、郑氏民居。有灵井古井、泉店张家宅院。有传统民间艺术泉店独杆轿。有蚕丝绒球传统手工制作技艺、宋氏广愈堂展筋丸祖传秘制技艺。农业以种植小麦、玉米、大豆、红薯为主。工业以档发加工、原煤加工、建筑为主。省道林桐线过境。

灵井[Língjǐng] 灵井镇人民政府驻地。在县政府驻地新元街道西南14千米。人口5000。因井得名。《嘉靖许州志》载,灵井"其水色玄而气温,涝不溢,旱不涸,灌田数百亩,每祈雨辄应,民以龙潜其中,故名"。聚落呈带状。有中小学、幼儿园、卫生院、综合文化站。有全国重点文物保护单位灵井"许昌人"遗址。农业以种植小麦、玉米、大豆为主。有档发加工业。省道沁新线经此。

陈曹乡[Chéncáo Xiāng] 许昌县辖乡。在县境东北部。面积88平方千米。人口7.6万。以汉族为主,还有回族等。辖43村委会,有79自然村。乡人民政府驻陈曹。1949年设陈曹区。1958年成立陈曹公社。1984年改乡。因乡政府驻地得名。莲花河、老潩河流经。有初中1所,小学5所,卫生院2个,卫生室45个。有文化服务中心、敬老院等。有射鹿台遗址、许田泰山庙碑、黄侍郎墓。农业以种植小麦、玉米、大豆、花卉苗木为主。有农业示范园区。工业以肉类、面粉、木材加工和印染为主。107、311国道过境。

陈曹[Chéncáo] 陈曹乡人民政府驻地。在县政府驻地新元街道东17千米。人口

2200。传刘备、关羽、张飞在此地饭庄饮酒，陈述曹操罪状，故名。聚落呈团块状。有卫生院、卫生所。有商贸业。牛北—鲁湾公路经此。

小召乡［Xiǎozhào Xiāng］　许昌县辖乡。在县境北部。面积64平方千米。人口5.7万。以汉族为主，还有回族等。辖11居委会、20村委会，有63自然村。乡人民政府驻北寨。1965年陈曹、尚集、苏桥3公社析设小召公社。1984年改乡。因乡政府原驻地小召得名。传古代有赵姓兄弟官道旁开店，称小赵店，后谐音演化称小召。小洪河、老溭河流经。有初中1所，小学2所，卫生院1个，卫生室26个。有文化站、图书室、敬老院、体育场等。农业以种植小麦、玉米为主，养殖猪、牛、羊。工业以传动轴配件、板材加工为主。京港澳高速过境。

北寨［Běizhài］　小召乡人民政府驻地。在县政府驻地新元街道东北9千米。人口3000。位于小召寨北，故名。聚落呈半圆状。有中小学、卫生院、卫生所。农业以种植小麦、玉米为主。有果园。有造纸业。省道七蚁线经此。

河街乡［Héjiē Xiāng］　许昌县辖乡。在县境西部。面积50平方千米。人口4.3万。以汉族为主，还有回、侗等民族。辖1居委会、24村委会，有58自然村。乡人民政府驻南岸。1949年设河街区。1958年成立公社。1984年改乡。因乡政府原驻地河街得名。传东汉建武八年(32)刘秀驻军颍川，全军窘于无水，忽而营内沟壑淌水如河，有如神助，遂名河街。灵沟河、颍汝总干渠流经。有初中1所，小学8所，卫生院1个，卫生室25个。有文化站、图书室、敬老院、广场。有夏侯渊墓、河街白兔寺。有省级非物质文化遗产河街腐竹传统手工制作技艺。有河街双龙村大铜器。农业以种植小麦、玉米、蔬菜为主。工业以豆制品加工、造纸、机械加工为主。通公交车。

南岸［Nán'àn］　河街乡人民政府驻地。在县政府驻地新元街道西南8千米。人口1100。位于灵沟河南岸，故名。聚落呈长方形。有卫生院、卫生所等。有腐竹制作手工业。苏桥—河街公路经此。通公交车。

桂村乡［Guìcūn Xiāng］　许昌县辖乡。在县境西北部。面积46平方千米。人口3.9万。以汉族为主，还有回族等。辖21村委会，有62自然村。乡人民政府驻桂村。1958年成立桂村公社。1984年改乡。1985年析设艾庄回族乡。因乡政府驻地得名。石梁河流经。有初中1所，小学5所，卫生院1个，卫生室22个。有文化服务中心、图书室、敬老院等。有杨水才墓、姜家宅院、郅庄开元寺、周店关帝庙。有省级爱国主义教育基地杨水才纪念馆。农业以种植小麦、玉米、大豆、蔬菜为主。工业以机械制造、新型建材、面粉加工、水泥、发制品、木材加工为主。永登高速过境。

桂村［Guìcūn］　桂村乡人民政府驻地。在县政府驻地新元街道西12千米。人口5000。因昔年遍植桂花树得名。清咸丰十一年(1861)筑寨，称桂花寨，后简化为今名。聚落呈团块状。有中小学、幼儿园、卫生院、敬老院。农业以种植小麦、玉米为主。许艾公路经此。

椹涧乡［Shènjiàn Xiāng］　许昌县辖乡。在县境西南部。面积75平方千米。人口6.7万。辖39村委会，有87自然村。乡人民政府驻南头。1949年设椹涧区。1958年成立公社。1984年改乡。因乡政府原驻地得名。传古时桑林遍野，涧溪横流。西汉末年，蔡顺在涧旁采葚，黑、青二色各置一筐，适赤眉军经过，问其故，答曰："黑色奉母，青色自食。"赤眉军感其美德，遂以椹涧名村。颍河、小泥河、洗眉河、颍汝总干渠流经。有高中1所，初中2所，小学9所，卫生院1个，卫生室40个。有文化服务中心。有名胜古迹蔡孝子碑、赤眉城、桧树、玉皇庙。农业以种植小麦、玉米、红薯、辣椒、草莓为主。工业以轮胎橡胶、化纤纺织、机械制造、新型建材为主。311国道过境。通公交车。

南头［Nántóu］　椹涧乡人民政府驻地。在县政府驻地新元街道西南19千米。人口2100。位于原椹涧村南端，故名。聚落呈团块状。有中学、卫生院、卫生所等。有红薯加工业。通公交车。

榆林乡［Yúlín Xiāng］　许昌县辖乡。在县境南部。面积74平方千米，人口6.3万。辖31村委会，有98自然村。乡人民政府驻榆林。1951年设第九区。1958年成立榆林公社。1984年改乡。因乡政府驻地得名。颍河、小泥河流经。有初中1所，小学8所，卫生院1个，卫生室46个。有文化站、敬老院。有古迹上龙王庙、白庙、白衣阁、岭西王颍河大坝等。有榆林乡革命烈士纪念碑。农业以种植小麦、玉米为主。特产花生、小米。工业以玻璃制品、纺织、粮食加工、机械加工为主。许平南高速过境。

榆林［Yúlín］　榆林乡人民政府驻地。在县政府驻地新元街道西南24千米。人口1300。明初建村，因多榆树得名。聚落呈团块状。有中小学、幼儿园、卫生院、敬老院。农业以种植花生为主。娄温公路经此。

艾庄回族乡［Àizhuāng Huízú Xiāng］　许昌县辖乡。在县境西北部。面积14平方千米。人口1.5万，其中回族占12.6%。辖9村委会，有19自然村。乡人民政府驻艾庄。1956年由桂村区析设艾庄回族自治乡。1958年并入桂村公社。1985年复设艾庄回族乡。因乡政府驻地得名。石梁河流经。有小学3所，卫生院1个，卫生室9个。有图书室、文化站、广播站、体育场。有全国重点文物保护单位天宝宫。有清真寺。有省级非物质文化遗产艾庄铜器舞。农业以种植小麦、玉米、大豆为主，养殖牛、鸭。工业以机械加工、磨具制造、档发加工为主。后河—榆林公路过境。

艾庄［Àizhuāng］　艾庄回族乡人民政府驻地。在县政府驻地新元街道西15千米。人口2000，其中回族占72.3%。艾、海2姓建村，建清真寺时因艾姓捐资多得名艾家村，后简称艾庄。聚落呈团块状。有中小学、幼儿园、卫生院、图书室、体育场等。有全国重点文物保护单位天宝宫。有清真寺。有农历三月三古会。有银行、药房、超市、饭店等。有商贸业。灵井—桂村公路经此。

邓庄乡［Dèngzhuāng Xiāng］　许昌县辖乡。在县境中部偏东。面积58平方千米。人口6.3万。辖9居委会、21村委会，有48自然村。乡人民政府驻邓庄。1965年成立邓庄公社。1984年改乡。因乡政府驻地得名。小黑河、小马河、小洪河流经。有高中1所，初中1所，小学12所，卫生院1个，卫生室30个。有幼儿园、敬老院等。农业以种植小麦、玉米、红薯等为主。有食品工业园。有家居建材城、果品批发市场。311国道过境。通多路公交车。

邓庄［Dèngzhuāng］　邓庄乡人民政府驻地。在县政府驻地新元街道东南12千米。人口3300。明初邓姓迁此建村，故名。聚落呈方形。梁庄沟流经。有卫生院、卫生所。有食品、木材、塑料、面粉加工业。311国道经此。通公交车。

长村张乡［Chángcūnzhāng Xiāng］　许昌县辖乡。在县境南部。面积61平方千米。人口6.2万。以汉族为主，还有回、蒙古等民族。辖12居委会、13村委会，有75自然村。乡人民政府驻长村张。1965年蒋李集、榆林、河街、椹涧4公社析设长村张公社。1984年改乡。因乡政府驻地得名。灵沟河、小泥河、赤眉河、康庙沟流经。有初中1所，小学11所，二级医院1个，卫生院2个，卫生室20个。有古迹谢庄、丁集文化遗址、三券桥。农业以种植葡萄、蔬菜、花卉为主。工业有电力装备、电梯制造、发制品加工、生物科技。有许昌经济技术开发区。许平南、许登高速，311国道过境。

长村张［Chángcūnzhāng］　长村张乡人民政府驻地。在县政府驻地新元街道南18千米。人口3100。因明代张姓迁此建村，兼取聚落形态得名。聚落呈长方形。有中小学、卫生院。有农历二月初九古会。农业以种植小麦、玉米为主。许昌—榆林公路经此。

鄢　陵　县

鄢陵县［Yānlíng Xiàn］　许昌市辖县。北纬34°06′，东经114°12′。在市境东部。面积866平方千米。人口65.5万。以汉族为主，还有回、蒙古、维吾尔、壮等民族。辖10镇、2乡。县人民政府驻安陵镇。春秋为郑国鄢邑（一作鄢陵邑）。战国名安陵，属韩，后属魏。西汉置鄢陵县，治今古城村，属颍川郡。东汉前期移治今安陵镇。三国魏、晋因之。北朝东魏属许昌郡。北齐天保七年(556)省入许昌县。隋开皇七年(587)复置，属许州。十六年(596)部分地划入蔡陂县，改属洧州。大业二年(606)蔡陂县废，地复入，又隶颍川郡。此后未变，先后属许州、汴州、许州、开封府、汴梁路、开封府、豫东道、开封道、河南省、第五行政督察区、许昌专区、许昌地区、许昌市。地处黄河冲积平原。平均海拔58米。年均气温14.3℃，1月平均气温0℃，7月平均气温27.5℃。年均降水量639毫米。为华中亚热带气候向华北温带气候过渡区。有地热资源。双洎河、康沟河、汶河、清流河、清溭河等流经。森林覆盖率21.6%。有中等职业学校2所，中学25所，小学182所，幼儿园99所，二级医院2个。有全国重点文物保护单位乾明寺塔、兴国寺塔、许由寨遗址、鄢国故城、刘庄遗址，省级文物保护单位尹宙碑、三里侯冢遗址等10个。有古迹甘罗古柏、唐庄遗址、乐陵岗墓群、古城遗址、袁堂汉井等。有县烈士陵园、陈德馨藏书楼旧址。有省级非物质文化遗产筹音乐、古桩蜡梅盆景制作技艺。有国家4A级旅游景区鄢陵国家花木博览园、花都温泉小镇。有国家花木博览园、花都温泉度假区、鹤鸣湖景区、花卉长廊、花乡农家乐庄园等景点。三次产业比例22∶53∶25。农业以种植小麦、玉米、花生、辣椒、花卉苗木为主。有花木交易信息中心、花卉市场。工业以纺织、食品加工、医用敷料、箱包皮具、板材、建材化工为主。有金汇产业集聚区、花木产业集聚区、箱包皮草产业园、九发产业园等。服务业以健康养老、生态旅游为主。永登、兰南、机西高速，230、311国道，省道开遂、鹿汝、夏宜、滑确、永汝、鹿嵩线过境。

鄢陵汽车站［Yānlíng Qìchēzhàn］　见交通运输设施部分"鄢陵汽车站"条。

安陵镇［Ānlíng Zhèn］　鄢陵县人民政府驻地。在县境中部偏北。面积19平方千米。人口5.6万。辖11居委会，有13自然村。镇人民政府驻西街社区。1951年为城关区。1955年改镇。1958年改公社。1982年复镇。1986年因鄢陵战国时称安陵更今名。汶河、大浪沟流经。有高中1所，初中4所，小学6所，二级医院2个，卫生院1个，卫生室15个。有全国重点文物保护单位乾明寺塔，省级文物保护单位三里侯冢、尹宙碑。有古迹唐庄遗址、文庙戟门。有商贸、花木业。日有晨集，农历逢五、十有物资交流会。230、311 国道，省道永汝线过境。有鄢陵汽车站、陵南客运站、鄢陵汽车西站。

人民路［Rénmín Lù］ 在县城西部。东起乾明寺路，西至花博大道。与梅里路、翠柳路、紫云路、合欢路相交。长 2.4 千米，宽 50 米。沥青路面。1999 年开工，2000 年建成。两侧有县委、县政府、县公安局、商务局、民政局、东宝购物广场、家家生活广场、体育场、文化广场等。通公交车。

花都大道［Huādū Dàdào］ 在县城南部。东起金源大道，西至梅林大道。与文明路、南关街、朱元街等相交。长 8.6 千米，宽 60 米。沥青混凝土路面。为 311 国道城区段。1986 年改建，名建新街。1999 年扩宽，西延至花博大道。2001 年全线建成。因鄢陵有"花都"之称，故名。两侧有鄢陵国家花木博览园、中医院、陵南客运站、银行、鄢陵汽车西站等。通公交车。

翠柳路［Cuìliǔ Lù］ 在县城西部。北起金瑞大道，南至未来大道。与翠微路、翠园路、朝阳街、人民路等相交。长 4.2 千米，宽 18 米。沥青混凝土路面。1995 年开工，1996 年建成。因路旁广植垂柳而得名。两侧有农商银行、人民银行、幼儿园、小学、县委党校、住宅小区等。通公交车。

西街社区［Xījiē Shèqū］ 安陵镇人民政府驻地。在县境中部。面积 0.5 平方千米。人口 7900。因西大街得名。2005 年成立。有现代风格住宅楼 70 栋，以高层为主。有老年活动室、卫生服务中心、便民服务站等。有中心小学。有全国重点文物保护单位乾明寺塔。有商场、服装城、建筑公司、钢材市场等。通公交车。

马栏镇［Mǎlán Zhèn］ 鄢陵县辖镇。在县境中部。面积 75 平方千米。人口 6.4 万。辖 43 村委会，有 57 自然村。镇人民政府驻马栏。1958 年成立马栏公社。1983 年改乡。1995 年改镇。因镇政府驻地得名。大浪沟流经。有中学 2 所，小学 22 所，幼儿园 26 所，卫生院 1 个，文化站 1 个，文化活动室 43 个。有敬老院。有全国重点文物保护单位兴国寺塔，省级文物保护单位议事台遗址、陈德馨藏书楼旧址、陈德馨烈士墓。有蝎子岗遗址、唐庄遗址、乐陵岗墓群、前纸坊墓群、议台村议台造像碑。农业以种植小麦、玉米、蔬菜、花卉苗木为主。工业以棉短绒、棉纱加工为主。永登高速，230、311 国道，省道永汝线过境。

马栏［Mǎlán］ 马栏镇人民政府驻地。在县政府驻地安陵镇东南 5 千米。人口 1300。三国时曹操许下屯兵牧马于此，古蔡河阻拦，故名。聚落呈团块状。有中小学、卫生院、卫生所。有全国重点文物保护单位兴国寺塔、省级文物保护单位兴国寺。农业以种植小麦、花卉苗木为主。省道永汝线经此。

柏梁镇［Bǎiliáng Zhèn］ 鄢陵县辖镇。在县境西部。面积 69 平方千米。人口 5.5 万。辖 21 居委会、13 村委会，有 63 自然村。镇人民政府驻柏梁。1951 年为柏梁区。1958 年成立公社。1983 年改乡。1992 年改镇。因镇政府驻地得名。汶河、二道河流经。有中学 4 所，小学 17 所，卫生院 1 个，卫生室 36 个。有文化大院、敬老院等。有名胜古迹甘罗古柏、漆井村陈文范先生祠遗址、温寨墓群。有省级非物质文化遗产古桩蜡梅盆景制作技艺。有国家 4A 级旅游景区国家花木博览园。农业以种植小麦、玉米为主。有特色产业蜡梅、松柏、月季等花卉苗木种植。工业以酿酒、棉纺、农副产品加工为主。兰南高速、311 国道过境。

柏梁［Bǎiliáng］ 柏梁镇人民政府驻地。在县政府驻地安陵镇西 6 千米。人口 4700。传古时村南古蔡河有桥，故村名北桥头，后因该桥材质为柏木改名柏梁桥，简称今名。聚落呈团块状。有小学、卫生院、卫生所。经济以花木种植、花木交易为主。农历逢二、七有物资交流会。311 国道经此。

陈化店镇［Chénhuàdiàn Zhèn］ 鄢陵县辖镇。在县境西部。面积 50 平方千米。人口 3.4 万。辖 26 村委会，有 33 自然村。镇人民政府驻陈化店。1977 年大马、柏梁 2 公社析设陈化店公社。1983 年改乡。1996 年改镇。因镇政府驻地得名。二道河、三道河流经。有中学 2 所，小学 11 所，卫生院 1 个，卫生室 28 个。有文化大院、敬老院等。有全国重点文物保护单位刘庄遗址、许由寨遗址，省级文物保护单位杨刘遗址。有刘庄墓群、双堂遗址、中峰寺遗址。有陈化店茶饮习俗。农业以花卉培育、草坪种植为主。工业以矿泉水加工为主。有温泉度假小镇。兰南、永登高速，311 国道过境。

陈化店［Chénhuàdiàn］ 陈化店镇人民政府驻地。在县政府驻地安陵镇西 11 千米。人口 2000。古时名医陈美擅画像，村临大道且有宿店，故名陈画店，后演化为今名。聚落呈带状。有中小学、卫生院、卫生所。经济以种植花卉、草坪为主。311 国道经此。

望田镇［Wàngtián Zhèn］ 鄢陵县辖镇。在县境西南部。面积 79 平方千米。人口 4.5 万。辖 30 村委会，有 55 自然村。镇人民政府驻望田。1959 年由只乐公社析设望田公社。1983 年改乡。1997 年改镇。因镇政府驻地得名。清流河、白汤沟、没底沟流经。有初中 2 所，小学 13 所，卫生院 1 个，卫生室 30 个。有文化大院、敬老院等。有边王遗址、蔡庄遗址、望田墓群。农业以种植小麦、玉米、辣椒为主。产菠菜。有农贸市场。省道开遂线过境。

望田［Wàngtián］ 望田镇人民政府驻地。在县政府驻地安陵镇南 24 千米。人口 4900。三国时曹魏在此筑望田台，台上可环视田地，后建村，村以台名。聚落呈长方形。有小学、卫生院、卫生所。有望田墓群。农业以种植小麦、玉米、辣椒为主。产菠菜。工业有箱包加工、化工、化纤、农副产品加工等。省道鹿嵩、开遂线经此。

张桥镇［Zhāngqiáo Zhèn］ 鄢陵县辖镇。在县境中部。面积 85 平方千米。人口 6.7 万。辖 35 村委会，有 65 自然村。镇人民政府驻新张桥。1958 年成立张桥公社。1983 年改乡。2012 年改镇。因镇政府驻地得名。清流河、大浪沟、马栏新沟、二道河流经。有初中 3 所，小学 20 所，卫生院 1 个，卫生室 38 个。有文化大院、敬老院等。有省级文物保护单位赵氏民居。有大宋墓群。农业以种植花木、小尖椒、无公害蔬菜、药材等为主。永登高速、230 国道、省道开遂线过境。

新张桥［Xīnzhāngqiáo］ 张桥镇人民政府驻地。在县政府驻地安陵镇南 15 千米。人口 2200。因与老张桥相对而得名。聚落呈十字形。有中小学、卫生院、卫生所。农业以种植小麦、玉米为主。农历逢四、八日有物资交流会。省道开遂线经此。

陶城镇［Táochéng Zhèn］ 鄢陵县辖镇。在县境南部。面积 107 平方千米。人口 6.3 万。辖 27 村委会，有 56 自然村。镇人民政府驻陶城。1958 年成立陶城公社。1983 年改乡。2012 年改镇。因镇政府驻地得名。清潩河、白汤沟流经。有中学 1 所，小学 18 所，卫生院 1 个，卫生室 28 个。有文化大院、敬老院。有十室龙山文化遗址。农业以种植小麦、玉米、大豆、西瓜、辣椒为主，养殖猪、羊、蛋鸡、肉鹅、肉牛、旱鸭。省道开遂线过境。

陶城［Táochéng］ 陶城镇人民政府驻地。在县政府驻地安陵镇南 31 千米。人口 4300。晋陶侃征杜弢扩筑城垣，故名陶城。聚落呈长方形。有中小学、幼儿园、卫生院、卫生所。农业以种植小麦、玉米、辣椒、西瓜为主。工业以面粉加工、混凝土加工等为主。有农贸市场。省道永定线经此。

大马镇［Dàmǎ Zhèn］ 鄢陵县辖镇。在县境中部。面积 80 平方千米。人口 4.7 万。辖 34 村委会，有 50 自然村。镇人民政府驻大马。1951 年为第六区。1958 年成立大马公社。1983 年改乡。2012 年改镇。因镇政府驻地得名。一道河、二道河、三道河流经。有中学 2 所，小学 13 所，卫生院 1 个，卫生室 36 个。有文化大院、敬老院。有省级文物保护单位王店遗址。有大马汉墓。农业以种植小麦、玉米、花卉为主。工业以化工原料加工为主。永登高速、省道开遂线过境。

大马［Dàmǎ］ 大马镇人民政府驻地。在县政府驻地安陵镇西南 8 千米。人口 2700。明末马姓迁此建村，人口较多，故名。聚落呈团块状。有中小学、卫生院、卫生所等。农业以种植小麦、玉米、花木为主。农历逢四、八有物资交流会。省道开遂线经此。

只乐镇［Zhǐlè Zhèn］ 鄢陵县辖镇。在县境西南部。面积 87 平方千米。人口 5.8 万。辖 39 村委会，有 51 自然村。镇人民政府驻西只乐。1951 年设只乐区。1958 年成立公社。1983 年改乡。2013 年改镇。因镇政府驻地得名。老潩河、玉带河、二道河流经。有初中 1 所，小学 15 所，卫生院 1 个，卫生室 76 个。有文化大院、敬老院等。有省级文物保护单位洪山庙大殿。有野岗遗址、观台遗址、袁堂汉井、刘复生烈士纪念碑。农业以种植小麦、玉米、辣椒、花木为主。省道鹿汝线过境。

西只乐［Xīzhǐlè］ 只乐镇人民政府驻地。在县政府驻地安陵镇南 15 千米。人口 2600。传为古刹会大街，因以织罗底为业得名织罗店，演化为只乐。此地处聚落西部，故名。聚落呈长方形。有中小学、卫生院、卫生所。有正神庙、奶奶庙庙会。农业以种植小麦、玉米、辣椒、花木为主。省道鹿汝线经此。

彭店镇［Péngdiàn Zhèn］ 鄢陵县辖镇。在县境北部。面积 87 平方千米。人口 6.2 万。辖 40 村委会，有 82 自然村。镇人民政府驻彭店。1949 年设彭店乡。1959 年改公社。1983 年复乡。2013 年改镇。因镇政府驻地得名。康沟河、双洎河、洪叶沟、贾鲁河流经。有中学 1 所，小学 19 所，卫生院 1 个，卫生室 42 个。有幼儿园、文化大院、敬老院等。有全国重点文物保护单位鄢国故城，省级文物保护单位安氏民居。有戴岗墓群、田岗墓群、古城遗址、蒋庄墓群。农业以种植小麦、玉米、花生、花木为主。工业以机械加工制造、箱包加工、玉石加工为主。有休闲旅游业。兰南、机西高速，230 国道，省道夏宜线过境。

彭店［Péngdiàn］ 彭店镇人民政府驻地。在县政府驻地安陵镇北 10 千米。人口 3100。传彭祖途经住店，得名彭祖店，后演化为彭店。聚落呈长方形。有中小学、卫生院、卫生所。农业以种植小麦、玉米、花生为主。农历逢三、七有绠会(传统集会)。230 国道经此。

南坞乡［Nánwù Xiāng］ 鄢陵县辖乡。在县境东南部。面积 67 平方千米。人口 4.5 万。辖 26 村委会，有 48 自然村。乡人民政府驻南坞。1962 年设屯沟区。1965 年改公社。1966 年改南坞公社。1983 年改乡。因乡政府驻地得名。清流河、大浪沟流经。有中学 2 所，小学 14 所，卫生院 1 个，卫生室 28 个。有文化大院、敬老院等。农业以种植小麦、玉米、辣椒等为主。省道滑确线过境。

南坞［Nánwù］　南坞乡人民政府驻地。在县政府驻地安陵镇东南24千米。人口2400。传村北有络河，在此停泊船只，因居南岸得名。聚落呈团块状。有中小学、卫生院、卫生所。有伍子胥困禅宇寺遗址。有二月二庙会。农业以种植小麦、玉米、大豆、辣椒、西瓜为主。农历逢五、十有物资交流会。省道鹿嵩线经此。

马坊乡［Mǎfáng Xiāng］　鄢陵县辖乡。在县境北部。面积72平方千米。人口5.9万。辖41村委会，有68自然村。乡人民政府驻马坊寨。1956年设马坊乡。1958年成立公社。1983年改乡。因乡政府驻地得名。双洎河、团结沟流经。有初中1所，小学14所，卫生院2个，卫生室46个。有文化大院、敬老院等。有省级非物质文化遗产筹音乐。有程留宾烈士纪念碑、半截岗遗址。农业以种植小麦、玉米、蔬菜、花卉为主，养殖猪、牛、羊、家禽。工业以板材、面粉、铜加工为主。有建业生态旅游区。230国道过境。

马坊寨［Mǎfángzhài］　马坊乡人民政府驻地。在县政府驻地安陵镇北6千米。人口2500。明末马时明迁此定居，骡马成群，厩棚相连，称马坊集。清咸丰十一年(1861)为避乱筑寨，得名马坊寨。聚落呈长方形。有中小学、卫生院、卫生所。农业以种植小麦、玉米、花生、花卉为主。彭店—逍遥公路经此。

襄　城　县

襄城县［Xiāngchéng Xiàn］　许昌市辖县。北纬33°51′，东经113°81′。在市境西南部。面积920平方千米。人口86.2万。以汉族为主，还有回、满、蒙古等民族。辖9镇、7乡。县人民政府驻城关镇。秦置襄城县，属三川郡。西汉属颍川郡。王莽新朝时期改名相城。东汉初复旧名。此后未变，先后属魏、襄城郡、许州、汝州、许州、开封道、河南省、第五行政督察区、许昌专区、许昌地区、平顶山市、许昌市。周襄王十六年(前636)避难居此。《左传》载："郑处王于氾。"周景王五年(前540)属楚，楚灵王在氾之西北隅筑新城，因周襄王曾居于此，故名襄城。地处伏牛山前倾斜平原。地势西高东低。平均海拔91米。年均气温14.8℃，1月平均气温10℃，7月平均气温27.8℃。年均降水量748.9毫米。颍河、汝河流经。有矿产资源煤、红石。森林覆盖率28.5%。有省级工程技术研究中心4个，高中3所，初中21所，小学155所，二级医院2个，图书馆1个，体育馆1个，档案馆1个。有全国重点文物保护单位襄城文庙、襄城乾明寺、襄城城墙，省级文物保护单位青冢寺、紫云书院、台王遗址等6个。有古迹颍考叔祠、百宁岗遗址、春李遗址等。有省级非物质文化遗产襄城越调、心意六合拳。有六王冢惨案遗址、烈士纪念馆、紫云山风景区、毛主席视察纪念馆。三次产业比例13∶67∶20。农业以种植小麦、玉米、红薯、蔬菜为主。工业以煤焦化、服装鞋帽、机电设备、新能源为主。有省级产业园区2个。服务业以贸易、物流、旅游、住宿、餐饮为主。漯宝、平禹铁路，234、311、344国道，省道林桐、卫新、鹿嵩、郸汝、漯嵩线过境。

八七广场［Bāqī Guǎngchǎng］　在县城西部。面积8.5公顷。2012年开工，2013年建成。因八七路得名。广场北侧有毛主席视察纪念馆，占地8.7亩，建筑面积2000平方米，为仿古建筑，为青少年爱国主义及廉政教育基地。馆前矗立毛主席铜像，高9.9米，四周为汉白玉毛主席诗词碑林。为举行大型文体表演、庆典活动的重要场所。周边有住宅小区。通多路公交车。

襄城县长途汽车站［Xiāngchéng Xiàn Chángtú Qìchēzhàn］　见交通运输设施部分"襄城县长途汽车站"条。

城关镇［Chéngguān Zhèn］　襄城县人民政府驻地。在县境西南部。面积7平方千米。人口4.9万。以汉族为主，还有回族等。辖14居委会。镇人民政府驻城关。1948年设城关区。1950年置镇。1958年易名八七公社。1961年复城关镇。1966年改八七镇。1971年复城关镇。因镇政府驻地得名。北汝河流经。有初中3所，小学7所，二级医院1个，卫生院1个，卫生室39个，文化站1个，图书馆15个，大型广场2个。有省级艺术团体2个。有全国重点文物保护单位襄城文庙、襄城城墙，省级文物保护单位石羊街清真寺。有城隍庙寝殿、三皇阁。工业以橡胶、建材、制塑、印刷为主。311国道、省道郑淅线过境。

八七路［Bāqī Lù］　在县城中部。东起兰南高速，西至龙兴大道。与金襄大道、令武大道、百宁大道、阿里山路、首山大道、襄禹路、古城路相交。长10.3千米，宽50米。柏油路面。1986年开工，1987年建成，2001年扩建。因纪念毛泽东1958年8月7日视察襄城县得名。两侧有气象局、技术监督局、县委党校、电子商务产业园、县第二医院、法院、民政局、公路局、县医院分院、八七广场等。通公交车。

紫云大道［Zǐyún Dàdào］　在县城中部。南起乾明大道，北至氾城大道。与迎宾路、中心路、烟城路、泰安路、八七路、文昌路、文化路相交。长8.7千米，宽60米。沥青路面。1988年开工，1989年建成，1995年扩建。因紫云山得名。两侧有襄城高中、农行、审计局、交警大队、交通局、水务局、购物广场、生活广场、长途汽车站、襄城公园、环保局等。通公交车。

首山大道［Shǒushān Dàdào］　在县城中部偏西。南起迎宾路，北至氾城大道。与中心路、烟城路、泰安路、八七路、文昌路、文化路、建设路、襄业路相交。长7.8千米，宽30米。沥青路面。1988年开工，1989年建成，2002年扩建。因首山得名。两侧有首山市场、生活广场、斌英中学、档发厂、华鼎新能源、奥得利电子、弘日能源等。通多路公交车。

城关［Chéngguān］　城关镇人民政府驻地。在镇境中部。人口3.1万。秦以后历为襄城县治所，故名。聚落呈团块状。有高中、初中、二级医院、卫生院。有全国重点文物保护单位襄城文庙、襄城城墙，省级文物保护单位石羊街清真寺、襄城县档案馆旧址。有明清古街、李敏家祠、姚继可府邸花园遗址、耿谆故居。311国道，省道常付、鲁艾线经此。

颍桥回族镇［Yǐngqiáo Huízú Zhèn］　襄城县辖镇。在县境北部。面积10平方千米。人口8900，其中回族占29.2%。辖5村委会，有5自然村。镇人民政府驻颍桥街。1949年设颍桥区。1958年成立公社。1984年析设颍桥回族乡。1985年改镇。因镇政府驻地得名。有初中1所，小学2所，卫生院1个，卫生所6个。有文化站。有古迹颍考叔祠。服务业以商贸为主。颍郏公路过境。

颍桥街［Yǐngqiáojiē］　颍桥回族镇人民政府驻地。在县政府驻地城关镇东北16千米。人口8600。因颍河有古石桥而得名。聚落呈散状。有中小学、幼儿园、卫生院。有古迹文昌阁、寨壕遗址、清真寺、颍考叔墓、颍考叔祠等。经济以餐饮、住宿为主，沿街多商铺、茶馆、酒店。颍郏公路经此。

麦岭镇［Màilǐng Zhèn］　襄城县辖镇。在县境东南部。面积50平方千米。人口4.5万。辖29村委会，有43自然村。镇人民政府驻麦岭。1949年设蓦岭区。1956年改蓦岭乡。1958年成立公社。1980年改麦岭公社。1984年改乡。1995年改镇。因镇政府驻地得名。马拉河、南浬河、北浬河流经。有地下水资源。有初中1所，小学12所，卫生院1个，卫生所54个。有文化站。有欧阳修故居。经济以铜器、皮革加工，牛肉销售为主。省道郸汝线过境。

麦岭［Màilǐng］　麦岭镇人民政府驻地。在县政府驻地城关镇东南18千米。人口5600。传原为柳叶江故道，后因一夜间形成沙岗，取突然之意，称"蓦陵"。明初楼、王二姓迁此，依岗建村，村以岗名。先后称蓦陵店、蓦岭街、蓦岭，后谐音演化为今名。聚落呈团块状。有中、细沙资源。有中小学、卫生所。农业以种植小麦、玉米为主。省道郸汝线经此。

颍阳镇［Yǐngyáng Zhèn］　襄城县辖镇。在县境东北部。面积58平方千米。人口5.6万。辖25村委会，有70自然村。镇人民政府驻马庄。1984年由颍桥公社析设颍阳乡。1994年改镇。因西汉时曾处颍阳县境，故名。颍河流经。有初中1所，小学10所，卫生院1个，卫生所25个，图书室20个。有颍阳县古城址、新杨庄四侯冢之东二冢。有舞狮表演。农业以种植小麦、红薯、辣椒为主。311国道、颍郏公路过境。

马庄［Mǎzhuāng］　颍阳镇人民政府驻地。在县政府驻地城关镇东北18千米。人口600。传闫、王二姓迁此建村，为颍桥街马家佃户，故名。聚落呈方形。有中学、卫生院、卫生所。农业以种植小麦、玉米为主。311国道、颍郏公路经此。

王洛镇［Wángluò Zhèn］　襄城县辖镇。在县境西北部。面积67平方千米。人口6.1万。辖34村委会，有58自然村。镇人民政府驻王洛。1949年设王洛区。1958年改公社。1984年改乡。1994年改镇。因镇政府驻地得名。马黄河、新范河流经。有初中1所，小学13所，卫生院1个，卫生所29个，文化站1个，农家书屋24个。有全国重点武术学校白塔寺武校。有春李遗址、花园周遗址、清凉寺遗址。农业以种植小麦、红薯、辣椒为主。平禹铁路、省道郑淅线、颍郏公路过境。

王洛［Wángluò］　王洛镇人民政府驻地。在县政府驻地城关镇西北12千米。人口5600。古名氾源，春秋时周襄王妃子在此生子，得名王落子店，后演化为今名。聚落呈团块状。有中小学、卫生院、卫生所。有狮子龙灯舞。农业以种植小麦、红薯为主。省道郑淅线、颍郏公路经此。

紫云镇［Zǐyún Zhèn］　襄城县辖镇。在县境西南部。面积82平方千米。人口4.7万。辖26村委会，有117自然村。镇人民政府驻紫云。1956年设孙祠堂乡。1958年成立公社。1984年改乡。1997年改紫云镇。因镇政府驻地得名。柳河流经。有湖泊。有矿产资源煤。有初中1所，小学12所，卫生院1个，卫生所17个，农家书屋19个。有文化站。有省级文物保护单位紫云书院、黄柳遗址。有令武山汉墓群、令武山庙。有紫云山风景区。农业以养殖生猪为主。工业有煤化工、制瓷、建材等。省道鹿嵩线过境。

紫云［Zǐyún］　紫云镇人民政府驻地。在县政府驻地城关镇西南5千米。人口400。原名孙祠堂，后因紫云山更今名。聚落呈长方形。有中小学、卫生院、卫生所。农业以种植小麦、玉米为主。有农贸服务业。

库庄镇［Kùzhuāng Zhèn］　襄城县辖镇。在县境中部。面积64平方千米。人口5.7万。辖1居委会、28村委会，有82自然村。镇人民政府驻西库。1958年成立关帝庙公社。1982

年更名库庄公社。1984年改乡。2010年改镇。因镇政府驻地得名。文化河、新范河、柳叶江流经。有初中3所，小学10所，卫生院1个，卫生所27个，文化站1个，农家书屋18个。有廉让桥。农业以种植小麦、玉米、大豆、红薯、无公害蔬菜等为主。工业以金刚石加工、电力设备制造等为主。311国道、省道郑淅线过境。

西库［Xīkù］ 库庄镇人民政府驻地。在县政府驻地城关镇东北10千米。人口1400。传明初库姓兄弟迁此建三村，方位居西，故名。聚落呈团块状。有小学、卫生院、卫生所。农业以种植小麦、玉米、红薯为主。311国道经此。

十里铺镇［Shílǐpù Zhèn］ 襄城县辖镇。在县境西部。面积77平方千米。人口6.7万。辖1居委会、39村委会，有78自然村。镇人民政府驻十里铺。1958年王洛区析设十里铺公社。1984年改乡。2011年改镇。因镇政府驻地得名。有鸡鸣岗。马黄河、苇子河流经。有初中2所，小学13所，卫生院1个，卫生所46个，文化站1个，农家书屋14个。有省级文物保护单位青冢寺。有郅段庄遗址、毛泽东主席视察纪念馆、中原野战军部署豫东战役会址。有井庄汉墓群。农业以无公害蔬菜种植为主，有畜牧养殖。平禹铁路、省道郏汝线过境。

十里铺［Shílǐpù］ 十里铺镇人民政府驻地。在县政府驻地城关镇西5千米。人口1200。旧有驿站，距县城10华里，故名。聚落呈带状。有中小学、卫生院、卫生所。农业以种植小麦、红薯、蔬菜为主。省道郏汝线经此。

山头店镇［Shāntóudiàn Zhèn］ 襄城县辖镇。在县境南部。面积62平方千米。人口6.1万。辖35村委会，有75自然村。镇人民政府驻山头店。1951年设山头店区。1956年改乡。1959年改公社。1984年复乡。2012年改镇。因镇政府驻地得名。有首山。北汝河流经。有初中1所，小学12所，卫生院1个，卫生所30个，文化站1个，图书室28个。有全国重点文物保护单位乾明寺塔。有胡岗汉墓群。有民间艺术仙鹤送印舞、狮子爬天桥。农业以种植小麦、蔬菜为主。工业有电子电器、制衣、制鞋、不锈钢门业等。漯宝铁路、兰南高速、311国道过境。

山头店［Shāntóudiàn］ 山头店镇人民政府驻地。在县政府驻地城关镇东南9千米。人口1700。传崔姓始居设店，名崔家店，后因处首山东端改今名。聚落呈团块状。有小学、卫生所。有民间艺术铜乐社、狮子舞、小车旱船等。农业以种植小麦、玉米、大豆为主。

湛北乡［Zhànběi Xiāng］ 襄城县辖乡。在县境西南部。面积54平方千米。人口3.2万。辖21村委会，有44自然村。乡人民政府驻姜店。1965年山头店、孙祠堂2公社合设程庄公社。1982年更名湛北公社。1984年改乡。因辖区大部位于湛河以北而得名。有中学1所，小学4所，卫生院1个，卫生室36个。有文化站。有宋家民居、七里店汉墓群、高阳山葛仙观。农业以种植小麦、玉米为主。特产西瓜、樱桃。工业有煤化工、金刚石加工、钻具加工、焦化洗配煤、铜线加工等。漯宝、平禹铁路，311国道过境。

姜店［Jiāngdiàn］ 湛北乡人民政府驻地。在县政府驻地城关镇南9千米。人口2600。以姜太公墓处交通要道，临路设店铺，故名。聚落呈长方形。有中小学、卫生院、卫生所。有姜太公墓、高阳桥遗址。农业以种植小麦、玉米为主。311国道经此。

茨沟乡［Cígōu Xiāng］ 襄城县辖乡。在县境中部。面积52平方千米。人口6.2万。辖5居委会、22村委会，有59自然村。乡人民政府驻茨沟。1949年设茨沟区。1958年成立公社。1984年改乡。因乡政府驻地得名。北汝河、颍汝灌区总干渠、文化河、柳叶江等流经。有初中1所，小学13所，二级医院1个，卫生院1个，卫生室22个，文化站1个，农家书屋18个。有毛泽东主席视察襄城纪念馆、武湾玉皇阁、贾庄遗址、叶岗汉墓群。农业以种植桃、梨、葡萄为主。工业以制糖、铜器制作、钢材加工、高压计量设备制造等为主。兰南高速，省道郏汝、鹿嵩线过境。

茨沟［Cígōu］ 茨沟乡人民政府驻地。在县政府驻地城关镇东9千米。人口4900。以汉族为主，还有回族等。因旧时沟内多水生茨藻得名，雅名慈沟。聚落呈团块状。有小学、卫生院、卫生所。有清真寺。农业以种植小麦、玉米为主。省道郏汝线经此。

丁营乡［Dīngyíng Xiāng］ 襄城县辖乡。在县境东南部。面积45平方千米。人口5.2万。辖27村委会，有40自然村。乡人民政府驻丁营。1965年姜庄、蓦岭2公社析设丁营公社。1984年改乡。因乡政府驻地得名。北汝河、沙河流经。有百宁岗。有初中1所，小学8所，卫生院1个，卫生所27个。有文化站、图书馆。为省历史文化名乡。有百宁岗遗址、横梁渡村兴国寺。农业以种植小麦、红薯、辣椒等为主。漯宝铁路过境。

丁营［Dīngyíng］ 丁营乡人民政府驻地。在县政府驻地城关镇东南16千米。人口3900。丁姓始居，曾为兵营，故名。聚落呈团块状。有小学、卫生院、卫生所。农业以种植小麦、玉米为主。工业有制鞋、粉加工业。漯宝铁路经此。

姜庄乡［Jiāngzhuāng Xiāng］ 襄城县辖乡。在县境东南部。面积88平方千米。人口4.7万。辖37村委会，有48自然村。乡人民政府驻任庄。1958年蓦岭区析设姜庄公社。1965年公社机关迁驻任庄。1984年改乡。因乡政府原驻地姜庄得名。传明洪武年间(1368—1398)姜姓迁此，名姜家村。又邓姓迁入，易名姜邓村，后简称姜庄。马拉河、南浬河、北浬河流经。有初中1所，小学7所，卫生院1个，卫生所11个。有文化站、图书室。有春秋楚汃城遗址。农业以种植小麦、玉米、大豆、食用菌为主。有高压设备制造业。漯宝铁路、省道郏汝线过境。

任庄［Rénzhuāng］ 姜庄乡人民政府驻地。在县政府驻地城关镇东南25千米。人口400。明初任姓迁此建村，故名。聚落呈方形。有小学、卫生院、卫生所。农业以种植小麦、玉米、大豆为主。产杨石头面瘫牵正膏。省道郏汝线经此。

范湖乡［Fànhú Xiāng］ 襄城县辖乡。在县境东部。面积95平方千米。人口8.6万。辖34村委会，有91自然村。乡人民政府驻范湖。1949年设范湖区。1958年成立公社。1984年改乡。因乡政府驻地得名。运粮河、上纲河、马拉河流经。有初中1所，小学13所，卫生院1个，卫生所34个，文化站1个。有省级文物保护单位台王龙山文化遗址。有孙圪垱遗址、西不羹遗址。农业以种植辣椒、大棚瓜果蔬菜为主，养殖肉牛。有农业生态园。有家庭农场、专业合作社10余个。有家装业。茨道公路过境。

范湖［Fànhú］ 范湖乡人民政府驻地。在县政府驻地城关镇东20千米。人口4800。传古为湖泊，后淤积成田，范姓始居，故名。聚落呈长方形。有初中、小学、幼儿园、卫生院、文化站等。农业以种植小麦、玉米、大豆为主。有农贸交易。

双庙乡［Shuāngmiào Xiāng］ 襄城县辖乡。在县境东北部。面积54平方千米。人口5.3万。辖34村委会，有55自然村。乡人民政府驻新村。1958年成立双庙公社。1984年改乡。因乡政府原驻地得名。原因主街方向不正得名斜店街，后建圣母庙、玉皇庙，改名双庙。颍河、颍汝灌区总干渠流经。有初中1所，小学7所，卫生院1个，卫生所34个，图书室26个。有文化站。有五虎殿、兴福寺、玉皇阁大殿。有毛泽东主席视察纪念馆。农业以种植小麦、玉米为主。有养殖场。工业有纺织、面粉加工等。兰南高速过境。

新村［Xīncūn］ 双庙乡人民政府驻地。在县政府驻地城关镇东北16千米。人口1500。为新建居民点，故名。1964年双庙公社机关迁此。聚落呈T字形。有小学、卫生院、卫生所。农业以种植小麦、玉米、大豆为主。南蒋公路经此。

汾陈乡［Fénchén Xiāng］ 襄城县辖乡。在县境北部。面积45平方千米。人口5.4万。辖30村委会，有62自然村。乡人民政府驻汾陈。1965年颍桥、王洛2公社析设汾陈公社。1984年改乡。因乡政府驻地得名。有八士岗、王梦寺岗。文化河流经。有初中1所，小学12所，卫生院1个，卫生所30个，文化站1个，农家书屋21个。有王梦寺。有民间艺术武术、戏曲、杂技等。有农民艺术节。农业以种植小麦、红薯为主。颍冢公路过境。

汾陈［Fénchén］ 汾陈乡人民政府驻地。在县政府驻地城关镇北16千米。人口1500。春秋时名汾丘，以丘临汾河得名。《左传》载："鲁襄公十八年(前555)，楚将子庚帅师治兵于汾。"明洪武二年(1369)冯、陈2姓迁此，名冯陈。后冯姓无，遂称今名。聚落呈方块状。有小学、幼儿园、卫生院。有文化中心、图书馆。有古迹汾丘城遗址、盛氏祠堂。农业以种植小麦、玉米、红薯为主。颍冢公路经此。

漯 河 市

漯河市［Luòhé Shì］ 河南省辖地级市。北纬33°24′—33°59′，东经113°27′—114°16′。在省境中部偏南。面积2617平方千米。户籍人口277.3万，常住人口260.1万。以汉族为主，还有回、蒙古、满、维吾尔等民族。辖郾城、源汇、召陵3区，舞阳、临颍2县。市人民政府驻郾城区。1986年升漯河县级市为省辖市，原许昌地区郾城、临颍、舞阳3县划入。因原漯河镇得名。元代因上口镇地处河湾，状似海螺，名螺湾河镇，清末简称漯河。位于伏牛山东麓平原与淮北平原交错地带，地势西高东低。海拔52—102米。年均气温14.6℃，1月平均气温

0.6℃,7月平均气温27.5℃。年均降水量786毫米。年均无霜期218天。沙河、澧河、颍河流经。有盐矿。有野生植物259种,其中国家重点保护野生植物有7种。有野生动物140余种,其中国家重点保护野生动物有10种。森林覆盖率6.5%。有省级工程技术研究中心20个,大专3所,中专13所,中学113所,小学641所,特殊教育学校1所,有漯河市体育运动学校。有文化馆5个,群众艺术馆1个,公共图书馆5个,博物馆5个,国家档案馆6个,专业档案馆1个。有豫剧、杂技、曲剧艺术表演团体6个,三级医院5个。有全国重点文物保护单位7个,省级文物保护单位36个。有国家级非物质文化遗产心意六合拳,省级非物质文化遗产双舞狮、双人旱船舞等7项。有国家4A级旅游景区5个。三次产业比例11∶64∶25。农业种植小麦、玉米、棉花、大豆、蔬菜,养殖生猪、肉鸡、蛋鸡。特色小吃有北舞渡胡辣汤、吴城镇杠子馍、龙城猪蹄、繁城牛肉等。工业以食品加工、造纸、化工、电子、生物医药为主。有国家级经济开发区1个。有临颍、舞阳、沙澧、淞江4产业集聚区。服务业以现代物流、电子商务为主。有电子商务园。有铁路250千米,高铁55千米,公路5374千米,高速125千米,内河航线27千米。京广、孟宝、漯阜、漯舞铁路,京广高铁,京港澳、宁洛高速,107国道,省道常付、逍白、时南、郸石、七蚁线过境。有漯河站、漯河西站等。

漯河 [Luòhé] 漯河市聚落。在市境南部。面积73平方千米。人口70万。以汉族为主,还有回、蒙古等民族。明永乐《颍川郡志》载:螺湾渡在县(郾城县城)东五里,乃沙、澧河交汇处,钧、许、陈、蔡南北往来之冲,二水洄环如海螺,因得名。原为螺湾河渡津旁小镇,后因京广铁路经此而兴盛。1949年为以商业为主的市镇,街路弯曲狭窄,城区围绕车站。1975年遭洪水破坏,后恢复建设。至1985年城区向沙、澧河交汇点东南部和沙河北岸扩张,但面积较小。1988年建成沙北行政区。1992年先后建成铁东高新技术开发区(漯河经济技术开发区前身)、自由贸易区、双龙区等,新建多条主干道,改扩建旧街路,建多座跨河桥。2004年融合老城区和郾城老县城,新建沙澧、淞江、东城产业集聚区。2007—2012年开发沙澧河,修建沿河公园、观光大道,形成以沙河、澧河及长江路、人民路主干道为主的城市景观格局。中部为商业中心,有公园、大型百货商场、商业步行街、专业交易市场等。沙河北岸、京广铁路以西为政治中心,有党政机关单位、中小学、漯河迎宾馆、人民会堂。城北为国家食品名城核心区,以区域金融、总部经济为特色,有大型住宅、高档写字楼、国际会展中心。东部为工业生产基地,有漯河经济技术开发区。标志性建筑有市民之家、博物馆、图书馆、城市展示馆、群艺馆、月湾湖音乐喷泉、两河景观等。主次干道、支路交会纵横。通多路公交车。

淞江路 [Sōngjiāng Lù] 在市境北部。东起庐山路,西至五台山路。与中山路、金山路、泰山路等相交。长1.4千米,宽60米。沥青路面。1989年开工,1997年建成。以黑龙江省松花江命名。后简化讹称淞江路。两侧有市委党校、市国土局、市广电局、漯河国际会展中心、钟楼广场等。通公交车。

黄河路 [Huánghé Lù] 在市境中部。东起漯周路,西至沙河河堤。与中山路、金山路、祁山路等相交。长1.6千米,宽30—60米。沥青路面。1988年开工,1991年建成。2006—2010年两次延伸。两侧有市公安局、市建委、市人社局、漯河迎宾馆、人民会堂、黄河广场等。通公交车。

人民路 [Rénmín Lù] 在市境中部。东起东山路,西至嵩山南路。与中山路、燕山路、衡山路等相交。长1.2千米,宽44米。沥青路面。1955年修筑土路,名南马路,亦称后马路。1958年扩建。1965年命名人民路。1985年合并漯周路,并以京广铁路为界分东、西路。1986—1997年再次扩建。两侧有市中心医院、漯河站、漯河汽车站、双汇集团、3515鞋厂、光明路市场、丹尼斯百货、漯河高中、水利技校等。通公交车。

太行山路 [Tàihángshān Lù] 在市境西部。南起湘江路,北至孟庙街。与龙江路、淞江路、辽河路等相交。长0.9千米,宽40米。龙江路以北为混凝土路面,以南为沥青路面。1987年开工,1997年建成。20世纪90年代扩建淞江路—龙江路段。2010年整修。两侧有漯河高级技工学校、郾城区林业局、郾城区政府、漯河职业技术学院、辽河花园小区等。通公交车。

金山路 [Jīnshān Lù] 在市境中东部。南起万泉河路,北至京港澳高速。与龙江路、淞江路、黄河路等相交。长1.3千米,宽40—82米。沥青路面。1991年开工,1998年建成。以山东省金山命名。两侧有市气象局、市委党校、漯河二高、清真东大寺、居住小区等。通公交车。

郾城区

郾城区 [Yǎnchéng Qū] 漯河市人民政府驻地。在市境中部偏西。面积413平方千米。人口50.4万。以汉族为主,还有回、满、蒙古等民族。辖1街道、8镇。区人民政府驻城关镇。2004年撤郾城县,析设郾城区。夏、商时期有奄(同郾)地,周代称奄子国。春秋战国、秦分置郾邑、郾县。隋改郾城县,沿为区名。先后新建道路3条,住宅小区10个。2006年开发沙澧河,建成沿沙河风景商业区和住宅区,孟南住宅和文化商业区。有标志性建筑市科教文化中心。处淮河流域大沙河中游平原地区。沙河、颍河流经。有大专1所,中学20所,中专4所,小学95所,特殊教育学校1所,三级医院1个,二级医院4个。有全国重点文物保护单位彼岸寺经幢、郝家台遗址,省级文物保护单位文庙大成殿、许南阁祠、镇河铁牛等8个。有化身台兴国寺。有国家4A级旅游景区沙澧河。有省级非物质文化遗产东关双狮舞、裴城刘氏正骨。有民间艺术东关双狮舞、何庄青龙舞、邵李捧嘘、面塑等。三次产业比例11∶59∶30。农业以种植业为主。种植小麦、玉米、蔬菜,养殖生猪。工业以食品加工、医药化工、建材和机械制造、制衣制鞋为主。有省级开发区漯河淞江产业集聚区。服务业以商贸为主。有国家级商业示范社区2个,省级商业示范社区3个。京广、漯宝铁路,京广高铁,京港澳高速,107国道,省道七蚁、常付线过境。有郾城城区客运站。通多路公交车。

黄河广场 [Huánghé Guǎngchǎng] 在城区中部偏南。面积1.9公顷。1995年开工,1997年建成。因黄河路得名。分儿童活动区、健身活动区、广场活动区、安静休闲区。有拓牛雕塑、十二生肖雕塑、欧式亭、假山、长廊、喷泉、灯光球场、儿童娱乐设施、健身器材等。为集休闲、娱乐、健身、文化演出、体育比赛等活动于一体的综合性广场。周边有新华书店、新都市场、区医院、特色美食一条街。通公交车。

钟楼广场 [Zhōnglóu Guǎngchǎng] 在城区西北部。面积1.2公顷。2002年开工,2004年建成。2014年改建。因广场有钟楼得名。为古郾城四关城池建设风格。有音乐喷泉1个,钟楼3座。有休闲设施、儿童娱乐设施、健身器材。为集历史教育、休闲、健身、戏曲演出于一体的综合性广场。周边有区中医院、许洼小学、建材市场、居住小区。通公交车。

郾城城区客运站 [Yǎnchéng Chéngqū Kèyùnzhàn] 见交通运输设施部分"郾城城区客运站"条。

沙北街道 [Shāběi Jiēdào] 属郾城区。在区境东南部。面积13平方千米。人口7.6万。2005年由孙庄乡改设。曾有沙北县,且大部分区域位于沙河以北,故名。2006年起改造旧城,新建住宅小区,拓宽延伸黄河路、嵩山路、沙北路等。有标志性建筑人民会堂、漯河迎宾馆。有中学3所,小学5所,二级医院2个,社区卫生服务中心7个,卫生所16个。有全国重点文物保护单位郝家台遗址。有特色工艺粮食画、烙铁画等。经济以餐饮、休闲娱乐、商贸、仓储物流为主。有国家级商业示范社区2个,省级商业示范社区3个。通公交车。

城关镇 [Chéngguān Zhèn] 郾城区人民政府驻地。在区境东南部。面积14平方千米。人口6.5万。以汉族为主,还有回、满等民族。辖15居委会、2村委会,有4自然村。镇人民政府驻孟南社区。1948年设城关区。1956年改乡。1958年成立公社。1959年改镇。1961年改区。1963年复镇,旋改公社。1984年再复镇。因原县城四关、四街得名。有中学5所,小学5所,三级医院1个,二级医院2个,卫生所15个。有区图书馆、文化馆。有全国重点文物保护单位彼岸寺经幢,省级文物保护单位文庙大成殿、许南阁祠、镇河铁牛等。有省级非物质文化遗产东关双狮舞。工业以食品和饮品加工、医药化工、建材线材制造为主。有省级开发区漯河淞江产业集聚区。京广高铁、107国道、省道常付线过境。通公交车。

孟南社区 [Mèngnán Shèqū] 城关镇人民政府驻地。在区境中部偏南。面积1平方千米。人口0.8万。因处孟庙镇以南得名。1998年成立。民居以高层、多层楼房为主,有高层30栋,多层188栋,单独小院297栋。有老年活动室、卫生服务站、便民服务站等。有小学、超市、建筑公司、建材市场、淞江美食街等。通公交车。

孟庙镇 [Mèngmiào Zhèn] 郾城区辖镇。在区境中部偏东。面积60平方千米。人口6.1万。以汉族为主,还有回、满等民族。辖4居委会、26村委会,有48自然村。镇人民政府驻三周。1956年设孟庙乡。1958年改公社。1983年析设孟庙镇。1996年三周乡大部并入。因镇政府原驻地孟庙得名。颍河、柳河、塔河流经。有初中2所,小学13所,幼儿园2所,卫生院1个,卫生所30个。有民间艺术舞龙、舞狮、腰鼓、秧歌等。农业以种植小麦、玉米为主。工业以食品加工、机械和建材制造、医药化工为主。有食品工业园区、淞江产业集聚区。服务业以仓储物流为主。京广、漯宝铁路,京广高铁,107国道过境。通公交车。

三周 [Sānzhōu] 孟庙镇人民政府驻地。在区政府驻地城关镇北6千米。人口800。明代周氏兄弟迁入,分别建村,因三弟在此得名。聚落呈带状。有区特殊教育学校、中小学、幼儿园、卫生院、卫生所。经济以商业为主。京广铁路经此。通公交车。

商桥镇 [Shāngqiáo Zhèn] 郾城区辖镇。在区境北部。面积51平方千米。人口4.8万。辖21村委会,有61自然村。镇人民政府驻小商桥。1955年设商桥乡。1965年成立公社。1984年复乡。1985年改镇。因镇政府驻地得名。颍河、吴公渠流经。有市商桥文武学校。有高中1所,小学13所,幼儿园4所,卫生院1

个，卫生所22个，文化站1个。有民间艺术乾勒桥双狮舞。农业以种植小麦、玉米、棉花、小白瓜、小辣椒为主。工业以假发制品加工，面粉机、农机配件生产为主。有粮食交易市场。京广铁路，京广高铁，107国道，县道后魏、坡大线过境。通公交车。

小商桥［Xiǎoshāngqiáo］ 商桥镇人民政府驻地。在区政府驻地城关镇北15千米。人口5000。《郾城县记》载，颍河故道经此，且为水陆要道，商务频繁，故名小商河。隋开皇四年(584)建桥，后桥以河名，村以桥名。聚落呈带状。有中小学、幼儿园、卫生院、卫生所。主种玉米、小麦，兼种大蒜、辣椒。107国道、县道后魏线经此。通公交车。

龙城镇［Lóngchéng Zhèn］ 郾城区辖镇。在区境中部偏西。面积64平方千米。人口6.3万。以汉族为主，还有回族等。辖26村委会，有89自然村。镇人民政府驻十五里店。1958年成立十五里店公社。1984年改乡。1994年改龙城镇。沙河流经如龙，寓经济腾飞之意得名。有初中2所，小学12所，幼儿园8所，卫生院1个，卫生所27个。有化身台兴国寺。农业以种植小麦、玉米为主。有鲜桃、晚秋黄梨、有机蔬菜种植示范区。工业以羽毛工艺品加工为主。漯宝铁路、省道常付线过境。通公交车。

十五里店［Shíwǔlǐdiàn］ 龙城镇人民政府驻地。在区政府驻地城关镇西7千米。人口2200。原为郾城西去要道，官道旁开设食宿店铺，渐成集市，又成村庄。因距老县城十五里得名。聚落呈团块状。有小学、幼儿园、卫生院、卫生室。主种小麦、玉米，兼种鲜桃、晚秋黄梨。漯宝铁路、省道常付线经此。通公交车。

新店镇［Xīndiàn Zhèn］ 郾城区辖镇。在区境西部。面积70平方千米。人口5万。以汉族为主，还有回族等。辖25村委会，有51自然村。镇人民政府驻新店。1949年置新店区。1965年改公社。1984年改乡。2000年改镇。因镇政府驻地得名。尧河、马沟、新河流经。有中学2所，小学14所，幼儿园9所，卫生院1个，卫生所26个。有省级文物保护单位凌云台。农业以种植小麦、玉米为主，兼种草莓、蔬菜。省道常付线过境。通公交车。

新店［Xīndiàn］ 新店镇人民政府驻地。在区政府驻地城关镇西15千米。人口7000。以汉族为主，还有回族等。明代山西洪洞县移民迁此，沿尧河东建房立村，房舍呈斜状分布，又开设食宿店铺，故称斜店。后村东移建新村，改今名。聚落呈带状。有中小学、幼儿园、卫生院、卫生所。种植小麦、玉米等。郾襄、新台公路经此。通公交车。

裴城镇［Péichéng Zhèn］ 郾城区辖镇。在区境西北部。面积80平方千米。人口5.4万。以汉族为主，还有回、蒙古、满等民族。辖24村委会，有38自然村。镇人民政府驻赵庄。1959年成立裴城公社。1984年改乡。1999年改镇。因裴城村得名。马拉河、涧曲河流经。有中学2所，小学13所，幼儿园16所，卫生院1个，卫生所24个，文化站1个，村级文化活动中心24个。有省级文物保护单位涧石拱桥、城高遗址、裴城遗址。有裴晋公碑、苏进故居。有中国传统村落裴城。有省级非物质文化遗产刘氏正骨。有特色民间艺术田舞狮、“独杆轿”等。农业以种植小麦、玉米、蔬菜为主。工业以新型造纸、精细化工、建材制造、食品加工为主。漯宝铁路，省道七蚁、常付线过境。通公交车。

赵庄［Zhàozhuāng］ 裴城镇人民政府驻地。在区政府驻地城关镇西北25千米。人口1500。明初赵氏兄弟迁此，弟在竹园旁建村，称竹园赵，后改今名。聚落呈团块状。有中小学、幼儿园、卫生院、卫生所。种植玉米、小麦等。有定期庚会。省道七蚁线经此。通公交车。

裴城［Péichéng］ 在区政府驻地城关镇西20千米。裴城镇辖自然村。人口4200。《郾城县记》载，曾因河于此涧曲得名涧曲，后为纪念唐代裴度易今名。聚落呈团块状。有小学、幼儿园。为中国传统村落。古建筑保存较好，有省级文物保护单位涧石拱桥、裴城遗址。有裴晋公碑、苏进故居。有特色民间艺术“独杆轿”。种植小麦、玉米、大豆等。通公交车。

李集镇［Lǐjí Zhèn］ 郾城区辖镇。在区境北部。面积55平方千米。人口4.7万。以汉族为主，还有回、壮、白等民族。辖22村委会，有51自然村。镇人民政府驻后李。1963年设李集区。1965年改公社。1984年改乡。2010年改镇。明初李姓迁此建村，清乾隆年间(1736—1795)形成集市，称李家集，后称李集。颍河流经。有稻草湖。有成人技工学校1所，初中2所，小学12所，幼儿园5所，卫生院1个，卫生所25个，文化站1个。有金太子墓。有民间艺术舞狮、龙灯会等。农业以种植小麦、玉米为主，兼种蔬菜。有特产双苞菇、芦笋。李漯、后魏公路过境。通公交车。

后李［Hòulǐ］ 李集镇人民政府驻地。在区政府驻地城关镇北15千米。人口2000。明初李姓迁此建村，为与村南前李区分，得今名。聚落呈团块状。有中小学、幼儿园、卫生院、文化站。种植玉米、小麦等。有大型庚会。李漯、后魏公路经此。通公交车。

黑龙潭镇［Hēilóngtán Zhèn］ 郾城区辖镇。在区境东部。面积39平方千米。人口3.7万。以汉族为主，还有回、黎等民族。辖1居委会、14村委会，有36自然村。镇人民政府驻楚庄。1956年设黑龙潭乡。1959年改公社。1984年改乡。1994年析设姬石乡。2014年改镇。传原青龙河在此汇入沙河，交汇处有深潭，称青龙潭。清乾隆十年(1745)改称黑龙潭。沙河、颍河、塔河、柳河流经。有初中1所，小学8所，幼儿园8所，卫生院1个，卫生所13个。有民间艺术舞狮。农业以种植小麦、玉米为主，养殖生猪、家禽。工业以粮食加工为主。服务业以旅游、物流仓储、餐饮为主。京港澳高速、省道道白线过境。通公交车。

楚庄［Chǔzhuāng］ 黑龙潭镇人民政府驻地。在区政府驻地城关镇东北10千米。人口900。传明洪武年间(1368—1398)楚姓自湖北迁至今老窝镇楚庄，明正统年间(1436—1449)其分支来此，故名。聚落呈团状。有中小学、幼儿园、卫生院、卫生所。种植小麦、玉米等。有粮食加工工业。省道道白线经此。通公交车。

源汇区

源汇区［Yuánhuì Qū］ 漯河市辖区。在市境南部。面积201.6平方千米。人口33.3万。以汉族为主，还有回、满、蒙古等民族。辖4社区、3镇、1乡。区人民政府驻干河陈社区。2004年析原漯河市(县级)市区设源汇区，后部分区域划出。因原源汇寨得名，取诸水汇流之意。2005年建成沙澧产业集聚区。2007年开发沙澧河，修建沿河公园、观光大道。沙河、澧河、唐河流经。有大专2所，中学15所，小学51所，三级医院2个，二级医院5个。有漯河体育场、体育馆、游泳馆。有省级文物保护单位3个。古迹有大陈古寨遗址、陈巩老宅。有国家4A级旅游景区沙澧河、金凤凰鸟文化园，国家3A级旅游景区人民公园。三次产业比例6∶43∶51。农业以种植小麦、玉米为主，兼种蔬菜、瓜果。工业以食品加工，医疗器械、橡胶制品、纺织服装、装备制造为主。有省级经济开发区沙澧产业集聚区。服务业以商贸为主。有商业步行街、物流园。京广铁路、京广高铁、宁洛高速、107国道过境。有漯河站、漯河西站、漯河中心汽车站、漯河汽车西站。通多路公交车。

双汇广场［Shuānghuì Guǎngchǎng］ 在城区东部。面积8.7公顷。1998年开工，2011年建成。原为漯河市体育场，后因双汇集团改今名。有400米标准化跑道、篮球场、乒乓球场、健身场、停车场等。为集休闲、健身、娱乐于一体的综合性广场。周边有漯河高中、漯河实验高中、丹尼斯百货。通公交车。

漯河站［Luòhé Zhàn］ 见交通运输设施部分“漯河站”条。

漯河西站［Luòhéxī Zhàn］ 见交通运输设施部分“漯河西站”条。

漯河汽车站［Luòhé Qìchēzhàn］ 见交通运输设施部分“漯河汽车站”条。

干河陈社区［Gānhéchén Shèqū］ 源汇区人民政府驻地。在区境东部。面积25平方千米。人口11.1万。因自然村干河陈得名。2007年成立。澧河流经。有高等院校2所，中学3所，中专1所，小学9所，幼儿园5所，二级医院2个，社区卫生服务中心1个，卫生所20个，文化站1个，社区(村)文化中心19个，社区(村)图书室17个。有开源森林公园、沙澧河风景区。有沙澧产业集聚区、毛寨工业园区。有花卉书画综合市场、种子批发市场、蔬菜批发市场、农贸市场、小商品批发市场、休闲娱乐城等。京广铁路、107国道过境。有漯河汽车西站。通公交车。

干河陈［Gānhéchén］ 在社区东南部。人口4400。明洪武年间(1368—1398)陈姓兄弟迁此，在干河南岸建村，故名。聚落呈团块状。有中学、幼儿园、卫生所。有金凤凰鸟文化园、开源森林公园。经济以服务业为主。通公交车。2009年被评为全国文明村。

老街社区［Lǎojiē Shèqū］ 属源汇区。在区境东北部。面积2平方千米。人口3.1万。因老街得名。2007年成立。有中学1所，小学3所，幼儿园3所，三级医院1个，社区卫生服务中心1个，卫生所4个。有市儿童医院、滨河公园、服装市场、农贸市场、大型购物商场等。有漯河站、漯河恒通汽车站。通公交车。

马路街社区［Mǎlùjiē Shèqū］ 属源汇区。在区境东北部。面积3平方千米。人口3.7万。因马路街得名。2007年成立。有中学2所，小学4所，幼儿园4所，三级医院1个，二级医院2个，社区卫生服务中心1个，卫生所5个。有纪念日本投降的受降亭旧址。有人民公园、双汇广场。为漯河市商业核心区、商品集散地。有步行街及多个大型购物中心。有漯河中心汽车站。通公交车。

顺河街社区［Shùnhéjiē Shèqū］ 属源汇区。在区境东北部。面积2平方千米。人口3.4万。因顺河街得名。2007年成立。澧河、沙河流经。有中学2所，小学3所，幼儿园2所，社区卫生服务中心1个，卫生所5个。有古迹明初古槐、清代三晋乡祠。有家电一条街、小百货市场、农贸市场、粮油交易市场等。通公交车。

大刘镇［Dàliú Zhèn］ 源汇区辖镇。在区境西南部。面积48平方千米。人口4万。辖23村委会，有31自然村。镇人民政府驻大刘。1940年设大刘镇。1949年置区，属郾城县。1958年改公社。1984年改乡。1992年分大刘、问十2乡。2001年大刘乡改镇。2004年属源汇区。因镇政府驻地得名。澧河、唐河、唐江河流经。有职业高中1所，初中4所，小学10

所，幼儿园 24 所，卫生院 1 个，卫生所 51 个。有观西刘、皇玉、大陈古寨等遗址。有民间艺术舞龙、舞狮等。农业以种植玉米、小麦、棉花、蔬菜为主，养殖生猪、家禽。有特产晚秋黄梨、西瓜。工业以橡胶、木器、食品深加工为主。有大刘工业园区。漯舞铁路，漯平高速，坡大、皇十公路过境。

大刘 [Dàliú] 大刘镇人民政府驻地。在区政府驻地干河陈社区西南 10 千米。人口 3100。明代刘姓迁此，以经营饭店为生，称大刘店，后简今名。聚落呈矩形。有中小学、幼儿园、卫生院、文化站。有观西刘遗址。有民间艺术舞龙、划旱船等。种植小麦、玉米等。有家纺、叶面肥加工工业。漯平铁路、省道道白线经此。

阴阳赵镇 [Yīnyángzhào Zhèn] 源汇区辖镇。在区境西北部。面积 56 平方千米。人口 4.3 万。辖 31 村委会，有 58 自然村。镇人民政府驻阴阳赵。1958 年成立阴阳赵公社，属郾城县。1984 年改乡。2004 年属源汇区。2010 年改镇。因镇政府驻地得名。沙河、澧河流经。有中学 1 所，小学 10 所，卫生院 1 个，卫生所 40 个。有天官寺、古城、井李等遗址。农业以种植小麦、玉米为主，兼种大豆、蔬菜、水果、油料作物，养殖生猪、奶牛、兔、水产。有无公害蔬菜种植基地。工业以橡胶加工、机械和建材制造、食品加工为主。京广高铁、107 国道、省道时南线过境。有漯河西站。

阴阳赵 [Yīnyángzhào] 阴阳赵镇人民政府驻地。在区政府驻地干河陈社区西 5 千米。人口 3900。明代赵姓迁此，北有沙河、南有澧河，形似双龙，得名双龙寨，后改今名。聚落呈团块状。有小学、幼儿园、卫生院。有传统民俗古会。种植小麦、玉米等。有奶牛养殖基地。单日晨集，农历逢四、十九有物资交流会。省道时南线经此。

空冢郭镇 [Kōngzhǒngguō Zhèn] 源汇区辖镇。在区境南部。面积 52 平方千米。人口 4.2 万。辖 25 村委会，有 46 自然村。镇人民政府驻翟庄。1958 年成立空冢郭公社，属郾城县。1984 年改乡。2004 年属源汇区。2010 年改镇。因镇政府原驻地得名。明初郭姓迁此，村西南有唐王空冢，故名。唐江河、澧河流经。有初中 1 所，小学 11 所，幼儿园 8 所，卫生院 1 个，卫生所 18 个。有唐王墓、三岗古墓、翟庄墓葬、前袁遗址、竹园遗址等。农业以种植小麦、玉米为主，兼种棉花、晚秋黄梨、桃，养殖生猪、奶牛、蛋鸡。工业以粮食加工、家具生产、卫生洁具和建材制造、包装印刷为主。漯平铁路、京广高铁、宁洛高速、107 国道、省道道白线过境。

翟庄 [Zháizhuāng] 空冢郭镇人民政府驻地。在区政府驻地干河陈社区西南 7 千米。人口 1400。清顺治年间（1644—1661）上蔡县翟姓来此修龙塘堤，后定居，因翟姓多得名。聚落呈团块状。有小学、幼儿园、卫生室。有翟庄墓葬。有民间艺术扭秧歌、划旱船等。主种植小麦、玉米，兼种蔬菜。有粮食、金属材料加工业。漯舞铁路、京广高铁、宁洛高速经此。

问十乡 [Wènshí Xiāng] 源汇区辖乡。在区境西南部。面积 42 平方千米。人口 3.1 万。辖 16 村委会，有 22 自然村。乡人民政府驻问十。1992 年大刘乡析设问十乡，属郾城县。2004 年属源汇区。因乡政府驻地得名。唐河、唐江河、草河流经。有初中 1 所，小学 8 所，幼儿园 12 所，卫生院 1 个，卫生所 19 个，文化站 1 个，文化大院 15 个，农家书屋 15 个。有古迹龙凤桥、马刨泉。有省级非物质文化遗产前问十铜器舞、董庄高跷。有民间艺术舞狮、打腰鼓等。农业以种植小麦、玉米为主，兼种晚秋黄梨、棉花，养殖猪、奶牛、蛋鸡。工业以木材加工、食品深加工为主。有问十工业园区。漯舞铁路、宁洛高速、省道道白线过境。

问十 [Wènshí] 问十乡人民政府驻地。在区政府驻地干河陈社区西南 18 千米。人口 5000。传为孔子使子路问津处。明代张、梁二姓迁此筑寨，名问津寨。清置问十寨镇，后简今名。聚落呈团块状。有小学、幼儿园、卫生院、卫生室。有古迹双龙桥、梁冠英老宅、梁氏祖茔碑等。有民间艺术高跷、戏曲。种植小麦、玉米等，养殖生猪、肉鸡。省道道白线经此。通公交车。

召陵区

召陵区 [Shàolíng Qū] 漯河市辖区。在市境东部。面积 405 平方千米。人口 52.7 万。以汉族为主，还有回、蒙古、白、满、苗等民族。辖 2 街道、6 镇、1 乡。区人民政府驻翟庄街道。2004 年撤郾城县，析设召陵区。因召陵镇得名，取意"号召天下之高地"。先后建成黄河东路、汾河路，多个新型社区，许慎文化园等。南部为漯河经济技术开发区。西部为老城区，有市中心医院、光明路市场。沙河、黑河、枯河、汾河、洪河流经。有市医学高等专科学校。有中学 15 所，中等职业学校 1 所，小学 97 所，幼儿园 72 所，三级医院 1 个，二级医院 1 个，文化馆 1 个，图书馆 1 个。有全国重点文物保护单位许慎墓，省级文物保护单位召陵遗址、邓襄遗址、傅庄遗址。有国家 4A 级旅游景区许慎文化园。有民间艺术舞龙、舞狮、扇子舞、划旱船、抬花轿、秧歌、腰鼓、盘鼓、夯歌等。三次产业比例 8∶77∶15。农业以种植小麦、玉米为主，兼种葡萄、晚秋黄梨、黄金梨，养殖生猪、肉鸡、蛋鸡。工业以食品加工、造纸、化工、机械制造、生物制药为主。服务业以物流、电子商务为主。有省级电子商务示范基地 1 个。京广、漯阜铁路，京港澳、宁洛高速过境。通多路公交车。

漯河经济技术开发区 [Luòhé Jīngjì Jìshù Kāifāqū] 在区境东南部。东至京港澳高速，南至漯阜铁路，西至金山路，北至人民路。面积 41 万平方米。1992 年成立漯河市铁东开发区。1993 年 3 月更名为漯河高新技术产业开发区。1994 年 3 月经省政府批准建立省级开发区，更名河南省漯河高新技术产业开发区。2007 年更名河南漯河经济开发区。2010 年 11 月经国务院批准建立国家级开发区，更名漯河经济技术开发区。由漯河市政府管理。驻有企业 500 多家，形成四大产业集群，即以双汇集团、中粮集团、台湾旺旺、康师傅为代表的食品产业集群，以三鑫稀土为代表的高新技术产业集群，以鑫源汽配为代表的机械制造产业集群，以银鸽集团为代表的纺织造纸产业集群。为市食品产业核心区、研发核心区、物流核心区。铁路、公路过境。通公交车。

翟庄街道 [Zháizhuāng Jiēdào] 召陵区人民政府驻地。在区境西部。面积 14 平方千米。人口 3.6 万。2006 年由翟庄乡改设。先后改造旧城、城中村。因翟庄村得名。沙河、汾河流经。有中学 2 所，小学 4 所，幼儿园 7 所，三级医院 1 个，二级医院 1 个，卫生院 1 个，卫生所 13 个，文化站 1 个，村文化活动中心 10 个。有民间艺术舞狮、腰鼓等。农业以种植小麦、玉米为主，兼种葡萄、梨等。工业以造纸、制药、化工、食品加工、制塑为主。通公交车。

天桥街街道 [Tiānqiáojiē Jiēdào] 属召陵区。在区境西部。面积 6 平方千米。人口 4.8 万。1956 年设。1986 年属源汇区。2004 年属召陵区。因天桥街得名。1912 年建有木桥，称天桥，正对街西口，称天桥街。先后建成多条城市道路，修建小商品批发、水果批发、电动车批发市场。沙河流经。有初中 1 所，小学 3 所，幼儿园 7 所，社区卫生服务中心 1 个，卫生所 25 个，文化站 1 个，文化活动中心 8 个。有万大庙、清真东寺等。工业有肉制品加工、制鞋等。有小商品市场。通公交车。

老窝镇 [Lǎowō Zhèn] 召陵区辖镇。在区境东北部。面积 75 平方千米。人口 7.4 万。辖 37 村委会，有 65 自然村。镇人民政府驻庙王。1959 年成立老窝公社，属郾城县。1984 年改乡。1998 年改镇。2004 年属召陵区。因镇政府原驻地得名。原名五龙集，后沙河决口，冲出大窝，故改名。沙河、枯河流经。有中学 2 所，小学 11 所，卫生院 1 个，卫生所 37 个。有严家铺遗址、台寺遗址、张氏祠堂等。农业以种植小麦、玉米为主，兼种西瓜、辣椒、棉花等。有优质农产品基地 8 个。县道后宋线过境。

庙王 [Miàowáng] 老窝镇人民政府驻地。在区政府驻地翟庄街道东北 13 千米。人口 2400。明末王姓迁此，因姓氏和原有祭祖庙得名。聚落呈团块状。有中小学、幼儿园、卫生所。主种植小麦、玉米，兼种西瓜、小白瓜、桃子、花生、辣椒、棉花。县道宋后线经此。

召陵镇 [Shàolíng Zhèn] 召陵区辖镇。在区境中部偏东。面积 67 平方千米。人口 8.4 万。以汉族为主，还有回族等。辖 41 村委会，有 50 自然村。镇人民政府驻召陵。1940 年设召陵乡。1959 年成立公社。1984 年改乡。1994 年改镇。2004 年属召陵区。因镇政府驻地得名。有中学 2 所，小学 17 所，卫生院 1 个，卫生所 22 个，文化站 1 个，村文化活动中心 39 个。有召陵故城、沟李、归村、普照寺等遗址。农业以种植小麦、玉米为主，养殖生猪。工业以电力金具、食品机械、农产品加工为主。漯阜铁路，京港澳、宁洛高速过境。

召陵 [Shàolíng] 召陵镇人民政府驻地。在区政府驻地翟庄街道东北 10 千米。人口 900。因自然地理实体命名。《十三州志》记载："召者，高也""其地丘墟，井深数丈，故以名焉"。春秋鲁僖公四年（前 656）齐楚会盟于此。西晋避司马昭讳，改召为邵。唐复"召"字，仍用"邵"音。聚落呈团块状。有职业高中、中小学、幼儿园、卫生所。有召陵故城、普照寺等遗址。主种小麦、玉米，兼种葡萄。工业以电力金具、新型建材、面粉机械、农副产品加工为主。漯阜铁路、京港澳高速、省道常付线经此。

万金镇 [Wànjīn Zhèn] 召陵区辖镇。在区境东南部。面积 73 平方千米。人口 7.6 万。辖 37 村委会，有 51 自然村。镇人民政府驻万金张。1948 年设万金乡，属郾城县。1954 年并入砖桥区。1956 年复乡。1959 年成立公社。1984 年改乡。1997 年改镇。2004 年属召陵区。因镇政府驻地得名。有初中 2 所，小学 13 所，幼儿园 6 所，卫生院 1 所，卫生所 37 个。有图书室。农业以种植小麦、玉米为主。工业以食品加工、包装印刷为主。漯阜铁路过境。

万金张 [Wànjīnzhāng] 万金镇人民政府驻地。在区政府驻地翟庄街道东南 15 千米。人口 1500。传明末章姓迁此，因距万金村较近，名万金章，后演为今名。聚落呈团块状。有中小学、卫生院。种植小麦、玉米等。县道漯上线经此。

邓襄镇 [Dèngxiāng Zhèn] 召陵区辖镇。在区境南部。面积 26 平方千米。人口 4.7 万。辖 21 村委会，有 29 自然村。镇人民政府驻王庄。1937 年设邓襄乡，属郾城县。1959 年改公社。1984 年改乡。1994 年改镇。2004 年属召陵区。因镇政府原驻地得名。春秋战国时邓襄侯受封于此，故名。汾河、黑河流经。有中学 1

所,小学12所,幼儿园11所,卫生院1个,卫生室24个。有邓襄遗址、沱沟遗址。农业以种植小麦、玉米为主,兼种葡萄、黑木耳,养殖生猪。工业以食品生产、机械加工、制塑为主。漯阜铁路,京港澳、宁洛高速过境。通公交车。

王庄 [Wángzhuāng] 邓襄镇人民政府驻地。在区政府驻地翟庄街道东南12千米。人口5500。传清代宴、唐二姓居此,分别称宴庄、唐庄。清末王姓迁来,人丁兴旺,易今名。聚落呈团块状。有中小学、幼儿园、卫生院。有邓襄遗址。种植小麦、玉米等。县道漯上线经此。

姬石镇 [Jīshí Zhèn] 召陵区辖镇。在区境西北部。面积36平方千米。人口3.9万。以汉族为主,还有回族等。辖1居委会、19村委会,有35自然村。镇人民政府驻姬石。1992年黑龙潭乡析设姬石乡,属郾城县。2004年属召陵区。2010年改镇。因镇政府驻地得名。有漯河医学高等专科学校。有中学1所,小学12所,幼儿园11所,卫生院1个,卫生所17个。有全国重点文物保护单位许慎墓,省级文物保护单位傅庄遗址。农业以种植小麦、玉米、蔬菜为主,养殖生猪、家禽。工业有食品加工、新型建材制造。通公交车。

姬石 [Jīshí] 姬石镇人民政府驻地。在区政府驻地翟庄街道北7千米。人口2200。明代称石庄,清末姬姓迁此建姬庄。1949年后统称姬石。聚落呈散状。有中小学、幼儿园、卫生院、卫生室。有民间艺术舞狮。种植小麦、玉米等。京港澳高速,鲍姬、付大公路经此。

青年镇 [Qīngnián Zhèn] 召陵区辖镇。在区境东部。面积73平方千米。人口6.2万。辖37村委会,有43自然村。镇人民政府驻青年村。1958年成立砖桥公社,属郾城县。1982年更名青年村公社。1984年改乡。2004年属召陵区。2013年改青年镇。因镇政府驻地得名。有初中2所,小学14所,幼儿园12所,卫生院1个,卫生所28个,文化站1个。农业以种植小麦、玉米为主。工业以建材、木材加工为主。漯阜铁路、洛宁高速、省道常付线过境。

青年村 [Qīngniáncūn] 青年镇人民政府驻地。在区政府驻地翟庄街道东南19千米。人口4200。传明代以前称郑官营,后明孝武王封此,遂称孝武营。因避"洪武"讳,且村内有贤孝妇人,故改孝顺营。1920年因王拱璧组织青年自治会,建青年公学而改名青年村。聚落呈团块状。有中小学、幼儿园。有王拱璧尊师亭。种植小麦、玉米等。有木材加工、建材制造、食品仓储业。漯阜铁路、县道井乔线经此。

后谢乡 [Hòuxiè Xiāng] 召陵区辖乡。在区境西部。面积41平方千米。人口10万。辖30村委会,有33自然村。乡人民政府驻小寨杨。1978年成立后谢公社。1984年改乡。1986年属源汇区。2004年属召陵区。因乡政府原驻地得名。有中学2所,小学11所,卫生院1个,卫生服务中心1个,卫生服务站1个,文化站1个,文化大院2个。有应庄、谷多刘、小寨杨等遗址。农业以种植小麦、玉米为主,养殖生猪、家禽。漯阜铁路、宁洛高速过境。

小寨杨 [Xiǎozhàiyáng] 后谢乡人民政府驻地。在区政府驻地翟庄街道西南3千米。人口2200。明代杨姓自郾城县大杨村迁此,四周为河沟,中间位置较高,远看似寨,村小人少,故名。聚落呈团块状。有卫生所。种植小麦、玉米等。宁洛高速、省道道白线经此。

舞阳县

舞阳县 [Wǔyáng Xiàn] 漯河市辖县。北纬33°29′,东经113°36′。在漯河市境西部。面积777平方千米。人口60.3万。以汉族为主,还有壮、水、布依、蒙古等民族。辖9镇、5乡。县人民政府驻舞泉镇。秦置舞阳县,属颍川郡,治今舞泉镇西北。西汉定陵县析出。南朝宋舞阳县废。唐开元四年(716)于故城复设舞阳县,属许州。元和十三年(818)移治吴城镇,即今吴城。宋因之。金移治今舞泉镇,初属许州,泰和八年(1208)属裕州。元初并入叶县。大德七年(1303)复置,属裕州。明、清因之。1913年属豫南道。1914年属汝阳道。1927年直属省。1932年属第六行政督察区。1949年属许昌专区。1969年属许昌地区。1973年南部析设舞阳工区(后称舞钢市,由平顶山市代管),县属许昌地区。1986年属漯河市。因在沅水之北得名。地势南高北低,自西向东缓倾。平均海拔92米。年均气温14.8℃,1月平均气温0.7℃,7月平均气温27.4℃。年均降水量836.6毫米。沙河、澧河、灰河、泥河、北汝河流经。森林覆盖率13%。有中学28所,中等职业学校6所,小学140所,二级医院2个,文化馆1个,博物馆1个,图书馆1个。有全国重点文物保护单位贾湖遗址、阿岗寺遗址,省级文物保护单位大岗遗址、舞阳周汉故城、北舞渡山陕会馆等8个。有沙河国家湿地公园、舞阳西城森林公园、城隍庙开元寺景区。有民俗腊月初一古刹庙会。有民间艺术舞阳农民画。三次产业比例17∶67∶16。农业以种植小麦、玉米、大豆为主,兼种花生、蔬菜、油料作物,养殖生猪、牛、羊、鸡。工业以盐化工综合开发为主。服务业以物流、电子商务为主。漯舞铁路,宁扬高速,省道许沁、郾襄、平襄、漯平线过境。

贾湖广场 [Jiǎhú Guǎngchǎng] 在县城北部。面积18公顷。2006年开工,2008年建成。因贾湖遗址且为弘扬贾湖文化得名。以天圆地方为设计理念,以汉字"中"为造型。中央广场3.4公顷,正中耸立18米高玉雕骨笛。由南至北有甲骨文雕刻、休闲石廊等景观12组。为集商业、文化、休闲、健身、娱乐为一体的综合性广场。周边有居住小区、商业街。通公交车。

舞阳县汽车站 [Wǔyáng Xiàn Qìchēzhàn] 见交通运输设施部分"舞阳县汽车站"条。

舞泉镇 [Wǔquán Zhèn] 舞阳县人民政府驻地。在县境南部。面积21.5平方千米。人口7.3万。辖14村委会,有39自然村。镇人民政府位于北街。1951年设城关镇。1958年属城关公社。1965年复镇。1988年更名舞泉镇。清道光《舞阳县志》载"舞泉,在城正南三里河,水涌如舞",镇以泉名。三里河流经。有中学6所,中等职业学校5所,小学5所,二级医院2个,卫生院1个,卫生所14个,文化站1个。有农民画院、贾湖文化广场。有省级文物保护单位城隍庙。有舞阳周汉故城。农业以种植小麦、玉米为主。工业以盐化工为主。漯舞铁路,省道七白、道白线过境。

张家港路 [Zhāngjiāgǎng Lù] 在县城北部。东起平舞路,西至深圳路。与南海路、北京路、北大街等相交。长5.4千米,宽50米。沥青路面。1992年开工,1993年建成。原为二环路,后因学习张家港精神,并与张家港市结为友好城市,更今名。两侧有酒店、电业大厦、农村信用联合社等。通公交车。

北京路 [Běijīng Lù] 在县城中部。南起东大街路,北至张家港路。与人民路、舞光路、解放路等相交。长1.6千米,宽28米。沥青路面。1992年开工,1993年建成。两侧有县政府、财政局、建设规划局、国土局、建设银行、农业银行、图书馆、新华书店、医院、第二实验小学等。通公交车。

吴城镇 [Wúchéng Zhèn] 舞阳县辖镇。在县境东南部。面积66.2平方千米。人口4.7万。以汉族为主,还有回、壮、苗、蒙古等民族。辖35村委会,有70自然村。镇人民政府驻吴城。1958年成立吴城公社。1984年改乡。1988年改镇。因镇政府驻地得名。唐河流经。有中等职业学校1所,中学2所,小学11所,卫生院1所,卫生所33个。有文化站、图书馆。农业以种植小麦、玉米为主,兼种苹果,养殖猪、牛、羊。有食品、农药等加工业。漯舞铁路、省道道白线过境。

吴城 [Wúchéng] 吴城镇人民政府驻地。在县政府驻地舞泉镇东15千米。人口5000。以汉族为主,还有回族等。《明嘉靖南阳府志校注》载,吴元济叛唐时筑此城,以拒唐兵,故名。唐元和十三年(818)至金代初为舞阳县治。聚落呈团块状。有中小学、卫生院。有吴城寨部分寨基壕沟。种植小麦、玉米等。漯舞公路经此。

北舞渡镇 [Běiwǔdù Zhèn] 舞阳县辖镇。在县境北部。面积43平方千米。人口3.1万。以汉族为主,还有回族等。辖20村委会,有39自然村。镇人民政府驻北舞渡。1958年成立北舞渡公社。1984年改乡。1988年改镇。因镇政府驻地得名。沙河、泥河流经。有中学2所,小学7所,卫生院1个,卫生所22个,文化站1个,图书室21个。有全国重点文物保护单位贾湖遗址,省级文物保护单位山陕会馆。农业以种植小麦、玉米为主,兼种大豆,养殖猪、牛、羊、鸡。工业以木材加工、建材制造为主。许泌、漯平公路过境。

北舞渡 [Běiwǔdù] 北舞渡镇人民政府驻地。在县政府驻地舞泉镇东北23千米。人口7400。以汉族为主,还有回族等。晋末至明初称北舞镇,地跨沙河南北。明代北部衰落,称河北街,南部兴盛,且临渡口,称北舞渡。聚落呈团状。有中小学、卫生院、卫生室。有省级文物保护单位山陕会馆。经济以餐饮为主。有特色小吃北舞渡胡辣汤、杠子馍。许泌、漯平公路经此。

鹿庄 [Lùzhuāng] 在县政府驻地舞泉镇东北23千米。北舞渡镇辖自然村。人口800。明洪武二年(1369)鹿氏兄弟迁人,兄定居鹿店,弟居此建村,名小鹿庄,后简今名。聚落呈圆形。有幼儿园、卫生室。有越调剧团。种植小麦、玉米、大豆等。漯平公路经此。2009年被评为全国文明村。

莲花镇 [Liánhuā Zhèn] 舞阳县辖镇。在县境东北部。面积62平方千米。人口4.4万。以汉族为主,还有回族等。辖27村委会,有60自然村。镇人民政府驻拐子王。1958年成立拐子王公社。1984年改乡。1994年改莲花镇。古有莲花仙子救民传说,且地处滞洪区,广种藕,故名。沙河、澧河流经。有中学2所,小学10所,卫生院1个,卫生所32个。有文化站、图书室。农业以种植小麦、玉米为主,兼种芝麻、花生、油菜,养殖猪、羊、家禽。工业有箱包生产、面粉加工、磨料磨具制造等。漯平公路过境。

拐子王 [Guǎiziwáng] 莲花镇人民政府驻地。在县政府驻地舞泉镇东北29千米。人口900。地形似土圪垯,处沙河拐弯处,村民多王姓,故名。聚落呈带状。有中小学、卫生院、卫生室。种植小麦、玉米,养殖猪、羊、家禽。漯平公路经此。

辛安镇 [Xīn'ān Zhèn] 舞阳县辖镇。在县境南部。面积54平方千米。人口3.8万。以汉族为主,还有回、拉祜等民族。辖27村委会,有67自然村。镇人民政府驻辛安。1958年成立辛安公社。1984年改乡。1999年改镇。因镇政府驻地得名。三里河流经。有中学1所,小学10所,卫生院1个,卫生所27个。有文化站、图书馆。农业以种植小麦、玉米、红薯、大豆为主,兼种棉花、蔬菜,养殖猪、羊、家禽。工业有运动器械、炉具、环保建材制造,面粉加工等。漯平铁路、漯舞公路过境。

辛安［Xīn'ān］ 辛安镇人民政府驻地。在县政府驻地舞泉镇东8千米。人口1300。明代村临官道,店铺常遭匪劫。为避之,迁村重建,得"新安"之意。后以同音演为今名。聚落呈带状。有小学、卫生室。有火神庙遗址。种植小麦、玉米等。漯平铁路、漯舞公路经此。

孟寨镇［Mèngzhài Zhèn］ 舞阳县辖镇。在县境西部。面积68平方千米。人口4.6万。辖34村委会,有58自然村。镇人民政府驻孟寨。1958年成立孟寨公社。1965年部分地域析出。1984年改乡。1998年改镇。因镇政府驻地得名。澧河、骂子河流经。有中学1所,小学12所,卫生院1个,卫生所34个。有文化站、图书馆。有古迹明《创建澧河桥碑记》石碑、孟寨寺、将军庙、黑龙庙遗址等。农业以种植小麦、玉米为主,兼种油料作物、蔬菜,养殖猪、羊、牛。为盐化工生产基地,有采卤站。许泌公路过境。

孟寨［Mèngzhài］ 孟寨镇人民政府驻地。在县政府驻地舞泉镇北12千米。人口2000。孟姓世居,立寨避兵,称孟家寨。宋代称孟寨镇,金代复寨,清道光初年(1821)简今名。聚落呈带状。有中小学、卫生院。有文化广场、戏楼。有关帝庙遗址、孟氏祖先墓碑。种植小麦、玉米等。许泌公路经此。

太尉镇［Tàiwèi Zhèn］ 舞阳县辖镇。在县境东北部。面积38平方千米。人口2.5万。辖18村委会,有40自然村。镇人民政府驻太尉。1975年由侯集公社析设太尉公社。1984年改乡。2000年改镇。因镇政府驻地得名。沙河流经。有中学1所,小学7所,卫生院1个,卫生所18个。有邢庄石岗遗址、善德南岗遗址。农业以种植小麦、玉米为主,兼种蔬菜,养殖猪、牛、羊。工业以木材加工、彩印、模具制造为主。许泌公路过境。

太尉［Tàiwèi］ 太尉镇人民政府驻地。在县政府驻地舞泉镇东北26千米。人口900。因清有太尉庙得名。聚落呈带状。有卫生院、卫生所、文化广场、太尉庙遗址。种植小麦、玉米等。有农副产品加工业。许泌公路经此。

侯集镇［Hóují Zhèn］ 舞阳县辖镇。在县境北部。面积56平方千米。人口4.8万。辖34村委会,有64自然村。镇人民政府驻侯集。1958年成立侯集公社。1975年析设太尉公社。1984年改乡。2011年改镇。因镇政府驻地得名。沙河、尧河、泗曲河流经。有中学2所,小学12所,卫生院1个,卫生所41个。有文化站、图书室、文化广场。农业以种植小麦、玉米为主,兼种大豆、生姜、花生、油菜,养殖生猪、牛、羊、肉鸡、蛋鸡。工业以食品加工、建材制造为主。省道常付线过境。

侯集［Hóují］ 侯集镇人民政府驻地。在县政府驻地舞泉镇北28千米。人口400。清初邻村小商贩迁此,后因侯姓居此形成集市,名侯家集,后简今名。聚落呈带状。有中学、幼儿园、卫生院、卫生室。种植小麦、玉米等。省道常付线经此。

九街镇［Jiǔjiē Zhèn］ 舞阳县辖镇。在县境东部。面积71平方千米。人口4.9万。辖33村委会,有73自然村。镇人民政府驻九街。1958年成立九街公社。1984年改乡。2014年改镇。因镇政府驻地得名。澧河、唐河流经。有中学2所,小学8所,卫生院1个,卫生所33个。有文化站、图书室、广场。农业以种植小麦、玉米为主,兼种多彩番薯,养殖猪、牛、羊、鸡。工业有面粉加工、环保建材制造等。宁洛公路过境。

九街［Jiǔjiē］ 九街镇人民政府驻地。在县政府驻地舞泉镇东北20千米。人口3400。古有九条弯曲渠沟在此相汇,得名九渠。明初樊、张、陈诸姓迁此定居,村庄渐扩大,北靠澧河,商贾云集,渐成农副产品集散地,演称九曲店、九曲集、九曲街。1949年后简今名。聚落呈带状。有小学、卫生室。种植小麦、玉米等。九吴、皇上公路经此。

文峰乡［Wénfēng Xiāng］ 舞阳县辖乡。在县境南部。面积56.9平方千米。人口3.9万。辖31村委会,有87自然村。乡人民政府位于舞泉镇海南路。1958年为城关公社。1984年改乡。1988年更名文峰乡。因古迹文峰岗得名。山里河、唐河、澧河流经。有中学2所,小学11所,卫生院1个,卫生所33个。有民间艺术鱼灯。农业以种植小麦、玉米为主,兼种花生、芝麻、香菇,养殖猪、羊、牛。工业有制鞋、面粉加工。许泌、漯舞、窑上、舞戴等公路过境。

保和乡［Bǎohé Xiāng］ 舞阳县辖乡。在县境西南部。面积72平方千米。人口5万。辖36村委会,有81自然村。乡人民政府驻保和。1958年成立保和公社。1984年改乡。因乡政府驻地得名。澧河、干江河、三里河、唐河流经。有中学2所,小学14所,卫生院1个,卫生所39个。有文化站、图书室。有卸甲店、霸王城、轩辕城、锅垛口、二郎庙、关帝庙等遗址。有民间艺术舞狮、扭秧歌。农业主种小麦、玉米,兼种棉花,养殖猪、羊、牛。有生物科技、皮革制造、钢板加工工业。漯平公路过境。

保和［Bǎohé］ 保和乡人民政府驻地。在县政府驻地舞泉镇西7千米。人口2000。为防乱筑寨,取确保和平之意得名。聚落呈带状。有中小学、卫生院。种植小麦、玉米等。舞戴、舞保公路经此。

马村乡［Mǎcūn Xiāng］ 舞阳县辖乡。在县境中部。面积67平方千米。人口3.7万。辖28村委会,有48自然村。乡人民政府驻马村。1965年由孟寨公社析设马村公社。1984年改乡。因乡政府驻地得名。泥河、骂子河流经。有中学2所,小学11所,卫生院1个,卫生室28个。有文化站、图书室、文化广场。有阿岗寺遗址、白马寺遗址、樊哙墓。农业以种植小麦、玉米为主,兼种油料作物、蔬菜,养殖猪、鸡。工业有刺绣、食品加工、建材制造等。许泌公路过境。

马村［Mǎcūn］ 马村乡人民政府驻地。在县政府驻地舞泉镇北14千米。人口2900。宋代名将狄青曾在此养马,故名。聚落呈带状。有中小学、卫生院、卫生室。种植小麦、玉米等。许泌、马庞、马章公路经此。

姜店乡［Jiāngdiàn Xiāng］ 舞阳县辖乡。在县境中部。面积66平方千米。人口4.1万。辖32村委会,有50自然村。乡人民政府驻姜店。1958年成立姜店公社。1984年改乡。因乡政府驻地得名。澧河、泥河、唐河流经。有中学1所,小学10所,卫生院1个,卫生所33个。有文化站、图书室。农业以种植小麦、玉米、红薯为主,兼种大豆、花生、芝麻、油菜、棉花,养殖生猪、羊、牛、鸡、长毛兔。有高温材料制造、化工、面粉加工工业。洛宁高速过境。

姜店［Jiāngdiàn］ 姜店乡人民政府驻地。在县政府驻地舞泉镇东北15千米。人口3900。明代盛产姜,且有店铺,名姜园店,清末称姜元店,1949年后称今名。聚落呈团块状。有中小学、卫生院。种植小麦、玉米等。皇上公路、省道七蚁线经此。

章化乡［Zhānghuà Xiāng］ 舞阳县辖乡。在县境西北部。面积48平方千米。人口3.7万。辖28村委会,有43自然村。乡人民政府驻章化。1975年由北舞渡公社析设章化公社。1984年改乡。因乡政府驻地得名。沙河、汝河、灰河流经。有中学2所,小学10所,卫生院1个,卫生所31个。有文化站、图书室。有楚王城、东不羹城、简城、石头岭、石墓潭、章化台等遗址。农业以种植小麦、玉米为主,兼种花生,养殖猪、牛、羊。工业有制瓷、饲料加工等。漯平、章马公路过境。

章化［Zhānghuà］ 章化乡人民政府驻地。在县政府驻地舞泉镇北26千米。人口2000。因章化台遗址得名。聚落呈带状。有小学、卫生院、文化广场。有龙山文化遗址西清凉寺。种植小麦、玉米等。漯平、章马公路经此。

临颍县

临颍县［Línyǐng Xiàn］ 漯河市辖县。北纬33°49′,东经113°55′。在漯河市境北部。面积821平方千米。人口72.4万。以汉族为主,还有回、满等民族。辖11镇、4乡。县人民政府驻城关镇。汉高帝六年(前201)置临颍县,治今固厢乡城顶。新朝王莽改监颍。东汉复称。三国魏黄初元年(220)析设繁昌县。南朝宋繁昌县并入。北朝东魏复繁昌县。隋大业四年(608)移治今城关镇。唐贞观元年(627)繁昌县并入,临颍县属许州。此后未变,先后属潁州、许州、颍昌府、许州、豫东道、开归陈许道、开封道、河南省、第五行政督察区、许昌地区。1986年属漯河市。因濒临颍河得名。处黄淮平原,地势西北高东南低。平均海拔63.6米。年均气温14.5℃,1月平均气温0.5℃,7月平均气温28℃。年均降水量720毫米。颍河、清潩河、新沟河、吴公渠流经。森林覆盖率7.8%。有省级工程技术中心9个,中学35所,职业中专2所,小学258所,三级医院1个,二级医院2个,文化馆1个。有全国重点文物保护单位受禅台与受禅碑、小商桥,省级文物保护单位6个。有国家4A级旅游景区南街村。有小商桥景区。有省级历史文化名镇1个。有省级非物质文化遗产南街村双人旱船舞、临颍木雕。有民间艺术北徐庄村舞狮、龙堂村盘鼓、舞龙、太极扇、商桥武术等。三次产业比例13∶67∶20。农业以种植小麦、玉米、大豆、棉花为主。产辣椒、大蒜。工业以食品、木材加工,电子电器、机械制造为主。服务业以商贸为主。107国道,京港澳高速,省道七蚁、石郸线过境。

临颍站［Línyǐng Zhàn］ 见交通运输设施部分"临颍站"条。

临颍中心汽车站［Línyǐng Zhōngxīn Qìchēzhàn］ 见交通运输设施部分"临颍中心汽车站"条。

城关镇［Chéngguān Zhèn］ 临颍县人民政府驻地。在县境中部。面积35平方千米。人口9.9万。以汉族为主,还有回、满、蒙古、维吾尔等民族。辖5居委会、19村委会,有56自然村。镇人民政府位于西街。1948年设城关区。1951年改城关镇。1958年改公社。1982年复城关镇。清末在原县城设关卡,故名。黄龙渠、五里河、南马沟河流经。有中学7所,职业中专2所,小学11所,三级医院1个,二级医院2个,卫生院1个,卫生所19个。有省级文物保护单位文庙大成殿。有古迹谯楼、陕山会馆。有国家4A级旅游景区南街村。农业以种植小麦、玉米、棉花、辣椒为主。工业以食品加工和电子电器、机械制造为主。京广铁路、京港澳高速、107国道、石龙—郸城公路过境。

迎宾大道［Yíngbīn Dàdào］ 在县城东部。南起光明路，北至固厢—后杨公路。与颍河路、人民路、颍松路、颍川大道相交。长6千米，宽60米。沥青路面。1970年开工，1971年建成。2005年命名迎宾路，2014年更今名。取欢迎四方来客之意。两侧有迎宾广场、妇幼保健院、临颍中心汽车站、县中医院、南街村景区等。通公交车。

颍川大道［Yǐngchuān Dàdào］ 在县城北部。东起京珠高速，西至县道后魏线。与嵩山路、文化路、新城路、迎宾大道等相交。长9.2千米，宽10米。沥青路面。2000年开工，2002年建成。原名三环路，2005年更名颍川路。2014年更今名。因古颍川郡得名。两侧有县政府、公安局、国税局、教体局、县医院、县一高、福瑞达物流园区、黄龙湿地公园，驻有天禹钢结构、亲亲食品、恒安实业、南街村食品公司。通公交车。

人民路［Rénmín Lù］ 在县城中部偏南。东起迎宾大道，西至学苑路。与文化路、新城路相交。长6.9千米，宽36米。沥青路面。1968年开工，同年建成。1982年命名为人民路。1993年拓宽，改造路面。2003年修整路灯。2005年改造路面。因原有县政府得名。两侧有交通局、水利局、劳动局、广电局、民政局、文化局、审计局、邮政局、史志档案局、火车站、汽车站、新华书店、购物广场、生活广场、春园市场、电信大厦、银行等。通公交车。

颍松路［Yǐngsōng Lù］ 在县城南部。西起学苑路，东至曙光路。与文化路、新城路、迎宾大道等相交。长4.5千米，宽36米。沥青路面。1992年开工，1993年建成。以本县南街村品牌“颍松”命名。两侧有环保局、南街村景区、东方红广场、居住小区等。通公交车。

南街村［Nánjiēcūn］ 在镇境中部。人口5400。因处县城东南部得名。聚落呈团块状。有高中、小学、幼儿园、戏曲学校、卫生院、档案馆、陈列馆、阅览室、图书馆、康寿乐园、绿地公园。为国家4A级旅游景区、中国十大名村、全国文明村。实行集体经济制。有南街村集团，有食品、饮品、酒类、印刷、包装、医药、工艺品、旅游等产业。有工业区。通公交车。

繁城回族镇［Fánchéng Huízú Zhèn］ 临颍县辖镇。在县境西部。面积69平方千米。人口6.1万，其中回族占10%，还有汉族等。辖32村委会，有85自然村。镇人民政府驻繁城。1956年置繁城乡、繁城回族镇。1958年合并成立繁城公社。1984年皆复。1988年繁城乡并入繁城回族镇。因镇政府驻地得名。颍河流经。有中学3所，小学23所，卫生院1个，卫生所37个。为省级历史文化名镇。有全国重点文物保护单位受禅台与受禅碑。农业以种植小麦、玉米、大豆、小辣椒为主，养殖猪、牛、羊。省道石郸、七蚁线过境。

繁城［Fánchéng］ 繁城回族镇人民政府驻地。在县政府驻地城关镇西北15千米。人口9300。春秋时称狼渊，秦汉称繁阳亭。三国魏文帝受汉禅登基于此，取繁荣昌盛之意改名繁昌，并置县。唐初废县，称繁城。聚落呈矩形。有镇回族中学、卫生院、敬老院。有全国重点文物保护单位受禅台与受禅碑。有清真寺。经济以餐饮为主。有特产繁城牛油。省道七蚁线经此。

杜曲镇［Dùqū Zhèn］ 临颍县辖镇。在县境中部偏西。面积59平方千米。人口6.9万。以汉族为主，还有回族等。辖32村委会，有88自然村。镇人民政府驻三朱。1949年为杜曲区。1956年改乡。1959年改公社。1984年复乡。1995年改镇。因镇政府原驻地得名。元代称杜庄，后以东靠颍河故道弯曲处而改称杜曲。颍河流经。有中学3所，小学22所，卫生院1个，卫生所32个。有古迹便兴寺遗址、天爷阁遗址等。农业以种植小麦、玉米、大豆为主，养殖猪、羊、鸡。工业以食品、粮食、木材加工为主。有经济技术开发区1个，工业园区4个。京广铁路、京广高铁、省道石郸线过境。

三朱［Sānzhū］ 杜曲镇人民政府驻地。在县政府驻地城关镇西5千米。人口2100。明代朱姓兄弟迁入，三弟在此落户，故名。聚落呈团块状。有小学、卫生室。有庙西王遗址。种植小麦、玉米、大豆等。有食品、木材加工工业。省道南石线经此。

龙堂［Lóngtáng］ 在县政府驻地城关镇西5千米。杜曲镇辖自然村。人口3200。元至正二年(1342)僧定玉建龙堂寺，至明初高姓迁此建村，始名高庄，后因龙堂寺改今名。聚落呈梯形。有小学、幼儿园、卫生室。有省级农业产业集群蔬菜标准园。工业以挂面、面粉、休闲食品、现代家居制造，生物科技为主。有龙云集团。服务业以粮食收储为主。京广高铁、省道石郸线经此。

王岗镇［Wánggǎng Zhèn］ 临颍县辖镇。在县境东北部。面积94平方千米。人口6.4万。辖36村委会，有46自然村。镇人民政府驻王岗。1956年设王岗乡。1958年改公社。1984年改乡。1995年改镇。因镇政府驻地得名。清潩河、新沟河、小洪河、五里河流经。有中学2所，小学30所，卫生院1个，卫生所36个。农业以种植小麦、玉米、小辣椒为主。有辣椒交易市场。县道石桥李—临颍线过境。

王岗［Wánggǎng］ 王岗镇人民政府驻地。在县政府驻地城关镇东北13千米。人口6900。因唐代王岗寺得名。聚落呈梯形。有中小学、幼儿园、卫生室。种植小麦、玉米、小辣椒等。有集贸市场。县道石桥李—临颍线经此。通公交车。

台陈镇［Táichén Zhèn］ 临颍县辖镇。在县境南部。面积64平方千米。人口6.1万。辖32村委会，有107自然村。镇人民政府驻台陈。1962年设台陈区。1965年成立公社。1984年改乡。1996年改镇。因镇政府驻地得名。颍河流经。有中学2所，小学22所，卫生院1个，卫生所32个。有省级文物保护单位陈星聚墓。有古迹大沟桥。农业以种植小麦、玉米、大豆为主，兼种大蒜、蔬菜，养殖猪、鸡。有大蒜种植基地、种鸡孵化厂、生猪和鸡养殖场。京广铁路、京广高铁、107国道过境。

台陈［Táichén］ 台陈镇人民政府驻地。在县政府驻地城关镇南5千米。人口2800。明初陈姓迁此，名陈村。后遇水患，陈姓负母于土台之上，安然渡过，事后人们敬其孝义，称其避难之土台为孝台，俗称抱娘台，村名亦改。后因清末名将陈星聚故里改今名。聚落呈团块状。有中小学、幼儿园、卫生院、卫生室。有省级文物保护单位陈星聚墓。种植小麦、玉米等。京广铁路、京广高铁经此。

巨陵镇［Jùlíng Zhèn］ 临颍县辖镇。在县境中部偏北。面积53平方千米。人口4.5万。以汉族为主，还有回、壮、苗、维吾尔等民族。辖27村委会，有56自然村。镇人民政府驻巨陵。1956年设巨陵乡。1958年改公社。1984年复乡。1998年改镇。因镇政府驻地得名。清潩河、五里河、外沟河流经。有中学2所，小学19所，卫生院1个，卫生所27个。有文化站。有省级文物保护单位巨陵遗址。农业以种植小麦、大豆、玉米为主。为省无公害蔬菜生产基地。京珠高速过境。

巨陵［Jùlíng］ 巨陵镇人民政府驻地。在县政府驻地城关镇北5千米。人口4000。有楚王陵遗址，规模较大，人称巨陵，村名沿用。聚落呈团块状。有中小学、幼儿园、卫生室。种植小麦、大豆、玉米等。有集贸市场。京港澳高速经此。

瓦店镇［Wǎdiàn Zhèn］ 临颍县辖镇。在县境东部。面积53平方千米。人口4.5万。以汉族为主，还有回族等。辖23村委会，有57自然村。镇人民政府驻瓦店。1956年设瓦店乡。1958年改公社。1984年复乡。1996年改镇。因镇政府驻地得名。黄龙渠、乌江沟、北马沟流经。有中学2所，小学20所，卫生院1个，卫生所23个，文化站1个。有中岳庙遗址、陶庄遗址。农业以种植小麦、玉米、大豆、小辣椒为主。京港澳高速、省道石郸线过境。

瓦店［Wǎdiàn］ 瓦店镇人民政府驻地。在县政府驻地城关镇东南15千米。人口3700。因烧制陶瓦得名。聚落呈圆形。寨河环绕。有中小学、幼儿园、卫生院、文化站、敬老院。种植小麦、玉米、大豆等。省道石郸线经此。通公交车。

三家店镇［Sānjiādiàn Zhèn］ 临颍县辖镇。在县境东部。面积47平方千米。人口3.5万。辖23村委会，有31自然村。镇人民政府驻三家店。1965年由瓦店公社析设三家店公社。1984年改乡。1997年改镇。因镇政府驻地得名。清潩河、小洪河、外沟河、五里河、乌江沟、北马沟等流经。有中学2所，小学16所，卫生院1个，卫生所22个。有省级文物保护单位华严寺遗址。农业以种植小麦、玉米、大豆、小辣椒为主，养殖生猪、蛋鸡。工业以粮食加工、机械和建材制造、铁罐印刷、饮料生产为主。省道石郸线过境。

三家店［Sānjiādiàn］ 三家店镇人民政府驻地。在县政府驻地城关镇东15千米。人口2800。古时官道经此，因有三家客店得名。聚落呈品字形。有中小学、幼儿园、卫生室、幸福院、文化广场。有省级文物保护单位华严寺遗址。种植小麦、玉米、大豆等。有集贸市场。省道石郸线经此。通公交车。

窝城镇［Wōchéng Zhèn］ 临颍县辖镇。在县境东北部。面积49平方千米。人口3.4万。以汉族为主，还有回、壮等民族。辖21村委会，有37自然村。镇人民政府驻窝城。1975年由王孟公社析设窝城公社。1984年改乡。1998年改镇。因镇政府驻地得名。新沟河、上枣祇河、下枣祇河、小洪河流经。有中学2所，小学9所，卫生院1个，卫生所21个。有窝城、张辽城遗址。农业以种植小麦、玉米、大豆、棉花为主。有农产品生产基地1个。工业以微型电机和建材制造、农副产品深加工为主。县道后胡—刘孟线过境。

窝城［Wōchéng］ 窝城镇人民政府驻地。在县政府驻地城关镇东北18千米。人口3100。清咸丰九年(1859)筑寨，因地势低洼得名。聚落呈团块状。有中小学、卫生室。有窝城、关帝庙遗址。种植小麦、玉米、小辣椒等。县道后胡—刘孟线经此。通公交车。

王孟镇［Wángmèng Zhèn］ 临颍县辖镇。在县境北部。面积60平方千米。人口3.9万。以汉族为主，还有回、壮、苗等民族。辖26村委会，有36自然村。镇人民政府驻王孟。1956年设王孟乡。1958年改公社。1984年复乡。2014年改镇。因镇政府驻地得名。新沟河、上枣祇河、下枣祇河流经。有中学2所，小学15所，卫生院1个，卫生所26个。农业以种植小麦、玉米、大豆为主。县道后胡—刘孟线过境。

王孟［Wángmèng］ 王孟镇人民政府驻地。在县政府驻地城关镇东北13千米。人口3400。因王、孟2姓居此得名。聚落呈团块状。有中小学、幼儿园、卫生室、幸福院、文化广场。种植小麦、玉米、小辣椒等。有集贸市场。县道后胡—刘孟线经此。

大郭镇［Dàguō Zhèn］　临颍县辖镇。在县境西南部。面积75平方千米。人口5.3万。以汉族为主，还有藏、回、毛南、维吾尔等民族。辖27村委会，有53自然村。镇人民政府驻大郭。1959年成立大郭公社。1984年改乡。2014年改镇。因镇政府驻地得名。小浬河、马拉河等流经。有中学2所，小学22所，卫生院1个，卫生所27个。有古迹纣城、云汉寺、甘露寺、龙泉寺遗址、吴公渠水闸等。农业以种植小麦、玉米、大豆为主。有绿化苗木基地。服务业以金融、农业科技服务为主。省道石郸、七蚁线过境。

大郭［Dàguō］　大郭镇人民政府驻地。在县政府驻地城关镇西南15千米。人口3300。明初郭姓迁此，原有小郭庄，因人多村大得名。聚落呈团块状。有中小学、幼儿园、卫生室、幸福院、文化广场。种植小麦、玉米等。有食品加工、机械制造工业。有集贸市场。省道七蚁线经此。

皇帝庙乡［Huángdìmiào Xiāng］　临颍县辖乡。在县境南部。面积51平方千米。人口3.2万。辖19村委会，有51自然村。乡人民政府驻皇帝庙。1956年设皇帝庙乡。1958年改公社。1984年复乡。因乡政府驻地得名。南马沟、北马沟流经。有中学1所，小学16所，卫生院1个，卫生所19个。有全国重点文物保护单位小商桥遗址，省级文物保护单位杨再兴陵园。有名胜古迹杨再兴祠堂、皇帝庙遗址、虚粮冢、饮马河、讲茸武台、尚书阁等。农业以种植小麦、玉米、大豆为主。有蔬菜、大蒜生产基地。有科技园区。107国道过境。

皇帝庙［Huángdìmiào］　皇帝庙乡人民政府驻地。在县政府驻地城关镇东南6千米。人口1000。东汉末年刘备、关羽、张飞经此在村北小庙休息，事后村人扩建三官庙纪念之，刘备称帝后，改为皇帝庙，村同庙名。聚落呈团块状。有中小学、幼儿园、卫生室、文化广场等。有皇帝庙遗址。种植小麦、玉米、小辣椒等。有集贸市场。107国道、县道后研岗—纣城线经此。通公交车。

固厢乡［Gùxiāng Xiāng］　临颍县辖乡。在县境北部。面积36平方千米。人口3.4万。辖14村委会，有32自然村。乡人民政府驻固厢。1950年设固厢区。1956年撤销。1958年成立固厢公社。1984年改乡。因乡政府驻地得名。五里河、外沟河流经。有中学2所，小学11所，卫生院1个，卫生所14个。有省级文物保护单位城顶遗址。农业以种植小麦、玉米、大豆为主。工业以食品加工、纺织、机械制造、电子为主。京广铁路、京广高铁、京港澳高速、107国道过境。

固厢［Gùxiāng］　固厢乡人民政府驻地。在县政府驻地城关镇西北7千米。人口3800。处固城东厢，故名固城厢，简称固厢。聚落呈方形。有中小学、幼儿园、卫生室、文化广场。有大棚蔬菜种植基地、集贸市场。

石桥乡［Shíqiáo Xiāng］　临颍县辖乡。在县境北部。面积46平方千米。人口2.7万。辖22村委会，有33自然村。乡人民政府驻徐寨。1976年由固厢公社析设石桥公社。1984年改乡。因石桥村得名。原村名石梁寨，后寨北门外修建大石桥，村以桥名，简称石桥。清潩河、小泥河等流经。有中学1所，小学12所，卫生院1个，卫生所23个。有古迹兴国寺、三眼井、玉皇阁遗址等。农业以种植小麦、玉米、大豆为主。工业以机械制造、食品加工为主。京广铁路、京广高铁、京港澳高速、107国道过境。

徐寨［Xúzhài］　石桥乡人民政府驻地。在县政府驻地城关镇西北12千米。人口1300。有古寨，徐姓居多，故名。聚落呈团块状。有中小学、幼儿园、卫生室、文化广场。种植小麦、玉米等。有集贸市场。107国道经此。

陈庄乡［Chénzhuāng Xiāng］　临颍县辖乡。在县境东南部。面积31平方千米。人口2.6万。以汉族为主，还有回、壮、土家、布依等民族。辖14村委会，有18自然村。乡政府驻陈庄。1976年由瓦店公社析设陈庄公社。1984年改乡。因乡政府驻地得名。南马沟、北马沟流经。有中学2所，小学10所，卫生院1个，卫生所14个。有玉皇庙、夏城、东岳庙等遗址。农业以种植小麦、玉米为主。有蔬菜生产基地1个。工业以肉食品、面粉加工为主。京港澳高速过境。

陈庄［Chénzhuāng］　陈庄乡人民政府驻地。在县政府驻地城关镇东南16千米。人口3700。明代张姓迁此，后陈姓迁入且人口较多，故名。聚落呈梯形。寨河流经。有中小学、幼儿园、卫生室、幸福院、文化广场。有玉皇庙遗址。种植小麦、玉米、小辣椒等。有集贸市场。京港澳高速经此。

三　门　峡　市

三门峡市［Sānménxiá Shì］　河南省辖地级市。北纬33°31′—35°05′，东经110°21′—112°01′。在省境西部。面积10496平方千米。户籍人口228万，常住人口225万。以汉族为主，还有回、维吾尔、蒙古等民族。辖湖滨区，渑池、陕县、卢氏3县，代管义马、灵宝2县级市。市人民政府驻湖滨区。1957年析陕县部分地域置三门峡市（地级），由省直辖。因三门峡得名。1958年降县级市，属洛阳专区。1959年复地级市。1961年再降。先后隶属洛阳专区、洛阳地区。1986年升地级市。地势西南高东北低。海拔300—1500米。有伏牛山、熊耳山、崤山等。年均气温13.8℃，1月平均气温0.8℃，7月平均气温26.3℃。年均降水量559毫米。年均无霜期216天。黄河、洛河、弘农涧河等流经。有矿产资源黄金、白银、铝土、铁、钼、煤等。有野生植物2408种，其中国家重点保护野生植物有银杏、红豆杉等32种。有野生动物367种，其中国家一级保护动物有金钱豹、苏门羚，国家二级保护动物有大鲵、天鹅、豆雁、环颈雉、鸳鸯、麝、水獭。有国家级自然保护区1个，省级自然保护区2个。森林覆盖率51%。有省级工程技术研究中心15个，省级重点实验室1个，高等院校3所，中学128所，中等职业学校7所，小学271所，特殊教育学校5所。有文化馆7个，图书馆7个，博物馆7个，艺术表演团体6个，三级医院3个。有全国重点文物保护单位34个。有省级爱国主义教育基地6个。有人文始轩祖辕黄帝铸鼎祭天地、"万经之首"《道德经》诞生地、禅宗初祖达摩圆寂地等。有国家4A级旅游景区4个，国家3A级旅游景区5个。有国家级非物质文化遗产天池蓬口布艺、灵宝剪纸、卢氏剪纸、地坑院营造技艺、老子传说。有民间艺术舞蹈、蒲剧、扬高戏、剪纸、澄泥砚、十盘音乐等。三次产业比例9∶62∶29。农业以种植小麦、玉米、薯类为主。产花生、辣椒、林果、中药材等。有国家地理标志产品灵宝大枣、卢氏木耳等。工业以有色金属矿采选、冶炼及延边加工，煤炭采选，非金属矿物制品，化学原料和化工制品制造为主。服务业以商贸、旅游为主。有铁路343千米，公路1596千米，高速260千米。陇海铁路，郑西高铁，209、310国道，连霍、三淅、郑卢高速，省道三邓、洛陕、三郑等线过境。

三门峡［Sānménxiá］　别名天鹅城。三门峡市聚落。在市境北部。面积284平方千米。人口40万。以汉族为主，还有回、满、维吾尔、蒙古等民族。原为陕州故城。河中急流被两石岛分为三股，称人门、神门、鬼门，故名。1956年兴建三门峡水利枢纽工程。20世纪90年代后以涧河为界，沿两侧建设城区，形成沿崤山路、文明路的行政办公区、科教区。21世纪初建成三门峡南站、明珠大厦、义乌商贸城、居住小区。有天鹅湖国家城市湿地公园、白天鹅国际大酒店、科技学院、鸟巢体育馆、国际文博城商务中心、涧河公园等。有铁路车站3个，长途汽车站3个。通多路公交车。

湖　滨　区

湖滨区［Húbīn Qū］　三门峡市人民政府驻地。在市境北部。面积185平方千米。人口30.6万。辖5街道、3乡。区人民政府驻湖滨街道。1986年设湖滨区。因三面环水得名。先后改造青龙涧河，建成湖滨广场、大中海文化广场，崤山路、五原路、虢国路等。2000—2014年建成黄河路、和平路西段商业区、居住小区。年均气温16℃，1月平均气温5℃，7月平均气温28℃。年均降水量554.9毫米。属丘陵区。南部为秦岭支脉，东、西、北部为中条山脉。黄河、青龙涧河、山口河流经。有高等院校1所，中学15所，中等职业学校3所，小学31所，三级医院3个，二级医院2个。有图书馆、体育中心、体育馆等。有虢国博物馆。有全国重点文物保护单位虢国墓地、庙底沟遗址、宝轮寺塔，省级文物保护单位铁人、李家窑遗址、陕州古城等6个。有国家4A级旅游景区虢国车马坑博物馆、天鹅湖国家城市湿地公园、虢国公园，国家3A级旅游景区三门峡大坝。三次产业比例9∶62∶29。农业以种植小麦、玉米、豆类为主。产果蔬、花生、油菜等。工业以新型建材、机械制造，电子，生物制药，食品加工为主。服务业以商贸、旅游为主。陇海铁路，郑西高铁，连霍高速，209、310国道，省道三郑、三邓线过境。有三门峡站、三门峡南站、三门峡长途汽车站。通多路公交车。

湖滨广场［Húbīn Guǎngchǎng］　在城区中部。面积2万平方米。2002年开工，2007年建成。因所在行政区得名。中心有喷泉，南北两端有步行阶梯、电梯。有象征天鹅展翅的白色棚布造型。地下一、二层为购物广场。为举行重大庆典与集会活动重要场地，集购物、休闲、娱乐、文化宣传于一体。周边有停车场、百货商城、超市、步行街等。通公交车。

黄河路［Huánghé Lù］ 在区境北部。东起310国道，西至崤山西路。与宋会路、经一路、六峰路、大岭路、分陕路等相交。长7.9千米，宽40米。沥青路面。1956年开工，1959年建成。1999年改扩建。因与黄河三门峡大坝同建得名。两侧有阳光中学、育才中学、市第二中学、三门峡职业技术学院、东风市场、宏远市场、前进市场等。通公交车。

和平路［Hépíng Lù］ 在区境中部。东起茅津北路，西至大岭北路。与上阳路、六峰路、陕州路相交。长2.1千米，宽15米。沥青路面。1958年开工，同年建成。1964年改扩建。两侧有市第二小学、市第一中学、市第一小学、嘉亿广场、豫州商场、湖滨广场、黄河医院等。通公交车。

崤山路［Xiáoshān Lù］ 在区境中部。东起黄河东路，西至太阳路。与宋会路、经一路、上阳路、大岭路、甘棠路等相交。长7.7千米，宽50米。沥青路面。1986年开工，1988年建成。因崤山得名。两侧有党政部门、银行、长途汽车站、公园等。通公交车。

虢国路［Guóguó Lù］ 在区境南部。东起东环路，西至209国道。与上阳路、六峰路、大岭路、文化路、上官路相交。长6千米，宽25米。沥青路面。1986年开工，同年建成。因虢国都城遗址得名。两侧有居住小区、虢国公园、三级医院、建材市场等。通公交车。

五原路［Wǔyuán Lù］ 在区境南部。东起永兴街，西至209国道。与六峰路、文化路、大岭路、甘棠路相交。长4.1千米，宽20米。沥青路面。1998年开工，2000年建成。2008年改建。因与五条道路相连得名。两侧有居住小区等。通公交车。

大岭路［Dàlǐng Lù］ 在区境中部。南起310国道，北至北环路。与黄河路、崤山路、虢国路、五原路相交。长3.8千米，宽20米。沥青路面。2008年开工，同年建成。因上村岭得名。两侧有行政事业单位、商贸市场、市电视台、市技校、市财校、前进市场、汇方医院、金渠集团、义乌商贸城等。通公交车。

六峰路［Liùfēng Lù］ 在区境中部。南起南环路，北至建设路。与黄河路、和平路、崤山路、虢国路、五原路相交。长3.7千米，宽40米。沥青路面。1957年开工，1958年建成。1965年改建。因唐赵东义《三门峡赋》"砥柱山六峰者，皆在大河中流"之六峰得名。两侧有崤山宾馆、湖滨广场、市职工康复医院等。通公交车。

上阳路［Shàngyáng Lù］ 在区境东部。南起310国道，北至建设路。与黄河路、和平路、崤山路、虢国路、五原路相交。长2.7千米，宽40米。沥青路面。1957年开工，同年建成。因邻原虢国上阳都城得名。两侧有市一高、市第一中学、市实验幼儿园等。通公交车。

三门峡站［Sānménxiá Zhàn］ 见交通运输设施部分"三门峡站"条。

三门峡长途汽车站［Sānménxiá Chángtú Qìchēzhàn］ 见交通运输设施部分"三门峡长途汽车站"条。

湖滨街道［Húbīn Jiēdào］ 湖滨区人民政府驻地。在区境西北部。面积2平方千米。人口3.8万。1957年设。因城区三面为水得名。1989年建成百联集团大厦。1999年建成黄河路精品服装一条街。2002年后建成湖滨广场、大中海文化广场。有戏曲研究中心，中学3所，小学3所，社区卫生服务中心1个，社区卫生服务站2个。有全国重点文物保护单位、国家4A级旅游景区虢国车马坑博物馆。经济以商贸为主。通公交车。

前进街道［Qiánjìn Jiēdào］ 属湖滨区。在区境西北部。面积4平方千米。人口4.4万。1988年设。因前进市场得名。1990年后建成美食城、停车场、万达广场及多个居住小区。有中学1所，中等职业学校2所，小学1所，三级医院1个，二级医院1个，社区卫生服务中心1个，社区卫生服务所5个。经济以餐饮、教育培训为主。工业有纺织器材、机械加工等。通公交车。

车站街道［Chēzhàn Jiēdào］ 属湖滨区。在区境中部。面积5平方千米。人口4.2万。1957年设。因原陇海铁路会兴站（现为三门峡货场）得名。1990年后建成专业商场、居住小区。有中学1所，小学1所，二级医院1个，社区卫生服务站9个。经济以商贸为主。有市长途汽车站、东风客运汽车站。通公交车。

涧河街道［Jiànhé Jiēdào］ 属湖滨区。在区境南部。面积8平方千米。人口7.6万。1988年设。青龙涧河流经，故名。2006年改造城中村等。有中学1所，小学1所，三级医院2个，社区卫生服务中心2个，社区卫生服务站8个。有图书馆、体育馆等。有省级文物保护单位李家窑遗址。经济以商贸、餐饮为主。通公交车。

大安街道［Dà'ān Jiēdào］ 属湖滨区。在区境东北部。面积1平方千米。人口600。1958年设。因大安村得名。黄河流经。有中学1所，小学1所，卫生院1个。景点有三门峡大坝、水库等。经济以水电工业为主。省道沿黄线过境。通公交车。

交口乡［Jiāokǒu Xiāng］ 湖滨区辖乡。在区境东南部。面积49平方千米。人口6.8万。辖25村委会，有26自然村。乡人民政府驻交口。1956年设野鹿乡。1958年成立长青公社。1961年更名交口公社。1984年改乡。2005年崖底乡并入。因乡政府驻地得名。山口河、青龙涧河流经。有中学1所，小学1所，卫生院1个，卫生所11个。有幼儿园。农业以小麦、玉米种植为主，兼种水果、蔬菜。工业有化工设备制造、纺织、铝加工等。陇海铁路、郑西高铁、连霍高速、310国道、省道三郑线过境。

交口［Jiāokǒu］ 交口乡人民政府驻地。在区政府驻地湖滨街道东南10千米。人口1100。因山口河、青龙涧河交汇得名。聚落呈块状。有中小学、卫生院。主种小麦、玉米、花生，兼种葡萄。陇海铁路、310国道、省道三郑线经此。

李家窑［Lǐjiāyáo］ 在区政府驻地湖滨街道东南2千米。交口乡辖自然村。人口800。因李姓挖窑始居得名。聚落呈团块状。有省级文物保护单位虢国都城上阳遗址。通公交车。

磁钟乡［Cízhōng Xiāng］ 湖滨区辖乡。在区境东部。面积56平方千米。人口2.5万。辖18村委会，有37自然村。乡人民政府驻磁钟。1956年设磁钟乡。1958年成立公社。1984年改乡。2005年会兴镇并入。因乡政府驻地得名。有中学1所，小学1所，卫生院2个，卫生所6个。有幼儿园。有黄河会兴渡。农业以种植小麦、玉米、花生、豆类、棉花为主，兼种水果。养殖牛、羊、猪、鸡等。工业有电器、石油设备制造等。省道三郑线过境。

磁钟［Cízhōng］ 磁钟乡人民政府驻地。在区政府驻地湖滨街道东9千米。人口3300。传因明末清初产瓷器、铸钟，得名瓷钟，后演今名。聚落成团块状。有中小学、幼儿园、卫生院等。主种小麦、玉米，兼种苹果。有石灰加工业。省道三郑线经此。

上村［Shàngcūn］ 在区政府驻地湖滨街道东北3千米。磁钟乡辖自然村。人口2400。原名卧龙岗，明万历年间（1573—1620）因有茅津渡，且为神宗刘昭妃故里，更名灵山镇。后渡口下移会兴，更今名。聚落呈团块状。有全国重点文物保护单位、国家4A级旅游景区虢国车马坑博物馆。有西周、春秋大型邦国公墓遗址，明刘昭妃祖墓。有黄河公园。通公交车。

高庙乡［Gāomiào Xiāng］ 湖滨区辖乡。在区境东北部。面积60平方千米。人口1.2万。辖9村委会，有66自然村。乡人民政府驻大安。1956年设黄底、大安、院科3乡。1957年合为大安乡。1958年成立上游公社。1961年更名高庙公社。1984年改乡。因高庙山得名。有中学1所，小学1所，卫生院1个，卫生所2个。有幼儿园。经济以种植小麦、玉米、豆类、番薯为主，养殖牛、羊、鸡、猪。省道三郑线过境。

大安［Dà'ān］ 高庙乡人民政府驻地。在区政府驻地湖滨街道东北13千米。人口600。原名大恩村，后因明末兵荒百姓祈求平安乐居改今名。聚落呈团块状。有小学、卫生院等。有三门峡大坝景区。种植小麦、玉米、棉花等。有特产核桃、大枣。省道沿黄线经此。

义马市

义马市［Yìmǎ Shì］ 河南省直辖县级市，由三门峡市代管。北纬34°45′，东经111°52′。在三门峡市境东部。面积112平方千米。人口17万。辖7街道。市人民政府驻千秋路街道。1981年改义马矿区为义马市。1986年由三门峡市代管。原名艺麻，取《诗经》"艺麻如之何，横从其亩"。旧有东麻地、西麻地之称，后演今名。1981年后改造原矿工生活区、居民区。2000年后建银杏路，改造人民路，贯通银杏路、泰山路、香山街等。先后建成银杏公园、义煤游园、生态公园、洪庆公园、义马市体育公园。地处豫西浅山丘陵区。地势自北向南倾斜。平均海拔519米。年均气温12.4℃，1月平均气温−2.1℃，7月平均气温25.5℃。年均降水量666.9毫米。涧河、石河、燕沟河流经。有矿产资源煤。有野生植物235种。有野生动物6种，其中国家重点保护野生动物有白鹭。森林覆盖率37.5%。有中学5所，小学9所，二级医院2个，图书馆1个，文化馆1个，体育场馆1个。有全国重点文物保护单位鸿庆寺石窟，省级文物保护单位新安故城遗址、豫庆公园煤矿旧址。有民间艺术社火、戏曲等。三次产业比例1∶81∶18。农业以种植小麦、玉米、蔬菜为主，养殖猪、鸡、小尾寒羊。工业以煤炭、电力、化工为主。服务业以旅游为主。陇海铁路、郑西高铁、连霍高速、310国道过境。

千秋路［Qiānqiū Lù］ 在市区中部。东起花园路，西至河滨西路。与香山街、鸿庆路、龙山街、千符路、滨河东路相交。长5千米，宽40米。沥青路面。1981年开工，同年建成。1987、1991、1998年分别改建。原为千秋煤矿道路，故名。两侧有市政府、公安局、财政局等。通公交车。

人民路［Rénmín Lù］ 在市区南部。东起花园路，西至滨河西路。与滨河东路、千符路、龙山街、鸿庆路相交。长2.3千米，宽36米。沥青路面。1992年开工，1994年建成。1995年西扩。两侧有党政部门、市医院、汽车站、居住小区。通公交车。

银杏路［Yínxìng Lù］ 在市区北部。东起花园路，西至天山路。与香山街、鸿庆路、永兴街、千符路、华山路相交。长4.3千米，宽45米。沥青路面。1983年开工，同年建成。1987、1995年改扩建。因植物银杏得名。两侧有水利局、环保局、科技局、居住小区等。通公交车。

珠江路［Zhūjiāng Lù］ 在市区中部。东起花园路，西至滨河东路。与香山街、鸿庆路、龙山街相交。长2.2千米，宽30米。沥青路面。1983年开工，1994年改扩建。1995年建成。原名义马路，后因珠江改今名。两侧有文化城、中学、规划局、居住小区。通公交车。

义马汽车站［Yìmǎ Qìchēzhàn］　见交通运输设施部分“义马汽车站”条。

千秋路街道［Qiānqiūlù Jiēdào］　义马市人民政府驻地。在市境中部。面积8平方千米。人口7万。以汉族为主，还有蒙古、维吾尔、壮、回等民族。1981年设。因千秋路得名。1981年后建成多个居住小区。2000年后改扩建千秋路等，沿街建居住小区等。有中学2所，小学3所，二级医院1个，卫生院1个。有幼儿园、图书馆、文化馆。农业以种植小麦、玉米、谷类为主。工业以煤业、化工为主。310国道经此。通公交车。

朝阳路街道［Cháoyánglù Jiēdào］　属义马市。在市境东部。面积0.8平方千米。人口1.2万。1981年设。因朝阳路得名。2000年后建多个居住小区。有中学1所，小学1所，文化站1个，社区文化中心2个，图书室2个。经济以机械加工、煤炭开采为主。通公交车。

新义街街道［Xīnyìjiē Jiēdào］　属义马市。在市境西南部。面积13平方千米。人口1.6万。以汉族为主，还有回、维吾尔、满等民族。1981年设。因新义街得名。2000年后改造棚户区。涧河流经。有小学1所，卫生院3个，文化站1个，文化中心4个，图书室3个。工业有煤炭开采、机械加工。通公交车。

常村路街道［Chángcūnlù Jiēdào］　属义马市。在市境东南部。面积1.5平方千米。人口1.4万。1982年设。因常村路得名。先后建成常苑、常安等小区，改扩建常村路等。有中学1所，小学1所，幼儿园1所，卫生所1个。工业有机械加工制造、煤炭开采。通公交车。

泰山路街道［Tàishānlù Jiēdào］　属义马市。在市境西部。面积2.4平方千米。人口1万。以汉族为主，还有回、维吾尔等民族。1998年设。因泰山路得名。2000年后改扩建泰山路等，建成沿街店铺，改造绿化石河，新建居住小区、社区商贸大厦。有小学1所，卫生所1个。有幼儿园、文化大院、体育广场、露天剧场。工业有机械加工、化工、家具制造等。通公交车。

新区街道［Xīnqū Jiēdào］　属义马市。在市境西部。面积53平方千米。人口2.9万。以汉族为主，还有回、藏、蒙古等民族。2006年由千秋镇改设。因处新市区得名。先后改扩建人民路、千秋路等，建成多个居住小区。有小学3所，二级医院1个，卫生所10个。有幼儿园等。有仰韶文化遗址及古墓群。工业有麦芽加工、通用机械制造、棉纺织等。有工业园区。陇海铁路、310国道过境。通公交车。

东区街道［Dōngqū Jiēdào］　属义马市。在市境东部。面积47平方千米。人口1.8万。以汉族为主，还有回、维吾尔、满、壮等民族。2006年由常村镇改设。因处市东部得名。2010年后建经二路、经五路，建成多个居住小区。涧河流经。有小学1所，卫牛院1个，卫生所102个。有幼儿园、文化站等。有全国重点文物保护单位鸿庆寺石窟。农业以种植小麦、玉米为主，兼种油菜、中药材等。养殖猪、羊、鸡、牛。工业有煤炭开采、电力、建筑、安装等。陇海铁路、连霍高速、310国道过境。通公交车。

河口［Hékǒu］　在市政府驻地千秋路街道东5千米。属东区街道。人口400。因处燕沟河河口得名。聚落沿燕沟河两岸呈带状分布。有省级清风山森林公园。有民间艺术河口舞狮等。农业以种植小麦、玉米为主。有旅游业。河口—马庄公路经此。2011年被评为全国文明村。

石佛［Shífó］　在市政府驻地千秋路街道东南12千米。属东区街道。人口900。古称轼谷，后因全国重点文物保护单位鸿庆寺石窟更今名。聚落呈团块状。有世界文化遗产崤函古道。有清代李家大院。种植小麦、玉米等。石佛—焦沟公路经此。

灵　宝　市

灵宝市［Língbǎo Shì］　河南省直辖县级市，由三门峡市代管。北纬34°31′，东经110°52′。在三门峡市境西部。面积3011平方千米。人口75.4万。以汉族为主，还有回、满、蒙古、壮等民族。辖10镇、5乡。市人民政府驻城关镇。隋开皇十六年(596)阌乡县析置桃林县(治今灵宝老城)。唐天宝元年(742)因于桃林县掘得宝符，改灵宝县，属陕州。元至元八年(1271)朱阳、虢略2县并入。明、清仍之。1913年属豫西道。1914年属河洛道。1927年直属省。1932年属第十一行政督察区。1949年属陕州专区。1952年属洛阳专区。1954年阌乡县并入。1959年县政府迁至今城关镇。1968年属洛阳地区。1985年属三门峡市。1993年撤县建市，由三门峡市代管。地势南高北低。海拔308—2413.8米。年均气温13.4℃，1月平均气温−1.1℃，7月平均气温26.4℃。年均降水量532毫米。黄河流经。有矿产资源金、银、铅、铜、锌、钨、石墨、煤等。有野生植物2382种，其中国家一级保护植物有秦岭冷杉、领春木等13种。有野生动物33种，其中国家一级保护动物有豹、黑鹳等5种，国家二级保护动物有35种。有省级自然保护区小秦岭林区。有小秦岭国家地质公园，亚武山、燕子山国家森林公园。森林覆盖率49.2%。有中学31所，中等职业学校3所，小学159所，二级医院4个。有图书馆、文化馆、体育场等。有蒲剧团。有全国重点文物保护单位黄帝陵遗址、北阳平遗址，省级文物保护单位函谷关遗址、三圣遗址、五帝遗址等9个。有国家4A级旅游景区函谷关。有国家龙湖、荆山黄帝铸鼎原风、燕子山等风景名胜区。有省级非物质文化遗产虢州石砚、东西常“骂社火”、扬高戏、剪纸。三次产业比例10∶69∶21。农业以种植小麦、玉米为主。产葡萄、樱桃。有特产苹果、大枣、香菇、核桃、木耳等。工业以有色金属矿采选、冶炼及压延加工，非金属矿物质制品、医药制造为主。服务业以果品外贸为主。陇海铁路，郑西高铁，连霍、三淅高速，209、310国道，省道灵官线过境。有灵宝站、灵宝西站。

灵宝汽车客运站［Língbǎo Qìchē Kèyùnzhàn］　见交通运输设施部分“灵宝汽车客运站”条。

城关镇［Chéngguān Zhèn］　灵宝市人民政府驻地。在市境中部偏东。面积24.5平方千米。人口18万。辖21居委会、9村委会，有14自然村。镇人民政府驻南田。1958年成立虢略镇公社。1959年县城迁此。1982年改城关镇。为县城所在地，故名。弘农涧河流经。有中学6所，小学11所，二级医院3个，卫生院4个，卫生所29个。有古迹北田遗址、虢州故城、许家大院等。农业以小麦、玉米种植为主。工业有选矿设备制造、矿产品加工、铜箔加工等。陇海铁路、310国道过境。

黄河路［Huánghé Lù］　在市区西部。南起车站路，北至长安路。与建设路、康乐路、新华西路、新灵西街、八一路相交。长2.5千米，宽30米。沥青路面。1990年开工，同年建成。因黄河得名。两侧有工商局、派出所、剧院广场、华鑫铜箔公司等。通公交车。

弘农路［Hóngnóng Lù］　在市区中部偏西。南起环城桥，北至长安路。与建设路、康乐路、新华西路、新灵西街、八一路相交。长2.5千米，宽28米。沥青路面。1994年开工，同年建成。因弘农古县得名。两侧有电影院、结石病医院、百货大楼、工商质监所、第二医院、第一高中、新华书店等。通公交车。

南田［Nántián］　城关镇人民政府驻地。在镇境北部。人口1000。系汉代宰相田千秋庄园，名田村，后分南北，该村居南，故名。聚落呈散状。有中小学、幼儿园、卫生院等。种植小麦、玉米等。函谷关—南田公路经此。通公交车。

尹庄镇［Yǐnzhuāng Zhèn］　灵宝市辖镇。在市境中部偏东。面积82.5平方千米。人口5.6万。辖29村委会，有87自然村。镇人民政府驻尹庄。1966年由虢略镇公社析设涧口公社。1982年改尹庄公社。1983年改乡。1987年改镇。因镇政府驻地得名。弘农涧河流经。有小学5所，二级医院1个，卫生院1个，卫生所32个。农业以种植小麦、玉米为主，兼种食用菌、葱、辣椒。有矿产品加工业。陇海铁路、310国道过境。

尹庄［Yǐnzhuāng］　尹庄镇人民政府驻地。在市政府驻地城关镇东1千米。人口4000。因姓氏得名。聚落呈团块状。有中小学、幼儿园、卫生院等。种植小麦、玉米等。陇海铁路、310国道经此。

朱阳镇［Zhūyáng Zhèn］　灵宝市辖镇。在市境西南部。面积783平方千米。人口4.2万。辖41村委会，有715自然村。镇人民政府驻朱阳。1958年成立朱阳公社。1983年改乡。1987年改镇。因镇政府驻地得名。南河、麻家河、西河流经。有中学2所，小学20所，卫生院1个，卫生所41个。有省级非物质文化遗产虢州石砚。农业以种植小麦、玉米为主，兼种杜仲。有特产苹果、核桃。工业有矿产品加工、矿产开采等。省道灵卢线过境。

朱阳［Zhūyáng］　朱阳镇人民政府驻地。在市政府驻地城关镇西南42千米。人口1500。朱姓居此，地势向阳，故名。聚落呈散状。有中小学、幼儿园、卫生院等。种植小麦、玉米等。有特产核桃。省道沈卢线经此。通公交车。

阳平镇［Yángpíng Zhèn］　灵宝市辖镇。在市境西部。面积217平方千米。人口7.4万。辖44村委会，有189自然村。镇人民政府驻北阳平。1956年设阳平乡。1958年与阌乡乡合为阳平公社。1983年改乡。1987年改镇。2005年程村乡并入。因镇政府驻地得名。有中学3所，小学12所，卫生院3个，卫生所57个。有全国重点文物保护单位北阳平古文化遗址群。有省级文物保护单位荆山黄帝铸鼎、轩辕黄帝铸鼎遗址群，阌乡秦人墓地。有省级非物质文化遗产东西常“骂社火”、苏南齐天圣鼓、姚王木偶戏、黄帝传说、夸父传说。农业以种植小麦、玉米为主。有特产苹果、香菇、大枣。工业以矿产采选为主。陇海铁路、郑西高铁、连霍高速、310国道过境。

北阳平［Běiyángpíng］　阳平镇人民政府驻地。在市政府驻地城关镇西20千米。人口1000。在阳平河河川平地建村，称阳平，此村居北，故名。聚落呈散状。有中小学、幼儿园、卫生院等。有全国重点文物保护单位北阳平古文化遗址群。种植小麦、玉米等。有特产苹果。焦村—北阳平公路经此。通公交车。

故县镇［Gùxiàn Zhèn］ 灵宝市辖镇。在市境西部。面积220平方千米。人口4.2万。辖26村委会，有105自然村。镇人民政府驻故县。1956年设故县乡。1958年并入阌底乡，后成立红卫公社。1962年红卫公社析设故县公社。1983年改乡。1987年改镇。因镇政府驻地得名。有中学1所，小学12所，卫生院1个，卫生所26个。有国家4A级旅游景区、省级森林公园汉山。有竹林寺。农业以种植小麦、玉米为主，兼种棉花。有特产苹果、黄桃。工业以有色金属开采、冶炼为主。陇海铁路、郑西高铁、连霍高速、310国道过境。

故县［Gùxiàn］ 故县镇人民政府驻地。在市政府驻地城关镇西49千米。人口1400。为原湖城县城址，故名。聚落呈散状。有中小学、幼儿园、卫生院等。种植小麦、玉米等。有特产苹果。310国道经此。通公交车。

河西［Héxī］ 在市政府驻地城关镇西南51千米。故县镇辖自然村。人口1000。因处枣乡河西岸得名。聚落呈散状。有中小学、卫生院等。有小秦岭自然保护区、汉山风景区。种植小麦、玉米等。特产苹果。工业有选矿、矿产加工等。连霍高速、310国道经此。2009年被评为全国文明村。

豫灵镇［Yùlíng Zhèn］ 灵宝市辖镇。在市境西部。面积184平方千米。人口6.2万。辖22村委会，有129自然村。镇人民政府驻南麻庄。1956年设阌底乡。1958年改公社。1983年改豫灵乡。1987年置镇。西峪河、文峪河、双桥河流经。因取河南省简称和灵宝市"灵"字得名。有中学2所，小学15所，卫生院1个，卫生所31个。有古迹西汉戾太子冢、水车头遗址、东桥遗址、杨震三鳣书堂、杨元琰家族大茔、吴融墓、清代贠家大院等。有省级风景名胜区亚武山。农业以种植小麦、玉米为主，兼种油葵、花椒。有特产苹果、核桃。工业以采选、冶炼、化工为主。陇海铁路、郑西高铁、连霍高速、310国道过境。

南麻庄［Nánmázhuāng］ 豫灵镇人民政府驻地。在市政府驻地城关镇西58千米。人口1300。原麻庄村民迁至此建新庄，故名。聚落呈散状。有中小学、幼儿园、卫生院等。种植玉米、小麦等。有特产苹果、核桃。有采矿业。310国道经此。

大王镇［Dàwáng Zhèn］ 灵宝市辖镇。在市境东北部。面积121.3平方千米。人口6.9万。辖36村委会，有80自然村。镇人民政府驻吉家湾。1950年设大王区。1956年改乡。1958年成立公社。1983年复乡。1994年改镇。弘农涧河、好阳河、淄阳河流经。因大王庙得名。有中学2所，小学12所，卫生院1个，卫生所26个。有许家古寨、后地、老城古枣林等景区。有省级非物质文化遗产扬高戏。农业以种植小麦、玉米为主。有特产大枣。为国家有机蔬菜、省大枣种植基地。有果品加工业。陇海铁路，郑西高铁，连霍、三淅高速，209、310国道过境。

吉家湾［Jíjiāwān］ 大王镇人民政府驻地。在市政府驻地城关镇东北22千米。人口400。原名刘家寨，后因吉姓居多更今名。聚落呈散状。有中小学、幼儿园、卫生院等。种植小麦、玉米等。有特产苹果、核桃。有果品加工业。209、310国道经此。

阳店镇［Yángdiàn Zhèn］ 灵宝市辖镇。在市境东北部。面积195平方千米。人口6万。辖38村委会，有193自然村。镇人民政府驻北小河。1956年设下磑乡。1958年成立阳店公社。1983年改乡。1994年改镇。传古虢州上阳、下阳古道经此，设驿站，故名。好阳河、朱乙河流经。有中学1所，小学8所，卫生院1个，卫生所37个。有省级非物质文化遗产线胡。有民间艺术皮影戏。农业以种植小麦、玉米为主。有特产苹果、香菇。有铆钉、纸箱加工业。陇海铁路、三淅高速、310国道过境。

北小河［Běixiǎohé］ 阳店镇人民政府驻地。在市政府驻地城关镇东北15千米。人口500。因村南沟下有小河得名。聚落呈散状。有中心学校、卫生所。种植玉米、小麦等，饲养猪、牛、羊。有特产苹果、桃。310国道经此。

函谷关镇［Hángǔguān Zhèn］ 灵宝市辖镇。在市境北部。面积63平方千米。人口2.6万。以汉族为主，还有蒙古、回、壮等民族。辖17村委会，有54自然村。镇人民政府驻坡头。1966年成立坡头公社。1982年更名北坡头公社。1983年改乡。1993年因函谷关改名函谷关镇。弘农涧河流经。有中学2所，小学2所，卫生院1个，卫生所17个。有国家4A级旅游景区函谷关。有古迹关龙逄墓、汉王夹铺、函谷夹铺等。农业以种植玉米、小麦为主。有特产苹果。郑西高铁、连霍高速过境。

坡头［Pōtóu］ 函谷关镇人民政府驻地。在市政府驻地城关镇北13千米。人口1300。因处土塬坡下得名。聚落呈散状。有中小学、幼儿园、卫生院等。种植玉米、小麦。灵宝—函谷关镇公路经此。

焦村镇［Jiāocūn Zhèn］ 灵宝市辖镇。在市境中部。面积126.5平方千米。人口5.4万。辖36村委会，有78自然村。镇人民政府驻焦村。1958年成立西章公社。1961年更名焦村公社。1983年改乡。1993年改镇。因镇政府驻地得名。有中学1所，小学7所，卫生院1个，卫生所50个。有娘娘山风景区。农业以种植小麦、玉米为主，兼种葡萄、食用菌。有特产苹果、香菇。工业以矿产品、农副产品加工为主。陇海铁路、310国道过境。

焦村［Jiāocūn］ 焦村镇人民政府驻地。在市政府驻地城关镇西2千米。人口3000。因神话传说得名蛟村，后演今名。聚落呈散状。有职业中专、中小学、幼儿园、卫生院等。种植小麦、玉米等。有特产苹果。310国道经此。

川口乡［Chuānkǒu Xiāng］ 灵宝市辖乡。在市境东部。面积116.4平方千米。人口3.1万。辖24村委会，有111自然村。乡人民政府驻横渠。1952年设川口区。1958年成立公社。1983年改乡。因处山川交口得名。坝底河流经。有中学1所，小学7所，卫生院1个，卫生所24个。有省级文物保护单位三圣遗址、赵吾双庙沟遗址。有燕子山国家森林公园。农业以种植小麦、玉米为主，兼种樱桃、葡萄。有特产苹果、香菇。有食品、饲料等加工业。三淅高速，209、310国道过境。

横渠［Héngqú］ 川口乡人民政府驻地。在市政府驻地城关镇东4千米。人口1300。因渠道纵横得名。聚落呈散状。有中小学、幼儿园、卫生院等。种植小麦、玉米等。有特产苹果。有果品加工业。209、310国道经此。

寺河乡［Sìhé Xiāng］ 灵宝市辖乡。在市境东南部。面积122平方千米。人口0.7万。辖16村委会，有196自然村。乡人民政府驻寺河。1966年由川口公社析设寺河公社。1983年改乡。2005年东村乡并入。因乡政府驻地得名。有中学1所，小学1所，卫生院1个，卫生所16个。农业以种植小麦、玉米为主。有特产苹果。为全国优质苹果生产基地。三淅高速、209国道过境。

寺河［Sìhé］ 寺河乡人民政府驻地。在市政府驻地城关镇东南36千米。人口200。因河流交叉处曾有寺院而得名。聚落呈散状。有中小学、幼儿园、卫生院等。种植小麦、玉米等。有特产苹果。东红公路、209国道、省道孟甘线经此。通公交车。

苏村乡［Sūcūn Xiāng］ 灵宝市辖乡。在市境南部。面积292平方千米。人口2.9万。辖32村委会，有333自然村。乡人民政府驻东崖。1955年设苏村区。1958年改乡，同年改公社。1983年复乡。因乡政府原驻地得名。原有苏姓建庙宇，称苏村庙，村以庙名，后简为苏村。有中学1所，小学5所，卫生院1个，卫生所31个。农业以种植小麦、玉米为主，兼种苹果。有矿产品加工业。翻固公路、省道川苏线过境。

东崖［Dōngyá］ 苏村乡人民政府驻地。在市政府驻地城关镇南17千米。人口300。因处东沟崖边得名。聚落呈散状。有中小学、幼儿园、卫生院等。种植小麦、玉米。有特产苹果。原东公路经此。通公交车。

五亩乡［Wǔmǔ Xiāng］ 灵宝市辖乡。在市境南部。面积232平方千米。人口3.7万。辖31村委会，有297自然村。乡人民政府驻五亩。1958年设五亩乡，同年改公社。1983年复乡。因乡政府驻地得名。弘农涧河流经。有中学1所，小学5所，卫生院1个，卫生所32个。农业以种植小麦、玉米为主，兼种苹果。有水泥加工业。省道灵卢线过境。

五亩［Wǔmǔ］ 五亩乡人民政府驻地。在市政府驻地城关镇南11千米。人口300。旧有五亩平地，临街有商铺，名五亩街。1949年后简今名。聚落呈散状。有中小学、幼儿园、卫生院等。种植小麦、玉米、苹果。川口—五亩公路经此。通公交车。

西阎乡［Xīyán Xiāng］ 灵宝市辖乡。在市境西北部。面积148平方千米。人口5.3万。辖39村委会，有87自然村。乡人民政府驻西阎。1957年设水泉城乡。1958年成立公社。1983年改西阎乡。因乡政府驻地得名。黄河、沙河流经。有中学1所，小学6所，幼儿园6所，卫生院1个，卫生所42个。有鼎湖湾风景区、李家院道教圣地等。农业以种植小麦、玉米为主。有特产苹果、花生、大枣、香菇等。工业以农副产品加工为主。陇海铁路、郑西高铁、连霍高速、310国道过境。有灵宝西站。

西阎［Xīyán］ 西阎乡人民政府驻地。在市政府驻地城关镇西北18千米。人口2100。明洪武年间（1368—1398）阎姓迁此建村，为不忘族迹，沿用原村名。聚落呈散状。有中小学、幼儿园、卫生院等。种植小麦、玉米等。有特产苹果、香菇。310国道经此。

渑池县

渑池县［Miǎnchí Xiàn］ 三门峡市辖县。北纬34°46′，东经111°45′。在三门峡市境东部。面积1368平方千米。人口36万。以汉族为主，还有回、满、维吾尔等民族。辖6镇、6乡。县人民政府驻城关镇。秦置黾池县，属三川郡，治今朱城（城关镇西）。西汉属弘农郡。东汉属恒农郡。三国魏改渑池县，徙治蠡城（今城关镇西南30千米洛宁县境），属恒农郡。西晋因之。北魏治复迁今朱城。隋大业元年（605）移今城关镇东，十二年（616）移治大坞城（今城关镇北），属河南郡。唐贞观三年（629）移治双桥（今城关镇），属谷州。显庆二年（657）改属洛州。此后未变，先后隶属河南府、河南路、河南府、豫西道、河洛道、河南省、第十一行政督察区、陕州专区、洛阳专区、洛阳地区、三门峡市。"渑"亦作"黾"，水虫也。城西有产黾之池，故名。地处秦岭余脉，地势西高东低。平均海拔550米。年均气温12.4℃，1月平均气温

−2℃，7月平均气温25.4℃。年均降水量657毫米。黄河、涧河流经。有矿产资源煤、铝、铁、重晶石等。有野生植物1218种。有野生动物120种，其中国家重点保护野生动物有金钱豹、狼、獾。森林覆盖率34.1%。有中学23所，中等专业学校1所，小学104所，二级医院2个，文化馆1个，图书馆1个，博物馆2个。有全国重点文物保护单位仰韶村文化遗址、不召寨遗址，省级文物保护单位秦赵会盟台、刘少奇旧居、八路军渑池兵站旧址等。有省级非物质文化遗产棚口、十盘。有国家4A级旅游景区黄河丹峡景区。三次产业比例9∶69∶22。农业以种植小麦、玉米、谷子、番薯、豆类为主。产中药材、辣椒、油料、蔬菜。养殖猪、牛、蛋鸡、山绵羊。有特产仰韶大杏、坻坞小米。工业以能源化工、加工制造、建材耐材制造、铝工业为主。服务业有旅游业。陇海铁路，郑西高铁，连霍高速，310国道，省道宜陕、沿黄、南嵩线过境。

会盟广场［Huìméng Guǎngchǎng］　在县城中部。面积4.1公顷。2000年开工，同年建成。为传承古秦赵会盟故事得名。中心有圆形音乐喷泉，北端有"仰韶记忆"球形雕塑，四角均有小花池，外围绿树环绕。为市民休闲、娱乐场所。周边有奥斯卡影城、卓达名店等。通公交车。

渑池长途汽车站［Miǎnchí Chángtú Qìchēzhàn］　见交通运输设施部分"渑池长途汽车站"条。

城关镇［Chéngguān Zhèn］　渑池县人民政府驻地。在县境中部偏南。面积34平方千米。人口7.5万。以汉族为主，还有维吾尔、回等民族。辖6居委会、13村委会，有46自然村。镇人民政府驻西关。1949年设城关乡。1958年改公社。1983年改镇。唐贞观三年(629)徙谷州及渑池治于此，后历为县治，故名。涧河、洋河、一里河流经。有中学1所，小学8所，二级医院2个，卫生院1个。有省级文物保护单位古秦赵会盟台遗址、刘少奇旧居、八路军渑池兵站旧址。农业以种植小麦、玉米、蔬菜为主，养殖生猪。工业以钢材、建材、矿产品、食品加工为主。陇海铁路、连霍高速、310国道过境。有渑池站。

会盟路［Huìméng Lù］　在县城中部。东起天山路，西至韶峰路。与希望大道、新兴路、新华路、双拥路相交。长7千米，宽31米。沥青路面。1992年开工，同年建成。因古秦赵会盟故事得名。两侧有中学、文化馆、体育中心、电业大厦、酒店、酒业公司等。通公交车。

海露大街［Hǎilù Dàjiē］　在县城东南部。东起一里河街，西至解放大街。与东关南街、东关北街相交。长1.4千米，宽15米。沥青路面。1912年后建东关街，为土路。1948年为纪念烈士续海露更名海露大街。1969年改建，铺设沥青。1986年再次改建。两侧有小学、刘少奇旧居、城关客运站及多个商业网点等。通公交车。

西关［Xīguān］　城关镇人民政府驻地。在镇境西部。人口1300。处原西城门处，为进出关隘，故名。聚落沿公路呈带状分布。有中小学、幼儿园、卫生院等。有古秦赵会盟台遗址。种植小麦、玉米等。通公交车。

英豪镇［Yīngháo Zhèn］　渑池县辖镇。在县境西南部。面积89平方千米。人口3.8万。以汉族为主，还有回族等。辖2居委会、32村委会，有102自然村。镇人民政府驻英豪。1955年设英豪乡。1958年成立公社。1961年析设张村公社。1984年改乡。1990年改镇。因镇政府驻地得名。有中学1所，小学14所，卫生院1个。有寺庄坪仰韶文化遗址、吴窑头龙山文化遗址等。农业以种植小麦、玉米、豆类，养殖生猪、蛋鸡为主。兼种金银花、枸杞、核桃。工业以乳品等食品加工为主。陇海铁路、连霍高速、连天公路过境。

英豪［Yīngháo］　英豪镇人民政府驻地。在县政府驻地城关镇西12千米。人口2300。处东、西崤山之间谷地，名土崤，后转为土壕。清康熙四十二年(1703)康熙帝西巡回銮，河南巡抚迎驾至此，雅称今名。聚落呈团块状。有中小学、幼儿园、卫生院。种植小麦、玉米、金银花、枸杞。有食品加工业。陇海铁路、310国道经此。

张村镇［Zhāngcūn Zhèn］　渑池县辖镇。在县境西部。面积54平方千米。人口2.4万。以汉族为主，还有满、回等民族。辖1居委会、13村委会，有56自然村。镇人民政府驻张村。1960年英豪、坡头2公社析设张村公社。1984年改乡。1995年改镇。因镇政府驻地得名。有中学1所，小学5所，卫生院1个，卫生室13个。有古迹五女坟、寨沟遗址等。农业种植小麦、玉米、豆类、番薯、花生、蔬菜，养殖肉牛、蛋鸡。工业以煤、铝矿开采和加工为主。310国道过境。

张村［Zhāngcūn］　张村镇人民政府驻地。在县政府驻地城关镇西北12千米。人口900。因为秦相张仪故里得名张仪村，后简今名。聚落呈带状。有中小学、幼儿园、卫生院。种植小麦、玉米，养殖肉牛、蛋鸡。310国道经此。

洪阳镇［Hóngyáng Zhèn］　渑池县辖镇。在县境东部。面积67平方千米。人口2.3万。以汉族为主，还有回、傈僳、维吾尔等民族。辖15村委会，有58自然村。镇人民政府驻东洪阳。1957年设洪阳乡。1958年并入仁村公社。1961年析设德厚、柳庄2公社，1962年合为德厚公社。1963年改洪阳公社。1984年改乡。1999年改镇。因镇政府驻地得名。有青龙山、凤凰山等。洪阳河、南涧河流经。有中学1所，小学6所，卫生院1个，文化站1个，文化大院9个，敬老院1个。有白庄村、竹园村等遗址。农业以种植小麦、玉米、谷子、油菜为主，兼种水果、蔬菜。工业以石英石、磁石等开采，矿产品加工为主。陇海铁路、连霍高速、310国道过境。通公交车。

东洪阳［Dōnghóngyáng］　洪阳镇人民政府驻地。在县政府驻地城关镇东21千米。人口1700。明洪武年间(1368—1398)在洪山之北建村，取昌盛之意，名洪阳。后因居东，得今名。聚落呈带状。有中小学、卫生院等。种植小麦、玉米、谷子等。310国道经此。

天池镇［Tiānchí Zhèn］　渑池县辖镇。在县境东南部。面积137平方千米。人口4.4万。辖29村委会，有123自然村。镇人民政府驻笃忠。1955年设笃忠、天池2乡。1956年分天池、笃忠、张吕3乡。1958年成立笃忠公社。1975年分笃忠、天池2公社。1984年改天池、笃忠2乡。1999年天池乡改镇。2005年笃忠乡并入。因有水池常年不涸得名。有中学2所，小学17所，卫生院2个，文化站1个，敬老院2个。有延庆寺、鹿寺遗址。有古渑池八景之一"天池落雁"。有省级非物质文化遗产棚口。有民间艺术九莲灯舞。农业以种植小麦、玉米、番薯、朝天椒为主，兼种西瓜、核桃等。工业以建材、食品加工为主。郑西高铁、省道洛陕线过境。

笃忠［Dǔzhōng］　天池镇人民政府驻地。在县政府驻地城关镇东南14千米。人口1400。因有墓冢得名独冢，1935年以谐音雅为今名。聚落呈团块状。有中小学、卫生院等。有笃忠村遗址。种植小麦、玉米等。有特产朝天椒。省道洛陕线经此。

仰韶镇［Yǎngsháo Zhèn］　渑池县辖镇。在县境中部。面积96平方千米。人口3.6万。以汉族为主，还有回、维吾尔等民族。辖25村委会，有106自然村。镇人民政府驻西阳。1975年由城关公社析设庄子、西阳2公社。1982年庄子公社更名仰韶公社。1984年改仰韶乡、西阳乡。2005年西阳乡并入。2010年改镇。因镇政府原驻地得名。有方山、飞山、韶山等。羊河、五里河、崇村河等流经。有中学2所，小学15所，卫生院1个，图书馆1个，文化站1个，敬老院1个。有全国重点文物保护单位仰韶村文化遗址。有洋河文化遗址、冯异城遗址、曹月川墓等。农业以种植小麦、玉米为主，兼种核桃、蔬菜。工业以铝加工为主。有天坛铝工业园。连霍高速，省道渑仁、南阎线过境。

西阳［Xīyáng］　仰韶镇人民政府驻地。在县政府驻地城关镇东北5千米。人口1100。处杨家圪塔西，地势北高南低，向阳，故名。聚落呈带状。有中小学、卫生室等。种植小麦、玉米等。有铝加工业。省道南阎线经此。

仰韶［Yǎngsháo］　在县政府驻地城关镇北7千米。仰韶镇辖自然村。人口800。处韶山南麓，仰首可见韶山，故名。聚落呈团块状。有小学、仰韶博物馆等。有全国重点文物保护单位仰韶村文化遗址。种植小麦、玉米等。有旅游业。渑仰公路经此。通公交车。

仁村乡［Réncūn Xiāng］　渑池县辖乡。在县境东北部。面积131平方千米。人口1.8万。以汉族为主，还有回、维吾尔等民族。辖14村委会，有85自然村。乡人民政府驻仁村。1955年设仁村乡。1958年成立公社。1984年改乡。因乡政府驻地得名。有青龙山。石河、洪阳河流经。有中学1所，小学6所，卫生院1个，卫生室14个。有台口白衣堂庙、马跑泉革命烈士墓等。有民间艺术棒棒鞭。农业以种植小麦、玉米、花生、豆类为主，兼种辣椒、核桃等。有特产小米。工业以铝石、石灰石等开采，矿产品加工，光伏制造为主。有光伏产业园。省道郑三线过境。

仁村［Réncūn］　仁村乡人民政府驻地。在县政府驻地城关镇东北15千米。人口1700。因明末战乱，人藏山林保全性命得名人存，后聚落扩大，村民团结仁和，更今名。聚落呈团块状。有中小学、卫生室等。有民间艺术高空狮子、黄河灯。种植小麦、玉米等。省道郑三线经此。

果园乡［Guǒyuán Xiāng］　渑池县辖乡。在县境南部。面积124平方千米。人口4万。以汉族为主，还有回、维吾尔等民族。辖1居委会、35村委会，有123自然村。乡人民政府驻赵庄。1975年西村、城关2公社析设果园公社。1984年改乡。2005年西村乡并入。2010年乡政府迁至赵庄。因果树众多得名。史营河、清涟河等流经。有中学3所，小学18所，卫生院2个。有省级非物质文化遗产东庵头村十盘。农业以种植小麦、玉米、豆类为主，兼种辣椒等。有特产仰韶大杏。工业以煤炭开采、食品加工、机械和新型建材制造为主。服务业以商贸为主。郑西高铁，省道南阎、洛陕线过境。有渑池南站。

赵庄［Zhàozhuāng］　果园乡人民政府驻地。在县政府驻地城关镇南7千米。人口1400。明清时期穆姓居此，名穆庄，后音转为磨庄，1949年后赵姓居多，更今名。聚落呈块状。有中小学、卫生院等。主种小麦、玉米等，兼种朝天椒。郑西高铁、省道南阎线经此。

陈村乡［Chéncūn Xiāng］　渑池县辖乡。在县境西部。面积115平方千米。人口3.4万。以汉族为主，还有回、满等民族。辖1居委会、23村委会，有109自然村。乡人民政府驻后河。1976年张村、坡头2公社析设陈村公社。1984年改乡。2005年池底乡并入。因陈姓最早居住得名。有扣门山。有中学3所,小学23所,卫生院2个。有省级文物保护单位寺沟仰韶文化遗址、陈村桥序碑。有俱利城遗址,丁村抗日阵亡将士碑、公墓等。农业以种植小麦、玉米、豆类为主,兼种核桃、中药材等。工业以煤、铝石等开采,矿产品加工为主。连霍高速、省道郑三线过境。

后河［Hòuhé］ 陈村乡人民政府驻地。在县政府驻地城关镇西10千米。人口500。因处渑水上游,南班村背后得名。聚落呈带状。有小学、卫生院等。种植小麦、玉米等。渑白公路经此。

坡头乡［Pōtóu Xiāng］ 渑池县辖乡。在县境北部。面积212平方千米。人口1.6万。辖16村委会,有92自然村。乡人民政府驻坡头。1955年设坡头乡。1958年成立公社。1984年复乡。因乡政府驻地得名。有万古山、粱山等。有中学1所,小学5所,卫生院1个,卫生室14个,文化站1个,图书馆1个。有全国重点文物保护单位不召寨遗址,省级文物保护单位石佛寺石刻。景区有黄河丹峡、韶山峡等。农业以种植小麦、玉米、豆类为主,兼种朝天椒。有万亩花椒基地。工业以铝石、煤炭开采为主。省道郑三线过境。

坡头［Pōtóu］ 坡头乡人民政府驻地。在县政府驻地城关镇西北14千米。人口900。因处五里坡顶端得名。聚落呈散状。有中小学、卫生院等。主种小麦、玉米、谷子,兼种花椒、朝天椒等。南南公路经此。

段村乡［Duàncūn Xiāng］ 渑池县辖乡。在县境北部。面积204平方千米。人口0.9万。辖11村委会,有66自然村。乡人民政府驻段村。1955年设段村乡。1958年成立公社。1984年改乡。因乡政府驻地得名。有笔架山、伏虎山等。涧口河流经。有中学1所,小学6所,卫生院1个。景区有仰韶大峡谷、石峰峪等。农业以种植小麦、玉米,养殖生猪为主。有特产花椒。南韩公路、省道南阎线过境。

段村［Duàncūn］ 段村乡人民政府驻地。在县政府驻地城关镇北25千米。人口300。因段姓始居得名。聚落呈弧形带状。有中小学、卫生院等。主种小麦、玉米,兼种花椒、柿子。南韩公路经此。

赵坡头［Zhàopōtóu］ 在县政府驻地城关镇北24千米。段村乡辖自然村。人口200。处香炉山东端,依坡而建,赵姓始居,故名。聚落呈环状。有卫生室。为中国传统村落。有明清建筑20处。有砖雕、木雕、石雕、浮雕等。种植小麦、玉米等。241国道经此。通公交车。

赵沟［Zhàogōu］ 在县政府驻地城关镇东北25千米。段村乡辖自然村。人口300。原名十家庄,后因北宋宰相赵普及家人旅居于此,更今名。聚落呈环状。为中国传统村落。有古庙、古祠堂、戏楼、古槐。有明清建筑四合院、独宅、石头房屋、古式门楼、石头街巷等。种植小麦、玉米等。四龙庙—后沟公路经此。通公交车。

南村乡［Náncūn Xiāng］ 渑池县辖乡。在县境东北部。面积107平方千米。人口0.6万。辖10村委会,有47自然村。乡人民政府驻北仁村。1955年设南村乡。1958年并入段村公社。1961年析设南村公社。1984年改乡。因南村得名,处寨里村南。有青山。涧口河、关底河等流经。有中学2所,小学2所,卫生院1个,卫生室10个。有古迹张玘父子墓、周桓王陵、上官仪祠堂等。有南村古利津渡。有省级非物质文化遗产镢把戏。有岱嵋寨风景区等。农业以种植小麦、玉米、花椒、花生为主。南韩公路、省道南阎线过境。

北仁村［Běiréncūn］ 南村乡人民政府驻地。在县政府驻地城关镇东北35千米。人口500。原为任姓居住,名任村。后他姓迁入,团结仁和,更名仁村,又居北,改今名。聚落呈块状。有中小学、卫生院等。有曙猿化石遗址。种植小麦、玉米等。241国道经此。通公交车。

陕 县

陕县［Shǎn Xiàn］ 三门峡市辖县。北纬34°43′,东经111°05′。在市境中部偏东。面积1610平方千米。人口33.3万。以汉族为主,还有回、蒙古、维吾尔等民族。辖4镇、9乡。县人民政府驻大营镇。秦置陕县,属三川郡。西汉属弘农郡。三国魏、西晋因之。北魏太和十一年(487)置陕州。隋大业初州废,复陕县,属河南郡。唐复陕州,县属之。宋因之。元属河南府路。明洪武元年(1368)省县入州,属河南府。清为直隶州。1913年废州置陕县,属豫西道。1914年属河洛道。1927年直属省。1932年属第十一行政督察区。1949年属陕州专区。1952年属洛阳专区。1957年属三门峡市。1960年并入三门峡市。1962年复置。1968年属洛阳地区。1986年属三门峡市。周成王时,周、召二公以陕原为界分陕而治,故名。地处三门峡—灵宝黄土塬黄土丘陵。有崤山。平均海拔887米。年均气温13.8℃,1月平均气温−0.7℃,7月平均气温26.7℃。年均降水量527毫米。黄河流经。有矿产资源黄金、银、铁、铜、煤、重晶石、铝矾土等。有野生植物2100余种,其中国家重点保护野生植物有水曲柳。有野生动物140余种,其中国家一级保护动物有金钱豹、金雕,二级保护动物有大鲵、斑羚、红腹锦鸡、猫头鹰等。有国家级自然保护区河南黄河湿地陕县段。森林覆盖率42%。有中学22所,小学90所,二级医院2个,文化馆1个,图书馆1个,体育馆1个。有世界文化遗产丝绸之路崤函古道石壕段。有全国重点文物保护单位安国寺、庙上村地坑院,省级文物保护单位温塘摩崖造像、石壕遗址等5个。有国家4A级旅游景区甘山国家森林公园。有雪花谷景区。有国家级非物质文化遗产地坑院营造技艺,省级非物质文化遗产大营社火、王莽撵刘秀传说、地坑院民俗等8项。有民间艺术扬高戏、陕州锣鼓书等。三次产业比例13∶49∶38。农业以种植小麦、玉米、谷子、豆类为主,养殖猪、牛、羊等。产水果、大棚蔬菜等。有特产牛肉、苹果、小米。工业以铝加工、化工、装备制造、能源开发为主。服务业以商贸、旅游为主。陇海铁路,郑西高铁,连霍高速,209、310国道,省道沿黄、宜陕、渑邓、三邓线过境。

峡西汽车站［Xiáxī Qìchēzhàn］ 见交通运输设施部分"峡西汽车站"条。

大营镇［Dàyíng Zhèn］ 陕县人民政府驻地。在县境西北部。面积83平方千米。人口4.2万。辖1居委会、12村委会,有50自然村。镇人民政府驻大营。1949年设大营区。1958年改公社。1965年原店镇并入,1975年划出。1984年改大营乡。1995年改镇。因镇政府驻地得名。有高阳山。金水河、淄阳河流经。有中学6所,小学10所,二级医院2个,卫生院1个,卫生所7个。农业以种植小麦、玉米为主。有特产苹果。工业有有色金属深加工、火力发电、专业汽车制造等。陇海铁路、郑西高铁、连霍高速、209国道过境。

陕州大道［Shǎnzhōu Dàdào］ 在县城中部。东起陕塬路,西至禹王路。与世纪大道、天河路、绣岭路、卧龙街等相交。长5.9千米,宽80米。沥混路面。1994年开工,2000年建成。2004年扩建。因古称陕州得名。两侧有县第三医院、县政府、陕州中学、县体育馆等。通公交车。

神泉路［Shénquán Lù］ 在县城西部。东起永昌路,西至禹王路。与高阳路、胜利路、天河路、省道宜陕线相交。长8千米,宽32米。沥混路面。1992年开工,1997年建成。因温塘村温泉俗称神泉得名。两侧有党政部门、化工公司、卫生学校、汽车站等。通公交车。

大营［Dàyíng］ 大营镇人民政府驻地。在镇境中部偏西。人口9500。传朱元璋遣陈友谅旧属到此实行军屯,立为大营,故名。聚落呈团块状。有小学、县妇幼保健院、周总理视察纪念馆等。种植小麦、玉米、苹果等。连霍高速、310国道经此。通公交车。

温塘［Wēntáng］ 在镇境东部。人口4700。因寺中温泉自涌成塘得名。聚落呈团块状。有省级文物保护单位唐摩崖造像。有高阳山风景区。景点有王莽寨、光武洞、马蹄印等。种植小麦、玉米等。陇海铁路、310国道经此。

辛店［Xīndiàn］ 在镇境东北部。人口2500。因辛姓居此开店得名。聚落沿黄河呈带状分布。有小学、文体活动中心等。种植小麦、玉米等。有特产苹果。310国道经此。2014年被评为全国文明村。

原店镇［Yuándiàn Zhèn］ 陕县辖镇。在县境西北部。面积23平方千米。人口3万。辖6居委会、5村委会,有24自然村。镇人民政府驻原店。1949年设原店乡。1958年并入大营公社。1962年析设原店镇,1965年复入。1975年复置镇。因镇政府驻地得名。金水河流经。有中学1所,小学5所,卫生院1个,卫生所5个。有省级文物保护单位百鸟朝凤院(兀氏旧宅)。农业以种植小麦、玉米为主。有特产石榴。工业有刚玉、建材、耐火材料加工等。陇海铁路、209国道过境。有三门峡西站。

原店［Yuándiàn］ 原店镇人民政府驻地。在县政府驻地大营镇西南6千米。人口3800。《陕州志》载:"原店村兀氏为北魏安乐王元鉴之后。"后人为纪念元氏祖宗,取"元"同音"袁",称袁店,后演今名。聚落呈团块状。有中小学、幼儿园、卫生院、卫生室等。有省级文物保护单位百鸟朝凤院(兀氏旧宅)。种植小麦、玉米等。有特产苹果、梨。有建材、耐火材料等加工业。209国道经此。

郭家［Guōjiā］ 在县政府驻地大营镇西南3千米。原店镇辖自然村。人口1900。明末清初因郭姓迁此而名。聚落呈团块状。有小学、居家养老服务中心、便民服务室。种植小麦、玉米等。209国道经此。2011年被评为全国文明村。

西张村镇［Xīzhāngcūn Zhèn］ 陕县辖镇。在县境西部。面积225平方千米。人口5.5万。辖41村委会,有91自然村。镇人民政府驻张村。1949年设张村乡。1958年成立张村公社。1971年析设宜村公社。1982年张村公社更名西张村公社。1984年改乡。1996年改镇。2005年宜村乡并入。因镇政府驻地得名。有三角山、甘山等。后河流经。有中学2所,小学10所,卫生院2个,卫生室38个。有国家4A级旅游景区甘山国家森林公园。有县爱国主义教育基地血泪井。有国家级非物质文化遗产地坑院营造技艺。有传统工艺剪纸、澄泥砚、面塑、捶草印花等。农业以种植小麦、玉米为主。有特产苹果。省道宜陕线过境。

张村［Zhāngcūn］ 西张村镇人民政府驻地。在县政府驻地大营镇东南17千米。人口1800。因姓氏得名。聚落呈团块状。有中小学、卫生院等。种植小麦、玉米、豆类等。有特产苹果。省道宜陕线经此。

庙上 [Miàoshàng]　在县政府驻地大营镇东南16千米。西张村镇辖自然村。人口600。村北曾有山神庙，村处庙南，以南为上，故名。聚落呈团块状。有小学、文体活动中心等。为中国传统村落。有全国重点文物保护单位地坑院建筑群。有抗战史迹抗日洞。种植小麦、玉米等。有特产苹果。省道宜陕线经此。通公交车。

南沟 [Nángōu]　在县政府驻地大营镇东南12千米。西张村镇辖自然村。人口2300。明末任姓迁此，村南有沟，故名。聚落呈带状。有小学、卫生室。为中国传统村落。有传统工艺剪纸，为中国"剪纸第一村"。种植小麦、玉米等。特产苹果。三甘公路经此。通公交车。

观音堂镇 [Guānyīntáng Zhèn]　陕县辖镇。在县境东部。面积119.7平方千米。人口3.8万。辖25村委会，有145自然村。镇人民政府驻观音堂。1949年设观音堂区。1956年改乡。1958年成立公社。1975年柴洼、大延洼2公社析出。1984年改乡。1985年改镇。2005年大延洼乡并入。因镇政府驻地得名。有青石岭、火石山等。兴隆河、永昌河流经。有中学3所，小学8所，卫生院1个，卫生室19个。有观音堂钟楼、文昌宫遗址、段岩清代古建筑群等。农业以种植小麦、玉米为主，养殖牛、羊、猪等。有特产牛肉。工业有煤炭开采。陇海铁路、连霍高速、310国道过境。

观音堂 [Guānyīntáng]　观音堂镇人民政府驻地。在县政府驻地大营镇东51千米。人口2700。因观音菩萨寺俗称观音堂得名。聚落呈块状。有小学、卫生院等。种植小麦、玉米、豆类等。有特产牛肉、烧鸡等。连霍高速、310国道经此。

张汴乡 [Zhāngbiàn Xiāng]　陕县辖乡。在县境西部。面积132.5平方千米。人口1.3万。辖11村委会，有55自然村。乡人民政府驻张汴。1949年设张汴乡。1958年并入大营公社。1961年析设张汴公社。1984年改乡。因乡政府驻地得名。淄阳河、孟家河、好阳河流经。有中学1所，小学3所，卫生院1个，卫生室10个。景点有陕州地坑院。农业以种植小麦、玉米、豆类为主。有特产苹果。省道宜陕线过境。

张汴 [Zhāngbiàn]　张汴乡人民政府驻地。在县政府驻地大营镇南9千米。人口2000。张姓始居，两面临水，"汴"指滨水之地，故名。聚落呈块状。有小学、卫生院等。有地坑院150余座。种植小麦、玉米、豆类等。有特产苹果。省道宜陕线经此。

张湾乡 [Zhāngwān Xiāng]　陕县辖乡。在县境西北部。面积64平方千米。人口2.4万。辖20村委会，有54自然村。乡人民政府驻尤家湾。1949年设张湾乡。1958年并入城关公社。1962年析设张湾公社。1984年改乡。明末张氏迁此，因处苍龙涧河河湾东岸得名张家湾，后简为张湾。有九朵莲花山。苍龙涧河流经。有中学1所，小学6所，卫生院1个，卫生室18个。有国家4A级旅游景区天鹅湖城市湿地公园。农业以种植小麦、玉米为主。有特产苹果、梨。陇海铁路、郑西高铁、连霍高速、310国道过境。有三门峡南站。

尤家湾 [Yóujiāwān]　张湾乡人民政府驻地。在县政府驻地大营镇东北6千米。人口1200。尤姓初居，在苍龙涧河河湾东岸建村，故名。聚落呈团块状。有小学、卫生院等。主种小麦、玉米，兼种苹果、梨。310国道经此。

菜园乡 [Càiyuán Xiāng]　陕县辖乡。在县境中部。面积146平方千米。人口3.8万。辖34村委会，有118自然村。乡人民政府驻菜园。1912年后曾设菜园镇。1949年置菜园区。1958年成立公社。1975年析出东凡公社。1984年改菜园乡。2005年东凡乡并入。因乡政府驻地得名。青龙涧河流经。有中学2所，小学8所，卫生院2个，卫生室32个。有夏后皋墓、唐绣岭宫遗址、大通寺等。农业以种植小麦、玉米、蔬菜为主。有特产面豆、蜜桃等。省道三邓线过境。

菜园 [Càiyuán]　菜园乡人民政府驻地。在县政府驻地大营镇东南23千米。人口1800。因于滩地种菜居多得名。聚落呈团块状。有小学、卫生院等。种植小麦、玉米、蔬菜等。省道三邓线经此。

张茅乡 [Zhāngmáo Xiāng]　陕县辖乡。在县境中部偏北。面积91.8平方千米。人口2.2万。辖22村委会，有109自然村。乡人民政府驻张茅。1949年设张茅区。1956年改乡。1958年改公社。1984年改乡。因乡政府驻地得名。有小历山、张飞山等。东涧河流经。有中学1所，小学5所，卫生院1个，卫生室21个。有唐相姚崇故里遗址。农业以种植小麦、玉米为主。有特产清泉贡米。有石材加工业。陇海铁路、郑西高铁、连霍高速、310国道过境。

张茅 [Zhāngmáo]　张茅乡人民政府驻地。在县政府驻地大营镇东32千米。人口1800。为唐相姚崇之父姚懿居住及食邑所在地。"张"有弘扬之意，因分封食邑有"裂土封茅"之说，故名。聚落呈团块状。有小学、卫生院等。种植小麦、玉米等。310国道经此。

王家后乡 [Wángjiāhòu Xiāng]　陕县辖乡。在县境东北部。面积125平方千米。人口1.9万。辖19村委会，有177自然村。乡人民政府驻王家后。1962年由张茅公社析设王家后公社。1984年改乡。2005年柴洼乡并入。因乡政府驻地得名。有马头山、樱桃山等。兴龙涧河流经。有中学1所，小学6所，卫生院2个，卫生室18个。有张上遗址、渔淋城遗址、赵里河清代古建筑群等。农业以种植小麦、玉米、豆类为主。有特产柿饼、脆枣等。省道沿黄线过境。

王家后 [Wángjiāhòu]　王家后乡人民政府驻地。在县政府驻地大营镇东35千米。人口1400。王姓始居，处八山背后，故名。聚落呈团块状。有中心学校、卫生院等。种植小麦、玉米、豆类等。省道沿黄线经此。

硖石乡 [Xiáshí Xiāng]　陕县辖乡。在县境东北部。面积69平方千米。人口1.1万。辖13村委会，有96自然村。乡人民政府驻硖石。唐贞观十四年(640)崤县改置硖石县，此为专名之始。宋熙宁六年(1073)省县为石壕镇。民国时期改称硖石镇，属陕县。1949年设硖石乡。1958年并入张茅公社。1962年析设硖石公社。1984年改乡。因乡政府驻地得名。有磨云山、金银山等。兴龙涧河流经。有中学1所，小学6所，卫生院1个，卫生室11个。有世界文化遗产崤函古道石壕段。农业以种植小麦、玉米为主。有石灰岩开采业。陇海铁路、郑西高铁、连霍高速、310国道过境。

硖石 [Xiáshí]　硖石乡人民政府驻地。在县政府驻地大营镇东41千米。人口800。因石山峡谷得名。聚落呈团块状。有小学、卫生院等。有硖石奶奶庙。种植小麦、玉米等。310国道经此。

西李村乡 [Xīlǐcūn Xiāng]　陕县辖乡。在县境东南部。面积131平方千米。人口2.4万。辖27村委会，有118自然村。乡人民政府驻李村。1949年设李村乡。1958年成立公社。1982年更名西李村公社。1984年改乡。因乡政府驻地得名。有熊耳山。永昌河流经。有矿产资源重晶石。有中学1所，小学11所，卫生院1个，卫生室24个。有全国重点文物保护单位安国寺。有空相寺古刹。农业以种植小麦、玉米为主。有特产朝天椒、蟠桃、番薯等。郑西高铁、省道洛陕线过境。

李村 [Lǐcūn]　西李村乡人民政府驻地。在县政府驻地大营镇东65千米。人口1800。李存孝屯兵于此，故名。聚落呈团块状。有中小学、卫生院等。种植小麦、玉米等。省道洛陕线经此。

宫前乡 [Gōngqián Xiāng]　陕县辖乡。在县境东南部。面积222平方千米。人口1.5万。辖25村委会，有175自然村。乡人民政府驻宫前。1949年设宫前乡。1951年改区。1958年成立公社。1984年改乡。因乡政府驻地得名。有响屏山、雷震山等。永昌河流经。有中学1所，小学9所，卫生院1个，卫生室10个。有武则天行宫遗址、神龙峡景区、响屏山等。农业以种植小麦、玉米为主。省道三邓线过境。

宫前 [Gōngqián]　宫前乡人民政府驻地。在县政府驻地大营镇东南42千米。人口1100。因武则天行宫遗址得名。聚落呈块状。有中学、卫生院等。有宫前奶奶庙。种植小麦、玉米等。省道三邓线经此。通公交车。

店子乡 [Diànzi Xiāng]　陕县辖乡。在县境南部。面积169平方千米。人口4300。辖9村委会，有89自然村。乡人民政府驻店子。1949年设店子乡。1958年并入宫前公社。1975年析设店子公社。1984年改乡。因乡政府驻地得名。回春河、白石崖河流经。有中学1所，小学3所，卫生院1个，卫生室6个。有回春河景区、雪花谷漂流等。农业以种植小麦为主，养殖中华蜜蜂、土鸡、中华鲟等。有特产木耳、核桃、香菇、连翘等。省道宜陕线过境。通公交车。

店子 [Diànzi]　店子乡人民政府驻地。在县政府驻地大营镇东南40千米。人口600。因明代任姓居此开设店铺得名。聚落呈团块状。有中小学、幼儿园、卫生院等。有景点雪花谷。种植小麦、玉米等。有特产核桃、香菇等。省道宜陕线经此。通公交车。

卢氏县

卢氏县 [Lúshì Xiàn]　三门峡市辖县。北纬34°03′，东经111°02′。在三门峡市境南部。面积4004平方千米。人口38万。以汉族为主，还有回、满、蒙古等民族。辖9镇、10乡。县人民政府驻城关镇。汉武帝元鼎四年(前113)置卢氏县，传卢敖在此升仙得名，属弘农郡。西晋属上洛郡。北魏太和十四年(490)朱阳县析出。隋初属虢州，大业初属弘农郡。唐、宋属虢州。元属嵩州。明初入陕州。1947年设卢氏县。先后属陕州专区、洛阳专区、洛阳地区、三门峡市。地势西南高东北低。平均海拔1221米。年均气温12.6℃，1月平均气温−1.5℃，7月平均气温25.6℃。年均降水量630.4毫米。洛河、杜关河、老鹳河等流经。有野生植物2400余种，其中国家一级保护植物有4种，国家二级保护植物有17种。有野生动物380余种，国家一级保护动物有金钱豹、林麝等6种，国家二级保护动物有红腹锦鸡、大鲵等40种。有矿产资源铁、铅、锑、锌、金、石棉、云母、重晶石、大理石等。有白龙庙原始森林。森林覆盖率67.7%。有国家级科研单位1个，中学7所，中等职业学校2所，特殊教育学校1所，小学9所，二级医院2个，文化馆1个，图书馆1个，文艺团体4个。有省级文物保护单位洞北遗址、段家窑遗址、祁村湾遗址、石龙头遗址、岗台遗址、城隍庙、红二十五军军部旧址。有烈士陵园、曹靖华故居、尊师亭、木桐四分区纪念馆。有古迹山河口神禹导洛处、涧西卢敖洞、木桐猿人山、北关清真寺、南窑兴国寺等。有国家4A级旅游景区豫西大峡谷、双龙湾。景点有大鲵湾、冠云山、玉皇山、熊耳山·汤河温泉、红石谷·樱桃沟生态观光园等。有省级非物质文化遗产木版年画、卢氏剪纸。三次产业比例26∶36∶38。农业以种植小麦、玉米、豆类为主。产食用菌、中药材。有林果及家庭养殖业。有特产卢氏连翘、卢氏鸡、卢氏核桃、卢氏黑木耳、卢氏蜂蜜等。工业以有色金属、非金属采选、加工,农副产品深加工,中药材精深加工为主。服务业以旅游为主。三淅、卢洛高速,卢栾、卢灵公路,209国道过境。

卢园广场［Lúyuán Guǎngchǎng］ 在县城南部。面积12.7公顷。2010年开工,同年建成。因其休闲游园之功能得名。北部为表演、集会区,周围植风景树。南部为园林生态休闲区,有文化长廊、莲心湖、环湖步道。周边有党政部门、酒店、宾馆、电力大厦及多家银行等。通公交车。

卢氏县长途汽车站［Lúshì Xiàn Chángtú Qìchēzhàn］ 见交通运输设施部分“卢氏县长途汽车站”条。

城关镇［Chéngguān Zhèn］ 卢氏县人民政府驻地。在县境中部。面积6.4平方千米。人口3.7万。以汉族为主,还有回、蒙古、满、壮、黎、土家等民族。辖14居委会、7村委会,有9自然村。镇人民政府位于龙山西路。1949年置城关镇。1955年设乡。1958年成立公社。1981年复镇。有中学2所,小学5所,幼儿园17所,二级医院2个,卫生院1个,卫生所15个。有全国重点文物保护单位卢氏城隍庙。有古迹文庙、虢台庙等。有城隍庙会,农历四月八、十月八庙会等。209国道、省道洛卢线过境。通公交车。

靖华大道［Jìnghuá Dàdào］ 在县城中部。东起桃花谷路,西至和平路。与东明路、输林路、虢都路、新建路相交。长3.1千米,宽50米。沥青路面。2005年开工,2009年建成。为纪念文学家、翻译家曹靖华得名。两侧有银行、宾馆、居住小区、幼儿园、车站、广场等。通公交车。

文明路［Wénmíng Lù］ 在县城中部。南起滨河大道,北至龙山路。与解放路、东大街、伏牛路、靖华西路、莘源西路相交。长1.4千米,宽30米。沥青路面。2006年开工,同年建成。两侧有广场、商城、宾馆、银行、居住小区等。通公交车。

迎宾路［Yíngbīn Lù］ 在县城中部。南起滨河大道,北至伏牛路。与靖华西路、莘源西路相交。长1.5千米,宽20米。沥青路面。2004年开工,同年建成。取迎接贵宾到来之意得名。两侧有党政部门、宾馆、商厦、市场等。通公交车。

杜关镇［Dùguān Zhèn］ 卢氏县辖镇。在县境北部。面积201平方千米。人口1.7万。辖22村委会,有167自然村。镇人民政府驻杜关。1956年设杜关乡。1958年成立公社。1984年改乡。1994年改镇。因镇政府驻地得名。有中学1所,小学21所,卫生院1个,卫生所21个。有石峪牧场、药王庙。农业以种植小麦、玉米、豆类为主,兼种蔬菜、核桃等。三淅高速、209国道过境。

杜关［Dùguān］ 杜关镇人民政府驻地。在县政府驻地城关镇北25千米。人口1300。传元末杜姓开豆腐馆,得名杜馆,后因为进出卢氏之关隘更今名。聚落呈团块状。有小学、卫生所等。有药王庙。种植小麦、玉米等。有特产核桃。三淅高速、209国道、省道卢灵线经此。

五里川镇［Wǔlǐchuān Zhèn］ 卢氏县辖镇。在县境南部。面积169.3平方千米。人口2万。辖19村委会,有365自然村。镇人民政府驻五里川。1949年设五里川区。1955年设乡。1958年成立公社。1984年改乡。1995年改镇。因镇政府驻地得名。老鹳河流经。有中学1所,小学19所,卫生院1个,卫生所19个。有古迹曹植甫教泽碑、曹靖华故居、千佛窑。有省级非物质文化遗产河南村木版年画。有民间艺术耍狮子、高跷、抬跺。农业种植小麦、玉米、大豆、蔬菜、中药材等。有特产核桃、柿子等。三淅高速、209国道、省道洛卢线过境。

五里川［Wǔlǐchuān］ 五里川镇人民政府驻地。在县政府驻地城关镇南55千米。人口1600。因处五里长河川地带得名。聚落呈八卦状。有中小学、幼儿园、卫生院等。有五里川八卦碑。种植玉米、小麦、豆类等。为核桃集散地。三淅高速、209国道、省道洛卢线经此。

官道口镇［Guāndàokǒu Zhèn］ 卢氏县辖镇。在县境北部。面积212平方千米。人口2.2万。辖19村委会,有140自然村。镇人民政府驻官道口。1947年设官道口镇。1956年设乡。1958年成立公社。1984年改乡。1994年改镇。因镇政府驻地得名。秋凉河、寻峪河流经。有中学1所,小学19所,卫生院1个,卫生所19个。有瓮关史家大院、石大山抗日战场遗迹。有国家4A级旅游景区豫西大峡谷、豫西百草园。农业种植玉米、小麦、豆类、苹果、中药材。三淅、卢洛高速,209国道过境。

官道口［Guāndàokǒu］ 官道口镇人民政府驻地。在县政府驻地城关镇东北35千米。人口1600。传为古代官员来往卢氏、洛宁、灵宝3县必经之道,群山环抱,地处隘口,故名。聚落呈团块状。有小学、幼儿园、卫生所等。种植小麦、玉米、豆类。有特产苹果、核桃。三淅、卢洛高速,209国道经此。

朱阳关镇［Zhūyángguān Zhèn］ 卢氏县辖镇。在县境南部。面积137.5平方千米。人口1.6万。辖13村委会,有161自然村。镇人民政府驻朱阳关。1951年设朱阳关区。1956年置乡。1958年并入五里川公社。1966年析设朱阳关公社。1984年改乡。1996年改镇。因镇政府驻地得名。老鹳河流经。有中学1所,小学13所,卫生院1个,卫生所13个。景点有毛公山、卧佛山、海棠爬、大鲵湾。有烈士陵园。农业以种植小麦、玉米、豆类为主。有特产柿饼。省道洛卢线过境。

朱阳关［Zhūyángguān］ 朱阳关镇人民政府驻地。在县政府驻地城关镇南66千米。人口2200。后魏设朱阳郡,隋唐建关设馆,为通往荆襄、湖广重要关隘,故名。聚落呈蝙蝠状。有中小学、幼儿园、卫生院等。种植玉米、小麦、番薯等。有特产柿饼。产工艺品烙花筷子。省道洛卢线经此。

杜店［Dùdiàn］ 在县政府驻地城关镇东南66千米。朱阳关镇辖自然村。人口1000。因有正月十五耍社火出垛之传统得名垛店,后演今名。聚落呈团块状。有小学、卫生室等。为中国传统村落。有多处明清建筑。有观音阁。种植玉米、小麦、豆类、番薯等。有特产柿饼。省道洛卢线经此。

官坡镇［Guānpō Zhèn］ 卢氏县辖镇。在县境西南部。面积273.8平方千米。人口2.7万。以汉族为主,还有回族等。辖17村委会,有303自然村。镇人民政府驻官坡。1956年设官坡乡。1958年成立公社。1984年改乡。1996年改镇。因镇政府驻地得名。有云架山、鸡岭山。官坡河、兰草河流经。有矿产资源铁、锑、锂、钾长石、萤石、石灰石等。有中学2所,小学21所,卫生院1个,卫生所21个。有省级文物保护单位红二十五军军部旧址。农业种植玉米、小麦、大豆,兼种食用菌、中药材等。省道洛卢、官灵线过境。

官坡［Guānpō］ 官坡镇人民政府驻地。在县政府驻地城关镇西南73千米。人口1900。原为豫、陕交界山岭名,明代前称关坡。传曾发生命案,两地官员约定以破案决定此地归属,后为河南官员破获,遂更名官坡,岭下形成村庄,沿用岭名。聚落呈团块状。有中小学、幼儿园、卫生室等。种植小麦、玉米、香菇、木耳、核桃。省道洛卢线经此。

范里镇［Fànlǐ Zhèn］ 卢氏县辖镇。在县境东部。面积338.5平方千米。人口3.8万。辖46村委会,有456自然村。镇人民政府驻后峪。1955年设范里乡。1958年成立公社。1984年改乡。2000年改镇。传范蠡曾隐居此地经商,因名范蠡,后更今名。有中学2所,小学46所,卫生院1个,卫生所46个。有山河口摩崖石刻“神禹导洛处”,洞底、东寨、新庄等遗址。景点有范里湖、石佛山、山河口大桥等。农业种植玉米、小麦、豆类、番薯等。有特产核桃。省道郑卢线,县道石范、范白、范涧等线过境。

后峪［Hòuyù］ 范里镇人民政府驻地。在县政府驻地城关镇东18千米。人口500。处峪口,分前、后2村,此地居后,故名。聚落呈团块状。有中小学、幼儿园、卫生室等。种植小麦、玉米、核桃、木耳等。县道范涧线经此。

东明镇［Dōngmíng Zhèn］ 卢氏县辖镇。在县境东部。面积207.6平方千米。人口3万。以汉族为主,还有回、蒙古等民族。辖23村委会,有210自然村。镇人民政府驻西湾子。1981年张麻、火炎2公社合设城郊公社。1984年改乡。2001年以“建成城东明珠乡镇”之意改今名。有职业高中1所,中学1所,小学23所,卫生院1个,卫生所23个。有石龙头、祁寸湾、火炎城等遗址。农业种植玉米、小麦、豆类、蔬菜等。有黄牛交易市场。三淅高速,209国道,省道卢栾、卢灵线过境。

西湾子［Xīwānzi］ 东明镇人民政府驻地。在县政府驻地城关镇东北3千米。人口400。处洛河河湾,后分东、西2村,此地居西,故名。聚落呈环状。有职业中专、小学、幼儿园、卫生院等。种植小麦、玉米、豆类。209国道经此。通公交车。

双龙湾镇［Shuānglóngwān Zhèn］ 卢氏县辖镇。在县境中部偏西。面积146平方千米。人口1.5万。辖16村委会,有142自然村。镇人民政府驻磨沟口。1975年由中阿友好公社析设龙驹公社。1982年更名磨沟口公社。1984年改乡。2010年改镇。因双龙湾景区得名。有中学1所,小学15所,卫生院1个,卫生所15个。有民间艺术剪纸、皮影、社火舞狮、高跷等。有国家4A级旅游景区双龙湾。农业以种植玉米、小麦、豆类为主,兼种核桃、中药材等。卢氏—铁锁关公路过境。

磨沟口［Mògōukǒu］ 双龙湾镇人民政府驻地。在县政府驻地城关镇西29千米。人口300。原处山沟出口,有老磨坊,故名。聚落呈块状。有小学、幼儿园、卫生室等。种植小麦、玉米、豆类、核桃等。双龙湾旅游公路经此。

文峪乡［Wényù Xiāng］ 卢氏县辖乡。在县境东部。面积237平方千米。人口3万。辖32村委会,有273自然村。乡人民政府驻南窑。1956年设文峪乡。1958年改公社。1984年改乡。2004年乡政府迁至南窑。传孔子在此讲学,后建文庙,故名。洛河、文峪河流经。有中学2所,小学32所,卫生院2个,卫生室32个。有古迹涧西卢敖洞、仰韶文化遗址、兴国寺。有民间艺术剪纸、舞狮子、划旱船、高跷等。景点有红石谷·樱桃沟生态观光园。农业种植玉米、小麦、豆类。有特产樱桃、核桃。省道卢栾线过境。

南窑 [Nányáo] 文峪乡人民政府驻地。在县政府驻地城关镇东2千米。人口1100。处城南,早年村民挖窑洞居住,故名。聚落呈散状。有中小学、幼儿园、卫生室、兴国寺等。种植小麦、玉米、核桃。有水泥加工业。209国道、省道卢栾线经此。

横涧乡 [Héngjiàn Xiāng] 卢氏县辖乡。在县境中部。面积251.5平方千米。人口3.2万。辖32村委会,有320自然村。乡人民政府驻横涧。1958年成立中阿友好公社。1982年更名横涧公社。1984年改乡。因乡政府驻地得名。有中学2所,小学32所,卫生院2个,卫生所31个。有岗台仰韶文化遗址、青山红军宿营纪念地。景点有道教圣地熊耳山、碾盘民俗村、红叶观赏区。农业种植小麦、玉米、番薯、大豆、中药材等,兼种桑养蚕。有特产核桃、木耳、香菇。三淅高速、209国道过境。

横涧 [Héngjiàn] 横涧乡人民政府驻地。在县政府驻地城关镇西南15千米。人口300。涧水流此渐宽阔,横流入洛河,名横涧河,村名因之。聚落呈条状。有中小学、幼儿园、卫生室等。种植小麦、玉米、番薯等。为豫西梅花基地。有集市。三道河—熊耳山公路经此。

双槐树乡 [Shuānghuáishù Xiāng] 卢氏县辖乡。在县境南部。面积130.2平方千米。人口1.2万。辖12村委会,有142自然村。乡人民政府驻双槐树。1956年设双槐树乡。1958年并入五里川公社。1984年五里川、官坡2乡析设双槐树乡。因乡政府驻地得名。有中学1所,小学13所,卫生院1个,卫生所13个。有九龙山风景区。农业种植玉米、小麦、豆类等。有特产香菇、木耳等。高兰、石马公路,省道洛卢线过境。

双槐树 [Shuānghuáishù] 双槐树乡人民政府驻地。在县政府驻地城关镇南62千米。人口600。明末建村,因有两棵槲树得名双槲树,后枯,又长两棵槐树,更今名。聚落呈团块状。有中小学、幼儿园、卫生院。有鹿角沟仙家洞溶洞。种植小麦、玉米、香菇、木耳等。西峡—铁索关公路经此。

汤河乡 [Tānghé Xiāng] 卢氏县辖乡。在县境东南部。面积150.5平方千米。人口1万。辖14村委会,有118自然村。乡人民政府驻汤河。1956年设汤河乡。1958年并入五里川公社。1975年析设汤河公社。1984年改乡。因乡政府驻地得名。有中学1所,小学14所,卫生院1个,卫生室14个。有熊耳山景区。农业种植玉米、小麦、大豆、香菇、木耳等。备战公路过境。通公交车。

汤河 [Tānghé] 汤河乡人民政府驻地。在县政府驻地城关镇南45千米。人口200。河经崖根有温泉,泉名汤池,故名。聚落呈环状。有中小学、幼儿园、卫生院等。种植小麦、玉米、豆类、核桃。熊耳山旅游公路经此。

瓦窑沟乡 [Wǎyáogōu Xiāng] 卢氏县辖乡。在县境南部。面积247平方千米。人口1.3万。辖14村委会,有274自然村。乡人民政府驻瓦窑沟。1961年由五里川公社析设瓦窑沟公社。1984年改乡。因乡政府驻地得名。有中学1所,小学13所,卫生院1个,卫生所13个。有白龙庙原始森林、泉坪溶洞、古桫椤树、古银杏树、石马崖寨遗址、韩庄玉皇庙。农业以种植小麦、玉米、豆类为主。有特产木耳、香菇、板栗、核桃、猕猴桃等。209国道过境。

瓦窑沟 [Wǎyáogōu] 瓦窑沟乡人民政府驻地。在县政府驻地城关镇西南73千米。人口2200。地处沟口,因村民建窑烧砖瓦得名。聚落呈散状。有中小学、幼儿园、卫生室等。种植小麦、玉米、豆类、核桃、板栗、香菇、木耳等。209国道经此。通公交车。

龙泉坪 [Lóngquánpíng] 在县政府驻地城关镇南51千米。瓦窑沟乡辖自然村。人口1200。处淇河转弯处,地势平坦,岭下有温泉,俗称龙泉,故名。聚落沿淇河呈带状分布。有小学、卫生室等。景点有溶洞、龙门。种植小麦、玉米、豆类。有矿产开发工业。209国道经此。

狮子坪乡 [Shīzipíng Xiāng] 卢氏县辖乡。在县境西南部。面积238平方千米。人口1万。辖11村委会,有170自然村。乡人民政府驻狮子坪。1975年由五里川公社析设狮子坪公社。1984年改乡。因乡政府驻地得名。淇河、毛河、颜子河流经。有卢氏县大鲵省级自然保护区。有中学1所,小学14所,卫生院1个,卫生所14个。有省级风景区玉皇山森林公园。有民间艺术剪纸、刺绣等。有土法烧酒工艺。农业种植玉米、大豆等。有特产黑木耳、香菇。下庄河—骑马河公路过境。

狮子坪 [Shīzipíng] 狮子坪乡人民政府驻地。在县政府驻地城关镇西南74千米。人口1600。地势平坦,村口曾有石狮子,故名。聚落呈团块状。有中学、幼儿园、卫生院等。种植玉米、大豆、核桃、中药材等。有特产木耳、香菇。三岔—狮子坪公路经此。

颜子河 [Yánzǐhé] 在县政府驻地城关镇南42千米。狮子坪乡辖自然村。人口1400。传时孔子抵卢,弟子颜回迷路路过此地,故名。聚落呈散状。有玉皇山,卢氏县大鲵省级自然保护区。有小学、幼儿园等。种植玉米、豆类、土豆等。有特产蜂蜜、香菇、木耳。通公交车。

沙河乡 [Shāhé Xiāng] 卢氏县辖乡。在县境西北部。面积136.5平方千米。人口1.4万。辖17村委会,有144自然村。乡人民政府驻沙河。1955年设沙河乡。1958年成立公社。1984年改乡。因乡政府驻地得名。沙河、蒲育河等流经。有中学1所,小学13所,卫生院1个,卫生所13个。有三角城古城遗址、大明寺。有将军岭、冠云山风景区。农业种植小麦、玉米、豆类、大棚蔬菜。有特产核桃、香菇等。有机砖、矿产品加工业。张麻—沙河、涧北—将军岭公路过境。通公交车。

沙河 [Shāhé] 沙河乡人民政府驻地。在县政府驻地城关镇西北15千米。人口900。每逢暴雨泥沙流入河道,河床淤积,故名。聚落呈团块状。有中小学、幼儿园、卫生室等。种植玉米、小麦、核桃、柿子等。张麻—沙河公路经此。通公交车。

徐家湾乡 [Xújiāwān Xiāng] 卢氏县辖乡。在县境西部。面积160.5平方千米。人口1万。辖11村委会,有119自然村。乡人民政府驻徐家湾。1954年设徐家湾乡。1958年并入官坡公社。1975年析设徐家湾公社。1984年改乡。因乡政府驻地得名。洛河流经。有钼矿。有中学1所,小学9所,卫生院1个,卫生室9个。有民间艺术社火、曲艺、洛河号子等。农业种植小麦、玉米、豆类。有特产板栗、核桃。省道官灵、徐洛线过境。

徐家湾 [Xújiāwān] 徐家湾乡人民政府驻地。在县政府驻地城关镇西46千米。人口400。最早徐姓在洛河湾定居,故名。聚落呈团块状。有中小学、卫生室、图书室等。种植小麦、玉米、豆类等。有特产核桃、板栗。有集贸市场。卢氏—官坡公路经此。

潘河乡 [Pānhé Xiāng] 卢氏县辖乡。在县境西北部。面积253.2平方千米。人口1.3万。辖17村委会,有220自然村。乡人民政府驻潘河。1952年设潘河区。1955年设乡。1958年成立公社。1984年改乡。因乡政府驻地得名。潘河、沙河、黄叶河等流经。有中学1所,小学14所,卫生院1个,卫生所14个。有燕王冢、乾明寺、摩崖石刻、高崖根冶铁遗址。有冠云山风景区。农业种植小麦、玉米、大豆、中药材等。特产核桃、香菇。工业有矿产开发。省道官灵线过境。

潘河 [Pānhé] 潘河乡人民政府驻地。在县政府驻地城关镇西北45千米。人口400。因河随山回环,曲折盘旋,得名盘河,后演今名。聚落呈树叶状。有中小学、幼儿园、卫生室等。种植玉米、小麦、豆类、核桃、香菇、木耳、中药材等。张麻—木桐公路经此。通公交车。

木桐乡 [Mùtóng Xiāng] 卢氏县辖乡。在县境西北部。面积178.5平方千米。人口1万。辖10村委会,有166自然村。乡人民政府驻木桐。1975年由潘河公社析设木桐公社。1984年改乡。因乡政府驻地得名。索伊河流经。有中学1所,小学8所,卫生院1个,卫生所8个。有中原军区四分区纪念馆。农业种植玉米、小麦、豆类、核桃等。省道官灵线过境。

木桐 [Mùtóng] 木桐乡人民政府驻地。在县政府驻地城关镇西50千米。人口1100。传刘秀被王莽追赶,见村姑用木桶挑水,讨水止渴,连称水好,因名木桶沟,村以沟名,后演今名。聚落呈条状。有中小学、幼儿园、卫生室等。种植小麦、玉米、核桃。张麻—木桐公路经此。

南阳市

南阳市 [Nányáng Shì] 河南省辖地级市。北纬32°17′—33°48′,东经110°58′—113°49′。在省境西南部。面积2.7万平方千米。户籍人口1174万,常住人口1000万。以汉族为主,还有回、蒙古、满、土家等民族。辖卧龙、宛城2区,南召、方城、西峡、镇平、内乡、淅川、社旗、唐河、新野、桐柏10县,代管邓州县级市。市人民政府驻卧龙区。秦昭襄王三十五年(前272)置南阳郡。汉承秦制。隋大业三年(607)改置南阳州,后复为郡。唐属山南道。宋属京西南路。元改南阳府。明、清因之。1913年属豫南道。1914年属汝阳道。1927年属省。1932年为第六行政督察区。1949年设南阳专区。1969年改南阳地区。1994年改南阳市(地级)。因处汉水之北、伏牛山之南得名。为豫、鄂、陕三省交界。北、西、东部群山环绕,南部为丘陵,中部为马蹄形盆地。有秦岭、伏牛山、大巴山、武当山、桐柏山、大别山。平均海拔700米。年均气温14.6℃，1月平均气温1.5℃，7月平均气温27.5℃。年均降水量777.9毫米。年均无霜期230天。丹江、唐河、白河、淮河、灌河、湍河流经。有丹江口水库。有矿产资源石油、碱、蓝石棉、金、铜、钒、钛等。有野生植物2298种，其中珍稀保护植物有香果树、连香树、青檀等73种。盛产山茱萸、辛夷、杜仲、桔梗、丹参、半夏、血琥珀等中药材。有野生动物320种，其中珍稀野生动物有金钱豹、金雕、大鲵等51种。有国家级自然保护区4个，省级自然保护区4个。森林覆盖率35.3%。有高等院校4所，高中72所，初中472所，小学3728所，三级医院10个。为国家历史文化名城。有全国重点文物保护单位武侯祠、张衡墓等13个，省级文物保护单位西鄂遗址、十里庙南等94个。有名胜古迹楚长城遗址、魏公桥、凤雏台、南阳府衙、香严寺、丹霞寺、水帘寺、菩提寺。有国家5A级旅游景区老界岭、恐龙遗迹园，国家4A级旅游景区内乡县衙、西峡灌河漂流、卧龙岗武侯祠。有南阳汉文化“三绝”画像石、画像砖、陶狗。三次产业比例17∶32∶51。农业以种植小麦、玉米、棉花、中药材为主，养殖生猪、黄牛。有特产南阳黄牛、南阳黑猪、南阳柞蚕。工业以生物能源、光电、新能源装备、机电装备制造为主。有南阳市国家级高新技术开发区、卧龙综合保税区。服务业以旅游、餐饮为主。有铁路554千米。焦枝、宁西铁路，许平南、沪陕等高速，207、312、328等国道，省道郑淅、南邓等线过境。有南阳姜营机场，民航航线21条，通往北京、深圳、天津、重庆、贵阳等城市。

南阳［Nányáng］ 简称宛。别名南都。南阳市聚落。在市境中部。面积2200余平方千米。人口230万。以汉族为主，还有回、蒙古、满、苗等民族。古为夏人之居。西周为申伯国之都。春秋置宛邑。秦昭襄王三十五年（前272）为南阳郡治，“城周三十六里”。历为郡、州、县治，建城史有2700余年。汉重修，号南都。分内、外2城。内城南北长2.5千米，东西长1.5千米，周长8千米。明洪武三年（1370）改砖石城垣。1939年时城高3丈、厚3丈，外砖内土，周长4.5千米，后拆。1946年复筑土城，周长3.6千米。有街巷103条，面积3.5平方千米。1949年后改造旧城区，扩宽街道。1958年西部辟建新城区。1997年建解放广场。2003年建体育中心。2005年改扩建主干道12条。2007、2008年改造城中村。2009年向东、南方向发展。至2014年底城区面积扩大4倍，有车站路、人民路等道路137条。有名胜古迹武侯祠、汉画馆、市博物馆、南阳府衙、张衡墓、白河湿地公园。为国家历史文化名城。西部为科教区，有南阳农业职业学院、南阳医学高等专科学校、南阳师范学院。南部为工业区，有乐凯、天冠集团。中部为商业区，有大统、红都百货等购物中心。中、东部为政府办公和居住区，有市、区2级市民服务中心，沿白河两岸分布民居。铁路、国道、高速过境。通多路公交车。

卧 龙 区

卧龙区［Wòlóng Qū］ 南阳市人民政府驻地。在市境中部。面积1007平方千米。人口92.5万。以汉族为主，还有回、蒙古、苗、藏等民族。辖9街道、8镇、3乡。区人民政府驻七一街道。1994年设。三国时诸葛亮躬耕于此，得名卧龙岗。有独山、羊山、磨山、塔子山、紫山、蒲山、丰山。白河、梅溪河、潦河、温凉河等流经。有高等学校2所，中学31所，小学65所，三级医院7个，二级医院17个。有国家一级博物馆南阳汉画馆。有全国重点文物保护单位张衡墓、鄂城寺等4个，省级文物保护单位英庄新石器时代遗址、靳岗天主教堂等8个。有古迹平子读书台、百里奚故里、紫山唐王墓群遗址。有国家4A级旅游景区武侯祠，国家3A级旅游景区龙王沟、张衡博物馆等4个。三次产业比例6∶29∶65。农业以种植小麦、玉米，养殖生猪、南阳黄牛、萨能奶山羊为主。产油棉花、蔬菜、西瓜、甜瓜、花生。有特产萝卜、生姜、番薯。工业以装备制造、光学机电、冶金化工为主。有南阳光电产业集聚区、南阳卧龙综合保税区。服务业以商贸、旅游、物流为主。有银海钢材、新合作物流中心。焦枝、宁西铁路，二广、沪陕、南阳北绕城高速，312国道，省道郑淅、南邓线过境。有南阳站、南阳汽车总站。

南阳市高新技术开发区［Nányáng Shì Gāoxīn Jìshù Kāifāqū］ 在区境中部。东至光武、车站、仲景街道，南至武侯、卧龙岗街道，西至武侯、靳岗街道，北至七里园乡。面积920公顷。2010年9月经国务院正式批准建立国家级开发区，由南阳市政府管理。以光电、装备制造、新材料为主。有国家重点实验室1个，国家级工程技术中心4个，国家级企业技术中心4个。驻有防爆、红宇、ABB、金冠电气、用友软件、华祥等企业。铁路、城市干道交错纵横。

信臣路［Xìnchén Lù］ 在市境北部。东起省道郑淅线，西至312国道。与麒麟路、北京路、龙祥路、人民路、商苑街、仲景路、明山路、独山大道等相交。长26千米，宽60米。沥青路面。2009年开工，2010年建成。2012年扩建。因西汉治水名臣召信臣得名。两侧有市检察院、龙升工业园、海达工业园、市第二十六中学、省经管学校、九隆实验小学、大庄汽车站。通公交车。

范蠡路［Fànlǐ Lù］ 在市境北部。东起滨河路，西至工业路。与人民路、工农路、北垣街、仲景路、明山路、独山大道、南都路等相交。长6.3千米，宽30米。沥青路面。1995年开工，2007年建成。因历史名人范蠡得名。两侧有天山妇产医院、星光实验中学、市民服务中心、市第十五小学。通公交车。

建设路［Jiànshè Lù］ 在市境中部。东起滨河路，西至百里奚路。与车站路、工业路、文化路、人民路、工农路、仲景路、独山大道、孔明路相交。长8千米，宽28—34米。沥青路面。1972年开工，1974年建成。2009年扩建。两侧有汽配市场、建材大世界、南阳人民公园、宛城区委、宛城区政府、市三中、市鸭灌局、市第二医院、市第一汽车运输公司、市一中。通公交车。

雪枫路［Xuěfēng Lù］ 在市境南部。东起东外环，西至卧龙路。与北京路、天冠大道、独山大道、312国道相交。长20千米，宽23.5米。沥青路面。2010年开工，2012年建成。因抗日英烈彭雪枫得名。两侧有南阳农业职业学院、南阳医学高等专科学校、卧龙区检察院、龙都古玩城、南阳国际食品商贸中心、南阳南车管所、巨邦物流、汇融物流园、汇融电商园、东森医药物流中心、宛美物流园。通公交车。

人民路［Rénmín Lù］ 在市境中部。北起信臣路，南至七一路。与两相路、张衡路、范蠡路、汉冶路、光武路、建设路、八一路、新华路等相交。长5.7千米，宽34—60米。沥青路面。原路中段为柳河街，北段为万湾河古道一段，其余为菜田。1958年辟为大道。1995、2000年改造部分路段。两侧有高新区国税局、万和医院、市监察局、盛德美购物广场、市人大、市政协、市农科院、市粮食局、市疾控中心、卧龙区政府、市第一医院、市第十二小学、市第九小学、南航大厦、人民公园、南阳府衙、财神庙。通公交车。

仲景路［Zhòngjǐng Lù］ 在市境中部。南起滨河路，北至银丰路。与南泰路、信臣路、两相路、张衡路、范蠡路、汉冶路、光武路、七里园街等相交。长5.2千米，宽50米。沥青路面。1949年前南、北两段分别称奎楼街、杜父街。1966年南段改称援越路，新辟中段更名工农路。1978年合并命名为向东路。1981年因有汉代南阳名医张仲景墓更今名。2008年改扩建。两侧有市车管所、市旧机动车交易市场、高新区工业园、骨伤医院、南阳防爆电器研究所、南阳汽车东站、五太守祠、魏公桥、市第二医院、仲景商城、医圣祠、解放广场。通公交车。

独山大道［Dúshān Dàdào］ 在市境东部。南起雪枫路，北至信臣路。与张衡路、两相路、范蠡路、汉冶路、光武路、桑园路、建设路、医圣祠街、新华路等相交。长6.5千米，宽55—80米。沥青路面。2002年开工，2004年建成。2011年改造。因独山得名。两侧有市财政局、市法院、市兴宛学校、南阳脑病康复医院、汽车南站、便民市场、南阳南车管所。通公交车。

滨河路［Bīnhé Lù］ 在市境东部。东起京宛大道，西至涧河北路。与工业路、文化路、七一路、解放路、仲景路、明山路、独山大道、关帝庙路、医圣祠街等相交。长16千米，宽30—66米。沥青路面。2001年开工，2002年建成。2012年改造。两侧有市林业局、白河湿地公园、南阳电视台、解放广场、体育中心、花鸟市场、李宁体育园。通公交车。

南阳站［Nányáng Zhàn］ 见交通运输设施部分“南阳站”条。

南阳汽车总站［Nányáng Qìchē Zǒngzhàn］ 见交通运输设施部分“南阳汽车总站”条。

七一街道［Qīyī Jiēdào］ 卧龙区人民政府驻地。在区境中部。面积2.7平方千米。人口7.9万。2005年设。因七一路得名。先后翻修主干道，改造原市鞋厂、市印刷厂、红庙村、大众村，新建住宅区。有南阳农业职业学院。有中学2所，小学3所，三级医院2个，二级医院3个，卫生服务站5个。有标志性建筑南阳电视塔。有白河湿地公园。经济以商贸为主。有电脑数码市场、创业大街。通公交车。

卧龙岗街道［Wòlónggǎng Jiēdào］ 属卧龙区。在区境中部。面积14.8平方千米。人口7.1万。以汉族为主，还有回、蒙古等民族。2005年设。三国时诸葛亮躬耕于此，故名。先后改造城中村，扩建南阳师范学院、南阳农业职业学院、南阳医学高等专科学校，建成汉代风情园、南阳IT城、大学生服务社区及多处住宅小区。有张衡职业学校、市卫生职工学校。有中学1所，小学3所，三级医院1个，卫生服务站5个。有南阳汉画馆、南阳烈士陵园等。经济以玉器、烙画艺术品制作，医药，家具加工为主。通公交车。

武侯街道［Wǔhóu Jiēdào］ 属卧龙区。在区境中部。面积10.7平方千米。人口6.4万。以汉族为主，还有回、蒙古、满等民族。2005年设。有全国重点文物保护单位武侯祠，故名。先后改扩建主干道，新建多处游园、居民小区。有南阳师范学院。有中学3所，小学3所，二级医院1个，卫生服务站3个。经济以光学电子，印刷版材、装备、玻璃纤维制造为主。种植小麦、玉米，养殖猪、鸡、奶牛。通公交车。

梅溪街道［Méixī Jiēdào］ 属卧龙区。在区境中部。面积1.9平方千米。人口7万。以汉族为主，还有回、蒙古、满等民族。1980年设。梅溪流经，故名。有市第二职专学校。有中学3所，小学2所，三级医院1个，二级医院1个，卫生服务站2个。有市图书馆、二忠祠遗址。经济以商贸为主，为市商业中心。有大型商城、步行街、市场等。通公交车。

车站街道［Chēzhàn Jiēdào］　属卧龙区。在区境中部。面积4.5平方千米。人口4.7万。2005年设。因有车站得名。先后改扩建主干道，治理内河，建站前广场，改造城中村，新建居民小区。有市商务管理学校、市公路技校。有中学1所，二级医院3个，卫生服务站2个。经济以商贸为主。有批发市场、商贸城等。有南阳站、南阳汽车站。通公交车。

光武街道［Guāngwǔ Jiēdào］　属卧龙区。在区境中部。面积5.8平方千米。人口3.5万。以汉族为主，还有回、蒙古等民族。2005年设。因光武路得名。先后改扩建主干道，改造城中村，治理内河，建成游园、居民小区等。有中学1所，小学2所，卫生服务站2个。经济以化学制药，起重工具、柴油机等机械制造为主。有专业市场7个。通公交车。

靳岗街道［Jìngǎng Jiēdào］　属卧龙区。在区境中部。面积26平方千米。人口2.4万。以汉族为主，还有回族等。2006年由靳岗乡改设。因靳岗村得名，为靳家岗之简称。先后改扩建主干道，修建加固董岗、坡桥拦河坝、兰营水库溢洪道，建成兰湖森林公园。有中学1所，小学8所，社区医疗服务中心1个，卫生所18个。有省级文物保护单位靳岗教堂。经济以光电、装备制造、仓储物流为主。有南阳光电产业集聚区。通公交车。

张衡街道［Zhānghéng Jiēdào］　属卧龙区。在区境中部。面积8.1平方千米。人口10万。以汉族为主，还有回、蒙古等民族。2006年设。因历史名人张衡得名。先后改扩建主干道，新建居民小区。汉城河流经。有省经管学校、市一技校。有中学6所，小学6所，三级医院1个，二级医院6个，卫生服务中心4个。农业种植小麦、玉米。工业以机电设备制造为主。通公交车。

百里奚街道［Bǎilǐxī Jiēdào］　属卧龙区。在区境中部。面积9.3平方千米。人口8万。以汉族为主，还有回、蒙古等民族。2006年设。因历史名人百里奚得名。先后改扩建主干道，新建居住小区。有中学5所，小学8所，三级医院2个，二级医院2个，卫生服务站5个。农业种植小麦、玉米，养殖黄牛。工业以光电、石油装备制造为主。通公交车。

石桥镇［Shíqiáo Zhèn］　卧龙区辖镇。在区境东北部。面积38.6平方千米。人口4.2万。以汉族为主，还有回、藏、蒙古等民族。辖12村委会，有53自然村。镇人民政府驻石桥。1936年置石桥镇。1958年成立公社。1984年设乡。1985年复镇。因镇政府驻地得名。白河、麦河、泗水河等流经。有中学2所，小学9所，卫生院1个，卫生所57个。为省历史文化名镇。有全国重点文物保护单位张衡墓、鄂城寺塔，省级文物保护单位西鄂遗址。有名胜古迹田汉茶社、清真寺、平子读书台。经济以变压器和建材制造、食品加工、商贸为主。农业种植月季、小麦、玉米、花卉、花生、西瓜、蔬菜。有特产老姜、大蒜。焦柳铁路，省道焦新、方淅线过境。

石桥［Shíqiáo］　石桥镇人民政府驻地。在区政府驻地七一街道东北22千米。人口1万。因南北皆有石桥得名。聚落呈椭圆形。白河、麦河流经。有中小学、幼儿园、卫生院。有古迹汉画像石墓、汉槐、清真寺、山陕庙、泰山庙。种植小麦、玉米、花生。有变压器制造、面粉加工业。焦柳铁路、省道方淅线经此。

潦河镇［Lǎohé Zhèn］　卧龙区辖镇。在区境中部偏南。面积76.4平方千米。人口6.8万。以汉族为主，还有回、满、蒙古、维吾尔等民族。辖26村委会，有80自然村。镇人民政府驻潦河。1958年成立潦河公社。1984年设乡。1985年改镇。因镇政府驻地得名。白河、潦河、沐垢河流经。有高中1所，初中2所，小学28所，卫生院1个。有省级文物保护单位新集新石器时代文化遗址。有汉墓、潦河遗址。农业种植小麦、玉米、花生。有国家级南阳农业科技示范园。工业以饲料加工、生物工程为主。沪陕高速，省道金孟线、赵四公路过境。

潦河［Lǎohé］　潦河镇人民政府驻地。在区政府驻地七一街道西南14千米。人口2000。村以河名，又名潦河街。聚落呈圆形。有中小学、卫生院。有潦河遗址、杜衍故城遗址、典韦墓。种植小麦、玉米、花生。省道郑淅线经此。

安皋镇［Āngāo Zhèn］　卧龙区辖镇。在区境西北部。面积74.3平方千米。人口4.4万。以汉族为主，还有蒙古、回等民族。辖15村委会，有132自然村。镇人民政府驻安皋。1936年设安皋乡。1958年成立公社。1984年复乡。1994年改镇。因镇政府驻地得名。有羊山。东潦河、西潦河流经。有初中2所，小学15所，幼儿园5所，卫生院1个，社区卫生服务站15个。有九女冢汉代遗址。农业种植小麦、玉米、花生、水稻。工业有门窗制造、汽车配件和面粉加工。二广高速、省道沁新线过境。

安皋［Āngāo］　安皋镇人民政府驻地。在区政府驻地七一街道西北18千米。人口5000。取意“安居乐业于水边高地”得名。聚落呈团块状。有中小学、幼儿园、卫生院。种植小麦、玉米。产花木。

蒲山镇［Púshān Zhèn］　卧龙区辖镇。在区境东北部。面积122.3平方千米。人口11.9万。以汉族为主，还有回、满、壮等民族。辖2居委会、31村委会，有187自然村。镇人民政府驻井洼。1961年成立蒲山公社。1984年设乡。1985年改镇。因蒲山得名。有紫山、丰山。白河、梅溪河、三里河、温凉河等流经。有初中2所，小学8所，二级医院1个，卫生院1个。有全国重点文物保护单位黄山新石器时代遗址。农业种植小麦、花生、玉米、番薯。工业以建材加工为主。焦柳铁路，环城高速，安蒲、龙祥、靳小公路过境。

井洼［Jǐngwā］　蒲山镇人民政府驻地。在区政府驻地七一街道东北14千米。人口1100。地势低洼，以姓氏得名。聚落呈团块状。有中小学、幼儿园、卫生院。种植小麦、玉米。焦柳铁路、郑南西线公路经此。

陆营镇［Lùyíng Zhèn］　卧龙区辖镇。在区境南部。面积81.6平方千米。人口7.4万。以汉族为主，还有回、蒙古等民族。辖25村委会，有64自然村。镇人民政府驻陆营。1936年设陆官营乡。1961年成立陆营公社。1984年复乡。1999年改镇。因镇政府驻地得名。白河、潦河、华河流经。有中学2所，小学20所，卫生院1个，卫生所63个。有二夫子墓、方九功墓。有冢头小满节物资交流会。农业种植小麦、玉米、豆类、番薯。二广高速、省道赵四线过境。

陆营［Lùyíng］　陆营镇人民政府驻地。在区政府驻地七一街道西南20千米。面积3平方千米。人口5200。明末陆、马、吕3姓6族建村于军屯营地，得名陆官营，后简今名。聚落呈井字形。潦河流经。有小学、卫生院。种植小麦、玉米、花生。张才沟—歪子公路经此。

青华镇［Qīnghuá Zhèn］　卧龙区辖镇。在区境西南部。面积92.1平方千米。人口7.3万。以汉族为主，还有蒙古、回等民族。辖24村委会，有115自然村。镇人民政府驻青华。清设青华镇。1968年成立青华公社。1984年设乡。1996年复镇。因镇政府驻地得名。礓石河、华河流经。有小学1所，卫生院1个。有安众县城遗址、三李营新石器时期文化遗址。农业种植小麦、玉米。盛产香菇、木耳、金针菇、小辣椒。焦柳铁路、省道南邓线过境。

青华［Qīnghuá］　青华镇人民政府驻地。在区政府驻地七一街道西南23千米。人口3600。元代取大清洼、小华庄各1字得名清华，后演今名。聚落呈椭圆形。有中小学、幼儿园、卫生院。有民俗抬妆古饰。种植小麦、玉米、花生。焦柳铁路、省道郑淅线经此。

英庄镇［Yīngzhuāng Zhèn］　卧龙区辖镇。在区境南部。面积87.6平方千米。人口7.9万。以汉族为主，还有回、布依、壮等民族。辖29村委会，有104自然村。镇人民政府驻后英庄。1936年设英庄乡。1958年成立公社。1984年复乡。1999年改镇。因镇政府驻地得名。白河、潦河流经。有中学2所，小学25所，卫生院1个，卫生所72个。有省级文物保护单位后英庄新石器时代遗址。有大胡营汉代淯阳县城遗址、贾营祖师庙。农业种植大葱、小麦、玉米、花生、番薯。二广高速、大白公路、省道赵四线过境。

后英庄［Hòuyīngzhuāng］　英庄镇人民政府驻地。在区政府驻地七一街道西南26千米。人口3500。元代鹰房民匠总管府驻此，得名鹰庄，后讹为英庄。有前、后2庄，此村居后，故名。聚落呈椭圆形。有小学、卫生院。有省级文物保护单位后英庄新石器时代遗址。种植小麦、玉米。二广高速、张才沟—歪子公路经此。

潦河坡镇［Lǎohépō Zhèn］　卧龙区辖镇。在区境北部。面积164.7平方千米。人口4.4万。以汉族为主，还有回、蒙古、满等民族。辖18村委会，有271自然村。镇人民政府驻潦河坡。1936年设潦河坡乡。1975年成立公社。1984年复乡。2005年与小寨乡合设龙兴乡。2013年改潦河坡镇。因镇政府驻地得名。有码头山、狼洞山、黄草山、悬天楼山等。东潦河、西潦河、泗水河流经。有中学2所，小学19所，卫生院2个，卫生所39个。有古迹吴汉墓、娘娘庙。农业种植小麦、玉米、花生。二广高速，省道方淅、沁新线过境。

潦河坡［Lǎohépō］　潦河坡镇人民政府驻地。在区政府驻地七一街道西北25千米。人口2000。因河得名。聚落呈圆形。有中小学、幼儿园、卫生院。盛产花生。省道方淅、沁新线经此。

七里园乡［Qīlǐyuán Xiāng］　卧龙区辖乡。在区境东部。面积32.5平方千米。人口2.3万。以汉族为主，还有回族等。辖11村委会，有73自然村。乡人民政府驻七里园。1961年成立七里园公社。1984年设乡。因乡政府驻地得名。有独山。梅溪河、温凉河、淯河流经。有河南省经济管理学校、南阳技师学院、南阳高级技工学校北校区、市第十三中学分校。有初中2所，小学8所，卫生院1个，卫生所34个。有十里庙商代遗址、明藩唐恭王墓。农业种植小麦、玉米、棉花、花生、小辣椒。工业有花岗岩加工。焦柳铁路、省道南邓线过境。

七里园［Qīlǐyuán］　七里园乡人民政府驻地。在区政府驻地七一街道北4千米。人口1400。明正德年间（1506—1521）建村，为明藩唐恭王墓地栖真园所在地，因距旧城7华里得名。聚落呈方形。有中小学、卫生院、卫生所。种植小麦、玉米。通公交车。

达士营［Dáshìyíng］　在区政府驻地七一街道东北9千米。七里园乡辖自然村。人口3300。传元代鞑靼人达士驻兵设营盘于此，故名。聚落呈椭圆形。经济以生态农业、旅游为主。有月季博览园、盆景文化村、森鸿树艺园。2011年被评为全国文明村。

谢庄乡［Xièzhuāng Xiāng］　卧龙区辖乡。在区境北部。面积106.8平方千米。人口4.3万。以汉族为主，还有回、蒙古、藏等民族。辖

19村委会,有190自然村。乡人民政府驻谢庄。1962年成立掘地坪公社。1982年更名谢庄公社。1984年设乡。因乡政府驻地得名。有塔子山、磨山、紫山、羊山等。杨树岗河、龚河、掘地坪河等流经。有中学1所,小学15所,卫生院1个,卫生所47个。有瓦砾岭汉代遗址。农业种植小麦、玉米、花生。工业有建材制造、石矿开采、粮油加工等。二广、南阳北环城高速,靳水、靳小、安蒲公路过境。

谢庄 [Xièzhuāng] 谢庄乡人民政府驻地。在区政府驻地七一街道西北18千米。人口800。因姓氏得名。聚落呈团块状。有小学、卫生院。有瓦砖岭汉代遗址。种植小麦、玉米。南阳—龙兴公路经此。

王村乡 [Wángcūn Xiāng] 卧龙区辖乡。在区境西部。面积51.6平方千米。人口3.5万。以汉族为主,还有蒙古、回等民族。辖12村委会,有74自然村。乡人民政府驻王村铺。1936年设王村铺乡。1942年改王村乡。1975年成立公社。1984年复乡。因乡政府驻地得名。潦河、沐垢河流经。有中学1所,小学4所,卫生院1个,卫生所35个。农业种植小麦、玉米、石榴、苹果、油桃、甜柿等。有蔬菜、果木种植基地。工业有电子、食品加工等。有龙升工业园区。服务业有商贸、物流。有建材市场、钢材物流园。焦柳、宁西铁路,沪陕高速,312国道过境。

王村铺 [Wángcūnpù] 王村乡人民政府驻地。在区政府驻地七一街道西12千米。人口3200。明清时期建村,因姓氏得名。聚落呈团块状。有中小学、卫生院。种植小麦、玉米、花生。312国道经此。

宛城区

宛城区 [Wǎnchéng Qū] 南阳市辖区。在市境中部。面积970平方千米。人口60.2万。以汉族为主,还有回、蒙古等民族。辖8街道、5镇、5乡。区人民政府驻东关街道。春秋置宛邑。秦昭襄王三十五年(前272)置宛县,为南阳郡治。西汉继之。北周并入上宛县。隋初置南阳县。唐初属宛州,后属邓州。元、明、清属南阳府。1949年属南阳专区。1960年并入县级南阳市。1961年复南阳县。1969年属南阳地区。1994年定今名,属南阳市。《元和郡县志》载:"四围高,中央下,曰:宛。"白河、溧河、涧河等流经。有高等院校3所,中专5所,中学33所,小学202所,三级医院3个,二级医院3个,体育场馆2个。有全国重点文物保护单位南阳府衙、医圣祠、汉冶铁遗址,省级文物保护单位王府山、玄妙观、杨廷宝故居等16个。三次产业比例7∶46∶47。农业以种植小麦、玉米、棉花为主。工业以装备制造、酿酒、制茶为主。服务业以仓储物流、软件、信息服务为主。焦枝、宁西铁路,许平南、南邓、岭南、南信高速,312国道过境。有南阳汽车东站、南阳姜营机场。

南阳汽车东站 [Nányáng Qìchē Dōngzhàn] 见交通运输设施部分"南阳汽车东站"条。

东关街道 [Dōngguān Jiēdào] 宛城区人民政府驻地。在区境中部偏西。面积7.2平方千米。人口7.4万。1981年设。处老城区东部,故名。先后扩建市中心医院、民族饭店。白河、汉城河、温凉河、护城河等流经。有中学4所,小学4所,三级医院2个,卫生院5个,卫生所61个。有古迹医圣祠、玄妙观、张仲景墓、宛南书院。经济以商贸为主。通公交车。

新华街道 [Xīnhuá Jiēdào] 属宛城区。在区境中部偏西。面积2.5平方千米。人口4.7万。以汉族为主,还有回、蒙古、满等民族。1980年设。因新华街得名。2000年建成红都百货大楼、红都时代广场、惠利特生活广场。2012年建成梅城公园、向阳荷花广场、豪盛购物公园。白河流经。有中学2所,小学3所,三级医院1个,卫生院3个,卫生所1个。有全国重点文物保护单位南阳府衙。有名胜古迹天妃庙、天主教堂、王府山、董作宾故居、南阳女中旧址、阎天喜饺子馆等。经济以商贸为主。通公交车。

汉冶街道 [Hànyě Jiēdào] 属宛城区。在区境中部偏西。面积11.2平方千米。人口1.8万。2006年设。因全国重点文物保护单位汉代冶铁遗址得名。2011年建成市体育场。有中学2所,小学4所,卫生院1个,卫生所22个。经济以商贸为主,有专业市场13个。通公交车。

仲景街道 [Zhòngjǐng Jiēdào] 属宛城区。在区境中部。面积8平方千米。人口4.7万。以汉族为主,还有蒙古、回等民族。2006年设。因历史名人张仲景得名。先后修建孔明路、光武东路、医圣祠街等,新建多处居住小区。有中学3所,小学4所,幼儿园9所,卫生院1个,卫生所28个。有张仲景博物馆。经济以餐饮、商贸为主。通公交车。

白河街道 [Báihé Jiēdào] 属宛城区。在区境东南部。面积58.8平方千米。人口7.7万。以汉族为主,还有回族等。2005年设。白河流经,故名。先后建成中商农贸市场、双铺汽车城、福盛永超市、诚发生活广场等。有高中1所,职业中专1所,初中2所,小学10所,幼儿园13所,二级医院2个,卫生院1个,卫生所16个。有南阳医专第三附属医院、市第六医院。经济以纺织、啤酒酿造、医疗器械制造为主。有白河纺织工业园区、万亩林果生态园。南邓高速、312国道过境。通公交车。

枣林街道 [Zǎolín Jiēdào] 属宛城区。在区境中部偏西。面积18平方千米。人口16万。以汉族为主,还有回族等。2006年设。因旧时多枣树得名。有高等院校1所,中学3所,中专2所,小学6所,幼儿园28所,卫生室100余个,社区服务中心1个。经济以商贸为主。有多家农贸市场。通公交车。

赤虎街道 [Chìhǔ Jiēdào] 属宛城区。在区境东南部。面积45平方千米。人口3.1万。以汉族为主,还有回族等。2012年设。东汉时为官府之地,汉崇火德,挂龙虎旗,故名赤虎。涧河流经。有鸭河口水库。有初中1所,小学12所,幼儿园10所,二级医院1个,卫生所12个。农业种植小麦、玉米、花生、小辣椒,养殖猪、牛、羊。汉王、大白公路过境。通公交车。

五里堡街道 [Wǔlǐbǎo Jiēdào] 属宛城区。在区境西部。面积8.3平方千米。人口5.3万。以回族为主,还有汉族等。2013年设。处宛襄古道,距南阳城五里,故名。有南阳理工学院东校区。有中学1所,小学3所。有卫生院、卫生所。有清真寺。有白河、小陈庄、玖龙台、天工、黄河路等游园。经济以商贸、旅游为主。通公交车。

官庄镇 [Guānzhuāng Zhèn] 宛城区辖镇。在区境南部。面积48平方千米。人口6.5万。辖1居委会、12村委会,有63自然村。镇人民政府驻官庄。1968年成立官庄公社。1984年设乡。1986年改镇。因镇政府驻地得名。涧河流经。有中学2所,小学11所,卫生院1个,卫生室21个。有西周古文化遗址。农业种植小麦、玉米、大豆、棉花。工业有地毯织造、印刷、啤酒加工、化工等。省道新丹线过境。

官庄 [Guānzhuāng] 官庄镇人民政府驻地。在区政府驻地东关街道南31千米。人口800。明末建村于公田,故名。聚落呈方形。涧河流经。有小学、幼儿园、卫生院。种植小麦、玉米。大白公路经此。

瓦店镇 [Wǎdiàn Zhèn] 宛城区辖镇。在区境南部。面积74.2平方千米。人口5.7万。辖21村委会,有102自然村。镇人民政府驻瓦店。1949年设瓦店镇。后改公社。1984年改乡。1985年复镇。因镇政府驻地得名。有中学2所,小学16所,卫生院1个,卫生所21个。有省级文物保护单位徐万年墓园。有光武祠。农业种植小麦、玉米、棉花、花生、小辣椒,养殖黄牛、生猪。有艾草产业园。工业以醋业、车辆制造为主。省道郑新线过境。

瓦店 [Wǎdiàn] 瓦店镇人民政府驻地。在区政府驻地东关街道南26千米。人口6000。古名小长安,元代因驿站有瓦顶店铺改称瓦店。明清时期称林水驿。1955年迁址新建,仍名瓦店。聚落呈团块状。有中小学、卫生院。有省级文物保护单位徐万年墓园。种植小麦、玉米、辣椒。有艾草交易中心。省道郑新线经此。

红泥湾镇 [Hóngníwān Zhèn] 宛城区辖镇。在区境东北部。面积134.8平方千米。人口8.1万。辖1居委会、26村委会,有143自然村。镇人民政府驻红泥湾。1961年成立红泥湾公社。1984年设乡。1994年改镇。因镇政府驻地得名。有中学3所,小学24所,卫生院1个,卫生所51个。有宛东战役纪念遗址、金仙寺、清凉寺、乾明寺等。有民俗祭灶神、吃火烧儿。农业种植小麦、玉米,养殖猪、黄牛。工业以纺织、建材制造、木制品生产、食品加工为主。省道郑淅线过境。

红泥湾 [Hóngníwān] 红泥湾镇人民政府驻地。在区政府驻地东关街道东北18千米。人口2800。河床处建村,泥土呈红色,故名。聚落呈团块状。有中小学、幼儿园、卫生院。种植小麦、玉米、小辣椒。省道郑淅线经此。

黄台岗镇 [Huángtáigǎng Zhèn] 宛城区辖镇。在区境南部。面积90.9平方千米。人口5.3万。以汉族为主,还有回、蒙古、藏等民族。辖20村委会,有112自然村。镇人民政府驻黄台岗。因镇政府驻地得名。1961年成立黄台岗公社。1984年设乡。1996年改镇。有中学1所,小学19所,卫生院1个,卫生所20个。有名胜古迹王庄新石器时代文化遗址、汉代文化遗址、岳庄画家村。农业种植小麦、玉米。有胡萝卜种植基地。工业以建筑安装为主。宁西铁路、郑渝高铁、二广高速过境。

黄台岗 [Huángtáigǎng] 黄台岗镇人民政府驻地。在区政府驻地东关街道南16千米。人口1000。原名凤凰台,清光绪年间(1875—1908)因有黄沙岗小平台改今名。聚落呈团块状。西溧河流经。有小学、幼儿园、卫生院。种植小麦、玉米、花生。

金华镇 [Jīnhuá Zhèn] 宛城区辖镇。在区境东南部。面积81平方千米。人口4.9万。辖24村委会,有108自然村。镇人民政府驻徐营。1936年设金华东、西2乡。后合设金华乡。1958年成立金华公社。1984年复乡。2014年改镇。传为隋炀帝长女南阳公主食邑,因其又名金花公主得名金花。1912年后改今名。涧河、江水河、十里河等流经。有中学1所,小学11所,卫生院1个,卫生所24个。有泰山庙、金花公主祠。农业种植小麦、玉米。有萝卜、土豆、白瓜生产基地。宁西铁路、汉田公路过境。

徐营 [Xúyíng] 金华镇人民政府驻地。在区政府驻地东关街道东南25千米。人口1200。因姓氏得名。聚落呈团块状。有小学、幼儿园、卫生所。种植小麦、玉米、芝麻、花生。

汉田公路经此。

溧河乡［Lìhé Xiāng］ 宛城区辖乡。在区境中部。面积 46.9 平方千米。人口 3.8 万。以汉族为主，还有回族等。辖 12 村委会，有 59 自然村。乡人民政府驻老梁庄。1958 年成立陈官营公社。1960 年更名溧河公社。1984 年改乡。溧河流经，故名。有中学 2 所，小学 10 所，卫生院 1 个，卫生所 12 个。农业种植小麦、玉米、景观苗木。有特产小辣椒。工业有新能源、能源装备制造。312 国道，南邓、沪陕高速，省道郑新线过境。

老梁庄［Lǎoliángzhuāng］ 溧河乡人民政府驻地。在区政府驻地东关街道东南 8 千米。人口 200。明代梁姓建村，故名。聚落呈方形。有中小学、卫生院。种植小麦、玉米、花生。南新公路经此。

汉冢乡［Hànzhǒng Xiāng］ 宛城区辖乡。在区境东南部。面积 82.7 平方千米。人口 4.2 万。以汉族为主，还有回、蒙古、彝等民族。辖 16 村委会，有 94 自然村。乡人民政府驻汉冢。抗战时期曾设汉冢乡。1968 年成立汉冢公社。1984 年复乡。因乡政府驻地得名。有中学 1 所，小学 16 所，卫生院 1 个，卫生所 16 个。景点有卢园。农业种植小麦、玉米、西瓜、小辣椒，养殖牛、猪、鸡、羊。312 国道过境。

汉冢［Hànzhǒng］ 汉冢乡人民政府驻地。在区政府驻地东关街道东南 17 千米。人口 2500。原因汉光武帝刘秀姊刘元墓冢得名大姑冢，1912 年后改今名。聚落呈团块状。有中小学、幼儿园、卫生院。种植小麦、玉米。产花生、芝麻。

茶庵乡［Chá'ān Xiāng］ 宛城区辖乡。在区境东南部。面积 41.4 平方千米。人口 3.7 万。以汉族为主，还有回族等。辖 18 村委会，有 53 自然村。乡人民政府驻茶庵。1958 年成立茶庵公社。1984 年改乡。因乡政府驻地得名。有中学 3 所，小学 6 所，卫生院 1 个，卫生所 18 个。农业种植小麦、玉米、花生，养殖黄牛。有特产小辣椒。工业有挂面、面粉加工。南阳—高庙、红泥湾—茶庵公路过境。

茶庵［Chá'ān］ 茶庵乡人民政府驻地。在区政府驻地东关街道东南 16 千米。人口 1900。因明清时期有茶庵施茶得名。清同治元年(1862)称茶庵街。聚落呈椭圆形。有小学、卫生院。经济以商贸为主。种植花生、蔬菜。省道驻淅线经此。

高庙乡［Gāomiào Xiāng］ 宛城区辖乡。在区境东部。面积 81 平方千米。人口 5 万。辖 24 村委会，有 77 自然村。乡人民政府驻高庙。1968 年成立高庙公社。1984 年改乡。因乡政府驻地得名。桐河、清河、珍珠河流经。有中学 2 所，小学 22 所，卫生院 2 个，卫生所 24 个。有豫东战役、黄池陂保卫战遗址。有民间艺术旱船、腰鼓。农业种植小麦、玉米、花生，养殖黄牛、羊、肉鸭。有食品加工工业。省道卫新线过境。

高庙［Gāomiào］ 高庙乡人民政府驻地。在区政府驻地东关街道东 24 千米。面积 2.7 平方千米。人口 2000。宋有泰山、关帝、火神 3 庙，因泰山庙规模宏伟得名高庙。聚落呈团块状。有小学、幼儿园、卫生所。种植小麦、玉米、花生。

新店乡［Xīndiàn Xiāng］ 宛城区辖乡。在区境北部。面积 92.6 平方千米。人口 6.2 万。辖 23 村委会，有 96 自然村。乡人民政府驻新店。1958 年成立新店公社。1984 年改乡。因乡政府驻地得名。有隐山。白河、白洮河、马湾河、南水北调中线干渠等流经。有中学 2 所，小学 15 所，卫生院 1 个，卫生所 25 个。农业种植小麦、玉米，养殖牛、羊、猪。有食用玫瑰、月季等花卉种植基地。312 国道，许平南、南襄高速过境。

新店［Xīndiàn］ 新店乡人民政府驻地。在区政府驻地东关街道东北 13 千米。人口 3300。原为驿道，明后期商业繁荣，故名新店。聚落呈椭圆形。白河流经。有小学、幼儿园、卫生院、清真寺。种植小麦、玉米。石柱山公路经此。

邓 州 市

邓州市［Dèngzhōu Shì］ 河南省直辖县级市，由南阳市代管。北纬 32°22′，东经 111°37′。在南阳市境西南部。面积 2369 平方千米。人口 175 万。以汉族为主，还有回、蒙古、满、壮、朝鲜等民族。辖 3 街道、18 镇、6 乡。市人民政府驻古城街道。隋开皇七年(587)置邓州。大业年间(605—616)改南阳郡。唐乾元年间(758—760)复邓州。宋、元因之。明初穰县省入。清因之。1913 年改邓县，属豫南道。1914 年属汝阳道。1927 年直属省。1932 年属第六行政督察区。1949 年属南阳专区。1969 年属南阳地区。1988 年更今名。1994 年由南阳市代管。古为邓国国都，故名。1992 年新建、拓宽北京大道、东一环路、南一环路。1994 年改扩建邓宛、邓内、邓襄、邓淅、邓新等公路，建古城路明清仿古一条街。2000 年迁建广播电台、文化馆、图书馆、博物馆等，新建农行大厦、工行大厦、信合大厦、古城广场、人民公园。2013 年建成新华、花洲、蓝湾等城市游园。2014 年建成丹江口库区区域性中心。东部为行政区，南部为工业区，西部为仓储区，北部为旅游、商住区。处南阳盆地，地势西北高、东南低。平均海拔 120 米。年均气温 15.3℃，1 月平均气温 1.6℃，7 月平均气温 27.8℃。年均降水量 725 毫米。有杏山、土谷山。湍河、赵河、严陵河、刁河、排子河等流经。有矿产资源水泥灰岩、生石灰岩、方解石、冰洲石、水晶石、重晶石等。有野生植物 78 种。有湍河国家湿地公园、杏山省级地质公园。森林覆盖率 8.9%。有高中 9 所，中等专业学校 2 所，中学 52 所，小学 587 所，二级医院 3 个。有市文化馆、图书馆、博物馆。有市豫剧团、曲剧团、越调剧团、罗卷剧团。有全国重点文物保护单位八里岗遗址、福胜寺塔、太子岗遗址、花洲书院，省级文物保护单位 6 个。有省级爱国主义教育基地邓州编外雷锋团展览馆。有名胜古迹涅阳、冠军、临湍等古城遗址，南北朝彩色画像砖墓，南水北调湍河渡槽，汲滩陕山会馆等。有国家级非物质文化遗产罗卷戏、越调、心意六合拳，省级非物质文化遗产南阳大鼓书、提线木偶、黄酒酿造技艺。三次产业比例 19∶39∶42。农业种植小麦、玉米，养殖黄牛。产棉花、芝麻、小辣椒、花生。工业以汽车及零部件制造、纺织服装、食品加工、装备制造为主。服务业以旅游、物流、信息服务、商贸为主。焦柳、蒙华铁路，郑万高铁，二广、内邓高速，207、328 国道，省道郑淅、济邓、渑邓、淮邓、习陆线过境。

古城广场［Gǔchéng Guǎngchǎng］ 在市区中部。面积 4.4 公顷。2005 年开工，2006 年建成。因位于古城街道得名。有"一圣三贤"浮雕、古城墙遗址、跑泉、中国象棋园、即景雕塑等。为集购物、休闲、娱乐、健身、观光于一体的场所。周边有护城河、市政府、古城商业中心。通公交车。

新华路［Xīnhuá Lù］ 在市区中部。东起 207 国道，西至杏山大道。与北京大道、中州大道、教育路、文化路、古城路、三贤路等相交。长 9.4 千米，宽 27 米。沥混路面。1956 年开工，1958 年建成，1964、1982、1989 年改扩建。以"新中国更加繁荣昌盛"寓意命名。两侧有市政府、中小学、广场、二级医院。通公交车。

三贤路［Sānxián Lù］ 在市区西部。南起丹江大道，北至穰邓大道。与湍滨路、雷锋路、新华路、仲景路、人民路、南环路等相交。长 8.1 千米，宽 30 米。沥混路面。1962 年开工，同年建成，1982 年改扩建。因韩愈、寇准、范仲淹 3 位历史贤人得名。两侧有市医院、古城广场、集贸市场。通公交车。

古城路［Gǔchéng Lù］ 在市区中部。南起南环路，北至县后街。与新华路、仲景路、团结路、人民路等相交。长 2.7 千米，宽 16 米。沥混、石材路面。初成于北宋，1994 年改扩建。因路侧多清代建筑得名。途经商业中心。两侧有小学、骨伤医院、福胜寺塔及多家仿古建筑店铺。通公交车。

北京大道［Běijīng Dàdào］ 在市区东部。南起丹江大道，北至灵山路。与雷锋路、新华路、团结路、人民路等相交。长 9.8 千米，宽 50 米。沥混路面。2001 年开工，2002 年建成。两侧有审计局、电业局、市监局、市第一高中、编外雷锋团展览馆等。通公交车。

雷锋路［Léifēng Lù］ 在市区中部。东起 207 国道，西至新华路。与北京大道、穰城路、文化路、三贤路等相交。长 2.9 千米，宽 40 米。沥混路面。1964 年开工，1968 年建成。1974、1992、2008 年改扩建。因编外雷锋团展览馆得名。两侧有国税局、环保局、气象局、房管局、国土局、人民公园。通公交车。

邓州站［Dèngzhōu Zhàn］ 见交通运输设施部分"邓州站"条。

邓州汽车站［Dèngzhōu Qìchēzhàn］ 见交通运输设施部分"邓州汽车站"条。

古城街道［Gǔchéng Jiēdào］ 邓州市人民政府驻地。在市境中部。面积 11 平方千米。人口 7 万。2005 年设。因古城路得名。先后改造城中村，拓宽主次干道。有初中 5 所，小学 6 所，二级医院 1 个，卫生院 1 个。有湍河国家湿地公园。有六门堤遗址、太尉台遗址、李升墓、邓州老京戏院、明代回字形护城河。经济以纺织、食品加工、机械制造、商贸为主。种植小麦、玉米、花生。焦柳铁路，省道郑淅、济邓线过境。有邓州站、邓州汽车站。通多路公交车。

花洲街道［Huāzhōu Jiēdào］ 属邓州市。在市境中部。面积 9.4 平方千米。人口 6.9 万。2005 年设。因花洲书院得名。先后改造城中村，改扩建道路。有高中 4 所，初中 3 所，小学 10 所，二级医院 2 个，卫生院 2 个，图书馆 1 个。有湍河国家湿地公园。有全国重点文物保护单位邓州福胜寺塔、花洲书院，省级文物保护单位古城街碑刻、古城汉石华表。有省级爱国主义教育基地邓州编外雷锋团展览馆。有明代回字形护城河。经济以纺织、酿酒、面粉加工、商贸为主。种植小麦、玉米、花生。省道郑淅线过境。有大东关长途客运站。通公交车。

湍河街道［Tuānhé Jiēdào］ 属邓州市。在市境中部。面积 64 平方千米。人口 6.6 万。2005 年设。湍河流经，故名。先后建成市产业集聚区、市产业孵化园、邓国春秋园。有市职业技术学院、南阳幼儿师范学校。有初中 3 所，小学 17 所，卫生院 1 个。有全国重点文物保护单位八里岗遗址，省级文物保护单位吾离冢。有湍河国家湿地公园。经济以住宿、商贸、物流为主。农业种植小麦、玉米、豆类、芝麻。有广亿万商城、广亿不夜城。焦柳铁路，邓文公路，207 国道，省道郑淅、济邓线过境。有市长途汽车客运站。通公交车。

八里岗［Bālǐgǎng］ 在市政府驻地古城街道东5千米。属湍河街道。人口800。距城区八华里,故名。聚落呈团块状。湍河流经。有全国重点文物保护单位八里岗遗址。种植小麦、玉米、大豆、蔬菜。乌海公路经此。

罗庄镇［Luózhuāng Zhèn］ 邓州市辖镇。在市境西北部。面积78平方千米。人口6万。辖2居委会、20村委会,有81自然村。镇人民政府驻罗庄。1969年成立罗庄公社。1983年设乡。2000年改镇。因镇政府驻地得名。有土谷山。湍河、默河流经。有中学2所,小学21所,卫生院1个。有文化活动中心。有古迹汉代墓冢青冢、北魏新城县遗址、虎遥城遗址、萧氏祠堂。农业种植小麦、玉米,养殖猪。有规范化养殖小区。工业以纺织、建材制造、面粉加工为主。省道驻淅线过境。

罗庄［Luózhuāng］ 罗庄镇人民政府驻地。在市政府驻地古城街道西北35千米。人口4200。原名虎遥城,后因姓氏改今名。聚落呈椭圆形。湍河流经。有中小学、幼儿园、卫生院。有虎遥城遗址。种植小麦、玉米、大豆、花生。有商贸服务业。灌裴公路经此。

汲滩镇［Jítān Zhèn］ 邓州市辖镇。在市境东部。面积89平方千米。人口7.7万。辖2居委会、30村委会,有104自然村。镇人民政府驻汲滩。1985年由元庄乡析设汲滩镇。2005年元庄乡并入。因镇政府驻地得名。湍河、赵河流经。有中学3所,小学30所,卫生院1个。有中共邓新县委机关旧址、山陕会馆、关帝庙、汉代水利工程遗址、河口新石器时代遗址、平阳城遗址。有民间艺术旱船、大洞曲、唢呐、舞狮。农业种植小米、玉米、山药,养殖猪、牛、鸡。工业以纺织、化工为主。省道镇新线过境。

汲滩［Jítān］ 汲滩镇人民政府驻地。在市政府驻地古城街道东19千米。人口1100。湍河、赵河、严陵河交汇,水流湍急成险滩,故名急滩。明初成集镇,明中叶商人忌"急",改称汲滩。聚落呈团块状。湍河流经。有中小学、幼儿园、卫生院。有文化广场、公园。有山陕会馆、关帝庙、河口遗址、湍河码头遗址。种植小麦、玉米。有化肥加工、电子、制鞋等工业。有农贸市场。省道镇新线经此。

穰东镇［Rángdōng Zhèn］ 邓州市辖镇。在市境东北部。面积99平方千米。人口9万。辖4居委会、28村委会,有152自然村。镇人民政府驻穰东。北宋曾设穰东镇。1969年成立穰东公社。1983年设乡。1985年改镇。因镇政府驻地得名。赵河、阳乐河流经。有中学3所,小学18所,卫生院1个。有全国重点文物保护单位太子岗遗址。有涅阳城遗址、九龙桥、老清真寺、杨存海古民居等。有民间艺术舞狮、高跷、旱船。农业种植月季、油用牡丹,养殖金鱼。工业以纺织服装、农副产品加工、皮毛制革、造纸为主。省道郑淅、镇新线过境。

穰东［Rángdōng］ 穰东镇人民政府驻地。在市政府驻地古城街道东北27千米。人口3万。因处穰县东得名。聚落呈团块状。有中小学、卫生院。有服装加工工业。有服装、家电、农资、蔬菜等专业市场。省道郑淅线经此。

孟楼镇［Mènglóu Zhèn］ 邓州市辖镇。在市境西南部。面积54平方千米。人口3.1万。辖4居委会、11村委会,有71自然村。镇人民政府驻孟楼。1975年成立孟楼公社。1983年设乡。1985年改镇。因镇政府驻地得名。排子河、晋公河流经。有中学2所,小学13所,卫生院1个。有下姜墓、晋公庙遗址。农业种植蔬菜、中药材、油用牡丹,养殖水产。有奶牛养殖场。工业以纺织、建材、食品加工为主。328国道、省道三邓线过境。

孟楼［Mènglóu］ 孟楼镇人民政府驻地。在市政府驻地古城街道西南29千米。人口2000。清初孟姓建村,得名孟家楼,简称孟楼。聚落呈团块状。有中小学、幼儿园、卫生院。种植小麦、玉米、花生。328国道经此。

林扒镇［Línpá Zhèn］ 邓州市辖镇。在市境西南部。面积91平方千米。人口5.7万。辖3居委会、17村委会,有101自然村。镇人民政府驻林扒。1958年成立林扒公社。1983年设乡。1985年改镇。因镇政府驻地得名。排子河、小草河流经。有中学1所,小学17所,卫生院1个。有下岗遗址、李威墓、闫东遗址。农业种植小麦、玉米、大棚蔬菜、食用菌、中药材、花卉,养殖奶牛、生猪。工业以机械制造、纺织、农副产品加工为主。328国道、省道淝邓线过境。

林扒［Línpá］ 林扒镇人民政府驻地。在市政府驻地古城街道西南20千米。人口4500。明初称徐家,后因广植刺葩,改名林家葩,谐音林扒。聚落呈团块状。排子河流经。有中小学、幼儿园、卫生院、清真寺。种植小麦、玉米。有面粉加工业。有物资交流会。328国道、省道淝邓线经此。

构林镇［Gòulín Zhèn］ 邓州市辖镇。在市境南部。面积163平方千米。人口8.4万。辖6居委会、23村委会,有188自然村。镇人民政府驻郭庄。1958年成立构林公社。1983年设乡。1985年改镇。因镇政府原驻地得名。北宋时构树成林,因名构林、构林关。刁河、南柳枫河、北柳枫河等流经。有高中1所,初中2所,小学33所,卫生院1个。有构林人民会场旧址、墨城遗址、山都城遗址、古村遗址、东顶祖师殿、杨冢墓。农业种植小麦、玉米、大豆,养殖猪、奶牛。工业以造纸、面粉加工、建材制造为主。焦柳、蒙华铁路,二广高速,207国道,省道淮邓线过境。

郭庄［Guōzhuāng］ 构林镇人民政府驻地。在市政府驻地古城街道东南20千米。人口3700。明洪武二年(1369)郭氏建村,故名。聚落呈团块状。有中小学、幼儿园、卫生院。有拱桥、构林人民会场旧址。种植小麦、玉米。有物资交流会。207国道经此。

十林镇［Shílín Zhèn］ 邓州市辖镇。在市境西北部。面积85平方千米。人口7.5万。辖3居委会、25村委会,有111自然村。镇人民政府驻十林。1969年成立十林公社。1983年设乡。1994年改镇。因镇政府驻地得名。湍河、堰子河、得子河、南水北调中线干渠流经。有中学2所,小学28所,卫生院1个。有习思敬墓、孙氏祠堂、杨天敏寨遗址。农业种植小麦、玉米。工业以建材、食品加工、新能源为主。蒙华铁路、省道淝邓线过境。

十林［Shílín］ 十林镇人民政府驻地。在市政府驻地古城街道西北30千米。人口6000。明清时期设驿站,称十里林铺、十里林店,后称今名。聚落呈方形。湍河流经。有中小学、幼儿园、卫生院。种植小麦、玉米。省道淝邓线经此。

张村镇［Zhāngcūn Zhèn］ 邓州市辖镇。在市境西北部。面积82平方千米。人口7.8万。辖2居委会、23村委会,有116自然村。镇人民政府驻张村。1958年成立张村公社。1983年设乡。1994年改镇。因镇政府驻地得名。湍河、扒淤河、堰子河、得子河、南水北调中线干渠等流经。有中学3所,小学25所,卫生院1个。有崔坡寨战斗纪念地、赵楼惨案碑。有冠军城址、霍去病墓、许庄画像砖墓、清真寺。农业种植小麦、玉米,养殖黄牛、鸡。工业以光伏发电、生物制药、面粉加工、板材制造为主。蒙华铁路、省道淝邓线过境。

张村［Zhāngcūn］ 张村镇人民政府驻地。在市政府驻地古城街道西北24千米。人口6800。以回族为主,还有汉、蒙古、高山等民族。宋代张姓建村,故名。有中小学、幼儿园、卫生院。种植小麦、玉米。省道三邓线经此。

都司镇［Dūsī Zhèn］ 邓州市辖镇。在市境南部。面积100平方千米。人口5.5万。辖2居委会、18村委会,有115自然村。镇人民政府驻都司。1969年成立都司公社。1983年设乡。1997年改镇。因镇政府驻地得名。排子河流经。有中学2所,小学18所,卫生院1个。有古迹岁楼寨、鲁家寨遗址。农业种植小麦、玉米、莲菜、核桃,养殖奶牛、猪。工业以食品加工为主。有竹编手工业。蒙华铁路,省道济邓、淮邓线过境。

都司［Dūsī］ 都司镇人民政府驻地。在市政府驻地古城街道西南22千米。人口1500。明代称桐柏店,清乾隆年间(1736—1795)因设都司衙门改今名。聚落呈梯形。有中小学、幼儿园、卫生院。有清代石桥。种植小麦、玉米、大豆、花生。省道济邓线经此。

赵集镇［Zhàojí Zhèn］ 邓州市辖镇。在市境西北部。面积126平方千米。人口8.2万。辖3居委会、24村委会,有135自然村。镇人民政府驻赵集。1969年成立赵集公社。1983年设乡。1997年改镇。因镇政府驻地得名。湍河、严陵河、南水北调中线干渠流经。有中学2所,小学30所,卫生院1个。有古迹汉堤遗址、关帝庙、龙兴庵、举人桥。有民间艺术高跷、旱船、花鼓、舞狮。农业种植小麦、玉米、大豆、花生、蔬菜,养殖猪、牛、羊。工业以汽车配件、建材、锂电、板材加工为主。省道刁陆线过境。

赵集［Zhàojí］ 赵集镇人民政府驻地。在市政府驻地古城街道西北21千米。人口4400。明洪武二年(1369)赵喜容建村,故名。聚落呈矩形。有中小学、幼儿园、卫生院、养老中心。种植小麦、玉米、花生、中药材。有汽车配件、电子加工业。

刘集镇［Liújí Zhèn］ 邓州市辖镇。在市境东南部。面积130平方千米。人口7.5万。辖3居委会、23村委会,有146自然村。镇人民政府驻刘集。1969年成立刘集公社。1983年设乡。1997年改镇。因镇政府驻地得名。刁河流经。有中学2所,小学19所,卫生院1个。有焦坡烈士井、钳芦陂遗址。有民间艺术舞狮、旱船、高跷。农业种植小麦、玉米、棉花、大棚蔬菜、食用菌,养殖猪、牛、羊。工业以毛纺、建材、面粉加工和酿酒为主。郑万高铁、二广高速、省道淮邓线过境。

刘集［Liújí］ 刘集镇人民政府驻地。在市政府驻地古城街道东南28千米。人口2000。元代称曹营,明初刘姓迁入,改今名。聚落呈团块状。有中小学、幼儿园、卫生院。种植小麦、玉米。有物资交流会。省道淮邓线经此。

桑庄镇［Sāngzhuāng Zhèn］ 邓州市辖镇。在市境东南部。面积80平方千米。人口6.1万。辖1居委会、18村委会,有84自然村。镇人民政府驻桑庄。1958年成立桑庄公社。1983年设乡。2001年改镇。因镇政府驻地得名。刁河流经。有中学2所,小学20所,卫生院1个。有桑庄寨遗址、王楼冢。有国家级非物质文化遗产孔庄罗卷戏。农业种植小麦、玉米、苗木、蔬菜、瓜果,养殖生猪。工业以建材、机械制造为主。郑万高铁、二广高速、328国道过境。

桑庄［Sāngzhuāng］ 桑庄镇人民政府驻地。在市政府驻地古城街道东南16千米。人口3800。传元代称桑家庄,因姓氏得名。聚落呈团块状。有中小学、幼儿园、卫生院。有桑庄寨遗址、鲁家一号宅院、西鲁营一号宅院。种植小麦、玉米、大豆、花生。有物资交流会。328国道、赵桑公路经此。

彭桥镇［Péngqiáo Zhèn］　邓州市辖镇。在市境西南部。面积144平方千米。人口6.8万。辖2居委会、24村委会，有162自然村。镇人民政府驻彭桥。1958年成立彭桥公社。1983年设乡。2000年改镇。因镇政府驻地得名。排子河、冢子河流经。有中学2所，小学22所，卫生院1个。有省级文物保护单位楚长城遗址。有古迹张绍朝宅院、刘山墓、彭而述墓群、郡马碑亭。有杏山省级地质公园。农业种植小麦、玉米，养殖猪、牛、羊。工业以建材、塑料、服饰、农产品加工为主。邓九公路、省道三邓线过境。

彭桥［Péngqiáo］　彭桥镇人民政府驻地。在市政府驻地古城街道西南27千米。人口1300。原名彭家桥，明初彭姓迁此，因桥得名。聚落呈团块状。有中小学、幼儿园、卫生院。有永济桥、彭而述墓群。种植小麦、玉米、大豆、花生。有物资交流会，为邓州、淅川、湖北老河口3县市物质集散地。邓九公路、省道三邓线经此。

九龙镇［Jiǔlóng Zhèn］　邓州市辖镇。在市境西部。面积72平方千米。人口5.5万。辖1居委会、19村委会，有123自然村。镇人民政府驻西侯营。1994年由文渠乡析设九龙乡。2013年改镇。因九龙村得名。刁河、得子河、扒淤河、南水北调中线干渠流经。有中学1所，小学20所，卫生院1个。有唐王桥、贾营遗址。农业种植小麦、玉米、花卉、苗木，养殖牛、羊、猪。工业以箱包、建材、农副产品加工为主。蒙华铁路、省道新丹线过境。

西侯营［Xīhóuyíng］　九龙镇人民政府驻地。在市政府驻地古城街道西北19千米。人口500。清初侯姓迁此，与东侯营相对，故名。聚落呈团块状。有中小学、幼儿园、卫生院。有贾岗墓。种植小麦、玉米、大豆、花生。有物资交流会。省道新丹线经此。

白牛镇［Báiniú Zhèn］　邓州市辖镇。在市境东北部。面积75平方千米。人口5.6万。辖1居委会、23村委会，有95自然村。镇人民政府驻白牛。1958年成立白牛公社。1983年设乡。2013年改镇。因镇政府驻地得名。湍河、赵河、严陵河流经。有中学2所，小学23所，卫生院1个。有王庚先烈士陵园。有古迹白牛城遗址、孔湾墓、秦文礼古民居、竹筲陂进士府、孙冢墓群等。农业种植小麦、玉米、黄豆、花卉、苗木、牧草，养殖猪。工业以棉纺，化工，农机、板材、农产品加工为主。省道新丹线过境。

白牛［Báiniú］　白牛镇人民政府驻地。在市政府驻地古城街道东北14千米。人口4200。《后汉书》载："建武三十年(54)帝复封闵弟嵩为白牛侯"，始称侯国。后称白牛邑。明清时称白牛店、白牛铺，俗称白牛街，简称白牛。聚落呈团块状。有中小学、卫生院。有白牛城遗址、五龙桥、火星庙、袁氏祠堂。种植小麦、玉米。有物资交流会。省道郑淅线经此。

腰店镇［Yāodiàn Zhèn］　邓州市辖镇。在市境东部。面积73平方千米。人口6.3万。辖1居委会、24村委会，有94自然村。镇人民政府驻腰店。1969年成立腰店公社。1983年设乡。2013年改镇。因镇政府驻地得名。湍河流经。有中学3所，小学24所，卫生院1个。有古迹大房营遗址、房山墓群、白龙庙、土楼遗址。农业种植花生、蔬菜，养殖牛、鸡。产晚秋黄梨、核桃。有国家级小麦种植基地，省级花生、玉米种植基地。工业以建材、无纺布、面粉、饲料加工为主。207国道过境。

腰店［Yāodiàn］　腰店镇人民政府驻地。在市政府驻地古城街道东10千米。人口1800。原为杜店街，明末毁于火。后腰姓迁此开店，名腰家店，简称腰店。聚落呈块状。湍河流经。有中小学、幼儿园、卫生院。种植小麦、玉米、花生。有制帽、石材加工业。邓澴公路经此。

文渠镇［Wénqú Zhèn］　邓州市辖镇。在市境西部。面积77平方千米。人口6.9万。辖21村委会，有106自然村。镇人民政府驻文渠。1958年成立文渠公社。1983年设乡。1994年九龙乡析出。2013年改镇。因镇政府驻地得名。湍河、刁河、扒淤河、得子河等流经。有中学3所，小学21所，卫生院1个。有古迹祖师庙、长冢店墓地、得子桥、褚营遗址等。农业种植小麦、玉米、蔬菜、核桃、花卉、苗木，养殖鸡、猪、牛。工业以机械、建材、塑料、服饰、调味品加工为主。蒙华铁路，省道新丹、淝邓线过境。

文渠［Wénqú］　文渠镇人民政府驻地。在市政府驻地古城街道西北12千米。人口2400。因河得名。唐为曲河驿，北宋为曲河镇，明清为曲河店。清乾隆十一年(1746)集市西移，因文渠灌溉渠得名文渠集。聚落呈带状。有中小学、幼儿园、卫生院。有文渠寨、关帝庙遗址、走马门楼。种植小麦、玉米。有物资交流会。省道淝邓线经此。

高集镇［Gāojí Zhèn］　邓州市辖镇。在市境西部。面积105平方千米。人口7.4万。辖2居委会、20村委会，有150自然村。镇人民政府驻高集。1969年成立高集公社。1983年设乡。2013年改镇。因镇政府驻地得名。刁河流经。有中学2所，小学22所，卫生院1个。有古迹擒虎城遗址、刘楼古墓、回龙寨。农业种植小麦、玉米。工业以造纸，建材、农产品深加工为主。有驰诚汽车文化公园。蒙华铁路，内邓高速，省道济邓、淝邓线过境。

高集［Gāojí］　高集镇人民政府驻地。在市政府驻地古城街道西南15千米。人口1400。清初高姓建村，故名。聚落呈团块状。有中小学、幼儿园、卫生院。种植小麦、玉米、花生。有物资交流会。邓九公路、省道淝邓线经此。

张楼乡［Zhānglóu Xiāng］　邓州市辖乡。在市境东北部。面积62平方千米。人口4.9万。辖2居委会、20村委会，有100自然村。乡人民政府驻张楼。1975年成立张楼公社。1983年设乡。因乡政府驻地得名。湍河、严陵河流经。有中学1所，小学18所，卫生院1个。有广济桥。农业种植小米、玉米、花生、蔬菜、花卉。工业有食品加工、包装彩印、纺织、建材制造。焦柳铁路、207国道、省道郑淅线过境。

张楼［Zhānglóu］　张楼乡人民政府驻地。在市政府驻地古城街道东北8千米。人口700。明洪武二年(1369)张氏建村，故名。聚落呈团块状。有中小学、卫生院。种植小麦、玉米。207国道经此。

夏集乡［Xiàjí Xiāng］　邓州市辖乡。在市境北部。面积113平方千米。人口8.6万。辖2居委会、28村委会，有172自然村。乡人民政府驻夏集。1958年成立夏集公社。1983年设乡。因乡政府驻地得名。严陵河、礓石河、椒子河、溢静河等流经。有中学2所，小学30所，卫生院1个。有中共邓北县委机关旧址、白塔、程氏祠堂、杨柴店遗址、苏营遗址、关刘祠堂等。农业种植小麦、玉米、大豆，养殖奶牛、金鱼。工业有建材制造、制鞋、玉雕加工、纺织。焦柳铁路、207国道、省道济邓线过境。

夏集［Xiàjí］　夏集乡人民政府驻地。在市政府驻地古城街道东北12千米。人口2600。明初夏姓迁此，清顺治年间(1644—1661)成集，故名。聚落呈带状。严陵河流经。有中小学、幼儿园、卫生院。种植小麦、玉米。有物资交流会。赵桑公路、207国道经此。

裴营乡［Péiyíng Xiāng］　邓州市辖乡。在市境北部。面积139平方千米。人口7.4万。辖2居委会、28村委会，有190自然村。乡人民政府驻裴营。1958年成立裴营公社。1983年设乡。因乡政府驻地得名。湍河、西礓石河、楚河等流经。有中学2所，小学28所，卫生院1个。有古迹大丁祠堂、七潭庙、魏寺圣泉寺、火星庙。农业种植小麦、玉米、大豆，养殖猪、牛。工业有建材、服饰、食品加工。焦柳铁路、省道济邓线过境。

裴营［Péiyíng］　裴营乡人民政府驻地。在市政府驻地古城街道北10千米。人口4200。明初裴玉建村，故名。聚落呈团块状。有中小学、幼儿园、卫生院。种植小麦、玉米、大豆。有物资交流会。省道济邓线经此。

陶营乡［Táoyíng Xiāng］　邓州市辖乡。在市境西南部。面积93平方千米。人口5.8万。辖2居委会、16村委会，有106自然村。乡人民政府驻陶营。1975年成立王良公社。1982年更名陶营公社。1983年设乡。因乡政府驻地得名。刁河流经。有中学1所，小学19所，卫生院2个。有古迹吴汉墓、高李墓群、乐成城遗址、上岗渡槽。农业种植小麦、玉米、辣椒、花生，养殖黄牛。工业有乳制品加工。蒙华铁路、内邓高速、328国道、省道济邓线过境。

陶营［Táoyíng］　陶营乡人民政府驻地。在市政府驻地古城街道西南11千米。人口1200。明中期陶姓迁此，故名。聚落呈团块状。有中小学、幼儿园、卫生院。种植小麦、玉米、大豆。328国道经此。

小杨营乡［Xiǎoyángyíng Xiāng］　邓州市辖乡。在市境东南部。面积63平方千米。人口4.5万。辖1居委会、16村委会，有55自然村。乡人民政府驻小杨营。1975年成立杨营公社。1982年更名小杨营公社。1983年设乡。因乡政府驻地得名。刁河流经。有中学2所，小学16所，卫生院1个。有古迹岑彭墓、文昌岳大桥、杨岗遗址。有民间艺术提线木偶、花棍舞。农业种植小麦、玉米、大豆、花生，养殖水产、猪、牛。工业有建材、服饰、食品加工。郑万高铁，二广、内邓高速，328国道过境。

小杨营［Xiǎoyángyíng］　小杨营乡人民政府驻地。在市政府驻地古城街道东南22千米。人口1300。清康熙年间(1662—1722)杨氏自大杨营迁此，故名。聚落呈团块状。有中小学、卫生院。种植小麦、玉米、大豆。有物资交流会。郑万高铁、二广高速经此。

龙堰乡［Lóngyàn Xiāng］　邓州市辖乡。在市境中部偏南。面积84平方千米。人口6.4万。辖23村委会，有105自然村。乡人民政府驻白落堰。1975年成立白落公社。1983年设乡。1995年改龙堰乡。因回龙寺、白落堰得名。刁河、歪运河流经。有中学2所，小学23所，卫生院1个。有中共鄂豫边区特别委员会成立旧址、老刁河石桥、刘桥石桥、李贤墓。有民间艺术大调曲、舞狮、唢呐表演。农业种植小麦、玉米、大豆、花生、花卉、苗木，养殖水产、猪、牛。工业有食品加工、化工。焦柳铁路，内邓高速，207、328国道，省道济邓线过境。

白落堰［Báiluòyàn］　龙堰乡人民政府驻地。在市政府驻地古城街道南9千米。人口600。传明代有堰，引水灌田，产白米，得名白米堰。后堰毁水落，更今名。1964年集迁北岸，沿用村名。聚落呈带状。刁河流经。有小学、幼儿园、卫生院、文化游园。种植小麦、玉米、大豆。有物资交流会。207国道经此。

南召县

南召县［Nánzhào Xiàn］ 南阳市辖县。北纬33°58′，东经112°23′。在南阳市境北部。面积2946平方千米。人口92万。以汉族为主，还有回、满、蒙古等民族。辖8镇、8乡。县人民政府驻城关镇。明成化十二年（1476）析南阳县北境置南召县，属南阳府。清顺治十六年（1659）省入南阳县。雍正十二年（1734）复置。1913年属豫南道。1914年属汝阳道。1927年属省。1932年属第六行政督察区。1947年治迁李青店。1949年属南阳专区。1969年属南阳地区。1994年属南阳市。因南旅名驿南召堡得名。处伏牛山南麓、南阳盆地北缘。平均海拔1200米。年均气温14.8℃。1月平均气温1.2℃，7月平均气温27.5℃。年均降水量868.8毫米。有矿产资源铅、锌、铁、锰、黄金等。有野生植物2900余种，其中国家重点保护野生植物有南方红豆杉、银杏、秦岭冷杉、大果青秆、野大豆、厚朴等31种。有野生动物380余种，其中国家重点保护野生动物有金钱豹、香獐、红腹锦鸡、青羊等48种。有世界生物保护区、国家地质公园、国家级自然保护区宝天曼，被誉为"天然物种基因库"。有丹霞山省级森林公园。森林覆盖率44.1%。有中学20所，小学369所，二级医院4个。有名胜五朵山。三次产业比例12∶41∶47。农业以种植小麦、玉米、水稻、番薯为主，养殖柞蚕、绵羊。产花生、芝麻。有特产苹果、辛夷、油桐、山茱萸、猕猴桃。工业以建材、纺织、食品、机械、化工为主。服务业以旅游为主。焦柳铁路，207、345国道，二广高速，省道金孟、高兰、张南、旧邓线过境。

城关镇［Chéngguān Zhèn］ 南召县人民政府驻地。在县境中部偏北。面积12平方千米。人口5.1万。辖6居委会、1村委会，有88自然村。镇人民政府驻北外。1951年置城关镇。1955年并入李青店乡。1956年复城关镇。后改公社。1961年复镇。因处县城得名。有卫生职业学校1所，中学3所，小学5所，二级医院3个，卫生院1个，卫生室7个。有名胜古迹五朵山、宝天曼、丹霞寺、杏花山猿人遗址、楚长城遗址。农业种植小麦、玉米、水稻，养殖柞蚕。焦柳铁路，二广高速，207国道，省道金孟、高兰、张南、旧邓线过境。

人民路［Rénmín Lù］ 在县城中部。南起207国道，北至健康路。与古城路、中华路、光明路、世纪大道相交。长1.5千米，宽20米。南段沥青路面，北段水泥路面。1958年新建。2007年改建。2009年完工。2013年进行路面改造。两侧有城郊乡政府及多家风味小吃店铺。通公交车。

中华路［Zhōnghuá Lù］ 在县城中部。东起滨河西路，西至伏山路。与人民路、黄洋路、滨河路相交。长1.6千米，宽24—28米。西段沥青路面，东段水泥路面。1980年开工，1981年建成。取振兴中华之意命名。两侧有县政府等行政单位和多个商业门店。通公交车。

丹霞路［Dānxiá Lù］ 在县城南部。东起黄鸭河桥，西至伏山路。与人民路、黄洋路、滨河路相交。长1.7千米，宽20米。水泥路面。1980年开工，1981年建成。2010年改造。因丹霞寺得名。两侧有电业局、第三小学、汽车站、公路局、民政局、农贸市场、风味小吃夜市。通公交车。

北外［Běiwài］ 城关镇人民政府驻地。在镇境北部。人口1000。处古城北门外，故名。聚落呈团块状。有中小学、卫生所。经济以商贸为主。207国道经此。

留山镇［Liúshān Zhèn］ 南召县辖镇。在县境中部偏东。面积170平方千米。人口3.8万。辖1居委会、20村委会，有306自然村。镇人民政府驻留山。1954年设留山乡。后改公社。1984年复乡。1986年改镇。因镇政府驻地得名。有关山。留山河流经。有中学1所，小学18所，卫生院1个，卫生室28个。有丹霞寺。农业种植小麦、玉米、水稻、板栗、山楂、猕猴桃。工业以矿产开采、地毯加工为主。服务业以商贸为主。省道高兰线过境。

留山［Liúshān］ 留山镇人民政府驻地。在县政府驻地城关镇东南13千米。人口4000。原名流山坡，后更今名。聚落沿留山河呈条状分布。有小学、幼儿园、卫生院、卫生所。农业种植小麦、玉米。有服装加工业。方青公路经此。

云阳镇［Yúnyáng Zhèn］ 南召县辖镇。在县境东部。面积152平方千米。人口7.4万。以汉族为主，还有回、蒙古等民族。辖6居委会、19村委会，有215自然村。镇人民政府驻云阳。1955年设云阳乡。后改公社。1978年改镇。因镇政府驻地得名。有望花楼山。鸭河、鸡河流经。有高中2所，初中9所，小学35所，卫生院2个，卫生服务站25个。有省级文物保护单位云阳文庙。有省级非物质文化遗产云彩灯舞蹈。农业种植小麦、玉米、辛夷、玉兰。工业以汽配铸造、微型电机制造、服装加工、农副产品加工为主。服务业以零售、餐饮为主。焦柳铁路、方南公路过境。有南召站。

云阳［Yúnyáng］ 云阳镇人民政府驻地。在县政府驻地城关镇东南28千米。人口1.6万。以汉族为主，还有回族等。因云阳关得名。聚落呈团块状。鸭河、鸡河流经。有中小学、卫生院。有省级文物保护单位云阳文庙。有省级非物质文化遗产云彩灯舞蹈。有名胜鹿鸣山。有古庙会。农业种植蔬菜。工业有水泥加工、地毯织造、印刷等。有商贸服务业。焦柳铁路、郑南公路经此。有南召站。

皇路店镇［Huánglùdiàn Zhèn］ 南召县辖镇。在县境东南部。面积96平方千米。人口6.4万。辖25村委会，有124自然村。镇人民政府驻皇路店。1955年设皇路店乡。后改公社。1984年复乡。1986年改镇。因镇政府驻地得名。有高中2所，初中5所，小学23所，幼儿园25个，卫生院1个，卫生所25个。有名胜古迹莲花温泉水城、李村遗址、彭家大院、皇姑庙。有国家级水利风景区鸭河口水库。农业种植花生、玉米、蔬菜、花卉、苗木。工业有火电、水泥加工。焦柳铁路，省道焦新、海顺线过境。

皇路店［Huánglùdiàn］ 皇路店镇人民政府驻地。在县政府驻地城关镇东南33千米。人口8000。原因处古襄洛交通要道得名黄路店，后以谐音为今名。聚落呈条状。有中小学、幼儿园、卫生院。种植小麦、玉米、花生。有花生批发市场。焦柳铁路、省道台襄线经此。

南河店镇［Nánhédiàn Zhèn］ 南召县辖镇。在县境南部。面积124平方千米。人口4.6万。以汉族为主，还有回、满、蒙古等民族。辖24村委会，有203自然村。镇人民政府驻南河店。1955年设南河店乡。后改公社。1984年改乡。1986年改镇。因镇政府驻地得名。铁河、灌河、大石河、渭淋河等流经。有中学1所，小学25所，卫生院1个，卫生室25个。农业种植水稻、小麦、玉米、花生。207国道、二广高速、省道驻淅线过境。

南河店［Nánhédiàn］ 南河店镇人民政府驻地。在县政府驻地城关镇西南15千米。人口3400。以汉族为主，还有回、蒙古等民族。因原在南河沿岸设店得名。聚落呈团块状。有中小学、幼儿园、文化站、卫生院。种植水稻、小麦、玉米、花生。207国道经此。

板山坪镇［Bǎnshānpíng Zhèn］ 南召县辖镇。在县境西南部。面积337平方千米。人口2.5万。以汉族为主，还有回、蒙古等民族。辖24村委会，有252自然村。镇人民政府驻板山坪。1955年设板山坪乡。后改公社。1984年复乡。1995年改镇。因镇政府驻地得名。有大熳山。白河、松河、南河、猪圈河等流经。有初中1所，小学24所，卫生院1个，卫生室24个。农业种植小麦、水稻、玉米、杜仲、山茱萸、板栗、猕猴桃、食用菌等。省道旧邓线过境。

板山坪［Bǎnshānpíng］ 板山坪镇人民政府驻地。在县政府驻地城关镇西南23千米。人口1300。处板山脚下坪地，故名。聚落呈团块状。松河流经。有中小学、幼儿园、卫生院、文化站。有清真寺。种植小麦、玉米、板栗、柿子、木耳、核桃。省道旧邓线经此。

乔端镇［Qiáoduān Zhèn］ 南召县辖镇。在县境西北部。面积342平方千米。人口1.5万。以汉族为主，还有满、回等民族。辖19村委会，有142自然村。镇人民政府驻乔端。1958年成立乔端公社。1984年设乡。1995年改镇。因镇政府驻地得名。白河、松河、石庄河、东庄河等流经。有中学1所，小学23所，卫生院1个，卫生室9个。有宝天曼国家森林公园。有名胜古迹仙人洞、过风垭天坑群、葫芦峪、荆子垛楚长城遗址、白河第一漂等。农业种植小麦、玉米、水稻、竹子、山茱萸、木耳、香菇等。工业以矿产加工为主。服务业以旅游为主。345国道，省道驻淅、旧邓线过境。

乔端［Qiáoduān］ 乔端镇人民政府驻地。在县政府驻地城关镇西北32千米。人口2300。清初建村名湍坪，后因乔端开设店铺改今名。聚落呈团块状。有中小学、幼儿园、卫生院。种植小麦、玉米、山茱萸、木耳、核桃等。有乔端林场、盆景基地。345国道经此。

白土岗镇［Báitǔgǎng Zhèn］ 南召县辖镇。在县境西南部。面积196平方千米。人口4.4万。辖28村委会，有336自然村。以汉族为主，还有满、回、蒙古等民族。镇人民政府驻白土岗。1956年设白土岗乡。后改公社。1984年复乡。1999年改镇。因镇政府驻地得名。白河、铁河、大石河等流经。有初中1所，小学28所，卫生院1个，卫生室28个。有名胜古迹楚长城遗址、圣井寺、青山庙、鲤鱼垛、五朵山等。农业种植小麦、玉米、水稻。盛产苹果。工业有钙粉、水泥、石材、建材加工。白土岗—养马坪、南召—内乡、姬村—青山公路过境。

白土岗［Báitǔgǎng］ 白土岗镇人民政府驻地。在县政府驻地城关镇西南8千米。人口4900。村以岗名。聚落呈团块状。有中小学、幼儿园、卫生院。种植小麦、水稻、蔬菜。产柞茧。南马公路经此。

城郊乡［Chéngjiāo Xiāng］ 南召县辖乡。在县境中部。面积136平方千米。人口9.9万。辖10居委会、22村委会，有236自然村。乡人民政府驻闫沟。1956年设李青店乡。后改公社，1966年更名城郊公社。1984年改乡。有中学1所，小学20所，卫生院1个，卫生室18个。农业种植小麦、玉米、水稻、花生。产柞茧。方李、南南、李洞公路，207国道过境。

闫沟［Yángōu］ 城郊乡人民政府驻地。在县政府驻地城关镇南5千米。人口2200。原名燕沟，谐音阎沟，后演为今名。有小学、卫生室。聚落呈团块状。种植小麦、玉米、水稻、苹果、花生等。207国道经此。

小店乡［Xiǎodiàn Xiāng］ 南召县辖乡。在县境东部。面积168平方千米。人口3.6万。以汉族为主，还有回、蒙古等民族。辖25

村委会，有255自然村。乡人民政府驻小店。1947年设小店乡。1958年成立公社。1984年复乡。因乡政府驻地得名。空山河流经。有初中1所，小学25所，卫生院1个，卫生室25个。农业种植小麦、玉米、水稻，养殖牛、羊、猪。有辛夷种植基地。有特产蜂蜜、梨。方南公路、省道驻淅线过境。

小店［Xiǎodiàn］ 小店乡人民政府驻地。在县政府驻地城关镇东21千米。人口1900。传此地曾开设小饭店，故名。聚落呈散状。有中小学、幼儿园、卫生院。种植小麦、玉米、番薯、花生。工业有养生酒酿造。省道驻淅线经此。

皇后乡［Huánghòu Xiāng］ 南召县辖乡。在县境东北部。面积156平方千米。人口3.8万。以汉族为主，还有回、满等民族。辖1居委会、14村委会，有280自然村。乡人民政府驻北召店。1962年成立皇后公社。1984年设乡。因皇后庄得名。旧名皇后城，汉光武帝刘秀之光烈皇后阴丽华经此入京，筑有行宫，故名。有大王垛山。鸭河流经。有初中1所，小学18所，幼儿园8所，二级医院1个，卫生院1个，卫生室15个。有古迹蚕姑祠、铁牛庙、千年辛夷树王、万年石佛、天湖、将军石等。农业种植小麦、玉米、花卉、苗木、水果、蔬菜等。焦枝铁路、焦新公路、省道郑南线过境。

北召店［Běizhàodiàn］ 皇后乡人民政府驻地。在县政府驻地城关镇东38千米。人口2300。处南召之北，旧有店铺，故名。聚落沿鸭河东岸呈带状分布。有中小学、幼儿园、卫生院。种植小麦、玉米。焦枝铁路、焦新公路、省道金孟线经此。

太山庙乡［Tàishānmiào Xiāng］ 南召县辖乡。在县境东南部。面积133平方千米。人口3.7万。辖1居委会、18村委会，有234自然村。乡人民政府驻太山庙。1949年设太山庙乡。后改公社。1984年复乡。因乡政府驻地得名。有九里山、太子山、鸡冠山等。留山河、西落河、口子河流经。有中学2所，小学15所，卫生院1个，卫生服务站19个。农业种植小麦、玉米、花生，养殖牛、羊、猪。有特产寿桃、蟠桃、软籽石榴。工业有机械、艾草、水泥、白灰、耐火材料加工。焦柳铁路、省道金孟线过境。

太山庙［Tàishānmiào］ 太山庙乡人民政府驻地。在县政府驻地城关镇东南22千米。人口4500。因太子山、太子庙得名。聚落呈团块状。有小学、卫生室。种植小麦、玉米、花生、花卉、苗木。南红公路经此。

石门乡［Shímén Xiāng］ 南召县辖乡。在县境东南部。面积146平方千米。人口3.2万。以汉族为主，还有回、朝鲜等民族。辖20村委会，有149自然村。乡人民政府驻石门。1956年设石门乡。后改公社。1984年复乡。因乡政府驻地得名。有初中1所，小学21所，卫生院1个，卫生室20个。有名胜古迹玉皇阁、黑石寨、孟山庙。农业种植水稻、小麦、玉米，养殖水产。盛产花生。工业有石材、建材加工。南南公路过境。

石门［Shímén］ 石门乡人民政府驻地。在县政府驻地城关镇东南23千米。人口1600。聚落呈条带状。有中小学、幼儿园、卫生院。种植小麦、玉米、水稻、花生。南南公路经此。

四棵树乡［Sìkēshù Xiāng］ 南召县辖乡。在县境西南部。面积202平方千米。人口3.5万。以汉族为主，还有满、蒙古等民族。辖25村委会，有252自然村。乡人民政府驻四棵树。1958年成立四棵树公社。1984年改乡。因乡政府驻地得名。有五朵山。排路河、三岔口河流经。有中学1所，小学27所，幼儿园4所，卫生院2个，卫生室27个。农业种植小麦、水稻、玉米、杜仲、辛夷、山茱萸、板栗等。207国道过境。

四棵树［Sìkēshù］ 四棵树乡人民政府驻地。在县政府驻地城关镇西南23千米。人口1300。聚落呈团块状。有中小学、幼儿园、卫生院。种植小麦、玉米、水稻。产柞蚕。有大理石加工、地毯织造、面粉加工业。207国道经此。

马市坪乡［Mǎshìpíng Xiāng］ 南召县辖乡。在县境西北部。面积292平方千米。人口3万。辖19村委会，有210自然村。乡人民政府驻马市坪。1956年设马市坪乡。后改公社。1984年复乡。因乡政府驻地得名。有中学1所，小学19所，卫生院1个，卫生室34个。有九龙沟瀑布群。农业种植小麦、玉米、水稻，养殖猪、羊。省道驻淅线过境。

马市坪［Mǎshìpíng］ 马市坪乡人民政府驻地。在县政府驻地城关镇西北19千米。人口1500。明有马王庙，得名马坪。后成集市，改今名。聚落呈团块状。有中小学、卫生院。种植小麦、玉米、番薯。

崔庄乡［Cuīzhuāng Xiāng］ 南召县辖乡。在县境北部。面积313平方千米。人口3.5万。辖25村委会，有228自然村。乡人民政府驻崔庄。1955年设崔庄乡。后改公社。1984年复乡。因乡政府驻地得名。有中学2所，小学26所，卫生院1个，卫生室26个。有石人山南麓风景区。农业种植小麦、玉米、水稻，养殖羊。207国道过境。

崔庄［Cuīzhuāng］ 崔庄乡人民政府驻地。在县政府驻地城关镇北6千米。人口2600。明末崔姓建村，故名。聚落呈团块状。有中小学、卫生室。种植小麦、玉米、水稻。青草公路经此。

方城县

方城县［Fāngchéng Xiàn］ 南阳市辖县。北纬33°15′，东经113°00′。在南阳市境东北部。面积2542平方千米。人口115.6万。以汉族为主，还有回、满、蒙古、壮等民族。辖2街道、8镇、7乡。县人民政府驻凤瑞街道。南北朝时期北魏置方城县，属襄城郡。隋属淯阳郡。唐属唐州。宋因之。金泰和八年(1208)属裕州。元、明、清沿用。1913年属豫南道。1914年属汝阳道。1927年属省。1932年属第六行政督察区。1949年属南阳专区。1969年属南阳地区。1994年属南阳市。因方城山得名。北、东南部为浅山丘陵区，南、西南部为平原区。平均海拔350米。最高点七峰山海拔760.3米。年均气温14.4℃，1月平均气温0.6℃，7月平均气温26℃。年均降水量1000毫米。干江、赵河、桂河、贾河、潘河、三里河等流经。有矿产资源铁、锰、铅、锌、金等。有野生植物343种，其中国家一级保护植物有银杏，国家二级保护植物有莲、野大豆、野菱。有野生动物243种。有大乘山、七峰山省级森林公园。森林覆盖率30.2%。有高中7所，中等职业学校5所，初中39所，小学450所，幼儿园67所，特殊教育学校1所，二级医院3个，文化艺术团体17个。有博物馆、文化馆、规划展示馆、图书馆、体育馆。有名胜古迹七十二潭、望花湖、炼真宫、汉廷尉张释之祠、红二十五军鏖战独树镇战斗遗址、楚长城遗址、平高台文化遗址、大张庄文化遗址。三次产业比例22∶43∶35。农业以种植小麦、玉米为主。产花生、蔬菜。工业以光伏新能源、超硬材料制造、农副产品加工、机械制造为主。服务业以旅游、餐饮为主。焦柳铁路，郑渝高铁，许平南高速，234、345国道，省道沈卢、新方、焦桐线过境。

凤瑞街道［Fèngruì Jiēdào］ 方城县人民政府驻地。在县境中部。面积14平方千米。人口5.6万。2011年设。因凤瑞路得名。潘河、干江河流经。有高中1所，初中3所，小学5所，二级医院2个，卫生院2个，卫生室8个。经济以副食品加工、棉纺、制塑、制胶、铸造为主。通公交车。

释之街道［Shìzhī Jiēdào］ 属方城县。在县境中部。面积12平方千米。人口3.2万。2011年设。因释之路得名。潘河、三里河流经。有高中1所，初中3所，小学2所，二级医院1个，卫生院1个。有省级文物保护单位张释之祠。有名胜古迹炼真宫、文庙、城隍庙、通仙观。经济以副食品加工、棉纺、制塑、铸造为主。通公交车。

独树镇［Dúshù Zhèn］ 方城县辖镇。在县境东北部。面积227平方千米。人口8.8万。辖44村委会，有235自然村。镇人民政府驻独树。1958年成立独树公社。1984年设乡。1986年改镇。因镇政府驻地得名。有黄石山。贾河、脱脚河流经。有初中3所，小学42所，卫生院1个，卫生室44个。有红二十五军鏖战独树镇遗址、扳倒井、光武庙、楚长城要塞大关口遗址、大张庄仰韶文化遗址。农业种植小麦、玉米、辣椒、水果。工业以滑石粉制造为主。许平南高速、郑南公路、234国道过境。

独树［Dúshù］ 独树镇人民政府驻地。在县政府驻地凤瑞街道东北17千米。人口2300。原名龙泉铺，明嘉靖三十二年(1553)洪水，仅龙泉寺前老槐树幸存，遂改名独树。聚落呈团块状。贾河、南水北调中线干渠流经。有中小学、幼儿园、卫生院。有龙泉寺、清真寺、中州古镇牌坊、独树老街古寨门城墙等。种植小麦、玉米、花生。有膨润土、滑石粉加工业。有农副产品贸易。许平南高速、234国道经此。

博望镇［Bówàng Zhèn］ 方城县辖镇。在县境西南部。面积153平方千米。人口11.1万。以汉族为主，还有回、蒙古、壮等民族。辖51村委会，有204自然村。镇人民政府驻东小王庄。1958年成立博望公社。1984年设博望乡。1986年析设博望镇。2005年博望乡并入。因博望侯张骞得名。白河、白条河流经。有中学1所，小学52所，卫生院1个，卫生室51个。有名胜古迹张骞祠、张骞桥、一步三眼井。农业种植小麦、玉米。盛产蔬菜、林果。工业有磨料、工艺品、微粉加工。有创业园。兰南高速过境。

东小王庄［Dōngxiǎowángzhuāng］ 博望镇人民政府驻地。在县政府驻地凤瑞街道西南25千米。人口500。因姓氏、方位得名。聚落呈团块状。有中小学、幼儿园、卫生室。种植小麦、玉米、花生、棉花。

拐河镇［Guǎihé Zhèn］ 方城县辖镇。在县境北部。面积为198平方千米。人口4.9万。辖35村委会，有257自然村。镇人民政府驻拐河。1958年成立拐河公社。1984年设乡。1985年改镇。因镇政府驻地得名。有大青山、七峰山、泉白山。澧河、王庄河、杈庄河流经。有初中1所，小学33所，幼儿园34所，卫生院1个，卫生室35个。有名胜古迹神仙洞、藏兵洞、关帝庙、金花娘娘庙、楚长城遗址群。农业种植小麦、玉米、花生、天麻、黄姜、裕丹参等。工业以矿产开采，蚕丝、农副产品、兽药加工为主。省道道白、鲁姚线过境。

拐河［Guǎihé］ 拐河镇人民政府驻地。在县政府驻地凤瑞街道北22千米。人口3600。澧河呈“S”形流经，故名拐河。聚落呈团块状。有中小学、幼儿园、卫生院。有清真寺。种植小麦、玉米、花生。有地毯织造，滑石粉、萤石加工工业。省道道白、鲁姚线经此。

小史店镇［Xiǎoshǐdiàn Zhèn］ 方城县辖镇。在县境东南部。面积277平方千米。人口8.5万。以汉族为主,还有回、纳西、满等民族。辖42村委会,有312自然村。镇人民政府驻小史店。1956年设小史店乡。后改公社。1984年复乡。1994年改镇。因镇政府驻地得名。有狼洞山、双山、雾云山。桂河流经。有初中2所,小学31所,卫生院1个,卫生室42个,公园1个。有古迹寺门遗址、香山佛沟摩崖石刻造像、茅庵寺、申振武墓。农业种植小麦、玉米、花生、核桃、柿子等。工业以花岗岩开采、精铁粉采选为主。省道驻淅、高兰线过境。

小史店［Xiǎoshǐdiàn］ 小史店镇人民政府驻地。在县政府驻地凤瑞街道东南35千米。人口2300。原因处石碶口内得名石碶店,讹为史家店。后因比石碶口西南赊店街小,称小赊店,讹为今名。聚落呈团块状。桂河流经。有中小学、幼儿园、卫生院。种植小麦、玉米。有彩钢瓦加工业。省道驻淅线经此。

赵河镇［Zhàohé Zhèn］ 方城县辖镇。在县境西南部。面积为152平方千米。人口10.5万。辖49村委会,有184自然村。镇人民政府驻赵河。1912年后曾设赵河镇。1950年设赵河乡。后改公社。1984年复乡。1993年改镇。因镇政府驻地得名。有乌云山。赵河流经。有初中1所,小学28所,卫生院1个,卫生室49个。有襄汉漕渠、落口川汉、宋代文化等遗址。农业种植小麦、大豆、棉花。工业以农副产品加工、制衣、电子配件制造为主。许平南高速,省道郑淅、方淅线过境。

赵河［Zhàohé］ 赵河镇人民政府驻地。在县政府驻地凤瑞街道西南18千米。人口1500。顾祖禹《读史方舆纪要》载:"宋唐州知州赵尚宽修复召信臣故迹,名赵渠,赵河之名盖出此。"村以河名。聚落呈散状。有中小学、幼儿园、卫生院。有文化广场、滨河公园。种植小麦、玉米、花生。有涂料、电子加工业。省道方淅线经此。

广阳镇［Guǎngyáng Zhèn］ 方城县辖镇。在县境西部。面积144平方千米。人口8.5万。辖40村委会,有364自然村。镇人民政府驻广店。1951年设广店乡。后改公社。1984年复乡。1993年改广阳镇。因镇政府驻地原名得名。有老栗垛、三贤山。铁河、白条河流经。有初中1所,小学32所,卫生院1个,卫生室40个。有国家级非物质文化遗产广阳益母膏。农业种植小麦、玉米、大豆、棉花。有特产广阳大枣。有铸件、家具加工工业。焦柳铁路、省道高兰线过境。

广店［Guǎngdiàn］ 广阳镇人民政府驻地。在县政府驻地凤瑞街道西32千米。人口1600。原因处广武山之南得名广阳店,简称广店。聚落呈团块状。有小学、卫生所。有三月二十八物资交流大会。种植小麦、花生、油菜。石寨—鸭河公路经此。

二郎庙镇［Èrlángmiào Zhèn］ 方城县辖镇。在县境南部。面积125平方千米。人口5.2万。辖25村委会,有123自然村。镇人民政府驻二郎庙街。民国时期曾设二郎庙镇。1958年成立二郎庙公社。1984年设乡。2013年改镇。因镇政府驻地得名。有双山、大主山、玉皇顶。礓石砬河、甘江河流经。有初中1所,小学22所,卫生院1个,卫生室20个。有望花湖、大乘山森林公园、垭口公园。农业种植番薯、小麦、玉米、花生。工业以风力发电、太阳能电池板制造、机械制造、花生加工为主。有德云山风电场。省道鲁姚线过境。

二郎庙［Èrlángmiào］ 二郎庙镇人民政府驻地。在县政府驻地凤瑞街道东南12千米。人口1200。原称围山镇,明初战乱火焚后迁建,因庙得名。聚落呈梯形。有中小学、幼儿园、卫生院。种植小麦、玉米、花生。盛产番薯粉条。省道鲁姚线经此。

杨楼镇［Yánglóu Zhèn］ 方城县辖镇。在县境东部。面积194平方千米。人口7.8万。辖40村委会,有243自然村。镇人民政府驻杨楼。1958年成立杨楼公社。1984年设乡。2013年改镇。因镇政府驻地得名。有三顶山、狼洞山、房山。干江河、贾河流经。有高中1所,初中1所,小学38所,卫生院1个,卫生室40个。有梁城、房山、仰韶、龙山等文化遗址。农业种植小麦、玉米、油菜、芝麻、大枣、柿树、晚秋黄梨。有创业园。省道栾卢线过境。

杨楼［Yánglóu］ 杨楼镇人民政府驻地。在县政府驻地凤瑞街道东北28千米。人口2800。古称岑家店,清初洪灾后仅剩一座刘姓楼房,后杨姓居住,故名。聚落呈团块状。有中小学、幼儿园、卫生院。种植小麦、玉米。黄杨公路经此。

券桥乡［Quànqiáo Xiāng］ 方城县辖乡。在县境南部。面积100平方千米。人口6.8万。辖37村委会,有146自然村。乡政府驻券桥。民国时曾置券桥镇。1958年成立何庄公社。1982年更名券桥公社。1984年设乡。因乡政府驻地得名。潘河流经。有中学2所,小学23所,卫生院1个,卫生室37个。有古迹襄汉漕渠、汉王台新石器时代文化遗址、古缯国遗址。农业种植小麦、玉米、棉花。工业以粮食深加工为主。有县新能源产业集聚区西区。234国道、省道郑淅线过境。

券桥［Quànqiáo］ 券桥乡人民政府驻地。在县政府驻地凤瑞街道南12千米。人口1900。因砖券小桥得名。聚落呈团块状。有中小学、幼儿园、卫生院。种植小麦、玉米、花生。234国道经此。

杨集乡［Yángjí Xiāng］ 方城县辖乡。在县境中部偏北。面积166平方千米。人口6.5万。以汉族为主,还有回、满等民族。辖36村委会,有281自然村。乡人民政府驻大朱庄。民国时曾置杨集镇。1969年成立杨集公社。1984年设乡。因姓氏得名。有老栗山、大花尖等。甘江河、潘河、三里河流经。有高中1所,初中2所,小学27所,卫生院1个,卫生室36个。有杜凤瑞烈士纪念馆。有名胜古迹张释之墓、新石器时代文化遗址、七十二潭、七峰山。农业种植小麦、玉米、豆类、花生。工业以矿产开采为主。有创业园2个。许平南高速过境。

大朱庄［Dàzhūzhuāng］ 杨集乡人民政府驻地。在县政府驻地凤瑞街道北8千米。人口600。清初朱氏兄弟在潘河东、西两岸建村,兄建河西称大朱庄。聚落呈团块状。有小学、幼儿园、卫生所、文化活动中心。种植小麦、玉米、棉花。

古庄店乡［Gǔzhuāngdiàn Xiāng］ 方城县辖乡。在县境东南部。面积216平方千米。人口8.1万。以汉族为主,还有回族等。辖44村委会,有279自然村。乡人民政府驻古庄店。民国时曾置古庄店镇。1949年改乡。后改公社。1984年复乡。因乡政府驻地得名。有大主山、吐雾山、双山。脱脚河、甘江河、温凉河流经。有初中1所,小学32所,卫生院1个,卫生室44个。有名胜古迹一里坡仰韶文化遗址、房山寺、金汤寨。农业种植小麦、玉米、大豆,养殖猪、牛、羊。工业以花岗岩加工为主。345国道,省道郑新、高兰线过境。

古庄店［Gǔzhuāngdiàn］ 古庄店乡人民政府驻地。在县政府驻地凤瑞街道东南14千米。人口1100。传明清时为无名小庄。后因近裕州—汝宁府大道,来往行人多,渐有人开设店铺形成街市,得名古庄店。聚落呈团块状。有小学、幼儿园、文化大院。种植小麦、玉米、花生。345国道经此。

清河乡［Qīnghé Xiāng］ 方城县辖乡。在县境西部。面积152平方千米。人口7.2万。辖36村委会,有246自然村。乡人民政府驻老庄。民国时期曾置清河镇。1958年成立清河公社。1984年设乡。因河得名。有老栗山、罗汉山。清河、赵河流经。有中学1所,小学37所,卫生院1个,卫生室36个。有名胜古迹舜皇庙、五女冢、楚庄王擂鼓台。有民间艺术廓封背路、旱船、西姬庄狮子。农业种植小麦、玉米、豆类、棉花。工业以矿产开采为主。许平南高速、省道高兰线过境。

老庄［Lǎozhuāng］ 清河乡人民政府驻地。在县政府驻地凤瑞街道西8千米。人口1200。传明末清初世道混乱,仅此庄完好,故名。聚落呈团块状。有小学、卫生所、文化活动中心。经济以副食品、矿产品加工为主。种植小麦、玉米。省道高兰线经此。

柳河乡［Liǔhé Xiāng］ 方城县辖乡。在县境西北部。面积139平方千米。人口4.9万。以汉族为主,还有回、壮等民族。辖25村委会,有258自然村。乡人民政府驻柳河。民国时期曾置柳河镇。1958年成立柳河公社。1984年设乡。因乡政府驻地得名。有西峰山寨、横山、唐佛山。柳河流经。有中学1所,小学23所,卫生院1个,卫生室25个。有名胜古迹汉王台新石器时代文化遗址、龙凤山、娘娘庙、宝山寺。农业种植木瓜、小麦、玉米、花生。工业以矿产开采为主。省道高兰线过境。

柳河［Liǔhé］ 柳河乡人民政府驻地。在县政府驻地凤瑞街道西北19千米。人口2500。因河得名。聚落呈团块状。有中小学、卫生室。种植小麦、玉米、花生。省道高兰线经此。

四里店乡［Sìlǐdiàn Xiāng］ 方城县辖乡。在县境西北部。面积298平方千米。人口6.2万。辖38村委会,有381自然村。乡人民政府驻四里店。1958年成立四里店公社。1984年设乡。因乡政府驻地得名。有荞麦山、紫桃山。赵河、澎河、澧河流经。有初中1所,小学33所,卫生院1个,卫生室38个。有名胜古迹竖刀峡、垛子石庙、金船寺、鲤鱼垛山等。农业种植小麦、玉米、林木,养殖柞蚕。工业以矿产开采为主。省道鲁艾线过境。

四里店［Sìlǐdiàn］ 四里店乡人民政府驻地。在县政府驻地凤瑞街道西北37千米。人口1000。原名天明街,清初被洪水冲毁,后在其北重建,因有4女子在此开店得名"四女店",后讹为今名。聚落呈团块状。有小学、幼儿园、卫生所。种植小麦、玉米、花生。省道鲁艾线经此。

袁店回族乡［Yuándiàn Huízú Xiāng］ 方城县辖乡。在县境西部。面积34.5平方千米。人口1.9万,其中回族占40%,还有汉族等。辖9村委会,有55自然村。乡人民政府驻袁店。民国时期曾置袁店镇。1987年设袁店回族乡。因乡政府驻地得名。有罗汉山、银窝山、乌云山。赵河流经。有初中1所,小学8所,卫生院1个,卫生室8个。农业种植小麦、玉米、花生、大豆、食用菌,养殖南阳黄牛。工业以矿产开采为主。省道高兰线过境。

袁店［Yuándiàn］ 袁店回族乡人民政府驻地。在县政府驻地凤瑞街道西14千米。人口1100。因姓氏得名。聚落呈团块状。有小学、幼儿园、卫生所。种植小麦、玉米、花生。清河—柳河公路经此。

西 峡 县

西峡县［Xīxiá Xiàn］ 南阳市辖县。北纬

33°26′,东经111°04′。在南阳市境西部。面积3453平方千米。人口45万。以汉族为主,还有回、蒙古等民族。辖3街道、14镇、2乡。县人民政府驻紫金街道。1948年由内乡县析设西峡县。1949年改西峡市(镇级),属内乡县。旋析内乡、淅川2县地重置西峡县,属南阳专区。1969年属南阳地区。1994年属南阳市。处伏牛山南支脉峡谷之地,"扼秦楚之咽喉",故名西峡口。西北部为群山,东南部为丘陵,从西向东依次为深山区、浅山区、丘陵区。有老界岭、青铜山、牛心垛等。平均海拔522米。最高点鸡角尖海拔2212.5米,最低点小马边海拔181米。年均气温15.1℃,1月平均气温2℃,7月平均气温27.3℃。年均降水量881.6毫米。老鹳河、淇河、峡河、双龙河、丹水河等流经。有矿产资源金、银、铁、铬等。有野生植物2000种,其中国家重点保护植物有连香、青檀、银杏、桫椤、红豆杉等73种。有天然中药材1300种,其中山茱萸产量占全国70%。有野生动物150种,其中国家重点保护动物有大鲵、金钱豹、金雕、金鸡、梅花鹿、香獐等51种。有南阳恐龙蛋化石群国家级自然保护区,西峡县大鲵省级自然保护区。森林覆盖率78.6%。有县工业技校、县铁路学校。有中学20所,小学120所,二级医院3个。三次产业比例12∶60∶28。农业以种植小麦、玉米、水稻为主。产花生、芝麻、油菜。工业以中药加工,特钢、冶金辅料、汽车配件制造为主。有省级开发区西峡县产业集聚区。服务业以商贸、金融、旅游为主。宁西、浩吉铁路,沪陕、呼北高速,208、209、312、345国道,省道三邓、项卢、方淅、丹回线过境。

建设路［Jiànshè Lù］　在县城中部偏南。东起工业大道,西至鹳河大道。与紫金路、南大街、白羽路、莲花路相交。长2.9千米,宽20米。沥青路面。1975年开工,1978年建成。1995年改扩建。原名丁字街,1983年更今名。两侧有信访局、安监局、审计局、新华书店、妇幼保健院、县医院。通公交车。

白羽路［Báiyǔ Lù］　在县城中部。南起民族路,北至312国道。与仲景大道、建设路、七一路、电厂路、人民路等相交。长7千米,宽30米。沥青路面。1991年开工,1993年建成。2010年扩建。因春秋初楚国建白羽城得名。两侧有住建局、民政局、国税局、中医院、财政局、世纪广场、新县医院、鹳河湿地公园、南阳职业学院。通公交车。

西峡站［Xīxiá Zhàn］　见交通运输设施部分"西峡站"条。

西峡县汽车站［Xīxiá Xiàn Qìchēzhàn］　见交通运输设施部分"西峡县汽车站"条。

紫金街道［Zǐjīn Jiēdào］　西峡县人民政府驻地。在县境东南部。面积3.3平方千米。人口5.8万。以汉族为主,还有回族等。2006年设。因紫金城遗址得名。先后改扩建城市道路,建西峡名吃城。有中学2所,小学1所,卫生院2个,卫生所12个。有幼儿园、广场。经济以商贸为主。工业有冶金建材、干鲜菌加工,高科技材料制造。通公交车。

白羽街道［Báiyǔ Jiēdào］　属西峡县。在县境东南部。面积4.8平方千米。人口5.5万。以汉族为主,还有回、蒙古等民族。2006年设。因白羽城得名。先后改扩建仲景大道,建豫鄂陕农商大市场。有中学1所,小学2所,二级医院1个,卫生院2个,卫生所8个。经济以炼钢、保护材料制造、商贸为主。宁西铁路过境。通公交车。

莲花街道［Liánhuā Jiēdào］　属西峡县。在县境东南部。面积2.5平方千米。人口4万。以汉族为主,还有回族等。2006年设。因莲花寺得名。2009年建文化主题公园。有中学1所,小学2所,二级医院1个,卫生院1个,卫生所10个。经济以商贸为主。通公交车。

丹水镇［Dānshuǐ Zhèn］　西峡县辖镇。在县境东南部。面积132平方千米。人口4.3万。以汉族为主,还有回、蒙古、傣等民族。辖1居委会、28村委会,有289自然村。镇人民政府驻丹水。1944年置丹水镇。1956年设乡。后改公社。1983年复乡。1986年改镇。因镇政府驻地得名。有古垛山、菊花山。丹水、阳城河流经。有中学2所,小学29所,卫生院1个,卫生所29个。有名胜古迹菊花山、古菊潭、唐菊潭县治遗迹。有国家5A级旅游景区恐龙园。农业种植小麦、玉米、猕猴桃、食用菌、中药材。工业以农产品保鲜,汽车配件、冶金辅料、新材料制造为主。服务业以旅游为主。宁西、蒙华铁路,沪陕高速,312国道过境。

丹水［Dānshuǐ］　丹水镇人民政府驻地。在县政府驻地紫金街道东南20千米。人口5500。溪水如丹,故名。聚落呈半圆形。有菊花山。有中小学、卫生院。有烈士陵园。有国家5A级旅游景区恐龙园。经济以汽车配件、保护材料加工为主。有特产猕猴桃、黑李、杏李。312国道经此。

西坪镇［Xīpíng Zhèn］　西峡县辖镇。在县境西部。面积257平方千米。人口3.8万。以汉族为主,还有回、蒙古等民族。辖1居委会、19村委会,有190自然村。镇人民政府驻西坪。1948年置西坪镇,属淅川县。1949年属西峡县。1956年设乡。后改公社。1983年复乡。1986年改镇。因镇政府驻地得名。有龙王尖、老龙山、天义寨山。淇河、峡河流经。有中学2所,小学16所,卫生院1个,卫生所17个。有古迹龙王寨。农业种植小麦、玉米、番薯、香菇、中药材、油桐、猕猴桃等。宁西、蒙华铁路,沪陕、三淅高速,209、312国道过境。

西坪［Xīpíng］　西坪镇人民政府驻地。在县政府驻地紫金街道西北40千米。人口2000。处西部平坦地,故名。聚落呈长条状。有中小学、幼儿园、卫生院。有民间艺术彩云舞。种植猕猴桃、香菇、中药材。宁西铁路,209、312国道经此。

双龙镇［Shuānglóng Zhèn］　西峡县辖镇。在县境东部。面积294平方千米。人口2.3万。以汉族为主,还有回、藏等民族。辖22村委会,有159自然村。镇人民政府驻双龙。1958年成立蛇尾公社。1983年设蛇尾乡。1996年设双龙镇。因镇政府驻地得名。有鹰爪山、松垛山、三尖山。老鹳河、蛇尾河流经。有中学2所,小学15所,卫生院1个,卫生所23个。有名胜龙潭沟、伏牛地下河、石门湖。景点有中原第一漂、龙河漂流。农业种植小麦、玉米、水稻、猕猴桃、香菇、山茱萸、板栗等。工业以冶金保护材料制造为主。有双龙香菇市场。208国道、省道项卢线过境。

双龙［Shuānglóng］　双龙镇人民政府驻地。在县政府驻地紫金街道东北18千米。人口1500。因黄龙、青龙2山得名。聚落呈带状。有中小学、卫生院。种植猕猴桃、香菇、中药材。有香菇市场。208国道、省道项卢线经此。

化山［Huàshān］　在县政府驻地紫金街道东北22千米。双龙镇辖自然村。人口1000。因化山寨得名。聚落呈条状。有国家4A级旅游景区龙潭沟。经济以旅游为主。种植猕猴桃、香菇、山茱萸、油桐。311国道经此。2014年被评为全国文明村。

回车镇［Huíchē Zhèn］　西峡县辖镇。在县境东南部。面积186平方千米。人口3.9万。辖21村委会,有280自然村。镇人民政府驻杜店。1948年设回车乡。1956年改公社。1983年复乡。1997年改镇。传孔子经此回车拜访老子,故名。有霄山、高峰印山。八迭河、古庄河流经。有中学2所,小学21所,卫生院1个,卫生所21个。有古迹屈原岗。农业主产猕猴桃,种植香菇、油桐等。工业有冶炼、汽车制造、制药等。宁西、蒙华铁路,沪陕高速,312国道过境。

杜店［Dùdiàn］　回车镇人民政府驻地。在县政府驻地紫金街道东5千米。人口3700。因明代杜姓开酒店得名。聚落呈团块状。有小学、卫生室。种植香菇、猕猴桃。宁西铁路、沪陕高速、312国道经此。

屈原岗［Qūyuángǎng］　在县政府驻地紫金街道东南11千米。回车镇辖自然村。人口2100。传因屈原"扣马谏王"得名。聚落呈片状。有屈原岗碑。种植香菇、油桐等。宁西铁路、沪陕高速经此。

丁河镇［Dīnghé Zhèn］　西峡县辖镇。在县境西南部。面积400平方千米。人口3.6万。以汉族为主,还有回、蒙古等民族。辖29村委会,有237自然村。镇人民政府驻丁河。1945年设丁河乡。1949年设区。1956年复乡。后改公社。1983年复乡。1997年改镇。2005年陈阳坪乡并入。因镇政府驻地得名。有雨帽顶、鹰爪山。丁河、陈阳河流经。有中学3所,小学21所,卫生院1个,卫生所29个。有名胜古迹秧地遗址、哪吒故里。农业种植小麦、玉米、山楂、木耳、山茱萸、香菇、猕猴桃等。工业以矿产品、农副产品、冶金保护材料、汽车配件加工为主。宁西、蒙华铁路,沪陕高速,312国道过境。

丁河［Dīnghé］　丁河镇人民政府驻地。在县政府驻地紫金街道西北15千米。人口2900。重阳河、长峪沟河呈丁字形交汇,故名。聚落呈片状。有中小学、幼儿园、卫生院。有民间艺术丁河高台。种植香菇。宁西、蒙华铁路,312国道经此。

桑坪镇［Sāngpíng Zhèn］　西峡县辖镇。在县境西北部。面积258平方千米。人口2.6万。以汉族为主,还有回族等。辖20村委会,有178自然村。镇人民政府驻桑坪。1949年设桑坪乡。1958年成立公社。1983年复乡。1996年改镇。因镇政府驻地得名。有摩云垛、青铜山。老鹳河流经。有中学1所,小学20所,卫生院1个,卫生所20个。有名胜古迹修阳县治故址、鸽子洞、神仙洞。农业种植小麦、玉米、番薯、木耳、山茱萸、香菇。工业以石材加工为主。呼北高速、省道项卢线过境。

桑坪［Sāngpíng］　桑坪镇人民政府驻地。在县政府驻地紫金街道西北44千米。人口1300。昔有大桑园,故名。聚落呈片状。老鹳河流经。有中小学、幼儿园、卫生院。有民间艺术狮子舞、旱船、民乐、腰鼓。种植猕猴桃、山茱萸、香菇、油桐。农历逢二、五、八有物质交流会。省道项卢线经此。

米坪镇［Mǐpíng Zhèn］　西峡县辖镇。在县境北部。面积220平方千米。人口2.2万。以汉族为主,还有回、蒙古等民族。辖17村委会,有178自然村。镇人民政府驻米坪。1956年设米坪乡,1958年改公社。1983年复乡。1996年改镇。因镇政府驻地得名。有白石尖山、牛心垛山、高墁山等。老鹳河流经。有中学1所,小学17所,卫生院1个,卫生所17个。有古迹白石尖冶铁遗址、桫椤树群遗迹。有地方戏种靠山红。农业种植小麦、玉米、香菇、猕猴桃、板栗、核桃。工业以农产品、矿产品加工为主。345国道、省道项卢线过境。

米坪［Mǐpíng］　米坪镇人民政府驻地。在县政府驻地紫金街道西北29千米。人口2000。因姓氏得名。聚落呈片状。有中小学、幼儿园、卫生院。有民间艺术靠山红。种植香菇、猕猴桃、中药材。有漂流。345国道、省道项卢线经此。

五里桥镇［Wǔlǐqiáo Zhèn］ 西峡县辖镇。在县境东南部。面积222平方千米。人口5.4万。以汉族为主，还有蒙古、回、满等民族。辖22村委会，有289自然村。镇人民政府驻宋家营。1948年设五里桥乡。后改公社。1983年复乡。2008年改镇。因桥得名。桥距县城5华里，名五里桥。有将军岭、天宝寨。老鹳河、丁河、孔沟河等流经。有中学1所，小学20所，二级医院1个，卫生院1个，卫生所24个。有寺山国家森林公园。有名胜古迹老坟岗、杨岗新石器时代遗址、云华蝙蝠洞、石龙堰。农业种植小麦、玉米、水稻、猕猴桃、香菇。工业以汽车配件、冶金辅料、建筑材料加工，绝缘化工为主。宁西、蒙华铁路，沪陕高速，208、312国道过境。

宋家营［Sòngjiāyíng］ 五里桥镇人民政府驻地。在县政府驻地紫金街道北1千米。人口300。1912年因姓氏得名。聚落呈片状。有中小学、卫生院。种植猕猴桃、香菇。312国道经此。

重阳镇［Chóngyáng Zhèn］ 西峡县辖镇。在县境西南部。面积234平方千米。人口3.1万。以汉族为主，还有回、蒙古等民族。辖20村委会，有207自然村。镇人民政府驻重阳。1948年设重阳乡。1956年复乡。1958年改公社。1983年复乡。2009年改镇。因镇政府驻地得名。有云彩山、五朵山。水峡河、重阳河流经。有中学2所，小学18所，卫生院1个，卫生所22个。农业种植小麦、玉米、猕猴桃、香菇、山楂等。工业以矿产品、农产品、冶金保护材料加工，汽车配件制造为主。宁西铁路、沪陕高速、312国道过境。

重阳［Chóngyáng］ 重阳镇人民政府驻地。在县政府驻地紫金街道西北22千米。人口2000。因重阳寺得名。聚落呈条状。有中小学、幼儿园、卫生院。种植香菇、猕猴桃。宁西铁路、沪陕高速、312国道经此。

太平镇［Tàipíng Zhèn］ 西峡县辖镇。在县境东北部。面积304.5平方千米。人口1.1万。以汉族为主，还有蒙古、回、满等民族。辖11村委会，有89自然村。镇人民政府驻太平镇（自然村）。1956年设太平镇乡。后改公社。1983年复乡。2009年改镇。因镇政府驻地得名。有老君山、玉皇顶、鸡角尖。太平镇河、东坪河、上口河等流经。有中学1所，小学7所，卫生院1个，卫生所11个。有名胜古迹黄石庵、马秀才故居、回龙寺、老君山、老界岭滑雪场、伏牛山大峡谷等。农业种植山茱萸、核桃。工业以矿业开采为主。208、241、345国道过境。

太平镇［Tàipíngzhèn］ 太平镇人民政府驻地。在县政府驻地紫金街道东北42千米。人口1000。原名大平头。明末李自成起义军驻此，取“天下太平”之意，得名太平镇。聚落呈条状。有中小学、幼儿园、卫生院、卫生所。有名胜桦树盘、老界岭滑雪场。经济以康养旅游为主。种植山茱萸、香菇、木耳。208、241国道经此。

二郎坪镇［Èrlángpíng Zhèn］ 西峡县辖镇。在县境东北部。面积199平方千米。人口0.9万。以汉族为主，还有回族等。辖12村委会，有84自然村。镇人民政府驻二郎坪。1949年设二郎坪乡。后改公社。1983年复乡。2011年改镇。因镇政府驻地得名。有天宝寨山、银虎墁山、雨帽顶等。蛇尾河、东峪河、大庙河等流经。有中学1所，小学12所，卫生院1个，卫生所12个。有名胜古迹汉王城遗址、古银杏树群、龙河漂流、老君洞。农业种植小麦、玉米、香菇、中药材等。工业以花岗岩加工为主。有汉王城石材工业园。208、241国道过境。

二郎坪［Èrlángpíng］ 二郎坪镇人民政府驻地。在县政府驻地紫金街道东北31千米。人口1400。因有二石如狼得名二狼坪，1949年后雅称今名。聚落呈片状。有中小学、卫生院。有古银杏。种植香菇、山茱萸、黑木耳。有花岗岩加工工业。208、241国道经此。

阳城镇［Yángchéng Zhèn］ 西峡县辖镇。在县境东南部。面积96平方千米。人口1.6万。以汉族为主，还有回、蒙古等民族。辖17村委会，有158自然村。镇人民政府驻阳城。1948年设阳城乡。1958年并入丹水公社。1961年成立阳城公社。1983年复乡。2011年改镇。因镇政府驻地得名。有白纸山、大岭。阳城河流经。有中学1所，小学12所，卫生院1个，卫生所16个。有牛王庙遗址。农业种植小麦、玉米、猕猴桃、香菇等。工业以冶金材料加工、汽车配件制造为主。回阳、丹阳公路过境。

阳城［Yángchéng］ 阳城镇人民政府驻地。在县政府驻地紫金街道东20千米。人口1300。地处河之北，故名。聚落呈团块状。有中小学、卫生院。种植香菇、猕猴桃。有汽车配件、保护材料加工工业。回阳公路经此。

军马河镇［Jūnmǎhé Zhèn］ 西峡县辖镇。在县境北部。面积160平方千米。人口1.7万。以汉族为主，还有回、藏等民族。辖13村委会，有108自然村。镇人民政府驻军马河。1949年设军马河乡。后改公社。1983年复乡。2013年改镇。因镇政府驻地得名。有大鲵省级自然保护区。有牛心垛、绵羊山、白仗山。老鹳河、长探河流经。有中学2所，小学13所，卫生院1个，卫生所17个。有清代庙宇、戏楼4座。有民间艺术狮子舞、龙灯、旱船、竹马。农业种植小麦、玉米、木耳、油桐、山茱萸等。工业以矿产开采加工为主。省道项卢线过境。

军马河［Jūnmǎhé］ 军马河镇人民政府驻地。在县政府驻地紫金街道西北25千米。人口3300。传河边有金马出没，得名金马河，后讹为今名。聚落呈片状。长探河、老鹳河流经。有中小学、幼儿园、卫生院、文化站。种植香菇、山茱萸、油桐。省道项卢线经此。

石界河镇［Shíjièhé Zhèn］ 西峡县辖镇。在县境西北部。面积118平方千米。人口1.2万。辖9村委会，有67自然村。镇人民政府驻石界河。1949年设石界河乡。后改公社。1983年复乡。2013年改镇。因镇政府驻地得名。有老界岭、锣鼓寨山、雨帽尖山等。烟镇河、老鹳河流经。有中学1所，小学9所，卫生院1个，卫生所12个。农业种植小麦、玉米、山茱萸、核桃、猕猴桃、香菇等。工业以农产品加工为主。省道项卢线过境。

石界河［Shíjièhé］ 石界河镇人民政府驻地。在县政府驻地紫金街道西北37千米。人口2700。处老鹳、烟镇2河交界处，乱石林立，故名。聚落呈片状。有中小学、幼儿园、卫生院。种植香菇、山茱萸、油桐。省道项卢线经此。

田关乡［Tiánguān Xiāng］ 西峡县辖乡。在县境东南部。面积90平方千米。人口2.2万。以汉族为主，还有蒙古、回、满等民族。辖19村委会，有145自然村。乡人民政府驻田关。1949年设田关乡。后改公社。1983年复乡。因乡政府驻地得名。有五龙岈、尖角山。黄水、石岭河流经。有中学2所，小学12所，卫生院1个，卫生所19个。农业种植小麦、玉米、猕猴桃、红山菇等。工业有冶金材料加工、汽车配件制造等。西淅公路过境。

田关［Tiánguān］ 田关乡人民政府驻地。在县政府驻地紫金街道东南25千米。人口2800。明末建村，名田川店，后讹为田关店，简称田关。聚落呈块状。有中小学、幼儿园、卫生院。种植猕猴桃、香菇、黄姜、龙须草等。西淅公路经此。

寨根乡［Zhàigēn Xiāng］ 西峡县辖乡。在县境西北部。面积168.5平方千米。人口0.8万。以汉族为主，还有蒙古族等。辖8村委会，有86自然村。乡人民政府驻寨根。1949年设寨根乡。后改公社。1983年复乡。因乡政府驻地得名。有金刚山、老龙窝山、代尖垛山。峡河流经。有中学1所，小学7所，卫生院1个，卫生所8个。有华佗庙。农业种植小麦、玉米、香菇、木耳、猕猴桃、板栗、核桃等。工业有保护材料加工、汽车配件制造等。呼北高速、省道花黄线过境。

寨根［Zhàigēn］ 寨根乡人民政府驻地。在县政府驻地紫金街道西北40千米。人口1300。清乾隆年间（1736—1795）成村，处潘家寨东侧山根，故名。聚落呈片状。有中小学、幼儿园、卫生院。有潘家寨遗迹。种植香菇、猕猴桃、木耳、中药材等。呼北高速、省道花黄线经此。

镇平县

镇平县［Zhènpíng Xiàn］ 南阳市辖县。北纬33°02′，东经112°13′。在南阳市境中部。面积1490.2平方千米。人口101.2万。辖3街道、15镇、4乡。县人民政府驻涅阳街道。金正大三年（1226）置镇平县，意为镇压、平息起义，属申州。此后未变，先后隶属南阳府、豫南道、汝阳道、河南省、第六行政督察区、南阳专区、南阳地区、南阳市。处南阳盆地西北侧、伏牛山南麓。山区、丘陵、平原三分。海拔128—1650米。年均气温15.1℃，1月平均气温1.4℃，7月平均气温27.5℃。年均降水量709.5毫米。有野生植物1298种，其中国家重点保护野生植物有银杏、杜仲、兰草等5种。有野生动物186种，其中国家重点保护野生动物有黑鹳、金雕、苍鹰、斑嘴鹈鹕等7种。森林覆盖率18.4%。有中学4所，小学453所，二级医院4个。三次产业比例16∶31∶53。农业以种植小麦、玉米为主。产杜仲、牛黄、天麻、金石斛、全虫等中药材。有特产广洋大枣、林麻油。工业以曲轴制造、玉雕加工、制袜、织造为主。服务业以电商、餐饮、旅游为主。焦柳、宁西铁路，沪陕、二广高速，312、207国道过境。

中心广场［Zhōngxīn Guǎngchǎng］ 在县城中部。面积3万平方米。2001年开工，2002年建成。原名电力广场，2014年更今名。西侧有大理石墙，刻“镇平中心广场”。东侧有LED广告屏幕。有运动健身器材、太阳能路灯等。广植玉兰、柳树、桂花树、榆树等。通公交车。

雪峰路［Xuěfēng Lù］ 在县城中部偏北。东起幸福路，西至紫金城路。与北大街、校场路、健康路相交。长3.5千米，宽30米。沥青路面。1981年开工，1983年建成。为纪念彭雪枫将军得名。两侧有银行、食品加工厂、黄酒厂、自来水公司、城关一小、人民公园等。通公交车。

中山街［Zhōngshān Jiē］ 在县城中部。东至东三里河桥，西至207国道。与安国路、幸福路、校场路、健康路等相交。长4.1千米，宽25米。水泥路面。原为中华西街、中华大街、中山东街。为纪念孙中山先生，1981年合并并改称今名。1998年延伸。两侧有粮食局、审计局、财政局、城郊乡政府、镇平一高、雪枫中学、城关二小、教师进修学校、县文化馆、县中医院、新华书店。通公交车。

镇平站 [Zhènpíng Zhàn]　见交通运输设施部分“镇平站”条。

镇平汽车站 [Zhènpíng Qìchēzhàn]　见交通运输设施部分“镇平汽车站”条。

涅阳街道 [Nièyáng Jiēdào]　镇平县人民政府驻地。在县境中部。面积12平方千米。人口9.8万。2006年设。因镇平古称涅阳得名。先后改扩建府前街、中山街、工业路、涅阳路、雪枫路。有高中1所，初中11所，小学7所，幼儿园30所，二级医院3个，卫生院1个，卫生室62个。经济以玉雕加工、地毯织造、服装加工、建筑建材制造、物流为主。有专业市场8个。通多路公交车。

雪峰街道 [Xuěfēng Jiēdào]　属镇平县。在县境中部偏东。面积48平方千米。人口3.9万。2006年设。因彭雪枫将军得名。先后修建平安大道、建设大道、工业路、竹园路。有中学1所，小学18所，卫生室20个。有宛西自治纪念馆、彭雪枫故居。农业以养殖业为主。种植小麦、玉米、花生。工业有玉雕加工、制药、印刷。有建材市场。通公交车。

玉都街道 [Yùdū Jiēdào]　属镇平县。在县境中部。面积65平方千米。人口4.3万。2006年设。为玉雕之乡，故名。有中学1所，小学11所，二级医院1个，卫生院1个，卫生室45个。经济以水泥、石雕加工为主。207国道过境。通公交车。

石佛寺镇 [Shífósì Zhèn]　镇平县辖镇。在县境中部。面积86.3平方千米。人口5.1万。辖1居委会、21村委会，有115自然村。镇人民政府驻石佛寺。1958年成立石佛寺公社。1983年设乡。1985年改镇。因镇政府驻地得名。有初中1所，小学23所，幼儿园16所，卫生院1个，卫生所40个。农业种植小麦、玉米、水稻，养殖猪、牛。工业以玉石加工为主。为南阳玉雕工艺发源地。有玉文化创意产业中心。宁西铁路、柳卢公路过境。

石佛寺 [Shífósì]　石佛寺镇人民政府驻地。在县政府驻地涅阳街道西北9千米。人口2300。明初建村，因村西有唐代寺院，供奉石刻佛像，故名石佛寺。村以寺名。聚落呈团块状。赵河流经。有中小学、幼儿园、卫生院。种植小麦、玉米。柳卢公路经此。

晁陂镇 [Cháobēi Zhèn]　镇平县辖镇。在县境西部。面积50平方千米。人口5.6万。以汉族为主，还有蒙古、回等民族。辖24村委会，有56自然村。镇人民政府驻晁陂。1963年成立晁陂公社。1983年设乡。1985年改镇。因镇政府驻地得名。有中学2所，小学18所，卫生院1个，卫生室24个。有民间艺术唢呐、烙画、玉雕、石雕。农业种植小麦、玉米、花卉，养殖牛、羊。工业以传统玉雕加工、地毯织造为主。宁西铁路、宛坪高速、312国道过境。

晁陂 [Cháobēi]　晁陂镇人民政府驻地。在县政府驻地涅阳街道西10千米。人口6800。晁姓居于陂侧，故名。聚落呈圆形。有中小学、卫生院。种植小麦、玉米、花卉。有玉雕加工业。312国道经此。

贾宋镇 [Jiǎsòng Zhèn]　镇平县辖镇。在县境西南部。面积51.7平方千米。人口6.3万。辖23村委会，有74自然村。镇人民政府驻桥北。1956年设贾宋乡。后改公社。1983年复乡。1985年改镇。因乡政府原驻地贾宋得名。明洪武年间(1368—1398)贾、宋2姓在此开店，称贾宋店、贾宋镇店。清中叶贾宋大寨建成，沿用旧名，后简称今名。有初中2所，小学22所，幼儿园30所，卫生院1个，卫生室25个。经济以制塑、机械铸造、日用化工、建筑用材制造为主。有产业集群2个。省道曲潦线过境。1987年被评为全国文明镇。

桥北 [Qiáoběi]　贾宋镇人民政府驻地。在县政府驻地涅阳街道西南20千米。人口4000。因处贾宋中心桥以北得名。聚落呈团块状。有中小学、幼儿园、卫生室。种植小麦、玉米、花生、花卉、苗木。有小商品、百货市场。省道曲潦线经此。

侯集镇 [Hóují Zhèn]　镇平县辖镇。在县境南部。面积82.5平方千米。人口6.3万。以汉族为主，还有蒙古、回等民族。辖28村委会，有74自然村。镇人民政府驻侯集。1958年成立侯集公社。1983年设乡。1985年改镇。因镇政府驻地得名。赵河、南水北调中线干渠流经。有高中1所，初中2所，小学21所，幼儿园11所，卫生院1个，卫生所29个。农业种植蔬菜、苜蓿草，养殖金鱼。产林果。工业以农副产品深加工为主。有蔬菜、淀粉、金鱼等批发市场。镇郭、枣韩公路过境。

侯集 [Hóují]　侯集镇人民政府驻地。在县政府驻地涅阳街道南11千米。人口6200。明初侯氏建村设集，故名。聚落呈片状。赵河、南水北调中线干渠流经。有中小学、卫生院。经济以商贸为主。种植小麦、蔬菜。镇郭、枣韩公路经此。

老庄镇 [Lǎozhuāng Zhèn]　镇平县辖镇。在县境东北部。面积139.4平方千米。人口3.3万。辖23村委会，有421自然村。镇人民政府驻寺庄。1930年设老庄乡。1958年成立老庄公社。1983年复乡。1994年改镇。因镇政府原驻地得名。清中叶建村，以年代久远得名。有中学11所，小学24所，卫生院1个，卫生室23个。有菩提寺。种植小麦、玉米、水稻。207国道过境。

寺庄 [Sìzhuāng]　老庄镇人民政府驻地。在县政府驻地涅阳街道东北12千米。人口900。自唐永徽后历为菩提寺佃户村，故名。聚落呈点状。有中小学、幼儿园、卫生院。有菩提寺。经济以商贸为主。种植蔬菜。通乡村道路。

卢医镇 [Lúyī Zhèn]　镇平县辖镇。在县境西部。面积52.5平方千米。人口3.6万。辖16村委会，有87自然村。镇人民政府驻卢医街。1958年成立卢医庙公社。1966年改卢医公社。1983年设乡。1994年改镇。因镇政府驻地得名。有初中1所，小学16所，幼儿园6所，卫生院1个，卫生室16个。经济以制衣、机械制造为主。孙官、柳卢公路过境。

卢医街 [Lúyījiē]　卢医镇人民政府驻地。在县政府驻地涅阳街道西北20千米。人口1500。明嘉靖二十三年(1544)为纪念战国名医秦越人而建卢医庙，村以庙名，简称卢医。后发展成市街，称卢医街。聚落呈长条状。有中心学校、幼儿园、卫生院。种植小麦、玉米、花生。有壁毯、玉器加工业。柳卢公路经此。

遮山镇 [Zhēshān Zhèn]　镇平县辖镇。在县境东部。面积68.9平方千米。人口3.7万。辖17村委会，有103自然村。镇人民政府驻钟起营。1975年成立遮山公社。1983年设乡。1996年改镇。以境内遮山得名。有中学1所，小学19所，卫生院1个，卫生室17个。农业种植小麦、玉米、棉花、柿、枣、板栗等。工业以机电设备、仪器仪表制造，通信器材、金属材料加工为主。宁西铁路、312国道过境。

钟起营 [Zhōngqǐyíng]　遮山镇人民政府驻地。在县政府驻地涅阳街道东11千米。人口1000。清康熙年间(1662—1722)王继统迁此建村，因出土古钟得名。聚落呈工字形。有中小学、卫生院。种植小麦、玉米、大豆。有机电产业园。宁西铁路、312国道经此。

高丘镇 [Gāoqiū Zhèn]　镇平县辖镇。在县境西北部。面积182.6平方千米。人口6万。辖29村委会，有466自然村。镇人民政府驻高丘。1958年成立高丘公社。1983年设乡。1998年改镇。2005年四山乡并入。因镇政府驻地得名。有初中2所，小学30所，幼儿园19所，卫生院1个，卫生所29个。农业种植小麦、玉米、花生、小辣椒等。工业以页岩砖、石墨、矿泉水生产为主。省道三邓线过境。

高丘 [Gāoqiū]　高丘镇人民政府驻地。在县政府驻地涅阳街道西北20千米。人口500。原名高桥，后讹为今名。1958年迁今址。聚落呈散状。有中小学、幼儿园、卫生院。种植小麦、玉米、花生、蔬菜、芝麻等。高菊公路经此。

曲屯镇 [Qūtún Zhèn]　镇平县辖镇。在县境西部。面积49.4平方千米。人口3万。辖13村委会，有69自然村。镇人民政府驻曲屯。1975年成立曲屯公社。1983年设乡。1998年改镇。因镇政府驻地得名。有初中1所，小学13所，幼儿园8所，卫生院1个，卫生室16个。农业种植小麦、玉米、棉花、花生、小辣椒等。工业以汽车附件加工、医药化工、地毯织造为主。有中原汽车附件城。宁西铁路、沪陕高速、312国道过境。

曲屯 [Qūtún]　曲屯镇人民政府驻地。在县政府驻地涅阳街道西20千米。人口2000。元初有曲姓居此，村中设驿铺，称曲家铺。明洪武二年(1369)南阳卫在此屯田，称曲家铺屯。清康熙时设曲家屯地方。民国时期演为曲屯。聚落呈团块状。有中小学、幼儿园、卫生院。种植小麦、玉米、玄参。有汽车附件加工工业。宁西铁路、312国道经此。

枣园镇 [Zǎoyuán Zhèn]　镇平县辖镇。在县境西南部。面积55.3平方千米。人口3.7万。辖19村委会，有87自然村。镇人民政府驻枣园。1930年置枣园镇。1966年成立枣园公社。1983年设乡。1986年复镇。因镇政府驻地得名。有初中1所，小学20所，幼儿园15所，卫生院1个，卫生所19个。工业以矿石开采为主，还有制香，艾制品、石材加工业。省道曲贾线过境。

枣园 [Zǎoyuán]　枣园镇人民政府驻地。在县政府驻地涅阳街道西南22千米。人口2300。东汉末年此地枣树成林，盛产大枣，故名。聚落呈团块状。有中小学、卫生室。种植小麦、玉米、花生、芝麻，养殖羊、猪、牛。省道曲贾线经此。

杨营镇 [Yángyíng Zhèn]　镇平县辖镇。在县境中部。面积58.9平方千米。人口5.3万。辖20村委会，有94自然村。镇人民政府驻杨营。1958年成立杨营公社。1983年设乡。2000年改镇。因镇政府驻地得名。有小学21所，幼儿园15所，卫生院1个，卫生室20个。农业种植小麦、豆类、玉米、蔬菜。工业有玉雕、石雕加工。沪陕高速，207、312国道过境。

杨营 [Yángyíng]　杨营镇人民政府驻地。在县政府驻地涅阳街道西南7千米。人口2100。因姓氏得名。聚落呈团块状。有小学、幼儿园、卫生院。种植小麦、玉米、蔬菜。有玉雕、石雕加工业。沪陕高速，207、312国道经此。

柳泉铺镇 [Liǔquánpù Zhèn]　镇平县辖镇。在县境东部。面积65平方千米。人口3.7万。辖19村委会，有116自然村。镇人民政府驻柳泉铺。1930年设柳泉铺乡。后改公社。1983年复乡。2011年改镇。因镇政府驻地得名。有初中2所，小学20所，幼儿园8所，卫生院1个，卫生所22个。种植小麦、玉米、豆类、林果、棉花、花生、小辣椒等。宁西铁路、柳卢公路、

312国道过境。

柳泉铺［Liǔquánpù］ 柳泉铺镇人民政府驻地。在县政府驻地涅阳街道东9千米。人口2800。元初此处有沮洳水泉数十处，泉旁多植柳树，且设有急递驿铺，故名。聚落呈团块状。有中小学、幼儿园、卫生院。种植小麦、玉米、花生。产柿子。宁西铁路、312国道经此。

安字营镇［Ānzìyíng Zhèn］ 镇平县辖镇。在县境东南部。面积73平方千米。人口5.6万。辖25村委会，有108自然村。镇人民政府驻安字营。1962年成立安字营公社。1983年设乡。2009年改镇。因镇政府驻地得名。淇河、南水北调中线干渠流经。有初中2所，小学18所，幼儿园10所，卫生院1个，卫生所25个。农业种植小麦、玉米、大豆、棉花、花生、小辣椒、莲藕等。枣韩公路、省道镇王线过境。

安字营［Ānzìyíng］ 安字营镇人民政府驻地。在县政府驻地涅阳街道东南11千米。人口2400。南北朝时北魏驻马圈坡的兵马经此，于村南御鞍牧马，得名鞍子营。明嘉靖年间(1522—1566)村民渴望平安，改称安子营。清初改称安字营。聚落呈团块状。淇河、南水北调中线干渠流经。有小学、卫生院。种植小麦、玉米、大豆。镇王公路经此。

张林镇［Zhānglín Zhèn］ 镇平县辖镇。在县境南部。面积88平方千米。人口6.7万。辖31村委会，有121自然村。镇人民政府驻张林。1950年设张林乡。后改公社。1983年复乡。2005年黑龙集乡并入。2011年改镇。因镇政府驻地得名。有小学22所，幼儿园22所，卫生院2个，卫生室31个。农业种植小麦、玉米、蔬菜、花生等。207国道、南郑庄—蒋刘洼公路过境。

张林［Zhānglín］ 张林镇人民政府驻地。在县政府驻地涅阳街道西南15千米。人口1800。明洪武年间(1368—1398)张德林建村，故名。聚落呈团块状。南水北调中线干渠流经。有中小学、幼儿园、卫生院。种植小麦、玉米、苗木、花卉。有玉器、地毯、麻油加工业。207国道经此。

彭营镇［Péngyíng Zhèn］ 镇平县辖镇。在县境东南部。面积69平方千米。人口5.7万。辖19村委会，有108自然村。镇人民政府驻彭营。1941年置彭营镇。1958年成立彭营公社。1983年设乡。2013年改镇。因镇政府驻地得名。有初中1所，小学22所，幼儿园23所，卫生院1个，卫生室25个。农业种植小麦、玉米、棉花、花生、小辣椒、芝麻等。焦柳铁路，沪陕高速，枣韩、遮彭公路，省道南邓线过境。

彭营［Péngyíng］ 彭营镇人民政府驻地。在县政府驻地涅阳街道东南13千米。人口2000。明末彭姓建村，清初成集，初名彭家营，又名彭营街，简称彭营。聚落呈团块状。有中小学、卫生院。种植小麦、玉米、花生、棉花、小辣椒。养殖猪。南郑庄—蒋刘洼、新集—李庄公路经此。

二龙乡［Èrlóng Xiāng］ 镇平县辖乡。在县境北部。面积163.8平方千米。人口1.5万。辖14村委会，有295自然村。乡人民政府驻二龙。1951年设二龙乡。后改公社。1983年复乡。因乡政府驻地得名。赵河流经。有初中1所，小学16所，幼儿园13所，卫生院1个，卫生室14个。有名胜古迹孟良谷、双烛峰、黄龙潭、白龙潭、青牛宫、祖师庙。农业种植药材、食用菌，养殖黄牛、奶牛、小尾寒羊、鸡。有旅游业。二杨、五二公路过境。

二龙［Èrlóng］ 二龙乡人民政府驻地。在县政府驻地涅阳街道北21千米。人口1200。清代建村，以村南赵河两岸各有一块如龙巨石，隔河对峙，故名。聚落呈带状。有小学、卫生室。种植小麦、玉米、番薯。产柞茧、中药材。为山区农副产品集散地。二杨公路经此。

王岗乡［Wánggǎng Xiāng］ 镇平县辖乡。在县境西北部。面积40平方千米。人口2.8万。辖16村委会，有85自然村。乡人民政府驻王岗。1975年成立王岗公社。1983年设乡。因乡政府驻地得名。有初中1所，小学13所，幼儿园15所，卫生院1个，卫生室16个。农业种植小麦、玉米、花生。产林果。宁西铁路、省道方管线过境。

王岗［Wánggǎng］ 王岗镇人民政府驻地。在县政府驻地涅阳街道西北14千米。人口800。以蒙古族为主，还有汉、回等民族。元末明初王成后裔迁此岗上定居，故名。聚落呈三角形。有初中、蒙文小学、卫生院。有蒙古祠堂。经济以玉雕为主。种植小麦、玉米。省道三邓线经此。

马庄乡［Mǎzhuāng Xiāng］ 镇平县辖乡。在县境西南部。面积37.5平方千米。人口3.1万。辖10村委会，有65自然村。乡人民政府驻马庄。1930年置马庄镇。1941年改乡。1975年成立马庄公社。1983年复乡。因乡政府驻地得名。有初中1所，小学10所，幼儿园4所，卫生院1个，卫生所10个。农业种植小麦、玉米、棉花、花生、芝麻等。省道旧邓线过境。

马庄［Mǎzhuāng］ 马庄乡人民政府驻地。在县政府驻地涅阳街道西南23千米。人口4200。明末马姓由山西迁此建村，名马庄。聚落呈团块状。有中小学、幼儿园、卫生院。种植小麦、玉米、花卉、苗木、莲藕、葡萄等。省道方管线经此。

郭庄回族乡［Guōzhuāng Huízú Xiāng］ 镇平县辖乡。在县境南部。面积16.1平方千米。人口1.3万，其中回族占31.9%，还有汉族。辖9村委会，有36自然村。乡人民政府驻郭庄。1953年设郭庄回族乡。1956年并入侯集公社。1987年黑龙集乡析设郭庄回族乡。因乡政府驻地得名。有初中1所，小学8所，幼儿园7所，卫生院1个，卫生室5个。农业种植小麦、玉米、蔬菜，养殖肉牛、羊、金鱼。有皮革加工工业。郭黑、镇郭公路过境。

郭庄［Guōzhuāng］ 郭庄回族乡人民政府驻地。在县政府驻地涅阳街道南19千米。人口1800。清乾隆年间(1736—1795)郭氏建村，故名。聚落呈团块状。有小学、卫生室。种植小麦、玉米、花生、棉花等。梨小、镇郭公路经此。

内乡县

内乡县［Nèixiāng Xiàn］ 南阳市辖县。北纬33°13′，东经111°52′。在市境中部偏西。面积2465平方千米。人口74万。辖10镇、6乡。县人民政府驻城关镇。西汉置析县。西魏改析县为中乡县，属析阳郡。因处东、西乡2县之间得名。隋开皇三年(583)避文帝父杨忠讳，改内乡县。五代周显德三年(956)菊潭县省入。宋属邓州。金末元初治迁渚阳镇(今县城)，属南阳府。明成化六年(1470)淅川县析出。清沿明制。1913年属豫南道。1914年属汝阳道。1927年属河南省。1932年属第六行政督察区。1948年西峡县析出，1949年并入，旋又出。1969年属南阳地区。1994年属南阳市。处伏牛山南麓，北部群山耸立，西南部为浅山、丘陵。平均海拔330米。最高点白草尖海拔1845米。年均气温15℃，1月平均气温1.7℃，7月平均气温27.1℃。年均降水量790毫米。湍河、默河、刁河、黄水河、螺蛳河等流经。有矿产资源大理石、石墨、海泡石、蓝石棉、金等。有野生植物3231种，其中国家重点保护野生植物有珙桐、红豆杉、水杉、紫斑牡丹等67种。有野生动物442种，其中国家重点保护野生动物有梅花鹿、林麝、金雕、猕猴、大鲵等86种。森林覆盖率45.9%。有中学26所，职业中专2所，小学340所，二级医院3个。有全国重点文物保护单位内乡县衙博物馆，省级文物保护单位茶庵遗址、内乡文庙等9个。有国家4A级旅游景区内乡县衙、宝天曼、宝天曼峡谷漂流。有名胜古迹五龙潭、天心洞、七星潭、云露山、桃花园、哑女泉。有景点宝天曼自然博物馆、伏牛山地质广场、菊潭公园。三次产业比例22∶42∶36。农业种植棉花、辣椒、油菜、芝麻，养殖生猪、蛋鸡、大白山羊、南阳黄牛。产大棚蔬菜、食用菌、中药材。工业以矿产开采、机电制造、电子加工、化工医药为主。服务业以生态旅游为主。宁西铁路，宛坪、内邓高速，312国道过境。

伏牛山地质广场［Fúniúshān Dìzhì Guǎngchǎng］ 在县城东部。面积10.2公顷。2006年开工，2008年建成。2012年扩建。郦都大道纵贯广场，左右两侧对称矗立着两座巨型浮雕墙，展示伏牛山地质景观。广场内有高10.2米、青铜铸就的菊花纹饰状地球主雕塑。北侧有“清风明月”古县衙组雕，南侧有展现宝天曼原始森林景色的“林泉高致”浮雕。主题碑雕墙、组雕、彩灯、喷泉、绿地、鲜花相互呼应，共成伏牛山地质广场之主题，旨在普及地学知识，召唤人们保护地质遗迹。为集科普、休闲、旅游于一体的综合性广场。周边有公安局、房管局。通公交车。

城关镇［Chéngguān Zhèn］ 内乡县人民政府驻地。在县境中部偏南。面积9平方千米。人口5.5万。辖6居委会、6村委会，有17自然村。镇人民政府位于县衙路。宋、金时称渚阳镇。元初县治迁此。民国时称城厢镇。1948年设城关区。1958年成立天安公社。1981年置城关镇。有高中2所，中专2所，初中2所，二级医院3个，卫生院16个，卫生室48个。有全国重点文物保护单位内乡县衙，省级文物保护单位内乡文庙、别公桥。经济以商贸、旅游为主。有商贸街、生活广场。内邓高速、312国道过境。

县衙路［Xiànyá Lù］ 在县城中部。东起公园南路，西至内邓公路。与菊潭大街、范蠡路、渚阳大道、灵山路等相交。长3.3千米，宽30米。沥青路面。1984年开工，同年建成。因全国重点文物保护单位内乡县衙得名县衙大街，2003年改今名。两侧有县财政局、县农业局、城关镇政府、城建局、农机管理局、邮政局、小学、邮政广场等。通公交车。

大成路［Dàchéng Lù］ 在县城中部。东起飞龙大道，西至内邓公路。与菊潭大街、范蠡路、渚阳大道、灵山路等相交。长4.3千米，宽40米。沥青路面。2001年开工，同年建成。原名民主路，2003年取“大成”以纪念孔子更今名。两侧有防疫站、计生委、工商局、县委、县政府。通公交车。

渚阳大街［Zhǔyáng Dàjiē］ 在县城中部。南起南环路，北至宝天曼大道。与郦都大道、县衙路、大成路、方山路等相交。长5.9千米，宽40米。沥青路面。1998年开工，同年建成。原名黄金大道，2003年因县城古称渚阳镇更今名。两侧有规划局、国土局、交通局、环保局、内乡中专、县实验高中等。通公交车。

范蠡大街［Fànlǐ Dàjiē］ 在县城中部。南起方山路，北至郦都大道。与县衙路、大成路等相交。长4千米，宽30米。沥青路面。原为内邓环城道路，1997年扩建为县城道路建设大街，2003年改扩建，并为纪念范蠡更今名。两侧有工商局、教育局、县人大、县政协、软木厂等。通公交车。

内乡站 [Nèixiāng Zhàn] 见交通运输设施部分“内乡站”条。

内乡县汽车站 [Nèixiāng Xiàn Qìchēzhàn] 见交通运输设施部分“内乡县汽车站”条。

夏馆镇 [Xiàguǎn Zhèn] 内乡县辖镇。在县境北部。面积360平方千米。人口2.6万。辖19村委会，有298自然村。镇人民政府驻夏馆。民国时期曾置夏馆镇。1957年设夏馆乡。后改公社。1984年设乡。1985年改镇。因镇政府驻地得名。有宝天曼国家级自然保护区。有白草尖、李青垛等山。湍河流经。有初中1所，小学9所，卫生院1个，卫生室29个。有古迹唐洞、元洞、明洞、西寨门遗迹、秋林寺等。农业种植板栗、核桃、山楂、柿子、猕猴桃、山葡萄等。灌涨—二郎平、内乡—夏馆、夏馆—湍源公路过境。

夏馆 [Xiàguǎn] 夏馆镇人民政府驻地。在县政府驻地城关镇北35千米。人口2200。三国时夏侯惇屯兵设馆，故名。聚落呈团块状。有中小学、幼儿园、卫生院。有古迹秋林寺、古寨门遗迹。种植小麦、玉米、山果、食用菌。灌涨—二郎平公路经此。

师岗镇 [Shīgǎng Zhèn] 内乡县辖镇。在县境西南部。面积134平方千米。人口7.1万。辖27村委会，有265自然村。镇人民政府驻师岗。1956年设师岗乡。后改公社。1984年复乡。1985年改镇。因镇政府驻地得名。有灵山、洞山、马武山、老和尚山、永青山等。刁河、油坊河、浜河、汶溪河等流经。有初中2所，小学14所，卫生室63个，卫生院1个。有省级文物保护单位信阳师范学校遗址。有隆兴古寺遗迹。农业种植小麦、玉米、番薯、棉花、辣椒等。内乡—师岗、师岗—岞山曲、师岗—瓦亭公路过境。

师岗 [Shīgǎng] 师岗镇人民政府驻地。在县政府驻地城关镇西南15千米。人口2200。原名师家岗，以明中期师姓在土岗上开设小货铺，后成富户得名。后简称今名。聚落呈长条状。有中小学、幼儿园、卫生院。有省级文物保护单位信阳师范学校遗址。种植小麦、玉米、番薯。有建材加工业。师岗—瓦亭公路经此。

马山口镇 [Mǎshānkǒu Zhèn] 内乡县辖镇。在县境东北部。面积283.2平方千米。人口6.3万。辖25村委会，有419自然村。镇人民政府驻马山口。1958年成立马山口公社。1984年设乡。1985年改镇。因镇政府驻地得名。有伏牛山。默河流经。有初中2所，小学18所，卫生院2个，文化站1个。有省级保护文物单位发云寺。有名胜古迹唐河恐龙蛋化石带遗迹、马山口秦家寨碑林、中共豫西六地委、六公署旧址。农业种植小麦、玉米。产食用菌、桐籽、柿子、生漆、毛竹。工业以造纸、汽车零部件制造、木业、童车加工为主。赤马、灌涨—二郎平公路过境。

马山口 [Mǎshānkǒu] 马山口镇人民政府驻地。在县政府驻地城关镇东北24千米。人口5600。处青山、梅子、花北3河交汇口，汉光武帝刘秀起兵南阳时得宝马，故名。聚落呈团块状。有中小学、幼儿园、卫生院。有明清旱码头、上海商会分会遗址、豫西南阳地委旧址、烈士纪念亭。经济以商贸为主。种植小麦、玉米、食用菌。济邓、赤马公路经此。

湍东镇 [Tuāndōng Zhèn] 内乡县辖镇。在县境南部。面积123.4平方千米。人口6.3万。辖1居委会、26村委会，有256自然村。镇人民政府驻东王营。1994年城郊乡改湍东镇。因镇政府驻地处湍河以东得名。有方山、石人山、老君山。默河、黄水河、螺蛳河、红堰河等流经。有初中2所，小学24所，卫生院2个，卫生室47个。有内乡烈士陵园。有名胜古迹茶庵新石器时代遗址、黄龙庙岗古文化遗址、老牛铺、扳倒井。经济以造纸，建材、电子产品、电机、机械制造为主。有镇产业园区。宁西铁路，沪陕、宛坪高速，312国道过境。

东王营 [Dōngwángyíng] 湍东镇人民政府驻地。在县政府驻地城关镇东1千米。人口700。传王姓由今邓州市王坦庄迁此，因处县城以东得名。聚落呈条带状。有中小学、幼儿园、文化站。经济以汽车零部件、电子产品、造纸为主。通公交车。

赤眉镇 [Chìméi Zhèn] 内乡县辖镇。在县境中部偏西。面积154平方千米。人口5.1万。辖21村委会，有330自然村。镇人民政府驻赤眉。1958年成立赤眉公社。1984年设乡。1995年改镇。因镇政府驻地得名。琴溪河、王堂河、洗眉河等流经。有高中1所，初中2所，小学23所，卫生院1个，卫生室41个。有名胜古迹庙山恐龙蛋化石点、小寨遗址、杨营遗址、赤眉古寨、内乡县委兰田旧址。农业种植油桃、桐树、柿树、茶树、竹、核桃、黄花菜等。工业以板材、机械密封垫制造，橡胶加工为主。有镇产业园区。内邓、赤马公路过境。

赤眉 [Chìméi] 赤眉镇人民政府驻地。在县政府驻地城关镇北17千米。人口2800。汉赤眉军曾筑城建寨于此，故名。聚落呈团块状。有中小学、幼儿园、卫生院。有赤眉古城、仰韶文化遗址。有板材、机械密封垫制造，橡胶加工工业。有农产品贸易。内邓、赤马公路经此。

瓦亭镇 [Wǎtíng Zhèn] 内乡县辖镇。在县境西南部。面积89平方千米。人口3.4万。辖16村委会，有159自然村。镇人民政府驻瓦亭。1956年设瓦亭乡。后改公社。1984年复乡。1998年改镇。因镇政府驻地得名。有永青山、大寨山等。长生观河、春景河、魏河等流经。有初中1所，小学12所，卫生院1个，卫生室21个。农业种植辣椒、林果。工业以石材加工为主。内乡—瓦亭、瓦亭—岞山曲公路过境。

瓦亭 [Wǎtíng] 瓦亭镇人民政府驻地。在县政府驻地城关镇西南24千米。人口1800。旧有草亭，年久失修。传清代用瓦重修，故名。聚落呈团块状。有中小学、幼儿园、卫生院。有建材、纸成品加工业。师岗—瓦亭、瓦亭—岞山曲公路经此。

王店镇 [Wángdiàn Zhèn] 内乡县辖镇。在县境东部。面积106平方千米。人口5.5万。辖1居委会、19村委会，有123自然村。镇人民政府驻王店。1955年设王店乡。后改公社。1984年复乡。1997年改镇。因镇政府驻地得名。默河流经。有初中1所，小学23所，卫生院1个，卫生室39个。有喻营烈士纪念碑。农业种植小麦、玉米、番薯、花生、林果，养殖猪、蛋鸡。灌涨—二郎平、王店—余关公路过境。

王店 [Wángdiàn] 王店镇人民政府驻地。在县政府驻地城关镇东北20千米。人口2400。因明万历年间(1573—1620)王姓开骡马店而得名。聚落呈条状。有中小学、幼儿园、卫生院。经济以商贸为主。种植小麦、玉米。灌涨—二郎平、王店—余关公路经此。

灌涨镇 [Guànzhǎng Zhèn] 内乡县辖镇。在县境东部。面积116平方千米。人口5.6万。辖25村委会，有99自然村。镇人民政府驻灌涨铺。1949年设灌涨乡。后改公社。1984年复乡。1997年改镇。因镇政府驻地得名。默河、曾家河流经。有初中1所，小学14所，卫生院1个，卫生室45个。有宝天曼自然博物馆。农业养殖生猪。工业以化工，面粉、饲料加工，汽车零部件制造，冶金辅料加工为主。宁西铁路、312国道、宛坪高速过境。

灌涨铺 [Guànzhǎngpù] 灌涨镇人民政府驻地。在县政府驻地城关镇东9千米。人口1.8万。古为豫陕要道，每逢暴雨，数股洪水灌入，明成化年间(1465—1487)设保置邮铺，故名。聚落呈团块状。有中小学、幼儿园、卫生院。有饲料加工、葡萄酒酿造业。宁西铁路、南坪高速、312国道经此。

杨岗 [Yánggǎng] 在县政府驻地城关镇东15千米。灌涨镇辖自然村。人口2900。因姓氏得名。聚落呈片状。有大白山羊养殖场3个，生态采摘园2个。宁西铁路、沪陕高速、312国道经此。2014年被评为全国文明村。

桃溪镇 [Táoxī Zhèn] 内乡县辖镇。在县境西南部。面积140平方千米。人口2.8万。辖9村委会，有214自然村。镇人民政府驻桃溪。1962年成立西庙岗公社。1984年设乡。2009年改桃溪镇。因镇政府驻地得名。有黄龙寨山、孤山等。寺河、王庄河、东川河、刁河等流经。有初中1所，小学7所，卫生院1个，卫生室19个。有古迹狄青洞遗址、插剑崖李衮亲题诗遗迹。农业种植板栗、食用菌、辣椒。工业以大理石、五氧化二钒、宝天钙粉加工为主。省道内淅线过境。

桃溪 [Táoxī] 桃溪镇人民政府驻地。在县政府驻地城关镇西20千米。人口2700。因溪水得名。因旧有火星庙、牛王庙、关帝庙等庙宇，也称西庙岗。聚落呈阶梯形。有中小学、幼儿园、卫生院。有明清戏楼、盐店、商号遗迹。有大理石、钙粉加工业。省道内淅线经此。

板场乡 [Bǎnchǎng Xiāng] 内乡县辖乡。在县境西北部。面积184平方千米。人口1.2万。辖16村委会，有222自然村。乡人民政府驻板场。1962年成立板场公社。1984年设乡。因乡政府驻地得名。有松山垛、五峰垛、挂剑垛、黄花墁等山峰。鱼道河、让河、雁岭河流经。有初中1所，小学3所，卫生院1个，卫生室21个。经济以石墨、海泡石开采加工为主。省道灌二线过境。

板场 [Bǎnchǎng] 板场乡人民政府驻地。在县政府驻地城关镇西北41千米。人口200。明末清初时伐木解板，故名。聚落呈片状。有中小学、幼儿园、卫生院。种植竹、林果、食用菌。有石材、石墨、石棉加工业。省道灌二线经此。

大桥乡 [Dàqiáo Xiāng] 内乡县辖乡。在县境南部。面积57.8平方千米。人口3.6万。辖16村委会，有173自然村。乡人民政府驻大桥。1955年设大桥乡。后改公社。1984年复乡。因乡政府驻地得名。湍河流经。有初中1所，小学12所，卫生院1个，卫生室34个。有名胜古迹孤峰山、哑女泉、暖泉、马武屯兵练武地遗址、刘明煊烈士故居、灵山。农业种植大棚蔬菜、花卉、林果。有特产柑橘。工业有水泥、建材、石子加工等。省道内邓线过境。

大桥 [Dàqiáo] 大桥乡人民政府驻地。在县政府驻地城关镇南9千米。人口1200。古名长庆川，后因村旁有石桥，在附近7座桥中规模最大，遂称大桥。村以桥名。聚落呈丁字形。有中小学、幼儿园、卫生院。有水泥砖生产、面粉加工、制塑、预制工业。省道内邓线经此。

赵店乡 [Zhàodiàn Xiāng] 内乡县辖乡。在县境南部。面积108平方千米。人口4.8万。辖15村委会，有240自然村。乡人民政府驻赵店。1955年设赵店乡。后改公社。1984年复乡。因乡政府驻地得名。湍河、长城河、黄水河、带驹河等流经。有初中1所，小学6所，卫生院 3 个,卫生室 34 个。有郦城、楚长城、仰韶、屈家岭时期古文化遗址,巫马期古墓等。有西岳、关帝、黑龙等庙宇。农业种植小麦、玉米,养殖猪、山羊、蛋鸡。内乡—二郎平公路过境。

赵店[Zhàodiàn] 赵店乡人民政府驻地。在县政府驻地城关镇北 10 千米。人口 1800。因姓氏得名。聚落呈团块状。有中小学、幼儿园、卫生院。经济以商贸为主。种植小麦、玉米。内乡—二郎平、余关—赵店公路经此。

七里坪乡[Qīlǐpíng Xiāng] 内乡县辖乡。在县境北部。面积 336 平方千米。人口 1.8 万。辖 16 村委会,有 221 自然村。乡人民政府驻七里坪。1956 年设七里坪乡。后改公社。1984 年复乡。有云磨垛、牛心垛等山峰。湍河流经。有初中 1 所,小学 13 所,卫生院 1 个,卫生室 16 个。有秋林寺、唐王寨、御花园、通信沟、跑马岭等遗址。农业种植樱桃、猕猴桃、核桃、山葡萄、柿树。灌二、内七、七宝公路过境。

七里坪[Qīlǐpíng] 七里坪乡人民政府驻地。在县政府驻地城关镇北 30 千米。人口 100。因东西长 7 华里得名。湍河流经。聚落呈团块状。有中小学、幼儿园、卫生院。有秋林寺遗址。经济以商贸、旅游为主。灌二、七宝公路经此。

余关乡[Yúguān Xiāng] 内乡县辖乡。在县境中部。面积 124 平方千米。人口 4.1 万。辖 18 村委会,有 214 自然村。乡人民政府驻余关。1955 年设余关乡。后改公社。1984 年复乡。因乡政府驻地得名。有大寨山、麦子山等。朱沟、孙沟、带驹河流经。有初中 1 所,小学 18 所,卫生院 1 个,卫生室 18 个。有古迹麦子山石寨、谢贵墓。农业种植桐树、柿树、茶树。工业有化肥、饲料、纸制品加工。内乡—余关、王店—余关公路过境。

余关[Yúguān] 余关乡人民政府驻地。在县政府驻地城关镇北 15 千米。人口 1000。因余关庙得名。聚落呈丁字形。有中小学、幼儿园、卫生院。经济以化肥、饲料、纸制品加工为主。内乡—余关、王店—余关公路经此。

岞岫乡[Zuòqū Xiāng] 内乡县辖乡。在县境西南部。面积 128.35 平方千米。人口 3.3 万。辖 16 村委会,有 219 自然村。乡人民政府驻岞岫。1956 年设岞岫乡。后改公社。1984 年复乡。因乡政府驻地得名。石堂山河、刁河、宋家河流经。有初中 1 所,小学 17 所,卫生院 1 个,卫生室 16 个。有全国重点文物保护单位邓窑遗址,省级文物保护单位邓吴垭清代民居。有石堂山麻衣遗址。农业种植小麦、玉米、辣椒、核桃、茶树、油桐、龙须草等。省道内淅线过境。

岞岫[Zuòqū] 岞岫乡人民政府驻地。在县政府驻地城关镇西南 17 千米。人口 800。原名柞渠,柞林满山,大渠绕岗,后讹称今名。聚落呈团块状。有中小学、幼儿园、卫生院。经济以商贸为主。有建材加工业。内乡—桃溪公路经此。

吴垭[Wúyā] 在县政府驻地城关镇西 11 千米。岞山曲乡辖自然村。人口 200。清乾隆八年(1743)吴氏建村于南山岈上,故名。聚落呈团块状。有省级文物保护单位吴垭民居。有清代石头房民居 90 余座。产中药材、桐籽、青竹、柞蚕。瓦亭—岞山曲公路经此。

淅 川 县

淅川县[Xīchuān Xiàn] 南阳市辖县。北纬 33°09′,东经 111°25′。在南阳市境西南部。面积 2798 平方千米。人口 69.6 万。以汉族为主,还有蒙古、回、满等民族。辖 2 街道、11 镇、4 乡。县人民政府驻龙城街道。北魏置东析阳县,治今马蹬镇,属析阳郡。西魏改名淅川县。后周并入内乡县。隋大业初复置,后省入南乡县。唐武德初复置,属淅州。贞观八年(634)属邓州。元初并入内乡县。明成化六年(1470)复置,治马蹬镇。七年治迁老城,属南阳府。清道光十二年(1832)升县为厅。光绪三十一年(1905)升直隶厅,属河南省布政司。1913 年废厅为县,属豫南道。1914 年属汝阳道。1927 年属省。1932 年属第六行政督察区。1948 年治迁今上集镇。1949 年属南阳专区。1969 年属南阳地区。1994 年属南阳市。淅水冲积成百里平川,故名。处秦岭山系东南余脉延伸地段。以山地、垄岗平地为主。最高点跑马岭海拔 1086 米,最低点刁河滩海拔 120 米。年均气温 15.7℃,1 月平均气温 2.2℃,7 月平均气温 28.4℃。年均降水量 813.7 毫米。有猴山、香炉山、玉皇顶、角子山、马蹬山、朱连山、四峰山等。丹江、淇河、鹳河、滔河、刁河流经。有丹江口水库。有矿产资源铁、金、钒、铅、锌等。有野生植物 978 种,其中国家重点保护野生植物有青檀、领春木、连香树、水青树、银杏等 10 多种。有野生动物 751 种,其中国家重点保护野生动物有金钱豹、雕、羚羊、麝、野猪、果子狸等 20 多种。森林覆盖率 43.7%。有南阳信息工程学校。有高中 5 所,初中 21 所,小学 329 所,幼儿园 55 所,二级医院 3 个,楚文化博物馆 1 个。有全国重点文物保护单位荆紫关明清古建筑群、香严寺,省级文物保护单位下寺楚墓群、下集新石器时代遗址、土地岭村传统民居等 12 个。有名胜古迹坐禅谷、平浪宫、王寿宫、法海禅寺、八仙洞。有省级非物质文化遗产鲤鱼闹莲、范蠡传说等 5 项。三次产业比例 20∶35∶45。农业以种植小麦、玉米、番薯为主,养殖鲤、鲫、草、鲢等鱼类。产辣椒、油菜、芝麻、花生。有特产软籽石榴、黄金梨、大樱桃、薄壳核桃、食用菌。工业以汽车减振器制造、冶炼铸造、医药、电力为主。有香九厚省级产业集聚区。服务业以旅游、商贸、餐饮、住宿为主。呼北、三淅、内邓高速,内乡—淅川—邓州公路,208、209、241 国道过境。

丹江大道[Dānjiāng Dàdào] 在县城中部。东起范蠡大道,西至灌河一桥。与灌河路、解放路、丹阳路、顺风路、龙泉路相交。长 5.2 千米,宽 25 米。沥青路面。1987 年开工,1989 年建成。1993 年改扩建。原名南阳路,2003 年因丹江改今名。两侧有建设局、交通局、土地局、汽车站、地税局、规划局、旅游局、县法院、上集镇国税所。通公交车。

丹阳路[Dānyáng Lù] 在县城中部。南起丹江大道,北至北岗转盘。与新建路、人民路、红旗路、前进路、灌河路相交。长 2.7 千米,宽 25 米。沥青路面。1984 年开工,1985 年建成。1988 年扩建。原名东风路,2003 年因旧为楚国古都丹阳改今名。两侧有县卫校、电业局、物价局、矿产局、质监局、移民局、审计局、房管中心等。通公交车。

灌河路[Guànhé Lù] 在县城中部。南起南环路,北至范蠡大道。与工业路、丹江大道、新建路、人民路、红旗路、前进路相交。长 5.4 千米,宽 32 米。沥青路面。1975 年开工,1977 年建成。1982 年延伸。因灌河得名。两侧有公路局、畜牧局、国税局、文广新局、第五高级中学、商务局、城乡公路管理所、中医院、影剧院、盐业公司。通公交车。

人民路[Rénmín Lù] 在县城中部。东起范蠡大道,西至渠首大道。与丹阳路、解放路、鹳河路等相交。长 2.7 千米,宽 22 米。沥青路面。1961 年开工,1963 年建成。1982 年延伸。两侧有县政府、县委、县邮政局、信访局、第二高级中学、实验幼儿园、幸福社区、第一实验小学。通公交车。

淅川县汽车站[Xīchuān Xiàn Qìchēzhàn] 见交通运输设施部分“淅川县汽车站”条。

龙城街道[Lóngchéng Jiēdào] 淅川县人民政府驻地。在县境东北部。面积 5.6 平方千米。人口 6.4 万。以汉族为主,还有蒙古、回、满等民族。2005 年设。因原龙城大队得名。先后延建红旗路、老街路。有脑子寨、驻马山、独山。娃鱼河、灌河流经。有小学 3 所,二级医院 2 个,卫生院 3 个,卫生室 10 个。有烈士陵园、范蠡公园、怡心园休闲广场、古寨遗迹。经济以餐饮、住宿为主。种植小麦、玉米、番薯。通公交车。

商圣街道[Shāngshèng Jiēdào] 属淅川县。在县境东北部。面积 5.2 平方千米。人口 6.3 万。2005 年设。为商圣范蠡故里,故名。先后建县体育场及多个住宅小区。有中学 4 所,小学 3 所,二级医院 1 个,卫生院 3 个,卫生室 9 个。经济以商贸、住宿、餐饮为主。种植小麦、玉米、番薯。通公交车。

荆紫关镇[Jīngzǐguān Zhèn] 淅川县辖镇。在县境西北部。面积 168.2 平方千米。人口 6.5 万。以汉族为主,还有回、蒙古等民族。辖 37 村委会,有 225 自然村。镇人民政府驻荆紫关。1947 年设荆紫关乡。1956 年置镇。后改公社。1983 年复乡。1986 年复镇。因镇政府驻地得名。有猴山、古铜山。丹江河、淇河流经。有中学 2 所,小学 30 所,卫生院 1 个,卫生室 35 个。有全国重点文物保护单位荆紫关明清古建筑群。有名胜古迹法海寺、罗汉洞、古关门、平浪宫、禹王宫、万寿宫、山陕会馆、府台衙门、清真寺。经济以冶金、水电、旅游为主。农业种植小麦、番薯、芝麻、黄姜。有特产脚踏肉、粉蒸肉、石子烙馍、神仙凉粉、酸菜等。呼北高速、荆寺公路、209 国道过境。

荆紫关[Jīngzǐguān] 荆紫关镇人民政府驻地。在县政府驻地龙城街道西北 75 千米。人口 2100。西汉为草桥关,因丹江上有桥铺设杂草,加之地处险关隘口,故名。元代因荆花遍开、荆籽满地,改称荆籽口。明代称荆籽关口。民国时取荆花呈紫色之祥意,改称荆紫关。聚落呈长条状。有中小学、幼儿园、卫生院。有清代一条街、山陕会馆。有土地庙会、寺山庙会、杨泗会。种植小麦、玉米、花生、棉花。荆寺公路经此。

老城镇[Lǎochéng Zhèn] 淅川县辖镇。在县境中部。面积 117 平方千米。人口 2 万。以汉族为主,还有满族等。辖 25 村委会,有 138 自然村。镇人民政府驻秧田。1958 年成立城关公社。1982 年更名老城公社。1983 年设乡。1986 年改镇。因老县城遗址得名。有叶山、望井山、五台岭等。丹江流经。有中学 1 所,小学 20 所,卫生院 1 个,卫生室 19 个。有名胜古迹裴岭战国墓群、铁佛寺、彭翰林院、岵山、武山。农业种植小麦、玉米、番薯、水稻,养殖黄牛、猪。工业以机械制造、彩印包装、食品加工、地毯织造为主。服务业以商贸、餐饮为主。淅十公路过境。

秧田[Yāngtián] 老城镇人民政府驻地。在县政府驻地龙城街道西南 17 千米。人口 1000。有泉可浇秧田百余亩,故名。聚落呈带状。有中小学、幼儿园、卫生院。种植小麦、玉米。产花生、油桃、优质毛桃、金银花、宝盈蜜梨。逢农历四月一、八、十五日有交流会。上仓公路经此。

香花镇[Xiānghuā Zhèn] 淅川县辖镇。在县境东南部。面积 362 平方千米。人口 2.8 万。以汉族为主,还有蒙古、回等民族。辖 27

村委会，有 222 自然村。镇人民政府驻香花岗。1968 年成立香花公社。1983 年设乡。1994 年改镇。因镇政府驻地得名。有中学 1 所，小学 25 所，卫生院 1 个，卫生室 25 个。有省级文物保护单位杨河古墓。有名胜古迹槐道沟战国、西汉古墓群，南岗古冢，春秋龙城遗址，战国罗城遗址。农业以种植小辣椒为主，养殖猪、牛、羊。工业有面粉加工、大理石开采等。有辣椒专业交易市场。省道棠西线过境。

香花岗［Xiānghuāgǎng］ 香花镇人民政府驻地。在县政府驻地龙城街道东南 60 千米。人口 2000。明景泰年间(1450—1456)王应美迁此山岗，得名王美岗。清末因村旁栽种香花刺玫易今名。聚落呈团块状。有中小学、幼儿园、卫生院。种植小麦、玉米、辣椒。省道棠西线经此。

厚坡镇［Hòupō Zhèn］ 淅川县辖镇。在县境东南部。面积 154.1 平方千米。人口 13 万。以汉族为主，还有回、蒙古、满等民族。辖 44 村委会，有 212 自然村。镇人民政府驻厚坡。1958 年成立厚坡公社。1984 年设乡。1994 年改镇。因镇政府驻地得名。刁河、张湾溪、母猪河、荡堰河、前河等流经。有中学 2 所，小学 45 所，卫生院 1 个，卫生室 44 个。有名胜古迹韦集山陕会馆、饶营化石点、北魏孝文帝墓、五垄山弘农郡遗址。农业种植小麦、玉米、辣椒、大枣，养殖牛、羊、猪。工业有木材、药材、农机、铁合金加工。淅川—厚坡、厚坡—邓州公路过境。

厚坡［Hòupō］ 厚坡镇人民政府驻地。在县政府驻地龙城街道东南 68 千米。人口 2700。早年有村民葬此，因待人宽厚，垄地如坡，称此为厚坡，沿为村名。聚落呈团块状。有初中、卫生院。有泰山庙会。种植小麦、玉米。文清公路经此。

丹阳镇［Dānyáng Zhèn］ 淅川县辖镇。在县境东南部。面积 135 平方千米。人口 6.7 万。以汉族为主，还有蒙古、回等民族。辖 32 村委会，有 166 自然村。镇人民政府驻九重。1958 年成立九重公社，属邓县。1972 年属淅川县。1984 年设九重乡。1996 年改镇。2007 年因丹阳湖更今名。有中学 2 所，小学 34 所，卫生院 1 个，卫生室 30 个。有南水北调中线工程。有名胜古迹张河新石器时代遗址、邹楼东汉古冢、唐王桥。农业种植小麦、玉米、大枣、花生、芝麻、中药材，养殖牛、猪、羊。工业以鲜椒加工为主。241 国道、省道棠西线过境。

九重［Jiǔchóng］ 丹阳镇人民政府驻地。在县政府驻地龙城街道东南 75 千米。人口 5200。因九重水堰得名。清代称九重堰。聚落呈团块状。有中小学、幼儿园、卫生院。种植小麦、玉米、大豆。241 国道、省道棠西线经此。

盛湾镇［Shèngwān Zhèn］ 淅川县辖镇。在县境中部偏南。面积 317 平方千米。人口 4.1万。以汉族为主，还有蒙古、回等民族。辖 49 村委会，有 384 自然村。镇人民政府驻盛湾。1956 年设宋湾乡。后改公社。1982 年更名盛湾公社。1983 年设乡。1996 年改镇。因镇政府驻地得名。有跑马岭。樵峪河、黄水河、黄龙河等流经。有中学 1 所，小学 36 所，卫生院 1 个，卫生室 39 个。有毛坪楚墓群、下王岗古文化遗址、马岭古文化遗址、南乡县城遗址、商於城遗址。有民间艺术锣鼓曲、旱船、丹江号子。农业种植小麦、玉米、水稻、芝麻、花生、柿树、龙须草等。有水泥加工、农具修理、丝毯织造等产业。上仓公路过境。通航运。有宋湾、马湾码头。

盛湾［Shèngwān］ 盛湾镇人民政府驻地。在县政府驻地龙城街道南 26 千米。人口 600。因姓氏得名。聚落呈团块状。有中小学、幼儿园、卫生院。种植小麦、玉米、芝麻、花生等。盛仓公路经此。

金河镇［Jīnhé Zhèn］ 淅川县辖镇。在县境中部偏北。面积 161 平方千米。人口 3.8 万。以汉族为主，还有回族等。辖 3 居委会、30 村委会，有 222 自然村。镇人民政府驻金河。1948 年设金河乡。1969 年成立张湾公社。1982 年更名蒿坪公社。1983 年设乡。1997 年因镇政府驻地更今名。有锁山、黄龙寨山、天井漫、望井山。金河、干沟河流经。有中学 3 所，小学 22 所，卫生院 2 个，卫生所 20 个。有名胜古迹观沟古墓群、驻马山、龙泉县遗址、涉嫌洞、牛鼻洞、大泉寺古塔。农业种植小麦、玉米、番薯、绿豆、小米、蔬菜、瓜果等。上仓公路过境。

金河［Jīnhé］ 金河镇人民政府驻地。在县政府驻地龙城街道西 3 千米。人口 400。因河得名。聚落呈团块状。有中小学、卫生院、体育广场。种植小麦、玉米、番薯。

寺湾镇［Sìwān Zhèn］ 淅川县辖镇。在县境西北部。面积 144 平方千米。人口 4.3 万。以汉族为主，还有回、蒙古等民族。辖 29 村委会，有 167 自然村。镇人民政府驻黄河街。1948 年设寺湾乡。后改公社。1983 年复乡。1999 年改镇。因乡政府原驻地寺湾得名。传古有掘山寺，寺后有大河湾得名。丹江、淇河流经。有初中 1 所，小学 27 所，卫生院 1 个，卫生所 29 个。有郭湾新石器时代遗址、前营村新石器时代遗址、汉代崖墓群、西营村殷周古文化遗址及汉墓、高湾村楚三户城遗址。有省级非物质文化遗产鲤鱼闹莲。农业种植小麦、玉米、大豆、花生、胡桑、薄壳核桃、软籽石榴、黄姜等，养殖牛、羊、猪。上荆公路、209 国道过境。

黄河街［Huánghéjiē］ 寺湾镇人民政府驻地。在县政府驻地龙城街道西北 35 千米。人口 2000。传因清末黄姓开店于河边得名黄河店，后改今名。聚落呈长条状。有中小学、幼儿园、卫生院。种植小麦、玉米、番薯、花生、油牡丹、软籽石榴等。荆寺公路经此。

仓房镇［Cāngfáng Zhèn］ 淅川县辖镇。在县境南部。面积 153 平方千米。人口 1.1 万。以汉族为主，还有回族等。辖 13 村委会，有 101 自然村。镇人民政府驻仓房。1961 年成立仓房公社。1983 年设乡。1999 年改镇。因镇政府驻地得名。有上寺国省级森林公园。有十步山、羊洞山。丹江、磨沟河、仓房河、马沟河等流经。有丹江口水库。有中学 1 所，小学 12 所，卫生院 1 个，卫生室 12 个。有省级文物保护单位下寺龙山春秋楚墓群。有古迹香严寺、旋台寺、坐禅谷、古生物化石群。农业种植小麦、玉米、食用菌、柑橘、板栗，养殖水产、猪、牛、羊。张营码头—仓房上寺、下寺码头—仓房公路过境。

仓房［Cāngfáng］ 仓房镇人民政府驻地。在县政府驻地龙城街道南 40 千米。人口 600。汉武帝刘秀驻军建有仓房，故名。聚落呈团块状。有中小学、幼儿园、卫生院。种植小麦、玉米，养殖猪、牛、羊。上仓公路经此。

上集镇［Shàngjí Zhèn］ 淅川县辖镇。在县境东北部。面积 219 平方千米。人口 5.9 万。以汉族为主，还有蒙古族等。辖 9 居委会、37 村委会，有 310 自然村。镇人民政府驻西坪头。1956 年设上集乡。后改公社。1983 年复乡。1998 年改镇。因原乡政府驻地上集得名。清末成集，因集镇相对位置得名。有霄山、李堂山、马头山、山寨、孤山。老灌河流经。有中学 2 所，小学 34 所，卫生院 1 个，卫生室 46 个。有沟湾新石器时代遗址、西坪头新石器时代村落遗址、为营春秋墓、程家洼汉墓、白马寺遗址。农业种植小麦、玉米、板栗、柑橘、花椒、水果，养殖生猪、羊。工业以机械制造、大理石加工、建筑建材制造、地毯织造、玉石珠宝加工为主。有温泉休闲产业。沪陕高速、省道内西线过境。

西坪头［Xīpíngtóu］ 上集镇人民政府驻地。在县政府驻地龙城街道南 6 千米。人口 900。处西坪河右岸，故名。聚落呈团块状。有小学、卫生室。有新石器时代村落遗址。种植小麦、玉米、番薯。有汽车配件加工业。沪陕高速、省道内西线经此。

马蹬镇［Mǎdēng Zhèn］ 淅川县辖镇。在县境东南部。面积 240 平方千米。人口 4.1 万。以汉族为主，还有满族等。辖 34 村委会，有 301 自然村。镇人民政府驻黄庄。1956 年设马蹬乡。1957 年改区。1958 年改乡。1958 年改公社。1969 年与埠口、老城 2 区之东岸地域成立黄庄公社。1983 年改乡。2001 年改马蹬镇。因马蹬古战场得名。有五龙寨、大斧寨、四棱寨等山峰。紫气铺河、杨营河、金竹河等流经。有丹江口水库。有中学 1 所，小学 30 所，卫生院 1 个，卫生室 32 个。有名胜古迹八仙洞、云岭、太白、雁口三峡。农业以种植小辣椒、小麦、玉米为主，养殖猪、牛、羊。有网箱养鱼。有丝毯制造、大理石开采等工业。省道棠西线过境。

黄庄［Huángzhuāng］ 马蹬镇人民政府驻地。在县政府驻地龙城街道南 32 千米。人口 1000。清初黄姓建村，故名。聚落呈带状。有中小学、幼儿园、卫生院。有紫气铺故址。种植小麦、玉米、中药材等。省道棠西线经此。

西簧乡［Xīhuáng Xiāng］ 淅川县辖乡。在县境西北部。面积 235 平方千米。人口 2.3 万。辖 25 村委会，有 169 自然村。乡人民政府驻关帝庙。1956 年设西簧乡。后改公社。1983 年复乡。传九天仙女怒撞囚禁其夫的洞门，锁簧飞落，在东为东簧，在西为西簧。有香炉山、桃花山等。淇河流经。有中学 1 所，小学 29 所，卫生院 1 个，卫生室 23 个。有名胜古迹过风楼、虎回头、五龙戏凤、梨花寨、八卦攒顶。有民间艺术锣鼓曲、旱船。农业种植小麦、玉米、番薯、食用菌、龙须草、中药材等。208、209 国道，呼北高速过境。

关帝庙［Guāndìmiào］ 西簧乡人民政府驻地。在县政府驻地龙城街道西北 32 千米。人口 800。因关帝庙得名。聚落呈团块状。淇河流经。有中小学、幼儿园、卫生院。有名胜古迹两簧口、过风楼、五龙戏凤、八卦攒顶。经济以商贸为主。种植小麦、玉米。209 国道经此。

毛堂乡［Máotáng Xiāng］ 淅川县辖乡。在县境北部。面积 240 平方千米。人口 2.9 万。辖 32 村委会，有 218 自然村。乡人民政府驻毛堂。1948 年设毛堂乡。后改公社。1983 年复乡。因乡政府驻地得名。有玉皇顶、老君台等山。锁河、灌河流经。有中学 1 所，小学 32 所，卫生院 1 个，卫生室 31 个。有名胜古迹南浴泉寺坡古生物化石点、龙山、白莲教活动遗址。农业种植食用菌、黄姜、龙须草、香菇、茶等，养殖猪、山绵羊。有旅游业。208 国道过境。

毛堂［Máotáng］ 毛堂乡人民政府驻地。在县政府驻地龙城街道西北 15 千米。人口 1700。因毛姓建娘娘堂得名。聚落呈带状。南锁河、西河流经。有小学、幼儿园、卫生院。有古庙会。种植小麦、玉米、柿树、龙须草、竹、苹果、柑橘等。有木材加工业。邓西公路经此。

大石桥乡［Dàshíqiáo Xiāng］ 淅川县辖乡。在县境中部偏西。面积 132.9 平方千米。人口 2.2 万。辖 29 村委会，有 273 自然村。乡人民政府驻大石桥。1959 年成立大石桥公社。1983 年设乡。因乡政府驻地得名。有清风岭、大寨、凤凰寨等山峰。有中学 1 所，小学 20 所，卫生院 1 个，卫生室 22 个。农业种植小麦、玉米。产莲藕、黄金梨、柑橘、红心鸭蛋。上仓公路过境。

大石桥 [Dàshíqiáo] 大石桥乡人民政府驻地。在县政府驻地龙城街道西南 35 千米。人口 500。明初山西商人刘大、石善在村东南修建石桥，村以此得名。聚落呈团块状。有中小学、幼儿园、卫生院。有汉代古墓群遗址。种植小麦、玉米、花生、芝麻等。

滔河乡 [Tāohé Xiāng] 淅川县辖乡。在县境西部。面积 129 平方千米。人口 3.4 万。以汉族为主，还有回、满等民族。辖 41 村委会，有 110 自然村。乡人民政府驻黄桥。1958 年成立滔河公社。1983 年设乡。因河得名。有凤凰头山、走马岭等。滔河、丹江流经。有初中 1 所，小学 39 所，卫生院 1 个，卫生室 35 个。有名胜古迹黄楝树、门家堂新石器时代文化遗址、朱沟恐龙蛋化石群、上下寨春秋村落遗址、娘娘洞、老龙泉。农业种植小麦、玉米、水稻、花椒、龙须草、中药材等。工业有汽车配件生产、包装、丝毯织造、面粉加工。209 国道、上仓公路过境。

黄桥 [Huángqiáo] 滔河乡人民政府驻地。在县政府驻地龙城街道西南 37 千米。人口 500。因姓氏得名。聚落呈带状。滔河流经。有中小学、幼儿园、卫生院。种植小麦、玉米、番薯。上仓公路经此。

社 旗 县

社旗县 [Shèqí Xiàn] 南阳市辖县。北纬 33°00′，东经 112°58′。在南阳市境东北部。面积 1203 平方千米。人口 76.2 万。以汉族为主，还有回、蒙古、满等民族。辖 2 街道、13 镇、1 乡。县人民政府驻赊店镇。1965 年置社旗县，以驻地赊旗镇谐音得名，意为“社会主义旗帜”。1969 年属南阳地区。1994 年属南阳市。处南阳盆地东北部边缘。地形以岗地、平原为主。最高点双山海拔 711.2 米。年均气温 14.6℃，1 月平均气温 0.5℃，7 月平均气温 27.1℃。年均降水量 822.5 毫米。有霸王山。赵河、潘河、马河流经。有矿产资源萤石、石灰石、高岭土、金、银等。有野生植物 150 余种，其中国家一级保护植物有银杏、水杉，国家二级保护植物有莲、野大豆、野菱。有野生动物 58 种，其中国家一级保护动物有黑鹳、金雕，国家二级保护动物有赤颈鹏鹡、白琵鹭、蜂鹰、苍鹰等 24 种。森林覆盖率 10.2%。有高中 3 所，中等职业学校 3 所，中学 23 所，特殊教育学校 1 所，小学 235 所，幼儿园 36 所，二级医院 3 个。有文化馆、图书馆、博物馆、剧院、广电中心。有全国重点文物保护单位山陕会馆，省级文物保护单位谭岗遗址、茅草寺新石器时代遗址、太和转楼等 6 个。有省级爱国主义教育基地 2 个。有古迹厘金局、广盛镖局、火神庙。有中国历史文化名镇赊店镇。有省级非物质文化遗产赊店老酒酿造工艺、社旗越调、木雕技艺、民间舞蹈背哥。三次产业比例 26∶46∶28。农业以种植小麦、玉米、绿豆、棉花为主，养殖奶牛、肉鸡、生猪、肉牛。产莲藕、林果、花卉、大棚蔬菜。工业以食品、装备制造，电子信息为主。有农产品加工业。服务业以文化旅游为主。鲁姚公路、234 国道、省道张南线过境。

香山路 [Xiāngshān Lù] 在县城西部。东起西门外北街，西至滨河路。与建设路、福兴路、北京路、政和街、郑州路相交。长 1.7 千米，宽 25 米。沥青路面。1991 年开工，1992 年建成，时名青年路。2001 年因县城新区北部道路统一以名山命名，更今名。2011 年西延。两侧有普法广场、司法局、卫生局、县党校、县检察院。通公交车。

红旗路 [Hóngqí Lù] 在县城西部。东起五魁厂街，西至商南高速引线。与北兴隆街、建设路、北京路、福兴街、郑州路等相交。长 4.2 千米，宽 30—50 米。沥青路面。1986 年开工，1988 年建成。2011 年延伸。两侧有县直属仓库、县文化局、交通局、土地局、国税局、城乡建设局、科委、教委、第一小学、揢爽门、世博广场、文艺广场、规划展览馆、公共服务中心。通公交车。

建设路 [Jiànshè Lù] 在县城西部。南起工业路，北至泰山路。与长江路、西关大街、红旗路、香山路相交。长 4.6 千米，宽 30 米。沥青路面。1987 年开工，1988 年建成。两侧有环保局、同仁医院、五官医院、仲景医院、新华书店、县汽车站。通公交车。

社旗县汽车站 [Shèqí Xiàn Qìchēzhàn] 见交通运输设施部分“社旗县汽车站”条。

赵河街道 [Zhàohé Jiēdào] 属社旗县。在县境西北部。面积 35 平方千米。人口 2.8 万。以汉族为主，还有回、蒙古等民族。2012 年设。因赵河得名。有中学 1 所，小学 7 所，二级医院 2 个，卫生院 1 个，卫生室 8 个。有省级文物保护单位谭岗遗址。农业种植小麦、玉米、花生。产瓜果、蔬菜等。234 国道、省道张南线过境。有县汽车站。通公交车。

潘河街道 [Pānhé Jiēdào] 属社旗县。在县境西北部。面积 25 平方千米。人口 1.6 万。2012 年设。因潘河得名。有中学 1 所，小学 3 所，卫生室 5 个。有何庙、柳营烈士陵园。农业种植小麦、玉米、大豆。产瓜果，蔬菜。有建筑建材市场。234 国道、省道张南线过境。通公交车。

赊店镇 [Shēdiàn Zhèn] 社旗县人民政府驻地。在县境西北部。面积 18 平方千米。人口 6.7 万。以汉族为主，还有回、蒙古、高山等民族。辖 8 居委会、4 村委会，有 31 自然村。镇人民政府驻福寿社区。1950 年置赊旗镇。1965 年更名社旗镇。1975 年更名城关镇。1982 年复社旗镇。2004 年改赊店镇。传汉光武帝刘秀赊酒旗起兵反莽，得名赊旗店。清乾隆二十年(1755)改赊旗镇。有中学 2 所，小学 7 所，二级医院 1 个，卫生院 1 个，卫生室 12 个。为中国历史文化名镇。有全国重点文物保护单位山陕会馆，省级文物保护单位 3 个。农业种植蔬菜。工业以电子、食品加工为主。有文化旅游业。省道济邓、张南、鲁艾线过境。

福寿社区 [Fúshòu Shèqū] 赊店镇人民政府驻地。在县境中部偏北。面积 0.4 平方千米。人口 2300。因福寿街得名。2005 年成立。有小学、幼儿园、卫生所。经济以商贸为主。通公交车。

桥头镇 [Qiáotóu Zhèn] 社旗县辖镇。在县境西北部。面积 85 平方千米。人口 5.1 万。以汉族为主，还有回、蒙古、壮等民族。辖 18 村委会，有 106 自然村。镇人民政府驻桥头街。1966 年成立桥头公社。1983 年设乡。1985 年改镇。因镇政府驻地得名。小清河、珍珠河、泥河、赵河等流经。有中学 2 所，小学 17 所，卫生院 1 个，卫生室 18 个。农业种植小麦、玉米、大豆、芝麻。工业有制衣、电子、食品加工、制塑、建材制造等。省道张南线过境。

桥头街 [Qiáotóujiē] 桥头镇人民政府驻地。在县政府驻地赊店镇西 12 千米。人口 5300。秦代建村。位于宛城至裕州官道珍珠河石桥东，且设有集市，故名。聚落呈团块状。珍珠河流经。有中小学、卫生院、卫生所。种植小麦、大豆、玉米。有艾草产业园。省道张南线经此。

饶良镇 [Ráoliáng Zhèn] 社旗县辖镇。在县境东南部。面积 112 平方千米。人口 6.4 万。以汉族为主，还有回、京、土家等民族。辖 18 村委会，有 119 自然村。镇人民政府驻饶良。1956 年设饶良乡。后改公社。1983 年复乡。1985 年改镇。2005 年丁庄乡并入。因镇政府驻地得名。饶良河流经。有初中 2 所，小学 18 所，幼儿园 45 所，卫生院 2 个，卫生所 18 个。农业种植小麦、棉花、大豆、玉米、芝麻、蔬菜等。工业以农产品加工为主。省道鲁姚线、县道苟牛线过境。

饶良 [Ráoliáng] 饶良镇人民政府驻地。在县政府驻地赊店镇东南 23 千米。人口 1300。因汉光武帝刘秀避暑纳凉得名饶凉，后以谐音改今名。聚落呈斜四边形。有小学、卫生所。种植小麦、玉米、花生。县道苟牛线经此。

兴隆镇 [Xīnglóng Zhèn] 社旗县辖镇。在县境中部偏南。面积 46 平方千米。人口 3.1 万。以汉族为主，还有回、满、蒙古等民族。辖 9 村委会，有 58 自然村。镇人民政府驻保其岗。1912 年设兴隆镇乡，属唐河县。1949 年仍乡。后改公社，属社旗县。1983 年复乡。1994 年改镇。因兴隆镇(自然村)得名。清初唐河水运发达，此地为水陆码头。康熙二十九年(1690)知州潘云桂为招徕流寓，在此设店，致商业兴隆，人口增多，为祈求吉祥取名兴隆镇。有中学 1 所，小学 10 所，卫生院 1 个，卫生所 9 个。有省级文物保护单位茅草寺新石器时代遗址。农业种植小麦、棉花、玉米、小辣椒、小杂粮，养殖牛、羊、猪。黄杨公路过境。

保其岗 [Bǎoqígǎng] 兴隆镇人民政府驻地。在县政府驻地赊店镇南 12 千米。人口 300。原因处土岗下宝地得名宝起岗，后演今名。聚落呈团块状。有小学、卫生所。种植小麦、玉米。黄杨公路经此。

晋庄镇 [Jìnzhuāng Zhèn] 社旗县辖镇。在县境西南部。面积 55 平方千米。人口 3.5 万。辖 13 村委会，有 56 自然村。镇人民政府驻晋庄。1953 年设晋庄乡。后改公社。1983 年复乡。1998 年改镇。因镇政府驻地得名。桐河流经。有中学 1 所，小学 13 所，卫生院 1 个，卫生室 16 个。农业种植小麦、玉米。有棉纺织业。县道苟牛线过境。

晋庄 [Jìnzhuāng] 晋庄镇人民政府驻地。在县政府驻地赊店镇西南 20 千米。人口 1000。因姓氏得名。聚落呈团块状。有中小学、幼儿园、卫生院。种植小麦、玉米、花生、西瓜。桃赵公路经此。

李店镇 [Lǐdiàn Zhèn] 社旗县辖镇。在县境南部。面积 101.8 平方千米。人口 6.4 万。以汉族为主，还有蒙古、满、回等民族。辖 22 村委会，有 80 自然村。镇人民政府驻李店。1955 年设李店乡。后改公社。1983 年复乡。2000 年改镇。2005 年青台镇并入。因镇政府驻地得名。有初中 2 所，小学 21 所，卫生院 2 个，卫生室 22 个。有西周汉代村落遗址、梁岗汉墓、掉枪河汉墓群、冢坡汉墓。农业种植小麦、玉米、大豆、蔬菜。工业以机械加工、制塑、建材制造为主。晋饶、晋朱公路，234 国道过境。

李店 [Lǐdiàn] 李店镇人民政府驻地。在县政府驻地赊店镇南 23 千米。人口 2300。元中期李氏开店，故名。聚落呈团块状。有中小学、幼儿园、卫生院、骨伤诊所。种植小麦、玉米。234 国道经此。

苗店镇 [Miáodiàn Zhèn] 社旗县辖镇。在县境东南部。面积 36 平方千米。人口 4 万。以汉族为主，还有回、壮、蒙古等民族。辖 17 村委会，有 69 自然村。镇人民政府驻苗店。1955 年设苗店乡。后改公社。1983 年复乡。2000

年改镇。因镇政府驻地得名。有初中1所，小学18所，幼儿园4所，卫生院1个，卫生室17个。种植小麦、玉米、番薯。晋朱公路，省道鲁姚、张南线过境。

苗店［Miáodiàn］　苗店镇人民政府驻地。在县政府驻地赊店镇东南17千米。人口1400。宋初苗姓开店，故名。聚落呈团块状。马河流经。有中小学、卫生院。种植花生、玉米、小麦。省道张南线经此。

郝寨镇［Hǎozhài Zhèn］　社旗县辖镇。在县境东部。面积175平方千米。人口6.8万。以汉族为主，还有回、黎等民族。辖24村委会，有124自然村。镇人民政府驻郝寨。1958年成立郝寨公社。1983年设乡。1998年改镇。因镇政府驻地得名。唐河、堰河、马河流经。有中学1所，小学25所，卫生院1个，卫生室23个。有十里井烈士陵园、通济桥、花园寺、子房庙遗址。农业种植小麦、大豆、玉米、芝麻、蔬菜等。有三粉、小辣椒、畜牧等市场5个。省道张南线过境。

郝寨［Hǎozhài］　郝寨镇人民政府驻地。在县政府驻地赊店镇东南10千米。人口900。汉代郝姓建村，故名。聚落呈团块状。有小学、卫生院。有通济桥、子房庙。种植小麦、大豆、玉米、蔬菜。省道张南线经此。

朱集镇［Zhūjí Zhèn］　社旗县辖镇。在县境东南部。面积120平方千米。人口7万。以汉族为主，还有回、土家、布依等民族。辖27村委会，有122自然村。镇人民政府驻朱集。1954年设朱集乡。后改公社。1983年复乡。2005年田庄乡并入。2007年改镇。因镇政府驻地得名。有中学2所，小学15所，卫生院2个，卫生室27个。有汉代古城遗址。农业种植小麦、玉米、花生。县道苟牛线过境。

朱集［Zhūjí］　朱集镇人民政府驻地。在县政府驻地赊店镇东南29千米。人口4000。因姓氏得名。聚落呈团块状。有中小学、卫生院、卫生所。种植小麦、玉米、棉花。晋朱公路、县道苟牛线经此。

下洼镇［Xiàwā Zhèn］　社旗县辖镇。在县境东北部。面积117平方千米。人口6.2万。以汉族为主，还有蒙古、壮、满等民族。辖19村委会，有117自然村。镇人民政府驻下洼。1961年成立下洼公社。1983年设乡。2009年改镇。因镇政府驻地得名。有双山、霸王山。有中学2所，小学19所，卫生院1个，卫生室19个。农业种植小麦、玉米、花生、西瓜，养殖鸡、羊。黄杨公路过境。

下洼［Xiàwā］　下洼镇人民政府驻地。在县政府驻地赊店镇东17千米。人口5400。以汉族为主，还有蒙古、壮、满等民族。此处地势低洼，明末夏姓建村，得名夏洼，后演今名。聚落呈散状。有中小学、幼儿园、卫生院。种植小麦、玉米、花生。黄杨公路经此。

大冯营镇［Dàféngyíng Zhèn］　社旗县辖镇。在县境西南部。面积75平方千米。人口4.3万。辖15村委会，有71自然村。镇人民政府驻前赵庄。1949年设大冯营乡。后改公社。1983年复乡。2011年改镇。因镇政府原驻地由6个营组成，呈方形，得名大方营，后讹为大冯营。有中学1所，小学13所，卫生院1个，卫生室16个。农业种植小麦、棉花、大豆、芝麻、蔬菜、花卉、苗木、艾草，养殖水产。张苍公路过境。

前赵庄［Qiánzhàozhuāng］　大冯营镇人民政府驻地。在县政府驻地赊店镇西南11千米。人口500。因姓氏及方位得名。聚落呈团块状。有中小学、幼儿园、卫生院。种植小麦、玉米、小辣椒。

太和镇［Tàihé Zhèn］　社旗县辖镇。在县境南部。面积80平方千米。人口3.5万。以汉族为主，还有蒙古、回等民族。辖8村委会，有60自然村。镇人民政府驻太和寨。1921年设太和乡。1958年成立太和公社。1983年复乡。2011年改镇。因镇政府驻地得名。有中学1所，小学11所，卫生院1个，卫生室7个。有省级文物保护单位太和转楼。农业种植小麦、玉米、大豆、番薯、蔬菜、花卉、林果、棉花、芝麻、小辣椒等。为小麦良种繁育基地。社太、太源公路过境。

太和寨［Tàihézhài］　太和镇人民政府驻地。在县政府驻地赊店镇南21千米。人口2900。清初称李夭庄，1930年改建寨墙门楼，取名太和，意为太平人和。聚落呈团块状。有中小学、幼儿园、卫生院。为河南省传统村落。种植小麦、玉米。李丁公路经此。

陌陂镇［Mòpō Zhèn］　社旗县辖镇。在县境东北部。面积67平方千米。人口4.6万。以汉族为主，还有回、壮、蒙古等民族。辖19村委会，有76自然村。镇人民政府驻陌陂街。明清称陌陂镇。1956年设陌陂乡。后改公社。1983年复乡。2014年改镇。因镇政府驻地得名。陌陂河流经。有中学1所，小学11所，卫生院1个，卫生室19个。有汉代遗址。有民间艺术背哥、九宫八卦阵。农业种植小麦、玉米、花生、番薯。有面粉、粉条、粉皮加工业。有三粉、小辣椒、畜牧交易市场。黄杨公路、省道鲁艾线过境。

陌陂街［Mòpōjiē］　陌陂镇人民政府驻地。在县政府驻地赊店镇东北10千米。人口6000。东汉初年堵阳侯朱佑建狱营，以近山邻水得名陌陂。聚落呈散状。陌陂河流经。有中小学、幼儿园、卫生院、文化站。有汉代遗址。种植小麦、玉米、番薯。黄杨公路经此。

唐庄乡［Tángzhuāng Xiāng］　社旗县辖乡。在县境西北部。面积66平方千米。人口4.3万。以汉族为主，还有回、蒙古等民族。辖18村委会，有73自然村。乡人民政府驻唐庄。1975年成立唐庄公社。1983年设乡。因乡政府驻地得名。有初中1所，小学16所，卫生院1个，卫生所18个。农业种植小麦、绿豆、玉米、棉花、芝麻、药材，养殖牛、猪、羊。工业有粮食深加工、塑胶加工、水泥制造、电子、制瓷等。234国道、省道济邓线过境。

唐庄［Tángzhuāng］　唐庄乡人民政府驻地。在县政府驻地赊店镇北5千米。人口2000。清初唐姓建村，故名。聚落呈团块状。有小学、卫生所。种植小麦、大豆、玉米、芝麻。省道济邓线经此。

唐河县

唐河县［Tánghé Xiàn］　南阳市辖县。北纬32°42′，东经112°49′。在市境东南部。面积2497平方千米。人口140.1万。以汉族为主，还有回、蒙古、满、维吾尔等民族。辖4街道、12镇、7乡。县人民政府驻滨河街道。明洪武二年(1369)唐州降为唐县，属南阳府。洪武十四年(1381)泌阳县(县治今驻马店泌阳)析出。成化十二年(1476)桐柏县析出。清沿明制。1913年属豫南道。1914年改名沘源县。1923年改今名。因唐河得名。1927年属省。1932年属第六行政督察区。1949年属南阳专区。1969年属南阳地区。1994年属南阳市。地势东北高西南低。东南部为浅山丘陵，余为平原。平均海拔341.6米。年均气温15.1℃，1月平均气温1.4℃，7月平均气温27.6℃。年均降水量915.5毫米。泌阳河、毗河、桐河、三家河、清水河、绵延河、涧河、蓼阳河等流经。有矿产资源石油、石英、花岗岩、石灰石等。有野生植物150余种。有野生动物58种，其中国家重点野生动物有野猪。有友兰湿地公园、凤山地质公园、石柱山森林公园。森林覆盖率8.5%。有高中4所，职业中专1所，初中38所，小学536所，二级医院4个。有全国重点文物保护单位泗洲塔。有名胜古迹文庙、文笔峰塔、城隍庙、源潭山陕会馆、发山普化讲寺、湖阳龙泉禅寺。三次产业比例25：39：36。农业以种植小麦、玉米为主。产花生、番薯。工业以机械、电子、农副产品加工为主。服务业以商贸、餐饮为主。宁西铁路，沪陕高速，312国道，方枣、棠西公路过境。

解放路［Jiěfàng Lù］　在县城北部。东起公主路，西至滨河北路。与星江北路、文峰北路、新春北路、人民北路、新民路、新华北路相交。长3.5千米，宽30米。沥青路面。民国时建中山大街。1950年更今名。1954、1983年改造。途经商业中心。两侧有县教体局、第三小学、文化馆、人民医院、儿童医院、妇幼保健站、新华书店等。通公交车。

建设路［Jiànshè Lù］　在县城中部。东起石柱山路，西至上海大道。与星江北路、文峰北路、新春北路、人民北路、新华北路等相交。长6.5千米，宽40米。沥青路面。民国时建南信公路。1958、1972年改扩建。1992年东扩。2007年西扩。两侧有清真寺、农机局、公路局、盐业局、商业局、粮食局、城郊乡政府、联营汽车站等。通公交车。

星江路［Xīngjiāng Lù］　在县城东部。南起澧水西路，北至上海大道。与解放路、建设路、友兰大道、工业西路、伏牛西路、兴达西路相交。长6.3千米，宽40米。1996年开工，1997年建成。水泥路面。原名东环路，2009年因张星江纪念馆改今名。2011、2014年扩建。两侧有县疾控中心、畜牧局、城郊派出所、文峰广场等。通公交车。

唐河汽车站［Tánghé Qìchēzhàn］　见交通运输设施部分“唐河汽车站”条。

滨河街道［Bīnhé Jiēdào］　唐河县人民政府驻地。在县境中部。面积25.9平方千米。人口7.2万。2008年设。先后建上海大桥，改扩建滨河路、文化路，修建滨河路景观带、职工游园、文化广场、鸡蛋道仿古一条街、龟井寒泉景观等。有高中2所，初中1所，小学2所，二级医院1个。有冯友兰纪念馆、革命烈士纪念馆、博物馆、文化馆、唐州大剧院。有古迹城隍庙、忠字门。有友兰湿地公园、凤山地质公园。经济以商贸为主。通公交车。

文峰街道［Wénfēng Jiēdào］　属唐河县。在县境中部。面积29.6平方千米。人口5.5万。2008年设。因清代文笔峰塔得名。先后改造老城区，改扩建公主路、文峰路，建成宝塔广场、公交车总站。有高中1所，初中1所，小学1所，二级医院2个。有古迹泗洲塔、文笔峰塔、文庙。经济以商贸、餐饮为主。种植小麦。通公交车。

东兴街道［DōngXīng Jiēdào］　属唐河县。在县境西部。面积41平方千米。人口2.8万。2012年设。以“兴旺发达，如东升的太阳般明亮耀眼”寓意命名。有初中1所，小学3所，卫生院1个。农业种植小麦、黄豆、花生、蔬菜。工业有采油、水电等。处河南油田主产区。服务业以商贸、餐饮为主。桐宋公路、省道新丹线过境。通公交车。

兴唐街道［Xīngtáng Jiēdào］　属唐河县。在县境中部。面积19.6平方千米。人口2.3万。2014年设。取意振兴唐河，故名。唐河、三家河流经。有中学1所，小学5所，卫生室6

个。工业以机械制造、电子、纺织为主。有台湾产业园。宁西铁路过境。有唐河站。通公交车。

源潭镇 [Yuántán Zhèn] 唐河县辖镇。在县境北部。面积153平方千米。人口9.4万。以汉族为主,还有回族等。辖1居委会、42村委会,有158自然村。镇人民政府驻源潭。1931年设源潭镇。1958年成立源潭公社。1983年设乡。1985年复镇。因镇政府驻地得名。有初中2所,小学31所,卫生院2个,卫生室44个。有省级文物保护单位山陕会馆。有名胜古迹华山阁、党坡无事冢、汉代四郎冢、千年银杏树。农业种植小麦、玉米、花生、小辣椒等。有小辣椒交易市场。方枣、少李公路过境。

源潭 [Yuántán] 源潭镇人民政府驻地。在县政府驻地滨河街道东北13千米。人口4700。原青龙镇码头位于河西岸,清康熙初迁东岸,取"青龙回源归潭"之吉兆得名源潭。聚落呈团块状。唐河、泌阳河、毗河流经。有中小学、幼儿园、卫生院。有省级文物保护单位山陕会馆。种植小麦、玉米、花生。袁源公路经此。

张店镇 [Zhāngdiàn Zhèn] 唐河县辖镇。在县境西部。面积122平方千米。人口6.8万。辖24村委会,有148自然村。镇人民政府驻张店。1956年设张店乡。后改公社。1983年复乡。1985年改镇。因镇政府驻地得名。有初中2所,小学31所,卫生院1个,卫生室24个。有古迹徐庶阁、白秋汉王桥。农业种植小麦、玉米、花生。328国道过境。

张店 [Zhāngdiàn] 张店镇人民政府驻地。在县政府驻地滨河街道西15千米。人口2000。元末张姓开店,故名。聚落呈团块状。有中小学、幼儿园、卫生院。种植小麦、玉米、花生。省道新丹线经此。

郭滩镇 [Guōtān Zhèn] 唐河县辖镇。在县境西南部。面积125.6平方千米。人口8.7万。辖30村委会,有113自然村。镇人民政府驻郭滩。1956年设郭滩乡。后改公社。1983年复乡。1994年置镇。因镇政府驻地得名。有初中1所,小学29所,卫生院1个,卫生室30个。古迹有白马寺、济阳城遗址、山陕会馆、古柏树。农业种植小麦、玉米、花生。工业生产烟花爆竹。杨苍、张郭、桐宋公路,328国道过境。

郭滩 [Guōtān] 郭滩镇人民政府驻地。在县政府驻地滨河街道西南30千米。人口4800。原名戈家潭,后改郭家潭,又因处唐河两岸河滩地,盛产瓜类得名瓜滩街,习称郭滩。聚落呈三角形。有中小学、幼儿园、卫生院。经济以商贸为主。有建材、百货日杂、家具、家电等市场。杨苍公路、328国道经此。

湖阳镇 [Húyáng Zhèn] 唐河县辖镇。在县境南部。面积145.5平方千米。人口6.6万。以汉族为主,还有回族等。辖26村委会,有168自然村。镇人民政府驻湖阳。元代曾设湖阳镇。1956年设湖阳乡。后改公社。1983年复乡。1985年改镇。因镇政府驻地得名。有初中2所,小学16所,卫生院1个,卫生室26个。有省级文物保护单位影坑遗址、湖阳公主墓。有名胜古迹龙泉禅寺、蓼王庙、白马堰、紫玉山。农业种植小麦、玉米、花生。李吊公路、240国道过境。

湖阳 [Húyáng] 湖阳镇人民政府驻地。在县政府驻地滨河街道南35千米。人口7300。古为蓼国都城,北有蓼山,南有徽子湖,故名。聚落呈团块状。蓼阳河流经。有中小学、幼儿园、卫生院。有清凉寺、城隍庙、清真北寺。经济以商贸为主。有清真食品加工业。方枣公路经此。

黑龙镇 [Hēilóng Zhèn] 唐河县辖镇。在县境南部。面积116.8平方千米。人口5.8万。以汉族为主,还有回族等。辖3居委会、24村委会,有267自然村。镇人民政府驻黑龙集。1956年设黑龙镇乡。后改公社。1983年复乡。1994年改镇。因镇政府驻地得名。有初中2所,小学25所,卫生院1个,卫生室27个。有普化讲寺。农业种植小麦、玉米、花生。工业以水泥、大理石建材加工为主。省道济邓、淮邓线过境。

黑龙集 [Hēilóngjí] 黑龙镇人民政府驻地。在县政府驻地滨河街道南25千米。人口2000。因黑龙堰得名。聚落呈团块状。有中小学、幼儿园、卫生院。种植小麦、玉米、花生。有水泥加工业。方枣、郭马公路经此。

大河屯镇 [Dàhétún Zhèn] 唐河县辖镇。在县境东北部。面积136.3平方千米。人口8.2万。以汉族为主,还有回族等。辖24村委会,有167自然村。镇人民政府驻大河屯。1956年设大河屯乡。后改公社。1983年复乡。1995年改镇。因镇政府驻地得名。泌阳河流经。有初中2所,小学28所,卫生院1个,卫生室26个。农业种植小麦、玉米、花生、蔬菜。有特产萝卜、黄姜。沪陕高速、328国道、省道焦桐线过境。

大河屯 [Dàhétún] 大河屯镇人民政府驻地。在县政府驻地滨河街道东北23千米。人口4000。泌阳河两岸土地肥沃,有"粮食囤"之称,故名。聚落呈团块状。有中小学、幼儿园、卫生院。种植黄姜、大葱、萝卜。省道鲁姚、桀西线经此。

龙潭镇 [Lóngtán Zhèn] 唐河县辖镇。在县境西南部。面积97.5平方千米。人口5.1万。辖23村委会,有119自然村。镇人民政府驻汉龙潭。1956年设龙潭乡。后改公社。1983年复乡。1997年改镇。因镇政府驻地得名。有初中1所,小学21所,卫生院1个,卫生室23个。有汉垱遗址、冢子坡新石器时代文化遗址。农业种植小麦、玉米、花生。苍湖公路、省道淮邓线过境。

汉龙潭 [Hànlóngtán] 龙潭镇人民政府驻地。在县政府驻地滨河街道西南34千米。人口8200。汉称黄家庄,唐代改汉龙潭。明洪武二年(1369)碑文载:"汉龙潭,唐邑古镇也,始于黄,兴于龙。龙者水也,水患至,唯此地汲水,汲水者是为旱龙,故崇名耳。"聚落呈团块状。有中小学、幼儿园、卫生院。种植小麦、玉米、花生。有农副产品贸易。李吊公路、省道淮邓线经此。

桐寨铺镇 [Tóngzhàipù Zhèn] 唐河县辖镇。在县境西北部。面积160.5平方千米。人口8.8万。辖39村委会,有168自然村。镇人民政府驻桐寨铺。1936年置桐寨铺镇。1956年设乡。后改公社。1983年复乡。1996年改镇。因镇政府驻地得名。有初中2所,小学34所,卫生院1个,卫生室39个。有莲海观赏园。农业种植小麦、玉米、花生、西瓜等。宁西铁路、沪陕高速、312国道过境。

桐寨铺 [Tóngzhàipù] 桐寨铺镇人民政府驻地。在县政府驻地滨河街道西北18千米。人口1400。元至正年间(1341—1368)建寨,桐树成林,故名。聚落呈团块状。有中小学、幼儿园、卫生院。经济以商贸、餐饮、物流为主。种植小麦、玉米。沪陕高速、桐苍公路、312国道经此。

苍台镇 [Cāngtái Zhèn] 唐河县辖镇。在县境西南部。面积85.3平方千米。人口5.2万。辖20村委会,有71自然村。镇人民政府驻苍台。1956年设苍台乡。后改公社。1983年复乡。1999年改镇。因镇政府驻地得名。唐河流经。有初中1所,小学22所,卫生院1个,卫生室21个。有叶集汉墓、陈排湾古柏树、古谢邑遗址。农业种植小麦、玉米、花生。有特产大白菜、白萝卜、白沙桃。桐苍、湖苍公路,省道淮邓线过境。

苍台 [Cāngtái] 苍台镇人民政府驻地。在县政府驻地滨河街道西南41千米。人口1500。因苍台寺得名。明清时期称苍台店。聚落呈团块状。有中小学、幼儿园、卫生院。种植小麦、花生。有商贸服务业。桐宋公路、省道淮邓线经此。

谢家庄 [Xièjiāzhuāng] 在县政府驻地滨河街道西南38千米。苍台镇辖自然村。人口500。西周为谢国地,申伯封国之谢邑,为谢氏发源地。世代相传,因树有老鸹窝得名"老鸹窝谢"。后因名字不雅,改为谢庄,又因重名再改今名。聚落呈团块状。有世界谢氏总会纪念碑。汤郭、湖苍公路经此。

上屯镇 [Shàngtún Zhèn] 唐河县辖镇。在县境中部。面积119.2平方千米。人口7.9万。以汉族为主,还有回族等。辖32村委会,有123自然村。镇人民政府驻丁岗。1936年置上屯镇。1956年设上屯乡。后改公社。1983年复乡。1999年复镇。因上屯得名。唐河流经。有初中2所,小学27所,卫生院1个,卫生室32个。有马武城遗址、古城盖遗址、冢张汉墓。农业种植小麦、玉米、花生、白萝卜、大白菜、大葱等。方枣公路、省道济邓线过境。

丁岗 [Dīnggǎng] 上屯镇人民政府驻地。在县政府驻地滨河街道南16千米。人口7200。明初丁姓建村,故名。聚落呈团块状。有中小学、幼儿园、卫生院。经济以商贸为主。种植小麦、玉米、花生。丁马公路、省道济邓线经此。

上屯 [Shàngtún] 在县政府驻地滨河街道西南14千米。上屯镇辖自然村。人口3000。西汉时称薛家庄。明因左良玉屯田于此称左官屯。清末改称上官屯。后简今名。聚落呈圆形。有小学、卫生室。有山陕会馆、关帝庙、天爷庙、左将军衣冠冢。种植小麦、玉米、花生。有花生加工、预制工业。省道济邓线经此。

毕店镇 [Bìdiàn Zhèn] 唐河县辖镇。在县境东部。面积114.1平方千米。人口6.7万。以汉族为主,还有回族等。辖23村委会,有177自然村。镇人民政府驻毕店。1956年设毕店乡。后改公社。1983年复乡。1996年改镇。因镇政府驻地得名。有初中2所,小学22所,卫生院1个,卫生室23个。有廻龙寺新石器时代文化遗址、廻龙寺、张星江故居。农业种植小麦、玉米、花生。沪陕高速、王四公路过境。

毕店 [Bìdiàn] 毕店镇人民政府驻地。在县政府驻地滨河街道东25千米。人口3700。清初毕姓开店,故名。聚落呈团块状。有中小学、幼儿园、卫生院。种植小麦、玉米、大豆。有商贸服务业。省道鲁姚线经此。

少拜寺镇 [Shǎobàisì Zhèn] 唐河县辖镇。在县境东北部。面积90.3平方千米。人口5万。以汉族为主,还有回族等。辖20村委会,有124自然村。镇人民政府驻少拜寺。1961年成立少拜寺公社。1983年设乡。2001年改镇。因镇政府驻地得名。温凉河流经。有初中2所,小学16所,卫生院1个,卫生室20个。有佛光寺。农业种植小麦、玉米、花生。谷马公路、328国道过境。

少拜寺 [Shǎobàisì] 少拜寺镇人民政府驻地。在县政府驻地滨河街道东北31千米。人口1800。传刘秀夜宿寺庙,仓皇间未跪拜,言"少拜了"。后东汉建立,称寺为少拜观音寺,简称少拜寺。村以寺名。聚落呈椭圆形。有中小学、幼儿园、卫生院、烈士陵园。有面粉、粉丝加工业。谷马公路经此。

城郊乡 [Chéngjiāo Xiāng] 唐河县辖乡。

在县境中部。面积135.9平方千米。人口7.5万。辖28村委会,有154自然村。乡人民政府驻王岗。1968年成立城郊公社。1983年设乡。因处城郊得名。有初中1所,小学23所,二级医院1个,卫生院1个,卫生室28个。有省级文物保护单位寨茨岗新石器时代文化遗址。有古迹潘庄冢子、刘双冢。农业种植小麦、玉米、花生。沪陕高速,312、328国道,省道济邓线过境。

王岗 [Wánggǎng] 城郊乡人民政府驻地。在县政府驻地滨河街道北2千米。人口3000。明代王姓建村,故名。聚落呈团块状。有中小学、幼儿园、卫生院。种植小麦、花生,养殖鸡、鸭、牛、羊。240国道经此。

桐河乡 [Tónghé Xiāng] 唐河县辖乡。在县境西北部。面积66.5平方千米。人口3.9万。辖20村委会,有67自然村。乡人民政府驻桐河。1933年设桐河乡。1948年设区。1956年复乡。后改公社。1983年复乡。因乡政府驻地得名。有初中1所,小学19所,卫生院2个,卫生室20个。有古迹泰山庙遗址、清代石桥、天主教堂。农业种植小麦、玉米、花生。少李、桐苍公路过境。

桐河 [Tónghé] 桐河乡人民政府驻地。在县政府驻地滨河街道西北24千米。人口2800。因河得名。宋称桐河店。聚落呈椭圆形。有中小学、幼儿园、卫生院。种植小麦、玉米。有特产桐蛋。王范、桐宋公路经此。

昝岗乡 [Zǎngǎng Xiāng] 唐河县辖乡。在县境中部。面积149.1平方千米。人口7.7万。以汉族为主,还有回族等。辖28村委会,有189自然村。乡人民政府驻昝岗。1956年设昝岗乡。后改公社。1983年复乡。因乡政府驻地得名。有初中3所,小学26所,卫生院1个,卫生室27个。有房云寺。农业种植小麦、玉米、花生。唐河—马振抚、祁仪公路过境。

昝岗 [Zǎngǎng] 昝岗乡人民政府驻地。在县政府驻地滨河街道南13千米。人口3500。明初昝姓建村,故名。聚落呈团块状。有中小学、幼儿园、卫生院。种植小麦、玉米、花生。有农副产品贸易。马上、岗祁公路经此。

祁仪乡 [Qíyí Xiāng] 唐河县辖乡。在县境东南部。面积181平方千米。人口4.8万。以汉族为主,还有回族等。辖26村委会,有272自然村。乡人民政府驻祁仪。1956年设祁仪乡。后改公社。1983年复乡。因乡政府驻地得名。有初中2所,小学21所,卫生院1个,卫生室26个。有古迹画山战斗遗迹、许河新石器时代文化遗址、明龛、暗龛、钟鼓楼牌坊。农业种植小麦、玉米、花生、水稻。岗祁公路过境。

祁仪 [Qíyí] 祁仪乡政府驻地。在县政府驻地滨河街道东南25千米。人口5000。祁、仪2河交汇,故名。聚落呈团块状。有中小学、幼儿园。有冯家大院。种植小麦、玉米、花生。岗祁公路经此。

马振抚乡 [Mǎzhènfǔ Xiāng] 唐河县辖乡。在县境东南部。面积160.8平方千米。人口5.3万。以汉族为主,还有回族等。辖24村委会,有222自然村。乡人民政府驻马振抚。1933年设马振抚乡。1968年改公社。1983年复乡。因乡政府驻地得名。有初中2所,小学22所,卫生院1个,卫生室23个。有名胜古迹尤岗汉代冢子、石柱山森林公园、虎山水库。农业种植小麦、玉米、花生、水稻。省道淮邓线、旅游专线公路过境。

马振抚 [Mǎzhènfǔ] 马振抚乡人民政府驻地。在县政府驻地滨河街道东南28千米。人口2500。原名马丁胡,后因明代马姓镇抚官驻此得名马镇抚,1949年改今名。聚落呈团块状。有小学、幼儿园、卫生院。种植小麦、玉米、大豆、花生。有山货贸易。省道淮邓线经此。

前庄 [Qiánzhuāng] 在县政府驻地滨河街道东南34千米。马振抚乡辖自然村。人口100。清代李姓建村,处上梨园村前,故名。聚落呈团块状。为中国传统村落。民居多为清代中晚期建筑,依山势地形而建,起脊坡面瓦屋,硬山抬梁式结构,青砖黛瓦,独家小院以石阶相通,保存较为完整。名胜古迹有明代圆通寺遗址和塔林、唐代双峰寺等。有红三军、红二十五军长征等红色文化遗迹。有堰塘。石柱山旅游公路经此。

古城乡 [Gǔchéng Xiāng] 唐河县辖乡。在县境东部。面积116.7平方千米。人口6.8万。以汉族为主,还有回族等。辖27村委会,有151自然村。乡人民政府驻古城。1956年设古城乡。后改公社。1983年复乡。因乡政府驻地得名。三家河、泌阳河流经。有初中2所,小学34所,卫生院1个,卫生室26个。有古迹清真寺、九古冢、井楼汉墓、古城遗址。农业种植小麦、玉米、花生。桀西公路、312国道过境。

古城 [Gǔchéng] 古城乡人民政府驻地。在县政府驻地滨河街道东13千米。人口1500。明末彭姓建村,有汉代城镇遗址,故名。聚落呈椭圆形。有中小学、幼儿园、卫生院。养殖鸡。有河南油田基地。唐河—王集、井楼—源潭公路经此。

东王集乡 [Dōngwángjí Xiāng] 唐河县辖乡。在县境东部。面积122.5平方千米。人口5.2万。以汉族为主,还有回族等。辖20村委会,有175自然村。乡人民政府驻王集。1956年设王集乡。后改公社。1983年复乡。因乡政府驻地得名。有初中1所,小学21所,卫生院1个,卫生室20个。农业种植小麦、玉米、花生。罗杨、王四公路过境。

王集 [Wángjí] 东王集乡人民政府驻地。在县政府驻地滨河街道东40千米。人口1300。清初王姓建村,故名。聚落呈团块状。有中小学、幼儿园、卫生院。种植小麦、玉米、花生。有木材交易。罗杨、王四公路经此。

新野县

新野县 [Xīnyě Xiàn] 南阳市辖县。北纬32°34′,东经112°27′。在南阳市境南部。面积1062平方千米。人口83万。辖2街道、8镇、5乡。县人民政府驻汉城街道。西汉高帝元年(前206)置新野县,治今县城,属南阳郡。西晋永宁二年(302)为新野郡治。北周大象元年(579)并入棘阳县。隋开皇三年(583)复置,属南阳郡。唐乾元元年(758)废县为镇。元至元二年(1265)复置县,属邓州。此后未变,先后隶属南阳府、豫南道、汝阳道、河南省、第六行政督察区、桐柏行政公署第三专区、南阳专区、南阳地区、南阳市。原为沼泽,蔓草盈野,后成良田,寄"气象更新"之意名新野。处宛襄盆地中心,地势北高南低。平均海拔86.6米。年均气温15.3℃,1月平均气温1.9℃,7月平均气温27.2℃。年均降水量783.9毫米。唐河、白河流经。有矿产资源石油、天然气等。有野生动物雉、野兔、黄鹂等30多种。森林覆盖率18.9%。有高中7所,中等职业学校4所,初中25所,小学247所,二级医院2个。有汉画像砖博物馆、邓禹文化广场。有省级文物保护单位凤凰山文化遗址、新都故城。有名胜古迹汉议事台、汉桑城、邓禹台文化遗址、召父渠、光武台、棘阳故城、猕猴演艺苑。三次产业比例17∶43∶40。农业以种植小麦、玉米,养殖肉牛、猪为主。产甘蓝、大葱、胡萝卜、花生等。工业以棉纺织、食品、家居制造和光电电子为主。服务业以仓储物流、餐饮、住宿为主。有纺织产业集聚区、蔬菜产业园区、肉牛产业集群示范区。二广高速,328国道,省道郑新、镇王、桀西线过境。

汉城路 [Hànchéng Lù] 在县城中部。东起中兴路,西至滨河路。与人民路、朝阳路、东关街、解放路等相交。长3.1千米,宽20米。沥青路面。1979年开工,1982年建成。1987年西延。2011年大修。因汉桑城蜀汉遗迹得名。两侧有县民政局、县人社局、县第二医院等。通公交车。

书院路 [Shūyuàn Lù] 在县城中部。东起中兴路,西至滨河路。与人民路、朝阳路、解放路、清翔路等相交。长3.2千米,宽20米。沥青路面。原为土路,1956年整修,1981年建成。1986年改扩建。后数次维修。因古白水书院得名。两侧有县水利局、县老干部局、小学、卫校医院、汉画像砖博物馆等。通公交车。

中兴路 [Zhōngxīng Lù] 在县城东部。南起大桥路,北至朝阳路。与健康路、汉城路、书院路等相交。长4.7千米,宽20米。沥青路面。2011年开工,同年建成。因新野县为光武帝中兴发祥地,故名。两侧有县农业局、县第一高中、县第一初中、县医院等。通公交车。

新野汽车站 [Xīnyě Qìchēzhàn] 见交通运输设施部分"新野汽车站"条。

汉城街道 [Hànchéng Jiēdào] 新野县人民政府驻地。在县境中部偏西。面积21.2平方千米。人口10.8万。以汉族为主,还有蒙古、回、满等民族。2006年设。因汉桑城得名。白河流经。有中学4所,小学7所,二级医院2个,卫生院1个,卫生所11个。工业以线带、纸箱加工,印刷,纺织为主。通公交车。

汉华街道 [Hànhuá Jiēdào] 属新野县。在县境中部偏西。面积23.8平方千米。人口6.6万。2006年设。因汉华路得名。有中学5所,小学7所,卫生院1个,卫生所7个。有文府书院。工业以棉纺、酿酒为主。通公交车。

王庄镇 [Wángzhuāng Zhèn] 新野县辖镇。在县境南部。面积63平方千米。人口3.5万。以汉族为主,还有回、蒙古等民族。辖19村委会,有37自然村。镇人民政府驻王庄。1975年成立王庄公社。1984年设乡。1985年改镇。因镇政府驻地得名。有初中1所,小学6所,卫生院1个,卫生所20个。有省级文物保护单位新都古城。有古迹玉皇庙、西高营原始社会遗址。农业种植小麦、玉米、花生、棉花、蔬菜等。工业以花生加工、棉纺为主。新水公路过境。

王庄 [Wángzhuāng] 王庄镇人民政府驻地。在县政府驻地汉城街道东南16千米。人口1100。明初王姓建村。聚落呈团块状。有中小学、幼儿园、卫生院。种植小麦、玉米、花生。镇王公路经此。

沙堰镇 [Shāyàn Zhèn] 新野县辖镇。在县境东北部。面积80平方千米。人口5.2万。以汉族为主,还有回、藏等民族。辖21村委会,有70自然村。镇人民政府驻沙堰。1958年成立沙堰公社。1984年设乡。1985年改镇。因镇政府驻地得名。溧河、老白河流经。有初中1所,小学22所,卫生院1个,卫生室25个。农业种植小麦、玉米、花生,养殖黄牛、猪、羊。省道郑新线过境。

沙堰 [Shāyàn] 沙堰镇人民政府驻地。在县政府驻地汉城街道东北13千米。人口4000,其中回族占40%,还有藏、蒙古、汉等民族。原名新安铺。西汉南阳太守以沙固堰灌田,改名沙堰。聚落呈梯形。老白河流经。有民族中学、民族小学、卫生院。有召父渠遗址。

种植小麦、玉米。省道郑新线经此。

新甸铺镇［Xīndiànpù Zhèn］ 新野县辖镇。在县境西南部。面积106平方千米。人口6.1万。以汉族为主,还有回、满、蒙古等民族。辖26村委会,有120自然村。镇人民政府驻新甸铺。1958年成立新店公社。1982年更名新甸铺公社。1984年设乡。1985年改镇。因镇政府驻地得名。白河、郭河、四方河、刁河、桐梓河、黄渠河等流经。有高中1所,初中2所,小学23所,卫生院1个,卫生所39个。有名胜古迹圣水寺、洪堂庙、自流井。农业种植小麦、玉米、花生、棉花、桃等。省道郑新线过境。

新甸铺［Xīndiànpù］ 新甸铺镇人民政府驻地。在县政府驻地汉城街道南13千米。人口5200。以汉族为主,还有回、满等民族。西汉设朝阳县,县南有渡津客寓,名新甸渡。清乾隆年间(1736—1795)设递铺,改称新店铺,后演今名。聚落呈矩形。有中小学、幼儿园、卫生院。有中郎祠。种植小麦、玉米。有花生加工业。新襄公路经此。

施庵镇［Shī'ān Zhèn］ 新野县辖镇。在县境东北部。面积106平方千米。人口6.7万。辖25村委会,有123自然村。镇人民政府驻施庵。1958年成立施庵公社。1984年设乡。1995年改镇。因镇政府驻地得名。涧河、溧河、田小河流经。有初中2所,小学25所,卫生院1个,卫生所40个。农业种植小麦、玉米、花生。八七公路过境。

施庵［Shī'ān］ 施庵镇人民政府驻地。在县政府驻地汉城街道东北20千米。人口200。原名施家庵,因姓氏得名。聚落呈团块状。田小河流经。有中小学、幼儿园、卫生院。种植小麦、玉米、花生、花卉。汉沙公路经此。

歪子镇［Wāizǐ Zhèn］ 新野县辖镇。在县境北部。面积102平方千米。人口7.8万。以汉族为主,还有回、蒙古、土家等民族。辖22村委会,有108自然村。镇人民政府驻歪子。1958年设歪子乡。后改公社。1984年复乡。1994年改镇。因镇政府驻地得名。礓石河、泥河、华河、白河、沙河等流经。有中学2所,小学24个,卫生院1个,卫生室25个。有省级文物保护单位凤凰山新石器时代遗址。有荷花湖。农业种植小麦、玉米、大豆,养殖牛、鸡、猪。有新野肉牛产业集群示范区。二广高速、歪施公路、省道赵四线过境。

歪子［Wāizǐ］ 歪子镇人民政府驻地。在县政府驻地汉城街道北23千米。人口6100。以汉族为主,还有回族等。汉代建村。村随岗势歪过子午线,呈东北、西南丑山未向,故名歪子。清代曾名北正店。聚落呈菱形。有中小学、卫生院、卫生室。有清真寺。经济以建材制造,制鞋,面粉、淀粉加工为主。省道赵四线经此。

五星镇［Wǔxīng Zhèn］ 新野县辖镇。在县境南部。面积82平方千米。人口5.6万。以汉族为主,还有回、蒙古、壮等民族。辖20村委会,有100自然村。镇人民政府驻五龙庙。1947年设五龙庙乡。1958年成立五龙庙公社。1967年改五星公社。1984年设乡。1996年改镇。因镇政府驻地曾改名五星得名。有中学1所,小学21所,卫生院1个,卫生所32个。有古迹五龙庙遗址。农业种植小麦、玉米、花生、棉花、蔬菜等。新水公路过境。

五龙庙［Wǔlóngmiào］ 五星镇人民政府驻地。在县政府驻地汉城街道南13千米。人口300。元代洪水冲来一尊紫檀木佛像,上盘有颜色不同的5条蛇,村民以五龙爷欲"在此安家",在佛像停留处修建3间庙宇,取名五龙庙。1967年改名五星。1980年复名五龙庙。聚落呈团块状。有小学、卫生院。种植小麦、玉米。新水公路经此。

溧河铺镇［Lìhépù Zhèn］ 新野县辖镇。在县境中部。面积96平方千米。人口5.9万。以汉族为主,还有回、蒙古等民族。辖27村委会,有116自然村。镇人民政府驻溧河铺。1958年成立溧河公社。1982年更名溧河铺公社。1984年设乡。2001年改镇。因镇政府驻地得名。溧河流经。有初中1所,小学28所,卫生院1个,卫生室27个。农业种植小麦、豆类、玉米、棉花、花生、蔬菜,养殖南阳黄牛、猪。汉王、聂王公路,省道淮信线过境。

溧河铺［Lìhépù］ 溧河铺镇人民政府驻地。在县政府驻地汉城街道东9千米。人口3600。元中统年间(1260—1264)溧河西岸设递铺,故名。聚落呈片状。有中小学、幼儿园、卫生院。种植小麦、花生、玉米。省道淮信线经此。

王集镇［Wángjí Zhèn］ 新野县辖镇。在县境西北部。面积74平方千米。人口5.7万。辖18村委会,有74自然村。镇人民政府驻王集。1958年设王集乡,后改公社。1984年复乡。2001年改镇。因镇政府驻地得名。白河、湍河、礓石河流经。有初中1所,小学19所,卫生院1个,卫生所28个。农业种植小麦、玉米、花生、蔬菜等。工业以棉花加工为主。两广高速、确内公路过境。

王集［Wángjí］ 王集镇人民政府驻地。在县政府驻地汉城街道西北12千米。人口5000。明洪武二年(1369)王姓建村,故名。聚落呈三角形。湍河、礓石河流经。有小学、幼儿园、卫生所、游乐场。经济以商贸、餐饮为主。种植小麦、玉米、大豆。确内公路经此。

城郊乡［Chéngjiāo Xiāng］ 新野县辖乡。在县境中部偏西。面积66.5平方千米。人口4.2万。以汉族为主,还有回、蒙古等民族。辖22村委会,有115自然村。乡人民政府驻东关社区。1963年成立城郊公社。1984年设乡。因靠近县城得名。有初中2所,小学14所,卫生院1个,卫生所16个。有名胜古迹汉三泉阪、邓禹文化广场、李湖文化苑、白河故道、弹湖芳草鹅儿湖、柳林渡。农业种植小麦、玉米、豆类、花生、蔬菜等。有棉纺加工业。南新、确内公路过境。

东关社区［Dōngguān Shèqū］ 城郊乡人民政府驻地。在县境中偏西部。面积3平方千米。人口1.9万。处老城区东部,故名。2006年成立。民居有400多座自建砖混2—3层房屋,还有约50栋小型带院别墅。有小学、幼儿园、卫生所。有健身游园、建设广场等。开展篮球、乒乓球、广场舞活动。县人事劳动局、民政局、计生委驻此。经济以商贸为主。通公交车。

前高庙乡［Qiángāomiào Xiāng］ 新野县辖乡。在县境东部。面积59平方千米。人口4.4万。辖17村委会,有52自然村。乡人民政府驻地前高庙。1975年成立龙潭公社。1982年更名前高庙公社。1984年设乡。因乡政府驻地得名。唐河流经。有中学1所,小学18所,卫生院1个,医疗点17个。有名胜古迹岑宫祠、棘阳城遗址、祖师庙道观、狄青湖。农业种植小麦、玉米、棉花、花生,养殖黄牛、猪、羊、鸡。汉王公路过境。

前高庙［Qiángāomiào］ 前高庙乡人民政府驻地。在县政府驻地汉城街道东15千米。人口1200。原名野柏岗,明初王姓迁人,建祖师庙于高台上,改称高庙。老村称前高庙。聚落呈团块状。有初中、卫生院。种植小麦、玉米、花生。汉王公路经此。

樊集乡［Fánjí Xiāng］ 新野县辖乡。在县境北部。面积46平方千米。人口3.3万。辖13村委会,有29自然村。乡人民政府驻樊集。1947年设樊集乡。1962年成立樊集公社。1983年复乡。因乡政府驻地得名。白河流经。有中学1所,小学14所,卫生院1个,卫生所13个。农业种植小麦、玉米等。樊新、邓施公路过境。

樊集［Fánjí］ 樊集乡人民政府驻地。在县政府驻地汉城街道北13千米。人口3300。原名吴家集,明洪武二年(1369)樊氏迁东侧居住,更名樊家集,简称樊集。聚落呈三角形。白河流经。有中小学、卫生院。种植小麦、玉米。施邓公路经此。

上庄乡［Shàngzhuāng Xiāng］ 新野县辖乡。在县境西北部。面积83平方千米。人口5.7万。以汉族为主,还有蒙古、回、壮等民族。辖18村委会,有89自然村。乡人民政府驻上庄。1946年设上庄乡。1958年复乡。后改公社。1983年复乡。因乡政府驻地得名。白河、礓石河流经。有中学1所,小学15所,卫生院1个,卫生室19个。农业种植小麦、玉米、豆类、番薯。二广高速、潦新公路过境。

上庄［Shàngzhuāng］ 上庄乡人民政府驻地。在县政府驻地汉城街道北15千米。人口2500。原因姓氏得名尚庄,后讹为今名。聚落呈团块状。有中小学、幼儿园、卫生院。种植小麦、玉米、蔬菜。潦新公路经此。

上港乡［Shànggǎng Xiāng］ 新野县辖乡。在县境西南部。面积61平方千米。人口4万。以汉族为主,还有回、蒙古等民族。辖16村委会,有45自然村。乡人民政府驻上港岗。1975年成立赵岗公社。1982年更名上港公社。1984年设乡。因乡政府驻地得名。白河、湍河、刁河、运粮河、锦塘河、八角河等流经。有小学16所,卫生院1个,卫生室21个。农业种植小麦、玉米、豆,养殖猪、牛、羊。工业有棉纺织、家居制造、食品加工、电子等。省道郑淅线过境。

上港岗［Shànggǎnggǎng］ 上港乡人民政府驻地。在县政府驻地汉城街道西4千米。人口4600。三国刘备火烧新野,于此观火,得名观火台。宋元时有码头,称西港。后常姓迁徙岗上,称常港岗。明初常氏衰败,称上港岗。聚落呈团块状。有小学、幼儿园、卫生所。种植小麦、玉米。盛产陶器。南新公路经此。

桐柏县

桐柏县［Tóngbǎi Xiàn］ 南阳市辖县。北纬32°22′,东经113°24′。在南阳市境东南部。面积1913平方千米。人口46万。以汉族为主,还有回、满等民族。辖13镇、3乡。县人民政府驻城郊乡。南朝梁析平氏县设义乡县,治今城关镇。隋开皇十八年(598)改义乡县为桐柏县,治今固县镇,属淮安郡。唐承隋制。北宋开宝六年(973)治迁今城关镇。南宋降为镇。元初复,属南阳府。至元三年(1266)再为镇。明成化十二年(1476)又复县,属南阳府。此后未变,先后隶属豫南道、汝阳道、河南省、第六行政督察区、南阳专区、南阳地区、南阳市。因桐柏山得名。处大别山腹地,地形以浅山、丘陵为主。平均海拔635米。年均气温15℃,1月平均气温1.7℃,7月平均气温27.3℃。年均降水量1149.8毫米。有太白顶、玉皇顶、大铁山、祖师顶等。淮河、三夹河、鸿仪河、银盘河、龙潭河等流经。有矿产资源碱、金、银、石油等。有野生植物1789种,其中国家重点保护野生植物有杜仲、银杏、香果树、独花兰、长果秤锤树、延龄草、鹅掌楸等33种。有野生动物224种,其中国家重点保护野生动物有猪獾、长颈白尾雉等63种。有淮河源国家森林公园。森林覆盖率

51.7%。有中等职业学校4所,高中3所,初中24所,小学215所,二级医院5个。有纪念地桐柏革命纪念馆、桐柏英雄纪念碑等。有名胜古迹龙潭河、淮祠、水帘寺、太白顶、黄岗红叶园。有国家级非物质文化遗产盘古庙会、盘古神话、桐柏皮影戏。三次产业比例16∶36∶48。农业以种植水稻、小麦、玉米,养殖猪、牛、羊为主。产花生、茶叶、棉花、蔬菜。有特产桐桔梗、桐柏玉叶、桐柏红、清淮绿梭茶。工业以碱硝化工,金银矿产品开发,农副产品、机械加工为主。有安棚化工专业园区、县产业集聚区、埠江轻工业城。服务业以商贸、旅游、餐饮为主。宁西铁路,焦桐、沪陕高速,312国道,省道月银线过境。

淮河源广场 [Huáihéyuán Guǎngchǎng]　在县城中部。面积1.3公顷。2005年开工,同年建成。桐柏县系淮河源头,故名。为下沉式广场,内有LED大屏1个,四周有花坛、人行道、停车场、台阶、花坛挡墙、花岗岩文化柱、多种风景树等。为群众健身、休闲娱乐、举办社会活动、商家展销的综合性广场。周边有餐厅、宾馆、养生中心等。通公交车。

桐柏站 [Tóngbǎi Zhàn]　见交通运输设施部分"桐柏站"条。

桐柏汽车站 [Tóngbǎi Qìchēzhàn]　见交通运输设施部分"桐柏汽车站"条。

城关镇 [Chéngguān Zhèn]　桐柏县辖镇。在县境中部。面积28平方千米。人口7.8万。辖8居委会,有122自然村。镇人民政府位于淮河路。1950年置城关镇。1958年并入城郊公社。1962年复置镇。有上虎山、下虎山、翠屏山。淮河、水帘河、龙潭河、银盘河等流经。有中学2所,小学6所,幼儿园1所,二级医院5个,卫生院1个,卫生所8个。有淮河源广场、滨河公园、临淮公园。有桐柏英雄纪念碑、喻家窖革命旧址、桐柏会师纪念地。有名胜古迹淮源、龙潭河、文庙、淮渎庙。经济以机械和建材制造、电子为主。312国道过境。

淮源路 [Huáiyuán Lù]　在县城中部。东起英雄路,西至世纪大道。与淮安街、大同路、桐山街等相交。长6.1千米,宽30米。沥青路面。1958年开工,1959年建成。1977、2011年改造。原名新建路,2005年因桐柏县为淮河发源地改今名。两侧有城郊乡中心小学、公路管理局、城关镇第一小学、县汽车站、华夏医院、县交运局、城郊乡初级中学等。通公交车。

大同路 [Dàtóng Lù]　在县城中部。南起英雄路,北至滨淮路。与淮河路、文化路、红叶路、滨河路等相交。长3.2千米,宽30米。沥青路面。原为北街、南街。1977年合建。1985、2011年改扩建。取"普天同庆"之意命名。两侧有新潮市场、百货生活广场、畜牧局、县豫剧院、桐柏英雄广场等。通公交车。

月河镇 [Yuèhé Zhèn]　桐柏县辖镇。在县境南部。面积131平方千米。人口4.8万。辖18村委会,有279自然村。镇人民政府驻月河街。1955年设月河乡。后改公社。1983年复乡。1985年改镇。因镇政府驻地得名。淮河、月河、陈留河等流经。有中学1所,小学18所,卫生院1个,卫生室18个。有名胜古迹祖师顶、笔架山、女王寨、冠子垛、闵岗新石器时代遗址、养君墓。有民间艺术皮影戏,月河门板宴。农业种植水稻、小麦、板栗、茶树、西瓜、花生等。工业以天然碱加工为主。宁西铁路、驿宛高速、312国道、省道月银线过境。

月河街 [Yuèhéjiē]　月河镇人民政府驻地。在县政府驻地城郊乡东11千米。人口2100。传淮河经此呈月牙形,故名月河。村因河得名。聚落呈团块状。有小学、幼儿园、卫生院。种植水稻、小麦、大白菜。上霍公路经此。

吴城镇 [Wúchéng Zhèn]　桐柏县辖镇。在县境中部。面积144平方千米。人口3.1万。辖16村委会,有301自然村。镇人民政府驻小刘庄。清康乾时期曾设吴城镇。1956年设吴城乡。后改公社。1983年复乡。1994年复镇。春秋时属养国,战国时被吴占,故名。有郭老庄山、王湾山。月河、陈留店河流经。有中学1所,小学17所,卫生院1个,卫生所16个。有名胜古迹新四军五师师部旧址、孔雀岭板栗生态园、古脊椎动物化石岭、汉朝城遗址、韩家集冶铁遗址。农业种植水稻、小麦、玉米、茶树、花生、板栗、枣、香菇等。工业以纯碱开采、加工为主。驿宛高速过境。

小刘庄 [Xiǎoliúzhuāng]　吴城镇人民政府驻地。在县政府驻地城郊乡东北9千米。人口100。因姓氏得名。聚落呈团块状。有初中、卫生院。种植水稻、小麦、草莓等。林桐公路经此。

固县镇 [Gùxiàn Zhèn]　桐柏县辖镇。在县境东部。面积122平方千米。人口2.9万。辖12村委会,有196自然村。镇人民政府驻固县(自然村)。1956年设固县乡。后改公社。1983年复乡。1985年改镇。因镇政府驻地得名。淮河、五里河流经。有中学1所,小学13所,卫生院1个,卫生所12个。有省级文物保护单位汉代冶铁遗址。有名胜古迹游园、祖师顶、火神庙。农业种植小麦、水稻、玉米、沙红桃等。工业以矿产开采为主。省道商桐线过境。

固县 [Gùxiàn]　固县镇人民政府驻地。在县政府驻地城郊乡东23千米。人口3700。三国起先后为义阳、义乡、桐柏3县治,得名故县。宋开宝六年(973)治迁今城郊乡,村名渐演为固县。聚落呈团块状。五里河流经。有中小学、幼儿园、卫生院。有清真寺。种植小麦、水稻、玉米、花生、板栗、红桃等。固淮、桐明公路经此。

毛集镇 [Máojí Zhèn]　桐柏县辖镇。在县境东部。面积178平方千米。人口4.7万。辖19村委会,有388自然村。镇人民政府驻毛集。1956年设毛集乡。后改公社。1983年复乡。1985年改镇。因镇政府驻地得名。有高乐山国家级自然保护区。有大石屋山、老寨山、湖山。毛集河、小白河、五里河等流经。有中学1所,小学22所,卫生院1个,卫生所19个。有名胜古迹莲花堰、黄仙洞、牤牛洞、鸟岛、清代铁路桥、汉光武城古城遗址、北大寺、鸳鸯寺。农业种植小麦、水稻、花生、板栗。有特产山茱萸、血参、杜仲、柴胡。工业以矿产开采为主。沪陕高速,省道常西、商桐线过境。

毛集 [Máojí]　毛集镇人民政府驻地。在县政府驻地城郊乡东北31千米。人口6000。原名顺山店,后改毛家铺、毛家集,简称毛集。聚落呈团块状。毛集河流经。有中小学、幼儿园、卫生院。种植水稻、小麦、花生、茶树。省道常西、商桐线经此。

大河镇 [Dàhé Zhèn]　桐柏县辖镇。在县境北部。面积179平方千米。人口1.6万。辖13村委会,有234自然村。镇人民政府驻黄庄。1958年成立大河公社。1983年设乡。1989年二郎山乡5村并入,改镇。因乡政府原驻地大河得名。时有罗姓后代大河在此开店兴业,为人乐善好施,好名远播,加之有大河自西向东绕镇南流,故以大河为村名。鸿雁河、六道河、桐家河、金矿河、夹山河等流经。有中学1所,小学13所,卫生院1个,卫生室13个。有名胜古迹李沟村、二郎山水库、楚长城遗址。农业种植水稻、小麦、玉米、板栗等。淮邓公路过境。

黄庄 [Huángzhuāng]　大河镇人民政府驻地。在县政府驻地城郊乡北13千米。人口100。清康熙年间(1662—1722)黄姓建村,故名。聚落呈带状。有小学、卫生院。种植水稻、小麦、花生、板栗。有石墨加工业。淮邓公路经此。

埠江镇 [Bùjiāng Zhèn]　桐柏县辖镇。在县境西北部。面积45平方千米。人口2.2万。辖10村委会,有52自然村。镇人民政府驻西王庄。1975年成立栗楼公社。1983年设乡。1985年改埠江镇。因前埠、江河2村得名。江河、三夹河流经。有中学1所,小学10所,幼儿园2所,卫生院1个,卫生室10个。有体育馆、影剧院。有古迹康宁寺、关爷阁。农业种植小麦、水稻。产酥沙红桃、晚秋黄梨。工业以石油化工、农副产品加工为主。有轻工专业园区。宁西铁路、312国道过境。

西王庄 [Xīwángzhuāng]　埠江镇人民政府驻地。在县政府驻地城郊乡西北41千米。人口500。原名王庄,1986年改今名。聚落呈团块状。有中小学、卫生院。种植玉米、花生、小麦。上霍公路经此。

平氏镇 [Píngshì Zhèn]　桐柏县辖镇。在县境西部。面积49平方千米。人口2.7万。以汉族为主,还有回、苗、土家等民族。辖12村委会,有95自然村。镇人民政府驻平氏。西汉时曾置平氏县。宋开宝五年(972)废县为镇。1958年成立平氏公社。1983年设乡。1985年改镇。因镇政府驻地得名。三夹河、曹河流经。有中学1所,小学10所,卫生院2个,卫生所12个。有省级文物保护单位桐柏区党委、行署及军区驻地旧址。有名胜古迹福音堂、西汉墓群、孤峰山、烽火台。有民间艺术传统文化、背装、旱船、舞狮、高跷。农业种植小麦、玉米、水稻、芹菜、萝卜等。宁西铁路、312国道、省道鲁姚线过境。

平氏 [Píngshì]　平氏镇人民政府驻地。在县政府驻地城郊乡西北35千米。人口1.1万。周安王二十五年(前377)韩哀侯"封其幼子韩婼采食平邑,后以地为氏",沿为地名。聚落呈片状。曹河流经。有中小学、幼儿园、卫生院。有省级文物保护单位桐柏区党委、行署及军区驻地旧址。种植小麦、玉米、花生。省道鲁姚线经此。

淮源镇 [Huáiyuán Zhèn]　桐柏县辖镇。在县境中部偏西。面积171平方千米。人口2.3万。辖14村委会,有406自然村。镇人民政府驻淮源。1956年设鸿仪河乡。后改公社。1983年复乡。1999年改淮源镇。为淮河发源地,故名。鸿仪河、淮河流经。有中学1所,小学15所,卫生院1个,卫生所14个。有名胜古迹太白顶革命纪念旧址、淮河源主题公园、桃花洞、清泉寺、桂泉寺、淮祠等。农业种植水稻、小麦、玉米、木瓜、茶树、板栗等。工业以黄金、石材开发为主。宁西铁路、312国道过境。

淮源 [Huáiyuán]　淮源镇人民政府驻地。在县政府驻地城郊乡西11千米。人口900。传古有禹王庙,得名故庙。宋大中祥符七年(1014)庙迁桐柏县城,后演为固庙。1999年因镇更今名。聚落呈散状。有中小学、卫生院。有古迹淮祠。种植水稻、小麦、毛竹、茶树等。上霍公路经此。

黄岗镇 [Huánggǎng Zhèn]　桐柏县辖镇。在县境东北部。面积127平方千米。人口2.5万。辖14村委会,有237自然村。镇人民政府驻黄岗。1956年设黄岗乡。后改公社。1983年复乡。2008年改镇。因镇政府驻地得名。有启母岭、条山、杏山。五里河流经。有中学1所,小学14所,卫生院1个,卫生所14个。有名胜古迹黄岗红叶景区、楚长城遗址、汉代冶铁遗址、红军养伤洞。农业种植小麦、水稻、玉米、花生、大棚蔬菜、中药材等。工业以铁矿石采选为主。沪陕高速、明泌公路过境。

黄岗［Huánggǎng］ 黄岗镇人民政府驻地。在县政府驻地城郊乡东北28千米。人口2300。明末黄氏建村，故名。聚落呈团块状。有中小学、卫生院。种植小麦、水稻、花生、夏枯球等。新蔡公路经此。

安棚镇［Ānpéng Zhèn］ 桐柏县辖镇。在县境西北部。面积95平方千米。人口3.4万。辖16村委会，有143自然村。镇人民政府驻安棚。1958年成立安棚公社。1983年设乡。1989年二郎山乡4村并入。2008年改镇。因镇政府驻地得名。鸿雁河、江河、南小河等流经。有中学1所，小学16所，卫生院1个，卫生室16所。有张星江牺牲纪念地。有名胜古迹圣旨碑、梅王冢、楚长楚遗址。农业种植小麦、水稻、玉米、番薯、茶树、木瓜树等。工业以碱硝化工为主。有化工专业园区。为河南油田主采区、天然碱之都。宁西铁路、312国道、郑大公路过境。

安棚［Ānpéng］ 安棚镇人民政府驻地。在县政府驻地城郊乡西北32千米。人口2300。清代安姓搭棚定居，故名。聚落呈团块状。有初中、卫生院、卫生室。种植小麦、水稻、大豆。淮邓公路经此。

程湾镇［Chéngwān Zhèn］ 桐柏县辖镇。在县境西部。面积140平方千米。人口1.8万。辖12村委会，有191自然村。镇人民政府驻邓河。1958年成立程湾公社。1983年设乡。2013年改镇。因程湾村得名。明末陈姓建村得名陈湾，后传作程湾。石步河、姚河、曹河流经。有中学1所，小学5所，卫生院1个，卫生室12个。有白莲洼、黑明寺革命纪念地。有名胜古迹秦王涧、蝙蝠洞、玉皇顶、仙人洞、穆家寨等。农业以种植水稻、小麦、大豆、茶树、食用菌等为主。焦桐公路过境。

邓河［Dènghé］ 程湾镇人民政府驻地。在县政府驻地城郊乡西北30千米。人口700。因姓氏得名。聚落呈团块状。有中小学、卫生院。种植水稻、小麦。焦桐公路经此。

朱庄镇［Zhūzhuāng Zhèn］ 桐柏县辖镇。在县境北部。面积141平方千米。人口1.7万。辖9村委会，有197自然村。镇人民政府驻朱庄。1949年设朱庄乡。后改公社。1983年复乡。2013年改镇。因镇政府驻地得名。有老蛮山、大铁山、歪头山。月河、六道河、陈留店河、桃花河、后河等流经。有中学1所，小学9所，卫生院1个，卫生室9个。有省级文物保护单位围山城冶银遗址。有名胜古迹莲花岛、银洞坡古银矿采冶遗址、破山古银矿坑道遗址。农业以种植小麦、水稻、花生、板栗、香菇、木耳、核桃、兰草等为主。工业以矿石开采为主。有白银矿、银洞坡金矿。驿宛高速，月河—桐柏银矿、桐柏—黄岗公路过境。

朱庄［Zhūzhuāng］ 朱庄镇人民政府驻地。在县政府驻地城郊乡北16千米。人口不足100人。清道光年间(1821—1850)朱姓建村，故名。聚落呈团块状。有小学、幼儿园、卫生院。种植水稻、花生、板栗、香菇等。通乡村道路。

城郊乡［Chéngjiāo Xiāng］ 桐柏县人民政府驻地。在县境中部偏南。面积218平方千米。人口3.4万。辖21村委会，有464自然村。乡人民政府位于城关镇桐山街。1958年成立城郊公社。1983年设乡。1989年果园乡8村并入。有祖师顶、田王寨、冠子岭。水帘河、龙潭河、响水潭河流经。有中学1所，小学7所，卫生院1个，卫生所16个。有河坎湿地、三和园公园。有中共中央中原局旧址、桐柏革命纪念馆、吴湾新四军疗养洞、刘湾十四名新四军烈士纪念墓地。有古迹春秋古渠、楚长城、金庭观、朝阳寺等。农业以种植水稻、小麦、板栗等为主。工业以粮油加工、阀门生产、铸造为主。有产业集聚区。宁西铁路、桐大公路、312国道过境。

回龙乡［Huílóng Xiāng］ 桐柏县辖乡。在县境东北部。面积170平方千米。人口1万。辖10村委会，有174自然村。乡人民政府驻回龙。1956年设回龙乡。后改公社。1983年复乡。因乡政府驻地得名。有高乐山、祖师顶、天目山。温河、凉河流经。有中学1所，小学10所，卫生院1个，卫生室3个。有柞楼革命旧址。农业以种植中药材、食用菌、花生，养殖牛、羊为主。工业以萤石开采为主。林桐公路过境。

回龙［Huílóng］ 回龙乡人民政府驻地。在县政府驻地城郊乡东北38千米。人口1500。因双塔回龙寺得名。聚落呈条状。凉河、温河流经。有中小学、幼儿园、卫生院。种植花生、玉米、水稻。林桐公路经此。

新集乡［Xīnjí Xiāng］ 桐柏县辖乡。在县境西部。面积88平方千米。人口2.1万。辖11村委会，有147自然村。乡人民政府驻新集。1955年设新集乡。后改公社。1983年复乡。因乡政府驻地得名。有尖山峰、老虎岭、歇马岭。有中学1所，小学12所，卫生院1个，卫生所11个。有省级文物保护单位陡坡嘴新石器时代遗址。有红二十五军驻扎纪念地、楚长城遗址。农业以种植水稻、小麦、西瓜、桃、夏枯球等为主。工业以矿产开采为主。312国道过境。

新集［Xīnjí］ 新集乡人民政府驻地。在县政府驻地城郊乡西北27千米。人口800。清康熙年间(1662—1722)称清河铺，后成新兴集市，故名。聚落呈团块状。有初中、卫生院。种植小麦、水稻、白黄瓜、花生等。上霍公路经此。

商丘市

商丘市［Shāngqiū Shì］ 河南省辖地级市。北纬33°43′—34°52′，东经114°49′—116°39′。在省境东部。面积10704平方千米。户籍人口905万，常住人口726万。以汉族为主，还有回、满、壮、蒙古等民族。辖睢阳、梁园2区，民权、睢县、宁陵、柘城、虞城、夏邑6县，代管永城县级市。市人民政府驻睢阳区。“商丘”之名始于周代。时有陶唐氏火正阏伯居此，封号为商，后葬于此，墓冢如丘，故名。秦置睢阳县，属砀郡。汉为梁国。三国魏改梁郡。隋开皇初废梁郡，十六年(596)置宋州，治宋城(今商丘县城关镇偏南)。大业三年(607)复改宋州为梁郡。唐武德四年(621)复称宋州。天宝元年(742)改为睢阳郡。乾元元年(758)复为宋州，其治不变。唐建中二年(781)置宣武军。宋景德三年(1006)升为应天府，属京东西路。大中祥符七年(1014)建为南京应天府。金天会八年(1130)更名归德府，属南京路。元仍为归德府，属河南行省。明初降为州。弘治十五年(1502)州治圮于水患，十六年移址今商丘县城。嘉靖二十四年(1545)复为府，属河南布政使司。清因之。1913年府废，辖县属豫东道。1914年改属开封道。1927年直属河南省。1932年设第二行政督察区。1948年设商丘专区，专员公署驻商丘县。1950年专员公署迁朱集市，析商丘县城关镇置商丘市(县级)。1951年商丘、朱集2市合并，仍名商丘市(县级)。1958年属开封专区。1961年复商丘专区。1968年改商丘地区。1997年撤销商丘地区和县级商丘市、商丘县，分别设立地级商丘市和梁园区、睢阳区。地处豫、鲁、皖3省结合部，黄淮冲积平原北部。平均海拔49米。年均气温15℃，1月平均气温−1℃，7月平均气温28℃。年均降水量747毫米。年均无霜期210天。黄河故道、涡河、惠济河、大沙河、东沙河、包河、沱河、浍河、王引河流经。有煤、石油、沙土等矿产资源。有野生植物419种，其中国家重点保护野生植物有银杏、水杉等12种。有野生动物320种，其中国家重点保护野生动物有白琵鹭、红隼、东北虎等109种。有黄河故道国家森林公园。森林覆盖率40%。有国家级科研单位3个，省级30个，高校6所，中等职业学校39所，中学436所，小学2179所，三级医院1个，体育馆3个。有豫剧团、四平调剧团、两夹弦等知名文艺团体12个。有全国重点文物保护单位归德府城墙、王油坊遗址、淮海战役总前委旧址等15个，省级文物保护单位大圣寺石塔、孔子还乡祠、白云寺等52个。有全国爱国主义教育基地永城陈官庄烈士陵园，省级爱国主义教育基地彭雪枫将军殉国纪念地等。有国家级非物质文化遗产木兰传说、四平调、麒麟舞，省级非物质文化遗产火神祭祀、目连戏、渔鼓道情等24项。有国家5A级旅游景区芒砀山，国家4A级旅游景区3个，国家3A级旅游景区5个。有名胜古迹睢阳八关斋、壮悔堂、木兰祠、心闷寺等。三次产业比例22∶46∶32。农业以种植小麦、玉米、棉花，饲养猪、山羊为主，盛产葡萄、蔬菜。特产宁陵金顶谢花酥梨、惠楼山药、三樱椒、胡芹等。工业以食品加工、纺织服装、装备制造为主，有制冷、工量具、超硬材料等产业集群11个。服务业以商贸、电子商务、物流为主，有梁园、新华、北海、310农副产品批发等市场。有铁路190千米，公路1435千米，高速420千米。陇海、京九铁路，连霍、商周、济广、永登高速，310、105国道，侯饭线、骆通线、郑留线等省道过境。有商丘机场。有商丘站、商丘南站。

商丘［Shāngqiū］ 简称商。别名宋州、睢阳、归德府。商丘市聚落。在市境中部。面积247平方千米。人口105万。以汉族为主，还有回、满、壮、蒙古等民族。1915年陇海铁路经此设朱集站。1950年后沿陇海铁路发展。1984年改造商丘站，扩建站前广场。1997年起改扩建南京路、平原路、神火大道、文化路、民主路、凯旋路，建成商丘南站。2004年改造旧城区，城区向东南、南、西扩展，呈长方形布局。中部为旅游区，有全国重点文物保护单位归德府城墙、宋国都城遗址。有淮海战役总前委暨中原局扩大会议旧址、睢阳古城、火神台、八关斋、文雅台。老城区为商业区，有九龙门广场、凯旋商城、京陇商贸城、梁园市场、商品大世界、金鹰批发市场。陇海铁路道北为主要居住区。城区外围为工业区，东南部有开发区工业园，南部有睢阳产业集聚区，西北部有梁园产业集聚区。包河、古宋河流经。有标志性建筑市体育馆、“商”字雕塑。有商丘植物园、商祖苑公园等。陇海、京九铁路过境。高速环绕，国道、省道贯通。

民主路［Mínzhǔ Lù］　在市境中部偏北。东起睢阳路，西至梁园大道。与中州路、归德路、神火大道、凯旋路、长江路等相交。长 9.3 千米，宽 35 米。沥青路面。1945 年开工，1946 年建成。后多次延伸。因孙中山“三民主义”之民主而得名。两侧有商丘站、商丘中心汽车站、电子数码一条街、市中心广场、毛泽东雕像、市长征医院、商丘师范学院。通公交车。

文化路［Wénhuà Lù］　在市境中部。东起睢阳路，西至金桥路。与中州路、归德路、神火大道、凯旋路、长征路等相交。长 9.2 千米，宽 30 米。沥青混凝土路面。1988 年开工，同年建成。1995 年扩建。因取意倡导重视文化而得名。两侧有商丘师范学院、农贸市场、喜来登广场、国税局、地税局。通公交车。

南京路［Nánjīng Lù］　在市境中部。东起富商大道，西至平原路。与豫苑路、睢阳路、中州路、归德路、神火大道等相交。长 8.5 千米，宽 46 米。沥青路面。1990 年开工，1992 年建成。因商丘古称陪都南京，故名。横穿新老城区，连接商丘南站。两侧有商丘中学、市公安局、市中级法院、市国土资源局。通公交车。

北海路［Běihǎi Lù］　在市境南部。东起商都大道，西至平原路。与睢阳路、中州路、归德路、神火大道、凯旋路相交。长 6.8 千米，宽 50 米。沥青路面。1965 年开工，1966 年建成。2001 年拓宽。原名商平路，后因北海市更今名。两侧有商丘四中、商丘医专、古城汽车站、市体育中心。通公交车。

凯旋路［Kǎixuán Lù］　在市境中部。南起北海路，北至黄河路。与建设路、青年路、民主路、文化路、长江路等相交。长 8.2 千米，宽 25—45 米。沥青路面。1950 年开工，1952 年建成。1980、1988 年扩建。原名清云街，1958 年因中国人民志愿军凯旋经此而更今名。两侧有市实验小学、市第一医院、市长途汽车总站、商丘古城。通公交车。

神火大道［Shénhuǒ Dàdào］　在市境中部。南起华商大道，北至红旗路。与民主路、八一路、团结路、长江路、南京路等相交。长 9.5 千米，宽 60 米。沥青路面。1994 年开工，1996 年建成。原名京港大道，后因神火集团更今名。两侧有市政府、市公安局、中国人民银行、中国人寿、中原证券、河南建筑设计院、商丘职业技术学院、市图书馆。通公交车。

归德路［Guīdé Lù］　在市境中部偏东。南起华商大道，北至红旗路。与胜利路、民主路、八一路、文化路、长江路等相交。长 12.3 千米，宽 25—53 米。沥青混凝土路面。1950 年开工，1952 年建成。后经多次改扩建。原名解放三路，1981 年因途经原归德府辖区而更今名。两侧有市财政局、市工商局及多家服务业门店。通公交车。

睢　阳　区

睢阳区［Suīyáng Qū］　商丘市人民政府驻地。在市境中部偏南。面积 960 平方千米。人口 92.6 万。以汉族为主，还有回、满、哈尼等民族。辖 6 街道、9 镇、4 乡。区人民政府驻新城街道。秦置睢阳县。南朝宋大明六年（462）改名寿春县。隋开皇十八年（598）更名宋城县。金承安五年（1200）复名睢阳县。明洪武元年（1368）县废。明嘉靖二十四年（1545）置商丘县。1949 年属商丘专区。1958 年属开封专区。1960 年并人县级商丘市。1961 年复置商丘县，属商丘专区。1968 年属商丘地区。1997 年改置睢阳区，属商丘市（地级）。因古睢阳得名。2002 年起建设新城区。有标志性建筑市体育馆、“商”字雕塑。大沙、古宋、清水河流经。有高等专科学校 3 所，职业中专 3 所，中学 40 所，小学 284 所，特教学校 1 所，三级医院 1 个，二级医院 1 个，文化馆 1 个，图书馆 1 个，体育馆 1 个。有全国重点文物保护单位商丘古城、归德府城墙、宋国都城遗址、淮海战役总前委旧址，省级文物保护单位归德府文庙、侯氏故居、穆氏四合院等 13 个。有省级非物质文化遗产火文化祭祀、商丘目连戏。有名胜古迹文雅台、帝喾陵、宋荦墓、八关斋、开元寺、南湖游乐园。三次产业比例 20∶40∶40。农业以种植小麦、玉米为主，盛产蔬菜、瓜果。工业以纺织服装、生态化工、食品加工、酿造、新型建材为主。有省级睢阳区产业集聚区。服务业以商贸为主，有集贸、批发市场 47 个。连霍、商周高速，105 国道，商桐线、郑留线、骆通线省道过境。有古城汽车站。

新城街道［Xīnchéng Jiēdào］　睢阳区人民政府驻地。在区境北部。面积 37 平方千米。人口 10.7 万。1999 年由城北乡改设。因地处新城区而得名。先后改造城中村。蔡河、古宋河流经。有高校 1 所，中学 5 所，小学 14 所，卫生院 2 个，卫生室 67 个。有标志性建筑“商”字雕塑、市体育馆。有李家唢呐班。经济以金融、商贸为主。通多路公交车。

古城街道［Gǔchéng Jiēdào］　属睢阳区。在区境北部。面积 7 平方千米。人口 4.8 万。1998 年由城关镇改设。因归德府古城得名。先后改造广场街、天堂府、西南门、环城路、中山街、棚户区。古城河流经。有中学 1 所，小学 6 所，幼儿园 12 所，二级医院 1 个，卫生室 4 个。有省级文物保护单位归德府文庙、侯氏故居、八关斋。有中原局扩大会议旧址。有国家 4A 级旅游景区商丘古城。经济以商贸、旅游为主。通多路公交车。

文化街道［Wénhuà Jiēdào］　属睢阳区。在区境北部。面积 7 平方千米。人口 4.6 万。1999 年设。因文化路得名。2002 年起改造城中村，改扩建道路。有高校 2 所，中学 2 所，小学 3 所，幼儿园，三级医院 1 个，卫生院 2 个，卫生室 12 个。有台商工业园。有钢铁批发、汽车专卖、建筑机械等市场。通多路公交车。

东方街道［Dōngfāng Jiēdào］　属睢阳区。在区境北部。面积 3 平方千米。人口 3.6 万。1999 年设。先后改造城中村，建运河公园、商都广场、帝和公园。周商永运河流经。有中学 1 所，小学 1 所，幼儿园 5 所，卫生院 1 个，卫生室 16 个。有标志性建筑商丘图书大厦。经济以商贸、物流为主。有专业市场 6 个，农贸市场 1 个。通多路公交车。

古宋街道［Gǔsòng Jiēdào］　属睢阳区。在区境北部。面积 29 平方千米。人口 2.8 万。2011 年由古宋乡析设。沿用原乡名，因古宋城得名。先后改造城郊村。古宋河、杨大河、蔡河流经。有高校 1 所，中学 1 所，小学 8 所，幼儿园 6 所，卫生院 1 个，卫生室 11 个。有全国重点文物保护单位宋国都城遗址，省级文物保护单位阏伯台、燧皇陵。经济以化工、食品加工、机电为主。商周高速、商桐公路过境。通多路公交车。

宋城街道［Sòngchéng Jiēdào］　属睢阳区。在区境北部。面积 15 平方千米。人口 2.3 万。2011 年由古宋乡析设。因宋国都城遗址得名。先后改造城郊村。蔡河流经。有商丘幼儿师范学校、商丘职业技术学院。有中学 1 所，小学 8 所，幼儿园 4 所，卫生院 1 个，卫生室 14 个。农业以种植蔬菜为主。工业以食品加工、针织服装、工量具生产为主。105 国道过境。通多路公交车。

宋集镇［Sòngjí Zhèn］　睢阳区辖镇。在区境东南部。面积 70 平方千米。人口 4.9 万。辖 23 村委会，有 95 自然村。镇人民政府驻宋集。1949 年设宋集乡。1958 年改公社。1983 年复乡。1986 年改镇。因镇政府驻地得名。小洪河、小白河、芦河流经。有中学 1 所，小学 20 所，幼儿园 10 所，卫生院 1 个，卫生室 19 个。农业以种植小麦、玉米、棉花、大豆、葡萄为主。工业以酿酒、面粉、饲料加工为主。京九铁路、105 国道过境。

宋集［Sòngjí］　宋集镇人民政府驻地。在区政府驻地新城街道南 35 千米。人口 4600。传唐代建村，经尚书省仲裁属宋州，故名。聚落呈块状。有小学、幼儿园、卫生所。农业以种植小麦、玉米、板兰根等为主。105 国道经此。

郭村镇［Guōcūn Zhèn］　睢阳区辖镇。在区境西北部。面积 70 平方千米。人口 6.1 万。辖 30 村委会，有 104 自然村。镇人民政府驻郭村。1956 年设郭村乡。1959 年成立新华公社。1961 年更名郭村公社。1983 年复乡。1986 年改镇。因镇政府驻地得名。大沙河、清水河流经。有中学 2 所，小学 20 所，幼儿园 12 所，卫生院 2 个，卫生室 31 个。农业以种植小麦、玉米、黄花、辣椒、土豆，饲养鸡、鸭、羊为主。工业以面粉加工、建材为主。商沈线省道过境。

郭村［Guōcūn］　郭村镇人民政府驻地。在区政府驻地新城街道西南 21 千米。人口 6200。因唐代郭氏建村，故名。聚落呈漏斗状。有中小学、卫生院、卫生室。农业以种植小麦、玉米、土豆、黄花为主。有集市。通公路。

李口镇［Lǐkǒu Zhèn］　睢阳区辖镇。在区境中部。面积 64 平方千米。人口 5.2 万。辖 23 村委会，有 105 自然村。镇人民政府驻李口。1949 年设李口乡。1958 年成立公社。1983 年复乡。1986 年改镇。因镇政府驻地得名。大沙河、古宋河流经。有中学 3 所，小学 18 所，幼儿园 11 所，卫生院 1 个，卫生室 34 个。有李氏追远祠。农业以种植小麦、玉米、棉花、西瓜、蔬菜为主。工业以建材、食品加工为主。郑留公路过境。

李口［Lǐkǒu］　李口镇人民政府驻地。在区政府驻地新城街道南 17 千米。人口 3700。宋称瓦子坡，毁于兵火。因明初重建李氏渡口，故名。聚落呈块状。有中小学、卫生院、卫生所。农业以种植小麦、玉米、苹果、西瓜为主。郑留公路经此。

高辛镇［Gāoxīn Zhèn］　睢阳区辖镇。在区境南部。面积 66 平方千米。人口 5.1 万。辖 25 村委会，有 114 自然村。镇人民政府驻高辛。宋代曾设高辛镇。1949 年设高辛乡。1958 年成立公社。1983 年复乡。2000 年改镇。因镇政府驻地得名。大沙河、洮河、大坡河等流经。有中学 2 所，小学 19 所，幼儿园 4 所，卫生院 1 个，卫生室 30 个。有帝喾陵、三官阁。农业以种植小麦、玉米、蔬菜、瓜果，饲养猪、羊、鸡、鸭为主。工业以桐木、家具加工为主。商鹿线、马开线省道过境。

高辛［Gāoxīn］　高辛镇人民政府驻地。在区政府驻地新城街道西南 26 千米。人口 2600。为帝喾高辛氏初封都邑，故名。明设高辛铺，清称高辛集。聚落呈团块状。有小学、卫生院。有帝喾陵、西汉古井。农业以种植小麦、玉米、瓜果、蔬菜为主。特产西瓜。有集贸市场。商鹿线省道经此。

坞墙镇［Wùqiáng Zhèn］ 睢阳区辖镇。在区境东南部。面积68平方千米。人口5.1万。辖23村委会，有138自然村。镇人民政府驻坞墙集。1949年设坞墙区。1956年设乡。1958年改公社。1983年复乡。2009年改镇。因镇政府驻地得名。杨大河、芦河流经。有中学2所，小学17所，幼儿园7所，卫生院1个，卫生室42个。有汤王台、玄帝庙。农业以种植小麦、玉米、蔬菜、中药材为主。工业以食品、服装加工为主。105国道过境。

坞墙集［Wùqiángjí］ 坞墙镇人民政府驻地。在区政府驻地新城街道东南29千米。人口2000。春秋时宋襄公筑城，得名襄坞。北魏永安二年(529)遭兵变沦为废墟，故名坞墙。宋代改今名。聚落呈团块状。有中小学、幼儿园、卫生院。有龙山晚期文化遗址。农业以种植小麦、玉米为主。105国道经此。

冯桥镇［Féngqiáo Zhèn］ 睢阳区辖镇。在区境东南部。面积53平方千米。人口3.4万。辖17村委会，有89自然村。镇人民政府驻冯桥。1977年坞墙、闫集2公社析设冯桥公社。1983年设乡。2010年改镇。因镇政府驻地得名。杨大河、蔡河流经。有中学1所，小学14所，幼儿园2所，卫生院1个，卫生室17个。农业以种植小麦、玉米、棉花、红薯、瓜果为主。有养殖场。工业以服装制衣为主。有集贸市场3个。105国道过境。

冯桥［Féngqiáo］ 冯桥镇人民政府驻地。在区政府驻地新城街道东南20千米。人口6800。明代冯氏建村，临河有桥，故名。聚落呈块状。有中小学、卫生院、卫生室。农业以种植小麦、玉米为主。工业以纺织、体育器材加工为主。105国道经此。

路河镇［Lùhé Zhèn］ 睢阳区辖镇。在区境中部偏北。面积80平方千米。人口5.6万。辖26村委会，有126自然村。镇政府驻路河。1961年成立路河公社。1983年设乡。2011年改镇。因镇政府驻地得名。大沙河流经。有中学2所，小学23所，幼儿园3所，卫生院1个，卫生所26个。有省级文物保护单位微子祠。有李香君墓。农业以种植小麦、玉米、蔬菜为主。工业以金属铸造、木器加工为主。有集贸市场3个。连霍、商周高速，商周线省道过境。

路河［Lùhé］ 路河镇人民政府驻地。在区政府驻地新城街道西南12千米。人口200。唐代因庙得名六合。明称卢家河，俗称卢河。1970年商柘公路经此，改称路河。大沙河流经。聚落呈团块状。有中小学、卫生院。农业以种植小麦、玉米、瓜果、蔬菜为主。有集贸市场。商周线省道经此。

闫集镇［Yánjí Zhèn］ 睢阳区辖镇。在区境东部。面积86平方千米。人口5.4万。辖27村委会，有153自然村。镇人民政府驻闫集。1949年设阎集乡。1958年成立公社。1983年复乡。2012年改闫集镇。因镇政府驻地得名。杨大河、蔡河、古宋河等流经。有中学3所，小学23所，幼儿园12所，卫生院1个，卫生室34个。有全国重点文物保护单位商丘淮海战役总前委旧址。农业以种植小麦、玉米、棉花、蔬菜为主。特产西瓜。工业以化工、纺织、制药为主。有集贸市场3个。105国道、连霍高速过境。

闫集［Yánjí］ 闫集镇人民政府驻地。在区政府驻地新城街道南14千米。人口2200。汉称鸿口亭，明洪武年间(1368—1398)改称阎家集，2012年更今名。聚落呈团块状。有中小学、幼儿园、卫生院。农业以种植小麦、玉米为主。有农贸市场。105国道经此。

毛堌堆镇［Máogùduī Zhèn］ 睢阳区辖镇。在区境西南部。面积67平方千米。人口5.2万。辖24村委会，有109自然村。镇人民政府驻毛堌堆。1949年设毛堌堆乡。1958年成立公社。1983年复乡。2014年改镇。因镇政府驻地得名。大沙河流经。有中学2所，小学20所，幼儿园6所，卫生院1个，卫生室45个。有座静寺、盘马庙、王纪秀墓。农业以种植小麦、玉米、葡萄、核桃，饲养猪、鹅、鸡为主。有养殖基地3个。工业以兽药、服装加工、建材为主。商周高速、商周线省道过境。

毛堌堆［Máogùduī］ 毛堌堆镇人民政府驻地。在区政府驻地新城街道西南19千米。人口3000。汉称茅草堆，元毁于水患。明初重建，改今名。聚落呈椭圆形。有中小学、幼儿园、卫生所。农业以种植小麦、玉米为主。有集市。商周线省道经此。

勒马乡［Lèmǎ Xiāng］ 睢阳区辖乡。在区境西南部。面积77平方千米。人口5.4万。辖23村委会，有108自然村。乡政府驻勒马集。1949年设勒马乡。1958年成立公社。1983年复乡。因乡政府驻地得名。洮河流经。有中学3所，小学23所，幼儿园12所，卫生院1个，卫生室32个。有省级文物保护单位枣冢庙。农业以种植小麦、玉米、棉花、花生为主。工业以木材、服装加工为主。商周高速、马开线省道过境。

勒马集［Lèmǎjí］ 勒马乡人民政府驻地。在区政府驻地新城街道西南32千米。人口4300。因传刘秀称帝前在此吟诗"勒马回头兮望张弓"，故名。唐称勒马集。聚落呈块状。有中小学、卫生院。农业以种植小麦、玉米为主。马开线省道经此。

娄店乡［Lóudiàn Xiāng］ 睢阳区辖乡。在区境南部。面积42平方千米。人口3.8万。辖18村委会，有70自然村。乡人民政府驻娄店。1949年设娄店乡。1958年并入李口公社。1961年析设娄店公社。1983年复乡。因乡政府驻地得名。有中学2所，小学14所，幼儿园4所，卫生院1个，卫生室28个。有降龙堌堆遗址。农业以种植小麦、玉米、西瓜、芦笋、芝麻等为主。工业以木材加工、生物制药为主。有农贸市场。马开线省道过境。

娄店［Lóudiàn］ 娄店乡人民政府驻地。在区政府驻地新城街道西南24千米。人口2300。唐因靳氏建楼而称楼靳店。明演为娄靳店集，简今名。聚落呈块状。有小学、幼儿园、卫生院。农业以种植小麦、玉米、西瓜、黄花为主。工业以服装加工为主。马开线省道经此。

临河店乡［Línhédiàn Xiāng］ 睢阳区辖乡。在区境西部。面积52平方千米。人口4.8万。辖22村委会，有80自然村。乡人民政府驻临河店。1956年设临河店乡。1958年并入郭村、勒马2公社。1975年析设临河店公社。1983年复乡。因乡政府驻地得名。大沙河流经。有中学3所，小学15所，幼儿园10所，卫生院1个，卫生室28个。农业以种植小麦、玉米、花生、棉花，饲养猪、羊、肉鸭为主。特产小杂果、礼品西瓜。工业以桐木、塑料加工为主。睢柘线县道过境。

临河店［Línhédiàn］ 临河店乡人民政府驻地。在区政府驻地新城街道西南28千米。人口700。明洪武四年(1371)建村，临河开店，故名。聚落呈块状。有中小学、幼儿园、卫生院。农业以种植小麦、玉米、瓜果、蔬菜、中药材为主。睢柘线县道经此。

包公庙乡［Bāogōngmiào Xiāng］ 睢阳区辖乡。在区境南部。面积52平方千米。人口4.2万。辖20村委会，有84自然村。乡人民政府驻包公庙。1949年设包公庙乡。1958年并入高辛公社。1962年析设包公庙公社。1983年复乡。因乡政府驻地得名。大沙河、洮河、小白河流经。有中学1所，小学17所，幼儿园6所，卫生院1个，卫生室37个。有古迹包公庙遗址、三官堂、放粮池。农业以种植小麦、玉米、棉花、蔬菜为主。工业以农副产品、服装加工为主。商鹿线省道过境。

包公庙［Bāogōngmiào］ 包公庙乡人民政府驻地。在区政府驻地新城街道南32千米。人口2000。因包公庙遗址得名。聚落呈圆状。有小学、幼儿园、卫生院。农业以种植小麦、玉米、辣椒为主。有集贸市场。商鹿线省道经此。

梁 园 区

梁园区［Liángyuán Qū］ 商丘市辖区。在市境中部偏北。面积699平方千米。人口86.8万。以汉族为主，还有回、满、壮、侗等民族。辖10街道、3镇、7乡。区人民政府驻平原街道。1950年析商丘县城关区置县级商丘市。1951年朱集市并入，属商丘专区。1958年属开封专区。1960年商丘县并入，1961年又析出。属商丘专区。1968年属商丘地区。1997年县级商丘市改梁园区，属商丘市(地级)。因西汉梁园遗址得名。《史记·梁孝王世家》载：孝王筑东苑，大治宫室，为复道，自宫连属于平台三十余里，世称梁园。先后新建神火大道、平原路、中州路，扩建民主路、凯旋路、八一路、团结路。2003年起改造棚户区、城中村、白云绿地广场，治理包河。2006年后开发火车站以北区域。黄河故道、东沙河、包河、清水河、古宋河等流经。有省级科研单位12个，高校1所，中等职业学校5所，中学39所，小学221所，三级医院1个，二级医院5个，图书馆1个，文化馆1个，剧团4个，运动员后备人才训练基地1个。有全国重点文物保护单位徐堌堆墓群，省级文物保护单位三陵台。有国家级非物质文化遗产四平调。有民俗刺绣、花鼓舞。有省级风景名胜区清凉寺、黄河故道天沐湖湿地。三次产业比例15∶46∶39。农业以种植小麦、玉米为主，盛产蔬菜、瓜果。特产山药、草莓。工业以铝材、农副产品深加工、现代医药为主。有省级梁园产业聚集区。服务业以商贸为主。有310农产品批发等专业市场15个。有民主路、八一路、中州路、凯旋路等商业中心。京九、陇海铁路，连霍、济广、商周高速，105、310国道过境。有商丘站、商丘南站、市中心汽车站、市汽车总站、万里汽车站。

商丘站［Shāngqiū Zhàn］ 见交通运输设施部分"商丘站"条。

商丘汽车总站［Shāngqiū Qìchē Zǒngzhàn］ 见交通运输设施部分"商丘汽车总站"条。

平原街道［Píngyuán Jiēdào］ 梁园区人民政府驻地。在区境南部。面积19平方千米。人口4.5万。以汉族为主，还有回族等。1998年设。因平原路得名。2000年后改造城中村、棚户区。古宋河流经。有中学1所，小学9所，幼儿园7所，二级医院1个，卫生院1个，卫生所6个。有古迹老君台、观音寺。农业以种植小麦、玉米为主。工业以纸板、食品加工，医药化工为主。310国道过境。通多路公交车。

前进街道［Qiánjìn Jiēdào］ 属梁园区。在区境中部偏南。面积5平方千米。人口5万。以汉族为主，还有回、满、朝鲜等民族。1998年设。因前进街得名。2000年起改造旧城区、城中村。有中学2所，小学3所，幼儿园2所，卫生院1个，卫生所8个。经济以商贸、物流、旅游为主。有商丘站、市中心汽车站。通多路公交车。

长征街道［Chángzhēng Jiēdào］　属梁园区。在区境中部偏南。面积5平方千米。人口4.1万。1998年设。因长征路得名。2000年起改造旧城区、城中村。有中学1所，小学3所，幼儿园2所，二级医院1个，卫生院1个，卫生室4个。有豫东文化广场。经济以服装批发、商贸、餐饮为主。通多路公交车。

八八街道［Bābā Jiēdào］　属梁园区。在区境东南部。面积4平方千米。人口4.5万。以汉族为主，还有回、满等民族。1997年设。因毛泽东1958年8月8日视察商丘县得名。2000年起改造旧城区、城中村、棚户区。包河流经。有中学2所，小学2所，幼儿园6所，卫生院1个，卫生所2个。工业以面粉、食品、铝制品加工为主。通多路公交车。

东风街道［Dōngfēng Jiēdào］　属梁园区。在区境东部。面积4平方千米。人口3.5万。以汉族为主，还有回族等。1998年设。因沿用"东风压倒西风"之意得名。2000年起改造棚户区、城中村，建新市场。包河流经。有中学1所，小学3所，幼儿园3所，二级医院1个，卫生院1个，卫生室11个。工业以化工、建材为主。有小商品批发、建材市场。通多路公交车。

中州街道［Zhōngzhōu Jiēdào］　属梁园区。在区境东部。面积33平方千米。人口4.5万。1998年设。因中州大道得名。2000年后新修中州路，整治河流。包河、东沙河流经。有中学1所，小学6所，二级医院1个，卫生院1个，卫生室12个。有西汉朱台遗址。农业以种植小麦、玉米、瓜果、蔬菜为主。工业以建材、电力设备制造、食品加工为主。有光彩大市场、农产品批发市场。京九、陇海铁路，105、310国道过境。通多路公交车。

解放村［Jiěfàngcūn］　在区政府驻地平原街道东5千米。属中州街道。人口3000。因纪念1948年商丘解放得名。聚落呈块状。工业以环保设备制造为主。有商丘农产品中心批发市场、光彩大市场。陇海、京九铁路经此。2014年被评为全国文明村。

白云街道［Báiyún Jiēdào］　属梁园区。在区境东南部。面积3平方千米。人口3.7万。1998年由叶庄乡改设。因白云广场得名。2000年起改造城中村。包河流经。有中学2所，小学5所，幼儿园1所，三级医院1个，二级医院1个，卫生院1个，卫生所9个。有白云游乐场。工业以食品加工、医药为主。有白云商业圈。通多路公交车。

建设街道［Jiànshè Jiēdào］　属梁园区。在区境中部偏南。面积19平方千米。人口4.3万。1998年由袁庄乡改设。因建设路得名。2000年起改造城中村，修建凯旋北路、森林大道。包河流经。有中学2所，小学5所，幼儿园8所，二级医院1个，卫生院1个，卫生所8个。农业以种植小麦、玉米、蔬菜为主。工业以食品加工、冶金为主。通多路公交车。

平安街道［Píng'ān Jiēdào］　属梁园区。在区境东部。面积24平方千米。人口4.3万。2007年撤平台镇析设平安街道。因吉言佳语而得名。2009年起改造城中村、木兰大道。周商永运河流经。有华豫学院。有中学4所，小学12所，卫生院1个，卫生室7个。有西汉古银杏树。农业以种植玉米、小麦、蔬菜为主。工业以医药、建材为主。陇海、京九铁路，105、310国道过境。有商丘南站。通多路公交车。

平台街道［Píngtái Jiēdào］　属梁园区。在区境东南部。面积55.5平方千米。人口4.2万。2007年撤平台镇析设平台街道。因平台集得名。《左传》载，宋皇国父为宋平公所筑，宽广而不甚高，俗云平台。《史记·梁孝王世家》载："孝王筑东苑，方三百余里。于睢阳城七十里。大治宫室，为复道，自宫连属于平台三十余里。"谢惠连赋雪于此，又名雪苑，亦称平台里。渐有市，故名平台集，简为平台。先后新建华商大道、豫苑路、星林路，改造北海路。包河、东沙河流经。有中学1所，小学8所，卫生院1个。有平台汉代建筑遗址。农业以种植小麦、玉米、瓜果、蔬菜为主。工业以小型机械制造为主。服务业以汽车维修为主。京九铁路、310国道、商虞公路过境。通多路公交车。

双八镇［Shuāngbā Zhèn］　梁园区辖镇。在区境东北部。面积55平方千米。人口5.2万。辖17村委会，有65自然村。镇人民政府驻双八。1950年设道口乡。1958年成立公社。1959年更名双八公社。1983年设乡。1984年改镇。因镇政府驻地得名。大沙河流经。有中学2所，小学18所，卫生院1个，卫生室22个。有毛主席视察黄楼纪念馆、纪念亭。农业以种植小麦、玉米，饲养猪、牛为主。特产草莓。工业以建材、化工制革、农副产品加工为主。105国道、济广高速过境。

双八［Shuāngbā］　双八镇人民政府驻地。在区政府驻地平原街道北10千米。人口2700。原名道口集，1958年8月8日毛泽东视察后改今名。聚落呈块状。有中小学、卫生室。有毛主席视察黄楼纪念馆、纪念亭。农业以种植小麦、玉米、葡萄为主。有集市。105国道经此。

张阁镇［Zhānggé Zhèn］　梁园区辖镇。在区境东部。面积40平方千米。人口2.9万。辖16村委会，有68自然村。镇人民政府驻张阁。1949年设张阁乡。1958年成立张阁公社。1977年析设周集公社。1983年复乡。1986年改镇。因镇政府驻地得名。东沙河、周商永运河流经。有中学2所，小学12所，卫生院1个，卫生室16个。农业以种植小麦、玉米、瓜果、蔬菜为主。有肉牛育肥基地、养猪场。工业以纺织、化工、建材、食品加工为主。陇海铁路、310国道、济广高速、商徐公路过境。

张阁［Zhānggé］　张阁镇人民政府驻地。在区政府驻地平原街道东南14千米。人口1000。明初因人得名张才庄。清末建观音、普贤、文殊三大士阁，更名张阁。聚落呈块状。有中小学、卫生院、卫生室。农业以种植小麦、玉米、蔬菜、西瓜为主。工业以食品加工为主。有集市。陇海铁路、商徐公路经此。

谢集镇［Xièjí Zhèn］　梁园区辖镇。在区境西北部。面积57平方千米。人口5.2万。以汉族为主，还有回族等。辖25村委会，有85自然村。镇人民政府驻叶庄。1958年成立谢集公社。1983年设乡。1986年改镇。因镇政府原驻地得名。明代因管、苟、谢3姓得名管苟谢家集，简称谢家集、谢集。包河、古宋河流经。有中学2所，小学19所，幼儿园4所，卫生院1个，卫生室28个。有谢集民国学堂。农业以种植小麦、玉米、瓜果、蔬菜，饲养猪、羊为主。工业以面粉加工、机械制造为主。陇海铁路、310国道过境。

叶庄［Yèzhuāng］　谢集镇人民政府驻地。在区政府驻地平原街道西北18千米。人口1200。明万历年间（1573—1619）叶廷居此，故名。聚落呈方块状。有中小学、幼儿园、卫生院、卫生室。农业以种植小麦、玉米、辣椒等为主。陇海铁路、郑徐高铁、梁民线县道经此。

周集乡［Zhōují Xiāng］　梁园区辖乡。在区境东南部。面积36平方千米。人口3.1万。辖15村委会，有55自然村。乡人民政府驻周集。1949年设周集乡。1961年成立周集公社。1983年复乡。因乡政府驻地得名。东沙河流经。有中学2所，小学14所，幼儿园3所，卫生院1个，卫生室15个。有白衣寺、灵台寺。农业以种植小麦、玉米、大豆、西瓜，饲养猪、羊为主。工业以食品、肥料加工为主。京九铁路、济广高速、343国道过境。

周集［Zhōují］　周集乡人民政府驻地。在区政府驻地平原街道东南13千米。人口1300。明洪武年间（1368—1398）周氏建村，故名。有中小学、卫生室、灵台寺遗址。农业以种植小麦、玉米、西瓜为主。工业以复合肥生产为主。有农贸市场。343国道经此。

水池铺乡［Shuǐchípù Xiāng］　梁园区辖乡。在区境西南部。面积68平方千米。人口4.2万。辖21村委会，有67自然村。乡人民政府驻水池铺。1949年设水池铺乡。1961年成立公社。1983年复乡。因乡政府驻地得名。陈良河、大坡河流经。有中学4所，小学18所，卫生院1个，卫生室21个。有沈鲤墓。农业以种植小麦、玉米、辣椒、山药等为主。工业以食品、饮料加工为主。连霍、商周高速，郑永公路过境。

水池铺［Shuǐchípù］　水池铺乡人民政府驻地。在区政府驻地平原街道西11千米。人口1700。汉代称安良寨，明代设兵铺，改今名。聚落呈三角形。有小学、卫生室。农业以种植小麦、玉米、蔬菜、花生为主。农历单日逢集，三、九日逢会。郑永公路经此。

观堂乡［Guāntáng Xiāng］　梁园区辖乡。在区境西南部。面积67平方千米。人口5万。辖25村委会，有76自然村。乡人民政府驻观堂。宋曾设观堂镇。1955年设观堂乡。1958年改公社。1983年复乡。因乡政府驻地得名。古宋河、清水河、大坡河、陈良河等流经。有中学2所，小学17所，卫生院1个，卫生室28个。农业以种植小麦、玉米、花生、山药，饲养猪、肉鸽为主。工业以塑料、板材加工为主。连霍高速、郑永公路过境。

观堂［Guāntáng］　观堂乡人民政府驻地。在区政府驻地平原街道西南20千米。人口3000。隋建观音庵堂，得名观音堂集，简称观堂。聚落呈块状。有中小学、卫生室。农业以种植小麦、玉米、花生、辣椒为主。有农贸市场。郑永公路经此。

王楼乡［Wánglóu Xiāng］　梁园区辖乡。在区境西部。面积47平方千米。人口3.7万。辖18村委会，有78自然村。乡人民政府驻王楼。1949年设王楼等4乡。1956年合设王楼乡。1958年成立公社。1977年析设水池铺公社。1983年复乡。因乡政府驻地得名。大坡河、古宋河流经。有中学2所，小学12所，卫生院1个，卫生室24个。有省级文物保护单位三陵台。有清凉寺、平顶堌堆遗址、宋缥墓。农业以种植小麦、玉米，饲养猪、羊为主。工业以毛纺、食品、玻璃加工为主。商周高速、310国道过境。

王楼［Wánglóu］　王楼乡人民政府驻地。在区政府驻地平原街道西10千米。人口3800。宋代通官道称骑官王楼。清乾隆年间（1736—1795）王氏迁此，称王楼。聚落呈长方形。有中小学、卫生院。农业以种植小麦、玉米、红薯为主。工业以面粉加工为主。梁宁线县道经此。

李庄乡［Lǐzhuāng Xiāng］　梁园区辖乡。在区境北部。面积97平方千米。人口5.4万。辖26村委会，有116自然村。乡人民政府驻刘楼。1965年成立李庄公社。1983年设乡。因乡政府原驻地得名。明初称李庄，清初以养蜂出名改称蜂窝李庄，1961年复名。包河、东沙河流经。有中学2所，小学22所，卫生院1个，卫生室26个。有黄河故道森林公园、蒙墙寺遗址。农业以种植小麦、玉米、蔬菜、草莓为主。

工业以铝加工、农副产品加工为主。陇海铁路、310国道、商曹公路过境。

刘楼 [Liúlóu] 李庄乡人民政府驻地。在区政府驻地平原街道北9千米。人口4900。清康熙年间(1661—1722)刘氏建村,故名。聚落呈块状。有小学、卫生室。农业以种植小麦、玉米为主。有草编手工业。通公路。

孙福集乡 [Sūnfújí Xiāng] 梁园区辖乡。在区境西北部。面积60平方千米。人口4.6万。辖30村委会,有91自然村。乡人民政府驻孙福集。1949年设孙福集乡。1958年并入谢集公社。1962年析设孙福集公社。1983年复乡。因乡政府驻地得名。有中学2所,小学17所,卫生院1个,卫生室30个。农业以种植小麦、玉米为主。有万亩山药基地。工业以铸造、桐木加工为主。商濮公路过境。

孙福集 [Sūnfújí] 孙福集乡人民政府驻地。在区政府驻地平原街道西北23千米。人口8600。明崇祯年间(1628—1644)山海关兵备道总兵高第置庄屯田,得名高家村,亦称高村、高家集、高村集。清咸丰三年(1853)高氏管家孙福发动乡民筑寨,更名孙福集。聚落呈长方形。有中小学、幼儿园、卫生院、卫生室。有石家旧宅、李氏家祠。农业以种植小麦、玉米为主。为豫、鲁2省农副产品集散地。商濮公路经此。

刘口乡 [Liúkǒu Xiāng] 梁园区辖乡。在区境东北部。面积42平方千米。人口3.7万。辖17村委会,有67自然村。乡人民政府驻徐隆店。1956年设刘口乡。1961年成立公社。1983年复乡。因乡政府原驻地得名。刘氏居黄河渡口得名。黄河故道流经。有中学2所,小学16所,卫生院1个,卫生室17个。有黄河故道森林公园。农业以种植小麦、玉米、花生、大樱桃,饲养猪、羊为主。工业以木材加工、太阳能发电为主。105国道、济广高速过境。

徐隆店 [Xúlóngdiàn] 刘口乡人民政府驻地。在区政府驻地平原街道东北17千米。人口2700。金代刘氏居黄河渡口,得名刘家口。明代徐氏开店,因取生意兴隆之意改今名。聚落呈长方形。有小学、卫生室。有陆陈会馆。农业以种植小麦、玉米、花生为主。双日逢集。105国道经此。

刘灿 [Liúcàn] 在区政府驻地平原街道东北12千米。刘口乡辖自然村。人口400。清乾隆六年(1741)刘灿建村,故名。聚落呈长方形。有黄河故道风景区。经济以休闲观光旅游为主。农业以种植小麦、玉米、花生为主。105国道经此。2014年被评为全国文明村。

永城市

永城市 [Yǒngchéng Shì] 河南省直辖县级市,由商丘市代管。北纬33°55′,东经116°26′。在商丘市境东部。面积2068平方千米。人口157万。以汉族为主,还有回、满、蒙古等民族。辖6街道、21镇、4乡。市人民政府驻雪枫街道。隋大业六年(610)置永城县,治今城关镇东北三里赵庄,属谯郡。唐武德五年(622)移治马浦城(今城关镇)。金兴定五年(1221)升永州。元至元二年(1265)复县。八年(1271)酂县并入,属归德府。明清因之。1913年属豫东道。1914年属开封道。1927年属省。1932年属第二行政督察区。1945年更名雪枫县。1947年属豫皖苏第三专区。1949年复永城县,属皖北宿县专区。1951年属商丘专区。1958年属开封专区。1961年属商丘专区。1968年属商丘地区。1994年政府驻地迁今址。1996年改县级市。1997年由商丘市代管。因隋炀帝口谕"五年水灾毁多城,唯有马甫是永城"得名。先后治理环城河、白洋沟、友谊沟,新建天香、双拥公园及人民广场、汉文化广场,建设东城区。2007年建成沱河风景带。建设路以南为行政区,以北为商务区。永宿路以南为产业集聚区。地处黄河冲积平原。平均海拔35米。年均气温15℃,1月平均气温0℃,7月平均气温27℃。年均降水量795毫米。有芒砀山。沱河、浍河、包河、王引河等流经。有煤资源。有野生植物365种,其中国家重点保护野生植物有银杏、水杉等3种。有野生动物230种,其中国家重点保护野生动物有鸳鸯、白琵鹭等45种。森林覆盖率41%。有国家级科研单位1个,省级科研单位3个,职业学院1所,职业技术学校3所,中学46所,小学499所,二级医院4个,体育馆1个,豫剧团1个。有中原路沱河大桥、体育馆。有全国重点文物保护单位西汉梁王墓群、崇法寺塔等5个,省级文物保护单位陈胜墓、抗大四分校旧址等10个。有全国爱国主义教育基地陈官庄烈士陵园。有省级非物质文化遗产永城大铙、柳琴戏、清音。有国家4A级旅游景区芒砀山。三次产业比例15∶54∶31。农业以种植小麦、玉米、大豆,饲养猪、牛、羊、鸡为主,盛产油桃、酥梨等。工业以煤化工、铝材、木板材、电力、面粉加工为主。服务业以商贸为主。连霍、济祁、永登高速,311国道,马开线、城农线、侯饭线、条苑线省道过境。有永城中心汽车站。

人民广场 [Rénmín Guǎngchǎng] 在市区中部。面积13.4公顷。2000年开工,同年建成。有喷泉、舞台。东有乒乓球运动场,西有凉亭、气象观测站,北有自助图书馆、宣传橱窗。为集集会、重大活动、休闲、健身为一体的综合性广场。周边有市政府、永煤总医院、百花商城、步行街。通公交车。

东方大道 [Dōngfāng Dàdào] 在市境中部。东起东环路,西至牡丹路。与芒砀路、雪枫路、中原路、东外环路相交。长4.6千米,宽60米。沥青路面。1994年开工,1996年建成。因处河南最东部而得名。两侧有人民广场、双拥公园、天香公园、市政府、公安局、地矿局、审计局。通公交车。

光明路 [Guāngmíng Lù] 在市境南部。东起科源大道,西至牡丹路。与芒砀路、雪枫路、中原路、东环外路相交。长11.2千米,宽60米。沥青路面。1991年开工,1992年建成。2007、2011年延建。因吉言佳语而得名。两侧有神火总医院、市精神病医院、永煤集团、神火集团、劳动局。通公交车。

芒砀路 [Mángdàng Lù] 在市境西部。南起南外环路,北至311国道。与建设路、欧亚路、永兴路、东方大道、光明路等相交。长9.7千米,宽50米。沥青路面。1996年开工,1997年建成。2002、2009年延建。因芒砀山得名。两侧有永城中心汽车站、第一高中、第五初中。通公交车。

中原路 [Zhōngyuán Lù] 在市境东部。南起南外环路,北至311国道。与建设路、欧亚路、永兴路、东方大道、光明路等相交。长9.2千米,宽50米。沥青路面。1996年开工,2005年建成。2009年延建。因处中原地带而得名。两侧有教体局、水利局、第五医院、市第一小学、汉文化广场。通公交车。

永城中心汽车站 [Yǒngchéng Zhōngxīn Qìchēzhàn] 见交通运输设施部分"永城中心汽车站"条。

雪枫街道 [Xuěfēng Jiēdào] 永城市人民政府驻地。在市境中部。面积12平方千米。人口8.6万。2014年设。因彭雪枫将军得名。沱河流经。有永城职业学院。有中学2所,小学8所,二级医院3个,卫生室15个。有沱河大桥。经济以餐饮、旅游为主。有永城长途汽车站。通多路公交车。

演集街道 [Yǎnjí Jiēdào] 属永城市。在市境中部偏东。面积46平方千米。人口5.1万。2014年撤演集镇析设。因演集而得名。有中学4所,小学16所,二级医院1个,卫生院1个,卫生室20个。有市群艺馆、档案馆、科技馆、图书馆。农业以种植小麦、玉米、大豆,饲养猪、鸡为主。特产丰庄枣干。工业以饲料加工、塑胶塑编为主。311国道过境。通多路公交车。

崇法寺街道 [Chóngfǎsì Jiēdào] 属永城市。在区境中部。面积17平方千米。人口6.1万。2014年由城关镇街道改设。因全国重点文物保护单位崇法寺得名。沱河流经。有职业中专2所,中学2所,小学6所,卫生室8个。农业以种植小麦、玉米、蔬菜为主。工业以面粉、饲料、机械加工为主。311国道,侯饭线、条苑线省道过境。有南关汽车站、诚达汽车站。通多路公交车。

侯岭街道 [Hóulǐng Jiēdào] 属永城市。在市境东南部。面积71平方千米。人口4.9万。2014年撤侯岭乡析设。沱河、浍河流经。有中学2所,小学9所,卫生院1个,卫生室21个。有还金闾古碑、呼庄汉墓、侯氏祖碑。农业以种植小麦、玉米、大豆、蔬菜、水果为主。工业以化工、铸造、机械加工、建材为主。永登、济祁高速,侯饭线省道过境。通多路公交车。

沱滨街道 [Tuóbīn Jiēdào] 属永城市。在市境中部。面积45平方千米。人口3.3万。2014年由城厢乡改设。因地处沱河之滨,故名。沱河、白河流经。有中学1所,小学14所,卫生院1个,卫生室15个。农业以种植小麦、玉米、大豆,饲养猪、牛、羊、鸡为主。工业以饲料加工为主。通多路公交车。

日月湖街道 [Rìyuèhú Jiēdào] 属永城市。在市境西南部。面积34平方千米。人口2.2万。2014年撤侯岭乡、演集镇析设。因国家级水利风景区日月湖得名。沱河流经。有中学1所,小学6所,卫生室12个。有市体育馆。农业以种植小麦、玉米、大豆,饲养猪、羊、鸡、鸭为主。工业以酿酒为主。侯饭线省道过境。通多路公交车。

芒山镇 [Mángshān Zhèn] 永城市辖镇。在市境北部。面积72平方千米。人口5.7万。辖26村委会,有98自然村。镇人民政府驻雨亭。1956年设雨亭乡。1958年改芒山公社。1984年复乡。1985年定今名。因芒砀山得名。王引河、碱河流经。有职业高中1所,中学3所,小学18所,卫生院1个,卫生室25个。有全国重点文物保护单位西汉梁王墓群、芒砀山汉代礼制建筑基址,省级文物保护单位陈胜墓、芒砀山文庙、鲁雨亭故居、僖山汉画像石墓。有汉高祖斩蛇碑、陶山碉楼、张飞寨遗址、后窑汉墓群、李王后陵。经济以板材、面粉加工,旅游为主。农业以种植小麦、玉米、大豆,饲养猪、羊、鸡为主。连霍、济祁高速,条苑线省道过境。

雨亭 [Yǔtíng] 芒山镇人民政府驻地。在市政府驻地雪枫街道北25千米。人口2700。唐代因依山逢集得名山城集。1940年以抗日英雄鲁雨亭改今名。聚落呈带状。有职业高中、小学、卫生院、卫生室。有省级文物保护单位鲁雨亭故居。农业以种植小麦、玉米为主。条苑线省道经此。

高庄镇 [Gāozhuāng Zhèn] 永城市辖镇。在市境东部。面积78平方千米。人口5万。辖31村委会,有154自然村。镇人民政府驻高庄。1949年设高庄乡。1959年改公社。1983

年复乡。1987年改镇。因镇政府驻地得名。沱河流经。有中学1所,小学15所,卫生院1个,卫生室30个。农业以种植小麦、玉米、大豆、水果、蔬菜,饲养猪、羊、鸡为主。特产酥梨。工业以采煤、铝电、建材加工为主。有葛店、车集煤矿。济祁高速、永淮公路过境。

高庄［Gāozhuāng］　高庄镇人民政府驻地。在市政府驻地雪枫街道东9千米。人口1800。因姓氏得名,原名高庄寨。聚落呈块状。有中小学、卫生院。农业以种植小麦、玉米、大豆,饲养猪、羊、鸡为主。特产酥梨。有集市。济祁高速、永淮公路经此。

酂城镇［Cuóchéng Zhèn］　永城市辖镇。在市境西部。面积71平方千米。人口54万。辖33村委会,有146自然村。镇人民政府驻酂城。1949年设酂城乡。1951年改区。1958年成立公社。1984年复乡。1997年改镇。因镇政府驻地得名。浍河、东沙河流经。有中学1所,小学28所,卫生院1个,卫生室32个。有全国重点文物保护单位造律台遗址、王油坊遗址。有酂县古城址、酂城石桥、江堌堆遗址、肖竹园遗址。农业以种植小麦、玉米、大豆、棉花为主。有特色美食酂城糟鱼。工业以食品、服装、木材加工为主。311国道、永登高速过境。

酂城［Cuóchéng］　酂城镇人民政府驻地。在市政府驻地雪枫街道西30千米。人口5000。秦置酂县,后废,故名。聚落呈块状。有中小学、卫生院、卫生室。有全国重点文物保护单位造律台遗址。农业以种植小麦、玉米、大豆为主。有集市。311国道经此。

裴桥镇［Péiqiáo Zhèn］　永城市辖镇。在市境西南部。面积126平方千米。人口6.8万。辖30村委会,有185自然村。镇人民政府驻裴桥。1959年成立裴桥公社。1983年设乡。1998年改镇。因镇政府驻地得名。浍河、包河流经。有中学1所,小学30所,卫生院1个,卫生室29个。有陈光勋烈士碑、大刘庄遗址、黄庄埠遗址。农业以种植小麦、玉米、大豆、棉花,饲养猪、牛、羊、鸡为主。工业以面粉加工为主。马开线省道过境。

裴桥［Péiqiáo］　裴桥镇人民政府驻地。在市政府驻地雪枫街道西南38千米。人口4200。原名三家村。明弘治初年(1488)裴氏重修塔岗桥,改名裴家桥,简今名。聚落呈块状。有中小学、幼儿园、卫生院。农业以种植小麦、玉米、大豆,饲养猪、牛、羊、鸡为主。有集市。马开线省道经此。

马桥镇［Mǎqiáo Zhèn］　永城市辖镇。在市境南部。面积98平方千米。人口5.4万。辖30村委会,有173自然村。镇人民政府驻马桥。1949年设马桥乡。1958年改公社。1984年复乡。1998年改镇。因镇政府驻地得名。包河流经。有中学1所,小学28所,卫生院1个,卫生室30个。有田土楼石桥。农业以种植小麦、大豆,饲养猪、牛、羊、鸡为主。工业以面粉加工为主。马开线省道过境。

马桥［Mǎqiáo］　马桥镇人民政府驻地。在市政府驻地雪枫街道西南33千米。人口4700。明代马氏建村,故名。聚落呈块状。有中小学、幼儿园、卫生院、卫生室。农业以种植小麦、玉米、大豆为主。有集市。马开线省道经此。

薛湖镇［Xuēhú Zhèn］　永城市辖镇。在市境北部。面积124平方千米。人口8.8万。辖54村委会,有139自然村。镇人民政府驻薛湖。1959年成立薛湖公社。1984年设乡。1998年改镇。2005年滦湖乡并入。因镇政府驻地得名。小白河、王引河流经。有中学4所,小学31所,卫生院2个,卫生室53个。有薛氏祖茔。农业以种植小麦、玉米、大豆,饲养猪、羊、鸡为主。工业以板材、面粉加工、煤炭为主。连霍、济祁高速过境。

薛湖［Xuēhú］　薛湖镇人民政府驻地。在市政府驻地雪枫街道北20千米。人口5900。传薛仁贵东征高丽时在此卸甲休整,得名薛礼卸甲湖。清称薛湖集,简称薛湖。聚落呈块状。有中小学、幼儿园、卫生院、卫生室。农业以种植小麦、玉米、大豆为主。有集市。连霍、济祁高速经此。

太丘镇［Tàiqiū Zhèn］　永城市辖镇。在市境西北部。面积49平方千米。人口3.7万。辖20村委会,有106自然村。镇人民政府驻太丘。1949年设太丘区。1955年改乡。1962年成立公社。1984年复乡。2007年改镇。因镇政府驻地得名。有中学1所,小学16所,卫生院1个,卫生室19个。有犬丘县城遗址。农业以种植小麦、玉米、大豆,饲养猪、鸡、羊为主。工业以板材、面粉加工为主。343国道过境。

太丘［Tàiqiū］　太丘镇人民政府驻地。在市政府驻地雪枫街道西北23千米。人口1500。春秋名犬丘。商设犬丘邑。汉置犬丘县,明改太丘县,村以古县名之。聚落呈块状。有小学、幼儿园、卫生院、卫生室。农业以种植小麦、玉米、大豆为主。有集市。通公路。

十八里镇［Shíbālǐ Zhèn］　永城市辖镇。在市境中部偏西。面积48平方千米。人口3.2万。辖19村委会,有73自然村。镇人民政府驻十八里。1977年成立十八里公社。1984年设乡。2000年改镇。因镇政府驻地得名。沱河、永酂运河流经。有中学1所,小学7所,卫生院1个,卫生室18个。农业以种植小麦、玉米、大豆、花卉、中药材,饲养猪、鸡为主。工业以面粉、建材加工为主。侯饭线省道过境。

十八里［Shíbālǐ］　十八里镇人民政府驻地。在市政府驻地雪枫街道西15千米。人口2400。原名兴让集,明设驿铺,西距县城18华里,称十八里铺,简为今名。聚落呈块状。有小学、幼儿园、卫生室。农业以种植小麦、玉米、大豆为主。有集市。侯饭线省道经此。

陈集镇［Chénjí Zhèn］　永城市辖镇。在市境北部。面积74平方千米。人口7.5万。辖34村委会,有186自然村。镇人民政府驻陈集。1949年设陈集乡。1958年改公社。1984年复乡。2001年改镇。因镇政府驻地得名。小白河流经。有中学2所,小学22所,卫生院1个,卫生室33个。农业以种植小麦、玉米、大豆、棉花,饲养猪、羊、牛为主。工业以板材、家具加工为主。有陈四楼煤矿。条苑线省道过境。

陈集［Chénjí］　陈集镇人民政府驻地。在市政府驻地雪枫街道北10千米。人口2900。明代陈氏建村,清代称陈家集,简为今名。聚落呈块状。有中小学、幼儿园、卫生院、卫生室。农业以种植小麦、玉米、大豆、黄花等为主。有集市。条苑线省道经此。

蒋口镇［Jiǎngkǒu Zhèn］　永城市辖镇。在市境西北部。面积80平方千米。人口6.8万。辖33村委会,有186自然村。镇人民政府驻蒋口。1949年设蒋口乡。1958年改公社。1983年复乡。2000年改镇。因镇政府驻地得名。沱河、岐河流经。有中学3所,小学21所,卫生院2个,卫生室32个。有古迹前板桥沱河节制水闸。农业以种植小麦、玉米、花生,饲养猪、羊为主。工业以木材、面粉加工为主。城农公路过境。

蒋口［Jiǎngkǒu］　蒋口镇人民政府驻地。在市政府驻地雪枫街道西北21千米。人口3800。明末清初蒋氏在巴河(今沱河)渡口建村,故名。聚落呈块状。有小学、卫生院、卫生室。农业以种植小麦、玉米为主。工业以面粉、木材加工为主。有集市。城农公路经此。

苗桥镇［Miáoqiáo Zhèn］　永城市辖镇。在市境东部。面积50平方千米。人口3.9万。辖20村委会,有91自然村。镇人民政府驻张楼。1975年高庄、茴村2公社析设苗桥公社。1983年设乡。2010年改镇。因桥得名。王引河、小运河流经。有中学2所,小学6所,卫生院1个,卫生室19个。农业以种植小麦、玉米、大豆、白菜、黄梨、西瓜,饲养猪、羊、牛为主。工业以建材、铝棒、服装加工为主。有新庄煤矿。永淮公路过境。

张楼［Zhānglóu］　苗桥镇人民政府驻地。在市政府驻地雪枫街道东14千米。人口600。因姓氏得名。聚落呈块状。有中小学、卫生院。农业以种植小麦、玉米、大豆,饲养猪、羊为主。通公路。

茴村镇［Huícūn Zhèn］　永城市辖镇。在市境东部。面积51平方千米。人口4.2万。辖24村委会,有104自然村。镇人民政府驻茴村。1949年设茴村乡。1958年改公社。1983年复乡。2010年改镇。因镇政府驻地得名。小黄河、小王引河流经。有中学2所,小学12所,卫生院1个,卫生室23个。有古迹岳氏先祠、李氏堂楼。有民俗腰鼓、柳琴、大铙等。农业以种植小麦、玉米、大豆、蔬菜,饲养猪、羊等为主。工业以皮革加工为主。济祁高速、311国道过境。

茴村［Huícūn］　茴村镇人民政府驻地。在市政府驻地雪枫街道东北11千米。人口4000。因多灌木槭而名槭村集,后误读为回村。明末因朝廷政策改今名。聚落呈块状。有中小学、卫生院。农业以种植小麦、玉米、大豆为主。有农贸服务业。311国道经此。

顺和镇［Shùnhé Zhèn］　永城市辖镇。在市境北部。面积60平方千米。人口5.8万。辖29村委会,有123自然村。镇人民政府驻顺和。1949年设顺和镇。1950年设顺和区。1956年改乡。1958年改公社。1984年复乡。2010年改镇。因镇政府驻地得名。有中学1所,小学15所,卫生院1个,卫生室28个。有大赵营神道碑。农业以种植小麦、玉米、大豆、棉花,饲养猪、牛、羊为主。工业以板材加工为主。陈蒋线省道过境。

顺和［Shùnhé］　顺和镇人民政府驻地。在市政府驻地雪枫街道西北19千米。人口2200。原名水头村,汉景帝时(前156—前143)吴、楚等七国叛乱,败后埋头于此,改称埋头集。清咸丰年间(1851—1861)取昌平、永泰之意,顺乎民意,更名顺和集。简称顺和。聚落呈块状。有中小学、幼儿园、卫生院、卫生室。农业以种植小麦、玉米、大豆为主。有农贸服务业。有集市。通公路。

李寨镇［Lǐzhài Zhèn］　永城市辖镇。在市境西南部。面积73平方千米。人口3.6万。辖21村委会,有189自然村。镇人民政府驻李寨。1949年设李寨乡。1958年并入马桥公社。1975年析设李寨公社。1983年复乡。2009年改镇。因镇政府驻地得名。有中学1所,小学17所,卫生院1个,卫生室21个。有省级文物保护单位抗日军政大学第四分校旧址。有新四沟。农业以种植小麦、玉米、大豆,饲养猪、羊、牛为主。工业以面粉、食品、油脂加工为主。条苑线省道过境。

李寨［Lǐzhài］　李寨镇人民政府驻地。在市政府驻地雪枫街道西南50千米。人口1500。因姓氏得名李庄。清咸丰年间(1851—1861)筑寨防卫,改今名。聚落呈块状。有中小学、卫生院、卫生室。农业以种植小麦、玉米、大豆为主。有集市。永城—涡阳公路经此。

龙岗镇［Lónggǎng Zhèn］　永城市辖镇。

在市境西部。面积78平方千米。人口5.8万。辖28村委会,有264自然村。镇人民政府驻龙岗。1949年设龙岗区。1956年改乡。1958年改公社。1983年复乡。2011年改镇。因镇政府驻地得名。浍河流经。有中学1所,小学15所,卫生院1个,卫生室27个。有省级文物保护单位黑堌堆遗址。有万店烈士陵园。农业以种植小麦、玉米、大豆、棉花,饲养猪、羊、牛为主。工业以木材、面粉、油脂加工为主。311国道、马开线省道过境。

龙岗［Lónggǎng］ 龙岗镇人民政府驻地。在市政府驻地雪枫街道西36千米。人口2500。因古时坡岗隆起如龙,故名。聚落呈块状。有小学、幼儿园、卫生院、卫生室。农业以种植小麦、玉米、大豆为主。有食品加工业。有集市。311国道、马开线省道经此。

酂阳镇［Cuóyáng Zhèn］ 永城市辖镇。在市境西部。面积76平方千米。人口5.7万。辖30村委会,有120自然村。镇人民政府驻酂阳。1949年设酂阳区。1956年改乡。1959年改公社。1983年复乡。2011年改镇。因镇政府驻地得名。岐河、东沙河流经。有中学1所,小学19所,卫生院1个,卫生室29个。有王氏宗碑。农业以种植小麦、玉米、大豆,饲养猪、牛、羊为主。工业以面粉、木材加工为主。侯饭线省道过境。

酂阳［Cuóyáng］ 酂阳镇人民政府驻地。在市政府驻地雪枫街道西北23千米。人口2800。周代地方组织,百家为"酂",又以北为阳。此为酂地,居汴水以北,故名"酂阳"。明、清设酂阳铺。聚落呈块状。有小学、幼儿园、卫生院、卫生室。农业以种植小麦、玉米、大豆为主。有集市。侯饭线省道经此。

马牧镇［Mǎmù Zhèn］ 永城市辖镇。在市境西北部。面积68平方千米。人口5万。辖30村委会,有109自然村。镇人民政府驻马牧。1949年设马牧乡。1958年并入酂城公社。1975年析设马牧公社。1983年复乡。2011年改镇。因镇政府驻地得名。东沙河、岐河流经。有中学1所,小学13所,卫生院1个,卫生室30个。有丁氏墓园、孙殿英旧居祠堂。农业以种植小麦、玉米、大豆、葡萄,饲养猪、牛、羊等为主。工业以面粉加工、纺织为主。侯饭线省道过境。

马牧［Mǎmù］ 马牧镇人民政府驻地。在市政府驻地雪枫街道西北29千米。人口2100。因有马氏墓称马墓集,明改今名。聚落呈块状。有中小学、幼儿园、卫生院、卫生室。农业以种植小麦、玉米、大豆为主。工业以面粉加工为主。有集市。侯饭线省道经此。

大王集镇［Dàwángjí Zhèn］ 永城市辖镇。在市境中部偏西。面积59平方千米。人口3.8万。辖17村委会,有86自然村。镇人民政府驻王集。1952年设王集乡。1958年并入酂城公社。1975年析设王集公社。1981年因与夏邑县王集公社重名,更名大王集。1983年设乡。2013年改镇。浍河、东沙河、小洪河流经。有中学1所,小学13所,卫生院1个,卫生室16个。农业以种植小麦、玉米、大豆、食用菌、白菊、白术、米椒等为主。工业以饰品加工为主。永登高速、太麻线省道过境。

王集［Wángjí］ 大王集镇人民政府驻地。在市政府驻地雪枫街道西25千米。人口1900。原名练氏村,明代因王姓改称王家集。清简为今名。聚落呈块状。有中小学、卫生院。农业以种植小麦、玉米、大豆为主。有集市。永登高速、太麻线省道经此。

刘河镇［Liúhé Zhèn］ 永城市辖镇。在市境东北部。面积69平方千米。人口5.3万。辖27村委会,有198自然村。镇人民政府驻刘河。1956年设刘河乡。1958年改公社。1983年复乡。2013年改镇。因镇政府驻地得名。王引河、小王引河流经。有中学1所,小学18所,卫生院1个,卫生室20个。有王氏先祠。农业以种植小麦、玉米、大豆、花生,饲养猪、羊为主。工业以面粉、板材加工为主。有刘河煤矿。济祁高速过境。

刘河［Liúhé］ 刘河镇人民政府驻地。在市政府驻地雪枫街道东北15千米。人口2100。原名柳河,明嘉靖年间(1522—1566)刘氏迁此改今名。聚落呈块状。有中小学、卫生院、卫生室。农业以种植小麦、玉米、大豆为主。有集市。济祁高速经此。

双桥镇［Shuāngqiáo Zhèn］ 永城市辖镇。在市境中部偏南。面积82平方千米。人口5.3万。辖25村委会,有124自然村。镇人民政府驻双桥。1949年设双桥乡。后改公社。1983年复乡。2014年改镇。因镇政府驻地得名。浍河流经。有中学1所,小学20所,卫生院1个,卫生室25个。有丁楼汉墓群、朱园遗址。农业以种植小麦、玉米、大豆、酥梨、枣等为主。工业以木材、面粉、食品加工为主。永登高速、311国道过境。

双桥［Shuāngqiáo］ 双桥镇人民政府驻地。在市政府驻地雪枫街道西南30千米。人口3900。原名永兴店,明建石桥2座,改今名。聚落呈块状。有中小学、幼儿园、卫生室。农业以种植小麦、玉米、大豆为主。农历逢四、八集市。永登高速、311国道经此。

卧龙镇［Wòlóng Zhèn］ 永城市辖镇。在市境西部。面积62平方千米。人口3.9万。辖17村委会,有113自然村。镇人民政府驻洪福。1961年成立洪福公社。1981年更名卧龙公社。1983年设乡。2014年改镇。因卧龙沟得名。包河、小洪河流经。有中学1所,小学16所,卫生院1个,卫生室17个。有省级文物保护单位洪福遗址。有赵庄遗址。农业以种植小麦、玉米、大豆、棉花,饲养猪、羊、獭兔为主。工业以面粉、绿豆粉皮加工为主。永登高速、311国道、马开线省道过境。

洪福［Hóngfú］ 卧龙镇人民政府驻地。在市政府驻地雪枫街道西南37千米。人口2500。古有僧王庙,后称洪福寺,村以寺名。聚落呈块状。有小学、卫生院、卫生室。有省级文物保护单位洪福遗址。农业以种植小麦、玉米、大豆为主。有集市。马开线省道经此。

黄口乡［Huángkǒu Xiāng］永城市辖乡。在市境南部。面积73平方千米。人口4.6万。辖20村委会,有97自然村。乡人民政府驻黄口。1975年马桥公社析设黄口公社。1983年设乡。因乡政府驻地得名。浍河流经。有中学1所,小学19所,卫生院1个,卫生室20个。有省级文物保护单位皇沟酒厂古窖池。有程庄汉墓群、孙许庄遗址、王氏祖茔。农业以种植小麦、玉米、大豆,饲养猪、羊为主。永登高速、条苑线省道过境。

黄口［Huángkǒu］ 黄口乡人民政府驻地。在市政府驻地雪枫街道南15千米。人口4300。地处河口,原名薛疃桥集,清末黄姓迁此,改今名。聚落呈三角形。有小学、卫生院、卫生室。农业以种植小麦、玉米、大豆为主。有集市。永登高速、条苑线省道经此。

新桥乡［Xīnqiáo Xiāng］ 永城市辖乡。在市境南部。面积75平方千米。人口4.3万。辖18村委会,有113自然村。乡人民政府驻新桥。1949年设新桥区。1963年成立公社。1984年改乡。因乡政府驻地得名。浍河、包河流经。有中学1所,小学19所,卫生院1个,卫生室18个。有省级文物保护单位费侯亭遗址。有张寨墓、胡道口遗址、江庄汉墓、牛庄汉墓群。农业以种植小麦、玉米、大豆,饲养猪、羊、鸡为主。永登高速、条苑线省道过境。

新桥［Xīnqiáo］ 新桥乡人民政府驻地。在市政府驻地雪枫街道西南20千米。人口4000。东汉称费亭,明改称费桥。清代贺姓率众建新桥,改今名。聚落呈块状。有中小学、卫生院、卫生室。农业以种植小麦、玉米、大豆、花生为主。有集市。条苑线省道经此。

条河乡［Tiáohé Xiāng］ 永城市辖乡。在市境北部。面积70平方千米。人口5.7万。辖26村委会,有87自然村。乡人民政府驻大李楼。1955年设条河乡。后改公社。1983年复乡。因乡政府原驻地得名。因孙、黄、李3姓所盖房屋呈一条屋脊而得名一条脊,1949年因碱河流经改今名。有鱼山、邵山、徐山。王引河、洪河流经。有中学1所,小学13所,卫生院2个,卫生室26个。有陈书云烈士碑、沈堤遗址、李清斋先生纪念碑等。农业以种植小麦、玉米、大豆,饲养牛、羊、猪为主。工业以矿产加工为主。济祁高速、条苑线省道过境。

大李楼［Dàlǐlóu］ 条河乡人民政府驻地。在市政府驻地雪枫街道北40千米。人口1600。明弘治年间(1488—1505)李氏从山东曹县迁居于此,且聚落较大,故名。聚落呈块状。有小学、卫生室。农业以种植小麦、玉米、大豆为主。济祁高速、条苑线省道经此。

陈官庄乡［Chénguānzhuāng Xiāng］ 永城市辖乡。在市境东部。面积36平方千米。人口2.4万。辖14村委会,有56自然村。乡人民政府驻李康楼。1975年成立陈官庄公社。1983年设乡。为淮海战役陈官庄地区歼灭战发生地,故名。王引河、郭太运河、小王引沟流经。有小学9所,卫生院1个,卫生室14个。有全国爱国主义教育基地、国家4A级旅游景区淮海战役陈官庄地区歼灭战烈士陵园。有堌尚古寨遗址。农业以种植小麦、玉米、大豆,饲养猪、鸡、鸭为主。工业以羽绒加工为主。311国道过境。

李康楼［Lǐkānglóu］ 陈官庄乡人民政府驻地。在市政府驻地雪枫街道东北15千米。人口600。李姓建土楼,寄望安康,故名。聚落呈块状。有小学、卫生院。农业以种植小麦、玉米为主。有回收旧手机服务。有集贸市场。311国道经此。

陈官庄［Chénguānzhuāng］ 在市政府驻地雪枫街道东北16千米。陈官庄乡辖自然村。人口1600。原因姓氏兼产梨而得名耿梨庄。后韩氏兴,有火神、土地2庙,改名韩双庙。清初因陈鲁官在朝为官改今名。聚落呈块状。有全国爱国主义教育基地、国家4A级旅游景区淮海战役陈官庄地区歼灭战烈士陵园。农业以种植小麦、玉米、大豆为主。311国道经此。

民权县

民权县［Mínquán Xiàn］ 商丘市辖县。北纬34°38′,东经115°10′。在市境西北部。面积1222平方千米。人口89.7万。以汉族为主,还有回、傣、布依、彝等民族。辖2街道、9镇、8乡。县人民政府驻绿洲街道。1928年设民权县,治李坝集。1948年治迁今址。1949年属商丘专区。1956年兰考县10乡并入。1958年属开封专区。1961年属商丘专区。1968年属商丘地区。1997年属商丘市。因取孙中山先生三民主义之民权得名。地处黄淮冲积平原中部偏北,中部高。海拔56—60米。年均气温14℃,1月平均气温0℃,7月平均气温27℃。年均降水量679毫米。黄河故道、大沙河、杨河、茅草河、古宋河等流经。有鲲鹏湖、秋水湖、龙泽湖。有国家级湿地公园黄河故道生态廊道、申甘林带国家森林公园。森林覆盖率23%。有国家级科研单位1个,省级科研单位2个,中等职业学校4所,中学41所,小学267所,二级医院2个。有文化馆、图书馆、博物馆、体育场、豫剧团、艺术团、曲剧团。有全国重点文物保护单位白云禅寺,省级文物保护单位李馆地道战旧址、牛牧岗遗址、吴岗遗址、李岗遗址、庄周陵园。有省级非物质文化遗产张八卦中医外科、豫东琴书。有名胜古迹葵丘会盟台遗址、东山子遗址、外黄故城遗址、寄岗遗址、王公庄。三次产业比例26∶38∶36。农业以种植小麦、玉米、花生、葡萄为主。特产秋水湖大闸蟹。工业以制冷设备制造、酿酒、食品加工、电器制造、服装加工为主。有省级高新技术产业开发区1个。服务业以商贸、乡村旅游、物流为主。有小商品批发市场。陇海铁路,连霍、郑民高速,310国道,民太线、民菏线、民开线省道过境。有民权站。

民生广场 [Mínshēng Guǎngchǎng] 在县城东部。面积5.5公顷。2007年开工,2008年建成。因取孙中山"三民主义"之民生得名。有LED大屏幕、体育健身器材场。绿化面积30000平方米。为集大型集会、市民休闲、文体活动于一体的综合广场。周边有庄子文化馆、县文化艺术中心、县民族小学、县第一高中、县政府。通公交车。

人民路 [Rénmín Lù] 在县城中部。东起东外环,西至车站西路。与江山大道、中山大道、消防路、绿州路、文化路等相交。长6.4千米,宽60米。沥青路面。1971年开工,1973年建成。2002、2013年改扩建。两侧有中小学、县人民医院、民生广场、县委、县政府、县法院、县总工会。通公交车。

冰熊大道 [Bīngxióng Dàdào] 在县城南部。东起东外环,西至西环路。与江山大道、中山大道、富民大道、迎宾大道相交。长7千米,宽55米。沥青路面。1981年开工,1984年建成。2009年扩建。因冰熊公司得名。两侧有中小学及多家门店。通公交车。

中山大道 [Zhōngshān Dàdào] 在县城东部。南起旺业路,北至北外环。与庄周大道、冰熊大道、工业大道、建业路相交。长6.2千米,宽50米。沥青路面。2002年开工,2004年建成。2010年扩建。因纪念孙中山而得名。两侧有精英中学、体育场、县行政服务中心、开发区管委会等。通公交车。

江山大道 [Jiāngshān Dàdào] 在县城东部。南起旺业路,北至人民路。与庄周大道、冰熊大道、工业大道、建业路相交。长5.2千米,宽50米。沥青路面。2011年开工,同年建成。2013年扩建。两侧有民族学校、庄子文化馆、审计局、人社局、公安局。通公交车。

民权站 [Mínquán Zhàn] 见交通运输设施部分"民权站"条。

民权汽车站 [Mínquán Qìchēzhàn] 见交通运输设施部分"民权汽车站"条。

绿洲街道 [Lǜzhōu Jiēdào] 民权县人民政府驻地。在县境南部。面积61平方千米。人口8.7万。2014年设。因申甘林带得名。黄河故道、大沙河流经。有中学3所,小学17所,二级医院2个,卫生院1个,卫生室28个。有庄子文化馆、文化艺术中心。农业以种植小麦、玉米、花生为主。工业以食品、服装加工为主。陇海铁路、民太公路过境。有民权站。通多路公交车。

南华街道 [Nánhuá Jiēdào] 属民权县。在县境南部。面积42平方千米。人口3.9万。2014年设。因庄子《南华真经》得名。大沙河流经。有中学2所,小学2所,卫生院1个,卫生室10个。农业以种植小麦、玉米、花生等为主。工业以制冷设备制造、酿酒、面粉加工为主。陇海铁路、310国道过境。通多路公交车。

人和镇 [Rénhé Zhèn] 民权县辖镇。在县境西北部。面积70平方千米。人口6.1万。辖43村委会,有55自然村。镇人民政府驻人和集。1949年设人和区。1955年改乡。1958年改公社。1983年复乡。1997年改镇。因镇政府驻地得名。有中学4所,小学18所,卫生院1个,卫生室43个。农业以种植小麦、玉米、花生、三樱椒、苹果、黄桃,饲养猪、羊等为主。工业以服装制衣、水晶加工、建材为主。陇海铁路、连霍高速、310国道过境。

人和集 [Rénhéjí] 人和镇人民政府驻地。在县政府驻地绿洲街道西北20千米。人口3700。明初称任庄。清咸丰三年(1853)阎、陈2庄并入,筑寨成集更今名,取意人以和为贵。聚落呈三角形。有中小学、幼儿园、卫生院。农业以种植小麦、玉米、花生为主。有农贸市场。310国道经此。

龙塘镇 [Lóngtáng Zhèn] 民权县辖镇。在县境西南部。面积79平方千米。人口6.9万。辖34村委会,有98自然村。镇人民政府驻龙塘集。1949年设龙塘区。1955年改乡。1958年改公社。1983年复乡。1986年改镇。因镇政府驻地得名。吴堂河流经。有中学1所,小学22所,卫生院1个,卫生室40个。农业以种植小麦、玉米、花生、蔬菜,饲养猪、羊为主。经济以农副产品深加工、装潢、建材为主。连霍高速过境。

龙塘集 [Lóngtángjí] 龙塘镇人民政府驻地。在县政府驻地绿洲街道西南10千米。人口5600。因传西汉末年刘秀曾隐于岗陵坡塘之中,故名。聚落呈椭圆形。有中小学、卫生室。农业以种植小麦、玉米为主。有农贸市场。郑民高速经此。

北关镇 [Běiguān Zhèn] 民权县辖镇。在县境北部。面积94平方千米。人口7.9万。辖39村委会,有135自然村。镇人民政府驻北关集。1956年设北关乡。1958年改公社。1983年复乡。1986年改镇。因镇政府驻地得名。杨河、小堤河流经。有中学3所,小学19所,卫生院1个,卫生室65个。有省级文物保护单位李馆地道战旧址。农业以种植小麦、玉米、苹果、葡萄等为主。工业以机械铸造、建材、食品加工为主。民太公路过境。

北关集 [Běiguānjí] 北关镇人民政府驻地。在县政府驻地绿洲街道东北28千米。人口7700。清乾隆四十三年(1778)河决马家口,黄水漫城,唯北关尚存,故名。聚落呈矩形。有中小学、卫生室、清真寺。农业以种植小麦、玉米为主。有商贸服务业。民菏公路经此。

王公庄 [Wánggōngzhuāng] 在县政府驻地绿洲街道东北27千米。北关镇辖自然村。人口1400。清乾隆年间(1736—1796)王氏建村,故名。聚落呈矩形。有文化艺术中心、虎工笔画。农业以种植小麦、玉米、山药为主。北关—太康公路经此。2014年被评为全国文明村。

程庄镇 [Chéngzhuāng Zhèn] 民权县辖镇。在县境北部。面积120平方千米。人口8.9万。辖54村委会,有104自然村。镇人民政府驻程庄寨。1949年设程庄乡。1958年改公社。1983年复乡。1997年改镇。2005年李堂乡并入。因镇政府驻地得名。黄河故道、小堤河、青年河流经。有中学4所,小学28所,卫生院2个,卫生室54个。有江氏祠堂。农业以种植小麦、玉米、花生、葡萄,饲养猪、牛、羊为主。工业以制冷配件制造、酿酒、食品加工为主。程宁线、顺内线县道过境。

程庄寨 [Chéngzhuāngzhài] 程庄镇人民政府驻地。在县政府驻地绿洲街道北16千米。人口3100。明末因常氏居此称常庄。清咸丰三年(1853)程氏筑寨,更今名。聚落呈矩形。有小学、卫生室。农业以种植小麦、玉米为主。有农贸市场。程宁线、顺内线县道经此。

孙六镇 [Sūnliù Zhèn] 民权县辖镇。在县境东部。面积44平方千米。人口4.4万。以汉族为主,还有回族等。辖26村委会,有72自然村。镇人民政府驻孙六口。1956年设孙六乡。1958年改公社。1983年复乡。2009年改镇。因镇政府驻地得名。黄河故道、古宋河流经。有中学2所,小学13所,卫生院1个,卫生室32个。农业以种植小麦、玉米、花生,饲养猪、牛为主,盛产金银花。工业以火力发电、新型建材为主。民太公路过境。

孙六口 [Sūnliùkǒu] 孙六镇人民政府驻地。在县政府驻地绿洲街道东11千米。人口3200。古为黄河渡口,传清乾隆年间(1736—1795)孙姓等6人在此结义摆渡,故名。聚落呈矩形。有中小学、卫生院、卫生室。农业以种植小麦、玉米、花生为主。有集市。城厢—城关镇农场公路经此。

王庄寨镇 [Wángzhuāngzhài Zhèn] 民权县辖镇。在县境东部。面积43平方千米。人口3.9万。辖22村委会,有77自然村。镇人民政府驻王庄寨。1949年设王庄寨乡。后改公社。1983年复乡。2009年改镇。因镇政府驻地得名。黄河故道流经。有中学2所,小学13所,卫生院1个,卫生室22个。农业以种植小麦、玉米,饲养猪、奶牛、羊、鸡、鸭为主。工业以木材、面粉、机械加工为主。城厢—城关镇农场公路过境。

王庄寨 [Wángzhuāngzhài] 王庄寨镇人民政府驻地。在县政府驻地绿洲街道东25千米。人口3400。明初王氏建村,得名王庄。清咸丰四年(1854)筑寨改今名。聚落呈椭圆形。有中小学、幼儿园、卫生院。农业以种植小麦、玉米、水稻、山药等为主。城厢—城关镇农场、老颜集—沈丘公路经此。

白云寺镇 [Báiyúnsì Zhèn] 民权县辖镇。在县境西南部。面积96平方千米。人口6.9万。辖41村委会,有79自然村。镇人民政府驻尹店集。1955年设尹店乡。后改公社。1983年复乡。2010年因白云禅寺改今名。茅草河流经。有中学3所,小学17所,卫生院1个,卫生室39个。有省级文物保护单位吴岗龙山文化遗址。农业以种植小麦、玉米、花生、大蒜、西瓜等为主。工业以面粉、食品加工为主。郑民高速过境。

尹店集 [Yǐndiànjí] 白云寺镇人民政府驻地。在县政府驻地绿洲街道西22千米。人口5500。原名尹家店,毛路集迁此后改今名。聚落呈菱形。有中小学、卫生室。农业以种植小麦、玉米、花生为主。有农贸市场。郑民高速经此。

庄子镇 [Zhuāngzǐ Zhèn] 民权县辖镇。在县境东北部。面积50平方千米。人口3.8万。辖22村委会,有54自然村。镇人民政府驻顺河集。1956年设褚庙乡。后改公社。1983年复乡。2012年因省级文物保护单位庄子故里改今名。杨河、小堤河流经。有中学3所,小学14所,卫生院1个,卫生室17个。有庄子胡同、庄子井遗址。农业以种植小麦、玉米、水稻、花生、大豆,饲养猪、牛、羊为主。工业以木材、面粉、工艺品加工为主。民曹公路过境。

顺河集 [Shùnhéjí] 庄子镇人民政府驻地。在县政府驻地绿洲街道东北30千米。人口2000。明景泰元年(1450)于谦被杀,其子隐居祖籍。后昭雪，取意“鱼得水”为顺而命名。聚落呈矩形。有中小学、卫生院、卫生所。农业以种植小麦、玉米为主。有集贸市场。民曹公路经此。

王桥镇［Wángqiáo Zhèn］ 民权县辖镇。在县境东部。面积75平方千米。人口5.7万。辖39村委会，有93自然村。镇人民政府驻王桥集。1949年设王桥乡。1958年改公社。1983年复乡。2012年改镇。因镇政府驻地得名。小堤河流经。有中学2所，小学12所，卫生院1个，卫生室39个。农业以种植小麦、玉米，饲养猪、羊为主。工业以饲料、面粉加工，酿酒为主。民太公路过境。

王桥集［Wángqiáojí］ 王桥镇人民政府驻地。在县政府驻地绿洲街道东北17千米。人口6500。明嘉靖年间(1522—1566)王姓建村，名王家桥。清咸丰二年(1852)筑寨，称王桥寨，渐为集市，故名。聚落呈矩形。有中小学、卫生室。农业以种植小麦、玉米为主。有集贸市场。民菏公路经此。

伯党回族乡［Bódǎng Huízú Xiāng］ 民权县辖乡。在县境南部。面积25平方千米。人口2.2万，其中回族占44%，还有汉族等。辖9村委会，有28自然村。乡人民政府驻伯党集。1955年设伯党乡。1958年并入龙塘公社。1985年花园乡析设伯党回族乡。因乡政府驻地得名。大沙河、蟹子八河流经。有中学1所，小学6所，卫生院1个，卫生室9个。有清真寺。农业以种植小麦、玉米、花卉苗木为主。工业以清真食品、木材、面粉加工为主。连霍高速、民太公路过境。

伯党集［Bódǎngjí］ 伯党回族乡人民政府驻地。在县政府驻地绿洲街道南9千米。人口8800。以回族为主，还有汉族等。传隋末瓦岗军王伯党从李密于此，名王伯党，后有集市，称今名。聚落呈矩形。有中小学、卫生院、卫生室、清真寺。农业以种植小麦、玉米为主。有农贸市场。北关—太康公路经此。

花园乡［Huāyuán Xiāng］ 民权县辖乡。在县境南部。面积45平方千米。人口2.8万。辖17村委会，有27自然村。乡人民政府驻花园。1956年设花园乡。后改公社。1984年复乡。因乡政府驻地得名。大沙河、蟹子八河、陈良河等流经。有中学1所，小学12所，卫生院1个，卫生室27个。农业以种植小麦、玉米、葡萄等为主。工业以农产品深加工为主。连霍高速、民太公路过境。

花园［Huāyuán］ 花园乡人民政府驻地。在县政府驻地绿洲街道南4千米。人口2700。清康熙年间(1662—1722)户部侍郎王绅建花园，名王家花园，简称今名。聚落呈矩形。有中小学、卫生室。农业以种植小麦、玉米、葡萄、蔬菜等为主。有农贸市场。民太公路经此。

野岗乡［Yěgǎng Xiāng］ 民权县辖乡。在县境西部。面积96平方千米。人口5.5万。辖40村委会，有84自然村。乡人民政府驻野岗集。1949年设野岗乡。1958年改公社。1983年复乡。因乡政府驻地得名。黄河故道流经。有中学2所，小学22所，卫生院1个，卫生室42个。农业以种植小麦、玉米、花生、酥梨、樱桃等为主。工业以面粉、粮油加工为主。陇海铁路、连霍高速、310国道过境。

野岗集［Yěgǎngjí］ 野岗乡人民政府驻地。在县政府驻地绿洲街道西6千米。人口5300。传明弘治二年(1489)黄河决口，岗上野鸡啼鸣，灾民泅水至此获生，故名野鸡岗。后有集市成今名。聚落呈椭圆形。有中小学、卫生院、卫生室。农业以种植小麦、玉米、花生为主。陇海铁路、310国道经此。

双塔乡［Shuāngtǎ Xiāng］ 民权县辖乡。在县境西部。面积73平方千米。人口3.1万。辖28村委会，有58自然村。乡人民政府驻常庄。1955年设双塔乡。1956年秣坡乡并入，后改公社。1983年复乡。因乡政府原驻地得名。传北宋仁宗天圣二年(1024)宋庠、宋祁同中甲科进士，修双塔，故名。茅草河、崔林河流经。有中学2所，小学11所，卫生院1个，卫生室26个。有省级文物保护单位牛牧岗遗址。农业以种植小麦、玉米、花生，饲养牛、羊为主。工业以粮油加工、建材为主。连霍高速、310国道过境。

常庄［Chángzhuāng］ 双塔乡人民政府驻地。在县政府驻地绿洲街道西北24千米。人口1800。传明常遇春曾驻兵于此，故名。聚落呈矩形。有中小学、幼儿园、卫生室。农业以种植小麦、玉米为主。有面粉加工业。有集市。310国道过境。

林七乡［Línqī Xiāng］ 民权县辖乡。在县境东部。面积40平方千米。人口3.8万。辖23村委会，有91自然村。乡人民政府驻林七口。1955年设林七乡。后改公社。1983年复乡。因乡政府驻地得名。小堤河、黄河故道流经。有秋水湖。有中学1所，小学12所，卫生院2个，卫生室23个。有省级文物保护单位葵丘会盟台遗址。农业以种植小麦、玉米、花生，饲养猪、羊为主，盛产黄河鲤鱼、大闸蟹。工业以木材、面粉加工为主。220国道、北关—太康公路过境。

林七口［Línqīkǒu］ 林七乡人民政府驻地。在县政府驻地绿洲街道东北16千米。人口4800。古为黄河渡口，传清嘉庆年间(1796—1820)有结义十兄弟，行七者林氏居此，故名。聚落呈椭圆形。有中小学、卫生室。农业以种植小麦、玉米、花生、三樱椒为主，盛产黄河鲤鱼。有集市。220国道经此。

胡集回族乡［Hújí Huízú Xiāng］ 民权县辖乡。在县境北部。面积24平方千米。人口2.1万，其中回族占43%，还有汉族等。辖13村委会，有36自然村。乡人民政府驻胡集。1949年设胡集乡。1953年改胡集回族自治区。1958年并入王桥公社。1984年王桥乡析设胡集回族乡。因乡政府驻地得名。黄河故道、小堤河流经。有中学1所，小学6所，卫生院1个，卫生室10个。有北张庄清真寺。农业以种植小麦、玉米、蔬菜、苹果，饲养牛、羊为主。工业以食品加工为主。通公路。

胡集［Hújí］ 胡集回族乡人民政府驻地。在县政府驻地绿洲街道北14千米。人口3200。以回族为主，还有汉族等。明初因姓氏称胡家集，简今名。聚落呈椭圆形。有中小学、幼儿园、卫生室、清真寺。农业以种植小麦、玉米为主。加工羊肠衣、羔羊皮。有集市。通公路。

褚庙乡［Chǔmiào Xiāng］ 民权县辖乡。在县境东北部。面积67平方千米。人口4.2万。辖20村委会，有77自然村。乡人民政府驻褚庙集。1956年设褚庙乡。后改公社。1983年复乡。因乡政府驻地得名。杨河、小堤河流经。有中学2所，小学10所，卫生院1个，卫生室20个。农业以种植小麦、玉米、西红柿、大白菜等为主。工业以农副产品深加工、建材为主。220国道、民曹公路过境。

褚庙集［Chǔmiàojí］ 褚庙乡人民政府驻地。在县政府驻地绿洲街道东北27千米。人口4600。传唐褚遂良受封河南郡公后到此，乡人建褚庙纪念，因名褚庙店，后成集改今名。聚落呈矩形。有中小学、卫生院、卫生室。农业以种植小麦、玉米为主。有集贸市场。220国道经此。

老颜集乡［Lǎoyánjí Xiāng］ 民权县辖乡。在县境东部。面积53平方千米。人口3.9万。辖27村委会，有98自然村。乡人民政府驻老颜集。1949年设阎集乡。1958年并入林七公社，1975年析设阎集公社。1981年因与原商丘县阎集公社重名，改老颜集公社。1983年改乡。因乡政府驻地得名。小堤河、秦刘河流经。有中学2所，小学13所，卫生院1个，卫生室27个。有省级文保单位庄周陵园。农业以种植小麦、玉米、花生，饲养猪、鸡、鸭为主。工业以木器、面粉加工为主。老颜集—沈丘公路过境。

老颜集［Lǎoyánjí］ 老颜集乡人民政府驻地。在县政府驻地绿洲街道东北24千米。人口3000。明中后期阎氏建村，得名阎家庄，后成集市，改名阎家集，后更今名。聚落呈矩形。有中小学、卫生室。农业以种植小麦、玉米、花生为主。有农贸市场。老颜集—沈丘公路经此。

睢 县

睢县［Suī Xiàn］ 商丘市辖县。北纬34°26′，东经115°03′。在市境西部。面积920平方千米。人口87.2万。以汉族为主，还有回、壮、藏、蒙古等民族。辖8镇、12乡。县人民政府驻城郊乡。秦置襄邑县，治襄陵(今城关回族镇)，因宋襄公陵得名，属砀郡。南朝宋废。北魏景明元年(500)复置。北齐并入雍丘。隋开皇十六年(596)复置襄邑县，属宋州。唐武德二年(619)属杞州，贞观元年(627)属宋州。北宋崇宁四年(1105)升襄邑县为拱州。大观四年(1110)废州复置襄邑县，属开封府。政和四年(1114)复拱州。金天德三年(1151)拱州更名睢州，以睢水得名。明洪武初年(1368)省襄邑县入睢州。十年(1377)罢州为睢县，寻复。嘉靖二十四年(1545)属归德府。三十七年(1558)治所南移今城关回族镇。清沿明制。1913年废州为县，属豫东道。先后属开封道、河南省、第二行政督察区、商丘专区、开封专区、商丘地区、商丘市。2001年政府驻地迁城郊乡。地处黄河冲积平原中部。海拔51—60米。年均气温15℃，1月平均气温−1℃，7月平均气温27℃。年均降水量652毫米。惠济河、蒋河、祁河、茅草河等流经。有野生动物38种，其中国家重点保护野生动物有震旦鸦雀、青头潜鸭。有国家级自然保护区1个，省级自然保护区1个。森林覆盖率23%。有中学57所，小学275所，二级医院3个，文化馆1个，图书馆1个，民俗博物馆1个，体育场1个，豫剧团1个，皮影剧团1个。有全国重点文物保护单位圣寿寺塔，省级文物保护单位袁家山、汤家祠牌坊、东关清真寺等8个。有国家级非物质文化遗产麒麟舞。有民俗唢呐狮子舞、腰鼓、坠子、大鼓书等。有国家4A级旅游景区北湖、睢杞战役烈士陵园。三次产业比例31∶38∶31。农业以种植小麦、玉米、花生为主，盛产中药材。特种养殖孔雀、鸵鸟、火鸭、山鸡。工业以制鞋、制衣、造纸、电子为主。服务业以商贸、物流为主。商登高速，民太线、马开线、睢涡线、侯饭线省道过境。

凤城大道［Fèngchéng Dàdào］ 在县城北部。东起东环路，西至西环路。与古襄路、湖西路、湖中路、湖东路、中央大街等相交。长5.2千米，宽50米。沥青路面。2001年开工，2005年建成。因睢县俗称凤凰城得名。两侧有时代广场、第三高中、古城湖、县委、县人大、县政府、县政协等。通公交车。

睢州大道［Suīzhōu Dàdào］ 在县城中部。东起东环路，西至西环路。与古襄路、湖西路、湖中路、湖东路、振兴路相交。长8.2千米，宽

50米。沥青路面。1997年开工,1998年建成。因古城睢州得名。两侧有县实验小学、县人民医院、汽车客运站。通公交车。

中央大街［Zhōngyāng Dàjiē］　在县城东部。南起南环路,北至嵩山路。与黄山路、锦绣大道、凤城大道、睢州大道、文化路等相交。长5.5千米,宽60米。沥青路面。2004年开工,2006年建成。因纵贯城区中央得名。两侧有回族高中、建行、长霞广场等。通公交车。

睢县汽车站［Suī Xiàn Qìchēzhàn］　见交通运输设施部分"睢县汽车站"条。

长岗镇［Chánggǎng Zhèn］　睢县辖镇。在县境西南部。面积41平方千米。人口4.2万。辖25村委会,有53自然村。镇人民政府驻长岗。1958年成立长岗公社。1984年设乡。1986年改镇。因镇政府驻地得名。蒋河、祁河、周塔河流经。有中学3所,小学13所,卫生院1个,卫生所27个。农业以种植小麦、玉米、大豆,饲养猪、羊为主。工业以电子、食品加工为主。兰沈线省道过境。

长岗［Chánggǎng］　长岗镇人民政府驻地。在县政府驻地城郊乡西南18千米。人口7200。明崇祯三年(1630)成村,因地处长条土岗上,故名。聚落呈长方形。有中小学、卫生室。农业以种植小麦、玉米、蔬菜为主。工业以被服加工为主。河后线县道经此。

平岗镇［Pínggǎng Zhèn］　睢县辖镇。在县境南部。面积43平方千米。人口4.2万。以汉族为主,还有回族等。辖25村委会,有58自然村。镇人民政府驻平岗。1953年设平岗乡。后改公社。1984年复乡。1986年改镇。因镇政府驻地得名。惠济河、周塔河、祁河、蒋河等流经。有中学3所,小学13所,卫生院1个,卫生室31个。有省级文物保护单位无忧寺塔。农业以种植小麦、玉米、大豆、芝麻等为主。工业以木板、食品加工、制鞋为主。兰沈线省道过境。

平岗［Pínggǎng］　平岗镇人民政府驻地。在县政府驻地城郊乡南19千米。人口6400。以汉族为主,还有回族等。明代在平顶土岗上建村,故名。聚落呈块状。有中小学、卫生室。有省级文物保护单位无忧寺塔。农业以种植小麦、玉米为主。有农副产品贸易。城平线、白后线、平白线县道经此。

周堂镇［Zhōutáng Zhèn］　睢县辖镇。在县境东部。面积40平方千米。人口3.7万。辖25村委会,有36自然村。镇人民政府驻周堂。1956年设周堂乡。后改公社。1984年复乡。1986年改镇。因镇政府驻地得名。七里河流经。有中学3所,小学9所,卫生院1个,卫生室23个。有省级文物保护单位乔寨龙山文化遗址。农业以种植小麦、玉米、花生为主。工业以面粉加工为主。永开线省道过境。

周堂［Zhōutáng］　周堂镇人民政府驻地。在县政府驻地城郊乡东南9千米。人口5500。明弘治年间(1488—1505)称周庄。清咸丰三年(1853)屈、靳等村合寨,改称回龙集。后以周氏创办学堂改今名。聚落近矩形。有中小学、卫生室。农业以种植小麦、玉米、花生为主。永开线省道经此。

蓼堤镇［Liǎodī Zhèn］　睢县辖镇。在县境西北部。面积61平方千米。人口5万。辖27村委会,有63自然村。镇人民政府驻蓼堤。1955年设蓼堤乡。后改公社。1984年复乡。1986年改镇。因镇政府驻地得名。茅草河流经。有中学2所,小学14所,卫生院1个,卫生室19个。有省级文物保护单位周龙岗仰韶文化遗址。农业以种植小麦、玉米、花生、中药材、甜玉米等为主。有大蒜、三樱椒基地。工业以木材、食品、服装加工为主。兰沈线省道过境。

蓼堤［Liǎodī］　蓼堤镇人民政府驻地。在县政府驻地城郊乡西北16千米。人口2900。以汉族为主,还有回族等。汉梁孝王筑堤,隋炀帝增修,堤生蓼草,故名。聚落呈块状。有小学、卫生室。农业以种植小麦、玉米、花生为主。为睢、民、杞3县物资集散地。兰沈线省道经此。

西陵寺镇［Xīlíngsì Zhèn］　睢县辖镇。在县境西部。面积70平方千米。人口5万。辖31村委会,有44自然村。镇人民政府驻西陵寺。2005年西陵镇、榆厢乡合置西陵寺镇。因镇政府驻地得名。惠济河、祁河流经。有中学2所,小学16所,卫生院1个,卫生室38个。农业以种植小麦、玉米、花生为主。工业以建材、木材加工、电子机械为主。侯饭线省道过境。

西陵寺［Xīlíngsì］　西陵寺镇人民政府驻地。在县政府驻地城郊乡西17千米。人口6300。原名宿龙寺,后五代后汉高祖刘知远葬此,改今名。聚落呈块状。有中小学、卫生室。农业以种植小麦、玉米、花生为主。侯饭线省道经此。

城关回族镇［Chéngguān Huízú Zhèn］　睢县辖镇。在县境中部。面积12平方千米。人口7.8万,其中回族占15%,还有汉族等。辖7居委会、7村委会,有10自然村。镇人民政府位于水口路。1956年置城关回族镇。后改公社。1982年复镇。因地处县城,且回族聚居,故名。有北湖。有中学7所,小学5所,二级医院2个,卫生院3个,卫生室20个。有省级文物保护单位东关清真寺、袁家山、汤家祠牌坊、睢州故城遗址。农业以种植小麦、玉米、蔬菜为主。工业以皮毛、食品加工、建材为主。侯饭线省道过境。有县长途汽车站。

潮庄镇［Cháozhuāng Zhèn］　睢县辖镇。在县境南部。面积40平方千米。人口4.2万。以汉族为主,还有回族等。辖29村委会,有67自然村。镇人民政府驻潮庄。1974年成立潮庄公社。1984年设乡。1986年改镇。因镇政府驻地得名。蒋河、祁河流经。有中学3所,小学12所,卫生院1个,卫生室29个。农业以种植小麦、玉米、芦笋等为主。工业以农产品加工、新型墙体材料、纺织服装为主。有集贸市场7个。民太公路过境。

潮庄［Cháozhuāng］　潮庄镇人民政府驻地。在县政府驻地城郊乡西南20千米。人口8600。以汉族为主,还有回族等。原名丁张集,清咸丰三年(1853)筑寨,因低洼潮湿改今名。聚落呈斜方形。有中小学、卫生室。农业以种植小麦、玉米为主。有集贸市场。民太公路经此。

尚屯镇［Shàngtún Zhèn］　睢县辖镇。在县境中部偏西。面积52千米。人口4.8万。辖25村委会,有74自然村。镇人民政府驻尚屯。1958年成立尚屯公社。1984年设乡。2001年改镇。因镇政府驻地得名。周塔河、惠济河流经。有中学3所,小学15所,卫生院1个,卫生室22个。农业以种植小麦、玉米、蔬菜为主。工业以木材、橡胶制品加工,纺织,建材为主。侯饭线省道过境。

尚屯［Shàngtún］　尚屯镇人民政府驻地。在县政府驻地城郊乡西7千米。人口1100。明代浙江嘉兴尚官盛屯军于此,得名尚旗屯,简今名。聚落呈块状。有中小学、卫生院、卫生室。农业以种植小麦、玉米为主。侯饭线省道经此。

城郊乡［Chéngjiāo Xiāng］　睢县人民政府驻地。在县境中部。面积51平方千米。人口5.6万。辖42村委会,有90自然村。乡人民政府驻北关。2005年阮楼、城隍2乡合设城郊乡。因处县郊得名。惠济河、利民河流经。有中学10所,小学19所,二级医院1个,卫生院1个,卫生室40个。有宋襄公墓。有国家4A级旅游景区北湖、睢杞战役烈士陵园。农业以种植小麦、玉米、柿树、葡萄、蔬菜等为主。工业以化工、制鞋、服饰、建材为主。侯饭线省道,民太、睢涡公路过境。

北关［Běiguān］　城郊乡人民政府驻地。在乡境西部。人口1100。古名金锁岭,旧城北墙枕其上,明嘉靖三十七年(1558)城区南迁改今名。聚落呈块状。有中学、卫生院。经济以水产养殖为主。民太公路经此。

后台乡［Hòutái Xiāng］　睢县辖乡。在县境西南部。面积30平方千米。人口2.7万。辖16村委会,有33自然村。乡人民政府驻后台岗。1977年长岗公社析设后台公社。1984年设乡。因乡政府驻地得名。蒋河、小温河流经。有中学1所,小学9所,卫生院1个,卫生室17个。有全国重点文物保护单位圣寿寺塔,省级非物质文化遗产二夹弦。有闫家祠堂。农业以种植小麦、玉米、白菜,饲养猪、羊为主。工业以纺织、服装、建材为主。河后线、白后线县道过境。

后台岗［Hòutáigǎng］　后台乡人民政府驻地。在县政府驻地城郊乡西南20千米。人口3800。楚襄王败于秦死途中,运柩还陈,至此岗,高而难行,后抬数步葬之,故名后抬,后演为今名。聚落呈块状。有中小学、卫生室。有全国重点文物保护单位圣寿寺塔。农业以种植小麦、玉米、白菜等为主。河后线、白后线县道经此。

河集乡［Héjí Xiāng］　睢县辖乡。在县境西南部。面积51平方千米。人口5.7万。辖34村委会,有66自然村。乡人民政府驻河集。1956年设河集乡。后改公社。1983年复乡。因乡政府驻地得名。惠济河流经。有中学3所,小学16所,卫生院1个,卫生室47个。有民俗唢呐、腰鼓。农业以种植小麦、玉米,养鸡、鸭、牛为主。工业以木器加工、酿酒、化工为主。商登高速、民太公路过境。

河集［Héjí］　河集乡人民政府驻地。在县政府驻地城郊乡西南10千米。人口3500。东晋蔡氏居此,村前有河且成集,得名河阳集,简称今名。聚落呈块状。有中小学、卫生室。农业以种植小麦、玉米为主。民太公路经此。

孙聚寨乡［Sūnjùzhài Xiāng］　睢县辖乡。在县境南部。面积52平方千米。人口5.1万。辖30村委会,有76自然村。乡人民政府驻孙聚寨。1953年设孙聚寨乡。后改公社。1984年复乡。因乡政府驻地得名。周塔河、惠济河、祁河流经。有中学3所,小学19所,卫生院1个,卫生室24个。农业以种植小麦、玉米、食用菌、芦笋、山药等为主。工业以食品、乳制品加工为主。民太公路过境。

孙聚寨［Sūnjùzhài］　孙聚寨乡人民政府驻地。在县政府驻地城郊乡西南14千米。人口3400。清咸丰三年(1853)孙聚迁此筑寨,故名。聚落呈菱形。有中小学、卫生室。农业以种植小麦、玉米、芦笋、山药等为主。民太公路经此。

白楼乡［Báilóu Xiāng］　睢县辖乡。在县境东南部。面积35平方千米。人口3.2万。辖26村委会,有56自然村。乡人民政府驻白楼。1974年成立白楼公社。1984年设乡。因乡政府驻地得名。惠济河、蒋河流经。有中学1所,小学10所,卫生院1个,卫生室21个。农业以种植小麦、玉米、花生、西瓜、樱桃,饲养猪、羊为主。工业以家具制造、建材为主。民太公路过境。

白楼［Báilóu］　白楼乡人民政府驻地。在县政府驻地城郊乡东南25千米。人口2100。

明代白氏建村，后盖楼，故名。聚落呈块状。有中小学、卫生室。农业以种植小麦、玉米、花生为主。为睢、杞、太3县物资集散地。宁太线省道经此。

河堤乡［Hédī Xiāng］ 睢县辖乡。在县境东南部。面积41平方千米。人口4万。辖30村委会，有56自然村。乡人民政府驻河堤。1956年设河堤乡。后改公社。1984年复乡。因乡政府驻地得名。惠济河、利民河流经。有中学1所，小学14所，卫生院1个，卫生室29个。农业以种植小麦、玉米、黄梨、大樱桃、软籽石榴，饲养猪、牛、羊为主。工业以木材加工、建材为主。睢涡公路过境。

河堤［Hédī］ 河堤乡人民政府驻地。在县政府驻地城郊乡东南17千米。人口5100。传东、西有河，中有土岭，宋代建村，名河堤岭，简今名。聚落呈椭圆形。有中小学、卫生室。农业以种植小麦、玉米为主。睢涡公路经此。

白庙乡［Báimiào Xiāng］ 睢县辖乡。在县境东南部。面积38平方千米。人口3.5万。辖21村委会，有74自然村。乡人民政府驻白庙。1974年成立白庙公社。1984年设乡。因乡政府驻地得名。惠济河、利民河流经。有中学2所，小学12所，卫生院1个，卫生室27个。有民俗剪纸、唢呐、腰鼓。农业以种植小麦、玉米，饲养猪为主。工业以建材、服装、木材加工为主。商登高速、睢柘线县道过境。

白庙［Báimiào］ 白庙乡人民政府驻地。在县政府驻地城郊乡东南9千米。人口3200。唐贞观年间(627—649)建白衣阁庙，因庙得名。聚落呈矩形。有中小学、卫生室。农业以种植小麦、玉米为主。有玻璃仪器制造业。睢柘线县道经此。

胡堂乡［Hútáng Xiāng］ 睢县辖乡。在县境东南部。面积30平方千米。人口2.1万。辖17村委会，有43自然村。乡人民政府驻胡堂。1977年成立胡堂公社。1984年设乡。因乡政府驻地得名。有中学1所，小学9所，卫生院1个，卫生室13个。农业以种植小麦、玉米，饲养猪、羊为主。工业以面粉、木材、新型墙体材料加工为主。蓼平线、胡长线、胡孙线县道过境。

胡堂［Hútáng］ 胡堂乡人民政府驻地。在县政府驻地城郊乡东南12千米。人口2800。因胡氏祠堂得名。聚落呈块状。有中小学、卫生室。农业以种植小麦、玉米为主。蓼平线县道经此。

尤吉屯乡［Yóujítún Xiāng］ 睢县辖乡。在县境东部。面积44平方千米。人口4.4万。辖29村委会，有47自然村。乡人民政府驻尤吉屯。1958年成立尤吉屯公社。1984年设乡。因乡政府驻地得名。有中学2所，小学12所，卫生院1个，卫生室27个。有陈氏古宅。农业以种植小麦、玉米、葡萄、蔬菜、花生，饲养猪、牛、羊、鸡为主。工业以面粉、木材加工为主。侯饭线省道过境。

尤吉屯［Yóujítún］ 尤吉屯乡人民政府驻地。在县政府驻地城郊乡东7千米。人口2500。明初尤氏始祖功封总旗，屯田于此，得名尤旗屯，1912年后以雅称更今名。聚落呈块状。有中小学、卫生室。农业以种植小麦、玉米为主。侯饭线省道经此。

董店乡［Dǒngdiàn Xiāng］ 睢县辖乡。在县境东北部。面积76平方千米。人口6万。辖44村委会，有73自然村。乡人民政府驻董店。1958年成立董店公社。1984年设乡。2005年帝丘乡并入。因乡政府驻地得名。洮河流经。有中学3所，小学19所，卫生院1个，卫生室37个。农业以种植小麦、玉米、花生、金银花、花卉，饲养猪、牛为主。工业以农产品深加工、建材为主。民太公路过境。

董店［Dǒngdiàn］ 董店乡人民政府驻地。在县政府驻地城郊乡东北8千米。人口3300。明代4庄相连，清咸丰三年(1853)因董姓倡导联合筑寨、开店，故名。聚落呈块状。有中小学、卫生室、文化大院。农业以种植小麦、玉米为主。民信线省道经此。

辘轳湾［Lùlúwān］ 在县政府驻地城郊乡东北5千米。董店乡辖自然村。人口2000。以回族为主，还有汉族等。明代建村，因七里河如辘轳折弯经此，故名。聚落呈块状。农业以种植小麦、玉米为主。为民族团结典范村。民信线省道经此。

涧岗乡［Jiàngǎng Xiāng］ 睢县辖乡。在县境北部。面积52平方千米。人口3.9万。辖25村委会，有68自然村。乡人民政府驻涧岗。1974年成立涧岗公社。1984年设乡。因乡政府驻地得名。有中学1所，小学16所，卫生院1个，卫生室19个。有恒山汉墓群遗址。农业以种植小麦、玉米、西瓜、花卉，饲养猪、羊为主。工业以建材、面粉、食品加工为主。民太公路过境。

涧岗［Jiàngǎng］ 涧岗乡人民政府驻地。在县政府驻地城郊乡北10千米。人口2700。东面临河，岗高河深，故名。聚落呈块状。有小学、卫生室。农业以种植小麦、玉米为主。董蓼线、县城—涧岗线县道经此。

匡城乡［Kuāngchéng Xiāng］ 睢县辖乡。在县境西部。面积59平方千米。人口5.8万。辖39村委会，有80自然村。乡人民政府驻匡城。1977年成立匡城公社。1984年设乡。2005年范洼乡并入。因乡政府驻地得名。周塔河、祁河流经。有中学3所，小学23所，卫生院2个，卫生室51个。有省级文物保护单位承匡古城遗址。农业以种植小麦、玉米、西瓜、蔬菜，饲养猪、鸭、鸡为主。工业以玩具、面粉加工为主。商登高速、兰沈线省道过境。

匡城［Kuāngchéng］ 匡城乡人民政府驻地。在县政府驻地城郊乡西南13千米。人口3300。传春秋时秦假周匡王名占地筑城，名匡王城，故名。聚落呈块状。有中小学、卫生室、文化室、敬老院。有省级文物保护单位匡城古城墙遗址。农业以种植小麦、玉米为主。兰沈线省道经此。

宁陵县

宁陵县［Nínglíng Xiàn］ 商丘市辖县。北纬34°27′，东经115°18′。在市境西部。面积798平方千米。人口69.1万。以汉族为主，还有回、满、壮等民族。辖7镇、7乡。县人民政府驻城关回族镇。西汉元狩元年(前122)置宁陵县，治今城关回族镇南，属陈留郡。东汉属梁国。北齐废。隋开皇六年(586)复县，属梁郡。宋属南京应天府。金属归德府。大定二十二年(1182)徙今城关。元明清因袭旧制。1913年属豫东道。1914年属开封道。1927年属省。1932年属第二行政督察区。1936年与睢县合设葵丘县。1937年各复原制。1949年属商丘专区，1958年属开封专区。1960年并入睢县，次年复置。1961年属商丘专区。1968年属商丘地区。1997年属商丘市。因战国时宁陵郡得名。地处黄河冲积平原。海拔50.5—60.3米。年均气温14℃，1月平均气温0℃，7月平均气温27℃。年均降水量675毫米。有大沙河、古宋河、陈两河、清水河、洮河、废黄河等流经。有煤炭、黄铁、菱铁等矿产资源。有野生植物40余种。森林覆盖率31.2%。有国家级科研机构1个，省级7个。有中学18所，小学179所，二级医院2个，文化馆1个，体育馆1个，豫剧团1个。有省级文物保护单位葛城遗址、丁堌堆遗址、东关清真寺。有淮海战役张弓烈士陵园、贾兼善烈士墓、张庄烈士墓。有省级非物质文化遗产刘腾龙毛笔制作、张弓酒酿造技艺、宁陵肘歌。有民俗抬花轿、鹬蚌舞等。有民间艺术剪纸、刺绣、虎头鞋等。有名胜古迹黄岗寺、青岗寺汉墓群、童饷堌堆遗址、万亩梨园景区、葛天文化风景区。三次产业比例28∶41∶31。农业以种植小麦、玉米为主，饲养牛、羊、猪、鸡，产花生、白蜡条。特产金顶谢花酥梨。为反季节蔬菜、山羊板皮生产基地县。工业以农资化工、电子及设备制造、农副产品加工、家居用品为主。服务业以商贸、物流为主。陇海铁路，连霍、商登高速，220、310、343国道，老沈线、侯饭线省道过境。

宁陵县汽车站［Nínglíng Xiàn Qìchēzhàn］ 见交通运输设施部分“宁陵县汽车站”条。

城关回族镇［Chéngguān Huízú Zhèn］ 宁陵县人民政府驻地。在县境中部。面积11平方千米。人口5.7万，其中回族占15%，还有汉族等。辖5居委会、5村委会，有18自然村。镇人民政府驻东街。1949年设城关镇。1956年改城关回族镇。后改公社。1983年复置镇。因辖城区4关得名。下清水河流经。有中学4所，小学10所，二级医院2个，卫生院7个，卫生室73个。有省级文物保护单位东关清真寺。有童饷堌堆遗址。有民俗高跷、舞龙灯、肘歌、剪纸。农业以种植小麦、玉米、蔬菜，饲养牛、羊为主。工业以童车、异型钢管、皮毛皮革、棉纱机械、服装加工为主。侯饭线、老沈线省道过境。有长途汽车站。

信陵路［Xìnlíng Lù］ 在县城中部偏南。东起晋江路，西至沙河路。与长江路、永乐路、张弓路、新吾路、闽江路相交。长5千米，宽8米。沥青路面。1968年开工，同年建成。2002年扩建。因战国时魏无忌封号信陵君得名。两侧有城郊卫生院、县人社局、县邮政局、新天地商城、清真寺。通公交车。

新吾路［Xīnwú Lù］ 在县城中部。南起金山路，北至人民路。与万寿路、崇文路、信陵路、建设路相交。长2.8千米，宽8米。沥青路面。1980年开工，同年建成。2002年扩建。因明代吕坤字新吾得名。两侧有实验小学、县粮食局、县人民银行及多家门店。通公交车。

葛天大道［Gětiān Dàdào］ 在县城北部。东起迎宾大道，西至长江路。与珠江路、永乐路、张弓路相交。长1.6千米，宽25米。沥青路面。2013年开工，2014年建成。因处葛天文化之乡而得名。两侧有科创电商等企业。通公交车。

张弓路［Zhānggōng Lù］ 在县城中部。南起金山路，北至葛天大道。与信陵路、建设路、人民路、华山路、太行路等相交。长5千米，宽15米。沥青路面。2002年开工，2003年建成。因张弓酒得名。两侧有县中心医院、县中医院、卫生局、供电局。通公交车。

东街［Dōngjiē］ 城关回族镇人民政府驻地。在镇境东南部。人口2500。金大定二十二年(1182)县城北移，建东街，因方位得名。聚落呈块状。有中小学、卫生院、清真寺。经济以商贸为主。通公交车。

张弓镇［Zhānggōng Zhèn］ 宁陵县辖镇。在县境西南部。面积40平方千米。人口5万。辖27村委会，有63自然村。镇人民政府驻张弓。1956年设张弓乡。后改公社。1983年复乡。1985年改镇。因镇政府驻地得名。毛张河、废黄河流经。有中学2所，小学14所，卫生院2个，卫生室27个。有淮河战役张弓烈士陵园、卧龙桥、通华寺、丘公祠。有民俗高跷、旱船、狮子舞、唢呐。农业以种植小麦、玉米、大豆、瓜果、蔬菜为主。工业以酿酒、彩印包装、食品加工为主。马开线省道过境。

张弓［Zhānggōng］　张弓镇人民政府驻地。在县政府驻地城关回族镇西南 15 千米。人口 7500。夏商时张弓戍边归来造酒，御赐张弓酒。因人得名。聚落呈块状。有中小学、卫生院、卫生室。农业以种植小麦、玉米为主。有酿酒业。马开线省道经此。

柳河镇［Liǔhé Zhèn］　宁陵县辖镇。在县境北部。面积 77 平方千米。人口 6.3 万。辖 27 村委会，有 98 自然村。镇人民政府驻柳河。1956 年设柳河乡。后改公社。1983 年复乡。1985 年改镇。因镇政府驻地得名。古宋河、陈两河流经。有中学 1 所，小学 14 所，卫生院 1 个，卫生室 34 个。农业以种植小麦、玉米、花生、蔬菜，饲养猪、牛、鸡为主。工业以建材、面粉、食品加工为主。陇海铁路、310 国道、老沈线省道过境。有宁陵站。

柳河［Liǔhé］　柳河镇人民政府驻地。在县政府驻地城关回族镇北 17 千米。人口 2900。古汴河经此，因河岸多柳，故名。聚落呈块状。有小学、卫生室、清真寺。农业以种植小麦、玉米、花生为主。有集市。老沈线省道经此。

逻岗镇［Luógǎng Zhèn］　宁陵县辖镇。在县境西北部。面积 108 平方千米。人口 5.2 万。辖 31 村委会，有 95 自然村。镇人民政府驻逻岗。1949 年设逻岗乡。1958 年改公社。1983 年复乡。1997 年改镇。因镇政府驻地得名。大沙河、上清水河、刘徐河等流经。有中学 1 所，小学 12 所，卫生院 1 个，卫生室 31 个。有张庄无名烈士墓。农业以种植小麦、玉米、花生、蔬菜，养鸡、羊、牛为主。工业以建材、化肥、彩色印刷为主。有木材加工业。陇海铁路、连霍高速、310 国道过境。

逻岗［Luógǎng］　逻岗镇人民政府驻地。在县政府驻地城关回族镇西北 15 千米。人口 5700。因四周低洼易受水害而得名涝岗。明末李自成及巡逻部队驻此后，演称今名。聚落呈块状。有小学、卫生院、卫生室。农业以种植小麦、玉米、花生为主。工业以油料加工为主。程宁线县道经此。

石桥镇［Shíqiáo Zhèn］　宁陵县辖镇。在县境北部。面积 67 平方千米。人口 5.4 万。辖 21 村委会，有 101 自然村。镇政府驻石桥。1949 年设石桥乡。后改公社。1983 年复乡。2009 年改镇。因镇政府驻地得名。陈两河、上清水河流经。有中学 1 所，小学 11 所，卫生院 1 个，卫生室 21 个。有省级文物保护单位葛城遗址。有名胜古迹潘从正墓、葛天氏陵、梨园。农业以种植小麦、玉米、蔬菜、酥梨等为主。工业以木材、面粉加工为主。连霍高速、老沈线省道过境。

石桥［Shíqiáo］　石桥镇人民政府驻地。在县政府驻地城关回族镇北 6 千米。人口 2000。明嘉靖年间(1522—1566)刘石桥迁此建村，因人得名，简称石桥。聚落呈椭圆形。有中小学、卫生院、卫生室。农业以种植小麦、玉米、大蒜为主。特产金顶谢花酥梨。有集市。老沈线省道经此。

黄岗镇［Huánggǎng Zhèn］　宁陵县辖镇。在县境西南部。面积 48 平方千米。人口 4.3 万。以汉族为主，还有回族等。辖 25 村委会，有 56 自然村。镇人民政府驻黄岗。1956 年设黄岗乡。后改公社。1983 年复乡。2012 年改镇。因镇政府驻地得名。毛张河流经。有中学 1 所，小学 12 所，卫生院 1 个，卫生室 26 个。有黄岗寺汉墓群、汤斌墓、点将台遗址。农业以种植小麦、玉米、蔬菜为主。工业以皮毛皮革、工艺绣花、建材为主。北白线县道过境。

黄岗［Huánggǎng］　黄岗镇人民政府驻地。在县政府驻地城关回族镇西南 21 千米。人口 2500。古为土岗，岗有黄楝树，金大定二年(1162)建黄岗寺。因寺得名。聚落呈块状。有中小学、卫生室。农业以种植小麦、玉米、花生、蔬菜为主。北白线县道经此。

华堡镇［Huábǎo Zhèn］　宁陵县辖镇。在县境南部。面积 74 平方千米。人口 6.5 万。辖 41 村委会，有 97 自然村。镇人民政府驻史集。1955 年设华堡乡。后改公社。1983 年复乡。2005 年楚庄乡并入。2013 年改镇。因镇政府原驻地华堡得名。毛张河、废黄河、洮河流经。有中学 2 所，小学 20 所，卫生院 2 个，卫生室 62 个。有刘氏墓群。农业以种植小麦、玉米、蔬菜、葡萄等为主。工业以面粉加工、包装、家具制作为主。马开线、老沈线省道过境。

史集［Shǐjí］　华堡镇人民政府驻地。在县政府驻地城关回族镇南 17 千米。人口 1200。清初史姓建村，得名史庄。后逢集改今名。聚落呈块状。有小学、卫生室。农业以种植小麦、玉米、花生、蔬菜，养殖家禽为主。马开线省道经此。

刘楼乡［Liúlóu Xiāng］　宁陵县辖乡。在县境西南部。面积 47 平方千米。人口 4.5 万。以汉族为主，还有回族等。辖 22 村委会，有 57 自然村。乡人民政府驻刘楼。1955 年设刘楼乡。后改公社。1983 年复乡。因乡政府驻地得名。废黄河、洮河流经。有中学 2 所，小学 15 所，卫生院 1 个，卫生室 34 个。农业以种植小麦、玉米、大豆、花生为主。工业以面粉加工、门业、陀螺加工为主。商登高速过境，北白线、三张线县道过境。

刘楼［Liúlóu］　刘楼乡人民政府驻地。在县政府驻地城关回族镇西南 11 千米。人口 1200。明初刘氏迁此建村，因地多柳，名柳园。后盖 8 座楼房，改名刘八楼，简今名。聚落呈块状。有中小学、卫生院。农业以种植小麦、玉米、花生，养殖家禽为主。北白线、三张线县道经此。

程楼乡［Chénglóu Xiāng］　宁陵县辖乡。在县境南部。面积 44 平方千米。人口 4.1 万。以汉族为主，还有回族等。辖 22 村委会，有 54 自然村。乡人民政府驻瓦屋刘。1955 年设程楼乡。后改公社。1983 年复乡。因乡政府原驻地得名。清康熙二年(1663)程氏建村盖楼，故名。大沙河、洮河流经。有中学 1 所，小学 9 所，卫生院 1 个，卫生室 24 个。有省级文物保护单位丁堌堆龙山文化遗址。农业以种植小麦、玉米、瓜果、蔬菜为主。为省温棚黄瓜种植基地。工业以乳业、机械制造、有机板材加工为主。老沈线省道过境。

瓦屋刘［Wǎwūliú］　程楼乡人民政府驻地。在县政府驻地城关回族镇南 9 千米。人口 3200。明洪武年间(1368—1398)刘氏建村，盖瓦房数间，故名。聚落呈块状。有中小学、有卫生所、文化广场。农业以种植小麦、玉米、花生为主。有农贸市场、商业门店。老沈线省道经此。

乔楼乡［Qiáolóu Xiāng］　宁陵县辖乡。在县境东部。面积 56 平方千米。人口 4.6 万。以汉族为主，还有回族等。辖 29 村委会，有 103 自然村。乡人民政府驻乔楼。1956 年设乔楼乡。后改公社。1983 年复乡。因乡政府驻地得名。大沙河、下清水河流经。有中学 2 所，小学 14 所，卫生院 1 个，卫生室 39 个。有贾兼善革命烈士墓、许庄遗址。农业以种植小麦、玉米、瓜果、蔬菜为主。工业以建材、服装加工为主。连霍高速、侯饭线省道过境。

乔楼［Qiáolóu］　乔楼乡人民政府驻地。在县政府驻地城关回族镇东 6 千米。人口 700。清初乔氏建村，得名乔庄，后因建楼房而改今名。聚落呈块状。有中小学、卫生室。农业以种植小麦、玉米、花生为主。有集市。北白线、三张线县道经此。

城郊乡［Chéngjiāo Xiāng］　宁陵县辖乡。在县境中部。面积 55 平方千米。人口 3.8 万。以汉族为主，还有回族等。辖 20 村委会，有 57 自然村。乡人民政府位于崇文东路。1962 年成立城郊公社。1983 年设乡。因其为县城郊区，故名。大沙河、清水河流经。有小学 6 所，卫生院 1 个，卫生室 20 个。农业以种植小麦、玉米、瓜果、蔬菜，养殖猪、羊为主。工业以食品加工、纺织、建材为主。侯饭线、老沈线省道过境。

阳驿乡［Yángyì Xiāng］　宁陵县辖乡。在县境西部。面积 65 平方千米。人口 5.2 万。辖 31 村委会，有 77 自然村。乡人民政府驻阳驿铺。1949 年设阳驿乡。后改公社。1983 年复乡。因乡政府驻地得名。大沙河、洮河、废黄河流经。有中学 1 所，小学 16 所，卫生院 1 个，卫生室 41 个。有吕坤墓、郭行全墓。农业以种植小麦、玉米、花生、蔬菜、葡萄为主。工业以木材、食品加工为主。侯饭线省道过境。

阳驿铺［Yángyìpù］　阳驿乡人民政府驻地。在县政府驻地城关回族镇西 10 千米。人口 6000。秦设驿站、驿铺，因地处睢水之北，故名。聚落呈块状。有中小学、卫生室。农业以种植小麦、玉米为主。工业以建材为主。有集市。侯饭线省道经此。

孔集乡［Kǒngjí Xiāng］　宁陵县辖乡。在县境东北部。面积 58 平方千米。人口 4 万。辖 25 村委会，有 75 自然村。乡人民政府驻孔集。1956 年设孔集乡。后改公社。1983 年复乡。因乡政府驻地得名。古宋河流经。有中学 2 所，小学 13 所，卫生院 1 个，卫生室 33 个。农业以种植小麦、玉米、蔬菜、花生、瓜果为主。特产金顶谢花酥梨。工业以食品加工、电子、制鞋为主。陇海铁路、310 国道过境。

孔集［Kǒngjí］　孔集乡人民政府驻地。在县政府驻地城关回族镇东北 13 千米。人口 3500。原名楮堌村，唐贞观十一年(637)孔子后裔孔德伦迁此，改今名。聚落呈块状。有中小学、卫生院、卫生室。农业以种植小麦、玉米、大豆、花生为主。特产酥梨。农历双日有集，逢六有会。陇海铁路经此。

赵村乡［Zhàocūn Xiāng］　宁陵县辖乡。在县境东北部。面积 48 平方千米。人口 4.5 万。以汉族为主，还有回、黎等民族。辖 25 村委会，有 76 自然村。乡人民政府驻刘窑。1949 年设赵村乡。后改公社。1983 年复乡。因乡政府原驻地得名。明代赵姓建村，又名赵庄、赵村集。古宋河、陈两河流经。有中学 2 所，小学 13 所，卫生院 1 个，卫生室 26 个。农业以种植小麦、玉米、大豆为主，盛产山药。工业以铸造、建材为主。北白线、赵程线县道过境。

刘窑［Liúyáo］　赵村乡人民政府驻地。在县政府驻地城关回族镇东北 9 千米。人口 300。明初刘氏烧窑为生，故名。聚落呈块状。有中小学、卫生院。农业以种植小麦、玉米、瓜果、蔬菜为主。通公路。

柘　城　县

柘城县［Zhèchéng Xiàn］　商丘市辖县。北纬 34°05′，东经 115°18′。在市境西南部。面积 1041 平方千米。人口 103 万。以汉族为主，还有回、满、苗等民族。辖 2 街道、9 镇、11 乡。

县人民政府驻长江新城街道。秦置柘县，因邑有柘沟环流、两岸柘树丛生得名，属陈郡。西汉属淮阳国。东汉章和二年(88)属陈国。三国魏明帝时改属谯郡。晋泰始六年(265)县废。隋开皇十六年(596)置柘城县，属宋州。唐贞观元年(627)废。永淳元年(682)复置，属宋州。宋初属应天府。崇宁三年(1104)属拱州。金属睢州，后省。元大德七年(1303)复置，属汴梁路。明洪武七年(1374)省入宁陵县。十年(1377)又复置，属睢州，此后未变。先后属归德府、豫东道、开封道、河南省、第二行政督察区、商丘专区、开封专区、商丘地区、商丘市。别名柘邑。地处豫鲁苏皖4省结合处，黄淮冲积平原北部。平均海拔47米。年均气温15℃，1月平均气温0℃，7月平均气温27℃。年均降水量782毫米。有涡河、惠济河、废黄河、蒋河、洮河、小沙河等流经。有野生动物37种，其中国家重点保护野生动物有震旦鸦雀、青头潜鸭。有容湖国家湿地公园。森林覆盖率24%。有省级科技研发机构6个，中学55所，小学367所，二级医院2个，文化馆1个，豫剧团1个，杂技团1个，说唱团1个。有全国重点文物保护单位李庄遗址、故城遗址，省级文物保护单位心闷寺遗址、旧北门遗址、炎帝朱襄氏陵。有省级非物质文化遗产工金麦草画、李秀山泥塑、大仵民间舞蹈、豫东大鼓。有特色民间艺术泥人、剪纸、麦草画、魔术、杂技等。有名胜古迹柘城县故城遗址、锦鸡园、白瓷宝塔。三次产业比例27∶36∶37。农业以种植小麦、玉米、花生为主，饲养生猪、肉牛、蛋鸭，盛产芝麻、三樱椒、大蒜。工业以超硬材料、医药、服装、电子、农副产品深加工为主。服务业以商贸、物流为主。商周高速，220国道，商桐线、老沈线、睢涡线、骆通线省道过境。有县汽车站、县社会客运站。

春水路［Chūnshuǐ Lù］ 在县城中部。东起浦东路，西至工业大道。与团结路、黄山路、上海路相交。长4千米，宽35米。沥青混凝土路面。1970年开工，同年建成。1989年扩建。因取柘沟春水之意得名。两侧有县二中、第二实验小学、柘城汽车站、县中心医院。通公交车。

柘城县汽车站［Zhèchéng Xiàn Qìchēzhàn］ 见交通运输设施部分“柘城县汽车站”条。

长江新城街道［Chángjiāngxīnchéng Jiēdào］ 柘城县人民政府驻地。在县境中部。面积11平方千米。人口6.5万。2012年设。因取意学习长三角发展经验而得名。废黄河、小沙河流经。有中学2所，小学7所，二级医院1个，卫生院2个，卫生室12个。有民俗盘鼓、腰鼓、竹马、旱船、龙灯、狮子舞。农业以种植小麦、玉米、辣椒、大豆为主。工业以粉条加工为主。通多路公交车。

浦东街道［Pǔdōng Jiēdào］ 属柘城县。在县境中部偏东。面积32平方千米。人口6.5万。2012年设。因取意学习上海浦东新区而得名。废黄河流经。有中学1所，小学11所，卫生院1个，卫生室23个。农业以种植小麦、玉米、蔬菜为主。工业以铝制品、饲料、食品加工为主。商周线省道过境。通多路公交车。

城关镇［Chéngguān Zhèn］ 柘城县辖镇。在县境中部偏南。面积9平方千米。人口6.6万。以汉族为主，还有回族等。辖10居委会，有18自然村。镇人民政府驻大陈。1949年设城关区。1954年置镇。1958年成立公社。1961年复镇。1971年并入城郊公社。1975年复城关公社。1982年复镇。因处县城得名。有中学2所，小学10所，二级医院1个，卫生院1个，卫生室9个。有名胜古迹故城遗址、锦鸡园、白瓷宝塔。农业以种植小麦、玉米、蔬菜为主。工业以食品加工为主。220国道，永汝线、商周线、南商线省道过境。有县汽车站、豫东客运站。

大陈［Dàchén］ 城关镇人民政府驻地。在县政府驻地长江新城街道东南1千米。人口1200。因姓氏得名。原名陈庄，1981年改今名。聚落呈块状。有小学、幼儿园、卫生室、县文艺中心、大陈双冢遗址。农业以种植小麦、玉米为主。通公交车。

陈青集镇［Chénqīngjí Zhèn］ 柘城县辖镇。在县境东南部。面积55平方千米。人口4.9万。辖24村委会，有100自然村。镇人民政府驻陈青集。1949年设陈集乡。1958年改公社。1981年更名陈青集公社。1984年设乡。2000年改镇。因镇政府驻地得名。惠济河流经。有中学3所，小学16所，卫生院1个，卫生室28个。有王马寺遗址。农业以种植小麦、玉米、三樱椒、大蒜，饲养猪、羊、鸡为主。有养殖专业村5个。工业以加工、制造业为主。柘太公路过境。

陈青集［Chénqīngjí］ 陈青集镇人民政府驻地。在县政府驻地长江新城街道东南10千米。人口1800。清因姓氏得名陈集，1981年因青堌堆寺遗址更今名。聚落呈块状。有小学、幼儿园、卫生室。农业以种植大棚蔬菜为主，盛产大蒜。永汝线省道经此。

起台镇［Qǐtái Zhèn］ 柘城县辖镇。在县境东南部。面积65平方千米。人口4.6万。以汉族为主，还有回族等。辖29村委会，有105自然村。镇人民政府驻起台。1956年设起台乡。后改公社。1984年复乡。1989年改镇。因镇政府驻地得名。有中学3所，小学20所，卫生院1个，卫生室48个。农业以种植小麦、玉米、棉花为主，盛产三樱椒。工业以酿酒、建材、铸造、食品加工为主。柘鹿公路过境。

起台［Qǐtái］ 起台镇人民政府驻地。在县政府驻地长江新城街道东17千米。人口2900。战国时魏大将吴起伐齐，筑台领兵，得名吴起台。后建吴起台寺，村以寺名。聚落呈椭圆形。有小学、卫生室。农业以种植小麦、玉米、辣椒为主。柘鹿公路经此。

胡襄镇［Húxiāng Zhèn］ 柘城县辖镇。在县境东北部。面积53平方千米。人口5.2万。辖30村委会，有57自然村。镇人民政府驻胡襄集。1958年成立胡襄公社。1984年设乡。1996年改镇。因镇政府驻地得名。洮河流经。有中学3所，小学15所，卫生院1个，卫生室27个。有古迹山西会馆、老龙堌堆寺、铁佛寺。农业以种植小麦、玉米、胡芹、西瓜为主。工业以纺织、新型建材为主。商周线省道过境。

胡襄集［Húxiāngjí］ 胡襄镇人民政府驻地。在县政府驻地长江新城街道东北16千米。人口4200。因传周封舜后裔胡襄王于此，故名。聚落呈椭圆形。有中小学、幼儿园、卫生院。农业以种植小麦、玉米、大蒜、辣椒为主。工业以纺织为主。商周线省道经此。

慈圣镇［Císhèng Zhèn］ 柘城县辖镇。在县境西北部。面积64平方千米。人口5.5万。以汉族为主，还有回族等。辖34村委会，有76自然村。镇人民政府驻慈圣。1958年成立慈圣公社。1984年设乡。1989年改镇。因镇政府驻地得名。惠济河、废黄河流经。有中学4所，小学21所，卫生院1个，卫生室34个。有春秋泓水之战遗址。农业以种植小麦、玉米、辣椒、大蒜为主。工业以皮革加工为主。柘睢公路过境。

慈圣［Císhèng］ 慈圣镇人民政府驻地。在县政府驻地长江新城街道西北12千米。人口6100。以汉族为主，还有回族等。周襄王十四年(前638)宋楚泓水之战，宋襄公不击半渡，时人感其心慈性善，故名。聚落呈块状。有中小学、卫生室、清真寺。农业以种植小麦、玉米为主。南商线省道经此。

安平镇［Ānpíng Zhèn］ 柘城县辖镇。在县境西南部。面积87平方千米。人口7.1万。辖34村委会，有145自然村。镇人民政府驻安平集。1958年成立安平公社。1983年设乡。1997年改镇。2005年铁关乡并入。因镇政府驻地得名。涡河流经。有中学3所，小学31所，卫生院2个，卫生室41个。有大毛战国墓群遗址。农业以种植小麦、玉米、三樱椒为主。有鸡、鸭、牛、猪养殖场、专业村。工业以面粉、板材加工为主。商周线省道过境。

安平集［Ānpíngjí］ 安平镇人民政府驻地。在县政府驻地长江新城街道西南19千米。人口6500。传汉始有集，因商贾平安交易得名。聚落呈带状。有小学、卫生室。农业以种植小麦、玉米、棉花为主。工业以面粉加工为主。商周线省道经此。

远襄镇［Yuǎnxiāng Zhèn］ 柘城县辖镇。在县境北部。面积47平方千米。人口4.4万。以汉族为主，还有回族等。辖26村委会，有72自然村。镇人民政府驻远襄集。1958年成立远襄公社。1984年设乡。1998年改镇。因镇政府驻地得名。小沙河、商周运河流经。有中学2所，小学20所，卫生院1个，卫生室38个。有青堌堆寺遗址、师尚诏墓。有省级非物质文化遗产李秀山泥塑。农业以种植小麦、玉米为主。工业以服装、皮革加工、铸造为主。220国道、柘宁公路过境。

远襄集［Yuǎnxiāngjí］ 远襄镇人民政府驻地。在县政府驻地长江新城街道北12千米。人口7600。以汉族为主，还有回族等。因传西周封舜裔胡公子远襄于此，故名。聚落呈块状。有中小学、卫生院、卫生室。有东岳天齐庙、师尚诏墓、清真寺。农业以种植小麦、玉米、辣椒、大蒜为主。有服装、皮革加工业。220国道经此。

岗王镇［Gǎngwáng Zhèn］ 柘城县辖镇。在县境西部。面积53平方千米。人口6.3万。辖27村委会，有86自然村。镇人民政府驻岗王。1975年官庄公社析设岗王公社。1983年设乡。2011年改镇。因镇政府驻地得名。惠济河、蒋河流经。有中学3所，小学17所，卫生院1个，卫生室28个。有省级文物保护单位孟庄商代遗址、战国墓群。农业以种植小麦、玉米、蔬菜，饲养猪、鸡为主。工业以金刚石微粉、建材、塑料加工为主。商周高速、骆通线省道过境。

岗王［Gǎngwáng］ 岗王镇人民政府驻地。在县政府驻地长江新城街道西8千米。人口4000。原名前小庄。明正德年间(1506—1521)王氏迁入，因村前大土岗改今名。聚落呈带状。有中小学、卫生院、卫生室。农业以种植小麦、玉米、大蒜、辣椒、牡丹等为主。岗伯线县道经此。

伯岗镇［Bǎigǎng Zhèn］ 柘城县辖镇。在县境西北部。面积56平方千米。人口5.4万。辖30村委会，有83自然村。镇人民政府驻伯岗集。1958年成立伯岗公社。1984年设乡。2014年改镇。因镇政府驻地得名。惠济河、蒋河、小洪河流经。有中学3所，小学17所，卫生院1个，卫生室50个。有宝台庙遗址。农业以种植小麦、玉米为主，有养鸡、养猪场。工业以木材加工、铸造为主。慈伯线、岗伯线县道过境。

伯岗集［Bǎigǎngjí］ 伯岗镇人民政府驻地。在县政府驻地长江新城街道西北17千米。人口4100。传楚霸王项羽筑点将台屯兵于此，因古时“伯”“霸”同音义得名。聚落呈椭圆形。有小学、卫生室。农业以种植小麦、玉米、中药材、西瓜为主。有铸造、木材加工业。慈伯线、岗伯线县道经此。

邵园乡［Shàoyuán Xiāng］　柘城县辖乡。在县境西部。面积29平方千米。人口4.4万。辖18村委会，有77自然村。乡人民政府驻徐园。1975年成立城郊公社。1981年更名邵园公社。1984年设乡。因乡政府原驻地得名。因高氏得名高庙，明嘉靖年间(1522—1565)邵氏迁此，以种菜为生，更名邵园。惠济河、废黄河流经。有中学3所，小学10所，卫生院2个，卫生室18个。有邵园汉墓遗址。农业以种植小麦、玉米、蔬菜为主。有养殖专业村。工业以金刚石制品、制药、轴承、电子为主。商周高速，商周线省道、柘鹿公路过境。

徐园［Xúyuán］　邵园乡人民政府驻地。在县政府驻地长江新城街道西南2千米。人口900。明初建村，中叶徐氏迁入以种菜为生，故名。聚落呈块状。有卫生室。农业以种植小麦、玉米为主。工业以面业、混纺制品、制药、金刚石制造为主。通公路。

张桥乡［Zhāngqiáo Xiāng］　柘城县辖乡。在县境南部。面积37平方千米。人口3.9万。辖20村委会，有58自然村。乡人民政府驻张桥。1949年设张桥乡。后改公社。1984年复乡。因乡政府驻地得名。惠济河、小洪河流经。有中学3所，小学17所，卫生院1个，卫生室37个。有残疾儿童收养中心。有王金门晋冀鲁豫野战军临时指挥部旧址。农业以种植小麦、玉米为主。工业以农产品深加工、建材为主。220国道、南商线省道过境。

张桥［Zhāngqiáo］　张桥乡人民政府驻地。在县政府驻地长江新城街道南6千米。人口1500。明永乐年间(1403—1424)张氏在惠济河南岸定居，得名张庄。后修便桥，更今名。聚落呈块状。有小学、文化室。农业以种植小麦、玉米为主。工业以农产品加工为主。220国道、南商线省道经此。

洪恩乡［Hóng'ēn Xiāng］　柘城县辖乡。在县境东南部。面积34平方千米。人口3.3万。辖16村委会，有69自然村。乡人民政府驻洪恩集。1949年设洪恩乡。后改公社。1984年复乡。因乡政府驻地得名。惠济河流经。有中学2所，小学14所，卫生院1个，卫生室16个。有刘奶奶庙、明台寺。有马庄唢呐。农业以种植小麦、玉米、蔬菜为主。特产肉鸡、葡萄、香梨。工业以复合肥、建材、面粉加工为主。柘鹿公路过境。

洪恩集［Hóng'ēnjí］　洪恩乡人民政府驻地。在县政府驻地长江新城街道东南15千米。人口1700。明弘治年间(1488—1505)建村，因洪恩古寺得名。聚落呈块状。有小学、卫生室。农业以种植小麦、玉米、辣椒为主。通公路。

老王集乡［Lǎowángjí Xiāng］　柘城县辖乡。在县境东部。面积47平方千米。人口4万。辖20村委会，有69自然村。乡人民政府驻老王集。1956年设老王集乡。后改公社。1984年复乡。因乡政府驻地得名。洮河流经。有中学3所，小学14所，卫生院1个，卫生室22个。有省级文物保护单位前扳曾口柘桑树。农业以种植小麦、玉米、花生为主。工业以酿酒、木材加工为主。胡老线、老起线县道过境。

老王集［Lǎowángjí］　老王集乡人民政府驻地。在县政府驻地长江新城街道东北19千米。人口2600。唐代建村，北宋成集，因王姓居多，称王家集。清易今名。聚落呈椭圆形。有中小学、卫生室。农业以种植小麦、玉米、大蒜、辣椒为主。有酿酒业。有集市。胡老线、老起线县道经此。

大仵乡［Dàwǔ Xiāng］　柘城县辖乡。在县境东北部。面积59平方千米。人口4.1万。以汉族为主，还有回族等。辖23村委会，有91自然村。乡人民政府驻大仵集。1958年成立大仵公社。1984年设乡。因乡政府驻地得名。有中学2所，小学15所，卫生院1个，卫生室47个。有朱襄陵遗址。有省级非物质文化遗产大仵民间舞蹈。农业以种植小麦、玉米、大蒜、三樱椒为主。工业以饲料、机械加工为主。商周线省道过境。

大仵集［Dàwǔjí］　大仵乡人民政府驻地。在县政府驻地长江新城街道东北10千米。人口4800。以汉族为主，还有回族等。明建文帝宗室逃此，改朱姓仵，称仵家集。清咸丰九年(1859)筑寨改今名。聚落呈椭圆形。有中小学、卫生室、清真寺。农业以种植小麦、玉米为主。有商贸服务业。商周线省道经此。

马集乡［Mǎjí Xiāng］　柘城县辖乡。在县境东北部。面积52平方千米。人口4万。辖23村委会，有83自然村。乡人民政府驻马集。1977年远襄、胡襄、牛城3公社析部分地域设马集公社。1984年设乡。因乡政府驻地得名。有中学2所，小学17所，卫生院1个，卫生室26个。有漫画剪纸。农业以种植小麦、玉米、花生为主。有养殖场、养殖专业村。工业以板材加工为主。商周高速，马胡线、马远线县道过境。

马集［Mǎjí］　马集乡人民政府驻地。在县政府驻地长江新城街道东北14千米。人口1600。明洪武年间(1368—1398)马氏建村，称小马庄。清同治元年(1862)筑寨起集，改今名。聚落呈带状。有中学、卫生室。农业以种植小麦、玉米、辣椒为主。有集市。马胡线、马远线县道经此。

牛城乡［Niúchéng Xiāng］　柘城县辖乡。在县境北部。面积52平方千米。人口4.7万。辖26村委会，有86自然村。乡人民政府驻牛城。1949年设牛城乡。后改公社。1984年复乡。因乡政府驻地得名。废黄河、小沙河流经。有中学2所，小学17所，卫生院1个，卫生室30个。有郑廷珍烈士陵园、郭村岗汉代遗址。农业以种植小麦、玉米、中药材为主。工业以食品加工、建材为主。商周高速、柘宁公路过境。

牛城［Niúchéng］　牛城乡人民政府驻地。在县政府驻地长江新城街道北5千米。人口1600。因传古时在此斗牛赏雪，有柘城八景之“斗牛雪霁”，故名。聚落呈块状。有中小学、卫生室。农业以种植小麦、玉米为主。有食品加工业。商周高速、柘宁公路经此。

惠济乡［Huìjì Xiāng］　柘城县辖乡。在县境西北部。面积59平方千米。人口5.5万。辖28村委会，有76自然村。乡人民政府驻小吴集。2005年小吴、尚寨2乡合设惠济乡。因惠济河得名。小沙河、废黄河流经。有中学2所，小学20所，卫生院2个，卫生室31个。农业以种植小麦、玉米、花生，饲养猪、羊为主。工业以铝制品、木材加工为主。柘睢公路过境。

小吴集［Xiǎowújí］　惠济乡人民政府驻地。在县政府驻地长江新城街道西北18千米。人口2000。原名小胡集，明初吴氏迁入，改称吴家集，清末易今名。聚落呈散状。有中小学、卫生院、卫生室。农业以种植小麦、玉米为主。为柘、宁、睢3县物资集散地。南商线省道经此。

申桥乡［Shēnqiáo Xiāng］　柘城县辖乡。在县境西部。面积47平方千米。人口5万。辖21村委会，有84自然村。乡人民政府驻申桥。1977年成立申桥公社。1984年设乡。因乡政府驻地得名。小洪河流经。有中学2所，小学18所，卫生院1个，卫生室21个。有山台寺龙山晚期文化遗址。农业以种植小麦、玉米、大葱、三樱椒为主。工业以酿酒、编织为主。柘太公路过境。

申桥［Shēnqiáo］　申桥乡人民政府驻地。在县政府驻地长江新城街道西12千米。人口1400。明洪武年间(1368—1398)申氏迁此，修便桥，故名。聚落呈环状。有小学、卫生室。农业以种植小麦、玉米、大蒜为主。柘太公路经此。

李原乡［Lǐyuán Xiāng］　柘城县辖乡。在县境西南部。面积44平方千米。人口4.8万。以汉族为主，还有回族等。辖21村委会，有67自然村。乡人民政府驻李原集。1958年成立李原公社。1984年设乡。因乡政府驻地得名。涡河流经。有中学2所，小学23所，卫生院1个，卫生室21个。有清真寺。农业以种植小麦、玉米、大豆、三樱椒，饲养猪、羊为主。工业以皮毛加工、机械制造为主。商周高速、商周线省道过境。

李原集［Lǐyuánjí］　李原乡人民政府驻地。在县政府驻地长江新城街道西南12千米。人口3800。以汉族为主，还有回族等。元末山东高唐李原迁此，因人得名。聚落呈块状。有小学、卫生室、清真寺。农业以种植小麦、玉米、中药材为主。商周线省道经此。

皇集乡［Huángjí Xiāng］　柘城县辖乡。在县境西南部。面积42平方千米。人口4.3万。辖19村委会，有54自然村。乡人民政府驻前皇集。1977年成立皇集公社。1984年设乡。因乡政府驻地得名。涡河流经。有中学3所，小学17所，卫生院1个，卫生室16个。有李廷基墓。农业以种植小麦、玉米、蔬菜、瓜果为主。工业以面业、玩具加工为主。商周线省道过境。

前皇集［Qiánhuángjí］　皇集乡人民政府驻地。在县政府驻地长江新城街道西南10千米。人口1600。明末清初皇甫氏兄弟迁此，前后建村，该村居前且有集市，故名。聚落呈带状。有中小学、卫生院。农业以种植小麦、玉米、小辣椒为主。张皇线、皇李线县道经此。

虞城县

虞城县［Yúchéng Xiàn］　商丘市辖县。北纬34°24′，东经115°50′。在市境中部。面积1558平方千米。人口118万。辖11镇、15乡。县人民政府驻城郊乡。秦设虞县，属砀郡。汉高帝五年(前202)属梁国。隋开皇十六年(596)置虞城县。唐武德四年(621)升东虞州。次年废州复虞城县。宋属应天府。金天会八年(1130)属归德府。金宣宗兴定元年(1217)没于黄水，县废。元宪宗二年(1252)复县，属东平路。至元二年(1265)并入单父(今单县)。次年复置，属济宁府。明洪武二年(1369)属归德州。清沿之。1913年属豫东道。1914年属开封道。1927年属省。1932年属第二行政督察区。1949年属商丘专区。1954年治迁马牧集(今城关镇)。1958年属开封专区。1961年属商丘专区。1968年属商丘地区。1997年属商丘市。禹封舜子商均于虞，称有虞氏，后称虞国，故名。地处黄河冲积平原中部。海拔37—58米。年均气温14℃，1月平均气温0℃，7月平均气温27℃。年均降水量632毫米。黄河故道、包河、洪河、柳公河、响河、东沙河等流经。有野生动物6种。森林覆盖率21%。有中等专业学校3所，中学38所，小学441所，二级医院1个，文化馆1个，图书馆1个，博物馆1个。有省级文物保护单位伊尹纪念园、营廓遗址、魏堌堆遗址、任家大院。有省级爱国主义教育基地木兰祠。有古迹仓颉墓、商均墓。有国家级非物质文化遗产木兰传说，省级非物质文化遗产伊尹传说、花鼓戏。有民俗坠子书、古琴曲。三次产业比例24∶43∶33。农业以种植小麦、玉米、大豆，饲养猪、牛、羊为主，盛产花生、蔬菜。特产荠菜、苹果、酥梨、乔藕。工业以五金电子、纺织服装、食品加工为主,发展医药产业。服务业以商贸、物流为主。陇海、京九铁路,连霍、济广高速,310 国道,郑永、田界公路过境。有虞城站。

胜利路 [Shènglì Lù] 在县城北部。东起黄河路,西至漓江大道。与淮海路、化工路、新建路、义和路、人民路相交。长 2.1 千米,宽 10 米。沥青路面。1982 年开工,同年建成。因吉言佳语得名。两侧有县汽车站、移动公司、县农业银行、县林业局、马牧大市场。通公交车。

大同路 [Dàtóng Lù] 在县城中部。东起黄河路,西至漓江大道。与化工路、新建路、人民路相交。长 2.1 千米,宽 17 米。沥青路面。1948 年建设原始路段。1982 年扩建。因取意世界大同得名。两侧有任家大院、县实验小学、木兰大市场。通公交车。

人民路 [Rénmín Lù] 在县城东部。南起南关环岛,北至车站路。与胜利路、健康路、大同路、文化路等相交。长 2.7 千米,宽 30 米。沥青路面。1948 年称平等一街。1951 年改红旗三街。1982 年扩建,改今名。两侧有中小学、虞城站、县运输公司、县供销社、县电视台。通公交车。

虞城站 [Yúchéng Zhàn] 见交通运输设施部分"虞城站"条。

虞城县汽车站 [Yúchéng Xiàn Qìchēzhàn] 见交通运输设施部分"虞城县汽车站"条。

城关镇 [Chéngguān Zhèn] 虞城县辖镇。在县境中部。面积 12 平方千米。人口 9 万。辖 9 居委会、3 村委会,有 10 自然村。镇人民政府驻赵园。1958 年成立城关公社。1983 年改镇。因处县城得名。响河、商周运河、牛河流经。有中等专业学校 3 所,中学 1 所,小学 3 所,二级医院 1 个,卫生院 5 个,卫生室 11 个。有省级文物保护单位任家大院。农业以种植小麦、玉米、蔬菜为主。工业以小五金、工量具、面粉加工为主。陇海铁路、田界线县道过境。

赵园 [Zhàoyuán] 城关镇人民政府驻地。在县政府驻地城郊乡东 5 千米。人口 800。清乾隆七年(1742)赵氏种菜为生,故名。聚落呈块状,有高中、职业高中、卫生室。经济以商贸为主。郑永公路、田界线县道经此。

界沟镇 [Jiègōu Zhèn] 虞城县辖镇。在县境南部。面积 66 平方千米。人口 5.3 万。辖 25 村委会,有 123 自然村。镇人民政府驻界沟。1955 年设界沟乡。后改公社。1983 年复乡。1986 年改镇。因镇政府驻地得名。包河流经。有中学 1 所,小学 20 所,卫生院 1 个,卫生室 25 个。有古迹包公晾米台。农业以种植小麦、玉米、中药材,饲养猪、羊为主。工业以筛板加工、建材为主。田界线县道过境。

界沟 [Jiègōu] 界沟镇人民政府驻地。在县政府驻地城郊乡南 45 千米。人口 5800。因旧时村南有豫皖界沟,故名。聚落呈丁字状。有中小学、卫生院。农业以种植小麦、玉米为主。工业以板材加工为主。有农贸服务业。田界线县道经此。

木兰镇 [Mùlán Zhèn] 虞城县辖镇。在县境南部。面积 45 平方千米。人口 2.9 万。辖 21 村委会,有 60 自然村。镇人民政府驻营廓。1977 年成立营廓公社。1983 年设乡。2000 年改镇。2013 年更今名。因其为花木兰故里,故名。刘小河、小武河、洼河流经。有中学 1 所,小学 11 所,卫生院 1 个,卫生室 24 个。有省级文物保护单位营廓遗址。有木兰祠。农业以种植小麦、玉米、中药材为主。工业以化工、细木加工为主。有集贸市场 3 个。京九铁路、济广高速过境。

营廓 [Yíngkuò] 木兰镇人民政府驻地。在县政府驻地城郊乡南 35 千米。人口 2200。旧为练兵场,金代称营廓。聚落呈块状。有小学、卫生院。有营廓遗址、木兰祠。农业以种植小麦、玉米为主。济广高速经此。

杜集镇 [Dùjí Zhèn] 虞城县辖镇。在县境南部。面积 81 平方千米。人口 5.1 万。辖 32 村委会,有 143 自然村。镇人民政府驻杜集。1956 年设杜集乡。后改公社。1983 年复乡。1996 年改镇。因镇政府驻地得名。包河、五河流经。有中学 1 所,小学 22 所,卫生院 1 个,卫生室 32 个。有东大寺遗址。农业以种植小麦、玉米、苹果、食用菌为主。工业以酿酒、纺织、铁木加工为主。有集贸市场 2 个。济广高速、田界线县道过境。

杜集 [Dùjí] 杜集镇人民政府驻地。在县政府驻地城郊乡南 25 千米。人口 1100。杜姓先居,后起集,称杜家集,简称杜集。聚落呈块状。有中小学、卫生院。有东大寺遗址、龙山文化遗址。农业以种植小麦、玉米为主。有酿酒业。田界线县道经此。

谷熟镇 [Gǔshú Zhèn] 虞城县辖镇。在县境西南部。面积 52 平方千米。人口 3.4 万。辖 21 村委会,有 84 自然村。镇人民政府驻谷熟集。1955 年设谷熟乡。后改公社。1983 年复乡。1986 年改镇。因镇政府驻地得名。有中学 1 所,小学 13 所,卫生院 1 个,卫生室 25 个。农业以种植小麦、玉米、蔬菜,饲养猪、牛、羊为主。工业以电子制造为主。有集贸市场 4 个。连霍、济广高速,侯饭线省道过境。

谷熟集 [Gǔshújí] 谷熟镇人民政府驻地。在县政府驻地城郊乡南 22 千米。人口 5000。清光绪《虞城县志》载,东汉光武帝刘秀封更始帝刘玄之子刘歆为谷熟侯,邑于此,故名。聚落呈块状。有小学、卫生院。农业以种植小麦、玉米为主。有红薯粉加工业。侯饭线省道经此。

大杨集镇 [Dàyángjí Zhèn] 虞城县辖镇。在县境东北部。面积 60 平方千米。人口 3.6 万。辖 17 村委会,有 66 自然村。镇人民政府驻大杨集。1958 年成立杨集公社。1981 年更名大杨集公社。1983 年设乡。1995 年改镇。因镇政府驻地得名。柳公河流经。有中学 1 所,小学 12 所,卫生院 1 个,卫生室 67 个。农业以种植小麦、玉米、食用菌、苹果,饲养猪、羊为主。工业以木材、食品加工为主。有集贸市场 4 个。陇海铁路、310 国道过境。

大杨集 [Dàyángjí] 大杨集镇人民政府驻地。在县政府驻地城郊乡东北 23 千米。人口 3600。原为明代杨东明庄园,后起集,称杨集。1981 年因重名改今名。聚落呈块状。有中小学、卫生院。农业以种植小麦、玉米、芝麻为主。310 国道经此。

贾寨镇 [Jiǎzhài Zhèn] 虞城县辖镇。在县境西北部。面积 76 平方千米。人口 6.3 万。辖 30 村委会,有 107 自然村。镇人民政府驻贾寨。1958 年成立贾寨公社。1983 年设乡。1986 年改镇。2005 年八里堂乡并入。因镇政府驻地得名。黄河故道、柳公河流经。有中学 2 所,小学 23 所,卫生院 1 个,卫生室 30 个。有仓颉墓、黎丘寺遗址。农业以种植小麦、玉米、红薯为主。工业以木材、豆制品加工为主。有集贸市场 2 个。陇海铁路、虞灵线省道过境。

贾寨 [Jiǎzhài] 贾寨镇人民政府驻地。在县政府驻地城郊乡西北 18 千米。人口 10700。清咸丰十年(1860)贾魁元率众筑寨,故名。聚落似舟状。有中小学、卫生院。农业以种植小麦、玉米为主。为梁园、虞城、单 3 县物资集散地。虞灵线省道经此。

利民镇 [Lìmín Zhèn] 虞城县辖镇。在县境北部。面积 66 平方千米。人口 5.2 万。辖 4 居委会、33 村委会,有 129 自然村。镇人民政府驻三里井。1954 年设利民镇。1955 年改乡。1958 年改公社。1981 年析置利民镇。1983 年公社改乡。2001 年利民乡并入。因取意为民谋利而得名。有利民湖。有中学 1 所,小学 19 所,卫生院 1 个,卫生室 48 个。有商均墓、城隍庙、杨东明墓。农业以种植小麦、玉米、芹,饲养奶牛为主。工业以食品加工、乳业、彩印包装为主。有集贸市场 5 个。田界线县道过境。

三里井 [Sānlǐjǐng] 利民镇人民政府驻地。在县政府驻地城郊乡北 13 千米。人口 700。村前有井,距北关大桥三里,故名。聚落呈块状。有中小学、卫生室。农业以种植小麦、玉米、芹、甜玉米,饲养奶牛为主。通公路。

张集镇 [Zhāngjí Zhèn] 虞城县辖镇。在县境东北部。面积 53 平方千米。人口 5.9 万。辖 27 村委会,有 96 自然村。镇人民政府驻张集。1956 年设张集乡。后改公社。1983 年复乡。1986 年改镇。因镇政府驻地得名。黄河故道、洪河流经。有中学 2 所,小学 20 所,卫生院 1 个,卫生室 27 个。农业以种植小麦、玉米、苹果、乔藕等为主。工业以兽药、木材加工为主。有集贸市场 4 个。陇海、京九铁路,连霍、济广高速,田界线县道过境。

张集 [Zhāngjí] 张集镇人民政府驻地。在县政府驻地城郊乡东北 39 千米。人口 1900。明初张氏开盐店,称盐店张集,简称张集。聚落呈块状。有中小学、卫生院、卫生室。农业以种植小麦、玉米为主,盛产红富士苹果。为豫、鲁、皖 3 省物资集散地。通公路。

站集镇 [Zhànjí Zhèn] 虞城县辖镇。在县境南部。面积 59 平方千米。人口 4.6 万。辖 27 村委会,有 87 自然村。镇人民政府驻站集。1954 年设站集乡。后改公社。1983 年复乡。2009 年改镇。因镇政府驻地得名。东沙河、洛河、沈沙河流经。有中学 3 所,小学 15 所,卫生院 1 个,卫生室 30 个。有天齐庙、大运河遗址。农业以种植小麦、玉米、棉花为主。工业以棉花、食品加工为主。有集贸市场 2 个。侯饭线省道、虞单公路过境。

站集 [Zhànjí] 站集镇人民政府驻地。在县政府驻地城郊乡南 19 千米。人口 2700。原名石榴固,明洪武二年(1369)设驿站后兴起集市,称站里集,简称站集。聚落呈梭形。有中小学、卫生院、卫生室。农业以种植小麦、玉米、棉花为主。侯饭线省道经此。

稍岗镇 [Shāogǎng Zhèn] 虞城县辖镇。在县境东部。面积 113 平方千米。人口 6.4 万。辖 44 村委会,有 159 自然村。镇人民政府驻稍岗。1955 年设稍岗乡。后改公社。1983 年复乡。2005 年三庄乡并入。2014 年改镇。因镇政府驻地得名。柳公河流经。有中学 3 所,小学 30 所,卫生院 1 个,卫生室 50 个。农业以种植小麦、玉米、樱桃、草莓,饲养猪、羊为主。工业以钢卷尺、塑料制品、钢丝钳加工为主。有集贸市场 6 个。陇海铁路、郑徐高铁、310 国道过境。

稍岗 [Shāogǎng] 稍岗镇人民政府驻地。在县政府驻地城郊乡东 10 千米。人口 2200。因传古有十八岗,地处末尾,故名。聚落呈块状。有小学、卫生院。农业以种植小麦、玉米为主。工业以钢卷尺生产为主。郑徐铁路、310 国道经此。

城郊乡 [Chéngjiāo Xiāng] 虞城县人民政府驻地。在县境中部。面积 72 平方千米。人口 7.4 万。辖 29 村委会,有 114 自然村。乡人民政府驻孙窑。1965 年成立城郊公社。1983 年设乡。响河、周商永运河流经。有中学 2 所,小学 29 所,卫生院 1 个,卫生所 69 个。有灵古寺遗址、唐代银杏树。农业以种植小麦、玉米为主。工业以纺织服装、五金量具、食品加工为主。有集贸市场3个。陇海铁路、侯饭线省道过境。

孙窑［Sūnyáo］ 城郊乡人民政府驻地。在乡境东部。人口1500。明初孙氏以土窑烧制器皿为生，故名。聚落呈块状。有小学、卫生室。农业以种植小麦、玉米为主。有建材市场。陇海铁路经此。

黄冢乡［Huángzhǒng Xiāng］ 虞城县辖乡。在县境南部。面积63平方千米。人口4.2万。辖24村委会，有95自然村。乡人民政府驻黄冢。1954年设黄冢乡。后改公社。1983年复乡。因乡政府驻地得名。包河、洛河流经。有中学1所，小学20所，卫生院1个，卫生室24个。农业以种植小麦、玉米、瓜菜、花生为主。工业以玉米芯、猪鬃、板材加工为主。有集贸市场3个。田界线县道过境。

黄冢［Huángzhǒng］ 黄冢乡人民政府驻地。在县政府驻地城郊乡南36千米。人口3000。因地多黄土丘，曾有"九里三冢"之说，故名。聚落呈矩形。有小学、卫生室。农业以种植小麦、玉米、花生、大豆为主。田界线县道经此。

沙集乡［Shājí Xiāng］ 虞城县辖乡。在县境西南部。面积36平方千米。人口4.1万。辖22村委会，有93自然村。镇人民政府驻沙集。1956年设沙集乡。后改公社。1983年复乡。因乡政府驻地得名。包河、杨大河流经。有中学1所，小学12所，卫生院1个，卫生室18个。农业以种植小麦、玉米、大葱、食用菌，饲养猪、羊为主。工业以防雨服饰、木材、床上用品加工等为主。京九铁路、田界线县道过境。

沙集［Shājí］ 沙集乡人民政府驻地。在县政府驻地城郊乡南26千米。人口1700。明初贺氏建村起集，土质为沙土，故称沙土集，简称今名。聚落呈椭圆形。有中小学、卫生院。农业以种植小麦、玉米为主。特产大葱。有集市。京九铁路、田界线县道经此。

店集乡［Diànjí Xiāng］ 虞城县辖乡。在县境西南部。面积55平方千米。人口4.4万。辖30村委会，有87自然村。乡人民政府驻店集。1965年成立店集公社。1983年设乡。因乡政府驻地得名。包河、蔡河流经。有中学1所，小学14所，卫生院1个，卫生室31个。有伊尹祠、魏徵墓。农业以种植小麦、玉米、花生、蔬菜，饲养猪、牛、羊为主。特产山药、西瓜。工业以粮油、调料、建材加工为主。有集贸市场4个。京九铁路、连霍高速、105国道、侯饭线省道过境。

店集［Diànjí］ 店集乡人民政府驻地。在县政府驻地城郊乡西南19千米。人口800。因传韩信屯兵于此，名韩信店。清有集市改今名。聚落呈块状。有小学、卫生院。农业以种植小麦、玉米、山药为主。加工粉条。京九铁路、连霍高速、105国道经此。

闻集乡［Wénjí Xiāng］ 虞城县辖乡。在县境东南部。面积60平方千米。人口4.7万。辖25村委会，有104自然村。乡人民政府驻闻集。1956年设闻集乡。后改公社。1983年复乡。因乡政府驻地得名。沱河、东沙河流经。有中学1所，小学17所，卫生院1个，卫生室44个。有郭臣墓。农业以种植小麦、玉米为主。工业以食品加工、抽纱工艺为主。有集贸市场5个。连霍高速、田界线县道过境。

闻集［Wénjí］ 闻集乡人民政府驻地。在县政府驻地城郊乡东南18千米。人口2000。明洪武二年(1369)文宾迁此建村，后有集市，称文家集。1983年以同音改今名。聚落呈块状。有中小学、卫生室。农业以种植小麦、玉米为主。加工粉丝。连霍高速、田界线县道经此。

芒种桥乡［Mángzhòngqiáo Xiāng］ 虞城县辖乡。在县境西南部。面积56平方千米。人口4.1万。辖24村委会，有75自然村。乡人民政府驻芒种桥。1956年设芒种桥乡。后改公社。1983年复乡。因乡政府驻地得名。包河、蔡河流经。有中学1所，小学11所，卫生院1个，卫生室26个。农业以种植小麦、玉米，饲养猪、羊为主。工业以肉食品、服装加工为主。有集贸市场2个。京九铁路、连霍高速过境。

芒种桥［Mángzhòngqiáo］ 芒种桥乡人民政府驻地。在县政府驻地城郊乡西南18千米。人口1200。因传明末乡人毛仲捐资建桥，得名毛仲桥，后谐音为今名。聚落呈条状。有小学、卫生室。农业以种植小麦、玉米、花生为主。京九铁路经此。

刘店乡［Liúdiàn Xiāng］ 虞城县辖乡。在县境南部。面积66平方千米。人口5.6万。辖33村委会，有128自然村。乡人民政府驻刘店集。1955年设刘店乡。后改公社。1983年复乡。2005年小侯乡并入。因乡政府驻地得名。东沙河流经。有中学1所，小学12所，卫生院1个，卫生室37个。农业以种植小麦、玉米，饲养猪、羊为主。工业以加工面粉、粉条，生产办公家具为主。有集贸市场5个。连霍高速、田界线县道过境。

刘店集［Liúdiànjí］ 刘店乡人民政府驻地。在县政府驻地城郊乡南12千米。人口1500。明初称东小店，嘉靖二十四年(1545)村淹，仅存刘家店铺，遂名刘家店。后成集，改今名。聚落呈条状。有中小学、卫生院。农业以种植小麦、玉米为主。工业以生产家具、粉条为主。田界线县道经此。

大侯乡［Dàhóu Xiāng］ 虞城县辖乡。在县境中部。面积86平方千米。人口6.5万。辖33村委会，有122自然村。乡人民政府驻大侯。1952年设大侯乡。后改公社。1983年复乡。2005年营盘乡并入。因乡政府驻地得名。响河、沱河、东沙河、七里河流经。有中学1所，小学17所，卫生院1个，卫生室40个。农业以种植小麦、玉米、杂果、蔬菜为主。工业以纺织、建材为主。有集贸市场6个。商永高速、田界线县道、郑永公路过境。

大侯［Dàhóu］ 大侯乡人民政府驻地。在县政府驻地城郊乡南10千米。人口2900。原名流腊坡，明万历三十五年(1607)改称侯家集。后因村西已有小侯集而更名大侯集，简称今名。聚落呈块状。有中小学、卫生院。农业以种植小麦、玉米为主。工业以粉条加工为主。服务业以农贸服务为主。商永高速经此。

郑集乡［Zhèngjí Xiāng］ 虞城县辖乡。在县境东部。面积46平方千米。人口3.1万。辖21村委会，有112自然村。乡人民政府驻郑集。1975年成立郑集公社。1983年设乡。因乡政府驻地得名。毛河流经。有中学1所，小学17所，卫生院1个，卫生室21个。有烈士陵园、淮海战役张公店歼灭战纪念地。农业以种植小麦、玉米、蔬菜、西瓜，饲养猪、羊为主，盛产反季节番茄。工业以制鞋、石扁加工、工量具生产为主。通公路。

郑集［Zhèngjí］ 郑集乡人民政府驻地。在县政府驻地城郊乡东8千米。人口700。原名王庄，后郑家领头起集，更今名。聚落呈条状。有中小学、卫生院、卫生室、烈士陵园。农业以种植小麦、玉米、蔬菜为主。有集市。通公路。

李老家乡［Lǐlǎojiā Xiāng］ 虞城县辖乡。在县境北部。面积86平方千米。人口5.3万。辖32村委会，有120自然村。乡人民政府驻蒯庄。1949年设李老家乡。后改公社。1983年复乡。因乡政府原驻地李老家得名。柳公河、响河流经。有中学2所，小学25所，卫生院1个，卫生室34个。农业以种植小麦、玉米为主。为豫东花卉种植基地。工业以食品、五金、皮革加工为主。310国道、田界线县道过境。

蒯庄［Kuǎizhuāng］ 李老家乡人民政府驻地。在县政府驻地城郊乡北5千米。人口700。明嘉靖四年(1525)蒯氏建村，故名。聚落呈块状。有中小学、卫生院。农业以种植小麦、玉米，饲养猪、羊为主。310国道、田界线县道经此。

镇里堌乡［Zhènlǐgù Xiāng］ 虞城县辖乡。在县境东北部。面积46平方千米。人口3.2万。辖15村委会，有87自然村。乡人民政府驻常洼。1953年设镇里堌乡。后改公社。1983年复乡。因镇里堌寺名。洪河流经。有中学2所，小学14所，卫生院1个，卫生室18个。农业以种植小麦、玉米、苹果为主。工业以粮油加工、建材、金属铸造为主。有集贸市场3个。310国道过境。

常洼［Chángwā］ 镇里堌乡人民政府驻地。在县政府驻地城郊乡东北35千米。人口700。清道光年间(1821—1850)常氏围村筑寨，称常寨，后因地势低洼改今名。聚落呈块状。有中小学、卫生室。农业以种植小麦、玉米、苹果为主。310国道、虞亳公路经此。

古王集乡［Gǔwángjí Xiāng］ 虞城县辖乡。在县境西北部。面积49平方千米。人口3.3万。辖18村委会，有87自然村。乡人民政府驻古王集。1956年设王集乡。1958年改公社。1981年更名古王集公社。1983年设乡。因乡政府驻地得名。响河、柳公河流经。有中学2所，小学10所，卫生院1个，卫生室19个。有仓颉墓、西汉石棺墓。农业以种植小麦、玉米、辣椒、酥梨为主。工业以服饰、面粉、食品加工为主。有集贸市场3个。济广高速、310国道过境。

古王集［Gǔwángjí］ 古王集乡人民政府驻地。在县政府驻地城郊乡西北18千米。人口1200。原名黑堌寺村，宋天圣五年(1027)王尧臣状元及第，更名王集。清同治年间(1862—1874)以状元台为中心筑寨，称鼓心王集。1981年谐音改今名。聚落呈圆状。有中小学、卫生院。有西汉石棺墓。农业以种植小麦、玉米为主。通公路。

刘集乡［Liújí Xiāng］ 虞城县辖乡。在县境东北部。面积74平方千米。人口4.6万。辖23村委会，有112自然村。乡人民政府驻刘集。1953年设刘集乡。后改公社。1983年复乡。因乡政府驻地得名。涵洞河、黄河故道流经。有中学3所，小学30所，卫生院1个，卫生室23个。农业以种植小麦、玉米，饲养猪、牛、羊为主。工业以食品加工、服装、建材为主。有集贸市场5个。单虞、利张公路过境。

刘集［Liújí］ 刘集乡人民政府驻地。在县政府驻地城郊乡东北25千米。人口1600。原名怀德集，1912年刘氏迁入改称刘家集，简称今名。聚落呈块状。有中小学、卫生院、卫生室。农业以种植小麦、玉米、荠、油桃为主。通公路。

乔集乡［Qiáojí Xiāng］ 虞城县辖乡。在县境东北部。面积47平方千米。人口4.5万。辖19村委会，有63自然村。乡人民政府驻刘新寨。1953年设乔集乡。1958年并入张集公社。1977年析设乔集公社。1983年改乡。因乡政府原驻地得名。明洪武年间(1368—1398)称宁乡集，后乔姓迁入改称乔家集。简称乔集。黄河故道、洪河流经。有中学1所，小学14所，卫生院1个，卫生所19个。有将军庙、烟云寺。有杂技。农业以种植小麦、玉米、蔬菜、苹果，饲养猪、羊为主。工业以建材、服饰、饲料加工为主。通公路。

刘新寨［Liúxīnzhài］ 乔集乡人民政府驻地。在县政府驻地城郊乡东北30千米。人口1100。1932年刘继州自大乔集迁此，故名。聚落呈块状。有小学、卫生室。农业以种植小麦、玉米、苹果为主。通公路。

田庙乡［Tiánmiào Xiāng］ 虞城县辖乡。在县境北部。面积32平方千米。人口3.1万。辖13村委会，有55自然村。乡人民政府驻田庙。1953年设田庙乡。1956年并入刘集乡。1962年析设田庙公社。1983年复乡。因乡政府驻地得名。涵洞河、黄河故道流经。有中学1所，小学11所，卫生院1个，卫生室14个。有名胜古迹百果园、扳倒井。农业以种植小麦、玉米、花生、酥梨、油桃为主。工业以粮油、调料、建材加工为主。有集贸市场2个。田界线县道过境。

田庙［Tiánmiào］ 田庙乡人民政府驻地。在县政府驻地城郊乡北21千米。人口600。明永乐三年(1406)田氏迁此，称田庄。后修家庙，更名田家庙，简称今名。聚落呈三角形。有小学、卫生院。有古迹扳倒井。农业以种植小麦、玉米、酥梨、黄杏、油桃为主。田界线县道经此。

夏邑县

夏邑县［Xiàyì Xiàn］ 商丘市辖县。北纬34°14′，东经116°12′。在市境东南部。面积1486平方千米。人口120万。以汉族为主，还有回、藏、壮、蒙古等民族。辖12镇、12乡。县人民政府驻城关镇。战国时为下邑地，因地窳下(凹陷、低下)得名。秦置栗县，治今城关镇，属砀郡。北魏明帝孝昌二年(526)改下邑县，属马头郡。隋开皇三年(583)属亳州，十六年(596)属宋州。唐、宋因之。金明昌三年(1192)改名夏邑县，意为华夏之义，属归德府。元初并入睢阳县，寻复。明、清因之。先后属豫东道、开封道、河南省、第二行政督察区、商丘专区、开封专区、商丘地区、商丘市。地处黄淮冲积平原北部。海拔37—45米。年均气温14℃，1月平均气温−1℃，7月平均气温27℃。有河沱河、浍河、王引河流经。森林覆盖率22%。有果树、蔬菜、食用菌研究所等科研机构15个，职业中专1所，中学46所，小学394所，二级医院4个，文化馆1个，图书馆1个，博物馆1个。有全国重点文物保护单位隋唐大运河遗址济阳段，省级文物保护单位清凉山遗址、马头遗址、三里堌堆遗址等9个。有省级爱国主义教育基地彭雪枫纪念馆。有名胜古迹城湖、孔子还乡祠、长寿阁。三次产业比例29∶34∶37。农业以种植小麦、玉米、大豆、蔬菜，饲养猪、牛、羊为主，盛产花生、红富士苹果、药材。有农产品地理标志产品夏邑白菜。特产桶子鸡、鲫鱼、蒲菜、黄花菜。工业以纺织服装、打火机制造、铸造冶炼为主。服务业以商贸、物流、旅游为主。有集贸市场35个，专卖市场28个。陇海铁路，连霍高速，310国道，侯饭线、骆通线、商永线省道过境。有沱浍河水运航线。有夏邑站。

长寿广场［Chángshòu Guǎngchǎng］ 在县城东南部。面积30公顷。2008年开工，2010年建成。原名北运河广场，后以夏邑县长寿之乡称今名。东有寿星雕塑，南有主席台，西有夏邑长寿、孝贤、孔祖文化浮雕柱群，中心有大型喷泉。周边有长寿阁、运河、博物馆、老干部活动中心、青少年活动中心。通公交车。

夏邑县汽车站［Xiàyì Xiàn Qìchēzhàn］ 见交通运输设施部分“夏邑县汽车站”条。

城关镇［Chéngguān Zhèn］ 夏邑县人民政府驻地。在县境中部。面积26平方千米。人口13.8万。以汉族为主，还有回族等。辖10居委会、13村委会，有57自然村。镇人民政府位于汇文路。1949年置城关镇。1958年成立红旗公社。后并入城郊公社。1977年复城关镇。毛河、沱河流经。有中学7所，小学13所，二级医院2个，卫生院1个，卫生室54个，文化站1个，文化广场1个。有名胜古迹城湖、长寿阁。农业以种植小麦、玉米、蒲菜，饲养猪、羊，网箱养鱼为主。工业以化工、食品、电缆、板材加工为主。连霍高速过境。

县府路［Xiànfǔ Lù］ 在县城中部。东起大同路，西至东环路。与文化路、孔祖大道、昌盛路、滨湖路相交。长3.6千米，宽23米。沥青路面。1990年开工，1992年建成。因经县政府驻地得名。两侧有县高中、中医院。通公交车。

孔祖大道［Kǒngzǔ Dàdào］ 在县城中部。南起振兴大道，北至北环路。与华夏大道、人民路、县府路、雪枫路、康福路等相交。长5.2千米，宽25米。沥青路面。1992年开工，1995年建成。通往孔祠，故名。两侧有县实验中学、县国税局、环保局。通公交车。

会亭镇［Huìtíng Zhèn］ 夏邑县辖镇。在县境南部。面积64平方千米。人口5.4万。以汉族为主，还有回族等。辖35村委会，有151自然村。镇人民政府驻会亭集。1955年设会亭乡。后改公社。1984年复乡。1986年改镇。因镇政府驻地得名。有中学4所，小学22所，卫生院1个，卫生室19个。农业以种植小麦、玉米、中药材、黄花，饲养猪、鸡、鸽为主。工业以铸造、打火机制造为主。侯饭线省道过境。

会亭集［Huìtíngjí］ 会亭镇人民政府驻地。在县政府驻地城关镇南17千米。人口8500。以汉族为主，还有回族等。因传唐有风凉亭，亭下集会议事，得名会亭。村以亭名。聚落呈菱形。有中小学、卫生院、卫生所。农业以种植小麦、玉米、药菊为主。工业以打火机制造为主。侯饭线省道经此。

马头镇［Mǎtóu Zhèn］ 夏邑县辖镇。在县境西南部。面积53平方千米。人口4.5万。辖26村委会，有269自然村。镇人民政府驻马头。1958年成立马头公社。1984年设乡。1996年改镇。因镇政府驻地得名。东沙河流经。有中学2所，小学20所，卫生院1个，卫生室18个。有省级文物保护单位清凉山遗址、马头遗址。农业以种植小麦、玉米、中药材、黄花为主。工业以面粉加工、打火机制造为主。马开线省道、杨白线县道过境。

马头［Mǎtóu］ 马头镇人民政府驻地。在县政府驻地城关镇西南24千米。人口4400。传宋康王赵构骑泥马渡浍河，过河后仅剩马头，故名。聚落呈带状。有中小学、卫生院、卫生所。有省级文物保护单位马头遗址。农业以种植小麦、玉米、中药材为主。工业以面粉加工、打火机制造为主。马开线省道经此。

济阳镇［Jǐyáng Zhèn］ 夏邑县辖镇。在县境西南部。面积54平方千米。人口3.8万。辖27村委会，有93自然村。镇人民政府驻济阳集。1958年成立济阳公社。1984年设乡。2000年改镇。因镇政府驻地得名。歧河流经。有中学1所，小学18所，卫生院1个，卫生室17个。有全国重点文物保护单位隋唐大运河济阳段。农业以种植小麦、玉米，饲养猪、羊为主。工业以板材加工、棉纱纺织为主。侯饭线省道过境。

济阳集［Jǐyángjí］ 济阳镇人民政府驻地。在县政府驻地城关镇西南17千米。人口5800。南北朝时建村，地处通济渠北，故名。聚落呈条带状。有中小学、卫生院。农业以种植小麦、玉米为主。工业以纺织、板材加工为主。有特色美食烧鸡、五香猪蹄。有集市。侯饭线省道经此。

李集镇［Lǐjí Zhèn］ 夏邑县辖镇。在县境西北部。面积105平方千米。人口7.4万。辖49村委会，有171自然村。镇人民政府驻李集。1956年设李集乡。后改公社。1984年复乡。1986年改镇。2005年郭庄乡并入。因镇政府驻地得名。毛河流经。有中学1所，小学29所，卫生院2个，卫生室21个。有省级文物保护单位大圣寺石塔。农业以种植小麦、玉米、食用菌、白菜为主。为省无公害蔬菜生产基地。工业以保温材料、食品、地毯加工为主。侯饭线省道过境。

李集［Lǐjí］ 李集镇人民政府驻地。在县政府驻地城关镇西北11千米。人口3400。以汉族为主，还有回族等。元末李氏兄弟分居3处，称三庄李。明万历年间(1573—1619)李亢考取进士，改称李亢集，简称今名。聚落呈块状。有中小学、卫生院。农业以种植小麦、玉米为主。有保温材料加工业。有集市。侯饭线省道经此。

车站镇［Chēzhàn Zhèn］ 夏邑县辖镇。在县境西北部。面积71平方千米。人口6.3万。辖30村委会，有89自然村。镇人民政府驻车站。1955年设车站乡。后改公社。1984年复乡。1986年改镇。因镇政府驻地得名。毛河流经。有中学3所，小学19所，卫生院1个，卫生室22个。有古迹汉代牛王堌遗址、古皂角树。农业以种植小麦、玉米、食用菌、苹果为主。工业以保温建材、圈尺生产为主。陇海铁路、商徐公路过境。有夏邑站。

车站［Chēzhàn］ 车站镇人民政府驻地。在县政府驻地城关镇西北22千米。人口2400。1914年设铁路刘堤圈站，1931年筑寨，称裕国寨。1958年更今名。聚落呈块状。有中小学、卫生所。农业以种植小麦、玉米、蔬菜为主。工业以食用菌、面粉加工为主。陇海铁路、商徐公路经此。

杨集镇［Yángjí Zhèn］ 夏邑县辖镇。在县境北部。面积60平方千米。人口4.7万。辖37村委会，有61自然村。镇人民政府驻杨集。1955年设杨集乡。后改公社。1984年复乡。1986年改镇。因镇政府驻地得名。巴清河、洪河流经。有中学2所，小学12所，卫生院1个，卫生室21个。农业以种植小麦、玉米、花生、苹果、双孢菇，饲养生猪为主。工业以酿酒、食用菌、食品加工为主。陇海铁路、商徐公路过境。

杨集［Yángjí］ 杨集镇人民政府驻地。在县政府驻地城关镇北20千米。人口1万。宋初杨司马驻兵立集，名杨柳集，简称杨集。聚落呈块状。有中小学、卫生院。农业以种植小麦、玉米、苹果、酥梨为主。工业以食品加工为主。为夏邑、砀山2县货物集散地。陇海铁路、商徐公路过境。

韩道口镇［Hándàokǒu Zhèn］ 夏邑县辖镇。在县境东部。面积70平方千米。人口5.4万。以汉族为主，还有回族等。辖31村委会，有103自然村。镇人民政府驻韩镇集。1975年成立韩镇公社。1984年设乡。1998年定今名。因镇政府驻地得名。巴清河、王引河流经。有中学1所，小学16所，卫生院1个，卫生室23个。农业以种植小麦、玉米、蔬菜、苹果、小花生为主。工业以面粉、化工、皮革、木材加工为主。韩桑线县道过境。

韩镇集［Hánzhènjí］ 韩道口镇人民政府驻地。在县政府驻地城关镇东北22千米。人口7400。以汉族为主，还有回族等。南宋韩世忠曾驻守河口抗击金兵，名韩家道口集，后改今名。聚落呈带状。有中小学、卫生所。农业以种植小麦、玉米、苹果、蔬菜为主。工业以皮革加工为主。韩桑线县道经此。

罗庄镇 [Luózhuāng Zhèn] 夏邑县辖镇。在县境西南部。面积48平方千米。人口3.7万。辖21村委会,有115自然村。镇人民政府驻罗庄。1977年由马头公社析设罗庄公社。1984年设乡。2011年改镇。因镇政府驻地得名。东沙河、小沙河流经。有中学2所,小学14所,卫生院1个,卫生室19个。农业以种植小麦、玉米、黄花、花生为主。工业以酿酒、制药、服饰加工为主。有集贸市场4个。侯饭线省道过境。

罗庄 [Luózhuāng] 罗庄镇人民政府驻地。在县政府驻地城关镇西南20千米。人口3100。唐建罗庄寺,后罗氏迁此,因院内有贸易市场,称寺里集。1977年更今名。聚落呈块状。有中小学、卫生室。农业以种植小麦、玉米、黄花、花生为主。工业以纺织为主。刘白线县道经此。

太平镇 [Tàipíng Zhèn] 夏邑县辖镇。在县境东部。面积87平方千米。人口5.9万。辖34村委会,有118自然村。镇人民政府驻太平集。1955年设太平乡。后改公社。1984年复乡。2010年改镇。因镇政府驻地得名。巴清河流经。有中学1所,小学20所,卫生院1个,卫生室21个。农业以种植小麦、玉米、菊花、红薯、西瓜为主。工业以食品、面粉加工为主。骆通线省道过境。

太平集 [Tàipíngjí] 太平镇人民政府驻地。在县政府驻地城关镇东10千米。人口5200。明中期称大柳村。清咸丰年间(1851—1861)筑寨兴集,取意吉祥更今名。聚落呈带状。有中小学、卫生室。农业以种植小麦、玉米、花生为主。工业以肉制品加工为主。夏韩线县道经此。

火店镇 [Huǒdiàn Zhèn] 夏邑县辖镇。在县境东部。面积67平方千米。人口5.3万。辖34村委会,有110自然村。镇人民政府驻火店。1958年成立火店公社。1984年设乡。2012年改镇。因镇政府驻地得名。有中学2所,小学19所,卫生院1个,卫生室22个。农业以种植小麦、玉米,饲养猪、羊为主。工业以木材、工艺品加工为主,盛产旗穗、刺绣、中国结、宫灯。有集贸市场7个。连霍高速,夏芒线、永砀线县道过境。

火店 [Huǒdiàn] 火店镇人民政府驻地。在县政府驻地城关镇东25千米。人口3100。传因火神庙得名火神店,简称火店。聚落呈块状。有中小学、卫生室。农业以种植小麦、玉米为主。夏芒线县道经此。

北岭镇 [Běilǐng Zhèn] 夏邑县辖镇。在县境东部。面积72平方千米。人口5.5万。辖35村委会,有145自然村。镇人民政府驻北镇集。1956年设北镇乡。后改公社。1984年复乡。2013年改今名。因镇政府驻地北镇集又名北岭集得名。有中学2所,小学15所,卫生院1个,卫生室28个。农业以种植小麦、玉米、西瓜,饲养猪、羊为主。工业以铝丸工、杨木板皮加工、彩色印刷为主。连霍高速、夏芒线县道过境。

北镇集 [Běizhènjí] 北岭镇人民政府驻地。在县政府驻地城关镇东南15千米。人口800。明初建村,有客投宿,得名北镇店。后有集市,改称北镇集,亦称北岭集。聚落呈块状。有中小学、卫生室。农业以种植小麦、玉米、黄瓜、番茄为主。夏芒线县道经此。

曹集乡 [Cáojí Xiāng] 夏邑县辖乡。在县境中部。面积44平方千米。人口4.6万。辖24村委会,有108自然村。乡人民政府驻曹集。1977年成立曹集公社。1984年设乡。因乡政府驻地得名。沱河流经。有中学4所,小学13所,二级医院2个,卫生院1个,卫生室24个。农业以种植小麦、玉米,饲养猪、羊为主。工业以面粉加工、电缆生产为主。连霍高速、夏芒线县道过境。

曹集 [Cáojí] 曹集乡人民政府驻地。在县政府驻地城关镇东南5千米。人口400。明宣德年间(1426—1435)曹氏建村,故名。聚落呈带状。有小学、卫生室。农业以种植小麦、玉米、西瓜为主。夏芒线县道经此。

胡桥乡 [Húqiáo Xiāng] 夏邑县辖乡。在县境东南部。面积67平方千米。人口4.8万。辖33村委会,有158自然村。乡人民政府驻胡桥。1956年设胡桥乡。后改公社。1984年复乡。因乡政府驻地得名。沱河流经。有中学1所,小学14所,卫生院1个,卫生室30个。有省级文物保护单位蔡楼商周文化遗址。有程楼墓群遗址、清代基督教堂。农业以种植小麦、玉米为主。工业以面粉、服装加工为主。连霍高速、商永公路过境。

胡桥 [Húqiáo] 胡桥乡人民政府驻地。在县政府驻地城关镇东南11千米。人口3200。明弘治五年(1492)胡氏捐资造桥,称胡桥庄,后称胡家桥集,简称今名。聚落呈带状。有中小学、卫生院。农业以种植小麦、玉米为主。商永公路经此。

歧河乡 [QíHé Xiāng] 夏邑县辖乡。在县境东南部。面积67平方千米。人口5万。辖26村委会,有127自然村。乡人民政府驻张水集。1956年设张集乡。1958年改公社。1981年更名歧河公社。1984年设乡。因河得名。歧河、响河流经。有中学1所,小学15所,卫生院1个,卫生室20个。农业以种植小麦、玉米、瓜果、蔬菜为主。有养殖场8个,养殖专业村3个。工业以板材加工、造纸为主。有集贸市场4个。侯饭线省道过境。

张水集 [Zhāngshuǐjí] 歧河乡人民政府驻地。在县政府驻地城关镇东南15千米。人口1500。原名石井,元末张氏迁此改称兴仁集,后以地势低洼改今名。聚落呈块状。有小学、卫生室。农业以种植小麦、玉米为主。北会线县道经此。

郭店乡 [Guōdiàn Xiāng] 夏邑县辖乡。在县境南部。面积61平方千米。人口4万。辖28村委会,有94自然村。乡人民政府驻郭店。1972年成立郭店公社。1984年设乡。因乡政府驻地得名。歧河、沱河流经。有中学1所,小学14所,卫生院1个,卫生室22个。农业以种植小麦、玉米、红薯、花生、瓜菜为主。特产大蒜。工业以打火机、面粉加工、建材为主。杨白线县道过境。

郭店 [Guōdiàn] 郭店乡人民政府驻地。在县政府驻地城关镇南10千米。人口2300。唐肃宗年间(756—761)郭氏迁此,称郭家店,1927年更名郭店集,简称今名。聚落呈块状。有中小学、卫生室。农业以种植小麦、玉米、大蒜为主。杨白线县道经此。

业庙乡 [Yèmiào Xiāng] 夏邑县辖乡。在县境西南部。面积69平方千米。人口5.7万。辖33村委会,有187自然村。乡人民政府驻业庙。1955年设业庙乡。后改公社。1983年复乡。因乡政府驻地得名。东沙河、小清河、浍河流经。有中学1所,小学12所,卫生院1个,卫生室23个。农业以种植小麦、玉米、中药材,饲养猪、羊为主。特产花生。工业以木材加工、管件铸造、铅笔生产为主。夏亳公路过境。

业庙 [Yèmiào] 业庙乡人民政府驻地。在县政府驻地城关镇南24千米。人口2800。明末王、业2姓迁此,村中有庙,得名王业庙,1949年后改今名。聚落呈块状。有中小学、卫生所。农业以种植小麦、玉米、中药材、花生为主。夏亳公路经此。

中峰乡 [Zhōngfēng Xiāng] 夏邑县辖乡。在县境西南部。面积43平方千米。人口3.4万。辖23村委会,有88自然村。乡人民政府驻中峰寺。1952年设中峰乡。后改公社。1984年复乡。因乡政府驻地得名。东沙河流经。有中学2所,小学15所,卫生院1个,卫生室19个。农业以种植小麦、玉米、花生、瓜果、蔬菜为主。有养殖专业村1个。工业以面粉、木材加工、服装为主。郑永公路过境。

中峰寺 [Zhōngfēngsì] 中峰乡人民政府驻地。在县政府驻地城关镇西南20千米。人口2100。唐建佛寺,明万历二十四年(1597)铸大铁钟,称钟峰寺。因寺名谐音得名。聚落呈块状。有中小学、卫生室。农业以种植小麦、玉米、花生为主。工业以面粉加工为主。有集会。夏砀线县道经此。

桑堌乡 [Sānggù Xiāng] 夏邑县辖乡。在县境西部。面积71平方千米。人口4.9万。辖33村委会,有126自然村。乡人民政府驻桑堌。1955年设桑堌乡。后改公社。1984年复乡。因乡政府驻地得名。沱河、小白河流经。有中学2所,小学18所,卫生院1个,卫生室26个。有省级文物保护单位吴家寺龙山文化遗址。农业以种植小麦、玉米、花生、蔬菜为主。工业以板材、纸箱加工、抽纱刺绣为主。有特色美食红烧猪蹄。连霍高速、刘白线县道过境。

桑堌 [Sānggù] 桑堌乡人民政府驻地。在县政府驻地城关镇西南12千米。人口4400。古称桑林社,明代因有成汤祷雨台改今名。聚落呈块状。有中小学、卫生院。农业以种植小麦、玉米为主。工业以抽纱刺绣、服装加工为主。服务业以农贸服务为主。刘白线县道经此。

何营乡 [Héyíng Xiāng] 夏邑县辖乡。在县境西南部。面积45平方千米。人口3.6万。辖24村委会,有98自然村。乡人民政府驻何营。1955年设何营乡。后改公社。1984年复乡。因乡政府驻地得名。毛河、沱河流经。有中学1所,小学14所,卫生院1个,卫生室21个。有省级文物保护单位三里堌堆新石器时期文化遗址。农业以种植小麦、玉米、大豆、大枣,养殖鸭为主。工业以板材、纺织服装、植物蛋白粉加工为主。连霍高速、骆通线省道过境。

何营 [Héyíng] 何营乡人民政府驻地。在县政府驻地城关镇西南8千米。人口1900。明末何氏居此,曾为兵营,故名。聚落呈带状。有中小学、卫生院。农业以种植小麦、玉米、红薯为主。骆通线省道经此。

王集乡 [Wángjí Xiāng] 夏邑县辖乡。在县境北部。面积54平方千米。人口4.6万。辖32村委会,有84自然村。乡人民政府驻王集。1955年设王集乡。后改公社。1984年复乡。因乡政府驻地得名。巴清河流经。有中学2所,小学13所,幼儿园4所,卫生院1个,卫生室35个,文化站1个,村文化室32个。农业以种植小麦、玉米、蔬菜、花生为主。特产大白菜。工业以新型建材、冷冻食品、食用菌加工为主。杨白线县道过境。

王集 [Wángjí] 王集乡人民政府驻地。在县政府驻地城关镇北12千米。人口2100。明洪武三年(1370)王氏自山西洪洞县迁此建村,兴集市,称王品西集,简称王集。清改西曹村,1912年复今名。聚落呈带状。有中小学、卫生院。农业以种植小麦、玉米为主。有农贸市场。商徐公路过境。

刘店集乡 [Liúdiànjí Xiāng] 夏邑县辖乡。在县境北部。面积43平方千米。人口3.3万。辖26村委会,有93自然村。乡人民政府驻刘店集。1977年成立刘店公社。1981年更名刘店集公社。1984年设乡。因乡政府驻地得名。

有中学1所,小学13所,卫生院1个,卫生室21个。有省级文物保护单位还乡祠。农业以种植小麦、玉米、大白菜、花生,饲养猪、羊为主。工业以纺织服饰、肉食加工为主。夏杨线、骆通线省道过境。

刘店集 [Liúdiànjí] 刘店集乡人民政府驻地。在县政府驻地城关镇北6千米。人口2900。明洪武年间(1368—1398)刘氏迁此开客店,后有集市,故名。聚落呈带状。有中小学、卫生室。农业以种植小麦、玉米、白菜为主。夏杨线、骆通线省道经此。

王公楼 [Wánggōnglóu] 在县政府驻地城关镇北7千米。刘店集乡辖自然村。人口500。孔子十世祖父葬此,孔子祭祖后建还乡祠,名还乡里。清康熙年间(1662—1722)王躬建楼,改称王躬楼,演称今名。聚落呈团块状。有省级文物保护单位孔子还乡祠。经济以旅游为主。农业以种植小麦、玉米为主。通公路。

骆集乡 [Luòjí Xiāng] 夏邑县辖乡。在县境东北部。面积67平方千米。人口5万。辖36村委会,有88自然村。乡人民政府驻骆集。1956年设骆集乡。后改公社。1983年复乡。因乡政府驻地得名。巴清河流经。有中学2所,小学17所,卫生院1个,卫生室23个。农业以种植小麦、玉米、花生、红薯、蔬菜为主。特产肉鸭。工业以服装、肉食、饲料加工为主。夏砀线县道过境。

骆集 [Luòjí] 骆集乡人民政府驻地。在县政府驻地城关镇东北18千米。人口3300。明洪武十二年(1379)骆氏建村,得名骆庄。清咸丰年间(1851—1861)成集改今名。聚落呈带状。有中小学、卫生室。农业以种植小麦、玉米、花生为主。特产肉鸭。夏砀线县道经此。

孔庄乡 [Kǒngzhuāng Xiāng] 夏邑县辖乡。在县境东部。面积75平方千米。人口6.2万。辖39村委会,有98自然村。乡人民政府驻孔庄。1956年设孔庄乡。后改公社。1984年复乡。因乡政府驻地得名。巴清河流经。有小学19所,卫生院1个,卫生室23个。有省级文物保护单位彭雪枫纪念馆。有民俗唢呐。农业以种植小麦、玉米为主。特产苹果。工业以面粉加工、针织、酿酒为主。韩桑线县道过境。

孔庄 [Kǒngzhuāng] 孔庄乡人民政府驻地。在县政府驻地城关镇东21千米。人口1400。原名高路口,清康熙年间(1662—1722)孔氏迁此,改今名。聚落呈带状。有中小学、卫生室。农业以种植小麦、玉米、苹果、药菊为主。韩桑线县道经此。

信阳市

信阳市 [Xìnyáng Shì] 河南省辖地级市。北纬30°23′—32°27′,东经113°45′—115°55′。在省境南部。面积18915平方千米。户籍人口860万,常住人口647.4万。以汉族为主,还有回、满、壮、蒙古、朝鲜等民族。辖平桥、浉河2区,罗山、光山、新县、商城、固始、潢川、淮滨、息县8县。市人民政府驻平桥区。三国魏析南阳郡置义阳郡。晋惠帝移治仁顺城。宋初改义阳军。太平兴国元年(976)避宋太宗讳改名信阳。元至元十四年(1277)改信阳府(翌年降为州)。二十年(1283)州治罗山。明洪武元年(1368)置信阳州。十年(1377)降县。成化十一年(1475)复州。清仍之。1913年降州为县,属豫南道。1949年设信阳专区。1969年改信阳地区。1998年改信阳市(地级)。地处鄂、豫、皖3省交界处,地势南高北低。平均海拔138米。年均气温15℃,1月平均气温2℃,7月平均气温27℃。年均降水量1117毫米。年均无霜期277天。长江、淮河流经。有珍珠岩、膨润土、沸石等矿产资源。有野生植物2000余种,其中国家一级重点保护野生植物有银杏、红豆杉、南方红豆杉、华南苏铁等,国家二级重点保护野生植物有香果树、连香树、黄檗、大别山五针松等。有野生动物530种,其中国家一级重点保护野生动物有金钱豹、原麝、朱鹮等14种,国家二级重点保护野生动物有穿山甲、大鲵、水灵猫等62种,有濒危珍稀动物东方白鹳、白冠长尾雉、朱鹮等35种,特有物种商城肥鲵。有国家级自然保护区3个。森林覆盖率36.1%。有高校5所,中等职业学校56所,中学379所,小学2342所,三级医院2个。有全国重点文物保护单位11个,省级文物保护单位80个。有全国爱国主义教育基地6个,省级爱国主义教育基地12个。有中国传统村落19个,省级传统村落61个。有国家级非物质文化遗产信阳民歌、罗山皮影。有国家4A级旅游景区鸡公山,省级风景名胜区南湾湖景区、灵山风景区、西九华山景区等17个。有国家级生态示范区11个,国家级森林公园3个,国家级地质公园1个。三次产业比例30∶40∶30。农业以种植水稻、小麦、油菜、油料、棉花、麻类等,饲养猪、牛、羊、鸡、鸭、鹅为主。有省优良畜禽品种固始鸡、固始白鹅、淮南麻鸭、信阳水牛、淮南猪、豫南黑猪。特产小麦、油菜、棉花、信阳毛尖。工业以绿色食品、新型建材、装备制造为主。服务业以商贸服务、仓储物流、旅游为主。有铁路136千米,公路26588千米,高速550千米,内河航线364千米。京广、京九、宁西铁路,京广高铁,106、107、312国道,京港澳、沪陕、大广高速等过境。

信阳 [Xìnyáng] 简称申。别名申城。信阳市聚落。在市境西部。面积89平方千米。人口62万。以汉族为主,还有回族等。古称义阳,北宋时避宋太宗赵光义讳改为信阳,"信"与"申"同,"信"与"义"意近,且处浉河北,故名。1949年城区面积4.5平方千米。1956—1958年确立老城区基本框架。1998年起建设平桥区。2003年起建设羊山新区,面积31平方千米。新区建成"九纵六横"主干道框架,新建百花园、大学城工业城、羊山新区产业集聚区、信阳国际家居小镇、信阳东站。沿新六大街多商住小区,有信阳羊山森林植物园、北湖风景区等。沿新七大道有信阳中心医院新区分院等。至2014年形成浉河横贯东西、一城五区的空间布局。分为"三大组团、九个功能片区"。东部为高新技术产业开发区,发展建材、电力、医药、化工等。南部为行政、商贸、休闲功能区,有震雷山风景区、两河口湿地公园。西南部为老城区,为集行政、文化、商贸、旅游、娱乐、居住、休闲为一体的多功能组团,有南关清真寺、基督教堂。西部为以南湾湖风景区为核心,集游览观光、娱乐休闲、康体健身为一体的生态旅游功能组团,经浉河沿河景观带与主城区连接。北部为集行政、文化、科教、居住功能为一体的园林新区。有市博物馆、市图书馆、百花会展中心、百花园城市广场等。铁路、高铁、国道、高速纵横交错。有信阳站、信阳东站。通多路公交车。

平桥区

平桥区 [Píngqiáo Qū] 信阳市人民政府驻地。在市境西部。面积1889平方千米。人口90.5万。以汉族为主,还有回、满、壮、苗等民族。辖9街道、6镇、8乡。区人民政府驻平桥街道。1998年撤信阳县设平桥区。因平西沟上石桥得名。地处秦岭褶皱带延伸地带,东南、南、西北大别山、桐柏山环绕,地势由西南向东北递降。最高峰天目山海拔814米。年均气温15℃,1月平均气温2℃,7月平均气温27℃。年均降水量1120毫米。淮河、浉河等流经。有珍珠岩、膨润土、沸石、凝灰岩等矿产资源。有野生植物1800余种,其中国家重点保护野生植物有17种。有野生动物310余种,其中国家重点保护野生动物有大鲵、虎纹蛙。有中等职业学校2所,中学37所,小学241所,二级医院2个。有全国重点文物保护单位城阳城遗址,省级文物保护单位吴家尖山豫鄂边省委旧址。有省级森林公园震雷山、天目山。三次产业比例16∶58∶26。农业以种植水稻、小麦、油菜、花生、蔬菜、茶等为主。特产黄心菜、香葱。工业以光学仪器制造、钢材深加工、机械制造等为主。服务业以电子商务、通讯网络、物流等为主。京广铁路、京广高铁、京港澳高速、107国道过境。有信阳东站。通多路公交车。

百花园广场 [Bǎihuāyuán Guǎngchǎng] 在城区西北部。面积20公顷。2008年开工,2009年建成。以花卉为主题,故名。广场栽种牡丹、郁金香、茶花等观赏植物50余万株,花卉数百种,呈"一核、两轴、四相、十二园"布局。"一核"即广场中央红色景观窗,"两轴"为世纪文化轴、南北景观轴,"四相"指绿谷花境、绿野花街、花语绿堤、五彩花海4个主题,是对应春、夏、秋、冬四季打造的百花胜景,"十二园"指根据植物花期形成的12个主题花卉园。绿地率70.2%,绿化覆盖率83%。中轴线中心点有零地标,下有百年地宫。周边有信阳地质博物馆、信阳百花会展中心、市行政服务中心、市政府等。通公交车。

信阳东站 [Xìnyángdōng Zhàn] 见交通运输设施部分"信阳东站"条。

平桥街道 [Píngqiáo Jiēdào] 平桥区人民政府驻地。在区境南部。面积19平方千米。人口5.7万。2004年设。因平西沟上石桥得名。先后改造平中大街、平西大街、团结路。有中学3所,小学4所,二级医院1个,卫生院1个,卫生室20个。有商贸业。京广铁路,107、312国道过境。通多路公交车。

甘岸街道 [Gān'àn Jiēdào] 属平桥区。在区境西部。面积46平方千米。人口2.5万。2005年由甘岸镇改设。因处原淮河渡口南岸得名。先后改扩建甘岸大道、龙湖大道等。淮河流经。有中学1所,小学7所,卫生院1个,卫生室7个,文化站1个。经济以种植水稻、小麦、蔬菜为主。工业以河沙采挖、精米加工等为主。沪陕高速、107国道过境。通多路公交车。

前进街道 [Qiánjìn Jiēdào] 属平桥区。在

区境南部。面积 24 平方千米。人口 1.7 万。2004 年设。因吉言佳语得名。先后改扩建新六大街、新五大道等,新建多处小区。有高校 2 所,中学 2 所,小学 5 所,卫生院 2 个。有市图书馆、博物馆。有标志性建筑百花会展中心、百花之声大剧院。有商务电子产业园。通多路公交车。

羊山街道 [Yángshān Jiēdào] 属平桥区。在区境南部。面积 2.5 平方千米。人口 2.3 万。1977 年设。因有山形似羊,故名。先后改建新六街等,扩建市第一医院,新建多处住宅小区。有中学 1 所,小学 2 所,卫生院 1 个。工业以制衣、印刷、机械加工为主。服务业以餐饮、住宿为主。通多路公交车。

南京路街道 [Nánjīnglù Jiēdào] 属平桥区。在区境南部。面积 4.5 平方千米。人口 4.9万。2004 年设。因南京大道得名。先后改扩建南京大道、新十六街等,新建多处小区。有高中 1 所,小学 2 所,诊所 27 个。经济以电气制造、机械加工、农副产品加工、商业外贸为支柱。通多路公交车。

五里店街道 [Wǔlǐdiàn Jiēdào] 属平桥区。在区境东部。面积 68.6 平方千米。人口 2.2 万。2006 年五里店镇析设。与镇同名。先后改建城区道路,扩建工业城,新建住宅小区。有珍珠岩、膨润土、沸石、瓷石等矿产资源。有中学 1 所,小学 7 所,卫生院 1 个,卫生室 6 个,图书馆 1 个,文化站 1 个。有民间艺术烙画、剪纸、大鼓书、竹编、泥塑等。经济以矿产开发、建材制造、机械加工、农副产品加工为支柱。宁西铁路、京港澳高速、312 国道过境。通公交车。

平西街道 [Píngxī Jiēdào] 属平桥区。在区境南部。面积 5.6 平方千米。人口 2.6 万。2010 年设。因处城区西部得名。有高中 1 所,幼儿园 6 所,卫生室 17 个。有大型建材市场。通多路公交车。

平东街道 [Píngdōng Jiēdào] 属平桥区。在区境东南部。面积 12.3 平方千米。人口 0.6 万。2013 年设。因处城区东部得名。有小学 2 所,幼儿园 1 所,卫生室 3 个。经济以建材、冶金制造、农副产品加工为支柱。有区产业集聚区。宁西铁路、京港澳高速、312 国道过境。通多路公交车。

震雷山街道 [Zhènléishān Jiēdào] 属平桥区。在区境南部。面积 20 平方千米。人口 1.2 万。2013 年设。因震雷山得名。有职业学校 1 所,小学 2 所,卫生室 5 个。有信阳古八景之"雷沼喷云""狮河泛月"。有震雷山、两河口湿地公园。农业以种植水稻、小麦、玉米为主。服务业以旅游为主。京港澳高速、107 国道过境。通多路公交车。

明港镇 [Mínggǎng Zhèn] 平桥区辖镇。在区境北部。面积 167 平方千米。人口 11.3 万。以汉族为主,还有回、满、壮、蒙古等民族。辖 11 居委会、23 村委会,有 345 自然村。镇人民政府驻三里井。1949 年设明港镇。1958 年改红旗公社,同年社、镇分置。1960 年合设明港公社。1961 年分设明港区、明港镇。1962 年撤区改设明港公社。1983 年明港公社改乡。1984 年明港乡并入明港镇。明河流经,且有港口,故名。有中学 6 所,小学 27 所,二级医院 1 个,卫生院 2 个,卫生室 22 个。有三官庙、皂角树文化遗址、和尚庄古遗址、大胡墓等。农业以种植水稻、小麦、花生为主。工业以钢铁、冶金、轻工制造、农副产品加工、饮料加工为主。京广铁路、京广高铁、107 国道、桀西线省道过境。有明港东站。

三里井 [Sānlǐjǐng] 明港镇人民政府驻地。在区政府驻地平桥街道西北 45 千米。人口 500。有井距镇区 3 华里,故名。聚落呈团状。有中小学、卫生室。经济以商贸为主。107 国道经此。

邢集镇 [Xíngjí Zhèn] 平桥区辖镇。在区境西北部。面积 160 平方千米。人口 4.3 万。辖 1 居委会、14 村委会,有 257 自然村。镇人民政府驻邢集。1958 年成立邢集公社。1983 年改乡。1996 年改镇。因镇政府驻地得名。有萤石资源。有中学 1 所,小学 8 所,卫生院 1 个,卫生室 15 个,文化站 1 个,图书馆 1 个。有省级文物保护单位鄂豫边省委旧址、七人游击队诞生地。农业以种植花生、黑木耳、香菇等为主。京广、宁西铁路,京广高铁,京港澳、沪陕高速,桀西线省道过境。

邢集 [Xíngjí] 邢集镇人民政府驻地。在区政府驻地平桥街道西北 49 千米。人口 3500。明代山西邢姓迁此开店,后成集镇,故名。聚落呈块状。有小学、卫生院。农业以种植水稻、小麦为主。桀西线省道经此。

平昌关镇 [Píngchāngguān Zhèn] 平桥区辖镇。在区境西北部。面积 133 平方千米。人口 6.7 万。以汉族为主,还有回、满、布依、蒙古等民族。辖 1 居委会、19 村委会,有 336 自然村。镇人民政府驻东园。1956 年设平昌关乡。1958 年改公社。1983 年复乡。1997 年改镇。原有平常关,后金巫术以已官名昌平王为平昌关。镇因其名。《重修信阳县志》载:"安昌城即平春城,今平昌关也。"淮河流经。有河沙、铁矿产资源。有中学 2 所,小学 19 所,卫生院 1 个,卫生室 20 个,文化站 1 个,广播电视站 1 个,文化活动中心 1 个。有谢城遗址、申伯墓、台子塆文化遗址等。农业以种植油菜、花生等为主。沪陕高速过境。

东园 [Dōngyuán] 平昌关镇人民政府驻地。在区政府驻地平桥街道西北 38 千米。人口 300。地处村东,居民以种菜为主,故名。聚落呈团块状。有小学、幼儿园。农业以种植水稻、小麦为主。邢集—甘岸公路经此。

五里镇 [Wǔlǐ Zhèn] 平桥区辖镇。在区境东南部。面积 81 平方千米。人口 2.6 万。以汉族为主,还有回、满、壮、蒙古等民族。辖 11 村委会,有 184 自然村。镇人民政府驻九店。1958 年成立五里店公社。1983 年改乡。1995 年改镇。2005 年九店乡并入。2006 年镇区析设五里店街道。唐代有五女开店得名五女店,后街区扩大至 5 华里,改名五里店。有石英、珍珠岩、膨润土等矿产资源。有中学 1 所,小学 9 所,卫生院 1 个。有文化馆。农业以种植水稻、小麦、油菜、芝麻、西瓜等为主。312 国道、肖五线县道过境。

九店 [Jiǔdiàn] 五里镇人民政府驻地。在区政府驻地平桥街道东北 21 千米。人口 1900。明初九户开店,故名。聚落呈块状。有小学、卫生院。农业以种植水稻、小麦为主。肖五线县道经此。

洋河镇 [Yánghé Zhèn] 平桥区辖镇。在区境南部。面积 130 平方千米。人口 3.6 万。以汉族为主,还有回、苗、黎、满、蒙古、瑶、傣等民族。辖 6 居委会、15 村委会,有 284 自然村。镇人民政府驻洋河。1956 年设洋河乡。1958 年改公社。1983 年改乡。2007 年改镇。因镇政府驻地得名。有中学 2 所,小学 15 所,卫生院 1 个,卫生室 16 个,文化站 1 个,图书馆 1 个。有古迹娘娘坟。农业以种植水稻、小麦、花生为主,有黄心菜种植基地。京广高铁,京港澳、沪陕高速,确平线省道过境。

洋河 [Yánghé] 洋河镇人民政府驻地。在区政府驻地平桥街道东北 17 千米。人口 1300。杨家将曾临河驻兵于此,得名杨河,后改今名。聚落呈块状。有小学、卫生院。农业以种植水稻、小麦为主。确平线省道经此。

肖王镇 [Xiāowáng Zhèn] 平桥区辖镇。在区境东部。面积 91 平方千米。人口 3.7 万。以汉族为主,还有回、满、壮等民族。辖 9 村委会,有 192 自然村。镇人民政府驻肖王。1949 年设肖王乡。1958 年并入洋河公社。1959 年洋河、五里店 2 公社析设肖王公社。1983 年改乡。2014 年改镇。因镇政府驻地得名。小洋河、肖王河、泥河流经。有河沙、黏土资源。有中学 1 所,小学 9 所,卫生院 1 个,卫生室 9 个,文化站 1 个,图书馆 1 个。农业以种植水稻、小麦为主。确平线省道过境。

肖王 [Xiāowáng] 肖王镇人民政府驻地。在区政府驻地平桥街道东北 28 千米。人口 4900。清末肖、王 2 姓开设茶铺,得名肖王店,简今名。聚落呈块状。肖王河流经。有小学、卫生院。农业以种植水稻、小麦为主。确平线省道经此。

龙井乡 [Lóngjǐng Xiāng] 平桥区辖乡。在区境北部。面积 101 平方千米。人口 2.7 万。辖 1 居委会、14 村委会,有 192 自然村。乡人民政府驻东北。1975 年肖店、肖王、胡店 3 公社析设龙井公社。1983 年改乡。沿街有水井 2 眼,状如龙眼,久旱不涸,似龙吞水之状,故名。有中学 1 所,小学 14 所,卫生院 1 个,卫生室 15 个,文化站 1 个,广播电视转播站 1 个。农业以种植水稻、小麦、油菜为主。确平线省道过境。

东北 [Dōngběi] 龙井乡人民政府驻地。在区政府驻地平桥街道东北 28 千米。人口 200。清末筑寨,有东、南、西、北 4 门,此处居东称东门,1978 年以位置改今名。聚落呈块状。有卫生院。农业以种植水稻、小麦为主。通公路。

胡店乡 [Húdiàn Xiāng] 平桥区辖乡。在区境北部。面积 148 平方千米。人口 4.5 万。辖 18 村委会,有 279 自然村。乡人民政府驻胡楼。1962 年洋河公社析设胡店公社。1983 年改乡。清初胡姓在淮河渡口开店,故名。有中学 1 所,小学 17 所,卫生院 1 个,卫生室 19 个,图书馆 1 个。有新四军后方医院旧址、被服厂旧址、机械修理所旧址等。有新石器时期文化遗址 3 个。农业以种植小麦、水稻、玉米、花生、油菜,养殖猪、山羊、家禽为主。京广高铁、京港澳高速过境。

胡楼 [Húlóu] 胡店乡人民政府驻地。在区政府驻地平桥街道北 31 千米。人口 200。胡姓始居建楼,故名。聚落呈团块状。有小学、卫生院。农业以种植水稻、小麦、玉米为主。京广高铁经此。通公路。

彭家湾乡 [Péngjiāwān Xiāng] 平桥区辖乡。在区境中部。面积 67 平方千米。人口 2.4 万。辖 4 居委会、12 村委会,有 184 自然村。乡人民政府驻彭家湾。1975 年洋河、长台关 2 公社析设彭家湾公社。1983 年改乡。因乡政府驻地得名。有中学 1 所,小学 8 所,卫生院 1 个,卫生室 11 个,文化站 1 个,图书馆 1 个。农业以种植水稻、小麦、红薯、花生、蔬菜,养殖猪、羊为主。京广、宁西铁路,京广高铁过境。

彭家湾 [Péngjiāwān] 彭家湾乡人民政府驻地。在区政府驻地平桥街道西北 17 千米。人口 1000。清光绪年间(1875—1908)修铁路,有彭家湾站,沿为村名。聚落呈块状。有中心学校、卫生院。农业以种植水稻为主。通公路。

长台关乡 [Chángtáiguān Xiāng] 平桥区辖乡。在区境西北部。面积 110 平方千米。人口 4.1 万。辖 1 居委会、12 村委会,有 202 自然村。乡人民政府驻长台关。1955 年设长台关乡。1958 年改八一公社。1962 年改长台关公社。1983 年改乡。因乡政府驻地得名。淮河流经。有中学 1 所,小学 9 所,卫生院 1 个,卫生室8个，文化站1个，图书馆1个。农业以种植水稻、小麦、花生，养殖猪、家禽为主。花生为支柱产业，为华中地区花生集散地。京广铁路、沪陕高速、107国道过境。

长台关［Chángtáiguān］ 长台关乡人民政府驻地。在区政府驻地平桥街道西北25千米。人口3000。南北朝称栃城。明代因有土台延至淮河，地处要津，为军事重镇，改今名。聚落呈块状。有中小学、幼儿园、卫生院所。有清真寺。农业以种植水稻、小麦、花生、蔬菜为主。107国道经此。

肖店乡［Xiāodiàn Xiāng］ 平桥区辖乡。在区境北部。面积68平方千米。人口2.5万。辖1居委会、12村委会，有84自然村。乡人民政府驻肖店。1962年成立肖店公社。1983年改乡。因乡政府驻地得名。有中学1所，小学8所，卫生院1个，卫生室12个，图书馆1个。有刘台村龙山文化遗址、三台商周文化遗址。农业以种植水稻、小麦、花生、蔬菜等为主。确平、桀西线省道过境。

肖店［Xiāodiàn］ 肖店乡人民政府驻地。在区政府驻地平桥街道北38千米。人口300。因肖、曹2姓合伙兴集开店得名肖曹店，后简今名。聚落呈团状。有小学、幼儿园。农业以种植水稻、小麦为主。五肖线县道经此。

王岗乡［Wánggǎng Xiāng］ 平桥区辖乡。在区境西北部。面积108平方千米。人口3.3万。辖15村委会，有243自然村。乡人民政府驻油坊庄。1975年邢集公社析设王岗公社。1983年改乡。明末清初王姓自湖北麻城迁此，依岗定居，取名王家岗，后简今名。有萤石、铁矿、高岭土等矿产资源。有中学1所，小学15所，卫生院1个，卫生室16个，图书馆1个。农业以种植水稻、小麦、玉米为主。沪陕高速过境。

油坊庄［Yóufángzhuāng］ 王岗乡人民政府驻地。在区政府驻地平桥街道西北75千米。人口200。清初万姓开设油坊，故名。聚落呈带状。有小学、幼儿园。农业以种植玉米、花生为主。312国道、桀西线省道经此。

高梁店乡［Gāoliángdiàn Xiāng］ 平桥区辖乡。在区境西北部。面积106平方千米。人口2.5万。辖1居委会、12村委会，有254自然村。乡人民政府驻高梁店。1975年邢集、吴家店、平昌关3公社析设高梁店公社。1983年改乡。因乡政府驻地得名。淮河流经。有铁、铜、锰、锌等矿产资源。有中学1所，小学12所，卫生院1个，卫生室13个，文化站1个，图书馆1个。农业以种植水稻、小麦、花生，养殖猪、牛、家禽为主。李杨公路过境。

高梁店［Gāoliángdiàn］ 高梁店乡人民政府驻地。在区政府驻地平桥街道西北45千米。人口2000。明末清初湖北高、梁2姓迁此经商，店称高梁店，村以店名。聚落呈条状。有小学、卫生院。农业以种植水稻、小麦为主。李杨公路经此。

查山乡［Zhāshān Xiāng］ 平桥区辖乡。在区境西北部。面积154平方千米。人口4.8万。辖3居委会、20村委会，有368自然村。乡人民政府驻查山。1975年平昌关、邢集2公社析设查山公社。1983年改乡。2005年兰店乡并入。因乡政府驻地得名。有锰、铁、石灰石等矿产资源。有中学2所，小学19所，卫生院1个，卫生室19个，文化中心1个，图书馆2个。农业以种植水稻、玉米为主。沪陕高速、桀西线省道过境。

查山［Zhāshān］ 查山乡人民政府驻地。在区政府驻地平桥街道西北39千米。人口1000。明末查姓居凤凰山下，故名。聚落呈块状。有中小学、卫生院。有凤凰寺。农业以种植水稻、小麦、玉米为主。沪陕高速经此。

浉河区

浉河区［Shīhé Qū］ 信阳市辖区。在市境西部。面积1783平方千米。人口59.5万。以汉族为主，还有回、满、蒙古等民族。辖9街道、5镇、4乡。区人民政府驻湖东街道。1998年设浉河区。因浉河得名。西、南部为桐柏山、大别山，东、北部为淮河冲积平原。地势西南高东北低。淮河、游河等流经。有铁、铜、铅、蛇纹石等矿产资源。有高校2所，中等职业学校4所，成人中等专业学校1所，高中4所，小学163所，三级医院2个，二级医院3个。有省级文物保护单位3个。有鄂豫皖革命纪念馆。有国家4A级旅游景区鸡公山，省级风景名胜区南湾湖，国家森林公园南湾湖、波尔登。三次产业比例14∶38∶48。农业以种植水稻、小麦、花生、茶为主，盛产信阳毛尖、信阳红茶、板栗、南湾鱼。为信阳毛尖绿茶、信阳红茶诞生地及核心产区。工业以制茶、机械制造、水泥加工、制药、光电为主。有省级金牛物流产业集聚区。京广、宁西铁路，京广高铁，京港澳、沪陕高速，107、312国道过境。有信阳站、信运长途汽车站、信阳弘运汽车站。通多路公交车。

信阳站［Xìnyáng Zhàn］ 见交通运输设施部分“信阳站”条。

信运长途汽车站［Xìnyùn Chángtú Qìchēzhàn］ 见交通运输设施部分“信运长途汽车站”条。

信阳弘运汽车站［Xìnyáng Hóngyùn Qìchēzhàn］ 见交通运输设施部分“信阳弘运汽车站”条。

红军广场［Hóngjūn Guǎngchǎng］ 在城区西北部。面积5.3公顷。2001年开工，2002年建成。为纪念红军烈士、弘扬革命老区精神而建，故名。广场内有鄂豫皖革命纪念馆，中部为标志性建筑红军群雕和浮雕。雕塑四周镶嵌汉白玉石，正面雕刻“红军广场”字样，背面雕刻碑文。南侧为下沉式广场，长33米，喻意牺牲的33万红军将士。为集纪念、休闲于一体的综合性广场。周边多居民小区。通公交车。

湖东街道［Húdōng Jiēdào］ 浉河区人民政府驻地。在区境东部。面积6平方千米。人口3.1万。2004年设。因处南湾湖东侧得名。先后扩建城区道路，新建住宅小区。有高中1所，初中3所，小学2所，卫生服务中心2个，卫生室(门诊部)4个，文化服务中心1个，文化活动中心2个，图书室3个。有贤山。经济以物流快递、机械制造、印刷为主。107国道、信应线省道过境。通多路公交车。

老城街道［Lǎochéng Jiēdào］ 属浉河区。在区境东部。面积4.4平方千米。人口6.6万。1963年设上游街道。1982年因处老城区更今名。先后扩建道路，建成多处购物中心，新建多处住宅小区。有中学2所，小学4所，二级医院2个，卫生室(门诊部)6个，文化站1个，文化活动中心1个。经济以商贸为主。通多路公交车。

民权街道［Mínquán Jiēdào］ 属浉河区。在区境东部。面积4.8平方千米。人口4.4万。1955年设民权路街道。1962年改东风街道。1982年因民权街更今名。先后扩建城区道路，新建住宅小区。有高校1所，中学3所，小学4所，三级医院1个，二级医院1个，卫生室(门诊部)15个，文化站1个。经济以机械制造、印刷、商贸为主。通多路公交车。

车站街道［Chēzhàn Jiēdào］ 属浉河区。在区境东北部。面积4.6平方千米。人口3.6万。1955年设大同街道。1966年改向阳街道。1982年因信阳站更今名。先后改建主次干道，建成新华大市场、新建街市场、万家灯火商场等。有中学1所，小学1所，卫生室(门诊部)4个，文化站1个。经济以制药、建筑、纺织机械制造为主。有信阳站、信运长途汽车站、弘运长途汽车站。通多路公交车。

五里墩街道［Wǔlǐdūn Jiēdào］ 属浉河区。在区境东北部。面积6.7平方千米。人口3.8万。1977年设。古时距县城5里有土墩设烽火台，故名。先后建成多处住宅小区，修建体彩广场等。有中等职业学校1所，中学1所，小学2所，卫生室(门诊部)6个，文化中心1个，文化活动中心1个。有鄂豫皖革命纪念馆。经济以机械制造、汽车修理、印刷包装、服装加工等为主。通多路公交车。

五星街道［Wǔxīng Jiēdào］ 属浉河区。在区境东部。面积27平方千米。人口3.6万。2004年由五星乡改设。因原五星村得名。先后修建多条主次干道、住宅小区，建成红星、拱桥、平西3工业园区，五星宝石生态农业综合实验区。有信阳师范学院。有小学6所，卫生院1个，卫生室6个，文化服务中心1个，文化活动中心7个。有省级文物保护单位1个。有景点龟山亭、琵琶台、南山嘴遗址、万历大拱桥、桥头碉堡等。农业以种植茶、蔬菜为主。工业以高低压互感器、茶叶机械、光学仪器制造等为主。京广铁路、107国道、信应线省道过境。通多路公交车。

金牛山街道［Jīnniúshān Jiēdào］ 属浉河区。在区境北部。面积33.3平方千米。人口1.9万。2004年设。因金牛山得名。先后建设金牛文化公园、大别山民俗文化村等，扩建多条主次干道，新建多个住宅小区。有中学1所，小学4所，三级医院1个，门诊部15个，卫生室2个，文化站1个，文化活动中心6个。有何景明故居与何景明墓、副节度使冯镐墓、何家安艺术馆等。经济以商贸、物流为主。有金牛物流产业聚集区。宁西、京广铁路，107、312国道过境。通多路公交车。

南湾街道［Nánwān Jiēdào］ 属浉河区。在区境西部。面积35.4平方千米。人口1.8万。2004年由南湾乡改设。因南湾水库得名。先后修建南湖路、茶韵路、湖东大道、环湖旅游公路、旅游观光大道。有小学9所，卫生院1个，卫生室(门诊部)11个。有国家4A级旅游景区南湾湖。有景观“贤岭松风”“浉河泛月”，景点龙凤古井、百年紫薇树、千年迎客松、名山潘家寨等。经济以养殖、种茶、商贸为主。主要养殖猪、羊、牛、鸡、鸭、鲢鱼、鲫鱼、草鱼、甲鱼、鳝鱼、小龙虾。特产南湾鱼、信阳毛尖、板栗、木耳等。通多路公交车。

双井街道［Shuāngjǐng Jiēdào］ 属浉河区。在区境北部。面积43.8平方千米。人口1.7万。2005年由双井乡改设。因双井街得名。有中学1所，小学7所，卫生院1个，门诊部(卫生室)8个，文化活动中心5个。经济以制药、粮食加工、建材为主。107国道过境。通多路公交车。

吴家店镇［Wújiādiàn Zhèn］ 浉河区辖镇。在区境西北部。面积165平方千米。人口5.3万。辖2居委会、19村委会，有218自然村。镇人民政府驻吴店。1956年设吴家店乡。1958年并入游河乡。1966年成立吴家店公社。1983年改乡。1996年改镇。因镇政府驻地得名。有中学1所，小学19所，卫生院1个，卫生室20个。有七龙山生态旅游观光园。农业以种植水稻、小麦，兼种食用菌、百合、豇豆、茶，养殖生猪、鸡、鸭、龙虾为主。京广、宁西铁路，

107、312国道过境。

吴店［Wúdiàn］ 吴家店镇人民政府驻地。在区政府驻地湖东街道西北31千米。人口3300。清初吴姓居此设店，称吴家店，后简今名。聚落呈块状。游河流经。有小学、卫生院、卫生室。种植水稻。312国道经此。

东双河镇［Dōngshuānghé Zhèn］ 浉河区辖镇。在区境东南部。面积117.6平方千米。人口4万。辖1居委会、19村委会，有263自然村。镇人民政府驻双河。1958年成立东双河公社。1983年改乡。1995年改镇。因镇政府驻地得名。为区别"西双河"而定今名。有中学1所，小学17所，卫生院1个，卫生室21个。有下梁城遗址、震雷山庄遗址、王店革命纪念地等。经济以种植茶、板栗为主。京广铁路、京广高铁、107国道、陈东线省道过境。

双河［Shuānghé］ 东双河镇人民政府驻地。在区政府驻地湖东街道东南10千米。人口1000。因杜河、双河流经得名。聚落呈点状。有高中、卫生院。盛产茶叶、板栗。107国道、陈东线省道经此。

李家寨镇［Lǐjiāzhài Zhèn］ 浉河区辖镇。在区境东南部。面积228平方千米。人口3.2万。辖2居委会、18村委会，有1026自然村。镇人民政府驻老街社区。1958年成立鸡公山公社。1981年改李家寨公社。1983年改乡。1994年改镇。因镇政府原驻地得名。古称金家店，因李世民赐姓改名李家寨。有鸡公山、龙袍山。最高峰报晓峰海拔811米。有中学1所，小学14所，卫生院1个，卫生室16个。有宋安郡遗址、乐宁县遗址、新四军五师医院旧址、兵工厂旧址等。有波尔登森林公园、武胜关、桃花寨、罗裙荡瀑布群、金鼎道观、龙华寺、云水寺、白果庙等景点。农业以种植板栗、茶等为主。京广铁路、京广高铁、107国道过境。

老街社区［Lǎojiē Shèqū］ 李家寨镇人民政府驻地。在区境东南部。面积0.5平方千米。人口1100。清末有商铺，后成集镇，故名。1998年成立。民居砖瓦结构。社区有健身器材、绿化广场，开展饺子宴活动，发扬敬老、爱老、助老传统美德。有小学、卫生院。李家寨税务分局驻此。107国道经此。通公交车。

董家河镇［Dǒngjiāhé Zhèn］ 浉河区辖镇。在区境西部。面积285平方千米。人口4.3万。辖1居委会、24村委会，有445自然村。镇人民政府驻董家河。1962年成立董家河公社。1983年改乡。2010年改镇。因镇政府驻地得名。有中学1所，小学16所，卫生院1个，卫生室19个，文化活动中心26个。有省级文物保护单位四望山新四军五师旧址群（含新五师后勤医院旧址、信随县委旧址、婆婆寨革命烈士墓、豫南特委旧址等）。有景点五道河山水风光、公母潭瀑布、云雾山鹰嘴石、车云山千佛塔等。为信阳毛尖茶叶主产区。有农业部标准化无性系茶叶基地1个。信随、环湖公路过境。

董家河［Dǒngjiāhé］ 董家河镇人民政府驻地。在区政府驻地湖东街道西22千米。人口1300。明嘉靖年间（1522—1566）官员董威深受爱戴，故将村旁小河取名董家河，村以河名。聚落沿公路呈S形分布。有小学、卫生院。盛产茶叶。环湖公路经此。

浉河港镇［Shīhégǎng Zhèn］ 浉河区辖镇。在区境西南部。面积306平方千米。人口3.1万。辖1居委会、17村委会，有375自然村。镇人民政府驻浉河港。1958年成立浉河港公社。1983年改乡。2010年改镇。因镇政府驻地得名。有中学1所，小学14所，卫生院1个，卫生室17个。有老君洞李先念办公旧址、四望山会议旧址、祖师顶四望山暴动旧址、无名烈士墓群等。有自然景观黑白龙潭瀑布、三仙缸、滴水岩等。经济以种茶为主。环湖公路过境。通公交车。

浉河港［Shīhégǎng］ 浉河港镇人民政府驻地。在区政府驻地湖东街道西南18千米。人口1200。原处南湾水库淹没区，1955年迁往浉河、南湾水库上游，故名。聚落呈块状。有中心学校、卫生院、敬老院。农业以种植茶为主。特产信阳毛尖。通公交车。

游河乡［Yóuhé Xiāng］ 浉河区辖乡。在区境西北部。面积139平方千米。人口5.4万。辖1居委会、18村委会，有298自然村。乡人民政府驻三官。1958年成立游河公社。1983年改乡。因游河得名。有大尖山、小尖山、老鸦山等。淮河、游河、白沙河流经。有中学1所，小学18所，卫生院1个，卫生室19个。有祝佛寺。经济以种植茶，养殖生猪、甲鱼、龙虾为主。特色种植百合、干豇豆。有非煤矿产、沙石开采。312国道过境。

三官［Sānguān］ 游河乡人民政府驻地。在区政府驻地湖东街道西北17千米。人口2800。因三官庙得名。聚落呈块状。有小学、幼儿园。农业以种植水稻、香菇、茶叶为主，有个体商贸。312国道经此。

谭家河乡［Tánjiāhé Xiāng］ 浉河区辖乡。在区境南部。面积302平方千米。人口3.3万。辖1居委会、17村委会，有246自然村。乡人民政府驻南湾。1956年设谭家河乡。1958年改火箭公社。1963年改谭家河公社。1983年改乡。境内有河，两岸多谭姓，得名谭家河。因河得名。有中学1所，小学16所，卫生院1个，卫生室17个。有平靖关遗址、石城遗址、新四军五师党代会会址、军械修理所旧址。经济以种植茶为主。特产茶叶、药材、板栗、木耳、香菇、桂竹等。确平线省道、环湖公路过境。

南湾［Nánwān］ 谭家河乡人民政府驻地。在区政府驻地湖东街道西南24千米。人口1800。因地处谭家河南侧河湾，故名。聚落呈块状。有中小学、卫生院。有钟玉如墓。农业以种植水稻、茶、菌类为主。确平线省道经此。

柳林乡［Liǔlín Xiāng］ 浉河区辖乡。在区境南部。面积106平方千米。人口2.5万。辖1居委会、12村委会，有200自然村。乡人民政府驻柳林新街。1975年鸡公山公社析设柳林公社。1983年改乡。清中期绿柳繁茂，望似林海，故名。有中学1所，小学12所，卫生院1个，卫生室12个，文化站1个。有柳林老街、中原突围旧址、耿合群等烈士墓、周府遗址。经济以矾石、青石等加工为主。农业以种植水稻为主。特产板栗、茶叶。107国道过境。

柳林新街［Liǔlínxīnjiē］ 柳林乡人民政府驻地。在区政府驻地湖东街道南18千米。人口800。1988年建村，因与老街相对而得名。聚落呈散状。有小学、卫生院。有江西会馆旧址、地下物资转运站旧址。农业以种植蔬菜为主。107国道经此。

十三里桥乡［Shísānlǐqiáo Xiāng］ 浉河区辖乡。在区境南部。面积94.8平方千米。人口3.4万。辖1居委会、15村委会，有207自然村。乡人民政府驻十三里桥。1966年成立十三里桥公社。1983年改乡。因乡政府驻地得名。有中学1所，小学10所，卫生院1个，卫生室15个，文化站1个，文化活动中心13个。经济以草莓、蔬菜、茶、板栗、苗木花卉种植，甲鱼养殖为支柱产业。确平线省道、环湖公路过境。

十三里桥［Shísānlǐqiáo］ 十三里桥乡人民政府驻地。在区政府驻地湖东街道南4千米。人口1400。传唐有小石桥距县城13华里，故名。聚落呈带状。有中小学、卫生院、卫生室。农业以种植水稻、茶为主，有草莓、花卉、苗木特色种植基地。有餐饮业。确平线省道经此。

罗山县

罗山县［Luóshān Xiàn］ 信阳市辖县。北纬32°12′，东经114°31′。在市境中部偏西。面积2071平方千米。人口76万。辖12镇、7乡。县人民政府驻城关镇。隋开皇十六年（596）析钟山县设罗山县，属义阳郡。唐武德八年（625）属申州。宋属义阳郡，后改属信阳军。元属信阳州。元至元二十年（1283）信阳州治来徙，县治遂徙西南，称罗山新县。明初州、县皆还故治。此后未变，先后属汝宁府、豫南道、汝阳道、河南省、第九行政督察区、潢川专区、信阳专区、信阳地区、信阳市。因小罗山得名。地处大别山前岗地倾斜平原西部。地势西南高东北低，从南至北分别为山地、丘陵、垄岗、平原。有大别山、灵山、鸡笼山等。海拔43.1—841米。年均气温15℃，1月平均气温2℃，7月平均气温28℃。年均降水量1049毫米。有淮河、竹竿河、小潢河等流经。有膨润土、珍珠岩、萤石等矿产资源。有野生植物1400余种，其中国家重点保护野生植物有狭叶瓶尔小草等。有野生动物1078种，其中国家一级重点保护动物有朱鹮、虎纹蛙、白鹳、金雕、大鸨、金钱豹等，国家二级重点保护动物有白冠长尾雉、大紫蛱蝶、拉步甲等。有国家级自然保护区董寨，省级自然保护区信阳黄缘闭壳龟。森林覆盖率39.9%。有中等职业学校1所，中学21所，特教学校1所，成教学校4所，小学203所，二级医院2个。有全国重点文物保护单位红二十五军长征出发地，省级文物保护单位罗山协议谈判旧址、高唐故城等8个。有国家级非物质文化遗产罗山皮影戏。有地方文艺民歌、花鼓戏、地灯戏、大鼓书、皮影雕刻等。有灵山风景区、何家冲纪念园、"子路问津处"、九里关等。三次产业比例29∶36∶35。农业以种植水稻、小麦、油菜、芝麻，养殖猪、羊、家禽等为主。有水产养殖、捕捞及休闲渔业，产鲢、鲤、鳊等。特产茶叶、板栗、大蒜等。工业以矿产开发、建材、机械、纺织等为主。服务业以旅游、住宿、餐饮为主。宁西铁路，京港澳、沪陕高速，312国道，永定线、王罗线、钟党线、陈东线省道过境。

世序广场［Shìxù Guǎngchǎng］ 在县城西部。面积70000平方米。2008年开工，2010年建成。因清代治水名臣黎世序得名。有大小花池70个，北入口有喷泉4个，草坪间有彩砖文化墙24个，北侧有凉亭4个。节假日开启彩灯及水泵，营造水景景观。为县城居民休闲娱乐的重要场所。周边有县政府、公安局、文化中心等。通公交车。

罗山站［Luóshān Zhàn］ 见交通运输设施部分"罗山站"条。

罗山弘运客车站［Luóshān Hóngyùn Kèchēzhàn］ 见交通运输设施部分"罗山弘运客车站"条。

罗山县汽车站［Luóshān Xiàn Qìchēzhàn］ 见交通运输设施部分"罗山县汽车站"条。

城关镇［Chéngguān Zhèn］ 罗山县人民政府驻地。在县境北部。面积7平方千米。人口13.8万。辖11居委会，有23自然村。镇人民政府驻墩子塘。1950年设城关镇。1958年并入城郊公社。1960年析设城关公社。1965年改镇。因所辖县城区及四关得名。小潢河流经。有中学2所，小学4所，二级医院2个，卫生院5个，卫生室3个，文化站1个。有《罗山协议》签订旧址。经济以纺织、精米加工、化工、造纸为主。219、312国道过境。

行政大道 [Xíngzhèng Dàdào] 在县城中部偏西。东起江淮路,西至312国道。与天元路、灵山大道、世序东路、世序西路、九龙大道相交。长4.1千米,宽40米。混凝土路面。2003年开工,2005年建成。途经县行政区,故名。两侧有县政府、公安局、检察院等。通公交车。

灵山大道 [Língshān Dàdào] 在县城中部。南起南环西路,北至312国道。与龙池大道、行政大道、天湖大道等相交。长4.6千米,宽55米。混凝土路面。2003年开工,2010年建成。因灵山寺得名。两侧有财政局、罗山水厂等。通公交车。

墩子塘 [Dūnzitáng] 城关镇人民政府驻地。在镇境东部。人口600。因水塘中心有土堆得名。聚落呈块状。有卫生院、卫生室。农业以种植水稻、小麦、油菜为主。有餐饮业。永定线、钟党线、陈东线省道经此。通公交车。

周党镇 [Zhōudǎng Zhèn] 罗山县辖镇。在县境南部。面积126平方千米。人口5.7万。辖4居委会、19村委会,有466自然村。镇人民政府驻周洼。1949年设周党区。1958年改乡,同年改公社。1983年复乡。1986年改镇。因镇政府原驻地得名。清初周、党2姓开设店铺,故名。有云雾山、钟鼓山、薄刀岭。竹竿河、九龙河流经。有高中1所,初中2所,小学17所,幼儿园15所,卫生院1个,门诊部(所)46个。有文化站、文化大院、图书室。农业以种植水稻、板栗、杉、黄桃、茶为主。工业以建筑建材、机械、印刷等为主。永定线、钟党线、陈东线省道过境。

周洼 [Zhōuwā] 周党镇人民政府驻地。在县政府驻地城关镇南34千米。人口100。明末江西周姓迁此山洼建村,故名。聚落呈块状。竹竿河流经。有中学、幼儿园。农业以种植水稻、小麦为主。永和—定远线省道经此。

竹竿镇 [Zhúgān Zhèn] 罗山县辖镇。在县境东北部。面积102平方千米。人口5.2万。辖1居委会、21村委会,有438自然村。镇人民政府驻中余。1951年设竹竿区。1958年设乡,同年并入城郊公社。1959年析设竹竿公社。1983年改乡。1994年改镇。因竹竿河得名。竹竿河、养马河、小潢河流经。有中学1所,小学16所,卫生院1个,卫生室19个,文化站1个。有大王庙。农业以种植水稻、棉花为主。工业以新型建材、水泥生产、针织加工为主。312国道过境。

中余 [Zhōngyú] 竹竿镇人民政府驻地。在县政府驻地城关镇东14千米。人口400。地处南、北余湾之间,故名。聚落呈块状。有中心学校、卫生院、文化站。农业以种植水稻、小麦、棉花为主。312国道经此。

灵山镇 [Língshān Zhèn] 罗山县辖镇。在县境西南部。面积125平方千米。人口3.5万。辖3居委会、10村委会,有303自然村。镇人民政府驻北堰沟。1949年设涩港区。1958年改公社。1983年改乡。1996年改镇。2004年更今名。因传涩水填塞,建成港埠,得名涩港。后因灵山更名。有灵山、红山、曾家山等。小潢河、洗脂河流经。有萤石、铁、钼等矿产资源。有国家级自然保护区董寨。有中学2所,小学13所,卫生院1个,卫生室10个。有文化服务中心。有国家4A级旅游景区灵山。有灵山寺。农业以种植水稻、小麦、油菜、茶、板栗为主。服务业以旅游为主。京港澳高速、陈东线省道过境。

北堰沟 [Běiyàngōu] 灵山镇人民政府驻地。在县政府驻地城关镇西南35千米。人口200。因处堤堰北部得名。聚落呈块状。小潢河流经。有卫生院、宾馆、酒店。农业以种植水稻、小麦为主。京港澳高速经此。

子路镇 [Zǐlù Zhèn] 罗山县辖镇。在县境中部。面积129平方千米。人口4.9万。辖1居委会、24村委会,有368自然村。镇人民政府驻东园。1951年设子路区。1962年成立子路公社。1983年改乡。1996年改镇。因传孔子遣子路问津于此,遂称子路河,清中叶成集,名子路集。小潢河流经。有石山口水库。有黏土、石料等矿产资源。有中学1所,小学16所,卫生院1个,卫生室24个。有文化服务中心。农业以种植水稻、小麦、蔬菜为主,盛产荸荠、黄桃。宁西铁路过境。

东园 [Dōngyuán] 子路镇人民政府驻地。在县政府驻地城关镇南13千米。人口100。因地处镇东,有菜园,故名。聚落呈块状。有幼儿园、卫生院。农业以种植水稻、小麦为主。有批发零售业。通公路。

楠杆镇 [Nángān Zhèn] 罗山县辖镇。在县境西北部。面积143平方千米。人口4.3万。辖3居委会、15村委会,有401自然村。镇人民政府驻楠杆铺。1949年设楠杆区。1958年改乡,同年改公社。1983年复乡。1994年改镇。因镇政府驻地得名。浉河流经。有楠杆北、马古井、胡湾、跃进4水库。有中学2所,小学12所,卫生院1个,卫生室15个。有文化站、五一农场。特产板栗。工业以制瓷、膨化粉加工、水泥预制等为主。312国道过境。

楠杆铺 [Nángānpù] 楠杆镇人民政府驻地。在县政府驻地城关镇西南12千米。人口3000。明万历年间(1573—1619)成集,房屋走廊立柱,状如栏杆,得名栏杆铺。1958年为别于淮滨县同名村改今名。聚落呈带状。有中小学、卫生院所。农业以种植水稻、小麦为主。有大米加工业。312国道经此。

青山镇 [Qīngshān Zhèn] 罗山县辖镇。在县境西部。面积96平方千米。人口2.9万。辖1居委会、14村委会,有204自然村。镇人民政府驻双桥。1958年设青山乡,同年并入涩港公社。1961年析设青山公社。1983年改乡。1996年改镇。因镇政府原驻地得名。明万历年间(1573—1619)成集,因在青山脚下并筑寨得名青山寨,后寨毁,改名青山店。小潢河、洪河流经。有珍珠岩、氟石、膨润土等矿产资源。有中学1所,小学8所,卫生院1个,卫生室14个,文化服务中心1个。农业以种植水稻为主。特产板栗、茶。工业以精米加工、采矿加工、家具生产为主。京港澳高速过境。

双桥 [Shuāngqiáo] 青山镇人民政府驻地。在县政府驻地城关镇西南25千米。人口200。明末成集,街东、西各有石拱桥,故名。聚落呈带状。有中小学、卫生院、敬老院。农业以种植水稻为主。特产茶、杭白菊。伍朱公路经此。

潘新镇 [Pānxīn Zhèn] 罗山县辖镇。在县境中部偏南。面积89平方千米。人口3.7万。辖1居委会、13村委会,有279自然村。镇人民政府驻潘新店。1958年设潘新乡,同年并入周党公社。1961年析设潘新公社。1983年改乡。1999年改镇。因镇政府驻地得名。九龙河流经。有灰锑土、膨润土等矿产资源。有中学1所,小学10所,卫生院1个,卫生室13个。有文化站。有红一军军部旧址。有国家级非物质文化遗产皮影戏。盛产中药材桔梗、贝母等。特产板栗。陈东线省道过境。

潘新店 [Pānxīn diàn] 潘新镇人民政府驻地。在县政府驻地城关镇西南31千米。人口1000。明万历四年(1576)潘鹏自正阳县潘新店迁此,设食宿小店,故名。聚落呈块状。九龙河流经。有中小学、卫生院、英雄门。农业以种植水稻、小麦、油菜为主。陈东线省道经此。

彭新镇 [Péngxīn Zhèn] 罗山县辖镇。在县境南部。面积228平方千米。人口4.9万。辖1居委会、19村委会,有933自然村。镇人民政府驻彭新店。1949年设彭新区。1958年改乡,同年改公社。1961年改区。1962年分设彭新、铁铺2公社。1983年彭新公社改乡。2000年改镇。因镇政府驻地得名。有大乘山、西薄刀岭、灯盏窝等。九龙河流经。有铁、铜、铅、锌等矿产资源。有中学1所,小学16所,卫生院1个,卫生所18个。有文化中心。有罗山八景之龙池峡谷。农业以种植水稻、小麦、油菜、茶,养殖生猪、白鲢、草鱼为主。特产板栗。陈东线省道过境。

彭新店 [Péngxīndiàn] 彭新镇人民政府驻地。在县政府驻地城关镇西南38千米。人口2200。清嘉庆年间(1796—1820)朋友数人聚此经商,盼望兴隆,取名朋兴店。后成村,彭姓居多,以谐音称彭兴店。清道光年间(1821—1850)设邮点,改今名。聚落呈块状。有中心学校、卫生院。农业以种植水稻、小麦为主。工业以大米加工为主。曾何线县道经此。

莽张镇 [Mǎngzhāng Zhèn] 罗山县辖镇。在县境中部偏东。面积122平方千米。人口4.7万。辖1居委会、19村委会,有452自然村。镇人民政府驻莽张店。1949年设莽张区。1958年分设莽张、子路、仙桥、南李店4乡,同年莽张、仙桥、南李店3乡合设莽张公社。1983年改乡。2009年改镇。因镇政府驻地得名。竹竿河、养马河、吴乡河流经。有吴堂、砖桥、石头等水库。有中学1所,小学11所,卫生院1个,卫生室19个。有文化服务中心。有省级文物保护单位天湖墓地、吴岗古墓群。农业以种植水稻、小麦、油菜、蘑菇,养殖猪、禽类为主。工业以精米加工、建材、机械加工为主。永定线省道过境。

莽张店 [Mǎngzhāngdiàn] 莽张镇人民政府驻地。在县政府驻地城关镇南16千米。人口1300。原名椿树岗,为官道驿站,高岗蜿蜒,起伏似蟒,多张姓,改名蟒张。明代讹称今名。聚落呈条状。有中学、卫生院。农业以种植水稻、小麦为主。永定线省道经此。

东铺镇 [Dōngpù Zhèn] 罗山县辖镇。在县境东北部。面积89平方千米。人口4.6万。辖1居委会、15村委会,有345自然村。镇人民政府驻烧盆店。1956年设东铺乡。1960年改公社。1983年改乡。2011年改镇。因东铺村得名。地处罗山、息县2县要道,昔设食宿店铺,得名东皋铺,简称东铺。淮河流经。有中学2所,小学15所,卫生院1个,卫生室15个。有文化站、浉淮红星大渡槽。工业以大米、食品罐头、小磨香油加工,水泥预制,板材加工为主。钟党线省道过境。

烧盆店 [Shāopéndiàn] 东铺镇人民政府驻地。在县政府驻地城关镇东北11千米。人口2700。宋天圣年间(1023—1031)以烧盆罐驰名,且处要道,渐成集市,故名。聚落沿道路呈十字形分布。有中小学、卫生院、敬老院。农业以种植水稻、小麦、花生为主。驻马店—淅川线省道经此。通公交车。

铁铺镇 [Tiěpù Zhèn] 罗山县辖镇。在县境西南部。面积124平方千米。人口1.6万。辖1居委会、9村委会,有344自然村。镇人民政府驻王井。1956年设铁铺乡。1961年改公社。1983年改乡。2013年改镇。因铁铺村得名。清乾隆年间(1736—1795)铸铁器渐盛成集,故名。九龙河流经。有萤石、铁、钾长石等矿产资源。有中学1所,小学6所,卫生院1个,卫生室9个,文化服务中心1个。有全国重点文物保护单位红二十五军长征出发地、红二十五军军部医院旧址。有景点九里落雁湖、王坟顶、大天寺盆店等。农业以种植竹、茶、板栗、油桐为主。特产板栗。京港澳高速过境。

王井［Wángjǐng］ 铁铺镇人民政府驻地。在县政府驻地城关镇西南48千米。人口200。清雍正年间(1723—1735)湖北麻城王姓迁建于形似龟颈岗岭处，得名王颈。后谐音称今名。聚落呈散状。有中心学校、卫生院。农业以种植水稻、小麦为主。红色旅游公路经此。通公交车。

何家冲［Héjiāchōng］ 在县政府驻地城关镇西南47千米。铁铺镇辖自然村。人口200。清初何姓建村，故名。聚落呈块状。为全国爱国主义教育基地。有全国重点文物保护单位红二十五军长征出发地、红二十五军军部医院旧址。初心旅游公路经此。

龙山乡［Lóngshān Xiāng］ 罗山县辖乡。在县境中部。面积92平方千米。人口3.6万。辖6居委会、9村委会，有226自然村。乡人民政府驻泡桐树。1961年设城郊区。1962年改公社。1983年因小龙山改今名。小潢河流经。有龙山水库。有中学2所，小学16所，卫生院1个，卫生室11个，文化服务中心1个，体育馆1个，游泳馆1个。农业以种植水稻、小麦、油菜、棉花、豆类为主。工业以建材、电子、印刷、木材加工为主。宁西铁路、沪陕高速、312国道、永定线省道过境。有罗山站。

泡桐树［Pāotóngshù］ 龙山乡人民政府驻地。在县政府驻地城关镇南2千米。人口500。因泡桐树得名。聚落呈散状。有幼儿园。农业以种植水稻、小麦为主。312国道经此。

庙仙乡［Miàoxiān Xiāng］ 罗山县辖乡。在县境东部。面积92平方千米。人口3.5万。辖15村委会，有276自然村。乡人民政府驻庙仙。1961年成立庙仙公社。1962年并入城郊公社。1975年析城郊、莽张2公社复设庙仙公社。1983年改乡。因乡政府驻地得名。竹竿河、养马河流经。有中学1所，小学11所，卫生院2个，卫生室15个。有文化站。农业以种植水稻、小麦为主。特产板鸭、小龙虾。工业以精米、新型建材、农产品加工为主。沪陕高速过境。

庙仙［Miàoxiān］ 庙仙乡人民政府驻地。在县政府驻地城关镇东南11千米。人口800。明代建庙。清代改黄氏祠，称庙遑暹，韵名庙黄仙，简称庙仙。聚落呈飞鸟状。有中学、卫生院、敬老院。农业以种植水稻、小麦为主。通公路。

定远乡［Dìngyuǎn Xiāng］ 罗山县辖乡。在县境南部。面积104平方千米。人口3.3万。辖1居委会、16村委会，有479自然村。乡人民政府驻定远店。1950年设定远区。1958年设乡，同年成立公社。1975年析设山店公社。1983年改乡。因乡政府驻地得名。有牢山、太平寨、魏大山等。竹竿河、易店河、常胜河等流经。有花岗岩、萤石、钾长石等矿产资源。有中学1所，小学15所，卫生院1个，卫生室16个，文化中心1个。有省级文物保护单位御碑亭。农业以种植水稻、小麦为主。工业以建材、农机制造、制瓷、油脂加工为主。有县石材园。永定线、陈东线省道过境。

定远店［Dìngyuǎndiàn］ 定远乡人民政府驻地。在县政府驻地城关镇东南46千米。人口900。古时有大白果树，得名独树湾、白果树湾。后因处交通要道且设店铺，取“安定”之意更今名。聚落呈团状。有中学、卫生院、文化站、大别山民俗博物馆。农业以种植水稻、小麦、油菜为主。开封—武汉公路经此。

山店乡［Shāndiàn Xiāng］ 罗山县辖乡。地处县境南部。面积114平方千米。人口3.5万。辖14村委会，有182自然村。乡人民政府驻万店。1958年设鸡笼乡，同年并入定远公社。1975年析设山店公社。1983年改乡。因山店村得名。四面环山，要道设店，故名山夹店，后简称山店。有大鸡笼山、小鸡笼山、王坟顶、朝天山等。竹竿河、麻田河、小洪河等流经。有花岗岩、大理石、金、银等矿产资源。有中学1所，小学9所，卫生院1个，卫生室14个，文化中心1个。有景点大天寺盆地、响水潭水库、响水潭瀑布等。农业以种植油菜、板栗、茶、红薯为主。开封—武汉公路过境。

万店［Wàndiàn］ 山店乡人民政府驻地。在县政府驻地城关镇南46千米。人口1500。元末万姓建村开饭店，故名。聚落呈散状。有中小学、卫生院、敬老院。农业以种植水稻、小麦为主。特产板栗。通公路。

朱堂乡［Zhūtáng Xiāng］ 罗山县辖乡。在县境西南部。面积128平方千米。人口2.9万。辖1居委会、10村委会，有202自然村。乡人民政府驻朱堂。1958年设朱堂乡，同年并入涩港公社。1991年涩港乡析设朱堂乡。因乡政府驻地得名。有保安寨、长安寨、曾家山等。洗脂河、响水河流经。有萤石、铅、锌、钼等矿产资源。有中学1所，小学10所，卫生院1个，卫生室10个，文化站1个。有皮影戏。农业以种植茶、板栗、水稻为主。特产保安茶。有集贸市场。京港澳高速、陈东线省道过境。

朱堂［Zhūtáng］ 朱堂乡人民政府驻地。在县政府驻地城关镇西南37千米。人口1300。明万历前移民至猪塘边建村，村依塘名。清初雅称朱堂。聚落呈块状。有中小学、卫生院。农业以种植水稻、小麦、油菜等为主。特产茶叶。陈东线省道经此。

尤店乡［Yóudiàn Xiāng］ 罗山县辖乡。在县境北部。面积86平方千米。人口3.3万。辖2居委会、10村委会，有196自然村。乡人民政府驻郑塆。1975年东铺、楠杆2公社析设尤店公社。1983年改乡。古名榆树店，后因尤姓落户改称尤树店，1949年后谐音改今名。浉河流经。有中学1所，小学10所，卫生院1个，卫生室10个，文化服务中心1个。有钓鱼台遗址、古井。农业以种植水稻、小麦为主。工业以精米加工、新型建材、家具生产为主。永定线省道过境。

郑塆［Zhèngwān］ 尤店乡人民政府驻地。在县政府驻地城关镇西北7千米。人口100。清初郑姓自湖北麻城迁此建村，种栗树，称栗树塆，后树毁，更名郑塆。聚落呈块状。有小学、卫生院所。农业以种植水稻、小麦为主。通公路。

高店乡［Gāodiàn Xiāng］ 罗山县辖乡。在县境西北部。面积93平方千米。人口4.1万。辖12村委会，有326自然村。乡人民政府驻高店。1958年设高店乡。1961年改公社。1983年复乡。因乡政府驻地得名。浉河流经。有中学2所，小学12所，卫生院1个，卫生室12个，文化中心1个。有高店古城遗址、皮影戏。农业以种植水稻为主。工业以建筑、制造业、矿业为主。沪陕高速过境。

高店［Gāodiàn］ 高店乡人民政府驻地。在县政府驻地城关镇西北13千米。人口200。清初高姓迁居，名高家店，后简今名。聚落呈块状。有中小学、卫生院。农业以种植水稻、小麦为主。罗山—高店公路经此。

光 山 县

光山县［Guāngshān Xiàn］ 信阳市辖县。北纬32°00′，东经114°54′。在市境中部偏南。面积1835平方千米。人口91.7万。辖2街道、7镇、10乡。县人民政府驻紫水街道。南朝宋元嘉二十五年(448)析西阳、轪2县设光城县，属弋阳郡。南朝梁天监初(502)为光州治。隋开皇十八年(598)更为光山县。因浮光山(濮公山)得名。此后未变，先后属光州、豫南道、南汝光道、豫南行政区、第九行政督察区、潢川专区、信阳专区、信阳地区、信阳市。南部为浅山区，中部为丘岗区，沿河为平畈区。地势西南高东北低。海拔60—180米。年均气温15℃，1月平均气温2℃，7月平均气温27℃。年均降水量1065毫米。有潢河、白露河、寨河等流经。有钼、金、银等矿产资源。有野生植物2000多种，其中国家重点保护野生植物有银杏、红豆杉等31种。有野生动物400多种，其中国家重点保护野生动物有金雕、中华秋沙鸭等54种。森林覆盖率42.7%。有中等职业高中3所，中学47所，小学289所，二级医院2个。有全国爱国主义教育基地王大湾会议会址，省级爱国主义教育基地邓颖超祖居。有省级文物保护单位11个。有国家级非物质文化遗产光山花鼓戏，省级非物质文化遗产光山皮影戏、司马光砸缸故事。有国家3A级旅游景区3个，国家级水利旅游风景区2个，省级水利旅游风景区1个，历史文化、特色旅游景观名镇3个，中国传统村落5个，省级传统村落7个。有革命遗址535个。三次产业比例29∶40∶31。农业以种植水稻、油菜、茶为主。特产信阳毛尖、麻鸭蛋、青虾、鲜桃等。工业以羽绒、茶叶加工为特色产业，还有化工、服装、建材等。服务业以商贸、餐饮、物流、乡村旅游为主。京九、宁西铁路，沪陕、大广高速，106、312国道，吴黄线、钟党线、陈东线省道过境。

司马光广场［Sīmǎguāng Guǎngchǎng］ 在县城东部。面积4.7公顷。2006年开工，同年建成。因司马光生于光山，故名。有LED显示屏、音乐喷泉、照明灯、坐椅、城市书房等。东西两侧有荷花池。正南长廊有石刻浮雕13组，展示司马光生平事迹。正北有拱桥2座。为群众政治、文化、休闲活动的主要场所。周边有县政府、县法院、卫计委等。通公交车。

弦山路［Xiánshān Lù］ 在县城中部。南起官渡桥，北至紫水大街。与司马光路、九龙路、光辉大道等相交。长6.2千米，宽30米。混凝土路面。1972年建设，称西大路。1988年命今名，周代光山为弦子封国，称弦国，有“弦山”之称，故名。1994年扩建延伸，以海营路、九龙路为界，分段命名为弦山北路、弦山中路、弦山南路。两侧有烈士陵园、汽车站、中医院、望水楼广场等。通公交车。

司马光路［Sīmǎguāng Lù］ 在县城中部。东起大广高速，西至西三环路。与紫水大街、光明大街、正大街等相交。长5.2千米，宽25米。混凝土路面。1949年前已有道路，称东门口。1949年后第一小学设此，更名育红街。20世纪80年代更名花园路。1994年延建，因司马光生于光山而更今名。2013年拓延。分东、中、西3段。两侧有司马光广场、体育中心、茶文化博物馆、紫水塔、弦城医院等。通公交车。

紫水街道［Zǐshuǐ Jiēdào］ 光山县人民政府驻地。在县境东部。面积29平方千米。人口7.8万。2005年撤城关镇析设紫水街道。因紫水河得名。先后贯通光明大街等，建设紫水学校、光州学校、第五小学，治理紫水河，修建司马光广场、紫水湾生态农业观光园，新建东城花园、紫玉庭苑等小区。潢河、紫水河流经。有中学6所，小学7所，特教学校1所，二级医院1个，卫生院4个，卫生室5个，文化中心1个，图书馆1个，体育馆1个，沙滩公园1个。有全国重点文物保护单位、全国爱国主义教育基地邓颖超祖居。有省级文物保护单位紫水塔。有现代茶具博物馆、明清家具陈列馆、司马光故居等。经济以农业、商业为主。农业以种植水稻、小麦、油菜为主。工业以纺织器材制造、羽绒制品加工、制鞋、灶具生产等为主。大广高速过境。有县汽车站。通多路公交车。

弦山街道［Xiánshān Jiēdào］ 属光山县。在县境中部偏东。面积103平方千米。人口8.2万。2005年撤城关镇析设弦山街道。因弦山路得名。潢河、紫水河流经。有中学5所，小学17所，二级医院1个，卫生院2个，卫生室22个，文化中心1个。有森林公园、光州公园。有省级文物保护单位吉鸿昌旧居。有宝相寺、朝阳寺、汉墓群、方寨古文化遗址、西阳王国遗址。有国家级水利风景区龙山湖水库。经济以农业、商业为主。有大棚蔬菜、苗木花卉特色种植，麻鸭养殖。有商务中心区。钟铺—周党公路过境。通多路公交车。

上官岗［Shàngguāngǎng］ 在县政府驻地紫水街道西北4千米。属弦山街道。人口2300。因明中期上官姓在岗地建房始居，故名。聚落呈环状。有文化中心、小学。有马祖常别居旧址。有景点农民新村、西紫湖、植物园等。有蔬菜、家具批发市场。钟铺—周党公路经此。通多路公交车。2011年被评为全国文明村。

十里镇［Shílǐ Zhèn］ 光山县辖镇。在县境东北部。面积72平方千米。人口3.4万。辖1居委会、12村委会，有221自然村。镇人民政府驻十里。1975年城郊、寨河2公社析设十里庙公社。1983年改乡。1994年改镇。因昔有古庙距县城10里而得名。潢河流经。有中学1所，小学11所，卫生院1个，卫生室12个。有文化中心。经济以农业为主，种植水稻、油菜、苗木花卉。工业以羽绒纺织、食品加工为主。服务业以商贸、物流为主。大广、沪陕高速，吴黄线省道过境。

十里［Shílǐ］ 十里镇人民政府驻地。在县政府驻地紫水街道北7千米。人口2000。原名大方楼，1975年十里庙公社设此，始称今名。聚落呈团状。有中小学、卫生院、文化中心。经济以商业为主。种植苗木花卉。有化纤、植物油加工业。吴黄线省道经此。

寨河镇［Zhàihé Zhèn］ 光山县辖镇。在县境北部。面积119平方千米。人口5.3万。辖1居委会、17村委会，有378自然村。镇人民政府驻寨河街。1959年成立寨河公社。1983年改乡。1996年改镇。柴姓作寨，临河而居，故名。有中学2所，小学18所，卫生院1个，卫生室16个。有文化中心。有冷大塆战斗纪念地、寨河桥战斗纪念地、刘堂汉轪县古城址、东林唐宋古城址、陈乡新石器古文化遗址。经济以农业为主，种植苗木花卉、无公害蔬菜、中药材等。有酿酒、植物油加工业。宁西铁路、沪陕高速、312国道、吴黄线省道过境。

寨河街［Zhàihéjiē］ 寨河镇人民政府驻地。在县政府驻地紫水街道北16千米。人口5000。原名玩（wàn）花墩，1974年寨河公社由老寨河迁此，遂改今名。聚落呈带状。有中小学、卫生院。有寨河桥战斗纪念地。经济以商业为主。312国道、吴黄线省道经此。

孙铁铺镇［Sūntiěpù Zhèn］ 光山县辖镇。在县境西北部。面积149平方千米。人口6.7万。辖3居委会、25村委会，有438自然村。镇人民政府驻孙铁铺。1959年成立孙铺公社。1983年改孙铁铺乡。1985年改镇。2005年卧龙台乡并入。因镇政府驻地得名。有杏山。寨河、竹竿河、滚水河等流经。有中学3所，小学22所，卫生院2个，卫生室27个。有文化中心。有胡竹园会议旧址、谢套商周古遗址、杏山风景区。有民间文艺豫南黄梅戏、花鼓戏、撑旱船、挑花挑等。经济以农业为主，种植茶、小杂果、中药材，养殖鸡、鸭、猪、牛、羊。特产杏山竹叶青。工业以建材、粮食加工为主。宁西铁路、沪陕高速、312国道过境。

孙铁铺［Sūntiěpù］ 孙铁铺镇人民政府驻地。在县政府驻地紫水街道西北28千米。人口1.3万。因明代孙姓在此开铁匠铺成集，故名。竹竿河流经。聚落呈团块状。有中小学、卫生院。经济以商业为主。312国道经此。

马畈镇［Mǎfàn Zhèn］ 光山县辖镇。在县境西部。面积100平方千米。人口4.6万。辖2居委会、14村委会，有464自然村。镇人民政府驻马畈。1958年成立马畈公社。1983年改乡。1995年改镇。因镇政府驻地得名。有摩天岭、云雾山等。竹竿河、老虎山河流经。有中学4所，小学10所，卫生院1个，卫生室14个。有文化中心。有省级文物保护单位三五九旅指挥部旧址、省级传统村落杨柳塆。农业以种植水稻、板栗、桃等为主。特产鲜桃。工业以水泥、石灰加工等为主。钟党线省道过境。

马畈［Mǎfàn］ 马畈镇人民政府驻地。在县政府驻地紫水街道西南33千米。人口3600。因清代马氏住此，名马家畈，1958年改今名。聚落呈团状。有中小学、卫生院。有熊少山同志旧居。经济以商业为主。工业以水泥加工为主。钟党线省道经此。

泼陂河镇［Pōpíhé Zhèn］ 光山县辖镇。在县境南部。面积144平方千米。人口6.5万。辖1居委会、23村委会，有417自然村。镇人民政府驻泼陂河。1959年成立泼河公社。1983年改乡。1985年改镇。因河得名。有獐鹿山、东岳寺山等。泼陂河、塔沙河流经。有中学4所，小学23所，卫生院1个，卫生室23个。有文化中心。为省级历史文化名镇。有全国重点文物保护单位永济桥，省级文物保护单位中原军区一纵司令部旧址。有中国传统村落龚冲、徐楼，省级传统村落东汪塆。有皮影戏、花鼓戏。有国家3A级旅游景区泼河水库。经济以农业为主，种植茶、板栗、银杏、莲为主。工业以木器加工、建材等为主。有省级名茶东岳银草、泼河茗眉。京九铁路、大广高速、吴黄线省道过境。

泼陂河［Pōpíhé］ 泼陂河镇人民政府驻地。在县政府驻地紫水街道南21千米。人口9100。元代建集，元明称泊陂店、泊陂河集。清乾隆时因镇在河岸，河水湍急如泼改今名。聚落呈团状。有中小学、卫生院、文化中心。有全国重点文物保护单位永济桥。有皮影戏、花鼓戏。有庙会。经济以商业为主。吴黄线省道经此。

龚冲［Gōngchōng］ 在县政府驻地紫水街道南20千米。泼陂河镇辖自然村。人口200。明初龚姓建村，后山呈椅形，村坐其上，故名。聚落呈环状。为中国传统村落。有"拉弓"状大门楼3个，门楼内形成"家家相通，户户相连"的格局，为豫南民居特色。有徐庶之故居。黄黄公路经此。

徐楼［Xúlóu］ 在县政府驻地紫水街道南17千米。泼陂河镇辖自然村。人口600。元末明初建村，得名潘冲，后徐姓壮大，为防匪患建青砖门楼10个，改今名。聚落呈带状。为中国传统村落。有融徽派与北方宅院建筑风格于一体的民居。有徐言黎故居。盛产油桃。徐渠公路经此。

白雀园镇［Báiquèyuán Zhèn］ 光山县辖镇。在县境东南部。面积121平方千米。人口6.7万。辖1居委会、33村委会，有473自然村。镇人民政府驻白雀园。1958年成立白雀公社。1983年改乡。1986年改镇，析设雷堂乡。2005年雷堂乡并入，更名白雀园镇。因镇政府驻地得名。有大尖山、豹子笼山等。白露河流经。有铜、铁、萤石等矿产资源。森林覆盖率56%。有中学5所，小学29所，卫生院2个，卫生室29个。有文化中心。为国家级历史文化名镇。有省级文物保护单位白雀园殉难烈士纪念地。有明清街、皮影戏、秧歌等。经济以农业为主，种植茶、板栗、紫云英为主。有省级名茶光山云尖、白雀翠茗。工业以制砖、建材、木器加工等为主。106国道、陈东线省道过境。

白雀园［Báiquèyuán］ 白雀园镇人民政府驻地。在县政府驻地紫水街道东南31千米。人口6800。传昔有白鹭栖紫竹园中，故名。聚落呈团块状。有中小学、卫生院。有明清街、庙会。经济以商业为主，有大别山茶市。106国道经此。

砖桥镇［Zhuānqiáo Zhèn］ 光山县辖镇。在县境东南部。面积70平方千米。人口3万。辖1居委会、13村委会，有275自然村。镇人民政府驻砖桥。1958年成立砖桥公社。1983年改乡。1994年改镇。因镇政府驻地得名。临仙河流经。有中学1所，小学11所，卫生院1个，卫生室13个。有文化中心。为省级历史文化名镇。有省级文物保护单位、省级爱国主义教育基地王大湾会议会址。有陈乡南楼新石器遗址、尤太忠上将故居。经济以农业为主，种植水稻、油菜、紫云英、油茶。盛产核桃、枣等。养殖梅花鹿。双草、天杨公路过境。

砖桥［Zhuānqiáo］ 砖桥镇人民政府驻地。在县政府驻地紫水街道东南20千米。人口2700。明代建村，因有砖石拱桥得名砖桥集，后简今名。聚落呈团状。有中小学、卫生院、文化中心、王大湾会议会址。经济以商业为主，有月饼、挂面等食品加工业。天杨公路经此。

仙居乡［Xiānjū Xiāng］ 光山县辖乡。在县境西北部。面积105平方千米。人口4.3万。辖1居委会、17村委会，有293自然村。乡人民政府驻仙居店。1962年成立仙居公社。1983年改乡。1988年析设长兴镇乡。2005年长兴镇乡并入。因乡政府驻地得名。竹竿河流经。有石英石、云母、重晶石等矿产资源。有中学2所，小学17所，卫生院1个，卫生室17个。有文化中心。有独山风景区、独山洞。经济以农业为主，种植棉花、中药材、茶等。有万亩双低油菜基地。工业以水泥预制、建材、粮油加工等为主。沪陕高速过境。

仙居店［Xiānjūdiàn］ 仙居乡人民政府驻地。在县政府驻地紫水街道西北30千米。人口1800。传葛洪隐此修仙，唐天宝元年（742）玄宗敕改乐安为仙居县，治此，故名。聚落呈团状。有中小学、卫生院。经济以商业为主。孙苏公路经此。

北向店乡［Běixiàngdiàn Xiāng］ 光山县辖乡。在县境中部偏西。面积73平方千米。人口3.6万。辖1居委会、13村委会，有310自然村。乡人民政府驻北向店。1959年成立北向店公社。1983年改乡。因乡政府驻地得名。寨河、盛河流经。有铀、沸石等矿产资源。有中学1所，小学13所，卫生院1个，卫生室12个。有文化中心。有北向店会议旧址、五虎岔羊战斗纪念地、刘伯承纪念馆、戏珠台。有民间文艺撑旱船、龙灯、高跷、地灯、皮影戏等。农业以种植桃、李、杏、柿，养殖猪、鸡、龟、鳖、青虾为主。钟党线省道过境。

北向店［Běixiàngdiàn］ 北向店乡人民政府驻地。在县政府驻地紫水街道西20千米。人口1800。明末江西上高县向氏来县境南、北搭棚开店，此店居县境之北，故名。聚落呈团状。有中小学、卫生院、文化中心。有晋冀鲁豫野战军司令部旧址。经济以商业为主。钟党线省道经此。

罗陈乡［Luóchén Xiāng］ 光山县辖乡。在

县境中部偏西。面积63平方千米。人口3.1万。辖1居委会、13村委会，有301自然村。乡人民政府驻罗陈店。1975年北向店、文殊、仙居、马畈4公社析设罗陈公社。1983年改乡。因乡政府驻地得名。有云梦山、青山、石佛山等。寨河流经。有石灰石、金属锑、花岗岩等矿产资源。有中学1所，小学12所，卫生院1个，卫生室13个。有文化中心。有王代塆古民宅、石佛寨遗址、云梦山古战场遗址等。经济以农业为主，种植水稻、小麦、红薯，养殖淮南猪、麻鸭、固始鸡等。特产麻鸭蛋。工业以水泥、石料加工、制砖等为主。钟党线省道过境。

罗陈店［Luóchéndiàn］　罗陈乡人民政府驻地。在县政府驻地紫水街道西南26千米。人口1200。旧名斗塘店，明代罗纪建镇集，改名罗官店，清初陈姓经商，又改今名。聚落呈团状。有中小学、卫生院、文化中心。有庙会。经济以商业为主。钟党线省道经此。

殷棚乡［Yīnpéng Xiāng］　光山县辖乡。在县境西南部。面积62平方千米。人口1.9万。辖9村委会，有207自然村。乡人民政府驻殷棚。1975年南向店、马畈2公社析设牢山公社。1983年为纪念殷区农民起义改设殷棚乡。有牢山、九龙岭、神仙岭等。有中学1所，小学8所，卫生院1个，卫生室8个。有文化中心。有殷区起义纪念碑、钱小寨战斗旧址、牢山古县城旧址、巡检司旧址等。经济以农业为主，种植板栗、红薯、花生等。工业以矿业、建筑、板材、粉条加工等为主。土易、孙苏公路过境。

殷棚［Yīnpéng］　殷棚乡人民政府驻地。在县政府驻地紫水街道西南38千米。人口1000。地处山坳，傅姓建村，得名傅坳。1983年因乡更今名。聚落呈块状。有中小学、卫生院、文化中心。有殷区农民起义纪念碑、纪念馆。有庙会。经济以商业为主。土易、孙苏公路经此。

南向店乡［Nánxiàngdiàn Xiāng］　光山县辖乡。在县境西南部。面积92平方千米。人口4.2万。辖1居委会、18村委会，有410自然村。乡人民政府驻南向店。1958年成立南向店公社。1975年析设牢山公社。1983年改乡。因乡政府驻地得名。有王母观山。寨河流经。有金、银、铁、硅石等矿产资源。有中学2所，小学15所，卫生院1个，卫生室17个。有文化中心。有省级文物保护单位徐畈遗址、省级旅游风景区五岳水库。有王母观自然风景区，胡煦、胡季堂故居及墓茔，新石器古文化遗址，张王城古城址，鹭鸶塆战斗遗址等。有古八景之一“郎畈春耕”。有中国传统村落向楼。有庙会。经济以农业为主，盛产板栗、茶叶、柴胡等。土易、天杨公路过境。

南向店［Nánxiàngdiàn］　南向店乡人民政府驻地。在县政府驻地紫水街道西南32千米。人口2600。传明末江西上高县向氏来县境南、北搭棚开店，因此店居县境之南，故名。聚落呈团状。有中小学、卫生院、文化中心。经济以商业为主，有商贸中心。天杨公路经此。

向楼［Xiànglóu］　在县政府驻地紫水街道西南36千米。南向店乡辖自然村。人口200。因传元代向姓建村，故名。聚落呈团状。为中国传统村落。有青石垒砌的古民屋建筑群。仰向公路经此。

晏河乡［Yànhé Xiāng］　光山县辖乡。在县境南部。面积131平方千米。人口6万。辖2居委会、23村委会，有544自然村。乡人民政府驻晏河。1958年成立晏河公社。1983年改乡。1986年析设河棚乡。2005年河棚乡并入。因乡政府驻地得名。有大坡岭、九架岭等。潢河、晏家河、扬帆河等流经。有金、钼、银、珍珠岩等矿产资源。有中学2所，小学20所，卫生院2个，卫生室22个。有文化中心。有省级文物保护单位鄂豫皖特委特苏机关旧址、《游净居寺诗并序》碑。有省级传统村落熊畈村、向冲、徐畈、李洼。有净居寺、扬帆古镇、宋古城七里镇、大苏山森林公园、蓝天度假村等。农业以种植水稻、红薯、油菜、花生，养殖淮南猪、麻鸭、黄牛为主。特产茶叶、青虾。工业以建材、页岩烧结砖、农副产品加工等为主。土易、寨泗公路过境。

晏河［Yànhé］　晏河乡人民政府驻地。在县政府驻地紫水街道西南24千米。人口1900。明代晏姓临河而居，得名晏家河，简称今名。聚落呈带状。有中小学、卫生院、卫生室、文化中心。经济以商业为主。特产茶叶。土易公路经此。

扬帆桥［Yángfānqiáo］　在县政府驻地紫水街道西南18千米。晏河乡辖自然村。人口3200。地处大苏山东南麓，西有水，舟船旗幡招展，名扬幡河，河上有桥，桥以河名。依桥成村、成集，沿用桥名，后俗称扬帆桥。聚落呈带状。有中小学。为中国传统村落。有省级文物保护单位扬帆桥。有庙会。经济以旅游、商业为主，特产茶叶。寨泗公路过境。

凉亭乡［Liángtíng Xiāng］　光山县辖乡。在县境东南部。面积61平方千米。人口2.5万。辖15村委会，有222自然村。乡人民政府驻凉亭。1975年白雀、泼河2公社析设凉亭公社。1983年改乡。因乡政府驻地得名。临仙河、谢河流经。有铁、金等矿产资源。有中学1所，小学11所，卫生院1个，卫生室14个，文化中心1个。有赛山风景区、元相寺。农业以种植水稻、油菜、花生为主，盛产茶叶、板栗。有省级名茶赛山玉莲。土易、天杨公路过境。

凉亭［Liángtíng］　凉亭乡人民政府驻地。在县政府驻地紫水街道东南27千米。人口1000。因清初建凉亭于此，后成集，故名。聚落呈带状。有中小学、卫生院、文化中心。经济以商业为主。土易、天杨公路经此。

斛山乡［Húshān Xiāng］　光山县辖乡。在县境东部。面积127平方千米。人口5.1万。辖2居委会、22村委会，有399自然村。乡人民政府驻斛山。1959年设斛山公社，1962年撤。1975年砖桥公社析设斛山公社。1983年改乡。2005年蔡桥乡并入。因乡政府驻地得名。有斛山寨、天赐山等。潢河、临仙河流经。有页岩、青石等矿产资源。有中学2所，小学19所，卫生院1个，卫生室22个。有文化中心。有刘邓大军斛山寨战斗旧址。经济以农业为主，种植茶、林果、银杏、板栗、花卉。工业以粮食加工、烟花爆竹生产等为主。京九铁路，大广高速，钟党线省道，双草、天杨公路过境。有光山站。

斛山［Húshān］　斛山乡人民政府驻地。在县政府驻地紫水街道东南15千米。人口2700。因斛山茶场得名。聚落呈团状。有中小学、卫生院、文化中心。有红二十五军斛山寨战斗旧址。经济以商业为主。双草公路经此。

槐店乡［Huáidiàn Xiāng］　光山县辖乡。在县境中部偏东。面积98平方千米。人口3.8万。辖3居委会、14村委会，有290自然村。乡人民政府驻槐店。1959年成立槐店公社。1983年改乡。1986年析设蔡桥乡。因乡政府驻地得名。有珠山、冯家大山等。潢河流经。有钾长石、沸石等矿产资源。有中学5所，小学11所，卫生院1个，卫生室15个。有文化中心。农业以种植莲、银杏、板栗，养殖麻鸭、青虾为主。特产红薯、萝卜。工业以粮油、羽绒、茶叶等加工为主。有官渡河产业集聚区。京九铁路，大广高速，钟党线、吴黄线省道过境。

槐店［Huáidiàn］　槐店乡人民政府驻地。在县政府驻地紫水街道东南7千米。人口1900。传明有古槐，得名独槐树店，后演为槐树店，简今名。聚落呈带状。有中小学、卫生院、文化中心。有潢光战役之槐店战斗纪念地。经济以商业为主。吴黄线省道经此。

文殊乡［Wénshū Xiāng］　光山县辖乡。在县境中部。面积118平方千米。人口4.9万。辖1居委会、21村委会，有447自然村。乡人民政府驻文殊。1959年成立文殊公社。1983年改乡。1986年析设南王岗乡。2005年南王岗乡并入。因乡政府驻地得名。有花山寨、姜大山等。寨河、潢河流经。有青石、红石、沸石等矿产资源。有中学3所，小学15所，卫生院1个，卫生室20个。有文化中心。有省级文物保护单位花山寨会议会址。有文殊寺、撞山寺、东岳寺。有中国传统村落东岳村。有国家级非物质文化遗产花鼓戏。有地灯戏、皮影戏等。经济以农业为主，种植油茶、苗木等。工业以手工挂面加工为主。往南、孙晏、双草公路过境。

文殊［Wénshū］　文殊乡人民政府驻地。在县政府驻地紫水街道西南18千米。人口2200。因文殊寺得名。聚落呈散状。有中小学、卫生院、文化中心。有庙会。经济以商业为主。孙晏公路经此。

东岳［Dōngyuè］　在县政府驻地紫水街道西南14千米。文殊乡辖自然村。人口1800。明永乐十一年(1413)净居寺支系为纪念东岳大帝建东岳寺，村以寺名。聚落呈散状。有小学。为中国传统村落、省级历史文化名村。有国家级非物质文化遗产花鼓戏，为其发源地。有古庙、舞狮。经济以商业为主，特产茶叶、板栗。双草公路经此。

周洼［Zhōuwā］　在县政府驻地紫水街道西南16千米。文殊乡辖自然村。人口100。因山洼生长野竹得名竹洼。清中期周姓建村，改今名。聚落呈团状。有省级文物保护单位花山寨会议会址。寨泗公路经此。

新县

新县［Xīn Xiàn］　信阳市辖县。北纬31°38′，东经114°52′。在市境南部。面积1554平方千米。人口38.4万。以汉族为主，还有回、蒙古、满、壮等民族。辖1街道、5镇、10乡。县人民政府驻新集镇。1932年析光山、麻城、黄安(今红安)3县置经扶县，属潢川专区，后属第九行政督察区。1947年因取意“人民获得新生、过上幸福生活”更名新县。1949年属潢川专区。1952年属信阳专区。1969年属信阳地区。1998年属信阳市。大别山自中部横贯东西，脊中分东、中、西高峰区，构成W形地势。以山地为主，兼有丘陵、冲积河谷、堆积凹谷。平均海拔350米。最高峰黄毛尖海拔1011米。年均气温15℃，1月平均气温3℃，7月平均气温27℃。年均降水量1314毫米。潢河、白露河、倒水河、福田河等流经。有铅、锌、钼、金红石、石英石等矿产资源。有野生植物2389种，其中国家重点保护野生植物有银杏、水杉、红豆杉等23种。有野生动物1296种，其中国家重点保护野生动物有金钱豹、白冠长尾雉、金雕等34种。有连康山、金兰山国家森林公园，黄毛尖省级森林公园。森林覆盖率76.7%。有高校1所，中等职业学校2所，九年一贯制学校6所，中学17所，小学48所，二级医院2个，国家级博物馆1个。有全国爱国主义教育基地5个，省级爱国主义教育基地3个，全国重点文物保护单位7个，省级文物保护单位20个。有省级历史文化名城1个，省级历史文化名村1个，中国传统村落9个，省级传统村落16个。有国家级非物质文化遗产民歌，省级非物质文化遗产地灯戏。有国家4A级旅游景区鄂豫皖苏区首府，国家3A级旅游景区郑维山将军故里，国家级水利风景区香山湖。有南墩龙山文化遗址、天亮寺新石器遗址、河棚新石器遗址等。有景点金兰山寺、鄂豫皖苏区革命烈士陵园、鄂豫皖苏区首府革命博物馆、许世友将军故居、许世友将军纪念馆、郑维山将军故居等。三次产业比例25：43：32。农业以种植水稻、小麦、油菜，养殖猪、牛、羊为主。工业以医药制造、农副产品加工、矿产资源采选和加工为主。为省中医药生产基地。服务业以旅游、商品批发和零售、住宿餐饮为主。京九铁路、大广高速、106国道、吴黄线省道、陈东公路过境。

首府路 [Shǒufǔ Lù] 在县城西部。南起潢河南路，北至解放路。与民主街、向阳路相交。长700米，宽13米。混凝土路面。1931年开工，1932年建成，称正街。1953年更名胜利街。1981年更名中原路。1995年更今名。为中共中央原鄂豫皖分局首脑机关所在地，故名。为红色历史文化名街、商业街。两侧有全国重点文物保护单位红四方面军总部旧址、烈士陵园、文物局、文学艺术馆等。通公交车。

新县站 [Xīn Xiàn Zhàn] 见交通运输设施部分“新县站”条。

新县汽车站 [Xīn Xiàn Qìchēzhàn] 见交通运输设施部分“新县汽车站”条。

金兰山街道 [Jīnlánshān Jiēdào] 属新县。在县境中部。面积125平方千米。人口2万。2014年设。有山遍植兰花，每逢三月遍地金黄，得名金兰山。沿为街道名。先后修建多条道路，建成多处工业厂房。潢河流经。有国家级自然保护区连康山、国家森林公园金兰山。有信阳涉外职业技术学院。有小学5所，卫生室12个。有省级文物保护单位鄂豫皖省苏维埃石印科旧址。有新石器至商周时期文化遗址。农业以种植水稻、小麦为主。工业以医药制造、农副产品加工、矿产资源采选和加工为主。有县产业集聚区。服务业以批发零售、住宿餐饮为主。京九铁路，吴黄线、陈东线省道过境。通多路公交车。

新集镇 [Xīnjí Zhèn] 新县人民政府驻地。在县境中部。面积140平方千米。人口9.2万。辖15居委会、8村委会，有211自然村。镇人民政府驻汪畈。1962年设城关镇。1986年新集乡并入，更名新集镇。2005年戴咀乡并入。因镇政府原驻地得名。明嘉靖年间(1522—1562)因有客店得名新店，清代渐成集市更名新店集，后简为新集。潢河流经。有中等职业学校1所，九年一贯制学校3所，中学5所，小学8所，二级医院2个，卫生院1个，卫生室29个，文化馆1个，图书馆1个，国家级博物馆1个。有全国重点文物保护单位中共中央鄂豫皖分局和省委旧址、鄂豫皖省工农民主政府旧址、红四方面军总部旧址、鄂豫皖军委航空局旧址、鄂豫皖省苏维埃政治保卫局旧址、鄂豫皖苏维埃政府税务总局旧址，省级文物保护单位高敬亭故居。有全国爱国主义教育基地鄂豫皖苏区首府革命博物馆、鄂豫皖苏区首府革命烈士陵园，省级爱国主义教育基地河南人民检察博物馆。有省级传统村落大屋店。有国家级非物质文化遗产民歌。有国家4A级旅游景区鄂豫皖苏区首府。有艾洼商周文化遗址、窑岗战国墓、长潭驿遗址等。有民间艺术皮影戏、花鼓戏、根雕、扭秧歌等。农业以种植水稻、小麦为主。工业以农副产品加工为主。服务业以旅游、商品批发和零售、住宿餐饮为主。京九铁路、大广高速、吴黄线省道过境。通多路公交车。

汪畈 [Wāngfàn] 新集镇人民政府驻地。在镇境西北部。人口2900。因清代汪姓在河畔定居，故名。潢河流经。聚落呈团状。有中小学、卫生室。有国家级非物质文化遗产民歌。经济以批发零售、住宿餐饮为主。通公交车。

沙窝镇 [Shāwō Zhèn] 新县辖镇。在县境东部。面积132平方千米。人口3.1万。辖1居委会、13村委会，有260自然村。镇人民政府驻上店。1958年设沙窝乡。1958年成立山水公社。1960年更名沙窝公社。1983年改乡。1987年改镇。因镇政府原驻地得名。因其地处沙滩，故名。有白云山。白露河流经。有花岗岩、大理石等石料资源。有中学1所，小学5所，卫生院1个，卫生室17个。有省级传统村落宋冲。有古迹熊河古瓷窑遗址、白云观、阴山关、虎头关、土门关等。有花鼓戏。有光山县八景之一“沙窝夕照”。经济以农业为主，种植水稻、小麦，特产天麻、香菇。工业以矿产采选及加工为主。有沙坪饰面石材工业园区。服务业以批发零售、住宿餐饮为主。为鄂豫边界农副产品集散地。106国道、陈东线省道过境。

上店 [Shàngdiàn] 沙窝镇人民政府驻地。在县政府驻地新集镇东北24千米。人口300。清代因居沙窝上方，为驿站供应草料，故名。聚落呈团状。有中小学。经济以批发零售、住宿餐饮为主。农业以种植芝麻、油菜、板栗等为主。106国道经此。

吴陈河镇 [Wúchénhé Zhèn] 新县辖镇。在县境北部。面积51平方千米。人口2.3万。辖1居委会、14村委会，有165自然村。镇人民政府驻吴陈河。1958年分设吴陈河、柯棚、阳土墩3乡，后合改友谊公社。1960年更名吴陈河公社。1983年改乡。1999年改镇。因镇政府驻地得名。有龚家寨山。晏家、王沟河流经。有中学1所，小学1所，卫生院1个，卫生室18个。有花鼓戏、秧歌、舞狮。有银盘经贸节、火神庙会。农业以种植水稻、板栗、花生，饲养固始鸡为主。服务业以批发零售、住宿餐饮为主。为豫南地区猪鬃集散地。陈东线省道过境。

吴陈河 [Wúchénhé] 吴陈河镇人民政府驻地。在县政府驻地新集镇西北13千米。人口8000。清初因吴、陈2姓在河边定居，故名。聚落呈团状。有中小学、卫生院。经济以批发零售、住宿餐饮等为主。工业以粉条加工为主。陈东线省道经此。

苏河镇 [Sūhé Zhèn] 新县辖镇。在县境西北部。面积95平方千米。人口2.7万。辖1居委会、14村委会，有292自然村。镇人民政府驻长塘埂。1962年成立观音堂公社。1964年更名苏河公社。1983年改乡。1999年改镇。因苏河得名。明中期因苏姓人在河边定居得名苏家河，1949年后简称苏河。有黄坡老山、樟王寨山、黄银寨山等。寨河、苏河、墨斗河流经。有中学1所，小学5所，卫生院1个，卫生室21个。有中国传统村落钱大塆，省级传统村落郭冲。有南墩龙山文化遗址、九女潭风景区。有民间艺术地灯戏、皮影戏、玩龙等。经济以农业为主，种植水稻、小麦。特产盐豇豆。工业以采矿为主。服务业以批发零售、住宿餐饮等为主。陈东线省道过境。

长塘埂 [Chángtánggěng] 苏河镇人民政府驻地。在县政府驻地新集镇西北31千米。人口100。清代村边有塘，塘埂较长，故名。聚落呈散状。有中小学、卫生院。农业以种植板栗、茶等为主。陈东线省道经此。

钱大塆 [Qiándàwān] 在县政府驻地新集镇西北27千米。苏河镇辖自然村。人口300。元延祐三年(1316)钱姓迁此山沟处定居，村庄较大，故名。聚落呈散状。为中国传统村落。有清代古民居6排300余间。农业以种植板栗、银杏等为主。新胡、苏宣公路经此。

八里畈镇 [Bālǐfàn Zhèn] 新县辖镇。在县境东北部。面积89平方千米。人口2.8万。辖1居委会、11村委会，有147自然村。镇人民政府驻八里畈。1958年成立胜天公社。1960年更名八里公社。1983年改八里畈乡。2001年改镇。因镇政府驻地得名。有七龙山、鳌山寨山等。泼河流经。有铁、钼、云母、萤石矿产资源。有中学1所，小学6所，卫生院1个，卫生所11个，卫生室4个。有省级文物保护单位晋冀鲁豫野战军司令部旧址、丁李塆古民居。有大庙冲商周文化遗址。有国家级非物质文化遗产民歌。有皮影戏。有中国传统村落丁李塆，省级历史文化名村神留桥，省级传统村落南冲大塆。经济以农业为主，主要种植水稻。工业以茶叶生产、加工为主。服务业以批发零售为主。陈东线省道过境。

八里畈 [Bālǐfàn] 八里畈镇人民政府驻地。在县人民政府驻地新集镇东北13千米。人口4200。清初在8里长河畈上散布8个带“畈”字的村庄，故名。聚落呈带状。有中小学、卫生院。经济以批发零售、住宿餐饮等为主，种植茶、板栗等。光六公路经此。

丁李湾 [Dīnglǐwān] 在县政府驻地新集镇东北11千米。八里畈镇辖自然村。人口500。元末丁姓入赘李家，因地处山沟小块平地，故名。聚落呈散状。有中小学、卫生院。为中国传统村落。有省级文物保护单位丁李湾村传统民居。经济以农业和旅游业为主，种植茶、板栗等。光六公路经此。

周河乡 [Zhōuhé Xiāng] 新县辖乡。在县境东部。面积111平方千米。人口1.4万。辖1居委会、10村委会，有191自然村。乡人民政府驻周河。1958年设周河乡。1960年改公社。1983年复乡。因乡政府驻地得名。有九龙山、五马山等。泼河流经。有花岗石。有中学1所，小学1所，卫生院1个，卫生室11个。有省级文物保护单位毛铺村传统民居、西河村传统民居，中国传统村落楼上、楼底下、西河。有古迹豫楚界牌。有光山县八景之一“五马秋云”。有民间艺术花灯、舞狮、划旱船。经济以农业为主，种植水稻，特产紫皮油栗、油茶。工业以炼油、采矿为主。服务业以批发零售、住宿餐饮为主。熊河、尉戴、柳马公路过境。

周河 [Zhōuhé] 周河乡人民政府驻地。在县政府驻地新集镇东南18千米。人口2000。清初光山县周姓迁至河边定居，故名。聚落呈带状。有中小学、卫生院。有民间艺术花灯、舞狮、划旱船。经济以批发零售、住宿餐饮等为主，盛产茶油、板栗等。熊河公路经此。

楼上 [Lóushàng] 在县政府驻地新集镇东南19千米。周河乡辖自然村。人口100。明末江西彭姓迁此，建碉楼，以楼为界分上、下2村庄，此村居上，故名。聚落呈散状。为中国传统村落。有省级文物保护单位毛铺村传统民居。经济以农业为主，盛产油茶、毛竹。熊河公路经此。

楼底下 [Lóudǐxià] 在县政府驻地新集镇东南19千米。周河乡辖自然村。人口200。与楼上相对，此村居下，故名。亦称楼下。聚落呈散状。为中国传统村落。有省级文物保护单位毛铺村传统民居。经济以农业为主，盛产油茶、毛竹。熊河公路经此。

西河 [Xīhé] 在县政府驻地新集镇东南14千米。周河乡辖自然村。人口300。明末姚姓在河东定居，得名姚家畈。清初迁至西岸，更今名。亦称上西河、大塆。聚落呈散状。为中国传统村落。有省级文物保护单位西河村传统民居。经济以农业、旅游业为主，盛产油茶、板栗。

槐下公路经此。

陡山河乡［Dǒushānhé Xiāng］　新县辖乡。在县境中部偏西。面积134平方千米。人口2.3万。辖1居委会、14村委会，有280自然村。乡人民政府驻陡山河。1960年成立陡山河公社。1983年改乡。因乡政府驻地得名。有连康山、云雾山。晏家河流经。有萤石、硫铁等矿产资源。有国家级自然保护区康山。有中学1所，小学4所，卫生院1个，卫生室17个。有省级文物保护单位白沙关万人暴动旧址。有中国传统村落白沙关，省级传统村落程洼。有古迹“七十二莲塘”。有民间艺术玩龙、划旱船、地灯戏等。经济以农业为主，种植水稻、杉树，养殖猪、鸡。工业以采矿为主。服务业以批发零售、住宿餐饮为主。官项公路过境。

陡山河［Dǒushānhé］　陡山河乡人民政府驻地。在县政府驻地新集镇西北13千米。人口5600。传因金牛尿湿的河沙变成一斗金沙而得名斗沙河，明初因山势陡峭改今名。聚落呈带状。有中小学、卫生院。经济以批发零售、住宿餐饮为主。官项公路经此。

白沙关［Báishāguān］　在县政府驻地新集镇西南15千米。陡山河乡辖自然村。人口100。原因沙土洁白、水草茂盛而得名白沙洲。南北朝时期(420—589)成关隘，更今名。聚落呈散状。为中国传统村落。有省级文物保护单位白沙关万人暴动旧址。有革命纪念馆、孟珙庙等。经济以农业为主，盛产天麻、黑木耳。鸡塆公路经此。

浒湾乡［Hǔwān Xiāng］　新县辖乡。在县境北部。面积49平方千米。人口1.6万。辖1居委会、11村委会，有114自然村。乡人民政府驻浒湾。1958年设浒湾乡，同年并入超美公社。1960年析设浒湾公社。1983年改乡。因乡政府驻地得名。有马鞍山、大米尖山。潢河、钱河流经。有中学1所，小学4所，卫生院1个，卫生室13个。有古迹浒湾大桥。有省级非物质文化遗产地灯戏。为花鼓戏发源地。经济以农业为主，种植水稻、香菇、木耳，养殖淮南猪。工业以建材、农副产品加工为主。服务业以批发零售、住宿餐饮为主。京九铁路，大广高速，吴黄线、陈东线省道过境。

浒湾［Hǔwān］　浒湾乡人民政府驻地。在县政府驻地新集镇北7千米。人口6700。因常有群虎肆暴且地处河湾处得名虎湾。1935年因“虎”不利商贸，且为居离水稍远的平地，更今名。聚落呈团块状。有中小学、幼儿园、卫生院。经济以批发零售、住宿餐饮等为主。农业以种植香菇、木耳为主。京九铁路，吴黄线、陈东线省道经此。

千斤乡［Qiānjīn Xiāng］　新县辖乡。在县境西北部。面积97平方千米。人口3.5万。辖2居委会、17村委会，有297自然村。乡人民政府驻千斤河棚。1958年设千斤、沙石2乡，同年合设钢铁公社。1960年更名千斤公社。1983年改乡。1988年析设沙石镇。2005年沙石镇复入。因乡政府驻地得名。有大银尖山、黄银尖山等。千斤河流经。有铜、钼、金红石等矿产资源。有中等职业学校1所，九年一贯制学校1所，中学1所，小学2所，卫生院2个，卫生室23个。有河棚新石器遗址。有地灯戏、花鼓戏、皮影戏等。有新县八景之一“风岭晴岚”。经济以农业为主，种植水稻、小麦、茶、吊瓜、银杏。服务业以批发零售、住宿餐饮为主。陈东线省道过境。

千斤河棚［Qiānjīnhépéng］　千斤乡人民政府驻地。在县政府驻地新集镇西北20千米。人口7800。清雍正年间(1723—1735)村民依河边千斤巨石搭棚做生意，故名。聚落呈带状。有中等职业学校、中小学、幼儿园、卫生院。有花鼓戏。经济以批发零售、住宿餐饮等为主，盛产茶叶。陈东线省道经此。

卡房乡［Qiǎfáng Xiāng］　新县辖乡。在县境西南部。面积116平方千米。人口0.9万。辖1居委会、8村委会，有141自然村。乡人民政府驻下山畈。1958年设卡房乡。1960年改公社。1983年改乡。因卡房村得名。明初为3河交汇处的集镇，故名三河镇。1912年后官府在此设盐卡以防盐贩，更名卡房。有老君山、铁寺寨、乌头尖等。胡河、吴河、戴河流经。有珍稀物种金钱龟、娃娃鱼、紫薇、归檀等。有九年一贯制学校1所，卫生院1个，卫生室12个。有中国传统村落刘咀，省级传统村落二畈、黄冲、楼子塆、戴河。有古迹修善关、铁炉寺、玉泉寺等。有民间艺术皮影戏、玩龙、舞狮、划旱船。经济以农业为主，种植水稻、小麦，盛产板栗、银杏、天麻。服务业以批发零售、住宿餐饮为主。苏宣公路过境。

下山畈［Xiàshānfàn］　卡房乡人民政府驻地。在县政府驻地新集镇西南28千米。人口100。清初村背靠山，地处丘陵连片土地中，与上山背畈相对，得名下山背畈。20世纪70年代简今名。聚落呈带状。有九年一贯制学校、卫生院、光荣院。经济以农业为主，盛产板栗、银杏等。古徐公路经此。

刘咀［Liúzuǐ］　在县政府驻地新集镇西南24千米。卡房乡辖自然村。人口100。因刘姓在山咀定居而得名。聚落呈散状。为中国传统村落。有民国时期民居80余间，多系悬山顶木结构瓦房。有皮影戏。经济以农业为主，盛产板栗、银杏等。莲郭公路经此。

郭家河乡［Guōjiāhé Xiāng］　新县辖乡。在县境西南部。面积77平方千米。人口1.1万。辖1居委会、6村委会，有140自然村。乡人民政府驻郭家河。1962年成立郭家河公社。1983年改乡。因乡政府驻地得名。有天台山、九焰山。郭家河、麻布河流经。有中学1所，小学2所，卫生院1个，卫生室11个。有省级文物保护单位鄂豫皖边区列宁高级学校旧址，省级传统村落徐冲、大汪山。有大别山红廉文化园、枫杨林湿地公园等。经济以农业为主，种植水稻、双低油菜、花生。服务业以批发零售、住宿餐饮为主。官项公路过境。

郭家河［Guōjiāhé］　郭家河乡人民政府驻地。在县政府驻地新集镇西南18千米。人口1300。曾称拐弯店、九井陈家围。清初江西郭姓迁至河边定居，易今名。聚落呈带状。有中小学、卫生院、卫生室。有省级文物保护单位鄂豫皖边区列宁高级学校旧址。经济以批发零售、住宿餐饮等为主。官项公路经此。

陈店乡［Chéndiàn Xiāng］　新县辖乡。在县境西南部。面积75平方千米。人口1.6万。辖1居委会、9村委会，有107自然村。乡人民政府驻陈店。1962年成立陈店公社。1983年改乡。因乡政府驻地得名。有磨云山、天子山、土雷寨等。细吴河、王塆河、雷家河等流经。有中学1所，小学1所，卫生院1个，卫生室10个。有省级文物保护单位鄂豫皖军委兵工厂旧址、中国工农革命军第七军司令部旧址等5个，省级传统村落程七塆。有三壁吹打乐。经济以农业为主，种植水稻、茶、黑李、板栗、银杏、花生。工业以茶叶加工为主。服务业以批发零售、住宿餐饮为主。官项公路过境。

陈店［Chéndiàn］　陈店乡人民政府驻地。在县人民政府驻地新集镇西南17千米。人口2100。清初为驿站供应草料，因陈姓在此定居，故名。聚落呈团块状。有中小学、卫生院、革命纪念馆。有柴山保大鼓书。经济以批发零售、住宿餐饮等为主，盛产茶叶。官项公路经此。

箭厂河乡［Jiànchǎnghé Xiāng］　新县辖乡。在县境南部。面积62平方千米。人口1.7万。辖1居委会、12村委会，有124自然村。乡人民政府驻下店。1958年设箭河乡。1960年改公社。1983年改箭厂河乡。明中期因河中竖有石桩近百个而得名百步桩，明末清初武进士王学举在河边设厂造箭，更名箭河，1983年更名箭场河，1986年更今名。有白鸭山。倒水河流经。有石英石、萤石。有中学1所，小学2所，卫生院1个，卫生室18个。有全国重点文物保护单位中国工农红军第二十五军司令部旧址，省级文物保护单位中国工农红军第一军司令部旧址、列宁小学旧址等6个，全国爱国主义教育基地箭厂河革命旧址，省级传统村落四角曹门。经济以农业为主，种植水稻、花生、油菜。服务业以批发零售、住宿餐饮为主。吴黄线省道过境。

下店［Xiàdiàn］　箭厂河乡人民政府驻地。在县政府驻地新集镇西南16千米。人口100。清初在箭河下方为驿站供应草料之地，故名。聚落呈团块状。有中小学、卫生院。有省级文物保护单位中国共产党鄂豫皖特委箭厂河会议旧址、列宁小学旧址等。经济以农业、商业为主，种植水稻等。箭吴公路经此。

泗店乡［Sìdiàn Xiāng］　新县辖乡。在县境南部。面积98平方千米。人口1.5万。辖1居委会、11村委会，有223自然村。乡人民政府驻范店。1958年设泗店乡，同年改上游公社。1960年更名泗店公社。1983年改乡。因泗店村得名。清代建村，滨河流经，且为新集至麻城第四个为驿站供应草料的地方，故名。有西大山、杨泗寨山等。潢河流经。有中学1所，小学3所，卫生院1个，卫生室12个。有国家水利风景区香山湖，国家3A级旅游景区郑维山将军故里。经济以农业为主，种植水稻、小麦。工业以农副产品加工、采矿为主。服务业以批发零售、住宿餐饮为主。京九铁路、大广高速过境。

范店［Fàndiàn］　泗店乡人民政府驻地。在县政府驻地新集镇南13千米。人口1100。明代为驿站供应草料，因范姓在旁定居，故名范家店。1949年后称今名。聚落呈带状。有初中、幼儿园、卫生院。有农民赤卫军北界河战斗旧址。经济以批发零售、住宿餐饮等为主，盛产大米。熊河、范水公路经此。

屋脊洼［Wūjǐwā］　在县政府驻地新集镇西南14千米。泗店乡辖自然村。人口100。明代邬姓在山洼中开创基业，故名邬基洼。清初郑姓迁入，因“邬基”与“屋脊”音近，改今名。聚落呈散状。有郑维山将军故居。经济以农业为主，盛产板栗、茶叶等。泗箭公路经此。

田铺乡［Tiánpù Xiāng］　新县辖乡。在县境东南部。面积103平方千米。人口0.8万。辖1居委会、7村委会，有136自然村。乡人民政府驻田铺。1958年设田铺乡。1960年改公社。1983年改乡。因乡政府驻地得名。有黄毛尖。田铺河流经。有九年一贯制学校1所，小学1所，卫生院1个，卫生室7个。有省级文物保护单位许世友将军故居，中国传统村落韩山、田铺大塆，省级传统村落袁河、张田铺、西高山。有国家3A级旅游景区许世友将军故里，省级森林公园黄毛尖。经济以农业为主，种植水稻、小麦、油菜、油茶，盛产杭白菊、野生蜂蜜。服务业以批发零售、住宿餐饮为主。熊河、柳马公路过境。

田铺［Tiánpù］　田铺乡人民政府驻地。在县政府驻地新集镇东南17千米。人口1500。明代易、田2姓在驿站旁定居，名易田铺。1949年后简今名。聚落呈团块状。有中学、卫生院。经济以批发零售、住宿餐饮等为主，盛产野生蜂蜜、杭白菊。熊河公路经此。

韩山［Hánshān］ 在县政府驻地新集镇东南11千米。田铺乡辖自然村。人口200。清初江西韩姓迁至山中定居，故名。聚落呈团块状。为中国传统村落。存有民国时期砖木结构悬山顶民居，部分石刻、砖雕、木雕保存完好。有千年紫藤林。经济以农业为主，盛产油菜、板栗等。韩细公路经此。

田铺大塆［Tiánpùdàwān］ 在县政府驻地新集镇东南17千米。田铺乡辖自然村。人口300。原称田铺，后因塆大人多更今名。亦称大塆。聚落呈团块状。有中学。为中国传统村落。民居多为民国初修建的土木结构瓦房。田响公路经此。

商 城 县

商城县［Shāngchéng Xiàn］ 信阳市辖县。北纬31°23′，东经115°06′。在市境东南部。面积2117平方千米。人口79万。以汉族为主，还有回、蒙古、满等民族。辖2街道、10镇、7乡。县人民政府驻赤城街道。南朝宋雩娄县侨立苞信县，属边城左郡。南朝梁属义州义城郡。北朝齐属东光城郡。隋朝改殷城县，属弋阳郡。唐贞观元年(627)属光州。宋建隆元年(960)改商城县。至道三年(997)并入固始县。明成化十一年(1475)复出。此后未变，先后属光州、豫南道、汝阳道、河南省、第九行政督察区、潢川专区、信阳专区、信阳地区、信阳市。地处大别山地区。南部为大别山中低山，主峰金刚台海拔1584米。北部为垄岗地、倾斜平原。地势由南向北倾斜。平均海拔814米。年均气温17℃，1月平均气温2℃，7月平均气温31℃。年均降水量783毫米。有灌河流经。有铁、磷、煤等矿产资源。有鲇鱼山水库。有野生植物1800余种，其中国家级珍稀濒危植物有大别山五针松、青檀、银缕梅、红豆杉、兰花、天竺桂、鹅掌楸等30余种，省级珍稀濒危植物有河南杜鹃等10余种。有野生中药材商桔梗、商茯苓、天麻等。有野生动物580余种，其中国家重点保护动物有金钱豹、白冠长尾雉、蓝翅八色鸫、黄嘴白鹭、灵猫、虎纹蛙、大鲵等40余种，省级保护动物有双斑锦蛇、豪猪、小麂、大白鹭、画眉、商城肥鲵等20余种。有国家级自然保护区大别山，省级自然保护区金刚台、鲇鱼山。森林覆盖率60.3%。有中学45所，小学357所，二级医院2个。有省级文物保护单位赤城县苏维埃旧址、唐代崇福塔、明代息影塔等11个。有道教圣地观音山、豫南名刹法眼寺、三教洞石窟。有古迹西岗子遗址、东汉古城遗址、宋元金刚古寨遗址等。有刘邓大军前方指挥所、红四军建军纪念地、中共商城支部委员会等旧址。有国家级非物质文化遗产信阳民歌，省级非物质文化遗产花篮戏、花伞舞、杈伞舞、布鞋手工制作技艺。有国家地质公园金刚台、国家森林公园黄柏山、国家级水利风景区鲇鱼山、国家3A级旅游景区汤泉池、观音山等。三次产业比例29∶41∶30。农业以生态、设施农业为主，种植水稻、小麦、油菜、花生等。有茶、林果、花卉、中药材种植等特色种植。特产桐油、油茶籽、茶叶等。工业以农副产品加工、机械制造、服装加工为主。服务业以旅游为主。宁西铁路，沪陕高速，平长线、马息线省道过境。

崇福大道［Chóngfú Dàdào］ 在县城中部。东起金刚台大道，西至美人岗路。与黄柏山路、花园路相交。长3.8千米，宽29米。混凝土路面。2002年开工，同年建成。因崇福塔得名，寓意崇尚幸福，追求富裕。两侧有民政局、住建局等。通公交车。

黄柏山路［Huángbòshān Lù］ 在县城西部。南起赵崇德大道，北至二环路。与金刚台大道、温泉大道相交。长7.8千米，宽35米。混凝土路面。1953年修筑原始路段。1966年改建商淮公路。2003年扩建为城区道路。因黄柏山得名。两侧有多个大型宾馆、酒店。通公交车。

金刚台大道［Jīngāngtái Dàdào］ 在县城北部。东起复兴路，西至美人岗路。与黄柏山路相交。长5.2千米，宽30米。2009年开工，同年建成。因金刚台山得名。两侧有县医院、县客运北站、县法院等。通公交车。

赤城路［Chìchéng Lù］ 在县城中部。南起步云桥，北至金刚台大道。与温泉大道、崇福大道相交。长2.9千米，宽30米。混凝土路面。1999年开工，同年建成。因县曾名“赤城”而得名。两侧有县委、县政府等。通公交车。

崇福桥［Chóngfú Qiáo］ 在县城中部。长54米，宽22米，最大跨度45米，桥下净高15米。1933年建临时木桥，因相邻崇福塔得名。1938年烧毁。1956年重修。1959年改建石拱桥。1960年又毁。1965年重建。1966年建成。2000年改建。因崇福大道得名。为中型河道桥梁，结构型式为梁式桥。最大载重50吨。通公交车。

商城站［Shāngchéng Zhàn］ 见交通运输设施部分“商城站”条。

商城汽车站［Shāngchéng Qìchēzhàn］ 见交通运输设施部分“商城汽车站”条。

赤城街道［Chìchéng Jiēdào］ 商城县人民政府驻地。在县境中部。面积23平方千米。人口9.4万。2012年设。因赤城县苏维埃政府旧址得名。有中等职业学校1所，中学3所，小学4所，二级医院1个，卫生院8个，卫生室26个。有崇福公园、世界桂花博览园、铁佛寺公园、滨河公园。有崇福塔、县革命烈士陵园等。经济以工业、商业、旅游业为主。工业以纺织、建筑、农副产品加工、印刷为主。陈东线省道过境。通多路公交车。

鲇鱼山街道［Niányúshān Jiēdào］ 属商城县。在县境中部。面积98平方千米。人口5.5万。2012年设。因有山形似鲇鱼，故名。灌河流经。有中学1所，小学20所，二级医院1个，卫生院1个，卫生室26个。有文化馆、图书馆、体育馆。经济以工业、商业、旅游业为主。工业以油毡、石料加工、农机制造等为主。有鲇鱼山水库、水电站。陈东线省道过境。通多路公交车。

上石桥镇［Shàngshíqiáo Zhèn］ 商城县辖镇。在县境北部。面积152平方千米。人口8.5万。辖2居委会、31村委会，有441自然村。镇人民政府驻上石桥。1962年成立上石桥公社。1977年分上石桥、武桥、白塔集3公社。1983年改上石桥乡。1986年改镇。2005年武桥、白塔集2乡并入。因镇政府驻地得名。有铁、锡、铜、石油等矿产资源。有省级保护动物商城夹板龟、狐狸、白鹭、豪猪等。森林覆盖率35%。有中学4所，小学31所，卫生院2个，卫生室33个。有花鼓灯戏、皮影戏、大鼓书、快板等。农业以种植水稻为主。有紫云英、甜叶菊等生产基地。工业以粮食、毛衫、木器加工为主。宁西铁路、沪陕高速、平长线省道过境。有商城站。

上石桥［Shàngshíqiáo］ 上石桥镇人民政府驻地。在县政府驻地赤城街道北20千米。人口1400。明代成集，原四面环水，赶集必经石桥，故名。聚落呈块状。有高中、卫生院。农业以种植水稻为主。平长线省道经此。

鄢岗镇［Yāngǎng Zhèn］ 商城县辖镇。在县境西北部。面积116平方千米。人口5.4万。辖22村委会，有327自然村。镇人民政府驻鄢岗。1962年双椿铺公社析设鄢岗公社。1983年改乡。1997年改镇。因镇政府驻地得名。有中学3所，小学22所，卫生院1个，卫生室22个。有周寨渡口遗址。经济以农业为主，种植水稻、花生、油菜等，养殖羊。有火炬松、杨树等生态林。工业以粮食加工为主。宁西铁路、沪陕高速、平长线省道过境。

鄢岗［Yāngǎng］ 鄢岗镇人民政府驻地。在县政府驻地赤城街道西北23千米。人口1400。原名中店子，清光绪二十八年(1902)鄢姓在垄岗上兴集，名鄢家岗，简称今名。聚落沿公路两侧略呈L形分布。有中小学、卫生院。为省级传统村落。村域多清代一进三重式院落古民居。农业以种植水稻为主。工业以农机、羽绒、建材加工等为主。确商线省道经此。

双椿铺镇［Shuāngchūnpù Zhèn］ 商城县辖镇。在县境西北部。面积161平方千米。人口6.1万。辖1居委会、17村委会，有391自然村。镇人民政府驻双椿铺。1962年成立双椿铺公社。1983年改乡。1994年改镇。2005年三里坪乡并入。因镇政府驻地得名。森林覆盖率40%。有紫砂陶土、石灰石、河沙等矿产资源。有中学2所，小学30所，卫生院2个，卫生室30个。有三教古洞、鞍山信雨遗址、车毂晓钟遗址、东汉古城遗址、中共赤城县十二区苏维埃旧址、宋岗战斗和榨子洼战斗遗迹等。农业以种植水稻、小麦为主，兼种茶、油桐、油茶、乌桕等。工业以机械、服装、建材加工为主。宁西铁路，双高、河江、双崔公路等过境。

双椿铺［Shuāngchūnpù］ 双椿铺镇人民政府驻地。在县政府驻地赤城街道北18千米。人口600。明代称潘店，亦称双墩铺。后因椿树并生而更名双椿树。清置邮铺，改今名。聚落呈丫字形。有中小学、卫生院。农业以种植水稻、小麦、红麻为主。工业以机械、服装、粮油加工为主。固新线省道经此。

汪桥镇［Wāngqiáo Zhèn］ 商城县辖镇。在县境西部。面积91平方千米。人口5.3万。辖25村委会，有412自然村。镇人民政府驻汪桥。1961年成立汪桥公社。1983年改乡。1996年改镇。因镇政府驻地得名。地处大别山北麓。白鹭河、万象河、四道河等流经。有省级保护动物商城肥鲵、夹板龟、狐狸、白鹭、豪猪等。森林覆盖率49.8%。有中学4所，小学24所，卫生院1个，卫生室25个。有省级文物保护单位汪桥遗址。有花鼓灯戏。农业以种植油桐、油茶、乌桕，养殖猪、鸡、鸭等为主。为国家紫云英生产基地。工业以服装制衣、粮食加工、玩具制造、建材生产为主。西宁铁路，沪陕、京港澳、大广高速，106国道，钟党线、陈东线省道过境。

汪桥［Wāngqiáo］ 汪桥镇人民政府驻地。在县政府驻地赤城街道西北19千米。人口1100。明末汪姓迁此，在溪上建石桥，名汪家桥，后简今名。聚落呈块状。有中小学、卫生院。有汪桥遗址。经济以玩具加工为主，兼有农机加工、制砖制瓦、酱油生产等。南商线省道经此。

余集镇［Yújí Zhèn］ 商城县辖镇。在县境西部。面积89平方千米。人口5.1万。辖2居委会、24村委会，有337自然村。镇人民政府驻余集。1958年成立跃进公社。1962年改余集公社。1983年改乡。1994年改镇。因镇政府驻地得名。有中学3所，小学25所，卫生院1个，卫生室26个。农业以种植水稻、小麦，养殖猪、牛、羊为主。特产板栗、茶油、干果。有支柱产业茶叶、蚕桑、鱼秧。工业以食品、猪鬃制品加工为主。陈东线省道，余黄、余杨、余吴公路过境。

余集［Yújí］ 余集镇人民政府驻地。在县政府驻地赤城街道西南19千米。人口500。明末建大吉寺，有商者陆续迁此设店，渐成集市。曾名雷集、罗集。元末抗元名将余普清、余思铭兵败携后裔定居于此，改名余家集，简今名。聚落呈块状。有中小学、卫生院。有中共商光边区特委旧址、商光边区革命委员会旧址、忠发市苏维埃旧址等。农业以种植水稻为主，养殖鱼秧。盛产白布、粉丝。平长线省道经此。

余老湾［Yúlǎowān］ 在县政府驻地赤城街道西南23千米。余集镇辖自然村。人口200。明末余姓始居，故名。聚落呈团状。为中国传统村落。村域清代古民居多一进五重式布局。农业以种植水稻、花生、油菜、板栗、茶为主。南商线省道经此。

达权店镇［Dáquándiàn Zhèn］ 商城县辖镇。在县境南部。面积154平方千米。人口3.4万。辖22村委会，有288自然村。镇人民政府驻达权店。1962年成立达权店公社。1983年改乡。2010年改镇。因镇政府驻地得名。灌河流经。有珍稀保护树种银杏、归榔、黑檀、樟树等。森林覆盖率76.3%。有中学2所，小学19所，卫生院1个，卫生室22个。有民间艺术花伞舞、花挑舞、火篓子、皮影戏。农业以种植水稻、小麦、花生、芝麻、板栗，养殖猪、牛、羊、鸡、淡水鱼为主。工业以鞋帽服装、灯饰、钢塑门窗等加工为主。平长线省道过境。

达权店［Dáquándiàn］ 达权店镇人民政府驻地。在县政府驻地赤城街道南25千米。人口1000。原因木船竹筏到达而称达船店。又因船筏常遭山洪冲打，称打船店。1950年取意人民达成夺取政权的愿望而更今名。聚落呈块状。有中小学、卫生院。农业以种植水稻、红薯、花生为主，特产板栗、油桐、油茶。工业以米面加工为主。平长线省道经此。

丰集镇［Fēngjí Zhèn］ 商城县辖镇。在县境东部。面积86平方千米。人口3.7万。辖16村委会，有296自然村。镇人民政府驻丰集。1962年成立鄷集公社。1983年改乡。2010年改丰集镇。因镇政府驻地得名。有中学3所，小学19所，卫生院1个，卫生室16个，文化站1个，村文化大院18个，图书室19个。有民间艺术花篮戏、大鼓书、杈伞舞等。农业以种植水稻、小麦，养殖鸭、鸡、牛、猪为主。工业以建材生产、服装加工、粮食加工为主。陈东线省道过境。

丰集［Fēngjí］ 丰集镇人民政府驻地。在县政府驻地赤城街道东北10千米。丰集镇辖自然村。人口1100。明末江西丰姓徙此定居，名丰家塆。后建街设集，易名丰家集。再简今名。聚落呈带状。有中小学、幼儿园、卫生院。农业以种植水稻、小麦、蔬菜、油菜为主。陈东线省道经此。

观庙镇［Guānmiào Zhèn］ 商城县辖镇。在县境西部。面积91平方千米。人口3.9万。辖20村委会，有468自然村。镇人民政府驻观庙。1962年成立观庙公社。1983年改乡。2013年改镇。因镇政府驻地得名。万象河流经。有大石桥水库。有珍稀保护树种银杏、归榔、黑檀、樟树等。森林覆盖率68.9%。有中学4所，小学19所，卫生院1个，卫生室24个。有景点龙山文化遗址、唐开元寺古井、皮大山石墙等。有民间艺术花伞舞、花挑舞、火篓子、皮影戏。经济以农业为主，种植水稻，养殖猪、牛、羊、鸡、淡水鱼等。工业以服装加工、建筑用砖、水泥板预制等为主。双鲍公路过境。

观庙［Guānmiào］ 观庙镇人民政府驻地。在县政府驻地赤城街道西21千米。人口1000。明中期曾名高家畈。清初建观音庙，设邮铺，得名观音铺。清末庙毁，更名观庙铺，简称今名。聚落呈块状。有小学、卫生室。农业以种植花生、大豆、玉米等为主。固新线省道经此。

汪岗镇［Wānggǎng Zhèn］ 商城县辖镇。在县境中部。面积70平方千米。人口2.8万。辖17村委会，有226自然村。镇人民政府驻汪岗。1975年伏山、四顾墩2公社析设汪岗公社。1983年改乡。2013年改镇。因镇政府驻地得名。有中学1所，小学14所，卫生院1个，卫生室15个。农业以种植水稻、小麦、花生、芝麻、油菜，养殖猪、牛、羊、家禽等为主。盛产板栗、茶叶。工业以机械加工、建材为主。平长线省道过境。

汪岗［Wānggǎng］ 汪岗镇人民政府驻地。在县政府驻地赤城街道南9千米。人口1000。明末汪姓迁此，取名汪家岗，简今名。聚落沿公路呈十字形分布。有小学、卫生室。农业以种植茶、黄花、板栗、西瓜等为主。平长线省道经此。

金刚台镇［Jīngāngtái Zhèn］ 商城县辖镇。在县境东部。面积92平方千米。人口2.7万。辖12村委会，有264自然村。镇人民政府驻大塘塆。1962年成立四顾墩公社。1983年改乡。2007年因金刚台国家地质公园改金刚台乡。2014年改镇。森林覆盖率75%。有中学1所，小学13所，卫生院1个，卫生室13个。有民间艺术剪纸、根雕、杈伞舞、火绫子等。有国家3A级旅游景区金刚台猫儿峰、金刚红军洞群所等。经济以农业、旅游为主，种植水稻、小麦、花生、芝麻、油菜、板栗等。平长线省道过境。

大塘塆［Dàtángwān］ 金刚台镇人民政府驻地。在县政府驻地赤城街道东8千米。人口100。清初江西何姓迁此，村临大塘，故名。聚落呈块状。有中学。农业以种植水稻、小麦为主。固商线省道经此。

河凤桥乡［Héfèngqiáo Xiāng］ 商城县辖乡。在县境中北部。面积79平方千米。人口4.2万。辖18村委会，有273自然村。乡人民政府驻辛店。1962年成立河凤桥公社。1983年改乡。因古桥"和丰桥"谐音演化得名。有观音山。有中学3所，小学20所，卫生院1个，卫生室19个。有道教圣地观音山。为豫南花篮戏起源地。农业以种植水稻、蔬菜为主。工业以建材加工为主。平长线省道、商淮公路过境。

辛店［Xīndiàn］ 河凤桥乡人民政府驻地。在县政府驻地赤城街道北12千米。人口3200。清末李姓建凉亭，得名李家凉亭。1912年开设饭店，改称小新店。1951年为与今达权店镇新店区别更今名。聚落呈片状。灌河流经。有小学、卫生室。农业以种植水稻、小麦、油菜、甘蔗为主。工业以粮食加工为主。商淮公路经此。

李集乡［Lǐjí Xiāng］ 商城县辖乡。在县境东北部。面积94平方千米。人口3.6万。辖16村委会，有249自然村。乡人民政府驻杨山坎。1975年鄷集、河凤桥2公社析设李集公社。1983年改乡。清初李姓居此，渐成集市，故名。有中学2所，小学16所，卫生院1个，卫生室15个。有中共商城县委旧址等。农业以种植水稻、小麦为主，盛产板栗、茶叶。工业以建筑建材、粮食加工、纺织加工为主。宁西铁路、沪陕高速、陈东线省道、李武公路过境。

杨山坎［Yángshānkǎn］ 李集乡人民政府驻地。在县政府驻地赤城街道东北18千米。人口1100。1920年杨姓迁居山坎，故名。聚落呈线状。有中小学、卫生院。农业以种植水稻、小麦、花生等为主。通公路。

苏仙石乡［Sūxiānshí Xiāng］ 商城县辖乡。在县境东部。面积93平方千米。人口1.6万。辖10村委会，有154自然村。乡人民政府驻曾岗。1977年四顾墩公社析设苏仙石公社。1983年改乡。因苏仙石村得名。传汉代桂阳人苏耽常年在此采药，为民治病，后站石飞天成仙，村民为纪念之而得名。森林覆盖率71%。有中学1所，小学10所，卫生院1个，卫生室10个。有鄂豫皖红军造纸厂旧址、红军交通站旧址、红军十烈士墓等。有民间艺术皮影戏、花鼓灯戏、舞狮子、庙会等。有国家3A级旅游景区西河、国家地质公园金刚台。经济以农业为主，种植水稻、小麦、花生、油菜、板栗、芝麻等，养殖猪、牛、羊。工业以茶叶、竹制品、新型建材等加工为主。河苏公路过境。

曾岗［Zēnggǎng］ 苏仙石乡人民政府驻地。在县政府驻地赤城街道东南17千米，人口1900。因曾姓居多而称曾家岗，后简今名。聚落呈团状。有中小学、卫生院。有明代陶瓷窑遗址。经济以种植茶、水稻为主。固商线省道过境。

伏山乡［Fúshān Xiāng］ 商城县辖乡。在县境南部。面积142平方千米。人口3.2万。辖18村委会，有311自然村。乡人民政府驻枫香树。1962年成立伏山公社。1983年改乡。因大、小伏山得名。森林覆盖率75%。有中学2所，小学18所，卫生院1个，卫生室18个。有金刚古寨遗址。有里罗城村特色民俗文化节。有景观燕湾古村、石洞石佛等。农业以种植水稻、小麦、茶，养殖猪、羊、家禽等为主。工业以石材、油脂加工为主。伏泗公路过境。

枫香树［Fēngxiāngshù］ 伏山乡人民政府驻地。在县政府驻地赤城街道南14千米。人口800。因树得名。聚落沿路呈带状分布。有中学、卫生院。有木、竹、炭等特产贸易。伏卧线县道经此。

吴河乡［Wúhé Xiāng］ 商城县辖乡。在县境西南部。面积112平方千米。人口3.1万。辖17村委会，有262自然村。乡人民政府驻吴河。1975年鲇鱼山、余集、达权店3公社析设吴河公社。1983年改乡。因乡政府驻地得名。森林覆盖率76%。有中学2所，小学17所，卫生院1个，卫生室17个。有汤泉池区苏维埃遗址、商城暴动遗址等。有民间艺术花篮戏、皮影戏、大鼓书、龙灯等。有国家3A级旅游景区汤泉池。经济以农业为主，种植水稻、小麦、棉花，养殖猪、牛、羊、淡水鱼等。工业以林产品、农副产品加工为主。陈泉、吴余公路过境。

吴河［Wúhé］ 吴河乡人民政府驻地。在县政府驻地赤城街道西南14千米。人口100。清中期吴姓迁此，始名吴家竹园，后因临河改称吴家河，简今名。聚落呈线状。有中小学、卫生院。农业以种植水稻，养殖水产品为主。沿大别山线省道经此。

何老湾［Hélǎowān］ 在县政府驻地赤城街道西南16千米。吴河乡辖自然村。人口100。清乾隆年间(1736—1795)何姓始建，故名。聚落呈带状。有小学、卫生室。为中国传统村落。有清代古建筑何氏老宅。农业以种植水稻为主。沿大别山线省道经此。

冯店乡［Féngdiàn Xiāng］ 商城县辖乡。在县境南部。面积132平方千米。人口2.5万。辖16村委会，有258自然村。乡人民政府驻冯店。1975年达权店、余集2公社析设冯店公社。1983年改乡。因乡政府驻地得名。地处豫、鄂2省结合部。森林覆盖率53.6%。有中学2所，小学14所，卫生院1个，卫生室16个。有花鼓灯戏。农业以种植水稻、小麦、油茶，养殖猪、鸡、鸭为主。工业以建材生产、食用油加工、玩具制造为主。余黄公路过境。

冯店［Féngdiàn］ 冯店乡人民政府驻地，在县政府驻地赤城街道西南22千米。人口

700。原名刘家店、叶店。清康熙四十五年(1706)冯元英自湖北黄冈迁此,易今名。聚落呈带状。有中小学、卫生院。有烈士集葬墓等。农业以种植水稻、小麦、茶、板栗为主。南商线省道过境。

四楼湾［Sìlóuwān］ 在县政府驻地赤城街道西南24千米。冯店乡辖自然村。人口100。传清顺治年间周姓在此建四座楼,故名。聚落呈块状。有小学、医疗室。为中国传统村落。有清代建筑周氏老宅,含房屋22间。农业以种植水稻、小麦、油菜、板栗、花生、大豆等为主。工业以榨油、竹木等加工为主。南商线省道过境。

长竹园乡［Chángzhúyuán Xiāng］ 商城县辖乡。在县境南部。面积229平方千米。人口3.5万。辖22村委会,有343自然村。乡人民政府驻金家塝。1958年成立钢铁公社。1961年改长竹园公社。1983年改乡。因竹子多得名。古时商人安徽西去湖北武汉常在竹园歇脚,故称为长(zhǎng)竹子的园子,后演为长(cháng)竹园。地处豫、鄂、皖3省结合部。森林覆盖率96.7%。灌河流经。有中学2所,小学22所,卫生院1个,卫生室22个。有民间艺术火蒌子、丝铉锣鼓。有黄柏山国家森林公园。农业以种植水稻、小麦、蔬菜、油茶、板栗、茶,养殖猪、鸡、鸭为主。工业以铁砂、油茶、中药材加工等为主。平长线省道过境。

金家塝［Jīnjiābàng］ 长竹园乡人民政府驻地。在县政府驻地赤城街道南34千米。人口1000。清初金姓迁此山塝定居,故名。聚落沿灌河呈条状分布。有中小学、卫生院。有中国工农红军第四军建军纪念地。农业以种植水稻、玉米为主,盛产油茶、茶叶、板栗。东深公路经此。

四方洼［Sìfāngwā］ 在县政府驻地赤城街道南35千米。长竹园乡辖自然村。人口100。东、西、北环山,中间低洼,故名。聚落呈块状。为中国传统村落、省级历史文化名村。有民国初年古建筑"顾荆乐堂"民俗馆。经济以农业为主,种植水稻、玉米、油茶、茶、板栗等。平长线省道经此。

固 始 县

固始县［Gùshǐ Xiàn］ 信阳市辖县。北纬32°10′,东经115°40′。在市境东部。面积2946平方千米。人口174.2万。辖3街道、17镇、13乡。县人民政府驻秀水街道。南朝宋泰始中置固始县,属新蔡郡。隋开皇初移治今县城,属弋阳郡。唐、宋属光州。元、明属汝宁府。清属光州。清光绪三十四年(1908)属汝光道。1913年属豫南道。1918年属汝阳道。1927年属豫南行政区。1933年属第九行政督察区。1949年属潢川专区。1952年属信阳专区。1969年属信阳地区。1998年属信阳市。明嘉靖《固始县志》载:"史记正义曰,孙叔敖以寝丘土寝薄取为封邑,李通慕叔敖受邑,光武嘉之,改名固始。臣按:县名昉此,岂因通与帝首事,欲其紧固初始欤。"因取"坚固初始"之意得名。地势由西南向东北倾斜。平均海拔80米。最高点曹家寨山海拔1026米,最低处点老鼠尾巴海拔23米,同为省海拔最低点。年均气温15℃,1月平均气温2℃,7月平均气温28℃。年均降水量1058毫米。有淮河、史河、灌河等流经。有无烟煤、石煤、优质灰岩、花岗岩、石墨、石棉等矿产资源。有野生植物1400种,其中国家濒危植物有金钱松等4种。有野生动物750多种,其中国家重点保护野生动物有黑斑蛙、大鲵等45种。有省级自然保护区淮河湿地。森林覆盖率19.2%。有职业学校7所,高中14所,中学57所,小学658所,二级医院4个。有全国重点文物保护单位番国故城遗址、陈元光祖祠,省级文物保护单位妙高禅寺、平寨遗址、郑成功衣冠冢等6个。有省级历史文化名镇、省级历史文化名村各1个。有省级非物质文化遗产汉族叙事长诗《郭丁香》、花挑舞等5项。有国家4A级旅游景区西九华山,省级森林公园安山。三次产业比例30∶35∶35。农业以种植水稻、小麦为主,有粮油、茶叶、畜禽、柳编、银针等特色产业。特产豫南黑猪、固始鸡、淮南麻鸭、固始白鹅、固始甲鱼等。为国家商品粮食生产基地之一。工业以木材加工、农副食品加工为主。服务业以旅游、餐饮为主。有国家级固始史河湾发展改革试验区、省级固始县产业集聚区。宁西铁路,淮固、沪陕高速,312国道,淮商、信叶公路过境。

陈元光广场［Chényuánguāng Guǎngchǎng］ 在县城中部。面积5公顷。2000年开工,2004年建成。因纪念唐代固始籍"开漳圣王"陈元光得名。有大型中心水体景观,以中心方形水体,寓意"天圆地方",音乐喷泉4组为角。有"与时俱进"主题雕塑、陈元光雕像等。周边有县行政审批大厅。通公交车。

蓼北路［Liǎoběi Lù］ 在县城中部。东起王审知大道,西至省道固商线。与红苏大道、中原大道、蓼城大道等相交。长7.5千米,宽60米。混凝土路面。1958年修建原始道路。1982年扩建。1997年重建为主干道。2006年重修扩建。因处古蓼城县北得名。2006年更名番国路。2009年复名。两侧有县医院、县公疗医院、陈元光广场、检察院、法院、县一中等。通公交车。

中山大街［Zhōngshān Dàjiē］ 在县城中部。东起蓼城东路,西至固商线省道。与红苏大道、蓼城大道等相交。长5.1千米,宽24米。混凝土路面。清乾隆五十一年(1786)筑,清末名望京街。1912年后改中山大街。1958年拓宽。1966年后改东方红大街。1975年拓宽、改建。1983年复名中山大街。1988年拓宽。两侧有县第一小学、第三中学、第三医院、妇幼保健医院、农业局、秀水公园及多家商铺等。通公交车。

蓼城大道［Liǎochéng Dàdào］ 在县城西部。南起312国道,北至番国大道。与成功大道、陈元光大道、中山大街等相交。长7.1千米,宽72米。混凝土路面。1997年开工,2001年建成。2013年扩建。因古蓼城得名。两侧有审计局、人社局、银行、县政府、公安局、秀水公园等。通公交车。

红苏大道［Hóngsū Dàdào］ 在县城中部。南起成功大道,北至番国大道。与中山大街、信合大道、凤凰大道等相交。长5.7千米,宽25米。混凝土路面。原为省道固商线一段,1997、1998年延建为城区道路。因固始县原属苏区而得名。两侧有蓼城高中、实验艺术小学、银行等。通公交车。

固始汽车运输总站［Gùshǐ Qìchē Yùnshū Zǒngzhàn］ 见交通运输设施部分"固始汽车运输总站"条。

秀水街道［Xiùshuǐ Jiēdào］ 固始县人民政府驻地。在县境中部。面积60平方千米。人口5万。2011年设。因秀水公园得名。灌河流经。有中学8所,小学11所,二级医院2个,卫生室16个。农业以种植水稻、小麦、玉米等为主。工业以混凝土、木业制造为主。淮固高速、312国道过境。通多路公交车。

蓼城街道［Liǎochéng Jiēdào］ 属固始县。在县境中部。面积31平方千米。人口10万。以汉族为主,还有回族等。2011年设。西周及春秋战国时期属番、蓼国地,故名。史河流经。有中学8所,小学13所,二级医院1个,卫生院2个,卫生室10个。有名胜古迹玉皇阁、东门楼、吴家祠堂、桃花坞水库、詹家大塘等。经济以商业、旅游业为主,为县城主要商业区。312国道、平长线省道过境。有县汽车站、固始汽车运输总站、固始双龙客车站、县客运北站。通多路公交车。

番城街道［Pānchéng Jiēdào］ 属固始县。在县境中部。面积75平方千米。人口5.5万。2011年设。因番国古城遗址得名。史河流经。有中学7所,小学11所,二级医院1个,卫生院1个,卫生室11个。有灶戏、花挑舞。工业以纺织、食品加工等为主。312国道、平长线省道过境。通多路公交车。

陈淋子镇［Chénlínzi Zhèn］ 固始县辖镇。在县境东南部。面积105平方千米。人口6.1万。辖5居委会、19村委会,有594自然村。镇人民政府驻陈淋子。1956年设陈淋子乡。1959年改陈淋公社。1983年改陈淋子乡。1986年改镇。因镇政府驻地得名。有中学1所,小学17所,卫生院1个,卫生室24个。有国家4A级旅游景区西九华山。经济以农业、农产品加工为主。盛产毛竹、茶叶、板栗、油桐籽等。蚕桑业较盛。工业以粮油、竹木、茶叶等加工为主。宁西铁路、沪陕高速、312国道、信叶公路过境。

陈淋子［Chénlínzi］ 陈淋子镇人民政府驻地。在县政府驻地秀水街道东南42千米。人口1200。明初陈姓居此,宅旁河有深潭,俗称河泠子,故名陈家泠子,后取谐音"淋"更今名。聚落呈块状。史河流经。有中小学、卫生院。经济以农业为主,种植水稻、茶,特产菊苣、山莓。有防水材料、粮油加工业。宁西铁路、沪陕高速、信叶公路经此。

黎集镇［Líjí Zhèn］ 固始县辖镇。在县境东南部。面积149平方千米。人口8.1万。辖1居委会、23村委会,有589自然村。镇人民政府驻黎集。1949年设黎集区。1956年改乡。1959年改公社。1983年复乡。1986年改镇。因镇政府驻地得名。史河流经。有中学1所,小学14所,卫生院1个,卫生室25个。有安丰郡治旧址文古城、卧龙龙山—西周时期文化遗址。农业以种植红麻、蚕桑、柳条为主。工业以农机、自来水、造纸等为主。有农副产品集散贸易。312国道过境。

黎集［Líjí］ 黎集镇人民政府驻地。在县政府驻地秀水街道东南27千米。人口3200。明崇祯七年(1634)黎姓盐商在此兴集,故名。聚落呈块状。史河流经。有中小学、卫生院。有赶对、马塘庙会。农业以种植水稻、小麦、油菜为主。有蓄电池制造业。312国道经此。

蒋集镇［Jiǎngjí Zhèn］ 固始县辖镇。在县境东北部,面积76平方千米。人口7.3万。辖3居委会、21村委会,有235自然村。镇人民政府驻张大营。1950年设蒋集镇。1956年改乡。1959年改公社。1983年复乡。1986年复镇。蒋氏夫妇在此开店铺,得名蒋家铺,后兴集市,清初更名蒋家集,后简称蒋集。史河流经。有中学2所,小学16所,卫生院1个,卫生室24个。有湖北、山西会馆遗址,兴隆集古墓,古银杏树。有省级非物质文化遗产传统花挑舞。经济以农业为主,种植水稻、萝卜、麻类等。工业以加工为主。固陈、固徐公路过境。

张大营［Zhāngdàyíng］ 蒋集镇人民政府驻地。在县政府驻地秀水街道东北19千米。人口5500。清同治年间(1644—1661)张姓建庄,故名。聚落呈块状。有中小学、卫生室。农业以种植萝卜、麻类为主。固陈、固徐公路经此。

往流镇［Wǎngliú Zhèn］　固始县辖镇。在县境北部。面积142平方千米。人口6.2万。辖2居委会、19村委会，有198自然村。镇人民政府驻往流集。1956年淮滨县设往流乡。1958年改往流公社。1960年属固始县。1983年改乡。1986年改镇。因镇政府驻地得名。淮河流经。有中学3所，小学12所，卫生院1个，卫生室20个。农业以种植小麦、水稻、玉米，养殖猪、鹅、鸡为主。工业以电力、石灰加工、综合加工等为主。平长线省道过境。通淮河航道。

往流集［Wǎngliújí］　往流镇人民政府驻地。在县政府驻地秀水街道西北24千米。人口6000。清代车船如梭，行人如流，兴集市，故名。聚落呈块状。有中小学、卫生院。农业以种植水稻、小麦为主。白鹅养殖为特色产业。平长线省道经此。

郭陆滩镇［Guōlùtān Zhèn］　固始县辖镇。在县境中部偏南。面积97平方千米。人口6万。辖1居委会、20村委会，有283自然村。镇人民政府驻西园。古称蓼潭、过路滩。曾设古蓼镇、郭陆滩镇。1956年设郭陆滩乡。1959年改公社。1983年改乡。1996年改镇。元明时期郭、陆2姓在石槽河北段渡口滩地搭棚开店，遂成集市，故名。有中学1所，小学15所，卫生院1个，卫生室22个。农业以种植水稻、小麦为主，盛产园竹、红麻。特产元竹。工业以制氧、铸铁等为主。平长线省道过境。

西园［Xīyuán］　郭陆滩镇人民政府驻地。在县政府驻地秀水街道南16千米。人口1100。因西菜园得名。聚落呈线状。有中学。农业以种植蔬菜、水稻、小麦、油菜为主。平长线省道经此。

胡族铺镇［Húzúpù Zhèn］　固始县辖镇。在县境西部。面积184平方千米。人口8.1万。辖2居委会、28村委会，有615自然村。镇人民政府驻胡族铺。1956年设胡族铺乡。1959年改公社。1983年改乡。1997年改镇。因镇政府驻地得名。有中学3所，小学25所，卫生院1个，卫生室28个。有白鹭园生态景区。农业以种植水稻为主，盛产麻类、鱼。特产迎河柑橘。工业以粮油加工为主，兼有制砖制瓦、微粉加工、建筑等。有粮、棉、麻、禽蛋集散贸易。312国道、平长线省道过境。

胡族铺［Húzúpù］　胡族铺镇人民政府驻地。在县政府驻地秀水街道西20千米。人口4000。居民多胡姓，金置急递铺，故名。聚落呈块状。有中小学、卫生院。有白鹭园生态景区。农业以种植水稻、小麦、油菜、紫云英为主。工业以粮油加工、建筑建材、制塑等为主。312国道、平长线省道经此。

方集镇［Fāngjí Zhèn］　固始县辖镇。在县境南部。面积107平方千米。人口3.8万。辖1居委会、19村委会，有608自然村。镇人民政府驻东岗。1956年设方集乡。1962年改公社。1983年改乡。1997年改镇。古时方姓居岗边，称方大庄。宋代兴集，更名方家集，后简称方集。有中学2所，小学15所，卫生院1个，卫生室21个。有杨山煤矿工人起义旧址、"六桂联芳"遗址、杨行密庙遗址。农业以种植水稻、小麦为主。盛产板栗、茶叶、桐籽、生漆等。有养殖业。工业以加工为主，有木器、粮食加工等。宁西铁路，沪陕高速，陈东线、三马线省道，信叶公路过境。

东岗［Dōnggǎng］　方集镇人民政府驻地。在县政府驻地秀水街道西南30千米。人口1200。因在岗头东侧建庄，故名。聚落呈块状。有中小学、卫生院。农业以种植水稻为主。陈东线省道经此。

三河尖镇［Sānhéjiān Zhèn］　固始县辖镇。在县境东北47千米。面积79平方千米。人口4.1万。辖1居委会、17村委会，有71自然村。镇人民政府驻马营。1962年成立三河尖公社。1983年改乡。2007年改镇。清乾隆年间（1736—1795）在淮、史灌、泉3河交汇南侧尖角河湾上兴集，故名。建湾村"老鼠尾巴"海拔23米，为全省最低点。有中学1所，小学16所，卫生院1个，卫生室18个。有翁棚、万圩、黄寨等春秋战国文化遗址。农业以种植水稻、小麦为主。工业以柳编加工为主。平长线省道过境。

马营［Mǎyíng］　三河尖镇人民政府驻地。在县政府驻地秀水街道东北47千米。人口200。1942年马姓在马家庙西侧建庄，故名。聚落呈块状。有中学、卫生室。有柳编业。平长线省道过境。

段集镇［Duànjí Zhèn］　固始县辖镇。在县境南部。面积106平方千米。人口3.6万。辖1居委会、18村委会，有170自然村。镇人民政府驻姚老家。1956年分设乐道冲、段集、窑沟3乡。1959年合改段集公社。1983年改乡。2009年改镇。镇政府原驻地段集，旧名鹅卵店，清末兴集，多段姓，故名。有中学1所，小学15所，卫生院1个，卫生室19个。有皮影戏。经济以农业为主，种植红麻、茶、板栗、油桐、中药材。工业以农机、砖瓦、碎石等加工为主。宁西铁路，罗叶高速，信叶、赵青公路过境。

姚老家［Yáolǎojiā］　段集镇人民政府驻地。在县政府驻地秀水街道南35千米。人口1700。清康熙年间（1662—1722）因姚姓居此，故名。聚落呈块状。有小学、卫生室。农业以种植水稻为主。工业以酿酒、自来水等加工为主。宁西铁路、平长线省道经此。有固始站。

乐道冲［Lèdàochōng］　在县政府驻地秀水街道南27千米。段集镇辖自然村。人口2400。明清称涝稻冲、蹄蹈冲。后外地人误认为闹蛋冲，民国中期雅称今名。聚落呈块状。有小学。有省级文物保护单位秦树声故居。有瓦坊汉墓。农业以种植水稻为主。宁西铁路、平长线省道过境。

汪棚镇［Wāngpéng Zhèn］　固始县辖镇。在县境西南部。面积126平方千米。人口5.9万。辖1居委会、22村委会，有456自然村。镇人民政府驻汪棚。1956年设汪棚乡。1959年改公社。1983年改乡。2010年改镇。因镇政府驻地得名。有中学1所，小学15所，卫生院1个，卫生室23个。有县第五区苏维埃政府旧址、胡氏祠堂遗址。经济以农业为主，种植水稻、小麦。工业以农机加工、制砖制瓦、制茶等为主。312国道、沪陕高速、平长线省道过境。

汪棚［Wāngpéng］　汪棚镇人民政府驻地。在县政府驻地秀水街道西南8千米。人口2200。清中期因汪姓设茶棚，故名。聚落呈块状。有小学、卫生院。农业以种植水稻、小麦为主。固商线省道经此。

张广庙镇［Zhāngguǎngmiào Zhèn］　固始县辖镇。在县境东南部。面积101平方千米。人口4.8万。辖3居委会、22村委会，有461自然村。镇人民政府驻张广庙。1962年成立张广公社。1983年改张广庙乡。2010年改镇。因镇政府驻地得名。有中学1所，小学11所，卫生院1个。有蔡仲美烈士墓。经济以农业为主，种植水稻、红麻、梨，养殖甲鱼、固始麻鸭。工业以大米加工、银针制造等为主。三武公路过境。

张广庙［Zhāngguǎngmiào］　张广庙镇人民政府驻地。在县政府驻地秀水街道东偏南21千米。人口700。清初张广迁此岗上建庙，故名。聚落呈块状。有中学、卫生院。经济以大米加工、银针制造等为主。农业以种植水稻、小麦，养殖甲鱼为主。固陈公路过境。

陈集镇［Chénjí Zhèn］　固始县辖镇。在县境东北部。面积103平方千米。人口6万。辖1居委会、21村委会，有353自然村。镇人民政府驻陈集。1956年设陈集乡。1962年改公社。1983年改乡。2011年改镇。因镇政府驻地得名。有中学3所，小学12所，卫生院1个，卫生室22个。有全国重点文物保护单位陈元光祖祠，省级文物保护单位陈氏将军祠。农业以种植水稻、小麦为主。盛产鱼虾。工业以石灰、石料、砖瓦加工为主。徐泉、固陈公路过境。

陈集［Chénjí］　陈集镇人民政府驻地。在县政府驻地秀水街道东北32千米。人口2000。清中叶陈姓在泉河桥边设店，名陈桥。后改陈家集，简今名。聚落呈块状。有中小学、卫生院。有全国重点文物保护单位陈元光祖祠。农业以种植水稻为主。固霍公路过境。

武庙集镇［Wǔmiàojí Zhèn］　固始县辖镇。在县境南部。面积116平方千米。人口3.2万。辖1居委会、16村委会，有297自然村。镇人民政府驻武庙集。1955年设武庙乡。1962年改公社。1983年改武庙集乡。2011年改镇。因镇政府驻地得名。有中学1所，小学11所，卫生院1个，卫生室17个。有第二区苏维埃政府旧址、国家4A级旅游景区西九华山、国家3A级旅游景区华阳湖。农业以种植茶、元竹、杜仲、板栗、天麻、茯苓等为主。工业以数控设备、机械制造等为主。服务业以旅游为主。宁西铁路、信叶公路过境。

武庙集［Wǔmiàojí］　武庙集镇人民政府驻地。在县政府驻地秀水街道南40千米。人口3300。元明时期武姓修桥，遂兴集市，得名武桥。明至清在桥边先后建关公、火神、霍祖、孤魂、奶奶庙等5庙，清中期更今名。聚落呈块状。有中小学、卫生院。有第二区苏维埃政府旧址。农业以种植水稻为主。服务业以小商品经营为主。信叶公路经此。

分水亭镇［Fēnshuǐtíng Zhèn］　固始县辖镇。在县境东部。面积83平方千米。人口5.7万。辖1居委会、22村委会，有319自然村。镇人民政府驻分水亭。1952年设分水亭乡。1956年分设分水亭、罗集2乡。1962年成立分水亭公社。1983年改乡。2011年改镇。因镇政府驻地得名。有中学1所，小学12所，卫生院1个，卫生室23个。有省级重点文物保护单位王审知故居遗址。经济以农业为主，种植水稻、小麦，养殖淡水鱼。工业以农机、面粉加工、电力等为主。固平公路过境。

分水亭［Fēnshuǐtíng］　分水亭镇人民政府驻地。在县政府驻地秀水街道东11千米。人口5100。清康熙年间（1662—1722）有分水闸，筑亭观水，名分水亭，村以亭名。聚落呈块状。有中小学、卫生院。农业以种植水稻，养殖淡水鱼为主。工业以乳业、水工制造、大米加工等为主。固新公路经此。

石佛店镇［Shífódiàn Zhèn］　固始县辖镇。在县境东南部。面积64平方千米。人口4.4万。辖2居委会、13村委会，有194自然村。镇人民政府驻石佛店。1956年设石佛店乡。1962年改公社。1983年改乡。1988年析设柳树店乡。2011年改镇。因镇政府驻地得名。史河流经。有中学1所，小学10所，卫生院1个，卫生室15个。有龙潭寺遗址、沙包之战遗址。经济以农业为主，种植红麻、油菜、水稻、葡萄，养殖鹅、蛋鸡、山羊、黄牛。工业以制砖制瓦等为主。312国道过境。

石佛店［Shífódiàn］　石佛店镇人民政府驻地。在县政府驻地秀水街道东南16千米。人口4500。明代在此打井出土石佛，建庙供之，庙旁水井旺似潭，故名石佛潭。后设店成集，更今名。聚落呈块状。有中小学、卫生院。农业以种植红麻、油菜、水稻、葡萄为主。312国道经此。

泉河铺镇 [Quánhépù Zhèn] 固始县辖镇。在县境东部。面积81平方千米。人口4.7万。辖2居委会、16村委会,有319自然村。镇人民政府驻泉河铺。1975年成立泉河公社。1983年改泉河铺乡。2013年改镇。因镇政府驻地得名。泉河流经。有省级森林公园安山。有中学1所,小学9所,卫生院1个,卫生室18个。有省级重点文物保护单位平寨遗址。有明代石拱桥。经济以农业为主,种植水稻、小麦、玉米、花生、芝麻等。特产黄堰甲鱼、安山东枣。工业以水泥预制、轮窑、电线、石灰石加工等为主。服务业以商业、旅游为主。固平公路过境。

泉河铺 [Quánhépù] 泉河铺镇人民政府驻地。在县政府驻地秀水街道东19千米。人口4100。宋元明时期为传递铺,濒临泉河,故名。聚落呈线状。有中小学、卫生院。有明代石拱桥。农业以种植水稻为主,特产黄堰甲鱼、安山东枣。有鲜鱼集散贸易。固陈公路经此。

祖师庙镇 [Zǔshīmiào Zhèn] 固始县辖镇。在县境东南部。面积87平方千米。人口3.8万。辖2居委会、15村委会,有821自然村。镇人民政府驻祖师庙。1956年设祖师庙乡。1961年改祖师公社。1983年改祖师庙乡。2013年改镇。因镇政府驻地得名。有中学1所,小学14所,卫生院1个,卫生室17个。有妙高寺、关门山水库上游、固始苏维埃政府旧址和少共碑、奶奶殿山。农业以种植元竹、油桐、板栗、茶为主。工业以制砖制瓦、服装制衣、建筑等为主。宁西铁路、沪陕高速、陈东线省道过境。

祖师庙 [Zǔshīmiào] 祖师庙镇人民政府驻地。在县政府驻地秀水街道东南40千米。人口1400。因清初有人建庙供祖师爷像,故名。聚落呈块状。有中小学、卫生院。农业以种植水稻为主。盛产木材、茶叶。宁西铁路、陈东线省道经此。

洪埠乡 [Hóngbù Xiāng] 固始县辖乡。在县境北部。面积85平方千米。人口7.5万。辖3居委会、19村委会,有250自然村。乡人民政府驻洪埠。1956年设洪埠乡。1959年改公社。1983年改乡。因乡政府驻地得名。有中学2所,小学14所,卫生院1个,卫生室23个。有张岗遗址。农业以种植小麦、水稻、油菜、红麻,养殖淮南猪、固始鸡、固始鹅为主。工业以制砖制瓦、水泥预制、木业等为主。三马线省道过境。

洪埠 [Hóngbù] 洪埠乡人民政府驻地。在县政府驻地秀水街道北7千米。人口3100。清嘉庆年间(1796—1820)洪姓在灌河边设码头,名洪家埠。后因兴集,名洪埠子,后简今名。聚落呈块状。有中小学、卫生院。农业以种植水稻,养殖淮南猪、固始鸡、固始鹅为主。工业以食品加工为主。三马线省道经此。

杨集乡 [Yángjí Xiāng] 固始县辖乡。在县境西北部。面积125平方千米。人口5万。辖2居委会、17村委会,有230自然村。乡人民政府驻杨集。1956年设杨集乡。1962年改公社。1983年改乡。因乡政府驻地得名。有鹰嘴山水库。有中学1所,小学15所,卫生院1个,卫生室17个。经济以农业为主,种植小麦、水稻、豆类等。特产淮草。工业以制砖制瓦、水泥预制、综合加工等为主。杨新线县道过境。

杨集 [Yángjí] 杨集乡人民政府驻地。在县政府驻地秀水街道西北14千米。人口4500。清嘉庆年间(1796—1820)有古庙5个,名五庙集。后杨姓在此练兵,以其姓更今名。聚落呈块状。有中小学、卫生院。农业以种植小麦、水稻为主。特产淮草。杨新线县道过境。

马堽集乡 [Mǎgāngjí Xiāng] 固始县辖乡。在县境西部。面积101平方千米。人口4.5万。辖1居委会、16村委会,有306自然村。乡人民政府驻马堽集。1956年设马堽乡。1962年改公社。1983年改马堽集乡。因乡政府驻地得名。有中学3所,小学14所,卫生院1个,卫生室22个。有大荒坡农民武装暴动旧址、会光寺、马堽清真寺。经济以种植水稻、油菜为主。有纺织、大米加工、制砖制瓦业等。平长线省道过境。

马堽集 [Mǎgāngjí] 马堽集乡人民政府驻地。在县政府驻地秀水街道西南26千米。人口3600。宋元时为南北向垄岗,远看似马,岗顶平坦,得名马冈。清代取"冈"同音字改今名。聚落呈块状。有中小学、卫生院。经济以种植水稻、油菜为主。工业以纺织、大米加工、制砖制瓦等为主。平长线省道经此。

草庙集乡 [Cǎomiàojí Xiāng] 在固始县辖乡。在县境西南部。面积77平方千米。人口3.8万。辖1居委会、12村委会,有402自然村。乡人民政府驻草庙集。1956年设草庙集乡。1961年改草庙公社。1983年改草庙集乡。因乡政府驻地得名。有中学1所,小学8所,卫生院1个,卫生室16个。有龙山文化遗址、周代烽火台遗址。经济以农业为主,种植水稻、花生、红麻,养殖淮山羊、长毛兔、固始鸡。固商线省道过境。

草庙集 [Cǎomiàojí] 草庙集乡人民政府驻地。在县政府驻地秀水街道西南16千米。人口2600。原有草屋庙宇,明置急递铺,名草庙铺,清改今名。聚落呈块状。有中小学、卫生院。经济以农业为主,盛产桔梗、香附等中药材,饲养长毛兔、山羊。三马线省道经此。

南大桥乡 [Nándàqiáo Xiāng] 固始县辖乡。在县境中部偏南。面积64平方千米。人口4.1万。辖1居委会、13村委会,有170自然村。乡人民政府驻大岗。1956年设南大桥乡。1961年改公社。1983年改乡。有固南公路老石槽河公路桥,桥处城南,名南大桥,乡以桥名。有中学1所,小学12所,卫生院1个,卫生室14个。有桂岗文化遗址,石岗、陆桥村汉墓葬、大岗村晋墓。经济以种植水稻、小麦、油菜为主。三马线省道过境。

大岗 [Dàgǎng] 南大桥乡人民政府驻地。在县政府驻地秀水街道东南9千米。人口3600。1953年建村。因晋代地势较高,不易受涝而得名。聚落呈块状。有中小学、卫生院。经济以现代生态农业为主,种植葡萄、草莓等。三马线省道经此。

赵岗乡 [Zhàogǎng Xiāng] 固始县辖乡。在县境南部。面积65平方千米。人口3万。辖1居委会、14村委会,有153自然村。乡人民政府驻赵岗。1961年成立赵岗公社。1983年改乡。因乡政府驻地得名。有中学1所,小学13所,卫生院1个,卫生室15个。经济以农业为主,种植水稻、小麦,盛产红麻、苎麻、元竹等。工业以制砖制瓦、农机加工、渔网制作、制瓷等为主。有农副土特产品集散贸易。三马线省道过境。

赵岗 [Zhàogǎng] 赵岗乡人民政府驻地。在县政府驻地秀水街道南27千米。人口3500。清代赵姓居于岗,故名。聚落呈块状。有中小学、卫生院。农业以种植水稻为主。固始—青峰公路经此。

张老埠乡 [Zhānglǎobù Xiāng] 固始县辖乡。在县境东南部。面积77平方千米。人口3.8万。辖1居委会、17村委会,有417自然村。乡人民政府驻张老埠。1956年设张老埠乡。1962年改公社。1983年改乡。因乡政府驻地得名。有中学1所,小学12所,卫生院1个,卫生室19个。有人祖庙。经济以种植水稻、小麦、油菜为主。工业以手工面制作、酿酒、农机加工、编织、制砖制瓦、制茶等为主。石郭公路过境。

张老埠 [Zhānglǎobù] 张老埠乡人民政府驻地。在县政府驻地秀水街道东南19千米。人口2000。清初张姓老人摆渡史河,渡口得名张老人埠。沿为村名,也称张家埠,后更今名。聚落呈块状。有中小学、卫生院、卫生室。农业以种植水稻、小麦为主。张石公路经此。

沙河铺乡 [Shāhépù Xiāng] 固始县辖乡。在县境东部。面积74平方千米。人口7.1万。辖4居委会、20村委会,有230自然村。乡人民政府驻南姚营。1951年设沙河铺区。1956年改乡。1958年改七一公社。1983年改沙河铺乡。因沙河铺得名。西濒大沙河(今史河),宋有急递铺,故名。史河流经。有中学3所,小学14所,卫生院1个,卫生室24个。有东墅植物园遗址。经济以种植小麦,养殖淡水鱼为主。工业以农机加工、建材等为主。312国道过境。

南姚营 [Nányáoyíng] 沙河铺乡人民政府驻地。在县政府驻地秀水街道东6千米。人口400。旧时有姚文成老人,颇有威望,故名姚营。后因重名改今名。聚落呈块状。史河流经。有中小学、卫生院。有七一大桥桥北橡胶坝。农业以种植水稻、小麦、蔬菜,养殖固始黄鸡、固始鹅、固始鸭为主。工业以建材、大米加工为主。312国道经此。

徐集乡 [Xújí Xiāng] 固始县辖乡。在县境东北部。面积75平方千米。人口5.5万。辖1居委会、17村委会,有216自然村。乡人民政府驻徐集。1975年七一公社析设徐集公社。1983年改乡。因乡政府驻地得名。有中学1所,小学12所,卫生院1个,卫生室18个。有北古城、文塔遗址。经济以种植水稻、小麦、萝卜,养殖鲢、鲤、鳙鱼、蚌为主。三武、固丰公路过境。

徐集 [Xújí] 徐集乡人民政府驻地。在县政府驻地秀水街道东北27千米。人口2600。旧时徐姓居多,故名。聚落呈块状。有中小学、卫生院。经济以种植水稻、小麦,养殖淡水鱼为主。特产"王恼萝卜"。工业以木材加工为主。固丰公路经此。

李店乡 [Lǐdiàn Xiāng] 固始县辖乡。在县境北部。面积75平方千米。人口4.8万。辖1居委会、15村委会,有248自然村。乡人民政府驻三保店。1956年设李店乡。1962年改公社。1983年改乡。因乡政府原驻地得名。清乾隆年间(1736—1795)李姓居此开店,后成集,故名。有中学1所,小学13所,卫生院1个,卫生室17个。经济以种植水稻、小麦、油菜为主。工业以制砖制瓦、水泥预制、面粉加工、木制家具制作等为主。三马线省道过境。

三保店 [Sānbǎodiàn] 李店乡人民政府驻地。在县政府驻地秀水街道北19千米。人口1400。清初大路经此,居民路边设店铺,1912年形成集镇,因分属桥沟、往流、龙港3乡各保管辖之地,故名。聚落呈块状。有中小学、卫生院。农业以种植水稻、小麦、油菜为主。固商线省道过境。

丰港乡 [Fēnggǎng Xiāng] 固始县辖乡。在县境东北部。面积84平方千米。人口6.7万。辖1居委会、22村委会,有293自然村。乡人民政府驻桥沟集。1989年桥沟乡析设丰港乡。2005年桥沟乡并入丰港乡。因古丰港得名。有中学1所,小学15所,卫生院1所,卫生室23个。农业产柳条、蔬菜、蚕桑。工业以柳编、纺织、杂豆加工为主。三马线省道过境。

桥沟集［Qiáogōují］　丰港乡人民政府驻地。在县政府驻地秀水街道东北 26 千米。人口 3800。曾为县北交通枢纽，路旁设铺开店，清初形成集市。集两端曾各有水沟流入史河，入河口有石桥，名桥口集，后更今名。聚落呈线状。有中小学、卫生院。农业以种植洋蓟、桃子、青椒、芹菜等为主。工业以加工为主，有水泥预制、杂豆面加工、石灰加工、制砖制瓦等。三马线省道过境。

柳树店乡［Liǔshùdiàn Xiāng］　固始县辖乡。在县境中部。面积 40 平方千米。人口 4 万。回族聚居。辖 14 村委会，有 180 自然村。乡人民政府驻新大庄。1958 年设柳树店乡。1962 年并入石佛公社。1989 年石佛店乡析设柳树店乡。因乡政府原驻地得名。清中期建庄，有大柳树，故名。有中学 1 所，小学 9 所，卫生院 1 个，卫生室 14 个。农业以种植菜豆、萝卜为主，有种植花卉、瓜果等特色产业。工业以电器、仪表制造，粉末加工等为主。312 国道过境。

新大庄［Xīndàzhuāng］　柳树店乡人民政府驻地。在县政府驻地秀水街道东南 9 千米。人口 300。以回族为主，还有汉族等。为 1979 年新建村落，故名。聚落呈条状。有回民小学、卫生院。有柳树清真寺。农业以种植水稻、小麦为主。312 国道经此。

观堂乡［Guāntáng Xiāng］　固始县辖乡。在县境西北部。面积 84 平方千米。人口 3.3 万。辖 1 居委会、12 村委会，有 154 自然村。乡人民政府驻观堂。1961 年成立观堂公社，后撤。1989 年往流、洪埠、杨集 3 乡析设观堂乡。因乡政府驻地得名。有中学 1 所，小学 11 所，卫生院 1 个，卫生室 13 个。农业以种植水稻、小麦、大豆，养殖豫南黑猪为主。工业以大米加工、渔具制造等为主。李杨线省道过境。

观堂［Guāntáng］　观堂乡人民政府驻地。在县政府驻地秀水街道西北 20 千米。人口 2200。明末有观音庙，塑有观音像，得名观音堂，简称今名。聚落呈块状。有中小学、卫生室。农业以种植水稻、小麦为主。朱新线县道过境。

潢 川 县

潢川县［Huángchuān Xiàn］　信阳市辖县。北纬 114°54′，东经 31°52′。在市境中部。面积 1666 平方千米。人口 88.6 万。辖 4 街道、9 镇、8 乡。县人民政府驻定城街道。三国魏黄初元年(220)析汝南、江夏 2 郡地置弋阳郡。唐武德三年(620)改为光州，以定城县为弦州。贞观元年(627)废弦州入，属淮南道。太极元年(712)光州迁治定城。清雍正二年(1724)升为直隶州。1913 年废州置潢川县，属豫南道。1914 年属汝阳道。1927 年直属省。1928 年为省第十三行政区治所。1932 年属第九区行政督察区。1949 年设潢川专区。1952 年并入信阳专区。1969 年属信阳地区。1998 年属信阳市。因潢河得名。地处大别山侧洪积扇向淮北平原过渡地带，南部为低山丘陵，中北部为垄岗，沿河为平原。地势南高北低，略向东北倾斜。平均海拔 38 米。年均气温 16℃，1 月平均气温 3℃，7 月平均气温 28℃。年均降水量 1043 毫米。有淮河、潢河、白露河等流经。有野生植物 590 种，其中国家重点保护野生植物有七指蕨、卷耳、翻白草等 196 种。有野生动物 78 种，其中国家二级重点保护动物有红腹锦鸡、鹈鹕、红脚隼等 13 种。森林覆盖率 18%。有电大 1 所，中等专业学校 2 所，特教学校 1 所，中学 26 所，小学 240 所，二级医院 2 个。有全国重点文物保护单位黄国古城遗址，省级文物保护单位 6 个。有省级爱国主义教育基地黄湖农场。有古文化遗址 51 个、古城遗址 13 个、古墓葬 28 个。有省级非物质文化遗产火淋子、锣鼓十八番、皮影戏。有地方传统文艺光州大鼓、光州渔鼓等。三次产业比例 29∶36∶35。农业以种植水稻、油菜、小麦、花卉，养殖鱼、虾、鳖为主。特产光州茶、中华鳖、潢川金桂、光州姜、淮南麻鸭等。工业以轻纺、机电、食品加工、化工、建材、饲料加工为主。有省级经济开发区潢川。服务业以商贸、物流为主。京九、宁西铁路，京九高铁，沪陕、大广高速，106、312 国道等过境。有潢川站。

弋阳人口文化广场［Yìyáng Rénkǒu Wénhuà Guǎngchǎng］　在县城中部。面积 7000 平方米。2000 年开工，2002 年建成。因弋阳路得名。呈长条状，场内建有凉亭、石桌、LED 显示屏等设施，地面由方砖铺设而成。为群众集会、休闲、健身、娱乐的场所。周边有第四中学、第五小学、新潢桥。通公交车。

跃进路［Yuèjìn Lù］　在县城中部。东起 106 国道，西至春申路。与宁西路、航空南路等相交。长 2.3 千米，宽 40 米。混凝土路面。1958 年修筑，1983、1990、1992 年多次改扩建。因修建历史时期得名。两侧有县委、县政府、第二中学、县医院等。通公交车。

弋阳路［Yìyáng Lù］　在县城东南部。东起车站北路，西至新潢桥。与迎宾路相交。长 5.6 千米，宽 50 米。混凝土路面。1999 年开工，2001 年建成。因古弋阳县、郡得名。两侧有啤酒厂、黄国粮业等。通公交车。

潢川站［Huángchuān Zhàn］　见交通运输设施部分“潢川站”条。

潢川县汽车站［Huángchuān Xiàn Qìchēzhàn］　见交通运输设施部分“潢川县汽车站”条。

定城街道［Dìngchéng Jiēdào］　潢川县人民政府驻地。在县境中部偏西。面积 23 平方千米。人口 8.3 万。2004 年设。因古定城县得名。先后改造旱湖路、草湖路，治理潢河。有中学 1 所，小学 6 所，卫生院 1 个，卫生室 8 个。经济以物流为主，商贸为辅。通多路公交车。

春申街道［Chūnshēn Jiēdào］　属潢川县。在县境中部偏西。面积 29 平方千米。人口 7.3 万。2004 年设。因春申古镇得名。先后改造宁西路，新建黄国路，重修三环路。有职业中专 1 所，中学 4 所，小学 10 所，二级医院 2 个，卫生院 1 个，卫生室 13 个。有铜制飞马雕塑。经济以工业、商业为主。工业以肉制品、水产、粮油、茶叶加工、生物制药、制瓦等为主。106、312 国道过境。通多路公交车。

弋阳街道［Yìyáng Jiēdào］　属潢川县。在县境中部偏西。面积 42 平方千米。人口 3.5 万。2004 年设。因古弋阳县、郡得名。先后贯通弋阳路，建成弋阳文化广场。潢河流经。有中学 2 所，小学 9 所，卫生院 1 个，卫生室 9 个。农业以种植花生、水稻为主。工业以粮食、食品、羽毛加工等为主。服务业以商贸、仓储、物流为主。106、312 国道过境。通多路公交车。

老城街道［Lǎochéng Jiēdào］　属潢川县。在县境西南部。面积 14 平方千米。人口 2.2 万。2004 年设。为老城区，多古建筑，故名。先后扩建多条城区道路，建成多处购物中心、住宅小区，整治潢河。有中学 1 所，小学 5 所，卫生院 1 个，卫生室 7 个。有景点信阳小南海、铁旗杆等。农业以金桂、广玉兰、冬青等花木种植为主。服务业以商业为主。106 国道过境。通多路公交车。

双柳树镇［Shuāngliǔshù Zhèn］　潢川县辖镇。在县境南部。面积 91 平方千米。人口 5.4 万。辖 1 居委会、14 村委会，有 277 自然村。镇人民政府驻双柳树。1956 年设双柳树乡。1958 年成立公社。1983 年改乡。1988 年改镇。因镇政府驻地得名。有中学 3 所，小学 15 所，卫生院 1 个，卫生室 15 个。有中共潢川中心县委旧址、洪山寨生态文化旅游区等。有皮影戏、嗨子戏、扁担戏、光州渔鼓等。农业以种植小麦、水稻为主。工业以食品、板材加工，新型墙材生产为主。有仓储服务业。106 国道、钟党线省道过境。

双柳树［Shuāngliǔshù］　双柳树镇人民政府驻地。在县政府驻地定城街道南 27 千米。人口 2600。古称长兴集，后因柳树荫盖如伞，临此建棚开店渐成集市改今名。聚落呈团状。有中小学、卫生院。有中共潢川中心县委旧址。农业以种植蔬菜为主。服务业以商贸为主。钟党线省道经此。

伞陂镇［Sǎnpí Zhèn］　潢川县辖镇。在县境中部。面积 98 平方千米。人口 4 万。辖 15 村委会，有 325 自然村。镇人民政府驻伞陂寺。1956 年设伞陂寺乡。1958 年改公社。1975 年析设谈店公社。1983 年改乡。1995 年改镇。因镇政府驻地得名。有中学 1 所，小学 9 所，卫生院 1 个，卫生室 16 个。有皮影戏、嗨子戏、扁担戏等。农业以种植水稻、小麦、油菜，养殖猪、鸭、鱼、鸽为主。京九、宁西铁路，312 国道过境。

伞陂寺［Sǎnpísì］　伞陂镇人民政府驻地。在县政府驻地定城街道东 11 千米。人口 400。地形中高周低，形如伞盖，且有寺庙，故名。聚落呈块状。有中小学、卫生院。农业以种植水稻、小麦、油菜为主。312 国道经此。

卜塔集镇［Bǔtǎjí Zhèn］　潢川县辖镇。在县境西南部。面积 40 平方千米。人口 2.9 万。辖 1 居委会、9 村委会，有 201 自然村。镇人民政府驻卜塔集。1956 年设卜塔集乡。1962 年改卜集公社。1975 年析设白店公社。1983 年改乡。1995 年改镇。因镇政府驻地得名。有中学 1 所，小学 9 所，卫生院 1 个，卫生室 10 个。有剪纸、皮影戏、嗨子戏、扁担戏等。有潢河观光旅游带、黄龙山生态纪念园、马家湖环半月湖、二龙山休闲度假山庄等。农业以种植水稻、小麦、棉花、苗木花卉为主。特产卜集姜。服务业以苗木、材料销售为主。京九铁路、沪陕高速过境。

卜塔集［Bǔtǎjí］　卜塔集镇人民政府驻地。在县政府驻地定城街道西南 10 千米。人口 1000。古为长兴集，后河岸东崩，有崩塌之虞，众爰此集而呼朴塌集，后雅化成今名。聚落呈带状。有中小学、卫生院。经济以花木种植、销售为主。沪陕高速经此。

仁和镇［Rénhé Zhèn］　潢川县辖镇。在县境南部。面积 91 平方千米。人口 4 万。辖 1 居委会、14 村委会，有 282 自然村。镇人民政府驻仁和。1956 年设仁和乡。1958 年改公社。1962 年亚港公社并入。1983 年设仁和乡。1994 年改镇。因镇政府驻地得名。有中学 1 所，小学 8 所，卫生院 1 个，卫生室 14 个。有皮影戏、嗨子戏、扁担戏等。农业以种植水稻、小麦、油菜、茶等为主。106 国道、钟党线省道过境。

仁和［Rénhé］　仁和镇人民政府驻地。在县政府驻地定城街道南 24 千米。人口 400。传清初刘、陈 2 姓建集，不和，经调后和睦，后世为慎终追远而得名。聚落呈块状。有中心学校、卫生院。有旱船戏、花鼓戏等。农业以种植水稻为主。有商业。106 国道、钟党线省道经此。

付店镇［Fùdiàn Zhèn］　潢川县辖镇。在县境西部。面积96平方千米。人口3.3万。辖13村委会,有316自然村。镇人民政府驻付店。1962年成立付店公社。1983年改乡。1994年改镇。因镇政府驻地得名。有中学1所,小学8所,卫生院1个,卫生室13个。有新、老印堆子古文化遗址,中共豫东南五县特委旧址及纪念碑,马祖常墓址,石田山房遗址,东汉古墓等。有剪纸、皮影戏、嗨子戏、扁担戏等。农业以种植水稻、小麦、油菜,养殖鸭、猪、虾鱼为主。服务业以商贸为主。京九、宁西铁路,312国道过境。

付店 [Fùdiàn] 付店镇人民政府驻地。在县政府驻地定城街道西10千米。人口700。因姓氏得名。聚落呈带状。有中小学、卫生院。农业以水稻、小麦、油菜种植为主。312国道经此。

踅孜镇 [Xuézī Zhèn] 潢川县辖镇。在县境北部。面积44.3千米。人口3万。辖1居委会、8村委会,有162自然村。镇人民政府驻踅孜。1956年设踅孜乡。1958年并入来龙公社。1985年来龙乡析设踅孜镇。因镇政府驻地得名。有中学1所,小学8所,卫生院1个,卫生室9个。有皮影戏、嗨子戏、扁担戏等。农业以种植水稻、小麦、茶,养殖猪、鸭为主。工业以木材加工、白酒酿造为主。潢踅公路过境。

踅孜 [Xuézī] 踅孜镇人民政府驻地。在县政府驻地定城街道东北26千米。人口200。清称郑家店。后因岔街甚多,生人乍到,出入转踅,多迷方向而改称踅孜。聚落呈块状。淮河流经。有中小学、卫生院。农业以种植小麦、水稻为主。潢踅公路经此。

桃林铺镇 [Táolínpù Zhèn] 潢川县辖镇。在县境东部。面积126千米。人口3.5万。辖16村委会,有248自然村。镇人民政府驻桃林铺。1956年设桃林铺乡。1958年改公社。1983年改乡。1997年改镇。因镇政府驻地得名。有中学1所,小学7所,卫生院1个,卫生室16个。有省级文物保护单位五七干校旧址、胡耀邦故居。有皮影戏、嗨子戏、扁担戏等。农业以种植水稻、小麦、油菜,养殖猪、鸭、鱼、鹅为主。有国家农业高科技示范园区黄湖农场。工业以大米加工为主。服务业以仓储、物流为主。312国道过境。

桃林铺 [Táolínpù] 桃林铺镇人民政府驻地。在县政府驻地定城街道东23千米。人口400。传临路南昔有桃林,后开设店铺,遂成集镇,故名。聚落呈块状。有小学、卫生室。农业以种植小麦、水稻为主。服务业以商业为主。312国道经此。

黄寺岗镇 [Huángsìgǎng Zhèn] 潢川县辖镇。在县境东部。面积116平方千米。人口4.3万。辖12村委会,有272自然村。镇人民政府驻黄寺岗。1956年设黄寺岗乡。1959年改公社。1983年复乡。1999年改镇。因镇政府驻地得名。有中学3所,小学11所,卫生院1个,卫生室13个。有皮影戏、嗨子戏、扁担戏等。农业以种植水稻、小麦、油菜,养殖甲鱼为主。工业以粮食深加工为主。312国道过境。

黄寺岗 [Huángsìgǎng] 黄寺岗镇人民政府驻地。在县政府驻地定城街道东18千米。人口2800。传宋代黄姓建宗庙,称黄氏庙,岗随庙名黄氏岗,村沿岗名,后演为今名。聚落呈块状。有中小学、卫生院。农业以种植水稻、小麦、油菜为主。312国道经此。

江家集镇 [Jiāngjiājí Zhèn] 潢川县辖镇。在县境东南部。面积95平方千米。人口4.1万。辖1居委会、13村委会,有252自然村。镇人民政府驻江家集。1961年成立江家集公社。1962年杜甫店公社并入。1983年改乡。1999年改镇。因镇政府驻地得名。有中学1所,小学8所,卫生院1个,卫生室14个。有皮影戏、嗨子戏、扁担戏等。农业以种植水稻、小麦、油菜,养殖猪、鸭、鱼、鳖为主。工业以精米加工、木材加工、建材等为主。宁西铁路、沪陕高速过境。

江家集 [Jiāngjiājí] 江家集镇人民政府驻地,在县政府驻地定城街道东南28千米。人口1000。江姓营建聚居,日久成集,故名。聚落呈块状。有中小学、幼儿园。农业以种植小麦、水稻为主。潢江公路经此。

传流店乡 [Chuánliúdiàn Xiāng] 潢川县辖乡。在县境南部。面积85平方千米。人口3.5万。辖11村委会,有205自然村。乡人民政府驻传流店。1956年设传流店乡。1958年改公社。1983年改乡。因乡政府驻地得名。有中学1所,小学8所,幼儿园11所,卫生院1个,卫生室11个。有民间艺术剪纸、皮影戏、嗨子戏、扁担戏、光州大鼓、光州渔鼓等。农业以种植水稻、小麦、油菜,养殖猪、鸭、鱼、鳖为主。工业以制砖制瓦,水泥预制,皮鞋、钢木家具制作,木业,大米、面粉、麻鸭加工等为主。有专业市场20个,集贸市场4个。宁西铁路、沪陕高速过境。

传流店 [Chuánliúdiàn] 传流店乡人民政府驻地。在县政府驻地定城街道东南16千米。人口400。古为迎河集,后因河洪集随岸崩塌。明末有父千里寻子,至此重逢,开店定居,住下传流,店名传流,沿为村名。聚落呈团状。有中小学、卫生院。农业以种植水稻、小麦、油菜为主。潢江公路经此。

魏岗乡 [Wèigǎng Xiāng] 潢川县辖乡。在县境西北部。面积128平方千米。人口5.2万。辖1居委会、19村委会,有338自然村。乡人民政府驻魏岗。1962年成立新里集公社。1968年更名魏岗公社。1983年改乡。2005年牛岗镇并入。因乡政府驻地得名。有中学2所,小学12所,卫生院1个,卫生室21个。农业以种植水稻、小麦、油菜,养殖猪、鸭、鱼、羊、鹅为主。工业以粮油精深加工、木材加工、建筑建材、白酒酿造等为主。有仓储物流业。宁西铁路、106国道过境。

魏岗 [Wèigǎng] 魏岗乡人民政府驻地。在县政府驻地定城街道西北11千米。人口200。清光绪年间魏姓始迁此垄岗定居,故名。聚落呈带状。有中小学、卫生院。农业以种植水稻、小麦为主。潢踅、余张公路经此。

张集乡 [Zhāngjí Xiāng] 潢川县辖乡。在县境东南部。面积96平方千米。人口3.6万。辖15村委会,有252自然村。乡人民政府驻张集。1956年设张集乡。1962年并入桃林铺公社。1975年桃林铺、江家集2公社析设张集公社。1983年改乡。因乡政府驻地得名。有中学1所,小学12所,卫生院1个,卫生室15个。农业以种植水稻、小麦、油菜,养殖猪、鸭、鱼、鸡、羊为主。工业以羽毛加工为特色支柱产业。沪陕高速过境。

张集 [Zhāngjí] 张集乡人民政府驻地。在县政府驻地定城街道东南25千米。人口300。传明代张姓建集,名张家集,后简今名。聚落呈带状。有小学、卫生院。农业以种植水稻为主。桃林—张集公路经此。

来龙乡 [Láilóng Xiāng] 潢川县辖乡。在县境北部。面积83平方千米。人口4.9万。辖13村委会,有269自然村。乡人民政府驻来龙。1958年成立来龙公社。1983年改乡。有中学1所,小学12所,卫生院1个,卫生室13个。有皮影戏、嗨子戏、扁担戏、光州大鼓等。农业以种植水稻、小麦、油菜、花生,养殖猪、羊、鸭、鸡为主。工业以建筑、建材、加工为主。潢踅、杨踅公路过境。

来龙 [Láilóng] 来龙乡人民政府驻地。在县政府驻地定城街道北20千米。人口200。传清末光州城东出五龙,恐乱捉之,其一逃此,乃传为龙地,众皆来此建房,集遂成,故名。聚落呈团状。有中小学、卫生院。农业以养殖小龙虾为主。杨围孜公路经此。

隆古乡 [Lónggǔ Xiāng] 潢川县辖乡。在县境西部。面积74平方千米。人口2.7万。辖11村委会,有198自然村。乡人民政府驻隆古。1956年设隆古乡。1960年成立公社。1983年改乡。因乡政府驻地得名。有中学1所,小学6所,卫生院1个,卫生室11个。有国家3A级旅游景区黄国故城遗址。农业以种植水稻、小麦、油菜,养殖猪、鸭、鱼为主。工业以防水、潢绣制作为主。有方店、隆古工业区。服务业以商贸为主。京九、宁西铁路,106国道过境。

隆古 [Lónggǔ] 隆古乡人民政府驻地。在县政府驻地定城街道西6千米。人口400。有王莽赶刘秀之龙虎斗传说,故称龙虎集,后雅化为隆古集,又简今名。聚落呈带状。有中小学、卫生院。农业以种植小麦、水稻、油菜等为主。潢隆公路经此。

谈店乡 [Tándiàn Xiāng] 潢川县辖乡。在县境东北部。面积125平方千米。人口5万。辖22村委会,有396自然村。乡人民政府驻谈店。1956年设谈店乡,后撤。1975年伞陂寺、魏岗2公社析设谈店公社。1983年改乡。2005年小吕店乡并入。因乡政府驻地得名。有中学2所,小学11所,卫生院1个,卫生室20个。为龙山文化发源地。有钟冢子遗址、刘冢子遗址、清代巡抚胡廷干墓址等。有皮影戏、嗨子戏、扁担戏等。农业以种植水稻、小麦、茶叶,养殖猪、鸭、鱼为主。服务业以物流为主。京九、宁西铁路,312国道过境。

谈店 [Tándiàn] 谈店乡人民政府驻地。在县政府驻地定城街道东北10千米。人口600。清初谈姓设店,名谈家店,后简今名。聚落为块状。有中小学、卫生院。农业以种植小麦、水稻等为主。谈店—七里岗公路经此。

上油岗乡 [Shàngyóugǎng Xiāng] 潢川县辖乡。在县境东北部。面积100平方千米。人口3.3万。辖16村委会,有235自然村。乡人民政府驻上油岗。1956年设上油岗乡。1958年改公社。1983年改乡。因乡政府驻地得名。有中学1所,小学14所,卫生院1个。有省级文物保护单位碾盘山遗址。农业以种植水稻、小麦,养殖猪、羊、鹅、小龙虾为主。工业以板材、建材加工,水产加工,棉麻纺织为主。京九铁路过境。

上油岗 [Shàngyóugǎng] 上油岗乡人民政府驻地。在县政府驻地定城街道东北27千米。人口400。清顺治《光州治》卷一载,上油岗山在州北60里,有古寺,明高帝为比丘游淮上时,曾亲手为佛灯上油,故名。聚落呈团状。有中小学、卫生院。农业以种植小麦、水稻等为主。上油岗—尤庙公路经此。

白店乡 [Báidiàn Xiāng] 潢川县辖乡。在县境西南部。面积122平方千米。人口4.8万。辖21村委会,有456自然村。乡人民政府驻白店。1956年设白店乡,1962年撤。1975年卜塔集公社析设白店公社。1983年改乡。2005年彭家店乡并入。因乡政府驻地得名。有中学2所,小学18所,卫生院1个,卫生室21个。有皮影戏、嗨子戏、扁担戏等。农业以种植水稻、小麦、油菜、茶、葡萄、食用菌、板栗、花卉苗木,养殖猪、鸭、鱼为主。有万亩花木精品博览园。工业以粮食加工、建筑、建材为主。京九、宁西铁路,沪陕高速,106国道过境。

白店 [Báidiàn] 白店乡人民政府驻地。在县政府驻地定城街道南9千米。人口600。传白姓居县城较远，后因与他人诉讼，为方便进城设专用宿店，久成聚落，得名白宿店，后简今名。聚落呈团块状。有中小学、卫生院。农业以种植水稻、花木等为主。106国道经此。

淮滨县

淮滨县［Huáibīn Xiàn］　信阳市辖县。北纬32°15′，东经115°01′。市境东北部。面积1208平方千米。人口79.4万。辖4街道、5镇、10乡。县人民政府驻滨湖街道。1951年析息、固始2县设立淮滨办事处（县级），属潢川专区。1952年置淮滨县，属信阳专区，以地处淮河之滨得名。1960年撤销。1962年复置。1969年属信阳地区。1998年属信阳市。地处豫、皖两省交界处，南望大别山，北接黄淮大平原，有岗地、平原、洼地。地势由西向东倾斜，由北向南逐渐降低。平均海拔40米。年均气温15℃，1月平均气温2℃，7月平均气温28℃。年均降水量927毫米。有乌龙港、幸福河、淮河等流经。有兔子湖、潼湖、白湖等。有野生植物428种。有野生动物227种，其中国家重点保护野生动物有中华秋沙鸭、白肩雕、东方白鹳等30余种。有省级淮南湿地自然保护区。森林覆盖率16%。有职业学校1所，中学29所，小学253所，二级医院2个，文化活动中心1个。有全国重点文物保护单位蒋国故城，省级文物保护单位期思古城、期思台地遗址等12个。有省级非物质文化遗产泥叫吹。有地方文艺布雕画、肖营泥塑、淮滨戏剧等。有景区淮汝交流、期思古城、东西湖、走读淮河文化园、方家湖等。三次产业比例26∶43∶31。农业以种植小麦、水稻、玉米、花生、油菜、中药材，养殖猪、牛、羊、家禽、稻泥鳅、稻虾、鱼为主。为全国商品粮、商品油、弱筋小麦基地县之一。特产青头萝卜、芡实、菱角等。工业以轻纺、造船、食品加工等为主。服务业以商贸、物流、旅游为主。京九铁路，淮息、淮固高速，平长线、马息线、王罗线省道过境。有淮滨港。

乌龙大道［Wūlóng Dàdào］　在县城中部。南起北大埂路，北至孙叔敖大道。与金谷春大道、淮河大道、平安大道等相交。长6.6千米，宽45米。沥青路面。1992年开工，1998年建成。1999年因县城旧名乌龙集命名为乌龙大道。两侧有财政局、农业局、县高中、第二高中等。通公交车。

淮滨站［Huáibīn Zhàn］　见交通运输设施部分“淮滨站”条。

淮滨汽车站［Huáibīn Qìchēzhàn］　见交通运输设施部分“淮滨汽车站”条。

滨湖街道［Bīnhú Jiēdào］　淮滨县人民政府驻地。在县境东部。面积20平方千米。人口4.2万。2012年设。因东西湖公园得名。有中学3所，小学3所，二级医院2个，卫生服务中心1个，卫生室6个。农业以种植小麦为主。工业以建筑、纺织、粮油加工、小五金为主。淮商、罗王线省道过境。通多路公交车。

顺河街道［Shùnhé Jiēdào］　属淮滨县。在县境中部偏东。面积19平方千米。人口4.5万。2012年设。因顺河街得名。有中学2所，小学7所，卫生服务中心1个，卫生室6个。农业以种植小麦为主。工业以建筑、纺织、粮油加工为主。淮商线、罗王线省道过境。有淮滨港。通多路公交车。

栏杆街道［Lángān Jiēdào］　属淮滨县。在县境东北部。面积49平方米。人口3.4万。2012年设。因栏杆集得名。有中学1所，小学9所，卫生服务中心1个，卫生室16个。农业以种植小麦、水稻为主。工业以纺织、建筑、粮油加工为主。京九铁路、省道平长线过境。有淮滨站。通多路公交车。

桂花街道［Guìhuā Jiēdào］　属淮滨县。在县境东部。面积17平方千米。人口3.6万。2012年设。因桂花岗得名。有小学2所，卫生服务中心1个，卫生室4个。有立城新石器文化遗址。农业以种植小麦、猫爪草、花生、红薯为主。工业以纺织、食品加工为主。有县产业集聚区。328国道过境。通多路公交车。

马集镇［Mǎjí Zhèn］　淮滨县辖镇。在县境中部偏西。面积70平方千米。人口3.7万。辖15村委会，有147自然村。镇人民政府驻马集。1958年成立马集公社。1983年改乡。1986年改镇。因镇政府驻地得名。有中学1所，小学14所，卫生院1个，卫生室15个。有省级保护单位黄土城遗址、大冢子古遗址。农业以种植小麦、水稻、油菜，养殖猪、牛、羊为主。工业以粮油加工、建材、木材加工为主。淮息高速，王罗线、马息线省道，赵邓公路过境。

马集［Mǎjí］　马集镇人民政府驻地。在县政府驻地滨湖街道西14千米。人口1600。传明末马氏兴集，名马家集，后简今名。聚落呈块状。有中小学、卫生院。农业以种植小麦、水稻等为主。王罗线省道经此。

防胡镇［Fánghú Zhèn］　淮滨县辖镇。在县境西北部。面积81平方千米。人口5.6万。辖16村委会，有183自然村。镇人民政府驻防胡店。1958年成立防胡公社。1983年改乡。1994年改镇。因镇政府驻地得名。有中学1所，小学17所，卫生院1个，卫生室16个。有淮布雕画。农业以种植小麦、玉米、花生、棉花、芝麻为主。工业以农产品加工、建材、木材加工为主。马息线省道、防新公路过境。

防胡店［Fánghúdiàn］　防胡镇人民政府驻地。在县政府驻地滨湖街道西北30千米。人口2400。传清康熙年间（1662—1722）黄、胡2姓兴集称黄胡店，后演今名。聚落呈块状。有中小学、卫生院。经济以种植小麦、水稻和建筑、商业为主。马息线省道，张防、马包、杨李公路经此。

新里镇［Xīnlǐ Zhèn］　淮滨县辖镇。在县境西部。面积77平方千米。人口4.6万。辖19村委会，有146自然村。镇人民政府驻新里集。1949年息县设新里乡。1952年属淮滨县。1958年改公社。1983年改乡。1996年改镇。因镇政府驻地得名。有中学1所，小学14所，卫生院1个，卫生室19个。农业以种植小麦、水稻、玉米为主。工业以粮油加工、建材为主。淮息高速、马包公路过境。

新里集［Xīnlǐjí］　新里镇人民政府驻地。在县政府驻地滨湖街道西22千米。人口1400。清初名新集，后因李氏改称新李集，意李氏新兴之集。因李、里同音演为今名。聚落呈块状。有中小学、卫生院。有农历二月十九日庙会。农业以种植小麦、水稻为主。淮息高速、马包公路经此。

期思镇［Qīsī Zhèn］　淮滨县辖镇。在县境东南部。面积93平方千米。人口3.9万。辖16村委会，有126自然村。镇人民政府驻期思集。唐初曾废期思县为镇。1949年固始县设期思区。1952年划入淮滨县。1958年成立期思公社。1983年改乡。1994年改镇。因镇政府驻地得名。有中学1所，小学11所，卫生院1个，卫生室16个。为省级历史文化名城。有全国重点文物保护单位蒋国故城。有孙叔敖墓、吴士元墓、月牙岗古遗址、蒋氏文化园。农业以种植小麦、水稻、鸡头子、花生、油菜，养殖猪、牛、羊、鱼为主。工业以柳编、化工、机械加工、建材为主。淮固高速过境。

期思集［Qīsījí］　期思镇人民政府驻地。在县政府驻地滨湖街道东南15千米。人口3800。西周为蒋国都城，楚穆王九年（前617）期思公复遂灭之，得名期思邑。后为县、镇治所。明清称期思店、期思集。聚落呈长方形。有中小学、卫生院。有全国重点文物保护单位蒋国故城，省级文物保护单位期思台地。有孙叔敖墓、楚相孙公祠遗址、奶奶庙遗址、春秋至汉古墓群等。农业以种植小麦、水稻为主。工业以芡实加工为主。期思—谷堆、期思—王店、期思—涂营公路经此。

赵集镇［Zhàojí Zhèn］　淮滨县辖镇。在县境北部。面积47平方千米。人口3.7万。辖14村委会，有97自然村。镇人民政府驻赵集。1958年成立赵集公社。1983年改乡。1998年改镇。因镇政府驻地得名。有中学1所，小学11所，卫生院1个，卫生室14个。有大港口革命纪念地、仿葛中学遗址。农业以种植小麦、水稻、花生为主。工业以粮油加工、建材等为主。平长线省道过境。

赵集［Zhàojí］　赵集镇人民政府驻地。在县政府驻地滨湖街道西北30千米。人口1600。传明洪武年间（1368—1398）赵姓建庄，因客商多在此交易渐成集市，故名。聚落呈长方形。有中小学、卫生院。有关帝庙。农业以种植小麦、水稻等为主。平长线省道经此。

台头乡［Táitóu Xiāng］　淮滨县辖乡。在县境中部。面积69平方千米。人口3.6万。辖14村委会，有108自然村。乡人民政府驻台头。1955年设台头乡。1958年并入城郊公社。1983年改台头乡。因乡政府驻地得名。有中学1所，小学10所，卫生院1个，卫生室14个。有省级文物保护单位莲台寺遗址。农业以种植花生、芝麻、油菜为主。工业以粮油加工为主。京九铁路，淮息、淮固高速，王罗线省道过境。

台头［Táitóu］　台头乡人民政府驻地。在县政府驻地滨湖街道西北6千米。人口1900。村西有莲台寺土台，后淮河冲割至河东，称台子头，后简今名。聚落呈块状。有小学、卫生院。有省级文物保护单位莲台寺遗址。有农历四月初八庙会。农业以种植小麦、水稻等为主。王罗线省道经此。

王家岗乡［Wángjiāgǎng Xiāng］　淮滨县辖乡。在县境东北部。面积51平方千米。人口3.6万。辖17村委会，有53自然村。乡人民政府驻王岗。1974年栏杆公社、城关镇析设王岗公社。1983年更名王家岗公社，同年改乡。因乡政府驻地得名。有中学1所，小学11所，卫生院1个，卫生室17个。农业以种植小麦、水稻、猫爪草为主。工业以机械加工、建筑建材为主。王罗线省道过境。

王岗［Wánggǎng］　王家岗乡人民政府驻地。在县政府驻地滨湖街道东5千米。人口3300。因姓氏及地形得名。聚落呈T字形。乌港沟流经。有小学、卫生院。有春秋战国时期墓地。农业以种植小麦、水稻为主。王罗线省道经此。

固城乡［Gùchéng Xiāng］　淮滨县辖乡。在县境北部。面积79平方千米。人口5.1万。辖20村委会，有147自然村。乡人民政府驻固城。1964年栏杆公社析设固城公社。1983年改乡。因乡政府驻地得名。有中学1所，小学17所，卫生院1个，卫生室20个。有固城、城河冢、古丘顶、城上等遗址。农业以种植小麦、水稻、花生为主。工业以粮油加工，建材为主。平长线省道过境。

固城［Gùchéng］　固城乡人民政府驻地。在县政府驻地滨湖街道西北15千米。人口2600。《春秋左传》载：“围固城，克息舟。”古城皇庙碑载:“楚公子胜筑城建仓。”因名固城仓,清以来称固城集,后简今名。聚落呈块状。有中小学、卫生院。有固城仓古遗址。农业以种植小麦、玉米,养殖稻泥鳅、稻虾、牛等为主。工业以粮油加工为主。平长线省道经此。

三空桥乡 [Sānkōngqiáo Xiāng] 淮滨县辖乡。在县境西北部。面积70平方千米。人口4.8万。辖22村委会,有154自然村。乡人民政府驻三空桥。1949年息县设三空桥乡。1952年划属淮滨县。1958年并入赵集公社。1974年成立三空桥公社。1983年改乡。2005年麻里乡并入。因乡政府驻地得名。有中学2所,小学21所,卫生院1个,卫生室22个。有沙塚龙山文化遗址。有省级非物质文化遗产泥叫吹。农业以种植小麦、水稻、花生、芝麻、油菜为主。工业以粮油加工、建材等为主。平长线省道过境。

三空桥 [Sānkōngqiáo] 三空桥乡人民政府驻地。在县政府驻地滨湖街道西北24千米。人口800。明代建村,名常兴店。后因村北有三孔石桥易今名。聚落呈块状。有中小学、卫生院。农业以种植小麦、水稻,饲养山羊为主。朱张、赵三公路经此。

张里乡 [Zhānglǐ Xiāng] 淮滨县辖乡。在县境西北部。面积46平方千米。人口3.6万。辖12村委会,有130自然村。乡人民政府驻张里店。1974年防胡公社析设张里公社。1983年改乡。因乡政府驻地得名。有中学1所,小学12所,卫生院1个,卫生室12个。有省级文物保护单位朱冢遗址。经济以农业为主,种植花生、棉花、红薯、油菜。工业以纺织业为主。106国道过境。

张里店 [Zhānglǐdiàn] 张里乡人民政府驻地。在县政府驻地滨湖街道西北40千米。人口1700。明万历年间(1573—1619)张姓兴集,故名。聚落呈块状。有中小学、卫生院。农业以种植小麦、水稻等为主。平长线省道经此。

邓湾乡 [Dèngwān Xiāng] 淮滨县辖乡。在县境西南部。面积50平方千米。人口3.5万。辖13村委会,有90自然村。乡人民政府驻邓湾集。1974年芦集公社析设邓湾公社。1983年改乡。因乡政府驻地得名。有中学1所,小学13所,卫生院1个,卫生室13个。有玉皇庙革命遗址。农业以种植小麦、水稻、花生、蔬菜、油菜为主。工业以粮油加工、建材为主。邓赵公路过境。

邓湾集 [Dèngwānjí] 邓湾乡人民政府驻地。在县政府驻地滨湖街道西南22千米。人口1200。传为邓氏临河湾建村开店,名邓湾店,清末改称今名。聚落呈块状。有中小学、卫生院。有中共红军息新游击队战斗纪念地、玉皇庙。有农历十月十五古庙大会。农业以种植小麦、水稻等为主。邓马公路经此。

张庄乡 [Zhāngzhuāng Xiāng] 淮滨县辖乡。在县境南部。辖14村委会,有176自然村。面积87平方千米。人口3.4万。乡人民政府驻张庄集。1958年成立张庄公社。1983年改乡。因乡政府驻地得名。有兔子湖。有中学1所,小学13所,卫生院1个,卫生室14个。有臧宫城遗址、张庄老街、中共豫东南地委遗址、豫皖边地委遗址。农业以种植小麦、水稻、花生、蔬菜、油菜为主。工业以粮油加工、建筑为主。京九铁路、淮固高速、平长线省道过境。

张庄集 [Zhāngzhuāngjí] 张庄乡人民政府驻地。在县政府驻地滨湖街道南8千米。人口1400。传为张果老升仙地,清初得名张庄店,后称今名。又称仙庄集。聚落呈长方形。有中小学、卫生院。有安宁古城遗址、至善义学旧址、中共豫东南地委遗址、豫皖边地委遗址。有清代民居3处,张庄老街1条。农业以种植小麦、水稻为主。工业以木材加工为主。平长线省道经此。

王店乡 [Wángdiàn Xiāng] 淮滨县辖乡。在县境南部。面积108平方千米。人口3.8万。辖17村委会,有156自然村。乡人民政府驻王店。1960年固始县成立王店公社。1962年并入张庄公社,改属淮滨县。1974年张庄公社析设白露河公社。1982年更名王店公社。1983年改乡。1989年析设北庙乡。2005年北庙乡并入。因乡政府驻地得名。白露河、新河流经。有中学2所,小学16所,卫生院1个,卫生室17个。有省级文物保护单位半岗遗址。农业以种植小麦、水稻、玉米,养殖猪、牛、羊为主。工业以粮油加工、建材为主。淮固高速、平长线省道过境。

王店 [Wángdiàn] 王店乡人民政府驻地。在县政府驻地滨湖街道南15千米。人口1300。明初王姓建三叉寺,居民聚而开店,故名。聚落呈块状。有中小学、卫生院。农业以种植小麦、水稻等为主。平长线省道经此。

谷堆乡 [Gǔduī Xiāng] 淮滨县辖乡。在县境东部。面积85平方千米。人口5.8万。辖24村委会,有164自然村。乡人民政府驻谷堆集。1949年固始县设谷堆乡。1960年改公社。1962年属淮滨县。1977年析设涂营公社。1983年改设谷堆乡。2005年涂营乡并入。因乡政府驻地得名。有中学3所,小学22所,卫生院1个,卫生室24个。农业以种植小麦、水稻、花生、油菜、蔬菜,养殖鹅、肉牛、鱼、甲鱼为主。工业以粮油、木材加工为主。328国道过境。

谷堆集 [Gǔduījí] 谷堆乡人民政府驻地。在县政府驻地滨湖街道东南9千米。人口1600。明末兴集,因取意土地富庶、谷物成堆得名。聚落呈长方形。有中小学、卫生院。农业以种植小麦、水稻等为主。淮滨—潢川公路经此。

芦集乡 [Lújí Xiāng] 淮滨县辖乡。在县境西南部。面积90平方千米。人口5.9万。辖25村委会,有163自然村。乡人民政府驻项庄。1951年设芦集乡。1960年改公社。1983年改乡。1991年西部9村划属吉庙乡。2005年吉庙乡并入。明代卢姓兴集名卢家集,1949年改今名。淮河流经。有七星湖。有中学2所,小学21所,卫生院1个,卫生室25个。农业以种植小麦、水稻、玉米为主。工业以粮油加工、建材为主。王罗线省道过境。

项庄 [Xiàngzhuāng] 芦集乡人民政府驻地。在县政府驻地滨湖街道西偏南20千米。人口300。因传明初项姓建庄,故名。聚落呈带状。有中小学、卫生院。农业以种植小麦、水稻为主。王罗线省道经此。

息 县

息县 [Xī Xiàn] 信阳市辖县。北纬32°08′,东经114°33′。在市境东北部。面积1835平方千米。人口109万。辖3街道、6镇、12乡。县人民政府驻谯楼街道。春秋周庄王五十五年(前682)楚置息县。秦属颍州郡。后为新息县。北魏太和十九年(495)以新息地置东豫州。南北朝属汝南郡。后并入淮州。东魏武定七年(549)复置。北齐沿袭未变。北周大象元年(579)改息州。隋大业初废。唐武德四年(621)复置。贞观元年(627)并入蔡州汝南郡。金泰和八年(1208)复息州。元中统三年(1262)废,旋复置。元至元三十年(1293)属汝宁府。明洪武四年(1371)属中都临濠府,七年(1374)属汝宁府,十三年(1380)降为息县,属光州。此后未变,先后属南汝光道、光州、豫南道、汝阳道、豫南行政区、第三行政区、第九行政督察区、潢川专区、信阳专区、信阳地区、信阳市。因西周时为息国封地而得名。地处黄淮平原南部边缘,平原为主,兼有洼地、丘陵。淮河以北由西北向东南倾斜,淮河以南由东北向西南倾斜。平均海拔47米。年均气温15℃,1月平均气温2℃,7月平均气温28℃。年均降水量947毫米。有淮河、清水河、闾河等流经。有石灰岩、大理石、硅石等矿产资源。有国家重点保护野生植物莲、野菱、野大豆等7种。有野生动物338种,其中国家一级重点保护野生动物有金雕、大鸨2种,国家二级重点保护野生动物有花脸鸭、大天鹅、小天鹅、鸳鸯等21种。森林覆盖率19%。有中等职业学校7所,中学36所,小学232所,二级医院1个。有省级文物保护单位5个。有赖国故城、太子建庙遗址。有濮公山风景区、息州森林公园、龙湖公园、大埠口刘邓大军渡淮纪念碑等。三次产业比例30∶42∶28。农业以种植小麦、水稻为主。特产息半夏、淮南小香瓜、生猪等。为国家商品粮生产基地之一。工业以食品加工、纺织、机电等为主。服务业以电子商务、物流、旅游为主。宁西铁路,大广高速,106、230国道,马息线、王罗线省道过境。

谯楼广场 [Qiáolóu Guǎngchǎng] 在县城中部。面积1公顷。2002年开工,同年建成。因古建筑谯楼得名。广场以大理石板铺装,有谯楼、六角仿古亭、体育设施、公共卫生间等。集休闲、娱乐、文化于一身。周边有县委、县政府、商贸城等。通公交车。

息州大道 [Xīzhōu Dàdào] 在县城中部。东起息寨路,西至新息大道。与息夫人大道、息淮大道、息侯大道、马援大道等相交。长4千米,宽45米。混凝土路面。1994年开工,同年建成。因息县古属息州得名。两侧有综合农贸市场、息县牌坊、息夫人像。通公交车。

谯楼街 [Qiáolóu Jiē] 在县城南部。东起息夫人大道,西至文化路。与濮淮大道、息侯大道等路相交。长1.7千米,宽30米。混凝土路面。1926年修建,因县政府设此而命名政府路。2007年因古建筑谯楼更今名。两侧商铺林立,有县委、县政府、财政局、民政局等。通公交车。

息夫人大道 [Xīfūrén Dàdào] 在县城东部。南起东大街、观音路交会点,北至香米贡大道。与沿河路、千佛庵路、息州大道等相交。长3.2千米,宽50米。混凝土路面。1998年开工,1999年建成。因息夫人像得名。沿街商铺林立,两侧有县总工会、县农研所、县第六小学等。通公交车。

北大街 [Běidà Jiē] 在县城西部。南起南大街、东西大街交汇处,北至息州大道。与谯楼街、千佛庵路等相交。长1.3千米,宽20米。沥青路面。1986年开工,同年建成。1987年扩建。地处老县城北部,因路面较宽,故名。两侧有县妇幼保健院、县水利局、县第三小学等。通公交车。

息县站 [Xī Xiàn Zhàn] 见交通运输设施部分“息县站”条。

息县汽车站 [Xī Xiàn Qìchēzhàn] 见交通运输设施部分“息县汽车站”条。

谯楼街道 [Qiáolóu Jiēdào] 息县人民政府驻地。在县境西南部。面积39平方千米。人口14万。2012年设。因谯楼得名。有中学7所,小学8所,二级医院1个,卫生院2个,卫生室16个。有谯楼广场、太子庙遗址、周冢古墓、刘邓大军渡淮纪念馆、青龙寺息国故城遗址、倒座观音堂、大慈庵等。经济以商业为主。

王罗线省道过境。通多路公交车。

龙湖街道［Lónghú Jiēdào］ 属息县。在县境西南部。面积26平方千米。人口3万。2012年设。因龙湖水库得名。有中学3所，小学7所，卫生室15个。经济以工业为主，有食品加工、建材等。有县产业集聚区。通多路公交车。

淮河街道［Huáihé Jiēdào］ 属息县。在县境西南部。面积31平方千米。人口3万。2012年设。因淮河得名。有中学3所，小学4所，卫生院1个，卫生室11个。有息州森林公园、息夫人纪念馆、马援广场、息县牌坊、息夫人塑像。经济以商业为主。有息县汽车站、息县城关客运站。通多路公交车。

包信镇［Bāoxìn Zhèn］ 息县辖镇。在县境东北部。面积87平方千米。人口6.1万。辖1居委会、19村委会，有178自然村。镇人民政府驻包信。1956年设包信乡。1958年改公社。1983年改乡。1987年改镇。因镇政府驻地得名。闾河流经。有中学1所，小学18所，卫生院1个，卫生室20个。为省三大名镇之一，中州名镇。有古赖文化园、腰庄村革命烈士陵园、开化寺等。有传统地方戏种"嗨子戏"。经济以种植小麦、水稻、玉米、红薯，养殖猪、牛、羊、鸡为主。工业以木材加工、制砖、水泥预制等为主。106国道、马息线省道过境。

包信［Bāoxìn］ 包信镇人民政府驻地。在县政府驻地谯楼街道东北35千米。人口4000。汉为褒信侯国，南宋改名为苞信，唐为苞孚，宋更今名。聚落呈带状。有中小学、卫生院。有传统地方戏种"嗨子戏"。经济以种植水稻、小麦、玉米、花生等为主。106国道经此。

夏庄镇［Xiàzhuāng Zhèn］ 息县辖镇。在县境东部。面积79平方千米。人口4.5万。辖16村委会，有174自然村。镇人民政府驻夏庄。1956年设夏庄乡。1958年改公社。1983年复乡。1987年改镇。因镇政府驻地得名。闾河流经。有中学1所，小学12所，卫生院1个，卫生室11个。有龙岗、万兴店等遗址。经济以种植小麦、花生、芝麻，养殖猪、羊、牛为主。106国道、王罗线省道过境。

夏庄［Xiàzhuāng］ 夏庄镇人民政府驻地。在县政府驻地谯楼街道东北26千米，人口2200。传东汉末年王莽追赶刘秀，刘秀逃此休息。时田地荒芜，战马无处可拴，刘秀楔桩拴马，后人以楔桩拴马为由，称"下桩"，后雅化今名。聚落呈块状。有小学、卫生院。经济以种植水稻、小麦、玉米、花生为主。106国道、王罗线省道经此。

东岳镇［Dōngyuè Zhèn］ 息县辖镇。在县境北部。面积99平方千米。人口5万。辖20村委会，有214自然村。镇人民政府驻东岳集。1956年设东岳乡。1958年改公社。1983年改乡。1997年改镇。因镇政府驻地得名。闾河、溜沟、倒流水流经。有中学1所，小学13所，卫生院1个，卫生室20个。有息县五七干校旧址。农业以种植小麦、水稻、玉米为主。工业以建材、木材加工、面粉加工为主。大广高速过境。

东岳集［Dōngyuèjí］ 东岳镇人民政府驻地。在县政府驻地谯楼街道东北31千米。人口2000。清初兴建东岳庙，民众聚居于此，形成集市，集以庙名。聚落呈块状。有中小学、卫生院。有息县五七干校旧址。经济以种植水稻、小麦、玉米为主。姜寨—五分场、小孙庄—何庄公路过境。

小茴店镇［Xiǎohuídiàn Zhèn］ 息县辖镇。在县境东北部。面积138平方千米。人口7.5万。辖25村委会，有297自然村。镇人民政府驻小茴店。1957年设小茴店乡。1958年改公社。1983年改乡。1999年改镇。因镇政府驻地得名。有中学2所，小学23所，卫生院1个，卫生室25个。闾河、乌龙港、白马港等流经。农业以种植油菜、芝麻、棉花、蔬菜，养殖猪、牛、羊等为主。特产小茴香。106国道过境。

小茴店［Xiǎohuídiàn］ 小茴店镇人民政府驻地。在县政府驻地谯楼街道东北29千米。人口1500。清末因盛产小茴香得名。聚落呈带状。有中小学、卫生院。经济以种植水稻、小麦、花生等为主。有养牛场。106国道经此。

项店镇［Xiàngdiàn Zhèn］ 息县辖镇。在县境中部。面积115平方千米。人口5.2万。辖17村委会，有312自然村。镇人民政府驻项店。1949年设项店乡。1958年改公社。1983年复乡。1998年改镇。因镇政府驻地得名。淮河、泥河、澺河等流经。有中学2所，小学23所，卫生院1个，卫生室17个。农业以种植油菜、芝麻、棉花、蔬菜，养殖猪、牛、羊为主。大广高速、王罗线省道过境。

项店［Xiàngdiàn］ 项店镇人民政府驻地。在县政府驻地谯楼街道东15千米。人口800。明末清初项姓迁此建庄，取名古项乡，后简今名。聚落呈块状。有中小学、卫生院。农业以种植水稻、小麦、棉花、蔬菜等为主。王罗线省道经此。

曹黄林镇［Cáohuánglín Zhèn］ 息县辖镇。在县境南部。面积119平方千米。人口5万。辖21村委会，有272自然村。镇人民政府驻曹黄林。1951年由光山县划入，设曹黄林乡。1958年改公社。1983年复乡。2005年许店乡并入。2013年改镇。因镇政府驻地得名。有中学2所，小学22所，卫生院2个。农业以种植水稻、小麦、花生等，养殖猪、牛、羊等为主。工业以油料、粮食加工，建材为主。宁西铁路、大广高速、吴黄线省道过境。有息县站。

曹黄林［Cáohuánglín］ 曹黄林镇人民政府驻地。在县政府驻地谯楼街道南21千米。人口600。明初江西曹、黄2姓移此垦荒造林，开设店铺，故名。聚落呈带状。有中小学、卫生院。特产小香瓜、小龙虾、小果花生。吴黄线省道经此。

孙庙乡［Sūnmiào Xiāng］ 息县辖乡。在县境西部。面积50平方千米。人口3.3万。辖12村委会，有135自然村。乡人民政府驻孙庙。1961年成立孙庙公社。1983年改乡。因乡政府驻地得名。淮河、清水河流经。有中学1所，小学12所，卫生院1个，卫生室12个。有省级文物保护单位周冢古墓、秦楼遗址。农业以种植水稻、小麦、红麻，养殖猪、羊为主。工业以农产品加工、黄砂开采为主。王罗线、吴黄线省道过境。

孙庙［Sūnmiào］ 孙庙乡人民政府驻地。在县政府驻地谯楼街道西7千米。人口300。传清代孙姓富户为儿子病愈还愿建庙宇，故名。聚落呈块状。有中小学、卫生院。农业以种植水稻、小麦、蔬菜等为主。周花园—陈围孜公路过境。

路口乡［Lùkǒu Xiāng］ 息县辖乡。在县境西部。面积124平方千米。人口4.8万。辖20村委会，有225自然村。乡人民政府驻路口。1956年设路口乡。1958年改公社。1983年复乡。因乡政府驻地得名。澺河、清水河流经。有中学1所，小学15所，幼儿园8所，卫生院1个，卫生室12个，敬老院2个。有新石器时代许庄古文化遗址、商代潘店孜古遗址、息县八景之一"竖斧春耕"。经济以种植小麦、玉米、花生、大豆，养猪、牛为主。吴黄线省道过境。

路口［Lùkǒu］ 路口乡人民政府驻地。在县政府驻地谯楼街道西北12千米。人口1200。清初因处大路交叉口而得名。聚落呈块状。有中小学、卫生院。农业以种植小麦、水稻、花生、油菜等为主。吴黄线省道经此。

张陶乡［Zhāngtáo Xiāng］ 息县辖乡。在县境中部偏北。面积101平方千米。人口5.5万。辖18村委会，有205自然村。乡人民政府驻张陶。1956年设张陶乡。1958年改公社。1983年改乡。因乡政府驻地得名。白马港、闾河、莲花港流经。有中学1所，小学18所，卫生院1个，卫生室18个。有五七干校旧址。经济以种植小麦、水稻、玉米、蔬菜，养殖猪、羊、鸡、鸭为主。工业以粮食加工、建筑为主。大广高速、马息线省道过境。

张陶［Zhāngtáo］ 张陶乡人民政府驻地。在县政府驻地谯楼街道东北20千米。人口2300。明万历年间（1573—1619）张、陶2姓兴建店铺，故名。聚落呈块状。有中小学、卫生院、教堂、寺庙。农业以种植水稻、小麦、大豆、花生等为主。马息线省道经此。

彭店乡［Péngdiàn Xiāng］ 息县辖乡。在县境西北部。面积120平方千米。人口3.8万。辖14村委会，有166自然村。乡人民政府驻彭店。1956年设彭店乡。1958年并入路口乡。1964年成立彭店公社。1983年改乡。因乡政府驻地得名。莲花港流经。有中学1所，小学14所，卫生院1个，卫生室15个，敬老院3个。农业以种植小麦、玉米、大豆，养殖牛、猪、羊为主。工业以建材、食品加工为主。吴黄线省道过境。

彭店［Péngdiàn］ 彭店乡人民政府驻地。在县政府驻地谯楼街道西北19千米。人口1400。因彭姓开店设铺而得名彭家店，后简今名。聚落呈线状。有中小学、卫生院。农业以种植小麦、水稻、棉花等为主。吴黄线省道经此。

杨店乡［Yángdiàn Xiāng］ 息县辖乡。在县境中部。面积97平方千米。人口4.8万。辖20村委会，有238自然村。乡人民政府驻杨店。1956年设杨店乡。1958年改公社。1983年改乡。因乡政府驻地得名。泥河、澺河等流经。有中学1所，小学16所，卫生院1个，卫生室20个。农业以种植小麦、水稻、玉米、红薯等为主。工业以农产品加工、建材为主。大广高速、马息线省道过境。

杨店［Yángdiàn］ 杨店乡人民政府驻地。在县政府驻地谯楼街道东北13千米。人口1800。清代杨姓设店成集，称杨家店，简今名。聚落呈块状。有中小学、卫生院、卫生室、敬老院。农业以种植油菜、芝麻、水稻等为主。马息线省道经此。

白土店乡［Báitǔdiàn Xiāng］ 息县辖乡。在县境北部。面积88平方千米。人口4.6万。辖16村委会，有165自然村。乡人民政府驻白土店。1975年白土店、张陶2公社析设白店公社。1982年更名白土店公社。1983年改乡。因乡政府驻地得名。闾河流经。有中学1所，小学15所，卫生院1个，卫生室16个，敬老院2个。农业以种植小麦、玉米、大豆等为主。特产大白菜、白大蒜。工业以木材加工、建材为主。大广高速过境。

白土店［Báitǔdiàn］ 白土店乡人民政府驻地。在县政府驻地谯楼街道北25千米。人口1200。因西周封地白公国得名。聚落呈团状。有中小学、卫生院。经济以农业为主，种植水稻、蔬菜、玉米等，特产大白菜。姜寨—五分场、长陵—小于岗公路过境。

岗李店乡［Gǎnglǐdiàn Xiāng］ 息县辖乡。在县境东北部。面积69平方千米。人口5.7万。辖21村委会，有156自然村。乡人民政府驻岗李店。1956年设岗李店乡。1958年并入包信乡。1964年成立岗李店公社。1983年改乡。因乡政府驻地得名。地处淮北平原。闾河、倒流水流经。有中学1所，小学20所，卫生院1个，卫生室20个。农业以种植小麦、玉米，养殖猪、羊、鸡、鸭为主。工业以农副产品加工、建材为主。106国道过境。

岗李店［Gǎnglǐdiàn］ 岗李店乡人民政府驻地。在县政府驻地谯楼街道东北43千米。人口2100。清初李姓开设店铺，地势较高，故名。聚落呈块状。有中小学、卫生院、卫生室。有二郎庙等。农业以种植小麦、水稻、花生、油菜等为主。106国道经此。

长陵乡［Chánglíng Xiāng］ 息县辖乡。在县境东部。面积56平方千米。人口3.2万。辖11村委会，有100自然村。乡人民政府驻长陵。1961年成立长陵公社。1983年改乡。因乡政府驻地得名。淮河、闾河、泥河流经。有中学1所，小学11所，卫生院1个，敬老院1个。有人祖庙、奶奶庙。农业以种植小麦、水稻、红麻等，养殖猪、羊、鸡、鸭、鱼为主，工业以粮食加工、黄砂开采、塑料加工、建材预制为主。王罗线省道过境。

长陵［Chánglíng］ 长陵乡人民政府驻地。在县政府驻地谯楼街道东38千米。人口3900。羽达封于息国，其长子为太子，太子死后，修墓数十座一字排开，故名。聚落呈块状。淮河流经。有中小学、卫生院。有人祖庙、奶奶庙。经济以商业，养殖鱼、猪、羊等为主。王罗线省道经此。

陈棚乡［Chénpéng Xiāng］ 息县辖乡。在县境东部。面积56平方千米。人口3.5万。辖10村委会，有95自然村。乡人民政府驻陈棚。1975年临河公社析设陈棚公社。1983年改乡。因乡政府驻地得名。有中学1所，小学7所，卫生院1个，卫生室10个，敬老院1个。有古迹霸王台。农业以种植小麦、玉米、水稻等为主。工业以采砂、建筑、红麻加工为主。106国道过境。

陈棚［Chénpéng］ 陈棚乡人民政府驻地。在县政府驻地谯楼街道东27千米。人口600。清雍正年间（1723—1735）陈姓搭棚设店，后建庄，故名。聚落呈块状。有中小学、卫生院。经济以养殖草鱼、花鲢、白鲢、鲫鱼，种植韭菜、大葱、芹菜等为主。106国道经此。

临河乡［Línhé Xiāng］ 息县辖乡。在县境东南部。面积81平方千米。人口4.7万。辖15村委会，有214自然村。乡人民政府驻临河。1950年设临河乡。1958年改公社。1975年析设陈棚公社。1983年改乡。因乡政府驻地得名。淮河流经。有中学1所，小学18所，卫生院1个，卫生室15个。有白公故城。农业以种植水稻、小麦、玉米，养殖猪、牛、羊等为主。工业以农产品加工、建材为主。息陈公路过境。

临河［Línhé］ 临河乡人民政府驻地。在县政府驻地谯楼街道东23千米。人口2700。因临近淮河得名。聚落呈块状。有小学、卫生室。经济以商业为主，养殖草鱼、鲫鱼、鲢鱼等。小孙庄—何庄公路过境。

关店乡［Guāndiàn Xiāng］ 息县辖乡。在县境东南部。面积91平方千米。人口7.5万。辖22村委会，有172自然村。乡人民政府驻关店。1956年设关店乡。1958年成立公社。1983年复乡。因乡政府驻地得名。淮河流经。有河砂。有中学3所，小学25所，卫生院1个，卫生室22个，敬老院2个。农业以种植水稻、小麦、西瓜，养殖猪、羊、牛、鸡、鸭等为主。大广高速过境。

关店［Guāndiàn］ 关店乡人民政府驻地。在县政府驻地谯楼街道东南25千米。人口1800。明初设驿馆，后关姓迁此开设店铺成集，名关家店，简称今名。聚落呈带状。淮河流经。有中小学、卫生院、敬老院、基督教教堂。经济以商业，养殖草鱼、花鲢、白鲢、鲫鱼等为主。铁门坎—息寨路、堡子口—关店公路过境。

八里岔乡［Bālǐchà Xiāng］ 息县辖乡。在县境南部。面积133平方千米。人口6万。辖20村委会，有268自然村。乡人民政府驻八里岔。1951年设八里岔乡。1962年改八里岔公社。1983年改乡。2005年李堂乡并入。因乡政府驻地得名。淮河、淮河故道、运粮河流经。有石灰石、黏土、黄砂等矿产资源。有中学2所，小学26所，卫生院1个。有达摩祖师庙等。有濮公山风景区。经济以农业、建材业为主。农业以种植小麦、水稻、玉米、花生、油菜、瓜类，养殖猪、鱼为主。工业以碎石加工、河砂开采等为主。吴黄线省道过境。

八里岔［Bālǐchà］ 八里岔乡人民政府驻地。在县政府驻地谯楼街道南17千米。人口500。东距黄庄村、东北距任店集、南距曹黄林街、西南距梅寨村、西北距李堂集、北至“铁门坎”均8华里，又处四方交叉口，故名。聚落呈带状。有中小学、卫生院。经济以商业为主，养殖草鱼、花鲢、白鲢、鲫鱼等。吴黄线省道经此。

周口市

周口市［Zhōukǒu Shì］ 河南省辖地级市。北纬33°05′—34°20′，东经114°15′—115°40′。在省境东南部。面积11959平方千米。户籍人口1125.3万，常住人口880.5万。以汉族为主，还有回、满、蒙古等民族。辖川汇区，扶沟、西华、商水、沈丘、郸城、淮阳、太康、鹿邑8县，代管项城县级市。市人民政府驻川汇区。1965年设周口专区。1969年改地区。2000年改市。明永乐年间在沙河南岸开周家渡口，后名周家口，1948年更名周口。地处临颍—夏邑平缓平原中部。南北分别为淮河、黄河冲积平原，间有沙地、沙丘。海拔35.5—64.3米。年均气温16℃，1月平均气温2℃，7月平均气温26℃。年均降水量680毫米。年均无霜期219天。有沙颍河、贾鲁河、汾泉河、黑河、新运河、新蔡河流经。有野生植物170余种，野生动物80种。有国家级湿地公园淮阳龙湖。森林覆盖率20%。有国家级工程研究中心1个，省级工程研究中心2个，高校3所，职业高中34所，高中45所，初中323所，小学3568所，三级医院2个，文化馆13个，博物馆15个，图书馆11个，体育场2个，河南越调剧团等文艺团体11个。有全国重点文物保护单位太昊陵、平粮台古城址等9个，省级文物保护单位陶母岗遗址、方城遗址等28个。有国家级非物质文化遗产越调、太昊伏羲祭典等6项，省级非物质文化遗产买氏中医外治疗法、担经挑、八音楼子等12项。有国家4A级旅游景区3个，国家3A级旅游景区2个。三次产业比例20∶46∶34。农业以种植小麦、棉花、大豆、玉米，饲养黄牛、槐山羊、生猪为主，盛产甘薯、芝麻。有国家地理标志产品淮阳黄花菜、沈丘槐山羊、项城白芝麻。工业以食品加工、纺织服装、生物医药为主，发展装备制造、电子、新型建材。服务业以金融、商贸、物流为主。有铁路222千米，高速451千米，公路2.4万千米，水运航线400千米。漯阜铁路，宁洛、大广、商周、永登高速，106、311等国道，张南线、郑刘线、商大线、高兰线、常付线等省道，沙颍河航线过境。有周口站、市汽车东站。

周口［Zhōukǒu］ 周口市聚落。在市境西部。面积369平方千米。人口52.3万。以汉族为主，还有回、满、蒙古、白等民族。明永乐年间开设周家渡口，后名周家口。万历年间疏浚贾鲁河道，成南接江淮、北通山陕的物资集散地。清乾隆年间有渡口16个，街道116条。清末为河南省四大名镇之一。1948年更今名。1980年后改造西部老城区，发展南部经济区。2000年后向东部拓展。老城区为居住、商业、行政区。南部为行政、商业区。东部为集行政、商业、居住、教育为一体的综合区。沙河、颍河、贾鲁河流经。有关帝庙、铁水牛、镇冲寺、兴旺塔、刘公馆、大庆路大桥、体育馆、码头港口。铁路、高速、公路、内河航线、城市街巷纵横交错。通多路公交车。

周口经济开发区［Zhōukǒu Jīngjì Kāifāqū］ 在市境南部。东至武盛大道，南至宁洛高速，西至周商路，北至黄河路。面积814公顷。1997年11月经省政府正式批准建立省级开发区，由周口市政府管理。经济以农产品深加工、机械制造、医药化工为主。入驻有益海粮油、斯美特食品、鲁花、唐人神饲料等企业147个。铁路、公路、高速、水运航线过境，城区道路交错，街巷密布，四通八达。

八一大道［Bāyī Dàdào］ 在市境中部。南起开元大道，北至太清路。与川汇路、建设大道、文昌大道、七一路、交通路等相交。长7.5千米，宽45米。沥青路面。1965年建设。1987年扩建。2011年命今名。两侧有市公安局城北分局、八一路一小、电脑城、人才交流中心、周口站、经开区广场、市委、川汇区园艺场、市粮食局、市卫生局、市交通局等。通公交车。

建设大道［Jiànshè Dàdào］ 在市境北部。东起周口大道，西至龙源路。与汉阳路、中州大道、八一大道、大庆路相交。长8.5千米，宽35米。沥青路面。1966年建设并命名为建设路。2004年更今名。两侧有周口师范学院、市幼儿师范学院、市二中、市医院、市规划院、八一农贸市场、中原商贸城、市农科院、市农贸市场、市电台、华耀城等。通公交车。

开元大道［Kāiyuán Dàdào］ 在市境南部。东起朝阳路，西至中州大道。与中州路、五一路、八一大道、工农路相交。长5.3千米，宽35米。沥青路面。2011年开工，同年建成。因取意“开启周口发展新纪元”得名。两侧有周口职业技术学院、市供电公司仓库、仁和药业、大用集团生活园、华润医药、创科厨具等。通公交车。

交通大道［Jiāotōng Dàdào］ 在市境中部。东起周口大道，西至龙源路。与汉阳路、中州路、五一路、六一路、八一大道等相交。因横贯川汇区得名。长9.4千米，宽50米。沥青路面。2011年开工，同年建成。两侧有市检察院、市法院、现代妇科医院、口腔医院、市交通执法处、市职业教育中心、市公路局、枫诚学校、市地税局、市十九中、电脑城、市国税局、中山医院、汽车东站、周口八中。通公交车。

周口大道［Zhōukǒu Dàdào］　在市境东部。南起太昊路，北至周商高速。与太清路、神农路、建设大道、文昌大道等相交。长8千米，宽55米。沥青路面。2004年开工，2010年建成。原名东环路，2011年更今名。两侧有市职业教育中心、市幼儿师范学院、国防科技园、市气象局、周口公园、市政府、市体育场、市文广新局、联营中专。通公交车。

中州大道［Zhōngzhōu Dàdào］　在市境西部。南起太昊路，北至太清路。与建设大道、文昌大道、颍河路、滨河路、人民路等相交。长8.1千米，宽50米。沥青路面。2011年中州南路、中州北路、邦杰路、迎宾大道合称中州大道。两侧有川汇区环保分局、市规划建筑勘测设计院、迎水寺集贸市场、荷花市场、中心车站、中医院、市口腔医院、市公安局、关帝庙。通公交车。

川　汇　区

川汇区［Chuānhuì Qū］　周口市人民政府驻地。在市境西部。面积369平方千米。人口53.2万。辖10街道、2乡。区人民政府驻小桥街道。1948年设周口市（县级），属淮阳专区。1952—1980年镇、县级市反复改制。2000年周口市改川汇区，属周口市（地级）。以沙河、颍河、贾鲁河3川交汇得名。运粮河、七里河流经。有高校3所，高中3所，初中19所，小学46所，三级医院2个，二级医院10个，河南越调剧团等文艺团体3个。有沙颍河景观文化长廊、市体育馆、旺盛塔。有全国重点文物保护单位关帝庙，省级文物保护单位水灌台龙山文化遗址。有国家级非物质文化遗产心意六合拳、越调，省级非物质文化遗产买氏中医外治疗法、担经挑、八音楼子。三次产业比例4∶55∶41。农业以种植小麦、玉米、大豆、棉花、芝麻，养殖猪、牛、羊为主。工业以机械制造、纺织服装、电线电缆为主。服务业以商贸、物流为主。漯阜铁路，宁洛、大广、商周高速，106国道，常付线省道，沙颍河水运航线过境。有周口站、市客运中心站、市汽车东站、区汽车站、市八一路汽车站。

五一广场［Wǔyī Guǎngchǎng］　在城区中部。面积2500平方米。2004年开工，2005年建成。因五一路得名。分地上、地下2层。上层南部有篆书“周”字雕塑，铜材雕刻。中部为玉盘式结构，四周有150米长的青石护栏。北部有长90米、高1.7米汉白玉历史人物（伏羲、女娲、炎帝等人文始祖）雕塑墙，展示周口历史文化。东、西两侧设置健身器材。有舞台、座椅。地下有综合商场。为市民健身休闲、大型活动场所。周边有市委、迎宾馆、万顺达、万东汇、万果园等大型商场。通公交车。

川汇文化广场［Chuānhuì Wénhuà Guǎngchǎng］　在城区北部。面积2500平方米。2007年开工，同年建成。为弘扬法制文化得名。中央有诚信鼎。有普法栏、普法亭、人工湖。为集诚信、法制文化宣传、休闲健身一体广场。周边有区政府、文化艺术中心。通公交车。

小桥街道［Xiǎoqiáo Jiēdào］　川汇区人民政府驻地。在区境北部。面积9平方千米。人口2.3万。1982年设。因小桥街得名。先后扩建建设路、中州路等，新建川汇路、兴业路等，修建中华五千年景区。贾鲁河流经。有中等职业学校1所，中学2所，小学1所，卫生服务中心1个。有文化广场。农业以种植小麦、玉米为主，盛产花生、大豆、蔬菜。工业以化工、纺织、门业、电力电缆、机械制造为主。有商贸城、农贸市场。有区汽车站。通多路公交车。

陈州街回族街道［Chénzhōujiē Huízú Jiēdào］　属川汇区。在区境中部。面积2.3平方千米。人口3.5万，其中回族占13%。1956年设陈州街道。1983年改为陈州街回族街道。因陈州街得名。2000年始扩建八一路、七一路、中州路、五一路、六一路、交通路等主要道路，重修人民会堂，迁建市委、市水利局、市粮食局等单位，建设五一广场、滨河公园、中心车站等设施，建成万顺达、万东汇、万果园等商场。颍河流经。有中学2所，小学5所，三级医院1个，二级医院2个，卫生所12个。有舞蹈、腰鼓等文艺团体12个。有社区书屋、文化广场、清真寺、基督教教堂。经济以商贸服务业为主，有新华步行街、万果园名品百货、万顺达百货大楼、天下城百货大楼等大型商场，有周口迎宾馆、周口饭店等酒店。有周口客运中心站。通多路公交车。

七一路街道［Qīyīlù Jiēdào］　属川汇区。在区境中部。面积5平方千米。人口5.4万。以汉族为主，还有回族等。1983年设七一路街道。1985年八一路、车站路2街道并入。因七一路得名。先后扩建七一路、人民路等，改造棚户区，建河滨公园、厨具市场、果品市场、龙都建材市场。临颍河流经。有中学5所，小学5所，幼儿园1所，三级医院1个，二级医院2个，卫生院2个，农家书屋4个。有水灌台遗址、东杨庄墓葬群、张燕墓。经济以商贸、餐饮、房地产业为主。有购物广场、商业街。有市客运东站。通多路公交车。

荷花路街道［Héhuālù Jiēdào］　属川汇区。在区境西部。面积6平方千米。人口5.8万。以汉族为主，还有回族等。1983年设荷花、纺织2街道，1984年合为纺织路街道。2007年更今名。因荷花路得名。2000年后扩建七一路、交通路，改造棚户区。沙颍河流经。有中学2所，小学3所，二级医院2个，卫生院3个，卫生所45个，图书室1个，文化站1个。有烈士陵园、周家口抗战指挥部旧址。农业以种植小麦，饲养生猪为主。工业以食品加工、电力、纺织为主。服务业以商贸、餐饮、房地产开发为主。有荷花市场、中州商贸城。通多路公交车。

人和街街道［Rénhéjiē Jiēdào］　属川汇区。在区境北部。面积3平方千米。人口3.3万。以汉族为主，还有回族等。1983年设。1985年建设路街道并入。因人和街得名。2000年后扩建文昌大道、建设大道、中州路、颍河路，改造棚户区。颍河、贾鲁河流经。有中学2所，小学8所，二级医院2个，卫生所8个，文化站3个，图书室3个。有全国重点文物保护单位周口关帝庙。农业以种植小麦、蔬菜为主。工业以酿酒、机械制造为主。服务业以商贸、餐饮、房地产开发为主。通多路公交车。

城南街道［Chéngnán Jiēdào］　属川汇区。在区境南部。面积64平方千米。人口8.5万。以汉族为主，还有回族等。2005年由南郊乡改设城南街道。因位置得名。先后扩建龙源族路，改造旧城，建小市场2个。沙河、颍河流经。有小学5所，幼儿园5所，二级医院2个，卫生所7个，文化活动中心1个，农家书屋4个。农业以种植小麦、玉米为主。工业以冶金化工、门业、建材加工为主。服务业以装饰、家具销售为主。通多路公交车。

城北街道［Chéngběi Jiēdào］　属川汇区。在区境北部。面积67平方千米。人口6.1万。以汉族为主，还有回族等。2005年由北郊乡改设城北街道。因位置得名。先后扩建太清路，改造旧城，建工业园区。贾鲁河流经。有小学9所，幼儿园11所，卫生所16个，文化服务中心1个，村级阅览室8个。农业以种植小麦、玉米为主。有养殖小区、无公害蔬菜基地、区园艺场、颍川生态园。工业以装备制造、光电缆、智能电器、建材、食品加工为主。通多路公交车。

文昌街道［Wénchāng Jiēdào］　属川汇区。在区境东部。面积17平方千米。人口5.4万。以汉族为主，还有回族等。2005年由蔬菜乡改设城东街道，2007年以文昌大道更今名。沙颍河流经。有周口师院、周口职业技术学院、周口幼儿师范学院。有中学1所，小学3所，幼儿园2所，卫生所26个。有图书馆、体育馆、文昌生态园、周口公园、国防园等。农业以种植小麦、玉米，饲养猪、牛为主。工业以门业、粮油加工、建材为主。服务业以餐饮、商贸、保洁、物业为主。通多路公交车。

搬口街道［Bānkǒu Jiēdào］　属川汇区。在区境东北部。面积52平方千米。人口4.6万。2007年由搬口乡改设街道。原名搬罾口，意为搬罾网捕鱼，简称搬口。先后拆迁新曾楼、小张寨等村，改造搬口大街。新运河、流沙河流经。有中学1所，小学9所，卫生院1个，卫生所11个，文化站1个，村级文化大院4个，图书室5个，农技站1个。有羲皇故里牌坊。农业以种植小麦、大豆、玉米，饲养猪、鸡为主。工业以建材、农副产品加工、化工为主。有大豆交易市场。大广、周商高速过境。通多路公交车。

华耀城街道［Huáyàochéng Jiēdào］　属川汇区。在区境东北部。面积19平方千米。人口1.7万。2013年设。因华耀城综合商贸物流中心得名。有小学4所，幼儿园2所，卫生所16个，文化站1个，图书室3个。经济以仓储物流、商贸为主。农业以种植小麦、玉米、大豆为主。商周、大广高速过境。通多路公交车。

李埠口乡［Lǐbùkǒu Xiāng］　川汇区辖乡。在区境东部。面积43平方千米。人口5.3万。辖22村委会，有90自然村。乡人民政府驻李埠口。1958年设李埠口乡，同年改公社。1983年复乡。因乡政府驻地得名。谷河、运粮河、沙颍河流经。有中学2所，小学19所，幼儿园9所，卫生院1个，卫生所49个，文化服务中心1个，文化大院2个，图书室14个。农业以种植小麦、玉米、大豆，饲养猪、牛、羊为主，盛产棉花、花生、反季节蔬菜。工业以机械、化工、建材为主。有集贸市场2个。漯阜铁路，大广、宁洛高速，常付线省道过境。

李埠口［Lǐbùkǒu］　李埠口乡人民政府驻地。在区政府驻地小桥街道西南12千米。人口2000。传汉为皇帝封苑。明初李姓携子自山西洪洞迁此，定居沙河北岸，来往渡河，遂成渡口，故名。聚落呈带状。沙颍河流经。有中小学、幼儿园、卫生院。农业以种植小麦、玉米、大豆为主。周项公路经此。

许湾乡［Xǔwān Xiāng］　川汇区辖乡。在区境东部。面积84平方千米。人口8.2万。辖30村委会，有139自然村。乡人民政府驻许湾。1965年郑集、王店、新站、搬口4公社析设许湾公社，属淮阳县。1983年设乡。2011年划属川汇区。因乡政府驻地得名。新运河、沙颍河流经。有中学2所，小学30所，幼儿园9所，卫生院1个，卫生所30个，文化站1个，文化大院4个，图书室8个。农业以种植小麦、玉米、大豆，饲养猪、羊、肉鸡为主，盛产花生、大蒜。工业以建材、饲料加工、家具制造为主。大广高速、106国道、周淮公路过境。

许湾［Xǔwān］　许湾乡人民政府驻地。在区政府驻地小桥街道东18千米。人口2200。

明洪武二年(1369)许姓在老运河拐弯处建村，故名。聚落呈带状。有小学、卫生院、颐养医院。农业以种植小麦、玉米、大豆，饲养猪、羊、肉鸡为主。通公路。

项城市

项城市［Xiàngchéng Shì］ 河南省直辖县级市，由周口市代管。北纬 33°28′，东经 114°52′。在周口市境东南部。面积 1078 平方千米。人口 123.8 万。辖 6 街道、15 镇。以汉族为主，还有回、蒙古等民族。市人民政府驻花园街道。秦置项县，属颍川郡。西汉属汝南郡。南北朝改名项城县，属陈郡。东魏复名项县。隋开皇初复项城县，属淮阳郡。唐属陈州。宋属淮宁府。元至元二年(1336)并入商水县，后又复置，治槐坊店(今沈丘县槐店回族镇)。明宣德三年(1428)治迁殄寇镇(今秣陵镇)。清属陈州府。1912 年属豫东道。1914 年属开封道。1927 年属省。1932 年属第三行政督察区。1949 年属淮阳专区。1953 年治迁水寨镇(今水寨街道)，属商丘专区。1959 年属开封专区。1961 年属商丘专区。1965 年属周口专区。1969 年属周口地区。1993 年改县级市，由周口地区代管。2000 年由周口市代管。2006 年项城市政府迁今址。西周时封为姬姓项子国，故名。1993 年后拆迁城郊村，修建迎宾大道、湖滨路、人民路。2006 年后建成工业区、行政新区、商贸区、城南新区。有驸马沟生态公园、驸马沟廉政文化景观带。地处黄河冲积平原南部。西北偏高，东南偏低。海拔 37.3—43.6 米。年均气温 15℃，1 月平均气温 0℃，7 月平均气温 28℃。年均降水量 849 毫米。沙颍河、泥河、谷河、汾河流经。有野生植物 106 种，其中国家重点保护野生植物有银杏、鹅掌楸、香樟、莲、野大豆。有野生动物 129 种，其中国家重点保护野生动物有鸿雁、画眉鸟、黑翅鸢、普通鵟、红隼、游隼、黑翅鸳、黑鸺鹠。有省级自然保护区 1 个。森林覆盖率 22%。有中等职业学校 2 所，高中 4 所，初中 46 所，小学 382 所，特教学校 1 所，二级医院 2 个，图书馆 1 个，文化馆 1 个，体育馆 1 个。为千年古县。有全国重点文物保护单位南顿故城、袁氏旧居，省级文物保护单位高寺遗址、张伯驹旧居等 5 个。有民俗南顿回民秧歌、官会响锣、高寺狮子舞、秣陵镇余家杂技。三次产业比例 14∶48∶38。农业以种植小麦、玉米、棉花，饲养项猪、槐羊为主。有国家地理标志产品白芝麻。工业以生物医药、食品加工、纺织服装为主。服务业以物流、汽车服务为主。漯阜铁路，大广、宁洛高速，106、329 国道，张南线、郑刘线、商大线、常付线、高兰线省道过境。

人民路［Rénmín Lù］ 在市境西北部。东起后高营村道，西至湖滨路。与商城路、迎宾大道相交。长 2 千米，宽 50 米。沥青路面。2006 年开工，2007 年建成。因途经市人民政府得名。两侧有市第三高级中学、市第九初级中学、市体育馆、市邮政局。通公交车。

迎宾大道［Yíngbīn Dàdào］ 在市境北部。南起南环路，北至周项路。与西大街、平安大道、光武大道相交。长 9.7 千米，宽 50 米。沥青路面。1950 年开工，1953 年建成。为项城通往周口市区主要道路，2007 年定今名。两侧有市检察院、市车辆管理所、市地税局、市第二高级中学、市第八初级中学、市花园小学等。通公交车。

项城站［Xiàngchéng Zhàn］ 见交通运输设施部分“项城站”条。

项城汽车站［Xiàngchéng Qìchēzhàn］ 见交通运输设施部分“项城汽车站”条。

花园街道［Huāyuán Jiēdào］ 项城市人民政府驻地。在市境北部。面积 19 平方千米。人口 2.7 万。2006 年设。因花卉种植闻名，故名。先后建人民路、建设路、政和路。有职业中专 1 所，高中 4 所，中学 2 所，小学 9 所，二级医院 1 个，卫生院 2 个，社区服务中心 1 个，服务站 21 个。有驸马沟生态公园、廉政文化景观带、邝花园唐代墓群、徐冢遗址。经济以花卉种植、汽车服务为主。大广、宁洛高速，106 国道，郑刘线省道过境。通多路公交车。

水寨街道［Shuǐzhài Jiēdào］ 属项城市。在市境北部。面积 7 平方千米。人口 8.3 万。以汉族为主，还有回、蒙古等民族。2006 年由水寨镇改设。因位于沙颍河、枯河之间，四周环水，故名。先后建市中心广场、市人民公园。有高中 1 所，中学 6 所，小学 6 所，二级医院 1 个，卫生院 6 个，卫生所 29 个。有省级文物保护单位袁氏旧居。经济以商贸、物流为主。有购物中心、购物广场、商贸城、农贸市场。106 国道过境。通多路公交车。

东方街道［Dōngfāng Jiēdào］ 属项城市。在市境东北部。面积 11 平方千米。人口 1.9 万。2006 年设。因方位得名。先后建市产业集聚区，改扩建东方大道、城东路、颍河路。沙颍河流经。有中学 1 所，小学 6 所，卫生所 12 个，文化中心 1 个，图书室 11 个。经济以纺织、医疗器械、皮革、服装加工为主。常付线省道过境。通多路公交车。

莲花街道［Liánhuā Jiēdào］ 属项城市。在市境北部。面积 16 平方千米。人口 1.5 万。2006 年设。因企业名得名。2007 年扩建通济大道。枯河流经。有小学 4 所，卫生院 1 个，卫生所 13 个。经济以农副产品、调料加工、服装制衣、建材、物流为主。养殖鸡、鸭、鹅。漯阜铁路过境。通多路公交车。

千佛阁街道［Qiānfógé Jiēdào］ 属项城市。在市境北部。面积 23 平方千米。人口 2.8 万。2006 年设。因千佛阁遗址得名。先后建铁路项城站，扩建迎宾大道。有小学 7 所，卫生院 1 个，卫生所 29 个。经济以农副产品加工、医疗器械、建筑建材为主。漯阜铁路过境。有项城站。通多路公交车。

光武街道［Guāngwǔ Jiēdào］ 属项城市。在市境西南部。面积 21 平方千米。人口 2.5 万。2006 年设。因光武庙得名。长虹运河流经。有中学 4 所，小学 8 所，卫生院 5 个，卫生所 18 个。有南顿汉槐、鹿苑寺。经济以建筑建材、机械加工、制药为主。漯阜铁路、106 国道过境。

南顿镇［Nándùn Zhèn］ 项城市辖镇。在市境西北部。面积 57 平方千米。人口 7.1 万。以汉族为主，还有回族等。辖 23 村委会，有 104 自然村。镇人民政府驻南顿。宋熙宁六年(1073)省南顿县为镇。明初省入项城。1912 年后曾设区。1958 年成立南顿公社。1983 年设乡。1988 年改镇。因镇政府驻地得名。长虹运河、运粮河流经。有中学 6 所，小学 26 所，幼儿园 1 所，卫生院 1 个，卫生所 47 个，福利院 1 个。有全国重点文物保护单位南顿故城。有南顿清真寺、南顿回民秧歌。农业以种植小麦、玉米为主。工业以农机配件、农副产品加工、塑钢加工为主。漯阜铁路、大广高速过境。

南顿［Nándùn］ 南顿镇人民政府驻地。在市政府驻地花园街道西南 6 千米。人口 4400。以回族为主，还有汉族等。《太平寰宇记》载：“南顿，古顿子国，后逼于陈南徙，故号南顿，其城楚令尹子玉所筑。”聚落呈不规则块状。有回民中学、回民小学、卫生院、清真寺。有全国重点文物保护单位南顿故城遗址。有古城墙、汉光武台、光武庙、南顿回民秧歌等。农业以种植小麦、玉米，饲养牛、羊为主。106 国道经此。

孙店镇［Sūndiàn Zhèn］ 项城市辖镇。在市境西南部。面积 71 平方千米。人口 8.2 万。辖 34 村委会，有 88 自然村。镇人民政府驻孙店。1955 年设孙店乡，后改公社。1983 年复乡。1988 年改镇。因镇政府驻地得名。汾河流经。有中学 2 所，小学 26 所，卫生院 1 个，卫生所 49 个。有省级文物保护单位孙店遗址、毛冢遗址。农业以种植小麦、玉米，饲养生猪、羊、鸡为主。工业以纺织、服装、制笔、涂料加工为主。大广高速，商大线、高兰线省道过境。

孙店［Sūndiàn］ 孙店镇人民政府驻地。在市政府驻地花园街道西南 27 千米。人口 2500。明末孙姓移居，开设店铺，得名孙湾店。清同治元年(1862)修寨称孙湾寨，又名永和寨。后寨废，复称孙湾店。1912 年后简称今名。聚落呈片状。有中小学、幼儿园、卫生院。有省级文物保护单位孙店遗址。农业以种植小麦、玉米、大豆为主。高兰线省道经此。

李寨镇［Lǐzhài Zhèn］ 项城市辖镇。在市境西南部。面积 67 平方千米。人口 7.6 万。辖 27 村委会，有 73 自然村。镇人民政府驻李寨。1956 年设韩李寨乡。1958 年成立公社。1983 年改李寨乡。1996 年改镇。因镇政府驻地得名。泥河流经。有中学 1 所，小学 16 所，卫生院 1 个，卫生所 43 个。农业以种植小麦、玉米为主。工业以建筑建材、涂料加工为主。周李线县道过境。

李寨［Lǐzhài］ 李寨镇人民政府驻地。在市政府驻地花园街道西南 36 千米。人口 3300。明末清初李姓迁此，名小李庄。清道光年间(1821—1850)与后韩庄协议建寨，小李庄为寨址，韩姓出资，更名韩李寨。1983 年更今名。聚落呈团块状。有中小学、卫生院。有服装城、家具广场、集贸市场。为项城、平舆、上蔡 3 县、市物资集散地。周李线县道经此。

贾岭镇［Jiǎlǐng Zhèn］ 项城市辖镇。在市境南部。面积 88 平方千米。人口 8.2 万。辖 34 村委会，有 112 自然村。镇人民政府驻贾岭。1956 年设贾岭乡。1958 年改公社。1983 年复乡。1988 年改镇。因镇政府驻地得名。泥河流经。有中学 4 所，小学 22 所，卫生院 1 个，卫生所 55 个。经济以农业为主，种植小麦、玉米，饲养牛、羊，盛产樱桃、棉花、芝麻。工业以建筑、劳保业为主。大广高速、106 国道、郑刘线省道过境。

贾岭［Jiǎlǐng］ 贾岭镇人民政府驻地。在市政府驻地花园街道南 39 千米。人口 2200。原有十字岭，又名金鸡岭。时吴楚联姻，留有“金顶轿换银顶轿，吴香女换马丫环”传说。再后贾姓落户，更名贾家岭，简今名。聚落呈团块状。有中小学、幼儿园、卫生院。农业以种植小麦、玉米为主。特产郭氏硬面馒头。大广高速、106 国道经此。

高寺镇［Gāosì Zhèn］ 项城市辖镇。在市境中部。面积 65 平方千米。人口 6.9 万。辖 26 村委会，有 105 自然村。镇人民政府驻桥北头。1955 年设高寺小乡。1965 年析新桥、老城、丁集 3 公社部分大队成立高寺公社。1983 年改设乡。2001 年改镇。古名高阳丘，后建寺称高丘寺。清同治元年(1862)称高丘寺寨，简称高寺寨，故名。汾河、曹河流经。有中学 2 所，小学 22 所，幼儿园 5 所，卫生院 1 个，卫生所 45 个。有省级文物保护单位高大庄战国秦汉遗址、高寺遗址、后高老家遗址。有高丘寺、高寺狮子舞。农业以种植小麦、玉米、大豆为主，盛产芝麻、棉花。工业以食品、服装、涂料、家具加工为主。106 国道过境。

桥北头［Qiáoběitóu］　高寺镇人民政府驻地。在市政府驻地花园街道南24千米。人口700。因地处高寺桥北，故名。聚落呈团块状。有中小学、卫生院。农业以种植小麦、玉米、大豆为主。项蒋线县道经此。

新桥镇［Xīnqiáo Zhèn］　项城市辖镇。在市境南部。面积75平方千米。人口7.6万。辖29村委会，有112自然村。镇人民政府驻新桥。1958年成立新桥公社。1983年设乡。1988年改镇。因镇政府驻地得名。汾河、泥河流经。有中学2所，小学27所，卫生院1个，卫生所48个。有省级文物保护单位骆驼岭遗址。有金鸡冢、仁清禅寺。农业以种植小麦、玉米、大豆为主，盛产芝麻。工业以板材、机械、服装、食品加工为主。商大线省道过境。

新桥［Xīnqiáo］　新桥镇人民政府驻地。在市政府驻地花园街道东南32千米。人口3900。明弘治年间(1488—1505)泥河南北两岸王、孙2家结为姻亲，另建新桥，故名。聚落呈团块状。有小学、卫生院。农业以种植小麦、玉米、大豆，饲养猪、牛、羊为主。商大线省道经此。

付集镇［Fùjí Zhèn］　项城市辖镇。在市境东南部。面积47平方千米。人口5.5万。辖21村委会，有100自然村。镇人民政府驻刘庄。1965年新桥、官会2公社析设付集公社。1983年设乡。1998年改镇。传宋代曹娘娘乘船至此，登岸游玩，见住户生活富足，便称此富集。明初傅姓移来定居，先居傅墩，后迁此，改名傅集，演为付集。泥河、汾河流经。有中学1所，小学23所，卫生院1个。有省级文物保护单位黄庙石拱桥、刘冢遗址。农业以种植小麦、玉米、大豆为主，盛产棉花、红薯。工业以建材、机械、服装、食品加工为主。商大线省道过境。

刘庄［Liúzhuāng］　付集镇人民政府驻地。在市政府驻地花园街道东南32千米。人口300。清道光年间(1821—1850)刘姓建庄，故名。聚落呈长方形。有中学、卫生院。农业以种植小麦、玉米、大豆为主。商大线省道经此。

官会镇［Guānhuì Zhèn］　项城市辖镇。在市境东南部。面积72平方千米。人口7.6万。辖27村委会，有138自然村。镇人民政府驻官会。1949年设官会乡。1958年改公社。1983年复乡。1988年改镇。因镇政府驻地得名。港河、曹河流经。有中学3所，小学23所，幼儿园1所，卫生院1个，卫生所54个。有大王营遗址、岳雪华墓。农业以种植小麦、玉米、大豆为主，盛产棉花、油菜、药材。工业以皮革、机械、家居、食品加工为主。淮徐线县道过境。

官会［Guānhuì］　官会镇人民政府驻地。在市政府驻地花园街道东南27千米。人口1800。古称荒芜店。清乾隆南巡，豫、皖2省官员至此接驾，更今名。聚落呈团块状。有中小学、卫生院。有民俗官会响锣。农业以种植小麦、玉米、大豆为主。工业以服装制造为主。淮徐线县道经此。

丁集镇［Dīngjí Zhèn］　项城市辖镇。在市境中部。面积64平方千米。人口6.4万。辖29村委会，有116自然村。镇人民政府驻丁集。1949年设丁集乡。1958年改公社。1983年复乡。1988年改镇。因镇政府驻地得名。谷河、港河流经。有中学3所，小学23所，卫生院1个，卫生所37个，文化站1个，图书馆1个。农业以种植小麦、玉米、大豆为主，盛产药材、白芝麻。有山羊、绵羊饲养基地。工业以皮革加工为主。项蒋线、西马线县道过境。

丁集［Dīngjí］　丁集镇人民政府驻地。在市政府驻地花园街道东南16千米。人口2500。曾有丁村集，后集东马村建桥，成要道，集迁之，名亦随移，简称丁集。聚落呈正方形。有中学、卫生院。有民俗元宵玩龙。农业以种植小麦、玉米、大豆为主。工业以皮革加工为主。通公路。

郑郭镇［Zhèngguō Zhèn］　项城市辖镇。在市境东北部。面积60平方千米。人口6.1万。辖25村委会，有68自然村。镇人民政府驻郑郭集。1949年设郑郭乡。1958年改公社。1983年复乡。2001年改镇。因镇政府驻地得名。沙颍河、谷河流经。有中学3所，小学18所，幼儿园1所，卫生院1个，卫生所39个。有省级文物保护单位黄维纲墓。农业以种植小麦、玉米、大豆为主，盛产棉花、山药。工业以医药、建材为主。漯阜铁路、常付线省道过境。

郑郭集［Zhèngguōjí］　郑郭镇人民政府驻地。在市政府驻地花园街道东南13千米。人口1600。因郑、郭2姓得名，简称郑郭。聚落呈长方形。有中小学、卫生院、郑郭古村寨、天爷庙遗址。农业以种植小麦、玉米、大豆为主。常付线省道经此。

秣陵镇［Mòlíng Zhèn］　项城市辖镇。在市境南部。面积62平方千米。人口6.8万。辖4居委会、30村委会，有96自然村。镇人民政府驻秣陵。1982年老城公社析设秣陵镇。2005年老城乡并入。因镇政府驻地得名。泥河、长虹运河流经。有中学2所，小学16所，卫生院3个，卫生所40个。有省级文物保护单位骨头冢遗址、张伯驹旧居。农业以种植小麦、玉米、大豆为主。工业以皮革、制鞋、印刷、塑料加工为主。106国道、商大线省道过境。

秣陵［Mòlíng］　秣陵镇人民政府驻地。在市政府驻地花园街道西南29千米。人口8500。秦始皇三十六年(前221)始皇东巡至金陵，见有天子气，改金陵邑为秣陵县，意为“抹”掉金陵。南北朝时东魏侨立秣陵县，故名。聚落呈正方形。有回民中学、回民小学、市养和医院、市疑难病中医研究所，卫生院。有省级文物保护单位张伯驹旧居。经济以商贸为主，有龙潭商贸城。106国道经此。

王明口镇［Wángmíngkǒu Zhèn］　项城市辖镇。在市境东部。面积75平方千米。人口6.9万。辖26村委会，有142自然村。镇人民政府驻王明口。1965年郑郭、丁集、官会3公社析设王明口公社。1983年设乡。2001年改镇。因镇政府驻地得名。谷河流经。有中学2所，小学19所，卫生院1个，卫生所43个。有省级文物保护单位袁氏旧居。农业以种植小麦、玉米、大豆、棉花、中药材、芝麻为主。工业以皮革、服装、面粉、机械加工、建材为主。淮徐线、西马线县道过境。

王明口［Wángmíngkǒu］　王明口镇人民政府驻地。在市政府驻地花园街道东南19千米。人口1100。原名王埠口。清康熙八年(1669)王明在此摆渡，为人乐善好施，人感其德，更名王明埠口，简今名。聚落呈正方形。有中小学、卫生院。农业以种植小麦、玉米、大豆、棉花、中药材、芝麻为主。淮徐线、西马线县道经此。

袁寨［Yuánzhài］　在市政府驻地花园街道东南16千米。王明口镇辖自然村。人口1000。原名石腰庄，清道光年间(1821—1850)袁氏买下此地庄田。咸丰七年(1857)袁重三、田震生修寨，易名袁寨。聚落呈团块状。有省级文物保护单位袁氏旧居。通公路。

范集镇［Fànjí Zhèn］　项城市辖镇。在市境西部。面积58平方千米。人口7.2万。辖28村委会，有85自然村。镇人民政府驻魏营。1951年设范集乡。1958年改公社。1983年复乡。2010年改镇。传范增隐居于此，故名范亭集。清咸丰十一年(1861)称范亭集寨，又名集成寨。1947年拆寨，简称范集。汾河流经。有中学3所，小学23所，卫生院1个，卫生所37个。农业以种植小麦、玉米、芝麻、蔬菜为主。工业以医疗器械、食品加工、建筑建材为主。大广高速、常付线省道过境。

魏营［Wèiyíng］　范集镇人民政府驻地。在市政府驻地花园街道西南18千米。人口500。元末魏姓居此，名魏营。后因灾迁出，明中期赵姓迁此，村名沿用。聚落呈带状。有小学、魏坟。农业以种植小麦、玉米为主。常付线省道经此。

永丰镇［Yǒngfēng Zhèn］　项城市辖镇。在市境中部。面积58平方千米。人口7万。辖29村委会，有99自然村。镇人民政府驻永丰。1965年范集、南顿、丁集3公社析设永丰公社。1983年设乡。2011年改镇。因镇政府驻地得名。长虹运河、汾河流经。有中学2所，小学26所，卫生院1个，卫生所38个。有晋颍阳侯应詹墓。农业以种植小麦、玉米、蔬菜、花卉，饲养黄牛、生猪为主。工业以皮革、医药、食品、机械加工为主。106国道过境。

永丰［Yǒngfēng］　永丰镇人民政府驻地。在市政府驻地花园街道南14千米。人口800。原因陈州(今淮阳)南关金龙桥至此有古冢百个而得名百冢铺。清咸丰十一年(1861)王、郭2姓倡捐修寨，名百冢铺寨，又名同心寨。宣统三年(1911)又重修，取永年丰收之意更今名。聚落呈团块状。有中小学、卫生院。有晋颍阳侯应詹墓、百冢铺师范学堂遗址。农业以种植小麦、玉米、大豆为主。106国道经此。

三店镇［Sāndiàn Zhèn］　项城市辖镇。在市境西南部。面积62平方千米。人口5.5万。辖25村委会，有80自然村。镇人民政府驻三张店。1965年贾岭、李寨、孙寨、老城4公社析设三张店公社。1983年设乡。2011年改三店镇。因镇政府驻地简称得名。泥河流经。有中学2所，小学17所，卫生院1个，卫生所32个。经济以农业为主，种植小麦、玉米、棉花、芝麻，饲养生猪、羊。工业以酱菜、建材、涂料加工为主。大广高速、106国道过境。

三张店［Sānzhāngdiàn］　三店镇人民政府驻地。在市政府驻地花园街道西南33千米。人口500。明中期张姓开盐店，后章、臧2姓迁入，三姓共居，故名。聚落呈长方形。有中小学、卫生院。农业以种植小麦、玉米、大豆为主。大广高速经此。

扶沟县

扶沟县［Fúgōu Xiàn］　周口市辖县。北纬34°03′，东经114°23′。在市境西北部。面积1173平方千米。人口75.7万。以汉族为主，还有回、苗、壮、土家等民族。辖2街道、8镇、6乡。县人民政府驻桐丘街道。汉高祖十一年(前196)置扶沟县，治小扶城(今崔桥镇古城村)，属淮阳国。汉宣帝神爵三年(前59)属颍川郡。东晋建武元年(317)并入新汲县。北魏登国元年(386)复。隋大业十四年(618)新汲县并入。此后未变，先后属许州、开封府、汴梁路总管府、开封府、陈州府、豫东道、开封道、豫东行政区、第七行政督察区、豫皖苏第五行政专区、淮阳专区、许昌专区、周口专区、周口地区、周口市。因取扶亭、洧水沟各一字得名。地处豫东平原中部偏西，北、东部为黄泛区。西北高东南低。海拔58—64.3米。年均气温14℃，1月平均气温0℃，7月平均气温27℃。年均降雨量729毫米。贾鲁河、尉扶河、老涡河、清水河流经。有野生植物455种，其中国家重点保护野生植物有银杏、水杉、榉树、莲等

5种。有野生动物185种，其中国家重点保护野生动物有黑鹳、白鹤、大天鹅、小天鹅、花脸鸭等15种。有省级自然保护区2个。森林覆盖率18.2%。有职业中专1所，高中5所，初中22所，小学236所，二级医院3个，图书馆1个，文化馆1个，体育场馆2个。有全国重点文物保护单位吕潭小学旧址、吉鸿昌烈士故居，省级文物保护单位大程书院、仰韶文化遗址、凤凰岗遗址、大成殿。有省级非物质文化遗产王氏烧酒酿造技艺、何记牛肉制作技艺。三次产业比例38∶38∶24。农业以种植小麦、玉米、大豆，饲养猪、牛、羊为主，盛产棉花、大棚蔬菜、花生、禽蛋。工业以汽缸盖制造、纺织、食品加工为主。服务业以商贸、物流、电子商务为主。永登、大广高速，311国道，大练线、郑刘线、陈大线省道过境。

昌盛路［Chāngshèng Lù］ 在县城中部。东起滨河南路，西至花园路。与吉祥路、新华路、桐丘路相交。长1.5千米，宽25米。沥青路面。1958年修建土路。1961年建为砖砟路。1968年铺设沥青路面。1982年拓宽。2004年以吉言佳语更名为昌盛路。穿过商业中心。两侧有一峰购物广场、工行大厦、人民商场、国芳购物中心、商贸城。通公交车。

文化路［Wénhuà Lù］ 在县城中部。东起将军路，西至荷花路。与金海路、兴隆路、花园路、桐丘路、吉祥路相交。长4千米，宽35米。沥青路路面。原为311国道，1985年拓宽为城区道路，1992年定名南环路，2004年更今名。两侧有金海花园小区、康复医院、县高中、县幼儿园、文庙大成殿等。通公交车。

鸿昌大道［Hóngchāng Dàdào］ 在县城南部。东起将军路，西至支亭路。与花园路、桐丘路、吉祥路相交。长2.7千米，宽70米。沥青路面。原为311国道，2001年拓宽改造。2004年以吉鸿昌将军名命名。两侧有江南玫瑰小区、国税局、地税局、土地局、审计局、吉鸿昌将军纪念馆等。通公交车。

桐丘路［Tóngqiū Lù］ 在县城中部。南起人民路，北至运河南路。与新建路、昌盛路、文化路、鸿昌大道、力神大道等相交。长5千米，宽30—70米。沥青路面。原为砖砟路，1958年建成沥青路面。1986年拓宽。2011年延伸。2004年因扶沟古称桐丘定今名。穿过商业中心。两侧有水务局、林业局、畜牧局、县委、县政府、城郊乡政府、住建局、红旗小学、人民会堂。通公交车。

扶沟汽车站［Fúgōu Qìchēzhàn］ 见交通运输设施部分“扶沟汽车站”条。

桐丘街道［Tóngqiū Jiēdào］ 扶沟县人民政府驻地。在县境中部。面积17平方千米。人口7.1万。2011年设。因古桐丘城得名。有高中2所，初中3所，小学7所，二级医院2个，卫生院1个，卫生所18个。有全国爱国主义教育基地吉鸿昌将军纪念馆。有省级文物保护单位大程书院、文庙大成殿。有人民公园。工业以机械制造、鞋业、皮革加工为主。服务业以商贸为主。311国道、郑沈线省道过境。有扶沟汽车站。通多路公交车。

扶亭街道［Fútíng Jiēdào］ 属扶沟县。在县境中部。面积19平方千米。人口1.9万。2010年设。因扶亭路得名。有职业中专1所，高中2所，二级医院1个，卫生院1个，卫生所18个。经济以棉纺、机械制造、食品加工为主。311国道、郑沈线省道过境。通多路公交车。

崔桥镇［Cuīqiáo Zhèn］ 扶沟县辖镇。在县境东北部。面积96平方千米。人口5.6万。以汉族为主，还有回族等。辖34村委会，有57自然村。镇人民政府驻崔桥。1956年设崔桥乡。1958年改公社。1983年复乡。1990年改镇。因镇政府驻地得名。尉扶河、老涡河流经。有中学3所，小学17所，卫生院1个，卫生所48个，图书室1个。有省级非物质文化遗产何记牛肉制作技艺。有古迹小扶城。农业以种植小麦、玉米、大豆、西瓜、辣椒、韭菜为主。工业以汽缸盖制造、板材加工为主。大广高速过境。

崔桥［Cuīqiáo］ 崔桥镇人民政府驻地。在县政府驻地桐丘街道东北30千米。人口7500。宋代因崔姓建桥得名。聚落呈长方形。有中小学、幼儿园、卫生院。有省级非物质文化遗产何记牛肉制作技艺。农业以种植小麦、大豆、韭菜为主。大广高速经此。

江村镇［Jiāngcūn Zhèn］ 扶沟县辖镇。在县境北部。面积96平方千米。人口6.8万。辖36村委会，有72自然村。镇人民政府驻江村。1958年成立江村公社。1983年设乡。1990年改镇。因镇政府驻地得名。涡河、老涡河、尉扶河流经。有中学2所，小学19所，卫生院1个，卫生所42个，文化站1个，图书室1个。有白亭寺。农业以种植小麦、玉米、大豆、西瓜、辣椒、蔬菜，饲养猪、牛、羊为主。大广高速、开封—临颍公路过境。

江村［Jiāngcūn］ 江村镇人民政府驻地。在县政府驻地桐丘街道北30千米。人口3600。明初江姓建村，故名。旧称江村集。聚落呈长方形。有中小学、卫生院。农业以种植蔬菜、无子西瓜为主。为扶沟、通许2县农副产品集散地。开封—临颍公路经此。

白潭镇［Báitán Zhèn］ 扶沟县辖镇。在县境西北部。面积89平方千米。人口5.3万。以汉族为主，还有回族等。辖32村委会，有72自然村。镇人民政府驻白潭。1956年设白潭乡。1958年改公社。1983年复乡。1996年改镇。因镇政府驻地得名。贾鲁河、老涡河流经。有中学2所，小学22所，卫生院1个，卫生所47个，图书室1个。有汉墓葬群、龙山文化遗址、六和城遗址、王村寺、白马寺。有省级非物质文化遗产王氏烧酒酿造技艺。农业以种植小麦、玉米、大豆为主，盛产辣椒、瓜果。工业以面粉加工为主。郑沈线省道过境。

白潭［Báitán］ 白潭镇人民政府驻地。在县政府驻地桐丘街道西北21千米。人口3100。原名龙虎阁，1938年尉氏县白潭集迁此，称新白潭集，后演今名。聚落呈正方形。有中小学、卫生院。农业以种植小麦、玉米、大豆为主。郑沈线省道经此。

韭园镇［Jiǔyuán Zhèn］ 扶沟县辖镇。在县境西部。面积82平方千米。人口5.4万。辖40村委会，有65自然村。镇人民政府驻湾赵。1956年设韭园乡。1958年改公社。1983年复乡。1990年改镇。明洪武年间（1368—1398）赵、高2姓建村，因种植韭菜闻名而称韭菜园，后演为韭园。贾鲁河、双洎河流经。有中学2所，小学20所，卫生院1个，卫生所48个。有雾烟山风景区、桐丘寨遗址。有雾烟山三月三庙会。农业以种植小麦、玉米、大豆为主，盛产蔬菜、花卉树木。工业以奶业、板材加工、彩印包装为主。311国道过境。

湾赵［Wānzhào］ 韭园镇人民政府驻地。在县政府驻地桐丘街道西9千米。人口1300。明万历年间（1573—1619）赵姓在河湾建村，故名。聚落呈团块状。有中小学、幼儿园、卫生院、图书室。农业以种植小麦、玉米、大豆、蔬菜，饲养奶牛为主。以栽培花卉、绿化树为特色。311国道经此。

练寺镇［Liànsì Zhèn］ 扶沟县辖镇。在县境南部。面积91平方千米。人口5.2万。以汉族为主，还有回族等。辖24村委会，有85自然村。镇人民政府驻桑村。1956年设练寺乡。1958年改公社。1983年复乡。1996年改镇。因练寺村得名。古称陈赵村，明嘉靖年间（1522—1566）因村围八寺相连改称连寺，后演为练寺。贾鲁河流经。有中学1所，小学22所，卫生院1个，卫生所46个，文化站1个，图书室2个。农业以种植小麦、玉米、大豆、棉花，饲养猪、牛、羊为主。工业以秸秆发电、家用电器制造、纺织为主。永登高速、郑沈线省道过境。

桑村［Sāngcūn］ 练寺镇人民政府驻地。在县政府驻地桐丘街道南15千米。人口2200。明初桑姓建村，故名。聚落呈团块状。有小学、幼儿园、卫生室。农业以种植小麦、玉米、大豆为主。通公路。

大新镇［Dàxīn Zhèn］ 扶沟县辖镇。在县境东南部。面积76平方千米。人口4.2万。以汉族为主，还有回族等。辖22村委会，有69自然村。镇人民政府驻大新集。1956年设大新乡。1958年改公社。1983年复乡。1996年改镇。因镇政府驻地得名。清水河流经。有中学1所，小学21所，卫生院1个，卫生所30个，图书室2个。农业以种植小麦、玉米、大豆、大蒜、蔬菜，饲养黄牛、山羊为主。工业以汽缸盖制造、棉纱加工为主。大广高速过境。

大新集［Dàxīnjí］ 大新镇人民政府驻地。在县政府驻地桐丘街道东南20千米。人口3700。明代称申店，后双陵集迁此，成扶沟、太康2县农副产品集散地，更今名。聚落呈长方形。有中小学、卫生院。农历每月二、五、八逢集。农业以种植小麦、蔬菜为主。大广高速经此。

包屯镇［Bāotún Zhèn］ 扶沟县辖镇。在县境中部偏北。面积83平方千米。人口5.1万。以汉族为主，还有回族等。辖28村委会，有56自然村。镇人民政府驻包屯。1956年设包屯乡。1958年改公社。1983年复乡。1990年改镇。因镇政府驻地得名。老涡河流经。有高中1所，初中2所，小学19所，卫生院1个，卫生所28个，图书室2个。有甄权墓。农业以种植小麦、玉米、大豆，饲养鸡、鸭、鹅为主，盛产黄金瓜、凯特杏、山药、菊花。工业以机械铸造、纺织、门业、民用电器加工为主。开封—临颍公路过境。

包屯［Báotún］ 包屯镇人民政府驻地。在县政府驻地桐丘街道北13千米。人口2600。原名陈马岗，清代因银车劫案中包姓武举挺身而出，改今名。聚落呈团块状。有中小学、卫生院、图书室。农历每月三、六、九逢集。农业以种植花生、桃树为主。开封—临颍公路经此。

汴岗镇［Biàngǎng Zhèn］ 扶沟县辖镇。在县境东南部。面积92平方千米。人口4.9万。以汉族为主，还有回族等。辖27村委会，有86自然村。镇人民政府驻汴岗。1956年设汴岗乡。1958年改公社。1983年复乡。1997年改镇。因镇政府驻地得名。清水河、贾鲁河流经。有中学2所，小学13所，卫生院1个，卫生所28个，文化站1个，图书室1个。农业以种植小麦、玉米、大豆，饲养黄牛、猪、鸡为主，盛产棉花、大棚蔬菜。工业以面粉加工、无公害蔬菜包装为主。永登高速过境。

汴岗［Biàngǎng］ 汴岗镇人民政府驻地。在县政府驻地桐丘街道东南13千米。人口3900。唐初魏王李密葬此，得名殡王岗，简称殡岗，后演为今名。聚落呈团块状。清水河流经。有中小学、卫生院、图书室。农业以种植蔬菜为主。永登高速经此。

曹里乡［Cáolǐ Xiāng］ 扶沟县辖乡。在县境西北部。面积87平方千米。人口4.5万。以汉族为主，还有回族等。辖26村委会，有75自然村。乡人民政府驻曹里。1956年设曹里乡。1958年改公社。1983年复乡。因乡政府驻地得名。双洎河流经。有中学2所,小学19所,卫生院1个,卫生所26个,图书室2个。农业以种植小麦、玉米、大豆、蔬菜,饲养猪、牛、羊、蛋鸭为主,盛产棉花、西瓜、小辣椒。工业以机械制造,板材、鸭蛋加工为主。郑沈线省道过境。

曹里［Cáolǐ］　曹里乡人民政府驻地。在县政府驻地桐丘街道西北17千米。人口1800。北宋末开封大相国寺方丈曹彬归故里建寺院,得名曹里寺,简称曹里。聚落呈长方形。有中小学、卫生所、文化站、图书室。农业以种植小麦、大豆,饲养蛋鸭为主。通公路。

柴岗乡［Cháigǎng Xiāng］　扶沟县辖乡。在县境西南部。面积64平方千米。人口4.2万。以汉族为主,还有回族等。辖25村委会,有38自然村。乡人民政府驻柴岗。1958年成立柴岗公社。1983年设乡。因乡政府驻地得名。有中学2所,小学18所,卫生院1个,卫生所45个。有支亭寺遗址、新汲县古城遗址、施家烈士纪念塔。农业以种植小麦、玉米、大豆、水稻、蔬菜为主。工业以棉纺、机械制造为主。永登高速过境。

柴岗［Cháigǎng］　柴岗乡人民政府驻地。在县政府驻地桐丘街道西南6千米。人口800。明末柴姓建村,得名柴阁。1955年阁废改今名。聚落呈团块状。有小学、卫生所。农业以种植小麦、水稻为主。以大棚蔬菜种植为特色。永登高速经此。

固城乡［Gùchéng Xiāng］　扶沟县辖乡。在县境西南部。面积85平方千米。人口4.9万。以汉族为主,还有回族等。辖23村委会,有57自然村。乡人民政府驻固城。1956年设固城乡。1958年改公社。1983年复乡。因乡政府驻地得名。有中学2所,小学14所,卫生院1个,卫生所33个。有省级文物保护单位凤凰岗龙山文化遗址。有春秋古城。农业以种植小麦、玉米、大豆,饲养黄牛、珍禽为主。有酿酒业。永登高速、大练线省道过境。

固城［Gùchéng］　固城乡人民政府驻地。在县政府驻地桐丘街道西南18千米。人口5500。春秋建城,汉代再修,四周环水,城池坚固,故名。聚落呈长方形。有小学、卫生所。有省级文物保护单位凤凰岗龙山文化遗址。盛产三樱椒。大练线省道经此。

吕潭乡［Lǚtán Xiāng］　扶沟县辖乡。在县境东部。面积99平方千米。人口5.2万。以汉族为主,还有回族等。辖33村委会,有113自然村。乡人民政府驻尚村岗。明万历年间(1573—1610)曾置吕潭镇。1956年设吕潭乡。1958年改公社。1983年复乡。因乡政府原驻地吕潭得名。清水河流经。有中学2所,小学14所,卫生院1个,卫生所33个,图书室1个。有全国重点文物保护单位吉鸿昌小学旧址、吉鸿昌烈士故居。农业以种植小麦、玉米、花生为主。工业以制鞋、面粉加工为主。311国道过境。

尚村岗［Shàngcūngǎng］　吕潭乡人民政府驻地。在县政府驻地桐丘街道东北11千米。人口1350。因商王高宗庙得名商村岗,后演今名。聚落呈长方形。有中小学、卫生院、卫生所、图书室。农业以种植花生、西瓜为主。有商业街。311国道经此。

吕潭［Lǚtán］　在县政府驻地桐丘街道东北9千米。吕潭乡辖自然村。人口2900。以汉族为主,还有回族等。原名冷店,明初吕姓居此,因祖坟塌陷而取名吕家滩,后演为吕家潭,简今名。聚落呈正方形。清水河流经。有全国重点文物保护单位吉鸿昌小学旧址、吉鸿昌烈士故居。有吉鸿昌将军铜像。农业以种植小麦、大豆、蔬菜为主。311国道经此。

大李庄乡［Dàlǐzhuāng Xiāng］　扶沟县辖乡。在县境中部。面积40平方千米。人口2.1万。辖14村委会,有43自然村。乡人民政府驻大李庄。1975年包屯公社、城关公社析设大李庄公社。1983年设乡。因乡政府驻地得名。贾鲁河流经。有中学1所,小学9所,卫生院1个,卫生所14个,图书室2个。农业以种植小麦、瓜果、蔬菜为主。311国道、郑沈线省道过境。

大李庄［Dàlǐzhuāng］　大李庄乡人民政府驻地。在县政府驻地桐丘街道北6千米。人口800。原名轩辕庙李村,明末李姓自小李庄迁此,因人口多而取名大李庄。聚落呈长方形。有中小学、卫生院、卫生所。农业以种植小麦、大豆为主。311国道、郑沈线省道经此。

城郊乡［Chéngjiāo Xiāng］　扶沟县辖乡。县境中部。面积39.4平方千米。人口2.2万。以汉族为主,还有回族等。辖14村委会,有32自然村。乡人民政府位于南中街。1949年设一区。1956年设城关乡。1958年成立公社。1961年更名城郊公社。1983年改乡。2011年部分地域析出,柴岗乡部分地域划入。贾鲁河流经。有中学1所,小学11所,卫生院1个,卫生所20个,图书室1个。特色种植莲藕、大棚蔬菜,栽培花卉、绿化树。311国道、郑沈线省道过境。

西华县

西华县［Xīhuá Xiàn］　周口市辖县。北纬33°47′,东经114°31′。在市境西北部。面积1194平方千米。人口92.8万。以汉族为主,还有回、满等民族。辖3街道、8镇、10乡。县人民政府驻娲城街道。西汉置西华县,属汝南郡。西晋省入长平县,属颍川郡。南朝宋复置,属陈郡。北齐长平县并入,属信州。北周开皇元年(581)改名柳城县,十八年(598)改名鸿沟县,治迁颍水北(今娲城街道)。大业元年(605)复称西华,属淮阳郡。唐武德元年(618)改名箕城,贞观元年(627)省入宛丘。长寿元年(692)改置武城县。神龙元年(705)复名箕城县。景龙元年(707)复名西华县,属陈州。宋沿用。元至元二年(1265)清水县并入,属陈州郡。此后未变,先后属开封府、陈州府、豫东道、河南省、第三行政督察区、淮阳专区、许昌专区、周口专区、周口地区、周口市。春秋时为宋华氏地,位于西部,故称西华。地处豫东平原,黄泛区腹地。海拔47.8—55.8米。年均气温15℃,1月平均气温1℃,7月平均气温27℃。年均降水量760毫米。沙河、颍河、贾鲁河、清溴河、清流河流经。有野生植物87种,野生动物85种,其中国家重点保护野生动物有雀鹰、松雀鹰、红隼、短耳鸮、长耳鸮等9种。森林覆盖率17.2%。有职业中专2所,特教学校1所,中学41所,小学372所,二级医院2个,体育馆3个。有省级文物保护单位女娲古城遗址、国家计委五七干校旧址等5个。有省级爱国主义教育基地新四军杜岗会师纪念地。有省级非物质文化遗产逍遥胡辣汤制作技艺、聂堆镇笙簧二夹弦。有名胜古迹龙泉寺、殷商箕子读书台、盘古寨遗址、商高宗武丁陵、楚汉鸿沟—贾鲁河。有黄桥颍河万亩生态园。三次产业比例21∶42∶37。农业以种植小麦、玉米、大豆为主,饲养生猪、山羊、蛋鸡、黄牛,盛产花生、芝麻。特产黑木耳、小蘑菇。工业以食品加工、纺织服装、板材家具、医药化工、电子为主。有省级经济开发区1个。服务业以电商、外贸为主。大广、商周、永登、机西高速,南石线、逍白线、郑刘线、吴黄线、永定线省道过境。

女娲广场［Nǚwā Guǎngchǎng］　有县城中部。面积1.6公顷。1985年开工,1986年建成。2009年扩建。有7米高女娲补天塑像,其中大理石镶嵌底座高4米。雕塑高3米,通体白色,钢筋混凝土材质,面南垂发昂首,腰系树叶裙,手托五彩石。为县城地标性建筑。集购物、休闲、娱乐、健身、集会于一体广场。周边有县人民会堂、县医院、县法院、县工商局、县文化馆、商场、商贸城等。通公交车。

长平路［Chángpíng Lù］　在县城中部。东起中华路,西至展辉路。与女娲大道、和谐路、昆山路、箕城路、青华路相交。长5.3千米,宽35米。沥青混凝土路面。1971年建设,始称七一路。1990年扩宽延伸。后因古长平县更今名。两侧有昆山农贸市场、县卫生局、县医院、女娲广场、县教体局。通公交车。

箕城路［Jīchéng Lù］　在县城中部。南起南华路,北至教育大道。与安康大道、迎宾大道、人民路、奉母路、长平路等相交。长5.8千米,宽45米。沥青混凝土路面。1968年始建,原名南北大街。1995年向南延伸,因箕城古县更今名。两侧有城隍庙、生活广场、女娲广场、县法院、县医院、县委、县民政局。通公交车。

西华汽车西站［Xīhuá Qìchē Xīzhàn］　见交通运输设施部分“西华汽车西站”条。

娲城街道［Wāchéng Jiēdào］　西华县人民政府驻地。在县境中部。面积8平方千米。人口2.9万。2009年设。西华为女娲文化发源地,故名。先后拓建箕城路、迎宾大道。有中学3所,小学5所,二级医院1个,卫生院1个,卫生所47个。有女娲补天雕像、塑像。特色经济以蔬菜种植、禽畜养殖为主,兼有商业、餐饮、手工作坊经营等。有商场、生活广场、购物广场。有西华长途汽车站。通多路公交车。

箕子台街道［Jīzǐtái Jiēdào］　属西华县。在县境中部。面积12平方千米。人口3.9万。2009年设。因箕子读书台遗址得名。先后改扩建箕城路、教育路、昆山路。贾鲁河、东风运河流经。有高中2所,初中4所,小学4所,卫生院1个,卫生所52个。有省级爱国主义教育基地西华县烈士陵园。有名胜古迹中央党校五七干校旧址、张氏庄园、明伦堂、城隍庙、东湖、西湖。经济以化工、制药、酒醋酿造、食品加工为主。通多路公交车。

昆山街道［Kūnshān Jiēdào］　属西华县。在县境中部。面积9平方千米。人口2.4万。2009年设。因山得名。先后建成工业园区、贾鲁河大桥。贾鲁河流经。有中学3所,小学4所,二级医院1个,卫生院1个,卫生所38个。有昆山女娲宫。经济以近郊农业、农副产品加工、鞋服加工、商贸为主。有农贸市场。郑刘线、南石线省道过境。通多路公交车。

西夏亭镇［Xīxiàtíng Zhèn］　西华县辖镇。在县境西南部。面积73平方千米。人口6.3万。以汉族为主,还有回、满等民族。辖27村委会,有65自然村。镇人民政府驻后朱。1956年设西夏亭乡。1958年改公社。1984年复乡。1988年改镇。因西夏亭遗址得名。沙河、颍河流经。有初中2所,小学27所,卫生院1个,卫生所29个,文化站1个,农家书屋28个。有陆城遗址、庄子墓。农业以种植小麦、玉米、大豆为主,盛产芦笋、西瓜、黑木耳、小辣椒。有黄泛区农场。南石线省道过境。

后朱［Hòuzhū］　西夏亭镇人民政府驻地。在县政府驻地娲城街道西南18千米。人口2900。明初朱姓迁此,因地处西夏亭遗址北,故名。聚落呈团块状。有中小学、卫生院。有西夏亭遗址、陆城遗址、胡寨遗址、庄子墓。经济以粮油加工、冷库贮存为主。南石线省道经此。

逍遥镇［Xiāoyáo Zhèn］ 西华县辖镇。在县境西南部。面积54平方千米。人口5.4万。辖29村委会，有49自然村。镇人民政府驻南门。1956年设逍遥乡。1958年改公社。1984年复乡。1985年改镇。汉名合流口，唐宋称合流镇。宋末以诗句“任职四载乐逍遥”而改名。沙河、颍河流经。有职业中专1所，初中2所，小学22所，卫生院1个，卫生所28个。有省级文物保护单位雷义和·龙义和中药铺，省级非物质文化遗产逍遥胡辣汤制作技艺。农业以种植小麦、玉米、大豆、蔬菜为主。特产大葱。工业以胡辣汤调料、面粉加工，化工机械制造，酒醋酿造为主。胡辣汤成品经营为支柱产业之一。南石线、逍白线、永定线省道过境。

南门［Nánmén］ 逍遥镇人民政府驻地。在县政府驻地娲城街道西南30千米。人口2400。汉建安年间(196—219)村民迁此，因地处合流口南，故名。聚落呈团块状。沙河、颍河流经。有卫生所。经济以商贸、餐饮为主。农业以种植小麦、玉米为主。工业以胡辣汤调料加工为主。有农副产品集贸市场。为逍遥胡辣汤发源地。逍白线省道经此。

奉母镇［Fèngmǔ Zhèn］ 西华县辖镇。在县境西部。面积73平方千米。人口6.3万。辖35村委会，有46自然村。镇人民政府驻奉母。1956年设奉母乡。1958年改公社。1984年复乡。1987年改镇。因镇政府驻地得名。清溟河流经。有初中2所，小学23所，卫生院1个，卫生所35个。有清凉寺、后段庄汉墓群、玉皇庙、古养马岗。农业以种植小麦、玉米，养殖肉鸡为主。工业以粮油、粉条加工为主。南石线省道过境。

奉母［Fèngmǔ］ 奉母镇人民政府驻地。在县政府驻地娲城街道西45千米。人口4800。明初异父兄弟争养其母，称孝里村、夺母城。清翰林王鼎镇更今名。聚落呈团块状。有中小学、卫生院。工业以农副产品深加工为主，盛产红薯粉条。有农贸市场。逍白线、南石线省道经此。

红花集镇［Hónghuājí Zhèn］ 西华县辖镇。在县境西北部。面积90平方千米。人口6.6万。辖26村委会，有98自然村。镇人民政府驻红花集。1956年设红花集乡。1958年改公社。1984年复乡。1988年改镇。贾鲁河流经。有初中2所，小学26所，卫生院1个，卫生所27个。有柳城遗址、寇寨遗址、杜岗会师纪念地。农业以种植小麦、玉米、花生、大豆为主，盛产莲藕、小辣椒、西瓜、油桃。工业以制药、面业、板材加工为主。郑刘线省道过境。

红花集［Hónghuājí］ 红花集镇人民政府驻地。在县政府驻地娲城街道西北9千米。人口3100。清初因姓氏得名孔化集，后因种植、售卖中药材红花而改今名。聚落呈团块状。有中小学、卫生院。经济以商贸为主，有集贸市场。郑刘线省道经此。

聂堆镇［Nièduī Zhèn］ 西华县辖镇。在县境北部。面积70平方千米。人口5.3万。辖22村委会，有62自然村。镇人民政府驻前梁。1956年设聂堆乡。1958年改公社。1984年复乡。1987年改镇。因镇政府驻地原名得名。清水河、贾鲁河流经。有初中1所，小学22所，卫生院1个，卫生所26个。有省级文物保护单位女娲古城遗址、龙泉寺。有省级非物质文化遗产笙簧二夹弦。农业以种植小麦、玉米、花生、大豆为主，盛产食用菌。工业以土豆粉加工为主。有集贸市场3个。吴黄线省道过境。

前梁［Qiánliáng］ 聂堆镇人民政府驻地。在县政府驻地娲城街道北12千米。人口1500。昔商王武丁葬鸡鸣山，聂王护陵三年，葬于此。后人取冢名聂堆，沿为村名。后因多梁姓且居冢前，改今名。聚落呈团块状。清水河流经。有中小学、卫生院。农业以种植小麦、玉米，养殖黄牛、山羊为主，盛产大蒜、洋葱、黄皮红薯。邓扶线县道经此。

思都岗［Sīdūgǎng］ 在县政府驻地娲城街道北8千米。聂堆镇辖自然村。人口2600。传女娲抟土造人于此，平岗上建城，后出城炼石补天，仍思念旧都，后人以此命名。聚落呈团块状。贾鲁河流经。有省级文物保护单位女娲古城遗址、龙泉寺。农业以种植小麦、玉米、大豆，养殖肉鸡为主，盛产黑木耳、大青椒。于红线县道经此。

东夏亭镇［Dōngxiàtíng Zhèn］ 西华县辖镇。在县境东北部。面积42平方千米。人口3.8万。辖23村委会，有67自然村。镇人民政府驻东夏亭。1956年设东夏亭乡。1958年改公社。1982年复乡。1987年改镇。因镇政府驻地得名。新黄河、清水河流经。有初中2所，小学20所，卫生院1个，卫生所23个。有盘古寨、木岗寺。农业以种植小麦、玉米、大豆，饲养生猪、山羊、黄牛为主。工业以粮油加工、建筑、建材、板材生产为主。为淮阳、太康、西华3县物资集散地。马西线县道过境。

东夏亭［Dōngxiàtíng］ 东夏亭镇人民政府驻地。在县政府驻地娲城街道东北18千米。人口2800。春秋时陈国司马夏御叔之子徵舒为母修亭2座，因处城东为东夏亭。村以亭名。聚落呈团块状。有中小学、卫生院。农业以种植小麦、玉米、蔬菜为主。马西线县道经此。

西华营镇［Xīhuáyíng Zhèn］ 西华县辖镇。在县境东北部。面积74.8平方千米。人口5.7万。辖31村委会，有91自然村。镇人民政府驻西华营。1956年设西华营乡。1965年聂堆、东夏亭2公社析设西华营公社。1984年复乡。1990年改镇。因镇政府驻地得名。新运河流经。有初中2所，小学32所，卫生院1个，卫生所31个。农业以种植小麦、玉米，饲养生猪、黄牛、山羊为主。有小麦良种繁育基地。工业以生物工程、纺织为主。有集贸市场4个。大广、许亳高速，吴黄线省道过境。

西华营［Xīhuáyíng］ 西华营镇人民政府驻地。在县政府驻地娲城街道东北22千米。人口2100。昔由西华、淮阳共管，称西淮营，1949年归属西华县后改今名。聚落呈团块状。有中小学、卫生院。经济以商贸、农产品深加工为主。农业以种植蔬菜、食用菌为主。有黄牛、生猪养殖场。大广高速、吴黄线省道经此。

址坊镇［Zhǐfāng Zhèn］ 西华县辖镇。在县境西南部。面积40平方千米。人口3.9万。辖21村委会，有27自然村。镇人民政府驻址坊。1958年成立址坊公社。1984年设乡。1995年改镇。因镇政府驻地得名。沙河、颍河流经。有初中2所，小学15所，卫生院1个，卫生所21个。有显庆寺、䜌家遗址。农业以种植小麦、玉米、大豆为主，有畜牧业。工业以食品、面粉加工为主。有专业市场3个。逍白线省道过境。

址坊［Zhǐfāng］ 址坊镇人民政府驻地。在县政府驻地娲城街道西南42千米。人口2400。传明初原天城寨因战被毁，后重建，因村民扎纸房工艺高超，遂称纸房，1948年改今名。聚落呈团块状。有中小学、卫生院。农业以种植小麦、玉米为主。逍白线经省道此。

田口乡［Tiánkǒu Xiāng］ 西华县辖乡。在县境东北部。面积45平方千米。人口3万。辖17村委会，有48自然村。乡人民政府驻田口。1975年聂堆公社析设田口公社。1984年改乡。因乡政府驻地得名。清水河、贾鲁河流经。有初中2所，小学11所，卫生院1个，卫生所17个。有商高宗陵、董阳城遗址。农业以种植花生、大枣、食用菌为主，有畜牧业。工业以枣产品加工为主，盛产枣酒、枣饮料、枣合片、枣粉等。吴黄线省道过境。

田口［Tiánkǒu］ 田口乡人民政府驻地。在县政府驻地娲城街道北6千米。人口2100。传北宋为运粮河渡口，田姓摆渡，故名。聚落呈团块状。有小学、卫生院。农业以种植花生、瓜果蔬菜、林木，饲养牛、羊、猪为主。特产大枣、黑木耳、甜口小西瓜等。工业以面粉加工、板材生产为主。有果蔬冷藏业。马西线县道经此。

清河驿乡［Qīnghéyì Xiāng］ 西华县辖乡。在县境东部。面积48平方千米。人口3.3万。辖20村委会，有56自然村。乡人民政府驻清河驿。1975年皮营、东夏亭2公社析设清河驿公社。1984年设乡。因乡政府驻地得名。清水河、新运河流经。有初中2所，小学15所，卫生院1个，卫生所20个。农业以种植小麦、玉米、大豆，饲养黄牛、山羊、蛋鸡为主，盛产黑木耳、香菇、小杂果。为西华、淮阳2县物资集散地，有集贸市场3个。大广高速、南石线省道过境。

清河驿［Qīnghéyì］ 清河驿乡人民政府驻地。在县政府驻地娲城街道东13千米。人口2900。宋乾兴元年(1022)清水河畔设驿站，故名。聚落呈带状。有小学、幼儿园、卫生院。农业以种植小麦、玉米、大棚瓜菜，饲养黄牛、山羊、生猪为主。工业以建材、食品加工为主。大广高速、南石线省道经此。

皮营乡［Píyíng Xiāng］ 西华县辖乡。在县境东部。面积49平方千米。人口3.6万。辖25村委会，有63自然村。乡人民政府驻皮营。1958年成立皮营公社。1984年设乡。因乡政府驻地得名。清水河、贾鲁河流经。有初中2所，小学25所，卫生院1个，卫生所26个。农业以种植小麦、玉米、花生、蔬菜为主。工业以面粉加工、酿酒业为主。有西华经济技术开发区。大广高速，南石线、吴黄线省道过境。

皮营［Píyíng］ 皮营乡人民政府驻地。在县政府驻地娲城街道东12千米。人口1200。清康熙年间(1662—1722)建村，因姓氏得名。聚落呈带状。有小学、卫生院。农业以种植小麦、玉米、花生为主，盛产瓜果蔬菜。有集贸市场。吴黄线省道经此。

东王营乡［Dōngwángyíng Xiāng］ 西华县辖乡。在县境东南部。面积41平方千米。人口3.1万。辖20村委会，有51自然村。乡人民政府驻东王营。1975年皮营公社析设东王营公社。1984年设乡。因乡政府驻地得名。贾鲁河流经。有初中1所，小学15所，卫生院1个，卫生所21个。农业以种植小麦、玉米、大豆为主，盛产瓜果。工业以彩印、型材加工、机播耧制造等为主。为川汇、西华、淮阳3区、县物资集散地，有集贸市场5个。商周高速、吴黄线省道过境。

东王营［Dōngwángyíng］ 东王营乡人民政府驻地。在县政府驻地娲城街道东南15千米。人口2200。明初义军王氏安营于此，得名大王营，后有村民西迁建西王营，改今名。聚落呈团块状。有小学、幼儿园、卫生院。经济以商贸为主。特产西瓜、大蒜。商周高速、吴黄线省道经此。

大王庄乡［Dàwángzhuāng Xiāng］ 西华县辖乡。在县境南部。面积42平方千米。人口3.2万。辖20村委会，有55自然村。乡人民政府驻王金庄。1975年李大庄社、迟营2公社析设大王庄公社。1984年设乡。因乡政府原驻地大王庄得名。南宋嘉泰三年(1203)商水县八里湾部分移民迁此，因临河而居，得名河庄。1914年当地流传“北有毕口，南有赵口，两口吞一庄，此庄发不了”谶语，村民忌讳，遂以村多王姓而改称大王庄。贾鲁河流经。有初中2所，小学17所，卫生院1个，卫生所20个。农业以宽叶韭菜、紫皮茄子、花卉等特色种植为主。工业以服装、板材、建材加工为主。商周、机西高速，郑刘线省道过境。

王金庄［Wángjīnzhuāng］　大王庄乡人民政府驻地。在县政府驻地娲城街道南9千米。人口900。明代中期因王、晋2姓居此而称王晋庄，后晋姓迁出改今名。聚落呈团块状。有小学、卫生院。经济以商贸、餐饮、汽车服务为主，特产韭菜、茄子。郑刘线省道经此。

李大庄乡［Lǐdàzhuāng Xiāng］　西华县辖乡。在县境南部。面积44平方千米。人口4.5万。辖19村委会，有60自然村。乡人民政府驻李大庄。1956年设李大庄乡。1958年改公社。1984年复乡。因乡政府驻地得名。沙河、颍河流经。有初中2所，小学18所，卫生院1个，卫生所19个。农业以种植小麦、玉米、大豆等为主。工业以实木家具制作为主。商周、机西高速过境。

李大庄［Lǐdàzhuāng］　李大庄乡人民政府驻地。在县政府驻地娲城街道南18千米。人口2200。明中期李姓建村，故名。聚落呈团块状。沙河流经。有小学、卫生院。农业以种植小麦、玉米为主。经营胡辣汤、豆腐脑儿、油条等店铺。通公路。

叶埠口乡［Yèbùkǒu Xiāng］　西华县辖乡。在县境南部。面积57平方千米。人口5.3万。辖25村委会，有65自然村。乡人民政府驻叶埠口。1965年李大庄、西夏亭2公社析设叶埠口公社。1984年设乡。因乡政府驻地得名。颍河、沙河流经。有初中1所，小学29所，卫生院1个，卫生所25个。有泥土店遗址、南柳城故城遗址、岗王古墓群。农业以种植小麦、玉米为主，有多个家禽养殖场。工业以刀具加工为主。有集贸市场3个。邓扶线县道过境。

叶埠口［Yèbùkǒu］　叶埠口乡人民政府驻地。在县政府驻地娲城街道南18千米。人口2300。临河而居，明初叶姓迁此建埠口摆渡，故名。聚落呈团块状。有小学、卫生院。农业以种植小麦、玉米为主，盛产水果、食用菌。邓扶线县道经此。

迟营乡［Chíyíng Xiāng］　西华县辖乡。在县境南部。面积53平方千米。人口4.3万。辖23村委会，有89自然村。乡人民政府驻迟营。1965年城关镇析设迟营公社。1984年设乡。颍河、贾鲁河流经。有职业中专1所，初中1所，小学25所，卫生院1个，卫生所27个。有后喜岗墓群、四野一一七师官兵挖颍河堤功德碑。农业以种植小麦、玉米、蔬菜，养殖生猪为主。有红枣、葡萄、猕猴桃生态果树园。工业以木材、粮油加工为主。机西高速、郑刘线省道过境。

迟营［Chíyíng］　迟营乡人民政府驻地。在县政府驻地娲城街道南6千米。人口400。古为军营，多迟姓，故名。聚落呈团块状。有小学、卫生院。农业以种植蔬菜为主，养殖肉牛，盛产芦笋、香菇。工业以建筑业为主。通公路。

黄桥乡［Huángqiáo Xiāng］　西华县辖乡。在县境中部。面积45平方千米。人口3.5万。辖17村委会，有31自然村。乡人民政府驻黄桥。1975年迟营、红花集、西夏亭、艾岗4公社析设黄土桥公社。1984年设黄桥乡。颍河、东风运河流经。有初中1所，小学17所，卫生院1个，卫生所17个。有名胜古迹东斧柯文化遗产、后习阳城、前石羊墓群、国家计委五七干校旧址。有桃花节。农业以种植小麦、玉米为主，盛产大蒜、洋葱、沙土西瓜、大桃。有万亩桃园。工业以服装加工、酿酒为主。机西高速、南石线省道过境。

黄桥［Huángqiáo］　黄桥乡人民政府驻地。在县政府驻地娲城街道西6千米。人口1700。五代时期程姓修桥，将成遇大风，粘满黄尘，故称黄土桥，后演为今名。聚落呈团块状。有小学、卫生院、万亩桃园、滨河风景区。经济以林果栽培为主，发展旅游业。盛产大甜桃、洋葱、颍河红鲤。南石线省道经此。

艾岗乡［Àigǎng Xiāng］　西华县辖乡。在县境西北部。面积56平方千米。人口4.5万。辖22村委会，有46自然村。乡人民政府驻艾岗。1965年红花集公社析设艾岗公社。1984年设乡。颍河、清流河流经。有初中1所，小学23所，卫生院1个，卫生所22个。有革命烈士纪念塔、胡晓初烈士墓、普理学校旧址、陵头岗汉墓群、潘岗汉墓群。农业以种植小麦、玉米为主，盛产小辣椒、黑豆、黑皮冬瓜。工业以生物技术、服饰加工为主。扶临、艾符公路过境。

艾岗［Àigǎng］　艾岗乡人民政府驻地。在县政府驻地娲城街道西北22千米。人口1500。明初建村，因岗上艾草丛生得名。聚落呈团块状。清流河流经。有小学、卫生院。有汉墓群。农业以种植小麦、玉米为主，盛产小辣椒、黑豆、黑皮冬瓜。扶临、艾符公路经此。

都城岗［Dūchénggǎng］　在县政府驻地娲城街道西北14千米。艾岗乡辖自然村。人口3100。东周楚灵王伐郑，在岗埠上建行都，故名。聚落呈团块状。颍河流经。有汉墓。农业以种植小麦、玉米、大豆为主，盛产木耳、黑皮冬瓜、黑芝麻。通公路。

商　水　县

商水县［Shāngshuǐ Xiàn］　周口市辖县。北纬33°32′，东经114°36′。在市境南部。面积1275平方千米。人口132.1万。以汉族为主，还有回、蒙古、藏、维吾尔等民族。辖3街道、9镇、11乡。县人民政府驻新城街道。隋开皇十六年(596)征羌县析置溵水县。大业初年(605)汝阳县并入，属淮阳郡。皇泰元年(618)析置扶苏县，属淮阳郡。唐武德五年(622)扶苏县入，属河南道。贞观元年(627)属陈州。建中二年(781)属溵州。兴元元年(784)属淮阳郡。宋建隆元年(960)避宣祖赵弘殷讳，以“殷”“商”相通改商水县，属淮宁府。金属陈州。元至元二年(1336)省项城、南顿2县入商水县，后又分置。明洪武初年(1368)县废，四年复置，属陈州。清属陈州府。1913年属豫东道。1914年属开封道。1927年属省。1931年属第七区行政督察区。1949年郾商西县并入，治今商水老城，属淮阳专区。1952年人民政府迁周口镇。1953年属许昌专区。1965年属周口专区。1969年属周口地区。1975年县政府迁今址。2000年属周口市。地处豫东平原南部。地势低洼，湖坡洼地遍布。平均海拔48米。年均气温15℃，1月平均气温0℃，7月平均气温28℃。年均降水量778毫米。沙河、汾河流经。有野生植物19种，野生动物55种。森林覆盖率18%。有省级工程技术研发中心9个，中等职业学校4所，高中4所，初中57所，小学467所，二级医院6个，文化馆1个，图书馆1个，省优秀运动队后备人才训练基地1个。有全国重点文物保护单位寿圣寺塔、叶氏庄园，省级文物保护单位白塔寺、顿国故城等5个。有省级非物质文化遗产圣门莲花拳、渔鼓道情等5项。有民俗左氏浊酒酿造技术、袖虎锤术。三次产业比例27∶41∶32。农业以种植小麦、玉米、大豆为主，饲养生猪、牛、羊为主，盛产棉花、芝麻。工业以纺织服饰、制鞋、机械制造、农副产品加工为主。服务业以批发零售、餐饮为主。漯阜铁路，南洛、商周、大广高速，239、320国道，郑沈线、商新线、兰罗线、滑确线省道过境。

章华台路［Zhānghuátái Lù］　在县城中部。东起东环路，西至陈胜大道。与阳城大道、新城路、建安街、汝阳路、商宁路等相交。长3.1千米，宽30米。沥青混凝土路面。1986年开工，同年建成。1996、1997年扩建。因章华台遗址得名。两侧有县社会福利中心、县医院、县供销社、县自来水公司、县中医院、县委党校、县职业技术学校、新城小学、县宗教局、农交市场。通公交车。

行政路［Xíngzhèng Lù］　在县城中部。东起光武大道，西至陈胜大道。与康庄大道、东环路、阳城大道、新城路、建安街等相交。长8千米，宽36米。沥青混凝土路面。1982年开工，同年建成。1991、1995、1998、2001年改扩建。因路侧多行政单位得名。两侧有县委、县人大、县政府、县政协、县司法局、县教体局、文化馆、图书馆。通公交车。

商水县长途汽车站［Shāngshuǐ Xiàn Chángtú Qìchēzhàn］　见交通运输设施部分“商水县长途汽车站”条。

新城街道［Xīnchéng Jiēdào］　商水县人民政府驻地。在县境中部。面积12平方千米。人口4.8万。2006年设。为新城区，故名。先后改扩建建安街、老城路等，改造棚户区，建阳城公园。护城河流经。有职专1所，高中2所，中学2所，小学4所，二级医院1个，卫生院1个，卫生所28个。有章华台遗址。工业以纺织、饲料加工为主。服务业以商贸为主，有生活广场、购物广场。通多路公交车。

东城街道［Dōngchéng Jiēdào］　属商水县。在县境中部。面积14平方千米。人口3.3万。2006年设。因处县城东部得名。先后改扩建阳城大道、东环路等。有中学3所，小学2所，二级医院1个，卫生所15个，文化站1个。经济以商贸为主，有财富广场、百货商场、家电广场、水果批发市场等。通多路公交车。

老城街道［Lǎochéng Jiēdào］　属商水县。在县境中部。面积13平方千米。人口2.6万。2006年设。因处老县城得名。先后改造东、南、西、北大街及农贸市场，建成商水客运西站。护城河流经。有中学2所，小学6所，特教学校1所，卫生所12个，文化站1个，图书室13个。有楚怀王墓。工业以粮食、化肥加工为主。有南大街、西环2工业园区。通多路公交车。

黄寨镇［Huángzhài Zhèn］　商水县辖镇。在县境东部。面积67平方千米。人口6.4万。辖26村委会，有114自然村。镇人民政府驻黄寨。1958年设黄寨乡，后改公社。1983年复乡。1988年改镇。因镇政府驻地得名。沙颍河、运粮河流经。有中学2所，小学26所，卫生院1个，卫生所26个，文化站1个，图书室11个，敬老院2个。有宋王遗址。农业以种植小麦、玉米、大豆，饲养猪、牛、羊为主。工业以通信器材、制衣、塑料扣板加工为主。漯阜铁路，南洛、大广高速，郑沈线省道过境。

黄寨［Huángzhài］　黄寨镇人民政府驻地。在县政府驻地新城街道东19千米。人口1100。清代胡姓建村，随母姓称黄寨。聚落呈团块状。运粮河流经。有小学、卫生室。农业以种植小麦、玉米、大豆为主。漯阜铁路、周楼一路庄公路经此。

练集镇［Liànjí Zhèn］　商水县辖镇。在县境东部。面积54平方千米。人口5.6万。辖23村委会，有89自然村。镇人民政府驻练集。1947年设练集区。1956年设乡。1958年改公社。1983年复乡。1988年改镇。因镇政府驻地得名。清水河流经。有中学1所,小学24所,卫生院2个,卫生所24个,文化站1个,图书室23个。有杨庄遗址。有农业示范园、农牧种养区、中药材基地。工业以渔网编织、毛发、麻袋、松花蛋加工为主。漯阜铁路、南洛高速过境。

练集［Liànjí］ 练集镇人民政府驻地。在县政府驻地新城街道东11千米。人口2700。明万历年间(1573—1619)因三家相连称连冢集,清末称连集,后演今名。聚落呈团块状。有小学、卫生室。农业以种植小麦、玉米、大豆为主。练集—城关、周楼—路庄公路经此。

魏集镇［Wèijí Zhèn］ 商水县辖镇。在县境东南部。面积59平方千米。人口6.2万。辖28村委会,有77自然村。镇人民政府驻魏集。1962年平店公社析设魏集公社。1983年改乡。1988年改镇。因镇政府驻地得名。汾河、澧河、任河流经。有中学2所,小学37所,卫生院1个,卫生所35个,文化站1个,图书室13个。有白鹭森林公园。农业以种植小麦、玉米为主。工业以农机、矿山机械配件制造为主。有集贸市场4个。商水—新县公路过境。

魏集［Wèijí］ 魏集镇人民政府驻地。在县政府驻地新城街道东南25千米。人口3200。明初魏姓建村,后兴集,故名。聚落呈团块状。任河流经。有小学、卫生院。农业以种植小麦、玉米、大豆为主。商水—新县公路经此。

固墙镇［Gùqiáng Zhèn］ 商水县辖镇。在县境东南部。面积82平方千米。人口8.5万。辖37村委会,有79自然村。镇人民政府驻固墙。1956年设固墙乡。1958年改公社。1983年复乡。1988年改镇。因镇政府驻地得名。汾河流经。有中学2所,小学34所,卫生院1个,卫生所33个,文化站1个,图书室30个。有吴楼遗址、郁庄遗址、马策寺遗址、三合汉墓。农业以种植小麦、玉米、大豆为主。工业以面粉、食品加工为主。兰罗线省道过境。

固墙［Gùqiáng］ 固墙镇人民政府驻地。在县政府驻地新城街道南18千米。人口5900。古称互乡,后以寨墙坚固改今名。聚落呈团块状。有小学、卫生院、卫生室。农业以种植小麦、玉米、大豆为主。兰罗线省道经此。

白寺镇［Báisì Zhèn］ 商水县辖镇。在县境西南部。面积62平方千米。人口5.1万。辖23村委会,有51自然村。镇人民政府驻白寺。1956年设白寺乡,后并入农场。1960年成立公社。1983年复乡。1988年改镇。因镇政府驻地得名。汾河、青龙河、界沟河流经。有中学2所,小学40所,卫生院1个,卫生所23个,文化站1个。有范台庙遗址、丘生墓、佛爷庙。农业以种植小麦、玉米、大豆,饲养猪、鸡、羊、牛、鲤鱼、草鱼为主。工业以板材加工为主。有集贸市场2个。230国道过境。

白寺［Báisì］ 白寺镇人民政府驻地。在县政府驻地新城街道西南13千米。人口1800。因寺北有菜市场而称北菜市,1912年后改名北菜寺,又称北寺,谐音改今名。聚落呈团块状。有小学、卫生室。有佛爷庙。农业以种植小麦、玉米为主。230国道、焦寨—黄寨公路经此。

巴村镇［Bācūn Zhèn］ 商水县辖镇。在县境西南部。面积63.9平方千米。人口5.1万。辖28村委会,有42自然村。镇人民政府驻巴南。1956年设巴村乡,后并入农场。1960年成立公社。1983年复乡。1988年改镇。因镇政府驻地得名。汾河流经。有中学3所,小学42所,卫生院1个,卫生所28个,文化站1个。有大部遗址。农业以种植小麦、玉米、大豆,饲养猪、羊、鸡为主。工业以机械、面粉加工为主。有集贸市场3个。滑确线省道过境。

巴南［Bānán］ 巴村镇人民政府驻地。在县政府驻地新城街道西南22千米。人口500。古有“八里长村”之称,谐音名巴村。1961年以汾河为界分巴南、巴北。聚落呈团块状。有小学、卫生室。农业以种植小麦、玉米为主。城关—巴村、白寺—谭庄公路经此。

上城［Shàngchéng］ 在县政府驻地新城街道西26千米。巴村镇辖自然村。人口17000。三国时魏邓艾筑城,海河围绕,故名上城。聚落呈团块状。有小学、卫生室、文化书屋。有梧观台遗址。滑确线省道经此。2011年被评为全国文明村镇。

谭庄镇［Tánzhuāng Zhèn］ 商水县辖镇。在县境西部。面积90平方千米。人口6.1万。辖35村委会,有58自然村。镇人民政府驻谭庄。1956年设谭庄乡,后改公社。1983年复乡。1988年改镇。因镇政府驻地得名。汾河、新枯河、高底河流经。有中学3所,小学21所,二级医院1个,卫生院3个,卫生所38个,文化站1个,图书室13个。有省级文物保护单位马村遗址。农业以种植小麦、玉米,饲养猪、鸡为主。工业以粮食加工、面粉精加工、建材为主。漯阜铁路、南洛高速、329国道、滑确线省道过境。

谭庄［Tánzhuāng］ 谭庄镇人民政府驻地。在县政府驻地新城街道西北30千米。人口2000。明末谭姓建村,初名顺天寨,后改谭庄寨,简称谭庄。聚落呈团块状。有中小学、卫生院、卫生室。农业以种植小麦、玉米、大豆为主。329国道经此。

邓城镇［Dèngchéng Zhèn］ 商水县辖镇。在县境西北部。面积69平方千米。人口6.6万。辖29村委会,有76自然村。镇人民政府驻邓城。1955年设邓城区。1956年设乡,后改公社。1983年复乡。1988年改镇。因镇政府驻地得名。沙河、新枯河、老枯河流经。有中学2所,小学36所,卫生院1个,卫生所30个,文化站1个,图书室15个。有全国重点文物保护单位叶氏庄园。有名胜古迹刘秀饮马台、白果树。农业以种植小麦、玉米为主。工业以纺织、食品加工、板材加工为主。有邓城工业园区。商邓、邓张线省道过境。

邓城［Dèngchéng］ 邓城镇人民政府驻地。在县政府驻地新城街道西北20千米。人口3000。三国时魏将邓艾屯兵筑城,故名。聚落呈团块状。沙河流经。有中小学、卫生院。有全国重点文物保护单位叶氏庄园。农业以种植小麦、玉米、大豆为主。特产叶氏猪蹄。商邓线、邓张线省道经此。

胡吉镇［Hújí Zhèn］ 商水县辖镇。在县境东南部。面积55平方千米。人口5.1万。辖28村委会,有46自然村。镇人民政府驻东胡。1949年设胡吉乡。1956年并入蔡庄乡。1958年蔡庄、徐屯2乡合设胡吉乡。同年并入固墙乡。1975年析设韩屯公社。1982年更名胡吉公社。1983年改乡。1996年改镇。因镇政府原驻地得名。汾河流经。有中学2所,小学31所,卫生院1个,卫生所28个,文化站1个,图书室29个。有凉台寺遗址。农业以种植小麦、玉米、蔬菜为主。有许寨、省庄等养殖专业村。工业以文印为主。固胡线、魏胡线县道过境。

东胡［Dōnghú］ 胡吉镇人民政府驻地。在县政府驻地新城街道东南22千米。人口2600。传战国时胡姓将领曾屯兵于此,旗印“胡”字。元初徐、张、赵3姓建村,名胡旗屯。1921年修寨,名吉庆寨。2名并存,后演为胡吉屯,简称胡吉。1988年以公路为界分东、西胡吉,此村处路东,故名。聚落呈团块状。有小学、卫生室。农业以种植小麦、玉米、大豆为主。固胡线县道经此。

城关乡［Chéngguān Xiāng］ 商水县辖乡。在县境中部偏北。面积39平方千米。人口3.7万。辖18村委会,有55自然村。乡人民政府驻地大井。1948年设城关区。1949年设一区。1955年设城关区。1956年设城关乡,后改公社。1983年复乡。清水河流经。有中学2所,小学20所,二级医院2个,卫生院1个,卫生所18个,文化站1个,图书室17个。有王霸墓、朱佑墓。农业以种植小麦、玉米,饲养猪、鸡为主。工业以食品加工、饲料加工、建材、彩印包装为主。南洛高速、230国道、商新线省道过境。

大井［Dàjǐng］ 城关乡人民政府驻地。在县政府驻地新城街道东北4千米。人口1500。明弘治年间(1488—1505)挖井,因土质原因井口渐大,为人熟知,故名。聚落呈团块状。有中小学、卫生室。农业以种植小麦、玉米、花生为主。兰罗线省道经此。

平店乡［Píngdiàn Xiāng］ 商水县辖乡。在县境东部。面积55平方千米。人口6.2万。辖28村委会,有87自然村。乡人民政府驻平店。1956年设平店乡。后改公社。1983年复乡。因乡政府驻地得名。清水河、澧河流经。有中学2所,小学35所,卫生院1个,卫生所26个,文化站1个,图书室56个。有顿国城遗址、白塔寺遗址、袁世凯家族墓地。农业以种植小麦、玉米、大豆,饲养牛、羊、猪为主。工业以粮油加工、板材加工、渔网编织为主。有集贸市场4个。商新线省道过境。

平店［Píngdiàn］ 平店乡人民政府驻地。在县政府驻地新城街道东南10千米。人口700。传刘秀避王莽至此,得息一宿,后称为平安店,演今名。聚落呈团块状。有小学、卫生院。农业以种植小麦、玉米、大豆为主。商新线省道经此。

袁老乡［Yuánlǎo Xiāng］ 商水县辖乡。在县境东南部。面积62平方千米。人口4.9万。辖27村委会,有62自然村。乡人民政府驻袁老家。1975年平店、固墙、魏集3公社析设袁老公社。1983年设乡。因乡政府驻地得名。清水河、澧河、汾河流经。有中学2所,小学25所,卫生院1个,卫生所27个,文化站1个,图书室20个。有袁绍雕像。农业以种植小麦、大豆、玉米,饲养猪、羊为主。工业以纺织、劳保用品、皮鞋加工为主。有集贸市场4个。商新线省道过境。

袁老家［Yuánlǎojiā］ 袁老乡人民政府驻地。在县政府驻地新城街道东南17千米。人口1500。袁绍故乡,后人口增多,分支迁出,故称此袁老家,简称袁老。聚落呈团块状。有小学、卫生室。有名胜袁绍故里。农业以种植小麦、玉米、棉花为主。固袁线县道经此。

化河乡［Huàhé Xiāng］ 商水县辖乡。在县境中部。面积39平方千米。人口4.1万。辖22村委会,有73自然村。乡人民政府驻化河。1975年城关、平店2公社析设化河公社。1983年设乡。因乡政府驻地得名。汾河、澧河流经。有中学2所,小学21所,卫生院1个,卫生所22个,文化站1个,图书室18个。农业以种植小麦、玉米为主。工业以香油、棉花加工为主。有集贸市场4个。兰罗线省道过境。

化河［Huàhé］ 化河乡人民政府驻地。在县政府驻地新城街道南6千米。人口900。清初化氏在澧河湾定居,故名。清同治年间(1862—1874)修寨,称义兴寨。1912年重修砖寨,名复共寨。后寨毁,仍称化河。聚落呈团块状。有小学、卫生院。农业以种植小麦、玉米为主。兰罗线省道经此。

姚集乡［Yáojí Xiāng］ 商水县辖乡。在县境南部。面积81平方千米。人口7.9万。辖38村委会,有102自然村。乡人民政府驻姚集。1956年设姚集乡。1958年更名雾台乡，后改雾台公社。1962年更名姚集公社。1983年复乡。因乡政府驻地得名。汾河、界沟河流经。有中学2所，小学42所，卫生院1个，卫生所38个，文化站1个，图书室38个。有王田寺遗址、张公钓台遗址。农业以种植小麦、玉米、芝麻为主。工业以板材加工为主。230国道过境。

姚集［Yáojí］　姚集乡人民政府驻地。在县政府驻地新城街道西南11千米。人口600。明万历年间(1573—1619)姚姓迁此，建窑兴集，称姚家窑，后称姚家集，简今名。聚落呈团块状。有小学、卫生院。农业以种植小麦、玉米、大豆为主。230国道经此。

舒庄乡［Shūzhuāng Xiāng］　商水县辖乡。在县境西南部。面积60平方千米。人口4.1万。辖29村委会，有45自然村。乡人民政府驻舒庄。1975年白寺公社析设舒庄公社。1983年设乡。因乡政府驻地得名。汾河、天河流经。有中学2所，小学31所，卫生院1个，卫生所29个，文化站1个，图书室32个。有阳城遗址、扶苏墓、扶苏城遗址、蒙恬墓。农业以种植小麦、玉米为主。有鸡、羊养殖专业村11个，集贸市场3个。白舒线、巴舒线县道过境。

舒庄［Shūzhuāng］　舒庄乡人民政府驻地。在县政府驻地新城街道西南15千米。人口1600。明初舒姓建村，故名。聚落呈团块状。有中小学、卫生院。农业以种植小麦、玉米为主。郝舒线县道经此。

大武乡［Dàwǔ Xiāng］　商水县辖乡。在县境西南部。面积55平方千米。人口5.2万。辖32村委会，有46自然村。乡人民政府驻大武。1975年巴村公社析设焦寨公社。1982年更名大武公社。1983年设乡。因乡政府驻地得名。有中学2所，小学26所，幼儿园6所，二级医院1个，卫生院1个，卫生所32个，文化站1个，图书室3个。有周固灵王墓、焦寨遗址、楚鄢郢古城遗址、思乡银杏树。农业以种植小麦、玉米，饲养猪、牛、羊、鸡为主。工业以新型建材、板材加工为主。滑确线省道过境。

大武［Dàwǔ］　大武乡人民政府驻地。在县政府驻地新城街道西南25千米。人口3100。明末武姓迁居，名武庄。后人口增多，改今名。聚落呈团块状。有中小学、卫生院。农业以种植小麦、玉米为主。练洼线县道经此。

张明乡［Zhāngmíng Xiāng］　商水县辖乡。在县境西北部。面积61平方千米。人口5.3万。辖23村委会，有40自然村。乡人民政府驻西张明。1955年设张明区。1958年设乡，后改公社。1983年复乡。因乡政府驻地得名。沙河流经。有中学2所，小学20所，卫生院1个，卫生所23个，文化站1个，图书馆1个，文化大院3个。有古迹董范遗址、天爷阁。农业以种植小麦、玉米，饲养猪、羊为主。工业以农产品深加工为主。滑确线省道过境。

西张明［Xīzhāngmíng］　张明乡人民政府驻地。在县政府驻地新城街道西北30千米。人口4100。明初张、李2姓建村称张李村，后修寨称张李寨，演为张明。后分东西，因居西称今名。聚落呈团块状。有中小学、卫生院。农业以种植小麦、玉米为主。郝舒线县道经此。

郝岗乡［Hǎogǎng Xiāng］　商水县辖乡。在县境西北部。面积51平方千米。人口4.9万。辖27村委会，有41自然村。乡人民政府驻郝岗寨内。1975年张明公社析设郝岗公社。1983年设乡。因乡政府驻地得名。沙河流经。有中学2所，小学20所，卫生院1个，卫生所27个，文化站1个，图书室28个。有寿圣寺塔、郝岗遗址、东岳庙。农业以种植小麦、玉米，饲养生猪、山羊、肉牛为主。工业以化工、板材加工为主。滑确线省道过境。

郝岗寨内［Hǎogǎngzhàinèi］　郝岗乡人民政府驻地。在县政府驻地新城街道西北36千米。人口1800。初名临名岗，明洪武七年(1374)郝姓迁此，改名郝岗。1981年分寨内、寨外2村。聚落呈团块状。有中小学、卫生院、郝岗遗址。农业以种植小麦、玉米、大豆为主。滑确线省道、郝舒线县道经此。

张庄乡［Zhāngzhuāng Xiāng］　商水县辖乡。在县境西北部。面积79平方千米。人口5.9万。辖27村委会，有78自然村。乡人民政府驻大郭庄。1958年设张庄乡，后改公社。1983年复乡。因自然村得名。明末张、武、魏3姓迁此各建村，紧临不易分，因张姓人多村大，合称张庄。沙河、汾河、新枯河、老枯河流经。有中学2所，小学33所，卫生院1个，卫生所28个，文化站1个，图书室24个。有古迹汝阳城遗址、王岗遗址、奔儿沟、溵水故道。农业以种植小麦、玉米为主。工业以食品加工、板材加工、制衣为主。漯阜铁路，南洛、商周高速，329国道过境。

大郭庄［Dàguōzhuāng］　张庄乡人民政府驻地。在县政府驻地新城街道西北15千米。人口1700。传明末郭姓迁此建村，与张庄合并。后因多郭姓，改称郭庄。逐渐人口增多，演为今名。聚落呈团块状。有小学、卫生院。农业以种植小麦、玉米、大豆为主。南洛高速、329国道经此。

汤庄乡［Tāngzhuāng Xiāng］　商水县辖乡。在县境中部偏北。面积55平方千米。人口4.9万。辖24村委会，有81自然村。乡人民政府驻汤庄。1956年设汤庄乡，后改公社。1983年复乡。因乡政府驻地得名。沙河、汾河流经。有中学2所，小学21所，卫生院1个，卫生所24个，文化站1个，图书室23个。有西陵寺遗址、雷庄遗址。农业以种植小麦、玉米、大豆，饲养猪、鸡为主。工业以再生资源、织物、水泥建材加工为主。漯阜铁路、南洛高速、329国道过境。

汤庄［Tāngzhuāng］　汤庄乡人民政府驻地。在县政府驻地新城街道西北5千米。人口900。清中期因刘姓迁此建村而称小刘庄。因有洼地长期积水，行人须蹚水经过，改称趟庄，后演今名。聚落呈团块状。有中小学、卫生院、西陵寺遗址。农业以种植小麦、玉米为主。商邓线县道经此。

沈丘县

沈丘县［Shěnqiū Xiàn］　周口市辖县。北纬33°24′，东经115°05′。在市境东南部。面积1082平方千米。人口138.1万。以汉族为主，还有回、蒙古、藏、苗、满等民族。辖2街道、12镇、8乡。县人民政府驻槐店回族镇。唐神龙二年(706)置沈丘县，治今安徽临泉县，属颍州。明洪武初(1368)并入颍州。弘治十年(1497)复置，治乳香台(今老城)，属陈州。清属陈州、陈州府。1913年属豫东道。1914年属开封道。1927年属省。1932年属第七行政督察区。1949年属淮阳专区。1950年人民政府迁槐店。1953年属商丘专区。1958年属开封专区。1961年复商丘专区。1965年属周口专区。1969年属周口地区。2000年属周口市。春秋时为楚沈丘邑地，故名。地处豫东平原。平均海拔39米。年均气温15℃，1月平均气温1℃，7月平均气温27℃。年均降水量809毫米。沙颍河、汾泉河、直河、新蔡河、老蔡河、西蔡河、泥河流经。有野生植物343种，其中国家重点保护野生植物有银杏、莲、野大豆、野菱。有野生动物204种，其中国家重点保护野生动物有赤颈鹏鹛、凤头鹏鹛、苍鹭、草鹭、小白额雁、花脸鸭、斑头秋沙鸭、鸢、苍鹰、赤腹鹰、普通鵟等18种。有省级自然保护区3个。森林覆盖率21.4%。有中等职业学校1所，中学122所，小学353所，二级医院2个，图书馆1个，文化馆1个，体育馆1个。有省级文物保护单位李鸣钟故居、槐店清真寺。有国家级非物质文化遗产槐店文狮子舞，省级非物质文化遗产扑蝶舞、顾家馍、两仪拳、六道大方等7项。有民俗沙河大鼓。有国家3A级旅游景区槐园。有古迹小顶寺、华佗冢、乳香台、冢子湖、青堌堆。三次产业比例19∶45∶36。农业以种植小麦、玉米、大豆为主，饲养生猪、槐山羊、肉牛、奶牛，盛产棉花、芝麻、蔬菜、中药材。工业以食品饮料加工、聚酯网加工、机械制造、纺织为主，发展通讯电缆、光电、新材料等产业。服务业以商贸、餐饮、物流为主。漯阜铁路，宁洛高速，商大线、郑留线、郑刘线、常付线省道，沙河航线过境。

颍河大道［Yǐnghé Dàdào］　在县城西部。南起华佗路，北至和谐路。与交通路、泰安路、长安路、吉祥路相交。长4.8千米，宽26.5米。沥青路面。1973年开工，1974年建成。2003年改扩建。因沙颍河得名。两侧有长途汽车站、沙河槐店闸、清真寺、县中医院、颍河商贸城、海伟手机城、县电业局、惊天市场等。通公交车。

兆丰大道［Zhàofēng Dàdào］　在县城中部。南起华佗路，北至槐园路。与交通路、泰安路、滨河路、顺河路、长安东路等相交。长5.5千米，宽50米。沥青路面。1989年开工，1993年建成。因兆丰酒厂得名。寓意吉兆丰年。两侧有县司法局、县人社局、超市、酒店、世纪豪庭小区等。通公交车。

和谐路［Héxié Lù］　在县城东北部。东起东环路，西至西环路。与尚德路、群贤路、兆丰大道、颍河大道相交。长4.7千米，宽22.5米。沥青路面。2007年开工，同年建成。2014年因取"社会和谐发展"之意得名。两侧有县政府、酒店、北城街道办事处、生猪养殖场、阳光驾校等。通公交车。

泰安路［Tài'ān Lù］　在县城南部。东起东环路，西至沙南街。与兆丰大道、长春路、颍河大道相交。长3.6千米，宽20米。水泥路面。1995开工，同年建成。2008年加宽重修。因取"康泰平安"之意命名。两侧有县行政服务中心、纺织公司、妇幼保健院、县卫计委、洗浴中心、县环保局、欧洲花园小区等。通公交车。

沈丘长途汽车站［Shěnqiū Chángtú Qìchēzhàn］　见交通运输设施部分"沈丘长途汽车站"条。

东城街道［Dōngchéng Jiēdào］　属沈丘县。在县境西北部。面积18平方千米。人口1.7万。以汉族为主，还有回族等。2006年撤城郊乡析设东城街道。因处城东得名。先后改造沙颍河、兀术沟、向阳沟。有中学1所，小学8所，卫生所13个，文化服务中心1个。有国家3A级旅游景区沈丘槐园。有名胜古迹槐仙山、槐香湖、千字文广场、三槐桥、七星岛。农业以种植小麦、玉米、大豆为主。有教育园区、玉文化产业园。宁洛高速、郑刘线省道过境。通多路公交车。

北城街道［Běichéng Jiēdào］　属沈丘县。在县境北部。面积30平方千米。人口4.2万。2006年撤城郊乡析设北城街道。因地处城北得名。先后建西环、北环路。西蔡河流经。有中学3所，小学16所，卫生院1个，卫生所14个。农业以种植小麦、玉米，饲养猪、羊、鸡为主。工业以印刷、聚酯网业、电子、酿酒为主。

有家具城、生态园。宁洛高速过境。通多路公交车。

槐店回族镇［Huáidiàn Huízú Zhèn］ 沈丘县人民政府驻地。在县境西北部。面积30平方千米。人口12万，其中回族占20%，还有汉族等。辖21居委会、3村委会，有38自然村。镇人民政府位于镇府街。1956年设槐店回族镇。1958年改公社。1962年置槐店镇。1983年复今名。因古槐、店铺、作坊得名槐坊店，简称槐店。沙颍河、西蔡河流经。有中学3所，小学12所，二级医院2个，卫生院1个，卫生所24个。有省级文物保护单位槐店清真寺、李鸣钟故居。农业以种植小麦、玉米、大豆为主。工业以纺织、金属颜料加工、机械制造为主。服务业以物流为主。漯阜铁路，常付线、郑留线省道过境。

刘庄店镇［Liúzhuāngdiàn Zhèn］ 沈丘县辖镇。在县境西南部。面积58平方千米。人口7.9万。辖36村委会，有91自然村。镇人民政府驻刘庄店。1958年成立刘庄店公社。1984年设乡。1987年改镇。因镇政府驻地得名。泥河、汾河、刘洛河流经。有中学4所，小学27所，卫生院1个，卫生所36个，文化站1个，图书馆1个。有席张庄苇编传统工艺、传统饴糖熬制技艺、传统蜡烛制作技艺。农业以种植小麦、玉米、大豆为主，盛产棉花、药材。商大线省道过境。

刘庄店［Liúzhuāngdiàn］ 刘庄店镇人民政府驻地。在县政府驻地槐店回族镇南28千米。人口1300。旧名长安镇，为古驿道，后刘姓迁入开店称刘家店，渐成集，称刘庄店集，简今名。聚落呈散状。有小学、卫生所。有400多年历史的李家老银匠店铺。农业以种植小麦、玉米，饲养生猪、牛、羊为主。商大线省道经此。

留福镇［Liúfú Zhèn］ 沈丘县辖镇。在县境南部。面积47平方千米。人口6.4万。辖22村委会，有75自然村。镇人民政府驻留福集。1975年老城公社析设留福公社。1983年改乡。1987年改镇。因镇政府驻地得名。泉河流经。有中学3所，小学19所，卫生院1个，卫生所22个，文化服务中心1个。农业以种植小麦、玉米、大豆为主。特产李东肘子、陈家牛肉。工业以制衣、电子、酿酒、食品加工、新型建材加工为主。郑留线、商大线省道过境。

留福集［Liúfújí］ 留福镇人民政府驻地。在县政府驻地槐店回族镇南34千米。人口2600。传因龙虎争斗而称龙虎集，后为祈福，留住福气，改今名。聚落呈团块状。有中小学、卫生院、敬老院。农业以种植小麦、玉米为主。商临公路经此。

老城镇［Lǎochéng Zhèn］ 沈丘县辖镇。在县境南部。面积55平方千米。人口7.7万。辖7居委会、35村委会，有110自然村。镇人民政府驻四居。1958年设城关乡，后改公社。1965年更名老城公社。1983年改镇。旧名乳香台、城关。明弘治十年(1497)为沈丘县治，治迁槐店后改称老城。泉河流经。有中学2所，小学31所，卫生院1个，卫生所42个。有乳香台遗迹、人祖庙。有省级非物质文化遗产顾家馍。农业以种植小麦、玉米，饲养牛、羊、猪、鸡为主。工业以印刷、制鞋、电子、酿酒、食品加工为主。郑留线、商大线省道过境。

四居［Sìjū］ 老城镇人民政府驻地。在县政府驻地槐店回族镇东南25千米。人口700。1982年以大十字街为中心一分为四，东北角为四居，故名。聚落呈团块状。有中小学、卫生院、天主教教堂、清真寺。经济以商贸为主。通公路。

西关［Xīguān］ 在县政府驻地槐店回族镇东南26千米。老城镇辖自然村。人口1600。因地处老城西门外，故名。聚落呈团块状。有民间舞蹈赶竹马。农业以种植小麦、玉米为主。有全国农技推广畜牧业科技试验示范基地，盛产槐山羊板皮及肉制品。郑留线省道经此。2014年被评为全国文明村。

赵德营镇［Zhàodéyíng Zhèn］ 沈丘县辖镇。在县境东南部。面积70平方千米。人口8.2万。辖33村委会，有102自然村。镇人民政府驻赵德营。1955年设赵德营乡。1958年改公社。1983年复乡。1987年改镇。因镇政府驻地得名。有中学4所，小学29所，卫生院1个，卫生所33个，文化中心1个。有青固堆遗址。有民俗旱船、腰鼓、小车、花篮、犟驴。农业以种植小麦、玉米、黄豆，饲养羊、牛、鸡为主。工业以机械制造、食品加工为主。郑刘线省道过境。

赵德营［Zhàodéyíng］ 赵德营镇人民政府驻地。在县政府驻地槐店回族镇东南21千米。人口3900。明弘治年间(1488—1505)赵德、赵营兄弟建村，故名。聚落呈散状。有小学、卫生院、卫生所。农业以种植小麦、玉米为主。特产硬面贡馍、绿豆丸子。周冯公路经此。

付井镇［Fùjǐng Zhèn］ 沈丘县辖镇。在县境东南部。面积68平方千米。人口8.4万。辖31村委会，有97自然村。镇人民政府驻付井。1955年南杨集乡更名付井乡，后改公社。1983年复改乡。1987年改镇。因镇政府驻地得名。沙颍河流经。有中学2所，小学26所，卫生院1个，卫生所31个。农业以种植小麦、玉米、大豆为主。有奶牛、山羊养殖场各1个，肉牛养殖场2个。特产蔬菜、草莓。工业以糖果、食品加工为主。金丝猴食品公司位此。常付线省道过境。

付井［Fùjǐng］ 付井镇人民政府驻地。在县政府驻地槐店回族镇东南24千米。人口1000。明中期傅姓建村，门前挖井，得名傅井。1958年简写为“付井”。聚落呈散状。有中小学、卫生院等。农业以种植小麦、玉米为主。工业以糖果、食品加工为主。九里—冯营、赵德营—卜堂公路经此。

纸店镇［Zhǐdiàn Zhèn］ 沈丘县辖镇。在县境东部。面积38平方千米。人口5.3万。辖20村委会，有62自然村。镇人民政府驻纸店。1955年设纸店乡。1958年改公社。1983年复乡。1987年改镇。因镇政府驻地得名。沙颍河流经。有中学2所，小学16所，卫生院1个，卫生所20个，文化服务中心1个。有古银杏树。农业以种植小麦、玉米，饲养猪、鸡、牛、羊为主，盛产西瓜、葡萄、甜叶菊、药材。漯阜铁路、宁洛高速、郑刘线省道过境。

纸店［Zhǐdiàn］ 纸店镇人民政府驻地。在县政府驻地槐店回族镇东南21千米。人口4000。唐宋时有造纸作坊、卖纸店铺，故名。明嘉靖年间(1522—1566)成为商埠码头，也称纸店集。聚落呈带状。颍河流经。有中小学、卫生院。农业以种植小麦、玉米，饲养牛为主。漯阜铁路、郑刘线省道经此。

新安集镇［Xīn'ānjí Zhèn］ 沈丘县辖镇。在县境中部。面积52平方千米。人口6.3万。辖28村委会，有76自然村。镇人民政府驻新安集。1958年成立新安集公社。1983年改乡。1987年改镇。因镇政府驻地得名。沙颍河流经。有中学3所，小学24所，卫生院1个，卫生所28个，文化服务中心1个。有“刘邓大军过沙河处”纪念碑、明代银杏树。农业以种植小麦、玉米、棉花为主。工业以微粉、农药加工为主。宁洛高速、郑刘线省道过境。

新安集［Xīn'ānjí］ 新安集镇人民政府驻地。在县政府驻地槐店回族镇东南12千米。人口1600。明宣德八年(1433)沙颍河改道，新建集市，故名。聚落呈带状。有中小学、卫生所。农业以种植小麦、玉米为主。郑刘线省道经此。

白集镇［Báijí Zhèn］ 沈丘县辖镇。在县境北部。面积61平方千米。人口7.9万。辖38村委会，有93自然村。镇人民政府驻白集。1958年成立白集公社。1983年设乡。1988年改镇。因镇政府驻地得名。西蔡河、老蔡河流经。有中学3所，小学30所，卫生院1个，卫生所38个，文化站1个。农业以种植小麦、玉米为主。郑留线省道过境。

白集［Báijí］ 白集镇人民政府驻地。在县政府驻地槐店回族镇北9千米。人口1000。宋时因陈氏乐善好施而得名百善集，后演为白集。聚落呈散状。有中小学、卫生所。有龙王庙。农业以种植小麦、玉米为主。郑留线省道经此。

刘湾镇［Liúwān Zhèn］ 沈丘县辖镇。在县境东部。面积34平方千米。人口4万。辖18村委会，有67自然村。镇人民政府驻陈寨。1975年纸店公社析设陈寨公社。1983年设乡。1996年改刘湾镇。明万历年间(1573—1619)刘姓迁沙河湾处定居，故名。沙颍河流经。有中学1所，小学12所，卫生院1个，卫生所18个，文化服务中心1个，敬老院1个。有白云观、六烈士墓园。农业以种植小麦、玉米，饲养猪、鸡为主。工业以服饰、食品加工为主。漯阜铁路、宁洛高速、郑刘线省道过境。

陈寨［Chénzhài］ 刘湾镇人民政府驻地。在县政府驻地槐店回族镇东南26千米。人口1400。因姓氏得名。聚落呈散状。有小学、卫生所、白云观。农业以种植小麦、玉米，养殖生猪为主。陈小公路经此。

莲池镇［Liánchí Zhèn］ 沈丘县辖镇。在县境西部。面积43平方千米。人口5.5万。辖24村委会，有58自然村。镇人民政府驻莲池。1955年设莲池乡。1958年改公社。1983年复乡。2014年改镇。因镇政府驻地得名。马河、直河流经。有中学3所，小学18所，卫生院1个，卫生所26个，文化站1个。农业以种植小麦、玉米、棉花、中药材、山药，饲养猪、羊、鸡为主。工业以矿山配件制造为主。有集贸市场2个。槐刘公路过境。

莲池［Liánchí］ 莲池镇人民政府驻地。在县政府驻地槐店回族镇南9千米。人口1600。原为黄河故道，中有洼地遍植莲藕，称莲花池，后为村名。聚落呈散状。有中小学、卫生所。农业以种植小麦、玉米为主。有矿山机械制造业。槐刘公路经此。

洪山镇［Hóngshān Zhèn］ 沈丘县辖镇。在县境东部。面积60平方千米。人口7.5万。辖23村委会，有140自然村。镇人民政府驻洪山。1965年北杨集公社析设洪山公社。1983年设乡。2014年改镇。因镇政府驻地得名。有中学2所，小学21所，卫生院1个，卫生所23个。农业以种植小麦、玉米、大豆，养殖猪、牛、羊、鸡为主，盛产药材、葡萄、桃子、辣椒。白集—陈寨公路过境。

洪山［Hóngshān］ 洪山镇人民政府驻地。在县政府驻地槐店回族镇东18千米。人口500。因洪山庙得名。聚落呈散状。有中小学、卫生院。农业以种植小麦、玉米、中药材，饲养猪、羊为主。白集—陈寨公路经此。

石槽集乡［Shícáojí Xiāng］ 沈丘县辖乡。在县境中部偏西。面积63平方千米。人口6.6万。辖33村委会，有77自然村。乡人民政府驻石槽集。1951年设石槽区。1958年成立公社。1983年改石槽集乡。因乡政府驻地得名。沙颍河流经。有中学3所，小学23所，卫生院1个，卫生所33个，文化服务中心1个。有省级非物质文化遗产青三彩。农业以种植小麦、玉米、蔬菜，饲养生猪、牛、羊为主。工业以生物工程、冷暖设备制造、农产品加工为主。漯阜铁路，常付线、郑留线省道过境。

石槽集［Shícáojí］　石槽集乡人民政府驻地。在县政府驻地槐店回族镇东南9千米。人口1800。明代称张家村，后成集市，因原为元代驿站，存有喂马石槽而更今名。聚落呈散状。有中小学、卫生院、卫生所。农业以种植小麦、玉米为主。郑留线省道经此。

范营乡［Fànyíng Xiāng］　沈丘县辖乡。在县境中部偏南。面积70平方千米。人口7.9万。辖35村委会，有101自然村。乡人民政府驻林斋公营。1958年成立范营公社。1983年设乡。因范营村得名，明中期范姓迁居建村。汾河、直河流经。有中学3所，小学32所，卫生院1个，卫生所35个，文化服务中心1个。农业以种植小麦、玉米为主，盛产芝麻、蔬菜。工业以绝缘材料、建材、食品加工为主。郑留线省道过境。

林斋公营［Línzhāigōngyíng］　范营乡人民政府驻地。在县政府驻地槐店回族镇东南19千米。人口800。传南宋金兵曾扎营，后张、林2姓迁此，张姓斋人为大户，名张斋公营。后绝嗣，林姓兴旺，遂改今名。聚落呈散状。有中学、卫生院。农业以种植小麦、玉米为主。郑留线省道经此。

李老庄乡［Lǐlǎozhuāng Xiāng］　沈丘县辖乡。在县境西南部。面积47平方千米。人口6.1万。辖29村委会，有90自然村。乡人民政府驻李老庄。1974年刘庄店公社析设李老庄公社。1983年设乡。因乡政府驻地得名。泥河、城雒河流经。有中学2所，小学16所，卫生院1个，卫生所29个。农业以种植小麦、玉米、大豆为主，盛产芝麻。工业以食品、板材、家具加工为主。服务业以商贸为主。商大线省道过境。

李老庄［Lǐlǎozhuāng］　李老庄乡人民政府驻地。在县政府驻地槐店回族镇西南29千米。人口1100。明代李姓自老寨分出建村，祖居李姓，故名。聚落呈散状。有中小学、卫生院。农业以种植小麦、玉米、黄豆为主。商大线省道经此。

大邢庄乡［Dàxíngzhuāng Xiāng］　沈丘县辖乡。在县境南部。面积29平方千米。人口3.5万。辖21村委会，有44自然村。乡人民政府驻大邢庄。1956年设大邢庄乡。1958年并入冯营公社。1975年析设大邢庄公社。1983年复乡。因乡政府驻地得名。泉河流经。有中学2所，小学14所，卫生院1个，卫生所21个。有省级非物质文化遗产两仪拳，省级传统村落申段庄。农业以种植小麦、玉米为主。工业以印刷，高频炉制造，制衣，酿酒，板材、食品加工，新型建材制造等为主。商大线省道过境。

大邢庄［Dàxíngzhuāng］　大邢庄乡人民政府驻地。在县政府驻地槐店回族镇东南30千米。人口2200。王、邢2姓建村，后邢氏人丁兴旺，故名。聚落呈散状。有中小学、卫生院。农业以种植小麦、玉米，饲养生猪、牛、羊为主。商大线省道经此。

冯营乡［Féngyíng Xiāng］　沈丘县辖乡。在县境东南部。面积66平方千米。人口7.5万。辖29村委会，有104自然村。乡人民政府驻冯营。1958年设冯营乡，旋改公社。1983年复乡。因乡政府驻地得名。有中学2所，小学22所，卫生院1个，卫生所29个，文化服务中心1个。农业以种植小麦、玉米，饲养生猪、牛、羊为主。工业以纺织、面粉加工、红薯粉制品加工、酿酒为主。商大线省道过境。

冯营［Féngyíng］　冯营乡人民政府驻地。在县政府驻地槐店回族镇东南30千米。人口3100。明弘治年间(1488—1505)有民自安徽省临泉县冯营迁此，沿用旧名。聚落呈散状。有中小学、卫生院、文化服务中心。农业以种植小麦、玉米为主。通公路。

周营乡［Zhōuyíng Xiāng］　沈丘县辖乡。在县境中部。面积42平方千米。人口4.9万。辖20村委会，有43自然村。乡人民政府驻周营。1955年设周营乡。1958年并入赵德营公社。1965年析设周营公社。1983年复乡。因乡政府驻地得名。沙颍河流经。有中学2所，小学17所，卫生院1个，卫生所20个。农业以种植小麦、玉米、大豆、中药材为主。有养殖生态园、肉牛养殖基地。工业以服装、农药、电子产品加工为主。漯阜铁路，常付线、西马线省道过境。

周营［Zhōuyíng］　周营乡人民政府驻地。在县政府驻地槐店回族镇东南16千米。人口1800。周姓建村。清光绪二十一年(1895)举办物资交流大会，遂成集市，称周营集，后称周营。聚落呈散状。有小学、卫生所。农业以种植小麦，玉米，饲养生猪、羊为主。常付线省道经此。

北杨集乡［Běiyángjí Xiāng］　沈丘县辖乡。在县境东北部。面积47平方千米。人口5.5万。辖19村委会，有93自然村。乡人民政府驻北杨集。1955年设北杨集乡。1958年改公社。1983年复乡。因乡政府驻地得名。新、老蔡河流经。有中学2所，小学19所，卫生院1个，卫生所19个，文化站1个。有姬僚冢。农业以种植小麦、玉米，饲养鸡、猪为主，盛产中药材、桃、梨、杏。白集—陈寨公路过境。

北杨集［Běiyángjí］　北杨集乡人民政府驻地。在县政府驻地槐店回族镇东北14千米。人口1800。原名谷集，后杨姓迁此，因南岸已有杨集，故名北杨集。聚落呈散状。有小学、卫生所。农业以种植小麦、玉米、中药材为主。白集—陈寨公路经此。

卞路口乡［Biànlùkǒu Xiāng］　沈丘县辖乡。在县境北部。面积55平方千米。人口6万。辖24村委会，有67自然村。乡人民政府驻卞路口。1975年白集、新安集、北杨集3公社析设卞路口公社。1983年设乡。因乡政府驻地得名。有中学2所，小学21所，卫生院1个，卫生所24个。农业以种植小麦、玉米、大豆为主，盛产棉花、蔬菜。郑留线省道、白集—陈寨公路过境。

卞路口［Biànlùkǒu］　卞路口乡人民政府驻地。在县政府驻地槐店回族镇东北11千米。人口1000。明末卞姓在交通路口建村，故名。聚落呈散状。有中小学、卫生院。农业以种植小麦、玉米为主。卞路口—朱小楼公路经此。

郸城县

郸城县［Dānchéng Xiàn］　别名丹成。周口市辖县。北纬33°38′，东经115°12′。在市境东部。面积1471平方千米。人口135.1万。以汉族为主，还有回、蒙古、藏、维吾尔等民族。辖3街道、8镇、11乡。县人民政府驻新城街道。隋开皇六年(586)置郸县，属淮阳郡。唐乾封元年(666)废。1952年设郸城县，属淮阳专区。1953年属商丘专区。1959年属开封专区。1961年属商丘专区。1965年属周口专区。1969年属周口地区。2000年属周口市。春秋时老子在此炼丹，故名丹成，后演为郸城。地处豫东平原。海拔35.6—43.8米。年均气温15℃，1月平均气温1℃，7月平均气温28℃。年均降水量756毫米。黑河、洺河、皇姑河、新蔡河、清水河流经。有野生植物87种，野生动物85种，其中国家重点保护野生动物有雀鹰、松雀鹰、红隼、短耳鸮、长耳鸮等9种。森林覆盖率5.5%。有国家级研发中心6个，省级研发中心6个，职业学校8所，中学68所，小学531所，特教学校1所，二级医院2个，博物馆1个，图书馆1个，体育馆1个，文化馆1个。有全国重点文物保护单位段寨遗址，省级文物保护单位汲冢遗址。有省级非物质文化遗产郸城大鼓、郸城坠剧、张振福泥塑。有民俗竹马舞、龙灯舞、狮子舞、唢呐、高跷、肘歌、旱船。有名胜古迹中原民俗园、幸福梅园、堌堆寨遗址、宁平公主墓、竹恺店古墓群、王子升仙台。有国家3A级旅游景区洺河。三次产业比例26∶54∶20。农业以种植小麦、玉米、大豆、红薯，养殖猪、牛、羊为主，盛产花生、棉花、蔬菜、中药材。工业以食品加工、制药、化工为主。服务业以商贸、物流、汽车销售为主。344、220国道，郑阁—留福线、郸城—石龙线、民权—沈丘线省道过境。

新华路［Xīnhuá Lù］　在县城中部。东起未来大道，西至公园西路。与支农路、人民路、文化路、世纪大道、王子路等相交。长7.8千米，宽30—100米。沥青路面。1968年开工，同年建成，称东西大街。1987年因新华书店在此更今名。1988年拓宽。2000、2002、2014年延伸。穿过商业中心。两侧有县政府、财政局、县第二医院、商贸城、建材市场、世纪广场、人民公园等。通公交车。

人民路［Rénmín Lù］　在县城中部偏东。南起省道南石线，北至金丹大道。与科技大道、交通路、新华路、建设路相交。长5.2千米，宽30—50米。沥青路面。1968年开工，同年建成，称南北大街。1987年因县人民医院在此更今名。2004年延伸。两侧有商贸城、县医院、飞龙汽车站。通公交车。

郸城县长途汽车站［Dānchéng Xiàn Chángtú Qìchēzhàn］　见交通运输设施部分“郸城县长途汽车站”条。

新城街道［Xīnchéng Jiēdào］　郸城县人民政府驻地。在县境西部。面积17平方千米。人口3.3万。2006年设。地处新建城区，故名。先后修建迎宾大道、公园东路、公园西路、校园路，建成世纪广场、人民公园，治理李庄沟。有中学5所，小学15所，幼儿园9所，二级医院1个，卫生院1个，社区卫生服务中心1个。有丁寨遗址。有民俗罗屯旱船、丁寨唢呐。经济以商贸、物流、汽车销售为主。有多家商贸中心。有环保生态农业。南石线省道过境。通多路公交车。

洺南街道［Míngnán Jiēdào］　属郸城县。在县境西部。面积11平方千米。人口6万。2006年设。因地处洺河南，故名。先后改造城中村，改扩建新华路、人民路、交通路、科技大道、支农路，治理洺河。有职业学校2所，中学14所，小学12所，卫生院1个，社区卫生服务中心1个。有红军碑、县烈士陵园。经济以商贸、金融、物流为主，有商贸城、农贸市场等。220国道、南石线省道过境。通多路公交车。

洺北街道［Míngběi Jiēdào］　属郸城县。在县境西部。面积13平方千米。人口2.5万。2006年设。因地处洺河北，故名。先后改造城中村，建丹成大道、未来大道等。洺河流经。有中学6所，小学9所，二级医院1个，卫生院1个，卫生所14个。有金丹公园。工业以纺织、电器、建材、化工、食品加工为主。有县产业集聚区。服务业以商贸为主。220国道、南石线省道过境。通多路公交车。

吴台镇［Wútái Zhèn］　郸城县辖镇。在县境北部。面积70平方千米。人口6.6万。辖

25 村委会，有 116 自然村。镇人民政府驻吴台。1956 年设吴台乡，后改公社。1983 年复乡。1987 年改镇。因镇政府驻地得名。晋沟河流经。有中学 4 所，小学 25 所，幼儿园 12 所，卫生院 1 个，卫生所 29 个，图书馆 3 个，文化大院 4 个。有吴台庙。有民俗高跷、旱船。经济以农业为主，养殖黄牛、猪、山羊，种植小麦、大豆、玉米。特产莲藕。220 国道过境。

吴台 [Wútái] 吴台镇人民政府驻地。在县政府驻地新城街道东北 15 千米。人口 3100。三国时孙权北伐至此，建庙宇 5 座，得名五台庙，亦称吴台庙，简称吴台。聚落呈团块状。有中小学、卫生院。农业以种植小麦、大豆、大棚蔬菜为主。特产莲藕。220 国道、张葛线县道经此。

南丰镇 [Nánfēng Zhèn] 郸城县辖镇。在县境东部。面积 73 平方千米。人口 5.8 万。辖 28 村委会，有 134 自然村。镇人民政府驻南丰。1956 年设南丰乡。1975 年白马、张完集、丁村 3 公社析设南丰公社。1983 年复乡。1987 年改置镇。因镇政府驻地得名。黑河、西淝河流经。有中学 4 所，小学 18 所，幼儿园 10 所，卫生院 3 个，卫生所 29 个，文化服务中心 1 个，农村书屋 28 个。农业以种植小麦、大豆、玉米，养殖猪、牛、羊为主。工业以农产品加工、车辆配件制造、建材加工为主。特产唐桥鸭蛋。南石线、郑留线省道过境。

南丰 [Nánfēng] 南丰镇人民政府驻地。在县政府驻地新城街道东 29 千米。人口 3200。原名孤柳树，地处鹿邑县城南，1946 年官员考察时现丰收景象，遂改南丰。聚落呈团块状。有中小学、卫生院。经济以商贸为主。南石线省道、张白线县道经此。

白马镇 [Báimǎ Zhèn] 郸城县辖镇。在县境东部。面积 108 平方千米。人口 7.4 万。辖 35 村委会，有 190 自然村。镇人民政府驻白马。1956 年设白马乡。1958 年成立东方红公社。1961 年改白马公社。1983 年复乡。1987 年改镇。因镇政府驻地得名。西淝河、东洺河、黑河流经。有中学 2 所，小学 31 所，幼儿园 12 所，卫生院 1 个，卫生所 35 个，文化服务中心 1 个，农村书屋 15 个。农业以种植小麦、大豆、红薯，饲养鸡、鸭、鹅、猪、牛为主，盛产中药材、蚕桑。工业以服装制衣、麻糖加工、建材加工等为主。南石线省道、郸白线县道过境。

白马 [Báimǎ] 白马镇人民政府驻地。在县政府驻地新城街道东 31 千米。人口 3100。唐宋有驿站，全为白马，故名。聚落呈团块状。东洺河流经。有中小学、卫生院、文化服务中心。经济以种植蔬菜、商贸服务为主。郸白线、张白线县道经此。

宁平镇 [Nìngpíng Zhèn] 郸城县辖镇。在县境中部。面积 74 平方千米。人口 7.4 万。辖 26 村委会，有 120 自然村。镇人民政府驻宁平。1956 年设宁平乡，后改公社。1983 年复乡。1987 年改镇。因镇政府驻地得名。黑河流经。有中学 1 所，小学 20 所，幼儿园 11 所，卫生院 2 个，卫生所 25 个，文化站 1 个。有王子庄遗址。有民俗苗庄唢呐。农业以种植棉花、蔬菜，养殖牛为主。工业以伞具、服装加工为主。特产宁平麻花、张集熏鸡。220 国道、郑留线省道过境。

宁平 [Nìngpíng] 宁平镇人民政府驻地。在县政府驻地新城街道东 13 千米。人口 1200。西汉曾设宁平县。后因起兵叛乱而得名兵临城。刘伯姬平乱后，封为宁平公主，遂更名宁平城，简称宁平。聚落呈团块状。有中小学、卫生院。工业以电器加工为主。郑留线省道经此。

宜路镇 [Yílù Zhèn] 郸城县辖镇。在县境南部。面积 77 平方千米。人口 7.7 万。辖 27 村委会，有 141 自然村。镇人民政府驻宜路。1956 年设宜路乡。1958 年成立卫星公社。1965 年改宜路公社。1983 年复乡。1987 年改镇。因镇政府驻地得名。新蔡河流经。有中学 1 所，小学 29 所，幼儿园 4 所，卫生院 1 个，卫生所 27 个，农民文化宫 1 个。有民俗水河刘唢呐。农业以种植中药材为主，盛产白术、桔梗、生地、薄荷。有中药材、农副产品加工，服装代加工，建材销售等产业。郑留线省道过境。

宜路 [Yílù] 宜路镇人民政府驻地。在县政府驻地新城街道东南 23 千米。人口 1900。古时有大湖，秋水无际，舟行至此，方可舍舟登陆，得名宜陆。1912 年后为交通驿站，官方更名驿路，后改今名。聚落呈团块状。有中小学、卫生院。农业以种植中药材为主。经济以商贸为主。郑留线省道经此。

钱店镇 [Qiándiàn Zhèn] 郸城县辖镇。在县境西南部。面积 86 平方千米。人口 8.8 万。辖 27 村委会，有 136 自然村。镇人民政府驻钱店。1956 年设钱店乡，后改公社。1983 年复乡。1987 年改镇。因镇政府驻地得名。新蔡河流经。有中学 3 所，小学 29 所，幼儿园 10 所，卫生院 1 个，卫生所 27 个，文化服务中心 1 个。农业以种植小麦、玉米、大豆，养殖猪、牛、羊为主，盛产山药、黑皮冬瓜、高油花生、牛蒡。220 国道、钱秋线县道过境。

钱店 [Qiándiàn] 钱店镇人民政府驻地。在县政府驻地新城街道南 11 千米。人口 2700。明初钱姓迁此开店，故名。聚落呈团块状。新蔡河流经。有中小学、幼儿园、卫生院、文化服务中心。农业以种植冬瓜为主。服务业以商贸为主。钱秋线县道经此。

汲冢镇 [Jízhǒng Zhèn] 郸城县辖镇。在县境西部。面积 94 平方千米。人口 7.2 万。辖 33 村委会，有 128 自然村。镇人民政府驻汲冢。1956 年设汲冢乡，后改公社。1983 年复乡。1987 年改镇。因镇政府驻地得名。洺河、黄姑河、新蔡河流经。有中学 5 所，小学 27 所，幼儿园 14 所，卫生院 1 个，卫生所 33 个，农村书屋 33 个。有省级文物保护单位汲冢遗址。有李庄遗址。有民俗高跷、狮子舞。农业以种植小麦、玉米、大豆为主，盛产中药材、蔬菜。工业以红薯加工为主，兼有制药、面粉加工、制衣等。220 国道过境。

汲冢 [Jízhǒng] 汲冢镇人民政府驻地。在县政府驻地新城街道西北 10 千米。人口 2100。原名杨宪镇、宋岗寨，后因省级文物保护单位汲冢遗址改今名。聚落呈团块状。洺河流经。有中小学、卫生院。有民俗斗鹌鹑。工业以淀粉加工、制药等为主。220 国道、李巴线县道经此。

石槽镇 [Shícáo Zhèn] 郸城县辖镇。在县境中部偏南。面积 74 平方千米。人口 6.5 万。辖 25 村委会，有 109 自然村。镇人民政府驻石槽。1956 年设石槽乡。1958 年成立上游公社。1965 年更名石槽公社。1983 年复乡。2000 年改镇。因镇政府驻地得名。新蔡河、皇姑河流经。有中学 2 所，小学 29 所，幼儿园 13 所，卫生院 1 个，卫生所 25 个，文化服务中心 1 个。有小巴庄唢呐。农业以种植蔬菜，养殖槐山羊、肉牛、生猪、獭兔、蛋鸡为主，盛产黑皮冬瓜。工业以面粉加工、制衣等为主。有农贸市场。郑留线省道、钱秋线县道过境。

石槽 [Shícáo] 石槽镇人民政府驻地。在县政府驻地新城街道东南 11 千米。人口 2800。原名仵寨，后以石槽传说改今名。聚落呈团块状。有中小学、卫生院、文化广场、农贸市场。工业以面粉加工、制衣等为主。郑留线省道、钱秋线县道经此。

城郊乡 [Chéngjiāo Xiāng] 郸城县辖乡。在县境中部。面积 58 平方千米。人口 4.7 万。辖 20 村委会，有 86 自然村。乡人民政府驻马胡庄。1956 年设郸城乡。1958 年成立东风公社。1977 年改城郊公社。1983 年改乡。因环抱县城，故名。皇姑河、洺河、革新河、黑河流经。有中学 4 所，小学 28 所，幼儿园 12 所，卫生院 1 个，卫生所 18 个。经济以工业为主，有油脂加工、制药业等。农业以种植小麦、玉米、大豆为主。220 国道、石南线省道过境。

马胡庄 [Mǎhúzhuāng] 城郊乡人民政府驻地。在县政府驻地新城街道北 1 千米。人口 1600。明初马、胡 2 姓建村，故名。聚落呈团块状。有中小学、卫生院、文化服务中心。经济以商贸为主。民沈线省道经此。

虎岗乡 [Hǔgǎng Xiāng] 郸城县辖乡。在县境北部。面积 83 平方千米。人口 7.4 万。辖 22 村委会，有 123 自然村。乡人民政府驻虎岗。1956 年设虎岗乡，1958 年撤。1965 年吴台、汲水、宁平 3 公社析设虎岗公社。1983 年复乡。因乡政府驻地得名。晋沟河、黑河流经。有中学 3 所，小学 25 所，幼儿园 10 所，卫生院 1 个，卫生所 23 个。农业以种植小麦、玉米、大豆为主，盛产小辣椒、棉花。工业以食品、家具、尾毛、骨粉加工等为主。220 国道过境。

虎岗 [Hǔgǎng] 虎岗乡人民政府驻地。在县政府驻地新城街道东北 20 千米。人口 2200。原名雪家集，后因山岗形似虎头得名虎头岗，简今名。聚落呈团块状。有中小学、卫生院、文化服务中心。农业以种植辣椒为主。郸虎线县道经此。

汲水乡 [Jíshuǐ Xiāng] 郸城县辖乡。在县境东北部。面积 87 平方千米。人口 6.5 万。辖 27 村委会，有 140 自然村。乡人民政府驻汲水。1912 年后曾置汲水镇。1956 年设汲水乡。1958 年成立星火公社。1965 年更名汲水公社。1983 年复乡。因乡政府驻地得名。清水河、洪河、黑河流经。有中学 2 所，小学 26 所，幼儿园 11 所，卫生院 1 个，卫生所 27 个。农业以种植小麦、玉米、大豆为主，盛产三樱椒、黑皮冬瓜、棉花、小白瓜。工业以家纺、新材缸瓦制作、食品加工等为主。郑留线省道过境。

汲水 [Jíshuǐ] 汲水乡人民政府驻地。在县政府驻地新城街道东北 22 千米。人口 3200。隋唐在靠近坟茔处开过路店，得名坟店集。清初集西有汲心台，周围低洼，每岁秋水似湖，更名汲水集。聚落呈团块状。有中小学、卫生院。农业以种植小辣椒为主。汲张线县道经此。

张完集乡 [Zhāngwánjí Xiāng] 郸城县辖乡。在县境东北部。面积 91 平方千米。人口 6.2 万。辖 29 村委会，有 143 自然村。乡人民政府驻张完集。1956 年设张完集乡。1958 年成立火箭公社。1965 年改张完集公社。1983 年复乡。因乡政府驻地得名。洪河、清水河、练沟河流经。有中学 2 所，小学 29 所，幼儿园 10 所，卫生院 2 个，卫生所 29 个，敬老院 1 个。有李小集唢呐。农业以种植小麦、玉米、大豆、棉花为主。工业以面粉加工、门业、制鞋、制衣等为主。张白、汲张线县道过境。

张完集 [Zhāngwánjí] 张完集乡人民政府驻地。在县政府驻地新城街道东北 29 千米。人口 1800。明初张完始居，开店成集，故名。聚落呈团块状。有中小学、卫生院。农业以种植小麦、玉米、大豆为主。工业以不锈钢门窗、面粉加工等为主。张白线、汲张线县道经此。

丁村乡 [Dīngcūn Xiāng] 郸城县辖乡。在县境中部偏东。面积 73 平方千米。人口 6.2 万。辖 25 村委会，有 117 自然村。乡人民政府驻丁村。1956 年设丁村乡。1958 年成立跃进公社。1956 年改丁村公社。1983 年复乡。因

小学、卫生院。农业以种植小麦、玉米、花生、大豆、棉花、芝麻、红薯、西瓜等为主。五祁线县道经此。

朱庄新村 [Zhūzhuāngxīncūn]　在县政府驻地城关回族镇东5千米。葛店乡辖自然村。人口2000。为程庄、武寨、武庄、朱庄4村合并而成,故名。聚落呈团块状。有卫生室、老年幸福院。农业以种植小麦、玉米为主,盛产花生、大豆、棉花、大棚蔬菜。五祁线县道经此。2014年被评为全国文明村。

黄集乡 [Huángjí Xiāng]　淮阳县辖乡。在县境东北部。面积59平方千米。人口4.2万。辖20村委会,有106自然村。乡人民政府驻黄集。1956年设黄集乡。1958年改公社。1984年复乡。因乡政府驻地得名。黑河、李贯河流经。有中学2所,小学25所,卫生院1个,卫生所35个,文化站1个。有青谷堆遗址。农业以种植小麦、玉米、棉花、中药材、芝麻,饲养生猪、牛、羊为主。工业以粮食加工、纺织为主,有酿酒业。朱搬线县道过境。

黄集 [Huángjí]　黄集乡人民政府驻地。在县政府驻地城关回族镇北15千米。人口2400。传明末黄姓迁此盖庙,庙前植柏树,故名黄柏堂。清中期起集,易今名。聚落呈正方形。有中小学、卫生院。农业以种植小麦、玉米、花生、大豆、棉花、辣椒为主。通公路。

齐老乡 [Qílǎo Xiāng]　淮阳县辖乡。在县境西北部。面积90平方千米。人口5.1万。辖28村委会,有118自然村。乡人民政府驻齐老。1956年设齐老乡。1958年改公社。1984年复乡。因乡政府驻地得名。黑河、新蔡河、周商永运河流经。有中学2所,小学32所,卫生院2个,卫生所32个。有文化站、敬老院、体育场地。有柳林石桥。农业以种植小麦、玉米、棉花、大豆为主。有中药材、食用菌、石榴、李子、凯特杏等特色种植。有波尔山羊、槐山羊繁育基地。工业以纺织、制鞋、食品加工、制衣为主。南石线省道过境。

齐老 [Qílǎo]　齐老乡人民政府驻地。在县政府驻地城关回族镇西北20千米。人口3000。传齐姓自山西洪洞县迁至县城东南的齐阁,后又迁此,故名齐老家,后称齐老。聚落呈片状。有中小学、卫生院。农业以种植小麦、玉米为主,盛产花生、大豆。胡刘线县道过境。

郑集乡 [Zhèngjí Xiāng]　淮阳县辖乡。在县境西部。面积88平方千米。人口5.6万。辖26村委会,有127自然村。乡人民政府驻郑集。1927年设郑集乡。1949年设十二区。1957年复乡。1958年改公社。1984年改乡。因乡政府驻地得名。老运河、淮郑河流经。有中学2所,小学22所,卫生院1个,卫生所23个,文化站1个。县康宁精神病院位此。农业以种植小麦、玉米、棉花、花生、蔬菜,饲养猪、牛、羊为主。工业以纺织、板材、食品、面粉加工为主。商周高速过境。

郑集 [Zhèngjí]　郑集乡人民政府驻地。在县政府驻地城关回族镇西4千米。人口2000。明朝弘治九年(1456)郑氏自洪洞县迁至陈州(今淮阳)孝义乡,建大郑寨。后又在县城西肆村,取名郑官庄。战乱遭焚,幸存者新建村落,渐成集,称郑集。聚落呈团块状。有初中、卫生院、文化站。农业以种植小麦、玉米、花生、大豆、棉花、芝麻、红薯、西瓜、辣椒为主。有绿化树特色种植。周商高速过境。

曹河乡 [Cáohé Xiāng]　淮阳县辖乡。在县境西部。面积80平方千米。人口4.2万。辖23村委会,有92自然村。乡人民政府驻后王楼。1974年齐老、郑集、搬口3公社析设曹河公社。1984年设乡。因乡政府原驻地得名。明末曹姓迁此建村,且村东有河,故名曹河。清水河流经。有中学2所,小学23所,卫生院1个,卫生所33个,文化站1个,体育场地1个。有青龙寺遗址。农业以种植小麦、玉米、棉花、蔬菜为主,有楸树、黄花菜特色种植。工业以纺织、食品加工为主。大广高速、寺冷线县道过境。

后王楼 [Hòuwánglóu]　曹河乡人民政府驻地。在县政府驻地城关回族镇西10千米。人口300。明末王姓自前王楼迁此,故名。聚落呈片状。新运河流经。有中小学、卫生院。农业以种植小麦、玉米、花生、大豆、西瓜为主。寺冷线县道经此。

太康县

太康县 [Tàikāng Xiàn]　周口市辖县。北纬34°03′,东经114°49′。在市境北部。面积1759平方千米。人口161.7万。以汉族为主,还有回、壮、蒙古等民族。辖13镇、10乡。县人民政府驻城关回族镇。秦置阳夏县,治今城关回族镇,属陈郡。西汉属淮阳国。东汉属陈国。北魏太平真君七年(446)并入扶沟县。太和十二年(488)复置。隋开皇七年(587)更名太康县,属淮阳郡。此后未变,先后属陈州、开封府、汴梁路、开封府、陈州府、豫东道、开封道、河南省、第三行政督察区、淮阳专区、商丘专区、开封专区、周口专区、周口地区、周口市。夏太康避后羿之乱至此,筑城名阳夏,意为夏之南都。后因太康墓更今名。地处豫东平原,涡河以北及城西部为黄泛区。地势西北高东南低。海拔45.5—59.5米。年均气温15℃,1月平均气温0℃,7月平均气温27℃。年均降水量556毫米。涡河、铁底河、小温河、兰河、黑河、尉扶河、李贯河、新运河流经。有野生植物3种,有野生动物4种。森林覆盖率15.1%。有中等职业学校5所,中学59所,小学444所,二级医院3个。有全国重点文物保护单位太康文庙、寿圣寺塔,省级文物保护单位陶母岗遗址、方城遗址。有国家级非物质文化遗产太康道情戏。有古迹太康陵、少康陵、小吴塔、庆安寺。三次产业比例19∶42∶39。农业以种植小麦、棉花、玉米为主,饲养牛、猪、鸡、羊。工业以锅炉制造、纺织服装、造纸为主。服务业以商贸、物流为主。大广、永登、周商高速,106、311国道,商沈线、民信线、栾卢线省道过境。

夏都广场 [Xiàdū Guǎngchǎng]　在县城西部。面积7.4公顷。2003年开工,2004年建成。为夏王太康流亡定都之城,故名。有音乐喷泉、花坛、舞台、巨型电子屏幕等设施。为集集会、演出、健身、娱乐于一体的综合性广场。周边有县政府、县市监局等。通公交车。

城关回族镇 [Chéngguān Huízú Zhèn]　太康县人民政府驻地。在县境中部。面积20平方千米。人口9.7万,其中回族占33.9%,还有汉族等。辖22居委会,有38自然村。镇人民政府位于北大街。1956年设城关镇,后改公社。1962年复镇。1983年定今名。老涡河、新涡河流经。有中学4所,小学11所,幼儿园30所,二级医院2个,卫生院3个,卫生所32个。有全国重点文物保护单位太康文庙。有太康陵、少康陵。农业以种植蔬菜为主。工业以食品加工为主。服务业以商贸、餐饮、批发零售为主。311、106国道过境。

谢安路 [Xiè'ān Lù]　在县城中部。东起建设路,西至未来路。与银城路、商贸路、财鑫路、阳夏路相交。长3.3千米,宽42米。沥青路面。1993年开工,2006年建成。因历史名人谢安得名。穿过商业中心。两侧有县政府、夏都广场及多处金融、文化、商贸等单位。通公交车。

支农路 [Zhīnóng Lù]　在县城北部。东起东城墙街,西至未来路。与北大街、交通路、商贸路、银城路、财鑫路等相交。长4.7千米,宽24米。沥青路面。支农东路1987年开工,同年建成。支农中路1999年开工,同年建成。支农西路2001年开工,同年建成。以支援农业为名。穿过商业中心。两侧有棉麻公司、农业银行、县法院、建业超市、农贸市场、县检察院等。通公交车。

建设路 [Jiànshè Lù]　在县城中部偏东。南起南环路,北至北关人民大桥。与支农路、谢安路、县前街相交。长3.6千米,宽52米。沥青混凝土路面。1969年建设。1987年改扩建。因寓意得名。两侧有南关变电站、县第二高级中学、县医院、县疾控中心、农贸市场、县林业局、县电业局、县棉纺织厂。通公交车。

银城路 [Yínchéng Lù]　在县城中部。南起南二环路,北至交通路。与谢安路、支农路相交。长2.1千米,宽50米。沥青混凝土路面。2008年开工,当年建成。分南、北路。原名一环路,后以县俗称银太康改今名。两侧有县中医院、县卫校、县政府服务大厅、县国土局、县文广新局等。通公交车。

常营镇 [Chángyíng Zhèn]　太康县辖镇。在县境西部。面积100平方千米。人口6.9万。辖36村委会,有84自然村。镇人民政府驻常营。1958年成立常营公社。1983年设乡。1987年改镇。因镇政府驻地得名。老涡河、兰河流经。有化工部干校。有中学3所,小学24所,卫生院1个,卫生所79个,文化站1个,图书室39个,敬老院1个。有五子台遗址、窦建德墓。农业以种植小麦、玉米为主,盛产油桃、棉花、西瓜、草莓。有农场3个。工业以食品加工为主。大广高速、311国道、民信线省道过境。

常营 [Chángyíng]　常营镇人民政府驻地。在县政府驻地城关回族镇西21千米。人口5100。传常遇春扎营于此,故名。聚落呈三角形。有中小学、幼儿园、卫生院。有常营书画院、清净寺遗址。农业以种植小麦、玉米为主,盛产油桃。特产老浆豆腐。311国道、民信线省道经此。

逊母口镇 [Xùnmǔkǒu Zhèn]　太康县辖镇。在县境西南部。面积90平方千米。人口7.4万。辖39村委会,有95自然村。镇人民政府驻逊母口。1956年设逊母口乡。1958年改公社。1983年复乡。1987年改镇。因镇政府驻地得名。李贯河流经。有中学2所,小学26所,卫生院1个,卫生所73个,文化站1个,图书室39个。有吴广塔、三侯陵遗址。经济以农业为主,种植小麦、玉米、棉花、花生、西瓜、芹菜、西红柿等。工业以生产化肥为主,有建材机械、食品加工等。有传统名吃"逊母口胡辣汤"。许郸铁路、永登高速、太扶线县道过境。

逊母口 [Xùnmǔkǒu]　逊母口镇人民政府驻地。在县政府驻地城关回族镇西南13千米。人口3500。原名兴隆镇。传东晋陶侃寻母至此,旁有渡口,故改名寻母口,后演今名。聚落呈片状。有中小学、卫生院。有铁佛寺。农业以种植小麦、玉米、花生,饲养猪、鸡为主。工业以化工、机械制造为主。太扶线县道经此。

老冢镇 [Lǎozhǒng Zhèn]　太康县辖镇。在县境南部。面积96平方千米。人口7.8万。以汉族为主,还有回族等。辖41村委会,有106自然村。镇人民政府驻老冢。1958年成立老冢公社。1983年设乡。1987年改镇。因镇政府驻地得名。李贯河流经。有职业中专1所,中学3所,小学24所,卫生院2个,卫生所

67个，文化站1个。有省级文物保护单位谢安故里。有谢安陵园、霸王鞭舞蹈。农业以种植小麦、玉米，养殖猪、鸡、牛、羊为主，盛产棉花、中药材。工业以清真食品加工、纺织制衣为主。106国道过境。

老冢［Lǎozhǒng］ 老冢镇人民政府驻地。在县政府驻地城关回族镇南17千米。人口9100。因窦建德冢得名。聚落呈带状。李贯河流经。有职业中专、中小学、卫生院。有清真寺、东城隍庙、西天爷庙。有庙会。农业以种植小麦、玉米，饲养猪、鸡为主。工业以清真食品加工为主。106国道经此。

朱口镇［Zhūkǒu Zhèn］ 太康县辖镇。在县境东部。面积100平方千米。人口8.4万。辖53村委会，有175自然村。镇人民政府驻朱口。1958年成立朱口公社。1983年设乡。1987年改镇。因镇政府驻地得名。涡河、铁底河流经。有中学3所，小学29所，卫生院1个，卫生所90个，文化站1个，图书室27个，敬老院1个。农业以种植小麦、玉米、棉花为主，盛产芝麻、花生。特产五香羊肉、涡河鸭蛋。工业以粮食加工为主。栾卢线省道过境。

朱口［Zhūkǒu］ 朱口镇人民政府驻地。在县政府驻地城关镇东23千米。人口2800。原名葛岗，北宋初运粮河经此设渡口，朱华摆渡谋生，因称朱华村。后有集市，更名朱家口集，简称朱口。聚落呈带状。有中小学、卫生院、龙天寺遗址。农业以种植小麦、玉米为主。服务业以商业、农贸为主。栾卢线省道经此。

马头镇［Mǎtóu Zhèn］ 太康县辖镇。在县境东北部。面积110平方千米。人口8.7万。辖55村委会，有137自然村。镇人民政府驻马头。1958年成立马头公社。1983年设乡。1987年改镇。因镇政府驻地得名。铁底河流经。有中学3所，小学27所，卫生院1个，卫生所72个，文化站1个，图书室55个。有隐藏寺、谷庄遗址、大牟寺遗址。农业以种植小麦、玉米，饲养牛羊为主，盛产西瓜、棉花。工业以清真食品加工为主，有省老字号产品明正牛肉。马芝线、马张线、五马线县道过境。

马头［Mǎtóu］ 马头镇人民政府驻地。在县政府驻地城关镇东北22千米。人口5700。原名许尢镇，北宋运粮河经此，有码头，因以为名，后改今名。聚落呈片状。有中小学、卫生院。有清真寺、马头文王庙。有省老字号产品明正牛肉。农业以种植小麦、玉米为主。经营牛羊屠宰等。马芝线、马张线、五马线县道经此。

龙曲镇［Lóngqū Zhèn］ 太康县辖镇。在县境北部。面积57平方千米。人口4.1万。辖27村委会，有56自然村。镇人民政府驻龙曲。1975年王集、高贤2公社析设龙曲公社。1983年设乡。1998年改镇。因镇政府驻地得名。铁底河流经。有中学2所，小学20所，卫生院2个，卫生所41个，文化站1个。有唐克威墓纪念亭、福兴寺。农业以种植小麦、玉米为主，盛产朝天椒。工业以粮食加工为主。106国道过境。

龙曲［Lóngqū］ 龙曲镇人民政府驻地。在县政府驻地城关镇北25千米。人口4500。南宋建村，有水渠，水清渠深，引水如龙，以渠曲谐音称龙曲。聚落呈带状。有中小学、卫生院、文化活动室。有清代古民居。经济以种植小麦、玉米、朝天椒为主，有粮食加工业。106国道经此。

板桥镇［Bǎnqiáo Zhèn］ 太康县辖镇。在县境西部。面积90平方千米。人口6万。辖33村委会，有89自然村。镇人民政府驻板桥。1965年逊田口、常营2公社析设板桥公社。1983年设乡。1999年改镇。因镇政府驻地得名。有中学2所，小学25所，卫生院1个，卫生所68个，敬老院1个。农业以种植小麦、玉米为主，盛产西瓜、辣椒。有农场2个。工业以纺织为主。大广高速、民信线省道过境。

板桥［Bǎnqiáo］ 板桥镇人民政府驻地。在县政府驻地城关回族镇西22千米。人口1400。传清乾隆元年(1736)有河，村民筑桥，红石为墩，青石板作面，得名板桥，沿为村名。聚落呈团块状。有中小学、卫生院、诊所、养老院。农业以种植小麦、玉米为主，间作西瓜、辣椒。工业以纺织为主。民信线省道经此。

符草楼镇［Fúcǎolóu Zhèn］ 太康县辖镇。在县境东南部。面积72平方千米。人口5.9万。辖35村委会，有104自然村。镇人民政府驻符草楼。1955年设符草楼乡。1958年改公社。1983年复乡。1999年改镇。因镇政府驻地得名。李贯河、温河、黑河流经。有中学3所，小学23所，卫生院1个，卫生所52个，敬老院1个。有槐寺遗址。农业以种植小麦、玉米、大棚蔬菜，饲养猪、牛、羊为主。工业以锅炉制造、纺织、预制品加工为主。永登、商周高速，311国道过境。

符草楼［Fúcǎolóu］ 符草楼镇人民政府驻地。在县政府驻地城关回族镇东南15千米。人口3700。传明末符姓建楼，用槐草、桐油作顶，故名。聚落呈带状。有小学、舞蹈艺校、卫生院。有卧佛寺。农业以种植小麦、玉米、棉花为主。工业以锅炉制造为主。永登高速、311国道经此。

马厂镇［Mǎchǎng Zhèn］ 太康县辖镇。在县境东南部。面积100平方千米。人口8.4万。以汉族为主，还有回族等。辖43村委会，有178自然村。镇人民政府驻马厂。1955年设马厂乡。1958年改公社。1983年复乡。1997年改镇。因镇政府驻地得名。涡河、铁底河流经。有中学3所，小学20所，卫生院1个，卫生所50个。有通满寺遗址。经济以农业为主，种植小麦、玉米，盛产林木花卉。工业以纺织为主。马张线、板马线县道过境。

马厂［Mǎchǎng］ 马厂镇人民政府驻地。在县政府驻地城关回族镇东南15千米。人口3200。原名白邱大集，明崇祯年间(1628—1643)为起义军李自成养马场，改今名。涡河流经。聚落呈团块状。有中小学、幼儿园、卫生院、文化站。有通满寺遗址。农业以种植小麦、玉米为主。工业以纺织为主。马张线、板马线县道经此。

毛庄镇［Máozhuāng Zhèn］ 太康县辖镇。在县境中部偏南。面积56平方千米。人口5.2万。辖25村委会，有111自然村。镇人民政府驻地毛庄。1995年城郊、符草楼、大许寨3乡析设毛庄乡。2000年改镇。因镇政府驻地得名。老涡河、兰河、黑河、周商永运河流经。有中学2所，小学21所，二级医院1个，卫生院1个，卫生所71个，敬老院1个。有省级文物保护单位陶母岗遗址。农业以种植小麦、玉米、中药材为主。工业以纺织、服装制造、锅炉加工为主。有县产业集聚区。311、106国道过境。

毛庄［Máozhuāng］ 毛庄镇人民政府驻地。在县政府驻地城关回族镇南1千米。人口600。清嘉庆年间(1796—1820)毛姓居住，故名。聚落呈长方形。老涡河流经。有中小学、卫生院。有纺织特色园区、科技示范园区。106、311国道经此。

张集镇［Zhāngjí Zhèn］ 太康县辖镇。在县境东南部。面积65平方千米。人口5.2万。辖28村委会，有96自然村。镇人民政府驻张集。1975年符草楼、马厂2公社析设张集公社。1983年设乡。2011年改镇。因镇政府驻地得名。田河、铁底河、运粮河、清水河流经。有中学2所，小学19所，卫生院1个，卫生所44个。有刘庄遗址、欢会寺。经济以农业为主，种植小麦、玉米、大豆，饲养猪。工业以锅炉制造为主。永登、商周高速，311国道过境。

张集［Zhāngjí］ 张集镇人民政府驻地。在县政府驻地城关回族镇东南19千米。人口1800。传五代十国时期(907—960)邱姓在高岗定居成集，名邱岗集，后张姓增多更今名。聚落呈团块状。有中小学、幼儿园、卫生院。农业以种植小麦、玉米为主。工业以锅炉制造为主。商周高速、311国道经此。

清集镇［Qīngjí Zhèn］ 太康县辖镇。在县境西部。面积79平方千米。人口5.4万。辖35村委会，有94自然村。镇人民政府驻清集。1956年设清集乡。1958年并入常营公社。1975年常营、独塘、逊母口3公社析设清集公社。1983年复乡。2011年改镇。因镇政府驻地得名。涡河、庆丰河、兰河流经。有中学2所，小学27所，卫生院1个，卫生所60个，敬老院1个。有省级文物保护单位扶乐城汉代遗址。有袁涛涂墓。农业以种植小麦、玉米，饲养猪、牛为主。有国家级永启养牛专业合作社。工业以食品、秸秆、预制品加工为主。311国道过境。

清集［Qīngjí］ 清集镇人民政府驻地。在县政府驻地城关回族镇西北15千米。人口2000。明洪武年间(1368—1398)赵姓迁此住在清香树下，渐兴小集，故称清香集，后简今名。聚落呈带状。有中小学、卫生院、诊所。有泰山奶奶庙遗址、天爷庙遗址。农业以种植小麦、玉米，养猪为主。工业以食品、秸秆、预制加工为主。服务业以商业为主。311国道经此。

城郊乡［Chéngjiāo Xiāng］ 太康县辖乡。在县境中部。面积43平方千米。人口3.8万。辖18村委会，有93自然村。乡人民政府驻三里岔。1965年城关公社析设城郊公社。1983年设乡。因地理位置得名。涡河流经。有专业学校3所，中学1所，小学13所，卫生院1个，卫生所40个，文化站1个。有太康霸王台遗址、冯异台遗址。农业以种植小麦、玉米为主，盛产蔬菜、食用菌。工业以食品加工为主。106、311国道，商沈线、栾卢线省道过境。

三里岔［Sānlǐchà］ 城郊乡人民政府驻地。在县政府驻地城关回族镇北2千米。人口100。地处城北关外三里岔路口，故名。聚落呈团块状。有中小学、卫生院。农业以种植小麦、玉米、蔬菜为主。工业以饲料、食品加工为主。商沈线省道经此。

杨庙乡［Yángmiào Xiāng］ 太康县辖乡。在县境北部。面积80平方千米。人口5万。辖31村委会，有125自然村。乡人民政府驻杨庙。1956年设杨庙乡，后改公社。1983年复乡。因乡政府驻地得名。有中学1所，小学25所，卫生院1个，卫生所47个，文化站1个。有张氏祠堂、子禽墓遗址。有国家级非物质文化遗产太康道情戏。农业以种植小麦、玉米、棉花，盛产西瓜、蔬菜、辣椒。工业以花炮、皮革加工为主。商沈线省道过境。

杨庙［Yángmiào］ 杨庙乡人民政府驻地。在县政府驻地城关回族镇北13千米。人口6300。宋代杨姓建庙，习称杨家庙，后简今名。聚落呈带状。有中小学、卫生院。有清真寺、关帝庙、祖师庙、八步孔半桥、张氏祠堂遗址等。农业以种植小麦、玉米，饲养猪、黄牛、鸡为主。商沈线省道经此。

王集乡［Wángjí Xiāng］ 太康县辖乡。在县境北部。面积84平方千米。人口5.5万。辖36村委会，有108自然村。乡人民政府驻王集。1958年成立王集公社。1983年设乡。因乡政府驻地得名。有中学2所，小学28所，卫生院1个，卫生所66个，敬老院1个。有省级文物保护单位方城遗址。农业以种植辣椒、小麦、玉米、大豆、花生，饲养黄牛为主。工业以食品加工为主。106国道过境。

王集 [Wángjí]　王集乡人民政府驻地。在县政府驻地城关回族镇北15千米。人口1800。传土质多沙，地势较洼，称沙洼村。清康熙五十一年(1712)王姓迁此，兴小集，改今名。聚落呈带状。有中小学、卫生院。农业以种植小麦、玉米为主。养牛为特色。106国道经此。

高贤乡 [Gāoxián Xiāng]　太康县辖乡。在县境西北部。面积74平方千米。人口8.9万。辖29村委会，有92自然村。乡人民政府驻高贤。1958年成立高贤公社。1983年设乡。因乡政府驻地得名。有中学2所，小学27所，卫生院2个，卫生所52个，文化站1个。有全国重点文物保护单位高贤寿圣寺塔。有水东抗日革命根据地旧址、高柴书院遗址等。农业以种植小麦、玉米、棉花为主。工业以建材加工为主。骆通线省道过境。

高贤 [Gāoxián]　高贤乡人民政府驻地。在县政府驻地城关回族镇西北19千米。人口2300。春秋时孔子门生高柴教书于此，死后葬此，故名。聚落呈团块分布。有中小学、卫生院、高贤寿圣寺塔。农业以种植小麦、玉米、棉花为主。工业以加工为主。服务业以贸易为主。骆通线省道经此。

芝麻洼乡 [Zhīmawā Xiāng]　太康县辖乡。在县境西北部。面积81平方千米。人口5.7万。辖30村委会，有75自然村。乡人民政府驻芝麻洼。1956年设芝麻洼乡。1965年改公社。1983年复乡。因乡政府驻地得名。涡河、尉扶河流经。有中学4所，小学27所，卫生院2个，卫生所71个，敬老院1个。有民俗芝麻洼盘鼓。农业以种植小麦、玉米、棉花为主。工业以海绵加工为主。民信线省道过境。

芝麻洼 [Zhīmawā]　芝麻洼乡人民政府驻地。在县政府驻地城关回族镇西北25千米。人口4000。明万历年间(1573—1619)建村，盛产芝麻，且处洼地，故名。聚落呈团块状。有中小学、卫生院。农业以种植小麦、玉米、棉花为主。民信线省道、芝五线县道经此。

独塘乡 [Dútáng Xiāng]　太康县辖乡。在县境中部偏西。面积62平方千米。人口4.4万。辖35村委会，有95自然村。乡人民政府驻独塘。1956年设独塘乡。1958年改公社。1983年复乡。因乡政府驻地得名。涡河、老涡河、兰河流经。有中学2所，小学9所，卫生院1个，卫生所43个，文化站1个。农业以种植小麦、玉米、棉花、小辣椒为主。工业以建材加工为主。311国道过境。

独塘 [Dútáng]　独塘乡人民政府驻地。在县政府驻地城关回族镇西北8千米。人口3900。传明洪武六年(1373)街北有水塘，住雷、潘、宋3姓，塘权皆不属，为独立水塘，故名。聚落呈带状。有中小学、诊所。有佛祖庙遗址。经济以种植小麦、玉米为主，经商、集市贸易为辅。311国道经此。

轩庄 [Xuānzhuāng]　在县政府驻地城关回族镇西北13千米。独塘乡辖自然村。人口800。传清雍正元年(1723)村名杨桥。道光三年(1823)杨姓外迁，村人皆姓轩，遂更今名。聚落呈不规则梯形。农业以种植小麦、玉米、花生、大豆、棉花、芝麻为主。有辣椒、西瓜特色种植。通公路。2011年被评为全国文明村。

赵胡同 [Zhàohútòng]　在县政府驻地城关回族镇西北12千米。独塘乡辖自然村。人口1100。传原名赵庄，明嘉靖三年(1524)秋大雨成灾，房屋淹塌，唯余赵姓胡同，村民搬此居住，因感念此地改名赵家胡同，简今名。聚落呈块状。农业以种植小麦、玉米、花生、大豆、芝麻为主。发展棉花种植和养羊业。通公路。2014年被评为全国文明村。

大许寨乡 [Dàxǔzhài Xiāng]　太康县辖乡。在县境西南部。面积76平方千米。人口5.5万。辖34村委会，有110自然村。乡人民政府驻大许寨。1965年老冢公社析设四柳树公社。1958年更名大许寨公社。1983年设乡。因乡政府驻地得名。黑河流经。有中学3所，小学22所，卫生院1个，卫生所52个，文化站1个。有洪山庙、黄岗寺院。农业以种植小麦、玉米为主。工业以粮食、家具加工为主。永登高速过境。

大许寨 [Dàxǔzhài]　大许寨乡人民政府驻地。在县政府驻地城关回族镇西南8千米。人口2500。原名土桥寺。传明崇祯二年(1629)称小许庄，清道光十七年(1837)筑寨防匪，更名许庄寨。清光绪元年(1875)再修，规模扩大，更今名。聚落呈带状。有中小学、卫生院、诊所。经济以种植小麦、玉米、花生、大豆、芝麻、红薯、西瓜、辣椒为主。有集市贸易。五马线县道经此。

五里口乡 [Wǔlǐkǒu Xiāng]　太康县辖乡。在县境西南部。面积63平方千米。人口5万。辖23村委会，有79自然村。乡人民政府驻五里口。1975年老冢公社析设五里口公社。1983年设乡。因乡政府驻地得名。李贯河、新运河、周商运河流经。有中学3所，小学22所，卫生院2个，卫生所45个，文化站1个。农业以种植小麦、玉米，养殖猪、鸡为主，盛产西瓜、辣椒。工业以食品加工为主。永登高速过境。

五里口 [Wǔlǐkǒu]　五里口乡人民政府驻地。在县政府驻地城关回族镇西南20千米。人口4800。清末筑寨，周长5里，寨门5口，故名。聚落呈团块状。有中小学、卫生院、诊所。有关帝庙、老奶奶庙、南大坑、王昌杰沟抗战遗址。农业以种植小麦、玉米、花生、大豆、芝麻、红薯为主。永登高速经此。

高朗乡 [Gāolǎng Xiāng]　太康县辖乡。在县境东北部。面积88平方千米。人口6万。辖41村委会，有117自然村。乡人民政府驻高朗。1965年杨庙公社析设高朗公社。1983年设乡。因乡政府驻地得名。有中学2所，小学22所，卫生院1个，卫生所57个，诊所50个。有王钝墓、王瀹墓。经济以农业为主，西瓜种植为特色。有家庭农、林场，肉牛养殖基地。特产薄荷。工业以建材加工为主。栾卢线省道过境。

高朗 [Gāolǎng]　高朗乡人民政府驻地。在县政府驻地城关回族镇东12千米。人口5000。传原名双阁，咸丰十一年(1861)原高朗集发水，迁此，改今名。聚落呈团块状。有中小学、卫生院。农业以种植小麦、玉米为主。特产薄荷。栾卢线省道经此。

转楼乡 [Zhuànlóu Xiāng]　太康县辖乡。在县境东北部。面积76平方千米。人口5.9万。辖36村委会，有108自然村。乡人民政府驻转楼。1975年马头、杨庙2公社析设转楼公社。1983年设乡。因乡政府驻地得名。铁底河、温河流经。有中学2所，小学8所，卫生院1个，卫生所55个，文化站1个。农业以粮食作物种植为主，有食用菌特色种植。工业以预制、建材加工为主。商沈线省道经此。

转楼 [Zhuànlóu]　转楼乡人民政府驻地。在县政府驻地城关回族镇东北25千米。人口2100。传原名黄狗岑。清光绪年间(1875—1908)张姓迁居，盖旋转式楼阁，供人焚香，遂改称转香楼，后演今名。聚落呈带状。有中小学、卫生院。经济以农业为主，集市贸易活跃。商沈线省道经此。

鹿　邑　县

鹿邑县 [Lùyì Xiàn]　周口市辖县。北纬33°51′，东经115°28′。在市境东北部。面积1238平方千米。人口130.1万。以汉族为主，还有回、满等民族。辖4街道、13镇、7乡。县人民政府驻真源街道。东汉置武平县，属陈国。南朝宋废县。北魏复武平县，治今鹿邑城，属陈留郡。隋开皇十八年(598)更名鹿邑县，属淮阳郡。唐、宋属亳州。元至元二年(1265)卫真县省入，治迁今真源街道。明、清属归德府。1913年属豫东道。1914年属开封道，1927年属河南省。1932年属第三行政督察区。1947年属豫皖苏第二行署。1949年属淮阳专区。1951年南部析设郸城县。1953年属商丘专区。1959年属开封专区。1961年属商丘专区。1965年属周口专区。1969年属周口地区。2000年属周口市。因春秋时陈之鸣鹿城得名。因地处临颍—夏邑平缓平原东南部。地势低平。海拔37.4—46.3米。年均气温15℃，1月平均气温0℃，7月平均气温27℃。年均降水量758毫米。涡河、惠济河、清水河、黑河、李贯河流经。有野生植物471种，其中国家重点保护野生植物有银杏、野大豆、野菱、中华结缕草。有野生动物414种，其中国家重点保护野生动物有金雕、大天鹅、白额雁、灰鹤等17种。有国家湿地公园惠济河。森林覆盖率23.2%。有国家级工程技术研究中心1个，省级工程技术研究中心7个，中等职业学校9所，中学25所，小学499所，特教学校1所，二级医院5个，图书馆1个，文化馆1个，博物馆1个，文化中心1个，体育馆1个。有全国重点文物保护单位太清宫遗址、隐山遗址、老君台，省级文物保护单位栾台遗址、武庄遗址、武平故城、文庙大成殿。有省级爱国主义教育基地2个。有省级非物质文化遗产老子生日祭典、宋河酒传统酿造工艺、朱氏石磨香油制作技艺、虎头鞋和虎头帽、观堂剪纸。有国家4A级旅游景区老子故里。有陈抟、上清湖、涡河湿地公园。三次产业比例18∶47∶35。农业以种植小麦、玉米、大豆，饲养黄牛、生猪、羊为主，盛产蔬菜、棉花。工业以食品加工、尾毛纺织、家居制造、医药日化为主，有中药材加工、酿酒产业集群。服务业以餐饮、物流、旅游为主。商周、永登高速，220、311国道过境。

老子文化广场 [Lǎozǐ Wénhuà Guǎngchǎng]　在县城东部。面积9.1公顷。2007年开工，2008年建成。为纪念古代哲学家、思想家、道教鼻祖老子而建。广场中央有老子汉白玉雕像、孔子问礼铜像、老子讲学铜像。北侧有拱桥、莲花池，周围设彩灯。为融集会、购物、娱乐、休闲为一体的综合性文化广场。周边有太清宫。通公交车。

真源大道 [Zhēnyuán Dàdào]　在县城中部。南起伯阳路，北至永登高速。与谷阳路、紫气大道、仙台路、卫真路、博德路等相交。长9.4千米，宽30米。沥青路面。古名循礼街。1912年后命名中山南路、北路。1949年更名人民路。1958年扩宽取直。1981、1986年翻修。2000、2001、2004年扩宽、延长。因唐置真源县而得名。穿过商业中心。两侧有县中医院、县第五小学、县教体局、影剧院、县第一小学、县中心汽车站、县第三高级中学、义乌商贸城、县师范学校。通公交车。

紫气大道 [Zǐqì Dàdào]　在县城中部。东起311国道，西至西迎宾大道。与尚贤路、栾台路、老君台西街、真源大道、文化路等相交。长

9.4千米，宽30米。沥青路面。形成于明清时期，名尚贤街。1912年命名中山东路、西路。1949年更名新华街。1958年扩宽取直。1974、1981、1987年翻修。1992、2000、2004年扩宽、延长。太清宫为道德仙源地，因取"紫气东来"之寓意命名。穿过商业中心。两侧有国家4A级旅游景区太清宫、老子文化广场、县第二高级中学、尚贤游乐园、明道宫、商贸城、县委、县政府、县汽车西站、老子健身园、真源医院等。通公交车。

傅桥［Fù Qiáo］ 在县城北部。长220米，宽10米，最大跨度20米。原有老桥，2005年西侧再建新桥。因傅姓捐建得名。为中型河道桥梁，结构型式为预应力钢筋混凝土桥。最大载重55吨。通公交车。

真源街道［Zhēnyuán Jiēdào］ 鹿邑县人民政府驻地。在县境东部。面积5平方千米。人口2.8万。2006年撤城郊乡析设北关街道。2008年因唐真源县更今名。先后治理护城河、风景河。有中学1所，小学8所，二级医院1个，卫生院2个，社区诊所6个。有全国重点文物保护单位周口老君台，省级文物保护单位鹿邑文庙大成殿、文昌帝君庙、精忠祠。有明道宫、弘道苑、陈抟公园。经济以商贸、金融为主。通多路公交车。

卫真街道［Wèizhēn Jiēdào］ 属鹿邑县。在县境东部。面积14平方千米。人口3.8万。2006年撤城郊乡析设东关街道。2008年因宋卫真县更今名。先后改造护城河、急三道河、鹿叶运河。有中学5所，小学5所，二级医院1个，社区诊所32个。有涡河湿地公园、杨园大世界、问道苑。经济以商贸、花卉种植、汽车服务为主。有中心汽车站、联营汽车站、客运东站。通多路公交车。

鸣鹿街道［Mínglù Jiēdào］ 属鹿邑县。在县境东部。面积19平方千米。人口3.3万。2006年撤城郊乡析设西关街道。2008年因春秋时陈之鸣鹿城更今名。先后改扩建西迎宾大道、鸣鹿路、鹿辛北路、鹿辛南路、博德路、宋河大道。阎沟河、鹿辛运河流经。有中学2所，小学14所，社区诊所13个，社区文化中心1个，体育中心1个，敬老院1个。有上清湖、阎沟河公园。经济以商贸为主，有特色产业草编、草帽。有花卉市场。通多路公交车。

谷阳街道［Gǔyáng Jiēdào］ 属鹿邑县。在县境东部。面积28平方千米。人口4.2万。2006年撤城郊乡析设南关街道。2008年因南北朝谷阳县更今名。先后改造风景河、阎沟河。有小学13所，二级医院1个，诊所28个，社区文化中心16个，图书室15个。经济以商贸为主，有建材一条街。311国道过境。通多路公交车。

玄武镇［Xuánwǔ Zhèn］ 鹿邑县辖镇。在县境西北部。面积56平方千米。人口7万。辖5居委会、26村委会，有90自然村。镇人民政府驻玄武。1956年设玄武乡。1958年改公社。1983年复乡。1987年改镇。因镇政府驻地得名。涡河流经。有中学3所，小学29所，幼儿园5所，卫生院1个，卫生室30个，敬老院1个。农业以种植小麦、玉米、大豆为主。工业以制药为主。老沈线省道过境。

玄武［Xuánwǔ］ 玄武镇人民政府驻地。在县政府驻地真源街道西北26千米。人口7600。东汉末曹操筑台观武，称观武集。唐避贞观年号更名玄武。聚落呈团块状。有中小学、卫生院、卫生室。农业以种植小麦、玉米、棉花为主。工业以制鞋为主。老沈线省道经此。

宋河镇［Sònghé Zhèn］ 鹿邑县辖镇。在县境东北部。面积49平方千米。人口4.9万。以汉族为主，还有回族等。辖4居委会、16村委会，有103自然村。镇人民政府驻枣集。1951年设枣集乡。1958年并入马铺公社，1975年析设枣集公社。1983年改乡。1987年改镇。2009年因古宋河更今名。大沙河、洮河、东母河、西母河流经。有中学2所，小学19所，幼儿园4个，卫生院2个，卫生室32个，文化站1个，敬老院1个。有烈士陵园。有省级非物质文化遗产宋河酒传统酿制技艺。有虎头鞋、虎头帽制作工艺。农业以种植小麦、玉米、大豆为主，盛产小辣椒、菊花。工业以酿酒为主。商沈线省道过境。

枣集［Zǎojí］ 宋河镇人民政府驻地。在县政府驻地真源街道东北30千米。人口7200。春秋时期孔子拜老子，路过此地，皆为枣林，又逢集市，取名枣集。清末民初为防捻军，修筑寨墙，形若枣核，故又称枣子集。聚落呈团状。有小学、幼儿园、卫生室、烈士陵园。有酿酒业。许骆公路经此。

太清宫镇［Tàiqīnggōng Zhèn］ 鹿邑县辖镇。在县境东部。面积44平方千米。人口5.1万。以汉族为主，还有回、满等民族。辖10居委会、9村委会，有100自然村。镇人民政府驻太清宫。1950年设太清区。1956年改乡，后改公社。1983年复乡。1990年改镇。因镇政府驻地得名。涡河、白沟河、鹿叶运河、急三道河流经。有职业中专1所，中学2所，小学21所，卫生院1个，卫生所21个。有幼儿园、文化站、广播站、老子文化广场。有全国重点文物保护单位、国家4A级旅游景区太清宫。农业以种植小麦、玉米、棉花、蔬菜为主。为省级无公害农产品、中药材生产基地。服务业以旅游为主。311国道过境。

太清宫［Tàiqīnggōng］ 太清宫镇人民政府驻地。在县政府驻地真源街道东5千米。人口3500。因全国重点文物保护单位太清宫得名，简称太清。聚落呈团块状。涡河流经。春秋时期为苦县厉乡曲仁里，老子出生地。有县职业高中、中小学、卫生院、老子文化广场、隐山遗址。经济以乡村旅游为主，种养殖为辅。311国道经此。

王皮溜镇［Wángpíliù Zhèn］ 鹿邑县辖镇。在县境东南部。面积79平方千米。人口6.2万。以汉族为主，还有回族等。辖2居委会、25村委会，有138自然村。镇人民政府驻王皮溜。清乾隆年间(1736—1795)曾设王皮溜镇。1951年设王皮溜乡。1958年改公社。1983年复乡。1990年改镇。因镇政府驻地得名。白沟河、清水、牛鼻河流经。有中学2所，小学26所，卫生院1个，卫生室31个，文化站1个，敬老院1个。有省级文物保护单位栾台遗址、武庄遗址。有刘大庄新四军留守处遗址。农业以种植小米、玉米为主，盛产大豆、中药材、胡桑。工业以面粉、家具加工为主。有集贸市场5个。贺后、太生公路过境。

王皮溜［Wángpíliù］ 王皮溜镇人民政府驻地。在县政府驻地真源街道东南11千米。人口2900。唐末王溜贩卖皮货，人称王皮溜，村以人名。聚落呈团块状。白沟河流经。有小学、卫生室、文化广场。农历六月二十三有逢古会。经济以农业为主，药材种植为特色。特产小黄菊、芍药。为鹿邑县、安徽亳州市交界处农贸集市之一。贺后、太生公路经此。

试量镇［Shìliàng Zhèn］ 鹿邑县辖镇。在县境中部偏西。面积67平方千米。人口7.5万。辖4居委会、25村委会，有108自然村。镇人民政府驻试量。清乾隆年间(1736—1795)曾设试量镇。1956年设试量乡。1958年改公社。1983年复乡。1990年改镇。因镇政府驻地得名。清水河、鹿辛运河、晋沟河流经。有试量水文站。有中学2所，小学27所，幼儿园2个，卫生院2个，卫生室23个，文化站1个，敬老院1个。有鹿邑故城遗址、试量烈士陵园。农业以种植小麦、玉米为主，兼种油菜、花生。工业以面粉、酿酒、铸造、家具加工为主。220、311国道过境。

试量［Shìliàng］ 试量镇人民政府驻地。在县政府驻地真源街道西25千米。人口5900。传神仙在此比试酒量，故名。聚落呈矩形。清水河流经。有中小学、卫生院、卫生室。农历四月十二有麦忙大会，十、十一、十二月十二有交流会。农业以种植小麦、玉米为主，兼种油菜、菊花。工业以面粉加工为主。311国道经此。

辛集镇［Xīnjí Zhèn］ 鹿邑县辖镇。在县境西部。面积55平方千米。人口6.1万。以汉族为主，还有回族等。辖5居委会、21村委会，有83自然村。镇人民政府驻辛集。1956年设辛集乡。1958年改公社。1983年复乡。1990年改镇。因镇政府驻地得名。黑河、李贯河、鹿辛运河流经。有中学3所，小学19所，卫生院1个，卫生所26个，文化站1个，敬老院1个。农业以种植小麦、玉米、大豆为主，副产蔬菜、瓜果。311国道过境。

辛集［Xīnjí］ 辛集镇人民政府驻地。在县政府驻地真源街道西35千米。人口5600。明、清称护厢集，后因辛姓少年戏说成辛集，被队伍先锋官记下标示成今名。聚落呈团块状。有中小学、卫生院、卫生室。农业以种植小麦、玉米、大豆为主。特产辛集烧鸡、张家麻花。311国道经此。

马铺镇［Mǎpù Zhèn］ 鹿邑县辖镇。在县境东北部。面积66平方千米。人口5.4万。以汉族为主，还有满族等。辖4居委会、21村委会，有115自然村。镇人民政府驻马铺。1949年设马铺乡。1954年改区。1956年改乡。1958年改公社。1983年复乡。1990年改镇。因镇政府驻地得名。惠济河、洮河、柳河流经。有中学4所，小学25所，幼儿园16所，卫生院1个，卫生室40个，文化站1个，敬老院1个。有武舍官教场、马东桥。有民俗九节鞭、大洪拳。农业以种植小麦、玉米、大豆为主，盛产蔬菜、棉花。工业以面粉、饲料加工为主。三洋铁路、永登高速、商沈线省道过境。

马铺［Mǎpù］ 马铺镇人民政府驻地。在县政府驻地真源街道东北17千米。人口6000。古为驿站，交通便利，有多家客店，形成集市，客商骑马乘车常宿于此，故名马铺集。简今名，又名急公铺、马丘铺。聚落呈团块状。有中小学、卫生院、卫生所。有大寺庙、人祖庙、奶奶庙、关帝庙。农业以种植小麦、玉米为主，盛产蔬菜、瓜果。工业以面粉加工为主。服务业以商贸为主。商沈线省道经此。

涡北镇［Guōběi Zhèn］ 鹿邑县辖镇。在县境东部。面积47平方千米。人口3.6万。辖2居委会、16村委会，有68自然村。镇人民政府驻傅湾。1975年太清宫、城郊、马铺、贾滩4公社析设老庄公社。1983年改乡。1994年改置涡北镇，镇政府迁今址。处涡河北岸，故名。涡河、惠济河等流经。有中学5所，小学17所，卫生院1个，卫生所15个。有幼儿园、文化站、广播站。农业以种植小麦、玉米、棉花、大豆为主。工业以制药、光伏发电、纺织为主。有产业集聚区。三洋铁路，永登、盐洛高速，220国道，省道商沈线、鹿柘公路过境。2011年被评为全国文明镇。

傅湾［Fùwān］ 涡北镇人民政府驻地。在县政府驻地真源街道北2千米。人口1500。因傅氏居多，涡河在此南折，故名。聚落呈带状。有中小学、商贸城、化妆刷产业园。220国道、盐洛高速、商郸线省道经此。

杨湖口镇［Yánghúkǒu Zhèn］　鹿邑县辖镇。在县境北部。面积75平方千米。人口8.2万。以汉族为主,还有回、满等民族。辖4居委会、34村委会,有124自然村。镇人民政府驻杨湖口。1956年设杨湖口乡。1958年改公社。1983年复乡。2009年改镇。因镇政府驻地得名。涡河、惠济河、幸福河、小洪河流经。有中学2所,小学26所,二级医院1个,卫生院2个,卫生室28个,文化站1个,敬老院1个。农业以种植小麦、玉米为主,有蔬菜、中药材种植基地。鹿柘公路过境。

杨湖口［Yánghúkǒu］　杨湖口镇人民政府驻地。在县政府驻地真源街道西北15千米。人口4900。传清末杨氏老者名扬四方,其靠经商养家糊口,因此得名杨糊口,后改今名。聚落呈团块状。有中小学、卫生室。经济以食品加工、新型建材加工、商贸为主。鹿柘公路经此。

贾滩镇［Jiǎtān Zhèn］　鹿邑县辖镇。在县境北部。面积75平方千米。人口6.9万。辖3居委会、27村委会,有146自然村。镇人民政府驻贾滩。1956年设贾滩乡。1958年改公社。1983年复乡。2009年改镇。因镇政府驻地得名。惠济河、涡河流经。有中学2所,小学39所,卫生院1个,卫生室30个,文化站1个,敬老院1个。有古迹郑台、孙辛楼汉墓群。农业以种植小麦、玉米、大豆为主,盛产棉花、芝麻。有拉菲草编织特色产业。永登、盐洛高速过境。

贾滩［Jiǎtān］　贾滩镇人民政府驻地。在县政府驻地真源街道北10千米。人口2800。清代贾姓在惠济河南岸河滩建村,故名。聚落呈团块状。有中小学、卫生院、卫生室、贾滩大桥、陕西会馆。农业以种植小麦、玉米、大豆为主。特产糟鱼、核桃、葡萄。永登、盐洛高速,商沈线省道经此。

张店镇［Zhāngdiàn Zhèn］　鹿邑县辖镇。在县境城西南部。面积55平方千米。人口6.5万。辖3居委会、24村委会,有83自然村。镇人民政府驻张店。1975年生铁冢、赵村、试量、任集4公社析设张店公社。1983年设乡。2010年改镇。因镇政府驻地得名。清水河、小洪河流经。有中学2所,小学22所,卫生院1个,卫生室27个。农业以种植小麦、玉米为主,盛产棉花、大豆、蔬菜。工业以尾毛加工为主。商临公路、郸城—邱集快速通道过境。

张店［Zhāngdiàn］　张店镇人民政府驻地。在县政府驻地真源街道西南22千米。人口2600。明末张氏开店,故名。聚落呈团块状。有中小学、幼儿园、卫生室、文化站。农历十、十一、十二月初六有交流会。农业以种植小麦、玉米、大豆、蔬菜,养猪为主。工业以尾毛加工为主。郸城—邱集快速通道经此。

观堂镇［Guāntáng Zhèn］　鹿邑县辖镇。在县境南部。面积55平方千米。人口6.1万。以汉族为主,还有回、维吾尔等民族。辖3居委会、22村委会,有112自然村。镇人民政府驻观堂。1951年设观堂乡。1965年生铁冢、王皮溜、城郊3公社析设观堂公社。1983年改乡。2011年改镇。因镇政府驻地得名。清水河流经。有中学2所,小学26所,卫生院1个,卫生室28个。有鱼鳞堌堆寺汉墓群。农业以种植小麦、玉米为主,盛产棉花、大豆、蔬菜。工业以食品加工、草编等为主。有中华老字号观堂麻片。商沈线省道过境。

观堂［Guāntáng］　观堂镇人民政府驻地。在县政府驻地真源街道南10千米。人口2900。原名翟家店,清嘉庆年间(1796—1820)筑寨,门楼上立观音像,遂名观音堂,简今名。聚落呈团块状。有中小学、卫生院、卫生室。农历二月初四、十月十五有古庙会。工业以食品加工为主。有中华老字号观堂麻片。商沈线省道经此。

生铁冢镇［Shēngtiězhǒng Zhèn］　鹿邑县辖镇。在县境南部。面积56平方千米。人口6.1万。辖1居委会、19村委会,有103自然村。镇人民政府驻生铁冢。1956年设菩提乡,旋改生铁冢乡,后改公社。1983年复乡。2011年改镇。因镇政府驻地得名。清水河流经。有中学2所,小学20所,卫生院1个,卫生室32个。有县烈士陵园。有民俗唢呐。农业以种植小麦、玉米,饲养生猪、羊、鸡为主,盛产棉花、大豆。工业以尾毛加工、化工为主。鹿郸公路过境。

生铁冢［Shēngtiězhǒng］　生铁冢镇人民政府驻地。在县政府驻地真源街道西南10千米。人口3900。古称生铁灌,传老子驱妖入井,浇灌生铁汁,后封土成冢,称生铁冢。聚落呈团块状。有中小学、卫生室。农历三月初七、十一月二十七有古庙会。农业以种植小麦、玉米为主。工业以尾毛加工为主。鹿郸公路经此。

郑家集乡［Zhèngjiājí Xiāng］　鹿邑县辖乡。在县境东南部。面积42平方千米。人口3.5万。辖2居委会、12村委会,有63自然村。乡人民政府驻郑集。1975年太清、王皮溜2公社析设郑家集公社。1983年设乡。因乡政府驻地得名。白沟河、急三道河流经。有初中1所,小学1所,卫生院1个,卫生室15个。农业以种植小麦、玉米、中药材、大豆为主。工业以面粉、木器加工为主。太生公路过境。

郑集［Zhèngjí］　郑家集乡人民政府驻地。在县政府驻地真源街道东南11千米。人口2000。明末郑氏建村兴集,故名。聚落呈团块状。有小学、卫生院、卫生室。农历正月二十三有骡马大会。农业以种植小麦、玉米为主。工业以面粉、木器加工为主。有农副产品贸易。太生公路经此。

赵村乡［Zhàocūn Xiāng］　鹿邑县辖乡。在县境中部。面积64平方千米。人口6.8万。以汉族为主,还有回族等。辖3居委会、29村委会,有118自然村。乡人民政府驻赵村。1951年设赵村乡。1958年改公社。1983年复乡。因乡政府驻地得名。鹿辛运河流经。有中学2所,小学28所,卫生院1个,卫生所53个,文化站1个,敬老院1个。有古迹宝堌堆、大韩庄汉墓群。农业以种植小麦、玉米为主,盛产大豆、棉花、蔬菜。工业以面粉、尾毛加工为主。311国道过境。

赵村［Zhàocūn］　赵村乡人民政府驻地。在县政府驻地真源街道西13千米。人口5500。古名杏花村,为官道驿站,赵姓居住开店,渐成集,遂称赵村集,简今名。聚落呈散状。有中小学、幼儿园、卫生室、文化站、敬老院。有民俗踩高跷、玩龙灯。农历四月初八有古庙会。农业以种植小麦、玉米、大豆、棉花、蔬菜等为主。311国道经此。

任集乡［Rénjí Xiāng］　鹿邑县辖乡。在县境西南部。面积63平方千米。人口5.8万。辖3居委会、31村委会,有98自然村。乡人民政府驻任集。1951年设任集乡。1958年改公社。1983年复乡。因乡政府驻地得名。黑河、李贯河流经。有中学2所,小学34所,二级医院1个,卫生院1个,卫生室43个。有刘钧墓。农业以种植小麦、玉米为主,盛产西芹、娃娃菜、黄瓜等蔬菜。鹿嵩线省道,王齐、太生公路过境。

任集［Rénjí］　任集乡人民政府驻地。在县政府驻地真源街道西南33千米。人口3900。传古时逢集,生意兴隆,买卖仁义、公平,故名仁义集,后筑寨墙,渐改今名。聚落呈团块状。黑河流经。有中小学、卫生室。农业以种植小麦、玉米为主,盛产瓜果、蔬菜。鹿嵩线省道、王齐公路经此。

唐集乡［Tángjí Xiāng］　鹿邑县辖乡。在县境西北部。面积45平方千米。人口3.5万。辖2居委会、16村委会,有64自然村。乡人民政府驻唐集。1955年设唐集乡。1975年辛集、高集2公社析设唐集公社。1983年改乡。因乡政府驻地得名。清水河、晋沟河流经。有中学1所,小学15所,卫生院1个,卫生所19个。有面塑、花鸟字、欢王老子像等民间传统艺术。农业以种植小麦、玉米为主,兼种花生、芝麻、中药材、大豆等。永登高速、商丘—桐柏公路过境。

唐集［Tángjí］　唐集乡人民政府驻地。在县政府驻地真源街道西北45千米。人口3600。因经营糖果食品扬名,故称唐(糖)店。清咸丰四年(1854)修寨防匪,名唐岗寨,又称唐冈集,简称唐集。聚落呈团块状。有中小学、卫生室。农业以种植小麦、玉米、大豆为主。工业以酿酒、饲料加工为主。鹿汝线省道,贺后、唐巴公路经此。

高集乡［Gāojí Xiāng］　鹿邑县辖乡。在县境西北部。面积58平方千米。人口5.1万。以汉族为主,还有回族等。辖2居委会、21村委会,有92自然村。乡人民政府驻高集。1956年设高集乡。1965年改公社。1983年复乡。因乡政府驻地得名。清水河、涡河、白沟河流经。有中学2所,小学24所,幼儿园4所,卫生院2个,卫生室23个。有田堌堆古墓。农业以种植小麦、玉米、棉花、大豆,养殖家禽家畜为主。工业以菊花、楸树加工为主。永登、盐洛高速,鹿汝线省道,贺后公路过境。

高集［Gāojí］　高集乡人民政府驻地。在县政府驻地真源街道西北35千米。人口3100。明末清初建村,高姓始居,故名。聚落呈团块状。有小学、卫生室。农业以种植小麦、玉米为主,盛产瓜果、蔬菜。有畜牧产品、家具市场。盐洛高速、鹿汝线省道、贺后公路经此。

邱集乡［Qiūjí Xiāng］　鹿邑县辖乡。在县境西部。面积25平方千米。人口4.9万。辖2居委会、17村委会,有62自然村。乡人民政府驻邱集。1951年设邱集乡。1956年设中心乡。1975年试量、玄武、高集、赵村、穆店5公社析设邱集公社。1983年改乡。因乡政府驻地得名。白沟河、清水河、兰沟河流经。有中学2所,小学18所,卫生院2个,卫生所46个,文化站1个,村级文化广场15个,敬老院1个。有省级文物保护单位武平城旧城墙遗址。农业以种植小麦、玉米、大豆为主。永登高速、鹿郸公路过境。

邱集［Qiūjí］　邱集乡人民政府驻地。在县政府驻地真源街道西26千米。人口6100。原名凤凰岭,明成化元年(1465)黄河决口,平武城村民避患迁此,后成集市,名邱家集。简称邱集。聚落呈团块状。有中小学、卫生院、省级文物保护单位武平城旧城墙遗址。农业以种植小麦、玉米、大豆为主。永登高速、鹿郸公路经此。

穆店乡［Mùdiàn Xiāng］　鹿邑县辖乡。在县境中部偏北。面积63平方千米。人口6.2万。辖2居委会、34村委会,有126自然村。乡人民政府驻穆店。1951年设穆店乡。1954年改区。1956年改中心乡。1958年并入赵村公社,1965年成立穆店公社。1983年改乡。因乡政府驻地得名。涡河、白沟河流经。有中学2所,小学24所,卫生院1个,卫生室51个,文化站1个,敬老院1个。农业以种植小麦、玉米、大豆、红薯,饲养猪、羊为主。有批发零售业。永登高速、鹿玄公路过境。

穆店［Mùdiàn］　穆店乡人民政府驻地。在县政府驻地真源街道西北 13 千米。人口 4200。清末穆姓逃此开店，故名。聚落呈团块状。有中小学、卫生院、卫生室、文化站、文化室。农业以种植小麦、玉米为主，兼种大豆、红薯。工业以草制品加工、农机修配等为主。鹿玄公路经此。

驻马店市

驻马店市 [Zhùmǎdiàn Shì] 河南省辖地级市。北纬 32°18′—33°35′，东经 113°10′—115°12′。在省境中部偏南。面积 1.5 万平方千米。户籍人口 900.6 万，常住人口 693.3 万。以汉族为主，还有回、蒙古、壮、苗等民族。辖驿城区，西平、上蔡、平舆、正阳、确山、泌阳、汝南、遂平、新蔡 9 县。市人民政府驻驿城区。汉高帝四年(前 203)置汝南郡，治平舆。东汉因之。隋治悬瓠(今汝南县城)。元至元三十年(1293)升汝宁府，治汝南(今汝南县)。明、清因之。1913 年属豫南道。1914 年改称汝阳道。1927 年道废，直属河南省。1932 年属省第八行政督察区。1949 年属信阳专区。1965 年设驻马店专区。1969 年改地区。2000 年改地级市。明成化十年(1474)崇简王设驻马店驿站，意为驻马歇店。地处淮河平原西北部，地势西高东低。海拔 50—100 米。最高点白云山海拔 983 米。年均气温 15℃，1 月平均气温 −2℃，7 月平均气温 28℃。年均降水量 969 毫米。年均无霜期 220 天。有宿鸭湖、薄山湖等。有洪河、汝河、臻头河、泌阳河等流经。有煤、石油、钾、铁等矿产资源。有野生植物 469 种，其中国家重点保护野生植物有银杏、水杉、翠柏、中华猕猴桃等。有野生动物 1000 余种，其中国家重点保护野生动物有中华大蟾蜍、大鲵、东方蝾螈等 120 种。有省级湿地自然保护区 1 个。森林覆盖率 15.3%。有省级科研单位 23 个，高校 3 所，中等职业学校 29 所，中学 300 所，小学 1962 所，三级医院 6 个，文化馆 10 个，图书馆 10 个，体育场(馆)6 个。有全国重点文物保护单位嵖岈山卫星公社旧址、中共中央中原局旧址、酒店冶铁遗址、宝严寺塔等 8 个，省级文物保护单位薛庄遗址、郭楼遗址、新蔡故城等 73 个。有全国爱国主义教育基地杨靖宇将军纪念馆，省级爱国主义教育基地竹沟革命烈士纪念馆。有国家级非物质文化遗产打铁花、大铜器、罗卷戏等 8 项，省级非物质文化遗产王祥卧冰传说、麦草画、桃核雕花工艺等 23 项。有国家级高水平体育后备人才基地 1 个，省级优秀运动队后备人才训练基地 2 个。有千年古县 2 个，省级历史文化名镇 2 个。有国家 5A 级旅游景区、国家地质公园、国家森林公园嵖岈山风景区，国家森林公园、国家水利风景区薄山湖，国家水利风景区宿鸭湖，省级风景名胜区金顶山、铜山、盘古山。有三星级酒店 15 个，四星级酒店 3 个。三次产业比例 22∶42∶36。农业以种植小麦、玉米、芝麻、大豆，饲养生猪、肉牛为主，盛产食用菌、中药材。工业以煤炭化工、食品医药、农副产品加工为主。有省级经济开发区 1 个。服务业以商贸、物流、旅游为主。有铁路 219.1 千米，高速 444.5 千米，国道 156.4 千米，省道 1197.6 千米，内河航线 110 千米。京广铁路，京广高铁，京港澳、沪陕、大广、新阳、焦桐高速，106、107 国道，商桐线、吴黄线、平长线、永定线、七蚁线、确平线等省道，洪汝河等水运航线过境。

驻马店 [Zhùmǎdiàn] 驻马店市聚落。在市境中部。面积 203 平方千米。人口 89.7 万。以汉族为主，还有回、壮、苗等民族。1904 年通平汉铁路，兴建城区。1949 年初具城市雏形。1965 年扩建城区。1986 年后建青少年宫、污水处理厂，改扩建骏马路、交通路、练江路、南海路、风光路等。2000 年后渐成规模。2012 年建成驻马店西站。2013 年建成体育场。东南为工业园区，西北为办公、居住区，中部为商业区。京广铁路以东为仓储、物流、工业集聚区，以西为商业、行政、住宅区。乐山、雪松大道两侧汇聚商业文化设施。有文化娱乐广场 28 个。有标志性建筑天中柱、气象塔。铁路、高铁、高速、国道、省道纵横交错。通多路公交车。

驻马店经济开发区 [Zhùmǎdiàn Jīngjì Kāifāqū] 在市境北部。东至京港澳高速，西至京广高铁，南至雪松大道，北至棠溪大道。面积 1200 公顷。1994 年 10 月经省政府正式批准建立省级开发区，由驻马店市人民政府管理。原名驻马店高新技术产业开发区。2007 年更今名。引进恒兴、悦达、华中正大等企业。主要产品有兽用金霉素粉、苹果醋、驿酒、桶装水、辣条、金属门、印刷品、小磨香油、建筑用钢结构等。有铁路、国道、高速。通多路公交车。

淮河大道 [Huáihé Dàdào] 在市境中部。东起京港澳高速，西至刘阁路。与中源大道、驿城大道、京广铁路、乐山大道、铜山大道等相交。长 12 千米，宽 60 米。沥青路面。1990 年开工，1991 年建成。原名开元路，2003 年因淮河更今名。两侧有浙江商贸城、丹尼斯购物中心、CBD 爱克首府、黄淮学院、驻马店职业技术学院、驻马店高中分校、驻马店西站等。通公交车。

雪松大道 [Xuěsōng Dàdào] 在市境中部。东起蔡州大道，西至刘阁路。与驿城大道、前进大道、乐山大道、文明大道、天中山大道等相交。长 7.5 千米，宽 50 米。沥青路面。1957 年开工，1958 年建成。1998 年拓宽。原称纺织路，2003 年因雪松绿化带更今名。两侧有市精神病院、贸易广场、市中心汽车站、市客运西站等。通公交车。

解放大道 [Jiěfàng Dàdào] 在市境中部。东起菜市街，西至铜山大道。与富强路、乐山大道、文明大道、天中山大道等相交。长 4.7 千米，宽 40 米。沥青路面。1905 年建成，称横街。1949 年更名解放路。1996 年更今名。两侧有驻马店站、市三小、市高中、风光市场、世纪广场、市中医院、驿城区政府等。通公交车。

中华大道 [Zhōnghuá Dàdào] 在市境南部。东起京港澳高速，西至铜山大道。与中原大道、乐山大道、文明大道等相交。长 9.7 千米，宽 50 米。沥青路面。1910 年建成，称南大街。1949 年更名中华路。1958、1986 年延伸。1999 年与东风路合并。2003 年更今名。两侧有市中心客运东站、清真寺、市回族小学、市中心医院等。通公交车。

练江大道 [Liànjiāng Dàdào] 在市境南部。东起中原大道，西至刘阁路。与驿城大道、乐山大道、文明大道等相交。长 7 千米，宽 60 米。沥青路面。1968 年建设。1980 年因通过五一公社得名五一路。1982 年因沿练江河而更名练江路。2003 年更今名。两侧有市公交公司、市六小、市五中、华骏集团等。通公交车。

文明大道 [Wénmíng Dàdào] 在市境中部。南起汝河大道，北至重阳大道。与练江大道、中华大道、解放大道、雪松大道、开源大道等相交。长 13.5 千米，宽 60 米。沥青路面。1982 年开工，1983 年建成。2004、2014 年扩建。原名文明路，2003 年更今名。两侧有市邮政局、驻马店广播电视台、市检察院、市眼科医院、市畜牧局、天中第一城、经开区管委会、市第五医院、农产品交易市场等。通公交车。

乐山大道 [Lèshān Dàdào] 在市境中部。南起练江大道，北至重阳大道。与中华大道、解放大道、雪松大道等相交。长 12 千米，宽 40 米。沥青路面。1965 年建设。1966 年命名为东方红大道。1968 年更名为二七路。1972 年铺设沥青路面。1980 年更名人民路。1982 年因市域最高峰乐山而更名乐山路。2000 年拓宽改造。2003 年更今名。两侧有靖宇广场、市新华书店、市一高分校、市第四医院、移动游园、梁祝游园、天中广场、市委、市政府、市水利局、关王庙工业园等。通公交车。

驿城大道 [Yìchéng Dàdào] 在市境东部。南起工业六路，北至棠溪大道。与靖宇大道、中华大道、开源大道、重阳大道等相交。长 20.2 千米，宽 60 米。沥青路面。1999 年开工，2003 年建成。原名汝宁路，2003 年更今名。驻马店古为驿站，又称驿城，故名。两侧有产业区管委会、华骏车辆厂、顺达化工、中塑实业等。通公交车。

驿城区

驿城区 [Yìchéng Qū] 驻马店市人民政府驻地。在市境中部。面积 1186 平方千米。人口 80 万。以汉族为主，还有回、壮等民族。辖 11 街道、5 镇、5 乡。区人民政府驻橡林街道。1949 年设驻马店市(县级)，属确山专区。旋属信阳专区。1953 年降镇。1954 年设省辖县级市，由信阳专区代管。1958 年又复镇。1980 年又复市。2000 年改驿城区。明成化十年(1474)崇简王设驿站，为郾城至明港宿站，故名。有香山、蚂蚁山、金顶山、老乐山。汝河、练江河、老河、冷水河、黄酉河、小青河等流经。有高校 3 所，中等职业学校 11 所，高中 7 所，初中 34 所，小学 196 所，特教学校 1 所，三级医院 4 个，图书馆 2 个。有文化馆、豫剧团、曲剧团、杂技团等。有省级文物保护单位商文化遗址、郭楼遗址、薛庄遗址、道国古城等。有全国爱国主义教育基地杨靖宇将军纪念馆。有省级非物质文化遗产小磨油制作工艺。有民俗舞龙、舞狮、旱船、杂技。有省级风景区金顶山风、白云山。有天中、世纪、杨靖宇等广场。有四星级酒店 2 个。三次产业比例 9∶52∶39。农业以种植小麦、玉米、花生、香菇、油菜为主。工业以装备制造、食品加工为主。服务业以商贸、物流为主。京广铁路，石武高铁，京港澳、新阳高速，107 国道，商桐线省道过境。有驻马店站、驻马店西站、驻马店客运中心站。

世纪广场 [Shìjì Guǎngchǎng] 在城区中部。面积 10 公顷。2001 年开工，2003 年建成。

因建设时间得名。由硬化、绿化2部分构成。硬化部分有会场、电子显示屏、露天舞台、九曲长廊、世博架、旱地喷泉、音乐喷泉、游泳馆、门球场、篮球场、健身器材,绿化部分有草坪、绿带、绿篱、花卉、树木。为集休闲、文化、娱乐于一体的综合性广场。周边有市实验二小、物源广汇大厦、市技工学校等。通公交车。

杨靖宇广场［Yángjìngyǔ Guǎngchǎng］在城区中部。面积4.6公顷。1969年开工,1970年建成。1974、1983年扩建。地面部分由1中心大广场、4主题小广场组成。中心大广场立有杨靖宇将军塑像。主题小广场分为露天舞场、儿童乐园、老年活动场所、健身广场。地下有商业市场、车库。为集爱国主义教育、集会、体育竞技、休闲娱乐于一体的综合性广场。周边有大华农贸市场、市二中、市十一小。通公交车。

驻马店站［Zhùmǎdiàn Zhàn］见交通运输设施部分“驻马店站”条。

驻马店西站［Zhùmǎdiànxī Zhàn］见交通运输设施部分“驻马店西站”条。

驻马店汽车客运中心站［Zhùmǎdiàn Qìchē Kèyùn Zhōngxīnzhàn］见交通运输设施部分“驻马店汽车客运中心站”条。

橡林街道［Xiànglín Jiēdào］驿城区人民政府驻地。在区境西部。面积16平方千米。人口3.9万。2004年由橡林乡改设。传古时此处有大片橡树林,故名。2005年改造交通路西段旧城。2008年改造世纪广场。先后建成张西市场、天方游园、重阳文化园、滨河绿地公园。练江河、骏马河流经。有中学3所,小学3所,三级医院2个,卫生院1个,卫生所10个。有幼儿园、文化站、图书室。有重要建筑农行大厦、邮政大厦。有省级文物保护单位郭楼遗址、薛庄遗址等6个。经济以农副产品加工、建材加工、餐饮为主。石武高铁、107国道过境。通多路公交车。

人民街街道［Rénmín Jiē Jiēdào］属驿城区。在区境东部。面积4平方千米。人口3.3万。1962年设中华街道。1963年因人民街更今名。1983年建成乐山商场。2003年改扩建中华、解放、乐山、练江大道。有中学1所,小学3所,卫生院1个,卫生所6个。有市艺术学校、幼儿园、区图书馆、杨靖宇广场、清真寺、基督教教堂。有豫剧团。经济以农副食品加工、餐饮业为主。京广铁路过境。通多路公交车。

东风路街道［Dōngfēng Lù Jiēdào］属驿城区。在区境东部。面积12平方千米。人口3.3万。1962年设太平街街道。1963年更名共和街街道。1966年因东风路(今中华大道)更今名。2003年扩宽中华、雪松、中原大道。2010年建成众信批发市场。2014年建浙江商城。黄西河、黄泥河流经。有中学1所,小学3所,卫生院1个,卫生所8个。有幼儿园、文化站、社区文化中心、图书馆。经济以农业、农副产品销售、汽车修理、电器加工为主。农业以种植小麦、玉米、花生为主。京广铁路过境。有驻马店汽车客运东站。通多路公交车。

西园街街道［Xīyuán Jiē Jiēdào］属驿城区。在区境东部。面积2.2平方千米。人口5万。1982年设。因西园街得名。2003年拓宽解放、乐山大道。骏马河流经。有中学1所,小学2所,卫生院1个,卫生所15个。有幼儿园、文化站、社区文化中心、图书室、儿童公园等。有重要建筑电业局大楼。经济以医疗器械销售、商贸百货、餐饮为主。通多路公交车。

新华街街道［Xīnhuá Jiē Jiēdào］属驿城区。在区境东部。面积1.7平方千米。人口2.3万。1955年设。因新华街得名。1986年扩建驻马店站,拓宽富强路、交通路、风光路,改造旧城,建温州商业步行街、大商新玛特购物中心、宏达批发市场。2000年改建交通路。有中学2所,小学1所,三级医院1个,卫生院1个,卫生所3个。有幼儿园、文化站、社区文化中心、图书室。经济以商品批发、餐饮、食品加工为主。京广铁路过境。有驻马店站、驻马店汽车客运中心站。通多路公交车。

南海街道［Nánhǎi Jiēdào］属驿城区。在区境东南部。面积6平方千米。人口2.2万。2004年设。因南海路得名。2008年改造南海路。有南海湖。练江河流经。有中学2所,小学2所,卫生院1个,卫生所8个。有幼儿园、社区文化中心、图书室、南海公园。经济以种植蔬菜、建材加工、化工、兽药加工等为主。京广铁路过境。通多路公交车。

雪松街道［Xuěsōng Jiēdào］属驿城区。在区境北部。面积2.3平方千米。人口7.3万。2004年设。因雪松大道得名。2006年延伸骏马路。2007年改造十三香路。冷水河、骏马河流经。有黄淮学院、驻马店市职业技术学院。有中专1所,中学1所,小学1所,三级医院1个,卫生院1个,卫生所5个。有幼儿园、文化站、社区文化中心、图书室、天中广场、体育中心。有重要建筑气象雷达塔、天中柱。有水务游园、黄金叶游园。经济以商贸、金融、餐饮为主。有综合市场、购物中心。京广铁路过境。通多路公交车。

顺河街道［Shùnhé Jiēdào］属驿城区。在区境东北部。面积42平方千米。人口3.1万。2005年设。聚落沿河分布,故名顺河。先后改造自然村、驿城大道、前进大道。冷水河、黄泥河、黄西河等流经。有中专1所,中学1所,小学1所,卫生院1个,卫生所5个。有幼儿园、文化站、社区文化中心、图书室。经济以种植业、车辆制造、物流、电缆生产为主。农业以种植小麦、玉米为主。商桐线省道过境。通多路公交车。

老街街道［Lǎojiē Jiēdào］属驿城区。在区境东部。面积15平方千米。人口3.1万。2004年设。因老街得名。先后改造天中山大道、置地公园,建彩虹桥。练江河、骏马河流经。有中学2所,小学4所,卫生院1个,卫生所2个。有重要建筑大华城。有省级文物保护单位郭楼遗址、杨庄遗址。有古迹朱氏桥、耿家牌坊。经济以商贸、餐饮为主,有综合批发市场。京广铁路过境。通多路公交车。

刘阁街道［Liúgé Jiēdào］属驿城区。在区境中部。面积45平方千米。人口2.5万。2005年设。2012年建成驻马店西站。练江河、尹河经此。有中学1所,小学7所,卫生院1个,卫生所1个。有幼儿园、文化站、社区文化中心、图书室。有古迹奎文阁、水牛寺遗址。经济以农业、农副产品加工、餐饮为主。农业以种植小麦、玉米为主。张南线省道过境。通多路公交车。

香山街道［Xiāngshān Jiēdào］属驿城区。在区境南部。面积32平方千米。人口1.9万。2008年设。因山得名。2010年改造城中村,扩建328国道。练江河流经。有中学1所,小学6所,卫生院1个,卫生所20个。有幼儿园、文化站、广播电视台、社区文化中心、图书室。经济以农业、建筑业为主。农业以种植小麦、玉米为主。有石榴湾、丰乐生态园。石武高铁、107国道过境。通多路公交车。

水屯镇［Shuǐtún Zhèn］驿城区辖镇。在区境东部。面积98平方千米。人口6.8万。辖19村委会,有177自然村。镇人民政府驻水屯。1956年设水屯乡。1958年改公社。1983年复乡。1997年改镇。因镇政府驻地得名。黄泥河、练江河流经。有中学2所,小学20所,卫生院1个,卫生所19个。有省级文物保护单位孔庄遗址。经济以农业为主,种植小麦、玉米,养殖牛、生猪、羊。工业以建材预制、不锈钢制品加工、播种机制造、乳品食品加工等为主。京港澳、新阳高速,张南线省道过境。

水屯［Shuǐtún］水屯镇人民政府驻地。在区政府驻地橡林街道东13千米。人口2500。明代设军屯,地势低洼,常年积水,故名。清咸丰元年(1851)迁今址。聚落呈团块状。有中小学、卫生院、三秋醋博园。农业以种植小麦、玉米为主,栽培食用菌、蔬菜。张南线省道经此。

蚁蜂镇［Yǐfēng Zhèn］驿城区辖镇。在区境西南部。面积116平方千米。人口2.2万。辖13村委会,有122自然村。镇人民政府驻蚁蜂。1949年确山县设蚁蜂乡。1958年成立粮源公社。1961年改蚁蜂公社。1983年复乡。2000年改镇。2009年划入驿城区。因镇政府驻地得名。增文河流经。有中学1所,小学14所,卫生院1个,卫生所13个。有张良点将台旧址、张良墓遗址。有国家4A级旅游景区金顶山。经济以农业为主,种植小麦、玉米。工业以铁矿开采、建材加工、木材加工为主。商桐线、七蚁线省道过境。

蚁蜂［Yǐfēng］蚁蜂镇人民政府驻地。在区政府驻地橡林街道西南18千米。人口800。明、清称仪封。后因蚂蚁山上蚁大如蜂,渐演今名。聚落呈椭圆形。黄西河流经。有中小学、卫生院、门诊部。特产芝麻、香菇。工业以编织、食品加工为主。商桐线省道经此。

沙河店镇［Shāhédiàn Zhèn］驿城区辖镇。在区境西北部。面积96平方千米。人口3.7万。辖16村委会,有115自然村。镇人民政府驻沙河店。1913年设沙河店镇。1956年设乡。1958年并入板桥公社。1969年析设沙河店公社。1983年复乡。1987年改镇。因镇政府驻地得名。有中学1所,小学16所,卫生院1个,卫生所43个。有幼儿园、村级文化中心、图书室等。经济以农业为主,种植小麦、玉米,特产香菇、花菇、黑木耳、白木耳。盛产柴胡、全虫等中药材。工业以木器加工、小农具制造、门具制造等为主。张南线省道过境。

沙河店［Shāhédiàn］沙河店镇人民政府驻地。在区政府驻地橡林街道西25千米。人口5800。明设驿站,北临沙河,故名。聚落呈条状。有中小学、卫生院。农历四月初八有物资交流会。农业以种植小麦、油菜为主,兼种桔梗、生地等中药材。特产香菇、花菇、黑木耳、白木耳。工业以棉花、面粉、副食品加工为主。张南线省道经此。

板桥镇［Bǎnqiáo Zhèn］驿城区辖镇。在区境西部。面积242平方千米。人口4.7万。辖20村委会,有208自然村。镇人民政府驻板桥。1956年泌阳县设板桥乡。1958年改公社。1983年复乡。1995年改镇。2011年划入驿城区。因镇政府驻地得名。有白云山、打虎山、大顶山。有中学1所,小学20所,卫生院1个,卫生所25个。有村级文化中心、图书室等。有国家水利风景区板桥水库。有景点白茅大仙庙、张良寺、三官庙、龙潭寺、龙王庙、塔山、九梦崖、将军寨、棋盘等。经济以农业为主,种植小麦、玉米。特产蜂蜜、板栗、山野菜、香菇。工业以木材加工为主,兼有花岗岩、河沙开采。有农副产品集贸。张南线省道过境。

板桥［Bǎnqiáo］板桥镇人民政府驻地。在区政府驻地橡林街道西34千米。人口1300。因原河上有木板桥得名。聚落呈团块状。有中小学、卫生院。有荆树坟遗、拦河大坝景观带。有苗圃,培育树苗花卉。农业以种植玉米、红薯为主,特产蜂蜜、板栗、山野菜、香菇。张南线省道经此。

诸市镇［Zhūshì Zhèn］ 驿城区辖镇。在区境北部。面积81平方千米。人口3.7万。辖2居委会、11村委会，有115自然村。镇人民政府驻诸市。1941年设诸市镇。1955年遂平县设诸市乡。1959年成立公社。1983年复乡。2001年划入驿城区。2011年改镇。因镇政府驻地得名。汝河流经。有中学2所，小学16所，卫生院1个，卫生所12个。有幼儿园、文化站、有线电视接收站、文化活动中心、图书室、敬老院等。有全国重点文物保护单位杨台寺遗址。有五龙口、马台寺遗址。经济以农业为主，种植小麦、玉米。工业以食品加工、纺织、建材加工、机械制造、轻工为主。七蚁线省道过境。

诸市［Zhūshì］ 诸市镇人民政府驻地。在区政府驻地橡林街道西北11千米。人口3300。古为猪仔贸易市场，故名猪市，后雅称今名。聚落呈椭圆形。有中小学、卫生院。经济以农业为主，种植小麦、玉米、猕猴桃等。工业以河沙开采、食品加工为主。有农产品交易市场。七蚁线省道经此。

朱古洞乡［Zhūgǔdòng Xiāng］ 驿城区辖乡。在区境南部。面积90平方千米。人口2.9万。辖7村委会，有97自然村。乡人民政府驻秦庄。1941年设朱古洞乡。1949年确山县设朱古洞乡。1958年与城郊乡合成超美公社。1977年析设朱古洞公社。1983年复乡。2001年划入驿城区。因乡政府原驻地朱古洞得名。有中学1所，小学7所，卫生院1个，卫生所17个。有文化站、文化活动中心、敬老院等。有乐山塔、杨庄遗址、国楼遗址、杨角寺遗址、北泉古刹。经济以农业为主，种植小麦、玉米。特产芝麻叶。工业以石材、板材加工为主。有建材、农贸市场。京广铁路、石武高铁、新阳高速、107国道过境。

秦庄［Qínzhuāng］ 朱古洞乡人民政府驻地。在区政府驻地橡林街道南12千米。人口200。1949年后秦姓建村，故名。聚落呈团块状。皂角河流经。有中小学、卫生院。农业以种植油菜、芝麻、大豆为主。新阳高速、107国道经此。

胡庙乡［Húmiào Xiāng］ 驿城区辖乡。在区境中部。面积149平方千米。人口4.3万。辖16村委会，有193自然村。乡人民政府驻胡庙。1949年确山县设胡庙乡。1958年成立幸福公社。1961年改胡庙公社。1983年复乡。2001年划入驿城区。因乡政府驻地得名。有中学2所，小学16所，卫生院1个，卫生所1个。有文化站、广播站、图书馆。有名胜古迹龙泉湖、扳倒井、张良剑、娘娘庙、金马驹子洞、药王寺。经济以农业为主，种植小麦、玉米，盛产夏枯草、板栗、黑猪肉。工业以照明器材加工为主。商桐线、张南线省道过境。

胡庙［Húmiào］ 胡庙乡人民政府驻地。在区政府驻地橡林街道西南9千米。人口1300。传明永乐年间(1403—1424)山西洪洞县胡姓移民建村，东、西建有庙堂，故名。聚落呈团块状。有中小学、卫生院、文化站、胡庙桥。农业以种植白桃、核桃、板栗，养殖山羊、生猪、肉兔为主。工业以机械制造、水泥预制、食品加工等为主。有农贸市场。商桐线省道经此。

古城乡［Gǔchéng Xiāng］ 驿城区辖乡。在区境东南部。面积81平方千米。人口3.8万。辖10村委会，有100自然村。乡人民政府驻古城。1941年设古城乡。1949年确山县设古城乡。1958年成立英雄公社。1962年更名古城公社。1983年复乡。2001年划入驿城区。因乡政府驻地得名。陶河流经。有中学1所，小学11所，卫生院1个，卫生所12个。有文化活动中心、图书馆。有全国爱国主义教育基地杨靖宇纪念馆。有省级文物保护单位春秋道国古城、朱庄遗址。经济以农业为主，种植小麦、玉米。特产芝麻。工业以煤电、新型墙材加工、香油加工等为主。有煤矿。京广铁路，京港澳、新阳高速过境。

古城［Gǔchéng］ 古城乡人民政府驻地。在区政府驻地橡林街道南12千米。人口2400。原为周代道国故城，楚平王时迁回原址复国，故城遂为古城，故名。聚落呈团块状。有中小学、卫生院。农业以种植芝麻为主。工业以香油加工为主。有煤矿、发电厂。京广铁路、新阳高速经此。

老河乡［Lǎohé Xiāng］ 驿城区辖乡。在区境西部。面积127平方千米。人口3.5万。辖12村委会，有189自然村。乡人民政府驻老河。1976年泌阳县沙河店公社析设董岗公社。1981年更名老河公社。1983年设乡。2010年划入驿城区。因乡政府驻地得名。有老河水库。有中学1所，小学10所，卫生院1个，卫生所12个。有幼儿园、文化站、广播电视站、文化活动中心、图书室。有名胜古迹太子岭遗址、老崇寺、旗杆山、石柱店、丞相沟、蜀山北魏石窟。经济以农业为主，种植小麦、玉米、油菜、花生。特产兔肉、板栗、黑猪肉。工业以新型墙体材料加工为主。商桐线、张南线省道过境。

老河［Lǎohé］ 老河乡人民政府驻地。在区政府驻地橡林街道西南28千米。人口600。沿用河名。聚落呈条带状。有中小学、卫生院、老荣寺遗址、古白果树。农业以种植小麦、玉米、油菜、花生为主，盛产香菇、板栗、黑木耳。有集贸市场。潘蚁公路经此。

关王庙乡［Guānwángmiào Xiāng］ 驿城区辖乡。在区境北部。面积69.1平方千米。人口5.1万。辖16村委会，有98自然村。乡人民政府驻关王庙。1956年遂平县设关王庙乡。1959年改公社。1983年复乡。2001年划入驿城区。因乡政府驻地得名。小清河、小泥河流经。有高校2所，中等职业学校2所，中学3所，小学16所，卫生院1个，卫生所19个。有幼儿园、敬老院、农家书屋。有关王庙、柏林寺遗址。农业以种植小麦、玉米、芝麻为主。工业以农产品加工、电子商务为主。京广铁路、京珠高速、107国道过境。

关王庙［Guānwángmiào］ 关王庙乡人民政府驻地。在区政府驻地橡林街道北10千米。人口900。古为驿站，距县城20华里，店铺林立，得名二十里铺。后因关帝庙更今名。聚落呈团块状。有中小学、幼儿园、卫生室。有古迹关公庙、搁钟寺、九龙口。经济以商品经营、餐饮、物流、农产品交易为主。京广铁路、107国道经此。

西平县

西平县［Xīpíng Xiàn］ 驻马店市辖县。北纬33°23′，东经114°01′。在市境北部。面积1089平方千米。人口86.7万。以汉族为主，还有回、满、蒙古、苗、白等民族。辖3街道、5镇、11乡。县人民政府驻柏城街道。西汉高帝四年(前203)置西平县，属汝南郡。新莽改名新亭县。隋开皇初复西平县。唐贞观元年(627)并入郾城县。天授二年(691)复置，寻废。开元四年(716)再置，治今柏城镇，属仙州。二十六年(738)属豫州。天宝元年(742)属汝南郡。乾元元年(758)属豫州。宝应元年(762)属蔡州。元和十二年(817)属殷州。长庆元年(821)属蔡州。宋属汝南郡。北宋治迁今址。元、明、清属汝宁府。1913年属豫南道。1914年属汝阳道。1928年属省。1933年属第八行政督察区。1949年先后属确山专区、信阳专区。1965年属驻马店专区。1969年属驻马店地区。2000年属驻马店市。古称西陵。郦道元《水经注》载："汉曰西平，其西吕墟，即西陵亭也，西陵平夷，故曰西平。"地处淮河冲积湖积平原。西南部为伏牛山前丘陵地，东、中部为低缓平原，中、南部为缓岗，东北部多洼地，有老王坡蓄洪区。平均海拔60米。最高点龙泉寺山海拔553米。年均气温16℃，1月平均气温－1℃，7月平均气温28℃。年均降水量846毫米。洪河、柳堰河、淤泥河流经。有黑花岗岩、陶土、玄武岩、铁等矿产资源。有野生植物814种，有苦参、丹参、半夏、何首乌等上百种药用植物。有国家二级重点保护野生动物白鹭、白鹳、凤头百灵、云雀、夜莺、戴胜鸟、白头鹎等，国家三级重点保护野生动物黑斑蛙、金线蛙、狐、貉、花面狸、黄鼬等。有棠溪源国家森林公园。森林覆盖率30.2%。有省级工程技术研究中心1个，职业中专1所，高中3所，中学31所，小学233所，特教学校1所，二级医院1个，图书馆1个，档案馆1个，文化馆1个。有全国重点文物保护单位北宋宝岩寺塔、酒店战国冶铁遗址、董桥新石器时代文化遗址，省级文物保护单位耿庄遗址、小孟庄遗址等8项。有国家级非物质文化遗产西平大铜器、棠溪宝剑铸剑工艺，省级非物质文化遗产嫘祖祭典、董永与七仙女的传说、王莽撵刘秀传说、西平鱼灯等7项。为嫘祖文化之乡、冶铁铸剑文化之乡。三次产业比例28∶35∶37。农业以种植小麦、玉米、大豆、油菜、芝麻，饲养生猪为主。工业以食品加工、机械、化工、制塑、纺织为主。服务业以商贸为主。有建材、服装等市场6个。有三星级宾馆2个。京广铁路、京广高铁、京港澳高速、107国道、高兰公路过境。

西平大道［Xīpíng Dàdào］ 在县城北部。东起京广铁路，西至嫘祖河桥。与新洪路、南大街、北大街、解放路、凤鸣路等相交。长5.8千米，宽66米。沥青路面。1994年开工，1996年建成。1997年扩建。因地处老城区，故以县名。两侧有县医院、县政府、县妇幼保健院、县人事劳动保障局、县国税局、县财政局、嫘祖文化苑等。通公交车。

柏城大道［Bǎichéng Dàdào］ 在县城北部。东起解放路，西至新洪路。与南大街、护城河路等相交。长1.5千米，宽40米。沥青路面。1986年开工，1988年建成。原名菜市街，后因西平古称柏国，为弘扬地方文化而更今名。两侧有县第一幼儿园、县图书馆、新华书店等。通公交车。

解放路［Jiěfàng Lù］ 在县城中部。南起西平大道，北至柏国大道。与柏城大道、龙泉大道、中原大道、棠溪大道等相交。长4.8千米，宽48米。沥青路面。1995年开工，同年建成。1996年延伸。为纪念西平县和平解放而得名。两侧有中央公园、县电业局、步行街、酒店等。通公交车。

护城河路［Hùchénghé Lù］ 在县城东部。南起西平大道，北至柏国大道。与柏城大道、经贸路、龙泉大道、中原大道等相交。长4.9千米，宽35米。沥青路面。1988年开工，1989年建成。1993年南延。因与原护城河并行而得名。两侧有购物商场、县农业银行、县民政局、县农商银行等。通公交车。

西平站［Xīpíng Zhàn］ 见交通运输设施部分"西平站"条。

西平汽车站［Xīpíng Qìchēzhàn］ 见交通运输设施部分"西平汽车站"条。

柏城街道［Bǎichéng Jiēdào］ 西平县人民政府驻地。在县境东部。面积21平方千米。人口7.8万。2005年设。周代为柏国封地，故名。先后改造棚户区，贯通城区水系，建成南城、洪河公园。洪河流经。有龙坑湖、皇坑湖、嫘祖文化苑南湖、仙女湖、罗成湖、凤鸣湖。有中学4所，小学5所，幼儿园15所，二级医院1个，卫生院1个，卫生所40个。有全国重点文物保护单位宝岩寺塔。有中山纪念堂、抗日阵亡官兵纪念陵园、城隍庙、东岳庙、王诰石牌坊、北关清真寺。有省级非物质文化遗产升旗打酒火、肘阁。经济以工业为主，服务业为辅。工业以机械加工为主。有服装批发商场、建材市场等。京广铁路、107国道过境。有西平站、西平汽车站。通多路公交车。

柏亭街道［Bǎitíng Jiēdào］　属西平县。在县境东部。面积23平方千米。人口2.7万。2005年设。因重要建筑柏亭得名。先后改造城中村，扩建凤鸣路、紫荆路、西平大道。洪河流经。有中学1所，小学7所，卫生院1个，卫生所9个。有幼儿园、科技文化服务中心、村级文化中心、图书室、敬老院等。经济以工业为主，服务业为辅。工业以化工、机械、制塑、肉制品加工为主。服务业以零售为主，有商贸、餐饮、住宿、老年服务等。107国道、高兰线省道过境。通多路公交车。

柏苑街道［Bǎiyuàn Jiēdào］　属西平县。在县境东部。面积36平方千米。人口3.6万。2013年设。因柏国文苑之意得名。先后改造城中村，扩建柏苑大道、北环路、北大街、新洪路、经贸路。洪河、淤泥河流经。有中学1所，小学11所，幼儿园4所，卫生院1个，卫生所1个。有村级文化中心、图书室、科技文化服务中心、敬老院等。有省级文物保护单位苗冢遗址。有国家级非物质文化遗产大铜器，省级非物质文化遗产同德堂胡氏喉科。农业以种植小麦、玉米为主。有柏国绿色生态园。工业以造纸、木业、制塑、肉制品加工为主。通多路公交车。

五沟营镇［Wǔgōuyíng Zhèn］　西平县辖镇。在县境东北部。面积57平方千米。人口4.6万。以汉族为主，还有回族等。辖17村委会，有54自然村。镇人民政府驻五沟营。1956年由老王坡区析设五沟营乡。1959年并入老王坡公社，1962年析设五沟营公社。1983年复乡。1994年改镇。因镇政府驻地得名。淤泥河、小洪河流经。有中学1所，小学15所，卫生院1个，卫生所63个。有文化站、图书室、明三孔大石桥。农业以种植小麦、玉米、大豆、芝麻、西瓜、蔬菜，养殖猪、牛、羊等为主。工业以电表箱、渔具、箱包生产，制衣，饼干、糕点、金银花等加工为主。西五线县道过境。

五沟营［Wǔgōuyíng］　五沟营镇人民政府驻地。在县政府驻地柏城街道东北17千米。人口2400。唐称五沟，明末李自成曾在此扎营，清咸丰年间(1851—1861)改今名。聚落呈团块状。有中小学、幼儿园、卫生院、敬老院等。农业以种植小麦、玉米等为主。有春、秋物资交流会。西五线县道经此。

权寨镇［Quánzhài Zhèn］　西平县辖镇。在县境西北部。面积57平方千米。人口3.9万。辖13村委会，有45自然村。镇人民政府驻权寨。1949年设权寨区。1956年设乡。1957年老温乡析出。1958年成立红旗公社。1961年改权寨公社。1983年复乡。1995年改镇。因镇政府驻地得名。淤泥河流经。有中学2所，小学12所，卫生院1个，卫生所14个。有文化中心、广播电视站、图书室、敬老院等。有国家级非物质文化遗产大铜器。农业以种植小麦、玉米、蔬菜，养殖猪、家禽等为主。工业以化工、机械加工、建材为主。西平—出山公路过境。

权寨［Quánzhài］　权寨镇人民政府驻地。在县政府驻地柏城街道西北15千米。人口3300。明中期权姓居此，称权堂。明末设过路店，名权家店，后筑寨，易今名。聚落呈团块状。有中小学、幼儿园、卫生院、敬老院等。经济以农副产品贸易为主。清初兴集，农历单日逢集。农业以种植小麦、大豆、玉米为主。西平—出山公路经此。

师灵镇［Shīlíng Zhèn］　西平县辖镇。在县境西北部。面积64平方千米。人口4.4万。辖14村委会，有68自然村。镇人民政府驻师灵。1956年设师灵乡。1958年成立高峰公社。1961年改师灵公社。1983年复乡。1994年改镇。因镇政府驻地得名。有中学1所，小学11所，卫生院1个，卫生所15个。有文化站、广播电视站等。有省级文物保护单位小孟庄遗址。有柏国故城遗址、文城郡故城、小孟庄遗址。农业以种植小麦、玉米、晚秋黄梨，养殖猪、羊、家禽为主。工业以机械加工、制塑、建材为主。西平—出山公路过境。

师灵［Shīlíng］　师灵镇人民政府驻地。在县政府驻地柏城街道西23千米。人口800。古称西陵，唐将李愬经兴国寺高僧指点，雪夜袭蔡州获胜，称师父真灵，因音近而得名。聚落呈团块状。有中小学、幼儿园、卫生院、敬老院、兴国寺、兴国寺宝塔、奎星楼等。农业以种植小麦、大豆、玉米等为主。西平—出山公路经此。

出山镇［Chūshān Zhèn］　西平县辖镇。在县境西部。面积112平方千米。人口4.6万。辖20村委会，有164自然村。镇人民政府驻弥陀寺。1949年设出山区。1956年设乡。1958年成立灯塔公社。1961年改出山公社。1983年复乡。1997年改镇。2005年酒店乡划入。因镇政府原驻地出山村得名。青铜河、棠溪河流经。有国家森林公园棠溪源。有中学2所，小学25所，卫生院2个，卫生所20个。有文化站、图书室、敬老院等。有全国重点文物保护单位酒店冶铁遗址，省级文物保护单位蜘蛛山造磨作坊遗址、小潘庄遗址。有名胜古迹蜘蛛山、九女山古墓群、小陈庄遗址、龙骨湾遗址、棠溪城遗址。农业以种植小麦、玉米、大豆、花生、芝麻，养殖猪、牛、羊为主。工业以酿酒、玄武岩开采、纯净水加工、农副产品加工为主。高兰线省道、西平—出山公路过境。

弥陀寺［Mítuósì］　出山镇人民政府驻地。在县政府驻地柏城街道西南46千米。人口300。因原有弥陀寺得名。聚落呈团块状。有小学、幼儿园、卫生所。有棠溪源国家森林公园。有名胜古迹蜘蛛山、战国冶炉、棠溪城、九女山战国墓葬群等。农业以种植小麦、玉米、大豆、花生等为主。农历单日逢集，清乾隆年间(1736—1795)兴集。高兰线省道经此。

盆尧镇［Pényáo Zhèn］　西平县辖镇。在县境东部。面积62平方千米。人口6.6万。辖16村委会，有80自然村。镇人民政府驻盆尧。1956年设盆尧乡。1957年罗阁乡析出。1958年成立东风公社。1961年改盆尧公社。1983年复乡。2010年改镇。因镇政府驻地得名。小洪河流经。有中学2所，小学14所，卫生院1个，卫生所14个。有幼儿园、文化中心、文化大院、图书室、敬老院等。有南北朝定颍县故城遗址。有罗阁大喇叭。农业以种植小麦、玉米，养殖猪、鸡、羊为主。工业以小型机械加工、建材为主。京广铁路、京港澳高速、高兰线省道、西五线县道过境。

盆尧［Pényáo］　盆尧镇人民政府驻地。在县政府驻地柏城街道东9千米。人口2600。旧时以做盆烧窑为业，名盆窑，渐演今名。聚落呈团块状。有中小学、幼儿园、卫生院、敬老院等。经济以种植蔬菜、农副产品贸易为主，兼种小麦、玉米、大豆。农历双日逢集。西五线县道经此。

于营［Yúyíng］　在县政府驻地柏城街道东7.5千米。盆尧镇辖自然村。人口1500。清初于姓建村，名于家营，简今名。聚落呈团块状。农历三月三有祖师庙会。农业以种植小麦、玉米为主。西五线县道经此。2011年被评为全国文明村。

重渠乡［Chóngqú Xiāng］　西平县辖乡。在县境东南部。面积51平方千米。人口4.3万。辖12村委会，有61自然村。乡人民政府驻罗拐。1956设重渠乡。1958年成立东方红公社。1961年改重渠公社。1983年复乡。因乡政府原驻地得名。村东、西各有渠人柳堰河，故曰重渠。有中学1所，小学7所，卫生院1个，卫生所17个。有幼儿园、文化中心、图书室、敬老院等。有省级文物保护单位耿庄遗址。有省级非物质文化遗产董永与七仙女传说。农业以种植小麦、玉米、大豆、红薯、花生、芝麻、金针菇、黑木耳，饲养猪、羊、家禽等为主。工业以皮革加工、针织、冶金等为主。京广铁路、京珠高速、西平—重渠公路过境。

罗拐［Luóguǎi］　重渠乡人民政府驻地。在县政府驻地柏城街道东南9千米。人口800。因地处柳堰河拐弯处，以罗、刘2姓得名罗刘拐庄，后刘姓渐少，演为今名。聚落呈团块状。有中小学、卫生院、敬老院等。农业以种植小麦、玉米为主。西平—重渠公路经此。

人和乡［Rénhé Xiāng］　西平县辖乡。在县境东北部。面积61平方千米。人口4.4万。辖16村委会，有45自然村。乡人民政府驻尚王。1957年高桥乡析设人和乡。1958年成立超关公社。1962年改人和公社。1983年复乡。因乡政府原驻地得名。取孟子"天时不如地利，地利不如人和"之意。唐江河流经。有中学1所，小学17所，卫生院1个，卫生所17个。有幼儿园、文化站、图书室、敬老院等。有省级文物保护单位上坡遗址。有人和寨遗址、天顶遗址、谢老庄遗址、人和高桥。经济以农业为主，种植小麦、玉米、西瓜、蔬菜、食用菌，养殖猪、羊、家禽等。工业以冶金铸造，机械、面粉、食品加工等为主。京广铁路、京港澳高速过境。

尚王［Shàngwáng］　人和乡人民政府驻地。在县政府驻地柏城街道北15千米。人口700。因尚、王2姓得名。聚落呈团块状。有中小学、卫生院、敬老院等。农业以种植小麦、玉米为主。有农副产品贸易。农历双日逢集。西平—人和公路经此。

宋集乡［Sòngjí Xiāng］　西平县辖乡。在县境北部。面积62平方千米。人口3.8万。辖14村委会，有55自然村。乡人民政府驻宋集。1956年设宋集乡。1958年成立解放公社。1961年改宋集公社。1983年复乡。因乡政府驻地得名。淤泥河流经。有中学1所，小学12所，卫生院1个，卫生所46个。有幼儿园、文化站、文化服务中心、文化广场、文化大院、敬老院等。有省级文物保护单位牛寨遗址。有古迹于家桥、汉墓冢。经济以农业为主，种植小麦、玉米、大豆、蔬菜等，养殖猪、家禽。工业以食品、机械、建筑建材、农畜产品精深加工为主。107国道过境。

宋集［Sòngjí］　宋集乡人民政府驻地。在县政府驻地柏城街道西北10千米。人口1700。传明末宋姓自专探乡东宋庄迁此，取名胜宋。清同治八年(1869)筑寨成集，易今名。聚落呈团块状。有中小学、卫生院、敬老院等。农业以种植小麦、玉米、油菜等为主。107国道经此。

谭店乡［Tándiàn Xiāng］　西平县辖乡。在县境中部。面积61平方千米。人口4.3万。辖20村委会，有64自然村。乡人民政府驻谭店。1956年设谭店乡。1958年成立促进公社。1961年改谭店公社。1983年复乡。因乡政府驻地得名。小洪河流经。有中学1所,小学16所,幼儿园6所,卫生院1个,卫生所17个。有文化站、文化活动中心、图书室、敬老院等。有徐楼遗址、王诰墓。经济以农业为主,种植小麦、玉米等,养殖猪、羊、家禽。工业以新型墙体材料加工为主。京广高铁、107国道、西平—出山公路过境。

谭店［Tándiàn］ 谭店乡人民政府驻地。在县政府驻地柏城街道西8千米。人口2200。明洪武元年(1368)建村,谭姓自陕西迁居至此开店,故名。聚落呈团块状。有中小学、卫生院、敬老院等。经济以农业为主,种植小麦、大豆、玉米。有农副产品贸易。农历单日逢集,清同治元年(1862)兴集。西平—出山公路经此。

吕店乡［Lǚdiàn Xiāng］ 西平县辖乡。在县境西北部。面积67平方千米。人口4.4万。辖20村委会,有78自然村。乡人民政府驻吕店。1956年设吕店乡。1958年成立上游公社。1961年改吕店公社。1983年复乡。因乡政府驻地得名。洪溪河流经。有中学2所,小学19所,卫生院1个,卫生所18个。有文化站、文化活动中心、图书室、敬老院等。有全国重点文物保护单位董桥遗址,省级非物质文化遗产嫘祖祭典。有簸箕张遗址、嫘祖庙。经济以农业为主,种植小麦、玉米等,养殖生猪、长毛兔、家禽等。工业以机械制造、小麦加工等为主。西平—出山公路过境。

吕店［Lǚdiàn］ 吕店乡人民政府驻地。在县政府驻地柏城街道西北35千米。人口1300。清初吕姓建村,渐开店成集,故名。聚落呈团块状。有中小学、卫生院、敬老院等。农业以种植小麦、玉米等为主。有农副产品贸易。农历单日逢集,清光绪年间(1875—1908)兴集。西平—出山公路经此。

芦庙乡［Lúmiào Xiāng］ 西平县辖乡。在县境西部。面积75平方千米。人口4.7万。辖12村委会,有99自然村。乡人民政府驻芦庙。1956年设芦庙乡。1958年成立灯塔公社。1961年改芦庙公社。1983年复乡。因乡政府驻地得名。小洪河流经。有中学2所,小学17所,幼儿园3所,卫生院1个,卫生所16个,图书室16个。有省级文物保护单位有冶炉城遗址。有何庄冶铁遗址。农业以种植小麦、玉米、油菜、蔬菜、花生、晚秋黄梨等为主,饲养猪、牛、羊,有大型养殖场10多个。工业以农机制造、防盗门加工、皮革加工、新型墙体材料加工等为主。高兰线省道、西平—出山公路过境。

芦庙［Lúmiào］ 芦庙乡人民政府驻地。在县政府驻地柏城街道西南30千米。人口1100。卢姓建村,有庙宇,得名卢家庙,渐演今名。聚落呈团块状。有中小学、卫生院、敬老院等。有民间文艺大铜器。农业以种植小麦、玉米、大豆等为主。农历双日逢集,以牲畜交易为主。农历五月初一有物资交流会。高兰线省道、芦庙—酒店公路经此。

杨庄乡［Yángzhuāng Xiāng］ 西平县辖乡。在县境西部。面积62平方千米。人口4万。辖16村委会,有69自然村。乡人民政府驻刘庄。1966年由杨庄水库迁安办事处改设杨庄公社。1983年设乡。因杨庄水库得名。小洪河流经。有中学1所,小学13所,卫生院1个,卫生所21个。有幼儿园、文化站、图书室等。有古迹封人见圣祠。有国家级非物质文化遗产大铜器。农业以种植小麦、玉米、大豆,养殖猪、羊、家禽为主。工业以面粉、木材、档发制品、建材等加工为主。高兰线省道过境。

刘庄［Liúzhuāng］ 杨庄乡人民政府驻地。在县政府驻地柏城街道西20千米。人口300。因姓氏得名。聚落呈团块状。有中小学、卫生院、敬老院等。农业以种植小麦、大豆、玉米为主。通公路。

专探乡［Zhuāntàn Xiāng］ 西平县辖乡。在县境西部。面积135平方千米。人口6万。辖22村委会,有90自然村。乡人民政府驻专探。1956年设专探乡。1958年成立幸福公社。1961年改专探公社。1983年复乡。因乡政府驻地得名。小洪河、柳堰河流经。有中学1所,小学16所,幼儿园8所,卫生院1个,卫生所22个。有文化中心、文化活动室、图书室、敬老院、衡坡遗址等。农业以种植小麦、玉米、油菜、蔬菜,养殖猪、羊、家禽等为主。工业以塑编、网线生产、秸秆制炭、建筑为主。京广高铁、107国道、高兰线省道过境。

专探［Zhuāntàn］ 专探乡人民政府驻地。在县政府驻地柏城街道西南10千米。人口2600。龙泉佛寺中有砖塔,以其谐音得名。聚落呈团块状。有中小学、卫生院、敬老院等。农业以种植小麦、玉米、大豆等为主。有农副产品贸易。农历双日逢集,清道光二十九年(1849)兴集。高兰线省道经此。

二郎乡［Èrláng Xiāng］ 西平县辖乡。在县境南部。面积63平方千米。人口4.9万。辖13村委会,有74自然村。乡人民政府驻二郎。1956年设二郎乡。1958年成立闪电公社。1961年改二郎公社。1983年复乡。1986年析设蔡寨回族乡。因乡政府驻地得名。柳堰河流经。有中学1所,小学13所,幼儿园5所,卫生院1个,卫生所13个。经济以农业为主,种植小麦、玉米、油菜、大豆、大棚蔬菜,养殖猪、家禽等。工业以笼具制造、面粉加工等为主。有建材产销业。京广铁路、107国道过境。

二郎［Èrláng］ 二郎乡人民政府驻地。在县政府驻地柏城街道南9千米。人口2800。因二郎庙得名。聚落呈团块状。有中小学、卫生院、敬老院等。经济以农业为主,种植小麦、玉米等。有农副产品贸易。农历单日逢集,清末兴集。107国道经此。

蔡寨回族乡［Càizhài Húizú Xiāng］ 西平县辖乡。在县境南部。面积22平方千米。人口1.6万,其中回族占26.6%,还有汉族等。辖6村委会,有10自然村。乡人民政府驻蔡寨。1954年设蔡寨回族自治区。1956年设蔡寨回族中心乡。1958年并入二郎公社。1986年二郎乡析设蔡寨回族乡。因乡政府驻地得名。有中学1所,小学6所,卫生院1个,卫生所18个。有幼儿园、文化中心、文化书屋、敬老院等。经济以农业为主,种植小麦、玉米为主,兼种油菜、蔬菜等,养殖牛、羊、猪、家禽等。工业以面粉、食品、塑料制品、建材加工为主。京广高铁、107国道过境。

蔡寨［Càizhài］ 蔡寨回族乡人民政府驻地。在县政府驻地柏城街道西南16千米。人口2300。以回族为主,还有汉族等。因姓氏得名。聚落呈团块状。有中小学、卫生院、敬老院、陈平墓等。农业以种植小麦、玉米等为主。有农副产品贸易。农历双日逢集,清末兴集。二蔡线县道经此。

焦庄乡［Jiāozhuāng Xiāng］ 西平县辖乡。在县境东南部。面积47平方千米。人口3.8万。辖17村委会,有51自然村。乡人民政府驻焦庄。1956年设金刚乡。1958年成立中苏公社。1961年改焦庄公社。1983年改乡。因乡政府驻地得名。有中学1所,小学10所,幼儿园4所,卫生院1个,卫生所22个。有文化活动中心、敬老院、金刚寺山门楼、祝王寨金刚寺战役纪念碑等。为中国民间文化艺术之乡。有省级非物质文化遗产唢呐。农历四月初八有庙会。有民间艺术二鬼摔跤、戏剧、大铜器等。农业以种植小麦、玉米、大豆、蘑菇、草莓、大棚蔬菜等为主,饲养生猪、蛋鸡。有草莓、槐花采摘等观光农业。工业以养殖设备制造、农林产品加工为主。京广铁路、京珠高速、107国道过境。

焦庄［Jiāozhuāng］ 焦庄乡人民政府驻地。在县政府驻地柏城街道南19千米。人口500。明末焦姓建村,故名。聚落呈团块状。有中小学、卫生院、敬老院等。农业以种植小麦、玉米、大豆为主。西平—焦庄公路经此。

上 蔡 县

上蔡县［Shàngcài Xiàn］ 驻马店市辖县。北纬33°29′,东经114°43′。在市境东北部。面积1529平方千米。人口149.8万。以汉族为主,还有回、佤、傣、壮等民族。辖4街道、10镇、12乡。县人民政府驻重阳街道。秦置上蔡县,治今蔡都街道南,属陈郡。汉属汝南郡。北魏治迁悬瓠城,今汝南县汝宁街道。北齐废。北周开皇元年(581)置武津县。大业三年(607)复名上蔡,治今蔡都街道南,属汝南郡。唐属蔡州。贞观元年(627)县废,旋又复置。元和十二年(817)省入遂平。长庆元年(821)复置,属蔡州。宋属蔡州。元明清属汝宁府。1913年属豫南道。1914年属汝阳道。1927年属省。1932年属第八行政督察区。1949年先后属确山专区、信阳专区。1965年属驻马店专区。1969年属驻马店地区。2000年属驻马店市。周为蔡国,敬王二十七年(前493)蔡昭侯迁都州来(今安徽凤台),名下蔡,遂称故地为上蔡。地处淮河冲积湖积平原。海拔41—99米。年均气温15℃,1月平均气温−3℃,7月平均气温33℃。年均降水量871毫米。小洪河、黑河、杨岗河、南汝河、北汝河、杨河、茅河、南柳堰河、北柳堰河流经。有野生植物7种,野生动物70种,其中国家重点保护野生动物有白头鹤、鸢、乌雕、白头鹞。森林覆盖率17.8%。有省级工程技术研究中心1个,中等职业学校3所,高中3所,初中50所,小学467所,特教学校1所,文化馆1个,图书馆1个,档案馆1个,省优秀运动队后备人才训练基地1个。为千年古县、重阳文化之乡。有全国重点文物保护单位蔡国故城、楚国贵族墓地,省级文物保护单位李斯墓、蔡叔度墓、蔡仲墓、光武台遗址、十里铺遗址、航寨遗址、高岳遗址。有国家级非物质文化遗产上蔡重阳节习俗,省级非物质文化遗产重阳茱萸绛囊、东岸桃核雕花工艺、杨集毛笔制作工艺。有名胜古迹伏羲庙、蔡侯玩河楼。有三星级宾馆3个。三次产业比例22∶41∶37。农业以种植小麦、玉米为主,盛产花生、棉花、黄麻、芝麻、大豆。有中国农产品地理标志产品无量寺高青萝卜、崇礼红薯、邵店黄姜。工业以制鞋、农副产品加工、玩具生产、服装、制门为主。服务业以商贸、餐饮、物流为主。高兰线、永定线、商桐线、吴黄线省道过境。

蔡都大道［Càidū Dàdào］ 在县城中部。东起五龙源大道,西至卧龙大道。与龙胜路、秦相路、南大路、白云观路、朝阳路相交。长3.8千米,宽24.2米。沥青混凝土路面。原为土路,1974年平整、扩宽。1976年铺设沥青。1989年扩宽整修。原名南环一路。2003年因周代为蔡国都城而更今名。两侧有县政府、县人民医院、县中医院等单位。有西关汽车站、东关汽车站。通公交车。

重阳大道［Chóngyáng Dàdào］ 在县城南部。东起五龙源大道,西至秦相大道。与蔡明园路、南大街、白云大道、朝阳大道相交。长4.4千米,宽20米。沥青混凝土路面。1994年开工,1995年建成。因有古人重阳登高处而得名。两侧有蔡明园公园、蔡明园广场、移动分公司、卧龙商贸城、卧龙建材大世界等。通公交车。

蔡侯大道［Càihóu Dàdào］ 在县城北部。东起东环城路，西至卧龙大道。与秦相路、龙祥路、通明路、白云观路、朝阳路等相交。长3.7千米，宽22米。沥青混凝土路面。1995年开工，1996年建成。2013年扩宽。因蔡侯蔡仲雕像得名。两侧有县国土局、苏豫中学、蔡国古城墙、鹏宇国际城、家具市场、服饰市场等。通公交车。

秦相大道［Qínxiàng Dàdào］ 在县城西部。南起南环路，北至北环城路。与永兴路、蔡州路、中原路、天中山路、和谐路等相交。长5.5千米，宽20米。沥青混凝土路面。1998年开工，2000年建成。2010、2013年改建。因秦丞相李斯故里得名。两侧有蔡明园公园、蔡侯玩河楼、黄淮商贸城、中原礼品城等。通公交车。

上蔡汽车站［Shàngcài Qìchēzhàn］ 见交通运输设施部分“上蔡汽车站”条。

重阳街道［Chóngyáng Jiēdào］ 上蔡县人民政府驻地。在县境西南部。面积18平方千米。人口4.4万。2009年设。上蔡为重阳文化发源地，故名。2010年改扩建秦相大道。有中学1所，小学9所，卫生院2个，卫生所12个。有幼儿园、公园等。有全国重点文物保护单位蔡国故城，省级文物保护单位李斯墓。有古迹蔡侯玩河楼。经济以工业为主，有面粉加工、制鞋等。农业以种植小麦、玉米、蔬菜、花生为主。服务业以商贸、餐饮、物流为主。永定线、商桐线省道过境。通多路公交车。

蔡都街道［Càidū Jiēdào］ 属上蔡县。在县境中部偏西。面积24平方千米。人口5.7万。2009年由蔡都镇改设。周为蔡国都城，故名。2010年延伸和谐大道、白云大道。蔡河、胜天河流经。有中学3所，小学7所，卫生院1个，卫生所12个。有烈士陵园、蔡仲墓。经济以工业为主，有建筑业、制造业、面粉加工等。农业以种植小麦、玉米、蔬菜、花生、草莓为主。为县商业区，有综合市场、农贸市场、家电电动车一条街、家具一条街。商桐线省道过境。通多路公交车。

芦岗街道［Lúgǎng Jiēdào］ 属上蔡县。在县境西南部。面积25平方千米。人口5万。2009年设。因地理实体芦岗得名。2010年延伸重阳大道。蔡河、胜天河流经。有中学1所，小学8所，卫生院1个，卫生所14个。有古迹奎星楼、程老汉墓、张卜楼遗址、申庄清代民宅、董寨九女冢。经济以工业为主，有建筑、制造业、面粉及畜产品加工等。农业以种植小麦、玉米、蔬菜、草莓为主。有蔬菜、干菜、建材贸易。高兰线省道过境。有上蔡汽车东站。通多路公交车。

卧龙街道［Wòlóng Jiēdào］ 属上蔡县。在县境西部。面积23平方千米。人口5.6万。2009年设。因卧龙岗得名。先后延伸秦相大道、蔡侯大道、建祥云路、拥翠路、金山路、龙胜大道、金海大道。有中学2所，小学19所，卫生院1个，卫生所20个。有全国重点文物保护单位蔡国故城，省级文物保护单位蔡叔度墓。有蟠虎寺、郭马陈谷铁遗址。经济以工业为主，有制鞋业、化工业、电子业、服装业、建材业等。农业以种植小麦、玉米、蔬菜、食用菌为主。服务业以商贸餐饮、物流为主。高兰线、永定线省道过境。有上蔡汽车西站。通多路公交车。

黄埠镇［Huángbù Zhèn］ 上蔡县辖镇。在县境西南部。面积47平方千米。人口4.3万。辖14村委会，有69自然村。镇人民政府驻黄埠。1949年设黄埠区。1956年设乡。1958年改公社。1983年改乡。1987年改镇。因镇政府驻地得名。汝河、柳堰河流经。有中学2所，小学15所，卫生院5个，卫生所12个。有幼儿园、文化中心、敬老院等。有古迹孔子问津处。农业以种植小麦、玉米、黄麻、花生、蔬菜为主。工业以面粉加工、生物制品、制塑为主。为黄麻制品生产、集散地。商桐线省道、洙嵖线县道过境。

黄埠［Huángbù］ 黄埠镇人民政府驻地。在县政府驻地重阳街道西南14千米。人口4600。地处汝河渡口，元元统二年(1334)黄姓迁此，故名。聚落呈团块状。有小学、卫生所。农业以种植小麦、玉米、黄麻为主。单日逢集。为上蔡、遂平2县物资集散地。商桐线省道、洙嵖线县道、寺后张—黄埠公路经此。

杨集镇［Yángjí Zhèn］ 上蔡县辖镇。在县境东部。面积56平方千米。人口6.5万。辖20村委会，有63自然村。镇人民政府驻杨集。1956年设杨集乡。1958年改高岳公社。1962年更名杨集公社。1983年复乡。1988年改镇。因镇政府驻地得名。黑河、杨河流经。有中学1所，小学13所，卫生院1个，卫生所20个。有幼儿园、文化站、广播站、文化活动中心、图书室等。有省级文物保护单位高岳遗址，省级非物质文化遗产毛笔制作技艺(杨集毛笔)。农业以种植小麦、玉米为主。工业以铸锅、鬃刷加工、毛笔制作为主。高兰线省道、杨坡线县道过境。

杨集［Yángjí］ 杨集镇人民政府驻地。在县政府驻地重阳街道东42千米。人口3400。原为小杨庄、后姜庄、小桑湾3村，起集后统称姜杨集，后姜姓衰败，杨氏兴旺，改称杨家集，简今名。聚落呈团块状。有小学、卫生所。农业以种植小麦、玉米、花生、大豆为主。工业以铸锅、鬃刷加工、毛笔制作为主。有文化用品集散贸易。双日逢集。高兰线省道、杨坡线县道经此。

洙湖镇［Zhūhú Zhèn］ 上蔡县辖镇。在县境南部。面积72平方千米。人口6.4万。辖24村委会，有81自然村。镇人民政府驻洙湖集。1958年成立洙湖公社。1983年设乡。1994年改镇。因镇政府驻地得名。小洪河、杨岗河流经。有中学2所，小学23所，卫生院1个，卫生所28个。有幼儿园、文化中心、文化大院、社会服务站、敬老院等。农业以种植小麦、玉米等为主。工业以粮油加工、制造、建材为主。大小线县道过境。

洙湖集［Zhūhú Jí］ 洙湖镇人民政府驻地。在县政府驻地重阳街道东南18千米。人口5000。四周低洼，常年积水，中有高岭，形如卧猪，得名猪湖，后演今名。聚落呈团块状。有小学、卫生所。农业以种植小麦、玉米、大豆、花生为主。工业以农产品加工为主。有商品、农副产品贸易。单日逢集。大小线县道经此。

党店镇［Dǎngdiàn Zhèn］ 上蔡县辖镇。在县境东南部。面积65平方千米。人口6.6万。辖19村委会，有79自然村。镇人民政府驻党店。1956年设党店乡。1958年并入洙湖公社，1962年析设党店公社。1983年复乡。1996年改镇。因镇政府驻地得名。茅河、黑河、小洪河流经。有中学2所，小学19所，卫生院2个，卫生所1个。有幼儿园、文化中心、文化大院、图书室、防保站、敬老院等。农业以种植小麦、玉米、油菜为主。工业以建筑、制造、面粉加工等为主。大小线县道过境。

党店［Dǎngdiàn］ 党店镇人民政府驻地。在县政府驻地重阳街道东南27千米。人口1600。明洪武三十一年(1398)党姓自今崇礼乡东党村迁此开店，故名。聚落呈团块状。有小学、卫生所。农业以种植小麦、玉米、油菜为主。工业以农产品加工为主。服务业以商品、农副产品贸易为主。双日逢集。大小线县道经此。

朱里镇［Zhūlǐ Zhèn］ 上蔡县辖镇。在县境北部。面积84平方千米。人口7万。辖25村委会，有64自然村。镇人民政府驻朱里店。1956年设朱里乡。1958年改公社。1983年复乡。1995年改镇。因镇政府驻地得名。黑河、小南河流经。有中学2所，小学25所，卫生院1个，卫生所32个。有幼儿园、文化站、农村书屋等。有古迹武津故城、航寨遗址、拐子杨遗址、燕王台、扶苏台。农业以种植玉米、小麦、芝麻、花生为主。工业以食品、板材、建筑构件、服装加工为主。商桐线省道、杨坡线县道过境。

朱里店［Zhūlǐdiàn］ 朱里镇人民政府驻地。在县政府驻地重阳街道东北21千米。人口4400。朱、李2姓始居，在官道旁开店设铺，得名朱李店。南宋初因为宰相朱胜非故里而更今名。聚落呈团块状。有小学、卫生所。农业以种植小麦、玉米、芝麻为主。工业以农产品加工为主。单日逢集。为上蔡、商水2县农产品集散地。商桐线省道、杨坡线县道经此。

华陂镇［Huápí Zhèn］ 上蔡县辖镇。在县境西北部。面积76平方千米。人口6.3万。辖21村委会，有56自然村。镇人民政府驻华陂。1957年设华陂乡。1958年改公社。1983年复乡。1997年改镇。因镇政府驻地得名。黑河、小洪河流经。有中学2所，小学14所，卫生院1个，卫生所21个。有幼儿园、文化站、农村书屋、敬老院等。有古迹漆雕开墓、孔子晒书台、田庄遗址、赖庄遗址、东陈遗址。农业以种植小麦、玉米、花木、林果为主。工业以农产品加工、制鞋、建材加工为主。永定线省道、杨坡线县道过境。

华陂［Huápí］ 华陂镇人民政府驻地。在县政府驻地重阳街道北21千米。人口2200。陂塘初时盛产菰草，故称菰陂。后遍植莲藕，夏季荷花灿烂，古时花、华同字，故易今名。聚落呈块状。有小学、卫生室、漆雕开墓。农业以种植小麦、玉米、花生为主。工业以农产品加工为主。服务业以商业为主。永定线省道、杨坡线县道经此。

塔桥镇［Tǎqiáo Zhèn］ 上蔡县辖镇。在县境中部。面积82平方千米。人口7.2万。辖24村委会，有79自然村。镇人民政府驻塔桥。1949年设塔桥区。1956年并入白圭庙、大姬2乡。1957年设塔桥乡。1958年改公社。1983年复乡。2010年改镇。因镇政府驻地得名。小洪河、黑河、老杨岗河、古蔡河流经。有中学2所，小学29所，卫生院1个，卫生所28个。有幼儿园、文化站、文化大院、文化书屋等。有古迹白龟庙、凤凰寺遗址。有白龟庙会。农业以种植玉米、小麦、蔬菜为主。特产白龟庙蓍草。工业以面粉加工、新型墙体材料加工为主。高兰线省道、界沟河—老王岗公路过境。

塔桥［Tǎqiáo］ 塔桥镇人民政府驻地。在县政府驻地重阳街道东15千米。人口3200。古为洪河渡口，后架木桥，桥屡建屡塌，故名塌桥，后同音演今名。聚落呈团块状。有小学、卫生所。农业以种植小麦、玉米、蔬菜为主。工业以农产品加工为主。服务业以商业为主。单日逢集。高兰线省道、界沟河—老王岗公路过境。

东洪镇［Dōnghóng Zhèn］ 上蔡县辖镇。在县境中部。面积110平方千米。人口8.5万。辖28村委会，有105自然村。镇人民政府驻东洪。1949年为东洪区。1956年设乡。1958年改公社。1983年复乡。2005年石桥乡并入。2010年改镇。因镇政府驻地得名。小洪河、杨岗河、黑河流经。有中学2所，小学22所，卫生院2个，卫生所2个。有幼儿园、文化中心、文化大院、防保站、敬老院等。农业以种植小麦、玉米、油菜、葡萄、草莓、大豆等为主。

工业以建筑、制造、面粉加工为主。商桐线省道过境。

东洪［Dōnghóng］ 东洪镇人民政府驻地。在县政府驻地重阳街道东北 13 千米。人口 3500。明代冀景隽于洪河修石桥 2 座，此桥居东称东洪桥。村以桥名。聚落呈团块状。有小学、卫生所、文化活动中心。农业以种植小麦、玉米为主。有农产品加工业、商业。双日逢集。商桐线省道经此。

邵店镇［Shàodiàn Zhèn］ 上蔡县辖镇。在县境西南部。面积 80 平方千米。人口 7.6 万。辖 20 村委会，有 101 自然村。镇人民政府驻邵店。1956 年设邵店乡。1958 年改公社。1983 年复乡。2012 年改镇。因镇政府驻地得名。柳堰河流经。有中学 2 所，小学 21 所，卫生院 1 个，卫生所 40 个。有幼儿园、文化中心、文化大院、图书室、敬老院等。有十里铺遗址、明顺阳王墓。农业以种植小麦、玉米、马铃薯为主。特产邵店黄姜。工业以建材、机械制造等为主。永定线省道、洙嵖线县道过境。

邵店［Shàodiàn］ 邵店镇人民政府驻地。在县政府驻地重阳街道南 10 千米。人口 700。绍姓始居开店，故名。聚落呈团块状。有小学、卫生院。农业以种植小麦、玉米为主，特产黄姜。工业以农产品加工为主。服务业以商业为主。农历双日逢集。洙嵖线县道经此。

和店镇［Hédiàn Zhèn］ 上蔡县辖镇。在县境东南部。面积 85 平方千米。人口 8.3 万。辖 30 村委会，有 78 自然村。镇人民政府驻和店。1957 年党店乡析设和店乡。1958 年改公社。1983 年复乡。2014 年改镇。因镇政府驻地得名。黑河流经。有中学 2 所，小学 14 所，卫生院 1 个，卫生所 52 个。有幼儿园、文化中心、敬老院等。有芦村龟舞。农业以种植小麦、玉米、油菜为主，兼种葡萄、草莓、大豆。有花木种植。工业以粮油加工、机械制造、木器加工为主。吴黄线省道、大小线县道过境。

和店［Hédiàn］ 和店镇人民政府驻地。在县政府驻地重阳街道东南 35 千米。人口 2500。明洪武元年（1368）建村，曾遭大火烧毁，人称火烧庄，后称火烧店，以谐音改今名。聚落呈团块状。有小学、卫生所。农业以种植小麦、玉米、花木为主。工业以农产品加工为主。服务业以商业为主。吴黄线省道、大小线县道经此。

大路李乡［Dàlùlǐ Xiāng］ 上蔡县辖乡。在县境西部。面积 57 平方千米。人口 4.6 万。辖 4 居委会、17 村委会，有 37 自然村。乡人民政府驻大路李。1976 年黄埠、百尺 2 公社析设大路李公社。1983 年设乡。因乡政府驻地得名。汝河、柳堰河流经。有中学 1 所，小学 17 所，卫生院 1 个，卫生所 18 个。有幼儿园、文化服务中心、农家书屋、敬老院等。有全国重点文物保护单位楚国贵族墓地。农业以种植小麦、玉米、蔬菜、水果等为主。工业以电子产品、针织、玩具、皮毛加工为主。高兰线省道过境。

大路李［Dàlùlǐ］ 大路李乡人民政府驻地。在县政府驻地重阳街道西 4 千米。人口 1400。明洪武三年（1370）李氏建村，官道有小桥，故名小桥李。清初称李家庄，康熙年间（1662—1722）官道加宽成大路，改今名。聚落呈团块状。有小学、卫生所、文化中心。农业以种植小麦、玉米、蔬菜为主。工业以农产品加工为主。服务业以商业为主。高兰线省道经此。

无量寺乡［Wúliàngsì Xiāng］ 上蔡县辖乡。在县境西南部。面积 62 平方千米。人口 4.3 万。辖 15 村委会，有 31 自然村。乡人民政府驻无量寺。1956 年设无量寺乡。1958 年并入黄埠公社。1962 年析设无量寺公社。1983 年复乡。因乡政府驻地得名。有中学 1 所，小学 14 所，卫生院 1 个，卫生所 16 个。有幼儿园、文化服务中心、农家书屋、无量寺等。农业以种植小麦、玉米、西瓜、蔬菜为主。工业以农产品加工、制衣、家具加工为主。服务业以商贸为主。双日逢集。京港澳高速，寺后张—黄埠、百尺—无量寺公路过境。

无量寺［Wúliàngsì］ 无量寺乡人民政府驻地。在县政府驻地重阳街道西南 13 千米。人口 1800。清顺治元年（1644）建村，因寺得名。聚落呈团块状。有小学、卫生所、文化活动中心、无量寺。农业以种植小麦、玉米、蔬菜为主。工业以农产品加工为主。服务业以商业为主。寺后张—黄埠、百尺—无量寺公路经此。

五龙乡［Wǔlóng Xiāng］ 上蔡县辖乡。在县境南部。面积 40 平方千米。人口 3.6 万。辖 9 村委会，有 55 自然村。乡人民政府驻五龙集。1956 年设五龙乡。1958 年改公社。1983 年复乡。因乡政府驻地得名。杨岗河、上纲河流经。有中学 1 所，小学 9 所，卫生院 11 个，卫生所 21 个。有幼儿园、文化服务中心、农家书屋、图书室等。农业以种植小麦、玉米、芝麻、红薯为主。工业以粮油加工、制衣等为主。服务业以商贸、餐饮为主。上大程—小马庄公路过境。

五龙集［Wǔlóngjí］ 五龙乡人民政府驻地。在县政府驻地重阳街道东 9 千米。人口 1600。东汉时挖 5 沟排水，沟间建村，因俗称河沟为龙而取名五龙。后成集，改今名。聚落呈团块状。有小学、卫生所。农业以种植小麦、玉米为主，特产红薯。工业以农产品加工为主。服务业以农贸为主。农历双日逢集。大小线省道、石桥—五龙公路经此。

杨屯乡［Yángtún Xiāng］ 上蔡县辖乡。在县境南部。面积 40 平方千米。人口 3.1 万。辖 11 村委会，有 63 自然村。乡人民政府驻杨屯。1977 年五龙、洙湖 2 公社析设杨屯公社。1983 年设乡。因乡政府驻地得名。有中学 1 所，小学 5 所，卫生院 1 个，卫生所 11 个。有幼儿园、文化站、广播电视站、图书室等。农业以种植小麦、玉米、瓜果、蔬菜等为主。工业以木材制板、面粉加工为主。洙嵖线县道过境。

杨屯［Yángtún］ 杨屯乡人民政府驻地。在县政府驻地西重阳街道东南 13 千米。人口 1500。三国时官兵曾屯兵，后杨姓迁此，故名。聚落呈团块状。有小学、卫生所、文化活动中心。农业以种植小麦、玉米、红薯为主。工业以农产品加工为主。服务业以商业、农副产品贸易为主。通公路。

蔡沟乡［Càigōu Xiāng］ 上蔡县辖乡。在县境东部。面积 73 平方千米。人口 7.2 万。辖 23 村委会，有 67 自然村。乡人民政府驻蔡沟。1956 年设蔡沟乡。1958 年改公社。1983 年复乡。因乡政府驻地得名。黑河流经。有中学 1 所，小学 23 所，卫生院 2 个，卫生所 24 个。有幼儿园、文化站、文化大院、图书室等。有厄庙遗址、千年白果树、蔡沟寨遗址。农业以种植小麦、玉米、林果、花木为主。工业以粮油、肉类加工为主。有集贸市场。高兰线省道过境。

蔡沟［Càigōu］ 蔡沟乡人民政府驻地。在县政府驻地重阳街道东 30 千米。人口 900。因自然地理实体蔡沟得名。聚落呈团块状。有小学、卫生所。有厄台遗址、千年白果树、蔡沟寨遗址。农业以种植小麦、玉米、大豆为主。工业以农产品加工为主。服务业以商业、农副产品贸易为主。农历单日逢集。高兰线省道经此。

齐海乡［Qíhǎi Xiāng］ 上蔡县辖乡。在县境中部。面积 48 平方千米。人口 4.8 万。辖 13 村委会，有 67 自然村。乡人民政府驻齐海。1957 年五龙乡析设齐海乡。1966 年改公社。1983 年改乡。因乡政府驻地得名。杨岗河、蔡河、胜天河流经。有中学 1 所，小学 13 所，卫生院 1 个，卫生所 14 个。有幼儿园、文化站、文化活动中心、图书室、敬老院等。有石佛庙。农业以种植小麦、玉米、草莓为主。工业以面粉、木材加工为主。有集贸市场 1 个。高兰线省道过境。

齐海［Qíhǎi］ 齐海乡人民政府驻地。在县政府驻地重阳街道东 8 千米。人口 500。清咸丰年间（1851—1861）联合筑寨，取齐楼、海子 2 庄首字得名齐海寨，后寨废改今名。聚落呈团块状。有小学、卫生所。农业以种植玉米、小麦、大豆为主。工业以农产品加工为主。服务业以商业、农副产品贸易为主。高兰线省道经此。

崇礼乡［Chónglǐ Xiāng］ 上蔡县辖乡。在县境东北部。面积 56 平方千米。人口 5.8 万。辖 16 村委会，有 47 自然村。乡人民政府驻崇礼集。1956 年设崇礼乡。1961 年成立公社。1983 年复乡。因乡政府驻地得名。杨河流经。有中学 2 所，小学 12 所，卫生院 1 个，卫生所 16 个。有幼儿园、文化站、文化活动中心、图书室、敬老院等。有东党遗址。农业以种植小麦、玉米、大豆、芝麻、红薯为主。工业以水泥预制，建材、面粉、食品、油料加工，针织生产为主。有集贸市场 1 个。吴黄线省道、杨坡线县道过境。

崇礼集［Chónglǐjí］ 崇礼乡人民政府驻地。在县政府驻地重阳街道东北 44 千米。人口 3800。春秋时孔子在此教化民众崇尚礼义，故名崇礼。后有集市称崇礼集。聚落呈团块状。有小学、卫生所。农业以种植小麦、玉米为主。工业以农产品加工为主。服务业以商业、农副产品贸易为主。农历双日逢集。为上蔡、商水 2 县物资集散地。吴黄线省道、杨坡线县道经此。

韩寨乡［Hánzhài Xiāng］ 上蔡县辖乡。在县境东北部。面积 60 平方千米。人口 5.5 万。辖 15 村委会，有 53 自然村。乡人民政府驻韩寨。1976 年朱里、蔡沟、东岸、东洪 4 公社析设韩寨公社。1983 年设乡。因乡政府驻地得名。黑河、杨河流经。有中学 1 所，小学 17 所，卫生院 1 个，卫生所 16 个。有幼儿园、文化服务中心、农家书屋、敬老院等。农业以种植小麦、玉米、大豆、芝麻、红薯、水果为主。工业以面粉、粮油加工为主。界沟河—老王岗公路过境。

韩寨［Hánzhài］ 韩寨乡人民政府驻地。在县政府驻地重阳街道东北 25 千米。人口 1300。清初韩氏筑寨，故名。聚落呈团块状。有小学、卫生所。农业以种植小麦、玉米、红薯为主。工业以农产品加工为主。服务业以商业、农副产品贸易为主。农历单日逢集。界沟河—老王岗公路经此。

东岸乡［Dōng'àn Xiāng］ 上蔡县辖乡。在县境东北部。面积 65 平方千米。人口 5.7 万。辖 20 村委会，有 66 自然村。乡人民政府驻东岸集。1956 年设东岸乡。1958 年改公社。1983 年复乡。因乡政府驻地得名。界沟河流经。有中学 2 所，小学 26 所，卫生院 1 个，卫生所 20 个。有幼儿园、文化服务中心、文化大院、图书室、敬老院等。有省级文物保护单位光武台遗址、苏氏贞节牌坊，省级非物质文化遗产桃核雕花工艺。有民俗木板年画雕版。农业以种植小麦、玉米、豆类、芝麻、棉花、红薯、蔬菜、油菜为主。工业以水泥制品、木板、建筑板材、面粉、食品加工，文化用品制作为主。杨坡线县道过境。

东岸集［Dōng'ànjí］ 东岸乡人民政府驻地。在县政府驻地重阳街道东北 29 千米。人口 3800。因地处枯河东岸，故名。聚落呈团块状。有小学、卫生所。有万佛塔、祥符寺遗址。

农业以种植小麦、玉米、红薯为主。工业以农产品加工为主。服务业以商业、农副产品贸易为主。农历单日逢集。杨坡线县道经此。

小岳寺乡［Xiǎoyuèsì Xiāng］　上蔡县辖乡。在县境北部。面积50平方千米。人口3.9万。辖16村委会，有30自然村。乡人民政府驻小岳寺。1976年华陂、朱里、西洪3公社析设小岳寺公社。1983年设乡。因乡政府驻地得名。黑河流经。有中学1所，小学16所，卫生院1个，卫生所16个。有幼儿园、文化中心、图书室、敬老院等。有岳王寺。农业以种植小麦、玉米、蔬菜为主。工业以农副产品加工为主。杨坡线县道过境。

小岳寺［Xiǎoyuèsì］　小岳寺乡人民政府驻地。在县政府驻地重阳街道东北26千米。人口2000。明天顺年间（1457—1464）迁此建岳飞庙，因小于村西岳庄的岳王寺，故称小岳寺。聚落呈团块状。有小学、卫生所、文化中心、岳王寺。农历二月二十日有庙会。农业以种植小麦、玉米为主。工业以农产品加工为主。服务业以商业、农副产品贸易为主。双日逢集。杨坡线县道经此。

西洪乡［Xīhóng Xiāng］　上蔡县辖乡。在县境西北部。面积68平方千米。人口5.5万。辖19村委会，有55自然村。乡人民政府驻西洪桥。1957年设西洪乡。1962年成立湖岗公社。1966年改西洪公社。1983年复乡。因乡政府驻地得名。杨岗河、小洪河、黑河流经。有中学1所，小学19所，卫生院1个，卫生所20个。有幼儿园、文化站、文化活动中心、图书室、敬老院等。有关帝庙。农业以种植小麦、玉米、花生为主。工业以建材、鞋类加工为主。永定线省道过境。

西洪桥［Xīhóngqiáo］　西洪乡人民政府驻地。在县政府驻地重阳街道北11千米。人口2300。清初建村。有红石桥2座，该桥居西，故名西洪桥。聚落呈团块状。有小学、卫生所。农业以种植小麦、玉米、油菜、芝麻为主。工业以农产品加工为主。服务业以商业、农副产品贸易为主。永定线省道经此。

百尺乡［Bǎichǐ Xiāng］　上蔡县辖乡。在县境西北部。面积80平方千米。人口6.9万。辖1居委会、18村委会，有61自然村。乡人民政府驻百尺集。1956年设百尺乡。1958年改公社。1983年复乡。因乡政府驻地得名。杨岗河、小洪河流经。有中学2所，小学19所，卫生院1个，卫生所20个。有幼儿园、文化站、图书室、敬老院等。有百尺寺。经济以副产品生产加工为主，种植小麦、玉米、花生、大豆，有面粉加工、门业。永定线省道、大小线县道过境。

百尺集［Bǎichǐjí］　百尺乡人民政府驻地。在县政府驻地重阳街道西北13千米。人口4500。明洪武二年（1369）张、朱、贾、郑4姓自洪洞县迁至官路两侧开店，地低县城百尺，俗称百尺店。清中叶兴集，改今名。聚落呈团块状。有小学、卫生所。农业以种植小麦、玉米为主。工业以农产品加工为主。服务业以商业、农副产品贸易为主。农历单日逢集。永定线省道经此。

平舆县

平舆县［Píngyú Xiàn］　驻马店市辖县。北纬32°57′，东经114°36′。在市境东部。面积1282平方千米。人口101.3万。辖3街道、11镇、5乡。县人民政府驻清河街道。战国时为平舆邑。西汉置平舆县，治今古槐镇，属汝南郡。南朝宋废县。北魏太和二十一年（497）复置，属汝南郡。北齐县废。隋大业二年（606）复置，属汝南郡。唐贞观元年（627）并入新蔡县。天授二年（691）复置，属蔡州。元至元七年（1270）并入汝阳县。1951年再置平舆县，属信阳专区。1965年属驻马店专区。1969年属驻马店地区。2000年属驻马店市。《史记·王翦列传》载，此地平坦，奚仲造舆（车）于此，为舆的发源地，故名平舆。地处淮北平原。海拔39—47米。年均气温15℃，1月平均气温2℃，7月平均气温28℃。年均降水量904毫米。小洪河、汝河流经。森林覆盖率14.3%。有省级科研中心2个，高中4所，初中33所，小学292所，三级医院1个，文化馆1个，图书馆1个，民俗博物馆1个。有全国重点文物保护单位台子寺遗址、普照寺塔，省级文物保护单位陈蕃墓。为车舆文化之乡。有省级非物质文化遗产太平车制作工艺、丝弦道。有国家3A级旅游景区上河城。有名胜古迹袁家冢遗址、安城故城遗址、汝阳故城等。三次产业比例20∶42∶38。农业以种植小麦、芝麻、玉米为主，饲养鸡、猪、羊，盛产白芝麻、黄花菜。工业以皮革皮具加工、医药化工、建筑防水为主。服务业以电子商务为主。大广、新阳高速，106、328国道过境。有县汽车站。

舆新广场［Yúxīn Guǎngchǎng］　在县城中部。面积12公顷。2001年开工，2002年建成。因平舆新气象得名。有高45米雕塑《辉煌》。有喷泉、石牛、石羊、石鹿。绿化面积8.4万平方米，有园林植物雪松、盘槐、垂柳、箭杆兰、栀子花、月季花、麦冬等。为居民休闲、游玩场所。周边有县委、县政府。通公交车。

陈蕃路［Chénfān Lù］　在县城北部。南起解放街，北至绕城北路。与永乐大道、东皇大道、北环路相交。长2.2千米，宽20.1米。沥青路面。1952年建成土路。1989年铺设沥青路面。2009年扩建延伸。原名平射路，2013年因历史人物陈蕃更今名。两侧有陈蕃市场、工商银行、农业银行、陈蕃公园等。通公交车。

解放街［Jiěfàng Jiē］　在县城中部。东起古槐大道，西至清河大道。与建设街、挚地大道、东皇大道相交。长3.5千米，宽26.2米。沥青路面。1951年开工，1954年建成。1997、2014年改扩建。为纪念平舆县和平解放而得名。两侧有爱家购物广场、乐山商场、县委、县政府、县邮政局、县农业局、县商务局、县汽车站。通公交车。

东皇大道［Dōnghuáng Dàdào］　在县城北部。东起绕城东路，西至绕城西路。与清河大道、挚地大道、古槐大道等相交。长9.8千米，宽15.5米。沥青路面。1996年开工，1997年建成。2014年改造。原名富舆大道，2013年因东皇庙遗址更今名。两侧有县国税局、县第五初中、县第三高中、县检察院、县法院、奚仲公园、万和园。通公交车。

清河大道［Qīnghé Dàdào］　在县城中部。南起新阳高速，北至北环路。与东皇大道、解放街、文化路、车舆大道、南环路相交。长7.8千米，宽70.1—120.3米。沥青路面。1997年开工，2000年建成。2003年扩建。原名兴平路，2009年因小清河更今名。两侧有县委、县政府、县环保局、县车管所、县财政局、县教体局、县实验中学、县植物园、太任公园、上河城等。通公交车。

古槐大道［Gǔhuái Dàdào］　在县城东部。南起车舆大道，北至北环路。与东皇大道、永乐大道、解放街、文化路相交。长4.2千米，宽60米。沥青路面。1997年开工，同年建成。原名兴舆大道，2000年改东环路，2013年以自然实体更今名。两侧有豫南建材大世界、东皇农资大世界、财富商贸城。通公交车。

文化路［Wénhuà Lù］　在县城中部。东起挚地大道，西至西环路。与建设街、清河大道、泰和路、德馨路、华城路等相交。长4.2千米，宽15.5米。混凝土、沥青路面。2001年开工，2002年建成。因路侧单位特征得名。两侧有县第一高中、县第二高中、县第二小学、实验中学、外国语学校、教师进修学校、青少年活动中心、特教学校、文艺中心、文化馆、图书馆。通公交车。

平舆县运蓬客运站［Píngyú Xiàn Yùnpéng Kèyùnzhàn］　见交通运输设施部分“平舆县运蓬客运站”条。

清河街道［Qīnghé Jiēdào］　平舆县人民政府驻地。在县境中部。面积37平方千米。人口3.7万。2009年设。因小清河流经，故名。2013年打造国家3A级旅游景区上河城。有省级科研中心1个，中学1所，小学8所，卫生院1个，卫生所8个。有幼儿园、文化站、社区文化中心、图书室、服务中心等。有陈蕃墓、舆新广场、太任公园、县植物园、奚仲公园、文艺中心。农业以种植小麦、玉米、瓜果为主。工业以皮革、医疗器械为主。服务业以户外休闲、电子商务为主。有县运蓬客运站。通多路公交车。

古槐街道［Gǔhuái Jiēdào］　属平舆县。在县境中部。面积25平方千米。人口8.5万。2007年设。因古槐树得名。2014年改造解放街、平和大道。小清河流经。有中学3所，小学12所，三级医院1个，卫生院1个，卫生所23个。有幼儿园、文化站、社区文化中心、服务中心、图书室、敬老院。有西塔寺遗址、月旦坪遗址。农业以种植小麦、玉米、芝麻为主。工业以皮革、水泥加工为主。有购物中心、建材市场、商贸城。平长线、张南线、吴黄线省道过境。有县汽车站。通多路公交车。

东皇街道［Dōnghuáng Jiēdào］　属平舆县。在县境中部。面积60平方千米。人口4.8万。2008年设。因东皇庙遗址得名。2013年改造东皇、古槐大道。小洪河流经。有省级科研中心1个，中学1所，小学8所，卫生院1个，卫生所9个。有幼儿园、文化站、社区文化中心、图书室等。盛产白芝麻。工业以粮油、皮革加工为主。通多路公交车。

杨埠镇［Yángbù Zhèn］　平舆县辖镇。在县境东部。面积70平方千米。人口6.1万。辖2居委会、12村委会，有102自然村。镇人民政府驻杨埠。1956年设杨埠乡。1958年改公社。1984年复乡。1993年改镇。因镇政府驻地得名。小洪河流经。有中学2所，小学16所，卫生院1个，卫生所15个。有幼儿园、文化站、农技服务中心、敬老院等。有汝南县委县政府旧址、杨埠明清巡查司旧址、清真寺、三官庙。农业以种植小麦、玉米为主。工业以建材、板材加工为主。张南线省道过境。

杨埠［Yángbù］　杨埠镇人民政府驻地。在县政府驻地清河街道东11千米。人口1900。传宋为小洪河埠口，往来摆渡拴绳于河岸石羊，得名羊埠口，后演今名。聚落呈团块状。有中小学、卫生院、文化站等。有汝南县委县政府旧址。农业以种植小麦、白芝麻、玉米、大豆为主。服务业以商品、农产品贸易为主。张南线省道经此。

东和店镇［Dōnghédiàn Zhèn］　平舆县辖镇。在县境东北部。面积80平方千米。人口6.4万。辖1居委会、11村委会，有77自然村。镇人民政府驻东和店。1956年设和店乡。1958年并入杨埠公社，1962年析设和店公社，1981年更名东和店公社。1984年改乡。1993年改镇。因镇政府驻地得名。杨河流经。有中学1所，小学15所，卫生院1个，卫生所15个。有幼儿园、文化站、农技服务中心。有仙翁庙、费长房墓等。农业以种植小麦、玉米、芝麻、油菜等为主。特产白芝麻、黄花菜。工业以皮革加工为主。106国道、张南线省道过境。

东和店［Dōnghédiàn］ 东和店镇人民政府驻地。在县政府驻地清河街道东北28千米。人口4800。为潢川至周口必经之地,有老人开饭店,得名伙食店,简称伙店。后因谐音又取和平之意改名和店。1982年更东和店。聚落呈团块状。地处豫皖2省结合处。有中小学、卫生院。有仙翁庙、费长房墓。农业以种植小麦、玉米、芝麻为主。有商品、农产品贸易。106国道经此。

庙湾镇［Miàowān Zhèn］ 平舆县辖镇。在县境北部。面积75平方千米。人口6.3万。辖1居委会、13村委会,有71自然村。镇人民政府驻庙湾。1956年设庙湾乡。1958年改公社。1984年复乡。1995年改镇。因镇政府驻地得名。小洪河流经。有中学2所,小学22所,卫生院1个,卫生所14个。有幼儿园、文化站、农技服务中心。有古迹台子寺遗址、清真寺、山峡会馆等。工业以皮革加工为主。庙小线县道、庙北公路过境。

庙湾［Miàowān］ 庙湾镇人民政府驻地。在县政府驻地清河街道东北15千米。人口3500。因地处小洪河湾上,旧有庙宇,故名庙儿湾,简称庙湾。聚落呈团块状。有中小学、幼儿园、卫生院。有古迹山峡会馆、河南省百泉师范学校旧址、台子寺。农业以种植小麦、玉米为主。特产庙皮、白芝麻。有商品、农产品贸易。庙小线县道、庙北公路经此。

射桥镇［Shèqiáo Zhèn］ 平舆县辖镇。在县境北部。面积65平方千米。人口5.5万。辖2居委会、12村委会,有89自然村。镇人民政府驻射桥。1956年设射桥乡。1958年改公社。1984年复乡。1997年改镇。因镇政府驻地得名。小洪河、茅河流经。有中学1所,小学13所,卫生院1个,卫生所19个。有幼儿园、文化站、农技服务中心。有沈子国故城遗址、射桥开元寺遗址、沈君忽墓。农业以种植小麦、白芝麻,饲养猪、牛、羊、鸡为主。工业以活性炭、面粉、脱水蔬菜加工为主。服务业以物流、餐饮为主。吴黄线省道、石邢线县道过境。

射桥［Shèqiáo］ 射桥镇人民政府驻地。在县政府驻地清河街道北21千米。人口3200。宋代为纪念养由基,在激水(现茅河)口建石桥,取名射桥。因桥得名。聚落呈团块状。有中小学、卫生院。有沈子国故城遗址、射桥开元寺遗址、沈君忽墓等。农业以种植小麦、玉米为主,特产白芝麻。有商品、农产品贸易。吴黄线省道、石邢线县道经此。

单老［Shànlǎo］ 在县政府驻地清河街道北18千米。射桥镇辖自然村。人口2700。明崇祯年间(1628—1644)山西洪洞县单姓迁此,名单老家,后演今名。聚落呈团块状。有文化广场,内有观赏区、休闲区、群众大舞台、篮球场、配套体育健身设施等。有少年宫、文化书屋。农业以种植芝麻、大豆为主。石邢线县道经此。2014年被评为全国文明村。

西洋店镇［Xīyángdiàn Zhèn］ 平舆县辖镇。在县境南部。面积131平方千米。人口7.7万。辖1居委会、18村委会,有170自然村。镇人民政府驻西洋店。1949年设西洋店乡,属汝南县。1951年属平舆县。1958年改公社。1984年复乡。1999年改镇。因镇政府驻地得名。汝河流经。有中学2所,小学23所,卫生院1个,卫生所23个。有幼儿园、文化站、农技服务中心、敬老院。有郭了凡旧居等。有省级非物质文化遗产丝弦道。农业以种植小麦、玉米、蔬菜,养殖猪、牛、羊为主。特产白芝麻、花生、萝卜。工业以皮革、食品、塑料制品、药物原材料加工为主。有集贸市场5个。吴黄线省道过境。

西洋店［Xīyángdiàn］ 西洋店镇人民政府驻地。在县政府驻地清河街道南15千米。人口500。有奶奶庙居二郎庙西,内有和尚,故称西和尚庙。因地势低洼,雨季积水如洋,渐演今名。聚落呈团块状。有中小学、幼儿园、卫生院、文化站、敬老院等。农业以种植小麦、玉米为主,特产花生、大豆、麻花。有商品、农产品贸易。吴黄线省道经此。

阳城镇［Yángchéng Zhèn］ 平舆县辖镇。在县境西北部。面积98平方千米。人口7.1万。辖2居委会,有161自然村。镇人民政府驻后刘。1955年设后刘区。1956年设乡。1958年并入张营乡。1962年万冢、射桥2公社析设后刘公社。1984年改乡。2007年改镇。2008年因阳城遗址更今名。有中学1所,小学14所,卫生院1个,卫生所19个。有幼儿园、文化站、农技服务中心、敬老院等。农业以种植小麦、玉米、花生、油菜,养殖猪、鸭为主。特产白芝麻。工业以农副产品加工为主。石邢线县道过境。

后刘［Hòuliú］ 阳城镇人民政府驻地。在县政府驻地清河街道西北22千米。人口600。刘姓自洪洞县迁此,取名刘庄,后人口增多,迁至桥南,取名前刘,此处居北而改称后刘。聚落呈团块状。有中小学、幼儿园、卫生院、文化站、敬老院。有阳城故城、袁安墓、洪山庙遗址等。农业以种植小麦、玉米、花生为主,特产白芝麻。有商品、农产品贸易。石邢线县道经此。

郭楼镇［Guōlóu Zhèn］ 平舆县辖镇。在县境西部。面积63平方千米。人口4.2万。辖1居委会、8村委会,有88自然村。镇人民政府驻程庄。1956年设郭楼乡。1958年并入平舆、万冢、李屯3公社。1962年析设郭楼公社。1984年改乡。2007年改镇。因镇政府原驻地郭楼得名。小清河流经。有中学1所,小学14所,卫生院1个,卫生所19个。有幼儿园、文化站、农技服务中心、敬老院等。有高平寺、白塔寺武装暴动旧址。农业以种植大豆、油菜、蔬菜、花生,养殖猪、鸡、鸭为主。特产白芝麻。工业以皮革、服装加工为主。张南线省道过境。

程庄［Chéngzhuāng］ 郭楼镇人民政府驻地。在县政府驻地清河街道西6千米。人口600。明初程姓建村,故名。聚落呈团块状。有中学、幼儿园、卫生院、文化站等。有白塔寺、汝阳故城、高平寺武装暴动旧址。农业以种植小麦、玉米为主,特产白芝麻。有商品、农产品贸易。张南线省道经此。

李屯镇［Lǐtún Zhèn］ 平舆县辖镇。在县境西部。面积66平方千米。人口3.7万。辖9村委会,有88自然村。镇人民政府驻李屯。1950年汝南县设李旗屯乡,后简称李屯乡。1951年划入平舆县。1958年成立公社。1984年改乡。2009年改镇。因镇政府驻地得名。荆河流经。有中学1所,小学11所,卫生院1个,卫生所12个。有幼儿园、文化站、农技服务中心、敬老院等。有秀公戒师和尚塔、汉汝阳故城、鸿隙陂大坝遗址。农业以种植小麦、大豆、花生、蔬菜、稀有花木,养殖猪、羊、鸡、牛为主。特产白芝麻。工业以皮革深加工为主。庙小线县道过境。

李屯［Lǐtún］ 李屯镇人民政府驻地。在县政府驻地清河街道西13千米。人口2500。明为军屯,称李旗屯,后简今名。聚落呈团块状。有中小学、幼儿园、卫生院、敬老院等。有古迹鸿隙陂大坝遗址、秀公戒师和尚塔、十八里庙。农业以种植小麦、大豆为主,特产白芝麻、花卉。有商品、农产品贸易。平普公路经此。

万金店镇［Wànjīndiàn Zhèn］ 平舆县辖镇。在县境东南部。面积74平方千米。人口4.7万。辖12村委会,有107自然村。镇人民政府驻万金店。1950年汝南县设万金店乡。1951年划入平舆县。1955年改万金店区。1956年设乡。1958年成立公社。1984年改乡。2009年改镇。因镇政府驻地得名。有中学1所,小学11所,卫生院1个,卫生所12个。有幼儿园、文化站、农技服务中心、敬老院等。农业以种植小麦、玉米、油菜、蔬菜、中药材,养殖牛、羊、猪为主。特产白芝麻。工业以医药、化工为主。平长线省道过境。

万金店［Wànjīndiàn］ 万金店镇人民政府驻地。在县政府驻地清河街道东南9千米。人口1800。明正统年间(1436—1449)一道人在此修寺化得万两黄金,且为过路店,故名。聚落呈团块状。有中小学、幼儿园、卫生院、文化站等。农业以种植小麦、玉米、芝麻、花卉等为主。有商品、农产品贸易。平长线省道、庙北公路经此。

高杨店镇［Gāoyángdiàn Zhèn］ 平舆县辖镇。在县境东北部。面积79平方千米。人口5.9万。辖2居委会、13村委会,有108自然村。镇人民政府驻高杨店。1949年汝南县设高杨店乡。1951年划入平舆县。1958年并入杨埠乡。1962年杨埠公社析设高杨店公社。1984年改乡。2011年改镇。因镇政府驻地得名。小洪河流经。有中学1所,小学18所,卫生院1个,卫生所16个。有幼儿园、文化站、农技服务中心、敬老院等。有函头寺遗址。农业以种植小麦、玉米、大豆、芝麻、蔬菜为主。工业以粮油加工、建筑建材、医药保健、防潮防腐加工、木材加工为主。大广高速,石车线、高韩线县道过境。

高杨店［Gāoyángdiàn］ 高阳店镇人民政府驻地。在县政府驻地清河街道东北21千米。高阳店镇辖自然村。明永乐年间(1403—1424)建村,以高、杨2姓得名。聚落呈团块状。有中小学、卫生院等。有函头寺遗址。农业以种植小麦、大豆为主,盛产白芝麻。有商品、农产品贸易。石邢线县道经此。

万冢镇［Wànzhǒng Zhèn］ 平舆县辖镇。在县境西北部。面积79平方千米。人口5.3万。辖1居委会、11村委会,有118自然村。镇人民政府驻万冢。1956年设万冢乡。1958年改公社。1984年复乡。2011年改镇。因镇政府驻地得名。小洪河、小清河、荆河流经。有中学2所,小学12所,卫生院1个,卫生所12个。有文化站、农技服务中心、幼儿园、敬老院等。有万道同故居、郭寺。农业以种植小麦、大豆、红薯、花生、芝麻,养殖养猪、牛、鸡为主。工业以家具、建筑建材、食品加工、电子为主。庙小线县道过境。

万冢［Wànzhǒng］ 万冢镇人民政府驻地。在县政府驻地清河街道西北12千米。人口800。传宋代建寨,名亲母寨,后因有土冢而改称三墩埠。明洪武年间(1368—1398年)因万姓称万家冢,后简今名。聚落呈团块状。有中小学、卫生院等。有万道同故居、郭寺。农业以种植小麦、大豆、红薯、玉米、花生、芝麻为主。有商品、农产品贸易。通公路。

十字路乡［Shízìlù Xiāng］ 平舆县辖乡。在县境北部。面积45平方千米。人口4.2万。辖8村委会,有53自然村。乡人民政府驻十字路。1957年射桥乡析设十字路乡,1958年并入公社。1977年射桥公社析设十字路公社。1984年改乡。因乡政府驻地得名。有中学1所,小学10所,卫生院1个,卫生所8个。有幼儿园、文化站、农技服务中心、敬老院等。农业以种植小麦、玉米、白芝麻、黄花菜,养殖牛、羊、猪为主。特产红薯、西瓜。工业以皮革、木材、粉条加工，制药，彩灯生产为主。石邢线县道过境。

十字路［Shízìlù］　十字路乡人民政府驻地。在县政府驻地清河街道北28千米。人口400。明崇祯年间(1628—1644)名王庄，后因处十字路，为交通咽喉，改今名。聚落呈团块状。有中小学、卫生院、文化站等。农业以种植小麦、大豆、红薯、花生、芝麻为主。工业以粉条加工为主。有商品、农产品贸易。石邢线县道经此。

玉皇庙乡［Yùhuángmiào Xiāng］　平舆县辖乡。在县境中部偏北。面积56平方千米。人口4.5万。辖10村委会，有79自然村。乡人民政府驻玉皇庙。1956年设玉皇庙乡。1958年并入平舆、万冢、庙湾3公社。1977年析设红旗公社。1981年更名玉皇庙公社。1984年改乡。因乡政府驻地得名。小洪河流经。有中学1所，小学10所，卫生院1个，卫生所12个。有幼儿园、文化站、农技服务中心、敬老院等。有玉皇庙遗址。农业以种植小麦、玉米、花生、芝麻、油菜，养殖猪、鸡为主。工业以皮革皮件加工、医药器材制造为主。吴黄线省道过境。通公交车。

玉皇庙［Yùhuángmiào］　玉皇庙乡人民政府驻地。在县政府驻地清河街道北8千米。人口1000。明洪武年间(1368—1398)郑、从2姓自山西洪洞县迁此，修玉皇大帝之庙，得名玉皇庙。聚落呈团块状。有中小学、幼儿园、卫生院等。有玉皇庙遗址。农业以种植小麦、大豆、红薯、芝麻、大蒜等为主。有商品、农产品贸易。吴黄线省道经此。

老王岗乡［Lǎowánggǎng Xiāng］　平舆县辖乡。在县境西南部。面积71平方千米。人口3.9万。辖10村委会，有86自然村。乡人民政府驻老王岗。1956年设王岗乡。1958年并入李屯乡。1977年李屯公社析设王岗公社，1981年更名老王岗公社。1984年设乡。因乡政府驻地得名。汝河、肖刘河流经。有中学1所，小学13所，卫生院1个，卫生所11个。有幼儿园、文化站、农技服务中心、敬老院。有明崇王墓。农业以种植玉米、大豆、花生、油菜，养殖猪、鸡为主。工业以皮革、木制品加工为主。新阳高速过境。

老王岗［Lǎowánggǎng］　老王岗乡人民政府驻地。在县政府驻地清河街道西南20千米。人口800。明洪武年间(1368—1398)王姓迁此。清代在岗上起集，称王岗集。1982年因与汝南县王岗重名，且此处建集时间早，更今名。聚落呈团块状。有中小学、卫生院等。有古迹周夔墓、安城故城、战国魏长城、周燕墓、惠王墓。农业以种植小麦、玉米、大豆、芝麻，养殖淡水鱼、螃蟹等为主。有商品、农产品贸易。魏王公路经此。

辛店乡［Xīndiàn Xiāng］　平舆县辖乡。在县境西南部。面积54平方千米。人口3.7万。辖8村委会，有71自然村。乡人民政府驻辛店。1956年设辛店乡。1958年并入李屯、西洋店、万金店、平舆4公社，1962年析设辛店公社。1984年改乡。因乡政府驻地得名。汝河流经。有中学1所，小学10所，卫生院1个，卫生所16个。有幼儿园、文化站、农技服务中心、敬老院。农业以种植小麦、大豆、玉米、芝麻、棉花、油菜、中药材，养殖猪、羊为主。工业以皮革、机械、食品、面粉加工为主。新阳高速、吴黄线省道过境。

辛店［Xīndiàn］　辛店乡人民政府驻地。在县政府驻地清河街道西南8千米。人口600。传清代刘辛开店，村以人名。分前、后辛店。聚落呈团块状。有中小学、卫生院、敬老院等。农业以种植小麦、玉米、大豆、芝麻，养殖鱼类、奶牛等为主。工业以奶制品、木制品加工为主。有商品、农产品贸易。新阳高速经此。

双庙乡［Shuāngmiào Xiāng］　平舆县辖乡。在县境东南部。面积48平方千米。人口3.2万。辖8村委会，有62自然村。乡人民政府驻双庙。1951年曾设双庙乡。1977年万金店、杨埠2公社析设双庙公社。1984年改乡。因乡政府驻地得名。小洪河、小清河流经。有中学1所，小学10所，卫生院1个，卫生所10个。有幼儿园、文化站、农技服务中心、敬老院。农业以种植小麦、玉米、白芝麻、晚秋黄梨，养殖猪、鸡、鸭为主。工业以皮革、皮件制品加工为主。有集贸市场3个。平长线省道过境。

双庙［Shuāngmiào］　双庙乡人民政府驻地。在县政府驻地清河街道东南8千米。人口800。传清咸丰年间(1851—1861)王姓修庙宇2座，取名王双庙，后简今名。聚落呈团块状。有中小学、卫生院、文化站、农技服务中心等。农业以种植小麦、玉米、大豆、红薯为主，特产晚秋黄梨、白芝麻。有商品、农产品贸易。平长线省道经此。

正　阳　县

正阳县［Zhèngyáng Xiàn］　驻马店市辖县。北纬32°37′，东经114°23′。在市境东南部。面积1903平方千米。人口80.6万。以汉族为主，还有回、蒙古、藏、苗等民族。辖8镇、11乡。县人民政府驻真阳镇。西汉元狩五年(前118)设慎阳县，治今真阳镇北，属汝南郡。因慎水得名。南朝宋改名真阳县。北齐并入保城县。隋开皇十六年(596)置真邱县。大业二年(606)复名真阳县。唐延载元年(694)改名淮阳县。神龙元年(705)复名真阳县，属蔡州。宋代治迁今址。元属息州，后属汝宁府。明洪武四年(1371)省入汝阳县。弘治十八年(1505)复置真阳县，属汝宁府。清雍正元年(1723)避雍正帝讳改今名。1913年属豫南道。1914年属汝阳道。1927年属省。1932年属第八行政督察区。1944年治迁汝南埠。1945年治迁真阳镇。1949年属信阳专区。1965年属驻马店专区。1969年属驻马店地区。2000年属驻马店市。地处淮河冲积湖积平原，地势西北高东南低。平均海拔79米。年均气温15℃，1月平均气温2℃，7月平均气温28℃。年均降水量923毫米。慎水河、闾河、清水河流经。有河沙资源。有野生植物4138种，野生动物100种。森林覆盖率19.6%。有高中4所，初中29所，小学277所，文化馆1个，图书馆1个。有省级文物保护单位江国故城遗址、临淮城遗址、王家冢遗址、东汉石阙。有省级非物质文化遗产陈氏四块瓦。为中华江姓发祥地，有江姓祭祀堂、广场、牌楼等。有雷岗战役纪念地、江国故城纪念馆、黄叔度文化游园。三次产业比例35∶30∶35。农业以种植小麦、花生，饲养猪为主，有国家地理标志产品正阳花生、正阳三黄鸡。特产生姜、大蒜。工业以机械制造、化工、建材、皮革加工、农产品加工为主。有省级产业集聚区。服务业以商贸、饮食为主，有花生交易市场、建材市场。大广高速、吴黄线省道过境。

正阳广场［Zhèngyáng Guǎngchǎng］　在县城中部。面积16公顷。2011年开工，2013年建成。因正阳聚落得名。铺有县域、县情、民俗文化大理石9块，尊老、爱幼等新二十四孝图大理石8块。有100棵银杏、100棵桂花树组成的百杏林、百桂林，意为百姓活动地，相处贵(桂)如邻。为举办集会、休闲、健身的主要场所。周边有正阳公园、县法院、县检察院、江南城居民小区等。通公交车。

正阳县汽车站［Zhèngyáng Xiàn Qìchēzhàn］　见交通运输设施部分"正阳县汽车站"条。

真阳镇［Zhēnyáng Zhèn］　正阳县人民政府驻地。在县境西北部。面积108平方千米。人口9.3万。以汉族为主，还有回、蒙古等民族。辖11居委会、14村委会，有217自然村。镇人民政府驻邹楼。宋真阳县治迁此，称真阳镇。明景泰四年(1453)改真阳县为镇，属汝阳县。弘治十八年(1505)复属真阳县，为县治。清雍正元年(1723)改为正阳县治，称真阳镇。1950年置城关镇。1958年改乡。同年并入城郊公社。1961年复城关镇。1987年更名真阳镇。2005年梁庙乡并入。慎水河流经。有中学3所，小学15所，卫生院2个，卫生所25个。有幼儿园、敬老院、图书馆、文化馆、正阳公园、清水湾公园、正阳广场。有省级文物保护单位东汉石阙。有名胜古迹黄叔度墓、唐碑、甘泉。农业以种植小麦、花生为主，有蔬菜、草莓、花卉基地。特产梅营红薯、小白沙花生。工业以食品加工、皮件制作、球铁铸造、农机制造、化工为主。永定线、棠西线、确平线省道过境。

正阳大道［Zhèngyáng Dàdào］　在县城西北部。东起慎西路，西至清水河路。与建设路、汝河路、慎水河路相交。长2千米，宽25米。沥青路面。1933年建土路，为正阳—确山公路。1985年铺设油渣路面。2004扩建，铺设沥青路面。2012年改扩建，因县更名。两侧有巨源花园小区、江南城小区、林栖园小区、移动公司、县农业机械管理局、县环保局、正阳高中等。通公交车。

真阳大道［Zhēnyáng Dàdào］　在县城东南部。东起慎东路，西至清水河路。与正大路、慎西路、建设路、汝河路、慎水河路相交。长7千米，宽26米。沥青路面。原为省道明临线。2012年扩建为城区主干道。因古真阳县得名。两侧有汉墓群、正阳公园、清水湾公园、广源建材市场、县育才学校等。通公交车。

邹楼［Zōulóu］　真阳镇人民政府驻地。在镇境东北部。人口1.2万。清初称李楼，后邹姓买此田宅，更今名。聚落呈团块状。有中小学、幼儿园、卫生所、正阳广场、正阳公园、清水湾公园。农业以种植小麦、花生、花卉、草莓、香菇、金针菇为主。永定线省道经此。通公交车。

庞桥［Pángqiáo］　真阳镇辖自然村。在镇境北部。人口2700。清初庞姓建村，后建石板桥，称庞桥。聚落呈团块状。有小学、幼儿园、文化活动中心、图书室等。有正阳产业集聚区，君乐宝、维维粮油等国内知名企业。棠西线省道经此。通公交车。2014年被评为全国文明村。

寒冻镇［Hándòng Zhèn］　正阳县辖镇。在县境东北部。面积100平方千米。人口4.8万。辖16村委会，有144自然村。镇人民政府驻寒冻。1949年设寒冻区。1958年设乡，同年改公社。1983年复乡。1988年改镇。因镇政府驻地得名。汝河、汶殊河流经。有中学1所，小学16所，卫生院1个，卫生所18个。有幼儿园、文化站、广播站。有安城遗址、普济桥等。农业以种植小麦、花生、玉米、大豆为主。特产萝卜、牛蛙、元鱼。工业以农机具制造，粮油、食品加工为主。有镇工业园区。有农贸市场。吴黄线省道过境。

寒冻［Hándòng］　寒冻镇人民政府驻地。在县政府驻地真阳镇东北30千米。人口4600。西汉初因处安城(今固城寺)东，称安东店。后传有古井，寒气冻人，演为寒冻店。后简今名。聚落呈团块状。有中小学、幼儿园、卫生院、敬老院、文化站、文化广场。农业以种植小麦、花生、蔬菜为主。工业以农机制造、农产品加工为主。为3县交界处农产品集散地。吴黄线省道经此。

汝南埠镇［Rǔnánbù Zhèn］ 正阳县辖镇。在县境东部。面积101平方千米。人口5.8万。以汉族为主，还有回、蒙古等民族。辖1居委会、24村委会，有196自然村。镇人民政府驻汝南埠。1950年设汝南埠区。1957年设乡。1958年改公社。1975年析设岳城公社。1983年改乡。1988年改镇。2005年岳城乡并入。因镇政府驻地得名。汝河流经。有中学2所，小学25所，卫生院2个，卫生所24个。有幼儿园、敬老院、文化站、广播站等。有省级红色旅游风景区雷岗战役纪念地。农业以种植小麦、花生、玉米、大豆、蔬菜为主。特产大葱、无丝生姜、西瓜等。工业以机械制造、食品加工、建筑建材为主。有镇工业园区。大广高速、棠西线省道过境。

汝南埠［Rǔnánbù］ 汝南埠镇人民政府驻地。在县政府驻地真阳镇东34千米。人口3300。以汉族为主，还有回族等。传唐初金姓设义渡，称金家埠。后兴集，改称金集。明初汝河南岸有码头，改今名。聚落呈团块状。有中小学、幼儿园、卫生室、敬老院、文化广场等。有薛寺遗址、清真寺大殿。农业以种植小麦、花生、蔬菜为主，特产萝卜、明月梨等。工业以农产品加工、农机具修造、建筑建材加工为主。有集贸市场。棠西线省道经此。

铜钟镇［Tóngzhōng Zhèn］ 正阳县辖镇。在县境南部。面积108平方千米。人口3.8万。以汉族为主，还有回族等。辖15村委会，有252自然村。镇人民政府驻铜钟。1956年设铜钟乡。1958年改公社。1983年改乡。1988年改镇。因镇政府驻地得名。清水河流经。有中学1所，小学12所，卫生院1个，卫生所16个。有幼儿园、敬老院、文化站等。有建安城、晾马台遗址。农业以种植水稻、花生、小麦、蔬菜为主。为国家地理标志产品正阳三黄鸡保护区，正阳三黄鸡主产地。工业以建材、食品、粮油加工等为主。有集贸市场。永定线省道过境。

铜钟［Tóngzhōng］ 铜钟镇人民政府驻地。在县政府驻地真阳镇东南23千米。人口3600。以汉族为主，还有回族等。唐初有庙，内有铜钟，称铜钟庙。后成过路店，改称铜钟店，后简今名。聚落呈团块状。有中小学、幼儿园、卫生室、敬老院、文化广场等。农业以种植花生、水稻、小麦、蔬菜为主。特产腊肉、土鸡等。工业以农产品加工、农机修造、建筑建材加工为主。服务业以农产品贸易为主。永定线省道经此。通多路公交车。

陡沟镇［Dǒugōu Zhèn］ 正阳县辖镇。在县境南部。面积117平方千米。人口4万。辖16村委会，有218自然村。镇人民政府驻陡沟。1949年设陡沟区。1958年设乡，同年改公社。1983年改乡。1988年改镇。因镇政府驻地得名。田白河流经。有黄沙资源。有中学1所，小学13所，卫生院1个，卫生所16个。有幼儿园、敬老院、文化站。有老母洼、晒谷堆遗址。有德胜祥木版年画。农业以种植水稻、蔬菜为主，特产陡沟生姜、齐头黑大蒜。工业以农副产品加工、农机修造、建筑建材为主。有农贸市场。确平线省道过境。

陡沟［Dǒugōu］ 陡沟镇人民政府驻地。在县政府驻地真阳镇南27千米。人口3800。明洪武年间(1368—1398)建村，因壁陡沟深得名。聚落呈团块状。有中小学、幼儿园、卫生室、敬老院、文化广场、陡沟白果树、田奉先烈士墓。农业以种植水稻、花生、蔬菜为主，特产陡沟生姜、齐头黑大蒜。工业以粮油加工、农机修造、食品加工、建筑建材等为主。有稻米贸易。确平线省道经此。通多路公交车。

熊寨镇［Xióngzhài Zhèn］ 正阳县辖镇。在县境西部。面积84平方千米。人口2.9万。辖13村委会，有191自然村。镇人民政府驻熊寨。1949年设熊寨区。1956年设乡。1958年改公社。1983年改乡。1996年改镇。因镇政府驻地得名。文殊河、白河流经。有中学1所，小学13所，卫生院1个，卫生所13个。有幼儿园、敬老院、文化站等。有省级文物保护单位王家冢遗址。农业以种植小麦、花生、蔬菜为主。特产西瓜、葡萄、香菇、平菇、金针菇等。工业以面粉、食品加工，建筑建材，门窗制造为主。棠西线、确平线省道过境。

熊寨［Xióngzhài］ 熊寨镇人民政府驻地。在县政府驻地真阳镇西15千米。人口1400。原为过路店，清康熙十五年(1676)建粮仓，称增益店。咸丰年间(1851—1861)熊姓建寨改称熊家寨，简称熊寨。聚落呈团块状。有中小学、幼儿园、卫生室、敬老院、文化广场等。农业以种植小麦、花生、蔬菜为主。工业以粮油、食品加工，农机修造等为主。有集贸市场。为正阳、确山2县农副产品集散地。棠西线省道经此。

大林镇［Dàlín Zhèn］ 正阳县辖镇。在县境南部。面积133平方千米。人口4.7万。辖2居委会、15村委会，有315自然村。镇人民政府驻大林。1966年铜钟公社析设大林公社。1983年设乡。2007年改镇。因镇政府驻地得名。南临淮河。有中学2所，小学14所，卫生院1个，卫生所17个。有敬老院、文化站、影剧院等。为中华江姓发祥地，有江姓祭祀堂、广场、牌楼等。有省级文物保护单位江国故城遗址。农业以种植水稻、花生为主。特产淮河粳米。工业以稻米加工、建筑建材、农机具修造为主。永定线省道过境。

大林［Dàlín］ 大林镇人民政府驻地。在县政府驻地真阳镇东南35千米。人口1100。明洪武年间(1368—1398)胡、杨2姓自湖北麻城迁此，为正阳至罗山过路店，因有大片柏树林而称大林店，后简今名。聚落呈团块状。有中小学、幼儿园、卫生室、敬老院、文化广场等。农业以种植水稻、花生、小麦为主。盛产淮河粳米。工业以稻米、建筑建材加工为主。经营稻米贸易。有集贸市场。永定线省道经此。通多路公交车。

永兴镇［Yǒngxīng Zhèn］ 正阳县辖镇。在县境东南部。面积90平方千米。人口3万。辖13村委会，有206自然村。镇人民政府驻永兴。1975年铜钟、闾河、王勿桥3公社析设永兴公社。1983年设乡。2009年改镇。因镇政府驻地得名。清水河、闾河流经。有中学1所，小学13所，卫生院1个，卫生所13个。有幼儿园、敬老院、文化站。有王寨遗址等。农业以种植小麦、花生、水稻为主。有诸美种猪场。工业以农副产品、食品加工，机械制造为主。寒冻—西朱庄公路过境。

永兴［Yǒngxīng］ 永兴镇人民政府驻地。在县政府驻地真阳镇东南22千米。人口1700。清嘉庆年间铜阳寺店一客商迁此开设店铺，因取“永久兴旺”之意命名永兴。聚落呈团块状。有中小学、幼儿园、卫生室、敬老院、文化广场等。农业以种植花生、小麦、大豆，养殖生猪、黄牛、山羊、獭兔等为主。工业以农副产品、食品加工，机械制造为主。有集贸市场。正阳—永兴公路经此。通公交车。

慎水乡［Shènshuǐ Xiāng］ 正阳县辖乡。在县境西北部。面积134平方千米。人口4.9万。辖16村委会，有271自然村。乡人民政府驻刘冢。1958年成立城郊公社。1983年设乡。1987年更今名。因慎水河流经，故名。有中学1所，小学15所，卫生院1个，卫生所16个。有幼儿园、敬老院、文化站等。有王牌寺古墓群、刘冢古墓、徐冢古墓。经济以工业、服务业为主，有机械制造、农副产品加工、建筑建材、饮食服务、批零贸易。农业以种植小麦、花生、蔬菜，养殖猪、牛、鸡为主。永定线、棠西线省道过境。

刘冢［Liúzhǒng］ 慎水乡人民政府驻地。在县政府驻地真阳镇东2千米。人口900。清初刘姓建村，东靠土冢，故名。聚落呈团块状。有小学、幼儿园、卫生室、图书室等。有刘冢古墓。农业以种植小麦、花生、蔬菜、香菇等为主。有县渔场，特产淡水鱼、鱼苗、莲藕等。有农产品收购、粮油加工等。棠西线省道经此。通多路公交车。

傅寨乡［Fùzhài Xiāng］ 正阳县辖乡。在县境北部。面积95平方千米。人口3.8万。辖14村委会，有146自然村。乡人民政府驻傅寨。1975年城郊、袁寨、寒栋3公社析设傅寨公社。1983年设乡。因乡政府驻地得名。慎水河、文殊河流经。有中学1所，小学12所，卫生院1个，卫生所12个。有幼儿园、敬老院、文化站等。有传统技艺泥人杨彩塑。经济以商品经营、餐饮、物流、农产品交易为主。农业以种植小麦、花生为主。特产花生、波尔山羊、蜂蜜等。庙湾—陡沟公路过境。

傅寨［Fùzhài］ 傅寨乡人民政府驻地。在县政府驻地真阳镇北14千米。人口1100。清初殷姓自湖北麻城迁此，得名殷庄。同治年间(1862—1874)傅姓自老傅寨迁此筑寨，更今名。聚落呈团块状。有中小学、幼儿园、卫生室、健身广场等。农业以种植小麦、花生、蔬菜等为主。工业以农副产品加工、机械修造为主。为正阳、汝南2县农副产品集散地。有集贸市场。正阳—傅寨公路经此。

袁寨乡［Yuánzhài Xiāng］ 正阳县辖乡。在县境北部。面积89平方千米。人口4.1万。辖15村委会，有139自然村。乡人民政府驻袁寨。1956年为袁寨中心乡。1957年设袁寨乡。1958成立袁寨公社。1983年复改乡。因乡政府驻地得名。慎水河流经。有中学2所，小学15所，卫生院1个，卫生所16个。有县大春文武学校，幼儿园、敬老院、文化站。有任庄遗址、袁家大院等。农业以种植小麦、花生，养殖黄牛、波尔山羊为主。工业以面粉、食品加工，机械修造、建筑建材等为主。吴黄线省道过境。

袁寨［Yuánzhài］ 袁寨乡人民政府驻地。在县政府驻地真阳镇东北18千米。人口900。明末张氏自湖北麻城县迁此建村，因处岗地而称张岗。1911年豫南巡缉营统领袁家骥(袁乃宽长子)于此筑寨建宅，遂改称袁家寨，简称今名。聚落呈团块状。有小学、幼儿园、卫生室、文化广场、袁家大院等。农业以种植小麦、花生、西瓜为主。工业以粮油、食品加工，建筑建材为主。有集贸市场。吴黄线省道经此。

新阮店乡［Xīnruǎndiàn Xiāng］ 正阳县辖乡。在县境中部偏北。面积76平方千米。人口3万。辖11村委会，有150自然村。乡人民政府驻新阮店。1975年城郊、袁寨、王勿桥、闾河4公社析设新阮店公社。1983年设乡。因乡政府驻地得名。慎水河流经。有中学1所，小学11所，卫生院1个，卫生所11个。有幼儿园、敬老院、文化站等。经济以农业为主，种植小麦、花生。有小麦、花生育种。特产小白沙花生、黄金梨、黄桃等。工业以粮油、板材等加工为主。有农机修造等。吴黄线、棠西线省道过境。

新阮店［Xīnruǎndiàn］ 新阮店乡人民政府驻地。在县政府驻地真阳镇东北11千米。人口800。1975年改扩建省道明临线，民工聚集于此，村民借此摆摊设点、建房经商，遂成新村。

与老阮店区分而得名。聚落呈团块状。有中小学、幼儿园、卫生室、文化广场。农业以种植小麦、花生、玉米为主。工业以粮油加工、建筑建材为主。有农机修造业、农产品交易等。棠西线省道经此。

油坊店乡［Yóufángdiàn Xiāng］　正阳县辖乡。在县境东北部。面积81平方千米。人口3.9万。辖14村委会，有132自然村。乡人民政府驻油坊店。1950年设油坊店乡。1958年并入汝南埠公社。1966年析设油坊店公社。1983年改乡。因乡政府驻地得名。汝河、慎水河流经。有中学1所，小学12所，卫生院1个，卫生所12个。有幼儿园、敬老院、文化站等。有省级非物质文化遗产四块瓦。有七星寺庙会。有省级红色旅游风景区雷岗战役遗址。农业以生产花生、小麦为主，特产明月梨、西瓜等。工业以粮油、食品加工，水泥预制，建材等为主。有农机修造业。棠西线省道过境。

油坊店［Yóufángdiàn］　油坊店乡人民政府驻地。在县政府驻地真阳镇东23千米。人口1800。明洪武年间(1368—1398)因姓氏称朱韩村，后为正阳—汝南埠过路店，多以油坊谋生，改今名。聚落呈团块状。有中小学、幼儿园、卫生室、敬老院、文化广场等。有七星寺庙会。农业以种植小麦、花生、西瓜为主。工业以农产品加工、建筑建材为主。有农副产品集贸市场。棠西线省道经此。通多路公交车。

雷寨乡［Léizhài Xiāng］　正阳县辖乡。在县境东部。面积129平方千米。人口5.3万。辖21村委会，有225自然村。乡人民政府驻雷寨。1966年王勿桥公社析设雷寨公社。1983年设乡。2005年西严店乡并入。因乡政府驻地得名。闾河流经。有中学2所，小学21所，卫生院2个，卫生所21个。有幼儿园、敬老院、文化站等。有西严店蒸鸡、雷寨猪系列制作工艺。农业以种植小麦、花生、西瓜、蔬菜、红薯为主。特产白菜。工业以农副产品加工、建筑建材等为主。有农机修造业。正阳—西严店、雷寨—王勿桥公路过境。

雷寨［Léizhài］　雷寨乡人民政府驻地。在县政府驻地真阳镇东南37千米。人口2900。原名莲花寺。后寺废，雷氏迁此筑寨，更今名。聚落呈团块状。有中小学、幼儿园、卫生室、文化广场等。经济以粮油加工、农机修造、农副产品贸易为主。农业以种植小麦、花生、西瓜，养殖猪、牛、羊为主。正阳—雷寨公路经此。通多路公交车。

王勿桥乡［Wángwùqiáo Xiāng］　正阳县辖乡。在县境东部。面积86平方千米。人口3.2万。辖12村委会，有156自然村。乡人民政府驻王勿桥。1945年设王勿桥乡。1951年改区。1958年改公社。1983年复乡。因乡政府驻地得名。闾河流经。有中学1所，小学12所，卫生院1个，卫生所12个。有敬老院、文化站等。有徐楼遗址。经济以种植小麦、花生、蔬菜为主。工业以醋加工为主，机械、建材、食品加工等为辅。有河南省老字号王勿桥伏陈醋。吴黄线省道过境。

王勿桥［Wángwùqiáo］　王勿桥乡人民政府驻地。在县政府驻地真阳镇东南28千米。人口1800。传东汉初王氏建村兴集，称王家集。北宋景德年间(1004—1008)为县设贸易机关和场所，改称王务镇。清代闾河建桥，竣工时大雾弥漫，称望雾桥，以桥名镇，后演今名。聚落呈团块状。有中小学、幼儿园、卫生室、文化广场等。经济以商品经营、餐饮、物流、农产品交易为主。农业以种植小麦、花生、蔬菜为主。工业以伏陈醋加工为主。吴黄线省道经此。通多路公交车。

闾河乡［Lǘhé Xiāng］　正阳县辖乡。在县境中部。面积99平方千米。人口3.2万。辖15村委会，有207自然村。乡人民政府驻闾河。1956年设闾河店乡。1958年改闾河乡，同年改公社。1983年复乡。因乡政府驻地得名。闾河流经。有闾河水库。有中学1所，小学13所。有文化站、敬老院。有望驴台。农业以种植小麦、花生、水稻，养殖生猪为主。工业以建材、农产品加工为主。有农机修造业。永定线省道过境。

闾河［Lǘhé］　闾河乡人民政府驻地。在县政府驻地真阳镇东南9千米。人口1300。因河得名。聚落呈团块状。有中小学、幼儿园、卫生室、敬老院等。经济以建材、农机修造、餐饮、物流、农产品交易为主。农业以种植小麦、水稻、花生、蔬菜为主，盛产鲢、鲤、鲫鱼及莲藕等。永定线省道经此。通多路公交车。

皮店乡［Pídiàn Xiāng］　正阳县辖乡。在县境南部。面积104平方千米。人口3.4万。辖11村委会，有263自然村。乡人民政府驻皮店。1957年设皮店乡。1958年并入陡沟公社，1966年析设皮店公社。1983年改乡。因乡政府驻地得名。有中学1所，小学11所，卫生院1个，卫生所11个。有幼儿园、敬老院、文化站等。有省级文物保护单位临淮城遗址。农业以种植小麦、水稻、花生、大豆，饲养生猪、牛羊、家禽为主。特产三黄鸡、粳米、板栗等。工业以精米、面粉、饲料加工，预制等为主。正阳—皮店公路过境。

皮店［Pídiàn］　皮店乡人民政府驻地。在县政府驻地真阳镇南29千米。人口3900。明初裴姓自湖北麻城迁此，为过路店，称裴(方言音 pí)家店。后讹称皮家店，又简今名。聚落呈团块状。有中小学、幼儿园、卫生室、敬老院、文化广场等。有凤凰台遗址、蒋庄古墓、刘庄古墓。经济以粮油加工、建筑建材、物流、农产品交易为主。农业以种植水稻、花生、蔬菜等为主。有集贸市场。正阳—皮店公路经此。

彭桥乡［Péngqiáo Xiāng］　正阳县辖乡。在县境南部。面积77平方千米。人口2.8万。辖9村委会，有154自然村。乡人民政府驻彭桥。1977年闾河、陡沟2公社析设彭桥公社。1983年设乡。因乡政府驻地得名。清水河流经。有中学1所，小学9所，卫生院1个，卫生所9个。有幼儿园、敬老院、文化站等。农业以种植小麦、花生、水稻、蔬菜为主。特产淮河粳米、葡萄、香菇等。工业以建材、机械、粮油加工等为主。确平线省道过境。

彭桥［Péngqiáo］　彭桥乡人民政府驻地。在县政府驻地真阳镇南17千米。人口1600。明初彭氏自湖北麻城迁此，建石桥，称彭桥。村以桥名。聚落呈散状。有中小学、幼儿园、卫生室、敬老院、文化广场等。经济以粮油加工、建材、机械制造、物流、农产品交易为主。农业以种植小麦、花生、水稻等为主。有集贸市场。正阳—皮店公路经此。通多路公交车。

兰青乡［Lánqīng Xiāng］　正阳县辖乡。在县境西南部。面积123平方千米。人口3.7万。辖16村委会，有269自然村。乡人民政府驻兰青。1966年熊寨、闾河、城郊3公社析设兰青公社。1983年设乡。因乡政府驻地得名。清水河、响水河、田白河流经。有中学1所，小学15所，卫生院1个，卫生所16个。有幼儿园、敬老院、文化站等。有皇姑堆、台子堆遗址。农业以种植小麦、花生、水稻、玉米，养殖生猪、山羊为主。工业以建材、化工、面粉加工、木器制作等为主。正阳—兰青、梁庙—陡沟、熊寨—王勿桥公路过境。

兰青［Lánqīng］　兰青乡人民政府驻地。在县政府驻地真阳镇西南16千米。人口900。明初兰氏自湖北麻城县迁此建客栈，为勉后人"青胜于兰(蓝)"，取名兰青店。后简今名。聚落呈团块状。有中小学、幼儿园、卫生室、敬老院、文化广场等。农业以种植小麦、花生、蔬菜为主。工业以农产品加工、建材、机械制造为主。有农副产品集贸市场。正阳—兰青公路经此。通公交车。

确　山　县

确山县［Quèshān Xiàn］　驻马店市辖县。北纬32°26′，东经113°37′。在市境南部。面积1667平方千米。人口52.8万。以汉族为主，还有回、拉祜等民族。辖3街道、9镇、1乡。县人民政府驻盘龙街道。西汉高帝四年(前203)置朗陵县，治今任店镇任店村，属汝南郡。北魏改称安昌县，属初安郡。北周改为威州。隋初废州复安昌县。开皇十八年(598)改名朗山县，属汝南郡。唐初改置北朗州。贞观元年(627)废州复朗山县，属豫州。宝应元年(762)属蔡州。宋大中祥符五年(1012)因避讳更今名，属蔡州。元、明、清至属汝宁府。1913年属豫南道。1914年属汝阳道。1932年属第八行政督察区。1949年属确山专区。旋属信阳专区。1965年属驻马店专区。1969年属驻马店地区。2000年属驻马店市。史载城南有确山，山上泉入窦、声若摧米，"摧""确"谐音而得名。西、南多山丘，东、北为平原。平均海拔112米。最高海拔813米，最低海拔74米。年均气温16℃，1月平均气温2℃，7月平均气温28℃。年均降水量971毫米。有盘龙山、老君山。淮河、溱头河流经。有花岗岩、大理石、石灰岩、萤石等矿产资源。有野生植物66种，野生动物40种，其中国家重点保护野生动物有百冠长尾雉、金雕、红腹锦鸡、苍鹭、大天鹅、小天鹅、猫头鹰。省级重点保护野生动物有喜鹊、刺猬、蝙蝠、野鸡、小白鹭、黄鹂、灰喜鹊、长尾雉、翠鸟、黄鼠狼、啄木鸟、白头翁等40种。有国家森林公园乐山。森林覆盖率29%。有中等职业学校1所，高中3所，初中21所，小学132所，特教学校1所，二级医院1个，体育场2个，图书馆1个。有舞蹈、舞龙舞狮、民间艺术、歌唱等民间文艺志愿服务队30个。有省级文物保护单位曹庄新石器时代遗址、北泉寺、范滂墓。有全国爱国主义教育基地杨靖宇将军纪念馆，省级爱国主义教育基地竹沟革命纪念馆、竹沟烈士陵园。有刘店秋收起义指挥部旧址。有国家级非物质文化遗产传统焰火确山铁花。有省级风景名胜区薄山湖及金顶山、乐山、北泉寺。有三星级宾馆2个。三次产业比例27∶44∶29。农业以种植小麦、水稻、玉米为主，饲养猪、羊、牛。特产夏枯草、板栗、黑猪。工业以建材、生物制药、机械制造、门窗制造为主。服务业以商贸为主。京广铁路，石武高铁，京港澳、新阳高速，107国道过境。

解放路［Jiěfàng Lù］　在县城中部。东起火车站，西至和平街。与龙山路、生产街相交。长1.5千米，宽24米。沥青混凝土路面。1953年开工，1954年建成。1989、2001年拓宽。因解放后新建的道路而得名。两侧有站前广场、信息广场、靖宇广场及多处行政事业单位。通公交车。

朗陵大道［Lǎnglíng Dàdào］　在县城南部。东起龙山路，西至中原大道。与生产街、新民路、和平街、环城路相交。长1.5千米，宽40米。沥青路面。1958年开工，1959年建成。2000年西延。原名环城路，2001年以确山县古称朗陵更今名。两侧多为商业居住综合楼、市场等。通公交车。

龙山路［Lóngshān Lù］ 在县城东部。南起盘龙大道，北至确泌路。与铁北路、拥军路、解放路、朗陵大道、南环城路相交。长 4.1 千米，宽 40 米。沥青路面。原为 107 国道，1999 年改造为城区道路。1992 年因盘龙山定今名。两侧有县公路管理局、县检察院、县税务局、县退役军人事务局、威尼斯酒店、水岸星城小区、御景华府小区、爱家生活广场、西亚宝丽广场等。通公交车。

确山站［Quèshān Zhàn］ 见交通运输设施部分“确山站”条。

确山汽车站［Quèshān Qìchēzhàn］ 见交通运输设施部分“确山汽车站”条。

盘龙街道［Pánlóng Jiēdào］ 确山县人民政府驻地。在县境北部。面积 34 平方千米。人口 6.4 万。2014 年由盘龙镇改设。因盘龙山得名。三里河流经。有中学 1 所，小学 17 所，幼儿园 10 所，卫生院 1 个，卫生所 15 个，敬老院 3 个。有盘龙山公园、南山体育场、靖宇广场。有确山县临时治安委员会旧址。经济以建材为主，有香油、凉粉加工业。京广铁路、107 国道过境。通多路公交车。

三里河街道［Sānlǐhé Jiēdào］ 属确山县。在县境北部。面积 95 平方千米。人口 3.5 万。2014 年由三里河乡改设。三里河流经，故名。有中学 2 所，小学 10 所，幼儿园 16 所，卫生院 1 个，卫生所 9 个，敬老院 1 个。有名胜古迹北泉寺、南泉寺、秀山。农业以种植小麦、玉米、蔬菜、西瓜等为主。工业以门窗制造为主。服务业以汽车修理、商业等为主。京广铁路、石武高铁、京港澳高速、107 国道过境。通多路公交车。

朗陵街道［Lǎnglíng Jiēdào］ 属确山县。在县境北部。面积 57 平方千米。人口 4 万。2014 年设。西汉曾置朗陵县，故名。三里河流经。有中学 1 所，小学 10 所，二级医院 1 个，卫生院 1 个，卫生所 10 个，图书室 10 个，文化活动中心 9 个。有庙会。农业以种植小麦、玉米、水稻、大豆、花生、蔬菜为主。特产板栗。工业以生物科技等为主。有产业集聚区。服务业以商贸为主。京广铁路、京港澳高速、107 国道过境。通多路公交车。

竹沟镇［Zhúgōu Zhèn］ 确山县辖镇。在县境西部。面积 185 平方千米。人口 3.2 万。辖 15 村委会，有 323 自然村。镇人民政府驻竹沟。1949 年设竹沟乡。1958 年成立红色公社。1960 年改竹沟公社。1983 年复乡。1989 年改镇。因镇政府驻地得名。竹沟河、哑巴洞河、陈楼河、姚湾河、马堡河、溱头河等流经。有中学 1 所，小学 15 所，卫生院 1 个，卫生所 15 个，文化站 1 个，图书室 15 个，敬老院 1 个。为中国历史文化名镇。有省级文物保护单位中共中央中原局旧址、中共河南省委旧址，省级爱国主义教育基地竹沟革命烈士陵园、竹沟革命烈士纪念馆。有名胜古迹竹沟街寨墙、城门、彩云谷。有庙会。农业以种植小麦、玉米、花生、红薯、中药材、林果为主。特产黑猪、山羊、板栗、桐桔梗等。工业以农产品加工为主。新阳高速，君二线、商桐线省道过境。

竹沟［Zhúgōu］ 竹沟镇人民政府驻地。在县政府驻地盘龙街道西 35 千米。人口 1600。村东沟畔盛产竹子，故名。聚落呈团块状。有中小学、卫生院、文化站、文化广场、图书室。有省级文物保护单位中共中央中原局旧址、中共河南省委旧址，省级爱国主义教育基地竹沟革命纪念馆。农业以种植玉米、小麦、油菜、芝麻、花生、大豆为主。特产黑猪、香菇、夏枯草。有农副产品贸易。确山—泌阳公路经此。

任店镇［Réndiàn Zhèn］ 确山县辖镇。在县境南部。面积 248 平方千米。人口 5.2 万。辖 25 村委会，有 357 自然村。镇人民政府驻任店。1958 年成立超英公社。1960 年改任店公社。1983 年设乡。1988 年改镇。因镇政府驻地得名。吴寨河流经。有中学 2 所，小学 25 所，幼儿园 25 所，卫生院 1 个，卫生所 25 个，图书室 19 个，村级文化中心 25 个。有国家森林公园薄山湖。有省级文物保护单位朗陵城遗址、天目山翡翠画廊。有庙会。农业以种植小麦、玉米、花生、红薯、食用菌、中药材、林果为主。特产松针鱼、桐桔梗、红油栗等。工业以农产品加工为主。京广铁路、京广高铁、107 国道过境。

任店［Réndiàn］ 任店镇人民政府驻地。在县政府驻地盘龙街道南 15 千米。人口 2600。明初任姓在此开设店铺，得名任店。清初曾一度称任家镇。聚落呈团块状。吴寨河流经。有中小学、卫生院、文化站、图书室等。有省级文物保护单位朗陵故城遗址。有冶铁遗址。农业以种植玉米、小麦、油菜、芝麻、红薯为主。特产板栗、香菇、松针鱼等。107 国道经此。

新安店镇［Xīn'āndiàn Zhèn］ 确山县辖镇。在县境东南部。面积 168 平方千米。人口 5.8 万。辖 23 村委会，有 156 自然村。镇人民政府驻新安店。1956 年设新安店乡。1958 年成立钢铁公社。1960 年改新安店公社。1983 年改乡。1988 年改镇。2005 年顺山店乡并入。因镇政府驻地得名。溱头河流经。有中学 2 所，小学 25 所，卫生院 2 个，卫生所 24 个。有图书室、敬老院等。有名胜金山。农业以种植小麦、玉米、花生、红薯为主。工业以农产品加工为主。有物资交流大会、庙会。京广铁路、京广高铁、京港澳高速、107 国道过境。

新安店［Xīn'ān Diàn］ 新安店镇人民政府驻地。在县政府驻地盘龙街道东南 25 千米。人口 2800。始为过路店，明代称新安镇，设急递铺，后演今名。聚落呈带状。有中小学、卫生院、文化站、广播站等。农业以种植小麦、玉米，养殖黑猪为主，盛产板栗、花生。服务业以商贸为主，有农贸市场。京广铁路、石岗—顺山店公路经此。

留庄镇［Liúzhuāng Zhèn］ 确山县辖镇。在县境东部。面积 124 平方千米。人口 5.5 万。辖 20 村委会，有 174 自然村。镇人民政府驻留庄。1949 年设留庄乡。1958 年成立红星公社，后改留庄公社。1983 年改乡。1988 年改镇。因镇政府驻地得名。有老君山。溱头河流经。有中学 2 所，小学 20 所，卫生院 1 个，卫生所 20 个，村级文化中心 20 个，图书室 9 个。有汉台、高皇台、明代古塔等遗址。农业以种植小麦、玉米、花生、大豆，饲养黑猪为主。特产留庄大米。工业以农产品加工为主。确山—正阳、留庄—双河公路过境。

留庄［Liúzhuāng］ 留庄镇人民政府驻地。在县政府驻地盘龙街道东南 15 千米。人口 2700。原名刘庄。明末李自成经此，见孝子刘更结草庐守墓，极为敬佩，下令不得抢掠财物、踏坏农田，刘庄免遭劫难。村民为纪念刘更更今名。聚落呈团块状。有中小学、卫生院、文化站、图书室等。农业以种植小麦、玉米、水稻，饲养生猪、家禽为主。确山—正阳、留庄—双河公路经此。

刘店镇［Liúdiàn Zhèn］ 确山县辖镇。在县境东北部。面积 150 平方千米。人口 4.6 万。辖 16 村委会，有 176 自然村。镇人民政府驻刘店。1958 年成立东风公社。1959 年更名刘店公社。1983 年设乡。1997 年改镇。因镇政府驻地得名。溱头河、十里河流经。有中学 1 所，小学 18 所，卫生院 1 个，卫生所 15 个，村级文化中心 18 个，图书室 19 个。有刘店秋收起义指挥部旧址。有庙会。农业以种植小麦、玉米、花生、红薯、林果为主。工业以农产品、建材加工为主。京港澳高速、确山—汝南、确山—正阳公路过境。

刘店［Liúdiàn］ 刘店镇人民政府驻地。在县政府驻地盘龙街道东 12 千米。人口 2600。唐时有 6 家族开店，得名六家店，后同音演为今名。聚落呈团块状。有中小学、卫生室、文化站、图书室。有刘店秋收起义指挥部旧址。经济以商贸、农业为主。农业以种植小麦、玉米，养殖黑猪为主。特产板栗。确山—刘店公路经此。

瓦岗镇［Wǎgǎng Zhèn］ 确山县辖镇。在县境西部。面积 165 平方千米。人口 2.8 万。辖 15 村委会，有 220 自然村。镇人民政府驻瓦岗。1962 年竹沟公社析设瓦岗公社，1983 年设乡。2009 年改镇。因镇政府驻地得名。邢店河、瓦岗东河、瓦岗西河、溱头河等流经。有中学 1 所，小学 15 所，卫生院 1 个，卫生所 10 个。有文化站、图书室、敬老院等。有名胜乐山、金顶山。有庙会。农业以种植小麦、玉米、花生、红薯、中药材、食用菌、林果为主。特产黑猪、西瓜、板栗等。工业以农产品加工为主。新阳高速、桨西线省道、任店—瓦岗公路过境。

瓦岗［Wǎgǎng］ 瓦岗镇人民政府驻地。在县政府驻地盘龙街道西 20 千米。人口 1300。岗如瓦状，故名。聚落呈团块状。有中小学、卫生院、卫生室、文化站、图书室、敬老院等。农业以种植小麦、玉米、花生、红薯、中药材、食用菌，养殖黑猪为主。服务业以商贸、修理、餐饮等为主。确山—泌阳、任店—瓦岗公路经此。

双河镇［Shuānghé Zhèn］ 确山县辖镇。在县境东南部。面积 142 平方千米。人口 5.1 万。辖 24 村委会，有 149 自然村。镇人民政府驻双河。1949 年设双河乡。1958 年并入跃进公社。1970 年析设双河公社。1983 年改乡。2005 年杨店乡并入。2009 年改镇。因镇政府驻地得名。申河、尹河流经。有中学 2 所，小学 23 所，卫生院 2 个，卫生所 26 个。有文化站、图书室、敬老院等。有霸王台古遗址、柏沟庙纪念地。有庙会。农业以种植小麦、玉米、花生、水稻为主。工业以农产品加工为主。盛产双河大米。京港澳高速、明临线省道、留庄—双河公路过境。

双河［Shuānghé］ 双河镇人民政府驻地。在县政府驻地盘龙街道东南 45 千米。人口 400。因其位于 2 河之间，故名。聚落呈团块状。有中小学、卫生院、文化站、图书室等。农业以种植小麦、玉米、水稻、花生、西瓜、蔬菜，养殖生猪、家禽为主。工业以电器制造为主。明临线省道、留庄—双河公路经此。

石滚河镇［Shígǔnhé Zhèn］ 确山县辖镇。在县境西部。面积 137 平方千米。人口 2.3 万。辖 12 村委会，有 209 自然村。镇人民政府驻石滚河。1958 年成立石滚河公社。1983 年设乡。2009 年改镇。因镇政府驻地得名。溱头河流经。有中学 1 所，小学 12 所，幼儿园 13 所，卫生院 1 个，卫生所 11 个。有文化站、图书室。有爬头寨战斗革命烈士陵园、安昌城遗址等。农业以种植小麦、玉米、花生、芝麻、食用菌、林果为主。特产板栗、夏枯草、蛇草、半枝莲。工业以农产品加工为主。商桐线、桨西线省道过境。

石滚河［Shígǔnhé］ 石滚镇人民政府驻地。在县政府驻地盘龙街道西南 30 千米。人口 2300。过河时以石磙垫路，故名石磙河，后演今名。聚落呈团块状。有中小学、卫生所等。农业以种植玉米、小麦、油菜、芝麻、花生、大豆为主。特产板栗、香菇、黑猪、夏枯草。天目山公路经此。

李新店镇［Lǐxīndiàn Zhèn］　确山县辖镇。在县境南部。面积85平方千米。人口2.7万。辖13村委会，有166自然村。镇人民政府驻李新店。1975年新安店公社析设李新店公社，1983年设乡。2009年改镇。因镇政府驻地得名。二道河、胡山河、明河流经。有中学1所，小学13所，卫生院1个，卫生所13个。有文化站、村级文化中心、图书室、敬老院等。经济以蔬菜种植、生猪养殖为支柱，有蔬菜种植基地4个，标准化养殖小区47个。农业以种植小麦、玉米、花生、红薯等为主。特产无子西瓜、中药材。工业以农产品加工为主。京广铁路、京广高铁、107国道过境。

李新店［Lǐxīndiàn］　李新店镇人民政府驻地。在县政府驻地盘龙街道南32千米。人口1900。清嘉庆年间（1796—1820）李姓开过路店，故名。聚落呈团块状。有中小学、卫生室、图书室、健身场地等。农业以种植小麦、玉米，养殖确山黑猪为主。服务业以餐饮住宿、商品零售等为主。107国道经此。

普会寺乡［Pǔhuìsì Xiāng］　确山县辖乡。在县境东南部。面积72平方千米。人口2.7万。辖10村委会，有130自然村。乡人民政府驻普会寺。1958年成立火箭公社。1962年更名普会寺公社。1983年设乡。因乡政府驻地得名。十里河、溱头河流经。有中学1所，小学10所，卫生院1个，卫生所10个，村级文化中心11个，图书室12个。有台子坡遗址。有传统技艺刘建华接骨。有庙会。农业以种植小麦、玉米、花生，养殖猪、牛、羊为主。特产紫薯。工业以农产品、建材加工为主。京广铁路、京港澳高速、确山—正阳公路过境。

普会寺［Pǔhuìsì］　普会寺乡人民政府驻地。在县政府驻地盘龙街道东南10千米。人口900。古有寺庙，取普惠众生之意而得名普会寺。聚落呈团块状。有中小学、卫生所、图书室等。有传统技艺刘建华接骨。农业以种植小麦、玉米、花生，饲养猪、牛、羊为主。工业以农产品加工为主。京港澳高速、确山—正阳公路经此。

泌　阳　县

泌阳县［Bìyáng Xiàn］　驻马店市辖县。北纬32°43′，东经113°19′。在市境西南部。面积2336平方千米。人口92万。以汉族为主，还有回、蒙古、满、壮等民族。辖3街道、8镇、11乡。县人民政府驻花园街道。西汉置比阳县，属南阳郡。北魏延兴二年（472）改阳平县，析东部置昭越县，析东北部置江夏县，属东荆州。西魏初改属西郢州，废帝二年（553）改属鸿州。北周天和二年（567）属淮州。隋开皇七年（587）改阳平为饶良县。大业二年（606）改比阳县，三年（607）属淮安郡。唐武德四年（621）属显州。贞观三年（629）显冈县并入。九年（635）属唐州。天宝元年（742年）上马县更名泌阳县（今南阳市唐河县），此为泌阳县名之始。后周显德五年（958）废慈丘县人。宋金因之。元至元三年（1266）废比阳入泌阳县。明洪武元年（1368）泌阳县废入唐州，十三年（1380）州废，于故比阳县复置泌阳县，属南阳府。清因之。1913年属豫南道。1914年属汝阳道。1927年直属河南省。1932年属第六行政督察区。1949年属南阳专区。1965年属驻马店专区。1969年属驻马店地区。2000年属驻马店市。因地处泌水北岸，故名。属浅山丘陵区。地势中部高，东北、西南低。平均海拔142米。最高点白茅堵海拔983米。年均气温15℃，1月平均气温1℃，7月平均气温28℃。年均降水量960毫米。有白云山、五峰山、罗汉山、铜山、盘古山。有泌阳河、毗河、郭集河、春水河、贾楼河等流经。有铁、石油、花岗岩等矿产资源。有省级自然保护区白云山，海拔983米。有野生动物30多种。有国家森林公园铜山湖。森林覆盖率52.3%。有省级工程技术研究中心7个，中等职业学校2所，高中3所，初中31所，小学330所，三级医院1个。有文化馆、体育场、青少年活动中心。有全国重点文物保护单位象河关、楚长城遗址、下河湾冶铁遗址，省级文物保护单位焦芳墓。有省级爱国主义教育基地焦竹园革命纪念馆。有古迹盘古圣地、北魏石窟、舞阴故城。有国家4A级旅游景区白云山、铜山、铜山湖，国家3A级旅游景区盘古山。三次产业比例25∶40∶35。农业以种植小麦、玉米、水稻、红薯为主，盛产夏南牛、食用菌。特产泌阳驴、南阳黄牛、羊册白菜、马谷田瓢梨、张湾萝卜、春水大葱、泌阳花菇。工业以矿产、农产品、五金建材、电子加工为主。服务业以商贸、旅游、物流为主。沪陕、焦桐、新阳高速，张南线、君二线、桀西线、平桐线省道过境。

盘古山大道［Pǎngǔshān Dàdào］　在县城西部。南起沪陕高速，北至铜山湖大道。与东方红大街、行政路、花园路、北一环相交。长5千米，宽50米。沥青路面。2013年开工，2014年建成。因山得名。两侧有县职业高中、物流配送中心等。通公交车。

铜山湖大道［Tóngshānhú Dàdào］　在县城北部。东起育源街，西至西一环路。与省道平桐线、迎宾路、人民路、范缜路、盘古山大道相交。长18.8千米，宽50米。水泥路面。2010年开工，2014年建成。因通往铜山湖得名。两侧有县法院、县检察院、县税务局、县交通局、县城建局、县审计局、县公安局、范缜公园、县产业集聚区等。通公交车。

东方红大街［Dōngfānghóng Dàjiē］　在县城中部。东起大桥路，西至盘古山大道。与人民路、团结路、范缜路相交。长4千米，宽8米。沥青路面。明洪武十四年（1381）建县城东西向主街。1969年改称东方红大街。1980、1996年改造、扩建。两侧有县一中、县一小、县二小、县三小等。通公交车。

泌阳县长途汽车站［Bìyáng Xiàn Chángtú Qìchēzhàn］　见交通运输设施部分"泌阳县长途汽车站"条。

花园街道［Huāyuán Jiēdào］　泌阳县人民政府驻地。在县境西南部。面积61平方千米。人口8.3万。2011年设。因旧有花园得名。先后改扩建花园路、工业路、北二环、北三环。泌阳河流经。有中学7所，小学5所，卫生院1个，卫生所5个。有盘古开天园、双龙公园。工业以电子元件、针织品加工为主。服务业以商品零售为主，有铜山小商品批发、香菇市场。桀西线、平桐线省道过境。通多路公交车。

泌水街道［Bìshuǐ Jiēdào］　属泌阳县。在县境西南部。面积49平方千米。人口7.7万。2011年由泌水镇改设。沿袭泌水镇旧名。先后扩建铜山湖大道、花园路，建泌阳外滩小区。泌阳河、梁河流经。有中学2所，小学5所，三级医院1个，卫生院1个，卫生所6个。有梁河沿河公园、小区公园。工业以水泥建材、面粉加工为主，有县产业聚集区。服务业以商品零售为主，有蔬菜批发市场。确内线、桀西线省道过境。通多路公交车。

古城街道［Gǔchéng Jiēdào］　属泌阳县。在县境南部。面积30平方千米。人口8.7万。以汉族为主，还有回族等。2011年设。因古城自然村得名。先后改扩建东方红大街、沿河路、学苑路、南一环。泌阳河流经。有中学8所，小学7所，卫生院，卫生所5个。有烈士陵园、清真寺、沿河公园。有汉比阳县、北魏东荆州、隋唐显州、淮安郡、唐州故城等遗址。有大型集贸市场8个，大型超市4个。有县长途汽车站。通多路公交车。

羊册镇［Yángcè Zhèn］　泌阳县辖镇。在县境西北部。面积127平方千米。人口6.5万。以汉族为主，还有回、蒙古、满等民族。辖4居委会、25村委会，有168自然村。镇人民政府驻羊册。1949年设羊册乡。1957年改区。1959年成立公社。1983年复乡。1987年改镇。因镇政府驻地得名。有中学2所，小学18所，卫生院1个，卫生所33个。有幼儿园、文化站、敬老院等。有汉代马仁陂（今华山水库）、舞阴故城、四王庄遗址。有清真寺。农业以种植小麦、玉米、芝麻、花生、油菜为主。特产羊册白菜。工业以机械、面粉、水泥加工等为主。服务业以商品零售为主。张南线省道过境。

羊册［Yángcè］　羊册镇人民政府驻地。在县政府驻地花园街道西北31千米。人口11000。《泌阳县志》载，西汉时牧民结栅宿羊，故名羊栅。清代称羊册。聚落呈团块状。有中小学、卫生所、敬老院。有明代石桥、五虎庙遗址。有庙会。农业以种植小麦、玉米、花生为主。服务业以商品零售为主。张南线省道经此。

古城［Gǔchéng］　在县政府驻地花园街道西北37千米。羊册镇辖自然村。人口3000。西汉置舞阴县，北魏孝昌中置舞阴郡，因其故城得名。聚落呈团块状。有小学、幼儿园、卫生院。有舞阴故城、范缜故里牌坊、祖师庙遗址、泌西县政府旧址。农业以种植小麦、玉米、花生、芝麻等为主。服务业以商品零售为主。张南线省道经此。

马谷田镇［Mǎgǔtián Zhèn］　泌阳县辖镇。在县境东南部。面积216平方千米。人口4.3万。辖2居委会、20村委会，有351自然村。镇人民政府驻马谷田。1956年设马谷田乡。1959年改公社。1983年复乡。1997年改镇。因镇政府驻地得名。马谷田河、马道河、罗店河、洛河、堡子河流经。有金、银、铜、铁、锌、石英、萤石等矿产资源。有中学1所，小学17所，卫生院1个，卫生所22个。有幼儿园、敬老院等。有全国重点文物保护单位下河湾冶铁遗址。有景点义和寨、石婆峰。农业以种植小麦、玉米、水稻、林果、花生、芝麻、蔬菜，养殖牛、羊、猪、马等为主。特产瓢梨。沪陕、焦桐高速，桀西线省道过境。

马谷田［Mǎgǔtián］　马谷田镇人民政府驻地。在县政府驻地花园街道东南18千米。人口3100。明初俗姓马的尼姑居白云仙阁，阁前有田，得名马姑田，后演今名。聚落呈团块状。有中小学、幼儿园、卫生所、文化站、敬老院等。农业以种植小麦、玉米、花生为主。桀西线省道经此。

春水镇［Chūnshuǐ Zhèn］　泌阳县辖镇。在县境北部。面积118平方千米。人口3.8万。辖1居委会、18村委会，有157自然村。镇人民政府驻春水。1949年设春水乡。1959年改公社。1983年复乡。1999年改镇。因镇政府驻地得名。桃花店河、象河流经。有中学1所，小学9所，卫生院1个，卫生所16个。有幼儿园、文化站、张辽墓等。农业以种植大豆、玉米、花生、蔬菜、小麦，养殖猪、牛、羊为主。有大枣、梨、杏、桃、葡萄、栗子等林果业。特产春水大葱。工业以石材开采加工、铁矿开采、面粉加工、水泥预制等为主。服务业以商品零售为主。焦桐高速，张南线、平桐线省道过境。

春水［Chūnshuǐ］　春水镇人民政府驻地。

在县政府驻地花园街道东北43千米。人口2600。《泌阳县志》载,春水古称溵水,东入汝河,"溵"与"春"音近,演为春水。村因水名。聚落呈团块状。有中小学、卫生所,幼儿园、文化站、敬老院等。农业以种植小麦、玉米、花生为主。服务业以商品零售为主。焦桐高速,张南线、平桐线省道经此。

赊湾镇[Shēwān Zhèn] 泌阳县辖镇。在县境西南部。面积59平方千米。人口3.9万。辖1居委会、15村委会,有112自然村。镇人民政府驻赊湾。1949年设赊湾乡。1959年改公社。1983年复乡。2009年改镇。因镇政府驻地得名。泌阳河、甜水河流经。有中学1所,小学2所,卫生院1个,卫生所20个。有文化站、文化站、公共图书室、敬老院等。经济以农业为主,种植小麦、玉米、花生、芝麻、大豆、棉花、蔬菜等,养殖牛、猪、驴、羊等。特产张湾萝卜。工业以石油开采,造纸,机械、面粉、棉花加工,水泥预制等为主。服务业以商品零售为主。棠西线省道过境。

赊湾[Shēwān] 赊湾镇人民政府驻地。在县政府驻地花园街道西6千米。人口1200。传清代王姓以赊河湾地作资,筑寨防匪,故名赊湾寨,简称今名。聚落呈团块状。有中小学、幼儿园、卫生所、敬老院、健身场地等。农业以种植小麦、玉米、花生为主。有南阳油田采矿点。棠西线省道经此。

官庄镇[Guānzhuāng Zhèn] 泌阳县辖镇。县境中部偏西。面积125平方千米。人口5.8万。辖2居委会、20村委会,有163自然村。镇人民政府驻官庄。1956年设官庄乡。1959年改公社。1983年复乡。2009年改镇。因镇政府驻地得名。有三山、木历山。红河、梁河、汾潭河流经。有中学1所,小学12所,卫生院1个,卫生所19个。有幼儿园、文艺团体、敬老院等。有省级文物保护单位蒋庄遗址。农业以种植小麦、玉米、花生、大豆、芝麻、棉花、油菜为主。工业以采矿、面粉加工、水泥预制等为主。服务业以商品零售为主。泌阳—羊册公路过境。

官庄[Guānzhuāng] 官庄镇人民政府驻地。在县政府驻地花园街道北18千米。人口3600。《泌阳县志》载,清福建籍将领王琏赴任南阳,因府无缺,拓荒落籍于此,故名官庄。聚落呈团块状。有中小学、幼儿园、卫生所、敬老院、老年活动场所等。农业以种植小麦、玉米、花生、芝麻为主。服务业以商品零售为主。泌阳—羊册公路经此。

郭集镇[Guōjí Zhèn] 泌阳县辖镇。县境西北部。面积103平方千米。人口4.7万。以汉族为主,还有回族等。辖1居委会、16村委会,有91自然村。镇人民政府驻郭集。1956年设郭集乡。1959年并入羊册公社,1969年析设郭集公社。1983年复乡。2012年改镇。因镇政府驻地得名。有罗汉山。郭集河、傅金川河流经。有中学1所,小学17所,卫生院1个,卫生所17个。有幼儿园、文化站、文艺团体、文化大院、公共图书室、敬老院等。有清真寺。农业以种植小麦、玉米、绿豆、花生、芝麻、棉花、红薯、蔬菜,养殖家畜、家禽等为主。工业以农产品加工、木器加工、白酒酿造为主。服务业以商品零售为主。张南线省道、赊郭线县道过境。

郭集[Guōjí] 郭集镇人民政府驻地。在县政府驻地花园街道西北45千米。人口4000。传明代郭姓始居,清光绪年间(1875—1908)防匪筑寨,周边居民迁入成集,称郭集。聚落呈团块状。有中小学、幼儿园、卫生所、文化站、敬老院等。经济以农业为主,种植小麦、玉米、花生等。有酿酒业、商品零售业。张南线省道经此。

泰山庙镇[Tàishānmiào Zhèn] 泌阳县辖镇。在县境西部。面积89平方千米。人口5.4万。辖1居委会、18村委会,有88自然村。镇人民政府驻泰山庙。1956年设泰山庙乡。1957年并入官庄区。1969年官庄公社析设太山公社,1981年改泰山庙公社。1983年复乡。2013年改镇。因镇政府驻地得名。毗河、洪河、石河流经。有中学1所,小学12所,卫生院1个,卫生所19个。有幼儿园、文化站、文艺团体等。经济以农业为主,种植小麦、玉米、花生、芝麻、大豆、棉花。特产花菇。工业以机械、面粉、棉花、电子、建材加工为主。服务业以商品零售为主。赊郭线县道、贾尧公路过境。

泰山庙[Tàishānmiào] 泰山庙镇人民政府驻地。在县政府驻地花园街道西北25千米。人口3000。传清雍正年间(1723—1735)建泰山庙,渐成村集,因庙得名。聚落呈团块状。有中小学、幼儿园、卫生院、敬老院等。有泰山庙遗址。有庙会。农业以种植小麦、玉米、花生、芝麻为主。服务业以商品零售为主。赊郭线县道、贾尧公路经此。

王店镇[Wángdiàn Zhèn] 泌阳县辖镇。在县境中部偏东。面积117平方千米。人口4.6万。辖3居委会、15村委会,有163自然村。镇人民政府驻王店。1956年设王店乡。1959年改公社。1983年复乡。2012年部分区域划出。2013年改镇。因镇政府驻地得名。有白云山、老鸹山。柳河、铜峰河、石头河流经。有中学1所,小学17所,卫生院1个,卫生所19个。有幼儿园、文化站、文化大院、文化广场等。有省级文物保护单位中共鄂豫边省委旧址。有民间艺术大装表演。有国家4A级旅游景区白云山。农业以种植小麦、玉米为主,兼种花生、芝麻、黄豆等,养殖牛、驴、猪、羊等。工业以机械、建材、面粉加工,水泥预制为主。服务业以商品零售为主。君二线省道过境。

王店[Wángdiàn] 王店镇人民政府驻地。在县政府驻地花园街道东北20千米。人口2300。传明洪武年间(1368—1398)王姓迁此设店,称王家店,后改今名。聚落呈团块状。有中小学、幼儿园、卫生所、文化站、文化大院、文化广场等。有民间艺术大装表演。农业以种植小麦、花生、玉米,养殖山羊为主。工业以农具制造、面粉加工、建材加工等为主。君二线省道经此。

张楼[Zhānglóu] 县人民政府驻地花园街道东北14千米。王店镇辖自然村。人口500。传明洪武年间(1368—1398)张姓立村建楼,故名。聚落呈团块状。有中小学、幼儿园、卫生所等。有省级文物保护单位中共鄂豫边省委旧址。农业以种植小麦、玉米、花生为主。通公路。

高店乡[Gāodiàn Xiāng] 泌阳县辖乡。在县境西南部。面积71平方千米。人口2.9万。辖2居委会、12村委会,有115自然村。乡人民政府驻高店。1957年曾设高店乡。1975年陈庄公社析设高店公社。1983年复乡。因乡政府驻地得名。有中学1所,小学13所,卫生院1个,卫生所14个。有幼儿园、文化站、文艺团体、图书馆等。有北魏城阳郡、城阳县治所遗址。经济以农业为主,种植小麦、玉米、红薯、花生、芝麻、棉花等,养殖牛、猪、羊、驴等。为南阳黄牛产地之一。工业以采油、泡花碱加工、制塑、塑编等为主。服务业以商品零售为主。泌阳—程店公路过境。

高店[Gāodiàn] 高店乡人民政府驻地。在县政府驻地花园街道西南16千米。人口2200。传明初高姓建村设店,渐成集市,名高家店,后演今名。聚落呈团块状。有中小学、幼儿园、卫生院、文化站、图书室等。农业以种植小麦、玉米、花生、芝麻等为主。泌阳—程店公路经此。

盘古乡[Pángǔ Xiāng] 泌阳县辖乡。在县境南部。面积103平方千米。人口3.4万。辖3居委会、17村委会,有268自然村。乡人民政府驻陈庄。1956年设陈庄乡。1959年改公社。1975年析设高店公社。1983年改乡。2006年因国家3A级旅游景区盘古山更今名。甜水河流经。有中学1所,小学10所,卫生院1个,卫生所19个。有幼儿园、文化站等。有庙会暨中国泌阳盘古文化节。经济以农业为主,种植小麦、玉米、芝麻、花生、棉花、板栗,养殖猪、牛、驴、羊。工业以制砖、门业、面粉加工为主。沪陕、平桐高速,平桐线省道过境。

陈庄[Chénzhuāng] 盘古乡人民政府驻地。在县政府驻地花园街道南9千米。人口900。明中期陈姓建村,故名。聚落呈团块状。有中小学、幼儿园、卫生所、敬老院、文化站。农业以种植小麦、玉米为主。平桐线省道、泌阳—程店公路经此。

高邑乡[Gāoyì Xiāng] 泌阳县辖乡。在县境中部偏南。面积76平方千米。人口2.5万。辖1居委会、11村委会,有118自然村。乡人民政府驻高邑。1949年设高邑乡。1959年并入马谷田公社。1961年成立高邑公社。1983年复乡。因乡政府驻地得名。有骆驼山。柳河、泌阳河流经。有中学1所,小学10所,卫生院1个,卫生所12个。有幼儿园、文化站、二君祠遗址等。有国家4A级旅游景区铜山湖。农业以种植小麦、玉米、水稻、花生、芝麻、食用菌、棉花,养殖牛、猪、羊等为主。工业以石材、面粉、香菇、食品、机械配件加工,水泥预制,草编等为主。服务业以商品零售为主。新阳、焦桐高速过境。

高邑[Gāoyì] 高邑乡人民政府驻地。在县政府驻地花园街道东13千米。人口1800。因其为南朝齐侨置高邑县治,故名。聚落呈团块状。有中小学、卫生所。有高邑故城遗址。农业以种植小麦、水稻、玉米、香菇等为主。特产铜山湖大米。服务业以商品零售为主。通公路。

铜山乡[Tóngshān Xiāng] 泌阳县辖乡。在县境东部。面积227平方千米。人口3.1万。辖18村委会,有318自然村。乡人民政府驻大路庄。1969年王店公社析设大路庄公社。1983年设乡。1995年因国家4A级旅游景区铜山更今名。有白云山。柳河、十八道河、铜峰河、石头河流经。有中学1所,小学17所,卫生院1个,卫生所18个。有文化站、图书室等。有省级爱国主义教育基地鄂豫边革命纪念馆,含省级文物保护单位焦竹园革命旧址。有古城岗北魏昭越县遗址。有铜山庙会。农业以种植小麦、玉米、水稻、花生、大豆、芝麻等,养殖猪、牛、羊等为主。有专业养殖村、养殖小区7个。工业以机械制造、石材开采、面粉加工为主。服务业以商品零售为主。新阳高速、君二线省道过境。

大路庄[Dàlùzhuāng] 铜山乡人民政府驻地。在县政府驻地花园街道东北29千米。人口700。因其为出山入大路处,故名。聚落呈团块状。有中小学、卫生所、文化站、图书馆、敬老院等。农业以种植小麦、玉米、花生、香菇,饲养猪、牛、羊为主。工业以机械、面粉加工,水泥预制等为主。君二线省道经此。

焦竹园[Jiāozhúyuán] 在县政府驻地花园街道东北34千米。铜山乡辖自然村。人口400。清时焦姓居此,有竹园,故名。聚落呈菱形。有省级爱国主义教育基地鄂豫边革命纪念馆、省级文物保护单位焦竹园革命旧址。农业以种植小麦、水稻、玉米、花生为主。君二线省道经此。

下碑寺乡［Xiàbēisì Xiāng］　泌阳县辖乡。在县境东北部。面积100平方千米。人口2.5万。辖13村委会，有149自然村。乡人民政府驻下碑寺。1977年板桥公社析设下碑寺公社。1983年设乡。因乡政府驻地得名。曹庄石河、尹庄河流经。有中学1所，小学10所，卫生院1个，卫生所15个。有文艺团体。有缸窑湾北魏石窟遗址、上碑寺遗址、角子山捻军起义旧址。经济以农业为主，种植小麦、玉米、高粱、花生、大豆、芝麻、油菜、蔬菜等，养殖猪、牛、羊等。工业以石材开发、水泥预制为主。服务业以商品零售为主。张南线省道过境。

下碑寺［Xiàbēisì］　下碑寺乡人民政府驻地。在县政府驻地花园街道东北45千米。人口700。传古有上碑、中碑、下碑3寺院，明代下碑寺院周围渐成村落，因寺得名。聚落呈团块状。有中小学、卫生所。农业以种植小麦、玉米、花生为主。张南线省道经此。

象河乡［Xiànghé Xiāng］　泌阳县辖乡。在县境北部。面积130平方千米。人口3.4万。以汉族为主，还有回族等。辖11村委会，有144自然村。乡人民政府驻象河关。1956年设象河乡。1959年并入春水公社。1975年析设象河公社。1983年复乡。因乡政府驻地得名。有五峰山。象河、斗刘河流经。有中学1所，小学11所，卫生院1个，卫生所11个。有幼儿园、文化站、敬老院等。有全国重点文物保护单位楚长城遗址。有清真寺。农业以种植小麦、玉米、芝麻、花生、中药材、林果，养殖猪、牛、羊为主。工业以花岗岩开采、加工为主。服务业以商品零售为主。焦桐高速、平桐线省道过境。

象河关［Xiànghéguān］　象河乡人民政府驻地。在县政府驻地花园街道东北52千米。人口2000。因关得名。古设象禾关，唐代改名象河关。聚落呈团块状。有中小学、幼儿园、卫生院、清真寺等。有全国重点文物保护单位楚长城遗址。农业以种植小麦、玉米、花生为主。有集贸市场。平桐线省道经此。

付庄乡［Fùzhuāng Xiāng］　泌阳县辖乡。在县境东北部。面积120平方千米。人口3.6万。辖14村委会，有178自然村。乡人民政府驻付庄。1969年春水公社析设立新公社。1981年更名付庄公社。1983年设乡。因乡政府驻地得名。有白云山。贾楼河、梅林河、竹林河流经。有中学1所，小学14所，卫生院1个，卫生所14个。有幼儿园、图书室、敬老院等。有慈丘古城遗址、梅林古寺。有国家4A级旅游景区白云山。农业以种植小麦、玉米、花生、芝麻、油菜、大豆等为主。特产鳜鱼。工业以机械加工，面粉、食品加工，石材开采加工为主。服务业以商品零售为主。焦桐高速、平桐线省道过境。

付庄［Fùzhuāng］　付庄乡人民政府驻地。在县政府驻地花园街道东北31千米。人口600。因姓氏得名。聚落呈团块状。有中小学、幼儿园、卫生所。农业以种植小麦、玉米、花生为主。有集贸市场。平桐线省道过境。

贾楼乡［Jiǎlóu Xiāng］　泌阳县辖乡。在县境中部。面积107平方千米。人口2.1万。辖13村委会，有155自然村。乡人民政府驻贾楼。1949年曾设贾楼乡。1977年立新公社析设贾楼公社。1983年复乡。因乡政府驻地得名。有双山、大磨山、罗汉顶、龙盘山。贾楼河、玉皇庙河流经。有中学1所，小学13所，卫生院1个，卫生所13个。有幼儿园、敬老院等。有省级文物保护单位焦芳墓。有国家4A级旅游景区白云山。农业以种植小麦、玉米、花生、芝麻、油菜，养殖泌阳驴、南阳黄牛、细毛羊为主，兼种食用菌、林果。特产白云仙桃。工业以石材开采与加工、建材加工、食品加工等为主。服务业以商品零售为主。焦桐高速、平桐线省道过境。

贾楼［Jiǎlóu］　贾楼乡人民政府驻地。在县政府驻地花园街道东北25千米。人口600。传明洪武年间（1368—1398）贾姓定居建楼，故名。聚落呈团块状。有中小学、幼儿园、卫生所、敬老院等。农业以种植小麦、玉米、花生为主。服务业以商品零售为主。焦桐高速、平桐线省道过境。

黄山口乡［Huángshānkǒu Xiāng］　泌阳县辖乡。在县境北部。面积118平方千米。人口2.2万。辖10村委会，有102自然村。乡人民政府驻陈家沟。1977年春水、羊册2公社析设黄山口公社。1983年设乡。北有黄山，南有大尖山，中为往来道路，故名。有大寨子山。桃花店河流经。有中学1所，小学9所，卫生院1个，卫生所10个。有幼儿园、文化站等。农业以种植小麦、玉米、花生、大豆、油菜、芝麻等为主。工业以石材、粮油食品、畜产品加工等为主。服务业以商品零售为主。张南线省道过境。

陈家沟［Chénjiāgōu］　黄山口乡人民政府驻地。在县政府驻地花园街道北44千米。人口200。明洪武年间（1368—1398）陈姓建村，因邻水沟得名。聚落呈团块状。有中小学、卫生所。农业以种植小麦、玉米、花生等为主。张南线省道经此。

杨家集乡［Yángjiājí Xiāng］　泌阳县辖乡。在县境中部。面积92平方千米。人口3.9万。以汉族为主，还有回族等。辖14村委会，有137自然村。乡人民政府驻杨家集。1969年成立杨集公社。1981年更名杨家集公社。1983年改乡。因乡政府驻地得名。梁河流经。有中学1所，小学14所，卫生院1个，卫生所16个。有幼儿园、文化站、敬老院等。有清真寺。经济以农业为主，种植小麦、玉米、花生、油菜、芝麻、蔬菜、林木、食用菌等。工业以机械加工、面粉加工、水泥预制等为主。服务业以商品零售为主。泌阳—羊册公路过境。

杨家集［Yángjiājí］　杨家集乡人民政府驻地。在县政府驻地花园街道北13千米。人口2400。以汉族为主，还有回族等。明末杨姓建村，清嘉庆年间（1796—1820）成集，故名。聚落呈团块状。有中小学、幼儿园、卫生所等。有清真寺。农业以种植小麦、玉米、花生为主。王官线县道经此。

双庙街乡［Shuāngmiàojiē Xiāng］　泌阳县辖乡。在县境西部。面积69平方千米，人口3.7万。辖18村委会，有98自然村。乡人民政府驻双庙街。1957年曾设双庙乡。1975年赊店湾、杨集2公社析设双庙公社。1981年更名双庙街公社。1983年设乡。因乡政府驻地得名。北石河流经。有中学1所，小学18所，卫生院1个，卫生所19个。有幼儿园、敬老院等。农业以种植小麦、玉米为主，兼种花生、芝麻、棉花、香菇等。工业以机械、面粉、水泥加工等为主。服务业以商品零售为主。赊郭线县道过境。

双庙街［Shuāngmiàojiē］　双庙街乡人民政府驻地。在县政府驻地花园街道西北11千米。人口1200。传清嘉庆年间（1796—1820）有祖师、关帝2庙，故名。聚落呈条状。有中小学、卫生所。农业以种植小麦、花生、玉米为主。赊郭线县道经此。

汝南县

汝南县［Rǔnán Xiàn］　驻马店市辖县。北纬33°00′，东经114°21′。在市境中部。面积1504平方千米。人口86.7万。以汉族为主，还有回、藏、苗、壮等民族。辖4街道、12镇、2乡。县人民政府驻汝宁街道。隋大业二年（606）置汝阳县，置悬瓠城，属蔡州。唐宝应七年（791）析置汝南县，属蔡州。元和十三年（818）省汝南县入汝阳县，属汝宁府。明洪武元年（1368）裁县入府。四年复置汝阳县，属汝宁府。清沿明制。1913年改汝南县，属豫南道。1914年属汝阳道。1927年属省。1932年属第八行政督察区。1949年属确山专区，旋属信阳专区。1951年上蔡县6乡划入。1965年属驻马店专区。1969年属驻马店地区。2000年属驻马店市。因处汝河南岸而得名。地处淮北平原。地势西高东低，南北高中间低洼，形如簸箕。平均海拔49米。年均气温15℃，1月平均气温1℃，7月平均气温28℃。年均降水量914毫米。汝河、北汝河、溱头河、文殊河等流经。有野生植物200余种。其中国家重点保护野生植物有银杏、水杉、翠柏、雪白睡莲等100余种。有野生动物30余种，其中国家重点保护野生动物有野鸭、天鹅、獾等10余种。森林覆盖率12.6%。有省级工程技术研究中心3个，中学28所，小学147所，特教学校1所，二级医院2个。有文化馆、图书馆、青少年活动中心。为千年古县。有全国重点文物保护单位天堂寺遗址、悟颖塔，省级文物保护单位刘备台遗址、大成殿、东关石桥、小南海古建筑群、北关石桥。有国家级非物质文化遗产梁祝传说、罗卷戏。有民俗舞龙、舞狮、旱船、高跷、竹马、肘阁、唢呐。有名胜古迹南海禅寺、宿鸭湖、天中山文化园、梁祝故里。有三星级宾馆2个。三次产业比例30∶41∶29。农业以种植小麦、玉米、红薯为主，饲养猪、牛、羊，盛产花生、芝麻、蔬菜。有中国农产品地理标志产品宿鸭湖鳙鱼。工业以新能源、装备制造为主。服务业以商贸、餐饮住宿、物流为主。新阳高速，230、328国道，商桐线省道过境。

天中山广场［Tiānzhōngshān Guǎngchǎng］　在县城西北部。面积10.7公顷。2008年开工，同年建成。2014年扩建。有天中山旧址，以颜真卿书“天中山”而得名。有圆形中心广场，铺设非磨光石材，四周有象征吉祥文化的福、禄、寿、财、禧石塑雕像。栽植树木花卉等。为集文化、休闲娱乐、观光旅游于一体的广场。周边有沿河长廊、牡丹园、天中书院遗址等景点。通公交车。

汝宁大街［Rǔníng Dàjiē］　在县城中部。东起东城大道，西至湖滨大道。与西城大道、梁祝大道、天中大道相交。长3.2千米，宽69米。沥青路面。1956年铺设砖碎路。1973年重修。1981年改建扩宽，分别名东门、西门大街。1999年王府门街、大桥西街并入东门大街，高井台街并入西门大街。2007年合称汝宁大道。2011年东新、大桥东、西关3街并入，因元设汝宁府而更今名。2013年西延。穿过商业中心。两侧有银行、超市、百货店铺、餐饮店、清华园学校、县医院及县公安局、县检察院、县法院等单位。通公交车。

天中大道［Tiānzhōng Dàdào］　在县城中部。南起南海大道，北至古城大道。与新华街、汝宁大街相交。长1千米，宽36.1米。混凝土路面。原有古街巷，后陆陈街、王邦口、鼓楼街、御史街并入。1974年平整、扩宽。南、北段分别称南门、中心大街。1999年合称中心大街。2007年整修，因天中门更今名。两侧有银行、超市、百货店铺、餐饮店、县财政局、县水利局、县旅游局、县第二医院、汝南师范学校。通公交车。

古城大道［Gǔchéng Dàdào］　在县城中北

部。东起王家巷，西至汝河东路。与康强路、西园路、梁祝大道、北门大街相交。长2.9千米，宽50米。混凝土路面。为古街巷之一，后辕门口、老官街、衙门口、城隍庙街、大成街、黉学门并入。曾名行政街，2007年因县城为历史文化名城而更今名。2014年延伸、拓宽。植有法桐、香樟。两侧有银行、超市、餐饮店、县教体局、县委、县政府、县人大、县政协、文庙大成殿等。通公交车。

汝南县天中客运站［Rǔnán Xiàn Tiānzhōng Kèyùnzhàn］ 见交通运输设施部分“汝南县天中客运站”条。

汝宁街道［Rǔníng Jiēdào］ 汝南县人民政府驻地。在县境中部。面积12平方千米。人口7.5万。2009年设。元设汝宁府，故名。先后改扩建10街巷。北汝河、新汝河流经。有中学3所，小学6所，二级医院2个，卫生院2个，卫生所3个。有幼儿园、文化站、图书馆、广场、文化艺术团体等。为省级历史文化名城。有省级文物保护单位宏济桥、济民桥、汝南文庙大成殿。有天中山文化园、汝河故道景观带。有三星级酒店2个。经济以商贸、餐饮、现代服务业为主。张南线、永定线省道过境。有汝南县汽车站。通多路公交车。

古塔街道［Gǔtǎ Jiēdào］ 属汝南县。在县境中部。面积51平方千米。人口3.5万。2009年设。因全国重点文物保护单位悟颖塔得名。先后扩建淮西大道等。溱头河、汝河流经。有中学3所，小学9所，卫生院1个，卫生所14个。有幼儿园、莲花广场。有省级文物保护单位小南海古建筑群。有国家4A级旅游景区南海禅寺。以温棚蔬菜、葡萄、草莓、甘蔗种植为特色经济。工业以电动车生产、电动车零部件配套等为主。有建材专业市场。新阳高速，永定线、张南线省道过境。通多路公交车。

三里店［Sānlǐdiàn］ 在县政府驻地汝宁街道南2千米。属古塔街道。人口800。明代驿道边设店，距汝宁府治3里，故名。聚落呈团块状。汝河故道流经。有全国重点文物保护单位悟颖塔，省级文物保护单位小南海古建筑群。有国家4A级旅游景区南海禅寺。农历二月十九有庙会。经济以商品经营、旅游、餐饮、物流、房产开发为主。永定线、张南线省道经此。

三门闸街道［Sānménzhá Jiēdào］ 属汝南县。在县境东北部。面积72平方千米。人口4.4万。2009年由三门闸乡改设。因有宿鸭湖总干渠三道闸门而得名。先后改造棚户区、城中村。2013年建物流园区。汝河、荆河流经。有中学1所，小学11所，卫生院3个，卫生所20个。有幼儿园、文化站等。有何庄、兀术落、娘娘坟遗址。农业以种植桃、葡萄为主。工业以门业、木业加工为主。服务业以商贸、餐饮为主。有蔬菜、水果批发市场。张南线、永定线省道过境。通多路公交车。

宿鸭湖街道［Sùyāhú Jiēdào］ 属汝南县。在县境中部。面积52平方千米。人口3.2万。2014年设。因宿鸭湖得名。汝河流经。有小学11所，卫生院1个，卫生所11个。有幼儿园、文化团体等。农业以种植葡萄、西瓜、草莓等水果为主。有蔬菜、果林基地。工业以机械制造、食品加工、机电等为主。有宿鸭湖大闸蟹特色餐饮。张南线、永定线省道过境。有天中客运站。通多路公交车。

王岗镇［Wánggǎng Zhèn］ 汝南县辖镇。在县境东南部。面积76平方千米。人口4.8万。辖1居委会、7村委会，有98自然村。镇人民政府驻王岗。1949年设王岗乡。1958年成立东方公社。1959年更名王岗公社。1977年张岗公社析出。1983年改乡。1988年改镇。2005年张岗乡并入。因镇政府驻地得名。汝河故道流经。有中学2所，小学8所，卫生院2个，卫生所18个。有幼儿园、敬老院、文化活动中心等。有黑冢、陈阁、安城故城等遗址。农业以种植小麦、花生、瓜菜，养殖猪、牛、羊为主，盛产鱼类。工业以饲料、面粉加工，农机制造为主。汝南—张岗、南余店—王岗公路过境。

王岗［Wánggǎng］ 王岗镇人民政府驻地。在县政府驻地汝宁街道东南21千米。人口2500。汉代名孝义乡。后因建村于黄土岗上，改称黄岗镇。清末王姓开店，改名王岗。聚落呈团块状。有中小学、幼儿园、卫生室。农历三月十五有庙会。农业以种植小麦、玉米、花生为主。有农贸市场。为汝南、平舆2县交界区域商品、特产集散地。汝南—张岗、南余店—王岗公路经此。

梁祝镇［Liángzhù Zhèn］ 汝南县辖镇。在县境南部。面积111平方千米。人口5万。辖2居委会、16村委会，有127自然村。镇人民政府驻北马乡（自然村）。1940年设马乡镇。1949年设乡。1958年改先锋公社。1959年改马乡公社。1983年复乡。1987年改镇。2007年更今名。为梁祝传说发源地，故名。文殊河、吕岗河流经。有中学1所，小学9所，卫生院2个，卫生所18个。有幼儿园、敬老院、文化活动中心等。有小刘备台遗址、平阳故城遗址、琉璃井。有国家级非物质文化遗产梁祝传说。有省级风景区梁祝故里。农业以种植小麦、花生，饲养生猪为主。有农贸市场。服务业以商品、农副产品贸易为主。永定线省道过境。

北马乡［Běimǎxiāng］ 梁祝镇人民政府驻地。在县政府驻地汝宁街道南24千米。人口2700。北魏为平阳县治，称平阳城、马香城。元名马乡站，明名马乡屯，清名马乡店、马乡。后移址马乡北建村，故名。聚落呈团块状。有中小学、幼儿园、卫生院、卫生所。为省级传统村落。有古迹平阳故城、赵状元府、梁祝墓。有国家级非物质文化遗产梁祝传说。农业以种植小麦、玉米为主。永定线省道、马南公路经此。

和孝镇［Héxiào Zhèn］ 汝南县辖镇。在县境西南部。面积76平方千米。人口3.8万。辖1居委会、15村委会，有120自然村。镇人民政府驻和孝。1940年设和孝乡。1949年改镇。1956年复乡。1958年成立红旗公社。1959年更名和孝公社。1983年改乡。1987年改镇。因镇政府驻地得名。文殊河、吕岗河流经。有中学1所，小学7所，卫生院1个，卫生所16个。有幼儿园、敬老院、文化活动中心等。有省级文物保护单位刘备台遗址。工业以铁制农具加工为主，有制砖、面业、防盗门生产等。有农贸市场。永定线省道过境。

和孝［Héxiào］ 和孝镇人民政府驻地。在县政府驻地汝宁街道西南28千米。人口3100。传明代火神庙失火，得名火烧店，后以谐音演今名。聚落呈团块状。有中小学、幼儿园、卫生所。有汉宜春县城遗址。经济以商贸、餐饮为主。有集贸市场。庙湾—小亮寺公路经此。

老君庙镇［Lǎojūnmiào Zhèn］ 汝南县辖镇。在县境中部。面积70平方千米。人口4.6万。辖1居委会、11村委会，有99自然村。镇人民政府驻老君庙。1949年设老君庙乡。1958年改公社。1983年改乡。1987年改镇。因镇政府驻地得名。溱头河流经。有宿鸭湖省级湿地自然保护区。有中学1所，小学9所，卫生院1个，卫生所14个。有敬老院、文化活动中心等。农业以养殖水产，种植木耳、蘑菇为主。工业以机械、面粉加工，水泥制砖等为主。服务业以商品零售、农贸为主。新阳高速，张南线、君二线省道过境。

老君庙［Lǎojūnmiào］ 老君庙镇人民政府驻地。在县政府驻地汝宁街道西13千米。人口1500。宋崇宁元年（1102）建老君庙，故名。聚落呈团块状。有中小学、幼儿园、卫生室、文化站。有民俗舞龙、舞狮、秧歌、唢呐。经济以农产品交易、养殖水产为主。有集贸市场。张南线、君二线省道经此。

留盆镇［Liúpén Zhèn］ 汝南县辖镇。在县境东北部。面积82平方千米。人口6.4万。辖1居委会、19村委会，有129自然村。镇人民政府驻留盆。1949年设留盆乡。1958年成立八一公社。1959年改留盆公社。1983年改乡。1987年改镇。因镇政府驻地得名。南、北马肠河流经。有中学1所，小学11所，卫生院1个，卫生所20个。有幼儿园、敬老院、文化活动中心等。农业以种植小麦、玉米，饲养生猪、蛋鸡为主。工业以木材加工、松花蛋制作等为主。服务业以商贸为主，有集贸市场。留盆—三门闸、留盆—罗店公路过境。

留盆［Liúpén］ 留盆镇人民政府驻地。在县政府驻地汝宁街道东北15千米。人口1900。传西汉末赤眉军拥皇族刘盆子为帝，得名刘盆店，后刘、留同音演为今名。聚落呈团块状。有中小学、幼儿园、卫生室。经济以商品经营、餐饮、物流、农产品交易为主。工业以建材、粮油、小型农机加工为主。留盆—三门闸、留盆—罗店公路经此。

金铺镇［Jīnpù Zhèn］ 汝南县辖镇。在县境北部。面积71平方千米。人口5.5万。辖1居委会、17村委会，有95自然村。镇人民政府驻金铺。1949年设金铺乡。1958年成立卫星公社。1959年改金铺公社。1983年改乡。2001年改镇。因镇政府驻地得名。北汝河、南马肠河流经。有中学1所，小学10所，卫生院1个，卫生所18个。有唢呐艺术学校、幼儿园、敬老院、文化活动中心等。为中国民间文化艺术之乡。农业以种植小麦、大豆、玉米，红薯为主。工业以木材加工为主。永定线省道过境。

金铺［Jīnpù］ 金铺镇人民政府驻地。在县政府驻地汝宁街道北12千米。人口2400。宋曾设金乡镇，明代设递铺，故村名金乡铺，后简今名。聚落呈团块状。有中小学、幼儿园、卫生院。有古迹张邵墓、鸡黍台、三贤祠。经济以商贸、餐饮、物流为主。特产生姜。永定线省道经此。

东官庄镇［Dōngguānzhuāng Zhèn］ 汝南县辖镇。在县境西南部。面积105平方千米。人口5.1万。辖1居委会、21村委会，有127自然村。镇人民政府驻官庄。1940年设官庄乡。1949年改镇。1956年复乡。1958年成立中州公社。1959年改官庄公社。1977年析设舍屯公社。1983年改乡。2005年舍屯乡并入。2009年改东官庄镇。因原乡政府驻地得名官庄，后因重名改名东官庄。溱头河流经。有中学2所，小学9所，卫生院2个，卫生所22个。有幼儿园、敬老院、文化活动中心等。有古迹固城寺、夏庄遗址、明代黄桥。农业以种植小麦、玉米为主。有雪松苗木基地。工业以肉类加工、制砖为主。汝南—确山公路过境。

官庄［Guānzhuāng］ 东官庄镇人民政府驻地。在县政府驻地汝宁街道西南22千米。人口3400。传旧有官府庄园，故名。聚落呈团块状。溱头河流经。有中小学、卫生院。有古迹三官庙、火神庙、陕西会馆、东岳庙。农业以种植小麦、花生为主。服务业以商品、农副产品贸易为主。汝南—确山公路经此。

罗店镇［Luódiàn Zhèn］ 汝南县辖镇。在县境西北部。面积60平方千米。人口5.4万。辖1居委会、16村委会，有108自然村。镇人民政府驻罗店。1958年大王桥乡析设红星公社。1981年改罗店公社。1983年改乡。2011

年改镇。因镇政府驻地得名。汝河、罗店河、雅店河、楚铺河流经。有中学1所，小学11所，卫生院1个，卫生所17个。有幼儿园、敬老院、文化活动中心、汉瀷阳城遗址等。农业以种植小麦、玉米，养殖家禽为主。工业以麦草画制作、再生塑料加工为主。服务业以商品零售为主。商桐线省道过境。

罗店［Luódiàn］　罗店镇人民政府驻地。在县政府驻地汝宁街道西北22千米。人口1900。明代罗姓建村开店，故名。聚落呈团块状。有中小学、幼儿园、卫生院。经济以商贸、餐饮、物流为主。手工业有麦草画制作。商桐线省道经此。

常兴镇［Chángxīng Zhèn］　汝南县辖镇。在县境西南部。面积145平方千米。人口6万。辖2居委会、23村委会，有221自然村。镇人民政府驻常兴。1940年设常兴乡。1956年仍为乡。1958年并入和孝公社，1962年析设常兴公社。1975年王庄公社析出。1983年改常兴乡。2005年王庄乡并入。2011年改镇。因镇政府驻地得名。溱头河、文殊河流经。有中学2所，小学11所，卫生院2个，卫生所25个。有幼儿园、敬老院、文化活动中心。有古迹红罗山书院、曹寨遗址。农业以种植小麦、玉米为主，兼种花木、中药材。工业以农副产品、木料、塑制料品加工等为主。永定线、确平线省道过境。

常兴［Chángxīng］　常兴镇人民政府驻地。在县政府驻地汝宁街道西南36千米。人口700。明初因伍、季2姓得名伍季屯。后筑寨，称伍集寨。清末兴集，因取常年兴旺之意名常兴店。1949年后称今名。聚落呈团块状。有中小学、幼儿园、卫生院等。有曹寨遗址等。经济以商贸、餐饮、物流为主，农业以种植花木、中药材为主。确平线省道经此。

韩庄镇［Hánzhuāng Zhèn］　汝南县辖镇。在县境西部。面积76平方千米。人口3.6万。辖2居委会、11村委会，有108自然村。镇人民政府驻韩庄。1940年设韩庄乡。1949年仍为乡。1961年成立韩庄公社。1983年复乡。2011年改镇。因镇政府驻地得名。韩溪河、溱头河流经。有中学1所，小学8所，卫生院1个，卫生所13个。有幼儿园、敬老院、文化活动中心。有晋阳安故城遗址。农业以种植小麦、玉米为主，兼种蔬菜、林果等。工业以机械加工、建材为主。新阳高速、君二线省道过境。

韩庄［Hánzhuāng］　韩庄镇人民政府驻地。在县政府驻地汝宁街道西南21千米。人口1700。明初韩信建桥于此，后人取名韩庄。聚落呈带状。有中小学、卫生院。有古迹清凉寺、娘娘坟。经济以商贸、餐饮、物流为主。君二线省道、王顶庄—双河公路经此。

三桥镇［Sānqiáo Zhèn］　汝南县辖镇。在县境中部。面积127平方千米。人口7.2万。辖3居委会、21村委会，有178自然村。镇人民政府驻三桥。1940年曾设三桥乡。1958年成立五星公社。1959年更名三桥公社。1983年改乡。2012年改镇。因镇政府驻地得名。溱头河流经。有中学1所，小学15所，卫生院1个，卫生所24个。有幼儿园、敬老院、文化活动中心。有月台寺遗址、骆驼寨遗址、雷台寺遗址、保城故城、仁义井。农业以种植小麦、花生，养殖畜禽为主。有农贸市场。永定线省道过境。

三桥［Sānqiáo］　三桥镇人民政府驻地。在县政府驻地汝宁街道南15千米。人口1500。因河上3座小桥得名。聚落呈团块状。有中小学、幼儿园、卫生院。有祖师庙、观音堂。经济以商贸、餐饮、物流为主。有农贸市场。永定线省道、汝南—张岗公路经此。

张楼镇［Zhānglóu Zhèn］　汝南县辖镇。在县境西北部。面积42平方千米。人口4万。辖3居委会、8村委会，有52自然村。镇人民政府驻张楼。1949年设张楼乡。1958年并入公社。1977年金铺公社析设张楼公社。1983年改乡。2012年改镇。因镇政府驻地得名。北汝河、老汝河流经。有宿鸭湖省级湿地自然保护区。有中学1所，小学8所，卫生院1个，卫生所11个。有幼儿园、敬老院、文化活动中心。有国家级非物质文化遗产罗卷戏。农业以种植小麦、玉米为主。工业以木材、面粉加工等为主。石楼—马庄公路过境。

张楼［Zhānglóu］　张楼镇人民政府驻地。在县政府驻地汝宁街道西北16千米。人口1000。明万历年间（1573—1644）张姓建土楼，得名张家楼，后简称今名。聚落呈团块状。有中小学、幼儿园、卫生院。经济以商贸、餐饮、养殖水产为主。特产大闸蟹。石楼—马庄公路经此。

南余店乡［Nányúdiàn Xiāng］　汝南县辖镇。在县境东南部。面积51平方千米。人口2.5万。辖10村委会，有69自然村。乡人民政府驻余店。1949年设余店乡。1959并入王岗、马乡2公社。1975年析设余店公社。1981年改南余店公社。1983年设余店乡。因乡政府驻地得名。为避重复而更今名。文殊河流经。有中学1所，小学4所，卫生院1个，卫生所10个。有幼儿园、敬老院、文化活动中心。有全国重点文物保护单位天堂寺遗址。农业以种植小麦、花生为主。永定线省道、庙湾—小亮寺公路过境。

余店［Yúdiàn］　南余店乡人民政府驻地。在县政府驻地汝宁街道东南27千米。人口2500。传明末余姓开食宿店，得名余家店，后简今名。聚落呈团块状。有中小学、幼儿园、卫生室。有全国重点文物保护单位天堂寺遗址。经济以商贸、餐饮、物流为主。永定线省道经此。

板店乡［Bǎndiàn Xiāng］　汝南县辖乡。在县境东北部。面积61平方千米。人口4万。辖14村委会，有89自然村。乡人民政府驻板店。1975年红光公社析设板店公社。1983年设乡。因乡政府驻地得名。南马肠河、倒流河流经。有中学1所，小学11所，卫生院1个，卫生所14个。有幼儿园、敬老院、文化活动中心。农业以种植小麦、玉米为主，兼种油菜、花生、芝麻。特产萝卜、黄金梨、红薯。工业以粉面、粉条加工为主。有农贸市场。留盆—三门闸公路过境。

板店［Bǎndiàn］　板店乡人民政府驻地。在县政府驻地汝宁街道东北8千米。人口1600。传元代有石板桥，得名板桥屯，又称板桥店，后简今名。聚落呈团块状。有中小学、幼儿园、卫生院、群众文化艺术馆。经济以商贸、餐饮、物流为主，种植西瓜。留盆—三门闸公路经此。

遂　平　县

遂平县［Suìpíng Xiàn］　驻马店市辖县。北纬33°08′，东经114°00′。在市境中部。面积1072平方千米。人口57.1万。以汉族为主，还有回、佤、壮等民族。辖3街道、8镇、3乡。县人民政府驻瀷阳街道。西汉置吴房县，属汝南郡。南北朝废吴房县。北魏皇兴二年（468）置遂宁、义绥2县，属襄城郡。北齐河清元年（562）省义绥县入遂宁县。隋大业二年（606）复名吴房县，属汝南郡。唐贞观元年（627）省吴房县，八年（634）复置，属汝南郡。元和十二年（817）李愬平定叛乱，宪宗敕改县名为遂平。先属溵州，后属唐州。长庆元年（821）属蔡州。南宋高宗废为吴房镇。金皇统元年（1141）复县，属蔡州镇南军。至元七年（1270）并入汝阳县。三十年（1293）复置，属汝宁府。明清因之。此后未变，先后属汝阳道、河南省、第八行政督察区、信阳专区、驻马店专区、驻马店地区、驻马店市。南、北岗地相夹，中、东部为平原，西部为山区。地势西高东低。海拔55—70米。年均气温15℃，1月平均气温1℃，7月平均气温28℃。年均降水量950毫米。有嵖岈山、大顶山、大歪尖、尖山。汝河、奎旺河流经。有铁、硅石、磷、花岗石等矿产资源。有野生植物100余种，其中国家重点保护野生植物有银杏、水杉、桔梗、丹参、黄连等。有野生动物10余种，其中国家重点保护野生动物有狼、水獭、獾、狐。有凤鸣谷原始森林。森林覆盖率12.6%。有省级科研中心4个，中等专业学校1所，职业高中1所，中学22所，小学184所，图书馆1个，文艺团体13个。有全国重点文物保护单位嵖岈山卫星公社旧址，省级文物保护单位省塑料机械股份有限公司旧址、唐岗遗址、吴房故城。有省级非物质文化遗产大铜器、桃符雕花工艺、王莽撵刘秀、王祥卧冰。有省级历史文化名镇嵖岈山镇。有国家5A级旅游景区嵖岈山。有名胜红石崖、凤鸣谷、龙天沟。有四星级宾馆1个。三次产业比例19∶51∶30。农业以种植小麦、玉米为主，饲养猪、牛、羊，盛产大豆、花生、芝麻。工业以化工、食品加工为主。服务业以商贸、餐饮住宿、旅游为主。有市场6个。京广铁路，京广高铁，周驻南、京港澳高速，107国道，七里头—蚁蜂线、张南线省道过境。有遂平站、县客运总站、中心汽车站。

瀷阳大道［Qúyáng Dàdào］　在县城中部。南起红石路，北至希望大道。与和幸路、玉带路、嵖岈山路、建设路、民安路等相交。长7.4千米，宽45.4米。沥青柏油路面。1949年开工，同年建成。石料路面。1971年整修，铺设沥青。1989年扩建。西汉曾置瀷阳县，故名。两侧有建材市场、嵖岈山商贸城、行政服务中心、爱家购物广场、县民政局、县审计局、县环保局等。通公交车。

建设路［Jiànshè Lù］　在县城中部。东起汝河桥，西至瀷阳大道。与工人路、富强路、文化路、金山路、前进路等相交。长23.1千米，宽52.5米。沥青柏油路面。1949年开工，同年建成。1957年重修，石料路面。1977年铺设沥青。2013年改拓建。两侧有县第二高中、县粮食局、县农业局、天立元购物广场、县政府、县医院、汽车站等。通公交车。

遂平站［Suìpíng Zhàn］　见交通运输设施部分“遂平站”条。

遂平汽车站［Suìpíng Qìchēzhàn］　见交通运输设施部分“遂平汽车站”条。

瀷阳街道［Qúyáng Jiēdào］　遂平县人民政府驻地。在县境中部偏东。面积33平方千米。人口4.4万。2008年设。西汉曾置瀷阳县，故名。先后拓宽建设路、瀷阳大道、希望大道，建多处住宅区和游园。汝河、奎旺河流经。有中学1所，小学7所，卫生院1个，卫生所24个。有民俗剪纸、秧歌。农业以种植小麦、玉米、蔬菜为主。工业以食品、面粉加工为主。服务业以商贸、老年服务为主。107国道过境。有遂平汽车站。通多路公交车。

莲花湖街道［Liánhuāhú Jiēdào］　属遂平县。在县境中部偏东。面积15平方千米。人口3.2万。2008年设。水塘相连，状似莲花，故名。先后改扩建瀷阳大道、国槐路、玉带路、希望大道、遂周路，建月儿湾汝河桥、奎旺河桥及多处住宅小区。汝河、奎旺河流经。有中学4

所，小学4所，卫生院7个。有幼儿园、文化站、图书馆、文艺团体等。有省级文物保护单位吴房故城。农业以种植小麦、玉米、蔬菜为主。工业以面粉、食品、建材加工，彩印为主。有商贸城、瓜果市场、家具城。107国道过境。通多路公交车。

车站街道［Chēzhàn Jiēdào］ 属遂平县。在县境中部偏东。面积45平方千米。人口3.1万。2008年设。因办事处位于遂平站附近得名。先后修建道路16条，建第一高中新校、汝河中学、天洁小学、中医院、玉带河生态水景公园、城市文化综合体。汝河、玉带河流经。有中学1所，小学10所，卫生院1个，卫生所12个。有幼儿园、文化站、图书馆。有省级文物保护单位唐岗遗址。有民间传统艺术绘画、剪纸、高跷。农业以种植小麦、玉米为主。工业以食品加工为主。服务业以商品、建材批发，餐饮为主。京广铁路、京港澳高速、107国道过境。通多路公交车。

玉山镇［Yùshān Zhèn］ 遂平县辖镇。在县境西部。面积68平方千米。人口3.1万。辖15村委会，有91自然村。镇人民政府驻玉山。1950年设玉山乡。1959年改公社。1983年复乡。1997年改镇。因镇政府驻地得名。奎旺河、南石羊河、北石羊河流经。有中学1所，小学13所，卫生院1个，卫生所15个。有幼儿园、文化活动中心、图书馆、敬老院等。农业以种植小麦、玉米、油菜，饲养生猪为主。工业以木材、粮食、建材加工为主。服务业以商品交易、农贸为主。索衰线县道过境。

玉山［Yùshān］ 玉山镇人民政府驻地。在县政府驻地濯阳街道西北18千米。人口3000。因山得名。聚落呈团块状。有中小学、卫生院、文化大院、图书室等。农历双日逢集。经济以商贸、餐饮为主。农业以种植小麦、玉米、油菜等为主。工业以粉条加工为主。索衰线县道经此。

嵖岈山镇［Cháyáshān Zhèn］ 遂平县辖镇。县境西北部。面积109平方千米。人口3.3万。辖14村委会，有105自然村。镇人民政府驻新村。1958年成立嵖岈山公社。1983年设乡。2008年改镇。因山得名。有大歪山、尖山、平顶垛、跑马岭。南石羊河流经。有中学1所，小学13所，卫生院1个，卫生所16个。为省级历史文化名镇。有博物馆、书画院。有全国重点文物保护单位嵖岈山卫星公社旧址。有国家5A级旅游景区嵖岈山。有名胜古迹禅云寺遗址、红石崖。农业以种植小麦、玉米、花生，养殖牛、羊为主。盛产全虫、桔梗等中药材。工业以工艺品制作、门业、墙体材料加工为主。服务业以旅游为主。七蚁线省道、索衰线县道过境。

新村［Xīncūn］ 嵖岈山镇人民政府驻地。在县政府驻地濯阳街道西北24千米。人口400。聚落呈团块状。1975年下宋村迁建，故名。有中小学、卫生院。有国家重点文物保护单位嵖岈山卫星公社旧址。有名胜古迹禅云寺遗址、红石崖。农业以种植小麦、玉米、大豆为主，盛产木耳、山野菜。有农副产品、山货贸易。农历单日逢集。索衰线县道经此。

石寨铺镇［Shízhàipù Zhèn］ 遂平县辖镇。在县境东南部。面积79平方千米。人口4.4万。辖16村委会，有111自然村。镇人民政府驻石寨铺。1955年设石寨铺乡。1959年改公社。1983年复乡。2008年改镇。因镇政府驻地得名。汝河流经。有中学2所，小学16所，卫生院1个，卫生所20个。有幼儿园、文化活动中心、敬老院。农业以种植小麦、玉米、蔬菜，养殖牛、羊为主。工业以建筑建材，机械制造，面粉、牛羊肉加工为主。京港澳高速、王双线县道过境。

石寨铺［Shízhàipù］ 石寨铺镇人民政府驻地。在县政府驻地濯阳街道东南11千米。人口2700。明末石才开饭铺，得名石才铺。清末为防匪患，修筑寨墙，寨内起集，改称石寨铺。聚落呈团块状。有中小学、幼儿园、卫生院、文化大院、图书室。经济以农业为主，种植小麦、玉米、西瓜等。有农副产品贸易。农历单日逢集。王双线县道经此。

和兴镇［Héxīng Zhèn］ 遂平县辖镇。在县境北部。面积141平方千米。人口7.5万。辖24村委会，有158自然村。镇人民政府驻和兴。1955年设和兴乡。1959年改公社。1983年复乡。2005年张店乡并入。2011年改镇。因镇政府驻地得名。奎旺河、万泉河、小溪河、鲁沟河流经。有初中2所，小学23所，卫生院2个，卫生所24个。有幼儿园、文化活动中心、敬老院。有王祥庙、狗冢庙等。农业以种植小麦、玉米，养殖生猪、家禽为主。工业以食品、塑胶、建材、饲料加工为主。京广铁路、京广高铁、京港澳高速、107国道过境。

和兴［Héxīng］ 和兴镇人民政府驻地。在县政府驻地濯阳街道北9千米。人口1400。清康熙初年（1662）称牛王庙，因牛、王2姓建庙得名。乾隆十年（1745）“恒兴店碑记”和《遂平县志》均称今名。聚落呈团块状。有中小学、卫生院。农业以种植小麦、玉米为主。特产大葱。服务业以商品、农贸为主。农历双日逢集。107国道经此。

沈寨镇［Shěnzhài Zhèn］ 遂平县辖镇。在县境西北部。面积109平方千米。人口5.5万。辖2居委会、19村委会，有132自然村。镇人民政府驻沈寨。1955年设沈寨乡。1959年改公社。1983年复乡。2011年改镇。因镇政府驻地得名。奎旺河、北石羊河、界河流经。有中学2所，小学21所，卫生院1个，卫生所22个。有幼儿园、文化活动中心、敬老院。有斗城故城。农业以种植小麦、玉米，养殖生猪、家禽为主。特产香菇。工业以建筑建材，农副产品、玻璃制品、化工产品加工制造为主。服务业以商贸、餐饮为主。王双线、双玉线县道过境。

沈寨［Shěnzhài］ 沈寨镇人民政府驻地。在县政府驻地濯阳街道西北14千米。人口2400。明初因姓氏得名申店、申寨。明末清初焚毁，重建后取名复兴店。道光年间（1821—1850）修寨称复兴寨。后因沈姓改今名。聚落呈团块状。有中小学、卫生院、诊所、文化大院、图书室。农业以种植小麦、玉米、花生为主，特产香菇。服务业以商品、农副产品贸易为主。农历单日逢集，春季有交流会。王双线县道经此。

阳丰镇［Yángfēng Zhèn］ 遂平县辖镇。在县境中部偏西。面积80平方千米。人口4万。辖15村委会，有122自然村。镇人民政府驻阳丰。1955年设阳丰乡。1959年并入玉山公社。1962年析设阳丰公社。1983年改乡。2011年改镇。因镇政府驻地得名。汝河、阳丰河流经。有中学1所，小学15所，卫生院1个，卫生所16个。有幼儿园、文化活动中心、敬老院。农业以种植小麦、玉米，饲养生猪、羊为主。工业以面粉、食品、饲料、水泥加工为主。京广高铁、洙嵖线县道过境。

阳丰［Yángfēng］ 阳丰镇人民政府驻地。在县政府驻地濯阳街道西12千米。人口1100。传河北有土冢，形似凤凰，首向太阳，故河名阳凤。沿为村名，后凤、丰演化，故有今名。聚落呈团块状。有中小学、幼儿园、卫生院、诊所、文化大院、图书室。农业以种植小麦、玉米为主。特产西瓜、草莓等。服务业以农产品贸易为主。农历单日逢集，农历二月初二有物资交流会。洙嵖线县道经此。

常庄镇［Chángzhuāng Zhèn］ 遂平县辖镇。在县境东部。面积84平方千米。人口5.2万。辖16村委会，有66自然村。镇人民政府驻吴集。1949年设常庄乡。1959年改公社。1983年复乡。2013年改镇。因镇政府原驻地得名。清顺治年间（1644—1661）明代常遇春后嗣迁此建庄，故名常庄。汝河、奎旺河流经。有中学1所，小学16所，卫生院1个，卫生所16个。有幼儿园、文化活动中心、敬老院。农业以种植小麦、玉米，养殖生猪、家禽为主。工业以面粉、食品加工，门业，纺织为主。京广铁路、京港澳高速、洙嵖线县道过境。

吴集［Wújí］ 常庄镇人民政府驻地。在县政府驻地濯阳街道东7千米。人口1400。明中期吴氏迁此，后庄北白云寺被冲毁，寺前集市迁此，故名。聚落呈团块状。有中小学、幼儿园、卫生院、诊所、文化大院、图书室。农业以种植小麦、玉米、黄金梨、冬桃、冬枣等为主。服务业以商品、农副产品贸易为主。京港澳高速、洙嵖线县道经此。

花庄镇［Huāzhuāng Zhèn］ 遂平县辖镇。在县境西南部。面积133平方千米。人口4.1万。辖18村委会，有181自然村。镇人民政府驻花庄。1977年成立花庄公社。1983年设乡。2005年张台乡并入。2013年改镇。因镇政府驻地得名。有大顶山、大关山、王帽垛。赵庄河、老沟河、阳丰河流经。有中学1所，小学12所，卫生院2个，卫生所18个。有幼儿园、文化活动中心、敬老院。有凤鸣谷森林公园、和崔遗址。农业以种植小麦、玉米、油菜，养殖牛、羊、家禽为主。工业以制砖、水泥预制、建材加工为主。七蚁线省道过境。

花庄［Huāzhuāng］ 花庄镇人民政府驻地。在县政府驻地濯阳街道西20千米。人口700。明末清初花姓迁此，故名。聚落呈团块状。有中小学、幼儿园、卫生院、诊所、文化大院、图书室。农业以种植小麦、玉米、油菜、花生等为主。特产芝麻。服务业以商贸为主。洙嵖线县道经此。

槐树乡［Huáishù Xiāng］ 遂平县辖乡。在县境西北部。面积81平方千米。人口3.7万。辖14村委会，有98自然村。乡人民政府驻槐树。1949年设槐树乡。1959年并入嵖岈山公社。1962年析设槐树公社。1983年改乡。因乡政府驻地得名。有龙天寨、神头山、汪山。北石羊河、万泉河流经。有双沟、八里岗水库。有中学1所，小学13所，卫生院1个，卫生所14个。有幼儿园、文化活动中心、敬老院。有豫中抗日根据地纪念馆。有省级非物质文化遗产桃符雕花工艺。有名胜龙天沟。农业以种植小麦、玉米、芝麻、油菜等，养殖猪、羊、牛、家禽为主，有水产养殖场2个。工业以建材加工为主。潘蚁线县道过境。

槐树［Huáishù］ 槐树乡人民政府驻地。在县政府驻地濯阳街道西北28千米。人口700。清康熙年间（1622—1722）村民自山西洪洞县大槐树迁此，取名大槐树，后简今名。聚落呈团块状。有中小学、幼儿园、卫生院、诊所、文化大院、图书室。经济以农业为主，种植小麦、玉米、油菜等。特产黄梨。工业以粉条加工为主。服务业以商贸为主。春、秋季有物资交流会，农历双日逢集。潘蚁线县道经此。

文城乡［Wénchéng Xiāng］ 遂平县辖乡。在县境西南部。面积51平方千米。人口3.4万。辖16村委会，有109自然村。乡人民政府驻文城。1955年设文城乡。1959年改公社。1983年复乡。因乡政府驻地得名。汝河、小黄河流经。有中学2所，小学15所，卫生院1个，卫生所 16 个。有幼儿园、文化活动中心、敬老院。有文城故城遗址。农业以种植小麦、玉米、花生、葛根等,养殖猪、羊、家禽为主。工业以机械、纺织、食品、建材等为主。七蚁线省道、驻马店—南阳公路过境。

文城 [Wénchéng]　文城乡人民政府驻地。在县政府驻地濯阳街道西南 21 千米。人口 2000。唐元和十二年(817)李愬征讨吴元济时立文城栅,渐成村落,故名。聚落呈团块状。有中小学、幼儿园、卫生院、诊所、文化大院、图书室。有省级文物保护单位魏湾遗址。经济以农业为主,种植小麦、玉米、花生、葛根等。特产苹果、梨、桃。有农贸交易。春、秋季有物资交流会,农历单日逢集。七蚁线省道经此。

褚堂乡 [Chǔtáng Xiāng]　遂平县辖乡。在县境南部。面积 49 平方千米。人口 2.4 万。辖 6 居委会、3 村委会,有 76 自然村。乡人民政府驻褚堂。1955 年设褚堂乡。1962 年成立褚堂公社。1983 年改乡。因乡政府驻地得名。孙沟河、李秀河、汝河流经。有中学 1 所,小学 8 所,卫生院 1 个,卫生所 9 个。有幼儿园、文化活动中心、敬老院。农业以种植小麦、玉米、油菜,养殖生猪、家禽为主。特产梨、桃、葡萄等。工业以面粉、食品、汽车配件、餐巾纸、纯净水生产为主。京广高铁、先臧线县道过境。

褚堂 [Chǔtáng]　褚堂乡人民政府驻地。在县政府驻地濯阳街道西南 7 千米。人口 400。明末褚姓建村,建奶奶堂,故名褚家堂,后演今名。聚落呈团块状。有中小学、幼儿园、卫生院、诊所、文化大院、图书室。农业以种植小麦、玉米、油菜、花生为主。特产梨、桃、葡萄等。服务业以商品、农副产品贸易为主。先臧线县道经此。

新　蔡　县

新蔡县 [Xīncài Xiàn]　驻马店市辖县。北纬 32°45′,东经 114°58′。在市境东部。面积 1447 平方千米。人口 115.6 万。以汉族为主,还有回、佤、苗、蒙古等民族。辖 3 街道、11 镇、9 乡。县人民政府驻古吕街道。秦置新蔡县,属陈郡。西汉属汝南郡。新莽易名新迁县。东汉复名新蔡县。隋开皇十六年(596)改置广宁县。仁寿元年(601)改名汝北县。大业二年(606)复名新蔡县。唐属蔡州。宋属淮康军。元至元三年(1266)省入息州。明洪武四年(1371)复置新蔡县,属汝宁府。清因之。1913 年属豫南道。1914 年属汝阳道。1927 年属省。1932 年属第八行政督察区。1949 年属信阳专区。1965 年属驻马店专区。1969 年属驻马店地区。2000 年属驻马店市。春秋时蔡平侯自上蔡迁都于此,故名新蔡。地处淮河冲积湖积平原。海拔多在 50 米以下。年均气温 15℃,1 月平均气温 1℃,7 月平均气温 28℃。年均降水量 89 毫米。有野生植物 446 种,其中国家重点保护野生植物有银杏、樟、水蕨、莲等 7 种。有野生动物 217 种,其中国家重点保护野生动物有普通鵟、斑头鸺鹠、红隼、雀鹰等 11 种。有省级自然保护区 1 个。森林覆盖率 19.9%。有中等专业学校 2 所,高中 5 所,初中 24 所,小学 310 所。有全国重点文物保护单位葛陵故城,省级文物保护单位新蔡故城、周冢遗址等 6 个。有纪念地陈店小李庄鄂豫皖边区省委驻地旧址、辛亥革命纪念祠、刘邓大军渡河处。有国家级非物质文化遗产毛氏济世堂脱骨疽症疗法,省级非物质文化遗产杠天神、扁担戏。三次产业比例 32 ∶ 38 ∶ 30。农业以种植小麦、玉米、大豆、红薯为主,养殖水产、猪、牛,盛产芝麻、花生、油菜、棉花。工业以食药加工、现代家居、智能装备为主。服务业以电子商务、物流为主。大广、阜南高速,106、328 国道,明临、驻新公路过境。

干宝大道 [Gànbǎo Dàdào]　在县城西北部。东起人民路,西至伯夷大道。与洪河路、开元路、工业路、月亮湾路相交。长 4.9 千米,宽 60 米。沥青路面。1965 年建设。1999 年改造扩建为迎宾大道。2013 年因道路北侧干宝公园而更今名。两侧有县第一高中、县农业学校、明英中学、现代双语学校、县文广新局、县法院、县检察院、县农业局、县税务局、人民银行、工业园区、北湖公园、殷实园广场等。通公交车。

人民路 [Rénmín Lù]　在县城中部偏北。东起古吕大道,西至蔡州大道。与回民路、振兴路、永康路、蔡州路相交。长 1.6 千米,宽 40 米。沥青路面。原为环城公路,1970 年建设。后更今名。两侧有县邮政局、县粮食局、蔡州商城、县委、新华书店、鸿达汽车站。通公交车。

振兴路 [Zhènxīng Lù]　在县城中部。南起问津大道,北至三里桥。与健康路、华星路、人民路、北湖路、洪河路相交。长 4.6 千米,宽 40 米。沥青路面。为 106 国道城区道路。1976、1980、1993 年分别改扩建。两侧有县交运执法局、县农机局、县水利局、县妇幼保健院、县中医院、县第一高中、县民政局、县汽车站、县邮政局。通公交车。

三里桥 [Sānlǐ Qiáo]　在县城北部。长 114 米,宽 13 米,最大跨度 16 米,桥下净高 17 米。1974 年开工,同年建成。距老城区 3 华里,故名。为中型河道桥梁,结构型式为钢筋混凝土板梁桥。最大载重 20 吨。通公交车。

新蔡县汽车站 [Xīncài Xiàn Qìchēzhàn]　见交通运输设施部分"新蔡县汽车站"条。

古吕街道 [Gǔlǚ Jiēdào]　新蔡县人民政府驻地。在县境东南部。面积 39 平方千米。人口 8.7 万。2011 年设。夏初伯夷治水有功,受封吕侯建吕城,因年代久远得名。2011 年拓宽道路 6 条。洪河、汝河流经。有中学 2 所,小学 11 所,卫生院 24 个。有名胜古迹春秋古城遗址、文庙大成殿、辛亥革命纪念祠、东湖公园。经济以机械、制药、丝绸织造、食品加工、色织为主。106 国道、明临线省道过境。有新蔡长途汽车站。通多路公交车。

今是街道 [Jīnshì Jiēdào]　属新蔡县。在县境西北部。面积 39 平方千米。人口 2.8 万。2011 年设。因陶渊明"唯觉今是而昨非"诗句得名。洪河流经。有中学 1 所,小学 2 所,卫生所 8 个。有北湖公园、广播电视塔。有古迹周冢、万岩寺、任氏墓园。工业以铸造、纺织、印刷、医药、食品加工为主。有工业园区、商贸城。通多路公交车。

月亮湾街道 [Yuèliàngwān Jiēdào]　属新蔡县。在县境西南部。面积 29 平方千米。人口 2.3 万。2012 年设。因月亮湾公园得名。黍河流经。有中学 1 所,小学 8 所,卫生所 8 个。有文化中心、图书室、敬老院等。有仁和塔、文体广场。经济以商贸、物流、餐饮为主。通多路公交车。

砖店镇 [Zhuāndiàn Zhèn]　新蔡县辖镇。在县境西部。面积 62 平方千米。人口 3.6 万。以汉族为主,还有回、蒙古等民族。辖 10 村委会,有 103 自然村。镇人民政府驻砖店。1956 年设砖店乡。1958 年成立和平公社。1962 年改砖店公社。1983 年改乡。1997 年改镇。因镇政府驻地得名。洪河流经。有中学 1 所,小学 8 所,卫生院 1 个,卫生所 10 个。有古迹魏冢、蛤蜊冢、三空桥。农业以种植小麦、玉米为主,兼种蔬菜。工业以纺织、建材、粮油加工为主。服务业以商品零售、农贸为主。大广高速、平长线省道过境。

砖店 [Zhuāndiàn]　砖店镇人民政府驻地。在县政府驻地古吕街道西北 18 千米。人口 2400。清代左宗棠西征,在戚桥港上修砖桥,后桥头设食宿店,成村后名砖桥店,简称砖店。聚落呈带状。有中小学、卫生院。农业以种植小麦、玉米为主。有农贸市场。农历单日逢集,二月二十五有人祖爷庙会。通公路。

周寺 [Zhōusì]　在县政府驻地古吕街道西北 13 千米。砖店镇辖自然村。人口 3600。因周姓建村修寺而得名。聚落呈带状。有留守儿童学校。开展"立家规、传家训、扬家风""孝儿孝女、好媳妇"等活动。经济以良种繁育、种植温棚蔬菜、花卉、中药材为主。平长线省道经此。2009 年被评为全国文明村。

陈店镇 [Chéndiàn Zhèn]　新蔡县辖镇。在县境西部。面积 64 平方千米。人口 3.8 万。辖 14 村委会,有 152 自然村。镇人民政府驻陈店。1956 年设陈店乡。1960 年改公社。1983 年复乡。1999 年改镇。因镇政府驻地得名。有中学 1 所,小学 8 所,卫生院 1 个,卫生所 14 个。有小李庄革命纪念地。农业以种植小麦、杂粮为主,盛产芝麻等。多竹园。工业以建材、面粉、食品加工为主。服务业以商品零售、农贸为主。大广高速、明临线省道过境。

陈店 [Chéndiàn]　陈店镇人民政府驻地。在县政府驻地古吕街道西 14 千米。人口 2000。明嘉靖年间(1522—1566)陈昶开店,得名陈昶店。因多交易山羊,亦称陈羊店,后简今名。聚落呈团块状。有中小学、卫生院。经济以种植、养殖、经商为主。有竹编业。农历单日逢集,三月二十四有庙会。明临线省道经此。

佛阁寺镇 [Fógésì Zhèn]　新蔡县辖镇。在县境西南部。面积 79 平方千米。人口 4.6 万。辖 14 村委会,有 186 自然村。镇人民政府驻佛阁寺。1956 年设佛阁寺乡。1958 年成立东风公社。1960 年更名佛阁寺公社。1983 年复乡。1997 年改镇。因镇政府驻地得名。新、老汝河过境。有中学 1 所,小学 8 所,卫生院 1 个,卫生所 14 个。有古迹铁丘台、凉马台、龚寨民居楼。农业以种植小麦、玉米为主。有水面养殖,苗圃业。工业以棉织、玩具加工为主。服务业以商品零售、农贸为主。明临线省道过境。

佛阁寺 [Fógésì]　佛阁寺镇人民政府驻地。在县政府驻地古吕街道西南 20 千米。人口 2700。东汉建安年间(196—219)建东王庙,内有楼阁、佛殿,俗称佛阁寺。后建村,沿为村名。聚落呈团块状。有中小学、卫生室。农业以种植小麦、芝麻、棉花等为主。农历双日逢集。明临线省道经此。

练村镇 [Liàncūn Zhèn]　新蔡县辖镇。在县境东南部。面积 90 平方千米。人口 6.5 万。辖 23 村委会,有 185 自然村。镇人民政府驻练村。1941 年设练村镇。1956 年设乡。1958 年成立卫星公社。1962 年更名练村公社。1983 年复乡。1987 年改镇。因镇政府驻地得名。洪河流经。有中学 1 所,小学 23 所,卫生院 1 个,卫生所 24 个。有名胜古迹金丘冢、王新安大桥、田庄毛主席像显影处。农业以种植小麦、玉米为主。有河道养殖业。工业以建材、食品、粮食加工为主。服务业以商品零售、农产品贸易为主。平长线省道过境。

练村 [Liàncūn]　练村镇人民政府驻地。在县政府驻地古吕街道东南 21 千米。人口 2400。明代多楝树,得名楝树村,后演今名。聚落呈团块状。有初中、卫生室。明万历年间(1573—1619)兴集。农历双日逢集,三月初八有东王庙会。平长线省道经此。

棠村镇 [Tángcūn Zhèn]　新蔡县辖镇。在县境东北部。面积 60 平方千米。人口 5.4 万。

辖18村委会,有142自然村。镇人民政府驻棠村。1956年设棠村乡。1960年并入化庄公社。1962年成立棠村公社。1983年复乡。1987年改镇。因镇政府驻地得名。谷河流经。有中学1所,小学14所,卫生院1个,卫生所20个。有张云仙烈士牺牲纪念地。工业以针织服装、粮油加工、建筑材料加工为主。服务业以商品零售、农贸为主。有棠村三粉交易市场。南阜高速、明临线省道过境。

棠村［Tángcūn］ 棠村镇人民政府驻地。在县政府驻地古吕街道东北17千米。人口3400。清末袁明棠建村,故名。聚落呈团块状。有中小学、卫生室。工业以粮油、食品加工为主,盛产粉面、粉条、粉皮。有三粉交易市场,为豫皖2省交界较大农贸市场。农历双日逢集。明临线省道经此。

韩集镇［Hánjí Zhèn］ 新蔡县辖镇。在县境北部。面积62平方千米。人口5.5万。辖18村委会,有114自然村。镇人民政府驻韩集。民国时曾置韩集镇。1956年设韩集乡。1958年成立五星公社。1960年改称韩集公社。1983年复乡。1997年改镇。因镇政府驻地得名。谷河流经。有中学1所,小学15所,卫生院1个,卫生所18个。有古迹繁阳故城、北泉寺、古槐。农业以种植红薯为主,盛产粉条、粉面、粉皮、瓜子、小磨香油。工业以纺织、化工、皮革加工为主。服务业以商品零售、农贸为主。韩龙线县道过境。

韩集［Hánjí］ 韩集镇人民政府驻地。在县政府驻地古吕街道北15千米。人口2200。原为春秋繁阳故城遗址,明代建村,因韩姓人口多,名韩家集,简称韩集。聚落呈团块状。有小学、卫生室。有火神庙会、始祖庙会。经济以农副产品加工、农贸为主。农历双日逢集。韩龙线县道经此。

龙口镇［Lóngkǒu Zhèn］ 新蔡县辖镇。在县境西北部。面积69平方千米。人口5.7万。辖20村委会,有91自然村。镇人民政府驻龙口。1951年设龙口乡。1958年并入红光公社。1960年成立龙口公社。1983年复乡。1987年改镇。因镇政府驻地得名。有中学3所,小学15所,卫生院1个,卫生所21个。有龙口砖塔。农业以种植小麦、玉米、大豆为主,盛产红薯。工业以制药、面粉加工、建材为主。服务业以商品零售、农贸为主。106国道过境。

龙口［Lóngkǒu］ 龙口镇人民政府驻地。在县政府驻地古吕街道北20千米。人口3700。因村北九条河港汇集于此,故名。又因集镇窄长如带,俗称条子集。聚落呈带状。有小学、卫生室、龙口砖塔。经济以牲畜养殖、交易为主。农历单日逢集,四月初八有庙会。为豫皖2省交界处较大集镇。106国道经此。

李桥回族镇［Lǐqiáo Huízú Zhèn］ 新蔡县辖镇。在县境西北部。面积41平方千米。人口3.1万,其中回族占21%,还有汉族等。辖10村委会,有55自然村。镇人民政府驻李桥。1956年设李桥乡。1958年成立红光公社。1960年改李桥公社。1983年复乡。1985年改李桥回族乡。1988年改回族镇。因镇政府驻地得名。洪河流经。有中学1所,小学12所,卫生院1个,卫生所10个。有文化活动中心、体育场。有全国重点文物保护单位葛陵故城。有葛陵桥、清真寺、河南第八专员公署迁驻地旧址、新蔡县民主政府驻地旧址、大吕中学旧址等。农业以种植小麦、玉米、大豆为主。工业以皮革、牛羊肉加工为主。服务业以商品零售、农贸为主。大广、南阜高速过境。

李桥［Lǐqiáo］ 李桥回族镇人民政府驻地。在县政府驻地古吕街道西北18千米。人口2800。以回族为主,还有汉族等。原名柳架桥、柳庄桥。明初李庄捐资修桥改称李庄桥,桥以人名,村名随之。聚落呈带状。有小学、卫生院。有清真寺、明代古桥、洪河码头遗址。有大吕中学、第八专员公署迁驻地旧址。农业以种植小麦、玉米为主。特产伊星清真牛肉。农历双日逢集,三月二十八有庙会。南阜高速、李桥—弥陀寺公路经此。

黄楼镇［Huánglóu Zhèn］ 新蔡县辖镇。在县境西部。面积68平方千米。人口4.1万。辖11村委会,有99自然村。镇人民政府驻黄楼。1957年设黄楼乡。1962年成立黄楼公社。1983年改乡。2009年改镇。因镇政府驻地得名。小清河、小洪河流经。有中学1所,小学10所,卫生院1个,卫生所20个。有文化活动中心、体育场。农业以种植小麦、芝麻、玉米,养殖蛋鸡、波尔山羊为主。工业以机械加工、针织、门窗制造为主。服务业以商品零售、农贸为主。平长线省道过境。

黄楼［Huánglóu］ 黄楼镇人民政府驻地。在县政府驻地古吕街道西北25千米。人口1100。原名小黄庄。清道光年间(1821—1850)黄姓建楼,故名。聚落呈带状。有小学、卫生室。经济以种植、养殖为主。农历双日逢集,清末兴集,二月二十日为古庙会。省平长线道经此。

孙召镇［Sūnzhào Zhèn］ 新蔡县辖镇。在县境中部。面积72平方千米。人口5万。辖17村委会,有131自然村。镇人民政府驻孙召。1965年成立孙召公社。1983年改乡。2009年改镇。因镇政府驻地得名。有中学1所,小学12所,卫生院1个,卫生所18个。有名胜古迹蚓蚯冢、绿波楼、铁佛寺、小曹湾商代遗址、胜泉寺。农业以种植小麦、玉米为主,兼种芝麻、花生、红薯、大豆、棉花、油菜等。工业以门窗制造,烟花爆竹生产,面粉、建材加工为主。服务业以商品零售、农贸为主。南阜高速、106国道过境。

孙召［Sūnzhào］ 孙召镇人民政府驻地。在县政府驻地古吕街道北10千米。人口1300。明嘉靖年间孙姓始居,因四周多沼泽地取名孙沼,后同音演为孙召。清乾隆年间兴集。聚落呈带状。有中小学、卫生室。经济以种植、养殖为主。工业以面粉加工为主。农历单日逢集,四月初三有庙会。南阜高速、106国道经此。

余店镇［Yúdiàn Zhèn］ 新蔡县辖镇。在县境西南部。面积134平方千米。人口6.9万。辖20村委会,有252自然村。镇人民政府驻余店。1956年设余店乡。1958年成立跃进公社。1960年改余店公社。1983年复乡。2005年蛟停湖乡并入。2011年改镇。因镇政府驻地得名。汝河流经。有中学2所,小学11所,卫生院2个,卫生所20个。有省级文物保护单位毛城故城。有纪念地刘邓大军渡河处。农业以种植小麦、玉米、红薯,养殖生猪为主,盛产西瓜。工业以建材、家具、面粉加工、白酒酿造为主。服务业以商品零售、农贸为主。黄余线县道过境。

余店［Yúdiàn］ 余店乡人民政府驻地。在县政府驻地古吕街道西南24千米。人口1700。明初余姓开店,称余家店,简今名。聚落呈团块状。有中小学、卫生室。经济以种植小麦、玉米为主。有竹编业、农贸交易。农历单日逢集,三月二十四有庙会。黄余线县道经此。

河坞乡［Héwù Xiāng］ 新蔡县辖乡。在县境南部。面积63平方千米。人口3.6万。以汉族为主,还有回族等。辖13村委会,有97自然村。乡人民政府驻河坞。1977年关津、十里铺、陈店3公社析设河坞公社。1983年改乡。因乡政府驻地得名。汝河流经。有河坞大闸。有中学1所,小学14所,卫生院1个,卫生所13个。有特色小吃水上漂酱菜。农业以种植大豆、红薯、竹子,养殖水产为主。工业以面粉、酱菜、建材加工等为主。工业以竹编手工业为主。服务业以商品零售、农贸为主。大广高速过境。

河坞［Héwù］ 河坞乡人民政府驻地。在县政府驻地古吕街道西南8千米。人口1300。明嘉靖年间(1522—1566)建村,以河边建船坞得名。1975年特大洪水后迁此。聚落呈团块状。有小学、卫生室。农业以种植小麦、玉米为主。农历双日逢集,三月初三有清明会。通公路。

关津乡［Guānjīn Xiāng］ 新蔡县辖乡。在县境南部。面积81平方千米。人口5.8万。辖18村委会,有153自然村。乡人民政府驻关津。1956年设关津乡。1958年成立火箭公社。1960年改关津公社。1983年复乡。因乡政府驻地得名。汝河故道流经。有中学1所,小学12所,卫生院1个,卫生所18个。有古迹郭冢、子路问津处。农业以种植小麦、玉米、红薯,养殖水产、牛、羊为主,盛产瓜果、蔬菜、禽蛋。工业以食品、面粉、建材加工为主。服务业以商品零售、农贸为主。106国道过境。

关津［Guānjīn］ 关津乡人民政府驻地。在县政府驻地古吕街道南5千米。人口2400。周景王贵二十三年(前522)孔子出楚返蔡,子路问津于此,得名官津,后演今名。聚落呈带状。有中小学、卫生院。有古迹子路问津处、梅氏宗祠。经济以种植、养殖为主,有商贸业,每日有集。106国道经此。

宋岗乡［Sònggǎng Xiāng］ 新蔡县辖乡。在县境东南部。面积56平方千米。人口4.1万。辖14村委会,有153自然村。乡人民政府驻宋岗。1956年设宋岗乡。1958年并入火箭公社。1960年析设宋岗公社。1983年改乡。因乡政府驻地得名。洪河、汝河流经。有郎湖、叶湖。有中学1所,小学8所,卫生院1个,卫生所16个。有窑岗遗址、清凉寺、壶城遗址。为省民间文化艺术之乡。有民间艺术杂技、戏曲、烙画等。农业以种植小麦、玉米、红薯为主,盛产瓜果、蔬菜。特产杜湾大葱。工业以电子产品、棉花加工为主。服务业以商品零售、农贸为主。平长线省道过境。

宋岗［Sònggǎng］ 宋岗乡人民政府驻地。在县政府驻地古吕街道东南5千米。人口3000。原为黄土岗,明末宋姓迁此,后聚成村,名宋家岗,简称宋岗。聚落呈带状。有小学、卫生院。有宋岗杂技。经济以种植、养殖为主。农历双日逢集,四月初八有古庙会。新蔡—练村公路经此。

顿岗乡［Dùngǎng Xiāng］ 新蔡县辖乡。在县境东南部。面积59平方千米。人口4.4万。辖20村委会,有156自然村。乡人民政府驻顿岗。1957年设顿岗乡,后改公社。1983年复乡。因乡政府驻地得名。洪河、汝河流经。有班台大闸。有中学1所,小学10所,卫生院1个,卫生所20个。有顿岗油馍制作技艺。农业以种植水稻、小麦、玉米,养殖水产为主。特产水晶一号大米。工业以食品、电子产品、建材加工等为主。服务业以商品零售、农贸为主。顿岗—新蔡公路过境。

顿岗［Dùngǎng］ 顿岗乡人民政府驻地。在县政府驻地古吕街道东南14千米。人口1900。《新蔡县志》载:春秋时楚令尹司马沈诸梁曾筑墅于此,故名沈岗。又名老沈岗、岗头。南朝梁侯景为乱,鲁悉达在岗城安顿流民,改称顿家岗,简称顿岗。聚落呈带状。有中小学、卫生院。有顿岗油馍制作技艺。农业以养鱼、种稻为主。有农贸交易,农历单日逢集。顿岗—

涧头、顿岗—练村公路经此。

涧头乡［Jiàntóu Xiāng］　新蔡县辖乡。在县境东部。面积81平方千米。人口6万。辖24村委会，有241自然村。乡人民政府驻涧头。1956年设涧头乡。1958年成立灯塔公社。1960年更名涧头公社。1983年复乡。因乡政府驻地得名。洪河、内水河流经。有中学1所，小学17所，卫生院1个，卫生所15个。有望城寺、庄老龙头遗址。农业以种植小麦、玉米、红薯为主，有黄金梨、桃、草莓种植园。工业以面粉、砖瓦、棉花加工为主。服务业以商品零售、农贸为主。新蔡—涧头公路过境。

涧头［Jiàntóu］　涧头乡人民政府驻地。在县政府驻地古吕街道东11千米。人口1300。港河交汇，水势如山涧瀑布，故名。聚落呈带状。有中小学、卫生院。有新蔡八景之一"涧头细雨"。农业以种植小麦、玉米为主。农历双日逢集。新蔡—涧头公路经此。

杨庄户乡［Yángzhuānghù Xiāng］　新蔡县辖乡。在县境东部。面积46平方千米。人口4万。辖17村委会，有174自然村。乡人民政府驻杨集。1977年涧头、化庄2公社析设杨集公社。1981年更名杨庄户公社。1983年设乡。因乡政府驻地得名。有中学1所，小学10所，卫生院1个，卫生所15个。有古迹楚顷襄王墓、马营马大桥。农业以种植小麦、玉米、红薯、棉花、油菜、芝麻为主。工业以针织、皮革、木制品加工为主。服务业以商品零售、农贸为主。新蔡—杨集公路过境。

杨集［Yángjí］　杨庄户乡人民政府驻地。在县政府驻地古吕街道东17千米。人口2800。明代杨姓建村，清初成集，名杨家集，简称杨集。聚落呈带状。有卫生室。农业以种植小麦、玉米为主。农历单日逢集。特产杨集硬面馍。新蔡—杨庄户公路经此。

化庄乡［Huàzhuāng Xiāng］　新蔡县辖乡。在县境东北部。面积68平方千米。人口6.2万。辖20村委会，有205自然村。乡人民政府驻化庄。1940年置化庄镇。1957年设乡。1958年成立红旗公社。1960年改化庄公社。1983年复乡。因乡政府驻地得名。有中学1所，小学12所，卫生院1个，卫生所20个。有古迹邹大庙。农业以种植棉花、芝麻为主。工业以农产品加工、化工、医药、建材等为主。服务业以商品零售、农贸为主。阜新高速过境。

化庄［Huàzhuāng］　化庄乡人民政府驻地。在县政府驻地古吕街道东北15千米。人口3200。明初化姓建村，故名。聚落呈带状。有中小学、卫生院。经济以种植、养殖为主。清乾隆年间(1736—1795)兴集，农历单日逢集，以粉条交易为大宗。化庄—黄楼线县道经此。

栎城乡［Lìchéng Xiāng］　新蔡县辖乡。在县境中部偏北。面积71平方千米。人口5.3万。辖18村委会，有163自然村。乡人民政府驻栎城。1956年设野里乡。1958年成立五星公社。1960年改野里公社。1983年复乡。1993年更今名。因乡政府驻地得名。洪河故道流经。有中学1所，小学18所，卫生院1个，卫生所18个。有泉南寺、中泉寺、玉帝庙、观音庙、人祖庙。经济以阿胶加工为主。农业以种植小麦、玉米为主。工业以制药、建材等为主。服务业以商品零售、农贸为主。阜新高速、明临线省道过境。

栎城［Lìchéng］　栎城乡人民政府驻地。在县政府驻地古吕街道东北11千米。人口2900。为春秋古城。《左传》"吴伐楚入栎"即此。原以集镇周围棘栎丛生得名栎集，后演称野里。1997年改为栎城。聚落呈带状。有小学、卫生室。有泉南寺、中泉寺、观音庙。有特色小吃栎城大烧饼。农业以种植小麦、玉米为主。农历单日逢集，三月十八有奶奶庙会。明临线省道经此。

弥陀寺乡［Mítuósì Xiāng］　新蔡县辖乡。在县境西北部。面积52平方千米。人口4.9万。辖11村委会，有106自然村。乡人民政府驻曹白庙。1978年李桥公社析设弥陀寺公社。1983年设乡。因古迹弥陀寺得名。有党、段、龙口、马湖。有中学1所，小学12所，卫生院1个，卫生所11个。有一百(柏)三空桥、八路坟。农业以种植小麦、玉米为主，兼种芝麻、棉花、花生、蔬菜等。有苇编业。服务业以商品零售、农贸为主。有弥陀寺、曹白庙2集市。高蛟线县道过境。

曹白庙［Cáobáimiào］　弥陀寺乡人民政府驻地。在县政府驻地古吕街道西北19千米。人口1300。清代曹姓建村名曹庄，后因有白色庙宇而改今名。聚落呈带状。有小学、卫生室。有竹园、果园。工业以面粉加工、机械加工、榨油等为主。农历双日逢集。龙口—弥陀寺线县道经此。

省直辖县级行政单位

济　源　市

济源市［Jǐyuán Shì］　河南省直辖县级市。北纬35°05′，东经112°35′。在省境西北部。面积1931平方千米。人口73万。以汉族为主，还有回、苗、满、蒙古等民族。辖5街道、11镇。市人民政府驻沁园街道。隋开皇十六年(596)析轵县北部置济源县，因地处济水之源而得名，属河内郡。唐武德四年(621)省溴阳、燕川2县入济源县。唐贞观元年(627)省轵县入济源县。显庆二年(657)改隶洛州。会昌三年(843)属孟州。元太宗六年(1234)改原州，次年废州复县，属孟州。至元三年(1266)王屋县省人。明清属怀庆府。1913年属豫北道。1914年属河北道。1927年直属河南省。1933年属第四行政督察区。1943年析济源县西部置王屋县，属太岳区第四专区。1949年属平原省新乡专区。1952年属河南省新乡专区。1969年属新乡地区。1975年设省直辖济源工区。1977年复属新乡地区。1986年改属焦作市。1988年改县级市，由焦作市代管。1997年由省直管。先后改造城中村，新修、改建城市道路。东部为玉泉特色产业园，南部为政治中心，西部为物流集聚区，北部为商贸住宅区，中部为商务区。地处太行山南端中低山黄土丘陵区。平均海拔300米。年均气温14℃，1月平均气温0℃，7月平均气温27℃。年均降水量654毫米。黄河、沁河、蟒河等流经。有煤、铁、铜、铅、钴、银、硫磺、石英石等矿产资源。有野生植物1800种，其中国家重点保护野生植物有红豆杉、银杏树、连香树等34种，省级重点保护野生植物有领春木、媚实、青檀等。有野生动物700种，其中国家重点保护野生动物有金钱豹、青羊、猕猴、大鲵等34种，省级重点保护野生动物有表鼬、豹猫等。有省级猕猴自然保护区。森林覆盖率45%。有高校2所，职业学校2所，中学36所，小学105所，特教学校1所，三级医院1个，二级医院5个。有图书馆、科技馆、篮球城。有豫剧、曲剧、怀邦剧等文艺团体40余个。为省级历史文化名城。有全国重点文物保护单位济渎庙、奉仙观、大明寺、阳台宫、轵国故城、延庆寺舍利塔、五龙口古代水利遗址，省级文物保护单位盘古寺、二仙庙、静林寺、引沁渠工程、沁园遗址、清虚宫等21个。有国家级非物质文化遗产邵原神话群，省级非物质文化遗产愚公移山传说、董永与七仙女传说、王屋琴书、怀梆、黄龙日盘八卦历、黄河号子、云坛砚、卢仝煎茶技艺、手工造纸技艺。有国家4A级旅游景区黄河小浪底、王屋山、五龙口猕猴、黄河三峡等，国家3A级旅游景区2个。三次产业比例12∶56∶32。农业以种植小麦、玉米、水稻、油料、蔬菜为主。有国家地理标志产品冬凌草。有蔬菜制种业。为国家蔬菜种植生产基地。工业以钢铁、铅锌、能源、化工、机械制造、矿用电器制造为主，有生物制药、电子信息、食品加工等。有建材、农产品等批发市场。焦柳、侯月铁路，二广、长济、济运高速，207国道过境。有济源站。

世纪广场［Shìjì Guǎngchǎng］　在市区中部。面积33公顷。2011年开工，同年建成。系世纪之交所建，故名。分国旗广场、中心聚会广场、雕塑广场、时空文化廊等。东入口处为国旗广场，处主轴线上。中心聚会广场处西，为下沉式扇形广场。雕塑广场内有以济源历史典故为主题的主题雕塑、文化墙、文化柱。为市民休闲、娱乐场所。周边有文化城、篮球城、图书馆等。通公交车。

宣化街［Xuānhuà Jiē］　在市境中部。东起济水大街，西至天坛中路。与文昌路、关帝路、龙泉路、汤帝路、荆梁路相交。长2.7千米，宽28米。沥青路面。隋开皇十六年(596)建原始道路。20世纪70年代重建。1995年整修成今状。地名源于《汉书·宣帝纪》，因取意传教布化得名。两侧有愚公移山雕塑、济水一中、宣化街小学、青少年足球训练基地、汤帝庙、商场、商厦等。通公交车。

济水大街［Jǐshuǐ Dàjiē］　在市境中部。东起东环路，西至西环路。与愚公路、沁园路、关帝路、荆梁路、天坛路相交。长9千米，宽35米。沥青路面。分东、中、西3段。原为新济线省道，后多次改建。1994年成今状。原名溴水大街，后因济水改今名。两侧有居民小区、企业、汽车站、中学、妇幼保健院及商业网点。通公交车。

文昌路［Wénchāng Lù］　在市境中部。南起南环路，北至济渎大街。与黄河大道、济源大道、周园街、宣化街、北海大道相交。长5.7千米，宽26米。沥青路面。20世纪50年代修建。1980年后数次改建。2002年扩建。因古有文昌阁得名。两侧有电大、电视台、文广新局等。通公交车。

汤帝路［Tāngdì Lù］　在市境中部。南起南环路，北至宣化街。与济水大街、周园街、济源大道相交。长3.6千米，宽30米。沥青路面。20世纪70年代修建。后经3次改建，2001年成今状。因汤帝庙得名。两侧有市法院、老年公寓、电信公司等。通公交车。

荆梁路［Jīngliáng Lù］ 在市境中部偏西。南起黄河大道，北至济渎大街。与玉川街、济源大道、周园街、济水大街、北海大道相交。长2.1千米，宽30米。沥青路面。1970年开工。后经多次改建，2000年建成。因全国重点文物保护单位奉仙观又称荆梁观而得名。两侧有豫光集团、清趣园、新蟒园、华山医院、济源站等。通公交车。

沁园街道［Qìnyuán Jiēdào］ 济源市人民政府驻地。在市境东部。面积16平方千米。人口3.5万。1992年轵城镇析设双桥街道。2007年更今名。东汉时有沁水公主园，且《沁园春》词牌源于济源，故名。先后改造城中村。溴河、苇泉河流经。有黄河科技学院、济源职业技术学院。有中学2所，小学6所，幼儿园24所，二级医院2个，卫生院1个，卫生所27个，居民文化活动中心13个，社区文化中心7个，残疾人康复中心2个，社区图书室1个。有图书馆、科技馆、展览馆、文化城、篮球城等。经济以服务业为主，有房地产开发、金融、现代物流、电子动漫等。焦柳铁路过境。通多路公交车。

济水街道［Jǐshuǐ Jiēdào］ 属济源市。在市境东部。面积5.2平方千米。人口6.5万。1992年由济水镇析设。沿用原镇名。因处古济水东西两源之南得名。先后改造城中村，建成大型超市、商厦，多家专业市场等。有中学2所，小学7所，幼儿园14所，二级医院1个，卫生院2个，卫生所16个，居民文化活动中心8个，社区文化中心4个，社区图书室4个，残疾人康复中心1个。有民俗文化背桩、舞龙、旱船、腰鼓等。经济以商贸、地产开发、文化休闲产业等为主。通多路公交车。

北海街道［Běihǎi Jiēdào］ 属济源市。在市境东部。面积11平方千米。人口3.4万。1992年由济水镇、亚桥乡析设。因古迹北海池得名。先后改造北海大道、健康路等。2008年起开发济渎庙旅游区，改造建成丽城花园、锦绣家园等小区。有中学1所，小学7所，幼儿园14所，三级医院1个，卫生院1个，卫生所23个，居民文化活动中心13个，社区文化站5个，残疾人康复中心1个，社区图书室5个。有全国重点文物保护单位济渎庙、奉仙观。经济以服务业为主，有商贸、旅游等。农业以种植苗木、中药材、花草为主。工业以豆制品加工、耐火材料陶瓷、皮革、化工、建材、印刷等为主。焦柳铁路过境。有济源站。通多路公交车。

庙街［Miàojiē］ 在市政府驻地沁园街道西北2千米。属北海街道。人口2800。唐天宝年间(742—755)因济渎神被封为清源王，名清源镇，宋更名庙道镇，清代为济渎镇，俗称济庙街，后简今名。聚落沿河略呈方形分布。有全国重点文物保护单位济渎庙，省级文物保护单位庙街遗址。通公交车。

天坛街道［Tiāntán Jiēdào］ 属济源市。在市境东部。面积17平方千米。人口4.3万。1992年由济水镇和思礼、亚桥2乡析设。因天坛峰得名。2009—2012年改造城中村，建成商业街2个。2014年改建济渎西路、北环路、滨河南路等，建成龙潭植物园、龙潭湖生态园。有中学2所，小学5所，二级医院1个，卫生院1个，卫生所21个。有全国重点文物保护单位延庆寺舍利塔。经济以工业、商贸为主，工业有机械制造、钢铁冶炼、电子电器、精细化工等。焦柳铁路、省道新济线过境。通多路公交车。

玉泉街道［Yùquán Jiēdào］ 属济源市。在市境东部。面积21.8平方千米。人口3.2万。2007年撤亚桥乡析设。因泉水众多，清澈如玉得名。2009年起改造城中村。2011年新建多个居住小区。2012年改造珠龙、蟒2河交汇处。有中学2所，小学4所，幼儿园9所，卫生院1个，卫生室26个，居民文化活动中心21个。有苗店遗址。有农业生态休闲园、中原都市农业示范区。工业以乳业、食品加工为主。有玉泉工业园、玉泉汽贸产业园。207国道、新济线省道过境。有济源长途客运站。通多路公交车。

克井镇［Kèjǐng Zhèn］ 济源市辖镇。在市境北部。面积220平方千米。人口6.8万。辖46村委会，有119自然村。镇人民政府驻克井。1955年设克井乡。1958年改公社。1983年复乡。1991年改镇。因镇政府驻地得名。沁河、蟒河等流经。有中学2所，小学10所，卫生院1个，卫生所46个，文化站1个，农村文化礼堂6个。有省级文物保护单位沁河谷栈道、盘古寺、塘石村关帝庙、盘谷白塔、引沁济蟒渠、韩愈《送李愿归盘谷序》摩崖石刻。有薛子中烈士陵园、原大寨起义纪念地、原昌古井、原昌遗址、大社老君庙、克井关帝庙遗址。农业以种植小麦、玉米，养殖猪、羊、家禽为主。工业以煤炭开采、有色金属冶炼、耐火材料、新型建材、太阳能光伏发电为主。侯月、焦柳铁路，焦克线、济阳线省道过境。通公交车。

克井［Kèjǐng］ 克井镇人民政府驻地。在市政府驻地沁园街道西北9千米。人口2900。原因打井艰辛而得名磕井，意为去石流血才成井，后为书写方便更今名。聚落呈长方形。有中小学、幼儿园、卫生院、卫生室、关帝庙等。农业以种植小麦、玉米为主。工业以采煤为主。焦克线、济阳线省道经此。通公交车。

大社［Dàshè］ 在市政府驻地沁园街道北10千米。克井镇辖自然村。人口3200。明初山西洪洞县移民建庄多个，后人口增多连成片，故名。聚落呈长方形。有省级文物保护单位盘谷寺、省级非物质文化保护遗产天坛砚。农业以种植小麦、玉米为主。有养殖、煤炭运输业。侯月铁路经此。

五龙口镇［Wǔlóngkǒu Zhèn］ 济源市辖镇。在市境东北部。面积127平方千米。人口5.5万。辖31村委会，有38自然村。镇人民政府驻辛庄。1958年尚庄、北官庄2乡析设辛庄公社。1983年改乡。1990年改五龙口镇。因国家4A级旅游景区五龙口猕猴风景区得名。沁河流经。有河南太行山国家级猕猴自然保护区。有成人教育学校1所，中学2所，小学8所，卫生院1个，卫生所31个，文化活动中心1个。有全国重点文物保护单位五龙口古代水利设施。农业以种植小麦、玉米、水稻、花生为主。工业以电力、冶金、化工、建材、造纸为主。焦柳铁路、二广高速、207国道、焦克线省道过境。

辛庄［Xīnzhuāng］ 五龙口镇人民政府驻地。在市政府驻地沁园街道东北10千米。人口2300。明代李姓迁此建村，取名新庄。清光绪年间(1875—1908)更今名。聚落呈长方形。有中小学、卫生院。有商贸业。每日有市。焦柳铁路、二广高速、207国道、焦克线省道经此。

山口［Shānkǒu］ 在市政府驻地沁园街道东北15千米。五龙口镇辖自然村。人口1000。金柜山、箭过顶间有自然通道，人称山口。因村居口南，故名。聚落呈V字形。有小学。有国家4A级旅游景区五龙口猕猴风景区、香岩寺、张衡宅、朱德出太行遗迹。经济以旅游为主。207国道、二广高速经此。

五龙头［Wǔlóngtóu］ 在市政府驻地沁园街道东北11千米。五龙口镇辖自然村。人口1400。秦至明建成广济、永利、利丰、兴利、小利5渠，势若五龙。因位于五渠之首，故名。聚落呈团块状。有全国重点文物保护单位五龙口古代水利设施。有石刻工艺。207国道经此。

轵城镇［Zhǐchéng Zhèn］ 济源市辖镇。在市境东南部。面积140平方千米。人口7.8万。辖69村委会，有115自然村。镇人民政府驻轵城。1955年设轵城乡。1958年改公社。1983年改乡。1990年改镇。因镇政府驻地得名。有高中1所，初中3所，小学13所，卫生院1个，卫生所71个。有全国重点文物保护单位轵国故城、大明寺，省级文物保护单位轵城关帝庙。农业以种植小麦、玉米为主，有林果、畜牧业。有古轵生态苑。工业以机械加工、化工、玻璃制品、新型建材为主。焦柳铁路、二广高速、207国道过境。

轵城［Zhǐchéng］ 轵城镇人民政府驻地。在市政府驻地沁园街道南3千米。人口1.3万。因春秋时期在此围轵筑城而得名。聚落呈矩形。有中小学、幼儿园、卫生院。有全国重点文物保护单位轵国故城、大明寺，省级文物保护单位轵城关帝庙。有聂政故居。农业以种植小麦、玉米为主。有商业。长济、二广高速，获轵、济坡公路经此。

承留镇［Chéngliú Zhèn］ 济源市辖镇。在市境中部。面积196平方千米。人口6.5万。辖49村委会，有203自然村。镇人民政府驻承留。民国时期曾设承留镇。1955年设承留乡。1958年改公社。1983年改乡。1991年改镇。因镇政府驻地得名。有高中1所，初中3所，小学6所，二级医院1个，卫生院1个，卫生所49个。有景点王阳山、南山、曲阳湖。有古迹静林寺、关帝庙、石佛寺、汤帝庙、灵都观、商山寺等。农业以种植小麦、玉米为主，有禽业、牧业等畜牧业基地。工业以铅锌冶炼、机械加工、防爆电器、农产品加工、建筑材料为主。济运高速、新济线省道过境。

承留［Chéngliú］ 承留镇人民政府驻地。在市政府驻地沁园街道西9千米。人口3400。清道光二十一年(1841)《赵氏家谱》载：赵四公“元季迁民至济”“居邑西虎岭”。死后其子刚“徙居而东，名其里曰承留，意留此不欲复徙之意也”。聚落呈长方形。有中小学、卫生院。农业以种植小麦、玉米为主。有商业。济运高速、327国道经此。通公交车。

南姚［Nányáo］ 在市政府驻地沁园街道西8千米。承留镇辖自然村。人口5500。明代山西姚姓兄弟经此，见山水秀美、土地肥沃，遂分南、北两处定居，此处居南称今名。聚落呈长方形。有中小学、幼儿园、卫生室。为省级历史文化名村。有省级文物保护单位静林寺，南姚关帝庙、汤帝庙。有王家祠石刻、南姚民居。农业以种植小麦、玉米为主。承轵公路经此。

邵原镇［Shàoyuán Zhèn］ 济源市辖镇。在市境西部。面积337平方千米。人口4.4万。辖50村委会，有312自然村。镇人民政府驻邵原。明邵原县改镇，此为设镇之始。1954年设邵原乡。1958年改公社。1983年复改乡。1985年改镇。因镇政府驻地得名。有中学2所，小学8所，卫生院1个，卫生所50个。有北寨中共晋豫边特委旧址、邵原遗址、召公祠遗址。为中国女娲神话之乡。有国家级非物质文化保护遗产邵原创世神话群。农业以种植小麦、玉米、杂粮、果树为主。有人参、灵芝、丹参、鹿茸、牛黄、柴胡等中药材。特产蜂蜜、猴头、木耳、黄花菜、杏红、生漆等。工业以采矿、炼焦、化工、建材、农副产品加工为主。济运高速、新济线省道过境。

邵原［Shàoyuán］ 邵原镇人民政府驻地。在市政府驻地沁园街道西55千米。人口3200。春秋名郫邵。汉为邵亭。因系周“召公采邑”，从召从邑得名。聚落呈长方形。有中小学、幼儿园、卫生院、文化站、召公祠遗址、泰和钟楼、女娲补天雕像等。有古庙会。有商业。新济线省道经此。

坡头镇［Pōtóu Zhèn］ 济源市辖镇。在市境东南部。面积128平方千米。人口2.8万。辖24村委会,有173自然村。镇人民政府驻坡头。1955年设坡头乡。1958年改公社。1983年复乡。1995年改镇。因镇政府驻地得名。有成人教育学校1所,中学1所,小学4所,卫生院1个,卫生所24个。有文化大院、文化服务中心。有省级文物保护单位栗树遗址。有省级爱国主义教育示范基地留庄英雄民兵营纪念馆、杜八联革命纪念馆。有留庄遗址、留庄民兵营营部旧址、中共济源县委泰山庙办公旧址、河清口渡河遗址等。农业以种植核桃为主,有多处核桃园。工业以饮料、化纤、轻纺、电子加工等为主。焦柳铁路、济洛公路过境。

坡头 [Pōtóu] 坡头镇人民政府驻地。在市政府驻地沁园街道南23千米。人口3900。南临黄河,北依马鞍山,因地处山坡之尽头,故名。聚落呈矩形。有中小学、卫生院。农业以种植小麦、玉米为主。有商贸业。每日有市。焦柳铁路、济洛公路等经此。

梨林镇 [Lílín Zhèn] 济源市辖镇。在市境东部。面积56平方千米。人口4.6万。辖45村委会,有48自然村。镇人民政府驻梨林。1958年北官庄、添浆2乡析设梨林公社。1983年改乡。1999年改镇。因镇政府驻地得名。有中学1所,小学7所,幼儿园10所,卫生院1个,卫生所45个,文化站1个。有省级文物保护单位二仙庙。有梁王冢、屈突通冢、南官庄冢。农业以种植小麦、玉米为主。工业以农副产品加工、皮革加工、牲畜屠宰、饲料生产、纺织等为主。二广、长济高速,207国道,新济线省道过境。

梨林 [Lílín] 梨林镇人民政府驻地。在市政府驻地沁园街道东11千米。人口1500。明洪武年间(1368—1398)赵氏迁此,地势低洼不宜庄稼生长,选种芦苇、高粱、梨树等,后梨树成林,故名。聚落沿渠呈正方形分布。有中小学、幼儿园、卫生院、俞公书院遗址。经济以种植小麦、玉米为主。新济线省道经此。

范庄 [Fànzhuāng] 在市政府驻地沁园街道东9千米。梨林镇辖自然村。人口400。古名大恩庄,清代范姓迁此更名范家庄,后简今名。聚落呈正方形。民居整齐,皆为2层砖混结构楼房。农业以种植、养殖为主。有环保生猪养殖场、温室大棚、沼气池,形成"猪、沼、菜"生态循环农业。有农机专业社。新济线省道经此。2011年被评为全国文明村。

大峪镇 [Dàyù Zhèn] 济源市辖镇。在市境西南部。面积220平方千米。人口3万。辖30村委会,有232自然村。镇人民政府驻桥沟。1958年成立大峪公社。1983年改乡。2000年改镇。因原镇政府位于群山山谷中而得名。有中学3所,小学7所,卫生院1个,卫生所30个。有国家4A级旅游景区小浪底。经济以乡村旅游为主。农业以种植小麦、玉米、小杂粮、蔬菜、油料作物,蔬菜制种,网箱养鱼为主。有中国农产品地理标志产品寺郎腰大葱。济运高速、吉邵线省道过境。

桥沟 [Qiáogōu] 大峪镇人民政府驻地。在市政府驻地沁园街道西南24千米。人口2000。村前有沟,古时沟上有桥,故名。聚落呈方形。有中小学、卫生院、白龙庙。为抗战时期革命武装"杜八联"之一村。经济以农业、旅游业为主。农业以种植小麦、玉米、核桃、石榴、樱桃,饲养生猪、土鸡为主。小浪底公路专用线,济源—大峪、大峪—承留公路经此。

思礼镇 [Sīlǐ Zhèn] 济源市辖镇。在市境中部。面积62平方千米。人口3.1万。辖27村委会,有40自然村。镇人民政府驻思礼。1955年设思礼乡。1958年改公社。1983年复改乡。2007年改镇。因镇政府驻地得名。有中学1所,小学3所,卫生院1个,卫生室31个。有于思礼墓、卢仝文化苑、九里沟风景区。有省级非物质文化遗产卢仝煎茶技艺。农业以种植小麦、玉米为主。工业以铅、锌冶炼为主。新济线省道过境。通公交车。

思礼 [Sīlǐ] 思礼镇人民政府驻地。在市政府驻地沁园街道西8千米。人口3100。原名虎山头,唐改名武山。1944年为纪念于思礼更今名。聚落沿洪涧河呈刀把状分布。有职业高中、中小学、幼儿园、卫生院等。有卢仝文化苑、石榴寺、思礼墓。有省级非物质文化遗产卢仝煎茶技艺。有古庙会。有荆编"武山篮"。有冶炼业。新济线省道经此。

王屋镇 [Wángwū Zhèn] 济源市辖镇。在市境西部。面积238平方千米。人口3.2万。辖44村委会,有275自然村。镇人民政府驻王屋。元省王屋县为镇,为设镇之始。1958年设王屋乡,同年改公社。1983年复乡。2007年改镇。因镇政府驻地得名。有王屋山世界地质公园。有中学3所,小学8所,卫生院1个,卫生所45个。有全国重点文物保护单位阳台宫,省级文物保护单位迎恩宫、清虚宫、灵山洞。有黄帝祈天、黄帝战蚩尤、愚公故居等遗址。有古迹轵关。有省级非物质文化遗产王屋琴书、愚公移山、黄帝祭天等传说。有国家4A级旅游景区王屋山。经济以旅游为主。农业以种植小麦、玉米、大豆、谷子、林果为主。特产土蜂蜜。济晋高速、新济线省道过境。

王屋 [Wángwū] 王屋镇人民政府驻地。在市政府驻地沁园街道西38千米。人口1300。因地处王屋山南麓,村以山名。聚落呈长方形。有中小学、卫生院。有全国重点文物保护单位阳台宫。经济以商业、旅游业为主。农业以种植小麦、玉米、蔬菜为主。济运高速、新济线省道经此。

清虚宫 [Qīngxūgōng] 在市政府驻地沁园街道西37千米。王屋镇辖自然村。人口1100。因省级文物保护单位清虚宫得名。聚落略呈方形。农业以蔬菜制种为主,有林牧业。济源—林山公路经此。

愚公 [Yúgōng] 在市政府驻地沁园街道西36千米。王屋镇辖自然村。人口1400。原名燕婆凹。20世纪60年代因该村为愚公移山故事发祥地而改今名。聚落呈长方形。有全国重点文物保护单位阳台宫。有愚公移山遗址。有省级非物质文化遗产王屋琴书。经济以旅游业为主。农业以蔬菜制种为主,有林果业。郭木线省道经此。通公交车。

下冶镇 [Xiàyě Zhèn] 济源市辖镇。在市境西南部。面积166平方千米。人口3.5万。辖38村委会,有267自然村。镇人民政府驻下冶。1958年王屋区析设下冶公社。1983年改乡。2007年改镇。因镇政府驻地得名。有煤炭、铝矾土、高岭土、焦宝石、硫铁等矿产资源。有中学3所,小学9所,卫生院1个,卫生所38个,文化广场1个。有孟良寨、普救寺、陈谢大军南下渡口遗址。有国家4A级旅游景区黄河三峡。农业以种植小麦、玉米、杂粮为主。为国家蔬菜制种基地。特产朱庄石榴、韩彦红果。有中国农产品地理标志产品冬凌草。吉邵、济源—下冶公路过境。

下冶 [Xiàyě] 下冶镇人民政府驻地。在市政府驻地沁园街道西南47千米。人口1500。传宋代曾开设冶炼银、铁作坊,工匠繁衍生息,渐成南北2村,该村位南,故名。聚落沿河呈条状分布。有中小学、卫生院。有普救寺。农业以种植小麦、玉米为主。有林果业。开采烟煤。济源—下冶公路经此。

地 域 名

豫北 [Yùběi] 在河南省黄河以北。西为太行山地,东为费卫洪积冲积平原。包括安阳、新乡、焦作、濮阳、鹤壁5市。为省煤炭、冶炼工业基地和重要粮、棉产地。

豫中 [Yùzhōng] 在河南省伏牛山地以东,沙颍河以南,淮河干流以北。主要为淮河湖积冲积平原。包括许昌市、漯河市、驻马店市及平顶山市部分辖区。为全国芝麻重要产区之一。

豫东 [Yùdōng] 在河南省京广铁路线以东,黄河以南,沙颍河以北。为黄河冲积扇南翼,黄淮洪积冲积平原。包括开封市、商丘市、周口市北部及郑州市、许昌市部分地区。为全国重要粮、棉、油产区。也是全国最大的人工林区。

黄泛区 [Huángfàn Qū] 在河南省东南部。大致包括京广铁路以东,陇海铁路以南,贾鲁河流域广大地域。1938年郑州市北花园口黄河堤被决,水势由西北向东南直下,注入贾鲁河、涡河,分流入淮。泛滥于河南、安徽、江苏3省。波及当年河南省郑县(今郑州市城区)、中牟、开封、尉氏、通许、扶沟、太康、西华、商水、淮阳、沈丘、项城、鹿邑、鄢陵、陈留(今开封市祥符区陈留镇)、杞县、广武(今荥阳广武镇)、睢县(今商丘市睢县)、柘城、洧川(今尉氏县洧川镇)等20余县。泛区之内,黄河淹没前有13439个村庄,315万人。淹没村庄5645个,死亡人数约43万,受灾面积923万亩。黄水过后,田园荒芜,人烟断绝。1949年造林。沙碱地改种水稻。其后疏浚河道、压沙治碱、垦荒开渠、植树,今已林木茂盛,稻花飘香。

豫南 [Yùnán] 在河南省伏牛山主脊和淮河干流以南。包括信阳、南阳2市和驻马店市一部分。属北亚热带,大部分属湿润、亚湿润气候区。盛产粮、油、麻及亚热带用材林和经济林。

豫西 [Yùxī] 在河南省黄河以南,伏牛山主脊以北,伏牛山东侧以西。包括洛阳市、三门峡市全部,平顶山市大部分和郑州市部分辖区。煤、金、钼、钨等矿产资源蕴藏丰富,为全国煤炭、重化工、机械、电力工业基地之一。

旧 地 名

平原省［Píngyuán Shěng］ 在黄河中下游北侧，山东、山西、河南、河北、江苏5省接合部。1949年在冀鲁豫、太行、太岳根据地基础上设置。省会新乡市。辖新乡、安阳2市，新乡、安阳、濮阳、菏泽、聊城、湖西6专区，56县及焦作矿区。1952年撤销，所辖新乡、安阳2市和焦作矿区，新乡专区所辖新乡、辉县、修武、博爱、沁阳、济源、孟县、武陟、温县、原阳、延津、汲县、获嘉13县，安阳专区所辖安阳、林县、邱县、汤阴、洪县、浚县6县，濮阳专区所辖濮阳、清丰、南乐、滑县、长垣、内黄、封邱7县，菏泽专区所辖东明县，划归河南省。

成皋县［Chénggāo Xiàn］ 在河南省中部。1948年由广武、汜水2县合并设置。因地处古"城皋"之地得名。县人民政府驻汜水镇。1954年撤销并入荥阳县。

陈留县［Chénliú Xiàn］ 在河南省东部。春秋时为郑国留邑。《汉书·地理志》孟康注：留，郑邑也，后为陈所并，故曰陈留。其故地即今祥符区八里湾镇初刘村（古代刘与留通用）。秦置陈留县。汉置陈留郡。晋为国，治所小黄，后迁仓垣城（约今杜良乡国都里村和小黄村一带）。西晋县废，入小黄县，属陈留国。隋开皇六年（587）复置县，治所移八里湾村北里许，属汴州。大业十年（614）治所移今陈留镇，十三年县废。唐武德四年（621）复置县，属杞州。贞观七年（633）改属汴州，天宝年间又改属陈留郡。元代因黄河水患，县治所曾移治潘岗铺（今曲兴乡袁寨村北）。明、清属开封府。民国初属开封道，后属河南省第一行政督察区。1949年属陈留专区。1952年陈留专区撤销，改属郑州专区，1955年属开封专区。1957年并入开封县。

考城县［Kǎochéng Xiàn］ 在河南省东部。秦置谷县。汉初因邑多灾年，改称甾县。东汉章帝以其名不善，始改名考城。自金以后，因临河多患，治所先后迁徙于王桥、孙庄、江墓店、葵丘、堌阳等处。1954年与兰封县合并，各取首字称兰考县。

兰封县［Lánfēng Xiàn］ 在河南省东部。清嘉庆二十四年（1819）兰阳、仪封2县合并称兰仪县。1909年因避宣统帝讳，改"仪"为"封"，故名。辖区相当于今兰考县西南部。治今兰考县城关镇。1954年和考城县合并为兰考县。

伊阳县［Yīyáng Xiàn］ 在河南省西部，北汝河上游。唐置伊阳县。隶汝州。后撤销。明成化十二年（1476）析嵩县东、汝州西复置伊阳县，隶属汝州直隶州。清至民国初，仍隶汝州。1959年因县名与宜阳县谐音，改称汝阳县。

临汝县［Línrǔ Xiàn］ 在河南省西部。隋大业二年（606）置汝州。1913年改为临汝县，县政府驻城关镇。1954年属洛阳地区。1986年改属平顶山市。1988年置为汝州市（县级）。

邹县［Zōu Xiàn］ 在河南省北部，安阳县境京广铁路以东地区。1947年置。县人民政府驻辛店集，后迁申家村，1949年迁崇义，1953年迁白壁集。1954年撤销，并入安阳县。

汲县［Jí Xiàn］ 在河南省北部。西汉高祖二年（前205）置汲县。北周废汲县置伍县。隋开皇六年（586）复为汲县。明、清为卫辉府治。1948年设卫辉市和汲县。县政府驻城关镇。1949年卫辉市撤销。1988年撤汲县设卫辉市（县级）。

辉县［Huī Xiàn］ 在河南省北部。西汉设共县，唐置共州。明太祖洪武元年（1368）改辉县。县政府驻城关镇。1986年属新乡市。1988年撤县置为辉县市（县级）。

洧川县［Wěichuān Xiàn］ 在河南省中部。金兴定二年（1218）析尉氏县宋楼镇置，治所今尉氏县洧川镇南10里，属开封府。元属汴梁路。明洪武二年（1369）因河患北迁10里于今洧川镇。明、清属开封府。1949年属陈留专区。1952年属郑州专区。1954年并入长葛县。

建设区［Jiànshè Qū］ 郑州市辖区。1955年由第三区改置。1961年改名中原区。

向阳区［Xiàngyáng Qū］ 郑州市辖区。1966年由管城区改置。1981年更名向阳回族区。1983年改名管城回族区。

陇海区［Lǒnghǎi Qū］ 郑州市辖区。1955年由第一区改置，并划入第三区乔家门街道。1958年与金水回族区合并设置管城区。

金海区［Jīnhǎi Qū］ 郑州市辖区。在市区南北近郊。1981年析郊区主要生产蔬菜的老鸦陈、金海2公社置区。因金海水库得名。1987年撤销，辖地分别划入邙山区、金水区、二七区、中原区。

洛北区［Luòběi Qū］ 洛阳市辖区。在市区中部偏东。1958年由老城、西工2区合并设置。1983年撤销，复置老城区和西工区。

湖 北 省

湖北省［Húběi Shěng］ 简称鄂。北纬 29°01′—33°06′，东经 108°21′—116°07′。在中国中部，长江中游，东邻安徽省，南界江西、湖南 2 省，西连重庆市，西北与陕西省接壤，北与河南省毗邻。面积 18.6 万平方千米。人口 6162.3 万。以汉族为主，还有土家、苗、回、蒙古等民族。辖武汉 1 副省级市，黄石、十堰、宜昌、襄阳、鄂州、荆门、孝感、荆州、黄冈、咸宁、随州 11 地级市，恩施土家族苗族自治州和仙桃、潜江、天门、神农架 4 省直辖县级行政单位。共 39 市辖区、24 县级市、37 县、2 自治县、1 林区。省会武汉。

春秋时省境有楚、随、邓、权、唐、厉、郧、庸、夔、卢等诸侯国，以楚国最大。战国时统一于楚。秦置南郡，西部属汉中、黔中等郡。汉主属荆州刺史部，以汉江为界，西部为南郡，东部为江夏郡。三国时北部属魏，东南部属吴，均称荆州，西部属蜀。两晋至南北朝置郢州，余属荆州。隋统一后主属荆州，一度称鄂州。唐初分属淮南、山南 2 道及江南道，后分属山南东、江南西、淮南、黔中诸道。北宋时北部属京西南路，东部属江南西路，南部属荆湖北路（简称湖北路）。湖北之名始此。南宋属京西南、淮南西、荆湖北及夔州诸路。元代主属河南行省、湖广行省。明洪武九年（1376）改为湖广布政使司。清康熙三年（1664）湖广分治，置湖北省，省名从此确立，治武昌府江夏县（今武汉市武昌）。1927 年设武汉特别市，直属国民政府。1929 年 1 月改武汉市，属湖北省，7 月武汉分治，3 镇各有隶属。1932 年划孝感、黄陂、黄安（今红安）及河南罗山 4 县各一部分置礼山县（今大悟县）；划黄安、麻城 2 县各一部分入河南省置经扶县（今新县）；划安徽省英山县入湖北省。1936 年划江西省九江县江北部分入湖北黄梅县后成今境。1949 年成立武汉市，由中央直辖。1950 年湖北省和武汉市由中南军政委员会领导，原两郧专区所辖 6 县由陕南行署区划回，改置郧阳专区。1952 年湖北省和武汉市由中南行政委员会领导。1954 年中南行政委员会撤销，湖北省改由中央直接领导，武汉市为省辖市。

湖北是楚文化的发祥地，地名繁富，渊源久远。楚是春秋战国时期长江中游第一大国，以郢（今江陵纪南城）为都 400 余年，地名留有深刻痕迹，覆盖面广达全省大部分地区。纪郢为楚都所在地，今江陵城附近有纪南城，钟祥市有郢中镇。荆为楚国别称，楚初建国荆山（今湖北南漳县西）一带，后派生有荆州、荆江、荆门山、荆门市等地名群。鄂为楚之封国，后演化有鄂州、鄂渚、鄂县、鄂城等地名群。《左传》载，楚语谓虎为"於菟"，历史上有楚令尹子文生后被弃受虎哺乳之故事，今天门市曾有"於菟湖"，云梦县曾有"於菟乡"（今义堂镇）。此外，南漳玉印岩、钟祥莫愁湖、秭归屈原乡等地名，均与楚国人物有关。鄂西南自古为土家族、苗族聚居区。土家族分布广泛，属汉藏语系，至今许多地名仍保留土家族痕迹。由于土家族无本民族文字，故地名均系汉语音译或意译。土家族使用最多的通名为"湖""车""巴"。如来凤的"革勒车"，"革"意为危险、可怕，"勒"为语气助词"的"，"车"意为河流，即"危险的河流"。宣恩县有车营，意为水边村寨。土家语汉语混合地名如"捏车坪"，"捏车"系音译，"捏"意为耕地，"坪"为附加汉语，即"耕地河"。"布袋溪"之"布袋"意为小河。"卡拉坪"之"卡拉"意为稀泥巴。"白虎堂"系土家语"里撮阿斯"的意译，为土家族奉祀先祖白虎神之处。"舍米湖"并无湖泊，系"地方""处所"之意。"巴"在土家语中意为山坡，以巴为通名的有车巴（洞）、埸（湖）、冉巴（沟）、中巴（笼）等，均为纯粹土家语地名。湖北省常见地名通名大致可概括为 8 类：一是以岭、垴、台、墩、嘴、坪、畈、坝、塝、冲、垅等地形特征为通名，如黄陂县长轩岭、宜城县璞河垴、松滋县米积台、汉口鄂城墩、襄阳县泥嘴、宜昌县三斗坪、罗田县三里畈、恩施州龙凤坝等。二是以湾、口、垸、矶、塘等傍水位置为通名，如襄阳县东津湾、武汉沌口、孝感市东风垸、武汉市谌家矶等。三是以窑、坊、榨、园等手工业作坊为通名，如黄石市石灰窑、武昌县纸坊、松滋县马家榨、孝昌县花园等。四是以埠、铺、店、集、场等集市为通名，如麻城市宋埠、荆门市十里铺、大悟县二郎店、仙桃市郑场等。五是以边、头、角、界等居民点所在方位、部位为通名，如宜昌县桥边、公安县黄山头、汉口堤角、武昌县五里界等。六是以门、房、家等宗族支派为通名，多在聚族而居的小型村落中使用。七是以桥、棚、牌、楼等人工建筑为通名，如咸宁市汀泗桥、安陆市赵棚、钟祥市石牌、鄂豫交界处的孟家楼等。八是以寺、庙、宫、殿、观、庵等宗教建筑物为通名，如武穴市石佛寺、丹江口市三官殿、松滋县沙道观等。地名专名也可分为 8 类：一是以水体为专名，如长江及其支流利川、长阳、枝江、南漳、浠水、巴河等；汉江及其支流竹溪、丹江口、老河口、襄阳、潜江、汉川、汉阳等。有些集镇以溪流得名，如浠水县兰溪镇、襄阳县双沟镇。湖北号称"千湖之省"，以湖泊得名的县市区有东西湖区、洪湖市等。二是以山为专名，如京山、天门、石首、大悟、英山、崇阳、阳新、神农架林区。有的则以山体形态或山上优势植物为名，如武汉的龟山、蛇山、螃蟹甲、狮子山、鸡头山及鹤峰县、五峰土家族自治县、荆门、竹山县、黄梅县等。三是以历史人物得名，如武汉市彭刘杨路，为纪念彭楚藩、刘复基、杨洪胜 3 烈士而得名；公安以刘备在油口建城，取"左公之所安"为名；罗田以南朝梁武帝时为安置（罗）巴水蛮酋长田氏（田）得名。四是以古行政区划或行政机构得名，如武昌旧巷四衙巷，因曾有四级衙门而命名。还有都府堤、粮道街、三道街、学道街、司门口、大小都司下巷、户部巷等。五是以民间传说得名，如孝感市因有董永卖身葬父，孝行感天故事得名。六是以姓氏为名，如武昌县郑店、武穴市田家镇；以物产为名，如咸宁市桂花镇、宣恩县椒园、大冶市铜绿山、天门市皂市、神农架林区松柏镇等。七是以颂美吉祥之词为名，如保康、远安、当阳、咸宁、钟祥、恩施、咸丰等县市名。"钟祥"因明世宗封藩于长寿，后继皇帝位，取"祥瑞钟聚"之意改长寿为钟祥。"当阳"取《左传》"天子当阳，诸侯用命"之意为名。八是复合地名。历史上行政区划变化频繁，在两地区合并时，往往出现复合地名或二联、三联地名，如武汉市由武昌、汉阳、汉口 3 镇取首字命名；襄樊市由襄阳和樊城各取一字命名。农村聚落中如两姓或多姓同居一村，也往往出现复合村名。

湖北地处中国地势第二级阶梯向第三级阶梯过渡地带。西、北、东三面被武陵山、巫山、桐柏山、大别山、幕阜山等山地丘陵环绕，中南部为江汉平原，呈向南敞开的马蹄形不完整盆地。盆地内地势层状分布明显，高低悬殊。平原海拔一般低于 100 米，江汉平原大部分区域海拔在 50 米以下；山地海拔 500—3000 米，鄂西山地地势较高，其中神农架最高峰神农顶海拔 3105 米，号称"华中屋脊"；中部监利县谭家渊最低，地面海拔为零。全省山地约占 55.5%，丘陵岗地占 24.5%，平原湖区占 20%。光能充足，雨热同季，季节变化明显。年均气温 16℃，1 月平均气温 3℃，7 月平均气温 28℃。年均降水量 1200 毫米。年无霜期 220—270 天。长江由西向东横贯全省，在川、鄂边境切过巫山，形成长江三峡，过宜昌后穿行于江汉平原，过小池口流入江西、安徽 2 省。长江干流偏于省境南部，主要支流多集中于北岸，有汉水、沮水、漳水、清江、东荆河、陆水、滠水、倒水、举水、巴水、浠水、富水等。汉江为长江中游最大支流，由西北向东南，全长 3/4 流经省境 13 县市，流程 858 千米。其他省内各级河流长 5 千米以上者有 4228 条，另有中小河流 1193 条，河流总长 5.92 万千米。淡水湖泊众多，素有"千湖之省"之称，多分布在江汉平原。面积大于 100 平方千米的湖泊有洪湖、长湖、梁子湖、斧头湖。土壤具有明显的南北过渡特征，鄂西北、鄂中、鄂北岗地及鄂东长江以北广大地域多为黄棕壤、黄褐土，鄂东南多为红壤，鄂西南多为黄壤，江汉平原发育有潮土、水稻土等隐域性土壤。植被结构具有明显垂直分布特征，既有大量北方种类的落叶阔叶树，也有多种南方种类的常绿阔叶树，同时处于中国东西植物区系过渡地区，是中国生物资源较丰富的省份之一。全省植物资源 3800 多种。树种 1300 余种，其中用材林约占一半，主要有马尾松、栎类、杉木、桦、楠竹等；经济林有油桐、油茶、乌桕、漆树、核桃、板栗和果树等；有药用植物 1300 多种，以党参、黄连、天麻、贝母等产量最大。植物资源以鄂西山地神农架林区最富，保存有"活化石"水杉、珙桐、银杏等，森林覆盖率39.61%，是中国原始林区之一。全省有世界稀有或中国特有植物珙桐、香果树、领春木、水青树、银杏、铁坚杉、马溜光、野生腊梅等30多种。有野生动物570余种，其中国家重点保护野生动物有金丝猴、闽中羊、苏门羚、金钱豹、毛冠鹿等20多种；有鸟类350多种，其中属国家重点保护的珍稀鸟类有白冠长尾雉、红腹角雉等30种左右。有国家级自然保护区青龙山恐龙蛋化石群、神农架、石首麋鹿、长江天鹅洲白鳖豚、长江新螺段白鳖豚、星斗山、洪湖湿地等18个，省级自然保护区25个。全省已发现矿种149种，其中已探明储量92种。有8种矿产的资源储量居全国同类资源储量之首。江汉平原一带已成为全国十大油田之一。湖北省是中国重要的高等教育基地，截至2014年全省有普通高校123所，其中中央部委属高校有武汉大学、华中科技大学、中国地质大学(武汉)、武汉理工大学等8所，省属本科院校35所，高等职业学校53所。有三级医院107个，国家级高水平体育后备人才基地40个。湖北山川秀美，文化底蕴深厚。有长江三峡和世界文化遗产唐崖土司城遗址、武当山古建筑群、明显陵等。有中国历史文化名城武汉、荆州、襄阳、随州、钟祥。有国家级非物质文化遗产跳三鼓、武汉杂技、三国传说、楚剧、黄梅戏等63项，省级非物质文化遗产257项。有国家级纪念地中山舰博物馆、张自忠将军纪念馆，全国爱国主义教育基地瞿家湾湘鄂西革命根据地旧址、周老嘴湘鄂西革命根据地纪念馆、八七会议会址纪念馆、闻一多纪念馆等17个，全国重点文物保护单位武昌起义军政府旧址、八七会议会址、盘龙城遗址、李时珍墓等148个，省级文物保护单位840个，国家级红色景区武汉市红色旅游系列景区、黄冈市大别山红色旅游区、孝感市红色旅游系列景区等14个。有国家5A级旅游景区武当山、古隆中，国家4A级旅游景区大洪山、九宫山、武汉东湖等。有武落钟离山、天柱中武当、陆水湖、木兰湖、高岚、东湖磨山、金银湖、莲花湖、腾龙、神农溪、五峰山、"清江八百里画廊"和百岛湖等著名风景名胜区及葛洲坝、隔河岩和三峡大坝等水利枢纽工程。此外，还有三国赤壁(又称武赤壁)和长坂坡、麦城、当阳桥、锦屏山等三国古战场遗迹及炎帝神农纪念馆、屈原祠和屈原故里牌坊、王昭君故里、黄鹤楼、归元寺、古琴台、湖北省博物馆编钟馆等。三次产业比例12∶47∶41。为全国性粮食、棉花、油料生产基地。粮食作物以水稻、玉米、小麦、薯类和大豆为主，江汉平原、鄂中丘陵为主要产区。经济作物以棉花、油料、麻类等为主，江汉平原、鄂东、鄂北为主要棉区。鄂东丘陵、江汉平原为油菜产区。襄阳、武汉、荆门、黄冈、十堰等市为芝麻产区。花生主要集中于鄂东丘陵山区。赤壁市是全国重点产茶县(市)之一。秭归县是"中国脐橙之乡"。已形成门类比较齐全的现代工业体系。形成了以武汉、鄂州、黄石为中心，以冶金、机械、电子、建材、化工、轻纺工业为主体，以"冶金工业走廊"为重点的鄂东工业区域；以十堰、随州、襄阳为中心，以汽车、电子、纺织工业为主体，以"汽车工业走廊"为特征的鄂西北工业区域；以宜昌、荆州、荆门为中心，以电力、化工、纺织为主体，以"化学工业走廊"为特征的鄂中、鄂西南工业区域。武汉是省内最大的纺织工业基地和中国著名的棉纺织中心之一。农业以种植业为主，兼有南、北方特点，是中国重要的粮、棉、油、猪生产基地。是中国水陆交通运输枢纽。以京广铁路为中线、京九铁路为东线、焦枝和枝柳铁路为西线的3条纵向铁路自北而南贯通全省，与横贯全省中部和西北部的汉丹铁路、襄渝铁路及沙大线、武大线相交，构成"三纵一横"格局，成为沟通省内外陆路交通运输的主干线。全省已形成以武汉为中心，以襄阳、荆州、宜昌、恩施等为枢纽，以主要干线公路为骨架，贯通省内各市(州)、县(市)、乡(镇)及车站、港口，连接邻近省市的公路网。有105、106、107、207、209、316、318、319国道和麻竹、汉宜、恩黔公路；有武黄、宜黄、荆宜、京珠线等高速。有以武汉为中心，以长江、汉江为干线的水路运输网。建成农村公路14000千米，其中高速5106千米，铁路营运里程达4060千米。有武汉天河国际机场、宜昌三峡国际机场、襄阳刘集机场、恩施许家坪机场、神农架机场等5机场。

武汉［Wǔhàn］ 简称汉，别名江城。湖北省省会。在武汉市境中部，长江与汉水交汇处。面积520平方千米。以汉族为主，还有土家、苗等民族。6000年前的新石器时代已有先民在此繁衍生息。北郊盘龙城遗址为建城开端，距今有3500年。长江、汉水把市区分割为武昌、汉口、汉阳3部分，形成"三镇鼎立"的独特城市格局。三国时吴孙权在武昌蛇山和汉阳龟山分别设置夏口城、鲁山城，此为武汉中心城区发源地。明清时期，汉阳为县治所，武昌为省、府行政机构所在地，皆筑有城。而汉口在明代以前仅为毗连汉阳的水曲荒洲。明成化年间汉水改道，汉口始有渔民居住。后因江、汉交汇，成为长江中游商贸转运站和全国工商业市镇，与景德镇、佛山镇、朱仙镇齐名。清张之洞督鄂期间修筑张公堤，填土抬高汉口低洼地势，城区向后湖以北扩展。清末开埠通商，英、法、美等国在今江汉路以北、麻阳街以南、沿长江一带设租界，修整街道，建立洋楼、港口，促使汉口渐次由内陆型封闭式城市向开放型国际性城市迈进。民国时高度繁荣。1949年后三镇城区开始大规模向外拓展，沿汉江和长江两岸呈带状分布。现汉口扩展到长江以北的东西湖区域，武昌市区范围扩展至长江以南，汉阳则包括长江以北、汉江以北的汉阳、蔡甸、汉南3区地界。武汉城区主要沿汉江和长江相交的三角区分布。汉阳是工业基地，历史上设有汉阳兵工厂，现有钢铁、汽车、光电子、化工、冶金、纺织、造船、制造、医药等完整的工业体系。武昌为政教中心，省政府及重点高校皆位于此。汉口为商贸中心，有江汉路商业步行街、汉正街及多家金融中心。武汉机场、武汉客运港、武汉火车站等一批重大城市基础设施相继建成，先后开辟了东湖高新技术开发区、武汉经济技术开发区等4工业区。有建筑高度达200米以上的武汉国贸中心和汉口商业城等。有革命纪念地103处，名胜古迹339处。有全国重点文物保护单位盘龙城商朝遗址、辛亥革命起义军政府旧址、中共"八七会议"旧址、武汉国民政府旧址等11处。有全国爱国主义教育示范基地武汉二七纪念馆、武昌中央农民运动讲习所旧址纪念馆和辛亥革命武昌起义纪念馆等。有国家5A级旅游景区黄鹤楼、东湖、黄陂木兰文化生态旅游区。有国家级风景名胜区东湖，木兰山文化生态旅游区。有国家4A级旅游景区湖北省博物馆、归元禅寺、武汉博物馆、辛亥革命博物馆等19个。有国家重点佛教寺院归元禅寺。为华中地区教育中心，有全日制高校80所，独立研究机构100多所。境内有公园74个。2011年获"国家森林城市"称号。交通便捷，为全国重要交通枢纽和水陆联运枢纽。武汉港为长江中上游港口中突破百万标准箱的内河港口，已开通武汉至东盟4国、日本、韩国航线。以武汉为中枢的"海上丝绸之路"大动脉初步形成。

武汉市

武汉市［Wǔhàn Shì］ 湖北省辖副省级市。北纬29°58′—31°22′，东经113°41′—115°05′。在省境东部。面积8494平方千米。户籍人口827.3万，常住人口1033.8万。以汉族为主，还有土家、苗等民族。辖江岸、江汉、硚口、汉阳、武昌、青山、洪山、东西湖、汉南、蔡甸、江夏、黄陂、新洲13区。市人民政府驻江岸区。1926年设武昌市和汉口特别市，汉阳县隶属于汉口特别市。1927年元旦国民政府迁汉口办公，合三镇成立武汉市，称"京兆区"。旋又分治。1949年后重以三镇为武汉市。20世纪50年代曾为中央直辖市、中南行政委员会(初名中南军政委员会)和湖北省政府驻地。1954年改为省辖市。1959年原孝感专区各县划归武汉市，1961年析出复置。1975年武昌、汉阳2县划入。1983年黄陂、新洲2县，鄂州市左岭镇划入。1992、1995、1998年汉阳、武昌、黄陂、新洲4县并入。北部属大别山低山丘陵西南缘，中部、南部属江汉平原。北部与孝感市交界处的双峰尖海拔872.5米，为市境最高点，平原区海拔多在50米以下，其间波状剥蚀平原与河湖冲积平原交错，并散列部分东西向残丘。平均海拔23.3米。年均气温17℃，1月平均气温5℃，7月平均气温28℃。年均降水量1148.4毫米。年无霜期211—272天。长江、汉水等流经。有汤逊湖、梁子湖等166个湖泊。有熔剂石灰石、白云岩、石英砂岩、膨润土、金矿、铜矿、锰矿、磷矿等矿产资源。有野生植物1066种，其中有国家二级重点保护野生植物4种。有省级自然保护区2个。森林覆盖率27.3%。有武汉大学、华中科技大学等高校87所，中学327所，小学575所，三级医院50个，大型体育馆2个。有地方特色民间艺术汉剧、楚剧、湖北评书、湖北大鼓、湖北小曲、汉绣、木雕船模制作等。有全国重点文物保护单位盘龙城商朝遗址、辛亥革命起义军政府旧址、八七会议会址等29个，省级文物保护单位108个。有名胜古迹古琴台、归元禅寺等339个，革命纪念地103个。有全国爱国主义教育基地武汉二七纪念馆、武昌中央农民运动讲习所旧址纪念馆、辛亥革命武昌起义纪念馆等。有国家5A级旅游景区黄鹤楼等3个，国家4A级旅游景区16个。有国家重点名胜风景区东湖风景区、木兰山文化生态旅游区。有城市公园74个。有龙阳湖、楚河汉街、园博园、江汉路步行街、东湖沿线景观等。三次产业比例3∶48∶49。农业以种植业为主。素有"鱼米之乡"的美誉，粮食作物240多种，经济作物50种。有经济名贵鱼种"武昌鱼"

(团头鲂)。工业以制造为主,有钢铁、汽车、光电子、化工、冶金、纺织、造船、制造、医药等工业体系。有国家级经济技术开发区3个。服务业以社会消费品零售为主。为中国内陆水陆空综合交通枢纽,为承东启西、接南转北的国家地理中心,历来有"九省通衢"之称。境内武汉长江大桥被誉为"万里长江第一桥"。有铁路4933千米,高速634千米,公路15659千米。京广、沪汉蓉高铁,京港澳、沪蓉、大广、沪渝、福银等高速,106、107、316、318、348等国道过境。有以长江、汉江为主体的水路运输。有武昌、汉口、武汉站。有武汉港,通往国内重庆、宜昌、九江、南京、上海等多个港口和俄罗斯、日本等国家(地区)。有武汉天河国际机场,民用航线271条,通往92个国内城市、地区,巴黎、旧金山、墨尔本、莫斯科等20余个国际城市。

汉口 [Hànkǒu] 在市区北部。为江岸、江汉、硚口3区地域合称。与武昌、汉阳隔江相望。原为沼泽,明成化年间汉江改道,逐渐成陆。清光绪二十五年(1899)始与汉阳分治。因地处汉江注入长江之口而得名。自古被誉为"楚中第一繁盛处"。现为武汉金融、商业、贸易中心。有著名的江汉路商业步行街、汉正街及多家金融中心。有高度200米以上的武汉国贸中心和汉口商业城等。有二七纪念馆、武汉国民政府旧址、八七会议会址、八路军武汉办事处旧址、孙中山铜像、辛亥首义烈士公墓等。有武汉外校、武汉二中等知名中学。水路、公路、铁路交通便利,有轨道交通。

武昌 [Wǔchāng] 在市区东部。与汉口、汉阳相望,为武汉三镇(武昌、汉口、汉阳)组成部分。三国东吴孙权于江夏山(今蛇山)兴建城垣,名"夏口城",后唐、宋、元、明、清历代设武昌军、路、府,治所均在城中,"武昌"渐成"大江夏地区"常用代名称。现建有昙华林历史街区、都府堤红色景区、户部巷风情街区、辛亥革命博物馆、首义地下空间、楚望台遗址公园等,成为武昌古城、公司总部区、滨江商务区三大功能区。有高新技术企业64家,形成以机械、电子、造船、轻纺、化工、建材等为主体的综合性工业体系。为全国闻名的智力密集区。有中科院武汉分院、武汉大学等。有中学36所,小学41所,幼儿园89所,三级医院8个,二级医院7个。新建、扩建多条交通干道,已形成交通网络。

汉阳 [Hànyáng] 在市区西部。地处长江、汉水相夹的顶端地带。东濒长江,北依汉水。为武汉三镇(武昌、汉口、汉阳)组成部分。因位汉水之阳得名。古称荆州,秦时属南郡,隋大业二年(606)改称汉阳,明洪武十三年(1380)汉阳县从武昌府划归汉阳府,从此汉阳之名沿用至今。广义汉阳指武汉市汉阳、蔡甸、汉南3区地域。有景观归元禅寺、晴川阁、龟山、郎官湖等。有中学17所,小学26所,幼儿园74所。有三级医院。经济以都市工业、房地产、文化旅游业、现代服务业为主。为中国近代工业发祥地,"汉阳造"驰名中外,已形成钢铁、汽车、光电子、化工、冶金、纺织、造船、制造、医药等工业体系。有南太子湖共建区和黄金口都市工业园2个汽车生产基地。有汉阳经济开发区、四新生态新城、汉阳造文化创意产业园。城市基础设施、服务设施配套齐全,交通四通八达。

武汉临空港经济技术开发区 [Wǔhàn Línkōnggǎng Jīngjì Jìshù Kāifāqū] 在市境西部。西至汉北河,东至东西湖大堤,南至汉江,北至东风垸大堤。占地50000公顷。因毗邻天河机场得名。1993年设立武汉吴家山台商投资区。2010年经国务院正式批准设立国家级吴家山经济技术开发区,由武汉市政府管理。2013年3月经国务院正式批准更今名。有食品加工、生物制药等主要产业。有武汉统一企业食品有限公司、苏宁控股集团、中国联塑集团等大型企业。交通便捷,通过地铁、公交车与核心城区相连通。

发展大道 [Fāzhǎn Dàdào] 在市境西北部。东起二七路,西至长丰大道与汉西路交会处。与常青路、青年路、黄孝河路等相交。长9.4千米,宽45米。沥青路面。19世纪80年代兴建汉口火车站时辟建成路。因与中山大道、解放大道、建设大道大体平行,内含城市"解放、建设、发展"之逻辑顺序,1988年命名为发展大道。两侧有汉口站、市公安局、市司法局等。通公交车。

建设大道 [Jiànshè Dàdào] 在市境西北部。东北起二七路,西至汉江知音桥引桥。与汉西路、航空路、青年路、新华路、台北路等相交。长1.1千米,宽50米。水泥路面。1983年开工,1988年建成。1992年扩建。因与中山大道、解放大道、发展大道大体平行,内含城市"解放、建设、发展"的逻辑顺序而命名。两侧有多家金融机构区域总部、武汉2家本地银行总部、武汉绝大部分中外资银行分行、美法韩三国领事馆及多家外企等。为武汉市著名金融一条街。通公交车。

解放大道 [Jiěfàng Dàdào] 在市境西北部。东北起堤边路,西至古田一路与工农路相接处。与古田二路至四路、汉西路、新华路、江汉路、黄浦路等相交。长26千米,宽60米。沥青路面。1929年开工。江汉路—中山公园路段名"中正路"。1949年武汉解放后更今名。道路中段为商业区。两侧有华中科大附属同济医院、华中科大附属协和医院、省地质局、国家长江海事局、长江水利委员会、二七纪念馆、中石化湖北分公司等。通公交车。通地铁1号线。

京汉大道 [Jīnghàn Dàdào] 在市境西北部。南起沿河大道,北至黄浦大街。与硚口路、崇仁路、武胜路、江汉路、大智路等相交。长8千米,宽25米。沥青路面。1997年因京汉铁路改线,拆除旧铁路改建为城市道路。沿用历史名称"京汉"命名为京汉大道。两侧有武汉地铁集团、大智门火车站旧址、武汉住房公积金管理中心等。通多路公交车。通地铁1、2号线,有换乘站。

中山大道 [Zhōngshān Dàdào] 在市境西北部。东起黄浦路,西至硚口路。与崇仁路、武胜路、利济路、南京路、一元路等相交。长8.6千米,宽20米。沥青路面。1906年即建有道路。1999年复原改造。为纪念孙中山先生得名。为汉口第一条近代化马路,重要商业交通干道。沿途为汉口最繁华商业街区。2003年被评为中国历史文化街区。两侧有市第一医院、汉口地方法院旧址、汉口慈善总会旧址、凯德新民众乐园、南洋大楼、水塔、中国银行、友谊大厦、六渡桥百货集团等。通公交车。通地铁2号线。

沿江大道 [Yánjiāng Dàdào] 在市境西北部。东北起堤边路,西南至武汉关。与上海路、南京路、黎黄陂路、车站路、一元路等相交。长12.1千米,宽40米。沥青路面。20世纪初即有沿江马路,随码头扩展而成现状。因沿长江而得名。两侧有龙王庙游船码头、武汉轮渡武汉关码头、市政府、市政协、市人大常委会、宋庆龄故居、花旗银行旧址、德国驻武汉领事馆旧址、美国驻武汉领事馆旧址等。通公交车。

临江大道 [Línjiāng Dàdào] 在市境中部。南起张之洞路,东北至建设十一路。与彭刘杨西路、民主路、中华路、中山路、尚隆路等相交。长18.5千米,宽40—60米。沥青路面。清末筑武青堤,民国后沿江堤陆续翻修。1955年统一命名为临江大道。1967年改名人民大道。1972年复名。两侧有武汉音乐学院、武昌江滩、青山区政府等。通公交车。

和平大道 [Hépíng Dàdào] 在市境中部。东北起工人村路,西南至中山路积玉桥路段。与前进路、秦园路、团结路、徐东大街、园林路等相交。长16千米,宽40—60米。沥青路面。1954年建成,因正值万隆会议我国政府提出和平共处五项原则之际,故名。1967年改名东风大道。1972年复名。两侧有武汉工人文化宫、初中、武汉理工大学余家头校区、武汉科技大学青山校区、武商众圆广场、和平公园、青山公园等。通公交车。

友谊大道 [Yǒuyì Dàdào] 在市境中部。东北起武钢厂,西南至中山路。与前进路、新河街、秦园路、团结路、徐东大街等相交。长1.5千米,宽40—60米。沥青路面。1983年始建,称武青三干道。后以寓意社会群众间深厚感情与和谐关系,正式命名友谊大道。2002年东湖港至武钢厂前段建成通车。2010年友谊大道全线修建。两侧有湖北大学、武汉理工大学余家头校区等。通公交车。

民族大道 [Mínzú Dàdào] 在市境东部。南起三环线,北至光谷广场转盘。与雄楚大道、新竹路、南湖大道等相交。长5.6千米,宽50米。沥青路面。1981年开工,1983年建成。2004年扩建并铺设沥青。原名民院路,后因其通向中南民族大学而更名。两侧有中南民族大学、武汉纺织大学、中南财经政法大学等。通公交车。

雄楚大道 [Xióngchǔ Dàdào] 在市境东南部。东起关山大道,西至中山路。与丁字桥路、珞狮路、卓刀泉南路、虎泉街、民族大道等相交。长12千米,宽50米。沥青路面。1955年为碎石路面。1976年改沥青路。1983年因位于晒湖之南更名晒湖路。1995年扩宽延伸。1995年更名雄楚大街。2004年更名雄楚大道。"雄"为雄起、崛起;"楚"为楚地,即湖北。"雄楚"含楚地雄强勃发之意。两侧有省公安厅、武汉理工大学、省邮电学校、武汉工程大学、关山中学等。通公交车。

南湖大道 [Nánhú Dàdào] 在市境中南部。东起关山大道,西至南李路。与野芷湖西路、珞狮南路、沿湖东路、民族大道、软件园中路相交。长9.5千米,宽50米。沥青路面。2000年始建。2004年因临南湖得名。两侧有省农业科学院、保利心语小区、华中农业大学、中南财经政法大学、光谷软件园等。通公交车。

武汉轨道交通1号线 [Wǔhàn Guǐdàojiāotōng 1 Hào Xiàn] 在市境中部。从东西湖区径河站至黄陂区汉口北站。途经东西湖区、硚口区、江汉区、江岸区、黄陂区5区,共29站。长34.6千米。2004年一期正式运营,2010年二期正式运营。汉口北站为轻轨最大站。

武汉轨道交通2号线 [Wǔhàn Guǐdàojiāotōng 2 Hào Xiàn] 在市境中部。为跨江交通,横跨汉口、武昌两大区片,连接长江两岸汉口站及武广、江汉路、中南、街道口、光谷等繁华商圈,缓解武汉长江大桥、二桥交通压力。共21站。长27.7千米。2012年开通运营一期工程(金银潭站—光谷广场站)。

武汉轨道交通4号线 [Wǔhàn Guǐdàojiāotōng 4 Hào Xiàn] 在市境中部。从武汉火车站至柏林站。途经蔡甸、汉阳、武昌、洪山4区繁华商业区、客流集散中心,衔接武昌、武汉2铁路枢纽客运站。共37站。长34.3千米。2014年正式运营。部分站点设有艺术橱窗。

汉口站 [Hànkǒu Zhàn] 见交通运输设施部分"汉口站"条。

武昌站 [Wǔchāng Zhàn] 见交通运输设施部分"武昌站"条。

武汉站［Wǔhàn Zhàn］ 见交通运输设施部分"武汉站"条。

宏基客运站［Hóngjī Kèyùnzhàn］ 见交通运输设施部分"宏基客运站"条。

付家坡客运站［Fùjiāpō Kèyùnzhàn］ 见交通运输设施部分"付家坡客运站"条。

江岸区

江岸区［Jiāng'àn Qū］ 武汉市人民政府驻地。在市境中部。面积65平方千米。人口62.4万。辖16街道。区人民政府驻四唯街道。因地处长江岸边而得名。1952年置江岸区。1967年更名为二七区。1980年复今名。长江、府河等流经。先后建成休闲广场、沿江大道、中山大道、江汉路步行街、香港路、解放公园路、解放公园、堤角公园、百步亭花园、带状公园(汉口江滩)等。有中等职业学校6所,普通高中12所,初中20所,小学38所,幼儿园75所,三级医院8个,二级医院4个。有纪念地中共中央机关、八七会议、八路军办事处、新四军军部旧址等。有天主教堂、基督教堂、东正教堂等。二、三产业比例21∶79。工业以设备制造为主。服务业以金融、商贸为主。京珠、沪蓉高速过境。长江二桥、二七长江大桥、天兴洲长江大桥、长江隧道等沟通大江两岸。通多路公交车。

后湖大道［Hòuhú Dàdào］ 在区境北部。东起汉黄路,西至姑嫂树路。与后湖五路、建设大道延长线、怡康路、百步亭花园路、百步亭路等相交。长7.5千米,宽50米。沥青路面。2005年开工,2011年建成。因地处后湖新城中心得名。两侧有幸福人家、百胜春天、同安家园等居民小区。通公交车。

香港路［Xiānggǎng Lù］ 在区境中部。南起解放大道,北至建设大道。与苗栗路、金门路、光华路、惠济路等相交。长1.4千米,宽25.8—27米。沥青路面。此地原系湖塘、菜地,后逐渐分段建设、发展,延伸命名又改名。命名前分4段,解放大道—西马路、马祖路交会处,曾用名为球场街(延伸段);马祖路—建设大道,曾用名为西马路;建设大道—唐家墩路、新华下路,始称前三眼桥路,后曾用名为西马路(延伸段);第4段曾用名为唐家墩路。为纪念香港百年回归,且受附近已陆续被命名为港台的地名影响,于1997年命名为香港路,以纪念香港回归祖国。两侧有香榭大厦、开源阳光城、康怡花园、市第六医院、华美国际、浙商大厦。通公交车。

黄浦路立交桥［Huángpǔ Lù Lìjiāoqiáo］ 在城区南部。占地74550平方米。有3层互不交叉的不同方向的城市道路在此立体相交。最高层离地面12米。1993年开工,1994年建成。因位于黄浦路段得名。日交通流量为14.54万辆。是武汉长江公路桥的重要配套工程。

新荣客运站［Xīnróng Kèyùnzhàn］ 见交通运输设施部分"新荣客运站"条。

四唯街道［Sìwéi Jiēdào］ 江岸区人民政府驻地。在区境中部。面积1平方千米。人口3.8万。以汉族为主,还有回、满、土家等民族。1952年设。因四唯路得名,取"礼、义、廉、耻为国之四唯"之意。先后建成三阳广场等商住楼房20多栋。地处汉口沿江商务区核心区域。有中学1所,小学2所,二级医院1个,卫生院1个。经济以服务业为主,设计创意为辅。轨道交通1号线过境设站。通多路公交车。

大智街道［Dàzhì Jiēdào］ 属江岸区。在区境西部。面积0.5平方千米。人口2.9万。以汉族为主,还有回、壮、侗等民族。1952年设。清雍正五年(1727)汉口镇建大智坊,故名。先后建成德润楼等高层楼20余栋。有中学1所,小学1所,卫生院1个,卫生所3个。有汉口普海春饭店,中共汉口执委会、中共中央组织部、宣传部、中央工委办公处等革命旧址。经济以服务业为主。有江汉路步行购物街、吉庆民俗文化饮食街、中山大道摄影一条街、宝城路小商品夜市四大市场。轨道交通1、2号线过境。通多路公交车。

一元街道［Yīyuán Jiēdào］ 属江岸区。在区境西南部。面积1.3平方千米。人口5.1万。以汉族为主,还有满、回、苗等民族。1952年设。因取"一元初始,万象更新"之意得名。20世纪90年代中后期先后建成一批现代化高楼大厦和商居小区,改建沿江大道。有中学1所,小学2所,幼儿园1所,三级医院1个,卫生院1个,卫生所1个。有优秀历史建筑宋庆龄故居、汉口花旗银行大楼旧址、汉口美国领事馆旧址等。经济以服务业为主。有江汉路步行街等。通多路公交车。

车站街道［Chēzhàn Jiēdào］ 属江岸区。在区境西部。面积0.5平方千米。人口3.7万。1952年设。因车站路得名。有中学1所,幼儿园1所,卫生院1个。经济以服务业为主。轨道交通1号线过境。通多路公交车。

永清街道［Yǒngqīng Jiēdào］ 属江岸区。在区境中部。面积0.7平方千米。人口3.5万。1952年设。因原永清寺得名。1992年后拆迁改造,先后建成怡景花园、汉飞青年城等住宅群,建设"武汉天地"商业区和住宅区。有中学2所,小学1所,卫生院1个,卫生所3个。有新四军办事处旧址、八路军办事处旧址、三菱银行旧址等。经济以商贸服务为主。轨道交通1号线过境。通多路公交车。

西马街道［Xīmǎ Jiēdào］ 属江岸区。在区境西北部。面积1.5平方千米。人口5.5万。1952年设。因西马路得名。1978年起先后建成渣家小区、高雄小区、港台公寓、交通银行大厦、国际信托贸易公司大楼等。有大学1所,中学2所,小学2所,三级医院2个,卫生院1个,卫生所4个。经济以服务业为主,有香港路茶叶、副食、建材三大市场。通多路公交车。

球场街道［Qiúchǎng Jiēdào］ 属江岸区。在区境中部。面积0.6平方千米。人口2.9万。以汉族为主,还有回、壮、土家等民族。1952年设。1916年英商在此修建球场,并改建土路直通球场正门,故名。20世纪80年代后改造旧城,先后建成30层以上楼宇20余栋。有小学2所,卫生院1个,卫生所2个。经济以金融业为主。有湖北银行等。轨道交通1号线过境。通多路公交车。

劳动街道［Láodòng Jiēdào］ 属江岸区。在区境中部。面积2.8平方千米。人口8.6万。以汉族为主,还有回、蒙古等民族。1952年设。原为荒郊湖凼,居民多以种菜、捕鱼、修补、摆摊、搬运、装卸、环卫工作为生,故名。有中学1所,小学3所,三级医院3个,卫生院1个,卫生所2个。经济以服务业为主。通多路公交车。

二七街道［Èrqī Jiēdào］ 属江岸区。在区境中部。面积4平方千米。人口6.7万。以汉族为主,还有回、满、土家等民族。1952年设。为"二七大罢工"发源地,因此得名。先后建成长江航道局、武汉铁路局、长江水利委员会办公楼和职工宿舍。1995年建成武汉长江二桥。有中学2所,小学3所,三级医院2个,二级医院3个,卫生院1个,卫生所4个。经济以服务业为主。轨道交通1号线过境。通多路公交车。

新村街道［Xīncūn Jiēdào］ 属江岸区。在区境中部。面积2.9平方千米。人口7.1万。以汉族为主,还有彝、回、土家等民族。1954年设。因域内企业新建职工宿舍多,故名。先后建成铁路系统单位职工宿舍、俱乐部、职工医院等。有中学2所,小学2所,幼儿园10所,二级医院1个,卫生院1个,卫生所2个。有二七纪念馆。经济以体育休闲服饰销售为主。轨道交通1号线过境。通多路公交车。

丹水池街道［Dānshuǐchí Jiēdào］ 属江岸区。在区境东北部。面积7.4平方千米。人口7万。以汉族为主,还有回、土家、满等民族。1954年设。因传清末有老人在江边担水,有人问询当地地名,老人误听为"在做何事",随口答道"担水吃"。问话人以其音讹为"丹水池",故名。先后建成堤角、金洲、佳园等花园式住宅小区。1999年改建原堤角种苗场为堤角公园。有中学1所,小学3所,卫生院1个,卫生所19个。经济以批发零售业为主,房地产、建筑业为辅。轨道交通1号线过境。通多路公交车。

台北街道［Táiběi Jiēdào］ 属江岸区。在区境西部。面积0.9平方千米。人口3.4万。以汉族为主,还有回、满、苗等民族。因台北路得名。1992年设。有小学1所,卫生院1个,卫生所2个。经济以金融业为主,商贸为辅。有武汉农商银行、民生银行武汉分行、农行武汉直属分行等。通多路公交车。

花桥街道［Huāqiáo Jiēdào］ 属江岸区。在区境西部。面积2.8平方千米。人口16万。以汉族为主,还有回、满、壮等民族。1988年设。原黄孝河上有桥泛称花桥,街道以桥名。有中学2所,小学7所,三级医院1个,卫生院2个,卫生所4个。经济以印刷加工业为主,金融业为辅。通多路公交车。

谌家矶街道［Shènjiājī Jiēdào］ 属江岸区。在区境北部。面积9.7平方千米。人口2.4万。以汉族为主,还有回、土家、蒙古等民族。1950年设。因早期为谌姓居住,故名。1988年建成朱家河大桥、新河大桥、汉施公路及小桥7座。后建成汉施大道、环行公路。有湖北大学知行学院。有中学2所,小学7所,卫生院2个,卫生所4个。经济以现代制造业为主。轨道交通1号线过境。通多路公交车。

后湖街道［Hòuhú Jiēdào］ 属江岸区。在区境东北部。面积15.7平方千米。人口20万。以汉族为主,还有回、苗、土家等民族。2006年设。因曾为低凹沼泽湖区而得名。先后建成后湖生态花园、梦天湖、东方恒心园、世纪佳园、绿色新都等现代住宅区。有中学2所,小学4所,卫生院1个。经济以房地产为主,其他服务业为辅。工业有装备制造、新材料等。有石桥工业园。通多路公交车。

塔子湖街道［Tǎzihú Jiēdào］ 属江岸区。在区境西北部。面积9.4平方千米。人口6.8万。2011年设。因塔子湖得名。先后建成中一花园、汉口花园、星悦城、日月星城等现代住宅区。有小学4所,卫生院1个,卫生所3个。有民间艺术高跷舞狮、踩莲船、威风锣鼓等。经济以汽车销售、房地产为主。有江岸经济开发区。通多路公交车。

江汉区

江汉区［Jiānghàn Qū］ 武汉市辖区。在市境中部。面积33平方千米。人口74.3万。辖13街道。区人民政府驻北湖街道。1950年设第三区。1952年更名江汉区,同年第五区部分地域划入。1955年原惠济区部分地域划入。1956年洪山区合作乡划入。1964年洪山合作公社划出。1985年原洪山区唐家墩、长丰乡鲩子湖、航侧、唐家墩、贺家墩、姑嫂树5村及江岸区西马街2村划入成今境。汉水经辖区西南注入长江汇合于此,故以“江汉”名。地处长江、汉水冲积平原,地势南高北低,南窄北宽,呈梯状波浪起伏。地形平坦开阔,属残丘性河湖冲积平原地带,有残留湖泊。有高校3所,中学21所,小学25所,三级医院4个,二级医院8个,文化馆1个,公共图书馆(室)126个,档案馆1个,博物馆(纪念馆)6个。有地方特色民间艺术汉绣与单弦拉戏等。有中山公园、江汉公园等。二、三产业比例30∶70。为现代服务业综合改革试点区和湖北省金融集聚发展示范区,形成以金融、现代物流、信息服务、现代商贸四大支柱产业为主体,多种产业并存的多元化经济发展格局。有中国工商银行、中国银行、中国农业银行、交通银行、中国银河证券、英大证券、广发证券、中国人民财产保险、中国人寿保险、中国太平洋财产保险、国中联合财产保险等金融企业。京广、汉丹铁路,轨道交通1、2号线过境。有汉口站、金家墩长途汽车站、武汉关码头、王家巷码头、龙王庙游船码头等。通多路公交车。

青年路[Qīngnián Lù] 在区境西南部。南起发展大道,北至解放大道。与后襄河北路、后襄河南路、常青路、淮海路、建设大道等相交。长4千米,宽30—35米。沥青路面。1960年初步建成,名航空侧路。1967年并入红旗大道。1972年恢复原名。1983年翻修,新建暗渠,扩宽延伸。因团员、青年参加义务劳动,并承担全路绿化建设,1984年命名为青年路。两侧有市博物馆、都市妇产医院等。通地铁2号线。通多路公交车。

新华路[Xīnhuá Lù] 在区境东南部。南起解放大道,北至红旗渠路。与常青一路、发展大道、北湖西路、建设大道、雪松路等相交。长5千米,宽30米。沥青路面。1905年张公堤修成后,后湖一带逐渐干涸形成道路。1949年命名为新华路。1972年新华中路、新华二路并入。2010年延长。“新华”意为新兴的中华民族。两侧有市第一中学、区政府、区发改委、华中科技大学、同济医学院附属协和医院等。通多路公交车。

金家墩长途汽车站[Jīnjiādūn Chángtú Qìchēzhàn] 见交通运输设施部分“金家墩长途汽车站”条。

北湖街道[Běihú Jiēdào] 江汉区人民政府驻地。在区境中部。1986年设。面积1平方千米。人口4.7万。因湖泊得名。为江汉区低洼处,最低海拔20米。有北湖、西湖。有小学1所,二级医院1个。有图书馆、休闲广场、体育中心。有武汉杂技厅。有传统艺术京剧、汉剧、杂技等。经济以金融、现代物流、信息服务、现代商贸为主。有金融广场、大型商务中心等。通多路公交车。

民族街道[Mínzú Jiēdào] 属江汉区。在区境东南部。面积0.5平方千米。人口3.5万。1972年设。因民族路得名。有中学2所,小学1所,二级医院1个。有江汉公园。经济以金融、现代物流、信息服务、现代商贸为主。有鞋类和服装等批发市场10多个。通多路公交车。

和平社区[Hépíng Shèqū] 属民族街道。在区境东南部。面积0.1平方千米。人口5100。因居民点“和平里”得名。1953年成立。在城市里弄中有现代民居30多座。经济以小商品批发为主。有天海船舶配套工程公司等企业。通多路公交车。2014年被评为省文明社区。

花楼街道[Huālóu Jiēdào] 属江汉区。在区境东南部。面积0.3平方千米。人口0.9万。1972年设。因花楼街得名。先后改造黄浦江北、花楼南2个片区。经济以金融、现代物流、信息服务、现代商贸为主。有王府井百货、武汉曼哈顿商业中心。有老字号店铺蔡林记热干面馆等。通多路公交车。

江汉路[Jiānghàn Lù] 在花楼街道东北部。长1.6千米,宽20米。大理石路面。为江汉、江岸2区分界线。清末为英租界地,名太平街。1906年因“地皮大王”刘歆生湖塘填路,名歆生路。1927年因南端江汉关海关大楼改名为江汉路。两侧有近代优秀历史建筑好百年饭店、四明银行汉口分行旧址等13栋,老字号商铺中心百货大楼、老亨达利等。2000年改造并正式开街。为中国历史文化街区,武汉著名百年商业老街,集精品购物、休闲旅游于一体的新型商业步行街。通地铁1、2号线。通公交车。

水塔街道[Shuǐtǎ Jiēdào] 属江汉区。在区境东南部。面积0.3平方千米。人口2.7万。1971年设。因街道内标志性建筑、清宣统元年(1909)建成的水塔得名。有中学1所,小学1所。经济以商贸、旅游休闲为主。有电脑、电子元器件专业市场群。通多路公交车。

东民社区[Dōngmín Shèqū] 属水塔街道。在区境东南部。面积0.1平方千米。人口3900。因东民巷得名。2000年成立。原为老汉口京汉铁路棚户区,有商住两用住宅楼17栋。有供电所。经济以小商品批发为主。通多路公交车。2014年被评为省文明社区。

民权街道[Mínquán Jiēdào] 属江汉区。在区境东南部。面积0.5平方千米。人口4.3万。1972年设。因辖区内民权路得名。民权路因纪念孙中山先生三民主义而命名。有中学2所,小学4所,二级医院1个,卫生院1个。有南洋大楼(民国革命政府旧址)、民众乐园、老会宾酒楼、清真寺、陈太乙药店等优秀历史建筑。有省级文物保护单位孙中山先生铜像。有广益桥清真寺。经济以小商品批发为主。有华中地区规模最大的灯饰卖场汉来灯饰广场、统一五金电器市场、清芬鞋市等现代商贸市场。通多路公交车。

满春街道[Mǎnchūn Jiēdào] 属江汉区。在区境东南部。面积0.3平方千米。人口3.3万。1953年设。因清光绪二十八年(1902)曾建满春茶园而得名,取满园春色之意。有小学1所。为商业老城区,有以服装为主,布匹、辅料为辅的大中型市场22个。通多路公交车。

清芬社区[Qīngfēn Shèqū] 属满春街道。在区境东南部。面积0.1平方千米。人口4300。因清芬一路得名。1953年成立。民居以商住两用住宅楼为主。经济以小商品批发为主。通多路公交车。2014年被评为省文明社区。

民意街道[Mínyì Jiēdào] 属江汉区。在区境东南部。面积0.4平方千米。人口4.7万。1952年设。因民意路得名。有中学2所,小学2所。有《新华日报》社大陆里旧址。经济以商贸零售娱乐为主。有中山大道礼品服饰街、自治装饰一条街等。通多路公交车。

新华街道[Xīnhuá Jiēdào] 属江汉区。在区境东南部。面积1平方千米。人口7.4万。1972年设。因新华路得名。有中学3所,小学2所,三级医院2个。有新华路体育场。有美、法、韩三国使馆。经济以商贸零售娱乐为主。通多路公交车。

邮三社区[Yóusān Shèqū] 属新华街道。在区境东南部。面积0.4平方千米。人口2700。因“邮三小区”得名。2000年成立混合型老旧住宅社区。有高层居民楼13栋,平房2处。有楼顶花园8个。有文化活动室、健身器材。有中通三局、省邮电规划设计院等。通多路公交车。2014年被评为省文明社区。

万松街道[Wànsōng Jiēdào] 属江汉区。在区境西南部。面积8平方千米。人口11.4万。1972年设。因万松园路得名。有中学4所,小学5所,二级医院1个,卫生院2个。有中山公园。有省级文物保护单位国民政府第六战区受降堂旧址。有武汉中心等。通多路公交车。

凌云社区[Língyún Shèqū] 属万松街道。在区境西南部。面积1平方千米。人口3200。因企业得名。2000年成立。民居有楼房15栋、平房5栋。为凌云集团职工家属区。经济以小商品批发为主。通多路公交车。2014年被评为省文明社区。

唐家墩街道[Tángjiādūn Jiēdào] 属江汉区。在区境东部。面积4平方千米。人口11.4万。1961年设。清光绪初孝感唐姓农户在此择高地垒成墩台首居。1912年后居民渐多,形成村湾,得名唐家墩,沿用至今。有中学2所,小学1所,三级医院1个,二级医院2个,卫生院1个。有森林小游园、菱角湖公园。经济以商贸零售、娱乐产业为主。有华南海鲜批发市场等。通多路公交车。

唐蔡社区[Tángcài Shèqū] 属唐家墩街道。在区境东部。面积0.7平方千米。人口9100。因社区内唐家墩—蔡家田路段得名。2000年成立。有居民楼53栋。经济以小商品批发为主。通多路公交车。2014年被评为省文明社区。

前进街道[Qiánjìn Jiēdào] 属江汉区。在区境东南部。面积0.3平方千米,人口3.5万。1956年设置前进、桃源2街办事处。1958年合并为前进街办事处。因辖区内道路前进一路至四路得名。有中学1所,小学1所,社区卫生服务中心1个。有纪念地汉口旧址、基督教前进教会。有地方特色民间艺术楚剧、剪纸、汉绣等。经济以餐饮、零售为主。通多路公交车。

常青街道[Chángqīng Jiēdào] 属江汉区。在区境西部。面积6平方千米。人口10万。1993年设。因常青路得名。有中学2所,小学2所,二级医院1个,卫生院3个。有武汉博物馆、后襄河公园。工业以印刷为主。有汉口站、金家墩长途汽车站。通多路公交车。

汉兴街道[Hànxīng Jiēdào] 属江汉区。在区境西北部。面积10平方千米。人口10.1万。1998年设。因寓意江汉区兴旺腾飞得名。有高校3所,中学3所,小学4所,三级医院1个,二级医院1个,卫生院3个。有常青公园、张公堤。工业有服装、印刷、光机电一体化、食品、电子通信等。有武汉华南果品批发市场、市纸张油墨市场。通多路公交车。

常二社区[Cháng'èr Shèqū] 属汉兴街道。在区境西北部。面积0.5平方千米。人口7300。因常青二垸小区得名。1994年成立。有多功能活动室、社区服务站、医疗服务站、中心活动场,配置健身器材和户外宣传栏30个。有派出所、银行、幼儿园等。通多路公交车。2014年被评为全国文明社区。

硚 口 区

硚口区[Qiáokǒu Qū] 武汉市辖区。在市境西北部。面积41平方千米。人口86.5万。以汉族为主,还有回、满、土家等民族。辖11街道。区人民政府驻韩家墩街道。1952年第二区更名硚口区。1955—1985年惠济区、汉桥区部分地区,东西湖区部分区域划入,1986年汉丹铁路北、张公子堤西部分划归江汉区。因玉带河、护城河通汉水处筑石桥,称大、小硚口,由此得名。地处江汉冲积平原,海拔19—22米,地势南高北低，自汉水沿岸向北倾斜。汉水流经。有国家级科研单位2个，省级科研单位1个。有高校5所，普通中学23所，小学40所，幼儿园59所，三级医院7个，二级医院1个。有武汉体育馆。有汉正街博物馆、武汉硚口民族工业博物馆、硚口非物质文化遗产展示中心、湖北警察史博物馆。有大型公园武汉园博园、张毕湖、竹叶海、硚口等。有省级文物保护单位3个。有国家级非物质文化遗产1项，省级非物质文化遗产5项。二、三产业比例26∶74。有省级开发区1个，省级工业园区3个。服务业以商贸为主。有武汉收藏品市场、汉口茶市。有汉正街、顺道街、崇仁路等商业街。京广、汉丹铁路，轨道交通1、2号线过境。有古田、水厂2个长途汽车客运站。通多路公交车。

沿河大道［Yánhé Dàdào］ 在区境南部。东起流通巷码头接沿江大道，西至古田一路。与古田二路至四路、建一路、汉西路、硚口路、崇仁路等相交。长1.3千米，宽30—40米。水泥路面。原为明嘉靖年间(1522—1566)汉江改道自然形成的岸坡，1941年筑汉江简易石块防水墙，龙王庙一老官庙段堤路分离。1954、1963—1965、1993—1999、2006—2008年4次改扩建。因汉口人俗称汉江为“小河”，故名河街、河沿，又称襄河街、滨河马路，1946年改名沿河大道。东端连接汉正街小商品市场。两侧有区政府、宗关水厂、多福家电大厦、汉江湾江滩公园等。通公交车。

宝丰一路［Bǎofēng 1 Lù］ 在区境中部。南起解放大道，北至建设大道。与宝丰二路、营房侧路相交。长0.7千米，宽30米。沥青路面。清末为汉口堡城外马路，称横马路、后城路。1928年因广东商人开设宝丰布厂改称宝丰路。1952年宝丰二路建成，遂改今名。途经宝丰商务区。两侧有武汉中心血站、市结核病防治所、武汉出国体检中心、云都大酒店等。通公交车。

硚口路［Qiáokǒu Lù］ 在区境中部。南起沿河大道，北至解放大道。与汉正街、汉中路、长堤街相交。长1.2千米，宽18.8—36.6米。水泥路面。清末为汉江码头连接玉带门车站道路。1938年改建，称后城横马路、硚口横马路、硚口直马路。1954年扩建。因大硚口遗址得名。又因汇聚众多餐饮企业，称“美食一条街”。两侧有葛洲坝集团、武汉地铁集团等。通公交车。通地铁1号线。

武胜路［Wǔshèng Lù］ 在区境中部。南起沿河大道，北至京汉大道。与汉正街、汉中路、长堤街、中山大道、武胜西街相交。长1.4千米，宽50米。沥青路面。明末清初为仁里巷。1941年拓宽为碎石路，以武圣庙码头命名武圣路。1954年北延。1967年更名红旗大道。1972年复名，改“圣”为“胜”。两侧有市新华书店、市第四医院东院、家乐福、凯德广场、泰合广场等。通公交车。

航空路立交桥［Hángkōng Lù Lìjiāoqiáo］ 在城区东南部。占地面积43503平方米。有3层互不交叉的不同方向的城市道路在此立体相交。最高层离地面12米。1991年开工，1992年建成。因航空路得名。日交通流量为24万辆。

古田长途汽车客运站［Gǔtián Chángtú Qìchē Kèyùnzhàn］ 见交通运输设施部分“古田长途汽车客运站”条。

水厂长途汽车客运站［Shuǐchǎng Chángtú Qìchē Kèyùnzhàn］ 见交通运输设施部分“水厂长途汽车客运站”条。

韩家墩街道［Hánjiādūn Jiēdào］ 硚口区人民政府驻地。在区境西部。面积4.6平方千米。人口6.4万。1955年设。原为湖泽之地，汉口镇兴起后，逃荒者在此筑墩建房，形成居民点。因韩姓家族聚居，故名。有省地质科学研究院。有高校3所，中学3所，小学5所，三级医院1个，卫生院1个。有湖北硚口非物质文化展示中心、湖北警察史博物馆。有省级文物保护单位博学中学旧址。经济以现代商贸服务为主，工业、房地产业为辅。有省级武汉三新材料孵化园区、江城壹号文化创意产业园区。轨道交通1号线过境。通多路公交车。

古田街道［Gǔtián Jiēdào］ 属硚口区。在区境西部。面积5.5平方千米。人口10.3万。1986年由韩家墩街道析设易家墩街道。2011年更今名。有高校1所，中学3所，小学4所，卫生院1个。经济以加工、制造业为主。轨道交通1号线过境。有古田长途汽车客运站。通多路公交车。

古田南村社区［Gǔtián Náncūn Shèqū］ 属古田街道。在区境西南部。面积0.3平方千米。人口8900。因古田南村得名。2000年成立。民居多为20世纪70年代前建的低层建筑。开展传统节日志愿服务。通多路公交车。2014年被评为省文明社区。

宗关街道［Zōngguān Jiēdào］ 属硚口区。在区境中部偏西。面积4.7平方千米。人口6.7万。1954年设。因清康熙四年(1665)设宗关税卡得名。有中铁大桥局武汉桥梁研究院。有中学2所，小学5所，卫生院1个。有省级文物保护单位既济水电公司宗关水厂旧址。经济以商贸服务业为主。京广铁路、轨道交通1号线过境。有水厂长途汽车客运站。通多路公交车。

发展社区［Fāzhǎn Shèqū］ 属宗关街道。在区境西北部。面积0.2平方千米。人口6500。因1988年修建的发展小区(今发展一村)得名。2000年成立。民居多为20世纪70年代前建的低层建筑。有大型便民服务中心、卫生所。有武汉长空机械总厂、汉西二手车市场等。通多路公交车。2014年被评为省文明社区。

汉水桥街道［Hànshuǐqiáo Jiēdào］ 属硚口区。在区境中部。面积2.3平方千米。人口6.5万。1957年设。因汉水铁桥得名。20世纪90年代后改建商贸企业、居民住宅区，建成美食一条街。有高校1所，中学2所，小学3所，卫生院1个。经济以商贸服务业为主。有葛洲坝集团。京广铁路、轨道交通1号线过境。通多路公交车。

宝丰街道［Bǎofēng Jiēdào］ 属硚口区。在区境东北部。面积2.3平方千米。人口8万。1952年设。因宝丰路得名。有高校2所，中学4所，小学3所，三级医院2个，卫生院1个。有崇仁体育培训中心等。经济以商贸服务业为主。有硚口路美食一条街。轨道交通1号线过境。通多路公交车。

荣华街道［Rónghuá Jiēdào］ 属硚口区。在区境中部。面积0.8平方千米。人口7万。1954年设。因荣华里得名。有中学2所，小学2所，卫生院1个。有区青少年宫、区图书馆。有硚口公园。经济以商贸、休闲业为主。有武汉收藏品市场、汉口茶市。轨道交通1号线过境。通多路公交车

中山社区［Zhōngshān Shèqū］ 属荣华街道。在区境中部。面积0.1平方千米。人口6900。因中山大道得名。2000年成立。民居多为低层建筑。组织开展广场舞演出、篮球、棋牌比赛等活动。驻有区财政局、区审计局、区园林局、区食药监局等。通多路公交车。2014年被评为省文明社区。

汉中街道［Hànzhōng Jiēdào］ 属硚口区。在区境东南部。面积1.3平方千米。人口7.3万。1954年设。因地处原汉口镇中部得名。有高校1所，中学1所，小学3所，三级医院2个，卫生院1个。有市优秀历史建筑基督教救世堂。经济以商贸服务业为主。轨道交通1号线过境。通多路公交车。

万兴社区［Wànxīng Shèqū］ 属汉中街道。在区境中部偏南。面积0.1平方千米。人口5800。因万兴巷得名。2000年成立，2012年三善社区并入。民居有高层建筑8栋。组织开展文化娱乐、科普宣教、社区教育等活动。有卫生院、市港航管理局。通多路公交车。2014年被评为省文明社区。

汉正街道［Hànzhèng Jiēdào］ 属硚口区。在区境东部。面积1.7平方千米。人口8.6万。2000年设。因处古汉口正街得名。有中学1所，小学7所，卫生院1个。有汉正街博物馆、新安书院及药王庙遗址、药帮巷石板街、义勇消防联合会旧址、保寿桥旧址等。有国家级非物质文化遗产1项，省级非物质文化遗产1项。经济以商贸服务业为主。有汉正街小商品中心市场、汉正街服饰大楼等。轨道交通1号线过境。通多路公交车。

汉正街［Hànzhèng Jiē］ 在汉正街道中部。长0.3千米，宽3—10米。沥青路面。明清设仁义巡检司署、通判署、淮盐局、行台署等，故称“正街”或“官街”。清末民初由西至东分段称玉带门正街、杨家河正街、武圣庙正街等，1926年统称汉正街。迄今400多年，为汉口最古老街道，最早繁华市镇。有汉口“城市之根、商业之魂”之称。明清时西段多粮、油、棉各业，东段以药材、参燕、金银行业为主，中段多百货、布匹、山货、海味、纸张业等。清中前期有“上八行”银钱、典当、铜铅、油烛、绸缎布匹、杂货、药材、纸张，“下八行”各种手艺作坊。开埠后形成新“上八行”茶、药材、粮食、棉花、油、广福食货、牛皮、盐。后因战火损毁。1979年建立汉正街小商品市场，再兴商业。现有大型专业市场汉正街小商品中心市场、服饰大楼、老三镇、汉正广场、汉正街中心商城、既济电力商城等。有汉正街博物馆、新安书院及药王庙遗址、药帮巷石板街、武汉基督教救世堂、义勇消防联合会旧址、保寿桥旧址等。通公交车。通地铁1号线。

六角亭街道［Liùjiǎotíng Jiēdào］ 属硚口区。在区境东部。面积0.9平方千米。人口4.1万。1952年设。因六角小亭得名。有中学3所，小学2所，三级医院2个，卫生院1个。有省级文物保护单位1个。有汉口地方法院旧址、汉口慈善总会旧址等。经济以专业特色市场、商务信息服务为主。轨道交通1号线过境。通多路公交车。

学堂社区［Xuétáng Shèqū］ 属六角亭街道。在区境中部。面积0.1平方千米。人口5100。因汉口官立商业学堂得名。2000年成立。民居多为低层建筑。有朗读亭，开展诵读红色、文学经典作品活动。有省文物保护单位辛亥首义烈士陵园。通多路公交车。2014年被评为省文明社区。

长丰街道［Chángfēng Jiēdào］ 属硚口区。在区境西北部。面积10.9平方千米。人口13.4万。2005年设。因长丰垸得名。有高校1所、中学2所，小学3所，卫生院1个。有武汉园博园、武汉硚口民族工业博物馆、硚口非物质文化展示中心、湖北警察史博物馆等。经济以服装、机械加工为主。有硚口经济开发区。汉丹、京广铁路过境。通多路公交车。

易家街道［Yìjiā Jiēdào］ 属硚口区。在区境西部。面积9.2平方千米。人口2.5万。2011年设。因易家墩得名。有中学1所，小学3所，二级医院1个，卫生院1个。有张毕湖、竹叶海公园。经济以家居商贸、物流为主。有

舵落口大市场等。汉丹铁路、轨道交通1号线过境。通多路公交车。

汉 阳 区

汉阳区［Hànyáng Qū］ 武汉市辖区。在市境西南部。面积112平方千米。人口43.1万。辖11街道。区人民政府驻琴断口街道。隋初置汉阳县。自唐迄清,先后为沔州、汉阳军、汉阳府和汉阳县。清光绪二十五年(1899)夏口厅析出。1926年属汉口特别市。1949年汉阳县城区及城周郊区划归武汉市(中央直辖市),与汉阳县分治。同年成立汉阳中心区。1950年改汉阳城区,为武汉市政府派出机构。1951年汉阳城郊农村划入武汉市郊区。1952年改称汉阳区。1954年属武汉市。1960年汉阳城郊汉桥公社划入。1964年汉阳区农村划属汉桥区。1985年洪山区永丰、江堤2乡和琴断口街划入。此后建制未变。因地处汉水之北、龟山之南,依"山南水北谓之阳"得名。然明成化初年(1465—1470)汉水下游连年洪灾,郭茨口上游决口,致改处汉水南岸,已不符"山南水北谓之阳"之说。但因汉阳地名早已远扬且已有汉阴县,为避免重名,故未变更。地势西北高东南低,除龟山及西部剥蚀丘陵外,大部分为河湖阶地。有龟山、梅子山、仙女山等。有月湖、莲花湖、墨水湖、龙阳湖等。长江、汉水流经。有中学17所,小学26所,幼儿园74所,三级医院2个。有古迹禹功矶、禹稷行宫、鹦鹉洲、洗马口、藏马洞、冰塘角、顿甲岭、报国巷、净洁巷、段湖北街等。二、三产业比例74∶26。经济以都市工业、房地产、文化旅游业、现代服务业为主。为武汉新区核心开发区。轨道交通4号线过境。有汉阳长途汽车客运站。通多路公交车。

琴台大道［Qíntái Dàdào］ 在区境北部。东起鹦鹉大道,西至三环线。与江城大道、罗七路、赫山路、龙阳大道相交。长10.4千米,宽26米。沥青路面。1972年始建城市道路。20世纪80年代初东段鹦鹉大道至原汉阳钢铁厂厂区,长2.3千米,宽约6米,沥青路面。因古琴台得名琴台路。2000年向西穿汉阳钢铁厂厂区、武汉农药厂等接龙阳大道。2004年更今名。两侧有武汉船舶职业技术学院、张之洞与武汉博物馆、湖北出入境检验检疫局等。通公交车。

汉阳大道［Hànyáng Dàdào］ 在区境北部。东起晴川大道,西至蔡甸区边界。与鹦鹉大道、江城大道、龙阳大道、武汉内环线、二环线等相交。长1.4千米,宽30—50米。沥青路面。1956年始建。1966年改名长征大道。1972年更名为汉阳大道。1998年改扩建。为汉阳标志性道路,故名。两侧有党政机关、商业网点及众多居民住宅小区。通公交车。通地铁4号线。

墨水湖大桥［Mòshuǐhú Dàqiáo］ 在城区中部。长1600米,宽30.6米,最大跨度40米。2004年开工,2009年建成。因横跨墨水湖得名,寓意"文风墨彩"。为大型河道桥梁,结构型式为连续梁装饰拱桥。最大载重20吨。通公交车。

汉阳站［Hànyáng Zhàn］ 见交通运输设施部分"汉阳站"条。

琴断口街道［Qínduànkǒu Jiēdào］ 汉阳区人民政府驻地。在区境北部。面积3平方千米。人口4.4万。以汉族为主,还有回、壮、苗、土家等民族。1957年设,属汉桥区。1976年归洪山区,1985年归汉阳区。有墨水湖。因处琴断口得名。"琴断口"即春秋晋国大夫伯牙摔琴谢知音之处。有高校1所,中学2所,小学4所,卫生院6个。经济以商业为主,有王家湾商圈。有十里装饰材料市场等。轨道交通4号线过境设站。

七里一村社区［Qīlǐyīcūn Shèqū］ 属琴断口街道。在区境中部。面积0.1平方千米。人口8000。2000年成立。因七里一村得名。20世纪80—90年代对办公用房和服务设施进行改扩建,建成群众服务中心和室外广场,完善了社区商业服务(构建10分钟生活服务圈,为居民提供购物、餐饮、维修、家政等便民服务)、社区事务受理、社区公益服务、社区文化休闲四大主体服务功能,使社区成为群众居家养老、文化休闲、健身娱乐等便民、利民、生活、感情离不开的第二个家。有小学、幼儿园、卫生院、卫生所、商店等。通多路公交车。2014年被评为省文明社区。

翠微街道［Cuìwēi Jiēdào］ 属汉阳区。在区境东北部。面积1.5平方千米。人口4.5万。以汉族为主,还有回、满、土家、苗等民族。1973年设。因古翠微峰得名。清《续辑汉阳县志》载"翠微井在归元寺内,翠微峰前"。有武汉第三寄宿中学、钟家村中学、拦江堤中学、向阳小学钟家村小学等中小学。有国家4A级旅游景区归元禅寺。有铁佛寺、武汉中华奇石馆和冰塘角、报国项等古迹遗址。经济以旅游、商贸、金融为主。有汉阳商圈"钟家村"。轨道交通4号线过境。

建桥街道［Jiànqiáo Jiēdào］ 属汉阳区。在区境东北部。面积1.4平方千米。人口4.3万。以汉族为主,还有回、满、土家、苗、蒙古、锡伯、黎等民族。1955年设。1958年东门、西大街道部分地域划入。因兴建长江大桥得名。有高校3所,中学3所,小学2所,三级医院1个,卫生院4个。经济以商业、金融为主。有工商银行汉阳支行、交通银行汉阳支行等。轨道交通4号线过境。

钟家村社区［Zhōngjiācūn Shèqū］ 属建桥街道。在区境北部。面积0.3平方千米。人口4000。2000年成立。因钟家村得名。有汉阳公园、红色广场。有新世界百货、铜锣湾广场等。京广铁路经此。通多路公交车。2014年被评为省文明社区。

月湖街道［Yuèhú Jiēdào］ 属汉阳区。在区境东北部。面积4.9平方千米。人口1.3万。以汉族为主,还有回、土家、满、蒙古、壮、苗、彝等民族。1978年设。因古月湖得名。有武汉船舶职业技术学院。有省聋儿康复中心。有月湖风景区等。有琴台钢材市场。通多路公交车。

华园社区［Huáyuán Shèqū］ 属月湖街道。在区境西北部。面积0.1平方千米。人口3000。2011年成立。因住宅小区华润中央公园得名。有英伦风格别墅84套、板式高层27栋。驻有省出入境检验检疫局、市国土规划局汉阳分局等。通多路公交车。2014年被评为省文明社区。

晴川街道［Qíngchuān Jiēdào］ 属汉阳区。在区境东北部。面积1.6平方千米。人口1.4万。以汉族为主,还有回、土家、满、蒙古、壮、苗、彝等民族。1957年设。因取唐崔颢《黄鹤楼》名句"晴川历历汉阳树"得名。有高校1所,中学1所,小学2所。有"楚国晴川第一楼"晴川阁、三国时期军事关隘铁门关、大禹神话园、汉阳造创意文化园等。京广铁路过境。有江汉桥、晴川桥与汉口互通。

鹦鹉街道［Yīngwǔ Jiēdào］ 属汉阳区。在区境东部。面积2.5平方千米。人口4.4万。以汉族为主,还有回、壮、苗、满、土家、蒙古等民族。1953年设。清乾隆三十四年(1769)原长江靠近汉阳江面淤出洲地,名"补课洲"。嘉庆二十年(1815)命名鹦鹉洲。因辖区占该洲近半地域,故名。有中学1所,小学1所,卫生院2个。有陈正泰木行旧址。经济以商业为主。有五星级武汉世茂希尔顿酒店等。

洲头街道［Zhōutóu Jiēdào］ 属汉阳区。在区境东南部。面积4.1平方千米。人口3.3万。以汉族为主,还有回、苗、侗、彝、壮、满、朝鲜、蒙古等民族。1952年设。因处鹦鹉洲首端得名。有中学1所,小学1所,卫生院1个。经济以制药、酿酒、房地产、商业为主。有围绕武汉国际博览中心形成的休闲、娱乐商业圈。通多路公交车。

五里墩街道［Wǔlǐdūn Jiēdào］ 属汉阳区。在区境中部偏北。面积5.6平方千米。人口6.3万。以汉族为主,还有回、壮、苗、满、土家等民族。1956年设。1957年并入车站街道。1980年复设。因旧地名五里墩得名。明嘉靖《汉阳府志·方域志》载"五里墩,距汉阳县至西五里"。有职业学校4所,中学1所,小学1所,三级医院1个,卫生院1个。有武汉动物园、墨水湖公园。轨道交通4号线过境。通多路公交车。

江汉二桥街道［Jiānghàn 2 Qiáo Jiēdào］ 属汉阳区。在区境北部。面积3.9平方千米。人口5.3万。以汉族为主,还有回、土家、侗、蒙古、满、壮、哈萨克等民族。1986年设。因江汉二桥(知音桥)得名。有职业学校3所,中学2所,小学2所,卫生院2个。经济以商业为主。轨道交通4号线过境设站。通多路公交车。

永丰街道［Yǒngfēng Jiēdào］ 属汉阳区。在区境西部。面积42.5平方千米。人口5.3万。以汉族为主,还有回、满、土家、蒙古等民族。2005年设。街道以堤得名。濒临汉水,为防水患,筑"永丰堤",意为永保丰收。有仙女山、米粮山、锅顶山、汤山、磨山、扁担山、细石山等。有汉水滩(冲积平原)。有龙阳湖、小寨湖等。琴断小河、汉江等流经。有职校1所,中学2所,卫生院2个。工业以汽车及零部件制造、食品医药、轻工电子、新型材料等为主。有黄金口都市工业园。汉蔡高速过境。通多路公交车。

汉沙社区［Hànshā Shèqū］ 属永丰街道。在区境中部。面积3平方千米。人口6000。2000年成立,后部分地域划出。因老汉沙公路得名。有多层住宅楼13栋。有卫生院。通多路公交车。2014年被评为省文明社区。

江堤街道［Jiāngdī Jiēdào］ 属汉阳区。在区境南部。面积16.9平方千米。人口2万。以汉族为主,还有回、壮、苗、满、土家等民族。2006年设。原为两江夹击之地,洪水无从防范。因汉水改道后,长江漫溢,筑堤拦江建民垸,故名。先后建成国博新城、广电兰亭时代、汉博佳园、汉博社区等小区。有中学2所,小学1所,卫生院2个。有国家级非物质文化遗产武汉高龙。有武汉高龙博物馆、汉绣博物馆。通多路公交车。

江欣苑社区［Jiāngxīnyuàn Shèqū］ 属江堤街道。在区境内东北部。面积0.2平方千米。人口7000。因江欣苑小区得名。2005年成立渔业社区,2009年更名江欣苑一社区,2011年再次更名为江欣苑社区。有多层住宅楼41栋。有武汉高龙舞者队。每逢节日庆典,均舞高龙。有小学、幼儿园、卫生院。有市级非物质文化遗产园、武汉高龙博物馆。通多路公交车。2014年被评为省文明社区。

武 昌 区

武昌区［Wǔchāng Qū］ 武汉市辖区。在市境中部偏南。面积108平方千米。人口105.6万。辖14街道。区人民政府驻积玉桥街道。元曾置武昌路。民国元年(1912)军政府废武昌府,改江夏县为武昌县。“武昌”意指“以武而昌”,寓意发展长盛不衰。1926年置武昌市。1927年并入武汉特别市。1929年武汉分治,武昌市区属省。1937年复置武昌市。1945年设武昌市政筹备处。1946年再置武昌市,属湖北省。1949年并入武汉市,为武昌办事处。1951年置第一区。1952年改今名。地形属残丘性河湖冲积平原。山多水多,岗岭起伏,湖河交错,“外扼地理要冲,内依地势险阻”。长江流经。有东湖、沙湖、水果湖等。为中国闻名的智力密集区。有中国科学院武汉分院等科研机构52所。有武汉大学等高校6所,中学36所,小学41所,三级医院9个,二级医院1个。有东湖生态旅游风景区。有景点黄鹤楼等。有史迹起义门、放鹰台遗址、白云洞等百余个。有现代旅游休闲点户部巷、昙华林、楚河汉街等。有辛亥首义纪念地辛亥革命博物馆、黄兴拜将台等。有近代革命纪念地武昌农民运动讲习所旧址、中共“五大会址”、武昌毛泽东同志旧居等。有清末织布、纺纱、缫丝、制麻4局旧址。二、三产业比例16∶84。已形成以机械、电子、造船、轻纺、化工、建材等为主体的工业体系。有信息产业及生物技术等新兴产业。107国道过境。通多路公交车。

首义广场［Shǒuyì Guǎngchǎng］ 在城区中部。面积20公顷。清初为演武校场,有演武厅,古称阅马厂,俗称阅马场。因彭刘杨路以北有武昌起义军政府旧址,已建成“辛亥革命武昌起义军政府旧址纪念馆”,2000年命名为首义广场,为省、市举行辛亥纪念户外集会活动,宣传红色文化的重要场所。2010年改造,广场南新建绿化广场、辛亥革命博物馆。新旧广场以地下通道相连。通多路公交车。

洪山广场［Hóngshān Guǎngchǎng］ 在城区东北部。面积11公顷。1990年开工,1992年建成。1999年改建。因位于洪山北麓得名。由董必武纪念广场、音乐喷泉休闲广场两部分构成。董必武纪念广场有董必武铜像和105株雪松,纪念台周围有雕花栏杆56个,象征着56个民族。为集文化、休闲、娱乐、景观于一体的大型综合城市绿化广场。周边有洪山体育馆、省科教大厦、电信大楼等。通多路公交车。通地铁2、4号线。

团结大道［Tuánjié Dàdào］ 在区境北部。东起站前路,西至友谊大道。与武车路、七星路、福星西路、秦园中路、秦园东路相交。长13千米,宽25—40米。沥青路面。2004年开工,2009年建成。因取意团结一致得名。两侧有湖北大学和多个居民小区。通多路公交车。

中北路［Zhōngběi Lù］ 在区境中部。南起洪山路,北至徐东路。与水果湖路、东湖路、公正路、白鹭街、汉街等相交。长4.2千米,宽22米。沥青路面。1952年开工,1957年建成。因处洪山广场北得名。两侧有省广电总台、省总工会、中国铁建1818中心、德成中心、洪山宾馆、田汉大剧院等。通多路公交车。通地铁4号线。

中南路［Zhōngnán Lù］ 在区境中部。南起武珞路,北至中北路。与中南一、二、三路相交。长1.3千米,宽32.5—73.2米。沥青路面。1952年开工,1957年建成。1981年拓宽。因处洪山广场南得名。两侧有中商百货、省水利厅等。通多路公交车。通地铁2、4号线。

武珞路［Wǔluò Lù］ 在区境中部。东起石牌岭路,西至黄鹤楼南路。与红楼路、黄鹤楼东路、武昌路、首义路、中山路等相交。长4.6千米,宽60米。沥青路面。1933年建成。1956年扩宽。1967年改名红旗大道。1972年熊廷弼路、阅马场并入,复名武珞路。因通往珞珈山得名。两侧有首义广场、中南财经政法大学首义校区、省立图书馆旧址、武珞路中学、黄鹤楼公园、施洋烈士陵园、长春观、宝通禅寺、武汉傅家坡客运站、武商亚贸广场购物中心等。通多路公交车。通地铁2号线。

双湖桥［Shuānghú Qiáo］ 在城区东部。长120米,宽25米,最大跨度9.6米。1999年建成。因该桥横架水果湖与东湖两湖之上而得名。结构型式为钢筋砼实腹式板拱结构桥。最大载重30吨。通公交车。

大东门立交桥［Dàdōngmén Lìjiāoqiáo］ 在城区中部偏南。占地面积8297平方米。有3层互不交叉的不同方向的城市道路在此立体相交。1990年建成。因横架大东门区片得名。

岳家嘴立交桥［Yuèjiāzuǐ Lìjiāoqiáo］ 在城区北部。占地面积24961平方米。有3层互不交叉的不同方向的城市道路在此立体相交。2009年建成。因岳家嘴区片得名。

武汉市航海客运站［Wǔhàn Shì Hánghǎi Kèyùnzhàn］ 见交通运输设施部分“武汉市航海客运站”条。

积玉桥街道［Jīyùqiáo Jiēdào］ 武昌区人民政府驻地。在区境中部。面积4平方千米。人口11.2万。1954年设。因桥名得名。《江夏县志》载,原桥名鲫鱼桥,后以美好愿望出发,雅化为“积玉桥”,有堆金积玉之意。2000年后拆迁棉纺企业建成高档居民区,新建友谊大道,改建和平大道、中山路,改造临江大道,建成江滩公园。有中学2所,小学2所,社区卫生服务中心1个。有内沙湖公园等。轨道交通2号线过境。通多路公交车。

杨园街道［Yángyuán Jiēdào］ 属武昌区。在区境北部。面积5平方千米。人口8万。1961年设。20世纪初建有4栋西式小洋楼“洋园”,因其谐音命名。有武汉理工大学余家头校区。有中学3所,小学7所,卫生院3个。经济以船舶制造、工程设计、家具装饰为主。武九铁路过境。通多路公交车。

柴东社区［Cháidōng Shèqū］ 属杨园街道。在区境北部。面积0.2平方千米。人口8800。因小区得名。2000年成立。有现代中式多层楼房109栋。组织志愿者队伍,重点为老年人服务。有中小学、卫生院。通多路公交车。2014年被评为省文明社区。

徐家棚街道［Xújiāpéng Jiēdào］ 属武昌区。在区境北部。面积8平方千米。人口9.1万。1954年设。因传清末有徐姓在此处筑棚而居,故名。先后拓宽、建成徐东大街、和平大道、友谊大道等。有中国农科院油料作物研究所。有高校2所,中职学校1所,中学2所,小学4所,社区卫生服务中心(站)3个。有四美塘公园、徐东古玩城等。经济以商业、房地产业为主。有徐东商圈。武九铁路过境。通多路公交车。

水岸星城社区［Shuǐ'ànxīngchéng Shèqū］ 属徐家棚街道。在区境北部。面积0.7平方千米。人口1.2万。2009年成立。因水岸星城小区得名。有高层楼房18栋,独栋和联排别墅34栋,花园洋房35栋。每年举办社区文化艺术节。有卫生所。通多路公交车。2014年被评为省文明社区。

中华路街道［Zhōnghuá Lù Jiēdào］ 属武昌区。在区境中部。面积1平方千米。人口4.7万。1954年设民主路街道,1972年更今名。因中华路得名。有省重点高中湖北省武昌实验中学。有小学3所,卫生所1个。为武昌老城区。有中央农民运动讲习所旧址、毛泽东同志旧居、中国共产党第五次全国代表大会旧址。有都府堤红色旅游区。有汉味小吃第一街户部巷。经济以旅游、商业为主。有司门口商圈。京广铁路过境。通多路公交车。

户部巷［Hùbù Xiàng］ 在中华路街道中部。长0.2千米,宽5—8米。沥青路面。为明清古巷,东临户部驻省机构藩署,民间以衙门名头称此地“户部巷”。1967年改名红安一巷。1972年复名至今。2002年后经3次改造,由户部巷、自由路和民主路西段组成全国闻名的汉味特色风情街区,集小吃、休闲、购物、娱乐为一体,各类经营门店340个,其中从事小吃经营160余户,经营品种170余种。为步行街。周边公共交通便捷。

粮道街道［Liángdào Jiēdào］ 属武昌区。在区境中部。面积2平方千米。人口7.7万。1952年设。1970年与棋盘街道并为中华路街道。1980年因粮道街更名。有胭脂山、花园山、螃蟹岬等。有湖北中医药大学。有省重点中学武汉中学。有中学4所,小学4所,三级医院2个,卫生院1个。有文华书院遗址。有昙华林历史文化街区。有国民政府军政部第三厅旧址等。经济以批发零售、餐饮、个体私营商业为主。武九、京广铁路过境。通多路公交车。

昙华林［Tánhuálín］ 在粮道街道北部。长1.2千米,宽3—5米。沥青、条石路面。据清代嘉、道年间刘溱《重游昙华林小记》载,“昙华林”初为佛教寺庙名称。“昙华”即昙花,“林”为“丛林”简称,意为众僧聚居处。原昙华林指花园山、螃蟹岬2山间地域,山间街道穿行,房屋重叠,楼道参差,梧桐小院,条石台阶,多处可见。后汉口开埠,武汉市基督教崇真堂、瑞典领事馆等在此设立,形成华洋杂处特色。又经多年变化,聚集数十处百年以上近代历史建筑。1946年游家巷、正卫街及原昙华林合并,统称昙华林。1966年改名反帝一街,1972年复名。近年逐步修复昙华林及周边历史建筑,修建三汉雕塑艺术博物馆等,渐成闻名全国的教育基地和旅游景点。现有翁守谦故居、徐源泉别墅、国民政府军政部第三厅旧址、懿训女校真理中学旧址、翟雅阁健身所等。通多路公交车。

黄鹤楼街道［Huánghèlóu Jiēdào］ 属武昌区。在区境中部。面积2平方千米。人口5.2万。1969年大成路、解放路2街道合并设置。先后拓宽临江大道、解放路、彭刘杨路,建成首义广场、辛亥革命博物馆、武昌江滩观江平台等。地处武昌古城中心地带。因黄鹤楼得名。有武汉音乐学院。有中学1所,小学1所,三级医院2个,卫生院1个。有清末两湖书院旧址、黄鹤楼、胜像宝塔、陈友谅墓、陈定一烈士就义纪念碑、辛亥革命武昌起义纪念馆、辛亥革命博物馆、首义广场黄兴拜将台等。经济以汉味小商铺为主,融合黄鹤楼景区,形成以历史文化旅游、汉味美食打卡相结合的特色经济。有特色街巷武汉音乐街、大成路美食街等。京广铁路过境。通多路公交车。

紫阳街道［Zǐyáng Jiēdào］ 属武昌区。在区境中部偏南。面积3平方千米。人口8.5万。1978年设。因紫阳湖得名。2006年南湖街道划出。先后拓宽解放路、张之洞路、复兴路等,新建巡司河路。有中学3所,小学1所。有两湖总督署东衙门旧址。有辛亥首义纪念碑、彭刘杨“三烈士亭”。有清真寺。经济以船舶制造、商业为主。京广铁路、轨道交通4号线过境。通多路公交车。

白沙洲街道［Báishāzhōu Jiēdào］ 属武昌区。在区境南部。面积6平方千米。人口9万。1980年设。因今境主体部分为古白沙洲原址得名。20世纪90年代修建长江大堤。有中学1所,小学5所,卫生院2个。有省级白沙洲都市工业园,引进机电、物流、仓储等民营企业。京广铁路、金堤公路过境。通多路公交车。

长江紫都社区［Chángjiāngzǐdū Shèqū］　属白沙洲街道。在区境西南部。面积1平方千米。人口1.1万。因长江紫都小区得名。2009年成立。有现代中式高层电梯房89栋。有群众组织群艺百岁剧团、太极柔力球团队等。有中小学、超市、市船厂。通多路公交车。2014年被评为省文明社区。

首义路街道［Shǒuyìlù Jiēdào］　属武昌区。在区境东南部。面积3平方千米。人口7万。1955年设。因首义路得名。先后拓宽武珞路、中山路、张之洞路、首义路等,建设起义门公园。有中南财经政法大学首义校区。有中学2所,小学2所,三级医院1个,卫生院1个。有龙华寺,寺内有200余年桂花树1株。经济以楼宇经济为主,有南方、云鹤、景观楼等大厦。通多路公交车。

长湖社区［Chánghú Shèqū］　属首义路街道。在区境中部。面积0.2平方千米。人口1.3万。因长湖旧址得名。2012年成立。有西班牙式风格现代民居67栋。为老旧生活社区,有便民服务生活圈。有中小学、卫生院。驻有区教研中心。有中铁物资、中铁磁浮等公司。通多路公交车。2014年被评为省文明社区。

中南路街道［Zhōngnánlù Jiēdào］　属武昌区。在区境东部。面积8平方千米。人口25.9万。1956年设。因中南路得名。1972年武红街道部分地域划入。先后拓宽武珞路、中南路、民主路等。有中学6所,小学8所,三级医院2个,二级医院1个,卫生院2个。有施洋烈士陵园、宝通禅寺、长春观等。经济以贸易、百货为主,同时有金融保险、工程设计、人力资源等产业。通多路公交车。

静安社区［Jìng'ān Shèqū］　属中南路街道。在区境中部偏南。面积0.6平方千米。人口8800。因静安路得名。2004年成立。有20世纪70、80年代单位职工房改房、90年代商品房及新式商住两用楼等。开展"两型"生活创建活动,有为老人服务,幼儿、青少年培育等项目。有中小学。驻有省社会科学界联合会。通多路公交车。通地铁4号线。2014年被评为省文明社区。

水果湖街道［Shuǐguǒhú Jiēdào］　属武昌区。在区境东北部。面积13平方千米。人口29.5万。1957年洪山区设水果湖街道。1964年划归武昌区。先后建成、拓宽中北路、东湖路、徐东路、洪山路。因水果湖得名。有沙湖、东湖、水果湖。有中学6所,小学6所,三级医院2个,卫生院2个,卫生所2个。有放鹰台遗址、武重老厂门等。有东湖生态旅游风景区听涛区。有景点东湖"梅岭一号"、武汉杜莎夫人蜡像馆、楚河汉街等。经济以楼宇经济、总部经济、金融业为主。有大型商业建筑汉街总部国际、德成中心、海山金谷等。西北部沿中北路一线为华中金融聚集区,有金融企业近百家。有七星级万达瑞华酒店、五星级万达嘉华酒店。轨道交通4号线过境。通多路公交车。

珞珈山街道［Luòjiāshān Jiēdào］　属武昌区。在区境东部。面积4平方千米。人口4.8万。1956年设,属洪山区。1964年划入武昌区。因珞珈山得名。原名逻珈山,1928年闻一多参与筹建武汉大学时以谐音改为"珞珈",象征坚硬的宝石,也有山石峥嵘、山色秀美之意。有东湖。有中科院水生生物研究所、武汉大学。有中学1所,小学2所,卫生院2个。有省地矿局职工医院、中国船舶工业总公司、武汉微电子中心等单位。有纪念地六一纪念亭、国民革命军北伐独立团烈士陵园等。通多路公交车。

石洞街道［Shídòng Jiēdào］　属武昌区。在区境南部。面积4.2平方千米。人口8100。1957年设。因白云洞得名。有中学1所,小学1所,卫生院1个。为武汉市工业生产基地。经济以汽车座椅及汽车配套生产为主。京广铁路、纸贺线省道过境。通多路公交车。

南湖街道［Nánhú Jiēdào］　属武昌区。在区境东南部。面积2.4平方千米。人口7.9万。2006年设。因处原南湖飞机场旧址得名。有中学1所,小学4所,卫生院1个,卫生所2个。有艺术活动邻里文化节等。经济以个体工商业为主,有南国南湖城市广场商圈。通多路公交车。

中央花园社区［Zhōngyānghuāyuán Shèqū］　属南湖街道。在区境南部。面积0.2平方千米。人口8800。因中央花园小区得名。2000年成立。2006年由紫阳街道划入南湖街道。有现代楼房44栋,其中高层11栋,多层33栋。开展多样邻里文化活动。有卫生所。有商业网点260余个。通多路公交车。2014年被评为省文明社区。

青　山　区

青山区［Qīngshān Qū］　武汉市辖区。在市境东部。面积90平方千米。人口43.9万。以汉族为主,还有回、满、壮、苗、土家等民族。辖10街道。区人民政府驻新沟桥街道。1951年设青山区。1952年撤销。1955年再设。1956年洪山区7乡划入。1957年转为城区,9乡划归洪山区。2009年洪山区部分地域划入。因青山古镇得名。属半平原、半丘陵地貌。长江流经。2000年后建成阳逻长江大桥、天兴洲大桥、二七长江大桥。2009年建成高铁武汉站。有高校1所,中学24所,小学25所,三级医院4个,二级医院2个。其中武钢三中为省重点中学。有传统技艺明式家具微缩技艺、青山麻烘糕制作技艺、武汉剪纸、江氏手撕纸画、泡沫仿真制作技艺、传统车轿制作技艺、民间毛猴制作技艺等。有张公山寨风景区、和平公园、矶头山公园等。二、三产业比例73∶27。工业以冶金、建筑、船舶、电力、石化、机械、电器、轻纺、建材、服装、食品、医药、燃料等为主。武大铁路、轨道交通4号线过境。有武昌东车站,武钢、一冶、石化码头。通多路公交车。

冶金大道［Yějīn Dàdào］　在区境中部偏西。东起武钢大门,西至工业路。与沿港路、工业四路、建设十路延长线、工人村路、厂前路相交。长6.7千米,宽50—60米。水泥路面。1957年始建。因其为武钢、武汉冶金总公司生活区通往厂区主干道,故名。大道绿化良好。两侧有武钢研究院、武钢博物馆、青城荟、全民健身中心、交通大队等。通多路公交车。

工业路［Gōngyè Lù］　在区境中部。南起友谊大道,北至冶金大道。与鄂州街、黄州街相交。长1.2千米,宽50米。水泥混凝土路面。1968年开工,同年建成。因工业大道得名,有冶金工业的含义。1983年扩建,更名为工业路。两侧有商城、一冶办公楼、酒店、茶舍、书店、商场、餐厅、幼儿园等。通多路公交车。

青山长途汽车站［Qīngshān Chángtú Qìchēzhàn］　见交通运输设施部分"青山长途汽车站"条。

新沟桥街道［Xīngōuqiáo Jiēdào］　青山区人民政府驻地。在区境中部偏西。面积2.4平方千米。人口5.3万。以汉族为主,还有苗、侗、蒙古、回等民族。1965年设冶金街道。1981年更今名。原为农田,早年排水沟损坏,后群众开掘排水明渠,名"新沟"。为方便行人,后建小石桥,称"新沟桥",街道因桥得名。1997年建成青山热电厂新住宅区。有中学3所,小学3所,三级医院1个,卫生院1个。经济以现代服务业为主,有冶金一街、市政南路各种摊点。通多路公交车。

红卫路街道［Hóngwèilù Jiēdào］　属青山区。在区境西部。面积5平方千米。人口6.8万。1957年设任家路街道。1966年更今名。先后多次扩宽、改造和平大道、临江大道,南延建设一路至四路。有武汉科技大学。有中学2所,小学2所,三级医院1个,二级医院1个,卫生院6个,文艺团体20多个。有和平公园、园林科普公园。有集商业购物、商务办公、星级宾馆、金融服务、休闲旅游等于一体的繁华街区。通多路公交车。

和平社区［Hépíng Shèqū］　属红卫路街道。在区境西部。面积0.2平方千米。人口5100。因处和平公园西得名,寓意安居乐业、祥和太平。2000年成立。有高层住宅楼房19栋。组建健身队、广场舞队、舞蹈队等。开展看书、读报、绘画、书法、下棋、征文比赛、趣味运动会、红歌比赛、文艺演出、视频大赛、家长学校等文体活动。有卫生所。通多路公交车。2014年被评为省文明社区。

冶金街道［Yějīn Jiēdào］　属青山区。在区境中部偏东。面积3平方千米。人口7.3万。1980年由新沟桥街道(原冶金街道)析设冶金南街道,1981年因冶金大道更名。楠姆河、武丰河流经。有中学4所,小学3所,卫生院2个。有南干渠游园、武钢博物馆。有地方特色民间艺术剪纸、版画。经济以小型商贸、现代服务业为主。通多路公交车。

碧苑花园社区［Bìyuàn Huāyuán Shèqū］　属冶金街道。在区境中部偏东。面积0.2平方千米。人口8700。因住宅小区得名。2006年成立。有高层楼房73栋。组建文体团队6个。有社区图书馆。组织读书、关爱流动人口活动,组织合唱、舞蹈、乒乓球、柔力球等比赛。有中学。有武钢博物馆、服装厂等。通多路公交车。2014年被评为省文明社区。

红钢城街道［Hónggāngchéng Jiēdào］　属青山区。在区境中部偏北。面积3.2平方千米。人口3.8万。1956年设蒋家墩街道,1967年更今名。原为武钢宿舍区,为红砖建筑,故名。2007年改造棚户区、部分宿舍区。有中学2所,小学2所,卫生院1个。经济以楼宇经济、餐饮、商贸、钢城经销、建筑、环保产业为主。通多路公交车。

工人村街道［Gōngréncūn Jiēdào］　属青山区。在区境东北部。面积6平方千米。人口2万。1971年新村一、二街道合为新村街道,1981年更今名。原为工业企业职工居住地,故名。2008年改造棚户区。2010年建成青宜居小区。先后改造工人村路、21号公路。长江流经。有中学1所,小学2所,卫生院2个。有戴家湖公园、武丰闸湿地公园。经济以热电、钢铁、环保科技等为主。有环保科技工业园。通多路公交车。

青山镇街道［Qīngshān Zhèn Jiēdào］　属青山区。在区境东北部。面积4平方千米。人口2.1万。1956年设。因青山古镇得名。先后改造武惠堤、长青路、向阳路等。长江流经。有中学1所,小学1所,二级医院1个。经济以石化、造船为主。通多路公交车。

厂前街道［Chǎngqián Jiēdào］　属青山区。在区境中部偏东。面积3平方千米。人口0.8万。1957年设肖家湾街道。1961年因处武钢门前更今名。先后改造冶金大道、青王路。有卫生院2个。经济以建筑、安装、科技服务为主。通多路公交车。

武东街道［Wǔdōng Jiēdào］　属青山区。

在区境东南部。面积7平方千米。人口3万。1960年设。因处武昌东得名。先后修建村湾道路、人行道和围墙，疏通沟渠，修建公厕，整改架空管线和地下管网。有中学2所，小学1所，三级医院1个，卫生院4个，文艺团体27个，俱乐部2个，公共图书室9个。经济以装备制造产业为主，为国家船舶装备制造工业基地。通多路公交车。

白玉山街道 [Báiyùshān Jiēdào] 属青山区。在区境东南部。面积13.8平方千米。人口4.8万。1981年设。因毗邻白玉山得名。2009年洪山区建设乡部分地域划入。先后建设第二职工医院、福利院、白玉公园、中小学、职业技术学院。有中学3所，小学3所，三级医院1个，卫生院2个。有张公山寨景区。农业以种植水稻、蔬菜为主，兼有家禽饲养、淡水养殖等。工业以建筑材料、混凝土施工为主。通多路公交车。

钢花村街道 [Gānghuācūn Jiēdào] 属青山区。在区境西南部。面积2.3平方千米。人口8.7万。以汉族为主，还有回、满、土家、苗等民族。1987年设。为武钢职工住宅区，以钢水飞溅似花而命名。先后改造南干渠游园，建设社区街心花园，拓展道路。有中学2所，小学4所，幼儿园10所，卫生院2个。有青少年活动中心、职工活动中心。经济以商业外贸为主。通多路公交车。

绿景苑社区 [Lǜjǐngyuàn Shèqū] 属钢花村街道。在区境西南部。面积0.1平方千米。人口2100。因绿景苑小区得名。2002年成立。民居为现代住宅楼。以环保、节能、绿色为服务理念，通过"敲门行动"，及时收取、精准对接居民需求，做细养老、养小、养家、养身、养心"五养"服务。有小学、幼儿园。通多路公交车。2014年被评为省文明社区。

119社区 [119 Shèqū] 属钢花村街道。在区境西南部。面积0.1平方千米。人口5800。以武钢职工住宅排列顺序命名。1986年成立。民居以多层楼房为主，为院落式封闭管理住宅区。有舞蹈、太极拳、声乐、时装等文化队伍。有银行、小学、社区医院等。通多路公交车。2014年被评为省文明社区。

洪 山 区

洪山区 [Hóngshān Qū] 武汉市辖区。在市境东南部。面积480平方千米。人口92.3万。辖13街道、1乡。区人民政府驻珞南街道。1955年东湖、南湖2区合并为洪山区。1958年汉桥区并入、鄂城县葛店划入后改称郊区，后复名洪山区。1964年汉桥区析出，1976年又入。1985年汉口、汉阳先后划出。1986年武昌区部分地域划入。因洪山得名。地处长江中游江汉平原与鄂东南低山丘陵接合部。地貌以平原为主，水阔地宽，西北略低，东南略高。有桂子山、喻家山、南望山，南湖、严东湖、严西湖等。巡司河流入长江。有武汉邮电科学研究院。有高校37所，中学28所，小学33所，三级医院8个，二级医院7个。有古迹蛮王冢、辛亥革命诸烈士墓、宝通禅寺、北洋桥、洪山宝塔等。有东湖风景区、磨山风景区、卓刀泉公园、马鞍山森林公园、石门峰名人文化公园等。三次产业比例1∶24∶75。农业主产洪山菜薹、天兴洲西瓜，为武汉市蔬菜和副食品生产基地。工业形成光电子信息、机械装备制造、电力工业、医药、建筑建材五大产业集群。有国家光电子信息产业基地武汉·中国光谷。有武汉东湖新技术开发区、武汉化学工业区。服务业以商贸、金融、科技服务等为主。京广、武九、武广、武京铁路，沪蓉、京珠高速，轨道交通2、4号线过境。通多路公交车。

珞狮路 [Luòshī Lù] 在区境中部。南起八一路，北至南湖大道。与武珞路、珞喻路、雄楚大道等相交。长6.2千米，宽70米。沥青路面。1966年始建，名文革路。1972年以珞珈山—狮子山道路更名。两侧有武汉大学、武汉理工大学、南湖等。通多路公交车。通地铁2号线。

珞喻路 [Luòyù Lù] 在区境中部。东起光谷大道，西至武珞路。与广八路、卓刀泉北路、鲁磨路、珞雄路、关山大道相交。长7.1千米，宽60米。沥青路面。原为武昌—鄂城公路，1952年改建。因珞珈山、喻家湖得名。两侧有华中师范大学、武汉大学信息学部、武汉大学口腔医学院、武汉体育学院、东湖开发区管委会、光谷金盾大酒店、光谷广场、省中医院光谷院区、华中科技大学等。通多路公交车。通地铁2号线。

光谷大桥 [Guānggǔ Dàqiáo] 在城区西部。长1.7千米，宽26.5米，最大跨度40米。2009年开工，2012年建成。因地处光谷区片得名。为特大型河道桥梁，结构型式为桁架式连续刚构桥。最大载重55吨。通公交车。

珞南街道 [Luònán Jiēdào] 洪山区人民政府驻地。在区境北部。面积15万平方千米。人口23.1万。1986年设。因地处珞珈山南得名。先后新建、改造武珞路、珞狮路、卓刀泉南路、雄楚大道等。1989年重修珞喻路。2014年改造背街小巷及社区道路。有高校8所，中学3所，小学5所，三级医院4个，二级医院1个。有华中师范大学、武汉大学、省妇幼保健院、省肿瘤医院等。经济以商贸物流、科技信息、IT数码等为主。轨道交通2号线过境。通多路公交车。

丽岛花园社区 [Lìdǎo Huāyuán Shèqū] 属珞南街道。在区境中部。面积0.2平方千米。人口3300。因丽岛花园小区得名。2013年成立。民居以7层及以上住宅楼和别墅为主。有老年活动室、卫生服务站、便民服务站等。有区实验幼儿园。通多路公交车。2014年被评为省文明社区。

关山街道 [Guānshān Jiēdào] 属洪山区。在区境东部。面积30平方千米。人口9.5万。1979年武昌区设关山街道。1986年划人洪山区。据载朱元璋曾率部驻扎，置重兵，后相延成习，称"关山"。2012年建成东湖广场、东湖二号珠宝交易大楼。2014年打造常青藤东路"示范路"。有武汉邮电科学研究院、中船七〇九所。有大学7所，中等专业学校及技工学校1所，中学1所，小学1所，三级医院2个。经济以光缆、预制棒生产为主。通多路公交车。

光谷步行街 [Guānggǔ Bùxíngjiē] 在关山街道西部。长1.3千米，宽18米。仿石瓷砖路面。由四大建筑群落组成，由西到东分别为美式建筑、西班牙建筑、北欧建筑和英伦建筑。街内座椅、雕塑、地面射灯等与建筑风格相映，展现异域风情。有大型购物商场鲁巷广场、大洋百货光谷店、家乐福光谷店、世界城广场等。为市区商业文化中心。集购物消费、餐饮娱乐、旅游观光一体复合大型体验式世界风情步行街。通多路公交车。通地铁2号线。

邮科院社区 [Yóukēyuàn Shèqū] 属关山街道。在区境东部。面积0.3平方千米。人口4000。为依托武汉邮科院家属区成立的单位型社区，故名。2000年成立。有居民楼44栋，以高层为主。有便民服务大厅、多功能会议室、文化娱乐活动室、老年服务中心等。打造20分钟医疗保健服务圈，居家养老"一键通"服务圈，为65岁以上老人安装"一键通"。有社区志愿者服务队、卫生服务中心。通多路公交车。2014年被评为省文明社区。

狮子山街道 [Shīzishān Jiēdào] 属洪山区。在区境西南部。面积14平方千米。人口8.9万。1986年设。因狮子山得名。巡司河流经。2014年建设狮子山环山绿道。有中船712研究所、省农科院等。有高校4所，中学3所，小学4所，三级医院1个，卫生院3个。有新石器时代文化遗址。经济以制药、建筑、电梯设备制造为主。通多路公交车。

华农西社区 [Huánóngxī Shèqū] 属狮子山街道。在区境西南部。面积4平方千米。人口6100。因地处华中农业大学西侧得名。2000年成立。有楼房75栋，以多层为主。有便民服务大厅、多功能会议室、文化娱乐活动室等。有居家养老服务站，开展居家养老服务等。有中小学。通多路公交车。2014年被评为省文明社区。

张家湾街道 [Zhāngjiāwān Jiēdào] 属洪山区。在区境南部。面积19.1平方千米。人口6.1万。1981年设。先后硬化白沙洲大道连接路口，修复破损路面。2012年改造城中村。有中学2所，小学3所，二级医院1个，卫生院1个，卫生服务中心1个。经济以机械制造、商贸等为主。有长利玻璃工业园。有钢材、机电、竹木、水暖、家具、物流、农副产品等市场。通多路公交车。

梨园街道 [Líyuán Jiēdào] 属洪山区。在区境西部。面积4平方千米。人口5.5万。1981年设红旗街道，2009年因临近东湖生态旅游风景区梨园景区更名梨园街道。有中学1所，小学1所，幼儿园5所，社区卫生服务中心2个。有民间传统艺术威风锣鼓、腰鼓等。经济以总部经济、电力工业、现代服务业为主。服务业以商贸、中介、餐饮、娱乐、休闲为主。有徐东大街总部经济聚集区、欢乐大道现代服务产业区。通多路公交车。

卓刀泉街道 [Zhuódāoquán Jiēdào] 属洪山区。在区境中部。面积14平方千米。人口16.1万。2011年设。传关羽率军扎营伏虎山，士兵口渴难耐却无水饮用，关羽卓刀于地，即刻水涌成泉。明楚昭王朱桢饮此泉赞不绝口，手书"卓刀泉"，故名。先后改造卓刀泉公园、虎泉文化休闲商业中心街，建设凯乐桂园。有中国船舶重工集团公司第七〇九研究所、武汉科研设计院等。有大专7所，中学2所，小学4所，二级医院2个，卫生院3个，卫生所12个。有卓刀泉寺、伏虎山烈士陵园。经济以机械、机电设备制造、高科技材料，冶金为主。轨道交通2、4号线过境。通多路公交车。

金泉社区 [Jīnquán Shèqū] 属卓刀泉街道。在区境中部。面积0.1平方千米。人口5000。因居民点得名。2012年成立。民居有多层建筑3栋，高层建筑47栋。有老年活动室、卫生服务站、便民服务站等。有小学、虎泉医院。有虎泉青年酒店、工行虎泉支行等。通多路公交车。2014年被评为省文明社区。

洪山街道 [Hóngshān Jiēdào] 属洪山区。在区境中部。面积29平方千米。人口11.9万。2006年设。先后改建雄楚大道、绿化主要道路路口，2013年拆除双建、板桥2村，建设文化科技融合示范基地。有中学3所，小学2所，三级医院1个，二级医院1个。有国家地理标志产品洪山菜薹。有工业创意设计产业园。通多路公交车。

大华社区 [Dàhuá Shèqū] 属洪山街道。在区境南部。面积0.5平方千米。人口9500。因企业得名，寓意大有才华。2007年成立。有楼房多层49栋、小高层14栋、高层42栋、别墅

20栋、洋房8栋。有便民服务大厅、多功能会议室、远程教育站点、警务室等。开展志愿服务活动，服务老年人群。有中小学。通多路公交车。2014年被评为省文明社区。

和平街道［Hépíng Jiēdào］　属洪山区。在区境东北部。面积22平方千米。人口12.5万。2006年由和平乡改设。因建乡时正值亚洲和平会议召开，寓意保卫世界和平，故名。先后整治东湖港、罗家路地区、沙湖港。2014年建铁机商务总部、杨春湖商圈。有中学2所，小学4所，二级医院1个，卫生院3个，卫生所12个，艺术表演团体1个。有幼儿园、公共图书室、文化站等。有北洋古桥。经济以建材、钢材、制造业为主。有武汉铁机集团制造工业园。通多路公交车。

青菱街道［Qīnglíng Jiēdào］　属洪山区。在区境西南部。面积63平方千米。人口10万。2010年由青菱乡改设。因青菱湖得名。先后建设青菱都市工业园，维修青菱湖西路，续建南郊路、青菱湖北路。有中学1所，小学2所，二级医院1个，卫生院1个。经济以机械制造、轻工、建材、家具、文化产业、造艺、物流、房地产等为主。107国道过境。通多路公交车。

九峰街道［Jiǔfēng Jiēdào］　属洪山区。在区境东部。面积33平方千米。人口1.9万。2011年设。因山得名。有武汉九峰山国家级森林公园。有玻璃石英。有中学1所，小学1所，卫生院1个。有石门峰主题公园、九峰陵园。有生物城、中心城及现代服务业园三大园区。经济以生物医药、金融服务、现代物流、房产地产、文旅餐饮、物业服务等行业为主。武黄城际铁路、武黄高速过境。通多路公交车。

景源里社区［Jǐngyuánlǐ Shèqū］　属九峰街道。在区境东部。面积0.3平方千米。人口8300。因取景色宜人、财源广进之意命名。2012年成立。有民居楼房26栋，高层居多。分东、西2苑，西苑有科普长廊、篮球场、室外社区舞台，东苑有羽毛球场。有户外健身器材。有幼儿园。有商业步行街。通多路公交车。2014年被评为省文明社区。

左岭街道［Zuǒlǐng Jiēdào］　属洪山区。在区境东部。面积48平方千米。人口4.2万。2011年由左岭镇改设。因左岭村得名。先后改造通湾水泥路，兴建、修缮基础设施。2014年扩建化工大道。有白浒山、古姆山、蜈蚣山、严家湖、清潭湖、车墩湖、豹澥湖。长江、西截留港、谷米河、玉龙河流经。有中学1所，小学1所，卫生院1个。为传统粮、棉、油种植区。工业以建筑、材料加工、制砖等为主。有左岭化工都市工业园。有矿泉井1口。武鄂高速、316国道过境。通多路公交车。

花山街道［Huāshān Jiēdào］　属洪山区。在区境东部。面积61平方千米。人口3.2万。2010年由花山镇改设。因花山得名。有白羊山、鸡笼山、白浒山、严西湖、严东湖、豹澥湖等。有中学1所，小学2所，卫生院1个。有古迹碧云古寺、魏氏书堂、峰顶天泉、井边云窟、油盐古井、猿猴老穴、矶分江武。有许家墩、棋子墩新石器时代晚期古文化遗址。经济以苗木花卉、禽畜养殖、无公害蔬菜种植、小林果等为主。通多路公交车。

八吉府街道［Bājífǔ Jiēdào］　属洪山区。在区境东北部。面积72平方千米。人口3.7万。2010年设。明清曾设八吉堡，后演绎为八吉府，故名。先后建设八吉府大街、临江大道、腾飞大道。2013年建成乙烯厂区铁路专线。有中学1所，小学2所，卫生院11个。经济以化工产业为主。通多路公交车。

天兴乡［Tiānxīng Xiāng］　洪山区辖乡。在区境西北部。面积26平方千米。人口0.4万。辖3村委会，有4自然村。乡人民政府驻天兴村。1950年武昌县设天兴乡。1951年划入青山区。1957年归洪山区。1958年并入北湖公社，后改天兴公社。1984年复乡。因乡政府驻地得名。有卫生院1个。盛产西瓜、香瓜、韭菜黄，为市西瓜生产基地。有绿色生态旅游业。有知青农场、公社遗迹等。有水路运输线3条。有天兴汽渡码头。通公交车。

天兴村［Tiānxīngcūn］　天兴乡人民政府驻地。在区政府驻地珞南街道西北30千米。人口1300。因天兴洲得名。地处长江沙洲，原名将星洲，为避免明东厂特务追查，改称江心洲，又叫添新洲，后更今名。聚落呈带状。有卫生院。经济以种植蔬菜、瓜果为主。有旅游业。有原生态江岛风情景观资源。通天兴汽渡、江城12号轮渡。

东　西　湖　区

东西湖区［Dōngxīhú Qū］　武汉市辖区。在市境西北部。面积495平方千米。人口50.8万。以汉族为主，还有回、苗、侗、壮等民族。辖11街道。区人民政府驻吴家山街道。1958年设东西湖区。1961年改国营东西湖农场。1973年复区。原为古云梦泽，垄岗带分区境为东、西2湖区，名东湖、西湖，因其地理特点得名。为岗边湖积平原地貌，自西向东倾斜。有中学21所，小学28所，三级医院3个，二级医院1个。有古迹景德寺、柏泉古井。三次产业比例5∶52∶43。工业以食品加工、物流运输、生物制药为主，有武汉临空港经济技术开发区、吴家山经济技术开发区、台商投资区等。服务业以旅游为主。有旅游资源金银湖度假游、生态文化游、体育竞技游、主题公园游、都市农业游等。水运以汉江为主。汉丹铁路，汉宜高铁，武汉绕城、京港澳高速，轨道交通1、2号线过境。通多路公交车。

东吴大道［Dōngwú Dàdào］　在区境南部。东起张公堤，西至吴新干线。与金山大道、八方路、临空港大道等相交。长3.2千米，宽30米。沥青路面。1965年始建，后多次改扩建。因取东西湖区、吴家山街道名各一字得名。沿途以临街商铺、住宅小区为主，两侧有区民政局、区供电公司等。通公交车。

东西湖大道［Dōngxīhú Dàdào］　在区境西南部。东起张公堤，向西延伸再折北至东柏路。与吴新干线、金山大道、临空港大道等相交。长29.3千米，宽19—32.5米。水泥路面。1959年始建。1986年扩建路基。1993年又扩建。2004年建成水泥路。因路沿东西湖区范围修建，故名。两侧有五环广场、革新小区、立方城等。通公交车。

革新大道［Géxīn Dàdào］　在区境南部。东起二雅路，西至省道荷沙线。与三秀路、四明路、临空港大道等相交。长9.6千米，宽60米。沥青路面。原名裕民街，1970年始建。2007年因取破除常规之意更名为革新大道。两侧有华中信息商务技工学校、子都大酒店、华星社区等。通公交车。

吴家山街道［Wújiāshān Jiēdào］　东西湖区人民政府驻地。在区境东南部。面积8平方千米。人口8.3万。1984年设。因辖域中心有吴家山而得名。先后改建吴祁街等道路，改造老旧小区，绿化社区。有中学5所，小学6所，三级医院1个，二级医院1个，卫生院1个。有幼儿园、图书馆、体育馆等。服务业以金融、商贸、现代服务、物流为主。轨道交通1号线过境。通多路公交车。

长青社区［Chángqīng Shèqū］　属吴家山街道。在区境东南部。面积1.2平方千米。人口1.5万。早期以种植蔬菜为主，寓意"四季常青"得名。2000年成立。民居以多层住宅楼为主。有中学。高桥国际汽配轮胎城、万国汽配高桥国际城、金诚国际石材城、金航工业园等位此。通公交车。2014年被评为省文明社区。

柏泉街道［Bǎiquán Jiēdào］　属东西湖区。在区境西北部。面积94平方千米。人口1.2万。1985年设。因柏泉古井得名。传大禹植树于汉阳龟山之巅，根深达柏泉古井，泉随根出，故名。先后改造柏银路、东柏路等，建成中心学校、汽车站、变电站等。有中学1所，卫生院1个。有幼儿园。有名胜古迹柏泉天主教堂、景德寺、柏泉古井等。经济以种植、渔业养殖为主。特产四大家鱼等。硚孝、武汉绕城高速过境。通多路公交车。

将军路街道［Jiāngjūnlù Jiēdào］　属东西湖区。在区境东部。面积17平方千米。人口17.9万。2004年设。1958年围垦期间驻军将军们义务修路，为纪念之得名。先后建成机场二高速、地铁2车段、汉孝城际铁路。有黄塘湖。府河流经。有中学5所，小学3所，三级医院2个，卫生院1个，文化站1个。有幼儿园、体育馆等。有海昌海洋世界、东西湖海洋公园等。经济以机电制造、汽车配件为主。机场、机场二高速，轨道交通2号线过境。通多路公交车。

慈惠街道［Cíhuì Jiēdào］　属东西湖区。在区境南部。面积21.4平方千米。人口1.7万。2004年设。因慈惠墩得名。2008年改造临空港大道，2011年改造九通路。有矿产资源膨润土、石膏、石英岩、高岭土。有中学1所，小学2所。农业以蔬菜种植、家禽养殖为主。工业以化工、制塑、食品加工为主。有物流、乡村旅游业。汉丹铁路、汉宜高铁过境。通多路公交车。

石榴红村［Shíliuhóngcūn］　在区政府驻地吴家山街道西16千米。慈惠街道辖自然村。人口1500。因村民喜植石榴，故名。聚落呈块状。原为鸦渡社区。2005年改建农村生态社区，建设徽派风格民居，有市民休闲旅游景区、汉江旅游资源、国家级无公害蔬菜种植基地。2014年被评为省级文明村。

走马岭街道［Zǒumǎlǐng Jiēdào］　属东西湖区。在区境南部。面积54平方千米。人口3.1万。2004年设。因传关云长千里走单骑，放马于河岭小憩，故名。先后建成武川公路、革新大道、新径线、东吴大道延伸线。2007年硬化汉渝铁路南、铁路北横堤路，2008年实现村村通。有中学2所，小学4所。经济以蔬菜种植、畜牧养殖、物流运输为主。农业以茄果、豆类、莴苣、西红柿、红菜薹等种植为主，有猪、家禽等饲养，有河鳗养殖。工业以食品加工为主。有物流保税区、物流园等。汉丹铁路、京港澳高速、107国道过境。通多路公交车。

径河街道［Jìnghé Jiēdào］　属东西湖区。在区境东南部。面积45.5平方千米。人口1.2万。以汉族为主，还有回、土家、维吾尔、藏、瑶等民族。1960年设。2005年三店街道并入。因径河得名。先后改造村湾、码头潭公园，修建硚孝高速、北四环线等。有中学4所，小学3所。有省级文物保护单位马投潭遗址。经济以化工、服饰、食品、医药、制造、物流等为主。轨道交通1号线过境。通多路公交车。

长青街道［Chángqīng Jiēdào］　属东西湖区。在区境东南部。面积20平方千米。人口4.9万。2004年设。因经济以种植蔬菜为主，四季不断，故以"长青"命名。2012年改造部分区域，延建三秀路、四明路、革新大道等，扩建吴家山第五中学。有小学2所。有生猪养殖。工业以汽配、石材为主。有高桥国际汽配轮胎城、万国汽配高桥国际城、金诚国际石材城、金航工业园等。京港澳高速过境。通多路公交车。

新沟镇街道［Xīngōu Zhèn Jiēdào］ 属东西湖区。在区境西部。面积47.5平方千米。人口2.6万。2004年设。因清咸丰年间开渠通水行船，渐成集镇，故名。先后建成东吴大道延伸线、革新大道、惠安大道、中心学校、幼儿园、卫生院。有中学1所，小学3所。农业以种植小麦、水稻、蔬菜为主。工业以智能制造、新能源汽车为主。汉丹铁路、沪蓉高速过境。通多路公交车。

辛安渡街道［Xīn'āndù Jiēdào］ 属东西湖区。在区境西北部。面积58平方千米。人口1.9万。以汉族为主，还有土家、苗等民族。1985年设。200年前沟旁有2人在合伙摆渡，安家度日，得名新安渡口，后因与安徽新安江渡口简称重名，遂改"辛安渡"。街道因渡口得名。先后建成张辛路、惠安大道、东风路、中小学校、邮局、供电所。有中学1所，小学1所。经济以设施农业、旅游农业、庄园农业为主。107国道东为粮食主产区，西为水果蔬菜高效农业区。为水果、水产、优质稻、蔬菜、冷食瓜生产基地。汉丹铁路过境。通多路公交车。

东山街道［Dōngshān Jiēdào］ 属东西湖区。在区境西南部。面积79.4平方千米。人口2.1万。1985年设。因传东山场北2千米处有山包较高，故名。2005年修建东山敬老院。2014年改造东柏路。有中学1所，小学1所。经济以种植水稻、玉米、小麦、豆类为主。工业有医药、化工、机械、轻工、建材等。沪蓉高速过境。通多路公交车。

金银湖街道［Jīnyínhú Jiēdào］ 属东西湖区。在区境东部。面积42平方千米。人口13万。2005年设。因金银湖得名。2009年建设协和金银湖医院。2012年建成金银湖国家级城市湿地公园。有中学1所，小学4所。有东西湖大堤纪念碑。工业以机械电子、现代食品、生物制药、新型材料等为主。通多路公交车。

恋湖社区［Liànhú Shèqū］ 属金银湖街道。在区境东部。面积1.8平方千米。人口1.2万。因恋湖家园得名。2007年成立。民居以多层和高层住宅楼为主。通公交车。2014年被评为省文明社区。

汉 南 区

汉南区［Hànnán Qū］ 武汉市辖区。在市境西南部。面积287平方千米。人口12.4万。辖4街道。区人民政府驻纱帽街道。1984年设立。因地处汉水武汉河段南部，故名。蚂蚁河、协子河、内荆河、长江、通顺河流经。有天然气资源。有普通高中(含职业教育)2所，初中7所，小学12所，二级医院1个，文化馆1个。有纱帽山、金竹岭、云水山古文化遗址。三次产业比例11∶75∶14。为武汉市水果玉米生产基地。工业以机电、食品、汽车零部件为主，有水产品加工业。为机电工业生产基地。有新兴能源装备产业园、应急救援装备产业园等。有先进制造业园区、出口加工区、港口物流区、汽车及零部件园区、通用航空及卫星产业园。京珠、汉洪高速，汉沙、汉仙线省道过境。

汉南大道［Hànnán Dàdào］ 在区境西部。南起纱一公路，北至纱军公路。与纱帽正街、薇湖路、育才路、碧栖路相交。长11.8千米，宽50米。沥青路面。原为汉沙线省道，1991年降坡扩宽，2013年加铺沥青。两侧有区博物馆、区供电公司、区中医医院。通公交车。

兴城大道［Xīngchéng Dàdào］ 在区境西部。南起省道汉沙线，北至兴七路。与汉南大道相交。长11.5千米，宽60米。沥青路面。2009年建成。2012—2013年部分路段铺设沥青。因美好寓意命名。两侧有区第一中学、区国土资源和规划局、区人民医院等。通公交车。

纱帽街道［Shāmào Jiēdào］ 汉南区人民政府驻地。在区境中部。面积79平方千米。人口7.7万。1997年由纱帽镇改设。因纱帽山得名。清末山南有岩石形似纱帽帽花，顶有古树，如纱帽簪缨，故名"纱帽山"。有朱家山、程家山、坛山。长江、纱帽河、幸福河流经。有高中2所，初中3所，小学5所，二级医院1个，卫生院1个。有汉南历史博物馆、朱光亚纪念馆、纱帽江滩公园。经济以生物工程、IT、光电子产业为主。汉洪公路过境。有汉南汽车客运站。通多路公交车。

廖家堡社区［Liàojiābǎo Shèqū］ 属纱帽街道。在区境西部。面积4平方千米。人口1.1万。因地处土堡，旧时为廖姓居住，故名。1993年成立。民居有高层住宅楼、自建平房。有志愿者服务队助老扶残、矛盾调处、环保、红十字应急救护等。组建腰鼓队、舞蹈队，开展文体活动。有中小学、卫生院。通多路公交车。2014年被评为省文明社区。

朱家山社区［Zhūjiāshān Shèqū］ 属纱帽街道。在区境西南部。面积1.4平方千米。人口8100。因朱家山得名。2000年成立。民居有住宅楼18栋、自建平房。成立志愿者服务队治安、环保等多支，开展关爱行动。有职业中学、中小学、区人民医院、卫生院。有绿化广场、游乐场、乒乓球场、朱家山公园。有东汉三国时期砖石墓葬数座。通多路公交车。2014年被评为省文明社区。

东荆街道［Dōngjīng Jiēdào］ 属汉南区。在区境东南部。面积79平方千米。人口1.8万。2005年设。因地处通顺河东荆河段，故名。先后改造乌金河桥、乌金闸桥、纱荆河桥、南丰一桥，扩建黄金线、金樽路、虎脊路等。通顺河、马影河、协子河流经。有初中2所，小学2所，卫生院1个。有黄家墩生态甲鱼、南美白对虾等养殖基地。有东城垸农场、乌金农场。武监高速、纱荆公路过境。通多路公交车。

乌金大队［Wūjīndàduì］ 在区政府驻地纱帽街道西北17.2千米。东荆街道辖自然村。人口800。旧时多乌柏树，名乌柏山，后讹化为乌金山，因山得名。聚落呈团状。经济以种植大棚西瓜和特色水产养殖为主。通公交车。2014年被评为省级文明村。

湘口街道［Xiāngkǒu Jiēdào］ 属汉南区。在区境东南部。面积55平方千米。人口2.1万。2005年设。旧时汉沔一带船只由东荆河、通顺河顺水而下，由此入长江直抵湖南，故名。有初中1所，小学2所，卫生院1个。有湘口特色小镇、湘口街水产示范园、楚湘休闲农业板块基地。特产螃蟹、鳝鱼、蔬菜、葡萄、西瓜、草莓、鲜食玉米等。通多路公交车。

湘口大队［Xiāngkǒudàduì］ 在区政府驻地纱帽街道西南29千米。湘口街道辖自然村。人口1300。唐宋时期汉水下游河道东注沔(今仙桃市)汉一带小湖群，析出多处入江口，船只由东荆河、通顺河顺水而下，进入长江直抵湖南(简称"湘")，此地为入湘之口，故名。聚落呈块状。以黄鳝网箱养殖为主导产业。有食品加工、包装、商贸业等。有玉丰家庭农场等。通多路公交车。2014年被评为省级文明村。

邓南街道［Dèngnán Jiēdào］ 属汉南区。在区境东部。面积80平方千米。人口1.6万。2006年设。因原邓家口镇、南庄村得名。有初中1所，小学3所，卫生院1个。为省鲜食玉米种植基地。有湘洪农产品加工园。有临港物流、建筑业。通多路公交车。

捞子湖村［Lāozihúcūn］ 属邓南街道。在区政府驻地纱帽街道西20千米。人口1100。旧时村旁有小湖，形似船桨，呈大挠子状，故名挠子湖，后误传捞子湖，村以湖名。聚落呈条状。有园林业。种植棉花、玉米。通多路公交车。2014年被评为省级文明村。

蔡 甸 区

蔡甸区［Càidiàn Qū］ 武汉市辖区。在市境西部。面积1093平方千米。人口94万。辖9街道、2镇、1乡。区人民政府驻蔡甸街道。隋大业二年(606)因汉津县位于汉水北岸，依旧例"山北为阴，水北为阳"，改名为汉阳县。1992年撤汉阳县设立蔡甸区。因传蔡姓族人来此聚居，开设店铺，得名"蔡店"。清雍正年间汉阳府一带(今汉阳区)商业发达，乾隆二十八年(1763)正式定名"蔡甸"。地处江汉平原东部，为岗垅丘陵性湖沼平原。有九真山、嵩阳山、龙霓山、玉笋山、尉武山、奓山、捉马山、槠山、大军山等。长江、汉江流经。有农业、畜牧、林业、水产养殖、教育等科研单位。有普通高中5所，中等职业学校3所，初中25所，小学56所，幼儿园28所，二级医院2个。有作家协会、音乐协会、书画摄影协会、京剧票友协会等文化团体21个。有电影剧院4个，俱乐部、文化馆、公共图书馆、档案馆、博物馆各1个。三次产业比例12∶64∶24。农业以设施农业、都市生态农业为主，种植水稻、玉米、小麦、大豆、棉花、柑料、蔬菜、果瓜、西甜瓜等。为中国较大莲藕生产基地之一。工业以通讯电子、机械汽配、轻工日化、环保新能源四大产业为主。有318国道先进制造业带。有省级武汉经济技术开发区。有蔡甸经济开发区、姚家山开发区、常福工业园区。为武汉市四大工业板块之一。有休闲旅游业。有新天大道现代服务业带。京珠、沪蓉、汉蔡、武监、武汉绕城、沪渝高速，318国道，十永、汉沙线省道过境。水上通航河道4条，其中长江、汉江为3级航道。通多路公交车。

蔡甸广场［Càidiàn Guǎngchǎng］ 在城区东部。面积3公顷。2000年开工，2003年建成。因其为蔡甸中心城区标志性广场得名。广场呈三角形，中心三根立柱托起圆球，象征文明和硕果。外围有三片莲花花瓣，刻有蔡甸人文历史、名人传记，呈合围之势形成莲花，镶嵌在广场中部，象征团结、奋进。有人工草坪多处。行道树环绕广场，绿地率30%。通公交车。

蔡甸大街［Càidiàn Dàjiē］ 在区境北部。南起汉阳大街，北至柏林街。与工农路、省道十永线、太丰路等相交。长5.6千米，宽24米。沥青路面。1992年开工，1994年建成。1999年重修。因所处行政区域得名。两侧有区财政局、民政局、国土资源管理局、交通管理局、教育局、市汉阳一中等。通公交车。

新天大道［Xīntiān Dàdào］ 在区境东北部。东起蔡甸街，西至汉阳大街、蔡甸大街交汇处。与知音湖大道、凤凰路相交。长1.1千米，宽60米。水泥路面。原为十永线省道，2007年扩建为城区道路。因通往市中心城区，途经新天村，故名。两侧有区工商局、新农派出所、黄陵铺小学。通公交车。

知音湖大道［Zhīyīnhú Dàdào］ 在区境中部。南起南湾湖大桥，北至新天大道。与小集正街、天鹅湖大道、五贤路相交。长1.1千米，宽50米。混凝土路面。2003年开工，同年建成。因知音湖得名。两侧有武汉花博汇、世茂嘉年华、知音公园、武汉职工疗养院、多福山庄、和记黄埔观湖园等。通公交车。

黄陵大桥［Huánglíng Dàqiáo］　在城区南部。长696.1米，宽12米，最大跨度30米，桥下净高6米。2000年开工，2001年建成。因黄陵镇得名。为小型河道桥梁，结构型式为预应力钢筋混凝土连续T梁桥。设计荷载汽－20吨、挂－100吨。通公交车。

汉阳客运站［Hànyáng Kèyùnzhàn］　见交通运输设施部分“汉阳客运站”条。

蔡甸汽车客运中心站［Càidiàn Qìchē Kèyùn Zhōngxīnzhàn］　见交通运输设施部分“蔡甸汽车客运中心站”条。

蔡甸街道［Càidiàn Jiēdào］　蔡甸区人民政府驻地。在区境东部。面积91平方千米。人口14.5万。以汉族为主，还有回、苗、满、土家、维吾尔等民族。1995年由蔡甸镇改设。2001年新农街道划入。2014年改建自来水厂。有莲花湖。有高校1所，中学7所，小学6所，二级医院2个，卫生院1个。农业以立体农业为主，种植莲藕、蔬菜，养殖水产。工业以汽车配件、机械制造、电子、纺织为主。服务业以旅游、商贸为主。京港澳、武汉绕城、汉蔡高速，十永、蔡城线省道过境。通多路公交车。

龚家岭社区［Gōngjiālǐng Shèqū］　属蔡甸街道。在区境中部。面积2.2平方千米。人口5000。因龚家岭得名。1998年成立。有民居600余栋，多为改革开放早期农村普通民居或低层小楼房。有中学、卫生院、博爱超市。2014年被评为省文明社区。

奓山街道［Zhāshān Jiēdào］　属蔡甸区。在区境中部。面积122平方千米。人口5.9万。以汉族为主，还有回、苗、满、土家、维吾尔等民族。2000年由奓山镇改设。2001年常福镇并入。沿用原镇名，因奓山集得名。有中学5所，小学8所，幼儿园3所，卫生院1个。有地方特色民间艺术舞高龙、舞狮等。有机器汽配、家电配套及现代制造业等。京珠、沪蓉高速，318国道过境。通多路公交车。

星光村［Xīngguāngcūn］　在区政府驻地蔡甸街道南15千米。奓山街道辖自然村。人口1000。因村民对美好生活向往得名。聚落呈团状。种植水稻、棉花。有小学。通公交车。2011年被评为全国文明村。

永安街道［Yǒng'ān Jiēdào］　属蔡甸区。在区境中部偏西。面积76平方千米。人口3.7万。2000年由永安镇改设。因永安堡得名。有中学1所，小学1所，卫生院1个。有传统艺术舞龙、腰鼓、武术。有九真山森林公园。农业以种植水稻、棉花为主。特产西甜瓜、藜蒿、莲藕。工业以针织服装、建筑建材、化工制漆、塑料纸品包装为主。义黄、京珠、沪蓉高速，318国道过境。通多路公交车。

侏儒山街道［Zhūrúshān Jiēdào］　属蔡甸区。在区境西部。面积181平方千米。人口5.8万。2000年由侏儒镇改设。2001年成功、洪北2乡并入。2014年更今名。因侏儒山得名。有中学1所，小学1所，卫生院1个。有地方特色民间艺术舞虾闹鲇。农业以种植水稻、玉米、棉花、油菜、西甜瓜、蔬菜为主，养殖生猪等。渔业以淡水养殖为主。工业以塑料、服装、家具、石材、农副产品加工为主。特产西甜瓜、侏儒山小麻油。沪渝高速、318国道过境。

大集街道［Dàjí Jiēdào］　属蔡甸区。在区境东部。面积79平方千米。人口3.1万。以汉族为主，还有拉祜、白、土家等民族。2000年由大集镇改设。沿用原镇名，因大集场得名。地处长江、汉江交汇处。有中学2所，小学4所，卫生院1个。农业以种植水稻、花生、油菜、莲藕、蔬菜为主，饲养生猪、家禽等。渔业以淡水养殖为主。特产莲藕、荸荠。工业以建筑为主。通多路公交车。

南湖社区［Nánhú Shèqū］　属大集街道。在区境东部。面积2平方千米。人口5700。因南湖得名。2011年成立。有现代住宅楼53栋，有少量别墅。有社区图书馆、青少年科技馆、社区健身房。有南湖高龙队、广场健身舞蹈队、篮球羽毛球队等。有小学。通公交车。2014年被评为省文明社区。

张湾街道［Zhāngwān Jiēdào］　属蔡甸区。在区境北部。面积79平方千米。人口3.7万。以汉族为主，还有回、土家等民族。2000年由张湾镇改设。沿用原镇名，因张家台得名。有初中2所，小学6所，幼儿园4所，卫生院2个，文化中心1个，公共图书室34个。有地方特色民间艺术推车赶会、蚌壳精。农业以种植玉米、油料、棉花、蔬菜、瓜果为主，养殖生猪、四大家鱼。盛产鲜食毛豆、红菜薹、快生菜、苦瓜等。工业以农副产品加工、建筑扣件、机械电子、汽车钢板弹簧、防腐器材、汽车软轴软管、钢构塔吊、水泥制造等为主。105国道过境。通多路公交车。

沌口街道［Zhuànkǒu Jiēdào］　属蔡甸区。在区境东部。面积29平方千米。人口6.6万。1995年设。为沌水流入长江之地，故名。长江、通顺河、新民河流经。有初中1所，小学1所，幼儿园3所，卫生院1个。经济以民营工业为主，有汽车、汽车零部件制造。有万达广场、永旺梦乐城、湘隆时代广场、法国风情一条街等。武监高速、318国道过境。

宁康园社区［Níngkāngyuán Shèqū］　属沌口街道。在区境东南部。面积2平方千米。人口6900。因宁康园小区得名。2003年成立。民居有住宅楼67栋。社区内设休闲亭椅、健身器材、游泳池等，绿化覆盖率达45%。组织迎新春晚会、学雷锋志愿服务活动、趣味亲子运动会、重阳K歌大赛、道德讲堂等活动。有小学、幼儿园。神龙汽车公司位此。2014年被评为省文明社区。

军山街道［Jūnshān Jiēdào］　属蔡甸区。在区境东南部。面积101平方千米。人口2.7万。2001年设。因大、小军山得名。有马鞍山、大山、凤凰山、设法山、罐山等。长江、通顺河流经。有高中1所，初中2所，小学2所，卫生院2个。有文化馆、公共图书馆等。农业以种植水稻、玉米、小麦、棉花和油料为主。畜牧业以饲养猪、鸡为主。渔业以养殖青鱼、草鱼、鲢鱼、鲤鱼、鲫鱼、鳊鱼为主。京珠、沪蓉、武汉绕城高速过境。

沌阳街道［Zhuànyáng Jiēdào］　属蔡甸区。在区境东部。面积61平方千米。人口11.6万。1995年由郭徐岭乡改设。2001年撤，2012年复立。因处沌水上方得名。新民河流经。有高中1所，初中3所，小学7所，卫生院2个。有民营工业园。通多路公交车。

索河镇［Suǒhé Zhèn］　蔡甸区辖镇。在区境西北部。面积58平方千米。人口3万。辖1居委会、26村委会，有26自然村。镇人民政府驻索河社区。1958年成立红旗公社，1961年改索河公社。1975年官桥、石山2公社并入。1984年改索河镇。因索河集得名。有中学1所，小学4所，幼儿园5所，卫生院1个，卫生室19个。农业以绿色林果业、特色养殖业为主。有生态养鸡、林果种植、稻田养虾等。工业有纺纱、织布、劳保手套、服装产业链。有旅游业。汉蔡高速过境。通公交车。

索河社区［Suǒhé Shèqū］　索河镇人民政府驻地。在区境西部。面积2平方千米。人口1900。因镇得名。1992年成立。有现代民居210栋，以独户独栋徽派普通民居及多层、高层楼房为主。设有民调办公室、市民学校、档案室、图书阅览室、社区警务室、健身活动室、文化娱乐室、志愿者工作室、电化教育室、青少年活动室、职工之家、未成年活动中心、志愿者助残服务联系点、未成年人心理辅导站；开展家庭情感、邻里关系、公益咨询热线服务、志愿者援助服务、社区服务和心理健康知识普及等。为居民提供人口计生，就业养老保障，社区服务管理，社会救助，综合治理，人力资源等服务。有中小学、卫生院、博爱超市。驻有镇财政所等。通公交车。

玉贤镇［Yùxián Zhèn］　蔡甸区辖镇。在区境中部。面积51平方千米。人口2.4万。以汉族为主，还有苗、土家等民族。镇人民政府驻李集。辖1居委会、17村委会，有162自然村。1961年成立玉贤公社。1975年改李集公社。1984年改李集乡。1984年改玉贤镇。因玉笋山得名。有初中2所，小学3所，幼儿园1所，卫生院1个，剧院1个，电影院1个，公共图书馆1个，社区服务中心1个，社区服务站1个，福利院1个。有地方特色民间艺术龙灯、彩船、腰鼓等。农业以粮食种植、林业为主。工业以农产品深加工为主。有农家乐、渔家乐、林家乐等农村旅游。通公交车。

李集［Lǐjí］　玉贤镇人民政府驻地。在区政府驻地蔡甸街道西南9千米。面积1.2平方千米。人口1800。早年李姓居住，渐成集市，称李家集，简称李集。聚落呈带状。有中小学、幼儿园、卫生院。有自然集市。通公交车。

消泗乡［Xiāosì Xiāng］　蔡甸区辖乡。在区境西南部。面积143平方千米。人口2.6万。辖1居委会、12村委会，有71自然村。乡人民政府驻消泗沟。1961年成立消泗公社。1984年改乡。2001年曲口乡划入。因乡政府驻地得名。有张家大湖、溜子湖、龙雁湖等。有初中2所，小学4所，幼儿园1所，卫生院1个，福利院1个。农业种植花卉花草，养殖水产品。有玉米、棉花、西瓜、油菜、精养鱼池等大型农副产品基地。百曲线省道过境。

消泗沟［Xiāosìgōu］　消泗乡人民政府驻地。在区政府驻地蔡甸街道西南40千米。人口3300。原为小河，因传200年前有渔民在此定居，渐成村庄，以沟得名。聚落呈带状。有中小学、幼儿园、卫生院。农业以种植水稻、棉花为主。有自然集市。通公交车。

江　夏　区

江夏区［Jiāngxià Qū］　武汉市辖区。在市境南部。面积2008平方千米。人口58.9万。辖15街道。区人民政府驻纸坊街道。汉高祖六年(前201)置江夏郡，郡内设沙羡县，县治涂口(今金口)。晋太元三年(378)沙羡县改汝南县。隋开皇九年(589)更名江夏县，迁治鄂州城(今武汉市武昌区)。其后未变。1912年改武昌县。1914年属江汉道。1926年城区析出置武昌市。1932年属第一行政督察区。1949年属大冶专区。1952年属孝感专区。1959年属武汉市。1960年治迁纸坊镇。1961年复属孝感专区。1965年属咸宁专区。1970年属咸宁地区。1975年属武汉市。1995年设江夏区。因夏水流经入长江得名。区境北部丘陵呈东西向带状，东部、西部为滨湖平原。有大小山体118座，海拔在100米以上52座。长江、金水河流经。有大小湖泊梁子湖、斧头湖、汤逊湖等136处。2013年建成环山路。2014年建成中百广场。有高校18所，高中5所，中等职业学校2所，中学22所，小学52所，二级医院2个。

有全国重点文物保护单位明楚王墓群。有全国爱国主义教育基地中山舰旅游区，含中山舰核心景区、杜家海游乐区、民俗风貌区、军事游乐区、旅游产业区。有景点罗汉寺、白云洞、慈云寺等。三次产业比例 14∶60∶26。工业以光电子信息、现代装备制造、生物医药、机电为主。特产舒安藠头、五里界粉蒸肉、界豆、山坡光明茶、法泗大米、金口烧腊、金口生炸丸子、梁子湖大闸蟹、牛山湖武昌鱼等。京广、武咸城际铁路，京珠、沪蓉、福银、武汉绕城、青郑高速，107、316 国道过境。通多路公交车。

江夏广场 [Jiāngxià Guǎngchǎng] 在城区中部。面积 12 公顷。1991 年开工。2005 年扩建，改大理石地面。配各种健身器材，有休闲广场、文化墙宣传栏、健康长廊及科普长廊。为集爱国主义教育、科普宣传于一体的综合性广场。重大节日通常在此举办各种盛典活动。通公交车。

文化大道 [Wénhuà Dàdào] 在区境北部。南起纸坊大街，北至市三环线。与谭鑫培路、熊廷弼街、北华街、金龙大道、星光大道相交。长 7.1 千米，宽 60 米。沥青路面。1998 年开工。2009 年改扩建。2011 年建成。因营造文化艺术氛围目标而命名。两侧有谭鑫培公园、区人民政府、武汉东湖学院、长江工程职业技术学院、区财政局、中百广场、联投广场、区民政局等。通公交车。

江夏大道 [Jiāngxià Dàdào] 在区境东部。南起纸坊大街，北至民族大道与大学园路交叉口。与熊廷弼街、北华街、谭鑫培路、阳光大道相交。长 1.8 千米，宽 40 米。沥青路面。1991 年开工，1993 年建成。2001—2002 年改造、扩宽部分路段。2006—2007 年改建快车道。为江夏最早通往市区快速通道，故名。两侧有中国地质大学江城学院、武昌理工学院，有保利海上五月花、澳门山庄等小区。通公交车。

武昌大道 [Wǔchāng Dàdào] 在区境西北部。南起纸坊大街，北至三环线。与星光大道、凤阳大道相交。长 10.9 千米，宽 40 米。沥青路面。1979 年建设，始名车站路。1994 年拓宽，1995 年因原为武昌县地更今名。2001—2005 年改造北段。两侧有区公安分局、区交通运输局、省煤炭地质物探测量队等。通公交车。

纸坊大街 [Zhǐfāng Dàjiē] 在区境中部。东起五里界路，西至武昌大道。与复江道、西交路、江夏大道相交。长 5.2 千米，宽 34 米。1984 年降坡扩建。1985 年改建混凝土路面。1994 年改造部分路段。1995 年改造人行道，安装路灯。因位于纸坊地区得名。途经纸坊城区商业文化中心，两侧有林校、湖北生态学院、三三〇三工厂。通公交车。

熊廷弼街 [Xióngtíngbì Jiē] 在区境中部。东起齐心水库，西至纸坊火车站。与西交路、复江道、古驿道、江夏大道相交。长 4.1 千米，宽 30 米。沥青路面。1993 年开工，1995 年建成。2008 年延伸东段。2009 年全线改造。因熊廷弼墓得名。两侧有鸿发世纪城、区市政建设总公司等。通公交车。

北华街 [Běihuá Jiē] 在区境中部。东起江夏大道，西至武昌大道。与复江道、古驿道、文华路、四贤路、兴苑街相交。长 2.1 千米，宽 40 米。沥青路面。1995 年建设。2008、2009 年扩建。因城市建设向北发展，且曾为北伐战场，"华""伐"音近得名。两侧有区纸坊汽车客运中心站、交通银行武汉江夏支行、区人民法院、区审计局。通公交车。

江夏区客运中心 [Jiāngxià Qū Kèyùn Zhōngxīn] 见交通运输设施部分"江夏区客运中心"条。

纸坊街道 [Zhǐfāng Jiēdào] 江夏区人民政府驻地。在区境中部。面积 87 平方千米。人口 19.8 万。2001 年设。因唐代造纸作坊鼎盛得名。先后建设新村照耀、狮子山等，建成欧亚达家居建材广场、九全嘉购物广场，改建青龙南路、北华街、文化大道等。有中学 13 所，小学 16 所，卫生院 2 个。有区第一医院、湖北生态工程职业技术学院等。有青龙山国家级森林公园。有熊廷弼公园。有熊廷弼雕像、项英雕像、江夏革命烈士纪念馆。工业以冶金建材、循环经济为主。武咸城际铁路，武汉绕城、青郑高速，武广客运专线过境。通多路公交车。

花山社区 [Huāshān Shèqū] 属纸坊街道。在区境中部。面积 1 平方千米。人口 1.5 万。因花山得名。2006 年成立。有民居楼房 124 栋，以多层为主。有一站式服务大厅，设社区卫生服务站、民事调解室、图书阅览室、文体活动室、居家养老日间照料室、志愿者之家等。驻有区林业局、区总工会、区政务中心等。有超市、服装等商贸企业。通多路公交车。2014 年被评为省文明社区。

职中社区 [Zhízhōng Shèqū] 属纸坊街道。在区境中部。面积 0.8 平方千米。人口 1.2 万。因武汉市江夏职业技术学校得名。2012 年成立。有民居楼房 65 栋，以多层为主。提供居家养老、救助保障、医疗保健、居民教育、普法维权、文化娱乐等服务。组建便民志愿者服务队伍，定期开展优秀楼道组长、巾帼志愿者、社区好母亲、好媳妇评选活动。有小学、社区卫生服务站。通多路公交车。2014 年被评为省文明社区。

金口街道 [Jīnkǒu Jiēdào] 属江夏区。在区境西部。面积 238 平方千米。人口 10.1 万。1997 年由金口镇改设。古称"涂口"，以金水河（古称涂川、涂水）入长江之口得名。唐宋之际发现金矿，改名金口。先后改造纸金路、旅游通道，建金城一号小区。有槐山、金牛山、凤凰山等。有鲁湖、杨蒋湖、金口后湖等。有中学 3 所，小学 9 所，卫生院 2 个。有省级文物保护单位槐山矶驳岸。农业以种植黄豆、杂豆、油菜、花生、芝麻、花卉苗木、林果、水产养殖为主。有红菜薹基地、油菜示范片区。工业以机械制造、轻工、纺织、建材、医药、船舶、家具等为主。特产金口烧腊、金口黄肉等。青郑、京珠、沪蓉、武汉绕城高速，107、318 国道过境。通多路公交车。

乌龙泉街道 [Wūlóngquán Jiēdào] 属江夏区。在区境中部。面积 174 平方千米。人口 4.7 万。1998 年由乌龙泉镇改设。因泉得名。清末有龙王庙，庙前有两口泉井，水色乌黑碧青，恰似龙眼仰视苍天，称龙泉。有矿产资源白云石、石灰石。有仙人山、张公山。有中学 2 所，小学 5 所，卫生院 1 个。有省级文物保护单位五谷城遗址。农业有区养殖基地、茶园基地、冷食瓜基地。特产土地堂西瓜。工业以建材、冶炼、炉料、铸造为主。有乌龙泉矿，为建材、冶炼原料基地。有新型工业园区。有旅游业。京广、武广铁路客运专线、武咸城际铁路，107 国道过境。通多路公交车。

四一村 [Sìyīcūn] 在区政府驻地纸坊街道南 12 千米。乌龙泉街道辖自然村。人口 1500。因 107 国道 41 千米路碑得名。聚落呈块状。民居建筑风格为白墙蓝瓦，与屋舍前后的桂花树、樟树、竹等植物掩映成趣，错落有致，村容干净整洁。为初具规模的庭院经济示范村。107 国道经此。2014 年被评为省级文明村。

郑店街道 [Zhèngdiàn Jiēdào] 属江夏区。在区境中部偏西。面积 141 平方千米。人口 4.2 万。1998 年由郑店镇改设。早年为荒芜丘陵，1933 年修建武咸公路，郑姓村民在此设店，称郑家店，简称郑店。先后建成郑店大道、红旗农民休闲广场，拓宽凤阳大道、107 国道城区段，建成段岭庙幼儿园。有长山、夜泊山等。有中学 2 所，小学 7 所，卫生院 2 个。农业有融观光农业、休闲农业、生态农业为一体的都市农业园区。特产西甜瓜、草莓、雷竹等。工业有生物医药、装备制造、新型建材等。服务业以农产品交易、物流为主。有郑店物流园。京广铁路，京珠、沪蓉、武汉绕城、青郑高速，107 国道，纸金公路过境。通多路公交车。

五里界街道 [Wǔlǐjiè Jiēdào] 属江夏区。在区境东部。面积 78 平方千米。人口 2 万。2007 年由五里界镇改设。清末乡人李复兴开设豆腐坊、勤坊、茶馆"三家店"，因地处上恩里、夹山里等 5 个"里"交界之地，得名五里界。先后改建城市一、二、三号路，界南路，伊托邦大道。2014 年建成污水处理厂。有锦绣山、凤凰山、青山、梁子湖、牛山湖、汤逊湖等。有中学 1 所，小学 1 所，卫生院 1 个。有文化站、广播电视站。有景点青山湖心岛、中洲半岛、薰衣草风情园等。农业以种植水稻、蔬菜等为主，有无公害农产品基地 4 个。盛产界豆。工业以机械、铸造、建材、塑编包装、石棉制品等为主。有名菜粉蒸肉。武广高铁、沪蓉高速过境。通多路公交车。

安山街道 [Ānshān Jiēdào] 属江夏区。在区境西南部。面积 110 平方千米。人口 2.6 万。2011 年由安山镇改设。因南部丘岗形似马鞍得名。有中学 1 所，小学 1 所，卫生院 1 个。有新窑村古窑遗址、茶园村侍郎文化遗址、八一村古煤窑遗址。有传统文化艺术划龙船、楚剧等。有国家级安山湿地公园。种植业以苗木、水稻种植为主，畜牧业以养殖猪、鱼为主。特产红冠桃、柑橘等。工业以燃气能源为主。有川气东送天然气主管道。京广铁路、京珠高速、107 国道过境。通多路公交车。

山坡街道 [Shānpō Jiēdào] 属江夏区。在区境南部。面积 296 平方千米。人口 5.4 万。2001 年由山坡乡改设。原名山陂，传南宋时江、马、彭等 6 姓从江西吉水县迁入，聚居山岗坡地，因地势似龟背形始名山陂。1936 年粤汉铁路建成设站，改名山坡。2010 年修建山坡文体活动中心及文体广场。2014 年新建 107 国道与山坡东站连接线。有中学 2 所，小学 4 所，卫生院 2 个。有天子山爱国主义教育基地、贺胜桥北伐阵亡将士陵园。有地方特色民间艺术威风锣鼓、腰鼓等。经济以农业为主，以苗木为特色产业。盛产山坡光明茶、河垴烧散酒。京广、武咸城际铁路，武广高铁，京珠高速，107 国道过境。通多路公交车。

光星村 [Guāngxīngcūn] 在区政府驻地纸坊街道南 41 千米。山坡街道辖自然村。人口 2300。以美好的愿望命名。聚落呈条状。2007 年被评为全国绿色小康村。村道干净整洁，白墙黛瓦、粉墙青砖。农业以水稻种子研发为主。特产柑橘。京广、武咸城际铁路，武广高铁，107 国道经此。

法泗街道 [Fǎsì Jiēdào] 属江夏区。在区境西南部。面积 91 平方千米。人口 3.1 万。2012 年设。因沙洲得名。传隋代西部为沙洲，金口驶往咸宁船只经此，皆靠岸停船形成惯例，似有法定之意，波水如泗，故名"法泗洲"，后简称"法泗"。2014 年改造马法路、法泗桥、螺丝桥、法泗集贸市场，建成怡山湾大街、荷花公园。有桂子山、斧头山。金水河流经。有中学 1 所，小学 1 所，卫生院 1 个。有民间艺术"请七姑"、舞龙、踩莲船、赛龙舟等。每年举办赏荷采莲节。农业以种植水稻为主。特产桂子米、法泗汉莲。有鑫农湖荷花湿地公园，为荷花观光区、汉莲生产基地。工业以机耕船制造、粮食加工为主。马法线县道过境。通多路公交车。

湖泗街道［Húsì Jiēdào］　属江夏区。在区境东南部。面积84.7平方千米。人口2.9万。2012年由湖泗镇改设。因湖泗桥得名。《江夏县志》载"早年有大沟湖水直达镇头，木船可经梁子湖通往长江，镇内有四座大桥，桥下湖水常流如泗"，故名。有膨润土。有中学1所，小学1所，卫生院1个。有全国重点文物保护单位湖泗窑址群。工业以膨润土开采加工、建材生产为主。铁贺线省道过境。通多路公交车。

舒安街道［Shū'ān Jiēdào］　属江夏区。在区境东南部。面积139平方千米。人口2.3万。2012年设。地处丘陵，舒、安2姓在此定居，得名舒安垴，后简称舒安。先后建成梁湖路、市民活动广场。有中学1所，小学1所，卫生院1个。有北宋初期古瓷窑址。盛产藠头、苎麻。藠头种植已有800余年历史，为湖北省主要生产基地之一。山舒、五湖公路过境。通多路公交车。

关东街道［Guāndōng Jiēdào］　属江夏区。在区境东南部。面积50平方千米。人口23.7万。2011年设。因地处市关山以东得名。有大专院校14所，高中3所，初中2所，小学2所，其中华中师范大学第一附属中学为省重点中学。有区中医院。工业有激光、光缆制造、通信、电子、制药、电力、数控等。有光谷软件园、武汉汽车电子产业园、关东科技工业园、关南科技工业园、大学科技园等。京广、武咸城际铁路，武黄高速过境。通多路公交车。

佛祖岭街道［Fózǔlǐng Jiēdào］　属江夏区。在区境北部。面积63平方千米。人口13.1万。2011年设。因佛祖岭村得名。有凤凰山、黄龙山、龙泉山、王家山等。有高校2所，中学2所，小学3所，卫生院1个。有地方民间艺术舞蹈、腰鼓、戏曲等，有光谷民俗艺术团。有富士康武汉科技工业园、光谷金融港、综合保税区等。武广城际铁路，武广高铁，武黄、武汉绕城高速过境。通多路公交车。

佛祖岭社区［Fózǔlǐng Shèqū］　属佛祖岭街道。在区境北部。面积0.2平方千米。人口4300。2012年成立。有民居楼房49栋，以高层居多。有社区服务站、图书室、老人活动室、就业服务中心、物业管理服务中心等。成立社区志愿者队伍，有义务巡逻队、义务护绿队、义务宣传队等，开展优抚帮困活动。有省医院东院。武九铁路，武黄、沪渝高速经此。通公交车。2014年被评为省文明社区。

豹澥街道［Bàoxiè Jiēdào］　属江夏区。在区境东北部。面积89平方千米。人口4.2万。2011年设。因"桥头有石形似豹子"得名。豹澥河流入豹澥湖。2014年改建污水处理厂。有丘陵八叠山、顶冠峰、长山等。有中学1所，小学1所，卫生院1个。经济以光电子信息、生物医药、能源环保、现代装备制造及其他新兴产业为主。盛产白花菜，有近700年种植历史。有光谷生物城、武汉未来科技城、高农生物园和人福医药物流园等。武九、武黄城际铁路，武黄、沪蓉、武汉绕城高速，316国道过境。通多路公交车。

龙泉街道［Lóngquán Jiēdào］　属江夏区。在区境东部。面积68平方千米。人口2.3万。2013年设。因龙泉山得名。西汉为樊建封地，名江夏，故称江夏山。唐初改夹山，取两山夹道而行之意。天宝末年李蹊开基造屋，凿地得泉，成东、西2井，东井冒气则晴，西井无气则雨，占验灵准，又称灵泉山。有龙泉山、天马峰、玉屏峰。有武汉大学珞珈学院。有中学1所，小学3所，卫生院1个。有全国重点文物保护单位明楚王墓。农业以种植水稻、玉米、豆类、芝麻、莲藕为主。武广高铁、武汉绕城高速过境。通多路公交车。

滨湖街道［Bīnhú Jiēdào］　属江夏区。在区境东部。面积72平方千米。人口1.9万。2011年设。因位牛山湖之滨得名。有凤凰山、鹦鹉山、牛山。有中学1所，小学1所，卫生院1个。有特色民间艺术十样锦、舞龙灯、采莲船。农业以水产品养殖为主。有草鱼、鳊鱼、鲢鱼、鲫鱼、螃蟹。旅游业以四季赏花、滨湖度假和生态采摘为主。有梁子湖大道、107国道旅游带。有七彩花海景区、小蜜蜂体验工场。通多路公交车。

黄　陂　区

黄陂区［Huángpí Qū］　武汉市辖区。在市境北部。面积2261平方千米。人口112.5万。辖15街道、1乡。区人民政府驻前川街道。北周大象元年(579)置黄陂县。隋初改县为镇，后复为县。唐初属南司州，后属黄州。元世祖至元十二年(1275)属黄州路。明属黄州府。清雍正七年(1729)改属汉阳府。1912年属汉阳道。此后先后属第二、三、四行政督察专员公署及鄂东行署。1949年属孝感专区。1959年属武汉市。1961年复属孝感专区。1970年属孝感地区。1983年属武汉市。1998年撤县设区。古为黄国地，先民怀念故国而得名。北部有大别山余脉，属低山丘陵区。中部为平原丘岗区。南部为平原湖区。有童家湖、后湖和武湖等。长江、滠水等河流经。有中学33所，小学86所，三级医院3个。有全国重点文物保护单位盘龙城遗址，省级文物保护单位鲁台山古墓群、面前畈遗址、大余湾古民居建筑群等13个。有国家5A级旅游景区4个，国家4A级旅游景区3个，国家3A级旅游景区2个。有景区木兰山、华中旅游度假胜地木兰湖、武汉森林大峡谷、云雾山、农业主题观光园区、大余湾等。有全国农业旅游示范点4个，旅游特色集镇6个，休闲山庄168个，五星级农家乐9个。三次产业比例14∶41∶45。工业有机电、建材、纺织服装、食品加工、珠宝、新能源汽车、轨道交通修造等。有汉口北商贸物流枢纽区。有小商品、农产品、家具、建材、汽车及零配件、金属材料、农机、石化和电子数码等十大专业市场，空港、港口水运、公路仓储、铁路货运四大物流园区。京广、京九铁路，318国道，岱黄、黄土、黄孝等公路，轨道交通1号线过境。通多路公交车。

黎黄陂广场［Líhuángpí Guǎngchǎng］　在城区东部。占地10000平方米。2009年开工，2010年建成。因纪念黎元洪得名。广场有黎元洪铜像、羽毛球馆、老年大学、篮球场、网式足球场等。为集爱国主义教育、科普宣传、文化传播、健身娱乐于一体的综合性广场。周边有黄陂建设大厦，冰晶江城等。通公交车。

双凤大道［Shuāngfèng Dàdào］　在区境中部。东起黄武公路，西至钓台道。与向阳大街、百秀街、百锦街等相交。长5千米，宽27米。沥青路面。1993年修建。因双凤亭得名。途经区商业、政治、文化中心地区。两侧有双凤亭、木兰广场等。通公交车。

向阳大街［Xiàngyáng Dàjiē］　在区境西南部。南起新十公路，北至双凤大道。与板桥大道、西寺大道、人民道、前川大道等相交。长4千米，宽27米。沥青路面。1960年为碎石路面，名林荫大道。2002年扩建，改今名。因向阳社区得名。两侧有区教育局、区儿童医院等。通公交车。

木兰大街［Mùlán Dàjiē］　在区境西南部。南起木兰环岛，北至油岗社区。与钓台道、百泰路等相交。长3.3千米，宽26米。沥青路面。1995年修建。因木兰山、木兰湖得名。两侧有黄陂汽车客运中心、区体育馆。通公交车。

前川大道［Qiánchuān Dàdào］　在区境南部。东起双凤大道，西至向阳大街。与大南街、民安街、石阳街等相交。长2.2千米，宽14米。水泥路面。1960年为碎石路面，名中山大道。1970年铺沥青路面。2002年扩建。因前川街道更今名。两侧有前川街道第四、第五小学等。通公交车。

黄陂大道［Huángpí Dàdào］　在区境中部。东起黄陂二桥，西至岱黄公路。与百秀街、百锦街、双凤大道等相交。长4千米，宽28米。沥青路面。1993年兴建。为辖区主要干道，故名。为中心城区商业繁华街区。两侧有黄陂广场、区政府等。通公交车。

盘龙城大桥［Pánlóngchéng Dàqiáo］　在城区南部。长1.2千米，宽27.5米，最大跨度80米。2003年开工，2006年建成。因盘龙城商代遗址得名。为大型河道桥梁，结构型式为三跨一联预应力混凝土变截面连续箱梁桥。最大载重30吨。通公交车。

后湖大桥［Hòuhú Dàqiáo］　在城区东部。长804米，宽30米，最大跨度187米。2003年开工，2008年建成。因后湖得名。为大型河道桥梁，结构型式为预应力砼拉斜拉桥。最大载重50吨。通公交车。

黄陂汽车客运中心［Huángpí Qìchē Kèyùn Zhōngxīn］　见交通运输设施部分"黄陂汽车客运中心"条。

前川街道［Qiánchuān Jiēdào］　黄陂区人民政府驻地。在区境南部。面积148平方千米。人口18.9万。1998年设。为纪念程颢、程颐，借"云淡风轻近午天，傍花随柳过前川"句得名。先后扩宽黄孝路，扩建熙苑南路、锦绣道、百兴街、政务南路、人民医院西路、二程书院、实验小学、党校，新建集贸市场、美食街。有中学8所，小学17所，三级医院2个，卫生院3个，卫生所50个。有双凤亭、二龙潭公园。经济以光电子信息、现代装备制造、生物医药、机电为主。特产梁港贡米、沙畈萝卜、吴店西瓜、甘露籽莲、前川三鲜等。京广铁路，318国道，黄孝、新十公路过境。通多路公交车。

油岗社区［Yóugǎng Shèqū］　属前川街道。在区境南部。面积3平方千米。人口7700。因自然村油子岗得名。2007年成立。以高层住宅楼为主。有文化广场、卫生服务站、便民站等。开展关爱老人，帮扶社区困难户活动。有中小学、卫生院、卫生所、超市。通多路公交车。2014年被评为省文明社区。

祁家湾街道［Qíjiāwān Jiēdào］　属黄陂区。在区境西南部。面积161平方千米。人口10.6万。1999年由祁家湾镇改设。因祁姓聚居形成自然镇，故名。先后改造城中村、建设小游园等。有中学3所，小学5所，卫生院2个。有名胜古迹中分卫遗址、张西湾遗址、宋王山墓葬群、顶光皮遗址、古潭寺。经济以机电工业为主，有机电工业园、程力专用汽车产业园。农业以种植水稻、油菜、小麦、花生、蔬菜、瓜果为主，养殖水产。石武、京广铁路过境。通多路公交车。

横店街道［Héngdiàn Jiēdào］　属黄陂区。在区境南部。面积105平方千米。人口7.1万。1998年设。清乾隆年间(1736—1795)有武昌到北京驿道，路边开设饭馆、客栈、小卖铺数处，门店坐北朝南横排而建，故名。先后建成海航一号路、普洛斯一号路，修缮川龙大道跨线桥、前进大街等。有后湖、七里畈水库、梅冲水库。有中学1所，小学4所，卫生院1个。有横店街法治文化广场。有横店工业园。有特色街区今古城、横店街。京广、武合、石武、城际铁路,武汉绕城、汉十高速,318 国道过境。通多路公交车。

罗汉寺街道［Luóhànsì Jiēdào］　属黄陂区。在区境中部偏西。面积 132.8 平方千米。人口 7.3 万。1999 年由罗汉寺镇改设。2000 年研子岗镇并入。因明末清初此地修庙,内供罗汉,故名。2014 年建成罗汉新街、集镇污水处理厂。龙须河流经。有中学 2 所,小学 4 所,卫生院 2 个。有伏南、祝店特色蔬菜基地,农家园红冠桃生态园、生态农庄、草莓园、果蔬基地等。工业以现代模具制造、建筑为主。黄土、黄孝公路过境。通多路公交车。

滠口街道［Shèkǒu Jiēdào］　属黄陂区。在区境南部。滠水河西岸。面积 78 平方千米。人口 4.6 万。1999 年设。因地处滠水入长江之口,故名。先后改造轻轨、殡仪馆、新港铁路、货场、汉口北市场等。有市人民警察培训学院、交通部海事学校等。有中学 3 所,小学 8 所,卫生院 2 个。有水产养殖业。特产鱼、螃蟹。工业以建材生产、包装纸品、制造、印刷为主。有滠口工业园。为汉口北商贸物流枢纽区腹地。京广、合武铁路,318 国道,岱黄公路,轨道交通 1 号线过境。通多路公交车。

六指街道［Liùzhǐ Jiēdào］　属黄陂区。在区境东南部。面积 237 平方千米。人口 9 万。2001 年设。明洪武年间(1368—1398)有手生 6 指老人自江西上饶县迁此,以开饭店、茶馆为生,后渐成集镇,遂以此人生理特点命名集镇。先后建成标杆路、六指污水处理厂,改造甘棠广场等。2014 年新建泵站 11 座。有中学 2 所,小学 5 所,卫生院 2 个。有街文化站、广播电视站。有名胜古迹三姑井、甘铺游击区、新石器时期遗址、商周遗址。工业以建材、有色金属、食品加工为主。武麻、沪蓉高速,318 国道过境。通多路公交车。

天河街道［Tiānhé Jiēdào］　属黄陂区。在区境西南部。面积 63 平方千米。人口 3.1 万。2000 年设。因汪天河村得名。原名两路村。清末汪天河湾中一商人在外地经营白布,人称“汪天河佬”,村名亦改为“汪天河村”。先后建成机场三期等。有中学 1 所,小学 1 所,卫生院 1 个。有普济禅寺。为航空城核心区。经济以航空、物流、观光农业为主。农业以养殖黄颡鱼、鳜鱼、螃蟹为主,有筲箕湖特色水产基地。有海航工业园、空港物流园。汉孝城际铁路,横天、孝天、绕城、汉十等公路,轨道交通 2 号线过境。有武汉天河国际机场。通多路公交车。

珍珠村［Zhēnzhūcūn］　在区政府驻地前川街道西 20 千米。天河街道辖自然村。人口 1000。因珍珠庙得名。聚落呈条状。经济以商贸、物流、经商、出租客运为主。孝天公路经此。通公交车。2014 年被评为省级文明村。

武湖街道［Wǔhú Jiēdào］　属黄陂区。在区境东南部。面积 81 平方千米。人口 4.3 万。2005 年设。据《广舆》载,东汉黄祖曾在此演兵习武,取名武湖。先后扩建胜海大道、武湖大道、滨湖路等。有中学 1 所,小学 6 所,卫生院 1 个。农业以现代都市农业为主,种植瓜果菜、花卉苗木及淡水养殖。工业以服装制造为主。为全国农业旅游示范景点。汉英高速、黄武公路过境。

胜海社区［Shènghǎi Shèqū］　属武湖街道。在区境东南部。面积 12.3 万平方米。人口 3200。因胜海湖得名。2012 年成立。民居有 58 栋徽派风格住宅楼。有社区服务中心、老年活动中心。有中心广场、卫生所、幼儿园、篮球场、步行街、商业街、超市等。通多路公交车。2014 年被评为省文明社区。

王家河街道［Wángjiāhé Jiēdào］　属黄陂区。在区境中部。面积 158 平方千米。人口 6.9 万。2008 年由王家河镇改设。下临滠水,居民多王姓,故名。先后改造长堰社区,建成社区集贸市场。有中学 2 所,小学 5 所,卫生院 2 个。有袁伟将军红色文化展览馆。有遗迹汉代古城陈门潭城、马赛城等。有国家 5A 级旅游景区木兰草原、国家 3A 级旅游景区胜天农庄、木兰玫瑰园等。有南堰、高顶重工业产业集群。京九铁路、合武高铁、汉麻高速过境。通多路公交车。

长轩岭街道［Chángxuānlǐng Jiēdào］　属黄陂区。在区境北部。面积 211 平方千米。人口 5.6 万。2008 年由长轩岭镇改设。因山岭长而形似车轼得名。先后建成老区公交换乘中心、小游园。2014 年改建长岭小学。滠水流经。有中学 2 所,小学 4 所,卫生院 1 个。为木兰生态旅游区核心区。有素山寺国家森林公园、国家 4A 级旅游景区木兰天池、太阳湖、木兰御园度假中心等。有休闲观光农业。特产木兰银峰茶、石门板栗。石武铁路,长塔、石泡、鄢竹等公路过境。通多路公交车。

南洲田村［Nánzhōutiáncūn］　在区政府驻地前川街道北 31 千米。长轩岭街道辖自然村。人口 1000。清中期处肖港北,对岸为塘积沙滩,后平良田,故名南洲田。聚落呈带状。有近 400 年历史明御史墓石碑。有茶叶专业合作社。2014 年被评为省级文明村。

李家集街道［Lǐjiājí Jiēdào］　属黄陂区。在区境西北部。面积 170 平方千米。人口 9.1 万。2008 年由李集镇改设。因李家集得名。先后建设学府路、朝阳路、东环线,改善自然村基础设施,改造李集、泡桐集贸市场。龙须河流经。有中学 3 所,小学 12 所,卫生院 2 个。有民间艺术踩高跷、玩龙灯、楚剧、僵狮子等。有武汉云雾山郊野公园、龙王尖、作京城遗址等。工业以钢铁铸造、泥塑、建筑装饰、机械制造为主。祁泡、孝黄线省道过境。通多路公交车。

泥人王村［Nírénwángcūn］　在区政府驻地前川街道西北 38 千米。李家集街道辖自然村。人口 400。居民多为王姓,以泥塑著称,故名。聚落呈团状。为中国传统村落。有泥塑艺术馆、泥塑体验馆、泥塑观赏园等。有“黄陂泥塑”文化风情节。有龙王尖石寨、云雾山郊野公园等。通公交车。

姚家集街道［Yáojiājí Jiēdào］　属黄陂区。在区境北部。面积 143 平方千米。人口 5.8 万。2009 年设。因姚缔虞创办集镇得名。先后扩建姚集文体中心广场,新建姚集水厂。有牛脊岭、柏叶山、磨盘寨、马鞍山、仙姑寨、石屋山。有陶瓷资源。有中学 1 所,小学 3 所,卫生院 1 个。农业以种植水稻、小麦为主,兼种棉花、油菜、花生、豆类、薯类。工业以建筑为主。黄土线省道过境。通多路公交车。

蔡家榨街道［Càijiāzhà Jiēdào］　属黄陂区。在区境东部。面积 82 平方千米。人口 4.4 万。2009 年由蔡家榨镇改设。原镇政府驻地蔡姓居多,以榨房为生,故名。先后建设茶乡小游园等。有红岗山。甄家河、青龙河、凤凰河流经。有中学 1 所,小学 3 所,卫生院 1 个。农业以种茶为主。特产绿茶。工业以设备制造为主。武合、京九铁路,京广铁路联络线,武麻高速,熊许公路过境。通多路公交车。

凤凰寨村［Fènghuángzhàicūn］　在区政府驻地前川街道东 20 千米。蔡家榨街道辖自然村。人口 700。因山形似凤凰得名。聚落呈块状。有 150 多年历史凤凰寨文化寨墙。有东、南、西寨门,东、西古寺。有凤凰寨元宵灯会。经济以葡萄规模种植为主。2014 年被评为省级文明村。

三里桥街道［Sānlǐqiáo Jiēdào］　属黄陂区。在区境东南部。面积 47 平方千米。人口 2.3 万。2013 年设。因地势较低,水系交错,每隔 3 里就有桥梁,故名。有石油。有中学 1 所,小学 4 所,卫生院 1 个。有银湖休闲广场。农业以蔬菜、花卉种植,特种水产养殖为主。工业以农产品加工为主。有区级工业园。有湖北黄陂台湾农民创业园。服务业以物流为主。武英、武麻高速过境。通多路公交车。

银湖社区［Yínhú Shèqū］　属三里桥街道。在区境东南部。面积 2 平方千米。人口 3800。因银湖大道得名。2000 年成立。有住宅楼 378 栋,以高层为主。有社区志愿队伍。有中小学、卫生院。通多路公交车。2014 年被评为省文明社区。

蔡店街道［Càidiàn Jiēdào］　属黄陂区。在区境北部。面积 123 平方千米。人口 5.3 万。2013 年设。明代有蔡氏兄弟开店,故名。先后改造桃花村景观,建成石龙社区小游园,改造石家畈水厂。有中学 1 所,小学 5 所,卫生院 1 个。有国家 4A 级旅游景区锦里沟、清凉寨。有姚家山旅游景区。农业以种植茶、蓝莓等为主。特产云雾青茶。工业以石材加工、建筑为主。石武铁路,姚姚、刘李公路过境。通多路公交车。

木兰乡［Mùlán Xiāng］　黄陂区辖乡。在区境东北部。面积 177 平方千米。人口 5.6 万。辖 1 居委会、38 村委会,有 38 自然村。乡人民政府驻塔耳岗社区。1949 年为嘉山区。1958 年改红胜公社。1969 年改塔耳岗公社。1986 年改乡。2001 年更今名。因花木兰得名。有中学 1 所,小学 5 所,卫生院 1 个。有木兰将军庙、将军墓。有黎元洪故居东场畈。盛产板栗、柿子。工业以化工、机械制造、建筑等为主。有木兰湖度假区。有四星级别墅型酒店木兰湖七星岛大酒店。通公交车。

塔耳岗社区［Tǎ'ěrgǎng Shèqū］　木兰乡人民政府驻地。在区境东北部。面积 3 平方千米。人口 8400。因山岗形若狮耳且有宝塔得名。2000 年成立。有楼房 560 栋,以多层为主。有中学、卫生所、文化广场。有木兰湖、大余湾古民居建筑群、杨学诚烈士陵园、国民革命军第二十四师师部旧址等旅游景点。通多路公交车。

大余湾［Dàyúwān］　在区政府驻地前川街道北 20 千米。木兰乡辖自然村。人口 400。因村落较大且以余姓为主,故名。聚落呈块状。为中国历史文化名村。有省级文物保护单位大余湾古民居建筑群。存明清徽派建筑风格石砌屋 50 多户,大部分保存较完好。

刘咀村［Liúzuǐcūn］　在区政府驻地前川街道东北 37 千米。木兰乡辖自然村。人口 1300。聚落呈块状。为木兰生态旅游区核心区域。有集体茶叶基地。长塔公路经此。通多路公交车。2014 年被评为全国文明村。

新　洲　区

新洲区［Xīnzhōu Qū］　武汉市辖区。在市境东北部。面积 1463 平方千米。人口 96.3 万。辖 10 街道、3 镇。区人民政府驻邾城街道。1951 年建新洲县,属黄冈专区。1970 年属黄冈地区。1983 年划归武汉市。1998 年改新洲区。明弘治《黄州府志·古迹》载:“邾城,今名旧州城,俗又称新洲。”《湖北通志》载:“旧州,俗改名新洲,在县北一百二十里,即齐安郡旧治。”后民间约定俗成称“旧州”为“新州”,后改“州”为“洲”。沙河、倒水、举水流经。有楼寨岗、叶顾岗、长岭岗、仓阳岗，涨渡湖、武湖。最高点将军山顶海拔 675 米，最低点武湖二垦区段家岗农场海拔 15.2 米。东部、北部为农业发展及旅游区，南部为工业园及经济开发区，中部为交通枢纽。有高校 3 所，中等职校 6 所，中学 24 所，小学 86 所，三级医院 2 个，二级医院 4 个。有区人民广场等。有地方特色民间艺术牌子锣鼓、高跷亭子、湖北大鼓、八十八行、皮影戏等。有省级非物质文化遗产花朝文化旅游节、孔子使子路问津传说。素有“鱼米之乡”之称。三次产业比例 50∶10∶40。已形成以电力能源、钢铁深加工与桥梁钢构、装备制造、纺织服装、新型建材、食品加工、生物化工等为主导的工业体系。有双柳沿江工业带、城市工业走廊、双柳古龙产业园、仓阳工业园、汪集工业园等。有阳逻经济开发区。京九、京广铁路，武英、大广、武汉绕城高速过境。有邾城客运站。通多路公交车。有通航河道 4 条，阳逻、林四房 2 港区。

新洲人民广场［Xīnzhōu Rénmín Guǎngchǎng］ 在城区西南部。面积 11 公顷。2001 年开工，2002 年建成。因新洲区得名。广场以下沉式旱喷泉为平面构成中心，向四周延伸 4 带状广场、6 小型卫星广场。北端以半月形雕塑叠泉为制高点，南端主入口为大型集会场所，有寓意与时俱进的标志性雕塑。西侧为法治文化广场。安装多种灯饰、下沉式旱喷泉地灯，形成音乐喷泉。周边有电信大楼、住宅小区、商业大楼。通公交车。

龙腾大街［Lóngténg Dàjiē］ 在区境南部。东起辛冲街，西至举水河大桥。与齐安大道、永安大道、文昌大道、博物大道等相交。长 2.7 千米，宽 45 米。沥青路面。原为 318 国道邾城段，1994 年改造，名南街。2005 年再次改造，取新洲发展龙腾虎跃之意更今名。两侧有幸福时代商场、新洲人民广场、中国电信大楼、新洲电视广播大楼、邾城客运站等。通公交车。

举水河大桥［Jǔshuǐhé Dàqiáo］ 在城区西南部。长 646 米，宽 12 米，最大跨度 40 米，桥下净高 6.4 米。1988 年开工，1992 年建成。2003—2004 年扩建。因其横跨举水河得名。结构型式为钢筋混凝土简支 T 梁结构型式。最大载重 55 吨。通公交车。

邾城客运站［Zhūchéng Kèyùnzhàn］ 见交通运输设施部分“邾城客运站”条。

邾城街道［Zhūchéng Jiēdào］ 新洲区人民政府驻地。在区境中部。面积 106 平方千米。人口 15.9 万。1998 年设。2001 年刘集乡并入。2004 年邾城发展新区并入。战国时楚宣王灭邾国，邾国王室、贵族迁居到此，故名。先后改造龙腾大街、博物大道。举水河流经。有高校 1 所，中学 5 所，小学 15 所，三级医院 2 个，卫生院 1 个。有传统文化技艺鼓书、踩高跷。经济以纺织服装、电子信息、机械加工、制塑、汽配为主。有邾城客运站。106、318 国道过境。通多路公交车。

龙城社区［Lóngchéng Shèqū］ 属邾城街道。在区境中部。面积 2 平方千米。人口 5500。因龙城华庭小区得名。2011 年成立。有多层与小高层居民楼 21 栋。有社区服务站、养老服务中心、卫生服务站。有小学、幼儿园。通多路公交车。2014 年被评为省文明社区。

阳逻街道［Yángluó Jiēdào］ 属新洲区。在区境西南部。面积 195 平方千米。人口 15.1 万。2001 年设。因地处长江之北，三国时期孙、刘联军，北拒曹操，刘备士卒“且大逻吴兵之至”，故名。先后建成阳逻港、阳逻经济开发区，改造汉施公路、余泊南路等。有高校 2 所，中学 4 所，小学 17 所，卫生院 2 个。经济以纺织为主。汉施公路过境。通多路公交车。

仓埠街道［Cāngbù Jiēdào］ 属新洲区。在区境西部。面积 160 平方千米。人口 8.6 万。2001 年设。明代以前称中和镇，明建储粮所，易名仓埠。倒水河流经。有高校 2 所，中学 4 所，小学 9 所，卫生院 2 个。有传统文化艺术渔鼓、新洲快书。工业以服装、水泥制管、制塑、机械铸造加工为主。武英高速、武汉外环过境。通多路公交车。

周铺社区［Zhōupù Shèqū］ 属仓埠街道。在区境西部。面积 3.6 平方千米。人口 1700。1993 年成立肖岗社区。1999 年因撤销周铺镇成立仓埠街道，将肖岗社区更名为周铺社区。有楼房 20 余栋，以多层住宅楼为主。设便民服务厅、一站式办公大厅、社区老年大学和供居民学习健身娱乐的综合报告厅、电教室、阅览室、棋牌室、农家书屋、乒乓球室、卡拉 OK 厅等活动场所；设置电子显示屏。社区内设有便民角，为居民免费提供各种居家生活常用的服务信息资料和服务热线电话。有幼儿园、福利院、卫生院、文化广场、健身活动场地。阳福线省道经此。2014 年被评为省文明社区。

汪集街道［Wāngjí Jiēdào］ 属新洲区。在区境中部。面积 142 平方千米。人口 8.8 万。2000 年设。因汪姓居民较多，得名汪家集，后简称为汪集。有兑公咀湖、安仁湖、三份湖、中滩湖、格丈湖等。倒水河支流、陶家河、魏家咀河、童家咀河流经。有高校 1 所，中学 2 所，小学 7 所，卫生院 1 个。有区文化馆。有传统文化艺术莲花落、新洲戏曲。农业以种植水稻、棉花、油料为主。工业以农产品加工、建筑、纺织、机械加工等为主。武英高速过境。通多路公交车。

李集街道［Lǐjí Jiēdào］ 属新洲区。在区境西部。面积 85 平方千米。人口 6 万。1999 年成立李集街道。2001 年张店镇并入。因李姓居此，渐成集市，故名。倒水河流经。有中学 1 所，小学 5 所，卫生院 1 个。有传统文化艺术皮影戏。农业以禽畜养殖为主。工业以医药用布织造、棉花加工、汽车零部件、饲料机械制造、建材等为主。318 国道过境。通多路公交车。

三店街道［Sāndiàn Jiēdào］ 属新洲区。在区境中部偏北。面积 116 平方千米。人口 8.4 万。1986 年设三店镇。2000 年撤镇改设三店街道。2001 年和平乡并入。明初邱、黄、萧三姓迁居经商，名三家店，后简为三店。举水河、东河、土河、打石河流经。有矿产资源花岗岩、片麻岩。有中学 1 所，小学 9 所，卫生院 2 个。有传统文化艺术龙灯、采莲船。农业以种植水稻、棉花、药材、经济林为主。工业以木材、棉花、蜂蜜、食品加工，制塑等为主。106 国道，柳明、郭竹线省道过境。

潘塘街道［Pāntáng Jiēdào］ 属新洲区。在区境东北部。面积 61 平方千米。人口 3.3 万。2000 年设。潘姓在塘边定居，取水酿酒，闻名四方，水塘得名“潘家塘”，后成集市，取名潘塘，沿用至今。易河流经。有中学 1 所，小学 3 所，卫生院 1 个。有地方传统文化打莲厢、舞龙灯、舞雄狮。有紫荆寺。农业以种植棉花、油菜、水稻为主。工业以农产品加工为主。京九铁路、广大高速过境。

旧街街道［Jiùjiē Jiēdào］ 属新洲区。在区境东部。面积 117 平方千米。人口 8.4 万。1999 年设旧街街道。2001 年新集镇并入。商代河西有集市，常遭水淹，遂迁至河东开设铺店，但生意不及河西，百姓对原老街以旧街相称。有中学 1 所，小学 8 所，卫生院 1 个。有传统民间集会旧街花朝节。有问津书院、道观河风景旅游区。农业以种植棉花、水稻、药材、经济林为主。特产白茶。工业以铸造、机械加工、建材为主。京九铁路、106 国道、广大高速过境。通多路公交车。

新八冲村［Xīnbāchōngcūn］ 在区政府驻地邾城街道东北 14 千米。旧街街道辖自然村。人口 1100。原有多姓居民，后除何姓外皆迁出，地基被占据。虽有制止且上诉黄州府衙，但何姓连夜修建八重房屋，无法拆屋退基。州府考虑其余姓氏已迁出，为保障现有生活，判归何氏，得名“新八重”，重、冲同音，后改今名。聚落呈倒三角形。以湘莲、西瓜、花卉苗木、药材为主要产业。新道公路经此。2014 年被评为省级文明村。

双柳街道［Shuāngliǔ Jiēdào］ 属新洲区。在区境南部。面积 181 平方千米。人口 6.5 万。1999 年设。长江流至龙口一分为二，古称“双流夹”，后因柳、流谐音演为“双柳地”，简为双柳。有涨渡湖。长江流经。有中学 1 所，小学 8 所，卫生院 2 个。有文化中心、图书室。有传统民间艺术湖北大鼓、八十八行。农业以种植水稻、小麦、蔬菜为主。工业以船舶制造、蔬菜加工、塑料材料生产为主。特产双柳腌菜。江北公路过境。通多路公交车。

涨渡湖街道［Zhǎngdùhú Jiēdào］ 属新洲区。在区境东南部。面积 51 平方千米。人口 1.5 万。1999 年设。因涨渡湖得名。素有“汛期一湖水，枯水一片荒”之称，“涨水为渡，落水为湖”，故名。举水流经。有国家二级重点保护野生植物粗梗水蕨种群。有中学 1 所，小学 2 所，卫生院 1 个。有文化活动室、文化活动中心、图书室。有民间文化艺术莲花落、打莲厢、划采莲船。农业以种植蔬菜为主，养殖黄颡鱼。工业以医用品、建筑材料制造为主。刘大线省道过境。通多路公交车。

辛冲镇［Xīnchōng Zhèn］ 新洲区辖镇。在区境东南部。面积 79 平方千米。人口 6.7 万。辖 2 居委会、40 村委会，有 283 自然村。镇人民政府驻辛冲社区。1983 年为辛冲区。1984 年撤区设镇。元末明初江西辛姓逆举水北上，在溪边摆摊经营，形成集市，取名辛溪。良田常遭洪灾，故改名辛家冲，后简称辛冲。举水流经。有中学 1 所，小学 6 所，卫生院 1 个。有辛冲墓葬群、戢岗墓葬群等。经济以建筑业为支柱。武英高速、106 国道过境。通公交车。

辛冲社区［Xīnchōng Shèqū］ 辛冲镇人民政府驻地。在区境南部。面积 2.9 平方千米。人口 7700。因镇得名。2004 年成立。以多层住宅楼为主。有图书室、留守儿童学校、幼儿园、志愿便民服务队、腰鼓队、健身舞蹈队。有养老院、中小学、卫生院。辛冲渡口直通邾城。

徐古镇［Xúgǔ Zhèn］ 新洲区辖镇。在区境东北部。面积 85 平方千米。人口 4.4 万。辖 1 居委会、32 村委会，有 254 自然村。镇人民政府驻徐古社区。1951 年设徐古区。1986 年撤区建镇。明末祁姓皮匠在今徐古老街做鞔鼓生意。因技艺精湛，称之为“祁鞔鼓”，后简称祁鼓。清初徐姓成为大姓，渐演为徐古。有将军山国家级森林公园，将军山为武汉最高峰。有中学 1 所，小学 5 所，卫生院 1 个。特产蘑菇。工业以食品加工、建筑建材为主。新道、新徐公路过境。

徐古社区［Xúgǔ Shèqū］ 徐古镇人民政府驻地。在区境东北部。面积 5 平方千米。人口 2800。因徐古村得名。2004 年成立。民居以 3 层住宅呈“井”字形沿道路两侧分布。为辖区居民提供计划生育、劳动就业、社会保险、社区救助、居家养老等服务。有中小学、卫生院、福利院、影剧院、文化站。有徐古红色广场。通多路公交车。

凤凰镇［Fènghuáng Zhèn］ 新洲区辖镇。在区境西北部。面积 56 平方千米。人口 3.1 万。辖 1 居委会、19 村委会，有 159 自然村。

镇人民政府驻凤凰社区。1958年成立凤凰公社。1983年改区。1985年改镇。因传古时一对凤凰落此,取名凤凰寨,沿为镇名。举水河流经。有中学1所,小学3所,卫生院1个。有凤娃古寨景区。农业以种植棉花、油菜、水稻、小麦等为主。工业以建材、农机制造为主。106、318国道过境。通公交车。

凤凰社区 [Fènghuáng Shèqū] 凤凰镇人民政府驻地。在区境北部。面积1.2平方千米。人口3700。因凤凰古寨得名。2006年成立。有民居500余栋呈三角形沿道路两侧分布。开展群众业余健身活动,组织腰鼓、舞蹈、健身队。有中小学、幼儿园、福利院。有凤娃古寨风景区。106、318国道经此。通多路公交车。

黄石市

黄石市 [Huángshí Shì] 湖北省辖地级市。北纬29°51′—30°20′,东经114°32′—115°16′。在省境东南部。面积4583平方千米。户籍人口244.9万,常住人口244.9万。辖下陆、黄石港、西塞山、铁山4区,阳新1县,代管大冶1县级市。市人民政府驻下陆区。1949年成立大冶工矿特区。1950年改为黄石市。1959年大冶县划入。因黄石山(黄石矶)得名。处鄂东南低山丘陵北缘。地势由西南向东北倾斜。平均海拔21米。年均气温17.5℃,1月平均气温4.6℃,7月平均气温29.3℃。年均降水量1456毫米。年均无霜期264天。长江流经。有东方山、黄荆山、云台山、父子山、七峰山等。有磁湖、三山湖、大冶湖、保安湖、网湖等。有矿产资源铁、铜、煤、金、锰、铅锌、大理石等。有野生植物392种,其中国家一级保护野生植物有水杉、银杏、红豆杉,国家二级保护野生植物有杜仲、鹅掌楸,省级保护野生植物有金钱松、黄山木兰、厚朴、凹叶厚朴等。有野生动物200种,其中国家一级保护野生动物有云豹、黑鹳等7种,国家二级保护野生动物有小天鹅、小灵猫、虎纹蛙等28种,省级保护野生动物有华南兔、董鸡、王锦蛇等93种。有国家级自然保护区1个,省级自然保护区1个。森林覆盖率35%。有高等院校3所,成人高等学校1所,中等职业学校18所,中学134所,小学4832所。三级医院9个。有国家乒乓球训练基地。有全国重点文物保护单位铜绿山古铜矿遗址、红三军团革命旧址、阳新贾氏宗祠等9个。有国家级历史文化名镇龙港镇。有国家级非物质文化遗产西塞神舟会、大冶石雕、阳新采茶戏、阳新布贴,其中西塞神舟会为世界非物质文化遗产端午节重要组成部分。有国家4A级旅游景区东方山、仙岛湖。有省级风景名胜区磁湖。三次产业比例8∶55∶37。农业以种植水稻、小麦、玉米,养殖生猪、鸡、鸭为主,兼种茶、苎麻、棉花、甘蔗、柑橘、桃、李、杏等。工业已形成黑色金属、有色金属、机械、建材、能源、食品饮料、纺织服装、化工医药等八大产业集群。有大冶铁矿、铜绿山铜矿、鸡冠咀金铜矿。为中部地区重要原材料工业基地。服务业以物流、批发零售、住宿餐饮为主。武九、武黄城际铁路,福银、沪渝、杭瑞、大广、蕲嘉高速过境。通富河、大冶湖航道。

黄石 [Huángshí] 黄石市聚落。在市境东北部。面积234平方千米。人口71.6万。原为大冶县黄石港、石灰窑2地,古已成集镇,沿长江连成一体,有“三十里地一条街”之称,为鄂东南诸县农副产品集散地之一。1948年合为石黄镇。1950年后为黄石市政府所在地。北部为商贸区、科教文卫区,有大型商场武商黄石店、新百百货等,综合商品、农副产品、中心集贸等市场,有湖北师范大学、市七中、市八中、市十四中、市十五中、市中心医院、市中医院、市二医院等。东南部为工业区,有湖北新冶钢、黄石工矿、西塞山电厂、华新水泥等单位和河西工业园区等。中东部为政治、金融、信息、文化中心,市委、市政府等驻此,有市体育馆、博物馆、图书馆、市人民银行、湖北银行、市电视台等。中南部为高新技术工业园区,形成高端装备制造、电子信息、新型材料、生物医药、纺织服装等主导产业。中西部为铜冶炼加工基地,有大冶有色金属公司等。西部为采矿、建材工业区,大冶铁矿主采区。聚落内有中国乒乓球训练基地、西塞山古战场、东方山佛教圣地、磁湖风景区、黄石国家矿山公园、儿童公园、澄月岛等。域内高速、城市主干道纵横,各高速呈“丰”字形。通多路公交车。有黄石站、城际铁路站、长途汽车站。通长江航道,有外贸码头。

黄石大道 [Huángshí Dàdào] 在市境东部。南起韦源河大桥,北至黄石长江大桥。长13.8千米,宽40—60米。沥混路面。1953年开工,1956年建成,1990年西延,1992年改造东段,2013年再西延。1955年以行政区域命名。两侧有工人文化宫、黄石电厂、华新水泥厂旧址等。通公交车。

湖滨大道 [Húbīn Dàdào] 在市境东部。南起颐阳路,北至迎宾大道。与延安路、公园路、磁湖路、华新路、天津路、杭州东路相交。长6.8千米,宽35—44米。沥混路面。1977年开工,1979年建成,1981年改造,1999年拓宽。中段原为南湖堤,故名南湖堤路。后因沿磁湖延伸而改今名。两侧有华新水泥厂旧址、曼晶大酒店、黄石商场、中商百货、摩尔城、大上海广场等。通公交车。

武汉路 [Wǔhàn Lù] 在市境东部。南起颐阳路,北至华新路。与交通路、天津路相交。长1.7千米,宽30米。水泥路面。1955年建碎石路,1964—1967年铺设混凝土路面,20世纪80—90年代经3次改造成现状。原名黄枫路,1966年更名东风路,1980年因武汉市更今名。两侧有鄂武商黄石店、市新华书店、工贸家电、中商平价、沃尔玛、数码广场、老体育馆、广场路英才小学、体育学校、黄石饭店、金花大酒店、中心医院、市长途汽车站、火车站等。通公交车。

磁湖路 [Cíhú Lù] 在市境中部。东起长江干堤,西至老下陆街。与湖滨大道、桂林北路、大泉路相交。长12.7千米,宽40—50米。沥混路面。1949年前为简易公路,1955年扩建为碎石路,1972年拓宽为沥青路,1984年改混凝土路面,1995—1998年拓宽改建。原名沈下路,2008年因磁湖更今名。两侧有湖北师范大学、沈家营小学、黄石港区政府、桂花湾广场、湖北理工学院、啤酒厂、传染病医院。通公交车。

大棋路 [Dàqí Lù] 在市境西南部。西起大冶市罗金、罗家桥2大道交会处,东至棋盘洲码头。与王太路、宝山路、笔架山路、圣水路、圣明路、百花路、庆洪路、黄阳快速公路相交。长5.3千米,宽44米。沥青路面。2007年开工,2008年建成。因起讫点得名。两侧有大冶市行政服务中心、鹏程中学、华润啤酒、黄石汽贸市场、工业园、日丰管业、定颖电子、黄石市委党校等。通公交车。

下陆区

下陆区 [Xiàlù Qū] 黄石市人民政府驻地。在市境东北部。面积68.8平方千米。人口18.1万。以汉族为主,还有满、蒙古、回、藏、苗、土家等民族。辖3片区、1街道。区人民政府驻新星社区。1979年设立。唐代陆迥携家自江苏迁此,后裔自东方山走马寨南麓外迁至磁湖,渐成陆氏村庄。俗有“东方山下一片陆”之称,故名。1986年建成新下陆体育馆。2000年建成区广场。地势呈扁圆盆状自西北向东南倾斜。长江流经。年均气温16.9℃。有矿产资源金、铜、钼、锶等。有高等院校3所,中学6所,小学13所,三级医院2个,二级医院2个。有国家4A级旅游景区、省级风景名胜区东方山风景区。三次产业比例10∶40∶50。农业以种植、养殖业为主。工业以加工业为主。服务业以商贸业为主。武九、武石城际铁路,106国道,大广高速过境。通多路公交车。

黄石人民广场 [Huángshí Rénmín Guǎngchǎng] 在城区东北部。面积14公顷。1997年开工,2000年建成。分中央活动区、滨水休憩区、娱乐服务区、山径休闲区、观光休闲区。绿地面积12.7万平方米。中央设立巨型雕塑“历史与未来”,以矿冶文明为主题,一侧为大型青铜文化群雕,为黄石市标志性建筑。为集庆典活动、市民休闲、集会、游客游览观光为一体的休闲文化广场。周边有银行、黄石广电、黄石体育馆、市行政办公单位等。通公交车。

下陆大道 [Xiàlù Dàdào] 在区境中部。东起发展大道,西至新下陆街。与铜花路、铜草路、铜都路、北村一路等相交。长3.5千米,宽35米。沥青路面。1984年开工,2003年建成。因行政区域得名。两侧有区政府、市有色一中、市第五医院等。通公交车。

发展大道 [Fāzhǎn Dàdào] 在区境中部。南起钟山大道,北至磁湖路。与杭州路、东方大道、下陆大道相交。长7.3千米,宽42米。沥青路面。2001年开工,2003年建成。2005年改建。以美好愿望命名。两侧有湖北城市学校、区检察院等。通公交车。

苏州路 [Sūzhōu Lù] 在区境东部。东起桂林路,西至磁湖路。与板城路、大畈路、青鱼路、白马路、安达路、扬州路相交。长3.5千米,宽40米。水泥路面。1996年开工,1998年建成。因苏州市得名。两侧有市环保局、检察院、第二中学等。通公交车。

广州路 [Guǎngzhōu Lù] 在区境东部。东起桂林路,西至磁湖路。与板城路、大畈路、青鱼路、白马路、新区四路、扬州路相交。长3.5千米,宽40米。沥青路面。2004年开工,2006年建成。因广州市得名。两侧有山力板带公司、湖北工程职业学院、中冶水务等。通公交车。

沿湖路［Yánhú Lù］　在区境中部。东起黄石大道，西至老下陆街。与新建路、公安路、联合村路、颐阳路、枣子山路、牧羊湖路、水机路相交。长13千米，宽30米。沥混路面。1953年开工，1958年建成。1959年扩建。因处磁湖南岸得名。两侧有黄石工矿集团、华新水泥厂等。通公交车。

杭州路［Hángzhōu Lù］　在区境西部。东起湖滨大道，西起磁湖路。与大畈路、青鱼路、白马路、安达路、桂林路、湖锦路、磁湖东路相交。长6.2千米，宽40米。沥青路面。1977年开工，1987年建成。曾名湖心路，后因杭州市改今名。两侧有市政府、市教育局、市中心血站、团城山人民广场、团城山公园、东楚传媒、山水明城小区等。通公交车。

桂林路［Guìlín Lù］　在区境西部。南起李家坊立交桥，北至磁湖路。与广州路、苏州路、杭州路相交。长7千米，宽40米。沥青路面。1980年开工，1993年建成。因桂林市得名。两侧有市政府、市妇幼保健院、市民政局、黄石海关、湖北理工学院、银行、美尔雅集团等。通公交车。

大泉路［Dàquán Lù］　在区境北部。南起磁湖路，北至大冶市迎宾大道。与花湖大道、锁前路、马鞍山路、伍家洪大道相交。长5.7千米，宽42米。沥青路面。1992年开工，2002年建成。2003年改建路面。因大冶市、花湖锁泉村得名。两侧有黄石气象局、花湖自来水厂、市质监局、汽车交易市场、黄石药业、朗天药业等。通公交车。

黄石北站［Huángshíběi Zhàn］　见交通运输设施部分“黄石北站”条。

下陆长途客运站［Xiàlù Chángtú Kèyùnzhàn］　见交通运输设施部分“下陆长途客运站”条。

新下陆片区［Xīnxiàlù Piànqū］　属下陆区。在区境中部。面积17.2平方千米。人口8.4万。有二级医院1个。有大冶有色、新兴管业、中铝华中铜业等43家规模以上企业。组织志愿者服务队、康宁青少年之家、铜都艺术团、胜利暖心社志愿者协会、新星心连心志愿者协会等一批社会组织。

新星社区［Xīnxīng Shèqū］　下陆区人民政府驻地。在区境中部。面积0.4平方千米。人口6600。因新星小区得名。2011年成立。民居有小高层楼房及2—3层洋楼独院别墅。组织志愿者队伍，有平安之家、绿色家园、文化体育、七彩阳光志愿者等协会，不定期开展公益、文化、体育等活动。驻地单位有区政府、国税局、交警三中队、区消防大队、二级医院等。通公交车。

老下陆片区［Lǎoxiàlù Piànqū］　属下陆区。在区境中部。面积约10平方千米。人口2.5万。有三级医院1个。

东方山风景区片区［Dōngfāngshān Fēngjǐngqū Piànqū］　属下陆区。在区境西北部。面积18平方千米。人口6000。有二级医院1个。境内东方山是省内佛教旅游胜地之一，为鄂东南著名佛教道场。始建于唐宪宗元和六年(805)的弘化禅寺，有大小寺庙14座。有盘山公路通达。经济以旅游业为主。

团城山街道［Tuánchéngshān Jiēdào］　属下陆区。在区境东北部。面积20平方千米。人口7.3万。1988年设。2001年杭州东路、石榴园2社区划入。因山得名。有高等院校3所，中学2所，小学5所，三级医院1个，卫生所3个。工业以装备制造为主。服务业以商贸为主，有金融、餐饮娱乐、商品零售业等。武石城际高铁过境。通公交车。

黄石港区

黄石港区［Huángshígǎng Qū］　黄石市辖区。在市境东北部。面积37.3平方千米。人口30.5万。以汉族为主，还有回、满、壮、苗、蒙古、彝、土家等民族。辖3片区、1街道。区人民政府驻桂花湾社区。1979年设立。因位于老港的“黄石矶”得名。郦道元《水经注》载：“江水东流、历孟家滏，江之右岸有黄石山，水迳其北，即黄石矶也，亦名石茨圻。”《大清一统志》载：“黄石矶在大冶县东北三十里，亦名黄石山，山下有黄石港。”明崇祯十六年(1643)设黄石港市，清康熙十二年(1673)重设。地势西高东低，东南狭窄，西北渐阔，呈火炬状。最高点磨石山海拔249.3米。最低点磁湖海拔12米。年均气温17℃，1月平均气温4.6℃，7月平均气温29.2℃，年均降水量1457.2毫米。有磁湖、青山湖、青港湖。长江流经。产砂页岩。有华新设计研究院等国家级科研单位2个，黄石市科技情报研究院、市水产科学研究院等省级科研单位4个。有高等院校1所，中专2所，高中1所，初中5所，小学10所。有三级医院2个，二级医院1个，社区卫生服务站18个。有王家坳、天主教堂、卸矿机等遗址。有华新水泥遗址公园、醉吟窝石刻等。有大众山省级森林公园、磁湖省级风景名胜区等。三次产业比例1：22：77。农业以种植、养殖为主。工业以纺织、化工为主。有省黄石港工业园区。服务业以批发零售、餐饮、娱乐休闲为主。有四星级宾馆1个，三星级宾馆5个。京九、武石城际铁路，106国道，武黄高速过境。有武汉路、黄石港2客运站。有大轮船码头6个。有多条公交线路。

桂花湾广场［Guìhuāwān Guǎngchǎng］　在城区中部。面积20公顷。1999年开工，2001年建成。因种植桂花树得名。广场与湖岸景观带结合。有磁湖游艇站点。有景点眺龙台、晓风水榭、枕流亭、全真亭等。北部有亲水栈桥、体育健身器械。主要栽植桂花树，兼有广玉兰、香樟等。有灌木大叶黄杨、女贞、映山红等。周边有居民点。通公交车。

迎宾大道［Yíngbīn Dàdào］　在区境北部。东起黄石大道，西至武黄公路。与湖滨大道、大泉路相交。长2.4千米，宽48—60米。混凝土路面。1991年开工，1996年建成。2000年浇筑混凝土，2010年绿化。以“迎四面八方宾客”寓意命名。两侧有市公安局、大桥局、花湖水厂、红星美凯龙、义乌国际商贸城、东方装饰城、汽车商贸市场等。通公交车。

花湖大道［Huāhú Dàdào］　在区境中部。东起黄石大道，西至大泉路。与湖滨大道、花山路、花径路相交。长3千米，宽50米。水泥路面。1981年开工，同年建成。为砂砾炭渣路，1988年改沥青路面，1991年改扩建。原名昌明路，1999年因花湖街道更今名。两侧有黄石港公安分局、市人事局、市地税局、区检察院等。通公交车。

天津路［Tiānjīn Lù］　在区境南部。东起挹江南北路，西至湖滨大道。与黄石大道、武汉路相交。长0.9千米，宽40米。水泥路面。1954年建，为碎石路，1963年铺沥青，20世纪80、90年代分别拓宽，改水泥路面。因天津市得名。两侧有黄石十五中、电信大楼、黄石国贸、鄂东集团中心医院、黄石商场、锦江大厦等。通多公交车。

颐阳路［Yíyáng Lù］　在区境南部。东起黄石大道，西至沿湖路。与广场路、消防路、武汉路、大智路、湖滨大道相交。长2.4千米，宽44米。沥混路面。1952年开工，同年建成。1963、1984年扩建。1983年铺设混凝土路面，1985年南延，1988年铺设沥青，1994年铺设混凝土高级路面，1997年拓宽。原名民主路，后因原市政府居此改名市府路。1997年改今名，寓意“颐神养性，颐养天年”。两侧有金花大酒店、锦轮戴斯大酒店、武商黄石购物中心等。通公交车。

黄石市武汉路客运站［Huángshí Shì Wǔhànlù Kèyùnzhàn］　见交通运输设施部分“黄石市武汉路客运站”条。

黄石市汽车客运中心［Huángshí Shì Qìchē Kèyùn Zhōngxīn］　见交通运输设施部分“黄石市汽车客运中心”条。

磁湖片区［Cíhú Piànqū］　属黄石港区。在区境中部。面积约18平方千米。人口约8.4万。2014年因机构改革由红旗桥、沈家营2街道合并而成。

桂花湾社区［Guìhuāwān Shèqū］　黄石港区人民政府驻地。在区境中部。面积0.1平方千米。人口6200。因居民点得名。1985年成立。民居有高层住宅楼和多层住宅楼。有社区志愿服务队，提供法律咨询服务。有磁湖剧院、桂花湾广场、休闲广场。驻地单位有区政府、招商局。通公交车。

胜阳港片区［Shèngyánggǎng Piànqū］　属黄石港区。在区境东部。面积11平方千米，人口约8.7万。2014年因机构改革由胜阳港街道更名而成。有三级医院2个。

黄石港片区［Huángshígǎng Piànqū］　属黄石港区。在区境北部。面积11平方千米，人口约12.1万。2014年因机构改革由黄石港街道更名而成。有二级医院1个。

花湖街道［Huāhú Jiēdào］　属黄石港区。在区境北部。面积8.6平方千米。人口3.8万。2001年设。原为花湖农场，因花马湖得名。有小学2所，卫生所1个。有王家坳遗址、杨泗庙等。农业以蔬菜种植和鱼类、生猪、奶牛等养殖为主。工业以建筑预制、医疗器械、酱品、机械等生产为主。服务业以商品零售为主。武黄高速过境。通公交车。

西塞山区

西塞山区［Xīsàishān Qū］　黄石市辖区。在市境东部。面积112平方千米。人口24.7万。辖1街道、1镇、20社区。区人民政府驻临江社区。1979年设立石灰窑区。2001年因历史名山西塞山更今名。处幕阜山低山丘陵区与江汉平原区过渡地带。最高点为廖家岩，海拔448.5米。最低点为磁湖湖底，海拔12米。年均气温17℃，1月平均气温0.9℃，7月平均气温31.5℃。年均降水量1457.2毫米。有磁湖、夏浴湖、和平湖、龙泉湖等。长江流经。有矿产资源石灰石、煤、白云石、铅锌、黄沙、黏土。有省级工程技术中心3个，省级重点实验室1个，高中3所，九年一贯制学校2所，初中4所，小学12所。有三级医院2个，二级医院1个。有全国重点文物保护单位汉冶萍煤铁厂矿公司旧址。有石龙头遗址。有道士洑、石灰窑古镇。有世界非物质文化遗产端午节组成部分西塞神舟会。二、三产业比例65：35。有龙泉湖苗木花卉基地、河口螃蟹养殖基地。有黄石特殊钢高新技术产业化基地。服务业以商贸、消费品零售为主。河金、黄枫、黄新、黄阳公路过境。通多路公交车。

陈家湾广场［Chénjiāwān Guǎngchǎng］

在城区西部。面积2.6万平方米。2003年建成。因居民点得名。有长廊、健身器材。栽植乔木575株,灌木371株,樱花300余株,绿化面积5296平方米。为市民休闲健身、开展文化活动的重要场所。通公交车。

河西大道［Héxī Dàdào］ 在区境东部。东起大棋路,西至黄石大道。与三园路相交。长5.9千米,宽40.2米。沥混路面。2009年建成,2013年改造。因河口镇、西塞山得名。两侧有石油库、湖北新冶钢、西塞山发电厂等。通公交车。

章山街道［Zhāngshān Jiēdào］ 属西塞山区。在区境东南部。面积25平方千米。人口1.1万。2014年设。因历史名山章山得名。有中学1所,小学3所,卫生所6个。有章山故城遗址、铁铺垴青铜冶炼遗址等。有生态休闲山庄。经济以城郊农业为主,有白茶、大棚蔬菜、瓜蒌、花卉苗木种植,稻虾、淡水鱼养殖。刘沣公路过境。通公交车。

河口镇［Hékǒu Zhèn］ 西塞山区辖镇。在区境东南部。面积29平方千米。人口2.7万。辖1居委会、9村委会,有83自然村。镇人民政府驻闸口社区。1955年设河口、章山2乡,属大冶县。1958年分别改公社,1975年合为河口公社。1984年改四顾闸镇。1993年改河口镇,属石灰窑区(今西塞山区)。2013年部分区域划出。2014年西塞街道划入。处大冶湖出江口,故名。有中学2所,小学10所,卫生院2个,卫生室10个,有文化站。有石龙头遗址、道士洑古镇等。有世界非物质文化遗产端午节组成部分西塞神舟会。经济以建材加工、铸造为主,有旅游业。黄富公路过境。通公交车。

闸口社区［Zhákǒu Shèqū］ 河口镇人民政府驻地。在区境南部。面积4.8平方千米。人口3400。因处四顾闸口得名。2012年成立。民居为2—3层砖混结构楼房。有公共服务中心、社区群众工作中心,法律咨询办公室。有文艺和卫生志愿服务队,居民自发组织民乐队、锣鼓队、舞蹈队等。有中小学、卫生院、福利院、银行、篮球场、健身公园等。有武术、牌子锣、浪子抛绣球等民间艺术。驻地单位有西塞山工业园。通公交车。

临江社区［Línjiāng Shèqū］ 西塞山区人民政府驻地。区人民政府直辖。在区境东部。面积2平方千米。人口1.4万。2012年由中窑湾、源建里2社区合设。因临长江得名。有现代民居楼房。有社区公共服务中心、社区群众工作中心。有高中。通公交车。

田园社区［Tiányuán Shèqū］ 西塞山区人民政府直辖。在区境中部。面积2平方千米。人口1.5万。2012年由田家墩、桃园村2社区和袁海湾社区大王庙小区合并成立。由田家墩、桃园村各取一字得名。有社区公共服务中心、社区群众工作中心、居家养老中心、法律咨询室。有慈善类、公益类、服务类、活动类社会组织和志愿者。有中学、卫生院。有文化广场,设有各类活动器材供居民休闲娱乐。有冶钢苏式建筑群。通多路公交车。

十五冶社区［Shíwǔyě Shèqū］ 西塞山区人民政府直辖。在区境中部。面积0.3平方千米。人口1万。1976年成立冶建村居委会。2003年改今名。以第十五冶金建设集团有限公司名称命名。有社区公共服务中心、社区群众工作中心和老年协会等注册社团。通公交车。

八卦嘴社区［Bāguàzuǐ Shèqū］ 西塞山区人民政府直辖。在区境西部。面积2平方千米。人口9000。2000年成立。2012年八卦嘴社区和枣子山社区部分地域合并,成立新的八卦嘴社区,延用八卦嘴一名。有社区公共服务中心、社区群众工作中心。

胡家湾社区［Hújiāwān Shèqū］ 西塞山区人民政府直辖。在区境西部。面积6平方千米。人口1万。因胡家湾村得名。2012年成立。有社区公共服务中心、社区群众工作中心。

花园路社区［Huāyuánlù Shèqū］ 西塞山区人民政府直辖。在区境西部。面积1平方千米。人口1.2万。2012年成立。以路名命名。有社区公共服务中心、社区群众工作中心。

牧羊湖社区［Mùyánghú Shèqū］ 西塞山区人民政府直辖。在区境西部。面积3平方千米。人口1.7万。以历史湖泊名命名。2000年成立。2012年花园西路、牧羊湖2社区合并,成立新的牧羊湖社区。有社区公共服务中心、社区群众工作中心。

石料山社区［Shíliàoshān Shèqū］ 西塞山区人民政府直辖。在区境西部。面积4平方千米。人口1万。以区片地名"石料山"命名。2000年成立。2012年龚家巷、石料山2社区合并成立新的石料山社区。有社区公共服务中心、社区群众工作中心。

澄月社区［Chéngyuè Shèqū］ 西塞山区人民政府直辖。在区境西北部。面积1平方千米。人口1.4万。以景点"澄月岛"命名。2012年成立。有社区公共服务中心、社区群众工作中心。有三级医院1个。

陈家湾社区［Chénjiāwān Shèqū］ 西塞山区人民政府直辖。在区境西部。面积2平方千米。人口1.3万。原陈家湾村主要由张、陈、邓、王、马、林、黄7大姓氏组成,以陈姓居多,故名。2000年成立。2012年太子湾、陈家湾2社区合并成立新的陈家湾社区。有社区便民服务中心、社区公共服务中心、社区群众工作中心。

磁湖社区［Cíhú Shèqū］ 西塞山区人民政府直辖。在区境西北部。面积0.3平方千米。人口1.5万。因位于磁湖畔得名。2000年成立。有社区公共服务中心、社区群众工作中心。驻地单位有市十六中学、市国家税务局、市城市发展投资公司、市排水管理处等。

大智路社区［Dàzhìlù Shèqū］ 西塞山区人民政府直辖。在区境西北部。面积2平方千米。人口2万。以道路名称命名。2000年成立,2012年与东风路社区合并成立新的大智路社区。有社区公共服务中心、社区群众工作中心。

八泉社区［Bāquán Shèqū］ 西塞山区人民政府直辖。在区境中部。面积1平方千米。人口1.4万。此地原有八井涌泉,故名。2012年成立。有社区公共服务中心、社区群众工作中心。

飞云社区［Fēiyún Shèqū］ 西塞山区人民政府直辖。在区境中部。面积2平方千米。人口1.1万。因飞云路得名。2000年成立,2012年与冶钢村合并成立新的飞云社区。有社区公共服务中心、社区群众工作中心。有三级医院1个。

和平街社区［Hépíngjiē Shèqū］ 西塞山区人民政府直辖。在区境中部。面积4平方千米。人口1.6万。以街巷名称命名。2000年成立。2012年飞鹅山、袁仓2社区及和平街社区部分地域合并成立新的和平街社区。有社区公共服务中心、社区群众工作中心。

月亮山社区［Yuèliangshān Shèqū］ 西塞山区人民政府直辖。在区境中部。面积1平方千米。人口1.5万。以山名命名。1986年成立,2012年与联合村合并成立新的月亮山社区。有社区公共服务中心、社区群众工作中心。有二级医院1个。

黄思湾社区［Huángsīwān Shèqū］ 西塞山区人民政府直辖。在区境中部。面积1平方千米。人口1.7万。以区片地名"黄思湾"命名。2012年成立。有社区公共服务中心、社区群众工作中心。

马家嘴社区［Mǎjiāzuǐ Shèqū］ 西塞山区人民政府直辖。在区境中部。面积2平方千米。人口1.1万。以区片名称命名。2000年成立,2012年与袁海湾、白鹭2社区合并成立新的马家嘴社区。有社区公共服务中心、社区群众工作中心。

新建区社区［Xīnjiànqū Shèqū］ 西塞山区人民政府直辖。在区境中部。面积1平方千米。人口1.1万。1953年武汉钢铁建设公司和黄石电厂新建居民住宅区,初名建设村,后更名新建区。2000年成立。有社区公共服务中心、社区群众工作中心。

叶家塘社区［Yèjiātáng Shèqū］ 西塞山区人民政府直辖。在区境中部。面积3平方千米。人口1.2万。此地原有一口池塘,因塘的南端住着几户叶姓人家,得名叶家塘,以塘名命名。2000年成立,2012年与桐厂社区合并成立新的叶家塘社区。有社区公共服务中心、社区群众工作中心。

铁山区

铁山区［Tiěshān Qū］ 黄石市辖区。在市境西部。面积29.5平方千米。人口5.3万。以汉族为主,还有土家、满、苗、回等民族。辖14社区。区人民政府驻三岔路社区。1979年设铁山区。1985年大冶县部分地域划入。《方舆纪要》载:"大冶县铁山,县北四十里有铁矿,唐宋时于此置炉,烧炼金铁。"明嘉靖《大冶县志》载,南宋淳熙十年(1183)设铁山寨。地势由西北向东南倾斜。最高点北风山海拔485.8米,最低点铁金港海拔30.4米。年均气温17℃,1月平均气温3.9℃,7月平均气温29.2℃。年均降水量1382.6毫米。有矿产资源铁、石灰石。铁金港、龙衢湾港、木栏港流经。有高等院校1所,中学2所,小学3所,三级医院2个。有大冶铁矿博物馆。有国家4A级旅游景区黄石国家矿山公园,3A级旅游景区熊家境生态旅游区。工业以矿产开采、冶炼和建材加工为主。有机械工业园、科技新城。武九铁路、106国道、省道铁贺线过境。

铁山大道［Tiěshān Dàdào］ 在区境中部。南起106国道,北至胜利路。与向阳路、建设路、胜利路相交。长1.5千米,宽24米。沥混路面。1956年修建碎石路,1964年改水泥路,2004年改造,2006年改沥混路面。为城区第一条主干道,因本区名命名。两侧有铁山工人文化宫、紫荗广场、鹿獐山社区卫生服务中心、武汉工程职业技术学院黄石校区、铁山国税分局等。通公交车。

张之洞大道［Zhāngzhīdòng Dàdào］ 在区境中部。东起惠民巷,西至建设路,转南至鹿獐山大道。与广友路、向阳路相交。长3.2千米,宽15—25米。沥混路面。2002年开工,2004年建成。2009年改扩建。为纪念张之洞在此开矿、建厂而得名。两侧有区人武部、检察院等。通公交车。

鹿獐山大道［Lùzhāngshān Dàdào］ 在区境中部。东起铁山大道,西至铁山和鄂城的交界处(迎宾门)。长3.8千米,宽28米。沥混路面。原为106国道,1995—1996年改为城区道路。因鹿獐山得名。两侧有区政府、市公安局铁山分局等。通公交车。

铜鼓大道［Tónggǔ Dàdào］ 在区境中部。东起新下陆街,西起铁贺大道。长3千米,宽

30米。沥混路面。原为106国道，2008—2009年改为城区道路，改今名。两侧有东贝太阳能公司、福星铝业、市公交停车场。通公交车。

铁山客运站 [Tiěshān Kèyùnzhàn] 见交通运输设施部分“铁山客运站”条。

三岔路社区 [Sānchàlù Shèqū] 铁山区人民政府驻地。由区人民政府直辖。在区境中部。面积4平方千米。人口2900。2012年成立。原为三岔路村，因武黄、铁贺2公路交会成三岔路口而得名。民居多自建楼，具乡村田园风格。有社区文明实践站。组织文艺汇演、插花、乒乓球比赛等文体活动，提供维修家电、为老人打扫卫生、协助老人进行退休待遇资格认证等上门服务。定期有律师免费为居民提供法律咨询服务。有小学、幼儿园。106国道、省道铁贺线经此。

曹家林社区 [Cáojiālín Shèqū] 铁山区人民政府直辖。在区境东部。面积2平方千米。人口5900。2001年成立，2009年与向阳路社区合并，沿用曹家林社区名称。民居以住宅楼为主。有集服务、学习、康复、娱乐等为一体的服务活动中心。有卫生院、花园广场。25家企事业单位驻此。

建设路社区 [Jiànshèlù Shèqū] 铁山区人民政府直辖。在区境东北部。面积0.8平方千米。人口6200。2001年成立。2009年矿一路社区部分地域并入，沿用建设路社区名称。有三级医院1个，驻地单位2个。

九龙洞社区 [Jiǔlóngdòng Shèqū] 铁山区人民政府直辖。在区境西北部。面积0.9平方千米。人口6200。传古代铁山为一片泽国，天帝南巡时，命将金山移来垫脚，金山压住洪水源头使之而退。为守金山令东海龙王九龙子守护。后留下9龙潭，名九龙洞。2001年成立。2009年矿一路社区部分地域并入，沿用九龙洞社区名称。

矿山路社区 [Kuàngshānlù Shèqū] 铁山区人民政府直辖。在区境北部。面积0.9平方千米。人口8000。2001年成立。2009年与矿三路社区合并，沿用矿山路社区名称。属单位型社区，主要由武钢大冶铁矿家属区组成。民居以楼房为主。有室内活动场所1800平方米。

龙衢湾社区 [Lóngqúwān Shèqū] 铁山区人民政府直辖。在区境西北部。面积3平方千米。人口2000。2012年成立。

木栏社区 [Mùlán Shèqū] 铁山区人民政府直辖。在区境北部。面积4平方千米。人口2200。2012年成立。有学校、卫生院、综合大楼、中心广场。有城区道路经此。

胜利路社区 [Shènglìlù Shèqū] 铁山区人民政府直辖。在区境东部。面积0.9平方千米。人口5500。胜利路是胜利路社区与冶矿路社区的界路，以此命名。2001年成立。2009年与余家山社区合并，沿用胜利路社区名称。

盛洪卿社区 [Shènghóngqīng Shèqū] 铁山区人民政府直辖。在区境南部。面积3平方千米。人口3900。2012年成立。武九铁路、106国道经此。

铜鼓地社区 [Tónggǔdì Shèqū] 铁山区人民政府直辖。在区境东南部。面积8平方千米。人口7000。2001年成立。2009年与秀山社区合并，沿用铜鼓地社区名称。有集服务、学习、康复、娱乐等于一体的服务活动中心，有花园广场。

新村社区 [Xīncūn Shèqū] 铁山区人民政府直辖。在区境西南部。面积4平方千米。人口6300。原名冶勘新村。因冶金地质总局人员迁入，逐步形成新居民点。2001年成立。2009年与车站路社区合并，沿用新村社区名称。居民以铁路、地质系统及水泥厂、采石场等国有改制企业家属职工为主。有集服务、学习、康复、娱乐等于一体的服务活动中心，有冶勘广场、车站路广场等多个花园广场。106国道和城区道路经此。

熊家境社区 [Xióngjiājìng Shèqū] 铁山区人民政府直辖。在区境西北部。面积3平方千米。人口600。绝大部分为熊姓居民，故名。2012年成立。有国家级登山步道。

冶矿路社区 [Yěkuànglù Shèqū] 铁山区人民政府直辖。在区境东南部。面积1平方千米。人口6200。2001年成立。2009年与和平里社区合并，沿用冶矿路社区名称。有大型文化广场，为居民休闲、锻炼、娱乐场所。有城区道路经此。

友爱街社区 [Yǒu'àijiē Shèqū] 铁山区人民政府直辖。在区境中部偏西。面积2平方千米。人口7100。因开发大冶铁矿，一些自然村搬迁于此，得名“友爱街”。2001年成立。2009年与广友路社区合并，沿用友爱街社区名称。有三级医院1个。

大 冶 市

大冶市 [Dàyě Shì] 湖北省直辖县级市，由黄石市代管。北纬30°05′，东经114°58′。在黄石市境西南部。面积1566平方千米。人口96.1万。辖5街道、10镇、1乡。市人民政府驻东岳路街道。宋乾德五年(967)南唐李煜置大冶县，属鄂州。取“大兴炉冶”之意，直至1959年未变。期间先后隶属永兴军、兴国军、兴国路、兴国府、兴国州、武昌府、江汉道、鄂东革委会、鄂东南苏维埃、湘鄂赣省苏维埃鄂东办事处、第二公署、第一督察区、鄂南政委会、大冶专区、黄冈专区。1959年属黄石市，同年撤县并入。1962年复县，属黄石市。1994年改省直辖县级市，由黄石市代管。1996年建成新冶大道。1997年建成观山路、劲牌路，扩宽大冶大道。1998年延建东风东路，建成金湖大道。2007年建成七里界、罗桥工业园等。2009年城区开通天然气管道。2014年建成武黄城际铁路。七里界路以南为金融商贸区、生活区、行政办公区。七里界路北至大棋路，新冶大道东片为居民生活区。尹家湖东片区和熊家洲、碧桂园新片区以居民生活区为主。西北部为工业园区。有重要建筑矿业大厦、金湾国际大酒店、大冶市会展中心、商会大厦等。处幕阜山脉北侧边缘丘陵地。南高北低。海拔在120—200米，最高点太婆尖海拔839.19米，最低点大冶湖底海拔11米。年均气温16.9℃，1月平均气温4.8℃，7月平均气温28.9℃。年均降水量1385毫米。有矿产资源煤、铁、铜、金、银、钴、镍、石灰石、大理石等。有珍稀植物水杉、银杏、罗汉松、金钱松、白玉兰、云锦杜鹃、野生兰花草、水仙花、野生大豆等。有野生动物32种，其中有狼、穿山甲、猫头鹰等珍稀动物。森林覆盖率31.1%。有电大1所，中专1所，职业技术学校1所，中学40所，小学164所，特教学校1所，三级医院1个，二级医院4个。有全国重点文物保护单位红三军团革命旧址、铜绿山古铜矿遗址、鄂王城旧址、大冶兵暴旧址。有省级文物保护单位12个。有省级非物质文化遗产石雕、布雕刺绣、舞龙、佛像雕刻。三次产业比例10∶68∶22。农业种植水稻、小麦、红苕、油料、苎麻。工业有冶金、机械、电力、建材、燃化、轻工、食品加工等，形成机电制造、新型建材、饮料食品、纺织服装四大产业群。有节能环保、新材料、新能源、电子信息等新兴产业。服务业以住宿、餐饮、医疗卫生、文化娱乐为主。武九、武黄城际铁路，106国道，大广、黄咸高速过境。有通长江、大冶湖航道。有长江河口码头。

青铜文化广场 [Qīngtóng Wénhuà Guǎngchǎng] 在市区东南部。面积40000平方米。2000年开工，2001年建成。为弘扬大冶三千年古青铜文化史命名。广场中央有半径62米青铜圆盘雕塑喷泉平台，南部分布9根汉白玉盘龙柱。有青铜雕塑2座。东南部有青铜文化墙。周边有市博物馆、青龙山公园、湛月湖、市委和市政府大楼等。通公交车。

大冶大道 [Dàyě Dàdào] 在市区中部偏西。南起城西、青龙2路交会处，北至大棋路。与东风路、观山路、乾塔路、七里界路相交。长7.4千米，宽20米。沥混路面。1929年为大冶一中—七里界公路。20世纪50年代贯通，分段命名为学校路、车站街、大庆路。1989—1991年改造。2003年重新界定起讫点。因行政区域得名。两侧有劲牌公司、阳光花园、大冶实验中学、市外国语学校、邮苑宾馆等。通公交车。

新冶大道 [Xīnyě Dàdào] 在市区中部。南起东风路，北至下陆区钟山大道。与观山路、乾塔路、劲牌路、七里界路相交。长7千米，宽44.1米。沥混路面。1929年建设北段，1993年建成南段，2002年改造后成现状。以新建大冶之意命名。两侧有公安局、人民法院、会展中心、水务局、民政局、图书馆、雨润广场、罗桥工业园等。通公交车。

东风路 [Dōngfēng Lù] 在市区中部。东起湖滨路，西至大冶大道。与荟萃路相交。长0.8千米，宽24.1米。沥混路面。20世纪90年代初开工，1993年建成。2011年全线改造。寓意借改革之东风促进经济发展，故名。两侧有市医院、艺术剧院、自来水公司等。通公交车。

观山路 [Guānshān Lù] 在市区中部。东至金湖大道，西起大冶大道。与新冶大道相交。长1.8千米，宽25.1米。沥混路面。2000年开工，2003年建成观山路西段，后东延，全线贯通。因观山得名。两侧有城管局、国税局、质量监督局、馨园小区等。通公交车。

铜都大道 [Tóngdū Dàdào] 在市区西部。南起金株大道，北至下陆区大广高速。与长乐大道、金阳路、罗金大道、铜源西路相交。长12千米，宽30米。沥青路面。2008年开工，2010年建成。因特色铜冶炼产业得名。两侧有下陆变电站等。通公交车。

黄石站 [Huángshí Zhàn] 见交通运输设施部分“黄石站”条。

大冶北站 [Dàyěběi Zhàn] 见交通运输设施部分“大冶北站”条。

大冶市长途汽车站 [Dàyě Shì Chángtú Qìchēzhàn] 见交通运输设施部分“大冶市长途汽车站”条。

东岳路街道 [Dōngyuèlù Jiēdào] 大冶市人民政府驻地。在市境中部偏东。面积14平方千米。人口8.4万。1996年设。因东岳路得名。先后改造城西路、湖滨路、青龙路、建设路、大冶大道等，改造堋头老街、黄狮蟹老街，新建湛月花园小区、世纪钟、青铜文化广场等，扩建青龙山公园。有中学4所，小学5所，二级医院2个，卫生院1个。有全国重点文物保护单位大冶兵暴旧址。有名胜古迹青龙山公园、青龙塔等。农业以蔬菜种植为主。工业有铝材制造、饮品食品加工、服装纺织、装备制造、新型材料制造、电子科技等。有现代物流业。武九、武九城际铁路，106国道，省道大金线过境。通公交车。

东风路街道 [Dōngfēnglù Jiēdào] 属大冶市。在市境中部偏东。面积10平方千米。人口4.1万。1996年设。因东风路得名。有电大1所，中学3所，小学4所，三级医院1个。农业以种植蔬菜为主。工业有铝材制造、饮品食品加工、服装纺织、装备制造、新型材料制造、电子科技等。有现代物流业。京广、武黄城际铁路，106国道，大广高速过境。通公交车。

金湖街道［Jīnhú Jiēdào］ 属大冶市。在市境中部偏东。面积129平方千米。人口8.6万。1996年由金湖乡改设。因大冶湖得名，"金湖"为其别称。先后建成马叫商贸一条街、矿冶商城等。2000—2005年硬化人行道，安装路灯，建成移民新村。有矿产资源金、银、铜、铁、钨、石墨、方解石等。有中学4所，小学8所，卫生院1个，卫生所40个。有全国重点文物保护单位铜绿山古铜矿遗址。有名胜古迹楚王城遗址、栖儒桥东汉墓、黄坪山生态旅游区、九古奇村上冯、卢贵一古民居群等。有自然景观"龙角朝暾""铜海飞烟""曼倩栖儒""鹿头夕照""金湖湛月"。农业以种植、养殖为主。工业有钢铁、建材、铜材三大产业集群和农产品加工业。京九铁路，106国道，大广、黄咸高速，省道大金线过境。

上冯村［Shàngféngcūn］ 在市政府驻地东岳路街道南6千米。人口1800。有冯姓村落，此地处其上方，故名。聚落呈块状。为中国传统村落。有古宅30余栋，古道6条，古井16口，古庙1座，古渠1条，古祠1座，古墓160余座，古碑3个，千年古树3株，百年以上古树1000余株。被誉为"九古奇村"。发展旅游业。通公交车。

罗家桥街道［Luójiāqiáo Jiēdào］ 属大冶市。在市境中部偏东。面积72平方千米。人口6.2万。1996年由罗家桥乡改设。因桥得名。先后改造罗家桥大道，建成长乐、罗金、开元、金桥等大道。有矿产资源金、银、铜、铁、煤、磷、石膏等。有中学2所，小学16所，幼儿园1所，卫生院1个，卫生所28个，文化站1个，广播电视站1个，村级文化中心29个，村文化礼堂25个。有榨桥程下湾砖廊室古墓群、王家庄蟹子地遗址。有景点走马山、尹家湖、三里七湖等。农业以种植水稻、小麦、番薯、玉米、黄豆、油菜、花生、芝麻、棉花、莲藕及各类蔬菜为主。基本形成饮品食品、纺织服装、装备制造、新型材料、电子科技、现代物流六大产业集群。京广、武黄城际铁路，106国道，京九高速过境。通公交车。

金山街道［Jīnshān Jiēdào］ 属大冶市。在市境东部。面积51平方千米。人口4.1万。2007年设。因黄荆山谐音得名。先后建成新城区、工业园区。有高中1所，初中2所，小学9所。有名胜古迹圣水泉古寺、五宝山、王坛太子庙。农业以种植水稻为主。发展电子科技产业。武九城际铁路、刘沛公路过境。通公交车。

金牛镇［Jīnniú Zhèn］ 大冶市辖镇。在市境西南部。面积155平方千米。人口8.1万。辖2居委会、33村委会，有321自然村。镇人民政府驻金牛。1949年为鄂城县金牛区，同年改第七区。1955年划归大冶县改金牛区。1958年成立上游公社，同年改金牛公社。1984年改乡，同年改镇。2001年高河乡并入。因金牛街得名。《太平御览》载："金牛镇旁为金牛堆，高九十丈。"并云"有金牛数十头出于堆石，遗迹犹存"。虬川河、高河流经。有中学4所，小学11所，二级医院1个，卫生院5个，卫生所25个。有全国重点文物保护单位2个。农业以种植水稻、棉花、油料作物为主。工业有制造、建筑、轻工、服装等。服务业以商贸为主。蕲嘉高速，省道铁贺、大金线过境。

金牛［Jīnniú］ 金牛镇人民政府驻地。在市政府驻地东岳路街道西南40千米。人口1900。因镇得名。聚落呈块状。有中小学、二级医院。经济以服装加工、刀具制造为主。省道铁贺线经此。

鄂王城村［Èwángchéngcūn］ 在市政府驻地东岳路街道西南45千米。金牛镇辖自然村。人口3900。因全国重点文物保护单位鄂王城城址得名。聚落呈块状。农业种植水稻、小麦、油菜、番薯。省道铁贺线经此。

保安镇［Bǎo'ān Zhèn］ 大冶市辖镇。在市境西北部。面积150平方千米。人口6.6万。辖2居委会、28村委会，有327自然村。镇人民政府驻保安。清康熙年间(1662—1722)设保安镇。1927年析设第七区，1942年改保安区，镇属之。1950年复县辖。1951年更名第十区。1958年合设火箭公社。1961年改保安区。1962年析设保安镇，区代管。1975年区改公社。1980年保安镇复县辖。1984年保安公社改乡，同年并入保安镇。因镇政府驻地得名。有矿产资源铁、烟煤、硫、磷、石灰石、膨润土等。有中学3所，小学10所，二级医院1个，卫生所28个。名胜古迹有汉荆王墓、螺丝山遗址、龟山遗址、黄土坡石灰窑遗址、三元阁等。农业以种植水稻、小麦、红苕、油菜为主。有特产水芹菜、风干鱼、狗血桃等。工业有制衣、食品加工、机械制造等。服务业有餐饮、旅游观光等。省道铁贺线、县道红保线过境。

保安［Bǎo'ān］ 保安镇人民政府驻地。在市政府驻地东岳路街道西北30千米。人口2.2万。传唐初有和尚云游居此，烧水赐茶卖草鞋，供行人歇脚，后修建洪山寺(已毁)。人们取其法号保安名村以示纪念，亦有"保一方平安"之意。聚落呈块状。有中小学、幼儿园、二级医院、文化馆、活动广场、广播站。工业有制衣、食品加工、机械制造等。有金塘工业园。省道铁贺线经此。通公交车。

灵乡镇［Língxiāng Zhèn］ 大冶市辖镇。在市境西南部。面积141平方千米。人口5.3万。辖2居委会、21村委会，有265自然村。镇人民政府驻灵乡街社区。1959年成立灵乡公社，属黄石市。1962年改灵乡乡，属大冶县。1975年罗桥、大桥、谈桥3公社合设灵乡公社。1980年灵乡乡改镇。1984年灵乡公社改乡，同年乡、镇合并，仍称灵乡镇。因曾属鄂城县龙灵乡得名，意为灵秀之乡。有矿产资源水晶石、烟煤、耐火石、铁、硫、磷、花岗石、铀、锰等。有中学2所，小学9所，卫生院1个，卫生所20个。有省级文物保护单位胡家大院、鄂皖湘赣指挥部旧址。农业以种植水稻、小麦、红苕、油料为主。有特产金柯辣椒。工业有制衣、食品加工、机械制造等。服务业有餐饮、旅游观光等。107国道、省道大金线过境。

灵乡街社区［Língxiāngjiē Shèqū］ 灵乡镇人民政府驻地。在市境西南部。面积3平方千米。人口2300。以镇名得名。聚落呈块状。有小学、卫生所。经济以种植、工副业、旅游为主。农业种植水稻、小麦、油菜、番薯等。省道大金线经此。

坳头村［Àotóucūn］ 在市政府驻地东岳路街道西南26千米。灵乡镇辖自然村。人口2400。元代有胡姓由大屋晚迁入，因地处山坳中，得名坳头。有中心小学。有铁矿开采、制砖等业。通公交车。2008年被评为全国文明村。

金山店镇［Jīnshāndiàn Zhèn］ 大冶市辖镇。在市境西北部。面积59平方千米。人口4.8万。辖2居委会、22村委会，有186自然村。镇人民政府位于兴秦路。1959年成立金山店办事处。1960年改金山店镇，属黄石市。同年改金山店公社。1961年复镇。1975年车桥、梅山、土桥3公社合设金山店公社。1984年金山店公社改乡。同年乡、镇合并，仍称金山店镇。因金山店村得名。有中学3所，小学5所，卫生院1个，卫生所20个。工业有矿业、机械制造、食品加工等。铁灵铁路，罗金、保金公路过境。

还地桥镇［Huándìqiáo Zhèn］ 大冶市辖镇。在市境西北部。面积157平方千米。人口9.6万。辖2居委会、34村委会，有587自然村。镇人民政府驻还桥村。1959年成立铁山公社。1984年改镇。2001年曙光乡及黄金湖乡6村并入。因镇政府驻地得名。有矿产资源煤、铁、石灰石。有中学7所，小学17所，卫生院1个，卫生所30个。有名胜古迹寺背山、五卦山、东岳总府寺庙、葫芦山、黄金湖度假村。农业以种植水稻、小麦、红苕、棉花、油菜，养殖水产为主。有特产风干鱼、番薯。工业有铝材制造、水泥加工等。武九、铁灵铁路，316国道，省道铁贺线过境。通公交车。

还桥村［Huánqiáocūn］ 还地桥镇人民政府驻地。在市政府驻地东岳路街道西北22千米。人口6700。因桥得名。原为荒地，后成村落，畈中有河，来往不便。南宋嘉定年间(1208—1224)建石拱桥。传时逢吕洞宾、汉钟离云游至此，别时将腰间丝绦解下互换，故名换涤桥。1949年后以"土地归还农民"之意更今名。聚落呈块状。有小学、卫生所。农业种植水稻、油茶、小麦、番薯。工业有塑料包装制造等。316国道、省道铁贺线经此。

殷祖镇［Yīnzǔ Zhèn］ 大冶市辖镇。在市境南部。面积120平方千米。人口4.4万。辖1居委会、20村委会，有239自然村。镇人民政府驻殷祖村。1949年为南台区。1951年改第七区。1955年改铜矿区。1958年改公社。1984年改殷祖镇。因镇政府驻地得名。有中学2所，小学10所，卫生院1个，卫生所19个。有文化站。有董家口风景区、南山头红色旅游风景区、北山头国家登山健身步道与旅游区。农业以种植水稻、小麦、红苕、油菜、豆类为主。工业有建筑，玻璃钢、针织内衣制造，楠竹制品加工等。有印子粑、竹笋干、苕粉等土特产品加工业。大广高速、刘金公路过境。

殷祖村［Yīnzǔcūn］ 殷祖镇人民政府驻地。在市政府驻地东岳路街道南17千米。人口2200。殷姓居多，取意"祖德传承，不忘恩典"而得名。聚落呈窄"S"形带状分布。有小学、卫生所。种植水稻、小麦、番薯。大广高速经此。通市内班车。

刘仁八镇［Liúrénbā Zhèn］ 大冶市辖镇。在市境西南部。面积117平方千米。人口3.9万。辖20村委会，有245自然村。镇人民政府驻刘仁八村。1964年成立前进公社。1984年改乡。1989年改刘仁八镇。2001年撤毛铺乡部分地域划入。因镇政府驻地得名。有中学2所，小学11所，卫生院1个，卫生所20个。有三军团纪念馆、尖山寺、七仙姑公园、龙凤山生态园、金柯露营基地等。农业以种植水稻、红苕、油菜、花生为主。有特产龙凤山黑香薯、黑玉米、黑马铃薯、黑花生、黑大豆，金柯辣椒等。工业有酿酒、铜矿开采、制衣等。316国道、刘金公路过境。

刘仁八村［Liúrénbācūn］ 刘仁八镇人民政府驻地。在市政府驻地东岳路街道西南20千米。人口1300。因姓氏兼寓意"广施仁义于八方"而得名。聚落呈块状。有中小学、卫生室。有红三军团旧址。农业种植水稻、玉米、油菜、番薯等。乡村道路经此。

陈贵镇［Chénguì Zhèn］ 大冶市辖镇。在市境中部。面积112平方千米。人口6.5万。辖2居委会、19村委会，有303自然村。镇人民政府驻陈贵村。1955年为矿山区。1958年改公社。1984年改乡。1989年改陈贵镇。2000年铜山口镇并入。因镇政府驻地得名。

有矿产资源金、银、铜、铁、钼、钴等。有九年一贯制学校2所，初中1所，小学10所，幼儿园7所，卫生院1个，卫生所19个，文体站1个，村级文化中心34个，图书室19个，广电服务中心1个。名胜古迹有赵家山遗址、岳飞铸剑处遗址、吕相祠、柯瑾故居等。有国家4A级旅游景区雷山风景区（含小雷山景区、天台山景区、大泉沟景区）。农业以种植水稻、小麦、番薯、玉米、油菜为主。工业有矿山开采、机械制造、纺织服装、食品加工等。黄咸、蕲嘉高速，省道大金线过境。

陈贵村［Chénguìcūn］　陈贵镇人民政府驻地。在市政府驻地东岳路街道西16千米。人口3300。因始祖陈文贵得名，取陈姓荣华富贵之意。聚落呈块状。有卫生所。农业种植水稻、番薯、小麦、油菜。黄咸高速、省道大金线经此。

小雷山村［Xiǎoléishāncūn］　在市政府驻地东岳路街道西南20千米。陈贵镇辖自然村。人口4500。因山得名。聚落呈块状。有雷山风景区组成部分小雷山风景区。省道大金线经此。

大箕铺镇［Dàjīpù Zhèn］　大冶市辖镇。在市境南部。面积90平方千米。人口6.4万。辖2居委会、24村委会，有246自然村。镇人民政府位于大箕铺街。1958年成立大箕铺公社。1960年并入金湖区。1975年复公社。1984年改乡。1989年改镇。因大箕山下古时有店铺得名。有矿产资源金、银、铜、铁、钼、钨、硅灰石、石灰石、大理石、煤等。有中学2所，小学14所，卫生院1个，卫生所24个。有文化站。有龙角山风景区、金竹尖景区、大箕山景区、水南湾民居等。农业以种植水稻、小麦、番薯、油菜、果木，养殖猪、牛、羊、鸡、鱼为主。工业有矿产品加工、铸造、建材制造、服装加工等。武九铁路、武九客运专线、106国道、省道河金线过境。

水南湾［Shuǐnánwān］　在市政府驻地东岳路街道东南10千米。大箕铺镇辖自然村。人口2100。有河自南来，至此转弯呈兜状，故名。聚落呈块状。有省级文物保护单位水南湾民居，以"九如堂"为代表，具徽派建筑风格，青砖黛瓦，雕梁画栋。全村有多栋一进九重大型民居建筑群，由巷道连通，百余户民宅连为一体。乡村道路经此。

汪仁镇［Wāngrén Zhèn］　大冶市辖镇。在市境东南部。面积97平方千米。人口4.9万。辖1居委会、20村委会，有165自然村。镇人民政府驻汪仁。1958年成立湖山公社。1984年改湖山乡。1989年改汪仁镇。因镇政府驻地得名。有初中1所，小学8所，幼儿园5所，卫生院1个，文体中心1个。农业以种植水稻、小麦、油菜，养殖鸡、猪、鱼为主。有山南民营工业园。刘沛公路过境。通公交车。

汪仁［Wāngrén］　汪仁镇人民政府驻地。在市政府驻地东岳路街道东北19千米。人口2200。明末汪姓定居于此，以人名得名。聚落呈块状。清末已形成农村集市，有两条"L"形狭窄石板街。有中小学、幼儿园、卫生院。有中共黄石市委党校和公安、财政、税务、金融等多家单位驻此。有章畈温泉度假村。山南铁路，大棋、刘沛公路经此。

茗山乡［Míngshān Xiāng］　大冶市辖乡。在市境西部。面积69平方千米。人口4.4万。辖29村委会，有224自然村。乡人民政府驻范道。1961年成立茗山公社。1975年茗山、洋湖、杨桥3公社合为茗山公社。1984年改乡。因山得名。有中学1所，小学10所，卫生院1个，卫生所29个。有中国乡村园博园。农业以种植水稻、小麦、红苕，养殖鸡、猪、鱼为主。工业有机械加工、烟花鞭炮制造。陈茗、茗杨、茗黄公路过境。

范道［Fàndào］　茗山乡人民政府驻地。在市政府驻地东岳路街道西23千米。人口200。村民多彭、范2姓，有出入必经之路，得名彭范道，简称范道。聚落呈块状。有中小学、卫生院、卫生所。种植水稻、小麦、玉米等。陈茗公路经此。

阳新县

阳新县［Yángxīn Xiàn］　黄石市辖县。北纬29°30′，东经114°43′。在市境东南部。面积2778平方千米。人口107.5万。以汉族为主，还有蒙古、回、藏、维吾尔等民族。辖16镇。县人民政府驻兴国镇。汉高祖六年（前201）置下雉县，属江夏郡。魏黄初二年（221）孙权由下雉县析设阳新县，属武昌郡。东晋义熙八年（412）下雉、阳新合置阳新县。其后时分时合，先后易名或分设奉新、高陵、安昌、富川等县。隋开皇十八年（598）更名永兴县。宋太平兴国二年（977）以永兴县置永兴军，后升兴国路、兴国府。明洪武九年（1376）降府为州。1912年废州设兴国县。1914年复阳新县，属鄂东道。1949年至今先后属大冶专区、黄冈专区、咸宁专区、黄石市。因雉水（今富水）有深潭曰辛潭，邑近潭，且在其北，得名"阳辛"。古"辛""新"通用，取万物一新之意，故名。1952年建成汽车站。1956年建成工人文化宫。1968年后建成新杰商场、纺织品大楼、物资大楼等。20世纪70年代建成五马坊北段正街（今步行街）。改革开放后，先后建成阳新商场、西门大楼、人民礼堂、集贸市场、鄂东南革命烈士陵园、桃花泉宾馆、阳新饭店及车站街、陵园路、天灯下路、桃花泉路、宝塔路等。1985年建成五马坊、富川等31街路。1988年建成环城公路。1994年建成县城立交桥。1995年建成兴国大道、红星大道、城北路、白杨路等。2001年建成城南汽车客运站。2002年后建成兴国州古商城。2006年建成阳新站。2011年建成中凯大厦。2012年建成住宅小区及商贸区。2014年形成以兴国、彭山、莲花湖等南北主干道为中轴线，向东西两翼发展的基本格局。处幕阜山向长江冲积平原过渡地带，属鄂东南低山丘陵区。地势由西南向东北倾斜。最高点七峰山南岩岭海拔860米，最低点濆河河床海拔8.7米。有父子山脉、七峰—百福山脉、仰天堂山脉、白马山脉、金竹尖—鼓鸣尖山脉、卜风尖山脉。长江、富水、龙港河、朝阳河、三溪河、荻田河、双港、木港、牧羊河、牛湖港、樟桥河等流经。富水两岸湖泊星罗棋布，有"百湖之县"美誉。年均气温17.2℃，1月平均气温0.6℃，7月平均气温31.8℃。年均降水量1389.6毫米。有矿产资源金、铜、煤、石灰岩等。有野生植物591种，其中国家重点保护野生植物有银杏、水杉、樟树、杜仲、莲、胡桃。有野生动物41种，其中国家一级保护野生动物有东方白鹳、黑鹳、白鹤，国家二级保护野生动物有穿山甲、河鹿、小天鹅、白琵鹭、鸳鸯等29种。有省级自然保护区1个。森林覆盖率13.5%。有高中7所，中等职业学校5所，初中41所，小学523所，幼儿园119所，二级医院4个。有省级文艺团体1个。有全国重点文物保护单位龙港湘鄂赣革命根据地旧址群。有国家级非物质文化遗产阳新采茶戏、阳新布贴。有国家4A级旅游景区王英仙岛湖、3A级旅游景区湘鄂赣边区鄂东南革命烈士陵园。三次产业比例28∶37∶35。农业种植水稻、小麦、玉米、番薯等，养殖鲢、黄尾、河蟹、甲鱼、黄鳝、泥鳅、小龙虾、南菱、白对虾、美国斑点叉尾鮰、埃及罗非鱼等。有特产内山麻、杏鲍菇、山茶油、湖蒿、金银花、紫甘薯、金竹云峰茶等。为省林业、油菜种植大县。工业有冶金、建材、机械加工、化工、轻纺、能源、医药、酿酒、汽车零部件加工、制鞋等。发展商贸、旅游业。有农贸市场、小商品市场、步行街（商业街）、生活广场、宾馆酒店等。京广铁路，武九城际轻轨，杭瑞、大广高速，106国道，省道界浮、沿横、富阳线过境。通多路公交车。

兴国镇［Xīngguó Zhèn］　阳新县人民政府驻地。在县境中部。面积146平方千米。人口16万。辖13居委会、4村委会，有368自然村。镇人民政府驻胜利街。1949年设兴国镇。1950年改城关镇。1958年成立城关公社，镇社并存。1981年合为兴国镇。因古兴国州得名。有高中5所，初中1所，小学7所，幼儿园19所，二级医院1个，卫生院1个，卫生所16个，文化站1个，广播电视站1个。有全国重点文物保护单位湘鄂赣边区鄂东南革命烈士陵园，省级文物保护单位宝塔寺、万佛寺。有莲花湖公园等。农业以种植水稻、小麦、红苕、油菜为主。有特产湖蒿、春鱼、皮蛋、木耳、黄花等。工业有冶炼、纺织、建材制造等。武九城际轻轨、杭瑞高速、富阳公路、省道界浮线过境。

兴国大道［Xīngguó Dàdào］　在县城中部。南起富河大桥，北至迎宾大道。长8千米，宽50米。沥青路面。1987年开工，1996年建成。2012年铺沥青路面。因兴国镇得名。两侧有人民广场、规划局、水利局、广播电视局、古商城等。通公交车。

莲花湖大道［Liánhuāhú Dàdào］　在县城东部。南起富河大桥，北至迎宾大道。长7.9千米，宽40米。沥青路面。1989年开工，1993年建成。2013年铺沥青路面。因莲花湖得名。两侧有湘鄂赣边区鄂东南革命烈士陵园、县人大、人社局、国际大酒店、莲花湖公园、阳新一中等。通公交车。

陵园大道［Língyuán Dàdào］　在县城南部。东起莲花湖大道，西至石壁寺路。长1千米，宽40米。沥青路面。1985年开工，1994年建成，为水泥路。2012年铺沥青路面。因经过烈士陵园得名。两侧有民政局、住建局、卫计局、三江国际大酒店等。通公交车。

阳新大道［Yángxīn Dàdào］　在县城北部。东起胜利路，西至兴国大道。与富阳路、彭山大道相交。长5千米，宽50米。沥青路面。2012年开工，2013年建成。因县得名。两侧有公安局、妇幼保健院、教育城、卫生城等。通公交车。

阳新站［Yángxīn Zhàn］　见交通运输设施部分"阳新站"条。

阳新县城北汽车站［Yángxīn Xiàn Chéngběi Qìchēzhàn］　见交通运输设施部分"阳新县城北汽车站"条。

胜利街［Shènglìjiē］　兴国镇人民政府驻地。在镇境东南部。人口1500。为纪念抗战胜利命名。聚落呈条状。有小学、卫生室、健身广场、便民服务点等。经济以商贸为主。通公交车。

富池镇［Fùchí Zhèn］　阳新县辖镇。在县境东部。面积118平方千米。人口4.4万。辖1居委会、17村委会，有116自然村。镇人民政府驻荷花。1952年设富池乡。1955年改镇。1958年改公社。1961年复镇。因富水由此入江而得名。有矿产资源铜、金、银、钼等。有初中3所，小学15所，幼儿园12所，卫生院1个，卫生所22个，文化站1个，文化活动中心11个，图书室12个。有甘宁公园。农业种植水稻、小麦、油菜、蔬菜，养猪、牛、家禽。盛产木材、把竹、淡水鱼类。有特产金镶园红橘、乌啼竹、螃蟹、河豚等。工业以医学化工、矿产开发、新型建材制造为主。熊富、富下公路,省道兴富线过境。

荷花［Héhuā］ 富池镇人民政府驻地。在县政府驻地兴国镇东25千米。人口400。因荷花路得名。聚落呈条状。有名胜古迹吴王庙、甘宁公园等。经济以商贸为主,水稻、小麦、蔬菜种植为辅。阳新—武穴公路经此。有通长江、富水航道。

黄颡口镇［Huángsǎngkǒu Zhèn］ 阳新县辖镇。在县境东南部。面积88平方千米。人口4.2万。辖1居委会、18村委会,有167自然村。镇人民政府驻程家垴。1984年设黄颡口镇。1987年新合、海口2乡并入。地形如黄颡鱼,且盛产此鱼,故名。有初中1所,小学18所,幼儿园6所,卫生院1个,卫生所19个,文化站1个,文化活动中心17个,图书室19个。农业种植水稻、小麦、蔬菜,养殖猪、家禽、淡水鱼。盛产柑橘、枇杷、花红等。工业以建材制造为主。武九铁路、大海公路、省道黄富线过境。

程家垴［Chéngjiānǎo］ 黄颡口镇人民政府驻地。在县政府驻地兴国镇东北25千米。人口500。程姓居多,建房于土垴上,故名。聚落呈块状。农业以种水稻、小麦、蔬菜为主。乡村道路经此,有长江航道。

沛源口镇［Wéiyuánkǒu Zhèn］ 阳新县辖镇。在县境东北部。面积86平方千米。人口3.5万。辖1居委会、18村委会,有122自然村。镇人民政府驻窑湾。1975年由太子公社析设沛源口公社。1987年改镇。沛源湖之水经此入江,故名。有初中1所,小学13所,幼儿园5所,卫生院1个,卫生所18个,文化站1个,图书室1个。农业主产粮、棉、油。有特产螃蟹、龙虾。工业产煤炭、建材等。省道黄富线、大沛公路过境。

窑湾［Yáowān］ 沛源口镇人民政府驻地。在县政府驻地兴国镇东北35千米。人口400。传明末汉口陈汉顺在此开采煤窑,故名。聚落呈块状。有卫生院、畜牧服务站、佛祖寺等。农业以种植水稻、蔬菜为主。阳枫、河金公路经此。通公交车。

太子镇［Tàizǐ Zhèn］ 阳新县辖镇。在县境北部。面积105平方千米。人口6万。辖1居委会、30村委会,有216自然村。镇人民政府驻上街。1956年设太子区。1958年改跃进公社。1975年更名太子公社。1984年复区。1987年改镇。1999年筠山乡并入。因太子庙得名。传孙权率太子孙登来此赈济灾民,太子染疾病殁,建庙祀之,故名。有初中1所,小学10所,幼儿园6所,卫生院1个,卫生室30个,文化站1个,广播电视站1个。有景点太子庙、李氏宗祠、贵妃洞、龙王洞、筠山风力发电站等。有国家级健身登山步道。经济以农业、商业为主。农业种植水稻、小麦、番薯、玉米、黄豆、芝麻、花生、油料、杉树、香樟、红枫等,养殖螃蟹、鲢鱼、草鱼、鲤鱼、鲫鱼等。工业以大理石、煤炭开采为主,有特色食品加工业。服务业以商贸为主。黄咸高速、省道河金线、县道刘太线过境。

上街［Shàngjiē］ 太子镇人民政府驻地。在县政府驻地兴国镇东北35千米。人口2100。以位置和地理实体特征综合命名。"上"指高处,"街"即街道。聚落呈条状。有太子庙。经济以农业、商业为主。有太子豆腐、折子粉、油面等产品。

大王镇［Dàwáng Zhèn］ 阳新县辖镇。在县境东北部。面积84平方千米。人口5.6万。辖29村委会,有216自然村。镇人民政府驻陈家畈上门。1975年由太子公社析设大王公社。1987年改镇。因大王殿得名。孙权曾到此赈灾,建庙,塑吴王像以祀之,庙名大王殿。有初中2所,小学23所,幼儿园6所,卫生院1个,文化站1个,广播站1个。农业种植水稻、蔬菜,饲养猪、家禽。工业以电石化工、金属冶炼为主。咸黄高速、省道河金线过境。

陈家畈上门［Chénjiāfànshàngmén］ 大王镇人民政府驻地。在县政府驻地兴国镇东北30千米。人口500。因陈姓住田畈上段而得名。聚落呈条状。

陶港镇［Táogǎng Zhèn］ 阳新县辖镇。在县境中部偏东北。面积153平方千米。人口3.5万。辖1居委会、18村委会,有165自然村。镇人民政府驻张谷才。1959年由红旗公社析设陶港公社。1984年改区。1987年改镇。因原有陶器作坊且靠近港边得名。有初中1所,小学8所,幼儿园7所,卫生院1个,卫生所16个,文化站1个,文化活动中心6个,图书室5个。农业以种植水稻、小麦、玉米、蔬菜为主。盛产淡水鱼。工业以化工、制塑为主。省道兴富线、陶白公路过境。

张谷才［Zhānggǔcái］ 陶港镇人民政府驻地。在县政府驻地兴国镇东北15千米。人口600。清乾隆二十六年(1761)张谷才率家人迁居,后人命村名以为纪念。聚落呈块状。有初中、小学。经济以商业、农业为主。农业种植水稻、小麦、玉米、蔬菜。有特产鲫鱼。有制鞋业。通公交车。

白沙镇［Báishā Zhèn］ 阳新县辖镇。在县境北部。面积280平方千米。人口10.3万。辖1居委会、38村委会,有431自然村。镇人民政府驻刘清太屋。1957年设白沙区。1958年并入红旗公社。1984年复区。1987年改镇。1999、2001年七峰、潘桥2乡先后并入。因多白色沙土得名。有矿产资源金、银、铜、钼等。有初中3所,小学33所,幼儿园10所,卫生院1个,卫生所26个,文化活动中心40个,图书室40个。有国家3A级旅游景区七峰山生态旅游区。农业种植水稻、小麦、玉米、油料、棉花等,养殖猪、牛、羊、家禽。盛产苎麻、花生等。工业以有色金属矿采选为主,兼有机械制造、建材、化工、家具制作等。大沙铁路、106国道、省道界浮线过境。

刘清太屋［Liúqīngtàiwū］ 白沙镇人民政府驻地。在县政府驻地兴国镇西北20千米。人口300。明洪武元年(1368)刘嘉福迁此建房,因房规模大而得名。太屋即大屋之意。聚落呈块状。经济以种植蔬菜、草莓为主,商贸为辅。106国道经此。通公交车。

浮屠镇［Fútú Zhèn］ 阳新县辖镇。在县境中部偏南。面积198平方千米。人口9.4万。辖2居委会、39村委会,有391自然村。镇人民政府驻太屋。1984年设浮屠镇。1999年宏卿乡并入。因浮屠街集镇得名。原因佛徒寺得名佛图市,后以救人一命胜造七级浮屠之意改名浮屠街。有初中3所,小学40所,幼儿园18所,卫生院1个,卫生所39个,文化站1个,文化活动中心8个,农家书屋35个。农业种植水稻、小麦、玉米、棉花、油料、蔬菜等。盛产苎麻、芝麻、竹木、鲜鱼。工业以矿产开采、纺织、加工为主。京广、京珠铁路,106国道,省道界浮线过境。

太屋［Tàiwū］ 浮屠镇人民政府驻地。在县政府驻地兴国镇西10千米。人口600。明正德元年(1506)王志迁此建房,因房屋规模大而得名王志太屋,后简称今名。聚落呈块状。有铜资源。经济以种植水稻、小麦、玉米为主,商贸为辅。有特产阳新豚。工业以矿产开采、油面、番薯粉等加工业为主。大沙铁路、武九高铁、106国道经此。

玉垸村［Yùwǎncūn］ 在县政府驻地兴国镇西北10千米。浮屠镇辖自然村。人口1900。因四面环山,山体为石灰岩,裸露岩山呈灰白色,在阳光照射下宛如白玉而得名。聚落呈条状。为中国传统村落。有省级文物保护单位李氏宗祠、李蘅石旧居。有传统村落群。有小学、健身广场、卫生室、便民服务点。经济以农业及传统"玉垸油面"加工为主。通公交车。

三溪镇［Sānxī Zhèn］ 阳新县辖镇。在县境中部偏西。面积146平方千米。人口4.8万。辖1居委会、19村委会,有296自然村。镇人民政府驻凤凰山下。1956年设三溪区。1975年成立公社。1984年复区。1987年改镇。因王英、蔡贤、大冶3河汇此得名。有初中1所,小学16所,幼儿园4所,卫生院1个,卫生所22个,文化站1个,文化活动中心18个,图书室30个。农业种植水稻、玉米、蔬菜,饲养猪、羊、家禽。盛产竹木。工业以红砖、石灰石、水泥加工为主。大广高速,316、351国道过境。

凤凰山下［Fènghuángshānxià］ 三溪镇人民政府驻地。在县政府驻地兴国镇西20千米。人口300。因位于凤凰山下得名。聚落呈块状。有王伯超纪念地、景仰坊。经济以种植水稻、玉米、蔬菜为主,商贸为辅。大广高速、三溪—王英仙岛湖公路、316国道经此。

姜福村［Jiāngfúcūn］ 在县政府驻地兴国镇西25千米。三溪镇辖自然村。人口3600。以先祖名字命名。聚落呈块状。民居统一为别墅式楼房。有广场,水塘。有苗木花卉、油菜、意杨、把竹、香樟等特色产业基地。农业种植水稻、花生、番薯、玉米、小麦等。2011年被评为全国文明村。

龙港镇［Lónggǎng Zhèn］ 阳新县辖镇。在县境西南部。面积264平方千米。人口11.5万。辖2居委会、39村委会,有475自然村。镇人民政府驻城南新区。1956年设龙港区。1975年改公社。1984年复区。1985年置镇。2001年富水镇并入。因龙港河得名。有初中4所,小学34所,幼儿园18所,二级医院1个,卫生院2个,卫生所39个。有全国重点文物保护单位龙港湘鄂赣革命根据地旧址群。有名胜古迹孟嘉墓、王质墓、钟繇墨池、富水水库等。农业种植水稻、玉米、蔬菜,饲养生猪、家禽。有特产云峰茶、龙潭柑橘等。工业以农机具制造,塑料制品、饲料、木材、碳酸钙加工为主。有龙港豆腐泡、油面加工等特色手工业。106国道,杭瑞、大广高速过境。

城南新区［Chéngnánxīnqū］ 龙港镇人民政府驻地。在县政府驻地兴国镇南30千米。人口1000。处龙港镇区南,故名。聚落呈块状。有小学、卫生室、健身广场、便民服务点等。有湘鄂赣边区鄂东南革命烈士墓林。农业种植水稻、玉米、蔬菜,养殖生猪、家禽等。106国道经此。通公交车。

洋港镇［Yánggǎng Zhèn］ 阳新县辖镇。在县境东南部。面积147平方千米。人口4.4万。辖1居委会、21村委会,有239自然村。镇人民政府驻石湖。1975年由龙港区析设洋港公社。1985年改区。1987年改镇。因朝阳河原名杨港得名,"杨"与"洋"同音。有矿产资源煤、大理石、石灰石。有初中1所,小学22所,幼儿园8所,文化站1个,卫生院1个,卫生所22个。有龙燕区第八乡苏维埃旧址、中共鄂东南第一次党代会旧址、革命烈士柯少轩纪念地。有九龙洞。农业种植水稻、玉米、番薯,饲养生猪、家禽、淡水鱼。有特产内山麻。工业以化工、矿业、建材制造为主,有茶油、折子粉、油面、老谷烧酒制造等手工业。龙岩、龙洋、木洋、八门公路,106国道过境。

石湖［Shíhú］ 洋港镇人民政府驻地。在县政府驻地兴国镇东南45千米。人口300。因先祖陈献理号石湖得名。聚落呈块状。有初中、小学。经济以农业、商贸为主。农业种植水稻、番薯。有特产油面、熏腊肉、老谷烧酒等。洋瑞公路经此。通公交车。

排市镇［Páishì Zhèn］ 阳新县辖镇。在县境南部。面积157平方千米。人口5万。辖1居委会、24村委会，有237自然村，镇人民政府驻排市新街。1959年成立排市公社。1984年改区。1987年改镇。昔"夹河两岸皆有市"，常有竹木排停靠，故名。有初中1所，小学28所，幼儿园4所，卫生院1个，卫生所25个。有名胜古迹阚家塘古民居、滴水岩瀑布、颜子仙观等。农业种植水稻、番薯、玉米、油茶、棉花等，饲养猪、鸡、肉牛。有特产茶叶、苎麻等。工业以电力，粮油、服装加工为主。杭瑞高速，106、316国道过境。

排市新街［Páishìxīnjiē］ 排市镇人民政府驻地。在县政府驻地兴国镇南25千米。人口1000。原有老街，1969年冲毁。后迁至后山垴居住，建新街，故名。聚落呈条状。有中小学、幼儿园、卫生院、卫生室。农业种植水稻、玉米、蔬菜。为排市镇商业集中区。杭瑞高速、朱黄公路、106国道经此。

阚家塘［kànjiātáng］ 在县政府驻地兴国镇西南25千米。排市镇辖自然村。人口300。聚落呈点状。为中国传统古村落。古村藏于排市镇富水南岸溪岩山深处。早年因阚姓人家在此居住而得名。后阚姓迁走他乡，清康熙年间(1662—1722)李氏迁居此地繁衍生息，只在老宅基脚内加屋建樑。数百年来形成长逾百米、宽约20米的含上中下3层、3扇大门、36个天井、108间房的家族建筑群。

木港镇［Mùgǎng Zhèn］ 阳新县辖镇。在县境东南部。面积240平方千米。人口5.6万。辖1居委会、26村委会，有325自然村。镇人民政府驻老街。1959年成立木港公社，1961年改区。1987年改镇。木市港流经，故名。有矿产资源钨、煤、花岗石、锰等。有初中2所，小学27所，卫生院1个，卫生室26个，广播站1个。农业种植水稻、小麦、番薯、蔬菜，饲养猪、牛、羊、家禽。工业以化工、建材为主。武九城际轻轨、杭瑞高速、316国道过境。

老街［Lǎojiē］ 木港镇人民政府驻地。在县政府驻地兴国镇东南15千米。人口1000。曾以木市港名村，为集贸中心。后有新街，村改今名。聚落呈条状。有小学、卫生室、健身广场、便民服务点等。经济以商业为主。农业种植水稻、小麦、蔬菜。木岩、木何、木横公路经此。

枫林镇［Fēnglín Zhèn］ 阳新县辖镇。在县境东南部。面积267平方千米。人口5万。辖1居委会、24村委会，有358自然村，镇人民政府驻大坡。1957年设枫林区。1958年并入旭东公社。1961年复区。1975年改公社。1987年改枫林镇。1999年大德乡并入。宋代始成集镇，因枫树茂密得名。有矿产资源金、银、铜、锰、硫、铁等。有初中2所，小学25所，幼儿园5所，卫生院2个，卫生所25个，文化站1个。名胜古迹有国师府旧址、坳上古屋、石田古驿、东坡山等。农业种植水稻、小麦、油菜、棉花、玉米为主。盛产山药、板栗、春鱼等。工业有酿酒、建材制造、采矿、纺织等。大沙铁路、武九城际轻轨、杭瑞高速、316国道过境。

大坡［Dàpō］ 枫林镇人民政府驻地。在县政府驻地兴国镇东30千米。人口300。因处较大的陡坡下且为刘姓聚居地，得名大坡刘，后简为今名。聚落呈块状。有古迹大坡府、古屋阁楼。农业以水稻种植为主。有商品零售、小吃餐饮等业。阳枫公路经此。

王英镇［Wāngyīng Zhèn］ 阳新县辖镇。在县境西部。面积263平方千米。人口5.5万。辖1居委会、29村委会，有294自然村。镇人民政府驻石贵发。1975年由三溪公社析设王英公社。1984年改区。1987年改乡。2001年国和、东源2乡并入。2002年改镇。因王英畈得名。有初中2所，小学23所，幼儿园7所，卫生院1个，卫生所26个，文化站1个，广播电视站1个，村文化活动中心23个，图书室50个。有清潭湾古民居。有国家4A级旅游景区仙岛湖。农业种植水稻、小麦、油菜、花生等，饲养猪、家禽。有王英旅游开发区。台小、三王公路过境。

石贵发［Shíguìfā］ 王英镇人民政府驻地。在县政府驻地兴国镇西35千米。人口300。石姓居此，以期待子孙富贵发达愿望命名。聚落呈条状。有小学、卫生室、健身广场、便民服务点、文化礼堂等。农业种植水稻、小麦、蔬菜。盛产淡水鱼、银鱼、蕨菜。服务业以餐饮、住宿、旅游为主。三三公路经此。

十　堰　市

十堰市［Shíyàn Shì］ 湖北省辖地级市。北纬31°30′—33°16′，东经109°29′—111°16′。在省境西北部。面积23700平方千米。户籍人口346.7万，常住人口337.3万。以汉族为主，还有回、蒙古、藏、维吾尔、苗、彝、壮、布依等民族。辖茅箭、张湾、郧阳3区，郧西、竹山、竹溪、房县4县，代管丹江口县级市。市人民政府驻茅箭区。明成化十二年(1476)置郧阳府。清因之。1914年属襄阳道。1949年设两郧专区，属陕西省。1950年划归湖北省，改郧阳专区。1969年由郧县十堰、黄龙2区析设县级十堰市，属郧阳地区。1973年十堰市(县级)改设省辖地级市。1994年郧阳地区并入十堰市。古为农田，清中叶在百二、犟2河筑堰，共10个，故名。地势南北高中间低。平均海拔588.4米。最高点竹山县葱坪海拔2740.2米。年均气温15.2℃，1月平均气温－0.9℃，7月平均气温29.7℃。年均降水量834毫米。年均无霜期242天。丹江、堵河、金钱河等流经。为国家南水北调中线工程水源积蓄地。有矿产资源锑、稀土、绿松石、金、银等。有野生植物2796种，其中国家重点保护野生植物有苏铁、云南苏铁、银杏、红豆杉、南方红豆杉、水杉、光叶珙桐等27种。有野生动物800余种，其中国家重点保护野生动物有金丝猴、林麝、秦岭羚牛、金雕、白肩雕、胡兀鹫、中华秋沙鸭等22种。有国家级自然保护区3个，省级自然保护区8个。森林覆盖率52%。有高等院校7所，中等职业学校20所，中学147所，小学437所。有三级医院4个。有世界文化遗产、国家5A级旅游景区、道教圣地武当山。三次产业比例12∶51∶37。农业种植粮、棉、茶、油料、果木、药材等。工业以汽车制造为主，形成水电、冶金、化工、纺织、建材、食品等工业体系。有卡车生产基地。有500余家整车及零部件生产企业，素有"车城"之称。有国家级十堰经济技术开发区。服务业以旅游业为主。有铁路145千米，公路24362千米，高速218.4千米，内河航线559千米。襄渝铁路，209、316国道，福银高速，省道白竹、丹郧、杜酒、宽界、两郧线等过境。

十堰［Shíyàn］ 十堰市聚落。在市境中部偏北。面积5056平方千米。人口120万。传古称张家庄。《郧县志》卷四载："郧县向属襄均，唐末兵焚后，几无人烟，由宋及元，久经荒芜，迨明成化十三年，都御史原杰抚治郧阳，安置流民，始建郡县。"明崇祯六年(1633)投军李自成，户空。后湖北大冶陈姓迁居，开铁匠铺，渐为集镇，改称陈家街(现十堰老街仍保留部分民宅)。清中叶筑堰10座，始有十堰之名。自1967年建第二汽车制造厂起，始建城区，至1994年建成区面积近40平方千米。1995年后相继建成市热电厂、六堰文化广场、市体育中心、十堰火车站、市游泳馆、牛头山森林公园等。2008年初步建成以汽车城、旅游城为特色的鄂西北区域中心城市，面积增至59.5平方千米。2014年以北京路为轴向外发展79.2平方千米。城市绿化面积3068公顷，森林覆盖率57%。东部形成以汽车整车制造，汽配、电子、装备和新型材料制造为主的东风工业园产业集群。西部形成以汽车及汽车零部件、能源化工、棉纺、物流为主的工业、服务业集群。北部是以汽车及配套产业、矿产品深加工、农产品加工为主的生态滨江产业集群。中部的五堰、六堰、张湾、北京路为商业中心区。国道、高速、省道纵横，交通便利。有十堰站。

发展大道［Fāzhǎn Dàdào］ 在市境北部。东起北京北路，西至建设大道。与汉江中路、凯旋大道等相交。长11千米，宽42米。沥混路面。2011年开工，2014年建成。因取"发展中的十堰"之意得名。两侧有车城高中、东风高中、张湾区实验中学、万通工业园、三环工业园、四方山景区、东风越野车公司、万达广场等。通公交车。

公园路［Gōngyuán Lù］ 在市境中部。东起六堰转盘，西至车城路。与车城西路等相交。长2.1千米，宽40米。沥青路面。1981年开工，1983年建成。原系老河口—陕西白河公路城区段。初名五七路，1980年因路侧有市人民公园改今名。两侧有工人文化宫、体育馆、图书馆、三级医院等。通公交车。

上海路［Shànghǎi Lù］ 在市境中部。东起北京中路，西至人民中路。与北京路、重庆路、人民路、东岳路相交。长1.8千米，宽36—44米。沥混路面。2008年开工，2009年建成。2014年改扩建。1997年以国内城市命名。两侧有湖北医药学院、汉江师范学院及多处住宅区。通公交车。

车站路［Chēzhàn Lù］ 在市境东南部。东起武当大道，西至车城南路。与人民路等相交。长1.5千米，宽40米。沥混路面。1985年开工，1986年建成。因十堰站得名。两侧有小商品批发市场、建材市场。通公交车。

武当大道［Wǔdāng Dàdào］ 在市境东南部。东起白浪西路，西至车站路。与辽宁路、重庆路相交。长3.9千米，宽30米。沥混路面。1985年开工，同年建成。2007年合并武当路和丹江路，命名为武当大道。因系通往武当山风景名胜区的主干道得名。两侧有三级医院、政府机关、超市、住宅区等。通公交车。

车城路［Chēchéng Lù］ 在市境中部。南起车城南路,北至公园路。与车城西路等相交。长2.6千米,宽30—40米。沥青路面。1971年开工,同年建成。原系山区小路,后为配套第二汽车制造厂建设而改造。初名大庆路,1980年因沿途特色改今名。两侧有第二汽车制造厂总厂、汽车厂及多处商业网点。通公交车。

人民路［Rénmín Lù］ 在市境中部。南起车站南路,北至汉江南路。与公园路等相交。长5.8千米,宽40米。沥青路面。原为老河口—陕西白河公路。1974年改建。1980年命今名。1997年分南、中、北3路。两侧有中小学、青少年宫、三级医院、大型商场、汽车客运站。通公交车。

凯旋大道［Kǎixuán Dàdào］ 在市境西北部。南起车城西路,北至郧阳路。与大岭路等相交。长5.5千米,宽35米。沥混路面。2005年开工,2009年建成。原名甘肃路,2007年取吉祥寓意更今名。两侧有十堰高速客运站。通公交车。

十堰大道［Shíyàn Dàdào］ 在市境北部。南起熊家湾立交桥,北至汉江二桥。与北京路、发展大道相交。长12千米,宽40米。沥混路面。2009年开工,2010年建成。2014年与郧阳区汉江大道合并,仍称十堰大道,分南、中、北3段。因行政区划得名。两侧有万达广场、十堰北国际汽车城、商务物流中心、生态滨江新区等。通公交车。

茅 箭 区

茅箭区［Máojiàn Qū］ 十堰市人民政府驻地。在市境东部。面积540平方千米。人口28.6万。以汉族为主,还有蒙古、回、藏、维吾尔、苗等民族。辖4街道、1镇、2乡。区人民政府驻武当路街道。1984年设立。昔有尖形土梁伸向河湾,形似箭,满生茅草,故名。地形以中山为主,以低山、丘陵、河谷为辅。地势南高北低中间凹。有普陀峰、佛泉山、青岩山、鸡鸣山、羊子岩、三尖山、三道岩等。最高点普陀峰海拔1740米。泗河、神定河、茅塔河流经。有矿产资源黏土、石英砂、辉绿岩等。有野生植物1419种,有国家重点保护野生动物53种。有高等院校2所,高中5所,中等职业学校4所,初中10所,小学24所,三级医院3个,二级医院3个。有古迹回龙寺。有国家4A级旅游景区赛武当风景区,国家3A级旅游景区东沟红色旅游区。有紫薇岛生态旅游度假区。有以舞蹈为主的艺术团体115个。有地方特色民间艺术踩高跷、舞龙狮、划旱船、演蚌壳、打腰鼓等。二、三产业比例42∶58。工业以整车和汽配、电子、装备、新型材料制造为主。服务业以商贸、餐饮为主。襄渝铁路,福银、呼北高速,209、316国道,省道十两线过境。有十堰站、十堰汽车客运中心站。通多路公交车。

赛武当广场［Sàiwǔdāng Guǎngchǎng］ 在城区西部。面积3.2万平方米。2007年开工,2009年建成。位于赛武当山下,故名。以"大山、大水、大人文"为主题,栽植树木、花草30余种,有1.5万平方米草坪。中心耸立龙凤玉柱6根,寓意"龙凤呈祥,天人合一"。有面积1000平方米的棋园,散布直径1米的棋子于杏林之中。为举办大型活动及市民休闲的场所。周边有区政府、区医院、茅箭中学等。通公交车。

文化广场［Wénhuà Guǎngchǎng］ 在城区北部。面积15000平方米。1999年开工,同年建成。因职能得名。有扇形草坪2块,山坡绿化带3条,绿地面积8500平方米。有大型浮雕2幅,均长120米、高5米,展现城市发展历史。中央有50米宽能动通道,直抵百步梯,形成中心轴,将广场一分为二。前有石绣球4个,展现春、夏、秋、冬四季变化景色。广场融园林艺术、现代雕刻艺术、人防工程于一体。为举行文化活动的重要场所。周边有十堰武商、市实验小学等。通公交车。

北京路立交桥［Běijīnglù Lìjiāoqiáo］ 在城区西北部。占地15000平方米。有3层互不交叉的不同方向的城市道路在此立体相交。最高层离地面9米。1999年开工,2002年建成。因北京中路得名。日交通流量为5000辆。

十堰站［Shíyàn Zhàn］ 见交通运输设施部分"十堰站"条。

十堰客运中心站［Shíyàn Kèyùn Zhōngxīnzhàn］ 见交通运输设施部分"十堰客运中心站"条。

武当路街道［Wǔdānglù Jiēdào］ 茅箭区人民政府驻地。在区境东部。面积49平方千米。人口5.3万。1984年设。先后建设林荫大道立交桥、秦巴生态园移民小区等。有初中3所,小学4所,三级医院1个,二级医院1个,卫生所4个,文化活动中心1个,图书室20个。有歌舞、曲艺等文艺团体6个。经济以汽车零部件制造为主。通公交车。

二堰街道［Èryàn Jiēdào］ 属茅箭区。在区境西北部。面积19平方千米。人口7.1万。1987年设。清代筑堰10个,处第二道堰,故名。有初中2所,小学4所,幼儿园10所,三级医院1个,卫生院2个,卫生所13个。工业以化工、铸造、机械加工、制塑、建材制造为主。服务业以商贸为主,有综合商场、小商品市场等。通公交车。

五堰街道［Wǔyàn Jiēdào］ 属茅箭区。在区境西北部。面积11平方千米。人口11万。1980年设。清代筑堰10个,处第五道,故名。有初中2所,小学4所,幼儿园8所,三级医院1个,二级医院1个,卫生所14个,文化馆1个,公共图书室15个,博物馆1个,体育场13个。有歌舞、曲艺等文艺团体21个。经济以商贸、物流、电子商务为主。为市商业核心区。有服装、家居、建材、农贸、手机等专业市场及香港步行街。通公交车。

白浪街道［Báilàng Jiēdào］ 属茅箭区。在区境东南部。面积50平方千米。人口7万。1987年设。清咸丰三年(1853)茅塔、田湖堰2河洪水猛涨,白浪滔天,冲毁鲁家营(今郑家湾),以此事件命名。有初中2所,小学4所,幼儿园19所,卫生所7个。工业以汽车整车及零部件加工、改装车、汽车模具制造、生物医药为主。为汽车配件商贸集散地。襄渝铁路、福银高速过境。通公交车。

大川镇［Dàchuān Zhèn］ 茅箭区辖镇。在区境南部。面积189平方千米。人口0.6万。辖5村委会,有10自然村。镇人民政府驻大川村。1971年成立大川公社,1984年撤公社设乡。1987年唐家乡并入。1999年改大川镇。因镇政府驻地得名。最高峰赛武当主峰海拔1740米。有砂石资源。森林覆盖率95.8%。有初中1所,小学1所,卫生所3个,文化书屋7个。有古迹浪溪寺遗址、过风楼、千年银杏树等。农业以种植小麦、玉米、蔬菜为主。有特产金银花等中草药。省道十两线,县道大五、茅大、五中线过境。

大川村［Dàchuāncūn］ 大川镇人民政府驻地。在区政府驻地武当路街道南11.4千米。人口1100。传明末鄂东有名大川者居此繁衍,故名。聚落呈条带状。有小学、卫生所、文化广场。有古迹嘉庆桥。有农业科技园、蔬菜种植基地、养蜂场。有特产黄精、猕猴桃、板栗、竹笋。209国道、省道十两线经此。

茅塔乡［Máotǎ Xiāng］ 茅箭区辖乡。在区境南部。面积17平方千米。人口0.6万。辖10村委会,有10自然村。乡人民政府驻廖家村。1984年撤白浪公社析设茅塔、大坪2乡。1986年属茅箭区。2001年大坪乡并入。河湾处有巨石形似宝塔,石上生长茅草,故名。处大巴山余脉山地。最高峰百花山海拔1200米。有小学2所,卫生院1个,卫生所8个,村级文化中心10个,农家书屋10个。有传统民间艺术舞龙灯、划彩船、耍狮子等。有省级文物保护单位均郧房县委县政府旧址。有国家3A级旅游景区赛武当东沟红色景区。经济以汽车配件制造、农业、旅游业为主。农业种植玉米、小麦、黄豆、蔬菜等。通公交车。

廖家村［liàojiācūn］ 茅塔乡人民政府驻地。在区政府驻地武当路街道南19千米。人口700。因早年廖姓居此得名。聚落呈点状。有小学、卫生院。经济以茶叶产业为主。通公交车。

鸳鸯乡［Yuānyāng Xiāng］ 茅箭区辖乡。在区境东北部。面积47平方千米。人口5.1万。辖2居委会、10村委会,有10自然村。乡人民政府驻茅箭堂村。1984年由白浪、茅箭2公社析设鸳鸯乡。因鸳鸯寺得名。马家河、茅塔河流经。有小学3所,幼儿园10所,二级医院1个,卫生院1个,卫生所2个。农业以种植蔬菜为主。工业以整车生产、汽车改装、汽车零部件制造为主。服务业以商贸、餐饮、农家乐旅游为主。襄渝铁路、福银高速过境。通公交车。

茅箭堂村［Máojiàntángcūn］ 鸳鸯乡人民政府驻地。在区政府驻地武当路街道东北约3千米。人口1800。村内原有一李氏祠堂,因有一尖形土梁伸向河湾,形状似箭,梁上长满茅草,故名"茅箭",村以此为名。聚落呈团块形。有小学、幼儿园、卫生服务站。经济以工业为主,有整车生产、汽车改装、汽车零部件制造等。通公交车。

张 湾 区

张湾区［Zhāngwān Qū］ 十堰市辖区。在市境中部偏西。面积657平方千米。人口39.2万。以汉族为主,还有回、满、土家、维吾尔、蒙古等民族。辖4街道、2镇、2乡。区人民政府驻车城路街道。1984年设立。因昔有张湾村得名。主城区东部为商业区与居民区,有超市、百货、工贸家电等大型购物中心和大型居民小区。西部为工业区,有西城经济开发区,形成汽车及汽车零部件、能源化工、物流、棉纺等工业产业集群。1986年后建成车城大市场、经济开发区和多条主干道。标志性建筑物有人民广场、市图书馆、市体育馆、人民公园等。地处秦岭、大巴山、武当山之间,地势南高北低。最高点停舟山海拔1539米,最低点堵河河床海拔155米。年均气温16.2℃,年均降水量878.6毫米。堵河流经。有野生植物1518种,其中国家重点保护野生植物17种。有野生动物244种,其中国家重点保护野生动物36种。有牛头山国家森林公园。有省级自然保护区1个。森林覆盖率93%。有高等院校2所,中学14所,小学34所,三级医院1个,图书馆1个,省级街道文化中心1个,省级社区文化室33个。有省级非物质文化遗产草把龙灯、郭氏榨油技艺。有国家4A级旅游景区2个,3A级旅游景区5个。三次产业比例1∶70∶29。工业以汽车及零部件制造、能源化工、纺织为主。为我国重要汽车生产基地。服务业以商贸为主。襄渝铁路，十漫、十白高速，316、209国道过境。通多路公交车。

人民广场［Rénmín Guǎngchǎng］　在城区东北部。面积4.4万平方米。1988年开工，同年建成。1996、2002年分别改扩建。有文化、休闲娱乐、景观3区域。铺装花岗岩地面9250平方米，绿化面积2.2万平方米，绿化覆盖率49%，声控喷泉1960平方米。为大型集会主要场所。周边有市金融中心、科技馆、商务中心、工人文化宫、市图书馆、体育馆等。通公交车。

广东路［Guǎngdōng Lù］　在区境东部。东起银河北路，西至大岭路。与朝阳北路、银河路等相交。长1.6千米，宽8米。沥混路面。1976年兴建，名沿河路。1997年扩宽改造，铺筑沥青路面，同年更今名。以省名命名。两侧有农产品批发市场、综合商场、农贸市场、购物广场等。通公交车。

十堰高速客运站［Shíyàn Gāosù Kèyùnzhàn］　见交通运输设施部分“十堰高速客运站”条。

车城路街道［Chēchénglù Jiēdào］　张湾区人民政府驻地。在区境东部。面积37平方千米。人口13.6万。1984年设。因车城路得名。先后建设凯旋大道、中岳路等。有中学5所，小学9所，三级医院1个，卫生所10个，文化活动中心23个，图书馆3个，图书室67个。有名胜古迹东岳古台、牛头山国家森林公园、康乐公园、人民公园、四方山植物园等。工业以汽车制造为主。服务业以商贸为主。襄渝铁路，十漫、十白高速，209、316国道过境。通公交车。

花果街道［Huāguǒ Jiēdào］　属张湾区。在区境西部。面积83平方千米。人口5.3万。1980年设。传明崇祯年间（1628—1644）关帝庙前有果树、花园，故名。犟河流经。有中学4所，小学6所，卫生所12个，文化站1个，图书室34个。景点有龙泉寺、百龙潭等。工业以汽车工业为主。服务业以批发零售、餐饮住宿、旅游为主。襄渝铁路、十白高速、316国道过境。通公交车。

红卫街道［Hóngwèi Jiēdào］　属张湾区。在区境中部。面积27平方千米。人口8.2万。1986年设。因第二汽车制造厂曾名“红卫厂”得名。有湖北汽车工业学院、东风高级技师学院、东风公司工业学校等。有中学2所，小学7所，卫生所6个，图书馆1个，文化站1个，文化中心1个，文化活动室6个，民间文艺团体14个。有古迹老虎寨遗址、四坪庙等。工业以汽车制造业为主。服务业以批发零售、餐饮为主。襄渝铁路，十漫、十白高速过境。通公交车。

汉江路街道［Hànjiānglù Jiēdào］　属张湾区。在区境东北部。面积90平方千米。人口7.5万。1987年由土门街道、东沟乡合设。因汉江路得名。神定河流经。有十堰技师学院。有中学2所，小学6所，卫生院1个，卫生所4个，文化馆1个，文化站1个，文化活动中心20个，图书室22个。有四方山植物园。农业种植樱桃、桃、无公害蔬菜。工业以汽车制造、轮胎加工等为主。有工业园。服务业发展电子商务、物流等。209国道，十漫、十白高速过境。有市高速客运站。通公交车。

黄龙镇［Huánglóng Zhèn］　张湾区辖镇。在区境西部。面积125平方千米。人口2万。辖1居委会、12村委会，有15自然村。镇人民政府驻黄龙社区。1949年设黄龙区。1958年改东风公社。1971年改黄龙公社。1984年改镇。因镇政府原驻地黄龙滩得名。传某年夏季暴雨导致堵河水猛涨，有白、黄2龙至此后雨停水退，白龙走后黄龙被搁浅于此。水退后黄龙搁浅处出现一片沙洲，河水在此划出一道弧线。后人称此地为“黄龙滩”。处秦巴山脉。最高点白马山主峰海拔1029米。为南水北调水源地之一。堵河、犟河流经。有黄龙滩水库。2013年建黄龙滩国家湿地公园，占地434.6公顷。有初中1所，小学3所，卫生院1个，卫生所10个，文化站1个，图书室20个。有省级文物保护单位武昌、黄州、山陕、江西会馆，为清代建筑。景点有黄龙电厂观光园、堵河、农业观光园等。有民间艺术草把龙灯、汉船、舞龙、舞狮等。经济以种植业、旅游业为主。农业种植小麦、水稻、玉米、蔬菜等。襄渝铁路、十白高速、316国道过境。通公交车。

黄龙社区［Huánglóng Shèqū］　黄龙镇人民政府驻地。在区境西部。面积2平方千米。人口3500。因镇得名。2001年成立。民居以2层自建楼房为主。有中小学、卫生室、图书馆、文化活动广场等。有省级文物保护单位武昌、黄州、山陕、江西会馆。有国土所等单位驻此。通公交车。

柏林镇［Bǎilín Zhèn］　张湾区辖镇。在区境西部。面积107平方千米。人口1.2万。辖1居委会、6村委会，有12自然村。镇人民政府驻柏林社区。1984年由黄龙公社析设柏林乡。1986年改镇。因古柏得名。最高峰老母荒主峰海拔1100米。犟河流经。有小学1所，卫生院1个，卫生所10个，文化站1个，民间文艺团体3个。有省级文物保护单位五仙庙。有民间艺术草把龙灯、汉船、舞龙狮等。有景点白马山。农业种植蔬菜、小麦、水稻、玉米等。有纺织工业。服务业以旅游、商贸为主。襄渝铁路、十白高速、316国道过境。通公交车。

柏林社区［Bǎilín Shèqū］　柏林镇人民政府驻地。在区境西部。面积1平方千米。人口3600。因镇得名。2001年成立。以居民自建房为主。有小学、多功能活动室、健身活动广场等。316国道经此。通公交车。

方滩乡［Fāngtān Xiāng］　张湾区辖乡。在区境西北部。面积66平方千米。人口0.5万。辖7村委会，有7自然村。乡人民政府驻方滩村。1949年设方滩乡。1958年成立公社。1971年并入黄龙公社。1984年复设乡。因乡政府驻地得名。最高峰曹家山海拔1200米。为国家南水北调水源地之一。堵河流经。有小学1所，卫生院1个，卫生室7个，文化馆1个。有国家3A级旅游景区月亮湖山庄。农业以种植小麦、水稻、玉米、蔬菜为主。通公交车。

方滩村［Fāngtāncūn］　方滩乡人民政府驻地。在区政府驻地车城路街道西北18千米。人口1100。堵河在此转弯，经冲积形成不规则长方形滩涂，故名。聚落呈块状。有小学、卫生院。有国家3A级旅游景区月亮湖山庄。农业种植小麦、水稻、玉米、蔬菜为主。通公交车。

西沟乡［Xīgōu Xiāng］　张湾区辖乡。在区境西南部。面积113平方千米。人口0.5万。辖9村委会，有9自然村。乡人民政府驻相公岭村。1984年由大川、花果2公社析设长坪、相公2乡。1987年合设西沟乡。西沟河流经，故名。有千米以上山峰8座，最高点停舟山海拔1539米。森林覆盖率94%。有小学1所，卫生院1个，卫生所8个，图书馆1个，文化馆1个。有名胜古迹停舟寺、红岩山寨、长坪画湖等。经济以旅游、水果种植为主。有生态观光园10个。省道十竹线过境。通公交车。

相公岭村［Xiànggōnglǐngcūn］　西沟乡人民政府驻地。在区政府驻地车城路街道西南14千米。人口1100。传有相公葬此山岭，故名。聚落呈条状。有小学、卫生院。经济以旅游业、种植业为主。农业种植小麦、水稻、玉米、果树等。省道十竹线经此。通公交车。

郧阳区

郧阳区［Yúnyáng Qū］　十堰市辖区。在市境西北部。面积3832平方千米。人口63.1万。辖16镇、3乡。区人民政府驻城关镇。晋太康五年（284）置郧乡县，属魏兴郡。元至元十四年（1277）改郧县，属均州。1949年属陕西省两郧专区。1950年属湖北省郧阳专区。1994年属十堰市。2014年更名郧阳区。因曾属郧阳专区得名。年均气温16℃，1月平均气温3℃，7月平均气温28.2℃。年均降水量798毫米。以丘陵低山为主。地势南北高中间低。有沧浪山、大佛山、玉皇山等。最高点沧浪山海拔1824.4米。汉江、堵河、曲远河、堰河、兆河、滔河、棒槌河、巨家河等流经。有矿产资源绿松石、金、银、石煤、稀土、铁锡、钒、大理石、石棉、铀等。有高中2所，中等职业学校2所，初中20所，小学150所，特教学校1所。有二级医院2个，文化馆1个，文化站20个，文化广场26个，档案馆1个，博物馆1个，二类文艺团体1个。有郧阳革命烈士陵园。有青龙山国家地质公园、沧浪山国家森林公园。有国家4A级旅游景区1个，3A级旅游景区4个。景点有龙吟峡、虎啸滩、九龙瀑等。三次产业比例27∶40∶33。农业种植小麦、水稻、玉米、大豆、番薯、柑橘、茶、草药、芝麻、花生、莲藕，饲养生猪、山羊、家禽等。养殖鱼虾等。有特产白羽乌鸡、黄牛、黑猪、胭脂米。有省农业产业化示范园区1个。工业以汽车制造、矿产品深加工、农产品加工为主。服务业以住宿、餐饮业为主。襄渝铁路，十漫、银武、十白高速，209、316国道，省道郧漫、丹郧、鲍竹线过境。有胡家营火车站、郧阳汽车客运站。有水路航线8条。通多路公交车。

郧阳广场［Yúnyáng Guǎngchǎng］　在城区中部。面积3公顷。1999年开工，2000年建成。因行政区域得名。原为土沟水库二号库，改建后分中央活动区、山经游览区、喷泉展示区。有音乐喷泉、碑亭等。为举办重大庆典、大型文体活动和市民健身娱乐的主要场所。周边有区国税局、郧阳博物馆等。通公交车。

郧阳汽车客运站［Yúnyáng Qìchē Kèyùnzhàn］　见交通运输设施部分“郧阳汽车客运站”条。

城关镇［Chéngguān Zhèn］　郧阳区人民政府驻地。在区境中部。面积157平方千米。人口10.9万。辖7居委会、14村委会，有14自然村。镇人民政府驻兴郧路社区。1948年设城关区，旋改郧阳市。1950年复城关区。1952年改镇。1958年改公社。1961年复镇。2001年大堰乡并入。因原为古城城关得名。蜂儿河、洞耳河、仙人河流经。有矿产资源铁、彩石、石灰石等。有高等院校2所，中学4所，小学14所，二级医院2个，卫生院1个，社区卫生服务站8个，村卫生室14个。有文化室、图书室。有古建筑郧阳大丰仓、府学宫等。有全国爱国主义教育基地郧阳革命烈士陵园。经济以商贸为主，有汽车配件、建筑建材、服装鞋帽、食品等加工业。209国道过境。通公交车。

兴郧路社区［Xīngyúnlù Shèqū］　城关镇人民政府驻地。在区境中部。面积2平方千米。人口4.7万。因兴郧路得名。2005年成立。有现代民居419栋。提供走访分散供养人员、组织老年人每周运动和法律咨询帮助等服务。有中小学、县人民医院、卫生室。有区政府等多个单位驻此。通公交车。

安阳镇［Ānyáng Zhèn］　郧阳区辖镇。在

区境东部。面积208平方千米。人口2.7万。辖23村委会,有23自然村。镇人民政府驻西堰村。1949年设安阳区。1956年并入杨溪区。1975年析设细峪公社。1984年复归杨溪区。1987年析设安阳镇。因旧称安阳口得名,取"安定郧阳"之意。有矿产资源铁、石灰石等。有中学1所,小学10所,卫生院1个,卫生室23个,文化站1个,农家书屋14个。景点有马岭三潭、石庙湾、石鸡山解放战争遗址、巨家河水库等。农业以种植水稻、西瓜、甜瓜为主。工业以化工、铸造、机械加工、制塑、建材制造为主。省道丹郧线过境。通公交车。有水路旅游专线。

西堰村 [Xīyàncūn] 安阳镇人民政府驻地。在区政府驻地城关镇东北18千米。人口3000。因细峪河穿越本村,为防水患在河西修建堤堰,故称西堰。村以堰名得名。聚落呈长方形。有卫生室。农业以种植水稻、小麦、玉米、番薯为主。有黄酒酿造业。通公交车。

杨溪铺镇 [Yángxīpù Zhèn] 郧阳区辖镇。在区境东部。面积138平方千米。人口2.3万。辖15村委会,有15自然村。镇人民政府驻杨溪铺村。1949年设杨溪区。1958年改卫星公社。1961年复区。1987年改杨溪铺镇。因镇政府驻地得名。有初中1所,小学6所,幼儿园1所,卫生院1个,卫生所(室)14个。有青龙泉遗址。农业以种植水稻、小麦、玉米、番薯为主。有特产芝麻、油菜、花生、西瓜、莲藕。工业以汽车配件、建材、烟花爆竹制造,精密铸造为主。209国道、省道丹郧线过境。通公交车。

杨溪铺村 [Yángxīpùcūn] 杨溪铺镇人民政府驻地。在区政府驻地城关镇东5.6千米。人口2100。旧时设驿站,名杨溪铺,延为村名。聚落呈带状。农业种植小麦、番薯、玉米。有特产桐籽、木梓。通公交车。

清凉寺回民村 [Qīngliángsìhuímíncūn] 在区政府驻地城关镇东5.6千米。杨溪铺镇辖自然村。人口400,其中回族占58%。因清凉寺得名。聚落呈带状。农业以种植小麦、玉米、水稻、番薯为主。特产苹果、橘子。清长公路经此。通公交车。

谭家湾镇 [Tánjiāwān Zhèn] 郧阳区辖镇。在区境北部。面积150平方千米。人口2.1万。辖1居委会、13村委会,有13自然村。镇人民政府驻谭家湾村。2009年由郧县国营原种场改设谭家湾镇。因镇政府驻地得名。有矿产资源铁、石灰石、大理石等。有初中2所,小学7所,幼儿园4所,卫生院1个,卫生所12个。农业以种植水稻、小麦、玉米为主。有特产全蝎、核桃、油桐、龙须草。工业有食品加工业。郧白公路过境。通公交车。

谭家湾村 [Tánjiāwāncūn] 谭家湾镇人民政府驻地。在区政府驻地城关镇北12千米。人口2000。因谭姓居河湾得名。聚落呈扇形。有九年一贯制学校、卫生院。盛产油桐、山枣、百合。通公交车。

青曲镇 [Qīngqǔ Zhèn] 郧阳区辖镇。在区境西部。面积171平方千米。人口2.8万。辖18村委会,有18自然村。镇人民政府驻曲远河店村。1948年设青曲乡。1956年并入大堰区。1975年析设青曲公社。1984年与大堰公社合并为大堰区。1987年改青曲镇。因原清水、曲远2保得名。有初中1所,小学10所,卫生院1个,卫生所1个,卫生室18个。有国家重点文物保护单位学堂梁子遗址。农业种植水稻、小麦、玉米、莲藕、辣椒、豇豆,养殖生猪、山羊、家禽。有特产柑橘、莲藕、核桃、全蝎、甘草、大黄、芍药、地黄、当归、黄姜、木瓜、山楂等。工业以化工、铸造、机械加工、制塑、建材制造为主。福银高速、郧漫公路、省道两郧线过境。通公交车。

曲远河店村 [Qǔyuǎnhédiàncūn] 青曲镇人民政府驻地。在区政府驻地城关镇西33千米。人口3900。处曲远河畔,为商贸聚集地,故名。聚落呈带状。有初中、小学、镇卫生院。农业种植小麦、水稻、玉米、番薯、芝麻。郧漫公路经此。通公交车。

弥陀寺村 [Mítuósìcūn] 在区政府驻地城关镇西40千米。青曲镇辖自然村。人口1400。因原有弥陀寺得名。聚落沿汉江呈带状分布。有全国重点文物保护单位学堂梁子遗址。农业种植水稻、小麦、玉米、番薯等。青弥公路经此。

白桑关镇 [Báisāngguān Zhèn] 郧阳区辖镇。在区境东北部。面积218平方千米。人口3.5万。辖24村委会,有24自然村。镇人民政府驻白桑关村。1949年为白桑区。1958年改万能公社。1961年复白桑区。1975年成立公社。1984年复区。1987年改白桑关镇。因镇政府驻地得名。有矿产资源大理石、铁、石灰石等。有初中2所,小学6所,幼儿园2所,卫生院2个,卫生所24个。景点有大龙山、凤凰山、雷锋垭、龙潭河、梨花寨、战马沟、石佛寺等。农业以种植水稻、油菜、小麦、玉米、番薯为主。有特产龙须草、高原青茶、白羽乌鸡。工业以矿产开采、建材加工为主。209国道、白梅公路过境。通公交车。

白桑关村 [Báisāngguāncūn] 白桑关镇人民政府驻地。在区政府驻地城关镇北35千米。人口1500。传有白果树腹中又生桑树,称白桑树。且此地为北上南出必经关隘,故名。聚落呈块状。有九年一贯制小学、卫生院、卫生所。种植水稻、小麦、玉米等。有特产龙须草、油桐、木梓、柿子、草果。通公交车。

南化塘镇 [Nánhuàtáng Zhèn] 郧阳区辖镇。在区境东北部。面积415平方千米。人口6.1万。辖28村委会,有28自然村。镇人民政府驻南化村。1949年为南化区。1958年成立踊跃公社。1961年复南化区。1975年成立公社。1987年改南化塘镇。2001年黄柿乡并入。因明成化年间(1465—1487)曾设南化塘关卡得名。有温泉。有初中2所,小学29所,卫生院1个,卫生室6个。有玉皇顶新四军五师突围战场遗址。农业种植小麦、水稻、番薯、玉米、蔬菜等,养殖罗非鱼。工业以矿产开发为主。郧白、石南、南白公路过境。通公交车。

南化村 [Nánhuàcūn] 南化塘镇人民政府驻地。在区政府驻地城关镇北40千米。人口5200。传刘秀被王莽追此,山势险峻,长叹"难化",后又脱险。此地以此得名,后演为今名。聚落沿河呈带状分布。有中小学、卫生院、卫生室。有省级爱国主义教育基地南化塘革命烈士陵园。农业种植水稻、小麦、玉米等。通公交车。

马纵岭回族村 [Mǎzònglǐnghuízúcūn] 在区政府驻地城关镇北43千米。南化塘镇辖自然村。人口3000,其中回族占16%。因马纵岭得名。聚落沿河呈带状分布。农业种植玉米、小麦、水稻、番薯等。通公交车。

玉皇山村 [Yùhuángshāncūn] 在区政府驻地城关镇北49千米。南化塘镇辖自然村。人口3100。因玉皇山得名。聚落沿河呈带状分布。有玉皇顶新四军五师突围战场遗址。农业种植小麦、水稻、玉米、番薯、花生。郧白公路经此。

白浪镇 [Báilàng Zhèn] 郧阳区辖镇。在区境北部。面积68平方千米。人口1.3万。辖10村委会,有10自然村。镇人民政府驻丹江村。1987年由刘洞区析设白浪乡。1996年改镇。因白浪街得名。街处庙沟河北岸,秋后白浪翻滚,故名。丹江河流经。有初中1所,小学2所,卫生院1个,卫生室10个。景点有程家大院、孙大人庙、三省界碑、杨沟天井洞、狼洞等。工业以烟花爆竹生产、墙体材料加工、电子制造为主。郧阳、湖北公路过境。通公交车。

丹江村 [Dānjiāngcūn] 白浪镇人民政府驻地。在区政府驻地城关镇西97千米。人口2300。丹江流经,故名。聚落沿河呈扇形分布。有九年一贯制学校、卫生院。有传统庙会。农业种植水稻、小麦、番薯等。通公交车。

刘洞镇 [Liúdòng Zhèn] 郧阳区辖镇。在区境东北部。面积86平方千米。人口2万。辖15村委会,有15自然村。镇人民政府驻毛坪村。1952年由南化区析设刘洞区,1956年复入。1961年复设刘洞区。1975年分设刘洞、丹江2公社。1984年刘洞、程家台2公社合设刘洞区。1987年改刘洞镇。因镇政府原驻地刘家洞得名。有初中1所,小学5所,卫生院1个,卫生所1个,卫生室15个。景点有五股泉、香山观、江峪水库、鸡子岭战斗遗址等。农业以种植水稻、小麦、玉米、番薯、豆类为主,兼种柑橘、桃、木瓜、柿子等水果。有特产胡桑、山豆荚。工业以大理石开采为主,有黄酒酿造业。郧十高速,刘黄、郧白公路过境。通公交车。

毛坪村 [Máopíngcūn] 刘洞镇人民政府驻地。在区政府驻地城关镇东北45.1千米。人口1800。因地势较为平坦,且早年多毛姓居民得名。聚落呈条带状。有卫生院。有传统庙会。农业种植水稻、小麦、玉米等。有特产番薯、龙须草。通公交车。

谭山镇 [Tánshān Zhèn] 郧阳区辖镇。在区境东北部。面积120平方千米。人口3.6万。辖18村委会,有18自然村。镇人民政府驻金家村。1975年由梅铺区析设谭山公社。1984年复属梅铺区。1987年析设谭山乡。1996年改镇。因谭山村得名。多炭黑色石头,故称炭山,后改称谭山。有矿产资源砂金、河砂、大理石、米黄玉等。有初中1所,小学21所,卫生院1个,卫生所18个,文化站1个,图书室17个。工业以大理石开采、加工为主。有谭山国际石材城。316国道过境。通公交车。

金家村 [Jīnjiācūn] 谭山镇人民政府驻地。在区政府驻地城关镇东65千米。人口3600。早年有金员外住此,因房屋靠近河边,河水上涨漫过金家院落,得名金家漫。后成村庄,取名金家村。聚落呈带状。农业种植小麦、玉米、油菜、芝麻、棉花等。209国道、省道谭梅线经此。

梅铺镇 [Méipù Zhèn] 郧阳区辖镇。在区境东北部。面积109平方千米。人口3.2万。辖17村委会,有17自然村。镇人民政府驻梅家铺村。1948年为郧县第十一区。1949年改梅铺区。1958年成立红专公社。1975年改梅铺公社。1984年与谭山公社合改梅铺区。1987年改梅铺镇。因镇政府驻地得名。有矿产资源铁、大理石、硅铁等。有初中1所,小学15所,卫生院1个,卫生所17个。有全国重点文物保护单位梅铺猿人遗址。为恐龙骨骼化石群发现地。有玉皇观、清代祠堂等遗址。农业种植水稻、小麦、玉米、番薯等。有特产花生、紫薯、木瓜、柿子。工业以大理石开采加工、龙须草编织、番薯粉加工为主。通公交车。

梅家铺村 [Méijiāpùcūn] 梅铺镇人民政府驻地。在区政府驻地城关镇东南65千米。人口1800。梅姓居此,曾设关卡、递铺,故名。聚落呈带状。有九年一贯制学校、卫生院、卫生所。农业种植水稻、小麦、玉米。盛产番薯。有粉丝加工业。通公交车。

西寺沟口村 [Xīsìgōukǒucūn] 在区政府驻地城关镇东南63千米。梅铺镇辖自然村。人口1100。地处长沟之口,明代建有寺院,称西寺,故名。聚落呈块状。有全国重点文物保护单位梅铺猿人遗址。农业种植小麦、番薯、玉米、水稻、大豆等。梅谭公路经此。

柳陂镇［Liǔbēi Zhèn］　郧阳区辖镇。在区境西南部。面积 179 平方千米。人口 4.8 万。辖 28 村委会，有 28 自然村。镇人民政府驻金矿村。1948 年设三区。1949 年改柳陂区。1956 年茶店区并入。1958 年分宏伟、东方红 2 公社。1961 年复区。1975 年分柳陂、辽瓦 2 公社。1984 年改柳陂区。1987 年改镇。2001 年辽瓦乡并入。清末汉江泛滥，民众江边植柳围堤，故名。有南湖。有矿产资源金、钛等。有中学 1 所，小学 20 所，图书室 28 个，卫生院 2 个，卫生所 1 个，卫生室 28 个。有青龙山国家地质公园。景点有恐龙馆、韩家洲古战场、辽瓦店子河等。农业种植水稻、玉米、小麦、柑橘、木瓜、草莓、桃、核桃，养殖生猪、家禽。工业以机械加工、印刷、建材制造为主。福银高速、柳五公路、209 国道过境。通水运航线。

金矿村［Jīnkuàngcūn］　柳陂镇人民政府驻地。在区政府驻地城关镇西北 6.2 千米。人口 3300。因金矿得名。聚落呈团块状。有小学、卫生院。农业种植水稻、小麦、玉米。通公交车。

青山镇［Qīngshān Zhèn］　郧阳区辖镇。在区境东南部。面积 134 平方千米。人口 1.8 万。辖 12 村委会，有 12 自然村。镇人民政府驻青树沟村。1975 年由茶店公社析设青山公社。1984 年并入茶店区。1987 年析设青山乡。2000 年改镇。因山峦葱绿青翠得名。泗河、钱家河、周家河、江沟流经。有矿产资源石灰石、铁、石英石、石棉等。有九年一贯制学校 1 所，小学 2 所，卫生院 1 个，农村卫生服务站 1 个，卫生室 12 个。农业以种植番薯、小麦、玉米为主。有特产青山茶叶、小叶香葱。工业以石灰石、铁矿开采为主，有番薯粉条加工业。茶青、园十公路过境。

青树沟村［Qīngshùgōucūn］　青山镇人民政府驻地。在区政府驻地城关镇东南 120 千米。人口 2300。因沟内原有冬青树得名。聚落呈 Y 字形。有九年一贯制学校、卫生院。农业种植小麦、玉米、油菜、番薯。通乡村道路。

鲍峡镇［Bàoxiá Zhèn］　郧阳区辖镇。在区境西南部。面积 396 平方千米。人口 3.4 万。辖 25 村委会，有 25 自然村。镇人民政府驻鲍家店村。1949 年设鲍峡区，属郧县。1958 年分设红旗、跃进 2 公社，旋改鲍峡、陈庄 2 公社。1984 年复区，设鲍家店区镇。1985 年鲍家店镇并入鲍峡区。1987 年析设鲍峡镇。2001 年东河乡并入。因鲍家店、大峡河得名。有矿产资源绿松石。有初中 2 所，小学 19 所，卫生院 1 个，卫生所 22 个。景点有白云寺、沧浪山、莲花寨等。有特产猕猴桃、天麻、胭脂米。发展蔬菜产业。有芍药生产基地。襄渝铁路、十白高速、316 国道、省道英黄线过境。

鲍家店村［Bàojiādiàncūn］　鲍峡镇人民政府驻地。在区政府驻地城关镇西北 79 千米。人口 2300。传清乾隆年间（1736—1795）鲍姓开设客栈，人称鲍家店。村以此名。聚落呈带状。有小学、卫生院、卫生所。农业种植玉米、核桃、板栗、芝麻。通公交车。

胡家营镇［Hújiāyíng Zhèn］　郧阳区辖镇。在区境西南部。面积 217 平方千米。人口 2.3 万。辖 19 村委会，有 19 自然村。镇人民政府驻大桥村。1975 年由鲍峡区析设陈庄公社。1984 年改胡家营镇。因胡家营得名。原胡姓居此而得名胡家坡，后因驻扎军队改称胡家营。有矿产资源绿松石。有初中 1 所，小学 9 所，幼儿园 2 所，卫生院 1 个，卫生所 19 个。有冻青沟清代古建筑群。农业种植水稻、小麦、玉米、番薯、木瓜等。有特产桑蚕、木瓜。工业以重金石、蚕丝制品加工为主。襄渝铁路、316 国道过境。有水路航线。

大桥村［Dàqiáocūn］　胡家营镇人民政府驻地。在区政府驻地城关镇西南 3.6 千米。人口 1800。因早年有马家坪大桥得名。聚落呈团块状。有中学、卫生院、卫生所。农业种植小麦、水稻、番薯、花生。襄渝铁路、316 国道经此。通公交车。

茶店镇［Chádiàn Zhèn］　郧阳区辖镇。在区境南部。面积 99 平方千米。人口 3 万。辖 10 村委会，有 10 自然村。镇人民政府驻蔡家岭村。1948 年设六区。1949 年更名茶店区。1956 年并入柳陂区。1958 年改公社。1961 年复茶店区。1987 年改镇。因镇政府原驻地茶店得名。原因地形得名岔甸，后王氏开店舍茶，为纪念之而更名。神定河、南沟、曾家沟、花庙沟流经。有矿产资源金、铁、石棉等。有中学 1 所，小学 9 所，幼儿园 2 所，卫生院 1 个，卫生所 11 个。景点有圆通寺、天马崖、樱桃沟村等。工业以汽车及零部件制造、建材和模具制造、农产品加工为主。发展农业观光旅游。茶青、土天公路过境。通公交车。

蔡家岭村［Càijiālǐngcūn］　茶店镇人民政府驻地。在区政府驻地城关镇西南 5.2 千米。人口 4200。蔡氏始居，故名。聚落呈块状。有中小学、卫生所。经济以商贸为主。通公交车。

大柳乡［Dàliǔ Xiāng］　郧阳区辖乡。在区境西北部。面积 392 平方千米。人口 1.5 万。辖 12 村委会，有 12 自然村。乡人民政府驻杨家村。1949 年设大柳区。1958 年成立鹏程公社。1961 年复区。1987 年改乡。因早年有大柳树得名。有矿产资源重晶石、大理石、石灰石等。有初中 1 所，小学 7 所，卫生院 1 个，卫生所 11 个。景点有虎啸滩、九龙瀑、马脸河、铁佛寺等。农业以种植中草药、高山蔬菜为主。工业有农产品加工、酿酒等。南三公路、省道郧庙线过境。

杨家村［Yángjiācūn］　大柳乡人民政府驻地。在区政府驻地城关镇西北 33 千米。人口 1700。杨姓始居，故名。聚落呈块状。有中小学。农业种植小麦、玉米、番薯、花生。省道郧庙线经此。

五峰乡［Wǔfēng Xiāng］　郧阳区辖乡。在区境西南部。面积 224 平方千米。人口 3.1 万。辖 22 村委会，有 22 自然村。乡人民政府驻南北峰村。1949 年设五峰区。1958 年改先锋公社。1961 年复区。1975 年分设五峰、安城 2 公社。1984 年合为五峰区。1985 年更名安城区。1987 年分设五峰、安城 2 乡。2001 年安城乡并入。有东、西、南、北、泥 5 峰，故名。汉江流经。有矿产资源铜、锌等。有九年一贯制学校 2 所，小学 12 所，卫生院 2 个，卫生室 22 个。有古麇国遗址、安城铜矿遗址、清代四合院等。景点有汉江奇观、迷魂嶂等。农业种植小麦、玉米、黄豆。有特产油桐、生漆、天麻。工业以矿产开采为主，有柿子酒、麻油等加工业。省道柳五线，县道姚五、五鲍线过境。通公交车。

南北峰村［Nánběifēngcūn］　五峰乡人民政府驻地。在区政府驻地城关镇西南 50 千米。人口 1600。因南、北 2 峰得名。聚落呈带状。有九年一贯制学校、卫生院、卫生室。农业种植小麦、玉米、黑木耳、番薯。通公交车。

叶大乡［Yèdà Xiāng］　郧阳区辖乡。在区境西南部。面积 328 平方千米。人口 1.8 万。辖 13 村委会，有 13 自然村。乡人民政府驻新潮村。1952 年由黄龙区析设叶大区。1956 年并入黄龙区。1958 年成立飞轮公社。1961 年复叶大区。1987 年分设叶大、叶滩 2 乡。2001 年叶滩乡并入。旧时有叶门、大仓 2 保，各取 1 字得名。最高峰沧浪山海拔 1824.7 米。有黄龙滩水库。有矿产资源金、银、铜等。有九年一贯制学校 1 所，卫生院 1 个，卫生所 12 个。农业种植水稻、玉米、大豆、番薯、小麦、油料、草药、蔬菜，饲养生猪、羊、家禽。工业以矿山开采、小水电开发、建材制造为主。通公交车。有水路航线。

新潮村［Xīncháocūn］　叶大乡人民政府驻地。在区政府驻地城关镇西 90 千米。人口 1700。因取农业生产迎来新高潮得名。聚落呈带状。有卫生院、卫生所。农业种植玉米、核桃、板栗、芝麻、柿树。通公交车。

丹　江　口　市

丹江口市［Dānjiāngkǒu Shì］　湖北省直辖县级市，由十堰市代管。北纬 32°54′，东经 111°50′。在十堰市境东部。面积 3121 平方千米。人口 46 万。以汉族为主，还有回、土家等民族。辖 5 街道、12 镇。市人民政府驻均州路街道。汉高帝五年（前 202）置武当县，因武当山得名，属南阳郡。隋开皇五年（585）置均州，以古均水为名，武当县为均州治。唐天宝元年（742）为武当郡治，乾元元年（758）复为均州治。明洪武二年（1369）省武当县入均州，属襄阳府，沿至清末。1912 年改均县，属襄阳道。1949 年属陕西省两郧专区。1950 年属湖北省郧阳专区。1960 年并入光化县。1962 年复置。1965 年属郧阳专区。1983 年撤县置丹江口市（县级）。因丹江口大坝得名。1994 年由十堰市代管。2014 年市政建设围绕打造中心城区（“一核”）、构建副中心城镇（“两极”）、推进环库城镇群形成，逐步实现全域城镇化和全域景观化目标。全年实施 8 大类 22 小项城建工程，完成棚户区改造 3154 户，改造 5 老旧小区、3 城中村。年末建成区面积达 28.43 平方千米。园林绿地面积 1013.25 万平方米，城区人均公园绿地面积 11.14 平方米，建成区绿化覆盖率 39.3%。地势南北高中间低。南部为中低山区，以武当山为主。北部为丘陵区。中部为丘陵河谷。平均海拔 400 米。最高点武当山天柱峰海拔 1612.3 米。年均气温 15.6℃，1 月平均气温 3.1℃，7 月平均气温 27.8℃。年均降水量 800 毫米。汉水流经。为南水北调中线工程水源地。有矿产资源铁、钒、钛等。有野生植物 86 种，其中国家重点保护野生植物有银杏、水杉、红豆树等 12 种。有野生脊椎动物 363 种，其中国家保护珍稀动物有金钱豹、金猫、猕猴、水獭、大灵猫、小灵猫、毛冠鹿、鬣羚、斑羚等，国家二级保护动物凤头鹰、雀鹰、普通鵟、燕隼、白冠长尾雉、红腹锦鸡、勺鸡。有特种水产虾、螃蟹、鳖、牛蛙等和珍稀鱼类大鲵等。有省级自然保护区 2 个。森林覆盖率 58.1%。有武当山道教学院。有高中 3 所，中等职业学校 5 所，初中 28 所，小学 69 所，二级医院 4 个。有国家级非物质文化遗产伍家沟民间故事、武当山宫观道乐、武当武术、吕家河民歌、武当山庙会、武当神戏。有世界文化遗产、全国重点文物保护单位、中国道教圣地武当山古建筑群，国家 5A 级旅游景区武当山，4A 级旅游景区静乐宫、太极峡，3A 级旅游景区丹江口大坝、金蟾峡。有“中国民间文化艺术之乡”伍家沟。三次产业比例 15∶51∶34。农业种植玉米、薯类、小麦、水稻、油菜。有特产柑橘、木耳、香菇、茶叶、中药材等。有国家地理标志产品丹江口鲌鱼、丹江口鳡鱼、丹江口清虾、丹江口鳙鱼、武当蜜橘、武当椰梅、金桩堰贡米。工业以水电为主，兼有冶金、汽车零部件制造、生物医药、绿色食品加工等。服务业以旅游业为主。市域共有旅游景区（点）22 处。襄渝铁路、汉十高速、316 国道过境。通多路公交车。

水都大道 [Shuǐdū Dàdào] 在市区中部。东起汉江大道,西至太和大道。与望月路、沧浪路、武当大道、明珠路、槐荫路相交。长 6.3 千米,宽 21 米。沥混路面。2006 年开工,2008 年建成。处南水北调中线工程水源区下方,连接水都大桥,故名。两侧有民政局、残联、均州老街、汉江国际酒店、加油站、丹江口驾校、广深工业园等。通公交车。

沿江大道 [Yánjiāng Dàdào] 在市区中部。南起均州大桥,北至电站路。与红花路、饶家营路、车站路、人民路、和平路等相交。长 4.6 千米,宽 22 米。沥混路面。1995 年开工,2010 年建成。因沿汉江得名。两侧有市农业局、审计局、城市管理局、水之源广场、南水北调主题公园等。通公交车。

水都大桥 [Shuǐdū Dàqiáo] 在市区西部。长 1128 米,宽 19 米,最大跨度 110 米,桥下净高 25 米。2004 年开工,2006 年建成。原名南水北调中线工程丹江口坝下施工大桥,2014 年改名水都大桥。因水都大道得名。为大型河道桥梁,结构型式为九跨连续单箱单室变截面预应力箱梁桥。最大载重 50 吨。通公交车。

新港汽车客运站 [Xīngǎng Qìchē Kèyùnzhàn] 见交通运输设施部分“新港汽车客运站”条。

均州路街道 [Jūnzhōulù Jiēdào] 丹江口市人民政府驻地。在市境东部。面积 23 平方千米。人口 4.8 万。1984 年设。因均州路得名。有高中 1 所,初中 2 所,小学 4 所,卫生室 7 个。经济以工业为主,有冶金、汽配、建材等产业。服务业以商贸为主。通公交车。

大坝街道 [Dàbà Jiēdào] 属丹江口市。在市境东部。面积 12 平方千米。人口 4.6 万。1984 年设。因丹江口大坝得名。有丹江口水利枢纽。有初中 2 所,小学 2 所,二级医院 1 个,卫生室 5 个。工业以水力发电、食品加工、化工、铸造、机械制造为主。通公交车。

丹赵路街道 [Dānzhàolù Jiēdào] 属丹江口市。在市境东部。面积 54 平方千米。人口 3.5 万。1984 年设。因丹江镇—赵岗公路得名。有武当山道教学院。有高中 1 所,初中 3 所,小学 2 所,卫生院 1 个,卫生室 6 个。有武当山静乐宫风景区。经济以农业、商业为主,种植蔬菜、柑橘、核桃。有水产、畜牧业。工业有木业、制塑、生物科技等。通公交车。

武当山街道 [Wǔdāngshān Jiēdào] 属丹江口市。在市境西部。面积 312 平方千米。人口 7.5 万。2004 年由武当山镇改设。因世界文化遗产、国家 5A 级旅游景区武当山得名。有高中 1 所,初中 1 所,小学 6 所,幼儿园 3 所,二级医院 1 个,卫生院 5 个,卫生室 16 个。有国家 4A 级旅游景区太极湖度假区。农业种植小麦、水稻、玉米、柑橘、茶。工业有精密铸造、酿酒等产业。襄渝铁路、316 国道、汉十高速过境。通公交车。

三官殿街道 [Sānguāndiàn Jiēdào] 属丹江口市。在市境西部。面积 110 平方千米。人口 2.8 万。1984 年设。因三官庙得名。有高中 3 所,初中 3 所,小学 2 所,二级医院 1 个,卫生院 2 个,卫生室 20 个。有沧浪洲生态湿地公园、砂石体育遗址公园、西城山公园、均州老街等。农业种植蔬菜、食用菌、小杂果。工业以制醋、酿酒、汽车传动轴制造为主。有公交线路。

土关垭镇 [Tǔguānyà Zhèn] 丹江口市辖镇。在市境南部。面积 110 平方千米。人口 1.4 万。辖 1 居委会、11 村委会,有 11 自然村。镇人民政府驻土关垭社区。1949 年为七区。1959 年并入浪河公社。1987 年设土关垭乡。1994 年改镇。因镇政府驻地得名。有矿产资源钒、钛、磁铁等。有初中 1 所,小学 7 所,卫生院 1 个,卫生室 11 个。农业以种植水稻、小麦、玉米、茶,养殖生猪、牛、羊、家禽为主。有鄂西北名茶武当碧叶、武当碧针等。316 国道、汉十高速、省道孟土线过境。

土关垭社区 [Tǔguānyà Shèqū] 土关垭镇人民政府驻地。在市境南部。面积 21 平方千米。人口 1700。“土关”为头观之方言。因地处东去武当山朝拜的第一道宫观得名头观,且处两山之间狭窄之地方称“垭”。2011 年成立。有现代砖混民居院落和楼房。有中小学、幼儿园、卫生院、镇文化站、村级文化中心。316 国道、丹土公路、汉十高速经此。

浪河镇 [Lànghé Zhèn] 丹江口市辖镇。在市境中部偏南。面积 138 平方千米。人口 2.1 万。辖 9 村委会,有 9 自然村。镇人民政府驻小店子村。1948 年为均县第七区。1958 年成立浪河公社。1975 年改镇。1984 年改浪河区。1987 年复改镇。浪河流经,落差较大,波浪滚滚,故名。有黄龙山、棋盘山。白河、肖河、四道河流经。为丹江口库区移民镇。有高中 1 所,初中 2 所,小学 2 所,卫生院 2 个,卫生室 10 个。有名胜古迹东周遗址、岭庙、清末饶氏庄园、明清一条街、武当峡谷漂流等。农业以种植水稻、玉米、小麦、芝麻、油菜、蔬菜,养殖生猪、家禽为主。有食用菌、有机茶、有机大米基地。工业有磷化工、精铸、冶炼、制锅、玻纤制造、包装印刷等。襄渝铁路、福银高速、316 国道过境。

小店子村 [Xiǎodiànzicūn] 浪河镇人民政府驻地。在市政府驻地均州路街道西南 27 千米。人口 4100。昔为物资集散地,商铺规模相对较小,故名。聚落呈块状。有小学、卫生室。经济以建筑、餐饮、商贸为主。农业种植水稻、小麦、玉米、蔬菜,养殖生猪、牛、羊、家禽等。襄渝铁路、汉十高速、316 国道经此。

丁家营镇 [Dīngjiāyíng Zhèn] 丹江口市辖镇。在市境中部偏南。面积 84 平方千米。人口 1.3 万。辖 2 居委会、7 村委会,有 7 自然村。镇人民政府驻花园村。1952 年设丁家营乡。1960 年改公社。1984 年复乡。1987 年改镇。传明代大修武当山,在此驻军,称兵家营,后因笔误演为今名。有初中 1 所,小学 2 所,卫生院 1 个,卫生室 3 个。农业以种植水稻、小麦、蔬菜为主。工业有服装加工、铸造、汽配制造等。襄渝铁路、福银高速、316 国道过境。

花园村 [Huāyuáncūn] 丁家营镇人民政府驻地。在市政府驻地均州路街道西南 28 千米。人口 2300。寓意村庄像花一样美丽,故名。聚落呈块状。有中小学、幼儿园、卫生院。农业种植小麦、水稻、玉米。有服装加工业。襄渝铁路、汉十高速、316 国道经此。

六里坪镇 [Liùlǐpíng Zhèn] 丹江口市辖镇。在市境西部。面积 187 平方千米。人口 4.7 万。辖 20 村委会,有 107 自然村。镇人民政府驻大柳树村。1948 年为三区。1958 年改东风公社。1961 年改六里坪区。1975 年成立公社。1984 年改区。1987 年改镇。原有长 6 里的肥沃土地,故名。有初中 1 所,小学 9 所,幼儿园 2 所,二级医院 1 个,卫生室 14 个。有“中国民间文化艺术之乡”伍家沟民间故事村。景点有武当山旅游港、玉皇顶森林公园、伍家沟双寨公园等。农业种植小麦、水稻、油菜、杂粮。有柑橘、油桐、绿茶、小杂果特色种植。工业以整车制造、冲压、铸造、机械加工、汽车电器制造为主。有岗河汽配园、六里坪工业园。有小商品、农特产品等专业市场 8 个。汉十、十房高速,316 国道过境。

大柳树村 [Dàliǔshùcūn] 六里坪镇人民政府驻地。在市政府驻地均州路街道西 50 千米。人口 3600。因昔有巨型柳树得名。聚落呈块状。有小学、卫生室。农业种植小麦、水稻、果蔬。工业有汽车配件制造、水泥加工。服务业以商贸为主。襄渝铁路、汉十高速、316 国道经此。

狮子沟村 [Shīzigōucūn] 在市政府驻地均州路街道西北 90 千米。六里坪镇辖自然村。人口 1400。因古庙前雕刻石狮子得名。有双寨古遗址。农业种植小麦、玉米、水稻、豆类、柑橘、藕、小杂果,养殖生猪、牛、羊、鸡、鸭等。有旅游业。2011 年被评为全国文明村。

盐池河镇 [Yánchíhé Zhèn] 丹江口市辖镇。在市境西南部。面积 196 平方千米。人口 1.2 万。辖 1 居委会、12 村委会,有 12 自然村。镇人民政府驻盐池湾村。1960 年前进、建国、飞跃 3 公社合设盐池河区。1975 年改公社。1984 年复区。1987 年改乡。1998 年改镇。因曾有盐池得名。有初中 1 所,小学 1 所,幼儿园 1 所,卫生室 11 个。有武当山七十二峰中的 20 座,二十四涧中的 8 道涧。农业种植小麦、玉米、水稻、油菜、茶,养殖牛、羊、猪、家禽。有林产杉树、黄姜、杜仲、银杏、木耳、香菇等。浪盐、草盐、盐房公路过境。

盐池湾村 [Yánchíwāncūn] 盐池河镇人民政府驻地。在市政府驻地均州路街道西南 48 千米。人口 1400。传古时有盐龙盘踞在水池内修炼,故名。聚落呈块状。有卫生所。农业种植小麦、水稻、油菜、玉米、木耳、香菇、中药材等。浪盐、草盐、盐房公路经此。

均县镇 [Jūnxiàn Zhèn] 丹江口市辖镇。在市境西部。面积 273 平方千米。人口 3 万。辖 1 居委会、19 村委会,有 19 自然村。镇人民政府驻核桃园村。1948 年为均县二区。1956 年改嚣川区。1975 年成立公社。1984 年改乡。1993 年改均县镇。原为均县县治,故名。有初中 1 所,小学 2 所,卫生院 1 个,卫生室 17 个。景点有龙王岛、莲花岛、南水北调纪念遗址等。农业种植小麦、水稻、玉米、芝麻。有特产柑橘、鱼类。有水产品、良种牲畜养殖基地,橘、橙、油菜、中药材种植基地。习均、六均公路过境。

核桃园村 [Hétaoyuáncūn] 均县镇人民政府驻地。在市政府驻地均州路街道西 42 千米。人口 1600。因盛产核桃且有大规模园林得名。聚落呈散状。有中小学、卫生院。农业种植小麦、水稻、玉米、油菜、花生、芝麻、柑橘。服务业有商品零售、餐饮住宿等。习均、六均公路经此。

习家店镇 [Xíjiādiàn Zhèn] 丹江口市辖镇。在市境北部。面积 412 平方千米。人口 4.8 万。辖 1 居委会、29 村委会,有 29 自然村。镇人民政府驻习家店社区。1956 年设习家店区。1958 年成立公社。1984 年复区。1987 年改镇。因镇政府驻地得名。有矿产资源石煤、铁、大理石等。为丹江口库区移民镇。有初中 2 所,小学 5 所,幼儿园 5 所,卫生院 2 个,卫生室 22 个,村级文化活动中心 23 个。有省级文物保护单位 1 个。有古迹庞湾窑址。农业种植小麦、水稻、地瓜、柑橘、核桃。有柑橘基地、万亩杏仁基地、万亩良种繁育基地、万亩优质粮油基地、菜牛养殖基地。有农副产品加工业。习均、凉习公路,省道丹郧线过境。

习家店社区 [Xíjiādiàn Shèqū] 习家店镇人民政府驻地。在市境西北部。面积 2 平方千米。人口 3000。古为汉江北岸香客朝拜武当山必经之地,习氏开设旅店,故称习家店。2006 年成立。有现代砖混民居院落和楼房。有中小学、幼儿园、镇文化站、文化活动中心、卫生院。有农贸交易市场。习均、凉习公路,省道丹郧线经此。

蒿坪镇 [Hāopíng Zhèn] 丹江口市辖镇。

在市境西部。面积121平方千米。人口1.3万。辖1居委会、9村委会,有9自然村。镇人民政府驻蒿坪村。1955年设蒿坪乡。1961年成立公社。1975年黄莺、黑垭2公社并入。1984年改乡。1995年改镇。因镇政府驻地得名。有初中1所,小学2所,幼儿园1所,卫生院1个,卫生室6个。有古建筑石屋、古寨等。农业种植小麦、水稻、玉米、核桃、黄姜、紫薯、尖椒、牧草、腊菜,养殖黑猪、土鸡等。省道丹郧线过境。

蒿坪村［Hāopíngcūn］　蒿坪镇人民政府驻地。在市政府驻地均州路街道西北33千米。人口1800。因在长满蒿子的坪上建村得名。聚落呈不规则块状。有中小学、卫生院。农业种植小麦、玉米、水稻、柑橘、核桃,饲养生猪、肉鸡。省道丹郧线经此。

石鼓镇［Shígǔ Zhèn］　丹江口市辖镇。在市境北部。面积175平方千米。人口1.2万。辖1居委会、8村委会,有8自然村。镇人民政府驻罗店社区。1948年设石鼓乡。1962年并入石鼓公社。1975年玉皇顶、柳林、罗店、石鼓4公社合并为薛桥公社。1996年改石鼓镇。因有巨石,其形如鼓,故名。曾为楚国通往秦国之重要关口,称石鼓关。有初中1所,小学5所,卫生院1个,卫生室10个,村级文化活动室8个。有丹霞地貌遗迹。有国家4A级旅游景区太极峡、玄武洞。有玉皇顶生态园林、"小太平洋"景区。农业种植蔬菜、柑橘、仁用杏、核桃,饲养生猪、肉鸡。罗仓公路、省道丹郧线过境。

罗店社区［Luódiàn Shèqū］　石鼓镇人民政府驻地。在市境北部。面积3平方千米。人口1100。传古为通往川、陕的驿站,为来往官员更换骡马、提供食宿,故以谐音得名罗店。2004年成立。有现代砖混民居院落和楼房。有中小学、卫生院、镇文化站、村级文化活动室。有国家4A级旅游景区太极峡。省道丹郧线经此。

凉水河镇［Liángshuǐhé Zhèn］　丹江口市辖镇。在市境北部。面积242平方千米。人口3.1万。辖1居委会、15村委会,有15自然村。镇人民政府驻凉水河社区。1950年设龙泉乡。1956年改凉水河区。1958年改火箭公社。1959年成立凉水河公社。1984年复区。1987年改镇。因凉水河得名。有初中1所,小学1所,卫生院1个,卫生室14个。景点有白龙古泉、白龙古柏、郭塾古宅等。经济以种植小麦、水稻、玉米为主,兼种豆类、柑橘。养殖生猪、牛、羊、家禽。环库公路、省道丹郧线过境。

凉水河社区［Liángshuǐhé Shèqū］　凉水河镇人民政府驻地。在市境北部。面积0.7平方千米。人口600。因镇得名。2005年成立。有现代砖混民居院落和楼房。有农家乐,发展生态农庄旅游。有中小学、卫生院。省道丹郧线经此。

官山镇［Guānshān Zhèn］　丹江口市辖镇。在市境西南部。面积301平方千米。人口1.4万。辖1居委会、13村委会,有13自然村。镇人民政府驻五龙庄村。1946年设官山区。1956年并入六里坪区。1958年析设五星公社。1959年改官山公社。1984年改区。1987年改乡。1999年改镇。原为武当山道观官地,粮款悉交庙观,故名。有武当山七十二峰中的19座,三十六岩中的8座,二十四涧中的4道。有初中1所,小学1所,卫生院1个,卫生室8个。有国家级非物质文化遗产吕家河民歌。农业种植小麦、水稻、玉米、核桃、香菇、木耳、油桐。有药材、板栗、杉树种植基地。十房高速、209国道过境。

五龙庄村［Wúlóngzhuāngcūn］　官山镇人民政府驻地。在市政府驻地均州路街道西南61千米。人口1200。因邻武当山五龙宫得名。聚落呈不规则块状。有中小学、卫生院。景点有武当山道观、庄园遗址等。农业种植小麦、玉米、水稻、杂豆,养殖生猪、牛、羊、家禽、蜜蜂。有特产茶叶、香菇、木耳、中药材。十房高速、209国道经此。

吕家河村［Lǚjiāhécūn］　在市政府驻地均州路街道西南63千米。官山镇辖自然村。人口1200。传吕不韦家眷定居于此,故名。聚落呈散状。西河、铁炉河、九道河流经。为中国传统村落。有武当山南神道景区。有国家级非物质文化遗产吕家河民歌。农业种植小麦、玉米、水稻、杂豆,养殖生猪、牛、羊、家禽、蜜蜂。有特产茶叶、香菇、木耳、中药材。官盐公路经此。

龙山镇［Lóngshān Zhèn］　丹江口市辖镇。在市境北部。面积145平方千米。人口1.4万。辖1居委会、14村委会,有14自然村。镇人民政府驻土台村。1958年成立土台公社。1984年改乡。2012年因龙山塔改设龙山镇。有龙山、白马山、马家山等。汉江河、二道河、草店河流经。有初中1所,小学1所,卫生院1个,卫生室12个。农业以柑橘种植,生猪、肉鸡养殖为主。有旅游业。枫土公路过境。

土台村［Tǔtáicūn］　龙山镇人民政府驻地。在市政府驻地均州路街道西24千米。人口2000。因土戏台得名。聚落呈条状。有小学、卫生室。农业种植柑橘,兼种小麦、水稻、油菜。养殖牛、猪、羊、家禽。枫土公路经此。

郧西县

郧西县［Yúnxī Xiàn］　十堰市辖县。北纬32°47′,东经109°25′。在市境西北部。面积3509平方千米。人口51万。以汉族为主,还有回、满、土家等民族。辖9镇、7乡。县人民政府驻城关镇。明成化十二年(1476)由郧、上津2县析设郧西县,属郧阳府。因处郧县西得名。清顺治十六年(1659)上津县省入。此后未变,先后属襄阳道、第十一行政督察区、第八行政督察区、陕西省两郧专区、湖北省郧阳专区、襄阳专区、郧阳专区、郧阳地区、十堰市。地形以山地为主。地势西北高东南低。平均海拔800米。最高点湖北大梁海拔1853米。年均气温15.4℃,1月平均气温4℃,7月平均气温29℃。年均降水量796.9毫米。汉江、天河、金钱河等流经。有矿产资源金、银、锑、磷、镁、重晶石、大理石等,储量大、品位高。有野生植物1467种,其中国家重点保护野生植物有红豆杉、巴山榧树、樟树、楠木、野大豆、榉树、喜树、香果树、岩白菜、金荞麦、黄皮树。有陆生脊椎动物251种,其中国家重点保护野生动物有豹、梅花鹿、林麝、豺、秦岭羚牛、海南鳽、金雕、白冠长尾雉、白鹤、斑羚、鬣羚、水獭、大灵猫、狼、黄喉貂、小灵猫、金猫、豹猫、毛冠鹿、鸢、白尾鹞、白冠长尾雉、白颈长尾雉、红腹锦鸡、红腹角雉、松雀鹰、红脚隼、草鸮、灰林鸮、鸳鸯等。有省级自然保护区3个。森林覆盖率53%。有高等院校3所,中学23所,小学93所,二级医院1个。有国家4A级旅游景区五龙河、龙潭河、天河、上津古城。有国家级非物质文化遗产七夕节。三次产业比例33∶28∶39。有特产核桃、板栗、柿子、茶叶、油桐、黄姜。襄渝铁路、银武高速、省道郧漫线过境。有汉江航道。通多路公交车。

七夕广场［Qīxī Guǎngchǎng］　在县城中部偏南。面积3000平方米。2008年开工,2010年建成。因郧西七夕文化得名。分2层,底层为停车场及卖场,顶层为开放式广场。有铜牛、织女雕塑、天河星座图。栽植多种花木。为集观光、休闲娱乐于一体的大型广场。周边有七夕故事园、商贸旅游城、县法院等。通公交车。

郧西县汽车客运站［Yúnxī Xiàn Qìchē Kèyùnzhàn］　见交通运输设施部分"郧西县汽车客运站"条。

城关镇［Chéngguān Zhèn］　郧西县人民政府驻地。在县境东部。面积128平方千米。人口8.3万。辖7居委会、24村委会,有17自然村。镇人民政府驻东方社区。1949年设城关区。1951年改镇。1958年成立东方公社。1961年复城关镇。有高等院校2所,中学4所,小学14所,二级医院1个,卫生院1个,卫生所17个。处天河旅游区核心地带。景点有玄鼓观、黄山公园、樱花谷、七夕公园等。经济以工业为主,有汽配、化工、食品及矿产加工等产业。福银高速过境。通公交车。

郧西大道［Yúnxī Dàdào］　在县城东部。南起园林路,北至城北路。与富康大道相交。长3千米,宽24米。沥青路面。原为两郧公路,后经4次改造,2005年成今状。1981年命名为环城东路,2000年更今名。两侧有县交通局、公安局、粮食局、图书馆、人民医院、卫生院等。通公交车。

富康大道［Fùkāng Dàdào］　在县城西南部。东起七夕大道,西至城西路。与郧西大道相交。长2.5千米,宽24米。沥青路面。原为郧西—观音公路,后经多次改造成今状。1981年命名为环城南路,2000年更名康富大道,2008年寓"富裕安康"之意更今名。两侧有县移民局、人民医院、社区卫生服务站、居住小区、超市、银行、建材市场等。通公交车。

发展大道［Fāzhǎn Dàdào］　在县城西北部。南起春桥路,北至红庙路。与园区路、解放路等相交。长4.5千米,宽40米。沥青路面。原为郧西—上津公路,2002年改建,2005年建成。2007年改造。原名五谷梁路,2008年寓"蓬勃发展、欣欣向荣"之意更今名。两侧有县农机局、工业园区、光彩物流园等。通公交车。

将军河大桥［Jiāngjūnhé Dàqiáo］　在县城西南部。长350米,宽12米,最大跨度110米,桥下净高8米。2004年开工,2006年建成。因近将军河口得名。为特大型河道桥梁,结构型式为预应力钢筋混凝土连续刚构桥。最大载重20吨。沟通郧西县、郧阳区与陕西白河县3地。通公交车。

彩虹桥［Cǎihóng Qiáo］　在县城南部。长122.2米,宽24米,最大跨度70米,桥下净高6.8米。1979年建设,名佘家湾大桥。2010年拆除重建,2012年建成。因整体架构似"虹桥卧波"更今名。为中型河道桥梁,结构型式为杆拱结构桥。最大载重55吨。通公交车。

东方社区［Dōngfāng Shèqū］　城关镇人民政府驻地。在县境东部。面积1平方千米。人口6800。2004年成立。民居多为商住两用楼及自建房。有便民服务大厅、卫生服务站、社区警务室、停车场、健身房、绿色景观区等。有中小学、卫生院、卫生所。为镇商业中心之一。通公交车。

土门镇［Tǔmén Zhèn］　郧西县辖镇。在县境西北部。面积218平方千米。人口2.8万。辖22村委会,有22自然村。镇人民政府驻土门村。1947年为土门乡。1948年改区。1958年改黎明公社。1961年复土门区。1975年改公社。1987年改镇。2002年茅坪乡并入。因镇政府驻地得名。天河、汇河流经。有矿产资源铁、锰等。有野生动物獐、鹿、锦鸡、野羊、野猪等。有中学2所,小学4所,卫生院1个,卫生所22个。有鄂陕军政学校、陕南周报社等纪念地。有民间艺术秧歌舞、采莲船、狮子舞等。农业主种玉米、水稻、番薯、小麦,兼种蔬菜。工业以家电、五金、食品、农副产品加工为主。福银高速、省道郧漫线过境。

土门村［Tǔméncūn］ 土门镇人民政府驻地。在县政府驻地城关镇西北 11.3 千米。人口 2800。因秦汉在此地建土城门设据点得名。聚落呈带状。有中学、卫生所。有陕南周报社遗址。种植玉米、水稻、番薯、小麦、蔬菜。福银高速经此。

上津镇［Shàngjīn Zhèn］ 郧西县辖镇。在县境西北部。面积 227 平方千米。人口 3.2 万。辖 21 村委会，有 21 自然村。镇人民政府驻津城村。南朝梁大同四年(538)置上津县。元代省为镇。明洪武八年(1375)复上津县，属襄阳府。清顺治十六年(1659)省入郧西县。1947 年属上关县。1949 年属郧西县。1955 年改上津区。1958 年改前进公社。1984 年改上津区。1987 年改镇。为金钱河上游渡口，故名。最高点千军岭主峰海拔 1310.7 米。金钱河、泗峪河、伍峪河、箭河流经。有矿产资源硅石、白云石、铁、金、汉白玉、墨玉等。有中学 1 所，小学 6 所，卫生院 1 个，卫生所 21 个。为中国历史文化名镇。有全国重点文物保护单位上津古城。有民间艺术火龙等。农业种植玉米、水稻、小麦、芝麻、花生，养殖马头山羊、土鸡、生猪。有特产核桃、板栗、香椿、茶叶。产黄姜、五味子、柴胡、连荞、白芨、苍术等中药材。工业有水电、光电、建筑建材、砂石料加工等。服务业以商贸为主。福银高速，省道郧漫、郧湖线过境。

津城村［Jīnchéngcūn］ 上津镇人民政府驻地。在县政府驻地城关镇西北 67 千米。人口 9300。因有古城、天子渡口得名。聚落呈块状。有中学、卫生所。有全国重点文物保护单位上津古城。有上关县政府、山陕会馆等旧址。有民间艺术火龙等。农业种植小麦、玉米、水稻、番薯、芝麻、油菜、莲藕、黄姜，养殖牛、羊、生猪、家禽。工业产建筑建材。省道上湖线经此。

店子镇［Diànzi Zhèn］ 郧西县辖镇。在县境西北部。面积 250 平方千米。人口 2.6 万。辖 1 居委会、18 村委会，有 18 自然村。镇人民政府驻店子村。1958 年由关防区析设店子公社。1987 年改镇。因镇政府驻地得名。有矿产资源铁、金、硅、大理石等。有中学 1 所，小学 1 所，卫生院 1 个，卫生所 18 个。景点有乌龙山、罗汉寨石窟、铁山寺古塔等。农业种植核桃、木瓜、木耳、柿子，养殖马头山羊。省道上湖线过境。

店子村［Diànzicūn］ 店子镇人民政府驻地。在县政府驻地城关镇西北 95.3 千米。人口 5000。因古有商铺、集市得名。聚落呈带状。有中小学、卫生所。农业种植玉米、水稻、番薯、小麦，盛产马头山羊、核桃、木瓜、木耳、柿子。服务业以商贸、餐饮为主。省道上湖线经此。

夹河镇［Jiāhé Zhèn］ 郧西县辖镇。在县境南部。面积 198 平方千米。人口 4 万。辖 1 居委会、22 村委会，有 22 自然村。镇人民政府驻夹河关村。1947 年为郧西县第六区。1958 年成立光辉公社。1960 年改夹河区。1975 年成立公社。1987 年复改区。1999 年改镇。因镇政府驻地得名。有矿产资源铁、锌、锑、水晶石等。有中学 2 所，小学 10 所，卫生院 1 个，卫生所 22 个。有景点夹河关、金銮山等。农业以种植小麦、玉米、水稻、番薯、油菜为主。工业以水电为主。为省水电重镇。省道郧羊线过境。

夹河关村［Jiāhéguāncūn］ 夹河镇人民政府驻地。在县政府驻地城关镇西南 77 千米。人口 4700。位于金钱河与汉江汇合处，清曾设关卡，故名。史称下关。聚落呈带状。有中小学、卫生所。有名胜古迹“乌龟望江”、长城、金銮山等。有民间习俗玩龙灯、赛龙舟。农业以种植小麦、玉米、水稻、番薯、油菜等为主。工业有食品加工。服务业以商贸、家电安装与维修、餐饮为主。

羊尾镇［Yángwěi Zhèn］ 郧西县辖镇。在县境西南部。面积 117 平方千米。人口 2.7 万。辖 1 居委会、18 村委会，有 18 自然村。镇人民政府驻胡家湾村。1958 年成立七一公社。1961 年改羊尾区。1975 年改公社。1984 年复区。1985 年改镇。因处钖义山支山而称钖尾，演为羊尾。有矿产资源重晶石、河砂等。有中学 1 所，小学 4 所，卫生院 1 个，卫生所 18 个。有汉江瀑布群国家森林公园、国家 4A 级旅游景区龙潭河。农业种植小麦、玉米、豆类、番薯。有食品加工业。襄渝铁路、十天高速、316 国道过境。

胡家湾村［Hújiāwāncūn］ 羊尾镇人民政府驻地。在县政府驻地城关镇西南 50 千米。人口 1800。因胡姓人口聚集得名。聚落呈块状。有民歌、划龙船等民间文化。农业种植玉米、马铃薯、大豆、小麦、蔬菜。郧夹公路经此。

观音镇［Guānyīn Zhèn］ 郧西县辖镇。在县境南部。面积 188 平方千米。人口 4.1 万。辖 25 村委会，有 25 自然村。镇人民政府驻观音村。1949 年为第九区。1955 年改观音区。1958 年并入先锋公社。1975 年析设观音公社。1984 年改区。1987 年改镇。2001 年五顶乡并入。因镇政府驻地得名。汉江、天河、麦裕河流经。有矿产资源硫铁、砂金、硅铁、绿松石等。有高等院校 1 所，中学 1 所，小学 7 所，卫生院 1 个，卫生所 25 个。有国家 4A 级旅游景区天河。景点有天下第一沙坝、观音庙等。农业种植小麦、水稻、玉米、花生。有特产贵妃鸡、双洪茶、樱桃、板栗。省道郧羊、观天线，县道观马线过境。有天河口码头。

观音村［Guānyīncūn］ 观音镇人民政府驻地。在县政府驻地城关镇西南 17 千米。人口 2500。原名卧龙岗，清同治年间(1862—1874)因建观音庙改今名。聚落呈块状。有中小学、卫生所。有古迹观音庙。农业种植小麦、玉米。有特产樱桃。省道郧羊线、县道观马线经此。

马安镇［Mǎ'ān Zhèn］ 郧西县辖镇。在县境中部。面积 174 平方千米。人口 2.3 万。辖 15 村委会，有 15 自然村。镇人民政府驻下川村。1956 年设马鞍乡。1958 年成立光明公社。1961 年改马鞍区。1975 年成立公社。1984 年改马安乡。1999 年改镇。原名马鞍。因山势高危，峻峰崛起而中稍平，状如马鞍得名。古为军事镇守据点，后为商贸集市、人口集中，改“鞍”为“安”。有矿产资源金、磁铁、铅锌等。有中学 1 所，小学 5 所，卫生院 1 个，卫生所 15 个。景点有烈马洞、疙瘩寺、六郎寨、杨氏宗祠等。有特产板栗、核桃。农业养殖马头山羊、桑蚕。县道观马、洞马线过境。

下川村［Xiàchuāncūn］ 马安镇人民政府驻地。在县政府驻地城关镇西 44 千米。人口 2600。村处平川之地，因一端接近山坳之末，故名下川。聚落呈块状。有中小学、卫生所。农业种植玉米、小麦、马铃薯。有特产核桃、板栗。县道观马线经此。

河夹镇［Héjiā Zhèn］ 郧西县辖镇。在县境东南部。面积 246 平方千米。人口 3.3 万。辖 25 村委会，有 25 自然村。镇人民政府驻杨家湾村。1975 年由红星公社析设河夹公社。1984 年改区。1987 年改乡。1999 年改镇。2001 年童袁乡并入。铺河、箭流河相夹，故名。有矿产资源滑石、石灰石等。有中学 1 所，小学 5 所，卫生院 1 个，卫生所 25 个。有民间艺术花灯、二棚子等。景点有聚仙谷、金花寨、绝龙岭、闻太师墓等。农业种植小麦、玉米、大豆、马铃薯等。银武高速、省道郧漫线过境。

杨家湾村［Yángjiāwāncūn］ 河夹镇人民政府驻地。在县政府驻地城关镇东南 21.8 千米。人口不足 100。清末陕西杨氏为逃避战乱，携家迁此河湾处定居，故名。聚落呈带状。有中小学、卫生所。农业种植水稻、玉米、小麦，养殖马头山羊、秦巴黄牛。有特产桑蚕、黄姜、杜仲、核桃。

香口乡［Xiāngkǒu Xiāng］ 郧西县辖乡。在县境西北部。面积 269 平方千米。人口 2.7 万。辖 22 村委会，有 22 自然村。乡人民政府驻下香口。1961 年成立香口公社。1984 年改乡。2001 年六斗乡并入。因乡政府驻地得名。有矿产资源金、磷、铜、铁、硅、滑石等。有中学 1 所，小学 3 所，卫生院 1 个，卫生所 22 个。有民间习俗赶龙灯会。农业养殖马头山羊。有特产蔬菜、莲藕。银武高速、省道郧漫线过境。

下香口［Xiàxiāngkǒu］ 香口乡人民政府驻地。在县政府驻地城关镇西北 25.3 千米。人口 6500。明代中期红门寺香客众多，香火旺盛，故名。聚落呈带状。有矿产资源金、铜、铁等。有中小学、卫生所。有民间艺术民歌、舞狮、龙灯等。农业种植小麦、玉米、水稻，养殖马头山羊、秦巴黄牛。有特产野香菇。十漫高速经此。

关防乡［Guānfáng Xiāng］ 郧西县辖乡。在县境西北部。面积 207 平方千米。人口 1.7 万。辖 14 村委会，有 14 自然村。乡人民政府驻关防铺村。1951 年设关防乡。1959 年改公社。1961 年改区。1984 年复乡。因乡政府驻地得名。仙河、赵家河、回龙河流经。有矿产资源金、锑、锰、铁、铅、锌、镁等。有中学 1 所，小学 3 所，卫生院 1 个，卫生所 14 个。有特产中药、板栗、油桐、核桃、柿子等。工业以水电为主。省道上湖线过境。

关防铺村［Guānfángpùcūn］ 关防乡人民政府驻地。在县政府驻地城关镇西北 120.2 千米。人口 1500。古为边防、要塞防御之地，故名。聚落呈带状。有中小学、卫生所。农业以种植核桃为主。省道上湖线经此。

湖北口回族乡［Húběikǒu Huízú Xiāng］ 郧西县辖乡。在县境西北部。面积 252 平方千米。人口 2.2 万，其中回族占 20.6%，还有汉族。辖 19 村委会，有 19 自然村。乡人民政府驻龙王滩村。1955 年设庙川区。1958 年并入八一公社。1975 年成立庙川公社。1984 年改庙川区。1987 年撤区改设湖北口回族乡。因湖北关得名。清道光二十一年(1841)翁吉士亲临其地勘察提出“据险筑关”，名曰湖北关，又称湖北口。仙河、东西川河流经。有矿产资源大理石、无烟煤、金、锑等。有野生动物大鲵、草鹿、野猪、果子狸、麂子、野兔等。有中学 1 所，小学 7 所，卫生院 1 个，卫生所 19 个。景点有坎子山石林、清真寺、三十六岩、羊耳洞等。农业种植小麦、玉米、马铃薯、包菜。产二花、天麻、五倍子、白芨等中药材。有特产清真牛羊肉、核桃、柿饼、板栗、苹果、雪梨、山竹。省道上湖线过境。

龙王滩村［Lóngwángtāncūn］ 湖北口回族乡人民政府驻地。在县政府驻地城关镇西北 130 千米。人口 1400。处仙河上游河滩地，传龙王曾安居此庇佑百姓，故名。聚落呈散状。有中学、卫生所。农业种植小麦、玉米、马铃薯、大豆，养殖黄牛、马头山羊、生猪。有特产核桃、金银花。省道上湖线经此。

景阳乡［Jǐngyáng Xiāng］ 郧西县辖乡。在县境西南部。面积 216 平方千米。人口 3.3 万。辖 21 村委会，有 21 自然村。乡人民政府驻骡马店村。1958 年成立灯塔公社。1959 年改景阳公社。1987 年改乡。2001 年泥沟乡并入。因景阳川古道得名。大、小兰河流经。有矿产资源金、铜、磷、煤、大理石等。有中学2所,小学7所,卫生院1个,卫生所21个。景点有刘洪寨、祝家大院等。有景阳说唱艺术。农业种植小麦、玉米、大豆、油菜。有特产油桐。省道土兰线过境。

骡马店村［Luómǎdiàncūn］　景阳乡人民政府驻地。在县政府驻地城关镇西南137.9千米。人口3500。古为汉江通长安官办骡马驿站,故名。聚落呈散状。大、小兰河流经。有中小学、卫生所。有景阳说唱艺术。农业种植水稻、小麦、玉米。省道土兰线经此。

六郎乡［Liùláng Xiāng］　郧西县辖乡。在县境中部偏西。面积207平方千米。人口2.8万。辖25村委会,有20自然村。乡人民政府驻两岔河村。1952年设六郎乡。1958年并人红旗公社。1961年析设六郎区。1975年成立公社。1984年两岔河、六郎2公社合设六郎区。1994年改乡。因六郎关得名。传北宋杨延昭(杨六郎)曾筑关屯兵,故名。金钱河、冷水河、王家河流经。有矿产资源金、银、铜、铁等。有中学1所,小学7所,卫生院1个,卫生所25个。有民间艺术蚌壳舞。景点有鲤鱼背、将军石、蛤蟆地、白岩寨等。农业种植玉米、小麦、水稻、马铃薯、番薯,养殖生猪、马头山羊等。有特产板栗、核桃。有高粱酒酿造产业。县道观大线过境。

两岔河村［Liǎngchàhécūn］　六郎乡人民政府驻地。在县政府驻地城关镇西69千米。人口2100。因境内冷水河与岩屋河交叉流经得名。聚落呈散状。有中小学、卫生所。农业种植马铃薯、玉米、小麦、水稻、番薯,养殖生猪、马头山羊。县道观大线经此。

涧池乡［Jiànchí Xiāng］　郧西县辖乡。在县境南部。面积102平方千米。人口2.2万。辖16村委会,有16自然村。乡人民政府驻涧池村。1950年设涧池乡。1961年改公社。1987年复设乡。因乡政府驻地得名。有娘娘山。大、小泥河流经。有矿产资源赤铁、硫铁、铀、重晶石、绿松石等。有中学1所,小学4所,卫生院1个,卫生所16个。农业种植玉米、小麦、水稻。有特产板栗、核桃。工业以采石、采矿、绿松石加工为主。有玉米酒、柿子酒酿造产业。服务业以电子商务为主。省道郧羊线过境。

涧池村［Jiànchícūn］　涧池乡人民政府驻地。在县政府驻地城关镇南25.3千米。人口2500。传因古时剑落池塘得名剑池,后演为今名。聚落呈带状。有中小学、卫生所。农业种植小麦、玉米、水稻。省道郧羊线经此。

安家乡［Ānjiā Xiāng］　郧西县辖乡。在县境东北部。面积235平方千米。人口1.2万。辖16村委会,有16自然村。乡人民政府驻安家河村。1952年设第十一区。1961年改安家区。1975年改公社。1984年改乡。因乡政府驻地得名。五里河、安家河流经。有矿产资源大理石、重晶石等。有中学1所,小学4所,卫生院1个,卫生所16个。有国家4A级旅游景区五龙河。景点有白龙洞古猿人之家。农业种植小麦、玉米、水稻。有特产黄姜、核桃、板栗、茶叶。有葛粉加工业。通乡村道路。

安家河村［Ānjiāhécūn］　安家乡人民政府驻地。在县政府驻地城关镇东9.5千米。人口700。因安家河得名。聚落呈散状。有中小学、卫生所。景点有龟龙山庄等。农业种植小麦、玉米。有特产核桃、板栗。

竹　山　县

竹山县［Zhúshān Xiàn］　十堰市辖县。北纬32°13′,东经110°13′。在市境西南部。面积3580平方千米。人口45.1万。以汉族为主,还有回、瑶等民族。辖9镇、8乡。县人民政府驻城关镇。楚庄王三年(前611)废庸国置上庸县。后废。秦复置。汉王莽新始建国元年(9)改郡。三国魏嘉平年间(249—254)复县。南朝梁天监二年(503)析设安城县。北朝西魏废帝元年(552)改安城为竹山县,为罗州治。因黄竹岭得名。隋开皇十八年(598)为房州治。唐贞观十年(636)属房陵郡。北宋雍熙三年(986)省上庸入竹山,属房州。元因之。明成化十二年(1476)属郧阳府,析设竹溪县。此后未变,先后属襄阳道、第十一行政督察区、第八行政督察区、陕西省两郧专区、湖北省郧阳专区、襄阳专区、郧阳专区、郧阳地区。1994年由十堰市管辖。地势西南高东北低,四周高峰凸起,中间稍平缓,呈马鞍状。平均海拔1413米。有竹山、葱坪山、枪刀山、九华山、圣母山等。年均气温16.7℃,1月平均气温3.1℃,7月平均气温27℃。年均降水量923.4毫米。堵河、苦桃河、深河、县河、秦古河等流经。有矿产资源金、银、石煤、铁、硫黄、重晶石、大理石、石灰石、稀土等。有野生植物2327种,其中国家重点保护野生植物有光叶珙桐、银杏、红豆杉、中华蚊母、鹅掌楸、金钗、珍珠黄杨等31种。有野生动物200余种,其中国家重点保护野生动物有大鲵、金丝猴、豹、熊、羚羊、野鸡、锦鸡、甲鱼、林麝、鼬鼠等24种。森林覆盖率60.8%。有高中2所,中等职业学校1所,初中21所,小学84所,特教学校1所。有国家3A级旅游景区5个。景点有女娲天池、九女仙峰、武陵画廊等。三次产业比例20∶45∶35。农业种植玉米、小麦、水稻、大豆、薯类、花生、芝麻、油菜,饲养猪、牛、羊、家禽。有特产郧巴黄牛、马头山羊、竹山大鸡。工业以新能源、机械加工、纺织、建材、食品加工、医药为主。有工业园区5个。服务业以金融、生态文化旅游、商贸物流为主。麻安高速,242、346国道,省道十竹线过境。通多路公交车。

堵河大桥［Dǔhé Dàqiáo］　在县城东部。桥长358.8米,宽9米,最大跨度70米,桥下净高22米。1970年开工,1973年建成。为县第一座跨堵河桥梁,故名。为大型河道桥梁,结构型式为双曲拱桥。最大载重15吨。通公交车。

竹山县汽车客运站［Zhúshān Xiàn Qìchē Kèyùnzhàn］　见交通运输设施部分“竹山县汽车客运站”条。

城关镇［Chéngguān Zhèn］　竹山县人民政府驻地。在县境中部偏东。面积69平方千米。人口5.9万。辖5居委会、12村委会,有283自然村。镇人民政府驻明清村。1949年为城关区。1952年置镇。1958年成立曙光公社。1961年复城关镇。1975年改公社。1984年改镇。堵河、霍河、北星河流经。有高中2所,职业高中1所,初中1所,卫生院2个,卫生室17个,图书馆1个,文化馆1个。有省级文物保护单位竹山文庙大成殿。有护福寺新石器文化遗址、三国古战场遗址、唐中宗世子墓、竹山文庙、二郎庙遗址等古迹。有“筑口流霞”“庸山叠翠”“霍顶莲风”“霍岭春云”“筑江秋涨”“军滩烟雨”“石桥夜月”“虎岩攀花”“石洞仙踪”“大梵晨钟”“瓜坝孤舟”“南楼晚眺”等景观。农业种植玉米、小麦、油菜籽、茶叶等。有民营工业企业。服务业以餐饮、休闲娱乐、物流为主。麻安高速,242、346国道,省道十竹线过境。

明清村［Míngqīngcūn］　城关镇人民政府驻地。在镇境东北部。人口4100。为纪念许明清烈士而得名。聚落呈带状。有小学、卫生室。有楚庸文化街。农业种植林果、蔬菜。有商用混凝土、农产品加工业。

溢水镇［Yìshuǐ Zhèn］　竹山县辖镇。在县境中部偏西。面积201平方千米。人口3.5万。辖1居委会、19村委会,有211自然村。镇人民政府驻溢水街。1949年为溢水区。1952年并入二区。1956年复溢水区。1958年成立东方红公社。1961年复溢水区。1975年改公社。1984年改区。1987年改镇。因镇政府驻地得名。有矿产资源绿松石、钒、钼、重晶石、铁等。有中学1所,小学4所,卫生院1个,卫生室20个。有牌楼垭、猪洞口、二圣寨、三圣庙、金壶岩、白龙洞、龙池观等古迹、景点。为省蔬菜种植基地。麻安高速、346国道、县道松两线过境。通公交车。

溢水街［Yìshuǐjiē］　溢水镇人民政府驻地。在县政府驻地城关镇西25千米。人口8500。因水溢出进街得名。聚落呈带状。有矿产资源绿松石、钒、钼、重晶石、铁等。有中小学、卫生院、卫生室。麻安高速、346国道、县道松两线经此。

麻家渡镇［Májiādù Zhèn］　竹山县辖镇。在县境西部。面积208平方千米。人口3万。辖21村委会,有169自然村。镇人民政府驻店子街村。1952年设太平乡。1958年并入东方红公社。1975年析设太平公社。1980年更名麻家渡公社。1987年改镇。2001年牌楼乡并入。传马姓艄公开船摆渡,得名马家渡,后以谐音演今名。有矿产资源绿松石、钡盐等。有中学1所,小学6所,卫生院1个,卫生室21个。有总兵庵遗址。农业种植茶、莲藕,养殖奶牛。有绿松石加工业。麻安高速、346国道过境。通公交车。

店子街村［Diànzijiēcūn］　麻家渡镇人民政府驻地。在县政府驻地城关镇西28千米。人口4100。因沿主路开店得名。聚落呈块状。有中小学、卫生院、卫生室。农业养殖奶牛。有绿松石加工业。麻安高速、346国道经此。通公交车。

宝丰镇［Bǎofēng Zhèn］　竹山县辖镇。在县境西部。面积189平方千米。人口6.5万。辖1居委会、28村委会,有366自然村。镇人民政府驻施洋路社区。1949年为宝丰区。1975年为宝丰公社。1984年为宝丰镇。2001年黄栗乡并入。传古时鲍、丰2姓来此,渐成街市,称鲍丰,后因口说与手写有异,演为宝丰。有初中2所,小学1所,卫生院1个,卫生室29个。有绿松石博物馆、上庸历史文化陈列馆。为武汉工人运动的先驱之一、劳工律师施洋故乡,建有铜像、纪念馆。有国家4A级旅游景区女娲山。有省级非物质文化遗产女娲传说。经济以种茶、制塑、珠宝加工、建筑建材制造为主。有生态有机食品加工园区、下坝工业园区、韩溪河工业园区、绿松石加工展销园区。麻安高速、346国道过境。通公交车。

施洋路社区［Shīyánglù Shèqū］　宝丰镇人民政府驻地。在县境西部。面积1平方千米。人口1.4万。因施洋路得名。2011年成立。民居有庸派风格楼房1263栋。有新时代文明实践站,开展自我教育、自我管理,进行移风民俗建设、家庭美德建设、平安社区建设、农家书屋建设等。组织开展送理论、送科技、送服务等活动,开展实用技术、职业技能培训,举办感恩教育大会。有中小学、社区诊所。通公交车。

擂鼓镇［Léigǔ Zhèn］　竹山县辖镇。在县境西部。面积101平方千米。人口3.2万。辖1居委会、16村委会,有230自然村。镇人民政府驻护驾村。1949年为擂鼓乡。后改公社。1984年改区。1987年改镇。传北宋杨延昭驻军于此,“筑台以窥敌虚实,日则观兵示威,夜则悬羊擂鼓”,故名。擂鼓河、碾盘河、红岩河流经。有初中1所,小学9所,卫生院2个,卫生所2个,卫生室14个。经济以农业为主,多种经营、商业为辅。麻安高速,346国道,省道竹甸、白竹线过境。通公交车。

护驾村［Hùjiàcūn］ 擂鼓镇人民政府驻地。在县政府驻地城关镇西42千米。人口3300。传楚王御驾亲征驻扎佑城关,有随从护驾,故名。聚落呈带状。有中小学、卫生院、卫生室。经济以农业为主,多种经营、商业为辅。麻安高速、346国道经此。通公交车。

烟墩梓村［Yāndūnzǐcūn］ 在县政府驻地城关镇西45千米。擂鼓镇辖自然村。人口1500。处竹山、竹溪2县交界处,为经鄂入陕咽喉要道。古时筑高台,烟火传递情报,名烟墩子,后演今名。聚落呈块状。经济以商贸和种植、养殖为主。麻安高速、346国道经此。通公交车。2011年被评为全国文明村。

秦古镇［Qíngǔ Zhèn］ 竹山县辖镇。在县境西部。面积102平方千米。人口2.6万。辖1居委会、15村委会,有213自然村。镇人民政府驻秦家坪村。1949年设秦古乡。1975年成立秦古公社。1984年改区。1987年改镇。取秦家坪、古佛洞(已消失)各1字命名。尖山河、秦古河流经。有中学1所,小学7所,教学点8个,卫生院1个,卫生室16个。农业以种植茶、核桃,养殖畜禽为主。有绿松石加工、展销产业。346国道过境。

秦家坪村［Qínjiāpíngcūn］ 秦古镇人民政府驻地。在县政府驻地城关镇西78千米。人口1600。昔秦姓较多,且地势开阔平坦,故名。聚落呈块状。有中小学、卫生院、卫生室。农业种植水稻、玉米、油菜、芝麻、大豆。工业有绿松石开采、建材加工。省道佑东线经此。

得胜镇［Déshèng Zhèn］ 竹山县辖镇。在县境西部。面积299平方千米。人口2.7万。辖14村委会,有208自然村。镇人民政府驻大桥村。1949年为永胜区。1958年改五星公社。1961年更名得胜公社。1984年改区。1987年改镇。传明末张献忠部欲往四川大顺国,至此遇阻,期间巧用计谋大败官兵,故名。有矿产资源毒重石、重晶石、大理石、绿松石、石灰石、矾石、石英石、铜、硫铁、磷铁、褐铁等。有中学1所,小学9所,卫生院1个,卫生室12个。景点有圣母山、圣水寺、金莲洞、长寿桥等。经济以种植茶、食用菌为主。农业养殖郧巴黄牛。工业有茶制品加工。产湖北省十大名茶之圣水翠峰、圣水毛尖、圣母玉簪。省道白竹、得大线,县道得独、西茶线过境。

大桥村［Dàqiáocūn］ 得胜镇人民政府驻地。在县政府驻地城关镇西74千米。人口4900。清嘉庆年间(1796—1820)修建长寿桥,故名。聚落呈块状。有中小学、卫生院、卫生室、文化站。经济以种植茶、食用菌为主,有茶叶加工业。省道白竹、得大线,县道得独、西茶线经此。

上庸镇［Shàngyōng Zhèn］ 竹山县辖镇。在县境南部。面积208平方千米。人口1.6万。辖1居委会、9村委会,有146自然村。镇人民政府驻南坝村。1958年成立火箭公社。1984年改区。1987年改田家坝镇。2001年峪口乡并入。2009年更今名。商周时为古庸国都城所在地,名庸。又在楚北,以北为上,故称上庸。曾为上庸县、郡治所。《战国策》载:"楚怀王拘张仪,……资之金玉宝器,奉以上庸六县为汤沐邑。"为南水北调核心水源区。有堵河源国家级自然保护区。有初中1所,小学2所,卫生院1个,卫生室7个。有省级文物保护单位黄州会馆、三盛庄园。有上庸文化博览园、九女峰国家森林公园、圣水湖国家湿地公园。农业种植小麦、玉米、水稻、蔬菜、金线莲,饲养生猪、牛、羊、家禽。服务业以商贸、旅游为主。242国道过境。通公交车。

南坝村［Nánbàcūn］ 上庸镇人民政府驻地。在县政府驻地城关镇南12千米。人口3900。堵、深、苦桃3河冲积成坪坝,以堵河为界分南、北,此处居南,故名。聚落呈带状。有中小学、卫生院、卫生室。为古庸国都城所在地。有古迹黄州会馆、三盛庄园等。经济以旅游为主,餐饮、商贸为辅。242国道经此。通公交车。

官渡镇［Guāndù Zhèn］ 竹山县辖镇。在县境南部。面积330平方千米。人口1.9万。辖1居委会、10村委会,有178自然村。镇人民政府驻官渡街。1949年为官渡区。1958年成立跃进公社。1961年改官渡区。1975年改公社。1984年复区。1987年改镇。2001年梁家乡并入。因镇政府驻地得名。地处山区,有堵河源国家级自然保护区、竹山堵河源省级地质公园。有中学1所,小学3所,卫生院1个,卫生室11个。景点有百里河、武陵峡(驴头峡)等。为"中国民间文化艺术之乡"。有雕刻、剪纸等民间艺术。工业有绿色食品、矿产石材加工。服务业以生态旅游为主。346国道过境。

官渡街［Guāndùjiē］ 官渡镇人民政府驻地。在县政府驻地城关镇南64千米。人口5300。地处堵河中上游,河大水深过河难,后官府设渡口以渡人,故名。聚落呈带状。有中小学、卫生院、卫生室。农业种植水稻、豆类、食用菌、魔芋、竹、水果、茶、中药材,养殖生猪、牛、羊、家禽、蜜蜂。有野菜加工业。242国道经此。

潘口乡［Pānkǒu Xiāng］ 竹山县辖乡。在县境西部。面积87平方千米。人口2.1万。辖1居委会、6村委会,有122自然村。乡人民政府驻小漩村。1975年由城关区析设潘口公社。1984年改城郊区。1987年因潘口河改潘口乡。有矿产资源绿松石、墨玉、石煤等。有高中2所,初中1所,小学6所,卫生院1个,卫生室7个。农业种植玉米、小麦、花生。工业有建筑建材制造、绿松石加工、化工、制衣等。有工业园2个。麻安高速、346国道过境。

小漩村［Xiǎoxuáncūn］ 潘口乡人民政府驻地。在县政府驻地城关镇西4千米。人口3300。原名顾家场,后因堵河折弯形成回水旋涡改今名。聚落呈带状。有中小学、卫生院、卫生室。农业种植蔬菜,养殖生猪、羊、家禽、蜜蜂。有水电工业。麻安高速经此。

竹坪乡［Zhúpíng Xiāng］ 竹山县辖乡。在县境西部。面积164平方千米。人口2.6万。辖1居委会、15村委会,有220自然村。乡人民政府驻周家湾村。1949年设竹坪乡。1956年并入永胜区。1975年析设竹坪公社。1987年复乡。盛产竹子,且处河边平坝处,故名。有矿产资源绿松石、煤、铁、铜、硫黄、硅、铀、重晶石、石灰石等。陈家河、安河流经。有中学1所,小学8所,卫生院1个,卫生室17个。有名胜古迹秦楚古长城、清代高家花屋、金花娘娘庙等。经济以农业为主,有万亩茶叶、万亩花生、千亩肚倍种植基地。工业有采矿、制茶。服务业以旅游为主。省道佑东线过境。通公交车。

周家湾村［Zhōujiāwāncūn］ 竹坪乡人民政府驻地。在县政府驻地城关镇西91千米。人口1800。1949年曾名同心村,后因关帝庙改关帝村。又因早年周姓居多改今名。聚落呈块状。有中小学、卫生院、卫生室。经济以商贸为主。省道佑东线经此。

大庙乡［Dàmiào Xiāng］ 竹山县辖乡。在县境西部。面积126平方千米。人口1.3万。辖12村委会,有143自然村。乡人民政府驻大庙村。1949年设大庙乡。后并入永胜区。1975年析设大庙公社。1984年入得胜区。1987年析设大庙乡。因乡政府驻地得名。有矿产资源英石、硫铁、煤等。有野生植物银杏、红豆、樟树等。有野生动物大鲵、野猪、羚羊、梅花鹿等。有原始森林4.4万亩。有中学1所,小学5所,卫生院1个,卫生室12个。有古迹楚长城、唐代兵营遗址、张家大院、高家花屋、大庙戏楼、百家坪大堰等。农业以种植黄姜为主。省道得大线,县道大宋、在铜线过境。

大庙村［Dàmiàocūn］ 大庙乡人民政府驻地。在县政府驻地城关镇西92千米。人口1600。因古有规模较大的庙宇得名。聚落呈块状。有七宝寨矿山,海拔1800米。有绿松石资源。有中小学、卫生院、卫生室。农业种植水稻、油菜、玉米、茶、食用菌、山竹。有千亩茶园。省道得大线经此。

双台乡［Shuāngtái Xiāng］ 竹山县辖乡。在县境北部。面积413平方千米。人口1.8万。辖14村委会,有195自然村。乡人民政府驻渔塘村。1975年由沧浪区析设双台公社。1984年改茅塔区。1987年改双台乡。2001年茅塔镇并入。学堂洞口北侧有2处土墩,俗称上、下台子(现已消失),故名。有竹山。有初中2所,小学8所,卫生院1个,卫生室11个,农家书屋14个。有省级文物保护单位张振武烈士故居。古迹有石佛寺、学堂洞等。农业以种植中草药为主。工业以采矿、石材加工为主。湖北银矿为全国八大金银矿之一。竹银公路、242国道过境。通公交车。

渔塘村［Yútángcūn］ 双台乡人民政府驻地。在县政府驻地城关镇北38千米。人口2400。因早年有较大的鱼塘得名。聚落呈带状。有中小学、卫生院、卫生室、文化站、文化广场、图书室。农业种植玉米、油菜、幼龄茶。242国道经此。通公交车。

楼台乡［Lóutái Xiāng］ 竹山县辖乡。在县境北部。面积330平方千米。人口2.7万。辖15村委会,有243自然村。乡人民政府驻三台村。1975年由沧浪区析设楼台公社。1984年改乡。2001年沧浪乡并入。2005年潘口乡部分地域并入,乡政府由汪家庙村迁驻今址。因古建筑转脚楼、龙台、雷台得名。有沧浪山。堵河、北星河、钦峪河、对寺河流经。有矿产资源石煤、钾、绿松石等。有初中3所,小学5所,卫生院1个,卫生室15个。景点有观音沟、张振武烈士墓等。农业种植水稻、小麦、玉米、豆类、蔬菜、油菜、花生、冬枣。工业以建材生产为主。242国道、邢沧公路过境。通公交车。

三台村［Sāntáicūn］ 楼台乡人民政府驻地。在县政府驻地城关镇东北12千米。人口4000。1975年由原太山沟、太神庙、太平寨等合并而成,因已有双台、楼台等地名,推演而得名。聚落呈带状。有中心学校、卫生院、文化站、张振武烈士墓等。农业种植茶、蔬菜、水果。有旅游业。242国道经此。通公交车。

文峰乡［Wénfēng Xiāng］ 竹山县辖乡。在县境东部。面积175平方千米。人口1.5万。辖10村委会,有133自然村。乡人民政府驻塘湾村。1949年为文峰区。1975年为文峰公社。1984年复改区。1987年改乡。因文峰塔得名。有矿产资源铌稀土、绿松石、石煤、石灰石。霍河、化峪河、堵河流经。森林覆盖率72.8%。有中学1所,小学8所,卫生院1个,卫生室10个。有名胜古迹方城遗址、梅花山、香炉山、霍河水库等。农业种植中草药、松杉、茶、核桃等。工业以稀土开采为主。麻安高速、346国道、省道十竹线过境。

塘湾村［Tángwāncūn］ 文峰乡人民政府驻地。在县政府驻地城关镇北12千米。人口3800。早年唐姓较多,得名唐湾,后演为今名。聚落呈块状。有中小学、卫生院、卫生室、文峰塔等。有肚倍种植基地。346国道、麻安高速、省道十竹线经此。

深河乡［Shēnhé Xiāng］　竹山县辖乡。在县境南部。面积156平方千米。人口1.5万。辖8村委会，有120自然村。乡人民政府驻深河村。1949年设深河乡。1960年成立公社。1984年并入田家区。1987年析设深河乡。因乡政府驻地得名。有武当山余脉。有初中1所，小学4所，卫生院1个，卫生室4个。景点有法宝山、青龙白云观、龙王潭三瀑布、黑龙池大溶洞、九龙池原始森林等。农业以种植茶、竹、肚倍，养殖牲畜为主。

深河村［Shēnhécūn］　深河乡人民政府驻地。在县政府驻地城关镇西南27千米。人口1700。深河流经，故名。聚落呈块状。有中小学、卫生院、卫生室。经济以农业为主，多种经营为辅。

柳林乡［Liǔlín Xiāng］　竹山县辖乡。在县境南部。面积475平方千米。人口1.3万。辖6村委会，有103自然村。乡人民政府驻洪坪村。1949年设柳林办事处。1958年成立高峰公社。1975年更名柳林公社。1984年改区。1987年改乡。2001年洪坪乡并入。溪岸多柳树，故名。为堵河源国家级自然保护区核心区。有九年一贯制学校1所，小学2所，卫生院2个，卫生室4个。农业种植中草药、水果，养殖黑皮猪、大鲵。242国道，省道柳洪、洪九线，县道洪仕线过境。

洪坪村［Hóngpíngcūn］　柳林乡人民政府驻地。在县政府驻地城关镇南101千米。人口3100。传原有女匪劫富济贫，官府用计哄骗下山，杀害后葬于坪里，得名哄坪，后演为今名。聚落呈块状。有中小学、卫生院。有特产大鲵、土蜂蜜、柳林腊肉等。省道洪九线经此。

竹　溪　县

竹溪县［Zhúxī Xiàn］　十堰市辖县。北纬31°31′，东经109°29′。在市境西北部。面积3296平方千米。人口36万。以汉族为主，还有回、壮、土家、苗等民族。辖10镇、5乡。县人民政府驻城关镇。明成化十二年(1476)析竹山县西部置竹溪县，属郧阳府。因竹溪河得名。此后未变，先后属襄阳道、第十一行政督察区、第八行政督察区、陕西省两郧专区、湖北省郧阳专区、襄阳专区、郧阳专区、郧阳地区。1994年属十堰市。处鄂、渝、陕交界的秦巴山区。地势西南高东北低。平均海拔730米。年均气温14.1℃，1月平均气温2.2℃，7月平均气温25.5℃。年均降水量920毫米。有矿产资源铜、铁、锰、铝、锌、砂金、石煤、板石、花岗石、石棉、磷、硫黄、石灰石等。堵河、汇湾河、泉河、万江河流经。有野生植物1544种，其中国家一级重点保护野生植物5种，国家二级重点保护野生植物22种，国家珍稀濒危野生植物36种。有红豆杉、珙桐原生群落。有野生动物318种，其中国家重点保护动物48种。有十八里长峡国家级自然保护区、八卦山省级自然保护区。有偏头山国家森林公园、龙湖国家湿地公园。森林覆盖率77%。有高中2所，中等职业学校1所，九年一贯制学校6所，初中17所，小学及教学点143个。有文化馆、图书馆、山二黄展演中心、全民健身中心。有全国重点文物保护单位鄂坪慈孝沟摩崖石刻、竹溪甘氏宗祠。景点有鸡心岭、关垭楚长城、敖宗祠、楠木寨、曾家寨等。有国家级非物质文化遗产山二黄(剧种)。三次产业比例34∶40∶26。农业种植玉米、水稻、马铃薯。有特产茶叶、核桃、板栗、中药材。工业以食品加工、医药化工、水电、建材制造为主。服务业以商贸、旅游等为主。襄渝铁路，汉十、谷竹高速，346国道过境。有武当山机场。通多路公交车。

竹溪广场［Zhúxī Guǎngchǎng］　在县城东部。面积6万平方米。2008年开工，2009年建成。自东向西为主席台、健身区、集会区、儿童乐园等。景点有鸳鸯亭、波树阵广场、竹路听风、梨园戏台、棋盘广场、茶园、陆羽雕像、十二生肖像等。展示竹溪历史文化、珍稀植物、自然风光、特色产业风貌等。为集休闲、赏景、娱乐、健身于一体的大型公共广场。周边有绿谷中央城等大型楼宇。通公交车。

竹溪汽车站［Zhúxī Qìchēzhàn］　见交通运输设施部分“竹溪汽车站”条。

城关镇［Chéngguān Zhèn］　竹溪县人民政府驻地。在县境北部。面积38平方千米。人口6.3万。辖4居委会、14村委会，有129自然村。镇人民政府驻幸福社区。1949年置城关区。1951年改镇。1958年改公社。1961年复镇。有笔架山。有矿产资源石灰石。有中学2所，小学12所，卫生院1个。有文化馆、图书馆、全民健身中心。景点有仿古西关街等。工业有农副产品、食品加工，纺织，造纸，家具、金属制品制造，机械和设备修理等。有工业园区、商贸物流园。麻安高速、346国道过境。通公交车。

鄂陕大道［Èshǎn Dàdào］　在县城南部。为316国道城区段。东西走向。与幸福东路、幸福西路、人民路、烧田路、纱帽山路等相交。长7.4千米，宽23米。混凝土路面。2000年开工。2001、2004、2013年多次整修、扩建。因处鄂、陕交界处得名。两侧有县民政局、公路管理局、城关镇政府、县一高、祥尔客运站等。通公交车。

城北大道［Chéngběi Dàdào］　在县城北部。东起中峰镇花桥寺处346国道，西至水坪镇黄龙福利院处346国道。与沿河北路、物贸街等相交。长17千米，宽18米。水泥沥青路面。2011年开工，同年建成。因处城区以北得名。两侧有福利中心、康桥医院、西关文化街、生态观光园、物流园、工业园区等。通公交车。

竹溪县跃进桥［Zhúxī Xiàn Yuèjìn Qiáo］　在县城东部。长60米，宽9米，最大跨度10米，桥下净高15米。1957年开工，1959年建成。因修建时所处历史时期得名。为中型河道桥梁，结构型式为钢筋混凝土双曲拱桥。最大载重20吨。通公交车。

幸福社区［Xìngfú Shèqū］　城关镇人民政府驻地。在县境北部。面积5平方千米。人口1.7万。以居民向往幸福美好的愿望命名。2008年成立。开展志愿者服务、“邻里守望”活动。有新时代文明实践站、社区服务驿站，对困难户建档立卡，定期安排志愿者入户为特困户、孤寡老人等群体提供帮扶。有养老机构，提供日间照料，对不能自理的五保对象、残疾和空巢老人定期上门服务。有警务室、人民调解室。有法治学校、法治宣传栏等法治宣传阵地，提供法律咨询。有九年一贯制学校、卫生所。通公交车。

蒋家堰镇［Jiǎngjiāyàn Zhèn］　竹溪县辖镇。在县境西北部。面积119平方千米。人口3.9万。辖31村委会，有308自然村。镇人民政府驻蒋家堰村。1949年设蒋家堰区。1984年由中峰公社析设蒋家堰镇。1987年佛台、河口、黑龙3乡及三合乡部分地域划入。因镇政府驻地得名。有中学1所，小学14所，卫生院1个，卫生所26个，文化站1个。有名胜古迹楚长城遗址、岳王庙英雄冢、莲花寺、敖宗祠、漂水岩等。有数百年历史集市露水集。农业种植油菜、芝麻、花生等。有敖家坝、莲花坪2生态观光园。有魔芋种植及加工专业村。麻安高速、346国道过境。通公交车。

蒋家堰村［Jiǎngjiāyàncūn］　蒋家堰镇人民政府驻地。在县政府驻地城关镇西北23千米。人口2500。昔日蒋姓在此修筑堰渠，故名。聚落呈块状。有小学、卫生院、文化活动室。经济以商贸、手工业为主。农业种植水稻、玉米、蔬菜。麻安高速、346国道经此。

中峰镇［Zhōngfēng Zhèn］　竹溪县辖镇。在县境西北部。面积63平方千米。人口3.6万。辖23村委会，有152自然村。镇人民政府驻青草坪村。1949年为县一区。1955年改中峰区。1958年改设公社。1984年改区。1987年改镇。因中峰寨得名。有矿产资源石煤、石灰石、板石等。有中学1所，小学11所，卫生院1个，卫生所21个，文化站1个。农业以种植水稻、玉米、油菜、薯类为主。有特产魔芋、茶叶、杜仲、绞股蓝。有国家地理标志产品竹溪贡米。麻安高速、346国道过境。通公交车。

青草坪村［Qīngcǎopíngcūn］　中峰镇人民政府驻地。在县政府驻地城关镇西13千米。人口1900。地势平坦，常年湿润，植物生长茂盛，故名。聚落呈块状。有小学、卫生院、文化活动室。经济以商贸为主，种植水稻、玉米、蔬菜。麻安高速、346国道经此。

水坪镇［Shuǐpíng Zhèn］　竹溪县辖镇。在县境北部。面积192平方千米。人口5.5万。辖36村委会，有209自然村。镇人民政府驻水坪街村。1949年为县二区，后称水坪区。1958年成立公社。1961年复区。1987年改镇。因镇政府驻地得名。处大巴山丘陵地带。有板石资源。有中学3所，小学14所，卫生院1个，卫生室33个。农业种植茶、蔬菜，盛产生姜。有特色农业产业园、科技工业园、商贸物流园。麻安高速、346国道、省道襄关线过境。通公交车。

水坪街村［Shuǐpíngjiēcūn］　水坪镇人民政府驻地。在县政府驻地城关镇东20千米。人口3100。因此处地势平坦，水源充足得名。聚落呈长方形。有中小学、卫生院、文化活动室。经济以商贸、手工业为主，种植水稻、玉米、油菜、蔬菜。麻安高速、346国道经此。

县河镇［Xiànhé Zhèn］　竹溪县辖镇。在县境东北部。面积126平方千米。人口2.3万。辖22村委会，有95自然村。镇人民政府驻县河村。1975年成立丰坝公社。1984年设丰坝区。1987年设丰坝乡。1997年乡政府驻地由小田坝迁至县河村。1998年改县河镇。因镇政府驻地得名。竹溪流经。有中学1所，小学6所，卫生院1个，卫生室11个。有名胜古迹黄家大院、锣鼓洞战斗遗址、烈士墓等。有特产茶叶、山野菜、中药材、核桃。工业有石灰石、石料、红砖加工。麻安高速、346国道过境。通公交车。

县河村［Xiànhécūn］　县河镇人民政府驻地。在县政府驻地城关镇东25千米。人口1900。因昔有县河店铺得名。聚落呈块状。有中小学、卫生院、文化活动室。经济以商贸、手工业为主，种植玉米、油菜、马铃薯、蔬菜。346国道经此。

泉溪镇［Quánxī Zhèn］　竹溪县辖镇。在县境南部。面积221平方千米。人口1.5万。辖13村委会，有106自然村。镇人民政府驻泉源村。1949年设新丰区。1952年改第六区，旋改泉溪区，区政府驻地由黄柏溪迁泉源村。1956年丰溪区并入。1958年丰溪区析出后成立满江红公社。1959年改泉溪公社。1984年改区。1987年改镇。因多山泉小溪得名。最高点刘家坪大营盘海拔2375米。万江河、泉溪河、石板河、成佳河等流经。有矿产资源煤、板石。有野生植物珙桐、红豆杉、银杏等。有八卦山国家级自然保护区。有中学1所,小学9所,卫生院1个,卫生室15个,文化站1个。农业种植玉米、马铃薯、水稻、蔬菜、魔芋。省道白竹、猇夜线,县道泉向线过境。

泉源村 [Quányuáncūn] 泉溪镇人民政府驻地。在县政府驻地城关镇南65千米。人口1100。因多山泉得名。聚落呈块状。有中学、卫生院、文化活动室。有革命烈士聂之俊牺牲纪念地、烈士塑像和衣冠冢。经济以商贸、旅游为主。种植马铃薯、木耳、香菇,养殖大鲵。省道兴界线经此。

丰溪镇 [Fēngxī Zhèn] 竹溪县辖镇。在县境南部。面积392平方千米。人口1.4万。辖17村委会,有17自然村。镇人民政府驻丰溪村。1952年由第六区析设朝阳区。1954年改第八区。1955年改丰溪区。1956年并入泉溪区。1958年析出,成立朝阳公社。1959年改丰溪公社。1984年复区。1987年改镇。因镇政府驻地得名。处鄂、渝、陕交界。最高点光顶山海拔2500米。有中草药黄连、天麻等1200余种。有中学1所,小学5所,卫生院1个,卫生所8个,文化站1个。有历史文化古迹30多处。农业种植玉米、马铃薯、蔬菜、魔芋。工业有水电、石煤开采及加工。省道兴界线过境。

丰溪村 [Fēngxīcūn] 丰溪镇人民政府驻地。在县政府驻地城关镇南100千米。人口3000。因唐代李显封薛义妻杨氏为一品诰命夫人之传说得名封妻,后演为今名。聚落呈块状。有中学、卫生院、文化活动室。有泗水关遗址。经济以商贸、手工业为主。农业种植木耳、香菇、中草药等。省道兴界线经此。

龙坝镇 [Lóngbà Zhèn] 竹溪县辖镇。在县境西北部。面积175平方千米。人口2.1万。辖18村委会,有148自然村。镇人民政府驻吴坝村。1958年由中峰镇析设新建公社。1959年改龙坝公社。1984年改区。1987年改乡。2010年改镇。昔日龙姓耕种,形成平坝,故名。有老鹰山。竹溪河流经。有龙坝水库。有野生植物红豆杉、银杏等。有中学1所,小学9所,卫生院1个,卫生室11个,文化站1个。景点有龙湖国家湿地公园、老阴山风景区、太子坟、双河口鲁班桥等。有特产油茶、茶叶、魔芋、黄姜、杜仲、花椒。346国道过境。

吴坝村 [Wúbàcūn] 龙坝镇人民政府驻地。在县政府驻地城关镇西20千米。人口2500。昔日吴姓修坝,耕种土地,故名。聚落呈块状。有中学、卫生院、文化活动室。有古迹太子坟。经济以商贸、手工业为主。农业种植玉米、油菜、蔬菜。有特产油茶。

兵营镇 [Bīngyíng Zhèn] 竹溪县辖镇。在县境东南部。面积158平方千米。人口1.2万。辖17村委会,有64自然村。镇人民政府驻赵家河村。1958年由新洲区析设东风公社。1959年改兵营公社。1984年复区。1987年改乡。2013年改镇。昔为关口,于此驻兵扎寨,故名。汇湾河、泉河流经。有矿产资源铁、煤、大理石等。有中学1所,小学6所,卫生院1个,卫生所10个,文化站1个。有古迹安和寨、太平寨、人和寨、金华寨、锦鸡寨、天龙寨、银杏古寺等。农业种植马铃薯、豌豆、玉米。盛产芝麻、茶叶、木耳、香菇、中药材。水天公路过境。通公交车。有水路航线。

赵家河村 [Zhàojiāhécūn] 兵营镇人民政府驻地。在县政府驻地城关镇东南50千米。人口1900。围河而居,赵姓居多,故名。聚落呈块状。有中学、卫生院、文化活动室。经济以商贸、旅游为主。农业种植玉米、马铃薯、油菜。有渔业养殖和捕捞。省道白竹线经此。

汇湾镇 [Huìwān Zhèn] 竹溪县辖镇。在县境东南部。面积173平方千米。人口1.9万。辖14村委会,有116自然村。镇人民政府驻小河口村。1949年为第四区。1952改汇湾区。1958年改红旗公社。1975年改汇湾公社。1984年改区。1987年改乡。2013年改镇。镇人民政府驻地位于河道之上,因其有“二十四汇”之称得名。有矿产资源板石、煤等。有野生植物杉木、松木等。有中学1所,小学7所,卫生院1个,卫生室15个,文化站1个。有古迹梅子垭古贡茶园、千年古井、曾家寨、王家寨、梯子岩、饶家大院古建筑群等。农业种植玉米、马铃薯、豆类。有特产梅子贡茶。工业以水电为主。有水电站9个。省道兴界线过境。

小河口村 [Xiǎohékǒucūn] 汇湾镇人民政府驻地。在县政府驻地城关镇南40千米。人口2000。因位于两河交汇处得名。聚落呈块状。有中学、卫生院、文化活动室。经济以农业为主,手工业为辅。农业种植玉米、马铃薯、杂粮。有渔业养殖。省道兴界线经此。

鄂坪乡 [Èpíng Xiāng] 竹溪县辖乡。在县境西南部。面积174平方千米。人口1万。辖18村委会,有74自然村。乡人民政府驻九湾锅厂村。1958年由第四区析设超美公社。1975年改鄂坪公社。1984年改区。1987年改乡。因乡人民政府原驻地下鄂坪得名。传早年汇湾河流经,平地上有鹅群来往,得名鹅坪,又以方位分为上、下鹅坪。此处称下鹅坪,后演为下鄂坪。有黄连山、云雾山、八卦山、朝天柜、金盆架、偏头山、龙山。汇湾河、王家河流经。有矿产资源板石、煤等。有中学1所,小学4所,卫生院1个,卫生室10个,文化站1个,村文化活动室19个。有全国重点文物保护单位慈孝沟摩崖石刻。农业种植粮食、蔬菜、油料、茶、药材等。省道兴界线过境。通公交车。

九湾锅厂村 [Jiǔwānguōchǎngcūn] 鄂坪乡人民政府驻地。在县政府驻地城关镇南18千米。人口1000。昔有锅厂,结合地形得名。聚落呈矩形。有小学、卫生院、文化活动室。景点有慈孝沟摩崖石刻等。经济以商贸为主。农业种植玉米、水稻、蔬菜。省道兴界线经此。通公交车。

天宝乡 [Tiānbǎo Xiāng] 竹溪县辖乡。在县境东南部。面积239平方千米。人口2万。辖28村委会,有194自然村。乡人民政府驻蔡坝村。1949年设天宝区。1958年改公社。1984年复区。1987年改乡。因天宝寨得名。龙滩河、顺河流经。有中学1所,小学7所,卫生院1个,卫生所21个,文化站1个。景点有罗汉洞、海螺山等。农业种植蔬菜、玉米、水稻。有特产魔芋、茶叶、中药材。工业以水电开发、铁矿开采、板石加工、山野菜加工为主。水天公路过境。

蔡坝村 [Càibàcūn] 天宝乡人民政府驻地。在县政府驻地城关镇南65千米。人口1600。昔日蔡姓修坝耕种,故名。聚落呈矩形。有中学、卫生院、文化活动室。农业种植木耳、香菇、玉米、马铃薯、生漆树。水天公路经此。

新洲乡 [Xīnzhōu Xiāng] 竹溪县辖乡。在县境东南部。面积196平方千米。人口2万。辖19村委会,有58自然村。乡人民政府驻新发村。1949年为县第五区。1952年更名郭家洲区。1955年改新洲区。1958年改公社。1975年析设马家河公社。1984年复新洲区。1987年改乡。郭姓居于竹溪河洲之上,称郭家洲。后乡人民政府迁驻今址,更名新洲。竹溪河、汇湾河、县河、泉河、柿河流经。有矿产资源铁、煤、大理石等。有华中地区面积最大的野生楠木群。有中学1所,小学10所,卫生院1个,卫生室14个,文化站1个。有古迹宋代古墓群、王子坟、樊停遗址、三盛院、翁家大院等。农业种植马铃薯、豌豆、玉米。盛产芝麻、茶叶、木耳。水天公路过境。通公交车。有水路航线。

新发村 [Xīnfācūn] 新洲乡人民政府驻地。在县政府驻地城关镇南42千米。人口2800。为潘口电站移民村,寓“经济发展,生活提高”之意命名。聚落呈方形。有中学、卫生院、文化活动室。经济以商贸、餐饮、旅游为主。农业种植蔬菜、马铃薯、玉米、杂粮。水天公路经此。通公交车。

桃源乡 [Táoyuán Xiāng] 竹溪县辖乡。在县境南部。面积339平方千米。人口1.1万。辖12村委会,有67自然村。乡人民政府驻羊角洞村。1950年设桃源区,旋改第八区。1952年析设双峰区后复名桃源区。1956年双峰区并入。1958年分设红星、高峰2公社。1959年红星公社改设桃源公社。1984年与瓦沧公社合设桃源区。1987年分桃源、瓦沧2乡。2002年瓦沧乡并入。因水源丰富,盛产核桃得名。有矿产资源煤、铁、铜、锌等。有中学1所,小学6所,卫生院1个,卫生所3个,文化站1个。景点有雷打岩、鸡心岭、丹霞山、武宇山、洞沟峡谷、八里峡、满天星、乌龙洞等。农业种植玉米、马铃薯、魔芋。有瓦沧玉开采、加工业。省道兴界线过境。

羊角洞村 [Yángjiǎodòngcūn] 桃源乡人民政府驻地。在县政府驻地城关镇南110千米。人口1200。有山形似羊角,山中有洞,故名。聚落呈块状。有中学、文化活动室、卫生院。农业种植玉米、马铃薯、茶、蔬菜。有特产木耳、香菇、核桃、蜂蜜、腊肉。省道白竹线、县道泉双线经此。

向坝乡 [Xiàngbà Xiāng] 竹溪县辖乡。在县境南部。面积117平方千米。人口1.1万。辖9村委会,有73自然村。乡人民政府驻向家坝村。1958年由桃源区析设高峰公社。1959年改向坝公社。1961年改区。1975年双桥公社析出后成立向坝公社。1984年改区。1987年改乡,双桥公社改双桥乡。2002年双桥乡并入。因乡政府驻地得名。最高点黄龙山海拔2341米。向坝河等流经。有中学1所,小学8所,卫生院1个,卫生所6个,文化站1个。有向坝民歌。农业种植玉米、马铃薯、魔芋。盛产中药材。541国道、县道泉双线过境。

向家坝村 [Xiàngjiābàcūn] 向坝乡人民政府驻地。在县政府驻地城关镇南150千米。人口2000。传原有向姓大户开垦耕种,形成平坝,故名。聚落呈矩形。有中学、卫生院、文化活动室。经济以商贸为主。农业种植木耳、香菇、核桃。省道白竹线、县道泉双线经此。

房县

房县 [Fáng Xiàn] 十堰市辖县。北纬32°04′,东经110°44′。在市境南部。面积5100平方千米。人口48万。以汉族为主,还有回、苗等民族。辖12镇、8乡。县人民政府驻城关镇。秦置房陵县。北周改光迁县。唐贞观十年(636)复改房陵县,设房州,为其州治。宋雍熙三年(986)升房州为保康军。元代复房州。元至正二年(1342)省房陵县入房州。明洪武十年(1377)降房州为房县,属襄阳府。其后未变,先后隶属郧阳府、襄阳道、第十一行政督察区、第八行政督察区、陕西省两郧专区、湖北省郧阳专区、襄阳专区、郧阳专区、郧阳地区。1994年属十堰市。古称房陵,因“四面山林巩固,巍然高峻,有如房室”得名。地处大巴山余脉与武当山之间。地势西高东低。平均海拔850米。最高点关家垭海拔2485.6米。年均气温14.5℃,1

月平均气温 2.2℃,7月平均气温 25.8℃。年均降水量 914 毫米。南河、堵河、北河、官山河等流经。有矿产资源铅、锌、铜、镁、铁、锰、钒等。有国家重点保护野生植物珙桐、红豆杉、巴山榧树、七叶树、篦子三尖杉等 21 种。有国家重点保护野生动物金丝猴、豹、林麝、金雕、白肩雕等 57 种。森林覆盖率 77.5%。有高中 3 所,初中 24 所,小学 129 所,二级医院 1 个。有全国重点文物保护单位七里河文化遗址,省级文物保护单位宝堂寺。有古迹羊鼻岭遗址、獐落洞遗址、显圣殿、尹吉甫墓、温泉寺、丹朱墓、黄香墓等。有诗经源国家森林公园、柳树垭省级森林公园、南潭生态文化休闲区。景点有野人谷、野人洞、观音洞等。三次产业比例 33∶26∶41。农业种植水稻、玉米、小麦、油菜。有特产核桃、耳菇、茶叶、天麻、板栗、核桃、山野菜。为国内最大的中药材生产基地,有"华中药库"之称,盛产杜仲、桔梗、金钗、灵芝、猴头菌、天麻、党参等。工业以水电,纺织,医药化工,汽配、建筑建材制造,农副产品、食品加工为主。服务业以旅游、餐饮为主。谷竹、十房高速,209、305 国道过境。通多路公交车。

城关镇 [Chéngguān Zhèn] 房县人民政府驻地。在县境中部。面积 72 平方千米。人口 12 万。辖 11 居委会、6 村委会,有 17 自然村。镇人民政府驻东关社区。1949 年设城关区。1951 年改城关镇。1958 年改城郊公社。1961 年复城关镇。1975 年塘溪公社并入。1984 年红塔、高枧 2 公社部分地域并入。有初中 1 所,小学 11 所,二级医院 1 个,卫生院 1 个,卫生室 15 个,文化站 1 个。有房陵故城遗址、东汉古墓群等。有纪念地房县苏维埃政府旧址、红军烈士塔、十八烈士墓等。景点有观音洞、温泉度假村、西河乐园等。农业种植蔬菜、水稻、玉米、油菜。工业有家具、五金、纺织、副食品、汽车配件加工产业。209 国道、省道襄关线过境。

房陵东大道 [Fánglíng Dōngdàdào] 在县城中部。东起温泉路,西至新十字街。与神农路、东城门路、武当路、南街相交。长 2.4 千米,宽 30 米。混凝土路面。1960 年开工,同年建成。2004 年改扩建。因唐代房陵故城遗址得名。两侧有民政局、畜牧局、人民商场、商贸城、中盛洲际酒店、陵州国际酒店等。通公交车。

房陵西大道 [Fánglíng Xīdàdào] 在县城中部。东起房陵东大道,西至省道襄关线。与南宁路、吉甫路、南街相交。长 3.5 千米,宽 23 米。沥青路面。1960 年开工,同年建成。2004 年改扩建。因唐代房陵故城遗址得名。两侧有县国土资源局、国税局、地税局、唐城广场等。通公交车。

神农路 [Shénnóng Lù] 在县城南部。南起干河桥,北至新十字街。与房陵大道、唐城路等相交。长 2.3 千米,宽 30 米。沥青路面。2008 年开工,2010 年建成。为通往神农架必经之路,故名。两侧有县水电局、气象局、农机局、县医院等。通公交车。

东城门路 [Dōngchéngmén Lù] 在县城中部。南起房陵东大道,北至迎宾大道。长 1.7 千米,宽 19 米。沥青路面。1960 年开工,1961 年建成。因经县城东门得名。两侧有林业局、工商局、县一中、房县汽车站等。通公交车。

东关社区 [Dōngguān Shèqū] 城关镇人民政府驻地。在县境中部偏东。面积 2 平方千米。人口 1.8 万。县东城门关卡以外向东延伸的街道集市昔称东关街,俗称东关,故名。2000 年成立。民居以楼房、平房为主。有社区服务中心,为居民提供政策咨询、便民服务等。有中小学、幼儿园、卫生室。驻地单位有工商局、林业局、妇幼保健院、农业局、城乡居民社会养老保险局等。通公交车。

军店镇 [Jūndiàn Zhèn] 房县辖镇。在县境中部。面积 160 平方千米。人口 3.8 万。辖 1 居委会、12 村委会,有 44 自然村。镇人民政府驻军店街社区。1949 年设军店区。1956 年改镇。1958 年成立军店公社。1977 年析设化龙公社。1984 年复镇。传唐中宗李显流放至此屯兵养马,故称军马铺,后改称军店街。有矿产资源石灰石、石膏、黄磷等。有野生动物野猪、獐、野鸡、野猫等 18 种。有初中 1 所,小学 9 所,卫生院 1 个,卫生室 17 个,文化站 1 个。有古迹显圣殿、下店子古街、望母楼、蛤蟆石井、王公祠、房山庙等。有源于唐代的民间文艺龙灯。农业以种植水稻、玉米、小麦为主。有特产药材、芝麻、油茶、山药、竹笋、木耳、香菇、天麻、核桃。346 国道过境。

军店街社区 [Jūndiànjiē Shèqū] 军店镇人民政府驻地。在县境东部。面积 3 平方千米。人口 3000。因镇名得名。2003 年成立。民居以楼房、平房为主。有社区服务中心,为居民提供政策咨询、便民服务等。有中小学、幼儿园、卫生院、卫生室、广场。305 省道经此。通公交车。

化龙堰镇 [Huàlóngyàn Zhèn] 房县辖镇。在县境西部。面积 160 平方千米。人口 2.7 万。辖 16 村委会,有 16 自然村。镇人民政府驻化龙堰村。1977 年由军店公社析设化龙公社。1984 年改化龙堰镇。因镇政府驻地得名。有矿产资源铁、镁、泥灰岩、白云岩等。有中学 1 所,小学 10 所,卫生院 1 个,卫生所 14 个。有庐陵王故城遗址。有景点木佳沟峡谷瀑布、汪家河水库、千年鸳鸯柏等。农业以种植水稻、小麦、玉米为主。有特产核桃、药材。有建材加工业。305 国道过境。

化龙堰村 [Huàlóngyàncūn] 化龙堰镇人民政府驻地。在县政府驻地城关镇西 18 千米。人口 2200。因神话传说得名。《后汉书》载:仙道费长房投仙杖化龙,形成山川河流,人们扎堰引水以事农耕,并命名化龙堰以怀。聚落呈一字形。有九年一贯制学校、卫生院。农业种植水稻、小麦、玉米。有特产核桃、药材。有水泥、建材加工业。305 国道经此。通公交车。

土城镇 [Tǔchéng Zhèn] 房县辖镇。在县境北部。面积 313 平方千米。人口 2 万。辖 12 村委会,有 12 自然村。镇人民政府驻土城村。1961 年成立土城公社。1984 年改镇。2001 年通省乡并入。因镇政府驻地得名。有野生动物野猪、狼、狐狸、麂子、羚羊等。有中学 1 所,小学 7 所,卫生院 2 个,卫生所 9 个。有柳树垭省级森林公园。景点有皇酒民俗村、酒庄、博物馆展示中心等。农业种植水稻、玉米、小麦、大豆。林产板栗、核桃、猕猴桃、柿子、白果、木耳。种植党参、当归、天麻等中药材。工业以黄酒酿造为主。209 国道,省道刘两、通房线过境。

土城村 [Tǔchéngcūn] 土城镇人民政府驻地。在县政府驻地城关镇北 32 千米。人口 2700。1912 年后为防匪盗,修建土堡,屯粮驻兵,故名。聚落呈条块状。有中小学、卫生院、卫生所。农业种植水稻、玉米、小麦、蔬菜、茶,养殖生猪、牛、羊、家禽。工业有黄酒酿造、茶叶加工。209 国道经此。通公交车。

大木厂镇 [Dàmùchǎng Zhèn] 房县辖镇。在县境北部。面积 438 平方千米。人口 3.5 万。辖 13 村委会,有 13 自然村。镇人民政府驻大木街村。1949 年设大木区。1958 年成立公社。1984 年复区。1987 年改大木厂镇。2001 年板桥乡并入。因镇政府驻地得名。有初中 1 所,小学 9 所,卫生院 1 个,卫生室 9 个。有民间艺术龙灯、旱船、戏剧小品等。有柳树垭省级森林公园。景点有停舟山、福泉山、战鼓河、千佛洞、天池寺、牛沁观、黄巢垭等。农业种植小麦、玉米、水稻、花生、黄豆、芝麻、番薯,养殖生猪、牛、羊、鱼、家禽。通公交车。

大木街村 [Dàmùjiēcūn] 大木厂镇人民政府驻地。在县政府驻地城关镇西北 70 千米。人口 6400。宋末元初流民迁此,伐大树贩卖,渐成街市,故名。聚落呈片状。有中小学、卫生院。景点有天池寺、牛沁观、关爷刀等。农业种植小麦、玉米、水稻、番薯、大豆、油菜。通公交车。

青峰镇 [Qīngfēng Zhèn] 房县辖镇。在县境东部。面积 415 平方千米。人口 3.4 万。辖 26 村委会,有 26 自然村,镇人民政府驻青峰街村。1952 年设青峰镇。1975 年改公社。1987 年复镇。2001 年堰河乡并入。因镇政府驻地得名。南河、马栏河、刘家河、马家河流经。有矿产资源铅、锌、煤、石膏、方解石、耐火石、石灰石。有中学 1 所,小学 15 所,卫生院 1 个,卫生室 23 个。有综合文化广场、诗经文化广场。景点有青峰山省级地质公园、六里峡、神仙洞、龙洞、龙潭坎瀑布、南河人工湖等。农业种植玉米、小麦、油料作物,养殖生猪、牛、羊、家禽。有特产木耳、食用菌、中药材。有水电工业。谷竹高速、305 国道过境。

青峰街村 [Qīngfēngjiēcūn] 青峰镇人民政府驻地。在县政府驻地城关镇东 29 千米。人口 1.1 万。明末有山,酷似《封神演义》中的青峰山,故名。聚落呈团块状。有中小学、卫生院、卫生室、文化广场。景点有青峰山、紫阳洞等。农业种植小麦、玉米、水稻、大豆、芝麻、花生。有商贸业。县道石房、青万线经此。通公交车。

门古寺镇 [Méngǔsì Zhèn] 房县辖镇。在县境西部。面积 420 平方千米。人口 3.2 万。辖 19 村委会,有 19 自然村,镇人民政府驻门古寺村。1956 年设门古区。1958 年成立公社。1987 年改镇。2001 年秦口乡并入,改称门古寺镇。因镇政府驻地得名。有野生植物松、杉、栎、栗等,有野生动物野猪、野羊、麂、獐、蛇、猪獾等。有中学 1 所,小学 12 所,幼儿园 1 所,卫生院 1 个,卫生室 21 个。为省"民歌之乡",世代传唱《诗经》。农业种植食用菌、核桃、茶、中药材,养殖山羊。有特产天麻、当归、党参、杜仲、木耳、香菇、板栗。工业以铁矿开采、水电开发、农副产品加工、预制构件制造为主。省道虢夜线过境。通公交车。

门古寺村 [Méngǔsìcūn] 门古寺镇人民政府驻地。在县政府驻地城关镇西南 34 千米。人口 1400。元代建纪念蒙古族孛儿只斤氏寺庙,明代为避讳改称门古寺。聚落呈片状。有卫生室。农业种植玉米、水稻、油菜、大豆,养殖生猪、牛、羊、家禽,兼种油料作物、草药。通公交车。

白鹤镇 [Báihè Zhèn] 房县辖镇。在县境东北部。面积 229 平方千米。人口 3.3 万。辖 14 村委会,有 19 自然村。镇人民政府驻伏溪堰村。1952 年设白窝乡。1958 年并入长胜公社。1961 年析设白窝公社。1984 年改乡。2010 年更名白鹤镇。传明洪武年间(1368—1398)有白鹤观。1912 年后道观废弃,遗址古树参天,白鹤云集,架巢产卵,俗称白窝。后以原有白鹤观而改今名。有中学 1 所,小学 10 所,卫生院 1 个,卫生室 18 个。有省级文物保护单位羊鼻岭遗址。有兔子凹遗址。农业以种植水稻、小麦、玉米、大豆、木耳、香菇、板栗、核桃,养殖牛、羊、生猪、家禽、大鲵为主。通公交车。

伏溪堰村 [Fúxīyàncūn] 白鹤镇人民政府驻地。在县政府驻地城关镇东北 9 千米。人口 2800。冷水沟流经,伴有暗流,扎堰灌溉而旱涝不枯,故名。聚落呈片状。有中小学、卫生院、卫生室。农业以种小麦、大豆、水稻、玉米为主,香菇、木耳为辅。

野人谷镇 [Yěréngǔ Zhèn] 房县辖镇。在县境南部。面积358平方千米。人口1.2万。辖20村委会,有18自然村。镇人民政府驻桥上村。1950年为第八区。1956年改桥上区。1958年成立公社。2001年改桥上乡。2010年改野人谷镇。因旧版《房县志》中记载有野人出没,故名。有矿产资源磷、铁、铅、锌等。有国家重点保护野生植物26种。有野生中药材绞股蓝、天麻、桔梗、黄姜、黄精、黄芪等。有国家重点保护野生动物58种。有初中1所,小学8所,卫生院1个,卫生室16个,农家书屋18个。有民间艺术高跷、龙灯、船灯、锣鼓等。有国家4A级旅游景区野人谷·野人洞。景点有挂榜岩、黑龙洞、祖师观、三里坪人工湖等。农业种植玉米、油菜、大豆。有特产木耳、香菇、茶叶、核桃、板栗、猕猴桃、野葡萄、桃子、柿子。有磷矿开采、水电工业。武当山—神农架旅游公路过境。通公交车。

桥上村 [Qiáoshàngcūn] 野人谷镇人民政府驻地。在县政府驻地城关镇南20千米。人口900。因公路架有桥梁得名。聚落呈片状。有中小学、卫生院、卫生室。有挂榜岩、清溪沟风景区。农业种植木耳、香菇。有农副产品集散贸易。武当山—神农架旅游公路经此。通公交车。

杜家川村 [Dùjiāchuāncūn] 在县政府驻地城关镇南27千米。野人谷镇辖自然村。人口1100。杜氏居于山川,故名。聚落呈条状。有国家4A级旅游景区野人谷·野人洞。经济以旅游、商贸为主。农业种植玉米、小麦、番薯、绞股蓝。武当山—神农架旅游公路经此。

红塔镇 [Hóngtǎ Zhèn] 房县辖镇。在县境中部。面积222平方千米。人口4.1万。辖27村委会,有178自然村。镇人民政府驻七里河村。1936年设白海乡。1955年因凤凰山下重建红军烈士纪念塔更名红塔乡。1961年更名红塔公社。1987年复乡。2012年改镇。马栏河流经。矿产资源有硅石。有中学1所,小学18所,卫生院1个,卫生室25个。农业种植水稻、小麦、玉米、茶、核桃,养殖山羊、大鲵。工业有汽配、水电、建材等产业。通乡村道路。

七里河村 [Qīlǐhécūn] 红塔镇人民政府驻地。在县政府驻地城关镇东3千米。人口2800。处七里沟、盘峪河交汇处,距县城7华里,故名。聚落呈条状。有小学、卫生室。有七里河遗址。农业种植玉米、水稻、蔬菜。通公交车。

窑淮镇 [Yáohuái Zhèn] 房县辖镇。在县境西部。面积247平方千米。人口1.8万。辖14村委会,有14自然村。镇人民政府驻淮水村。1975年由军店公社析设窑淮公社。1987年改乡。2012年改镇。以境内窑场和淮水各取一字得名。最高点牛叫山海拔1432米。有野生植物花栎树、松树、杉树、漆树、毛竹。有野生动物野猪、野兔、果子狸、锦鸡、獐子、黄羊、狐狸等。有野生中药材天麻、二花、玄参等。有九年一贯制学校1所,教学点3个,卫生院1个,卫生室9个。有界山诗香园文化广场、淮水广场、三岔文化广场。经济以种茶为主,有茶园基地。农业种植小麦、玉米、水稻、黄豆、食用菌、中药材,养殖山羊。谷竹高速、346国道过境。通公交车。

淮水村 [Huáishuǐcūn] 窑淮镇人民政府驻地。在县政府驻地城关镇西36千米。人口1700。以流经村的沟河名命名。聚落呈片状。有中小学、卫生院、卫生室、文化广场。农业种植玉米、水稻、茶。有商贸业。通公交车。

尹吉甫镇 [Yǐnjífǔ Zhèn] 房县辖镇。在县境东部。面积100平方千米。人口1.1万。辖7村委会,有7自然村。镇人民政府驻椰口村。1952年设椰口乡。1958年成立公社。1984年改乡。2010年为弘扬《诗经》,以境内有尹吉甫故居遗址宝堂寺而改今名。最高点大尖山海拔1244米。马栏河流经。有初中1所,小学5所,卫生院1个,卫生室7个,文化服务站1个。有诗经文化旅游节。农业以种玉米、水稻、豆类为主。有特产柑橘、核桃、板栗、香菇、木耳。谷竹高速、省道襄关线过境。

椰口村 [Lángkǒucūn] 尹吉甫镇人民政府驻地。在县政府驻地城关镇东39.5千米。人口2000。因地处椰峪河汇入南河的河口得名。聚落沿马栏河和346国道呈"S"形分布。有中小学、卫生院、卫生室、文化广场。农业种植玉米、小麦、水稻、黄豆。有特产木耳、香菇、杜仲。通公交车。

姚坪乡 [Yáopíng Xiāng] 房县辖乡。在县境西北部。面积204平方千米。人口1.7万。辖16村委会,有16自然村。乡人民政府驻姚坪村。1975年由大木公社析设姚坪公社。1984年改区。1987年改乡。因乡政府驻地得名。有中学1所,小学3所,卫生院1个,卫生室15个,文化站1个,文化活动室16个。农业以小麦、玉米、番薯,辅植木耳、香菇、竹笋、油桐、生漆树、金丝大枣种植为主。有特产药材。省道十竹线、县道窑姚线过境。有水路航线。

姚坪村 [Yáopíngcūn] 姚坪乡人民政府驻地。在县政府驻地城关镇西北84千米。人口1200。因姚氏居于山间坪地而得名。聚落呈条状。有中小学、卫生院。经济以商贸为主,种植玉米、番薯、花生、芝麻。有特产柑橘、金丝大枣、药材。省道十竹线、县道窑姚线经此。有水路航线。

沙河乡 [Shāhé Xiāng] 房县辖乡。在县境东部。面积230平方千米。人口1万。辖12村委会,有12自然村。乡人民政府驻火光村。1949年设沙河区。1958年成立公社。1987年改乡。因白沙河得名。矿产资源有石英石。有初中1所,小学5所,卫生院1个,卫生室12个,文化站1个。经济以种植食用菌,养殖生猪、肉牛、山羊、鸡为主。农业种植水稻、玉米、小麦。有特产香菇、木耳、胭脂米。有省冷水红水稻种植基地。房沙公路过境。

火光村 [Huǒguāngcūn] 沙河乡人民政府驻地。在县政府驻地城关镇东59千米。人口2000。原名魏家坪。后因乡政府驻地迁此,取"星火燎原"之意更今名。聚落呈一字形。有中小学、卫生院、文化广场。农业种植水稻、玉米、香菇、木耳,饲养生猪、山羊。县道椰沙线经此。

万峪河乡 [Wànyùhé Xiāng] 房县辖乡。在县境东北部。面积192平方千米。人口0.9万。辖9村委会,有10自然村。乡人民政府驻旱田村。1956年设万峪乡。1958年并入沙河公社。1975年析设万峪公社。1987年改乡。处武当山南麓,群山巍峨,沟壑纵横,故有万峪河之称。南瓜河、长滩河、班河、沙扒河流经。有矿产资源石英、金等。有野生药材天麻等近百种。有初中1所,小学3所,卫生院1个,卫生室10个。经济以中草药、食用菌种植,畜牧养殖为主。农业种植小麦、玉米、水稻、油菜、大豆、花生、芝麻等。有特产木耳、香菇、山毛栗。县道青万线过境。

旱田村 [Hàntiáncūn] 万峪河乡人民政府驻地。在县政府驻地城关镇东北55千米。人口1100。高山缺水,多旱地,故名。聚落呈米字形。有中小学、卫生院。农业种植玉米、水稻、小麦等。有餐饮、住宿、商贸业。通乡村道路。

上龛乡 [Shàngkān Xiāng] 房县辖乡。在县境西南部。面积370平方千米。人口0.7万。辖8村委会,有8自然村。乡人民政府驻范家垭村。1956年为范家垭区。1958年成立上龛公社。1987年改乡。因高山岩洞有神龛得名。地处大巴山余脉高山区。最高点关家垭海拔2485.6米。有野生中药材金钗、灵芝、猴头菌、天麻、党参、川乌等。有初中1所,小学5所,卫生院1个,卫生所8个,文化站1个。经济以种植核桃、中草药,养殖蜜蜂为主。农业种植小麦、玉米、马铃薯等。工业有小水电开发、农副产品加工。县道狮九线过境。

范家垭村 [Fànjiāyàcūn] 上龛乡人民政府驻地。在县政府驻地城关镇西南86千米。人口1500。范氏居于山洼,故名。聚落呈带状。有小学、卫生所。农业种植玉米、马铃薯等。有餐饮、商贸业。县道狮九线经此。

中坝乡 [Zhōngbà Xiāng] 房县辖乡。在县境西南部。面积231平方千米。人口0.9万。辖7村委会,有14自然村。乡人民政府驻下坝村。1950年为十区。1956年改中坝区。1975年改公社。1984年复区。1987年改乡。因中坝村得名。獐落河流经,形成3块小平坝,按方位分别称上、中、下3坝,该村居中,故名。有矿产资源铁、煤、钒、铅、铜、绿松石、石灰石等。有野生植物白皮松、杉树、樟树、栎树、栗树、铁匠树、漆树等,有野生动物黑熊、野猪、羚羊、果子狸、獐子、锦鸡等。有初中1所,小学3所,卫生院1个,卫生室6个。有名胜古迹第四纪化石群落、獐落河遗址、白莲洞、营盘岭等。经济以中药材种植、畜牧养殖、木材加工为主。农业种植小麦、玉米、大豆、水稻、花生、芝麻、杉树等。有水电开发、商贸业。省道猇夜线、县道车中线过境。

下坝村 [Xiàbàcūn] 中坝乡人民政府驻地。在县政府驻地城关镇西南66千米。人口2300。位于獐落河畔3平坝之下坝方位,故名。聚落呈条状。獐落河流经。有中小学、卫生室。有营盘岭、第四纪化石群落。农业种植水稻、大米、大豆、小麦。有酿酒、餐饮、商贸等业。

九道乡 [Jiǔdào Xiāng] 房县辖乡。在县境西南部。面积335平方千米。人口1万。辖9村委会,有9自然村。乡人民政府驻卸甲坪村。1949年设九道区。1952年改乡。1956年复区。1958年成立公社。1984年复区。1987年改乡。古时由四川巫山来此需翻越9道山梁,此为第九道山梁谷底,故名。地处秦巴山脉高山区。多原生态溶洞。阴峪河、洛阳河、平渡河流经。为南水北调中线工程重点水源区。有矿产资源铅、锌、铜等。有初中1所,小学20所,卫生院1个,卫生室6个。景点有神洞、龙洞、虎啸洞、青龙洞等。经济以蜜蜂、山羊、生猪养殖,食用菌种植,水电开发为主。农业种植玉米、马铃薯。县道狮九线过境。

卸甲坪村 [Xièjiǎpíngcūn] 九道乡人民政府驻地。在县政府驻地城关镇西南157千米。人口700。传薛刚反唐时其妻纪兰英在战斗中临产,于此卸盔产子,故名。聚落呈椭圆形。有中小学、卫生院、卫生室。农业种植玉米、水稻、马铃薯。有餐饮、修理、商贸等业。县道狮九线经此。

回龙乡 [Huílóng Xiāng] 房县辖乡。在县境西南部。面积152平方千米。人口6000。辖7村委会,有7自然村。乡人民政府驻黑獐沟村。1970年由店泗河、百家、碾盘3公社合设回龙区。1975年改公社。1984年复区。1987年改乡。此地山脉蜿蜒曲折,形似巨龙回首,故名。有小学2所,卫生院1个,卫生室4个,福利院1个。农业种植小麦、玉米、水稻,养殖生猪、羊、家禽。通公交车。

黑獐沟村 [Hēizhānggōucūn] 回龙乡人民政府驻地。在县政府驻地城关镇西南6千米。人口2300。有沟通往深山,常有黑獐出没,故名。聚落呈线状。有小学、卫生院。有唐代女将樊梨花在梨花山安营扎寨时所修石头寨门和寨墙遗址，有后人所修祖师庙遗址。种植小麦、玉米、水稻、马尾松。通公交车。

五台乡 [Wǔtái Xiāng]　房县辖乡。在县境东南部。面积108平方千米。人口5000。辖4村委会，有4自然村。乡人民政府驻地廖家河村。1952年设五台乡。1958年转为国营林场。2012年复设乡。因有5座山峰得名。有小学2所，卫生院1个，卫生所3个。景点有香炉垭避暑山庄、石门峡、合欢谷、太极峡、蓝莓种植生态农业观光园、登仙观等。农业种植玉米、水稻、小麦、花生、大豆、油菜、芝麻，养殖生猪、牛、羊、家禽。有特产黑木耳、香菇、高山云雾茶、龙井茶。通乡村道路。

廖家河村 [Liàojiāhécūn]　五台乡人民政府驻地。在县政府驻地城关镇东南30千米。人口1200。因廖姓居民较多且沿河而居，故名。聚落呈椭圆形。有小学、卫生院、卫生所。景点有香炉垭避暑山庄、石门峡等。农业种植玉米、小麦。有商贸业。通乡村道路。

宜昌市

宜昌市 [Yíchāng Shì]　湖北省辖地级市。北纬29°56′—31°34′，东经110°15′—112°04′。在省境西南部。面积21000平方千米。户籍人口394万，常住人口413万。以汉族为主，还有土家、回、满、壮等民族。辖西陵、伍家岗、点军、猇亭、夷陵5区，远安、兴山、秭归3县，长阳、五峰2自治县，代管宜都、当阳、枝江3县级市。市人民政府驻西陵区。秦始皇二十六年(前221)置巫县。东汉建安十三年(208)改临江郡。十五年又改宜都郡。三国吴黄武元年(222)改西陵郡，也称宜都郡。晋太康年间(280—289)改夷陵县。南北朝时，宋、齐皆称宜都郡。南朝梁置宜州。西魏改拓州。北周改峡州。隋大业三年(607)改夷陵郡。唐武德二年(619)复峡州。天宝元年(742)复夷陵郡，乾元元年(758)复陕州。宋元丰年间(1078—1085)改峡州。元至元十七年(1280)升峡州路。明初改峡州府。明洪武九年(1376)改夷陵州。清初讳“夷”字，改彝陵州。雍正十三年(1735)升宜昌府，取“宜于昌盛”之意。1914年属荆南道。1921年属荆宜道。1932年设第九行政督察区。1936年改第六行政督察区。1949年设宜昌专区、宜昌市。1954年宜昌市属宜昌专区。1958年宜昌专区改为宜都工业区，1961年复宜昌专区。1970年改宜昌地区。1979年宜昌市复省辖市。1992年宜昌地区并入宜昌市。地处鄂西山地向江汉平原过渡地带，地势西北高东南低。山地丘陵占90%。最高点兴山县仙女山海拔2427米，最低点枝江市杨林湖海拔35米。年均气温16.9℃，1月平均气温7.0℃，7月平均气温27.1℃。年均降水量1061.6毫米。年均无霜期278天。长江流经。有矿产资源磷、石墨、锰等。有珍稀名贵树种100多种，其中有国家一级保护野生植物秃杉、珙桐、光叶珙桐、银杏、钟萼木、红豆杉、南方红豆杉、水杉等11种。国家二级保护野生植物榧树、莲香、杜仲、鹅掌楸、巴东木莲、厚朴、榉树等38种。有野生动物420余种，其中有国家一级保护野生动物金丝猴、豹、云豹、林麝、梅花鹿、黑鹿、湾鳄、白鹳、金雕等79种，国家二级保护野生动物猕猴、短尾猴、穿山甲、豺、狼、黑熊、黄喉貂、水獭、大灵猫、小灵猫、金猫、鬣羚、斑羚、大鲵、虎纹蛙、鸳鸯、苍鹰、白腹山雕、白尾鹞、红腹锦鸡、猫头鹰等54种。有国家级自然保护区等3个，省级自然保护区3个。森林覆盖率44%。有高等院校5所，高中37所，中等职业学校15所，中学138所，小学261所，三级医院5个。有全国重点文物保护单位10个，省级文物保护单位53个。有嫘祖牌坊、嫘祖文化园、屈原八景、昭君村。有民间艺术黄杨木雕、山石盆景、黛釉陶、陶版壁画等。有国家5A级旅游景区三峡大坝。有国家4A级旅游景区10个，3A级旅游景区13个。三次产业比例19∶29∶52。农业以种植水稻、玉米、薯类、棉花、油料作物，养殖山羊为主。产柑橘、茶叶、蚕茧、桐油、油茶籽等。有杜仲、天麻、金钗、党参、独活、黄连等中药材。工业以电力、机械、化工、建材、轻纺、医药、食品加工为主。有东山、猇亭2省级经济技术开发区。服务业以旅游、商贸、金融为主。沪蓉、焦柳铁路，沪蓉、沪渝高速，209、318国道过境。有宜昌三峡机场，民航航线通往北京、上海、广州、深圳等20多个城市。通长江航道。有宜昌港。

宜昌 [Yíchāng]　简称宜。别名夷陵、蛮夷、南蛮子。宜昌市聚落。在市境中部。面积153平方千米。人口150万。以汉族为主，还有土家、回、满、壮、蒙古等民族。地处长江北岸，素有“三峡门户”“川鄂咽喉”之称，古为兵家必争、商贾云集之地。春秋战国时期筑有城堡，为楚国西部要塞。楚顷襄王二十一年(前278)秦将白起“攻楚，拔郢，烧夷陵”，夷陵之名始见于此。“水至此而夷，山至此而陵”，因山川形势得名。宋末元初建城。经历代扩修，明洪武十二年(1379)已具规模，为川、鄂重镇。清光绪二年(1876)为通商口岸，有海关及各国领事馆。1994年被国务院批准为沿江开放城市。历为府、州、郡、县治所。长江流经。有葛洲坝水利枢纽。西陵为市政治、文化、商业、旅游区。伍家岗为以轻纺为主的新兴工业区。水电工业城分布于葛洲坝水利枢纽附近区域。港口区分布于城区南部长江沿岸。解放路为传统商业街，铁路坝为繁华商业区。铁路、国道、省道交错，交通便利。城区道路多与长江平行或垂直。民航班机可达武汉、北京、广州、长沙、郑州等地。通多路公交车。

东山大道 [Dōngshān Dàdào]　在市境东部。南起伍家岗五一广场，北至石子岭路。与西陵一路、胜利四路等相交。长12.2千米，宽50米。沥混路面。1958年开工，1972年建成。2014年改扩建。因途经东山得名。两侧有长途汽车站、国贸大厦等。通公交车。

夷陵大道 [Yílíng Dàdào]　在市境中部。南起五一广场，北至樵湖二路。与西陵一路、西陵二路、胜利四路、胜利三路、中南路、港窑路等相交。长10.3千米，宽20—36米。沥混路面。1936年修建，2004年改扩建。原名汉宜路，2004年以古夷陵改今名。两侧有市住建委、市图书馆、公交总公司、峡州宾馆、夷陵广场、儿童公园、运河公园等。通公交车。

沿江大道 [Yánjiāng Dàdào]　在市境中部。东起白沙路，北至三江船闸。与东湖路、西陵路、云集路、胜利路等相交。长13.1千米，宽40米。沥混路面。清末建造，原名板桥河街。后经多次改扩建，2006年竣工。因沿长江更今名。两侧有葛洲坝法院、葛洲坝电力公司、市政府、镇江阁、和平公园、天然塔等。通公交车。

城东大道 [Chéngdōng Dàdào]　在市境东部。南起桔城路，北至西陵二路。与发展大道、中南路等相交。2002年开工，2003年建成。长10.6千米，宽36米。沥混路面。因处城东得名。两侧有市交通局、市公安局、公交集团总公司、伍家岗区检察院、伍家岗区法院、安琪生物集团等。通公交车。

发展大道 [Fāzhǎn Dàdào]　在市境东部。东北起东山隧道，西南至高速公路立交桥。与城东大道、深圳路等相交。长10.8千米，宽50米。沥混路面。1991年修建。2003年延建，2009年升级改造。原名西陵一路，2003年取前进、扩展之意更今名。两侧有宜昌海关、宜昌高新区、宜昌联通公司等。通公交车。

西陵区

西陵区 [Xīlíng Qū]　宜昌市人民政府驻地。在市境中部。面积89.8平方千米，人口44万。以汉族为主，还有土家、回、苗、壮、维吾尔等民族。辖9街道、1乡。区人民政府驻西陵街道。1986年设立。因西陵峡、西陵山得名。先后翻修重建小街巷119条，绿化美化三峡坝区，新建众多住宅小区，改建乡村道路、住宅。有标志性建筑葛洲坝水利枢纽、镇江阁、受难同胞纪念碑、三峡风云塔、宜昌市气象塔等。以“一轴、二廊、三带、四片、六心”展开城区布局。“一轴”指连接老城区与滨江公园的东西向城市绿化空间景观轴。“二廊”指云集路、西陵一路2城市视线景观通廊。“三带”指滨江绿化景观带、陶珠路步行商业带、环城老城景观带。“四片”指老城中部居住区片、老城北部居住区片、商务办公区片、商业旅游服务区片。“六心”指历史文化中心、居住区中心及4绿化广场中心。年均气温16.8℃，1月平均气温6℃，7月平均气温26.5℃。年均降水量1164.1毫米。有东山、黑虎山、镇境山、西陵山。有黄柏河大湖、沙河大湖。长江、黄柏河流经。有高等院校5所，中学15所，小学23所，特殊教育学校1所，幼儿园36所，三级医院2个，二级医院4个。有宜昌博物馆、工人文化宫、宜昌青少年宫、儿童公园、滨江公园等。景点有三游洞、白马洞、儿童公园等。三次产业比例11∶59∶30。农业以种植柑橘、蔬菜为主。有特产窑湾蜜橘。工业以电子、船舶、化工、医药为主。西陵经济开发区为省级开发区。服务业以商贸、旅游为主。有购物中心、大型综合商场、商业中心、综合大市场、步行街等。鸦宜铁路、三峡高速、348国道、省道宜莲线过境。有宜昌长途客运站。通多路公交车。

夷陵广场 [Yílíng Guǎngchǎng]　在城区中部。面积5.5公顷。1909年为汉川铁路宜昌站。抗战时期修建简易机场。1967年改为铁路坝露天体育场。1997年改建广场，同年建成。以宜昌古地名命名。广场中心有音乐喷泉池。有草坪3.2公顷，花坛15个。为举行大型社会活动及市民健身娱乐的重要场地。周边有宜昌国贸、均瑶广场、九州大厦等。通公交车。

珍珠路［Zhēnzhū Lù］ 在区境中部。南起云集路，北至东湖一路。与西陵一路、西陵二路相交。长2千米，宽16米。沥混路面。清末建设，1952年取直改建渣石路面，1967年改建混凝土路面，2000年再次改扩建。因途经珍珠岭得名。两侧有区政府、市科技局、市审计局、市四中、市实验小学、电脑城、电子商贸街、古佛寺等。通公交车。

云集路［Yúnjí Lù］ 在区境南部。东起东山大道，西至沿江大道。与夷陵大道相交。长1.2千米，宽18米。沥混路面。1914年建设，1982年改建延伸。取万商云集之意命名。1967年更名井冈山路，1973年复名。两侧有解放电影院、桃花岭饭店等。通公交车。

西陵一路［Xīlíng 1 Lù］ 在区境中部偏南。东起东山大道，西至沿江大道。与夷陵大道、珍珠路、环城东路相交。长1.5千米，宽16米。沥混路面。1949年建成三合土路，1981年改扩建。以西陵峡及序数命名。两侧有儿童公园、夷陵广场、镇江阁及多个金融单位。通公交车。

西陵二路［Xīlíng 2 Lù］ 在区境中部。东起城东大道，西至沿江大道。与东山大道、夷陵大道、珍珠路、体育场北路相交。长3千米，宽20米。沥混路面。1975年开工，1981年建成。原名大寨路，1981年以西陵峡及序数改今名。两侧有市一中、二中、窑湾乡政府及多个住宅小区。通公交车。

宜昌长途客运站［Yíchāng Chángtú Kèyùnzhàn］ 见交通运输设施部分“宜昌长途客运站”条。

西陵街道［Xīlíng Jiēdào］ 西陵区人民政府驻地。在区境东部。面积10.2平方千米。人口6.7万。1980年设。因西陵山、西陵峡得名。先后修建道路，兴建汇腾市场，建成社会服务楼。有三峡大学。有中学1所，小学6所，三级医院1个，卫生院3个，卫生所7个。经济以商贸、金融、餐饮为主。通公交车。

土城路社区［Tǔchénglù Shèqū］ 属西陵街道。在区境东部。为窑湾乡人民政府驻地。面积0.7平方千米。人口3400。因近土城路得名。2008年成立。民居以住宅楼为主。组织开展便民活动及文体活动。有青年志愿者队伍，提供包括扶贫帮困、助老助残、帮助下岗职工再就业等服务。有三峡电力职业技术学院、市第二中学。有中央、市、区直单位七一五研究所、园林设计院等8家驻此。有绿萝公园。

学院街道［Xuéyuàn Jiēdào］ 属西陵区。在区境南部。面积5.8平方千米。人口10万。1956年设。因古代建有学府、贡院得名。有中学4所，小学2所，幼儿园1所，二级医院1个，卫生院1个，卫生所1个。有省级文物保护单位镇江阁。有古佛寺、清真寺。经济以商贸、金融、餐饮为主。有解放路步行街、电脑城、综合市场等。通公交车。

云集街道［Yúnjí Jiēdào］ 属西陵区。在区境东南部。面积12.4平方千米。人口9.6万。1953年设。因云集路得名。有职业技术学院1所，中学2所，小学2所，幼儿园2所，三级医院1个，二级医院1个，卫生院2个，卫生所6个。有省级文物保护单位英驻宜领事馆旧址。有平和里日军侵华遗址。经济以商贸、金融、餐饮为主。有夷陵广场商贸圈。通公交车。

西坝街道［Xībà Jiēdào］ 属西陵区。在区境西部。面积1.7平方千米。人口5万。1988年设。因长江西坝岛得名。有中学2所，小学1所，幼儿园1所，卫生院1个。经济以电力、船舶与医药制造为主，商贸、餐饮为辅。有中国三峡集团。通公交车。

葛洲坝街道［Gězhōubà Jiēdào］ 属西陵区。在区境北部。面积2.4平方千米。人口4.3万。1980年设。因葛洲坝水利枢纽得名。有中学1所，小学1所，幼儿园1所，二级医院1个，卫生院1个，卫生所1个。经济以电力、商贸为主，餐饮为辅。通公交车。

夜明珠街道［Yèmíngzhū Jiēdào］ 属西陵区。在区境东北部。面积8.3平方千米。人口6.3万。1980年设。因夜明珠路得名。有中学3所，小学1所，幼儿园1所，卫生所3个。经济以电力、商贸为主，餐饮为辅。通公交车。

东苑街道［Dōngyuàn Jiēdào］ 属西陵区。在区境中部。面积为3.4平方千米。人口4.8万。2012年设。因东苑区片得名。有中学1所，小学1所，幼儿园1所。经济以医药、机械和装备制造、商贸、金融为主，餐饮为辅。通公交车。

南苑街道［Nányuàn Jiēdào］ 属西陵区。在区境南部。面积4.8平方千米。人口4.1万。2012年设。因南苑区片得名。有中学1所，小学2所，二级医院1个。经济以机床设备、橡胶制品、仪器仪表制造为主，商贸、餐饮为辅。通公交车。

北苑街道［Běiyuàn Jiēdào］ 属西陵区。在区境中部。面积1.7平方千米。人口3.1万。2012年设。因北苑区片得名。有中学1所，小学1所，卫生所1个。经济以商贸、住宿、餐饮为主。通公交车。

窑湾乡［Yáowān Xiāng］ 西陵区辖乡。在区境东部。面积17.9平方千米。人口0.8万。辖7村委会，有8自然村。乡人民政府驻西陵街道土城路社区。1950年设窑湾乡。1970年改公社。1984年复乡。因窑湾自然村得名。有小学2所，卫生院1个。经济以农业种植、渔业为主。有特产窑湾蜜橘。

伍家岗区

伍家岗区［Wǔjiāgǎng Qū］ 宜昌市辖区。在市境东部。面积91平方千米。人口16万。以汉族为主，还有土家、回、满、苗、蒙古、侗等民族。辖4街道、1乡。区人民政府驻伍家岗街道。1986年设立。因伍家岗街道得名。年均气温18.3℃，1月平均气温5.6℃，7月平均气温28.8℃。年均降水量1231.9毫米。有白马山、巴陡山、挖断山。长江、柏临河、东山运河流经。有三峡大学。有中学10所，小学11所，三级医院2个，二级医院3个。景点有天然塔、世界和平公园、五一广场、宜昌大撤退纪念园等。二、三产业比例26∶74。农业以种植水稻、马铃薯、玉米、柑橘、油料作物、蔬菜为主。有特产花艳蜜橘。工业以机械、电子、食品加工、纺织、制衣、包装、橡胶和建材制造为主。服务业以商贸、住宿、餐饮为主。有商业街。宜万、焦柳、汉宜城际铁路，宜黄高速，318国道过境。有宜昌东站。有宜昌长江港口主港区。通多路公交车。

五一广场［Wǔyī Guǎngchǎng］ 在城区东部。面积4.9公顷。1987年开工，同年建成。1997年改扩建。为纪念五一劳动节得名，取意劳动人民当家做主。广场依山建造。中心为三峡明珠音乐喷泉。有草坪2.6公顷，花坛600多平方米。种植灌木5万株。有各式灯具1200余盏。为开展重大庆典、社会公益、科普宣传等活动的重要场所。周边有区政务中心、五一剧场等。通公交车。

中南路［Zhōngnán Lù］ 在区境中部。南起沿江大道，北至峡州大道。与夷陵大道、东山大道、城东大道相交。长6.3千米，宽36米。沥混路面。1966年建成砂石路。1981年改扩建，2007年改造延伸。因中南橡胶厂得名。两侧有新华广场及多个住宅小区。通公交车。

桔城路［Júchéng Lù］ 在区境中部。西南起东山大道，东北至城东大道。与三峡高速相交。长1.6千米，宽44米。沥混路面。1990年开工，1991年建成。昔有橘林，为运送橘子进城必经之路，故名。两侧有伍家岗街道办事处、福久源商业街等。通公交车。

八一路［Bāyī Lù］ 在区境南部。西北起桔城路，东南至伍临路。与柏临河路相交。长2.5千米，宽30米。混凝土路面。2007年开工，2008年建成。两侧有区政府、市检察院、白沙小学等。通公交车。

临江溪桥［Línjiāngxī Qiáo］ 在城区东部。长95.5米，宽23米，最大跨度25米，桥下净高6米。1979年开工，1981年建成。1999年扩建。因横跨临江溪得名。为中型河道桥梁，结构型式为钢筋混凝土拱桥。最大载重100吨。通公交车。

宜昌东站［Yíchāngdōng Zhàn］ 见交通运输设施部分“宜昌东站”条。

宜昌汽车客运中心站［Yíchāng Qìchē Kèyùn Zhōngxīnzhàn］ 见交通运输设施部分“宜昌汽车客运中心站”条。

伍家岗街道［Wǔjiāgǎng Jiēdào］ 伍家岗区人民政府驻地。在区境东部。面积18.9平方千米。人口6.1万。1974年设。传清光绪年间(1875—1908)郎中伍静山在黄泥岗行医，故名。1987年建成五一广场。2005年修建长江护岸、白沙路，改建沿江大道，建成多处住宅区。有龙盘湖。有中学4所，小学5所，幼儿园8所，三级医院1个，卫生院1个。经济以商贸、旅游为主。省道虎周线过境。通公交车。

白沙脑社区［Báishānǎo Shèqū］ 属伍家岗街道。在区境中部。为伍家乡人民政府驻地。面积1平方千米。人口5100。因昔有白色沙丘形似大脑得名。2001年成立。有居民楼28栋，以高层为主。有中学。有志愿者服务站、居家养老服务中心。驻地单位有区残联。通公交车。

大公桥街道［Dàgōngqiáo Jiēdào］ 属伍家岗区。在区境西部。面积2.8平方千米。人口4.2万。1987年设。因大公桥得名。有省级科研单位1个，中学1所，小学4所，三级医院1个，二级医院2个，卫生院1个。有宜昌大撤退纪念园。经济以商贸、旅游为主。通公交车。

万寿桥街道［Wànshòuqiáo Jiēdào］ 属伍家岗区。在区境西部。面积2.8平方千米。人口4.5万。1987年设。因万寿桥得名。有高等院校1所，中学1所，小学1所，二级医院1个，卫生院1个。有市图书馆、抗战空军英雄高志航墓地。有民间艺术腰鼓、秧歌、舞灯笼等。经济以商贸、旅游为主。有集贸市场4个。通公交车。

宝塔河街道［Bǎotǎhé Jiēdào］ 属伍家岗区。在区境中部。面积6平方千米。人口6.5万。1991年由万寿桥、伍家岗2街道析设。因长江边的天然塔而得名。有中学2所，小学3所，幼儿园5所，卫生院1个。景点有长江滨江画廊、万寿公园、王家河公园等。工业以焊接材料、酵母生产为主。服务业以商贸、旅游为主。鸦宜、宜万铁路过境。通公交车。

伍家乡［Wǔjiā Xiāng］ 伍家岗区辖乡。在区境东部。面积69平方千米。人口3.8万。辖3居委会、16村委会，有93自然村。乡人民政府驻伍家岗街道白沙脑社区。1951年设伍家乡。1958年改公社。1984年复乡。因伍家岗得名。有中学2所，小学10所，卫生院1个，卫生所15个，文化站1个。盛产柑橘、蔬菜。

鸦宜、宜万铁路，三峡高铁，沪渝高速，省道汉宜线过境。有宜昌东站、宜昌汽车客运中心站。

点　军　区

点军区［Diǎnjūn qū］　宜昌市辖区。在市境南部。面积532.2平方千米。人口10.5万。以汉族为主，还有土家、苗、回、满、壮等民族。辖1街道、2镇、2乡。区人民政府驻点军街道。1986年设立。2001年宜昌县桥边、艾家2镇与土城乡划入。因关羽曾于此点军得名。年均气温15℃，1月平均气温4.7℃，7月平均气温29℃。年均降水量1158.3毫米。有磨基山、白云山、文佛山等。卷桥河、长岭河、桥边河、三涧溪河等流经。有初中3所，小学6所，二级医院1个。有奥体中心体育场。有抗日战争石牌保卫战纪念馆。有民间艺术地花鼓、吹打乐、高跷、九子鞭、龙灯、舞狮、采莲船、蚌壳舞等。有国家4A级旅游景区车溪民俗风景区，国家3A级旅游景区青龙峡、鸣翠谷。有卷桥河湿地公园。景点有磨基山、车溪、文佛山、石门洞、荆门山、胭脂坝、白云山、青龙峡、三峡关等。三次产业比例14∶57∶29。农业以种植蔬菜、茶、柑橘，养殖生猪、家禽为主。工业有电缆、电气、制药、磁电子等产业。有电子信息产业园。服务业以文化体育、旅游产业为主。有农家乐。宜万、汉宜铁路，三峡高速，318国道，省道虎周线过境。通多路公交车。

江南大道［Jiāngnán Dàdào］　在区境东南部。南起夷桥路，北至紫阳路。与五龙路、双十路、将军路、李家河路相交。长8千米，宽36米。沥混路面。1985年开工，1994年建成。因处长江南岸得名。两侧有区政府、区科技局、区国土资源局、区消防支队、区检察院、市农科所、市二十七中、外国语学校等。通公交车。

五龙路［Wǔlóng Lù］　在区境东南部。东起江南大道，西至江南二路。与五龙三路、双十路等相交。长4.8千米，宽37米。沥混路面。2012年开工，2014年建成。因五龙社区得名。两侧有区中心医院、法院、检察院、福利院等。通公交车。

卷桥河大桥［Juǎnqiáohé Dàqiáo］　在城区南部。长106米，宽20米，最大跨度104米，桥下净高30米。明清时期建设。1912年后拆除，1987年新建。因横跨卷桥河得名。为大型河道桥梁，结构型式为青石钢筋混凝土混合结构拱桥。最大载重30吨。通公交车。

点军街道［Diǎnjūn Jiēdào］　点军区人民政府驻地。在区境东北部。面积62.4平方千米。人口3.6万。2002年设。因行政区得名。有中学1所，小学2所，二级医院1个，卫生所11个。工业以乐器、钢管、电缆、电器加工为主。宜万铁路、省道虎周线过境。通公交车。

艾家镇［Àijiā Zhèn］　点军区辖镇。在区境东部。面积70.6平方千米。人口0.8万。辖1居委会、5村委会，有57自然村。镇人民政府驻刘家棚。1953年设艾家乡。1958年改公社。1984年复乡。1986年改镇。因艾家河、艾家村得名。有小学1所，卫生院1个，卫生所6个。景点有执笏山、荆门十二碚等。经济以农业、餐饮、商贸、旅游为主。农业以种植水果、蔬菜为主，养殖蜜蜂、土鸡为辅。有桥河村美食一条街。有特色康养产业。宜万铁路过境。通长江航道。有罗镜滩、双溪口等码头。

刘家棚［Liújiāpéng］　艾家镇人民政府驻地。在区政府驻地点军街道东14千米。人口2500。明洪武四年(1371)刘姓自江西吉安刘家集迁此，故名。聚落呈带状。种植柑橘、蔬菜。通乡村道路。

桥边镇［Qiáobiān Zhèn］　点军区辖镇。在区境西部。面积132.4平方千米。人口1.8万。辖1居委会、9村委会，有134自然村。镇人民政府驻桥边。1949年设大桥边区。1958年改公社。1984年改乡。1987年置桥边镇。因镇政府驻地得名。有中学1所，小学1所，卫生院1个，卫生所15个。有奥体中心、市委党校、老年大学等。农业以种植蔬菜、水果、油料作物、花卉苗木为主。有血橙、油料作物种植基地，双堰口精品果园等。宜万铁路、省道虎周线过境。

桥边［Qiáobiān］　桥边镇人民政府驻地。在区政府驻地点军街道西8千米。人口2000。地处古蜀道要冲，明清时期在铁绊桥边形成聚落，故名。聚落呈带状。有卫生院。经济以商贸、餐饮为主。省道虎周线经此。

联棚乡［Liánpéng Xiāng］　点军区辖乡。在区境南部。面积93.1平方千米。人口1.3万。辖6村委会，有154自然村。乡人民政府驻观音街。1953年设联棚乡。1958年改公社。1984年复乡。1987年长岭乡并入。因赵、闵、林等7姓棚户居住区联合组建得名。有小学1所，卫生院1个，卫生所6个。经济以种植蔬菜、水果、茶，养殖生猪、鱼为主。有建材工业。宜万铁路过境。

观音街［Guānyīnjiē］　联棚乡人民政府驻地。在区政府驻地点军街道南6千米。人口400。因观音洞得名。聚落呈带状。有卫生院。经济以商贸为主。宜万铁路经此。

土城乡［Tǔchéng Xiāng］　点军区辖乡。在区境西部。面积178平方千米。人口2.3万。辖14村委会，有245自然村。乡人民政府驻土城寺。1951年为土城区。1958年并入桥边公社。1975年析设土城公社。1984年改乡。因乡政府驻地得名。有白云山、铜宝山、千佛山。有中学1所，小学1所，卫生院1个，卫生所14个。有车溪民俗风景区、青龙峡风景区。有白云山度假村。有特产红柑橘、翠牙绿茶、半山蔬菜等。有旅游业。宜万铁路、省道虎周线过境。

土城寺［Tǔchéngsì］　土城乡人民政府驻地。在区政府驻地点军街道西17千米。人口2300。因昔有土城寺得名。聚落呈团块状。农业以柑橘、茶、花卉苗木种植为主。省道虎周线经此。

猇　亭　区

猇亭区［Xiāotíng Qū］　宜昌市辖区。在市境东南部。面积118.5平方千米。人口6.1万。以汉族为主，还有土家、回、满、壮、侗等民族。辖3街道。区人民政府驻古老背街道。1995年设猇亭区。汉十里设亭，闻有虎啸，故名。2010年后随着一批大型企业入驻，猇亭区城市面积逐步扩大。新建金岭路、银岭路、古老背路、临江大道等，扩建猇亭大道、正大路、金猇路、桐岭路等主干道。新建云天金城、盛世天下、盛世桃园、国华润景、东都国际、宜化绿洲等城市住宅小区。地势东南高西部低。年均气温16.5℃，1月平均气温3.1℃，7月平均气温28.4℃。年均降水量1150毫米。有虎牙山、赵王山、马鞍山。高马河、马家溪、磨盘溪、福善溪等流经。有水库6个。有矿产资源三峡雨花玛瑙石。有中药材金头蜈蚣。有中学3所，小学5所，二级医院1个。有名胜古迹虎牙山、候龙洞、织布街、古盐运纤道、清同治碑刻、新正街码头等。三次产业比例2∶80∶18。农业以种植水稻、玉米、油菜、薯类、柑橘为主。工业有装备制造、汽车配件、电子电缆、精细化工、生物科技、新能源、纳米材料等产业。服务业有商贸、物流、住宿、餐饮等。汉宜高铁，汉宜、沪蓉高速，318国道过境。有宜昌三峡机场。通多路公交车。有云池、磨盘2港。

金猇路［Jīnxiāo Lù］　在区境中部。东起机场路，西至滨江大道。与桐岭路、金岭路、猇亭大道、凌云大道相交。长5.2千米，宽50米。混凝土路面。1992年开工，1993年建成。原名猇亭大道，2000年因金猇雕塑更今名。两侧有区民政局、区文体中心、工商银行、农业银行及多个居住区。通公交车。

猇亭大道［Xiāotíng Dàdào］　在区境西部。南起白云路，北至伍临路。与先锋路、古老背路、金猇路、正大路、迎宾路、桃子冲路相交。长15.2千米，宽50米。沥混路面。1975年初建为川汉天然气管道公路，后改为318国道，2005年改建为城区道路。因行政区得名。两侧有区行政服务中心、六泉湖公园、湖北宜化公司、宜昌南玻公司、兴发集团等。通公交车。

凌云大道［Língyún Dàdào］　在区境东部。北起先锋路，南至迎宾大道。与金猇路相交。长3.4千米，宽36米。沥青路面。2011年开工，2013年建成。取壮志凌云意得名。两侧为居住区。通公交车。

猇亭大桥［Xiāotíng Dàqiáo］　在城区西北部。长206米，宽18米，最大跨度70米，桥下净高16.7米。1995年开工，1996年建成。2008年扩修。以行政区名称命名。为大型河道桥梁，结构型式为钢筋混凝土箱型拱桥。最大载重30吨。通公交车。

古老背街道［Gǔlǎobèi Jiēdào］　猇亭区人民政府驻地。在区境西部。面积16.3平方千米。人口3.3万。1995年设。有滩酷似虎脑，街道处虎头之后，故名虎脑背，后演为今名。有中学3所，小学3所，二级医院1个。有古迹织布街民居群、新正街明清古码头等。经济以商业为主。农业养殖肉猪。有花卉苗圃、草莓种植专业合作社。318国道过境。通公交车。

织布街［Zhībù Jiē］　在古老背街道西北部。长0.3千米，宽2.8米。家家纺纱，户户织布，故名。明末清初形成纺织一条街。有古迹织布街民居群，现存多座明清时期古建筑。多为天井小院，融合明清时期峡江建筑与徽派建筑风格。为影视剧拍摄取景地。通公交车。

虎牙街道［Hǔyá Jiēdào］　属猇亭区。在区境东北部。面积56.3平方千米。人口1.5万。1995年设。因虎牙山得名。有小学2所。有省级文物保护单位1个。经济以产粮食、油料、水果、蔬菜、肉类、禽蛋为主。沪渝、荆宜高速，汉宜高铁过境。通公交车。

云池街道［Yúnchí Jiēdào］　属猇亭区。在区境东南部。面积45.9平方千米。人口1.3万。1995年设。传赵云在此掘池磨剑，故名。西临长江。有白鹭省级自然保护区。有中药材金头蜈蚣。有卫生所1个。经济以产粮食、油料、水果、蔬菜、肉类、禽蛋为主。318国道过境。有宜昌三峡机场。通公交车。

夷　陵　区

夷陵区［Yílíng Qū］　宜昌市辖区。在市境中部偏北。面积3420平方千米。人口52万。以汉族为主，还有土家、苗、回、满等民族。辖1街道、9镇、2乡。区人民政府驻小溪塔街道。《史记》载，楚顷襄王二十一年(前278)秦将白起"攻楚，拔郢，烧夷陵"，夷陵之名始见于史。秦始皇二十六年(前221)改夷陵置巫县。西汉复置夷陵县，属南郡，郡治江陵。三国吴黄武元年(222)改夷陵县为西陵县。晋太康元年(280)复改为夷陵县。东晋分夷陵西境置宜昌县。夷陵、宜昌2县均属宜都郡，郡治夷陵县。南北朝梁时夷陵县改宜州，西魏改拓州，北周改陕(Xiá)州。隋大业三年(607)复名夷陵县。元至元二十四年(1287)撤夷陵县并入峡州府(后降为峡州)。明洪武九年(1376)改峡州为夷陵州。清顺治五年(1648)改夷陵为彝陵。雍正十三年(1735)升彝陵州为宜昌府，并以原夷陵县境置东湖县。民国元年(1912)废宜昌府，改东湖县为宜昌县。直至2001年撤宜昌县设夷陵区，部分区域划出。"水至此而夷，山至此而陵"，因山川形势得名。地势西北高东南低。年均气温16.9℃，1月平均气温4.6℃，7月平均气温28.6℃。年均降水量1177.3毫米。有省级自然保护区西赛国、圈椅埫、白马大峡谷等。有十二年一贯制学校1所，九年一贯制学校2所，高中3所，初中14所，小学31所，幼儿园67所，三级医院1个。有全国重点文物保护单位黄陵庙、杨家湾老屋。有国家5A级旅游景区三峡大坝，4A级旅游景区三峡石牌要塞、三峡人家风景区。有大老岭国家森林公园。有国家级非物质文化遗产下堡坪民间故事、宜昌丝竹、薅草锣鼓、长江峡江号子。有省级非物质文化遗产雾渡河民歌、夷陵板画、夷陵地花鼓、分乡皮影戏。三次产业比例12∶65∶23。农业以种植水稻、玉米、薯类、小麦、大豆、油菜，饲养生猪、山羊为主。产柑橘、茶叶、天麻。工业以化肥、建材、食品饮料加工，农机、医疗器械制造，轻纺，制药为主。服务业以旅游为主。焦柳、鸦宜、汉宜铁路，沪蓉、宜保、汉宜高速过境。通多路公交车。通长江航道。

小溪塔大桥 [Xiǎoxītǎ Dàqiáo] 在城区中部。长421.6米，宽15米，最大跨度173米。2008年开工，2009年建成。因小溪塔街道得名。为大型河道桥梁，结构型式为预应力斜拉桁架式连续刚构桥。最大载重30吨。通公交车。

丁家坝大桥 [Dīngjiābà Dàqiáo] 在城区中部。长355米，宽10.5米，最大跨度40米，桥下净高11.4米。1981年开工，1982年建成，2011年维修加固。因丁家坝社区得名。为大型河道桥梁，结构型式为空腹式双拱桥。最大载重20吨。通公交车。

蔡家河大桥 [Càijiāhé Dàqiáo] 在城区北部。长160.9米，宽9.5米，最大跨度50米，桥下净高10.5米。2001年开工，2003年建成。因蔡家河村得名。为大型河道桥梁，结构型式为空腹式石拱结构桥。最大载重30吨。通公交车。

夷陵区客运站 [Yílíng Qū Kèyùnzhàn] 见交通运输设施部分"夷陵区客运站"条。

小溪塔街道 [Xiǎoxītǎ Jiēdào] 夷陵区人民政府驻地。在区境中部。面积214平方千米。人口14.4万。2001年设。传观音持铁塔镇妖，夜至玉泉山，土地假以鸡鸣，听之以为天亮，遂塔落，得名晓曦塔，后演为今名。有高中4所，初中4所，小学9所，三级医院1个，卫生院1个，卫生所16个。有应家岗地堡、广福山战壕等遗址。有名胜古迹五行山、金狮洞、金钟寺等。农业以种植柑橘、玉米、油菜为主。工业以包装、船舶、机械制造为主。沪蓉高速、241国道、沪省道夷五线过境。通公交车。有渡口。

樟村坪镇 [Zhāngcūnpíng Zhèn] 夷陵区辖镇。在区境北部。面积451平方千米。人口2.2万。辖1居委会、14村委会，有29自然村。镇人民政府驻樟村坪。1949年为一区。1958年改樟村坪公社。1988年改镇。因镇政府驻地得名。有初中1所，小学1所，幼儿园2所，卫生院1个，卫生室15个。有古迹龙岩寺、宋代杨大异墓等。有西塞国景区。农业以种植玉米、桑树、茶为主。工业以磷矿开采为主。347国道、省道殷莲线过境。通公交车。

樟村坪 [Zhāngcūnpíng] 樟村坪镇人民政府驻地。在区政府驻地小溪塔街道北59千米。人口8000。地处坪中，昔有大樟树，故名。聚落呈带状。有中小学、幼儿园、卫生院。有财政所、司法所、派出所、农商银行等单位。经济以磷矿开采为主。347国道经此。通公交车。

雾渡河镇 [Wùdùhé Zhèn] 夷陵区辖镇。在区境北部。面积384平方千米。人口3.2万。辖1居委会、8村委会，有18自然村。镇人民政府驻茅坪河。清代曾设雾渡乡。1949年属一区。1958年析设雾渡河公社。1988年改镇。传关羽乘雾渡河，故名。有矿产资源硫铁、金等。有初中1所，小学1所，幼儿园2所，卫生院1个，卫生室14个。农业以种植玉米、薯类、茶、猕猴桃为主，产天麻、香菌、木耳、核桃、板栗。沪蓉高速，347国道，省道宜兴、殷莲线过境。通公交车。

茅坪河 [Máopínghé] 雾渡河镇人民政府驻地。在区政府驻地小溪塔街道北38千米。人口1400。因河边坪坝长满茅草得名。聚落呈带状。有中小学、卫生院。产天麻、香菌、木耳、猕猴桃等。有土特产集散贸易市场。沪蓉高速，347国道，省道宜兴、殷莲线经此。通公交车。

太平溪镇 [Tàipíngxī Zhèn] 夷陵区辖镇。在区境西部。面积154平方千米。人口2.7万。辖1居委会、12村委会，有20自然村。镇人民政府驻刘家河。1949年为二区。1958年改太平溪公社。1988年置镇。因有平坦溪流得名坦平溪，后演为今名。有初中1所，小学1所，卫生院1个，卫生室16个。有望家祠堂、盘古庙等遗址。景点有三峡大坝、坛子岭等。农业以种植玉米、水稻、薯类为主，产茶叶、柑橘。工业以船舶舵机、农机、节能环保炉具制造为主。省道白土、太泄线，县道太邓线过境。通长江航道。有6渡口。

刘家河 [Liújiāhé] 太平溪镇人民政府驻地。在区政府驻地小溪塔街道西31千米。人口4000。明崇祯年间(1628—1644)刘姓自江西迁此河边定居，故名。聚落呈团块状。有中小学、卫生院。景点有望家祠堂、三峡大坝、坛子岭等。种植茶，制造船舶舵机、农机、节能环保炉具等。省道白土、县道太邓线经此。通公交车。通长江航道。

三斗坪镇 [Sāndǒupíng Zhèn] 夷陵区辖镇。在区境西南部。面积177平方千米。人口3.4万。辖1居委会、19村委会，有38自然村。镇人民政府驻黛狮。1949年为九区。1958年改三斗坪公社。1985年改镇。传昔有人用三斗米作本钱开设店铺，故名。有初中1所，小学2所，卫生院1个，卫生室19个。有幼儿园。有全国重点文物保护单位黄陵庙。有名胜古迹轩辕洞、抗日战争石牌保卫战遗址等。有三峡大坝。有国家4A级旅游景区三峡人家。农业以种植水稻、玉米、柑橘、茶为主。工业以造船为主。348国道、省道白土线过境。通公交车。通长江航道。有5渡口。

黛狮 [Dàishī] 三斗坪镇人民政府驻地。在区政府驻地小溪塔街道西南25千米。人口5600。传建黄陵庙时木匠将青丝帕掉落于狮子石上，故名。聚落呈带状。有中小学、卫生院。景点有三峡大坝、黄陵庙等。发展商贸、农家乐旅游等。有木器加工业。348国道、省道白土线经此。通长江航道。有渡口。

乐天溪镇 [Lètiānxī Zhèn] 夷陵区辖镇。在区境中部偏西。面积253平方千米。人口2.7万。辖1居委会、14村委会，有6自然村。镇人民政府驻朱家湾。1949年为三区。1958年改莲沱公社。1985年改乐天溪区。1988年置镇。古称罗佃溪，唐元和十五年(820)白居易赴任忠州夜宿于此，改今名。有初中1所，小学3所，卫生院1个，卫生室16个。有三峡大坝。名胜古迹有三峡奇石文化长廊、东王庙、仙女庙、古墓群等。农业产天麻、板栗、茶叶。工业以船舶、机械制造为主。348国道、省道白土线过境。通公交车。通长江航道。有2渡口。

朱家湾 [Zhūjiāwān] 乐天溪镇人民政府驻地。在区政府驻地小溪塔街道西25千米。人口1000。原名黎家老屋，1960年因朱姓居多更今名。聚落呈团块状。有中小学、卫生院。景点有三峡大坝、坛子岭等。工业以船舶、机械制造，服装、建材、玻璃制品加工为主。348国道、省道白土线经此。通公交车。通长江航道。有码头。

分乡镇 [Fēnxiāng Zhèn] 夷陵区辖镇。在区境东北部。面积322平方千米。人口3.9万。辖1居委会、16村委会，有32自然村。镇人民政府驻分乡场。1949年为四区。1958年改分乡公社。1988年改镇。因镇政府驻地得名。有初中1所，小学2所，卫生院1个，卫生室16个。有省级文物保护单位圆通禅寺。有罗日坪遗址。有百里荒旅游度假区。农业以种植水稻、玉米、油菜为主。工业以煤矿开采为主。241国道过境。

分乡场 [Fēnxiāngchǎng] 分乡镇人民政府驻地。在区政府驻地小溪塔街道东北19千米。人口4700。因集镇有枫、橡树得名枫橡场，后以谐音演为今名。聚落呈丁字形。有中小学、卫生院。农业种植水稻。有垭丝加工业。241国道经此。

龙泉镇 [Lóngquán Zhèn] 夷陵区辖镇。在区境东部。面积258平方千米。人口5.3万。辖1居委会、19村委会，有36自然村。镇人民政府驻龙泉铺。清代曾设龙泉乡。1958年成立五一公社。1988年改龙泉镇。因镇政府驻地得名。有初中2所，小学3所，卫生院1个，卫生室20个。有西周、春秋遗址宋家嘴、童家台等。农业种植柑橘、茶叶、药材。工业以食品加工、白酒酿造、包装、印刷、水泥预制为主。348国道，省道峡安、夷五线过境。通公交车。

龙泉铺 [Lóngquánpù] 龙泉镇人民政府驻地。在区政府驻地小溪塔街道东17千米。人口1.9万。有多处泉眼、泉堰，多店铺，故名。聚落呈团块状。有中小学、卫生院。经济以商贸为主。工业有食品加工、白酒酿造、包装、印刷等。348国道、省道夷五线经此。通公交车。

鸦鹊岭镇 [Yāquèlǐng Zhèn] 夷陵区辖镇。在区境东部。面积243平方千米。人口6.1万。辖1居委会、19村委会，有38自然村。镇人民政府驻鸦鹊岭。1950年为七区。1958年改鸦鹊岭公社，1988年改镇。因镇政府驻地得名。有初中1所，小学3所，卫生院1个，卫生室21个。有名胜古迹侯龙洞、王家寨等。有国家级非物质文化遗产宜昌丝竹。农业以种植水稻、油菜、柑橘为主。工业有建材、化工、机械、电子等产业。汉宜、焦柳、鸦宜铁路，宜保、汉宜、沪蓉高速，348国道，省道峡安、夷五线过境。通公交车。

鸦鹊岭 [Yāquèlǐng] 鸦鹊岭镇人民政府驻地。在区政府驻地小溪塔街道东30千米。人口1.2万。常有喜鹊栖集山岭，故名。聚落呈团块状。有中小学、卫生院。工业有建材、包装、机械电子等产业。鸦宜铁路，宜保、汉宜、沪蓉高速经此。通公交车。

黄花镇 [Huánghuā Zhèn] 夷陵区辖镇。在区境中部偏东。面积289平方千米。人口3.6万。辖1居委会、13村委会，有28自然村。镇人民政府驻黄花场。1988年设黄花乡。2001年上洋、小峰2乡并入。2012年改镇。因镇政府驻地得名。有初中1所，小学2所，卫生院1个，卫生室17个。有抗日阵亡烈士公墓，清末汉川铁路黄花火车站、张家口火车站等遗址。景点有情人泉、三峡大瀑布、马岭岩古兵寨、悬棺、南边古民居等。农业以种植水稻、玉米、油菜、薯类为主。沪蓉高速、241国道、省道宜兴线过境。通公交车。

黄花场［Huánghuāchǎng］ 黄花镇人民政府驻地。在区政府驻地小溪塔街道东12千米。人口8500。因多黄、花2姓得名黄家场、花家场，1944年统为今名。聚落呈团块状。有中小学、卫生院。有抗日阵亡烈士公墓、清末汉川铁路黄花火车站遗址。工业以建材制造为主。沪蓉高速、241国道、省道宜兴线经此。通公交车。

下堡坪乡［Xiàbǎopíng Xiāng］ 夷陵区辖乡。在区境西北部。面积255平方千米。人口2.2万。辖8村委会，有16自然村。乡人民政府驻下堡坪。1958年成立下堡坪公社。1988年分下堡坪、栗子坪2乡。2001年栗子坪乡并入。因乡政府驻地得名。有初中1所，小学1所，卫生院1个，卫生室20个。景点有老木架、牵羊河峡谷、张家湾等。产茶叶、天麻。省道殷莲线、县道赵杜线过境。

下堡坪［Xiàbǎopíng］ 下堡坪乡人民政府驻地。在区政府驻地小溪塔街道西北33千米。人口3500。传刘备领兵作战时称此地为下堡坪，故名。聚落呈带状。有中小学、幼儿园、卫生院。景点有老木架、牵羊河峡谷、张家湾等。产茶叶、天麻。进行天麻贸易、加工。省道殷莲线经此。

邓村乡［Dèngcūn Xiāng］ 夷陵区辖乡。在区境西部。面积261平方千米。人口2.8万。辖16村委会，有32自然村。乡人民政府驻炭棚垭。1949年为二区。1958年改邓村公社。1988年设乡。因邓姓聚居得名。有初中1所，小学2所，卫生院1个，卫生室16个。有郑家洞"九四"暴动革命纪念地。景点有黄家大岭古树群、大老岭国家森林公园等。农业种植茶、天麻。有茶产业园。工业以水力发电、金矿开采为主。省道白土线，县道太邓、赵杜线过境。

炭棚垭［Tànpéngyà］ 邓村乡人民政府驻地。在区政府驻地小溪塔街道西40千米。人口5200。因垭中昔有烧木炭时搭建的棚子得名。聚落呈带状。有中小学、幼儿园、卫生院。种植茶，有茶叶加工业。省道白土线、县道太邓线经此。

宜 都 市

宜都市［Yídū Shì］ 湖北省直辖县级市，由宜昌市代管。北纬30°22′，东经111°26′。在宜昌市境东南部。面积1357平方千米。人口39.6万。以汉族为主，还有土家、回、满、苗、蒙古等民族。辖1街道、8镇、1乡。市人民政府驻陆城街道。西汉高祖十一年（前196）置夷道县，治今陆城。西汉末年更名江南县，旋复夷道。东汉建安十三年（208）属临江郡。十五年刘备改临江郡为宜都郡，寓意"宜于建都"，治今陆城。"宜都"始名。建安二十四年（219）属吴荆州。东晋太和年间（366—371）荆州刺史桓温因父名"彝"，遂改夷道县为西道县，后仍夷道。南朝宋永初元年（420）析置宜昌县。南朝后梁与陈以长江为界，分江北、江南夷道2县。陈天嘉元年（560）江南夷道县改宜都县。隋开皇七年（587）废宜都郡，宜都县改为宜昌县，先属松州，后属南郡。江北夷道仍名夷道，属峡州。大业三年（607）夷道县改属夷陵郡。唐初仍置宜昌、夷道2县。武德二年（619）改宜昌县为宜都县，属江州。贞观八年（634）夷道县并入，属峡州郡。此后至1949年未变，宜都县先后属夷陵郡、峡州路、夷陵州、荆州府、荆南道、荆宜道、第九行政督察区、第六行政督察区、宜昌专区。1955年枝江县并入。1962年析设枝江县，宜都、枝江2县部分地域互换。1970年属宜昌地区。1987年改枝城县级市，因枝城港得名，属宜昌地区。1992年为省直辖，由宜昌市代管。1998年更名宜都市。以丘陵为主，有低中山地和少量平原。地势东北低西南高。平均海拔551米。有荆门山、大宋山、梁山、募旗山、九龙山等168座。最高点帽子尖海拔1081.8米。年均气温16℃，1月平均气温4.6℃，7月平均气温28.3℃。年均降水量1230.9毫米。长江、清江、渔洋河流经。有矿产资源铁、煤、石灰石、黏土、高岭土、大理石、石英砂、重晶石等。有森林植物479种，其中有国家重点保护野生植物47种。有野生动物62种，其中有国家重点保护野生动物斑羚、大灵猫、花面狸、赤腹松鼠、白鹳、鸳鸯、大小杜鹃、红嘴相思鸟、中华大蟾蜍、乌梢蛇、银环蛇、丽纹龙蜥等。有天龙湾国家湿地公园、宋山省级森林公园。森林覆盖率64.1%。有中学18所，小学24所，幼儿园37所，二级医院3个。有全国重点文物保护单位杨守敬故居和墓，省级文物保护单位城背溪遗址。有国家4A级旅游景区2个，3A级旅游景区4个。名胜古迹有杨守敬书院、古潮音洞、奥陶纪石林、三峡九凤谷等。三次产业比例9∶63∶28。农业以种植水稻、油料作物、蔬菜、茶、水果，养殖猪、羊、家禽、水产为主。工业有化工、医药、电子、建材、装备制造、纺织、食品加工、能源、光伏等产业。有湖北宜都工业园区。服务业以商贸、住宿为主。有大型综合商贸中心。焦柳铁路，宜岳、宜张、沪渝高速，318国道过境。有枝城站、枝城水陆联运枢纽。通多路公交车。

人民广场［Rénmín Guǎngchǎng］ 在市区中部。面积5.5公顷。2000年开工，同年建成。取服务民众之意得名。广场呈方形，有以三国名人陆逊及宜都籍晚清名人杨守敬为题材的《千古风流》雕塑。有喷泉、大型电子显示屏等。栽植香樟等。为举办重大活动和市民娱乐休闲的场所。周边有市政大楼、文峰公园、名都商业街、宜都商城等。通公交车。

园林大道［Yuánlín Dàdào］ 在市区中部偏南。东起尾笔路，西至宜华路。与五宜大道、清江大道、城河大道相交。长4.6千米，宽25米。混凝土路面。1988年开工，1996年建成。原名城坡路，1996年因创建全国园林城市更今名。两侧有市政府、文峰公园、宜都一中、市客运中心、国际商贸城等。通公交车。

长江大道［Chángjiāng Dàdào］ 在市区中部。东起滨江路，西至杨守敬大道。与宜华大道、五宜大道、清江大道、城河大道相交。长4.7千米，宽45米。沥青路面。1985年开工，1988年建成。原名城南路，1996年以长江命名。两侧有市水利局、检察院、交运局、地税局、宜都大酒店等。通公交车。

杨守敬大道［Yángshǒujìng Dàdào］ 在市区中部偏南。东起城河大道，西至宜华大道。与五宜大道、清江大道相交。长6.5千米，宽50米。沥青路面。1996年开工，2003年建成。原名外环路，2003年因杨守敬更今名。两侧有清江商城、市社会主义学院、杨守敬小学、法院等。通公交车。

清江大道［Qīngjiāng Dàdào］ 在市区中部。南起宜华大道，北至清江一桥。与长江大道、园林大道、杨守敬大道相关。长4千米，宽45米。沥青路面。1985年开工，1988年建成。1996年改建延伸。因清江得名。两侧有陆城一小、广电大厦、市客运中心、市外国语学校、杨守敬幼儿园等。通公交车。

枝城站［Zhīchéng Zhàn］ 见交通运输设施部分"枝城站"条。

宜都市中心客运站［Yídū Shì Zhōngxīn Kèyùnzhàn］ 见交通运输设施部分"宜都市中心客运站"条。

陆城街道［Lùchéng Jiēdào］ 宜都市人民政府驻地。在市境东北部。面积59平方千米。人口9.4万。1988年设。三国时陆逊在此筑城，故名。有中学5所，小学5所，二级医院3个，卫生院3个，卫生室17个。有人民广场、清江公园、文峰公园、全民健身中心、杨守敬故居等。农业以种植蔬菜、柑橘为主。工业以陶瓷建材、电子机械制造，医药化工为主。省道宜华线、县道陆渔线过境。通公交车。

红花套镇［Hónghuātào Zhèn］ 宜都市辖镇。在市境北部。面积149平方千米。人口2.8万。辖1居委会、9村委会，有30自然村。镇人民政府驻杨家畈村。1949年为红花套区。1958年改公社。1987年置镇。昔江洲夏季盛开红花，故名。有矿产资源石灰石、石英砂、红砂等。有中学1所，小学3所，卫生院1个，卫生室10个。有城背溪、红花套等遗址。农业以种植柑橘、棉花、水稻为主。工业有光伏太阳能、机械加工制造、农产品加工等产业。沪渝、岳宜高速，318国道，省道宜华线过境。

杨家畈村［Yángjiāfàncūn］ 红花套镇人民政府驻地。在市政府驻地陆城街道北16千米。人口4300。因杨姓聚居得名。聚落沿畈呈团状分布。有中学、卫生院。有红花套遗址。经济以商贸为主。有特产柑橘。岳宜高速、318国道、省道宜华线经此。

高坝洲镇［Gāobàzhōu Zhèn］ 宜都市辖镇。在市境西北部。面积94平方千米。人口2.8万。辖2居委会、11村委会，有28自然村。镇人民政府驻湾市村。1987年设曾家岗乡。1998年因高坝洲电站改高坝洲镇。有中学1所，小学2所，卫生院1个，卫生室12个。农业以种植柑橘，养殖蚕、水产、生猪为主。工业以装备制造、水力发电为主。省道宜华线过境。

湾市村［Wānshìcūn］ 高坝洲镇人民政府驻地。在市政府驻地陆城街道西北5千米。人口2500。因处清江河湾而得名。聚落沿清江河呈带状分布。种植柑橘、蔬菜。有机械设备制造、电子加工工业。省道宜华线经此。

聂家河镇［Nièjiāhé Zhèn］ 宜都市辖镇。在市境西南部。面积115平方千米。人口1.7万。辖1居委会、9村委会，有27自然村。镇人民政府驻聂家河村。1949年为聂家河区。1958年改公社。1984年改区。1987年部分地域划出，置镇。因镇政府驻地得名。有丁家大山。渔洋河流经。有九年制学校1所，卫生院1个，卫生室10个。有国家3A级旅游景区古潮音洞。农业以种植玉米、水稻、薯类为主。有特产茶叶、柑橘。工业以化工、机械制造、微生物添加剂制造为主。县道陆渔线过境。

聂家河村［Nièjiāhécūn］ 聂家河镇人民政府驻地。在市政府驻地西南25千米。人口2200。因聂家河得名。聚落沿渔洋河呈带状分布。有卫生院。有国家3A级旅游景区古潮音洞。种植水稻、玉米、杂粮。有特产柑橘、茶叶。县道陆渔线经此。

松木坪镇［Sōngmùpíng Zhèn］ 宜都市辖镇。在市境东南部。面积134平方千米。人口2.9万。辖1居委会、10村委会，有28自然村。镇人民政府驻松木坪村。1975年由永丰、岍新、松华3公社合设松木坪公社。1984年改镇。因镇政府驻地得名。有中学1所,小学3所,卫生院1个,卫生室11个。有开国上将贺炳炎故居。农业以种植水稻、玉米、油菜为主。有特产茶叶、柑橘。工业以煤炭、石灰石开采,铁矿石采选为主。省道雅澧线过境。

松木坪村［Sōngmùpíngcūn］ 松木坪镇人民政府驻地。在市政府驻地陆城街道东南29千米。人口3700。因多松树得名。聚落呈团块状。有中小学、卫生院、贺炳炎广场。农业种植玉米、水稻。有特产柑橘、茶叶。有石灰石、煤炭开采业。省道雅澧线经此。

枝城镇［Zhīchéng Zhèn］ 宜都市辖镇。在市境东南部。面积235平方千米。人口9.4万。辖4居委会、28村委会,有61自然村。镇人民政府驻解放路社区。1963年置枝城镇。1988年改街道。1998年复镇。因长江至此分支而得名。有中学3所,小学5所,卫生院2个,卫生室32个。古称丹阳。为中国历史文化名镇。有清代文人王永彬墓,龙泉寺、四得桥碑、丹阳公园、西湖公园、枝城烈士纪念塔等。农业以种植水稻、玉米、油菜为主。有特产蜜柑、冬枣、蜜柚。工业以化工、医药、矿业为主。焦柳铁路,宜华、宜张、岳宜高速,省道雅澧、鸦来、红东线过境。通公交车。通长江航道。有枝城港。

解放路社区［Jiěfànglù Shèqū］ 枝城镇人民政府驻地。在市境东南部。面积1.5平方千米。人口5000。因解放路得名。2004年成立。有志愿者服务站、养老机构等。有文艺活动广场舞、小调等民间艺术。有中小学、卫生院。有古迹枝城烈士纪念塔、铁索井等。通公交车。

姚家店镇［Yáojiādiàn Zhèn］ 宜都市辖镇。在市境西南部。面积67平方千米。人口2.6万。辖1居委会、10村委会,有25自然村。镇人民政府驻姚家店村。1953年为姚店区。1958年改公社。1987年改姚家店乡。2009年改镇。因镇政府驻地得名。有中学1所,小学1所,卫生院1个,卫生室11个。农业以种植柑橘、茶、花卉苗木为主。工业以包装、建材、电子、机械为主。省道宜华线、县道陆渔线过境。

姚家店村［Yáojiādiàncūn］ 姚家店镇人民政府驻地。在市政府驻地陆城街道西南2千米。人口3000。因昔有姚姓开设店铺得名。有中小学、卫生院。农业种植柑橘、茶。有机械加工、茶叶加工业。通公交车。

五眼泉镇［Wǔyǎnquán Zhèn］ 宜都市辖镇。在市境西北部。面积105.6平方千米。人口2.2万。辖1居委会、11村委会,有33自然村。镇人民政府驻庙岗村。1953年设五眼泉乡。1958年并入聂家河公社。1975年析设五眼泉公社。1984年复乡。2009年改镇。因泉有5泉眼得名。有九年一贯制学校1所,卫生院1个,卫生室12个。景点有杨守敬书院、三峡九凤谷等。有特产茶叶、蚕茧。岳宜高速、县道陆渔线过境。

庙岗村［Miàogǎngcūn］ 五眼泉镇人民政府驻地。在市政府驻地陆城街道西北13千米。人口2500。因岗地昔有庙宇得名。聚落呈散状。有中小学、卫生院、文体娱乐室、农家书屋、文化广场等。农业种植茶、柑橘等。县道陆渔线经此。

鸡头山村［Jītóushāncūn］ 在市政府驻地陆城街道西北7千米。五眼泉镇辖自然村。人口3000。因有山形似鸡头得名。聚落呈散状。有卫生室、图书室、文体娱乐室。有老年人协会、留守儿童活动中心。有红高粱文艺宣传队、民间吹打乐队。农业种植柑橘,养殖桑蚕、水产、生猪。通乡村道路。2011年被评为全国文明村。

王家畈镇［Wángjiāfàn Zhèn］ 宜都市辖镇。在市境西南部。面积250平方千米。人口3.1万。辖3居委会、17村委会,有50自然村。镇人民政府驻王家畈村。1953年为王畈区。1958年改公社。1987年设王家畈乡。2001年毛湖埫乡并入。2013年置镇。因镇政府驻地得名。宜都最高峰帽子尖海拔1081.8米。有矿产资源煤、高岭土、重晶石、方解石、硅石等。有中学1所,小学3所,卫生院1个,卫生室20个。有农技服务中心。农业以种植茶、玉米、柑橘,养殖生猪为主。宜张高速、县道五宜线过境。

王家畈村［Wángjiāfàncūn］ 王家畈镇人民政府驻地。在市政府驻地陆城街道西南25千米。人口2300。因王姓聚居于畈地得名。聚落呈团块状。有中小学、卫生院。古迹有永兴桥。农业种植茶等。有石材加工业。省道松王线、县道陆渔线经此。

潘家湾土家族乡［Pānjiāwān Tǔjiāzú Xiāng］ 宜都市辖乡。在市境西南部。面积144平方千米。人口1.6万,其中土家族占41%,还有汉族。辖9村委会,有27自然村。乡人民政府驻潘家湾村。1953年为潘湾区。1958年改公社。1984年改潘家湾区。1987年设乡。2000年改土家族乡。因乡政府驻地得名。有中学1所,小学1所,卫生院1个,卫生室28个。有奥陶纪石林。有土家族特色活动"茶乡女儿会"。农业以种植茶、蔬菜,饲养生猪、牛、山羊、家禽为主。服务业以旅游为主。县道陆渔线过境。

潘家湾村［Pānjiāwāncūn］ 潘家湾土家族乡人民政府驻地。在市政府驻地陆城街道西南31千米。人口3100。因潘姓聚居得名。聚落沿山坳呈带状分布。有中小学、卫生院。农业种植玉米、茶等。县道陆渔线经此。

当阳市

当阳市［Dāngyáng Shì］ 湖北省直辖县级市,由宜昌市代管。北纬30°49′,东经111°46′。在宜昌市境东部。面积2159平方千米。人口48.6万。以汉族为主,还有回、满、壮、苗、土家、布依、白、侗、黎等民族。辖3街道、7镇。市人民政府驻玉阳街道。秦昭襄王二十九年(前278)设当阳县,治东城(今荆门市掇刀石西南)。东晋隆安五年(401)治移麦城。梁大同年间(535—546)治移荆台(今当阳市河溶境内)。北周武成元年(559)改平州。隋开皇七年(587)改玉州,属荆州总管府。唐武德六年(623)治移玉阳镇。八年复当阳县,属江陵郡。宋属荆门军。元属荆门府。明洪武元年(1368)治移方城(今荆州市江陵万城),属荆州府。十三年(1380)治回玉阳,属荆门州。清属荆门州。1912年属襄阳道,后属荆宜道。1932年后隶属第九行政督察区、第六行政督察区、宜昌专区、宜都工业区。1961年复属宜昌专区。1970年属宜昌地区。1989年撤县设市(县级)。因位于荆山山脉以南而得名。1991年建成锦屏大道、荷当路、车站路、环城南路等。1994年后兴建人行天桥,扩建自来水厂,新增道路,改造旧路面等。至2014年建成区绿化覆盖率达36.1%。地处鄂西山地向江汉平原过渡地带,以丘陵、岗地为主,兼有山地、平原。地势西北高东南低。平均海拔260米。有清溪山、云梦山、剥刀岭等。最高点玉泉街道西部南包海拔1087米,最低点草埠湖镇开源洲海拔37.4米。年均气温16.4℃,1月平均气温3.8℃,7月平均气温28.1℃。年均降水量996毫米。沮河、漳河流经。有矿产资源煤、铁、铜、锌、铅、钴、银、铊、镉、硫铁矿,石膏,石英砂,高岭土等。有珍稀植物铁坚杉、银杏等。有青龙湖国家湿地公园。森林覆盖率39.5%。有高中2所,职高1所,初中19所,小学32所,幼儿园37所,二级医院2个,科技馆1个,体育馆1个。有襄西革命烈士陵园、洪庙革命烈士纪念碑、瓦仓起义革命烈士陵园等。古迹有玉泉寺、玉泉铁塔、关陵庙、长坂坡古战场遗址、鬼谷洞、麦城遗址、糜城遗址、磨盘山遗址等。有国家4A级旅游景区玉泉山,3A级旅游景区百宝寨、月潭河。三次产业比例18∶55∶27。农业以种植水稻、玉米、大麦、小麦、大豆、马铃薯,养殖生猪、山羊、家禽、鲢鱼、鳙鱼、鲫鱼、草鱼为主。有特产大蒜、莴苣、甘蓝、柑橘、双莲鸡、清平猪、仙人掌茶。工业以建材、能源化工、食品加工、纺织为主。已形成建材、化工、食品、轻纺四大支柱产业。服务业有房地产、物流、证券、保险、电子商务等。焦柳铁路,沪蓉高速,348国道,省道分当、保当、峡安、远松、窑马、沙河线过境。通多路公交车。

长坂路［Chángbǎn Lù］ 在市区中部。东南起玉窑枝路与分当路交叉口,西北至玉泉路。与南正街、东正街、关陵路相交。长15千米,宽40米。沥青路面。1973年开工,1980年建成。因长坂坡得名。两侧有长坂坡古战场遗址、长坂雄风石碑、赵子龙塑像、中医院、妇幼保健院、卫生局、实验小学、当阳农商银行、玉阳第三初中等。通公交车。

关陵路［Guānlíng Lù］ 在市区中部。东起长坂路,西至星光路。与玉阳路、太子桥街、环城西路相交。长3千米,宽22米。沥青路面。1990年开工,1991年建成。因关陵庙得名。两侧有市植物园等。通公交车。

当阳一桥［Dāngyáng 1 qiáo］ 在市区中部。长504米,宽9.6米,最大跨度22.2米,桥下净高7.8米。1970年开工,1973年建成。因位于当阳城区得名当阳大桥,后因建成二、三桥而更今名。为特大型河道桥梁,结构型式为钢筋混凝土工型梁桥。最大载重60吨。通公交车。

当阳站［Dāngyáng Zhàn］ 见交通运输设施部分"当阳站"条。

当阳市汽车客运站［Dāngyáng Shì Qìchē Kèyùnzhàn］ 见交通运输设施部分"当阳市汽车客运站"条。

玉阳街道［Yùyáng Jiēdào］ 当阳市人民政府驻地。在市境中部。面积127平方千米。人口10.1万。1989年由玉阳镇改设。2001年胡场乡并入。因玉阳山得名。有高中2所,初中4所,小学6所,幼儿园8所,二级医院2个,卫生院1个,卫生室14个。有长坂坡古战场遗址。农业以种植水稻、玉米、小麦、油菜为主。工业以粮油加工、陶瓷制造为主。服务业以商贸、物流为主。沪蓉高速、348国道、省道分当线过境。有中心客运站。通公交车。

坝陵街道［Bàlíng Jiēdào］ 属当阳市。在市境中部。面积168平方千米。人口5.6万。1989年由锦洪乡改设。2001年慈化镇并入。因古坝陵桥遗址得名。有职高1所,初中2所,小学4所,幼儿园4所,卫生院1个,卫生室17个。有铜鼓包纪念塔、黄林岗英烈纪念碑、张翼德横矛处碑亭。农业以种植水稻、小麦、玉米、油菜为主。工业以机械电子、农副产品加工为主。焦柳铁路、沪蓉高速、348国道过境。有当阳站。通公交车。

玉泉街道［Yùquán Jiēdào］ 属当阳市。在市境西北部。面积265平方千米。人口4.2万。1989年设。因泉得名。沮河流经。有初中2所,小学3所,幼儿园5所,卫生院1个,卫生室15个。有玉泉寺、关陵庙。农业以种植水稻、小麦、玉米、油菜为主。有特产香菇、黑木耳、黄姜、中药材等。工业以磷化工、建材制造、农产品加工为主。焦枝铁路,沪蓉高速,348国道,省道保当、峡安线过境。通公交车。

两河镇［Liǎnghé Zhèn］　当阳市辖镇。在市境东南部。面积90平方千米。人口3.6万。辖1居委会、12村委会,有147自然村。镇人民政府驻麦城。1953年设两河乡。1961年改公社。1984年复乡。1999年改镇。处沮、漳2河汇流的河口,故名。有初中1所,小学2所,幼儿园3所,卫生院1个,卫生室12个。有糜城遗址、麦城遗址、周仓墓等。农业以种植水稻、小麦、玉米、蔬菜为主。有特产糜城藕、绿色大蒜等。工业以建材、农副产品、服装加工为主。省道分当、远松线过境。

麦城［Màichéng］　两河镇人民政府驻地。在市政府驻地玉阳街道东南20千米。人口2400。因麦城遗址得名。聚落呈团块状。有中小学、幼儿园、中心卫生院。有农副产品加工、商贸、餐饮等业。省道分当、远松线经此。

河溶镇［Héróng Zhèn］　当阳市辖镇。在市境东南部。面积222平方千米。人口5.7万。辖1居委会、19村委会,有328自然村。镇人民政府驻河溶。1950年设河溶镇。1958年改公社。1984年复镇。2001年官垱乡并入。因镇政府驻地得名。有矿产资源石膏石。有初中2所,小学4所,幼儿园2所,卫生院1个,卫生室19个。有赵家湖古墓群、昭丘(楚昭王陵)、磨盘山楚墓群。农业以种植水稻、小麦、棉花、蔬菜、油料作物,养殖生猪、家禽、水产为主。工业以粮油加工、石膏开采加工、包装为主。省道分当、远松、沙河线过境。

河溶［Héróng］　河溶镇人民政府驻地。在市政府驻地玉阳街道东南23千米。人口1.1万。因沮、漳2水至此合流得名合溶,后演为今名。聚落呈团块状。有中小学、幼儿园、中心卫生院。明代为商业重镇,明末清初设巡检司。发展粮油加工、商贸、餐饮。省道分当、远松、沙河线经此。

淯溪镇［Yùxī Zhèn］　当阳市辖镇。在市境东北部。面积375平方千米。人口5.8万。辖2居委会、23村委会,有507自然村。镇人民政府驻淯溪。东晋太元年间(376—396)曾设淯溪镇。1950年设淯溪镇。1958年改公社。1984年复镇。2001年脚东、陈垸2乡并入。因镇政府驻地得名。漳河流经。有矿产资源煤。有初中1所,小学5所,幼儿园5所,卫生院1个,卫生室22个。有月潭河旅游度假区。农业以种植水稻、油菜、玉米、花生为主。有特产金水柑、蜜柑、桃、梨、香菇、木耳。工业以矿业和建材、农副产品加工业为主。焦柳铁路、沪蓉高速、348国道、省道远松线过境。

淯溪［Yùxī］　淯溪镇人民政府驻地。在市政府驻地玉阳街道东北17千米。人口1.2万。因淯溪河得名。聚落呈团块状。有中学、卫生院、淯溪民俗博物馆。东晋末已成集镇,为安襄驿道重镇,设有驿站。服务业以商贸为主。348国道、省道远松线经此。

庙前镇［Miàoqián Zhèn］　当阳市辖镇。在市境西北部。面积332平方千米。人口4万。辖2居委会、18村委会,有476自然村。镇人民政府驻烟集。1949年设庙前区。1954年设乡。1958年并入淯溪公社。1975年析设庙前公社。1984年改镇。2001年烟集乡并入。传张飞抗拒曹兵,后人修张飞庙,门前有集市,故名。有矿产资源高岭土。有初中2所,小学3所,幼儿园4所,卫生院1个,卫生室18个。有瓦仓起义革命烈士陵园。农业以种植水稻、小麦、玉米、油菜为主。有特产香菌、柑橘、松脂、茶叶。工业以粮油加工、建材、化工、矿业为主。焦柳铁路、348国道、省道远松线过境。

烟集［Yānjí］　庙前镇人民政府驻地。在市政府驻地玉阳街道西北12千米。人口2100。因小烟墩集得名。传因关羽于此设大型烽火台而称烟墩包,沿为集镇名。后为别于荆门县烟墩集,改为小烟墩集。聚落呈团块状。有小学、幼儿园、卫生院。有粮油加工、商贸、餐饮业。348国道、省道远松线经此。

王店镇［Wángdiàn Zhèn］　当阳市辖镇。在市境西南部。面积265平方千米。人口4.1万。辖1居委会、15村委会,有331自然村。镇人民政府驻王家店。1951年设王店乡。1958年改公社。1984年改镇。2001年双莲乡并入。因镇政府驻地得名。玉泉河、红岩河、鲜家港河流经。有初中2所,小学4所,幼儿园2所,卫生院1个,卫生室15个。农业以种植水稻、玉米、小麦、油菜为主。有特产金水柑、金水梨、双莲鸡、双莲荸荠。工业以建材、农副产品加工为主。焦柳铁路、沪蓉高速、348国道过境。

王家店［Wángjiādiàn］　王店镇人民政府驻地。在市政府驻地玉阳街道西南17千米。人口4500。王姓开店,后成集镇,故名。聚落呈团块状。有中小学、卫生院。有机电、陶瓷加工、商贸、住宿、餐饮业。348国道经此。

半月镇［Bànyuè Zhèn］　当阳市辖镇。在市境南部。面积217平方千米。人口3.1万。辖1居委会、10村委会,有290自然村。镇人民政府驻半月山。1949年设半月区。1958年改跑马公社。1975年改半月公社。1987年改镇。因镇政府驻地得名。鲁家港河、卢家港河流经。有初中1所,小学3所,幼儿园2所,卫生院1个,卫生室10个。有紫盖寺遗址。农业以种植水稻、玉米、小麦、油菜为主,养殖生猪、白鲢。有特产柑橘。工业以农副产品、食品加工为主。省道窑马线过境。2011年被评为全国文明镇。

半月山［Bànyuèshān］　半月镇人民政府驻地。在市政府驻地玉阳街道南24千米。人口4700。地处岗地,远观形如半月,故名。聚落呈团块状。有中小学、卫生院、文化服务中心。有农副产品加工、建材加工、商贸,餐饮业。省道窑马线经此。

草埠湖镇［Cǎobùhú Zhèn］　当阳市辖镇。在市境东南部。面积98平方千米。人口2.4万。辖1居委会、14村委会,有94自然村。镇人民政府驻镇头山。1958年由国营草埠湖机械农场改设草埠湖公社。1995年成立管理区。2004年改镇。原为荒湖,传关羽割草露宿得名草铺,后成集市,演为今名。有初中1所,小学2所,幼儿园1所,卫生院1个,卫生室8个。有全国重点文物保护单位季家湖城址。有团湖八烈士纪念碑。农业以种植水稻、玉米、小麦、棉花、油菜为主,养殖生猪、家禽、水产。工业以农副产品加工为主。省道远松线过境。

镇头山［Zhèntóushān］　草埠湖镇人民政府驻地。在市政府驻地玉阳街道东南34千米。人口6300。原为环水山岗,传因绿林英雄除匪定居得名阵头山,后演为今名。聚落呈团块状。有中小学、幼儿园、卫生院。有农副产品加工、商贸、住宿、餐饮业。省道远松线经此。

枝　江　市

枝江市［Zhījiāng Shì］　湖北省直辖县级市,由宜昌市代管。北纬30°43′,东经111°07′。在宜昌市境东部。面积1310平方千米。人口50万。以汉族为主,还有土家、苗、回、满等民族。辖1街道、8镇。市人民政府驻马家店街道。汉初置枝江县,属南郡。因长江至此分支得名。三国吴分枝江、旌阳2县。南朝宋元嘉十八年(441)旌阳省人。陈撤枝江县,隋复置。唐上元二年(761)省入长宁,大历六年(771)复置。五代十国属南平国。宋熙宁六年(1073)省入松滋,元祐元年(1086)复置。建炎四年(1130)至绍兴五年(1135)为江陵府治。元属中兴路。明属荆州府。洪武十年(1377)又入松滋,十三年(1380)复置。1914年属荆南道。1921年属荆宜道。1932年属第七行政督察区。1936年属第四行政督察区。1949年属宜昌专区。1955年撤县并入宜都县。1962年复置,枝江、宜都2县部分地域互换。1970年属宜昌地区。1992年属宜昌市。1996年设县级市。地处鄂西山区与江汉平原的过渡地带。西部属鄂西低丘,中部为潜岗平畈,东部为冲积平原。平均海拔125米。年均气温16.5℃,1月平均气温18.5℃,7月平均气温30.5℃。年均降水量1041.8毫米。有太平湖、陶家湖、东湖、刘家湖等。长江、南河、沮漳河、玛瑙河流经。森林覆盖率4.9%。有中学32所,小学95所,二级医院10个。有全国重点文物保护单位青山墓群、关庙山遗址。有国家级非物质文化遗产枝江民间吹打乐。为"中国民间文化艺术之乡"。有玛瑙河省级湿地公园。三次产业比例19∶49∶32。农业以种植水稻、棉花、水果、蔬菜,养猪、牛、羊、家禽、水产为主。有特产柑橘。工业以食品饮料加工、化工、纺织、机械制造为主。有省级开发区枝江经济开发区。服务业以商贸、物流、金融、房地产、住宿、餐饮为主。焦柳铁路,汉宜高铁,宜张、沪渝高速,318国道,省道鸦来、雅澧线过境。通多路公交车。通长江航道。

迎宾大道［Yíngbīn Dàdào］　在市区中部。东起建设路,西至棉花桥。与南岗路、江汉大道、公园路、民主路相交。长6千米,宽30米。沥混路面。1986年开工,1995年建成。两侧有湖北化肥厂、北山超市、妙尚广场、人民银行、枝江酒业等。通公交车。

江汉大道［Jiānghàn Dàdào］　在市区中部。南起沿江大道,北起汉宜高速。与迎宾大道相交。长3.5千米,宽32米。沥混路面。2004年开工,2005年建成。以沿江大道、汉宜高速各取1字命名。两侧有市一高、市法院、北山超市、江汉路小学、滨江公园等。通公交车。

枝江北站［Zhījiāngběi Zhàn］　见交通运输设施部分"枝江北站"条。

枝江市汽车客运站［Zhījiāng Shì Qìchē Kèyùnzhàn］　见交通运输设施部分"枝江市汽车客运站"条。

马家店街道［Mǎjiādiàn Jiēdào］　枝江市人民政府驻地。在市境南部。面积58平方千米。人口11.1万。1998年由马家店镇改设。因清末马姓搭棚开店得名。有高中2所,初中2所,小学9所,二级医院6个,卫生院1个,卫生室6个。农业以种植蔬菜、棉花为主。工业以纺织、化工、包装、服装加工为主。宜黄高速、318国道、省道枝当线过境。

安福寺镇［Ānfúsì Zhèn］　枝江市辖镇。在市境西部。面积223平方千米。人口5.1万。辖3居委会、25村委会,有25自然村。镇人民政府驻安福寺社区。1949年设安福寺区。1958年改红旗公社。1960年更名安福寺公社。1987年改镇。2001年紫荆岭镇、瑶华乡并入。因安福寺得名。有初中2所,小学8所,卫生院1个,卫生室25个。有省级文物保护单位枝江烽燧群菜籽坪障城遗址。有省级农业休闲示范点安福桃缘景区。农业以种植水稻、玉米、蔬菜、水果为主。有特产柑橘。工业以食品加工为主。焦柳铁路、汉宜高速、省道雅来线过境。

2014年被评为全国文明镇。

安福寺社区［Ānfúsì Shèqū］ 安福寺镇人民政府驻地。在市境西北部。面积4平方千米。人口5100。因镇得名。2000年成立。民居以农村楼房为主。有广场舞队、邻里互助服务队等。

白洋镇［Báiyáng Zhèn］ 枝江市辖镇。在市境西部。面积135平方千米。人口4.1万。辖1居委会、18村委会,有18自然村。镇人民政府驻白洋社区。1949年设白洋区。1958年改公社。1985年改镇。因江边白色羊状巨石得名白羊,后因江河洪汛改今名。有中学2所,小学3所,卫生院1个,卫生室15个。有四陵坡宋墓群、三国古战场遗迹。有四陵坡白鹭自然保护小区。农业以种植水稻、油菜、柑橘为主。工业以机械、纺织、化工、食品加工、建材和磨具制造为主。318国道,省道雅来、雅澧线过境。

白洋社区［Báiyáng Shèqū］ 白洋镇人民政府驻地。在市境西部。面积1平方千米。人口6600。因镇得名。2001年成立。民居以农村楼房为主。有广场舞队、邻里互助服务队等。318国道经此。有长江渡口。

百里洲镇［Bǎilǐzhōu Zhèn］ 枝江市辖镇。在市境南部。面积214平方千米。人口8.6万。辖1居委会、41村委会,有41自然村。镇人民政府驻刘巷社区。1949年为冯口、刘巷2区。1955年并为百里洲区。1958年改公社。1987年分刘巷镇、冯口乡。1990年合设百里洲乡。1998年改镇。因环洲大堤长百余里得名。为长江最大江心洲。有初中2所,小学5所,卫生院1个,卫生室41个。有特产柑橘、棉花等。有国家地理标志产品百里洲沙梨。洲中通乡村道路。有渡口16个。

刘巷社区［Liúxiàng Shèqū］ 百里洲镇人民政府驻地。在市境南部。面积10平方千米。人口7200。因南朝隐士刘凝之故居得名。2001年成立。民居以农村楼房为主。有广场舞队、邻里互助服务队等。通乡村道路。有刘巷轮船码头。

董市镇［Dǒngshì Zhèn］ 枝江市辖镇。在市境西部。面积137平方千米。人口5.4万。辖3居委会、24村委会,有24自然村。镇人民政府驻金盆山。1949年设董市镇。1956年改乡。1958年并入仙女公社。1972年复董市镇。1975年改云盘湖公社。1983年改区。1984年复董市镇。2001年姚家港镇并入。原因姓氏与地形得名董滩口,宋代因商贾云集改名董市。有初中1所,小学3所,二级医院2个,卫生院1个,卫生室24个。景点有水府庙、古镇老正街、古龙包古墓群等。有民间特色文艺活动赛龙舟、吹打乐、汉剧、高跷等。经济以塑料加工、化工、纺织、机械制造为主。有化工园区。318国道过境。

金盆山［Jīnpénshān］ 董市镇人民政府驻地。在市政府驻地马家店街道西28千米。人口不足百人。明隆庆二年(1568)知县冷文煜召集民众垒土为山,命名为金盆山,村以山名。聚落呈团块状。318国道经此。

顾家店镇［Gùjiādiàn Zhèn］ 枝江市辖镇。在市境西南部。面积83平方千米。人口2.4万。辖1居委会、14村委会,有14自然村。镇人民政府驻顾家店社区。1949年设顾店乡。1975年改五合公社。1981年更名顾家店公社。1985年改镇。1987年改乡。1996年复镇。因清代顾姓开店得名。有初中1所,小学3所,卫生院1个,卫生室14个。农业以种植蔬菜、水果、苗木为主。有特产脐橙、柑橘。工业以塑料化工、包装印刷、机械铸造、建筑建材制造为主。服务业以商贸、物流为主。省道雅澧线过境。

顾家店社区［Gùjiādiàn Shèqū］ 顾家店镇人民政府驻地。在市境西部。面积2平方千米。人口1400。因镇得名。2001年成立。民居以农村楼房为主。有广场舞队、邻里互助服务队等。

七星台镇［Qīxīngtái Zhèn］ 枝江市辖镇。在市境东部。面积129平方千米。人口4.6万。辖1居委会、21村委会,有21自然村。镇人民政府驻七星台社区。1949年设新场区。1958年改公社。1981年更名七星台公社。1984年改镇。传明代7秀才乘船赴考,遇难葬此,墓名七星台,沿为镇名。长江、沮漳河流经。有初中1所,小学2所,二级医院1个,卫生院1个,卫生室21个。农业以种植小麦、蔬菜、棉花、水果为主,饲养生猪、家禽。工业以油脂、饲料、金属、建材加工,棉纺为主。汉宜高速、318国道过境。

七星台社区［Qīxīngtái Shèqū］ 七星台镇人民政府驻地。在市境东部。面积2平方千米。人口4200。因镇得名。1985年成立。民居以农村楼房为主。有广场舞队、邻里互助服务队等。

问安镇［Wèn'ān Zhèn］ 枝江市辖镇。在市境东北部。面积162平方千米。人口4.6万。辖1居委会、23村委会,有23自然村。镇人民政府驻问安社区。1949年设问安区。1958年改公社。1985年改镇。因问安寺得名。有初中1所,小学3所,卫生院1个,卫生室23个。有全国重点文物保护单位关庙山遗址、青山墓群。有省级非物质文化遗产枝江楠管。农业种植水稻、西瓜、荸荠,养殖蛋鸡、鱼等。工业以机电制造加工,纺织服装及食品、农产品加工为主。汉宜高铁、宜黄高速、省道枝当线过境。

问安社区［Wèn'ān Shèqū］ 问安镇人民政府驻地。在市境北部。面积2.3平方千米。人口4000。因镇得名。2001年成立。民居以农村楼房为主。有广场舞队、邻里互助服务队等。

仙女镇［Xiānnǚ Zhèn］ 枝江市辖镇。在市境北部。面积171平方千米。人口3.4万。辖1居委会、22村委会,有22自然村。镇人民政府驻新正街。1949年设仙女区。1958年改公社。1981年改老周场公社。1987年改乡。1994年改镇,以仙女庙改今名。有初中2所,小学3所,二级医院1个,卫生院1个,卫生室22个。景点有弥陀寺、步步升布鞋文化村等。工业以建材、饮料、玻璃制品、服装加工为主。汉宜高铁、沪蓉高速、省道枝当线过境。有枝江北站。

新正街［Xīnzhèng Jiē］ 仙女镇人民政府驻地。在市政府驻地马家店街道北11千米。人口2200。因街路得名。聚落呈带状。有卫生院、文化服务中心等。经济以商贸为主。

远安县

远安县［Yuǎn'ān Xiàn］ 宜昌市辖县。北纬31°04′,东经111°38′。在市境东北部。面积1752平方千米。人口19.4万。以汉族为主,还有土家、苗、回等民族。辖6镇、1乡。县人民政府驻鸣凤镇。西汉建元元年(前140)置沮县,以临沮水得名,治在今洋坪镇双路村。东晋隆安末年(401)迁治今旧县镇亭子山。因避水患而居高,易名高安。北周武成元年(559)因距朝廷较远更今名,属峡州。隋大业三年(607)属夷陵郡。唐初属峡州。后唐初并入南平国(即荆南)。宋属夷陵郡。元属峡州路。明洪武九年(1376)属夷陵州。成化四年(1468)移治今县城。清初因之。雍正十三年(1735)属荆州府。乾隆五十六年(1791)属荆门直隶州。1914年属襄阳道,继属荆宜道。1932年后隶属第九行政督察区、第六行政督察区。1948年与南漳县合设南远县,属江汉军区当阳专署。1949年远安、南漳分治,改属宜昌行政公署。1959年属宜都工业区。1961年属宜昌专区。1970年属宜昌地区。1992年属宜昌市。1971年起陆续改造城区道路,逐步建设和完善城区供水、排水、供气、照明、绿化、交通、污水垃圾处理等基础设施。至2014年城区面积达10.5平方千米。地处鄂西山地东缘。地势西北高东南低。西部属大巴山余脉,东部属荆山余脉,中部为沮河河谷平原。平均海拔500米。最高点洋坪镇太平顶海拔1325.1米,最低点花林寺镇雷打岩海拔76米。有海拔1000米以上山峰56座。年均气温15.9℃,1月平均气温3.3℃,7月平均气温27.7℃。年均降水量1092毫米。沮河、漳河、黄柏河(西河)等流经。有矿产资源磷矿石、煤、紫砂陶土、硅石等。有国家重点保护野生植物中国粗榧、喜树、连香、楠木、杜仲、厚朴、樟树、青檀、水杉、银杏、鹅掌楸等。有省级自然保护区3个。森林覆盖率73.1%。有中学9所,小学15所,二级医院2个。有国家3A级旅游景区鸣凤山风景区、嫘祖文化园、回龙湾风景区、西河大峡谷风景区。有名胜古迹丹霞地貌景观区、鹿苑寺、回马坡等。有远安花鼓戏剧团。三次产业比例11∶65∶24。农业以种植水稻、小麦、玉米、油菜为主。产蚕丝、茶叶、香菇、木耳、茯苓、天麻等。有特产鸣凤米、鹿苑茶、鸣凤冲菜、食用菌、真金绿茶、西河鱼等。工业以磷化工、机械制造、新型建材和农产品加工为主。服务业以旅游、餐饮、物流为主。省道荷当、宜远线过境。通多路公交车。

鸣凤镇［Míngfèng Zhèn］ 远安县人民政府驻地。在县境南部。面积76平方千米。人口5.7万。辖8居委会、6村委会,有117自然村。镇人民政府驻鸣凤社区。1950年设城关镇。1958年改公社。1960年复镇。1981年改鸣凤镇。明代始为县治,因地处沮河东岸农庄坪地,名东庄坪。1981年因鸣凤山更今名。沮河流经。有中学1所,小学2所,二级医院2个,卫生院1个,卫生室14个。有图书馆、文化馆、公园等。有花鼓戏剧团。名胜古迹有鸣凤山、九子溪等。农业以种植水稻、玉米、蔬菜、水果为主。有特产鸣凤米、鸣凤冲菜、茶叶、白丝。工业以磷化工,新型建材、汽车铸件、纤维板、农副产品加工为主。有农副产品集散贸易。省道荷当、宜远线,县道远烟线过境。2014年被评为全国文明镇。

鸣凤大道［Míngfèng Dàdào］ 在县城东部。南起安泰大道,北至航天路。与东门路、凤仪路相交。长2.3千米,宽32米。沥青路面。1983年开工,1999年建成。原处沮河以东农庄坪地而得名东庄坪大道,2005年因鸣凤镇政府更今名。两侧有世纪广场、行政服务中心、县直机关及事业单位等。通公交车。

解放路［Jiěfàng Lù］ 在县城中部。南起安泰大道,北至凤翔路。与大桥路、东门路、南门路、凤仪路相交。长2千米,宽9—15米。混凝土路面。原为县城正街,1949年起逐年修整。1980年为纪念解放战争胜利更今名。处县城商贸中心。两侧有县行政机关、医院等。通公交车。

远安县汽车客运站［Yuǎn'ān Xiàn Qìchē Kèyùnzhàn］ 见交通运输设施部分"远安县汽车客运站"条。

鸣凤社区［Míngfèng Shèqū］ 鸣凤镇人民政府驻地。在县境南部。面积1.2平方千米。人口3300。因鸣凤大道得名。2007年成立。老城区民居以老旧小区为主。有志愿服务队。

有广场舞、健身操等文体活动。有县直机关、中小学等。通公交车。

花林寺镇 [Huālínsì Zhèn]　远安县辖镇。在县境南部。面积 219 平方千米。人口 1.7 万。辖 2 居委会、15 村委会，有 329 自然村。镇人民政府驻石头店。1984 年由城关公社析设花林寺镇。因花栎树林中有寺庙得名。沮河流经。有小学 1 所，卫生院 1 个，卫生室 15 个。有花林寺、宝华寺、观音寺遗址。景点有金家湾生态露营公园、横岩坪大峡谷、龙潭河溶洞等。农业以种植水稻、玉米、小麦、蔬菜、香菇为主。产茶叶、木耳、柿子、蚕茧等。工业以建材、化工、煤炭、机械制造为主。有农副产品集散贸易。省道荷当线过境。

石头店 [Shítou diàn]　花林寺镇人民政府驻地。在县政府驻地鸣凤镇南 16 千米。人口 600。昔店铺旁土地庙有石雕佛像，故名。聚落呈带状。农业种植水稻、玉米、油菜等。工业以药业和新型建材、陶瓷、粮食加工为主。省道荷当线经此。

旧县镇 [Jiùxiàn Zhèn]　远安县辖镇。在县境中部。面积 166 平方千米。人口 2.5 万。辖 1 居委会、15 村委会，有 248 自然村。镇人民政府驻旧县。1949 年设旧县乡。1958 年并入幸福公社。1961 年析设旧县公社。1985 年改镇。因镇政府驻地得名。沮河流经。有矿产资源煤、硅石等。有中学 1 所，小学 2 所，卫生院 1 个，卫生室 15 个。名胜古迹有古高安遗址、鹿苑寺、石佛庵、白鹤观、垚儿岩、田野公园等。农业以种植水稻、玉米、小麦、蔬菜、油料作物、茶为主。工业以化工、建材制造、粮食加工为主。有农副产品集散贸易。省道荷当线过境。

旧县 [Jiùxiàn]　旧县镇人民政府驻地。在县政府驻地鸣凤镇北 6 千米。人口 900。自东晋隆安五年(401)至明成化四年(1468)为远安县治，故名。聚落呈带状。沮河流经。有中小学、卫生院、古高安遗址等。农业种植水稻、玉米、油菜等。省道荷当线经此。

洋坪镇 [Yángpíng Zhèn]　远安县辖镇。在县境西北部。面积 238 平方千米。人口 3.7 万。辖 1 居委会、22 村委会，有 392 自然村。镇人民政府驻土门垭。1950 年设洋坪区。1958 年改公社。1984 年改镇。处沮河河湾，昔河道狭窄，洪水泛滥成汪洋，后淤积成平畈，故名。有矿产资源煤、石灰石、硅石、铜、铅、锌等。有中学 1 所，小学 3 所，卫生院 1 个，卫生室 20 个。有鄂西战役阵亡将士纪念碑、解放军四十七军军部旧址等。名胜古迹有南襄城遗址、马渡河古墓群、关公回马亭、武陵峡口、太平顶、回龙湾等。农业以种植水稻、玉米、小麦、蔬菜、油料作物为主。产茶、桑蚕。工业以矿业和建材、陶瓷、粮油加工为主。县道棚马线过境。

土门垭 [Tǔményà]　洋坪镇人民政府驻地。在县政府驻地鸣凤镇北 20 千米。人口 300。昔有土岗，垭口似城门，故名。聚落呈团块状。有卫生室。农业种植水稻、玉米、油菜等。县道棚马线经此。

茅坪场镇 [Máopíngchǎng Zhèn]　远安县辖镇。在县境东北部。面积 468 平方千米。人口 2.6 万。辖 1 居委会、16 村委会，有 599 自然村。镇人民政府驻茅坪场。1950 年设茅坪区。1958 年改公社。1981 年更名茅坪场公社。1985 年改镇。2001 年晓坪乡并入。因镇政府驻地得名。茅坪河流经。有矿产资源煤。有中学 1 所，小学 2 所，卫生院 1 个，卫生室 17 个。有瓦仓起义革命烈士纪念碑。有大堰原始森林自然保护区、翟家岭古村落等。农业以种植水稻、玉米、小麦、蔬菜为主。产香菇、茶。工业以煤炭开采为主。省道宜远线过境。

茅坪场 [Máopíngchǎng]　茅坪场镇人民政府驻地。在县政府驻地鸣凤镇东 10 千米。人口 2200。清初因坪坝上多茅草得名。聚落呈带状。茅坪河流经。有中小学、卫生院、福利院等。农业种植水稻、玉米、油菜、香菇等。县道棚马线经此。

嫘祖镇 [Léizǔ Zhèn]　远安县辖镇。在县境西北部。面积 396 平方千米。人口 2.8 万。辖 1 居委会、16 村委会，有 288 自然村。镇人民政府驻苟家垭。1950 年设荷花区。1958 年改公社。1975 年分荷花、望家 2 公社。1984 年合为荷花区，同年置苟家垭镇。2001 年改荷花镇。2014 年因为嫘祖故里改今名。有矿石资源磷、金、铁、大理石等。有中学 1 所，小学 2 所，卫生院 1 个，卫生室 17 个。名胜古迹有嫘祖牌坊、嫘祖文化园、化石古街、西河大峡谷、广坪紫薇园、灵龙峡、金桥梦里老家等。农业以种植水稻、玉米、小麦、蔬菜、油料作物、食用菌为主。产垭丝、茶叶。工业以磷化工、石材加工为主。省道荷当线、县道分松线过境。

苟家垭 [Gǒujiāyà]　嫘祖镇人民政府驻地。在县政府驻地鸣凤镇西北 26 千米。人口 2600。因苟姓居于山垭而得名。聚落呈带状。有中小学、卫生院。名胜古迹有嫘祖文化园、苟家垭古街、化石古街、浣纱池等。农业种植小麦、玉米、油菜等。有特产垭丝。省道荷当、保宜线经此。

河口乡 [Hékǒu Xiāng]　远安县辖乡。在县境北部。面积 207 平方千米。人口 1.5 万。辖 1 居委会、12 村委会，有 369 自然村。乡人民政府驻河口。1956 年设河口、巩裕、黄竹 3 乡。1958 年并入洋坪公社。1961 年析设河口、巩裕、黄竹 3 公社。1975 年合为河口公社。1984 年改区。1987 年改乡。因乡政府驻地得名。沮河支流流经。有矿产资源煤。有中学 1 所，小学 1 所，卫生院 1 个，卫生室 12 个。名胜古迹有湖北远安化石群地质公园、鸳鸯湖、曾家大花屋等。农业以种植水稻、玉米、小麦、蔬菜为主。产香菇、木耳。工业以煤炭开采、酿酒、医药制造为主。有农副产品集散贸易。河巩公路、县道棚马线过境。

河口 [Hékǒu]　河口乡人民政府驻地。在县政府驻地鸣凤镇北 24 千米。人口 700。处东峪沟、高河冲河、张桥河 3 水汇合口，故名。聚落呈团块状。有中小学、卫生院、文化广场。种植水稻、玉米、油菜等。县道棚马线经此。

兴　山　县

兴山县 [Xīngshān Xiàn]　宜昌市辖县。北纬 31°21′，东经 110°44′。在市境西北部。面积 2328 平方千米。人口 17.3 万。以汉族为主，还有蒙古、回、藏、维吾尔、苗、彝、壮、布依、朝鲜、满、侗、土家、黎、白等民族。辖 6 镇、2 乡。县人民政府驻古夫镇。三国吴永安三年(260)析秭归县北境置兴山县，属建平郡。此后未变，先后属秭归郡、巴东郡、归州、巴东郡、山南东道、归州、湖广行中书省、夷陵州、归州、宜昌府、荆南道、荆宜道、第九行政督察区、第六行政督察区、宜昌专区、宜都工业区、宜昌地区。1992 年属宜昌市。因三峡工程需要，县城于 2002 年由高阳镇搬迁至今址。清光绪《兴山县志》载："环邑皆山，县治兴建于群山之中"，故名。地处大巴山余脉。地势东、西、北三面高南面低。平均海拔 800 米。年均气温 16.8℃，1 月平均气温 7.1℃，7 月平均气温 27.2℃。年均降水量 1100 毫米。香溪河、高桥河流经。有矿产资源花岗岩、白云岩、磷、硅石、银矾等。有国家重点保护野生植物 56 种。有猕猴、黑熊、花面狸、小鹿、金雕、苍鹰、红腹角雉、红腹锦鸡、白鹤、蟒、王锦蛇、黑眉锦蛇、中华蟾蜍、虎纹蛙、湖北金钱蛙等野生动物 160 种。有中草药金石斛、花甲茯苓、七叶一枝花、头顶一颗珠等。有龙门河国家森林公园。有万朝山省级自然保护区。森林覆盖率 61.8%。有中科院动植物观测站。有国家级重点实验室 1 个，工程技术研究中心 1 个，中学 8 所，小学 14 所，二级医院 1 个。有全国重点文物保护单位李来亨抗清遗址。有省级爱国主义教育基地、国家 3A 级旅游景区昭君村。有国家级非物质文化遗产兴山民歌、薅草锣鼓、王昭君传说。三次产业比例 14 : 48 : 38。农业以种植水稻、玉米、油料作物、蔬菜、水果，养殖生猪、山羊、家禽、水产为主，产柑橘、茶叶、核桃、天麻等。有名产兴山脐橙、夏橙、昭君白茶、白鹤茶。工业以磷化工、水电、采矿、农产品加工、水泥预制为主。服务业以商贸、旅游为主。沪蓉高速，209、347 国道，省道欧南、兴五、白土、宜兴、高水线过境。通多路公交车。有香溪河航道。

昭君广场 [Zhāojūn Guǎngchǎng]　在县城东部。面积 3.2 公顷。2001 年开工，2003 年建成。为纪念王昭君命名。有王昭君汉白玉雕像，旁有蒙古包、踏泉池。地面拼铺大理石，成凤凰展翅图案。有 3 层台式草坪坛。栽植桂花、紫薇等。有大型电子显示屏、工艺灯、草坪音响等。周边有住建局、移民局、滨河公园、人民银行等。通公交车。

古夫镇 [Gǔfū Zhèn]　兴山县人民政府驻地。在县境中部偏北。面积 446 平方千米。人口 4.7 万。辖 3 居委会、7 村委会，有 334 自然村。镇人民政府驻夫子社区。1955 年设古夫区。1958 年改公社。1987 年置镇。2001 年平水乡并入。因古洞口、夫子岩得名。香溪河、古夫河、咸水河、平水河流经。有矿产资源磷矿石。有中学 4 所，小学 3 所，二级医院 1 个，卫生院 1 个，卫生室 38 个。有文化活动中心、图书室等。名胜古迹有书洞文笔、圆钦石塔等。农业以种植水稻、玉米、蔬菜为主，产柑橘、核桃、中药材。工业以水电、石料加工为主。服务业以商贸为主。209、347 国道过境。

香溪大道 [Xiāngxī Dàdào]　在县城东部。南起柚子树桥，北至古洞口电站。与大连路、康宁路、古昭路等相交。长 7.2 千米，宽 22 米。混凝土路面。1995 年开工，1997 年建成。因香溪河得名。两侧有移民局、住建局、国土资源局、行政服务中心、体育馆、县医院、民俗博物馆、滨河公园、音乐喷泉、香溪大酒店、工业园等。通公交车。

丰邑大道 [Fēngyì Dàdào]　在县城中部。南起大连路，北至北斗街。与湖南路、昭君路、永安路等相交。长 1.2 千米，宽 20 米。混凝土路面。1995 年开工，1997 年建成。因旧县治高阳城西北丰邑坪得名。两侧有实验小学、卫计局、党校、教育局、文化中心、交通局、财政局、电信局、邮政局等。通公交车。

高阳大道 [Gāoyáng Dàdào]　在县城中部。南起香溪大道，北至大连路。与湖南路、昭君路、永安路等相交。长 2.1 千米，宽 32 米。混凝土路面。1994 年开工，1998 年建成。因旧县治高阳城得名。两侧有兴发集团、司法局、民政局、古夫镇政府、兴山汽车客运站、天星供电公司、保险公司等。通公交车。

兴山汽车客运站 [Xīngshān Qìchē Kèyùnzhàn]　见交通运输设施部分"兴山汽车客运站"条。

夫子社区 [Fūzǐ Shèqū]　古夫镇人民政府驻地。在县境中部偏北。面积 7.6 平方千米。人口 7500。因镇得名。2009 年成立。民居以砖混结构平房为主,有部分楼房。有职教中心、中小学、县医院、体育馆、汽车客运站等。驻地单位有县公安局。209、347国道经此。通公交车。

昭君镇［Zhāojūn Zhèn］ 兴山县辖镇。在县境南部。面积145平方千米。人口3.7万。辖2居委会、9村委会,有236自然村。镇人民政府驻香溪社区。1950年设城关乡。1958年改公社。1980年置镇。1981年更名高阳镇。2009年因纪念王昭君更今名。有矿产资源煤炭。有中学1所,小学1所,卫生院1个,卫生室9个。有省爱国主义教育基地、国家3A级旅游景区昭君村。有田家湾、甘家坡、陈家湾遗址。农业种植玉米、小麦、水稻、蔬菜、柑橘、核桃,养殖生猪、山羊等。工业以农产品、食品加工,矿产开采加工为主。服务业以商贸、旅游为主。209国道,省道宜兴、欧南线过境。

香溪社区［Xiāngxī Shèqū］ 昭君镇人民政府驻地。在县境南部。面积0.9平方千米。人口5100。因香溪河得名。2009年成立。开展关爱特殊人群、环境整治、安全巡逻、文明劝导等志愿服务。提供法律咨询服务。有邮政支局、农合支行、幼儿园等。通公交车。

峡口镇［Xiákǒu Zhèn］ 兴山县辖镇。在县境南部。面积217平方千米。人口2.4万。辖1居委会、15村委会,有331自然村。镇人民政府驻大峡口。1950年为妃台区。1958年改公社。1987年置峡口镇。2001年建阳坪乡并入。因镇政府驻地得名。有矿产资源煤、花岗岩等。有中学1所,小学3所,卫生院1个,卫生室16个。有幼儿园、广电中心等。有省级文物保护单位川汉铁路桥墩遗址、洋房子、王家祠堂。有景点大峡口峡谷等。有景观"屈洞寒烟""五指列秀"。农业种植玉米、水稻、小麦、油菜、柑橘、茶、核桃,养殖生猪、山羊、家禽等。服务业以商贸、旅游为主。沪蓉高速,省道宜兴、兴五线过境。有香溪河峡口港区。

大峡口［Dàxiákǒu］ 峡口镇人民政府驻地。在县政府驻地古夫镇南25千米。人口2800。高岚、香溪2河交汇形成峡谷口,称大峡口,延为村名。聚落沿香溪河呈带状分布。有小学、幼儿园、卫生院、文化站、图书室。名胜古迹有大峡口峡谷、"屈洞寒烟"景观、川汉铁路桥墩遗址等。产木材、柑橘、茶叶等。有商贸、旅游业。省道宜兴、兴五线经此。有游船码头。

南阳镇［Nányáng Zhèn］ 兴山县辖镇。在县境西部。面积273平方千米。人口1.2万。辖10村委会,有281自然村。镇人民政府驻南阳河。1949年设湘坪乡。1958年改公社。1961年分九冲、红花、木鱼、南阳、湘坪、百羊、庙垭7公社。1973年九冲、红花、木鱼3公社划归神农架林区。1975年湘坪、百羊、庙垭3公社并入南阳公社。1984年设南阳、湘坪、百羊、庙垭4乡。1987年南阳、百羊2乡合设南阳镇,庙垭乡并入湘坪乡。2001年湘坪乡并入。因镇政府驻地得名。香溪河、高桥河流经。有矿产资源硅石。有龙门河国家森林公园、万朝山省级自然保护区。有小学2所,卫生院1个,卫生室9个。有广电中心、文化活动室、图书室等。有全国重点文物保护单位李来亨抗清遗址。经济以农业、商贸为主。农业种植玉米、马铃薯、油料作物、柑橘、核桃、茶,养殖生猪、牛、山羊、家禽。347国道过境。

南阳河［Nányánghé］ 南阳镇人民政府驻地。在县政府驻地古夫镇西南8千米。人口2600。南阳河流经,故名。聚落呈团块状。有中心小学、卫生院、文化站、银行、南阳河电站、派出所等。有棋盘亭、阳泉亭景区。农业种植柑橘、核桃、中草药等。有商贸业。347国道经此。

黄粮镇［Huángliáng Zhèn］ 兴山县辖镇。在县境东南部。面积245平方千米。人口2.2万。辖14村委会,有384自然村。镇人民政府驻黄粮坪。1958年由永安乡析设黄粮公社。1984年置黄粮坪镇。1987年更名黄粮镇。2001年火石岭乡并入。因镇政府驻地得名。孔子河、彭家河流经。有矿产资源高岭土。有银杏、红豆杉等国家级保护古树57棵。有中学1所,小学1所,卫生院1个,卫生室14个。有文化活动中心、图书室、福利院等。有黄粮革命烈士纪念碑、高岚国家水利风景区。经济以农业、商业为主。农业种植水稻、油料作物、核桃、蔬菜、中草药,养殖生猪、牛、山羊、家禽等。347国道过境。

黄粮坪［Huángliángpíng］ 黄粮镇人民政府驻地。在县政府驻地古夫镇东南12千米。人口2100。因昔有大黄连树得名黄连坪,后演为今名。聚落呈团块状。有中小学、卫生院、广电中心等。有黄粮革命烈士纪念碑、高岚国家水利风景区。农业种植核桃等。有酿酒业。347国道经此。

水月寺镇［Shuǐyuèsì Zhèn］ 兴山县辖镇。在县境东部。面积465平方千米。人口2.2万。辖18村委会,有402自然村。镇人民政府驻水月寺。1949年设月溪乡。1958年改三阳公社。1987年改水月寺镇。2001年高岚镇并入。因镇政府驻地得名。有矿产资源银钒、磷矿石、花岗石等。有中学1所,小学3所,卫生院1个,卫生室18个。有文化站、福利院等。有省级文物保护单位清晚期川汉铁路桥墩三道瓮子、店子涵洞遗址。景点有高岚国家水利风景区、朝天吼漂流。农业以种植水稻、玉米、蔬菜为主。工业以矿产开采为主。沪蓉高速,347国道,省道宜兴、白土线过境。

水月寺［Shuǐyuèsì］ 水月寺镇人民政府驻地。在县政府驻地古夫镇东32千米。人口2300。清乾隆五年(1740)夏阳河西岸水月石旁建庙,名水月寺,沿为村名。聚落沿碾盘沟呈带状分布。有中小学、幼儿园、卫生院、文化中心、文化广场。有景观"犀牛望月"。农业种植茶、天麻、核桃、香菌等。工业以花岗石加工为主。省道白土线、县道水王线经此。

高桥乡［Gāoqiáo Xiāng］ 兴山县辖乡。在县境西南部。面积173平方千米。人口1.4万。辖9村委会,有253自然村。乡人民政府驻长冲。1956年设高桥乡。1958年改公社。1987年复改乡。河上昔有风雨桥名高桥,以桥名乡。高桥河流经。有矿产资源煤、铁、铜、石膏等。有中学1所,小学1所,卫生院1个,卫生室9个。有文化活动中心、农家书屋等。农业种植水稻、油料作物、核桃、茶,养殖生猪、山羊等。沪蓉高速、209国道、省道高水线过境。

长冲［Chángchōng］ 高桥乡人民政府驻地。在县政府驻地古夫镇西南24千米。人口1500。地处两山间狭长平地,故名。聚落呈带状。有中心学校、幼儿园、卫生院、文化广播电视中心等。有土地革命烈士纪念碑。景点有龙王洞、喷水洞、仙女山等。农业种植香菌、木耳、茶等。沪蓉高速、209国道、省道高水线经此。

榛子乡［Zhēnzi Xiāng］ 兴山县辖乡。在县境东北部。面积360平方千米。人口1.1万。辖8村委会,有238自然村。乡人民政府驻张官店。1958年成立榛子公社。1987年改乡。2001年火石岭乡5村并入。山岭上昔有高大的榛子树,故名。有矿产资源磷矿石。有小学1所,卫生院1个,卫生室7个。有文化站、图书室、文化广播电视中心等。名胜古迹有板庙、青龙口瀑布、将军寨、万福山战役遗址等。农业以种植玉米、马铃薯、大豆、蔬菜、香菇为主。工业以磷矿开采、农副产品加工为主。省道欧南线过境。

张官店［Zhāngguāndiàn］ 榛子乡人民政府驻地。在县政府驻地古夫镇东北26千米。人口1000。明清设驿站,驻守为张姓,故名。聚落呈带状。有小学、幼儿园、卫生院、文化广播电视中心、文化活动室等。农业种植高山蔬菜,产香菌、木耳、药材等。省道欧南线经此。

秭归县

秭归县［Zǐguī Xiàn］ 宜昌市辖县。北纬30°38′,东经110°18′。在市境西部。面积2427平方千米。人口38.2万。以汉族为主,还有土家、壮、回、苗、布依、藏、满、蒙古、彝、侗、瑶、朝鲜、哈尼、白、傣、黎、拉祜、仡佬、佤等民族。辖8镇、4乡。县人民政府驻茅坪镇。西汉置秭归县,属南郡。南北朝北周建德六年(577)置同名郡,为避同名改秭归县为长宁县,为秭归郡治。隋开皇三年(583)废郡,复秭归县。唐武德二年(619)为归州治。明洪武九年(1376)废州入秭归县,属夷陵州。次年再改长宁县。洪武十三年(1380)裁县置归州,属荆州府。清雍正七年(1729)升直隶州。雍正十三年(1735)降县级州,属宜昌府。1912年改秭归县。此后未变,先后隶属荆南道、荆宜道、第九行政督察区、第六行政督察区、宜昌专区、宜都工业区、宜昌专区、宜昌地区。1992年属宜昌市。《水经注》载:"屈原有贤姊,闻原放逐,亦来归……因名曰秭归。"处鄂西山地,地势四面高中间低。最高点云台荒海拔2057米,最低点茅坪河口海拔40米。年均气温17℃,1月平均气温5℃,7月平均气温27℃。年均降水量1030毫米。长江、香溪河流经。有矿产资源煤、岩金(伴生银)、铁、铜、锰、铅、锌、重晶石、磷矿石、石膏、硅石、灰岩、花岗岩、高岭土等。有国家重点保护野生植物57种,其中有银杏、水杉、珙桐等珍稀濒危植物23种。有野生动物126种,其中有国家重点保护野生动物17种,省级野生保护动物42种。有国家级自然保护区5个,省级自然保护区2个。森林覆盖率45.4%。有高中2所,中等职业学校1所,初中14所,小学36所,二级医院3个。有国家一级文化馆、图书馆。有全国重点文物保护单位屈原祠。有国家级非物质文化遗产屈原故里端午习俗、屈原传说、江河号子(长江峡江号子)。有国家5A级旅游景区屈原故里,4A级旅游景区三峡竹海、九畹溪漂流及观光景区,3A级旅游景区链子崖、月亮花谷。有香溪河、凤凰山、高峡平湖等自然景观。三次产业比例21∶36∶43。农业种植玉米、小麦、水稻、油菜、柑橘、脐橙、茶、油桐、乌桕、漆树、松、杉、柏等。有九岭头林场。工业以矿业、光电制造、食品加工、纺织服装、新型建材制造、清洁能源为主。有省级开发区湖北秭归经济开发区。为国家黄金和煤炭生产重点县。服务业以旅游、商贸、物流为主。沪蓉高速,348国道,省道兴五、太泄、高水、两磨、两梅线过境。通多路公交车。通长江航道。

茅坪镇［Máopíng Zhèn］ 秭归县人民政府驻地。在县境东南部。面积206平方千米。人口8.9万。辖3居委会、18村委会,有18自然村。镇人民政府驻周家湾。1950年为茅坪区。1958年改公社。1984年复区。1987年置镇。昔地坦坪大,且多茅草,故名。茅坪河流经。有矿产资源金、白云石、大理石等。有初中1所,小学5所,二级医院3个,卫生院1个,卫生室18个。有省级非物质文化遗产秭归建东花鼓戏,为其发源地。农业以种植玉米、小麦、水稻、油菜为主,产柑橘、茶叶、花生。有农产品加工、造纸、轻纺服装、建材、光学电子工业。有农副产品集散贸易。宜巴公路过境。通长江航道。

长宁大道［Chángníng Dàdào］　在县城中部。东起滨湖大道，西至明珠大道。与丹阳路、屈原路、迎和路、天问路等相交。长2千米，宽25米。沥青路面。1997年开工，1998年建成。2011年改建。以古长宁县名命名。两侧有县医院、老干部活动中心、县实验小学、法院、长宁广场、广播电视局、国税局、人力资源和社会保障局、豪庭大酒店等。通公交车。

平湖大道［Pínghú Dàdào］　在县城中部。东起滨湖大道，西至明珠大道。与丹阳路、屈原路、建平路等相交。长1.4千米，宽45米。沥青路面。1996年开工，1997年建成。2013年改建。以毛泽东主席诗句"高峡出平湖"命名。两侧有住建局、财政局、中医院、雏凤广场、县影剧院、中国银行、阳光国贸、湖北银行等。通公交车。

秭归县客运中心［Zǐguī Xiàn Kèyùn Zhōngxīn］　见交通运输设施部分"秭归县客运中心"条。

周家湾［Zhōujiāwān］　茅坪镇人民政府驻地。在镇境中部。人口800。明代成村，周姓定居，故名。聚落呈带状。有中学、县中医院、档案馆、卫生室。服务业以商贸为主。宜巴公路经此。

归州镇［Guīzhōu Zhèn］　秭归县辖镇。在县境中部偏北。面积128平方千米。人口2.7万。辖1居委会、11村委会，有11自然村。镇人民政府驻归州社区。1950年设城关镇。1975年改公社。1981年改归州镇。因古为归州治所得名。长江、吒溪河流经。有矿产资源煤。有初中1所，小学2所，卫生院1个，卫生室10个。有古归国、楚始都遗址。农业产柑橘、脐橙。县道归三线过境。通长江航道。

归州社区［Guīzhōu Shèqū］　归州镇人民政府驻地。在县境北部。面积0.5平方千米。人口2000。因镇得名。2001年成立。有具峡江建筑特点民居410余栋。社区依托法律顾问提供法律咨询服务。有中小学、卫生院、农商行等。景点有归州文化园、望归亭、屈姑桥等。县道归三线经此。

屈原镇［Qūyuán Zhèn］　秭归县辖镇。在县境东北部。面积217平方千米。人口1.9万。辖1居委会、12村委会，有12自然村。镇人民政府驻新滩社区。1951年为第八区。1958年改新滩公社。1984年改区。1985年析设屈原乡。1987年改镇。1995年屈原乡、新滩镇合设屈原镇。因屈原出生地屈原村得名。长江流经。有矿产资源煤。有初中1所，小学2所，卫生院1个。名胜古迹有新滩大滑坡遗址、链子岩、屈原八景、五指山等。农业产柑橘、桃叶橙。峡屈公路过境。通长江航道。

新滩社区［Xīntān Shèqū］　屈原镇人民政府驻地。在县境东北部。面积1.5平方千米。人口1000。因濒临西陵峡著名险滩新滩得名。2001年成立。民居以砖混结构为主。开展志愿服务活动。有镇中心学校、幼儿园、卫生院、农商银行、邮政支局、福利院、派出所等。峡屈公路经此。

沙镇溪镇［Shāzhènxī Zhèn］　秭归县辖镇。在县境西北部。面积188平方千米。人口3.3万。辖1居委会、15村委会，有16自然村。镇人民政府驻沙镇溪社区。1957年为第三区。1958年改西陵公社。1984年改区。1987年改沙镇溪镇。长江、青干河交汇，因昔有积沙得名沙城溪，镇以此为名。有矿产资源煤、硅石、石灰石等。有初中1所，小学2所，卫生院1个，卫生室15个。农业种植柑橘、茶、核桃、板栗、椪柑等。宜巴公路过境。通长江航道。

沙镇溪社区［Shāzhènxī Shèqū］　沙镇溪镇人民政府驻地。在县境西部。面积1平方千米。人口3000。因镇得名。2001年成立。民居以砖混结构为主。有志愿服务队。以公办农村福利院养老为主。有中小学、幼儿园、卫生院、派出所等。农业种植柑橘。宜巴公路经此。通长江航道。

两河口镇［Liǎnghékǒu Zhèn］　秭归县辖镇。在县境西南部。面积271平方千米。人口2.9万。辖19村委会，有20自然村。镇人民政府驻太坪。1949年为两河区。1958年改公社。1984年改区。1987年置镇。因处小溪、太坪2河交汇处得名。有矿产资源铁、煤、石灰石等。有初中1所，小学3所，卫生院1个，卫生室19个。农业以种植水稻、小麦、油菜为主。产柑橘、板栗。宜巴公路、省道太磨线过境。

太坪［Tàipíng］　两河口镇人民政府驻地。在县政府驻地茅坪镇西85千米。人口3000。因明末清初战乱平息后当地居民期盼平安太平，得名太平，后演为今名。聚落呈团块状。有中小学、卫生院。农业种植玉米、水稻、油菜。产柑橘、核桃。宜巴公路、省道太磨线经此。

郭家坝镇［Guōjiābà Zhèn］　秭归县辖镇。在县境中部。面积313平方千米。人口5.1万。辖1居委会、20村委会，有20自然村。镇人民政府驻卜庄河。1949年为仓东区。1958年改郭家坝公社。1984年改区。1987年置镇。明初郭姓自江西迁此，地坦坪大，故名。有矿产资源煤、铁、石膏、石灰岩等。有初中2所，小学5所，卫生院1个，卫生室21个。有楚国都城遗址。农业以种植玉米、水稻、油菜为主。产柑橘、脐橙、茶。宜巴公路过境。通长江航道。

卜庄河［Bǔzhuānghé］　郭家坝镇人民政府驻地。在县政府驻地茅坪镇西北44千米。人口3500。传宋代官员在长江边铺毡迎接苏轼，得名铺毡河，后演为今名。聚落呈团块状。有中小学、卫生院。服务业以商贸为主。宜巴公路经此。通长江航道。

杨林桥镇［Yánglínqiáo Zhèn］　秭归县辖镇。在县境南部。面积234平方千米。人口2.5万。辖14村委会，有14自然村。镇人民政府驻杨林桥。1950年为九东区。1958年改杨林桥公社。1984年改杨林区。1987年改杨林桥镇。因镇政府驻地得名。有矿产资源煤、铁、硅石、石灰石等。有初中1所，小学1所，卫生院1个，卫生室14个。有省级非物质文化遗产杨林堂鼓、高腔(山歌)。农业以种植玉米、小麦、马铃薯、蔬菜、魔芋为主。产板栗、核桃。省道兴五线过境。

杨林桥［Yánglínqiáo］　杨林桥镇人民政府驻地。在县政府驻地茅坪镇西南63千米。人口2600。明洪武年间(1368—1398)杨、林2姓定居联姻并建木桥，故名。聚落呈团块状。有中小学、卫生院。农业以种植玉米、小麦、马铃薯、油菜为主。产板栗、核桃。省道兴五线经此。

九畹溪镇［Jiǔwǎnxī Zhèn］　秭归县辖镇。在县境东南部。面积248平方千米。人口2.6万。辖14村委会，有14自然村。镇人民政府驻周坪。1952年为第九区。1958年改群力公社。1984年设周坪区。1987年改乡。2001年芝兰乡并入。2009年改九畹溪镇。传屈原曾于溪河边植兰著《离骚》，取"余既滋兰之九畹兮"命名。有矿产资源重晶石、高岭土、石灰石、硅石、页岩、铁、锰等。有初中1所，小学3所，卫生院1个，卫生室14个。有仙女山国家级地质公园、国家4A级旅游景区九畹溪。农业以种植玉米、小麦、油菜为主。产茶叶、柑橘。县道芝茅线过境。

周坪［Zhōupíng］　九畹溪镇人民政府驻地。在县政府驻地茅坪镇西45千米。人口600。四面环山，地形平坦，故名。聚落呈团块状。有中小学、卫生院。农业以种植玉米、马铃薯、油菜为主。农业产茶叶、柑橘、板栗、核桃。县道聚周线经此。

水田坝乡［Shuǐtiánbà Xiāng］　秭归县辖乡。在县境西北部。面积224平方千米。人口3.5万。辖25村委会，有25自然村。乡人民政府驻上坝。1949年为茅坝区。1958年改水田坝公社。1984年改区。1987年改乡。因地形平坦，茅草丛生，得名茅坝。清末因建水渠改水田而更今名。有初中1所，小学1所，卫生院1个，卫生室25个。农业以种植玉米、小麦、水稻、油菜为主。农业产柑橘、茶叶。工业以建材、农产品加工和水电业为主。归三公路过境。

上坝［Shàngbà］　水田坝乡人民政府驻地。在县政府驻地茅坪镇西北70千米。人口1400。水田坝分上、中、下3坝，此地居上，故名。聚落呈团块状。有中小学、卫生院。产柑橘、脐橙。归三、上泄公路经此。

泄滩乡［Xiètān Xiāng］　秭归县辖乡。在县境西北部。面积145平方千米。人口1.5万。辖13村委会，有13自然村。乡人民政府驻陈家湾。1950年为洩滩区。1957年并入西陵区。1975年析设泄滩公社。1984年改区。1987年改乡。因昔有洩滩古镇得名洩滩，后演为今名。有初中1所，小学3所，卫生院1个，卫生室13个。农业种植柑橘、茶、核桃。有国家地理标志产品夏橙。上泄公路过境。

陈家湾［Chénjiāwān］　泄滩乡人民政府驻地。在县政府驻地茅坪镇西北94千米。人口1300。明嘉靖年间(1522—1566)陈姓迁此，故名。聚落呈带状。有中小学、卫生院。农业产夏橙。上泄公路经此。

梅家河乡［Méijiāhé Xiāng］　秭归县辖乡。在县境西部。面积101平方千米。人口1.8万。辖13村委会，有13自然村。乡人民政府驻祠堂湾。1975年由两河公社析设团结公社。1981年更名梅家河公社。1987年改乡。因梅家河得名。有初中1所，小学1所，卫生院1个，卫生室13个。农业以种植玉米、小麦、油菜为主。产柑橘、板栗、茶叶、核桃。省道红磨线过境。

祠堂湾［Cítángwān］　梅家河乡人民政府驻地。在县政府驻地茅坪镇西115千米。人口2500。宋代鲁姓迁此，有鲁氏祠堂，故名。聚落呈团块状。有中小学、卫生院。农业种植玉米、小麦、油菜。产柑橘、长红脐橙。省道红磨线经此。

磨坪乡［Mòpíng Xiāng］　秭归县辖乡。在县境西南部。面积141平方千米。人口1.2万。辖12村委会，有12自然村。乡人民政府驻小磨坪。1952年为第十区。1958年改磨坪公社。1984年改区。1987年设乡。因乡政府驻地得名。有初中1所，小学1所，卫生院1个，卫生室10个。农业以种植玉米、小麦、油菜为主。太磨公路、省道红磨线过境。

小磨坪［Xiǎomòpíng］　磨坪乡人民政府驻地。在县政府驻地茅坪镇西110千米。人口500。处状如磨盘的山间小坪，故名。聚落呈团块状。有中小学、卫生院。农业种植玉米、小麦、油菜。产核桃、板栗。太磨公路、省道红磨线经此。

长阳土家族自治县

长阳土家族自治县［Chángyáng Tǔjiāzú Zìzhìxiàn］　宜昌市辖县。北纬30°28′，东经110°11′。在市境西南部。面积3400平方千米。人口40.2万。其中土家族占62.1%,还有汉、苗、满、蒙古、侗、壮等民族。辖8镇、3乡。县人民政府驻龙舟坪镇。西汉初置佷山县,治州衙坪。因佷山得名。晋至南北朝先后改佷山为清流、兴山、方山等县,均旋改旋复,并先后析置宜昌、清江、盐水、巴山等县,及唐始复归一。隋开皇八年(588)因长杨溪改佷山县为长杨县,治龙舟坪。唐武德元年(618)改名长阳,属峡州。此后至1984年未变,先后隶属荆南(平南)江陵府、峡州、峡州路、夷陵州、归州、宜昌府、荆南道、荆宜道、第九行政督察区、第六行政督察区、宜昌专区、宜都工业区、宜昌专区、宜昌地区。1984年改长阳土家族自治县。1992年属宜昌市。1984年前县城面积仅有2平方千米,1984年后不仅扩大面积,新建扩建道路,还新建了4城市小区,改善供水、照明、燃气供应和污水排放等基础设施,各乡镇集镇也得到了新建和发展。地处鄂西山地东南部,巫山、武陵山交界带。地势西高东低。平均海拔1000米。年均气温16.5℃,1月平均气温4.7℃,7月平均气温27.9℃。年均降水量1335.5毫米。清江流经。有高坝洲、隔河岩2水库。有矿产资源煤、铁、硫、锰、汞、铜、钴、矾、钡、磷、铅、锌等。有野生植物1995种,其中国家重点保护野生植物有珙桐、红豆杉、连香树等22种。有野生动物2063种,其中国家重点保护野生动物有林麝、金钱豹等54种。森林覆盖率66%。有高中3所,初中20所,小学27所,二级医院2个。有古迹"长阳人"化石洞、武落钟离山、巴国故都夷城遗址、盐池河、廪君陵、盐井寺、石磙垴天主教堂、观音阁、石柱观、白沙驿千户所等。有资丘七十七烈士纪念碑、木桥溪抗日纪念地、合作医疗发源地纪念馆。有名胜清江方山、麻池古寨、丹水漂流、天柱山等。有土家族传统习俗陪十姊妹、哭嫁、喊山歌、唱南曲、跳撒叶儿嗬、薅草锣鼓、湘莲九子鞭、跳摆手舞等。有国家5A级旅游景区清江画廊。三次产业比例29∶31∶40。农业以种植玉米、番薯、马铃薯、水稻、大豆、油料作物为主。产桐籽、乌桕、柑橘、茶叶、药材、山漆等。清江鱼闻名。工业以水电为主。服务业以旅游为主。宜万铁路、沪蓉高速、318国道过境。通多路公交车。通清江航道。

长阳广场 [Chángyáng Guǎngchǎng] 在县城东部。面积1.2公顷。1999年开工,2000年建成。以县名命名。为架空上跨式结构。分南、北2区。有巴人先祖廪君雕像、五姓柱、浮雕图画。为群众休闲、娱乐、集会的重要场所。周边有文物展馆、长途汽车站、商场、建设银行旧址等。通公交车。

龙舟坪镇 [Lóngzhōupíng Zhèn] 长阳土家族自治县人民政府驻地。在县境东北部。面积340.7平方千米。人口8.3万。以汉族为主,还有土家、回、苗、壮、侗、哈尼等民族。辖5居委会、21村委会,有672自然村。镇人民政府驻津洋口。1949年为津洋口区。1958年改公社。1981年置龙舟坪、津洋口2镇。2001年津洋镇并入龙舟坪镇。处清江北岸,形如龙舟泊于水滨,故名。有矿产资源锰、铅、锌矿和页岩等。有高中3所,初中3所,小学7所,特殊教育学校1所,二级医院2个,卫生院2个,卫生所26个,文化馆1个。有名胜古迹观音阁、清江画廊、清江方山。有传统民间艺术山歌、南曲、巴山舞、摆手舞等。农业产茶叶、柑橘、蔬菜、花卉。工业以矿业和水电、健康食品制造为主。沪蓉高速过境。

龙舟大道 [Lóngzhōu Dàdào] 在县城南部。东起沪渝高速,西至下渔口大桥。与启本路、四冲湾路、黄龙路、秋潭路、观音阁路等相交。长18千米,宽10—15米。沥青路面。1956年开工,1958年建成。后经多次改扩建。原名新建路,1980年更名清江路,2010年因龙舟坪镇更今名。两侧有县政府、县行政服务中心、长阳广场、七里湾电站、土家源广场、文华大厦、酒店、居住小区等。通公交车。

清江大道 [Qīngjiāng Dàdào] 在县城南部。东起湖口湾泵房接龙舟大道,西至花坪广场岔路口接龙舟大道。与启本路、东门街、南门街、龙门街等相交。长3.1千米,宽12米。沥青路面。1997年开工,2002年建成。原名滨江路,继改沿江、龙舟大道,2010年因处清江边更今名。路边有花卉绿树草坪、汉白玉石亲水平台、诗画长廊、亭台楼阁等。两侧有县行政服务中心、长途汽车客运站、长阳广场等。通公交车。

廪君大道 [Lǐnjūn Dàdào] 在县城北部。东起龙舟大道,西至凤台路接龙舟大道。与永和路、宝塔路、观音阁路、秋潭路相交。长4.5千米,宽7.5米。混凝土路面。1988年开工,1991年建成。原为白三公路,2010年为纪念巴人始祖廪君更今名。两侧有县一高、公安局、检察院、环城宾馆等。通公交车。

长阳站 [Chángyáng Zhàn] 见交通运输设施部分"长阳站"条。

长阳土家族自治县汽车客运中心 [Chángyáng Tǔjiāzú Zìzhìxiàn Qìchē Kèyùn Zhōngxīn] 见交通运输设施部分"长阳土家族自治县汽车客运中心"条。

津洋口 [Jīnyángkǒu] 龙舟坪镇人民政府驻地。在镇境西部。人口5000。处丹水入清江交汇口,因地形似金羊得名金羊口,后演为今名。聚落呈团块状。有中小学、卫生院等。经济以商贸为主。省道王渔线、县道下渔线经此。

磨市镇 [Móshì Zhèn] 长阳土家族自治县辖镇。在县境东南部。面积220平方千米。人口3.2万。以汉族为主,还有土家、回、苗、壮、侗、哈尼等民族。辖1居委会、12村委会,有269自然村。镇人民政府驻救师口。1958年成立磨市公社。1984年改镇。昔有磨刀石店铺,渐成集市,故名。有矿产资源煤、重晶石、大理石等。有中学1所,小学2所,卫生院1个,卫生所12个。有文化站、农家书屋等。有名胜古迹愚人岛、北纬三十度岛、三国古战场遗址等。农业以种植水稻、玉米、小麦、薯类、油菜为主。有特产柑橘、茶叶、鲟鱼等。省道王渔线过境。通清江航道。有码头9个。

救师口 [Jiùshīkǒu] 磨市镇人民政府驻地。在县政府驻地龙舟坪镇东南28千米。人口2500。以汉族为主,还有土家、回、苗、壮、侗、哈尼等民族。昔刘备被吴军围困,马良率军相救,故名。聚落呈团块状。有中小学、卫生院等。经济以商贸为主。省道白下线、县道五高线经此。

都镇湾镇 [Dūzhènwān Zhèn] 长阳土家族自治县辖镇。在县境南部。面积517平方千米。人口5.2万。以土家族为主,还有汉、回、苗、壮、侗、哈尼等民族。辖26村委会,有681自然村。镇人民政府驻庄溪。1950年为都镇湾区。1958年改公社。1987年置镇。处清江下游港湾,南北朝时期成集市,元明时土家族于此设都镇司,故名。有矿产资源煤、重晶石等。有中学1所,小学2所,卫生院2个,卫生所26个。有民间艺术土家吹打乐、跳撒叶儿嗬、扭秧歌。农业以种植玉米、大豆、小麦、薯类为主。产栀果、茶叶。省道火松线,县道下渔、十桃线过境。通清江航道。有码头5个。

庄溪 [Zhuāngxī] 都镇湾镇人民政府驻地。在县人民政府驻地龙舟坪镇西南72千米。人口3700。以土家族为主,还有汉、回、苗、壮、侗、哈尼等民族。昔溪河边有茶庄,故名。聚落呈团块状。有中小学、卫生院等。农业种植茶、栀果、柑橘。县道庄麻线经此。有客货码头1个,渡口2个。

资丘镇 [Zīqiū Zhèn] 长阳土家族自治县辖镇。在县境西部。面积374平方千米。人口3.9万。以土家族为主,还有汉、回、苗、壮、侗、哈尼等民族。辖1居委会、19村委会,有546自然村。镇人民政府驻桃山。1950年为资丘区。1958年改公社。1987年改镇。古称石占子、比兹、兹酋,意为土家人聚集的岩墩,南北朝时因清江航运而成物资集散地,改今名。有矿产资源煤、铁等。有中学2所,小学3所,卫生院2个,卫生所20个。农业以种植玉米、薯类为主。产独活、木瓜、天麻等。省道白水线、县道十桃线过境。通清江航道。有码头7个,汽渡2个,人行渡3个。

桃山 [Táoshān] 资丘镇人民政府驻地。在县政府驻地龙舟坪镇西100千米。人口3000。以土家族为主,还有汉、回、苗、壮、侗、哈尼等民族。因明末清初田姓逃此得名逃山,后因桃树连片更今名。聚落呈团块状。有中小学、卫生院等。有大型超市和中小型餐饮酒店。县道十桃线经此。通清江航道。有码头2个。

渔峡口镇 [Yúxiákǒu Zhèn] 长阳土家族自治县辖镇。在县境西南部。面积294平方千米。人口3.8万。以土家族为主,还有汉、回、苗、壮、侗、哈尼等民族。辖16村委会,有420自然村。镇人民政府驻渔坪。1950年为渔峡口区。1958年改公社。1987年置镇。地处清江峡口,形似渔网,故名。有矿产资源铜、铁、硅矿和陶土等。有中学1所,小学2所,卫生院2个。景点有盐池温泉、香炉石、白虎垄、盐井寺等。农业以种植水稻、马铃薯、玉米、柑橘为主。产清江椪柑。省道白水线、县道下渔线过境。有长途汽车客运站2个。通清江航道。有码头9个,汽渡1个。

渔坪 [Yúpíng] 渔峡口镇人民政府驻地。在县政府驻地龙舟坪镇西南110千米。人口3900。以土家族为主,还有汉、回、苗、壮、侗、哈尼等民族。因渔峡口、庙坪得名。聚落成散状。有中小学、卫生院等。有名胜古迹香炉石、白龙垄等。经济以商贸为主。省道白水线经此。

榔坪镇 [Lángpíng Zhèn] 长阳土家族自治县辖镇。在县境西北部。面积531平方千米。人口4万。以土家族为主,还有汉、回、苗、壮、侗、哈尼等民族。辖12村委会,有561自然村。镇人民政府驻榔坪。1950年为榔坪区。1958年改公社。1987年改镇。因镇政府驻地得名。有矿产资源煤、铁、锰等。有中学1所,小学2所,卫生院2个,卫生所12个。有木瓜花都风景区、香龙山度假山庄。有民间艺术薅草锣鼓、跳丧、喊山歌、花鼓舞等。农业种植高山蔬菜、核桃、板栗等。宜万铁路、沪蓉高速、318国道、县道榔水线过境。

榔坪 [Lángpíng] 榔坪镇人民政府驻地。在县政府驻地龙舟坪镇西北100千米。人口3400。以土家族为主,还有汉、回、苗、壮、侗、哈尼等民族。处河滩平地,多榔树,故名。聚落呈带状。有中小学、卫生院等。农业以种植水稻、玉米、蔬菜为主。产木瓜。宜万铁路、沪蓉高速、318国道、县道榔水线经此。

贺家坪镇 [Hèjiāpíng Zhèn] 长阳土家族自治县辖镇。在县境西北部。面积351平方千米。人口3.1万。以土家族为主,还有汉、回、苗、壮、侗、哈尼等民族。辖9村委会,有416自然村。镇人民政府驻贺家坪。1951年为贺家坪区。1958年改公社。1987年改镇。因镇政府驻地得名。有矿产资源铁、重晶石等。有中学1所,小学2所,卫生院1个,卫生室42个。农业以种植水稻、玉米、大豆为主。宜万铁路、

318国道、沪蓉高速过境。有长阳站。

贺家坪［Hèjiāpíng］　贺家坪镇人民政府驻地。在县政府驻地龙舟坪镇西北72千米。人口3000。以土家族为主，还有汉、回、苗、壮、侗、哈尼等民族。明代傅友德入蜀凿路百余里成集市，得名货佳坪，后因贺姓迁此改今名。聚落呈带状。有中小学、卫生院等。有民间艺术薅草锣鼓、喊山歌等。经济以商贸为主。318国道经此。

高家堰镇［Gāojiāyàn Zhèn］　长阳土家族自治县辖镇。在县境东北部。面积214平方千米。人口2.3万。以土家族为主，还有汉、回、苗、壮、侗、哈尼等民族。辖11村委会，有354自然村。镇人民政府驻高家堰。1975年由津洋口、贺家坪2公社析设高家堰公社。1985年改镇。因镇政府驻地得名。有中学1所，小学1所，卫生院1个，卫生所11个。景点有丹水漂流、兰草谷、大溪峡谷、盆景根艺走廊等。有民间艺术薅草锣鼓、地花鼓、莲湘九子鞭等。农业以种植玉米、薯类为主。工业以水电，锰矿、矾矿开采为主。沪蓉高速、318国道过境。

高家堰［Gāojiāyàn］　高家堰镇人民政府驻地。在县政府驻地龙舟坪镇东北30千米。人口3900。以土家族为主，还有汉、回、苗、壮、侗、哈尼等民族。因地形如带把印章得名高家印，后演为今名。聚落呈带状。有中小学、卫生院等。农业产柑橘、茶叶、盆景等。有商贸业。318国道经此。

向日岭［Xiàngrìlǐng］　在县政府驻地龙舟坪镇东北39千米。高家堰镇辖自然村。人口1700。以土家族为主，还有汉、回、苗、壮、侗、哈尼等民族。因面向2山岭而得名向二岭，后演为今名。聚落呈团块状。为中国传统村落。有古民居曹家老屋、百年石屋等。有向日岭党支部旧址齿子屋、第一支农民武装人民自卫团旧址陈家老屋。通乡村道路。

大堰乡［Dàyàn Xiāng］　长阳土家族自治县辖乡。在县境东南部。面积250平方千米。人口3.3万。以土家族为主，还有汉、回、苗、壮、侗、哈尼等民族。辖15村委会，有343自然村。乡人民政府驻大堰。1950年为二区。1958年改山峰公社。1975年改大堰公社。1987年改乡。因乡政府驻地得名。有矿产资源煤、重晶石、方解石等。有中学1所，小学2所，幼儿园2所，卫生院1个，卫生室36个。有古迹“长阳人”化石洞、石磙埫天主教堂、黎化南将军墓等。农业以种植玉米、大豆、马铃薯为主。省道王渔线过境。通清江航道。有码头28个。

大堰［Dàyàn］　大堰乡人民政府驻地。在县政府驻地龙舟坪镇东南58千米。人口4700。以土家族为主，还有汉、回、苗、壮、侗、哈尼等民族。因地处天然大堰塘旁得名。聚落呈团块状。有小学、幼儿园、卫生院等。有民间艺术舞龙狮、划龙船等。服务业以商贸为主。省道王渔线经此。

鸭子口乡［Yāzikǒu Xiāng］　长阳土家族自治县辖乡。在县境中部。面积221平方千米。人口2.2万。以土家族为主，还有汉、回、苗、壮、侗、哈尼等民族。辖10村委会，有260自然村。乡人民政府驻杨家槽。1975年由都镇湾区析设鸭子口公社。1984年改乡。处东流溪、清江汇流处，有岩石形如鸭嘴，故名。有矿产资源煤、铁、金等。有中学1所，小学2所，幼儿园1所，卫生院1个，文化站1个。有道教圣地中武当天柱山。农业以种植水稻、玉米、薯类为主。产淡水鱼、桅果、核桃、甜柚等。省道白水线，县道下渔、十桃线过境。通清江航道。有码头7个。

杨家槽［Yángjiācáo］　鸭子口乡人民政府驻地。在县政府驻地龙舟坪镇西70千米。人口1500。以土家族为主，还有汉、回、苗、壮、侗、哈尼等民族。昔有杨姓聚居清江北岸峡槽地，故名。聚落呈带状。有中小学、卫生院等。经济以商贸为主。省道白水线，县道下渔、十桃线经此。通清江航道。有客运码头1个。

火烧坪乡［Huǒshāopíng Xiāng］　长阳土家族自治县辖乡。在县境西部。面积106平方千米。人口7900。以土家族为主，还有汉、回、苗、壮、侗、哈尼等民族。辖3村委会，有117自然村。乡人民政府驻青树包。1951年设火烧坪、黍子岭2乡。1955年并为三合乡。1958年并入资丘公社。1961年析设火烧坪公社。1984年改乡。因昔烧荒种地得名。有矿产资源铁矿石。有中学1所，小学1所，卫生院1个，卫生室3个。有传统习俗陪十姊妹、哭嫁、赶仗（狩猎）、喊山歌、跳撒叶儿嗬等。农业种植蔬菜。有高山蔬菜基地。省道兴五、火松线过境。

青树包［Qīngshùbāo］　火烧坪乡人民政府驻地。在县政府驻地龙舟坪镇西90千米。人口1500。以土家族为主，还有汉、回、苗、壮、侗、哈尼等民族。因土包长满常青树得名。聚落呈带状。有中小学、卫生院等。农业种植高山蔬菜。服务业以商贸为主。省道兴五、火松线经此。

五峰土家族自治县

五峰土家族自治县［Wǔfēng Tǔjiāzú Zìzhìxiàn］　宜昌市辖县。北纬30°16′，东经111°08′。在市境南部。面积2347平方千米。人口20.6万。其中土家族占69.1%，还有汉、回、苗、满、蒙古、侗、壮、维吾尔、白、朝鲜、瑶、黎、哈萨克等民族。辖5镇、3乡。县人民政府驻渔洋关镇。清雍正十三年（1735）由长阳、石门、松滋、枝江、宜都5县析设长乐县，属宜昌府。因长乐坪得名。1914年因与福建省长乐县同名改今名，属荆南道。因五峰山得名。1921年后隶属荆宜道、第九行政督察区、第六行政督察区、宜昌专区、宜都工业区、宜昌地区。1984年改五峰土家族自治县。1992年属宜昌市。地处鄂西山地东南部，皆为山区，属武陵山支脉。地势西高东低。平均海拔1100米。年均气温13.1℃，1月平均气温1.7℃，7月平均气温24.1℃。年均降水量1588毫米。渔洋河、泗洋河、南河、天池河、湾潭河流经。有矿产资源煤、铁、铜矿和重晶石、白云石、萤石、方解石、硅石、大理岩、瓦板岩等。有野生植物2279种，其中国家重点保护野生植物有珙桐、红豆杉、伯乐树等20种。有野生动物205种，其中国家重点保护野生动物有黑熊、金雕、云豹、红腹锦鸡、黄麂、苏门羚、斑羚、水獭、穿山甲等。有后河国家级自然保护区。森林覆盖率76.9%。有高中2所，初中8所，小学21所，二级医院2个。有古迹白溢寨明末土司遗址、五峰镇古城遗址、兴文塔等。有民间艺术五峰山歌、小调、吹打乐、丧鼓舞、地花鼓、南曲、柳子戏。有民间故事、谚语等。景点有柴埠溪国家森林公园、后河原始森林、白溢寨、长生洞、后河天门峡等。三次产业比例34∶29∶37。农业以种植茶、蔬菜、马铃薯、玉米、油料作物、中草药为主。产香菇、山羊板皮、核桃、板栗等。工业以煤炭开采，电力，机械、水泥、纤维板、木质家具制造，粮油、茶叶加工，矿泉水生产，酿酒，制革，印刷，冶金，采矿为主。服务业以商业零售、住宿、餐饮为主。351国道、省道沙渔线过境。通多路公交车。

渔洋关镇［Yúyángguān Zhèn］　五峰土家族自治县人民政府驻地。在县境东部。面积356平方千米。人口4.2万。辖4居委会、11村委会，有45自然村。镇人民政府驻曹家坪。1950年为第三区。1955年改渔洋关区。1958年改公社。1984年改镇。1996年清水湾、蒿坪2乡并入。北宋因盛产鱼、羊得名鱼羊砦。元代设关，紧靠渔洋河，改今名。有高中1所，初中1所，小学5所，二级医院2个，卫生院1个，卫生室18个。有苏维埃政府旧址、《中国共产党十大政纲》遗址。农业以种植玉米、茶、马铃薯、油菜为主。工业以地板、水泥、单宁酸加工，金属矿开采为主。省道沙渔、王渔、鸦来线过境。通公交车。

武汉大道［Wǔhàn Dàdào］　在县城东南部。东起潘湾隧道北口，西至朱家码头。与天池路、王渔线、351国道相交。长10.3千米，宽14米。沥青路面。2010年开工，2013年建成。由武汉市援建，故名。两侧有县委党校、职教中心等。通公交车。

长乐大道［Chánglè Dàdào］　在县城东南部。东起李家坪桥，西至幸福大道。与胜利路、后河大道、幸福大道相交。长4千米，宽14米。沥青路面。2011年开工，2013年建成。以古县名长乐县命名。两侧有老客运站、建设银行、茶叶市场、家具建材城等。通公交车。

后河大道［Hòuhé Dàdào］　在县城中部。东南起长乐大道，西北至曹家坪路。长2.4千米，宽18米。沥青路面。2010年开工，2012年建成。因后河国家级自然保护区得名。两侧有行政服务中心、工商局、后河宾馆、联通公司、电信公司、工商银行等。通公交车。

曹家坪［Cáojiāpíng］　渔洋关镇人民政府驻地。在镇境西南部。人口300。以土家族为主，还有汉、回、苗、壮、维吾尔等民族。咸丰六年（1856）曹姓迁此山间坪地，故名。聚落呈团块状。有宜昌市水文站、县高中、县职教中心、卫生室、银行等。服务业以商贸为主。省道鸦来线经此。

仁和坪镇［Rénhépíng Zhèn］　五峰土家族自治县辖镇。在县境东部。面积243.4平方千米。人口2.3万。辖1居委会、14村委会，有32自然村。镇人民政府驻仁和坪。1949年为第四区。1955年更名仁和坪区。1958年改公社。1987年分设仁和坪镇、升子坪乡。1996年升子坪乡并入仁和坪镇。因镇政府驻地得名。有矿产资源石灰石、煤、大理石、铁、硫黄等。有初中1所，小学1所，卫生院1个，卫生室14个。农业以种植玉米、油菜、茶、薯类为主。工业以小水电、农业机械制造、茶叶加工、石材加工为主。省道沙渔线过境。

仁和坪［Rénhépíng］　仁和坪镇人民政府驻地。在县政府驻地渔洋关镇西南33千米。人口1500。传清代有夫妇带婴儿路过，婴儿原受瘴气昏迷，至此苏醒，遂称“人活”之坪，后以谐音演今名。聚落呈团块状。有中小学、卫生院、卫生室。农业种植玉米、番薯、油菜、马铃薯等。省道沙渔线经此。

长乐坪镇［Chánglèpíng Zhèn］　五峰土家族自治县辖镇。在县境西部。面积374平方千米。人口2.5万。其中土家族占90%，还有汉、回、苗、满、蒙古、侗、壮、维吾尔、白、朝鲜、瑶、黎、哈萨克等民族。辖1居委会、16村委会，有33自然村。镇人民政府驻洞口。1950年为长乐坪区。1958年改公社。1984年置镇。1996年白鹿庄乡并入。因两山夹峙之40里为狭长坪地，以“长久安乐”之意命名。有初中1所，小学1所，卫生院1个，卫生室12个。有文化站、村级文化活动中心、图书室。有国家4A级旅游景区柴埠溪国家森林公园。农业以种植玉米、马铃薯、蔬菜、茶为主。工业以水电，茶叶加工,煤炭、重晶石开采为主。省道鸦来线过境。

洞口［Dòngkǒu］ 长乐坪镇人民政府驻地。在县政府驻地渔洋关镇西 28 千米。人口 1500。因李白诗句“壶坪飞瀑布,洞口落桃花”得名。聚落呈带状。有卫生室。农业种植玉米、番薯、油菜、马铃薯等。省道鸦来线经此。

五峰镇［Wǔfēng Zhèn］ 五峰土家族自治县辖镇。在县境西部。面积 436 平方千米。人口 4.2 万。其中土家族占 90.2%,还有汉、回、苗、侗、壮等民族。辖 3 居委会、12 村委会,有 44 自然村。镇人民政府驻正街。1950 年为第一区。1955 年为城关区。1958 年改公社。1980 年改五峰镇。因五峰山得名。有矿产资源铁、大理石、硅石。有初中 1 所,小学 4 所,幼儿园 4 所,卫生院 1 个,卫生室 22 个。农业以种植茶、魔芋、蔬菜为主。省道鸦来线过境。

正街［Zhèngjiē］ 五峰镇人民政府驻地。在县政府驻地渔洋关镇西 38 千米。人口 4000。为老县城主要街道,故名。聚落呈团块状。有中小学、卫生院。服务业以商贸为主。省道鸦来线经此。

湾潭镇［Wāntán Zhèn］ 五峰土家族自治县辖镇。在县境西南部。面积 326 平方千米。人口 1.7 万。辖 1 居委会、10 村委会,有 22 自然村。镇人民政府驻湾潭。1950 年为湾潭区。1958 年改公社。1985 年置镇。因镇政府驻地得名。有矿产资源煤、铁、铜、方解石、重晶石、镁等。有初中 1 所,小学 1 所,卫生院 1 个,卫生室 10 个。农业以种植玉米、中草药、蔬菜、魔芋为主。工业以水电、农产品加工为主。省道鸦来线过境。

湾潭［Wāntán］ 湾潭镇人民政府驻地。在县政府驻地渔洋关镇西南 102 千米。人口 2500。因河道昔有深潭得名。聚落呈带状。有中小学、卫生院。种植玉米、薯类、蔬菜、中草药。有农产品销售。省道鸦来线经此。

采花乡［Cǎihuā Xiāng］ 五峰土家族自治县辖乡。在县境西部。面积 300 平方千米。人口 2.7 万。辖 1 居委会、15 村委会,有 35 自然村。乡人民政府驻长茂司。1950 年为第五区。1956 年改采花区。1958 年改公社。1984 年复区。1986 年改长茂司镇。1987 年改采花乡。1996 年红渔坪乡并入。因采花台得名。有初中 1 所,小学 4 所,卫生院 1 个,卫生室 7 个。有白溢寨景区、中共湘鄂西边区五县党代会遗址、江南游击纵队会师纪念碑等。农业以种植玉米、茶为主。特产采花毛尖。351 国道、省道五巴线过境。

长茂司［Chángmàosī］ 采花乡人民政府驻地。在县政府驻地渔洋关镇西 59 千米。人口 1200。均为土家族。地处河谷,长满茅草,元设长茅关巡检司,清设长茅司,后演为今名。聚落呈团块状。有小学。农业种植茶、玉米、薯类、油菜。有农产品销售点。省道五巴线经此。

傅家堰乡［Fùjiāyàn Xiāng］ 五峰土家族自治县辖乡。在县境西北部。面积 139.5 平方千米。人口 1.7 万。辖 1 居委会、9 村委会,有 19 自然村。乡人民政府驻堰窝子。1954 年为傅家堰区,属长阳县。1958 年改公社。1963 年改属五峰县。1984 年复区。1988 年改乡。传南宋末年傅珊举家迁此,举火烧畲、挽弓射猎、叩石垦壤,掘堰蓄水,植棉种粮,后人指堰冠姓得名“傅家堰”,故名。有初中 1 所,小学 1 所,卫生院 1 个,卫生室 8 个。有民间艺术山歌、南曲、跳丧舞、唐祭。农业以玉米、豆类、薯类种植为主。产茶叶、柑橘、橙子、桃、核桃、板栗等。通乡村道路。有马渡河码头。

堰窝子［Yànwōzi］ 傅家堰乡人民政府驻地。在县政府驻地渔洋关镇西北 57 千米。人口 800。傅姓所掘堰塘所在地称“堰窝子”,故名。聚落呈团块状。有中小学、卫生院。农业种植玉米、薯类、茶、柑橘。有农产品销售点。通乡村道路。

牛庄乡［Niúzhuāng Xiāng］ 五峰土家族自治县辖乡。在县境西部。面积 154 平方千米。人口 8000。以土家族为主,还有汉、苗、侗、壮、瑶等民族。辖 9 村委会,有 17 自然村。乡人民政府驻上牛庄。1950 年设牛庄乡。1958 年并入傅家堰公社。1963 年析设牛庄公社。1984 年改区。1987 年改乡。因乡政府驻地得名。有矿产资源煤、铁等。有初中 1 所,小学 1 所,卫生院 1 个。农业以玉米、马铃薯、番薯、蔬菜、草药种植为主,养殖生猪、家禽等。工业以农产品加工为主。通乡村道路。

上牛庄［Shàngniúzhuāng］ 牛庄乡人民政府驻地。在县政府驻地渔洋关镇西 68 千米。人口 2000。均为土家族。因处牛棚岭上坡得名。聚落呈团块状。有小学、卫生院。农业种植马铃薯、玉米、草药、蔬菜。有农产品销售点。通乡村道路。

襄 阳 市

襄阳市［Xiāngyáng Shì］ 湖北省辖地级市。北纬 31°13′—32°37′,东经 110°45′—113°06′。在省境西北部。面积 19728 平方千米。户籍人口 595.4 万,常住人口 560 万。以汉族为主,还有蒙古、回、藏、维吾尔等民族。辖襄城、樊城、襄州 3 区,南漳、谷城、保康 3 县,代管老河口、枣阳、宜城 3 县级市。市人民政府驻襄城区。西汉初设襄阳县。东汉建安十三年(208)置襄阳郡,治襄阳。南朝宋元嘉二十六年(449)置雍州。北朝西魏恭帝元年(554)改襄州。唐属山南东道。北宋属京西路,宣和元年(1119)升襄阳府。元为襄阳路。明、清为襄阳府。1912 年设安襄郧荆道。1913 年改鄂北道。1914 年改襄阳道。1949 年设襄阳行政区专员公署。1951 年改襄阳专区。1978 年改襄阳地区。1983 年与襄樊县级市合设襄樊地级市。2010 年更今名。《元和郡县图志》载:“在襄水之阳,故以为名。”地势自西北向东南倾斜。西部山地,中部岗地、平原,东部低山丘陵。海拔 44—2000 米。年均气温 15.8℃,1 月平均气温 2.9℃,7 月平均气温 27.3℃。年均降水量 878 毫米。年均无霜期 245 天。汉江流经。有矿产资源金红石、铝土矿、软质耐火黏土等。有野生植物 1698 种,其中有国家重点保护野生植物红豆杉、南方红豆杉、银杏、珙桐等 61 种。有野生动物 268 种,其中有国家重点保护野生动物金钱豹、云豹、梅花鹿、林麝等 60 种。有国家级自然保护区南河,省级自然保护区 2 个。森林覆盖率 43%。有国家级科研单位 1 个,省级科研单位 2 个,高校 5 所,中学 237 所,小学 459 所,三级医院 7 个,大型体育场馆 2 个。有全国重点文物保护单位广德寺多宝佛塔、雕龙碑遗址、襄阳城墙、襄阳古隆中等 16 个,省级文物保护单位 109 个。有国家级非物质文化遗产 8 项,省级非物质文化遗产 30 项。有传统工艺美术老河口木版年画。有民间文艺襄阳小曲、大鼓、坠子、道情、丝弦、架子锣鼓、沮水巫音、呜音喇叭等。为国家历史文化名城。有国家 4A 级旅游景区 4 个,3A 级旅游景区 12 个。三次产业比例 13∶58∶29。农业以粮油产业为基础,包含稻虾共作、茶产业、有机产业、现代畜牧业、现代水产业、休闲农业等特色产业。工业以汽车、轻工纺织、装备制造、医药化工、新能源新材料、电子、农产品加工业等为主。服务业有仓储、邮政、物流、乡村旅游、农村电商等。有国家级经济开发区 2 个,省级经济开发区 1 个。有铁路 330 千米,公路 27135 千米,高速 378 千米,内河航线 583 千米。焦柳、襄渝、汉十铁路,福银、二广高速,207、316 国道过境。有襄阳站。有襄阳机场,民航航线 14 条,通往广州、深圳、上海、厦门、杭州等城市。

襄阳［Xiāngyáng］ 襄阳市聚落。在市境中部。面积 3517 平方千米。人口 221.9 万。以汉族为主,还有蒙古、回、藏、维吾尔、苗、彝、壮、布依等民族。春秋战国时期建城,为楚国“北津戍”,位于今襄阳城西。东汉初平元年(190)荆州刺史刘表徙治至襄阳。元至正二十五年(1365)朱元璋部将邓愈拓展城池,城垣周长 7.6 千米,平均高 8 米,宽 10 米左右,以土夯筑,外砌青砖护之,设城门 6 座,沿城外东、南、西三面挖掘城濠(护城河),北濒汉江。1969 年后建设汉江大桥、长虹大桥、东津大桥、襄阳市体育馆等重要建筑。先后建设国家级襄阳高新技术产业开发区、省级襄阳鱼梁洲经济开发区等。襄城区为市政治、科教、文化、商贸、物流、交通中心。铁路、公路、城区道路纵横交错。通多路公交车。

襄阳高新技术产业开发区［Xiāngyáng Gāoxīn Jìshù Chǎnyè Kāifāqū］ 在市境北部。东至唐白河,南至春园西路,西至二广高速,北至汉十高速。面积 200 公顷。1992 年 1 月由湖北省政府批准设立省级襄樊汽车产业经济技术开发区,同年 11 月由国务院批准设立国家级襄樊高新技术产业开发区。2005 年 2 月由湖北省委、省政府批准合设新的国家级襄樊高新技术产业开发区。2010 年 12 月更今名。由襄阳市政府管理。有汽车、航空航天、新能源、装备制造、新材料、生物医药等产业。有企业 1384 个,其中高新技术企业 147 个。有法国标致、美国康明斯、日本日产、新加坡佳通等世界五百强企业 24 个。铁路、高速、国道、省道、航空、水运、城区道路皆通达,交通便利。

卧龙大道［Wòlóng Dàdào］ 在市区西部。南起襄南大道,北至汉十高速。与部马路、正英大道、邓城大道、七里河路、檀溪路相交。长 6.5 千米,宽 80 米。沥青路面。2010 年开工,2012 年建成。以汉江为界,分南北 2 段。北段原名云锦路,2013 年因卧龙大桥(汉江三桥)连通南北而更今名。两侧有高新技术产业园、汽车公司、公园等。通公交车。

襄 城 区

襄城区［Xiāngchéng Qū］ 襄阳市人民政

府驻地。在市境中部。面积685平方千米。人口46.4万。以汉族为主,还有回族等。辖6街道、2镇、1乡。区人民政府驻真武山街道。1984年始设襄城区。1995年新设。因始设时辖襄阳城区全境而得名。城区建设以襄阳古城为中心向外扩展,沿汉江右(南)岸分布。整修襄阳古城,改造、扩建城区道路、街巷,建成城内北街仿古文化街,沿汉江建成襄阳汉江大桥、卧龙大桥、东津大桥,修建环城南路胜利街立交桥,有南湖广场、岘山文化广场,沿汉江建成滨江大道等。城区中心为商贸、服务业区,其外为工业区,再扩为农业区。地势西高东低,北高南低,中部群山绵延。年均气温15℃,1月平均气温3℃,7月平均气温27℃。年均降水量818毫米。有隆中山、万山、真武山、岘首山、凤凰山、扁山等。回龙河流经。有高校5所,大专1所,中学12所,小学35所,三级医院2个,二级医院4个。有古迹三步两道桥遗址、马跃檀溪遗址、襄阳谯楼、铁佛寺大殿、广德寺多宝佛塔等。有名胜古迹古隆中、习家池、昭明台、襄阳城墙及夫人城、岘首山、老龙堤等。有地方艺术龙凤书法、吴氏武狮、钱隆花轿、襄阳皮影、襄阳花鼓戏等。三次产业比例为6∶33∶61。农业以种植、养殖为主。有特产大头菜、红萝卜、大白菜、大蒜、山药、麦冬等。工业以汽车配件、电力、电子元件、医药化工、建材建工、纺织、食品加工为主。焦柳铁路,207国道,襄荆高速,省道襄关、襄谷线过境。通多路公交车。

岘山文化广场 [Xiànshān Wénhuà Guǎngchǎng] 在城区中部偏北。面积22公顷。2012年开工,2014年建成。原为市民广场,后因位于岘山北麓更今名。分休闲、生态、湿地、运动4功能区。有樟园、乐溪步道、球类运动场、湿地体验栈道、动感儿童乐园等。为市民休闲娱乐场所。周边有市烈士陵园等。通公交车。

襄城客运站 [Xiāngchéng Kèyùnzhàn] 见交通运输设施部分"襄城客运站"条。

真武山街道 [Zhēnwǔshān Jiēdào] 襄城区人民政府驻地。在区境中部偏北。面积5平方千米。人口9.8万。1996年设王府街道。2014年因真武山更今名。有高校2所,中学6所,小学2所,三级医院1个,二级医院1个,社区卫生服务中心10个,诊所15个。有市图书馆、烈士陵园。有古迹真武山道观建筑群、马跃檀溪遗址、李曾伯纪功铭石刻、铁佛寺大殿。有景点岘山国家森林公园、羊祜山。工业以汽车配件、电子元件、建筑建材、酿酒为主。有襄城客运站。通公交车。

古城街道 [Gǔchéng Jiēdào] 属襄城区。在区境中部偏北。面积4平方千米。人口12.8万。1996年设昭明街道。2014年因处襄阳古城更今名。汉江流经。有中学2所,小学3所,社区卫生服务中心3所,三级医院1个,二级医院2个。有全国重点文物保护单位襄阳城墙、明襄王府遗址。有名胜古迹昭明台、仲宣楼、谯楼、县学宫及状元桥、萧楚女执教处等。服务业以商贸为主,有大型超市7个,农贸市场2个,三星级宾馆1个。通公交车。

庞公街道 [Pánggōng Jiēdào] 属襄城区。在区境东部。面积17平方千米。人口7.8万。1996年由庞公乡改设。因庞德公故居得名。有羊祜山、郑家山等。汉江、襄水流经。有中学1所,小学5所,二级医院1个,社区卫生服务中心2个,诊所10个。有名胜古迹观音阁、谷隐寺、来将军去思碑、习家池、岘首山等。有唐城影视基地。农业以蔬菜种植为主。特产大头菜、红萝卜、大白菜、大蒜等。工业以纺织为主。焦柳铁路过境。通公交车。

檀溪街道 [Tánxī Jiēdào] 属襄城区。在区境中部偏北。面积15平方千米。人口6万。1996年由檀溪乡改设。因檀溪湖遗址得名。有万山、摩旗山、琵琶山、虎头山等。有中学2所,小学3所,卫生院1个,社区卫生服务中心6个,诊所11个。有景点万山、老龙堤与老龙庙、桃花岛等。工业以机械加工为主。通多路公交车。

隆中街道 [Lóngzhōng Jiēdào] 属襄城区。在区境中部偏北。面积19平方千米。人口4.3万。1996年设立。因邻近古隆中得名。有高校1所,中专2所,小学1所,社区卫生服务中心1个,诊所8个。有全国重点文物保护单位广德寺。有国家4A级旅游景区古隆中,3A级旅游景区黄家湾。农业以小麦、水稻、蔬菜、林木种植为主,有牲猪、家禽等饲养。工业以机械加工、建材生产为主。服务业有餐饮、酒店、旅游、养老、商超、金融、电信、农贸等。二广高速,省道襄关、襄谷线过境。通多路公交车。

余家湖街道 [Yújiāhú Jiēdào] 属襄城区。在区境中部偏东。面积52平方千米。人口4.2万。1996年设立,2001年撤,2007年复设。因余家湖自然村得名。有中学1所,小学4所,社区卫生服务中心1个,诊所13个。有王树岗、黄龙寺观遗址。工业以电力、化工、医药、建材为主。焦柳铁路过境。通公交车。

欧庙镇 [Ōumiào Zhèn] 襄城区辖镇。在区境东南部。面积183平方千米。人口10.4万。辖2居委会、50村委会,有218自然村。镇人民政府驻张东村。1949年为欧庙区。1953年改第十六区。1954年复欧庙区。1958年改乡。1959年改公社。1984年改镇。传明永乐年间有欧姓在此搭盖草房并开设店铺,称欧家草店,后又在此修建庙宇,改称欧家庙,简为欧庙。汉江、渭水流经。有中学2所,小学11所,卫生院2个,卫生所52个。有三步两道桥、邹岗村遗址。农业以小麦、水稻、蔬菜、草药种植为主。焦柳铁路、207国道、襄荆高速过境。

张东村 [Zhāngdōngcūn] 欧庙镇人民政府驻地。人口2300。因在汉江支流张家河以东,故名。1984年设村,与欧庙镇连为一体,民居以二、三层楼房为主。有小学、卫生室。经济以蔬菜、棉花、小麦、水稻、麦冬种植为主。

卧龙镇 [Wòlóng Zhèn] 襄城区辖镇。在区境西北部。面积283平方千米。人口8.9万。辖4居委会、43村委会,有374自然村。镇人民政府驻街西社区。1949年设泥嘴区。1953年改第十七区。1954年复泥嘴区。后改公社。1984年改镇。2003年改卧龙镇。邻近古隆中,曾为诸葛亮寓居之地,因其号卧龙而得名。回龙河流经。有职业高中1所,中学2所,小学11所,卫生院2个,卫生室45个。有尤家湾、华岗遗址。有民间艺术舞龙、舞狮、花轿、蚌舞。为省民间文化艺术之乡。有国家4A级旅游景区凤凰温泉,3A级旅游景区九天玄女。农业以小麦、水稻、油料作物、蔬菜、山药种植为主。省道襄谷线过境。通公交车。

街西社区 [Jiēxī Shèqū] 卧龙镇人民政府驻地。在区境西北部。面积4.5平方千米。人口1100。因处街路西部而得名。2014年成立。民居以多层楼房为主。有钱隆花轿艺术团,以"钱隆花轿制作技艺"为群众提供婚嫁等花轿系列服务。有卫生院、卫生所。省道襄谷线经此。

尹集乡 [Yǐnjí Xiāng] 襄城区辖乡。在区境中部。面积50平方千米。人口2.3万。辖1居委会、7村委会,有64自然村。乡人民政府驻尹集社区。1951年设尹集区。1975年并入泥嘴公社。1984年析设尹集乡。因乡政府驻地得名。有高校2所,中学1所,小学2所,卫生院1个,卫生所7个。有国家3A级旅游景区黄家湾等。农业以小麦、水稻、玉米、油菜、蔬菜种植为主。207国道、襄荆高速、省道襄关线过境。通公交车。

尹集社区 [Yǐnjí Shèqū] 尹集乡人民政府驻地。在区境中部。人口4000。因原尹姓开集而得名。1984年成立。有服务中心、居民文化活动广场,群众自发组织文体、文艺等类活动。有高校2所。有中小学、幼儿园、中心卫生院、社区卫生室。农业以小麦、油菜、水稻种植为主。省道襄关线经此。通公交车。

樊城区

樊城区 [Fánchéng Qū] 襄阳市辖区。在市境西北部。面积566平方千米。人口80.9万。以汉族为主,还有回、土家、蒙古、满等民族。辖10街道、3镇。区人民政府驻汉江街道。1995年樊东、樊西、郊区撤销,设立樊城区。因西周仲山甫封国名"樊"而得名。2001年牛首镇、太平店镇划属樊城区,福银高速、二广高速的唯一通道邓城大道建成通车,加之城区内几大批发市场向西北转移,建成了中豪商贸城片区,城市不断向北、西北发展。2005年组建国家级襄樊高新技术产业开发区,城区向北、东北发展。2010年卧龙大道、2013年卧龙大桥建成,城市又向西发展。城西为工业区,以人民广场为中心形成商业区。年均气温16℃,1月平均气温2℃,7月平均气温28℃。年均降水量900毫米。有钱家山、田家山、半头山。汉江、清河、大李沟、七里河、姚家河、黑鱼沟、石河畈、杜家沟、黄龙沟、黑龙沟、白龙沟、普陀河、洪家沟等河流、沟、溪流经。有国家级科研单位2个,中学37所,小学40所,三级医院5个,二级医院10个。有全国重点文物保护单位米公祠及其石刻、邓国遗址、襄樊码头。有古迹水星台、樊城遗址、郑公祠、樊侯祠、清真寺、柜子城等。有长寿岛国家湿地公园。有地方文化穿天节、米芾文化节、诸葛亮文化节等。有民间艺术烙画、捏面人、舞龙、舞狮、扭秧歌、打腰鼓、猜灯谜、端午节赛龙舟等。三次产业比例3∶38∶59。农业以种植、畜牧、渔、林业为主。工业以纺织、机械、化学、建材、冶金、电子电气、造纸印刷、农副产品加工为主。服务业以旅游为主。有特色小吃襄阳牛油面、襄阳黄酒、陶记金刚酥等。襄渝、焦柳、汉丹铁路,襄十、襄荆、孝襄、樊魏高速,207、316国道过境。有襄阳站、襄阳汽车客运中心站。

人民广场 [Rénmín Guǎngchǎng] 在城区东南部。面积6.4公顷。1951年开工,1969年扩建,1997年改造。西面为主席台,台前有喷泉池。有花钟、休闲椅等。有诸葛亮、孟浩然、米芾、刘秀、宋玉等人物雕像。地下有2层。为市民休闲娱乐场所。周边有购物中心、财富广场、展览馆、群众艺术馆、电影院、工人俱乐部、少年儿童文化活动中心等。通公交车。

大庆东路 [Dàqìng Dōnglù] 在区境中部。东起清河公路,西至长征路。与红光路、清河路、人民路、大庆西路相交。长1.5千米,宽40米。沥青路面。1970年开工,同年建成,2012、2013年改建。因城市及方位得名。两侧有仪表公司、铁路运输技术学院、襄阳第二医院、市盐务局等。通公交车。

邓城大道 [Dèngchéng Dàdào] 在区境中部。东起钻石大道,西至二广高速。与春园东路、樊魏路、长虹北路、汉江北路、鏖战岗路相交。长8.2千米,宽70米,绿化带44米。沥青路面。1998年开工,1999年建成,2003年改扩建。因邓国都城遗址得名。两侧有市农科院试验基地、中学、汽车轴承公司、胶业公司等。通公交车。

卧龙大桥［Wòlóng Dàqiáo］ 在城区西部。长567米，宽31.5米，最大跨度310米，桥下净高10米。2009年开工，2013年建成。形似诸葛亮羽扇，飞跨汉江南北，如长龙卧波，故名。为大型河道桥梁，结构型式为混凝土双塔双索面斜拉桥。最大载重55吨。通公交车。

襄阳站［Xiāngyáng Zhàn］ 见交通运输设施部分“襄阳站”条。

襄阳汽车客运中心站［Xiāngyáng Qìchē Kèyùn Zhōngxīnzhàn］ 见交通运输设施部分“襄阳汽车客运中心站”条。

汉江街道［Hànjiāng Jiēdào］ 樊城区人民政府驻地。在区境南部。面积5平方千米。人口7.2万。1996年设立。因南邻汉江而得名。先后改造老城区、高庄街、松织路等。有中专1所，中学3所，小学5所，二级医院3个，社区卫生服务中心14个，社区卫生服务站5个。工业以纺织为主，为集纺织、服装、食品、电气等于一体的综合型轻工业基地。通多路公交车。

王寨街道［Wángzhài Jiēdào］ 属樊城区。在区境西部。面积20平方千米。人口12.3万。1996年由王寨乡改设。因王寨居民点得名。汉江流经。有中学7所，小学10所，二级医院2个，卫生院1个，卫生室8个。有花卉产业园。有制药业。有纺织、食品、机电等工业园。通公交车。

中原街道［Zhōngyuán Jiēdào］ 属樊城区。在区境北部。面积5平方千米。人口12.7万。1996年设立。因中原路得名。有中学5所，小学4所，三级医院2个，二级医院1个，社区卫生服务中心2个。有建材、服装、小商品、水果、电器、副食品等专业市场23个。汉丹、焦柳、襄渝铁路过境。有襄阳站、襄阳汽车客运中心站。通公交车。

定中门街道［Dìngzhōngmén Jiēdào］ 属樊城区。在区境东部。面积4平方千米。人口3万。1996年设立。因原樊城城门定中门得名。汉江流经。有中学1所，小学2所，卫生服务中心1个。有定中门、水星台、陈老巷等历史文化街区。经济以商贸、餐饮、住宿、旅游为主。襄渝铁路过境。通多路公交车。

陈老巷［Chénlǎo Xiàng］ 在定中门街道东部。长180米，宽3米。青石板路。为旧式砖木结构民房与铺板门面巷子。传清代陈姓在货摊旁标写“陈老人巷”，故名。1950年前曾有店铺40多家，手工制梳厂、帽子厂有上十家，染坊3家。后逐渐成为新旧民宅杂处一巷的居民区，两侧多砖木结构旧式民房、铺板门面。部分古民居建筑宽檐高墙、屋脊墀头、镂雕窗棂、雕花装饰，给人于古巷之感。沿街以酒吧、餐饮为主，有飘、酒、喜欢等酒吧。有海派私房菜、新疆手抓饭等特色餐饮。历史遗存有阮祥泰旧址和抚顺会馆。处樊城商业中心。通公交车。

水星台社区［Shuǐxīngtái Shèqū］ 属定中门街道。在区境东南部。面积0.5平方千米。人口1万。因水星台遗址得名。2001年成立。民居以多层楼房为主，有老旧水晶公寓1栋。常年开展家风家训活动。有中医院。市民防办、地震局等单位驻此。通公交车。2014年被评为省文明社区。

清河口街道［Qīnghékǒu Jiēdào］ 属樊城区。在区境东部。面积4平方千米。人口5.2万。1996年设立。处清河入汉江口，故名。有中学2所，小学2所，卫生院1个。有市豫剧院等艺术团体4个。有化工、汽车配件、电子电器等基地。有农资专业、小家电、金属材料等市场。焦柳铁路过境。通公交车。

屏襄门街道［Píngxiāngmén Jiēdào］ 属樊城区。在区境中部。面积5平方千米。人口6.1万。1996年设立。因原樊城城门屏襄门得名。汉江流经。有中学3所，小学3所，三级医院1个，社区卫生服务中心42个，图书馆14个。有省级文物保护单位1个。经济以商贸为主。有襄港风情街、拉美步行街等。焦柳铁路过境。通公交车。

米公街道［Mǐgōng Jiēdào］ 属樊城区。在区境南部。面积8平方千米。人口10.5万。1996年设立。因米公祠得名。汉江流经。有中学3所，小学2所，三级医院2个，卫生服务中心1个，社区卫生服务站6个。服务业以商贸为主。有板材、装饰材料、电器、家具等专业市场8个。有立业路美食一条街。焦柳铁路过境。通公交车。

柿铺街道［Shìpù Jiēdào］ 属樊城区。在区境西部。面积29平方千米。人口3.1万。2001年由柿铺乡改设。因原盛产柿子而称柿子铺，后简为今名。有中学1所，小学2所，卫生院1个，卫生室10个。农业以蔬菜种植为主，有山药、蔬菜、西葫芦种植基地。工业有电气、活塞制造、化工、混凝土加工、调味加工等。有纺织、化工、机电、新型建材等工业园。316国道、汉十高速过境。通公交车。

七里河街道［Qīlǐhé Jiēdào］ 属樊城区。在区境东北部。面积2平方千米。人口5.1万。2001年设。辖区内曾有沟壑七里河，故名。有中学1所，小学1所，二级医院2个，社区卫生服务站3个。经济以机械制造、商贸为主。有襄阳站、长途汽车客运站。通公交车。

紫贞街道［Zǐzhēn Jiēdào］ 属樊城区。在区境东北部。面积3平方千米。人口3.5万。2001年设立。因紧靠紫贞公园而得名。有中学1所，二级医院2个，卫生服务中心1个，卫生所6个。有诸葛亮广场、市体育场。经济以商贸为主。有茶叶城。通多路公交车。

牛首镇［Niúshǒu Zhèn］ 属樊城区。在区境西北部。面积164平方千米。人口8.5万。辖7居委会、29村委会，有262自然村。镇人民政府驻牛首社区。1949年设牛首区。1956年改朱坡区。1958年改公社。1984年改牛首区。1987年分牛首、竹条2镇。2001年合为牛首镇。因古有城池形如牛头而得名。有中学3所，小学6所，卫生院2个，卫生所41个。有长寿岛国家湿地公园。农业以水稻、小麦、玉米、油菜、生菜、大白菜、胡萝卜、白萝卜、莲藕、西瓜种植为主，有猪、牛、羊、鸡等饲养。襄渝铁路、316国道、二广高速过境。

牛首社区［Niúshǒu Shèqū］ 牛首镇人民政府驻地。在区境西北部。面积1.9平方千米。人口3800。因镇得名。2005年成立。民居以多层住宅楼为主。有中小学、卫生室、图书室、老年活动中心、便民服务中心等。农业以蔬菜种植为主。316国道经此。通公交车。

太平店镇［Tàipíngdiàn Zhèn］ 樊城区辖镇。在区境西北部。面积232平方千米。人口11.4万。辖5居委会、41村委会，有348自然村。镇人民政府驻郭岗社区。1951年设太平店镇、朱坡区。1987年朱坡区改乡。2001年乡、镇合设太平店镇。原名青泥湾，又称半扎店。元至正二十年(1360)刘福通农民起义军路过，见戏台正唱戏，称“此地堪称太平”，故名。有中学3所，小学6所，二级医院1个，卫生院2个，卫生室41个。有古建筑百年历史的政府大院，民国初年的江西会馆、王家当铺。工业有化纤、化工、纺织服装、建筑建材、机械铸造、米业、板材及食品加工等。服务业以餐饮、商贸为主。襄渝铁路、316国道过境。有航运码头6个。

郭岗社区［Guōgǎng Shèqū］ 太平店镇人民政府驻地。在区境西北部。面积4.3平方千米。人口3800。因郭岗村得名。2014年成立。多为居民自建房及单位家属楼，社区多3—6层楼房。有关爱留守儿童、青少年法制宣传活动。有中学、卫生院等。316国道经此。通公交车。

团山镇［Tuánshān Zhèn］ 属樊城区。在区境北部。面积61平方千米。人口5.2万。辖9居委会、6村委会，有59自然村。镇人民政府驻团山社区。1984年由伙牌公社析设余岗乡。1994年改团山镇。因有圆形土山团山得名。有中学3所，小学8所，卫生院1个，卫生所14个。有古邓城、鏖战岗、后官田、宁国寺等遗址。工业以汽车制造、生物医药、机电制造为主。316国道过境。

团山社区［Tuánshān Shèqū］ 团山镇人民政府驻地。在区境北部。面积2平方千米。人口5800。因镇得名。1995年成立。民居多砖混结构自建房。有户外职工爱心驿站、红色驿站。有读书活动、家教宣讲、法律讲座。有中学、幼儿园。有卫生院。通公交车。

襄州区

襄州区［Xiāngzhōu Qū］ 襄阳市辖区。在市境北部。面积2514平方千米。人口90.3万。辖3街道、13镇。区人民政府驻肖湾街道。1950年由襄阳县析设襄樊市。2001年改襄阳区，属襄樊市。2010年更今名，属襄阳市。北朝西魏恭帝三年(556)改雍州为襄州，故名。北部陇岗地貌，南部低山丘陵。年均气温16.2℃，1月平均气温6℃，7月平均气温27.2℃。年均降水量652.2毫米。唐河、白河、唐白河、滚河等流经。有中等职业学校1所，中学23所，小学67所，幼儿园103所，二级医院4个，体育场1个，图书馆1个。有省级爱国主义教育基地徐窝革命烈士陵园。有襄阳县苏维埃政府旧址等。有省级文物保护单位凤凰咀遗址、朝阳城遗址、楚王城遗址、老坟坡遗址、湖广北界碑、鹿门寺。有省级非物质文化遗产程河柳编、酱菜制作技艺(襄阳大头菜腌制技艺)。有鹿门寺国家森林公园。三次产业比例19∶44∶37。农业以小麦、水稻、玉米种植为主，有牛、猪、羊、家禽、鱼饲养。产棉花、油料作物、芝麻、花生、油菜、萝卜、白菜、芹菜、豇豆等。工业以农副产品加工、机电汽配、装备制造、纺织服装为主。有柳编加工业。服务业以物流、仓储、商务为主。汉丹、襄渝、焦柳铁路，福银、二广高速等过境。有襄州汽车客运中心站。

浩然广场［Hàorán Guǎngchǎng］ 在城区中部。面积2.5公顷。1993年开工，1995年建成，2014年扩建。原名旭园广场，后因孟浩然改今名。以唐白河河堤为界，北部有旭园广场、亭台、假山、拱桥、人工水池，南部有孟浩然青铜雕像、休闲广场、临江步道、健身器材等。为市民休闲娱乐场所。周边有区政府、六两河大桥、滨江花园。通多路公交车。

富康大道［Fùkāng Dàdào］ 在区境中部偏西。东起钻石大道，西至新风路。与劲风路、奔驰大道、海口路、苏州大道、深圳大道相交。长10千米，宽25米。沥青路面。1983年开工，1984年建成。2002、2009、2011、2013年分别扩建。因汽车品牌名称得名。两侧有襄东公安分局、东风汽车试验场、富康市场、深圳工业园等。通公交车。

钻石大道［Zuànshí Dàdào］ 在区境中部偏西。西起清河二桥，东至原寺湾收费站。与车城南路、交通路、荣华路、富康大道、奔驰大道相交。长14.3千米，宽50米。沥青路面。原为316国道，2002年扩建城区道路，称邓城大道。

2003年因企业更今名。两侧有深圳工业园、内燃机厂、钢铁长材公司、中学、广场、宾馆、小商品批发市场、建材市场、汽车城等。通公交车。

卧龙路［Wòlóng Lù］　在区境中部偏西。西起钻石大道，东至园林路。与车城南路、交通路、荣华路相交。长3.6千米，宽24米。混凝土路面。1993年开工，1993年建成。因诸葛亮别号卧龙命名。两侧有机械公司、汽车部件公司及多个居民小区。通公交车。

航空路［Hángkōng Lù］　在区境中部偏西。西起清河一桥，东至汉丹铁路。与汉津路、车城南路、交通路、荣华路、园林路相交。长10千米，宽50米。沥青路面。原为316国道，1987年改建城区道路，1993—2011年多次改扩建，2014年改建东段。因通往飞机场得名。两侧有国际工业博览城、中学、酒店、广场、居住小区等。通公交车。

车城南路［Chēchéng Nánlù］　在区境中部偏西。北起钻石大道，南至航空路。与卧龙路、黄湾路相交。长1.7千米，宽24米。沥混路面。原为襄新公路，1995—1996年拓建城区道路。因位于汽车城南得名。两侧有中心学校、农商银行、供电所、宾馆、酒店、小商品批发市场、广场、多个居住小区。通公交车。

东风汽车大道［Dōngfēngqìchē Dàdào］　在区境西部。南起钻石大道，北至机场路。与富康大道、新城路、新明路相交。长5.5千米，宽50米。沥混路面。1983年开工，1984年建成。为水泥路面。2004年扩宽。2006年北延，铺设沥青。2008、2014年再次北延。原名车城大道，2005年因企业更今名。两侧有汽车公司、发动机公司、银行、多个居民小区。通公交车。

交通路［Jiāotōng Lù］　在区境中部偏西。北起钻石大道，南至航空路。与卧龙路、黄湾路相交。长1.8千米，宽50米。沥青路面。1995年开工，1997年建成。因经原县交通局征稽处而得名。两侧有酒店、超市、区水利局、区审计局、区红十字会医院及多个居住小区等。通公交车。

荣华路［Rónghuá Lù］　在区境中部偏西。北起钻石大道，南至航空路。与卧龙路、黄湾路相交。长1.7千米，宽50米。沥青路面。1993年开工，1994年建成。1994—1998年北延。原名唐河路，后改人民路，2003年因企业改今名。两侧有区公安分局、检察院、法院、会计局、省戒毒所及多个小区。通公交车。

园林路［Yuánlín Lù］　在区境中部偏西。北起钻石大道，南至航空路。与卧龙路相交。长1.7千米，宽30米。沥青路面。1999年开工，2000年建成。因经原县园林所而得名。两侧有居住小区、超市、宾馆、东方建华医院、菜市场、小学、玻璃制品公司、卫生用品公司、种业公司及多个居住小区。通公交车。

东津大桥［Dōngjīn Dàqiáo］　在城区中部偏南。长2300米，宽36.5米，最大跨度70米，桥下净高10米。2010年开工，2013年建成。因东津新区得名。为大型河道桥梁，结构型式为坐承式拱桥。最大载重100吨。通公交车。

襄州汽车客运中心站［Xiāngzhōu Qìchē Kèyùn Zhōngxīnzhàn］　见交通运输设施部分“襄州汽车客运中心站”条。

肖湾街道［Xiāowān Jiēdào］　襄州区人民政府驻地。在区境中部偏西。面积29平方千米。人口4.8万。2014年设立。明洪武年间山西洪洞县肖姓迁此洪山头脚下唐白河弯曲处居住，后渐成村落，故名。汉水、唐白河流经。有高中2所，初中1所，小学3所，幼儿园1所，二级医院2个，卫生所2个。工业以纺织、汽配、酿酒、饲料加工等为主。有工业园区。有襄州汽车客运中心站。通公交车。

张湾街道［Zhāngwān Jiēdào］　属襄州区。在区境西部。面积26平方千米。人口5.8万。2010年撤张湾镇析设。沿用原镇名。有中学4所，小学6所，二级医院1个，卫生院1个，卫生所9个，图书馆1个，体育场1个。工业有纺织、制衣、食品加工、饲料加工、机械、建材、汽车制造等。汉丹、焦柳、襄渝铁路，二广、福银高速，207、316国道过境。通公交车。

刘集街道［Liújí Jiēdào］　属襄州区。在区境中部。面积100平方千米。人口3.5万。2010年撤张湾镇析设。因同名社区得名。唐白河流经。有中学1所，小学5所，卫生室11个。工业以电子科技、装备制造、汽车零部件为主。有旧机动车交易市场。316国道、汉十高速过境。有襄阳刘集飞机场。通公交车。

龙王镇［Lóngwáng Zhèn］　襄州区辖镇。在区境西北部。面积287平方千米。人口7.3万。辖2居委会、47村委会，有247自然村。镇人民政府驻龙兴。1948年设龙王区。1975年改公社。1984年复区。1987年改镇。传唐代名芝麻铺，后因龙王集改今名。集处蜿蜒如龙的岗岭之上，盖有龙王庙，故名。有中学2所，小学8所，幼儿园9所，卫生院2个，卫生所45个。有省级文物保护单位凤凰咀遗址。有古迹康冢子。农业以小麦、水稻、棉花、红薯种植为主。盛产雪梨、板栗、葡萄、天椒。汉十高速过境。

龙兴［Lóngxīng］　龙王镇人民政府驻地。在区政府驻地肖湾街道西北40千米。人口6400。清代末，龙姓人家渐繁衍成村，盼望兴旺，故名。聚落呈团状。有小学、幼儿园、卫生院、卫生室、龙王庙等。农业以小麦、玉米、红薯种植为主。工业有建材加工等。省道黑牛线经此。

石桥镇［Shíqiáo Zhèn］　襄州区辖镇。在区境西北部。面积201平方千米。人口8.6万。辖2居委会、36村委会，有160自然村。镇人民政府驻石桥。1948年设石桥区。1958年改乡。1959年改公社。1984年改区。1987年改石桥镇，同年析设黑龙集镇。2001年黑龙集镇并入。因镇政府驻地得名。有中学2所，小学29所，幼儿园6所，卫生院2个，卫生所37个，图书室66个。有省级文物保护单位朝阳城遗址。农业以水稻、玉米、小麦、油菜、棉花种植为主，有莲藕及草、鲢、鳙、鲤四大家鱼养殖。工业以农产品、建材加工为主。焦柳铁路、樊魏高速过境。

石桥［Shíqiáo］　石桥镇人民政府驻地。在区政府驻地肖湾街道西北52千米。人口1300。清代建石桥，后为集镇，故名。聚落呈团状。有中心小学、卫生院、卫生室、文化服务中心等。经济以农产品加工、商贸为主。省道黄石线、县道黑牛线经此。

黄集镇［Huángjí Zhèn］　襄州区辖镇。在区境北部。面积253平方千米。人口7.4万。辖3居委会、39村委会，有257自然村。镇人民政府驻黄集。1959年耿坡、罗岗2乡合设黄集公社。1961年改区。1964年析出马集、姚店、李百户3公社。1965年分薛集、古驿2区。1975年改薛集公社，旋改黄集公社。1984年分设黄集区、黄集镇，同年合为黄集镇。1987年分设黄集镇、马集乡。2001年马集乡并入。2001年属襄阳区。2010年属襄州区。因镇政府驻地得名。有中学2所，小学6所，幼儿园8所，卫生院2个，卫生所36个。有古迹双眼井、襄阳县爱国民主政府旧址。农业以稻谷、玉米、小麦、马铃薯、棉花、油菜籽、花生、芝麻种植为主。工业以农产品、建材加工为主。焦柳铁路、207国道、汉十高速过境。

黄集［Huángjí］　黄集镇人民政府驻地。在区政府驻地肖湾街道北37千米。人口2万。北宋黄姓开店，渐为集镇，故名。聚落呈块状。有区职教中心、中小学、卫生院等。经济以商贸为主，有芝麻、豆面制品加工，酿酒业。207国道、黄老公路经此。

伙牌镇［Huǒpái Zhèn］　襄州区辖镇。在区境北部。面积157平方千米。人口5.8万。辖2居委会、23村委会，有109自然村。镇人民政府驻部营社区。1949年设姜沟区。1958年改乡。1959年改公社。1984年部分地域划出，后复区。1987年设镇。2001年属襄阳区。2010年改属襄州区。2011年部分地域划出。传西周时期有传令官因遗失传令红牌而丧命，后家人收尸时找到令牌，共葬于落牌处，因红色与火意相近，遂将火牌讹为“伙牌”。有中学1所，小学6所，幼儿园9所，医院1个，卫生院1个，卫生所25个。农业以小麦、玉米、棉花、花生、水稻、芝麻种植为主。工业有纺织、制衣、食品加工、机械、建材、汽车制造等。焦枝、汉丹、蒙华铁路，二广、福银高速，207、316国道过境。

郜营社区［Gàoyíng Shèqū］　伙牌镇人民政府驻地。在区境北部。面积5.5平方千米。人口1.5万。因郜姓居住，四周有土墙，故名。2002年成立。民居为3—5层的砖瓦楼房。有体育健身设施，组织老年人跳广场舞和定期体检等活动。有中小学、卫生院。经济以商贸、农业为主，种植小麦、花生、玉米等。通公交车。

古驿镇［Gǔyì Zhèn］　襄州区辖镇。在区境北部。面积252平方千米。人口8.1万。以汉族为主，还有回族。辖2居委会、31村委会，有249自然村。镇人民政府驻古驿。1951年设古驿区。1953年改第八区。1954年朱集区部分地域划入。1954年复名古驿区。1956年并入姜沟区。1958年析设罗岗乡。1959年并入黄集公社。1965年由黄集区析设古驿区。1975年改公社。1984年复区。1987年析设古驿镇、黄渠河乡。2001年黄渠河镇并入。2001年属襄阳区。2010年改属襄州区。因镇政府驻地得名。有中学2所，小学33所，卫生院2个，卫生所34个。有明代陕西会馆旧址。农业以小麦、玉米、棉花、花生、油菜种植为主。工业以建材、农副产品加工，汽车零部件制造为主。省道新樊线过境。

古驿［Gǔyì］　古驿镇人民政府驻地。在区政府驻地肖湾街道东北22千米。人口8200。原为驿道重要驿站，故名。聚落呈条状。有中小学、卫生院、卫生所、文体中心、文化广场、文化活动室、农家书屋等。经济以商品零售为主，有餐饮、酿酒等业。特产花生、红薯、芝麻等。省道新樊线经此。通公交车。

朱集镇［Zhūjí Zhèn］　襄州区辖镇。在区境东北部。面积182平方千米。人口7.4万。辖1居委会、31村委会，有88自然村。镇人民政府驻中张营。1951年设朱集区。1953年改第九区。1954年撤区。1965年复区。1975年改公社。1984年复区。1987年改镇。因镇政府原驻地得名。唐河、白河流经。有中学1所，小学16所，卫生院1个，卫生所31个。农业以小麦、水稻、玉米、绿豆等种植为主，产花生、油菜、芝麻、棉花、桃、梨等。工业有粮油加工、家具制造、水泥预制、建筑建材等。县道翟双线过境。

中张营［Zhōngzhāngyíng］　朱集镇人民政府驻地。在区政府驻地肖湾街道东北36千米。人口6500。明洪武年间(1368—1398)张姓居此南北3地，渐成3村，称前、中、后张营，此处居中，故名。聚落呈块状。有中小学、幼儿园、卫生院、卫生所、文化广场、文化活动中心等。经济以农副产品加工为主。特产花生、土豆、豌豆等。通公交车。

程河镇［Chénghé Zhèn］ 襄州区辖镇。在区境东北部。面积127平方千米。人口7.5万。辖2居委会、27村委会，有104自然村。镇人民政府驻程河社区。1950年设程河区。1953年改第十区。1954年复名程河区。1956年并入双沟区，旋复。1958年改乡，旋并入双沟公社。1961年复区。1975年改公社。1984年复区。1987年改镇。因镇政府驻地得名。有中学1所，小学18所，幼儿园6所，卫生院2个，卫生所27个。有程河街、华楼寺等文化遗址5个。农业以小麦、水稻、棉花、油料作物、蔬菜种植为主。工业以纺织、粮食加工为主。有柳编手工业。316国道过境。

程河社区［Chénghé Shèqū］ 程河镇人民政府驻地。在区境东北部。面积4.7平方千米。人口2800。明代程姓居此，渐成集镇，称程家河，简称程河。原为自然村，2011年改社区。民居为3—5层砖瓦楼房。有体育健身设施，组织老年人定期体检等活动。有中小学、幼儿园、卫生院、卫生室等。经济以商业为主。农业以小麦、玉米、花生等种植为主。通公交车。

双沟镇［Shuānggōu Zhèn］ 襄州区辖镇。在区境东北部。辖5居委会、40村委会，有130自然村。面积186平方千米。人口9.8万。镇人民政府驻北街。1949年设双沟区。1951年析设双沟镇。1953年双沟区改第十一区。1958年改乡，旋改跃进公社，双沟镇并入。1959年改双沟公社。1961年复区，双沟镇析出。1975年区改公社。1984年公社、镇合称双沟镇。2001年属襄阳区。2010年改属襄州区。地势东高西低，雨水冲刷，形成2水沟，故名。有中学1所，小学10个，幼儿园13所，二级医院1个，卫生院1个，卫生所42个。有清真寺、真庆观。经济以农产品加工、贸易为主。农业以大麦、高粱、红薯、水稻、玉米、小麦、马铃薯、棉花、油菜籽、花生、芝麻、黄豆、蔬菜等种植为主。有服装纺织、塑料化工等业。316国道、汉十高速过境。

北街［Běijiē］ 双沟镇人民政府驻地。在区政府驻地肖湾街道东21千米。人口1700。明代夹道居住，处集镇北，故名。聚落呈片状。有小学、幼儿园、卫生院、文化广场、居民书屋等。经济以商贸为主。有特色小吃牛骨头汤、牛杂面、胡辣汤、卤菜、狼巴子黄酒等。207国道经此。

张家集镇［Zhāngjiājí Zhèn］ 襄州区辖镇。在区境东南部。面积135平方千米。人口5.5万。辖1居委会、29村委会，有152自然村。镇人民政府驻张集。1951年设张集区。1953年改称第十二区。1954年复名。1956年撤销。1984年复设张集区，峪山区部分地域划入。1987年打伙乡划出，官沟乡划入，改设张家集镇。1988年部分地域划出。2001年属襄阳区。2010年改属襄州区。因镇政府驻地得名。有中学1所，小学2所，幼儿园6个，卫生院1个。有省级爱国主义教育基地襄州区烈士陵园。农业以小麦、玉米、棉花、土豆、生姜种植为主，有牲猪等养殖。特产芥菜。工业以农产品、饲料、大米加工，免烧砖、楼板制作为主。汉丹铁路，福银、孝襄高速过境。

张集［Zhāngjí］ 张家集镇人民政府驻地。在区政府驻地肖湾街道东24千米。人口2.1万。传明代江西张姓逃此，渐为集市，故名。聚落呈条状。有小学、卫生院、卫生室、体育中心等。农业以小麦、棉花、蔬菜种植为主。县道双黄线经此。通公交车。

黄龙镇［Huánglóng Zhèn］ 襄州区辖镇。在区境东南部。面积152平方千米。人口4.5万。辖2居委会、23村委会，有143自然村。镇人民政府驻黄龙。1920年设第三区。1947年改黄龙垱区。1949年更名黄龙区，属枣南县。同年改属襄阳县。1953年更名第十三区，次年复。1956年并入峪山区。1958年析设黄龙乡，旋改东风公社，旋入峪山乡。1975年析设黄龙公社。1984年改区。1987年改镇。2001年属襄阳区。2010年属襄州区。因镇政府驻地得名。有中学1所，小学6所，幼儿园5所，卫生院1个，卫生所25个。有革命烈士纪念碑，谢坤、谢耀武烈士墓。农业以小麦、水稻、棉花、芝麻、红薯、土豆、桃种植为主。工业有粮油加工、纺织、木材加工等。省道襄洪线、县道双黄线过境。

黄龙［Huánglóng］ 黄龙镇人民政府驻地。在区政府驻地肖湾街道东南32千米。人口9600。传黄、黑2龙争斗，黄龙退居垱中，称黄龙垱，后简为今名。聚落呈块状。有中小学、卫生院、卫生室等。经济以农副产品加工为主。农业以冬桃、水稻种植为主，有牛、羊等养殖。通公交车。

峪山镇［Yùshān Zhèn］ 襄州区辖镇。在区境东南部。面积286平方千米。人口6.4万。辖2居委会、37村委会，有355自然村。镇人民政府驻峪山社区。1938年设峪山区。1944年撤。1949—1955年旋复旋撤。1956年复区。1958年改峪山乡。1959年改公社。1984年复区。1987年分峪山镇、方集乡。1996年方集乡改镇。2001年2镇合设峪山镇。2001年属襄阳区。2010年改属襄州区。原名玉山、杨山，清嘉庆八年(1803)安、邱、刘、杨4姓为地名争论，后邱姓提议，因居河谷、二山夹护而称峪山寨，后简称峪山。有中学1所，小学2所，幼儿园2所，卫生院2个。有襄阳县苏维埃政府旧址、红军枪炮厂旧址、苏维埃小学遗址、红军医院旧址。农业以小麦、水稻、玉米、棉花、芝麻、油菜、豆类、花生种植为主，有肉牛、生猪等饲养。有建材、食品等加工业。襄阳绕城高速，省道襄钟、襄洪线过境。

峪山社区［Yùshān Shèqū］ 峪山镇人民政府驻地。在区境东南部。面积0.1平方千米。人口1500。因镇得名。2003年成立。民居多为3层以上商住两用楼。有体育健身设施，组织老年人定期体检等活动。有中心学校、卫生院、卫生所。有供电所、银行等。通公交车。

东津镇［Dōngjīn Zhèn］ 襄州区辖镇。在区境东南部。面积277平方千米。人口13万。辖1居委会、52村委会，有243自然村。镇人民政府驻北门上。唐曾设东津乡。1950年设东津区。1958年改公社。1984年改区。1987年改镇。原为楚国东津渡口，历为集镇、官渡，清称西北津，1912年后改称东津湾，镇以此得名。淳河、滚河流经。有职教中心1所，中学2所，小学9所，卫生院2个，卫生所53个。有鹿门寺、老营古井、张嘴古堡、明清老街、陈坡战国古墓、刘公纪念馆、单懋谦祖屋、潘文郁故居、樊氏宗祠、仲英桥等。农业有芥菜种植，鸭养殖等。有小龙虾繁养基地。汉丹铁路、省道襄钟线过境。有简家坡站。

北门上［Běiménshàng］ 东津镇人民政府驻地。在区政府驻地肖湾街道东南8千米。人口400。因处西北津寨堡北门外而得名。聚落呈条块状。有卫生室、文化广场等。有清代西北津寨堡。有锣鼓、花鼓戏等。农业以蔬菜种植为主。特产芥菜。通公交车。

米庄镇［Mǐzhuāng Zhèn］ 襄州区辖镇。在区境西南部。面积66平方千米。人口11.2万。辖13居委会、4村委会，有35自然村。镇人民政府驻米庄社区。1984年设米庄乡。1987年改镇。为米芾故里，故名。有中学3所，小学4所，幼儿园1所，卫生院1个，卫生所3个。工业以汽车、发动机制造，热电为主。有东风汽车生产基地。服务业以商贸为主。207、316国道过境。

米庄社区［Mǐzhuāng Shèqū］ 米庄镇人民政府驻地。在区境西南部。面积5.9平方千米。人口8500。因镇得名。1998年成立。民居以住宅楼为主。有便民服务大厅、党群服务中心、群众活动室和7个健身场所等。有小学、幼儿园。通公交车。

老河口市

老河口市［Lǎohékǒu Shì］ 湖北省直辖县级市，由襄阳市代管。北纬32°23′，东经111°40′。在襄阳市境西北部。面积1032平方千米。人口52.9万。以汉族为主，还有回、土家、蒙古、满、苗、藏、维吾尔、朝鲜等民族。辖2街道、7镇、1乡。市人民政府驻光化街道。清雍正三年(1725)设新镇。光绪二十八年(1902)改老河口镇。1949—1983年三次镇改市。1983年光化县并入。因处汉水故道之口而得名。1990年后整修沿江大道、和平路等。2006年建设城东工业区、城南新区，先后建设光化大道、城东大道、光年路、天河路等。地势北高南低。有朱连山、玉带山、林茂山、黑虎山等。平均海拔74—462米。年均气温15.6℃，1月平均气温2℃，7月平均气温27.7℃。平均降水量836.5毫米。汉水流经。有矿产资源砂金、赤铁矿、石灰石、白云岩、白垩土、黏土岩等。有野生植物245种。有野生动物40种。森林覆盖率31%。有高中5所，初中13所，小学43所，二级医院5个，图书馆1个，文化馆1个，体育馆1个，标准田径场1个。有全国重点文物保护单位霸王坟墓群，省级文物保护单位冢子岗遗址、五座坟古墓群、光化黉学等7个。有国民政府第五战区司令长官部旧址、太平街古建筑群、光化黉学、袁书堂纪念馆等。有省级爱国主义教育基地1个。有百花山国家森林公园。有景点汉江王甫洲低水头发电站、梨花湖、百花山、清泉沟引丹工程隧洞等。有国家级非物质文化遗产老河口丝弦、老河口木版年画、老河口锣鼓架子。有省级非物质文化遗产5个。三次产业比例16∶53∶31。农业以小麦、玉米、水稻种植为主，有猪、牛、羊养殖。产棉花、油料作物等。工业以装备及汽车零配件制造、农产品深加工、精细化工、纺织服装、冶金建材为主。服务业以商贸、住宿餐饮、旅游为主。有四星级酒店2个，三星级酒店1个。有特色小吃胡辣汤、周淑云卤鸡、老河口卤肉等。汉丹、襄渝铁路，316国道，汉十高速，省道孟土线过境。

沿江大道［Yánjiāng Dàdào］ 在市区西部。南起梨花大道，北至市郊旅游公路。与大桥路、东启街、胜利路、秋风路相交。长4.1千米，宽16米。沥青路面。1978年起分段施工，后几经改造，2008年建成。因沿汉江护堤修建而得名。两侧有市国税局、粮食局、航运公司、水厂、滨江公园等。通公交车。

老河口市汽车客运站［Lǎohékǒu Shì Qìchē Kèyùnzhàn］ 见交通运输设施部分“老河口市汽车客运站”条。

光化街道［Guānghuà Jiēdào］ 老河口市人民政府驻地。在市境北部。面积47平方千米。人口7.8万。1980年设北京路街道。1987年因原光化县更今名。汉水流经。有职业技术学校1所，初中1所，完小3所，教学点1个，二级医院3个，卫生院1个，社区卫生服务站2个，文化站1个。有村级(社区)文化服务中心、图书室等。有省级文物保护单位光化黉学、国民政府第五战区司令长官部旧址、太平街民居、福民医院旧址。有光化簧学、四眼井、查营遗址、金鸡冢、油坊张沟墓群等古遗址、古墓葬、古建筑20多个。经济以商贸为主。农业以水稻、小麦、玉米、蔬菜、花生、山药、水果种植为主，有猪、牛、羊、鱼等饲养。工业以汽车配件、农产品加工、建材、制衣为主。汉丹铁路、316国道、省道孟土线过境。

酂阳街道［Zànyáng Jiēdào］　属老河口市。在市境南部。面积79平方千米。人口10.5万。以汉族为主，还有回、满、蒙古、朝鲜等民族。1983年设立。因处古酂城之南而得名。汉水流经。有中学4所，小学9所，二级医院1个，卫生院1个，卫生所20个，文化站1个。农业以小麦、水稻、玉米、果蔬、花生种植为主，有猪、牛、羊、家禽饲养。工业以纺织、化工、农产品加工、汽车配件、机械制造、冶金、建材为主。服务业以商贸为主，有大型超市2个，农贸市场1个。汉丹铁路、316国道过境。有汽车中心客运站。通公交车。

孟楼镇［Mènglóu Zhèn］　老河口市辖镇。在市境东北部。面积63平方千米。人口3.7万。以汉族为主，还有回族。辖1居委会、19村委会，有128自然村。镇人民政府驻小黄营村。1961年设孟楼镇。1975年改公社。1984年复镇。明末清初孟姓在老街盖3间小楼，故名。蒿堰河流经。有中学1所，小学5所，卫生院1个，卫生所20个，文化站1个，广电服务中心1个。有梁子上、石碑楼、黄老营、瓦茬岗等新石器时代至汉代古遗址20多个。农业以水稻、小麦、玉米、花生、油菜、棉花种植为主，有猪、牛、羊、家禽饲养。工业以农产品加工、化工为主。328国道过境。通公交车。

小黄营村［Xiǎohuángyíngcūn］　孟楼镇人民政府驻地。在市政府驻地光化街道东北25千米。人口1500。村民多为低辈分黄姓，故名。聚落呈长方形。有卫生室。农业以小麦、玉米、水稻种植为主。328国道经此。

竹林桥镇［Zhúlínqiáo Zhèn］　老河口市辖镇。在市境东部。面积109平方千米。人口3.7万。以汉族为主，还有回族。辖1居委会、23村委会，有171自然村。镇人民政府驻竹林桥社区。1956年设竹林桥乡。1987年改镇。因桥得名。有中学1所，小学3所，卫生院1个，卫生室25个，文化站1个。有省级文物保护单位冢子岗遗址。农业以小麦、水稻、玉米、油菜、花生、芝麻种植为主，有猪、牛、羊、家禽饲养。工业以食品、农产品加工为主。328国道、县道半秦线过境。

竹林桥社区［Zhúlínqiáo Shèqū］　竹林桥镇人民政府驻地。在市境东部。面积2平方千米。人口1800。因镇得名。1996年成立。民居以低层砖混小楼为主。设有群众服务中心、文体活动中心，开展卫生健康检查、疾病筛查、社会治安综合治理调查宣传，帮扶困难弱势群体等。有中小学、卫生院。有仿古街。县道半秦线经此。通公交车。

薛集镇［Xuējí Zhèn］　老河口市辖镇。在市境东部。面积94平方千米。人口4.7万。以汉族为主，还有回族。辖2居委会、22村委会，有27自然村。镇人民政府驻薛集村。1951年设薛集乡。1975年成立公社。1987年改镇。2001年秦集镇并入。因镇政府驻地得名。有中学1所，小学3所，卫生院1个，文化站1个，图书室22个，村级文化中心22个。农业以水稻、小麦、玉米、花生、油菜、棉花种植为主，有猪、牛、羊、家禽饲养。有淡水鱼养殖业。工业以农产品加工、建材为主。县道半秦线过境。

薛集村［Xuējícūn］　薛集镇人民政府驻地。在市政府驻地光化街道东北30千米。人口2700。因姓氏得名。聚落呈长方形。有中小学、卫生院、文化站等。经济以农业、商贸为主，渔业为辅。农业以小麦、玉米等种植为主。通公交车。

张集镇［Zhāngjí Zhèn］　老河口市辖镇。在市境东南部。面积168平方千米。人口4.7万。以汉族为主，还有回族。辖1居委会、33村委会，有223自然村。镇人民政府驻张集村。1956年设张集乡。1958年成立红旗公社。1979年改为省国营张集农场。1987年设镇。因镇政府驻地得名。有中学1所，小学5所，卫生院1个，卫生室33个，文化站1个，文化活动中心33个，图书室34个。农业以水稻、小麦、玉米、油菜、花生、蔬菜、棉花种植为主，有猪、牛、羊、家禽等饲养。工业以食品、农产品、建材加工为主。县道老石线过境。通公交车。

张集村［Zhāngjícūn］　张集镇人民政府驻地。在市政府驻地光化街道东南22千米。人口4100。因张姓设集得名张家集，简为今名。聚落呈带状。有中小学。经济以商贸、农业为主。农业以小麦、玉米等种植为主。县道老石线经此。

仙人渡镇［Xiānréndù Zhèn］　老河口市辖镇。在市境南部。面积114平方千米。人口4.4万。以汉族为主，还有回族。辖2居委会、31村委会，有178自然村。镇人民政府驻南岗村。1954年设仙人渡区。1956年改乡。1975年成立公社。1982年设仙人渡镇。1984年镇、公社合设镇。清同治六年(1867)《谷城县志》载："仙人古渡，在县东二十里真武渡。"传明有县令逃此无船可渡，忽见老翁驾木，乘之而渡，及岸回视不见，故名。汉水流经。有中学1所，小学3所，卫生院1个，卫生室33个。农业以小麦、水稻、玉米、油菜、花生种植为主，有猪、牛、羊饲养。工业以汽车零部件、清洁能源、农产品加工为主。汉丹、襄渝铁路，316国道，福银高速过境。2005年被评为全国文明镇。

南岗村［Nángǎngcūn］　仙人渡镇人民政府驻地。在市政府驻地光化街道东北15千米。人口2200。处集镇南，故名。聚落呈长方形。有卫生室。经济以农业、商贸为主。农业以水稻、小麦等种植为主。汉丹铁路经此。

洪山嘴镇［Hóngshānzuǐ Zhèn］　老河口市辖镇。在市境西北部。面积206平方千米。人口5.7万。以汉族为主，还有回族。辖4居委会、26村委会，有173自然村。镇人民政府驻洪山路社区。1961年成立洪山嘴公社。1980年改街道。2001年赵岗乡、傅家寨镇并入。2009年改镇。原因红色山石、土质而得名红山嘴，明清时因洪少八领导村民在山嘴处建堡抗匪，故改红为洪。六股泉河、苏家河、杜槽河流经。有中学2所，小学16所，二级医院1个，卫生院1个，卫生室26个，文化站1个，社区文化活动室2个。农业以小麦、水稻、玉米、油菜、花生、山药种植为主，有猪、牛、羊、家禽、鱼虾等饲养。有大仙桃、汉水梨、花椒等种植基地。工业以机械制造、冶金、建材、农产品加工为主。汉丹铁路、省道孟土线过境。

洪山路社区［Hóngshānlù Shèqū］　洪山嘴镇人民政府驻地。在市境北部。面积1.9平方千米。人口4400。因洪山路得名。1986年成立。民居以低层砖混小楼为主。设有群众服务中心、文体活动中心，开展卫生健康检查、疾病筛查、社会治安综合治理调查宣传，帮扶困难弱势群体等活动。有果品、木业公司。省道孟土线经此。

李楼镇［Lǐlóu Zhèn］　老河口市辖镇。在市境东南部。面积80平方千米。人口4.3万。以汉族为主，还有回族。辖1居委会、22村委会，有180自然村。镇人民政府驻红庙社区。1958年设白莲乡，旋改东风公社。1975年光化公社析出。1981年改李楼公社。1984年改街道。2009年改镇。清嘉庆年间(1796—1820)李姓建楼，故名李家楼，后简称李楼。有中学1所，小学2所，卫生院1个，卫生室22个，文化站1个，图书室22个。有白莲寺遗址。有省级旅游名村方营村。经济以农业为主。农业以小麦、水稻、玉米、西瓜、花生、山药、油菜等种植为主。工业以汽车配件、农产品加工、新型建材、制衣、纺织为主。汉丹铁路、316国道、县道老石线过境。

红庙社区［Hóngmiào Shèqū］　李楼镇人民政府驻地。在市境北部。面积2平方千米。人口3000。原汉水泛乱，为祈平安，建庙于岗上，称洪庙岗。1950年水患得治，取吉祥之意而改名红庙岗，后改今名。1991年成立。民居以低层砖混小楼为主。设有群众服务中心、文体活动室、卫生室，开展卫生健康检查、疾病筛查、社会治安综合治理调查宣传等活动，对困难弱势群体进行帮扶。有中心学校。通公交车。

袁冲乡［Yuánchōng Xiāng］　老河口市辖乡。在市境北部。面积120平方千米。人口3.4万。以汉族为主，还有回族。辖1居委会、23村委会，有100自然村。乡人民政府驻袁冲村。1950年设袁冲区。1987年改乡。2001年纪洪镇并入。因乡政府驻地得名。有中学1所，小学2所，卫生院2个，文化站1个，村级文化活动中心(含图书室)23个。有袁书堂烈士墓。有监生遗址、吴家桥冢子、烈女亩、童湾遗址等东周至西晋古遗址、古墓葬7个。农业以小麦、玉米、水稻、花生、棉花、蔬菜种植为主，产中药材蜈蚣、全虫、半夏等。工业以建材、食品、农副产品加工为主。县道李王线过境。

袁冲村［Yuánchōngcūn］　袁冲乡人民政府驻地。在市政府驻地光化街道东北15千米。人口1700。早年袁姓自浙江迁此，居于两边高、中间低的"川"形地域，当地人称冲，故名。聚落呈长方形。有小学、袁书堂纪念馆。农业以小麦、玉米种植为主。有红腾养殖专业合作社等。李王公路经此。

枣　阳　市

枣阳市［Zǎoyáng Shì］　湖北省直辖县级市，由襄阳市代管。北纬32°07′，东经112°45′。在襄阳市境东部。面积3277平方千米。人口114.7万。以汉族为主，还有回、蒙古、苗等民族。辖3街道、12镇。市人民政府驻北城街道。东汉置襄乡县。北朝北周天和元年(566)改广昌县。为避太子杨广讳，隋仁寿元年(601)改广昌县为枣阳县，因枣阳村得名，传多枣树且果实优。唐初蔡阳、春陵2县并入。南宋绍兴十二年(1142)升枣阳军。及元至清为县，先后属南阳府、襄阳路、襄阳府。1983年属襄樊市。1988年改县级枣阳市，由襄阳市代管。先后建成浕水公园、浕水广场、沿河大道、万象城等。地势由东北向西南倾斜。东北为桐柏山余脉，主要有玉皇顶、歇马岭、牛心山、大阜山、唐梓山。南为大洪山余脉，主要有光武山(狮子山)、摩棋山、黑石岭、梁家山、青峰岭。海拔70—778.5米。年均气温15.5℃，1月平均气温2℃，7月平均气温28℃。年均降水量900毫米。滚河、黑青河、小黄河、三夹河、莺河、淳河流经。有矿产资源金红石、石榴子石等。野生动物主要有野猪、野兔、野鸡、草鸮、蛇类等70多种，其中国家重点保护野生动物19种。森林覆盖率45.5％。有中等职业学校5所，中学41所，小学105所，二级医院3个。有白水寺、报恩寺、枣阳黉学大殿、皇村遗址、前湾古民居、雕龙碑遗址。有省级非物质文化遗产刘秀传说、枣阳酸浆面制作技艺。有白水寺、唐梓山、无量台、大仙山庙会。有中国传统村落前湾。有国家3A级旅游景区熊河、白竹园寺、无量台、唐梓山。为省级园林城市。三次产业比例18∶48∶34。农业以小麦、水稻、玉米种植为主,产棉花、水果、茶叶、甘蔗、西瓜、蔬菜。特产四井岗油桃、熊河风干鱼、刘升小花生、新市冬梨。工业以食品加工、纺织、汽车及零配件、化工、机械制造、医药为主。服务业以旅游、物流为主。福银、枣潜、麻竹高速,234、316国道,省道寺沙、枣桐线过境。

浕水法治文化广场［Jìnshuǐ Fǎzhì Wénhuà Guǎngchǎng］ 在市区东部。面积3.2公顷。2001年始建,2014年改建。以古河流、功能命名。分法治文化、生态绿荫、运动健身3功能区。通过石刻、牌匾、专栏等,宣传古代名人和国家领袖的法治名言,宣传宪法、刑法等。为市民休闲娱乐场所。周边有浕水公园、浕水大桥、市政府。通公交车。

光武大道［Guāngwǔ Dàdào］ 在市区中部。北起光武桥,南至火车站。与民主路、建设路、新华路、发展大道等相交。长5.2千米,宽50米。混凝土路面。1967年开工,先后5次改扩建,2014年建成。因枣阳为汉光武帝刘秀故乡而得名光武路,后更今名。两侧有万象城、水利局、市三医院、工会等。通公交车。

中兴大道［Zhōngxīng Dàdào］ 在市区东部。北起环城钟庄,南至福银高速。与枣桐路、书院街、襄阳东路、建设路、新华路等相交。长18.6千米,宽80米。沥青路面。2005年建成。取"龙飞白水,光武中兴"之意得名。两侧有汉城风景区、市一医院、酒店、市政府等。通公交车。

枣阳市汽车站［Zǎoyáng Shì Qìchēzhàn］ 见交通运输设施部分"枣阳市汽车站"条。

北城街道［Běichéng Jiēdào］ 枣阳市人民政府驻地。在市境东北部。面积15平方千米。人口12.6万。1988年设立。因处沙河北得名。有中学3所,小学7所,特教学校1所,二级医院2个,卫生院1个。有古城墙遗址、报恩寺、枣阳黉学大殿等。工业以汽车零部件制造、纺织、农产品加工等为主。省道寺沙线过境。通公交车。

南城街道［Nánchéng Jiēdào］ 属枣阳市。在市境南部。面积114平方千米。人口13.5万。1988年设立。因处沙河南得名。有中学3所,小学11所,老年大学1所,二级医院1个,卫生院1个,文化馆1个。有省级爱国主义教育基地枣阳市革命烈士陵园。有枣阳汉城景区。工业有汽车零部件制造、纺织、农产品加工等。有南城工业区。316国道、省道寺沙线过境。有枣阳站。通公交车。

环城街道［Huánchéng Jiēdào］ 属枣阳市。在市境南部。面积178平方千米。人口6.3万。1988年设立。因环绕枣阳城而得名。有中学2所,小学6所,卫生院1个。有景点玫瑰海、大仙山等。特产葡萄、油桃等。有水果、建材等大型专业市场10个。316国道、省道寺沙线过境。通公交车。

琚湾镇［Jūwān Zhèn］ 枣阳市辖镇。在市境西南部。面积220平方千米。人口8.7万。辖2居委会、33村委会,有293自然村。镇人民政府驻琚湾社区。1956年设琚湾区。1975年改公社。1984年改镇。2001年蔡阳镇部分地域并入。琚(璩)姓聚居沙、滚2河交汇北岸拐弯处,故名。有中学3所,小学8所,卫生院1个。有"革命先驱,人民赤子"程克绳故居。有翟家古城遗址。农业以水稻、小麦、蔬菜、马铃薯种植为主。有特色小吃酸浆面。汉丹铁路、汉十高速过境。

琚湾社区［Jūwān Shèqū］ 琚湾镇人民政府驻地。在市境西南部。面积3平方千米。人口7000。因镇得名。2012年成立。有农民自建房及徽派建筑。建有残疾人康复中心、退役军人服务站、留守儿童活动室、老年门球场、图书室等。为老年、青少年、残疾人提供服务,围绕生活、计生、卫生健康、劳动保障、医保、综治开展活动,组织老年人门球、棋类比赛,居民元宵舞龙及安全应急演练等。有中小学、卫生院、幼儿院、琚湾法庭、农技站、琚湾电视台等。有民间习俗踩高跷。汉丹铁路、福银高速、襄枣公路经此。

七方镇［Qīfāng Zhèn］ 枣阳市辖镇。在市境西部。面积305平方千米。人口10.5万。辖5居委会、68村委会,有462自然村。镇人民政府驻七方社区。1956年设七方区。1975年改公社。1984年设镇。2001年徐寨、罗岗2镇及蔡阳镇部分地域并入。有一户生7子皆娶亲,时人因称七房,后简为七方。有中学2所,小学8所,卫生院2个,卫生室67个。农业以小麦、水稻、西瓜、油料作物种植为主,有畜禽养殖等。316国道过境。通公交车。

七方社区［Qīfāng Shèqū］ 七方镇人民政府驻地。在市境西部。面积2平方千米。人口6600。因镇得名。2003年成立。现代民居以新式2、3层楼房为主。有文化宫、老年活动室。有中小学、卫生院。产无籽西瓜、冬桃、鸭梨。316国道经此。

杨垱镇［Yángdàng Zhèn］ 枣阳市辖镇。在市境西北部。面积188平方千米。人口7.6万。辖4居委会、38村委会,有296自然村。镇人民政府驻东村。1958年成立杨垱公社。1984年改镇。2001年徐寨镇部分地域并入。古时杨姓河边开饭铺,拦河筑垱坝,得名杨家垱,简称杨垱。有中学2所,小学7所,卫生院2个,卫生室42个。有石台寺泵站"四铺渡槽"。农业以小麦、玉米种植为主。工业以化工、粮食加工、建材为主。汉丹铁路、316国道、汉十高速过境。

东村［Dōngcūn］ 杨垱镇人民政府驻地。在市政府驻地北城街道西北31千米。人口1400。因处杨垱东街得名。聚落呈带状。有中小学、卫生院。有豫剧、坠子、襄阳花鼓戏。农业以小麦、玉米种植为主,有家禽、牲猪饲养。特产芝麻叶。有绿豆面、红薯粉加工业。枣太、太石公路经此。

太平镇［Tàipíng Zhèn］ 枣阳市辖镇。在市境北部。面积252平方千米。人口10.8万。辖2居委会、63村委会,有319自然村。镇人民政府驻太平社区。1956年设太平区。1975年改公社。1984年改镇。2011年姚岗镇并入。清代有寨墙、炮楼,土匪到此绕道而行,太平无事,故名。有中学3所,小学16所,卫生院2个,卫生所4个,卫生室63个。有国家3A级旅游景区唐梓山。农业以小麦、水稻、棉花种植为主,产玉米、花生、芝麻等。工业以食品加工、建材、铸造等为主。省道寺沙线过境。

太平社区［Tàipíng Shèqū］ 太平镇人民政府驻地。在市境北部。面积0.7平方千米。人口400。2001年成立。因镇得名。现代民居以新式2、3层楼房为主。为老年、残疾人服务,围绕生活、卫生健康、综治等方面,还有广场舞、健身操等活动。有中小学、卫生院。有葡萄采摘休闲园。有唐梓山庙会。有鄂豫2省商贸交易会。地税局驻此。有风电、光电、旅游等业。省道寺沙线经此。

新市镇［Xīnshì Zhèn］ 枣阳市辖镇。在市境东北部。面积212平方千米。人口5.8万。辖1居委会、39村委会,有291自然村。镇人民政府驻新市街道社区。1958年成立新市公社。1961年改区。1987年改镇。2001年钱岗乡并入。清末驻地有"兴隆寺"旧庙,民国初重修后改称"新寺"。1958年整修街道集市后更今名。有硅石资源。有野生中草药、山野菜。有中学2所,小学6所,卫生院2个,卫生室36个。有国家3A级旅游景区白竹园寺、中国传统村落前湾。农业种植水果、花生等。省道枣桐线过境。

新市街道社区［Xīnshìjiēdào Shèqū］ 新市镇人民政府驻地。在市境北部。面积4平方千米。人口8900。因街路得名。2014年成立。民居以现代2、3层楼房为主。有老年活动之家、儿童之家,配有健身器械、乒乓球台、麻将、棋牌、健身房。老年大学设有跳舞、书法、棋社等课程,开展门球、象棋比赛。每年定期举办赏花活动。有中小学、卫生院等。省道枣桐线经此。通公交车。

前湾［Qiánwān］ 在市政府驻地北城街道东北33千米。新市镇辖自然村。人口200。因邱姓居多且村前有小河拐弯而得名邱家前湾,简称今名。聚落呈团状。为中国传统村落。有前湾古民居。农业以水稻、小麦、杂果种植为主。有旅游业。县道新三线经此。

鹿头镇［Lùtóu Zhèn］ 枣阳市辖镇。在市境东北部。面积220平方千米。人口7万。辖2居委会、29村委会,有268自然村。镇人民政府驻鹿头社区。1956年设鹿头区。1958年改公社。1984年改镇。2001年吉河乡并入。旧《枣阳县志》载:"旧有石鹿一对,年久显灵,夜出蹂躏庄稼,农民见之,击坠一鹿之首。古人以鹿为吉祥兽,故仿刻石鹿一只,与另一全鹿成偶,置于街南小庙旁。""鹿头"之名由此而来。有中学2所,小学4所,卫生院2个,卫生室31个。有全国重点文物保护单位雕龙碑遗址。农业以水稻、小麦、玉米种植为主。工业以矿石开采、汽车配件、黄酒酿制为主。省道枣桐线过境。通公交车。

鹿头社区［Lùtóu Shèqū］ 鹿头镇人民政府驻地。在市境东北部。面积10平方千米。人口9400。因镇得名。2003年成立。现代民居以2、3层楼房为主。有为老年、青少年、残疾人提供的服务,设"希望家园"留守儿童托管班。有中小学、卫生院等。有黄酒酿制、食品加工业等。省道枣桐线经此。通公交车。

刘升镇［Liúshēng Zhèn］ 枣阳市辖镇。在市境东部。面积210平方千米。人口4万。辖27村委会,有322自然村。镇人民政府驻刘升村。1949年设刘升区。1956年并入鹿头区。1975年析设刘升公社。1984年改区。1987年改镇。因镇政府驻地得名。有中学1所,小学6所,卫生院1个,卫生所2个,卫生室26个。农业以水稻、小麦、棉花种植为主。特产小花生。工业以食品加工、建材、铸造为主。县道枣鹿线过境。

刘升村［Liúshēngcūn］ 刘升镇人民政府驻地。在市政府驻地北城街道东25千米。人口2800。原河南刘升到此开店,称刘升店,故名。聚落呈带状。有中小学、卫生院。有民间艺术舞狮、舞龙、踩高跷、划旱船。农业以大蒜、蒜薹、小花生、水果种植为主。县道枣鹿线经此。

兴隆镇［Xīnglóng Zhèn］ 枣阳市辖镇。在市境东南部。面积179平方千米。人口7.7万。辖5居委会、29村委会,有401自然村。镇人民政府驻国道路。1956年设兴隆区。1975年改公社。1984年改镇。清代李兴、李隆兄弟路边开茶馆,渐成集镇,故名。有中学2所,小学7所,卫生院1个,卫生所1个,卫生室34个。经济以商贸为主。农业以水稻、小麦、棉花种植为主。316 国道、汉十高速过境。

国道路［Guódàolù］　兴隆镇人民政府驻地。在市政府驻地北城街道东北 18 千米。人口 1000。因 316 国道得名。聚落呈带状。有中小学、卫生院。经济以商贸、餐饮为主。汉丹铁路、福银高速经此。

王城镇［Wángchéng Zhèn］　枣阳市辖镇。在市境南部。面积 188 平方千米。人口 5 万。辖 2 居委会、32 村委会，有 624 自然村。镇人民政府驻王城社区。1981 年成立王城公社。1984 年改区。1987 年改镇。2001 年资山镇并入。因王姓居此成集而得名。有中学 2 所，小学 6 所，卫生院 2 个，卫生室 30 个。农业以水稻、小麦、茶叶种植为主。工业以化工、铸造、建材为主。汉十高速过境。

王城社区［Wángchéng Shèqū］　王城镇人民政府驻地。在市境南部。面积 5 平方千米。人口 6200。因镇得名。2012 年成立。民居多为现代 2、3 层楼房。有街舞、广场舞活动。有传统民俗扭秧歌、划旱船。有中小学、幼儿园、卫生院、养老院等。县道枣资线经此。

吴店镇［Wúdiàn Zhèn］　枣阳市辖镇。在市境南部。面积 366 平方千米。人口 9 万。辖 2 居委会、44 村委会，有 753 自然村。镇人民政府驻吴店中心社区。1956 年设吴店区。1975 年改公社。1984 年改镇。2001 年清潭镇并入。因吴姓开店成集镇而得名。有中学 4 所，小学 4 所，卫生院 2 个，卫生所 8 个，卫生室 47 个。有九连墩、郭家庙墓群。经济以农业、工业、商贸、旅游为主。农业以水稻、小麦、玉米种植为主，为枣阳市粮、棉、油生产基地，全省农业现代化建设示范区。工业有轻纺、机械、塑料化工、汽车配件、农副产品深加工等。汉十高速、省道寺沙线过境。

吴店中心社区［Wúdiànzhōngxīn Shèqū］　吴店镇人民政府驻地。在市境南部。面积 2 平方千米。人口 2.1 万。因处镇中心而得名。2002 年成立。民居多为现代 2、3 层楼房，高层小区房。有残疾人康复站、退役军人服务站、留守儿童活动室及老年门球场、图书室等。为老年、青少年、残疾人提供服务，围绕生活、计生、卫生健康、劳动保障、医保、综合治理等方面，举办老年人门球、下棋比赛，开展元宵舞龙及安全应急演练等。有中小学、卫生院、文化馆、图书馆等。有集市。省道寺沙线经此。

熊集镇［Xióngjí Zhèn］　枣阳市辖镇。在市境西南部。面积 263 平方千米。人口 4.9 万。辖 2 居委会、20 村委会，有 345 自然村。镇人民政府驻熊集社区。1958 年成立熊集公社。1961 年改区。1975 年复公社。1984 年改区。1987 年改镇。2001 年耿集镇并入。因熊姓居此设集而得名。有中学 2 所，小学 5 所，卫生院 2 个，卫生所 2 个，卫生室 22 个。有国家 3A 级旅游景区熊河。农业以水稻、小麦、玉米种植为主，为省优质粮油和农副土特产基地。工业以机械、粮食、饰品、建材加工，矿藏开采为主。县道枣耿线过境。

熊集社区［Xióngjí Shèqū］　熊集镇人民政府驻地。在市境南部。面积 1 平方千米。人口 7000。因镇得名。2013 年成立。民居多为现代 2、3 层楼房。有老年活动之家、儿童之家，配有健身器械、篮球场、乒乓球台、麻将、棋牌、健身房。老年大学设有跳舞、书法、棋社等课程，开展门球、象棋比赛。有小广场经常开展广场舞、歌舞表演活动。有小学、卫生院等。有国家 3A 级旅游景区熊河。农业以茶、柑橘、油茶种植为主。有山楂野果、天然药材。有旅游业。农历逢双日为集。县道枣耿、枣熊线经此。

平林镇［Pínglín Zhèn］　枣阳市辖镇。在市境南部。面积 217 平方千米。人口 4.2 万。辖 1 居委会、18 村委会，有 622 自然村。镇人民政府驻平林街道社区。1955 年设十四区。1975 年改公社。1987 年改镇。因当地四周青山环绕，树木茂密，中间地势平坦，有人在此开过饭店，名平林店，后简称平林。有中学 1 所，小学 4 所，卫生院 1 个，卫生室 18 个。有古迹乌龙观、青峰岭、观门山等。有四井岗烈士陵园。农业以水稻、玫瑰种植为主。产大米、油桃、茶叶、香菇等。工业以石灰生产、农产品加工为主。麻竹高速，省道襄洪、随南线过境。

平林街道社区［Pínglínjiēdào Shèqū］　平林镇人民政府驻地。在市境南部。面积 5 平方千米。人口 1.1 万。因同名街路得名。2012 年成立。民居以现代 2、3 层居民楼为主。社区开展生活照料、托养护理、医疗康复、休闲娱乐、文化教育、人文关怀等活动。有小学、卫生院等。盛产大米、油桃、香菌等。有集市。省道枣宋线经此。

宜　城　市

宜城市［Yíchéng Shì］　湖北省直辖县级市，由襄阳市代管。北纬 31°43′，东经 112°15′。在襄阳市境南部。面积 2115 平方千米。人口 58.6 万。辖 2 街道、8 镇。市人民政府驻鄢城街道。秦设鄢县。汉惠帝三年（前 192）改鄢县为宜城县，属南郡。南朝宋大明元年（457）改华山县，梁（502—557）改率道县。唐贞观八年（634）汉南县并入。唐天宝七年（748）改宜城县。宋、元、明、清因之。1912 年属襄阳道，后属第八行政督察区。1945 年为纪念抗日爱国将领张自忠而更名自忠县。1949 年复名宜城。1994 年改县级市。因古夷水且夷、宜谐音而得名。1994 年建宜城大道。1999 年改造襄沙大道。1999 年建紫盖山广场。2001 年建燕京广场。2001 改造大桥路（后改为燕京大道）。2007 年建楚都大道。2011 年建随南大道。2012 年建滨汉大道。2013 年建鲤鱼湖省级湿地公园。海拔 44—555 米，平均海拔 142 米。年均气温 15.8℃，1 月平均气温 2.8℃，7 月平均气温 27.6℃。年均降水量 892.9 毫米。有黑石岭、两乳山、卧牛山等。汉水、蛮河流经。有矿产资源铝土、磷、石英砂等。有黄棕壤、石灰岩土、紫色土、潮土、水稻土。有野生植物 910 种。有野生动物 280 种，其中有国家重点保护野生动物山鹰、苍鹰、水獭、野猪、果子狸等 28 种。森林覆盖率 29.6%。有中学 27 所，小学 117 所，三级医院 1 个，二级医院 3 个。有图书馆、博物馆、体育馆、燕京广场、万洋洲国家湿地公园、楚都公园、宋玉公园等。有全国重点文物保护单位楚皇城遗址。有省级文物保护单位宋玉故里、郭家岗遗址、百里长渠等 19 个。有张自忠将军纪念园。三次产业比例 17∶58∶25。农业以水稻、小麦、棉花、果蔬、松树、柏树种植为主，有猪、鸡、牛等饲养。有国有种畜场 1 个，国有林场 2 个。工业以农牧产品加工、啤酒酿造、纺织、发电、机械、化工、水晶加工、建材为主。有省级高新技术开发区 1 个。有城区中心农贸城、流水集镇、板桥店集镇、刘猴集镇和璞河集镇等区域性专业交易市场和商品集散地。焦柳铁路，207、346 国道，二广高速过境。有汉江航道。通多路公交车。

燕京广场［Yànjīng Guǎngchǎng］　在市区东北部。面积 4.5 公顷。2001 年开工，同年建成。因企业得名。广场分集会、休闲、娱乐 3 区。东西两侧为 2 沉降式小广场。培植一些绿化小品、彩灯装饰点缀成景，设置小游路、方圆平台、弧形小广场、雕塑和草坪绿化。为市民休闲、娱乐场所。周边有市政府、博物馆。通公交车。

燕京大道［Yànjīng Dàdào］　在市区南部。东起汉江宜城大桥，西至楚都大道。与振兴大道、襄沙大道相交。长 3.8 千米，宽 51 米。混凝土路面。1990 年开工，同年建成。2002 年改造。原名大桥路，2001 年因企业更今名。两侧有啤酒公司、中学等。通公交车。

汉江宜城大桥［Hànjiāng Yíchéng Dàqiáo］　在市区东南部。长 1894.9 米，宽 9 米，最大跨度 100 米，桥下净高 18.5 米。1986 年开工，1990 年建成。因所跨河流及所处位置得名。为特大型河道桥梁，结构型式为双支座连续梁桥。最大载重 40 吨。通公交车。

宜城站［Yíchéng Zhàn］　见交通运输设施部分“宜城站”条。

宜城市汽车客运站［Yíchéng Shì Qìchē Kèyùnzhàn］　见交通运输设施部分“宜城市汽车客运站”条。

鄢城街道［Yānchéng Jiēdào］　宜城市人民政府驻地。在市境中部。面积 91 平方千米。人口 13.2 万。以汉族为主，还有回、蒙古、朝鲜、苗、壮、满等民族。2001 年由城关镇、龙头乡合设。因古鄢县得名。汉水流经。有鲤鱼湖。有中学 7 所，小学 6 所，三级医院 1 个，二级医院 3 个，卫生院 5 个，卫生所 18 个，图书馆 1 个，博物馆 1 个，体育馆 1 个，广场 2 个，公园 3 个，小游园 12 个。有遗迹杜康台、护城河等。农业以水稻、小麦种植为主，兼种蔬菜。工业有啤酒酿造、纺织、发电、机械制造等。有宜城汽车站。通多路公交车。

南营街道［Nányíng Jiēdào］　属宜城市。在市境中部偏东。面积 168 平方千米。人口 4.6 万。2001 年设立。汉末刘表以汉水为界建 2 训练营，江东自东津向南“水军大营一百里”，称南营。有中学 1 所，小学 10 所，卫生院 1 个，卫生所 16 个。农业以小麦、水稻种植为主。特产黄花梨、山药、莲藕等。工业有生物科技等。346 国道、县道王万线过境。

郑集镇［Zhèngjí Zhèn］　宜城市辖镇。在市境南部。面积 224 平方千米。人口 8.4 万。辖 2 居委会、30 村委会，有 200 自然村。镇人民政府驻郑集。1961 年成立郑集公社。1984 年改郑集乡。1988 年设郑集镇。2001 璞河镇并入。因镇政府驻地得名。有中学 14 所，小学 12 所，卫生院 3 个，卫生所 29 个，文化站 2 个，广场 2 个，公园 1 个。有全国重点文物保护单位楚皇城遗址。农业以水稻、油料作物、花生、蔬菜种植为主，有鸡、鸭、猪饲养。工业有建材、塑业、饲料加工、化工、制衣、油脂加工等。207 国道、二广高速过境。

郑集［Zhèngjí］　郑集镇人民政府驻地。在市政府驻地鄢城街道南 9 千米。人口 3200。秦灭楚后，因故城西枣树成林而得名枣林，后郑姓渐多而更今名。聚落呈正方形。有中小学、卫生院、卫生所。有楚皇城遗址等。经济以商贸为主。有鸭养殖及鸭产品加工业。县道宜岛、郑何、郑七、宜璞孔线经此。

小河镇［Xiǎohé Zhèn］　宜城市辖镇。在市境北部。面积 231 平方千米。人口 6.1 万。以汉族为主，还有回、壮、土家、蒙古、瑶、侗等民族。辖 3 居委会、28 村委会，有 213 自然村。镇人民政府驻小河社区。1961 年成立小河公社。1984 年改乡。1990 年改镇。因镇政府驻地得名。汉水、蛮河流经。有中学 2 所，小学 16 所，卫生院 2 个，卫生所 32 个，文化站 2 个，广播站 1 个，农家书屋 55 个，农村福利院 2 个，公园 1 个。有宜城四·六烈士陵园。农业以水稻、小麦、蔬菜种植为主。焦柳铁路，207、346 国道，二广高速过境。

小河社区［Xiǎohé Shèqū］ 小河镇人民政府驻地。在市境北部。面积2.3平方千米。人口5600。古为木渠沟入汉水之口，故名。2001年成立。民居为多层楼房。有社区服务中心。有中小学、幼儿园、卫生院、图书室、宜城四•六烈士陵园等。有钢构、新型墙体材料、聚鑫磷制品加工等业。207国道经此。

刘猴镇［Liúhóu Zhèn］ 宜城市辖镇。在市境西南部。面积193平方千米。人口4.3万。以汉族为主，还有蒙古、苗、黎、布依、朝鲜、土家等民族。辖3居委会、19村委会，有477自然村。镇人民政府驻西街。1958年成立刘猴公社。1984年改镇。因镇政府原驻地得名。碑河、湾河流经。有矿产资源磷、硅石、大理石等。有野生植物花栎、麻栎等185种，野生动物狐狸、豹子、豺等123种。有中学2所，小学12所，卫生院3个，卫生所20个，文化站2个，敬老院2处，广场5个。有自忠碑、团山观遗址、陈湾乡苏维埃政府遗址。农业以小麦、水稻种植为主。有大葱、莲藕特色种植。有牲猪、家禽等饲养。省道宜远线，县道雷刘、李双线等过境。

西街［Xījiē］ 刘猴镇人民政府驻地。在市政府驻地鄢城街道西南40千米。人口1200。因街道方位得名。聚落呈条状。有中学、卫生院、陈湾乡苏维埃政府遗址等。服务业以商贸为主。有装潢、榨油等业。省道宜远线经此。

孔湾镇［Kǒngwān Zhèn］ 宜城市辖镇。在市境南部。面积106平方千米。人口2.9万。辖2居委会、11村委会，有116自然村。以汉族为主，还有回族。镇人民政府驻孔湾集镇。1948年设覆船山乡。1958年并入璞河公社。1971年析设孔湾公社。1984年改乡。1988年改镇。因镇政府驻地得名。蛮河流经。有中学1所，小学6所，卫生院1个，卫生所12个，文化站2个，图书室12个。有省级文物保护单位毛家洼子遗址。有万寿寺遗址。农业以水稻、小麦、玉米种植为主。特产太山贡米、青皮冬瓜、大白菜等。工业有精细化工、轻纺原材料、造纸、磷化工。焦柳铁路、207国道过境。

孔湾集镇［Kǒngwānjízhèn］ 孔湾镇人民政府驻地。在市政府驻地鄢城街道西南22千米。人口5100。处蛮河水湾，孔姓始居，渐成集镇，故名。聚落呈条状。有中小学、幼儿院、卫生院。经济以商品零售、农产品销售、餐饮住宿为主。207国道、二广高速经此。

流水镇［Liúshuǐ Zhèn］ 宜城市辖镇。在市境东南部。面积581平方千米。人口4.5万。以汉族为主，还有回、苗、壮、土家、黎等民族。辖4居委会、28村委会，有502自然村。镇人民政府驻流水沟。1974年成立流水公社。1984年改乡。1988年改镇。因镇政府驻地得名。有野生植物185种，其中有野生中草药6种。有野生动物98种，其中有国家二级保护野生动物3种。汉江、莺河等流经。有中学3所，小学12所，卫生院3个，卫生所20个。有千年古刹松林寺、马头寨遗址、讴老寨遗址。有民间艺术飞蛾舞、薅草歌。经济以种植西瓜为主。为全国特色乡镇。有农家小吃熏腊肉、辣面果、地皮菜、山野菜。346国道过境。

流水沟［Liúshuǐgōu］ 流水镇人民政府驻地。在市政府驻地鄢城街道东南26千米。人口2200。位于小河沟与汉江交汇处，渐成聚落，故名。聚落呈散状。有中小学、卫生院、文化站、图书室。服务业以商贸为主，有西瓜市场。省道襄钟线经此。

板桥店镇［Bǎnqiáodiàn Zhèn］ 宜城市辖镇。在市境东部。面积386平方千米。人口4.5万。以汉族为主，还有回、土家等民族。辖2居委会、18村委会，有613自然村。镇人民政府驻板桥社区。1956年为板桥乡。1958年成立东风公社。1974年并入板桥公社。1981年更名板桥店公社。1984年设板桥店镇。2001年新街乡并入。明代姚姓在溪上搭木板桥经商，故名。莺河流经。有矿产资源硅石、方解石、石灰石等。有野生植物131种，野生动物58种。有中学2所，小学12所，卫生院3个，卫生所20个。有张自忠将军殉国纪念园和纪念碑、鄂豫边临时苏维埃政府旧址。农业以水稻、小麦、玉米种植为主。有西瓜、板栗、油桃等特色种植。工业以矿产开采为主。346国道、省道襄钟线过境。

板桥社区［Bǎnqiáo Shèqū］ 板桥店镇人民政府驻地。在市境西部。面积6.8平方千米。人口1.1万。因镇得名。2001年成立。民居多为3—4层砖混结构楼房。社区服务以为居民办理低保核查、户籍证明、处理街道商户间的矛盾、协调破产企业职工处理劳资关系和集资问题为主。有中小学，幼儿园、卫生院。服务业以商贸、餐饮住宿、娱乐产业为主。346国道经此。

王集镇［Wángjí Zhèn］ 宜城市辖镇。在市境东北部。面积147平方千米。人口4.3万。辖2居委会、16村委会，有142自然村。镇人民政府驻王集社区。1958年成立王集公社。1984年改乡。1988年改镇。明代嘉靖年间(1522—1565)有上、下王集，故名。有中学2所，小学8所，卫生院1个，卫生所17个。有图书馆、文化馆等。有景点庞居洞。农业以水稻、小麦、花生、油菜种植为主。工业有花生加工、光电等。县道王万线过境。

王集社区［Wángjí Shèqū］ 王集镇人民政府驻地。在市境北部。面积2平方千米。人口4300。2002年成立。因镇得名。民居多为3—4层砖混结构楼房。社区服务以为居民办理低保核查、户籍证明、处理街道商户间的矛盾、协调破产企业职工处理劳资关系和集资问题为主。有中学、中心学校、卫生院等。有花生油榨作坊。县道王万线经此。通公交车。

雷河镇［Léihé Zhèn］ 宜城市辖镇。在市境中部偏西。面积111平方千米。人口4.3万。辖4居委会、12村委会，有116自然村。以汉族为主，还有土家、侗、壮、黎、苗、布依等民族。镇人民政府驻雷河社区。1949年设雷家河乡。1958年成立红旗公社。1984年改雷河镇。1989年镇政府由雷家河迁此。1994年改街道。2001年并入鄢城街道。2008年复雷河镇。雷姓邻蛮河而居，故名。有野生植物300多种，野生动物150多种。有中学2所，小学7所，卫生院2个，卫生所12个。有全国重点文物保护单位郭家岗遗址，省级文物保护单位曾家湖。农业以水稻、小麦、棉花、油菜种植为主。工业以生产化肥、玻璃、水晶为主。焦柳铁路、207国道过境。有宜城站。

雷河社区［Léihé Shèqū］ 雷河镇人民政府驻地。在市境西部。面积5.5平方千米。人口3300。因镇得名。2001年成立。民居多以3—4层砖混结构楼房为主。社区服务以为居民办理低保核查、户籍证明、处理街道商户间的矛盾、协调破产企业职工处理劳资关系和集资问题为主。有小学、卫生院、图书室、大型国有林场。经济以商贸为主。焦柳铁路经此。有宜城站。

南 漳 县

南漳县［Nánzhāng Xiàn］ 襄阳市辖县。北纬31°13′，东经111°23′。在市境西南部。面积3859平方千米。人口58.8万。以汉族为主，还有回、苗等民族。辖10镇。县人民政府驻城关镇。南北朝之西魏时(约554)置思安县。隋开皇十八年(598)改思安县为南漳县。南宋绍兴五年(1135)中庐县并入。此后至1949年未变，先后属襄阳路、襄阳府、安襄郧荆道、鄂北道、襄阳道、湖北省、第八行政督察区、第五行政督察区、桐柏区第三专署汉南办事处。1949年重阳、马良、店垭3乡划出。1957年部分地域划出。1983年属襄樊市。2010年属襄阳市。因漳河古称南漳水得名。地势西高东低。海拔65—1570米。年均气温15.6℃，1月平均气温2.6℃，7月平均气温27.2℃。年均降水量912.2毫米。蛮河流经。有矿产资源煤、铝土、磷、累托石、硫铁、铜、铁、陶瓷土等。有国家重点保护野生植物黄姜、天麻、葛根、绞股蓝、壳禾等。有国家重点保护野生动物乌梢蛇、王锦蛇、黑眉锦蛇、松花蛇、莱花蛇、猪獾、麂子、果子狸、野兔、野鸡、龟、鳖等。有省级自然保护区46个。森林覆盖率68.7％。有中学27所，小学53所，二级医院4个。有博物馆、图书馆、体育场等。有全国重点文物保护单位南漳山寨群。有省级文物保护单位水镜庄、徐庶祠、板桥民居等46个。有遗迹古卢戎国、古罗国城、汉临沮城等。有国家3A级旅游景区水镜庄、七里山国家森林公园，有旅游景区龙王峡、香水河。有景点团山寺、金牛洞、白起渠、徐公祠、冯氏民居、张公陵等。三次产业比例23∶39∶38。农业以水稻、小麦、玉米种植为主，有牲猪、山羊饲养。产油料、茶叶等。有蚕桑、食用菌、干鲜果、草药、苎麻等种植。盛产天麻、杜仲、银杏、猴头、枣皮、黄柏、苍术、桔梗、菊花、金银花等。工业以建材、化工、纺织、农产品加工为主。服务业以餐饮和旅游为主。有三星级饭店1个。麻竹、保宜高速，省道襄关、随南、宜远、南荆线过境。

珍珠泉大桥［Zhēnzhūquán Dàqiáo］ 在县城西部。长76.8米，宽7米，最大跨度50米，桥下净高14.2米。1981年开工，同年建成，2011年改造。早年有泉，水涌似珍珠，故名珍珠泉。桥因珍珠泉旧址得名。为中型河道桥梁，结构型式为双曲拱结构。最大载重13吨。通公交车。

南漳县汽车客运站［Nánzhāng Xiàn Qìchē Kèyùnzhàn］ 见交通运输设施部分“南漳县汽车客运站”条。

城关镇［Chéngguān Zhèn］ 南漳县人民政府驻地。在县境东北部。面积312平方千米。人口19万。辖7居委会、33村委会，有134自然村。镇人民政府驻徐庶社区。1951年由沐浴区析设城关镇。1984年苗圃乡划入。1987年殷庄乡划入。2001年胡营镇并入。有中学2所，小学9所，幼儿园40所，卫生院1个，文体中心1个，图书室46个。有名胜古迹徐庶庙、普济寺、文笔峰塔、梳妆台、白马洞等。有省级地质公园水镜湖。有国家3A级旅游景区水镜庄。农业以水稻、小麦、玉米、蔬菜种植为主，有猪、羊、禽饲养。特产樱桃、梨、桃子、白果等。工业以化工、纺织、电子、建筑、建材、加工业为主。麻竹高速、省道襄关线过境。

徐庶社区［Xúshù Shèqū］ 城关镇人民政府驻地。在县境东北部。面积2平方千米。人口2000。为三国徐庶隐居处，故名。2013年成立。民居以小高层楼房为主，间杂2—3层自建房。有便民服务站、老年活动中心、卫生服务站等。有中学。有徐庶故居。通公交车。

武安镇［Wǔ'ān Zhèn］ 南漳县辖镇。在县境东南部。面积398平方千米。人口11.7万。辖6居委会、44村委会，有259自然村。镇人民政府驻刘家河。1950年设武安镇。2001年刘集、安集2镇并入。明清曾修武安堡城池，故名。蛮河、黑河流经。有中学3所，小学11所，幼儿园28所，卫生院1个，卫生所1个，文化中心1个，图书室60个。有全国重点文物保护单位安乐堰墓群。有李协一烈士陵园。农业以水稻、小麦、玉米、油料作物、蔬菜种植为主。工业以纺织、建筑为主。省道随南线过境。

刘家河［Liújiāhé］　武安镇人民政府驻地。在县政府驻地城关镇东南20千米。人口500。刘姓居于河旁，故名。聚落呈团块状。有卫生室、中心幼儿园。农业以小麦、水稻、油菜种植为主。省道随南线经此。

九集镇［Jiǔjí Zhèn］　南漳县辖镇。在县境东部。面积472平方千米。人口10.2万。辖5居委会、46村委会，有255自然村。镇人民政府驻九仙观。1958年成立九集公社。1987年改镇，同年涌泉镇析出。2001年龙门、涌泉2镇并入。因同名集市得名。清凉河、潍河、泗渚河等流经。有中学3所，小学8所，幼儿园17所，卫生院1个。农业以水稻、小麦、玉米种植为主，有猪、牛、羊、禽饲养。工业以化工、建材、农产品加工为主。麻竹高速、省道襄关线过境。

九仙观［Jiǔxiānguàn］　九集镇人民政府驻地。在县政府驻地城关镇东北15千米。人口400。传鲁班云游至此，见9棵大树似仙人下凡，遂树下休闲求艺，后提议建楼供奉九仙，故名。聚落呈散状。农业以水稻、小麦、玉米种植为主，有猪、牛、羊、禽饲养。省道襄关线经此。

李庙镇［Lǐmiào Zhèn］　南漳县辖镇。在县境西北部。面积539平方千米。人口2.4万。辖2居委会、25村委会，有71自然村。镇人民政府驻全家湾。1951年设李庙区。1955年赵店区并入。1958年成立公社。1987年改镇。2001年阎坪乡并入。传乾隆年间（1736—1795）李氏好义，后因诬被判，村民修庙祭之，名李家庙，后演为今名。有中学2所，小学5所，幼儿园5所，卫生院2个，卫生室25个，文化站1个，图书室26个。农业以小麦、水稻、玉米、油料作物、草药种植为主，有猪、牛、羊、家禽饲养。工业以矿产开采、建材加工为主。麻竹高速、省道长黄线过境。

全家湾［Quánjiāwān］　李庙镇人民政府驻地。在县政府驻地城关镇西北17千米。人口300。全姓居于山湾，故名。聚落呈散状。有中小学、卫生院。有古迹龙虎山寨。农业以小麦、水稻、玉米、油料作物、草药种植为主。县道董李线经此。

长坪镇［Chángpíng Zhèn］　南漳县辖镇。在县境西部。面积557平方千米。人口1.9万。辖1居委会、14村委会，有65自然村。镇人民政府驻长坪社区。民国时期曾设豫城乡，后改长坪乡。1949年设区。1958年改公社。1987年改镇。因地形东西长、南北窄得名。有中学1所，小学5所，幼儿园5所，卫生院1个，文化站1个，农家书屋15个。农业以小麦、水稻、玉米、茶种植为主，有猪、牛、羊、家禽饲养。工业以木材加工为主。麻竹高速、省道长黄线过境。

长坪社区［Chángpíng Shèqū］　长坪镇人民政府驻地。在县境西北部。面积3平方千米。人口1200。因镇得名。2013年成立。民居以2—3层楼房为主。有老年活动中心、卫生服务站等。有中学。省道长黄线经此。通公交车。

薛坪镇［Xuēpíng Zhèn］　南漳县辖镇。在县境西南部。面积398平方千米。人口2.7万。辖2居委会、29村委会，有150自然村。镇人民政府驻薛家坪。1951年设薛坪区。1955年石桥区并入。1987年改镇。2001年三景乡并入。漳河、洛浴河流经。有中学1所，小学6所，幼儿园1所，卫生院2个，卫生室29个，文化站1个，村级文化活动中心29个，图书室38个。农业以小麦、玉米、蔬菜种植为主，有猪、牛、羊、家禽饲养。工业以酿酒、建材为主。县道薛曲、李刘、长三、花朝、果小线过境。

薛家坪［Xuējiāpíng］　薛坪镇人民政府驻地。在县政府驻地城关镇西南23千米。人口400。因姓氏得名。聚落呈散状。有中小学、卫生院。农业以小麦、玉米、蔬菜种植为主。县道薛曲线经此。

板桥镇［Bǎnqiáo Zhèn］　南漳县辖镇。在县境西南部。面积278平方千米。人口2.4万。辖2居委会、22村委会，有104自然村。镇人民政府驻新集。1949年设板桥区。1956年并入巡检区。1965年复板桥区。1975年成立公社。1984年改区。1987年改镇，同年雷坪乡析出。2001年雷坪乡并入。因石板桥得名。有中学1所，小学4所，幼儿园4所，卫生院1个，文化站1个，图书室23个。农业以小麦、玉米、蔬菜种植为主，有猪、羊、家禽饲养。工业以瓷土开采、石材加工为主。县道李刘、雷白线过境。

新集［Xīnjí］　板桥镇人民政府驻地。在县政府驻地城关镇西南36千米。人口300。为新建集镇，故名。聚落呈散状。有中小学、卫生院。有古迹板桥乡公所旧址、寨垭、炮楼子。有冲口子、彭家湾冯氏故居。农业以玉米、小麦种植为主。县道李刘线经此。

巡检镇［Xúnjiǎn Zhèn］　南漳县辖镇。在县境西南部。面积357平方千米。人口3.3万。辖2居委会、24村委会，有138自然村。镇人民政府驻巡检司。1949年设巡检区。1956年板桥区并入，1965年析出。1987年设镇，峡口镇析出。2001年峡口镇并入。因镇政府驻地得名。沮河、漳河流经。有中学2所，小学7所，幼儿园4所，卫生院1个，文化站1个。有名胜古迹玉印岩、峡门口小三峡、指山岩、古临沮城遗址、松树沟化石群。农业以水稻、玉米、小麦种植为主，有猪、牛、羊、家禽饲养。产油菜籽、桑蚕、茶叶等。工业以建材、矿产开采、农产品加工为主。保宜高速过境。

巡检司［Xúnjiǎnsī］　巡检镇人民政府驻地。在县政府驻地城关镇西南49千米。人口300。明清设巡检司，故名。聚落呈散状。有中小学、幼儿园、卫生院等。农业以水稻、小麦、玉米、油菜种植为主。县道小百线经此。

漫云村［Mànyúncūn］　在县政府驻地城关镇西南39千米。巡检镇辖自然村。人口500。紧邻漳河，洪水后常淤沙，故清代前称漫淤，1949年后多次治理，2014年雅称今名。聚落呈半圆状。有小学。为中国传统村落。有清代古山寨3个，古街道1条，古民居1栋，古墓葬12个，古造纸作坊1个，古树1棵。农业以水稻、玉米、小麦种植为主。县道李刘线经此。

东巩镇［Dōnggǒng Zhèn］　南漳县辖镇。在县境西南部。面积428平方千米。人口3.6万。辖2居委会、22村委会，有128自然村。镇人民政府驻王家畈。1975年肖堰区析设东巩公社。1984年改镇。2001年双坪乡并入。因有黄帝"荆山铸九鼎"时开采的铜孔遗址而得名铜孔，后以方言发音渐为今名。有峨眉山。有矿产资源煤、铜、铁、锌、硒等。有中学2所，小学6所，卫生院2个，卫生所1个，文化站1个，图书室23个。有国家级非物质文化遗产东巩高跷。有国家4A级旅游景区春秋寨。农业以水稻、小麦、玉米种植为主。特产木耳、茶叶、桑树、银杏、黄姜。工业以煤炭开采、木制品加工、建材为主。有香菇交易市场。省道南荆线过境。

王家畈［Wángjiāfàn］　东巩镇人民政府驻地。在县政府驻地城关镇南50千米。人口400。因姓氏、地形得名。聚落呈散状。有中学、幼儿园、卫生院等。农业以水稻、小麦、玉米种植为主。省道南荆线经此。

肖堰镇［Xiàoyàn Zhèn］　南漳县辖镇。在县境西南部。面积399平方千米。人口3.4万。辖2居委会、24村委会，有133自然村。镇人民政府驻肖家堰。1951年设肖堰区。1958年成立火箭公社，同年改肖堰公社。1984年改区。1987年改镇，部分地域划出。2001年花庄镇并入。因镇政府驻地得名。有中学2所，小学5所，幼儿园5所，卫生院1个，文化站1个，图书室24个。有肖堰烈士陵园。有乌龟寨、禹王寨遗址。农业以水稻、小麦、玉米种植为主，有猪、牛、羊、家禽饲养。产茶叶、桑蚕、银杏等。工业以纺织、建材为主。省道南荆线过境。

肖家堰［Xiàojiāyàn］　肖堰镇人民政府驻地。在县政府驻地城关镇南部偏西33千米。人口300。肖家聚居，旁有大堰塘，故名。聚落呈散状。有中小学、卫生院。有肖堰烈士陵园。有乌龟寨、禹王寨遗址。农业以小麦、玉米种植为主。省道南荆线经此。

谷城县

谷城县［Gǔchéng Xiàn］　襄阳市辖县。在市境西北部。东经111°38′，北纬32°16′。面积2553平方千米。人口59.7万。以汉族为主，还有回、土家、满等民族。辖9镇、1乡。县人民政府驻城关镇。西周为谷国。秦设筑阳县。其后至隋几经改名，先后为扶凤郡、义成郡、宜禾县、泛阳县、万年县、义成县、安养县等。隋开皇十八年（598）更名谷城县。其后未变，先后属襄州、襄阳府、襄阳路、襄阳道、第八行政督察区、第五行政督察区、襄阳专区、襄阳地区、襄樊市。2010年属襄阳市。《九域志》载："谷城，因神农氏在此尝植五谷得名。"原因位于筑水之北得名筑阳，后建城于谷山，改今名。中心城区呈一心一区一园一城一镇的城市格局，一心即中心城区、一区即经济开发区、一园即汉江国家湿地公园、一城即高铁新城、一镇即城关镇电商小镇（黄康片区）。地势由西南向东北降低。海拔71—1584米。年均气温15.4℃，1月平均气温5.1℃，7月平均气温26.2℃。年均降水量978毫米。有矿产资源铁、沙金、花岗岩、石灰石等。有野生植物1548种，其中有国家一级保护野生植物银杏、红豆杉，国家二级保护野生植物巴山榧树、榧树、崖白菜等13种。有野生动物277种，其中有国家重点保护野生动物52种。森林覆盖率72%。有中学21所，小学50所，二级医院4个，文化馆11个，图书馆1个，档案馆1个，博物馆1个，科技馆1个，综合体育场、体育场馆1个。有古迹承恩寺、沈垭天主教堂、县城老街明清古建筑群等。有国家级非物质文化遗产湖北越调，省级非物质文化遗产6个。有国家3A级旅游景区谷城薤山、南河。有谷城古八景之一"薤山叠翠"。有汉江国家湿地公园、五山堰河乡村旅游区等。三次产业比例12∶62∶26。农业以小麦、水稻、油菜、茶叶种植为主，豆类等杂粮为辅，有猪牛羊、鸡鸭鹅、鱼、虾等饲养，特产茨河贡米、食用菌、山药、芋头等。工业以再生资源、汽车零部件制造、食品加工、新型建材、纺织服装、电子、农产品加工为主。服务业以旅游、物流为主。襄渝、汉石铁路，汉石、谷竹、老宜高速，241、316国道，省道襄谷线过境。通航河道3条，其中汉江为三级航道。

世纪广场［Shìjì Guǎngchǎng］　在县城中部。面积4000平方米。1992年开工，同年建成。取跨世纪之意得名。中央有雕塑，与低矮观叶植物组成花钟，四周种植草坪，设置草坪灯、镭射灯、礼花灯。为市民休闲娱乐场所。周边有谷城县汽车客运站。通公交车。

谷城站［Gǔchéng Zhàn］ 见交通运输设施部分“谷城站”条。

谷城县汽车客运站［Gǔchéng Xiàn Qìchē Kèyùnzhàn］ 见交通运输设施部分“谷城县汽车客运站”条。

城关镇［Chéngguān Zhèn］ 谷城县人民政府驻地。在县境东北部。面积144平方千米。人口17.1万。辖28居委会、17村委会，有285自然村。镇人民政府驻老街社区。1912年设城厢区，后数次易名。1950年改城关镇。1984年更名谷城镇。1987年复名城关镇。明洪武二年(1369)县城迁此，历为县治，故名。汉江、南河、北河流经。有职教学校1所，九年一贯制学校1所，高中2所，初中3所，小学7所，幼儿园34所，二级医院3个，卫生院1个，卫生所44个。有古迹格垒嘴遗址、三神殿、老街明清古建筑群。有老军山樱花谷、汉江国家湿地公园。有谷城八景之“后湖夜月”“军山群羊”“粉水澄清”。农业以蔬菜种植为主。工业以机械制造、纺织服装为主。襄渝铁路、316国道、汉十高速、省道襄谷线过境。有汉江格垒嘴港口。

老街社区［Lǎojiē Shèqū］ 城关镇人民政府驻地。在县境东南部。面积3.7平方千米。人口3600。原为古道，明清为商贸要地，故名。2002年成立。有明清建筑风格民居。有便民服务中心、居民活动室、家长学校、老年活动室、老年教育教学点、红色驿站、文风亭健身广场。有中心学校、卫生院、博物馆。有古迹三神殿、老街明清古建筑群。县粮食局、水利局驻此。通公交车。

石花镇［Shíhuā Zhèn］ 谷城县辖镇。在县境西北部。面积275平方千米。人口13.6万。辖8居委会、37村委会，有184自然村。镇人民政府驻东门街社区。1950年设区辖石花镇。1958年并入石花公社。1961年石花镇为县辖镇。传古时用彩石、鹅卵石铺嵌街面，故名。有高中1所，初中2所，小学2所，幼儿园8所，二级医院1个，卫生院1个，卫生室5个，文化馆1个，图书馆1个，文化活动中心6个。经济以工业为主，有无污染再生铅化工、精密铸造、蓄电池制造、服装面料加工、酿酒等。农业以苗木花卉、蔬菜种植为主，有畜禽、水产养殖。汉十、谷竹、老宜高速，241、316国道过境。2005年被评为全国文明镇。

东门街社区［Dōngménjiē Shèqū］ 石花镇人民政府驻地。在县境北部。面积0.9平方千米。人口6100。因位于石花街东门而得名。2002年成立。民居多为3—4层仿古建筑和普通楼房。有社区志愿服务队、乡贤说事评理团、老年活动室、居家养老服务中心、文化活动中心、爱心书屋。有中小学。为石花街商贸集散地。通公交车。

盛墉镇［Shèngkāng Zhèn］ 谷城县辖镇。在县境东南部。面积303平方千米。人口6.8万。辖2居委会、26村委会，有131自然村。镇人民政府驻前后街社区。1931设盛墉镇。1948年改盛墉区。1956年改为付湾乡。1957年复设盛墉镇。1958年成立新生活公社。1961年改为盛墉区。1975年改为盛墉公社。1984年成立县辖盛墉镇。1985年小沟乡并入。2001年当铺镇并入。南河流经。有中学2所，小学6所，幼儿园3所，卫生院1个，卫生室28个。有香炉石风景区。农业以水稻、小麦、玉米、蔬菜、油菜种植为主。工业有硅矿加工、纺织、化工、汽车配件等。县道盛赵线过境。

前后街社区［Qiánhòujiē Shèqū］ 盛墉镇人民政府驻地。在县境东南部。面积1平方千米。人口3200。因区内道路得名。2002年成立。多为现代民居，有别墅2栋。有便民服务中心、社区志愿服务队、乡贤说事评理团，居民活动室、老年活动室、居家养老服务中心、爱心书屋。有中心小学、卫生院。

庙滩镇［Miàotān Zhèn］ 谷城县辖镇。在县境东南部。面积221平方千米。人口5.7万。辖4居委会、30村委会，有139自然村。镇人民政府驻夕照街社区。1931年设庙滩镇。1941年更名庙滩乡。1958年成立新气象公社。1960年改为庙滩公社。1980年设社辖庙滩镇。1984年设县辖庙滩镇。1985年南川区并入。因建庙于滩祈求平安得名。汉江、黄畈河、高桥河流经。有中学2所，小学6所，幼儿园4所，卫生院1个，卫生室33个。有景点龙王洞、八仙洞、古乐寺、古林。经济以生态养殖、高效农业、商贸为主。特产鸡蛋、贡芋、莲藕、板栗。省道襄谷线、县道苗盛线过境。

夕照街社区［Xīzhàojiē Shèqū］ 庙滩镇人民政府驻地。在县境东南部。面积1.1平方千米。人口3000。因街路得名。2003年成立。有现代砖构建筑居民楼。有图书室、便民服务中心、文化广场、跳舞队。省道襄谷线经此。

五山镇［Wǔshān Zhèn］ 谷城县辖镇。在县境西北部。面积244平方千米。人口3.9万。辖2居委会、20村委会，有96自然村。镇人民政府驻闻畈街社区。1961年称五山区。1975年改为五山公社。1984年复区。1987年撤销设县辖五山乡。1994年撤乡建五山镇。2001年谢湾镇大部地域并入。因马鞍、云雾、邱家、百日、李家5山得名。班河、堰河、盐池河、后河流经。有中学2所，小学4所，幼儿园7所，卫生院1个，卫生室22个。有黄山垭烈士陵园。有古迹千佛洞、万佛洞、天池寺遗址、太神庙遗址、鸡鸣寺、真武殿。有省旅游名村堰河村。经济以旅游为主，种植茶叶为辅。襄渝、汉石铁路过境。2005、2011年被评为全国文明镇。

闻畈街社区［Wénfànjiē Shèqū］ 五山镇人民政府驻地。在县境西北部。面积1.5平方千米。人口3300。因原闻姓所有的两冲口田畈得名。2003年成立。民居多为现代砖构楼房。有文化长廊、居民服务中心等。有中小学、幼儿园、卫生院、卫生室、杜权成书画馆等。有供电所。产茶叶。县道石昝线经此。

堰河村［Yànhécūn］ 在县政府驻地城关镇西37千米。五山镇辖自然村。人口1100。旧时村民拦河筑堰，灌溉农田，故名。聚落呈条状。有国家4A级旅游景区堰河银杏山庄。经济以旅游、批发零售、餐饮为主。有茶场3个，木耳、香菇基地4个。有生态茶园。有农家乐35户，民宿32户。2011年被评为全国文明村。

茨河镇［Cíhé Zhèn］ 谷城县辖镇。在县境东南部。面积184平方千米。人口2.1万。辖15村委会、1居委会，有62自然村。镇人民政府驻茨河街社区。1931年设茨河镇。1943年更名为茨河乡。1951年设茨河区。1956年复乡。1958年成立新农村公社。1959年改茨河公社。1984年设镇。曾名次河，因汉江沿岸生长刺槐等荆刺树而更名。汉江流经。有中学2所，小学4所，幼儿园7所，卫生院1个，卫生室15个。有鄂西北区党委(省委)旧址、鄂北手纺织训练所旧址、红石岩抗日战场遗址等。有景点千年古刹承恩寺、千峰庵、襄宪王墓等。农业以水稻、小麦、油菜、玉米种植为主。有旅游业。省道襄谷线过境。

茨河街社区［Cíhéjiē Shèqū］ 茨河镇人民政府驻地。在县境东南部。面积2平方千米。人口2900。因镇得名。2002年成立。民居多为楼房。有广场舞、舞龙队、红色驿站等。有卫生院。有鄂西北区党委和鄂北手纺所旧址等。有大米、腐乳、石材加工业。省道襄谷线经此。

南河镇［Nánhé Zhèn］ 谷城县辖镇。在县境西南部。面积243平方千米。人口2.2万。辖19村委会，有57自然村。镇人民政府驻观音沟村。1984年由盛康、龙滩2镇析设南河区。1987年改镇。南河流经，故名。有中学1所，小学4所，幼儿园2所，卫生院1个，卫生室13个。有国家3A级旅游景区南河。有景点苏区村、文龙书院等。经济以旅游为主。县道盛粟线过境。

观音沟村［Guānyīngōucūn］ 南河镇人民政府驻地。在县政府驻地城关镇中部偏南23千米。人口1000。因沟旁有观音庙得名。聚落呈带状。有古迹观音寨。农业以芦笋、南瓜、谷子、玉米、山葱种植为主。工业有矿产开采等。县道盛粟线经此。

紫金镇［Zǐjīn Zhèn］ 谷城县辖镇。在县境西南部。面积455平方千米。人口2.4万。辖1居委会、31村委会，有94自然村。镇人民政府驻紫金街社区。1948年为第八区。1956年更名紫金乡。1958年并入金星公社。1961年称紫金区。1975年撤区成立紫金公社。1984年设紫金镇。1987年成立县辖紫金镇。1995年后粟谷乡、薤山林场部分地域并入。2001年官坊乡并入。因盛产紫荆树得名紫荆，后讹为紫金。有中学1所，小学2所，幼儿园1所，卫生院1个，卫生室27个。有古迹娘娘庙、明代沈垭天主教堂。有景点百步梯、福山等。经济以牛、羊、猪、家禽养殖，茶叶种植为主。241国道、谷竹高速过境。

紫金街社区［Zǐjīnjiē Shèqū］ 紫金镇人民政府驻地。在县境西南部。面积11平方千米。人口4600。因紫金洞得名。2009年成立。民居以多层楼房为主。有社区志愿服务队、爱心书屋、零工驿站、社工站。有中心学校。有卫生室。农业以水稻、玉米、小麦种植为主。有食用菌专业合作社。有茶叶批发零售业。241国道、谷竹高速经此。

冷集镇［Lěngjí Zhèn］ 谷城县辖镇。在县境北部。面积267平方千米。人口6万。辖2居委会、37村委会，有172自然村。镇人民政府驻冷集街社区。1931年设冷集镇。1950年成立冷集区。1958年成立东风(冷集)公社。1984年复名冷集区，设区辖冷集镇。1987年设县辖冷集镇。2001年沈湾镇并入。因土色褐红得名红土岗，清同治年间(1862—1874)冷姓居此设集，更今名。有中学3所，小学2所，幼儿园5所，卫生院1个，卫生室37个。有古迹鄾阳城遗址、伍子胥墓。有景点汉江水上休闲园等。农业以山药、花椒种植为主。工业有食品加工、矿产开采、冶炼及机械加工、建材等。316国道、老宜高速过境。

冷集街社区［Lěngjíjiē Shèqū］ 冷集镇人民政府驻地。在县境北部。面积1平方千米。人口8100。因镇得名。2011年成立。民居多为3—4层楼房。有社区自愿服务队、爱心书屋、零工驿站、社工站。有中小学、卫生所。有养猪专业合作社2个。有水稻、莲藕种植专业合作社。316国道经此。

赵湾乡［Zhàowān Xiāng］ 谷城县辖乡。在县境南部。面积243平方千米。人口1.2万。辖10村委会，有30自然村。乡人民政府驻赵湾。1975年成立赵湾公社。1984年并入粟谷区。1987年析设赵湾乡。因乡政府驻地得名。有青龙山。东河、七堰河、老庙河等流经。有中学1所，小学教学点3所，幼儿园1所，卫生院1个，卫生室10个。有火神观遗址。有景点万里山天坑、三管石。经济以食用菌、反季节蔬菜种植，农产品收购加工为主。特产茶叶、香菇、木耳、桐籽、木梓、竹炭等。县道谷粟线过境。

赵湾［Zhàowān］　赵湾乡人民政府驻地。在县政府驻地城关镇南63千米。人口500。古称赵家湾。清嘉庆年间（1796—1820）赵姓来此开荒，得名胡子坪。后因处河湾改今名。聚落呈块状。有中小学、卫生院、卫生所。农业以小麦、玉米、香菇、木耳种植为主。县道谷粟线经此。

保康县

保康县［Bǎokāng Xiàn］　襄阳市辖县。北纬31°52′，东经111°15′。在市境西北部。面积3225平方千米。人口28.2万。辖10镇、1乡。县人民政府驻城关镇。明弘治十一年（1498）由房县潭头坪析置保康县，取保民安居康乐之意，属郧阳府。此后未变，先后属襄阳道、第八行政督察区、第五行政督察区、襄阳专区、襄阳地区、襄樊市。2011年属襄阳市。明弘治十一年（1498）始建城，周长240丈，高1.8丈，有5门，后屡有修缮。1964年后先后完成光千路、清溪路、河西路及清溪河堤防工程、清溪河景观工程、人民广场等建设。地势西北高东南低。平均海拔1000米。年均气温15℃，1月平均气温3.9℃，7月平均气温27.6℃。年均降水量922毫米。南河、沮河、蛮河流经。有矿产资源铁、锰、钒、铜、铅锌、铝土等。有野生植物2119种，其中有国家重点保护野生植物银杏、红豆杉、光叶珙桐等23种。有野生动物120种，其中有国家重点保护野生动物兽类26种，鸟类94种。有国家级自然保护区1个，省级自然保护区1个。森林覆盖率72.4％。有九年制学校2所，普高2所，职高1所，初中14所，小学68所，二级医院2个，文化馆1个，图书馆1个，档案馆2个，文艺团体1个。有吴德峰革命业绩陈列室。有古迹苏翁泉。有国家4A级旅游风景区尧治河、五道峡。有景点蜡梅公园、中华紫薇林等。三次产业比例20∶47∶33。农业以水稻、小麦、玉米、土豆种植为主。特产黑木耳、香菇、茶叶、蓝莓、蜡梅、牡丹等。工业以磷矿开采与加工为主。服务业以商贸、物流为主。郑万高铁，福银、麻竹、保宜、保神高速，省道保宜、保神、保兴、襄关、东珠、石开线过境。

紫薇广场［Zǐwēi Guǎngchǎng］　在县城中部。面积2公顷。2000年开工，2001年建成。因中华紫薇林得名。有喷泉2处，园林景观多处。东坡上有植物种植的凤凰图腾，呈圆形。为市民休闲娱乐场所。周边有居住小区、酒店、宾馆等。通公交车。

清溪河大桥［Qīngxīhé Dàqiáo］　在县城中部。桥长170米，宽8.6米，最大跨度40米，桥下净高12米。1982年开工，1983年建成。因跨清溪河得名。为小型河道桥梁，结构型式为双曲拱桥。最大载重12吨。通公交车。

紫薇大桥［Zǐwēi Dàqiáo］　在县城中部。长310米，宽12.5米，最大跨度150米，桥下净高9米。2004年开工，2005年建成。因中华紫薇林得名。为小型河道桥梁，结构型式为T型桥。最大载重20吨。通公交车。

保康旅游汽车客运站［Bǎokāng Lǚyóu Qìchē Kèyùnzhàn］　见交通运输设施部分“保康旅游汽车客运站”条。

城关镇［Chéngguān Zhèn］　保康县人民政府驻地。在县境东北部。面积246平方千米。人口5.8万。辖5居委会、20村委会，有82自然村。镇人民政府驻光千社区。1941年设光迁镇。1946年改乡。1956年改城关镇。1958年改新康公社。1959年改城关公社。1975年改城关镇。有万年山、玉皇顶、康家山等。清溪河流经。有中学1所，小学6所，幼儿园2所，二级医院2个，卫生院3个，卫生所24个，文化站1个，图书室25个。有古建筑苏公泉等。农业以小麦、水稻、玉米种植为主。特产茶叶、木耳、香菇。工业以黄磷、五钠、磷酸等矿产品加工为主。服务业以商贸、物流为主。麻竹高速，省道保宜、襄关线过境。

熊绎大道［Xióngyì Dàdào］　在县城东南部。西北起清溪路，东南至叶家湾街。与建设路相交。长1830米，宽34.5米。沥青路面。2012年开工，2013年建成。因楚国国君熊绎得名。两侧有物流园、文化馆、博物馆、档案馆。通公交车。

光千社区［Guāngqiān Shèqū］　城关镇人民政府驻地。在县境北部。面积5平方千米。人口1.5万。因原光迁镇曾误写为光千而得名。2002年成立。民居以多层楼房为主。有优抚医院、社区服务中心、老年公寓等。有扭秧歌、舞狮子、划旱船、跳广场舞等活动。有小学、幼儿园、卫生院。经济以商贸为主。通公交车。

黄堡镇［Huángbǎo Zhèn］　保康县辖镇。在县境东北部。面积288平方千米。人口2.3万。辖1居委会、29村委会，有161自然村。镇人民政府位于黄堡路。1937年设黄化乡。1948年设区。1956年永丰区并入。1987年分设黄堡镇、大湾乡。2001年合设黄堡镇。黄姓曾修筑碉堡，故名。有马鞍山、司空山、张弓山。谢家山主峰海拔1585米。田安河、黄堡河等流经。有中学1所，小学6所，幼儿园1所，卫生院1个，卫生所31个，文化站1个，图书室30个。有景点听妖岭、七妖洞、拿妖洞、白龙洞、黄龙洞、黑龙洞等。农业以小麦、玉米、水稻、油菜种植为主，有猪、羊、家禽饲养。有万亩优质茶园。服务业以商贸、物流为主。有旅游业。麻竹高速过境。

后坪镇［Hòupíng Zhèn］　保康县辖镇。在县境中部。面积209平方千米。人口1万。辖1居委会、11村委会，有48自然村。镇人民政府驻后坪街社区。1937年设合助乡。1949年改金斗区。1951年区政府迁至后坪，称第十一区。1987年改后坪镇。唐代名银马川，明代名青龙湾。后为保康至歇马必经之地，以杉树尖山为界，东西各有坪地，东称前坪，西称后坪。此处居西，故名。有中学1所，小学4所，幼儿园1所，卫生院1个，卫生所18个，文化中心1个，图书室18个。有景点五道峡。农业以蔬菜、草药、小麦、玉米种植为主，有猪、牛、羊饲养。有干果、茶叶等加工业。省道保宜线过境。

后坪街社区［Hòupíngjiē Shèqū］　后坪镇人民政府驻地。在县境中部。面积2平方千米。人口500。因镇得名。2008年成立。民居以低层楼房为主。有扭秧歌、舞狮子、划旱船、跳广场舞等活动。财政所驻此。有小学、幼儿园、卫生院。省道保宜线经此。

龙坪镇［Lóngpíng Zhèn］　保康县辖镇。在县境东部。面积202平方千米。人口9000。辖1居委会、10村委会，有53自然村。镇人民政府驻龙坪街社区。1975年由朱砂、龙坪、大水3公社合设龙坪公社。1984年改区。1987年改镇。原名龙眼坪，传原为沼泽地，现龙坪中学后坡为龙头，泉溪河、杨家河在双石桥交汇，流至消水眼后渗入龙眼消失，名龙眼坪，后传为龙坪。有野生牡丹、红豆杉。有中学1所，小学3所，幼儿园1所，卫生院1个，卫生所11个，文化站1个，村文化活动中心11个。农业以反季节蔬菜、玉米种植为主，有猪、羊、家禽等饲养。服务业以商贸、物流为主。省道南石线过境。

龙坪街社区［Lóngpíngjiē Shèqū］　龙坪镇人民政府驻地。在县境东部。面积1.6平方千米。人口600。因镇得名。2008年成立。民居以低层楼房为主。有扭秧歌、舞狮子、划旱船、跳广场舞等活动。有小学、幼儿园、卫生院。省道南石线经此。

店垭镇［Diànyā Zhèn］　保康县辖镇。在县境南部。面积138平方千米。人口1.9万。辖1居委会、17村委会，有101自然村。镇人民政府驻老街社区。1975年由马良区析设店垭公社。1984年改区。1987年改镇。传三国时蜀国名将关羽巡视荆襄防务到此，在客栈休息时临窗而坐，遇阵阵凉风拂面，有感而发，吟出：“坐店子，饮小酒，垭口来风，极目楚天。”因而得名“店子垭”，简称店垭。纸厂河、白龙河流经。有中学1所，小学3所，幼儿园1所，卫生院1个，卫生所28个。农业以茶、水稻、小麦、玉米种植为主。服务业以商贸、物流、餐饮为主。保宜高速过境。

老街社区［Lǎojiē Shèqū］　店垭镇人民政府驻地。在县境南部。面积2平方千米。人口1100。因建街时间早得名。2004年成立。民居以低层楼房为主。有扭秧歌、舞狮子、划旱船、跳广场舞等活动。有中学、卫生院等。省道保宜线经此。

马良镇［Mǎliáng Zhèn］　保康县辖镇。在县境南部。面积349平方千米。人口3.3万。辖2居委会、39村委会，有155自然村。镇人民政府驻马良街社区。1912年设马良乡。1949年改区。后改公社。1961年设马良镇，1962年复区。1984年马良区改沮河区。1987年区改重阳乡。2001年重阳乡并入马良镇。因三国时期马良葬此得名。沮河、鸡冠河流经。有中学1所，小学8所，幼儿园2所，卫生院1个，卫生所42个。农业以水稻、小麦、玉米种植为主。特产香菇、木耳、茶叶。工业以粮食、粉面加工，建材为主。有手工酿酒、打豆腐、鞋袜加工。服务业以商贸、物流为主。保宜高速、省道保宜线过境。

马良街社区［Mǎliángjiē Shèqū］　马良镇人民政府驻地。在县境南部。面积1.2平方千米。人口2100。因镇得名。2003年成立。民居以多层楼房为主。有扭秧歌、舞狮子、划旱船、跳广场舞等活动。有食品公司等。保宜高速、省道保宜线经此。

歇马镇［Xiēmǎ Zhèn］　保康县辖镇。在县境西南部。面积655平方千米。人口4.6万。辖3居委会、49村委会，有211自然村。镇人民政府驻歇马街社区。1955年歇马、欧店2区合为歇马区。1958年改八一公社。1984年分为歇马区、歇马镇。1985年合为歇马镇。1987年欧店镇、百峰乡析出，2001并入歇马镇。三国时关羽驻守荆襄，乘骑巡边至此歇宿，故名。有中学3所，小学7所，幼儿园3所，卫生院3个，卫生室62个，文化站1个。有国家3A级旅游景区九路寨风景区。农业以玉米、小麦、水稻、玉米种植为主，产油茶，特产木耳、香菇等。服务业以商贸、物流为主。保宜高速、省道保宜线过境。

歇马街社区［Xiēmǎjiē Shèqū］　歇马镇人民政府驻地。在县境南部。面积2平方千米。人口4400。因镇得名。2003年成立。民居以多层楼房为主。有扭秧歌、舞狮子、划旱船、跳广场舞等活动。省道白茨线经此。

马桥镇［Mǎqiáo Zhèn］　保康县辖镇。在县境西部。面积473平方千米。人口3.1万。辖2居委会、30村委会，有152自然村。镇人民政府驻受阳社区。1946年由歇马区析设马桥乡。1950年改区。1961年峰山区划入。

1984年分为受阳区、马桥镇，后合为马桥镇。明代山西太原马天近迁此，在粉清河架木桥，故名。林川河、低茨河、横溪河等流经。有中学2所，小学12所，幼儿园3所，卫生院2个，卫生所40个，文化站1个。有古迹黄龙观祖师庙。有国家4A级旅游景区尧治河。有黄龙观风景区。经济以磷化加工、水电、特色农业、商贸、旅游为主。农业以玉米、水稻、小麦、蔬菜种植为主。有天然北柴胡、金钗、天麻等。省道白茨线过境。

受阳社区［Shòuyáng Shèqū］ 马桥镇人民政府驻地。在县境西部。面积7平方千米。人口3500。原为唐受阳县地，故名。2003年成立。民居以多层楼房为主。有扭秧歌、舞狮子、划旱船、跳广场舞等活动。有中小学、卫生院等。省道白茨线经此。

尧治河村［Yáozhìhécūn］ 在县政府驻地城关镇西南73千米。马桥镇辖自然村。人口700。传尧舜曾治此地河流，故名。聚落呈零星块状。有小学、幼儿园、卫生室、磷矿博物馆、农耕博物馆。有国家4A级旅游景区尧治河。农业以玉米、土豆种植为主。有矿化、酿酒等业。2008年被评为全国文明村。

寺坪镇［Sìpíng Zhèn］ 保康县辖镇。在县境西北部。面积352平方千米。人口2.8万。辖1居委会、26村委会，有142自然村。镇人民政府驻寺坪街社区。1949年设寺坪区。1958年分为台口、寺坪2公社。1963年合为寺坪区。1987年改镇。原以茨架交错覆盖得名茨坪，也称刺坪。清咸丰年间(1851—1861)建四神殿，改称寺坪。粉清河、马栏河流经。有中学1所，小学6所，幼儿园2所，卫生院1个，卫生所32个，文化站1个，图书室27个。农业以水稻、小麦、玉米、蔬菜种植为主，有猪、羊、家禽饲养。工业以水电、砂石加工为主。有磷矿。服务业以商贸、物流为主。谷竹、麻竹高速过境。

寺坪街社区［Sìpíngjiē Shèqū］ 寺坪镇人民政府驻地。在县境北部。面积4平方千米。人口2200。因镇得名。2003年成立。民居以多层楼房为主。有扭秧歌、舞狮子、划旱船、跳广场舞等活动。有中学、幼儿园、卫生院。麻竹、谷竹高速经此。

过渡湾镇［Guòdùwān Zhèn］ 保康县辖镇。在县境北部。面积147平方千米。人口1万。辖1居委会、13村委会，有65自然村。镇人民政府位于云景路。1975年由二堂、开峰峪、塘坊垭3公社及寺坪区青滩大队合设过渡湾公社。1984年改乡。1987年改镇。1949年前无桥无渡船，逢水暴涨，村民隔河相望，故称隔渡湾。1954年因有专用渡船而更今名。西河、清溪河等流经。有保康省级野生蜡梅自然保护区。有中学1所，小学3所，卫生院1个，卫生所17个，文化站1个，村级文化活动中心13个。农业以水稻、小麦、玉米、蔬菜种植为主，有猪、羊、家禽饲养。产黑木耳、茶叶、香菇、天麻、黄姜等。工业以水电、砂石加工为主。服务业以商贸、物流为主。省道石开线过境。

两峪乡［Liǎngyù Xiāng］ 保康县辖乡。在县境南部。面积163平方千米。人口9000。辖1居委会、11村委会，有43自然村。乡人民政府驻两峪街社区。1949年设两峪区。1956年并入马良区。1958年析设两峪区。1987年改乡。传东、西汉河旁原各有山岗，形似鱼伸入河心，名两鱼。后因三山两谷地形演为今名。有朝元山。有中学1所，小学3所，幼儿园1所，卫生院1个，卫生所14个，文化站1个。农业以小麦、玉米、水稻种植为主，有猪、牛、羊、家禽饲养。产木耳、香菇。工业以建材、矿业为主。县道两马线过境。

两峪街社区［Liǎngyùjiē Shèqū］ 两峪乡人民政府驻地。在县境中部。面积5平方千米。人口700。因镇得名。2008年成立。民居以多层楼房为主。有扭秧歌、舞狮子、划旱船、跳广场舞等活动。县道两马线经此。

鄂州市

鄂州市［Èzhōu Shì］ 湖北省辖地级市。北纬30°01′—30°37′，东经114°30′—115°06′。在省境东南部。面积1594平方千米。户籍人口110.2万，常住人口105.9万。以汉族为主，还有土家、回等民族。辖鄂城、华容、梁子湖3区。市人民政府驻鄂城区。秦置鄂县。三国魏黄初二年(221)吴主孙权迁都于此，取“以武而昌”之意，改名武昌，并置武昌郡。西晋太康元年(280)分置鄂县。隋开皇九年(589)改鄂州为鄂州，为鄂州专名之始。其后建制置废多变，直至1983年由鄂城市、鄂城县、黄冈县黄州镇合设地级鄂州市。1987年原黄州镇划出。取鄂城市、黄州镇各一字得名。东部属幕阜低山丘陵北缘，西部为河湖平原。四峰山海拔485.5米，为全市最高峰。平均海拔31.7米。年均气温17.1℃，1月平均气温4.1℃，7月平均气温29.4℃。年均降水量1207毫米。年均无霜期266天。长江流经。有矿产资源铁、铜、钴、金、银、沸石、膨润土、珍珠岩石等。有野生植物421种，其中有国家重点保护野生植物水蕨、野菱等4种。有野生动物227种，其中有国家重点保护野生动物白额雁、鸳鸯、江豚等29种。森林覆盖率20.2%。有高校1所，中学45所，小学251所，三级医院3个，图书馆1个，博物馆1个，档案馆2个，省级艺术团体1个，体育场馆1个，国家高水平体育后备人才基地1个，省优秀运动队后备人才训练基地2个。有全国重点文物保护单位怡亭铭摩崖石刻、观音阁、吴王城遗址。有省级文物保护单位18个，省级爱国主义教育基地16个，省级纪念地5个，省级历史文化名城1个。有非物质文化遗产鄂州雕花剪纸，国家级非物质文化遗产鄂州牌子锣、泽林旱龙舟、百节龙习俗，省级非物质文化遗产青铜镜修复及复制技艺、鄂州玉连环、传统棉纺织技艺。有国家4A级旅游景区1个，3A级旅游景区1个，省级风景名胜区2个。有沼山省级森林公园。三次产业比例9∶48∶43。农业以水稻、小麦、棉花、油菜、芝麻种植为主。有地方名产武昌鱼、珍珠、螃蟹等。工业以冶金、建材、装备制造、能源、纺织服装、医药化工、电子等为主。服务业以旅游、金融、物流、电子商务等为主。有四星级酒店1个，三星级酒店2个。有铁路81千米，高速122.24千米，公路2886.22千米，水运航线124千米。武九铁路，106、316国道，沪渝、福银、大广高速过境。有长江航道。有三江、五丈港。

鄂州［Èzhōu］ 别名吴都。鄂州市聚落。在市境东北部。面积78.5平方千米。人口67万。楚君熊渠封中子红为鄂王，筑鄂王城，为楚之封邑。春秋初为楚之别都，末为楚鄂君子皙封邑。自秦始历为县治、郡治。汉初灌婴筑城。三国魏黄初三年(222)建吴王城，三国吴黄龙元年(229)为吴陪都，呈长方形，周长约3千米，有5城门，内有武昌宫。隋大业元年(605)城西重筑土城，为武昌县治所，周长3千米，有8城门。明万历三年(1575)改建石头城。清末始现2—3层楼房。1951年拆除城墙，改建道路，发展市政建设。1978—2014年城区面积增加近78倍，有主要街道86条，巷158条。2014年年底以空港、水港建设为依托，建设鄂州沿江城市连绵带。商业服务中心在老城区，工业区位于城西、城东，行政、金融、文教、居民区位于城南，工矿区位于南郊。有标志性建筑鄂州站、武昌门、观音阁、孙权雕像等。铁路、高速过境。通多路公交车。

鄂城区

鄂城区［Èchéng Qū］ 鄂州市人民政府驻地。在市境东部。面积593平方千米。人口65万。辖4街道、9镇、1乡。区人民政府驻凤凰街道。以汉族为主，还有回、土家、维吾尔等民族。秦置鄂县。三国魏黄初二年(221)孙权迁都于此，取“以武而昌”之意改名武昌。南朝宋属郢州。隋开皇九年(589)属鄂州。后至清末未变，先后属寿昌军、武昌路、武昌府。1913年改寿昌县。1914年改鄂城县。1932年后历属第二行政督察区、第一行政督察区、大冶专区、黄冈专区。1960年改鄂城市。1962年复县。1979年鄂城市析出，属黄冈地区。1983年改鄂城区，属鄂州市。因原鄂城市得名。1990—1995年先后兴建武黄公路、文星大道、滨湖北路、凤凰路、樊川大道等，建成凤凰山庄、明堂体育场、雨台山水厂、国贸大厦、人民银行大楼、人防工程、商业步行街、广电大楼、市疾控中心、蟠龙大市场等。2014年年底以洋澜湖为中心形成双环，轴向形成3组团，其间以生态楔形绿地为分隔，形成“相对集中，有机分散”的“中心环状辐射组团式”山水园林城市布局结构。年均气温17℃，1月平均气温4.1℃，7月平均气温29.3℃。年均降水量1282.8毫米。有四峰山、白雉山、天平山、莲花山。有三山湖、花马湖、洋澜湖。长江、长港、五丈港、陈盛港流经。有矿产资源铁、铜等。有百年以上古树140余棵。有鄂州职业大学。有中学27所，小学133所，幼儿园76所，特教学校1所。有二、三级医院，博物馆，鄂州广电中心，市图书馆等。有全国重点文物保护单位怡亭铭摩崖石刻、观音阁、吴王城遗址。有省级文物保护单位徐家湾遗址、吴氏祠、七窑山遗址等12个。有艾家湾遗址、上董古矿井、马园石刻、铜灶矿冶遗址等。有国家4A级旅游景区莲花山旅游区。有省级西山风景区。三次产业比例20∶51∶29。农业以果蔬、花卉苗木种植为主，有水产、畜禽饲养，特产武昌鱼。工业以矿业冶金、建筑建材、金属制造、轻纺化工等为主。服务业以商品零售、餐饮、现代物流、电子商务、生态旅游为主。武九、武黄城际铁路，106国道，沪渝、大广、汉鄂高速，省道汽李、阳枫线过境。通多路公交车。

凤凰广场 [Fènghuáng Guǎngchǎng] 在城区中部。面积13公顷。2001年开工，2002年建成。因古建筑凤凰台得名。中央有标志性建筑“金凤腾飞”雕塑，体现楚地先民尊凤崇火的历史渊源。分为喷泉娱乐区、凤之彩公园区、休闲健身区、文化广场区和水上游乐区。有梅园、柚园、山茶园和杜鹃园等。有松林、竹林、樟林、柳林等丛林。有黄龙阁、拂云亭、清风轩和涵光馆等建筑。有麒麟献瑞、凤栖梧冈、柳浪闻莺和小桥流水等景点。为市民进行政治、经济、文化等活动的综合场所。周边有市政府、吴兆麟纪念馆等。通公交车。

沿江大道 [Yánjiāng Dàdào] 在区境北部。东起凤凰路，西至樊口大闸。与南浦路、江碧路相交。长44千米，宽30.5米。沥青路面。1982年开工，1985年建成。因毗邻长江得名。两侧有怡亭铭摩崖石刻、吴王钓鱼台遗址、大通洲尾码头、西山公园、武昌门、观音阁公园、孙权广场、汽渡码头、新民街小学等。通多路公交车。

武昌大道 [Wǔchāng Dàdào] 在区境北部。东起五丈港，西至薛家沟。与凤凰路、古城路、南浦路、江碧路相交。长8.6千米，宽35.3米。沥青路面。原为古城墙，20世纪60年代初改为城市道路，2007年铺设沥青。因鄂州古称武昌得名。两侧有鄂州保险公司、西山风景区、武钢集团鄂钢公司、樊口大闸等。通多路公交车。

文星大道 [Wénxīng Dàdào] 在区境中部。东起凤凰路，西至江碧路。与古城路、南浦路相交。长1.8千米，宽40米。沥青路面。1988年开工，1990年建成。因文星塔得名。两侧有市妇幼保健院、粮食局、武商量贩鄂州店、文化宫、文星塔、万年台、国贸大厦、明堂体育场、中心医院、明堂市场等。通多路公交车。

葛山大道 [Gěshān Dàdào] 在区境南部。东起大桥路，西至江碧路。与凤凰路相交。长2.3千米，宽40米。沥青路面。2001年开工，2003年建成，2004年铺设沥青。因葛山得名。两侧有海宁皮草城、葛山风景区及多处居民点。通多路公交车。

樊川大道 [Fánchuān Dàdào] 在区境北部。东起民信西路，西至旭光大道。与樊口老街相交。长5.1千米，宽40米。沥青路面。1985年开工，同年建成，2010年铺设沥青。原名樊川路，1992年更名樊川中路，2008年更今名。因长港古称樊川得名。两侧有樊口市场、市二中、樊口工业园等。通多路公交车。

吴都大道 [Wúdū Dàdào] 在区境南部。东起大桥路，西至江碧路。与凤凰路、古城路、滨湖西路相交。长4.2千米，宽40米。沥青路面。2002年开工，2010年建成。孙权曾在鄂州建都，史称吴都，故名。两侧有天龙山公园、市交通运输局、顾地塑料公司及多处居民点等。通多路公交车。

江碧路 [Jiāngbì Lù] 在区境中部。北起沿江大道，南至泽林立交桥。与武昌大道、官柳北路、花园北路、吴楚大道等相交。长10.5千米，宽35—45米。沥青路面。原为106、316国道，1959年拓宽改造为城市道路，1973年铺设渣油路面。2010—2011年全线改造，铺设沥青。因起迄点得名。两侧有温州大酒店、鄂钢公司、鄂州站等。通多路公交车。

古城路 [Gǔchéng Lù] 在区境中部。北起沿江大道，南至吴都大道。与武昌大道、文星大道、滨湖北路、滨湖南路、寿昌大道相交。长4.5千米，宽40米。沥青路面。1985年开工，2007年建成。因吴王城城墙遗址得名。北段为饮食一条街。两侧有商业街、万联购物广场、武商量贩滨湖店、玉龙锦大酒店、鄂州高中、南浦游园、南浦虹桥等。通公交车。

凤凰路 [Fènghuáng Lù] 在区境中部。北起沿江大道，南至汉鄂高速。与迎宾大道相交。长6.6千米，宽40米。沥青路面。1979年开工，2010年建成。因凤凰台得名。两侧有武商凤凰店、凤凰山庄、凤凰广场、莲花山旅游区、鄂州职业大学等。通多路公交车。

莲花大桥 [Liánhuā Dàqiáo] 在城区中部。长235米，宽24米，最大跨度30米，桥下净高10米。1995年开工，1996年建成。因南邻莲花山得名。为大型河道桥梁，结构型式为钢砼桥。最大载重25吨。通公交车。

樊口大桥 [Fánkǒu Dàqiáo] 在城区西部。长448米，宽23米，最大跨度98米，桥下净高18米。2005年开工，2009年建成。因处樊口老街东侧得名。为大型河道桥梁，结构型式为混凝土钢梁桥。最大载重40吨。通公交车。

南浦虹桥 [Nánpǔhóng Qiáo] 在城区中部。主桥长246米，宽24米，最大跨度138米。2002年开工，2003年建成。因洋澜湖及桥体形状得名。为大型河道桥梁，结构型式为下承式钢管混凝土拱桥。最大载重汽—20吨，挂—100吨。通公交车。

鄂州站 [Èzhōu Zhàn] 见交通运输设施部分“鄂州站”条。

鄂州西山客运站 [Èzhōu Xīshān Kèyùnzhàn] 见交通运输设施部分“鄂州西山客运站”条。

凤凰街道 [Fènghuáng Jiēdào] 鄂城区人民政府驻地。在区境东南部。面积19平方千米。人口14万。1983年设立。因古建筑凤凰台得名。2014年改造辖区立面。有高校1所，中学3所，小学8所，卫生服务中心1个，卫生服务站11个。有全国重点文物保护单位吴王城遗址，省级文物保护单位瓦窑嘴遗址、凤凰台。有文星塔、吴兆麟将军纪念馆。有国家4A级旅游景区莲花山。有洋澜湖风景区、凤凰广场等。经济以房地产业、商业为主。武黄城际铁路过境。通多路公交车。

古楼街道 [Gǔlóu Jiēdào] 属鄂城区。在区境中部偏北。面积9.6平方千米。人口11.1万。1975年设立。因古楼得名。有中学3所，小学8所，卫生服务中心2个，卫生服务站5个。有全国重点文物保护单位怡亭铭摩崖石刻、吴王城观音阁遗址，省级文物保护单位北伐军二十军军部旧址、庾亮楼、四眼井。有景点滨江公园、三国文化风光带、镜园等。有十字街、古楼街。经济以商贸服务业为主。通多路公交车。

熊家巷 [Xióngjiā Xiàng] 在古楼街道北部。长340米，宽5米。混凝土路面。熊姓最早定居，故名。清初始建，清代中叶形成，铺设青石路面。清末成为今鄂州八大名巷之首。1949年后路面及两侧房屋多次改造。为商贸步行街，以销售农副产品为主。

西山街道 [Xīshān Jiēdào] 属鄂城区。在区境中部。面积38平方千米。人口8.8万。1987年设立。因西山得名。有中学2所，小学9所，幼儿园8所，特教学校1所，卫生院1个，卫生室5个。有省级西山风景区。有葛山森林公园。工业以钢铁、机械加工、建筑建材为主。服务业有旅游、商贸等。武九、武黄城际铁路过境。有鄂州站。通多路公交车。

樊口街道 [Fánkǒu Jiēdào] 属鄂城区。在区境西部。面积9平方千米。人口2.5万。1975年由樊口镇改设。古代河水自樊山脚下进入长江，故名。有中学2所，小学3所，卫生室7个。有古迹樊口大坝、樊口民信闸、吉祥寺等。有樊口老街。有梁子湖水系枢纽工程。特产樊口鳊鱼。有鄂钢、鄂州、武汉港等工业园。武九、武黄城际铁路，316国道，沪蓉高速，省道汽李线过境。通公交车。

泽林镇 [Zélín Zhèn] 鄂城区辖镇。在区境中部。面积96平方千米。人口5.9万。辖2居委会、16村委会，有161自然村。镇人民政府驻泽林。1964年由灯塔公社析设泽林公社。1984年改镇。因镇政府驻地得名。有矿产资源铁、铜、硬石膏、硫、煤等。有中学5所，小学12所，卫生院2个，卫生所16个。有古迹杨方六朝古墓区、凤凰禅寺、普渡寺、申包胥草堂遗址、岳雨泉。经济以冶金铸造、矿产采掘、建材、纺织、商贸物流为主。武九铁路、106国道、武黄高速过境。

泽林 [Zélín] 泽林镇人民政府驻地。在区政府驻地凤凰街道南8千米。人口2000。远古时内湖每年汛期低处汪洋，退水时成沼泽，高处树林茂盛，称泽林。现有泽林老街，故名。聚落呈方形。有中学、卫生院、兴隆寺等。有国家级非物质文化遗产泽林旱龙舟。经济以商贸为主。武九铁路，106国道，武鄂、沪渝高速经此。通多路公交车。

杜山镇 [Dùshān Zhèn] 鄂城区辖镇。在区境西部。面积69平方千米。人口3.1万。辖9村委会，有94自然村。镇人民政府驻旭东。1950年设杜山乡。1958年并入旭光公社。1984年复乡。1998年改镇。因杜山村得名。有中学1所，小学2所，卫生院1个，卫生所7个。有古迹吴氏宗祠。有三山观光旅游区。农业以草莓、玉米、黄金梨种植为主，有鱼、螃蟹、虾养殖。有镇工业园。省道汽李线过境。

旭东 [Xùdōng] 杜山镇人民政府驻地。在区政府驻地凤凰街道西15千米。人口1300。取意旭日东升得名。聚落呈半圆形。有中小学、卫生院。农业以水稻、甜玉米、草莓、蔬菜种植为主，有鱼虾类养殖。有省原种猪场、武昌鱼原种场、园林绿化基地等。106国道、武鄂高速经此。通公交车。

新庙镇 [Xīnmiào Zhèn] 鄂城区辖镇。在区境中部。面积30平方千米。人口2.2万。辖7村委会，有115自然村。镇人民政府驻桥洞。1950年设新庙乡。1961年成立公社。1984年复乡。1997年改镇。因旧有将军庙，几经毁损，而百姓及时修缮，遂以“新庙”相称。有九龙山、黄陂山、大鹰山、神堂岭。有夫子岭水库。有中学1所，小学6所，卫生院1个，卫生所7个。有五星级曼晶宾馆。有景点东正山庄、九龙茶厂、日月潭度假村、葛山风景区。工业以金刚石刀具、机械制造为主。服务业以商贸为主，有汽车、农产品、建材等多家批发市场。通公路。通多路公交车。

桥洞 [Qiáodòng] 新庙镇人民政府驻地。在区政府驻地凤凰街道东3千米。人口300。清顺治年间（1638—1661）建庄，名巷子口。1959年因修渠道，跨越鄂燕路，俗称桥洞。后沿为村名。有卫生院。工业有造纸、钢板弹簧加工等。通公交车。

碧石渡镇 [Bìshídù Zhèn] 鄂城区辖镇。在区境南部。面积30平方千米。人口3.2万。辖1居委会、10村委会，有93自然村。镇人民政府驻万家垴。1955年设碧石镇。1962年成立公社。1984年复镇。1987年改今名。因碧石渡口得名。有矿产资源铁、铜、硫、膨润土等。有中学1所，小学11所，卫生院1个，卫生所10个。有古建筑灵鹫寺、明泉寺、白云庵等。有白雉山生态旅游区、千亩湖度假区。盛产木材、中药材。工业以建材、冶金制造、矿产采掘为主。武九铁路、106国道、县道碧黄线过境。通公交车。

万家垴 [Wànjiānǎo] 碧石渡镇人民政府驻地。在区政府驻地凤凰街道南14千米。人口700。因万家垴山得名。聚落呈“L”形。有中学、卫生院、文化广场、白雉山林场等。经济以个体副食、农副产品、餐饮店为主。106国道、县道碧黄线经此。

汀祖镇［Tīngzǔ Zhèn］ 鄂城区辖镇。在区境东南部。面积78平方千米。人口5.6万。辖1居委会、19村委会，有225自然村。镇人民政府驻丁祖街。1955年设汀祖区。1958年成立红旗公社。1961年复区。1984年改汀祖镇。镇政府驻地东滨花湖，西接白雉山，因其美好景色改丁为汀，故名。有中学3所，小学12所，卫生院1个，卫生室18个。有徐王湾矿冶遗址、杨岗古村落、神山寺、海会寺等。有景点东方朔纪念馆、百亩花卉苗圃园、戴家坝荷花园等。盛产木材、中药材。工业以矿产采掘为主。大广、沪蓉高速，县道碧黄线过境。

丁祖街［Dīngzǔjiē］ 汀祖镇人民政府驻地。在区政府驻地凤凰街道东南16千米。人口2000。明洪武三年(1370)丁氏宗祖自浠水县迁此，清代渐成街市，故名。聚落呈半月形。有中学。有古建筑丁氏家祠。经济以水泥设备、机械制造、个体工商业为主。沪蓉高速经此。通公交车。

燕矶镇［Yànjī Zhèn］ 鄂城区辖镇。在区境东部。面积76平方千米。人口4.9万。辖1居委会、18村委会，有251自然村。镇人民政府驻燕矶。1950年设燕矶乡。1957年改镇。1958年改幸福公社。1984年复燕矶镇。因镇政府驻地得名。有中学2所，小学4所，卫生院1个，卫生室21个。有婆龙古刹、土陡寺、奎临寺、关公庙、烟墩山遗址、烽火台遗址等。有省级非物质文化遗产嵩山百节龙。工业以金刚石刀具制造、花岗石建材、建筑、造船为主。省道阳枫线过境。有燕矶码头。

燕矶［Yànjī］ 燕矶镇人民政府驻地。在区政府驻地凤凰街道东9千米。人口2100。因长江边形如燕子的矶石得名。聚落呈不规则条形。有中小学卫生院、卫生室。有燕矶古烟墩、东吴烽火台遗址、汉代玉书阁。经济以建筑、建材、金刚石刀具制造为主。特产燕矶红菜薹。县道鄂燕黄线经此。

杨叶镇［Yángyè Zhèn］ 鄂城区辖镇。在区境东部。面积39平方千米。人口2.6万。辖6村委会，有87自然村。镇人民政府驻刘卜震。1950年设杨叶乡。1958年并入幸福公社。1961年析设杨叶公社。1984年复乡。1998年改镇。因杨叶洲得名。有中学1所，小学4所，卫生院1个，卫生室6个。有古迹三九禅寺、东江寺、青山庙。农业以蔬菜、萝卜种植为主。工业以冶金铸造、机械制造、纺织、食品加工、高新技术为主。省道阳枫线过境。

刘卜震［Liúbǔzhèn］ 杨叶镇人民政府驻地。在区政府驻地凤凰街道东30千米。人口700。为纪念先祖刘卜震得名。聚落沿杨叶大道呈长条状分布。有中小学、卫生院、文化站等。有古迹三九禅寺。农业以甜玉米、蔬菜、草莓种植为主，有家鱼养殖。省道阳枫线经此。

花湖镇［Huāhú Zhèn］ 鄂城区辖镇。在区境东南部。面积46平方千米。人口2.7万。辖4居委会、8村委会，有185自然村。镇人民政府位于南京路。1955年设花马湖乡。1961年改花湖公社。1984年改乡。1998年改镇。因花湖得名。有中学1所，小学8所，卫生院1个，卫生所21个。有文化站、生态景观园。有古迹报本寺，景点仙姑岛、鲶鱼地、团鱼嘴。农业以小麦、水稻、蔬菜种植为主，有淡水鱼养殖。工业以建材、机械制造、模具特钢、服装鞋帽生产为主。武黄城际铁路、汉鄂高速过境。

长港镇［Chánggǎng Zhèn］ 鄂城区辖镇。在区境西部。面积42平方千米。人口1.8万。辖5村委会，有46自然村。镇人民政府驻滨港。2004年由国营长港湖农场改置长港镇。因濒临90里长港得名。有中学1所，小学3所，卫生院1个，卫生所2个。有底峒山旅游区。有景点招隐寺、听潮寺、永灵观、白灵寺、云港寺、进士墓遗址。农业以果木种植、鱼虾养殖为主。工业以粮油加工为主。服务业以物流为主。省道汽李线过境。

滨港［Bīngǎng］ 长港镇人民政府驻地。在区政府驻地凤凰街道西南24千米。人口2300。因濒临90里长港得名。聚落呈条形。有中学、卫生院、文化站等。农业以水稻、棉花种植为主，有鱼虾养殖。工业以粮油、混凝土加工为主。省道汽李线经此。

峒山村［Tóngshāncūn］ 在区政府驻地凤凰街道西21千米。长港镇辖自然村。人口4000。明末陈氏自阳新迁此，在形似侧卧桐船的山上建庄，取庄名桐山，后改今名。聚落呈“U”形。有小学、卫生室、高校科研示范基地。有景点招隐寺、仙姑庙、陈氏宗祠、乡村公园。农业以水稻、棉花、小麦种植为主，有鱼虾养殖。有花卉苗木基地、生态农业园。省道汽李线经此。2011年被评为全国文明村。

沙窝乡［Shāwō Xiāng］ 鄂城区辖乡。在区境东部。面积59平方千米。人口3.4万。辖11村委会，有189自然村。乡人民政府驻前沙窝。1950年设沙窝乡。1958年并入幸福公社。1962年析设沙窝公社。1984年复乡。因乡政府驻地得名。有中学1所，小学3所，卫生院1个，卫生室8个。有页岩、花岗岩、钾长石资源。有鄂南抗日根据地指挥中心旧址麻羊垴。有名胜古迹天平山、千秀谷、云盖寺、黄田寺、慈云宫、贞烈庵等。盛产杉木、桐油、油橄榄、板栗。武黄城际铁路，县道燕沙、杨沙线过境。

前沙窝［Qiánshāwō］ 沙窝乡人民政府驻地。在区政府驻地凤凰街道东8千米。人口100。明武宗正德十五年(1520)汪姓建庄，因处后沙窝前得名。聚落呈条形状。服务业以商贸为主。汉鄂高速，县道燕沙、杨沙线过境。有黄龙服务区。

华容区

华容区［Huáróng Qū］ 鄂州市辖区。在市境西北部。面积493平方千米。人口27.2万。辖4镇、2乡。区人民政府驻华容镇。1987年设立。因南朝华容寺得名。长江流经。有武四湖、南磧湖、彭北湖、严家湖等。有沐鹅、新淤、人民、得胜等河洲。有大专2所，中专2所，高中2所，初中7所，小学56所，二级医院1个。有彭楚藩烈士祠、毛主席视察临江纪念馆。有省级文物保护单位和尚山遗址、吴家大塆遗址、城塘城遗址。有螺丝岩、常墩、洋墩等遗址，赵家吼、刘庄屋、熊湾、张思塆等墓群。有特色民间艺术华容雕花剪纸、布贴画、龙灯、狮舞、彩莲船、腰鼓等。有红莲湖旅游度假区、段店湿地生态园。三次产业比例23∶37∶40。农业以水稻、棉花种植为主，特产大蒜、甜瓜、白浒菜、青禾藕等。工业以纺织服装、船舶制造、冶金建材、日用轻工、生物医药等为主。服务业以电子商务、餐饮为主。武九、武石、武冈城际铁路，316国道，沪蓉、沪渝、福银高速过境。通多路公交车。

鄂州葛店经济技术开发区［Èzhōu Gědiàn Jīngjì Jìshù Kāifāqū］ 在区境西南部。东至光华路，南至严家湖，西至武鄂高速，北至长江。面积96.6平方千米。1990年经国务院批准设立省级葛店经济开发区。2012年升格为国家级鄂州葛店经济技术开发区，由鄂州市政府管理。因葛店镇得名。有电商、大健康、先进制造业3产业聚集区。入驻国家级高新技术企业48家，大型制药企业13家。铁路、国道、高速、城区道路交错，交通便利。有长江航道。有码头3个。

华容镇［Huáróng Zhèn］ 华容区人民政府驻地。在区境北部。面积89平方千米。人口6.6万。辖4居委会、71村委会，有18自然村。镇人民政府位于楚藩大道。宋置华容镇。1949年属华容区。1951年镇、乡分设。1959年改华容公社。1984年改镇。因华容寺得名。长江流经。有中学1所，小学15所，卫生院1个，卫生所17个。有省级文物保护单位和尚山遗址。有螺丝岩、常墩、洋墩、烽火台、神墩、码头等遗址。有古迹文昌阁。有彭楚藩烈士纪念馆。农业以水稻、棉花、油菜、芝麻种植为主。工业有纺织、电子、钢铁等。武九、武石城际、武冈城际铁路，316国道，武鄂高速过境。

葛店镇［Gědiàn Zhèn］ 华容区辖镇。在区境西部。面积85平方千米。人口7.1万。辖3居委会、31村委会，有31自然村。镇人民政府位于葛洪大道。清代设葛仙镇。1934年改葛店镇。1949年改葛洪乡。1951年分葛店镇、乡。1958年葛店乡改葛店公社，属武汉市。1962年复属鄂城县。1984年葛店公社并入葛店镇。1987年属华容区。2001年大塆乡并入。因东晋葛洪曾在此行医布道得名。长江流经。有大专2所，中学2所，小学13所，卫生院2个，卫生所23个。有省级文物保护单位坟山地遗址、门前地遗址等10个。有夏家榜烈士纪念碑、怀恩寺。农业以水稻、棉花、小麦、油菜种植为主。工业以电力、制药为主。武九、武石城际铁路，316国道，武鄂高速，省道葛湖线过境。2005年被评为全国文明镇。

庙岭镇［Miàolǐng Zhèn］ 华容区辖镇。在区境西南部。面积86.2平方千米。人口3.3万。辖14村委会，有14自然村。镇人民政府驻脉岭。1949年设施仁乡。1951年改庙岭乡。1958年成立公社。1984年复乡。1985年改镇。因南宋时建有妙喜寺得名。有中学1所，小学5所，卫生院1个，卫生所15个。有省水上竞赛训练基地。有大山遗址、雷港遗址、潘家桥古墓区、南朝中谢村、六朝郊尹村等。农业以水稻、小麦、棉花、油菜、芝麻种植为主，特产螃蟹。沪蓉、沪渝、福银高速，省道葛湖线过境。

脉岭［Màilǐng］ 庙岭镇人民政府驻地。在区政府驻地华容镇西南14千米。人口1.2万。处岱家山余脉，集镇依岭而设，故名。聚落呈带状。有中小学、卫生院。经济以商贸为主。农业以水稻、小麦、棉花、芝麻等种植为主。有麻油加工业。武黄高速、省道葛湖线经此。

恒大新村［Héngdàxīncūn］ 在区政府驻地华容镇西南16千米。庙岭镇辖自然村。人口500。因恒大世纪旅游城得名。聚落呈块状。位于国家4A级红莲湖旅游度假区内。有小学、老年公寓。经济以商贸为主。农业以水稻、小麦、棉花、芝麻等种植为主。2011年被评为全国文明村。

段店镇［Duàndiàn Zhèn］ 华容区辖镇。在区境东部。面积71平方千米。人口3.7万。辖17村委会，有17自然村。镇人民政府位于胜利路。1934年设段店镇。1949年改达明乡。1951年改段店乡。1955年析设泥矶乡。1961年成立公社。1984年改镇。2011年泥矶乡并入。清代段姓开店，故名。长江流经。有中学2所，小学9所，卫生院2个，卫生所17个。有城子山遗址、王仓屋窑址、清代摩崖石刻、刘伯垂纪念馆、三江天主教堂遗址等。农业以水稻、棉花、油菜、莲藕、芝麻种植为主。工业以塑料化工、中药材加工、水泥加工为主。武冈城际铁路、316国道、黄鄂高速过境。有长江泥矶、三江2码头。

临江乡 [Línjiāng Xiāng] 华容区辖乡。在区境东南部，长江西岸。面积72平方千米。人口4.2万。辖15村委会，有15自然村。乡人民政府驻塘门口。1951年设临江乡。1961年成立公社。1984年复乡。2001年胡林镇并入。因明代建有临江寺得名。有中学2所，小学7所，卫生院2个，卫生所17个。有梅城遗址、毛泽东视察临江纪念馆。农业以棉花、水稻、小麦、油菜、花生种植为主，特产大蒜。工业有造船、水泥加工等。武九铁路、316国道过境。有武汉新港三江港区。有5000吨级以上深水码头7个。

塘门口 [Tángménkǒu] 临江乡人民政府驻地。在区政府驻地华容镇东南10千米。人口2200。昔唐代黄巢起义军扎营驻此，故称唐营口，后演为今名。聚落呈带状。有小学、卫生院。经济以商贸为主。农业以棉花、油菜、大蒜、瓜果种植为主，特产大蒜。316国道经此。

蒲团乡 [Pútuán Xiāng] 华容区辖乡。在区境南部。面积91平方千米。人口2.9万。辖10村委会，有10自然村。乡人民政府驻吉刘。1949年设尚义乡。1951年改蒲团乡。1961年成立公社。1984年复乡。因明代建有蒲团庙得名。有中学2所，小学5所，卫生院1个，卫生所10个。有省级文物保护单位吴家大塆遗址。有玉佛寺、长春观、保桥寺、郭家垱惨案遗址等。农业以水稻、香莲种植为主。特产风干武昌鱼、西甜瓜。有市农产品加工园。武石城际铁路，武石、武鄂高速过境。

吉刘 [Jíliú] 蒲团乡人民政府驻地。在区政府驻地华容镇东南10千米。人口2600。因吉、刘2姓得名。聚落呈带状。有小学、卫生院。有省级文物保护单位吴家大塆遗址。经济以商贸为主。农业以小麦、油菜、水稻、西甜瓜、香莲种植为主。武石高速经此。

梁子湖区

梁子湖区 [Liángzǐhú Qū] 鄂州市辖区。在市境西南部。面积500平方千米。人口18.7万。辖5镇。区人民政府驻太和镇。1987年设立。因梁子湖得名。有沼山，海拔418米。年均气温17.2℃，1月平均气温4.6℃，7月平均气温29.3℃。年均降水量1311.4毫米。有梧桐湖、月山湖、涂镇湖等。长港、高桥河流经。有矿产资源膨润土、珍珠岩、凝灰石等。有野生植物3600多种，其中有国家重点保护野生植物4种。有野生动物137种，其中有国家重点保护野生动物白鹤、白头鹤、白鹳、丹顶鹤、大鸨等25种。有科研机构6家，高中1所，初中8所，小学62所。有省级文物保护单位胡后角明清古宅。有古迹状元塔、张裕钊故居、长兴寺、张家楼房等。有梁子岛、徐桥、月山、马鞍山等战争遗迹。有国家级非物质文化遗产陈太牌子锣，省级非物质文化遗产桥柯牌子锣。有梁子湖省级生态旅游区、沼山省级森林公园。三次产业比例为45∶25∶30。农业以水稻、红薯、油菜、小麦、棉花、胡柚、柑橘、狗血桃、梨种植为主，有牲猪、牛、家禽、武昌鱼、银鱼、螃蟹等饲养。工业以非金属矿开采、医药、食品加工为主。服务业以商贸、住宿、餐饮为主。省道铁贺、汽李线过境。有太和站。有梁子湖干流航道。

太和站 [Tàihé zhàn] 见交通运输设施部分"太和站"条。

太和镇 [Tàihé Zhèn] 梁子湖区人民政府驻地。在区境东南部。面积86平方千米。人口5.6万。辖1居委会、21村委会，有201自然村。镇人民政府驻新城村。1949年设太和乡。1951年分设许桥、新屋、茅岭、谢埠、胡进、莲花、牛石、黄泥等乡。1958年合设阳光公社。1964年分谢埠、子坛2公社。1975年合为太和公社。1983年改镇。因太和岭古道驿站得名。有高中1所，初中2所，小学14所，卫生院1个，卫生所1个。有大城垴、三墩子、谢埠金盆垴等遗址。有古迹长兴寺、青峰古刹。有景点青峰山公园。农业以水果、油料作物、花卉、水稻、红薯种植为主。工业以制衣为主。省道铁贺线过境。有太和站。

新城村 [Xīnchéngcūn] 太和镇人民政府驻地。在镇境东部。人口2000。因新城居民点得名。聚落呈带状。有小学、幼儿园、卫生院。有服装加工、商贸、餐饮等业。省道铁贺线经此。有太和站。

东沟镇 [Dōnggōu Zhèn] 梁子湖区辖镇。在区境北部。面积92平方千米。人口3.4万。辖12村委会，有116自然村。镇人民政府驻大桥村。1950年设东沟乡。1951年分设鲊州、六十、大垅、茅圻、牛山、长岺、上海等乡。1958年合为钢铁公社。1964年分东沟、长岭2公社。1975年并为东沟公社。1983年改镇。因东沟港得名。有中学1所，小学10所，卫生院1个，卫生所1个。有古迹观音堂、古刹梵钟。农业以养殖为主，特产大闸蟹、武昌鱼、河蚌挂养珍珠。有小型煤矿。省道汽李线过境。

大桥村 [Dàqiáocūn] 东沟镇人民政府驻地。在区政府驻地太和镇北20千米。人口3000。因桥得名。聚落呈块状。有小学。有古迹观音堂、古刹梵钟。有景点石铁岸桥。农业养殖淡水鱼类、珍珠蚌等。省道汽李线经此。

梁子镇 [Liángzǐ Zhèn] 梁子湖区辖镇。在区境西北部。面积109平方千米。人口1.1万。辖2居委会、4村委会，有62自然村。镇人民政府驻长岭社区。1950年设梁子镇。1951年分长岺、白云等乡。1958年合设红光公社。1975年改梁子公社。1983年改镇。因梁子湖得名。有初中1所，小学5所，卫生院1个，卫生所1个。有省级文物保护单位瓦窑瀣遗址。有古迹宝聚寺古井。有梁子岛省级旅游景区。农业以水稻、莲藕、花生、棉花种植为主，有草鱼、武昌鱼、银针鱼、红尾鱼、鲢鱼等饲养，特产螃蟹、灵芝、铁皮石斛。省道汽李线过境。有梁子湖干流航道通梁子岛。

长岭社区 [Chánglǐng Shèqū] 梁子镇人民政府驻地。在区境西北部。面积1.6平方千米。人口2000。因长岭居民点得名。2001年成立。民居以2层砖混框架结构楼房为主。有老年人日间照料中心、活动中心等。有中学。省道汽李线经此。有长岭大码头。

涂家垴镇 [Tújiānǎo Zhèn] 梁子湖区辖镇。在区境西北部。面积150平方千米。人口4.1万。辖27村委会，有345自然村。镇人民政府驻涂镇村。1950年设涂镇乡。1951年分设熊易、蓼仪、种谷等12乡。1958年合为红光公社。1964年分涂镇、公友、熊易、白云4公社。1975年合为涂镇、公友2公社。1983年分设涂家垴镇、公友乡。2001年公友乡并入涂家垴镇。因山岗得名。有梁子湖。有初中2所，小学8所，卫生院2个，卫生所1个。有孟珙墓。农业以水稻、小麦、莲藕、花生、杉树、马尾松种植为主，有青鱼、草鱼、鲢鱼等养殖，特产蔸头。县道牛涂线过境。

涂镇村 [Túzhèncūn] 涂家垴镇人民政府驻地。在区政府驻地太和镇西15千米。人口2000。因镇得名。聚落呈带状。有初中、小学、卫生院。有古迹明清古码头、金桥、银桥、土桥等。特产蔸头、蓝莓等。工业有矿产、食品加工等。县道牛涂线经此。

沼山镇 [Zhǎoshān Zhèn] 梁子湖区辖镇。在区境西北部。面积67平方千米。人口4.6万。辖1居委会、18村委会，有228自然村。镇人民政府驻沼山社区。1950年设沼山乡。1951年分设金福、东井、牛山、李铁、下柯等乡。1958年合为阳光公社。1975年改为沼山公社。1983年改乡。1998年改镇。因沼山得名。有梁子湖。有矿产资源膨润土、沸石、珍珠岩、富碱玻璃石等。有初中2所，小学15所，卫生院1个，卫生所1个。有景点沼山省级森林公园、张裕钊文化园、楠竹采菱基地。农业以水稻、小麦、油菜、莲藕、桃树、胡柚、梨树、杉树、马尾松种植为主，有青鱼、草鱼、鲢鱼等养殖。省道铁贺、汽李线过境。

沼山社区 [Zhǎoshān Shèqū] 沼山镇人民政府驻地。在区境西北部。面积1.5平方千米。人口1000。因镇得名。2000年成立。民居以2层砖混框架结构楼房为主。有老年人日间照料中心、活动中心、福利院。有小学。省道铁贺、汽李线经此。

荆门市

荆门市 [Jīngmén Shì] 湖北省辖地级市。北纬30°23′—31°36′，东经111°51′—113°29′。在省境中部。面积12404平方千米。户籍人口300.3万，常住人口289.6万。以汉族为主，还有土家、回、苗、壮、满等民族。辖东宝、掇刀2区，京山、沙洋2县，代管钟祥1县级市。市人民政府驻东宝区。东晋隆安五年(401)析当阳、编县地置长林县。唐贞元二十一年(805)析长林县置荆门县，以荆门山得名，属山南东道江陵府。唐末废荆门县。五代后晋天福五年(940)设荆门军，治当阳县，属江陵府。后废军。开宝五年(972)复置荆门军，治长林县，属荆湖北路。元、明为荆门州。清乾隆五十六年(1791)升荆门直隶州。1912年降州为县。1979年析荆门县城关镇及近郊东宝、牌楼、革集、车桥4公社置荆门市，属荆州地区。1983年撤荆门县，并入荆门市。西为荆山山脉南支余脉，东为大洪山南脉。平均海拔116.4米。年均气温16.4℃，1月平均气温3.7℃，7月平均气温27.5℃。年均降水量951毫米。年均无霜期268.4天。漱河、汉北河、大小富水、京山河、浰河、竹皮河、拾桥河、漳河、汉江等流经。有矿产资源磷、石膏、地热等20余种。有野生植物2323种，其中有国家重点保护野生植物银杏、水杉等53种。有野生动物300余种，其中有国家一级保护野生动物黑鹳、中华秋沙鸭等。有省级京山对节白蜡自然保护区。森林覆盖率31.84%。有国家级科研机构605飞行器研究所、电子废弃物循环利用工程技术研究中心。有高校1所，中等职业学校12所，中学125所，小学221所，艺术剧院1个，图书馆5个，博物馆3个，体育场馆5个，三级医院5个。有全国重点文物保护单位纪山古墓群、屈家岭文化遗址、东宝龙王山遗址等9处，省级爱国主义教育基地5处。有国家历史文化名城1个，中国传统村落3个。有世界文化遗产明显陵，国家级非物质文化遗产夏氏丹药制作技艺，省级非物质文化遗产23个。有民间艺术彩莲船、高跷、龙灯、狮舞和十番锣鼓。有国家4A级旅游景区绿林山、黄仙洞、明显陵、彭墩乡村世界旅游区、漳河风景区。有国家森林公园虎爪山、太子山、大口、千佛洞。三次产业比例15∶54∶31。农业以水稻、油菜、花卉苗木种植为主，有生猪、小龙虾养殖。工业以装备制造、化工、新能源新材料、电子信息为主。服务业以现代物流、现代金融、科技服务、文化旅游、健康养老为主。有国家级经济开发区1个，省级经济开发区8个。有国家体育产业基地李宁工业园。有国际内陆港、保税物流中心(B型)1个。有四星级酒店5个，三星级酒店25个。有铁路420千米，公路16340千米，高速443千米，内河航线425千米。焦柳、长荆、荆沙、浩吉铁路，襄荆、荆宜、随岳、武荆高速，207、234、240、347、348国道，省道宋天、襄钟、沈荆线等过境。有荆门站。

荆门［Jīngmén］ 荆门市聚落。在市境西部。面积35平方千米。人口75万。以汉族为主，还有回、苗、土家、壮等民族。唐代尉迟恭修筑荆门关(后称虎牙关)，在县治凤凰台旧址建官署，修土城。宋绍熙二年(1191)荆门知军陆九渊修筑荆门砖城。古城依地势修筑，呈椭圆形，除西北角为地势所限外，均为护城河所绕。历为军、府、州、县治。清乾隆年间为州城，面积达5平方千米。1940年城垣被日军摧毁。1949年略有恢复。1970年起先后5次改造荆门古城，南薰门、凤鸣门保持原样。城区沿焦柳铁路两侧呈南北向带状分布。东为工业区，有荆门石化、国电长源荆门热电厂等企业及东山宝塔、龙泉书院、陆夫子祠、老莱子山庄等名胜古迹；西为政治、商业、文化、教育、科研中心，有传统商业街中天街。南为国家级高新区，有李宁工业园、格林美工业园及万达集团等。有铁路、高速、国道、省道过境，有城区主干道多条。通多路公交车。

月亮湖路［Yuèlianghú Lù］ 在市境东部。西起长宁大道，东至东三环。与白云大道、月亮湖北路、月亮湖南路、炼厂路、江山路等相交。长9.2千米，宽33米。沥青路面。原为省道皂当线荆门东城区段。1971年开工，1974年建成。1983、1997年改扩建。因途经原月亮湖得名。两侧有工人文化宫、月亮湖公园、宏源建材大市场、市公安局月亮湖分局、东宝中学、白庙小学、荆门日报传媒产业园、市二医东院等。通多路公交车。

象山大道［Xiàngshān Dàdào］ 在市境中部。北起泉口一路，南至兴隆大道。与象山二路、象山一路、海慧路、中天街、工商街等路相交。长11.2千米，宽36米。沥青路面。1980年开工，1993年建成，2010年改扩建。因象山得名。两侧有市博物馆、荆楚理工学院、市二医、市教育局、市体育场、中商百货、龙泉公园、天鹅广场、天鹅湖水上公园、万达广场、生态运动公园等。连接东宝区、掇刀区，为古城文化主要路径。通多路公交车。

月亮湖北路［Yuèlianghú Běilù］ 在市境东部。南起月亮湖路，北至高店立交桥。与泉口一路、果园三路、果园二路、果园一路相交。长2.8千米，宽31.5米。沥青混凝土路面。原为207国道及荆襄古道荆门城区段。2008年铺设沥青混凝土，同年建成。因位于月亮湖北得名。两侧有东宝区检察院、万里交通集团公司、东宝工业园等。通多路公交车。

东宝区

东宝区［Dōngbǎo Qū］ 荆门市人民政府驻地。在市境北部。面积1645平方千米。人口38万。辖2街道、6镇、1乡。区人民政府驻泉口街道。1985年由西城区改设。因东山太平顶所建宝塔得名"东宝"。在原西城区基础上向北扩展。中为政治中心，南为商贸区，东北为工业区，西为文体旅游区。有标志性建筑东山宝塔、龙泉书院等。地处秦岭大巴山系荆山余脉向江汉平原过渡地带。北高南低，最高点裴山海拔684米。沮河、漳河、仙居河、象河、南桥河、竹皮河流经。有漳河、南河、北河等人工水库。有矿产资源煤、石灰石、石膏等。有高校1所，中学15所，小学20所，三级医院3个，二级医院1个。有全国重点文物保护单位龙王山遗址，省级文物保护单位东山宝塔、白云楼、陆夫子祠、龙泉书院、象山四泉碑刻、荆门古城、子陵岗遗址、蔡氏节孝坊。有省级历史文化名村三泉村等2个。有省级非物质文化遗产东宝梁山调、八角雪枣制作技艺、东宝坐丧鼓、东宝沮漳皮影、荆门上清丸。有矮子馅饼制作技艺等。有国家3A级旅游景区漳河。有景点象山风景区、插旗山三国古战场、仙居老街、青林寨关公园等。有土特产金龙泉啤酒、香菇、八角雪枣、银鱼、虹鳟鱼、矮子馅饼等。三次产业比例为14∶53∶33。农业以水稻、小麦、油菜、香菇、蔬菜种植为主。工业以电子、建材为主。焦柳、长荆、荆沙、蒙华铁路，沪蓉、襄荆、武荆高速，207、347国道，省道荆新线过境。有荆门站、荆门市汽车客运中心、荆门市万里交通客运站。通多路公交车。

天鹅广场［Tiān'é Guǎngchǎng］ 在城区南部。面积10公顷。1998年开工，2000年建成。因天鹅池得名。长方形，由主次轴线与主次双环划分各区域。主草坪区由6块高羊茅草坪组成，中心设旱地喷泉。有下沉式露天剧场，硬地铺设十二生肖图案。外侧圆环形，有小河，上架2座汉白玉石拱桥，刻有双龙戏珠和花卉图案。北入口有石砌盆景园，种对节白蜡树。南面竖9根象征荆楚文化的图腾柱。是集休闲、健身娱乐、展销和活动为一体的综合性广场。周边有国家电网湖北荆门供电公司、市房产管理局、市园林局等单位。通多路公交车。

长宁大道［Chángníng Dàdào］ 在区境东部。北起泉口路，南至中天街。与象山三路、象山二路、象山一路、海慧路相交。长2.1千米，宽20—34米。沥青路面。1972年开工，1973年建成。原名东方红大道，后以晋时属长宁县域更今名。两侧有龙泉中学北校、市广播电视台、市口腔医院、疾控中心等单位。通多路公交车。

白云大道［Báiyún Dàdào］ 在区境东部。北起月亮湖路，南至虎牙关铁路桥。与象山一路、中天街、塔影路等相交。长3.5千米，宽43—48米。沥青路面。原为207国道城区段。1985年改建为快车道。因临近白云洞得名。路旁植法桐、樟树，竖石刻。两侧有市中心客运站、万里交通客运站、工人文化宫、天鹅湖公园、白云广场、宝运花园等。通多路公交车。

荆门站［Jīngmén Zhàn］ 见交通运输设施部分"荆门站"条。

荆门市汽车客运中心［Jīngmén Shì Qìchē Kèyùn Zhōngxīn］ 见交通运输设施部分"荆门市汽车客运中心"条。

荆门市万里交通客运站［Jīngmén Shì Wànlǐ Jiāotōng Kèyùnzhàn］ 见交通运输设施部分"荆门市万里交通客运站"条。

泉口街道［Quánkǒu Jiēdào］ 东宝区人民政府驻地。在区境北部。面积36平方千米。人口11.2万。1986年设。因有山泉冒出流入浏河，故名。先后建成一批居住小区，完成浏河小区改造及主要街路路面铺设。金泉河、浏河、竹皮河流经。有荆楚理工学院，中学2所，小学4所，三级医院1个，二级医院1个，卫生服务站14个，市图书馆、博物馆各1个。有苏畈桥新石器时代遗址、双石拱桥、升天塔、军民合作大饭店等。经济以商贸为主，有啤酒企业。焦柳铁路、襄荆高速、207国道过境。有荆门站。通公交车。

龙泉街道［Lóngquán Jiēdào］ 属东宝区。在区境南部。面积16平方千米。人口12.5万。1979年设。因境内龙泉得名。先后改造对象山景区、龙泉公园、文化宫。有东宝山、将军山、西宝山、象山、花子山。竹皮河流经。有中学3所，小学5所，三级医院2个，卫生服务站15个，艺术剧院1个。有古迹老莱子隐居地、关羽望兵石、讲经台、东山宝塔、安古寺遗址、荆门城门及读书台遗址、陆夫子祠、白云洞中吕洞宾石像、龙泉书院和文峰塔、魁星阁等。有龙、蒙、惠、顺4泉。有龙泉公园、东宝山公园、千佛洞森林公园、天鹅湖水上乐园等。服务业以商贸、旅游为主。焦柳铁路、襄荆高速、207国道过境。通公交车。

中天街［Zhōngtiān Jiē］ 在龙泉街道北部。长1.1千米，宽20米。沥青路面。元、明时已形成街市。1949年命名为解放街。1997年以企业中天集团冠名为中天街。自古以来商贾云集。民国时存有历代古衙门凤凰台和长春丹井(道观)古建筑，1939年被日军轰炸和拆毁。现为中心城区商业步行街，仅存丹井，有多家银行、大型超市、鞋城、国药商店、餐饮、手工业等。

栗溪镇［Lìxī Zhèn］ 东宝区辖镇。在区境西北部。面积374平方千米。人口2.2万。辖2居委会、25村委会，有582自然村。镇人民政府驻百子堂社区。1936年设栗溪乡。1949年设区。1958年改公社。1961年改区。1986年改镇。因镇北古时有大片栗树，又恰处栗溪及竹马2河交汇处得名。钱河、姚河、廖家河、毛坪河等流经。有职高、初中、小学各1所，卫生院2个(含分院)，文化站1个。有景点香炉溪瀑布、香龙洞、仙人岩、三国古战场、大瓦屋、百子堂等。有明清古寨伏隆寨、鹰嘴寨等9个。有省级非物质文化遗产东宝坐丧鼓。农业以小麦、玉米种植为主，产香菇、木耳。南栗、石铁公路过境。通公交车。

百子堂社区［Bǎizǐtáng Shèqū］ 栗溪镇人民政府驻地。在区境西北部。面积2平方千米。人口1400。因明末建筑百子堂得名。2004年成立。民居以楼房为主。有腰鼓、高跷、彩莲船等社区文化活动。有中小学、卫生院。石铁公路经此。

子陵铺镇［Zǐlíngpù Zhèn］ 东宝区辖镇。在区境北部。面积277平方千米。人口4.5万。辖2居委会、29村委会，有482自然村。镇人民政府驻子陵社区。1958年成立子陵公社。1984年改为子陵铺区。1986年改设镇。因东汉严子陵曾在此隐居得名。南桥河流经。有职高1所，中学1所，小学3所，卫生院1个。有文化站。有全国重点文物保护单位龙王山遗址，省级文物保护单位子陵岗遗址。有景点圣境山、九龙谷、上泉寺、唐安古寺、严子陵文化园、黑龙泉、华阳革命标语等。农业以水稻种植为主，特产“八角雪枣”。有水泥、木业企业及东宝工业园区。焦柳、长荆、蒙华铁路，襄荆高速，207国道过境。通公交车。

子陵社区［Zǐlíng Shèqū］　子陵铺镇人民政府驻地。在区境北部。面积3平方千米。人口3200。因子陵岗得名。2004年成立。民居以楼房为主。有腰鼓、彩莲船、歌咏等社区文化活动。有中小学、卫生院。有葛洲坝荆门水泥分公司等。襄荆高速、207国道经此。

新桥村［Xīnqiáocūn］　在区政府驻地泉口街道东北4千米。子陵铺镇辖自然村。人口3000。以1984年有桥梁竣工得名。聚落除新建小区外，均散状分布。有小学、卫生室。有腰鼓队。农业以水稻、小麦、油菜种植为主。焦柳、长荆铁路，襄荆高速、207国道经此。2014被评为全国文明村。

漳河镇［Zhānghé Zhèn］　东宝区辖镇。在区境南部。面积386平方千米。人口4.3万。辖3居委会、38村委会，有541自然村。镇人民政府驻胜利社区。1960年烟墩万能公社改为漳河公社。1963年设烟墩区。1987年改镇。1998年以漳河水库更今名。漳河流经。有中学1所，小学4所，卫生院2个，文化站1个。有景点漳河水库、洪山古寺、观音岛、李家洲大坝、鸡公尖大坝、清净庵等。农业以水稻、小麦、大豆、油菜种植为主，产芝麻。工业以煤炭、建材、粮油加工为主。焦柳铁路、荆宜高速、荆宜公路过境。通公交车。

胜利社区［Shènglì Shèqū］　漳河镇人民政府驻地。在区境南部。面积3.64平方千米。人口6200。以镇内街道名称命名。2001年由烟墩居委会更名为胜利社区。民居主要以自建2层房屋为主。社区开展文化活动、群众健身、社会保障、公共安全等项服务。有中心小学、卫生院。邻漳河水库。通公交车。

马河镇［Mǎhé Zhèn］　东宝区辖镇。在区境西部。面积168平方千米。人口1.3万。辖1居委会、9村委会，有228自然村。镇人民政府驻马院社区。1987年设马河镇。因马家河得名。沮河、漳河流经。有中学、小学各1所，卫生院、文化站各1个。有景点青林寨、猪头岭、九十九间屋、琵琶洲大桥、钱河湿地公园、将军砦、天台山、沙滩河等。农业以水稻、小麦、大豆、油菜种植为主，有芝麻、香菇、木耳种植。工业以煤炭开采为主。荆南公路过境。通公交班车。

马院社区［Mǎyuàn Shèqū］　马河镇人民政府驻地。在区境西部。面积4.5平方千米。人口2800。由村改社区。1996年成立。民居以楼房为主。组织腰鼓队、彩船队等。有中小学、卫生院。省道荆南线经此。通公交车。

石桥驿镇［Shíqiáoyì Zhèn］　东宝区辖镇。在区境北部。面积185平方千米。人口3.4万。辖2居委会、25村委会，有543自然村。镇人民政府驻石桥驿社区。1984年设石桥驿乡。2002年改置镇。因有连通荆襄古道的石拱桥及唐代驿站得名。仙居河、象河、永盛河流经。有中学1所，小学2所，卫生院2个（含分院），文化站1个。有古石桥碑、中共荆门县第一个党小组纪念地、花子岭革命烈士墓。有省级非物质文化遗产东宝梁山调。农业以小麦、玉米种植为主。工业以化肥生产为主。焦柳、蒙华铁路，襄荆高速、207国道过境。通公交车。

石桥驿社区［Shíqiáoyì Shèqū］　石桥驿镇人民政府驻地。在区境北部。面积5.2平方千米。人口2600。因镇名得名。2005年成立。民居以楼房为主。开展社会保障服务、公共安全服务。有文化广场，含群众大舞台、体育健身路径、羽毛球场、篮球场等，在重大节庆日举办大型文化体育活动。有小学、卫生院。有水利水电服务中心等单位。

牌楼镇［Páilóu Zhèn］　东宝区辖镇。在区境东部。面积122平方千米。人口2.2万。辖2居委会、12村委会，有257自然村。镇人民政府驻东门社区。1951年设牌楼乡。1958年成立公社。1987年复改乡。2002年撤乡设镇。因境内牌楼岗得名。牌楼岗原称盘龙岗，传古有一火龙盘踞于此，故名。后伯夷铺人家迁此得名“盘楼岗”，因音近演为牌楼岗。竹皮河、杨树港河流经。有中学、小学各1所，卫生院1个。农业以水稻、油菜、蔬菜种植为主。工业以建材、医用纺织为主。荆钟公路过境。通公交车。

东门社区［Dōngmén Shèqū］　牌楼镇人民政府驻地。在区境东部。面积2.5平方千米。人口2200。因位于市东大门得名。2009年成立。民居以楼房为主。开展社会保障服务、公共安全服务。有文化广场，含群众大舞台、体育健身路径、羽毛球场、篮球场等，在重大节庆日举办大型文化体育活动。有区委党校、中小学、卫生院等。通公交车。

仙居乡［Xiānjū Xiāng］　东宝区辖乡。在区境北部。面积238平方千米。人口2.6万。辖1居委会、27村委会，有370自然村。乡人民政府驻仙居社区。1949年设仙居区。1952年改乡。1961年成立公社。1984年复置乡。因传仙人至此定居及风景优美得名。仙居河流经。有中学1所，小学3所，卫生院1个。有仙居佛塔林、仙居寺遗址、南北河水库风光、捉马洞、仙居老街、红三军第九师政治部旧址、蔡氏节孝坊、天星寨革命烈士纪念碑、樊王洞、赵家闸、仙居河国家湿地公园等。农业以水稻、小麦、油菜种植为主，有香菇、木耳种植，特产仙居麦酱、红萝卜。石仙公路过境。通公交车。

仙居社区［Xiānjū Shèqū］　仙居乡人民政府驻地。在区境西北部。面积2.5平方千米。人口2400。因乡名得名。2001年成立。民居以楼房为主。有读书会、腰鼓表演等社区文化活动。有中小学、卫生院。有省级文物保护单位蔡民节孝坊、红三军第九师政治部旧址等。石仙公路终点。通公交车。

掇　刀　区

掇刀区［Duōdāo Qū］　荆门市辖区。在市境南部。面积640平方千米。人口30.1万。辖4街道、2镇。区人民政府驻掇刀石街道。2001年析东宝区部分地域置掇刀区。因区政府驻地得名。地处秦岭山脉荆山余脉向江汉平原过渡地带，以低山、丘陵、岗地为主。西北高东南低。平均海拔154米。有罗汉山、仙女山、黄山、火山。竹皮河、杨树港河、麻城河、新埠河流经。有高中1所，职高1所，初中3所，小学17所。有省级文物保护单位升天塔。有响铃岗、白石坡、马刨泉、掇刀飞机场遗址及沈家中塆抗日烈士纪念碑、张家塆烈士纪念碑、陈士榘故居。有民间文化“关公与掇刀的传说”，民间艺术彩莲船、高跷、皮影戏、龙灯、狮舞、十番锣鼓。有千佛洞国家森林公园、凤凰湖湿地公园、生态运动公园。三次产业比例12∶35∶53。农业以水稻、棉花、高油酸油菜、蔬菜种植为主，特产荆双井西瓜、佳鼎蓝莓、大同黄羊、千里香小磨麻油等。工业以化工、装备制造、再生资源与环保、新能源新材料、电子信息为主。焦柳、荆沙铁路，沪蓉、二广高速，207国道过境。通多路公交车。

荆门高新技术产业开发区［Jīngmén Gāoxīn Jìshù Chǎnyè Kāifāqū］　在区境北部。东至培公大道，南至荆宜高速公路，西至荆山大道，北至天鹅池。面积25平方千米。因荆门市得名。2000年11月经省政府批准设立省级高新区。2013年12月经国务院批准建立国家级荆门高新技术产业开发区，由荆门市政府管理。为循环经济发展示范区、区域资源循环利用与再造的特色型产业园区。有装备制造产业区、新能源新材料产业区、循环经济产业区、生物医药产业区、电子信息产业区、汽车制造产业区等6大功能区。有国家级高新技术企业24个，规模企业70个。荆沙铁路，沪蓉、二广高速，207国道，省道荆新线过境。通公交车。

月亮湖广场［Yuèlianghú Guǎngchǎng］　在城区东部。面积4.76万平方米。2000年开工，2002年建成。附近原有月亮湖，故名。广场东区分为三级平台：一级平台以喷泉为主景；二级平台以中心花坛为标志；三级平台以露天剧场为主要景观。广场中轴线有吊桥与南部东宝山公园相连。还有绿地、升天塔、水池、休息长廊、柱廊、灯饰等。为市民休闲广场。周边为居住小区。通多路公交车。

深圳大道［Shēnzhèn Dàdào］　在区境北部。东起阳光大道，西至象山大道。与虎牙关大道、龙井大道相交。1993年开工，2001年建成。长3.2千米，宽18—24米。沥青路面。以深圳市名命名。两侧有掇刀石街道办事处、市气象局等。通多路公交车。

关公大道［Guāngōng Dàdào］　在区境北部。东起阳光大道，西至象山大道。与龙井大道相交。长3千米，宽20米。混凝土路面。1995年开工，2001年建成。以关羽尊称命名。两侧有市外国语学校、掇刀石中学、区人社局、水产市场等。通多路公交车。

虎牙关大道［Hǔyáguān Dàdào］　在区境北部。北起白云大道，南至兴隆大道。与象山大道、培公大道、深圳大道、关公大道相交。长5千米，宽60米。原为207国道荆门城区南段。1985年铺设水泥路。1995年拓宽铺设柏油路面并更今名。因秦楚古道最南端虎牙关得名。“两山对阙，形似虎牙”，故名。两侧有星球商业中心、十里牌林场、十里牌小学、掇刀石小学、区人民医院等。通多路公交车。

兴隆大道［Xīnglóng Dàdào］　在区境北部。北起虎牙关大道，南至兴隆岗。与凤凰大道、创业路相交。长4千米，宽60米。沥青路面。原为207国道，后因改道于2000年拓宽改建为城市道路。因在原兴隆村域，故名。两侧有三干渠管理处、武警荆门支队、市园林基地等。通公交车。

掇刀石大桥［Duōdāoshí Dàqiáo］　在城区南部。长100米，宽30米，桥下净高8米。1989年建成。为掇刀石街道较大桥梁，故名。钢筋混凝土结构。最大载重50吨。通多路公交车。

掇刀石街道［Duōdāoshí Jiēdào］　掇刀区人民政府驻地。在区境北部。面积22平方千米。人口11.7万。1987年设立。古名凤凰铺，传春秋末期楚国大夫白公胜之妻贞姬曾在此驯鸟，引凤凰来仪，故名。后因传三国蜀将关羽在此驻兵，神威发力，掇刀入石，更今名。有小学2所，卫生所（站）7个。有千佛洞国家森林公园、长坂坡大战遗址、关公掇刀石、马刨泉、响铃岗和白石坡遗址、荆门天主教堂、千佛禅寺等。经济以机械加工及塑料包装、机动车零部件制造、医疗化工等为主，有商贸服务业。焦柳、荆沙铁路，荆宜高速，207国道，省道荆新线，荆潜、皂当公路过境。通公交车。

白庙街道 [Báimiào Jiēdào] 属掇刀区。在区境东北部。面积50平方千米。人口14.3万。1980年设。清代有百余户筹资建庙,内外墙均涂白色,故名。有东宝山。竹皮河流经。有小学2所,卫生所(站)14个。有体育场、文化馆。工业以石油、化工、电力、医药为主。焦柳铁路、207国道过境。有荆门东站。通公交车。

江山社区 [Jiāngshān Shèqū] 属白庙街道。在区境东北部。面积1240平方米。人口3300。因江家山得名。2009年由江山村改社区。原为城中村,集工、农、商、贸于一体,化工产业和环保产业已形成规模。通公交车。2010年被评为全国文明社区。

兴隆街道 [Xīnglóng Jiēdào] 属掇刀区。在区境南部。面积50平方千米。人口4.3万。2011年设。因兴隆岗得名。有小学1所,卫生所(站)5个。工业以装备制造、新材料、医药、体育用品为主。商业以电子商务和物流业为主。有荆门高新技术产业园区。沪蓉、二广高速,207国道过境。通公交车。

双喜街道 [Shuāngxǐ Jiēdào] 属掇刀区。在区境西部。面积95平方千米。人口3.5万。2011年设。因双喜村得名。原名双堰。1955年逢当地农业合作社成立和某家产双胞胎小牛两件喜事,故名。有职高1所,小学3所,卫生服务站4个,村卫生室11个。有市博物馆、市图书馆、市青少年活动中心。有古迹响铃岗东周文化遗址、袁集汉当阳文化遗址。有响铃岗、上马磴、饮马槽、望兵石等。有民间文艺舞狮、十番锣鼓等。有商贸服务和旅游业。焦枝铁路、207国道、皂当公路过境。

团林铺镇 [Tuánlínpù Zhèn] 掇刀区辖镇。在区境南部。面积268平方千米。人口5.4万。辖1居委会、42村委会,有559自然村。镇人民政府驻团东社区。1959年成立团林公社。1961年改区。1987年改设镇。因原有檀树林,以谐音称"团林",明代在此设铺,故名。新埠河流经。有中学1所,小学4所,卫生院1个,卫生室42个。有谢家院原始文化遗址、岳飞城、圣旨碑、普庵寺、陈士榘故居,沈家中塆抗日烈士纪念碑。有民间文艺十番锣鼓、高跷等。农业以水稻、油菜、小麦种植为主,特产千里香小磨麻油、春篮蔬菜、大同黄羊。荆沙铁路、207国道过境。

团东社区 [Tuándōng Shèqū] 团林铺镇人民政府驻地。在区境南部。面积4平方千米。人口1.4万。因位于团林铺集镇偏东方向,故名。1987年成立。民居以楼房为主。有卫生计生、民政、残联、劳动保障、城市管理、综治信访等服务。有中小学、卫生院。207国道经此。

麻城镇 [Máchéng Zhèn] 掇刀区辖镇。在区境东南部。面积176平方千米。人口2.9万。辖1居委会、19村委会,有451自然村。镇人民政府驻五丰桥社区。1987年设麻城乡。1996年改设麻城镇。传宋末汉江暴发洪灾,灾民逃至此用麻绳圈扎一块场地,卖艺为生,后逐渐发展成集市,以"布绳为市,织麻为城"之意命名。明代设铺,也称麻城铺。麻城河流经。有初中1所,小学3所,幼儿园3所,卫生院1个,卫生站(室)22所。有邓家泰将军故居。有民间文化皮影戏、彩莲船等。农业以水稻、小麦、油菜种植为主。工业以石膏行业为主。襄荆、武荆高速,省道荆新线过境。通公交车。

五丰桥社区 [Wǔfēngqiáo Shèqū] 麻城镇人民政府驻地。在区境西南部。面积3平方千米。人口7300。因附近五丰桥得名。2002年成立。民居为8层以下楼房。有卫生计生、民政、残联、劳动保障、城市管理、综治信访等服务。举办社区运动会。有麻城中学、卫生院等。省道荆新线经此。通公交车。

钟 祥 市

钟祥市 [Zhōngxiáng Shì] 湖北省直辖县级市,由荆门市代管。北纬31°10′,东经112°34′。在荆门市境北部。面积4488平方千米。人口106万。以汉族为主,还有回、土家、苗、壮等民族。辖1街道、15镇、1民族乡。市人民政府驻郢中街道。明嘉靖十年(1531)赐郢县名钟祥县,取"钟聚祥瑞"意,为承天府治。清顺治三年(1646)承天府改为安陆府,仍治钟祥。1914年钟祥县属襄阳道。1932年后历属第六行政督察区、第三行政督察区、荆州专区、荆州地区。1992年撤县设市(县级)。1994年由荆沙市代管。1996年由荆门市代管。西沿汉江发展沿江经济带,南向南湖棉花原种场发展工业园区,东向九里发展社会服务功能,北向皇庄改造城市宜居区。2010年建成"青花瓷碗形"钟祥市体育馆。2012年建成市博物馆。城市干道纵向9条,横向6条,街道网格化。建成区面积39.3平方千米。东西多山,中为冲积平原。最高海拔1051米,平均海拔76米。年均气温16.1℃,1月平均气温0.4℃,7月平均气温37.5℃。平均降水量950毫米。汉江及其支流蛮河、竹皮河、利河、直河流经。森林覆盖率11.5%。有中职3所,高中8所,初中39所,小学108所,三级医院2个,二级医院1个。有世界文化遗产明显陵,全国重点文物保护单位钟祥文风塔,省级文物保护单位元佑宫、马家寨遗址、兴王府凤翔宫等。有国家历史文化名城钟祥,中国历史文化名镇石牌镇。有省级非物质文化遗产葛粉制作技艺、石牌豆制品制作技艺、莫愁女传说等6项。有地方民间艺术高腔、皮影、良善调、龙灯舞、狮舞、海马、秧歌等。有国家4A级旅游景区莫愁湖。三次产业比例17∶57∶26。农业以水稻、小麦、玉米、油菜种植为主,有棉花、瓜果蔬菜种植。工业以磷化工、食品加工、机电、轻工、纺织为主。长荆、焦柳铁路,襄荆、武荆高速,207国道,省道寺沙、分当、汉宜、文乐、襄钟线,汉江航线过境。通多路公交车。

安陆府路 [Ānlùfǔ Lù] 在市区北部。东起校场路,西至西环路。与王府大道、莫愁大道相交。长4千米,宽40米。沥青路面。1990年开工,同年建成中段,1998年向两端延伸,贯通东西。初为水泥路面,2008年铺设沥青路面。因钟祥为元、清安陆府治所,故名。两侧有承天小学、市第三中学、市中心汽车站、市刑警大队、市审计局等。通多路公交车。

承天大道 [Chéngtiān Dàdào] 在市区中部。东起校场路,西至西环路。与王府大道、莫愁大道相交。长5.9千米,宽40米。沥青路面。1994年开工,1996年建成。初为水泥路,2012年铺设沥青路面。以明中期后承天府得名。两侧有钟祥市委党校、市实验中学、中国人民银行等。通多路公交车。

石城大道 [Shíchéng Dàdào] 在市区中部。东起显陵路,西至沿江大道。与校场路、王府大道、阳春大街、莫愁大道、西环路相交。长6.6千米,宽40米。分3段。中路、东路为沥青路面,西路为水泥路面。旧时称考棚街,1949年后为干道。1986年后逐步向两端延伸。2010年广生庵桥和南北冲大桥建成后全线贯通。以钟祥古名石城得名。两侧有商业区、市政府、市委会、市人民医院等。通多路公交车。

西环路 [Xīhuán Lù] 在市区西部。西北起安陆府路,东南至祥瑞大道。与承天大道、石城大道、襄汉路、文风路、汉津路等相交。长4.8千米,宽60米。沥青路面。1990年开工,1996年建成。原为新美香大道。后以位于郢中城区西部的环城道更今名。两侧有钟祥经济开发区、王家湾居委会、中粮祥瑞粮油工业、湖北新美香食品等。通多路公交车。

莫愁大道 [Mòchóu Dàdào] 在市区西北部。南起阳春大街,北至朝宗桥。与石城大道、承天大道、安陆府路相交。长2.6千米,宽40米。沥青路面。20世纪50年代为通往皇庄码头及城北的简易石子路。1972年扩建,铺沥青路面。以途经楚莫愁女诞生地得名。两侧有市总工会、市农业银行、市中心客运站、市林业局、市文化体育新闻出版广电局等。通多路公交车。

王府大道 [Wángfǔ Dàdào] 在市区东北部。南起石城大道中路,北至寺沙公路。与承天大道、安陆府路相交。长3.2千米,宽60米。南端原为北门街,位于北门城墙内。1980年建中段,1988年建北段,1996年拆北门城墙,全线贯通。因南部有明代兴王府邸,故名。两侧有市建设银行、市血防办公室、市统计局、市二中等。通多路公交车。

阳春大街 [Yángchūn Dàjiē] 在市区中部。北起石城大道,南至西环路。与石城大道中路、镜月湖大道、莫愁大道相交。长2.5千米,宽24米。沥青路面。原为阳春台街。1949年后向南延伸,与阳春门外十字大街相连,为城区中心商业街。1999年以古阳春台和阳春门(老城南门)命今名。2007年整扩街面。为城内最早的商业街道。两侧有阳春广场、市人民大会堂、市人民政府、市文化馆、工商银行、市新华书店、郢中街道办事处、市总工会、市第四中学等。通多路公交车。

祥瑞大道 [Xiángruì Dàdào] 在市区南部。北起西环路,南至武荆高速。与长寿一、二、三路相交。长13.2千米,宽50米。沥青路面。原为省道寺沙线一段。2010年连接高速公路,并以钟祥之名蕴含"钟聚祥瑞"之意命今名。2014年建成。两侧有市天有学校、市人民医院、南湖棉花原种场、大柴湖经济开发区等。通多路公交车。

校场路 [Jiàochǎng Lù] 在市区东部。南起镜月湖大道,北至龙山大道。与报恩寺路、石城东路、承天大道东路、安陆府路东路相交。长2.7千米,宽50米。沥青路面。1998年开工,2006年建成,2010年铺设沥青路面。因路中段为明清校场,故名。两侧有市保安公司、郢中变电站、福音堂、市职业高中、市体育馆等。通多路公交车。

镜月湖大桥 [Jìngyuèhú Dàqiáo] 在市区东南部。长496.8米,宽23米,最大跨度41米,桥下净高22.5米。2011年开工,2012年建成。因湖名得名。清县志载海子湖俗称南湖,因湖西北侧清朝建有"镜亭",故名。为实腹式钢筋混凝土多孔拱桥。最大载重55吨。通多路公交车。

郢中街道 [Yǐngzhōng Jiēdào] 钟祥市人民政府驻地。在市境中部。面积89平方千米。人口6.6万。1978年设郢中镇。1994年由郢中镇改设。"郢中"源于春秋战国时期楚国郊郢人宋玉的《对楚王问》:"客有歌于郢中者。"先后建设、改造多条道路,新建钟祥市体育馆、市博物馆、长荆铁路钟祥站及阳春广场、21世纪花园、莫愁公园、承天广场、红星广场、东方红广场。大部为平原。有中学9所,小学10所,三级医院2个,卫生院4个,社区中心卫生室和村级卫生所26个。农业以水稻、小麦、油菜、蔬菜种植为主。工业以食品加工、轻纺、化工、建材、机械加工为主。商业以集贸交易为主。焦枝、长荆铁路，襄荆、武荆高速，207国道过境。汉江航道常年通航。

王家湾社区 [Wángjiāwān Shèqū] 属郢中街道。在市境中部。面积3.5平方千米。人口1.2万。因姓氏得名。2001年成立。民居以现代风格楼房为主。有社区便民服务中心，为居民提供民政、卫健、政法等服务。有社区广场，提供健身器材、广场舞活动场地。开展希望家园活动，为小学生提供暑期辅导、素质拓展、心理关爱服务。有中学、卫生服务站。通公交车。2014年被评为省级文明社区。

洋梓镇 [Yángzǐ Zhèn] 钟祥市辖镇。在市境中部偏北。面积403平方千米。人口5.3万。辖2居委会、32村委会，有951自然村。镇人民政府驻洋梓社区。1941年设洋梓镇。1958年成立洋梓公社。1987年复设洋梓镇。2001年洋梓镇、中山乡合并为洋梓镇。因春秋时期楚国令尹孙叔敖治水，率众广种梓树（梓树成洋）得名。有初中2所，小学12所，幼儿园8所，卫生院1个，卫生所34个，镇级群众文化活动中心1个，村级文化活动室18个，农家书屋20个。农业以水稻、小麦、玉米种植为主，有花生、油菜、西瓜种植。工业以磷化、建材、粮油副食品加工为主。省道寺沙线过境。

洋梓社区 [Yángzǐ Shèqū] 洋梓镇人民政府驻地。在市境中部。面积3平方千米。人口1.1万。因镇名得名。2001年成立。民居以1—4层砖混结构现代建筑为主。有社区便民服务中心，为居民提供民政、卫健、政法等服务。有社区广场，提供健身器材、广场舞活动场地。有卫生院、文化站、国土资源所、供销社、邮政、农村商业银行、粮食收储公司等单位。

长寿镇 [Chángshòu Zhèn] 钟祥市辖镇。在市境北部。面积275平方千米。人口2.8万。辖1居委会、15村委会，有569自然村。镇人民政府驻长寿社区。1947年为长寿区。1975年成立长寿公社。1987年改置镇。长寿河、丰乐河流经。因镇政府原驻地长寿店得名。南齐有一长寿老人在此开茶店，故名长寿店。有职高1所，初中2所，小学5所，卫生院1个，卫生所15个，文化服务中心1个。农业以水稻、小麦、油菜种植为主，有景观苗木种植，牲猪、鱼养殖。工业以粮食加工为主。省道襄钟、寺沙线过境。通客运班车。

长寿社区 [Chángshòu Shèqū] 长寿镇人民政府驻地。在市境北部。面积0.5平方千米。人口6300。以镇名命名。2002年成立。新街多为多层楼房，老街古韵犹存。有便民服务中心，提供民政、卫健、政法服务。有健身娱乐广场，安装健身器材。组建志愿服务队伍，开展学生假期辅导、政策宣传、扶贫济困等及垃圾清理、环境整治等活动。有中小学、影剧院、文化站、卫生院。有供销社、邮政、农村商业银行。通客运班车。

丰乐镇 [Fēnglè Zhèn] 钟祥市辖镇。在市境西北部。面积162平方千米。人口7.5万。辖2居委会、40村委会，有208自然村。镇人民政府驻丰乐社区。明为丰乐驿，清为丰乐市。1941年设丰乐乡。1946年更名丰乐河乡。1958年改丰乐公社。1987年设丰乐镇。2001年潞市镇并入。因丰乐河得名。汉江、丰乐河、杜沿河、黑叉河流经。有初中2所，小学11所，幼儿园22所，卫生院2个，卫生所40个。有剧院、文化站、公共图书室各1个。农业以水稻、棉花、油菜籽种植为主，有花生、大豆、大蒜种植，牲猪养殖。工业以粮棉加工和烟花爆竹生产为主。省道襄钟线过境。

丰乐社区 [Fēnglè Shèqū] 丰乐镇人民政府驻地。在市境西北部。面积6.8平方千米。人口5200。因丰乐河得名。2004年成立。民居均为1—5层现代砖混结构楼房。有便民服务中心、老年活动中心、图书室等，为居民提供民政、卫健、政法等服务。有广场，提供健身器材、文化娱乐活动场地。为小学生提供暑期辅导。有中小学、卫生院。有粮食收储公司、邮政所、国土资源所等。省道襄钟线经此。

胡集镇 [Hújí Zhèn] 钟祥市辖镇。在市境西北部。面积393平方千米。人口11.5万。辖11居委会、41村委会，有714自然村。镇人民政府驻金牛山社区。1949年为胡集区。1975年成立胡集公社。1987年设胡集镇。1994年胡集镇改街道。2001年胡集街道与转斗镇合并复设胡集镇。因集市名得镇名。清末胡氏在此开店，得名胡家店子。民国初穿过胡家店子的古楚驿道改建为襄沙公路，沿路商贩渐多成集市，故名。有普通高中2所，初中5所，小学13所，二级医院1个，卫生院3个，文化站1个，图书馆（室）52个，剧院4个。农业以水稻、小麦、油菜和蔬菜种植为主。焦柳铁路、襄荆高速、207国道过境。通公交车。

金牛山社区 [Jīnniúshān Shèqū] 胡集镇人民政府驻地。在市境西北部。面积3.7平方千米。人口8900。传古时有金色神牛经常下山饮水，另附近有山似卧牛，故名。2004年成立。民居主要为平房和砖混结构楼房。有餐饮、休闲、退休人员活动室、运动活动场所，加强劳动保障、社会救助、低保、房补、退役军人保障、网格化管理、户籍管理、民事纠纷、环卫治安管理。有中小学、卫生院。有荆襄医院。焦枝铁路、胡王公路经此。

湖山村 [Húshāncūn] 在市政府驻地郢中街道西北43千米。胡集镇辖自然村。人口1600。因西部为山，腹地为平原湖区，1952年定名“湖山社”。聚落呈正方形。农业以水稻种植为主。2014年被评为省级文明村。

双河镇 [Shuānghé Zhèn] 钟祥市辖镇。在市境西北部。面积235平方千米。人口4.3万。辖1居委会、34村委会，有544自然村。镇人民政府驻双河社区。1946年丽山乡改名双河口乡。1949年为双河区。1987年改镇。因镇政府原驻地得名。原名崩土嵊，因地处罗铁沟与象河水系汇合处，故名双河口，简称“双河”。有初中1所，小学5所，卫生院1个，卫生所34个，影剧院1个。经济以工业为主，有汽车半轴、磷化复合肥、水泥生产。农业以水稻、小麦、油菜种植为主。焦柳铁路、襄荆高速、207国道、省道文乐线过境。

双河社区 [Shuānghé Shèqū] 双河镇人民政府驻地。在市境西北部。面积2.5平方千米。人口5900。因镇名得名。2000年成立。民居有砖木或砖混结构平房、楼房。有社区便民服务中心，为居民提供民政、卫健、政法等服务。有社区广场，开展广场舞活动。有中小学、卫生院。省道文乐线经此。通公交车。

磷矿镇 [Línkuàng Zhèn] 钟祥市辖镇。在市境西北部。面积228平方千米。人口4.3万。辖2居委会、19村委会，有297自然村。镇人民政府驻磷矿社区。1946年为浰河口乡。1960年改磷矿区公社，1984年改设磷矿镇。因缊藏丰富的磷矿石得名。汉江流经。有初中1所，小学5所，幼儿园5所，卫生院1个，卫生所19个，文化站1个，公共图书馆1个，村级文化活动中心19个。农业以水稻、花卉种植为主。工业以磷化工为主。有汽车运输业。郢胡、磷文公路，水运汉江线过境。

磷矿社区 [Línkuàng Shèqū] 磷矿镇人民政府驻地。在市境西北部。面积2.9平方千米。人口6700。因镇名得名。1984年成立。民居有楼房、平房。有社区便民服务中心，为居民提供民政、卫健、政法等服务。有社区文体广场，提供篮球、网球、广场舞活动场地。为小学生提供暑假作业辅导，设书法兴趣班。有中小学、幼儿园、卫生院。省道文乐线经此。通公交车。

文集镇 [Wénjí Zhèn] 钟祥市辖镇。在市境中部。面积128平方千米。人口4.5万。辖1居委会、25村委会，有202自然村。镇人民政府驻文集社区。1981年成立文集公社。1987年改设镇。民国初文姓商人在此开店，后文姓家族投靠定居，渐成文氏一条街，得名文家集，后简为文集。汉江流经。有初中1所，小学7所，幼儿园7所，卫生院1个，村卫生室24个，镇文化站1个，村级文化活动中心25个，图书室25个。农业以水稻、大豆、地瓜种植为主。工业有木材、塑料制品、建筑材料加工企业。有水果批发。长荆铁路、武荆高速、省道分当线过境。

文集社区 [Wénjí Shèqū] 文集镇人民政府驻地。在市境中部。面积0.6平方千米。人口3400。因镇名得名。2002年成立。民居有砖瓦、砖混结构平房、楼房。开展户籍迁入、迁出管理，计生服务，民调服务，特困、救济救助服务，街道环卫管理，残疾对象服务等。有中小学、卫生院。有农村商业银行等。长荆铁路、武荆高速、省道分当线经此。通公交车。

冷水镇 [Lěngshuǐ Zhèn] 钟祥市辖镇。在市境西部。面积314平方千米。人口5万。辖1居委会、39村委会，有506自然村。镇人民政府驻冷水社区。1958年为冷水公社。1984年冷水、文集2公社合并为冷水区。1987年改置镇。因有冷泉水东南流，汇聚形成水系，名冷水港，故名。有三尖山、慌忙山、青龙寨子山。有初中1所，小学8所，幼儿园9所，卫生院1个，卫生所39个，文化站1个，公共图书室42个，影剧院1个。农业以水稻、小麦、油菜种植为主，有水产养殖。工业以建材生产和粮油加工为主。长荆铁路、省道分当线过境。

冷水社区 [Lěngshuǐ Shèqū] 冷水镇人民政府驻地。在市境西部。面积4.8平方千米。人口6200。因镇名得名。2002年成立。民居有现代砖混结构楼房和平房。有社区便民服务中心，为居民提供社保认证、民政、卫健等服务。有社区广场，提供健身器材和娱乐休闲活动场地。有中小学、卫生院。有粮食收储公司、农村商业银行等单位。省道分当线经此。

石牌镇 [Shípái Zhèn] 钟祥市辖镇。在市境西南部。面积295平方千米。人口8.6万。辖2居委会、51村委会，有547自然村。镇人民政府驻石牌社区。1956年为石牌乡。1961年改区。1975年成立石牌公社。1984年改设区。1987年改置镇。2001年贺集乡并入。因临靠汉水，岸边错落排列数块高大石碑，以作集镇帜标，故名。汉江流经。有初中2所，小学8所，幼儿园8所，卫生院1个，卫生所51个，文化站1个，村级文化活动中心46个，图书室51个。有省级文物保护单位石牌戏楼、乐堤城址。农业以水稻、小麦、油菜种植为主，有棉花种植。工业以豆制品加工为主。武荆高速、省道江沙线、文石公路、汉江航道过境。

石牌社区 [Shípái Shèqū] 石牌镇人民政府驻地。在市境西南部。面积2.6平方千米。人口1.5万。因镇名得名。2002年成立。民居有平房和楼房。尚存明清建筑120处。有生活服务设施，餐饮、休闲、退休人员活动室，运动活动场所。有影剧院广场、佳乐美广场。有中小学、幼儿园、卫生院。有省级文物保护单位石牌戏楼。有国土资源所、粮食收储公司、农村商业银行、农行营业网点等单位。通公交车。

彭墩村 [Péngdūncūn] 在市政府驻地郢中

街道西南48千米。石牌镇辖自然村。人口1200。传古有彭姓男子被龙王施法变成土墩得名。聚落呈块状。有国家4A级旅游景区彭墩乡村世界。有农业休闲观光。江沙公路经此。2014年被评为省级文明村。

旧口镇 [Jiùkǒu Zhèn] 钟祥市辖镇。在市境南部。面积234平方千米。人口10.4万。辖2居委会、52村委会,有379自然村。镇人民政府驻旧口社区。清光绪二十年(1894)设旧口镇。1949年为旧口区。1975年成立旧口公社。1987年复设旧口镇。2001年罗集镇并入。因镇政府原驻地旧口得名。在古臼水与汉江汇合之处,古称臼口,以谐音得名旧口。汉江、天门河流经。有初中4所,小学14所,幼儿园10所,卫生院2个,卫生所52个,文化馆、公共图书馆、剧院各1个。农业以水稻、油菜、萝卜、沙梨种植为主。工业以轻纺、棉花加工、建筑建材、电子、新型木业等为主。有运输企业。省道寺沙、汉宜线过境。

旧口社区 [Jiùkǒu Shèqū] 旧口镇人民政府驻地。在市境南部。面积3平方千米。人口1万。以镇名得名。2002年成立。民居均为1—6层现代砖混结构楼房。有中小学、文化活动中心、卫生院、影剧院、农村商业银行、农行营业网点等。省道寺沙、汉宜线经此。

柴湖镇 [Cháihú Zhèn] 钟祥市辖镇。在市境南部。面积154平方千米。人口10.7万。辖1居委会、54村委会,有156自然村。镇人民政府驻柴湖社区。1968年设大柴湖区。1987年改置柴湖镇。因镇政府原驻地得名。昔为荒湖,芦苇丛生,故名。有初中3所,小学12所,幼儿园13所,卫生院1个,卫生室58个,镇文化站1个。有地方戏剧豫剧、曲剧,传统艺术高跷、旱船等。农业以小麦、玉米、麦冬种植为主。武荆高速、省道寺沙线过境。

柴湖社区 [Cháihú Shèqū] 柴湖镇人民政府驻地。在市境南部。面积3.5平方千米。人口7200。2002年成立。因镇名得名。民居以3—4层楼房为主。有中小学、文化活动中心、影剧院等服务设施。武荆高速、省道寺沙线经此。

新村 [Xīncūn] 在市政府驻地郢中街道南12千米。柴湖镇辖自然村。人口1200。原为农场,1986年从红旗、红升2乡抽调部分农户至此建村,故名新村。聚落呈块状。通专线公路。2014年被评为省级文明村。

长滩镇 [Chángtān Zhèn] 钟祥市辖镇。在市境东南部。面积153平方千米。人口2万。辖1居委会、15村委会,有322自然村。镇人民政府驻长滩社区。1949年设长滩埠区。1958年改为长滩公社。1984年改长滩区。1987年改设乡。1995年改置镇。因镇政府原驻地长滩得名。明代寨子河与季家河相汇形成一条窄长沙滩,河流岸边码头名陈家集码头,后码头日渐衰落,码头集市易名长滩埠,简称长滩。有初中1所,小学4所,幼儿园3所,卫生院1个,卫生所15个,文化站1个,剧院1个。农业以水稻、小麦、玉米、油菜种植为主,产杨梅。工业以粮食、杨梅深加工为主。武荆高速过境。

长滩社区 [Chángtān Shèqū] 长滩镇人民政府驻地。在市境东南部。面积1.1平方千米。人口2500。以镇名得名。2002年成立。民居为砖瓦、砖混结构房屋。有影剧院、文化活动中心等服务设施。有中小学、卫生院。

东桥镇 [Dōngqiáo Zhèn] 钟祥市辖镇。在市境东部。面积256平方千米。人口2.4万。辖1居委会、19村委会,有559自然村。镇人民政府驻东桥社区。1949年设东桥区。1956年改东桥乡。1958年改公社。1984年复为区。1987年改置镇。因镇政府原驻地得名。春秋楚令尹孙叔敖治水,建东、西2石拱桥,因官署临近东桥故名。有初中1所,小学2所,幼儿园3所,文化站1个,村级文化活动中心19个,图书室28个,卫生院1个,卫生所19个。农业以水稻、小麦、油菜种植为主。工业有小五金、建材、塑管、农产品加工企业。长荆铁路、省道分当线过境。

东桥社区 [Dōngqiáo Shèqū] 东桥镇人民政府驻地。在市境东部。面积1.8平方千米。人口5200。以镇名得名。2002年成立。民居有平房、楼房,多为简三层。有社区便民服务中心,为居民提供民政、计生、户籍管理、平安社区等服务。有社区文体广场,配备健身器材,提供篮球、羽毛球、乒乓球及广场舞活动场地。开展儿童之家希望家园活动,为小学生提供暑期辅导、素质拓展、心理关爱。有中学、卫生院、图书室、健身房等。有民间艺术海马舞。省道分当线经此。

永隆村 [Yǒnglóngcūn] 在市政府驻地郢中街道东30千米。东桥镇辖自然村。人口1200。宋淳熙年间建郢东驿,后取永远兴隆之愿景更今名。聚落呈散状。有古迹张立山墓。2014年被评为省级文明村。

客店镇 [Kèdiàn Zhèn] 钟祥市辖镇。在市境东北部。面积293平方千米。人口1.4万。辖1居委会、13村委会,有365自然村。镇人民政府驻客店社区。1958年成立客店公社。1961年为客店区。1987年改设乡。1992年改置镇。传一客籍人在此开店,遂成集市,得名客店坡,后简为客店。八折河流经。有初中1所,小学3所,幼儿园1所,卫生院1个,卫生室13个,文化站、图书室各1个。有大洪山风景区核心景区黄仙洞、娘娘寨。农业以水稻、油菜、食用菌种植为主。工业以食用菌加工、葛粉加工为主。

客店社区 [Kèdiàn Shèqū] 客店镇人民政府驻地。在市境东北部。面积2.2平方千米。人口1700。因镇名得名。2000年成立。民居有平房、楼房。街面建筑均为明清风格。有活动服务中心,开展劳动保障、社会救助、低保、退役军人保障、网格化管理、户籍管理、民事纠纷、环卫治安管理服务。有大型休闲广场,提供生活服务设施,餐饮、休闲、运动活动场所。有中学、幼儿园、卫生院、图书室。有黄仙洞景区专线车。

张集镇 [Zhāngjí Zhèn] 钟祥市辖镇。在市境东北部。面积289平方千米。人口2.3万。辖1居委会、28村委会,有638自然村。镇人民政府驻张集社区。1958年成立张集公社。1961年为张集区。1987年改设镇。明初江西张姓迁此经商,渐成集市、村落,因张姓人口居多,得名张家集,后简称张集。有初中1所,小学3所,卫生院1个,卫生室28个。农业以水稻种植为主,产食用菌,有生猪养殖。工业以农产品加工、食品加工为主。省道寺沙线过境。

张集社区 [Zhāngjí Shèqū] 张集镇人民政府驻地。在市境东北部。面积2平方千米。人口3200。因镇名得名。2002年成立。民居有砖瓦结构平房和砖混结构楼房。有明清风格老街。有社区便民服务中心,为居民提供民政、卫健、政法、劳动保障等服务。有社区文化广场,开展广场舞活动。有中小学、卫生院、影剧院、农村商业银行、邮政所等。省道寺沙线经此。

九里回族乡 [Jiǔlǐ Huízú Xiāng] 钟祥市辖乡。在市境中部。面积103平方千米。人口1.4万。其中回族占27%,还有汉族。辖1居委会、8村委会,有179自然村。乡人民政府驻肖店社区。1985年设九里乡。1987年改置九里回族乡。因南部九里冲得名。有初中1所,小学1所,幼儿园1所,卫生院1个,卫生所1个,村级卫生室10个,文化站1个,村级文化活动中心5个,图书室11个。有九里清真寺。农业以水稻种植为主,产胡油,有牲猪养殖。工业以化工、建材、食品加工为主。长荆铁路、省道分当线过境。通公交。

肖店社区 [Xiāodiàn Shèqū] 九里回族乡人民政府驻地。在市境东部。人口3500。清中期肖姓在此开店,渐成聚落,称肖家店,简称肖店。2002年成立。有街面楼房。社区服务有信息通报,传达党的方针政策、农业生产、招工就业、农产品销售、社会保障等信息。在责任网格内巡查,及时调解矛盾纠纷,排查潜在的各类隐患。了解空巢孤寡老人、留守儿童、五保户、残障人员、优抚对象等特殊人群生产生活状况,及时搞好帮扶服务。搞好辖区内垃圾清扫、收集、转运,引导、督促保持村容整洁,参与美丽乡村创建。有中小学、卫生院。省道分当线经此。2014年被评为省级文明社区。

京山县

京山县 [Jīngshān Xiàn] 荆门市辖县。北纬30°42′,东经112°43′。在市境东部。面积3520平方千米。人口64万。辖14镇。县人民政府驻新市镇。北朝西魏改新阳县为角陵县。隋大业三年(607)改角陵县为京山县,以县境东部京源山为名,属安陆郡。唐属郢州。宋乾德二年(964)省富水入京山。元属安陆府。明属承天府。清属安陆府。1914年后历属襄阳道、第六行政督察区、第三行政督察区、荆州专区、荆州地区。1994年属荆沙市。1996年划归荆门市。有标志性建筑玉丰国际大酒店。以丘陵为主,西北高东南低。平均海拔183米。年均气温16.9℃,1月平均气温6.7℃,7月平均气温23.7℃。年均降水量1076毫米。漳水、大富水、京山河、永隆河等流经。有矿产资源石英砂、磷、重晶石、白云岩等。森林覆盖率45%。有中等职业学校2所,普通高中5所,初中20所,小学57所,幼儿园67所,特殊教育学校1所,二级医院3个。有全国重点文物保护单位屈家岭文化遗址、中共豫鄂边区委员会旧址、苏家垄墓群,省级文物保护单位京山古城口、石女山附近遗址、豫鄂边区第一届人民代表大会会址、三王城遗址等20个。有纪念地26个,爱国主义教育基地5个。有国家级非物质文化遗产夏氏丹药制作技艺,省级非物质文化遗产善歌锣鼓、京山民歌、孙桥婚俗、熊门拳等8项。有空山洞、大洪山风景名胜区、绿林景区等。三次产业比例19∶57∶24。农业以水稻、小麦种植为主,有中华鳖、乌龟、牲猪养殖。为桥米原产地保护区,有湖北国宝桥米工业园。工业以机械、农副食品加工、矿业等为主。长荆铁路,随岳、武荆高速,省道汉宜、小应、大天、分当线过境。

人民广场 [Rénmín Guǎngchǎng] 在县城中部偏北。面积6.7公顷。2006年开工,2007年建成。北高南低,有泄洪渠沟自北向南穿过,绿地面积78%。有花坛草坪、曲径小道、假山亭阁、石桥流水,西南有嬉水池和景观栈桥,西北有圆形旱冰池。为集休闲、娱乐、健身、文艺演出、大型展览于一体的综合性广场。周边有居住小区。通多路公交车。

京山站 [Jīngshān zhàn] 见交通运输设施部分“京山站”条。

京山汽车中心客运站 [Jīngshān Qìchē Zhōngxīn Kèyùnzhàn] 见交通运输设施部分

“京山汽车中心客运站”条。

京山县八里途客运站［Jīngshān Xiàn Bālǐtú Kèyùnzhàn］　见交通运输设施部分“京山县八里途客运站”条。

新市镇［Xīnshì Zhèn］　京山县人民政府驻地。在县境中部。面积375平方千米。人口18万。辖9居委会、20村委会，有415自然村。镇人民政府驻城畈社区。1949年置城关镇。1981年更名新市镇。1984年撤惠亭区并入新市镇。因西汉末年县域爆发“新市绿林起义”得名。有中学2所，小学6所，二级医院3个，卫生院1个，卫生所25个。有全国重点文物保护单位中共豫鄂边区委员会旧址，省级文物保护单位新四军豫鄂挺进纵队司令部旧址、文笔峰塔。有景点文峰公园、惠亭湖等。农业以水稻、油菜、绿化苗木种植为主。工业以机械制造、服装家纺、包装印刷、粮油加工、食品饮料为主。长荆铁路、省道皂当线、京安公路过境。通公交车。

人民大道［Rénmín Dàdào］　在县城中部偏北。东起绀弩大道，西至明星路。与绿林路、新市大道、申公路、新阳二路相交。长5.9千米，宽30米。沥青路面。2005年开工，2006年建成。两侧有县人口和计生局、县国土资源局、县人武部、新市镇人民政府、县第一中学等单位。通多路公交车。

新市大道［Xīnshì Dàdào］　在县城东部。北起三王路，南至文峰大桥。与新阳大道、人民大道、轻机大道、京源大道、城中路相交。长4.1千米，宽45米。沥青路面。1993年开工，1998年建成。以古县名新市命名。两侧有县地税局、县民政局、县检察院、县总工会、县公安局等单位。通多路公交车。

轻机大道［Qīngjī Dàdào］　在县城中部。西起明星路，东至富水大道。与绿林路、交通路、新市大道等相交。长6.6千米，宽50米。水泥路面。1996年开工，1997年建成。以京山轻工机械公司名称命名。两侧有县供电公司、县发改局、县环保局、县城管局、县住建局、县农发行、县人民法院、县第一中学等。通多路公交车。

城畈社区［Chéngfàn Shèqū］　新市镇人民政府驻地。在县境中部。面积6平方千米。人口2.3万。因位于县城北平畈开阔地带得名。2005年成立。民居以二层砖混结构楼房为主。社区居民自主成立传统乐队。有小学、卫生院。通公交车。2014年被评为省级文明社区。

三角洲社区［Sānjiǎozhōu Shèqū］　属新市镇。在县境中部。面积2平方千米。人口1.1万。20世纪70年代城区西街、城中路、南河二桥相继修通，在交叉处形成三角形地带，俗称三角洲，故名。2001年成立。民居以2层砖瓦混凝土楼房为主。有县直机关幼儿园、绀弩中学、新市医院等。通公交车。2014年被评为省文明社区。

永兴镇［Yǒngxīng Zhèn］　京山县辖镇。在县境东部。面积220平方千米。人口2.6万。辖1居委会、20村委会，有288自然村。镇人民政府驻永兴村。1950年为第二区，后改永兴公社。1958年并入源泉公社。1984年改区。1987年改置镇。因镇政府驻地得名。有初中1所，小学2所，幼儿园3所，卫生院1个，村卫生室14个，图书室21个。有景点京源山、观音岩、宋家丰洞、盘陂古县城遗址等。农业以水稻、小麦、玉米种植为主。工业以水泥建材、机械制造、精细化工、光电子、热发电、食品加工为主。长荆铁路、随岳高速、省道分当线过境。2014年被评为省文明镇。

永兴村［Yǒngxīngcūn］　永兴镇人民政府驻地。在县政府驻地新市镇东13千米。人口1900。取永远兴旺发达意得名。聚落呈团块状。农业以水稻、玉米、小麦种植为主，有中华鳖养殖。长荆铁路、随岳高速、省道分当线经此。

曹武镇［Cáowǔ Zhèn］　京山县辖镇。在县境东部。面积187平方千米。人口3.1万。辖2居委会、28村委会，有423自然村。镇人民政府驻曹场村。1952年设曹武乡。1958年并入源泉公社。1975年成立曹武公社。1984年并入永兴区。1987年置曹武镇。传三国时曹操在此屯兵习武，故名。有初中1所，小学3所，幼儿园1所，卫生院1个，卫生所26个。有省级非物质文化遗产熊门拳。农业以水稻、小麦种植为主，有棉花、油菜、花生、芝麻种植。工业以农副产品加工、机械加工、建筑业为主。长荆铁路、省道分当线过境。

曹场村［Cáochǎngcūn］　曹武镇人民政府驻地。在县政府驻地新市镇东25千米。人口1700。传清末有一文官名曹文书，为官清廉，后被奸人陷害致死，人们遂将此地改名“曹场”以示纪念。聚落呈块状。有卫生室。有省级非物质文化遗产熊门拳，民间特色艺术锣鼓、舞狮等。有文化广场。农业以花生、油料作物种植为主。长荆铁路、省道分当线经此。

罗店镇［Luódiàn Zhèn］　京山县辖镇。在县境东北部。面积299平方千米。人口9万。辖2居委会、66村委会，有566自然村。镇人民政府驻罗店村。1961年设罗店区。1978年成立罗店公社。1980年复为区。2001年改置镇。因镇政府驻地得名。富水河流经。有初中1所，小学8所，幼儿园8所，卫生院1个，村卫生室66个。有新街战斗旧址、养马畈会议会址、七七报社旧址、丁家冲新四军五师根据地旧址。有民间艺术龙船、彩灯、沪剧。农业以水稻、小麦、玉米种植为主，特产仁和白花菜、丁家冲萝卜。工业以蔬菜腌制、塑料制品为主。省道随应线、县道曹双线过境。

罗店村［Luódiàncūn］　罗店镇人民政府驻地。在县政府驻地新市镇东北51千米。人口1700。因古有罗姓在此开店得名。聚落呈带状。有初中、卫生所。农业以白花菜、萝卜种植为主。省道随应线、县道曹双线经此。

宋河镇［Sònghé Zhèn］　京山县辖镇。在县境东北部。面积312平方千米。人口5.9万。辖2居委会、26村委会，有518自然村。镇人民政府驻城中路社区。1958年成立宋河公社。1984年改区。1987年改置镇。因宋姓大户居此，且有大富水、舒家河、鲍河三条河流得名。有高中1所，初中2所，小学5所，幼儿园6所，卫生院1个，卫生所37个。有省级文物保护单位长山遗址、书映台遗址。有1948年宋河战斗遗址。农业以水稻、小麦种植为主，有棉花、蔬菜种植。工业以机械制造、化工为主。随岳高速，省道应随、京安线过境。

城中路社区［Chéngzhōnglù Shèqū］　宋河镇人民政府驻地。在县境北部。面积2平方千米。人口1.2万。因城中路得名。2001年成立。民居以砖瓦混凝土平房为主。有社区养老、医疗、文体、警务、青少年服务、残疾人服务等多种服务。有中小学、宋河医院门诊部。省道应随线、大天公路经此。通多路公交车。

坪坝镇［Píngbà Zhèn］　京山县辖镇。在县境北部。面积85平方千米。人口2.5万。辖1居委会、8村委会，有171自然村。镇人民政府驻坪坝村。1961年成立坪坝公社。1982年改区。1987年改置镇。因镇政府驻地得名。漳河流经。有初中1所，小学3所，幼儿园3所，卫生院1个，村卫生室18个。有全国重点文物保护单位苏家垄墓群，省级文物保护单位下安寺。有古迹晒书台。农业以水稻、小麦种植为主，有板栗、桐油、木梓油种植。工业以制酒、制砖、涂料、预制件、纺织为主。随岳高速、省道大天线过境。

坪坝村［Píngbàcūn］　坪坝镇人民政府驻地。在县政府驻地新市镇北60千米。人口2900。传原名栗林岗，后因修筑城墙削平山岗更今名。聚落呈块状。有卫生室。农业以水稻、板栗种植为主。有酒厂。

苏家垄村［Sūjiālǒngcūn］　在县政府驻地新市镇北64千米。坪坝镇辖自然村。人口2500。因境内有全国重点文物保护单位苏家垄墓群而得名。聚落呈块状。随岳高速、省道大天线经此。

三阳镇［Sānyáng Zhèn］　京山县辖镇。在县境北部。面积233平方千米。人口3.5万。辖1居委会、11村委会，有465自然村。镇人民政府驻三阳村。1975年成立三阳公社。1984年改区。1987年改置镇。因镇政府驻地得名。有初中1所，小学3所，幼儿园3所，卫生院1个，卫生所22个。有省级文物保护单位三王城遗址、水磨畈遗址、绿林寨城址。有省级非物质文化遗产善歌锣鼓。有核心观鸟基地。农业以水稻种植为主，产板栗、香菇、油茶。随岳高速、省道随应线、坪客公路过境。

三阳村［Sānyángcūn］　三阳镇人民政府驻地。在县政府驻地新市镇西北50千米。人口2100。因有太阳山、三阳寺、太阳石得名。聚落呈块状。有卫生室。有省级非物质文化遗产善歌锣鼓，地方文化三阳民间故事、三阳婚礼。农业以水稻、小麦、板栗、香菇种植为主。省道随应线经此。

绿林镇［Lùlín Zhèn］　京山县辖镇。在县境北部。面积252平方千米。人口1.4万。辖1居委会、14村委会，有251自然村。镇人民政府驻厂河村。1995年置厂河镇。1999年因境内有绿林起义策源地绿林山主峰更今名。有初中1所，小学1所，幼儿园1所，卫生院1个，卫生所12个。为国家级大洪山风景名胜区核心景区。农业以水稻种植为主，特产木耳、桐籽、香菇、板栗。京绿、坪客公路过境。2014年被评为省级文明镇。

厂河村［Chǎnghécūn］　绿林镇人民政府驻地。在县政府驻地新市镇北40千米。人口1100。因附近有大富水流经，河面宽敞，敞与厂同音，故名。聚落呈散状。有卫生所。农业以水稻、小麦、油菜、大豆种植为主。京绿、坪客公路经此。

杨集镇［Yángjí Zhèn］　京山县辖镇。在县境西北部。面积283平方千米。人口1.4万。辖1居委会、21村委会，有436自然村。镇人民政府驻杨集村。1950年设杨集区。1958年改公社。1987年改设乡。2000年改置镇。因镇政府驻地得名。有初中1所，小学2所，幼儿园2所，卫生院1个，村卫生室14个。为国家级大洪山风景名胜区的组成部分。农业以水稻、小麦、玉米种植为主。工业以机械加工、建筑材料、林业加工为主。县道京杨线过境。

杨集村［Yángjícūn］　杨集镇人民政府驻地。在县政府驻地新市镇西北27千米。人口500。传有杨氏在此开店，后渐成集镇，故名。聚落呈带状。有卫生室。有高跷、狮舞、龙灯、武术、腰鼓、农民管弦乐队等文艺团体。有省级非物质文化遗产民歌《小女婿》。农业以水稻、小麦、玉米、板栗、香菇种植为主，特产银杏、泉水米、葛粉等。客排公路经此。

孙桥镇［Sūnqiáo Zhèn］　京山县辖镇。在县境西部。面积344平方千米。人口4.1万。辖1居委会、29村委会，有557自然村。镇人民政府驻孙桥村。1949年设孙桥区。1958年成立孙桥公社。1984年复改孙桥区。1987年撤区设镇。因位于集镇中心孙家桥得名。有初中1所,小学4所,幼儿园6所,卫生院1个,卫生所32个。有省级非物质文化遗产孙桥婚俗。农业以水稻、小麦、玉米种植为主,特产京山桥米。长荆铁路、省道皂当线过境。

孙桥村 [Sūnqiáocūn] 孙桥镇人民政府驻地。在县政府驻地新市镇西12千米。人口1100。以村内原有孙家桥得名。聚落呈环状。有卫生室。有唢呐铜管乐队。有省级非物质文化遗产孙桥婚俗,有民间舞蹈《鼓台舞》。农业以水稻、油菜、小麦种植为主。有盆景制作。省道皂当线经此。

余家沙坡村 [Yújiāshāpōcūn] 在县政府驻地新市镇西14千米。孙桥镇辖自然村。人口1300。初余姓居此,且处方圆几里唯一高地,故名。聚落呈团块状。有桥米文化展示墙、桥米试验田和桥米农家乐。省道分当线经此。2014年被评为省文明村。

石龙镇 [Shílóng Zhèn] 京山县辖镇。在县境西南部。面积302平方千米。人口2.8万。辖1居委会、22村委会,有422自然村。镇人民政府驻丰谷街社区。1962年设石龙区。1975年改公社。1984年复区。1987年改设乡。1998年改置镇。因司马河上游隔河两山酷似石龙得名。有初中1所,小学4所,幼儿园4所,卫生院1个,村卫生室24个。有省级文物保护单位上刘家畈遗址。农业以水稻、油菜、小麦、棉花种植为主,有油菜、花生、芝麻等种植。工业以食品、机械、粮食加工为主。武荆高速、省道汉宜线过境。

丰谷街社区 [Fēnggǔjiē Shèqū] 石龙镇人民政府驻地。在县境西南部。面积1.5平方千米。人口3700。因盛产稻谷得名丰谷,故名。1990年成立。民居以多层楼房为主。有社区文化活动腰鼓和大鼓、群众性广场舞。有中小学、卫生院、卫生室。

永漋镇 [Yǒnglóng Zhèn] 京山县辖镇。在县境西南部。面积100平方千米。人口7.2万。辖2居委会、30村委会,有205自然村。镇人民政府驻永漋街社区。1959年成立永漋公社。1961年改为区。1987年设永漋镇。2001年杨泽镇并入。因古有永漋寺得名。有初中2所,小学4所,幼儿园8所,卫生院1个,卫生所30个。有省级文物保护单位石女山附近遗址、京山古城口。产棉。工业以农副产品加工为主。省道分当线、县道永杨线过境。

永漋街社区 [Yǒnglóngjiē Shèqū] 永漋镇人民政府驻地。在县境南部。面积1.5平方千米。人口1.1万。因永漋寺得名。2001年成立。民居多为2层砖瓦混凝土楼房。有社区活动篮球、拔河等。有镇中心小学、鑫漋农贸中心。县道永杨线经此。通多路公交车。

雁门口镇 [Yànménkǒu Zhèn] 京山县辖镇。在县境西南部。面积257平方千米。人口4.7万。辖1居委会、31村委会,有427自然村。镇人民政府驻雁门口街社区。1975年成立雁门口公社。1984年置区。1987年改置乡。1996年改设镇。传汉光武帝刘秀夜过此地,闻雁鸣,得名雁鸣口,后演为雁门口。有初中1所,小学5所,幼儿园5所,卫生院1个,卫生所29个。农业以水稻、小麦、棉花种植为主,有牲猪养殖。工业有水泥、石灰、石料等建筑材料企业。长荆铁路、武荆高速、省道汉宜线过境。

雁门口街社区 [Yànménkǒujiē Shèqū] 雁门口镇人民政府驻地。在县境南部。面积2.4平方千米。人口1.1万。因镇名得名。2001年成立。民居多为2层砖瓦混凝土楼房。有社区文化活动跳广场舞等。有中学、中国农业银行、超市等。通多路公交车。

钱场镇 [Qiánchǎng Zhèn] 京山县辖镇。在县境南部。面积215平方千米。人口4.4万。辖1居委会、23村委会,有314自然村。镇人民政府驻钱场村。1958年成立钱场公社。1984年置区。1987年改置镇。因镇政府驻地得名。有初中1所,小学4所,幼儿园1所,卫生院1个,卫生所28个。有省级文物保护单位油子岭遗址。有空山洞景区。农业以小麦、水稻种植为主,有蛋鸡养殖、种茶、中华草龟养殖繁育基地、家庭农场。工业以环保建材、农产品深加工为主。沪蓉高速,省道分当、汉宜、大天线过境。

钱场村 [Qiánchǎngcūn] 钱场镇人民政府驻地。在县政府驻地新市镇南22千米。人口1900。清钱、桂2姓在此经商,称钱桂家场,后钱家日益兴旺,遂改钱家场,简称钱场。聚落呈环状。有卫生室。有传统艺术渔鼓、花鼓戏,传统体育严门拳。农业以水稻种植为主,特产钱场霉千张。省道汉宜、大天线经此。

刘岭村 [Liúlǐngcūn] 在县政府驻地新市镇南15千米。钱场镇辖自然村。人口1600。因姓氏及地形得名。聚落呈散状。产"京山剑峰"茶。有石料加工厂。武荆高速、240国道经此。2014年被评为省文明村。

沙洋县

沙洋县 [Shāyáng Xiàn] 荆门市辖县。北纬30°71′,东经112°58′。在市境南部。面积2044平方千米。人口59.8万。以汉族为主,还有土家、回、满、苗、壮等民族。辖13镇。县人民政府驻沙洋镇。1949年初设沙洋市,同年撤。1960年再设沙洋市,隶荆州专区。1961年撤市,归属荆门县。1985年设沙洋区。1998年改设县。以县政府驻地得名。东为河漫滩,南为平原湖区,西北部为丘陵岗地。海拔27.2—155米。年均气温16.1℃,1月平均气温2℃,7月平均气温36℃。年均降水量1025.6毫米。有长湖、借粮湖、彭冢湖、贺吕湖。汉江河、西荆河、竹皮河流经。有矿产资源铁、铜、石膏、石灰岩、黏土、硅质水泥原料、红土、天然气、石油等。有野生植物482种,其中有国家重点保护野生植物银杏、杜仲、大叶冬青、皂荚树。有野生动物260种,其中有国家重点保护野生动物白鹳、黑鹳、中华秋沙鸭、獐、虎纹蛙等13种。森林覆盖率20%。有职业高中1所,普通中学18所,小学54所,幼儿园58所,二级医院1个。有图书馆。有全国重点文物保护单位马家垸遗址、纪山楚墓群、城河遗址,省级文物保护单位岳飞城遗址、荆家城遗址、黄歇村墓群、沙洋"五·七干校"旧址等。有省级非物质文化遗产沙洋十番锣鼓、沙洋皮影戏、汉江硪歌。有景点中国农谷·荆门(沙洋)油菜花海、借粮湖、长湖湿地等。三次产业比例25∶43∶32。农业以水稻、棉花、油菜种植为主,有畜禽、鲜鱼、生猪养殖。为全国重要商品粮、优质棉、双低油和水产品生产基地。有土特产花生、皮蛋、米茶、马良石头鱼、长湖鱼糕、洪森香米、小李子藜蒿等。工业以食品制造、橡胶和塑料制品业、玻璃制造为主。荆沙铁路,襄荆高速,207国道,省道汉宜、荆新线,江汉航线过境。通多路公交车。

平湖桥 [Pínghú Qiáo] 在县城中部。长128米,宽18米,最大跨度30米,桥下净高20米。1970年开工,1971年建成。2003年拆除踏平湖二桥重建。现为踏平湖最大桥,故名。为大型河道桥梁,结构型式为拱式桥。两侧配汉白玉雕花桥栏。最大载重20吨。通公交车。

沙洋镇 [Shāyáng Zhèn] 沙洋县人民政府驻地。在县境东部。面积39平方千米。人口5.8万。辖9居委会、3村委会,有31自然村。镇人民政府驻洪岭社区。1949年设沙洋镇。1960年改为汉江公社。1961年复设沙洋镇。唐贞观年间尉迟恭在此地沙丘(琼台山)修筑城堡,正门朝阳,名沙阳堡。宋末堡毁名存。明末洪水经常泛滥,境内一片汪洋,改名沙洋。汉江流经。有中学2所,小学6所,二级医院1个,卫生院5所,卫生站12个。有县图书馆、文化中心、青少年活动中心。有古迹汉津渡、送驾嘴、三元观、三圣寺等。农业以水稻、油菜种植为主。工业以建材为主。省道汉宜、荆新线过境。

汉津大道 [Hànjīn Dàdào] 在县城中部。东起沙洋汉江大桥,西至开源大道。与荷花大道、洪岭大道相交。长6千米,宽16米。沥青路面。为省道汉宜线过境段。1973年整修,后多次改造。因沙洋古称"汉津",故名。为贯通新老城区商业集中地段。两侧有国税局、职教中心、粮食局、长林中学、县妇幼保健院、酒店等。通多路公交车。

荷花大道 [Héhuā Dàdào] 在县城中部。北起长林路,南至启林大道。与汉津大道、长林大道相交。长2千米,宽45米。沥青路面。1991年开工,同年建成。工程始于中段湿地,因种满荷花得名。两侧有县交通运输局、文体新局、沙洋中学、汉上实验学校等。通多路公交车。

洪岭大道 [Hónglǐng Dàdào] 在县城西部。南起南环路,北至津源大道。与荆河侧路、汉津大道、长林大道相交。长4.6千米,宽60米。沥青路面。为省道荆新线过境段。1989年改建南段,1995年改建北段,均为水泥路面,2011年全段铺沥青。因始建地洪岭村得名。两侧有县林业局、沙洋镇政府、县党校、县人民医院、酒店、居住小区等。通多路公交车。

平湖大道 [Pínghú Dàdào] 在县城中部。东起建设街,西至沙洋农场监狱总医院。与长林路、沙马路相交。长1.7千米,宽30米。沥青路面。1989年开工,同年建成,石渣路面。2003年改建成混凝土路面。2014年改建成沥青路面。以平湖得名。两侧有县委、县政府、县行政服务中心等。通多路公交车。

沙洋县长途汽车客运站 [Shāyáng Xiàn Chángtú Qìchē Kèyùnzhàn] 见交通运输设施部分"沙洋县长途汽车客运站"条。

沙洋县平湖汽车客运站 [Shāyáng Xiàn Pínghú Qìchē Kèyùnzhàn] 见交通运输设施部分"沙洋县平湖汽车客运站"条。

洪岭社区 [Hónglǐng Shèqū] 沙洋镇人民政府驻地。在县境东部。面积3.4平方千米。人口3500。旧时遭洪灾时,此地为水中突出的一片山岭,俗称洪岭。2005年成立。民居多仿明清徽派建筑风格。建有文化广场,组织社区文体活动。有洪岭小学、林业服务中心、农机推广中心等。省道荆新线经此。2014年被评为省级文明社区。

三峡土家族村 [Sānxiátǔjiāzúcūn] 在镇境南部。沙洋镇辖自然村。人口1500,其中土家族占60%。村民为三峡移民,故名。聚落呈线状。有三峡村土家风情园。种植"荆半夏"。省道荆新线经此。

五里铺镇 [Wǔlǐpù Zhèn] 沙洋县辖镇。在县境西部。面积202平方千米。人口4.8万。辖2居委会、19村委会,有423自然村。镇人民政府驻五里社区。1957年为五里铺区。1958年改公社。1961年复区。1987年改为镇。因古驿站五里铺得名。有初中1所,小学5所,卫生院1个,卫生室19个,文化广播电视站1个。有全国重点文物保护单位马家垸遗址,省级文物保护单位岳飞城遗址。农业以水稻、小麦、油菜种植为主。工业以油脂、塑胶、建材为主。荆沙铁路、襄荆高速、207国道、五洋公路过境。

五里社区 [Wǔlǐ Shèqū]　五里铺镇人民政府驻地。在县境西北部。面积13.4平方千米。人口7100。因古驿站五里铺得名。2005年成立。民居多自建3—5层楼房。社区开展广场舞大赛、文明环境创建和读书日分享等文化活动。有中小学、幼儿园、卫生院。有派出所、福利院、农商银行、邮局、水厂等单位。荆沙铁路、207国道、五洋公路经此。

十里铺镇 [Shílǐpù Zhèn]　沙洋县辖镇。在县境西部。面积164平方千米。人口4.1万。辖1居委会、17村委会,有382自然村。镇人民政府驻十里社区。1949年设十里铺区。1962年改十里铺公社。1984年复设十里铺区。1985年改设镇。因古驿站十里铺得名。有初中1所,小学3所,卫生院1个,卫生室17个,文化广播电视站1个。有古迹何桥古城、包山大冢等。农业以水稻、苗木种植和畜禽养殖为主。工业以粮油加工为主。荆沙铁路、荆襄高速、207国道、省道汉宜线过境。

十里社区 [Shílǐ Shèqū]　十里铺镇人民政府驻地。在县境西部。面积4平方千米。人口1.1万。因古驿站十里铺得名。十里铺为荆襄古道建阳驿往南10里的十字路口处,后发展成集镇,故名。2005年成立。民居以徽派建筑为主。有社区志愿服务、读书活动。有中小学、幼儿园、卫生院。有派出所、福利院、财政分局、农商银行、邮局、水厂等单位。207国道、省道汉宜线经此。

纪山镇 [Jìshān Zhèn]　沙洋县辖镇。在县境西南部。面积100平方千米。人口2.8万。辖1居委会、12村委会,有231自然村。镇人民政府驻四方社区。1987年设四方乡。1998年改纪山镇。以纪山得名。纪山古称"祭山",唐代改今名。有初中1所,小学3所,卫生院1个,村卫生室12个,文化广播电视站1个。有全国重点文物保护单位纪山楚墓群。有古迹纪山寺。农业以水稻、油菜、苗木种植为主。工业以粮食、食品加工为主。荆襄高速、207国道过境。

四方社区 [Sìfāng Shèqū]　纪山镇人民政府驻地。在县境西南部。面积2平方千米。人口4100。地处古驿站四方铺,故名。2005年成立。有乡村风情别墅群。社区组建腰鼓队、广场舞蹈队等多种文化团体,并组织开展志愿者活动。有中小学、幼儿园、卫生院。有派出所、福利院、财政分局、农商银行、邮局、水厂等单位。荆襄高速、207国道经此。

拾回桥镇 [Shíhuíqiáo Zhèn]　沙洋县辖镇。在县境西部。面积143平方千米。人口4.5万。辖4居委会、17村委会,有359自然村。镇人民政府驻新河社区。1959年成立拾回桥公社。1961年改为区。1975年复为公社。1980年改镇。以关羽接赵子龙在桥上等候十回的拾回桥得名。有中学1所,小学4所,卫生院1个,村卫生室17个,文化广播电视站1个。有拾回桥遗址和古民居院落。农业以水稻、油菜种植为主。工业以粮食、禽蛋制品加工为主。省道汉宜线过境。

新河社区 [Xīnhé Shèqū]　拾回桥镇人民政府驻地。在县境西南部。面积1.5平方千米。人口2000。辖区位于新开挖的河道边,故名。2000年成立。社区开展广场舞大赛、文艺演出及志愿服务活动。有中小学、幼儿园、卫生院。有拾回桥遗址和古民居院落。有派出所、福利院、财政分局、农商银行、邮局、水厂等单位。省道汉宜线经此。

后港镇 [Hòugǎng Zhèn]　沙洋县辖镇。在县境南部。面积274平方千米。人口7.9万。辖4居委会、30村委会,有531自然村。镇人民政府驻仙桥社区。1959年成立后港公社。1961年改为区。1975年复为公社。1984年改设镇。原集镇位于长湖后方港口,故名。有高中1所,初中2所,小学7所,卫生院1个,村卫生室30个,文化广播电视站1个。有省级文物保护单位黄歇村墓群,古迹铁鞭古祠。有长湖湿地旅游景区。农业以水稻、油菜种植为主,有水产养殖。工业以新型建材为主。省道汉宜线过境。

仙桥社区 [Xiānqiáo Shèqū]　后港镇人民政府驻地。在县境南部。面积2.6平方千米。人口1.1万。因有八仙桥得名。2004年成立。社区开展广场舞大赛,利用街边壁画宣传共建美丽乡村。有西湖中学、后港小学、幼儿园、镇卫生院。有派出所、福利院、财政分局、农商银行、邮局、镇水厂等单位。省道汉宜线经此。

毛李镇 [Máolǐ Zhèn]　沙洋县辖镇。在县境东南部。面积160平方千米。人口4.3万。辖1居委会、23村委会,有313自然村。镇人民政府驻凤灵社区。1956年设毛李乡。1961年成立毛李公社。1985年公社改镇。以"毛老店"和"李家场"两地首字得名。有初中1所,小学5所,卫生院1个,村卫生室23个,文化广播电视站1个。有省级文物保护单位荆家城遗址,古迹岳王冢、蒿台寺。农业以水稻种植为主,有水产养殖,特产荸荠。工业以农副产品加工为主。省道汉宜线过境。

凤灵社区 [Fènglíng Shèqū]　毛李镇人民政府驻地。在县境东南部。面积3.5平方千米。人口4300。以凤凰井和灵庙子两地首字命名。2001年成立。有巾帼志愿者服务队。有中小学、幼儿园、卫生院。有派出所、福利院、财政分局、农商银行、邮局、水厂等单位。省道汉宜线、两沙运河经此。

官垱镇 [Guāndàng Zhèn]　沙洋县辖镇。在县境中部。面积149平方千米。人口3.9万。辖1居委会、24村委会,有335自然村。镇人民政府驻花园社区。1975年成立官垱公社。1984年改为区。1985年改设镇。因驻地有官垱(土坝)得名。有初中1所,小学4所,卫生院1个,村卫生室24个,文化广播电视站1个。有农耕文化观光旅游区"正中水镇"。农业以水稻、油菜种植为主,有水产养殖。工业以粮油加工为主。省道汉宜线过境。

花园社区 [Huāyuán Shèqū]　官垱镇人民政府驻地。在县境中部偏东。面积2.2平方千米。人口1100。因花园湾得名。1993年成立。社区举办广场舞大赛,法制、反电诈宣传等活动。有中小学、幼儿园、卫生院。有派出所、福利院、财政分局、农商银行、邮局、水厂等单位。省道汉宜线经此。

王坪村 [Wángpíngcūn]　在县政府驻地沙洋镇西南20千米。官垱镇辖自然村。人口1300。原居住村民多为王姓,且地势平坦,故名"王坪"。聚落呈团块状。有农耕文化观光旅游区"正中水镇"、"中国湖"湿地水库旅游区。省道汉宜线经此。2014年被评为省级文明村。

李市镇 [Lǐshì Zhèn]　沙洋县辖镇。在县境东南部。面积92平方千米。人口4.2万。辖1居委会、23村委会,有175自然村。镇人民政府驻金牛社区。1958年成立李市公社。1961年改区。1986年改设镇。以五代后唐所建李家市城堡得名。有初中1所,小学6所,成人学校1所,卫生院1个,村卫生室23个,文化广播电视站1个。有省级文物保护单位沙洋"五七干校"旧址。有宋末新城遗址、江汉航线景区。农业以棉花、水稻、油菜、蔬菜种植为主。工业以轻工、化工、棉花加工为主。省道荆新线过境。

金牛社区 [Jīnniú Shèqū]　李市镇人民政府驻地。在县境东南部。面积5.9平方千米。人口3100。以期盼发财致富,能牵"金牛"意命名。2006年成立。社区开展广场舞大赛和志愿服务活动。有中小学、幼儿园、卫生院。有派出所、福利院、财政分局、农商银行、邮局、水厂等单位。通公路。

马良镇 [Mǎliáng Zhèn]　沙洋县辖镇。在县境北部。面积111平方千米。人口4.1万。辖1居委会、12村委会,有150自然村。镇人民政府驻权城社区。商代在此建权国。战国楚灭权国设权县。1946年设马良乡。1952年改镇。1958年撤镇改公社。1981年复镇。因三国名士马良得名。有初中1所,小学3所,卫生院1个,村卫生室12个,文化广播电视站1个。有古迹季雨霖将军墓和秦琼渡。农业以小麦、棉花种植为主。工业以建材、石料生产为主。沙马公路过境。

权城社区 [Quánchéng Shèqū]　马良镇人民政府驻地。在县境东北部。面积4平方千米。人口3200。居战国时期权县遗址,故名。2001年成立。社区开展广场舞大赛和志愿服务活动。有中小学、幼儿园、卫生院。有派出所、福利院、财政分局、农商银行、邮局、水厂等单位。通公路。

高阳镇 [Gāoyáng Zhèn]　沙洋县辖镇。在县境东北部。面积182平方千米。人口4.6万。辖1居委会、22村委会,有400自然村。镇人民政府驻烟垢社区。1985年设烟垢镇。2001年更今名。以镇政府驻地附近高阳集得名,寓意艳阳高照。有初中2所,小学5所,卫生院1个,村卫生室22个,文化广播电视站1个。有古迹战国时期烽火台遗址和垢冢等。农业以水稻、油菜种植为主。工业以化工、建材和食品加工为主。省道荆新线过境。

烟垢社区 [Yāngòu Shèqū]　高阳镇人民政府驻地。在县境东北部。面积6.7平方千米。人口2600。有古烟墩(烽火台)和垢冢(垢将军墓)遗址,取两地首字得名。2002年成立。社区举办广场舞大赛、旗袍秀等文化活动。有中小学、幼儿园、卫生院。有派出所、福利院、财政分局、农商银行、邮局、水厂等单位。省道荆新线经此。

沈集镇 [Shěnjí Zhèn]　沙洋县辖镇。在县境西北部。面积200平方千米。人口3.9万。辖1居委会、23村委会,有390自然村。镇人民政府驻沈集社区。1959年成立沈集公社。1961年改区。1986年改镇。以沈集集镇得名。有成人学校1所,初中1所,小学4所,卫生院1个,村卫生室23个,文化广播电视站1个。有丁坪古民居遗址、中共沙洋早期党组织活动旧址邓家院子等。农业以水稻、油菜种植为主,有金水梨种植基地。工业有饮料、化工、建材企业。省道荆新线过境。

沈集社区 [Shěnjí Shèqū]　沈集镇人民政府驻地。在县境北部。面积6.4平方千米。人口3400。清末有沈氏家族在此聚居、建庙、开酒坊,渐成集市,称沈家集,后简为沈集。2005年成立。社区举办广场舞大赛、反电诈宣传活动。有中小学、幼儿园、卫生院。有派出所、福利院、财政分局、农商银行、邮局、水厂等单位。省道荆新线经此。

曾集镇 [Zēngjí Zhèn]　沙洋县辖镇。在县境中部。面积215平方千米。人口4.8万。辖2居委会、22村委会,有573自然村。镇人民政府驻古椿社区。1957年设曾集区。1959年改公社。1961年复区。1985年改为镇。以曾集村得名。清末有曾姓在村域聚居、经商,渐成集市，故得村名。有初中 1 所，小学 5 所，卫生院 1 个，村卫生室 22 个，文化广播电视站 1 个。有古迹白公胜冢、虎臣湾。有樱花部落景区。农业以双低油菜、水稻、棉花种植为主，有果蔬种植。工业以食品加工为主。五洋、沈后公路过境。

古椿社区 [Gǔchūn Shèqū]　曾集镇人民政府驻地。在县境中部。面积 2.1 平方千米。人口 3800。以当地古椿树得名。1994 年成立。民居以低层楼房和普通平房为主，路边房屋具明清风格。社区开展广场舞大赛和旗袍走秀等文化活动。有中小学、幼儿园、卫生院。有派出所、福利院、财政分局、农商银行、邮局、水厂等单位。五洋、沈后公路经此。

张池村 [Zhāngchícūn]　在县政府驻地沙洋镇西 30 千米。曾集镇辖自然村。人口 2000。以张姓池塘得名。聚落呈团块状。为“中国沙洋油菜花旅游节”主要景点，有油菜花海观景台、农耕文化园、度假休闲园等。农业以油菜、水稻、果蔬种植为主，有禽畜养殖。五洋公路经此。2014 年被评为省级文明村。

孝感市

孝感市 [Xiàogǎn Shì]　湖北省辖地级市。北纬 30°23′—31°52′，东经 113°19′—114°35′。在省境东北部。面积 8910 平方千米。户籍人口 525.7 万，常住人口 486.1 万。以汉族为主，还有土家、回、蒙古等民族。辖孝南 1 区，孝昌、大悟、云梦 3 县，代管应城、安陆、汉川 3 市。市人民政府驻孝南区。南北朝时刘宋孝建元年(454)置孝昌县。五代后唐同光二年(924)庄宗为避其皇祖李国昌之名讳，改孝昌县为孝感县，取董永、孟宗行孝感动天地之意，是为孝感专名之始。后几经变化，1932 年孝感县属第五行政督察区(后改称第三区)。1949 年设孝感专区。1960 年撤销。1961 年复设。1970 年改孝感地区。1993 年改地级市。北部为山区，中部为低矮丘陵区，南部为平原湖区。地势北高南低。有娘娘顶、仙居顶、光头山等。最高峰双峰山海拔 873 米。最低点童家湖海拔 17.5 米。年均气温 16℃，1 月平均气温 2.7℃，7 月平均气温 28.5℃。年均降水量 1135 毫米。年均无霜期 241 天。有王母湖、野潴湖、童家湖等。汉江、汉北河、澴河、府河等流经。有地热、铁、钒、锰、金等矿产资源。有野生植物 772 种，其中有国家一级保护野生植物银杏树、香果树，国家二级保护野生植物刺楸、闽楠、杜仲等 6 种。有野生动物 40 余种，其中有国家重点保护野生动物大鲵、老鹰、猫头鹰等 5 种。有安陆银杏、细鳞鲴国家级自然保护区。森林覆盖率 19%。有高校 3 所，中学 220 所，小学 450 所，三级医院 2 个，国家级图书馆 8 个，博物馆 1 个，大型体育馆 9 个。有全国重点文物保护单位门板湾遗址、陶家湖遗址、叶家庙古城遗址、草店坊城遗址、新四军第五师司令部旧址、中原军区司令部旧址群，省级文物保护单位 45 个。全国爱国主义教育基地大悟宣化店中原军区旧址及新四军第五师旧址群，省级爱国主义教育基地 3 个。有纪念地 15 个。有国家级非物质文化遗产孝感雕花剪纸、董永传说、汉川善书、云梦皮影戏、孝感楚剧，省级非物质文化遗产 15 项。三次产业比例 19∶49∶32。农业以水稻、小麦、棉花种植，生猪、家禽养殖为主。有淡水养殖业。特产焦湖莲藕等。工业以机械电子、盐磷化工、服装纺织、食品医药、金属制品加工为主。有麻糖、米酒加工业。服务业以商业外贸、电子商务、物流为主。有铁路 92 千米，公路 15676 千米，高速 246 千米，内河航线 546.8 千米。京广、汉丹、长荆、汉宜铁路，石武高铁，107、316 国道，京珠、汉十、武荆、汉宜、大随高速，省道汉宜、黄孝、天孝等线，汉孝城际铁路过境。

孝感 [Xiàogǎn]　孝感市聚落。在市境东南部。面积 55 平方千米。人口 98 万。以汉族为主，还有土家、回、满等民族。明正德七年(1512)县城依澴河而建，为土城，周长约 4000 米，高约 6.7 米，阔约 6 米，开 4 门。明嘉靖二十一年(1542)增设小东门。明万历元年(1573)改建砖城，增设文昌门。1949 年城区范围为东至大东门，南至环城路，西至书院街，北至北门口，面积 3 平方千米。1980 年后城市建设加快，新建城站路、汉丹路、长征路等。城关镇区有大小街巷 60 余条。1990 年建成长征路，建设沿城站路至火车站附近配套建筑。20 世纪 90 年代后城区扩至北京路。2000 年后建成南大开发区，城区南北向主轴由城站路转为东侧澴川路，区域内铁路、国道、高速、水运兼备，交通便利。

孝汉大道 [Xiàohàn Dàdào]　在市境东部。东起白水湖大桥，西至天仙路。与澴川路、福源路、尚义路等相交。长 51.5 千米，宽 88 米。沥青路面。2003 年开工，2008 年建成。因孝感、武汉 2 市得名。途经东部行政、文化、工业区。两侧有孝感高新技术产业开发区等地。通公交车。

体育大道 [Tǐyù Dàdào]　在市境中部。东起天仙路，西至航空路。与长征路、城站路、分丝路相交。长 3.8 千米，宽 30 米。沥青路面。1990 年开工，1992 年建成。1996、2009、2013 年改扩建。因市体育中心得名。两侧有孝感东站。通多路公交车。

长征路 [Chángzhēng Lù]　在市境中部。南起槐荫大道，北至黄陂大道。与交通大道、体育大道等相交。长 3.6 千米，宽 40 米。沥青路面。1982 年开工，1985 年建成，1996 年铺设混凝土路面，2002 年重建。因吉言佳语得名。为商贸、金融主干道。两侧有市电视台、中百仓储、三江航天集团等。通多路公交车。

孝南区

孝南区 [Xiàonán Qū]　孝感市人民政府驻地。在市境东南部。面积 1018 平方千米。人口 85.4 万。以汉族为主，还有土家、回等民族。辖 4 街道、8 镇、3 乡。区人民政府驻书院街道。1993 年由县级孝感市析设。因地处市南部得名。1994 年修建后湖公园。2001 年建成市图书馆新馆、孝感学院。2003 年修建文化东路、滚子河桥。2006 年建成孝感光电产业园。2007 年改建孝感站。2008 年建成汽车加气站。地势由东北向西南倾斜。东北部为丘陵、岗地，其余均为平原湖区。最高峰肖港镇上余家田海拔 94 米。最低点闵集乡童家湖海拔 17.5 米。年均气温 16.2℃，1 月平均气温 3.1℃，7 月平均气温 28.6℃。年均降水量 1150 毫米。澴河、府河、沦河等流经。有野潴湖、王母湖、童家湖等。有高校 2 所，中学 25 所，小学 74 所，三级医院 2 个，二级医院 7 个。有全国文物保护单位叶家庙古城遗址，省级文物保护单位碧公台遗址、金神庙遗址、西湖桥。有国家级非物质文化遗产孝南雕花剪纸，国家级非物质文化遗产董永传说、杨店高龙和高跷、孝感麻糖、孝感米酒传统制作技艺、孝感楚剧。有国家 4A 级旅游景区天紫湖生态旅游度假区。有朱湖国家湿地公园、嘉沦河温泉度假村、董永公园等。三次产业比例 17∶38∶45。农业以水稻、小麦、棉花种植，生猪养殖为主。有淡水养殖业。特产莲藕、早蜜桃、茶叶、小香葱、大蒜。为国家商品粮、优质米生产基地。工业以造纸、机械电子、家具制造、医药、食品饮料加工、服装纺织、新型建材为主。有麻糖、米酒加工业。服务业以商贸、房地产等为主。京广铁路，107、316 国道，京珠、孝襄高速，省道汉宜、孝天、黄孝线过境。通多路公交车。

孝感高新技术产业开发区 [Xiàogǎn Gāoxīn Jìshù Chǎnyè Kāifāqū]　在区境中部。面积 301 平方千米。东至京珠高速，南至文化路、仙女湖东路，西至宝成路，北至京广铁路。2012 年 9 月经国务院正式批准建立国家级开发区，由孝感市政府管理。有建成区、孝天工业园、六合工业园。为国家新型工业化产业示范基地、国际科技合作基地。有光电子信息、先进装备制造、汽车及零部件主导产业集群，食品加工、服装纺织传统产业集群，发展生物医药、新材料、新能源等高新技术产业。入驻企业 96 家。有铁路、高速、城区道路与主城区相连。通多路公交车。

人民广场 [Rénmín Guǎngchǎng]　在城区西部。面积 4 万平方米。1998 年开工，2001 年建成。北部正面有“孝感人民广场”汉白玉雕刻。中央为大型旱喷池，由市花图案组成，直径 43.3 米。广场步廊四周有“孝感天地”“凤栖程台”“王城辉煌”等浮雕 8 座，浓缩孝感人文、自然景观。有集中绿化区域。为集休闲、娱乐、健身、活动于一体的综合性场所。周边有商业大楼、小学、商住两用楼等。通多路公交车。

槐荫大道 [Huáiyīn Dàdào]　在区境南部。东起滚子河桥，西至河口大桥。与天仙路、北京路、玉泉路等相交。长 8.9 千米，宽 28 米。沥青路面。1986 年开工，同年建成。两旁栽植槐树，因传说槐荫树为董永和七仙女做媒而得名。中段为市主要商业区。两侧有市民政局、孝感客运汽车站、董永公园等。通多路公交车。

交通大道 [Jiāotōng Dàdào]　在区境中部。东起天仙路，西至宝成路。与北京路、长征路、文质路等相交。长 4.3 千米，宽 32 米。沥青路面。1990 年开工，同年建成，2004 年拉直、拓宽。原因梁理丝古桥得名理丝路，后因市交通运输局改今名。两侧有区民政局、市教育局、湖北工程学院等。通多路公交车。

城站路 [Chéngzhàn Lù]　在区境中部。南起槐荫大道，北至胜利街。与广场街、文化路、建设路等相交。长 4.4 千米，宽 29 米。沥青路面。1984 年开工，同年建成。曾为连接县城与孝感站的唯一道路而得名。南段为商业区。两侧有人民广场、市图书馆、孝感体育中心等。通多路公交车。

孝感站 [Xiàogǎn Zhàn]　见交通运输设施部分"孝感站"条。

孝感客运汽车站 [Xiàogǎn Kèyùn Qìchēzhàn]　见交通运输设施部分"孝感客运汽车站"条。

书院街道 [Shūyuàn Jiēdào]　孝南区人民政府驻地。在区境西北部。面积11平方千米。人口4.7万。因明嘉靖年间(1522—1566)建西湖书院而得名。1986年设立。先后建成经贸街、教育路、西郊路、宝成路、文化路、珠宝路、西大市场,硬化改造村级道路,完成境内主要街巷天然气管道工程和通迅光缆工程,以及后湖冲沟改造、经济适用房建设、后湖茗园建设、河口泵站建设等4大型市政建设项目。还建成孝感城区第一条商业步行街。澴河、老澴河流经。有高校1所,中学2所,小学3所,二级医院2个,区妇幼保健院1个,街道卫生服务中心1个,村(社区)卫生服务站(室)12个。有古迹西湖桥、宋太祖沽酒处石碑、骡马不当差石碑等。有景点西湖酒馆、琴堂槐荫。工业以电子、家具制造、化工为主。服务业以商品零售为主。通公交车。

新华街道 [Xīnhuá Jiēdào]　属孝南区。在区境南部。面积13平方千米。人口4.5万。1986年设立。因新华街得名。老澴河流经。有高校1所,中学1所,小学3所,三级医院1个,二级医院2个,街道卫生服务中心1个,村卫生服务站8个。有文昌阁、广化寺等。农业以水稻、小麦种植为主。工业以加工业为主。316国道过境。通公交车。

广场街道 [Guǎngchǎng Jiēdào]　属孝南区。在区境西部。面积11平方千米。人口11.4万。1986年设立。因广场路得名。磙子河流经。有高校1所,中学5所,小学7所,三级医院1个,二级医院1个,街道卫生服务中心1个,社区卫生服务站(室)12个。有董永公园、槐荫公园、人民广场等。经济以商品零售批发、餐饮为主。通公交车。

车站街道 [Chēzhàn Jiēdào]　属孝南区。在区境北部。面积6平方千米。人口2.4万。1986年设立。因孝感站得名。有中学2所,小学3所,二级医院1个,街道卫生服务中心1个,社区卫生服务站6个。有古迹理丝桥。有商品批发业。通公交车。

胜利社区 [Shènglì Shèqū]　属车站街道。在区境北部。为朋兴乡人民政府驻地。面积0.9平方千米。人口5800。因胜利街得名。2004年成立。有社区卫生服务中心。有农贸市场。京广铁路过境。有孝感站。通公交车。

新铺镇 [Xīnpù zhèn]　孝南区辖镇。在区境东北部。面积68平方千米。人口3.8万。辖22居委会、16村委会,有228自然村。镇人民政府驻新添铺。1975年成立新铺公社。1983年改乡。1987年改镇。因镇政府驻地得名。磙子河、王家河、胜利河等流经。有中学1所,小学3所,二级医院1个,卫生室18个。有似鼓墩、大台子等遗址。农业以水稻、小麦、大蒜、莲藕种植,生猪养殖为主。京广铁路、107国道、汉十高速、省道黄孝线过境。通公交车。

新添铺 [Xīntiānpù]　新铺镇人民政府驻地。在区政府驻地书院街道西南9千米。人口500。传明洪武元年(1368)永安、西河2铺间隔20里,遂添新铺而得名。聚落呈块状。有中小学、卫生院。农业以水稻、棉花种植为主。省道黄孝线经此。通公交车。

西河镇 [Xīhé Zhèn]　孝南区辖镇。在区境东北部。面积57平方千米。人口3.1万。辖1居委会、26村委会,有139自然村。镇人民政府驻西河村。1975年成立西河公社。1987年改镇。因镇政府驻地得名。孙家河、下蔡河、关帝河等流经。有中学1所,小学3所,卫生院1个,卫生室25个。有龙宫寨遗址、清水塘墓群等。农业以小麦、水稻种植为主。特产茶叶。工业以建材、化工、机电为主。京珠、汉十高速,省道黄孝线过境。通公交车。

西河村 [Xīhécūn]　西河镇人民政府驻地。在区政府驻地书院街道西南10千米。人口1300。原名熙凤铺,后因清时铺西有河而改今名。聚落呈块状。有卫生室。农业以小麦、水稻种植为主。省道黄孝线经此。

杨店镇 [Yángdiàn Zhèn]　孝南区辖镇。在区境东北部。面积120平方千米。人口7.5万。辖54村委会,有285自然村。镇人民政府驻杨店村。1951年设杨店区。1958年改公社。1984年复区。1987年改镇。因镇政府驻地得名。黄孝河、杨店河、泸川河等流经。有中学2所,小学6所,卫生院1个,卫生室54个。有自古墩遗址、关啸彬墓等。有省级非物质文化遗产杨店高龙。有巡抚书院遗址、古迹"三台""八景"等。农业以小麦、水稻、油菜、大蒜、莲藕种植为主。盛产荸荠、甲鱼。特产早蜜桃、茶叶。工业以机械、电子、建材为主。京珠、汉十高速,省道黄孝线过境。通公交车。

杨店村 [Yángdiàncūn]　杨店镇人民政府驻地。在区政府驻地书院街道西南25千米。人口1.5万。唐代名陡山铺,后有驿站,多桃树,改名桃花驿。渐成集,开店者杨姓居多,改今名。聚落呈块状。有中小学、卫生院、姑媳双节坊遗址。有"杨店桃花节"。农业以水稻、小麦种植为主。特产茶叶。为国家早蜜桃生产基地。省道黄孝线、县道杨三线经此。通公交车。

陡岗镇 [Dǒugǎng Zhèn]　孝南区辖镇。在区境西北部。面积57平方千米。人口5.3万。辖1居委会、24村委会,有186自然村。镇人民政府驻陡岗埠。1960年成立陡岗公社。1987年改镇。澴河、小河、女儿港流经。有中学1所,小学2所,卫生院1个,卫生室25个。有陡岗埠、袁湖村等墓群。有古建筑陡岗戏楼、广济桥、孙家桥等。农业以水稻、小麦、棉花种植为主。武西高铁、汉十高速过境。通公交车。

陡岗埠 [Dǒugǎngbù]　陡岗镇人民政府驻地。在区政府驻地书院街道南15千米。人口1200。明代为河埠头,小河流经,唯此地地形较高,又为岗地而得名。聚落呈块状。有中小学、卫生院。有陡岗戏楼遗址。农业以水稻、小麦、棉花种植为主。县道陡孝、陡肖、陡云、陡白等线经此。

肖港镇 [Xiāogǎng Zhèn]　孝南区辖镇。在区境北部。面积108平方千米。人口10.5万。辖4居委会、61村委会,有325自然村。镇人民政府驻白马寺社区。1949年设肖家港区。1958年改肖港公社。1984年改区。1987年改镇。因附近有白湖、三汊港,居民以肖姓为主而得名。澴河、红旗河等流经。有中学2所,小学9所,卫生院1个,卫生室57个。有省级非物质文化遗产有抬故事。有国家4A级旅游景区天紫湖生态旅游度假区。农业以水稻、小麦、棉花种植为主。有国家地理标志产品肖港小香葱。工业以农产品加工、制衣为主。京广铁路、107国道、汉十高速过境。通公交车。

白马寺社区 [Báimǎsì Shèqū]　肖港镇人民政府驻地。在区境北部。面积1.5平方千米。人口5700。2009年成立。因清咸丰年间(1851—1861)古建筑白马寺得名。民居以高层楼房为主。有便民服务。定期组织文体活动。有中小学、卫生院等。通公交车。

毛陈镇 [Máochén Zhèn]　孝南区辖镇。在区境南部。面积101平方千米。人口4.2万。辖20居委会、19村委会,有285自然村。镇人民政府驻天仙社区。1949年设龙宫庙区。1958年改龙店公社。1984年复区。1987年改毛陈镇。古为渡口,因清乾隆年间毛、陈2姓在澴河摆渡而得名。有野潴湖、王母湖。老澴河、磙子河、府河等流经。有中学1所,小学3所,卫生院1个,卫生室28个。有碧公台遗址、天井湖墓群等。有景点"董墓春云"。农业以水稻、小麦种植为主。特产焦湖莲藕。工业以纸品加工、建筑、制衣、家具制造、电子机械为主。京珠高速、107国道、汉孝城际铁路过境。通公交车。

天仙社区 [Tiānxiān Shèqū]　毛陈镇人民政府驻地。在区境东南部。面积1平方千米。人口6100。2005年成立。因天仙配传说得名。民居以低层楼房为主。有便民服务。定期组织文体活动。有中小学、卫生院、卫生室。财政所驻此。有建筑公司等。通公交车。

三汊镇 [Sānchà Zhèn]　孝南区辖镇。在区境东部。面积72平方千米。人口4.7万。辖14居委会、31村委会,有217自然村。镇人民政府驻车站社区。1949年设三汊区。1955年撤销。1975年成立三汊公社。1984年并入祝站区,旋析设三汊镇。因东、西、外3河汇流而得名。三汊河、泸川河等流经。有中学1所,小学5所,卫生院1个,卫生室34个。有城隍墩遗址、刘家墩墓群等。有古建筑三元宫、刘祭庙等。农业以水稻、小麦、棉花种植为主。工业以塑料化工、制衣为主。京珠、汉十高速,省道天孝线过境。通公交车。

车站社区 [Chēzhàn Shèqū]　三汊镇人民政府驻地。在区境东部。面积0.3平方千米。人口3200。因车站路得名。1990年成立。民居以低层楼房为主。有便民服务。定期组织文体活动。有小学、卫生室。派出所驻此。通公交车。

祝站镇 [Zhùzhàn Zhèn]　孝南区辖镇。在区境东南部。面积57平方千米。人口4万。辖1居委会、37村委会,有166自然村。镇人民政府驻新力村。1951年设祝家湾镇。1955年改祝站区。1958年改公社。1984年复区。1987年改镇。因祝家湾站得名。黄孝界河流经。有中学2所,小学3所,卫生院1个,卫生室23个。有回龙寺、君子坟遗址。农业以水稻种植为主,形成蔬菜、水产、优质稻、林果四大板块。为国家商品粮、油、水产基地。京广铁路、汉十高速、省道天孝线过境。通公交车。

新力村 [Xīnlìcūn]　祝站镇人民政府驻地。在区政府驻地书院街道东北23千米。人口1400。因美好愿景得名。聚落呈块状。有卫生院、福利院。农业以水稻、小麦种植为主。通公交车。

朋兴乡 [Péngxīng Xiāng]　孝南区辖乡。在区境西部。面积52平方千米。人口5.1万。辖13居委会、17村委会,有224自然村。乡人民政府驻车站街道胜利社区。1949年设朋兴区。1958年改公社。1984年复区。1987年改乡。古称下店,因居民搭棚开店形成集市,更名棚子店。后遭焚,重搭新棚,改称棚兴店。再后因愿广结良朋、事业兴旺而改今名。澴河、磙子河流经。有中学1所,小学6所,卫生院1个,卫生室25个。有全国重点文物保护单位叶家庙古城遗址。有景点丹阳古镇、金卉庄园等。农业以小麦、水稻种植为主。107国道、汉十高速过境。通公交车。

卧龙乡 [Wòlóng Xiāng]　孝南区辖乡。在区境南部。面积62平方千米。人口5.2万。以汉族为主,还有土家、回等民族。辖1居委会、31村委会,有190自然村。乡人民政府驻三合村。1961年置卧龙区。1975年改公社。

1984年复区。1987年改乡。传有龙经此，见有蜈蚣桥，恐受伤，隐于潭中而得名。府河、澴河流经。有中学1所，小学2所，卫生院1个，卫生室31个。农业以水稻、小麦种植，生猪养殖为主。盛产大蒜、莲藕。工业以制衣、食品加工、机械为主。316国道过境。通公交车。

三合村［Sānhécūn］ 卧龙乡人民政府驻地。在区政府驻地书院街道西南3千米。人口1400。因西闸村潘家湾、张李湾、鲁家砦3湾合并而成而得名。聚落呈块状。有中学、卫生室。农业以水稻、小麦、油菜等种植为主。316国道经此。

闵集乡［Mǐnjí Xiāng］ 孝南区辖乡。在区境东南部。面积98平方千米。人口3.1万。辖28村委会，有171自然村。乡人民政府驻闵家集。1987年由祝站镇析设闵集乡。因乡政府驻地得名。有童家湖。府河、界河流经。有中学2所，小学3所，卫生院1个，卫生室28个。有凤凰台遗址。农业以水稻、棉花种植为主。盛产淡水鱼、小龙虾、莲藕等。京广铁路、107国道、汉孝城际铁路过境。通公交车。

闵家集［Mǐnjiājí］ 闵集乡人民政府驻地。在区政府驻地书院街道东南28千米。人口500。因昔日居民多闵姓得名。聚落呈块状。有中学、卫生所。农业以水稻、小麦、棉花种植为主。祝马公路经此。

应城市

应城市［Yìngchéng Shì］ 蒲骚故地，别称蒲阳。湖北省直辖县级市，由孝感市代管。北纬30°57′，东经113°33′。在孝感市境西南部。面积1103平方千米。人口66.7万。以汉族为主，还有土家、回、苗等民族。辖5街道、10镇。市人民政府驻城中街道。南北朝刘宋孝建元年(454)析安陆县南境置应城县，属安陆郡。齐、梁因之。西魏大统十六年(550)属城阳郡，并一度改名浮城县。北周武成元年(559)改镇，隶郧州。陈太建十二年(580)复县，隶安州。隋大业元年(605)改名应阳，隶安陆郡。唐武德四年(621)复应城，省云梦人之。贞观八年(634)又省应城入云梦，旋复旧置，属安州。天祐二年(905)改名应阳。五代梁因之，属安州。后唐同光元年(923)复名应城，属安远军。此后至明初未变，先后属安州、安远军、安州、德安府。明洪武十年(1377)省应城县入云梦，十三年复置。此后至1986年未变，先后属江汉道、第三行政督察区、第五行政督察区、鄂中专区、孝感专区、武汉市、孝感地区。1986年建县级应城市。1993年属孝感市。因《雍正应城县志》载："应邑上接郧襄，下连江汉，控带荆郢，冲要之地"及"或云当时以为此地应作城"而得名。1986—1991年新建古城大道、蒲阳大道、东大街、粮贸街，改造西大街。1992—1998年改造老城，兴修汉宜大道。1999—2005年硬化街巷，建设城南新区主干道，兴建应城广场。2006—2014年建成道路11条，桥梁7座，建成应城国家矿山公园、汤池温泉北区。形成一个中心（中心城区）、两个组团（东马坊、长江埠）的城区布局。处鄂中丘陵与江汉平原过渡地带。平均海拔66米。最高处何家脑111.6米。年均气温16.9℃，1月平均气温5.6℃，7月平均气温27.1℃。年均降水量128.1毫米。涢水、漳河、大富水、汉北河流经。有石膏、岩盐、芒硝、锶、石英、高岭土、地热等矿产资源。有野生植物541种，其中有国家重点保护野生植物银杏。有野生动物140种，其中有国家重点保护野生动物白鹳。森林覆盖率11.5%。有中学31所，小学144所，二级医院4个。有全国重点文物保护单位门板湾遗址、陶家湖遗址，省级文物保护单位汤池农村合作干部训练班旧址、三樟冢古墓群、文峰塔等7个。有省级爱国主义教育基地1个，省级非物质文化遗产应城膏雕技艺、汤池传说、金漆木梅花、黄滩酱油制作工艺等。有国家矿山公园1个，国家湿地公园1个。三次产业比例18：56：26。农业以水稻、棉花、绿化苗木、速生林种植，猪、鸡、淡水鱼、虾、蟹养殖为主。工业形成盐化工、石膏建材、机械电子、服装纺织、食品饲料、塑料包装六大支柱产业。有省级经济开发区1个。服务业以通讯、物流、商贸为主。汉丹、长荆铁路，武荆高速，省道小应、汉宜线过境。通多路公交车。

应城广场［Yìngchéng Guǎngchǎng］ 在市区南部。面积8公顷。2000年开工，2001年建成。中部为花岗石硬质广场，以音乐喷泉为中心。南北对称延伸，进入雕塑列柱空间、观赏林荫广场、步行环道、绿色人行走廊。四角分别设"黄滩义马""温泉玉女""井下矿工""鹅飞鱼跃"雕塑。为市民休闲、健身场所。周围有市政府、检察院、房管局等。通多路公交车。

世纪大道［Shìjì Dàdào］ 在市区东部。北起体育场路，南至武荆高速。与文昌路、城南大道、长荆大道等相交。长4千米，宽40米。沥青路面。2002年开工，2003年建成。寓意城市跨世纪发展而得名。两侧有蒲阳绿荫公园、城南天主堂等。通多路公交车。

古城大道［Gǔchéng Dàdào］ 在市区中部。北起倒口桥，南至广场大道。与古盐路、大智路、市场路等相交。长2.5千米，宽40米。沥青路面。原为省道宋应线，1986年拓建为城区道路。因在应城古城墙边得名。两侧有市蒲阳中学、实验中学、公园等。通多路公交车。

汉宜大道［Hànyí Dàdào］ 在市区中部。西起应城二桥，东至马堰畈桥。与新河路、肖湾路、王桥路、古城大道、广场大道等相交。长4千米，宽60米。沥青路面。1987年开工，1990年建成。因为省道汉宜线城区段而得名。两侧有市第二高中、客运中心站、第一高中等。通多路公交车。

蒲阳大道［Púyáng Dàdào］ 在市区中部。西起应城一桥，东至盐水港一桥。与体育场路、育才路、古城大道等相交。长3.1千米，宽40米。沥青路面。1986年开工，1987年建成。以应城别称冠名。两侧有市医院、城南医院、文体公园等。通多路公交车。

应城站［Yìngchéng Zhàn］ 见交通运输设施部分"应城站"条。

应城市客运中心站［Yìngchéng Shì Kèyùn Zhōngxīnzhàn］ 见交通运输设施部分"应城市客运中心站"条。

城中街道［Chéngzhōng Jiēdào］ 应城市人民政府驻地。在市境中部。面积24平方千米。人口9.5万。1986年撤城关镇析设。因处城区中心得名。先后改造老城，硬化街巷，建成多个小区。大富水流经。有中学5所，小学9所，二级医院4个，卫生院1个，卫生所12个。有省级文物保护单位应城文庙、红旗公社旧址。有市革命烈士纪念馆、应城故城。农业以蔬菜种植为主。工业以机械制造、医用包装、石膏建材为主。长荆铁路过境。有应城站、应城市客运中心站。通公交车。

城北街道［Chéngběi Jiēdào］ 属应城市。在市境中部偏北。面积79平方千米。人口5.5万。1986年设立。在中心城区北部而得名。大富水流经。有中学2所，13所小学，卫生院1个，卫生所3个，卫生室25个。有全国重点文物保护单位门板湾遗址，省级文物保护单位圣家岭天主教堂、应城石膏矿第一分矿旧址等。有应城国家矿山公园等。工业以石膏开采、加工为主。省道汉宜、随应线过境。通公交车。

门板湾［Ménbǎnwān］ 在市政府驻地城中街道西南0.2千米。城北街道辖自然村。人口200。因北有似门小平畈而得名。聚落呈块状。有全国重点文物保护单位门板湾遗址。农业以水稻种植为主。长荆铁路、老区公路经此。

四里棚街道［Sìlǐpéng Jiēdào］ 属应城市。在市境中部偏东。面积33平方千米。人口3万。1986年设立。因原离城4里，有户搭棚供路人歇脚而得名。有中学1所，小学7所，卫生院2个，卫生室13个。有寿宁禅寺。工业以纺织包装、医药化工、石膏建材为主。长荆铁路，省道汉宜、应云线过境。有应城东站。通公交车。

东马坊街道［Dōngmǎfāng Jiēdào］ 属应城市。在市境东部。面积29平方千米。人口4.7万。1986年由化工镇改设。因宋乾道五年(1169)置应城马监，于城东30里设东、西马坊而得名。府河流经。有中学1所，小学9所，卫生院2个，卫生室22个。有吴台天主堂。农业以水稻、小麦、棉花种植为主。工业以精细化工、塑料包装、金属制造、建筑建材、食品调味加工为主。汉丹铁路，省道汉宜、云长线过境。通公交车。

长江埠街道［Chángjiāngbù Jiēdào］ 属应城市。在市境东部。面积19平方千米。人口2.9万。1986年由长江镇改设。因明正德年间(1506—1521)江西吉水易姓迁此，为府河埠头，又其孙名易长江而得名。府河流经。有岩盐、芒硝等矿产资源。有中学1所，9所小学，卫生院1个，卫生所8个。有彭铁烈士墓。有古迹战国古墓群、九柏村遗址、盛徐饶古墓碑等。农业以水稻、小麦种植为主。工业以精细化工为主。汉丹、长荆铁路，省道云长、长麻线过境。通公交车。

田店镇［Tiándiàn Zhèn］ 应城市辖镇。在市境西北部。面积63平方千米。人口2.1万。辖1居委会、20村委会，有162自然村。镇人民政府位于文明街。1949年设田店乡。1961年改公社。1984年改镇。大富水流经。因早年田姓开小店，在此繁衍生息而得名。大富水流经。有中学1所，小学8所，卫生院1个，卫生室20个。有蒲骚故城、报恩寺。农业以水稻种植为主。为全国优质水稻良种繁育基地。省道随应线过境。通公交车。

杨河镇［Yánghé Zhèn］ 应城市辖镇。在市境北部。面积114平方千米。人口5.1万。辖1居委会、38村委会，有333自然村。镇人民政府位于新街。1949年设杨河区。1975年改公社。1984年复区。1987年改镇。临漳水，昔有杨姓，故名杨家河，后简今名。漳河、大富水流经。有中学2所，小学11所，卫生院2个，卫生室24个。有八角庙、罗家山遗址。农业以水稻种植为主。省道随应、烟应线过境。

三合镇［Sānhé Zhèn］ 应城市辖镇。在市境东北部。面积81平方千米。人口3.7万。辖1居委会、32村委会，有263自然村。镇人民政府位于北正街。1949年设三合区。1975年改公社。1984年复区。1987年改镇。漳、清明2河汇入府河，因三水合流而得名。漳河、府河流经。有岩盐资源。有中学1所，小学13所，卫生院1个，卫生室14个。有古迹白龙寺遗址、双桥村寺庙、张家巷天主堂等。农业以水稻种植为主。有豆皮加工业。省道汉宜、云应线过境。通公交车。

郎君镇［Lángjūn Zhèn］ 应城市辖镇。在市境东南部。面积81平方千米。人口6万。辖1居委会、38村委会，有291自然村。镇人民政府位于团结大道。1950年设郎君区。

1975年改公社。1984年复区。1987年改镇。明嘉靖年间邑人黄鞠让建桥，桥成时黄家生子，桥名郎君桥。清乾隆年间此地设郎君团，渐成集镇，遂以桥名为名。有东、西汉湖。有中学3所，小学15所，卫生院1个，卫生室17个。有天元寺、丁兰寺、鲁家垱遗址等。农业以水稻、棉花种植为主。特产白湖莲藕。工业以纺织、石膏建材、食品加工、塑料化工为主。长荆铁路、武荆高速、省道汉宜线过境。通公交车。

天鹅镇［Tiān'é Zhèn］　应城市辖镇。在市境南部。面积71平方千米。人口4.1万。辖22村委会，有180自然村。镇人民政府位于天鹅街。1949年设天鹅乡。1984年改镇。1987年沈铺乡并入。旧时水阔芦密，天鹅常栖于此，故名天鹅垱，俗称天鹅。汉北河、大富水流经。有西汉湖。有中学2所，小学10所，卫生院1个，卫生所1个，卫生室15个。有景点西汉湖、黄巷天主堂等。农业以水稻、棉花种植，鱼、蟹养殖为主。省道应天线过境。通公交车。

义和镇［Yìhé Zhèn］　应城市辖镇。在市境南部。面积91平方千米。人口2.5万。辖21村委会，有135自然村。镇人民政府驻义和村。1949年设义和乡。1961年改公社。1984年改镇。1987年李集、季伟2乡并入。因镇政府驻地得名。汉北河、大富水流经。有老观湖、龙赛湖。有中学1所，小学7所，卫生院1个，卫生室7个。有孝感老观湖国家湿地公园。有明代李幼滋及夫人墓、季伟烈士陵园、西佛寺、丁氏宗祠、彭家祠堂。农业以水稻、棉花种植，渔业养殖为主。省道雷新线过境。通公交车。

义和村［Yìhécūn］　义和镇人民政府驻地。在市政府驻地城中街道南31千米。人口1500。旧时为湖嘴处，因居民"重仁义，敦和睦"而得名。聚落呈块状。有小学、卫生室。农业以水稻、棉花、小麦种植为主。省道雷新线经此。通公交车。

陈河镇［Chénhé Zhèn］　应城市辖镇。在市境西南部。面积132平方千米。人口5.1万。辖45村委会，有437自然村。镇人民政府驻中街村。1949年设陈河区。1959年改公社。1984年复区。1987年改镇。渔子河经此入湖，居民多陈姓，故此段称陈家河，俗称陈河，镇以此得名。大富水流经。有龙赛湖、老观湖。有中学3所，小学15所，卫生院1个，卫生室17个。有省级文物保护单位三桲冢古墓群、辰巳台遗址。有孝感老观湖国家湿地公园、龙赛湖等。农业以水稻、油菜、荸荠种植为主。武荆高速、省道汉宜、雷新线过境。通多路公交车。

中街村［Zhōngjiēcūn］　陈河镇人民政府驻地。在市政府驻地城中街道西南17千米。人口3300。因处集镇中心得名。聚落呈块状。有小学、卫生室。农业以水稻、油菜种植为主。省道雷新线经此。通多路公交车。

杨岭镇［Yánglǐng Zhèn］　应城市辖镇。在市境西部。面积124平方千米。人口3.9万。辖29村委会，有270自然村。镇人民政府位于杨岭街。1949年设杨岭区。1959年改公社。1984年复区。1987年改镇。镇处岗岭，昔有杨、王2姓，名杨王岭，俗称杨岭。有石膏资源。有中学2所，小学8所，卫生院1个，卫生室12个。有民间特色艺术皮影、花鼓戏、打铃响。农业以水稻、水果种植，家畜、鱼养殖为主。特产龙王米。工业以石膏开采、加工为主。长荆铁路、省道汉宜线、县道八汤线过境。通公交车。

汤池镇［Tāngchí Zhèn］　应城市辖镇。在市境西部。面积50平方千米。人口1.6万。辖2居委会、16村委会，有115自然村。镇人民政府位于温泉东路。1950年设汤池乡。1984年改镇。传玉女乘车入泉，泉水变暖而得名。有地热资源。有中学1所，小学3所，卫生院1个，卫生室12个。有全国重点文物保护单位陶家湖遗址。有省级文物保护单位、省级爱国主义教育基地汤池农村合作干部训练班旧址。有汤池温泉度假区。农业以水稻种植为主。特产茶叶、甲鱼。长荆铁路、省道汉宜线、县道八汤线过境。通公交车。

黄滩镇［Huángtān Zhèn］　应城市辖镇。在市境南部。面积68平方千米。人口6万。辖2居委会、27村委会，有273自然村。镇人民政府位于艾府路。1950年设黄滩区。1975年改公社。1984年复区。1987年改镇。因大富水流此折而向西，形成黄沙滩而得名。有中学3所，小学11所，卫生院1个，卫生室16个。有景点水陆寺、城南天主堂等。农业以棉花、水稻、大豆、小麦种植为主。有酱油加工业。有特色粉笔产业。长荆铁路、武荆高速、省道应天线过境。通公交车。

安陆市

安陆市［Ānlù Shì］　湖北省直辖县级市，由孝感市代管。北纬31°15′，东经113°41′。在孝感市境西北部。面积1355平方千米。人口62.3万。以汉族为主，还有蒙古、回、苗等民族。辖2街道、9镇、4乡。市人民政府驻府城街道。战国时期楚置安陆县。秦属南郡。西汉高帝六年(前201)为江夏郡治。北朝西魏大统十六年(550)云梦县析出。此后至1987年未变，先后属郧州、安陆郡、安州、安远军、德安府、黄州府、武昌府、德安府治、孝感专区。1987年改县级安陆市。1993年属孝感市。学者何光岳在《楚国灭国与移民》文中称，公元前525年晋国灭陆浑，陆浑遗民逃奔楚国，置于郧国故地，从此得名"安陆"，意为"安置陆人"之地。《左传·昭公十七年》中亦载："庚午，遂灭陆浑，数之以其贰于楚也。陆浑子奔楚，其众奔甘鹿。"建市后先后新建、改造凤凰路、太白大道、碧涢路、解放大道、涢水路、文昌路等。1988年建成解放山水利枢纽。1992年建成物资、建材、饮服、供销、纺织品一条街，蔬菜批发市场，天宝宾馆。地势自北向南倾斜。在江汉平原北缘和大洪山、桐柏山延伸的低山丘陵交会地带。海拔31—517米。年均气温16℃，1月平均气温2.8℃，7月平均气温28℃。年均降水量1135.2毫米。府河、漳河流经。有铁、钒、铜、铅、锌、银(金)、铀、重晶石、黄铁矿(硫)、磷、河砂、型砂、石灰石、白云石、矿泉等矿产资源。有野生植物200种，其中有国家重点保护野生植物银杏、红果卫茅等2种。有野生动物63种，其中有国家二级保护野生动物黄嘴白鹭、果子狸、猫头鹰、虎纹蛙等4种。有国家级湿地公园1个，国家级古银杏森林公园1个。森林覆盖率19.44%。有中等职业学校3所，中学25所，小学62所，二级医院4个。有车盖亭、明伦堂、太平寨、彭家祠堂等名胜古迹。有地方特色民间艺术皮影、渔鼓、鼓书、善书、木雕等。有钱冲古银杏国家森林公园。有国家4A级旅游景区白兆山风景区。三次产业比例21∶41∶38。农业以水稻、小麦种植，生猪、牛、羊、淡水鱼、黄鳝养殖为主。有青、草、鲢、鲤、鲫、鳊等淡水鱼。工业以医药、食品加工、金属制品加工、服装纺织、粮油机械制造为主。服务业以批发零售、住宿、餐饮为主。汉丹铁路，316国道，福银高速，省道平洑、大天线过境。

碧涢路［Bìyún Lù］　在市区中部。东起316国道，西至安三路。与德安路、太白大道、金秋大道等相交。长3.2千米，宽25米。沥青路面。1958年开工，1960年建成。原名新大街，1987年因碧山、涢水改今名。两侧有商业大楼、市政府、民政局。通多路公交车。

解放大道［Jiěfàng Dàdào］　在市区北部。东起316国道，西至高铁大道。与河滨路、德安北路、太白大道等相交。长3.3千米，宽40米。沥青路面。1989年开工，1993年建成。因原始路段为县城最早解放之地而得名。两侧有市博物馆、广播电视局、发改局、解放路中学、法院等。通多路公交车。

太白大道［Tàibái Dàdào］　在市区东部。南起江夏大道，北至银杏大道。与碧涢路、解放大道等相交。长7.8千米，宽60米。沥青路面。为原316国道安陆段，1980年改建城区道路。因纪念李白得名。两侧有市第一高中、交通运输局、普爱医院、职业高中等。通多路公交车。

府河大桥［Fǔhé Dàqiáo］　在市区东部。主桥长450米，宽16米，最大跨度50米，桥下净高14米。1970年开工，1971年建成，2008年原址重建。为大型河道桥梁，结构型式为双曲拱桥。最大载重20吨。通公交车。

安陆站［Ānlù Zhàn］　见交通运输设施部分"安陆站"条。

府城街道［Fǔchéng Jiēdào］　安陆市人民政府驻地。在市境中部。面积32平方千米。人口11.4万。1987年设立。因曾为德安府治而得名。先后新建、改造凤凰路、太白大道、碧涢路、解放大道、涢水路、文昌路等。涢水流经。有中学9所，小学13所，二级医院4个，卫生院1个，卫生所20个。农业以蔬菜种植为主。工业以粮食机械、服装、铸造、化工为主。服务业以商贸为主。汉丹铁路、316国道、省道大天线过境。通公交车。

南城街道［Nánchéng Jiēdào］　属安陆市。在市境南部。面积45平方千米。人口2.5万。1987年设立。因位置得名。先后改造、修建涢水路、江夏大道。涢水流经。有中学1所，小学4所，卫生院1个，卫生所13个。农业以水稻、小麦种植为主。工业以建材、制衣、服装、电子、食品加工为主。316国道、汉十高速过境。通公交车。

赵棚镇［Zhàopéng Zhèn］　安陆市辖镇。在市境东北部。面积112平方千米。人口4万。辖16村委会，有246自然村。镇人民政府驻赵棚村。1949年设赵棚区。1958年改公社。1961年复区。1987年改镇。因镇政府驻地得名。有重晶石资源。有中学1所，小学4所，卫生院1个，卫生所10个。有赵家棚抗日烈士陵园。工业以医药、食品加工、电子为主。县道安广线过境。通公交车。

赵棚村［Zhàopéngcūn］　赵棚镇人民政府驻地。在市政府驻地府城街道东北25千米。人口4200。传清康熙年间赵姓搭棚开店成集而得名。聚落沿公路呈块状分布。有中小学、卫生院。农业以水稻、小麦、蚕豆、玉米、油菜种植为主。特产大蒜、霉豆腐等。县道安广线经此。通公交车。

李店镇［Lǐdiàn Zhèn］　安陆市辖镇。在市境东部。面积56平方千米。人口3.2万。辖1居委会、23村委会，有173自然村。镇人民政府驻紫石村。1954年设李店区。1975年改公社。1987年改镇。因昔李姓开店成集而得名。有中学1所，小学2所，卫生院1个，卫生所13个。农业以水稻、小麦种植为主。工业以医药、食品加工、机械制造、化工、纺织为主。省道大天线、县道云安线过境。

紫石村［Zǐshícūn］　李店镇人民政府驻地。在市政府驻地府城街道东9千米。人口1400。因紫石桥得名。聚落呈条状。有中小学、卫生院。农业以水稻种植，淡水养殖为主。通公交车。

巡店镇［Xúndiàn Zhèn］ 安陆市辖镇。在市境西南部。面积101平方千米。人口4.5万。辖1居委会、33村委会，有214自然村。镇人民政府驻巡店社区。1949年设巡店区。1987年改镇。2001年桑树乡并入。因曾设巡检司得名。涢水河、漳河流经。有中学1所，小学1所，卫生院1个，卫生所9个。农业以水稻、小麦、油菜种植为主。特产白花菜、红辣椒、萝卜。县道烟应线过境。通公交车。

巡店社区［Xúndiàn Shèqū］ 巡店镇人民政府驻地。在市境西南部。面积3平方千米。人口8000。因镇得名。2012年成立。现代民居以商品楼、自建房为主。有体育健身设施。有广场舞活动。有中小学、卫生院。通公交车。

棠棣镇［Tángdì Zhèn］ 安陆市辖镇。在市境中部。面积83平方千米。人口3.2万。辖1居委会、29村委会，有252自然村。镇人民政府驻棠棣社区。1958年成立棠棣公社。1961年改区。1987年改镇。因传山岗有棠棣树，2户于树下搭棚摆摊成集而得名。有中学1所，小学4所，卫生院1个，卫生所11个。农业以水稻种植为主。工业以粮食加工、保健品加工、纺织为主。汉十高速、省道大天线过境。通公交车。

棠棣社区［Tángdì Shèqū］ 棠棣镇人民政府驻地。在市境中部。面积1平方千米。人口800。因镇得名。2012年成立。现代民居以商品楼、自建房为主。有文化健身广场和百姓大舞台。有老年人广场舞活动。有小学、卫生院。通公交车。

雷公镇［Léigōng Zhèn］ 安陆市辖镇。在市境西部。面积121平方千米。人口4.2万。辖2居委会、33村委会，有269自然村。镇人民政府驻新桥社区。1954年设雷公区。1958年成立英雄公社。1961年复区。1966年改建新区。1984年复名雷公区。1987年改镇。因原有雷公庙得名。有中学1所，小学4所，卫生院1个，卫生所13个。农业以水稻、小麦种植为主。工业以建材、修造、制衣为主。省道大天线过境。

新桥社区［Xīnqiáo Shèqū］ 雷公镇人民政府驻地。在市境西部。面积4平方千米。人口8600。因原有小河木桥，修建公路后改建新桥而得名。2010年成立。现代民居以商品楼、自建房为主。有体育健身设施。有老年人广场舞活动。有小学、幼儿园、卫生院、卫生室。有邮政银行等。通公交车。

王义贞镇［Wángyìzhēn Zhèn］ 安陆市辖镇。在市境西部。面积134平方千米。人口3.2万。辖1居委会、22村委会，有206自然村。镇人民政府驻刘岗村。1949年设王店区。1975年成立公社。1981年析置王义贞店镇。1987年改王义贞镇。因原王义贞路旁有肉店，渐成集市而得名。有中学1所，小学4所，卫生院1个，卫生所10个。有国家3A级旅游景区钱冲古银杏国家森林公园、全国爱国主义教育基地新四军第五师旧址群。农业以水稻、小麦、油菜种植为主。工业以建筑材料为主。大力发展旅游业。省道大天线过境。

刘岗村［Liúgǎngcūn］ 王义贞镇人民政府驻地。在市驻地府城街道西北38千米。人口1000。因清雍正年间(1723—1735)刘氏在山岗建村而得名。聚落呈带状。有中小学、卫生院。农业以水稻、小麦、油菜种植为主。省道大天线经此。

钱冲村［Qiánchōngcūn］ 在市政府驻地府城街道西北35千米。王义贞镇辖自然村。人口1400。传明代钱四郎住此，后高中状元，其住处被命名为钱冲而得名。聚落呈条状。有古银杏国家森林公园、新四军第五师旧址群等。农业以小麦、水稻种植为主。306国道、汉十高速经此。通公交车。

孛畈镇［Bófàn Zhèn］ 安陆市辖镇。在市境北部。面积120平方千米。人口3.7万。辖3居委会、14村委会，有308自然村。镇人民政府驻孛畈社区。1949年设孛畈区。1975年改公社。1984年改乡。1987年改镇。因昔孛姓耕种大面积畈田而得名。有中学1所，小学5所，卫生院1个，卫生所15个。农业以水稻、油菜种植为主。工业以山石开发、砖瓦生产等为主。316国道、孝襄高速等过境。

孛畈社区［Bófàn Shèqū］ 孛畈镇人民政府驻地。在市境北部。面积7平方千米。人口1800。以镇名得名。2012年成立。现代民居以商品楼、自建房为主。有体育健身设施，组织老年人广场舞活动。有中小学、卫生院。县道安桃线经此。通公交车。

烟店镇［Yāndiàn Zhèn］ 安陆市辖镇。在市境中部。面积111平方千米。人口4.3万。辖4居委会、36村委会，有262自然村。镇人民政府驻烟店村。1949年设烟店乡。1961年改公社。1984年改区。1987年改镇。因镇政府驻地得名。有中学1所，小学3所，卫生院1个，卫生所16个。有国家4A级旅游景区白兆山风景区。农业以水稻、油菜种植为主。工业以山石开发、砖瓦生产等为主。县道安桃线过境。

烟店村［Yāndiàncūn］ 烟店镇人民政府驻地。在市政府驻地府城街道西15千米。人口1100。因东周时山岗曾设烽火台而得名。聚落呈块状。有中小学、卫生院。有国家4A级旅游景区白兆山风景区。农业以水稻、油菜种植为主。有旅游、餐饮、民宿、农村休闲业。县道安桃线经此。通公交车。

洑水镇［Fúshuǐ Zhèn］ 安陆市辖镇。在市境中部偏北。面积117平方千米。人口3.9万。辖1居委会、28村委会，有375自然村。镇人民政府驻涢港社区。1954年设洑水乡。1961年改公社。1985年改镇。古为伏牛之地，五行缺水，遂以愿景取名洑水港，沿为镇名。涢水流经。有中学1所，小学3所，卫生院1个，卫生所18个。农业以水稻、小麦种植为主。工业以建筑建材、制衣、农副产品加工为主。汉丹铁路、316国道过境。通公交车。

涢港社区［Yúngǎng Shèqū］ 洑水镇人民政府驻地。在市境中部偏北。面积3平方千米。人口1.7万。2013年成立。因涢水、洑水港得名。现代民居以商品楼、自建房为主。有体育健身设施、沿河健康步道，组织老年人广场舞活动。有舞蹈队、文化站、广场。有湿地公园、标准篮球场、羽毛球场。有中小学、卫生院、卫生室。316国道经此。通公交车。

陈店乡［Chéndiàn Xiāng］ 安陆市辖乡。在市境东部。面积83平方千米。人口3.4万。辖2居委会、24村委会，有240自然村。乡人民政府驻陈店村。1958年成立陈店公社。1987年改乡。1989年陈店、连棚、高砦、刘兴4乡合置陈店乡。因乡政府驻地得名。有中学1所，小学5所，卫生院1个，卫生所11个。农业以水稻、小麦、油菜种植为主。工业以建材、电子、化工、粮油加工为主。107、316国道，省道大天线过境。通公交车。

陈店村［Chéndiàncūn］ 陈店乡人民政府驻地。在市政府驻地府城街道东南12千米。人口1500。因陈姓居此而得名。聚落呈块状。有中小学、卫生院。农业以水稻、小麦、油菜种植为主。省道大天线经此。

辛榨乡［Xīnzhà Xiāng］ 安陆市辖乡。在市境南部。面积46平方千米。人口3.9万。辖3居委会、16村委会，有118自然村。乡人民政府驻辛榨社区。1961年成立辛榨公社。1984年改乡。1987年高店乡并入。因乡政府原驻地辛榨村得名。因明末清初辛姓开榨油房得名。有中学1所，小学3所，卫生院1个，卫生所8个。有牌楼周遗址。农业以水稻、小麦、棉花种植为主。工业以铸造、铝制品加工、塑料建材为主。孝洪高速、县道烟应线过境。通公交车。

辛榨社区［Xīnzhà Shèqū］ 辛榨乡人民政府驻地。在市境南部。面积4平方千米。人口3000。2014年由辛榨村改设。现代民居以商品楼、自建房为主。有体育健身设施、文化广场，组织老年人广场舞活动。有中小学、卫生院。通公交车。

木梓乡［Mùzǐ Xiāng］ 安陆市辖乡。在市境西南部。面积86平方千米。人口2.4万。辖1居委会、22村委会，有227自然村。乡人民政府驻木梓社区。1958年成立木梓公社。1984年分设木梓、小王店2乡。1987年合设王店乡，乡政府驻小王店街。1989年乡政府移驻木梓村。1996年改今名。因乡政府原驻地木梓村得名。因古有木梓树(乌桕树)名村。漳河流经。有中学1所，小学2所，卫生院1个，卫生所11个。农业以水稻、小麦种植，猪、牛养殖为主。县道周天线过境。通公交车。

木梓社区［Mùzǐ Shèqū］ 木梓乡人民政府驻地。面积5平方千米。人口2900。2012年由木梓村改设。现代民居以商品楼、自建房为主。有体育健身设施，组织老年人广场舞活动。有中小学、卫生院。通公交车。

接官乡［Jiēguān Xiāng］ 安陆市辖乡。在市境东北部。面积102平方千米。人口2.9万。辖2居委会、24村委会，有164自然村。乡人民政府驻颛庙村。1987年由赵棚、洑水2区析设接官乡。因昔有迎送官员的亭子得名。有中学1所，小学3所，卫生院1个，卫生所10个。有槎山双泉寺。农业以水稻、小麦、油菜种植为主。特产无籽西瓜。工业以建材、制鞋、粮油加工为主。省道平洑线过境。通公交车。

颛庙村［Zhuānmiàocūn］ 接官乡人民政府驻地。在市政府驻地府城街道东北20千米。人口1100。因清代有颛顼帝庙得名。有中小学、卫生院。特产无籽西瓜。市旅游环线经此。通公交车。

汉川市

汉川市［Hànchuān Shì］ 又名川城。湖北省直辖县级市，由孝感市代管。北纬30°39′，东经113°50′。在孝感市境南部。面积1658平方千米。人口109.2万。以汉族为主，还有土家、回、满等民族。辖2街道、14镇、6乡。市人民政府驻仙女山街道。南朝梁武帝天监元年(502)置甑山县。隋大业末废县为镇，并入汉阳县。唐武德四年(621)复县。贞观元年(625)改名汉川，至五代未变。宋建隆元年(960)更名义川县。太平兴国二年(977)因避宋太宗赵光义讳改名汉川县。熙宁四年(1071)废县为镇，属鄂州汉阳县。元祐元年(1086)复县。绍兴五年(1135)又废。绍兴七年(1137)复置。元代属汉阳府。至元二十二年(1285)移治今城关镇。此后未变，先后属武昌府、汉阳府、江汉道、鄂中专区、沔阳专区、孝感专区、武汉市、孝感地区。1994年属孝感市。1997年建县级市。因汉水流经，处广野平川之地而得名。1997年建成汉江大桥。2003—2005年修建发展路、川刘路、体育馆路。2005年建成三星级白云大酒店。

2009年建成汉川公园。海拔一般在25米左右。年均气温16.2℃,1月平均气温3.8℃,7月平均气温29.2℃。年均降水量1258毫米。汉江、汉北河、天门河等流经。有石灰石、石英石、煤、高岭土等矿产资源。有野生植物65种,其中有国家重点保护野生植物银杏、樟树、莲等。有野生动物49种,其中有国家重点保护野生动物小天鹅、苍鹰等。有汉川汈汊湖国家湿地公园。森林覆盖率4.8%。有中学48所,小学246所,二级医院6个。有省级文物保护单位何羽道烈士墓。有霍城、乌龟山、神灵台、回龙马城台、城隍台、龙门山等遗址。有国家级非物质文化遗产汉川善书。三次产业比例13∶60∶27。农业以水稻、棉花、莲藕种植为主。特产汈莲、黄花菜。工业以粮棉加工、塑料化工、服装纺织、建材、食品加工、医药为主。服务业以批发、零售、物流为主。汉丹、汉宜铁路,348国道,汉宜、武荆高速,省道蔡城、分当、荷沙线过境。有汉江、汉北河、汈汊湖航道。

仙女大道［Xiānnǚ Dàdào］　在市区中部。南起七一桥经西门桥,北至霍城转盘。与人民大道、体育馆路、霍城大道、平章大道相交。长6.3千米,宽24米。混凝土路面。1992年开工,2008年建成。因途经仙女山得名。中段为繁华商业区。两侧有多家大型商场、仙女山公园等。通多路公交车。

人民大道［Rénmín Dàdào］　在市区中部。东起福星街,西至滨湖大道。与仙女大道、文化街、北桥街相交。长3.7千米,宽35米。混凝土路面。1995年开工,1998年建成。两侧有市体育馆、公安局、电信局、人民医院等。通多路公交车。

西湖大道［Xīhú Dàdào］　在市区西南部。东起滨湖大道,西至汉川天桥。与陈家湾三巷、子文街、仙女大道相交。长2.1千米,宽24米。混凝土路面。1993年开工,1997年建成,2007年改扩建。因处汈汊湖西得名。为老商贸区。两侧有汉川影剧院、市中医院等。通多路公交车。

汉川站［Hànchuān Zhàn］　见交通运输设施部分“汉川站”条。

汉川市汽车客运中心［Hànchuān Shì Qìchē Kèyùn Zhōngxīn］　见交通运输设施部分“汉川市汽车客运中心”条。

仙女山街道［Xiānnǚshān Jiēdào］　汉川市人民政府驻地。在市境中部偏东。面积54平方千米。人口15.8万。2001年设立。因仙女山得名。2001年贯通沿河大道、人民大道、霍城大道、滨湖大道。2002年兴建北桥工业园区,新建道路13千米。2003—2005年修建发展路、川刘路、体育馆路。2005年建成三星级白云大酒店。汉江流经。有中学2所,小学9所,幼儿园28所,二级医院4个,卫生院1个,文化站1个,村级文化活动中心33个,图书室16个。有仙女山公园、汉川公园、霍城游园、火猴山公园等。农业以水稻、油菜、小麦种植为主。有水厂、变电站。汉丹铁路,107、316国道,武荆、宜黄高速过境。

汈东街道［Diāodōng Jiēdào］　属汉川市。在市境北部。面积18平方千米。人口1万。2012年设立。因处汈汊湖东得名。有中学2所,小学4所,卫生院1个,卫生所6个。农业以棉花种植为主。工业以制衣、建材为主。县道汉长线过境。

马口镇［Mǎkǒu Zhèn］　汉川市辖镇。在市境东南部。面积63平方千米。人口10万。辖7居委会、36村委会,有189自然村。镇人民政府驻曾家湾社区。1958年成立马口镇公社。1984年改马口镇。因有山北抵汉江,南至古系马桩,桩为马头延伸,马嘴处有泉,水流似漱口而得名。汉江流经。有中学5所,小学6所,二级医院1个,卫生院1个。有关公寺、关公阁、马口窑址、严山西晋古墓群、白石湖风景区。农业以水稻、棉花、油菜种植为主。工业以纺织、光纤电缆制造为主。318国道,省道蔡城、马北线过境。

曾家湾社区［Zēngjiāwān Shèqū］　马口镇人民政府驻地。在市境东南部。面积1.5平方千米。人口2400。2008年成立。民居以楼房为主。有广场舞、腰鼓队。有中学、卫生院。驻有企业服务中心、税务分局。省道蔡城线经此。

分水镇［Fēnshuǐ Zhèn］　汉川市辖镇。在市境西部。面积66平方千米。人口7万。辖2居委会、23村委会,有53自然村。镇人民政府驻文昌阁社区。1975年原彭湖、分水、华严3公社合并为分水公社。1987年建镇。因地形地貌得名分水嘴,沿为镇名。泵站河流经。有汈汊湖。有中学4所,小学15所,卫生院1个,卫生所24个。有黄良辉纪念馆、王天唯烈士纪念碑等。农业以水稻、棉花、油菜、蔬菜种植为主。工业以医药包装、服装纺织、童车制造、玻璃制品加工为主。省道荷沙线等过境。

文昌阁社区［Wénchānggé Shèqū］　分水镇人民政府驻地。在市境中部。面积2.4平方千米。人口1.1万。2006年成立。以古建筑文昌阁命名。民居以现代楼房为主。有社会事务服务中心,组织广场舞活动。有地方文人黄良辉纪念馆,黄良辉文化研究会。有小学、卫生院。分水法庭、分水水利站等驻此。省道荷沙线经此。

脉旺镇［Màiwàng Zhèn］　汉川市辖镇。在市境西部。面积40平方千米。人口3.8万。辖2居委会、13村委会,有47自然村。镇人民政府驻脉北社区。1975年成立脉镇公社。1984年改脉旺镇。明中叶因寓意地脉旺盛而得名。有中学2所,小学11所,幼儿园6所,二级医院1个,门诊部14个,文化站1个,村级文化活动中心14个,图书室15个。有永兴禅寺。农业以水稻、棉花、小麦、油菜种植为主。工业以金属制品、服装纺织、塑料化工、农副产品加工为主。省道荷沙线过境。

脉北社区［Màiběi Shèqū］　脉旺镇人民政府驻地。在市境西南部。面积2平方千米。人口6600。2005年成立。因处镇北街得名。民居以楼房为主。有活动室、电教室、棋牌室等。有中小学、幼儿园。有卫生院。省道荷沙线经此。

田二河镇［Tián'èrhé Zhèn］　汉川市辖镇。在市境西部。面积132平方千米。人口6.5万。辖2居委会、23村委会,有124自然村。镇人民政府驻二河村。1956年设二河乡。1984年改镇。1987年改田二河镇。因多田姓,且皂港河、牛蹄支河2河流经而得名。有初中3所,小学6所,幼儿园9所,卫生院1个,门诊部(所)18个。有神灵台、唱歌台遗址。农业以水稻、棉花种植为主。工业以金属制品加工、服装纺织、塑料化工为主。省道荷沙线过境。

二河村［Èrhécūn］　田二河镇人民政府驻地。在市政府驻地仙女山街道西50千米。人口1600。因皂港河、牛蹄支河2河流经得名。聚落呈带状。有小学。农业以水稻、棉花种植为主。有餐饮、批发零售等业。省道荷沙线经此。

城隍镇［Chénghuáng Zhèn］　汉川市辖镇。在市境西南部。面积72平方千米。人口5.2万。辖2居委会、42村委会,有102自然村。镇人民政府驻段下村。1984年设城隍区。1987年改镇。因城隍庙得名。有中学3所,小学12所,幼儿园6所,卫生院1个,门诊部4个,文化站2个,村级文化活动中心40个,图书室42个。有城隍堡寺、西洪古寺。农业以水稻、棉花、油菜种植为主。特产鱼、藕、莲子等。工业以棉纺、童车制造、制衣、食品加工为主。省道荷沙线过境。

段下村［Duànxiàcūn］　城隍镇人民政府驻地。在市政府驻地仙女山街道西南11千米。人口2400。因元代杨池口至八古闸分为“五大会”,段姓处最下方而得名。聚落呈带状。有中学。农业以棉花、玉米种植为主,工业以食品加工为主。有餐饮、批发零售等业。通乡村公路。

沉湖镇［Chénhú Zhèn］　汉川市辖镇。在市境西南部。面积72平方千米。人口6.9万。辖2居委会、20村委会,有84自然村。镇人民政府驻福星村。1984年设沉湖区。1987年改镇。传昔为沉湖之湖而得名。有中学3所,小学15所,幼儿园18所,卫生院1个,门诊部3个,文化站1个,村级文化活动中心24个。有崇庆禅寺、福星公园。农业以水稻、棉花、小麦种植为主。特产莲藕、菱角。工业以化工、机电、制衣为主。省道荷沙线经此。

福星村［Fúxīngcūn］　沉湖镇人民政府驻地。在市政府驻地仙女山街道西南41千米。人口4200。取意美好愿景得名。聚落呈块状。有小学、崇庆禅寺。农业以水稻、玉米、油菜、棉花种植为主。工业以生物科技、建材为主。服务业以餐饮、批发零售为主。通乡村公路。

回龙镇［Huílóng Zhèn］　汉川市辖镇。在市境西部。面积56平方千米。人口3.3万。辖18村委会,有86自然村。镇人民政府驻茶棚村。1951年设回龙乡。1975年改公社。1984年改区。1987年改镇。因回龙寺得名。有中学2所,小学12所,幼儿园5所,卫生院1个,文化站1个,村级文化活动中心18个,图书室20个。有马城台遗址、尹都堂墓等。农业以水稻、棉花、小麦种植为主。工业以农产品加工、制塑、建材为主。汉荆高速、省道荷沙线过境。

茶棚村［chápéngcūn］　回龙镇人民政府驻地。在市政府驻地仙女山街道西40千米。人口2200。因清末竹筒河上曾建木桥,有人在桥头搭草棚,开吊脚铺,施舍茶水,名为茶棚,后形成村庄而得名。聚落呈块状。有小学。农业以棉花、水稻、小麦、黄豆种植为主。省道荷沙线经此。

新堰镇［Xīnyàn Zhèn］　汉川市辖镇。在市境西北部。面积81平方千米。人口4万。辖1居委会、26村委会,有154自然村。镇人民政府驻六合村。1975年由吕巷、杨叶2公社合设新堰公社。1984年改区。1987年改镇。为疏导上游天门、吕巷来水,在今新堰一带疏浚故有渠道,成为中支河。取筑堰开河之意,取名新堰河,简称新堰,镇以此得名。有中学2所,小学11所,卫生院1个,门诊部13个,文化站1个,村级文化活动中心26个,图书室48个。有方植三烈士墓等。农业以水稻、棉花、小麦种植为主。工业以农产品加工、建材、机械、轻工、家具制造为主。107国道、省道荷沙线过境。

六合村［Liùhécūn］　新堰镇人民政府驻地。在市政府驻地仙女山街道西北33.5千米。人口2100。因明末清初方、肖、艾、但、陈、湛6姓聚居而得名。聚落呈带状。有中学、卫生院。农业以水稻、棉花种植为主。有餐饮、批发零售等业。省道荷沙线经此。

垌塚镇［Dòngzhǒng Zhèn］　汉川市辖镇。在市境西北部。面积35平方千米。人口2.1万。辖17村委会,有68自然村。镇人民政府驻五一村。1958年成立垌塚公社。1987年改镇。因宋代进士垌夫墓得名。有中学1所,小学7所,幼儿园2所,卫生院1个,文化站1个,村级文化活动中心16个。有曹操圣庙、四古台、塚子山、太白楼等。农业以水稻、棉花、小麦种植为主。产优质米、莲藕、板鸭、甲鱼等。工业以农产品加工、建材、粮棉加工、家具制造为主。兰杭高速、省道分当线过境。

五一村 [Wǔyīcūn] 垌塚镇人民政府驻地。在市政府驻地仙女山街道西北48千米。人口2200。因成立时为五一劳动节而得名。聚落呈带状。有中小学、卫生院。农业以水稻种植为主。有餐饮、批发零售业。省道分当线经此。

刘家隔镇 [Liújiāgé Zhèn] 汉川市辖镇。在市境东北部。面积122平方千米。人口4.9万。辖1居委会、38村委会,有179自然村。镇人民政府驻刘隔村。1984年设刘隔区。1987年改刘家隔镇。以宋知军事刘谊曾在此隔岸种获之事命名。汉北河流经。有中学2所,小学6所,幼儿园9所,卫生院1个,门诊部(所)21个,文化站1个,村级文化活动中心38个,图书馆1个。有御驾桥、观音台、神隍台、金鼓城等遗址。农业以水稻、棉花、油菜种植为主。产莲藕、荸荠。工业以家居、服装、粮食加工为主。武荆高速过境。

刘隔村 [Liúgécūn] 刘家隔镇人民政府驻地。在市政府驻地仙女山街道北13千米。人口1800。因早年金鼓城部分居民居于刘家隔镇周边,后独立成村而得名。聚落呈块状。有中学、卫生院、盐埠桥遗址。农业以水稻种植为主。工业以粮食加工为主。有餐饮、批发零售业。通乡村公路。

杨林沟镇 [Yánglíngōu Zhèn] 汉川市辖镇。在市境西南部。面积67平方千米。人口4.6万。辖29村委会,有74自然村。镇人民政府驻杨林村。1984年设杨林区。1987年改杨林沟镇。因自然实体杨林沟得名。汉江流经。有中学2所,小学11所,幼儿园7所,卫生院1个,门诊部(所)27个,文化站1个,村级文化活动中心29个。有罗四维烈士墓、吴师筑烈士纪念亭等。农业以水稻、小麦、棉花种植为主。工业以纺织、粮棉加工、建材、制塑、制鞋为主。汉宜铁路、省道宜黄线过境。有汉江航道。

杨林村 [Yánglíncūn] 杨林沟镇人民政府驻地。在市政府驻地仙女山街道西南29千米。人口3000。传因明末连年渍水,省府派杨、林2人监修水沟,为纪念而得名。聚落呈带状。有中小学、卫生院。农业以水稻种植为主。工业以纺织为主。有批发零售业等。通乡村公路。

庙头镇 [Miàotóu Zhèn] 汉川市辖镇。在市境东南部。面积46平方千米。人口3.7万。辖1居委会、26村委会,有42自然村。镇人民政府驻庙头村。1984年设庙头区。1987年改镇。因镇政府驻地得名。有中学1所,小学6所,幼儿园3所,卫生院1个,卫生所21个,文化站1个,村级文化活动中心30个。有王平章烈士纪念馆。农业以水稻、棉花、黄花、油菜种植为主。产芝麻、花生、黄豆。工业以纺织,轧花,床单、纸管、板箱、塑料加工为主。318国道,省道蔡城、马北线过境。

庙头村 [Miàotóucūn] 庙头镇人民政府驻地。在市政府驻地仙女山街道东11千米。人口2500。因处关圣庙前而得名。聚落呈带状。有中小学、卫生院、卫生所。有王平章烈士纪念馆。农业以棉花、玉米、土豆、大豆种植为主。工业以制造业为主。有餐饮、批发零售业。通乡村公路。

新河镇 [Xīnhé Zhèn] 汉川市辖镇。在市境东部。面积112平方千米。人口10万。辖1居委会、42村委会,有116自然村。镇人民政府驻东方红村。1984年设城隍区。1987年改新河镇。取新街、小河各一字得名。有中学4所,小学30所,卫生院1个。工业以电力能源、食品加工、服装纺织、印刷包装、金属制品为主。有省级汉川市经济开发区。武荆高速、省道荷沙线过境。

东方红村 [Dōngfānghóngcūn] 新河镇人民政府驻地。在市政府驻地仙女山街道东14千米。人口1500。聚落呈带状。有小学、卫生院。农业以棉花种植为主。工业以电力、混凝土加工为主。有批发零售业。省道荷沙线经此。

麻河镇 [Máhé Zhèn] 汉川市辖镇。在市境北部。面积77平方千米。人口4万。辖1居委会、26村委会,有120自然村。镇人民政府驻祠堂村。1987年设麻河镇。因麻河得名。有岩盐资源。有中学2所,小学5所,幼儿园4所,卫生院1个,村级文化活动中心28个,图书室30余个。有麻河东岳庙、太平寺、东西汉湖农家乐。工业以农产品加工为主。特产富硒莲藕、绒毛蟹。武荆高速过境。

祠堂村 [Cítángcūn] 麻河镇人民政府驻地。在市政府驻地仙女山街道北26千米。人口800。因位于祠堂湾得名。聚落呈块状。有古建筑麻河东岳庙。农业以水稻种植为主。县道汉长、汉老线经此。

马鞍乡 [Mǎ'ān Xiāng] 汉川市辖乡。在市境东南部。面积47平方千米。人口3.7万。辖29村委会,有122自然村。乡人民政府驻喻河村。1961年成立马鞍公社。1987年改乡。因乡政府驻地形似马鞍得名。有中学1所,小学6所,幼儿园5所,卫生院1个,卫生室24个,文化站1个,村级文化活动中心30个。有古七里堡寺、甑山遗址、黄龙湖、榔头革命烈士纪念馆等。农业以水稻种植为主。特产鳝鱼、棉花、荸荠。工业以制衣、建材、五金加工为主。县道高榔线过境。

喻河村 [Yùhécūn] 马鞍乡人民政府驻地。在市政府驻地仙女山街道东16千米。人口800。因喻姓建村,临汉水河而得名。聚落呈带状。有中小学、卫生院。农业以水稻、棉花种植为主。工业以服装纺织为主。通乡村公路。

南河乡 [Nánhé Xiāng] 汉川市辖乡。在市境南部。面积80平方千米。人口4.2万。辖24村委会,有119自然村。乡人民政府驻姜家岭。1987年原南河、叶集、同兴3乡合并成立南河乡至今。因南河古渡得名。有中学2所,小学14所,幼儿园3所,卫生院1个,门诊部(所)9个,文化站1个,村级文化活动中心20个,图书室32个。有青林堡寺、乌龟山遗址、卜省山东汉古墓群、栗山旅游风景区。农业以水稻种植为主。特产莲藕、菱角、鸡头苞、金鱼藻。工业以食品加工、建材、机械、轻工、家具制造为主。汉宜高铁、省道荷当线过境。

姜家岭 [Jiāngjiālǐng] 南河乡人民政府驻地。在市政府驻地仙女山街道东南22千米。人口200。因江西姜姓移民在岭上定居而得名。聚落呈块状。有中小学。农业以水稻、玉米种植为主。省道马北线经此。

湾潭乡 [Wāntán Xiāng] 汉川市辖乡。在市境南部。面积44平方千米。人口2.6万。辖20村委会,有32自然村。乡人民政府驻三汊村。1987年由杨林区析设湾潭乡。因汉江经此曲折弯转、水深流急而得名。有中学2所,小学8所,幼儿园5所,卫生院1个,门诊部(所)27个,文化站1个,村级文化活动中心31个。有杨其祥革命烈士纪念碑。农业以水稻、棉花、油菜种植为主。特产油菜、花生。工业以化工、制塑、粮棉加工、纺织为主。通乡村公路。

三汊湾 [Sānchàwān] 湾潭乡人民政府驻地。在市政府驻地仙女山街道南22千米。人口100。传1949年前对岸滩头因洪水三分,形似三叉,堤有深潭,故名三汊潭。后移居汉江南岸,改今名。聚落呈块状。有中心小学。农业以粮、油、棉、豆种植为主。通乡村公路。

西江乡 [Xījiāng Xiāng] 汉川市辖乡。在市境南部。面积92平方千米。人口5.1万。辖30村委会,有123自然村。乡人民政府驻红光村。1987年由杨林区析设西江乡。因西江亭集镇得名。有中学2所,小学8所,幼儿园5所,卫生院1个,门诊部(所)27个,文化站1个,村级文化活动中心31个,图书室32个,农村远程教育点31个。有湘鄂西西江亭烈士陵园、杨保全烈士故居。农业以粮、棉、油、鱼、莲种养殖为主。工业以油脂、粳米、塑料制品、建材加工为主。汉宜高铁、宜黄高速过境。

红光村 [Hóngguāngcūn] 西江乡人民政府驻地。在市政府驻地仙女山街道南32千米。人口1700。取"红光满面、和谐吉祥"之意命名。聚落呈块状。有中小学、卫生院。农业以棉花、水稻、玉米、小麦种植为主,有餐饮、批发零售业。县道庙北线经此。

里潭乡 [Lǐtán Xiāng] 汉川市辖乡。在市境西部。面积60平方千米。人口3.3万。辖21村委会,有84自然村。乡人民政府驻小里潭。1987年由回龙区析设里潭乡。因处竹筒河、彭公湖之深水域而得名。有中学1所,小学6所,卫生院1个,卫生室21个,文化站1个,图书室21个。农业以水稻、蔬菜种植,特种水产养殖为主。通乡村公路。

小里潭 [Xiǎolǐtán] 里潭乡人民政府驻地。在市政府驻地仙女山街道西31千米。人口400。古以"五户为邻,五邻为里",居民在户不足五邻之"小里"龙潭口建村,故名。聚落呈块状。有中小学、卫生院。农业以水稻、棉花种植为主。服务业以装潢业为主。通乡村公路。

韩集乡 [Hánjí Xiāng] 汉川市辖乡。在市境西北部。面积72平方千米。人口4.4万。辖35村委会,有121自然村。乡人民政府驻韩家集。1949年设韩集区。1984年并入新堰区。1987年析设韩集乡。因乡政府驻地得名。有初中2所,小学7所,幼儿园8所,卫生院1个,门诊部(所)1个,文化站1个,村级文化活动中心35个。有横堤革命烈士纪念塔。农业以水稻、小麦、棉花种植为主。工业以粮食、服装加工为主。省道分当线过境。

韩家集 [Hánjiājí] 韩集乡人民政府驻地。在市政府驻地仙女山街道西北21千米。人口1100。因韩姓最初定居,后成集而得名。聚落呈块状。有中小学。农业以水稻、小麦、棉花种植为主。通乡村公路。

孝昌县

孝昌县 [Xiàochāng Xiàn] 孝感市辖县。东经113°45′,北纬31°2′。在市境北部。面积1191平方千米。人口67.7万。以汉族为主,还有侗、傣、瑶、壮等民族。辖8镇、4乡。县人民政府驻花园镇。南朝宋孝建元年(454)由安陆、鄳2县析设孝昌县(后改名孝感县),为孝昌专名之始。朝廷倡行孝道,赏赐有孝行之人而得名。1993年由原县级孝感市北部析设孝昌县,属地级孝感市。以丘陵山地为主。东北部为低山区,海拔500—1000米;西南部为低矮缓丘,海拔100—500米。年均气温16.1℃,1月平均气温3.2℃,7月平均气温28.5℃。年均降水量1130毫米。澴河、府河流经。有铜、铝、磷、黄铁、重稀土等矿产资源。有野生植物100多种,其中有国家重点保护野生植物银杏、楠木、杜仲、榉树、椴树。有野生动物50余种,其中有国家重点保护野生动物猫头鹰、灰鹤、金猫、穿山甲、豺、大头猫。森林覆盖率22.9%。有中学

25所，小学67所，幼儿园81所，二级医院3个。有文化馆、博物馆、图书馆。有全国重点文物保护单位草店坊城遗址。有小河明清古街、山禅寺、大小悟山抗日指挥中心和湖北省党政军诞生地旧址、刘震将军故居等。有省级非物质文化遗产孟宗孝行故事、孝昌大鼓、孝昌雕花剪纸、邹岗旱船。有国家4A级旅游景区双峰山旅游度假区、观音湖旅游风景区。三次产业比例30∶33∶37。农业以水稻、小麦、棉花、油菜种植为主。特产凤凰山茶、玉皇李、太子米、大悟山药材、小河红枣。工业以机械电子制造、食品加工、医药、轻工纺织、化工建材为主。服务业以金融、房地产业、现代物流为主。京广铁路，107国道，京港澳、福银高速，省道大天线过境。

花园广场［Huāyuán Guǎngchǎng］　在县城中部。面积3.3万平方米。2006年开工，2007年建成。因花园镇得名。呈半圆形，由前广场、主舞台、文化墙、亲子园、音乐喷泉等区域组成。中间有电子显示屏及休息廊亭。四周绿化带环绕，中南部种植各种名贵树木、花草，其间点缀凉亭、长廊。四周有各种灯饰400余盏。为融集会、娱乐、休闲、演出等功能于一体的综合型广场。周边有县政府、居民小区、商铺。通公交车。

花园南大桥［Huāyuánnán Dàqiáo］　在县城南部。长244米，宽12.5米，最大跨度20米，桥下净高11.7米。1989年开工，1990年建成，2011年加固。因处花园镇区南部得名。为小型河道桥梁，结构型式为预应力钢筋T型梁桥。最大载重20吨。通公交车。

花园北大桥［Huāyuánběi Dàqiáo］　在县城北部。长286米，宽12.5米，桥下净高11.6米。1989年开工，1990年建成，2007年加固。因处花园镇区北部得名。为小型河道桥梁，结构型式为预应力桥。通公交车。

花园站［Huāyuán Zhàn］　见交通运输设施部分“花园站”条。

花园镇［Huāyuán Zhèn］　孝昌县人民政府驻地。在县境中部。面积121平方千米。人口14万。辖9居委会、32村委会，有32自然村。镇人民政府驻襄花村。1951年设花园区。1975年改花园镇公社。1987年改花园镇。因花园街得名。有寨山、东长山、西长山。澴河、晏家河、东澴河流经。有中学9所，小学8所，幼儿园20所，二级医院3个，卫生院1个，卫生所48个。有全国重点文物保护单位草店坊城遗址。有殷家墩历史博物馆、枯竹港。农业以水稻、油菜、棉花种植为主。工业以农业装备、电动车制造，农副产品、食品加工，纺织，冶金，化工，铝业为主。京广铁路、107国道、省道大天线过境。有花园站。通公交车。

花园大道［Huāyuán Dàdào］　在县新城区中部。西起中涵洞，箱涵下西接慧然路，东至府东路。与北京路、洪胜街、建设路等相交。长2.9千米，宽50米。沥青路面。1993年开工，1995年建成。2002年名东洪花大道、西红花大道，2010年改今名。因花园镇得名。两侧有县政府、发改局、人社局、建设局、人民银行、商场、个体门店等。通多路公交车。

北京路［Běijīng Lù］　在县新城区中部。北起北大桥，南至南大桥。与滨河大道、古城大道、花园大道等相交。长6.1千米，宽58米。沥青路面。1987年开工，1989年建成，2006、2012年改建。2002年因花园镇得名花园大道，2010年后因为107国道城区段通往北京，改今名。沿途多商铺、居民楼。两侧有县一医院、殷家墩遗址等。通多路公交车。

襄花村［Xiānghuācūn］　花园镇人民政府驻地。在县境西南部。人口3200。因地处襄花公路始端而得名。有中小学、卫生所。农业以水稻、棉花、花生种植为主。省道大天线过境。

丰山镇［Fēngshān Zhèn］　孝昌县辖镇。在县境东部。面积42平方千米。人口3.1万。辖1居委会、22村委会，有22自然村。镇人民政府驻阳岗村。1958年成立丰山公社。1983年并入周巷区。1987年析设丰山镇。因风、雨2山谐音得名，寓意风调雨顺、丰裕美满。有中学1所，小学5所，卫生院1个，卫生所23个。有李家大湾、港边程遗址、五岳山仁和寨古城墙、滑石古村落、石凤祥故居等。农业以水稻、苗木种植为主。工业以碎石加工、模具构件装饰品生产、轻工服装、食品加工为主。省道王杨、昌黄线过境。通公交车。

阳岗村［Yánggǎngcūn］　丰山镇人民政府驻地。在县境东部。面积1.6平方千米。人口5500。因东阳岗老街得名。地处岗岭，后成集市。后向东南处朝阳岗岭迁移，取名阳岗。为避与周巷阳岗同名改为东阳岗。民居以低层楼房为主。有中小学、卫生院、卫生所。省道王杨、昌黄线经此。通公交车。

周巷镇［Zhōuxiàng Zhèn］　孝昌县辖镇。在县境东南部。面积138平方千米。人口6.1万。辖1居委会，有40自然村。镇人民政府驻周巷村。1950年设周巷区。1951年改涂巷区。1958年改涂巷公社。1975年改周巷公社。1983年改区。1987年改镇。因镇政府驻地原名得名。有中学1所，小学5所，卫生院1个，卫生所41个。农业以茶叶、苗木种植为主。京珠、京港澳高速，王杨公路过境。

周巷村［Zhōuxiàngcūn］　周巷镇人民政府驻地。在县境东南部。面积1.3平方千米。人口2300。明中期周姓迁居王家巷，后王姓外迁，改周家巷，简称今名。民居楼房以低层为主。有中小学、卫生院、卫生所。王杨公路经此。通公交车。

新龙村［Xīnlóngcūn］　在县政府驻地花园镇东南18千米。周巷镇辖自然村。人口1100。寓意似龙腾飞，建设新农村得名。聚落呈弧形线状。有新居别墅50多栋。农业以苗木花卉种植为主。为省苗木之乡。通公交车。2013年被评为全国文明村。

小河镇［Xiǎohé Zhèn］　孝昌县辖镇。在县境东北部。面积81平方千米。人口4.4万。辖2居委会、30村委会。镇人民政府驻小河溪村。1949年设小河区。1958年改公社。1984年改镇。因2小溪汇流得名小河溪，简称小河。有中学2所，小学3所，卫生院1个，卫生所37个。有小河明清古街。有民间艺术剪纸。农业以小麦、水稻、棉花、油菜、花生、大豆、茶叶、林果、蔬菜种植为主。京珠、京港澳高速，省道大安线过境。通公交车。

小河溪村［Xiǎohéxīcūn］　小河镇人民政府驻地。在县境东北部。面积3.4平方千米。人口8100。因镇得名。民居以低层楼房为主。有中小学、卫生院、卫生所。有小河明清古街。通公交车。

王店镇［Wángdiàn Zhèn］　孝昌县辖镇。在县境北部。面积77平方千米。人口4.8万。辖5居委会、30村委会，有31自然村。镇人民政府驻王店村。1952年设王店区。1958年改公社。1987年改镇。早年王姓开店，称王家店，简称王店。东、西澴河流经。有中学1所，小学5所，卫生院1个，卫生所17个。有省级文物保护单位中原突围第一枪红色磨山。有台子湖遗址、临济寺。农业以水稻、小麦、油菜种植为主。京广铁路、107国道过境。通公交车。

王店村［Wángdiàncūn］　王店镇人民政府驻地。在县境北部。面积2.5平方千米。人口3700。因镇得名。民居以低层楼房为主。有中小学、卫生院、卫生所。通公交车。

卫店镇［Wèidiàn Zhèn］　孝昌县辖镇。在县境北部。面积78平方千米。人口3.5万。辖1居委会、23村委会，有23自然村。镇人民政府驻卫店村。1949年设中和乡。1958年改南新公社。1988年改卫店镇。明代屯兵刘家营，裁军时卫姓等安置于此，称卫家营。后因为驿站，发展成集，称卫家店，简称今名。东、西澴河流经。有中学1所，小学4所，卫生院1个，卫生所22个。农业以水稻、小麦、油菜种植为主。为省冬枣种植基地。京广铁路、107国道过境。通公交车。

卫店村［Wèidiàncūn］　卫店镇人民政府驻地。在县政府驻地花园镇北7.5千米。人口1000。因卫店街得名。聚落呈条状。有中学、卫生室。农业以花生、水稻、油菜、棉花种植，鸡养殖为主。107国道经此。通公交车。

白沙镇［Báishā Zhèn］　孝昌县辖镇。在县境南部。面积76平方千米。人口5万。辖1居委会、40村委会，有41自然村。镇人民政府驻白沙铺村。1958年成立白沙公社。1962年改区。1987年改镇。因白沙铺集镇得名。乡人陈白沙仗义疏财，影响颇大，后设递铺，渐成集市，因此得名。女儿港、澴河流经。有中学1所，小学4所，卫生院1个，卫生所29个。有景点义井、卧马塘、霸王堤。农业以水稻、油菜、茶叶种植为主。福银高速，省道肖张、陡白、曾白线过境。

白沙铺村［Báishāpùcūn］　白沙镇人民政府驻地。在县境西南部。面积2万平方米。人口4700。因镇得名。民居以低层楼房为主。有中小学、卫生院、卫生所。通公交车。

邹岗镇［Zōugǎng Zhèn］　孝昌县辖镇。在县境东南部。面积134平方千米。人口6.7万。辖1居委会、49村委会，有50自然村。镇人民政府驻邹岗村。1970年设邹岗区。1975年改公社。1987年改镇。明代邹、夏2姓为防洪涝，迁居岗上，得名邹夏岗，后简称今名。有中学2所，小学5所，卫生院1个，卫生所38个。有景点牛迹山、牛迹山寺、石子坡墓地。农业以水稻、棉花、油菜、小麦、荸荠种植为主，产各类林果、茶叶、药材。有大米加工业。107国道、京珠高速过境。通公交车。

邹岗村［Zōugǎngcūn］　邹岗镇人民政府驻地。在县境东南部。面积2.5万平方米。人口1.4万。因镇得名。民居以低层楼房为主。有中小学、卫生院、卫生所。京珠高速经此。

小悟乡［Xiǎowù Xiāng］　孝昌县辖乡。在县境东北部。面积126万平方千米。人口3.7万。辖1居委会、22个村委，有23自然村。乡人民政府驻张冲村。1958年设小悟区。1976年改公社。1983年改区。1993年改为小悟乡。因小悟山得名。澴河、青山河流经。有中学2所，小学3所，卫生院1个，卫生所22个。有笔架村双柏寺战地医院分院（又名水口庙）、抗日军政大学第十分校、新四军党校、被服厂等旧址。农业以水稻、油菜、茶叶种植为主，产板栗、苍术、银杏等。省道松姚线过境。通公交车。

张冲村［Zhāngchongcun］　小悟乡人民政府驻地。在县境东北部。面积3.7平方千米。人口3500。清代张姓迁此，两侧为山，中有梯田，故名张家冲，简称张冲。民居以低层楼房为主。有中小学、卫生所。省道松姚线经此。通公交车。

项庙村［Xiàngmiàocūn］　在县政府驻地花园镇东北30千米。小悟乡辖自然村。人口1300。项、阳2姓冰释恩仇而建项阳庙，沿为村名。聚落沿河呈带状分布。为中国传统村落。有卫生室、双柏寺。有明清古民居76栋(间)。

有革命旧址被服厂、枪械厂等30多处。农业以水稻、棉花、青茶、油茶种植为主。有客运班车。

季店乡［Jìdiàn Xiāng］ 孝昌县辖乡。在县境西部。面积104平方千米。人口4.9万。辖1居委会、34村委会，有34自然村。乡人民政府驻季店村。1950年设季店乡。1955年改公社。1987年改乡。原因季姓开店得名季家店，后简称季店。有憨山。有中学2所，小学4所，卫生院1个，卫生所34个。农业以水稻、棉花、芝麻种植为主。省道大安、五季线过境。通公交车。

季店村［Jìdiàncūn］ 季店乡人民政府驻地。在县境西北部。面积2平方千米。人口4100。因季店街集市得名。民居以低层楼房为主。有中小学、卫生院、卫生所。省道五季线经此。通公交车。

花西乡［Huāxī Xiāng］ 孝昌县辖乡。在县境西部。面积8万平方米，人口4.7万。辖1居委会、30村委会，有31自然村。乡人民政府驻和平村。1975年由吴店、栗林、大庙3公社合设花西公社。1987年改乡。因地处花园镇西得名。有中学1所，小学4所，卫生院1个，卫生所12个。有民间艺术皮影、剪纸。农业以水稻、油菜种植为主。省道大安、陡白线过境。

和平村［Hépíngcūn］ 花西乡人民政府驻地。在县境西部。面积7平方千米。人口6400。以祈愿和平幸福得名。民居以低层楼房为主。有中小学、卫生院、卫生所。省道陡白线经此。

陡山乡［Dǒushān Xiāng］ 孝昌县辖乡。在县境南部。面积103平方千米。人口5.7万。辖1居委会、36村委会，有37自然村。乡人民政府驻金鸡坡村。1950年设陡山乡。1958年改公社。1987年改乡。因乡政府驻地附近有陡峭的山而得名。澴河、青山河流经。有中学2所，小学6所，卫生院1个，卫生所6个。农业以水稻、油菜、茶种植为主。107国道、省道孝大线过境。

金鸡坡村［Jīnjīpōcūn］ 陡山乡人民政府驻地。在县境南部。面积4.1平方千米。人口6600。因南宋百姓挖井抗旱，现金鸡啼鸣，井土成坡而得名。2013年成立。民居以低层楼房为主。有中小学、卫生院、卫生所。省道孝大线经此。

大悟县

大悟县［Dàwù Xiàn］ 孝感市辖县。在市境北部。北纬31°33′，东经114°7′。面积1986平方千米。人口63.4万。辖14镇、3乡。县人民政府驻城关镇。1933年置礼山县。1952年改名大悟县，属孝感专区。1959年属武汉市。1961年属孝感专区。1970年属孝感地区。1993年属孝感市。因大悟山得名。1994年改建、拓宽城区道路。2014年安装道路两侧地下水管道，新建泉水大桥、澴河四桥，拓宽澴河三桥。处大别山低山丘陵西部，西部北高南低，中部和东部中间高南北低。山地和丘陵占总面积近80%。最高峰五岳山海拔865米。平均海拔220米。年均气温15.9℃，1月平均气温12.9℃，7月平均气温27.5℃。年均降水量1122.4毫米。澴水、滠水、竹竿河等流经。有金、铜、磷等矿产资源。有野生植物320种，其中有国家重点保护野生植物木梓树、山谷幽兰、银杏树、桐子树等10余种。有野生动物30种，其中有国家重点保护野生动物红腹鸡、大悟山小鲵、野猪等6种。森林覆盖率60%。有九年一贯制学校4所，职业中学1所，中学23所，小学74所，特教学校1所，二级医院4个。有全国重点文物保护单位鄂豫边区革命烈士陵园、新四军第五师司令部旧址、中原军区司令部旧址群，省级文物保护单位吕王城旧址、四姑墩遗址、土城遗址等9处。三次产业比例28∶28∶44。农业以水稻、小麦、花生、油菜、茶、中草药种植为主。特产板栗、荠菜等。工业以轻纺制造、冶金建材、医药食品、化工原料四大支柱产业为主。服务业以餐饮、建筑装潢、商贸为主。石武高铁，346国道，京港澳、麻竹高速，省道大天、黄土、宋应线过境。有孝感北站。通多路公交车。

人民广场［Rénmín Guǎngchǎng］ 在县城东部。面积3000平方米。1976年开工，同年建成，2014年改建。有篮球场、网球场、田径塑胶跑道。为县大型集会和体育竞赛场所。周边有礼山学校、鄂豫边区革命烈士陵园。通公交车。

孝感北站［Xiàogǎnběi Zhàn］ 见交通运输设施部分“孝感北站”条。

城关镇［Chéngguān Zhèn］ 大悟县人民政府驻地。在县境西部。面积102平方千米。人口12万。辖6居委会、13村委会，有221自然村。镇人民政府驻泉水路社区。1949年设城厢镇。1975年改公社。1987年改镇。2001年二郎乡并入。因县政府所在地而得名。澴河流经。有高中2所，小学10所，二级医院4个，卫生所35个。有全国重点文物保护单位鄂豫边区革命烈士陵园。有泉水寨省级森林公园、双桥古镇。农业以水稻、花生种植为主。工业以农产品加工为主。服务业以商贸为主。京广铁路、京港澳高速过境。

西岳大道［Xīyuè Dàdào］ 在县城中部。东起长征路，西至兴华路。与朝阳路相交。长2.1千米，宽20米。沥青路面。1994年开工，1995年建成，2008年拓宽。两侧有县国税局、财保公司等。通公交车。

府前街［Fǔqián Jiē］ 在县城中部。南起兴华路，北至西岳大道。长1千米，宽15米。沥青路面。1980年开工，1981年建成。因在县政府门前得名。沿街店铺林立，为县城繁华交通要道。两侧有县政府、教育局等。通公交车。

泉水路社区［Quánshuǐlù Shèqū］ 城关镇人民政府驻地。在县境南部。面积4平方千米。人口7200。因泉水路得名。2002年成立。民居以低层楼房为主。有社区便民服务中心。有中小学、幼儿园、卫生所。县审计局、物价局、发改局等驻此。通公交车。

阳平镇［Yángpíng Zhèn］ 大悟县辖镇。在县境西南部。面积116平方千米。人口2.2万。辖14村委会，有127自然村。镇人民政府驻阳平村。1955年设阳平乡。1958年改环城公社。1975年更名阳平公社。1984年属二郎区。1987年撤区，与白云乡合并设阳平镇。因镇政府驻地得名。澴河流经。有中学1所，小学10所，卫生院1个，卫生所14个。有大山寺保卫战纪念碑、新五师十三旅旅部旧址、蒋家楼子会议旧址、新五师十三旅会师旧址等。农业以水稻、花生、板栗种植为主。工业以矿石加工、建材为主。京港澳高速，省道宋应、大天线过境。

阳平村［Yángpíngcūn］ 阳平镇人民政府驻地。在县政府驻地城关镇南6千米。人口1300。传隋大业年间（605—616）杨林驻扎付家河口，故称杨林口。杨林以为不妥改称阳平口，以寓平安之意而得名。澴河流经。聚落呈条状。有小学、卫生院、阳平工业园。京珠高速、省道大天线经此。有大悟服务区。通公交车。

芳畈镇［Fāngfàn Zhèn］ 大悟县辖镇。在县境西南部。面积164平方千米。人口3.6万。辖1居委会、16村委会，有262自然村。镇人民政府驻芳兴社区。1957年设芳畈区。1981年改公社。1987年改镇。因镇政府原驻地芳佳畈得名。最高峰大悟山海拔813米。有铜、磷资源。有中学1所，小学8所，幼儿园2所，卫生院1个，卫生所1个。有全国重点文物保护单位新四军第五师司令部旧址。有明清古建筑群遗址3个，红色革命旧址28个。农业以茶叶、玉皇李、鲜桃种植为主。工业以建材、混凝土加工、铜矿开采为主。京珠、麻竹高速，省道大天线过境。

芳兴社区［Fāngxīng Shèqū］ 芳畈镇人民政府驻地。在县境南部。面积4平方千米。人口2300。2013年芳畈街道改为社区，取芳畈兴旺昌盛之意得名。民居多为低层楼房。有便民服务。组织体育健身、文化娱乐、广场舞等活动。有中小学、卫生院。省道大天线经此。

白果树湾［Báiguǒshùwān］ 在县政府驻地城关镇东南17千米。芳畈镇辖自然村。人口100。因湾中有千年古银杏树得名。聚落呈块状。有新四军第五师纪念馆、新四军第五师司令部旧址、新四军第五师党委办公室旧址、新四军第五师八大处旧址、反战同盟旧址等。农业以水稻、小麦、花生种植为主。大别山红色旅游公路经此。

新城镇［Xīnchéng Zhèn］ 大悟县辖镇。在县境中部偏南。面积124平方千米。人口4.6万。辖19村委会，有242自然村。镇人民政府驻新城村。1941年设新治乡。1975年改新城公社。1987年改镇。因镇政府驻地得名。有中学1所，小学11所，卫生院1个，卫生所24个。有徐海东大将纪念馆及其亲属烈士陵园，徐海东同志及其亲属烈士纪念碑，大将故居。农业以水稻、花生、板栗种植为主。工业以毛纺、花生、药材加工为主。346国道、省道宋应线过境。

新城村［Xīnchéngcūn］ 新城镇人民政府驻地。在县政府驻地城关镇东南21千米。人口2100。原系偏僻小村，20余户，无集市。1934年礼山县政府拟迁此，建设历时两年。为别于旧治毛家集，起名新城。聚落呈带状。有中小学、卫生院。农业以水稻、小麦、花生种植为主。省道宋应线、大别山红色旅游公路经此。

夏店镇［Xiàdiàn Zhèn］ 大悟县辖镇。在县境南部。面积96平方千米。人口3.3万。辖14村委会，有184自然村。镇人民政府驻夏店村。1949年设夏店乡。1958年改七一公社。1987年改夏店镇。因镇政府驻地得名。有花岗石、石英石资源。有高中1所，初中1所，小学7所，幼儿园3所，卫生院1个，卫生所16个。特产茶叶。工业以石材、粮食、建材加工为主。346国道、麻竹高速、省道宋应线过境。

夏店村［Xiàdiàncūn］ 夏店镇人民政府驻地。在县政府驻地城关镇东南24千米。人口3600。因姓氏得名。聚落呈带状。有小学、卫生所。农业以水稻、小麦、花生种植，水产、畜禽养殖为主。346国道、麻竹高速、省道宋应线经此。

刘集镇［Liújí Zhèn］ 大悟县辖镇。在县境东南部。面积66平方千米。人口3.1万。辖14村委会，有177自然村。镇人民政府驻刘集村。1958年成立五一公社。1965年改刘集公社。1983年设乡。1987年改镇。因镇政府驻地得名。西大河流经。有中学1所，小学14所，幼儿园1所，卫生院1个，卫生所14个。有景点铁寨山、大顶山。农业以花生、板栗、青油茶种植为主。特产茶叶。工业以石材、砖石加工、预制构件、金属制造为主。346国道、麻竹高速、省道宋应线过境。

刘集村［Liújícūn］ 刘集镇人民政府驻地。在县政府驻地城关镇东南31千米。人口

2100。因姓氏得名。聚落呈带状。有小学、卫生院。农业以水稻、花生种植为主。特产茶叶。工业以茶叶加工为主。346国道、省道宋应线经此。

河口镇 [Hékǒu Zhèn]　大悟县辖镇。在县境东南部。面积43平方千米。人口2.5万。辖2居委会、10村委会，有116自然村。镇人民政府驻河口村。1941年设河口乡。1958年改五一公社。1987年改河口镇。因镇政府驻地得名。有中学1所，小学3所，幼儿园1所，卫生所10个。农业以水稻、花生种植，猪、羊养殖为主。有制衣、建材加工业。服务业以商贸为主。346国道，省道黄土、宋应线过境。

河口村 [Hékǒucūn]　河口镇人民政府驻地。在县政府驻地城关镇东南40千米。人口1200。处东、西大河交汇处，古称两河口，简为今名。聚落呈带状。有小学。服务业以商贸、制衣、建材为主。346国道，省道黄土、宋应线经此。

四姑镇 [Sìgū Zhèn]　大悟县辖镇。在县境东南部。面积61平方千米。人口2.8万。辖11村委会，有132自然村。镇人民政府驻四姑村。1960年由吕黄乡析设四姑公社。1987年改镇。因镇政府驻地得名。有羊角山。有硅石、石灰石、大理石等矿产资源。有中学1所，小学7所，卫生院1个，卫生所11个。有马列主义理论家、宣传家杨松故居。为旅游观光特色乡镇。有红叶观赏景区。农业以种植水稻、小麦、花生、板栗为主。县道河乔线过境。通公交车。

四姑村 [Sìgūcūn]　四姑镇人民政府驻地。在县政府驻地城关镇东南31千米。人口1700。因四姑墩遗址得名。聚落成条状。有中小学、卫生院。经济以商品零售、农业为主。农业以水稻、花生种植为主。通乡村公路。

吕王镇 [Lǚwáng Zhèn]　大悟县辖镇。在县境东部。面积76平方千米。人口2.9万。辖16村委会，有216自然村。镇人民政府驻吕王村。1961年设吕王区。1987年改镇。因镇政府驻地得名。最高峰仙居顶海拔680米。有中学1所，小学10所，卫生院1个，卫生所16个。有吕王城旧址、熊畈烈士墓。农业以水稻、小麦、花生种植为主。工业以风电、石材加工为主。省道黄土线、县道吕高线过境。

吕王村 [Lǚwángcūn]　吕王镇人民政府驻地。在县政府驻地城关镇东35千米。人口1800。因吕王城旧址得名。聚落呈块状。有中小学、卫生院、伍瑞卿将军和吴杰将军故居。农业以水稻、油菜、花生种植为主。省道黄土线经此。

黄站镇 [Huángzhàn Zhèn]　大悟县辖镇。在县境东部。面积51平方千米。人口1.7万。辖8村委会，有100自然村。镇人民政府驻黄站村。1955年设黄站乡。1959年改苏红公社。1987年改黄站镇。因镇政府驻地得名。最高峰三角山海拔697.6米。竹竿河、滠水流经。有中学1所，小学7所，幼儿园7所，卫生院1个，卫生所8个。农业以水稻、花生、红薯种植为主。有红薯粉丝、茶叶加工业。省道黄土线、大别山红色旅游公路过境。

黄站村 [Huángzhàncūn]　黄站镇人民政府驻地。在县政府驻地城关镇东36千米。人口2300。黄陂县曾在此设驿站，故得名黄陂站，后改今名。聚落呈块状。有中小学、卫生院、陈海松烈士故居。服务业以商贸为主。省道黄土线经此。

宣化店镇 [Xuānhuàdiàn Zhèn]　大悟县辖镇。在县境东北部。面积265平方千米。人口6.4万。辖32村委会，有381自然村。镇人民政府驻枣林村。明清时宣化店已形成集镇。1952年礼山县第二区政府驻宣化店。1958年撤区成立宣化公社。1987年改宣化店镇。传此地曾有简易茶水店，人称鲜花店，官府设置行政区划时仅凭发音即将鲜花店写成仙花店或宣化店，宣化店由此得名。有县最高峰五岳山海拔865米。竹竿河流经。有中学2所，小学24所，卫生院1个，卫生所30个。为中原历史文化名镇、著名将军大镇。有周恩来与美蒋谈判旧址(湖北会馆)、中原军区司令部旧址、中原军区会场旧址、中原军区首长旧居、中原突围纪念馆、宣化店革命烈士纪念碑、宣化店革命公园、东峰庵等。有中国传统村落铁店村八字沟。农业以水稻、小麦、花生种植为主。特产板栗、银杏、青油茶。工业以建筑用砖、服装、农产品加工为主。省道黄土线过境。

枣林村 [Zǎolíncūn]　宣化店镇人民政府驻地。在县政府驻地城关镇东北37千米。人口2100。因枣林岗得名。聚落呈块状。有小学、卫生院。有宣化店镇革命烈士纪念碑、枣林岗起义纪念碑、宣化店镇革命公园。农业以板栗、花生、茶叶种植为主。省道黄土线经此。

丰店镇 [Fēngdiàn Zhèn]　大悟县辖镇。在县境东北部。面积157平方千米。人口3.5万。辖16村委会，有281自然村。镇人民政府驻丰店村。1975年由胜利公社析设丰店公社。1987年改镇。因镇政府驻地得名。丰店河、竹竿河流经。有中学1所，小学13所，幼儿园5所，卫生院1个，卫生所16个。有丰王店歼灭战烈士纪念碑。农业以水稻、小麦、花生种植为主。工业以原材料加工、铸造、机械加工为主。麻竹高速、大别山红色旅游公路、县道悟宣线过境。

丰店村 [Fēngdiàncūn]　丰店镇人民政府驻地。在县政府驻地城关镇东北25千米。人口3300。因明末丰姓居民兴业开店成集而得名。聚落沿大别山红色旅游公路呈带状分布。有中小学、卫生院。经济以农业、商贸为主。农业以水稻、花生种植为主。县道悟宣线经此。

九房沟 [Jiǔfánggōu]　在县政府驻地城关镇东北39千米。丰店镇辖自然村。人口200。原名涂家冲，明末颜氏后裔颜之全迁此造屋兴业，因其行九，居于低山之间，状如沟壑而得名。聚落呈条状。为中国传统村落。有明清民居建筑群古寨堡。农业以种植水稻、小麦、花生为主。通乡村公路。

大新镇 [Dàxīn Zhèn]　大悟县辖镇。在县境西北部。面积96平方千米。人口3.4万。辖17村委会，有201自然村。镇人民政府驻大新村。1949年设三义乡。1958年成立东风公社。1975年改大新公社。1987年改镇。因镇政府驻地得名。最高峰娘娘顶海拔812米。澴水流经。有中学1所，小学10所，幼儿园1所，卫生院1个。农业以水稻、花生、小麦种植为主。工业以轻工、建材加工为主。京广高铁、京港澳高速过境。

大新村 [Dàxīncūn]　大新镇人民政府驻地。在县政府驻地城关镇西北18千米。人口1500。古称新店，明嘉靖年间称大兴店，后改今名。聚落呈带状。有卫生所。农业以水稻、花生、小麦种植为主。县道大界线经此。

三里城镇 [Sānlǐchéng Zhèn]　大悟县辖镇。在县境西北部。面积134平方千米。人口2.7万。辖15村委会，有193自然村。镇人民政府驻三里村。1961年东风公社析设三里公社。1984年属大新区三里城。1987年撤区设镇。1987年望山乡并入。因镇政府驻地得名。有光头山、黄龙寺山。澴河流经。有大理石、花岗岩资源。有中学1所，小学5所，幼儿园1所，卫生院1个，卫生所13个。有国家4A级十八潭生态旅游度假区。农业以水稻、花生、板栗种植为主。特产茶叶。工业以建材、加工业为主。京港澳高速，县道大界、三华线过境。

三里村 [Sānlǐcūn]　三里城镇人民政府驻地。在县政府驻地城关镇西北28千米。人口2200。因清顺治年间(1638—1661)栗林岗3户建3华里城墙而得名。聚落沿澴河西呈带状分布。有小学、卫生所。农业以水稻、花生种植为主。县道大界、三华线经此。通公交车。

东新乡 [Dōngxīn Xiāng]　大悟县辖乡。在县境西北部。面积134平方千米。人口3.5万。辖18村委会，有231自然村。乡人民政府驻东新村。1960年成立东新、姚店、太平3公社。1975年3公社合并为东新公社。1984年撤社建东新、姚店、太平3乡。1987年并为东新乡。因乡政府驻地得名。有中学1所，小学7所，幼儿园1所，卫生院1个，卫生所17个。农业以水稻、花生种植为主。有油茶、银杏、苗木特色种植。工业以建材、农产品加工为主。京港澳高速过境。通公交车。

东新村 [Dōngxīncūn]　东新乡人民政府驻地。在县政府驻地城关镇西北17千米。人口1800。清顺治年间就形成集镇东新店，因位于大新店以东而得名。聚落沿东新河呈带状分布。有中小学、幼儿园、卫生所。农业以水稻、花生、油茶种植为主。县道大东、三河线经此。

高店乡 [Gāodiàn Xiāng]　大悟县辖乡。在县境中部偏西。面积168平方千米。人口4.5万。辖17村委会，有217自然村。乡人民政府驻高店村。1975年由环城公社析设高店公社。1987年改乡。因乡政府驻地得名。高店河、忠和河流经。有中学1所，小学9所，幼儿园4所，卫生院1个，卫生所12个。农业以水稻、花生、小麦种植为主。工业以轻工、建材为主。346国道、京广高速过境。通公交车。

高店村 [Gāodiàncūn]　高店乡人民政府驻地。在县政府驻地城关镇东11千米。人口1900。因姓氏得名。聚落沿高店河呈带状分布。有中小学、卫生院。农业以水稻、花生种植为主。县道悟宣线经此。通公交车。

彭店乡 [Péngdiàn Xiāng]　大悟县辖乡。在县境中部。面积115平方千米。人口3.3万。辖22村委会，有217自然村。乡人民政府驻彭店村。1950设彭店乡。1958年改公社。1987年改乡。因乡政府驻地得名。有中学1所，小学6所，幼儿园1所，卫生院1个，卫生所2个。农业以水稻、小麦、花生、中草药种植为主。特产茶叶。有特色青油茶、金银花、白花舌草种植。工业以矿石开采、石材加工为主。县道彭高、彭新线过境。

彭店村 [Péngdiàncūn]　彭店乡人民政府驻地。在县政府驻地城关镇东23千米。人口1600。原名彭陈店，系彭、陈两家在此开设店铺经营形成小集镇，后简称为彭店。聚落呈块状。有中小学、卫生院、彭店水库。农业以水稻、花生、大豆、青油茶种植为主。县道彭高、彭新线经此。

云　梦　县

云梦县 [Yúnmèng Xiàn]　孝感市辖县。北纬31°01′，东经113°45′。在市境中部。面积604平方千米。人口58.8万。辖9镇、3乡。县人民政府驻城关镇。北朝西魏大统十六年(550)设云梦县。曾隶属湖广布政司武昌府德安州，后改属德安府。1913年属鄂东道。1926年属省。1946年云梦县与孝陂县合并组建云孝县。1949年撤云孝县。1960年并入安陆县。1961年复云梦县，属孝感专区。1970年属孝感地区。1993年属孝感市。因远古云梦大泽、楚秦禁苑云梦宫得名。先后扩建城区,延伸、改造梦泽大道、楚王城大道、建设路。有重要建筑百步塔。北部为垅岗、南部低平。平均海拔47.6米。年均气温15.9℃,1月平均气温2.9℃,7月平均气温28.2℃。年均降水量1085毫米。府河、县河、汉北河等流经。有岩盐、芒硝、石膏等矿产资源。有野生植物211种。有野生动物176种,其中有国家二级保护野生动物鸢、白琵鹭等8种。森林覆盖率20%。有中学26所,小学104所,二级医院3个。有文化馆、档案馆、云梦祥山博物馆。有城市公园曲阳河公园、斗公苑、秦简苑、黄香纪念园、黄香公园、吴禄贞纪念园、岳阳湖公园、梦泽湖公园、楚王城公园等。有名胜古迹胡家岗、斋神庙、龚家呰、陈家墩、湿皮湖、胡家台古遗址、淌水咀、王家山商城、好石桥城、睡虎地、火龙岗、凤凰台、龙岗商代军屯遗址、珍珠坡、阮家桥、百步塔、越王台、青家子、韩信堤军屯遗址、楚王城遗址、泗洲寺。有国家级非物质文化遗产云梦皮影戏、三节龙。有特色小吃云梦鱼面。三次产业比例18∶52∶30。农业以水稻、蔬菜、棉花、小麦种植为主。特产白花菜、三岗糯米、翘嘴白鱼。工业以盐化工、新型包装材料、食品加工、机械、光电为主。服务业以住宿、餐饮为主。京广、汉丹铁路,汉十高速,107、316国道,省道汉宜线过境。通公交车。

城关镇 [Chéngguān Zhèn] 云梦县人民政府驻地。在县境中部。面积33平方千米。人口11.1万。辖15居委会、7村委会,有67个自然村。镇人民政府驻曙光社区。1949年设城关镇。1960年改云梦镇。1961年复名。1975年改公社。1979年复镇。因历为县治而得名。涢水、县河流经。有中等职业学校1所,中学10所,小学7所,二级医院3个,卫生院1个,卫生所20个。有景点胡家岗、王家山商城、白龙岗、珍珠坡、楚王城、城隍庙、吴禄贞纪念园、祖师殿、百步塔等。农业以水稻、小麦、油菜种植为主。工业以纺织、油脂加工、化工为主。汉渝、汉陕铁路,316国道过境。通公交车。

楚王城大道 [Chǔwángchéng Dàdào] 在县城东部。北起子文路,南至子胥路。与凤栖路、龙岗路、建设路等相交。长7.6千米,宽40米。沥青路面。1986年开工,1987年建成。因楚王城遗址得名。两侧有白云广场、县国税局等。通公交车。

梦泽大道 [Mèngzé Dàdào] 在县城中部。南起和平路,北至子文路。与凌云路、龙岗路、建设路等相交。长6千米,宽25米。沥青路面。1982年开工,1983年建成,1998年延伸。因古称云梦大泽得名。两侧有云梦一中、县建设局、行政服务大楼、民政局、工商局、人民银行等。通多路公交车。

黄香大道 [Huángxiāng Dàdào] 在县城东部。南起子文路,北至伍洛镇女儿港公路桥。与建设东路、凤栖东路等相交。长9.5千米,宽36米。沥青路面。2004年开工,同年建成。以东汉名臣黄香命名。两侧有县博物馆、黄香湖公园、梦泽湖公园、城市广场等。通公交车。

曙光社区 [Shǔguāng Shèqū] 城关镇人民政府驻地。在县境中部。面积1.5平方千米。人口12300。取胜利曙光之意命名。2001年成立。民居有砖混结构自建房、小区商品房。有舞蹈、篮球、乒乓球等队伍。有中学、卫生院、卫生所。驻有县物价局、发改局等单位。通公交车。

义堂镇 [Yìtáng Zhèn] 云梦县辖镇。在县境西北部。面积59平方千米。人口4.8万。辖3居委会、26村委会,有95自然村。镇人民政府驻义堂社区。1956年设义堂镇。1961年改区。1975年改公社。1987年复镇。春秋战国时称於菟乡,明清更名利塘,清知府罗暹春以"见利思义、守义未尝无利"为由改今名。有中学2所,小学7所,卫生院1个,卫生室14个。有景点虎乳崖、好石桥城、陈李湾、火龙岗、黄香纪念园。农业以种植水稻、棉花,养殖淡水鱼、生猪为主。特产荸荠、莲藕等。工业以棉纺织、建筑为主。汉丹铁路、汉十高速、316国道过境。

义堂社区 [Yìtáng Shèqū] 义堂镇人民政府驻地。在县境北部。面积1.3平方千米。人口4000。因义堂集镇得名。2001年成立。府河流经。民居有砖混结构自建房、小区商品房。有舞蹈队等。有中小学、卫生院。镇法庭驻此。有化肥厂、轧钢厂。汉丹铁路、316国道经此。

曾店镇 [Zēngdiàn Zhèn] 云梦县辖镇。在县境东北部。面积66平方千米。人口4.3万。辖1居委会、21村委会,有178自然村。镇人民政府驻曾店社区。1956年设曾店镇。1980年改公社。1984年改区。1987年复设曾店镇,析置倒店乡。因明末曾、张2姓开集,清代由曾姓主导而得名。有中学1所,小学1所,卫生院1个,卫生所14个。有古迹黄家港堰台。农业以水稻、小麦种植为主,特产糯米。工业有棉纺织、建材等。汉十高速、316国道过境。

曾店社区 [Zēngdiàn Shèqū] 曾店镇人民政府驻地。在县境东北部。面积1.4平方千米。人口2200。因曾店集镇得名。2001年成立。民居有砖混结构自建房、小区商品房。有舞蹈队、乒乓球队、羽毛球队。有篮球场、足球场、健身步道等。有中小学、幼儿园、卫生院。通公交车。

吴铺镇 [Wúpù Zhèn] 云梦县辖镇。在县境东部。面积62平方千米。人口6.3万。辖4居委会、20村委会,有148自然村。镇人民政府驻吴铺社区。1956年设吴铺乡。1981年改公社。1987年改镇。原名横街,清道光年间(1821—1850)吴姓经商成集市,改今名。有中学1所,小学1所,卫生院1个,卫生所8个。有古迹凤凰台、韩信堤汤家洞、赵许岗、聂家墩、郑店、张马古墓群、女儿港等。农业以水稻、小麦种植为主,特产三岗糯米。工业以印刷、汽车配件、建材、纸箱包装、机械电子为主。汉十高铁、316国道、云陡公路过境。

吴铺社区 [Wúpù Shèqū] 吴铺镇人民政府驻地。在县境东部。面积2.3平方千米。人口2500。因吴铺集镇得名。2002年成立。民居有砖混结构自建房、小区商品房。有舞蹈队、篮球队、乒乓球队等。有中小学、幼儿园、卫生院。汉十高铁、云陡公路经此。

伍洛镇 [Wǔluò Zhèn] 云梦县辖镇。在县境东南部。面积51平方千米。人口5.1万。辖3居委会、25村委会,有131自然村。镇人民政府驻伍洛寺社区。1956年设伍洛镇。1958年改东风公社。1975年改伍洛公社。1987年复镇。古名兴安镇,清代以伍子胥落难奔吴经此入寺避难而更名伍落寺镇,后称今名。有中学2所,小学5所,卫生院1个,卫生所15个。有湿皮湖、胡家台古遗址、大季战国古墓、女儿港百米古道、洛阳河古镇、伍洛寺遗址、弥陀寺、聂家庙等。农业以水稻、小麦种植为主,特产糯米。工业以建材制造、食品加工、机械制造为主。316国道过境。通公交车。

伍洛寺社区 [Wǔluòsì Shèqū] 伍洛镇人民政府驻地。在县境东部。面积0.8平方千米。人口1.1万。因镇得名。2000年成立。民居有砖混结构自建房、小区商品房。组织腰鼓、音乐、舞龙、象棋等活动。有中小学、卫生院。316国道经此。通公交车。

下辛店镇 [Xiàxīndiàn Zhèn] 云梦县辖镇。在县境南部。面积93平方千米。人口6.8万。辖1居委会、41村委会,有206自然村。镇人民政府驻梦南社区。1961年由丰收公社析设新店区。1975年改公社。1981年更名下辛店公社。1984年改镇。因辛姓开店成集,且处上辛店下方而得名。老府河、汉北河、新府河等流经。有中学2所,小学5所,卫生院1个,卫生所22个。有景点上昶水城、新府城遗址、陈家墩等。农业以水稻、小麦、莲藕种植为主。工业以建材、光伏发电、粮食加工为主。汉渝铁路、汉宜高速过境。

梦南社区 [Mèngnán Shèqū] 下辛店镇人民政府驻地。在县境南部。面积1.7平方千米。人口1200。因位置得名。2002年成立。民居有砖混结构自建房、小区商品房。组织腰鼓、舞蹈、舞龙、象棋等活动。有中小学、卫生院。通公交车。

道桥镇 [Dàoqiáo Zhèn] 云梦县辖镇。在县境西南。面积30平方千米。人口3.4万。辖6居委会、14村委会,有126自然村。镇人民政府驻道桥社区。1956年建道人桥镇。1957年改道桥乡。1958年并入丰收公社。1975年析设道桥公社。1987年改镇。明代河南有道人募捐修建木桥,名道人桥。桥南北岸形成集市,后南集废,北集仍名道人桥,后称今名。老府河、新府河流经。有中学1所,小学3所,卫生院1个,卫生所8个。有景点玉皇庙、镇秀寺、倭寇碉堡。农业以淡水鱼养殖为主。工业以轧钢、纸业、建筑建材为主。汉渝铁路、省道汉宜线、县道护肖线过境。

道桥社区 [Dàoqiáo Shèqū] 道桥镇人民政府驻地。在县境南部。面积1.5平方千米。人口3800。因镇得名。2002年成立。社区内现代民居结构为砖混。有舞蹈队、篮球队、腰鼓队等。有中小学、幼儿园、卫生院、镇秀寺。通公交车。

胡金店镇 [Hújīndiàn Zhèn] 云梦县辖镇。在县境北部偏西。面积27平方千米。人口3.2万。辖1居委会、16村委会,有97自然村。镇人民政府驻三赵社区。1957年设金店乡。1958年改上游公社。1961年改胡金店区。1975年改公社。1984年改区。1987年改镇。原名胡家棚子,明代改胡家店,清代因金姓迁入改今名。有中学1所,小学2所,卫生院1个,卫生所11个。有景点龚家砦、盛家砦、李庵庙等。农业以小麦、油菜、玉米种植为主。工业以机械制造、食品加工为主。县道金清、金义线过境。通公交车。

三赵社区 [Sānzhào Shèqū] 胡金店镇人民政府驻地。在县境西北部。面积1.8平方千米。人口3100。因明代赵姓自江西迁入,形成3居民点而得名。2013年成立。民居以现代楼房为主。组织舞蹈、篮球、皮影戏等活动。有小学、卫生院。有银行。工商所驻此。通公交车。

隔蒲潭镇 [Gépútán Zhèn] 云梦县辖镇。在县境中部偏西。面积56平方千米。人口6.6万。辖4居委会、28村委会,有170自然村。镇人民政府驻蒲阳社区。1949年设隔蒲潭区。1956年改镇。1957年改隔蒲乡。1958年改卫星公社。1975年改隔蒲公社。1982年改隔蒲潭镇。因涢水"隔蒲潭"得名。《云梦县志》载:涢水"潭西属应城,春秋时为蒲骚地,因涢水相隔,故名隔蒲"。老府河、新府河流经。有中学1所,小学6所,卫生院1个,卫生所22个。有景点涢水古龙潭。有古邑八景之一"隔蒲风帆"。农业以水稻、棉花、蔬菜种植为主。有养殖业。工业以盐化、建筑、材料包装、机械零配件制造为主。汉渝铁路、省道云应线、县道沙隔线过境。

蒲阳社区 [Púyáng Shèqū] 隔蒲潭镇人民政府驻地。在县境中部偏西。面积0.8平方千米。人口6700。因镇名及美好寓意得名。2002年成立。民居为砖混结构自建房。有舞蹈队、腰鼓队。有小学、卫生院等。通公交车。

倒店乡［Dǎodiàn Xiāng］ 云梦县辖乡。在县境北部。面积53平方千米。人口2.8万。辖4居委会、16村委会，有142自然村。乡人民政府驻倒店社区。1956年设倒店乡。1975年改公社。1987年复改乡。因乡政府驻地原名得名。有中学1所，小学3所，卫生院1个，卫生所11个。有古迹淌水咀、阮家桥、红石埠、观音庙遗址、翰林院遗址、龙凹岗遗址、铁板桥、游家桥遗址等。农业以水稻、小麦种植为主。特产西瓜、白条鱼。工业以纺织、轧花、竹器制作为主。汉陕铁路、汉襄高速、316国道、省道云安线过境。

倒店社区［Dǎodiàn Shèqū］ 倒店乡人民政府驻地。在县境北部。面积1.6平方千米。人口1200。原因云梦、安陆2县边界群众共用滚子河而名共河店，1911年扩建时几遇暴风雨，倒塌数次而改名倒店。2003年村改社区。民居有现代低层楼房483栋。组织打腰鼓、打连响、吹唢呐等活动。有中小学、卫生院。通公交车。

沙河乡［Shāhé Xiāng］ 云梦县辖乡。在县境东南部。面积48平方千米。人口4万。辖3居委会、18村委会，有179自然村。乡人民政府驻李店社区。1957年设李店乡。1958年并入东风公社。1975年析设李店公社。1976年更名沙河公社。1987年改乡。明洪武初年(1368)移民至此，李姓居多，得名李店。1976年因同名，遂以李店街北沙河口改今名。有中学1所，小学3所，卫生院1个，卫生所12个。有景点石羊千阜、心安寺。农业以水稻、小麦种植为主。特产糯米、莲藕。工业以粮食加工为主。316国道、县道沙隔线过境。

李店社区［Lǐdiàn Shèqū］ 沙河乡人民政府驻地。在县境西南部。面积1.8平方千米。人口2500。因居民点得名。2002年成立。民居有砖混结构自建房、小区商品房。有舞蹈队、巡逻队、乒乓球队等。有小学、卫生院、邮政银行等。通公交车。

清明河乡［Qīngmínghé Xiāng］ 云梦县辖乡。在县境西部。面积27平方千米。人口3.3万。辖1居委会、16村委会，有79自然村。乡人民政府驻虹光社区。1950年设伍姓乡。1958年成立上游公社。1975年改清明河公社。1984年改乡。因清代涢水西岸有州官逢清明节回东岸祭祖而得名。有石膏、石英石资源。有中学1所，小学4所，卫生院1个，卫生室10个。有张鹏程烈士墓、桂花潭大桥。有景观“碧潭秋月”“黄江晓雪”“涢水春西”。农业以玉米、油菜、小麦种植为主。特产白条鱼、武昌鱼、翘嘴白鱼。工业以加工、酿酒、砖瓦烧制、光电制造为主。省道云应线过境。

虹光社区［Hóngguāng Shèqū］ 清明河乡人民政府驻地。在县境西部。面积2.3平方千米。人口2700。寓意生活多姿多彩得名。2002年成立。民居有砖混结构自建房、小区商品房。有文艺宣传队、巾帼志愿服务队、舞蹈队等。有中小学、卫生院等。通公交车。

荆 州 市

荆州市［Jīngzhōu Shì］ 湖北省辖地级市。北纬29°26′—0°39′，东经111°15′—114°05′。在省境中南部。面积1.4万平方千米。户籍人口658万，常住人口574万。以汉族为主，还有满、蒙古、回、土家等民族。辖沙市、荆州2区，公安、监利、江陵3县，代管石首、洪湖、松滋3县级市。市人民政府驻沙市区。《尚书·禹贡》载“荆及衡阳惟荆州”，为古九州之一。秦属南郡，定治江陵，常以南郡喻荆州。汉武帝元封五年(前106)设荆州刺史部，荆州成为行政区域。三国时魏、蜀、吴三分荆州，后归吴。南朝齐和帝、梁元帝、后梁萧铣皆以荆州为国都。隋开皇二十年(600)改江陵总管府为荆州总管府。大业初年(605)复称南郡。唐武德四年(621)改南郡为荆州。开元二十一年(733)设荆州大都督府，至德后置荆南节度使。上元元年(760)改荆州为江陵府。五代十国时为南平国都。宋为荆湖北路。元为中兴路。至正二十四年(1364)改置荆州府，属湖广行省。明洪武九年(1376)改属河南布政司。二十四年(1391)属湖广布政使司。1912年裁府，为荆宜道。1932—1936年历为湖北省第七区行政督察专员公署、湖北省第四行政督察区。1949年成立荆州专区。1970年改荆州地区。1994年撤荆州地区，设立荆沙市(地级)。1996年荆沙市更名为荆州市。因原境内荆山得名。长江过境，与众多支流构成密集水网。湖泊众多，以洪湖面积最大。有煤、石油、原盐、磷、重晶石、累托石等矿产资源。年均气温17℃，1月平均气温7.1℃，7月平均气温27.5℃。年均降水量991毫米。年均无霜期267天。有国家重点保护野生植物水杉、银杏等。有野生动物385种，其中有国家重点保护野生动物中华秋沙鸭、白鹤、东方白鹳、麋鹿等。有湖北洪湖、石首麋鹿、湖北长江天鹅洲白豚、湖北长江新螺段白鱀豚等国家级自然保护区4个，省级自然保护区1个。森林覆盖率25.2%。先后被确定为国家历史文化名城、中国优秀旅游城市、国家园林城市、国家卫生城市、全国大遗址保护示范区。有科研院所300余个。有高校8所，中学241个，小学395个。有三级医院12个。有全国重点文物保护单位楚纪南故城、荆州城墙、荆州万寿宝塔、荆江分洪闸、湘鄂西革命根据地旧址、荆州三观等14个，省级文物保护单位60个。有国家级非物质文化遗产鼓盆歌、马山民歌、啰啰咚、荆河戏等9项，省级非物质文化遗产36项。有国家历史文化名镇3个。有国家4A级旅游景区3个、3A级8个，省级旅游景区2个。三次产业比例23∶45∶32。农业以水稻、小麦、棉花、油菜种植为主。为省粮、棉重要产区和重要商品粮基地。产水产品及蛋品，为中国商品鱼生产基地。已形成优质粮棉油、瓜果菜、畜禽、水产、林纸等七大农业加工产业体系。工业以装备制造、医药化工、轻工建材、纺织服装、电子信息及农产品加工为主。形成汽车产业链条。服务业以信息传输、计算机服务、软件、仓储和邮政业为主。有国家级经济开发区2个，省级经济开发区6个。沪渝、二广、随岳、岳宜高速，207、318国道过境。有荆州火车站。有国家一类口岸盐卡港。

荆州［Jīngzhōu］ 荆州市聚落。在市境北部。面积1514.8平方千米。人口122.4万。以汉族为主，还有回、满、蒙古、土家等民族。1996年起陆续启动环城公园建设，围绕荆州古城垣内建行车道，外铺步行道，串联城内名胜景点和城外护城河景观带。1998年开工建设沙隆达广场。1999年建成红光污水处理厂。2000年建设九龙渊公园。1994—2005年新建荆州大道、荆沙大道、沿江路、人民北路、古城内外环道、繁荣街，扩建江津路、东方大道、塔桥路、太岳路，扩建改造北京路、南湖路、南环路、武德路、荆中路、荆南路、荆沙路，形成76条主次干道连接、布局合理的交通网络。2008年城南、草市污水处理厂及其管网配套工程开工建设。2009年对北京路、白云路、红门路等多条道路进行改造，对小北门、东门景区、城市出入口等进行绿化建设。建成以明月公园、临江仙公园、荆襄河湿地公园等为重点的一批城市公园绿地。新建荆州体育中心、改造奥体中心等体育场馆。万达广场、卓尔城、绿地之窗、人信汇、南国城市广场等一批城市商业综合体建成并投入使用。2010—2014年荆州中心城区城市空间进一步拓展，完善了五大功能区建设，形成“一心、两轴、五片区”的布局结构。“一心”指以沙北新区行政文化和北京路商贸金融形成双核中心，“两轴”为城市东西延伸和南北拓展的两条城市发展轴，“五片区”分别为中心片区、武德片区、城南片区、城东片区、古城片区。中心片区(含沙北新区)为市级中心，以金融商贸、行政办公、文化娱乐、生活居住等综合功能为主；武德片区(含火车站片区)承担快速客运、商贸物流等对外服务功能和城市生活居住功能；城南片区以教育科研、高新技术产业(主要发展一类工业)、生活居住等现代综合服务功能为主；城东片区主要承担工业基地(主要发展一、二类工业)、港口运输与交通物流等，配有适量的生活、服务设施；古城片区以历史文化、旅游服务等功能为主。公路网络密布、交通便利。通多路公交车。

便河［Biàn Hé］ 在市区南部。西至便河西路，东至便河东路，北至北京中路，南至中山路。历史上河道曾屡加疏浚。1958年因内河航道壅塞、水域通航功能废弃被填平，南段建为便河小花园，后改建为便河广场，成为城市核心区。北段与江津湖风景区融为一体，成为中山公园组成部分。1999年便河广场向四周拓展，扩建沙隆达广场，成为集购物、餐饮、娱乐、文化、办公与旅游等多功能于一体的商业中心区之一。因河名得名。便河一名始自明代，意为方便交通。据《荆州府志》载：“沙市河在县东南十五里，俗名便河。”周边有人信汇、楚天明珠大厦、华诚大厦、华城商业一条街、一隆广场及华城豪庭等大型商场。通多路公交车。

江汉［Jiāng Hàn］ 在市区中部。以江汉路、北京路、航空路的交叉口为中心。原为大赛巷尾端，旧时为城郊结合部。1952年兴建搬运宿舍。1958年修建电影院及综合性商场。1966年修建南北向主干道。因杜甫在荆州曾写有“江汉风流万古情”诗句而得名。为荆州市中心城区最繁华的商业区，有美佳华、安良百货、沃尔玛和薄利电器等大型商场，运七商务酒店、九阳商务中心、全市电讯中心和市邮电局等单位，另有大赛巷美食一条街、航空路农贸市场、与春来小商品批发市场。毗邻荆州市第一人民医院、沙市区实验小学等。通多路公交车。

北京西路［Běijīng Xīlù］ 在市区中部。东起塔桥路与公园路交会处，西至东环路。与白云路、太岳路、武德路等相交。长3.2千米，宽50米。混凝土路面。1969年开工，1970年建成。原名荆沙路，1983年依其位置改今名。两侧有文湖公园、市人民政府行政服务中心、万达广场等。通多路公交车。

江津西路［Jiāngjīn Xīlù］ 在市区中部。东起塔桥路，西至东环路。与白云路、太岳路、武德路等相交。长2.4千米，宽40米。混凝土路面。1976年开工，1993年改建，1994年建成。原名古田路。2002全线扩建。2012年更名为江津西路。两侧有市国土资源局、市房产管理局、市司法局、市电信局、市海关等单位，以及春秋府楼盘、市人民银行、七一一厂等。通多路公交车。

荆沙大道［Jīngshā Dàdào］ 在市区中部。西起东环路，东至深圳大道。与月堤路、燎原路、三湾路、豉湖路、红星路、红门路、江汉路、园林路、工农路、塔桥路等相交。长14.8千米，宽8—18米。混凝土路面。1996年开工，2004年建成。因荆州区和沙市区得名。两侧有沙市飞机场、楚天都市家园、沙市中学新校区、义乌小商品市场、京珠高速大转盘、两湖农贸大市场等。通公交车。

荆州站［Jīngzhōu Zhàn］ 见交通运输设施部分"荆州站"条。

红门路客运站［Hóngménlù Kèyùnzhàn］ 见交通运输设施部分"红门路客运站"条。

沙市区

沙市区［Shāshì Qū］ 荆州市人民政府驻地。在市境北部。面积469平方千米。人口48.9万。以汉族为主，还有回、藏、满、蒙古等民族。辖6街道、4镇、2乡。区人民政府驻崇文街街道。古名为津、江津。唐代因其居于沙洲顶端而被称为沙头、沙头市、沙市等。1994年设立沙市区。先后完成沙北新区开发、西干渠路改造、城中村改造、工业园区建设、危桥改造、中小河流综合整治等一系列城区建设。有奥林匹克体育中心、沙隆达广场、凯乐大剧院、中山路商业步行街、荆州体育中心。城区沿江呈带状布局，以南为中心城区，以北为沙北新区，以东为经济开发区。道路呈方格网结构。地处长江中游地区，自古即为水陆要冲。有中学19所，小学25所，三级医院5个，二级医院2个。有全国重点文物保护单位2个，省级文物保护单位8个。有爱国主义教育基地1个。有非物质文化遗产1项。有孙叔敖墓、章华寺、万寿宝塔、张居正墓园、文星楼、川主宫、春秋阁观音矶、沙市中山公园、太师渊公园等名胜古迹和著名景点。三次产业比例11：41：48。农业以水稻、小麦种植为主。工业以机电汽配、纺织服装、食品饲料、医药化工、建材家具为主。针纺纺织服装产业集群为省重点成长型产业集群。服务业以电子商务、楼宇经济、文化创意等现代服务业为主。已形成铁路、公路、水路等构成的交通运输网络。港口岸线全长11.8公里，码头67座、泊位92个。沪蓉高铁，沪渝、二广高速，207、318国道等过境。通公交车。

荆州市高新技术开发区［Jīngzhōu Shì Gāoxīnjìshù Kāifāqū］ 在区境东部。东至荆监公路，西至豉湖路，南至荆江大道，北至习杨公路。面积20900公顷。1992年8月经湖北省政府批准建立省级开发区，由荆州市政府管理。2011年6月被国务院批准为国家级开发区。形成装备制造、电子信息、新材料、医药化工、纺织服装、高新技术六大特色和支柱产业。有利洁时家化有限公司、沙市钢管厂、小天鹅电器有限公司等企业入驻。二广、沪渝，荆东、随岳高速，207、318国道过境。

沙隆达广场［Shālóngdá Guǎngchǎng］ 在城区南部。面积7公顷。原为1963年修建的便河小花园。1972年复建便河广场。1999年改建为沙隆达广场。因开发建设企业得名。广场由北至南依次为集散广场、绿化广场、文化广场与休闲广场。铺设草坪，环绕绿树。周边有人信汇商贸城、楚天明珠大厦、华诚大厦、中央大道地下商业一条街等。通多路公交车。

深圳大道［Shēnzhèn Dàdào］ 在区境东部。南起化港湖，北至豉湖渠。与沙岑路、荆沙大道、曙光路、王桥路相交。长13.3千米，宽40米。沥青混凝土路面。2011年开工，2013年建成。因深圳地名得名。两侧有佳海浙商工业园、群泰医药化工公司、能特科技公司等。通公交车。

东方大道［Dōngfāng Dàdào］ 在区境东部。南起北京东路，北至318国道。与沙岑路、荆沙大道、曙光路、范家渊路相交。长1.2千米，宽26米，两侧人行道各宽4.5米。沥青混凝土路面。1999年开工，2000年建成。因处于城区的方位得名。两侧有隆晟纺织公司、法雷奥汽车空调公司、美的空调等企业。通公交车。

北京东路［Běijīng Dōnglù］ 在区境东部。东起东方大道，西至红星路接北京中路。与豉湖路、三湾路等相交。长8.3千米，宽50米。混凝土路面。1958年始建，初名北京路。1963年向东延伸，1965年更名沙市路。1966年复名。因"条条大道通北京"之意得名。1983年依其位置改今名。两侧有市第三人民医院、北京路第一小学、沙市钢管厂、国营沙市农场等。通多路公交车。

北京中路［Běijīng Zhōnglù］ 在区境中部。东起红星路接北京东路，西至塔桥路接北京西路。与红门路、江汉路、园林路等相交。长2.9千米，宽50米。混凝土路面。1958年动工，1958年建成。原为北京路中段，1983年依位置改今名。沿路商业网点鳞次栉比，为荆州市中心城区最为繁华的商业街及主要交通干线之一。两侧有沙市第一中学、绿化村菜市场、省沙市中学、人信汇商贸中心、沙隆达广场、地下商城、美佳华商场、安良百货商场、沙市第六中学、中商百货商场等。通多路公交车。

江津东路［Jiāngjīn Dōnglù］ 在区境东部。东起深圳大道，西至红星路。与豉湖路、三湾路、燎原路、月堤路等相交。长7.7千米，宽26米。混凝土路面。1976年始建，原名古田路。1981年因沙市古称"江津"改名江津路。2002年全线扩建，2007年铺设油渣路面。2012年因其地理位置将红星路以东至深圳大道路段更名为江津东路。连接开发区及荆州古城。两侧有市机械电子工业学校、市教育学院、市中医院及金源世纪城、合汇公园天下、湘荆国际等民居小区。通多路公交车。

江津中路［Jiāngjīn Zhōnglù］ 在区境中部。东起红星路，西至塔桥路。与工农路、园林路、江汉路、红门路等相交。长3千米，宽26米。沥青混凝土路面。1976年开工，2002年改造，2007年建成。原名古田路。2012年改名为江津中路。两侧有青少年宫、洪垸小区、市科技技术协会、市第二人民医院、江津客运站、邮政大楼等。通多路公交车。

红门路［Hóngmén Lù］ 在区境中部。南起胜利街，北至荆沙大道红门路桥。与长港路、江津中路、北京中路等相交。长2.6千米，宽40米。混凝土路面。南段原为古章台巷，北段1965年开工，1967年建成。因原古章台巷与章华寺相对，而古庙宇山门为髹朱红漆大门，故以"红门"得名，沿用至今。两侧有春来小商品市场、洪城商港、中商百货商贸大厦、商业城图书市场、津谷电脑城、古章华寺、沙市革命烈士陵园、沙市区劳动局等。通多路公交车。

荆襄外河桥［Jīngxiāng Wàihé Qiáo］ 在城区北部。长86.1米，宽11.3米，最大跨度62米，桥下净高4米。2013年开工，同年建成。因所跨河流名称得名。由两座附桥组成，均为钢筋混凝土板桥形制。最大载重25吨。通公交车。

先行集团长途客运站［Xiānxíng Jítuán Chángtú Kèyùnzhàn］ 见交通运输设施部分"先行集团长途客运站"条。

红门路客运站［Hóngménlù Kèyùnzhàn］ 见交通运输设施部分"红门路客运站"条。

崇文街街道［Chóngwénjiē Jiēdào］ 沙市区人民政府驻地。在区境西部。面积4平方千米。人口4.5万。1955年设。因崇文街(原名丝钱街)得名。有中学2所，小学3所，三级医院1个，卫生服务站2个。有幼儿园。有江津湖风景区、张李家渊、中山公园、沙隆达广场等休闲游览场所。有五星级晶崴国际大酒店。为荆州市著名商业圈。通多路公交车。

中山路街道［Zhōngshānlù Jiēdào］ 属沙市区。在区境西部。面积2平方千米。人口7.3万。1955年置中山横街街道。1980年改今名。因中山大马路得名。有中学2所，小学2所，二级医院1个，卫生服务站2个。有市工人文化宫。有清代及民国时期传统历史街区。有中山路商业步行街、北京中路地下商业街、安良百货、美佳华等购物中心及大赛巷、黄家塘风味小吃一条街。为湖北省著名商业圈。通多路公交车。

解放路街道［Jiěfànglù Jiēdào］ 属沙市区。在区境西部。面积9平方千米。人口11.4万。1955年设。因位置得名。有中学4所，小学4所，三级医院1个，卫生服务站10个。有万寿宝塔、荆江分洪工程纪念碑、观音矶、古白云桥、文湖公园、荆州临江仙公园等标志性建筑物及人文景观。服务业以商贸为主。有中百仓储、武商量贩、工贸家电等大型卖场和连锁超市，酒店和餐饮企业，解放路美食一条街。为荆州市重点商业街区之一。襄珠高速过境。通多路公交车。

胜利街道［Shènglì Jiēdào］ 属沙市区。在区境西部。面积4平方千米。人口8.2万。1955年设。因胜利街得名。有中国水产科学研究院长江水产研究所。有中学2所，小学3所，三级医院1个，卫生服务站2个。有蛇入山公园、太师渊公园、章华寺、文星楼、烈士陵园和沙市土城遗址等人文景观。为荆州市重要文化、科研核心区及商贸中心。有中商百货、洪城商港、万家福量贩超市广场、江渎宫小商品批发市场、江汉北路大市场、航空路新生大市场、大润发商业圈等。通多路公交车。

朝阳路街道［Cháoyánglù Jiēdào］ 属沙市区。在区境西南部。面积5平方千米。人口6.8万。1980年设。因位于中心城区东部，取"朝阳"之意得名。有中学2所，小学2所，三级医院2个，卫生服务站8个。以工业和商贸业为主。有锦佳酒店、艳阳天酒店等。通多路公交车。

西湖街道［Xīhú Jiēdào］ 属沙市区。在区境东部偏北。面积22平方千米。人口1.5万。2012年设。因西汊湖得名。有九年一贯制学校1所，卫生院1个。农业种植蔬菜、棉花、水稻等，有龙虾特色养殖。工业以针纺纺织、硅烷偶联剂、制冷器材、汽车零部件、建筑材料、塑胶等新型工业产品为主。有市机械电子工业园。通多路公交车。

锣场镇［Luóchǎng Zhèn］ 沙市区辖镇。

在区境中部偏东。面积33平方千米。人口1.3万。辖1居委会、9村委会，有57自然村。镇人民政府驻打锣场。1984年设锣场乡。1996年改镇。因镇政府驻地得名。有中学、小学各1所，卫生院1个、卫生所8个，镇文化站1个、国家级农家书屋1个。工业以纺织、造纸、燃化、建材、医药为主。沪汉蓉铁路、318国道、沪渝高速等过境。

打锣场［Dǎluóchǎng］　锣场镇人民政府驻地。在区政府驻地崇文街街道北7.8千米。人口200。清代居民在此地交换物品，每月逢集市时用敲锣欢迎人们前来赶场，因此得名。聚落沿318国道呈条带状分布。有中小学、卫生院、卫生所。有锣场关庙。服务业以房屋租赁和门店经营为主。

岑河镇［Cénhé Zhèn］　沙市区辖镇。在区境东南部。面积152平方千米。人口6.8万。辖1居委会、10村委会，有85自然村。镇人民政府驻岑河口。1949年后置岑河区。1958年改岑河公社。1987年设岑河镇。因镇政府驻地得名。地处荆江大堤北岸。有中学2所，小学2所，卫生院1个。有东周和汉代民居点古遗址2处。华严古银杏为"江陵八景"之一。农业以蔬菜、瓜果种植为主。工业以针纺织为主。318国道、沪渝高速、省道荆洪线过境。

岑河口［Cénhékǒu］　岑河镇人民政府驻地。在区政府驻地崇文街街道东18.75千米。人口1.4万。原名城河口，因县城处于河口而得名。宋代为纪念唐代诗人岑参及岑氏家族"一门三相"，改名岑河口。聚落呈网状。有中小学、卫生院。有针纺织工业园区等。沪渝高速汉宜段、浩吉铁路、318国道、省道荆洪线经此。

观音垱镇［Guānyīndàng Zhèn］　沙市区辖镇。在区境东部。面积182平方千米。人口4.7万。辖17村委会，有129自然村。镇人民政府驻观音垱。1975年成立观音垱公社。1984年改区。1987年撤区建镇。因镇政府驻地得名。毗邻长湖。有石油和卤水等资源。有中学1所，小学4所，卫生院1个，卫生所3个。有天星观一、二号楚墓遗址。农业以再生稻、瓜果、蔬菜种植及小龙虾特种养殖为主。蒙华铁路、沪蓉高铁、宜黄高速、318国道等过境。

观音垱［Guānyīndàng］　观音垱镇人民政府驻地。在区政府驻地崇文街街道东北13.42千米。人口1.25万。明清时在中襄河堤上曾筑一垱，以利船工拖船过坝，因垱的西面有观音庙，由此得名。聚落沿318国道呈条带状分布。有中小学、卫生院、卫生所。有永德信连锁超市、观音鑫城等。农业以水稻、棉花、瓜果、蔬菜种植为主。利用低洼农田发展稻虾连作种养。沪汉蓉高铁、宜黄高速、318国道经此。

关沮镇［Guānjǔ Zhèn］　沙市区辖镇。在区境北部。面积29平方千米。人口1.6万。辖2居委会、8村委会，有73自然村。镇人民政府驻白水村。1986年设关沮乡。1996年改关沮镇。因太晖港分沮漳河水在此处与草市河汇聚，故以"关"住沮水得名。有中学1所，小学3所，卫生院1个。农业以粮食、蔬菜种植，水产、畜禽养殖为主。有两湖农产品物流中心等。汉蓉高铁、荆沙铁路，318国道，宜黄、襄荆、宜黄高速过境。

白水村［Báishuǐcūn］　关沮镇人民政府驻地。在区政府驻地崇文街街道北6.1千米。人口2000。因位于白水滩之西而得名。聚落呈团块状。有小学、卫生院、卫生所。农业以水产养殖为主，有甲鱼、乌龟、四大家鱼。工业以化工、模具、纺织为主。有商业门店和集贸市场。

立新乡［Lìxīn Xiāng］　沙市区辖乡。在区境东部。面积26平方千米。人口3.5万。辖4居委会、8村委会，有45自然村。乡人民政府驻江津西路社区。1958年置和平乡。1958年改和平公社。1975年改名立新公社。1984年改立新乡。取破旧立新之意得名。有小学2所，卫生院1个，卫生所8个。有荆州市政府、广电大厦、荆州海关等建筑。有张居正墓园、菩提寺等。经济以工业、物流业及电子商务为主。荆襄高速等过境。

江津西路社区［Jiāngjīnxīlù Shèqū］　立新乡人民政府驻地。在区境西北部。面积2.5平方千米。人口1.1万。2002年成立。因位置得名。民居以新建小区住宅楼为主。有综合服务楼、一站式服务大厅、图书室、多功能活动室、老年活动室、电教室等，集学习教育、健身娱乐、辅导培训、图书阅览于一体。有幼儿园。有荆襄河湿地公园。荆州市政府、市人社局、市公安局、荆州广播电视台、荆州日报社等市级单位驻此。通多路公交车。

联合乡［Liánhé Xiāng］　沙市区辖乡。在区境东南部。面积46平方千米。人口10.8万。辖9居委会、11村委会，有61自然村。乡人民政府位于三湾路。1955年置联合乡。1958年改公社。1984年复设联合乡。取多个公社联合组成之意命名。有中学2所，二级医院1个，卫生院2个。有周梁玉桥商代晚期文化遗址。为荆州市现代工业发展的新型经济增长极，2011年已成为国家承接产业转移示范区的核心区。形成了机械制造产业、电子信息产业、医药化工产业三大版块。二广、沪渝、荆东、随岳高速，207、318国道过境。

荆　州　区

荆州区［Jīngzhōu Qū］　荆州市辖区。在市境西部。面积1046平方千米。人口56.5万。以汉族为主，还有土家、满、回等民族。辖3街道、7镇。区人民政府驻西城街道。公元前278年秦灭楚，分郢地置江陵县，为建县之始。西汉末年(9—23)江陵县改江陆县。清圣祖康熙二十二年(1683)设荆州驻防八旗将军府于江陵城。1911年国民革命军攻克江陵，设江陵县知事公署。1949年成立江陵县。1994年撤江陵县，析置荆沙市荆州区。1996年属荆州市。因境内有荆山余脉，且为中国古荆州治所而得名。已形成城北物流经济园区、城中商务中心区、城南高校社会化服务区的商贸发展格局。地处江汉平原西端，地势西北高东南低，属丘陵地带。最高点八岭山主峰换帽家海拔103.3米。年均降水量1095毫米。长江、沮漳河流经。境内河湖港汊密布。引江济汉工程起于城西北上。有石油、膨润土、矿棉石、玄武岩等矿产资源。有大专院校3所，中职学校1所，中学22所，小学32所，三级医院3个，二级医院6个。有图书馆、文化馆、艺术研究所等。荆州城又名江陵城，为国家级历史文化名城，楚文化的中心区域。有全国重点文物保护单位古墓群3个，古城址3个，古遗址1个。有省级文物保护单位8个。有汉关羽宅，明辽王府、惠王府、宰相张居正故居。有国家4A级旅游景区荆州博物馆。有八岭山国家森林公园、考古遗址公园、楚纪南城国家大遗址保护公园。有国家非物质文化遗产马山民歌，省级非物质文化遗产5项。为"全国诗词之乡""全国楹联之乡""中国楹联文化区"。三次产业比例16∶50∶34。农业以稻、棉、油菜种植为主，为著名的鱼米之乡。有国家地理标志产品八岭山朱橘、纪南海子湖青鱼。荆州农资市场为我国中南地区最大的专业市场，形成以万达商品零售、竹叶山汽车配件和卓尔商贸城为核心的新兴商圈。有公路1280千米。沪蓉高铁，207、318国道，沪渝、二广高速，省道川荆、花李、紫荆、陈枝线过境。有荆州高铁站、郢城客运枢纽中心。长江黄金水道通沪贯蜀。

金凤广场［Jīnfèng Guǎngchǎng］　在城区东南部。面积19公顷，其中水面6.8公顷。2000年开工，同年建成。位于广场中央的"金凤腾飞"雕塑为荆州城标志性建筑，体现楚人尊凤崇火的历史渊源，广场以此得名。设砌石驳岸、护栏，水石曲桥间有下沉式步行走廊连接。广场西以护城河、古城墙、古城楼为背景，南临九龙渊，北接明月公园。为2008年北京奥运会火炬湖北省荆州站传递仪式和起跑点。通公交车。

荆中路［Jīngzhōng Lù］　在区境中部。东起屈原路，西至荆秘路。与爱民路、球场路、拥军路、人民路、紫金山巷、通惠桥路等相交。长3.2千米，宽30米。沥青路面。清代名慧成街。1957年建成混凝土路面，更名荆一路。因处古城中轴线，1982年更名荆中路。两侧有区政府、区地税局、商务局等行政单位和荆州市艺术研究所、荆州医院、荆州小学、区文化馆、实验中学、荆州博物馆、市妇幼保健医院等。通多路公交车。

学苑路［Xuéyuàn Lù］　在区境南部。东起南湖路，西至西环路。与屈原南路、御河路、郢都路等相交。长5.1千米，宽50米。沥青路面。2008年开工，同年建成。原为南环路，因沿线有多所高校改今名。两侧有关公义园、长江大学东校区、市教育体育局、市法院、金九龙大酒店、楚都御苑、城南春天、梅园中学、长江大学工程技术学院、职业技术学院、湖北中医药高等专科学校等。通公交车。

郢都路［Yǐngdū Lù］　在区境西部。北起荆中路，南至荆江大堤堤顶公路。与郢丰巷、西林湾路、内环南路、四机路、市场路、凤凰路、御河四路、学苑路相交。长1.7千米，宽12米。沥青路面。1990年开工，同年建成。因楚国都城得名。两侧有郢都小学、郢都中学、长江大学文理学院、省水文地质大队、区公路局、市疾控中心、市消防大队、区河道管理局等单位。通公交车。

屈原路［Qūyuán Lù］　在区境东部。北起内环北路，南至荆南路。与荆州北路、迎宾路、张居正街等相交。长0.8千米，宽30米。沥青路面。1949年开工，1950年建成。因屈原得名。与荆中路交会处建有天桥。两侧有荆州市委、市水利局、市农业局、市电影公司、中国工商银行荆州区支行等单位。通公交车。

荆州大道［Jīngzhōu Dàdào］　在区境北部。南起楚源路，北至宜黄高速。与楚天路、凤鸣大道、红莲路等相交。长4千米，宽31米。混凝土路面。原为207国道，始建于1965年。1990年扩建为城区道路，因接通荆州城与荆襄古道得名。2009年改今名。两侧有市北门中学、家具建材大市场等。通公交车。

九龙桥［Jiǔlóng Qiáo］　在城区东部。长100米，宽25米，最大跨度100米，桥下净高7米。原为东门护城河木质吊桥。清乾隆五十三年(1788)被冲毁。重建后仍为木质吊桥。至民国改建为九孔木桥。俗称"九眼桥"。1986年在疏浚护城河时改建为九孔石桥。桥面为混凝土浇制。最大载重10吨。通公交车。

楚都客运站［Chǔdū Kèyùnzhàn］　见交通运输设施部分"楚都客运站"条。

西城街道［Xīchéng Jiēdào］　荆州区人民政府驻地。在区境东南部。面积3.5平方千米。人口4.5万。1995年设。因处城西而得名。新建古玩城、郢都市场，修缮荆州医院外科大楼等。有中学4所,小学4所,三级医院2个,二级医院2个,卫生院3个,卫生所4个。有长江大学文理学院、荆州中心医院、第五人民医院、市妇幼保健医院。有荆州博物馆、铁女寺、大北门朝宗楼、三国公园、关羽祠、陶敬轩烈士纪念馆。有休闲文化一条街、文物旅游区。通多路公交车。

通会桥社区 [Tōnghuìqiáo Shèqū] 属西城街道。在区境东南部。面积0.6平方千米。人口9300。因清乾隆《江陵县治》载"在府治西众水之会下有铁窗大渠吐纳隍潦"而得名。1997年成立。民居有楼房96栋,现代风格建筑。有"惠爱""惠书""惠画"等服务分队。有荆州小学、荆州市中心医院。荆州区委、区政府、卫生局、交通局、民政局、水利局、海事局、司法局、区政协委员会等机关单位驻此。通多路公交车。2014年被评为省级文明社区。

东城街道 [Dōngchéng Jiēdào] 属荆州区。在区境东南部。面积18平方千米。人口8.6万。1995年设。因处城东得名。有中学4所,小学2所,三级医院1个,二级医院3个,卫生院3个,卫生所6个。有金凤广场、九龙桥、宾阳楼、关帝庙、玄妙观、九龙渊公园、九老仙都、张居正故居等古建筑和旅游景点。有两湖平原农副产品物流中心、名品4S城一条街和球场路、宝安街、荆州名品广场三大集群商业圈。207、318国道过境。通多路公交车。

荆东社区 [Jīngdōng Shèqū] 属东城街道。在区境东南部。面积0.5平方千米。人口8500。2001年成立。因处荆州古城东部得名。有现代风格民居建筑。有群众文化活动团体11个、活动阵地8个。全国首创好人好事爱心"储蓄"与支取的社区互助组织。成立"雷锋互助组"。有卫生所。荆州市科技局、外事局、团市委等单位驻此。通多路公交车。2014年被评为省级文明社区。

东门社区 [Dōngmén Shèqū] 属东城街道。在区境东南部。面积0.9平方千米。人口10300。2001年成立。因地处古城东门内得名。有现代风格民居建筑。有社区京剧社和家政服务、园林绿化、关爱留守儿童、困难帮扶、科普等志愿者服务队。有东方红中学、荆州市实验小学黄金堂校区。有卫生院。有古城东门(宾阳楼)景区、张居正故居、武警部队营房。市教育科学研究院、市发展和改革服务中心、荆州职业技术学院中专部、市委党校、市交通运输局、市供销社等单位驻此。通多路公交车。2014年被评为省级文明社区。

东升社区 [Dōngshēng Shèqū] 属东城街道。在区境东南部。面积0.8平方千米。人口6000。2001年成立。因处故城东门外原东升村,袭原村名。民居有现代风格建筑。有自治组织网络规范,围绕1+7管理模式组建"一长七员"和社区志愿者服务队,成立"五站"(低保服务站、计划生育服务站、卫生服务站、劳动保障服务站、妇女儿童维权服务站)。有卫生所。湖北银行荆州市分行、市农业发展银行、市检察院、市税务局、荆城供电公司、市财政局等单位驻此。有荆州万达广场。通多路公交车。2014年被评为省级文明社区。

城南街道 [Chéngnán Jiēdào] 属荆州区。在区境东南部。面积60平方千米。人口14万。1995年设。因位于城南得名。有研究所20个,高校3所,中学4所,小学4所,卫生所3个。为荆州区资金、技术、知识密集型地区。有"国家级企业技术中心"石油机械产业集群、造纸包装产业集群等。沪蓉高铁,207、318国道过境。通多路公交车。

纪南镇 [Jìnán Zhèn] 荆州区辖镇。在区境北部。面积134平方千米。人口5.2万。辖1居委会、18村委会,有175自然村。镇人民政府驻枣林社区。1975年董场、九店、雨台3公社合并为纪南公社。1986年设乡。1995年改镇。因两晋学者杜预在《左传》注释中始将郢都更名为纪南城而得名。多为平原,少量丘陵。有初中2所,小学5所,卫生院1个。有文化站、广播站。为中国大遗址保护片区中心镇之一,国家级历史文化名城荆州三大组成部分之一。有楚纪南故城、庄王台、樊姬梳妆台、樊姬冢、点将台、关羽拍马山、纪山古墓群、雨台山古墓群、郭店楚简和凤凰山168号汉墓出土地等名胜古迹。有荆州纪南生态文化旅游区。服务业以商贸、旅游为主。沪渝、二广高速,207、318国道过境。通公交车。

枣林社区 [Zǎolín Shèqū] 纪南镇人民政府驻地。在区境北部。面积1.8平方千米。人口1.2万。因古时此地有一片枣林且建有驿站而得名。1998年成立。民居以住宅楼为主。有体育健身设施、运动场地、腰鼓队、广场舞、乐鼓队。有中小学、幼儿园、卫生院。农业以水稻种植、水产养殖为主。207国道经此。通公交车。

川店镇 [Chuāndiàn Zhèn] 荆州区辖镇。在区境西北部。面积164平方千米。人口3.7万。辖1居委会、22村委会,有189自然村。镇人民政府驻川店社区。因地处荆门、当阳通往荆州的商贾通道平川中,有一店铺,得名川心店,1949年简为川店。1975年设川店公社。1987年改镇。地属荆山余脉,有九冲十八岭,林圃遍境,被誉为"中国香樟第一镇"。有中学1所,小学2所,卫生院1个。有文化站、广播站。有川店古墓群、熊家冢等旅游景点。省道荆应线、荆当旅游公路过境。通公交车。

川店社区 [Chuāndiàn Shèqū] 川店镇人民政府驻地。在区境北部。面积1.9平方千米。人口6600。因川店集镇得名。1989年成立。民居有楼房928栋,为荆楚风格建筑。开展广场舞教学、文艺演出、政策宣讲等社区服务活动。有中小学、幼儿园。省道荆应线经此。通公交车。

太阳村 [Tàiyángcūn] 在区政府驻地西城街道北23千米。川店镇辖自然村。人口1200。因有宗教场所太阳宫得名。聚落呈回字形。有宣大冢等大型封域古墓葬8处。农业以禽类养殖为主。207国道等经此。

马山镇 [Mǎshān Zhèn] 荆州区辖镇。在区境西北部。面积131平方千米。人口3.3万。辖1居委会、14村委会,有99自然村。镇人民政府驻马山社区。马山集镇始建于元代,明、清时一度兴旺。民国时成立马山乡。1951年置马山区。1958年改公社。1987年改镇。传楚成王欲称霸中原,令百里奚在此养马,马群如山,因此得名。有菱湖、漳河、太湖港三大水系。有中学1所,小学2所,卫生院1个,卫生所2个。有文化站、广播站、马山民歌广场。有国家级重点文物保护单位马山古墓群。有国家级非物质文化遗产马山民歌。农业以优质稻种植为主。打造"楚韵""荆香""北湖鱼""田园厨房"等本土农业品牌。省道才马线、荆当旅游公路过境。通公交车。

马山社区 [Mǎshān Shèqū] 马山镇人民政府驻地。在区政府驻地西城街道西北35千米。面积3.2平方千米。人口2800。因马山集镇得名。1985年成立。民居以现代楼房为主,部分为欧式风格。有马山社区便民服务中心、马山社区志愿者服务岗位,为社会保障、残疾人提供优抚、安全防范服务,开展残疾人培训、两癌筛查、老年人上门关怀活动等。有中小学、卫生院。有文化站、剧场、财政所、派出所、国有粮食储备有限公司等单位。通公交车。

蔡桥村 [Càiqiáocūn] 红色文化村,在马山镇政府驻地西北4千米处。属马山镇。人口2300。荆州市爱国主义教育基地。是新民主主义革命时期鄂西特委的红色根据地之一。有蔡桥革命烈士纪念碑和烈士陵园。农业以水稻种植、水产养殖为主。有荆州市森吉水产养殖有限公司、下北湖渔庄等企业。通乡村公路。

八岭山镇 [Bālǐngshān Zhèn] 荆州区辖镇。在区境西北部。处荆州、纪南、万城三大古城之间。面积121平方千米。人口3.9万。辖1居委会、13村委会,有108自然村。镇人民政府驻杨场社区。1975年置八宝公社。1981年更名八岭公社。1987年改八岭山乡。1995年改镇。因八岭山得名。有中学1所,小学3所,卫生院1个。其中八岭山中学为国家级楹联文化教学基地。为中国荆州大遗址保护片区中心镇之一,国家级历史文化名城荆州三大组成部分之一。有国家级重点文物保护单位八岭山古墓群。有新石器时代遗址6处,东周时代遗址5处,三国遗址十数处。东晋"落帽台"与八岭山国家森林公园、八岭山遗址考古公园等构成"八岭山楚文化旅游景区"。有省级非物质文化遗产楚绣。为省黄金瓜第一生产大镇,有中华鲟养殖基地和八岭山茶场。"八岭山朱橘"为国家级地理标志保护产品。沪蓉高铁、沪渝高速、荆当旅游公路、太川公路等过境。通公交车。

杨场社区 [Yángchǎng Shèqū] 八岭山镇人民政府驻地。在区境中部。面积0.9平方千米。人口2300。清乾隆年间杨姓在此开设酒馆、粮行、杂货店等形成集市,名杨家场,以此得名。1991年成立。有民居楼房280栋,为现代建筑风格。成立腰鼓队、广场舞队等文化组织。有中小学、幼儿园、卫生院。有东晋"落帽台"。沪渝高速、省道才马线经此。通公交车。

李埠镇 [Lǐbù Zhèn] 荆州区辖镇。在区境西部。面积93平方千米。人口3.2万。辖12村委会,有12自然村。镇人民政府驻李埠村。1957年置李埠区。1959年成立李埠公社。1983年复李埠区。1987年改李埠镇。因李家埠码头得名。处长江北岸河滩地带,有龙洲、谢古等民垸。有引江济汉工程。有中小学各1所,卫生院1个。有国家一级李埠文化站。有省级文物保护单位万城古遗址、荆堤镇水铁牛。农业以棉、粮、油、瓜果种植,水产养殖为主。有10千米"蔬菜长廊"和临港、李埠2工业园区。沪蓉高铁、318国道、沪渝高速过境。通公交车。

李埠村 [Lǐbùcūn] 李埠镇人民政府驻地。在区政府驻地西城街道西南17千米。人口2300。明成化初年荆州知府李人仪在此"埋柱扳障堤,以遏水势"。民颂其功,因此得名。有中小学、幼儿园、卫生院。农业以蔬菜种植为主,为蔬菜种植大村,为荆州市10千米"蔬菜长廊"核心村。通公交车。

新垸回族村 [Xīnyuànhuízúcūn] 在区政府驻地西城街道西南10千米。李埠镇辖自然村。人口1700,其中回族占23.3%。清咸丰年间沔阳回族魏氏兄弟2人逃难于筲箕洼。1935年举全村之力筑10里长堤改造筲箕洼,形成新垸,因此得名。聚落呈方形。有清真寺。农业以蔬菜种植为主。九阳大道经此。通公交车。

弥市镇 [Míshì Zhèn] 荆州区辖镇。在区境西南部。面积168平方千米。人口8万。辖1居委会、25村委会,有188自然村。镇人民政府驻弥陀寺社区。1958年设弥市公社。1989年改镇。因古刹弥陀寺得名。北靠长江,东依虎渡河,境内河湖港汊密布。有中学2所,小学5所,卫生院1个,卫生所1个。有弥陀寺秋收暴动纪念馆、弥市文化站。农业以棉、稻、油料作物种植,畜禽、水产养殖为主。荆松、沙渔公路过境。

弥陀寺社区［Mítuósì Shèqū］　弥市镇人民政府驻地。在区境南部。面积3平方千米。人口2.5万。因古刹弥陀寺得名。1986年成立。民居为现代建筑风格。开展以乐家为主题的社区文化活动。有中小学、幼儿园、卫生院。沙渔公路经此。通公交车。

郢城镇［Yǐngchéng Zhèn］　荆州区辖镇。在区境东部。面积45平方千米。人口4.9万。辖2居委会、6村委会，有13自然村。镇人民政府驻荆北村。1995年原荆州、纪南2镇析置荆北街道。1998年改设郢城镇。因辖区内有秦南郡郡治及西汉时期郢县治所郢城而得名。有中学3所，小学2所，二级医院1个，卫生院1个。有国家级非物质文化遗产鼓盆歌，省级非物质文化遗产郢城泥陶。有商贸物流产业集群。有百盟光彩商贸城、竹叶山汽车商贸城等。沪蓉高铁，207、318国道，沪渝、荆襄高速等过境。通公交车。

荆北村［Jīngběicūn］　郢城镇人民政府驻地。在区政府驻地西城街道东北3.4千米。人口7700。因处荆州古城北郊而得名。聚落呈团块状。有荆州中学、荆州中心医院。有小学、卫生室。有绿地集团、恒大名都、北晨天街等大型企业。有荆州火车站、郢城客运枢纽中心。通多路公交车。

石　首　市

石首市［Shíshǒu Shì］　湖北省直辖县级市，由荆州市代管。北纬29°43′，东经112°25′。在荆州市境南部。面积1427平方千米。人口64.3万。以汉族为主，还有回、蒙古、藏、维吾尔、苗、壮、满等民族。辖2街道、11镇、1乡。市人民政府驻绣林街道。西晋太康五年(284)分华容县西南部置石首县，因城北石首山得名。南北朝宋元嘉年间(约440)并入华容。北周并入监利。隋大业十三年(617)属梁。唐武德四年(621)复分原华容县西南境置石首县，属荆州。宋熙宁六年(1073)废建宁入石首。宋元祐元年(1086)复置建宁县，又与石首并存。宋徽宗崇宁五年(1106)又废建宁入石首。1951年属荆州地区行政公署。1986年撤县建市，属荆州地区。1996年荆沙市改为荆州市，由荆州市代管。陆续对绣林新苑、南岳新村等20余个棚户区进行改造，建成陈家湖公园、3座山体公园、16座街头小游园及百盟光彩建材大市场、湘鄂农贸批发市场、城市广场商业中心等专业市场。对笔架山、皇叔街、界山口3座市场，城南污水处理厂，对绣林大道、南岳山路、建宁大道、解放大道、明珠大道绿化进行升级改造。标志性建筑有界山口天桥、石首市人民医院、石首客运站等。地处江汉平原和洞庭湖平原结合部，长江横贯全境，将市域分成南北两片，江南片为洞庭湖平原，江北片属江汉平原。年均气温17.6℃，1月平均气温4.7℃，7月平均气温28.3℃。年均降水量1291毫米。有独居石、重晶石、花岗岩等矿产资源。有野生植物656种，其中有国家重点保护野生植物黄芯树、墨西哥落羽杉、柞木、朴树、马尾松、大叶桉、皂荚、女贞等10余种。有野生动物605种，其中有国家重点保护野生动物麋鹿、江豚、中华鲟等17种。有中国长江流域最大的自然生态湿地天鹅洲故道，有国家级麋鹿、白鳍豚2个自然保护区。森林覆盖率23.86%。有国家级科研单位1个，省级科研单位3个，中学22所，小学49所，二级医院4个。有全国重点文物保护单位走马岭遗址，省级文物保护单位1个。有国家级非物质文化遗产石首跳三鼓，省级非物质文化遗产4项。有“锦绣如林”绣林山、望夫台及照影桥、刘郎浦灯等名胜古迹。有南岳山、笔架山、绣林山公园。三次产业比例25∶43∶32。农业以粮、棉、油料作物、林、果、茶种植为主。有高新技术工业园区、金平工业园区、江北工业园区，入驻化工、森工、医药、地毯、汽配、轻工等企业。为全国精细化工产品生产出口基地、全省最大的速生丰产林基地、全省汽车零部件生产基地、全省人造石英晶体频率片生产基地。江南高速等过境。有绣林、调关、新厂、五码口等5港口。通公交车。

文化广场［Wénhuà Guǎngchǎng］　在市区中部。面积1公顷。2000年开工，2003年建成。因与市文化局一路之隔而得名。有荆钟晨曲雕塑、休闲台座，栽植香樟、桂花、银杏等绿化树。每逢重要节假日举办大型文艺演出。为市民休闲、娱乐场所。通公交车。

东方大道［Dōngfāng Dàdào］　在市区中部。东起徐家桥，西至界山口街。与东方渠、楚天大道、东岳山街相交。长1.5千米，宽50米。混凝土路面。1999年开工，2006年建成。因为石首城区通往东郊的要道而得名。两侧有楚源花园、国际华城、清江花园、钰龙花园、中国农业银行石首市支行、市农业局、笔架山初中、市特殊学校、南岳高级中学、市机电学院、中百仓储、笔架山市场等。通公交车。

建宁大道［Jiànníng Dàdào］　在市区中部。北起发展大道，南至明珠大道。与中山路、绣林大道相交。长4.6千米，宽60米。沥青路面。1997年始建，2005年建成。北宋乾德二年(964)石首东郊地域曾置建宁县，因此得名。两侧有湘鄂农贸市场、市公安局、市交警大队、市疾控中心等。通公交车。

绣林大道［Xiùlín Dàdào］　在市区中部。南起建宁大道，北至建设路。与笔架山路、解放路、南岳山路相交。长2.9千米，宽50米。沥青路面。1987年开工，2007年建成，2011年扩建。因原绣林镇得名，取意锦绣如林。为石首城区最早的主干道。两侧有市人大机关、市林业局等行政单位，以及界山口、军豪大酒店、远景大酒店、京都大酒店、好爱家超市及南岳山森林公园等。通公交车。

中山路［Zhōngshān Lù］　在市区中部。北起建设路，南至建宁大道。与笔架山路、新建路、解放路、八一路、太平坊大道相交。长3.1千米，宽30米。沥青路面。1959年始建，2000—2010年改扩建。因纪念孙中山先生逝世50周年得名。为商业主街之一。两侧有新华书店、家家旺手机城、财产保险、农商银行、市实验小学、桐安阁大药房、长江大药店、四联花园等。通公交车。

石首市汽车客运中心［Shíshǒu Shì Qìchē Kèyùn Zhōngxīn］　见交通运输设施部分“石首市汽车客运中心”条。

绣林街道［Xiùlín Jiēdào］　石首市人民政府驻地。在市境中部。面积35平方千米。人口7.9万。1986年撤绣林镇析设绣林街道。因绣林山得名。1986年完成界山口炸山降坡工程。2007年完成翻新改造绿化带改造工程。改造中山北路、笔架山路。有高校1所，中学5所，小学5所，二级医院3个，卫生院4个，卫生所8个。有市体育馆、博物馆、陈家湖公园。有金平工业园区、好爱家商贸城。有市汽车客运中心。

笔架山街道［Bǐjiàshān Jiēdào］　属石首市。在市境中部。面积74平方千米。人口8.9万。1986年撤绣林镇析设笔架山街道。因笔架山得名。有初中2所，小学4所，幼儿园23所。有绣林山公园、东岳寺、玉田寺等景点。有石首高新技术产业园。为境内外各种商品集散地。有绣林港、三义寺汽车轮渡。东方大道过境。

新厂镇［Xīnchǎng Zhèn］　石首市辖镇。在市境西北部。面积94平方千米。人口5.1万。辖1居委会、19村委会，有19自然村。镇人民政府驻民建社区。1974年设新厂公社。1984年改镇。原名段堤垱，有樊、李2家办樊李竹器厂，后厂被江水冲垮，于此处建新厂，镇因此得名。有高中1所，初中1所，小学3所，中心幼儿园1所，卫生院1个。有歌舞厅、影剧院和文化广场。农业以棉花种植为主。为石首江北工业园区的中心重地，有清香型白酒生产基地。秦黄公路过境。有综合型港口码头。

民建社区［Mínjiàn Shèqū］　新厂镇人民政府驻地。面积3平方千米。人口5000。2004年成立。因新建街得名。设有服务平台，常年开展就业培训，接待群众来访，形成了为民、利民、便民的服务网络。有中小学、幼儿园、卫生院。农业以果蔬种植为主。服务业以商贸为主。通公交车。

横沟市镇［Hénggōushì Zhèn］　石首市辖镇。在市境北部。面积98平方千米。人口4.1万。辖1居委会、18村委会，有18自然村。镇人民政府驻百花台社区。此地原名横沟子。1956年形成集市，得名横沟市。1984年设横沟市镇。有初中1所，小学2所，幼儿园4所，二级医院1个，卫生院1所。有文化站、影剧院、文化广场。有普圣寺。农业以水稻、棉花种植为主。工业以农产品加工为主。省道秦黄线过境。

百花台社区［Bǎihuātái Shèqū］　横沟市镇人民政府驻地。在市境北部。面积5平方千米。人口4000。2000年成立。因原有一圆形花坛，百花争艳而得名。有中小学、幼儿园、市第二人民医院、福利院等。服务业以商贸、餐饮、住宿为主。通公交车。

小河口镇［Xiǎohékǒu Zhèn］　石首市辖镇。在市境东北部。面积170平方千米。人口3.7万。辖1居委会、20村委会，有20自然村。镇人民政府驻永安社区。1974年成立小河公社。1987年改小河口镇。因地处长江旁一条小河的出水处而得名。地处长江故道，三面环水，洲滩多。有初中1所，小学3所，中心幼儿园1所，卫生院1个。文化广场3处，红军医院遗址1座。盛产芦苇和水产品。工业以农副产品加工为主。军调公路过境。有汽渡穿江南北。

永安社区［Yǒng'ān Shèqū］　小河口镇人民政府驻地。在市境西部。面积2.5平方千米。人口37000。2004年成立。因取“永保平安”意得名。民居多为2层以上建筑，分布成棋盘格子形。有便民服务中心。有中小学、卫生院、文化主题公园。有建筑材料、粮食加工企业。有超市、饮食、副食、五金、建材、修理、娱乐等。通公交车。

桃花山镇［Táohuāshān Zhèn］　石首市辖镇。在市境东南部。面积100平方千米。人口2.3万。辖1居委会、17村委会，有17自然村。镇人民政府驻九佛岗。1958年成立桃花山公社。1984年改为桃花山区。1987年撤区建镇。因有45里桃花山而得名。有初中1所，小学4所，幼儿园7个，卫生院1个。有哑口水库。有红军树革命烈士纪念园、仙人洞。农业以水稻种植为主。以翠竹、松柏、果树驰名。为鄂南风能发电基地。省道石华线过境。

九佛岗［Jiǔfógǎng］　桃花山镇人民政府驻地。在市政府驻地绣林街道东30千米。人口1300。因民国时期有翠林庵，庵内供9尊佛像而得名。聚落呈带状。有中小学、卫生院。有广场舞、龙狮表演队。特产竹器、竹笋、桃花山鸡蛋、桃花山茶、柑橘等。省道石华线经此。

调关镇 [Tiáoguān Zhèn] 石首市辖镇。在市境东南部。面积128平方千米。人口3.8万。辖1居委会、21村委会,有21自然村。镇人民政府驻金台社区。1961年设调关区。1984年改调关镇。传春秋战国时期俞伯牙鼓琴于此地而得名调弦,后改今名。有初中1所,小学3所,幼儿园8所,中心卫生院1个,文化广场2个,遗址公园1个。工业以农产品加工为主。服务业以商贸为主。石华公路过境。通乡村公路。

金台社区 [Jīntái Shèqū] 调关镇人民政府驻地。在市境中东部。面积1.5平方千米。人口1200。2003年成立。因原为蔬菜种植地,满园黄花,收入甚高,堆金成台而得名。有健身娱乐场所和一站式服务中心,为居民进行技能培训,增加就业机会。有中小学、卫生院。通乡村公路。

东升镇 [Dōngshēng Zhèn] 石首市辖镇。在市境中东部。面积174平方千米。人口6.6万。辖3居委会、33村委会,有33自然村。镇人民政府驻滑家垱社区。1958年成立公社,因取"旭日东升"意得名。1987年设东升镇。有初中2所,小学4所,幼儿园3所,卫生院1个。有全国重点文物保护单位走马岭遗址。农业以棉花、水稻、西瓜种植为主。工业以机械制造为主。省道石华线过境。

滑家垱社区 [Huájiādàng Shèqū] 东升镇人民政府驻地。在市境中东部。面积2.5平方千米。人口0.6万。2003年成立。传清末有滑姓在此修土垱,导水捕鱼而得名。有中小学、卫生院。工业有纺织、机械企业,商业门类齐全。省道公石线经此。

走马岭村 [Zǒumǎlǐngcūn] 在市政府驻地绣林街道东22千米。东升镇辖自然村。人口1400。传三国时期蜀将关羽在此骑马,在山岭上练兵而得名走马岭。聚落呈带状。有全国重点文物保护单位走马岭遗址,1989年出土石钺、石铲、石油鼎等文物。农业主产棉花、水稻。通乡村公路。

高基庙镇 [Gāojīmiào Zhèn] 石首市辖镇。在市境南部。面积76平方千米。人口4.1万。辖2居委会、21村委会,有21自然村。镇人民政府驻向阳社区。1974年成立向阳公社。1987年改设高基庙镇。因原高基庙得名。有初中1所,小学4所,幼儿园9所,中心卫生院1个。农业以水稻种植为主,有水产养殖业。工业以农副产品加工、汽车零部件加工为主。有湘鄂现代物流园。省道秦黄线过境。

向阳社区 [Xiàngyáng Shèqū] 高基庙镇人民政府驻地。在市境南部。面积2.5平方千米。人口4000。高基庙镇前身为向阳公社,因此得名。2004年成立。设有一站式服务平台和文化活动室,建立残疾人康复中心、留守儿童关爱中心。有中小学、卫生院、文体站等。有邮电支局、银行营业所、信用社、财税所等单位。有商店、农具厂、酒厂、供销社、综合商店、食品站、牲猪交易所、农科所等企业及单位。岳宜高速、省道秦黄线经此。

南口镇 [Nánkǒu Zhèn] 石首市辖镇。在市境西北部。面积97平方千米。人口3.2万。辖1居委会、17村委会,有21自然村。镇人民政府驻永新社区。1974年成立南口公社。1987年建南口镇。1852年长江干堤马林工溃口,洪水冲成支河藕池河,该镇位于南口,因此得名。系长江冲积后平原,近半为江滩洲地。有初中1所,小学2所,中心幼儿园1所,卫生院1个。农业以棉花、无公害蔬菜种植为主。工业以生产防水材料为主。省道公石线过境。

永新社区 [Yǒngxīn Shèqū] 南口镇人民政府驻地。在市境西北部。面积6平方千米。人口4400。因地处永福村和移民新村交会处,从两村名中各取一字得名。2003年成立。为石首建筑防水产业发源地。有便民服务中心、自来水厂。有中小学、卫生院。有商场等。通公交车。有藕池河渡口。

高陵镇 [Gāolíng Zhèn] 石首市辖镇。在市境西南部。面积82平方千米。人口3.5万。辖1居委会、21村委会,有11自然村。镇人民政府驻公主桥社区。1987年为茅草街乡。1997年撤乡更名高陵镇。因南朝时期梁王葬此,古称高陵,因此得名。有初中1所,小学5所,卫生院1所。有藕池河管家铺大桥。农业以粮、棉种植为主。工业以建材为主。浩吉铁路,岳宜高速,省道公石、新狮线过境。通公交车。

公主桥社区 [Gōngzhǔqiáo Shèqū] 高陵镇人民政府驻地。在市境西南部。面积2平方千米。人口3000。因南朝梁孝宣王公主葬此,后修桥而命名。2004年成立。有便民服务中心。有九龙都民营经济工业园等。通公交车。

团山寺镇 [Tuánshānsì Zhèn] 石首市辖镇。在市境西南部。面积67平方千米。人口3.4万。辖1居委会、18村委会,有18自然村。镇人民政府驻连心桥社区。1949年为团山寺乡。1952年改镇。1958改公社。1986年复镇。因团山河中团山寺得名。与湖南省华容、安乡、南县3县交界。有初中1所,小学3所,中心卫生院1个,文化广场2个。农业以粮食种植,畜牧、水产养殖为主。主要农产品有优质水稻、油菜、棉花、中华绒螯蟹、淡水小龙虾、淡水鱼类、鸡鸭、鲜蛋、茶叶、太空莲等。有六虎山生态园,产茶。工业以电子产品、农副产品加工为主。省道藕狮线过境。

连心桥社区 [Liánxīnqiáo Shèqū] 团山寺镇人民政府驻地。在市境西南部。面积2.5平方千米。人口5000。因连心桥得名。2003年成立。有便民服务中心。有中小学、幼儿园、卫生院、福利院。有超市、农贸市场。通公交车。

大垸镇 [Dàyuàn Zhèn] 石首市辖镇。在市境北部。面积140平方千米。人口5.2万。辖1居委会、32村委会,有32自然村。镇人民政府驻箢子口社区。1958年为大垸公社。1987年改大垸乡。2003年撤乡建镇。原为长江洲滩。1952年开垦成垸,镇因此得名。有初中1所,小学3所,幼儿园2所,中心卫生院1个。农业以棉花种植为主,建立国家级青鱼种养殖基地,芦苇畅销。工业以农产品加工为主。省道秦黄线过境。通乡村公路。

箢子口社区 [Yuānzikǒu Shèqū] 大垸镇人民政府驻地。在市境北部。面积2.5平方千米。人口6800。因社区垸堤形如装土的箢子而得名。2004年成立。有便民服务中心。有中小学、卫生院等。有超市、渔场。通公交车。

久合垸乡 [Jiǔhéyuàn Xiāng] 石首市辖乡。在市境西南部。面积54平方千米。人口2.6万。辖1居委会、17村委会,有17自然村。乡人民政府驻江波渡社区。1986年由团山镇析设久合垸乡。因由6小垸合成大垸,并希望永久联合而得名。四面环水。有初中1所,小学2所,中心幼儿园1所,卫生院1个。农业以水稻、葡萄、油料作物种植,各类水产品养殖为主。工业以建材、农产品加工为主。省道团洋线过境。通公交车。

江波渡社区 [Jiāngbōdù Shèqū] 久合垸乡人民政府驻地。在市境西南部。面积4平方千米。人口1800。2004年成立。因位于藕池河西岸,曾有一江姓婆婆在此义渡多年而得名。有乡便民服务中心。有初中、卫生院、文化站、福利院。久合垸通讯、广播电视、农业技术推广站、广播电视服务中心等驻此。有江波渡大桥。

洪 湖 市

洪湖市 [Hónghú Shì] 湖北省直辖县级市,由荆州市代管。北纬29°49′,东经113°28′。在荆州市境东部。面积2519平方千米。人口93.5万。以汉族为主,还有回、土家、蒙古、维吾尔、苗、彝、壮、布依、朝鲜等民族。辖2街道、14镇、1乡。市人民政府驻新堤街道。1951年撤沔阳专署设洪湖县,隶荆州专署。1987年撤县建市(县级)。1994年属荆沙市。1996年属荆州市。因洪湖得名,兼有纪念洪湖革命根据地之意。新建茅江大道、新堤大道、芙蓉大道、洪湖大道、洪林大道和宏伟北路、文泉东路、文泉西路,改造升级乌林大道、州陵大道和宏伟南路。新建新堤四桥、荷花广场。重建新堤一桥、新堤二桥、新堤三桥。有标志性建筑物洪湖市行政中心大楼和锦绣东城、帝豪景城、融建华府等住宅小区。新堤城区有"一河两岸",东岸为全市政治、经济、文化、教育、卫生、体育中心,洪湖经济开发区位于市区最东部。西岸为全市金融、商业中心。地处江汉平原东南端,南临长江,北滨东荆河,四湖总干渠贯穿腹部。有省境第一大湖泊洪湖。海拔23—28米。年均气温17.5℃,1月平均气温3.7℃,7月平均气温28.9℃。年均降水量1538.2毫米。有石油、地热等矿产资源。有国家级自然保护区长江新螺段白鳍豚自然保护区、洪湖湿地保护区。森林覆盖率12.53%。有职业学校4所,中学42所,小学45所,三级医院1个。名胜景点有悦兮·国际温泉度假村、蓝田生态旅游景区、三国古战场。有历史文化名镇瞿家湾镇。有全国重点文物保护单位湘鄂西革命根据地旧址,湘鄂西苏区革命烈士陵园为国家级十大陵园之一。有省级文物保护单位乌林矶新石器时代村落遗址、东周州国古城遗址、西汉州陵县城遗址、路易·艾黎旧居、戴家场秋收暴动纪念地、燕窝"新升隆"轮遇难烈士公墓等。有省级非物质文化遗产搭虾子、五虾闹鲇、洪湖凤舟、麝火疗法、淡水贝雕。三次产业比例31∶35∶34。农业以水稻、小麦、棉花、油菜、芝麻种植,鱼、虾、蟹养殖为主。为国家重要商品粮棉油基地。工业以石化设备制造、水产食品加工、医药化工、汽车零部件制造、电子元件、轻工建材、发电为主,其中石化设备制造为省重点扶持产业集群。有重要交通枢纽螺山船闸、荆州港新堤综合码头、汉洪东荆河大桥。315国道,省道曹沙、峰新、新调、张洪、汉洪线过境。通多路公交车。

荷花广场 [Héhuā Guǎngchǎng] 在市区东部。面积7公顷,其中绿地面积1.75公顷,静态水面0.85公顷。2000年开工,2004年建成。以洪湖市市花荷花命名。分休闲区、集会区、观江区,突出荷花主题、水乡特色。正前方为"荷花广场"镏金字碑。北端入口为休闲区,荷雕展放。两侧分列小荷、夏荷、并蒂荷、莲荷、香荷、红荷、盛荷、玉荷汉白玉八荷石柱。中心观赏区建有8朵直径1米的小荷花环拱直径6米的大荷花雕塑,配以音乐喷泉。集休闲、娱乐、健身、集会、观江等功能于一体。周边有瑞泰大酒店、购物公园、锦江豪庭小区等。通多路公交车。

茅江大道 [Máojiāng Dàdào] 在市区东部。南起沿江东路,北至州陵大道、张洪线滨湖段交会处。与乌林大道、文泉东路、洪林大道等相交。长3千米,宽50米。沥青混凝土路面。1991年开工,1993年建成,2006年升级改造。因道路所对长江江岸古称茅江而得名。两侧有市职工学院、洪林华府、市财政局、市地税局、市民政局、悦宾国际酒店、移动公司、闽洪建材市场等。为城东商品集散地。通多路公交车。

新堤大道［Xīndī Dàdào］ 在市区西部。东起丰收桥，西至新堤排水闸河桥。与新洪路、宏伟路、园林路、新闸路相交。长3千米，宽49.5米。混凝土路面。1994年开工，1995年通车，2009—2000年扩建。因途经新堤街道得名。两侧有柏枝汽车城、闽洪水产城。通多路公交车。

文泉东路［Wénquán Dōnglù］ 在市区东部。西起新堤三桥，东至石码头电排河堤。与州陵大道、教育路、茅江大道、洪湖大道、万家墩路相交。长4.7千米，宽50米。沥青混凝土路面。1997年开工，2007年建成。因清乾隆二十八年(1763)境内设置的文泉县名命名文泉大道，后以新堤三桥为界，其东为文泉东路。两侧有人力资源和社会保障局、市人民政府行政中心洪湖市汽车客运、电信公司、市第一中学、市体育中心等企事业单位。通公交车。

宏伟南路［Hóngwěi Nánlù］ 在市区西部。南起沿江西路，北至宏伟桥。与赤卫路、人民路、爱国路、玉沙路相交。长2.1千米，宽30米。沥青混凝土路面。1966年开工，1990年建成。初名红卫路，后以谐音更名宏伟路，此为南段而得名。两侧有市人民医院和隆客多商场、宝安商城、沃尔玛洪湖店、市建设银行、市中国银行等。为市区最繁华的商业街。通多路公交车。

新堤一桥［Xīndī 1 qiáo］ 在市区南部。长91.1米，宽29米，最大跨度6米，桥下净高5米。1972年建成钢筋混凝土结构一跨双曲拱桥。1995年拓宽加固，两边各建宽4米混凝土行人桥。2013年撤除重建，2014年建成。以所在地域和桥梁编号命名。为圆曲线拱桥。最大载重60吨。通多路公交车。

新堤三桥［Xīndī 3 qiáo］ 在市区中部。长106.4米，宽29.5米，最大跨度20米，桥下净高6米。横跨老闸河。1985年建成钢筋混凝土T型桥梁。2014年重建。以所在地域和桥梁编号命名。结构为变截面预应力混凝土连续箱梁。最大载重55吨。通多路公交车。

洪湖市汽车客运站［Hónghú Shì Qìchē Kèyùnzhàn］ 见交通运输设施部分“洪湖市汽车客运站”条。

新堤街道［Xīndī Jiēdào］ 洪湖市人民政府驻地。在市境中南部。面积51平方千米。人口12.5万。1987年撤新堤镇析设新堤街道、茅江街道。2001年茅江街道并入新堤街道。原称茅埠，后改今名。新建新堤大道、芙蓉大道、洪湖大道、洪林大道、宏伟北路、文泉东路、文泉西路等，改造升级乌林大道、州陵大道和宏伟南路。新建新堤四桥，重建新堤一桥、新堤二桥、新堤三桥。有小学4所，中学2所，幼儿园28所，三级医院1个，卫生所19个。有名胜景点江滩公园、沿河公园、荷花广场、人民广场及新西兰友人路易·艾黎旧居、湘鄂西苏区革命烈士陵园等纪念地。农业以蔬菜、水稻、油料作物种植为主。盛产淡水鱼、清水鳖、螃蟹、龙虾、香莲、莲藕。有纺织服装、轻工工艺、建筑材料、金属构件、燃料化工等工业企业。351国道、省道张洪线过境。通公交车。

洪林村［Hónglíncūn］ 属新堤街道。人口1600。古称“沙湾”，因村域有东林寺，位于洪湖旁，1958年改今名。聚落呈带状。有卓尔银龙纺织公司、农业产业园等。张洪公路过境。2005年被评为全国文明村镇。

滨湖街道［Bīnhú Jiēdào］ 属洪湖市。在市境西南部。面积188平方千米。人口22.8万。1987年设。因地处洪湖东、北岸得名。有中学1所，小学4所，卫生院1个，卫生所21个。农业以水产养殖为主，以“洪湖清水”大闸蟹著名，有中国河蟹养殖第一乡(镇)之称。为洪湖生态旅游重点景区。张洪公路过境。通公交车。

螺山镇［Luóshān Zhèn］ 洪湖市辖镇。在市境西南部。面积141平方千米。人口3.9万。辖2居委会、19村委会，有143自然村。镇人民政府驻螺山。1975年成立界牌公社。1987年改螺山镇。因境内一山形如青螺得名。有中学2所，小学2所，卫生院1个，中心文化站1个，农家书屋21个。有西周古遗址螺山古墓群。有圆通寺、万佛寺、辖神宫。农业以水稻、黄豆、蔬菜种植，水产养殖为主。螺山林场为国家池杉良种基地。有国家地理标志产品生态螃蟹、界牌黄豆。工业以船舶修造、建材、农产品加工为主。351国道过境。有江汉水运枢纽螺山船闸、螺山汽渡。

螺山［Luóshān］ 螺山镇人民政府驻地。在市政府驻地新堤街道西南23千米。人口4600。因位于螺山山麓得名。聚落呈团状。其“上接洞庭”“襟带洪湖”“为荆江大关锁”(《湖广通志》)。有镇中心学校、卫生院、卫生所。有洪湖、监利2县市机动车驾驶员考训基地。有螺山古墓群、圆通寺、天府庙等古遗迹。351国道经此。有螺山船闸、螺山汽渡。

乌林镇［Wūlín Zhèn］ 洪湖市辖镇。在市境中南部。面积122平方千米。人口5.2万。辖1居委会、29村委会，有118自然村。镇人民政府驻黄蓬山。1987年胡范乡、黄蓬镇并为乌林镇。2001年石码头街道并入。因镇南有乌林矶，古为鸟雀栖息荒林，赤壁之战“火烧乌林”而得名。地形独特，南为长江靠陆地，北为湖积平原，中为黄蓬山阜。有地热、煤等矿产资源。有中学2所，小学3所，精神病医院和卫生院各1个，文化站1个，广播电视站2个，体育场3个。有抗洪纪念碑。有省级文物保护单位乌林矶新石器时代村落遗址、圆山新石器时代村落遗址、西周州国都城、西汉州陵县城遗址及三国古战场、黄蓬山古墓群等。有国家4A级旅游景区悦兮·半岛国际温泉度假村。农业以水稻、棉花、莲藕种植为主。工业以饲料、建材、服装、五金等为主。351国道、省道汉洪线过境。有水运码头乌林汽渡。

黄蓬山［Huángpéngshān］ 乌林镇人民政府驻地。在市政府驻地新堤街道东北23千米。人口3100。由数十小阜构成丘陵地带，因满山多黄花，且蓬草茂密得名。聚落呈带状。有中小学、卫生院、卫生所。有省级文物保护单位圆山原始村落及大小城壕、鲁公台、陈友谅冢、崇鸣寺等古遗址50处。有黄蓬大桥、长江码头。通乡村公路。

乌林［Wūlín］ 在市政府驻地新堤街道东北16千米。乌林镇辖自然村。人口1600。因临近长江边有一石矶，周边为乌雀栖息的杂树林而得名乌林矶，简称乌林。聚落呈环状。有省级文物保护单位乌林矶新石器时代村落遗址。还有放马场、红血巷、白骨塌、曹操湾、曹公祠等。有国家4A级旅游景区悦兮·半岛国际温泉度假村。汉洪公路经此。

龙口镇［Lóngkǒu Zhèn］ 洪湖市辖镇。在市境东南部。面积124平方千米。人口4.6万。辖1居委会、32村委会，有118自然村。镇人民政府驻龙口。1951年设第二区。1958年改龙口公社。1984年复区。1987年改镇。因镇政府驻地得名。有中学2所，小学3所，卫生院1所，文化站1个。有狮子岭宋代遗址、肃公洲三国遗址。农业以水稻、小麦、棉花、油菜种植为主，为省无公害水产养殖基地。银鲫获国家绿色产品认证。工业以建材、服装、粮油加工为主。省道新调线过境。有长江轮渡码头2处。

龙口［Lóngkǒu］ 龙口镇人民政府驻地。在市政府驻地新堤街道东南35千米。人口1.3万。古称练口，以同声转化为“龙口”。聚落呈团状。有中小学、卫生院、福利院。有银行、邮局、交警中队等单位。特产银鲫、鱼糕等。省道新调线经此。江边有渡口码头。

燕窝镇［Yànwō Zhèn］ 洪湖市辖镇。在市境东南部。面积154平方千米。人口4.1万。辖1居委会、22村委会，有106自然村。镇人民政府驻上河口。1956年设燕窝区。1958年改燕窝公社。1984年复燕窝区。1987年改置镇。因驻地古为江燕筑巢栖息地得名。有中学1所，小学4所，中心幼儿园1所，卫生院1个，镇综合文化站1个，村图书馆15个。有省级文物保护单位“新升隆”轮遇难烈士公墓及纪念碑。农业以水稻、杂粮、油菜种植为主，为市种猪和商品猪生产基地。有建筑、酿酒、化工等工厂。省道新调线、燕宦公路等过境。有咸宁长江大桥、燕窝汽渡及行人渡口。

上河口［Shànghékǒu］ 燕窝镇人民政府驻地。在市政府驻地新堤街道东北60千米。人口7500。因处冯家湾流至永乐闸入长江的小河上游河口而得名。聚落呈带状。有中小学、幼儿园、卫生院、血吸虫病防治中心。以商业为主。省道新调线、燕宦公路经此。江边有汽渡码头。

燕子窝［Yànziwō］ 在市政府驻地新堤街道东北62千米。燕窝镇辖自然村。人口3400。古为长江北岸一淤洲，江燕在此筑巢群栖而得名，别称燕尾洲。聚落呈带状。曾为燕窝区驻地。1959年因火灾而迁。后逐渐形成以燕新公路为主轴的新村。有“新升隆”轮遇难烈士公墓及纪念碑，为省级文物保护单位。农业以玉米、蔬菜种植为主。

新滩镇［Xīntān Zhèn］ 洪湖市辖镇。在市境东北部。面积163平方千米。人口3.9万。辖1居委会、32村委会，有46自然村。镇人民政府驻新滩口。1958年成立新滩公社。1961年改区。1975年复公社。1984年复区。1987年设镇。因镇政府驻地在古新滩湖边，为夏水入江口而得名。处“四湖”(长湖、三湖、白鹭湖、洪湖)尾端。四湖总干渠和东荆河由此出长江。有重点水利设施新滩电排站、新滩排水闸、补园泄洪口。有中学1所，小学4所，卫生院1个，文化站、影剧院、楚剧团各1个。有汉代江夏县治遗址。农业以水稻、棉花、蔬菜种植，鲜鱼养殖为主。特产鱼丸和十香菜。工业以汽车、电子电器、医药化工、建材为主。有武汉经济技术开发区新滩新区。省道汉洪、新调线过境。有新滩船闸和汉洪东荆河大桥。

新滩口［Xīntānkǒu］ 新滩镇人民政府驻地。在市政府驻地新堤街道东北55千米。人口4400。因古时地处新滩湖边，夏水入江之口而得名新滩口。聚落呈团状。有中小学、幼儿园、卫生院、福利院。有银行、邮局等单位。工业以汽车零部件、玻璃、医药化工为主。为省道新调线起点、汉洪东荆河大桥洪湖端点。汉洪公路经此。

峰口镇［Fēngkǒu Zhèn］ 洪湖市辖镇。在市境西北部。面积136平方千米。人口9.1万。辖6居委会、38村委会，有136自然村。镇人民政府驻峰口。1951年设峰口镇。1958年改公社。1961年改区。1975年为公社。1987年分设峰口镇、白庙乡。1988年白庙乡改镇。2001年白庙镇并入峰口镇。因镇政府驻地得名。有中学3所，小学3所，卫生院1个，卫生所44个，综合文化站1个。有中国工农红军第六军军部等革命遗址10处，中国陆军一二八师抗日烈士陵园等遗址 2 处。农业以水稻、棉花、油料作物种植为主。工业以铸造、塑料制品、服装、建材、粮油加工等为主。有实华工业园、兴峰工业园。为市西北地区商贸中心。省道张洪线过境。

峰口 [Fēngkǒu] 峰口镇人民政府驻地。在市政府驻地新堤街道西北 31 千米。人口 3.3 万。以防涝打坝封口得名封口,后雅化为"峰口"。聚落呈团状。有中小学、卫生院。历为洪湖西北部农副土特产品集散地。省道张洪线经此。

曹市镇 [Cáoshì Zhèn] 洪湖市辖镇。在市境西北部。面积 102 平方千米。人口 6.1 万。辖 1 居委会、31 村委会,有 147 自然村。镇人民政府驻曹市。1956 年设曹家嘴区。1958 年改曹市公社。1961 年改区。1975 年复为公社。1984 年复区。1985 年改为曹市镇。因镇政府驻地得名。有中学 1 所,小学 5 所,卫生院 1 个,卫生所 32 个,综合文化站 1 个。农业以粮、棉、油料作物种植为主。工业以石化装备制造业为主。省道峰新线过境。

曹市 [Cáoshì] 曹市镇人民政府驻地。在市政府驻地新堤街道西北 38 千米。人口 1.3 万。原称曹家嘴,以明清时期曹姓人家集居此处河嘴得名,后因繁就简而得名曹市。聚落呈团状。有中小学、卫生院所。农业以水稻、油菜、小麦、棉花种植为主。工业以石化装备产业为主。峰府公路经此。

府场镇 [Fǔchǎng Zhèn] 洪湖市辖镇。在市境西北部。面积 28 平方千米。人口 2.1 万。辖 1 居委会、8 村委会,有 39 自然村。镇人民政府驻府场。1961 年成立府场公社。1984 年建府场镇。有中学 1 所,小学 1 所,卫生院 1 个,卫生所 10 个,文化站 1 个。有石化装备制造工业园区。为全省重点发展产业集群之一,全省高新技术特色产业基地。省道峰新线过境。1996 年被评为全国文明乡镇。

府场 [Fǔchǎng] 府场镇人民政府驻地。在市政府驻地新堤街道西北 43 千米。人口 1.1 万。以元末农民起义领袖陈友谅建造府邸"府昌场"得名。聚落呈团状。有中小学、卫生院。有中国工农红军第二军团指挥部旧址。有府场工业园,为石化装备制造产业基地。峰府公路经此。

戴家场镇 [Dàijiāchǎng Zhèn] 洪湖市辖镇。在市境西北部。面积 102 平方千米。人口 5.9 万。辖 1 居委会、21 村委会,有 218 自然村。镇人民政府驻戴家场。1975 年成立戴市公社。1984 年改为戴市区。1987 年建戴家场镇。因镇政府驻地得名。有中学 1 所,小学 4 所,卫生院 1 个、卫生所 23 个,文化站 1 个。为第二次国内革命战争鄂中地区秋收暴动策源地、洪湖赤卫队发祥地。有革命遗址、遗迹 17 处、抗日战争遗址 11 处。农业以水稻、棉花、蔬菜种植为主。25 个蔬菜品种获农业部"绿色产品"证书。工业以化工、机械、食品加工为主。省道曹沙线、县道施戴线过境。

戴家场 [Dàijiāchǎng] 戴家场镇人民政府驻地。在市政府驻地新堤街道西北 32 千米。人口 8000。因为明代戴氏家族聚居经商之地而得名。聚落呈带状。有中小学、卫生院所。有戴家场秋收暴动纪念碑及革命遗址、遗迹 9 处。工业以汽车零部件生产、石化设备、农产品生产加工及商业为主。县道施戴线经此。

瞿家湾镇 [Qújiāwān Zhèn] 洪湖市辖镇。在市境西部。面积 39 平方千米。人口 1.6 万。辖 1 居委会、8 村委会,有 31 自然村。镇人民政府驻瞿家湾。1984 年设瞿家湾乡。1987 年建瞿家湾镇。因镇政府驻地得名。矿产资源有石油。有中学 1 所,小学 1 所,卫生院 1 个,卫生所 9 个,文化站、博物馆各 1 个。有中共中央湘鄂西分局等革命旧址群、明清一条街和国家 4A 级蓝田生态旅游风景区。为第二次国内革命战争时期湘鄂西革命根据地首府、中国历史文化名镇、湖北省旅游名镇。农业以水稻、莲菱种植,鱼虾养殖为主。工业以水产品深加工为主。省道新调线过境。

瞿家湾 [Qújiāwān] 瞿家湾镇人民政府驻地。在市政府驻地新堤街道西北 31 千米。人口 4000。因明弘治十五年(1502)瞿氏家族定居于此而得名。聚落呈带状。有中小学、卫生院所。有全国重点文物保护单位、全国爱国主义教育示范基地、全国红色旅游经典景区湘鄂西省苏维埃政府旧址。有革命旧址 39 处。明清一条街有民居建筑 102 幢。省道新调线经此。

沙口镇 [Shākǒu Zhèn] 洪湖市辖镇。在市境西部。面积 123 平方千米。人口 5.1 万。辖 1 居委会、23 村委会,有 144 自然村。镇人民政府驻小沙口。1958 年成立沙口公社。1961 年改沙口区。1975 年复公社。1984 年复沙口区。1987 年建沙口镇。因镇政府驻地得名。有中学 2 所,小学 4 所,卫生院 1 个,卫生所 25 个,文化站 1 个。为第二次国内革命战争时期洪湖革命根据地中心,有红军医院、沔阳县苏维埃政府十一区等革命遗址、遗迹 4 处。农业以鲜鱼、虾蟹、龟鳖、莲菱等水产品养殖为主,为全国优质水稻、再生稻示范基地。省道新调、曹沙线过境。

小沙口 [Xiǎoshākǒu] 沙口镇人民政府驻地。在市政府驻地新堤街道西 25 千米。人口 1.3 万。小沙口亦称沙口,处诸水汇流入洪湖口处,因壅沙成洲而得名。聚落呈团状。有中小学、卫生院所。有洪湖苏区革命遗址 2 处。为洪湖北岸及西部地区渔农产品重要集散地。省道新调线经此。

万全镇 [Wànquán Zhèn] 洪湖市辖镇。在市境西部。面积 164 平方千米。人口 7.3 万。辖 2 居委会、50 村委会,有 142 自然村。镇人民政府驻黄丝南。1975 年成立万全公社。1984 年设万全乡。1987 年设万全镇。2001 年永丰镇并入。因地处万全垸得名。属平原湖区,四面环水,东荆河、内荆河、陶洪河、洪排河等流经。有矿产资源石油。有中学 5 所,小学 2 所,卫生院 2 个,中心文化站 1 个,图书室 50 个。农业以水稻、小麦、棉花、油菜种植为主。有铸造、机械加工、化工填料等工业。张洪公路过境。

黄丝南 [Huángsīnán] 万全镇人民政府驻地。在市政府驻地新堤街道西北 24 千米。人口 400。因历史上盛产蚕丝,得名黄丝垸。此处为垸南而得名黄丝南。聚落呈带状。有中小学、卫生院。工业以玻璃制品、五金、服装、石化环保设备生产为主。有洪排河、内荆河航运。张洪公路经此。

汊河镇 [Chàhé Zhèn] 洪湖市辖镇。在市境中部。面积 146 平方千米。人口 5.5 万。辖 1 居委会、36 村委会,有 163 自然村。镇人民政府驻汊河口。1949 年设汊河乡。1951 年改第四区。1958 年并入沙河公社。1975 年析设汊河公社。1987 年改汊河镇。因镇政府驻地得名。有中学 1 所,小学 2 所,中心卫生院 1 个,洪湖渔鼓、洪湖花鼓戏、洪湖小曲等民间艺术团体 6 个。农业以水稻种植为主,为洪湖市产粮大镇。水产品有螃蟹、小龙虾等。省道新调线,张洪公路,县道黄观、汊大线过境。

汊河口 [Chàhékǒu] 汊河镇人民政府驻地。在市政府驻地新堤街道北 19 千米。人口 8200。因地处内荆河、沙嘴河、太马河交叉口得名。聚落呈带状。有中小学、卫生院。为市中部农副产品集散地。省道峰新、新调线,张洪公路,县道黄观线经此。内荆河可通航。

黄家口镇 [Huángjiākǒu Zhèn] 洪湖市辖镇。在市境北部。面积 137 平方千米。人口 3.7 万。辖 2 居委会、24 村委会,有 94 自然村。镇人民政府驻黄家口。1975 年成立黄家口公社。1984 年设黄家口区。1987 年改乡。1988 年改黄家口镇。因镇政府驻地得名。属平原湖区,有大小河渠 30 条,湖泊 10 个。有南套沟、高潭口 2 电排站。有中学 1 所,小学 1 所,卫生院 1 个,村卫生室 30 个,图书馆、影剧院、文化站各 1 个。农业以水产养殖为主,为全国农副产品无公害示范基地。工业以塑料五金、服装生产加工为主。省道新调线、县道黄观线过境。

黄家口 [Huángjiākǒu] 黄家口镇人民政府驻地。在市政府驻地新堤街道东北 28 千米。人口 2500。因古为东荆河套口,清末有黄姓渔民定居而得名。聚落呈团状。有中小学、卫生院。省道新调线、县道高龚线经此。

老湾回族乡 [Lǎowān Huízú Xiāng] 洪湖市辖乡。在市境东南部。面积 60 平方千米。人口 1.8 万,其中回族占 31%,还有汉、壮等民族。辖 10 村委会,有 63 自然村。乡人民政府驻老湾。1984 年设老湾乡。1985 年改为老湾回族乡。因乡政府驻地得名。有中学、小学、幼儿园各 1 所,卫生院 1 个,乡中心文化站 1 个,村文化室 10 个。有古迹吕蒙口、白衣庵、珂镇巡检司衙和老湾、月堤、和平、兴隆等清真寺。农业以粮食、棉花、油菜、花生种植为主。特产野藜蒿、野芹菜、柴笋及菜牛、仿生甲鱼。工业以饲料、粮油加工、建材、服装为主。汉沙、老黄公路过境。有老湾、北堡 2 港口。

老湾 [Lǎowān] 老湾回族乡人民政府驻地。在市政府驻地新堤街道东北 25 千米。人口 6300,其中回族占 17%。长江于此分流成南北 2 支,北支旧称老河,因年代久远而河道弯曲而得名老湾。村以河名。聚落呈带状。有中小学、卫生院。有全市最大清真寺及民族风情街。服务业以商贸为主。汉沙、老黄公路经此。

松滋市

松滋市 [Sōngzī Shì] 湖北省直辖县级市,由荆州市代管。北纬 30°10′,东经 111°46′。在荆州市境西南部。面积 2117 平方千米。人口 85 万。以汉族为主,还有土家族。辖 14 镇、2 乡。市人民政府驻新江口镇。松滋古属荆州。东晋咸康三年(337)庐江郡松滋县(今安徽宿松县)流民避兵乱到此,侨置松滋县。南北朝北方安邑、闻喜、永安、临汾、弘农、谯县、大戚诸侨置县并入松滋。隋开皇九年(589)后形成松滋县的基本格局。1912 年属省直辖。后历属荆宜施鹤道、荆南道、荆宜道等。1949 年县治新江口镇,后先后属荆州地区、荆沙市、荆州市。1995 年撤县建市(县级)。松滋地处巫山山系荆门分支余脉和武陵山系石门分支余脉向江汉平原延伸的过渡地带,地形西高东低,山地、丘岗、平原兼有,"六山一水三分田"。最高点卸甲坪大岭海拔 815 米,最低点王家大湖芦苇场海拔 34 米。年均气温 21.1℃,1 月平均气温 −3.6℃,7 月平均气温 38.8℃。森林覆盖率 26.3%。有职业高中 1 所,普通中学 25 所,小学 53 所,二级医院 5 个。有龙王井阿喀琉斯基猴古化石遗址、九岭岗革命起义旧址、亚洲第一大人工土坝、省级洈水风景区及国家森林公园、贺炳炎纪念馆。有国家级非物质文化遗产松滋滚灯舞、松滋说鼓子、土家歌王《宁远俊山歌集》等。有历代名人书画翰墨、"中国第五香"白云边酒、砂罐茶等当地文化品牌名品。三次产业比例14：42：44。农业以水稻、棉花、油菜种植，生猪养殖为主。工业以食品加工、化工、纺织服装、白云边酒业为主。服务业以旅游、物流、电子商务、金融、酒店为主。有省级开发区、长江物流产业园、荆州港车阳河港区。351国道、江南高速、荆松公路过境。

松滋市市民广场 [Sōngzī Shì Shìmín Guǎngchǎng] 在市区中部。面积27万平方米。2005年开工，2009年建成。为群众性大型景观游览活动广场。周边有市委、市政府、市人大、市政协、市档案史志局、市科技大楼、市群艺馆、才知广场等建筑。

新江口大桥 [Xīnjiāngkǒu Dàqiáo] 在市区北部。长658米，宽16米，最大跨度47米。1970年动工，1974年建成。为单边桥。2005年批准修建与原桥等宽、等高的新桥，2008年11月竣工使用，新旧桥合并形成现在的新江口大桥。以所在区域地名及交通设施命名。结构为预应力连续箱梁墩桥结构，双向4车道景观桥。通公交车。

松滋市长途汽车客运站 [Sōngzī Shì Chángtú Qìchē Kèyùnzhàn] 见交通运输设施部分“松滋市长途汽车客运站”条。

新江口镇 [Xīnjiāngkǒu Zhèn] 松滋市人民政府驻地。在市境中部。面积115平方千米。人口13.5万。辖13居委会、10村委会，有7自然村。镇人民政府驻玉岭社区。1954年设新江口镇。1958年成立郊区公社。1975年复设新江口镇。因新江口得名。松滋河西支、碾盘河、木天河流经。有中学6所，小学7所，二级医院4个，卫生院10个，卫生所18个。有图书馆、市档案史志馆、科技馆。景点有言程公园、玉佛寺、大悲寺等。农业以果、菜、花种植为主。有花卉苗木、优质瓜果、绿色蔬菜、畜禽养殖四大基地。有城郊园艺景观区、同兴桥科技示范园。工业以化工、机械建材、造纸、农产品加工和医疗器械生产为主。焦柳铁路，江南高速，荆松、沙渔公路，省道红东线，松滋区间公路过境。

金松大道 [Jīnsōng Dàdào] 在市区北部。东起省道陈枝线，西至矿港公路。与永兴大道、青峰山路、言程路、仁和路、白云路、贺炳炎大道相交。长3.5千米，宽30米。混凝土路面。1996年开工，同年建成。松滋曾誉为“金松滋”，因美好寓意得名。两侧有城东工业园、市邮政局、地税局、农发银行、市三中、言程公园等。通公交车。

乐乡大道 [Lèxiāng Dàdào] 在市区中部。东起沿江大道，西至白云边大道。与建设路、民主路、言程路、仁和路、白云路、杨家冲路相交。长1.8千米，宽24米。混凝土路面。1983年始建，俗名新街。1990年更名为车站东路。1992年更今名。松滋市史曾有“乐乡”一说，因其美好寓意得名。两侧有多家银行、保险公司等金融单位。通公交车。

玉岭社区 [Yùlǐng Shèqū] 新江口镇人民政府驻地。在市境中部。面积2平方千米。人口7500。“玉岭”指玉岭山，青峰山西支。2003年成立。以民居自建3层以上楼房为主。有志愿者服务队10支。有小学、卫生院、幼儿园、文化站。农商行、邮政储蓄、司法所、土管所、环保局等单位驻此。有菜市场。通公交车。

南海镇 [Nánhǎi Zhèn] 松滋市辖镇。在市境南部。面积176平方千米。人口6.5万。辖1居委会、21村委会，有224自然村。镇人民政府驻磨盘洲社区。1958年成立南海公社。1961年改南海区。1975年撤区分设南海、永合2公社。1980年永合公社并入南海公社。1984年公社改海区。1987年撤区建镇。丘陵、平原、湖泊兼有。有中学1所，小学3所，卫生院1个，卫生室21个。有幼儿园。有春秋时期郧城。有剑峰丹鼎、白马寺、佘家渡、小南海等名胜古迹。农业以优质棉、水果、绿色蔬菜种植，水产、水禽、牲猪养殖为主。工业以化工、造纸、建筑建材为主。江南高速、省道红东线过境。

磨盘洲社区 [Mòpánzhōu Shèqū] 南海镇人民政府驻地。在市境南部。面积2平方千米。人口7600。清代因地处竺园寺河中，四面环水，形如磨盘而得名。2004年成立。民居多为2层楼房，有少数平房或3层以上楼房。面向社区老年人、残疾人、孤儿、妇女、社区贫困户、优抚对象开展社会救助、社会福利和优抚保障服务；面向社区居民开展便民、利民服务；面向社区单位开展社会化服务；面向下岗职工开展再就业和社会保障服务。有中学、卫生院、文化站。农商行、邮政储蓄、司法所、财管所等单位驻此。有菜市场。省道红东线经此。

八宝镇 [Bābǎo Zhèn] 松滋市辖镇。在市境东部。面积160平方千米。人口8.4万。辖1居委会、21村委会，有16自然村。镇人民政府驻大路口社区。1958年成立八宝公社。1961年为八宝区。1987年为八宝乡。1995年撤乡设镇。八宝为优质棉、西瓜等8种特产，1959年松滋农展馆以“八宝”入展，以此得名。有大公闸、解放闸、和平闸、八宝闸等水利设施。有中学1所，小学3所，卫生院1个，卫生所20个。有八宝镇初中、八宝镇中心小学、八宝镇丰收学校、八宝镇卫生院等。农业以棉花、水稻、玉米、油菜、小麦、蔬菜、水果种植为主。有八宝棉、滋宝西瓜、桥东大米、绿色蔬菜、红提、葡萄等名品。荆松、沙渔公路过境。

大路口社区 [Dàlùkǒu Shèqū] 八宝镇人民政府驻地。在市境东部。面积8平方千米。人口8900。原为新江口—沙道观要道。1970年长江溃口，冲出长寿河，将路截成东西两段，因此得名大路口。2005年成立。民居以自建2层楼房为主，有少数平房或3层以上楼房。成立科普宣传志愿队、医疗卫生志愿队、文明交通志愿队、春暖关爱志愿队。有中学、卫生院、文化站。农商行、邮政储蓄、司法所、财管所等单位驻此。有菜市场。荆松、沙渔公路经此。

涴市镇 [Yuānshì Zhèn] 松滋市辖镇。在市境东北部。面积135平方千米。人口6.1万。辖1居委会、17村委会，有17自然村。镇人民政府驻涴市社区。1975年成立涴市公社。1984年设涴市区。1987年成立涴市镇。长江江水在此北折东流，呈迴曲之貌，多为船只避风之港，久而成集，因此得名。为松滋市临长江的重要口岸。有中学1所，小学3所，卫生院1个，卫生所17个。有幼儿园。有乐乡遗址、江亭晚钓、涴市渡、罗家潭长江溃口遗址、佑圣观古迹。农业以粮、棉、油料作物、蔬菜、花卉种植，生猪、小龙虾养殖为主。工业以无纺布系列产品生产、造纸、机械加工和制造、农副产品加工、石油开发为主。涴米公路过境。长江水道通航。

涴市社区 [Yuānshì Shèqū] 涴市镇人民政府驻地。在市境东北部。面积4平方千米。人口6900。以镇名为名。2004年成立。民居以自建2层楼房为主，有少数平房或3层以上楼房。成立乡村振兴理事会、策婆婆志愿者服务队等。有中学、小学、幼儿园、卫生院、文化站、菜市场。农商行、邮政储蓄、水利站、财管所等单位驻此。涴米公路经此。长江水道通航。

老城镇 [Lǎochéng Zhèn] 松滋市辖镇。在市境北部。面积114平方千米。人口5.8万。辖1居委会、17村委会，有17自然村。镇人民政府驻老城社区。新石器时代即有原始社会聚落，为区域人类早期栖息区域之一。1950年为老城区。1958年撤区改松北公社。1961年恢复老城区。1975年改老城公社。1984年设老城区。1987年设老城镇。老城设县治历经九朝，至1943年长达1600余年，因此得名。松滋河流经。有中学1所，小学3所，卫生院1个，卫生所17个。有幼儿园、文化站等。有老城镇文物园、云联塔、云联寺、静修庵、一柱观遗址、西门河原始社会聚落遗址等名胜古迹。农业以粮食、棉花、油料作物、玉米、蔬果种植，健康水产品、特种水产养殖为主。工业以农副产品加工为主。工商企业有天兴农贸、大江纺织、日新机械、飞扬铝业、云塔饲料、正新彩瓦。新老、老陈公路过境。

老城社区 [Lǎochéng Shèqū] 老城镇人民政府驻地。在市境北部。面积3平方千米。人口5800。因镇名得名。2005年成立。民居以自建房屋为主。有志愿者服务队。有中小学、卫生院。有老城镇文物园、云联塔、云联寺、静修庵、西门河原始社会聚落遗址等名胜古迹。新老、老陈公路经此。

陈店镇 [Chéndiàn Zhèn] 松滋市辖镇。在市境西北部。面积153平方千米。人口3.5万。辖1居委会、12村委会，有9自然村。镇人民政府驻陈家店社区。1949年设陈家店乡。1951年设陈店乡。1987年与观岳乡合并为陈店乡。1996年设陈店镇。明、清时为水陆驿道，有陈姓为业较盛，渐成集镇，得名陈家店。后简今名。有中学1所，小学5所，卫生院1个，卫生所14个。有夹马槽饥民斗争纪念地、黄龙古寺遗址、陈圆圆墓、刘家口抗战遗址等古迹。农业以水稻、花卉苗木、柑橘、蜜柚种植为主。工业以工矿产业为主。省道红东线过境，宜洋、荆松2公路在境内交会。

陈家店社区 [Chénjiādiàn Shèqū] 陈店镇人民政府驻地。在市境西北部。面积3平方千米。人口2400。因镇名得名。1997年成立。民居以自建房屋为主。成立广场舞队、乡村理事会、新乡贤协会、志愿者服务队等。有中学、幼儿园、卫生院。省道红东线、陈老公路经此。

王家桥镇 [Wángjiāqiáo Zhèn] 松滋市辖镇。在市境西部。面积154平方千米。人口4.6万。辖1居委会、21村委会，有147村民小组。镇人民政府驻王家桥社区。1949年成立王家桥区。1987年置王家桥镇。2001年与麻水乡合并设王家桥镇。因清光绪元年(1875)河东王姓在此修木桥，得名王家桥，镇以桥名。有中学1所，小学1所，卫生院1个，卫生所23个。有王家桥镇初中、王家桥镇小学、麻水小学、王家桥镇中心幼儿园、王家桥卫生院等。现存王家桥石拱桥、龙王井阿喀琉斯基猴古化石遗址。农业以蜜柚、柑橘、水稻、玉米、油料作物、花卉苗木种植，生猪养殖为主。工业以农副产品加工、化工建材、服饰制造、电光源为主。枝柳铁路、江南高速、沙渔公路过境。

王家桥社区 [Wángjiāqiáo Shèqū] 王家桥镇人民政府驻地。在市境西部。面积3平方千米。人口4700。因镇名得名。2005年成立。民居以自建2层楼房为主，有少数平房或3层以上楼房。有广场舞队、保洁公司、乡贤理事会、志愿者服务队等。有中小学、幼儿园、卫生院、文化站、水利站等。沙渔公路经此。

斯家场镇 [Sījiāchǎng Zhèn] 松滋市辖镇。在市境西南部。面积95平方千米。人口2.8万。辖1居委会、13村委会，有13自然村。镇人民政府驻宝竹桥社区。1975年成立斯家场公社。1984年名斯家场区。1987年撤区设斯家场镇。属古要道，有刘、斯2姓经营店铺，人称“斯刘二场”，后改今名。洛河、白洋河、揭家河等流经。有中型水库3座。有初中1所，小学3所，幼儿园5所，县市级中小学生校外实践基地1处。有系马山、马鞍石、鸡笼观、赶子幽、小堰当、白鹤山、文家河等名胜古迹。农业以稻谷、油菜、柑橘、香菇、木耳、红薯种植,生猪、牛、羊、山鸡养殖为主。工业以矿石开采、服装生产为主。焦柳铁路、沙渔公路过境。

宝竹桥社区 [Bǎozhúqiáo Shèqū] 斯家场镇人民政府驻地。在市境西南部。面积3平方千米。人口3300。其地有小河,原河上有小桥,桥边有巨竹,得名宝竹桥,因此得名。1996年成立。民居以自建2层楼房为主,有少数平房或3层以上楼房。有中小学、幼儿园、卫生院、文化站等。有广场舞队、志愿者服务队等。有菜市场。沙渔公路经此。

杨林市镇 [Yánglínshì Zhèn] 松滋市辖镇。在市境东南部。面积126平方千米。人口4.7万。辖1居委会、13村委会,有13自然村。镇人民政府驻杨林市社区。1949年设杨林市区。1975年成立公社。1984年复设区。1987年撤区设杨林市镇。明洪武八年(1375)土窑林立,人称"窑林子"。康熙十七年(1678)从江西迁来十几户人家,在此建立会馆,会长姓杨,集市形成。"窑林子"与"杨林市"谐音,遂改称杨林市。有中学1所,小学3所,卫生院1个,卫生所13个。有幼儿园。农业以水稻、玉米、棉花、油料作物、水果种植,四大家鱼养殖为主。工业有建材、化工等产业。省道红东线过境。

杨林市社区 [Yánglínshì Shèqū] 杨林市镇人民政府驻地。在市境东南部。面积3.7平方千米。人口4800。因镇名得名。2005年成立。开展乡村振兴、人居环境、劳动就业、民政优抚、卫计服务、综合治理等工作。省道红东线、杨官公路经此。

纸厂河镇 [Zhǐchǎnghé Zhèn] 松滋市辖镇。在市境东南部。面积110平方千米。人口4.1万。辖1居委会、12村委会,有12自然村。镇人民政府驻纸金社区。1970年由涴水公社析设纸河公社。1987年设纸厂河镇。造纸术发明后,民间草纸及火纸日趋兴盛,地临水道而得名纸厂河。老涴河流经,为松滋出长江的重要古水道。有中学1所,小学3所,卫生院1个,卫生所13个。有中心幼儿园。为千年古镇。有古迹虞氏古渡、桂花树遗址,纪念地金鸡山烈士纪念碑、裴家河烈士陵园。农业以水稻、棉花、玉米、柑桔、蜜柚、脐橙、桃、李子、红菱、莲藕种植,鱼、蟹、虾、鳝养殖为主。工业以工矿、造纸为主。江南高速,省道红东、汪杨线过境。

纸金社区 [Zhǐjīn Shèqū] 纸厂河镇人民政府驻地。在市境东南部。面积2平方千米。人口4400。以纸厂河、金羊山2集镇名称各取首字命名。2005年成立。民居以自建2层楼房为主,有少数平房或3层以上楼房。有劳动服务中心、广场舞队、保洁协会、志愿者服务队等。有中小学、中心幼儿园、卫生院、文化站。有虞氏古渡。省道红东、汪杨线经此。

街河市镇 [Jiēhéshì Zhèn] 松滋市辖镇。在市境南部。面积83平方千米。人口4.4万。辖1居委会、14村委会,有14自然村。镇人民政府驻街河市社区。1958年成立松南公社。1975年改街河市公社。1984改街河市区。1987年设街河市镇。北宋前以北尹甸湖集镇称尹甸市。明代被洪水冲出沟槽,因四季少水,故称"干河子"。后街巷形成,"干河子"演绎成"街河市"。有中学1所,小学1所,卫生院1个,卫生所16个。有幼儿园。有松滋古八景之一"墨池春烟",有苦竹甘泉、红军树、牛长岭抗日阵亡将士纪念碑等古迹及纪念地。农业以水稻、棉花、油茶、玉米、葡萄、草莓、梨、脐橙、药材、茶叶、花卉树苗种植,牲猪养殖为主。工业以铁木加工、混凝土制品、农机等产业为主。省道红东线、街杨线等过境。

街河市社区 [Jiēhéshì Shèqū] 街河市镇人民政府驻地。在市境南部。面积3平方千米。人口4600。因镇名得名。2010年由原民主街、白鹤街2居委会合并成立。有中小学、幼儿园、卫生院。境内有明清时期古石板路街。省道红东、街杨线经此。

涴水镇 [Wéishuǐ Zhèn] 松滋市辖镇。在市境西南部。面积365平方千米。人口8.7万。辖4居委会、25村委会,镇人民政府驻和平街社区。1999年西斋镇与大岩咀乡合并更名涴水镇。因国家4A级旅游风景区涴水风景区得名。有中学2所,小学5所,卫生院2个。有文化站。有涴水国家森林公园、涴水国家水利风景区、涴水国家湿地公园、灵鹫寺、西斋清真古寺、颜将军洞、百岛画廊、新神洞、中共松滋第一届委员会会议旧址、九岭岗起义纪念碑。农业以水稻、棉花、玉米、小麦、涴水红心果、李家河柑桔、高山蜜柚、麻砂滩梨种植为主。工业以服装加工、机械制造、化工、建材为主。特产涴水鳙鱼、涴水大闸蟹、清真牛肉、涴水大白刁、涴水鱼糕、涴水桂花鱼、野生菌子、核桃、板栗、麻砂滩萝卜等。服务业以旅游为主。焦柳铁路,新杨、西大公路过境。

和平街社区 [Hépíngjiē Shèqū] 涴水镇人民政府驻地。在市境西南部。面积3平方千米。人口6400。以境内和平粮行得名。2008年成立。有民居174栋。有广场舞队、太极拳队、志愿者服务队等。有中学、卫生室。市科技与信息化管理局、统计局驻此。

北闸村 [Běizhácūn] 在市政府驻地新江口镇西南35千米。涴水镇辖自然村。人口1900。因涴水水库大坝北闸得名。有九岭岗起义纪念碑、九岭岗起义指挥部旧址、景点碧岛山庄等。紧临涴水大坝。有环保型森林公园。服务业以旅游为主。通乡村公路。

刘家场镇 [Liújiāchǎng Zhèn] 松滋市辖镇。在市境西南部。面积253平方千米。人口8.4万。辖5居委会、21村委会,有21自然村。镇人民政府驻柳林河社区。清宣统三年(1911)设刘家场乡。1925年改区。后几经变化。1950年复设区。1980年设刘家场镇。明、清时为古驿道,亦为土司扼守之隘。因刘氏族人集聚,遂渐成市,古名刘集、刘市,后称刘家场。有中学2所,小学7所,二级医院1个,卫生院2个,卫生所24个。有天井寺,腊树垭抗战遗址,河田坪炼铁遗址,硫铁矿、煤矿、铁矿等采矿遗址。农业以粮食、棉花、油料作物、玉米、蔬果种植,健康水产品、特种水产养殖为主。工业以工矿、农副产品加工、发电为主。有龙海工业园区。服务业以旅游为主。焦柳铁路、松宜地方铁路,雅澧、沙渔公路过境。

柳林河社区 [Liǔlínhé Shèqū] 刘家场镇人民政府驻地。在市境西南部。面积1平方千米。人口5800。小河两岸柳树成林,因此得名。2003年成立。有自建民居456栋,多为2层楼房,有少数平房或3层以上楼房。有退役军人服务站、农技中心、人社中心。成立广场舞队、管乐队、门球队、乡贤理事会、志愿者服务队、山镇义警义务巡逻队等。有初中、贺炳炎小学。有卫生院。有商贸公司、工业品公司、装卸运输公司、印刷厂、酒厂、羊毛衫厂、轻工机械厂等。雅澧公路经此。

沙道观镇 [Shādàoguàn Zhèn] 松滋市辖镇。在市境东部。面积70平方千米。人口4.2万。辖2居委会、6村委会,有6自然村。镇人民政府驻沙道观社区。1950年设沙道观区。1984年设沙道观镇。明洪武十一年(1378)建庙于换甲山巅,称沙道观,因此得名。有中学1所,小学2所,卫生院1个,卫生室8个。有换甲山遗址、宋代八方桥遗址、天主教堂。农业以水稻、小麦、玉米、棉花、油菜、芝麻、蔬果种植,四大家鱼养殖为主,有特种水产甲鱼。特产沙道观鸡、豆花湖鱼、昌本葡萄、绿佳莲藕等。工业以化工、汽车照明、高分子材料、建材、农副产品加工为主。省道沙渔线、荆松公路过境。

沙道观社区 [Shādàoguàn Shèqū] 沙道观镇人民政府驻地。在市境东部。面积4平方千米。人口9100。因镇名得名。2004年成立。有自建民居2779栋,多为2层楼房,有少数平房或3层以上楼房。成立广场舞队、志愿者服务队等。有中小学、幼儿园、卫生院、文化站、福利院。有天主堂。有超市、菜市场。省道沙渔线、荆松公路经此。

万家乡 [Wànjiā Xiāng] 松滋市辖乡。在市境南部。面积65平方千米。人口2.6万。辖1居委会、6村委会。乡人民政府驻万家岭社区。1955年设万家乡。1958年并入松南公社。1987年复万家乡。清末江西万姓迁居于此,截溪筑垱,蓄水灌田,人称万家垱,以此得名。全境为丘陵地貌。有中学1所,小学2所,卫生院1个,卫生所9个。有九重皇王殿遗址、姚家祠遗址、邓家铺红军联络站遗址。农业以水稻、棉花、油菜、柑橘种植为主。工业以农副产品加工、矿产品加工、资源型化工、新型能源、机械电子、服装纺织为主。松南公路过境。

万家岭社区 [Wànjiālǐng Shèqū] 万家乡人民政府驻地。在市境西南部。面积2平方千米。人口2400。因镇名得名。2005年成立。有中小学、幼儿园、卫生院。有轧花厂、混凝土制品厂。通客运车。

卸甲坪土家族乡 [Xièjiǎpíng Tǔjiāzú Xiāng] 松滋市辖乡。在市境西南部。面积103平方千米。人口1.5万,其中土家族占58%,还有汉族。辖1居委会、8村委会,有8自然村。镇人民政府驻覃睦庄社区。1955年设卸甲坪乡。1975年成立卸甲坪公社。1984年复设卸甲坪乡。1997年成立卸甲坪土家族乡。传三国关云长带兵南征归来,于此地卸甲歇息而得名。有中学1所,小学3所,乡级医院1个,卫生院1个,卫生所8个。有民族风格建筑群、黄林古桥、曲尺河温泉度假区、江西观。农业以脐橙、柚子种植,猪、羊、蜂养殖为主。工业以水力、工矿业为主。服务业以温泉旅游为主。有特色美食土家坛酱、土家麻糖、土家腊肉、土家贡蹄、松滋鱼糕、回锅蛋。刘卸、卸子、卸油公路过境。

覃睦庄社区 [Qínmùzhuāng Shèqū] 卸甲坪土家族乡人民政府驻地。在市境西南部。面积8平方千米。人口1700。有覃姓大庄园初名覃母庄,后改今名。2014年成立。有土家族风格民居602栋。有社区文艺志愿者团队。有民俗步行街。刘卸、卸子、卸油公路经此。

公 安 县

公安县 [Gōng'ān Xiàn] 荆州市辖县。北纬29°37′,东经111°48′。在市境南部。面积2258平方千米。人口103.1万。以汉族为主,还有满、回、蒙古、土家、苗等民族。辖14镇、2乡。县人民政府驻斗湖堤镇。东汉建安十四年(209)刘备领荆州牧立营油江口(今斗湖堤),时为左将军(人称左公)。因取左公在此安营扎寨之意,改名公安县。晋太康元年(280)改为江安县。南朝梁太清二年(548)又改江安县为公安县。1949年后历属荆州专区、荆州地区、荆沙市。1996年属荆州市。年均气温17℃,1月平均气温5℃,7月平均气温28℃。年均降水量1191.2毫米。属江汉凹陷盆地,地势北高南低,大部分为平原,仅西南部分为平岗和丘陵地区。虎渡河流经，把全县分为虎东、虎西两片(虎东为荆江分蓄洪区)。为三袁古里，昔称“七省孔道”“湘鄂门户”“百湖之县”，有大小湖泊102个。森林覆盖率30%。有中学30所，小学63所，三级医院2个，二级医院4个。有全国重点文物保护单位2个、省级文物保护单位4个。有“鸡鸣城遗址”。有国家级非物质文化遗产公安说鼓，省级非物质文化遗产1项。三次产业比例为30∶44∶26。为全国商品粮基地县，全国生猪调出大县。淤泥湖被列为团头鲂种质资源人工生态库。有黄鳝鱼、黄颡鱼、乌鳢、河蟹、甲鱼等农特产品。工业以塑料新材、机械汽配、纺织、生物化工、包装造纸、农副产品加工六大产业为支柱。服务业以房地产为主。有荆江分洪工程。荆岳铁路，荆东、江南高速，207国道过境。

孱陵广场［Chánlíng Guǎngchǎng］　在县城中部。面积2千平方米。2005年开工，2007年建成。因“孱陵”为古县名得名。共栽植30余种乔灌木，40余种色块小灌木，铺有草坪，有喷泉、雕塑，安装有景观灯及广场音箱。是市民休闲、健身和举办公益性大型活动的综合性广场。周边有县检察院、县发展改革局等单位及阳光花园小区、伟星孱陵风景小区、利达花园小区、观天下楼群等建筑。通多路公交车。

宏泰汽车客运站［Hóngtài Qìchē Kèyùnzhàn］　见交通运输设施部分“宏泰汽车客运站”条。

斗湖堤镇［Dòuhúdī Zhèn］　公安县人民政府驻地。在县境东北部。面积100平方千米。人口13.7万。辖14居委会、12村委会，有12自然村。镇人民政府驻沿江社区。1952年为㪷市街。1955年为斗市镇。1984年更名为斗湖堤镇。2001年曾埠头乡并入。因傍湖筑堤而得名。唐代诗人杜甫旅居斗湖堤时所作《公安怀古》诗中有“江深刘备城”句，故又称为“刘备城”。长江、东清河、瓦池河流经。有朱家潭湖、杨麻水库。有中学2所，小学2所，三级医院2个，二级医院3个，卫生院1个。有柳浪遗址。有公安说鼓、公安民歌等民间艺术。农业以蔬菜、水果种植，虾稻连作为主。有五九路精品一条街。有公安牛肉火锅等美食。省道红东线过境。通多路公交车。

沿江社区［Yánjiāng Shèqū］　斗湖堤镇人民政府驻地。在县境东北部。面积0.3平方千米。人口8700。以临近长江得名。2006年成立。民居以楼房为主。设儿童服务站、妇女之家、心灵茶社、银龄俱乐部、向葵亲子小屋、社区科技馆、红十字救助站、科普知识长廊等。开展留守儿童(流动儿童)、妇女关爱保护等公益活动，老年人活动，以及进行心理咨询服务和科普知识宣传教育等。有卫生服务中心。县工商联、妇联、团县委、统计局等单位驻此。有名优特产“公安牛肉”，特色美食发糕、灯盏窝子、油糍粑。通多路公交车。

埠河镇［Bùhé Zhèn］　公安县辖镇。在县境北部。面积228平方千米。人口10.1万。辖3居委会、39村委会，有39自然村。镇人民政府驻埠河社区。1955年为北闸区。1987年撤区改建埠河镇。因有过江埠头得名。有石油、食盐等矿产资源。有初中1所，小学7所，卫生院1个。有全国重点文物保护单位荆江分洪工程北闸风景区。为生态农业示范镇，农业主产葡萄。工业以饲料生产、预拌混凝土为主。荆东高速、207国道、省道沙刘线过境。

埠河社区［Bùhé Shèqū］　埠河镇人民政府驻地。在县境北部。面积1.3平方千米。人口6900。因镇名得名。2003年成立。民居多为2层楼房，有少数平房或3层以上楼房。有便民服务大厅、警务室、计生服务站等场所。成立广场舞队、中老年艺术团等。有幼儿园、卫生院。有葡萄产业观光旅游。通公交车。

夹竹园镇［Jiāzhúyuán Zhèn］　公安县辖镇。在县境中部。面积131平方千米。人口5.7万。辖2居委会、19村委会，有20自然村。镇人民政府驻荆江社区。1978年荆江、黄金、闸口3公社合并为夹竹园公社。1983年改为夹竹园区。1987年改为夹竹园镇。清光绪年间地域南北两端各有一片竹园，后两竹园之间形成集市，称作夹竹园，因此得名。地势属平原湖区。有初中1所，小学3所，卫生院1个，文化站1个。有孱陵古城吕蒙营、刘备孙夫人城遗址。农业以水稻、优质棉种植，鱼鳖混养、蛋禽养殖、肉牛循环养殖为主。“港楚”蛋品系列、“湘妃”牌鱼糕系列为名品。荆东高速过境。通多路公交车。

荆江社区［Jīngjiāng Shèqū］　夹竹园镇人民政府驻地。在县境西南部。面积1.2平方千米。人口9100。2006年成立。因镇名得名。有现代民居500余栋，多为2层楼房，有少数平房或3层以上楼房。有舞蹈队。有中小学、幼儿园、卫生院。通多路公交车。

闸口镇［Zhákǒu Zhèn］　公安县辖镇。在县境中部。面积109平方千米。人口5.3万。辖3居委会、13村委会，有13自然村。镇人民政府驻沟陵溪社区。1916年形成闸口商业集镇。1946年为闸口镇。1959年成立闸口公社。1978年复镇。1919年因此处建双剅口闸而得名闸口。有高中1所，初中1所，小学3所，卫生院1个。有腰鼓、舞蹈等传统艺术。农业以水稻、豆类、小麦、棉花、油菜种植为主。工业以农副产品加工为主。通多路公交车。

沟陵溪社区［Gōulíngxī Shèqū］　闸口镇人民政府驻地。在县境东南部。面积1.8平方千米。人口6500。因闸口集镇内有多条沟溪而得名。2002年成立。民居多为自建2层楼房，有少数平房或3层以上楼房。成立广场舞队、保洁协会、新乡贤协会、志愿者服务队、社区便民服务中心等。有中小学、幼儿园、卫生院、文化站。有农行、农商行、邮政储蓄。有菜市场。通多路公交车。

杨家厂镇［Yángjiāchǎng Zhèn］　公安县辖镇。在县境东北部。面积3平方千米。人口5.4万。辖3居委会、18村委会，有18自然村。镇人民政府驻杨家厂社区。1958年成立长江公社。1987年置杨家厂镇。原为荒地，后有杨姓居民在江北渡口旁开设杂货铺和肉铺，渐成集镇，因此得名。有初中1所，小学3所，幼儿园2所，卫生院1个。有全国模范敬老院仁和福利院、省爱国主义教育基地荆和烈士陵园。农业以绿丰砂梨、道林瓜果蔬种植，胡羊、生猪养殖为主。通多路公交车。

杨家厂社区［Yángjiāchǎng Shèqū］　杨家厂镇人民政府驻地。在县境东北部。面积1.5平方千米。人口7100。2014年成立。因镇名得名。民居多为现代2层楼房，少数平房或2层以上楼房。成立广场舞队、腰鼓队等。有中心学校、县图书馆。有卫生院。通公交车。

麻豪口镇［Máháokǒu Zhèn］　公安县辖镇。在县境东南部。面积183平方千米。人口6.4万。辖4居委会、23村委会，有23自然村。镇人民政府驻麻豪口。1981年由江南农场改为麻豪口公社。1984年改为麻豪口区。1987年改为麻豪口镇。2001年裕公乡并入。因镇政府驻地得名。地势低凹。东清河、陆逊湖流经。有初中2所，小学3所，卫生院1个，卫生室25个，文化站1个。有农家书屋。农业以水稻种植、虾稻连作、水产养殖、蔬菜标准化种植、苗木种植为主。工业以农副产品加工、机械制造为主。省道公石线过境。通多路公交车。

麻豪口［Máháokǒu］　麻豪口镇人民政府驻地。在县政府驻地斗湖堤镇东南13千米。人口4200。有渔民曹某在东清河渡口施麻籫捕鱼，遂改称麻籫渡口，简称麻籫口。因“籫”字少见，改写成麻豪口。有中小学、卫生院。有福利院。农业以黄豆、豌豆、小麦、油菜种植为主。通公交车。

藕池镇［Ǒuchí Zhèn］　公安县辖镇。在县境东南端。面积103平方千米。人口5.2万。辖4居委会、13村委会，有15自然村。镇人民政府驻藕池。《九域志》载：北宋元丰三年(1080)“藕池镇属石首一镇”。1949年后设藕池区。1950年成立藕池镇。1958年成立藕池公社。1965年复镇。1975年复公社。1987年再复镇。因镇政府驻地得名。藕池河、安乡河、虎渡河流经。有高中1所，初中1所，小学4所，中心卫生院1个。农业以粮、棉、油种植为主，盛产瓜果菜。鱼、莲藕、蟹鳖鳝等水产业，鸡鸭鹅养殖为特色产业。工业以酿酒、纺织为主。有中华老字号黄山头牌白酒。荆岳铁路高架过境。通多路公交车。

藕池［Ǒuchí］　藕池镇人民政府驻地。在县政府驻地斗湖堤镇东南41千米。人口1.1万。因“池多盛产莲藕”得名。自古商贾云集，有“小汉口”之称。聚落呈团块状。有中小学、幼儿园、卫生院。有民间慈善组织洪善堂遗址。工业以酿酒、纺织为主。通公交车。

黄山头镇［Huángshāntóu Zhèn］　公安县辖镇。在县境最南端。面积110平方千米。人口3.8万。辖3居委会、14村委会，有19自然村。镇人民政府驻界沟社区。元末明初已形成黄山头集镇。1984年黄山管理区与黄山头集镇合并为黄山头镇。据隋地理志“安乡有黄山，山阳属安乡，山阴属公安，土石皆黄”而得名。处荆江分洪区下游，湖泊河流纵横。有水松、金钱松、红果铁冬青等珍稀树种。黄山为国家森林公园。有初中1所，小学2所，卫生院1个。农业以苗木花卉、茭白种植，水产养殖为主。高黄公路、省道港黄线过境。2014年被评为全国文明乡镇。

界沟社区［Jiègōu Shèqū］　黄山头镇人民政府驻地。在县境南部。面积0.6平方千米。人口6500。因黄山头镇与湖南省交界处有条从山脚下流至虎渡河的排水沟，为湘鄂两省之界沟而得名。2000年成立。有腰鼓队、龙狮队、歌舞队、曲艺队等传统文艺团队。有中小学、幼儿园、卫生院、文化站。有商业街、菜市场。通多路公交车。

孟家溪镇［Mèngjiāxī Zhèn］　公安县辖镇。在县境中南部。面积112平方千米。人口5.1万。辖3居委会、18村委会，有18自然村。镇人民政府驻孟家溪社区。1952年为孟溪区。1975年成立孟溪公社。1987年改为孟家溪镇。因镇政府驻地得名。虎渡河、松东河流经。有湖泊6个。有初中1所，小学4所，卫生院1个。有省级文物保护单位三袁墓。农业以粮、棉种植为主，盛产红头蜈蚣、骨风、对月草等名贵中药。工业以木材、服装、农副产品加工为主。荆东、江南高速，斗黄公路，207国道过境。

孟家溪社区［Mèngjiāxī Shèqū］　孟家溪镇人民政府驻地。在县境中南部。面积2.5平方千米。人口7900。因明代记载“以居人姓”命名。1984年成立。有广场舞队、腰鼓队等。有中小学、幼儿园、卫生院、文化站。有商业街、菜市场。通公交车。

南平镇［Nánpíng Zhèn］　公安县辖镇。在县境西南部。面积87平方千米。人口6.5万。辖4居委会、15村委会，有15自然村。镇人民政府驻新城社区。1955年设南平镇。1960年成立公社。1979年复改镇。因古属南平国辖地而得名。有初中1所,小学5所,幼儿园15所,二级医院1个,卫生院1个。有省级文物保护单位文庙。农业以畜禽、水产养殖为主,兼有粮棉油等传统产业。工业以农产品加工、汽配制造业为主。南斑公路、207国道过境。

新城社区 [Xīnchéng Shèqū] 南平镇人民政府驻地。在县境西南部。面积1.7平方千米。人口1.1万。寓意崭新建设而得名。2004年成立。民居多为自建2层楼房,有少数平房或3层以上楼房。有社区活动中心、社区休闲广场。有五老志愿者服务、乡贤调解室、梦之队文艺队等多支志愿服务团队。有向群中学、港关小学、公安县第二人民医院、血防中心。有邮政储蓄、中银富登、移动公司、畜牧中心、广电网络公司等。通多路公交车。

章庄铺镇 [Zhāngzhuāngpù Zhèn] 公安县辖镇。在县境西南部。面积183平方千米。人口6.6万。辖3居委会、25村委会,有23自然村。镇人民政府驻章庄。1952年设章庄乡。1975年成立章庄公社。1983年设庄铺乡。1987年改章镇。1999年郑公渡镇并入。因镇政府驻地得名。有盐矿资源。有中学1所,小学4所,中心卫生院1个。有邹文盛墓、袁宏道墓、覃济川革命烈士陵园、卷桥水库风景区等名胜古迹。农业以早、中、晚稻种植,虾稻连作,水产养殖为主。207国道、省道红东线过境。通乡村公路。

章庄 [Zhāngzhuāng] 章庄镇人民政府驻地。在县政府驻地斗湖堤镇西南42千米。人口6300。明代章子燚乐善好施,在自家庄院西南设施粥铺,因此得名。聚落呈带状。有中小学、卫生院。通公交车。

狮子口镇 [Shīzikǒu Zhèn] 公安县辖镇。在县境西南部。面积167平方千米。人口6.5万。辖3居委会、21村委会,有21自然村。镇人民政府驻狮子口社区。1987年设狮子口镇。1999年申津渡镇并入。因清同治年间有松西河,大水将祝家河左岸虞万寺的一对石狮冲入河中而得名。有初中1所,小学3所,卫生院1个。有名胜古迹鸡鸣城、桂花树,千年古镇申津渡,明代荥阳侯郑遇春墓等。申津渡清末木楼、申津渡石板街、大同百年香樟树为"金狮三宝"。农业以水稻、棉花、油菜种植,虾稻连作,水产养殖为主。为荆州市茶叶主产区之一,有车云山毛尖茶。荆东、江南高速,省道公松线过境。有码头3个。通公交车。

狮子口社区 [Shīzikǒu Shèqū] 狮子口镇人民政府驻地。在县境西南部。面积1.6平方千米。人口8500。因镇名得名。1999年成立。民居为普通多层楼房。有老年民乐团、舞蹈爱好者协会、书法爱好者协会等。有中小学、卫生院。有商业小区。通公交车。

斑竹垱镇 [Bānzhúdàng Zhèn] 公安县辖镇。在县境南部。面积169平方千米。人口7.6万。辖3居委会、28村委会,有26自然村。镇人民政府驻斑竹垱社区。1987年设斑竹垱镇。1999年胡家场乡并入。传舜帝南巡,娥皇、女英2妃追寻于洞庭,后2妃溺水湘江,翠竹为之伤悲,一夜间,竹茎上血泪斑斑,因此得名。有港溪25条。有初中2所,小学5所,卫生院1个。农业以莲藕种植,四大家鱼、虾、鳝养殖为主。工业以农副产品加工为主。有码头23个。荆东高速、315国道过境。

斑竹垱社区 [Bānzhúdàng Shèqū] 斑竹垱镇人民政府驻地。在县境南部。面积5.5平方千米。人口9600。因镇名得名。2002年成立。民居多为现代2层楼房,有少数平房或3层以上楼房。开展针对环境卫生及环境保护相关的志愿者活动。成立社区管乐队、舞蹈队、腰鼓队等艺术团体。有中小学、卫生院。有商业小区。有10条南北走向的主要道巷。通多路公交车。

毛家港镇 [Máojiāgǎng Zhèn] 公安县辖镇。在县境西北部。面积195平方千米。人口7.6万。辖2居委会、33村委会,有33自然村。镇人民政府驻茅穗里社区。清同治九年(1870)名毛家港。1987年成立毛家港镇。有玉湖。有初中1所,小学4所,镇卫生院1个。农业以河豚、鳝鱼养殖为主。工业以农产品加工为主。通多路公交车。

茅穗里社区 [Máosuìlǐ Shèqū] 毛家港镇人民政府驻地。在县境西北部。面积2平方千米。人口3500。"茅穗里"来自智者大师"指茅为穗,点水为油"民间传说,又名大贤里。2005年成立。开展文化娱乐等公共服务。有中小学、幼儿园、卫生院、文化站。驻工商所、农业银行、农商银行、邮政储蓄所、供电所、网络公司、人社服务中心等单位。通多路公交车。

甘家厂乡 [Gānjiāchǎng Xiāng] 公安县辖乡。在县境西南部。面积103平方千米。人口4.6万。辖3居委会、14村委会,有25自然村。乡人民政府驻甘家厂社区。1984年设甘厂乡。1987年甘厂、大门、三根松3乡合并称甘家厂乡。清代甘氏在此开设杂货铺,并建有甘家祠堂,后形成集镇,因此得名。地势岗岭起伏。雾开河流经。有初中1所,小学4所,卫生院1个。农业以粮、棉、油料作物、瓜、果、菜种植为主。工业以塑料、建材、农产品加工为主。长双烟铁路,207国道,省道港黄、长吉南线过境。

甘家厂社区 [Gānjiāchǎng Shèqū] 甘家厂乡人民政府驻地。在县境西南部。面积0.5平方千米。人口6100。因镇名得名。2011年成立。为居民就医和子女入学等提供服务。有中小学、中心幼儿园、卫生院。有商业网点。通多路公交车。

章田寺乡 [Zhāngtiánsì Xiāng] 公安县辖乡。在县境西南部。面积96平方千米。人口4.9万。辖2居委会、16村委会,有16自然村。乡人民政府驻章田社区。1955年设章田乡。1961年成立章田公社。1983年设章田寺乡。因寺庙名称得名。有港溪流经。有中学1所,小学3所,卫生院1个。有章田寺、报慈寺、佛缘寺等旅游景点。农特产品有双孢蘑菇、香菇、优质大米。为市最大的双孢蘑菇种植基地。工业以大米加工业为主。宜岳高速、县道黑大线过境。有码头1个。

章田社区 [Zhāngtián Shèqū] 章田寺乡人民政府驻地。在县境西南部。面积1平方千米。人口3400。因镇名得名。2006年成立。民居多为自建2层楼房,有少数平房或3层以上楼房。有社区安全志愿者团队。有中小学、幼儿园、乡卫生院。工业以农副产品加工为主。有国家地理标志产品章田寺大米。通多路公交车。

监 利 县

监利县 [Jiānlì Xiàn] 荆州市辖县。北纬29°26′,东经112°53′。在市境南部。面积3508平方千米。人口158.4万。辖18镇、3乡。县人民政府驻容城镇。三国时吴黄武元年(222)析华容县置监利县,因"监收盐渔之利"意得名。南朝属巴陵郡,北朝北周属复州。隋大业三年(609)属沔阳郡。唐武德四年(621)属复州。北宋属荆湖北路江陵府,曾设玉沙县。元至元十三年(1276)复置监利县,属中兴路。明洪武初属江陵府。清康熙三年(1665)属荆州府。1921年属荆宜道第七行政督察区。1936年改属第四行政督察区。1949年治所迁城厢镇(今容城镇),初属沔阳专区。1952年改属荆州专区。1996年属荆州市。先后完成城中村改造、监利经济开发区建设等。地势平坦,海拔22—36米。年平均气温16.6℃,1月平均气温8.3℃,7月平均气温28.6℃。年均降水量1278毫米。河渠纵横,有洪湖、东港湖、隆兴湖等湖泊100余个。有石油、石膏、芒硝、岩盐等矿产资源。有野生动物684种,其中有国家重点保护野生动物江豚。有国家级自然保护区1个。有高中10所,初中42所,职校2所,特校1所,三级医院1个,二级医院6个。有历史遗迹21个,革命遗(旧)址47个。有全国重点文物保护单位周老嘴。有国家级爱国主义教育基地1个。三次产业比例40∶32∶28。为全国农业大县,农业以水稻种植、水产养殖为主,老江河为中国"四大家鱼"种质资源库。盛产粮、棉、麻、油料作物、猪、鱼和芦苇,其中水稻产量居全国县市之首。为"全国农业产业化示范基地""全省水产大县""全省牲猪出口示范基地"等。工业以木材加工为主。服务业以餐饮为主。有公路4666千米,江河航运里程494千米。随岳南高速,沙洪、仙监、潜监公路过境。

玉沙广场 [Yùshā Guǎngchǎng] 在县城西部。面积10000平方米。2007年开工,同年建成。因宋代称玉沙县而得名。有绿地3000平方米,有圆形喷泉、大小舞池和大型电子幕墙,四周栽种有香樟、银杏等名贵树木。为市民休闲娱乐场所。周边有礼德大酒店、信用社宿舍楼、阳光大酒店。通公交车。

监利县中心客运站 [Jiānlì Xiàn Zhōngxīn Kèyùnzhàn] 见交通运输设施部分"监利县中心客运站"条。

容城镇 [Róngchéng Zhèn] 监利县人民政府驻地。在县境南部。面积103平方千米。人口15.1万。辖15居委会、17村委会,有24自然村。镇人民政府位于江城路。1958年为城关公社。1981年改容城镇。因西周时县境内有古容城国得名。有中学2所,小学3所,三级医院1个,二级医院3个,卫生院1个,卫生所12个,敬老院1家,慈善机构1个,社区服务中心6个。有历史遗迹、遗址23个,旅游景点7个,史称"容城八景"。农业以水稻、棉花、油料作物、蔬菜种植为主。工业以纺织、塑料、医药及食品加工业为主。沙洪公路、随岳高速连接线过境。

江城路 [Jiāngchéng Lù] 在县城西部。南起沿江路,北至随岳高速连接线。与容城大道、天府大道、玉沙大道、荆南大道、章华大道、红城大道相交。长4125米,宽40米。沥青路面。1989年开工,同年建成,2005年改扩建。因南起长江边,纵贯中心城区而得名。两侧有福江木业公司、自来水公司、实验初中、县农业局、镇政府、银湖城、县政府、翔宇教育集团等单位。通公交车。

交通路 [Jiāotōng Lù] 在县城西部。南起沿江路,北至火把堤街。与容城大道、天府大道、玉沙大道、荆南大道相交。长3750米,宽40米。沥青路面。因曾为沙洪公路监利县城区段,人多车稠而得名。1970年开工,1975年建成,2013年改扩建。两侧有县农业银行、楚天大楼、县妇幼保健院、县疾控中心、新华小学、消防中队、城北车站、红城乡政府等。通公交车。

容城大道 [Róngchéng Dàdào] 在县城西部。西起民主路,东至半沙洪公路。与交通路、江城路、华容路、工业园路等相交。长7200米,宽50米。沥青路面。1970年开工,1990年建成,2006年改扩建。因监利古为容城国而得名。两侧有楚天大楼、中百超市、县交警大队、平桥小学、县委党校、县卫生学校、县福利院等单位。通公交车。

章华大道［Zhānghuá Dàdào］ 在县城西部。东起工业园路，西至交通路。长2000米，宽30米。沥青路面。2011年开工，2013年建成。因旧有章华寺、章华台而得名。两侧有工业园区管委会、章华幼儿园、县民政局、章华小学、县人民医院、银湖城小区等单位。通公交车。

朱河镇［Zhūhé Zhèn］ 监利县辖镇。在县境东南部。面积124平方千米。人口10.1万。辖5居委会、40村委会，有50自然村。镇人民政府驻朱家河。1950年为朱河市，后改为朱河镇。1958年成立朱河镇公社。1975年复设朱河镇。因镇政府驻地得名。有中学2所，小学7所，二级医院1个，卫生院1个，卫生所10个。有朱河农民暴动纪念碑、崔琪广场等纪念地。农业以水稻、棉花、芝麻和油菜种植为主。工业以纺织、食品加工、电缆制造等为主。为小商品生产销售集散地。随岳高速、沙洪公路过境。

朱家河［Zhūjiāhé］ 朱河镇人民政府驻地。在县政府驻地容城镇东南26千米。人口3.1万。原名芦陵河，因明万历年间商人朱家河在芦陵河北岸开设店铺，后更今名。聚落呈长条状。有中小学、卫生院、卫生所。农业以粮、棉种植，水产、麻鸭、牲猪养殖为主。通公交车。

新沟镇［Xīngōu Zhèn］ 监利县辖镇。在县境北部。面积195平方千米。人口10.8万。辖5居委会、39村委会，有45自然村。镇人民政府驻新沟嘴。1949年设新沟镇。1958年成立新沟公社。1981年复设新沟镇。因镇政府驻地得名。有中学2所，小学7所，二级医院1个，卫生院1个，卫生所8个。有新沟嘴大捷纪念碑、湘鄂西中央分局旧址、红三军军部旧址等遗迹、遗址。农业以水稻、棉花、油料作物种植为主。随岳高速等过境。

新沟嘴［Xīngōuzuǐ］ 新沟镇人民政府驻地。在县政府驻地容城镇北36千米。人口2万。元末明初为饮水、田园灌溉及经商而开挖一条新渠连通东荆河的"新沟嘴"，村以渠名。聚落呈长条状。有中小学、卫生所、文化站。农业以生态农业为主。工业以稻米加工、食品加工为主。随岳高速等经此。

龚场镇［Gōngcháng Zhèn］ 监利县辖镇。在县境东北部。面积104平方千米。人口5.8万。辖3居委会、18村委会，有23自然村。镇人民政府驻龚家场。1958年为龚场公社。1979年为龚场区。1987年析设龚场镇。因镇政府驻地得名。有中学1所，小学4所，中心卫生院1个，卫生所3个，村级卫生室20个。有邮政网点、电信服务网点。有自来水厂1座。农业以水稻、棉花、油料作物、西瓜、芝麻种植为主。工业以制衣、玻铝为主。随岳高速、监仙公路过境。

龚家场［Gōngjiāchǎng］ 龚场镇人民政府驻地。在县政府驻地容城镇东北45千米。人口7500。元初某年大水，四乡淹没，唯易家集附近龚家台孑然独存，后称龚家场，简称龚场。聚落呈环状。有中小学、卫生院、卫生所。有社区活动室、文化室、藏书室。工业以制衣、玻铝为主。随岳高速、监仙公路经此。

周老嘴镇［Zhōulǎozuǐ Zhèn］ 监利县辖镇。在县境北部。面积155平方千米。人口7.1万。辖3居委会、30村委会，有40自然村。镇人民政府驻周老嘴。1975年成立周老嘴公社。1987年设周老嘴镇。传清末有周姓老人在此摆渡，因地处周家渡、阳五嘴之间而得名周老嘴。属平原湖区。有中学2所，小学12所，卫生院2个，村级卫生室33个。有邮政网点、自来水厂。有柳直荀烈士纪念园、湘鄂西革命根据地纪念馆、湘鄂西省机关旧址群等"红色首府"主要标志。农业以水稻种植为主。工业以大米加工、服装、电子为主要产业。监仙、监潜公路过境。

周老嘴［Zhōulǎozuǐ］ 周老嘴镇人民政府驻地。在县政府驻地容城镇北30千米。人口7200。初系内荆河北沿荒咀，清末有周姓老翁在此摆渡，人称周家渡，后演变为今名。聚落呈块状。有小学、文化站、卫生院。经济以零售业为主。有城市道路经此。

黄歇口镇［Huángxiēkǒu Zhèn］ 监利县辖镇。在县境西北部。面积175平方千米。人口6.5万。辖2居委会、35村委会，有40自然村。镇人民政府位于大兴街。1958年成立余埠公社。1987年改置黄歇口镇。因古有黄歇曾在此地小河入湖口处暂宿而得名。有中学2所，小学6所，卫生院1个，卫生所5个。有鄂西游击总队成立旧址、余埠大捷旧址。农业以水稻种植为主。为国家重点水稻生产基地、湖北省产粮第一镇。工业以粮食加工为主。通公交车。

汪桥镇［Wāngqiáo Zhèn］ 监利县辖镇。在县境西北部。面积156平方千米。人口8.2万。辖4居委会、33村委会，有38自然村。镇人民政府驻汪家桥。1950年设汪桥区。1958年成立汪桥公社。1987年设汪桥镇。因镇政府驻地得名。有中学2所，小学4所，二级医院1个，卫生院1个，卫生所3个。农业以水稻种植为主。工业以粮食加工、油料作物加工、酿酒为主。沙洪公路过境。

汪家桥［Wāngjiāqiáo］ 汪桥镇人民政府驻地。在县政府驻地容城镇西北27千米。人口3100。因明代汪家投资修建的木桥得名。聚落呈团状。有中小学、卫生院、卫生所。工业以制造、建筑、纺织、酿酒为主。沙洪公路经此。

程集镇［Chéngjí Zhèn］ 监利县辖镇。在县境西南部。面积146平方千米。人口6.3万。辖1居委会、32村委会，有37自然村。镇人民政府驻程家集。1975年成立程集公社。1984年改程集区。1987年改镇。因镇政府驻地得名。有中学1所，小学5所，卫生院1个，卫生所3个。为中国历史文化名镇。古镇始建于春秋时期，在近千米老街上现存大量明清古建筑，街面为由一万多块大青石铺成的石板街，具江南水乡特色。农业以水稻、棉花、油料作物、蔬菜种植，猪、家禽、黄鳝养殖为主。工业以酿酒、粮食加工业为主。沙洪、程一公路过境。

程家集［Chéngjiājí］ 程集镇人民政府驻地。在县政府驻地容城镇西北28千米。人口2700。传南宋嘉定年间有程姓富户临河辟建石级码头，开店设铺，称程家集。聚落呈环状。有中小学、卫生院。沙洪、程一公路经此。

分盐镇［Fēnyán Zhèn］ 监利县辖镇。在县境东北部。面积148平方千米。人口6.2万。辖1居委会、28村委会，有33自然村。镇人民政府驻分盐老街。1958年成立分盐公社。1987年改为分盐镇。三国时以内荆河为界，河北销售川盐，河南销售淮盐，川盐、淮盐平分秋色，故称"分盐"。跃进河流经。有中学1所，小学10所，卫生院1个，卫生所3个。有花子桥红军烈士陵园。农业以水稻、棉花、小麦、油菜种植为主。工业以服装加工业为主。随岳南高速过境。

分盐老街［Fēnyánlǎojiē］ 分盐镇人民政府驻地。在县政府驻地容城镇东北36千米。人口2800。因川盐至此不东进，淮盐至此不往西而得名。聚落呈条状。有小学、文化站、卫生院。以农业和养殖业为主。有城市道路经此。

毛市镇［Máoshì Zhèn］ 监利县辖镇。在县境中部。面积137平方千米。人口6.1万。辖3居委会、30村委会，有36自然村。镇人民政府驻毛家口。1950年设毛市区。1958年成立毛市公社。1987年置毛市镇。因镇政府驻地得名。有中学1所，小学8所，卫生院1个，卫生所4个。有古道风书社。农业以水稻、油料作物、蔬菜种植为主。有优质粮基地、稻虾连作生产基地、沙湖水产养殖基地、稻鸭共育基地。工业以玻铝业和副食品加工业为主。随岳高速连接线、黄观公路过境。

毛家口［Máojiākǒu］ 毛市镇人民政府驻地。在县政府驻地容城镇东北11千米。人口7500。传陈友谅兵败至此，人困马乏，将盔甲埋于此地而得名"埋甲口"，后改今名。聚落呈环状。有中小学、卫生院、卫生所。以服装、针织、建筑等制造业和农副产品深加工业为主。

福田寺镇［Fútiánsì Zhèn］ 监利县辖镇。在县境东北部。面积107平方千米。人口4.9万。辖3居委会、26村委会，有26自然村。镇人民政府驻福田寺。1961年成立福田公社。1984年更名福田寺镇。因寺得名。属江汉平原湖区，有监利北部水利枢纽。有中学2所，小学4所，卫生院1个，卫生所3个。为洪湖革命根据地的中心，建有柳关烈士陵园。农业以水稻、棉花、油菜、芝麻、黄豆、小麦种植，牛、猪养殖为主。工业以机电业和加工业为主。监洪公路过境。

福田寺［Fútiánsì］ 福田寺镇人民政府驻地。在县政府驻地容城镇东北18千米。人口5900。因五代梁贞明年间农户因丰收，集资兴建福田寺而得名。聚落呈长条状。有中小学、卫生院、卫生所。有大溪古文化遗迹，出土文物有石刀、石斧、骨针、陶片等100余件，现存荆州博物馆。以农业和养殖业为主。通公交车。

上车湾镇［Shàngchēwān Zhèn］ 监利县辖镇。在县境东南部。面积125平方千米。人口4.8万。辖1居委会、21村委会，有27自然村。镇人民政府驻上车湾街。1987年由汴河公社析设上车湾镇。因镇政府驻地得名。有中学1所，小学8所，卫生院1个，卫生所5个。有国家3A级宗教旅游景区护国山祖师庙。农业以水稻、棉花、油菜、蔬菜种植，水产养殖为主。随岳南高速、沙洪公路过境。

上车湾街［Shàngchēwānjiē］ 上车湾镇人民政府驻地。在县政府驻地容城镇东10千米。人口2600。因地处荆江弯道车木湾上游得名。聚落呈条状。有中小学、文化站、卫生院。以农业和养殖业为主。有城市道路经此。

汴河镇［Biànhé Zhèn］ 监利县辖镇。在县境东部。面积221平方千米。人口6.9万。辖2居委会、30村委会，有35自然村。镇人民政府驻汴河剅。1950年设汴河区。1958年改汴河公社。1984年复汴河区。1987年改置镇。2001年周河乡并入。因镇政府驻地得名。有中学1所，小学15所，镇卫生院1个，村级卫生室33个。有村级文化活动中心、图书室。有洪湖兵工厂、红军后方总医院、剅口烈士陵园等10余处遗址遗迹。农业以优质水稻、莲藕种植，小龙虾、鱼、虾养殖为主。有乡镇道路。

汴河剅［Biànhélóu］ 汴河镇人民政府驻地。在县政府驻地容城镇东17千米。人口500。清末有卞姓富户在此修建砖剅，便于排灌，因此得名。聚落呈团状。有中小学、卫生院、卫生所。农业以水产养殖为主。通乡镇道路。

尺八镇［Chǐbā Zhèn］ 监利县辖镇。在县境南部。面积157平方千米。人口9.4万。辖2居委会、42村委会，有52自然村。镇人民政府驻尺八口。1949年设尺八区。1958年为尺八公社。1984年为尺八镇。1987年将三洲划出。因镇政府驻地得名。有老江河、东港湖。有中学3所，小学18所，卫生院1个。农业以农田虾稻连作、再生稻种植为主。为四大家鱼繁殖基地。工业以食品加工业为主。朱盐公路过境。

尺八口［Chǐbākǒu］ 尺八镇人民政府驻地。在县政府驻地容城镇东南46千米。人口13000。据古籍载，为防水患，前人沿江“开穴口以杀江之势”，因穴口初宽仅一尺八寸而得名。聚落呈长条状。有中小学、卫生院、文化站、活动室。老江河为全国四大家鱼繁殖基地。农业以农田虾稻连作、再生稻种植为主。有农贸市场。通乡村公路。

白螺镇［Báiluó Zhèn］ 监利县辖镇。在县境东南部。面积174平方千米。人口5.3万。辖1居委会、23村委会，有28自然村。镇人民政府驻白螺矶。民国时设白螺乡。1949年为白螺区。1958年成立白螺公社。1984年复白螺区。1987年置镇。因镇政府驻地得名。有中学2所，小学7所，卫生院1个，卫生所3个。有爱国主义教育基地杨林山和丁家洲飞机场旧址。农作物以水稻、棉花、油菜、芝麻、花生、湘莲、小麦种植，龙虾、河蟹、黄鳝、四大家鱼养殖为主。随岳高速、沙洪公路过境。

白螺矶［Báiluójī］ 白螺镇人民政府驻地。在县政府驻地容城镇东南49千米。人口5000。因有狮子山，其形似螺壳而得名。聚落呈长条状。有中小学、卫生院、文化站、活动室。有“子龙岗”牌坊。农业以淡水养殖为主。随岳高速、沙洪公路经此。

网市镇［Wǎngshì Zhèn］ 监利县辖镇。在县境东北部。面积108平方千米。人口6.1万。辖2居委会、23村委会，有28自然村。镇人民政府驻网埠头。1990年设网市镇。因镇政府驻地得名。有中学1所，小学13所，卫生院1个，卫生所4个。名胜古迹有万佛寺、铁庙、万泉寺、石家湖。农业以水稻、棉花、油菜、芝麻种植为主，有生态水产养殖。工业以玻铝产业为主。监仙公路过境。有北口大桥。

网埠头［Wǎngbùtóu］ 网市镇人民政府驻地。在县政府驻地容城镇东北50千米。人口6300。传明初某年大水，大兴垸内白浪滔天，唯此岭尚露水面，来往渔家多集此地，晒网补网，因此得名。聚落呈条状。有小学、文化站、卫生院。服务业以零售为主。有城市道路经此。

三洲镇［Sānzhōu Zhèn］ 监利县辖镇。在县境西南部。面积207平方千米。人口4.4万。辖1居委会、24村委会，有31自然村。镇人民政府驻盐船套社区。1975年为三洲公社。1987年设三洲乡。1995年改设三洲镇。因有唐家洲、中洲、八姓洲3洲得名。有中学1所，小学7所，卫生院1个。农业以水产养殖为主。工业以食品饮料加工为主。县道朱盐线过境。有盐船套渡口。

盐船套社区［Yánchuántào Shèqū］ 三洲镇人民政府驻地。在县境西南部。面积1平方千米。人口2700。2003年成立。传清乾隆三十六年(1771)有一满载食盐之商船在邻近江中沉没，为纪念遇难者而得名。有中小学、卫生院。农业以水产养殖为主，有“稻—虾”套养。有盐船渡口。

桥市镇［Qiáoshì Zhèn］ 监利县辖镇。在县境南部。面积185平方千米。人口6.3万。辖3居委会，有28自然村。镇人民政府驻桥市街。1975年成立桥市公社。1984年为桥市区。1987年为桥市乡。1993年为桥市镇。明末清初江西王福山迁此，由于出行不便，遂建成大桥，被称为“王福三桥”。集市依桥而兴而得名。有中学1所，小学19所，卫生院1个。有螺山干渠。有监南花歌。农业以水产养殖为主。工业以副食品加工为主。沙洪公路过境。

桥市街［Qiáoshìjiē］ 桥市镇人民政府驻地。在县政府驻地容城镇东南32千米。人口700。因街道依桥而建得名。聚落呈条状。有中小学、文化站、卫生院。农业以水产养殖为主。

红城乡［Hóngchéng Xiāng］ 监利县辖乡。在县境中部。面积254平方千米。人口12.5万。辖4居委会、63村委会，有71自然村。乡人民政府驻火把堤。1958年为红城公社。1961年改红城区。1977年改红城公社。1987年分为红城、观音寺2乡，部分村域划归容城镇。2001年红城、观音寺2乡合并为红城乡。因美好愿望而得名。有中学2所，小学10所，卫生院2个，村级卫生室67个，文化站1个，村文化活动中心35个。农业以水产养殖为主。工业以农产品加工为主。沙洪、监沔公路等过境。

火把堤［Huǒbǎdī］ 红城乡人民政府驻地。在县政府驻地容城镇西北1千米。人口6800。传元末陈友谅带兵进攻失利北退至此，天已黑，遂点起火把继续北逃，因此得名。聚落呈放射状。有中小学、卫生院、卫生所。农业以水产养殖为主。沙洪、监沔公路经此。

棋盘乡［Qípán Xiāng］ 监利县辖乡。在县境东北部。面积127平方千米。人口4.7万。辖1居委会、22村委会，有25自然村。乡人民政府驻三盘棋。1958年为棋盘公社。1987年设棋盘乡。因乡政府驻地得名。属水乡湖区。有中学1所，小学11所，中心卫生院1个。有东港子旅游区、洪湖湿地保护区等。农业以水稻种植、河蟹、龙虾、鳜鱼等水产养殖为主。随岳高速、沙洪公路过境。

三盘棋［Sānpánqí］ 棋盘乡人民政府驻地。在县政府驻地容城镇东南26千米。人口800。传八仙之一吕洞宾与洞庭龙君两位神仙羡慕此地秀美风光，相约来此对弈三盘而得名。聚落呈长条状。有中小学、中心卫生院。农业以黄鳝、河蟹等水产品养殖为主。通乡村公路。

柘木乡［Zhèmùxiāng］ 监利县辖乡。在县境南部。面积202平方千米。人口7.2万。辖1居委会、38村委会，有46自然村。乡人民政府驻柘木桥。1975年成立柘木公社。1987年设柘木乡。因乡政府驻地得名。属水乡湖区。有中学2所，小学5所，卫生院1个。有国家级非物质文化遗产秧田号子啰啰咚。农业以稻田养鱼，黄鳝、虾蟹养殖为主。随岳高速、沙洪公路过境。

柘木桥［Zhèmùqiáo］ 柘木乡人民政府驻地。在县政府驻地容城镇东南36千米。人口3000。柘木为名贵树木。有江西迁来的蓝、王2姓伐沿河大柘木树建桥称柘木桥，村以桥名。聚落呈放射状。有中小学、卫生院、文化站、文化活动室。农业以稻虾连作，植莲、养鳝、养蟹为主。随岳高速经此。

江 陵 县

江陵县［Jiānglíng Xiàn］ 荆州市辖县。北纬30°02′，东经112°25′。在市境中部。面积1048平方千米。人口39.4万。辖7镇、2乡。县人民政府驻郝穴镇。秦统一中国后，“分郢置江陵县”。因“以地临江”“近州无高山，所有皆陵阜”得名。江陵一直为南郡治所。汉献帝建安十五年(210)起，江陵城长期作为荆州治所，故常被称作荆州。1949年由江陵县析置沙市市(省辖市)。1994年撤江陵县置江陵区，属荆州(沙)市。1998年江陵区复名江陵县，属荆州市管辖。地处江汉平原四湖流域西部。海拔25.3—40米。年均气温17.2℃，1月平均气温3.9℃，7月平均气温28.1℃。年均降水量1095.2毫米。长江流经。有石油、芒硝等矿产资源，有微量沙金。有野生植物1125种，其中有国家重点保护野生植物银杏。有野生动物51种，其中有省级保护野生动物49种。森林覆盖率14%。有中学11所，小学16所，二级医院1个，文化馆1个。有龙渊湖公园、滨江公园、西湖公园、人民广场。有全国重点文物保护单位红军街，省级文物保护单位东周青山楚王游宫建筑群遗址、荆台古观、资福寺、金枝寺、金果寺、白马寺、九华寺、镇安寺铁牛。有旅游胜地蓝星岛。有省级非物质文化遗产跳丧鼓。三次产业比例33∶34∶33。农业以水稻、棉花、油菜种植为主。工业以轻工机械、纺织服装、医药化工、农副产品加工为主。服务业以仓储物流、电子商务为主。潜石、江北、沙公高速，省道荆监线过境。长江大桥连通公安县。有大型公路客运站。通公交车。

奥林广场［Àolín Guǎngchǎng］ 在县城西北部。面积36000平方米。2008年开工，2010年建成。因紧邻奥林花园小区得名。广场地面由大理石铺成，正面建有音乐喷泉，正东有8米长门式走廊，正中偏北立有高4米、横宽5米的视屏牌坊。绿化面积8000平方米。举办各类文艺演出，为居民主要的活动休闲场所。周边有奥林花园小区、文化馆。通公交车。

江陵车站［Jiānglíng Chēzhàn］ 见交通运输设施部分“江陵车站”条。

郝穴镇［Hǎoxué Zhèn］ 江陵县人民政府驻地。在县境西南部。面积约37平方千米。人口4万余。辖7居委会、6村委会，有7自然村。镇人民政府驻郝穴口。明代设郝穴巡检司。清乾隆五十四年(1789)改鹤穴镇。1949年置郝穴镇。1958年改公社。1961年复郝穴镇。曾名夏首、渚口。西晋大将军羊祜“镇荆州时，江陵泽中多鹤，常取之教舞，以娱宾客，遂名鹤穴”。后改今名。南临长江，内荆河将镇区分割成多座岛屿，并与域内西湖、龙渊湖相连。有中学1所，小学1所，二级医院1个，卫生院1个，文化馆1个。有镇安寺铁牛、抗战纪念园、九华寺等名胜古迹。有滨江工业园区，集轻工、纺织、医药、化工、农副产品加工等企业于一体。有商业街。荆监、沙洪公路过境。有长途汽车客运站1个，货运码头3个，渡江码头1个。

江陵大道［Jiānglíng Dàdào］ 在县城北部。东起东环路，西至沿江路。与荆监公路、荆江路、仙鹤路、楚才路相交。长4.4千米，宽50米。沥青路面。1997年开工，2006年建成。因沿途有多个江陵县级政府重要领导单位得名。两侧还有县电视台、江陵郡都、金港国际、奥林花园、江景豪庭、龙湖城等单位及小区。通公交车。

仙鹤路［Xiānhè Lù］ 在县城西部。南起建设路，北至龙渊路。与中兴路、江陵大道相交。长2.3千米，宽40米。沥青路面。南段原名永济路，1989年向北延伸，2000年拓宽并继续北延，更名仙鹤路。因西晋羊祜在此取鹤教舞以娱宾客之事得名。两侧有县人民广场、县实验学校、县农贸中心、尚一特大酒店、汇镇俱乐部等。通公交车。

西湖路［Xīhú Lù］ 在县城南部。东起荆江路，西至太平街。与沿河路、永济路相交。长1.3千米，宽20米。沥青路面。明清时为蜿蜒相连的石板街。1959年裁弯取直。1976年拓宽。1982年铺成混凝土路面。2014年改为沥青路面。因路东段为原古西湖旧地得名。两侧有清真寺、步行街和多家商业网点。通公交车。

建设路 [Jiànshè Lù] 在县城中南部。东起荆江路，西至楚才路。与沿河路、永济路相交。长1.8千米，宽17米。沥青路面。原以荆江大堤堤面为街，1941年日寇轰炸毁堤街。1952年荆江大堤加固时拆除堤街建路，称新街。1960年改今名。两侧有郝穴小学、西湖中学、富迪超市、好邻居超市、鑫欣商业步行街等。通公交车。

荆江路 [Jīngjiāng Lù] 在县城中东部。北起荆监公路招商口段，南接建设路东端，向东至荆监公路贺家台段。与江陵大道、中兴路等相交。长4.5千米，宽40米。沥青路面。1963年修筑沙洪公路。后城区向东北扩展，沿公路两侧形成街道，名沙洪路。1994年更名荆洪路。2007年改今名。两侧有县客运中心站、华亿医疗、锦天大酒店、钻石人间大酒店、富迪超市等。通公交车。

郝穴口 [Hǎoxuékǒu] 郝穴镇人民政府驻地。在镇境西部。人口26700。郝穴晋末时与长江中5沙洲相连，南北朝时成为穴口，为荆江左岸重要泄洪孔道。后因水患多次堵塞、疏挖。明嘉靖年间建铜闸节制江水。后因淤塞全部填塞，人们仍习惯称郝穴口。有中小学、二级医院、卫生院、文化馆、公园。有镇安寺铁牛、抗战纪念园、中央半岛建筑群、尚一特酒店等。农业以甘蔗、山药、葡萄种植为主。有特色饮食山药泥、炸米饺等。有县工业园区。荆监公路、长江黄金水道等过境。有港口码头。

资市镇 [Zīshì Zhèn] 江陵县辖镇。在县境北部。面积78平方千米。人口2.9万。辖2居委会、12村委会，有12自然村。镇人民政府驻资福寺。1961年成立资市公社。1984年设资市乡。1987年置镇。因资福寺谐音简化得名。地处平原湖区，河港纵横。有中学1所，小学1所，卫生院1个，村卫生室9个，文化站1个。有东周青山楚王游宫建筑群遗址、资福寺等名胜古迹，为省级文物保护单位。农业以水稻、棉花种植为主。工业以农产品加工为主。蒙华铁路过境。通乡镇道路。

资福寺 [Zīfúsì] 资市镇人民政府驻地。在县政府驻地郝穴镇西北14千米。人口5600。隋建飞佛寺，因古寺得名。有中小学、卫生院。有资福寺、唐栽古银杏树。工业以农产品加工、服装纺织为主。江资公路经此。

青山村 [Qīngshāncūn] 在县政府驻地郝穴镇西北16千米。资市镇辖自然村。人口1300。因境内古遗址楚王游宫建筑群高台上长满青草灌木得名。聚落呈带状。有村民活动室、农家书屋。有东周时期重要遗迹青山古遗址。农业以水稻、棉花、黄豆种植为主。通乡村公路。

滩桥镇 [Tānqiáo Zhèn] 江陵县辖镇。在县境西北部。面积77平方千米。人口3.4万。辖2居委会、20村委会，有17自然村。镇人民政府驻滩桥。1958年成立滩桥公社。1961年改设滩桥区。1975年复滩桥公社。1984年复滩桥区。1987年改镇。因镇政府驻地得名。有中学1所，小学1所，卫生院1个，文化站1个。有观音寺等名胜古迹。有观音寺灌溉闸。农业以油菜、水稻种植为主，有双低油菜基地和原种基地。工业以化工医药、轻工机械为主。蒙华铁路、沙公高速、荆监公路、省道荆洪线过境。

滩桥 [Tānqiáo] 滩桥镇人民政府驻地。在县政府驻地郝穴镇西14千米。人口6300。因北洋湖出洲子口水急漩回成滩，在滩旁建桥得名。聚落呈聚集状。有中小学、卫生院、文化站、农家书屋、福利院。有篮球俱乐部、腰鼓队、军鼓队。工业以医药化工、粮油食品、汽车配件、建筑材料为主。沙洪公路经此。

熊河镇 [Xiónghé Zhèn] 江陵县辖镇。在县境中部。面积139平方千米。人口5.1万。辖1居委会、31村委会，有31自然村。镇人民政府驻熊家河社区。1958年成立熊河公社。1961年设熊河区。1975年复公社后部分地域析置白马公社。1987年熊河公社改熊河镇。因地处内荆河熊家河段得名。属淤沙平地和中间平地。有中学2所，小学1所，卫生院1个，文化站1个。有观音庵、普渡寺、药王庙等。农业以水稻、油料作物种植为主。有纺织、服装、农产品加工等工业企业。江北高速、荆监公路过境。

熊家河社区 [Xióngjiāhé Shèqū] 熊河镇人民政府驻地。在县境中部。面积2平方千米。人口7400。因濒临内荆河且居民多姓熊得名。2002年成立。有中小学、卫生院、文化站、农家书屋。有小型健身广场。有住鼓寺、陈香波烈士就义处等名胜古迹。有商标、塑料制品企业。省道荆洪线经此。

白马寺镇 [Báimǎsì Zhèn] 江陵县辖镇。在县境中部偏东。面积149平方千米。人口5.3万。辖1居委会、33村委会，有33自然村。镇人民政府驻胡家场。1975年成立白马公社。1984年改白马区。1987年置白马寺镇。以白马寺得名。地处江汉平原四湖地区腹地。有中学1所，小学3所，卫生院1个，文化站1个。有省级文物保护单位金枝寺、白马寺。有飞来寺、头陀寺、锦溪山寺、宝梵寺等名胜古迹。农业以粮、油种植，水产养殖为主。有中国香稻生产基地。工业以制衣、农副产品加工为主。潜石、江北高速，省道周马线过境。

胡家场 [Hújiācháng] 白马寺镇人民政府驻地。在县政府驻地郝穴镇东北15千米。人口7000。明嘉靖年间御史陈锭与胡忠在马场垸共同兴建集贸市场，命名陈胡家场。后人们为顺口省"陈"字，称"胡家场"。聚落呈带状。有中小学、卫生院、文化站、农家书屋。有名胜观音阁。工业以制衣为主。潜石、江北高速经此。

沙岗镇 [Shāgǎng Zhèn] 江陵县辖镇。在县境东北部。面积147平方千米。人口5.6万。辖1居委会、27村委会，有27自然村。镇人民政府驻沙岗。1975年成立沙岗公社。1984年改沙岗区。1987年置沙岗镇。因镇政府驻地得名。湖泊、港湾密布。有中学1所，小学3所，卫生院1个，文化站1个。为湘鄂西革命根据地策源地，有全国重点文物保护单位红军街，有湘鄂西苏维埃各机关旧址和沙岗烈士陵园。有省级文物保护单位荆台古观。有名胜方乐寺、明堂寺、明月寺、普福寺等。工业以食品、服装、化工医用材料加工为主。潜石高速等过境。

沙岗 [Shāgǎng] 沙岗镇人民政府驻地。在县政府驻地郝穴镇东25千米。人口4600。因白鹭湖自然形成的水渚沙洲得名。聚落呈带状。有中小学、卫生院、幼儿园、文化站、农家书屋。有红军街、湘鄂西苏维埃各机关旧址。有大型渔场3个。潜石高速、荆新省道过境。

普济镇 [Pǔjì Zhèn] 江陵县辖镇。在县境中部偏东。面积76平方千米。人口4万。辖1居委会、26村委会，有27自然村。镇人民政府驻普济社区。1958年成立普济公社。1961年设普济区。1975年复公社。1984年复区。1987年改置镇。因镇政府驻地原名得名。地处江汉平原西部，属低洼平地。有中学1所，小学1所，卫生院1个，文化站1个。有田金南支部旧址、中国工农红军第2军团旧址、墨山庙等遗迹和名胜。农业以油菜、蔬菜种植，畜牧养殖为主。工业以化工、农副产品加工、建筑材料、包装印刷为主。江北、枣石高速，荆洪公路过境。

普济社区 [Pǔjì Shèqū] 普济镇人民政府驻地。在县境中部偏东。面积3.4平方千米。人口5900。唐初名铺衣观，后更名为普济观。1987年为普济镇人民政府驻地。2002年成立社区。民居以住宅楼为主。有便民服务站、老年人活动中心、计生服务站、卫生室等。有中小学、卫生院、幼儿园、文化站、农家书屋。有中国工农红军第2军团旧址。工业以化工、服装、食品加工为主。荆洪、后新公路经此。

马家寨乡 [Mǎjiāzhài Xiāng] 江陵县辖乡。在县境西部。面积130平方千米。人口4.6万。辖1居委会、26村委会，有24自然村。乡人民政府驻高渊村。1987年由张黄、耀新、冲河3乡合并组建马家寨乡。《荆州万城堤志》载，因清乾隆年间有一马姓大户在此筑围栅形成村寨而得名。地处江汉平原西部，濒临长江，属平原湖区。有中学1所，小学4所，卫生院1所，文化站1个。有冲和观、资圣寺等名胜。农业以油菜种植、水产养殖为主。为全国双低油菜种植乡。土特产有荆楚野菊花、半夏、葡萄等。有农副产品加工企业。通乡村公路。

高渊村 [Gāoyuāncūn] 马家寨乡人民政府驻地。在县政府驻地郝穴镇西南15千米。人口2300。因有一大渊，渊旁居民多姓高得名。聚落呈聚集形。有中小学、卫生院、农家书屋。有古冲和观。工业以食品加工为主。有汽车渡口。

秦市乡 [Qínshì Xiāng] 江陵县辖乡。在县境东南部。面积55平方千米。人口3万。辖1居委会、20村委会，有20自然村。乡人民政府驻秦家场。1987年设秦市乡。因乡政府驻地得名。地处江汉平原西南部，属中间平地。有中学1所，小学2所，卫生院1个，文化站1个。有多福寺、红军小学和红军干部学校旧址。农业以大口鲇、黄颡、甲鱼、乌龟、荆陵黄鳝特色养殖为主。工业以服装、化工、建材、农副产品深加工为主。省道荆洪线等过境。

秦家场 [Qínjiācháng] 秦市乡人民政府驻地。在县政府驻地郝穴镇东南20千米。人口3100。元末明初有朝廷高官秦济坚与随从至此避难栖身，开店经商并形成集市，称秦家场。聚落呈带状。有中小学、卫生院、文化站、农家书屋。有腰鼓队、民乐团。工业以化工、建材、农副产品加工为主。江北高速、省道荆洪线等经此。

黄冈市

黄冈市［Huánggāng Shì］ 湖北省辖地级市。东经 114°24′—116°07′，北纬 29°45′—31°40′。在省境东部。面积 17457 平方千米。户籍人口 750.4 万，常住人口 629.1 万。以汉族为主，还有土家、壮、回、苗、哈萨克、黎、土、蒙古、满等民族。辖黄州区，团风、红安、罗田、英山、浠水、蕲春、黄梅 7 县，代管麻城、武穴 2 县级市。市人民政府驻黄州区。隋开皇十九年(599)改南安县为黄冈县。1914 年属江汉道。1932 年分属第三、第四行政督察区。1949 年设黄冈专区。1970 年改黄冈地区。1995 年撤黄冈地区设立黄冈市(地级)。因山名得名。据载"西北有黄冈山，因古黄国名"，故称。东、北为大别山低山丘陵；中为丘陵岗地；南为长江冲积平原，多湖泊。最高峰天堂寨海拔 1729 米。平均海拔 143 米。年均气温 16.9℃，1 月平均气温 3.9℃，7 月平均气温 28.8℃。年均降水量 1300 毫米。年均无霜期 256 天。有龙感湖、太白湖、武山湖、赤东湖、赤西湖、策湖等。巴河、浠河、蕲河等流经。有萤石、石英石、磷矿石、铁、花岗石、大理石等矿产资源。有野生植物 1487 种，其中有国家一级保护野生植物银杏、南方红豆杉，二级保护野生植物金毛狗、大别山五针松、金钱松等 17 种。有珍稀濒危保护植物 35 种。有野生动物 634 种，其中有国家一级保护野生动物 6 种，二级保护野生动物 15 种。森林覆盖率 47%。有高校 4 所，成人高校 1 所，中等职业学校 27 所，中学 302 所，小学 709 所，特殊教育学校 9 所，三级医院 2 个，文化馆 11 个，群艺馆 1 个，公共图书馆 12 个。有全国重点文物保护单位蕲春李时珍墓、红安七里坪革命旧址、黄梅五祖寺、李先念故居、董必武旧居等 9 个，省级文物保护单位 102 个，有全国科普教育基地李四光青少年科技馆。有东坡赤壁、五祖寺和四祖寺、龟峰山景区，李时珍故居及墓地等名胜古迹。有七里坪革命旧址、中央农民运动讲习所学生军指挥部等纪念地。有大别山国家森林公园、三角山国家森林公园。有传统手工艺武穴竹器、挑花绣。三次产业比例 25∶39∶36。农业以水稻、小麦、油料作物、棉花、茶、中药材种植为主。有名优特农产品英山云雾茶、武穴"双低"菜籽油、东坡贡米、蕲春珍米、麻城福白菊、邢秀娘荷叶茶等。有国家地理标志产品麻城黑山羊。工业以机械、造船、食品粮油加工、纺织、医药、电子、电力、建材、化工、轻工、钢材、新能源、汽车配件等为主。服务业以仓储邮政、批发零售、住宿餐饮、金融、房地产业等为主。有公路 28715 千米，其中高速公路 656 千米。通航河道 497.5 千米。京九铁路，沪渝、福银、沪蓉、大广、武英、武麻、沪陕、麻阳、麻竹等高速，105、106、318 国道，武黄城际铁路过境。

黄冈［Huánggāng］ 别名黄州。黄冈市聚落。在市境西南部。面积 33 平方千米。人口 28 万。从 1990 年设立黄州市起，城区建设进入新时期。1991 年开始建设黄州科技经济开发区。1995 年以道路建设为重点，新建、改造黄州大道、新港大道、东门路、沿江大道、赤壁大道、西湖一至四路等 9 条城区主干道。城区以黄州区为中心面积扩至 16.05 平方千米。1996 年扩建东坡赤壁风景区。1998 年建明珠大道，1999 年建鄂黄长江公路大桥，同期建设东方广场、东华客运站、黄冈师范学院、黄冈高新技术产业园区、黄冈中学。1996—2000 年城区面积扩大到 32 平方千米。2006 年启动建设开放式遗爱湖公园，2008 年建遗爱湖广场，2012 年城东新区开始建设。至 2014 年底，黄冈城区分为中心片区、城东片区、城北片区。中心片区由老城组团和环遗爱湖组团组成。全力打造集东坡文化、黄州历史文化于一体的东坡文化旅游区、遗爱湖文化旅游区等特色文旅休闲区和历史文化街区，使黄州成为鄂东独树一帜的文化名城。城东片区由白潭湖组团、南湖组团组成，全力推进商贸强城建设，大力发展主客共享的生态康养、文化旅游、医养结合、休闲娱乐业，提升文旅消费、夜间消费、假日消费，推进托幼、养老、家政、物业融合创新发展。城北片区由黄冈高新技术产业开发区、黄冈产业园和光谷黄冈科技产业园组成，拥有良好的产业基础、便捷的交通条件、广阔的发展空间，是黄冈建设光谷科创大走廊、融入武汉城市圈同城化发展的标志性项目，也是黄冈承接武汉产业外溢、未来人口聚集的新平台。

黄州区

黄州区［Huángzhōu Qū］ 黄冈市人民政府驻地。在市境西南部。面积 353 平方千米。人口 39.5 万。以汉族为主，还有苗、回、壮、满、土家等民族。辖 4 街道、3 镇、1 乡。区人民政府驻赤壁街道。1991 年撤黄冈县设黄州市。1996 年由黄州市析设黄州区。因黄州古郡名而得名。先后扩建东坡赤壁，建赤壁公园文化广场、青砖湖休闲广场、遗爱湖公园、黄梅戏大剧院等标志性建筑及黄冈长江大桥、武冈城际铁路等交通设施。地处长江中游北岸。年均降水量 1213.4 毫米。有白潭湖、遗爱湖。长江、巴河、长河等流经。有高校 1 所，高职 3 所，中学 21 所，小学 19 所，三级医院 2 个，二级医院 2 个，影剧院 6 个，图书馆 2 个，博物馆 4 个，公园和文化广场 10 个。有全国重点文物保护单位、国家级非物质文化遗产东坡赤壁。有省级文物保护单位 11 个。有省级非物质文化遗产 6 项。有省级爱国主义教育基地、纪念地 2 个。有遗爱湖风景区、宝塔公园、滨江公园、李四光纪念馆、陈潭秋故居等景点。三次产业比例 11∶44∶45。有生态观光农业，有土特产黄州萝卜、堵城大蒜、白潭湖淡水鱼、幸福村鱼苗、黄州手工鱼丸等。工业以机械制造、化工、纺织为主。服务业以旅游、餐饮、金融为主。京九铁路、大广高速、106 国道过境。通公交车。

黄州火车站经济开发区［Huángzhōu Huǒchēzhàn Jīngjì Kāifāqū］ 在区境东北部。西至陈策楼镇周顶湾村、团风县回龙镇沈家大湾村，东至陈策楼镇破港村、张家铺村，南至陈策楼镇六庙村万家寨、倪家仓，北至陈策楼镇王家店村胡家湾。占地 8.8 平方千米。因围绕黄州火车站得名。1997 年 6 月经省政府批准正式成立。2004 年 8 月国家发改委批准为省级开发区。由黄冈市政府管理。形成以医药化工、精细化工为主的武汉城市圈特色产业集群。已入驻企业 34 家。铁路、省际公路、高速过境。

赤壁大道［Chìbì Dàdào］ 在区境西南部。东起明珠大道，西至八一路。与新港大道、赤壁三路、赤壁二路、赤壁一路、东坡大道、黄州大道相交。长 3933 米，宽 50 米。沥青路面。1993 年开工，1994 年建成。因赤壁古迹而得名。两侧有市教育局、市中级法院、遗爱湖风景区、市发展银行、黄冈国贸、东门小学等。通公交车。

宝塔大道［Bǎotǎ Dàdào］ 在区境南部。南起新港大道，北至八一路。与西湖一路、西湖二路、西湖三路等相交。长 6000 米，宽 32—45 米。沥青路面。1987 年开工，1988 年建成，2010 年延至鄂黄大桥。因位于青云塔而得名。两侧有鄂东温州商贸城、区政府、黄冈长途汽车站、西湖中学、市水利局、黄商物流加工产业园等。通公交车。

明珠大道［Míngzhū Dàdào］ 在区境西部。北起东门路，南至鄂黄长江公路大桥。与赤壁大道、新港一路等相交。长 5978.7 米，宽 100 米。沥青路面。1998 年开工，2002 年建成。因位于城东珠明山社区旁而得名。连接 106 国道黄州段与鄂黄长江公路大桥。两侧有东方广场、东华客运站、黄冈师范学院、黄冈高新技术产业园区、金家上城、黄冈中学。通公交车。

黄州站［Huángzhōu Zhàn］ 见交通运输设施部分"黄州站"条。

东华客运站［Dōnghuá Kèyùnzhàn］ 见交通运输设施部分"东华客运站"条。

黄州汽车客运站［Huángzhōu Qìchē Kèyùnzhàn］ 见交通运输设施部分"黄州汽车客运站"条。

赤壁街道［Chìbì Jiēdào］ 黄州区人民政府驻地。在区境中部。面积 17 平方千米。人口 25.2 万。1991 年由黄州镇析设。因古迹"东坡赤壁"得名。先后修建宝塔大道、沿江大道等，改造多条道路。有中学 8 所，小学 6 所，三级医院 2 个，二级医院 2 个。有全国重点文物保护单位、国家 4A 级风景区"东坡赤壁"。有黄州安国寺、青云塔、宋城遗址、省黄梅戏大剧院等经典。服务业以商贸、餐饮为主。通公交车。

东湖街道［Dōnghú jiēdào］ 属黄州区。在区境东南部。面积 17 平方千米。人口 6 万。1991 年由黄州镇析设。因东湖而得名。有中学 3 所，小学 1 所。农业以水产为主。通公交车。

禹王街道［Yǔwáng Jiēdào］ 属黄州区。在区境北部。面积 49 平方千米。人口 2.7 万。1991 年设立。因邾城遗址曾讹传为禹王城而得名。有中学 2 所，小学 2 所。经济以农业生产为主。沿江有唐家渡综合码头。通公交车。

南湖街道［Nánhú Jiēdào］ 属黄州区。在区境东南部。面积 18 平方千米。人口 6000。2004 年设立。因南湖而得名。有职业技术学院 1 所，九年一贯制学校 1 所，卫生院 1 个。有工业园区。通公交车。

路口镇［Lùkǒu Zhèn］ 黄州区辖镇。在区境东北部。面积 64 平方千米。人口 2.7 万。辖 17 村委会，有 17 自然村。镇人民政府驻路口村。因镇政府驻地得名。1959 年成立路口公社。1958 年设路口乡。1987 年路口乡和祠岗乡合为路口镇。有白潭湖。有矿产资源黄沙。有中学 1 所，小学 3 所，卫生院 1 个，村卫生室 17 个。经济以农业生产为主。通公交车。

路口村［Lùkǒucūn］ 路口镇人民政府驻地。在区政府驻地赤壁街道东北 5 千米。人口 6400。因村处路口而得名。聚落呈块状。有中小学、卫生院。农业以水稻、棉花种植为主。通公交车。

堵城镇［Dǔchéng Zhèn］　黄州区辖镇。在区境西北部。面积56平方千米。人口3.2万。辖18村委会，有18自然村。镇人民政府驻老街村。1987年设镇，同年叶路乡及三江乡3村并入。传古时驻军为堵截来犯之敌，将平头山至鲇尾（呈半月形的小山群）依地势削壁为城，因此得名。长江内江流经。有中学1所，小学3所，卫生院1个，村卫生室18个。有螺蛳山遗址。农业特产叶路洲大蒜。工业以棉纺业为主，有棉纺织品、机械制造、矿石加工、建材等产业。团黄、江北公路过境。

老街村［Lǎojiēcūn］　堵城镇人民政府驻地。在区政府驻地赤壁街道北10千米。人口5000。因当地一解放前无名街巷而得名。聚落呈块状。有中小学、卫生院。农业以棉花、小麦、油菜种植为主。通公交车。

陈策楼镇［Chéncèlóu Zhèn］　黄州区辖镇。在区境东北部。面积78平方千米。人口3万。辖26村委会，有26自然村。镇人民政府驻陈策楼村。1987年设王家店乡。1996年更名陈策楼镇。因镇政府驻地得名。有中学1所，小学3所，卫生院1个，村卫生室26个。有陈潭秋故居。农业以水稻、棉花、油菜种植为主。京九铁路过境。

陈策楼村［Chéncèloucūn］　陈策楼镇人民政府驻地。在区政府驻地赤壁街道东北25千米。人口1200。因陈潭秋烈士故居得名。聚落呈块状。有中小学、卫生院。农业以水稻、棉花、油菜种植为主。有棉纺织企业。106国道经此。

王福湾村［Wángfúwāncūn］　在区政府驻地赤壁街道东北25千米。陈策楼镇辖自然村。人口1300。传江西王姓移民在此定居，开荒耕耘，日子富裕后为王福湾，寓意生活幸福安康，因此得名。聚落呈块状。2014年被评为全国文明村。有文化广场。农业以水稻、棉花、油菜种植为主。

陶店乡［Táodiàn Xiāng］　黄州区辖乡。在区境东北部。面积43平方千米。人口2.6万。辖17村委会，有17自然村。乡人民政府驻塘角村。1987年陶店、孙镇2乡合并设立陶店乡。传因陶姓人在此开店得名。有中学1所，小学1所，卫生院1个，村卫生室17个。有古西阳城遗址。农业以水稻、棉花、莲种植为主。通公交车。

塘角村［Tángjiǎocūn］　陶店乡人民政府驻地。在区政府驻地赤壁街道东北12千米。人口1300。因该村位于池塘边沿的塘角湾得名。聚落呈条状。有中小学、卫生院。农业以水稻、西甜瓜、棉花、莲种植为主。通公交车。

麻　城　市

麻城市［Máchéng Shì］　湖北省直辖县级市，由黄冈市代管。北纬31°11′，东经115°。在黄冈市境北部。面积3747平方千米。人口116.3万。以汉族为主，还有壮、土家、苗等民族。辖3街道、15镇、1乡。市人民政府驻龙池桥街道。隋开皇十八年（598）改信安县为麻城县，县名沿用至今。唐元和三年（808）并入黄冈县，大中三年（849）恢复麻城县建制。1949年设麻城县。1986年撤县设市（县级）。1995年由黄冈市代管。因东晋后赵大将麻秋于此筑城而得名。地处大别山中段南麓，东、北为山地，西、东南为丘陵，西南为平原。地势东北高西南低。最高峰康王寨海拔1337.1米，最低点乌龙寨河畔陶家寨海拔25米。有龟峰山、五脑山。举水河、巴水、九里冲河、双庙关河流经。年均气温16.8℃，1月平均气温2.9℃，7月平均气温28.4℃。有铁、铜、花岗石、大理石等矿产资源。森林覆盖率51%。有中学40所，小学241所，二级医院3个。有龟峰山风景区、文化小镇、浮桥河国家湿地公园、麻城烈士陵园、五脑山国家森林公园、杏花村、柏子塔、粟山岗遗址、白骨墩楚墓等旅游景点。有千年古镇5个。三次产业比例23∶43∶34。农业以水稻、小麦、棉花、油菜种植为主，有土肉糕、茶油、白菊、鱼面、金丝瓜咸菜、莲藕、板栗、桑蚕、老米酒、空心面、野生天麻、野生葛粉等特产。工业以汽车制造、冶金机械、花岗石材、农产品加工、能源电力为主。服务业以餐饮、旅游为主。沪汉蓉、麻—武联络线等铁路，大广北、沪汉蓉、麻竹高速，省道长三、胜麻、麻新、宋红线过境。

金桥大道［Jīnqiáo Dàdào］　在市区西部。东起将军南路，西至京九铁路。与进士路、孝感乡路、金通大道等相交。长1.3千米，宽27米。混凝土路面。1998年开工，同年建成。因美好意愿而得名。两侧有冠瑞医院、思源实验学校、小金山公园、新东方等酒店及金桥银座等住宅小区。通公交车。

东门大桥［Dōngmén Dàqiáo］　在市区东部。长374.5米，宽16.8米，最大跨度340米。1965年开工，1967年建成，2011年改建。因地理位置而得名。因位于举水河上的三座大桥中间，又称举水一桥。结构型式为混凝土现浇箱梁桥。最大载重5吨。通公交车。

麻城站［Máchéng Zhàn］　见交通运输设施部分“麻城站”条。

麻城北站［Máchéngběi Zhàn］　见交通运输设施部分“麻城北站”条。

麻城长途汽车站［Máchéng Chángtú Qìchēzhàn］　见交通运输设施部分“麻城长途汽车站”条。

龙池桥街道［Lóngchíqiáo Jiēdào］　麻城市人民政府驻地。在市境中部。面积55平方千米。人口7.3万。1987年设。因明清时有黑龙池，池上有桥而得名。有五脑山。先后修建陵园大道，疏理护城河，建陵园广场、水上公园。有中学7所，小学7所，二级医院1个，卫生院5所，卫生所（室）16个。有五脑山国家森林公园、帝王庙、麻姑仙洞、麻城市烈士陵园等旅游景点。工业以汽车配件、建筑材料生产为主。通公交车。

鼓楼街道［Gǔlóu Jiēdào］　属麻城市。在市境中部。面积40平方千米。人口7.4万。1987年设立。因明代钟鼓楼得名。举水河流经。有中学1所，小学6所，幼儿园6所，二级医院1个，卫生所2个，医疗点4个。农业以水稻、棉花、油菜种植，猪、牛、家禽养殖为主。工业以钢铁炉料、机械制造、建筑材料、纺织服装、生物保健为主。通公交车。

南湖街道［Nánhú Jiēdào］　属麻城市。在市境中部。面积84平方千米。人口6.1万。1987年设。因位于麻城市南部，有三角湖而得名。有中学2所，卫生院2所，乡村卫生室24个。有麻城移民文化公园、新石器时期文化遗址、西周时期古文化遗址等景点。农业以棉花、油菜种植为主。工业以花岗石材、建筑建材、粮油、服装制造产业为主。106国道、省道麻新线过境。通公交车。

中馆驿镇［Zhōngguǎnyì Zhèn］　麻城市辖镇。在市境中部偏南。面积144平方千米。人口6.9万。辖1居委会、25村委会，有498自然村。镇人民政府驻林寨村。1981年成立中馆驿公社。1984年为中馆驿区。1987年建中馆驿镇。因明代在县中设中馆驿而得名。举水河、浮桥河流经。有中学2所，中心小学3所，幼儿园10所，卫生院1个，乡村卫生室25个。有大安寺、浮桥河湿地公园等景点。农业以棉花、油菜种植为主。工业以建材为主。京九铁路、汉麻铁路联络线、沪汉蓉快速铁路、大广北高速、106国道等过境。

林寨村［Línzhàicūn］　中馆驿镇人民政府驻地。在市政府驻地龙池桥街道西南12千米。人口3800。因村内居民点林家寨得名。聚落呈块状。有中小学、卫生院。农业以水稻、棉花种植为主。

宋埠镇［Sòngbù Zhèn］　麻城市辖镇。在市境西南部。面积142平方千米。人口6.9万。辖1居委会、21村委会，有373自然村。镇人民政府驻郝铺村。1949年为宋埠镇。1959年成立宋埠公社。1984年撤公社复改镇。1987年拜郊乡和李钊乡的五周、李钊、张徐3村划入。1993年喻河乡并入。传因元代宋姓在埠南贸易而得名。有高中1所，初中2所，小学10所，幼儿园10所，二级医院1个，卫生院1个。有古迹景点禹王城、金罗家遗址。农业以稻谷、小麦种植为主。工业以加工制造为主。汉麻铁路、沪汉蓉快速铁路、106国道过境。

郝铺村［Hǎopùcūn］　宋埠镇人民政府驻地。在市政府驻地龙池桥街道西南22千米。人口15700。因居民多姓郝且开设众多店铺而得名。聚落呈块状。有宋埠中心学校。有机械、汽车销售、家具等企业。

岐亭镇［Qítíng Zhèn］　麻城市辖镇。在市境西南部。面积87平方千米。人口3.3万。辖1居委会、15村委会，有249自然村。镇人民政府驻新河村。1984年由定撤公社改镇。1987年钊、杨畈、大塘3乡并入岐亭镇。传因古有歧姓在水陆交通要道建亭谋生而得名。有中学1所，小学6所，卫生院1个。有杏花村、丫头山传统古村落等景点。农业以水稻、小麦种植为主。京九、京广铁路，106国道，省道宋大线等过境。

新河村［Xīnhécūn］　岐亭镇人民政府驻地。在市政府驻地龙池桥街道西南30千米。人口1800。因新河坎塆而得名。聚落呈块状。农业以水稻、棉花种植为主。

杏花村［Xìnghuācūn］　在市政府驻地龙池桥街道西南29.6千米。岐亭镇辖自然村。人口2100。因村内多树、风景优美而得名。聚落呈块状。为中国历史文化名村、中国传统村落。有谢家墩新石器龙山文化遗址、白骨墩楚墓群、九骡山激战遗址及明通判署、清同知衙门（二府衙门）等。有国家3A级景区麻城市杏花村。有特产土鸡蛋、茶油、豆丝、鱼面、米酒等。

丫头山村［Yātoushāncūn］　在市政府驻地龙池桥街道西南32千米。岐亭镇辖自然村。人口300。因丫头山得名。聚落呈块状。为中国传统村落。有龚氏家族古民宅56栋。

白果镇［Báiguǒ Zhèn］　麻城市辖镇。在市境南部。面积162平方千米。人口9.8万。辖1居委会、34村委会，有510自然村。镇人民政府驻五行宫村。1949年为白杲区。1956年改白杲镇。1958年成立白杲公社。因白杲在此开设店铺得名，同年获周恩来总理颁发的“农业先进单位”奖状，“白杲”误笔为“白果”，遂改今名。1984年公社分设白果区、白果镇，1986年合并为白果镇。1999年原闵集乡8村并入。有中学2所，小学7所，中心卫生院1个，村级卫生室45个。有景点明山水库。有特产白果肉糕。有石材厂。省道麻白线过境。

五行宫村［Wǔxínggōngcūn］　白果镇人民政府驻地。在市政府驻地龙池桥街道南15千米。人口1900。因五行宫而得名。聚落呈块状。有中小学、卫生院。农业以花生、蔬菜种植为主。

夫子河镇 [Fūzǐhé Zhèn] 麻城市辖镇。在市境南部。面积256平方千米。人口4.3万。辖1居委会、17村委会，有271自然村。镇人民政府驻蔡家河村。1949年为夫子河区。1984年设夫子河镇。因传孔夫子及弟子路经此地而得名。有接天山。夫子河流经。有中学1所，小学3所，卫生院1个。有接天山风景区。农业以水稻、小麦、油菜、棉花、花生、芝麻种植为主，有土特产夫子河鱼面。有木材厂。

蔡家河村 [Càijiāhécūn] 夫子河镇人民政府驻地。在市政府驻地龙池桥街道南22千米。人口1600。因村域靠河边，居民姓蔡而得名。聚落呈块状。农业以水稻、棉花、小麦种植为主。

付兴湾村 [Fùxīngwāncūn] 在市政府驻地龙池桥街道南25千米。人口3200。因祖先付德兴得名。聚落呈块状。为中国传统村落。有18世纪20—60年代在老宅基地上修建的仿古民居付兴垮绣楼，俗称付兴花园。现存望月楼为前后二层砖木结构楼房。

阎家河镇 [Yánjiāhé Zhèn] 麻城市辖镇。在市境东北部。面积125平方千米。人口4.7万。辖19村委会，有331自然村。镇人民政府驻罗家铺村。1949年设阎家河区。1975年成立阎家河公社。1984年复为阎家河区。1987年改镇。因域内主要河流阎家河得名。阎家河、细石河、芭茅河流经。有中学1所，小学5所，卫生院1个，乡村卫生所28个。有万松古亭、钓鱼台、阎公墓、柏举古战场、文昌阁、文殊院、柏子塔、四望山、凤凰台、九龙山国家地质公园等古迹景点。农业以水稻、棉花、花生种植为主，有土特产水果、茶叶、黑山羊、鲇鱼、野鸡、莲藕。

罗家铺村 [Luójiāpùcūn] 阎家河镇人民政府驻地。在市政府驻地龙池桥街道东北11千米。人口1700。因罗家垮，有商店和手工业店而得名。聚落呈块状。有荷塘印象旅游区。有小学。农业以水稻、棉花、油菜、蔬菜种植为主。

张家畈镇 [Zhāngjiāfàn Zhèn] 麻城市辖镇。在市境西北部。面积213平方千米。人口6.2万。辖26村委会，有522自然村。镇人民政府驻张家畈村。1987年设张家畈镇。1993年木樨河乡并入。1999年蔡店河乡并入。因张姓居民临田畈聚居而得名。有煤、铁、铅、铜等矿产资源。有中学1所，卫生院1个，村级卫生室48个。有什子寨、于成龙石刻、龙潭谷、方姑古洞、高庙禅寺古县治遗址等古迹景点。农业以水稻、小麦、大豆种植为主，有土特产蚕茧、板栗等。工业以农机修配、工艺制品和砖瓦生产为主。

张家畈村 [Zhāngjiāfàncūn] 张家畈镇人民政府驻地。在市政府驻地龙池桥街道东南33千米。人口1800。因清初有8个张姓商户在田畈中建铺经商，逐渐形成集市而得名。聚落呈块状。有张家畈烈士纪念碑。有小学。农业以水稻、小麦、油菜、花生种植为主，特产板栗。省道长三线经此。

木子店镇 [Mùzǐdiàn Zhèn] 麻城市辖镇。在市境东部。面积256平方千米。人口6.1万。辖29村委会，有535自然村。镇人民政府驻木子店村。1987年设木子店镇。1993年东古城乡并入。因镇政府驻地得名。有石灰石、水晶石、铬、铁等矿产资源。有中学2所，小学8所，幼儿园7所，卫生院1个，村级卫生室26个。有景点天井山大峡谷。农业以水稻、油菜、蚕桑种植为主，有土特产老米酒、野茶等。工业以铁矿、老米酒酿造、建材产业为主。沪汉蓉快速铁路，武合、麻阳高速等过境。

木子店村 [Mùzǐdiàncūn] 木子店镇人民政府驻地。人口3300。因明代一江西老者来此木梓树下搭茅棚，以卖草鞋、开饭店为业得名木梓店，后简为今名。聚落呈块状。有中小学、卫生院。经济以农业、商贸为主。

王家畈村 [Wángjiāfàncūn] 在市政府驻地龙池桥街道东39千米。木子店镇辖自然村。人口2200。因居民多姓王，垮前有田畈而得名。聚落呈块状。为中国传统村落。有清前古石桥和清代古凉亭。村落以明末清初建筑为主体。老建筑占全部民居的60%以上。农业以水稻、花生、油菜种植为主。

盐田河镇 [Yántiánhé Zhèn] 麻城市辖镇。在市境南部。面积139平方千米。人口4.8万。辖20村委会，有497自然村。镇人民政府驻三合垸村。1985年成立盐田河区。1987年改盐田河乡。1997年改镇。因境内田家垮前水田地长流咸水，古时以此水代盐而得名。盐田河流经。有铜、金、银、褐铁等矿产资源。有初中1所，小学4所，幼儿园9所，中心卫生院1个，村级卫生室21个。农业以板栗、稻谷、小麦种植为主。有板栗罐头厂、板栗壳固型炭厂、石材厂。

三合垸村 [Sānhéyuàncūn] 盐田河镇人民政府驻地。在市政府驻地龙池桥街道南38千米。人口4700。传该垮曾出3官员，在村内不同地方各建房子，后人口、房屋增多，逐步将3座房子连在一起而得名。聚落呈带状。有中小学、幼儿园、卫生院、文化站。农业以花生、水稻种植为主。有超市。

三河口镇 [Sānhékǒu Zhèn] 麻城市辖镇。在市境东北部。面积394平方千米。人口5.5万。辖27村委会，有875自然村。镇人民政府驻舒家畈村。1987年成立三河口镇。1993年平斗山乡9村并入。1999年张广河乡并入。因地处张广河、石门河、石桥铺河汇聚口得名。张广河、石门河流经。有中学1所，小学8所，卫生院1个，村级卫生室38个。有古迹景点隘门关、悬钟寺、康王寨、三河水库、碧绿河水库、狮子峰景区。农业以水稻、板栗种植为主，盛产天麻、灵芝等中药材。工业以制造业和加工业为主。

舒家畈村 [Shūjiāfàncūn] 三口河镇人民政府驻地。在市政府驻地龙池桥街道东北26千米。人口2700。因地处平畈，原居民姓舒而得名。聚落呈块状。有卫生室。农业以水稻、小麦、花生、油菜种植为主。麻三公路经此。

黄土岗镇 [Huángtǔgǎng Zhèn] 麻城市辖镇。在市境北部。面积273平方千米。人口5.1万。辖23村委会，有361自然村。镇人民政府驻水寨村。1987年设黄土岗镇。1999年长岭岗乡并入。初名尹家岗，后有风水先生说此地是长龙卧坡地脉。居其上势如骑龙，改名“骑龙岗”。再后有某知府来岗察看，见遍地黄土曰：“什么是骑龙岗，原来是黄土岗！”遂改今名。举水河流经。有矿产资源石英石。有高中1所，初中1所，小学7所，卫生院1个，村级卫生室41个。有景点桐枧冲瀑布、龙潭峡谷。农业以水稻、小麦种植为主。工业以冶金机械制造业为主。106国道过境。

水寨村 [Shuǐzhàicūn] 黄土岗镇人民政府驻地。在市政府驻地龙池桥街道北偏东23千米。人口2600。原名李家墩，后为保护财产，将垮周围深挖成水塘，改今名。聚落呈块状。农业以水稻、油菜、花生、小麦种植为主，特产油菜、板栗。

小漆园村 [Xiǎoqīyuáncūn] 在市政府驻地龙池桥街道东北28千米。人口2800。因传该地杨姓菜园边有一片漆树而得名。聚落呈块状。为中国传统村落。现存何氏祠堂、文化礼堂各一栋，传统民居104栋。村口建有牌坊式门楼，立有上马石和下马石。

福田河镇 [Fútiánhé Zhèn] 麻城市辖镇。在市境北部。面积257平方千米。人口5.6万。辖24村委会，有448自然村。镇人民政府驻虎头狮村。1975年成立福田河公社。1987年设福田河镇。1993年两路口乡并入。因镇东有河，行人须赤足过河，老幼病残只好望天而哭，名“哭天河”。后有道士修桥，过往方便，改名福天河，后改今名。福田河、举水河流经。有初中1所，完小5所，卫生院1个，村级卫生所26个。有中国工农红军第四军建军纪念地、武汉保卫战遗址、红军街、鄂豫区党政指挥机关旧址、纯阳大峡谷等景点。有土特产福白菊、油茶、黑山羊等。工业以液压气动、菊花和野生茶油加工为主。

虎头狮村 [Hǔtóushīcūn] 福田河镇人民政府驻地。在市政府驻地龙池桥街道北偏东34千米。人口2500。因地形似虎、狮头部得名。聚落呈块状。有镇中学。有卫生室。农业以水稻、菊花、花生、油茶种植为主。

乘马岗镇 [Chéngmǎgǎng Zhèn] 麻城市辖镇。在市境西北部。面积298平方千米。人口6.5万。辖27村委会，有416自然村。镇人民政府驻王福店村。1949年为乘马区。1987年设乘马岗乡。1999年与王福店镇合并为乘马岗镇。因民间传说和地形地貌而得名。跳水河流经。有金、银、云母等矿产资源。有初中2所，小学6所，卫生院1个，村级卫生所43个。有景点乘马会馆、麻城县苏维埃政府旧址、麻城县传达“八七”会议旧址、得胜寨战斗旧址。农业以稻谷、小麦种植为主。工业以石英石加工为主。京九铁路、大广北高速过境。

王福店村 [Wángfúdiàncūn] 乘马岗镇人民政府驻地。在市政府驻地龙池桥街道北20千米。人口6100。传黄福在此开店，得名黄福店，后改今名。聚落呈块状。有中小学、卫生院。农业以水稻种植为主。

顺河镇 [Shùnhé Zhèn] 麻城市辖镇。在市境西北部。面积337平方千米。人口6.6万。辖30村委会，有449自然村。镇人民政府驻顺河村。1975年成立顺河集公社。1987年设顺河集乡。1999年与罗家铺、西张店2乡合并为顺河镇。因镇政府驻地得名。浮桥河流经。有中学3所，小学9所，卫生院1个，村级卫生所49个。有浮桥河国家湿地公园、凤凰山、红星英烈园、县苏维埃政府旧址、柏树咀红军医院、可行桥古塔纪念碑等景点。农业以水稻、棉花、板栗种植为主，有土特产野生红菇、生态板栗。工业以石英砂厂、木材加工为主。

顺河村 [Shùnhécūn] 顺河镇人民政府驻地。在市政府驻地龙池桥街道西北22千米。人口2000。因村沿浮桥河而建，故以“顺河”为名。聚落呈块状。农业以水稻种植为主。

龟山镇 [Guīshān Zhèn] 麻城市辖镇。在市境东南部。面积266平方千米。人口5.9万。辖27村委会，有393自然村。镇人民政府驻铺头坳村。1949年设龟山区。1958年成立龟山公社。1987年设龟山乡。1993年牛占鼻乡并入。2009年改设镇。因龟峰山得名。有初中2所，小学6所，幼儿园4所，中心卫生院1个，卫生分院2个，村级卫生室37个。农业以水稻、棉花、油菜种植为主，有土特产桑蚕、茶叶、板栗。武麻、麻阳高速，省道麻胜线过境。

铺头坳村 [Pùtóu'àocūn] 龟山镇人民政府驻地。在市政府驻地龙池桥街道东南20千米。人口4700。因地处山坳，原有店铺而得名。聚落呈块状。有中小学、卫生院。农业以水稻、板栗种植为主。

铁门岗乡 [Tiěméngǎng Xiāng] 麻城市辖乡。在市境西南部。面积159平方千米。人口

6.6万。辖23村委会，有436自然村。乡人民政府驻铁门岗村。1961年设铁门岗区。1987年设铁门岗乡。1993年冯家凉亭乡并入。因乡政府驻地得名。有玄武岩。有中学1所，小学6所，幼儿园6所，卫生院1个，村级卫生室49个。农业以粮食种植为主。工业以粮食加工、建筑材料为主。

铁门岗村 [Tiěméngǎngcūn]　铁门岗乡人民政府驻地。在市政府驻地龙池桥街道西南21千米。人口1600。原为荒无人烟的山岗，传旧时曾有“十八老子”在此抢劫，非常危险，故名铁门坎，后演今名。聚落呈块状。有中小学、卫生院。农业以水稻、棉花及油料种植为主。

武 穴 市

武穴市 [Wǔxué Shì]　湖北省直辖县级市，由黄冈市代管。北纬29°50′，东经115°45′。在黄冈市境东部。面积1246平方千米。人口80.5万。以汉族为主，还有土家、壮等民族。辖4街道、8镇。市人民政府驻武穴街道。唐天宝元年(742)永宁县更名广济县。1953年县治从梅川镇迁往武穴镇。1987年撤广济县设武穴市(县级)。因市政府驻地武穴街道得名。北部低山，中、西为丘陵，东、南为平原。最高山峰一尖山海拔1063.4米。属亚热带季风性湿润气候。年均气温17.2℃，1月平均气温3.6℃，7月平均气温29.1℃。年均降水量1538毫米。长江流经。森林覆盖率23%。有中学36所，小学180所，二级医院4个。有文曲戏团。有省级文物保护单位郑公塔。有横岗山风景区、仙姑山旅游区、楚江锁钥、甘霖寺、鲍照读书台、象山寺、层峰山景区、武山湖、浴佛井、灵山、龙湫寺、龙珠峡漂流景区等名胜古迹。有国家级非物质文化遗产武穴岳家拳。有地方剧种采茶调、文曲戏、黄梅戏等。有武穴酥糖、翡翠卷鲜等特色美食。三次产业比例23∶48∶29。工业以医药化工、机械电子、建材生产为主。服务业以旅游、饮食、宾馆服务为主。京九铁路，沪渝、黄黄高速，黄标国道，省道梅武、蕲龙线等过境。

永宁大道 [Yǒngníng Dàdào]　在市区中部。东起明珠路，西至凤凰路。与玉湖路、窝陂塘路、民主路等相交。长6000米，宽18米。沥青路面。1937年建成。1980年改建。2010年铺设沥青路面。因广济县志载武穴曾设立永宁县而得名。两侧有武穴市委。通公交车。

广济大道 [Guǎngjì Dàdào]　在市区西部。东起凤凰路，西至百米港二桥。与龙港路、窝陂塘路、民主路、明珠路等相交。长5000米，宽14米。沥青路面。1987年开工，1989年建成。原名环城路，1993年改今名。两侧有湖北三水服饰、中国人寿等。通公交车。

武穴站 [Wǔxué Zhàn]　见交通运输设施部分“武穴站”条。

武穴市汽车客运站 [Wǔxué Shì Qìchē Kèyùnzhàn]　见交通运输部分“武穴市汽车客运站”条。

武穴街道 [Wǔxué Jiēdào]　武穴市人民政府驻地。在市境南部。面积43平方千米。人口15万。1987年由武穴镇改设。唐时为小渔村，后因武王英布在此驻兵建寨，明代改名武家穴，后演今名。曾建设与改造武山湖沿湖大道、武穴大道。有中学5所，小学8所，二级医院3个，卫生所8个。有地方艺术采莲船、舞龙、打莲湘等。农业以棉花、水稻种植为主，兼有渔业、畜牧业。农特产品有武穴酥糖、佛手山药、生姜、豆泡等。工业以食品加工、竹器加工等为主。通公交车。

刊江街道 [Kānjiāng Jiēdào]　属武穴市。在市境西部。面积45平方千米。人口3.8万。1987年设。因城区内河流刊江得名。有仙姑山、风尔山、团山。有中学3所，小学6所，卫生院3个，卫生所8个。有仙姑山旅游风景区。农业以棉花、油菜、小麦、水稻种植为主。有工业集中区、建材生产聚集区、农副产品加工区。通公交车。

田家镇街道 [Tiánjiāzhèn Jiēdào]　属武穴市。在市境西南部。面积43平方千米。人口2.4万。1982年建田家镇。1987年改街道。古称兰洲，后因田姓居多改今名。有煤、石灰石等矿产资源。有中学2所，小学4所，卫生院1个，卫生所5个。有景点红色渡口、双善洞、龚隆洞、仙人洞。以化肥、医药化工等产业为主。京九铁路、省道沿江大道过境。通公交车。

万丈湖街道 [Wànzhànghú Jiēdào]　属武穴市。在市境东南部。面积23平方千米。人口8000。2004年设。因湖面积有万丈之大而得名。有连城山。梅川河、大金河流经。有中学1所，小学3所，卫生院1个，卫生所4个。有景点连城山上的女儿城遗址等。有传统艺术黄梅戏、文曲戏等。农业以水稻、棉花、油菜种植为主，有农特产品鳜鱼、龙虾等。工业以铸钢、化工业为主。县道莲龙线、莲万线过境。通公交车。

梅川镇 [Méichuān Zhèn]　武穴市辖镇。在市境北部。面积272平方千米。人口14.2万。辖6居委会、75村委会，有875自然村。镇人民政府驻石牛社区。1986年建梅川镇。2001年南泉乡、横岗乡、两路镇并入。因梅花和河流得名。有横岗山、峰口山。梅川河流经。有石英石、瓷土等矿产资源。有中学6所，小学42所，二级医院1个，卫生院3个，卫生所48个。有景点原广济十景的“横岗耸翠”“白石堆瑶”“灵山浮渡”、浴佛井。农业以水稻种植为主，有土特产山药、生姜。工业以活塞、啤酒、针织等产业为主。通公交车。

石牛社区 [Shíniú Shèqū]　梅川镇人民政府驻地。在市境北部。人口3800。因境内石牛塆得名。民居有楼房、别墅。社区组织玩狮子、舞龙、草台戏、街舞等群众文化活动，有歌咏、象棋比赛等。有中小学、二级医院、卫生院。省道柳界线经此。

同心村 [Tóngxīncūn]　在市政府驻地武穴街道北52千米。梅川镇辖自然村。人口700。因武穴市第一个农村党支部在这里成立，为了同心协力干好党的事业而得名。聚落呈山字形。为中国传统村落。有清咸丰七年(1857)建成的古民居、古祠堂、古戏台、古树、古巷。有国家非物质文化遗产李垅塆祠堂。农业以山药、红薯、玉米种植为主。

余川镇 [Yúchuān Zhèn]　武穴市辖镇。在市境东北部。面积202平方千米。人口6.5万。辖1居委会、45村委会，有423自然村。镇人民政府驻松山咀。1958年成立余川公社。1961年改余川区。1987年改余川镇。2001年与太平乡合并设余川镇。因古乐器命名。有铅、锌、铜、金红石、花岗石、磷等矿产资源。有中学3所，小学15所，卫生院1个，卫生所19个。有景点“龙湫夜雨”、“东冲积雪”、鲍照读书台、横岗山林隐寺等。有地方特色民间艺术采茶戏、打花鼓、采莲船等。有生猪、山药、茶叶等特色产业。工业以农产品深加工、建材原料加工为主。柳界公路过境。

松山咀 [Sōngshānzuǐ]　余川镇人民政府驻地。在市政府驻地武穴街道东北30千米。人口1200。因位于长满松树的山嘴边而得名。有中小学、卫生院。有玩狮子、舞龙、草台戏和街舞等文化活动。农业以粮、棉、油料作物种植为主，特产山药、干竹笋。省道柳界线经此。

花桥镇 [Huāqiáo Zhèn]　武穴市辖镇。在市境东部。面积158平方千米。人口8.6万。辖4居委会、37村委会，有521自然村。镇人民政府驻花桥社区。1958年成立花桥公社。1959年设花桥区。1986年设花桥镇。2001年与郑公塔镇合并为花桥镇。原名花官桥，因东汉有花子石匠在此揭榜修建石桥，取名花官桥，后去掉“官”字得名。有中学4所，小学22所，卫生院1个，卫生所27个。有观音寨、廉贞寨等山峰。有古迹郑公塔。有地方特色民间艺术戏剧、舞蹈、采莲船等。农业以水稻、油菜、棉花种植，猪、鸡养殖为主。工业以小五金、服装纺织产业为主。省道莲龙线过境。

花桥社区 [Huāqiáo Shèqū]　花桥镇人民政府驻地。在市境东部。面积4平方千米。人口3400。因境内花官桥而得名。2014年由村改设社区。民居有楼房、别墅。社区开展玩狮子、舞龙、草台戏、街舞等群众文化活动，还有歌咏、象棋比赛等。有中小学、卫生院。京九铁路、沪蓉高速经此。

大金镇 [Dàjīn Zhèn]　武穴市辖镇。在市境中部。面积72平方千米。人口4.5万。辖2居委会，有20自然村。镇人民政府驻苏家垴社区。1958年成立大金公社。1987年设大金镇。因大金河而得名。有大理石、石英石等矿产资源。大金河、梅川河流经。有中学3所，小学16所，卫生院1个，卫生所9个。有将军墓、宋天佑墓等古迹景点。农业以稻米、油菜、甘蔗、山药种植为主，有土特产酱板鸭、山药。工业以化工、机械制造为主。有药生物产业园、工业园。京九铁路、武梅公路过境。

苏家垴社区 [Sūjiānǎo Shèqū]　大金镇人民政府驻地。在市境中部。面积1平方千米。人口3900。因姓氏与地理位置而得名。2014年由村改设社区，民居有楼房、别墅。社区开展玩狮子、舞龙、草台戏、街舞等群众文化活动，还有歌咏、象棋比赛等。有中小学、卫生院。农业以水稻、棉花、油菜种植为主。有药生物产业园、工业园。京九铁路、沪蓉高速、省道线经此。

石佛寺镇 [Shífósì Zhèn]　武穴市辖镇。在市境中部偏南。面积104平方千米。人口5.8万。辖1居委会，有29自然村。镇人民政府驻石佛寺社区。1958年成立石佛寺公社。1961年更为石佛寺区。1987年设石佛寺镇。因有石佛寺，聚居成集镇而得名。有中学3所，小学21所，卫生院1个，卫生所17个。有樊哙城、女儿城、梳妆台、龙表山古墓群、武山湖风景区等古迹景点。农业以油菜种植为主。工业以轻工业、农产品加工业为主。有火车站工业园。105、106、318国道过境。

石佛寺社区 [Shífósì Shèqū]　石佛寺镇人民政府驻地。在市境中部。面积3.1平方千米。人口4700。以古寺石佛寺得名。2014年由村改设社区。民居有楼房、别墅。社区开展玩狮子、舞龙、草台戏、街舞等群众文化活动，还有歌咏、象棋比赛等。有中小学、卫生院。农业以粮、棉、油料作物种植为主。服务业以商贸为主。有农副产品加工园。省道梅武线经此。

四望镇 [Sìwàng Zhèn]　武穴市辖镇。在市境西部。面积103平方千米。人口4.9万。辖1居委会、29村委会，有261自然村。镇人民政府驻新庙社区。1950年设四望山区。1958年成立四望公社。1984年改四望区。1987年建四望镇。因位于四望山脚下而得名。有四望山。梅川河、铁石河流经。有中学3所，小学17所，卫生院1个，卫生所17个。有药王庙、鼓山遗址、抗日将士纪念塔、陶文寨抗日战场遗址、何子会烈士墓等。农业以水稻、油菜种植为主。工业以机械设备加工为主。京九铁路、黄黄高速等过境。

新庙社区 [Xīnmiào Shèqū] 四望镇人民政府驻地。在市境西部。面积1.25平方千米。人口3300。因重建寺庙而得名。2014年由村改设社区。民居有楼房、别墅。社区开展玩狮子、舞龙、草台戏、街舞等群众文化活动,还有歌咏、象棋比赛。有中小学、卫生院。县道武新线经此。

大法寺镇 [Dàfǎsì Zhèn] 武穴市辖镇。在市境西南部。面积117平方千米。人口5.5万。辖1居委会,有36自然村。镇人民政府驻李家边。1984年设阳城区。1987年设大法寺镇。因大法圆觉禅寺得名。有玉屏山、象山、仙姑山。有石灰、石膏、煤等矿产资源。有中学2所,小学20所,卫生院1个,卫生所15个。有景点灵泉洞、泰公陵。农业以水稻、棉花、苎麻种植为主。工业以石灰石开采为主。县道郑席、梅马线过境。

李家边 [Lǐjiābiān] 大法寺镇人民政府驻地。在市政府驻地武穴街道西北14千米。人口1200。因境内李家边垮人口居多,且有重要革命教育基地而得名。聚落呈王字形。有中小学、卫生院。有玩狮子、舞龙、草台戏、街舞等群众文化活动,还有戏曲、象棋比赛等。特产雷竹、花卉、茶叶。县道郑席、梅马线经此。

龙坪镇 [Lóngpíng Zhèn] 武穴市辖镇。在市境东南部。面积64平方千米。人口4.9万。辖1居委会,有8自然村。镇人民政府驻花园。唐武德四年(621)建龙坪镇。1958年成立龙坪公社。1984年改区。1987年改镇。1988年改龙坪镇街道。2000年复龙坪镇。古称龙坑,明嘉靖年间为景王封地,因"坑"字不详,遂改"坑"为"坪",故名龙坪。有中学1所,小学6所,卫生所7个。有名胜古迹龙坪江滩、清代名人金德嘉故居。农业以小麦、棉花、水稻种植为主,有土特产龙坪油面、木屐。工业以塑料、轻纺产业为主。省道蕲龙、莲龙线过境。

花园 [Huāyuán] 龙坪镇人民政府驻地。在市政府驻地武穴街道东14千米。人口4500。原为蔬菜大队,因蔬菜园地美若花园而得名。聚落呈川字形。有中小学、卫生院。有清代金德嘉故居、熊百万故居。农业以棉花种植,生猪养殖为主。有塑料企业。省道沿江线经此。

团风县

团风县 [Tuánfēng Xiàn] 黄冈市辖县。北纬30°38′,东经114°52′。在市境西北部。面积833平方千米。人口38万。以汉族为主,还有土家、壮、苗、布依、蒙古等民族。辖8镇、2乡。县人民政府驻团风镇。据《元丰九域志》载,宋元丰三年(1080)团风为镇,属黄冈县。1991年属黄州市。1996年设团风县。因有河水在此汇流入长河,称湍沨,后演为团风。分中心城区、南部城镇密集发展区、北部生态协调发展区。年均气温16.8℃,1月平均气温3.9℃,7月平均气温29.3℃。年均降水量1731.9毫米。属亚热带大陆性季风气候。最高峰大崎山海拔1040米,最低点罗家沟闸底海拔14米。有大崎山、小崎山、接天山、龙王山、白云山、将军山等。举水、巴水、长河、牛车河、沙河、五桂河、溢流河等流经。有金、铁、白云岩、花岗岩等矿产资源。森林覆盖率32.5%。有中学18所,中职1所,小学27所,二级医院2个,妇幼保健院1个,疾病预防控治中心1个。有旅游景点大崎山森林公园、八斗湾、白羊山寨、东岳庙、冰川砾石、菇子山古墓、黄冈革命烈士陵园、万年台、神仙寨、牛车河、杨汉湖等。有林育南、林育英、林彪、李四光故居。有国家级非物质文化遗产湖北大鼓。有地方民间艺术现代民间绘画、天府圣会、丝弦锣鼓、龙舟会等。三次产业比例21∶52∶27。农业以优质稻、蔬菜、林果种植,蛋鸡、水产养殖为主。有土特产贾庙苦荆茶、方高坪马蹄、谢河辣椒、团风"狗脚"、团风射干。工业以钢结构、纺织服装、建筑建材、农副产品加工为主。服务业以餐饮业为主。京九铁路,黄标、阳枫公路,106、318国道过境。

罗家沟桥 [Luójiāgōu Qiáo] 在县城东南部。长93.9米,宽12米,最大跨度19.7米,桥下净高12米。1991年开工,同年建成。因位于罗家沟村得名。最大载重60吨。通公交车。

团风县汽车客运站 [Tuánfēng Xiàn Qìchē Kèyùnzhàn] 见交通运输设施部分"团风县汽车客运站"条。

团风镇 [Tuánfēng Zhèn] 团风县人民政府驻地。在县境西南部。面积103平方千米。人口8.9万。辖4居委会、37村委会,有324自然村。镇人民政府驻张家窑村。明洪武初年设团风镇。1950年设团风区。1958年成立团风公社。1976年改为团风镇。2001年王家坊乡并入。因县得名。长河、举水流经。有初中1所,小学5所,幼儿园10所,二级医院1个,卫生院1个,卫生所37个。有渡江战役纪念馆、善济禅林等古迹、景点。农业以水稻、棉花、油菜、蔬菜种植为主,有土特产团风"狗脚"。工业以机械、建筑建材、农副产品加工为主。京九铁路、大广北高速、106国道等过境。

团风大道 [Tuánfēng Dàdào] 在县城中部。南起江北路,北至江宇路。与团方大道相交。长3000米,宽60米。沥青路面。1996年开工,1997年建成。2000年铺设水泥路面,2014年改沥青路面。两侧有精诚钢构、高格公司、大禹供水公司、疾控中心、电信公司、邮政局、龙腾酒店、劳动就业局等。通公交车。

得胜大道 [Déshèng Dàdào] 在县城中部。西起沿江路,东至江北路。与江北公路、团黄大道、普济路相交。长3200米,宽44—60米。沥青路面。1985年建成。因得胜桥而得名。又名团方大道。两侧有住建局、农业局、交通局、中医院及山河花园、康庄华府等小区。通公交车。

张家窑村 [Zhāngjiāyáocūn] 团风镇人民政府驻地。在镇境南部。人口4500。因张姓居民居多,且烧窑为生而得名。聚落呈块状。有私立楚天学校、卫生室。有商业。通公交车。

淋山河镇 [Línshānhé Zhèn] 团风县辖镇。在县境西北部。面积117平方千米。人口6.8万。辖1居委会、49村委会,有372自然村。镇人民政府驻淋山河村。1959年成立淋山河公社。1984年设淋山河区。1986年改镇。因镇政府驻地得名。新河、红石港、长河、七里冲河、孔子河流经。有中学1所,小学6所,二级医院1个,卫生院1个,卫生所49个。有景点会龙禅寺。有特色农产品谢河辣椒、喻湾花生、程湾桑椹等。工业以建筑建材业为主。京九铁路,106、318国道,大广北、武英高速过境。

淋山河村 [Línshānhécūn] 淋山河镇人民政府驻地。在县政府驻地团风镇北12千米。人口1100。明清时为黄冈县北路要冲,设急递铺,名淋山河铺,后渐成集镇,因此得名。聚落呈块状。有中小学、卫生院。农业以水稻、棉花、小麦、油菜种植为主。通公交车。

方高坪镇 [Fānggāopíng Zhèn] 团风县辖镇。在县境中部偏西。面积47平方千米。人口3万。辖25村委会,有225自然村。镇人民政府驻雷湾村。1975年成立方高坪公社。1996年改方高坪镇。传因清初方家坪发大水,此地高于四周、完好无损,因此得名。宋墙河流经。有中学1所,小学1所,幼儿园4所,卫生院1个。有古村神仙寨。特产团风荸荠。工业以石材加工业为主。京九铁路,大广北、武英高速,柳界公路过境。

雷湾村 [Léiwāncūn] 方高坪镇人民政府驻地。在县政府驻地团风镇东北7千米。方高坪镇辖村。面积1.42平方千米。人口1626。因境内居民点雷家湾而得名。聚落呈块状。有卫生室。农业以水稻、棉花、小麦、油菜、荸荠种植为主。有服装加工厂。通公交车。

回龙山镇 [Huílóngshān Zhèn] 团风县辖镇。在县境东南部。面积65平方千米。人口3.6万。辖1居委会、26村委会,有226自然村。镇人民政府驻回龙山村。1952年成立回龙山区。1959年改公社。1961年复区。1987年改镇。原名枣儿剌岭,因由大崎山主峰龙王顶南下,蜿蜒起伏百余里,至此呈游龙回首状而改今名。沙畈河、长河流经。有初中1所,小学5所,幼儿园3所,卫生院1个。有冰川砾石、万年台等名胜古迹。有地方特色艺术湖北大鼓、农民画等。京九铁路、大广北高速、106国道等过境。

回龙山村 [Huílóngshāncūn] 回龙山镇人民政府驻地。在县政府驻地团风镇东南11千米。人口700。因所在镇得名。聚落呈长方形。有李四光中学、卫生院。农业以水稻、棉花、小麦、油菜种植为主。106国道经此。通公交车。

林家大湾村 [Línjiādàwāncūn] 在县政府驻地团风镇东12千米。人口1700。因林姓最早来此定居,居民点规模较大,为与林家细湾区分而得今名。聚落呈长方形。有省级文物保护单位林育南故居、张浩故居,有八斗湾共存社遗址。农业以水稻、棉花、小麦、油菜种植为主。

沙畈村 [Shāfàncūn] 在县政府驻地团风镇东南11千米。面积3平方千米。人口1600。因村内有一大田畈,由沙滩开垦形成而得名。为著名地质学家、地质力学创始人李四光故乡,有李四光故居。农业以水稻、棉花、小麦、油菜种植为主。

马曹庙镇 [Mǎcáomiào Zhèn] 团风县辖镇。在县境东南部。面积52平方千米。人口2.3万。辖1居委会、21村委会,有245自然村。镇人民政府驻马曹庙村。1975年成立马曹庙公社。1984年改镇。因镇政府驻地得名。百沙河流经。有初中1所,小学4所,幼儿园1所,卫生院1个。有省级文物保护单位方本仁庄园。农业以粮食种植为主。工业以纺织、服装业为主。有土特产马曹庙狗肉。武英、鄂黄高速,318国道过境。

马曹庙村 [Mǎcáomiàocūn] 马曹庙镇人民政府驻地。在县政府驻地团风镇东15千米。人口1100。传早年有马、曹2姓合建的马曹庙而得名。聚落呈块状。有中小学、卫生院。农业以水稻种植为主。318国道经此。通公交车。

戴家湾村 [Dàijiāwāncūn] 在县政府驻地团风镇东北12千米。马曹庙镇辖村。人口1700。因姓氏得名。聚落呈长方形。有卫生室。有省级文物保护单位方本仁庄园,有龙泉寺、青松观。农业以水稻、棉花、小麦、油菜种植为主。

上巴河镇 [Shàngbāhé Zhèn] 团风县辖镇。在县境东部。面积68平方千米。人口3.2万。辖1居委会、28村委会,有298自然村。镇人民政府驻车站村。1950年设上巴河区。1959年改公社。1984年改镇。因位于巴河上游入江口而得名。巴河、东江河流经。有中学

1所，小学2所，幼儿园2所，卫生院1个，卫生所28个。农业以水稻、小麦、玉米、棉花、油菜、蔬菜种植为主。农业以建筑材料为主。服务业以物流商贸为主。318国道，省道上沙、黄标线过境。

车站村 [Chēzhàncūn] 上巴河镇人民政府驻地。在县政府驻地团风镇东22千米。人口1600。因建有长途客运站得名。聚落呈块状。有卫生室。农业以水稻、小麦、油菜、棉花种植为主。通公交车。

总路咀镇 [Zǒnglùzuǐ Zhèn] 团风县辖镇。在县境中部。面积52平方千米。人口2.3万。辖1居委会、20村委会，有217自然村。镇人民政府驻总路咀村。1961年成立总路咀公社。1984年改区。1987年改镇。因此为北部出口要道，渐成集镇而得名。华游港、游河港、锥子河流经。有初中1所，小学4所，幼儿园3所，卫生院2个。有旅游景点华祖观、爱国将领徐会之故居、牛车河水库。农业以水稻、小麦、棉花、油菜、蔬菜、花卉种植为主。有土特产龙须鱼面、彩色鱼丸。工业以饲料、电子产品、织布、建筑材料生产为主。武英、黄鄂高速，318国道，总贾公路过境。

总路咀村 [Zǒnglùzuǐcūn] 总路咀镇人民政府驻地。在县政府驻地团风镇东北21千米。人口1900。因镇名得名。聚落呈长方形。有中小学、幼儿园、卫生院。域内发现古人生活遗址和捕鱼网的砺脚、煮鱼的土罐陶片等。农业以水稻种植为主，有鱼市。通公交车。

但店镇 [Dàndiàn Zhèn] 团风县辖镇。在县境东北部。面积129平方千米。人口4.6万。辖37村委会，有446自然村。镇人民政府驻但店村。1959年成立但店公社。1961年改区。1987年设乡。1991年改镇。2000年溢流河乡并入。因镇政府驻地得名。五桂河、溢流河、玉带河流经。有初中2所，小学7所，幼儿园4所，卫生院2个。有群龙寺、云南寺、药王寺、祷雨山寨、白云山庙等古迹景点。农业以水稻、棉花、小麦、油菜种植为主，有土特产水晶石、鱼面、地藕、射干等。工业以石材开采和加工为主。武英高速，318国道过境。

但店村 [Dàndiàncūn] 但店镇人民政府驻地。在县政府驻地团风镇东北33千米。人口1500。因清入关时但姓在此开店而得名。聚落呈条状。有中小学、幼儿园、卫生院。有七省经略易霍刚夫妇墓。农业以水稻、小麦、油菜、花生种植为主。通公交车。

贾庙乡 [Jiǎmiào Xiāng] 团风县辖乡。在县境北部。面积96平方千米。人口2.1万。辖25村委会，有250自然村。乡人民政府驻贾庙村。1956年设贾庙区。1959年成立贾庙公社。1984年复贾庙区。1987年改乡。因镇政府驻地得名。下石冲河、贾庙河、龙潭河流经。有初中1所，小学5所，幼儿园1所，卫生院1个。有大崎山森林公园。农业以油茶、茶叶、中药材种植为主。工业以资源加工、石材加工业为主。服务业以生态旅游为主。有土特产团风射干、野生茶油、牛肉等。总贾、总道、宋漆、芦总公路等过境。

贾庙村 [Jiǎmiàocūn] 贾庙乡人民政府驻地。在县政府驻地团风镇东北27千米。人口500。传南宋宰相贾似道到团风抗击元军，修宰相府、建家庙，因此得名。聚落呈块状。有中小学、幼儿园、卫生院。农业以水稻种植为主。通公交车。

百丈岩村 [Bǎizhàngyáncūn] 在县政府驻地团风镇东北23千米。人口300。因位于百丈岩山西麓而得名。聚落呈长方形。为中国传统村落。有省级文物保护单位中湾民居。农业以水稻、棉花、小麦种植为主。

杜皮乡 [Dùpí Xiāng] 团风县辖乡。在县境北部。面积84平方千米。人口2.3万。辖19村委会，有217自然村。乡人民政府驻杜皮咀村。1987年设杜皮乡。因乡政府驻地得名。蔡家河、铁冶河、三庙河流经。有水库12个。有初中1所，小学12所，幼儿园3所，卫生院1个。工业以铁矿开采、蚕丝被生产为主。宋漆、杜道公路等过境。

杜皮咀村 [Dùpízuǐcūn] 杜皮乡人民政府驻地。在县政府驻地团风镇东北26千米。人口400。因杜、皮2姓共同居住于此而得名。聚落呈块状。有中小学、幼儿园、卫生院。有黄冈革命烈士陵园等。农业以水稻种植为主。通公交车。

红安县

红安县 [Hóng'ān Xiàn] 黄冈市辖县。北纬31°35′，东经114°23′。在市境西北部。面积1795平方千米。人口64.7万。以汉族为主，还有回、壮、满、土家、蒙古、苗、藏等民族。辖10镇、1乡。县人民政府驻城关镇。明嘉靖四十二年(1563)由麻城、黄冈、黄陂3县析置黄安县。1952年因鄂豫皖革命根据地和红军第四方面军创建于此，更名红安县，属黄冈专区。1970年属黄冈地区。1995年属黄冈市。地处大别山低山丘陵地带。东、北为100—850米山林，西北为200—300米高丘岗岭，中、南为海拔50米平缓低丘山岗。年均气温15.7℃，1月平均气温2.4℃，7月平均气温29℃。年均降水量1164毫米。倒水、举水、滠水流经。有野生动物99种，其中有国家二级保护野生动物金钱豹、麝、水獭。有萤石、大理石、金红石、蛇纹石等矿产资源。森林覆盖率38.8%。有中职2所，中学31所，小学105所，二级医院3个。有国家重点烈士纪念保护单位黄麻起义和鄂豫皖苏区纪念园(包括李先念纪念馆)，全国重点文物保护单位七里坪革命旧址群、董必武旧居、李先念旧居，省级文物保护单位陂安南县苏维埃政府旧址群(包括陂安南县治保卫局旧址、陂安南县总工会旧址、陂安南县革命法庭旧址、陂安南县兵工厂旧址、陂安南县苏维埃政府旧址、陂安南县医院旧址、陂安南县合作饭堂旧址、陂安南县油印局旧址)。有双城塔、桃花塔、吴氏祠、长胜街、天台山等名胜古迹。有国家级非物质文化遗产红安绣活。三次产业比例22∶49∶29。农作物以水稻、红薯、棉花、花生种植为主。特产茶叶，有九龙银剑、界林叠翠、天台银剑等。工业以机械电子、化工、制药与塑料制品、纺织和服装、建材、粮油加工、采矿为主。服务业以餐饮、物流为主。京珠、武麻高速，省道阳福、宋大线过境。

红安西站 [Hóng'ānxī Zhàn] 见交通运输设施部分“红安西站”条。

红安县汽车客运站 [Hóng'ān Xiàn Qìchē Kèyùnzhàn] 见交通运输设施部分“红安县汽车客运站”条。

城关镇 [Chéngguān Zhèn] 红安县人民政府驻地。在县境中部。面积118平方千米。人口14.7万。辖13居委会、25村委会，有422自然村。镇人民政府驻金沙社区。1949年设城关区。1959年改杏花管理区。1960年成立城关公社。1984年改城关镇。明在此建县城，因为进出县城的城门而得名。倒水河流经。有初中1所，小学4所，二级医院3个，卫生院1个，卫生室14个。有黄麻起义和鄂豫皖苏区革命烈士陵园、董必武旧居。农业以小麦、水稻、花生、油菜、蔬菜种植为主，产芝麻、红薯、玉米等。工业以建筑业、建材业、塑钢制造业、食品业为主。麻竹高速，阳福、宋大国道过境。

金沙社区 [Jīnshā Shèqū] 城关镇人民政府驻地。在县境中部。面积5.9平方千米。人口2万。因原金沙河得名。2007年成立。有现代楼房166栋。有社区志愿者服务。有中学、卫生院。有娃哈哈集团、沃尔玛超市等。通公交车。

八里湾镇 [Bālǐwān Zhèn] 红安县辖镇。在县境南部。面积101平方千米。人口3.7万。辖1居委会、20村委会，有267自然村。镇人民政府驻凉亭岗村。1958年成立幸福公社。1984年改区。1987年改八里湾镇。因距县南巡检司8里路得名。倒水河流经。有中学1所，小学4所，卫生院1个，卫生所21个。有全国重点文物保护单位徒山吴氏祠。农业以粮油、水稻、小麦、蔬菜种植，畜牧、水产养殖为主。京九铁路武麻联络线、沪汉蓉高速、阳福公路等过境。

凉亭岗村 [Liángtínggǎngcūn] 八里湾镇人民政府驻地。在县政府驻地城关镇南35千米。人口1700。原在大路边，因来往行人都在此歇息而得名。聚落呈长方形。有中学。有柯家墩古文化遗址。农业以水稻、花生、油菜种植为主。合武、武麻铁路，阳福公路经此。

七里坪镇 [Qīlǐpíng Zhèn] 红安县辖镇。在县境北部。面积362平方千米。人口9.4万。辖2居委会、67村委会，有609自然村。镇人民政府驻红坪村。1949年设七里区。1958年成立七里公社。1984年改七里坪镇。因地处南北长约7华里的河畈平地上而得名。有初中4所，小学17所，卫生院1个，村级卫生站69个。有全国爱国主义教育示范基地七里坪革命纪念馆，有西寨山遗址、双城塔、长胜街、黄麻起义会议旧址、中国工农红军第四方面军纪念碑、红军洞、红军招募处旧址、徐向前旧居等。农业以水稻、小麦种植为主，有粮油、畜牧、蔬菜、水产特色产业。工业以纺织、建材为主。阳福公路、红色旅游线过境。

红坪村 [Hóngpíngcūn] 七里坪镇人民政府驻地。在县政府驻地城关镇北24千米。人口1300。因红坪大道而得名。聚落呈块状。有小学。阳福公路、景区旅游公路经此。通公交车。

八一村 [Bāyīcūn] 在县政府驻地城关镇北20千米。人口1600。因建军节得名。聚落呈长方形。有鄂豫皖中心烈士陵园、鄂豫皖特区政治保卫局旧址、鄂豫皖苏维埃特区政府旧址、黑凹红军烈士纪念地(碑)、程训宣烈士墓等。农业以水稻、花生种植为主。

熊家咀村 [Xióngjiāzuǐcūn] 在县政府驻地城关镇北30千米。人口2000。居民原姓熊，因村后有5条山嘴而得名。聚落呈条状。为革命历史红色文化村。有红军烈士陵园、程儒珍同志故居、英雄村、红军兵工厂、鄂豫皖省委旧址。农业以水稻、花生种植为主。为农副产品集散地。

觅儿寺镇 [Mì'érsì Zhèn] 红安县辖镇。在县境西南部。面积94平方千米。人口3.8万。辖1居委会、24村委会，有245自然村。镇人民政府驻周家楼村。1959年设觅儿公社。1984年改觅儿区。1987年设觅儿寺镇。据清乾隆《徐氏宗谱》载，徐臻早年无子，一日与好友同饮，曰：“不知儿亦可觅否？”友曰：“可。修德可感神灵，积善能受其福也。”遂建寺庙两重，名觅儿寺，因此得名。有中学1所，小学3所，卫生院1个，卫生室24个。有依河墩遗址、新四军兵工厂旧址。有农副产品集散地。省道杨福线过境。

周家楼村 [Zhōujiālóucūn] 觅儿寺镇人民政府驻地。在县政府驻地城关镇西南28千米。

人口2900。因明万历年间周姓居此，修一二层楼阁而得名。聚落呈长条状。有小学。有古文化遗址、新四军兵工厂旧址。农业以水稻、小麦、花生种植为主。省道熊长线经此。通公交车。

高桥镇［Gāoqiáo Zhèn］ 红安县辖镇。在县境西南部。面积152平方千米。人口6.2万。辖1居委会、42村委会，有441自然村。镇人民政府驻詹店村。1958年设高桥公社。1984年设高桥区。1987年设高桥河乡。1999年改设高桥镇。因一高姓乡绅捐资建桥而得名。倒水、高桥河流经。有中学2所，小学6所，卫生院1个，卫生室43个。有全国重点文物保护单位李先念旧居、纪念馆，省级文物保护单位陂安南县苏维埃政府旧址、陂安南县总工会旧址、陂安南县兵工厂旧址。服务业以生态旅游为主。省道杨福线、麻竹高速过境。

詹店村［Zhāndiàncūn］ 高桥镇人民政府驻地。在县政府驻地城关镇西南17千米。人口1300。传有詹姓妇女在此开饭店而得名。聚落呈长条状。有中小学、卫生院。农业以水稻、花生、油菜种植为主。省道杨福线经此。

九龙村［Jiǔlóngcūn］ 在县政府驻地城关镇西南19千米。高桥镇辖自然村。人口900。因有9条山脉，合古代"龙生九子"之说而得名。聚落呈条状。有李先念、陈锡联故居。农业以水稻种植为主。

二程镇［Èrchéng Zhèn］ 红安县辖镇。在县境西南部。面积129平方千米。人口4.5万。辖1居委会、31村委会，有392自然村。镇人民政府驻大赵家村。1949年设二程区。1958年成立二程公社。1984年改乡。1999年改镇。因北宋理学家程颢、程颐出生于此得名。有中学2所，小学5所，卫生院1个，卫生室31个。有徐家大堰寨墩遗址、张家河寨墩遗址、羊古墩遗址。有粮油、养殖、林特、水产特色产业。农业以生猪、牛、禽养殖为主，有土特产品油茶、板栗等。346国道、省道宋大线过境。

大赵家村［Dàzhàojiācūn］ 二程镇人民政府驻地。在县政府驻地城关镇西南11千米。人口2200。因姓氏得名。有中小学、卫生院。农业以水稻、花生、油菜种植为主。346国道、省道宋大线经此。

上新集镇［Shàngxīnjí Zhèn］ 红安县辖镇。在县境西部。面积85平方千米。人口4.2万。辖1居委会、24村委会，有273自然村。镇人民政府驻新马社区。1950年设新建乡。1958年成立新建公社。1984年改为上新集镇。因濒临滠水河东岸，能从事水上运输，带动商贸，寓意此地是上等新型商贸集镇而得名。滠水河流经。有石英石、硅石、红金石等矿产资源。有中学1所，小学5所，卫生院1个，卫生室13个。有墩子岗遗址、日月保墩遗址、中共中央鄂豫皖分局黄才畈会议旧址、中国工农红军第二十五军军部旧址。为农副产品集散地。346国道、麻竹高速、省道宋大线过境。

新马社区［Xīnmǎ Shèqū］ 上新集镇人民政府驻地。在县境西部。面积4平方千米。人口6000。因毗邻上新集村和红马山村，各取一字得名。2013年成立。建有小型绿化公园等社区文体设施。346国道、省道宋大线经此。

黄才畈村［Huángcáifàncūn］ 在县政府驻地城关镇西22千米。上新集镇辖自然村。人口1600。元末，先祖黄万三为避陈友谅兵乱，于江西南昌迁黄冈县，二子黄义字"才"，定居于此田畈耕作，因此得名。聚落呈长条状。有红四方面军第二十五军军部旧址、黄才畈会议旧址、蔡升熙烈士陵园等。农业以水稻、花生种植为主。

华家河镇［Huájiāhé Zhèn］ 红安县辖镇。在县境西北部。面积167平方千米。人口5.3万。辖1居委会、37村委会，有346自然村。镇人民政府驻张寨村。1952年设华河区。1958年成立华河公社。1987年设华河镇。1999年改华家河镇。因华姓命名华河，后改今名。境内老君山海拔840米，为县最高峰。有水晶石、硅石、铬、磷等矿产资源。有中学2所，小学11所，卫生院1个，卫生室7个。有祝家楼古民居村落、刘邓大军指挥部旧址、消灭反动民团战场旧址等。产高山有机茶、板栗、中药材等。工业以萤石矿加工为主。红色旅游线、红熊公路过境。

张寨村［Zhāngzhàicūn］ 华家河镇人民政府驻地。在县政府驻地城关镇西北25千米。人口1700。因姓氏得名。聚落呈条状。有中小学、卫生院。农业以花生、水稻种植为主。

涂湾村［Túwāncūn］ 在县政府驻地城关镇西北25千米。华家河镇辖自然村。人口1500。因姓氏得名。聚落呈条状。为中国传统村落。古村落始建于明朝中晚期，距今已四五百年，保存较为完整。农业以油茶、板栗、花生、小麦种植为主。

祝楼村［Zhùlóucūn］ 在县政府驻地城关镇西北23千米。华家河镇辖自然村。人口1900。因有祝姓家族楼阁得名。聚落呈长条状。为中国传统村落。有省级文物保护单位祝家楼古民居。农业以花生、水稻、板栗种植为主。

永佳河镇［Yǒngjiāhé Zhèn］ 红安县辖镇。在县境东南部。面积230平方千米。人口6.9万。辖1居委会、46村委会，有482自然村。镇人民政府驻永河村。1961年设永河区。1987年改为永河乡。1999年改为永佳河镇。原名尹家河，后为表达美好愿望改今名。永佳河流经。有中学3所，小学13所，卫生院1个，卫生室46个。有古建筑桃花塔，古文化遗址金盆玩月、系马墩、神墩等。农业以水稻、小麦、花生、油菜、棉花种植，草鱼、鲢鱼、鳙鱼养殖为主。工业以机械加工制造、建筑材料生产为主。麻竹、武麻高速，宋大公路过境。

永河村［Yǒnghécūn］ 永佳河镇人民政府驻地。在县政府驻地城关镇东南20千米。人口15400。聚落呈哑铃状。有中小学、卫生院。农业以种植业为主，形成粮油、畜牧、蔬菜、水产四大特色产业模块。通公交车。

欧桥村［Ōuqiáocūn］ 在县政府驻地城关镇东南25千米。永佳河镇辖自然村。人口900。因居民姓欧，域内有桥而得名。聚落呈龟背状。为中国传统村落。村中刘云四塆为古村落，有700年历史，至今仍保留120多栋古建筑。石碾、石磨、石马槽等古物随处可见。农业以水稻、花生、红苕种植为主。

太平桥镇［Tàipíngqiáo Zhèn］ 红安县辖镇。在县境南部。面积4.5平方千米。人口3.2万。辖1居委会、19村委会，有185自然村。镇人民政府驻太平桥村。1987年设太平桥乡。1999年设镇。因镇政府驻地得名。倒水河流经。有中学1所，小学5所，卫生院1个，卫生室19个。有谢正荣将军故居。农业以水稻、花生、小麦种植为主。工业以机械制造、建材生产为主。京九铁路汉麻联络线、230国道等过境。

太平桥村［Tàipíngqiáocūn］ 太平桥镇人民政府驻地。在县政府驻地城关镇南43千米。太平桥镇辖自然村。人口1800。传元末明初朱元璋率兵与陈友谅交战，因寡不敌众节节败退，经过依河上的木桥时将桥上木板全部拆除，迫使追兵无法过河，从此转危为安，反败为胜。朱元璋称帝后，封此桥为太平桥，因此得名。聚落呈长条状。有小学、卫生院。农业以水稻、花生、小麦种植为主。省道阳福线经此。通公交车。

杏花乡［Xìnghuā Xiāng］ 红安县辖乡。在县境东部。面积170平方千米。人口5.6万。辖6居委会、37村委会，有483自然村。乡人民政府驻建苏社区。1987年设杏花乡。因有黄安八景之一的杏树和杏花古井得名。有中学1所，小学8所，卫生院1个，卫生室43个。有灯笼畈遗址、杏花古井、五云山天窝书院等名胜古迹。农业以水稻、小麦、花生、红薯、玉米、蔬菜种植为主。工业以机械制造、建筑材料、服装加工为主。麻竹高速、346国道过境。

建苏社区［Jiànsū Shèqū］ 杏花乡人民政府驻地。在县境东部。面积6平方千米。人口8700。因建设苏区之意得名。2008年成立。民居以普通居民房屋为主。有社区综合服务站、运动场地、医务室。开展人居环境整治，进行公共安全排查、特殊人群帮扶、矛盾纠纷化解、精神文明宣讲等。县特殊教育学校、县福利院、县光荣院等单位驻此。有小学。346国道经此。

罗田县

罗田县［Luótián Xiàn］ 黄冈市辖县。北纬30°47′，东经115°24′。在市境东北部。面积2129平方千米。人口54.7万。以汉族为主，还有满、回、苗、侗、仡佬等民族。辖10镇、2乡。县人民政府驻凤山镇。南朝梁普通四年(523)建罗田县，县治魁山。唐武德四年(621)入兰溪县。宋元祐八年(1093)复罗田县。元大德八年(1304)县治迁至凤山(今凤山镇)，属黄蕲宣抚司。清属黄州府。民国初属湖北省江汉道。1932年属第三行政督察区。1950年属黄冈地区专员公署。1996年属黄冈市。康熙年间《罗田县志》载："司马黑石反，有小罗、田光兴二人讨之，以平黑石乱，故称罗田"。地势东北向西南倾斜，最高点大别山主峰天堂寨海拔1729米，最低点海拔46米。罗田河、新昌河、胜利河、泗泊河、白莲河流经。年均气温16.6℃，1月平均气温3.6℃，7月平均气温28.5℃。年均降水量1366.5毫米。有金、银、铜、铁、铅、锌、钛、萤石、长石、蛇纹石、石英、水晶、云母等28种矿产资源。有野生植物1560余种，其中有国家一级保护野生植物2种，国家一级古树86株。有野生动物640余种，其中有国家一级保护野生动物2种。有国家级大别山自然保护区，省级自然保护区2个。森林覆盖率63.5%。有中职1所，中学25所，小学66所，幼儿园69所，二级医院3个，公共图书馆、文化馆、博物馆各1个。有大别山国家森林公园、大别山国家地质公园。有罗家大湾明清古建筑、圣人堂徐寿辉起义地、吴氏孝子祠、塔山清元古寺等名胜古迹。有国家4A级景区天堂寨、薄刀锋、大别山主峰，3A级景区13个。有省级非物质文化遗产东路花鼓戏、罗田畈腔、罗田手工油面制作技艺、万密斋传说、吊锅习俗。三次产业比例24∶39∶37。农业以茶、板栗等种植为主。有国家地理标志产品罗田板栗、茯苓、甜柿。工业以水电、食品加工、化学原料药业、纺织业为主。服务业以旅游业为主。有省级经济开发区1个。318国道，武英、麻武高速，省道罗兰、长三、胜麻、麻新线过境。

罗田县长途汽车客运站［Luótián Xiàn Chángtú Qìchē Kèyùnzhàn］ 见交通运输设施部分"罗田县长途汽车客运站"条。

凤山镇［Fèngshān Zhèn］ 罗田县人民政府驻地。在县境中部偏南。面积257平方千米。人口12.6万。辖11居委会、48村委会，有

1116自然村。镇人民政府驻万密斋社区。清宣统三年(1911)称城关镇。1942年更名凤山镇。1949年复改城关镇,1985年再称凤山镇。因县署后有山形如凤而得名。大雾山海拔944米。罗田河流经。有中学4所,小学1所,幼儿园8所,二级医院2个,妇幼保健院、疾病预防控制中心、精神专科医院各1个,卫生院1个。有塔山、拨云尖、党家山、北城岗公园4处。农业以水稻、板栗、蔬菜种植为主。工业以建筑材料、食品加工等行业为主。武英高速,318国道,省道罗兰线,罗九、罗英公路过境。

万密斋社区 [Wànmìzhāi Shèqū] 凤山镇人民政府驻地。在县境中部。面积1.2平方千米。人口7900。因地处万密斋大道中部而得名。2003年成立。有民居180余栋,多为5—8层钢混结构楼房。有老年活动中心、歌舞厅等文化娱乐场所。有省级文物保护单位罗田文庙。有义水外滩公园、党家山公园、县第一中学、图书馆、幼儿园、万密斋医院、超市、天源大酒店等。通公交车。

骆驼坳镇 [Luòtuo'ào Zhèn] 罗田县辖镇。在县境南部。面积96平方千米。人口3.5万。辖1居委会、27村委会,有327自然村。镇人民政府驻文昌阁社区。1955年称骆驼坳区。1958年撤区成立火箭公社,1959年更名骆驼坳公社。1961年复区,1975年复改骆驼坳公社,1984年又恢复骆驼坳区,1987年改设骆驼坳镇。因有两山丘似骆驼双峰得名。有高中1所,初中1所,小学4所,卫生院1个。有燕儿谷自然风景区、瞿瀛墓葬。农业以水稻、小麦、油菜种植为主。工业以医药化工、石材加工为主。318国道、省道罗兰线过境。

文昌阁社区 [Wénchānggé Shèqū] 骆驼坳镇人民政府驻地。在县境南部。面积1平方千米。人口6300。因昔有供奉文昌帝君的楼阁得名。2014年成立。有民居130余栋,多为2—5层砖混结构楼房。建有群众文化活动中心。有中小学、卫生院。318国道经此。

大河岸镇 [Dàhé'àn Zhèn] 罗田县辖镇。在县境中部偏东。面积156平方千米。人口3.4万。辖1居委会、25村委会,有659自然村。镇人民政府驻磙石坳。1949年设大河岸区。1984年改镇。因位于大河之滨而得名。有中学1所,小学2所,卫生院1个。有省级文物保护单位万密斋墓、王葆心墓。有景点进士河漂流、大别川百里生态画廊等。农业以水稻、小麦、油菜、花生种植为主,特产桂花香板栗、甜柿。工业以食品加工、建筑材料生产为主。武英高速、罗九旅游公路等过境。

磙石坳 [Gǔnshí'ào] 大河岸镇人民政府驻地。在县政府驻地凤山镇东北9千米。人口2600。因山丘形如石磙而得名。聚落沿罗九公路呈曲尺状分布。有小学、卫生院。有王韶墓、王葆心墓葬。特产桂花香板栗,有板栗加工企业。罗九旅游公路经此。

九资河镇 [Jiǔzīhé Zhèn] 罗田县辖镇。在县境东北部。面积285平方千米。人口3.8万。辖1居委会、34村委会,有631自然村。镇人民政府驻韩婆岭。1958年成立天堂公社。1987年改九资河镇。传为古鸠兹邑,后改今名。有千米以上山峰10余座。天堂河流经。有中心学校1所,初中2所,镇卫生院1个。有圣人堂、广化寺、罗家大湾明清古建筑、古鸠兹邑石刻、余三胜祖墓、天子坟等名胜古迹。有大别山国家森林公园、天堂湖国家湿地公园等。农业以水稻、小麦种植为主,有农特产品茯苓、蚕桑、天麻等。茯苓为国家地理标志产品。有中药材种植加工企业。红色旅游公路、大别山腹地公路过境。

韩婆岭 [Hánpólǐng] 九资河镇人民政府驻地。在县政府驻地凤山镇东北60千米。人口1300。因昔有韩姓婆婆居此而得名。聚落呈块状。有小学、卫生院。有徽式仿古建筑百余座,有大别山国家森林公园景点鸠兹古邑。农业以旅游业为主。大别山旅游公路经此。

官基坪村 [Guānjīpíngcūn] 在县政府驻地凤山镇东北73千米。九资河镇辖自然村。人口200。春秋时属鸠兹邑,楚克鸠兹后,于此地建雩娄县。因居民点位于古官署屋基坪处而得名。聚落呈块状。为中国传统村落。有省级文物保护单位围笼屋。有省级非物质文化遗产舞狮子、扯油面和民俗表演。大别山旅游公路经此。

圣人堂 [Shèngréntáng] 在县政府驻地凤山镇东北67千米。九资河镇辖自然村。人口700。元至正十一年(1351)徐寿辉于此发动红巾军起义,设圣恩祖堂,因此得名。聚落呈块状。有天堂峡谷漂流。为大别山国家森林公园天堂寨风景区景点。2014年被评为全国文明村。大别山旅游公路经此。

胜利镇 [Shènglì Zhèn] 罗田县辖镇。在县境北部。面积254平方千米。人口5.8万。辖1居委会、43村委会,有647自然村。镇人民政府驻滕家堡。明、清时属罗田县平湖乡,1949年为罗田县滕家堡区,1952年为胜利县第一区,1955年改称罗田县胜利区,1958年更名胜利公社,1961年复称胜利区。1975年复称胜利公社,1984年改设胜利镇。原名滕家堡,为纪念1948年中共鄂豫第四军分区司令员张体学率部在此取得重大胜利改今名。胜利河流经。有希望小学、中心学校各1所,中学2所,卫生院1个。有古松子关、铜锣关、泗洲山石刻、肖方烈士故居、中共罗田支部旧址及胜利革命烈士陵园等名胜古迹。有中国传统村落瓦屋基村、乌石岩村。农业以水稻、小麦、油菜、花生种植为主,特产天麻、茯苓、板栗及“菊花春”老米酒。工业以山野加工、石材及建筑材料加工为主。有省道麻胜线、县道松宜线过境。

滕家堡 [Téngjiābǎo] 胜利镇人民政府驻地。在县政府驻地凤山镇北66千米。人口8200。因明代曾于滕家河边设堡屯兵而得名。聚落呈块状。有小学、卫生院。有金凤楼、胜利烈士陵园等名胜古迹。特产“菊花春”老米酒。有板栗加工、制衣等企业。省道麻胜线、大别山红色旅游公路经此。

瓦屋基村 [Wǎwūjīcūn] 在县政府驻地凤山镇北60千米。胜利镇辖自然村。人口900。清代阎姓在此建青砖灰瓦榨油坊,后坍塌,村民于残存屋基上新建住宅,取名“瓦屋基”,因此得名。聚落呈零散星云状。为中国传统村落。有老阎家湾自然村落古民居。有地方传统文化划采莲船、舞狮。农业以小麦、油菜、中药材种植为主,特产天麻、绿茶等。北连大别山红色旅游公路。

河铺镇 [Hépù Zhèn] 罗田县辖镇。在县境西北部。面积205平方千米。人口5.5万。辖1居委会、40村委会,有768自然村。镇人民政府驻肖家湾。1975年成立河铺公社。1987年改镇。史上为黄州通往安徽的驿道,因河边曾设铺递而得名。有鸡鸣尖。胜利河、新昌河(即天堂河)流经。有徐寿辉祖墓、吴大中宗祠、中国第四大冰臼群罗田冰臼。有中学1所,小学2所,卫生院1个。农业以水稻、小麦、油菜、花生、中药材种植为主,特产板栗、甜柿等。县道松蔡、干宜线过境。

肖家湾 [Xiāojiāwān] 河铺镇人民政府驻地。在县政府驻地凤山镇西北38千米。人口1600。宋乾道年间萧姓在此建房定居,后改今名。聚落呈零散星云状。有小学、卫生院。有乌石岩古民居。农业以水稻、小麦、油菜种植为主,特产板栗、甜柿。县道松宜、河大线经此。

三里畈镇 [Sānlǐfàn Zhèn] 罗田县辖镇。在县境西南部。面积174平方千米。人口6.8万。辖2居委会、43村委会,有678自然村。镇人民政府驻三里畈。1955年设三里畈区。1982年改称三里畈镇。因昔年河北有田畈,长约3里而得名。巴水流经。有中学3所,小学37所,幼儿园4所,二级医院1个。有温泉度假区、錾子石甜柿生态采摘园等。农业以水稻、小麦、油菜种植为主,有农特产品甜柿、板栗、茶叶、中药材等。有国家地理标志产品錾子石甜柿。工业以医药化工、建筑材料加工为主。麻武高速,318国道,省道麻新、长三线过境。

三里畈 [Sānlǐfàn] 三里畈镇人民政府驻地。在县政府驻地凤山镇西南20千米。人口2.5万。因三里畈镇得名。聚落依河畈呈长条状分布。有小学、卫生院。有三里畈温泉度假区。有生化、药业、林牧企业。318国道经此。

匡河镇 [Kuānghé Zhèn] 罗田县辖镇。在县境东南部。面积194平方千米。人口6.6万。辖1居委会、50村委会,有699自然村。镇人民政府驻匡河社区。1959年成立匡河公社。2012年改匡河镇。因位于匡家河边得名。白莲河流经。有初中2所,中心学校1所,卫生院3个。有畈古县城遗址、观音山古寺等名胜古迹。农业以水稻种植、淡水鱼类养殖为主,特产油茶、绿茶。工业以板栗加工、建筑材料生产与加工为主。武英高速、318国道过境。

匡河社区 [Kuānghé Shèqū] 匡河镇人民政府驻地。在县境东南部。面积5平方千米。人口5800。因镇得名。2014年成立。民居多为砖混结构、钢混结构2—5层楼房。有群众文化活动中心、街头健身广场、小型绿化公园,经常开展文娱活动。有初中、中心学校、中心卫生院。318国道、县道匡石线经此。

白庙河镇 [Báimiàohé Zhèn] 罗田县辖镇。在县境东北部。面积178平方千米。人口3.3万。辖1居委会、29村委会,有570自然村。镇人民政府驻白庙河。1958年成立红旗公社。1959年改称白庙河公社,1961年改白庙河区。1975年复白庙河公社,1984年复白庙河区。1987年撤区设白庙河乡,2013年改镇。因镇政府驻地得名。有狗耳尖。白庙河流经。有初中1所,小学4所,卫生院1个。有枫树铺温泉。有中国传统村落潘家湾,省级非物质文化遗产畈腔。农业以水稻、小麦、油菜、中药材种植为主,特产板栗、茯苓、天麻等。罗九旅游公路过境。

白庙河 [Báimiàohé] 白庙河镇人民政府驻地。在县政府驻地凤山镇东北40千米。人口2600。因有供奉白莲教教主的庙宇而得名。聚落沿罗九公路呈条状分布。有小学、卫生院。特产板栗、茯苓、天麻等。罗九旅游公路经此。

大崎镇 [Dàqí Zhèn] 罗田县辖镇。在县境西部。面积133平方千米。人口4万。辖1居委会、28村委会,有341自然村。镇人民政府驻李婆墩。1958年设立大崎公社。1961年改大崎区。1987年改大崎乡。2013年改大崎镇。因境内大崎山得名。泗泊河流经。有初中1所,小学4所,卫生院1个。有黄上岭古陆核保护点、惠兰山自然风景区。农业以水稻、小麦、花生种植为主,特产板栗、秋焰甜柿、贡菊、辛夷花。省道麻新线、县道矮李线过境。

李婆墩 [Lǐpódūn] 大崎镇人民政府驻地。在县政府驻地凤山镇西北35千米。人口2200。传曾有李姓婆婆于河边高地经商,后形成集市,因此得名。聚落呈“7”字形。有小学、卫生院。农业以水稻、油菜、板栗种植为主。省道麻新线、县道矮李线经此。

白莲河乡 [Báiliánhé Xiāng] 罗田县辖乡。

在县境南部。面积102平方千米。人口2.5万。辖20村委会,有216自然村。乡人民政府驻白莲河。1987年设白莲河乡。因位于白莲河边得名。有白莲河抽水蓄能电站。有初中2所,中心学校1所,卫生院1个。农业以水稻、小麦、油菜种植为主。工业以花岗岩开采、建筑材料加工为主。318国道、县道石白线过境。

白莲河 [Báiliánhé] 白莲河乡人民政府驻地。在县政府驻地凤山镇东南22千米。人口1600。因地处白莲河水库西侧得名。聚落呈零散状。有小学、卫生院。农业以水稻种植,淡水鱼类养殖为主。省道香管线经此。

平湖乡 [Pínghú Xiāng] 罗田县辖乡。在县境中部。面积103平方千米。人口2.3万。辖1居委会、22村委会,有326自然村。乡人民政府驻平湖。1949年设平湖区。1987年设平湖乡。因乡政府驻地得名。巴水流经。有中学1所,中心小学1所,卫生院1个。农业以水稻、小麦、油菜种植为主,特产板栗、甜柿。麻武高速、县道松宜线过境。

平湖 [Pínghú] 平湖乡人民政府驻地。在县政府驻地凤山镇西北15千米。人口3700。因岳飞曾于此地大败金兵,遂名平胡,元朝避胡讳改今名。聚落呈条状。有中小学、卫生院。特产板栗、甜柿。县道宜河线经此。

英山县

英山县 [Yīngshān Xiàn] 黄冈市辖县。北纬30°31′,东经115°32′。在市境东部。面积1449平方千米。人口40.3万。以汉族为主,还有土家、苗、回、满等民族。辖8镇、3乡。县人民政府驻温泉镇。宋咸淳六年(1270)析罗田县以东直河乡建英山县,属六安州。清历属江南布政司庐州府、凤颖六泗道、六安直隶州。1912—1914年属安徽省、淮泗道、安庆道。1930年改英山县为红山县。1932年复英山县。1949年属湖北省黄冈专员公署。1996年属黄冈市。因英布葬英山尖,以山得名。地处山区,地势以中低山为主。年均气温16.7℃,1月平均气温4.2℃,7月平均气温28.2℃。年均降水量1365毫米。森林覆盖率63.5%。有中学22所,小学47所,二级医院1个。有文化馆。有省级非物质文化遗产英山缠花、英山采茶戏,地方特色艺术英山民歌、英山花鼓戏、皮影戏、木偶等。三次产业比例41∶31∶28。农业以水稻、小麦、马铃薯、玉米种植为主,有土特产粉丝、英山茶叶、蚕丝贡被、茶油、山野菜。工业以机械加工、设备制造、轻工纺织、医药化工、建筑建材为主。服务业以零售、旅游业为主。武英高速、318国道、英黄公路等过境。

毕昇文化广场 [Bìshēng Wénhuà Guǎngchǎng] 在县城南部。面积23300平方米。1998年开工,同年建成。因纪念活字印刷术发明者毕昇得名。种植桂花、棕树、红花继木、金叶女贞、洒金柏、雪松等树木,植草坪10600平方米。建有休闲亭、休闲长廊。周边有毕昇中学、县残联、县邮政局等。通公交车。

英山县汽车客运站 [Yīngshān Xiàn Qìchē Kèyùnzhàn] 见交通运输设施部分"英山县汽车客运站"条。

温泉镇 [Wēnquán Zhèn] 英山县人民政府驻地。在县境中部。面积162平方千米。人口11.1万。辖7居委会、47村委会,有739自然村。镇人民政府驻鸡鸣社区。清康熙三年(1664)《英山县志》已有"温泉春景"记载。1984年设温泉镇。因境内正北、正东、正西、正南四处存有罕见的地热温泉而得名。有中等专业学校1所,中学5所,小学13所,二级医院1个,卫生院1个。有英山县烈士陵园、毕昇森林公园、温泉游泳馆等。武英高速、318国道过境。

鸡鸣社区 [Jīmíng Shèqū] 温泉镇人民政府驻地。在县境中部。面积1.2平方千米。人口13200。2004年成立。因在鸡鸣尖山脚下而得名。有现代民居楼房、别墅。以广场舞为主要文化活动。有实验中学、青少年活动中心、新华书店、文化馆、毕昇森林公园、古迹伽蓝寺。县政府、红十字会、公积金中心、融媒体中心、邮储银行、农业银行等驻此。318国道经此。

南河镇 [Nánhé Zhèn] 英山县辖镇。在县境南部。面积77平方千米。人口2.2万。辖21村委会,有272自然村。镇人民政府驻二份垮。1959年成立南河公社。1961年更名南河区。1975年复公社。1984年改设南河镇。因南河大部分流域过境而得名。有花岗岩、大理石、长石等矿产资源。有中学1所,小学6所,卫生院1个。有省级文物保护单位刘邓大军挺进大别山指挥部旧址、段氏府,有段朝立墓、古城墙遗址。农业以水稻、茶种植为主。工业以石材加工为主。省道英浠线、县道长南线过境。

二份垮 [Èrfènwān] 南河镇人民政府驻地。在县政府驻地温泉镇南24千米。人口1400。明代中后期有王家兄弟10人,分居10处,居所依次命名为一份垮至十份垮,居此地者排行第二而得名。聚落呈线状。有宋代王氏墓群。农业以茶叶种植为主。通乡村道路。

红山镇 [Hóngshān Zhèn] 英山县辖镇。在县境中部。面积70平方千米。人口2.2万。辖20村委会,有287自然村。镇人民政府驻板桥。1959年成立红山公社。1984年改红山区。1987年改红山镇。1931年中共英山中心县委召开英山县工农兵代表大会,改英山县为红山县,成立红山县苏维埃政府,机构驻贺家桥。后为纪念红色政权、红色历史改今名。有中学1所,小学6所,卫生院1个。有乌云山茶叶公园。农业以茶叶种植为主。318国道、省道中汝线过境。

板桥 [Bǎnqiáo] 红山镇人民政府驻地。在县政府驻地温泉镇西北20千米。人口1500。因桥梁得名。聚落呈零散状。农业以水稻、茶叶种植为主。通乡村道路。

金家铺镇 [Jīnjiāpù Zhèn] 英山县辖镇。在县境西北部。面积99平方千米。人口2.9万。辖27村委会,有505自然村。镇人民政府驻金家冲村。1949年成立金家铺区。1959年改金铺公社。1987年改镇。因集镇得名。有中学1所,小学9所,卫生院1个。工业以汽车配件、建筑建材、茶叶精制、缫丝制衣、化工为主。省道中大线过境。

金家冲村 [Jīnjiāchōngcūn] 金家铺镇人民政府驻地。在县政府驻地温泉镇西北20千米。人口1100。村内有长约1.5千米山冲,传金氏先祖从江西迁此,后发展成显赫家族,因此得名。聚落呈块状。有小学、卫生院。有金光悌墓、金氏祠堂。农业以水稻种植为主。通乡村道路。

石头咀镇 [Shítouzuǐ Zhèn] 英山县辖镇。在县境北部。面积264平方千米。人口4万。辖1居委会、40村委会,有664自然村。镇人民政府驻石镇社区。1949年后设石头咀镇区。1959年改石镇公社。1987年改石头咀镇。2001年张家咀乡并入。因有小山伸向西河,山前有大石而得名。有中学2所,小学13所,卫生院1个。有土特产品茶叶、蚕茧、茯苓、天麻、山野菜等。工业以石材加工、汽车工具、特种钢材、新型墙材加工、服装加工为主。省道中大、张杨线过境。通公交车。

石镇社区 [Shízhèn Shèqū] 石头咀镇人民政府驻地。在县境西北部。面积4平方千米。人口2600。因镇名得名。1985年成立。民居有徽派风格楼房。社区开展广场舞、黄梅戏、露天电影、三句半等文化活动。有中心卫生院、林业管理站、供电营业所、司法所等。通乡村道路。

草盘地镇 [Cǎopándì Zhèn] 英山县辖镇。在县境北部。面积167平方千米。人口2.3万。辖1居委会、19村委会,有442自然村。镇人民政府驻草盘地。1985年由红草区改为草盘地镇。因在两河交汇处冲积成一圆盘,长满荒草而得名。有中学1所,小学10所,卫生院1个。有桃花冲森林公园、毕昇陵园。农业以茶、中药材种植为主,产天麻、杜仲等。工业以中药材加工为主。318国道、省道白小线、县道草太线过境。

草盘地 [Cǎopándì] 草盘地镇人民政府驻地。在县政府驻地温泉镇东北48千米。人口1100。聚落呈块状。有中小学、卫生院。农业以茶叶种植为主。省道白小线经此。

雷家店镇 [Léijiādiàn Zhèn] 英山县辖镇。在县境东部。面积163平方千米。人口4.2万。辖32居委会,有576自然村。镇人民政府驻五一。1911年设雷家店区。1975年成立雷店公社。1984年成立雷店区。2001年设雷家店镇。有山峰羊角尖、天马寨。有中学2所,小学11所,卫生院1个。农业以茶叶种植为主,产"英山云雾"茶。工业有化工建材产业。省道小白线过境。通公交车。

五一 [Wǔyī] 雷家店镇人民政府驻地。在县政府驻地温泉镇东北23千米。人口7100。以节日命名。聚落呈块状。有雷店中学、卫生院等。农业以茶叶种植为主。省道小白线经此。

杨柳湾镇 [Yángliǔwān Zhèn] 英山县辖镇。在县境东北部。面积207平方千米。人口4.9万。辖42村委会,有680自然村。镇人民政府驻杨柳湾。解放初设杨柳区。1959年改杨柳公社。1987年改镇。2001年三门河乡、土门河乡并入。有石英石、花岗岩、地热、金红石等矿产资源。有中学2所,小学11所,卫生院1个。有英山尖、高塔岩、龙潭及英布墓、主仆寨、食人石、观音石等风景名胜。农业以水稻、茶叶种植为主。工业以建筑材料、五金工具产业为主。有318国道、大别山腹地公路、白小公路等过境。

杨柳湾 [Yángliǔwān] 杨柳湾镇人民政府驻地。在县政府驻地温泉镇东北16.5千米。人口1.2万。昔有一河,河口南岸长一杨树,北岸长一柳树,两树生长弯曲,互相接近,人们可从杨柳树上行走过河而得名。聚落呈长方形。有中小学、卫生院。农业以茶、水稻、小麦、油菜、栗药种植为主。工业以茶叶加工、五金工具、建筑建材、石材开发、采矿为主。318国道、大别山腹地公路、武汉—合肥高速、白小公路经此。

方家咀乡 [Fāngjiāzuǐ Xiāng] 英山县辖乡。在县境南部。面积78平方千米。人口3万。辖24村委会,有382自然村。乡人民政府驻方家咀村。1987年设方家咀乡。因姓氏和地形得名。有中学1所,小学7所,卫生院1个。农业以茶叶种植、鱼养殖为主。有石材企业。省道英浠线过境。

方家咀村 [Fāngjiāzuǐcūn] 方家咀乡人民政府驻地。在县政府驻地温泉镇西南9千米。人口1400。早年有方姓在此定居、开发,得名方家咀。聚落呈块状。有中小学、卫生院。农业以茶种植为主。省道英浠线经此。

孔家坊乡 [Kǒngjiāfáng Xiāng] 英山县辖乡。在县境西北部。面积92平方千米。人口

2.6万。辖21村委会，有430自然村。乡人民政府驻孔家坊村。1949年设孔家坊乡。2001年与父子岭乡合并为孔家坊乡。因乡政府驻地得名。有中学1所，小学6所，卫生院1个。农业以水稻、小麦、油菜、红薯、茶、蚕桑、板栗、桐木梓等种植为主。工业以防盗门、罐头、蚕药生产为主。省道中英线过境。

孔家坊村 [Kǒngjiāfángcūn] 孔家坊乡人民政府驻地。在县政府驻地温泉镇西北15千米。人口1600。昔年有孔姓在此定居开店，因为孔坊乡村集市交易之地而得名。聚落呈零散状。有中小学、卫生院。农业以水稻、茶叶、板栗种植为主。通乡村道路。

陶家河乡 [Táojiāhé Xiāng] 英山县辖乡。在县境东北部。面积70平方千米。人口1万。辖12村委会，有231自然村。乡人民政府驻陶家河。2001年设陶家河乡。因乡政府驻地得名。有中学1所，小学8所，卫生院1个。有红25军纪念馆，徐海东军部、红军战场、红军医院等纪念地。农业以茶叶、中药材种植为主。工业以中药材加工为主。安扬公路终点。

陶家河 [Táojiāhé] 陶家河乡人民政府驻地。在县政府驻地温泉镇东北42千米。人口1300。因昔日陶姓在河边建居而得名。聚落呈块状。有中小学、乡卫生院、有农技服务中心。农业以茶叶、中药材种植为主。安扬公路终点。

浠 水 县

浠水县 [Xīshuǐ Xiàn] 黄冈市辖县。北纬30°36′，东经115°04′。在市境东部。面积1949平方千米。人口103.2万。以汉族为主，还有壮、土家、满、苗、布依等民族。辖12镇、1乡。县人民政府驻清泉镇。南朝宋元嘉二十五年(448)置希水县。梁普通元年(520)更为浠水县，属湘州永安郡。隋开皇初孝宁县并入，属西阳郡。唐武德四年(621)改为兰溪县。天宝元年(742)改为蕲水县。宋元祐八年(1093)蕲水县析置罗田县。咸淳六年(1270)析置英山县。元至正二十四年(1364)蕲春县析浠河以东并入蕲水县。1933年复名浠水县。后历属省第三、第二行政督察区，鄂东行署等。1949年后历属湖北省黄冈专区、黄冈地区、黄冈市。因浠水河得名。处长江中游北岸，东北向西南渐呈山地、丘陵、平原之势。海拔22—100米。最高峰三角山海拔1055米，最低点梅子湖海拔14.5米。属亚热带大陆季风气候。年均气温16.9℃，1月平均气温4.4℃，7月平均气温29.2℃。年均降水量1348.9毫米。长江、浠水河、巴水河等流经。有金、铁、磁铁、铜、黄砂等矿产资源。森林覆盖率29.8%。有中职1所，高中8所，初中30所，小学124所，二级医院4个，剧院（场）3个，县杂技团等文艺团体55个。有全国重点文物保护单位福主万年台，省级文物保护单位11个，全国爱国主义教育基地闻一多纪念馆。有县博物馆、闻一多纪念馆、三祖天然禅寺、“天下第三泉”等名胜古迹。有国家4A级风景名胜区三角山国家森林公园、策湖国家湿地公园，3A级旅游风景区白莲河斗方山。有浠水民歌、洗马灯会、巴河天狮子、巴河金灯、浠河龙舟、蔡河竹编、蚌壳精等特色民间艺术。三次产业比例29∶37∶34。农业以水稻、油菜、棉花种植，生猪、家禽及淡水鱼养殖为主。有名优特农产品董河碧珍绿茶、茅山蟹、巴河莲藕等。工业以食品加工、建材、窑炉机械、教育装备制造为主。服务业以商贸、餐饮业为主。京九铁路，黄黄、大广北、武英、麻阳新高速，省道黄标、罗兰、中大线过境。

人民广场 [Rénmín Guǎngchǎng] 在县城中部。面积20000平方米。1952年开工，1953年建成。1967、1999年改扩建。建有高级声控音乐1处，有水磨石露天舞池、草坪、花坛，装宫廷式路灯，铺彩色人行便道。轮廓灯、反射灯亮化美化广场相邻的宪司坳街、学堂路、十字横街等临街建筑。为城区居民休闲、游乐景点。周边有县实验小学、实验中学、县科技局、县体育局等。通多路公交车。

浠水大桥 [Xīshuǐ Dàqiáo] 在县城中部。长167米，宽19米，最大跨度33米，桥下净高12.5米。1965年开工，1966年建成。2011年扩建。最大载重55吨。通公交车。

浠水站 [Xīshuǐ Zhàn] 见交通运输设施部分“浠水站”条。

浠水县汽车客运站 [Xīshuǐ Xiàn Qìchē Kèyùnzhàn] 见交通运输设施部分“浠水县汽车客运站”条。

清泉镇 [Qīngquán Zhèn] 浠水县人民政府驻地。在县境中部。面积240平方千米。人口22.6万。辖12居委会、76村委会，有1253自然村。镇人民政府位于丽文大道。2001年麻桥乡、余堰乡和三店乡所辖6村合并为清泉镇。因镇内清泉寺中清泉井而得名。有陈湖、荷荡湖、月湖、华大塆湖等，浠水河流经。有中等职业学校1所，高中3所，初中5所，小学18所，二级医院4个，卫生院3个。有省级文物保护单位浠水文庙，全国爱国主义教育基地闻一多纪念馆。有省级非物质文化遗产浠水杂技、浠水民歌、庞安时伤寒病诊疗法等。有“浠川八景”、玉台山、清泉井、羲之笔沼、浠河石刻等名胜古迹，地方特色文化鼓书、浠河龙舟等。农业以水稻、“甘蓝5号”双低优质油菜种植为主。工业以窑炉机械制造为主。服务业以商贸、餐饮为主。京九铁路、麻阳高速、省道罗兰线、中大公路过境。

巴河镇 [Bāhé Zhèn] 浠水县辖镇。在县境西南部。面积227平方千米。人口12.7万。辖1居委会、86村委会，有714自然村。镇人民政府驻巴河村。2001年巴驿镇、巴河镇和西河乡合并为巴河镇。因巴水河得名。有望天湖、连二湖、湲湖、芝麻湖等，长江、巴河、西洋河、河坪港、铁牛沟流经。有高中1所，初中3所，小学9所，卫生院1个。有巴河京灯、和平抬阁等特色文艺。农业以水稻、“甘蓝5号”双低优质油菜种植为主。工业以谷物加工为主。服务业以商贸、餐饮为主。大广高速过境。

巴河村 [Bāhécūn] 巴河镇人民政府驻地。在县政府驻地清泉镇西南27千米。人口1200。因巴水河得名。聚落呈三角形。有闻一多中学、闻一多小学、卫生院、卫生室、老年活动中心、音像室、棋牌室等。有巴河港航管理站、巴河税务分局等。农业以优质杂交水稻、“甘蓝5号”双低优质油菜种植为主。工业以食品加工为主。服务业以商贸为主。巴河—浠水、巴兰、松巴、红西等公路经此。通公交车。

竹瓦镇 [Zhúwǎ Zhèn] 浠水县辖镇。在县境西北部。面积140平方千米。人口7.6万。辖55村委会，有423自然村。镇人民政府驻街道村。1959年成立竹瓦公社。1984年设竹瓦区。1987年设竹瓦镇。2001年与朱店乡并为竹瓦镇。因古代居民将竹子劈成两半做瓦盖房而得名。巴河流经。有高中1所，初中2所，小学10所，卫生院1个。有特色文艺渔鼓。农业以水稻、“甘蓝5号”双低优质油菜种植为主。工业以农副产品加工为主。服务业以商贸、餐饮为主。京九铁路、省道柳界线过境。

街道村 [Jiēdàocūn] 竹瓦镇人民政府驻地。在县政府驻地清泉镇西20千米。人口1700。因位于镇中心街道得名。聚落呈十字形。有中小学、卫生院。农业以水稻种植为主。服务业以商贸为主。丁标公路经此。通公交车。

汪岗镇 [Wānggǎng Zhèn] 浠水县辖镇。在县境西北部。面积90平方千米。人口6.1万。辖41村委会，有398自然村。镇人民政府位于新兴街。1950年设汪岗区。1974年改汪岗公社。1984年复汪岗区。1987年改镇。因清代汪姓人家在山岗上开店形成集镇而得名。巴河、陈庙河流经。有初中1所，小学6所，卫生院1个。有地方特色文化迎龙灯、双推车等。农业以水稻、“甘蓝5号”双低优质油菜种植为主。工业以农副产品加工为主，服务业以商贸、餐饮为主。松巴公路过境。

团陂镇 [Tuánpí Zhèn] 浠水县辖镇。在县境北部。面积203平方千米。人口9.6万。辖1居委会、72村委会，有796自然村。镇人民政府驻团陂中心社区。1949年为团陂区。1958年成立团陂公社。1983年改区。1984年设团陂镇。2001年与华桂、松山2乡合并为团陂镇。因早年居民围绕团山山坡形成集镇而得名。巴河、倒旗河、关防河、长河流经。有高中1所，初中3所，小学12所，卫生院1个。有地方特色文化迎龙灯、双推车等。农业以水稻、“甘蓝5号”双低优质油菜种植为主。工业以粮食加工为主。服务业以商贸、餐饮为主。武英高速、浠团公路过境。

团陂中心社区 [Tuánpí Zhōngxīn Shèqū] 团陂镇人民政府驻地。在县境北部。面积10平方千米。人口18900。因位于镇中心位置而得名。2014年成立。民居以砖混结构楼房为主。有社区服务大厅、图书室。有中小学。农业以水稻种植为主。服务业以商贸为主。武英高速经此。

关口镇 [Guānkǒu Zhèn] 浠水县辖镇。在县境北部。面积222平方千米。人口9.8万。辖74村委会，有720自然村。镇人民政府驻盐港村。1949年为关口区。1987年设关口镇。2001年与胡河乡、大灵乡和三店乡所辖10村合并为关口镇。因南朝宋时期于西仓坳设置收税关卡而得名。有河畈湖、观音湖、华咀湖。浠水、陈庙河流经。有初中4所，小学13所，卫生院1个。有地方特色文化迎龙灯、民歌民舞等。农业以水稻、“甘蓝5号”双低优质油菜种植为主。工业以石材加工、机械维修为主。服务业以商贸、餐饮为主。麻武高速、省道罗兰线等过境。

盐港村 [Yángǎngcūn] 关口镇人民政府驻地。在县政府驻地清泉镇东北15千米。人口2700。因为地处村内小河汇入浠河处，古代曾设渡口将食盐运至内地而得名。聚落呈海豚形。有中小学、卫生院、关口人民法庭、老年活动中心、图书室等。农业以水稻种植为主。服务业以商贸为主。东深、快城、关豹公路经此。

白莲镇 [Báilián Zhèn] 浠水县辖镇。在县境东北部。面积50平方千米。人口2.2万。辖1居委会、13村委会，有148自然村。镇人民政府位于大桥东路。1963年设白莲镇。因白莲河水库得名。有白莲河水库。浠河流经。有初中1所，小学5所，卫生院1个。有省级文物保护单位北宋大岭寺舍利宝塔、斗方寺祖师殿。有地方特色文化龙灯、民歌等。农业以水稻、“甘蓝5号”双低优质油菜种植为主。工业以农机制造为主。服务业以商贸、餐饮为主。桃白、快城、三蕲公路过境。

蔡河镇 [Càihé Zhèn] 浠水县辖镇。在县境东部。面积96平方千米。人口4.3万。辖31村委会，有544自然村。镇人民政府驻金湖社区。1949年设蔡河区。1974年成立蔡河公社。1984年为蔡河区。1987年设蔡河镇。

2001年与余堰乡7村合并为蔡河镇。因明代有蔡姓经商,后人口聚集形成集镇而得名。有壕子湖。浠河流经。有初中1所,小学7所,卫生院1个。有地方特色文化龙灯、舞狮等。农业以水稻、"甘蓝5号"双低优质油菜种植为主。工业以农机制造为主。服务业以商贸、餐饮为主。至浠水、白莲、关口、绿杨公路过境。通公交车。

金湖社区 [Jīnhú Shèqū] 蔡河镇人民政府驻地。在县境东北部。面积0.5平方千米。人口2800。1968年成立。因曾有金钗湖得名。有现代民居960余栋,砖混结构。开展广场舞、民歌、龙灯、双推车等社区文化活动。有中小学、卫生院。服务业以商贸为主。至浠水、白莲、关口、绿杨公路经此。

洗马镇 [Xǐmǎ Zhèn] 浠水县辖镇。在县境东部。面积134平方千米。人口5.8万。辖1居委会、41村委会,有512自然村。镇人民政府驻洗马畈。1949年为洗马区。1974年成立洗马公社。1984年改区。1987年设洗马镇。2001年与堰桥乡合并为洗马镇。因镇政府驻地得名。株林河、许家河流经。有高中1所,初中3所,小学11所,卫生院1个。有地方特色文化龙灯、舞狮等。农业以水稻、"甘蓝5号"双低优质油菜种植为主。工业以粮食加工、纺织业为主。服务业以商贸、餐饮为主。麻武高速,浠英、浠洗公路过境。

洗马畈 [Xǐmǎfàn] 洗马镇人民政府驻地。在县政府驻地清泉镇东23千米。人口2500。传苏母娘娘骑马出征路过此地,在战马上生下太子,血将战马染红,在大畈河边洗战马的典故而得名。聚落呈条带状。有高中、卫生院、卫生室。服务业以商贸、餐饮为主。中大公路,至浠水、英山、黄石、蕲春公路经此。通公交车。

丁司垱镇 [Dīngsīdàng Zhèn] 浠水县辖镇。在县境东南部。面积112平方千米。人口4.3万。辖1居委会、33村委会,有492自然村。镇人民政府位于丁司垱路。1987年里店、苏冲、杨坳3乡合并为丁司垱镇。2001年六神乡部分地域并入。传因早年丁、司两大户常为集镇一水垱归属问题打过官司而得名。沙河、龙潭河流经。有初中1所,小学7所,卫生院1个。有省级文物保护单位王罗山墓群。有地方特色文化龙灯、民歌等。农业以水稻、"甘蓝5号"双低优质油菜种植为主。工业以农机维修、纺织为主。服务业以商贸、餐饮为主。京九铁路、省道中大线过境。

散花镇 [Sànhuā Zhèn] 浠水县辖镇。在县境南部。面积136平方千米。人口9.4万。辖44村委会,有423自然村。镇人民政府驻沈墩村。1984年设散花镇。2001年与马垅镇并为散花镇。以三国时吴蜀联军火烧赤壁大破曹军凯旋,周瑜在此设宴"犒赏三军,祝酒散花"而得名。有策湖、风泥沟(湖)、茅山湖。长江流经。有初中2所,小学9所,卫生院1个。有地方特色文化龙舟、黄梅戏等。农业以水稻、"甘蓝5号"双低优质油菜种植为主。工业以机械制造、农产品加工为主。服务业以商贸、餐饮为主。沪渝、大广高速,省道中大线等过境。

沈墩村 [Shěndūncūn] 散花镇人民政府驻地。在县政府驻地清泉镇东南32千米。人口1600。因早年有沈姓在长江边土堆上定居,后渐成村而得名。聚落沿散花大道呈块状分布。有中小学、卫生院、卫生室。服务业以商贸、餐饮为主。黄黄、大广高速,兰马、策四公路经此。通公交车。

兰溪镇 [Lánxī Zhèn] 浠水县辖镇。在县境西南部。面积151平方千米。人口5.5万。辖1居委会、38村委会,有371自然村。镇人民政府位于溪潭坳街。1949年至1957年属兰溪区。1974年成立兰溪公社。1984年设兰溪镇。2001年六神乡部分地域并入。唐时为兰溪县,因县治位于境内得名。有袁家湖、孙家湖、谱戏湖。长江、茅山港流经。有高中1所,初中3所,小学11所,卫生院1个。有名胜古迹"天下第三泉"、六神港大桥、兰溪古桥等。有地方特色文化龙舟、高跷、采莲船等。农业以水稻、"甘蓝5号"双低优质油菜种植为主。工业以陶瓷制造为主。服务业以商贸、运输为主。大广高速、省道罗兰线等过境。

绿杨乡 [Lǜyáng Xiāng] 浠水县辖乡。在县境东北部。面积115平方千米。人口2.8万。辖26村委会,有296自然村。乡人民政府驻冷水井村。1974年成立绿杨公社。1984年改绿杨区。1988年改绿杨乡。因乡政府原驻地绿杨村而得名。株林河、如意河、瓦寺前河流经。有初中1所,小学6所,卫生院1个。有省级文物保护单位登瀛室及登瀛墓、古井庵、程氏祠堂、盛真人墓、望风尖摩崖石刻等。农业以水稻、"甘蓝5号"双低优质油菜种植为主。工业以石材加工为主。服务业以商贸、餐饮为主。英大公路过境。通乡村道路。

冷水井村 [Lěngshuǐjǐng Cūn] 绿杨乡人民政府驻地。在县政府驻地清泉镇东北32千米。人口1200。因冷水井塆得名。聚落沿绿杨大道呈条状分布。有中小学、卫生院。服务业以商贸为主。中大公路,至浠水、英山、蕲春、白莲公路经此。通公交车。

蕲春县

蕲春县 [Qíchūn Xiàn] 别名蕲阳、齐昌、蕲州。黄冈市辖县。北纬30°23′,东经115°43′。在市境东南部。面积2398平方千米。人口102.1万。以汉族为主,还有蒙古、回、藏、维吾尔、苗、彝等民族。辖13镇、1乡。县人民政府驻漕河镇。西汉置蕲春县。三国吴置蕲春郡,县隶郡。西晋废郡,东晋更蕲春县为蕲阳县。南朝齐改齐昌县。梁隶齐昌郡。隋隶蕲州。隋开皇十八年(598)复名蕲春县。大业三年(607)隶蕲春郡。唐、五代十国、宋历属淮南道蕲州、蕲州、淮南西路蕲州。宋景定四年(1263)县随州治迁至蕲州城。元隶蕲州路。元至正二十四年(1364)朱元璋改蕲州路为蕲州府。明洪武九年(1376)降府为州,州领县事,隶黄州府。清康熙三年(1664)蕲州降为散州,隶黄州府。1912年改蕲州为蕲春县。1926年隶湖北省。1949年县治迁漕河镇。历属黄冈行政公署、黄冈专员公署、黄冈地区行政公署、黄冈市。因"以水限多蕲菜"及春天万物生长意得名。北为山地,中为丘陵,西南为平原、湖区。平均海拔38米。有海拔1000米以上山峰17座。年均气温17.1℃,1月平均气温6℃,7月平均气温31℃。年均降水量1376.4毫米。有赤东湖。蕲河流经。有脉石英、滑石、石灰岩、白云岩、花岗岩、金、锰、铜、铅、铁等矿产资源。森林覆盖率40.8%。有中学43所,小学305所,二级医院3个。有文化馆、博物馆、图书馆。有全国重点文物保护单位李时珍墓,省级文物保护单位14个,省级风景区5个。有李时珍陵园、昭化寺、金陵书院、蕲州北门遗址、毛家嘴西周文化遗址、仙人台、赤龙湖湿地公园、桐梓温泉、南天河漂流、明清影视城等古迹景点。有国家级非物质文化遗产李时珍传说。三次产业比例24∶40∶36。农业以水稻、油菜、花生、芝麻种植,淡水养殖为主。有土特产蕲蛇、蕲龟、蕲竹、蕲春珍米、蕲州莲藕、驹龙园茶叶、桐梓山药、马骅荸荠、向桥向阳桃、彭思手工米粉、李时珍家方补酒等。工业以医药化工、机械电子、陶瓷建材、纺织服装、农产品加工为主。服务业以商业为主。京九铁路,黄黄、麻阳高速,省道黄标线,蕲太,大别山旅游公路过境。有京九铁路蕲春站。

蕲春昌泰客运总站 [Qíchūn Chāngtài Kèyùn Zǒngzhàn] 见交通运输设施部分"蕲春昌泰客运总站"条。

漕河镇 [Cáohé Zhèn] 蕲春县人民政府驻地。在县境中部偏南。面积154平方千米。人口16.2万。辖14居委会、38村委会,有602自然村。镇人民政府驻杨岗。1944年设漕河镇。1949年设漕河区。1956年改漕河镇。1958年并入新生活公社。1987年复置。因旧为运粮河道集散地而得名。有太平寨、独山等山峰。蕲河、雷溪河、铁箭河等流经。有铁、镁、滑石、大理石、石英石、高岭土、瓷土等矿产资源。有中学7所,小学32所,二级医院3个,卫生院7个,卫生所44个。有罗州古城遗址、高山铺清水河战役纪念地。农业以水稻、棉花、油菜、山药种植为主。工业以化工、冶炼、建材、建筑业为主。京九铁路过境。

杨岗 [YángGǎng] 漕河镇人民政府驻地。在镇境中部。人口1100。因杨氏先祖迁居到一山岗定居而得名。聚落呈团块状。有中小学、幼儿园、卫生室、幸福院、文化广场、集贸市场等。农业以水稻、棉花、油菜、山药等种植为主。下蕲公路经此。

赤东镇 [Chìdōng Zhèn] 蕲春县辖镇。在县境东南部。面积150平方千米。人口6.1万。下辖45村委会,有393自然村。镇人民政府驻邓源塆。1961年为赤东区。1975年成立赤东公社。1987年置赤东镇。2001年三渡乡并入。因赤东湖得名。有高中1所,初中3所,小学23所,幼儿园11所,卫生院2个。有龙顶寨抗日战场遗址。农业以水稻、油菜、芝麻、药材等种植,鸡、牛、鱼类养殖为主。有土特产莲藕、甘蔗、葡萄。有陶瓷企业。京九铁路过境。

邓源塆 [Dèngyuánwān] 赤东镇人民政府驻地。在县政府驻地漕河镇西2千米。人口400。因邓姓祖先最早迁此居住而得名。聚落呈环状。有中小学、卫生院。农业以水稻种植为主。通公交车。

蕲州镇 [Qízhōu Zhèn] 蕲春县辖镇。在县境西南部。面积144平方千米。人口10.8万。辖49村委会,有473自然村。镇人民政府驻二里湖。1949年设蕲州区。1954年设蕲州镇。1959年为城关管理区。1987年复置蕲州镇。2001年黄土岭乡并入。据东晋刘伯庄《地名记》载,"此地水限多蕲菜,得名。"长江流经。有中学6所,小学25所,卫生院2个,卫生所38个。有全国重点文物保护单位李时珍陵园、李时珍纪念馆等。农业以水稻、小麦、棉花、鲜鱼、莲藕、蜜橘、苎麻等种植、养殖为主。工业以煤炭、玻璃、化工、陶瓷、纺织、建材为主。黄黄高速,蕲漕、江北公路过境。

二里湖 [Èrlǐhú] 蕲州镇人民政府驻地。在县政府驻地漕河镇南25千米。人口1100。因从蕲州北门至此地2华里而得名。聚落呈片状。有李时珍中学、小学、幼儿园、卫生室、幸福院、文化广场等。农业以蔬菜、油菜籽种植为主。有石粉厂、汽修厂等企业。蕲漕公路经此。

管窑镇 [Guǎnyáo Zhèn] 蕲春县辖镇。在县境西部。面积88平方千米。人口3.2万。辖17村委会,有186自然村。镇人民政府驻岚头矶。1984年设管窑镇。1987年南征乡并入。因早年管氏在此建烧制陶制品的窑炉而得名。长江、蕲河流经。有中学1所,小学8所,卫生院1个,卫生所12个。有黏土资源。有省级非物质文化遗产手工制陶。农业以水稻、油菜、棉花种植为主,产柿子、蜜橘、鲜鱼等。黄黄高速过境。

岚头矶［Lántóujī］　管窑镇人民政府驻地。在县政府驻地漕河镇西南22千米。因地处长江中游黑矶礁石突出的小山上，矶头早晚被江雾笼罩而得名。聚落呈条块状。有中小学、幼儿园、卫生室、幸福院、文化广场等。农业以水稻、棉花、茶油、药用栀子、柑橘种植为主。经营手工陶艺产品。县道西岚路经此。

彭思镇［Péngsī Zhèn］　蕲春县辖镇。在县境西南部。面积102平方千米。人口5.1万。下辖29村委会，有278自然村。镇人民政府驻彭思桥。1949年为彭思桥区。1959年成立彭思公社。1987年设乡。1997年置镇。2001年茅山镇并入。因镇政府驻地得名。彭思河、凤凰河、红旗河流经。有大理石、石英石等矿产资源。有初中2所，小学16所，幼儿园5所，卫生院1个。有文化站。有张体学革命事迹陈列馆。农业以水稻、油菜、药材、莲藕、家菱等种植，鱼类、小龙虾、鸡、猪、牛、羊等养殖为主。有土特产传统米粉、茅山螃蟹、藕粉、家菱。工业以化工为主。横茅、康王公路过境。

彭思桥［Péngsīqiáo］　彭思镇人民政府驻地。在县政府驻地漕河镇西北12千米。人口500。因彭、司两姓居民共修石桥而得名。聚落呈块状。有中小学、卫生院。农业以水稻种植为主。横茅公路经此。

横车镇［Héngchē Zhèn］　蕲春县辖镇。在县境西部偏南。面积193平方千米。人口9.8万。下辖48村委会，有519自然村。镇人民政府驻韩畈塆。1975年成立横车公社。1987年置横车镇。2001年马畈乡并入。因古代横槎桥得名。有策山。沙河流经。有中学3所，小学26所，幼儿园19所，卫生院2个，文化站1个。有梅家塘遗址、竹叶碑等古迹景点。农业以水稻、棉花、油菜、花生、芝麻种植为主。工业以森工、汽车配件、石英砂、橡胶、建材、玩具、服装等为主。京九铁路，麻武高速，柳界、横茅、洗岚公路等过境。

韩畈塆［Hánfànwān］　横车镇人民政府驻地。在县政府驻地漕河镇西北10千米。人口300。因韩氏家族最早来平畈区聚居得名。聚落呈多个带状。有中小学、卫生院。农业以水稻种植为主。京九铁路、柳界公路经此。

株林镇［Zhūlín Zhèn］　蕲春县辖镇。在县境北部。面积165平方千米。人口5.2万。辖35村委会，有501自然村。镇人民政府驻株林新街。1949年设株林区。1987年设株林镇。2001年达城乡并入。以株林河得名。株林河流经。有花岗石、蛇纹石、长石、蛭石、黄沙等矿产资源。有中学2所，小学13所，卫生院2个，卫生所19个。有三角山刘邓大军指挥高山铺战役指挥部纪念地、西周毛家嘴古文化遗址。农业以水稻、油菜、棉花种植为主，产木材、楠竹、药材。麻武高速过境。

株林新街［Zhūlín Xīnjiē］　株林镇人民政府驻地。在县政府驻地漕河镇西南15千米。人口8000。因1964年洪水冲毁老街，沿塝建成一条新街而得名。聚落呈块状。有中小学、幼儿园、卫生室、幸福院、文化广场、集贸市场等。农业以水稻、棉花、油菜、山药种植为主。麻武高速、西洗公路、大别山红色旅游公路过境。

刘河镇［Liúhé Zhèn］　蕲春县辖镇。在县境中部。面积229平方千米。人口9.9万。辖56村委会，有724自然村。镇人民政府驻花园塆。1949年为刘河区。1958年成立刘河公社。1987年置刘河镇。2001年大公乡并入。因刘公河得名。蕲河流经。有金、铁、石英石、花岗岩、瓷土、蛇纹石等矿产资源。有中学5所，小学34所，卫生院2个，卫生所31个。有纪念地胡凉亭"云林宫"指挥部。农业以水稻、棉花、油菜、豆类种植为主，产山药、药材、板栗、葡萄、蕲艾等。工业以轻工业为主，有工业园区等。省道下蕲线过境。

花园塆［Huāyuánwān］　刘河镇人民政府驻地。在县政府驻地漕河镇东18千米。人口200。因该地三面环山一面傍水，四季花开如同花园而得名。聚落呈团状。有中小学、幼儿园、卫生室、幸福院、文化广场、集贸市场等。农业以水稻、油菜、棉花、大豆种植为主。省道下蕲线经此。

狮子镇［Shīzi Zhèn］　蕲春县辖镇。在县境中部偏北。面积258平方千米。人口6.9万。辖54村委会，有700自然村。镇人民政府驻老铺后。1949年设狮子区。1959年成立狮子公社。1987年改镇。2001年花园乡并入。因驻地在状如狮形的小山旁得名。别名狮子口。有香炉尖山等。狮子河流经。有初中2所，小学9所，幼儿园5所，卫生院2个。有牛皮寨古城墙。农业以水稻、棉花、薯类、油菜、药材种植，鱼、猪、牛、羊等养殖为主，特产米粉，茶叶。工业以矿砂产业为主。有头发制品企业。刘黄、汪张公路过境。

老铺后［Lǎopùhòu］　狮子镇人民政府驻地。在县政府驻地漕河镇北28千米。人口300。因居民点在早期店铺后面形成而得名。聚落呈列分布。农业以水稻种植为主。服务业以商业为主。有花园至县城公路经此。

青石镇［Qīngshí Zhèn］　蕲春县辖镇。在县境中部。面积208平方千米。人口7万。辖42村委会，有556自然村。镇人民政府驻望天畈。1958年成立青石公社。1987年改置镇。因一小山岭得名。蕲河流经。有长石、石英石、瓷土、黄沙、钛、铁等矿产资源。有中学2所，小学22所，卫生院1个，卫生所17个。有黄云鹄石刻、黄侃故居、圣旨碑等古迹。农业以水稻种植，猪、家禽养殖为主。特产蕲艾、山药、油茶、水葡萄米等。有齿轮厂等企业。服务业以商贸为主。省道下蕲线、黄青公路、大别山红色旅游公路过境。

望天畈［Wàngtiānfàn］　青石镇人民政府驻地。在县政府驻地漕河镇东35千米。人口13100。因该地旧时易涝怕旱，收成靠天，故名望天畈。聚落呈团块状。有中小学、幼儿园、卫生室、幸福院、文化广场等。农业以水稻、马铃薯、油菜、蕲艾、山药、油茶、水葡萄米等种植为主。蕲太公路经此。

张塝镇［Zhāngbàng Zhèn］　蕲春县辖镇。在县境东北部。面积166.9平方千米。人口5.2万。辖1居委会、42村委会，有343自然村。镇人民政府驻张家塝。1987年置张塝镇。2001年孙冲乡并入。因张姓两兄弟在此经营生意，渐成集镇而得名。蕲河流经。有石英石、铁矿石、磷矿石、矿泉水等矿产资源。有中学3所，小学19所，卫生院1个，卫生所25个。有柳林塆革命遗址、宋代田梦罴墓等。农业以水稻种植，猪、家禽养殖为主。工业以纺织服装、食品加工为主。服务业以商贸为主。特产山药、豆干、豆果。英檀、蕲太公路过境。

张家塝［Zhāngjiābàng］　张塝镇人民政府驻地。在县政府驻地漕河镇北45千米。人口1700。因为张姓族人聚居地而得名。聚落呈带状。有小学、幼儿园、卫生室、幸福院、文化广场、集贸市场等。农业以水稻、油菜、花生、药材等种植为主。省道下蕲线经此。

大同镇［Dàtóng Zhèn］　蕲春县辖镇。在县境东北部。面积137平方千米。人口3万。辖27村委会，有48自然村。镇人民政府驻大同街。明、清时设大同上乡。1975年成立大同公社。1987年改置镇。因天下大同意得名。有山峰仙人台大桴尖、观音尖等。大堰河、蕲河等流经。有大理石、石英石等矿产资源。有初中1所，小学18所，幼儿园4所，卫生院1个，文化站1个。有旅游景点仙人湖、仙人台。农业以水稻、油菜、水果、药材等种植，猪、鸡、牛、鱼等养殖为主。有茶业、木业公司。有土特产雷竹、干菜、茶叶。蕲太、蕲英公路过境。

大同街［Dàtóngjiē］　大同镇人民政府驻地。在县政府驻地漕河镇东北48千米。人口2900。因地处大同镇西部得名。聚落呈带状。有中小学、幼儿园、卫生院、门诊部。农业以环保农业、生态农业为主，种植大棚蔬菜、蕲艾、茶叶等。蕲英公路过境。

檀林镇［Tánlín Zhèn］　蕲春县辖镇。在县境东北部。面积167平方千米。人口5.2万。下辖42村委会，有604自然村。镇人民政府驻刘家塆。1949年设檀林区。1974年成立檀林公社。1987年置檀林镇。2001年田桥乡并入。因檀林河得名。有将军山。龙井河等流经。有石英石、花岗石等矿产资源。有初中2所，小学32所，幼儿园6所，卫生院2个。有文化站。有柳林塆革命遗址、田梦罴墓。农业以水稻、油菜、药材种植，猪、鸡、牛、鱼等养殖为主。特产薏米、茶叶、毛栗、雨花菜、香椿、干野菜等。有茶业、石材、木板材加工等企业。英檀、蕲太公路过境。

刘家塆［Liújiāwān］　檀林镇人民政府驻地。在县政府驻地漕河镇东北60千米。人口300。因刘姓居民最早迁居此地得名。聚落呈团状。服务业以个体商业为主，有农土特产品加工。省道下蕲线经此。

向桥乡［Xiàngqiáo Xiāng］　蕲春县辖乡。在县境东部。面积206平方千米。人口4.5万。辖28村委会，有288自然村。乡人民政府驻献富坳。1987年白水、向桥、斌冲3乡合并为向桥乡。因乡政府原驻地向桥村得名。白水河流经。有铁、银、石英石、蛇纹石、花岗石等矿产资源。有中学2所，小学17所，幼儿园6所，卫生院2个，文化站1个。有坳上塆新石器遗址、宝田公祠"七叶衍祥"御赐牌楼、洞沟古村落等。农业以水稻种植，猪、家禽养殖为主。特产向阳桃、棠树岭楠竹、孙山油茶等。工业以农产品加工为主。服务业以商贸为主。漕向、塝水公路过境。

献富坳［Xiànfù'ào］　向桥乡人民政府驻地。在县政府驻地漕河镇北43千米。人口400。因明代有人娶亲用黄蜡铺地，显其富有而得名。聚落呈团块状。有小学、幼儿园、卫生室、幸福院、文化广场、集贸市场等。农业以水稻、油菜、油茶、药材等种植为主。县道烟张线经此。通公交车。

狮子堰村［Shīziyàncūn］　在县政府驻地漕河镇北48千米。向桥乡辖自然村。人口1800。因形似狮子的石崖下曾建拦河堰而得名。聚落呈团块状。有小学。为中国传统村落。有民国所建洞沟塆，具独特民俗风情。有蕲东革命烈士纪念碑及烈士公园。农业以水稻、油菜、药材、板栗等种植为主。

黄　梅　县

黄梅县［Huángméi Xiàn］　黄冈市辖县。北纬30°04′，东经115°56′。在市境东部。面积1701平方千米。人口102.1万。以汉族为主，还有土家、壮、回、苗、满等民族。辖12镇、4乡。县人民政府驻黄梅镇。隋开皇十八年(598)改新蔡县为黄梅县。唐武德八年(625)属蕲州。宋皇庆元年(1312)迁县治于黄梅镇，隶湖广行中书省蕲州府。明属湖广布政司黄州府。民国初改属江汉道，后改属湖北省第三行政督察区。1936年九江县部分地域划归黄梅县。1949年属黄冈地区。1996年属黄冈市。平均海拔21米。属亚热带大陆季风气候。年均气温17℃，1月平均气温4.4℃，7月平均气温29.1℃。年均降水量1417.6毫米。有太白湖、龙感湖。新县河、考田河、小溪河、古角河等流经。有瓷土、石灰石、花岗岩等31种矿产资源。有野生植物1185种，其中有国家重点保护野生植物20种。有野生动物355种，其中有国家重点保护野生动物32种。森林覆盖率21.7%。有中学32所，小学120所，二级医院2个。有全国重点文物保护单位五祖寺、四祖寺塔桥、高塔寺塔。有省级文物保护单位7个。有四祖寺、蔡山晋梅、焦墩遗址、南朝宋参军鲍照墓、唐末农民起义领袖王仙芝墓、岳飞之子岳震和岳霆墓、宋代乱石塔等名胜古迹。有大洋庙、南北山等风景区。有国家级非物质文化遗产黄梅戏、黄梅挑花、黄梅禅宗祖师传说、岳家拳。三次产业比例30∶41∶29。农业以水稻、棉花、油菜、小麦、土豆种植，鱼、青虾、小龙虾、螃蟹养殖为主。有蓝莓、油茶、楠竹、苗木花卉等特色产业基地。有国家地理标志产品黄梅青虾、黄梅元宵茶、源湖螃蟹等。工业以纺织服装、农产品加工、新型建材、医药化工、机械电子为主。服务业以物流业、旅游业、文体娱乐业为主。京九、合九铁路，沪渝、福银高速，105国道，省道蕲龙线过境。

文化广场［Wénhuà Guǎngchǎng］ 在县城西北部。面积76417平方米。2004年开工，2006年建成。内设体育设施、人工湖、娱乐设施、黄梅戏剧院等。植有草坪、松、竹、梅等。为居民休闲娱乐场所。周边有文化公园、皇家御花园、皇家御澜园小区。

黄梅站［Huángméi Zhàn］ 见交通运输设施部分“黄梅站”条。

黄梅镇［Huángméi Zhèn］ 黄梅县人民政府驻地。在县境中部。面积83平方千米。人口18.7万。辖13居委会、25村委会，有426自然村。镇人民政府驻石黄。1981年城关镇更名为黄梅镇。1987年西池区并入黄梅镇。因境内有黄梅山、黄梅水，山多梅树而得名。有中学8所，小学30所，幼儿园15所，二级医院1个。有全国重点文物保护单位高塔寺，省级文物保护单位鲍照墓、佛母塔。有三圣寺、梅山寺、莲花寺、泰源观、鸡鸣寺、陶公庙等名胜古迹。农业以水稻、棉花、油菜种植为主。工业以机械电子、纺织等产业为主。合九铁路，沪渝、福银、黄黄高速，105国道过境。

石黄［Shíhuáng］ 黄梅镇人民政府驻地。在镇境中部。人口1600。因石、黄2姓居多而得名。聚落呈块状。有幼儿园、卫生服务站。有商贸业。通公交车。

孔垄镇［Kǒnglǒng Zhèn］ 黄梅县辖镇。在县境中部偏南。面积126平方千米。人口11.2万。辖5居委会、33村委会，有301自然村。镇人民政府驻邢大墩。清至民国曾设孔垄镇。1960年成立孔垄镇公社。1984年设孔垄区。1987年置孔垄镇。2001年张河乡并入。因南宋末年孔姓在此拓荒定居，称孔家垄，简称孔垄。有高中1所，初中2所，小学12所，幼儿园15所，镇卫生院1个，村级卫生室38个。有文化站、活动中心，诗词、楹联、戏剧等社团，图书室。有古文昌阁、古万年台、关帝庙、滩湖桥、祭塘、“七星伴月”“金狗凉亭”“芦荡雪雁”等名胜古迹。工业以纺织为主。京九、合九铁路，福银高速，105国道过境。

邢大墩［Xíngdàdūn］ 孔垄镇人民政府驻地。在县政府驻地黄梅镇南24千米。人口700。邢姓分大、小(细)两墩，该居民点规模较大，因此得名。聚落呈条带状。有中小学。农业以水稻种植为主。通公交车。

小池镇［Xiǎochí Zhèn］ 黄梅县辖镇。在县境南部。面积154平方千米。人口11.4万。辖17居委会、50村委会，有281自然村。镇人民政府驻新河桥社区。清设小池口镇。1949年设小池区。1956年设小池镇。1984年设小池区。1987年置小池镇。2001年王埠乡、徐港乡并入。古因黄梅杨柳湖水经孔垄流入小江(现东港)，在出长江口处形成一小龙池而得名。有高中2所，初中2所，小学15所，幼儿园21所，二级医院1个，镇卫生院1个。有文化站、活动中心、文化社团、业余戏剧演出团体。有妙乐寺、九江长江大桥等景点。农业以水稻、棉花、油菜种植为主。工业以医药化工、农产品加工、电子等为主。有京九、合九铁路，沪渝、黄小高速，105国道过境。

新河桥社区［Xīnhéqiáo Shèqū］ 小池镇人民政府驻地。在县境南部。面积1.36平方千米。人口4700。因桥梁名称得名。2004年由新河桥村改设。有文体活动中心，业余戏剧演出团以中老年妇女为主，日常开展广场舞、唱黄梅戏、打腰鼓等活动。有小学、幼儿园、卫生院。农业以棉花、水稻种植为主。通公交车。

下新镇［Xiàxīn Zhèn］ 黄梅县辖镇。在县境东部。面积60平方千米。人口3万。辖1居委会、19村委会，有124自然村。镇人民政府驻洪家墩。1978年成立下新渔业公社。1984年改下新镇。2001年长岭乡并入。传清初县衙按人数编镇，此地地偏人稀被遗漏，后补定名为下剩镇，当地方言“新”“剩”音近，演今名。有铁矿、瓷土等矿产资源。有初中1所，小学4所，卫生院2个。有文化站、活动中心、农家书屋、业余戏剧团。有省级文物保护单位宛希俨、宛希先烈士故居。农业以水稻、油菜种植为主。工业以农产品、建材加工等为主。县道城下线过境。

洪家墩［Hóngjiādūn］ 下新镇人民政府驻地。在县政府驻地黄梅镇东5千米。人口200。因此地洪姓居多，建居在土墩上而得名。聚落呈团块状。有中学、卫生院。农业以棉花、水稻、油菜、小麦种植为主。通公交车。

大河镇［Dàhé Zhèn］ 黄梅县辖镇。在县境西北部。面积146平方千米。人口7.6万。辖1居委会、46村委会，有432自然村。镇人民政府驻上街头。新中国成立初设大河区。1959年成立大河公社。1984年设大河镇。2001年王枫乡并入。因发源于考田山的黄梅水在此汇成大河而得名。有大理石材。有高中1所，初中2所，小学24所，幼儿园9所，卫生院1个。有文化站、活动中心、文化社团、图书室。有全国重点文物保护单位四祖寺塔桥，省级文物保护单位红十五军诞生纪念地、清咏亭，有新石器、商、西周时代的乌龟山遗址、北磨盘山遗址、游螺墩遗址，四祖寺、泰源观、黄龄洞道观、高山寺、大洋庙等。农业以水稻、棉花、油菜种植为主。工业以农产品、建材加工等为主。黄黄高速等过境。

上街头［Shàngjiētóu］ 大河镇人民政府驻地。在县政府驻地黄梅镇西北10千米。人口800。当年居民沿大河建居形成街道，该地在大河北而得名。聚落呈团块状。有中小学、幼儿园、卫生院(所)。农业以水稻种植为主。通公交车。

停前镇［Tíngqián Zhèn］ 黄梅县辖镇。在县境东北部。面积82平方千米。人口4万。辖21村委会，有283自然村。镇人民政府驻詹家。1958年置停前区。1959年成立停前公社。1961年改区。1987年设镇。明洪武十四年(1381)建停前驿，因驿得名。有瓷土、石灰岩、钾长石、硅石、花岗岩、云母等矿产资源。有初中1所，小学8所，幼儿园4所，卫生院1个。有文化站、活动中心、文化社团、图书室。农业以水稻、棉花、油菜种植为主。工业以活性炭、矿冶等为主。合九铁路过境。通乡村道路。

詹家［Zhānjiā］ 停前镇人民政府驻地。在县政府驻地黄梅镇东北19千米。人口200。因詹姓居多而得名。聚落呈团块状。种植水稻。通公交车。

五祖镇［Wǔzǔ Zhèn］ 黄梅县辖镇。在县境北部。面积81平方千米。人口2.7万。辖3居委会、18村委会，有226自然村。镇人民政府驻一天门社区。1981年成立五祖寺公社。1984年为五祖区。1987年改五祖镇。因禅宗祖庭五祖寺得名。有国家大型水库垅坪水库。有初中1所，小学7所，幼儿园3所，卫生院1个，医疗点18个。有文化站、活动中心、文化社团、业余戏剧演出团体、图书室。有全国重点文物保护单位五祖寺，有黄梅古十景之“东山白莲”“多云樵唱”，禅定寺、墨庄书院遗址。农业以水稻、油菜种植为主。工业以机械、电子、农产品加工等为主。通乡村公路。

一天门社区［Yītiānmén Shèqū］ 五祖镇人民政府驻地。在县境北部。面积3平方千米。人口3100。2013年由一天门村改设。“一天门”指禅宗祖庭五祖寺的第一道山门，因此得名。有小学、卫生所。有全国重点文物保护单位五祖寺。农业以水稻种植为主。通公交车。

濯港镇［Zhuógǎng Zhèn］ 黄梅县辖镇。在县境中部。面积142平方千米。人口8.9万。辖4居委会、41村委会，有309自然村。镇人民政府位于濯港东大街。新中国成立后设濯港区。1959年成立濯港公社。1961年复濯港区。1987年设濯港镇。2001年白湖乡并入。因古人常年在黄梅水流经的港道洗濯而得名。有中学1所，初中1所，小学21所，幼儿园9所，卫生院1个。有文化站、活动中心、业余戏剧演出团体、图书室。有省级文物保护单位焦墩遗址。有黄梅古十景之“濯港晚渡”“太白渔歌”，有寺院意生寺、离母墩庙、柘林寺、网埠寺、中路庵等。特产荷叶茶、黄梅元宵茶。工业以化工、酿酒、建材等产业为主。合九铁路，沪渝、福银高速，105国道过境。

蔡山镇［Càishān Zhèn］ 黄梅县辖镇。在县境西南部。面积110平方千米。人口8.6万。辖1居委会、57村委会，有239自然村。镇人民政府驻胡世柏。民国时期设蔡山乡。新中国成立初改蔡山区。1959年成立蔡山公社。1961年复区。1987年设蔡山镇。2010年李英乡并入。因古为一岛，产大龟，而龟学名为“蔡”，因此得名。有初中2所，小学7所，幼儿园7所，卫生院1个。有文化站、活动中心、图书室、文化社团、业余戏剧演出团体。有景点江心古寺、“晋梅新姿”“泼墨留痕”“龟峰独秀”“危楼百尺”“石狮望江”“残岩夕阳”“缆迹犹存”“锣鼓噌呿”“齐姬古基”。有民间工艺黄梅挑花。农业以水稻、棉花、油菜、花生、芝麻、豆类种植，猪、鱼等养殖为主。工业以纺织、农产品加工、建材产业为主。京九铁路等过境。

胡世柏［Húshìbǎi］ 蔡山镇人民政府驻地。在县政府驻地黄梅镇西南36千米。人口1600。原为皇坝，明代胡氏祖先世柏来此经商定居，渐成集镇，因此得名。聚落呈团状。有小学、卫生院(所)。农业以水稻、棉花种植为主。通公交车。

新开镇［Xīnkāi Zhèn］ 黄梅县辖镇。在县境西南部。面积77平方千米。人口6.4万。辖1居委会、33村委会，有145自然村。镇人民政府驻农科所。民国为新开乡。新中国成立初改新开区。1959年成立新开公社。1961年复改区。1987年建新开镇。传佛教禅宗第五代祖师弘忍七岁在此首次开口说话而得名。有初中1所,小学16所,卫生院1个。有文化站、活动中心、戏剧、挑花等社团。有国家级非物质文化遗产黄梅挑花。农业以棉花种植、淡水养殖为主。105国道,省道孔武、武穴线,新张、新蔡公路过境。

农科所 [Nóngkēsuǒ] 新开镇人民政府驻地。在县政府驻地黄梅镇西南40千米。人口300。因旧时农科所得名。聚落呈点状。有卫生室。农业以棉花、水稻种植为主。通公交车。

独山镇 [Dúshān Zhèn] 黄梅县辖镇。在县境东部。面积81平方千米。人口3.5万。辖1居委会、19村委会,有200自然村。镇人民政府驻邓塘。新中国成立初设独山区。1959年成立独山公社。1961年复改区。1987年建独山乡。1998年改镇。因集镇东北有独立山丘而得名。有铁、页岩石、石灰石等矿产资源。有初中1所,小学7所,幼儿园7所,卫生院1个。有文化站、活动中心、图书室、文化社团。有招云寨遗址、"万人坟"墓地。农业以淡水养殖为主。沪渝高速、105国道过境。

邓塘 [Dèngtáng] 独山镇人民政府驻地。在县政府驻地黄梅镇东11千米。人口100。因元代邓姓祖先邓冕自江西迁此一大塘边定居而得名。聚落呈团块状。有卫生院(所)。农业以棉花、水稻、小麦、红薯种植为主。通公交车。

分路镇 [Fēnlù Zhèn] 黄梅县辖镇。在县境南部。面积61平方千米。人口5.4万。辖32村委会,有150自然村。镇人民政府驻吴门墩。1959年成立分路公社。1961年改区。1987年设分路乡。1999年改镇。民国时因地处三岔路口,名分路口,镇以此得名。有初中1所,小学16所,幼儿园6所,卫生院1个。有文化站、活动中心、图书室。农业以水稻、棉花、油菜种植,淡水养殖为主。工业以农产品加工、建材等为主。京福高速、105国道过境。

吴门墩 [Wúméndūn] 分路镇人民政府驻地。在县政府驻地黄梅镇西北10千米。人口1000。因吴姓在当地被称为吴门大户,建居土墩而得名。聚落呈条带状。农业以棉花、油菜、水稻、蔬菜种植为主。通公交车。

柳林乡 [Liǔlín Xiāng] 黄梅县辖乡。在县境北部。面积62平方千米。人口1.8万。辖1居委会、12村委会,有151自然村。乡人民政府驻李坳。1975年成立柳林公社。1984年并入停前区。1987年自停前区划出设立柳林乡。原名古角乡,后因柳林河改今名。地势东、西、北三面群山连绵,西高东低。有磷矿石、花岗岩、金刚砂等矿产资源。有初中1所,小学7所,幼儿园1所,卫生院1个,卫生所9个。有文化站、活动中心、图书室、业余戏剧演出团体。有南山灵峰寺、北山宝相寺、南乌崖、南山古道、南山古洞、南山"寿"字摩崖石刻等名胜古迹。农业以水稻、油菜种植为主。工业以磷矿开采为主。黄柳公路等过境。

李坳 [Lǐ'ào] 柳林乡人民政府驻地。在县政府驻地黄梅镇北32千米。人口100。因李姓居多,地处一小山坳而得名。聚落呈条带状。有中小学、卫生院。农业以水稻、红薯、土豆、油菜种植为主,兼营林业。通公交车。

杉木乡 [Shāmù Xiāng] 黄梅县辖乡。在县境东北部。面积63平方千米。人口5.1万。辖29村委会,有251自然村。乡人民政府驻杉木街。1975年成立杉木桥公社。1987年设杉木乡。因该地原有杉木桥而得名。有铁矿石、石灰石、陶瓷土、云母等矿产资源。有初中1所,小学13所,幼儿园4所,卫生院1个,卫生所29个。有文化站、活动中心、图书室。有省级文物保护单位牌楼塆古民居,古迹张山、柯墩、印山、木鱼山、送船咀、王寨山、黑山咀文化遗址。农业以水稻、油菜种植为主。工业以化工、陶瓷建材为主。合九铁路、105国道过境。

杉木街 [Shāmùjiē] 杉木乡人民政府驻地。在县政府驻地黄梅镇东北5千米。人口200。因乡名得名。聚落呈团块状。农业以水稻、棉花种植为主。通公交车。

苦竹乡 [Kǔzhú Xiāng] 黄梅县辖乡。在县境北部。面积82平方千米。人口3.5万。辖25村委会,有236自然村。乡人民政府驻苦竹口。1952年设苦竹区。1975年成立苦竹公社。1984年改区。1987年改乡。传因古为出入小溪山区隘口,竹多味苦而得名。有花岗岩。有初中1所,小学6所,幼儿园6所,卫生院1个,卫生所21个。有文化站、活动中心、图书室。有紫云山、挪步园休闲避暑山庄、喷雪岩水库、老祖寺、红花寨、万家堡、岳霆岳震墓、王仙芝墓等名胜古迹。农业以水稻、油菜种植为主。工业以矿泉水生产、石料加工、农产品加工等为主。城挪、横山公路过境。

苦竹口 [Kǔzhúkǒu] 苦竹乡人民政府驻地。在县政府驻地黄梅镇北7千米。人口500。因位于苦竹林出口处而得名。聚落呈条带状。有中小学、卫生院(所)。农业以水稻种植为主,兼营林业。通公交车。

刘佐乡 [Liúzuǒ Xiāng] 黄梅县辖乡。在县境东南部。面积41平方千米。人口2.1万。辖1居委会、12村委会,有51自然村。乡人民政府驻段家墩。1975年成立刘佐公社。1987年设刘佐乡。传清代长江大堤杨东塆溃口左边住一刘姓名医,得名刘左口。后以得到上天保佑辅佐意改"左"为"佐",因此改今名。有初中1所,小学4所,幼儿园2所,卫生院1个,卫生所13个。有文化站、活动中心、农家书屋、黄梅戏剧团。农业以棉花、油菜种植为主。工业以商品棉、木材加工为主。有长江客运码头2个。通公交车。

段家墩 [Duànjiādūn] 刘佐乡人民政府驻地。在县政府驻地黄梅镇东南51千米。人口400。原居段、姚两姓,因段姓居多而得名。聚落呈条带状。有小学、卫生院。农业以棉花、水稻、小麦、油菜种植为主。通公交车。

咸 宁 市

咸宁市 [Xiánníng Shì] 湖北省辖地级市。北纬29°02′—30°19′,东经113°32′—114°58′。在省境东南部。面积9861平方千米。户籍人口296.5万,常住人口248.9万。辖咸安区,嘉鱼、通城、崇阳、通山4县,代管赤壁县级市。市人民政府驻咸安区。唐大历三年(768)置永安镇。南唐保大十三年(955)升为永安县。宋景德四年(1007)为避赵匡胤永安陵讳,取《易·乾象》"万国咸宁"改永安县为咸宁县,意为全部安宁,为咸宁专名之始。元祐元年(1086),割蒲圻长乐乡增益咸宁。此后咸宁县随上属建制变化而改变隶属关系。直至1927年湖北省政府正式成立,废道,县直属湖北省。1949年后咸宁县相继隶属大冶专区、孝感专区。1958年咸宁、蒲圻2县合并为蒲圻县,县治驻咸宁城关镇。1959年咸、蒲2县分治,恢复咸宁县。1960年蒲圻县划入咸宁县,县治驻原蒲圻城关镇。1961年复设蒲圻县。1965年设咸宁专区。1967年改地区。1998年改地级市。以丘陵、山地为主。地势东南高西北低。平均海拔189.6米。最高点九宫山老鸦尖海拔1656米,最低点玉皇塌、马儿塌海拔18.9米。年均气温16.9℃,1月平均气温4.4℃,7月平均气温28.8℃。年均降水量1561.3毫米。年均无霜期260天。长江、富水、陆水、金水流经。有斧头湖、西凉湖。有矿产资源钽、铍、锑、金、煤等。有野生植物2200种,其中有国家一级保护野生植物南方红豆杉、银杏、珙桐、水杉、苏铁,国家二级保护野生植物凹叶厚朴、红椿、篦子三尖杉、马褂木等55种。有野生动物460种,其中有国家一级保护野生动物云豹、金钱豹、金雕、白颈长尾雉,国家二级保护野生动物大鲵、猫头鹰、穿山甲、水獭、白鹇等13种。有国家级九宫山自然保护区,省级药姑山自然保护区。有国家级湿地公园陆水湖、大溪、富水湖等6个,省级湿地公园金桂湖、望江岭、浪口。森林覆盖率53%。有高校3所,中学185所,小学840所,三级医院1个,文艺团体7个,大型体育场馆7个。有全国重点文物保护单位沈鸿宾故居、向阳湖文化名人旧址、孙郭胡城址等8个,省级文物保护单位长山垴遗址、笔峰塔、孟养浩墓、庙山遗址等46个。有全国爱国主义教育基地北伐汀泗桥战役遗址纪念馆,省级爱国主义教育基地12个。有国家级非物质文化遗产崇阳提琴戏、黑茶制作技艺等4项,省级非物质文化遗产赤壁脚盆鼓、赵李桥砖茶制作技艺等18项。有中国历史文化名镇汀泗桥镇,中国传统村落8个。有国家4A级旅游景区赤壁市古战场、陆水湖等10个,国家3A级旅游景区桂花森林公园等16个。三次产业比例16∶48∶36。农业以种植水稻为主。产水果、中药材、蔬菜。工业以冶金建材、机电制造、电力能源为主。有国家级经济开发区1个,省级经济开发区6个。服务业以旅游、物流、电子商务为主。有铁路272.6千米,高铁88千米,高速265.3千米,公路1.6万千米,内河航线564.4千米。京广铁路,武广高铁,106、107、316国道,京港澳、杭瑞、大广高速,省道武赤、横路、咸通、白界、沿横、仙崇、崇赵、南大、咸合、红簰线过境。有咸宁站、咸宁北站。

咸宁 [Xiánníng] 咸宁市聚落。在市境西北部。面积96平方千米。人口40.2万。唐大历三年(768)始建永安镇区,今永安街道老城区。明弘治九年(1496)建城池。正德九年(1514)建椭圆形土城墙,高5.7米、厚3.6米、周长2065.5米,有东、南、西、北4门,面积41.9公顷。万历二十五年(1597)建护城堤,长1500米、宽9米,并建永安堤楼。1949年老城区呈长方状,南北长1千米、宽400米、周长2274米。1965年建温泉城区。1966—1970年建浮山城区。1992年建设温泉开发区,永安、浮山、温泉3城区连成一体。至2014年底形成"九纵十一横"城市格局，呈不规则圆形。淦河流经。有标志性建筑传媒大厦、咸宁站、市博物馆等。旅游区在西南部，有潜山国家森林公园、淦河月亮湾、香吾山公园。行政区在咸宁大道、长安大道、金桂路两侧，有市委、市政府，咸安区委、区政府等单位。工业区在107国道两侧，有咸宁高新技术产业开发区、咸安经济开发区、广东畈工业园区。铁路、高铁、高速、国道过境。通多路公交车。

咸安区

咸安区 [Xián'ān Qū] 咸宁市人民政府驻地。在市境西南部。面积1504平方千米。人口61万。辖3街道、9镇、1乡。区人民政府驻浮山街道。南唐保大十三年(955)升永安镇为县。宋景德四年(1007)改咸宁县。元祐元年(1086)增益咸宁县，其后上属多有变化。1983年改省辖咸宁市(县级)。1998年改咸安区，属咸宁市(地级)。取咸宁、永安各一字得名，意为全都平安。年均气温16.8℃，1月平均气温4℃，7月平均气温29.3℃。年均降水量1531.4毫米。淦河、汀泗河、高桥河流经。有太乙洞、鸣水泉洞、飞仙洞、雨扇洞。有高校3所，中学28所，小学84所，三级医院1个，二级医院5个。有博物馆。有全国重点文物保护单位北伐汀泗桥战役遗址、沈鸿宾故居、向阳湖文化名人旧址、孙郭胡城址，省级文物保护单位长山垴遗址、笔峰塔、刘家桥民居、咸安古桥等9个。有全国爱国主义教育基地北伐汀泗桥战役遗址纪念馆，省级爱国主义教育基地8个。有咸安"三一八惨案"丛葬坑陈列室、向阳湖文化名人旧址陈列室。有中国历史文化名镇汀泗桥镇。有中国传统村落垅口冯、刘家桥村。三次产业比例10∶49∶41。农业以种植水稻、油菜等为主，养殖生猪、家禽。工业以建材、纺织服装、机电制造为主，发展装备制造、新能源、汽车及零部件制造、生物医药等。服务业以商贸、旅游为主。京广铁路，武广高铁，武咸城际铁路，京珠、咸黄、咸通高速，106、107国道过境。有咸宁站、咸宁北站、温泉中心客运站。

人民广场 [Rénmín Guǎngchǎng] 在城区中部。面积10平方千米。2001年开工，2005年建成。由主体、园林两部分组成。主体建有露天舞台、音乐灯光喷泉和体现咸宁文化内涵的小型雕塑，展示桂乡、竹乡特色。园林主要有樟、柏、广玉兰、白玉兰、雪松、杉、柳等乔木，配以常绿开花灌木和色块植物如桂花、连翘、沉香、独活、天冬、玄参等。绿化面积占72%。为集休闲、娱乐、演出、旅游、展览、体育锻炼于一体的综合性广场。周边有市政府、温泉街道办事处。通多路公交车。

咸宁大道 [Xiánníng Dàdào] 在城区中部偏南。东起贺胜路，西至龙潭街。与书台街、银泉大道、长安大道等相交。长3429米，宽60米。沥青路面。1995年开工，1996年建成。2003年以市名命名。两侧有市政府及职能机构、鄂南高中、湖北科技学院、咸宁职业技术学院、咸宁体育中心、咸宁人民广场等。通公交车。

永安大道 [Yǒng'ān Dàdào] 在城区中部偏北。西起师专桥洞，东至银泉大道。与宝塔大道、鱼水路、桂花北路、文笔大道等相交。长2400米，宽30米。沥青路面。1981年开工，1982年建成。始称环城路。2008年因途经永安街道更今名。沿线主要为原工厂区，两侧有咸宁高中、区公安局、宁虹市场、明珠广场等。通公交车。

长安大道 [Cháng'ān Dàdào] 在城区西部。南起双鹤桥，北至南山十字路口。与咸宁大道、十六潭路、金桂路、青龙路、文笔大道等相交。长5253米，宽60米。沥青路面。1969年开工，1975年全线贯通。初因开通2路公共汽车称二号路，后因位于淦河东岸，与淦河基本平行而命名淦河大道。2003年取长治久安之意更今名。两侧有区政府职能机构及福星城、新华清苑、御景园等小区。通公交车。

银泉大道 [Yínquán Dàdào] 在城区东部。南起岔路口，北至永安大道。与贺胜路、咸宁大道、十六潭路、金桂路、青龙路等相交。长7247米，宽60米。沥青路面。1936年始建。原为武长公路，1965年起拓宽、整修，终成城市道路。初因开通1路公共汽车称一号路，后因途经浮山街道而命名为浮山大道。2003年因企业更今名。两侧有咸宁市标志性建筑咸宁传媒大厦，有多个商业单位和桂泉花园、领秀城、五洲新天地等小区。通公交车。

咸宁站 [Xiánníng Zhàn] 见交通运输设施部分"咸宁站"条。

咸宁北站 [Xiánníngběi Zhàn] 见交通运输设施部分"咸宁北站"条。

温泉中心客运站 [Wēnquán Zhōngxīn Kèyùnzhàn] 见交通运输设施部分"温泉中心客运站"条。

永安客运中心站 [Yǒng'ān Kèyùn Zhōngxīnzhàn] 见交通运输设施部分"永安客运中心站"条。

浮山街道 [Fúshān Jiēdào] 咸安区人民政府驻地。在区境西南部。面积70平方千米。人口5.1万。1984年设立。绣球山倒映塘中犹如漂浮，故名。先后建设城乡道路，拓宽城区道路，修建西外环，新建嫦娥大道。淦河流经。有孝子山。有中学4所，小学8所，幼儿园8所，卫生院1个，卫生所11个。有全国重点文物保护单位沈鸿宾故居。有景点太乙洞。经济以工业、商贸、建筑为主。有机械、电子、医药、食品、饮料等行业。武咸城际铁路，咸黄、咸通、杭瑞、大广高速过境。通公交车。

温泉街道 [Wēnquán Jiēdào] 属咸安区。在区境东南部。面积24平方千米。人口15万。以汉族为主，还有回、维吾尔、苗等民族。1984年设立。先后建设城乡道路，拓宽城区道路，改造城中村，修建南外环。有高校2所，中学6所，小学8所，幼儿园14所，三级医院1个，二级医院2个，卫生院1个，卫生所8个。经济以新型材料、商贸为主。有肖桥蔬菜基地。通公交车。

永安街道 [Yǒng'ān Jiēdào] 属咸安区。在区境西北部。面积12平方千米。人口10.1万。1983年设立。先后建鱼水路、第一医院、小商品市场、三亿茶都，改扩建宝塔大道、文笔大道、嫦娥大道、巨宁大道、怀德路。有高校1所，中学5所，小学7所，二级医院3个，卫生院1个，卫生所10个。经济以商贸为主，有水果、农产品、工业品、小商品批发市场，服饰、家电、摩托机电、通讯器材等专业街区8个。京广铁路、京珠高速、省道咸潘线过境。有咸宁站。通多路公交车。

汀泗桥镇 [Tīngsìqiáo Zhèn] 咸安区辖镇。在区境西南。面积179平方千米。人口3.5万。辖3居委会、15村委会，有15自然村。镇人民政府驻西街。1958年成立汀泗公社。1985年置镇。2001年古田、花纹2乡并入。因桥得名。汀泗河流经。有中学1所，小学5所，卫生院1个，卫生所18个。为中国历史文化名镇。有名胜古迹北伐战争汀泗桥镇战役遗址、汀泗桥古街、古石廊桥、星星竹海、嫦娥漂流谷、嫦娥湖。农业以种植水稻、玉米、红薯为主，养殖猪、牛、鸡。盛产绿茶。服务业以商贸为主。京广铁路过境。

西街 [Xījiē] 汀泗桥镇人民政府驻地。在区政府驻地浮山街道西北12千米。人口1600。因处镇西得名。聚落呈带状。经济以商贸为主。通乡村公路。

向阳湖镇 [Xiàngyánghú Zhèn] 咸安区辖镇。在区境西北部。面积104平方千米。人口2.7万。辖8村委会，有8自然村。镇人民政府驻甘棠阁。1970年成立向阳湖公社。1981年改甘棠公社。1987年改乡。1999年改向阳湖镇。2001年宝塔镇并入。因湖得名。有中专1所，中学2所，小学4所，卫生院1个，卫生所12个。有孙郭胡遗址、笔峰塔、五七干校旧址。农业以种植水稻、玉米、蔬菜、油菜为主。产湘莲、葡萄。工业以建材、棉麻纺织、机械铸造为主。京广铁路、京珠高速、107国道、省道咸潘线过境。

甘棠阁 [Gāntánggé] 向阳湖镇人民政府驻地。在区政府驻地浮山街道西北10千米。人口100。古时建村于塘角，因塘常年不存水得名干塘角。清光绪年间(1875—1908)邻村进士刘繁川以谐音雅称今名。位于向阳湖文化公园内，聚落呈散状。有中小学、卫生院。有向阳湖五七干校旧址。经济以餐饮、商贸为主。通乡村公路。

官埠桥镇 [Guānbùqiáo Zhèn] 咸安区辖镇。在区境西北部。面积168平方千米。人口1.2万。辖2居委会、11村委会，有11自然村。镇人民政府驻张公庙街。1961年由横沟公社析设官埠公社。1975年滨湖公社并入。1982年改官埠桥镇。2001年张公乡并入。因明万历三十四年(1606)所建官埠桥得名。有中学2所，小学7所，卫生院2个，卫生所18个。有镇文化中心、村文化室、农家书屋等。有胡再奎烈士墓。有名胜古迹斧头湖、官埠古桥、官埠石板街、龙泉寺、张公庙。农业以种植水稻、玉米、油菜等为主。工业以机械制造、纺织、化工、包装材料加工为主。京广铁路，武咸城际铁路，京珠、咸通、咸黄高速，107国道，武广客运专线过境。有咸宁站。

张公庙街 [Zhānggōngmiàojiē] 官埠桥镇人民政府驻地。在区政府驻地浮山街道西北12千米。人口100。传张飞路过此地，爱护百姓，秋毫无犯，为感其恩德修建张飞庙，后改名张公庙(今已拆毁)。再后依庙成集，故名。聚落呈环状。有中小学、卫生院。农业以种植水稻、油菜为主。通乡村公路。

横沟桥镇 [Hénggōuqiáo Zhèn] 咸安区辖镇。在区境北部。面积150平方千米。人口3万。辖2居委会、13村委会，有13自然村。镇人民政府驻横沟。1956年置横沟桥镇。明正德年间(1506—1521)建单孔石拱桥，名横沟桥。镇以桥名。有中学1所，小学1所，卫生院1个，卫生所9个。有古迹文昌塔、鹤林寺、张王庙。农业以种植水稻、玉米、小麦、油菜为主。工业以机械制造，化工，粮油、竹木、服饰加工为主。京广铁路，武广高铁，京珠高速，107国道，省道横路、朱横线过境。

横沟 [Hénggōu] 横沟桥镇人民政府驻地。在区政府驻地浮山街道东北11千米。人口2.3万。原街正中有沟横穿过，1938年建横沟站，渐成集镇，故名。聚落呈团块状。有中小学、卫生院。农业以种植水稻为主。京广铁路经此。

贺胜桥镇 [Hèshèngqiáo Zhèn] 咸安区辖镇。在区境北部。面积81平方千米。人口2.2万。辖1居委会、7村委会，有7自然村。镇人民政府驻贺胜。1984年设贺胜桥镇。1987年余花乡并入。因桥得名。原名罐山桥，南宋咸淳十年(1274)里人王晔聚众战贼，得胜相贺，改名贺胜桥。有印斗山、罐山、望山、罗山。贺胜河、王生茂河、黄家港等流经。有中学1所,小学5所,卫生院1个,卫生所8个。农业以种植水稻、蔬菜、油菜为主,养殖猪。特产茶叶、苎麻、土鸡。有贺胜茶场。工业有制衣、制鞋、橡胶化工、水泥预制、饲料加工等。京广铁路、武广高铁、武咸城际铁路、京珠高速、107国道过境。

贺胜 [Hèshèng] 贺胜桥镇人民政府驻地。在区政府驻地浮山街道东北19千米。人口4000。因贺胜桥简称得名。聚落呈团块状。有中小学、卫生院、卫生室。农业以种植水稻为主。通乡村公路。

双溪桥镇 [Shuāngxīqiáo Zhèn] 咸安区辖镇。在区境东北部。面积187平方千米。人口6.3万。辖2居委会、17村委会,有17自然村。镇人民政府驻陈君聘。1975年成立双溪公社。1984年改区。1987年改镇。2001年担山乡并入。在杨堡、潘家2河汇合处建双溪桥,沿为镇名。有中学2所,小学12所,卫生院2个,卫生所17个。农业以种植水稻、油菜、蔬菜、苎麻为主,养殖猪、家禽。有麻纺织业。有香妃薰衣草基地。省道沿横线过境。

陈君聘 [Chénjūnpìn] 双溪桥镇人民政府驻地。在区政府驻地浮山街道东北29千米。人口200。明万历年间(1573—1619)陈君聘建村,故名。聚落呈团块状。有中小学、卫生院。农业以种植水稻为主。通乡村公路。

马桥镇 [Mǎqiáo Zhèn] 咸安区辖镇。在区境南部。面积120平方千米。人口4.2万。辖1居委会、13村委会,有13自然村。镇人民政府驻马桥。抗日战争时期已设马桥乡。1949年为第五区。1959年改五星公社。1961年改马桥区。1975年改公社。1984年设马桥镇。1987年马桥乡、马桥镇合并为新马桥镇。2001年麻塘乡并入。因镇政府驻地得名。有龙泉山。淦河流经。有四门楼水库。有中学2所,小学9所,卫生院1个,卫生所17个。农业以种植水稻、红薯、苎麻、桂花、楠竹、水果、草药为主。工业以纺织、制衣、医药、建材为主。咸通高速,106国道,县道肖星、马钱、温古线过境。

马桥 [Mǎqiáo] 马桥镇人民政府驻地。在区政府驻地浮山街道东南9千米。人口800。古有马姓,旁有木桥,名马家桥。三国时期吴国将军桥上失足,被村民救起,后为村改建石桥,遂改今名。聚落呈散状。有中小学、卫生院。经济以商贸、养殖、旅游为主。咸通高速经此。

桂花镇 [Guìhuā Zhèn] 咸安区辖镇。在区境南部。面积186平方千米。人口2.3万。辖2居委会、13村委会,有13自然村。镇人民政府驻毛坪。1975年成立桂花、南川2公社。1984年撤公社设立桂花镇和南川乡。2001年南川乡并入桂花镇。为区桂花产地,故名。淦河流经。有金桂湖、鸣水泉。有中学1所,小学6所,卫生院1个,卫生所3个,卫生室21个。农业以种植水稻、玉米、棉花、油料作物为主。工业以白云石加工、水电、实木家具为主。省道咸通、横路线过境。

毛坪 [Máopíng] 桂花镇人民政府驻地。在区政府驻地浮山街道西南15千米。人口300。明清建村,因毛草地得名。聚落呈环形。经济以采石为主。省道咸通线经此。

刘家桥村 [Liújiāqiáocūn] 在区政府驻地浮山街道西南14千米。桂花镇辖自然村。人口9000。因村口有刘家桥而得名。聚落呈团块状。为中国传统村落。有保持完好的4处明清古民居群落。农业以种植水稻、桂花树、毛竹为主。有旅游业。通乡村公路。

高桥镇 [Gāoqiáo Zhèn] 咸安区辖镇。在区境东南部。面积100平方千米。人口2.9万。辖1居委会、10村委会,有10自然村。镇人民政府驻高桥。1958年成立高桥公社。1975年高桥、李铺2公社合为高桥公社。1984年分高桥镇、李铺乡。1987年合为高桥镇。因镇政府驻地得名。有中学1所,小学1所,卫生院1个,卫生所11个。有幼儿园、文化站、村文化活动中心。有省级文物保护单位咸安"三·一八惨案"丛葬坑。农业以种植水稻、玉米、红薯为主。工业有农产品、皮具加工、铸造、制衣、家具制造等。通乡村公路。

高桥 [Gāoqiáo] 高桥镇人民政府驻地。在区政府驻地浮山街道东20千米。人口1500。清同治初年(1862)建高桥,因桥高孔多得名,沿为村名。聚落呈三角形。有中小学、卫生院、卫生室。农业以种植水稻、杉树为主。通乡村公路。

大幕乡 [Dàmù Xiāng] 咸安区辖乡。在区境西南部。面积165平方千米。人口3.7万。以汉族为主,还有土家、壮、苗等民族。辖2居委会、13村委会,有13自然村。乡人民政府驻常收。1961年由高桥公社析设大幕公社。1987年改乡。2001年石桥乡并入。因境内大幕山得名。有中学1所,小学7所,卫生院1个,卫生所16个。有幼儿园、文化站、广播站、村文化中心等。农业以种植水稻、玉米、红薯、花生、油菜为主,养殖猪、牛、羊、家禽。工业以竹木加工为主。通乡村公路。

常收 [Chángshōu] 大幕乡人民政府驻地。在区政府驻地浮山街道东南30千米。人口3200。因境内有大田畈,常种常收,得名。聚落呈散状。有中小学、卫生院。农业以种植水稻、杉树为主。通乡村公路。

赤 壁 市

赤壁市 [Chìbì Shì] 湖北省直辖县级市,由咸宁市代管。北纬29°43′,东经113°54′。在咸宁市境西部。面积1723平方千米。人口52.7万。辖3街道、10镇、1乡。市人民政府驻赤马港街道。五代吴保大十一年(953)唐年县析置嘉鱼县。1965年属咸宁专区。1986年改蒲圻市(县级)。1998年更名赤壁市,由省直辖,咸宁市(地级)代管。因三国赤壁之战得名。汉建安十八年(213)始筑粮城。宋建隆元年(960)有街巷24条,古庙5处,书院2处,牌坊17处。明万历三年(1575)筑土城垣。清乾隆三年(1738)砌石城,高5.7米、宽5.3米、周长2334米,有6门。抗日战争期间遭日机炸毁。1949年仅有街8条,巷1个。1982年后向城北拓展。1989年建成陆水二桥,城南、城北连成一片。1995年建设新城区、高新技术产业园区。1998年后改造老城区,打造陆水湖风景区,形成"陆水河依傍两岸、陆水湖襟联三城"的城市布局。处幕阜山余脉低山丘陵与江汉平原接触地带,以山地、丘陵、平原为主。平均海拔34.5米。有随阳山、金紫山。最高点观音尖海拔852米,最低点聂家泉海拔19.3米。年均气温17.3℃,1月平均气温8.6℃,7月平均气温27.9℃。年均降水量1607毫米。陆水河、潘河、汀泗河、宋河流经。有陆水湖、西梁湖、黄盖湖、东港湖。有矿产资源铁、锰、镁、钨、金等。有野生植物1151种,其中有国家重点保护野生植物523种。有野生动物103种,其中有国家重点保护野生动物52种。森林覆盖率41.3%。有中等职业学校5所,高中5所,初中17所,小学158所,聋哑学校1所,二级医院3个。有全国重点文物保护单位新店土城遗址、赤壁之战遗址、赤壁摩崖石刻,省级文物保护单位羊楼洞、新店明清街、蒲圻古石城墙等。有省烈士纪念建筑物保护单位赤壁烈士陵园。有中国历史名村羊楼洞村,省级历史文化名镇赤壁镇,省级历史文化名村夜珠桥村。有省级历史文化街区蒲圻老街,蒲纺办公、生活区。有国家5A级旅游景区三国赤壁古战场,4A级旅游景区陆水湖、龙佑温泉度假区。有名胜古迹太平洞、陆川阁、碳石宝塔、龙坑宝塔、毕家畈宝塔、大沙洲观音大士寺、葛仙祠。有国家级非物质文化遗产黑茶制作技艺,省级非物质文化遗产赤壁脚盆鼓、赵李桥砖茶制作技艺。有民俗赛龙舟、舞狮子、划采莲船、踩高跷、演蚌壳、骑竹马、唱山歌。三次产业比例14∶47∶39。农业以种植水稻、棉花等为主,养殖畜禽、水产。盛产毛竹、木材、茶叶、苎麻、鱼、虾、蟹、莲藕、湘莲等。有沧湖生态农业开发区。有国家地理标志产品羊楼洞砖茶、赤壁竹笋。工业以纺织服装、电子信息、生物医药、新型制造为主。有省级经济开发区1个。服务业以旅游、商贸为主。有商贸街、建材市场、美食一条街等。京广铁路,京广高铁,京珠、京港澳高速,107国道过境。

赤壁人民广场 [Chìbì Rénmín Guǎngchǎng] 在市区中部。面积11万平方米。2001年开工,2002年建成。广场呈长方形,中轴线南有体育馆,东有文化主广场。东北部有露天舞池、三国历史背景浮雕、休闲健身活动区、门球场、疏林草场。西南部有小型游戏活动中心、露天舞台、卫生间、疏林草场。为综合性广场。周边有市政府等。通多路公交车。

河北大道 [Héběi Dàdào] 在市区中部。西起周画路,东至富康路。与赤壁大道、陆水湖大道、黄龙大道、南港大道等相交。长3.9千米,宽38米。沥青路面。1968年开工,1971年建成,1995年扩建。处陆水河北岸,故名。两侧有市政府、人民广场、水利局、财政局、发改局、电力局、市医院、商务酒店、交通局、汽车站、客运中心。通多路公交车。

沿河大道 [Yánhé Dàdào] 在市区中部偏南。北起蒲圻大桥,南至车站路。与河北大道、莼川大道、发展大道、锁石岭路相交。长2.8千米,宽38米。沥青路面。1968年开工,1971年建成,1983年延伸,1994年改造。两侧有市中医院、长江委陆管局、大型商城、邮政局、教育局、商务局、城管执法局等。通多路公交车。

蒲圻大桥 [Púqí Dàqiáo] 在市区中部。长208米,宽17米,最大跨度35米,桥下净高11.5米。1966年开工,1968年建成,2001年加固。因旧县名蒲圻得名。为中型河道桥梁,结构型式为钢筋水泥结构拱形桥。最大载重汽—13吨,拖—60吨。通多路公交车。

东洲大桥 [Dōngzhōu Dàqiáo] 在市区中部偏南。长267米,宽20米,最大跨度19米,桥下净高19米。2003年开工,2006年建成。因东洲渡口得名。为中型河道桥梁,结构型式为空腹式悬链结构桥。最大载重汽—50吨,拖—80吨。连通新老城区。通多路公交车。

赤壁站 [Chìbì Zhàn] 见交通运输设施部分"赤壁站"条。

赤壁北站 [Chìbìběi Zhàn] 见交通运输设施部分"赤壁北站"条。

赤壁市客运中心 [Chìbì Shì Kèyùn Zhōngxīn] 见交通运输设施部分"赤壁市客运中心"条。

赤马港街道 [Chìmǎgǎng Jiēdào] 赤壁市人民政府驻地。在市境中部。面积108平方千米。人口13.9万。1987年设立。因港得名。1994年兴建新城区。有高中1所,初中2所,小学4所,幼儿园13所,二级医院1个,卫生院2个,卫生室15个,博物馆1个,图书馆1个。有体育馆、市人民广场。有赤马港湿地公园、龙翔山公园。有风景名胜地藏古刹、仙人洞、丫姑洞、太平洞、龙翔阁、陆逊营寨。农业以种植稻、油菜、蔬菜为主,养殖水产。工业以机械铸造、光缆、印刷、塑料包装、纺织服装为主。有赤马港工业园。服务业以商贸、物流为主。有五星级酒店1个。有大型购物广场、建材商贸城。京广铁路,武深高铁,京珠、武深高速,107国道过境。有赤壁北站、赤壁站、赤壁市客运中心。通多路公交车。

蒲圻街道 [Púqí Jiēdào] 属赤壁市。在市境中部。面积76平方千米。人口15万。1986年由蒲圻镇改设莼川街道。1998年更今名。2001年凤凰山街道并入。因旧县名蒲圻得名。陆水河流经。有职高2所,中学3所,小学3所,聋哑学校1所,幼儿园15所,二级医院1个,卫生院10个,卫生室10个。有省级文物保护单位蒲圻古城。有古迹砥石宝塔。工业以饮料食品加工、建材、电子、生物工程为主。服务业有娱乐产业、餐饮等。有三国商城、商贸中心、供销大楼。通多路公交车。

陆水湖风景区街道 [Lùshuǐhú Fēngjǐngqū Jiēdào] 属赤壁市。在市境南部。面积140平方千米。人口2.2万。1987年由荆泉镇改设。1997年因国家5A级旅游景区陆水湖更今名。有师范学校1所,中学1所,小学1所,二级医院1个,卫生服务中心1个,卫生室9个。有名胜古迹雪峰山、玄素洞、三峡试验工程陆水主坝、水浒拍摄基地郊野一条街。农业以种植毛竹、林木、水果为主,养殖鱼、虾、蟹、鳖、蛙。工业有纺织、制衣、印染等。有蒲纺工业园区。省道仙崇线过境。通公交车。

新店镇 [Xīndiàn Zhèn] 赤壁市辖镇。在市境西部。面积103万平方米。人口3.2万。辖11村委会,有313自然村。镇人民政府驻新店。1950年设新店镇。1958年改公社。1984年设区。1987年复镇。因镇政府驻地得名。蟠河流经。有中学1所,小学6所,卫生院1个,卫生室10个,文化站1个。有全国重点文物保护单位新店土城遗址,省级文物保护单位羊楼洞、新店明清街、太平桥。有望夫山革命传统红色教育基地、鄂南秋收暴动纪念碑、红军祠。农业以种植水稻、油茶、茶等为主。特产小春鱼。工业以茶叶加工、电子、特种纸业、服饰加工为主。京港澳高速、107国道、县道渣枫线过境。

新店 [Xīndiàn] 新店镇人民政府驻地。在市政府驻地赤马港街道西南24千米。人口4000。明清时羊楼洞茶叶经此入长江,渐成集镇,因发展晚于羊楼洞得名。聚落呈井字形。有中小学、卫生院。有省级文物保护单位羊楼洞、新店明清街。经济以旅游、商贸、餐饮为主。特产小春鱼味。京珠高速、县道渣枫线经此。

赵李桥镇 [Zhàolǐqiáo Zhèn] 赤壁市辖镇。在市境南部。面积124平方千米。人口3.7万。辖3居委会、9村委会,有253自然村。镇人民政府驻赵李桥。1950年设赵李桥镇。1958年改区。1975年改公社。1984年改镇。因镇政府驻地得名。潘河、伴旗河流经。有中学1所,小学3所,卫生院1个,卫生室7个,图书馆1个。有羊楼洞142烈士墓群。有中国历史文化名村羊楼洞村。农业以种植水稻、油菜、茶等为主。工业以建材化工、冶炼、纸箱印刷、饮品生产、竹木工艺、茶叶加工为主。服务业以商贸为主。为湘、鄂2省3县(市)物资集散地。武广铁路、京广高铁、京珠高速、107国道过境。

赵李桥 [Zhàolǐqiáo] 赵李桥镇人民政府驻地。在市政府驻地赤马港街道南25千米。人口1.5万。原名肖田桥,北方铁路工口音误读成今名。聚落呈井字形。有中小学、卫生院。经济以砖茶加工、商贸、物流为主。京广铁路、武广高铁、107国道、省道崇赵线经此。

羊楼洞村 [Yánglóudòngcūn] 在市政府驻地赤马港街道南27千米。赵李桥镇辖自然村。人口2900。山形如羊,山下楼馆林立,洞泉涌流,故名羊楼洞。聚落呈团块状。有小学、卫生室、文化活动中心。为中国历史文化名村。唐上元二年(761)始建古镇,为万里茶马古道源头。有明清古建筑80余处,明清石板街1千余米。特产茶叶、红薯粉丝。省道崇赵线经此。

茶庵岭镇 [Chá'ānlǐng Zhèn] 赤壁市辖镇。在市境南部。面积101平方千米。人口2万。辖1居委会、8村委会,有199自然村。镇人民政府驻汤家湾。1950年设茶庵乡。1958年改公社。1984年复乡。1987年与石桥乡合置茶庵岭镇。传马鞍岭上尼姑庵尼姑以种茶为生,故名。有金紫山。有白布泉、白石泉、温泉。有中学1所,小学1所,卫生院1个,卫生室7个。有蒲圻中心县委苏维埃政府、红军医院、印刷厂旧址等。农业以种植水稻、油菜、茶为主。产西瓜、荸荠、甘蔗。京广铁路,武广高铁,京珠、武深高速、107国道过境。

汤家湾 [Tāngjiāwān] 茶庵岭镇人民政府驻地。在市政府驻地赤马港街道南15千米。人口1300。因姓氏及地形得名。聚落呈团块状。有中小学、卫生院、卫生所。农业以种植水稻、茶为主。107国道经此。

中伙铺镇 [Zhōnghuǒpù Zhèn] 赤壁市辖镇。在市境东北部。面积153平方千米。人口3.5万。辖2居委会、12村委会,有378自然村。镇人民政府驻红山岩。1950年设中伙乡。1958年并入卫星公社。1961年析设中伙公社。1984年设中伙铺乡,同年改镇。因镇政府原驻地中伙铺得名。有中学1所,小学3所,卫生院1个,卫生室12个。农业以种植水稻、油茶、红薯、湘白莲为主。有丁母山林场。工业以特种起重机械、医疗卫生用品制造、电子、纺织服饰、建材为主。京广铁路、京广高铁、京珠高速、107国道过境。

红山岩 [Hóngshānyán] 中伙铺镇人民政府驻地。在市政府驻地赤马港街道东10千米。人口5000。因山岩杂草不生,日照呈红色得名。聚落呈团块状。有中小学、卫生院。农业以种植水稻、油茶为主。有商贸服务业。京广铁路、107国道经此。

官塘驿镇 [Guāntángyì Zhèn] 赤壁市辖镇。在市境东部。面积316平方千米。人口7.5万。辖3居委会、22村委会,有409自然村。镇人民政府驻官塘驿。1950年设官塘乡。1958年成立和平公社,后改官塘区,1975年成立官塘公社。1984年复区。1987年改镇。因镇政府驻地得名。汀泗河、泉口河流经。有中学1所,小学8所,卫生院1个,卫生室21个。有国民革命军第四军北伐阵亡将士纪念碑、随阳乡苏维埃政府旧址、随阳老区烈士纪念碑。有名胜古迹葛仙寺、万亩野樱花、随阳竹海。农业以种植水稻、油菜、红薯为主,养殖鱼、虾、蟹、鳖、蛙。产竹笋。工业以竹纤维制品、食品、水泥加工、矿业开采为主。有手工苕粉丝加工业。京广铁路、京广高铁、京珠高速、107国道过境。

官塘驿 [Guāntángyì] 官塘驿镇人民政府驻地。在市政府驻地赤马港街道东20千米。人口2.6万。因古时官府在驿站挖水塘而得名。聚落呈团块状。有中小学、卫生院、广场。农业以种植水稻、油菜为主,养殖鱼、虾、蟹、鳖、蛙。有林果种植基地。京广铁路、107国道经此。

神山镇 [Shénshān Zhèn] 赤壁市辖镇。在市境东北部。面积186平方千米。人口3.7万。辖18村委会,有339自然村。镇人民政府驻神山。1950年设神山乡。1958年改公社。1984年改区。1987年改镇。因镇政府驻地得名。宋家河流经。有董塘池、马狮湖、西梁湖。有中学1所,小学3所,卫生院2个,卫生室18个。有名胜古迹毕家畈宝塔、青云洞、神龙洞。农业以种植水稻、湘莲、油菜为主,养殖鱼、虾、蟹、鳖、蛙等。产茶叶、猕猴桃、鲫鱼、刁子鱼、螃蟹。特产野生鳜鱼、神山湖藕。工业以保温隔热、防腐、建筑用料加工为主。县道杨神、嘉泉线路过境。

神山 [Shénshān] 神山镇人民政府驻地。在市政府驻地赤马港街道东北29千米。人口3000。有龟、蛇2山,山虽不高,洪水屡淹未没,传有神仙庇佑,故名。聚落沿神山湖呈带状分布。有中小学、卫生院。农业以种植水稻、茶、湘莲为主,养殖鱼、虾、蟹、鳖、蛙。特产神山湖藕。有商贸服务业。县道嘉泉、杨西线经此。

车埠镇 [Chēbù Zhèn] 赤壁市辖镇。在市境西北部。面积147平方千米。人口5.2万。辖1居委会、15村委会,有336自然村。镇人民政府驻车埠。1958年成立车埠公社,后改区。1975年复公社。1984年复区。1987年改镇。因镇政府驻地得名。陆水河流经。有高中1所,初中2所,小学3所,卫生院1个,卫生室14个,图书室1个。有枫桥烈士纪念碑。农业以种植水稻、油菜为主,养殖小龙虾。工业以化纤、纺织、砂石开采、农副产品加工为主。京港澳高速、省道仙崇线过境。

车埠 [Chēbù] 车埠镇人民政府驻地。在市政府驻地赤马港街道西北14千米。人口1.2万。明成化年间(1465—1487)建车水埠头,故名。聚落呈团块状。有中小学、幼儿园、卫生院、文化活动中心。农业以种植水稻为主,养殖猪、小龙虾。有稻虾轮作基地、苎麻及麻竹种植基地。省道仙崇线经此。

周郎嘴回族镇 [Zhōulángzuǐ Huízú Zhèn] 赤壁市辖镇。在市境西北部。面积88平方千米。人口2.5万,其中回族占19.2%,还有汉、壮、苗、土家等民族。辖9村委会,有125自然村。镇人民政府驻石头口。1950年设赤壁乡。1958年改公社。1984年改区。1987年改赤壁镇。2005年更今名。三国周瑜曾驻军,故名。长江流经。有中学1所,小学3所,卫生院1个,卫生室9个,文化站1个。有全国重点文物保护单位赤壁之战遗址。有国家4A级旅游景区三国赤壁古战场。农业以种植水稻、油菜、棉花为主。工业以玻璃钢制造、太阳能蓄电池、化工、农产品加工为主。仙桃快速公路、省道仙崇线过境。有赤壁轮渡口。

石头口 [Shítoukǒu] 周郎嘴回族镇人民政府驻地。在市政府驻地赤马港街道西北38千米。人口4000。明有石头口巡检司,故名。聚落呈团块状。有中小学、卫生院。有三国赤壁古战场遗址、金鸾古街。经济以旅游为主。省道仙崇线经此。

柳山湖镇 [Liǔshānhú Zhèn] 赤壁市辖镇。在市境西北部。面积32平方千米。人口1.1万。辖6村委会,有6自然村。镇人民政府驻柳山。1966年建立柳山湖农场,为专名之始。1984年由赤壁公社析设柳山湖乡。1987年改镇。因湖得名。长江、陆水河流经。有中学1所,小学1所,幼儿园1所,卫生院1个。农业以种植水稻、棉花、葡萄、蔬菜为主,养殖鱼、虾、蟹、鳖、蛙。工业有生物环保发电、服饰加工。省道仙崇线、县道车柳线过境。

柳山 [Liǔshān] 柳山湖镇人民政府驻地。在市政府驻地赤马港街道北38千米。人口2500。山多柳树,故名。聚落呈井字形。有中小学、卫生院。农业以种植水稻、棉花、莲藕、蔬菜为主,养殖鱼、虾、蟹、鳖、蛙。有果园农场基地。有商贸服务业。县道车柳线经此。

黄盖湖镇［Huánggàihú Zhèn］　赤壁市辖镇。在市境西部。面积24平方千米。人口1万。以汉族为主，还有回、壮、侗等民族。辖1居委会、5村委会，有13自然村。镇人民政府驻黄盖社区。1959年建立盖黄湖农场，为专名之始。2007年由黄盖湖管理区改镇。原名太平湖，后因赤壁大战老将黄盖改今名。老河流经。有黄盖湖。有中学1所，小学1所，幼儿园2所，卫生院1个，卫生所1个，文化站1个。农业以种植水稻、小麦、棉花、蔬菜为主，养殖鱼、虾、蟹、鳖、蛙。工业有化工、农产品加工。县道小黄线过境。

黄盖社区［Huánggài Shèqū］　黄盖湖镇人民政府驻地。在市境西部。面积3.8平方千米。人口3600。因三国东吴老将黄盖得名。2011年成立。老河流经。原黄盖湖农场职工聚居地。社区组织游泳、乒乓球、排球、拔河、田径等体育活动。有中小学、卫生院、文化站、广场、公园。农业以种植棉花、油菜、蔬菜为主。县道小黄线过境。

余家桥乡［Yújiāqiáo Xiāng］　赤壁市辖乡。在市境西部。面积132平方千米。人口1.7万。辖9村委会，有245自然村。乡人民政府驻余家桥。2004年由洪山农业开发区改设余家桥乡。因乡政府驻地得名。有洪山、月星山、瑞云山等。皤河流经。有东港湖、张家湖、冷家湖等。有中学1所，小学1所，卫生院1个，卫生所1个，文化站1个。有省级文物保护单位秦国夫人墓。有怀英塔、洪山烈士纪念碑。有古迹苦肉嘴、卸鞍嘴、司鼓台、陆逊畈遗址。农业以种植水稻、油菜、红薯为主。有湘白莲、蓝莓、葡萄种植基地。工业以石材建材、农产品加工、酿酒为主。县道渣枫线过境。

余家桥［Yújiāqiáo］　余家桥乡人民政府驻地。在市政府驻地赤马港街道西40千米。人口2800。明正德年间有余氏在洪山港上将一木桥改用青石材修建，取名余家桥。聚落呈十字形。有中小学、卫生院。有怀英塔。农业以种植水稻、藕、蔬菜为主，养殖生猪、鱼等。县道渣枫线经此。

嘉　鱼　县

嘉鱼县［Jiāyú Xiàn］　咸宁市辖县。北纬29°58′，东经113°56′。在市境西北部。面积1018平方千米。人口36.5万。辖8镇。县人民政府驻鱼岳镇。隋开皇九年(589)省沙阳县入蒲圻，降为鲇渎镇。南唐升元元年(937)改镇为场，保大十一年(953)升场为县，名嘉鱼县，属鄂州。元、明、清先后属武昌路、武昌府。1913年属江汉道。1916年属省。1932年属第一行政督察区。1949年属沔阳专区。1952年属孝感专区。1960年并入武昌县。1961年复县，属孝感专区。1965年属咸宁专区。1967年属咸宁地区。1999年属咸宁市。因《诗经·小雅·南有嘉鱼》得名。处幕阜山脉与江汉平原结合部。最高点大崖山海拔243米，最低点接兴洲江滨海拔18.9米。年均气温17.4℃，1月平均气温4.5℃，7月平均气温29.2℃。年均降水量1430毫米。长江、金水河、陆水河流经。有斧头湖、西梁湖、大岩湖、蜜泉湖、白湖、蜀湖等。有簰洲湾。有矿产资源金、煤、锰、磷、铝土等。有野生植物256种，其中有国家重点保护野生植物1种。有野生动物70余种，其中有国家重点保护野生动物7种。森林覆盖率19%。有中等职业学校1所，高中4所，初中12所，小学38所，二级医院2个，图书馆1个，博物馆1个。为千年古县。有省级文物保护单位静宝桥、下舒桥、重修咸宁堤记碑。有界石山先民遗址、皇堤遗址、山澥关古墓群、温家凉亭。有国家4A级旅游景区1个，国家级工农业旅游示范点1个。有省级旅游名镇官桥镇、名村牛头山村。三次产业比例21∶54∶25。农业以种植水稻、蔬菜、茶、棉花、苎麻、芝麻等为主，繁育斑点叉尾鮰苗种。盛产鲜鱼、螃蟹、莲藕。工业以冶金、造船、化工、纺织、服装为主。有武汉新港潘湾工业园。武深高速，京珠高速连接线，省道武赤、咸合、红簰线过境。

嘉鱼县长途汽车客运中心［Jiāyú Xiàn Chángtú Qìchē Kèyùn Zhōngxīn］　见交通运输设施部分“嘉鱼县长途汽车客运中心”条。

簰洲长途汽车客运站［Páizhōu Chángtú Qìchē Kèyùnzhàn］　见交通运输设施部分“簰洲长途汽车客运站”条。

鱼岳镇［Yúyuè Zhèn］　嘉鱼县人民政府驻地。在县境中部。面积101平方千米。人口9.9万。辖8居委会、7村委会，有95自然村。镇人民政府驻北门湖。南唐保大十一年(953)设沙阳镇。清光绪三十四年(1908)改鱼岳镇。1953年置城关镇。1981年复名鱼岳镇。因鱼岳山得名。有中学3所，小学4所，幼儿园14所，二级医院1个，卫生院1个，卫生所12个，文化站1个。有省旅游名村牛头山村、三湖连江风景区。农业以种植水稻、蔬菜为主。工业以纺织、制衣、建材、食品加工为主。京珠高速连接线、省道武赤线、县道陆嘉线过境。

凤凰大道［Fènghuáng Dàdào］　在县城西北部。东起沙阳大道，西至县道陆嘉线。与西正街、南街等相交。长1.4千米，宽15—32米。沥青路面。原为旧街巷，1967年改造，1981年建成。因凤凰山得名。两侧有老邮政营业所、老新华书店、医药门市部、商业大楼、中心百货商场、老县农机厂、城关第三小学、鱼岳西站等。通公交车。

沙阳大道［Shāyáng Dàdào］　在县城中部。西起环城路，东至人民大道。与岳公路、鱼岳路、青山路相交。长2.9千米，宽15—32米。沥青路面。1965年开工，1981年建成。因古县名沙阳得名。两侧有老县医院、实验小学、南嘉商城、外贸大楼、康泰医院、劳动局、气象局、畜牧局、中医院、农贸市场等。通公交车。

沿湖大道［Yánhú Dàdào］　在县城南部。西起岳公路，东至经梅澥桥。与鱼岳路、烟墩路等相交。长2.7千米，宽20—32米。沥青路面。1995年开工，2001年建成。因沿湖得名。两侧有沙滩浴场、二乔公园、居住小区等。通公交车。

发展大道［Fāzhǎn Dàdào］　在县城东部。北起花园澥大桥，东至业园区四路。与人民大道、沿湖大道等相交。长8.2千米，宽35米。沥青路面。1993年开工，2003年建成。两侧有水利和湖泊局、公安局、应急局、审计局、财政局、汽运中心、林业局、疾控中心、检察院、中学、政务服务中心、县医院。通公交车。

北门湖［Běiménhú］　鱼岳镇人民政府驻地。在镇境北部。人口8200。原为城北湖区，故名。聚落呈团块状。有中学。有个体商铺。通公交车。

北街社区［Běijiē Shèqū］　属鱼岳镇。在县境北部。面积3平方千米。人口1.3万。因处老城区北得名。2004年成立。民居以4—5层楼房为主。有小学、卫生院。有综合文化广场、百姓舞台、文化体育场。有合唱团、北街社区艺术团、簰洲说唱团。开展人社、民政、卫计、综治、法律等服务。县委、县政协、县人民医院等驻此。有文庙山、鱼饮食文化一条街、农贸市场。通公交车。2014年被评为省文明社区。

陆溪镇［Lùxī Zhèn］　嘉鱼县辖镇。在县境西南部。面积92平方千米。人口2.5万。辖2居委会、8村委会，有156自然村。镇人民政府驻陆溪口。明正统元年(1436)曾设陆溪口镇。1956年置陆溪区。1982年改镇。因镇政府驻地得名。有初中1所，小学2所，幼儿园3所，卫生院1个，卫生所1个，文化站1个。有界石山遗址。工业以黄金采选、造船为主。农业以种植水稻、蔬菜、油菜、芝麻、花生、棉花为主，养殖鱼。特产珍湖莲藕。县道陆嘉、陆八、陆赤、陆高、陆大线过境。

陆溪口［Lùxīkǒu］　陆溪镇人民政府驻地。在县政府驻地鱼岳镇西南24千米。人口5400。古名刀环口。东汉建安二十四年(219)陆逊驻此，改今名。聚落呈带状。有中小学、卫生院、卫生室。工业以黄金采选、造船为主。县道陆嘉、陆八、陆高、陆大线经此。

高铁岭镇［Gāotiělǐng Zhèn］　嘉鱼县辖镇。在县境西南部。面积121平方千米。人口3.2万。辖1居委会、10村委会，有393自然村。镇人民政府驻高铁岭。1975年由陆溪公社析设高铁、八斗2公社。1984年设高铁岭、八斗、临江乡，1987年为高铁岭镇、八斗乡。2001年八斗乡并入高铁岭镇。因镇政府驻地得名。有大崖山。有湖泊8个。有初中1所，小学4所，幼儿园2所，卫生院1个，卫生所1个。有七区八乡苏维埃政府旧址。农业以种植水稻、蔬菜、油菜、花生、芝麻、苎麻等为主，养殖鱼。为全国最大美国斑点叉尾鮰苗种繁育基地。工业以钢铁、水泥加工、锰业、石材为主。县道陆高线过境。

高铁岭［Gāotiělǐng］　高铁岭镇人民政府驻地。在县政府驻地鱼岳镇西南18千米。人口2600。明末清初岭上有高姓铁匠铺，故名。聚落呈带状。有中小学、卫生院。工业以水泥、锰业、化工、石材为主。县道陆高线经此。

官桥镇［Guānqiáo Zhèn］　嘉鱼县辖镇。在县境东南部。面积162平方千米。人口3.7万。辖3居委会、13村委会，有403自然村。镇人民政府驻官桥铺。清光绪三十四年(1908)实行地方自治，属港口自治区（二区）之官桥乡、朱砂乡、舒桥乡。1949年后乡镇建制变化频繁。1984年设官桥区，下辖官桥、舒桥、绿岭、朱砂4乡。1987年设官桥镇、舒桥镇、朱砂乡。2001年舒桥镇、朱砂乡并入。因镇政府驻地得名。有蜜泉湖。有初中2所，小学5所，幼儿园2所，卫生院1个，卫生所1个。有省级文物保护单位1个。农业以种植水稻、苎麻为主，养殖鱼、螃蟹。工业以制造、建材、化工为主。京珠高速连接线、省道武赤线过境。

官桥铺［Guānqiáopù］　官桥镇人民政府驻地。在县政府驻地鱼岳镇南9千米。人口4100。元至正二十四年(1364)知县修石桥设驿铺，故名。聚落呈带状。有中小学、卫生院。工业以制造、建材、化工为主。县道嘉赤线经此。

新街镇［Xīnjiē Zhèn］　嘉鱼县辖镇。在县境中部。面积109平方千米。人口2.9万。辖1居委会、8村委会，有83自然村。镇人民政府驻陈家码头。1984年设新街、马鞍山2乡。1987年合置新街镇。以民国时期新形成的水码头小镇新街命名。长江流经。有初中1所，小学3所，幼儿园3所，二级医院1个，卫生院1个，卫生所1个，文化站1个。农业以种植水稻、蔬菜、甘蔗为主，养殖鱼、螃蟹。工业以机械、食品加工、建材为主。武深高速、省道武赤线过境。

陈家码头［Chénjiāmǎtóu］　新街镇人民政府驻地。在县政府驻地鱼岳镇东10千米。人口3100。宋政和三年(1113)修筑皇堤，陈姓修建码头，名陈家码头。后长江北移，渐成湖埸，垦为农田，形成居民点，沿为村名。聚落呈带状。有中小学、卫生院。工业以机械、食品加工为主。省道武赤线经此。

渡普镇［Dùpǔ Zhèn］ 嘉鱼县辖镇。在县境中部偏东。面积 114 平方千米。人口 3.1 万。辖 1 居委会、8 村委会，有 109 自然村。镇人民政府驻渡普口。1939 年置渡普口镇。1958 年成立渡普公社。1984 年改镇。1987 年后东湖、烟墩 2 乡并入。因镇政府驻地得名。金水河流经。有初中 1 所，小学 3 所，幼儿园 1 所，卫生院 1 个，卫生所 1 个，文化站 1 个。有省级文物保护单位静宝桥。农业以种植水稻、蔬菜等为主，养殖鱼。工业有服装、农产品加工。省道咸合线过境。

渡普口［Dùpǔkǒu］ 渡普镇人民政府驻地。在县政府驻地鱼岳镇东 23 千米。人口 6500。清光绪年间(1875—1908)有母子以打豆腐、摆渡为生，称豆腐口。道光十四年(1834)有乡绅为渡口募置田产，不收过渡费，以普渡众生之意改今名。聚落呈带状。有中小学、卫生院。工业以服装、农产品加工为主。国道咸嘉公路经此。

潘家湾镇［Pānjiāwān Zhèn］ 嘉鱼县辖镇。在县境东北部。面积 165 平方千米，人口 5.7 万。辖 3 居委会、11 村委会，有 89 自然村。镇人民政府驻潘家湾。1982 年设潘家湾镇。1984 年设潘家湾区，下辖潘家湾镇和官垱、老官、东湖、烟墩 4 乡。2001 年老官、官垱 2 乡并入潘家湾镇。因镇政府驻地得名。长江、金水河流经。有初中 2 所，小学 5 所，幼儿园 5 所，卫生院 2 个，卫生所 2 个，文体服务中心 1 个。有省级文物保护单位重修咸宁堤记碑。农业以种植蔬菜、水稻为主。有头墩农场。工业以化工、纺织、建材、家具制造为主。有武汉新港潘湾工业园。省道咸合、武赤、红簰线过境。有潘家湾港口码头。

潘家湾［Pānjiāwān］ 潘家湾镇人民政府驻地。在县政府驻地鱼岳镇东北 21 千米。人口 8700。明代潘姓建村，故名。聚落呈带状。有中小学、卫生院。工业以建材、家具制造为主。国道咸嘉公路、省道武嘉线经此。

簰洲湾镇［Páizhōuwān Zhèn］ 嘉鱼县辖镇。在县境东北部。面积 152 平方千米。人口 5.5 万。辖 1 居委会、14 村委会，有 52 自然村。镇人民政府驻马令勘。明正统元年(1436)设簰洲镇。1949 年设簰洲区。1958 年改公社。1987 年分设簰洲镇、合镇乡。1999 年合设簰洲湾镇。元代起停靠竹木簰，因三面环江，长江拐成 C 形大弯，故名。有初中 1 所，小学 9 所，幼儿园 3 所，卫生院 1 个，卫生所 1 个，文化站 1 个。有九八抗洪烈士陵园。农业以种植水稻、蔬菜、棉花为主。有地理标志保护产品簰洲圆子。工业以纺织、建材、食品加工为主。省道红簰线过境。

马令勘［Mǎlìngkān］ 簰洲湾镇人民政府驻地。在县政府驻地鱼岳镇北 27 千米。人口 1100。明弘治元年(1488)知县马炳然到此勘察灾情，向武昌府"申赈贷"，后人遂称此处为马令勘。聚落呈带状。有中小学、卫生院。工业以纺织、食品加工为主。通乡村公路。

通 城 县

通城县［Tōngchéng Xiàn］ 咸宁市辖县。北纬 29°14′，东经 113°48′。在市境南部。面积 1141 平方千米。人口 51.2 万。辖 9 镇、2 乡。县人民政府驻隽水镇。宋熙宁五年(1072)置通城县，属武昌军。元、明、清先后属武昌路、武昌府。1914 年属江汉道。1932 年属第一行政督察区。1949 年属大冶专区。1952 年属孝感专区。1958 年并入崇阳县。1961 年复县。1965 年属咸宁专区。1967 年属咸宁地区。1999 年属咸宁市。为湘、鄂、赣 3 省 6 县通衢要道，南来北往均可通往城镇，故名。东、南、西三面群山环峙。最高点黄龙山只角楼海拔 1528.3 米，最低点小井村海拔 78 米。年均气温 16.7℃，1 月平均气温 4.4℃，7 月平均气温 28.7℃。年均降水量 1468.8 毫米。陆水流经。有"三溪九港十八洞"。有矿产资源钒、钽铌、长石、独居石、花岗石等。有野生植物 1926 种，其中有国家重点保护野生植物花榈木、刺楸、桢楠、鹅掌楸、粗榧、紫荆木。有野生动物 70 多种，其中有国家一级保护野生动物白颈长尾雉、云豹，国家二级保护野生动物穿山甲、金猫、小天鹅、苍鹰、白鹇等 10 种。有省级锡山森林公园。森林覆盖率 48.6%。有中专 1 所，中学 22 所，小学 79 所，二级医院 2 个。有罗荣桓纪念馆。有省级文物保护单位南虹桥。有名胜古迹天岳关、李自成墓、尧家林遗址。有民俗古瑶族文化、拍打舞、打锣腔。三次产业比例 22∶44∶34。农业以种植水稻、小麦、油菜为主，养殖猪。工业以涂附磨具制造、中药制药、云母制品加工、电子材料为主。有省级经济开发区 1 个。杭瑞、武深高速，106、353 国道过境。

银山广场［Yínshān Guǎngchǎng］ 在县城东部。面积 6.3 公顷。2008 年开工，2010 年建成。因锡山古名银山得名。分集会、休闲、游览 3 区。有龙凤花纹的龙腾柱、电视屏幕、20 多个小花园。广场中心为椭圆形旱式音乐喷泉，主喷"玉柱擎天"、副喷"蒸蒸日上"及代表 11 乡镇的 11 组水帘。绿化面积 2 公顷。为集休闲、集会、观赏为一体的综合性广场。周边有政务中心大楼、酒店等。通多路公交车。

通城客运中心［Tōngchéng Kèyùn Zhōngxīn］ 见交通运输设施部分"通城客运中心"条。

隽水镇［Juànshuǐ Zhèn］ 通城县人民政府驻地。在县境中部偏北。面积 103 平方千米。人口 12.9 万。辖 8 居委会、11 村委会，有 137 自然村。镇人民政府位于隽水大道。1950 年置城关镇。1958 年改隽水公社。1975 年更名城关公社。1979 年改镇。1982 年更今名。因河得名。秀水流经。有瓷土、云母、河沙资源。有省级锡山森林公园。有中学 8 所，小学 16 所，二级医院 2 个，卫生院 1 个，卫生所 11 个。有李自成墓、九宫庙。农业以种植水稻、蔬菜、毛竹、油茶等为主。工业以陶瓷、机电、食品、涂附磨具加工为主。有工业品、粮油、水果、蔬菜市场等 16 个。杭瑞高速、106 国道、省道南大线过境。

宝塔村［Bǎotǎcūn］ 在镇境南部。隽水镇辖自然村。人口 1600。古有宝塔，故名。聚落呈带状。经济以商贸为主。有砂布加工业。有宝塔科技工业园。通公交车。2008 年被评为全国文明村。

麦市镇［Màishì Zhèn］ 通城县辖镇。在县境东南部。面积 119 平方千米。人口 3.2 万。辖 1 居委会、18 村委会，有 135 自然村。镇人民政府驻向阳街。1958 年成立麦市公社。1984 年改镇。古有麦市，故名。有中学 1 所，小学 4 所，卫生院 1 个，卫生所 19 个。有名胜古迹黄龙山、天岳关、尧家林遗址。农业以种植水稻、油茶为主。工业有木材、豆制品、矿泉水加工，酿酒，瓷器制造。为湘、鄂、赣边界农副产品集散地。省道南大线、幕阜山旅游公路过境。

向阳街［Xiàngyángjiē］ 麦市镇人民政府驻地。在县政府驻地隽水镇东南 20 千米。人口 2200。2001 年集镇改造，形成新街，取"向着太阳"之意得名。聚落呈带状。有中小学、卫生院、卫生所。经济以商贸、豆制品加工为主。省道南大线经此。

塘湖镇［Tánghú Zhèn］ 通城县辖镇。在县境东部。面积 110 平方千米。人口 3.9 万。辖 1 居委会、15 村委会，有 171 自然村。镇人民政府驻狮子山。1950 年设塘湖乡。1958 年并入麦市公社，1962 年析设塘湖公社。1984 年改乡。1987 年与黄袍乡合置黄袍镇。1992 年改今名。因明代监察御史刘仕昌号塘湖得名。有矿产资源石灰石、石煤、钒、铜、铁等。有中学 2 所，小学 5 所，卫生院 1 个，卫生所 15 个。有省级文物保护单位南虹桥。有罗荣桓纪念馆、湘鄂赣黄袍革命烈士纪念公园。农业以种植水稻为主。工业以石材加工为主。幕阜旅游公路过境。

狮子山［Shīzishān］ 塘湖镇人民政府驻地。在县政府驻地隽水镇东南 19 千米。人口 800。有山形似狮子，故名。聚落呈带状。有卫生所。农业以种植水稻为主。工业以石材加工为主。通乡村公路。

关刀镇［Guāndāo Zhèn］ 通城县辖镇。在县境中部。面积 113 平方千米。人口 4.1 万。辖 1 居委会、19 村委会，有 195 自然村。镇人民政府驻官塘社区。1950 年设水兴区。1987 年由水兴区改设关刀镇。因关刀桥得名。有中学 1 所，小学 4 所，卫生院 1 个，卫生所 18 个。有名胜古迹云溪漂流、方琼墓、八燕渡槽。有省民俗村堑下罗家。农业以种植水稻、红薯、油菜为主，养殖两头乌猪。工业以茶叶、陶瓷、云母制品加工为主。353 国道、省道南大线过境。

官塘社区［Guāntáng Shèqū］ 关刀镇人民政府驻地。在县境中部。面积 1 平方千米。人口 3400。2004 年成立。因山坳驿道旁各有塘，得名双合塘，后因塘为官府集资修建，改今名。有中小学、卫生院、卫生所。有便民服务厅、居家养老中心。农业以种植水稻、茶为主。353 国道过境。

沙堆镇［Shāduī Zhèn］ 通城县辖镇。在县境东北部。面积 46 平方千米。人口 2.6 万。辖 1 居委会、9 村委会，有 185 自然村。镇人民政府驻九井街。1958 年成立沙堆公社。1984 年置镇。因镇政府驻地原名得名。有中学 1 所，小学 4 所，卫生院 1 个，卫生所 10 个。农业以种植茶为主，养殖猪。盛产九井峰茶、毫绿茶。有大米、茶叶、红砖加工业。县道隽四线过境。

九井街［Jiǔjǐngjiē］ 沙堆镇人民政府驻地。在县政府驻地隽水镇东北 11 千米。人口 1900。古时多常姓，有水井 9 口，得名九井常家。明代更名九井街。清代水灾积沙成堆，井埋 8 口，更名沙堆。2000 年集镇改造，改今名。聚落呈带状。有中小学、卫生院、卫生所。县道隽四线经此。

五里镇［Wǔlǐ Zhèn］ 通城县辖镇。在县境中部偏西南。面积 104.2 平方千米。人口 3.5 万。辖 1 居委会、16 村委会，有 110 自然村。镇人民政府驻五里牌。1961 年成立磨桥公社。1984 年由磨桥公社改设五里乡。1987 年改镇。因镇政府驻地得名。有矿产资源水晶石、瓷土、云母、独居石、钾长石等。有中学 1 所，小学 5 所，卫生院 1 个，卫生所 16 个。农业以种植水稻、油茶、茶为主。产毛竹、板栗。工业以电子、毛纺织、建材、化工为主。武深高速、106 国道过境。

五里牌［Wǔlǐpái］ 五里镇人民政府驻地。在县政府驻地隽水镇南 2 千米。人口 5500。因当年距县城 5 华里，故名。聚落呈带状。有中小学、卫生院。农业以种植水稻、油菜、花生为主，养殖鸡。有混凝土加工业。106 国道经此。

石南镇［Shínán Zhèn］　通城县辖镇。在县境西北部。面积58平方千米。人口3.3万。辖1居委会、10村委会，有226自然村。镇人民政府驻石南桥。1950年设石南乡。1958年并入北港公社。1961年析设石南公社。1984年复乡。1987年改镇。因镇政府驻地得名。有矿产资源钾长石、云母、花岗岩、石煤等。有中学1所，小学4所，卫生院1个，卫生所11个。有民俗赛锣赛亮。农业以种植水稻、红薯、油菜、茶、草药、茉莉花、莲藕等为主，养殖猪。工业以制药、涂附磨具制造、农产品加工为主。353国道，杭瑞高速、武深，省道南大线过境。

石南桥［Shínánqiáo］　石南镇人民政府驻地。在县政府驻地隽水镇西10千米。人口3100。原名晏家桥，清代吴石潭重修，改称石潭桥，后演化为今名。聚落呈带状。有中小学、卫生院。农业以种植水稻为主。353国道经此。

北港镇［Běigǎng Zhèn］　通城县辖镇。在县境西部。面积54平方千米。人口3.4万。辖2居委会、10村委会，有217自然村。镇人民政府驻庄前社区。1950年设北港区。1958年改公社。1984年改镇。因北港河得名。有矿产资源长石、石英粉、瓷土、绿柱石、花岗石、云母、钨、钽铌等。有中学1所，小学4所，卫生院1个，卫生所11个。农业以种植水稻、红薯、油菜、油茶、茶、中草药等为主。特产云雾茶。工业以制瓷、化工、药材加工为主。武深、杭瑞高速，省道南大线过境。

庄前社区［Zhuāngqián Shèqū］　北港镇人民政府驻地。在县境西北部。面积4平方千米。人口3500。古时有看管土地的房屋，俗称庄屋。明代李氏庄屋前方建大房称庄前大屋，故名。2002年成立。民居以3—6层楼房为主。有中小学、卫生所。有农家书屋1个。353国道过境。

马港镇［Mǎgǎng Zhèn］　通城县辖镇。在县境西南部。面积188平方千米。人口4.7万。辖1居委会、21村委会，有133自然村。镇人民政府驻何婆桥。1950年设九岭区。1958年改公社。1984年改何婆桥镇。1987年因马港河改今名。有矿产资源石英石、瓷土、长石、水晶、云母、石煤、铝、锆、独居石等。有中学1所，小学7所，卫生院1个，卫生所15个。农业以种植水稻、红薯、油茶为主。产柑橘、杜仲、黄柏。工业以小水电，制陶制瓷，云母、塑料、茶叶加工为主。武深高速、106国道过境。

何婆桥［Hépóqiáo］　马港镇人民政府驻地。在县政府驻地隽水镇南8千米。人口900。传古有员外在驮夫人过河的地方修建拱桥，得名驮婆桥，村人习称何婆桥。聚落呈带状。有中小学、卫生院。农业以种植水稻、茶为主。武深高速、106国道经此。

四庄乡［Sìzhuāng Xiāng］　通城县辖乡。在县境东北部。面积136平方千米。人口3.3万。辖13村委会，有210自然村。乡人民政府驻四庄。1950年设四庄乡。1961年改公社。1975年改清水公社。1984年复改四庄乡。因乡政府驻地得名。有矿产资源石煤、钾长石、瓷土、稀土等。有中学1所，小学22所，卫生院1个，卫生所13个。农业以种植水稻、红薯、油菜等为主。产柑橘、茶叶、毛竹。有茶叶、大米加工业。县道隽四线过境。

四庄［Sìzhuāng］　四庄乡人民政府驻地。在县政府驻地隽水镇东北17千米。人口6300。古为平畈，有魏家庄、李家庄、皮家庄、上庄4庄屋，得名四庄牌、四庄畈，统称今名。聚落呈带状。有中小学、卫生院。农业以种植水稻为主。县道隽四线经此。

大坪乡［Dàpíng Xiāng］　通城县辖乡。在县境西北部。面积129平方千米。人口6.2万。辖1居委会、22村委会，有191自然村。乡人民政府驻南坪社区。1956年设大坪乡。1958年改北港公社。1984年复乡。有面积较大的平地，俗称大坪畈，故名。有药姑山。有矿产资源白钨、黄金、石英石、大理石、花岗石、瓷土等。有中学2所，小学7所，卫生院1个，卫生所21个。有农产品展示馆。农业以种植水稻、红薯等为主。产茶叶、楠竹。工业有制陶制瓷、酿酒业。武深、杭瑞高速过境。

南坪社区［Nánpíng Shèqū］　大坪乡人民政府驻地。在县境西北部。面积4平方千米。人口3300。因大坪、南山2村得名。2008年成立。民居以2—5层楼房为主。有农家书屋1个。驻有财政所等单位。经济以商贸为主。县道庄大线过境。

崇阳县

崇阳县［Chóngyáng Xiàn］　咸宁市辖县。北纬29°33′，东经114°02′。在市境西南部。面积1968平方千米。人口49.1万。以汉族为主，还有回、苗、壮等民族。辖8镇、4乡。县人民政府驻天城镇。唐天宝二年(743)蒲圻县析设唐年县并乐化地。五代吴顺义(927)改名崇阳县，治天城镇。后梁、后晋先后改名临夏、临江县。北宋开宝八年(975)改名崇阳县，属湖北路。此后至1949年未变，先后属武昌路、武昌府、第一行政督察区、大冶专区。1952年属孝感专区。1958年通城、通山2县并入，旋通山县析出。1961年通城县析出。1965年属咸宁专区。1967年属咸宁地区。1998年属咸宁市。诸山崇聚，治居大集山之阳，故名。处幕阜山中段北麓，湘鄂赣交界处。为低山丘陵区。地势南北倾斜。平均海拔197.7米。最高点大湖山主峰海拔1238.9米。最低点壶头峡海拔39米。年均气温16℃，1月平均气温4.3℃，7月平均气温28.8℃。年均降水量1646.6毫米。隽水河流经。有矿产资源金、煤、钒、钨、锑等。有野生植物1048种，其中有国家重点保护野生植物银杏、南红豆杉、水杉、水松、钟萼木等23种。有野生动物105种，其中有国家重点保护野生动物云豹、金钱豹、金雕、穿山甲等25种。有国家青山湿地公园、国家桂花森林公园。森林覆盖率62%。有中专3所，中学17所，小学146所，二级医院2个，档案馆1个，文化馆1个，图书馆1个，博物馆1个。有汉剧团1个。有省级水上划艇训练基地1个。有国家级非物质文化遗产崇阳提琴戏。有金沙旅游度假区、浪口温泉度假村、洪下旅游区、苏塘红色旅游区、商周古文化遗址旅游区等。三次产业比例25∶37∶38。农业以种植水稻、红薯、玉米为主，养殖禽、畜、淡水鱼。工业以矿产冶炼、建材、医用纺织、食品加工为主。有工业园区2个。服务业以商贸、旅游为主。有四星级酒店1个。杭瑞、武深高速，106国道过境。

大集广场［Dàjí Guǎngchǎng］　在县城北部。面积6公顷。2006年开工，2007年建成，2014年扩建。因大集山得名。东南角有霓虹灯牌1个，西侧有巨型电子屏幕1个，周围彩灯林立。西侧边缘有露天舞台1个。地面铺设青色花岗岩石。绿化面积1.9万平方米。为市民健身、休闲、娱乐之场所。周边有县政府、大集公园、行政服务中心。通多路公交车。

崇阳县交通客运总站［Chóngyáng Xiàn Jiāotōng Kèyùn Zǒngzhàn］　见交通运输设施部分“崇阳县交通客运总站”条。

天城镇［Tiānchéng Zhèn］　崇阳县人民政府驻地。在县境中部。面积206平方千米。人口11.6万。辖10居委会、28村委会，有482自然村。镇人民政府驻和平社区。1949年置城关镇。1958年改城关公社。1961年复镇。1997年大桥乡并入。2001年鹿门乡并入。周围峰峦叠嶂，城于其中，俨如天上城廓，故名。隽水流经。有中学1所，小学7所，二级医院2个，卫生院1个，文化站1个。农业以种植水稻、红薯、蔬菜、毛竹为主。工业以建材、食品加工为主。杭瑞高速，106国道，省道崇赵、仙崇线过境。

和平社区［Hépíng Shèqū］　天城镇人民政府驻地。在县境中部偏北。面积3平方千米。人口2.7万。2003年成立。民居以楼房为主。有居家养老中心，内置棋牌室、图书室、书画室。有门球场。有广场舞队、腰鼓队等。有市民学校，组织居民消防、健康、科技知识培训。有小学、县妇幼保健院。有白鹭街、白鹭广场。通公交车。

沙坪镇［Shāpíng Zhèn］　崇阳县辖镇。在县境西南部。面积127平方千米。人口3.5万。辖1居委会、11村委会，有241自然村。镇人民政府驻凤岭社区。1949年设沙坪区。1958年成立公社。1984年复区。1986年改镇。处隽水大沙洲上，故名。隽水流经。有中学1所，小学4所，卫生院1个，卫生室10个，文化站1个。有岩头寺。农业以种植水稻、红薯、玉米为主。工业以矿产开采、建材、织造、工艺制品加工为主。杭瑞高速、106国道过境。

凤岭社区［Fènglǐng Shèqū］　沙坪镇人民政府驻地。在县境西南部。面积4平方千米。人口8600。所在山岭曾多山鸡，鸡羽如凤，故名。2003年成立。民居以楼房为主。有中学、卫生院。有居家养老中心，内设休息室、棋牌室、图书室。有篮球队、歌唱表演队。不定期开展义诊、科普知识宣传。106国道过境。

石城镇［Shíchéng Zhèn］　崇阳县辖镇。在县境西部。面积187平方千米。人口4.7万。辖1居委会、21村委会，有496自然村。镇人民政府驻石城社区。1949年设石城乡。1950年改第六区。1956年改石城区。1958年改公社。1984年复区。1987年改镇。2001年桂口乡并入。因镇政府驻地原名得名。隽水流经。有初中1所，小学6所，卫生院1个，卫生室21个，文化站1个。有鸡鸣峰寺、许仙岩石刻。农业以种植水稻、红薯等为主。工业以采矿、建筑建材为主。杭瑞高速，106国道，县道白双、石黄等线过境。

石城社区［Shíchéng Shèqū］　石城镇人民政府驻地。在县境西南部。面积3平方千米。人口2500。原名石城湾，隽水呈U形流经，临河山石高耸如城，故名。2003年成立。民居以楼房为主。有中小学、卫生院。有居家养老中心，内设棋牌室、图书室、儿童绘画桌。有篮球场、多种健身器材。有腰鼓队、广场舞队。开展图书阅读、观看提琴戏等活动。每月定期为老年人、育龄妇女讲座。106国道过境。

桂花泉镇［Guìhuāquán Zhèn］　崇阳县辖镇。在县境西北部。面积137平方千米。人口1.3万。辖1居委会、8村委会，有189自然村。镇人民政府驻黄土塝。1949年设桂花乡。1961年改公社。1982年更名桂花泉公社。1984年改镇。1987年三山乡并入。因泉得名。有小学1所，卫生院1个，卫生室8个，文化中心1个。有国家3A级旅游景区桂花森林公园。农业以种植水稻、红薯、玉米为主。产竹木。有桂花林场。工业以钙石深加工为主。省道崇赵线过境。

黄土塝［Huángtǔbàng］　桂花泉镇人民政府驻地。在县政府驻地天城镇西18千米。人口900。地处平山咀上，土壤黄色，故名。聚落呈带状。有小学、卫生院。农业以种植水稻、红薯为主。省道崇赵线经此。

白霓镇 [Báiní Zhèn] 崇阳县辖镇。在县境中部。面积194平方千米。人口5.6万。辖1居委会、22村委会,有415自然村。镇人民政府驻古桥社区。1949年设第3区。1956年更名白霓区。1975年成立公社。1984年复区,旋改镇。因明代白霓桥得名。有中学1所,小学8所,卫生院1个,卫生室22个,文化站1个。有名胜古迹石枧堰、远陂堰、浪口温泉、三特度假村。农业以种植水稻、红薯为主。工业以食品加工为主。106国道、省道白界线过境。

古桥社区 [Gǔqiáo Shèqū] 白霓镇人民政府驻地。在县境东部。面积4平方千米。人口1.2万。因明代石拱小桥得名。2003年成立。民居以3层以上楼房为主。有中小学、卫生院。有居家养老中心,内设图书室、棋牌室、书画室。有太极协会、木兰协会。有健身场地。有腰鼓、舞蹈队。有市场3个。106国道过境。

回头岭村 [Huítóulǐngcūn] 在县政府驻地天城镇东12千米。白霓镇辖自然村。人口2300。传神羊自金沙岭来此,因不适回头而去,故名。聚落呈团块状。为中国传统村落。有明清古民居5处。农业以种植水稻、红薯为主。通乡村公路。

路口镇 [Lùkǒu Zhèn] 崇阳县辖镇。在县境东北部。面积235平方千米。人口3.9万。辖1居委会、21村委会,有364自然村。镇人民政府驻路口街。1951年设第八区。1954年更名路口区。1958年成立公社。1984年复区。1987年改镇。2001年金沙镇、雨山乡并入。有中学1所,小学9所,卫生院1个,卫生所1个,文化站1个。有名胜古迹金沙避暑山庄、猴王洞、明代官员汪宗伊墓。农业以种植水稻、红薯、花生为主。产竹木。工业以采矿、建材为主。杭瑞高速、106国道、省道横路线过境。

路口街 [Lùkǒujiē] 路口镇人民政府驻地。在县政府驻地天城镇东20千米。人口1900。处咸安、通山2区、县入崇阳交汇口,故名。聚落呈团块状。有中小学、卫生院。农业以种植桂花为主。106国道、省道横路线经此。

金塘镇 [Jīntáng Zhèn] 崇阳县辖镇。在县境东南部。面积244平方千米。人口2.4万。辖1居委会、13村委会,有291自然村。镇人民政府驻金塘铺。1984年设苏塘区,辖金塘镇、大源乡等。1987年苏塘区更名金塘镇。2001年大源乡并入。因镇政府驻地得名。青山河流经。有中学1所,小学3所,卫生院1个,卫生所1个,文化站1个。有陈寿昌烈士陵园。农业以种植毛竹、茶为主。产桂花蜜。工业以竹木、豆制品加工为主。省道白界线过境。

金塘铺 [Jīntángpù] 金塘镇人民政府驻地。在县政府驻地天城镇东南48千米。人口1.1万。因金牛池塘戏水传说得名。聚落呈团块状。有中小学、卫生院。有寿昌县苏维埃政府旧址等。农业以种植水稻、茶为主。省道白界线、县道苏高线经此。

青山镇 [Qīngshān Zhèn] 崇阳县辖镇。在县境南部。面积208平方千米。人口5.4万。辖1居委会、25村委会,有462自然村。镇人民政府驻青山铺。1987年由华陂区析设青山镇。1997年大泉乡析出。2001年蔡墩、大泉2乡并入。因镇政府驻地得名。青山河流经。有国家青山湿地公园。有中学1所,小学11所,卫生院1个,卫生所1个,文化站1个。有名胜古迹大泉洞、棺材山、三国吴城遗址。农业以种植水稻、红薯、蔬菜、水果为主。有农业基地3个。工业以食品加工为主。有青山工业园。县道崇青、团沙线过境。

青山铺 [Qīngshānpù] 青山镇人民政府驻地。在县政府驻地天城镇南12.4千米。人口100。古为崇阳至高枧、江西驿道,依山背河,故名。聚落呈团块状。有中小学、卫生院。农业以种植水稻、红薯等为主。县道崇青线经此。

肖岭乡 [Xiāolǐng Xiāng] 崇阳县辖乡。在县境西南部。面积98平方千米。人口4.1万。辖10村委会,有372自然村。乡人民政府驻肖家岭。1961年由沙坪区析设台山公社。1984年改乡。1987年台桥乡6村并入,改今名。因乡政府驻地得名。隽水流经。有矿产资源河沙、铁、铬、黄铁等。有中学1所,小学7所,卫生院1个,卫生室1个,文化站1个。农业以种植水稻为主。工业以建材、农产品加工为主。杭瑞、武深高速,106国道过境。

肖家岭 [Xiāojiālǐng] 肖岭乡人民政府驻地。在县政府驻地天城镇西南3千米。人口3600。因肖姓始建房屋于该山岭,故名。聚落呈带状。有中小学、卫生院。农业以种植水稻、红薯、花生为主。106国道经此。

铜钟乡 [Tóngzhōng Xiāng] 崇阳县辖乡。在县境中部偏东。面积83平方千米。人口2.1万。辖8村委会,有247自然村。乡人民政府驻铜钟坪。1912年后曾设铜钟乡。1956年由第三区析设铜钟乡。1961年改公社。1984年复乡。1987年古市乡并入。因乡政府驻地得名。有石灰石资源。有小学6所,卫生院1个,卫生室8个,文化站1个。有万亩野樱花。农业以种植水稻、红薯、玉米为主,养殖猪。工业有建材加工。县道白古线过境。

铜钟坪 [Tóngzhōngpíng] 铜钟乡人民政府驻地。在县政府驻地天城镇东南12千米。人口500。因南侧山上寺庙有大铜钟得名。聚落呈带状。有中小学、卫生院。农业以种植水稻、红薯、玉米为主。县道白古线经此。

港口乡 [Gǎngkǒu Xiāng] 崇阳县辖乡。在县境东南部。面积249平方千米。人口3万。辖13村委会,有300自然村。乡人民政府驻港口街。1956年设高堤、东堡、塘口、横岭4乡。1961年分别改公社。1975年合为东堡、塘口2公社。1984年分别改乡。1987年合设港口乡。因乡政府驻地得名。高堤河流经。有矿产资源煤、石灰石、大理石等。有中学1所,小学1所,卫生院1个,文化站1个。农业以种植水稻、红薯为主。盛产竹木。有塘口村八一林场。工业以采矿、建材、竹木加工为主。省道白界线过境。

港口街 [Gǎngkǒujiē] 港口乡人民政府驻地。在县政府驻地天城镇东南25千米。人口800。处东堡港注高堤河口处,故名。聚落呈带状。有中小学、卫生院。农业以种植水稻、红薯、玉米为主。通乡村公路。

高枧乡 [Gāojiǎn Xiāng] 崇阳县辖乡。在县境南部。面积88平方千米。人口1.2万。辖6村委会,有117自然村。乡人民政府驻高枧铺。1956年设高枧乡。1961年改公社。1984年复乡。因乡政府驻地得名。有矿产资源钨、铀、钒。有中学1所,小学3所,卫生院1个,卫生室6个,文化站1个。农业以种植水稻、红薯为主,盛产竹木。工业以采矿、建材、竹林加工为主。县道高义线、环幕阜山旅游公路过境。

高枧铺 [Gāojiǎnpù] 高枧乡人民政府驻地。在县政府驻地天城镇南45千米。人口1300。旧有高枧渡东港水通西岸灌田,故名。又名甘泉街。聚落呈团块状。有中小学、卫生院。农业以种植水稻、红薯、玉米等为主。盛产竹木。县道高义线、环幕阜山旅游公路经此。

通山县

通山县 [Tōngshān Xiàn] 咸宁市辖县。北纬29°19′,东经114°14′。在市境东南部。面积2680平方千米。人口47.8万。辖8镇、4乡。县人民政府驻通羊镇。宋乾德二年(964)置通山县,取通羊、青山2镇各一字得名,属兴国军。此后未变,先后属兴国路、兴国州、武昌府、江汉道、第二行政督察区、第一行政督察区、大冶专区、孝感专区、武汉市、咸宁专区、咸宁地区。1998年属咸宁市。处鄂南低山丘陵。东部富水库区,南部幕阜山中低山区,北部大幕山低山丘陵区,中部丘陵区。平均海拔800米。最高点老崖尖海拔1656.6米。年均气温16.3℃,1月平均气温2.5℃,7月平均气温26℃。年均降水量1621毫米。富水流经。有矿产资源煤、锑、钒、钨、大理石等。有野生植物700余种,其中有国家重点保护野生植物鹅掌楸、银杏、楠木等54种。有野生动物516种,其中有国家重点保护野生动物89种。有国家级九宫山自然保护区、富水湖国家湿地公园、隐水洞国家地质公园。森林覆盖率69.9%。有中等职业学校1所,高中2所,中学25所,小学127所,二级医院2个。有全国重点文物保护单位李自成墓、王明璠府第。有省级非物质文化遗产通山山歌、山鼓。有民俗神歌、婚嫁茶俗、哪吒灯、采莲船、蚌壳戏、打花棍。有名胜古迹大幕山、圣庙、宝石古民居群。三次产业比例16∶36∶48。农业以种植水稻、红薯、玉米为主,养殖淡水鱼。盛产毛竹。特产云雾茶叶、无核蜜橘、花红。工业以大理石、竹木加工、酿酒为主。服务业以旅游、餐饮、零售为主。大广、杭瑞、咸通高速,106、316国道过境。有富水湖水运航道。有通山客运站。

通山客运站 [Tōngshān Kèyùnzhàn] 见交通运输设施部分"通山客运站"条。

通羊镇 [Tōngyáng Zhèn] 通山县人民政府驻地。在县境中部偏西。面积223平方千米。人口11.5万。辖6居委会、23村委会,有303自然村。镇人民政府驻袁家。1984年由城关公社析设通羊镇。1999年湄港、畈泥2乡部分地域划入。处通往白羊山要道,故名。有石灰石资源。有中学3所,小学14所,二级医院2个,卫生院1个,卫生所18个。有名胜古迹凤池山、圣庙、牛头塔、翠屏古寺。农业以种植水稻、蔬菜为主。工业有硅铁加工、酿造、家具制造、石材加工等。有汉林、月亮湾农贸市场。106国道过境。

洋都大道 [Yángdū Dàdào] 在县城中部偏西。东起井湾大道,西至迎宾大道。与竹林路、新月路、兴业街、滨河路等相交。长3千米,宽45—55米。沥青路面。1986年开工,1992年建成,2000年拓宽。因洋都村得名。两侧有县政府、通羊镇政府、住建局、国税局、人民银行、县一中。通多路公交车。

袁家 [Yuánjiā] 通羊镇人民政府驻地。在镇境西部。人口200。明洪武十三年(1380)袁氏建村,故名。聚落呈团块状。经济以种植水稻、红薯、玉米为主。通多路公交车。

南林桥镇 [Nánlínqiáo Zhèn] 通山县辖镇。在县境西部。面积217平方千米。人口4.1万。辖1居委会、12村委会,有220自然村。镇人民政府驻南林。1949年设南林区。1958年成立公社。1984年改南林桥镇。1999年港路乡并入。因镇政府驻地南千垄源山丘上的杨树林及亭式木桥得名。南林河流经。有中学2所,小学10所,卫生院1个,卫生所11个。农业以种植水稻、红薯、花生为主。工业有化工、铸造、制砖制瓦等。杭瑞高速、106国道过境。

南林 [Nánlín] 南林桥镇人民政府驻地。在县政府驻地通羊镇西21千米。人口200。明初因南千垄源山丘上遍布杨树而称杨树林,后徐氏迁入以杨树林所处方位更今名。聚落呈

Y字形。有小学。农业以种植水稻、红薯、玉米等为主。通乡村公路。

黄沙铺镇 [Huángshāpù Zhèn] 通山县辖镇。在县境东北部。面积291平方千米。人口4.2万。辖1居委会、17村委会,有280自然村。镇人民政府驻黄沙铺。1950年设黄沙区。1958年成立公社。1984年复区。1987年改黄沙铺镇。1999年万家乡并入。因镇政府驻地得名。有矿产资源锑、钒。有中学3所,小学5所,卫生院1个,卫生所14个。有名胜大幕山。有鄂东南道委机关旧址。农业以种植水稻、红薯为主。盛产柿子。杭瑞高速过境。

黄沙铺 [Huángshāpù] 黄沙铺镇人民政府驻地。在县政府驻地通羊镇东北32千米。人口400。南宋末年建铺立市,遍布黄沙土,故名。聚落呈长方形。农业以种植水稻、蔬菜为主。通乡村公路。

厦铺镇 [Xiàpù Zhèn] 通山县辖镇。在县境西部。面积345平方千米。人口2.2万。辖1居委会、15村委会,有199自然村。镇人民政府驻桥北。1949年设厦铺区。1958年成立公社。1984年复区。1987年改镇。1999年三界乡并入。因镇政府驻地俗称下铺,雅化后得名。有矿产资源煤、大理石、硅石等。有中学3所,小学11所,卫生院1个,卫生所15个。有省级非物质文化遗产通山山歌。有名胜城山。土地革命时期,境内冷水坪为湘鄂赣革命中心。农业以种植水稻、红薯为主。工业有竹木、石材加工等。106国道过境。

桥北 [Qiáoběi] 厦铺镇人民政府驻地。在县政府驻地通羊镇南20千米。人口1100。明初郑氏迁此开商铺,处今厦铺河上游北岸,因稍低于南岸而俗称下铺。清后期渐成集镇,修建大桥,因处桥北更今名。聚落呈团块状。有小学、卫生院。农业以种植水稻、玉米、红薯、花生、油菜等为主。通乡村公路。

九宫山镇 [Jiǔgōngshān Zhèn] 通山县辖镇。在县境东南部。面积267平方千米。人口3.8万。辖1居委会、10村委会,有225自然村。镇人民政府驻黄陈畈。1984年由横石公社析设横石潭镇。1987年陈坪、富有2乡并入。2002年因国家级九宫山自然保护区更今名。有矿产资源煤。有中学2所,小学6所,卫生院1个,卫生所9个。有墩头山遗址。农业以种植水稻、红薯、葡萄为主。有毛竹、松树资源。工业以矿产开采、木材加工为主。有旅游业。106国道过境。

黄陈畈 [Huángchénfàn] 九宫山镇人民政府驻地。在县政府驻地通羊镇东南31千米。人口300。明初黄、陈2姓居于开阔平畈处,故名。聚落呈团块状。有小学。农业以种植水稻、玉米、红薯等为主。通乡村公路。

闯王镇 [Chuǎngwáng Zhèn] 通山县辖镇。在县境西南部。面积275平方千米。人口2.1万。辖1居委会、12村委会,有131自然村。镇人民政府驻刘家。1999年由宝石、高湖2乡合置闯王镇。因明末农民起义领袖李自成称号得名。有矿产资源石英石。有中学1所,小学10所,卫生院1个,卫生所11个。有全国重点文物保护单位李自成墓,省级文物保护单位宝石古民居建筑群。农业以种植水稻、沙梨、花红等为主。产毛竹、松。工业以矿产开采、木材加工为主。通乡村公路。

刘家 [Liújiā] 闯王镇人民政府驻地。在县政府驻地通羊镇西南40千米。人口700。明初刘姓聚居,故名。聚落呈块状。有小学。农业以种植水稻、红薯等为主。通乡村公路。

宝石 [Bǎoshí] 在县政府驻地通羊镇西南18千米。闯王镇辖自然村。人口800。传有老年夫妇在河边石板上打草鞋,残落的麻片草屑夜间变为碎银,乡人遂以此石为宝石,故名。聚落呈团块状。宝石河流经。为中国传统村落。有省级文物保护单位宝石古民居建筑群。农业以种植水稻、红薯、玉米等为主。通乡村公路。

洪港镇 [Hónggǎng Zhèn] 通山县辖镇。在县境东南部。面积300平方千米。人口3.6万。辖1居委会、15村委会,有222自然村。镇人民政府驻洪港。1975年由燕厦公社析设洪港公社。1984年改大塘山镇。1987年改今名。1999年三源、杨林、沙店3乡并入。因镇政府驻地得名。有大理石资源。有中学3所,小学18所,卫生院1个,卫生所13个。有名胜古迹太平山、北台寺。农业以种植水稻、玉米、红薯为主。工业以石材、木材加工为主。为湖北、江西2省交界处农副产品集散地。大广高速,106、316国道过境。

洪港 [Hónggǎng] 洪港镇人民政府驻地。在县政府驻地通羊镇东南54千米。人口100。雨季洪水泛滥,汇于港中,故名。聚落呈长方形。有小学。农业以种植水稻、红薯、油菜等为主。有石材加工业。通乡村公路。

大畈镇 [Dàfàn Zhèn] 通山县辖镇。在县境东部。面积193平方千米。人口2.6万。辖1居委会、13村委会,有129自然村。镇人民政府驻官塘。1987年由官塘镇、白泥乡合设大畈镇。因镇政府驻地位于阔大平畈得名。有隐水洞国家地质公园、富水湖国家湿地公园。有初中1所,小学9所,卫生院1个,卫生所12个。农业以养殖淡水鱼为主。特产金钱橘。工业以化工、铸造为主。有旅游业。杭瑞高速过境。

官塘 [Guāntáng] 大畈镇人民政府驻地。在县政府驻地通羊镇东17千米。人口600。清初官府拨银修建水塘,故名。聚落呈长方形。有小学。农业以种植水稻、红薯、玉米为主。通乡村公路。

西泉 [Xīquán] 在县政府驻地通羊镇东15千米。大畈镇辖自然村。人口700。原因山坡岩石层层垒起而得名石垒头。清初吴西泉迁此,中举为官后廉洁爱民,乡人深以为荣,故以其名更今名。聚落呈三角形。为中国传统村落。有明清古建筑群。农业以种植水稻、玉米、红薯等为主。通乡村公路。

大路乡 [Dàlù Xiāng] 通山县辖乡。在县境西北部。面积96平方千米。人口3.3万。辖1居委会、20村委会,有180自然村。乡人民政府驻寺下。1975年由环城公社析设大路公社。1984年改乡。1987年焦夏、港畈2乡并入。旧为咸宁、崇阳进出通山驿道,故名。有矿产资源大理石。有中学2所,小学20所,卫生院1个,卫生所18个。有全国重点文物保护单位王明璠府第。农业以种植水稻、花生、蔬菜等为主。工业有砖瓦、石材加工等。杭瑞高速、106国道过境。

寺下 [Sìxià] 大路乡人民政府驻地。在县政府驻地通羊镇西北10千米。人口200。明初徐姓聚居,处寺庙下方,故名。聚落呈长方形。有小学。农业以种植水稻、红薯、玉米等为主。通乡村公路。

畈上王 [Fànshàngwáng] 在县政府驻地通羊镇西4千米。大路乡辖自然村。人口500。清初王姓建村,处田畈开阔地,故名。为中国传统村落。有全国重点文物保护单位王明璠府第。农业以种植水稻、玉米、红薯等为主。106国道经此。

杨芳林乡 [Yángfānglín Xiāng] 通山县辖乡。在县境西南部。面积143平方千米。人口2.2万。辖1居委会、9村委会,有137自然村。乡人民政府驻杨芳林。1987年由厦铺区析设杨芳林乡。因乡政府驻地得名。有矿产资源大理石、煤等。有中学1所,小学9所,卫生院1个,卫生所8个。农业以种植水稻、红薯、黑豆、茶等为主。有豆制品加工业。幕阜山旅游公路过境。

杨芳林 [Yángfānglín] 杨芳林乡人民政府驻地。在县政府驻地通羊镇西南41千米。人口1400。明嘉靖三十三年(1554)杨芳林迁此,故名。有小学。农业以种植水稻、红薯等为主。幕阜山旅游公路经此。

燕厦乡 [Yànxià Xiāng] 通山县辖乡。在县境东部。面积183平方千米。人口3.5万。辖1居委会、18村委会,有270自然村。乡人民政府驻城门颈。1950年设燕厦区。1958年成立公社。1984年改乡。1987年畅周乡并入。因乡政府原驻地堰下,雅称得名。有矿产资源大理石、煤等。有中学2所,小学15所,卫生院1个,卫生所16个。农业以养殖草鱼、鲢鱼等为主。有水泥、石材、豆腐、油干等加工业。通乡村公路。湖区通航轮船。

城门颈 [Chéngménjǐng] 燕厦乡人民政府驻地。在县政府驻地通羊镇东69千米。人口100。清代陈、华、徐3姓聚居,因出入山颈处有城门而得名。聚落呈团块状。农业以种植水稻、红薯、玉米等为主。特产火烤鱼。通乡村公路。

慈口乡 [Cíkǒu Xiāng] 通山县辖乡。在县境东部。面积183平方千米。人口3.5万。辖1居委会、18村委会,有270自然村。乡人民政府驻慈口岦。1975年由黄沙公社析设慈口公社。1984年并入大畈区。1987年析设慈口乡。1999年下泉乡并入。因乡政府驻地得名。有富水湖国家湿地公园。有矿产资源大理石、煤等。有中学2所,小学17所,卫生院1个,卫生所9个。农业以养殖淡水鱼为主。盛产柑橘、甜橙。工业有煤炭开采、大理石加工。杭瑞高速、省道通慈线过境。有富水湖航道。

慈口岦 [Cíkǒulì] 慈口乡人民政府驻地。在县政府驻地通羊镇东45千米。人口300。明正统初年(1436)朱氏迁此,处慈、富两水交汇口,故名。聚落呈弧形。农业以种植柑橘、甜橙为主,养殖淡水鱼。省道通慈线经此。

随州市

随州市 [Suízhōu Shì] 湖北省辖地级市。北纬31°26′—32°26′,东经112°43′—113°46′。在省境北部。面积9636平方千米。户籍人口256.9万,常住人口218.4万。以汉族为主,还有回、土家、蒙古、苗等民族。辖曾都区、随县,代管广水县级市。市人民政府驻曾都区。南朝宋泰始五年(469)置随阳郡。西魏大统十六年(550)改随州。隋改隋州,大业三年(607)废州置汉东郡。唐武德元年(618)复随州。明洪武九年(1376)降州为县,十三年(1380)复州,属德安府。清沿明制。1913年复县。1979年析设县级随州市,为随州建市之始。1983年随县并入,由襄樊市代管。1994年直属省。2000年改地级市。随为上古部落,沿为建制名称。处长江、淮河流域交汇地带。以山地、丘陵、冲洪积平原为主。北有桐柏山,西南为大洪山,中部为随枣走廊。一般海拔200—800米。中部平原平均海拔100米左右。年均气温15.9℃,1月平均气温2.3℃,7月平均气温28.1℃。年均降水量960毫米。年均无霜期247天。府河、涢水河、㵐水河、漂水河、漳河、淮河流经。有矿产资源金、银、铜、铁、铀等。有野生植物1137种,其中有国家重点保护野生植物银杏、翠柏、秦岭冷杉等。有野生动物400余种,其中有国家重点保护野生动物大鲵、虎斑蛙、黄喉貂、水獭、中华秋沙鸭等。有中华山国家森林公园。森林覆盖率53%。有高校1所,中学96所,小学196所,三级医院2个,国家级图书馆1个,国家级博物馆1个。为国家历史文化名城。有全国重点文物保护单位擂鼓墩古墓群、安居遗址,省级文物保护单位三里岗冷皮垭遗址、王子山遗址等28个。有省级爱国主义教育基地随州烈士陵园、九口堰五师旧址等4个。有中国历史文化名镇安居镇,中国传统村落戴家仓屋、九口堰、王店村。有名胜古迹淅河西花园遗址、曾侯乙墓遗址。有国家级非物质文化遗产随州花鼓戏、炎帝神农传说等4个,省级非物质文化遗产应山滑肉、应山奎面制作技艺、杨涟传说等11个。有国家4A级旅游景区大洪山、炎帝神农故里,省级旅游景区桐柏山太白顶、琵琶河、七尖峰。三次产业比例17∶49∶34。农业以种植水稻、小麦、棉花为主。产食用菌、银杏、兰草、大蒜、茶叶、蜜枣。工业以汽车机械制造、食品加工、建材、纺织、化工为主。有省级经济开发区3个。服务业以批发零售、餐饮住宿为主。有铁路320.5千米,高速320.3千米,公路8565千米。汉丹、宁西铁路,汉十、福银、麻竹、随岳高速,107、312、316国道过境。有随州站。

随州［Suízhōu］ 随州市聚落。在市境中部偏北。面积45平方千米。人口112万。1949年前随州城市建设在古城墙内开展。1925年建成襄花公路。1945年街路拓宽至11米。1948年拆除随县青城。1966年建成汉丹铁路,后向东拓展,建㵐水大桥、涢水大桥。1985年建成316国道,向北发展工业。1998年建成㵐水二桥,城区北扩。2000年后始建城东,拓展城南,改造老城区,建设高新区、曾都开发区。2008年建成新汉丹铁路,行政中心南移。2008年后基本建成"活力城东、文化城西、明珠城北、生态城南"四大城市片区。2014年形成老城、擂鼓墩、城北、城东、城南、淅河六大组团发展格局。传统商业中心、主要居住区位于老城。历史文化博览区、文化旅游产业集聚区在擂鼓墩组团。现代制造业、绿色农产品加工基地位于城北。中心城市职能核心承载区、市级综合生活服务中心、新型现代生产服务中心和生活居住区在城东。综合区为城南,集行政办公、金融商务、商贸服务、文化展示、教育、生态居住于一体。新兴产业基地、产城融合示范区位于淅河组团。为国家历史文化名城。有古迹随州擂鼓墩古墓群、曾侯乙墓。有季梁公园、白云公园、神农公园等。有铁路、公路、城市道路多种交通方式。有随州站、汽车客运中心。

交通大道［Jiāotōng Dàdào］ 在市境中部。北起幸福大道,南至淅河大桥,与编钟大道、迎宾大道、文峰大道等相交。长25.3千米,宽38米。沥青路面。1977年始建,命名长征大道。1981年因疏解交通而更今名。2010年连接随县城段建成通车。两侧有市疾控中心、市农科所、随州无线电管理处、曾都区畜牧兽医特产局、市中级法院、东城卫生院、市公安局等。通多路公交车。

曾 都 区

曾都区［Zēngdū Qū］ 随州市人民政府驻地。在市境中部偏北。面积1425平方千米。人口64.4万。辖4街道、5镇。区人民政府驻西城街道。2000年设立。2009年随县析出。古为曾国之都,故名。有太白顶。涢水河、府河、漂水河、㵐水河流经。有矿产资源重晶石、辉绿岩、大理石、石灰膏等。有中专2所,职业高中1所,高中2所,初中2所,小学31所,特教学校1所,三级医院2个,二级医院1个。有随州博物馆、神农大剧院。有全国重点文物保护单位擂鼓墩古墓群。有省级爱国主义教育基地九口堰五师旧址。有名胜古迹随州古城墙望城楼、文峰塔、千年银杏谷、神农坛。有中国传统村落九口堰村、王店村。为编钟古乐之乡、中国历史文化古城。三次产业比例7∶50∶43。农业以种植水稻、小麦、玉米、红薯、杂豆、大豆为主。产香菇、木耳、蜜枣、菜豌豆。工业以汽车改装、农产品加工、纺织服装、化工、电子为主。服务业以批发零售、餐饮住宿为主。汉丹铁路,随岳、福银、麻安高速,212、240、316国道,省道小应、随南线过境。有随州站、市中心汽车站。

解放路［Jiěfàng Lù］ 在区境中部偏南。东起交通大道,西至炎帝大道。与擂鼓墩大道、神农大道等相交。长5.4千米,宽15米。沥青路面。原为东、西关2街,石板路面。1955年拓宽改建水泥路,1975年铺设沥青路面。1981年为纪念随州城解放得名。穿过商业中心。两侧有市中心汽车站、新世纪购物中心、随州老火车站、白云外国语学校。通多路公交车。

青年路［Qīngnián Lù］ 在区境东部。东起季梁大道,西至青年路大桥。与交通大道、舜井大道等相交。长3.8千米,宽30米。沥青路面。1975年开工,1978年建成。为纪念原青年突击队得名。两侧有五眼桥市场、区国土资源局、区社会养老保险局、随州妇幼保健院。通多路公交车。

编钟大道［Biānzhōng Dàdào］ 在区境东南部。北起鹿鹤大道,南至麻安高速。与季梁大道、文化公园路等相交。长8.3千米,宽50米。沥青路面。2008年建成波导路,2012年更名旭光路,2013年因随州为编钟之乡更今名。两侧有市福利中心、随州高新区管委会、市交运局。通多路公交车。

迎宾大道［Yíngbīn Dàdào］ 在区境东南部。北起鹿鹤大道,南至福银高速。与白云大道、炎帝大道、神农大道等相交。长15.6千米,宽24米。沥青路面。2003年开工,2005年建成。两侧有文峰塔学校、市运管局、工商局、信访局等。通多路公交车。

季梁大道［Jìliáng Dàdào］ 在区境东北部。北起清河东路,南至望城岗路。与编钟大道、迎宾大道、解放东路等相交。长7.2千米,宽50米。沥青路面。2008年开工,2010年建成。因随州为季梁故里而得名。两侧有专用汽车制造公司、同星农业公司等。通多路公交车。

烈山大道［Lièshān Dàdào］ 在区境中部。北起明珠路,南至汉东路。与青年路、清河路、解放路等相交。长3.3千米,宽30米。沥青路面。1958年建沙石路,1975年铺设沥青路面。原名跃进大道,1981年因随州古城曾为烈山镇而更今名。穿过商业中心。两侧有市中心医院、区实验小学等。通多路公交车。

舜井大道［Shùnjǐng Dàdào］ 在区境中部。北起青年路,南至神农大道。与解放大道、汉东路等相交。长3.1千米,宽30米。沥青路面。1978年开工,当年建成,后经多次改扩建。因舜井冲遗迹得名。两侧有区农机局、水产技术推广中心、聚奎门学校等。通多路公交车。

沿河大道［Yánhé Dàdào］ 在区境中部。北起桃源路,南至神农大道。与青年路、清河路、明珠路等相交。长4.6千米,宽30米。沥青路面。1978年开工,1980年建成,后不断改扩建。因沿㵐水河东岸修建得名。两侧有市检察院、市质监局、随州广电报社等。通多路公交车。

淅河大桥［Xīhé Dàqiáo］ 在城区东部。长210.7米,宽20米,最大跨度160米,桥下净高25米。1967、1993年分别建原左、右幅桥。2013年重建,2014年建成。因淅河镇得名。为中型河道桥梁,结构型式为T型梁桥。最大载重55吨。通公交车。

㵐水二桥［Juéshuǐ 2 Qiáo］ 在城区西北部。长242米,宽15米,最大跨度45米,桥下净高12米。1991年开工,1992年建成。为中型河道桥梁,结构型式为预制钢筋砼钢架拱桥。最大载重60吨。通公交车。

涢水大桥［Yúnshuǐ Dàqiáo］ 在城区西南部。长420米,宽9.4米,最大跨度378米,桥下净高14米。1958年始建,1968年被洪水冲毁,不久修复改为木板和竹筋混凝土混合结构桥。1969年在桥之上游35米处另建同名双曲砼拱大桥。为大型河道桥梁,最大载重30吨。通公交车。

涢水二桥［Yúnshuǐ 2 Qiáo］ 在城区西部。长245米,宽15.5米,最大跨度20米,桥下净高6米。2008年开工,2009年建成。为中型河道桥梁,结构型式为预应力钢筋混凝土空心板桥。最大载重55吨。通公交车。

随州站［Suízhōu Zhàn］ 见交通运输设施部分"随州站"条。

随州客运中心站［Suízhōu Kèyùn Zhōngxīnzhàn］ 见交通运输设施部分"随州客运中心站"条。

西城街道［Xīchéng Jiēdào］ 曾都区人民政府驻地。在区境西部。面积6平方千米。人口10.6万。1980年设立。因处主城区西部得名。先后改造老旧小区48个。㵐水河、涢水河流经。有初中1所,小学1所,幼儿园11所,三级医院1家,卫生院1个,文化站2个,社区活动中心10个,图书室15个。有景点岁丰桥、双龙寺、神农公园。工业以汽车配件制造、纺织为主。服务业以商贸为主。通多路公交车。

东城街道［Dōngchéng Jiēdào］ 属曾都区。在区境东部。面积17平方千米。人口11.1万。1980年设东关街道。1987年因古为汉东之国城邑而更今名。㵐水河、涢水河流经。有初中1所,小学3所,幼儿园11所,三级医院1家,二级医院1家,卫生院1个。有古迹文峰塔、八角楼、清莲寺、祖师庙、天主教堂、唐家遗址。农业以种植花生、香菇为主,养殖鸡、鸭、鱼、鹅。工业以汽车零部件制造、化工、纺织、建材为主。汉丹铁路,212、316国道过境。有随州站、市中心汽车站、汽车客运东站。

南郊街道［Nánjiāo Jiēdào］ 属曾都区。在区境南部。面积110平方千米。人口7.3万。1984年设南郊区。1987年改街道。因处城区南得名。㵐水河、涢水河流经。有初中1所,小学5所,幼儿园12所,卫生院1个,门诊部38个。有全国重点文物保护单位擂鼓墩古墓群。农业以种植水稻、小麦、棉花、花生、芝麻、油菜等为主。工业以整车制造、汽车零件加工为主。有汽车工业园。福银、麻竹高速,省道随南线过境。

北郊街道［Běijiāo Jiēdào］　属曾都区。在区境北部。面积100平方千米。人口7.1万。1984年设立。因处城区北得名。溮水河、漂水河流经。有初中2所,小学5所,幼儿园13所,卫生院1个,门诊部7个。农业以种植水稻、小麦、棉花、花生、芝麻、油菜等为主。工业以汽车机械、食品深加工、新型建材、包装印刷为主。服务业以商贸、餐饮、物流为主。316国道、省道小应线过境。

淅河镇［Xīhé Zhèn］　曾都区辖镇。在区境东部。面积201平方千米。人口12.4万。辖5居委会、39村委会,有531自然村。镇人民政府驻周家台子。1949年设淅河镇、区。1950年淅河镇并入淅河区。1955年塔塆区并入。1956年兴中、兴隆、万店3乡并入。1958年改先锋公社,旋改淅河公社。1961年复区。1982年复镇。1984年淅河、大堰坡2公社合为淅河区,同年并入淅河镇。1987年大堰坡乡析出,2005年并入。2008年撤销。2010年复淅河镇。因淅河得名。清同治八年(1869)重修《随州志》载:"随州东二十里有淅河店。"涢水河、漂水河、府河流经。有中学4所,小学9所,卫生院1个,卫生室48个。有名胜古迹马鞍山、沙河丹霞地貌。有西花园古遗址、叶家山古墓群。经济以商贸、餐饮为主。武襄铁路、麻安高速、316国道过境。

周家台子［Zhōujiātáizi］　淅河镇人民政府驻地。在区政府驻地西城街道南1千米。人口300。清咸丰三年(1853)周氏迁此土台上,故名。聚落呈团块状。有中学。农业以种植水稻、小麦、蔬菜等为主,养殖鸡、鸭、猪。汉丹铁路经此。

万店镇［Wàndiàn Zhèn］　曾都区辖镇。在区境东北部。面积245平方千米。人口5.1万。辖2居委会、19村委会,有210自然村。镇人民政府驻木树林。1987年设万店镇。清初因高姓得名高家岭。康熙年间(1662—1722)渐成集镇,宫姓增多,称宫家集。乾隆年间(1736—1795)因万姓改名万家店,简称万店。漂河流经。有中学1所,小学1所,卫生院1个,卫生室21个。有古迹点将台、河洲子遗址、天子坟古墓葬。农业以种植水稻、小麦、蔬菜为主。省道小应线过境。

木树林［Mùshùlín］　万店镇人民政府驻地。在区政府驻地西城街道东南500米。人口500。因树木众多得名。聚落呈带状。有初中。农业以种植水稻、小麦为主。省道小应线经此。

何店镇［Hédiàn Zhèn］　曾都区辖镇。在区境西南部。面积219平方千米。人口5.1万。辖2居委会、18村委会,有124自然村。镇人民政府驻高家畈。1965年设何店区。1987年改镇。因姓氏称何家店,简称今名。浪河、陈家河、乔麦河、椒藤河流经。有白果河水库。有高校1所,中学1所,小学1所,卫生院1个,卫生室20个。有名胜古迹棋盘山、何家享堂。农业以种植水稻、小麦、棉花为主。工业以化工、汽配铸造、矿产品、塑料制品加工为主。有何店工业园区。麻安、福银高速,省道随安线过境。

高家畈［Gāojiāfàn］　何店镇人民政府驻地。在区政府驻地西城街道南2千米。人口500。明崇祯年间(1628—1644)高氏在平畈建村,故名。聚落呈散状。农业以种植水稻、小麦为主。有化工、制塑、汽配制造加工业。通乡村公路。

洛阳镇［Luòyáng Zhèn］　曾都区辖镇。在区境南部。面积230平方千米。人口3.5万。辖2居委会、16村委会,有129自然村。镇人民政府驻骆家塆。1950年设洛阳区。1958年成立公社。1984年复区。1987年改镇。曾有大量洛阳人迁此,故名。有小学1所,卫生院1个,卫生所3个。有国家级洛阳古银杏自然保护区。有古银杏树群落,百年以上银杏树17000多株,千年以上古银杏树308株。经济以休闲观光农业、乡村旅游为主,发展银杏制品等食品加工业。工业有电子、针织等。福银高速过境。

骆家塆［Luòjiāwān］　洛阳镇人民政府驻地。在区政府驻地西城街道南36千米。人口200。清末骆氏建村,故名。聚落呈带状。经济以农家乐、乡村旅游为主。通乡村公路。

府河镇［Fǔhé Zhèn］　曾都区辖镇。在区境东南部。面积198平方千米。人口5.7万。辖1居委会、24村委会,有245自然村。镇人民政府驻何家庙。1952年设府河乡。1958年改公社。1984年置镇。府河流经,故名。有中学1所,小学1所,卫生院1个,卫生室26个。有名胜观光山。形成以食用菌种植业、林果业、木材加工业、森林旅游业、苗木花卉业为主体的产业化经济。工业有矿产开采、制塑、石材、建筑建材等。汉十高速、316国道过境。

何家庙［Héjiāmiào］　府河镇人民政府驻地。在区政府驻地西城街道东南18千米。人口200。清乾隆年间(1736—1795)有僧侣生活凄惨,住所破烂,何氏筹钱修庙以助之,故名。聚落呈散状。有小学、诊所。农业以种植水稻、小麦、玉米等为主。316国道经此。

广水市

广水市［Guǎngshuǐ Shì］　湖北省直辖县级市,由随州市代管。北纬31°37′,东经113°49′。在随州市境东南部。面积2647平方千米。人口94.5万。以汉族为主,还有回、土家、满、壮等民族。辖4街道、13镇。市人民政府驻应山街道。隋开皇十八年(598)永阳县改应山县。大业二年(606)平靖县并入,属安陆郡。北宋开宝年间(968—975)吉阳县部分地域划入。元、明属随州。清属德安府。1949年后属孝感专区、武汉市。1961年属孝感专区。1988年改广水市(县级),属孝感地区。1993年由孝感市代管。2000年由随州市代管。因古镇广水镇得名。1988年改造永阳大道、东大街、关坡路、四贤路、三环路、西正街、东正街等,修建滨河公园、印台广场等。2005年后建成多处住宅小区。形成"一城双区、轴线串接、山环水绕、方格路网、多中心多组团"的城市空间布局结构。处桐柏山东段南麓,大别山西端。北部低山,南部丘陵。平均海拔150米。有大贵山、中华山、寿山、四望山。年均气温14℃,1月平均气温2.3℃,7月平均气温27.9℃。年均降水量990毫米。应山河、广水河、涢水河流经。有矿产资源稀土、花岗岩、高岭土、白云岩等。有野生植物355种,其中有国家重点保护野生植物香果树、杜仲、珙桐、银杏、白玉兰、青檀、三尖杉、凹叶厚朴等。有野生动物100余种,其中有国家一级保护野生动物穿山甲,国家二级保护野生动物大鲵、水獭、老鹰、白鹭、白冠长尾雉等。有大贵寺国家森林公园。森林覆盖率39.7%。有中等职业技术学校2所,九年一贯制学校4所,高中7所,初中25所,小学69所,特教学校1所,成人技校17所,二级医院4个。有文学、楹联、书画、摄影、音乐、舞蹈等类文艺团体8个。有省级文物保护单位王子山遗址,省级非物质文化遗产应山滑肉、奎面制作技艺、杨涟传说。有名胜古迹三潭、渡蚁桥、魁星楼、武胜关、平靖关、黄土关。三次产业比例21∶49∶30。农业以种植水稻、小麦、棉花、油菜、芝麻、花生、油茶等为主,养殖猪、家禽、淡水鱼等。产白花菜、大蒜、银鱼、莼菜、白灵菇、红头蜈蚣。工业以通用设备制造、医药化工、新型建材、纺织服装、食品加工为主。服务业以餐饮、休闲娱乐业为主。京广、汉丹铁路,京珠、麻竹高速,107、316、346国道,省道平洑、牛程线过境。有广水站、市中心客运站。

永阳大道［Yǒngyáng Dàdào］　在市区东部。西起东大街,东至应十大道。与广安路、新建路、许家井路、军民路、永阳三路、永阳一路、三环路交会。长1.3千米,宽40米。沥青路面。1988年开工,1989年建成。原为南朝永阳县治所所在地,故名。两侧有中百仓储、市农商银行、应山街道三小、财保公司、市国税局、市卫计局、中国银行广水支行等。通公交车。

广安路［Guǎng'ān Lù］　在市区中部。东起永阳大道,西至四贤路。与广场路、跃进岭路、育才路、航空北路、大帮路相交。长2.5千米,宽24米。沥青路面。1984年开工,1987年建成。原名宝成路,后更名二环路,1991年以美好寓意更今名。两侧有市医保局、农机局、住建局、图书馆、人才交流中心、财政局、科技局、市实验小学。通公交车。

三环路［Sānhuán Lù］　在市区东北部。东起应十大道,西至省道平洑线。与永阳三路、军民路、广场路、跃进岭路、育才路、航空北路相交。长4千米,宽40米。沥青路面。1995年开工,同年建成。原名大环路,后因处原二环路(今广安路)外侧而更今名。两侧有滨河公园、前河桥、市应山法庭、房管局、质监局、阳光康复医院、国土资源局等。通公交车。

航空路［Hángkōng Lù］　在市区西北部。北起省道平洑线,南至四贤路。与三环路、科技路、广安路、西正街、环城东路相交。长2千米,宽16—20米。沥青路面。1989年开工,同年建成。1991年命名。有北、中、南3段。两侧有农业局、审计局、城管局、质监局、市委党校、市政府、妇幼保健院。通公交车。

四贤路［Sìxián Lù］　在市区南部。北起航空路,南至宋长公路。长2.3千米,宽40米。沥青路面。原为省道平洑线,后称南关街。20世纪90年代称渡蚁桥路。1994年扩建,因四贤祠更今名。两侧有市第一医院、交运局、水利局、物价局、公路管理局等。通公交车。

三里河桥［Sānlǐhé Qiáo］　在市区东部。长138米,宽9米,最大跨度128米,桥下净高5米。1992年开工,同年建成。因距原应山县城3里得名。为中型河道桥梁,结构型式为空心板梁桥。最大载重20吨。通公交车。

广水市中心客运站［Guǎngshuǐ Shì Zhōngxīn Kèyùnzhàn］　见交通运输设施部分"广水市中心客运站"条。

应山街道［Yìngshān Jiēdào］　广水市人民政府驻地。在市境中部。面积25平方千米。人口13.6万。1961年设城关镇。1988年由城关镇改设。因旧县名应山得名。先后改扩建东大街、西正街、航空南路、航空中路、航空北路、广安大道、永阳大道,建市体育场、滨河公园、魁星楼。应山河流经。有中等职业学校1所,高中2所,初中9所,小学5所,二级医院3个,卫生院1个。有印台山公园、彭家湾古墓。有民俗山歌、风俗歌、龙灯、采莲船、高跷、腰鼓。工业以化工、铸造、建材、食品加工为主。346国道、省道平洑线过境。

十里街道［Shílǐ Jiēdào］　属广水市。在市境东部。面积183平方千米。人口6.2万。

1987年设十里乡。1988年由十里乡改设。2005年宝林乡部分地域划入。因距原县城10里得名。应山河、十里河、宝林河流经。有高中1所,职高1所,初中3所,小学5所,卫生院1个,卫生所3个。农业以种植桔梗、生姜、大蒜、食用菌为主,养殖甲鱼等。特产胭脂红桃子、葡萄、西瓜、猕猴桃。工业以风机制造、化工、建材为主。有啤酒酿造业。麻竹高速、346国道过境。

广水街道 [Guǎngshuǐ Jiēdào] 属广水市。在市境东部。面积133平方千米。人口7.4万。1950年设广水镇。1988年由广水镇改设。1997年部分地域划出。河道支流多、河床浅,逢洪成汪洋,故名。广水河、长冲河流经。有九年一贯制中学2所,高中2所,小学4所,二级医院1个,卫生院1个,卫生室22个,文化站1个,村级文化活动中心14个,农家书屋7个。工业以机械制造、制药、制衣、造纸、彩印为主。京广铁路,107、346国道过境。

城郊街道 [Chéngjiāo Jiēdào] 属广水市。在市境南部。面积119平方千米。人口4.9万。1987年设城郊乡。2014年由城郊乡改设。因位于郊区得名。泥河、徐家河等流经。有高中1所,中学2所,小学5所,卫生院1个,卫生室20个。农业以种植大蒜、油菜为主。工业以印刷、新型建材、粮食加工为主。麻竹高速、346国道、省道平洑线过境。

武胜关镇 [Wǔshèngguān Zhèn] 广水市辖镇。在市境东北部。面积216平方千米。人口4.4万。辖3居委会、23村委会,有314自然村。镇人民政府驻杨家塆。1983年设东篁店区。1987年改镇。1996年更今名。因古关隘得名。广水河、震家河流经。有中学1所,小学5所,卫生院1个,卫生室21个。有名胜古迹黑龙潭、武胜关、将军寨、千姑寨、老官庙、穆桂寨、乐城山。农业以种植板栗、草药、茶、蔬菜为主。特产王鸽、白灵菇。工业以风机制造、电子电器、制塑、食品加工为主。京广铁路,107、346国道过境。

杨家塆 [Yángjiāwān] 武胜关镇人民政府驻地。在市政府驻地应山街道东北18千米。人口700。原因有拱桥高于地面得名高桥塆,后杨氏定居,更今名。聚落呈带状。有卫生院。农业以种植水稻、棉花、花生等为主。346国道经此。

杨寨镇 [Yángzhài Zhèn] 广水市辖镇。在市境东南部。面积112平方千米。人口5.3万。辖2居委会、22村委会,有262自然村。镇人民政府驻方店社区。1961年设杨寨区。1975年成立公社。1983年复区。1987年改镇。集镇东北有杨姓所建山寨,故名。有中学1所,小学5所,卫生院1个,卫生室25个,文化站1个。有四顾台遗址、叶家畈古建筑群遗址、十堰方家湾抗战遗址等。有民俗龙灯、采莲船、踩高跷、俞老四推车、蚌王精。农业以种植花生、向日葵、油桃、油茶、金银花、太空莲等为主。工业以冶金为主。京广铁路、麻竹高速、107国道过境。

方店社区 [Fāngdiàn Shèqū] 杨寨镇人民政府驻地。在市境东南部。面积1.7平方千米。人口1500。因方店街得名。2012年成立。民居以楼房为主。有日间照料中心、体育健身设施。有中小学、卫生院、幼儿园、文化广场、幸福公园。驻有国土资源所、派出所、市管所、税务所等单位。107国道过境。

陈巷镇 [Chénxiàng Zhèn] 广水市辖镇。在市境南部。面积142平方千米。人口5.2万。辖1居委会、25村委会,有535自然村。镇人民政府驻陈巷街社区。1975年成立陈巷公社。1983年改区。1987年改镇。因镇政府原驻地得名。四五湾河流经。有中学2所,小学4所,卫生院1个,卫生室26个,文化站1个,广播电视站1个。有名胜古迹寿山、吉阳山、连舜宾墓、幺塆遗址。有民俗舞狮子、采莲船、说书。农业以种植水稻、油莎豆为主。特产吉阳大蒜。工业以粮油加工、制鞋制衣、电子、宝石加工为主。有台商工业园区。省道平洑线、县道杨平线过境。

陈巷街社区 [Chénxiàngjiē Shèqū] 陈巷镇人民政府驻地。在市境南部。面积1.3平方千米。人口2900。明代陈姓住塆中深巷,后成集镇,称陈家巷。集镇渐扩成街,称陈巷街。2012年村改社区。红石河流经。民居以楼房为主。有中小学、幼儿园、卫生院、广场。有民俗采莲船、舞狮。驻有国土资源所、派出所、市管所、税务所等单位。省道平洑线、县道杨平线过境。

长岭镇 [Chánglǐng Zhèn] 广水市辖镇。在市境西南部。面积216平方千米。人口7.8万。辖1居委会、38村委会,有801自然村。镇人民政府驻野鸭笼。1975年成立长岭公社。1987年分设长岭、平林2镇。2005年平林镇并入长岭镇。因位于长形岗岭得名。涢水河流经。有徐家河水库。有中学2所,小学4所,卫生院1个,卫生室39个,文化站1个,村级文化活动中心39个。有民俗赛龙舟、舞龙灯、玩狮子。农业以种植水稻、蔬菜为主。特产红萝卜、银鱼、白花菜。工业以砂石、粮食加工、建材为主。汉丹铁路,316、346国道,县道杨平线过境。

野鸭笼 [Yěyālóng] 长岭镇人民政府驻地。在市政府驻地应山街道西30千米。人口200。原有古树,因野鸭栖息,地势较高得名野鸭垄,后演化为今名。聚落呈团块状。有卫生院。有徽派民居。农业以种植水稻、油菜、玉米为主。通乡村公路。

马坪镇 [Mǎpíng Zhèn] 广水市辖镇。在市境西南部。面积98平方千米。人口4.1万。辖2居委会、14村委会,有279自然村。镇人民政府驻上店子。1975年成立马坪公社。1983年改镇。1990年长岭镇双河管理区并入。山脉呈"五马奔槽"之势伸向平畈,故名马坪。涢水河、随应河、清水河流经。有中学1所,小学3所,卫生院1个,卫生室16个,文化站1个,村级文化活动中心18个。有名胜古迹军山、颜木之故居、金头园。农业以种植水稻、大白菜、茶、西瓜等为主。工业以汽车改装、冶炼铸造、纺织服装为主。汉丹铁路、麻竹高速、316国道过境。

上店子 [Shàngdiànzi] 马坪镇人民政府驻地。在市政府驻地应山街道西北40千米。人口1100。旧为集镇,多店铺,取名店子。废弃后分上、下店子,此处居上,故名。聚落呈块状。农业以种植大棚蔬菜为主。316国道经此。

关庙镇 [Guānmiào Zhèn] 广水市辖镇。在市境西部。面积155平方千米。人口6.1万。辖1居委会、26村委会,有488自然村。镇人民政府驻关庙街社区。1975年成立关庙公社。1983年改区。1987年改镇。因镇政府原驻地得名。龙泉河流经。有中学1所,小学4所,卫生院1个,卫生室27个,文化站1个,村级文化活动中心27个。有民俗采莲船、龙灯、舞狮。农业以种植水稻为主。产冬枣、大蒜、桃子、板栗。工业以化工、铸造、制塑、建材为主。麻竹高速、县道十马线过境。

关庙街社区 [Guānmiàojiē Shèqū] 关庙镇人民政府驻地。在市境西北部。面积4平方千米。人口2400。因关帝庙集镇得名。2012年成立。民居有徽派、砖木平房。有服务中心、体育健身设施等。有中小学、卫生院。有民俗采莲船、龙灯、舞狮。驻有国土资源所、派出所、市管所、税务所等单位。县道十马线过境。

余店镇 [Yúdiàn Zhèn] 广水市辖镇。在市境西北部。面积229平方千米。人口6.9万。辖1居委会、39村委会,有557自然村。镇人民政府驻余店社区。1975年成立余店公社。1983年改区。1987年分设余店镇、兴隆乡。2005年兴隆乡并入余店镇。因镇政府原驻地余家店得名。余店河流经。有矿产资源铁、白云石。有中草药桔梗、白芍、射干、苍术、何首乌等。有中学3所,小学3所,卫生院1个,卫生室39个,文化站1个,村级文化活动中心39个。有古城畈遗址。有民俗秧歌。农业以种植水稻、黄瓜、茄子、大白菜、西瓜、黄金瓜等为主。工业以矿产开发、机械加工、热熔胶、食品加工为主。县道十马线过境。

余店社区 [Yúdiàn Shèqū] 余店镇人民政府驻地。在市境西北部。面积2平方千米。人口6000。以镇名得名。2012年成立。民居以7层以下楼房为主。有中小学、卫生院。有服务中心、体育健身设施等。有民俗秧歌。驻有国土资源所、派出所、市管所、税务所等单位。农业以种植水稻为主。产白皮黄瓜、白皮茄子、白菜。县道十马线过境。

吴店镇 [Wúdiàn Zhèn] 广水市辖镇。在市境西北部。面积224平方千米。人口3.1万。辖1居委会、14村委会,有339自然村。镇人民政府驻东门楼社区。1975年成立吴店公社。1983年改区。1987年分设吴店镇、浆溪店乡。1990年浆溪店乡并入吴店镇。因镇政府原驻地吴家店集镇得名。夏家沟河、岩子河流经。有矿产资源萤石、铜、金、石墨、铁砂、石灰石、花岗岩等。有中学1所,小学3所,卫生院1个,卫生室15个,文化站1个,村级文化活动中心15个。有名胜古迹王子山遗址、黑洞塆古墓群、玉皇阁、无门寨、九斗沟瀑布。有民俗皮影戏、灯会、民间舞蹈。农业以种植水稻、香菇、木耳等为主。产绿茶、板栗、银杏、野生猕猴桃等。工业以石材、食用菌、建材加工为主。省道牛程线、县道陡分线过境。

东门楼社区 [Dōngménlóu Shèqū] 吴店镇人民政府驻地。在市境西北部。面积1平方千米。人口3300。老街东门旧有观音楼,故名。2012年成立。民居以7层以下楼房为主。有服务中心、体育健身设施等。有烈士岭旧址、文昌宫烈士纪念碑、何子述故居。有民俗皮影戏、灯会。为鄂豫边界农特产品集散地。省道牛程线过境。

郝店镇 [Hǎodiàn Zhèn] 广水市辖镇。在市境北部。面积236平方千米。人口3.6万。辖1居委会、17村委会,有459自然村。镇人民政府驻郝店街社区。1975年成立郝店公社。1983年改区。1987年改镇。1990年花山乡并入。因镇政府原驻地得名。花山河、中峰寺河、郝店河、龙兴河流经。有矿产资源金、银、铜、铁、白云石、石灰石、萤石、石英石等。有省级森林保护区白狸沟原始森林。有中学1所,小学3所,卫生院1个,卫生室18个,文化站1个,村级活动室18个。有新四军第四师后勤部驻地旧址。农业以种植食用菌为主,养殖生猪。工业以医疗用品、木制品、食用菌加工为主。省道牛程线过境。

郝店街社区 [Hǎodiànjiē Shèqū] 郝店镇人民政府驻地。在市境北部。面积3平方千米。人口1.4万。明代孟姓开骡马店,购置田畈,称孟家畈,有孟畈店集镇。后因郝姓设铺经商规模渐大,1928年称郝家店。后规模渐扩成街道,改称郝店街。2005年村改社区。民居以7层以下楼房为主。有中小学、卫生院。有日间照料中心、体育健身设施等。驻有国土资源所、派出所等单位。省道牛程线过境。

蔡河镇［Càihé Zhèn］　广水市辖镇。在市境北部。面积241平方千米。人口5.1万。辖1居委会、24村委会，有498自然村。镇人民政府驻甸子山社区。1961年设蔡河区。1975年成立公社。1983年复区。1987年分设蔡河、平靖关2镇。1990年平靖关镇并入蔡河镇。清代蔡姓于河边耕种，兼做摊贩生意，渐成集镇，名蔡家河，后简称蔡河。飞沙河、小河、易家河流经。有矿产资源石英石、铁矿石、花岗岩等。有中学1所，小学5所，卫生院1个，卫生室25个，文化站1个，村级文化活动中心24个。有古迹黄土关、大贵寺金顶、乾明寺、石塔、龙爬寨。有国家3A级旅游景区三潭风景区。农业以种植水稻、棉花为主。产香菇。工业以电子、食品加工、建材为主。省道平洑、牛程线过境。

甸子山社区［Diànzǐshān Shèqū］　蔡河镇人民政府驻地。在市境北部。面积5平方千米。人口6300。因山得名。2012年成立。有矿产资源矾石。民居以7层以下楼房为主。有服务中心、体育健身设施等。有中小学、卫生院。农业以种植水稻、棉花、花生、油菜等为主。省道牛程线过境。

太平镇［Tàipíng Zhèn］　广水市辖镇。在市境东南部。面积76平方千米。人口3.4万。辖1居委会、15村委会，有182自然村。镇人民政府驻太平社区。1975年成立太平公社。1983年设乡。2005年李店乡并入，2011年又析出。2014年改镇。因镇政府原驻地得名。有吉阳山、经台山。广水河、应山河流经。有矿产资源花岗岩。有中学1所，小学3所，卫生院1个，卫生室16个，文化站1个，广播电视站1个，村级文化中心16个。有应山县第一党小组旧址。有百年历史舞狮队。特产吉阳大蒜。工业以食品、工业气体、电线电缆、小电器加工为主。麻竹高速过境。

太平社区［Tàipíng Shèqū］　太平镇人民政府驻地。在市境东部。面积4.5平方千米。人口4700。传隋称咸丰镇，后因黑店谋财害命，人心惶惶，被官府除掉得以安宁，改称太平。2012年村改社区。民居以7层以下楼房为主。有中小学、卫生院。有服务中心、体育健身设施等。驻有国土资源所、派出所等单位。通乡村公路。

李店镇［Lǐdiàn Zhèn］　广水市辖镇。在市境东南部。面积84平方千米。人口4.5万。辖1居委会、19村委会，有271自然村。镇人民政府驻李店社区。1961年成立李店公社。1983年设乡。2005年并入太平乡。2011年复乡。2014年改镇。因镇政府原驻地李店集镇得名。应山河、广水河、李店河流经。有八眼泉水。有花岗岩资源。有中学2所，小学4所，卫生院1个，卫生室20个，文化站1个。有古迹八角戏楼。有800年历史淮渎庙会。有民俗龙灯、采莲船。农业以种植花生、大蒜等为主。工业以食品加工、金属冶炼、彩印包装为主。为大悟、安陆、孝昌3县及市境东南部农贸产品集散中心。麻竹高速、省道安广线、县道杨平线过境。

李店社区［Lǐdiàn Shèqū］　李店镇人民政府驻地。在市境东南部。面积3.3平方千米。人口8800。因原李店集镇得名。2012年成立。民居以7层以下楼房为主。有中小学、卫生院、文体广场。有服务中心、体育健身设施等。麻竹高速、省道安广线、县道杨平线过境。

骆店镇［Luòdiàn Zhèn］　广水市辖镇。在市境中部偏南。面积109平方千米。人口4.3万。辖1居委会、20村委会，有400自然村。镇人民政府驻骆店社区。1961年成立骆店公社。1983年设乡。2014年改镇。因镇政府原驻地得名。应山河、簸箕港河、燕子山河流经。有矿产资源瓷石、河沙、铬铁。有中学1所，小学3所，卫生院1个，卫生室21个，文化站1个，村级活动室21个。有鲁班修殿故事发生地鲁班店。特产胭脂红桃子、吉阳大蒜。工业以食品、橡胶制品、包装、建材加工为主。有镰刀、菜刀、铁锹加工业。麻竹高速、省道平洑线过境。

骆店社区［Luòdiàn Shèqū］　骆店镇人民政府驻地。在中部偏南。面积2平方千米。人口5000。传原有骆姓开店，渐成集镇，名骆家店。后集镇渐成街道，改名骆店街。2012年村改社区。民居以7层以下楼房为主。有服务中心、体育健身设施等。有中小学、卫生院。驻有国土资源所、派出所、市管所等单位。省道平洑线过境。

随　县

随县［Suí Xiàn］　随州市辖县。北纬31°53′，东经113°17′。在市境西部。面积5673平方千米。人口93.6万。以汉族为主，还有回、土家、壮等民族。辖19镇。县人民政府驻厉山镇。战国末楚置随县，为专名之始。2009年由曾都区析设。以西周封国随为名。2011年建设新县城。处长江、淮河流域交汇地带。以低山丘陵为主，兼有山地和冲积平原。平均海拔80米。有大洪山脉、桐柏山脉。最高点太白顶海拔1140米。年均气温15.5℃，1月平均气温3℃，7月平均气温28℃。年均降水量866.8毫米。涢水河、㵐水河、漂水河、㴽水河流经。有矿产资源金、银、铜、铁、锡、白云岩、萤石、重晶石等。有野生植物757种，其中有国家重点保护野生植物62种。有野生动物176种，其中有国家重点保护野生动物127种。有淮河源国家湿地公园。森林覆盖率57%。有高中2所，初中28所，小学86所，二级医院1个。有大洪山温泉公园、火山地质公园。有全国重点文物保护单位安居遗址，省级文物保护单位13个。有国家级非物质文化遗产随州花鼓戏、炎帝神农传说、炎帝神农祭。有民俗炎帝文化庙会、尚市桃花节、万和兰花节、三里岗香菇节。有中国历史文化名镇1个，中国传统村落1个。有国家4A级旅游景区大洪山、炎帝神农故里。有省级风景名胜区桐柏山太白顶风景区、琵琶河风景区、大洪山林泉生态园、七尖峰省级森林公园。有名胜古迹戴家仓屋、龙凤日月合金旗杆、唐县镇汉墓群、塔儿山、鸡鸣山、淮河西游记漂流、安居九街十八巷等。三次产业比例34∶45∶21。农业以种植水稻、小麦、棉花为主，养殖畜禽。盛产香菇、茶叶、金头蜈蚣、洪山鸡、神农李、白果、金黄蜜枣。工业以农产品加工、石材加工、风电、光电为主。有纺织、塑编、汽配等工业园。服务业以物流、旅游为主。汉丹、西宁铁路，汉十、随岳、麻竹高速，312、316国道，省道周新、随南、小应、寺沙、柳林连接线过境。通多路公交车。

随县客运站［Suí Xiàn Kèyùnzhàn］　见交通运输设施部分“随县客运站”条。

厉山镇［Lìshān Zhèn］　随县人民政府驻地。在县境中部。面积240平方千米。人口7.6万。辖12居委会、15村委会，有482自然村。镇人民政府驻厉山。1946年设厉山区。1958年改东风公社。1959年复区。1984年改镇。因镇政府驻地得名。㵐水流经。有中学2所，小学6所，卫生院2个，卫生室26个。有神农文化广场、炎帝神农纪念馆。有古迹功德殿仿古建筑群、万法寺、龙凤日月旗杆。有国家4A级旅游景区炎帝神农故里。有封江生态旅游区。农业以种植水稻、小麦、棉花为主。特产神农李。工业以农产品加工、纺织、新型材料、矿产开采为主。服务业以旅游、商贸为主。汉丹铁路、宁西铁路连接线、随岳高速、316国道过境。

厉山大道［Lìshān Dàdào］　在县城中部。东起炎帝大道，西至北岗路。与民强路、民生大道、洪山大道相交。长1.5千米，宽40米。沥青路面。2009年开工，2011年建成。因厉山镇得名。两侧有地税局、国税局、国土资源局、城中公园。通公交车。

洪山大道［Hóngshān Dàdào］　在县城中部。南起滨湖西路，北至振兴路。与炎帝大道、杨林路、厉山大道相交。长1200米，宽30米。沥青路面。2009年开工，2011年建成。因大洪山得名。两侧有城中公园、县检察院、县政府、县法院。通公交车。

炎帝大道［Yándì Dàdào］　在县城中部。北起316国道城北段，南至316国道随州市区段。与金水路、振兴路、民主路、厉山大道、杨林路、洪山大道、北岗路相交。长3.7千米，宽60米。沥青路面。2009年开工，2011年建成。因炎帝故里景区得名。两侧有县教育局、保健院、财政局、房管局、住建局、运管处、县客运站。通公交车。

日中街［Rìzhōng Jiē］　在镇区中部。长150米，宽15米。水泥路面。传为神农首创“日中为市”旧址，故名。明初修建，历为随北商品集散地。抗日战争中遭日机轰炸，残存几家店铺。2002—2004年重建为3—4层徽派建筑仿古商业步行街。通公交车。

厉山［Lìshān］　厉山镇人民政府驻地。在镇境南部。人口3.8万。传为神农诞生地，以神农号烈（通“厉”）山氏得名。明称烈山日中街，清嘉庆时称厉山店，宣统时改称厉山镇。聚落呈带状。㵐水流经。有中小学、卫生院。有名胜古迹龙凤日月合金旗杆、神农洞、万法寺、神农纪念碑。工业以纺织、食用菌加工、腐乳加工为主。有商贸服务业。汉丹铁路、316国道经此。

高城镇［Gāochéng Zhèn］　随县辖镇。在县境东北部。面积185平方千米。人口2.9万。辖1居委会、13村委会，有473自然村。镇人民政府驻高城。1956年设高城乡。1975年成立公社。1984年改镇。因镇政府驻地得名。漂水河流经。有椿树神林场。有中学1所，小学1所，卫生院1个，卫生所13个。有古迹龙王港、汉代古墓群、雷公山西周古墓群、三家寨、蜂子山。农业以种植水稻、玉米、油菜、芝麻为主。盛产香菇、金头蜈蚣、桔梗、山药、白芍、板蓝根、川穹。有商贸服务业。随岳高速、省道随南线过境。

高城［Gāochéng］　高城镇人民政府驻地。在县政府驻地厉山镇东北16千米。人口4200。元末为白麻县治，明代高梁振中状元后，乡人以此为荣，改今名。聚落呈带状。有中小学、卫生院、高城寺遗迹。经济以商贸为主，有芝麻油、香菇等加工业。省道随南线经此。

殷店镇［Yīndiàn Zhèn］　随县辖镇。在县境东北部。面积700平方千米。人口6.9万。辖3居委会、27村委会，有1149自然村。镇人民政府驻殷店。1950年设殷店乡，后设区。1975年改公社。1984年复区。1987年改镇。因镇政府驻地得名。有天河口水库。有中学3所，小学5所，镇卫生院1个，卫生室28个。有刘家河战役遗址、白骨忠魂石碑。有国家级非物质文化遗产炎帝神农传说。有民俗九莲灯。有塔儿山风景区。农业以种植水稻、小麦为主。盛产香菇、木耳。工业以风电、光伏发电、农产品加工为主。西宁铁路，随岳高速，省道随南、牛程线过境。

殷店［Yīndiàn］ 殷店镇人民政府驻地。在县政府驻地厉山镇东北 29 千米。人口 2 万。原名双河镇，清咸丰六年（1856）毁于山洪。后殷姓迁旧址西开店，故名。聚落呈块状。漂水河流经。有中小学、卫生院。有神农洞、神农塑像。有国家级非物质文化遗产炎帝神农传说。农业以种植水稻、小麦为主。工业以风电、光伏发电、农产品加工为主。省道随南、牛程线经此。

草店镇［Cǎodiàn Zhèn］ 随县辖镇。在县境东北部。面积 300 平方千米。人口 3.2 万。辖 1 居委会、14 村委会，有 557 自然村。镇人民政府驻草店。1951 年设草店区。1958 年改灯塔公社。后复草店区。1984 年改镇。因镇政府驻地得名。游河、三道河流经。有矿产资源花岗岩、铁、钾长石、黄金等。有中学 1 所，小学 3 所，卫生院 1 个，卫生所 15 个。有名胜古迹千佛塔、柯家寨古村落。有传统民间文艺大头和尚戏柳翠、杨家道士。农业以种植水稻、小麦、棉花为主，养殖淡水鱼。盛产香菇。特产车云山毛尖、天麻、山鸡。工业有风电、光伏发电。有食用菌工业园。宁西铁路连线、省道随小线过境。

草店［Cǎodiàn］ 草店镇人民政府驻地。在县政府驻地厉山镇东北 50 千米。人口 2.4 万。古时搭茅草屋开店，故名。聚落沿三道河呈块状分布。有中小学、卫生院。农业以种植香菇、羊肚菌、花生为主。有油茶、中药材、药用菊花、风景树种植。有豆腐加工业。有食用菌工业园。省道随小线经此。

小林镇［Xiǎolín Zhèn］ 随县辖镇。在县境东北部。面积 127 平方千米。人口 3.5 万。辖 3 居委会、8 村委会，有 334 自然村。镇人民政府驻上天梯。1975 年成立小林公社。1984 年设镇。因镇政府原驻地得名。传 400 多年前因森林茂盛得名老林店，后林木减少改今名。有矿产资源金、银、铜、铁、大理石、花岗石、白云母等。有中学 1 所，小学 5 所，卫生院 1 个，卫生所 11 个。农业以种植水稻、小麦、花生为主。工业以煤炭、机械、粉末冶金、电线电缆为主。有石材、花生工业园。为鄂、豫两省边贸重地。西宁铁路、随岳高速、312 国道、省道随小线过境。

上天梯［Shàngtiāntī］ 小林镇人民政府驻地。在县政府驻地厉山镇东北 64 千米。人口 4200。传古有石条路，拾阶而上如登天梯，故名。聚落呈带状。有中小学、卫生院。经济以商贸为主。有花生工业园。312 国道、省道随小线经此。

淮河镇［Huáihé Zhèn］ 随县辖镇。在县境北部。面积 257 平方千米。人口 3.1 万。辖 1 居委会、13 村委会，有 342 自然村。镇人民政府驻淮河店。1949 年设淮河乡。1975 年成立公社。1984 年改区。1987 年改镇。因镇政府驻地得名。有玉皇顶。有矿产资源黄金、铁矿石、花岗岩等。有国家二级保护野生动物大鲵。有中学 1 所，小学 3 所，卫生院 1 个，卫生所 15 个。有景点随州西游记漂流。农业有花生、板栗、养鸭、食用菌四大产业化基地。有旅游业。特产西瓜、板鸭。宁西铁路、随岳高速、312 国道过境。

淮河店［Huáihédiàn］ 淮河镇人民政府驻地。在县政府驻地厉山镇东北 59 千米。人口 1.5 万。原名西草店，后因重名以处淮河南岸改今名。聚落呈块状。有中小学、卫生院。农业以种植水稻、花生为主。有专业市场 12 个。有旅游业。312 国道经此。

万和镇［Wànhé Zhèn］ 随县辖镇。在县境北部。面积 880 平方千米。人口 6.8 万。辖 2 居委会、35 村委会，有 986 自然村。镇人民政府驻万和店。1949 年设万和店区。1956 年改万和区。1958 年改跃进公社。1984 年复万和区。1987 年改镇。2005 年新城镇并入。因镇政府驻地得名。有省级七尖峰森林公园。有中学 2 所，小学 8 所，卫生院 2 个，卫生所 29 个。有省级桐柏山太白顶风景名胜区。有余家岗、郑家岗、江家河、三房湾、韩河、界碑口遗址和界碑口墓群。农业以食用菌、林果、兰花种植为主，养殖蜜蜂、家畜、家禽。工业以石材加工为主。316 国道、省道牛程线过境。

万和店［Wànhédiàn］ 万和镇人民政府驻地。在县政府驻地厉山镇北 50 千米。人口 1.3 万。明万历年间（1573—1620）万姓开典当行，待人和气，故名。聚落呈块状。有中小学、卫生院。有随北黄学暴动纪念碑。农业以种植食用菌为主。有农产品加工厂。有和谐商贸城、农贸市场。316 国道、县道厉山—新城线经此。

戴家仓屋［Dàijiācāngwū］ 在县政府驻地厉山镇北 60 千米。万和镇辖自然村。人口 200。传戴家经营有方有许多储藏钱粮的仓屋，故名。聚落呈长方形。为中国传统村落。位于桐柏山太白顶省级风景名胜区内。有清道光年间四品都司戴曜堂庄园遗址。通乡村公路。

尚市镇［Shàngshì Zhèn］ 随县辖镇。在县境中部。面积 207 平方千米。人口 4.1 万。辖 1 居委会、19 村委会，有 477 自然村。镇人民政府驻尚市店。1949 年设尚市乡。1958 年改公社。1965 年改区。1975 年复公社。1984 年并入厉山区。1987 年析设尚市镇。因镇政府驻地得名。有中学 2 所，小学 1 所，卫生院 1 个，卫生所 20 个。有名胜古迹云盘山古寨、东周村落遗址。有传统民间文艺采莲船、玩狮子、高跷、蚌壳精。有随州（尚市）桃花节。农业以种植油桃、葡萄、西瓜为主。工业以建材、纺织、硅灰石加工为主。有观光农业旅游。汉丹铁路、316 国道、县道厉山—万和线过境。

尚市店［Shàngshìdiàn］ 尚市镇人民政府驻地。在县政府驻地厉山镇西北 7 千米。人口 9000。原名上市，清同治六年（1867）和尚救瘟疫灾民于此，后改今名。聚落呈带状。有中小学、卫生院。农业以种植大棚葡萄、水稻、蔬菜为主。县道厉山—万和线经此。

唐县镇［Tángxiàn Zhèn］ 随县辖镇。在县境西北部。面积 292 平方千米。人口 9.8 万。辖 4 居委会、23 村委会，有 626 自然村。镇人民政府驻唐县（自然村）。宋绍兴五年（1135）已有文字记载出现唐县镇。元、明代后名称屡有更迭，直至清嘉庆年间又称唐县镇。1939 年设唐候乡。1949 年设唐镇区。1958 年改红旗公社。1961 年复唐镇区。1975 年改公社。1984 年改唐县镇。因镇政府驻地得名。㵐河、鲁城河、林家河、刘家河流经。有中学 2 所，小学 2 所，卫生院 1 个，卫生所 29 个，文化站 1 个，图书室 35 个。有九龙山烈士纪念碑。有名胜古迹鲁城河古墓群遗址、骕骦亭、华宝山莲花石。有传统民间文艺独角兽、独轮车、独人轿、随州慢板。农业以种植水稻、棉花为主。盛产马铃薯。工业以纺织、食品、矿产、建筑建材为主。汉丹铁路、316 国道、县道厉山—三合店线过境。

唐县［Tángxiàn］ 唐县镇人民政府驻地。在县政府驻地厉山镇西北 22 千米。人口 3.1 万。西周及春秋为唐国，秦汉为唐县治，故名。聚落呈块状。有中小学、卫生院。有九龙山烈士纪念碑、古牌坊、观音堂等。有传统民间文艺独角兽、独轮车、独人轿、随州慢板。经济以商贸为主。特产金黄蜜枣、鹮鸡大米。汉丹铁路、316 国道经此。

吴山镇［Wúshān Zhèn］ 随县辖镇。在县境西北部。面积 368 平方千米。人口 3.4 万。辖 1 居委会、15 村委会，有 430 自然村。镇人民政府驻吴山店。1958 年由唐镇区析设五星公社。1975 年更名吴山公社。1984 年改乡。1993 年改镇。因镇政府驻地得名。有矿产资源钾长石、大理石、石灰石、金等。有中学 1 所，小学 4 所，卫生院 1 个，卫生所 16 个。有三里桥革命烈士纪念碑。有名胜古迹铁塔寺、鸡鸣山、栲栳寺、罗汉寺、侏罗寺。农业以种植水稻、小麦、棉花为主，养殖菜牛。特产桔梗、枸杞茶。有万亩林果基地。工业以石材加工为主。省道吴刘线、县道唐新线过境。

吴山店［Wúshāndiàn］ 吴山镇人民政府驻地。在县政府驻地厉山镇西北 45 千米。人口 5000。原址处吴山南麓，以姓氏得名。1965 年迁至肖家湾称新吴家店，后又改今名。聚落呈散状。有中小学、卫生院。有古迹财神庙、汉墓群、汉代古井遗址。农业以种植水稻、小麦为主。县道唐镇—三合店线过境。

安居镇［Ānjū Zhèn］ 随县辖镇。在县境中部。面积 115 平方千米。人口 5.4 万。辖 1 居委会、23 村委会，有 376 自然村。镇人民政府驻安居。1949 年设安居区。1958 年改高潮公社，后复安居区。1975 年成立公社。1984 年改镇。因镇政府驻地得名。涢水、溠水流经。有中学 1 所，小学 3 所，卫生院 1 个，卫生所 21 个。为中国历史文化名镇。有全国重点文物保护单位安居遗址。有名胜古迹长庆寺、文昌宫、圣宫、羊子山墓群。农业以种植水稻、小麦为主。盛产食用菌、蔬菜。工业以汽车配件、机械制造、建筑材料为主。有工业园 2 个。汉十、随岳高速，县道随洪、厉均线过境。

安居［Ānjū］ 安居镇人民政府驻地。在县政府驻地厉山镇西南 15 千米。人口 2.1 万。宋代原名柳林笆，为随中商品集散地，各地客商相安而居生活富足，故改称安贵城。后取安居乐业之意更今名。聚落呈块状。有中小学、卫生院。有全国重点文物保护单位安居遗址。有羊子山墓群、老街“九街十八巷”。农业以种植蔬菜为主。特产金黄蜜枣。有豆皮加工业。有物流业。省道随宜线、县道厉均线过境。

新街镇［Xīnjiē Zhèn］ 随县辖镇。在县境中部。面积 148 平方千米。人口 4.7 万。辖 1 居委会、15 村委会，有 429 自然村。镇人民政府驻新街。1956 年设新街乡。1958 年并入高潮公社。1975 年析设新街公社。1984 年改区。1987 年改乡。1993 年改镇。因镇政府驻地得名。有黑屋湾水库。有中学 1 所，小学 2 所，卫生院 1 个，卫生所 21 个，文化站 1 个。有凤凰寨遗址。农业以种植水稻、小麦、棉花为主，养殖猪、家禽。工业以劳保制品、农药、大米深加工为主。有炎帝大道文化旅游产业带。县道厉均线过境。

新街［Xīnjiē］ 新街镇人民政府驻地。在县政府驻地厉山镇西南 10 千米。人口 3200。原名刘家河，1954 年重建后更今名。聚落呈块状。有中小学、卫生院。工业以大米、艾制品加工为主。省道随宜线经此。

澴潭镇［Huántán Zhèn］ 随县辖镇。在县境西南部。面积 439 平方千米。人口 6.5 万。辖 5 居委会、29 村委会，有 1155 自然村。镇人民政府驻澴潭。1949 年洪山县置澴潭镇。1958 年改公社。1982 年复镇。2005 年涢阳乡并入。因镇政府驻地得名。涢水流经。有中学 1 所，小学 6 所，卫生院 2 个，卫生所 29 个。有名胜古迹廖家寨天主教堂、观音堂、观音庵、千佛洞、嵩山寺。农业以种植水稻、小麦、棉花、油料作物为主。工业以塑料编织、水泥、建材为主。汉十高速、省道随宜线过境。

澴潭［Huántán］ 澴潭镇人民政府驻地。在县政府驻地厉山镇西南22千米。人口1.6万。明成化十四年(1478)成集，涢水澴潆成潭，故名。聚落呈块状。有中小学、卫生院、观音堂等。农业以种植水稻、小麦为主。工业以编织袋加工为主。汉十高速、省道随宜线经此。

洪山镇［Hóngshān Zhèn］ 随县辖镇。在县境西南部。面积499平方千米。人口7.8万。辖5居委会、36村委会，有1366自然村。镇人民政府驻洪山。1949年洪山县设第一区。1955年撤洪山县，第一区改洪山区。1958年改公社。1984年改镇。2005年双河镇并入。因镇政府驻地得名。有中学3所，小学7所，二级医院1个，卫生院1个，卫生所31个。有随西革命纪念馆。有名胜古迹大洪山温泉公园、琵琶湖、林泉生态园、江汉公学、寺山坡遗迹、三台八、姑嫂塔、汤池寺等。农业以种植水稻、小麦、棉花、大豆、油菜、油茶、花生为主。有茶叶、香菇、板栗、葛粉、三黄鸡等基地10个。工业以农产品加工、电子为主。有洪山罐头工业园。服务业以旅游、商贸为主。麻竹高速，省道随南、寺沙线过境。

洪山［Hóngshān］ 洪山镇人民政府驻地。在县政府驻地厉山镇西南43千米。人口2.8万。原名茅茨畈，1948年为洪山县政府驻地，因处大洪山北延地带得名。聚落呈块状。有中小学、卫生院。有随西革命纪念馆。农业以种植小麦、大豆、玉米、油菜等为主，养殖黄牛、湖羊、兔、洪山鸡、猪、蜜蜂。工业以农产品加工、电子为主。有洪山罐头工业园。服务以商贸、旅游为主。省道随南、寺沙线经此。

长岗镇［Chánggǎng Zhèn］ 随县辖镇。在县境西南部。面积234平方千米。人口2万。辖1居委会、9村委会，有387自然村。镇人民政府驻长岗店。1949年洪山县设第五区，1952年改长岗区。1955年属随县，设长岗乡。1987年改镇。因镇政府驻地得名。有宝珠峰海拔1055米。涢水流经。该镇地处大洪山脉主峰宝珠峰周围，为大洪山风景名胜区。有中学1所，小学2所，卫生院1个，卫生所9个。有中共鄂中特委、鄂豫边抗敌工委旧址。有国家4A级旅游景区大洪山风景名胜区。有洪山寺、两王洞遗址、黄仙洞、仙人洞。农业以种植水稻、小麦、食用菌为主。工业以光伏发电为主。服务业以旅游为主。随岳高速、省道汉宜线过境。

长岗店［Chánggǎngdiàn］ 长岗镇人民政府驻地。在县政府驻地厉山镇西南66千米。人口5500。唐代始建，原名长河店。明初周长岗迁旅店于此，更名长岗村。因生意兴隆，渐成集镇，人称长岗店。聚落呈带状。有中小学、卫生院。有鄂中特委、鄂豫边抗敌工委旧址。有景点牡丹泉、梅花泉、洞泉。经济以商贸、旅游为主。省道周新线经此。

三里岗镇［Sānlǐgǎng Zhèn］ 随县辖镇。在县境南部。面积320平方千米。人口4.5万。辖2居委会、18村委会，有992自然村。镇人民政府驻三里岗。1949年设三里岗区。1958年改青山公社。1963年复区。1975年改三里岗公社。1984年复区。1987年改镇。因镇政府驻地得名。有矿产资源五氧化二矾、黄金、白云石、石灰石、磷、镁、玄武岩等。有野生兰花。有中学1所，小学5所，卫生院1个，卫生所17个。有省级文物保护单位冷皮垭遗址。农业以种植水稻、小麦、油菜为主。盛产香菇，为中国香菇之乡。工业以建筑建材、采矿、农产品加工为主。服务业以商贸为主。有吉祥寺香菇市场。随岳、麻竹高速，省道小应、周新线过境。

三里岗［Sānlǐgǎng］ 三里岗镇人民政府驻地。在县政府驻地厉山镇西南70千米。人口1.3万。山岗蜿蜒3里许，故名。聚落呈散状。有中小学、卫生院。盛产香菇。有香菇制品加工厂。随岳、麻竹高速，省道小应、周新线经此。

柳林镇［Liǔlín Zhèn］ 随县辖镇。在县境南部。面积197平方千米。人口2.2万。辖2居委会、10村委会，有667自然村。镇人民政府驻柳林店。1949年设柳林区。1958年改幸福公社。1963年复区。1984年改镇。因镇政府驻地得名。三川河流经。有万佛塔山、宝宁山、凤翅山。有矿产资源铁、重晶石、石灰石、磷矾石、云母石、玄武岩等。有中学1所，小学2所，卫生院1个，卫生所12个。有古迹白云寺遗址、方益寺遗址、平林兵将军台、青林寨、随南古城区遗址。有国家4A级旅游景区玉珍故里景区。农业以种植水稻、小麦为主。产板栗、银杏、香菇、木耳。工业以矿产开采、机械加工为主。有柳林铸造工业园。随岳高速、省道小应线过境。

柳林店［Liǔlíndiàn］ 柳林镇人民政府驻地。在县政府驻地厉山镇南45千米。人口5000。明代有黄连店，清康熙二十一年(1682)迁此后渐成集镇，因柳树成林得名。聚落呈带状。有中小学、卫生院。有古迹平林兵将军台、方益寺遗址。盛产板栗。工业以汽车配件制造为主。省道小应线经此。

均川镇［Jūnchuān Zhèn］ 随县辖镇。在县境中部偏南。面积226平方千米。人口6.5万。辖2居委会、26村委会，有641自然村。镇人民政府驻均川。明永乐年间(1403—1424)曾设均川镇。1949年设均川区。1958年改绿水公社。1984年复均川区。1987年改镇。因镇政府驻地得名。有矿产资源重晶石、石灰石、云母石、橄榄石、高岭土、瓷土、玄武岩等。有中学1所，小学3所，卫生院1个，卫生所28个，文化站1个，村级文化活动中心5个，图书室44个。有熊氏祠古墓、熊家畈古遗址、刘家崖古遗址等10余处。农业以种植水稻、小麦、蔬菜为主，养殖牛、猪、羊。产中药材、大蒜、生姜、黄花菜。工业以汽车配件、建筑建材、医药化工、农产品加工为主。汉十、随岳、麻竹高速，省道小应线，县道厉均线过境。

均川［Jūnchuān］ 均川镇人民政府驻地。在县政府驻地厉山镇西南34千米。人口2万。处均水北岸冲积平原，故名。明为均川古镇，清代名均川店，1949年称均川街，1966年定今名。聚落呈块状。有中小学、卫生院。有古迹三圣寺、五行庙、三官祠、杨氏祠。农业以养殖猪为主。工业以汽车配件加工为主。省道小应线、县道厉均线过境。

万福镇［Wànfú Zhèn］ 随县辖镇。在县境西北部。面积66平方千米。人口2.8万。辖1居委会、5村委会，有163自然村。镇人民政府驻万福。1949年设万福乡。1958年改为农场。2008年设万福镇。因镇政府驻地得名。有初中1所，小学1所，卫生院1个，卫生所6个，文化站1个，文化服务中心1个。农业以种植玉米、大豆、马铃薯、大麦、小麦、菜豌豆等为主，养殖猪、牛、羊、鸡、鸭、鹅、鱼、蜜蜂。特产金黄蜜枣、红梅李。有国家级小麦良种繁育基地、省级杂交稻制种基地。工业以纺织、化工、建材、光学器材为主。有随县万福店工业园。汉丹铁路、汉十高速、316国道过境。

万福［Wànfú］ 万福镇人民政府驻地。在县政府驻地厉山镇西25千米。人口9200。传万姓店铺生意兴隆，以万姓有福得名。聚落呈带状。有中小学、卫生院。工业以纺织、建材、光电子、化工为主。有食品加工、酿酒业。汉丹铁路、316国道经此。

恩施土家族苗族自治州

恩施土家族苗族自治州［Ēnshī Tǔjiāzú Miáozú Zìzhìzhōu］ 湖北省辖自治州。北纬29°07′—31°24′，东经108°23′—110°38′。在省境西南部。面积2.4万平方千米。户籍人口406.3万，常住人口331.8万，其中土家族占46.7%，苗族占4.5%，还有汉、侗、白等民族。辖恩施、利川2县级市，建始、巴东、宣恩、咸丰、来凤、鹤峰6县。州人民政府驻恩施市。清雍正六年(1728)设恩施县，十三年(1735)设施南府。乾隆元年(1736)建始县划入。1915年设荆南道。1926年改名施鹤道，鹤峰县划入。1928年改鄂西行政区。1932年改第十行政督察区，巴东县划入。1936年改第七行政督察区。1949年改恩施专区。1951年改地区。1955年复专区。1968年再复地区。1983年改鄂西土家族苗族自治州。1993年以原称恩施县更今名。地处鄂西山地，山峦连绵，沟谷深切，地势高峻。北部大巴山脉东段神农架、巫山南缘，中、南部系武陵山脉北部分，西部系大娄山脉北段余脉齐岳山。平均海拔1000米。年均气温16.2℃，1月平均气温5℃，7月平均气温26.5℃。年均降水量1470毫米。年均无霜期304天。长江、清江、澧水、沅江、乌江等流经。有矿产资源煤、铁、磷、天然气、硫铁、石膏、石煤、高岭土、耐火黏土、铝土、硅石、萤石、重晶石、大理石等。有野生植物4011种，其中有国家一级保护野生植物水杉、珙桐、红豆杉、南方红豆杉、伯乐树、银杏、莼菜，国家二级保护野生植物33种。有野生动物502种，其中有国家一级保护野生动物金丝猴、豹、云豹、扭角羚、林麝、白鹤、金雕、中华秋沙鸭，国家二级保护野生动物69种。有国家级自然保护区星斗山、七姊妹山、木林子、巴东金丝猴、忠建河大鲵，省级自然保护区巴东县古银杏植物群落、二仙岩湿地、神农溪、双河桥等35个。森林覆盖率74%。有省农科院中药材研究所。有高校3所，中职12所，中学164所，小学512所，特教学校6所，幼儿园458所，三级医院5个，体育运动中心9个，体育场(馆)8个，省级文艺团体1个。有全国重点文物保护单位9个，省级文物保护单位96个。有千年古县2个，中国传统村落52个。有国家级非物质文化遗产15个，省级非物质文化遗产75个。有特色民间艺术南剧、堂戏、灯戏、傩戏、柳子戏等。有民族节日女儿会、摆手节、纤夫节、龙船调艺术节、黄四姐艺术节、牛王节、椎牛节、茶文化节等。有国家5A级旅游景区2个，国家4A级旅游景区18个，国家3A级旅游景区13个。三次产业比例23∶36∶41。

农业以种植水稻、玉米、马铃薯、茶、魔芋、中草药、高山蔬菜等为主,养殖猪、家禽、淡水鱼、大鲵等。有"世界硒都"之称。有省级经济开发区9个。服务业以旅游、商贸为主。有三星级饭店46家。有铁路270.5千米,公路6680千米,高速309.3千米,内河航线650千米。宜万铁路,沪蓉西、恩来高速过境。有长江航道。有巴东港。有恩施许家坪机场,民航航线7条,通往北京、广州、西安、杭州等城市。通多路公交车。

恩施市

恩施市[Ēnshī Shì] 恩施土家族苗族自治州人民政府驻地。北纬30°17′,东经109°28′。在州境北部。面积3972平方千米。人口80.6万。以汉族为主,还有土家、苗、侗、回等民族。辖3街道、4镇、9乡。市人民政府驻小渡船街道。清雍正六年(1728)取皇恩泽布施地之意改施州卫为恩施县,属归州。十三年(1735)为施南府治。1912年废府留县。至1981年先后属荆南道、施鹤道、第十行政督察区、第七行政督察区、恩施专区、恩施地区。1981年析设县级恩施市。1983年恩施县并入恩施市,属鄂西土家族苗族自治州。1993年属恩施土家族苗族自治州。相继建成航空大道、施州大道、叶挺路、金桂大道、金龙大道、金山大道等。喀斯特地形显著。有大山顶、富尔山、石乳关、笔架山、星斗山、天池山等。最高点大山顶石门子海拔2078米,最低点清江岸边绵羊口海拔262米。平均海拔800米。年均气温16.4℃,1月平均气温9℃,7月平均气温33℃。年均降水量1525毫米。清江流经。有矿产资源铁、煤、硅石、铜、铝、锌、钒、硒、磷、大理石、白云岩、石灰岩、耐火黏土、菊花石等。有中华植物基因库、华中植物园、华中药库之称。有野生植物396种,其中有国家重点保护野生植物8种,有珍贵稀有树种水杉、银杏、金钱松、穗花杉、珙桐、粗齿红山茶等。有中药材资源板桥党参、石窑当归、紫油厚朴、鸡爪黄连、贯叶连翘、七叶一枝花、杜仲、天麻、贝母等。特产恩施玉露茶、沙地油栗、大集珍米等。有野生动物赤腹松鼠、猪獾、山兔、果子狸、獐、麂、羚羊、猕猴、红腹锦鸡、大鲵、棘胸蛙、穿山甲、红腹角雉、林麝、苍鹰、鸳鸯、雀鹰、鹊鹞等58种,其中有国家重点保护野生动物14种。森林覆盖率75%。有中等职业技术学校2所,高中6所,初中26所,小学105所,特教学校1所,幼儿园115所,三级医院4个,二级医院6个。有全国重点文物保护单位施州城址,省级文物保护单位10个。有国家级非物质文化遗产傩戏、灯戏、恩施扬琴,省级非物质文化遗产耍耍、三才板、板凳龙。有文化图腾白虎、阿普蚩尤、祀飞山神。有名胜古迹连珠塔、文昌祠、武圣宫、明清城墙城门、柳州城宋施州遗址、叶挺将军囚居旧址、恩施大峡谷、恩施土司城、梭布垭石林、龙鳞宫、恩施土家女儿城等。三次产业比例17∶40∶43。农业以种植水稻、马铃薯、玉米、红薯、油菜、蔬菜等为主,养殖猪、牛、羊、鸡、鸭。工业以建材、电力、燃料化工、造纸、印刷、水泥制造、皮革加工、轴承制造等为主。服务业以旅游业为主。宜万铁路,沪渝、恩来高速,209、318国道过境。有恩施许家坪机场。通多路公交车。

施州大道[Shīzhōu Dàdào] 在市区中部。南起硒都广场,北至恩施火车站西侧接209国道。与叶挺路、体育馆路、民族路、凤天路、学院路、金桂大道相交。长7.2千米,宽30米。沥青路面。1993年开工,2008年建成。因恩施古称施州得名。分3段。两侧有硒都广场、施州大桥、侗族风雨桥、红旗大桥、恩施站、恩施长途客运站、公安局、地税局、红庙农科所等。通多路公交车。

航空大道[Hángkōng Dàdào] 在市区中部。南起清江桥,北至红江桥。与叶挺路、民族路相交。长3.1千米,宽30米。沥青路面。1985年开工,1987年建成。因原恩施航空站得名。两侧有粮食局、农业局、汽车客运站、市医院、州中医院、州总工会、供水公司、国贸大厦、州电力公司、农业银行等。通多路公交车。

金桂大道[Jīnguì Dàdào] 在市区北部。南起学院路,北至恩施站站前广场。与金山大道、金凤大道、州府路、施州大道相交。长5.8千米,宽50米。沥青路面。2006年开工,2008年建成。因金子坝村、桂花树居民点得名。两侧有酒店、茶城、州文化中心、市民之家、建材城等。通多路公交车。

东风大道[Dōngfēng Dàdào] 在市区中部。北起施州大道,南至连珠大桥。与舞阳大道相交。长4.6千米,宽20米。沥青路面。1951年开工,同年建成南段,北段1991年改扩建,1993年建成。临街形成服装市场,为鄂西南最繁华的服装商业区。两侧有州委、电视台、报社、邮电局、市检察院、市法院、州路桥总公司、州建行、翔宇集团、州医药公司、农机公司等。通多路公交车。

民族路[Mínzú Lù] 在市区北部。西起工农路,东至土桥大道。与航空大道相交。长1.5千米,宽22米。沥青路面。1991年开工,1992年建成。以航空路为界分东、西2段。两侧有市地税局、国税局、计生局、林业局、统计局、红江中学、移动公司、恩施广场、州国土局等。通多路公交车。

清江大桥[Qīngjiāng Dàqiáo] 在市区中部。长242.5米,宽14米,最大跨度38米,桥下净高20米。1941年开工,1943年建成。原名行易桥,后改中正桥。1949年后命名清江大桥。1969年洪水冲走桥面,同年复建,次年建成。因所跨河流得名。为大型河道桥梁,结构型式为钢筋混凝土双曲空腹式拱桥。最大载重20吨。通多路公交车。

施州大桥[Shīzhōu Dàqiáo] 在市区中部。长365米,宽21.5米,最大跨度145米。2006年开工,2008年建成。因施州大道得名。为大型河道桥梁,结构型式为独塔单索面斜拉桥。有主塔,高66.65米,墩梁塔固结,梁体为单箱三室全预应力混凝土结构,主跨和边跨各设14对斜拉索。最大载重20吨。通多路公交车。

凤凰大桥[Fènghuáng Dàqiáo] 在市区东部。主桥长118米,宽26米,最大跨度112米,桥下净高16米。2005年开工,2007年建成。因处凤凰山脚下得名。为大型河道桥梁,结构型式为钢筋混凝土无横撑中承式拱桥。通多路公交车。

恩施站[Ēnshī Zhàn] 见交通运输设施部分"恩施站"条。

航空路客运站[Hángkōnglù Kèyùnzhàn] 见交通运输设施部分"航空路客运站"条。

小渡船街道[Xiǎodùchuán Jiēdào] 恩施市人民政府驻地。在市境中部。面积34平方千米。人口6.5万。以汉族为主,还有土家、苗、侗等民族。1982年设立。清嘉庆年间(1796—1820)设渡,名小渡口,1912年后改称小渡船。有矿产资源煤、云锦石。有中学2所,小学3所,三级医院2个,二级医院1个,卫生服务中心1个,卫生所26个,体育运动中心2个。有景点峡口大桥、清江源、恩施土司城等。农业以种植水稻、小麦、蔬菜等为主。产厚朴、大黄、板蓝根等。工业以矿石开采为主。宜万铁路,209、242、318国道过境。通多路公交车。

舞阳坝街道[Wǔyángbà Jiēdào] 属恩施市。在市境中部。面积116平方千米。人口19.6万。以汉族为主,还有土家、侗、苗、回等民族。1982年设立。原名乌羊坝,抗战时期省政府迁恩施时以谐音改称舞阳坝。清江流经。有矿产资源煤、耐火石、陶土。森林覆盖率85%。有高校2所,职业技术学校1所,中等专业学校2所,高中2所,初中3所,小学13所,三级医院2个,二级医院4个,卫生服务中心2个,卫生所24个。有旧施州遗址、土桥坝抗战遗址、中共鄂西特委机关旧址等。有凤凰山森林公园。农业以种植水稻、柑橘、蔬菜为主,养殖猪、鸡。工业以金属制品、服装、家具加工制造为主。有商贸服务业。宜万铁路、沪渝高速过境。有恩施站、恩施许家坪机场等。通多路公交车。

六角亭街道[Liùjiǎotíng Jiēdào] 属恩施市。在市境中部。面积82平方千米。人口5.7万。1982年设立。因中山亭俗称六角亭而得名。清江流经。有矿产资源石灰岩、铁、硅石等。有初中1所,小学6所,特教学校1所,二级医院1个,卫生院1个,卫生所13个。有古迹武圣宫、文昌祠、白衣庵、问月亭遗址、龙鳞宫等。有叶挺将军囚居旧址、晚清政治家饶应祺故居、象牙山革命烈士纪念塔。农业以种植水稻、蔬菜等为主,养殖猪、羊等。产茶叶、生姜。工业有农牧产品、医药、建材加工等。有商贸服务业。宜万铁路,沪渝、银柏高速,209国道,省道恩万线过境。通多路公交车。

龙凤坝镇[Lóngfèngbà Zhèn] 恩施市辖镇。在市境北部。面积286平方千米。人口6.9万。以汉族为主,还有土家、苗、侗等民族。辖1居委会、18村委会,有49自然村。镇人民政府驻龙凤社区。1950年设龙凤区。1953年改第一区。1958年改龙凤公社。1961年复区。1966年并入灯塔区。1975年析设龙凤公社。1984年改镇。因龙洞、凤凰形山体得名。有华山、猫子山、梁王坡等。清江流经。有矿产资源煤、铁、硅、锌、高岭土等。有高中2所,初中2所,小学8所,卫生院2个,卫生所18个,文化站1个。有古迹进士墓。有杉木坝古镇、龙马风情小镇。有大龙潭风景区、青堡农业生态旅游区等。农业以种植水稻、玉米、马铃薯、蔬菜等为主,养殖猪、鸡、鸭等。工业有建材、化工、食品加工。宜万铁路,沪渝高速,209、318国道过境。通公交车。

龙凤社区[Lóngfèng Shèqū] 龙凤镇人民政府驻地。在市境北部。面积10平方千米。人口7100。以汉族为主,还有土家、苗、侗等民族。因镇得名。2002年成立。民居呈排列式,以砖混结构楼房为主。有民间文艺活动打莲湘、划采莲船、打耍耍等。有小学、卫生院。有商业门店900家。209、318国道过境。通公交车。

崔家坝镇[Cuījiābà Zhèn] 恩施市辖镇。在市境东北部。面积230平方千米。人口4.2万。以汉族为主,还有土家、侗、苗等民族。辖1居委会、11村委会,有45自然村。镇人民政府驻崔坝社区。1949年设鸦鹊区。1952年改第八区。1957年复名鸦鹊。1958年成立公社。1981年改崔家坝公社。1984年分设崔家坝镇、鸦鹊区。1985年鸦鹊区并入崔家坝镇。因镇政府原驻地得名。马水河等流经。有矿产资源煤、硫、矾石等。有初中1所,小学6所,卫生院1个,卫生室12个。有文体广场、广电服务中心、综合文化站。有崔坝老街、滚龙坝历史文化名村、南里渡景区。有姚湾河水库、羊耳山林场等。农业以种植玉米、水稻等为主,养殖猪、山羊、牛等。工业以木材、建材、农牧产品加工为主。沪渝高速、318国道过境。通公交车。

崔坝社区［Cuībà Shèqū］　崔家坝镇人民政府驻地。在市境东北部。面积17平方千米。人口1.1万。传明代有崔姓举家来此，后逐渐强盛，命名为崔家坝村，简称崔坝。2002年成立。民居多为砖混结构楼房。组织广场舞、打莲湘等活动。有中学、卫生院。有清巡检司、把总署遗址等。农业以种植玉米、油菜等为主。特产生漆。有商铺400余家。沪渝高速、318国道过境。通公交车。

板桥镇［Bǎnqiáo Zhèn］　恩施市辖镇。在市境西北部。面积304平方千米。人口2.3万。以汉族为主，还有土家、苗等民族。辖1居委会、4村委会，有17自然村。镇人民政府驻板桥社区。1952年设板桥等8乡。1956年合为板桥、滥池、新田、大木4乡。1958年并入沐抚公社。1961年析设板桥、滥池、新田、大木4公社。1975年合为板桥公社。1984年与大山顶公社合设板桥区。1996年改镇。2001年沐抚乡前山管理区划入。晚清青龙河、宽沟上各建木板桥，故名。喀斯特地貌。龙桥暗河流经。1800米以上山峰40余座，最高山峰石门子2078米。有矿产资源铁、硫、煤等。有初中1所，小学5所，卫生院1个，卫生所11个，文化站1个，文化广场1个。有景点女儿湖、鹿院坪、龙桥暗河等。农业以种植玉米、马铃薯、大豆、蔬菜等为主，养殖猪、牛、羊等。特产党参。有"中国南方草场"之称，牧草面积2.5万公顷。工业有木材、药材加工。省道鄂渝线，县道恩川、板新线过境。通公交车。

板桥社区［Bǎnqiáo Shèqū］　板桥镇人民政府驻地。在市境西北部。面积73平方千米。人口5500。因镇得名。2002年成立。民居多为砖混结构楼房。有民间文艺活动板桥车灯、打莲湘、打耍耍等。有中小学、卫生院等。农业以种植党参、蔬菜为主。工业有木材加工等。有个体工商户408家。通公交车。

白杨坪镇［Báiyángpíng Zhèn］　恩施市辖镇。在市境东北部。面积269平方千米。人口6.1万。以汉族为主，还有土家、苗等民族。辖1居委会、12村委会，有52自然村。镇人民政府驻石桥子村。1953年设白杨区。后改公社。1984年改白杨坪区。1996年改乡。2014年改镇。因集镇有白杨树得名。有矿产资源石灰岩、铁、硒、硅、磷、大理石、煤。有初中2所，小学10所，卫生院1个，卫生室12个。有文化站。有国家级非物质文化遗产灯戏。有名胜古迹万寿宫、万寿桥、朱家祠堂、响板溪老街、阳氏老宅、麂子渡菩萨洞、洞下槽茶园、鳝孔坝等。农业以种植水稻、玉米、马铃薯、油菜等为主。产茶叶、火腿、香肠。宜万铁路，沪渝高速，209、318国道过境。通公交车。

石桥子村［Shíqiáozicūn］　白杨坪镇人民政府驻地。在市政府驻地小渡船街道东北28千米。人口4100。2000年建村。聚落呈散状。因有条小河沟，以石板搭桥过河，故名。有中学、卫生院。为农特产品集散中心。农业以种植玉米、马铃薯、蔬菜等为主，养殖生猪、鸡等。通公交车。

三岔乡［Sānchà Xiāng］　恩施市辖乡。在市境东南部。面积261平方千米。人口4.2万。以汉族为主，还有土家、苗、侗等民族。辖1居委会、12村委会，有34自然村。乡人民政府驻三岔口社区。1949年设三岔乡。后改东风公社。1984年改三岔区。1997年改乡。因乡政府驻地得名。有矿产资源煤、石灰岩等。有珍稀动物狐、獾、猕猴、林麝、鹿、野羊、锦鸡、雉鸡等。有中学1所，小学14所，教学点1个，卫生院1个，卫生室26个。有文化站。有商周陶窑遗址。有寨沟悬棺、清江画廊、蝴蝶崖景区等。农业以种植水稻、玉米、蔬菜等为主。产茶叶、干鲜果。省道恩鹤、三宣线，县道三沙线过境。通公交车。

三岔口社区［Sānchàkǒu Shèqū］　三岔乡人民政府驻地。在市境东南部。面积17平方千米。人口5000。因处三岔集镇得名。2002年成立。民居多为砖混结构楼房，成点状分布和成片排列。有民间文艺活动打莲湘、划采莲船、打耍耍。有水库2座。有中小学、卫生院。有古迹杨氏大院、杨玉芳老宅、五龙观遗址、大水井、城隍庙遗址、老街古井。农业以种植玉米、马铃薯、油菜等为主，养殖生猪、羊、鸡。有富邦生猪养殖场。通公交车。

新塘乡［Xīntáng Xiāng］　恩施市辖乡。在市境东部。面积420平方千米。人口5.2万。其中土家族占73.97%，还有苗族等。辖3居委会、10村委会，有50自然村。乡人民政府驻新塘社区。1949年设新塘区。1953年济安区并入。1958年改公社。1961年复区。1975年分新塘、双河2公社。1984年改区。1996年改乡。2001年双河乡并入新塘乡。因乡政府原驻地得名。清江河、中间河等流经。有长岭岗、太山庙、五堡山等。有矿产资源煤、铁、硒、菊花石。有中学2所，小学8所，幼儿园1所，卫生院1个，卫生所14个，文化中心1个，广电服务中心1个。有大型广场。有新塘老街、衙门村遗址、真武庙遗址。有恩施县苏维埃政府旧址。有景点壁挂天路、红花石林等。农业以种植水稻、玉米、薯类、豆类为主，养殖生猪、家禽。产药材、蔬菜。省道恩鹤线过境。通公交车。

新塘社区［Xīntáng Shèqū］　新塘乡人民政府驻地。在市境东部。面积4平方千米。人口5600。清废戎角塘另建新塘，故名。2002年成立。民居多为砖混结构楼房。有民间文艺活动打莲湘、划采莲船、打耍耍等。有初中、幼儿园、卫生院、卫生室等。有红三军马鹿口战斗纪念碑，红军墓。有观音阁遗址、马鹿口古关隘。有景点板壁岩、人头树、大岩瀑布银雾、岩头天坑等。农业以种植水稻、玉米、豆类为主。有个体工商户150家。通公交车。

红土乡［Hóngtǔ Xiāng］　恩施市辖乡。在市境东部。面积228平方千米。人口4.6万。以汉族为主，还有土家、苗等民族。乡人民政府驻红土社区。1950年设红土区。1958年改公社。1984年红土、石灰窑2公社合设红土区。1989年石灰窑区析出。1996年改乡。2001年石灰窑乡并入。原名红豆溪，因谐音渐称红土溪，建区时省"溪"字得名。有三十六湾、九岭坡等山。清江河、马尾沟流经。有矿产资源煤、铁、硫磺、菊花石等。有初中2所，小学6所，教学点10个，幼儿园3所，卫生院1个，卫生室10个，文化站1个。为中国窑归之乡、傩戏之乡。有名胜古迹红土老街、朱家湾红三军政治部旧址、子母潭等。农业以种植水稻、玉米、马铃薯等为主，养殖生猪、家禽。特产窑归、天麻、竹节人参。工业有制茶、采煤等。省道马红、红建，县道鹤峰线过境。通公交车。

红土社区［Hóngtǔ Shèqū］　红土乡人民政府驻地。在市境东部。面积9平方千米。因镇得名。2002年成立。民居多为砖混结构楼房。有民间文艺活动打莲湘、划采莲船、跳撒叶儿嗬等。有初中、卫生院等。有名胜古迹红土古镇、刘家大院、汉阳商号旧址、夏曦旧居、文化馆旧址。有红土烈士陵园、红土革命烈士纪念碑。农业以种植玉米、马铃薯为主。有个体工商户400余家。通公交车。

沙地乡［Shādì Xiāng］　恩施市辖乡。在市境东部。面积181平方千米。人口3万。以汉族为主，还有土家、苗等民族。辖1居委会、9村委会，有10自然村。乡人民政府驻沙地社区。1952年设沙地区。1958年改清江公社。1961年复区。1975年改公社。1984年再复区。1997年改乡。因乡政府原驻地得名。有人山岭、玉峰山、白岩寨等。巴溪河、清江河、马水河等流经。有矿产资源煤、硫、硒、磷、铁。有中学1所，小学6所，卫生院1个，卫生所10个。有沙地老街、花被老街等。农业以种植玉米、水稻、茶、油菜、花生为主，养殖生猪、山羊、家禽。省道鸦沙线过境。有渡口7处。通公交车。

沙地社区［Shādì Shèqū］　沙地乡人民政府驻地。在市境东部。面积2平方千米。人口900。因沙质土壤得名。2002年成立。民居多为砖混结构楼房。有民间文艺活动打莲湘、划采莲船、唱民歌等。有初中、卫生院等。有古迹沙地老街、天主教堂。经济以建筑业、商贸为主。省道鸦沙线过境。通公交车。

太阳河乡［Tàiyánghé Xiāng］　恩施市辖乡。在市境北部。面积358平方千米。人口2.3万。以汉族为主，还有土家、苗、侗等民族。辖1居委会、12村委会，有33自然村。乡人民政府驻太阳河社区。1952年设太阳河区。1956年并入白杨区。1957年析设太阳区。1975年改公社。1984年复区。1997年改太阳乡。2002年更今名。因乡政府原驻地太阳河得名。明代树木茂密，乡人沿丹阳溪建窑烧炭，称炭窑河，后因谐音改名。有金峰山等。太阳河、马水河、茶山河等流经。有矿产资源煤、铁、硅、铜、锌、大理石。有野生动植物珙桐、金钱松、山羊、野猪、獐、鹿等。有初中1所，小学4所，小学教学点6个，卫生院1个，卫生室12个，文体服务中心1个，文化广场2个，广电中心1个。为中国民间文化艺术之乡。有太阳河老街、石乳关、古盐道关口、金峰寺遗址。有国家4A级旅游景区梭布垭石林风景区。农业以种植玉米、红薯、马铃薯、水稻、茶为主，养殖山羊、黄牛、生猪、家禽、山鸡。工业有原煤开采、木材加工、水电。242国道过境。通公交车。

太阳河社区［Tàiyánghé Shèqū］　太阳河乡人民政府驻地。在市境北部。面积1平方千米。人口4000。因处集镇太阳河得名。2002年成立。民居多为砖混结构楼房。有民间文艺活动打莲湘、划采莲船、打耍耍等。有初中、卫生院等。有济川桥、武圣宫遗址、关口驿站遗址。农业以种植玉米、红薯、马铃薯、茶为主。有百贝木业、恩丰木材加工厂等。省道白奉线过境。通公交车。

屯堡乡［Túnbǎo Xiāng］　恩施市辖乡。在市境西部。面积381平方千米。人口7.2万。以汉族为主，还有土家、苗、侗等民族。辖2居委会、17村委会，有58自然村。乡人民政府驻屯堡社区。1949年设屯堡区。1952年改第十一区。1957年复屯堡区。1958年改公社。1984年复区。1997年改屯堡乡。2001年沐抚乡并入。明代实行屯田制度，屯地居民点称屯堡。有笔架山。清江河、车坝河等流经。有水库4座，水电站15座。有矿产资源铁、钒、磷、高岭土等。有初中2所，小学8所，教学点7个，幼儿园5所，卫生院2个，卫生所12个。有文体广场、旅游广场、文体服务中心 。有屯堡、马者、罗针老街等。有恩施大峡谷、铜盆水森林公园。农业以种植玉米、水稻、油菜、茶为主，养殖生猪、牛、羊、家禽。工业以农牧产品、建材加工为主。有水电产业。宜万铁路、318国道过境。通公交车。

屯堡社区［Túnbǎo Shèqū］　屯堡乡人民政府驻地。在市境西部。面积6平方千米。人口6700。因处集镇屯堡得名。2002年成立。民居多为砖混结构楼房。有民间文艺活动打莲湘、划采莲船、打耍耍、舞狮子、耍龙灯、南戏。

有初中、卫生院、休闲广场等。处恩施大峡谷黄鹤楼生态走廊。农业以种植茶、油茶为主。工业以建材加工为主。通公交车。

白果乡［Báiguǒ Xiāng］ 恩施市辖乡。在市境西部。面积315平方千米。人口2.9万。以汉族为主，还有土家、苗、侗等民族。辖1居委会、11村委会，有35自然村。乡人民政府驻白果社区。1961年设白果区。1975年改公社。1984年复区。1997年改乡。清代称白狗坝，1912年后因有白果树改今名。拓林溪、车坝河、岸云溪等流经。有矿产资源石油、硫磺、铜、煤、白云石等。有初中1所，小学12所，卫生院1个，卫生所13个。有文体广场、文体中心。有古迹双山寺、星斗山、油竹石林、马家坪湿地、金龙坝古吊脚楼群、飞山庙遗址。农业以种植水稻、玉米等为主。有思乐养殖家畜基地。工业有建材、制药等。宜万铁路、沪蓉西高速过境。通公交车。

白果社区［Báiguǒ Shèqū］ 白果乡人民政府驻地。在市境西部。面积9平方千米。人口3000。以汉族为主，还有土家、苗、侗等民族。因处集镇白果得名。2002年成立。民居多为砖混结构楼房。有民间文艺活动打莲湘。有初中、卫生院等。有白果树瀑布。农业以种植玉米、蔬菜为主，养殖生猪、牛、鸡等。沪渝高速过境。通公交车。

芭蕉侗族乡［Bājiāo Dòngzú Xiāng］ 恩施市辖乡。在市境南部。面积340平方千米。人口6.7万，其中侗族占34.9%，还有汉、土家、苗等民族。辖1居委会、17村委会，有47自然村。乡人民政府驻芭蕉社区。1949年设芭蕉区。1952年改十五区。1953年改第五区。1957年复芭蕉区。1958年改公社。1984年改芭蕉乡。2001年黄泥塘侗族乡并入，设芭蕉侗族乡。因芭蕉河得名。干溪河流经。有水库2座。有矿产资源铁、煤、硒等。有中学2所，小学19所，教学点14个，幼儿园8所，卫生院1个，卫生室27个，大型文体活动广场1个，综合文化站1个。有施王屯遗址、艾氏贞节牌坊、芭蕉老街、盘瓠庙遗址、民国湖北省财政厅旧址等。有景点枫香坡侗族风情寨、富尔山林区、恩施玉露生态走廊、林业文化博物园。农业以种植水稻、玉米、茶等为主。工业以茶叶加工为主。服务业有批发零售、住宿餐饮等。恩来、恩黔高速，209国道，省道恩咸线过境。通公交车。

芭蕉社区［Bājiāo Shèqū］ 芭蕉侗族乡人民政府驻地。在市境南部。面积4平方千米。人口8300。2002年成立。因芭蕉河得名。芭蕉河流经。民居多为砖混结构楼房。有民间文艺活动打莲湘、打陀螺。有初中、卫生院等。有景点风雨桥、侗族木塔。有芭蕉老街、吴家大屋、川主庙、万寿宫、关公庙遗址。农业以种茶为主。通公交车。

盛家坝乡［Shèngjiābà Xiāng］ 恩施市辖乡。在市境西南部。面积357平方千米。人口3.6万。以土家族为主，还有汉、苗、侗等民族。辖1居委会、10村委会，有39自然村。乡人民政府驻盛家坝社区。1950年设桅杆区。1953年改大集区。1958年改光辉公社。1962年复区。1975年改大集公社。1981年更名盛家坝公社。1984年改区。1997年改乡。明代江西盛姓迁此，故名。有天上坪、富尔山等。马鹿河、枫香河等流经。有水库4座。有矿产资源煤、硫磺、水晶石、石膏等。有中学1所，小学6所，卫生院1个，卫生所10个。有文化服务中心、文化广场。有盛家坝老街、大集场古镇、小溪吊脚楼群、旧铺古寨、马鹿河峡谷。有大集南戏。农业以种植水稻、玉米、油菜，养殖生猪、牛、羊等为主。工业以木器、建材加工为主。省道恩咸线过境。通公交车。

盛家坝社区［Shèngjiābà Shèqū］ 盛家坝乡人民政府驻地。在市境西南部。面积2平方千米。人口2900。以处集镇盛家坝得名。2002年成立。民居为砖混结构楼房。有民间文艺活动打莲湘。有卫生院、文化广场。有古迹老街、江西庙（又名江西会馆）遗址。农业以种植蔬菜为主。工业以大米、木材、茶业加工为主。有个体工商户240家。省道恩咸线过境。通公交车。

利　川　市

利川市［Lìchuān Shì］ 恩施土家族苗族自治州辖市。北纬29°42′，东经108°21′。在州境西部。面积4607平方千米。人口91.6万。以土家族为主，还有汉、苗、侗、壮、藏、回、白、彝、满等民族。辖2街道、7镇、5乡。市人民政府驻都亭街道。清乾隆元年（1736）置利川县，属施南府。至1970年先后属荆南道、鄂西行政委员会、第七行政督察区、恩施专区、恩施地区。1983年属恩施土家族苗族自治州。1986年改县级市。以清江"施以万民恩泽，众称有利之川"得名。先后修建胜利路、清源路、六合路、体育路、滨江北路，改建清江大道、利北路、解放路。2000年后建成清源路体育场、银利人行天桥、大众休闲广场。城区总体布局沿清江两岸由西向东展开。处云贵高原东北延伸部分。中部隆起而平坦。市区海拔1079.5米。最高点寒池山海拔2041.5米，最低点郁江出境口海拔315米。有齐岳山、都亭山等。有南方最大山地草场。有腾龙洞、水莲洞、朝阳洞、玉龙洞等。年均气温12.8℃，1月平均气温17℃，7月平均气温23.3℃。年均降水量1300.9毫米。清江流经。有矿产资源天然气、盐卤、生物礁、煤、石膏、铁等。有野生植物166种，其中有国家一级保护野生植物水杉、秃杉、珙桐。有珍贵药材黄连、天麻等百余种。有野生动物虎、豹、獐、鼷鼠、马豹等。森林覆盖率58.9%。有中等职校1所，高中5所，初中25所，小学128所，特教学校1所，二级医院2个。有文化馆、图书馆、非物质遗产传承馆。有谋道水杉王公园。有全国重点文物保护单位鱼木寨、大水井古建筑群。有省级旅游度假区苏马荡、佛宝山漂流、齐岳山跑马场、大瓮天坑花园等。三次产业比例33∶28∶39。农业以种植水稻、玉米、油菜，养殖生猪、牛、马、羊、鸡、鸭、鹅等为主。特产茶叶、山药、魔芋、山地黑猪、南坪麻鸭等。工业有气矿开采、风电、水电、制药、采煤、建材等。有齐岳山、寒池风能发电站。宜万、渝利铁路，沪蓉高速，318国道过境。

龙船大道［Lóngchuán Dàdào］ 在市区中部。北起胜利大道，南至南环大道。与清江大道、解放东路、解放西路相交。长2千米，宽22米。水泥路面。因民歌《龙船调》得名。1958年开工，1959年建成。2011年改扩建。两侧有市政府、农行、商贸楼、市医院等。通多路公交车。

清源大道［Qīngyuán Dàdào］ 在市区南部。西起江源街，东至凉桥路凉桥。与公园路、体育路、滨江南路相交。长2.8千米，宽20米。水泥路面。利川为清江源头，且桥两端与清江相接，故名。1991年开工，2004年建成。两侧有清源体育场、市农商银行、市电信局、蓝波湾大酒店等。通多路公交车。

清江大道［Qīngjiāng Dàdào］ 在市区中部。东起东门大桥，西至西门大桥。与和平路、体育路、公园路、龙船大道相交。长4.1千米，宽24米。水泥路面。1977年开工，1978年建成。因清江得名。途经商贸、住宅区。两侧有市民政局、建设银行、市服务中心、国泰广场、腾龙广场、时代广场、欧泰广场等。通多路公交车。

腾龙大道［Ténglóng Dàdào］ 在市区中部。南起南环大道，北至滨江南路。与318国道、胜利大道、南环大道等相交。长2千米，宽22米。水泥路面。1994年开工，同年建成。因国家5A级旅游景区腾龙洞得名。两侧有市政府、农行、市政府宿舍大院、商贸楼、医院等。通多路公交车。

利川站［Lìchuān Zhàn］ 见交通运输设施部分"利川站"条。

利川市中心客运站［Lìchuān Shì Zhōngxīn Kèyùnzhàn］ 见交通运输设施部分"利川市中心客运站"条。

都亭街道［Dūtíng Jiēdào］ 利川市人民政府驻地。在市境中部偏西。面积43平方千米。人口7万。以汉族为主，还有土家、苗等民族。1984年设都亭镇。1986年改街道。因都亭山得名。先后修建胜利路、清源路、六合路、体育路、滨江北路，改建清江大道、利北路、解放路、清源体育场、银利人行天桥、大众休闲广场等。有高中3所，初中2所，小学6所，二级医院1个，卫生院4个，卫生室14个。有文体中心、图书馆等。有国家级非物质文化遗产肉连响。农业以种植蔬菜、果树为主。318国道过境。通多路公交车。

东城街道［Dōngchéng Jiēdào］ 属利川市。在市境东部。面积95平方千米。人口3.4万。以汉族为主，还有土家、苗等民族。1986年设东城街道。因方位得名。清江流经。有野生鲤鱼、鲢鱼、大鲵等。有红旗水库、王家湾水库。有腾龙洞。有矿产资源铜、铁。有高中3所，初中2所，小学6所，二级医院1个，卫生院5个，卫生室14个，疾病控制中心1个，妇幼保健院1个，文体中心6个，图书室19个。经济以种植业为主。宜万铁路、利渝高铁、沪蓉高速、318国道过境。有利川站、长途汽车站。

柏杨坝镇［Bǎiyángbà Zhèn］ 利川市辖镇。在市境西北部。面积550平方千米。人口8.8万。以汉族为主，还有土家、苗等民族。辖1居委会、57村委会，有623自然村。镇人民政府驻响水村。1952年设十三区。1958年成立柏杨公社。1961年改区。1975年复公社。1984年改区。1996年改名为柏杨坝镇。因地势平坦、早年柏杨树茂密得名。有矿产资源萤石、石膏、硫磺、生物礁等。有珍稀动物红点髭蟾。有高中1所，初中2所，小学11所，卫生院1个，卫生室57个，文体中心1个，图书室58个。有全国重点文物保护单位大水井古建筑群。有省级文物保护单位高仰台等9个。有国家级非物质文化遗产龙船调。农业以种植玉米、水稻、薯类为主。工业以食品加工业为主。318国道、省道后新线过境。

响水村［Xiǎngshuǐcūn］ 柏杨坝镇人民政府驻地。在市政府驻地都亭街道西北31千米。人口3000。原名永兴，后更名柏杨坝。1996年因处摆布河岸，浪高声响改今名。聚落沿公路呈带状分布。有小学、卫生室。农业以种植水稻、玉米等为主。有豆干加工业。省道后新线经此。

汪营镇［Wāngyíng Zhèn］ 利川市辖镇。在市境西部。面积524平方千米。人口10.2万。以汉族为主，还有土家、苗等民族。辖3居委会、47村委会，有47自然村。镇人民政府驻清源村。1949年设汪营区。1958年改公社。1984年改区。1996年改镇。因汪姓乡绅曾立营抗击李自成军得名。有矿产资源煤、大理石等。有高中1所,初中2所,小学15所,卫生院1个,卫生室48个,图书室47个。农业以种植水稻、玉米、黄连、莼菜为主。有马鹿池煤矿。宜万铁路、利渝高铁、沪蓉高速、318国道过境。

清源村［Qīngyuáncūn］　汪营镇人民政府驻地。在市政府驻地都亭街道西22千米。人口6000。因处清江源得名。聚落呈团块状。有小学、卫生院、卫生室。有贺龙智取汪家营纪念碑。经济以商贸为主。318国道经此。

建南镇［Jiànnán Zhèn］　利川市辖镇。在市境西北部。面积326平方千米。人口7.5万。以汉族为主,还有土家、苗等民族。辖54村委会,有495自然村。镇人民政府驻蔬菜村。1952年设建南区。1958年改公社。1984年复区。1996年改镇。因原建南土司得名。建南河流经。有矿产资源天然气、盐卤。有中学3所,小学12所,卫生院1个,卫生室54个,文体服务中心1个,图书室54个。农业以种植鸡爪连、石斛等中草药为主。有"中国黄连第一镇"之誉。县道利建、建走、建石线过境。

蔬菜村［Shūcàicūn］　建南镇人民政府驻地。在市政府驻地都亭街道西北87千米。人口800。以汉族为主,还有土家、苗等民族。早年名八仙祠村,1976年成立蔬菜大队,1984年更名蔬菜村。聚落呈团块状。有中小学、卫生院、卫生室。产桐子、茶叶。有气矿1座。县道利建、利走、建石线经此。

忠路镇［Zhōnglù Zhèn］　利川市辖镇。在市境西南部。面积515平方千米。人口8.4万,其中土家族占58.3%,苗族占14.7%。辖1居委会、61村委会,有61自然村。镇人民政府驻综合村。1949年设忠路区。1958年改公社。1961年复区。1975年复公社。1984年复区。1986年改乡。1996年改镇。南宋为龙渠县,元更名忠路。传太平天国"义王"石达开分三路人马经湖北入川,其中一路人马曾驻扎于此,后人感其忠义,名为忠路。前江、后江流经。有初中3所,小学11所,卫生院1个,卫生室62个,文体中心1个,图书室63个。农业以种植水稻、玉米、马铃薯等为主。工业以采矿、烟花爆竹生产为主。县道凉文线过境。

综合村［Zōnghécūn］　忠路镇人民政府驻地。在市政府驻地都亭街道西南55千米。人口2300。以汉族为主,还有土家、苗等民族。因村民既有半工半农者,又有半农半商者,得名综合村。聚落呈团块状。有中小学、卫生院。为典型无地农村,人口较多,人均耕地较少。县道利彭线经此。

团堡镇［Tuánbǎo Zhèn］　利川市辖镇。在市境东部。面积446.6平方千米。人口7万。以汉族为主,还有土家、苗等民族。辖56村委会,有632自然村。镇人民政府驻晒田坝村。1950年设团堡区。1958年改公社。1961年复区。1975年复公社,部分地域析出。1984年复区。1999年改镇。明洪武年间冉姓家族在石龙山顶建石龙寺,明清、民国时期乡政权设此,庙宇外建4座碉堡,得名团堡。清江、团堡河流经。有初中3所,小学9所,卫生院1个,卫生室56个,文体服务中心1个,图书室57个。有玉龙洞、大瓮天坑等景区。农业以种植水稻、玉米、蔬菜,养殖生猪等为主。产山药、魔芋。宜万铁路、利渝高铁、沪蓉高速、318国道过境。

晒田坝村［Shàitiánbàcūn］　团堡镇人民政府驻地。在市政府驻地都亭街道东25千米。人口3100。传明末清初有30余亩大平地,因日照时间长,产粮高,优于当地其他大块水田,故得名赛田坝。后成为该区主要产粮区,更名晒田坝。聚落呈带状。团堡河流经。有中小学、卫生院、卫生室。有省级文物保护单位石龙寺、培风塔。有石桥6座。有抗战阵亡将士纪念塔。农业以种植山药为主。318国道经此。

谋道镇［Móudào Zhèn］　利川市辖镇。在市境西北部。面积336平方千米。人口7.2万。以汉族为主,还有土家、苗等民族。辖56村委会,有564自然村。镇人民政府驻南浦村。1949年四川万县设谋道乡。1956年划归利川县,设谋道区。1958年改公社。1984年复区。1996年改乡。1999年改镇。原名磨刀溪,后因清末四川总督赵尔丰撰联"大丈夫磨刀垂宇宙,士君子谋道贯古今"更今名。小溪河、长滩河流经。有初中2所,小学12所,卫生院1个,卫生室57个,文体服务中心1个,图书室56个。有全国重点文物保护单位鱼木寨。有世界上最古老水杉母树"水杉王"。农业以种植玉米、水稻,养殖生猪、牛、山羊为主。宜万铁路、沪蓉高速、318国道过境。

南浦村［Nánpǔcūn］　谋道镇人民政府驻地。在市政府驻地都亭街道西北42千米。人口2400。因南浦雄关得名。聚落呈团块状。有卫生室。有树龄近600年、种子传播50多个国家的"水杉王"。农业以种植水稻、玉米、马铃薯为主。宜万铁路、沪蓉高速、318国道经此。

毛坝镇［Máobà Zhèn］　利川市辖镇。在市境东南部。面积285平方千米。人口4.2万,其中土家族占54.3%,苗族占13.7%。辖44村委会,有401自然村。镇人民政府驻沙坝村。1956年设毛坝区。1958年改公社。1984年复区。1997年改乡。2013年改镇。古为荒地,茅草丛生,得名茅坝,后谐音改今名。毛坝河流经。有初中1所,小学7所,卫生院1个,卫生室44个,文体中心1个,图书室45个。有星斗山国家级自然保护区。有省级文物保护单位步青桥字库。有贺龙广场。农业产红茶、坝漆、楠木。省道后新、利咸线,县道毛恩线过境。

沙坝村［Shābàcūn］　毛坝镇人民政府驻地。在市政府驻地都亭街道东南48千米。人口1300。古为湿地,土质沙壤,故名。聚落呈带状。唐岩河流经。有中小学、卫生室。农业以种植茶、漆树、竹为主。省道利智线经此。

凉雾乡［Liángwù Xiāng］　利川市辖乡。在市境西南部。面积421平方千米。人口7.1万。以汉族为主,还有土家、苗等民族。辖45村委会,有522自然村。乡人民政府驻老场村。1949年设城关区。1958年改公社。1961年复区。1975年改凉雾公社。1984年改区。1996年改乡。清初建人和场。康熙年间朝廷派钦差来此祭奠浙江提督陈世凯之母病故,遇大雾,遂作诗一首:"凉风习习过寒垭,雾锁秋山景物华。山水烟波灵气绕,英雄汉将卫皇家"。因诗中隐藏"凉、雾、山"三字,后人遂将"人和场"改名"凉雾山",习称"凉雾"而得名。清江、马前河、三道河、纳水溪流经。有初中2所,小学10所,卫生院1所,卫生室45个,文体中心1个,图书室46个。有连二堂摩崖石刻。有龙船水乡景区。农业以种植水果、蔬菜、药材等为主。特产莼菜、黄连。宜万铁路、渝利高铁、沪蓉高速、318国道过境。

老场村［Lǎochǎngcūn］　凉雾乡人民政府驻地。在市政府驻地都亭街道西南12千米。人口2400。宋元祐三年(1088)设场,渐成集市,后遭火灾,集市被毁。清初新建人和场后,原被毁旧场遂以"老场"相称,故名。聚落呈带状。马前河流经。有卫生室。农业以种植水稻、玉米为主。宜万铁路、渝利高铁、沪蓉高速、318国道经此。

元堡乡［Yuánbǎo Xiāng］　利川市辖乡。在市境东南部。面积263平方千米。人口3.6万。以汉族为主,还有土家、苗等民族。辖26村委会,有263自然村。乡人民政府驻元堡村。1975年由城关区析设元堡公社。1984年改区。1986年改乡。因乡政府驻地得名。元堡河流经。有煤、铁、铜资源。有初中1所,小学5所,卫生院1所,卫生室26个,文体中心1个,图书室27个。有景点红椿林海、金字山、鹰嘴岩、观音洞等。农业以种植水稻、玉米为主。宜万铁路、利渝高铁、沪蓉高速、省道利智线过境。

元堡村［Yuánbǎocūn］　元堡乡人民政府驻地。在市政府驻地都亭街道东南9千米。人口2000。因五河齐涌向圆形小山得名圆堡。后因"圆"与团堡"团"字字形相近改今名。聚落呈团块状。有中小学、卫生室。有汉庙土司遗址。农业以种植水稻、玉米、马铃薯等为主。省道利智线经此。

南坪乡［Nánpíng Xiāng］　利川市辖乡。在市境西北部。面积147平方千米。人口6万。以汉族为主,还有土家、苗等民族。辖32村委会,有316自然村。乡人民政府驻南坪村。1950年设南坪区。1958年并入汪营公社(后改汪营区)。1975年析设南坪公社。1984年又人汪营区。1990年析设南坪区。1996年改乡。因乡政府驻地得名。有齐岳山。有煤、石膏、泥炭资源。有初中1所,小学10所,卫生院1个,卫生室21个,文体中心1个,图书室1个。有省级文物保护单位如膏书院、凌云塔。为利川小曲发源地。农业以种植水稻,养殖麻鸭、鳝鱼为主。318国道过境。

南坪村［Nánpíngcūn］　南坪乡人民政府驻地。在市政府驻地都亭街道西北26千米。人口5100。处齐岳山南麓,地势平坦,故名南平,后谐音改今名。聚落呈带状。有小学、卫生院、卫生室。有如膏书院、凌云塔、武署(宋备、巡检)遗址。农业以种植水稻,养殖鱼、鸭、鳝为主。宜万铁路、318国道经此。

文斗乡［Wéndòu Xiāng］　利川市辖乡。在市境西南部。面积430平方千米。人口7.4万。以汉族为主,还有土家、苗等民族。辖56村委会,有596自然村。镇人民政府驻文龙村。1950年设文斗区。1958年改公社。1984年复区。1986年改乡。原名岩门场,又名乐义场,清末贡生贺伯厚取"文光射斗"之意更今名。郁江流经。有矿产资源铁、磷、铀、煤等。有初中2所,小学10所,卫生院1个,卫生室55个,文体中心1个,图书室1个。农业以种植水稻、玉米、党参、天麻为主。省道利彭线过境。

文龙村［Wénlóngcūn］　文斗乡人民政府驻地。在市政府驻地都亭街道西南89千米。人口2300。因文斗场、青龙嘴山得名。聚落呈团块状。有中小学、卫生院、卫生室。农业以种植水稻、玉米、红薯、马铃薯等为主。省道利彭线经此。

沙溪乡［Shāxī Xiāng］　利川市辖乡。在市境西南部。面积292平方千米。人口3.7万。以土家族为主,还有苗、侗、汉族。辖22村委会,有263自然村。乡人民政府驻八银村。1975年由忠路区析设沙溪公社。1984年改区。1996年改乡。处郁江上游左岸,土地沙壤,故名。有初中2所,小学8所,卫生院1个,卫生室22个,文体中心1个,图书室23个。有矿产资源煤、萤石、大理石等。有水电站4个。有红军烈士墓、红三军英雄纪念碑、大沙溪关庙红军纪念碑等。农业产茶、生漆、药材。省道红沙线、县道利沙线过境。

八银村［Bāyíncūn］　沙溪乡人民政府驻地。在市政府驻地都亭街道西南57千米。人口1600。传有人以8两银买下大田,故名。聚落呈带状。有中小学、卫生院、卫生室。农业以种植水稻、玉米、茶、漆树、油桐、柑橘为主。省道红沙线、县道利沙线经此。

建始县

建始县 [Jiànshǐ Xiàn] 恩施土家族苗族自治州辖县。北纬 30°36′,东经 109°44′。在州境东北部。面积 2665 平方千米。人口 51.5 万。以汉族为主,还有土家、苗、回等民族。辖 6 镇、4 乡。县人民政府驻业州镇。三国吴永安三年(260)取"建县伊始、新政祥和"意置建始县,属建平郡。晋太康五年(284)撤县,后复置。南朝宋初(424)废县,齐、梁间(479)复置。此后未变,先后属军屯郡、清江郡、业州、施州、夔州路、施州卫、四川夔州府、施南府、湖北省、恩施专区、鄂西土家族苗族自治州。1993 年属恩施土家族苗族自治州。地形以褶皱、喀斯特地貌为主。最高点太平峰海拔 2090 米,最低点水井槽海拔 287 米。年均气温 14.5℃,1 月平均气温低山 4.1℃,二高山 1.9℃,高山 −0.4℃,7 月平均气温低山 26.3℃,二高山 24℃,高山 21.5℃。年均降水量 1540 毫米。清江、火龙河、野三河、广润河、马水河、伍家河等流经。有矿产资源硒、煤、硫、铁、石灰岩等。有野生植物 2324 种,其中有国家重点保护野生植物 231 种。有野生动物 106 种,其中有国家重点保护野生动物 30 余种。有省级自然保护区 6 个。森林覆盖率 62.3%。明弘治三年(1490)始筑土城墙。明正德初年(1506)改砌砖石城墙,立 4 门。清康熙二十年(1681)设坊郭里,原城墙塌尽。后仅存城门。1949 年县城中心位于广润河北岸。1959 年起西、北扩容。1980 年城区面积 4.5 平方千米。先后建成业州大道、建始大道、烟墩大道、朝阳大道、红土坪大道等。2014 年底中心城区 16.7 平方千米。有茨泉大厦、中百广场、建始文化中心、八景山庄、民族风情园广场等。有中等职业学校 1 所,高中 3 所,初中 16 所,小学 142 所,特教学校 1 所,幼儿园 62 所,三级医院 1 个,二级医院 2 个。为千年古县。有全国重点文物保护单位建始直立人遗址,省级文物保护单位景阳天主堂、花果坪化石产地、石柱观、五阳书院、头坝堰崖墓群。有省级非物质文化遗产丝弦锣鼓、喜花鼓《黄四姐》、闹灵歌、南乡锣鼓、武丧、桃片糕制作技艺等。有国家 4A 级旅游景区野三峡、石门古风,国家 3A 级旅游景区朝阳观。有龙王塃旅游休闲度假区。三次产业比例 25∶34∶41。农业以种植玉米、油菜、马铃薯、水稻为主,养殖家畜、家禽。为全国生猪调出、魔芋种植大县。特产茶叶、湖北贝母、猕猴桃、景阳薄壳白皮核桃、关口葡萄、景阳鸡等。工业以电力、煤矿开采、新型建材、药材加工、电子加工、富硒食品加工为主。有清江工业园。服务业以金融、邮政、通信为主。宜万铁路,沪渝高速,209、318 国道过境。通多路公交车。

建始大桥 [Jiànshǐ Dàqiáo] 在县城东部。长 109.4 米,宽 24 米,最大跨度 17.8 米,桥下净高 6 米。1936 年建巴石公路木面桥,1970 年改钢筋混凝土桥,1996—1998 年扩建、改造。因处建始城内得名。为中型河道桥梁,结构型式为多跨双曲拱钢架桥。最大载重汽—20 吨、挂—100 吨。通公交车。

七里坪大桥 [Qīlǐpíng Dàqiáo] 在县城西部。长 82 米,宽 18 米,最大跨度 25 米,桥下净高 7.5 米。1914 年建设,20 世纪 50 年代翻修,1975 年改为石肋石板双曲拱桥,2014 年重建。因处七里坪得名。为中型河道桥梁,结构型式为多跨双曲拱钢架桥。最大载重汽—20 吨、挂—100 吨。通多路公交车。

建始县汽车客运站 [Jiànshǐ Xiàn Qìchē Kèyùnzhàn] 见交通运输设施部分"建始县汽车客运站"条。

业州镇 [Yèzhōu Zhèn] 建始县人民政府驻地。在县境西部。面积 373 平方千米,人口 11.7 万。以汉族为主,还有土家、苗等民族。辖 18 居委会、36 村委会,有 498 自然村。镇人民政府驻广润社区。1950 年设城关镇。1958 年改朝阳公社。1961 年复城关镇。1984 年更今名。1996 年苗坪区并入。因曾为业州城得名。最高海拔太平峰 2090.1 米。广润河流经。有水库 2 个。有初中 2 所,小学 17 所,教学点 4 个,三级医院 1 个,二级医院 2 个,卫生院 1 个,卫生室 60 个。有省级文物保护单位五阳书院、文庙、万寿桥、石通洞石刻、朝阳观。有国家 3A 级旅游景区朝阳观风景区。农业以种植水稻、玉米为主。工业以采矿、建材、农副产品加工为主。有建始县工业园区。宜万铁路,209 国道,县道建巫、建官线过境。有县汽车客运站。通多路公交车。

红土坪大道 [Hóngtǔpíng Dàdào] 在县城北部。东起北环路、广润路交叉口,西至红土中路。长 2.3 千米,宽 30 米。沥青混凝土路面。2012 年开工,2014 年建成。因红土坪社区得名。两侧有商住楼、居民区。通多路公交车。

业州大道 [Yèzhōu Dàdào] 在县城中部。东起建始大桥,西至七里坪大桥。与烟墩大道、团结路、茨泉路、船儿岛路、建设路、广润路、余家坝路相交。长 2.3 千米,宽 20—26 米。沥青混凝土路面。1959 年开工,分段建设。1972、1979 年先后命名为建化路、人民大道。1996 年建成并命今名。两侧有县委、业州镇政府、联友广场、业州广场等。通多路公交车。

朝阳大道 [Cháoyáng Dàdào] 在县城南部。东起广润路大桥,西至七里坪路。与广润路相接。长 1.7 千米,宽 36 米。沥青混凝土路面。2004 年开工,2009 年建成,2013 年改造路面。因东段位于朝阳观山麓得名。两侧有县工业园区、民宗局、档案局、政务服务中心、茨泉酒业、爱茵木塑厂等。通多路公交车。

烟墩大道 [Yāndūn Dàdào] 在县城东部。南起业红公路,北至建始大道。与业州大道相交。长 0.9 千米,宽 24 米。沥青路面。1936 年始建,为巴石公路城区段。以建始大桥分为建巴路、建恩路。1998—2012 年改造扩建。2005 年因烟墩山改今名。两侧有客运站、企事业单位、居民小区等。通多路公交车。

建始大道 [Jiànshǐ Dàdào] 在县城北部。南起烟墩大道,北至 209 国道。长 6.4 千米,宽 52 米。沥青混凝土路面。2012 年开工,2014 年建成。因县得名。两侧有民族医院、工业新区、商业开发区、公共服务区等。通公交车。

广润社区 [Guǎngrùn Shèqū] 业州镇人民政府驻地。在县境西部。面积 1 平方千米。人口 8200。因临近广润河得名。2003 年成立。民居有高层公寓楼和平房。有小学、二级医院。有便民服务大厅、健身活动室。县国税局、法院、民政局、工商局、电视台驻此。有县电力公司。通多路公交车。

高坪镇 [Gāopíng Zhèn] 建始县辖镇。在县境东部。面积 260 平方千米。人口 5.5 万。以汉族为主,还有土家、苗、回等民族。辖 6 居委会、36 村委会,有 341 自然村。镇人民政府驻桑园坝社区。1950 年设高坪区,因高店子、望坪 2 乡得名。1958 年并入高龙公社。1959 年析设高坪公社。1961 年复高坪区。1975 年分设高坪、青花 2 公社。1984 年复高坪区。1996 年改乡。1997 年改镇。以喀斯特地貌为主。野三河、石门河流经。有初中 2 所,小学 6 所,教学点 6 个,卫生院 1 个,卫生室 37 个。有全国重点文物保护单位直立人遗址,省级文物保护单位石柱观。有古迹石垭子老街。有省级非物质文化遗产闹灵歌、南乡锣鼓。有国家 4A 级旅游景区石门古风旅游区。农业以种植玉米、水稻、乌龙茶等为主。工业以水电、建材为主。宜万铁路、沪渝高速、318 国道、县道高楂线过境。通公交车。

桑园坝社区 [Sāngyuánbà Shèqū] 高坪镇人民政府驻地。在县境东部。面积 6 平方千米。人口 2700。因地势平坦、多桑树得名。2012 年成立。民居多为砖混框架结构,有少量木质结构瓦房。有服务中心。有小学、幼儿园、卫生院等。有游客接待中心、商铺上百家和商业步行街。通公交车。

大店子村 [Dàdiànzicūn] 在县政府驻地业州镇东 31 千米。高坪镇辖自然村。人口 1400。以土家族为主,还有汉、苗、回等民族。清乾隆年间(1736—1795)徐姓开布匹店,故名。聚落呈带状。为中国少数民族特色村寨。有古色古香、飞檐翘角、青瓦白墙、雕花木窗的特色民居,绵延千余米。宜万铁路、沪渝高速、318 国道经此。

红岩寺镇 [Hóngyánsì Zhèn] 建始县辖镇。在县境中部。面积 85 平方千米。人口 2.1 万。以汉族为主,还有土家族、苗族。辖 2 居委会、13 村委会,有 129 自然村。镇人民政府驻红岩寺社区。1975 成立红岩公社。1984 年改红岩寺镇。1912 年修复仙嫦寺,因其处老街东头横(方言读"红")向山岩上得名。有渡浪沟、麻坑 2 水库。有煤矿。有初中 1 所,小学 2 所,教学点 2 个,卫生院 1 个,卫生室 15 个。有国家 4A 级旅游景区石门古风旅游区。农业以种植玉米、水稻、马铃薯为主。有猕猴桃果园和养殖场。工业以农产品加工、建材、采矿为主。有红岩寺工业小区。有商贸服务业。宜万铁路、沪渝高速、318 国道、县道天二线过境。通公交车。

红岩寺社区 [Hóngyánsì Shèqū] 红岩寺镇人民政府驻地。在县境中部偏南。面积 3 平方千米。人口 5800。因镇得名。2011 年成立。民居多为砖混和木质结构。有中小学、卫生院、卫生室。有残疾人康复室、农村福利院、老人互助照料活动中心。318 国道过境。通公交车。

景阳镇 [Jǐngyáng Zhèn] 建始县辖镇。在县境南部。面积 160 平方千米。人口 4.1 万。以土家族为主,还有汉、苗等民族。辖 2 居委会、30 村委会,有 255 自然村。镇人民政府驻革塘坝社区。1952 年设景阳区。1958 年撤区,1961 年复设。1975 年分设景阳、凤凰、硝洞 3 公社。1984 年复景阳区。1996 年改乡。1997 年改镇。因景阳河得名。南岸属武陵山脉,北岸属巫山山脉。景阳河流经。有矿产资源煤、硫磺、菊花石。有初中 1 所,小学 3 所,教学点 14 个,卫生院 1 个,卫生室 30 个。有省级文物保护单位景阳天主堂。有国家 4A 级旅游景区野三峡之清江大峡谷景区。农业以种植玉米、水稻等为主。特产景阳薄壳核桃、景阳鸡、橘柚。工业以采矿、电力为主。县道建官、花景线过境。通公交车。

革塘坝社区 [Gétángbà Shèqū] 景阳镇人民政府驻地。在县境南部。面积 4 平方千米。人口 4200。"革"为土家语"兵器"之意。清代在此设塘汛(关卡,驻扎巡逻之地)得名。2014 年成立。民居以徽派与土家、苗民族特色融合。有中小学、卫生院。县道天二线过境。通公交车。

官店镇 [Guāndiàn Zhèn] 建始县辖镇。在县境南部。面积 372 平方千米。人口 5.6 万。以土家族为主,还有苗、回等民族。辖 1 居委会、48 村委会,有 381 自然村。镇人民政府驻官店口社区。1950 年设官店区。1958 年改公社。1961年复区。1975年分设官店、竹园、五星3公社。1984年复官店区。1996年改镇。清雍正年间(1723—1735)流官在山垭口小店留宿,得名官店口,简称今名。最高海拔原岭2063米。伍家河流经。有矿产资源硫铁。有野生中草药。有初中2所,小学11所,教学点3个,卫生院1个,卫生室48个。有建始县苏维埃政府遗址、官店苏区革命烈士纪念碑。有省级非物质文化遗产武丧。农业以种植玉米、马铃薯为主。产茶叶、魔芋、反季节蔬菜。工业以采矿、电力为主。县道天二、桃乐、官红线过境。通公交车。

官店口社区［Guāndiànkǒu Shèqū］　官店镇人民政府驻地。在县境南部。面积2平方千米。人口1800。因镇得名。2011年成立。民居多为砖混、框架结构。有中小学、卫生院、福利院、文体服务中心。有建始县苏维埃政府遗址、官店苏区革命烈士纪念碑。县道天二线过境。通公交车。

花坪镇［Huāpíng Zhèn］　建始县辖镇。在县境南部。面积406平方千米。人口5.7万。以汉族为主,还有土家、苗、回、畲等民族。辖1居委会、56村委会,有535自然村。镇人民政府驻花果坪社区。1950年设花坪区。1958年改公社。1984年复区。1996年改乡。2011年改镇。因镇政府原驻地得名。有矿产资源煤。有初中1所,小学13所,卫生院1个,卫生室43个。有省级文物保护单位花果坪化石产地青松山龙骨洞。有古迹景阳关。有省级非物质文化遗产桃片糕制作技艺。有国家4A级旅游景区野三峡旅游区之黄鹤桥峰林景区。农业以种植玉米、马铃薯为主。特产湖北贝母、关口葡萄。工业以建材、采矿、食品加工为主。县道天二、花景线过境。通公交车。

花果坪社区［Huāguǒpíng Shèqū］　花坪镇人民政府驻地。在县境中部偏南。面积2平方千米。人口2500。传明末为林地,田、吴2姓建村,开辟平田,渐成集市,盛产丹皮、芍药、玫瑰等,每逢春天百花齐放,且为水果交易场所,故名。2006年村改社区。民居以平房为主。有老年活动中心、文体服务中心、小学、卫生院等。有省级文物保护单位花果坪化石产地青松山龙骨洞。特产花坪桃片糕。有商贸服务业。县道天二、花景线过境。通公交车。

田家坝村［Tiánjiābàcūn］　在县政府驻地业州镇东南41千米。花坪镇辖自然村。人口1900。以土家族为主,还有汉、回、苗等民族。清初田氏迁此,在巴盐古道旁开铺,形成老街,故名。聚落呈团块状。为中国传统村落。有传统木质结构老房。有罐罐茶、栽秧酒、薅草锣鼓。花田公路经此。

长梁乡［Chángliáng Xiāng］　建始县辖乡。在县境西北部。面积398平方千米。人口7.9万。以汉族为主,还有土家、苗等民族。辖6居委会、60村委会,有409自然村。乡人民政府驻桂花村。1950年设长梁区。1958年成立桂花公社。1984年复长梁区。1996年改乡。2001年天生镇并入。因清代集镇"长梁子"得名。火龙河、马水河、榨茨河流经。有矿产资源煤、硫铁。北部深沟为原始森林。有初中3所,小学7所,教学点15个,卫生院1个,卫生室66个。有省级文物保护单位头坝堰崖墓群。有大井坡崖墓群。有省级非物质文化遗产丝弦锣鼓。农业以种植水稻、茶为主。工业以农副产品加工、采矿为主。209国道、县道天二线过境。通公交车。

桂花村［Guìhuācūn］　长梁乡人民政府驻地。在县政府驻地业州镇北12千米。人口3500。因原有桂花树得名。聚落呈带状。有中小学、卫生室、图书室。有省级文物保护单位头坝堰崖墓群。农业以种植水稻、油菜为主。209国道经此。通公交车。

茅田乡［Máotián Xiāng］　建始县辖乡。在县境北部。面积211平方千米。人口2.3万。以汉族为主,还有土家、苗等民族。辖1居委会、28村委会,有132自然村。乡人民政府驻大茅田社区。1949年设立茅田区。1950年撤销。1952年复设,天生区并入。1958年成立新建公社。1961年复茅田区。1975年分设细沙、封竹、天生、茅田4公社。1984年复茅田区。1992年天生、细沙等9乡并入。1996年更名茅田乡。因乡政府原驻地得名。东龙河、马子峡、纸红溪、纸厂河等流经。有封竹林海。有国家二级保护野生动物28种。有初中1所,小学4所,教学点1个,卫生院1个,卫生室28个。农业以种植玉米、马铃薯、魔芋等为主。产茶叶、核桃。工业以采矿业为主。209国道过境。通公交车。

大茅田社区［Dàmáotián Shèqū］　茅田乡人民政府驻地。在县境北部。面积5平方千米。人口3400。明崇祯三年(1630)曾、田等5姓自江汉平原迁此,因遍生茅草得名。2011年村改社区。民居多为三层砖混结构。有中小学、卫生院、福利院、文体服务中心。有爱国人士冯遇伯故居。209国道过境。通公交车。

龙坪乡［Lóngpíng Xiāng］　建始县辖乡。在县境东北部。面积228平方千米。人口3.1万。以汉族为主,还有土家、苗、蒙古、侗等民族。辖1居委会、28村委会,有289自然村。乡人民政府驻龙潭坪社区。1952年设龙坪区。1958年撤销。1959年成立龙坪公社。1984年复龙坪区。1996年改乡。因乡政府原驻地得名。有矿产资源煤、硫铁、硒。有野生中药材。有国家重点保护野生植物珙桐、南方红豆杉、马褂木等。森林覆盖率74.5%。有初中1所,小学3所,教学点5个,卫生院1个,卫生室28个。有国家4A级旅游景区石门古风旅游区。有龙坪高腔山歌。农业以种植玉米、马铃薯等为主。工业以采矿业为主。209国道、省道邓高线、县道龙高线过境。通公交车。

龙潭坪社区［Lóngtánpíng Shèqū］　龙坪乡人民政府驻地。在县境东北部。面积2平方千米。人口3900。原有大、小2水潭,传潭中有龙,故名。2008年村改社区。民居多为砖混结构。有中小学、卫生院、农村福利院、文体服务中心等。有商铺、宾馆、餐馆100余家。209国道过境。通公交车。

三里乡［Sānlǐ Xiāng］　建始县辖乡。在县境中部。面积172平方千米。人口4.6万。以汉族为主,还有土家、苗等民族。辖5居委会、32村委会,有315自然村。乡人民政府驻三里坝社区。1950年设三里区。1958年改和平公社。1961年复三里区。1975年改公社。1984年复区。1996年改乡。因乡政府驻地得名。东龙河流经。有马水河、小溪口2水库。有铁资源。有初中1所,小学7所,教学点3个,卫生院1个,卫生室37个。有古业州遗址、明代土司古墓、抗战时期省第六高级中学遗址。有省级非物质文化遗产喜花鼓《黄四姐》。有建始土藏石牌湖酒酿造技术。农业以种植水稻、油菜、玉米为主,养殖藏香猪、山羊。特产马坡茶。工业以农产品、建材加工为主。宜万铁路,省道蟠三线,县道业红、茅三线过境。通公交车。

三里坝社区［Sānlǐbà Shèqū］　三里乡人民政府驻地。在县境中部。面积10平方千米。人口3900。因东龙河两岸各有3里宽平坝得名。2011年成立。民居多为砖混结构。有中小学、卫生院、文体服务中心、农村福利院。有省级非物质文化遗产喜花鼓《黄四姐》。为民族民间文化生态保护区。省道蟠三线过境。通公交车。

巴　东　县

巴东县［Bādōng Xiàn］　恩施土家族苗族自治州辖县。北纬31°02′,东经110°20′。在州境东北部。面积3354平方千米。人口49万。以汉族为主,还有土家、苗、蒙古、回、藏、维吾尔、壮等民族。辖10镇、2乡。县人民政府驻信陵镇。南朝宋景平元年(423)析秭归县置归乡县。北周天和三年(568)改乐乡县。隋开皇十八年(598)改巴东县。《太平寰宇记》载:"在巴之东,因以为名。"此后未变,先后属归州、夷陵州、宜昌府、湖北省、荆宜道、第十行政督察区、恩施专区、鄂西土家族苗族自治州。1993年属恩施土家族苗族自治州。1993年县城西扩。1995—2006年因自然原因旧城拆除。2009—2014年建设新区。形成由黄土坡、大坪、白土坡、营沱、西瀼坡、铜鼓包6块既相对独立又紧密相连的地跨三江两岸的山城格局。有重要建筑寇准文化公园、县体育场、滨江国际大厦、第一高中、巴东融媒体中心大楼等。地形狭长,山峦起伏。最高点海拔3005米,最低点海拔135米。年均气温12.6℃,1月平均气温8℃,7月平均气温27.6℃。年均降水量1181毫米。长江、清江、溪河等流经。有野生植物3158种,其中有国家一级重点保护野生植物5种,国家二级重点保护野生植物29种,珍稀濒危植物37种。有野生动物256种,其中有国家一级保护野生动物金丝猴、金钱豹,二级保护野生动物黑熊等53种。有县金丝猴自然保护区。森林覆盖率55%。有矿产资源煤、铁、铜、石膏、石灰石、大理石、硒等。有中学26所,小学69所,特校1所,二级医院2个。有省级文物保护单位秋风亭、治理西陵峡航道摩崖题刻、狮子包古建筑群、军事家段德昌殉难处及墓、邓玉麟将军故居及墓、天子岩手印画、金果坪红三军旧址。有革命遗址13个。有国家级非物质文化遗产长江峡江号子、土家族撒叶儿嗬,省级非物质文化遗产巴东堂戏、寇准故事、土家族民间历法、巴东五香豆腐干制作技艺、石工号子。有国家5A级旅游景区神农溪景区,国家4A级旅游景区巴人河景区。有景点无源洞、大面山、链子溪、格子河石林等。三次产业比例20∶42∶38。农业以种植水稻、玉米、小麦、大豆、茶、油菜、蔬菜、中草药为主,养殖生猪、山羊。特产白皮大蒜、蜂蜜、柑橘等。工业以农产品加工、建材、酿酒、制茶、发电、矿业开采为主。宜万铁路,渝宜巴高速,209、318、348国道,省道巴鹤线过境。有长江、清江航运。通多路公交车。

巫峡广场［Wūxiá Guǎngchǎng］　在信陵镇西瀼坡中部。面积1.1公顷。2002年开工,同年建成。因巫峡路得名。有大屏幕、音乐喷泉、座椅、健身器材等。东、北各有小广场。绿化带0.7公顷,中心广场0.4公顷。为市民休闲场所。周边有政府办公大楼、会议中心、电视台、县法院等。通多路公交车。

巴东长江大桥［Bādōng Chángjiāng Dàqiáo］　在县城北部。主桥长901米,宽22米,最大跨度388米,桥下净高18—68米。为大型河道桥梁,结构型式为五跨连续双塔双索预应力混凝土斜拉桥。最大载重49吨。通公交车。

聚宝盆客运中心［Jùbǎopén Kèyùn Zhōngxīn］　见交通运输设施部分"聚宝盆客运中心"条。

水陆客运站［Shuǐlù Kèyùnzhàn］　见交通

运输设施部分“水陆客运站”条。

信陵镇［Xìnlíng Zhèn］ 巴东县人民政府驻地。在县境中部、长江南岸。面积87平方千米。人口5.9万。以汉族为主，还有土家、苗、蒙古、回等民族。辖7居委会、9村委会，有13自然村。镇人民政府驻西瀼坡社区。1949年为城关区。翌年改镇。1981年改信陵镇。因南朝梁为信陵郡得名。长江流经。有高中1所，职高1所，初中1所，小学3所，二级医院2个，卫生院1个，卫生室12个。有景点秋风亭、无源洞、大面山等。农业以种植玉米、小麦、薯类为主。特产夏橙。有五香豆腐干加工业。209、348国道过境。有聚宝盆客运中心。通多路公交车。

北京大道［Běijīng Dàdào］ 在县城南部。东起209国道、万户路连接处，西至巴山路、民族路连接处。与杨帆路、兴东路、营沱路、西陵路等相交。长4.5千米，宽18米。沥青路面。1995年开工，2000年建成。因北京对口支援巴东得名。两侧有县民政局、发改局、寇公广场、京信友谊中学、聚宝盆客运站、县医院、县实验小学等。通公交车。

沿江大道［Yánjiāng Dàdào］ 在县城北部。东起万户路，西至巴山路、朝阳路交会处。与杨帆路、兴东路、营沱路、西陵路等相交。长6千米，宽18米。沥青混凝土路面。1995年开工，2000年建成。因北侧紧临长江得名。南侧有县体育场、博物馆等。通公交车。

西瀼坡社区［Xīrángpō Shèqū］ 信陵镇人民政府驻地。在县境北部。面积9平方千米。人口1.6万。以汉族为主，还有土家、苗、回等民族。为一面坡地，坐南朝北，与西瀼口隔江相望，故名西瀼坡。2004年村改社区。长江流经。民居以6层以上建筑为主。有小学、卫生院、卫生所。有文化公园、广场。经济以商贸、物流、旅游为主。209国道过境。

东瀼口镇［Dōngrángkǒu Zhèn］ 巴东县辖镇。在县境东北部，长江北岸。面积108平方千米。人口2.2万。以汉族为主，还有土家、苗、壮等民族。辖16村委会，有16自然村。镇人民政府驻雷家坪村。1949年为西瀼区。1951年改第一区。1958年改群力公社。1983年并入溪丘湾区。1988年析设东瀼口乡。1993年改镇。因镇政府原驻地东瀼口得名。《湖北通志》载：“夔人谓山间之流通江者曰瀼，居人分其左右，谓之瀼东瀼西。”有初中1所，小学4所，卫生院1个，卫生所23个。有宋代县衙遗址、红三军军部及红军教导二师司令部旧址等。农业以种植水稻、玉米为主。特产椪柑。209国道、县道巴秭北线、太溪线过境。

雷家坪村［Léijiāpíngcūn］ 东瀼口镇人民政府驻地。在县政府驻地信陵镇东北10千米。人口1300。以汉族为主，还有土家、苗等民族。聚落呈团块状。有中小学、卫生院。有寇准广场。农业以种植柑橘为主。209国道经此。有长江水运码头。

沿渡河镇［Yándùhé Zhèn］ 巴东县辖镇。在县境北部。面积486平方千米。人口5万。以土家族为主，还有汉、苗等民族。辖39村委会，有39自然村。镇人民政府驻孔堡村。1949年为新生乡。1953年设第一区。1956年改沿渡河区。1958年改神农公社。1975年改沿渡河公社。1984年复区。1989年改镇。明末建渡口以船渡，故名。有中学2所，小学7所，卫生院2个，卫生室56个。有巴东金丝猴国家级自然保护区。有国家5A级旅游景区神农溪风景区。有民间艺术堂戏、皮影戏、长江峡江号子。农业以种植玉米、小麦、柑橘为主。产中药材。工业以电力、食品加工、建材等为主。有水电站10余个。服务业以旅游为主。宜巴高速、省道巴巫线过境。有神农溪航道。2011年被评为全国文明镇。

孔堡村［Kǒngbǎocūn］ 沿渡河镇人民政府驻地。在县政府驻地信陵镇北56千米。人口1万。以土家族为主，还有汉族、苗族。因曾有多孔防守军事堡垒得名。聚落呈带状。有中小学、卫生院。农业以种植玉米、小麦、油菜为主。特产红高粱、葛粉等。省道巴巫、双神线过境。

官渡口镇［Guāndùkǒu Zhèn］ 巴东县辖镇。在县境西北部。面积328平方千米。人口6万。以汉族为主，还有土家、苗、回等民族。辖3居委会、37村委会，有37自然村。镇人民政府驻五里堆社区。1951年设官渡口区。1958年改巴峡公社。1984年改官渡口镇。为交通要冲，历代有渡口，故名。森林覆盖率35%。长江流经。有中学3所，小学14所，卫生室39个。农业以种植玉米、小麦、柑橘为主。工业以食品加工、建筑建材等为主。服务业以商贸、餐饮为主。209国道过境。

五里堆社区［Wǔlǐduī Shèqū］ 官渡口镇人民政府驻地。在县境西北部。面积4.7平方千米。人口1500。以汉族为主，还有土家等民族。因古时五里一堆、十里一亭得名。2008年村改社区。长江、神农溪经此。民居以7层以上楼房为主。有卫生院。有文化公园。有民间文艺花鼓戏、采莲船。农业以种植玉米、小麦等为主。盛产柑橘。209国道过境。

茶店子镇［Chádiànzi Zhèn］ 巴东县辖镇。在县境中部。面积267平方千米。人口3.2万。以土家族为主，还有汉、苗等民族。辖32村委会，有32自然村。镇人民政府驻店子坪村。1950年设朱砂区。1958年改中元公社。1975年改茶店子公社。1988年改镇。因镇政府驻地得名。归坪河、庙坪河、万福河等流经。有矿产资源煤、铜、磷等。有初中1所，小学4所，特教学校1所，卫生院1个，卫生所32个。有国家4A级旅游景区巴人河风景区。农业以种植玉米、小麦、薯类、茶、木瓜为主。特产牛肉、核桃等。工业以食品、茶叶、建筑建材、采矿、电力等为主。服务业以旅游、餐饮为主。209国道过境。

店子坪村［Diànzipíngcūn］ 茶店子镇人民政府驻地。在县政府驻地信陵镇南25千米。人口1700。以土家族为主，还有汉、苗等民族。明万历年间(1573—1619)有驿站，开设茶馆等，故名。聚落呈带状。有中小学、卫生院、卫生室。农业以种植玉米、小麦、大豆为主。特产茶店牛肉等。209国道经此。

绿葱坡镇［Lùcōngpō Zhèn］ 巴东县辖镇。在县境中部。面积281平方千米。人口2.1万。以汉族为主，还有土家、苗等民族。辖1居委会、21村委会，有21自然村。镇人民政府驻绿葱坡社区。1949年为第四区。1956年改绿葱坡区。1975年改公社。1983年复区。1996年改镇。因镇政府驻地原名得名。全镇海拔800米以上的高山占99%，有“鄂西屋脊”之称。森林覆盖率77.8%。有初中1所，小学2所，卫生院1个，卫生室22个。有铁厂荒森林公园、格子河石林风景区等。农业以种植玉米、小麦、小杂粮、高山反季节蔬菜、中草药为主。工业以采矿、农副产品加工、水电等为主。服务业以旅游、餐饮为主。209国道、省道东大线过境。

绿葱坡社区［Lùcōngpō Shèqū］ 绿葱坡镇人民政府驻地。在县境中部。面积6平方千米。人口900。以汉族为主，还有土家、苗等民族。因绿葱植物得名。1997年村改社区。民居多为平房，有3层楼房。有中小学、卫生院。有社区群众活动中心及广场，开展文艺汇演活动。209国道、省道东大线过境。

大支坪镇［Dàzhīpíng Zhèn］ 巴东县辖镇。在县境西南部。面积212平方千米。人口2.1万。以土家族为主，还有汉、苗、侗等民族。辖15村委会，有15自然村。镇人民政府驻大支坪村。1949年设和平乡。1951年并入第五区。1975年由绿葱坡区析设药会淌公社。1989年改大支坪乡。1996年改镇。因镇政府驻地得名。有矿产资源煤、石灰石等。有初中1所，小学3所，专业骨科医院1个，卫生院1个，卫生室15个。农业以种植玉米、大豆等为主。产核桃、玄参、贝母、天麻等。沪渝高速、318国道、省道东大线过境。

大支坪村［Dàzhīpíngcūn］ 大支坪镇人民政府驻地。在县政府驻地信陵镇北80千米。人口1600。以土家族为主，还有汉、苗等民族。原名大土坪，清光绪二十三年(1897)张之洞主修恩宜大道，在巴宜分岔点立界碑，刻“大支坪”，故改之。聚落呈带状。有中小学、卫生室。农业以种植玉米、大豆等为主。产核桃、天麻等。318国道、省道东大线经此。

野三关镇［Yěsānguān Zhèn］ 巴东县辖镇。在县境南部。面积528平方千米。人口6.3万。以土家族为主，还有汉、苗、回、侗等民族。辖7居委会、26村委会，有26自然村。镇人民政府驻谭家村社区。1949年为莱泽乡。1950年改野三关区。1989年设野三关镇。2013年巴东经济开发区并入。《湖北通志》载，清初清江南石柱山(关)设巡检司署，后迁至野三口，更名野三关巡检司，辖域始称野三关。有高中1所，初中2所，小学13所，卫生院1个，卫生所60个。为中国民间文化艺术之乡。有国家级非物质文化遗产土家族撒叶儿嗬、薅草锣鼓。有景点劝农亭、泗渡河大桥等。农业以种植玉米、小麦等为主。工业以酿酒、采矿、建筑建材、农副产品加工等为主。有野三关综合园区。服务业以旅游、商贸、物流、餐饮等为主。宜万铁路、沪渝高速、318国道、省道巴鹤线过境。有巴东站。

谭家村社区［Tánjiācūn Shèqū］ 野三关镇人民政府驻地。在县境南部。面积12平方千米。人口2500。以土家族为主，还有汉、苗等民族。2014年村改社区。民居以平房为主。有文化广场、图书室，实行网格化管理，举办文娱活动。有国家级非物质文化遗产土家族撒叶儿嗬。有景点棺木岩、川汉公路纪念塔等。农业以种植玉米、薯类、银杏等为主。沪渝高速、318国道、省道巴鹤线经此。

石桥坪［Shíqiáopíng］ 在县政府驻地信陵镇南53千米。野三关镇辖自然村。人口2900。以土家族为主，还有苗、汉等民族。因天生岩石桥常年水流不断得名。为中国少数民族特色村寨。民居具土家特色，青瓦白墙，花格门窗，连片成块，依山就势错落有致。有国家3A级旅游景区石桥坪景区。有景点辛亥革命元勋邓玉麟故居及陵墓，田间游步道1552米。

水布垭镇［Shuǐbùyā Zhèn］ 巴东县辖镇。在县境东南部。面积330平方千米。人口4.1万。以土家族为主，还有汉、苗、回、侗等民族。辖2居委会、28村委会，有28自然村。镇人民政府驻三友坪社区。1949年为资兴乡。1955年分杨柳池、清太坪2区。1961年改为杨柳池、泗淌、长岭3公社。1989年改杨柳池镇及泗淌、长岭2乡。1996年2乡合设水埠垭镇。2001年杨柳池镇并入。1999年国务院批复《水布垭电站项目建议书》时，误“埠”为“布”，相沿成习。有初中3所，小学5所，卫生院1个，卫生所30个。清江流经。有清江水布垭水利枢纽工程。农业以种植玉米、水稻、薯类、茶、草药、柑橘、白柚为主。工业以建筑建材、酿酒、农副产品加工等为主。省道巴鹤、巴五线过境。通清江航道。

三友坪社区 [Sānyǒupíng Shèqū]　水布垭镇人民政府驻地。在县境南部。面积6平方千米。人口2200。以土家族为主,还有汉、苗等民族。明代有黄、李、张3位年轻人同到此挽草落业,结为好友,共同开发,故名。2014年村改社区。清江流经。民居多平房,有3层楼房。有文化广场,可开展文娱活动。有中小学、幼儿园、卫生室。有国家级非物质文化遗产土家族撒叶儿嗬。农业以种植玉米、水稻、薯类为主。通乡村公路。

清太坪镇 [Qīngtàipíng Zhèn]　巴东县辖镇。在县境西南。面积279平方千米。人口4万。以土家族为主,还有汉、苗、回、蒙古等民族。辖1居委会、31村委会,有31自然村。镇人民政府驻清坪街社区。1949年为和平乡。1950年改清太坪区。1951年改第七区。1961年改史家公社。1984年复清太坪区。1989年改镇。清康熙年间(1662—1722)《巴东县志》载,因常遭山洪,为泥石滩,多生毛辣竹,故名清滩坪。嘉庆元年(1796)剿灭匪患后改今名,寓意太平吉祥。有初中2所,小学3所,卫生院1个,卫生所32个。有景点绝壁天河。农业以种植玉米、水稻、薯类、银杏为主。产魔芋、白皮大蒜等。省道大清线过境。通公交车。

清坪街社区 [Qīngpíngjiē Shèqū]　清太坪镇人民政府驻地。在县境南部。面积11平方千米。人口2200。以土家族为主,还有汉、苗等民族。因镇得名。1997年村改社区。民居以3层住宅楼为主。有老年人活动中心、综合文化广场、健身器材、篮球场等,日常活动以广场舞和篮球为主。有中小学、卫生院、卫生所。有国家级非物质文化遗产土家族撒叶儿嗬。省道大清线过境。

溪丘湾乡 [Xīqiūwān Xiāng]　巴东县辖乡。在县境东北部。面积265平方千米。人口4万。以土家族为主,还有汉、苗等民族。辖33村委会,有33自然村。乡人民政府驻溪丘湾村。1975年由群力公社析设溪丘公社。1983年改溪丘湾区。1988年改乡。2001年平阳坝镇并入。因乡政府驻地得名。有高中1所,初中2所,小学6所,卫生院1个,卫生所38个。有景点神龙溪绵竹峡、万仙洞革命烈士遗址等。有省级非物质文化遗产堂戏、皮影戏。特产茶叶、葛粉。宜巴高速、209国道、省道巴巫线过境。

溪丘湾村 [Xīqiūwāncūn]　溪丘湾乡人民政府驻地。在县政府驻地信陵镇北28千米。人口1900。以土家族为主,还有汉、苗、回等民族。原名九龙潭,后引泉改水田7丘(约5亩),名七丘湾。清初更名溪秋湾,1953年改今名。聚落呈带状。有中小学、卫生院、卫生室。农业以种植玉米、水稻、薯类为主。特产茶叶等。宜巴高速、209国道经此。

金果坪乡 [Jīnguǒpíng Xiāng]　巴东县辖乡。在县境南端。面积183平方千米。人口2.5万。以土家族为主,还有汉、苗、回等民族。辖14村委会,有14自然村。乡人民政府驻金果坪村。1949年为彝南乡。1951年并入杨柳池区。1975年析设马家公社。1989年改金果坪乡。因乡政府驻地得名。有初中1所,小学5所,卫生院1个,卫生所1个。有革命遗址段德昌殉难地、红三军军部旧址、贺龙旧居等。农业以种植水稻、玉米、薯类、茶、魔芋为主。特产金果绿茶、白柚等。工业以建筑建材、采矿、农副产品加工等为主。省道巴鹤线过境。有汽车渡口。

金果坪村 [Jīnguǒpíngcūn]　金果坪乡人民政府驻地。在县政府驻地信陵镇南180千米。人口1800。以土家族为主,还有汉、苗等民族。明代名金沟坪。清乾隆年间(1736—1795)覃氏居此,遍栽红橘,熟时外观金黄,称金果,改今名。聚落呈带状。有中小学、幼儿园、卫生院。农业以种植水稻、玉米、薯类为主。特产白柚、贝母、茶叶等。省道巴鹤线经此。

宣　恩　县

宣恩县 [Xuān'ēn Xiàn]　恩施土家族苗族自治州辖县。北纬29°59′,东经109°29′。在州境南部。面积2737平方千米。人口36万。以土家族为主,还有汉、侗、苗等民族。辖4镇、5乡。县人民政府驻珠山镇。原为土司管理区。清雍正十三年(1735)改土归流。乾隆元年(1736)设宣恩县。此后未变,先后属施南府、湖北省、荆南道、施鹤道、鄂西行政区、第十行政督察区、第七行政督察区、恩施专区、恩施地区、鄂西土家族苗族自治州。1993年属恩施土家族苗族自治州。取"传布恩德"之意得名。处武陵、齐岳2山交界。平均海拔1100米。最高点火烧堡海拔2014.5米,最低点长沙河床海拔356米。年均气温15.8℃,1月平均气温-5.4℃,7月平均气温38.7℃。年均降水量1324.7毫米。忠建河、酉水、老岔河、曾家河等流经。有矿产资源煤、铁、铜、炭质页岩、铅锌、硫铁等。有野生植物2027种,其中有国家重点保护野生植物银杏、红豆杉、南方红豆杉、水杉、伯乐树、珙桐、苏铁、银杉等。有野生动物202种,其中有国家一级保护野生动物金雕、云豹、金钱豹、林麝等,国家二级保护野生动物金猫、斑羚、红腹角雉、大鲵等。有贡水河国家级湿地保护区、七姊妹山国家级自然保护区。有职高1所,中学10所,二级医院2个。有1935年贺龙指挥的"板栗园大捷"遗址,红军桥,安家坡板栗园阻击点指挥所,板栗园大捷烈士纪念碑。有贡水河国家级湿地公园、国家4A级旅游景区伍家台生态农业旅游区。有双龙湖、狮子关、落圈岩等景区。三次产业比例29∶28∶43。农业以种植水稻、玉米、马铃薯、油菜、花生、茶、柑橘等为主。特产宣恩火腿、贡水白柚、蜜柑、伍家台贡茶、木笼寨贡米、黄金梨等。服务业以旅游和商贸物流为主。恩来、恩黔高速,209国道,省道椒石、鸦来线过境。通公交车。

人民广场 [Rénmín Guǎngchǎng]　在县城中部。占地2.2万平方米。2012年底开工,2014年竣工。有林木花草园、音响设备、喷泉和人工瀑布等。地面用石板铺就。为举办大型活动、市民休闲场所。周边有文澜桥、政府办公楼、文化体育中心、大酒店。

贡水河大桥 [Gòngshuǐhé Dàqiáo]　在县城北部。长130米,宽17米,最大跨度20米,桥下净高12米。1959年开工,1960年建成,1972年改建,2013年加宽。因横跨贡水河得名。为中型河道桥梁,结构型式为石肋板拱桥。最大载重汽—15吨。通多路公交车。

莲花坝大桥 [Liánhuābà Dàqiáo]　在县城南部。长339米,宽12米,最大跨度60米,桥下净高11.6米。1997年开工,2001年建成。因莲花坝村得名。为大型河道桥梁,结构型式为钢筋混凝土钢架拱桥。最大载重汽—20吨、挂—100吨。通多路公交车。

龙门桥 [Lóngmén Qiáo]　在县城北部。长60米,宽12米,最大跨度48米,桥下净高12米。2005年开工,同年建成。因处龙门口得名。为中型河道桥梁。最大载重汽—20吨,挂—100吨。通多路公交车。

三河沟大桥 [Sānhégōu Dàqiáo]　在县城南部。长83米,宽18米,最大跨度60米,桥下净高10米。2012年开工,同年建成。因处两河交汇形成的三河沟而得名。为大型河道桥梁。最大载重汽—10吨,挂—80吨。通多路公交车。

长兴汽车客运中心 [Chángxīng Qìchē Kèyùn Zhōngxīn]　见交通运输设施部分"长兴汽车客运中心"条。

珠山镇 [Zhūshān Zhèn]　宣恩县人民政府驻地。在县境中部。面积161平方千米。人口4.5万。以土家族为主,还有汉、苗、侗等民族。辖5居委会、19村委会,有162自然村。镇人民政府驻莲花坝村。1949年为城关区。1951年改第一区。1980年分设珠山镇、和平公社。1984年后和平公社先后改为椒园区、和平区、和平乡。2001年和平乡并入珠山镇。因驻地处明珠山下得名。有龙头沟、茶树湾、大坝沟、古迹河电站,雷打树水库。有中学6所,小学3所,二级医院2个,卫生院1个,卫生所24个。有民族特色建筑凌云塔、文澜桥、苗族钟楼、侗族鼓楼等。有解放宣恩县城战场等革命遗址8个。有鼓台山烈士陵园。有贡水河国家级湿地公园。有景点九子抱母古银杏、卸甲坝溶洞群落。有宣恩古八景之"贡水文澜""珠山晓翠""洞伏双龙""吕寺晚钟"等。农业以种植蔬菜、果树为主。有商品零售业。209国道过境。有长兴汽车客运中心。通多路公交车。

兴隆大道 [Xīnglóng Dàdào]　在县城中部。东起莲花坝大桥,西至龙门桥。与人民路、凌云路相交。长2.7千米,宽38米。混凝土路面。2000年开工,2003年建成,2010年延伸。寓意"兴旺隆盛"得名。两侧有湿地公园、万和广场、贡水花园、金源国际、人民广场、文澜桥、国土资源局、劳动就业局等。通多路公交车。

建设路 [Jiànshè Lù]　在县城中部。东起莲花坝大桥,西至贡水路。与交通巷、解放街、迎宾街相交。长1.5千米,宽20米。混凝土路面。1953年开工,1977年建成。两侧有华鑫广场、新华书店、县医院、邮政局、教育局等。通多路公交车。

民族路 [Mínzú Lù]　在县城中部。东起解放街,西至民族五路。与贡水路、民族一至三路相交。长1.4千米,宽20米。混凝土路面。1992年开工,1994年建成。两侧有住建局、财政局、银行、国税局、发改局等。通多路公交车。

贡水路 [Gòngshuǐ Lù]　在县城中部。南起贡水大桥,北至施南路。与民族路、工农街、建设路相交。长0.7千米,宽20米。混凝土路面。1950年开工,1958年建成。原称建设街,1979年因贡水河改今名。两侧有县工商局、电信局、财政局、河滨广场等。通多路公交车。

凌云路 [Língyún Lù]　在县城中部。东起209国道,北至贡水大桥。与兴隆大道相交。长1.9千米,宽20米。混凝土路面。1998年开工,2000年建成。因处凌云塔下得名。两侧有居住小区等。通多路公交车。

人民路 [Rénmín Lù]　在县城中部。南起惠民路,北至文澜桥。与兴隆大道相交。长0.6千米,宽25米。混凝土路面。2001年开工,2002年建成。两侧有县政府、农业局、青少年活动中心等。通多路公交车。

莲花坝村 [Liánhuābàcūn]　珠山镇人民政府驻地。在镇境北部。人口1600。以土家族为主,还有汉、苗、侗等民族。传明末冉家坳平坝水塘半夜长出金莲,故名。有中小学、卫生室、图书阅览室。农业以种植蜜柑、蔬菜、茶等为主,养殖生猪。工业有食品加工等。有县汽车客运中心。通公交车。

椒园镇 [Jiāoyuán Zhèn]　宣恩县辖镇。在县境西北部。面积176平方千米。人口2.6万,其中土家族占33.3%,还有苗、侗等民族。辖21村委会,有21自然村。镇人民政府驻椒园村。1975年由第一区析设椒园公社。1984年改椒园区。1995年析设和平区。1996年椒园、和平2区合设椒园镇。因镇政府驻地得名。有中学1所,小学1所,卫生院1个,文体服务中心1个。有施南土司皇城遗址、庆阳凉亭古街建筑群。有景点锣圈岩、洗草坝等。盛产茶叶、黄金梨。有椒园生态产业园。恩来、恩黔高速,209国道,省道椒石线过境。

椒园村[Jiāoyuáncūn] 椒园镇人民政府驻地。在县政府驻地珠山镇西北7千米。人口2000。以土家族为主,还有汉、苗、侗等民族。因早年盛产花椒得名。聚落呈散状。有中小学、卫生院。农业以种植茶、水果、蔬菜为主,养殖猪。工业有食品加工等。有生态产业园。恩来、恩黔高速,209国道,省道椒石线经此。

庆阳坝村[Qìngyángbàcūn] 在县政府驻地珠山镇西北15千米。椒园镇辖自然村。人口1700。以土家族为主,还有汉、苗、侗等民族。四面环山,中间为坝,西南方栗堡山形如卧磬,磬口朝东,据阴阳学说东方属阳,取名磬阳坝,后因同音讹为今名。聚落呈散状。有小学、卫生室。为中国历史文化名村、中国传统村落。有民族旅游区庆阳凉亭街。有古建筑燕子楼、凉亭、吊脚楼、戏楼等。农业以种植茶为主,养殖生猪。有茶业公司。椒庆环形公路经此。

沙道沟镇[Shādàogōu Zhèn] 宣恩县辖镇。在县境东南部。面积647平方千米。人口6.7万。以土家族为主,还有汉、苗、侗、彝等民族。辖49村委会,有49自然村。镇人民政府驻街上村。1950年为沙道区。1951年为第四区。1958年分设红旗、红色、高照3公社。1959年合为沙道公社。1984年分为沙道、沙坪2区。1995年划入来凤县代管。1996年均改乡。1998年复属宣恩县。2001年2乡合设沙道沟镇。古名畲刀沟。后西水冲击,沙砾满沟,更今名。有中学1所,小学1所,卫生院1个,卫生所51个。有彭家寨风景区、吊脚楼群。农业以种植柚子、玉米、薯类为主,养殖生猪。恩来高速、209国道、省道鸦来线过境。

街上村[Jiēshàngcūn] 沙道沟镇人民政府驻地。在县政府驻地珠山镇东南68千米。人口1500。以土家族为主,还有汉、苗、侗等民族。因系昔日沙道沟集镇街道得名。聚落呈团块状。有中小学、卫生院、文体中心。有土家族民俗三棒鼓、玩灯、哭嫁、建房祭鲁班等。有酿酒业、商贸服务业。省道鸦来线过境。

两河口村[Liǎnghékǒucūn] 在县政府驻地珠山镇东南74千米。沙道沟镇辖自然村。人口1400。以土家族为主,还有汉、苗、侗等民族。因龙潭河、红溪沟交汇得名。聚落呈散状。有小学、卫生室。为中国历史文化名村、中国传统村落。有彭家寨风景区土家族吊脚楼群、两河口苏维埃政府遗址等。主产白柚。通乡村公路。

李家河镇[Lǐjiāhé Zhèn] 宣恩县辖镇。在县境南部。面积220平方千米。人口5万。以土家族为主,还有汉、苗、侗等民族。辖40村委会,有40自然村。镇人民政府驻凤山村。1959年成立李家河公社。1961年改区。1995年划入来凤县代管。1996年改乡。1998年复属宣恩县。2013年改镇。因河流经李家庄园得名。有中学1所,小学1所,卫生院1个,卫生所41个。有水电站2个,水库3个。有板栗园伏击战战场等革命遗址3个。有国家级非物质文化遗产三棒鼓、滚龙连厢。农业盛产蜜柑、白柚。为恩施州柑橘第一乡。有宣恩工业园区宣南分区。恩来高速、209国道过境。

凤山村[Fèngshāncūn] 李家河镇人民政府驻地。在县政府驻地珠山镇西南80千米。人口1000。以土家族为主,还有汉、苗、侗等民族。传凤凰曾来村后山上得名。聚落呈散状。有中小学、卫生院、文化站。有传统民俗滚龙连厢、三棒鼓、打莲湘、哭嫁等。农业盛产蜜橘、白柚。工业有农产品加工、木业等。为宣恩县南部农副产品集散地之一。恩来高速、209国道经此。

万寨乡[Wànzhài Xiāng] 宣恩县辖乡。在县境北部。面积183平方千米。人口3万。以土家族为主,还有汉、苗、侗等民族。辖24村委会,有24自然村。乡人民政府驻大河坝村。1975年成立万寨、板场2公社。1984年合为万寨区。1996年改贡茶乡。2001年改万寨乡。因明末清初白莲教于此扎寨得名。有中学1所,小学1所,卫生院1个,卫生所24个。有后山沟、天鹅池、长槽湾水库。有洞坪水电站。有长沙河手工造纸作坊遗址。有国家4A级伍家台生态农业旅游区。农业以水稻、油菜、大豆、马铃薯为主,养殖猪。有茶叶加工业。县道宣万线过境。通多路公交车。

大河坝村[Dàhébàcūn] 万寨乡人民政府驻地。在县政府驻地珠山镇北29千米。人口2500。以汉族为主,还有土家、苗、回等民族。因田坝两侧均为河流得名。聚落呈散状。有中小学、幼儿园、卫生院、文化体育中心。农业以种植水稻、玉米、茶为主,养殖生猪。有茶叶加工业。县道宣万线经此。

长潭河侗族乡[Chángtánhé Dòngzú Xiāng] 宣恩县辖乡。在县境北部。面积433平方千米。人口3.8万,其中侗族占60%,还有汉、土家、苗等民族。辖39村委会,有39自然村。乡人民政府驻甘露村。1959年成立长潭公社。1984年改区。1996年改乡。2001年改长潭河侗族乡。因河水经此形成长潭得名。有中学1所,小学1所,卫生院1个,文体服务中心1个。有长潭河歼敌战场等革命遗址9个。有景点七姊妹山、两溪河卢家院子侗族吊脚楼群、宣恩八景之"仙女池清"等。农业主产茶叶、木瓜。有制茶业。县道王椿、松中、凉洗线过境。

甘露村[Gānlùcūn] 长潭河侗族乡人民政府驻地。在县政府驻地珠山镇东北34千米。人口1700。以土家族为主,还有汉、苗、侗等民族。清雍正年间(1723—1735)永顺洞前沙坝有人行路,雨停路干,得名干路上,1949年后以谐音更今名。聚落呈散状。有中小学、卫生院、文体中心。农业以种植玉米、水稻、红薯、马铃薯为主,养殖生猪。县道长椿线经此。

晓关侗族乡[Xiǎoguān Dòngzú Xiāng] 宣恩县辖乡。在县境西北部。面积421平方千米。人口4.3万,其中侗族占70%,还有汉、土家、苗等民族。辖40村委会,有40自然村。乡人民政府驻黄河村。1949年为晓关区。1958年分设东风、钢火2公社。1961年复晓关区。1975年分设晓关、桐子营2公社。1984年复晓关区。1995年分设晓关、桐子营2区。1996年均改侗族乡。2001年桐子营侗族乡并入晓关侗族乡。早年该地满山小寮竹(地方语称"筱"),前有山口,后有关口,故名筱关。后为书写方便改小关,抗战时期以光明吉祥之意改今名。有中学2所,小学1所,卫生院1个,卫生室41个。有民间艺术打耍耍、薅草锣鼓。有贺龙收编晓关神兵旧址等。有古迹武圣宫、禹王宫、倒洞塘钟鼓楼等。农业以种植水稻、玉米、马铃薯、红薯、茶为主,养殖猪。恩黔高速、省道椒石线过境。

黄河村[Huánghécūn] 晓关侗族乡人民政府驻地。在县政府驻地珠山镇西北27千米。人口3500。以侗族为主,还有汉、土家、苗等民族。因清嘉庆年间(1796—1820)黄姓定居河畔得名。聚落呈散状。有小学、卫生院、文体中心。有古迹禹王宫。农业主产茶叶。为宣恩北部农副土特产品集散地之一。恩黔高速、省道椒石线经此。

高罗乡[Gāoluó Xiāng] 宣恩县辖乡。在县境中部偏南。面积287平方千米。人口4.6万,其中土家族占40%,苗族占30%,还有汉、侗、壮等民族。辖32村委会,有32自然村。乡人民政府驻龙河村。1949年为高罗区。1951年改第七区。1975年改高罗公社。1984年复区。1995年划入来凤县代管。1996年改乡。1998年复归宣恩县。处盆地,依土家语取名"锅落",后谐音为今名。有中学1所,小学1所,卫生院1个,卫生室33个。有中共高罗区委机关旧址等。有宣恩古八景之"东关飞瀑""李溪层石"。有苗语村小茅坡营村。有特色文化苗歌、猴儿鼓、苗鼓舞。农业以种植水稻、玉米、马铃薯、红薯为主,养殖生猪。盛产白柚。有小型服装企业。有商贸业。恩来高速、209国道、县道桐高李线过境。

龙河村[Lónghécūn] 高罗乡人民政府驻地。在县政府驻地珠山镇南46千米。人口2900。以土家族为主,还有汉、苗、侗等民族。有凉风洞,洞出浑水,传为龙显灵,故名。有中小学、卫生院、文体中心。有中共高罗区委机关旧址、高罗初中事件旧址等。农业以种植白柚为主,养殖猪。为宣恩南部农副产品集散地之一。恩来高速、209国道经此。

椿木营乡[Chūnmùyíng Xiāng] 宣恩县辖乡。在县境东北部。面积206平方千米。人口1.3万。以土家族为主,还有汉、苗等民族。辖15村委会,有15自然村。乡人民政府驻长槽村。1953年为第八区。1955年并入第三区。1956年复第八区。1975年改椿木营公社。1984年改区。1996年改乡。因清代白莲教砍椿树搭棚扎营而得名。有中学1所,小学1所,卫生院1个,文体中心1个。有特色文化高腔山歌。有椿木营白岩溪农民协会旧址、不共戴天碑遗址等。农业主产药材、高山蔬菜。有小型药材加工企业。省道恩鹤线、县道王椿线过境。

长槽村[Chángcáocūn] 椿木营乡人民政府驻地。在县政府驻地珠山镇东北80千米。人口1600。以土家族为主,还有汉、苗、侗等民族。因两端出口均有狭长山体得名。聚落呈散状。有野生动物刺猬、果子狸、野猪、锦鸡等。有七姊妹自然保护区管护站。有中小学、卫生院、文体中心。为宣恩高腔山歌发源地。有椿木营乡苏维埃政府旧址。农业以种植反季节蔬菜、中草药为主。盛产党参、天麻、川乌等。省道恩鹤线、县道长椿线经此。

咸丰县

咸丰县[Xiánfēng Xiàn] 恩施土家族苗族自治州辖县。北纬29°40′,东经109°08′。在州境西部。面积2550平方千米。人口39.2万。以汉族为主,还有土家、苗、侗、朝鲜、回等民族。辖6镇、4乡。县人民政府驻高乐山镇。明洪武二十三年(1390)置大田所。清雍正十三年(1735)改咸丰县,取"咸庆丰年"之意。此后未变,先后属省、荆南道、施鹤道、鄂西行政委员会、第十行政督察区、第七行政督察区、恩施专区、恩施地区、鄂西土家族苗族自治州。1993年属恩施土家族苗族自治州。处武陵山余脉与大巴山之间。最高点石灰岩海拔1911.5米,最低点渔泉口海拔445米。年均气温14℃,1月平均气温−2℃,7月平均气温34℃。年均降水量1533毫米。唐崖河、曲江、南河等流经。有矿产资源煤、汞、大理石、石灰石、白云石、硅、铜等。有国家一级保护野生植物9种，二级保护野生植物41种，有药用植物1172种。有野生动物376种，其中有国家一级保护野生动物林麝、白鹤、金钱豹、中华虎冈蝶等，二级保护野生动物18种。有国家级忠建河大鲵、星斗山自然保护区，省级自然保护区坪坝营、白家河。有省级二仙岩湿地自然保护区。森林覆盖率73%。有高中1所，职中1所，初中12所，小学32所，教学点67个，幼儿园51所，二级医院3个。有全国重点文物保护单位唐崖土司城址。有飞凤楼、小南海地震遗址。有国家级非物质文化遗产南剧、土家族吊脚楼营造技艺，省级非物质文化遗产地盘子。有国家4A级旅游景区恩施唐崖河旅游风景区。三次产业比例24∶31∶45。农业以种植水稻、茶、粽粑叶、李子、葡萄、蔬菜等为主，养殖小龙虾、大闸蟹、猪、牛、羊、鸡。特产茶叶、花生、柑橘、梨等。为全国有机农业示范基地、全国重点产茶县，省生猪调出大县。工业以绿色食品、建材加工为主。服务业以旅游、宾馆、酒店、餐饮为主。有公路2692千米，内河航道100千米。恩黔高速，省道椒石、利智线过境。通多路公交车。

咸丰客运站［Xiánfēng Kèyùnzhàn］ 见交通运输设施部分“咸丰客运站”条。

高乐山镇［Gāolèshān Zhèn］ 咸丰县人民政府驻地。在县境中部。面积322平方千米。人口7.8万。以土家族为主，还有汉、苗、回、满、侗、蒙古等民族。辖5居委会、35村委会，有376自然村。镇人民政府驻城北社区。1957年一区改称城关区。后改公社。1961年置城关镇。1996年改高乐山镇。因山得名。中建河、唐崖河流经。有中学4所，小学13所，二级医院3个，卫生院1个，卫生室35个。农业以种植水稻、玉米、茶、糖梨为主。工业以建材加工、刺绣为主。有旅游业。有“中国糖梨第一镇”“中国刺绣第一镇”之称。恩黔高速，省道椒石、利智线过境。有长途汽车站。

楚蜀大道［Chǔshǔ Dàdào］ 在县城西南部。东起楚蜀一桥，西至红旗路。与沿河路、营屏寨路、大坝路相交。长3.1千米，宽50米。沥青路面。2000年开工，2001年建成。取唐崖土司城牌坊“荆南雄镇，楚蜀屏翰”2字命名。两侧有县政府、国土局、交通运输局、财政局、公安局、农业局等。通多路公交车。

城北社区［Chéngběi Shèqū］ 高乐山镇人民政府驻地。在县境北部。面积1.5平方千米。人口7700。因处县城北得名。2004年成立。有物业小区，建有高层住宅。有一站式公共服务大厅，内设市民学校、社区警务室、健身娱乐室、市民图书室等。有小学、二级医院等。有大型商场、停车场等。驻有气象局、卫计局等单位。有客运站。通多路公交车。

朝阳寺镇［Cháoyángsì Zhèn］ 咸丰县辖镇。在县境西南部。面积207平方千米。人口2.5万，其中土家族占70%、苗族占15%，还有汉、蒙古、朝鲜等民族。辖14村委会，有97自然村。镇人民政府驻水井槽村。1950年为第三区。1975年改燕朝公社。1984年分设杨洞、大路坝2区。1994年合设朝阳寺镇。因寺得名。唐崖河、土溪河、泗渡河流经。有矿产资源煤、石煤、大理石等。有中学1所，小学2所，卫生院2个，卫生室14个。有朝阳画廊、田氏夫人墓、红十八师抢渡唐崖河战场遗址等。有省级非物质文化遗产地盘子。为中国民间文化艺术之乡。农业以种植玉米、油菜等为主。特产红柚、茶叶。恩黔高速、省道椒石线过境。

水井槽村［Shuǐjǐngcáocūn］ 朝阳寺镇人民政府驻地。在县政府驻地高乐山镇西南30千米。人口2700。以土家族为主，还有汉族、苗族。因有水井兼山势呈凹槽形得名。聚落呈团块状。有中小学、卫生院。农业以种植玉米等为主。盛产蜜柚。有乡村旅游。恩黔高速、省道椒石线经此。

坪坝营镇［Píngbàyíng Zhèn］ 咸丰县辖镇。在县境南部。面积347平方千米。人口5.8万，其中土家族占51.3%、苗族占10.8%，还有汉、蒙古、回等民族。辖2居委会、41村委会，有425自然村。镇人民政府驻甲马池村。1950年为第二区。1958年改甲马池区。1958年成立星火公社，后改杨洞公社。1961年改杨洞区。1975年分设甲马池、杨洞2公社。1984年复杨洞区，同年析设甲马池区。1996年改甲马池镇、杨洞乡。2001年杨洞乡并入甲马池镇。2012年更今名。因处山间坪坝，曾驻扎军营得名。曲江、白家河、唐崖河流经。有矿产资源煤、大理石等。有中学1所，小学4所，卫生院1个，卫生室40个。有古迹虾蟆池石刻、蛮王牌等。有国家4A级坪坝营生态旅游区。农业以种植水稻、玉米、花生、中草药等为主。恩黔高速，省道椒石线，县道杨沙、黄坪线过境。

甲马池村［Jiǎmǎchícūn］ 坪坝营镇人民政府驻地。在县政府驻地高乐山镇西南38千米。人口2500。以土家族为主，还有汉族、苗族。传有水井多蛤蟆，得名虾蟆池。后因公文误写而改今名。聚落呈带状。有中小学、卫生院。有柜子岩古墓葬、清代石拱桥等。农业以种植水稻、玉米、杂粮为主。工业以煤矿开采为主。县道黄坪线经此。

忠堡镇［Zhōngbǎo Zhèn］ 咸丰县辖镇。在县境东部。面积119平方千米。人口1.6万。以土家族为主，还有汉、苗、回、侗等民族。辖1居委会、12村委会，有89自然村。镇人民政府驻明星村。1975年由城关区析设忠堡公社。1984年改镇。因山堡形如扑地钟得名钟堡，后演化为今名。三岔河、散毛河、龙洞河流经。有矿产资源白云石、重晶石等。有中学1所，小学2所，卫生院1个，卫生室13个。有忠堡大捷红军指挥部遗址。农业以种植水稻、玉米为主。产箬叶。工业以矿产开采、酿酒为主。省道利智线过境。

明星村［Míngxīngcūn］ 忠堡镇人民政府驻地。在县政府驻地高乐山镇东20千米。人口3300。以汉族为主，还有土家、苗、侗等民族。以美好愿望命名。聚落呈团块状。有白岩寨水库。有小学、卫生院、卫生所。农业以种植水稻、玉米、红薯、茶、黄金梨、草莓等为主。有商品零售服务业。省道利智线经此。

清坪镇［Qīngpíng Zhèn］ 咸丰县辖镇。在县境西北部。面积305平方千米。人口4.9万。以土家族为主，还有汉、苗、回等民族。辖34村委会，有250自然村。镇人民政府驻清水塘村。1936年清水塘、二台坪2乡各取一字合设清坪乡。1950年改第四区。1958年分设燎原、清坪2公社。1961年设清坪区。1975年复公社。1984年复区。1996年改镇。冷水河、龙潭河、南河流经。有中学3所，小学10所，卫生院1个，卫生室32个。有龙潭司民族武装暴动纪念碑、龙潭土司城遗址。农业以种植水稻、玉米为主。特产生漆、油桐、油茶、五倍子等。省道利智线过境。

清水塘村［Qīngshuǐtángcūn］ 清坪镇人民政府驻地。在县政府驻地高乐山镇西北30千米。人口1000。以土家族为主，还有汉、苗、回等民族。有泉水常年清如碧玉，故名。聚落呈散状。有中小学、卫生院等。农业以种植水稻、玉米、蔬菜为主，养殖猪。省道利智线经此。

唐崖镇［Tángyá Zhèn］ 咸丰县辖镇。在县境西部。面积320平方千米。人口4.3万。以土家族为主，还有汉、苗、满、朝鲜、蒙古等民族。辖1居委会、37村委会，有361自然村。镇人民政府驻唐崖社区。1959年成立尖山公社。1961年改区。1996年改乡。2014年改唐崖镇。因全国重点文物保护单位唐崖土司城址得名。唐崖河流经。有小水电1座，水库6个。有矿产资源煤、大理石、高岭土、方解石等。有中学1所，小学4所，卫生院1个，卫生室22个。有文体中心。农业以种植水稻、玉米、小麦、魔芋、茶、油菜等为主。唐崖旅游公路过境。

唐崖社区［Tángyá Shèqū］ 唐崖镇人民政府驻地。在县境中部偏西。面积20平方千米。人口1900。因唐崖河得名。2013年成立。民居以3—4层住宅楼、平房为主。有中心学校、卫生院、卫生所、文体中心。为唐崖古镇，有土家族吊脚楼建筑。有明代“钦依峒主”覃杰墓。唐崖旅游公路过境。

丁寨乡［Dīngzhài Xiāng］ 咸丰县辖乡。在县境西南部。面积193平方千米。人口3.3万，其中土家族占45%、苗族占20%、朝鲜族占11.5%，还有汉、回、壮等民族。辖21村委会，有127自然村。乡人民政府驻曲江村。1961年成立丁寨公社。1975年黄泥塘、十字路2公社并入。1984年湾田乡并入，改丁寨区。1996年改乡。原为沼泽，芦苇丛生，得名汀寨，后丁氏迁入改今名。野猫河、曲江流经。有矿产资源重晶石、石灰石、铝土、方解石等。有中学2所，小学4所，卫生院1个，卫生室14个。有“中国航空第一人”秦国镛故居。农业以种植蔬菜为主。特产魔芋、花生、白术、天麻、生漆等。恩黔高速、省道椒石线过境。

曲江村［Qūjiāngcūn］ 丁寨乡人民政府驻地。在县政府驻地高乐山镇西南15千米。人口2800。以土家族为主，还有汉、苗等民族。因西江弯弯曲曲得名。聚落呈块状。有小学、卫生院、卫生所。有古迹奎文阁、曲江楼、文峰塔、万寿宫、禹王宫、文昌宫等。农业以种植水稻、玉米为主。有蔬菜基地。恩黔高速、省道椒石线经此。

活龙坪乡［Huólóngpíng Xiāng］ 咸丰县辖乡。在县境西北部。面积312平方千米。人口3.8万。以土家族为主，还有汉、苗、侗、回等民族。辖37村委会，有442自然村。乡人民政府驻活龙坪村。1950年为第五区。1951年改活龙坪区。1958年成立超美公社。1961年复区。1975年改活龙坪公社。1996年改乡。因乡政府驻地得名。龙嘴河等流经。有矿产资源大理石、铝、盐等。有省级二仙岩湿地自然保护区。有中学1所，小学5所，卫生院1个，卫生室18个。有红军革命烈士陵园、红三军后方临时医院纪念碑等。农业以种植水稻、玉米、蔬菜、柑橘为主，养殖猪、鸡、鸭、鹅等。县道唐崖镇卷洞门—活龙坪集镇线过境。

活龙坪村［Huólóngpíngcūn］ 活龙坪乡人民政府驻地。在县政府驻地高乐山镇西北98千米。人口2700。以土家族为主，还有汉、苗、侗等民族。昔因频发火灾得名火龙坪，后改活龙坪。聚落呈散状。有中小学、卫生院。有活龙坪红军革命烈士陵园、红三军后方临时医院纪念碑、中共鄂川边工委机关驻地旧址金家洞等。农业以种植水稻为主。县道唐崖镇卷洞门—活龙坪集镇线经此。

小村乡［Xiǎocūn Xiāng］ 咸丰县辖乡。在县境西北部。面积226平方千米。人口2.2万，其中土家族占43%、苗族占37%，还有汉、蒙古、回、侗等民族。辖12村委会，有108自然村。乡人民政府驻小村。1958年成立红星公社。1961年改小村区。1975年改公社。1983年改区。1996年改乡。因乡政府驻地得名。南河流经。有矿产资源硒。有中学1所，小学4所，卫生院1个，卫生室12个。有湘鄂西中央分局大村会议遗址、红军洞、红军长征路、红军桥等。经济以农特产品生产和畜牧养殖为主，特产红衣花生、白茶、生漆。工业以茶叶、农特产品加工为主。县道小大、小李线过境。

小村［Xiǎocūn］ 小村乡人民政府驻地。在县政府驻地高乐山镇西北60千米。人口1000，其中土家族占50%、苗族占45%，还有汉、侗等民族。原名永太场，后因比邻近永兴场小而改今名。聚落成块状。有中小学、卫生院。有人头山、关帝庙旧址。有红军洞74烈士公园、鄂川边革命历史小村陈列馆等。农业以种植茶、水稻、玉米、花生等为主。县道小大、小李线经此。

黄金洞乡［Huángjīndòng Xiāng］ 咸丰县辖乡。在县境西北部。面积215平方千米。人口2.4万。以土家族为主，还有汉、苗、朝鲜、羌、侗等民族。辖20村委会，有148自然村。乡人民政府驻黄金洞村。1953年设黑洞区。1958年改黄金洞公社。1961年改区。1975年复公社。1996年改乡。因乡政府驻地得名。太平河、麻柳溪等流经。有矿产资源酸盐、煤、磷、云母等。有星斗山国家级自然保护区。有中学1所，小学3所，卫生院1个，卫生所1个。有国家4A级旅游景区黄金洞景区、麻柳溪休闲生态旅游区等。农业以种植水稻、玉米、小麦为主。产茶叶、琥珀金钩生漆、金丝桐油、黄连等。省道利智线过境。

黄金洞村［Huángjīndòngcūn］ 黄金洞乡人民政府驻地。在县政府驻地高乐山镇西北58千米。人口1300。以土家族为主，还有苗、羌、侗等民族。因洞穴名命名。聚落呈散状。有中小学、卫生院、文体中心。农业以种植茶、玉米、水稻为主。省道利智线经此。

来凤县

来凤县［Láifèng Xiàn］ 恩施土家族苗族自治州辖县。北纬29°25′，东经109°15′。在州境西南部。面积1344平方千米。人口33.3万。以土家族为主，还有苗、汉、侗、黎、瑶等民族。辖6镇、2乡。县人民政府驻翔凤镇。清乾隆元年(1736)置来凤县。此后至1949年先后属施南府、湖北省、鄂西行政区、第七行政督察区、恩施专区。1979年改来凤土家族自治县。1983年复名，属恩施土家族苗族自治州。传清乾隆元年(1736)半边城(翔凤山)上凤凰翔集，故敕名来凤。最高点大尖山海拔1621.3米，最低点金龙滩海拔339.9米。年均气温16℃，1月平均气温−4.3℃，7月平均气温37.9℃。年均降水量1331.1毫米。酉水流经。有矿产资源煤、铁、铅锌、重晶石、萤石、方解石、页岩气、大理石等。有国家重点保护野生植物24种。有野生动物130种，其中有国家重点保护野生动物54种。森林覆盖率56%。处鄂、湘、渝交界处。有职业学校1所，初中4所，小学65所，幼儿园49所，二级医院5个。有龙凤科教示范园、图书馆、福利院、体育场馆、民族文化中心。有全国重点文物保护单位仙佛寺摩崖石刻。有国家4A级旅游景区仙佛寺、杨梅古寨，国家3A级旅游景区卯洞。有民俗土家族摆手舞、地龙灯、三棒鼓、哭嫁歌等。有省旅游名镇百福司镇。有四星级酒店、农家乐各1个。三次产业比例20∶30∶50。农业种植生姜、藤茶、杨梅、魔芋、金银花等。产桐油、茶油。工业以能源、新材料、富硒食品加工、电子加工、土家工艺为主。服务业以边区贸易和文旅融合为重点。恩来高速、209国道、省道利智线过境。

接龙桥［Jiēlóng Qiáo］ 在县城南部。长80.5米，宽9米，最大跨度15米，桥下净高9.3米。清嘉庆十三年(1808)建设，1963年改造，1983年扩建。原取连接龙脉之意得名。第二次国内革命战争时期赋予其“盼红军、迎贺龙”之意。为小型河道桥梁，结构型式为拱桥。最大载重50吨。通公交车。

来凤县汽车客运站［Láifèng Xiàn Qìchē Kèyùnzhàn］ 见交通运输设施部分“来凤县汽车客运站”条。

翔凤镇［Xiángfèng Zhèn］ 来凤县人民政府驻地。在县境东南部。面积138平方千米。人口10.2万。以汉族为主，还有土家、苗、回等民族。辖4居委会、28村委会，有28自然村。镇人民政府位于接龙桥路。1950年设城关镇。1984年改翔凤镇。1994年接龙桥区并人。因传“翔凤山”有凤凰降临得名。有中学6所，小学9所，二级医院5个，卫生院4个。有庆凤山公园、来凤烈士陵园等。有全国重点文保单位、国家4A级旅游景区仙佛寺。农业以种植大棚蔬菜、花卉为主，有畜牧、水产养殖。有桂花树工业园。为鄂、湘、渝边区物资集散地。有商城、凤中路步行街等。恩来高速、209国道、省道利智线过境。有来凤县汽车客运站。

凤翔大道［Fèngxiáng Dàdào］ 在县城中部。东起凤翔大道河坝梁客运站，西至武汉大道。与东和平路、凤中路、凤南路相交。长4.2千米，宽16米。沥青路面。原中心路段为渝鄂公路，1996年分别延建航空路、民族路，2008年3路联通改今名。两侧有县民政局、工商局、银行、电力公司、酒店、购物中心等。通多路公交车。

凤中路［Fèngzhōng Lù］ 在县城东北部。东起凤翔大道，西至接龙桥路。与解放路、板桥路相交。长820米，宽10米。沥青路面。1980年建成东段，1991年建成西段，1994年全线贯通，2007年东段改造为商业步行街。因处县城中心得名。两侧有银行、商铺、居民小区等。通公交车。

百福司镇［Bǎifúsī Zhèn］ 来凤县辖镇。在县境南部。面积190平方千米。人口3.1万。以土家族为主，还有苗族、汉族。辖1居委会、23村委会，有23自然村。镇人民政府驻桂林书院社区。1949年设卯洞区，下辖百户司集镇。为表达对幸福生活向往，以“户”“福”在本地同音，遂将集镇更今名。1958年撤区改公社。1984年改为百福司镇。处鄂、湘、渝交界。酉水、怯道河流经。有中学1所，小学10所，卫生院1个，卫生所23个。有民族传统习俗喝油茶汤、跳摆手舞、住吊脚楼等。有民间工艺土家织锦西兰卡普、竹篾编扎。有国家3A级旅游景区卯洞。有景点落印潭、宣抚堡、月亮洞、仙人洞、茅杆洞瀑布等。农业以种植水稻、玉米、薯类为主。特产油桐、花生、中药材等。工业以电力为主。有纳激滩、金龙滩电站。省道利智线过境。

桂林书院社区［Guìlín Shūyuàn Shèqū］ 百福司镇人民政府驻地。在县境南部。人口1万。以土家族为主，还有苗、汉等民族。因古迹桂林书院得名。2001年成立。民居多为两层土家吊脚楼。有文化体育中心、文体广场。有千米滨河游廊、风情步行街、油码头等旅游景观。有小学、幼儿园、卫生室。农业以种植水稻、玉米为主。经济以旅游、商贸为主。省道利智线过境。通公交车。

兴安村［Xīng'āncūn］ 在县政府驻地翔凤镇东北64千米。百福司镇辖自然村。人口1100，其中土家族占96.4%，还有苗族。处鄂、湘、渝边界区，祈望平安祥和而得名新安，2008年更今名。聚落呈块状。为中国传统村落。有茶查溪吊脚楼群、大屋古学堂、大嗽宫等。有民族传统习俗“拦门”、唱哭嫁歌等。有金丝楠木群落。农业以种植玉米、水稻、薯类为主。省道东大线经此。

舍米湖村［Shèmǐhúcūn］ 在县政府驻地翔凤镇东北57千米。百福司镇辖自然村。人口700。以土家族为主，还有苗族、汉族。为土家族语译名，意为阳光照耀下的美丽小山坡。聚落呈带状。为中国传统村落。有省级文物保护单位古摆手堂。有传统民居吊脚楼。有民族传统习俗摆手舞。有原生态金丝楠木群落。农业以种植水稻、玉米、西瓜等为主。省道利智线经此。

大河镇［Dàhé Zhèn］ 来凤县辖镇。在县境西部边陲。面积325平方千米。人口5.1万。以汉族为主，还有土家、苗、侗等民族。辖1居委会、40村委会，有52自然村。镇人民政府驻大河坝社区。1950年设大河区。1952年改第七区。1958年改公社。1984年复区。1996年改镇。因镇政府驻地原名得名。有白岩山、天山坪山。大河坝河流经。有中学1所，小学8所，卫生院1个，卫生室40个。有省级文物保护单位牛王庙。有古迹川湖大界石碑。农业以种植水稻、玉米、薯类、茶、中草药等为主，养殖猪。工业以茶叶加工、白酒酿造等为主。省道讨橙线过境。

大河坝社区［Dàhébà Shèqū］ 大河镇人民政府驻地。在县境东北部。面积2平方千米。人口1.3万。河流交汇，河床积宽，形成平坝，故名。1952年成立。民居多为3—4层楼房。有小学、幼儿园、卫生院、福利院。经济以商品贸易为主，农业为辅。有农副产品加工。产品主要有藤茶、绿茶、白酒、猪肉等。省道讨橙线过境。通公交车。

冷水溪村［Lěngshuǐxīcūn］ 在县政府驻地翔凤镇东南47千米。大河镇辖自然村。人口900。以苗族为主，还有汉、土家等民族。因溪水凉得名。聚落呈团块状。有小学、幼儿园、卫生室。为中国传统村落。多古色古香的传统木屋。农业以种植水稻、玉米为主。特产楠竹、藤茶。通乡村公路。通公交车。

独石塘村［Dúshítángcūn］ 在县政府驻地翔凤镇东北44千米。大河镇辖自然村。人口1300。以苗族为主，还有汉、土家等民族。因石峰耸立深潭得名。聚落呈团块状。有小学、幼儿园、卫生室。为中国传统村落。建筑群坐落于山谷，保留大量吊脚楼，背靠大山，高低错落。农业以种植水稻、薯类等为主。特产白术、油茶。通乡村公路。

绿水镇［Lǜshuǐ Zhèn］ 来凤县辖镇。在县境西南部。面积115平方千米。人口2.5万。以汉族为主，还有土家、苗等民族。辖1居委会、17村委会，有17自然村。镇人民政府驻上寨社区。1975年由城关区划出3管理区、旧司区划出1管理区合并成立绿水公社。1984年撤社改为绿水区，1996年撤区改乡。2011年改镇。因老峡河流经，河谷幽深水绿得名。有初中1所，小学5所，卫生院1个，卫生所17个。有民间文化花鼓、莲湘(九子鞭)、马舞等。有四合工业园。农业以种植大棚蔬菜为主，有特色养殖业。特产凤头生姜、藤茶。省道利智线过境。

上寨社区［Shàngzhài Shèqū］ 绿水镇人民政府驻地。在县境西南部。面积1.5平方千米。人口3000。原因方位有上、下2寨，1962年合并，称今名。民居多为2—3层砖混楼房。有小学、幼儿园、卫生院。有文化活动花鼓、莲湘、马舞等。经济以生物发电、香精香料、非金属矿产加工为主，有四合工业园。有商贸服务业。省道利智线过境。通公交车。

旧司镇［Jiùsī Zhèn］ 来凤县辖镇。在县境中部。面积199平方千米。人口4.9万。以土家族为主，还有苗、汉、侗等民族。辖1居委会、32村委会，有71自然村。镇人民政府驻旧司社区。1946年为新街乡。1949年为第六区。1950年更名新安乡。1957年改为旧司区。1958年成立旧司公社。1962年复为旧司区。1975年析置高洞区，留存部分仍为旧司区(乡)。2001年高洞区(乡)并入旧司乡。2012年撤乡建旧司镇。因大旺司老司城得名。有矿产资源重晶石、白云石、石灰石、煤等。有初中2所，小学9所，卫生院1个，卫生所32个。有国家级非物质文化遗产地龙灯，省级非物质文化遗产三棒鼓。有民间特色文化山歌、傩戏等。农业以种植水稻、玉米、薯类为主。工业以煤矿开采为主。省道讨橙线过境。

旧司社区［Jiùsī Shèqū］　旧司镇人民政府驻地。在县境中部。面积1平方千米。人口4000。明末清初为大旺土司治所，后迁新街，故名。1975年成立。民居多为砖混结构。社区有广场，开展打花鼓、玩地龙灯、唱山歌等活动。有小学、幼儿园、卫生院。农业以种植水稻、玉米、小麦为主。经济以商业、生活服务业为主。省道讨橙线过境。通公交车。

革勒车镇［Gélèchē Zhèn］　来凤县辖镇。在县境西北部。面积116平方千米。人口2.1万。以土家族为主，还有苗、汉等民族。辖1居委会、17村委会，有17自然村。镇人民政府驻二龙山社区。1946年为申溪乡，次年改为革旧乡，驻地革勒车。1975年原旧司区和原三胡区部分地域划出成立革勒车公社，1984年撤公社建革勒车区。1984年革勒车区改乡。2014年改镇。因处2河交汇处得名。为土家族语译名。“革”有凶猛之意，“勒”代表数字“二”，“车”指水、河流。有天然湖泊和盲谷地貌。有矿产资源铅锌、重晶石、萤石等。有稀有珍贵植物25种。森林覆盖率70%。有初中1所，小学6所，卫生院1个，卫生所17个。农业以种植水稻、玉米、薯类、草药、漆树、油茶、油桐、茶为主。黔张常铁路、县道胡革线过境。

二龙山社区［Èrlóngshān Shèqū］　革勒车镇人民政府驻地。在县境西北部。面积1平方千米。人口700。二山相邻，中有土堡，似二龙抢宝，故名。2003年成立。民居多为吊脚楼，新增大量小洋楼。有活动广场，开展跳摆手舞、草把龙、打安庆、地花灯等民间文化活动。经济以商业为主，有商铺上百家。县道胡革线过境。通公交车。

漫水乡［Mànshuǐ Xiāng］　来凤县辖乡。在县境南部。面积134平方千米。人口2.3万，其中土家族占56%、苗族占22%，还有汉族等。辖1居委会、13村委会，有13自然村。乡人民政府驻新拱桥村。明永乐四年(1406)设漫水司。清乾隆元年(1736)改智乐里。1933年改智乐乡。1943年改漫水乡。1952年为第四区。1958年并入卯洞公社。1984年百福司镇析设漫水区。1996年改乡。处酉水之滨，因下游卯洞常阻而成泽国，故名。有中学1所，小学6所，卫生院1个，卫生所13个。有景点阿塔峡。农业以种植水稻、玉米、薯类、油桐、油茶为主。省道利智线过境。

新拱桥村［Xīngǒngqiáocūn］　漫水乡人民政府驻地。在县政府驻地翔凤镇西南35千米。人口1500。以土家族为主，还有汉族。清道光年间(1821—1850)向氏新修石拱桥以求子，与老拱桥对应，故名。聚落呈带状。酉水河流经。有中小学、卫生院、卫生所。农业以种植水稻、玉米等为主。省道利智线经此。

兴隆坳村［Xīnglóng'àocūn］　在县政府驻地翔凤镇西南31千米。漫水乡辖自然村。人口2700。山坳原有小店，生意兴隆，故名。聚落呈带状。有珍稀树种红豆杉、金丝楠木等。有省级红豆杉自然保护区。为中国传统村落。在一山湾里半坡上有落衣湾原生态村寨，为木质结构建筑。农业以种植水稻、玉米、生姜等为主。省道利智线经此。

渔塘村［Yútángcūn］　在县政府驻地翔凤镇西南41千米。漫水乡辖自然村。人口3100，其中土家族占34%、苗族占21%，还有汉族等。酉水河流经。地处峡谷，潭水深幽，当地“潭”“塘”不分，故名。聚落呈带状。有小学、幼儿园、卫生室。有景点阿塔峡。为中国传统村落。有传统木质建筑57栋。有犀牛潭的田家院子和王家沟的王家院子。有犀牛潭农民协会旧址，红军第十八师整编旧址。农业以种植玉米、水稻等为主，养殖山羊、牛、鲤鱼、土鸡。通乡村公路。

三胡乡［Sānhú Xiāng］　来凤县辖乡。在县境西部。面积125平方千米。人口3万，其中土家族占33%、苗族占21%。辖1居委会、15村委会，有36自然村。乡人民政府驻胡家沟社区。1949年由三堡岭、胡家沟2乡合设三胡乡。2乡各取一字得名。1958年改公社。1984年改区。1996年复乡。老虎洞河流经。有矿产资源重晶石、白云石、铅锌。森林覆盖率60%。有中学1所，小学5所，卫生院1个，卫生所15个。有古架山古杨梅群落，百年以上古杨梅树1000多棵，最大树龄1200年。为湖北杨梅第一乡。有国家4A级旅游景区杨梅古寨景区。有古道、古庙、古院落、古石林、古盐道。农业以种植水稻、玉米、红薯、马铃薯为主。黔张常铁路，省道讨橙、利智线，县道胡革线过境。

胡家沟社区［Hújiāgōu Shèqū］　三胡乡人民政府驻地。在县境西部。面积3平方千米。人口3700。清康熙四十八年(1709)唐氏自湖南会同县迁此，用4两胡椒买地建房，取名胡椒沟。雍正二年(1724)胡氏自贵州迁入，山湾处建村，名胡家沟湾，简称胡家沟。2003年村改社区。民居多为2—3层楼房。有小学、幼儿园、卫生院。农业以种植水稻、玉米为主。有商品零售贸易。黔张常铁路、省道利智线过境。通公交车。

黄柏园村［Huángbǎiyuáncūn］　在县政府驻地翔凤镇东北25千米。三胡乡辖自然村。人口1800。以苗族为主，还有汉族、土家族。因原有大黄柏树得名。又称杨梅古寨。聚落呈带状。为中国传统村落。有古院落、古盐道、古庙、古桥、古石林。有天然古杨梅群落。为省古杨梅群落自然保护区。农业以种植水稻、玉米、杨梅、藤茶、草药等为主。黔张常铁路、省道利智线经此。

石桥村［Shíqiáocūn］　在县政府驻地翔凤镇东北25千米。三胡乡辖自然村。人口1400。以苗族为主，还有土家、汉、侗等民族。老虎洞河流经。清乾隆三十五年(1770)10名村妇捐资建石桥，称十娘子桥，后演化为今名。聚落呈带状。为中国传统村落。多苗族建筑，青瓦木屋，粗梁大柱高门槛。农业以种植水稻、玉米、藤茶、茶为主。有农家乐。黔张常铁路、省道利智线经此。

鹤　峰　县

鹤峰县［Hèfēng Xiàn］　恩施土家族苗族自治州辖县。北纬29°53′，东经110°01′。在州境东南部。面积2868平方千米。人口22.3万。以土家族为主，还有苗、白、蒙古等民族。辖5镇、4乡。县人民政府驻容美镇。清雍正十三年(1735)设鹤峰州，因城后群山形如群鹤飞翔得名。1912年改鹤峰县。1949年后属恩施行政区。1980年改鹤峰土家族自治县，属恩施专区。1983年复鹤峰县，属恩施土家族苗族自治州。有云蒙山、八峰山、望乡台、威风台等。最高海拔2098.1米，最低海拔194.6米。年均气温低山15.4℃，高山9.8℃；1月平均气温低山4.6℃，高山1.4℃；7月平均气温低山25.8℃，高山20.7℃。年均降水量1662.9毫米。溇水河、芭蕉河、南渡江、官庄河等流经。有矿产资源页岩气、磷、百鹤玉等。有野生植物2797种，其中有国家重点保护野生植物红豆杉、伯乐树、珙桐树、银杏树等30种。有野生动物302种，其中有国家重点保护野生动物豹、林麝、黄腹角雉、黑熊、大灵猫、小灵猫、红腹锦鸡、红腹角雉、苏门羚、蛇雕等。有林木资源2797种，中草药2088种。有活立木蓄积量1157.5万立方米。有国家级木林子自然保护区。森林覆盖率76%。有高中2所，初中14所，小学24所，二级医院1个。有全国爱国主义教育基地湘鄂边苏区鹤峰革命烈士陵园、全国重点文物保护单位容美土司遗址。有景点屏山峡谷、董家河、五里坪革命旧址等。有土家族习俗打溜子、花鼓灯、傩愿戏、柳子戏、满堂音。三次产业比例20∶42∶38。农业主产茶叶、箬叶、高山蔬菜、中药材、水果。工业以水电、制药、农产品加工为主。服务业以旅游为主。省道鸦来、南鹤、巴鹤、恩鹤线过境。

容美镇［Róngměi Zhèn］　鹤峰县人民政府驻地。在县境中部偏西。面积310平方千米。人口4.2万。以土家族为主，还有苗、回、满等民族。辖4居委会、31村委会，有31自然村。镇人民政府驻容美村。1948年设容美乡。1950年改城关区。1958年成立城关公社，1960年为城关区。1975年设城关镇，1981年更名为容美镇。1984年析设城郊区。1997年城郊区并入。因镇政府驻地得名。溇水河、芭蕉河流经。有高中1所，初中1所，小学3所，二级医院1个，卫生院1个，卫生室20个。有湘鄂边苏区鹤峰革命烈士陵园、容美土司遗址、贺龙旧居等。农业以种植玉米、薯类、茶为主。工业以电力、农产品加工为主。省道鸦来、巴鹤线过境。

九峰大道［Jiǔfēng Dàdào］　在县城中部。东起云来路，西至风雨桥。与满山红东路、段德昌路、容美街相交。长6.1千米，宽8.5米。沥青路面。1988年开工，同年建成。因容美土司田舜年号九峰得名。两侧有县交通局、卫计局、农业局、司法局、商铺等。通多路公交车。

溇水大道［Lóushuǐ Dàdào］　在县城中部。东起中村大桥，西至鸡公洞大桥。与胜利街、连升路、圃子路、龙泉路相交。长3.3千米，宽8.5米。沥青路面。原为东、西、河、十字4小街，1953年统称为沿河路。2005年因紧邻溇水河更今名。两侧有酒店、海通大市场、银行、客运站等。通多路公交车。

容美村［Róngměicūn］　容美镇人民政府驻地。在镇境中部。人口1800。以土家族为主，还有汉、苗等民族。古称柘溪、容米、容阳，后改为今名。为土家族语译名，意为“妹妹住的地方”。是城中村，聚落沿公路呈带状分布。农业以种植玉米、马铃薯、红薯等为主。省道鸦来、恩鹤线经此。

走马镇［Zǒumǎ Zhèn］　鹤峰县辖镇。在县境东南部。面积498平方千米。人口4.8万。以土家族为主，还有汉、白、苗、满、回、侗等民族。辖3居委会、33村委会，有33自然村。镇人民政府驻古城村。1950年设走马区。1958年成立走马公社。1960年为走马区。1975年改走马公社。1984年复走马区。1997年改镇。传因东晋葛洪骑马云游至此发现田木耳(葛仙米)得名。有矿产资源磷。有江坪河、林溪河水电站。有高中1所,初中3所,小学5所,卫生院1个。有省级非物质文化遗产柳子戏、围鼓等。有景点杜家村红四军诞生地、木耳山万亩生态旅游观光茶园等。农业以种植水稻、玉米、薯类、茶、反季节蔬菜为主。特产葛仙米(固氮蓝藻)。工业以水电、建筑建材、磷化工为主。351国道,省道鹤石、鹤桑线过境。

古城村[Gǔchéngcūn] 走马镇人民政府驻地。在县政府驻地容美镇东南78千米。人口5100。以土家族为主,还有汉、苗、白等民族。清初为防御外敌,设立山寨,故名。聚落沿公路呈带状分布。有走马人民广场。有民间文化活动连响舞、狮子灯等。农业以种植水稻、茶为主。特产葛仙米。有集市贸易。省道鹤石、鹤桑线经此。

太平镇[Tàipíng Zhèn] 鹤峰县辖镇。在县境西部。面积320平方千米。人口1.7万。以土家族为主,还有汉、苗等民族。辖1居委会、18村委会,有18自然村。镇人民政府驻贺英路社区。1948年为太平乡。1958年改公社。1960年改区。1975年复公社。1984年复区。1997年改乡。2014年改镇。原常生纠纷,故取太平之意命名。有中学1所,小学2所,卫生院1个,卫生室5个。有烈士贺英殉难处、中共湘鄂西分局茅坝会议旧址等。有景点晴田洞、锣鼓圈石林等。农业以种植水稻、玉米为主。有水泥加工业。省道巴来、鹤桑线过境。

贺英路社区[Hèyīnglù Shèqū] 太平镇人民政府驻地。在县境西部。人口1000。以土家族为主,还有汉、苗等民族。为纪念贺英烈士而命名。2013年成立。民居以自建2—3层住宅楼为主。有小学、卫生院。经济以商品贸易为主。省道鸦来线过境。

燕子镇[Yànzi Zhèn] 鹤峰县辖镇。在县境东北部。面积370平方千米。人口2.2万。以土家族为主,还有汉、苗等民族。辖1居委会、29村委会,有29自然村。镇人民政府驻燕子村。1950年设燕子区。1958年为燕子公社。1965年复区。1975年改公社。1984年又为燕子区。1997年改燕子乡。2013年改镇。因镇政府驻地得名。有孔家垭、黄家大山、头二三尖、神索岭等。有中学1所,小学2所,卫生院1个,卫生室20个。有皮影戏、根雕艺术。有景点桃花山水电站、蛤蟆颈水库、燕子溪水库、董家河坡立谷等。农业以种植玉米、薯类、草药、反季节蔬菜为主。工业以水电、矿产为主。省道鸦来线过境。

燕子村[Yànzicūn] 燕子镇人民政府驻地。在县政府驻地容美镇东北30千米。人口1200。以土家族为主,还有汉、苗等民族。因有燕子坪得名。土王田舜年赞誉本地"黑石棋布,如群燕掠地而飞"。聚落呈带状。农业以种植玉米、薯类为主。省道鸦来线经此。

中营镇[Zhōngyíng Zhèn] 鹤峰县辖镇。在县境西北部。面积415平方千米。人口2.4万。以土家族为主,还有苗、蒙古、汉等民族。辖2居委会、32村委会,有32自然村。镇人民政府驻八字山村。1948年设中营乡。1951年设中营区。1958年成立中营公社。1960年复区。1975年改中营、北佳2公社。1984年改中营、北佳2区。1997年改中营乡、北佳乡。2011年2乡合并为中营乡。2013年改镇。传改土归流后,清政府曾派兵驻此,设5营,此为中营。有中学2所,小学2所,卫生院1所,卫生室17个。有红三军、红四军军部遗址等。有省级非物质文化遗产鹤峰山歌燕将班、麻水川号儿。农业以种植玉米、水稻、茶、草药、反季节蔬菜为主。省道恩鹤线过境。

八字山村[Bāzìshāncūn] 中营镇人民政府驻地。在县政府驻地容美镇西北29千米。人口1000。以土家族为主,还有汉、蒙古、苗等民族。因山形似"八"字得名。聚落呈带状。农业以种植玉米、马铃薯、红薯为主。县道城北线经此。

铁炉白族乡[Tiělú Báizú Xiāng] 鹤峰县辖乡。在县境东南部。面积228平方千米。人口1.5万,其中白族占31.8%,还有土家、苗等民族。辖12村委会,有12自然村。乡人民政府驻铁炉村。1948年设铁炉乡。1950年属走马区。1975年改铁炉公社。1984年改乡。1989年改区。1997年复乡。2006年改铁炉白族乡。因乡政府驻地得名。有水电站5座。有中学1所,小学2所,卫生院1个,卫生室10个。有江口唐家渡新石器出土文物采集点。有白族民间艺术九子鞭、仗鼓舞等。有水果、茶叶、药材基地。省道杨铁、走桑线,县道回风线过境。

铁炉村[Tiělúcūn] 铁炉白族乡人民政府驻地。在县政府驻地容美镇东南126千米。人口1800。以白族为主,还有土家、汉、苗等民族。曾因姓氏得名李杨坪,后因生长大片荻芦改称荻芦坪。清代开铁匠铺,因音近而演化为今名。聚落呈团块状。有白族特色民居。有中小学。农业以种植茶、水果等为主,养殖淡水鱼。

五里乡[Wǔlǐ Xiāng] 鹤峰县辖乡。在县境东南部。面积380平方千米。人口2.2万。以土家族为主,还有苗、汉等民族。辖1居委会、21村委会,有21自然村。乡人民政府驻红苏社区。1948年设五里乡。1949年并入走马、燕子2区。1960年析设五里区。1997年改乡。因乡政府驻地得名。有中学1所,小学4所,卫生院1个,卫生室12个。有全国重点文物保护单位五里坪革命旧址。有省级非物质文化遗产满堂音。有中国少数民族特色村寨南村。农业主产玉米、马铃薯、茶叶、箬叶。省道南鹤线过境。

红苏社区[Hóngsū Shèqū] 五里乡人民政府驻地。在县境东部。人口800。以土家族为主,还有汉、苗等民族。因曾建红色苏维埃政府而得名。2014年成立。民居以自建2—3层住宅楼为主。有中小学、卫生院。经济以商品零售贸易为主。省道南鹤线过境。

五里村[Wǔlǐcūn] 在县政府驻地容美镇东南60千米。五里乡辖自然村。人口800。以土家族为主,还有汉、苗等民族。处山前小平原,集镇延伸均不下5华里,故名。聚落呈团块状。有全国重点文物保护单位五里坪革命旧址。农业主产茶叶、箬叶。省道南鹤线经此。

下坪乡[Xiàpíng Xiāng] 鹤峰县辖乡。在县境东北部。面积161平方千米。人口1.5万。以土家族为主,还有汉、苗等民族。辖1居委会、13村委会,有13自然村。乡人民政府驻下坪村。1941年设下坪乡。1958年改公社。1960年改区。1997年改乡。因乡政府驻地得名。有木林子国家自然保护区。有中学1所,小学1所,卫生院1个,卫生室100个。有地方特色文化傩戏。农业以种植玉米、水稻、小麦、薯类、茶、油菜、魔芋为主。工业以水电、矿业为主。有茶叶生产基地。省道巴鹤线过境。

下坪村[Xiàpíngcūn] 下坪乡人民政府驻地。在县政府驻地容美镇东北28千米。人口2200。以土家族为主,还有汉、苗等民族。传容美土司王巡至此地,见其地形而取名。聚落呈团块状。有初中。农业以种植玉米、薯类、茶、魔芋为主。省道巴鹤线经此。

邬阳乡[Wūyáng Xiāng] 鹤峰县辖乡。在县境东北部。面积186平方千米。人口1.8万。以土家族为主,还有汉、苗等民族 。辖16村委会,有16自然村。乡人民政府驻邬阳村。1958年成立邬阳公社。1984年并入下坪区。1989年析设邬阳区。1997年改乡。因乡政府驻地得名。咸盈河、岳家河流经。有金鸡口电站。有中学1所,小学2所,卫生院1个,卫生室12个。有国家级非物质文化遗产土家族撒叶儿嗬。农业以种植玉米、水稻、小麦、茶、板栗为主。工业以水电、农副产品加工为主。省道巴鹤线过境。

邬阳村[Wūyángcūn] 邬阳乡人民政府驻地。在县政府驻地容美镇东北58千米。人口1500。以土家族为主,还有汉、苗等民族。因容美田氏土司派驻守官姓邬得名。聚落呈团块状。有初中。有土家吊脚楼。农业以种植玉米、水稻、薯类、茶、板栗为主。通乡村公路。

省直辖县级行政单位

仙桃市

仙桃市[Xiāntáo Shì] 湖北省直辖县级市。北纬30°12′,东经113°17′。在省境中部偏南。面积2538平方千米。人口155万。以汉族为主,还有回、蒙古、壮、苗、满、高山、白、藏、土家、维吾尔、纳西、瑶、彝等民族。辖3街道、15镇。市人民政府驻沙嘴街道。南朝梁天监二年(503)由竟陵郡析设沔阳郡。北周改复州,旋复沔阳郡。隋改沔州,旋复沔阳郡。唐武德五年(622)改复州。宋熙宁六年(1073)废。元祐元年(1086)重置。元至元十二年(1275)改复州路。十五年(1278)改沔阳府。明洪武九年(1376)降府为州,玉沙县地并入,治沔阳城。天启元年(1621)降为散州。1913年改县。1949年属沔阳专区。1951年析出洪湖县(今洪湖市),旋改属荆州专区。1952年县政府迁驻仙桃镇。1986年设仙桃市(县级),属荆州地区。1994年改为省直辖。因原仙桃镇得名。汉江、锦瑞河呈尖刀形夹流,称尖刀嘴。明嘉靖十年(1531)州派驻2吏,觉名不雅,以谐音"仙桃"代之。先后修建仙桃大道、黄金大道、新城大道、沔州大道、汉江路,大中型桥梁17座。1995年建成流潭公园。2013年建成沔阳公园。2014年形成"一轴两心三片"城市布局,前通路为主轴线,设南城、城北2综合中心,城区东、西、西南为工业新区。有标志性建筑四星级天诚大酒店、武商仙桃购物中心、银泰商城大厦。海拔26.3米。属亚热带大陆性季风气候。年均气温16.3℃,1月平均气温3.9℃,7月平均气温

28.4℃。年均降水量1211.5毫米。通顺河流经。有矿产资源岩盐、石油、石榴石、白钛石、磁钛、铁等。有硒土。有野生植物1005种，其中国家重点保护野生植物有水杉、银杏、皂荚树、半夏。有野生动物154种，其中国家重点保护野生动物有黑鹳、白头鹤、水獭等26种。有沙湖国家级湿地公园。有省级森林公园1个。森林覆盖率17%。有高校1所，中专3所，中学42所，小学111所，三级医院2个，二级医院12个，青少年活动中心1个，书院1个，图书馆1个，博物馆1个，戏剧、歌舞表演团体2个。有国家级非物质文化遗产沔阳剪纸、沔阳花鼓戏、沔阳麦秆剪贴，省级非物质文化遗产沔阳皮影戏、沔阳民歌、沔阳善书、沔阳渔鼓、沔阳道情、沔阳三蒸、仙桃贝雕等。为中国民间文化艺术之乡。三次产业比例15∶54∶31。农业种植水稻、棉花、油菜、芝麻、大豆、花生、莲藕、菱角等，养殖鲤鱼、鲢鱼、鳜鱼、鳊鱼、小龙虾等。为国家重点粮、棉、油、猪、鱼、蛋生产基地。工业以轻纺、化工、制衣、电子、机械、食品加工为主。汉宜铁路，沪渝、孝仙嘉、随岳高速，240、318国道，省道汉仙、张洪、仙监线过境。通多路公交车。

体育广场［Tǐyù Guǎngchǎng］　在市区北部。面积11.7公顷。2002年开工，2003年建成。因体育馆得名。分东、西2广场。有体育馆、李小双体育学校。有人物雕像、奥运会徽雕塑、音乐喷泉、水幕电影、游船、花棚、走廊、土山、休闲阁、门球场、巨型电视屏等。周边有中学、银行、购物广场等。通公交车。

解放大道［Jiěfàng Dàdào］　在市区北部。东起昌升路，西至汉江路。与何李路、大新路、爱民路、共青路相交。长8千米，宽20米。沥混路面。明末修建。清代东延为3段，名油榨湾街、十全街、中山正街。1956年合并拓宽，更名解放正街。1995年西延，更今名。两侧有居住小区、酒店、中小学等。通公交车。

沔阳大道［Miǎnyáng Dàdào］　在市区北部。东起叶王路，西至复州大道。与青年路、流潭北路、何李路、钱沟路、大新路相交。长4.5千米，宽30米。沥混路面。1979年开工，1985年建成。曾名钱沟大道、四化路、勉阳大道，1995年因原沔阳县更今名。两侧有流潭公园、市四中、市血防医院、新华书店、商城大厦、市第三医院、粮食局、天怡酒店等。通多路公交车。

仙桃大道［Xiāntáo Dàdào］　在市区中部。东起杜台路，西至西环路。与丝宝路、干河路、汉江路、宏达路、钱沟路等相交。长10千米，宽60米。沥混路面。1991年开工，1995年建成。两侧有中粮集团、农副产品批发中心、客运站、图书馆、体育广场、中医院、居住小区等。通多路公交车。

仙桃客运站［Xiāntáo Kèyùnzhàn］　见交通运输设施部分“仙桃客运站”条。

沙嘴街道［Shāzuǐ Jiēdào］　仙桃市人民政府驻地。在市境北部。面积45平方千米。人口5.9万。1986年设。明初沼泽中土墩上常年冒沙，如自嘴里吐出，后土墩连成片，故名。有高校1所，高中2所，小学5所，三级医院2个，二级医院4个，卫生院1个，卫生所4个。经济以电子、机械为主。沪渝高速，318国道，省道汉仙、仙洪线过境。通公交车。

干河街道［Gānhé Jiēdào］　属仙桃市。在市境北部。面积82平方千米。人口16万。1986年设。因原干河村得名。有中学5所，小学4所，二级医院5个，卫生院1个，卫生所31个。经济以工业为主，有食品加工、日化、塑胶加工、化工、包装等。有高新科技工业园1个，大型购物中心4个。沪渝高速、318国道过境。通公交车。

龙华山街道［Lónghuáshān Jiēdào］　属仙桃市。在市境北部。面积40平方千米。人口10.9万。1986年设。因龙华山得名。有中学3所，小学4所，二级医院3个，卫生院1个，卫生所15个。有体操学校、电视台、青少年文化宫、体育馆、公园。有仙桃烈士纪念碑、红二军团机关遗址、杜家台分洪闸等。经济以工业为主，有机械、纺织、医药、包装材料、食品加工等。沪渝高速、318国道过境。通公交车。

郑场镇［Zhèngchǎng Zhèn］　仙桃市辖镇。在市境西北部。面积108平方千米。人口7.5万。辖1居委会、28村委会，有237自然村。镇人民政府驻大有社区。1975年由毛嘴公社析设郑场公社。1984年改区。1987年置镇。因镇政府原驻地郑场村得名。有初中1所，小学4所，卫生院1个，卫生所28个，图书室30个。有中国传统村落渔泛村。农业以种植黄豆等旱杂粮及棉花为主。240国道过境。有汉江航道。

大有社区［Dàyǒu Shèqū］　郑场镇人民政府驻地。在市境西北部。面积5平方千米。人口8000。因大有庵得名。1986年成立。民居为砖混结构，3—6层楼房，一般为大挑檐坡屋顶设计，门高窗阔，具现代简约风格。有健身器材、休闲广场、公园等，开展时事宣传、文体活动等。有中小学、卫生院、文化站等。经济以橡胶、棉纺、饮料、豆豉等加工业为主。县道李谢线经此。

渔泛村［Yúfàncūn］　在市政府驻地沙嘴街道西北48千米。郑场镇辖自然村。人口1800。元代为湖中陆地，渔民在渔泛旺季捕捞鱼虾，故名。聚落呈带状。为中国传统村落。有渔泛峰古镇。现存明清院落50间。有600多年银杏树。

毛嘴镇［Máozuǐ Zhèn］　仙桃市辖镇。在市境西北部。面积115平方千米。人口7.6万。辖2居委会、30村委会，有268自然村。镇人民政府驻向阳社区。1950年设十三区。1958年改毛嘴公社。1984年置镇。因镇政府原驻地毛家嘴得名。有初中1所，小学6所，卫生院1个，卫生所30个。农业以养殖生猪为主。工业以制衣、轻纺、食品加工、机械制造为主。汉宜高铁，随岳、沪渝高速，240、318国道过境。

向阳社区［Xiàngyáng Shèqū］　毛嘴镇人民政府驻地。在市境西北部。面积2平方千米。人口7900。以美好寓意命名。1996年成立。民居有高层住宅楼及3—5层楼房，为砖混结构、大挑梁坡屋顶设计，具简欧风格。有休闲广场、健身器材、阅读室等，开展时事宣传、文体等活动。有中小学、卫生院、文化站等。工业有材料加工、机械制造、锻造、食品加工等。汉宜高铁，随岳、沪渝高速，240、318国道经此。

剅河镇［Lóuhé Zhèn］　仙桃市辖镇。在市境西南部。面积175平方千米。人口8.2万。辖2居委会、38村委会，有280自然村。镇人民政府驻梨园社区。1961年由毛嘴公社析设剅河区。1975年改公社。1984年复区。1987年置镇，析设谢场乡。2001年谢场乡并入。因镇政府原驻地剅河得名。明嘉靖《沔阳州志》载，因古渗地下河芦洑河得名，古人称地下河为潜或剅，故名。有初中2所，小学5所，卫生院2个，卫生所38个，文化站1个。有古迹桃花长廊景观带、陈友谅晒甲垸、范关古城遗址、红军桥等。经济以农业为主，种植蔬菜、桃，养殖生猪、鸡、鸭、淡水产品等。特产银鲫、河蟹、小龙虾等。随岳高速、县道毛通线过境。

梨园社区［Líyuán Shèqū］　剅河镇人民政府驻地。在市境西部。面积3平方千米。人口6700。2005年成立。原种梨树颇多，故名。民居一般为高层建筑，另有3—5层楼房，砖混结构，具高门阔窗、大挑梁、坡屋顶、简约明快的建筑风格。有休闲广场、公园、健身器材等，开展时事宣传、文体等活动。有中小学、卫生院等。经济以工业、商业为主。随岳高速、县道毛通线经此。

三伏潭镇［Sānfútán Zhèn］　仙桃市辖镇。在市境西北部。面积119平方千米。人口8.2万。辖2居委会、34村委会，有256自然村。镇人民政府驻联愿社区。1975年由八一公社析设三伏潭公社。1984年改区。1987年置镇。清代民众冒三伏酷暑御洪，围垸种田，得名三伏垸，后因洪患溃堤成潭更今名。有初中1所，小学6所，卫生院1个，卫生所33个，文化站1个。有国家级非物质文化遗产仙桃麦秆贴画。农业发展虾稻共育，种植中草药、花生、花卉苗木，养殖淡水鱼类、生猪、家禽等。工业以农副产品加工、精细化工、纺织服装为主。汉宜高铁、沪渝高速、318国道过境。

联愿社区［Liányuàn Shèqū］　三伏潭镇人民政府驻地。在市境西北部。面积3平方千米。人口9700。以“联合大众力量，实现美好愿景”寓意命名。1987年成立。民居有3—5层楼房。有公园、休闲广场、健身器材、阅读室、棋牌室等，开展时事宣传、家政服务、文体、休闲娱乐、养老服务等活动。有中小学、卫生院、文化站等。有食品、农产品、无纺布、医药材料用品加工业。沪渝高速、318国道经此。

栗林嘴村［Lìlínzuǐcūn］　在市政府驻地沙嘴街道西北22千米。三伏潭镇辖自然村。人口2500。明初有栗树林，处排湖北尖嘴之上，故名。聚落呈带状。形成朗德鹅养殖和加工产业链，以“公司+基地+农户”模式集约化经营。2011年被评为全国文明村。

胡场镇［Húchǎng Zhèn］　仙桃市辖镇。在市境西北部。面积171平方千米。人口9万。辖3居委会、40村委会，有231自然村。镇人民政府驻胡场。1949年设第一区。1958年改八一公社。1984年改胡场区。1986年置镇，析设麻港乡。2001年麻港乡并入。因镇政府驻地得名。有初中2所，小学5所，卫生院2个，卫生所40个，文化站1个，农家书屋35个。农业主要种植油菜、花生、芝麻、大豆、棉花、蔬菜、食用菌、瓜果，养殖生猪、家禽等。工业以纺织、食品加工、机械制造、建材为主。沪渝高速、318国道过境。

胡场［Húchǎng］　胡场镇人民政府驻地。在市政府驻地沙嘴街道西北14千米。人口1.1万。清初有胡姓等来居，渐成小集场，得名胡家场。后一度更名吴家场。至清光绪年间(1875—1908)因胡姓连续出3举人，复名胡家场，简称胡场。聚落呈团块状。有中小学、市精神病医院、卫生院。有汽车零部件、锅炉制造，包装加工等产业。沪渝高速、318国道经此。

长埫口镇［Chángtǎngkǒu Zhèn］　仙桃市辖镇。在市境东北部。面积190平方千米。人口11.9万。辖1居委会、64村委会，有273自然村。镇人民政府驻长虹社区。1950年设第三区。1958年改长埫口公社。1984年改区。1986年置镇，析设大福、敦厚2乡。后大福乡改镇。2001年大福镇、敦厚乡并入。传清代襄河积水成潭，行人须蹚水而过，故名长淌口，后改淌为埫。有初中3所，小学5所，卫生院3个，卫生所64个。有国家级非物质文化遗产沔阳剪纸。有苗木花卉基地。工业以医用卫材、塑料制品、精细皮革加工，机械制造为主。有专业市场7个。汉宜高铁，沪渝、孝仙嘉高速，318国道过境。有仙桃东站、仙桃港。

长虹社区［Chánghóng Shèqū］　长埫口镇人民政府驻地。在市境东北部。面积2平方千米。人口4100。以美好寓意命名。2004年成立。民居以高、低层楼房为主,另有3—5层砖混结构民居,具门高窗阔、白墙青瓦的简约建筑风格。有休闲广场、健身器材、图书室、棋牌室等,开展时事宣传、家政服务、养老服务,组织体育、文艺、休闲娱乐等活动。有中小学、幼儿园、卫生院、文化站等。经济以轻纺、精细化工、服装加工、农副产品加工、商业为主。318国道经此。

集木场[Jímùchǎng] 在市政府驻地沙嘴街道东北14千米。长端口镇辖自然村。人口1700。传曾洪水成灾,禹王宫内禹王化雄鸡飞此高鸣,唤醒人们筑堤抗洪,称鸡鸣场。清代为木材集散地,更今名。聚落呈带状。有国家级非物质文化遗产沔阳剪纸。长集公路等经此。

西流河镇[Xīliúhé Zhèn] 仙桃市辖镇。在市境东南部。面积196平方千米。人口10.3万。辖2居委会、64村委会,有280自然村。镇人民政府驻合丰。1950年设第十五区。1958年改西流河公社。1984年置镇。1986年析设下查埠镇。1987年析设杜窑乡。2001年下查埠镇、杜窑乡并入。每逢长江水位上涨,小襄河水由东向西倒流,故名。有初中2所,小学7所,卫生院1个,卫生所64个。有明丞相台遗址、湘鄂西省川阳县政府旧址、红军桥、柳沟苏维埃海关旧址、红三军医院旧址、红军机械所旧址等。有胡家台抗日战争纪念地。农业以淡水养殖为主,有稻鸭共育基地。特产黄鳝、小龙虾、鳜鱼等。工业以食品加工、玻璃制造、化工、电线、铸造、无纺布加工为主。沪渝、孝仙嘉高速,县道仙西线过境。

合丰[Héfēng] 西流河镇人民政府驻地。在市政府驻地沙嘴街道东南23千米。人口1900。以美好愿望命名。聚落呈带状。有卫生院。以种植粮食、蔬菜与水产养殖为主。县道仙西线经此。

沙湖镇[Shāhú Zhèn] 仙桃市辖镇。在市境东南部。面积170平方千米。人口5.1万。辖1居委会、35村委会,有131自然村。镇人民政府驻玉沙社区。1949年设第四区。1958年改沙湖公社。1984年置镇。因旱年有湖泊、沙滩,俗称沙湖,后渐成集镇。地因湖名。有隔垱湖、五湖、东耳子湖、西耳子湖、小湖等。为内陆候鸟繁殖区,有国家一级保护野生植物2种,二级保护野生植物7种。有国家一级保护野生动物黑鹳、白头鹤,国家二级保护野生动物虎纹蛙、普通鹭、白头鹞、游隼等30多种。有初中1所,小学4所,卫生院1个,卫生所35个。有沙湖遗址、沙湖国家级湿地公园。有省级非物质文化遗产沙湖贝雕。农业以种植油菜、芝麻、大豆、花生、棉花、蔬菜、食用菌等,养殖螃蟹、淡水鱼等为主。特产沙湖皮、沙湖红莲。工业以食品加工、化工、无纺布制品加工为主。孝仙嘉高速、省道汉仙线过境。

玉沙社区[Yùshā Shèqū] 沙湖镇人民政府驻地。在市境东南部。面积4平方千米。人口7600。传曾为洞庭湖边沙滩,宋仁宗乘船至此时,阳光照射,玉沙耀眼,叹"好一个玉沙呀",故名。1999年成立。民居以3—5层楼房为主。有公园、休闲广场、健身器材、图书室、棋牌室等,开展时事宣传、家政服务、文体活动等。有中小学、卫生院。有省级非物质文化遗产沙湖贝雕。有豆皮加工、贝雕外贸产业。孝仙嘉高速、省道汉仙线经此。

杨林尾镇[Yánglínwěi Zhèn] 仙桃市辖镇。在市境东南部。面积254平方千米。人口9.2万。辖2居委会、58村委会,有354自然村。镇人民政府驻杨林尾社区。1950年设第五区。1958年改杨林尾公社。1984年置镇。因镇政府原驻地得名。有越舟湖、鲫鱼湖、白莲湖、东南湖、盐包湖、杨权湖、塘林湖、团鱼湖、南丰湖等。有国家二级保护野生动物猴面鹰。有初中3所,小学3所,卫生院1个,卫生所57个。有省级文物保护单位鄂中特委纪念碑。有红桥战斗遗址等革命遗址8个。农业以种植甘蔗,养殖甲鱼、小龙虾等为主,盛产鱼、虾、贝类。为中国养鳖第一镇。工业以机械、服装、卫材、建材为主。省道白沙线、县道彭杨线过境。

杨林尾社区[Yánglínwěi Shèqū] 杨林尾镇人民政府驻地。在市境东南部。面积3平方千米。人口2.7万。明清时期此地为古冲河(今东荆河)堤岸,村处杨树林带尾端,故名。1985年成立。民居以3—5层楼房为主。有城市客厅、休闲广场、健身器材、图书室、棋牌室等,开展时事宣传、家政服务、文体、养老服务等活动。有中小学、卫生院。经济以机械制造、钢瓶加工、制衣、商贸为主。省道白沙线、县道彭杨线经此。

兴隆村[Xīnglóngcūn] 在市政府驻地沙嘴街道东南21千米。杨林尾镇辖自然村。人口1100。因兴隆洲得名。聚落呈带状。有文化广场、农家书屋、文化活动室、篮球场。农业以种植大棚蔬菜为主。建成农业休闲、旅游、观光、采摘于一体的现代农业产业园。2011年被评为全国文明村。省道仙杨线经此。

彭场镇[Péngchǎng Zhèn] 仙桃市辖镇。在市境东南部。面积163平方千米。人口9.9万。辖1居委会、50村委会,有223自然村。镇人民政府驻共同社区。1949年设彭场镇、第二区。1958年合为彭场公社。1984年分设彭场区、彭场镇。1985年合为彭场区,析设何场镇。1986年彭场区改镇。2001年何场镇并入。清康熙年间(1662—1772)彭姓开店经商,形成集镇,名彭家场,简称彭场。有初中1所,小学6所,卫生院1个,卫生所50个。农业以养殖黄鳝、小龙虾、河蟹等,种植蔬菜、瓜菜、食用菌为主。有农业科技园、珍菇园。工业以无纺布产业为主。省道汉仙线过境。

共同社区[Gòngtóng Shèqū] 彭场镇人民政府驻地。在市境中部。面积5平方千米。人口5万。2005年成立,以"共同富裕、共同上升"之意取名。民居均为3—5层砖混结构,采用高门阔窗、大挑梁、坡屋顶、简约明快的地道仙桃地方建筑风格和欧式风格。有中小学、文化站、文化宫、图书室、公园、超市。有民间艺术龙灯、高跷、皮影、划龙船、唱沔阳花鼓戏等。工业以无纺布制造及制品加工、机械制造为主。省道汉仙线经此。

张沟镇[Zhānggōu Zhèn] 仙桃市辖镇。在市境中部偏南。面积144平方千米。人口8.1万。辖2居委会、45村委会,有168自然村。镇人民政府驻张家沟。1949年设第三区。1958年改张沟公社。1984年置镇。因镇政府驻地得名。有初中1所,小学5所,卫生院1个,卫生所45个。有越舟湖遗址、沧浪馆、张难先故居、鄂中特委旧址、藏鹤亭革命烈士纪念碑、邓赤中革命烈士纪念碑等。经济以水产养殖为支柱。为全国养鳝第一镇。省道仙监、仙洪线过境。

张家沟[Zhāngjiāgōu] 张沟镇人民政府驻地。在市政府驻地沙嘴街道西南11千米。人口3万。明嘉靖末年张金堂从江西吉水县迁此,依通州河而居,后成集镇,得名张家沟,简称张沟。聚落呈放射状。有中小学、卫生院、屈原纪念地沧浪馆。工业以无纺布、造纸、化工、机械制造、农副产品加工为主。省道仙监、仙洪线经此。

双碾子村[Shuāngniǎnzicūn] 在市政府驻地沙嘴街道西南8千米。张沟镇辖自然村。人口400。古名接阳,明初因有2石碾子改今名。聚落呈带状。为辛亥革命元老张难先出生地。有张难先纪念馆。农业以网箱养鳝为主。为中国养鳝第一村。有黄鳝交易场所。有省道仙洪线经此。

越舟湖[Yuèzhōuhú] 在市政府驻地沙嘴街道西南12千米。张沟镇辖自然村。人口300。以江西移民陈越舟命名。聚落呈带状。有全国重点文物保护单位屈家岭文化遗址。

郭河镇[Guōhé Zhèn] 仙桃市辖镇。在市境西南部。面积126平方千米。人口7万。辖2居委会、36村委会,有280自然村。镇人民政府驻凤凰剅社区。1975年由张沟、通海口2公社析设郭河公社。1984年改区。1986年置镇。因镇政府原驻地郭家河得名。有初中1所,小学5所,卫生院1个,卫生所33个,文化站1个,文化广场1个。有南北朝古城遗址。经济以淡水养殖、集约化养鸡为支柱。特产醉鱼、萝卜等。省道仙监线过境。

凤凰剅社区[Fènghuánglóu Shèqū] 郭河镇人民政府驻地。在市境西南部。人口4700。原为郭河公社菜园大队,1985年改设郭河镇居委会。2007年以辖区内水利设施凤凰剅更今名。传清光绪年间(1875—1908)通州河南堤建剅闸,闸成鸣炮,鸟惊落于盖板,人称凤凰来贺,故名。民居以钢混结构、3—5层独栋楼房为主。开展卫生、文化、环境、治安、社区保障及特殊群体救助、社会福利和优抚保障等服务。有中小学、卫生院等。经济以机械、服装、卫材、农副产品加工、商业为主。有银行、邮政、购物中心等。省道仙监线经此。

姚河[Yáohé] 在市政府驻地沙嘴街道西南19千米。郭河镇辖自然村。人口1600。因处河边、有砖窑而得名窑头河,后演为今名。聚落呈带状。农业以养殖鲤鱼、鲢鱼、鳙鱼、草鱼、小龙虾、河蟹、藕带为主。

沔城回族镇[Miǎnchéng Huízú Zhèn] 仙桃市辖镇。在市境西南部。面积37平方千米。人口2.5万,其中回族占28%,还有汉、蒙古、满、土家等民族。辖1居委会、12村委会,有64自然村。镇人民政府驻沔城社区。1984年由通海口公社析设沔城镇。1987年改今名。因镇政府驻地得名。有中学2所,小学2所,卫生院1个,卫生所12个。有省级文物保护单位沔城遗址、上谕免赋碑、司马桥。经济以种植蔬菜、水田莲藕为主。省道仙监线过境。

沔城社区[Miǎnchéng Shèqū] 沔城回族镇人民政府驻地。在市境西南部。面积1平方千米。人口9000。原名沔阳城,自隋起历为沔阳州、郡、府、县治所,故名。1984年成立。民居楼高3—5层,砖混结构、门高窗阔、简约明快。有公园、休闲广场、健身器材、图书馆、阅读室等,开展时事宣传、评先表模、家政服务、文体等活动。有中小学、卫生院。有省级文物保护单位沔城遗址、司马桥、上谕免赋碑。有古城墙、陈友谅故居、诸葛亮读书台、狄仁杰问政处、囤甲山、洗鹅台、濯尘井、文圣庙、普佛寺、东岳庙、玄妙观、广长律院、回民清真寺等。经济以商业、化工为主。省道仙监线经此。

通海口镇[Tōnghǎikǒu Zhèn] 仙桃市辖镇。在市境西南部。面积118平方千米。人口6万。辖2居委会、24村委会,有140自然村。镇人民政府驻永湘社区。1950年设第八区。1958年改通海口公社。1984年置镇。因镇政府原驻地得名。有初中1所,小学7所,卫生院1个,卫生所24个,文化站1个。经济以农业为主。种植西兰花,养殖河蟹、小龙虾等。有稻虾、稻蛙等共育基地。特产甜玉米、鮰鱼、南美白对虾。工业以精铸、石化、医药、纺织及防护用品、食品加工为主。省道仙监线过境。

永湘社区[Yǒngxiāng Shèqū] 通海口镇人民政府驻地。在市境西南部。面积3平方千米。人口7000。因永湘闸得名。2001年成立。民居楼高3—5层，砖混结构、门高窗阔、简约明快。有休闲广场、健身器材、图书馆、活动室等，开展时事宣传、家政服务、文体活动等。有中小学、卫生院、文化站、休闲广场等。工业有制药、石化、材料加工、铸造、纺织等。有购物中心。省道仙监线经此。

陈场镇［Chénchǎng Zhèn］　仙桃市辖镇。在市境西南部。面积148平方千米。人口7.9万。辖2居委会、36村委会，有228自然村。镇人民政府驻启元社区。1975年由通海口公社析设陈场公社。1984年改区。1987年置镇。因镇政府原驻地陈场村得名。有初中1所，小学5所，卫生院1个，卫生所33个，文化站1个。有胡幼松烈士纪念碑和纪念馆。农业以淡水养殖、水果种植、水稻制种、鱼鸭套养为主。特产甜西瓜、葡萄。工业以精细化工、农副产品精加工、鞋材卫材加工为主。随岳高速过境。

启元社区［Qǐyuán Shèqū］　陈场镇人民政府驻地。在市境西部。面积4平方千米。人口1万。寓意"开启新纪元"得名。1992年成立。民居楼高3—5层，砖混结构、大挑檐、坡屋顶、门高窗阔，具地道仙桃地方风格和简约欧式风格。有文化站、图书室、体育休闲场所。有民间艺术舞龙、划龙船、皮影戏、花鼓戏等。工业有化工及鞋材、纤维板、新材料加工等。随岳高速、省道仙陈线经此。

潜　江　市

潜江市［Qiánjiāng Shì］　湖北省直辖县级市。北纬30°24′，东经112°53′。在省境东南部。面积2004平方千米。人口103.9万。以汉族为主，还有回、土家、苗等民族。辖7街道、10镇。市人民政府驻园林街道。宋乾德三年(965)升安远镇为潜江县，属江陵府。因汉江支流古潜水得名。《潜江县志》云："荆之潜江，盖以水自汉出为潜而名也。"此后至1988年未变，先后属荆州府、承天府、安陆府、鄂北道、第七行政督察区、第四行政督察区、荆州专区。1988年改县级市，属荆州地区。1994年改省直辖。明嘉靖三十年(1551)扩建土城，周800余丈。万历五年(1577)改建砖城，周928丈。清康熙十一年(1672)水淹后复筑，城郭缩小。三十二年(1693)北关设排碍，筑东城护城堤，复建城郭，置8门。后再毁。1912年后修建青石板路，街道成"井"字形，建成区0.8平方千米。1949年后首先进行交通建设。2000年已形成八横六纵城市路网，城区面积42.5平方千米。2014年底以章华大道、东城大道、东荆大道、潜阳大道、红梅路、兴盛路、紫月路为交叉点形成团状发展结构。以园林路为轴线，形成4平方千米环形核心商业区，有多处商业综合体。处江汉平原腹地，地势低平。平均海拔38米。属亚热带季风性湿润气候。年均气温16.4℃，1月平均气温15℃，7月平均气温34℃。年均降水量1741.3毫米。汉江、东荆河流经。有借粮湖、返湾湖、白鹭湖、冯家湖、苏湖等。有矿产资源石油、天然气、钾盐、钠盐等。有野生植物330多种。有野生动物430多种。森林覆盖率18.3%。有高校1所，中职3所，高中11所，初中34所，小学91所，幼儿园95所，三级医院1个，二级医院2个。有潜江世博湖北馆、市民体育中心、南门河游园广场、芦洑宝塔等。为楚文化重要发祥地。有全国重点文物保护单位龙湾遗址(含楚章华台遗址、黄罗岗遗址)，省级文物保护单位熊口红军街。有国家级非物质文化遗产荆州花鼓戏、江汉平原皮影戏、潜江民歌、潜江草把龙、潜江灯会。为曹禺故里。有曹禺大剧院、曹禺公园。有国家3A级旅游景区章华台世界国花园湿地花海景区、返湾湖风景区。有广华水杉公园、杨市森林公园、南水北调兴隆水利枢纽等。三次产业比例12∶59∶29。农业发展虾稻连作，小龙虾为主导产业，为中国小龙虾之乡。农业以种植水稻、棉花、油菜、小麦，养殖淡水鱼等为主。工业以石油、化工、机械、轻工、纺织、食品加工、家具制造、制衣、建材为主。汉宜高铁，沪渝、襄岳高速，318国道过境。有潜江站。通多路公交车。

东城大道［Dōngchéng Dàdào］　在市区东部。南起紫月路，北至兴隆大道。与东风路、潜阳路、红梅路相交。长9.2千米，宽30.8米。沥青路面。2012年开工，同年建成。因处城区东部得名。两侧有龙虾城、光彩建材城、江汉艺术职业学院、市水文局等。通多路公交车。

章华大道［Zhānghuá Dàdào］　在市区东部。南起华中家具城，北至汉江大堤。与五七大道、晶鹏路、东风路、潜阳路、红梅路等相交。长10.2千米，宽24.8米。沥青路面。1991年开工，1992年建成。因全国重点文物保护单位楚章华台遗址得名。两侧有永安药业、金奥科技、曹禺公园、电信大楼、市中心医院、潜江中学、广播电视台、市政府等。通多路公交车。

园林街道［Yuánlín Jiēdào］　潜江市人民政府驻地。在市境东北部。面积41平方千米。人口20.2万。1988年设。盛产水杉，1979年联合国考察组赞为"水乡园林"，故名。先后建成潜阳中路以南居住区、深河片区、园林经济开发区、物流仓储区、曹禺文化产业园、潜江站。有中学9所，小学6所，二级医院2个，卫生院8个，卫生所113个。有曹禺大剧院、市民体育中心。农业以蔬菜种植为主。工业以纺织服装、农产品深加工、商贸物流、医药医材为主。有园林科技工业园、龙虾城等。汉宜高铁、沪渝高速、318国道过境。有潜江汽车运输总站。通多路公交车。

泽口街道［Zékǒu Jiēdào］　属潜江市。在市境东北部。面积23平方千米。人口2.5万。1988年设。因处汉江南岸水乡泽国得名。东荆河、汉南河流经。有卫生院1个，卫生室13个。有幼儿园、文化站、图书室、文化广场。农业以种植水稻、黄豆、蔬菜、棉花为主。工业以硫化工、煤化工、盐化工、石油化工为主。有潜江经济开发区。省道客潜线过境。通公交车。

广华街道［Guǎnghuá Jiēdào］　属潜江市。在市境北部。面积51平方千米。人口13.2万。1989年设。因广华寺得名。有石油、天然气、盐资源。有中学4所，小学5所，三级医院1个，卫生院1个，卫生室18个。有幼儿园、图书室、游泳馆、文化广场、游乐园。农业以种植水稻、油菜、棉花、大麦、小麦为主。工业以石油勘探开发、机械制造、石油化工等为主。有江汉油田。通多路公交车。

周矶街道［Zhōujī Jiēdào］　属潜江市。在市境北部。面积92平方千米。人口3.6万。1995年设。因三国古地名周家矶得名。有中学1所，小学3所，卫生院1个，卫生室16个。有幼儿园、文化站、图书室、文化广场。农业以种植水稻、油菜、蔬菜，养殖草鱼、鲢鱼、鳙鱼等"八大家鱼"为主。工业以印刷、制衣、物流业为主。318国道过境。通多路公交车。

周矶街［Zhōujījiē］　在市政府驻地园林街道西10千米。属周矶街道。人口1200。因姓氏得名。聚落呈不规则Z字形。有图书室、文化广场。有钱英故居。以种植水稻、小麦、油菜、黄豆为主。

杨市街道［Yángshì Jiēdào］　属潜江市。在市境东部。面积80平方千米。人口3.1万。1995年设。因姓氏、集市得名。有中学2所，小学4所，卫生院1个，卫生所19个。有古迹十号湖墓。有中植食品科技产业园、潜江市高新技术工业园。省道客潜线、县道杨刘线过境。

泰丰街道［Tàifēng Jiēdào］　属潜江市。在市境东北部。面积39平方千米。人口3.7万。2010年设。以望"国泰民丰"得名。有高校1所，中学2所，小学3所，卫生院1个，卫生所16个。有文化站、文化广场。农业以种植棉花、油菜、小麦、蔬菜，养殖生猪、家禽、鱼类为主。工业以制药、机械制造为主。服务业以餐饮、商贸为主。有龙虾城、建材城等。通多路公交车。

高场街道［Gāochǎng Jiēdào］　属潜江市。在市境中部。面积16平方千米。人口0.8万。2011年设。因四面环湖中间突起得名。有小学1所，卫生院1个，卫生室5个。有幼儿园、文化站、图书室、文化广场。农业以种植水稻、油菜、大豆为主。工业以食品加工、机械制造为主。服务业以商贸为主。318国道、省道襄岳线过境。

竹根滩镇［Zhúgēntān Zhèn］　潜江市辖镇。在市境东北部。面积95平方千米。人口6.7万。辖1居委会、32村委会，有237自然村。镇人民政府驻竹根滩。1950年设第五区。1958年改东风公社。1980年改竹根滩公社。1983年改区。1987年置镇。因镇政府驻地得名。汉江流经。有中学2所，小学4所，卫生院1个，卫生所31个。有幼儿园、文化站、图书室、文化广场。农业以种植水稻、棉花、油菜、大豆为主。工业以机械加工、化工制药、建材、制衣、家具制造、除尘和环保设备制造为主。县道竹泽、三江线过境。

竹根滩［Zhúgēntān］　竹根滩镇人民政府驻地。在市政府驻地园林街道东北9千米。人口6000。因位于通顺河畔，地势高，河滩翠竹茂密，根节交错而得名。聚落呈长条状。有中小学、幼儿园、卫生院、文化广场。农业以种植水稻、油菜、棉花为主。有特色小吃火烧粑、烫米茶。工业以机械加工、化工制药为主。服务业以商贸为主，有农贸市场。县道竹泽、三江线经此。

渔洋镇［Yúyáng Zhèn］　潜江市辖镇。在市境东南部。面积135平方千米。人口5.9万。辖1居委会、27村委会，有246自然村。镇人民政府驻渔洋。1949年设三汊河总口区。1955年改渔洋区，后并入老新区。1962年析设渔洋区。1987年改镇。因镇政府驻地得名。有中学1所，小学5所，卫生院1个，卫生室28个。有文化站、图书室、文化广场。有第二次国内革命战争时期潜江县委所在地拖船埠。农业以种植水稻、油菜，养殖鱼虾为主。工业以化工、建材、铸造、机械制造及服装辅料、农副产品、木材加工为主。省道陈枝线过境。

渔洋［Yúyáng］　渔洋镇人民政府驻地。在市政府驻地园林街道东南28千米。人口4700。湖泊面积大，水产业发达，故名。聚落呈团块状。有中学、卫生院、文体广场。农业以种植水稻、油菜、棉花，养殖鱼虾为主。工业以化工、制衣、农副产品加工为主。服务业以商贸为主，有农贸市场。县道三九线经此。通公交车。

老新镇［Lǎoxīn Zhèn］　潜江市辖镇。在市境南部。面积130平方千米。人口5.8万。辖2居委会、31村委会，有192自然村。镇人民政府驻老新口。1954年设第十区(旋改第八区)。1959年成立老新公社。1984年改区。1987年改设老新、徐李2镇。2001年徐李镇并入老新镇。因镇政府驻地得名。有中学1所，小学3所，卫生院1个，卫生室33个。有幼儿园、文化站、图书室、文化广场。有水利景观带、绿色生态走廊。农业以种植水稻、棉花、油菜，养殖水产品为主。县道龙徐线过境。

老新口［Lǎoxīnkǒu］ 老新镇人民政府驻地。在市政府驻地园林街道南43千米。人口8000。明万历年间（1573—1619）因东荆河筛子垴决堤得名新口，后因南部兴建新口坝更今名。聚落呈带状。有中小学、卫生院、卫生室、幼儿园、文化广场。农业以水稻、小麦、油菜种植为主。有纺织、农副产品加工。有农贸市场。县道边老线经此。

熊口镇［Xióngkǒu Zhèn］ 潜江市辖镇。在市境中部。面积102平方千米。人口5万。辖2居委会、24村委会，有192自然村。镇人民政府驻熊口。1949年设熊口区。1958年改公社。1987年置镇。因镇政府驻地得名。有中学1所，小学4所，幼儿园5所，卫生院1个，卫生室26个。为中国历史文化名镇。有省级爱国主义教育基地、省级文物保护单位熊口红军街，内含襄鄂西中央分局、红二军团部、红三军军部等旧址。有中共襄南地委、襄南行政专员公署和襄南军分区旧址。农业以养殖龙虾等水产品为主。工业以水产品加工业为主。省道襄岳线、县道团夏线过境。

熊口［Xióngkǒu］ 熊口镇人民政府驻地。在市政府驻地园林街道西南17千米。人口8400。因姓氏且地处湖口得名。聚落呈7字形。有中小学、卫生院、门诊部。有省级爱国主义教育基地、省级文物保护单位熊口红军街。经济以商贸为主，有农产品、食品加工业。县道团夏线经此。

王场镇［Wángchǎng Zhèn］ 潜江市辖镇。在市境北部。面积99平方千米。人口4.4万。辖1居委会、20村委会，有186自然村。镇人民政府驻王场。1959年成立周矶公社。1961年更名蚌湖区。1975年撤区并入蚌湖公社。1980年更名王场公社。1984年改镇。因镇政府驻地得名。有中学1所，小学5所，卫生院1个，门诊部24个。经济以盐化、光纤产业为主。有江汉盐化工业园区。特产黄湾藕。沪蓉高速、318国道、省道襄岳线过境。有汉江洪庙码头。通公交车。

王场［Wángchǎng］ 王场镇人民政府驻地。在市政府驻地园林街道西北17千米。人口7000。明嘉靖三十年（1551）境内有一集市场，集聚百余户，工商业40家，因王姓居多，取街名为王家场，简称王场。聚落呈团块状。有中小学、卫生院、门诊部。经济以百货销售、餐饮服务为主。有东岳私营工业经济园、江汉盐化工业园。通公交车。

高石碑镇［Gāoshíbēi Zhèn］ 潜江市辖镇。在市境西北部。面积124平方千米。人口4.8万。辖1居委会、26村委会，有183自然村。镇人民政府驻高石碑。1958年成立长市公社。1980年改高石碑公社。1995年置镇。因镇政府驻地得名。有中学1所，小学7所，卫生院1个，卫生室27个。有水利景观南水北调兴隆水利枢纽、江汉运河等。经济以种植水稻、小麦、油菜、棉花、花生、蔬菜，养殖猪、山羊、家禽为主。省道多新线过境。

高石碑［Gāoshíbēi］ 高石碑镇人民政府驻地。在市政府驻地园林街道西北27千米。人口7200。清顺治十七年（1660）立高大石碑，表彰官民修复汉江大堤之功绩，故名。聚落呈团块状。有中小学、卫生院、门诊部。以百货销售、餐饮服务为主。省道襄岳线经此。

积玉口镇［Jīyùkǒu Zhèn］ 潜江市辖镇。在市境西北部。面积112平方千米。人口4.2万。辖1居委会、24村委会，有168自然村。镇人民政府驻积玉口。1958年成立新农公社。1980年改积玉口公社。1984年改区。1987年改乡。1994年置镇。因镇政府驻地得名。有中学1所，小学3所，卫生院1个，卫生室25个。有王家浅、护国寺、盘光丘、古堤坡、邓家台、戴家咀等遗址。有褚家咀墓群、孙叔敖冢、荆南县苏维埃政府旧址。有景点楚王岛、借粮湖等。农业以养殖小龙虾为主。为全国虾稻连作标准化示范区。工业以机械制造、服装加工为主。枣石高速、省道泽瞄线过境。

积玉口［Jīyùkǒu］ 积玉口镇人民政府驻地。在市政府驻地园林街道西北34千米。人口8700。原为战国时期白石桥古镇。清康熙七年（1668）检修水道，惊现金色鲫鱼，故改名鲫鱼街。后取古语"麒麟在此，凤凰于飞；南山北斗，堆金积玉"更名积玉街。道光二十八年（1848）水患严重，江堤溃口，戏称今名。聚落呈团块状。有中小学、卫生院、门诊部。以百货销售、餐饮服务为主。县道董樊、凤盂线经此。

浩口镇［Hàokǒu Zhèn］ 潜江市辖镇。在市境西部。面积170平方千米。人口6.3万。辖1居委会、31村委会，有284自然村。镇人民政府驻浩口。1949年设浩口区。1958年改公社。1987年置镇。因镇政府驻地得名。田关河、下西荆河、朱拐河、小荆河等流经。有中学1所，小学4所，幼儿园2所，卫生院1个，卫生室32个。农业以种植水稻、小麦、油菜为主。工业以纺织服装、农副产品加工为主。有商贸市场5个。汉宜高铁、沪渝高速、318国道过境。2011年被评为全国文明镇。

浩口［Hàokǒu］ 浩口镇人民政府驻地。在市政府驻地园林街道西26千米。人口2.2万。因明代盛产青蒿且临近渡口得名。聚落呈团块状。有中小学、卫生院、卫生室。农业以种植水稻、小麦、油菜为主。工业以纺织服装、农副产品加工为主。318国道经此。

张金镇［Zhāngjīn Zhèn］ 潜江市辖镇。在市境西南部。面积155平方千米。人口6.5万。辖2居委会、35村委会，有227自然村。镇人民政府驻张金。1958年成立张金公社。1987年改镇。2001年铁匠沟乡并入。因镇政府驻地得名。有中学1所，小学5所，幼儿园8所，卫生院1个，卫生室37个。有黄家台、霸城寺、红金肖家台等遗址10余个。农业以种植水稻、棉花、油菜为主。工业以铝业、制衣、电力为主。有集贸市场2个。省道新滩线过境。

张金［Zhāngjīn］ 张金镇人民政府驻地。在市政府驻地园林街道西南38千米。人口2.5万。因清初内荆河堤有张、金2姓氏商铺得名。聚落呈团块状。有中小学、卫生院、门诊部。经济以商贸、工业为主。工业有制衣、铝业、铝材加工、电力等。有集贸市场2个。省道新滩线、四湖总干渠航道经此。

黄罗岗［Huángluógǎng］ 在市政府驻地园林街道西南34千米。张金镇辖自然村。人口300。因春秋战国时期张金东南部有黄罗岗古城堡而得名。聚落呈条状。有全国重点文物保护单位黄罗岗遗址。荆石公路经此。

龙湾镇［Lóngwān Zhèn］ 潜江市辖镇。在市境西南部。面积130平方千米。人口4.7万。辖1居委会、22村委会，有241自然村。镇人民政府驻龙湾。1947年设龙湾区。1949年改第十三区。1954年并入张金、老新2区。1984年析设龙湾区。1987年置镇。因镇政府驻地得名。龙湾河、龙湖河流经。有中学1所，小学4所，幼儿园6所，卫生院1个，卫生室23个。有文化站、图书室、文化广场。有全国重点文物保护单位楚章华台遗址。有国家级非物质文化遗产潜江草把龙。农业以种植水稻、油菜、棉花，养殖鱼虾为主。工业有建材、服装、农产品加工。有旅游业。省道陈枝线过境。

龙湾［Lóngwān］ 龙湾镇人民政府驻地。在市政府驻地园林街道西南27千米。人口3600。因龙的传说及地势如龙状而得名。聚落呈团块状。有中小学、卫生院、门诊部。以百货销售、餐饮服务为主。有农贸市场。县道熊沱线经此。

瞄新［Miáoxīn］ 在市政府驻地园林街道西南22千米。龙湾镇辖自然村。人口2700。聚落呈条状。因集市较小而称瞄场，当地方言"瞄"为去声，意为瞬间便可看到整条街。后因扩建改今名。有全国重点文物保护单位楚章华台遗址。有国家3A级旅游景区章华台世界国花园湿地花海景区。经济以农业、旅游业为主。农业种植麦类、水稻、棉花、油菜、葡萄等。县道熊沱线经此。通公交车。

天门市

天门市［Tiānmén Shì］ 湖北省直辖县级市。北纬30°39′，东经113°09′。在省境中部。面积2622平方千米。人口164.2万。以汉族为主，还有回、土家、朝鲜、满、壮、蒙古等民族。辖3街道、21镇、1乡。市人民政府驻竟陵街道。战国为楚竟陵邑。秦置竟陵县。新朝王莽改守平县。东汉复名。五代后晋天福元年（936）为避石敬瑭名讳改景陵县。后汉复名。宋建隆三年（962）为避赵敬讳再改景陵县。明初改卫所。洪武三年（1370）改县。清雍正四年（1726）因天门山改天门县。1914年属襄阳道。1928年改省直辖。1932年属第六行政督察专区。1936年属第三行政督察区。1949年属荆州专区。1987年改县级市，属荆州地区。1994年改省直辖。先后扩建、新建天门大桥、天门二桥、星星大桥、陆羽大桥，修建西湖路、西寺路、鸿渐路、东湖路、陆羽大道、人民大道、竟陵大道、钟惺大道等，新建、扩建陆羽广场、东湖公园、陆羽故园、植物园、江河游园等。有标志性建筑茶经楼。地形分低丘、岗状平原、河湖平原。平均海拔34米。属北亚热带季风气候。年均气温16.2℃，1月平均气温3.2℃，7月平均气温28.4℃。年均降水量1105.4毫米。有佛子山、龙尾山等。汉江、天门河、汉北河流经。有张家湖、华严湖、白湖等。有矿产资源石油、芒硝、原盐等。有野生植物900余种，其中国家重点保护野生植物有半夏。有野生动物200余种，其中国家重点保护野生动物有水小麝鼠、豹猫、穿山甲、长吻松鼠等13种。森林覆盖率18.4%。有职业学校1所，高中11所，初中34所，小学129所，三级医院2个，二级医院2个。有市疾控中心、皮肤病与性病防治所。有图书馆、博物馆、科技馆、体育场馆。有全国重点文物保护单位石家河遗址、白龙寺，省级文物保护单位龙咀遗址、神祖台遗址、冢子台墓群、中共襄河襄北地委旧址。有国家级非物质文化遗产天门花鼓戏、天门民歌、天门糖塑，省级非物质文化遗产陆羽传说、天门蒸菜、天门蓝印花布、天门碟子小曲、天门皮影戏、三棒鼓、蒋场香干制作技艺、唐手拳。有石家河文化遗址公园、陆羽纪念馆、文学泉、西塔寺、胡家花园、天门革命历史纪念馆等。有三星级宾馆饭店1个。三次产业比例20∶52∶28。农业以种植水稻、棉花，养殖生猪、牛、羊、家禽、水产品为主，种植油菜、大豆、芝麻、蔬菜等为辅。特产黄花菜、花椰菜等。工业以纺织服装、机械制造、医药化工、食品加工为主，有机电汽配、新型电子、电力器材、建工建筑等产业。有省级天门工业园。服务业有邮政电信、商贸、房地产开发等。有购物广场、商业广场、大型超市。长荆铁路，沪蓉高铁，随岳、武荆高速，省道汉宜、荷沙、李毛、潜杨、天仙、天钟、分当线过境。有汉江、汉北河、北支河等航道。有天门站、天门南站。通公交车。

陆羽广场 [Lùyǔ Guǎngchǎng] 在市区北部。面积 8 公顷。2001 年开工，2002 年建成。因茶圣陆羽得名。有大型陆羽塑像。有体现水乡特色的荷花灯、垂柳灯、庭园灯、音乐灯、地坪灯 916 盏。有叠水瀑布、音乐喷泉、旱喷泉。绿化面积 3.5 万平方米。为文化娱乐、举办活动的综合性场所。周边有商业步行街、体育馆、游泳馆、各类球场、美食一条街等。通多路公交车。

钟惺大道 [Zhōngxīng Dàdào] 在市区南部。东起东湖路，西至状元路。与义乌路、接官路、西湖路相交。长 4.2 千米，宽 60.2 米。沥混路面。1982 年开工，1984 年建成。2006 年改造。以明代竟陵派文学创始人钟惺命名。两侧有市邮政局、电视台、教育局、民政局、侨乡客运站、第三医院、大润发超市、供电局、房地产局、检察院、天门中学等。通多路公交车。

陆羽大道 [Lùyǔ Dàdào] 在市区北部。东起竟东路，西至汉北路。与东湖路、鸿渐路、西寺路、西湖路、状元路等相交。长 4.5 千米，宽 60.4 米。沥混路面。1984 年开工，1986 年建成。2005 年改造。1987 年称北环路，1993 年因茶圣陆羽更今名。两侧有市委、市政府、实验高中、天门剧院、天门日报社、陆羽广场、君佳酒店、革命历史纪念馆等。通多路公交车。

人民大道 [Rénmín Dàdào] 在市区中部。东起杨林桥，西至汉北一桥。与竟东路、东湖路、鸿渐路、闸北路、西寺路等相交。长 6.3 千米，宽 40.3 米。沥混路面。1979 年开工，1985 年建成。2006 年改扩建。两侧有三级医院、东湖公园、商业广场、银行、饲料厂等。通多路公交车。

天门大桥 [Tiānmén Dàqiáo] 在市区中部。桥长 105.9 米，桥面宽 11.8 米，最大跨度 70 米，桥下净高 12 米。1968 年开工，1970 年建成。2004 年加固整修。为天门第一座跨河桥梁，故名。为中型河道桥梁。结构型式为钢筋混凝土双曲拱桥。最大载重 1000 吨。通公交车。

陆羽大桥 [Lùyǔ Dàqiáo] 在市区东部。桥长 168.2 米，桥面宽 26.3 米，最大跨度 80 米，桥下净高 15 米。2008 年开工，2010 年建成。以茶圣陆羽命名。为中型河道桥梁。结构型式为下承式系杆拱桥。最大载重 1000 吨。通公交车。

天门南站 [Tiānménnán Zhàn] 见交通运输设施部分“天门南站”条。

天门站 [Tiānmén Zhàn] 见交通运输设施部分“天门站”条。

侨乡客运站 [Qiáoxiāng Kèyùnzhàn] 见交通运输设施部分“侨乡客运站”条。

天门市汽车客运中心 [Tiānmén Shì Qìchē Kèyùn Zhōngxīn] 见交通运输设施部分“天门市汽车客运中心”条。

竟陵街道 [Jìnglíng Jiēdào] 天门市人民政府驻地。在市境中部。面积 47 平方千米。人口 13.9 万。1987 年设。因大洪山余脉“陵至此而竟”得名。先后建成金龙道、东江大道、东湖路等，加固、拓宽天门大桥、天门船闸，新建天门二桥、星星大桥，建成多处小区。天门河、汉北河流经。有东湖、西湖、北湖。有职业学校 1 所，高中 1 所，初中 1 所，小学 4 所，三级医院 2 个，卫生室 1 个。有科技馆、图书馆、博物馆、花鼓戏院。有陆羽故园、东湖公园、江河游园、西塔寺、文学泉等景点。农业以种植水稻、棉花、蔬菜为主。工业以纺织、化工、机械、电子、服装产业为主。随岳高速，省道荷沙、李毛线过境。有天门市汽车客运中心、天门侨乡客运站。通多路公交车。

侯口街道 [Hóukǒu Jiēdào] 属天门市。在市境南部。面积 65 平方千米。人口 4 万。1987 年设。因清末侯姓住河口处得名。先后修建汇桥大道、南洋大道、创业大道、发展大道、西环路、三乡路等。龙嘴河流经。有天门外国语学校。有中学 1 所，小学 2 所，卫生院 1 个，文化服务中心 1 个。有古迹南善观。农业以种植棉花、小麦、水稻、蔬菜，养殖生猪、家禽为主。工业以医药生物、机械电子、纺织服装、食品加工、建筑建材、家具生产为主。随岳高速过境。通公交车。

杨林街道 [Yánglín Jiēdào] 属天门市。在市境东部。面积 89 平方千米。人口 5.5 万。1987 年设。明万历年间(1573—1619)杨、林 2 姓捐资筑堤围垸，其泄洪口名杨林口，故名。先后修建杨林大道、前进路、富杨街。天门河、汉北河、杨林河流经。有矿产资源芒硝。有初中 1 所，小学 7 所，卫生院 1 个，文化服务中心 1 个。有古迹辰巳台。农业以种植棉花、小麦、水稻、蔬菜，养殖鸡、生猪为主。有万亩蔬菜种植走廊。工业以纺织、制衣为主。县道天卢线过境。通公交车。

多宝镇 [Duōbǎo Zhèn] 天门市辖镇。在市境西部。面积 162 平方千米。人口 7.4 万。辖 1 居委会、47 村委会，有 329 自然村。镇人民政府驻多宝湾。1955 年设多宝区。1958 年改曙光公社。1984 年复区。1987 年改镇。因镇政府驻地得名。汉江、运粮河流经。有中学 2 所，小学 7 所，卫生院 1 个，文化站 1 个。农业以种植小麦、黄豆、花生、油菜、棉花，养殖生猪、家禽为主。特产花生、沙梨。工业以机械、化工、纺织、建材、服装加工为主。省道荷沙、汉宜线过境。

多宝湾 [Duōbǎowān] 多宝镇人民政府驻地。在市政府驻地竟陵街道西 51 千米。人口 6000。处汉江河曲，有众多宝物(鸟)，故名。聚落呈“丰”字形。有中小学、卫生室、文化站。特产花生、沙梨。有减速机制造业。省道荷沙、汉宜线经此。

拖市镇 [Tuōshì Zhèn] 天门市辖镇。在市境西部。面积 133 平方千米。人口 7.4 万。辖 1 居委会、42 村委会，有 242 自然村。镇人民政府驻拖船埠。1975 年由多宝、张港 2 区析设拖市公社。1984 年改区。1997 年置镇。因镇政府驻地为集镇得名。运粮河、龙晶河流经。有中学 1 所，小学 6 所，卫生院 1 个。有中共襄河襄北地委旧址、董志华烈士纪念碑。农业以种植棉花、小麦、油菜、蔬菜，养殖生猪、家禽为主。特产地瓜。工业以纺织、机械、化工、建材为主。省道荷沙、汉宜、潜杨线过境。

拖船埠 [Tuōchuánbù] 拖市镇人民政府驻地。在市政府驻地竟陵街道西 36 千米。人口 2000。因靠索拉渡船摆渡过河得名。聚落呈条状。有中小学、二级医院、卫生所、文化站。以种植小麦、棉花、蔬菜为主。有特色小吃沏米茶、火烧粑。省道潜杨、竟拖线经此。

张港镇 [Zhānggǎng Zhèn] 天门市辖镇。在市境西南部。面积 153 平方千米。人口 8.4 万。以汉族为主，还有土家族、回族。辖 1 居委会、45 村委会，有 259 自然村。镇人民政府驻张截港。1955 年设张港区。1958 年改东风公社。1984 年改镇。因镇政府驻地得名。南港河、朱场河、蒲潭河流经。有中学 2 所，小学 6 所，卫生院 1 个。有白茯塔、景峰楼遗址。农业以种植棉花、小麦、水稻、油菜、蔬菜为主。特产花椰菜。有特色小吃张港火烧粑、沏米茶。工业以服装、建材、农产品加工为主。省道潜杨线，县道牛张、张杨线过境。有汉江航运。

张截港 [Zhāngjiégǎng] 张港镇人民政府驻地。在市政府驻地竟陵街道西南 32 千米。人口 6400。传南宋张俊截击金兵得名。聚落呈条状。有中小学、卫生院。有革命烈士纪念碑。以种植水稻、棉花、蔬菜为主。有特色小吃沏米茶、火烧粑。省道潜杨线，县道张佛、牛张线经此。

蒋场镇 [Jiǎngchǎng Zhèn] 天门市辖镇。在市境西南部。面积 80 平方千米。人口 5 万。辖 1 居委会、22 村委会，有 215 自然村。镇人民政府驻蒋家场。1951 年设第八区。1975 年改蒋场公社。1984 年复区。1987 年置镇。因镇政府驻地命名。南港河、西流河流经。有中学 1 所，小学 4 所，卫生院 1 个。为天西革命根据地之一。有蒋场先烈陵园。农业以种植小麦、棉花、水稻、油菜为主。特产地瓜、辣椒。工业以服装、建材、泵阀制造为主。县道渔张、牛张线过境。

蒋家场 [Jiǎngjiāchǎng] 蒋场镇人民政府驻地。在市政府驻地竟陵街道南 24 千米。人口 3000。因姓氏得名。聚落呈团块状。有中小学、卫生室。有蒋场先烈陵园。农业以种植水稻、棉花、油菜、黄豆为主。工业以泵阀制造为主。有香干加工业。县道渔张、牛张线经此。

汪场镇 [Wāngchǎng Zhèn] 天门市辖镇。在市境西南部。面积 73 平方千米。人口 4 万。辖 1 居委会、24 村委会，有 173 自然村。镇人民政府驻汪家场。1950 年设罗场乡。1975 年改汪场公社。1987 年改乡。1997 年置镇。因镇政府驻地得名。有中学 1 所，小学 3 所，卫生院 1 个。为天西革命根据地之一。有廖学道烈士陵园。农业以种植棉花、水稻、小麦、大豆、蔬菜为主。特产黄花菜。工业以化工、泵业、建材、服装及农副产品深加工为主。县道牛张线过境。

汪家场 [Wāngjiāchǎng] 汪场镇人民政府驻地。在市政府驻地竟陵街道西南 14 千米。人口 3000。因姓氏得名。聚落呈带状。有小学、卫生院。农业以种植棉花、水稻、蔬菜为主。特产黄花菜。工业以木业、服装加工为主。县道牛张线经此。

渔薪镇 [Yúxīn Zhèn] 天门市辖镇。在市境西部。面积 92 平方千米。人口 6.7 万。以汉族为主，还有土家族、回族。辖 1 居委会、34 村委会，有 197 自然村。镇人民政府驻渔薪河。1949 年设渔薪区。1973 年改公社。1982 年复区。1984 年置镇。因天门河别名渔薪河得名。天门河、北港河、南港河流经。有中学 2 所，小学 5 所，卫生院 1 个。有青山烈士纪念碑。农业以种植小麦、黄豆、水稻、棉花为主。工业以机电设备、泵阀制造为主。有豆豉及酱制品加工业。省道荷沙线、县道佛蒋线过境。

渔薪河 [Yúxīnhé] 渔薪镇人民政府驻地。在市政府驻地竟陵街道西 18 千米。人口 1.1 万。地处天门河旁，富渔产广柴薪，故名。聚落呈“州”字形。有中小学、卫生室、文化站。以种植棉花、蔬菜为主。有泵阀产业。省道荷沙线、县道佛蒋线经此。

黄潭镇 [Huángtán Zhèn] 天门市辖镇。在市境中部。面积 60 平方千米。人口 5.5 万。辖 1 居委会、34 村委会，有 276 自然村。镇人民政府驻黄土潭。1949 年设徐黄区。1959 年改黄潭公社。1961 年改区。1987 年置镇。因镇政府驻地得名。天门河、三汊河流经。有中学 1 所，小学 4 所，武术学校 1 所，卫生院 1 个。有白龙寺革命烈士纪念碑、明代文学家谭元春墓等。农业以种植棉花、小麦、黄豆、油菜、果树为主。有树莓基地。特产黄花菜。工业以塑料、建材、服装、农副产品深加工为主。随岳高速、省道荷沙线、县道大天线过境。

黄土潭［Huángtǔtán］ 黄潭镇人民政府驻地。在市政府驻地竟陵街道西8千米。人口4000。因处潭边黄土地得名。聚落呈团块状。有中小学、卫生室、文化站。以种植棉花、蔬菜为主。特产黄花菜。有米粉加工业。省道荷沙线经此。

岳口镇［Yuèkǒu Zhèn］ 天门市辖镇。在市境南部。面积125平方千米。人口12.8万。以汉族为主，还有回、苗、土家等民族。辖7居委会、46村委会，有338自然村。镇人民政府驻岳家口。1950年设岳口镇。1960年改公社。1964年复镇。因镇政府驻地得名。汉江流经。有中学3所，小学9所，武校1所，二级医院1个，文化馆1个。有荟真楼、清华寺、清真寺、马莲佴革命烈士纪念碑。农业以种植棉花、水稻、蔬菜为主。特产韭黄、芋环。工业以化工、医药、纺织、机械、建材为主。省道李毛线过境。有汉江航道。有岳口港。

岳家口［Yuèjiākǒu］ 岳口镇人民政府驻地。在市政府驻地竟陵街道南21千米。人口4.1万。传岳飞曾驻兵得名。聚落呈条块状。有中小学、卫生室。有汉江大桥、荷花公园、马莲佴革命烈士纪念碑。有化工、建材、纺织、服装加工等。省道李毛线经此。

横林镇［Hénglín Zhèn］ 天门市辖镇。在市境东南部。面积100平方千米。人口7.5万。辖1居委会、41村委会，有224自然村。镇人民政府驻横林口。1949年设横林区。1958年改红星公社。1975年改横林公社。1984年复区。1987年置镇。因镇政府驻地得名。有中学2所，小学3所，搏击学校1所，卫生院1个，文化服务中心1个，广电服务中心1个。有古迹天齐庙、燃灯寺。农业以种植油菜、黄豆、棉花、水稻、小麦、蔬菜为主。特产莲藕、毛蟹。工业以机械、制衣、建材、酿酒为主。省道天仙线，县道小仙、天彭线过境。

横林口［Hénglínkǒu］ 横林镇人民政府驻地。在市政府驻地竟陵街道东南16千米。人口4600。古名横桑口、横鳞口，后演为今名。聚落呈条块状。有中小学、卫生室。以种植水稻、棉花、油菜、蔬菜为主。县道天彭线经此。

彭市镇［Péngshì Zhèn］ 天门市辖镇。在市境南部。面积78平方千米。人口6万。以汉族为主，还有回族。辖1居委会、30村委会，有182自然村。镇人民政府驻彭市河。1949年设彭市区。1958年并入红星公社。1975年析设彭市公社。1984年改镇。因镇政府驻地得名。汉江流经。有矿产资源石油。有中学1所，小学4所，卫生院1个，文化服务中心1个。农业以种植棉花、水稻、小麦、油菜为主。特产生姜、蒜子。工业以棉纺，印刷，机械、渔具、电力线路器材制造为主。沪蓉高铁，县道金彭、彭岳、天彭线过境。有汉江航道。

彭市河［Péngshìhé］ 彭市镇人民政府驻地。在市政府驻地竟陵街道南26千米。人口6300。明代彭姓临河经商兴市，故名。聚落呈条块状。有中小学、卫生院。农业以种植水稻、棉花、蔬菜为主。特产生姜、蒜子、花生。工业有电力线路器材制造、棉纺、制衣、渔网加工等。县道天彭线经此。有汉江航道。

麻洋镇［Máyáng Zhèn］ 天门市辖镇。在市境东南部。面积73平方千米。人口5.9万。以汉族为主，还有壮族、朝鲜族。辖1居委会、34村委会，有119自然村。镇人民政府驻马跃潭。1949年设麻洋乡。1955年改区。1958年改先锋公社。1975年改麻洋公社。1984年复区。1987年置镇。古名马跃潭，后演为麻洋潭，简称麻洋。汉江流经。有中学1所，小学4所，卫生院1个，文化服务中心1个，广电服务中心1个。有古迹望江楼、青龙寺、关帝庙等。农业以种植棉花、水稻、小麦、油菜为主。工业以建材、服装、饲料加工为主。有溏心皮蛋加工业。沪蓉高铁、省道天仙线、县道小仙线过境。有汉江航道。

马跃潭［Mǎyuètán］ 麻洋镇人民政府驻地。在市政府驻地竟陵街道东南30千米。人口1万。传关羽扬鞭策马跃水潭，故名。聚落呈团块状。有中小学、卫生室、广场。种植棉花、杂粮。有建材、饲料加工。县道天麻线经此。

多祥镇［Duōxiáng Zhèn］ 天门市辖镇。在市境东南部。面积116平方千米。人口7万。辖5居委会、28村委会，有91自然村。镇人民政府位于天仙公路。1951年设多祥乡。1961年改公社。1975年仙北、达州2公社并入。1987年改镇。传陈友谅战败后率部拖枪溃逃，南渡汉江，故称拖枪河，后演为多祥河，故名。汉江、刘家河流经。有中学2所，小学7所，卫生院1个，文化服务中心1个，广电服务中心1个。有龙王庙、陈洲红军烈士纪念碑。农业以种植棉花、水稻、小麦、蔬菜为主。工业以电缆电线、建材、服装、食品、饲料加工为主。沪蓉高铁、省道天仙线、县道小仙线过境。有汉江航道。

干驿镇［Gānyì Zhèn］ 天门市辖镇。在市境东南部。面积82平方千米。人口6万。辖2居委会、30村委会，有137自然村。镇人民政府驻晴滩村。1958年由第三、四区析设东方红公社。1961年改干驿区。1975年改公社。1984年置镇。古名干滩，明代设驿站，故名。有中学2所，小学4所，卫生院1个。有东冈草堂遗址、松石园遗迹。有民间艺术敲碟子、打莲湘、三棒鼓、剪纸花。农业以种植水稻、棉花、油菜、芝麻、花生，养殖鱼类、禽畜为主。工业以纺织、机械、制塑为主。有溏心皮蛋、糖塑加工业。省道荷沙、皂仙线过境。

晴滩村［Qíngtāncūn］ 干驿镇人民政府驻地。在市政府驻地竟陵街道东南28千米。人口1200。昔为环水滩地，渔民常晴天晒网，故名。聚落呈团块状。有卫生室。有景点“二龙双月”。以种植水稻、棉花、蔬菜为主。有特色小吃酥麻锅盔、泡蒸鳝鱼。省道荷沙线经此。

马湾镇［Mǎwān Zhèn］ 天门市辖镇。在市境东南部。面积79平方千米。人口4.9万。以汉族为主，还有回族、土家族。辖1居委会、25村委会，有144自然村。镇人民政府驻马湾街。1949年设马湾乡。1958年并入东方红公社。1975年析设马湾公社。1984年改区。1987年置镇。因镇政府驻地得名。有倪家湖。有中学1所，小学5所，卫生院1个。有马湾体校乒乓球训练基地。有陈黄烈士墓碑。农业以种植水稻、棉花、油菜，养殖淡水鱼、禽畜为主。工业以食品加工、机械铸造、纺织服装、建工建材为主。省道荷沙线过境。

马湾街［Mǎwānjiē］ 马湾镇人民政府驻地。在市政府驻地竟陵街道东南22千米。人口7000。因马湾场得名。聚落呈条块状。有中心学校、卫生院、文化服务中心。以种植小麦、棉花、油菜为主。有机械、油脂、食品加工等。省道荷沙线经此。

卢市镇［Lúshì Zhèn］ 天门市辖镇。在市境东部。面积108平方千米。人口6.1万。辖1居委会、38村委会，有283自然村。镇人民政府驻中湾村。1951年设卢市区。1958年成立丰乐公社。1975年改卢市公社。1984年复区。1987年置镇。原名芦汊口。明代一卢姓在竟陵为官，其孙子卢子良带百姓在卢汊地筑堤围垸，将该地改名卢家口。后简称“卢市”。天门河、汉北河流经。有中学1所，小学5所，卫生院1个。有彭家垴革命烈士纪念园。有真人观、终济堂等。农业以种植水稻、棉花、小麦、油菜、蔬菜，养殖生猪、家禽为主。特产黄花菜、黄鳝、莲藕。工业以塑钢材料、木材、食品、机电建材加工为主。省道天钟、皂仙线过境。

中湾村［Zhōngwāncūn］ 卢市镇人民政府驻地。在市政府驻地竟陵街道东27千米。人口1100。天门河流经，转弯形成上、中、下3村，此村居中，故名。聚落呈带状。有小学、卫生室。以种植棉花、小麦、蔬菜为主。省道天钟线经此。

小板镇［Xiǎobǎn Zhèn］ 天门市辖镇。在市境东南部。面积64平方千米。人口3.7万。辖1居委会、25村委会，有198自然村。镇人民政府驻小板港。1951年设小板区。1958年改公社。1984年复区。1987年置镇。因镇政府驻地得名。天门河、小板河、九条河、龙嘴河流经。有矿产资源芒硝。有中学1所，小学2所，卫生院1个，文化服务中心1个，广电服务中心1个。农业以种植水稻、小麦、棉花、油菜、蔬菜为主。特产黄金西红柿。工业以棉纺、化纤、机械、制塑、家具制造为主。武荆高速，省道荷沙、天仙线过境。

小板港［Xiǎobǎngǎng］ 小板镇人民政府驻地。在市政府驻地竟陵街道东南9千米。人口3900。处天门河岸，有木板小桥，桥下有舟楫停靠，故名。聚落呈“田”字形。有小学、卫生院。农业以种植棉花、油菜、蔬菜为主。工业有机械、水泵、制衣、家具制造等。有糖塑手工业。省道荷沙、天仙线经此。

九真镇［Jiǔzhēn Zhèn］ 天门市辖镇。在市境北部。面积162平方千米。人口7.4万。辖2居委会、35村委会，有399自然村。镇人民政府驻九真庙。1961年由红光公社析设九真区。1975年改公社。1984年复区。1987年置镇。因镇政府驻地得名。柳河流经。有张家大湖、石家湖、罗家湖、沿湖、江家湖。有中学3所，小学2所，卫生院1个。有九真革命烈士纪念碑。农业以种植水稻、油菜、棉花，养殖水产品、畜禽为主。特产慈姑、荸荠、莲藕。工业以服装、建材、农产品加工为主。省道李毛线过境。有汉北河航道。

九真庙［Jiǔzhēnmiào］ 九真镇人民政府驻地。在市政府驻地竟陵街道北17千米。人口1万。因明代九真庙得名。聚落呈团块状。有小学、卫生院。农业以种植水稻、蔬菜为主。特产慈姑、荸荠。工业有服装、建材、家具、农产品加工等。省道李毛线经此。

皂市镇［Zàoshì Zhèn］ 天门市辖镇。在市境东北部。面积145平方千米。人口7.3万。辖5居委会、38村委会，有386自然村。镇人民政府驻二龙。1951年设皂市镇。1958年改卫星公社。1961年复镇。2001年李场镇并入。因种植皂角树得名皂角市，简称皂市。皂市河、姚家河、邱家河流经。有中学3所，小学5所，皂市中医院1个，卫生院1个。有千年古刹白龙寺、古风笑城遗址。农业以种植水稻、小麦、蔬菜、果树为主。工业以机械、化工、电器、制塑、建材、酿酒为主。长荆铁路，武荆高速，省道汉宜、李毛、分当线过境。有天门站。

二龙［Èrlóng］ 皂市镇人民政府驻地。在市政府驻地竟陵街道东北32千米。人口4100。因地形似二龙戏珠得名。聚落呈条块状。有小学、卫生室、广电中心。主要种植水稻。有菜场、超市等。省道汉宜线经此。

胡市镇［Húshì Zhèn］ 天门市辖镇。在市境东北部。面积80平方千米。人口4万。辖1居委会、24村委会，有157自然村。镇人民政府驻胡家场。1951年设胡市乡。1958年改卫星公社。1975年改胡市公社。1984年改区。1987年置镇。因镇政府驻地为集镇得名。汉北河、皂市河流经。有东白湖、肖严湖、龙骨湖、沉底湖、半头湖。有中学1所，小学32所，卫生院1个。有景点宝善寺、嵩台寺。农业以种植水稻、棉花、小麦、大豆为主。盛产鲜鱼。特产雏禽、板鸭。工业以化工、棉织、机械、精米加工为主。有皮蛋、咸蛋加工业。武荆高速，省道分当、皂仙线过境。

胡家场［Hújiāchǎng］　胡市镇人民政府驻地。在市政府驻地竟陵街道东北29千米。人口4100。清乾隆年间（1736—1795）胡姓官家建店经商，故名。聚落呈团块状。有卫生室、文化服务中心。农业以种植水稻、油菜、蔬菜为主。工业有机械、棉织等。省道分当、皂仙线经此。

石河镇［Shíhé Zhèn］　天门市辖镇。在市境西北部。面积135平方千米。人口5.9万。辖1居委会、36村委会，有462自然村。镇人民政府驻石家河。1949年设石河区。1958年改燎原公社。1961年复石河区。1987年置镇。因镇政府驻地得名。汉北河、东河、西河流经。有中学1所，小学3所，卫生院1个。有全国重点文物保护单位石家河遗址，省级文物保护单位石河烈士陵园、纪念亭。农业以种植水稻为主。工业以机械制造、农机修配、粮油加工、建筑建材为主。随岳高速、县道大天线过境。

石家河［Shíjiāhé］　石河镇人民政府驻地。在市政府驻地竟陵街道西北15千米。人口7300。因石姓临河而居得名。聚落呈条块状。有小学、卫生院、文化服务中心。有石河烈士陵园、纪念亭。农业以种植水稻为主。工业有拖车制造、精米加工等。省道京天线、县道石佛线经此。

佛子山镇［Fózǐshān Zhèn］　天门市辖镇。在市境西北部。面积130平方千米。人口3.8万。辖1居委会、25村委会，有246自然村。镇人民政府驻坟禁村。1949年设坟禁乡。1958年并入燎原公社。1976年析设坟禁公社。1987年复乡。1992年改佛子山乡。1997年置镇。因佛子山得名。有天门山、龙尾山、团山。西河、毛家河流经。有中学1所，小学3所，卫生院1个。有古迹元帅台、陆子读书处、陆羽泉等。农业以种植水稻，养殖淡水鱼、生猪、禽类为主。产柑橘、梨、桃。工业有精米、石料加工，酿酒等。县道九蒋、佛薪、佛火线过境。

坟禁村［Fénjìncūn］　佛子山镇人民政府驻地。在市政府驻地竟陵街道西北19千米。人口2000。昔杨姓墓地栽有常青树，禁止牛踏马践，故名。聚落呈条块状。有卫生室、广电服务中心。以种植水稻、油菜为主。有精米加工业。县道九蒋线经此。

净潭乡［Jìngtán Xiāng］　天门市辖乡。在市境东部。面积96平方千米。人口3.5万。辖1居委会、24村委会，有139自然村。乡人民政府驻净潭。1949年设净蒋乡。1961年改和平公社。1975年改净潭公社。1984年置乡。因乡政府驻地得名。净潭河、天门河流经。有华严湖。有中学1所，小学4所，卫生院1个。有湘鄂西苏区襄北特委、天汉县苏维埃政府驻地旧址。农业以种植水稻、棉花、小麦为主。工业以食品、棉花加工为主。省道天钟、皂仙线过境。

净潭［Jìngtán］　净潭乡人民政府驻地。在市政府驻地竟陵街道东26千米。人口3200。因清初寺庙方丈法名净潭得名。聚落呈条块状。有小学、卫生院。农业以种植水稻、小麦、油菜为主。工业有酿酒、制衣、家具制造、粮棉加工等。省道天钟、皂仙线经此。

神农架林区

神农架林区［Shénnóngjià Línqū］　湖北省直辖县级林区。在省境西北部。北纬31°45′，东经110°41′。面积3253平方千米。人口7.9万。辖6镇、1乡、1土家族乡。林区人民政府驻松柏镇。1970年析房县、兴山、巴东3县地区设省辖神农架林区。1971年属宜昌地区。1972年属省直辖。1976年属郧阳地区。1983年复为省直辖。因神农架山得名。地处大巴山脉东延余脉，为中高山地貌。西南高，东北低。平均海拔1700米，超过3000米高峰6座，最高峰神农顶海拔3105.4米，有“华中第一峰”之称。年均气温12.2℃（以松柏镇为例，下同），1月平均气温0.9℃，7月平均气温22.8℃。香溪河、沿渡河、南河、堵河流经。有矿产资源磷、铁、硅石、铜、水晶、锰、钒、铀、铅、锌、白云岩、大理石等。有野生植物3700种，其中国家一级保护野生植物有珙桐、光叶珙桐、银杏等5种，国家二级保护野生植物20种。有大叶三七、天麻、贝母、灵芝菌、银耳、金钗等名贵药材。有野生动物570多种，其中国家一级保护野生动物有金丝猴、金钱豹、金雕、白鹳、白颈长尾雉。有大范围原始森林，被誉为“绿色宝库”。有国家级神农架自然保护区、大九湖湿地公园。森林覆盖率91.1%。有国家林业局自然保护区研究中心神农架研究所。有中职1所，高中1所，初中6所，小学23所，幼儿园5所，二级医院3个，公共图书馆1个，档案馆1个，博物馆2个，文化馆（站）9个。有省级文物保护单位红坪犀牛洞遗址、大坪汉墓群、松柏汉墓、大九湖唐墓、蛇草坪古民居等11个。有古迹三闾书院、川鄂古盐道等。有国家级非物质文化遗产黑暗传、炎帝神农传说，省级非物质文化遗产下谷堂戏、下谷皮影、神农架薅草锣鼓、神农架夜锣鼓、神农架花锣鼓、堂房叠绣。有民俗活动杜鹃花节、民风民俗汇演、神农祭祖文化节等。有国家5A级旅游景区神农顶、天燕、大九湖、神农坛等。三次产业比例9∶41∶50。农业种植黄芪、党参等中草药，产木耳、香菇、生漆、茶叶、核桃。工业以水电、化工、矿产开采为主。209国道、省道白茨线过境。有神农红坪架机场。通公交车。

炎帝广场［Yándì Guǎngchǎng］　在镇区中部。面积2600平方米。2009年开工，2011年建成。以历史人物命名。中部活动区域2300平方米，有炎帝石像。外侧为绿化区域，有花坛、草坪等。每逢清明节有祭祀炎帝神农氏活动。为开放式广场。周边有林区体育馆、龙源广场。通公交车。

神农架客运站［Shénnóngjià Kèyùnzhàn］　见交通运输设施部分“神农架客运站”条。

松柏镇［Sōngbǎi Zhèn］　神农架林区人民政府驻地。在区境东北部。面积336平方千米。人口2.9万。辖3居委会、8村委会，有103自然村。镇人民政府驻松香坪。1970年成立松柏公社。1975年改镇。1984年阳日镇黄连、清泉、龙沟3村并人。2000年盘水乡并人。因多松、柏树得名。最高峰打鸡岭海拔2200米。有送郎山。有野生植物华山松、青岗栎、铁坚杉、岩山梅桐等。有药用植物1000多种。有野生动物鹿、獐、果子狸、金钱豹等。有高中1所，初中1所，小学4所，幼儿园3所，二级医院2个，卫生室10个。有疾控中心。农业种植玉米、马铃薯、小麦、红薯、大豆、水稻等。培育党参、当归、黄连、独活、杜仲、黄柏、柴胡等中草药。产中华猕猴桃、桃、李、柿、核桃、板栗等。209国道、省道白茨线过境。

神农大道［Shénnóng Dàdào］　在镇区中部。东起神农架宾馆，西至实验中学。与狮象路、青杨街、中心街、连峰街相交。长5.6千米，宽14.9米。沥青路面。1972年开工，1973年建成。原名沿河路，2002年以神农氏命名。两侧有神农架宾馆、林区民政局、邮政局、检察院、公安局、国税局、客运站、松柏镇政府、神农生态文化广场、神农架实验初级中学等。通公交车。

滨河大道［Bīnhé Dàdào］　在镇区中部。东起神农一品小区，西至神农架林区实验初级中学（青杨河南岸）。与解放街、狮象路、盐道街、百草园街、三道街相交。长6千米，宽14.9米。沥青路面。2009年开工，2011年建成。因临青杨河得名。两侧有世纪金源假日酒店、炎帝广场、狮象坪广场、居住小区、林区质监局、档案局、司法局等。通公交车。

松香坪［Sōngxiāngpíng］　松柏镇人民政府驻地。在镇境中部。人口4300。原因地形得名狮象坪，山如狮背，垭口如象鼻。清代因坪上苍松挺立，油脂溢香，且为平坝而改今名。聚落呈带状。有小学、疾控中心。有房县南山区和第四乡苏维埃政府遗址。有送郎山风景区。特产木耳、香菇、野生中药材。209国道、省道白茨线经此。

阳日镇［Yángrì Zhèn］　神农架林区辖镇。在区境东部。面积260平方千米。人口1.1万。辖1居委会、14村委会，有155自然村。镇人民政府驻寺湾。1970年成立阳日公社。1984年改镇。因日照时间较长得名。最高峰光头山海拔2077.9米。玉泉河、乐溪河、清扬河流经。有中小型水电站6个，水库2个。有磷资源。有野生林果五味子、猫儿屎、药葡萄、猕猴桃等。有初中1所，小学3所，幼儿园1所，卫生院1个，卫生室13个，文化站1个，村级文化活动中心14个，农家书屋15个。有广播站、广播电视中心、福利院、社区服务站。有省级文物保护单位中武当遗址、薄磨街古盐道南河码头遗址、三闾书院、大坪汉墓、九家疱民居群、洛溪河古盐道驿站、净莲寺。有景点古寨、仙月洞、东屏山等。有景观“龙山晴雪”“跃鱼喷珠”“金凤晓日”等。农业以种植水稻、小麦、玉米、黄豆、芝麻、马铃薯，养殖生猪为主。产板栗、杏、樱桃、黑木耳、香菊、核桃、生漆、杜仲、油菜籽等。工业以磷矿产业为主。209国道、省道白茨线过境。

寺湾［Sìwān］　阳日镇人民政府驻地。在林区政府驻地松柏镇东14千米。人口2800。处山湾，有净莲寺，故名。聚落沿公路呈环状分布。有林区农科所、中小学、幼儿园、卫生院。有薄磨街古盐道南河码头遗址、三闾书院、洛溪河古盐道驿站遗址、净莲寺遗址。种植水稻、玉米、大豆、蔬菜。特产黑木耳、香菊、核桃、生漆、野生中药材。209国道、省道白茨线经此。

红坪镇［Hóngpíng Zhèn］　神农架林区辖镇。在区境西部。面积742平方千米。人口0.6万。辖1居委会、9村委会，有134自然村。镇人民政府驻红坪。2001年由板仓、红举、田家山、官封4乡合并设红坪镇。因镇政府驻地得名。最高峰神农顶海拔3105.4米，有“华中屋脊”之称。红举河、阴峪河、板仓河、官封河、紫竹河等流经。有国家一级保护野生植物珙桐，二级保护野生植物光叶珙桐、连香树、杜仲、鹅掌楸、麦吊杉等。有国家一级保护野生动物金丝猴、华南虎、金钱豹、云豹、毛冠鹿、金雕、白鹤，二级保护野生动物49种。有奇异白化动物白熊、白鹿、白蛇、白喜鹊等。森林覆盖率93%。有小学4所，卫生院1个，卫生室8个，图书室10个，社区服务站1个，农村福利院1个。有国家5A级旅游景区红坪画廊、神农顶、天燕。农业以种植中草药、高山蔬菜、核桃、板栗为优势项目。种植玉米、马铃薯、红薯、大豆等。产中华猕猴桃、桃、李、柿、梨、苹果、山葡萄等。209国道过境。

红坪［Hóngpíng］　红坪镇人民政府驻地。在林区政府驻地松柏镇西南26千米。人口500。原名乌龟石，后因满山红叶且处坪地改今名。聚落呈带状。有小学、卫生室。有国家5A级旅游景区天燕、红坪画廊。有华中屋脊神农架远古人类旧石器遗址。特产稀有药草头顶一颗珠、江边一碗水、七叶一枝花、沙参、麦冬、五加皮、细辛等。209国道经此。

木鱼镇［Mùyú Zhèn］ 神农架林区辖镇。在区境南部。面积437平方千米。人口1.1万。辖3居委会、8村委会，有105自然村。镇人民政府驻红花坪。1984年由红花公社析设木鱼镇。2001年红花镇并入。传古有和尚游此，涉水过河丢失木鱼，故名。最高峰神农顶3105.4米。当阳河、九冲河、兴龙河、潮水河、珍珠河、东沟河等流经。有水电站24座。有初中1所，小学2所，幼儿园2所，二级医院1个，卫生所4个，活动室4个，农村福利院1个。有木鱼省级旅游度假区。有景点神农顶、神农坛、天生桥、香溪源等。经济以旅游业为主。农业以种植玉米、杂粮、蔬菜，养殖生猪、羊、家禽为主。工业以茶叶加工为主。374国道过境。通公交车。

红花坪［Hónghuāpíng］ 木鱼镇人民政府驻地。在林区政府驻地松柏镇西南42千米。人口1300。因种植红花茶得名。聚落呈带状。有矿产资源水晶石、铁等。有小学、卫生室。健身娱乐广场。特产红花茶、生漆、天麻、党参等。十兴公路经此。

新华镇［Xīnhuá Zhèn］ 神农架林区辖镇。在区境东南部，林区与襄阳、宜昌2市交界处。面积276平方千米。人口0.4万。辖1居委会、9村委会，有96自然村。镇人民政府驻樟树坪。1970年成立新华公社。1984年改乡。2009年置镇。以美好寓意命名。有中心学校1所，卫生院1个，门诊点7个，文化站1个，福利院1个，社区服务站1个。有省级文物保护单位石屋头古民居。曾为刘邓大军中原突围战地，有新四军烈士墓。有灵鸠山、西陵观古寺庙等遗址。为国家级非物质文化遗产黑暗传发源地之一。有民间艺术新华顶堂鼓、玩龙灯、采莲船、踩高跷、玩花灯、蚌壳等。经济以磷矿开采、中草药种植、家禽养殖为主。农业以种植水稻、玉米、油菜、小麦、马铃薯、大豆、红薯，养殖生猪、耕牛、山羊、鸡为主。有林产香菇、木耳、天麻、冬花、桔梗、柴胡等。209国道过境。

樟树坪［Zhāngshùpíng］ 新华镇人民政府驻地。在林区政府驻地松柏镇东南28千米。人口300。因坪上多樟树得名。聚落依河流、209国道呈环状分布。有小学、幼儿园、卫生院、卫生所。特产生漆、核桃等。209国道经此。

大九湖镇［Dàjiǔhú Zhèn］ 神农架林区辖镇。在区境西南部。面积323平方千米。人口0.4万。辖1居委会、6村委会，有73自然村。镇人民政府驻鲤鱼岩。1984年由九湖农场分设东溪、大九湖2乡。2001年东溪乡并入大九湖乡。2011年改镇。传唐弘道元年(683)薛刚在沁水湖边扎营9座，故名。有国家重点保护野生植物5种，国家珍贵树种3种。有国家一级保护野生动物金丝猴、白鹳、金雕等。有小学2所，卫生院1个，卫生室6个，文化站1个，图书室6个，福利院1个。有景点落水孔、"枯木逢春"、唐朝古墓、1—9号湖、神农海棠园、黑水河、碉堡坪、娘娘墓等。经济以旅游、中草药种植、养殖业为主。种植马铃薯、玉米、蔬菜，养殖猪、牛、羊、家禽。特产生漆、香菇、蜂蜜、党参、当归、独活等。县道大大线、环湖公路过境。

鲤鱼岩［Lǐyúyán］ 大九湖镇人民政府驻地。在林区政府驻地松柏镇西南69千米。人口200。有岩石形似鲤鱼得名。聚落呈团块状。有民间艺术吹丧鼓、打火炮。有景点娘娘墓、"枯木逢春"、神农海棠园、1—9号湖等。经济以旅游、中草药种植、畜牧养殖为主。有中草药独活、当归、川穹、川乌、党参、贝母等。畜牧业以放养跑跑猪闻名。特产腌制、熏烤肉。

宋洛乡［Sòngluò Xiāng］ 神农架林区辖乡。在区境中南部。面积654平方千米。人口0.7万。辖1居委会、8村委会，有142自然村。乡人民政府驻矿上。1958年成立宋洛公社。1975年长坊、盘龙、朝阳3公社并入。1984年分设宋洛、朝阳、长坊3乡。1993、2000年朝阳、长坊2乡先后并入宋洛乡。因宋、罗2姓始居河岸得名宋罗河，后雅化为今名。最高峰大红岩海拔2732米。毛家河、玉泉河流经。有矿产资源磷、赤铁、铅锌、铜、水晶、白云岩、石棉等。有国家一级保护野生植物5种，国家一级保护野生动物金钱豹、云豹、林麝、金雕。森林覆盖率90.2%。木材蓄积152.8万立方米。有初中1所，小学3所，卫生院1个，卫生所7个，文化站1个，村文化活动中心6个，图书室8个。有省级文物保护单位蛇坪古民居。农业以养殖猪、牛、羊，种植中草药、高山反季蔬菜为主。种植玉米、马铃薯等。特产黄连、魔芋、独活、中蜂。工业以采矿、电力为主，有中小型水电站16个。县道盘宋线过境。通公交车。

矿上［Kuàngshàng］ 宋洛乡人民政府驻地。在林区政府驻地松柏镇南13千米。人口200。因曾办铜矿得名。聚落呈环状。有中心学校、卫生院。种植玉米、马铃薯、大豆、小麦。特产核桃、板栗、生漆、木耳、香菇、药材。县道盘宋线经此。

下谷坪土家族乡［Xiàgǔpíng Tǔjiāzú Xiāng］ 神农架林区辖乡。在区境西南部。面积216平方千米。人口0.6万，其中土家族占81%，还有汉、苗、彝、回、白等民族。辖1居委会、6村委会，有83自然村。乡人民政府驻下谷坪。1949年巴东县设下谷乡。1958年并入神农公社。1961年析设下谷公社。1970年划归林区，由巴东县代管。1975年板桥、石磨2公社并入。1981年属林区。1992年改乡。1995年改今名。因乡政府驻地得名。中高山地貌。神农溪、板桥河、马家沟、榨起沟、石柱河流经。森林覆盖率88.8%。有矿产资源磷、铅锌、铁、水晶、白云岩、石灰石等。有初中1所，小学2所，幼儿园1所，文化站1个，村文化活动中心6个，卫生院1个，卫生室4个，图书室6个，农村福利院1个。盛产黄连、独活、党参等药材，杜仲、黄柏、板栗等经济林木，百花蜜、茶叶、生漆、香菇等农产品。有旅游业。双神旅游公路过境。

下谷坪［Xiàgǔpíng］ 下谷坪土家族乡人民政府驻地。在林区政府驻地松柏镇西南46千米。人口1000。以土家族为主。因神农氏试种并发明五谷得名。聚落呈带状。有小学、幼儿园、卫生院。有民间艺术土家山歌、小调、堂戏、皮影戏、薅草锣鼓、九字鞭、花灯、采莲船等。双神旅游公路经此。

旧 地 名

光化县［Guānghuà Xiàn］ 在省境西北部。宋乾德二年(964)设光化军(又名通化军)。蕴"光大王化"之意。熙宁五年(1072)废军，改乾德县为光化县。其后建制虽有变化，至1949年仍为县，驻地老河口镇。1979年老河口镇改市，与光化县并立。1983年撤光化县，并入老河口市。

应山县［Yìngshān Xiàn］ 在省境北部。原属孝感行政公署。隋开皇十八年(598)改永阳县为应山县。1949年属孝感专署。1959年属武汉市。1961年属孝感专署。1988年改应山县为广水市，属孝感行政公署。

黄安县［Huáng'ān Xiàn］ 黄冈市辖县。在市境西北部。面积1795平方千米。人口64.7万。明嘉靖四十二年(1563)由麻城、黄冈、黄陂3县析置黄安县，因春秋时地属古黄国，为求"地方宁谧，生民安妥"之意得名。1949年属孝感专区。1952年因纪念鄂豫皖革命根据地和中国工农红军第四方面军于此创建，改名红安县。

蒲圻县［Púqí Xiàn］ 咸宁市辖县。在市境西部。三国东吴黄武二年(223)孙权置蒲圻县。1949年后历属沔阳专区、孝感专区、武汉市、咸宁地区、咸宁市。1998年更名赤壁市。

沔阳县［Miǎnyáng Xiàn］ 在省境中部偏南。原属荆州地区。县人民政府驻仙桃镇。南朝梁天监二年(503)分竟陵郡置沔阳郡。云杜县析置沔阳县。西魏时云杜、沔阳2县并入建兴县，属沔阳郡。隋开皇三年(583)改沔阳郡为复州，辖建兴县。大业三年(607)改复州为沔州，改建兴县为沔阳县。旋改沔州为沔阳郡。唐武德五年(622)改沔阳郡为复州，沔阳为属县。宋宝元二年(1039)降沔阳县为镇。其后建制又多次置废变化。1949年设沔阳专署，沔阳为属县。1951年撤沔阳专署，沔阳县改属荆州专署。1952年县治由沔城迁至仙桃镇。1986年撤沔阳县建仙桃市，市域承县域。

湖南省

湖南省［Húnán Shěng］ 简称湘。北纬24°38′—30°08′，东经108°47′—114°15′。在中国中部偏南，长江中游南部。东临江西省，西接重庆市、贵州省，南毗广东省、广西壮族自治区，北连湖北省。面积21.2万平方千米。人口7202.3万。以汉族为主，还有苗、土家、侗、瑶、回、壮、白等民族。辖长沙、株洲、湘潭、衡阳、邵阳、岳阳、常德、张家界、益阳、郴州、永州、怀化、娄底13地级市，湘西土家族苗族1自治州。共35市辖区、16县级市、64县、7自治县。省会长沙。

夏、商和西周时为荆州南境。春秋、战国时属楚国苍梧、洞庭2郡。秦始皇设黔中、长沙2郡。西汉初期属长沙国，汉武帝之后属荆州刺史辖区，辖武陵郡、桂阳郡、零陵郡、长沙郡。三国时属吴国荆州，置昭陵郡，为荆南五郡。西晋时分属荆州、广州。东晋时分属荆州、湘州、江州。南朝宋、齐、梁时分属湘州、郢州和小部分荆州。南朝陈时分属荆州、沅州。隋开皇九年(589)平南陈而统一中国后，在湖南设长沙、武陵、零陵等8郡。唐开元二十一年(733)分属山南东道、江南西道和黔中道，黔中道黔州都督府。广德二年(764)在衡州置湖南观察使，从此在中国行政区划史上正式有"湖南"之名。宝历二年(826)始设湖南道。五代十国，马殷据湖南建立楚国，国都为长沙。宋代分全国为路，路下设州、府、军、监，各辖若干县。湖南主要在荆湖南路，简称湖南。元代实行行省制度，湖南属湖广行省，分岳州、常德、澧州等14路和茶陵、耒阳、常宁3州。明代行省设布政使司，后改承宣布政使司；省下为府(州)，府下设县，实行省、府(州)、县三级制。湖南属湖广布政使司。清代地方政权实行省、道、府(直隶厅、直隶州)、县(散厅、散州)四级制。康熙三年(1664)置湖广按察使司，湖广右布政使、偏沅巡抚均移驻长沙。随之湖广行省南北分治，建立湖南省，下设长宝道、岳常澧道、辰沅永靖兵备道、衡永郴桂道四道，道下为府，直隶州(厅)，府(州)下为县。雍正元年(1723)设湖南布政使司，二年偏沅巡抚易名湖南巡抚。中华民国时湖南废府、厅、州，保留道、县两级。1914年湖南省设湘江道、衡阳道、武陵道、辰沅道，道下辖县。1922年道制撤销，仅存省、县两级。1937年湖南省划为9区，并设长沙、衡阳2省辖市，省政府驻长沙市。1949年后湖南省建制基本格局变化不大。1949年设长沙地级市，1956年设株洲地级市及长沙、衡阳、郴县、常德、益阳、邵阳、永州7直属专区，湘西行政区及所辖永顺、沅陵、会同3专区。1957年设湘西土家族苗族自治州。1960年郴县专区改郴州专区，1970年改郴州地区。1980年设湘潭、衡阳、邵阳3地级市。1983年设岳阳地级市。1988年设常德地级市，大庸市升为地级市，1994年更名为张家界市。1994年设益阳、郴州2地级市。1995年设永州地级市。1997年设怀化地级市。1999年设娄底地级市。从而形成13省辖市和1自治州的建制格局。

"湖南"之名源于境域大部分居洞庭湖以南。简称"湘"，因省内最大河流湘江流贯南北。"湘"从水、从目、从木，为"相水"之意。南朝宋庾仲雍《湘州记》云："湘水至清，虽深五六丈，见底了了，石子如樗蒱矢，五色鲜明，白沙如霜雪，赤如朝霞。"又简称"潇湘"。"潇湘"原指位于永州的潇水、湘江汇合处。《山海经·中山经》言湘水"帝之二女居之，是常游于江渊。澧沅之风，交潇湘之渊"。到唐代中期，"潇湘"不单指潇、湘2水，而是被诗人们衍化为地域名称。陆游诗："挥毫当得江山助，不到潇湘岂有诗？"湖南又别称"三湘"，宋代以来多以"三湘"代指湖南。清学者王文清《湘水记》中云："潇湘、蒸湘、沅湘，三水皆纬流，而经之者湘水也。湘源出阳朔，至永州，潇水入焉，曰潇湘；至衡州，蒸水来会，曰蒸湘；卒与沅江合于沅江，曰沅湘。此三湘之所由名也。"自宋代始，湖南还别称"湖湘"。"湖"指洞庭湖，"湘"指湘江。宋岳飞《奏乞除在外宫观第二札子》载："奉圣旨，岳飞已平湖湘。"清钱谦益《金陵杂题绝句》之十二载："旧曲新诗压教坊，缕衣垂白感湖湘。"陈家英《有怀秀元三妹北洋女师范即次其韵》载："湖湘词祖推骚体，江左门才数谢家。"湖南省地名由来及特点与自然地理条件和历史形成息息相关，有着自己独特的成因和含义。从地名专名来看，主要有以下几种类型：①以自然地理实体命名。因境内多山地、河流，以此类命名的市、区、县、镇名如衡山县、韶山市、岳麓区(岳麓山)；沅江市、洪江市、芷江县等。②以地理位置命名。山南或水北谓阳，如衡阳位于衡山之南，浏阳位于浏水之北，渌口位于渌水入湘江之口等。③以自然景象命名。如株洲芦淞区、荷塘区，均以盛产之植物而名。长沙境湘江东岸首尾两端各有一小镇名霞凝、暮云，源于古人湘江之旅，从上游出发时朝霞凝聚是为霞凝，到傍晚出长沙时已是暮云夕照是为暮云。④以远古帝王陵墓或神话人物而名。如零陵得名于舜葬九嶷，把舜陵称为零陵，源于娥皇、女英千里寻夫之事，"零"为"涕零"，即落泪之意。茶陵县和炎陵县均得名于炎帝陵之传说。与炎帝传说有关之县名还有嘉禾、耒阳、郴州等。⑤与历史事件关邻。如张家界市原名大庸市，系因公元前611年楚国灭庸，将庸国遗民迁徙至此而得名。汨罗就是由麋城、罗城衍化而来。⑥以名胜古迹为名。如邵阳市北塔区以明万历十年(1582)所建北塔命名；长沙市开福区以五代时所建名刹开福寺为名；岳阳市岳阳楼区以宋范仲淹题写《岳阳楼记》为名。⑦以民间传说为名。如郴州市苏仙区以苏仙岭为名。传白鹿、白鹤在此为苏耽哺乳御寒，后苏耽于此得道飞升。凤凰县得名于一对凤凰从此展翅而飞的民间传说。⑧为纪念历史人物而命名。永州市中国历史文化街区柳子街，因位于零陵区南部潇水西岸，唐永贞元年(805)柳宗元贬任永州司马时曾居于此，后建柳子庙，街区由此得名。⑨以古政区名为名。如常德市武陵区，因常德于汉代曾称武陵郡得名。邵阳市宝庆路(区片)以邵阳古名宝庆得名。宋之前邵阳称邵陵、邵州。⑩以祥瑞之词名县，如宁乡、安乡、常宁、安仁等。

湖南地处云贵高原向江南丘陵和南岭山地向江汉平原过渡地带。全省东、西、南三面环山，向中、北部逐渐倾斜过渡为丘陵和平地。山地和丘陵地貌合占总面积66.62%。分为湘西北山原山地区、湘西山地区、湘南丘山区、湘东山丘区、湘中丘陵区、湘北平原区等6地貌区。最高峰炎陵县神农峰(酃峰)海拔2122.35米，最低点长沙市岳麓区洋湖垸海拔21.6米。属大陆性亚热带季风湿润气候。年均气温17.7℃，1月平均温度5.7℃，7月平均气温28.4℃。年均降水量1435.6毫米。年均无霜期285天。河网密布，全长5千米以上河流5341条，其中流域面积在5000平方千米以上大河17条，主要为湘江、资江、沅江、澧水4水及其支流，顺地势由南向北汇入洞庭湖、长江。有天然草地637.3万公顷，林地1036.99万公顷。有国家一级重点保护野生植物银杏、冷杉、银杉、南方红豆杉、伯乐树等16种，国家二级重点保护植物华南五针松、白豆杉、连香树、杜仲等48种。有野生哺乳动物66种、鸟类500多种、爬行类71种、两栖类40种、昆虫类1000多种、水生动物200多种。其中有国家一级保护动物华南虎、云豹、金猫、白鹤、白鳍豚、黄腹角雉、林麝、麋鹿、中华秋沙鸭等18种，有国家二级保护动物猕猴、短尾猴、穿山甲、大鲵、江豚、雕鸮等28种，有三级保护动物白鹭、野鸭、竹鸡等49种。有著名的天然鱼类中华鲟、白鲟、银鱼、鲥鱼、鳗鲡等。已探明储量的矿产资源108种，其中锑储量居世界首位，钨、铋、铷、锰、钒、铅、锌及非金属雄黄、萤石、海泡石、独居石、金刚石等居中国前列。有国家级自然保护区八大公山、壶瓶山、东洞庭湖等23个，省级自然保护区23个。有国家级森林公园29个，省级森林公园40个，国家湿地公园49个，国际重要湿地3处。森林覆盖率59.57%。有国家工程研究中心4个，省级工程研究中心100个。有国家级重点实验室18个，省级重点实验室204个。有本科院校36所，专科院校7所，高职院校66所，其中重点建设高校4所。有花鼓戏、京剧、话剧、歌剧等艺术表演团体103个，群众艺术馆、文化馆142个，公共图书馆136个，博物馆、纪念馆103个，广播电台13个，电视台15个。有国家级非物质文化遗产116项，省级非物质文化遗产220项。有三级医院65个，妇幼保健院(所、站)139个。有国家级体育场馆14个，省级体育场馆36个。

有国家历史文化名城长沙、岳阳、凤凰，国家历史文化名镇里耶、靖港、芙蓉、寨市、浦市、高沙、边城，国家历史文化名村上甘棠、高椅、洞岩头等15个。有省级历史文化名城衡阳、永州、郴州、洪江黔城古城等13个，省级历史文化名镇荷叶、南岳、边城等19个，省级历史文化名村荆坪、壶天、楼田等68个，中国传统村落中田、崇木凼、张谷英、石堰坪等91个。三次产业比例12∶46∶42。农业中稻谷产量居中国第1位，茶叶产量居中国第2位，柑橘产量居中国第3位。有著名土特产黄花、湘莲、生姜、辣椒等。工业已形成工程机械、汽车及零部件、电子信息、人工智能、生物医药和新材料等支柱产业集群，有国家级开发区14个、综合保税区1个、省级开发区67个。有国家级新型工业化产业示范基地22个。服务业以商贸物流和旅游为主，主要旅游景区有韶山、武陵源、南岳衡山、岳阳楼、岳麓山、岳麓书院、君山岛、花明楼、崀山、东江湖、永顺老司城等。全省铁路有京广、沪昆、湘桂等7大干线和京广、沪昆、湘桂、长益常、张吉怀等高铁，铁路营业里程4551.9千米，其中高铁1110千米。有国道15条、省道152条，京广、京珠、沪昆等高速60条。公路通车里程23.6万千米，其中高速5493千米。有长沙黄花国际机场、张家界荷花国际机场、常德桃花源机场、永州零陵机场、怀化芷江机场、衡阳南岳机场。可通往国内56个大中城市和日本、泰国、韩国、新加坡、越南等地。有通航河流373条，通航里程11968千米。有内陆省市最大的国际航运港口岳阳港。

长沙 [Chángshā] 别名湘城。湖南省省会。在长沙市境中部。面积2185平方千米。人口360万。以汉族为主。长沙之名始于周初，《逸周书·王会解》载，成王时诸侯所献方物，有"长沙鳖"。应劭《汉官仪》谓秦郡长沙系因袭旧名。《通典》谓"有万里沙祠，故名"。《元和郡县志》《通甲记》有"沙乡""沙土之地"之说。处湘江下游两岸。河东地势较低，河西地势较高。西汉长沙王吴芮在河东修筑城垣，元以前为土砖筑墙，明初改为石基。清拆明藩王府砖增高加厚，城周长7000多米。辛亥革命后拆除城墙，至1928年改为环城马路，仅天心阁下尚保留约200米城墙旧貌。1949年城区面积仅6.75平方千米。1949年后市区向四周扩张。市中心为重要商业区，工业区大多在市郊。银盆岭至三汊矶一带为轻纺、化学工业区，南郊树木岭、新开铺一带为机械工业区。20世纪90年代起，随着基础设施的改善和高新区、经开区建设，城市空间沿东西向319国道轴向扩张。2001年长沙市治从河东迁至河西，此后河东、河西共同发展，形成沿湘江、319国道拓展，构筑"一主、两次、四组团"的多中心城市空间结构。在主城区，河东为重要商业、文化、旅游、居住区，河西为文教科研区及高科技产业基地。城区东部是新型工业、高科技农业、航空产业和文化休闲产业基地，南部为旅游、商贸、文化区，西南部为大学、居住区，北部为水运、公路、铁路的中转联运中心、物流中心、大运量工业基地。长沙以"山水洲城"为特色，城区绿化覆盖率40%，中心城区人均公园绿地面积近10平方米。为国家森林城市、中国优秀旅游城市、全国文明城市、全国历史文化名城。有天心阁、开福寺、贾谊故居、爱晚亭、长沙市天主教堂、长沙站、贺龙体育馆等标志性历史建筑，还有国贸金融中心大楼、电信枢纽大楼、北辰三角洲写字楼等现代地标建筑。有岳麓山风景名胜区、烈士公园、世界之窗、洋湖湿地公园、梅溪湖湿地公园、长沙植物园、湖南省博物馆等景点。有国家重点科研单位粉末冶金研究所、湖南杂交水稻研究中心、人类干细胞国家工程研究中心等。有中南大学湘雅医院等三级医院。有知名高等学府中南大学、湖南大学等。有湘绣、长沙臭豆腐等特产。为我国中部地区重要交通枢纽。京广、湘黔、洛湛铁路，沪昆高铁，石长、长韶、武广高速客运专线，京港澳、长永、长张、绕城、机场、长株、长韶娄、长潭西等高速过境。有长沙站、长沙南站、黄花国际机场、长沙霞凝港等。

长 沙 市

长沙市 [Chángshā Shì] 湖南省辖地级市。在省境东北部。北纬27°53′—28°41′，东经111°53′—114°15′。面积11816平方千米。户籍人口671.4万，常住人口731.2万。以汉族为主，还有土家、苗、侗、瑶、壮、满、回等民族。辖岳麓、芙蓉、天心、开福、雨花、望城6区，长沙、宁乡2县，代管浏阳县级市。市人民政府驻岳麓区。秦黔中郡析东南部置长沙郡，郡治湘县。西汉景帝元年(前156)复长沙国，居摄二年(7)王莽废国改填蛮郡。东汉初复长沙郡。三国初属蜀，后属吴。西晋永嘉元年(307)置湘州，辖长沙郡，州、郡治所均在临湘。东晋义熙十二年(416)废湘州。南朝宋复湘州，仍辖长沙郡。隋开皇九年(589)改湘州为潭州，废郡。隋大业三年(607)废潭州，复长沙郡。唐初改潭州，属江南西道。天宝年间(742—755)改长沙郡，安史之乱后复潭州名。后梁开平元年(907)马殷改潭州为长沙府，为长沙称府之始。后改潭州。宋初属荆湖南路。元世祖至元十四年(1277)置潭州路，天历二年(1329)改天临路，道宣慰司、路、县治所俱设长沙。明洪武二年(1369)改潭州府，洪武五年(1372)改长沙府。清初沿旧制。康熙三年(1664)湖广右布政使司驻长沙，遂为湖南省会所在地。雍正三年(1725)设湖南巡抚。1933年始建长沙市，由省直辖，市、县分治。1938年长沙市入县。1942年复长沙市。1959年长沙县划入。1977年望城县划入。1983年宁乡、浏阳2县划入。2001年市政府迁驻岳麓区。长沙之名始于周初，张谓《长沙风土碑铭并序》称长沙以星得名。二十八宿中轸宿有一名为"长沙"的附星，下面对应的是长沙之地，长沙由此得名。地处湘中丘陵与洞庭湖冲积平原过渡地带和湘浏盆地。地势呈东西高耸、中部低平马鞍形。北、西、南缘为山地，东南以丘陵为主，东北以冈地为主。山地、丘陵、冈地、平原大体平分。平均海拔44.9米。属亚热带季风气候。年均气温17.4℃，1月平均气温5℃，7月平均气温29℃。年均降水量1476毫米。年均无霜期275天。浏阳河、捞刀河、靳江河、沩水等流经。有矿产资源煤、石煤、泥炭、铁、锰、铜、锌、磷、硫、重晶石、高岭土、黏土、石灰岩、花岗岩等。有野生植物近1000种，其中有国家重点保护野生植物樟树、伯乐树、榧树、南国红豆杉等30多种。有野生动物318种，其中有国家一级保护野生动物5种，国家二级保护野生动物30种。有省级浏阳大围山自然保护区。森林覆盖率54.7%。有中南大学、湖南大学、湖南师范大学、湖南农业大学等高校50所，普通高中74所，初中218所，小学937所，三级医院29个，文化馆10个，图书馆12个，博物馆(纪念馆)16个，档案馆14个。有湘剧、花鼓戏、歌舞剧等艺术团体9个。有全国重点文物保护单位秋收起义文家市会师旧址、刘少奇故居、岳麓书院、马王堆汉墓、胡耀邦故居、爱晚亭等25个，省级文物保护单位114个。有全国爱国主义教育基地湖南雷锋纪念馆、秋收起义文家市会师旧址纪念馆等7个。为国家历史文化名城。有国家历史文化名镇1个，省级历史文化名镇1个，千年古县1个，省级历史文化名村1个，中国传统村落1个。有国家级非物质文化遗产湘绣、浏阳花炮制作技艺、石雕(菊花石雕)等7项。有国家5A级旅游景区花明楼、岳麓山·橘子洲，4A级旅游景区9个，国家级森林公园3个，省级森林公园4个，国家湿地公园3个。三次产业比例4∶54∶42。农业以水稻、玉米、大豆种植为主，为我国重要水稻生产基地。工业形成工程机械、汽车及零部件、材料产业、生物医药、电子信息工业产业集群。服务业以商贸、金融、物流、餐饮、娱乐为主。有国家级开发区4个，省级开发区9个。境内有铁路190千米，高铁528千米，公路16464千米，高速287千米，内河航线538千米。京港澳、长永、长张、绕城、机场、长株、长韶娄、长潭西等高速，106、107、319国道，省道长望、长湘、长浏、桃菁、三黄、学七线，地铁2号线等过境。有火车站12个，汽车站16个。有黄花国际机场，民航航线100余条，通往北京、上海、首尔、大阪等城市。

溁湾镇 [Yíngwānzhèn] 在市区西部。东起老码头，南至橘子洲大桥，西至溁湾桥，北至嘉湖路。古称溁湾市，因水得名。《岳麓志》载："溁湾水出麓山左自之字港来，曲折数十里为溁湾港，可通舟。滨江三里穿孔，道绕溁湾市北以出，将入大江。"为长沙—贵州古驿道起始点，紧邻湘江码头，湘江未建桥前，为主要渡口，系湘中地区水陆交通要冲，历为商业繁华之地。清末为长沙河西商业中心。1912年后建长沙汽车西站。现发展为商业中心和交通门户。有省中医药研究院附属医院、湖南武警医院、长沙第四医院、通程麓山大酒店、新民学会旧址、岳麓广场等。老街商铺林立，为长沙最早集市之一。有通程商业广场。多条城市道路在此相交。长沙地铁2号线过境设站。

银盆岭 [Yínpénlǐng] 在市区西部。东临湘江，南至黄泥河，西至金星路，北至杜鹃路。传曾国藩湘军曾驻防岭上，建营棚，称营棚岭。后因城南金盆岭改今名。依拓湘江航运，为湖南近代工业发祥地。1912年后建裕湘纱厂、长沙船舶厂等。2000年后建设滨江新城，发展为城市新中心。有市政府、中南大学湘雅医学院、滨江实验中学、博才小学、中南大学湘雅三医院等。楼宇经济、金融商务、文化娱乐、休闲美食蓬勃发展。高档住宅楼、写字楼林立。城市道路纵横交错。

观沙岭 [Guānshālǐng] 在市区西部。东临湘江，南至安居路，西至金星北路，北至北二环路。旧系丘岗，因靠近湘江可见长沙城而名。曾为岳北渔场，1949年后聚集长沙锌厂、长沙船舶厂、水泥机械厂等。1997年建成观沙岭工业园。2008年后企业关闭或迁出。现为滨江新城开发主阵地。有长郡滨江中学、长郡双语实验学校、白马小学、湖南师范大学附属滨江学校。有滨江景观带、施家港水上公园、市青少年宫。经济以服务业为主,楼宇经济繁荣,以大型超市、建材经营、金融商务为商贸特色。有标志性建筑省金融中心、湘江财富中心、世茂外滩里、楷林国际大厦等。三汊矶大桥、银盆岭大桥、福元路大桥连贯东西,形成路网。长株潭城际铁路过境。

望城坡［Wàngchéngpō］ 在市区西部。东至咸嘉湖,南至梅溪湖路,西至麓景路,北至咸嘉湖西路。旧系丘岗,因可望见长沙城而得名。昔为长沙西门户,自古为通贵州、四川交通驿道,汉代有“驿骑驰递、行旅传舍”之称。区片呈带状,商旅汇集。1951年望城县政府驻此。1972年建成湘江大桥。20世纪80年代中期改建319国道、区片平房。1995年建成汽车西站,成为市公共交通枢纽。现市场众多,商贸繁荣。有省旧货市场、望城坡汽车城、郁金香建材市场、望城坡摩托市场、广大环球家具市场等。为市四大物流中心之一。地铁2号线过境。通公交车。

咸嘉湖［Xiánjiāhú］ 在市区西部。东至铜盆湖,南至五里堤,西至三角塘,北至白鸽咀。传明初韩姓在此置业,得名韩家湖。民国初胡文典创办咸嘉小学校,后更名咸嘉湖。1974年为西湖渔场。2007年建成西湖文化园。有博才咸嘉学校、岳麓区第一小学、望岳中心小学等。有长沙王后“渔阳”墓。有龙王港风光带、创意街区、森林氧吧等。经济以商贸服务为主,楼宇经济繁荣。有咸嘉广场、河西王府井商业广场等。通多路公交车。

左家塘［Zuǒjiātáng］ 在市区南部。指城南东路、曙光中路交会处附近,泛指长岭东南一带周围约0.8千米地带。因原有左姓管理水塘得名。昔丘陵起伏,1970年修赤岗北路,建锰矿公司、机械厂、火柴厂、阀门厂等。经济以商贸服务业为主,人口、商铺、高层建筑物密集。有市规划设计院、长沙监狱、市中级法院、市第二十三中学等。通公交车。

五一大道［Wǔyī Dàdào］ 在市区中部。东起车站路,西至橘子洲大桥。与晓园路、曙光北路、韶山北路、迎宾路、韭菜园路等相交。长4.1千米,宽60米。沥青路面。以芙蓉广场立交桥、袁家岭立交桥为界,分西、中、东3段。1951—1952年拆旧街巷,2000年铺设沥青。开工时值劳动节,故名五一路。2002年改今名。途经市商业金融中心。两侧有晓园公园、省商务厅、芙蓉华天大酒店、友谊商城、市新华书店、省机关二院、小天鹅戴斯酒店、中天广场、平和堂商厦、春天百货、王府井百货、新世界百货、黄兴路商业步行街。地铁2号线经此。通多路公交车。

湘江路［Xiāngjiāng Lù］ 在市区中南部。南起无名路连接107国道,北至北三环。与福元西路、三一大道、营盘路、五一大道、人民中路等相交。长26千米,宽54米。沥青混凝土路面。以银盆岭大桥、南二环为界分北、中、南3段。20世纪20年代修建,1951年城区路段贯通。2012年全线通车。原名沿江大道,后因沿湘江东岸修建改今名。两侧有湘江风光带、北辰三角洲、万达广场、王府井广场、黄兴广场、保利国际广场、湖南第一师范旧址、周南中学、明德中学、紫凤公园、南郊公园、湖南革命烈士陵园等。通多路公交车。

劳动路［Láodòng Lù］ 在市区中部。东起黄兴大道,西至湘江中路。与书院路、芙蓉路、韶山路、曙光路、车站路等相连。长16.7千米,宽46米。沥青路面。以二环线、芙蓉中路为界分东、中、西3段。1952年开工,1964年建成。2001年扩建。因原劳动体育场(今贺龙体育馆)得名。两侧有市第三医院、琴岛演艺中心、田汉大剧院等。通多路公交车。

解放路［Jiěfàng Lù］ 在市区中部。东起车站中路,西至湘江中路。与朝阳路、曙光北路、韶山北路、芙蓉中路、蔡锷中路等相交。长4.3千米,宽30米。沥青路面。以韶山北路、芙蓉中路为界分东、中、西3段。1937年建成中正路,1949年因欢庆解放改今名,1980年扩建为现状。途经市区商业娱乐中心。两侧有省储备局、国储电脑城、海3C广场、合峰电脑城、育英小学、华天大酒店、中国城戴斯酒店、市公安局、育才学校、省机关二院、省建行、省新华书店、省医院、市公安局、解放西路酒吧一条街、王府井百货、万达商业广场、黄兴南路商业步行街等。通多路公交车。

韶山路［Sháoshān Lù］ 在市区中部偏南。南起井湾路,北至省委大院内部道路。与五一大道、人民中路、劳动中路、二环南路、香樟路相交。长9千米,宽60米。沥青混凝土路面。以劳动中路、二环南路为界分北、中、南3段。20世纪30年代建设,名东大路。1963年南扩,与长潭公路相接,通往韶山,故名。2002年后改造。串通袁家岭、窑岭、长岭、东塘、砂子塘、雨花亭、井湾子等地片。两侧有省图书馆、省水利厅、省电力公司、市工人文化宫、银杏学院、中南大学铁道学院、中南林业科技大学、湖南女子学院、省新华印刷三厂等。通多路公交车。

八一路［Bāyī Lù］ 在市区中部。东起车站路,西至建湘路。与蓉园路、晓园路、长岛路、杜家园巷、韶山北路等相交。长2.9千米,宽24—46米。沥青路面。20世纪30年代建设,名中山路,60年代拓建春华路。1971年为纪念建军节统称八一路。2005年改造。21世纪初西段渐成电动车销售修理一条街。两侧有省科协会、省公安厅、省文联、大同小学、省信访局、省公路局、市博物馆等。通多路公交车。

人民路［Rénmín Lù］ 在市区中部。东起京珠高速,西至湘江中路。与双杨路、万家丽路、车站路、芙蓉路、蔡锷路等相交。长15.2千米,宽36米。沥青路面。以杨家山立交桥、芙蓉中路为界分东、中、西3段。1960年起建识字岭—窑岭段,命名开慧路。1965年修建识杨路。1971年统称人民路。2004年拓建。2013年建成东路东延线。自西到东串起湘江风光带、五一商圈、长沙CBD、长沙经济开发区、空港城。两侧有海信广场、黄兴广场、天心公园、雨花大厦、铭城国际大厦、旺旺医院、万科西街花园、湖南省湘剧团、湖南省花鼓戏剧院等。地铁2号线经此。通多路公交车。

中山路［Zhōngshān Lù］ 在市区北部。东起建湘路,西至湘江中路。与蔡锷北路、黄兴北路、北正街、西长街相交。长1.5千米,宽17米。沥青路面。1930年建设,因纪念孙中山得名。20世纪80年代前、中期分别以三角花园、中山亭为界,分段命名中山东路、中山西路。90年代初复名中山路。两侧有南百乐影楼、泉晟同福公寓、三角花园、红色剧院、乐和城、东方商厦、中山医院、湘江宾馆、省少年儿童图书馆、湖南自修大学旧址、南洋大厦、市青少年宫等。通多路公交车。

芙蓉路［Fúróng Lù］ 在市区中部。南起107国道,北至沙河大桥。长52千米,宽46—60米。沥青路面。分北、中、南3段。1984年开工,1994年建成芙蓉中路,2000年改建,2003年扩建芙蓉北路,2009年扩建北延线,2010年全线建成。两侧有开福区政府、伍家岭商圈、省政府、天心区政府、省交通信息中心、湖南电大、省地税局、建工集团、省科技馆等。通多路公交车。

曙光路［Shǔguāng Lù］ 在市区中部偏南。南起劳动中路,北至五一大道。与桂花路、城南东路、人民中路、解放东路相交。长4.6千米,宽30米。沥青混凝土路面。以人民中路为界分中路、北路。1927年始建,1970年建成。1985年扩建。因曙光电子管厂得名。两侧有市法院、长沙城建档案馆、市规划设计院、雅礼实验中学、曙光路小学等。通多路公交车。

黄兴路［Huángxīng Lù］ 在市区中部。南起劳动西路,北至营盘路。与城南西路、人民西路、解放西路、五一大道、中山路相交。长3千米,宽17—40米。沥青路面。以解放路、中山路为界分南、中、北3段。20世纪30年代初开工,1933年建成,称南正路。1947—1948年北延,为纪念黄兴改今名。1952年南延。2001年司门口—南门口段改建为步行商业街。两侧有春天百货、平和堂商厦、王府井百货、沃尔玛超市、五一广场、万代大酒店、金满地商业街等。地铁2号线经此。通多路公交车。

蔡锷路［Cài'è Lù］ 在市区中部。南起城南西路,北至湘雅路。与解放西路、人民西路、五一大道、中山路、营盘路等相交。长3.5千米,宽17—30米。沥青路面。以解放西路、中山路为界分南、中、北3段。1933年开工,1948年建成。1971年扩建。初名东长路,1939年改伯陵路,1943年为纪念蔡锷改今名。1971年新湘路并入,更名大寨路。1981年复今名。两侧有省医院、长沙电信局、省中医院、市第一医院、中南大学湘雅医院、省文化厅等。通多路公交车。

晚报大道［Wǎnbào Dàdào］ 在市区中部偏东。东起浏阳河大道,西至年嘉湖隧道。与万家丽中路、龙柏路、东二环、三湘路、金利路等相交。长3.2千米,宽46米。沥青路面。2000年开工,同年建成。2006、2007年分别扩建。因企业得名。两侧有省审计厅、省国家安全厅、市国土局、省法院、省教育厅、鸿基花园、湘湖五金大市场等。通多路公交车。

万家丽路［Wànjiālì Lù］ 在市区东部。南起芙蓉南路,北至福元路。与三在大道、晚报大道、劳动东路、长沙大道、香樟路等相交。长30千米,宽46米。沥青路面。以天际岭国家森林公园、浏阳河大桥为界分南、中、北3段。2001年开工,2004年建成跃进路。2000年后拓建,更名火星大道。2004年因企业改今名。2009年全线建成。两侧有芙蓉区政府、雨花区政府、省干休所、旺旺医院、新世纪家园、万家丽国际购物广场、万家丽家居建材市场、马王堆灯饰布艺城、马王堆蔬菜批发大市场、马王堆汽配城、旺德府国际、东方新城等。地铁2号线经此设站。通多路公交车。

马王堆路［Mǎwángduī Lù］ 在市区东部。南起劳动东路,北至古汉路。与凌霄路、远大一路、荷花路、长沙大道、新雨路等相交。长4.3千米,宽36米。沥青路面。以远大一路、人民东路为界分北、中、南3段。2004年开工,2005年建成。因马王堆汉墓得名。两侧有省计生委、市第二十六中学、芙蓉中学、马王堆建材市场。通多路公交车。

星沙大道［Xīngshā Dàdào］ 在市区东部。南起远大二路,北至东一路。与盼盼路、北斗路、凉塘路、特立路、星沙联络线等相交。长7千米,宽34米。沥青路面。1997年建成。2006—2007年拓建。因星沙街道得名。两侧有经开区管委会、长沙师范学院、长沙卫职学院、星沙农商银行、新阳光工业园小区等。通多路公交车。

二环线 [Èrhuán Xiàn] 在市区中部。以三汊矶大桥为起讫点，顺时针方向经中青路立交桥、树木岭立交桥、猴子石大桥、金环立交桥，分北、东、南、西4段。与福元路、三一大道、劳动路、韶山路、岳麓大道等相交。长48千米，宽46米。沥青路面。1994年东南段开工，1995年建成。2000年东北段开工，2004年建成。2001年西南段开工，2004年建成。2005年西北段开工，2006年建成。因围绕长沙中心城区得名。两侧有中南大学、湖南师范大学、湖南大学、长沙大学、梅溪国际新城、长沙汽车西站、高桥大市场、三湘大市场、岳麓山风景区、南郊公园、秀峰公园等。通多路公交车。

雷锋大道 [Léifēng Dàdào] 在市区西北部。南起岳麓大道，北至柳林江大桥。与杜鹃路、青山路、普瑞西路、腾飞路、旺旺东路等相交。长10千米，宽30—60米。沥青混凝土路面。1992年开工。2002—2006年拓建。为纪念雷锋得名。两侧有博云工业园、长沙医学院、湖南商学院北津学院、百果园农庄、金桥国际等。通多路公交车。

枫林路 [Fēnglín Lù] 在市区中部。东起湘江一桥，西至黄桥大道。与金星路、西二环、麓景路、麓云路、平川路等相交。长12.3千米，宽30—40米。沥青混凝土路面。分枫林一、二、三路。枫林一路原为319国道一段，2003—2006年改扩建。2005年拓建枫林二路。2009年扩建枫林三路。位于岳麓山脚，山多枫林，故名。两侧有市交警支队、省武警部队医院、湖南师范大学北院、省委党校、湖南涉外经济学院、省人防办、市气象局、麓山宾馆、枫林宾馆、西湖文化园、长沙汽车西站。通多路公交车。

岳麓大道 [Yuèlù Dàdào] 在市区中部。东起银北立交桥，西至雷锋大道。与潇湘中路、银杉路、雷锋大道、东方红路、雷高路等相交。长17.5千米，宽26米。沥青混凝土路面。1990年开工，1998年建成。2003、2009年分别扩建。因岳麓区得名。其中西二环以西段又称岳麓西大道。两侧有市委、市政府、省科技厅、毛泽东文学院、岳麓区法院、湖南商学院北校区、绿地中央广场、奥克斯广场、麓山国滨江实验学校、湘麓山庄、延年荟景酒店等。通多路公交车。

金星路 [Jīnxīng Lù] 在市区中部。西起南二环，北至雷高路。与北二环、茶子山路、含光路、枫林路、西二环等相交。长18.2千米，宽100米。沥青路面。以枫林路、岳麓大道为界分南、中、北3段。2002年开工，2006年建成。因原有金星村得名。两侧有湖南财经学院、岳麓区政府、省肿瘤医院、省胸科结核病医院、郡原广场、居住小区等。通公交车。

长沙地铁2号线 [Chángshā Dìtiě 2 Hào Xiàn] 在市境中部。一期运营从望城坡站至光达站，共19站。途经金星路、橘子洲、五一广场、长沙火车站、沙湾公园等17站。长22千米。2009年开工，2013年建成。2014年正式运营。跨岳麓、天心、芙蓉、雨花4区，长沙1县。连接长沙汽车西站、长沙站、长沙南站。

岳麓区

岳麓区 [Yuèlù Qū] 长沙市人民政府驻地。在市境中部。面积552平方千米。人口65万。以汉族为主，还有土家、苗等民族。辖16街道、3镇。区人民政府驻望岳街道。1949年成立城西区，1951年改西区。1960年长沙县岳麓公社改岳麓区。1975年并入西区。1996年撤西区设岳麓区。2001年市政府驻此。2008年原望城县4镇划入。因岳麓山得名。南北朝刘宋《南岳记》载："南岳周围八百里，回雁为首，岳麓为足。"大部为岗地丘陵区，地势西高东低、南高北低。海拔60—80米。湘江及其支流靳江河、龙王港流经。有矿产资源灰岩、石英岩、砂岩、黏土、铁、锰、煤。先后建成梅溪湖、洋湖、尖山湖、滨江新城等地片，改建潇湘大道、金星大道、岳麓大道等，建成新民路、桃子湖路、牌楼路、阜埠河路等。有高校10所，初中13所，小学77所，幼儿园67所，三级医院10个，二级医院13个。有全国重点文物保护单位岳麓书院、爱晚亭、新民学会旧址等9个，省级文物保护单位北津城遗址、麓山寺、禹王碑、肖劲光故居等24个。有民间艺术皮影戏、根雕表演、民间杂技等。有国家5A级旅游景区岳麓山·橘子洲，4A级旅游景区长沙洋湖湿地，3A级旅游景区巴溪洲。有大王山国际旅游度假区。有湖南大学早期建筑群，中南大学和平楼、民主楼，长沙海关旧址等。有标志性建筑梅溪湖国际文化艺术中心。三次产业比例2∶54∶44。以总部经济、园区经济为主，有滨江等产业聚集区。服务业以生态旅游、文化产业为主。有省级经济开发区岳麓科技产业园。有岳麓山国家大学科技城、省检验检测特色产业园等。长韶娄、长益、长潭西等高速，319国道，长沙地铁2号线过境。有长沙汽车西站。通多路公交车。

潇湘大道 [Xiāoxiāng Dàdào] 在区境东部。南起猴子石大桥，北至银盆岭大桥。与桐梓坡路、银盆南路、咸嘉湖路、枫林路、靳江路等相交。长10千米，宽46米。沥青混凝土路面。原为湘江防洪大堤，2005年改建，同年建成。因"三湘四水"的潇湘得名。两侧有橘子洲风景区、湘江江滩公园、天马山景区、桃子湖、湖南美术馆、湖南师范大学。通多路公交车。

桐梓坡路 [Tóngzǐpō Lù] 在区境中部偏北。东起潇湘中路，西至西二环。与湘岳路、魏家坡巷、银盆南路、谷丰南路、望岳路等相交。长6千米，宽46米。沥青混凝土路面。20世纪80、90年代修建。因坡得名。原属铜盆湖，四周山坡种满桐子树、梓树，故名。两侧有湘雅三医院、省肿瘤医院、湘雅医学院、湖南师大医学院、湖南商学院、长沙河西王府井、步步高商业广场等。通多路公交车。

杜鹃路 [Dùjuān Lù] 在区境北部。东起银杉路，西至岳麓西大道。与岳华路、观沙路、金星北路、谷丰中路、西二环等相交。长5千米，宽26米。沥青混凝土路面。2004年开工，2012年建成。因杜鹃花得名。两侧有市政府、区政府、市检察院、市会议中心、区公共卫生中心、八方小区。通多路公交车。

茶子山路 [Cházǐshān Lù] 在区境中部。东起滨江景观道，西至西二环。与潇湘北路、银杉路、金星北路、观沙岭路、谷丰北路相交。长7.3千米，宽16—29米。沥青混凝土路面。以银杉路、金星北路为界分3段。2012年建成。因茶子山得名。两侧有博才卓越小学、长郡双语实验中学、湘江财富金融中心、浦发银行长沙分行、茶山公园、黄泥塘小区等。通多路公交车。

银杉路 [Yínshān Lù] 在区境东北部。南起岳麓大道，北至北二环。与杜鹃路、岳华路、佑母塘路、桔洲新苑路、观沙岭路等相交。长4千米，宽30米。沥青混凝土路面。1990年建成。途经绿地中央广场、滨江金融商务区。两侧有居住小区。通多路公交车。

三汊矶大桥 [Sānchàjī Dàqiáo] 在城区西北部。长732米，宽46米，最大跨度328米，桥下净高11米。2004年开工，2006年建成。因三汊矶得名。3条小汊汇人傅家湖，东流入湘江，江边有岩石突出，名曰矶头，故名。为大型河道桥梁，结构型式为自锚式悬索桥。最大载重100吨。通多路公交车。

靳江河大桥 [Jìnjiānghé Dàqiáo] 在城区西南部。主桥长653米，宽38.5米，最大跨度162米，桥下净高4.5米。2011年建成。因跨越靳江河得名。为大型河道桥梁，结构型式为变高度预应力混凝土结构、连续刚构桥。为"S"形桥，弯曲最大半径600米，为长沙最"弯"的一座跨河大桥。最大载重100吨。通公交车。

长沙汽车西站 [Chángshā Qìchē Xīzhàn] 见交通运输设施部分"长沙汽车西站"条。

望岳街道 [Wàngyuè Jiēdào] 岳麓区人民政府驻地。在区境中部偏北。面积15平方千米。人口2.7万。2001年设。与岳麓山相望，故名。先后建成金星大道、岳麓大道、西二环、雷锋大道、长塘子安置小区。有谷山。有初中1所，小学4所，二级医院3个，社区卫生服务中心1个，卫生院1个，卫生室3个。有谷山寺、金峰公园、山体公园。经济以楼宇、总部、轨道经济为主，形成高端商务、酒店住宿、餐饮服务、娱乐休闲等产业格局。通多路公交车。

望月湖街道 [Wàngyuèhú Jiēdào] 属岳麓区。在区境东部。面积2平方千米。人口3.9万。1956年设溁湾路街道。1997年因望月湖改今名。有高校1所，小学3所，三级医院1个，社区卫生服务中心1个。经济以商贸服务为主。长沙地铁2号线过境。通多路公交车。

岳麓街道 [Yuèlù Jiēdào] 属岳麓区。在区境中部偏东。面积20平方千米。人口5.6万。1998年设。因岳麓山得名。先后修建、拓改潇湘大道、二环线、麓山南路、靳江路、清水路等，建设岳麓山公馆等。有湖南师范大学、湖南大学、中南大学、湖南商学院、湖南涉外经济学院等。有中学1所，小学6所，幼儿园25所。有吴国湘西故城遗址。有中南大学早期建筑。有桃花岭、寨子岭、后湖。经济以商贸、服务业为主。农业以种植蔬菜为主。工业以制造业为主。通多路公交车。

桔子洲街道 [Júzǐzhōu Jiēdào] 属岳麓区。在区境中部偏东。面积15平方千米。人口4.8万。1953年设水陆洲街道。1968年因橘子洲更今名。以盛产美橘得名。有国家级技术研究中心2个。有高校2所，初中2所，小学5所，幼儿园7所，三级医院2个，门诊部(所)15个。有全国重点文物保护单位新民学会旧址，省级文物保护单位肖劲光故居。有岳麓山、橘子洲、岳麓书院、爱晚亭等。经济以商贸、旅游、房地产为主。通多路公交车。

银盆岭街道 [Yínpénlǐng Jiēdào] 属岳麓区。在区境东部。面积6平方千米。人口5.1万。1962年设。因银盆岭区片得名。有中南大学湘雅医学院、毛泽东文学院。有中学1所，小学4所，幼儿园9所，三级医院2个，二级医院2个，社区卫生服务中心1个，卫生院1个，门诊部(所)9个。有全国重点文物保护单位西汉长沙国王室墓，省级文物保护单位湖南第一纱厂旧址。经济以制造业、电力、建筑、商贸服务为主。通多路公交车。

观沙岭街道 [Guānshālǐng Jiēdào] 属岳麓区。在区境东北部。面积10平方千米。人口4.8万。1998年设。原为丘岗，靠近湘江，可远观长沙城，故名。有职业高中1所，小学7所，幼儿园18所，社区卫生服务中心1个，卫生院5个。有省级文物保护单位北津城遗址。有刘氏节孝坊。有标志性建筑省金融中心、湘江财富中心。农业以种植蔬菜为主。工业以煤矿安全装备制造为主。有观沙岭工业园。服务业以商贸、地产、金融为主。有大型建材市场2个。通多路公交车。

望城坡街道［Wàngchéngpō Jiēdào］　属岳麓区。在区境中部。面积5平方千米。人口3.5万。1998年设。1999年天顶乡部分地域划入。因能望见长沙城得名。有湖南商学院、长沙市特教学校、长沙科技职业中专。有初中1所,小学3所,二级医院2个,社区卫生服务中心1个,卫生院3个。经济以商贸物流为主,有农副产品精深加工。有装饰建材、家具建材、小商品批发等市场。长沙地铁2号线过境。有长沙汽车西站。通多路公交车。

西湖街道［Xīhú Jiēdào］　属岳麓区。在区境中部。面积7平方千米。人口2.6万。1998年设。2001年西湖渔场并入。因西湖渔场得名。先后改建西湖渔场片,建成西湖文化园。龙王港流经。有国家级技术研究中心1个,省级技术研究中心3个。有湖南大学北校区、湖南师范大学医学院等。有小学2所,三级医院2个,社区卫生服务中心1个,卫生院2个。有湖南人民革命大学旧址等。经济以餐饮、娱乐等商贸服务为主。长沙地铁2号线过境设站。通多路公交车。

咸嘉湖街道［Xiánjiāhú Jiēdào］　属岳麓区。在区境中部。面积5平方千米。人口5万。1998年设。因咸嘉湖得名。先后建成王府井写字楼、步步高商业广场、郡原广场、湘腾广场。有湖南财政经济学院、湖南艺术职业学院。有初中1所,小学4所,社区卫生服务中心1个,卫生院2个。有汉长沙王后"渔阳墓"等。经济以信息咨询、中介服务、电子商务、服务外包等为主,有金星中路国际商业街、枫林路都市风尚街、桐梓坡路时尚休闲街、岳麓大道汽车商贸街、咸嘉湖西路特色餐饮街、银双路教育产业街、谷丰路温馨生活街等。长沙地铁2号线过境设站。通多路公交车。

梅溪湖街道［Méixīhú Jiēdào］　属岳麓区。在区境西南部。面积21平方千米。人口2.8万。2007年设。因梅溪水景公园得名。2007年综合开发梅溪湖湖泊、湖堤等。2008年建成梅溪湖路、东方红路、环湖路、映日路、赏月路、泉水路等。2011年建成多处商业楼盘。有中学3所,小学3所,幼儿园10所。有文化活动室、文化站、图书室等。有梅溪湖音乐喷泉等。有标志性建筑梅溪湖国际文化艺术中心。农业以葡萄、蔬菜种植为主。工业以机械制造为主。服务业以房地产为支柱产业,有商贸、健康养生、旅游、科技研发等。通多路公交车。

麓谷街道［Lùgǔ Jiēdào］　属岳麓区。在区境中部偏西。面积37平方千米。人口6.1万。2010年设。因麓谷科技新城得名。有湖南涉外经济学院、长沙职业技术学院等。有初中2所,小学2所,二级医院2个,社区卫生服务中心1个,卫生院1个。工业以工程机械、信息、新材料、生物医药、新能源和节能环保等为主。有楼宇经济。通多路公交车。

坪塘街道［Píngtáng Jiēdào］　属岳麓区。在区境南部。面积90平方千米。人口4.6万。2012年设。2013年析置洋湖街道。传湖上有坪地,坪地有池塘,故名。湘江、靳江河流经。有中学1所,小学6所,幼儿园6所,二级医院1个。有全国重点文物保护单位曾国藩墓。有大王山旅游度假区、湘江欢乐城、巴溪洲水上乐园等。农业以水稻种植为主,蔬菜为辅。工业以建材、化工、包装、机械为主。长潭西、长沙绕城高速过境。通多路公交车。

含浦街道［Hánpǔ Jiēdào］　属岳麓区。在区境西南部。面积50平方千米。人口2.8万。2012年设。2013年析置学士街道。因原有含浦庵得名。靳江河流经。有水库7座。有矿产资源高岭土、花岗石、石灰石、玻璃砂、矽等。有初中2所,小学13所,幼儿园18所,社区卫生服务中心1个,门诊部13个。有古迹泉坝桥、甲子桥、九江庙窑址等。农业以水稻、玉米、蔬菜种植为主,养殖生猪、羊、家禽,盛产稻谷、鲜鱼。工业以制造、化工、建材、超硬材料为主。长潭西、长沙绕城高速,县道左栗、冷凝线过境。通多路公交车。

天顶街道［Tiāndǐng Jiēdào］　属岳麓区。在区境西部。面积21平方千米。人口3.7万。2012年设。因天顶山得名。龙王港流经。有中学2所,小学4所,幼儿园3所,三级医院2个,二级医院2个,社区卫生服务中心1个,卫生院3个,门诊部8个,卫生室7个。有省级文物保护单位青石沟谷山砚采石场遗址。农业以观光、休闲农业为主。工业以新材料、先进制造为支柱产业。服务业以商贸服务、楼宇经济为主。通多路公交车。

洋湖街道［Yánghú Jiēdào］　属岳麓区。在区境南部。面积23平方千米。人口2.6万。2013年设。因洋湖垸得名。靳江河、雅河流经。有中学6所,小学5所,社区卫生服务中心1个,卫生室4个。有幼儿园、图书馆、体育场、文化活动中心等。有洋湖湿地公园。农业以环保、生态农业为主,种植水稻、蔬菜,养殖生猪、牛、羊、鲜鱼。工业以节能科技、机械制造为主。通多路公交车。

学士街道［Xuéshì Jiēdào］　属岳麓区。在区境西南部。面积42平方千米。人口3.1万。2013年设。因学士桥得名。2014年新建学士路,建成联丰裕园等小区。靳江河流经。有矿产资源花岗岩、石灰石等。有高校4所,中学4所,小学9所,二级医院1个,社区卫生服务中心1个,卫生院2个,卫生室5个。有文化站、图书馆、体育馆、运动场等。农业以水稻、玉米种植为主,兼种蔬菜、瓜果等。盛产葡萄。有岳麓农趣谷观光体验园。工业以机械制造、家居家纺、食品药品为主,有省级工业集中区岳麓科技产业园。长韶娄、长潭西、长沙绕城高速过境。通多路公交车。

东方红镇［Dōngfānghóng Zhèn］　岳麓区辖镇。在区境西部。面积16平方千米。人口1.1万。辖1居委会、3村委会,有3自然村。镇人民政府驻华龙村。2000年由东方红农场改置。2006年望城县部分地域划入。2010年5社区析出。因东方红农场得名。有小学3所,社区卫生服务中心1个。农业以水稻、蔬菜种植为主。有休闲观光农业。工业以制造、生物医药、光伏产业为主。为长沙高新技术产业开发区核心区。长沙绕城高速过境。通多路公交车。

华龙村［Huálóngcūn］　东方红镇人民政府驻地。在区政府驻地望岳街道西4千米。人口4700。由明华、龙塘2村合并而成,故名。聚落呈片状。有小学、卫生室、公共服务中心等。农业以种植水稻、蔬菜为主,生猪养殖为辅。通多路公交车。

莲花镇［Liánhuā Zhèn］　岳麓区辖镇。在区境西南部。面积114平方千米。人口5.1万。辖1居委会、11村委会,有258自然村。镇人民政府驻莲花社区。1995年长沙县莲花、桐木、五峰3乡合设莲花镇。1997年划归望城县。2008年划入岳麓区。因莲花山、莲花河得名。森林覆盖率55%。有水库8座。有初中3所,小学12所,幼儿园2所,卫生院2个,门诊部5个,镇文化站1个,电视站1个,敬老院1个,村级文化活动室17个。农业以水稻、蔬菜种植为主。有休闲观光农业。工业以建材、机械加工、印刷为主。长韶娄、京珠西高速过境。通公交车。

莲花社区［Liánhuā Shèqū］　莲花镇人民政府驻地。在区境西南部。面积13平方千米。人口7000。因莲花桥得名。2005年成立。民居以成片聚居的住宅楼为主。有老年活动室、卫生服务站、便民服务站等。有绿色网吧、农家书屋、社区学校、远程教育中心。有群众工作站、雷锋超市等,开展居家养老服务。有中小学、卫生院。驻有工商所、派出所等。华宝公路经此。通多路公交车。

雨敞坪镇［Yǔchǎngpíng Zhèn］　属岳麓区。在区境西南部。面积77平方千米。人口3.7万。辖1居委会、7村委会,有262自然村。镇人民政府驻嵇家山村。1995年望城区嵇山、麻田2乡合设雨敞坪镇。2008年划入岳麓区。昔为草坪,行人无处避雨,故名。有矿产资源花岗岩、玄武岩、石灰石、高岭土等。八曲河流经。有水库11座。有初中2所,小学7所,幼儿园4所,卫生院1个,敬老院1个。有三合湾知青点旧址、罗陂河桥等。农业以种植水稻、蔬菜,养殖生猪、牛、羊、家禽为主。工业以石灰石、制鞋、机械、木业、服装为主。319国道,县道惊袁、雨九线过境。通多路公交车。

嵇家山村［Jījiāshāncūn］　雨敞坪镇人民政府驻地。在区政府驻地望岳街道西南38千米。人口2600。因嵇家山得名。聚落呈团块状。有中学、卫生院、敬老院等。县道惊袁、雨九线经此。通公交车。

芙　蓉　区

芙蓉区［Fúróng Qū］　长沙市辖区。在市境中部。面积43平方千米。人口60万。以汉族为主,还有土家、苗、回、瑶、侗等民族。辖13街道。区人民政府驻东屯渡街道。1949年设城东区。1968年改东区。1996年设芙蓉区。唐宋时湘、资、沅、澧流域多芙蓉,称芙蓉国。兼取毛泽东名句"芙蓉国里尽朝晖"得名。先后建成车站路电器、八一路机动车配件、建湘路五金电动工具等特色街市。地势低平,以平原为主。浏阳河流经。有国家级重点实验室1个,省级重点实验室2个,国家级工程技术中心1个,省级工程技术中心3个,高校8所,中学6所,小学31所,三级医院6个,二级医院11个。有省图书馆。有全国重点文物保护单位马王堆汉墓遗址,省级文物保护单位3个。有国家级非物质文化遗产湘绣、湘剧、长沙弹词。有民间艺术花鼓戏、中国红釉上彩绘技术、火花设计、剪纸、赛龙舟等。有国家3A级旅游景区浏阳河婚庆文化园。有省五星级乡村旅游区1个。二、三产业比例18∶82。农业以蔬菜、水稻种植为主。工业以新型建材、精细化工、电子电器、服装制鞋、生物基因为支柱行业。有农产品加工业,以食品初加工、农作物种子研发等为主。有国家级隆平高科技园。服务业以金融、商贸为主,为省金融、商务中心。有五星级酒店3个。京广铁路,京广高铁,京港澳高速,107、319国道,长沙地铁2号线过境。有长沙站、长沙汽车东站、长株潭汽车站。通多路公交车。

芙蓉广场立交桥［Fúróng Guǎngchǎng Lìjiāoqiáo］　在城区中部。占地面积114200平方米。有3层互不交叉的不同方向的城市道路在此立体相交。最高层离地面7米。1992年开工,1993年建成。因芙蓉广场得名。日交通流量约3万辆。长沙地铁2号线经此。通多路公交车。

长沙站［Chángshā Zhàn］　见交通运输设施部分"长沙站"条。

长沙汽车东站［Chángshā Qìchē Dōngzhàn］　见交通运输设施部分"长沙汽车东站"条。

长株潭汽车站［Chángzhūtán Qìchēzhàn］ 见交通运输设施部分“长株潭汽车站”条。

东屯渡街道［Dōngtúndù Jiēdào］ 芙蓉区人民政府驻地。在区境南部。面积2平方千米。人口3.6万。1998年设。因东屯古渡得名。先后建设长善垸大堤，新修人民东路、万家丽路、火星路、荷晏路，建成德政园等小区，修建长沙地铁2号线人民东路站，续建浏阳河风光带。浏阳河流经。有小学2所，卫生院1个。有国家3A级旅游景区浏阳河婚庆文化园。经济以商贸、旅游、建材批发为主。319国道过境。通多路公交车。

文艺路街道［Wényìlù Jiēdào］ 属芙蓉区。在区境西部。面积1平方千米。人口4.4万。1955年设。因文艺路得名。有中学1所，小学3所，三级医院2个，卫生院1个。有杨开慧烈士就义处识字岭、开慧广场。有古迹南元宫、育婴所等。经济以楼宇经济为主，有多座大型写字楼。有大型农贸市场2个。通多路公交车。

朝阳街道［Cháoyáng Jiēdào］ 属芙蓉区。在区境南部。面积2平方千米。人口10万。1970年设朝阳新村街道。1984年更今名。1995年部分区域划出。因朝阳新村得名。有省湘绣研究所。有小学3所，三级医院1个，二级医院1个，卫生院1个，卫生所1个。有湖南花鼓戏剧院、京剧院、湘剧院、省图书馆等。经济以楼宇经济、商贸、金融为主，有国储电脑城、天心电脑城、国际IT城等9大电脑市场，有朝阳数码电子科技街。有电子元器件制造。通多路公交车。

朝阳数码电子科技街［Cháoyáng Shùmǎ Diànzǐ Kējì Jiē］ 在朝阳街道东部。长0.4千米，宽8米。沥青路面。2001年授牌成立。有国储电脑城、华海3C数码广场、赛博数码广场、天心电脑城、国际IT城等电脑城。为省最大的电脑、电子产品集散地、IT企业和电子信息产业聚集地。通公交车。

韭菜园街道［Jiǔcàiyuán Jiēdào］ 属芙蓉区。在区境西部。面积2平方千米。人口4.1万。1955年设。古城西部为韭菜地，故名。先后建设长沙地铁2号线迎宾路口站沿线。有省湘绣研究所。有中学1所，小学1所，二级医院3个，卫生院4个。有省级文物保护单位湖南省圣经学校旧址。经济以楼宇经济、餐饮等为主。通多路公交车。

五里牌街道［Wǔlǐpái Jiēdào］ 属芙蓉区。在区境中部偏西。面积1平方千米。人口2.2万。1995年设。清代古城出小吴门至此为5里，立有路牌，故名。先后新建大同三小及幼儿园，建成长沙地铁2号线袁家岭、长沙火车站2站沿线。有小学3所，卫生院1个。有晓园公园。经济以楼宇经济为主，兼有商业、餐饮等。有金苹果服装大市场、晓园数码城等。京广铁路、长沙地铁2号线过境。有长沙站、长株潭汽车站。

火星街道［Huǒxīng Jiēdào］ 属芙蓉区。在区境中部。面积2平方千米。人口3.9万。1998年设。寓意星火燎原、欣欣向荣而得名。有小学2所，幼儿园4所，卫生院1个。经济以商贸为主。有农贸市场3个。有马王堆陶瓷城。通多路公交车。

马王堆街道［Mǎwángduī Jiēdào］ 属芙蓉区。在区境北部。面积4平方千米。人口8.4万。1998年设。2011年析置荷花园街道。因全国重点文物保护单位马王堆汉墓遗址得名。有省社会主义学院。有中学1所，小学4所，三级医院1个，二级医院1个，卫生院1个。经济以商贸、楼宇经济为主。有陶瓷建材城、家居装饰材料市场、安防产品市场、汽配城、国际贸易中心等。通多路公交车。

湘湖街道［Xiānghú Jiēdào］ 属芙蓉区。在区境西北部。面积2平方千米。人口4.8万。1999年设。因原有湘湖渔场得名。有中学1所，小学1所，二级医院1个，卫生院2个。有跃进湖。经济以商贸为主，有家电城、汽配城、建材城、灯石城四大市场。京广铁路过境。通多路公交车。

定王台街道［Dìngwángtái Jiēdào］ 属芙蓉区。在区境西部。面积2平方千米。人口10.3万。2012年设。因定王台得名。定王台原指刘发所筑思母台，因刘发谥定王，故名。有高校1所，小学4所，三级医院2个，二级医院1个，卫生院4个。有省级文物保护单位八路军驻湘通讯处。服务业以租赁、商务服务、信息传输、软件和信息技术、文娱产业为主。有定王台书市、宝南街通讯器材市场。有五星级酒店3个，四星级3个，三星级4个。通多路公交车。

出入是门巷［Chūrùshìmén Xiàng］ 在定王台街道中部。长0.2千米，宽3米。石料路面。巷道呈曲尺形，南通趣园巷，北通崇善里。清嘉庆《善化县志·善化县图》标记为善学宫巷。20世纪30年代长沙地图标记为出入是门巷。文庙有西、南门，门前矗立石碑书“文武官员至此下马”。南门为士子出入必经之门，即所谓“出入是门”。清代巷内多民宅，开办过旅馆。1912年后创办过崇德、卫湘小学。1949年改建为市南区（今天心区）教工宿舍。1956年开办长沙三八化工厂。21世纪初为棚户区。两侧多居住小区，古朴、静谧。通多路公交车。

荷花园街道［Héhuāyuán Jiēdào］ 属芙蓉区。在区境中部偏南。面积2平方千米。人口5.2万。2012年设，同年东屯渡街道4社区划入。因荷花园大厦得名。先后建成长沙地铁2号线锦泰广场、万家丽广场2站。有高校1所，中学1所，小学2所，二级医院1个，卫生院1个。经济以商贸服务为主。京广铁路过境。有长沙站。通多路公交车。

东岸街道［Dōng'àn Jiēdào］ 属芙蓉区。在区境东部。面积5平方千米。人口1.9万。2012年设。因处浏阳河东岸得名。先后建成隆平公园、隆平水稻博物馆，滨河路、杉木路廉租房。浏阳河流经。有小学3所，卫生院2个，卫生所4个。有浏阳河东屯渡大桥。经济以建材、制造、物流、商贸服务为主。京广高铁、京港澳高速过境。通多路公交车。

马坡岭街道［Mǎpōlǐng Jiēdào］ 属芙蓉区。在区境东北部。面积7平方千米。人口2.5万。2012年设。因马坡岭得名。先后续建营盘东路，重建砂咀子泵站。浏阳河流经。有高校3所，中学1所，小学2所，卫生所4个。有浏阳河风光带。经济以商贸服务、房地产为主。京广高铁、京港澳高速过境。通多路公交车。

东湖街道［Dōnghú Jiēdào］ 属芙蓉区。在区境东南部。面积10平方千米。人口4.1万。2012年设。因东湖村、东湖渔场得名。先后建成合平小学及幼儿园，续建人民东路。浏阳河流经。有湖南农科院、蚕桑研究所等。有高校3所，小学3所，二级医院1个，卫生所4个。有旅长韩侨、园艺学家柳子明故居。农业有水稻种植，生猪、家禽养殖。渔业以鱼塘养殖为主。特产大米、茶叶。有高产杂交稻科研、育种基地，被誉为“种业硅谷”。工业以电子、食品加工为主。通多路公交车。

天 心 区

天心区［Tiānxīn Qū］ 长沙市辖区。在市境南部。面积141平方千米。人口39.7万。以汉族为主，还有土家、苗、回等民族。辖12街道。区人民政府驻青园街道。1949年设城南区。1950、1951年部分地域析出。1996年更今名。因标志性建筑天心阁得名。处湘中丘陵向洞庭湖平原过渡地带，南北长、东西窄。湘江流经。为长沙南大门，长、株、潭3市融城核心区域。北部为商业老城区，南部为生态新区。有高校10所，中学11所，小学35所，三级医院3个，二级医院6个。有省群众艺术馆、省地质博物馆、省科技馆、省青少年活动中心、新世纪体育文化中心等。有全国重点文物保护单位湖南省立第一师范学校，省级文物保护单位西汉初年政论家、文学家贾谊故居、南宋宰相赵汝愚墓、白沙古井、李富春故居、西文庙坪牌坊。有民间艺术湘剧、长沙花鼓戏、长沙弹词等。有国家4A级旅游景区天心阁、长沙生态动物园。二、三产业比例37∶63。经济以文化产业、商贸、服务业为主。工业以机械、电子电器、电力、光伏产业为主。有长沙暮云工业园、湖南天心环保工业园。有文化产业示范园、长沙（国家）广告产业园、中南国家数字出版基地。有黄兴南路步行商业街、解放西路酒吧街、坡子街民俗名食街、白沙路茶文化街、方向感国际汽车6S街等。有省级长沙天心经济开发区、湖南暮云经济开发区。京广铁路、长沙绕城高速、107国道、长沙地铁2号线过境。通多路公交车。

书院路［Shūyuàn Lù］ 在区境北部。南起南湖路，北至西湖路。与劳动西路、裕农路相交。长9.3千米，宽38米。沥青路面。原为旧街巷，1951年扩建，名南长路。1966年改书院路。2009年拓建。因城南书院旧址得名。为历史悠久、文化底蕴醇厚的长沙老街。两侧有妙高峰福王墓、宝塔山、古南湖港、玉泉寺、一力公司等。通公交车。

城南路［Chéngnán Lù］ 在区境北部。东起韶山北路，西至芙蓉中路。与蔡锷南路、黄兴路、芙蓉路、白沙路、天心阁路相交。长2.5千米，宽30米。沥青混凝土路面。1961年开工，1990年建成。1981年命名桂花路，后改今名。1990年城南路东、中、西3段贯通。因位于老长沙城南部得名。两侧有天心阁、天心阁古玩城、熙台岭巷、长沙阳光医院、省财政厅等。通公交车。

橘子洲大桥［Júzǐzhōu Dàqiáo］ 在城区中部。长1156米，宽20米，最大跨度76米，桥下净高10米。1971年开工，1972年建成。原名长沙湘江大桥、湘江一桥，后因横跨橘子洲改今名。为大型河道桥梁，结构型式为双曲拱桥。最大载重30吨。通多路公交车。

猴子石大桥［Hóuzǐshí Dàqiáo］ 在城区南部。长1390米，宽27米，最大跨度88米，桥下净高10米。1958年建，后因种种原因停建，1998年底重建，2000年建成。有巨石酷似猴蹲于江滨，故名。又名长沙湘江三大桥、长沙湘江南大桥。为大型河道桥梁，结构型式为V字形桥。最大载重30吨。通公交车。

湘府路大桥［Xiāngfǔlù Dàqiáo］ 在城区南部。长1785米，宽32.5米，最大跨度120米，桥下净高10米。2010年开工，2012年建成。因湘府西路得名。为大型河道桥梁，结构型式为变截面预应力混凝土连续刚构桥。最大载重55吨。通多路公交车。

黑石铺大桥［Hēishípù Dàqiáo］ 在城区南部。长1815米，宽34米，最大跨度162米，桥下净高40.5米。2000年开工，2004年建成。因老地名黑石铺得名。又称湘江五桥。为大型河道桥梁，结构型式为悬索桥和斜拉桥结合体、三跨中承式钢管拱桥。最大载重70吨。通公交车。

青园街道［Qīngyuán Jiēdào］　天心区人民政府驻地。在区境中部偏东。面积 4 平方千米。人口 5.9 万。2001 年设。因原有青园宾馆得名。有高校 1 所，小学 1 所，三级医院 1 个，二级医院 1 个，卫生服务中心 1 个，卫生服务站 2 个。经济以楼宇、总部经济为主。107 国道过境。有长沙南站、长沙汽车南站。通公交车。

坡子街街道［Pōzǐjiē Jiēdào］　属天心区。在区境北部。面积 2 平方千米。人口 6.6 万。1952 年设，属西区。1996 年划入天心区。因坡子街得名。2001 年后改造棚户区、五一商圈。有中学 2 所，小学 4 所，三级医院 1 个，二级医院 1 个，卫生服务中心 1 个，卫生服务站 4 个。位于五一商圈、中心商贸区核心位置，经济以商贸旅游、现代服务业为主。有大型商务楼宇 18 个，大型商场 5 个。有坡子街民俗名食街、太平街历史文化街区、湘江风光带、黄兴南路步行商业街、解放西路酒吧街及三王、三兴、三泰美食街等。通多路公交车。

解放西路酒吧街［Jiěfàng Xīlù Jiǔbājiē］　在坡子街街道北部。长 730 米，宽 20 米。沥青路面。原为弯曲小巷，20 世纪 90 年代起拆除、拓宽、西延伸，1999 年建成。为闻名全省的酒吧一条街。通公交车、地铁。

黄兴南路步行街［Huángxīng Nánlù Bùxíngjiē］　在坡子街街道北部。长 838 米，宽 23—26 米。石料路面。2002 年建成。因黄兴南路得名。有绿化带、音乐喷泉、休闲靠椅、雕塑群，商业总面积 25 万平方米，为集购物、休闲、娱乐、餐饮、文化及旅游等多功能于一体的综合性场所。通公交车、地铁。

太平街［Tàipíng Jiē］　在坡子街街道北部。长 375 米，宽 7 米。石料路面。清末西城墙新开太平门，以此门得名。旧时为著名商业街，有行栈、货号、店铺、古天竺庵、古关圣殿、开元宫等。2004 年被评为长沙市历史文化街区。2006—2007 年整治、修复，恢复晚清、民国建筑风貌。现以经营名老字号、字画、民族工艺品、文化休闲、特色旅游产品为主。街区以小青瓦、坡屋顶、白瓦脊、封火墙、木门窗为民居、店铺特色，老式公馆保留原始石库门、青砖墙、天井四合院、回楼护栏等传统格局。为长沙古城原有街巷格局保存最为完整的老街。有贾谊故居、长怀古井、辛亥革命共进会旧址、四正社旧址、老字号乾益升粮栈、利生盐号、洞庭春茶馆、宜春园茶楼等。为屈贾文化纪念地、商业民俗传承地、辛亥革命发源地。地铁 2 号线经此。通公交车。

坡子街［Pōzǐ Jiē］　在坡子街街道北部。长 640 米，宽 6 米。石料路面。据同治《善化县志》载，此街以地势坡度大而名，原有上、下坡子街之分。旧时即为著名商业街，清代有多家钱庄、药号。1938 年“文夕大火”后烧毁，1941 年建火宫殿，恢复昔日繁荣。1971 年小西门正街、小正码头并入，统称坡子街。2002 年重建，与五一商圈、解放西路酒吧街、黄兴南路步行商业街联结成片。2005 年全街修整，铺麻石路面，两厢门面装修。为以湖南地方美食和酒吧文化为主、集长沙特色的民俗、名食、休闲一条街。有特色美食臭豆腐、糖油粑粑、口味虾等。地铁 2 号线经此。通公交车。

城南路街道［Chéngnánlù Jiēdào］　属天心区。在区境东北部。面积 2 平方千米。人口 3.6万。1979 年设。因城南路得名。先后建设简牍博物馆、天心阁古玩城等。有小学 3 所，二级医院 1 个，卫生服务中心 1 个，卫生服务站 1 个。有贺龙体育馆、田汉大剧院、天心阁、白沙古井等。经济以服务业为主，发展楼宇经济。通多路公交车。

县正街［Xiànzhèng Jiē］　在城南路街道北部。长 70 米，宽 4 米。石料路面。明成化十六年(1480)善化知县移治此地，故名。万历三十八年(1610)知县唐源筑寄思园。清康熙十三年(1674)县署毁。十八年(1679)修复。2004 年被评为长沙市历史文化街巷。2010 年改造。为天心阁文化街区一部分。有古宅、古井，两侧多小吃店铺。为历史文化旅游景点。通公交车。

高正街［Gāozhèng Jiē］　在城南路街道北部。长 200 米，宽 4 米。石料路面。系唐代连通护城河的街道。因方言“高中”音同“高正”得名，有高中榜首、步步高升之意。2010 年改造。两侧多饮食、休闲门店。为天心阁历史文化街区组成部分。通公交车。

裕南街街道［Yùnánjiē Jiēdào］　属天心区。在区境北部。面积 6 平方千米。人口 8.2 万。1979 年设。因裕南街得名。先后建设保利国际中心、望江公园、四羊方樽广场、南湖路隧道等，建成南湖嘉园等小区。有高校 3 所，中学 1 所，小学 4 所，三级医院 1 个，卫生服务中心 1 个，卫生服务站 7 个。有宝塔山金刚禅院、古堆山太乙寺遗迹、古南湖港等。经济以社会消费品零售和电力工业为主。有特色小吃街东瓜山一条巷。通多路公交车。

金盆岭街道［Jīnpénlǐng Jiēdào］　属天心区。在区境中部。面积 4 平方千米。人口 4.2 万。1961 年设桥头街道。1965 年更今名。2012 年析置赤岭路街道。因金盆岭得名。明崇祯《长沙府志》载：“金盆岭，山斗峻曰岭，县南五里。”清光绪《善化县志》载：“山势盘曲如盆。”先后建造佳逸豪园、华宫大厦等。有高校 1 所，中学 1 所，小学 1 所，二级医院 2 个，卫生服务中心 1 个，卫生服务站 3 个。经济以制塑、电器设备制造为主。有餐饮业。通多路公交车。

新开铺街道［Xīnkāipù Jiēdào］　属天心区。在区境北部。面积 7 平方千米。人口 3.2 万。1997 年设。2012 年析置文源街道。因明清时期古驿站得名。先后改造新韶西路、新天路、猴子石大桥等，建成长城雅苑等小区。有中学 1 所，小学 4 所，卫生服务中心 1 个，卫生服务站 1 个，卫生室 1 个。有石人冲公园，内有清诗人、书法家何绍基墓。经济以商务、休闲、娱乐为主。京广铁路过境。通多路公交车。

桂花坪街道［Guìhuāpíng Jiēdào］　属天心区。在区境南部。面积 6 平方千米。人口 1.4 万。2001 年设。因桂花树得名。先后建成社区公园、卫生服务站、湖南青年农民工博物馆等，改造时代阳光大道西路、刘家冲中路等，建成银桂苑等小区。有高校 1 所，小学 2 所，卫生服务中心 1 个，卫生服务站 3 个。有省群众艺术馆、地质博物馆、科学技术馆、青少年活动中心。经济以文化产业、社会消费品零售为主。长沙绕城高速过境。通多路公交车。

赤岭路街道［Chìlǐnglù Jiēdào］　属天心区。在区境中部。面积 4 平方千米。人口 4.9 万。2012 年设。因赤岭路得名。先后建设樽品商业街，建成华新小区等。有省交通科学研究院、湖南电器研究所等。有小学 3 所，二级医院 1 个，卫生服务中心 1 个，卫生服务站 2 个。有南郊、火车头公园。经济以电器设备和机械设备制造为主。通多路公交车。

文源街道［Wényuán Jiēdào］　属天心区。在区境中部偏东。面积 5 平方千米。人口 5.5 万。2012 年设。先后建设梅岭村、湘林家园等小区。有高校 3 所，中学 2 所，小学 3 所，卫生服务中心 1 个，卫生服务站 4 个。经济以金融等为主。京广铁路、107 国道过境。通多路公交车。

先锋街道［Xiānfēng Jiēdào］　属天心区。在区境东南部。面积 17 平方千米。人口 1.9 万。2012 年设。因先锋村得名。有中学 1 所，小学 3 所，卫生服务中心 1 个，卫生服务站 1 个。经济以电气机械及器材制造为主。有天心环保工业园。长株潭城际铁路、长沙绕城高速、107 国道过境。通公交车。

黑石铺街道［Hēishípù Jiēdào］　属天心区。在区境中部偏南。面积 9 平方千米。人口 2.1 万。2012 年设。因明清时期古驿站得名。有高校 1 所，中学 3 所，小学 3 所，卫生服务中心 1 个，卫生服务站 2 个，卫生室 3 个。经济有物流业、文化创意产业。京广铁路、长沙绕城高速过境。通多路公交车。

大托铺街道［Dàtuōpù Jiēdào］　属天心区。在区境西部。面积 15 平方千米。人口 1.6 万。2012 年设。因明清时期古驿站得名。有小学 4 所，卫生服务中心 1 个，卫生室 1 个。农业以种植水稻、蔬菜为主。服务业以文化创意、信息产业为主。京广铁路、长沙绕城高速过境。通多路公交车。

开　福　区

开福区［Kāifú Qū］　长沙市辖区。在市境北部。面积 188 平方千米。人口 60 万。以汉族为主，还有土家、苗、回、侗、瑶等民族。辖 16 街道、1 镇。区人民政府驻芙蓉北路街道。1996 年设立。因开福寺得名。湘江、浏阳河、捞刀河、沙河、白沙河流经。有青竹湖、年嘉湖、楚家湖、月湖等。有国家级重点实验室 3 个，省级重点实验室 2 个，高中 5 所，中职 4 所，初中 12 所，小学 48 所，幼儿园 117 所，三级医院 3 个，二级医院 3 个，文化馆 1 个，博物馆 3 个，体育馆 4 个。有市图书馆、市音乐厅、市规划展示馆等。有全国重点文物保护单位中共湘区委员会旧址，省级文物保护单位中山纪念亭、湖南自修大学旧址等 13 个。有省历史文化街区潮宗街。有国家级非物质文化遗产湘绣。有捞刀河刀剪制作技艺。有烈士公园。有国家 4A 级旅游景区长沙世界之窗、海底世界、省博物馆，3A 级旅游景区 2 个。三次产业比例 1∶21∶78。工业以物流装备制造为主。有省级新型工业化产业示范基地、省级经济技术开发区、省级工业园区各 1 个。服务业以物流、信息产业、财政金融、商业外贸等为主。有金融商务区、金鹰文化区。有芙蓉中路金融一条街。京广、石长铁路，长沙绕城高速，319 国道，省道长湘线，地铁 2 号线过境。有市汽车北站、霞凝新港、长沙港码头。通多路公交车。

三一大道［Sānyī Dàdào］　在区境中部。东起长浏高速，西至银盆岭大桥。与芙蓉路、东风路、东二环、万家丽路、锦绣路等相交。长 11 千米，宽 60 米。沥青混凝土路面。原为 319 国道一段，2005 年改建。因企业得名。两侧有湖南广电中心、南航湖南总部、毛家桥大市场、省高速管理局、金汇国际酒店、西湖楼、延年世纪酒店、华悦酒店、世界之窗、月湖公园等。通公交车。

营盘路［Yíngpán Lù］　在区境南部。东起展览馆路，西至湘江中路。与巡道街、黄光北路相接。长 1.5 千米，宽 46 米。沥青混凝土路面。原为营盘街，2002 年扩建，三公里、长春里并入。南宋淳熙年间(1174—1189)辛弃疾创建飞虎军，以马殷故垒为营。为纪念辛弃疾，把营垒所在街路命名营盘街，后更今名。两侧有市一中、市第一医院、省中医附二院、省农委、营盘路小学、南方明珠国际大酒店等。通多路公交车。

湘江北路［Xiāngjiāng Běilù］　在区境中

部。南起湘江中路，北至黄桥大道。与福元路、北二环、青竹湖路等相交。长20千米，宽46米。沥青路面。1991年开工，1992年建成。因湘江得名。两侧有滨江文化园、市图书馆、市博物馆、市规划馆、市音乐厅、黄金海岸大酒店、居住小区等。通公交车。

浏阳河大桥 [Liúyánghé Dàqiáo] 在城区中部。长828米，宽42米，最大跨度96米，桥下净高11.5米。1994年建成旧桥，2011年拆除重建，2014年建成。因跨浏阳河得名。为特大型河道桥梁，结构型式为五跨变高度预应力混凝土连续箱桥。最大载重20吨。通多路公交车。

福元路大桥 [Fúyuánlù Dàqiáo] 在城区中部。长3575米，宽31.5米，最大跨度210米，桥下净高10米。2010年开工，2012年建成。因福元路得名。为特大型河道桥梁，结构型式为三跨连续提篮式钢拱结合梁组合桥。最大载重30吨。通公交车。

波隆立交桥 [Bōlóng Lìjiāoqiáo] 在城区中部。占地面积10公顷。有3层互不交叉的不同方向的城市道路在此立体相交。最高层离地面30米。2002年开工，2003年建成。原名伍家岭立交桥，2003年因企业更今名。为长沙市城北交通枢纽。

长沙市汽车北站 [Chángshā Shì Qìchē Běizhàn] 见交通运输设施部分“长沙市汽车北站”条。

芙蓉北路街道 [Fúróng Běilù Jiēdào] 开福区人民政府驻地。在区境西南部。面积3平方千米。人口4万。1999年设。2006年因芙蓉北路更今名。有中学1所，小学1所，幼儿园21所，卫生服务中心1个，卫生站1个，图书室5个，社区文化中心7个。经济以商业、房地产为主。有长沙市汽车北站。通多路公交车。

东风路街道 [Dōngfēnglù Jiēdào] 属开福区。在区境南部。面积5平方千米。人口5万。2006年设。2013年刘家冲社区划入。因东风路得名。有国家级重点实验室4个，省级重点实验室3个，中学1所，小学5所，幼儿园3所，卫生服务中心1个，卫生站3个，社区文化中心8个，图书室10个。有省博物馆、湖南体育运动场、省烈士公园等。经济以服务业为主。通多路公交车。

清水塘街道 [Qīngshuǐtáng Jiēdào] 属开福区。在区境东南部。面积3平方千米。人口3.3万。1967年设。2006年体育馆路社区并入。因全国重点文物保护单位中共湘区委员会旧址(清水塘)得名。有中学1所，小学2所，幼儿园4所，二级医院2个，卫生站2个。有省博物馆等。有省级文物保护单位中共湘区委员会旧址陈列馆、毛泽东铁锂塑像、湖南烈士公园纪念塔。处长沙中央商务区中心地带，经济以服务业为主。有炮队坪古玩字画街、体育馆路文化体育用品街、营盘路餐饮娱乐休闲街、芙蓉路金融街。通多路公交车。

望麓园街道 [Wànglùyuán Jiēdào] 属开福区。在区境南部。面积1.2平方千米。人口4.2万。1958年设立三千米街道，1966年更今名，2006年民主东街街道并入。因曾有古街巷望麓园而得名。有中学1所，小学4所，幼儿园6所，卫生服务中心1个，卫生站3个，省级文物保护单位3个。有国货陈列馆、中山亭等。经济以酒店、商贸、金融等为主。通多路公交车。

湘雅路街道 [Xiāngyǎlù Jiēdào] 属开福区。在区境西南部。面积2平方千米。人口3.3万。1953年设北站路街道。1964年文昌阁街道并入。2006年因湘雅路更今名。有国家级重点实验室5个，省级重点实验室14个，国家级和省级工程技术研究中心各1个，初中1所，小学3所，三级医院2个，卫生服务中心1个，社区文化中心6个，公共图书馆(室)8个，省级文物保护单位4个。有中共湖南省工委旧址、长沙天主教堂、长沙基督教永恒堂、文昌庙等。经济以服务业为主。通多路公交车。

伍家岭街道 [Wǔjiālǐng Jiēdào] 属开福区。在区境中部偏南。面积5平方千米。人口6.8万。1989年设。传明洪武年间曾有靳、毛、李、廖、杨5姓定居，始有伍家岭之名，沿用至今。有小学4所，卫生服务中心1个，卫生站2个，社区文化中心7个，公共图书馆(室)9个。经济以印刷、商业、房地产为主。通多路公交车。

新河街道 [Xīnhé Jiēdào] 属开福区。在区境西南部。面积6平方千米。人口4.8万。1992年设。2013年陈家湖、友谊2社区划入。因新开河故址得名。有小学1所，卫生服务中心7个，社区文化中心7个，卫生站3个，图书馆(室)7个。有市博物馆、图书馆、规划展示馆、音乐厅。有省级文物保护单位开福寺。经济以商业等为主。有北辰三角洲综合商业体。通多路公交车。

通泰街街道 [Tōngtàijiē Jiēdào] 属开福区。在区境西南部。面积1平方千米。人口3.9万。1954年设，属西区。1996年划归开福区。2006年西长街街道并入。有初中2所，小学3所，幼儿园3所，卫生服务中心1个，卫生站3个，社区文化中心7个，图书馆(室)7个。有省级文物保护单位湖南省国货陈列馆。有历史文化名街潮宗街等。为长沙老城区，经济以商贸为主。有湘江中路美食一条街。通多路公交车。

四方坪街道 [Sìfāngpíng Jiēdào] 属开福区。在区境中部偏南。面积4平方千米。人口5.9万。1998年设。2013年部分地域划出。传昔有草坪，人称四方坪，故名。有初中1所，小学2所，卫生服务中心1个，卫生站3个，社区文化中心9个，图书馆(室)10个。经济以工业、服务业为主，有集贸市场7个。319国道过境。通多路公交车。

科大景园社区 [Kēdà Jǐngyuán Shèqū] 属四方坪街道。在区境中部偏南。面积0.5平方千米。人口9100。因科大景园小区得名。2003年德邦新村社区成立。2006年划入四方坪街道更今名。民居以楼房居多。社区以军民共建为特色，打造“小小兵起航”品牌。有老人大学，开设“祖孙课堂”等课程。有卫生站。通多路公交车。2014年被评为省文明社区。

洪山街道 [Hóngshān Jiēdào] 属开福区。在区境东南部。面积7平方千米。人口1.1万。2005年设。2013年析置月湖、浏阳河2街道。因洪山、洪山庙得名。有长沙大学等。有中学1所，小学6所，幼儿园24所，卫生服务中心1个，卫生站1个。有省级文物保护单位1个。经济以旅游、文化产业、商贸、房地产为主。有金鹰影视文化城、长沙世界之窗、长沙海底世界、月湖公园、洪山寺等。319国道过境。

浏阳河街道 [Liúyánghé Jiēdào] 属开福区。在区境中部。面积6平方千米。人口3万。2013年设。因浏阳河得名。有小学2所，幼儿园11所，卫生站1个，社区文化中心5个。经济以住宿、餐饮、商贸物流等为主，有福元路商圈。通多路公交车。

月湖街道 [Yuèhú Jiēdào] 属开福区。在区境东部。面积7平方千米。人口2.3万。2013年设。因月湖得名。有中学1所，小学1所，幼儿园17所，二级医院1个，卫生站3个，社区文化中心6个，图书馆(室)7个。经济以商贸、房地产、文化创意为主。有月湖大市场。319国道过境。通多路公交车。

秀峰街道 [Xiùfēng Jiēdào] 属开福区。在区境西部。面积25平方千米。人口3.3万。2013年设。因秀峰山得名。捞刀河、湘江流经。有鹅羊山、秀峰山、母山。有小学3所，三级医院1个，卫生院1个，卫生室9个，社区文化中心8个，图书馆(室)10个。经济以商贸物流为主。通多路公交车。

新港街道 [Xīngǎng Jiēdào] 属开福区。在区境西北部。面积7平方千米，人口2.1万。2013年设。因长沙新港码头得名。有高中1所，初中1所，小学5所，卫生院1个，卫生室9个，社区文化中心6个，图书馆(室)6个。经济以物流、文化、金融为主。有金霞经济开发区、物流保税中心。京广、石长铁路过境。通多路公交车。

沙坪街道 [Shāpíng Jiēdào] 属开福区。在区境东北部。面积45平方千米。人口2万。以汉族为主，还有回等民族。2013年设。有中学1所，小学5所，卫生室12个，社区文化中心8个，图书馆(室)10个。有国家3A级旅游景区汉回村、湘绣博物馆。有秀峰、鹅羊山生态公园。有长沙园林生态园、铁炉寺等。经济以湘绣产业为主。为湘绣重要发源地。农业以水稻、蔬菜种植为主，养殖畜禽。有沙坪工业园。通多路公交车。

汉回村 [Hànhuícūn] 在区政府驻地芙蓉北路街道北10千米。沙坪街道辖自然村。人口2800，其中回族占30%。因汉、回两民族混居得名。聚落呈团块状。为长沙市唯一回族聚居村，为国家3A级旅游景区、中国少数民族特色村。

捞刀河街道 [Lāodāohé Jiēdào] 属开福区。在区境中部偏东。面积42平方千米。人口4.3万。2013年设。捞刀河流经，故名。有小学9所，卫生院1个，卫生站1个，文化中心15个，图书室10个。有捞刀河刀剪制作技艺。有生态休闲景区长沙生态园、楚家湖公园等。农业以环保、生态农业为主，种植水稻、蔬菜、水果。工业以制药、食品加工、湘绣、工程机械为主。长沙绕城高速过境。通多路公交车。

青竹湖镇 [Qīngzhúhú Zhèn] 开福区辖镇。在区境北部。面积41平方千米。人口2.3万。镇人民政府驻青竹湖畔社区。2003年设。因青竹湖得名。有初中1所，小学3所，卫生院1个，社区文化中心10个，图书馆8个，高尔夫球场1个。有青竹潮森林公园、太阳山森林公园、星月湖湿地公园等。农业以花卉苗木、蔬菜种植，特种水产养殖为主。有湖心岛软件园、卓尔电商城等。京广、石长铁路，长沙绕城高速，长湘公路过境。通多路公交车。

青竹湖畔社区 [Qīngzhúhúpàn Shèqū] 青竹湖镇人民政府驻地。在区境西北部。面积0.9平方千米。人口500。因镇得名。2006年成立。民居以低层、多层住宅为主。有读书室，组建体育、棋牌、垂钓、摄影、书法等协会。有湘一外国语学校、幼儿园。有湿地公园、会展中心、太阳商贸城等。通多路公交车。

雨 花 区

雨花区 [Yǔhuā Qū] 长沙市辖区。在市境东南部。面积115平方千米。人口57.6万。以汉族为主，还有土家、苗、侗、瑶、回等民族。辖12街道。区人民政府驻圭塘街道。1996年设立。因雨花亭庙得名。先后建成长沙大道、机场高速、网球中心、跳水游泳中心、湘府路、火星大道(现万家丽路)、长沙南站、圭塘河风光带、沙湾公园等，拓宽改造韶山路、人民路、芙蓉南路、城南路等。为长沙东南门户。浏阳河、圭塘河流经。有省水电研究院等。有高校8所，中学20所，小学77所，三级医院5个，二级医院2个。有湖南体育新城、湖南国际会展中心、沙湾公园、市民广场等。有省级文物保护单位晚清诗人、书画理论家、戏曲家及戏曲理论家杨坦园墓、魏家大堆汉墓。有国家4A级旅游景区省森林植物园、石燕湖生态公园。二、三产业比例40∶60。工业有工程机械、汽车及零部件制造、电子信息、家用电器制造等。有省级开发区1个。服务业以金融保险、中介服务、现代物流、餐饮娱乐、现代商贸为主。有东塘、红星、高桥等商圈。有高桥、红星农副产品大市场。京广铁路，京广、京港澳高速，107国道，长沙地铁2号线过境。有长沙南站、长沙汽车南站。通多路公交车。

雨花市民广场 [Yǔhuā Shìmín Guǎngchǎng] 在城区东南部。面积4000平方米。2001年开工，2003年建成。以区名得名。广场分排练区、表演区，花岗岩铺地，四周有花岗岩石凳，南侧有广场名墙。有音乐喷泉、种植池景墙、广场水景、银杏大道等。周边有圭塘河风光带、喜盈门范城、居住小区等。通多路公交车。

长沙大道 [Chángshā Dàdào] 在区境北部。东起雨花大道，西至高桥立交桥。与长沙机场高速相交。长5.6千米，宽50米。沥青路面。原为赤新路，1996年建成。1997—2000年扩建为主干道。2003年再次扩建。为长沙城区通往黄花机场的主干道，故名。两侧有市第二十六中学、高桥大市场、华晨世纪广场、运达中央广场等。通公交车。

香樟路 [Xiāngzhāng Lù] 在区境中部偏西。东起万家丽中路，西至韶山南路。与曙光南路、洞井路、圭塘路相交。长3.5千米，宽46米。沥青路面。1979年开工，1982年建成。1986年改造。因樟树得名。两侧有长沙民政职业技术学院、省司法警察医院、区政府、有色冶金劳动保护研究院等。通公交车。

花侯路 [Huāhóu Lù] 在区境东部。南起湘府东路，北至长沙大道。与劳动东路、曲塘路、湘风路、湘秀路、香樟东路等相交。长5.1千米，宽36米。沥青路面。1988年开工，1992年建成。2005年改造。因花桥、侯照2社区得名。两侧有雅礼雨花中学、黎郡新宇小区、长沙南站、黎托汽车站等。通公交车。

沙湾路 [Shāwān Lù] 在区境北部。南起曲塘路，北至人民东路。与长沙大道、石坝路、劳动东路相交。长4.4千米，宽46米。沥青路面。1999年开工，2003年建成。2005年改造。因白沙湾得名。两侧有运达中央广场、长沙交通集团、省游泳跳水中心、省网球中心等。通公交车。

桔园立交桥 [Júyuán Lìjiāoqiáo] 在城区东南部。占地面积5万平方米。有3层互不交叉的不同方向的城市道路在此立体相交。最高层离地面25米。1994年开工，1995年建成。因桔园得名。日交通流量18万辆。

新中路立交桥 [Xīnzhōnglù Lìjiāoqiáo] 在城区东南部。占地面积6万平方米。有3层互不交叉的不同方向的城市道路在此立体相交。最高层离地面30米。1999年开工，2003年建成。原名新开铺立交桥，2007年因新中路更今名。日交通流量22万辆。

赤新路立交桥 [Chìxīnlù Lìjiāoqiáo] 在城区东南部。占地面积7万平方米。有3层互不交叉的不同方向的城市道路在此立体相交。最高层离地面18米。2002年开工，2005年建成。因原赤新路得名。日交通流量20万辆。

长沙南站 [Chángshānán Zhàn] 见交通运输设施部分“长沙南站”条。

长沙汽车南站 [Chángshā Qìchē Nánzhàn] 见交通运输设施部分“长沙汽车南站”条。

圭塘街道 [Guītáng Jiēdào] 雨花区人民政府驻地。在区境中部。面积8平方千米。人口4.9万。1986年设。原有龟塘，清康熙年间(1662—1722)王自拔报请废塘为田，册名圭塘。圭塘河流经。先后开发仁和雨花家园、新城新世界等，改造体院路、香樟东路等。有中南勘测设计研究院。有高校3所，小学4所，卫生院1个，卫生服务站6个。有圭塘河风光带。农业以种植蔬菜为主。工业以矿山设备、不锈钢薄板、冶金设备制造，机械加工，水利水电勘测建设为主。服务业以旅游、文化创意、影视动漫制作为主。有湖南雨花创意产业园。京广铁路过境。通多路公交车。

侯家塘街道 [Hóujiātáng Jiēdào] 属雨花区。在区境西北部。面积2平方千米。人口6.2万。1961年设。原系荒丘，有侯姓管理的水塘，故名。先后建成雨花大厦、长天大厦等，改造域内道路。有省水利水电研究院。有中学3所，小学6所，三级医院1个，卫生院1个，卫生所4个。有省木偶皮影艺术剧团、省歌舞团等。有红旗法治广场。工业以化工、机械加工为主。服务业以金融保险、中介咨询、现代商贸、电子商务为主。有高端楼宇45栋。有侯家塘商圈、东塘商圈、城南中路珠宝文化街、梓园路健康商业街。有中华老字号企业长沙市凯旋门摄影公司。107国道过境。通多路公交车。

左家塘街道 [Zuǒjiātáng Jiēdào] 属雨花区。在区境西北部。面积5平方千米。人口14.1万。1961年设。原有左姓管理的水塘，故名。先后建成友阿百货、朝阳银座、赤岗冲公交基地等。有中学2所，小学7所，三级医院1个，卫生院10个，卫生所9个。有市科技活动中心。有传统武术八拳。有营山巷古井、桂花公园。经济以商贸服务为主，有芒果雅苑商业街等。京广铁路、107国道过境。通多路公交车。

砂子塘街道 [Shāzǐtáng Jiēdào] 属雨花区。在区境西北部。面积2平方千米。人口5.5万。1996年设。原有水塘，底部布满砂砾，故名。先后建成商业广场、金融中心、居住小区，改造道路等。有高校1所，中学2所，小学7所，卫生院1个，卫生所4个。经济以楼宇、总部经济、商贸服务为主。工业以机电设备制造，铝箔复合纸生产为主。京广铁路、107国道过境。通多路公交车。

东塘街道 [Dōngtáng Jiēdào] 属雨花区。在区境西北部。面积2平方千米。人口4.7万。1996年设。因东塘得名。先后建成新里程购物中心、中机国际、陆都小区等。有中机国际工程设计研究院。有中学3所，小学6所，三级医院2个，二级医院1个，卫生院1个，卫生所4个。有市工人文化宫等。有省级文物保护单位魏家大堆汉墓。经济以商贸、房产、旅游服务为主。有东塘商圈、黄土岭特色风情街等。京广铁路、107国道过境。通多路公交车。

雨花亭街道 [Yǔhuātíng Jiēdào] 属雨花区。在区境中部偏西。面积7平方千米。人口6.9万。1997年设。因雨花亭得名。先后改造圭塘路、曲塘路等，建成新星小区等。圭塘河流经。有湖南有色冶金劳动保护研究院。有中学1所，小学4所，三级医院1个，卫生院1个，卫生所5个。有省级文物保护单位晚清诗人、书画理论家、戏曲家及戏曲理论家杨坦园墓。有陕西忠义官弁兵夫合墓、毛泽东塑像。有圭塘河风光带。经济以机械加工、新能源开发为主。服务业以楼宇经济、房地产、批发零售等为主。有中华老字号企业长沙银苑公司。京广铁路、107国道过境。通多路公交车。

高桥街道 [Gāoqiáo Jiēdào] 属雨花区。在区境北部。面积7平方千米。人口3.9万。1997年设。因高桥得名。圭塘河流经。先后建造现代商贸城、医药物流园、华晨世纪广场、上河国际广场等。有中学1所，小学5所，卫生院1个，卫生所6个。服务业以商贸物流为主。有以高桥大市场为核心，友谊气配市场、火焰文体商贸城、长沙茶市、湖南医药流通园等结合的市场综合体。京广铁路、长沙地铁2号线过境。通多路公交车。

洞井街道 [Dòngjǐng Jiēdào] 属雨花区。在区境中部偏南。面积21平方千米。人口5.9万。2010年设。因洞井铺古铺站得名。原铺址有大井，井深似洞，故名。先后建成湖南人才市场、雨花机电大市场等，改造万芙南路、时代阳光大道等，建成鄱阳小区等。有天际岭。圭塘河流经。有化工部长沙设计研究院等。有高校1所，中学2所，小学10所，卫生院1个。有国家4A级旅游景区省森林植物园。经济以服务业为主。有红星副食品城、城南汽配城等。京广高铁，长沙绕城、京港澳高速，107国道过境。有长沙汽车南站。通多路公交车。

黎托街道 [Lítuō Jiēdào] 属雨花区。在区境东北部。面积16平方千米。人口3.1万。2010年设。曾有圆形泊地，由头托、中托、尾托组成，明初黎姓管理，称黎家托。后因托、托音同形近，讹称黎托。先后建成红旗路、花侯路、沙湾路等。浏阳河、圭塘河流经。有湖南化工研究院等。有小学5所，卫生所7个。有省游泳跳水中心、网球中心等。农业以种植蔬菜为主。工业以食品加工、建筑材料、家具制造为主。服务业以商业为主，京广高铁，长沙机场、京港澳高速，长沙地铁2号线过境。通多路公交车。

井湾子街道 [Jǐngwānzi Jiēdào] 属雨花区。在区境中部偏西。面积8平方千米。人口6.6万。2012年设。原三面环山，湾内多水井，水质颇优，故名。圭塘河流经。有省环保研究院等。有高校2所，中学2所，小学16所，二级医院1个，卫生院2个，卫生所5个。有雨花非遗民俗艺术街区、圭塘河风光带。有标志性建筑红星国际会展中心。经济以商贸物流为主。有家居建材、装饰装修产业集群。107国道过境。通多路公交车。

同升街道 [Tóngshēng Jiēdào] 属雨花区。在区境南部。面积24平方千米。人口2.5万。2012年设。因同升水库得名。圭塘河流经。有高校1所，中学1所，小学5所，卫生院3个。有红一方面军攻打长沙指挥部旧址肖家祠堂、古清泉寺等。工业以汽车、工程机械及零部件制造，环保产业为主。有长沙雨花省级经济开发区。有省级工业旅游示范点1个。京广高铁，长沙绕城、京港澳高速过境。通多路公交车。

东山街道 [Dōngshān Jiēdào] 属雨花区。在区境中部偏东。面积14平方千米。人口1.6万。2012年设。传元末明初曾建粮仓，称东仓，渐演为东山。浏阳河流经。有中学1所，小学2所，卫生院1个，卫生所10个。有千年古镇、歌曲《浏阳河》发源地黎家托。经济以服务业、农业为主。农业种植东山辣椒。服务业以商贸为主。有电子物流园。京广高铁、京港澳高速、长沙地铁2号线过境。有长沙南站、长沙黎托综合客运枢纽。通多路公交车。

望　城　区

望城区 [Wàngchéng Qū] 长沙市辖区。

在市境北部。面积951平方千米。人口57万。以汉族为主，还有土家、苗、侗、蒙古、回、白、瑶等民族。辖10街道、10镇、1乡。区人民政府驻高塘岭街道。1951年置望城县，因望城坡得名，属湘潭专区。1958年属长沙市。1959年并入长沙县。1977年复望城县。1996年霞凝乡划出。2008年含浦等4镇划出。2011年改区。先后建成多个小区、商业大厦、雷锋大剧院等。南部为居住区，中部为产业区。湘江、八曲河、沩水流经。有矿产资源金、铁、锰、石灰石、花岗岩、青石、砂砾石、陶土等。有国家一级保护植物水杉。有国家二级保护动物白额雁、鸢、穿山甲、虎纹蛙、白鹇等11种。有黑麋峰国家森林公园、千龙湖国家湿地公园。有高校6所，中职2所，中学24所，小学87所，二级医院1个，影剧院2个，体育馆2个。有全国重点文物保护单位长沙铜官窑遗址、汉代长沙王陵墓群，省级文物保护单位雷锋纪念馆等7个。有世界釉下彩瓷发源地铜官。有国家级非物质文化遗产长沙窑陶瓷烧制技艺，省级非物质文化遗产望城剪纸。有民间艺术花鼓戏、皮影戏等。有国家4A级旅游景区千龙湖生态旅游度假区等，3A级旅游景区铜官窑国家遗址考古公园、欧阳询文化园等。有全国历史文化名镇靖港古镇，省级历史文化名镇铜官古镇、乔口古镇。有全国特色旅游名村光明村。有普瑞五星级生态酒店。三次产业比例6∶66∶28。农业以水稻、蔬菜种植为主。有望城国家高科技农业园区、省重点农业试验基地。工业以高端制造业为主，有有色金属材料、食品医药、化工建材、电力能源、纺织服装、农副产品加工六大主导产业。有国家级望城经济技术开发区、陶瓷制作基地。服务业以产品批发、旅游为主。有五星级农庄12个。石长、京广铁路，长张高速，319国道过境。通多路公交车。

雷锋北大道［Léifēng Běidàdào］ 在区境中部偏北。南起雷锋大道，北至柳林江大桥。与金星北路、旺旺中路、望府路、雷锋路等相交。长23千米，宽23米。沥青路面。2008年开工，2009年建成。为雷锋故乡，且系北部主干线，故名。两侧有望城开发区、区政府、雷锋公园、农业科技园区等。通多路公交车。

郭亮路［Guōliàng Lù］ 在区境中部。南起雷高路，北至滨河路。与雷锋中路、文源中路、宝粮中路、旺旺中路等相交。长5.3千米，宽30米。沥青路面。1980年开工，1985年建成。1992、2004年分别改造。为纪念烈士郭亮得名。两侧有区国土局、税务局、检察院、区人民医院等。通多路公交车。

望城大道［Wàngchéng Dàdào］ 在区境中部。南起普瑞大道，北至望府路。与旺旺中路、泰嘉路、金星北路等相交。长4千米，宽25米。沥青路面。1998年开工，2004年建成。因行政区得名。两侧有区政府、澳优乳业、光明乳业等。通多路公交车。

高塘岭街道［Gāotánglǐng Jiēdào］ 望城区人民政府驻地。在区境中部。面积22平方千米。人口7.7万。2012年设。因地势高从未被淹，故名。2013年改造老旧街区、背街小巷，建成市民公园3个。有高校1所，中职1所，中学1所，小学7所，二级医院1个，卫生所10个。有省级非物质文化遗产望城剪纸等。有长沙湘江水利综合枢纽、半岛水利风景区。经济以工业、商贸业为主，有休闲观光农业。省道长望线过境。通多路公交车。

喻家坡街道［Yùjiāpō Jiēdào］ 属望城区。在区境南部。面积21平方千米。人口3.7万。2012年设。因姓氏得名。先后扩建望城水厂，建设黄桥大道、雷高公路等。有乌山。沩水流经。有高中2所，初中1所，小学2所，卫生院1个。有望城经济技术开发区。石长铁路过境。通多路公交车。

丁字湾街道［Dīngzìwān Jiēdào］ 属望城区。在区境东部。面积39平方千米。人口2.3万。2012年设。湘江流此回旋如丁字，故名。有麻潭山。有高校3所，初中1所，小学4所，卫生院1个。有省级非物质文化遗产传统石雕工艺。经济以建材交易为主。有传统麻石产业。京广铁路、省道长湘线过境。通多路公交车。

书堂山街道［Shūtángshān Jiēdào］ 属望城区。在区境东部。面积50平方千米。人口2.3万。2012年设。因欧阳询故里书堂山得名。2014年建成欧阳询文化园。西临湘江。有中学1所，小学4所，卫生院1个。经济以旅游、商贸为主。通多路公交车。

大泽湖街道［Dàzéhú Jiēdào］ 属望城区。在区境中部偏南。面积25平方千米。人口3万。2012年设。因大泽湖得名。2014年建成2小区广场。有高校1所，中学1所，小学3所，卫生院1个。工业以五金、食品、日化、工艺美术等轻工业为主。有商贸业。石长铁路、长沙绕城高速过境。通多路公交车。

月亮岛街道［Yuèliàngdǎo Jiēdào］ 属望城区。在区境南部。面积23平方千米。人口2.4万。2012年设。因月亮岛得名。2013年建农贸市场4个。有中学1所，小学4所，卫生所8个。有全国重点文物保护单位汉王陵。工业以高压电器、家电、五金、食品、日化等轻工业为主。有商贸业。长沙绕城高速过境。通多路公交车。

白沙洲街道［Báishāzhōu Jiēdào］ 属望城区。在区境中部。面积25平方千米。人口1.6万。2012年设。因白沙洲得名。湘江常年浪淘，白沙堆积成洲。马桥河流经。有小学3所，卫生所4个。经济以新材料加工、先进制造、现代商贸服务、房地产为主。有望城国家级经济技术开发区。石长铁路、省道长望线过境。通多路公交车。

金山桥街道［Jīnshānqiáo Jiēdào］ 属望城区。在区境南部。面积24平方千米。人口1.8万。2012年设。因金塘、青山、香桥3村得名。有高校1所，小学3所，卫生院1个。有洗心禅寺等。经济以塑料编织、农机铸造为主。有黄金创业园高新技术产业孵化基地。长沙绕城高速、省道长望线过境。通多路公交车。

黄金园街道［Huángjīnyuán Jiēdào］ 属望城区。在区境西南部。面积28平方千米。人口1.5万。2012年设。明清时期有人来此淘金，故名。有中学1所，小学2所，卫生所3个。有养老服务中心。经济以工业、商贸为主。工业以食品加工、五金、日化等轻工业为主。通多路公交车。

廖家坪街道［Liàojiāpíng Jiēdào］ 属望城区。在区境西南部。面积22平方千米。人口1.1万。2012年设。廖姓居住在坪地，故名。有中学1所，小学2所，卫生所3个。经济以卡车制造、汽车销售为主，有食品加工、钢铁铸造、商贸等业。长张高速过境。通多路公交车。

桥驿镇［Qiáoyì Zhèn］ 望城区辖镇。在区境东北部。面积96平方千米。人口3.9万。辖1居委会、16村委会，有411自然村。镇人民政府驻桥头驿社区。1958年成立桥驿公社。1984年改乡。1995年桥驿、杨桥、黑麋峰3乡合设桥驿镇。古驿站设于沙河桥头得名桥头驿，镇以驿站名。有中学2所，小学5所，卫生院1个。有国家森林公园黑麋峰、麋峰古寺、广场等。经济以工业、商贸为主。工业以眼镜制作、环保科技为主。为杨明远眼镜主产地。农业种植水稻、油菜、杂粮等。京广铁路、省道长湘线过境。

桥头驿社区［Qiáotóuyì Shèqū］ 桥驿镇人民政府驻地。在区境东北部。面积6平方千米。人口4400。因镇得名。2004年成立。沙河流经。民居以人字屋顶、砖瓦结合的楼房为主。有广场舞队，开展广场舞竞赛。有中小学、卫生院、敬老院等。有古迹桥头驿。通公交车。

茶亭镇［Chátíng Zhèn］ 望城区辖镇。在区境东北部。面积84平方千米。人口3.3万。辖1居委会、9村委会，有348自然村。镇人民政府驻梅花岭社区。1958年成立茶亭公社。1984年改乡。1995年与西湖乡合置镇。因古驿道旁有茶亭得名。有铁炉湖。黄龙河流经。有中学2所，小学5所，卫生院1个。为郭亮烈士故乡。有省级爱国主义教育基地郭亮纪念园，省级文物保护单位郭亮墓、九峰惜字塔。经济以农业为主，商贸、旅游为辅。农业以水稻、小水果、蔬菜种植为主。长湘、梅铜、茶东公路过境。

梅花岭社区［Méihuālǐng Shèqū］ 茶亭镇人民政府驻地。在区境东部。面积2平方千米。人口4400。旧时山岭多梅花，故名。2004年成立。民间以现代楼房为主。有环境卫生志愿者服务队，不定期开展环卫义务宣传、劳动。有中小学、卫生院等。有农贸市场。通公交车。

东城镇［Dōngchéng Zhèn］ 望城区辖镇。在区境北部。面积45平方千米。人口1.9万。辖1居委会、7村委会，有189自然村。镇人民政府驻慎家桥社区。1954年东冲、西城农业社合并为东城村，镇以村名。1961年成立东城公社。1984年改乡。1995年置镇。黄龙河、曾子港等流经。有中学1所，小学3所，卫生院1个。经济以农业为主，种植水稻、蔬菜等，养殖四大家鱼、甲鱼等。有铁炉湖渔业基地等。特产东城生态椒等。沿江、铜湘公路过境。

慎家桥社区［Shènjiāqiáo Shèqū］ 东城镇人民政府驻地。在区境北部。面积2平方千米。人口600。清同治年间（1862—1874）慎氏修木桥，故名。2004年成立。民居以现代楼房为主。有公共座椅、公共照明设备、娱乐设施等。有社区文体、老年人舞蹈等，每年举办端午节赛龙舟、包粽子和闹元宵等活动。有中学、卫生院、社区广场、图书室、文体中心。通公交车。

铜官镇［Tóngguān Zhèn］ 望城区辖镇。在区境东部。面积30平方千米。人口2.3万。辖5居委会、4村委会，有184自然村。镇人民政府驻巷子口。1951年置铜官镇。1961年成立铜官公社。1984年铜官公社改乡。1985年并入铜官镇。明代有铜官驿，镇以驿名。湘江流经。有中学1所，小学2所，卫生院1个。为千年古镇、省历史文化名镇。又称陶都，为全国五大陶都之一、中国陶瓷釉下彩发源地。有全国重点文物保护单位长沙铜官窑遗址。有长沙铜官窑国家考古遗址公园。有古迹铜官古街、吴楚(蜀)桥、舜子屋、守风亭等。经济以陶瓷生产、商贸旅游为主。有铜官循环工业经济基地。铜官—湘阴公路过境。

巷子口［Xiàngzikǒu］ 铜官镇人民政府驻地。在区政府驻地高塘岭街道东北20千米。人口200。村两侧为山丘，中间有巷通行，民居位于巷口，故名。聚落呈散点状。有小学、卫生院、陶城文化广场等。为铜官古镇一部分。以种植、小商品销售为主。县道铜茶线经此。通公交车。

靖港镇［Jìnggǎng Zhèn］ 望城区辖镇。在区境北部。面积46平方千米。人口3.4万。辖1居委会、7村委会，有307自然村。镇人民政府驻前榜村。1949年设靖港乡、靖港镇。1958年合为靖港公社。1962年靖港镇析出。1984年靖港公社改乡。1995年乡、镇合并，称靖港镇。原系沩水入湘江口，名沩港，后唐李靖驻兵于此，秋毫无犯，百姓德之，更名靖港。湘江、沩水流经。为千年古镇、中国历史文化名镇。有中学2所，小学4所，卫生院1个。有紫云宫、望江楼、临水戏台、宏泰坊、古码头、中共湖南省委旧址等。有多处明清建筑。经济以水稻加工、小商品销售、休闲旅游为主。农业以水稻、蔬菜、杂粮种植为主，有望城国家农业高科技园区。特产靖港八大碗、靖港香干、小钵子甜酒等。有长沙船舶厂。通公交车。

前榜村［Qiánbàngcūn］　靖港镇人民政府驻地。在区政府驻地高塘岭街道北3千米。人口5500。因前塘、挂榜2村得名。聚落呈散点状。有中学、卫生院、广场、侯家大屋等。经济以水稻加工、菜籽销售为主。农业种植水稻、蔬菜、杂粮。有国家农业科技园区。通公交车。

乔口镇［Qiáokǒu Zhèn］　望城区辖镇。在区境北部。面积44平方千米。人口3.5万。辖1居委会、10村委会，有218自然村。镇人民政府驻乔口社区。1961年成立乔口公社。1984年改乡。1985年置镇。为柳林江入湘江水口，传赤壁之战时小乔安顿于此，故名。湘江流经。有团头湖。为千年古镇。有中学1所，小学4所，卫生院1个。有古建筑三贤祠、乔江书院、百岁坊等。有团头湖遗址群、湖尾遗址。经济以水稻加工、水产品养殖为主。有水稻、蔬菜种植。有旅游业。县道乔朱线过境。通公交车。

乔口社区［Qiáokǒu Shèqū］　乔口镇人民政府驻地。在区境北部。面积5平方千米。人口5700。因乔口古镇得名。2004年成立。民居多为现代楼房，少量明清风格的湖湘建筑。有乔口日间照料中心。有志愿者团队、法务工作者队伍。组织广场舞、湘剧花鼓戏等活动。有中学、卫生院、卫生所等。有乔口渔场、三贤寺、乔江书院、柏乐园。省道长望线、县道乔团线经此。

乌山镇［Wūshān Zhèn］　望城区辖镇。在区境西部。面积73平方千米。人口4.1万。辖1居委会、10村委会，有442自然村。镇人民政府驻徐家桥社区。1958年成立五星公社。后改乌山公社。1984年改乡。1995年铜塘村划入，同年设镇。因乌山得名。清光绪《善化县志》卷之四载："乌山，县西北四十里，河西都，高百余丈，延袤十余里，山行突兀，黑石嵯峨，有灵石岩深广数丈，石壁镌元朝年月……"八曲河、沩水流经。有中学1所，小学6所，卫生院1个。有杲山寺。经济以工业为主，有乌山工业创业基地。农业以茶、水稻、蔬果等种植为主。县道许龙、白乌线过境。

徐家桥社区［Xújiāqiáo Shèqū］　乌山镇人民政府驻地。在区境西部。面积5平方千米。人口4000。以桥得名。明早期徐氏为首建七塔木桥，故名。2004年成立。八曲河、沩水流经。民间以现代楼房为主，有门厅、檐廊等。有志愿者团队、法务工作者队伍。组织广场舞、特有皮影戏、湘剧花鼓戏等活动。有中学、卫生院、广场、养老院等。有派出所、司法所等单位。县道许龙、白乌线经此。通公交车。

雷锋镇［Léifēng Zhèn］　望城区辖镇。在区境西南部。面积62平方千米。人口3.2万。辖2居委会、5村委会，有217自然村。镇人民政府驻黄花塘。1949年设安庆乡。后改黄花塘乡。1993年改雷锋镇。因雷锋得名。有高校1所，中学1所，小学6所，卫生院1个。有省级文物保护单位、全国爱国主义教育基地雷锋纪念馆。有湖南党史陈列馆等。经济以工业、商贸服务为主，有雷锋机械锻造加工产业集群、雷锋机电建材批发市场。农业以水稻、蔬菜、花卉苗木种植为主。长张高速、319国道过境。通多路公交车。

黄花塘［Huánghuātáng］　雷锋镇人民政府驻地。在区政府驻地高塘岭街道南19千米。人口1200。因原有塘畔盛开野菊花，呈黄色，故名。聚落沿公路呈线状分布。有中学、卫生院、卫生所。有雷锋纪念馆、湖南党史陈列馆、广场等。经济以商贸为主，种植蔬菜、花卉苗木。通公交车。

和润园社区［Hérùnyuán Shèqū］　属雷锋镇。在区境南部。面积0.4平方千米。人口5400。因企业得名。2013年成立。有民居安置楼。有老年活动中心、社区广场舞队等，开展休闲娱乐活动。有小学、幼儿园、卫生所、广场等。通公交车。2014年被评为省文明社区。

白箬铺镇［Báiruòpù Zhèn］　望城区辖镇。在区境西南部。面积100平方千米。人口4.7万。辖1居委会、14村委会，有517自然村。镇人民政府驻五里堆。1961年成立白箬、友仁2公社。1984年改乡。1995年2乡合并称白箬铺乡。2001年改镇。因清代白箬铺驿站得名。有白鹤山。有古冲水库。有中学2所，小学9所，卫生院1个。经济以金属制造业为主，有新能源科技产业园。农业以水稻、蔬菜等种植为主。有乡村旅游。有蝴蝶谷、中华黑茶园等。长张高速、319国道过境。通公交车。

五里堆［Wǔlǐduī］　白箬铺镇人民政府驻地。在区政府驻地高塘岭街道西南29千米。人口800。因古驿道站点得名。聚落呈散点状。有中学、卫生院、广场等。经济以商贸、种植业为主，种植水稻、蔬菜等。通公交车。

格塘镇［Gétáng Zhèn］　望城区辖镇。在区境西北部。面积47平方千米。人口3.1万。辖8村委会，有246自然村。镇人民政府驻格塘寺。1961年成立格塘公社。1984年改乡。2011年置镇。因镇政府驻地得名。有中学1所，小学6所，卫生院1个。有敬老院、幼儿园、文化站、广播站等。经济以传统农业、生态观光农业为主，种植水稻、茶、葡萄等。有国家4A级旅游景区千龙湖生态旅游度假村。有建筑业。格塘—靖港公路过境。

格塘寺［Gétángsì］　格塘镇人民政府驻地。在区政府驻地高塘岭街道西北20千米。人口600。因寺得名。清同治年间（1862—1874）曾建金莲寺，后因其地址在格塘北岸，改今名。聚落呈散点状。有千龙湖。有中学、卫生院、文化创意街、广场等。经济以商贸、旅游为主。通公交车。

新康乡［Xīnkāng Xiāng］　望城区辖乡。在区境中部偏北。面积48平方千米。人口3.2万。辖1居委会、9村委会，有311自然村。乡人民政府驻新康。1949年为新康乡。1950年分沱川、四合2乡。1958年并入靖港公社。1961年成立新康公社。1984年改乡。因乡政府驻地得名。湘江、八曲河、沩水流经。为千年古镇（乡）。为洞庭鱼米之乡、古戏之乡。境内河湖遍野，围垸相连，裕源槽坊是名满三湘、流传千年的花鼓戏《洪兰桂打酒》原发地。有中学1所，小学4所，卫生院1个。有洪山古寺。农业种植水稻、芝麻、银杏、红心蜜桃等，有水产鱼、藕、菱。沿江公路过境。

新康［Xīnkāng］　新康乡人民政府驻地。在区政府驻地高塘岭街道西北7千米。人口600。晋太康元年（280）因新阳、溓水得名。聚落沿湘江西岸呈线状分布。有中学、卫生院、敬老院、广场等。有洪山古寺、裕源糟坊、新康戏台、戏剧蜡像馆等。以休闲旅游、小作坊经济为主。通公交车。

浏　阳　市

浏阳市［Liúyáng Shì］　湖南省直辖县级市，由长沙市代管。北纬28°15′，东经113°63′。在长沙市境东部。面积4997平方千米。人口143.6万。以汉族为主，还有苗、土家、壮、侗、瑶等民族。辖4街道、27镇、6乡。市人民政府驻关口街道。东汉建安十四年（209）析临湘县地置刘阳县。南朝宋永初元年（420）改"刘"为"浏"。因治位于浏水北岸得名。隋大业三年（607）并入长沙县。唐景龙二年（708）复设，属长沙郡，县治淮川。元元贞元年（1295）升浏阳州，县治居陵镇（现官渡镇）。明洪武二年（1369）复县，再迁淮川。此后至1993年未变，先后属长沙府、长宝道、湘江道、第一行政督察区、长沙专区、湘潭专区、湘潭地区、长沙市。1993年撤县设市（县级）。其间驻地多有变动，2004年迁至关口街道。先后新建、改造街路10余条，建成才常广场、花炮广场、思邈公园、民宿文化步行街。形成"一市两区"双组团式结构，主城区与金阳新城依托319国道产业发展轴联系，由中心城向外扩张和辐射。地势东北高西南低，地形为丘陵、山区。平均海拔132米。最高峰大围山七星岭海拔1608米，最低点柏加镇渡头村塘湾海拔37.5米。年均气温17.5℃，1月平均气温5.4℃，7月平均气温28.7℃。年均降水量1551.3毫米。浏阳河、捞刀河、南川河等流经。有矿产资源煤、铜、铅、锌、铁、钨、钼、金、银、磷、海泡石、菊花石、石灰岩、石膏、高岭土、花岗岩等。有野生植物60多种，其中国家重点保护野生植物有银杏、水杉、伯乐树等40多种。有野生动物200多种，其中国家重点保护野生动物有云豹、白鹳、黄腹角雉等20多种。有大围山国家森林公园。森林覆盖率65.8%。有高校2所，中学77所，小学312所，幼儿园461所，二级医院3个。有全国重点文物保护单位红一方面军活动旧址、湖南省苏维埃政府旧址、胡耀邦故居、浏阳文庙等7个。有国家4A级旅游景区胡耀邦故居。有风景名胜区2个。三次产业比例9∶64∶27。农业以种植、畜牧为主，种植水稻、玉米，养殖生猪、山羊、家禽、蜜蜂。工业以烟花爆竹生产、材料能源、食品饮料加工、矿山冶炼为主。有浏阳国家级经济技术开发区、湖南浏阳制造产业基地。有传统四大名产浏阳花炮、浏阳豆豉、浏阳菊花石雕、浏阳夏布。服务业以旅游、信息产业、文化产业为主。京广、厦蓉、沪昆高速，319、106国道，省道长浏、浏衡、浏东、浏文线过境。有浏阳长途汽车站。

浏阳河广场［Liúyánghé Guǎngchǎng］　在市区南部。面积5万平方米。2002年开工，2003年建成。因浏阳河得名。以"浏阳之星"主题雕塑为中心，风帆之船为造型，布局园林景观。中心有灯光舞台，靠桥一侧有八根图腾柱与喷泉等。为集爱国主义教育、科普宣传、文化传播、展览演出、健身娱乐于一体的综合性广场。周边有欧阳予倩大剧院、碧景湾小区等。通多路公交车。

锦程大道［Jǐnchéng Dàdào］　在市区东北部。东起浏阳河东路，西至复兴中路。与泰安路、李畋路相交。长2.3千米，宽21米。沥青混凝土路面。2004年开工，2006年建成。寓意锦绣前程得名。贯穿长兴湖、浏阳河。两侧有长兴湖公园、南湖公园、占佳小学、奥园广场等。通多路公交车。

白沙路［Báishā Lù］　在市区北部。东起浏阳河东路，西至禧和路。与南川路、集里路、礼花路二段、浏阳大道、泰安路等相交。长4千米，宽42米。沥青混凝土路面。2008年开工，同年建成。因产品品牌得名。两侧有市教育局、市公安局、市检察院、奎文实验小学、恒大华府、观音殿、南湖公园等。通多路公交车。

花炮大道［Huāpào Dàdào］　在市区中部。

南起天马山隧道，北至迎宾路。与禧和路、集里路、庆泰路、劳动路、浏阳河路等相交。长4.8千米，宽62.5—68.5米。沥青混凝土路面。原为浏大公路，1998年改建。因花炮广场得名。两侧有工业品大市场、体育运动中心、将军广场、思邈公园、市气象局、三力公司等。通多路公交车。

北正路［Běizhèng Lù］ 在市区中部。南起浏阳河中路，北至泰尔路。与礼花路、大塘路、石霜路、邮电路、车站路等相交。长2.6千米，宽18.2米。沥青混凝土路面。1949年前即建有道路，1974年拓宽，2013年北延，2014年南延。原名紫薇街，以花命名，后并入北正街修建拓宽。北正街因与浏阳北城门正对而得名。两侧有市妇幼保健院、市中医医院、农业银行、工商银行、淮川大市场等。通多路公交车。

金沙路［Jīnshā Lù］ 在市区西南部。南起319国道，北至花炮大道。与禧和路、石霜路、车站路、将军路、荷兴路等相交。长4千米，宽21.5米。沥青混凝土路面。1985年始建，名长南中路。1996年改扩建。1999年因产品品牌更今名。两侧有通程商业广场、浏阳汽车南站等。通多路公交车。

庆泰路［Qìngtài Lù］ 在市区北部。南起花炮大道，北至道吾山路。与白沙中路、双拥东路、碧桂园路相交。长3.6千米，宽42米。沥青混凝土路面。2013年开工，2014年建成。因企业得名。两侧有君悦城市广场、乐好医院、居住小区等。通多路公交车。

浏阳大道［Liúyáng Dàdào］ 在市区北部。东起外环路，西至花炮大道。与白沙路、环府路、双拥东路、道吾山路、博德路等相交。长2.1千米，宽32米。沥青混凝土路面。原为浏东公路，2000年重建，名世纪大道。2004年扩建，更今名。两侧有农商银行、东方新天地小区、市商会大厦、烟花贸易大厦、关口农副市场、汽车东站等。通多路公交车。

人民路［Rénmín Lù］ 在市区南部。东起浏阳河中路，西至西湖山路。与金沙路、嗣同路、新文路、北正路、劳动路相交。长1.5千米，宽8.6米。沥青混凝土路面。1949年前即建道路，1958年重建，1966年升平街、八角亭、社稷坛等街巷拓宽合一，命名人民路。两侧有淮川友谊大酒店、市医院、市第二医院、人民路小学等。通多路公交车。

天马大桥［Tiānmǎ Dàqiáo］ 在市区中部。长1048米，宽25.5米，最大跨度70米，桥下净高37.4米。2000年开工，2001年建成。因天马山隧道得名。为大型河道桥梁，结构型式为预应力混凝土连续刚构桥。最大载重49吨。通公交车。

风光桥［Fēngguāng Qiáo］ 在市区中部。长204.4米，宽17.1米，最大跨度100米，桥下净高35米。2001年开工，2003年建成。因形如彩虹卧波风光得名。为中型河道桥梁，结构型式为吊杆拱桥。最大载重49吨。通公交车。

浏阳长途汽车站［Liúyáng Chángtú Qìchēzhàn］ 见交通运输设施部分“浏阳长途汽车站”条。

关口街道［Guānkǒu Jiēdào］ 浏阳市人民政府驻地。在市境东北部。面积71平方千米。人口2.7万。1995年设。泉塘河流经，狭窄如险关隘口，故名。先后建成浏阳大道、锦程大道、长兴湖公园、田家炳实验中学、新文学校等。有高校1所，中学8所，小学16所，幼儿园22所，卫生院1个。有望天尖山、三元宫等。农业以种植水稻为主，蔬菜为辅。工业以花炮、造纸、包装印刷、食品加工、化工材料、机械加工等为主。浩吉铁路、杭长高速、354国道过境。有浏阳汽车东站。通多路公交车。

淮川街道［Huáichuān Jiēdào］ 属浏阳市。在市境中部。面积6平方千米。人口6万。1995年设。因淮川河得名。先后建成劳动中路，扩建人民路，修建才常广场、新文路步行街，建成西湖华天景观隧道、市体育运动中心。有西湖山、枫树冲岭。浏阳河、济川河流经。有高校1所，中学4所，小学4所，幼儿园25所，二级医院3个，卫生院2个。有谭嗣同故居、谭嗣同祠、欧阳予倩故居、古城隍庙、浏阳文庙。经济以印刷、包装为主。319、106国道，省道长江线过境。通多路公交车。

集里街道［Jílǐ Jiēdào］ 属浏阳市。在市境西北部。面积54平方千米。人口3.5万。1993年设。因有桥距县城7里，名七里桥，后演为集里桥，以桥命名。先后改造金沙北路、礼花路、石霜路、花炮大道，扩建集里医院，建设进修附小、奎文小学等。淮川河、济川河流经。有中学3所，小学12所，幼儿园35所。有道吾山、兴华禅寺。经济以建材装饰、邮政通信、物流快递、金融保险、服装首饰、餐饮娱乐为主。长浏高速，319、106国道过境。通多路公交车。

荷花街道［Héhuā Jiēdào］ 属浏阳市。在市境南部。面积134平方千米。人口4.6万。1995年设。盛产莲藕，每逢夏秋荷花盛开，故名。先后建成浏大公路、天马山隧道、天马路、长浏高速、荷文公路、汽车南站，改造金沙南路等。有七鸦尖山、天马山。有中学3所，小学12所，幼儿园24所，卫生所1个。有欧阳予倩大剧院、市社会福利院等。有天马山、隐相台、谭嗣同墓。农业种植水稻、蔬菜、油茶，养殖生猪、黑山羊。工业以鞭炮烟花产业为主，有印刷包装、食品加工、制造产业。有荷花工业集中区。有浏阳河商务圈。长浏、大浏、浏醴高速，319、106国道过境。通多路公交车。

社港镇［Shègǎng Zhèn］ 浏阳市辖镇。在市境北部。面积175平方千米。人口4.7万。辖3居委会、13村委会，有41自然村。镇人民政府位于曙光路。1954年莲溪镇改社港区。1956年改乡。1993年置镇。1995年大洛乡并入。捞刀河流经。系历代商埠港口而称社港市，故名。有石柱峰、万伏岭、七星岭等。有中学3所，小学11所，幼儿园12所，卫生院2个。有敬老院、文化站、广播站等。有省级文物保护单位寻淮洲烈士故居。有石柱峰、丹霞湖、周洛大峡谷、新安风雨桥、石牛寨等。经济以化工、花炮、铸造、竹木加工、机械加工等为主。农业种植水稻、蔬菜、油茶、小水果。服务业以商贸、旅游为主，有周洛古文化度假村、新社港水上乐园等。浏醴高速、106国道、永社公路过境。

官渡镇［Guāndù Zhèn］ 浏阳市辖镇。在市境东部。面积106平方千米。人口3.1万。辖3居委会、5村委会，有20自然村。镇人民政府驻新安社区。1961年成立官渡公社。1983年改乡。1995年置镇。三国东吴黄武元年(222)设居陵镇，为县治。宋、元改居仁镇。明初因有渡口，马姓居住，改名马渡。明中叶因官方在马渡建镇，改今名。有中学2所，小学5所，幼儿园10所，卫生院1个。有敬老院、光荣院、文化站、广播站等。有官渡古镇，水上乐园、孔石泉将军陈列馆。经济以烟花爆竹生产、食品加工、制砖制瓦、医疗用品制造等为主。农业以种植水稻、蔬菜、油茶、水果、花木、金橘为主，养殖猪、黑山羊。有生态金橘园。有国家地理标志产品金橘。服务业以商贸、旅游为主。大浏高速、省道铁浏线、浏东公路过境。

新安社区［Xīn'ān Shèqū］ 官渡镇人民政府驻地。在市境中部。面积1平方千米。人口2300。取新成立且安居乐业之意命名。1994年成立。民居以低层住宅楼为主。组织各种实践活动、志愿者服务。有中学、幼儿园、卫生院、银行、邮政、电信等。经营日用百货、家电家私、文化用品、服装超市、餐饮旅店、休闲娱乐等。354国道经此。

张坊镇［Zhāngfāng Zhèn］ 浏阳市辖镇。在市境东部。面积319平方千米。人口3.2万。辖2居委会、8村委会，有36自然村。镇人民政府驻张家坊社区。1912年曾设张坊镇。1949年属东区。1952年设张坊镇。1956年析为张坊、上洪、人溪3乡。1958年并入上游公社，旋更名张坊公社。1961年析为张坊、上洪、人溪3公社。1983年复乡。1992年置镇。1995年上洪、人溪2乡并入。因镇政府原驻地张坊村得名。古为邑东洞溪市，明永乐六年(1408)为表彰张姓叔侄同登乡榜，建青云坊，称“张家坊”，后改张坊。有中学1所，小学11所，幼儿园13所，卫生院1个。有敬老院、文化站、广播站等。有湘鄂赣苏维埃政府驻地旧址、毛泽东脱险处、王首道故居、革命烈士李白故居。经济以旅游为主，兼有商贸、住宿、餐饮等。有大围山生态旅游区。工业有烟花鞭炮、手工工艺、竹木加工。有省道铁浏线沿线工业区。大浏高速、省道铁浏线、大围山旅游干线过境。

张家坊社区［Zhāngjiāfāng Shèqū］ 张坊镇人民政府驻地。在市境东部。面积15平方千米。人口5100。因镇得名。2008年成立。民居以低层住宅楼为主。开展义诊、学雷锋、帮扶残疾人等志愿者服务，开展劳动就业、法制宣传、群众性文化教育、科普活动，创办残疾人创业就业学校、老年人活动中心等，创建社区服务平台，帮助弱势群体得到关爱与关注。有小学、幼儿园、卫生院、卫生室等。354国道经此。

达浒镇［Dáhǔ Zhèn］ 浏阳市辖镇。在市境东北部。面积186平方千米。人口2.7万。辖2居委会、8村委会，有20自然村。镇人民政府位于达正路。1956年设达浒乡。1996年改镇。传河中有踏水桥，水涨桥低，行人踏水过桥，故名“踏水”，后雅为“达浒”。大溪河流经。有中学1所，小学6所，幼儿园7所，卫生院1个。有敬老院、文化站、广播站等。有象形风景区、榴花洞漂流、千年银杏、孔氏家庙等。为省级生态乡镇。经济以花炮生产为主。农业以种植水稻为主，盛产南竹、木材、金橘。服务业以旅游为主。浏东公路过境。

沿溪镇［Yánxī Zhèn］ 浏阳市辖镇。在市境东部。面积120平方千米。人口3.2万。辖3居委会、5村委会，有24自然村。镇人民政府驻沿溪桥社区。1956年设沿溪乡。1994年改镇。1995年大光乡并入。溪涧汇于双河口，入大溪河，百姓沿河而居，故名。最高峰福寿山海拔1573.2米。有中学1所，小学6所，幼儿园7所，卫生院1个。有敬老院、文化站、广播站等。有红军驻地旧址、祖师岩陈真人庙、沿溪古桥、大光洞书院、祖狮崖、大光湖水上乐园、盐井温泉等。经济以鞭炮烟花生产为主。农业以无公害蔬菜种植为主。服务业以旅游、休闲观光为主。大浏高速、浏东公路过境。

沿溪桥社区［Yánxīqiáo Shèqū］ 沿溪镇人民政府驻地。在市境东部。面积6平方千米。人口8300。因沿溪古桥、沿溪集镇得名。2003年成立。民居以低层住宅楼为主。有篮球场、乒乓球场、乡村大舞台、健身场所、阅览室及村民文娱活动室等，设有居家养老服务中心，开展学雷锋志愿活动、义诊、创业培训、老年大学、教育培训、科普宣传、弱势群体帮扶等多种活动。有中小学、卫生院、卫生所。有河东庙。经济以烟花鞭炮生产为主。大浏高速，省道铁浏线，浏东、沿宝公路经此。

古港镇［Gǔgǎng Zhèn］ 浏阳市辖镇。在市境中部偏北。面积152平方千米。人口4万。辖3居委会、10村委会，有29自然村。镇人民政府位于桐坑北路。1950年为第一区。1954年改古港区。1958年并入红星公社。后更名古港公社。1959年三宝公社并入。1961年三口、溪江、宝盖3公社析出。1983年改乡。1985年置镇。1995年宝盖乡并入。浏阳河流经。历为商埠港口,故名。有中学2所,小学11所,幼儿园13所,卫生院2个。有敬老院、文化站、广播站等。有皇龙峡旅游区、宝盖寺及宝盖寺古墓群、梅田湖风景区、天岩寨风景区。经济以鞭炮烟花、花炮原材料、建材、食品、竹木加工,工艺品生产等为主。农业以种植和生猪养殖为主,有水稻、花卉水果、蔬菜种植基地。服务业以休闲旅游为主。大浏高速、浏东公路过境。

永和镇［Yǒnghé Zhèn］　浏阳市辖镇。在市境中部。面积63平方千米。人口2.3万。辖1居委会、6村委会,有13自然村。镇人民政府驻永宝村。1973年设永和镇。因永和市得名。原名般步市、奔埠市,宋末元初历经灾荒、瘟疫,已无人烟,后欧、柳、唐、卜4姓迁此,又起争端,调解和好后结为兄弟,改名永和。有中学1所,小学11所,幼儿园6所,卫生院3个。有敬老院、文化站、广播站等。有狮子山森林公园、红一方面军成立旧址李家大屋、苏维埃浏阳县第一次工农兵代表大会旧址。经济以工业为主,有磷肥、花炮、化工、烟花材料、竹木加工、采选矿、菊花石雕刻等。农业以水稻、花木、蔬菜、油茶种植为主,养殖生猪、黑山羊、牛、鱼、蜜蜂等。有花木基地。服务业以休闲旅游为主。沿宝、园永公路过境。

永宝村［Yǒngbǎocūn］　永和镇人民政府驻地。在县政府驻地关口街道西南34千米。人口2200。为永和镇到七宝山乡必经之地,故名。聚落呈团块状。有中小学、幼儿园、卫生院。有红一方面军成立旧址李家大屋、唐亮将军生平事迹陈列室。农业以种植花卉苗木、水稻为主。有中国红檵木之乡产业基地、农业产业示范园。沿宝公路经此。

大瑶镇［Dàyáo Zhèn］　浏阳市辖镇。在市境南部。面积74平方千米。人口6.4万。辖4居委会、6村委会,有33自然村。镇人民政府驻南川社区。1956年设大瑶乡。1994年改镇。明清时盛产陶器,得名大窑铺。清雍正年间(1723—1735)雅称"大瑶"。有中学2所,小学16所,幼儿园35所,卫生院1个。有敬老院、文化站、广播站等。有花炮文化博物馆、花炮始祖李畋墓、老桂乡村文化风景区、三元村明清古墓群。经济以花炮产业为主。农业主要种植水稻、蔬菜。特产竹酒。工业有印刷包装、造纸、机械制造。服务业以休闲旅游为主。长浏高速,319、106国道,县道大杨、瑶青线过境。

南川社区［Nánchuān Shèqū］　大瑶镇人民政府驻地。在市境南部。面积3平方千米。人口9700。因南川河得名。2003年成立。民居以低层住宅楼为主。有城乡基层生活、公益慈善、治保维稳等社会组织。有中小学、幼儿园、卫生院。有国税局、国土所、工商所。有银行、商业街、步行街、购物广场、建材市场、商贸城等。319、106国道经此。

金刚镇［Jīngāng Zhèn］　浏阳市辖镇。在市境南部。面积80平方千米。人口6.2万。辖3居委会、7村委会,有34自然村。镇人民政府驻李畋社区。1952年设金刚乡。1961年改公社。1983年复乡。1993年置镇。有唐代古刹石霜寺,内有金刚神像,故名。有中学1所,小学13所,幼儿园20所,卫生院1个。有敬老院、文化站、广播站等。有景点连理枝、娥王宫、圣帝庙、何家屋场、桃树湾清代古民居、六栋堂、太子湖等。经济以工业为主。农业主要种植水稻、无公害蔬菜。工业以鞭炮生产、制鞋为主,有浏阳制鞋工业园。为省鞭炮发祥地。服务业以度假休闲、旅游观光为主。长浏高速、106国道过境。

李畋社区［Lǐtián Shèqū］　金刚镇人民政府驻地。在市境南部。面积8平方千米。人口6700。因花炮祖师李畋得名。2004年成立。民居以低层住宅楼为主。社区开展志愿者活动。有中小学、幼儿园、卫生院。经济以花炮生产,养殖生猪、淡水鱼为主。106国道经此。

文家市镇［Wénjiāshì Zhèn］　浏阳市辖镇。在市境东南部。面积156平方千米。人口5.3万。辖1居委会、11村委会,有28自然村。镇人民政府驻文家市社区。1923年设文家市乡。1949年属南区。1954年改文家市区。1969年成立公社。1983年改镇。1995年岩前乡并入。传明以前文姓聚居,最先立肆,得名文家市。有中学3所,小学12所,幼儿园16所,卫生院1个。有敬老院、文化站、广播站等。有全国重点文物保护单位秋收起义文家市会师旧址,省级文物保护单位杨勇故居、毛泽东青年时代活动旧址陈家老屋。有传统艺术采茶戏。为省级历史文化名镇。经济以造纸、花炮、煤矿业等为主。农业种植水稻、红薯、蔬菜,养殖生猪、耕牛、黑山羊。有传统活动湘赣边贸"牛马会"。服务业以观光旅游为主。大文、荷文公路过境。

文家市社区［Wénjiāshì Shèqū］　文家市镇人民政府驻地。在市境东南部。面积9平方千米。人口7600。处文家市集镇中心地带,故名。2001年成立。民居以低层住宅楼为主。开展学雷锋、志愿者服务、帮扶残疾人等活动,创建公益服务平台,帮助弱势群体。有中小学、幼儿园、卫生院。有秋收起义文家市会师纪念园、杨勇故居、"文家市大捷"遗址等。经济以蔬菜种植、花炮生产、食品加工、商贸为主。浏文公路经此。

太平桥镇［Tàipíngqiáo Zhèn］　浏阳市辖镇。在市境中部。面积100平方千米。人口2万。辖2居委会、4村委会,有21自然村。镇人民政府驻太平桥社区。1958年成立全球一公社,1961年更名太平公社。1983年改太平桥乡。1995年改镇。因太平桥得名。清邓家占出资修石桥,因渴望太平得名。有中学1所,小学2所,幼儿园2所,卫生院1个。有敬老院、文化站、广播站等。经济以花炮生产为主。农业种植蔬菜、小水果、苗木、油菜,养殖生猪。服务业以商贸物流为主。长浏高速、浏跃公路过境。

太平桥社区［Tàipíngqiáo Shèqū］　太平桥镇人民政府驻地。在市境中部。面积11平方千米。人口4400。因镇得名。2001年成立。民居以低层住宅楼为主。有社区服务中心,组织义诊、体育比赛等活动。有中小学、幼儿园、卫生院。有仙人、麻衣古庙。种植水稻、蔬菜。工业有豆豉加工、花炮生产。通公交车。

枨冲镇［Chéngchōng Zhèn］　浏阳市辖镇。在市境西南部。面积186平方千米。人口4.4万。辖2居委会、9村委会,有38自然村。镇人民政府驻枨冲社区。1956年设枨冲乡。1961年改公社。1983年复乡。1992年改镇。1995年青草乡并入。传东汉建安十四年(209)周瑜巡视长沙郡,至此见遍野橙树,林道迤延如山冲,遂题名"橙冲",枨、橙谐音且易写,改枨冲。浏阳河流经。有中学2所,小学7所,幼儿园10所,卫生院2个。有敬老院、文化站、广播站等。为千年古镇。有张武墓、易雄将军墓等。有民间艺术长沙花鼓戏、西乡锣鼓戏、皮影戏、舞龙、舞狮、茶灯、秧歌等。经济以工业为主。农业种植水稻、蔬菜、花木,养殖生猪、黑山羊,有花卉苗木、南竹、油菜、养殖等基地,特产红檵木、豆豉等。工业以烟花产业为主,有食品加工、建材等。服务业以文化旅游为主,有仓储物流业。浏青公路过境。

枨冲社区［Chéngchōng Shèqū］　枨冲镇人民政府驻地。在市境西南部。面积21平方千米。人口6900。因镇得名。2004年成立。民居以低层住宅楼为主。建立社区服务中心,组织文艺演出、体育比赛等活动。通过职业培训、工作介绍、创业培训等方式帮助下岗职工和失业人员再就业。有中小学、卫生院、卫生室。有将军洞、易雄将军墓、刘人熙墓、枨冲大码头、陶泗王爷庙等。有花炮、化工、种养产业。县道澄大、雨浏线经此。

镇头镇［Zhèntóu Zhèn］　浏阳市辖镇。在市境西南部。面积159平方千米。人口5.7万。辖2居委会、11村委会,有38自然村。镇人民政府驻田坪社区。1956年设镇头乡。1958年改公社。1983年复乡。1995年镇头、跃龙、北星3乡合并置镇头镇。传清代郑姓屠夫横行乡里,人称"郑屠",后被县衙惩治,遂谐音称"镇头"。有婆仙岭、雷公岭、浏阳山。有中学3所,小学12所,幼儿园12所,卫生院1个。有敬老院、文化站、广播站等。有钟佛古寺、陈昌故居等。经济以工业为主。农业以花木、蔬菜、水果种植及特色养殖为主。工业以纺织、花炮、食品加工、造船、建筑、印刷为主,有环保科技示范园。有多家大型超市、宾馆、酒家。浏醴高速,省道跃石、长浏线过境。

田坪社区［Tiánpíng Shèqū］　镇头镇人民政府驻地。在市境西南部。面积8平方千米。人口4000。因平且方正,多农田得名。2004年成立。民居以低层住宅楼为主。本着"民思我想、民困我帮、民求我应,群众利益无小事"的原则,做好"充分就业社区"工作,开辟社区爱心屋,为困难居民提供优质服务,开展群众性自娱自乐和各种竞赛活动。有中小学、二级医院、幼儿园、敬老院。有纺织、玩具制造、采石等企业。通公交车。

普迹镇［Pǔjì Zhèn］　浏阳市辖镇。在市境西南部。面积177平方千米。人口4.2万。辖3居委会、9村委会,有36自然村。镇人民政府驻新府社区。1912年设普安镇。1933年改普迹镇。1950年设乡。1958年改公社。1983年复乡。1992年置镇。1995年金江乡并入。原有万寿宫,内祀"灵感普济之神"许逊,故名普济市,后谐音演为普迹。浏阳河流经。有中学1所,小学9所,幼儿园10所,卫生院1个。有敬老院、文化站、广播站等。有何家湾、夹洲岛、将军庙、浏阳西区烈士纪念碑等。经济以种植水稻、红薯、麦子、豆类、荞麦、甘蔗、棉花、茶叶、桑叶、食用菌、蔬菜、水果,养殖生猪、牛、羊、家禽为主,为长沙市二线蔬菜基地。有以"八月会"为主的商品交易市场。沪昆、浏醴高速过境。

新府社区［Xīnfǔ Shèqū］　普迹镇人民政府驻地。在市境西南部。面积9平方千米。人口4000。紧靠镇政府,故名。2004年成立。民居以低层住宅楼为主。社区优化和完善公共厕所基础性设施,加强对残障人士的无障碍服务,设置和完善公共服务的导向标识、图文和指示标牌等。有小学、卫生室。有银行、派出所、自来水公司。经济以种养、运输、工商为主。有花炮、鞭炮、制鞋等产业。浏株公路经此。

永安镇［Yǒng'ān Zhèn］　浏阳市辖镇。在市境西部。面积112平方千米。人口6.5万。辖4居委会、9村委会,有41自然村。镇人民政府驻心源社区。1912年设永安乡。1958年永安、丰裕、洞阳3乡合为永跃公社,后更名永安公社。1969年分设永安、丰裕2公社。1983年均改乡。1985年永安乡改镇。1995年丰裕乡并入。捞刀河原名潦浒河,南岸集镇谓潦浒市。清康熙三十三年(1694)知县王珽以谐音

"老虎"不吉利为由改称"永安市",故名。有中学4所,小学10所,幼儿园21所。有敬老院、文化站、广播站等。经济以工业为主。农业种植水稻、油菜,为长沙市优质稻、油菜基地之一。工业以制造业为主,有浏阳制造产业基地。服务业以观光旅游为主。长浏高速、319国道、省道长浏线过境。

心源社区［Xīnyuán Shèqū］ 永安镇人民政府驻地。在市境西部。面积4平方千米。人口6500。为纪念潘心源烈士得名。2003年成立。民居以低层住宅楼为主。社区服务中心实行"开放式办公、一条龙服务、一站式办结"的管理体制,开展"保平安促和谐"走访百家居民家庭活动,进行法治宣传教育,办好社区读报栏。有中小学、幼儿园、卫生室。经济以商贸、餐饮为主。319国道经此。

北盛镇［Běishèng Zhèn］ 浏阳市辖镇。在市境西北部。面积78平方千米。人口5.5万。辖2居委会、13村委会,有41自然村。镇人民政府驻北盛仓社区。1912年设北盛乡。1924年改镇。1950年复乡。1958年并入卫星公社。1983年复乡。1992年复镇。1995年乌龙乡并入。因明中叶北盛粮仓得名。有中学3所,小学9所,幼儿园16所。有敬老院、文化站、广播站等。有省级文物保护单位、省级爱国主义教育基地王震故居。有浏北烈士陵园、亚洲湖农村改革车展示馆。经济以农业为主,种植小麦、玉米、水稻、花生等,林果业发达。工业以纺织、水泥预制为主。有回乡创业园。服务业以旅游为主,兼有建筑器材租赁产业。浏醴高速、319国道、永社公路过境。

北盛仓社区［Běishèngcāng Shèqū］ 北盛镇人民政府驻地。在市境西北部。面积8平方千米。人口8500。因镇得名。2004年成立。民居以低层住宅楼为主。建立健全民生工作组织网络,建立"服务民生工作站"、首问负责制、两次办结制、服务代理制、服务承诺制,提高社区居民的生活质量和文明程度。有高中、初中、小学、二级医院、卫生室。有北盛灵官庙、兴盛山关圣殿等。经济以种植水稻、苗木为主,兼营钢架管出租。永社公路经此。

龙伏镇［Lóngfú Zhèn］ 浏阳市辖镇。在市境北部。面积133平方千米。人口4.7万。辖2居委会、10村委会,有34自然村。镇人民政府驻龙伏社区。1961年社港公社析设龙伏公社。1983年改乡。1995年泮春乡并入。1997年置镇。南部山岳酷似龙形,集镇处龙骨上,故名"龙骨市",后称龙伏市。有石柱峰、石牛寨。有中学2所,小学9所,幼儿园12所,卫生院1个。有千年古寺樱桃观、晚清江南民居沈家大屋、辛亥革命烈士焦达峰故居、柏崖革命烈士纪念塔。经济以农业为主。农业以种植业为主,产甜糯玉米、有机蔬菜、水果、花木、美国红提等。工业以食品加工为主,兼有楼梯扶手、节能水箱灶等制造业。服务业以休闲旅游、文化娱乐为主。浏醴高速、106国道、永社公路过境。

龙伏社区［Lóngfú Shèqū］ 龙伏镇人民政府驻地。在市境西北部。面积7平方千米。人口3900。因镇得名。2004年成立。民居以低层住宅楼为主。开展"爱心救助,温暖您心"帮贫助困活动,协助驻街学校开展适合青少年健康成长的载体活动。有成人中专、小学、市妇幼保健分院、卫生院、卫生室。有农贸市场。浏醴高速、106国道经此。

新开村［Xīnkāicūn］ 在市政府驻地关口街道西北30千米。龙伏镇辖自然村。人口5300。为新开发集市,故名。聚落呈团块状。为省级历史文化名村。有晚清江南民居沈家大屋、培文塔遗址。种植水稻、水果、油茶、蔬菜。106国道、永社公路经此。

澄潭江镇［Chéngtánjiāng Zhèn］ 浏阳市辖镇。在市境南部。面积159平方千米。人口6.5万。辖2居委会、12村委会,有47自然村。镇人民政府驻集镇社区。1961年成立澄潭江公社。1983年改乡。1995年山下、大圣2乡并入。1998年置镇。南川河因潭多曾名冗潭江,清末演为澄潭江,镇以此名。有煤资源。有中学3所,小学19所,幼儿园21所,卫生院1个。有敬老院。有南峰寺、八仙庵、吴楚关隘渠城界等。经济以烟花爆竹生产为主。农业种植水稻、蔬菜、油茶。服务业以商贸为主。大文公路过境。

集镇社区［Jízhèn Shèqū］ 澄潭江镇人民政府驻地。在市境南部。面积7平方千米。人口7900。商铺林立,人口集中,故名。2004年成立。民居以低层住宅楼为主。组建文体协会,成立腰鼓队、大鼓队、篮球队,建成南川新城广场和村体育文化广场、毛坪文化广场及新河屋场,丰富村民的休闲文化生活。有小学、幼儿园、卫生室、诊所。有龙王庙、福主庙。经济有花炮生产、煤炭开发、商贸、种养殖等。省道铁大线经此。

中和镇［Zhōnghé Zhèn］ 浏阳市辖镇。在市境东南部。面积152平方千米。人口2.3万。辖2居委会、7村委会,有24自然村。镇人民政府驻苍坊社区。1961年成立中和公社。1983年改乡。1995年山枣乡并入。2004年置镇。因中和桥得名。清光绪十年(1884)杨贵攀、杜理章等人捐建中和桥,取儒家中庸之道,象征和衷共济,万物欣荣。小江河、文源江流经。有中学1所,小学9所,幼儿园9所,卫生院1个。有全国重点文物保护单位、国家4A级红色旅游景区胡耀邦故居。经济以烟花爆竹、建材为主。农业种植水稻。服务业以观光旅游为主。荷文公路过境。

苍坊社区［Cāngfāng Shèqū］ 中和镇人民政府驻地。在市境中部偏南。面积16平方千米。人口3100。因原仓坊村得名。清代因有数户张姓人家均较富裕,称张家坊,1938年改苍霞坊,后简称苍坊。2004年成立。民居以低层住宅楼为主。组建志愿者队伍,关爱弱势群体。有中小学、卫生院。有麻衣庙、胡耀邦故居。荷文公路经此。

柏加镇［Bǎijiā Zhèn］ 浏阳市辖镇。在市境西部。面积50平方千米。人口2.4万。辖1居委会、4村委会,有10自然村。镇人民政府驻柏铃社区。1956年为柏加乡。1961年成立公社。1983年复乡。2000年置镇。因原柏加村得名。元代因战乱只余8户村民,后发展为100家,名百家庄。后因街东花园里柏树繁多,演为柏加。浏阳河经此。有中学1所,小学3所,幼儿园5所,卫生院1个。经济以工业为主。农业以花木种植为主。工业以鞭炮烟花生产、纺织、化工为主。服务业以观光旅游为主。沪昆高铁、长株高速过境。

柏铃社区［Bǎilíng Shèqū］ 柏加镇人民政府驻地。在市境西部。面积12平方千米。人口7000。因柏加、铃泗2村得名。2004年成立。民居以低层住宅楼为主。有老年活动室、便民服务站等。有小学、卫生院、超市等。经济以花卉苗木为主。通公交车。

洞阳镇［Dòngyáng Zhèn］ 浏阳市辖镇。在市境西部。面积107平方千米。人口3.9万。辖6居委会、5村委会,有25自然村。镇人民政府驻南园社区。1950年为洞阳乡。1961年分设洞阳、砰山2公社。1983年洞阳公社复乡。1995年砰山乡合入。2001年改镇。因杨侑诗"依洞沐阳煦龙体,峦峰彼伏胜仙境"得名。有石灰石。有中学3所,小学7所,幼儿园16所,卫生院2个。农业以种植水稻、油菜,养殖生猪为主。工业以医药、制塑、建材、花炮生产为主,有浏阳生物医药园。服务业以休闲旅游为主。长浏、浏醴、大浏高速,319国道过境。

南园社区［Nányuán Shèqū］ 洞阳镇人民政府驻地。在市境西部。面积11平方千米。人口4700。因位于工业园南得名。2004年成立。民居以低层住宅楼为主。有老年活动室、便民服务站。有小学、卫生院。长浏、浏醴、大浏高速,319国道经此。

大围山镇［Dàwéishān Zhèn］ 浏阳市辖镇。在市境东北部。面积402平方千米。人口2.8万。辖2居委会、15村委会,有48自然村。镇人民政府驻东兴社区。1958年成立大围山公社。1961年分设东门、大围山、白沙3公社。1983年分别改乡。1994年东门乡改镇。1995年东门镇、中岳乡并入大围山乡置镇。2006年白沙乡并入。因大围山国家森林公园得名。清《一统志》载:"岗峦围绕,盘踞四县,因名大围。"浏阳河经此。有中学1所,小学2所,幼儿园3所,卫生院1个。有敬老院、邮电所。有商周文化遗址1个,龙山文化遗址3个。有全国重点文物保护单位湖南省苏维埃政府旧址(锦绶堂),省级文物保护单位中共湘鄂赣省第一次党大会旧址楚东山大屋。经济以造纸、竹木制品加工为主。农业种植水稻、油菜。有观光旅游业。浏东公路过境。

东兴社区［Dōngxīng Shèqū］ 大围山镇人民政府驻地。在市境东北部。面积2平方千米。人口2000。因有1400余年历史的东门集镇得名。1984年成立。民居以低层住宅楼为主。设立村民代表联系服务群众,进行民情走访到户,政策落实到户,产业对接到户,精准服务到户。开展道德模范、身边好人等评选活动,建设"道德评议会""道德红黑榜"等德治平台,建立健全乡村调解机制,依法实行民主选举、民主协商、民主决策、民主管理、民主监督,保障村民的知情权、决策权、参与权、监督权。有小学、卫生院、卫生室。有围山书院。经济以百货销售、餐饮为主。通公交车。

楚东村［Chǔdōngcūn］ 在市政府驻地关口街道东北49千米。大围山镇辖自然村。人口1600。清初广东移民到此,将定居地山峰命名为楚东山,后移作村名,简称楚东。聚落呈条状。为中国传统村落。村内古建筑、传统民居保存完整。有全国重点文物保护单位湖南省苏维埃政府旧址(锦绶堂),省级文物保护单位中共湘鄂赣省第一次党大会旧址楚东山大屋。有明代跳石桥等。经济以农业为主,种植水果、茶,养殖生猪、鸡、蜂等。有桃林生态观光园。浏东公路经此。

沙市镇［Shāshì Zhèn］ 浏阳市辖镇。在市境西北部。面积210平方千米。人口6.7万。辖4居委会、15村委会,有52自然村。镇人民政府驻沙市社区。1954年设沙市区。1956年分设沙市、秀山2乡。1958年合并为跃进公社。1959年析置沙市公社。1983年改乡。1993年置镇。1995年秀山乡并入。2006年赤马镇并入。因沙市街得名。传沙市街为宋代杨家府第一条街,因地质为沙石,取名沙石街,后因谐音演为沙市街。捞刀河流经。有中学4所,小学14所,幼儿园15所,卫生院1个。有敬老院、商场等。有赤马湖、文光书院等。经济以现代木业为主,兼有食品加工、烟花鞭炮生产、服装产业等。农业以种植水稻、油茶、蔬菜,养殖生猪、黑山羊为主。服务业以购物、文娱、美食休闲为主。岳汝高速、永社公路过境。

沙市社区［Shāshì Shèqū］ 沙市镇人民政府驻地。在市境西北部。面积12平方千米。人口9800。因镇得名。2000年成立。民居以低层住宅楼为主。通过志愿者等不定期地为居民提供便民利民、医疗保健、法律咨询、扶贫帮困、卫生保洁、文明行为养成、植树绿化等服务。有中小学、卫生所。有税务分局、派出所、工商所等。有农家乐、食品加工、拉丝、油料作坊等产业。岳汝高速、永社公路经此。

淳口镇 [Chúnkǒu Zhèn]　浏阳市辖镇。在市境北部。面积234平方千米。人口6.6万。辖3居委会、16村委会，有57自然村。镇人民政府驻鹤源社区。1956年设淳口乡。1958年与洞庭乡合设英雄公社。1959年更名淳口公社。1983年改乡。1994年置镇。1995年路口乡并入。2006年山田乡并入。淳口江、狮岩河流经，两岸为冲积平原，称淳口土段，故名。有中学4所，小学18所，幼儿园20所，卫生院2个。经济以现代农业为主，主要种植茶。工业以花炮生产、化工、制造为主。服务业以旅游观光为主。106国道过境。

鹤源社区 [Hèyuán Shèqū]　淳口镇人民政府驻地。在市境北部。面积12平方千米。人口7600。以地方品牌为名。2005年成立。民居以低层住宅楼为主。组织志愿队深入集镇主干道、沿街商户、公交车站、超市等人口流动性大的经营场所，开展疫情防控、常态化扫黑除恶、食品安全、消防安全、交通安全、《民法典》等普法宣传活动。充分利用村民微信群、屋场会等宣传阵地，进行法治宣传教育。把"亮化工程"作为实施乡村振兴战略和践行"我为群众办实事"的重要举措。有中小学、卫生室。有南康水库。通公交车。

高坪镇 [Gāopíng Zhèn]　浏阳市辖镇。在市境东部。面积257平方千米。人口3.8万。辖1居委会、16村委会，有46自然村。镇人民政府驻高坪社区。1950年设高坪乡。1958年并入先锋公社。1959年析设高坪公社。1983年高坪、石湾、杨潭、船仓4公社改乡。1995年合设高坪乡。2005年改镇。因原高坪村得名。地势高而平坦，故名。浏阳河支流小溪河、大溪河流经。有浏阳湖。有中学1所，小学9所，幼儿园7所，卫生院2个。有景点古风洞等。经济以工业为主。农业种植水稻、蔬菜、油茶，养殖生猪、黑山羊。工业以鞭炮烟花生产为主，兼有采石、传统夏布制作和食品加工等。有休闲旅游业。通公交车。

高坪社区 [Gāopíng Shèqū]　高坪镇人民政府驻地。在市境东部。面积8平方千米。人口4700。因镇得名。2006年成立。民居以低层住宅楼为主。组织新时代文明实践活动、志愿者服务。有中小学、幼儿园、卫生院、卫生室。有派出所。有银行、邮电所等。经济以汽修、商贸等为主。有农贸市场。通公交车。

三口镇 [Sānkǒu Zhèn]　浏阳市辖镇。在市境东北部。面积56平方千米。人口2.3万。辖1居委会、6村委会，有13自然村。镇人民政府驻东盈村。1956年盘山、白鹭等6乡合设三口乡。1958年改古港公社。1961年改三口公社。1983年复乡。2009年改镇。宝盖、小湘、严坑3河汇于花城口，故名。有中学1所，小学1所，幼儿园3所。经济以花炮生产、食品加工为主。农业有优质稻、无公害蔬菜种植。有旅游观光业。大浏高速过境。

东盈村 [Dōngyíngcūn]　三口镇人民政府驻地。在市政府驻地关口街道西南31千米。人口4000。因东盈仓得名。聚落呈团块状。有中小学、幼儿园、二级医院。经济以农业为主，产洋菇、大蒜、山药、桃子等。工业以鞭炮烟花生产、食品加工为主。通公交车。

官桥镇 [Guānqiáo Zhèn]　浏阳市辖镇。在市境西南部。面积88平方千米。人口2.7万。辖1居委会、9村委会，有23自然村。镇人民政府驻九龙村。1956年德慎、花园等6乡合设官桥乡。1961年成立公社。1983年复乡。2009年改镇。镇以桥名，传有税吏捐资修石板桥。有九龙山。涧江水流经。有中学1所，小学5所，幼儿园7所，卫生院1个。经济以种植水稻、药材、花卉苗木、无公害蔬菜为主。有百草园药材种植基地。工业以鞭炮烟花生产为主，兼有合金加工、船只制造等。服务业以观光旅游为主。沪昆、浏醴高速过境。

九龙村 [Jiǔlóngcūn]　官桥镇人民政府驻地。在市政府驻地关口街道西南57千米。人口3700。因九龙庙得名。聚落呈团块状。有中小学、幼儿园、卫生院。种植通菜、茴香、桑葚、桃等。杭长客运专线、官桥—杨眉公路经此。

小河乡 [Xiǎohé Xiāng]　浏阳市辖乡。在市境东南部。面积112平方千米。人口1.5万。辖1居委会、6村委会，有22自然村。乡人民政府驻田心社区。1958年成立小河公社。1983年改乡。1996年凤溪乡并入。因小溪河得名。有中学1所，小学6所，幼儿园8所，卫生院1个。有苏维埃赤色学校、红一方面军总医院、中共浏阳县第六代表大会等旧址。经济以农业为主，种植水稻、蔬菜、油茶，养殖生猪、黑山羊、黑旱鸭、黑兔。工业以鞭炮烟花生产为主，竹木加工为辅。服务业以休闲旅游为主。浏东公路过境。

田心社区 [Tiánxīn Shèqū]　小河乡人民政府驻地。在市境东南部。面积13平方千米。人口3000。因田心街得名，高岭下有田垅，垅中心有小街，名田心街。2001年成立。民居以低层住宅楼为主。社区志愿者定期开展打扫社区卫生、宣传政策法规安全知识等服务活动，定期开展大型便民利民服务活动，开展"学习雷锋志愿服务回报社会"活动，为居民提供心理咨询、修伞、修鞋、修自行车、理发等各种便民服务，同时对社区孤、老、残、弱者进行慰问。有小学、幼儿园、卫生院、卫生室。有花炮生产、竹木加工、预制板制作等企业。有林场、专业合作社。浏东公路经此。

七宝山乡 [Qībǎoshān Xiāng]　浏阳市辖乡。在市境东部。面积172平方千米。人口1.6万。辖8村委会，有23自然村。乡人民政府驻铁山村。1958年成立横山公社。1984年改七宝山乡。1995年升平乡并入。明嘉靖《浏阳县志》载，因域山盛产铅、铁、硼砂、青矾、胆矾、土黄、碱石等7宝，故名。有矿产资源金、银、铜、铅、锌等。有中学1所，小学1所，卫生院1个。经济以农业为主，主要种植红豆杉。工业有花炮生产、矿产开发。有休闲旅游业。通公交车。

铁山村 [Tiěshāncūn]　七宝山乡人民政府驻地。在市政府驻地关口街道东北40千米。人口2900。明初开矿炼铁，废渣堆积如山，时人习称废渣为"铁屎"，得名铁屎山，渐为村名。聚落呈团块状。有中小学、幼儿园、卫生院。农业以种植葱、红薯、水稻、甜椒等为主。有矿产开发。通公交车。

溪江乡 [Xījiāng Xiāng]　浏阳市辖乡。在市境中部。面积91平方千米。人口2.3万。辖9村委会，有14自然村。乡人民政府驻溪江村。1912年称古港镇。1950年改浆田乡。1961年成立溪江公社。1983年改乡。因乡政府驻地得名。有水牛山。有道源、团山、川塘水库。有中学1所，小学1所，幼儿园4所，卫生院1个。有敬老院、文化站、广播站等。农业以种植水稻、水果、蔬菜，养殖生猪为主。有生态农业。工业以花炮生产为主。服务业以休闲旅游为主。大浏高速、省道铁浏线、浏东公路过境。

溪江村 [Xījiāngcūn]　溪江乡人民政府驻地。在市政府驻地关口街道南13千米。人口4000。因溪江得名。聚落呈条状。有小学、卫生院。有溪江八景"溪桥夜雨"等。农业以种植水稻、水果、蔬菜，养殖生猪为主。工业以花炮生产为主。大浏高速经此。

杨花乡 [Yánghuā Xiāng]　浏阳市辖乡。在市境南部。面积76平方千米。人口2.6万。辖9村委会，有14自然村。乡人民政府驻华园村。1957年设杨花乡。1958年并入大瑶红旗公社。1961年析设杨花公社。1983年改乡。杨姓最先居此，世称杨家湾，后演为杨花。有中学1所，小学1所，幼儿园3所，卫生院1个。有敬老院、文化站、广播站等。经济以烟花鞭炮产业为主，为浏阳红炮生产基地、浏阳响炮筒子加工基地。农业以种植水果、药材，养殖生猪、黑山羊为主。有休闲旅游业。杨大公路过境。

华园村 [Huáyuáncūn]　杨花乡人民政府驻地。在市政府驻地关口街道南26千米。人口4700。清咸丰年间(1851—1861)设里，内有华园埠，故名。聚落呈团块状。有初中、小学、卫生院。以鞭炮烟花生产、加工为主。通公交车。

葛家乡 [Gějiā Xiāng]　浏阳市辖乡。在市境西部。面积107平方千米。人口2.1万。辖8村委会，有20自然村。乡人民政府驻马家湾村。1961年成立葛家公社。1968年并入枨冲公社。1969年复葛家公社。1983年改乡。传清道光年间(1821—1850)江西葛氏兄弟来此安家，称葛家园，故名。有中学1所，小学6所，幼儿园3所，卫生院1个。有敬老院、文化站、广播站、养老中心、文化广场等。农业以种植水稻、蔬菜等为主。工业以烟花鞭炮产业为主，兼有水泵制造、车厢车辆架加工、食品加工、竹木加工等。服务业以乡村休闲旅游为主。有农副产品交易市场。省道长浏线过境。

马家湾村 [Mǎjiāwāncūn]　葛家乡人民政府驻地。在市政府驻地关口街道西南24千米。人口3300。因姓氏得名。聚落呈条状。有小学、卫生室。经济以花炮生产、种植富硒米优质水稻、鸡肠子辣椒、三红蜜柚、脐橙、黄金梨、油茶为主，以商贸、旅游等为辅。浏阳—长沙、浏阳—株洲公路经此。

蕉溪乡 [Jiāoxī Xiāng]　浏阳市辖乡。在市境中部。面积87平方千米。人口2.8万。辖6村委会，有20自然村。乡人民政府驻高升村。1956年设蕉溪乡。1958年并入卫星公社。1969年析置蕉溪公社。1983年改乡。因蕉溪岭得名。有中学1所，小学6所，幼儿园8所，卫生院1个。有敬老院、文化站、广播站等。有景点蕉溪岭、云峰台、万丰湖等。经济以农业为主，种植水稻、蔬菜，养殖生猪、黑山羊。工业以鞭炮烟花生产为主，食品、木材、钢材加工为辅。服务业以旅游观光、生态休闲为主。长浏、大浏高速，319、106国道过境。

高升村 [Gāoshēngcūn]　蕉溪乡人民政府驻地。在市政府驻地关口街道西19千米。人口6400。据载元末明初有桥名高丰桥，后传为高升桥。村以桥名。聚落呈团块状。有万丰湖。有小学、卫生室、农村文艺培训学校。种植角瓜、青苹果等。杭长高速、浏永公路经此。

长沙县

长沙县 [Chángshā Xiàn]　长沙市辖县。北纬28°18′，东经113°。在市境东部。面积1997平方千米。人口83.2万。以汉族为主，还有土家、苗、侗等民族。辖7街道、17镇。县人民政府驻星沙街道。秦置长沙郡附廓县。汉改名临湘县。王莽新改抚睦县。隋开皇九年(589)改长沙县,属潭州。旋废浏阳、醴陵,省入长沙。唐武德元年(618)复浏阳、醴陵2县。五代属潭洲、长沙府。后汉乾祐三年(950)析置龙喜县(后改常丰县)。宋属潭洲。开宝六年(973)废常丰县入长沙县。宋太平兴国六年(981)析置宁乡县。元符元年(1098)析置善化县。明洪武十年(1377)省善化入,十三年(1380)复置。元明清先后属潭洲路、天临路、潭州府、长沙府。1912年善化县入,属湘江道。1922年属湖南省。1933年析置长沙市。1938年属第一行政督察区。1949年县政府迁榔梨市。1950年迁治长沙市北门外潘家坪,属长沙专区。1951年析置望城县。1952年属湘潭专区。1959年望城省入,属长沙市。1959年析置龙头铺公社。1962年部分地域析出。1977年析置望城县及大托乡。1996年治迁星沙镇(后为星沙街道),同年捞刀河镇、沙坪乡析出。长沙又名星沙,历有"星象""地理"等说,因"沙土之地"得名。长永高速以北为政治文化中心区,以南为长沙经济技术开发区,东部为临空经济区。处湘中丘陵盆地东北部,地势由东北向西南倾斜。海拔26.7—658米。年均气温17.2℃,1月平均气温4.6℃,7月平均气温29.7℃。年均降水量1389.8毫米。有乌川、龙头尖、玉皇殿、影珠山、明月山、飘峰山。浏阳河、捞刀河流经。有矿产资源矽砂、石灰石、花岗石、云母、石英、长石、钨、铜等。有野生植物200余种,其中国家重点保护野生植物有银杏、杜仲、福建柏。有野生动物68种,其中国家重点保护野生动物有穿山甲、果子狸、猴面鹰、白鹇、虎皮蛙。有省级森林公园3个。森林覆盖率49.2%。有高校17所,中学40所,小学172所,三级医院2个,二级医院7个,文化馆1个,图书馆1个,档案馆1个,文化团体1个,剧院2个,电影院4个。有全国重点文物保护单位黄兴故居、徐特立故居,省级文物保护单位12个。有省级爱国主义教育基地杨开慧故居和纪念馆。有省级非物质文化遗产长沙陶公庙会、长沙县山歌、长沙金井绿茶制作技艺等。有古迹月亮山史前文化遗址、榔梨陶公庙、河图观、飘峰塔、寿堂桥、郭桥、翰林桥、五福桥等。有松雅湖国家湿地公园。有国家3A级旅游景区6个。三次产业比例7∶71∶22。农业以水稻种植为主,兼种蔬菜、茶,渔业、生猪养殖发达。特产茶叶、苗木花卉等。工业以工程机械、汽车零部件制造、电子信息为主,形成建筑建材、机械加工、机械制造、电子电器、药品食品、印刷化工六大产业。有传统名产沙坪湘绣、捞刀河刀剪。有国家级长沙经济技术开发区。服务业以现代商贸为主。武广、沪昆高铁,京港澳、平汝、长永高速,107国道,省道临长、长浏、浏安、浏益线,长沙地铁2号线过境。有黄花国际机场。有浏阳河、捞刀河水运航道。

星沙中心广场 [Xīngshā Zhōngxīn Guǎngchǎng] 在县城中部。占地面积11万平方米。2003年开工,2004年建成。因处星沙城区中心得名。分上、下两层,下层为商业中心,上层为公开活动广场。有大型音乐喷泉、电子屏幕、黄兴铜像等。绿地面积7万平方米。为集商业、健身娱乐、市民活动、政府集会于一体的综合性广场。四周有楚天家园、晶华美地、兴隆国际、开源鑫贸大楼等。通多路公交车。

星沙大道 [Xīngshā Dàdào] 在县城中部。南起盼盼路,北至滨湖路。与漓湘西路、三一路、开元路、望仙路、特立路相交。长6千米,宽60米。沥青路面。1997年开工,1999年建成。为星沙示范路,故名。两侧有大型超市、星沙商业乐园、商业步行街、华润凤凰城小区、长沙师范学院、星沙中学、县电信局、县电力局、市第八医院等。通多路公交车。

黄兴大道 [Huángxīng Dàdào] 在县城东部。南起梨江大道,北至滨湖路。与特立东路、望仙东路、开元东路、长永高速、漓湘东路等相交。长11千米,宽60米。沥青路面。2002年开工,2006年建成。因黄兴得名。两侧有远大空调、波隆集团、长沙经开区、工业园等。通多路公交车。

开元路 [Kāiyuán Lù] 在县城中部。东起长界路,西至锦绣路。与京珠高速、板仓路、天华路、星沙大道、黄兴大道相交。长9.5千米,宽60米。沥青路面。1999年开工,2001年建成。道路建于星沙开发区建立之初,故名。两侧有县委、县政府、县公安局、电信局、邮政局、筑梦园小区、商城、写字楼、商业广场等。通多路公交车。

星沙街道 [Xīngshā Jiēdào] 长沙县人民政府驻地。在县境中部偏南。面积25平方千米。人口4.4万。2009年设。以长沙和卫星城并以建"明星"开发区之意取名。先后建成松雅湖湿地公园、星沙公园、特立公园、文体中心、县图书馆等。有湖南大众传媒职业技术学院、长沙师范学院、长沙卫生职业学院、湖南艺术职业学院等。有高中1所,九年一贯制学校1所,初中2所,小学5所,三级医院1个,二级医院2个,卫生院1个,卫生所2个。经济以楼宇、综合体、总部经济为主,现代服务业为主导产业。京珠、长永高速过境。有星沙汽车站。通多路公交车。

泉塘街道 [Quántáng Jiēdào] 属长沙县。在县境中部偏南。面积21平方千米。人口2.1万。2009年设。传晋代陶淡为神,以铁杖插地,泉涌成塘,而名泉塘,沿为街道名。有高校1所,大专2所,中专1所,高中1所,九年一贯制学校1所,初中1所,小学6所,二级医院1个,卫生院1个,卫生所3个。经济以楼宇经济为主,兼有商业。有长沙经济技术开发区主要工业园区。武广高铁,京珠、长永高速过境。通多路公交车。

湘龙街道 [Xiānglóng Jiēdào] 属长沙县。在县境西部。面积23平方千米。人口2.2万。2009年设。"湘"为湖南简称,"龙"为中华图腾之意,故名。先后建设龙塘安置区、水渡河农副产品创储配送中心、城北污水处理厂、星沙联络线。有大专3所,中专1所,小学3所,三级医院1个,卫生院1个,卫生所3个。有星沙生态公园。经济以汽车产业、文创、楼宇经济为主。有湘绣创意产业园。武广铁路,京珠、长永高速过境。通多路公交车。

长龙街道 [Chánglóng Jiēdào] 属长沙县。在县境中部。面积29平方千米。人口1.1万。2012年设。因长界岭貌似长龙得名。有湖南劳动人事职院、长沙县职业技术学院等。有小学2所,卫生院1个,卫生所2个。经济以汽车零部件制造、装备制造、医药为主。有星沙产业基地园区。长沙绕城、长永高速过境。通多路公交车。

榔梨街道 [Lǎnglí Jiēdào] 属长沙县。在县境中部偏南。面积35平方千米。人口3.2万。2012年设。处浏阳河第七道湾岸,传古有榔树、梨树,人称榔梨。渐成集镇,故名。有高中1所,初中1所,小学5所,二级医院1个,卫生院1个,卫生所4个。有陶公庙、"梨江八景"等。经济以工业为主,汽车配件、机械制造为传统产业,食品、医药生物技术和农副产品加工为新兴产业。长株、沪昆高速过境。通多路公交车。

南托街道 [Nántuō Jiēdào] 属长沙县。在县境南部。面积30平方千米。人口1.8万。2013年设。因原有水库,称"坨",位于长沙城南,故名。有九年一贯制学校1所,中学1所,初中1所,小学5所,二级医院1个,卫生院2个,卫生所7个。有大塘新石器遗址。为长、株、潭3市融城核心地带。经济以楼宇经济与现代化工业为主,辅以配套服务业。107国道过境。通多路公交车。

暮云街道 [Mùyún Jiēdào] 属长沙县。在县境南部。面积35平方千米。人口2万。2013年设。清光绪《湘潭县志》载:"自涓口发舟,便已遥见阴云接暖,百里所瞻,或题其阳为朝霞,阴为暮云",由此得名。有长沙理工大学云塘校区、湖南科技职业技术学院。有中学1所,小学7所,卫生院1个,卫生所7个。为长、株、潭3市融城核心区。有长沙生态动物园。农业种植水稻,养殖生猪。工业以汽车配件、食品加工、新材料、建材为主。有乡村休闲旅游业。沪昆铁路过境。通多路公交车。

黄兴镇 [Huángxīng Zhèn] 长沙县辖镇。在县境西南部。面积84平方千米。人口5.4万。辖1居委会、11村委会,有12自然村。镇人民政府驻接驾岭社区。1958年成立高塘公社。1984年改乡。1988年改黄兴镇。1995年仙人市乡并入。原名高塘,后因黄兴故里更今名。浏阳河流经。有初中1所,小学11所,卫生院2个,卫生所14个。有敬老院。有黄兴纪念馆、许光达纪念馆。经济以种植蔬菜、花木、水稻为主。特产东山辣椒。工业以汽车制造、机械加工为主。服务业以商贸物流为主,有市蔬菜批发市场等。沪昆高铁,长沙绕城、长株高速,长沙地铁2号线过境。

接驾岭社区 [Jiējiàlǐng Shèqū] 黄兴镇人民政府驻地。在县境西南部。面积4平方千米。人口6900。为原龙喜县城北高地,传曾迎圣驾,故名。2003年成立。民居以现代风格和多层自建楼房为主。有老年幸福院、农家书屋、老年网络课堂、文明实践站等,有文化广场、文化站、室外健身场等,开展"清洁城乡""助残爱残""划龙舟赛"等特色活动。有中学、卫生院。有建材、餐饮、娱乐服务等企业。通多路公交车。

干杉镇 [Gānshān Zhèn] 长沙县辖镇。在县境东南部。面积74平方千米。人口2.7万。辖2居委会、8村委会,有7自然村。镇人民政府驻干杉社区。1956年设干杉乡。1962年成立公社。1984年改乡。2012年置镇。清光绪《善化县志》载:"一都烧田墩黄龙山古杉一株,遭风吹折,倒插复生,围丈余,高六丈,数百年物,里人砌石围护,呼其地为干杉树云",由此得名。有初中1所,小学5所,卫生院1个,卫生所9个。有敬老院、文化广场、文化公园等。经济以工业为主,有干杉汽配园。农业以现代农业为主,有优质稻、蔬菜、食用菌等示范基地12个。服务业以物流为主,有大型物流园2个。秋江、八清、黄江公路过境。

干杉社区 [Gānshān Shèqū] 干杉镇人民政府驻地。在县境东南部。面积10平方千米。人口3500。因镇得名。2004年成立。民居以现代风格和多层自建楼房为主。有便民服务中心、老年幸福院、农家书屋、志愿服务站等,有廉政文化公园、文化广场、篮球场等,开展"美丽乡村创建""话民生·美生态·我行动"文艺汇演等特色活动。有高职院校、中学、卫生院。通多路公交车。

江背镇 [Jiāngbèi Zhèn] 长沙县辖镇。在县境东南部。面积175平方千米。人口5.9万。辖4居委会、12村委会,有26自然村。镇人民政府位于白石中路。1950年设河田乡。1961年改公社。1984年复乡。1992年改江背镇。1995年五美、梅花2乡并入。地处水之南岸,名曰江背。浏阳河流经。有乌川、东庄2水库。有初中3所，小学13所，卫生院1个，卫生所16个。有徐特立故居。经济有汽车配件、工程机械、水泥建材三大支柱产业。有同心工业园。农业以花卉苗木、畜牧养殖、现代农庄为主。沪昆高铁，平汝、长浏高速，省道长浏线，黄江公路过境。

特立村［Tèlìcūn］　在县政府驻地星沙街道东南29千米。江背镇辖自然村。人口4000。2004年好布、金田、美新3村合并，以徐特立故里命名。聚落呈环状。有徐特立纪念馆。经济以水稻种植为主，旅游观光为辅。通多路公交车。

印山村［Yìnshāncūn］　在县政府驻地星沙街道东南31千米。江背镇辖自然村。人口1300。因山得名。该山四方无靠，近方形，形如印，名印山台。聚落呈环状。有天玺湖。有革命家熊瑾玎生平事迹陈列馆。以水泥加工为支柱产业，形成环保、机械、建材包装、现代养殖、传统酿酒、商贸旅游、民宿发展等工农文旅多元产业体系。种植水稻。秋江公路经此。通多路公交车。2005年被评为全国文明村。

黄花镇［Huánghuā Zhèn］　长沙县辖镇。在县境中部偏东。面积141平方千米。人口7.3万。辖4居委会、18村委会，有22自然村。镇人民政府驻黄谷路社区。1950年设黄花乡。1958年改公社。1984年复乡。1988年置镇。1995年回龙、谷塘2乡并入。昔遍地野菊，明崇祯《长沙府志》载，时名黄华，以华、花谐称黄花。捞刀河流经。有高中1所，初中2所，小学18所，卫生院1个，卫生所12个。有长沙高级技工学校、长沙科技工程学校。有古迹莆塘墓群等。为省经济重镇。农业以水稻种植为主，兼种蔬菜、花卉苗木。有养殖业，特产回龙白鲢、谷塘鲤鱼。有黄花工业园。有黄花国际机场。机场、长永、长株、长沙绕城高速过境。

黄谷路社区［Huánggǔlù Shèqū］　黄花镇人民政府驻地。在县境东部。面积0.5平方千米。人口1500。因黄花镇—谷塘公路得名。2003年成立。为黄花粮站居民宿舍区。有志愿者服务队、中老年健身队、治安巡防队、计生协会等社会服务团体。有中学、卫生院、文化站、黄花老街、中心广场。镇法院驻此。经济以个体商业为主，有商业街、商贸城、农贸市场等。通多路公交车。

春华镇［Chūnhuá Zhèn］　长沙县辖镇。在县境东部。面积132平方千米。人口4.6万。辖1居委会、12村委会，有17自然村。镇人民政府驻春华社区。1949年设春华、花果2乡。1956年改高山、九木2乡。1958年并入中苏友好公社。1961年成立春华山、大鱼塘2公社。1983年分别设乡。1995年合置春华镇。因春华山得名，取"春华秋实，人寿年丰"之意。有初中2所，小学11所，卫生院1个，卫生所4个。有省级文物保护单位武塘纪念亭。有春华渡槽、"近代教育之父"张伯熙墓、春华抗日阵亡将士墓。农业种植水稻、茶、水果，养殖生猪、奶牛，特产春华李、金鼎山茶。工业有农产品加工、制衣制革、建筑、建材、汽车配件制造。有现代服务、旅游业。省道三黄线过境。通公交车。

春华社区［Chūnhuá Shèqū］　春华镇人民政府驻地。在县境中部偏东。面积13平方千米。人口7400。因镇得名。1994年成立。民居有2层现代及老建筑，也有旧木结构建筑风格民居。开展帮困扶贫、居家养老、创业培训等服务。形成以"串百家门、知百家情、连百家心、解百家难、办百家事、致百家富"为主题的社区服务和管理模式。有小学、卫生院。有中央抗日阵亡将士墓。经济以集镇商贸为主。省道三黄线经此。通公交车。

武塘村［Wǔtángcūn］　在县政府驻地星沙街道东19千米。春华镇辖自然村。人口8000。传清代有胡姓在水塘侧坪中习武，故名。聚落呈环状。捞刀河流经。有省级文物保护单位武塘纪念亭。有大型水利设施春华渡槽。有健康城养老养生示范区。通公交车。

果园镇［Guǒyuán Zhèn］　长沙县辖镇。在县境中部。面积70平方千米。人口2.5万。辖3居委会、7村委会，有10自然村。镇人民政府驻杨泗庙社区。1958年成立中苏友好公社。1961年改果园公社。1984年改乡。1994年置镇。因花果园古庙得名。庙内有桂花、银杏数株。金井河、麻林河、寻龙河流经。有初中1所，小学4所，卫生院1个，卫生所9个。有敬老院等。为田汉出生地、田汉纪念馆、田汉文化园。有浔龙河生态艺术小镇。农业以水稻种植为主，淡水养殖、蔬菜种植等为辅。"花果虾"为省知名产品。通公交车。

杨泗庙社区［Yángsìmiào Shèqū］　果园镇人民政府驻地。在县境东北部。面积8平方千米。人口4000。因杨泗将军庙得名。2004年成立。民居以中式风格2—3层自建楼房为主。有便民服务中心、志愿者服务、老年幸福院、雷锋超市、综合文化中心、健身广场等项目、设施，定期开展老年广场舞比赛、志愿者文明创建、读书等活动。有中小学、卫生院等。有田汉公园。经济以种植水稻为主。有中药材基地，种植罗汉果、黄精、枳壳、贝母等。有特色牡丹花基地。养殖家禽及淡水鱼虾等。有商贸、旅游业。有五星加农农庄。通公交车。

双河村［Shuānghécūn］　在县政府驻地星沙街道东北16千米。果园镇辖自然村。人口3600。因浔龙、金井2河汇聚得名。聚落呈长条状。有华佗庙。有国家3A级旅游景区浔龙河生态艺术小镇。以水稻种植、旅游业为主。宋水公路经此。通公交车。

路口镇［Lùkǒu Zhèn］　长沙县辖镇。在县境东北部。面积89平方千米。人口2.9万。辖1居委会、9村委会，有11自然村。镇人民政府驻路口社区。1952年设路口乡。1995年与麻林乡合设路口镇。处长平古道，前人烧荒垦殖，结庐成市，名路口畲，渐演为今名。有中职1所，初中1所，小学7所，二级医院1个，卫生院1个，卫生所9个。有路口温泉。经济以现代农业为主，种植水稻、蔬菜。特产麻林桥豆腐。省道三黄线、县道路青线过境。通公交车。

路口社区［Lùkǒu Shèqū］　路口镇人民政府驻地。在县境东北部。面积17平方千米。人口7600。因镇得名。1995年成立。民居以中式风格2—3层自建楼房为主。有老年幸福院、老年人活动中心、居民休闲健身中心、县图书馆路口分馆、儿童活动中心、母婴室等，开展老年课堂服务、儿童之家志愿服务、居家养老服务等。有小学、二级医院、卫生院。有大山冲森林公园。以种植双季稻、蔬菜为主。有超市、农产品市场。省道三黄线经此。通公交车。

高桥镇［Gāoqiáo Zhèn］　长沙县辖镇。在县境东北部。面积104平方千米。人口2.9万。辖1居委会、10村委会，有16自然村。镇人民政府驻荷塘社区。1956年设百录乡。1958年改高桥公社。1984年改乡。1994年置镇。1995年范林乡并入。桥因长、宽、高比例失当得名，镇以桥名。有省农科院。有初中1所，小学6所，卫生院1个，卫生所9个。有敬老院。有柳直荀烈士纪念馆、李维汉故居纪念馆。经济以现代农业为主，种植水稻、蔬菜、食用菌，养殖黑山羊、家禽、淡水鱼类。特产茶叶。省道三黄线过境。通公交车。

荷塘社区［Hétáng Shèqū］　高桥镇人民政府驻地。在县境东北部。面积20平方千米。人口6800。因荷塘古寺得名。1994年成立。民居以2—3层自建楼房为主。定期组织居家养老、农家书屋、老年网络课堂、志愿者服务等活动，有法治公园、文化站、篮球场等设施。有中学、卫生院。有柳直荀烈士纪念馆和故居。有古迹郭桥等。经济以商贸为主，兼有食用菌种植、电机制造、铸造等。省道三黄线经此。通公交车。

维汉村［Wéihàncūn］　在县政府驻地星沙街道东北34千米。高桥镇辖自然村。人口6400。原名学仕桥村，2005年因李维汉更今名。聚落呈环状。有李维汉故居纪念馆。以养殖家禽、淡水鱼类为主。省道浏益线经此。通公交车。

金井镇［Jīnjǐng Zhèn］　长沙县辖镇。在县境东北部。面积144平方千米。人口4.3万。辖2居委会、14村委会，有19自然村。镇人民政府驻金井社区。1958年成立金井公社。1984年改乡。1992年置镇。1995年观佳、脱甲2乡并入。因井得名，凿于唐代，传井中有金鸭浮现，故名金井。有高中1所，初中1所，小学7所，卫生院1个，卫生所16个。有明月庵、易家祠堂等。有民间艺术滚车灯。农业以水稻种植为主，兼种茶、蔬菜、水果，养殖生猪。工业以铸造、农产品加工为主。有景点金井虎园。省道三黄线过境。通公交车。

金井社区［Jīnjǐng Shèqū］　金井镇人民政府驻地。在县境东北部。面积13平方千米。人口8000。因镇得名。2005年成立。民居以2—3层自建楼房为主。有便民服务中心、老年活动中心、居民健身场地及器材等，开展广场舞、篮球等活动。有中学、卫生院、卫生所。有金井古井、九溪古寺、金井老街、吴杨桥、新安寺、风形山公园等。经济以商业为主。有农贸市场。省道三黄线经此。通公交车。

双江镇［Shuāngjiāng Zhèn］　长沙县辖镇。在县境东北部。面积67平方千米。人口2.1万。辖1居委会、10村委会，有4自然村。镇人民政府驻罗代社区。1962年金井公社析设双江公社。1984年改乡。2002年置镇。团山、石湾2河汇集，注入金井河，故名。有龙华山。有初中1所，小学5所，卫生院1个，卫生所11个。有文化站、文化中心、农家书屋、沿河生态风光带、农民广场等。有吴文炳烈士墓。有民间艺术滚车灯。经济以现代农业、水稻种植为主，兼有水产、生猪养殖。盛产稻谷、红薯、茶叶。有优质稻、良种茶、良种猪、杉木林、油茶、南竹六大农业基地。有国家地理标志产品罗代黑猪。通公交车。

罗代社区［Luódài Shèqū］　双江镇人民政府驻地。在县境东北部。面积3平方千米。人口5000。明初吴、尧、罗、戴4姓首居，而罗、戴2姓居多，故名"罗戴"，后简为罗代。2003年成立。民居以中式风格2—3层自建楼房为主。有便民服务中心、老年幸福院、民俗文化大舞台、文化活动场所、农家书屋等，开展广场舞大赛、社区文艺汇演、篮球赛、门球赛等活动。有中小学、卫生院、文化站等。特产罗代黑猪。通公交车。

石井村［Shíjǐngcūn］　在县政府驻地星沙街道东北51千米。双江镇辖自然村。人口3200。因石鼓洞、井塘上2居民点得名。聚落呈环状。有县烈士陵园，内有吴文炳烈士墓。以种植水稻为主。有国家地理标志产品罗代黑猪。通公交车。

白沙镇［Báishā Zhèn］　长沙县辖镇。在县境东部。面积60平方千米。人口2万。辖1居委会、10村委会，有2自然村。镇人民政府驻李家山社区。1962年成立白沙公社。1984年改乡。2012年置镇。因白沙河得名。河中沙石纯净无泥，阳光照耀，闪闪发光，尤显白净，故名。有初中1所，小学4所，卫生院1个，卫生所11个。有农家书屋、文化站、乡村公园等。有古迹罗王古寨、白沙桥等。农业以水稻种植为主，小水果生产为特色，有高标准水果基地6个。有生态休闲旅游业。为国家级生态镇。县道金开线过境。通公交车。

李家山社区 [Lǐjiāshān Shèqū] 白沙镇人民政府驻地。在县境东部。面积3平方千米。人口1400。因李家山得名。2004年成立。民居以中式风格2—3层自建楼房为主。有集镇文化广场、标准生态停车场、农家书屋、民俗文化大舞台等设施，开展"五步循环"群众工作和建设秀美乡村文艺晚会等特色活动。有中小学、卫生院等。农业以水稻种植为主，为小水果种植基地。有个体工商业。通公交车。

开慧镇 [Kāihuì Zhèn] 长沙县辖镇。在县境西北部。面积54平方千米。人口2.2万。辖1居委会、6村委会，有8自然村。镇人民政府驻板仓社区。1950年因有杨开慧故居而设开慧乡。2011年改镇。有初中1所，小学3所，卫生院1个，卫生所6个。有景点开慧陵园、开慧纪念馆、中国共产党第一位女党员缪伯英故居、飘峰山、飘峰古塔等。经济以旅游业、现代农业为主。农业以水稻种植为主，兼有茶、蔬菜种植，渔牧养殖。有飘峰山庄、润慧国际露营基地等。京珠高速、县道石金线等过境。

板仓社区 [Bǎncāng Shèqū] 开慧镇人民政府驻地。在县境西北部。面积0.8平方千米。人口1600。因开慧烈士故居板仓得名。2002年成立。民居以中式风格2—3层自建楼房为主。有老年幸福院、农家书屋、老年网络课堂、志愿者服务站、廉政文化公园、文化站、足球场、篮球场等，定期开展居家养老、读书、老年网课活动。有中学、卫生院、卫生所。有开慧陵园、开慧故居。有个体工商业。通多路公交车。

福临镇 [Fúlín Zhèn] 长沙县辖镇。在县境东北部。面积82平方千米。人口2.9万。辖1居委会、10村委会，有13自然村。镇人民政府驻福临铺社区。1956年为福临乡。1992年改镇。1995年双起乡并入。山中多茯苓，亦为长岳古道之驿铺，名茯苓铺，取"五福临门"意谐音为今名。有初中1所，小学6所，卫生院1个，卫生所11个。有文化服务站、敬老院等。创建"福临之声"农村无线广播品牌。有省级风景名胜区影珠山，其中有景点狮子岩、九间房、九马咀等。有抗战遗迹影珠山战壕、指挥所等。有阵亡将士纪念碑。经济以现代农业为主，种植水稻、蔬菜，养殖淡水鱼、生猪。京珠高速、县道青开线过境。

福临铺社区 [Fúlínpù Shèqū] 福临镇人民政府驻地。在县境东北部。面积3平方千米。人口4900。因镇得名。2004年成立。民居以2—3层自建楼房为主。依托文明实践站、农家书屋、居家养老服务中心、儿童之家等宣传阵地，组织开展文化娱乐、体育、教育、科普活动。有小学、卫生院。有个体工商业。通公交车。

影珠山村 [Yǐngzhūshāncūn] 在县政府驻地星沙街道东北32千米。福临镇辖自然村。人口2900。清同治《图书集成方典》载："山顶有井，其影如珠"，名影珠山，村以山名。聚落呈散点状。为全国生态文化村。有省级风景名胜区影珠山省级森林公园。有百年名校开物中学。有抗日阵亡将士纪念碑。经济以旅游和水稻种植为主。通公交车。

青山铺镇 [Qīngshānpù Zhèn] 长沙县辖镇。在县境北部。面积47平方千米。人口1.9万。辖1居委会、7村委会，有5自然村。镇人民政府驻广福村。1962年成立广福公社。1984年改乡。1997年改青山铺镇。古代邮驿制度十里一铺，此地因青山绿水得名青山铺，沿为镇名。有矿产资源花岗岩、高岭土、云母、石英石等。有初中1所，小学5所，卫生院1个，卫生所3个。有体育馆、广场、文化公园等。有刘少奇天华调查纪念馆。有景点天华八景、杨汉域石刻、寿堂桥、清末官绅实业家余肇康夫妇合葬墓、七烈女墓、国清寺石刻、青山石刻等。农业以水稻、葡萄种植为特色。107国道、京珠高速过境。

广福村 [Guǎngfúcūn] 青山铺镇人民政府驻地。在县政府驻地星沙街道东北26千米。人口4600。因毛氏三姐妹修行之所"广福庵"得名，意为"为民求福，广济众生"。聚落呈环状。有黄鹄大山。有小学、卫生所。有抗战遗址七烈女墓等。农业以种植水稻为主，兼有饲料加工业。有葡萄产业园。服务业以商业为主。京珠高速，县道龙广、路青线过境。通公交车。

天华村 [Tiānhuácūn] 在县政府驻地星沙街道东北27千米。青山铺镇辖自然村。人口3100。因天华山得名，取物华天宝、人杰地灵为意。聚落呈环状。有刘少奇天华调查纪念馆。有天华山景区。农业以水稻种植为主。县道开慧—北山线经此。通公交车。

安沙镇 [Ānshā Zhèn] 长沙县辖镇。在县境北部。面积160平方千米。人口5.3万。辖2居委会、21村委会，有28自然村。镇人民政府驻安沙社区。1941年设安沙乡。1950年改鼎枫乡。1958年改鼎功公社。1984年复乡。1994年改安沙镇。1995年唐田、水塘2乡并入。因镇政府原驻地得名。捞刀河流经。有湖南信息学院、长沙师范学院。有高中1所，初中2所，小学10所，二级医院1个，卫生院1个，卫生所23个。有青松老年公寓、敬老院。有河图观、棠坡大屋等。经济以工业为主，有毛塘工业园。农业以特色种植为主，有葡萄园10个，食用菌基地1个。服务业以仓储、物流为主，有国际物流园、生猪市场、建材城等。107国道、京珠高速过境。

安沙社区 [Ānshā Shèqū] 安沙镇人民政府驻地。在县境中部。面积5平方千米。人口6000。西南濒临白沙河，旧时常山洪泛滥，村民冀求安居乐业，遂名"安沙"。2004年成立。民居以老旧住房为主。有农家书屋、妇女青年儿童之家、微型消防站、新时代文明实践站、法治公园、文化站、门球场、乒乓球室、羽毛球场、篮球场，定期开展居家养老、读书、消防演练活动。有小学、卫生所。有二级医院、银行等。有个体工商业。107国道，县道洪蒿、山鼎线经此。通公交车。

和平村 [Hépíngcūn] 在县政府驻地星沙街道东北17千米。安沙镇辖自然村。人口4000。1962年以"热爱和平"之意命名。聚落呈环状。有朱镕基故居棠坡大屋。经济以种植水稻为主。有天艺山庄村级旅游示范区。107国道经此。通公交车。

北山镇 [Běishān Zhèn] 长沙县辖镇。在县境东北部。面积149平方千米。人口5.2万。辖3居委会、18村委会，有28自然村。镇人民政府驻蒿塘社区。1958年成立北山公社。1984年改乡。1995年石常、牌楼2乡并入。1997年置镇。山在长沙市北，故名北山，镇以山名。有明月山。白沙河流经。有高中1所，九年一贯制学校1所，初中2所，小学10所，卫生院1个，卫生所21个。有古迹洞泉冲古塔、卷石冲惜字塔、翰林桥、常新桥。农业以水稻种植为主，兼有淡水鱼、生猪养殖。特产北山梅。有建筑业。县道蒿洪线过境。

蒿塘社区 [Hāotáng Shèqū] 北山镇人民政府驻地。在县境西北部。面积11平方千米。人口4800。因蒿塘坳得名，原山坳旁有塘，塘周蒿草繁茂。2004年成立。民居以传统风格2—3层自建楼房为主，有中式、欧式等风格的别墅。有退伍军人之家、退伍军人文体中心、一站式服务中心、文化站、农家书屋、社区广播等设施，开展新春佳节联欢会、主题书法、美术、摄影比赛及北山山歌展演等活动。有中小学、卫生院。有丰梅湖水库、石仙庵、望仙亭等。县道卫青线经此。通公交车。

跳马镇 [Tiàomǎ Zhèn] 长沙县辖镇。在县境南部。面积183平方千米。人口6.3万。辖2居委会、17村委会，有19自然村。镇人民政府驻斑竹塘。1950年设安太乡。1952年改跳马乡。1958年改跳马涧公社。1961年更名跳马公社。1984年复乡。1995年团然、石门2乡并入。2011年置镇。因涧得名，原涧名回龙关，传关羽征长沙跃马跳涧，故改名"跳马涧"。浏阳河流经。有初中1所，小学14所，卫生院1个，卫生所18个。有居家养老服务中心、文化广播站、文化服务中心、文体活动中心。有省级文物保护单位左宗棠墓。有国家4A级旅游景区石燕湖生态公园。有嵩山古寺、丰田寺。农业以种植花卉苗木为主。工业以建材、机械加工、食品加工为主。京广、沪昆高铁，京港澳、长沙绕城高速，省道洞株线过境。

斑竹塘 [Bānzhútáng] 跳马镇人民政府驻地。在县政府驻地星沙街道西南22千米。人口5100。屋前有塘，塘侧斑竹丛生，故名。聚落沿石燕湖路呈条带状分布。有小学、卫生院等。以个体工商业和苗木花卉产业为主。通公交车。

宁乡县

宁乡县 [Níngxiāng Xiàn] 长沙市辖县。北纬28°15′，东经112°33′。在市境西部。面积2906千米。人口139.4万。以汉族为主，还有蒙古、回、藏等民族。辖4街道、22镇、7乡。县人民政府驻玉潭街道。宋太平兴国二年(977)析益阳、长沙、湘乡3县地置宁乡县，治玉潭镇。此后未变，先后属长沙郡、潭州路、天临路、长沙府、湘江道、第一行政督察区、第五行政督察区、湘潭专区、益阳专区、益阳地区、长沙市。1992年后新(扩)建一环路、二环路、宁乡大道、金洲大道等，新建沙河、白马桥、豪德建材等市场，修建玉潭公园、八一山公园、文体中心、市民公园等。为雪峰山余脉向滨湖平原过渡地带，地势由西向东呈阶梯状倾斜。海拔27.8—1070.8米。年均气温17.8℃，1月平均气温4℃，7月平均气温25℃。年均降水量1470.7毫米。沩水、乌江、楚江、靳江河流经。有矿产资源煤、铁、锰、铀、金刚石、海泡石、花岗岩等。有野生植物500多种，其中国家二级保护植物有篦子三尖杉、香果树、银杏、花榈木。有野生动物84种，其中国家二级保护野生动物有穿山甲、金鸡、鹰嘴龟、大鲵、猴面鹰等。有省级自然保护区3个。森林覆盖率45%。有中学81所，小学240所，二级医院3个，广播电台1个，公共图书馆1个，体育场馆6个。有国家级重点中等职业学校宁乡职业中专。有全国重点文物保护单位刘少奇故居、何叔衡故居、谢觉哉故居以及南宋理学家、哲学家、教育家张南轩墓、炭河里遗址。有省级非物质文化遗产黄材山歌、麻山铜锣、唐市金银佃工制作技艺、宁乡皮影戏等。有省级历史文化名镇巷子口镇，省级历史文化名村巷子口社区。有沩山风景名胜区、炭河里遗址、灰汤温泉国家级旅游度假区、关山景区等。三次产业比例11∶68∶21。农业以粮食作物种植为主，为国家重要商品粮基地县、省油茶产业发展重点县。有国家地理标志产品沩山毛尖，全国四大优良地方品种之一宁乡花猪。工业以食品加工、先进装备制造、新能源新材料为主。有湖南宁乡国家级经济技术开发区。服务业以商贸、旅游为主。有农产品物流中心、物流园等。洛湛、石长铁路，长张、长湘、长韶娄高速，319国道，省道桃菁、学七、宁王、湘新线过境。

花明路［Huāmíng Lù］ 在县城中部。南起楚沩路，北至车站路。与八一路、玉潭中路、一环路、金洲大道、三环路等相交。长3.5千米，宽36米。沥青混凝土路面。以一环路为界分南、北2段。1983年修建花明南路。1991年修建花明北路。因刘少奇故里花明楼得名。两侧有妇科医院、紫金中学、县法院、县政府、超市等。通多路公交车。

楚沩路［Chǔwéi Lù］ 在县城中部。东起创业大道，西至金洲大道。与新康西路、一环南路、人民路、沿河南路相交。长3.6千米，宽36米。沥青混凝土路面。以车站广场、一环路为界分东、中、西3段。1983年开工，1984年建成。因沩江、楚江得名。两侧有豪德汽车站、丽达国际广场、县中医院、奥通电脑城、沙河市场、宁乡建材城。通多路公交车。

玉潭路［Yùtán Lù］ 在县城中部。东起南门桥，西至花明路。与沿河北路、人民北路等相交。长2.6千米，宽20米。沥青路面。明清时期建成，始称玉潭街，后改为南、北正街。1949年后多次改建，更名玉潭路。2013年改建成现状。两侧有城北中学、原县政府。通多路公交车。

溜子洲大桥［Liùzǐzhōu Dàqiáo］ 在县城东部。长1223米，宽30米，最大跨度30米，桥下净高28米。2012年开工，2014年建成。因溜子洲岛得名。为大型河道桥梁，结构型式为钢筋混凝土预应力梁型桥。最大载重10吨。通多路公交车。

宁乡县汽车东站［Níngxiāng Xiàn Qìchē Dōngzhàn］ 见交通运输设施部分“宁乡县汽车东站”条。

宁乡县汽车南站［Níngxiāng Xiàn Qìchē Nánzhàn］ 见交通运输设施部分“宁乡县汽车南站”条。

玉潭街道［Yùtán Jiēdào］ 宁乡县人民政府驻地。在县境东部。面积23平方千米。人口7.4万。2013年设。玉潭名始于唐朝。沩江中有潭，深数丈，水碧如玉，遂名“玉潭”。历为县府所在地。有高中1所，初中2所，小学8所，二级医院3个，卫生院1个。特产宁乡四碟（冰姜、砂仁糕、紫苏梅、刀豆花等食品）。农业以水稻为主，蔬菜为辅。养殖生猪、家禽。工业以医药器械、机械、家电制造为主。石长铁路、长张高速、319国道过境。通多路公交车。

白马桥街道［Báimǎqiáo Jiēdào］ 属宁乡县。在县境中部。面积20平方千米。人口2.4万。2013年设。因原有白马桥得名，传白龙马在此舍身除妖。有狮子山。沩江流经。有九年一贯制学校1所，完全中学1所，小学2所，特教学校1所，卫生院1个。有白马湖、玉潭公园、沿江风光带、珍洲、溜子洲、鳝鱼洲等。农业以水稻、蔬菜种植为主。工业以化工、机械、食品深加工等为主。京广铁路，京珠、沪昆高速，107国道，省道宁太线过境。通多路公交车。

历经铺街道［Lìjīngpù Jiēdào］ 属宁乡县。在县境东部。面积37平方千米。人口3万。2013年设。当年以十里设一铺，为宁乡至长沙必经第一铺，故名。有初中1所，小学及教学点5所，卫生院1个。农业以水稻、蔬菜种植为主，养殖肉牛为辅。形成无公害蔬菜、花卉苗木、珍稀水果、珍贵药材栽培格局。工业以服饰、大米加工为主。服务业以商贸物流、休闲旅游为主，有沙河、喇叭口农副产品市场。有南太湖、桐木冲乡农家乐。319国道、省道学七线、县道历泉线过境。有宁乡汽车东站。通多路公交车。有沩江水运航道。

城郊街道［Chéngjiāo Jiēdào］ 属宁乡县。在县境东北部。面积37平方千米。人口3.3万。2013年设。因位于县城郊区得名。沩江流经。有九年一贯制学校1所，高中1所，初中1所，小学及教学点5所，卫生院1个。农业以水稻、蔬菜、花卉、苗木种植为主，养殖生猪、家禽。工业以纸业、机械制造、食品加工为主，有湖南宁乡国家级经济技术开发区。石长铁路、长张高速、319国道、省道宁太线过境。通多路公交车。

道林镇［Dàolín Zhèn］ 宁乡县辖镇。在县境东南部。面积135平方千米。人口5.6万。辖1居委会、14村委会，有37自然村。镇人民政府驻盘龙村。1952年设道林镇。1958年改公社。1993年复镇。1995年善山岭、金华2乡并入。传宋代谢英不满秦桧当权，以林报道隐居于此，故名。靳江河流经。有矿产资源矽砂、耐火黏土、石灰石、海泡石、镁质泥等。有初中2所，小学及教学点10所，卫生院1个。有幼儿园、图书室、文化活动室、居民广场等。农业以种植水稻、玉米、蔬菜为主，兼种花卉苗木等。为湖南耐火材料生产基地。沪昆高铁，长湘、长娄高速过境。

盘龙村［Pánlóngcūn］ 道林镇人民政府驻地。在县政府驻地玉潭街道东南33千米。人口3000。地形如盘旋飞龙，故名。聚落呈带状。靳江河流经。有中学、卫生院。有景点麒麟山、洪仙桥、“宁乡十景”之“麒麟石镜”“石柱钟声”。种植水稻。特色小吃道林酸枣糕。道林—韶山公路经此。

花明楼镇［Huāmínglóu Zhèn］ 宁乡县辖镇。在县境东南部。面积113平方千米。人口5万。辖1居委会、17村委会，有39自然村。镇人民政府驻刘家社区。1958年成立花明楼公社。1984年改乡。1989年置镇。1995年朱石桥、杨林桥2乡并入。清同治《宁乡县志》载：“昔有齐公，择此筑楼，课其二字，攻读其中”，取陆游名句“山重水复疑无路，柳暗花明又一村”之意境，名“花明楼”。靳江河及其支流流经。有矿产资源石灰石、黏土、耐火泥、煤等。有九年一贯制学校1所，高中1所，初中2所，小学及教学点10所，卫生院1个。有图书馆、文化馆、体育馆、广场等。有全国爱国主义教育基地、国家5A级旅游景区刘少奇故里。有大夫堂楚文化遗址、芙蓉寨森林公园、双狮岭生态文化园等。农业以水稻种植为主。林业资源丰富。工业以耐火材料、非标螺丝、玻璃制瓶、机械制造为主。长韶娄高速，省道学七线，县道东林、花石线过境。2005年被评为全国文明镇。

刘家社区［Liújiā Shèqū］ 花明楼镇人民政府驻地。在县境东南部。面积0.1平方千米。人口1000。2011年成立花明楼社区。2013年为纪念刘少奇同志更今名。民居以仿古2层建筑为主，呈片状分布。有便民公共服务、文化娱乐等设施。有宁乡四医院、邮政分局、电信分局、银行、派出所等。经济以旅游、种植水稻、蔬菜为主。长韶娄高速经此。通公交车。

炭子冲村［Tànzǐchōngcūn］ 在县政府驻地玉潭街道东南27千米。花明楼镇辖自然村。人口4200。明清时期居民多以伐木烧炭营生，故名。聚落呈散点状。有全国爱国主义教育基地、国家5A级旅游景区刘少奇故里。以旅游、种植水稻为主。长韶娄高速经此。通公交车。

东湖塘镇［Dōnghútáng Zhèn］ 宁乡县辖镇。在县境东南部。面积132平方千米。人口4.9万。辖1居委会、14村委会，有36自然村。镇人民政府驻东湖塘社区。1958年成立东湖塘公社。1980年改乡。1995年麻山、西冲山2乡并入设东湖塘镇。因东湖塘得名。靳江河流经。有矿产资源耐火泥、煤、铁矿石等。有初中3所，小学及教学点9所，卫生院1个。有幼儿园、图书室、文化活动室、居民广场等。有省级非物质文化遗产麻山锣鼓。有传统技艺李氏唢呐制作技艺。农业以优质稻、蔬菜、玉米种植为主，养殖生猪、羊、家禽。工业以机械加工、建材、铸造、制砖制瓦、制塑为主。长韶娄高速、240国道、省道学七线、县道东花线过境。

东湖塘社区［Dōnghútáng Shèqū］ 东湖塘镇人民政府驻地。在县境南部。面积8平方千米。人口3500。2004年成立。因镇得名。民居以2—3层独栋自建住宅为主。有便民公共服务、文化娱乐等设施。有中小学、卫生院。派出所驻此。有洪行将军碑刻。有粮食、花卉苗木种植，养殖黑山羊、瘦肉型猪、名贵鱼种。省道学七线经此。通公交车。

夏铎铺镇［Xiàduópù Zhèn］ 宁乡县辖镇。在县境东部。面积103平方千米。人口4万。辖3居委会、10村委会，有33自然村。镇人民政府驻夏铎铺社区。1953年设夏铎铺区。1961年改公社。1984年改乡。1988年置镇。1995年龙凤山乡并入。因镇政府驻地为古驿站，夏意为大，铎是铃，铺是驿站俗称，夏铎铺意为设有大铃的古驿站。企石冈河、官桥河流经。有凤凰山国家森林公园。有九年一贯制学校1所，初中1所，小学及教学点6所，卫生院1个。有幼儿园、图书室、文化活动室等。有景点宁乡门、香山故事广场、老粮库等。农业以种植水稻、蔬菜为主。工业以机械加工、服饰、化工、铸件、水泥为主，有夏铎铺工业园。319国道、省道学七线、县道夏高线过境。

夏铎铺社区［Xiàduópù Shèqū］ 夏铎铺镇人民政府驻地。在县境东部。面积6平方千米。人口3100。2004年成立。因镇得名。民居以3层及以上住宅楼为主。有便民公共服务、文化娱乐等设施。有中小学、卫生院。驻有自然资源所、派出所等单位。有银行、香山风情小镇。农业以水稻种植为主。通公交车。

双江口镇［Shuāngjiāngkǒu Zhèn］ 宁乡县辖镇。在县境东北部。面积73平方千米。人口4.8万。辖4居委会、10村委会，有34自然村。镇人民政府驻双江口社区。1958年成立双江口公社。1984年改乡。1988年置镇。1995年檀树湾乡并入。位于沙河、沩江交汇处，故名。有高中1所，初中1所，小学及教学点9所，卫生院1个。有幼儿园、图书室、文化活动室、居民广场等。有灵峰书院遗址。有白玉山、赤心殿等。有联合国节能建筑示范村长兴村。有民间艺术腰鼓、舞龙舞狮等。农业以水稻种植为主，兼种蔬菜。工业以电瓷、机械、塑胶、针织、混凝土为主。宁朱、梅双、双青、朱双公路过境。

双江口社区［Shuāngjiāngkǒu Shèqū］ 双江口镇人民政府驻地。在县境北部。面积4平方千米。人口3800。因镇得名。2004年成立。民居以2层及以上住宅楼为主。有便民公共服务、文化娱乐等设施。有中小学、卫生院。农业以水稻种植为主。有农副产品大市场、生态农业发展园、农耕文化园。长石铁路、长常高速经此。通公交车。

煤炭坝镇［Méitànbà Zhèn］ 宁乡县辖镇。在县境中部偏北。面积73平方千米。人口5万。辖2居委会、12村委会，有35自然村。镇人民政府驻煤炭坝社区。1949年设煤炭坝镇。1956年改乡。1961年成立公社。1984年分设煤炭坝镇、煤炭坝乡。1995年煤炭坝镇、煤炭坝乡与贺石桥乡合设煤炭坝镇。因镇政府原驻地得名。有初中2所,小学及教学点9所,卫生院1个。有幼儿园、图书室、文化活动室、敬老院、居民广场等。有煤炭坝煤矿遗址公园。有省级非物质文化遗产宁乡皮影戏。农业以水稻、玉米、蔬菜种植为主。工业以煤炭开采、建筑材料、烟花鞭炮、制鞋、新材料、机械制造、电子产品为主。省道桃青线,县道玉煤、煤双、煤回线过境。

煤炭坝社区[Méitànbà Shèqū] 煤炭坝镇人民政府驻地。在县境北部。面积3平方千米。人口8900。煤炭资源丰富、开采历史悠久,传村民最初在水坝内发现煤矿,故名。2004年成立。民居以2层及以上住宅楼为主。有便民公共服务、老莱农文化广场、社区大舞台、蔡家湾文化广场等设施。有中小学、卫生院。经济以煤炭开采为主。有水稻种植。通公交车。

坝塘镇[Bàtáng Zhèn] 宁乡县辖镇。在县境中部。面积99平方千米。人口4.3万。辖1居委会、14村委会,有35自然村。镇人民政府驻保安村。1958年成立坝塘公社。1961年改区。1984年改乡。1995年沩乌、油麻田2乡并入置坝塘镇。清同治《宁乡县志》载:"坝塘,合数冲水汇为塘,灌注不竭。"镇以塘名,寓财源不断、安居乐业、长盛不衰之意。有矿产资源锰、矽砂等。繁荣河、黄泡港流经。乌江石坝子处有省属水文站。有省国土厅选定的"水准点"花泥潭。有高中1所,初中3所,小学及教学点8所,卫生院1个。有坝塘娄山鼓制作技艺。农业以种植水稻、蔬菜为主。有花卉苗木种植基地。工业以铸造、机械加工、农产品深加工为主。省道宁灰、南坝线过境。

保安村[Bǎo'ānCūn] 坝塘镇人民政府驻地。在县政府驻地玉潭街道西南16千米。人口4700。传清末此地驻有保安团,故名。聚落沿公路呈条带状分布。有小学、幼儿园、卫生室、文化广场等。以水稻种植为主。有铸造、饲料加工、食品加工、有机肥生产等。通公交车。

偕乐桥镇[Xiélèqiáo Zhèn] 宁乡县辖镇。在县境中部偏南。面积75平方千米。人口3.4万。辖1居委会、9村委会,有22自然村。镇人民政府驻偕乐社区。1958年成立偕乐桥公社。1984年改乡。1990年设区。1994年置镇。1995年东务山乡并入。因双盆村夜落桥谐音得名。乌江流经。有矿产资源花岗岩。有初中2所,小学及教学点5所,卫生院1个。有幼儿园、图书室、文化活动室、敬老院、居民广场等。经济以农业为主,主要种植水稻,兼种油茶。工业以酿造、建材、农副产品加工为主。长韶娄高速,县道宁灰、偕双、偕龙线过境。

偕乐社区[Xiélè Shèqū] 偕乐桥镇人民政府驻地。在县境中部偏南。面积7平方千米。人口2500。因镇得名。2004年成立。民居以2层及以上住宅楼为主。有便民公共服务、文化娱乐等设施。有中小学、卫生院。有林场、石灰石矿山。以种植水稻为主。通公交车。

灰汤镇[Huītāng Zhèn] 宁乡县辖镇。在县境中部偏南。面积43平方千米。人口2.4万。辖1居委会、6村委会,有15自然村。镇人民政府驻汤泉社区。1958年成立灰汤公社。1984年改乡。1992年置镇。1995年东雾山乡部分地域并入。泉沸如汤滚,水汽蒸腾如灰雾,故名。有初中1所,小学及教学点5所,卫生院1个。有灰汤杂技、灰汤鸭养殖技术。有宁乡灰汤温泉国家级旅游度假区、东鹜山景区、紫龙湾水库。经济以农业、旅游为主。农业种植水稻、玉米、蔬菜,养殖灰汤鸭。工业以农产品加工、建材为主。服务业以商贸、温泉度假旅游为主。有省职工疗养院、电力疗养院等。长韶娄高速、县道宁灰线过境。

汤泉社区[Tāngquán Shèqū] 灰汤镇人民政府驻地。在县境中部偏南。面积0.1平方千米。人口2400。因灰汤温泉得名。2004年成立。民居以2层及以上住宅楼为主。有便民公共服务、文化娱乐等设施。有中小学、卫生院。有天然温泉。有省总工会职工疗养院、省灰汤电力疗养院、灰汤旅游局等。经济以旅游为主。通公交车。

双凫铺镇[Shuāngfúpù Zhèn] 宁乡县辖镇。在县境中部偏西。面积88平方千米。人口4万。辖1居委会、11村委会,有27自然村。镇人民政府驻双凫铺社区。1952年设双凫铺镇。1958年成立公社。1984年改乡。1988年置镇。1995年麦田乡及喻家坳西艺村并入。传昔有双凫昼于江面偕游嬉戏,夜栖江边古树,且宁乡至安化驿道曾设铺递于此,故名。沩江流经。有矿产资源石灰石、石煤、钒、铀等。有高中1所,九年一贯制学校1所,初中1所,小学及教学点3所,卫生院1个。有国家3A级旅游景区回龙山及千年古刹白云寺。经济以农业、商贸服务业为主。农业以水稻、茶、蔬菜、西瓜种植为主。特产辣酱、腐乳、魔芋、豆腐、干鱼、腊肉等。工业以制鞋、烟花鞭炮、彩印包装、建材为主。省道宁横、宁太线,灰黄旅游、煤双、麦老公路过境。

双凫铺社区[Shuāngfúpù Shèqū] 双凫铺镇人民政府驻地。在县境中部偏西。面积1平方千米。人口2400。因镇得名。2004年成立。民居以2层及以上住宅楼为主。有便民公共服务、文化娱乐等设施。有中小学、幼儿园、县第三医院、卫生院、银行。驻有国土所、林业站等单位。农业以水稻种植为主。工业有彩印包装、机械制造等。通公交车。

老粮仓镇[Lǎoliángcāng Zhèn] 宁乡县辖镇。在县境中部偏西。面积122平方千米。人口6.5万。辖2居委会、18村委会,有51自然村。镇人民政府驻老粮社区。1955年设老粮仓区。1956年设老粮仓乡,区、乡并存。1958年成立公社。1984年改老粮仓、唐市、毛公桥3乡,属老粮仓区。1995年合设老粮仓镇。因唐代建仓囤官粮得名。有矿产资源花岗岩。有高中1所,九年一贯制学校1所,初中2所,小学及教学点9所,卫生院1个。有图书室、文化活动室、敬老院等。农业以水稻种植为主,兼种蔬菜、棉花、油茶、茶等。特产黄柏、小竹笋。工业以烟花鞭炮制作、金银首饰加工、建材为主。洛湛铁路、省道宁太线过境。

老粮社区[Lǎoliáng Shèqū] 老粮仓镇人民政府驻地。在县境中部偏西。面积6.5平方千米。人口3900。因镇得名。2008年成立。民居以2层及以上住宅楼为主。有便民公共服务、文化娱乐等设施。有中小学、幼儿园、卫生院。驻有派出所、国土所、工商所等单位。有商铺、超市、银行等。农业以水稻种植为主。通公交车。

流沙河镇[Liúshāhé Zhèn] 宁乡县辖镇。在县境西南部。面积141平方千米。人口6.9万。辖2居委会、18村委会,有50自然村。镇人民政府驻流沙河社区。1955年设流沙河区。1958年成立公社。1984年改镇。1995年草冲、瓦子坪、大田方3乡并入。因镇政府原驻地得名。有矿产资源花岗岩。有罘罳峰。有高中1所,九年一贯制学校1所,初中2所,小学及教学点11所,卫生院1个。有图书室、文化活动室、敬老院等。有金凤禅寺。有土花猪养殖技术、流沙河木偶戏、民间米酒酿造技术。农业以种植水稻,养殖土花猪为主。有国家地理标志产品、国家优良畜种宁乡猪、草冲土花猪。洛湛铁路、省道宁太线过境。

流沙河社区[Liúshāhé Shèqū] 流沙河镇人民政府驻地。在县境西南部。面积5平方千米。人口3700。因流沙河得名。2004年成立。民居以2层及以上住宅楼为主。有便民公共服务、文化娱乐等设施。有中小学、卫生院。农业以水稻种植为主。有商贸服务业。省道宁太线经此。通公交车。

巷子口镇[Xiàngzikǒu Zhèn] 宁乡县辖镇。在县境西部。面积106平方千米。人口4.7万。辖1居委会、12村委会,有35自然村。镇人民政府驻巷子口社区。1950年设巷市乡。1961年成立巷子口公社。1984年改乡。1995年官山、直田2乡并入置镇。处山冲口上,项姓聚居,得名项氏口,后项氏他迁,渐成街巷,改名巷子口。沩水流经。有矿产资源硅、钨等。有高中1所,九年一贯制学校1所,初中2所,小学及教学点10所,卫生院1个。有眼科医院、图书室、文化活动室、敬老院等。有全国重点文物保护单位南宋理学家、哲学家、教育家张南轩墓,省级文物保护单位南宋状元易祓墓、田冲兰花屋场、司徒岭古驿道、毛公桥。有罗氏家族墓、分水合同碑。经济以种养殖业为主,种植水稻、蔬菜、茶。为国家生态公益林重点保护区。工业以农机、量具生产为主。服务业以商贸、旅游为主,为宁乡、安化2县边境农副产品集散地。宁涟公路过境。

巷子口社区[Xiàngzikǒu Shèqū] 巷子口镇人民政府驻地。在县境西部。面积1平方千米。人口3000。因镇得名。2004年成立。民居以2层及以上住宅楼为主。有便民公共服务、文化娱乐等设施。有中小学、卫生院。有省级文物保护单位宋代易祓状元墓、田冲兰花屋场。有屏壶桥、识山楼遗址、步月池、状元井、献宝台等。农业以水稻种植为主。通公交车。

龙田镇[Lóngtián Zhèn] 宁乡县辖镇。在县境西部。面积72平方千米。人口2.4万。辖1居委会、8村委会,有21自然村。镇人民政府驻龙田社区。1962年沩山公社析设龙田、七里山2公社。1984年分别改乡。1995年2乡合设龙田镇。因镇政府原驻地得名。有瓦子寨。为沩水、流沙河、涟水发源地。有矿产资源锰、钨、钒、银、萤石矿、石煤、稀土、煤、石英、磷等。有初中2所,小学及教学点5所,卫生院1个。有图书室、文化活动室、敬老院等。有省级文物保护单位柘湘公路纪念塔。有龙田扎肉加工技艺。经济以农业为主,种植水稻及玉竹、玄参、白花蛇舌草等。工业以机械加工、农产品加工、矿产开采及加工为主。省道湘新线过境。

龙田社区[Lóngtián Shèqū] 龙田镇人民政府驻地。在县境西部。面积6平方千米。人口2600。有田酷肖龙形,头尾毕具,双井为睛,取"见龙在田"之意得名。2004年成立。民居以2层及以上住宅楼为主。有便民公共服务、文化娱乐等设施。有九年一贯制学校、卫生院。农业以种植水稻为主,特产玉竹、玄参、白花蛇舌草。省道柘湘线经此。通公交车。

横市镇[Héngshì Zhèn] 宁乡县辖镇。在县境西北部。面积124平方千米。人口5.6万。辖1居委会、13村委会,有34自然村。镇人民政府驻合金村。1955年设横市乡。1961年成立公社。1984年复乡。1995年与铁冲、云山2乡合设横市镇。因古驿站横铺子得名。有矿产资源石灰岩。有初中2所,小学及教学点9所,卫生院1个。有图书室、文化活动室、敬老院等。有省级文物保护单位云山书院。有传统民间舞蹈横市龙灯。经济以农业、物流业为主。农业以水稻种植为主,兼种蔬菜。工业以烟花鞭炮、铸造、造纸印刷包装、建材为主。洛湛铁路、益娄衡高速、省道宁太线过境。

合金村[Héjīncūn] 横市镇人民政府驻地。在县政府驻地玉潭街道西南34千米。人口

4100。2004年合纯、金山2村合并，取2村名各一字得名。聚落呈散点状。有中学、幼儿园、卫生院。以种植水稻为主。横灰、灰汤沩山旅游公路经此。通公交车。

回龙铺镇 [Huílóngpù Zhèn] 宁乡县辖镇。在县境中部偏北。面积72平方千米。人口4万。辖1居委会、13村委会，有28自然村。镇人民政府驻回龙铺村。1949年设回龙铺、万寿山2乡。1961年分别成立公社。1984年复乡。1995年2乡合并，仍称回龙铺乡。2002年改镇。因古驿道铺站回龙铺得名。有初中2所，小学及教学点7所，卫生院1个。有图书室、文化活动室、敬老院等。有景点丰收湾、灵官庙、候旨亭。森林覆盖率37.02%。经济以种养殖业、休闲观光农业、服务业为主。农业以水稻种植为主，兼种蔬菜。工业以食品、建筑材料为主。省道宁太线，宁横、宁灰公路过境。

回龙铺村 [Huílóngpùcūn] 回龙铺镇人民政府驻地。在县政府驻地玉潭街道西南14千米。人口3500。因镇得名。聚落呈散点状。有中小学、幼儿园、卫生院。有灵官庙、推子山铜矛出土遗址、潭家湾编钟出土遗址、回龙铺提梁卣出土遗址、黄巢城遗址。农业以种植水稻为主，兼种蔬菜。有粮食示范区。宁横、新竹公路经此。

黄材镇 [Huángcái Zhèn] 宁乡县辖镇。在县境西北部。面积219平方千米。人口6.6万。辖1居委会、24村委会，有56自然村。镇人民政府驻新街社区。1949年设黄材镇。1958年改公社。1984年改乡。1986年置镇。1995年井冲、月山、沙坪3乡并入。唐代安化、桃江、益阳等地名贵黄木集中于此再运往全国，故名。沩江流经。有黄材水库。有矿产资源石灰石、铁、铀、锰、锑、瓷泥等。有初中1所，小学及教学点10所，卫生院1个。有图书室、文化活动室、敬老院等。有全国重点文物保护单位炭河里遗址，出土国宝四羊方尊、商代大铜铙等青铜器3000多件。被誉为“南中国青铜器之乡”。有炭河里国家考古遗址公园、千佛洞等。有青羊湖森林公园。经济以种植业、商贸服务为主。种植水稻、蔬菜、西瓜。工业以建材、矿产开采、农产品加工为主。横雪、黄月、南崔、灰黄旅游公路，黄祖沩旅游专线过境。

新街社区 [Xīnjiē Shèqū] 黄材镇人民政府驻地。在县境西部。面积1平方千米。人口6400。为区别于旧街而得名。2004年成立。沩江河、绢水河、崔坪河流经。民居以3层及以上住宅楼为主。有便民公共服务、文化娱乐等设施。有中小学、卫生院。有姜公桥遗址、黄唐起义旧址及黄唐起义纪念碑。驻有地税支局、交管站、派出所等单位。经济以旅游、种植为主。有超市。黄龙公路经此。通公交车。

大成桥镇 [Dàchéngqiáo Zhèn] 宁乡县辖镇。在县境中部。面积59平方千米。人口3.4万。辖1居委会、8村委会，有21自然村。镇人民政府驻青泉社区。1961年成立大成桥公社。1984年改乡。1995年成功塘乡、油麻田乡新洲村并入。2007年改镇。传清代建桥，因尊尚孔子，取大成至圣先师之意得名大成桥，镇以桥名。沩江流经。有煤资源。有初中2所，小学及教学点4所，卫生院1个。有图书室、文化活动室、敬老院等。有地方民俗庙会、竹马灯、围鼓戏、剪纸等。经济以种养殖业为主。农业种植水稻、玉米、柑橘、蔬菜。特产口味蛇。有湘都五星级生态农业园。工业以铸造、机械加工、烟花鞭炮、鞋服生产为主。省道宁太线，大喻、宁横公路过境。

青泉社区 [Qīngquán Shèqū] 大成桥镇人民政府驻地。在县境中部。面积9平方千米。人口4400。2010年成立。民居以2层及以上住宅楼为主。有便民公共服务、文化娱乐等设施。有中小学、幼儿园、卫生室、文化广场等。农业以种植水稻、柑橘为主。通公交车。

青山桥镇 [Qīngshānqiáo Zhèn] 宁乡县辖镇。在县境西南部。面积132平方千米。人口5.3万。辖1居委会、16村委会，有43自然村。镇人民政府驻青山桥社区。1956年设青山桥乡。1958年改公社。1984年复乡。1995年花园、田坪、心田3乡并入。2007年置镇。因镇政府原驻地得名。流沙河流经。有矿产资源花岗岩、锰矿石、钾长石。有芙蓉山、洪家大山。有初中3所，小学及教学点11所，卫生院1个。有图书室、文化活动室、敬老院等。有普济寺。经济以种养殖业为主，种植水稻、药材、蔬菜，有中药材种植基地。工业以石材、铸造、机械加工、制塑、建材为主。洛湛铁路，益娄衡高速，省道湘新、宁太线过境。

青山桥社区 [Qīngshānqiáo Shèqū] 青山桥镇人民政府驻地。在县境西南部。面积5平方千米。人口4400。因清代青山桥得名。2010年成立。民居以2层及以上住宅楼为主。有便民公共服务、文化娱乐等设施。有中小学、幼儿园、卫生院。经济以石材加工、水稻种植为主，兼种药材。省道湘新、宁太线经此。通公交车。

金洲镇 [Jīnzhōu Zhèn] 宁乡县辖镇。在县境东北部。面积61平方千米。人口3.2万。辖2居委会、9村委会，有23自然村。镇人民政府驻全民社区。1958年成立全民公社。1984年改乡。1995年泉塘乡并入。2007年更名金洲乡。2009年改镇。因金洲湾得名。有初中2所，小学及教学点10所，卫生院1个。有图书室、文化活动室、敬老院等。有国家4A级旅游景区关山。经济以商贸服务、制造、旅游为主。有宁乡省级高新技术产业园区。农业以水稻种植为主，兼种蔬菜、水果。工业以机械、农产品加工、建材为主。石长铁路、长张高速过境。

全民社区 [Quánmín Shèqū] 金洲镇人民政府驻地。在县境东北部。面积7平方千米。人口3500。取“全民国家、全民所有”之意命名。2010年成立。民居以2层及以上住宅楼为主。有便民公共服务、文化娱乐等设施。有中小学、卫生室、幼儿园、敬老院。有三一重工等企业。农业以水稻种植为主。石长铁路、长常高速经此。通公交车。

大屯营镇 [Dàtúnyíng Zhèn] 宁乡县辖镇。在县境东南部。面积107平方千米。人口4.4万。辖1居委会、12村委会，有23自然村。镇人民政府驻石家湾社区。1995年三仙坳、石家湾2乡合设大屯营乡。2014年改镇。古为屯兵屯粮之地，故名。靳江河流经。有矿产资源煤、海泡石、碳酸钙、镁质泥。有高中1所，初中2所，小学及教学点6所，卫生院1个。有图书室、文化活动室、敬老院等。有周氏双龙舞。经济以种植水稻、玉米、油菜，养殖家畜家禽为主。工业以煤炭采掘、木材加工、烟花鞭炮生产、建材为主。沪昆、长韶娄高速，县道南托、九韶、朱下、双大、三青、花大线过境。

石家湾社区 [Shíjiāwān Shèqū] 大屯营镇人民政府驻地。在县境东南部。面积7平方千米。人口7000。因姓氏及地形得名。2010年成立。民居以2层及以上住宅楼为主。有便民公共服务、文化娱乐等设施。有航空学校、卫生室等。有航空新镇。农业以种植水稻为主。通公交车。

资福镇 [Zīfú Zhèn] 宁乡县辖镇。在县境中部偏南。面积89平方千米。人口4万。辖1居委会、11村委会，有25自然村。镇人民政府驻窑里社区。1949年为资福乡。1958年成立公社。1984年复乡。1995年檀木桥、珊瑚2乡并入。2014年改镇。因古资福寺得名。有七星寨山。乌江流经。有九年一贯制学校1所，初中1所，小学及教学点6所，卫生院1个。有图书室、文化活动室、敬老院等。经济以农业为主，种植水稻、油菜，养殖生猪、家禽。有制陶业。宁灰、边资、朱将公路过境。

窑里社区 [Yáolǐ Shèqū] 资福镇人民政府驻地。在县境西南部。面积8平方千米。人口4100。因旧时制陶业发达得名。2014年成立。民居以3层及以上住宅楼为主。有便民公共服务、文化娱乐等设施。有中小学、幼儿园、卫生院、文化广场。有千年陶窑、清安庙、资福寺等。以种植水稻为主。通公交车。

朱良桥乡 [Zhūliángqiáo Xiāng] 宁乡县辖乡。在县境东北部。面积82平方千米。人口3.6万。辖10村委会，有21自然村。乡人民政府驻罗巷新村。1957年设朱良桥乡。1958年改公社。1995年与莲花山乡合并复设朱良桥乡。因民间传说里的“姑娘桥”谐音得名。有初中2所，小学及教学点4所，卫生院1个。有图书室、文化活动室、敬老院等。有灵峰书院遗址。经济以种植水稻、蔬菜为主。特产柑橘等。工业以造纸、食品、机械、新材料为主。宁朱、朱双、宁益公路过境。

罗巷新村 [Luóxiàngxīncūn] 朱良桥乡人民政府驻地。在县政府驻地玉潭街道东北11千米。人口3600。传有罗姓在此山地建房修巷道，人称罗家巷子。2004年与白羊嘴村合并更今名。聚落呈散点状。有中小学、卫生室。以种植水稻等为主。有农产品、饲料加工业。通公交车。

菁华铺乡 [Jīnghuápù Xiāng] 宁乡县辖乡。在县境中部偏北。面积66平方千米。人口3.4万。辖10村委会，有28自然村。乡人民政府驻菁华铺村。1949年设菁华铺、桃林桥等乡。1961年分别成立桃林桥、洪仑山2公社。1984年均改乡。1995年2乡合设菁华铺乡。因乡政府驻地得名。菁华河流经。有矿产资源玄武岩。有初中1所，小学及教学点5所，卫生院1个。有图书室、文化活动室、敬老院等。农业以水稻种植为主，养殖家禽、水产。服务业以餐饮、休闲旅游为主。长石铁路、长常高速、319国道、省道桃青线、桐菁公路过境。

菁华铺村 [Jīnghuápùcūn] 菁华铺乡人民政府驻地。在县政府驻地玉潭街道西北5千米。人口5000。因菁华古递铺得名。聚落沿公路呈条状分布。有小学、卫生院。有文体广场、幸福院、农家书屋等。农业以种植水稻为主。有银行、商贸城等。通公交车。

南田坪乡 [Nántiánpíng Xiāng] 宁乡县辖乡。在县境东南部。面积64平方千米。人口2.8万。辖10村委会，有24自然村。乡人民政府驻南田坪村。1949年设南田坪乡。1958年划入坝塘公社。1961年析设南田坪公社。1984年改乡。1995年停钟乡并入。传隋末蓝田夫人举家迁此，谐音得名。乌江流经。有矿产资源铁、锰、石灰石。有初中2所，小学及教学点5所，卫生院1个。有图书室、文化活动室、敬老院等。农业以养殖生猪、鸡，种植优质稻为主。有建材、农资产业、商品零售等行业。省道学七线，县道南坝、石大线过境。

南田坪村 [Nántiánpíngcūn] 南田坪乡人民政府驻地。在县政府驻地玉潭街道西南18千米。人口3000。村以乡名。聚落呈带状。有小学、幼儿园、卫生室、文化广场等。有虚溪庙、虚溪桥、麻溪庙等。农业以水稻种植为主。通公交车。

枫木桥乡 [Fēngmùqiáo Xiāng] 宁乡县辖乡。在县境中部偏南。面积93平方千米。人口4万。辖11村委会,有25自然村。乡人民政府驻枫木村。1958年成立枫木桥公社。1984年改乡。1995年洞庭桥乡并入。原以凤睦古桥为名,后改今名。有初中2所,小学及教学点11所,卫生院1个。有图书室、文化活动室、敬老院等。经济以农业为主。以种植水稻、小麦、玉米为主,兼种红薯、水果。特产红薯粉丝、糯米粉等。老粮仓—灰汤公路过境。

枫木村[Fēngmùcūn] 枫木桥乡人民政府驻地。在县政府驻地玉潭街道西南38千米。人口2000。因枫木桥得名。聚落呈散点状。有中小学、卫生院。农业以种植水稻、水果为主。通公交车。

喻家坳乡[Yùjiā'ào Xiāng] 宁乡县辖乡。在县境中部。面积97平方千米。人口4万。辖10村委会,有23自然村。乡人民政府驻喻家坳村。1961年成立喻家坳公社。1984年改乡。1995年涌泉山乡并入。因乡政府驻地得名。有矿产资源煤、石灰石、镁。有初中2所,小学及教学点7所,卫生院1个。有图书室、文化活动室、敬老院等。有宝塔桥惜字亭、大益坝宝塔桥。有喻家坳火龙灯。经济以农业为主,种植水稻、玉米、蔬菜。工业有碳素制品、煤炭、水泥、烟花鞭炮、建材产业。洛湛铁路、煤双公路过境。

喻家坳村[Yùjiā'àocūn] 喻家坳乡人民政府驻地。在县政府驻地玉潭街道西南28千米。人口4500。因姓氏、地形得名。聚落沿地势、公路呈条状分布。有中心校、卫生院、敬老院等。有宝塔桥惜字亭、大益坝宝塔桥。农业以种植水稻、油茶为主。特产玉竹、茶油等。通公交车。

沙田乡[Shātián Xiāng] 宁乡县辖乡。在县境西部。面积74平方千米。人口3.5万。辖13村委会,有30自然村。乡人民政府驻沙田村。1961年五里堆公社析置沙田公社。1984年改乡。1995年沙田、五里堆2乡合为沙田乡。因乡政府驻地得名。黄涓水、七星水流经。有初中2所,小学及教学点9所,卫生院1个。有图书室、文化活动室、敬老院等。有全国重点文物保护单位谢觉哉故居、何叔衡故居。有姜梦周烈士故居。农业以种植水稻、蔬菜、油茶、茶为主,养殖生猪、黑山羊。有油菜种植基地。工业以量具、铸件、热材料药剂、饮料酒生产为主,有传统产业包点制作、销售。县道横雷、五七线过境。

沙田村[Shātiáncūn] 沙田乡人民政府驻地。在县政府驻地玉潭街道西南54千米。人口2400。因田地多沙得名。聚落呈散点状。有中小学、卫生院、敬老院等。有惠同廊桥、云阳太和桥。种植水稻、中药材、蔬菜、油茶,养殖生猪、黑山羊、鲜鱼,培育鱼苗。通公交车。

长冲村[Chángchōngcūn] 在县政府驻地玉潭街道西南55千米。沙田乡辖自然村。人口2400。因洪山庙至分水坳老茶亭长10里,故名。聚落呈带状。有全国重点文物保护单位何叔衡故居,省级文物保护单位何南薰墓。种植淮山、玉竹、水稻等。通公交车。

堆资村[Duīzīcūn] 在县政府驻地玉潭街道西南55千米。沙田乡辖自然村。人口2800。因旧有堆资山得名。聚落呈带状。有全国重点文物保护单位谢觉哉故居。以旅游业为主。通公交车。

沩山乡[Wéishān Xiāng] 宁乡县辖乡。在县境西北部。面积75平方千米。人口1.8万。辖1居委会、8村委会,有20自然村。乡人民政府驻沩山社区。清曾设沩山十都。1949年为沩山乡。后改公社。1984年复乡。2005年祖塔乡并入。因乡政府原驻地得名。有沩山。沩水流经。有初中1所,小学及教学点1所,卫生院1个。有图书室、文化活动室、敬老院等。有省级文物保护单位唐代中晚期名相裴休墓。有密印寺。经济以农业、旅游为主。农业以种植水稻为主,产花生、棉花,盛产茶叶。工业以茶叶加工、饮用水生产、锰矿开采为主。黄沩、巷沩公路过境。

沩山社区[Wéishān Shèqū] 沩山乡人民政府驻地。在县境西北部。面积12平方千米。人口4500。2010年成立。因山得名,原山名围山,后称沩山。民居以2层及以上住宅楼为主。有便民公共服务、文化娱乐等设施。有九年一贯制学校、中小学、幼儿园、卫生院。有省级文物保护单位密印禅寺。经济以旅游商贸、种养业为主。通公交车。

株洲市

株洲市[Zhūzhōu Shì] 湖南省辖地级市。北纬26°03′—28°01′,东经112°57′—114°07′。在省境东部。面积11258平方千米。户籍人口401.6万,常住人口388.1万。以汉族为主,还有土家、苗、瑶等民族。辖天元、荷塘、芦淞、石峰4区,株洲、攸县、茶陵、炎陵4县,代管醴陵1县级市。市人民政府驻天元区。清光绪三十四年(1908)设株洲抚民府,属长沙府。清末称株洲厅。1912年并入湘潭县。1951年设株洲市(县级),属长沙专区。1953年属省。1956年升地级市。1983年醴陵、攸县、茶陵、酃县4县并入。东汉永康—建宁年间(167—172)因濒湘江盛产楮树,江中多沙洲,得名楮洲。宋绍熙元年(1190)谐音成今名。处罗霄山脉西麓。湘江两岸平原,东南部山地,北部岗地。平均海拔100米。年均气温17.7℃,1月平均气温5.3℃,7月平均气温29.5℃。年均降水量1444.7毫米。年均无霜期279天。湘江、洣水河、渌水河、洮水河、攸水河、澄潭江、铁水河等流经。有矿产资源煤、铁、钨等。有野生植物2019种,其中国家重点保护野生植物有大院冷杉、伯乐树、南方红豆杉等6种。有野生动物400余种,其中国家重点保护野生动物有云豹、金钱豹、金丝猴等6种。有国家级自然保护区桃源洞。有青洋湖、凤凰山、攸州、云阳山、神农谷国家森林公园,酒埠江国家地质公园,官庄湖、东阳湖国家湿地公园。森林覆盖率61.5%。有国家级科研单位株洲石油储存研究所、化学工业部湘东化工机械厂研究所等5个,省级科研单位43个。有高校9所,中学131所,小学231所,三级医院12个,国家一级图书馆4个,博物馆7个,纪念馆3个,体育场馆10个,档案馆14个,春之韵、红楼越剧、动力之声等文艺团体9个。有全国重点文物保护单位醴陵窑、洣泉书院、渌江桥、茶陵古城墙等8个,省级文物保护单位朱亭古码头群、国营三三一厂苏式建筑群、民国政府第十一兵工厂凤凰山防御工事旧址等51个。有全国爱国主义教育基地耿传公祠、醴陵南四区苏维埃革命纪念馆、湘赣攸县苏区烈士纪念馆、秋瑾故居,省级爱国主义教育基地茶陵县工农兵政府旧址、炎陵红军标语博物馆、中车株机历史陈列馆等39个。有国家级非物质文化遗产釉下五彩瓷烧制技艺、炎帝陵祭典,省级非物质文化遗产云阳山南岳宫庙会、攸县打铁水、花炮制作手工技艺、星子灯等12项。有千年古镇朱亭、淦田、渌口、三门镇等6个。有国家5A级旅游景区炎帝陵,国家4A级旅游景区云阳山、神农谷、株洲方特欢乐世界、酒仙湖等6个。有名胜古迹云峰湖、酒埠江、陶瓷谷、空灵寺、资福寺、龙门寺。三次产业比例8∶59∶33。农业以水稻、蔬菜种植为主,养殖生猪、鱼、牛、羊,产茶叶、棉花。工业以轨道交通装备、汽车及零部件、航空装备、陶瓷、纺织服饰等制造业为主,发展新能源、新材料、电子信息、生物医药等产业。有国家级株洲高新技术产业开发区,省级开发区4个。服务业以旅游、商贸、物流、电子商务为主。有茶祖文化产业园、醴陵·世界陶瓷艺术城、汽车博览园。有铁路353.9千米,公路748.7千米,高速238.9千米,内河航线558千米。京广、沪昆、醴茶、吉衡铁路,武广、沪昆高铁,京港澳、沪昆、泉南、长株、岳汝、炎睦高速,106、320国道,省道浏衡、老谭线过境。有湘江水运航道。通多路公交车。

株洲[Zhūzhōu] 别名楮洲。古称建宁。株洲市聚落。在市境东北部。面积853平方千米。人口387万。以汉族为主,还有苗、土家、回等民族。东汉建安十九年(214)置建宁县,建宁故城即今株洲市区,曾名楮洲。宋绍熙元年(1190)亦名建宁。清乾隆九年(1744)设株洲塘汛于此。20世纪70年代改造、扩建老城区。90年代末向东、南拓展。2014年建设创新试验区。工业区在东部新城,布局生物医药、航空、新材料等产业,有服饰城、航空城。产城融合区在南部新区。高新产业区位于南洲新区,发展新能源、绿色产业,有天易科技园。湘江休闲旅游产业带位于南部新区,有建宁、朱亭古城,杨柳湖、挽洲岛、军山旅游度假区。境内铁路、国道、高速交错纵横。有株亭渡口水运航道。有株洲西站、株洲南站。

云龙大道[Yúnlóng Dàdào] 在市境东部。南起红旗北路,北至县道茶马线。与新塘路、磐龙路相交。长15.8千米,宽54米。沥青路面。2010年开工,2011年建成。因云龙示范区得名。两侧有方特欢乐世界、悦来冰雪世界、烟墩古遗址、抗日烈士纪念园、云龙示范区办公大楼、大丰站。通公交车。

东环路[Dōnghuán Lù] 在市境东部。南起京渌立交桥,北至新华东路。与芦淞路、株董路相交。长9.9千米,宽60米。沥青路面。2002年开工,2005年建成。两侧有外国语实验中学、中南无线电厂。通公交车。

天元区

天元区[Tiānyuán Qū] 株洲市人民政府驻地。在市境西南部。面积328平方千米。人口30.3万。以汉族为主,还有土家、苗、瑶等民族。辖3街道、4镇。区人民政府驻栗雨街道。1970年设郊区。1997年更今名。取天台山、园艺场首字谐音得名,意为天元初起。2000年后建设湘江风光带、株洲航电枢纽、湘水湾。有标志性建筑神农炎帝塑像。有神农湖、万丰湖、栗雨湖。有中学7所，小学31所，三级医院2个，二级医院1个。有市体育中心、长江广场、炎帝广场、汽车博览园。有省级文物保护单位罗哲烈士墓。有名胜古迹湘江古桑洲、神农城、空灵寺、资福寺、龙门寺。有国家3A级旅游景区悠移生态庄园。三次产业比例4∶53∶43。农业以水稻、蔬菜种植为主，养殖生猪、鱼。工业以轨道交通、通用航空、新能源汽车制造为主，发展电子信息、新能源、新材料、生物医药。有株洲高新技术产业开发区。服务业以金融、保险、商贸、物流为主。有栗雨中央商务区。武广、京广高铁，京珠、潭耒、京港澳高速，省道老谭线过境。有湘江航道。有株洲西站。

株洲高新技术产业开发区［Zhūzhōu Gāoxīn Jìshù Chǎnyè Kāifāqū］ 在区境西部。东至湘江，南至滨江南路，西至珠江南路，北至黄山路。面积328平方千米。1992年11月经国务院正式批准建立国家级经济开发区，由株洲市政府管理。有田心高科园、董家塅高科园、河西示范园、金山科技工业园。以轨道交通、通用航空、新能源汽车产业为主。入驻北汽株洲工厂、长城电脑等企业。武广高铁过境设株洲西站。通过城区道路连接城区。通多路公交车。

神农城广场［Shénnóngchéng Guǎngchǎng］ 在城区西部。面积15万平方米。1996年开工，1997年建成。原名炎帝广场。2011年扩建，为纪念神农氏更今名。有高19.97米花岗岩炎帝塑像、高365米神农塔。有日晷。东为集会广场，西为绿荫草地。南北有先贤雕像后稷、大禹、鲁班、宋应星、扁鹊等8座。周边有神农坛、神农湖、神农艺术中心、神农大剧院。通多路公交车。

黄河路［Huánghé Lù］ 在区境中部偏东。南起滨江路，北至滨江北路。与庐山路、天台路、泰山路、黄山路相交。长3.1千米，宽48米。沥青路面。1992年开工，1993年建成。两侧有株洲移动信指中心、市政务中心、市公交公司、株洲日报社、市地税局、市经信委、区检察院、区法院、区公安分局、唐人神总部。通公交车。

长江路［Chángjiāng Lù］ 在区境东部。南起衡山东路，北至庐山路。与天台路、泰山路、黄山路相交。长5千米，宽60米。沥青路面。1992年开工，1993年建成。两侧有市总工会、第二工人文化宫、体育中心。通公交车。

株洲大道［Zhūzhōu Dàdào］ 在区境北部。东起长江北路，西至县道天易线。与京港澳高速相交。长8千米，宽100米。沥青路面。2009年开工，2011年建成。两侧有市体育中心、家居建材城、区政府、栗雨中央商务区、栗雨工业园、北汽株洲工厂、株洲汽车博览园。通公交车。

天台路［Tiāntái Lù］ 在区境中部。东起株洲大桥，西至珠江南路。与长江路、黄河路相交。长2.3千米，宽60米。沥青路面。1988年开工，1989年建成。因天台山得名。两侧有市委、市政府、株洲海关、市邮政局。通公交车。

泰山路［Tàishān Lù］ 在区境中部偏南。东起天元大桥，西至湘芸路。与长江路、黄河路相交。长8千米，宽48米。沥青路面。1992年开工，1993年建成。两侧有区地税局、国税局、市财政局、留学人员创业园、教育局、档案局、传媒大厦、神农大剧院、湖南工业大学。通公交车。

株洲大桥［Zhūzhōu Dàqiáo］ 在城区东部。长1192.8米，宽24米，最大跨度40米，桥下净高8米。1986年开工，1988年建成。2008年改造。为市区第一座大型城市公路桥，故名。为特大型河道桥梁，结构型式为31孔预应力钢筋混结构箱型连续桥。最大载重104吨。通公交车。

天元大桥［Tiānyuán Dàqiáo］ 在城区中部。长1256.2米，宽30米，最大跨度40米，桥下净高8米。2005年开工，2007年建成。因所在行政区得名。为特大型河道桥梁，结构型式为三塔部分斜拉桥。最大载重104吨。通公交车。

建宁大桥［Jiànníng Dàqiáo］ 在城区西部。长457.7米，宽30米，最大跨度240米，桥下净高8米。2003年开工，2005年建成。因古县名建宁得名。为特大型河道桥梁，结构型式为独塔单索面斜拉桥。最大载重104吨。通公交车。

王家坪立交桥［Wāngjiāpíng Lìjiāoqiáo］ 在城区西南部。占地面积18万平方米。有4层互不交叉的不同方向城市道路在此立体相交。最高层离地面61.6米。2008年开工，2009年建成。日交通流量5000辆。

株洲西站［Zhūzhōuxī Zhàn］ 见交通运输设施部分“株洲西站”条。

栗雨街道［Lìyǔ Jiēdào］ 天元区人民政府驻地。在区境东部。面积51平方千米。人口3万。2005年设。取栗塘、雨仙庙首字得名。2012年建成栗雨休闲谷。有万丰湖。有中学2所，小学3所，卫生服务中心1个，卫生所3个。有栗雨湖公园。经济以交通装备制造、生物医药、健康食品加工、商贸为主。有栗雨、欧洲2工业园。有雷打岭、王家坪、金龙3集贸市场。有栗雨中央商务区。有五星级酒店1个。京珠、京港澳高速，县道天易线过境。通多路公交车。

嵩山路街道［SōngshānLù Jiēdào］ 属天元区。在区境东北部。面积15平方千米。人口7万。2005年设。因嵩山路得名。湘江流经。有中学1所，小学3所，卫生服务中心1个，卫生服务站2个。有市体育中心。经济以商贸为主，有建材市场。有五星级酒店2个。通多路公交车。

泰山路街道［TàishānLù Jiēdào］ 属天元区。在区境东部。面积14平方千米。人口7.9万。2005年设。因泰山路得名。有株洲海联粮油科学技术研究所、湖南工业大学。有中学1所，小学2所，三级医院2个，二级医院1个，卫生服务中心1个，卫生服务站2个。有神农城广场、神农太阳城。工业以电子信息、新材料、新能源为主。有钻石工业园、株洲留学人员创业园。通多路公交车。

三门镇［Sānmén Zhèn］ 天元区辖镇。在区境南部。面积92平方千米。人口3.9万。辖2居委会、22村委会，有417自然村。镇人民政府驻上节街社区。1951年设三门镇。1956年并入荟霞乡。1958年复镇。1959年析设三门乡。1986年三门乡并入三门镇。清光绪《湘潭县志》载：“或言水中三石如门，或言岸旁山有石三门，今以水经注三峡之言并数三滩为三门似近”，故名。湘江流经。有中学2所，小学6所，卫生院1个，卫生室22个。有文化站、农家书屋等。有古码头、北禅寺、五福寺、龙禅寺庙。农业种植水稻、蔬菜，养殖生猪、家禽，有网箱养鱼。工业以灯饰、玻璃制造为主。京广铁路、京港澳高速过境。有湘江航道。

上节街社区［Shàngjiéjiē Shèqū］ 三门镇人民政府驻地。在区境南部。面积0.2平方千米。人口1300。街区以水闸分界，分上、下节，故名。2005年成立。民居以民国时期木架结构房屋为主，现代风格房屋为辅。有便民服务中心、志愿者服务中心、文化活动室、老年日间照料室、社区学校、妇婴幼学校、慈善超市。有乒乓球台、健身器材。有小学卫生院、卫生所。有古码头、五福庙、丽水港湾休闲景区。通公交车。

群丰镇［Qúnfēng Zhèn］ 天元区辖镇。在区境中部偏北。面积53平方千米。人口3万。辖16居委会，有231自然村。镇人民政府驻响塘社区。1961年成立群丰公社。1984年设乡。1986年长岭乡并入。1993年改镇。以群策群力夺丰收之意命名。湘江流经。有中学1所，小学5所，卫生院1个，卫生所15个。有文化站、农家书屋等。有国家3A级旅游景区悠移生态庄园。农业种植水稻、蔬菜、茶，养殖生猪、鱼。工业以冶金冶炼、建材为主。武广高铁、京港澳高速过境。有株洲西站。

响塘社区［Xiǎngtáng Shèqū］ 群丰镇人民政府驻地。在区境中部偏北。面积0.2平方千米。人口1400。明清时有山塘，泉水涌响，故名。2005年成立。民居以安置房、商品房为主。有健身广场、游泳馆。不定期开展邻里节等便民服务活动。有中小学、卫生院。有崇实女校原址。有株洲西站。通公交车。

雷打石镇［Léidǎshí Zhèn］ 天元区辖镇。在区境中部。面积87平方千米。人口3.7万。辖3居委会、23村委会，有338自然村。镇人民政府驻养鲤村。1953年设雷打石镇。1967年改建新镇。1968年改雷打石公社。1970年改镇。1995年伞铺乡并入。昔有磨盘山，传山有巨石如磨盘，周围九石如牛，俗称九牛推磨，后被雷击，故名。湘江流经。有中学1所，小学7所，卫生院1个，卫生室22个。有文化站、农家书屋等。有古迹霞石埠码头、清“永禁洋烟，如违禀究”石碑。有景点观音岩、空洲岛。农业种植水稻、蔬菜、茶，养殖生猪、鱼。工业以化工、铸造、机械加工、陶瓷制造为主。京广铁路、京港澳高速、省道老谭线过境。有汽渡码头。

养鲤村［Yǎnglǐcūn］ 雷打石镇人民政府驻地。在区政府驻地栗雨街道西16千米。人口1700。地如金盆养鲤，故名。聚落呈散点状。有图书室、村民活动室等。种植水稻，养殖水产、生猪。

砖桥村［Zhuānqiáocūn］ 在区政府驻地栗雨街道西17千米。雷打石镇辖自然村。人口1500。因明代砖桥得名。聚落呈带状。有阅览室、健身房、文化广场等。开展公共道德教育、志愿者服务活动。农业种植水稻，养殖生猪、鱼。2005年被评为全国文明村。

马家河镇［Mǎjiāhé Zhèn］ 天元区辖镇。在区境西部。面积50.2平方千米。人口2.5万。以汉族为主，还有土家、苗等民族。辖12居委会，有194自然村。镇人民政府驻仙岭社区。1950年设马家河乡。1953年改镇。1956年复乡。1959年并入雷打石公社。1969年析设马家河公社。1984年改乡。1999年置镇。传明武宗朱厚照微服私访，御马下河，故称马下河，后演为今名。有古桑洲。有初中1所，小学5所，卫生院1个，卫生室13个。有省级文物保护单位罗哲烈士墓。农业以种植水稻、蔬菜、玉米，养殖猪、羊为主。工业以砂石、水泥预制构件、新型材料等加工业为主。服务业以商贸、旅游为主。有集贸市场5个。京珠高速、县道天易线过境。

仙岭社区［Xiānlǐng Shèqū］ 马家河镇人民政府驻地。在区境西部。面积400平方千米。人口2100。传有古枫树枯死又生，得名枫仙岭，简称仙岭。2010年成立。民居以6层安置房为主。有老年活动室、便民服务站、卫生服务站等。开展邻里情、快乐重阳节、义务理发等活动。京港澳高速、县道天易线经此。

荷塘区

荷塘区 [Hétáng Qū] 株洲市辖区。在市境东北部。面积143平方千米。人口31.7万。以汉族为主,还有土家、苗、回等民族。辖5街道、1镇、1乡。区人民政府驻桂花街道。1970年设东区。1997年更今名。秦汉时有江西南昌至长沙古驿道,设驿站,北有荷塘,后岸边建驿铺,故名荷塘铺,沿为区名。先后改造棚户区、老旧小区,建设材料科技城、现代物流城,建成天鹅湖公园、石子湖公园,扩建向阳广场,改建新华东路、金山路、大坪东路、茨菇塘路。白石港、建宁港河流经。有婆仙岭省级森林公园。有国家级科研单位2个,省级科研单位22个。有高校1所,中职10所,高中4所,初中3所,小学19所,三级医院3个,二级医院4个,图书馆15个,作家、音乐家、舞蹈家、摄影家、篮球、美术家、书法家、旗袍、夕阳红书画苑、诗词楹联、武术气功等协会团体23个。有省级文物保护单位仙庾塔,省级爱国主义教育基地株洲烈士纪念园。有古迹龙山寺。有民间艺术花鼓戏、舞龙、腰鼓、扇子舞。有省级风景名胜区仙庾岭。三次产业比例2∶59∶39。农业种植水稻、蔬菜、茶、棉花等,养殖淡水鱼、生猪、牛、羊等。工业以医药制造、医疗仪器设备及器械制造、新材料加工、轨道交通、智能制造、电子信息为主。有省级工业集中区1个。服务业以商贸、物流、文化休闲产业为主。有专业市场16个。京广、沪昆铁路,沪昆、长株高速,320国道,省道浏东线过境。有株洲汽车中心站、湘运长途汽车站。通多路公交车。

红旗中路 [Hóngqí Zhōnglù] 在区境西南部。南起红旗南路,北至红旗北路。与新华路、红港路、云龙大道相交。长2.3千米,宽40米。沥青路面。1970年开工,1973年建成。1976、2009年改扩建。两侧有青少年公园、中南蔬菜批发大市场等。通公交车。

红旗南路 [Hóngqí Nánlù] 在区境西南部。南起320国道,北至红旗中路。与石宋路、新华路相交。长1.4千米,宽50米。沥青路面。1990年开工,1993年建成。1994、2009年扩建。两侧有银泰商业广场、中南建材大市场、长途汽车站。通公交车。

红港路 [Hónggǎng Lù] 在区境西南部。东起云龙大道,西至庐山路。与红旗路、人民路相交。长2.3千米,宽26米。沥青路面。1992年开工,1993年建成。取红旗桥、白石港桥各一字得名。两侧有白石港风光带、株洲汽车城、天鹅湖公园、市幼师学校。通公交车。

石宋路 [Shísòng Lù] 在区境西南部。东起湘运路,西至芦淞路。与红旗路、文化路相交。长3.9千米,宽20米。沥青路面。2003年开工,2004年建成。2009年扩建。取宋家桥、石子头首字得名。两侧有中南建材大市场、株洲五金机电大市场、市十三中、文化路小学、湖工大科技学院、株洲职工大学、株洲汽车南站。通公交车。

新华西路 [Xīnhuá Xīlù] 在区境中部。东起红旗路,西至株洲大桥。与文化路、钻石路相交。长3.2千米,宽34米。沥青路面。1956年开工,1958年建成。1981年扩建。两侧有市医院、株洲硬质合金公司、株洲长途汽车站。通公交车。

株洲汽车中心站 [Zhūzhōu Qìchē Zhōngxīnzhàn] 见交通运输设施部分"株洲汽车中心站"条。

湘运长途汽车站 [Xiāngyùn Chángtú Qìchēzhàn] 见交通运输设施部分"湘运长途汽车站"条。

桂花街道 [Guìhuā Jiēdào] 荷塘区人民政府驻地。在区境西南部。面积11平方千米。人口3.8万。2005年设。因桂花祠得名。明代沈姓建祠堂,遍种桂花树。先后建成戴家岭农贸市场,扩建向阳广场,建多处居住小区。有中国化工橡胶株洲设计院。有中职2所,中学2所,小学2所,二级医院1个,卫生服务中心3个,卫生服务站1个。农业种植蔬菜,养殖淡水鱼类。工业以化工、地矿勘探为主。有中南蔬菜农副产品批发大市场。320国道过境。通多路公交车。

月塘街道 [Yuètáng Jiēdào] 属荷塘区。在区境西南部。面积7平方千米。人口5.6万。1969年设。明清有塘如弯月,故名。有中学2所,小学6所,三级医院2个,二级医院1个,卫生服务中心1个,卫生服务站1个。有石子湖、龙山寺。工业以服饰、电焊条、齿轮加工为主。为服饰集散地。京广、沪昆铁路,320国道过境。有株洲汽车中心站、株洲汽车南站。通多路公交车。

茨菇塘街道 [Cígūtáng Jiēdào] 属荷塘区。在区境西南部。面积7平方千米。人口9.1万。1969年设。明清时盛产茨菇,故名。有国家级科研单位5个,中学2所,小学4所,三级医院1个,卫生服务中心1个,卫生服务站1个。有天鹅湖、青少年公园。工业以硬质合金加工为主。有株洲(国家)汽车城。有五星级酒店1个。京广铁路、320国道过境。有湘运长途汽车站。通多路公交车。

宋家桥街道 [Sòngjiāqiáo Jiēdào] 属荷塘区。在区境西南部。面积30平方千米。人口8.4万。1969年设。因宋家桥得名。有中学1所,小学2所,二级医院1个,卫生服务中心1个,卫生服务站1个。农业种植水稻、蔬菜、瓜果、茶等。工业以轨道装备制造为主。省道浏东线过境。通多路公交车。

金山街道 [Jīnshān Jiēdào] 属荷塘区。在区境西南部。面积10平方千米。人口4.4万。2005年设。因金钩山得名。有高校1所,小学4所,二级医院1个,卫生服务中心1个,卫生服务站1个。有流芳园、荷塘公园。农业种植水稻、蔬菜、茶等。工业以医学健康、新材料加工为主。有金山科技工业园。服务业以商贸为主。有大型专业市场、商贸综合体。320国道过境。通多路公交车。

仙庾镇 [Xiānyú Zhèn] 荷塘区辖镇。在区境东北部。面积50平方千米。人口2.2万。辖1居委会、17村委会,有214自然村。镇人民政府驻永福社区。1956年设蝶屏乡。1961年成立公社。1984年复乡。2001年改仙庾镇。2005年明照乡2村并入。因仙庾岭得名。有中学1所,小学1所,卫生院1个,卫生室17个。有文化站、农家书屋、敬老院等。有古迹文昌阁、仙庾庙。有省级风景名胜区仙庾岭。农业种植水稻、花卉、苗木、蔬菜等。工业以化工、建材为主。有旅游业。沪昆高速、省道浏东线、县道徐夏线过境。

永福社区 [Yǒngfú Shèqū] 仙庾镇人民政府驻地。在区境北部。面积1平方千米。人口700。2005年成立。有电子阅览室、书法室、舞蹈室、棋牌室、乡村大舞台等。定期开展联谊活动、趣味运动会等。有志愿者服务队伍。有中小学、卫生院、文化站、敬老院等。省道浏东线经此。

仙庾村 [Xiānyúcūn] 在区政府驻地桂花街道东北11千米。仙庾镇辖自然村。人口1700。因仙庾岭得名。聚落呈散点状。有村文明实践站、乒乓球室、图书阅读室、电子阅览室、文化中心宣传廊、文化宣传墙。有文昌阁、仙庾庙。有省级风景名胜区仙庾岭。以乡村旅游为主,种植花卉苗木。2012年被评为全国文明村。

明照乡 [Míngzhào Xiāng] 荷塘区辖乡。在区境中部。面积60平方千米。人口2.3万。辖17村委会,有250自然村。乡人民政府位于分路口。1952年设明照乡。1956年并入宋家桥乡。1961年析设明照公社。1984年复乡。因吉言佳语得名。有婆仙岭省级森林公园。有小学1所,卫生院1个,卫生室13个。农业种植水稻、蔬菜、茶,养殖生猪、家禽、鱼。工业以机械加工为主。沪昆高速、320国道、省道浏东线过境。

芦淞区

芦淞区 [Lúsōng Qū] 株洲市辖区。在市境东南部。面积220平方千米。人口30.6万。以汉族为主,还有维吾尔、苗、回等民族。辖7街道、1镇、2乡。区人民政府驻枫溪街道。1970年设南区。1997年因芦淞桥更今名。先后建设枫溪生态城、航空城、服饰城,修建神农公园、文化园、枫溪山体公园、凤凰山公园、天池公园,建成东城大道、机场大道、千亿大道、铁东路、迎新路、江渌路等。有标志性建筑株洲火车头广场、湘江风光带分袂亭、株洲邮电大楼等。湘江、枫溪港、建宁港、白石港等流经。有高校1所,中学11所,小学29所,三级医院3个,二级医院4个,体育场馆2个,美术家、书法家、摄影家、音乐家、舞蹈家协会等团体8个。有市图书馆、博物馆、群众艺术馆。有省级文物保护单位国营三三一厂苏式建筑群、民国政府第十一兵工厂凤凰山防御工事旧址等10个,省级爱国主义教育基地中共八叠支部旧址。有名胜古迹金轮古寺、鲁班殿、姚家坝火车站旧址、雷公塔、神农阁、市自来水厂苏式取水泵房等。有省级非物质文化遗产中医正骨疗法。有民俗百井剪刻纸艺术。有国家3A级旅游景区芦淞服饰城,省级大京风景名胜区。三次产业比例2∶43∶55。农业种植水稻、蔬菜,养殖生猪、鱼、牛、羊。工业以航空航天技术、制衣、食品加工为主。有国家级董家塅高科园,省级建宁经济开发区。服务业以商贸、物流、旅游、电子商务为主。有芦淞商业圈。有服饰、电子、食品、摩托车等专业市场。京广、浙赣、湘黔铁路,京珠高速,326、320国道,省道浏东线过境。有株洲站。通多路公交车。

建设中路 [Jiànshè Zhōnglù] 在区境北部。南起株洲中心广场接建设南路,北至白石港闸桥。与新华西路、红港路、纺织路、体育路、七一路等相交。长2.9千米,宽34米。沥青路面。1956年开工,1958年建成。1986年扩建。两侧有市图书馆、市博物馆、神农公园。通公交车。

建设南路 [Jiànshè Nánlù] 在区境南部。南起解放街,北至株洲中心广场接建设中路。与车站路、铁西路、保育路、市府路、沿港路等相交。长1.5千米,宽34米。沥青路面。1956年开工,1958年建成。1986年扩建。两侧有金融大厦、九天广场。通公交车。

人民中路 [Rénmín Zhōnglù] 在区境东部。南起新华西路,北至人民路桥。与红港路、纺织路、贺嘉路、公园路、七一路等相交。长2.7千米,宽25米。沥青路面。1979年开工,1980年建成。两侧有中医院、市自来水公司。通公交车。

人民南路 [Rénmín Nánlù] 在区境东部。

南起芦淞路，北至新华西路。与车站路、铁西路、保育路、市府路相交。长2.6千米，宽25米。沥青路面。1979年开工，1980年建成。两侧有服饰批发市场、株洲站。通公交车。

沿江中路［Yánjiāng Zhōnglù］　在区境西部。南起株洲大桥，北至白石港桥。与纺织路、贺嘉路、七一路相交。长2.6千米，宽32米。沥青路面。1958年开工，1959年建成。1992年扩建。为沿湘江道路之中段，故名。两侧有码头、神农阁、市人大。通公交车。

沿江南路［Yánjiāng Nánlù］　在区境西部。南起曲尺路，北至株洲大桥东。与车站路、拥军路、九天路、沿港路、解放街相交。长2.5千米，宽32米。沥青路面。1958年开工，1959年建成。1992年扩建。为沿湘江道路之南段，故名。两侧有平和堂、商城、布匹市场、分袂亭。通公交车。

枫溪大道［Fēngxī Dàdào］　在区境西部。南起付波大道，北至解放街。与石宋西路、月形巷、庆云山路、王庆路、南环线等相交相连。长8.5千米，宽30米。沥青路面。1996年开工，1998年建成。因枫溪港得名。两侧有区政府、市公路管理局、董家塅工业园。通公交车。

芦淞路［Lúsōng Lù］　在区境中部。东起株醴路桥，西至建设南路。与人民南路、沿港路、荷叶冲路、湘大路、株董路等相交。长2千米，宽17—25米。沥青路面。1937年建设，1958年扩建。因途经芦淞桥得名。两侧有南大门市场等。通公交车。

芦淞大桥［Lúsōng Dàqiáo］　在城区西南部。长1475.8米，宽33米，最大跨度33米，桥下净高10米。2008年开工，2010年建成。为大型河道桥梁，结构型式为拱梁钢构组合桥。最大载重55吨。通公交车。

株洲站［Zhūzhōu Zhàn］　见交通运输设施部分“株洲站”条。

枫溪街道［Fēngxī Jiēdào］　芦淞区人民政府驻地。在区境南部。面积20平方千米。人口1.4万。2005年设。因河流枫溪港得名。先后建成董家塅国家级高新技术科技园、枫溪生态公园。有中学1所，小学1所，卫生院1个，卫生所9个。有省级文物保护单位民国政府第十一兵工厂凤凰山防御工事旧址，省级爱国主义教育基地中共八叠支部旧址。有民俗炎帝陵祭典、云阳山南岳宫庙会、茶陵湘剧、苏区歌谣。农业种植水稻、蔬菜，养殖淡水鱼。有休闲、观光农业。工业以机械加工、有色金属冶炼、金属制品加工为主。有旅游业。省道跃石线过境。通多路公交车。

曲尺村［Qūchǐcūn］　在枫溪街道东南部。枫溪街道辖自然村。人口2800。明洪武年间（1368—1398）建村。因地似曲尺得名。聚落呈散点状。为中国传统村落。有省级文物保护单位民国政府第十一兵工厂凤凰山防御工事旧址，省级爱国主义教育基地中共八叠支部旧址。有民俗炎帝陵祭典、云阳山南岳宫庙会、茶陵湘剧、苏区歌谣。以餐饮、住宿为主。特产丝瓜、西瓜。通公交车。

贺家土街道［Hèjiātǔ Jiēdào］　属芦淞区。在区境北部。面积2平方千米。人口4.4万。1975年设。原江西贺氏迁此立祠堂，盖房垦地，故名。有中学1所，小学2所，三级医院1个，二级医院1个。有市群众艺术馆、博物馆、图书馆。经济以餐饮为主，有宵夜一条街。工业以有色金属冶炼、洗煤、麻纺、电力为主。省道浏东线过境。通多路公交车。

建设街道［Jiànshè Jiēdào］　属芦淞区。在区境中部偏北。面积2平方千米。人口2.8万。1973年设。因建设路得名。有中学1所，小学2所，二级医院1个。经济以商业、金融为主。工业以设备制造为主。省道浏东线过境。有株洲站。通多路公交车。

建宁街道［Jiànníng Jiēdào］　属芦淞区。在区境中部。面积2平方千米。人口4.5万。1972年设。三国时曾置建宁县，故名。有中学1所，小学2所，三级医院1个，卫生院1个。经济以商贸、物流为主。有服饰、电脑、糖果酒类、小商品等专业市场。326国道、省道长望线过境。通多路公交车。

庆云街道［Qìngyún Jiēdào］　属芦淞区。在区境中部偏南。面积10平方千米。人口4.5万。2005年设。因庆云山得名。有中学1所，小学5所，卫生服务中心1个，卫生服务站1个。有古迹鲁班殿。经济以商贸为主。省道浏东线过境。通多路公交车。

龙泉街道［Lóngquán Jiēdào］　属芦淞区。在区境东北部。面积11平方千米。人口2.7万。2005年设。因山泉清澈甘甜得名。有高校1所，中学1所，小学3所，二级医院1个，卫生服务中心1个，卫生服务站1个。有古迹龙泉坝。经济以服饰加工为主，有工业园2个。省道浏东线过境。通多路公交车。

董家塅街道［Dǒngjiāduàn Jiēdào］　属芦淞区。在区境中部偏东。面积25平方千米。人口5.5万。1955年设。南宋董姓建村，故名。枫溪流经。有高中1所，九年一贯制学校1所，中学3所，小学4所，三级医院1个，二级医院1个，卫生院2个。有凤凰山公园。有多栋苏式楼房。经济以航空设备制造、商贸为主。有无公害蔬菜种植基地。省道浏东线过境。通多路公交车。

白关镇［Báiguān Zhèn］　芦淞区辖镇。在区境东北部。面积148平方千米。人口5.5万。辖1居委会、17村委会，有264自然村。镇人民政府驻白关社区。1933年设白关乡。1949年并入株洲乡。1951年复白关乡。1959年醴陵县4村并入。后改公社。1984年复乡。1992年析设大京乡。1993年改镇。五代马殷占据湖南，在榨头坳、朱田铺间分设5关，此关称白关。有九年一贯制学校1所，中学2所，卫生院3个，卫生所1个。有文化站、农家书屋等。有古迹明代古祠堂、白关古井、雷大将军庙、金龙古寺。有省级风景名胜区大京。为全国重点镇。农业以种植水稻为主，有无公害蔬菜种植基地。工业以机电加工，合金工具、橡胶模具、摩托配件、钢化玻璃制造为主。320国道过境。

白关社区［Báiguān Shèqū］　白关镇人民政府驻地。在区境东部。面积0.8平方千米。人口3600。因白关铺得名。1993年成立。有新时代文明实践所、老年人日间照料中心、综合文化服务站、湘雅夕乐苑、职工之家、镇村大舞台。开展农耕文化亲子体验、低空观光游等活动。有中小学、卫生院。有个体商业网点247个。县道醴路—白关铺线经此。通公交车。

五里墩乡［Wǔlǐdūn Xiāng］　芦淞区辖乡。在区境南部。面积19平方千米。人口0.8万。以汉族为主，还有回、土家等民族。辖7村委会，有79自然村。乡人民政府驻五里墩村。1984年由白关乡析设五里墩乡。2005年建宁乡朱田铺村并入。因乡政府驻地得名。有矿产资源花岗岩、页岩。有初中1所，小学1所，幼儿园1所，卫生院1个，卫生室7个，文化站1个，农家书屋7个。有名胜古迹观音寺、镇龙塔、千年古樟、百口古井。有百井民间剪纸艺术。农业以种植水稻、蔬菜，养殖生猪为主。浙赣铁路、320国道过境。

五里墩村［Wǔlǐdūncūn］　五里墩乡人民政府驻地。在区政府驻地枫溪街道东南7千米。人口2000。南宋为醴陵至长沙驿道，五里一墩，十里一铺，此为五里墩。聚落呈圆罐状。有小学、卫生院、卫生室。农业以种植水稻、蔬菜，养殖生猪为主，产辣椒、莴笋。浙赣铁路、320国道经此。

姚家坝乡［Yáojiābà Xiāng］　芦淞区辖乡。在区境东部。面积71平方千米，人口2.1万。以汉族为主，还有回、土家等民族。辖19村委会，有224自然村。乡人民政府驻姚家坝村。1956年设姚家坝乡。1959年改公社。1984年复乡。因乡政府驻地得名。有中学1所，小学5所，幼儿园3所，卫生院1个，卫生室16个，文化站1个，图书室17个。农业以种植水稻、瓜果、蔬菜，养殖生猪为主。有商贸服务业。有集贸市场3个。浙赣铁路、醴潭高速、320国道过境。

姚家坝村［Yáojiābàcūn］　姚家坝乡人民政府驻地。在区政府驻地枫溪街道东南18千米。人口1200。传姚姓建坝得名。聚落呈条带状。有中小学、卫生院、卫生室。农业以种植水稻、瓜果、蔬菜，养殖生猪为主。浙赣铁路、醴潭高速、320国道经此。

石　峰　区

石峰区［Shífēng Qū］　株洲市辖区。在市境北部。面积202平方千米。人口33.9万。以汉族为主，还有土家、苗、回等民族。辖6街道，2镇。区人民政府驻响石岭街道。1970年设北区。1997年因石峰山更今名。先后建成石峰大桥、国家级田心高科园、株洲职教大学城。有石峰山、九郎山。白石港河流经。有专科院校8所，中学7所，小学20所，三级医院2个，二级医院3个，文化馆1个，体育馆4个。有秋瑾故居、株洲总机厂联合厂房旧址等。三次产业比例1∶85∶14。农业产花木、蔬菜，有云田花木花卉种养区。工业以轨道交通制造、有色冶金、精细化工、新型建材加工为主。有清水塘循环经济工业区。服务业以商贸、物流、文旅休闲产业为主。有大型商城、专业市场。浙赣、湘黔、京广、武广铁路，京珠、沪昆高速过境。有株洲北站。通多路公交车。

建设北路［Jiànshè Běilù］　在区境中部。南起白石港路，北至清石路。与杉木塘路、响田路、铜藕路相交。长5.3千米，宽34米。沥青路面。1956年开工，1958年建成。1986年扩建。两侧有石峰公园、湖南化工职业技术学院等。通公交车。

红旗北路［Hóngqí Běilù］　在区境北部。南起红旗桥，北至时代大道。与红港路、红港二路相交。长4.2千米，宽47米。沥青路面。1974年开工，1975年建成。1984年扩建。两侧有湖南汽车职业技术学院、株洲链条总厂、株洲空压机厂、株洲轴承厂、株洲起重机厂等。通公交车。

时代大道［Shídài Dàdào］　在区境北部。南起响田东路，北至320国道。与清水塘路、清石路相交。长8.9千米，宽23米。沥青路面。2008年开工，2010年建成。因企业得名。两侧有时代集团、中车株洲研究所等。通公交车。

响田东路［Xiǎngtián Dōnglù］　在区境东部。东起时代大道，西至响田西路。与先锋路相交。长3千米，宽24米。沥青路面。1956年开工，1958年建成。2002年扩建。取响石岭至田心各一字得名。两侧有区政府、市二医院、湖南铁道职业技术学院等。通公交车。

响田西路［Xiǎngtián Xīlù］　在区境西部。东起响田东路，西至石峰大桥。与铜塘湾路、沿江北路相交。长2.5千米，宽47米。沥青路面。1956年开工，1958年建成。2002年扩建。取响石岭至田心各一字得名。两侧有经仕集团、百货公司等。通公交车。

迎宾大道［Yíngbīng Dàdào］ 在区境北部。西起田心立交桥，北至上瑞高速。与井龙路、学林路相交。长5.6千米，宽26米。沥青路面。2009年开工，2011年建成。两侧有湖南铁路科技职业技术学院、化工公司等。通公交车。

石峰大桥［Shífēng Dàqiáo］ 在城区北部。长1946米，宽28米，最大跨度619米，桥下净高22米。1999年开工，2002年建成。为特大型河道桥梁，结构型式为拱梁钢构组合桥梁。最大载重70吨。通多路公交车。

田心立交桥［Tiánxīn Lìjiāoqiáo］ 在城区北部。占地面积3000平方米。有4层互不交叉的不同方向的城市道路在此立体相交。最高层离地面22米。2007年开工，2010年建成。因田心街道得名。日交通流量1.5万辆。

响石岭街道［Xiǎngshílǐng Jiēdào］ 石峰区人民政府驻地。在区境西南部。面积17平方千米。人口8.2万。1970年设。因山得名。先后建设湘江风光带，改造响石四村、有机化工老旧小区、桥梁厂二区旧城。湘江、白石港河流经。有中学2所，小学3所，三级医院1个，卫生所32个。有景点石峰公园、白石港古码头。工业以机车配件、铸铁、焊条加工为主，发展装备制造业。服务业以商贸为主，有杉木塘商圈、机电大市场、商业广场等。京广、湘黔铁路过境。有株洲北站。通多路公交车。

田心街道［Tiánxīn Jiēdào］ 属石峰区。在区境东南部。面积10平方千米。人口5.9万。1969年设。古有稻田，周为山岭，故名。有高校2所，中学2所，小学2所，三级医院1个，服务中心1个。经济以轨道交通装备研制为主。服务业以商贸为主。京广、湘黔铁路，上瑞、长株高速，320国道过境。通多路公交车。

清水塘街道［Qīngshuǐtáng Jiēdào］ 属石峰区。在区境西部。面积21平方千米。人口7万。1957年设。因池塘得名。有高校1所，中学1所，小学3所，二级医院3个，卫生所22个。有秋瑾故居、石峰禅寺。工业以化工、铸造、机械加工为主。服务业以商贸、物流为主。京广、湘黔铁路过境。通多路公交车。

铜塘湾街道［Tóngtángwān Jiēdào］ 属石峰区。在区境西部。面积31平方千米。人口3.9万。2005年设。地以湾名。先后搬迁中小企业，建铜塘湾保税物流中心。湘江流经。有小学1所，卫生院1个，卫生所1个。工业以冶炼、化工、建材、能源为主。湘黔铁路、武广高铁过境。通多路公交车。有码头2个。

井龙街道［Jǐnglóng Jiēdào］ 属石峰区。在区境东北部。面积24平方千米。人口1.8万。2005年设。因井龙庙得名。有高校1所，小学1所，特教学校1所，卫生服务中心1个，卫生室4个，体育馆1个。有名胜古迹九郎山、九郎庙、上林寺、瓦湾古井等。经济以光机电一体化、轨道车辆制造、新材料、新能源为主。有株洲轨道科技城。沪昆高速过境。通多路公交车。

学林街道［Xuélín Jiēdào］ 属石峰区。在区境东部。面积18平方千米。人口1.6万。2014年设。因中南林业学院得名。有专科7所，小学1所，卫生服务中心1个，卫生服务站1个。有市职教城。农业以种植水稻、蔬菜为主，兼养生猪、鱼。工业以机械加工为主。沪昆、长株高速过境。通多路公交车。

龙头铺镇［Lóngtóupù Zhèn］ 石峰区辖镇。在区境中部。面积25平方千米。人口1.7万。辖1居委会、16村委会，有109自然村。镇人民政府驻龙兴社区。1958年成立龙头铺公社。1984年改乡。1993年置镇。东、南、北3支流汇成龙母河源头，故名。有中学1所，小学2所，卫生院1个，卫生所16个。有文化站、图书室等。农业以种植水稻、蔬菜为主，兼种水果、茶，养殖生猪、牛、羊、淡水鱼等。工业以精细化工、机械加工为主。沪昆、长株高速过境。

龙兴社区［Lóngxīng Shèqū］ 龙头铺镇人民政府驻地。在区境中部。面积2平方千米。人口1300。因处集镇，紧邻兴隆工业园得名。2005年成立。民居以砖结构房屋为主。有业余文艺演出、羽毛球、广场舞等队伍。开展送戏上门等活动。有卫生院。经济以农副产品销售为主。通公交车。

云田镇［Yúntián Zhèn］ 石峰区辖镇。在区境东北部。面积54平方千米。人口2万。辖9居委会，有226自然村。镇人民政府驻云田社区。1956年设云田乡。后改公社。1984年复乡。2010年改镇。因镇政府驻地原名得名。有中学1所，小学3所，卫生院1个，卫生室4个。有文化站、图书室等。有景点方特欢乐世界、云龙水世界、滨悦冰雪世界。经济以花木种植为主。农业以种植水稻、蔬菜为主，兼种水果、茶，养殖生猪、牛、羊、淡水鱼。长株高速过境。

云田社区［Yúntián Shèqū］ 云田镇人民政府驻地。在区境东北部。面积6平方千米。人口2900。山上梯田如处云端，故名。2010年成立。民居以砖混结构自建房屋为主。有业余文艺演出、歌唱、广场舞、健身操等队伍。开展送戏上门等活动。有小学、卫生院。有多家商铺、餐馆。通公交车。

醴陵市

醴陵市［Lǐlíng Shì］ 湖南省直辖县级市，由株洲市代管。北纬27°22′，东经113°09′。在株洲市境东部。面积2157平方千米。人口107.3万。以汉族为主，还有哈尼、傣、畲等民族。辖4街道、18镇、8乡。市人民政府驻西山街道。汉高后四年(前184)置醴陵侯国。东汉初置醴陵县，属长沙郡。《名胜志》载：治北有陵，陵下有井，涌泉如醴，因以名县。隋大业三年(607)并入长沙县。唐武德四年(621)复县。五代属潭州。宋属长沙郡。元元贞元年(1295)升州，属天临路。天历中(1328—1330)复县。至正二十四年(1364)复州。明洪武二年(1369)复县，属潭州。其后至1983年未变，先后属长沙府、湘江道、湘东道、第一行政督察区、长沙专区、湘潭专区。1983年属株洲市。1985年改市(县级)。雅称瓷城。先后改扩建长途汽车站、火车站、醴陵大道、李畋中路，开发城北省级工业园区。2014年兴建醴陵世界陶瓷艺术城。有标志性建筑中国陶瓷谷国际会展中心。处罗霄山脉北段西沿，东、南、北部罗霄山环绕，中部多丘陵，西部略显平坦。有仙岳山。海拔37.9—859.6米。年均气温17.5℃，1月平均气温5.4℃，7月平均气温29.3℃。年均降水量1482.8毫米。渌江、昭陵河流经。有状元洲。有矿产资源煤、铁、铜等。有野生植物1240种，其中国家重点保护野生植物有银杏、水杉、苏铁。有野生动物400余种，其中国家重点保护野生动物有云豹、穿山甲等9种。有官庄湖国家湿地公园。森林覆盖率58%。有高校1所，中学53所，小学213所，三级医院2个，二级医院4个，省级图书馆1个，博物馆1个，档案馆2个。有全国重点文物保护单位醴陵窑、渌江书院、渌江桥、李立三故居，省级文物保护单位起元塔、南四区苏维埃革命纪念馆、毛泽东考察湖南农运旧址。有名胜古迹仙岳山、红色官窑、梯云阁、燕子崖、三狮洞等。为千年古县、中国陶瓷历史文化名城。三次产业比例9∶65∶26。农业种植水稻、蔬菜，养殖生猪、牛、羊、鱼，盛产水果、茶叶、棉花。工业以陶瓷、花炮制作为主，发展玻璃、汽车零配件、服饰、智能电网等产业。有醴陵省级经济开发区。服务业以商贸、旅游、物流为主。沪昆、浙赣、醴茶铁路，沪昆高铁，沪昆、平汝高速，320、106国道，省道莲花冲一株洲线过境。

醴陵站［Lǐlíng Zhàn］ 见交通运输设施部分“醴陵站”条。

醴陵汽车中心站［Lǐlíng Qìchē Zhōngxīnzhàn］ 见交通运输设施部分“醴陵汽车中心站”条。

西山街道［Xīshān Jiēdào］ 醴陵市人民政府驻地。在市境西南部。面积39平方千米。人口4.2万。1986年设。2002年渌江、转步2乡部分地域划入。因西山得名。先后建渌江桥、渌江书院桥、西山大桥、江源大桥，开发沿江源路、左权路、106国道两侧。有中学1所，小学3所，卫生院1个，卫生所10个。有省级文物保护单位起元塔。有新世纪陶瓷艺术馆、左权塑像、醴陵烈士陵园。有名胜古迹古桥芳洲、渌江书院、仙山望岳、渌江、李畋殿。经济以陶瓷制作、商贸为主。农业种植水稻，产蔬菜、瓜果。醴茶铁路、平汝高速、106国道过境。通多路公交车。

阳三石街道［Yángsānshí Jiēdào］ 属醴陵市。在市境东南部。面积23平方千米。人口4.2万。1986年设。因高山三石屹立得名。渌水流经。有初中1所，小学8所，二级医院1个，卫生院1个，卫生所10个。有市体育馆。有全国重点文物保护单位李立三故居。经济以住宿、餐饮为主。沪昆铁路、沪昆高速、320国道、省道莲花冲一株洲线过境。有醴陵站、醴陵汽车中心站。通多路公交车。

黄泥坳街道［Huángní'ào Jiēdào］ 属醴陵市。在市境北部。面积33平方千米。人口3.3万。1986年设。以醴陵城北一黄土山包为火车站名，街道以车站得名。2002年渌江、板杉、东堡、转步4乡部分地域划入。2003年建醴陵经济开发区。有标志性建筑中国陶瓷谷、世界陶瓷艺术城、中国陶瓷会展中心。渌江流经。有职业中专1所，中学1所，小学3所，卫生院1个，卫生所11个。有名胜古迹醴泉、文笔峰、袁氏牌坊。经济以餐饮、旅游、物流为主。有三星级酒店1个，农贸大市场2个。农业种植水稻、蔬菜等。沪昆铁路，沪昆、平汝高速，320国道过境。通多路公交车。

来龙门街道［Láilóngmén Jiēdào］ 属醴陵市。在市境中部。面积24平方千米。人口5.7万。2001年设。因宋代鲤鱼变龙传说得名。有高校1所，中学4所，小学7所，三级医院2个，二级医院1个，卫生院2个，卫生所20个。有名胜古迹先农坛、梯云阁、老县衙、文庙、原国民革命军高级将领陈明仁故居、青云禅寺。农业种植蔬菜、瓜果和少量水稻。特产芋头。工业以电瓷为主。沪昆铁路、320国道过境。通多路公交车。

珊田村［Shāntiáncūn］ 在市政府驻地西山街道东北4千米。来龙门街道辖自然村。人口1500。昔为县城郊区，梯田密布，层层叠叠，远远望去，酷似珊瑚，故名。聚落呈散点状。农业以种植水稻、蔬菜为主。有乡村旅游业。通公交车。2014年被评为省文明村。

南桥镇［Nánqiáo Zhèn］ 醴陵市辖镇。在市境东北部。面积98平方千米。人口4.5万。辖1居委会、15村委会，有286自然村。镇人民政府驻南桥村。1956年设南桥乡。1958年改公社。1984年复乡。1995年改镇。1996年洪源乡并入。因镇政府驻地得名。澄潭江流经。有初中1所,小学10所,卫生院1个,卫生室17个。有文化站、农家书屋等。农业以水稻种植为主,兼种蔬菜,养殖生猪、家禽、鱼。工业以烟花爆竹加工、机械制造、矿产开采、造纸为主。106国道过境。

南桥村［Nánqiáocūn］　南桥镇人民政府驻地。在市政府驻地西山街道东北31千米。人口4100。旧称官寮,1952年以兰溪桥改名兰桥,后谐音成今名。聚落呈散点状。有中小学、卫生院。农业以种植水稻为主,兼种蔬菜,养殖生猪、家禽、鱼。工业以烟花爆竹加工为主。106国道经此。

富里镇［Fùlǐ Zhèn］　醴陵市辖镇。在市境东北部。面积46平方千米。人口3.9万。辖1居委会、10村委会,有245自然村。镇人民政府驻海棠社区。1956年设富里乡。1958年并入南桥公社。1961年析设富里公社。1984年复乡。1988年改镇。传以傅、李2姓同音字得名。有初中1所,小学8所,卫生院1个,卫生室16个。境内麻石龙王庙为清末萍浏醴起义纪念地。有古迹龙王庙。农业以水稻种植为主,兼种蔬菜,养殖生猪、家禽、鱼。工业主产烟花爆竹。320国道过境。

海棠社区［Hǎitáng Shèqū］　富里镇人民政府驻地。在市境东北部。面积2平方千米。人口1300。因海棠花得名。1998年成立。民居多为2层红砖青瓦结构房屋。有老年活动室、便民服务站、敬老院。开展留守儿童关爱、敬老爱老等活动。有中小学、卫生院、卫生服务站。有商业街。

白兔潭镇［Báitùtán Zhèn］　醴陵市辖镇。在市境东北部。面积48平方千米。人口3.8万。辖2居委会、10村委会,有186自然村。镇人民政府驻白市社区。1956年设白兔潭乡。1958年并入浦口公社。1961年析设白兔潭公社。1984年复乡。1985年改镇。因潭底白石如兔得名。澄潭江流经。有高中1所,初中2所,小学11所,二级医院1个,卫生院1个,卫生室32个。有文化站、农家书屋。农业以水稻种植为主,兼种蔬菜,养殖生猪、家禽、鱼。工业以烟花爆竹加工为主。为全国重点镇。106国道过境。

白市社区［BáiShì Shèqū］　白兔潭镇人民政府驻地。在市境东北部。面积0.8平方千米。人口2.1万。清成集市,处白兔潭自然村,故名。2005年成立。民居多为3—4层砖瓦结构传统建筑。有足球场、篮球场、滑冰场、400米环形田径场等体育设施,有社区卫生室、影剧院、歌舞厅、图书馆、文化站、老年活动中心等文化娱乐设施。开办农科教中心和书法、书画培训中心、广场舞、中老年健身操等活动。有中小学、卫生院、文化站、农家书屋等。农业种植水稻,盛产丝瓜。

浦口镇［Pǔkǒu Zhèn］　醴陵市辖镇。在市境东北部。面积57平方千米。人口4.4万。辖2居委会、15村委会,有318自然村。镇人民政府驻官山社区。1956年设浦口乡。1958年改公社。1984年复乡。1985年改镇。昔时将小河入江处称为浦口,当地为仙石河汇入澄潭江的出口,故名。澄潭江流经。有初中2所,小学12所,卫生院1个,卫生室30个。有文化站、农家书屋等。农业以水稻种植为主,兼种蔬菜,养殖生猪、家禽、鱼。工业以烟花爆竹加工、电瓷电器、建筑建材为主。106国道过境。

官山社区［Guānshān Shèqū］　浦口镇人民政府驻地。在市境东北部。面积2平方千米。人口2200。因光山岭谐音得名。1985年成立。民居多为2—3层红砖青瓦结构醴陵传统建筑,亦有少量4层以上平顶楼房。有老年活动室、便民服务站、文化站、农家书屋。开展留守儿童关爱、敬老爱老等活动。有中小学、卫生院、卫生服务站。

王坊镇［Wángfāng Zhèn］　醴陵市辖镇。在市境东部。面积48平方千米。人口3.3万。辖2居委会、10村委会,有208自然村。镇人民政府驻联盟村。1956年设王坊乡。1958年并入浦口公社。1961年析设王坊公社。1984年复乡。1998年改镇。历有王姓聚居,故名王家坊,后简称今名。有初中1所,小学8所,卫生院1个,卫生室22个。有文化站、农家书屋等。农业以水稻种植为主,兼种蔬菜、花生,养殖生猪、家禽、鱼。工业以花炮制作、纸箱加工、彩印为主。沪昆高铁、沪昆高速过境。

联盟村［Liánméngcūn］　王坊镇人民政府驻地。在市政府驻地西山街道东北25千米。人口2700。因1956年成立联盟高级社得名。聚落呈团块状。有中小学、卫生院。有吴楚古刹。以烟花爆竹加工为主。农业种植水稻。

王仙镇［Wángxiān Zhèn］　醴陵市辖镇。在市境东部。面积68平方千米。人口3.3万。辖3居委会、10村委会,有178自然村。镇人民政府驻王仙村。1956年设王仙乡。1958年改公社。1984年复乡。1985年改镇。因镇政府驻地得名。有初中2所,小学5所,卫生院2个,卫生室12个。有教学点、文化站、农家书屋等。有名胜古迹登真观、三狮洞、宝源禅寺。农业主种水稻,兼种蔬菜、花生。工业以日用陶瓷制造、电瓷、烟花爆竹加工为主。沪昆高铁、沪昆高速、106国道过境。

王仙村［Wángxiāncūn］　王仙镇人民政府驻地。在市政府驻地西山街道东北12千米。人口6800。因王仙山得名。聚落呈带状。有初中。农业以种植水稻为主。服务业以商品经销为主。有餐饮、住宿等。106国道经此。

泗汾镇［Sìfén Zhèn］　醴陵市辖镇。在市境中部偏南。面积65平方千米。人口4.1万。辖3居委会、12村委会,有165自然村。镇人民政府驻双塘社区。1934年置泗汾镇。1951年改乡。后改公社。1982年复镇。1983年析设泗汾乡。1984年泗汾乡并入。因铁水河原分四水得名四分,后定名泗汾。明设递铺,清成集市,称泗汾市。有初中1所,小学12所,二级医院1个,卫生院1个,卫生室19个。有文化站、农家书屋等。农业以水稻种植为主,蔬菜为辅。工业以陶瓷制作、烟花加工、电器制造、建材为主。醴茶铁路、平汝高速、106国道过境。

双塘社区［Shuāngtáng Shèqū］　泗汾镇人民政府驻地。在市境中部偏南。面积5平方千米。人口4200。因2相连池塘得名。2005年成立。民居多为2—3层红砖青瓦结构醴陵传统建筑。有老年活动室、便民服务站、敬老院。开展法律咨询、敬老爱老、留守儿童关爱等活动。有小学、卫生服务站。有大型超市、农贸市场及数百家商铺。醴茶铁路、平汝高速、106国道经此。

沈潭镇［Shěntán Zhèn］　醴陵市辖镇。在市境东南部。面积54平方千米。人口2.9万。辖3居委会、12村委会,有172自然村。镇人民政府驻坪里社区。1956年设沈潭乡。1958年并入清水江公社。1961年析设沈潭公社。1984年复乡。1996年改镇。旧名沉潭,昔人视为龙神安居之处,精制石桌、石椅沉潭祀之,后讳"沉"改今名。有初中2所,小学7所,卫生院1个,卫生室9个。有文化站、农家书屋等。有会真山风景区。农业以水稻种植为主,蔬菜为辅。工业以化工陶瓷、烟花爆竹加工为主。县道沈泗、鹅美、清马线过境。

坪里社区［Pínglǐ Shèqū］　沈潭镇人民政府驻地。在市境东南部。面积1平方千米。人口2000。因地势平坦开阔得名。2005年成立。民居多为2—3层红砖青瓦结构醴陵传统建筑。有老年活动室、卫生服务站、便民服务站等。开展敬老爱老、留守儿童关爱等活动。有中学、卫生院。有田垅渡槽、美田桥。有会真山风景区。工业以化工陶瓷、烟花爆竹加工为主。有圩场,经营农产品贸易。县道鹅美、沈泗线经此。通公交车。

船湾镇［Chuánwān Zhèn］　醴陵市辖镇。在市境南部。面积68平方千米。人口2.7万。辖2居委会、8村委会,有145自然村。镇人民政府驻金子坪社区。1952年设船湾乡。1958年并入清水江公社。1961年析设船湾公社。1984年复乡。1995年改镇。处铁水上游,原为谷米码头,船只常泊此湾,故名。有初中2所,小学12所,卫生院2个,卫生室26个。有文化站、农家书屋等。农业以水稻种植为主,有养殖生猪、家禽。工业以服装加工为主。醴茶铁路、平汝高速、106国道过境。

金子坪社区［Jīnzǐpíng Shèqū］　船湾镇人民政府驻地。在市境南部。面积3平方千米。人口5000。因处黄金地段得名。2005年成立。民居多为2—3层红砖青瓦结构醴陵传统建筑。有老年活动室、便民服务站、卫生服务站、文化站、农家书屋、敬老院等。开展敬老爱老、关爱留守儿童等活动。有中学、卫生院。通公交车。

大障镇［Dàzhàng Zhèn］　醴陵市辖镇。在市境南部。面积108平方千米。人口5.3万。辖4居委会、12村委会,有163自然村。镇人民政府驻大障社区。1956年设大障乡。1958年改公社。1984年复乡。1988年改镇。南倚高峰,如巨大屏障,故名。大障河流经。有初中2所,小学8所,卫生院1个,卫生室25个。有文化站、农家书屋等。有省级文物保护单位南四区苏维埃革命纪念馆。农业种植水稻、红薯、油菜,养殖生猪、家禽。工业以烟花爆竹加工、矿产开采、铸造为主。醴陵大障—攸县新市公路过境。

大障社区［Dàzhàng Shèqū］　大障镇人民政府驻地。在市境南部。面积8平方千米。人口5700。因镇得名。2005年成立。民居多为3层人字顶砖瓦结构的醴陵建筑。有老年活动室、便民服务站、卫生服务站。开展敬老爱老、关爱留守儿童等活动。有中小学。有省级文物保护单位南四区苏维埃革命纪念馆。有墟场。县道符马线经此。

贺家桥镇［Hèjiāqiáo Zhèn］　醴陵市辖镇。在市境南部。面积62平方千米。人口2.4万。辖3居委会、9村委会,有147自然村。镇人民政府驻贺市村。1956年设贺家桥乡。1958年并入大障公社。1961年析设贺家桥公社。1984年复乡。1997年改镇。因清康熙年间贺氏建桥得名。有初中2所,小学9所,卫生院1个,卫生室29个。有文化站、农家书屋等。有纪念地仰山殿。有名胜古迹杉仙殿、妙泉塔、石笋冲、观音岩。农业以水稻种植为主,特产辣椒。工业以烟花爆竹加工、矿产开采、制衣为主。县道符新、贺杉线过境。

贺市村［Hèshìcūn］　贺家桥镇人民政府驻地。在市政府驻地西山街道西南40千米。人口2700。因姓氏得名。聚落呈团块状。有中小学、卫生院、文化站、农家书屋等。种植水稻。有农机制造、服装加工业。有墟场、农贸市场。为市南部物资集散地。县道贺杉线经此。

仙霞镇［Xiānxiá Zhèn］　醴陵市辖镇。在市境西北部。面积58平方千米。人口2.2万。辖1居委会、9村委会,有180自然村。镇人民政府驻莫家咀社区。1956年设仙霞乡。后改公社。1984年复乡。1995年改镇。因仙霞岭得名。有初中2所,小学5所,卫生院1个,卫生室27个。有文化站、农家书屋等。有清安古镇。农业以水稻种植为主。工业以防水材料、烟花爆竹、陶瓷加工制造为主。沪昆铁路、县道醴株线过境。

莫家咀社区［Mòjiāzuǐ Shèqū］ 仙霞镇人民政府驻地。在市境西北部。面积3平方千米。人口1300。传明清莫姓居山嘴处,故名。1995年成立。民居多为2—3层砖瓦结构。有便民服务站、老年活动室、卫生服务站、敬老院等。开展敬老爱老、关爱留守儿童等活动。有中学、卫生院、圩场、超市等。通公交车。

黄獭嘴镇［Huángtǎzuǐ Zhèn］ 醴陵市辖镇。在市境北部。面积50平方千米。人口2.5万。辖2居委会、10村委会,有175自然村。镇人民政府驻黄獭嘴社区。1956年设黄獭嘴乡。1958年改公社。1984年复乡。1988年改镇。因地处山嘴形似黄獭得名。有彭龙山森林公园。有初中2所,小学7所,卫生院2个,卫生室13个。有文化站、农家书屋等。农业以水稻种植为主。工业以矿产开采、烟花爆竹加工为主。沪昆高铁、平汝高速、县道醴官线过境。

黄獭嘴社区［Huángtǎzuǐ Shèqū］ 黄獭嘴镇人民政府驻地。在市境北部。面积3平方千米。人口3000。因镇得名。2005年成立。民居多为2—3层红砖青瓦结构醴陵传统建筑。有便民服务站、老年活动室、卫生服务站等。开展敬老爱老、法律咨询、关爱留守儿童等社区活动与志愿服务。有中学。有圩场。为市北部物资集散地。县道醴官线经此。

均楚镇［Jūnchǔ Zhèn］ 醴陵市辖镇。在市境西南部。面积167平方千米。人口4.3万。辖2居委会、17村委会,有246自然村。镇人民政府驻金山社区。1956年设均楚、高桥、军山3乡。1958年合设高桥公社。1961年析置均楚、高桥、军山3公社。1984年分别改乡。1988年均楚乡改镇。2005年高桥、军山2乡并入。传清嘉庆年间(1796—1820)唐徽楚捐资建桥,称徽楚桥,后演为均楚桥。镇以桥名。有初中2所,小学7所,卫生院1个,卫生室16个。有文化站、农家书屋等。农业以水稻、茶种植为主,有生猪、黑山羊养殖。工业以电瓷、电子、烟花爆竹加工、矿产开采为主。省道莲花冲—株洲线、县道歇马岭—军山线过境。

金山社区［Jīnshān Shèqū］ 均楚镇人民政府驻地。在市境西南部。面积2平方千米。人口2600。原名金盆山。2005年成立改今名,以表达居民寻求富有的愿景。民居多为2层砖瓦结构建筑。有老年活动室、卫生服务站、便民服务站等。开展爱老助老、法律咨询、清洁卫生、志愿服务等活动。有中学、卫生院。有电瓷、花炮、印刷、纤维等企业。有圩场。通客运班车。

东富镇［Dōngfù Zhèn］ 醴陵市辖镇。在市境东部。面积101平方千米。人口5万。辖1居委会、24村委会,有398自然村。镇人民政府驻四杨社区。1956年设八里坳、枧头洲、林仪3乡。1958年合设八里坳公社。1961年分设八里坳、枧头洲2公社。1968年八里坳公社更名东富公社。1984年改乡。2000年置镇。2005年枧头洲乡并入。因省级文物保护单位毛泽东考察湖南农运旧址东富寺得名。渌水、石里浦河流经。有初中2所,小学9所,卫生院1个,卫生室29个。有文化站、农家书屋等。农业以水稻种植为主。工业以日用陶瓷、烟花爆竹、橡胶制品加工,印刷包装,建筑为主。沪昆铁路、沪昆高铁、320国道、省道莲花冲—株洲线过境。

四杨社区［Sìyáng Shèqū］ 东富镇人民政府驻地。在市境东部。面积2平方千米。人口4100。因原四坪、临城2社区与杨梅塘村合并得名。2005年成立。民居分散,多为2层砖瓦房。有老年活动室、卫生服务站、便民服务站等。开展爱老助老、法律咨询、志愿者服务等活动。有中小学、卫生院。有省级文物保护单位毛泽东考察湖南农运旧址。县道鹅美线经此。

石亭镇［Shítíng Zhèn］ 醴陵市辖镇。在市境西部。面积107平方千米。人口4万。辖1居委会、12村委会,有166自然村。镇人民政府驻石亭社区。1956年设石亭乡。1958年改公社。1961年析设长岭公社。1984年复乡。1997年置镇。2005年长岭乡并入。古有麻石凉亭,名石亭,沿为镇名。有初中2所,小学9所,卫生院1个,卫生室13个。有文化站、农家书屋等。农业以水稻种植为主,盛产荸荠。工业以烟花爆竹加工、冶炼、化工、服装加工为主。省道莲花冲—株洲线过境。

石亭社区［Shítíng Shèqū］ 石亭镇人民政府驻地。在市境西部。面积3平方千米。人口2700。清光绪《湖南通志》载:于此设塘汛,名石亭塘。社区以此得名。2005年成立。民居多为2层砖瓦结构老式醴陵建筑。有卫生服务站、老年活动室、便民服务站、敬老院等。开展爱老助老、法律咨询、志愿者服务等活动。有中小学。有化工、冶炼、页岩砖、服装加工等工厂。有圩场。省道莲花冲—株洲线经此。

栗山坝镇［Lìshānbà Zhèn］ 醴陵市辖镇。在市境西南部。面积102平方千米。人口3.7万。辖3居委会、12村委会,有172自然村。镇人民政府驻茶山社区。1956年设茶山岭乡。1958年改公社。1961年析设栗山坝公社。1984年改乡。1998年置镇。2005年茶山岭镇并入。传有山栗树成林,山下有坝,名栗山坝,沿为镇名。酒埠江、铁水河流经。有初中2所,小学10所,卫生院1个,卫生室10个。有文化站、农家书屋等。农业以水稻种植为主,红薯、蔬菜为辅,盛产茶油。工业以陶瓷制作、橡胶加工、建材、化工、编织为主。省道莲花冲—株洲线、县道神福港—马恋线过境。

茶山社区［Cháshān Shèqū］ 栗山坝镇人民政府驻地。在市境西南部。面积7平方千米。人口2700。因遍植油茶得名。2005年成立。民居多为2层砖瓦结构老式醴陵建筑。有卫生服务站、老年活动室、便民服务站、敬老院等。开展爱老助老、法律咨询、志愿服务等活动。有中小学。通客运班车。

神福港镇［Shénfúgǎng Zhèn］ 醴陵市辖镇。在市境西部。面积65平方千米。人口3万。辖2居委会、9村委会,有156自然村。镇人民政府驻神福港社区。1952年设神福港镇。1956年改乡。后改公社。1984年复乡。1997年复镇。因镇政府原驻地得名。有初中1所,小学8所,卫生院1个,卫生室8个。有文化站、农家书屋等。农业以种植水稻为主,兼种莲藕、红薯、油茶、蔬菜。工业主产瓷器、爆竹烟花等。省道莲花冲—株洲线过境。

神福港社区［Shénfúgǎng Shèqū］ 神福港镇人民政府驻地。在市境西部。面积4平方千米。人口2200。传明武宗过此吃特色小吃萝卜炖肉,称其有神仙口福,故名。2005年村改社区。民居多为2层砖瓦结构老式醴陵建筑。有卫生服务站、老年活动室、便民服务站、敬老院等。开展爱老助老、法律咨询、志愿服务等活动。有中小学。通客运班车。

孙家湾乡［Sūnjiāwān Xiāng］ 醴陵市辖乡。在市境南部。面积52平方千米。人口2.2万。辖6村委会,有67自然村。乡人民政府驻龙虎湾村。1961年由泗汾公社析设孙家湾公社。1984年改乡。因孙家湾自然村得名。有初中2所,小学6所,卫生院1个,卫生室13个。有文化站、农家书屋等。农业以水稻、蔬菜种植为主。工业以陶瓷制作、花炮加工、防水、彩印包装为主。醴茶铁路、106国道、平汝高速过境。2014年被评为全国文明村镇。

龙虎湾村［Lónghǔwāncūn］ 孙家湾乡人民政府驻地。在市政府驻地西山街道南10千米。人口3700。小山横亘,如虎似龙,故名。聚落呈散点状。有中学、卫生院。种植水稻。有花炮、防水材料、陶瓷加工等。有商品零售业。106国道经此。

清水江乡［Qīngshuǐjiāng Xiāng］ 醴陵市辖乡。在市境南部。面积53平方千米。人口2.5万。辖9村委会,有118自然村。乡人民政府驻东山村。1956年设清水江乡。1958年改公社。1984年复乡。因河得名。有初中2所,小学7所,卫生院1个,卫生室15个。有文化站、农家书屋等。农业以种植水稻为主,养殖生猪、家禽。工业以服装、烟花爆竹、竹木加工为主。醴茶铁路、岳汝高速、106国道过境。

东山村［Dōngshāncūn］ 清水江乡人民政府驻地。在市政府驻地西山街道南20千米。人口3100。聚落呈团块状。有卫生院、革命烈士纪念碑。农业以水稻种植为主,兼种蔬菜、瓜果等。通客运班车。

嘉树乡［Jiāshù Xiāng］ 醴陵市辖乡。在市境南部。面积65平方千米。人口2.7万。辖12村委会,有134自然村。乡人民政府驻嘉树村。1956年设嘉树乡。1958年并入泗汾公社。1961年析设嘉树公社。1984年复乡。因乡政府驻地得名。有初中1所,小学3所,卫生院1个,卫生室16个。有文化站、农家书屋等。农业以种植水稻、蔬菜为主。工业以炻瓷加工为主。岳汝高速过境。2005年被评为全国文明村镇。

嘉树村［Jiāshùcūn］ 嘉树乡人民政府驻地。在市政府驻地西山街道西南14千米。人口1800。清光绪《湖南通志》载为腊树下,1949年因近音改今名。聚落呈散点状。有中小学、卫生院、文化站、农村书屋等。农业以水稻、红薯种植,生猪养殖为主。有陶瓷、花炮、水磨石加工。岳汝高速经此。

新阳乡［Xīnyáng Xiāng］ 醴陵市辖乡。在市境西部偏北。面积60平方千米。人口2.5万。辖10村委会,有142自然村。乡人民政府驻新阳村。1956年设新阳乡。1958年并入板杉公社。1961年析设新阳公社。1984年复乡。因乡政府驻地得名。渌江、板杉河流经。有初中1所,小学4所,卫生院1个,卫生室6个。有文化站、农家书屋、李铎图书馆等。农业以种植水稻为主,兼种蔬菜。工业以防水材料、烟花爆竹、日用陶瓷加工为主。县道醴株线过境。

新阳村［Xīnyángcūn］ 新阳乡人民政府驻地。在市政府驻地西山街道西北15千米。人口2000。因新阳桥得名。聚落呈散点状。有中小学、卫生院、文化站、李铎图书馆、农家书屋等。农业以水稻种植为主。有林场。有花炮加工业。县道醴株线经此。

将军村［Jiāngjūncūn］ 在市政府驻地西山街道西北8千米。新阳乡辖自然村。人口3400。为纪念左权得名。聚落呈散点状。有左权将军故居。农业以种植水稻为主,兼种蔬菜等。有烟花爆竹加工业。县道醴株线经此。

官庄乡［Guānzhuāng Xiāng］ 醴陵市辖乡。在市境北部。面积203平方千米。人口1.8万。辖14村委会,有162自然村。乡人民政府驻大坝村。1956年设官庄乡。1958年并入桃花公社。1961年析设官庄公社。1984年复乡。1995年桃花、瓦子坪、小横江3乡并入。传元末因战乱称光庄,后取近音称今名。涧江流经。有国家湿地公园官庄水库。有初中1所,小学5所,卫生院1个,卫生室14个。有文化站、农家书屋等。为湖湘风情文化旅游小镇。农业以水稻、薯类、豆类、油菜、油茶种植为主，养殖黑山羊。工业以矿产开采、烟花爆竹加工为主。平汝高速过境。

大坝村［Dàbàcūn］　官庄乡人民政府驻地。在市政府驻地西山街道北 30 千米。人口 1300。因处水库大坝得名。聚落呈散点状。有国家湿地公园官庄水库。有中小学、卫生院、文化站、农家书屋等。农业以种植水稻为主。有旅游业。有圩场。县道醴官线经此。

枫林市乡［Fēnglínshì Xiāng］　醴陵市辖乡。在市境西北部。面积 50 平方千米。人口 1.8 万。辖 9 村委会，有 135 自然村。乡人民政府驻五石村。1956 年设枫林市乡。1958 年并入黄达嘴公社。1961 年析设枫林市公社。1984 年复乡。宋元历为集市，枫树成林，故名。板杉河、花桥河流经。有野生桃花水母。有初中 2 所，小学 7 所，卫生院 1 个，卫生室 13 个。有文化站、农家书屋等。农业以水稻种植为主，花木、蔬菜、茶为辅。工业以矿产开采为主。沪昆高铁、平汝高速过境。

五石村［Wǔshícūn］　枫林市乡人民政府驻地。在市政府驻地西山街道西北 22 千米。人口 2000。因有 5 石窑得名五石窑，简称今名。聚落呈带状。有小学。农业种植水稻、果树、草药，养殖羊、猪、鸭。有商品、农副产品贸易、餐饮、住宿等。有商贸工业园、圩场。沪昆高铁经此。

东堡乡［Dōngbǎo Xiāng］　醴陵市辖乡。在市境中部。面积 87 平方千米。人口 2.4 万。辖 14 村委会，有 174 自然村。乡人民政府驻东堡村。1956 年设东堡乡。1958 年并入王仙公社。1961 年析设东堡公社。1984 年复乡。2005 年大林乡并入。因乡政府驻地得名。大林河流经。有初中 1 所，小学 3 所，卫生院 1 个，卫生室 7 个。有文化站、农家书屋等。有全国重点文物保护单位醴陵窑。农业以水稻种植为主，兼种蔬菜。工业以电力、电瓷加工为主。沪昆高铁、沪昆高速过境。

东堡村［Dōngbǎocūn］　东堡乡人民政府驻地。在市政府驻地西山街道东北 5 千米。人口 1500。因东有水池形似堡垒得名。聚落呈散点状。有中小学、卫生院、文化站、农家书屋等。农业种植水稻、蔬菜等。有商品、农产品零售批发、餐饮等。有圩场。县道城区—沩山线经此。

板杉乡［Bǎnshān Xiāng］　醴陵市辖乡。在市境中部偏西。面积 90 平方千米。人口 4.3 万。辖 18 村委会，有 376 自然村。乡人民政府驻长坡口村。1956 年设板杉、八步桥 2 乡。后改公社。1984 年复乡。2005 年合并，仍称板杉乡。古有驿道，元明清皆置递铺。明崇祯《长沙府志》、清光绪《湖南通志》均称板寨铺，今袭铺名，演为板杉铺，故名。板杉河流经。有初中 3 所，小学 7 所，卫生院 1 个，卫生室 10 个。有文化站、农家书屋等。农业以水稻种植为主，兼种棉花、草药、蔬菜。工业以烟花爆竹加工、陶瓷化工、建筑建材、竹木加工为主。沪昆铁路，平汝、沪昆高速，320 国道，县道醴官线过境。

长坡口村［Chángpōkǒucūn］　板杉乡人民政府驻地。在市政府驻地西山街道北 10 千米。人口 3000。旧时醴陵至湘潭、长沙古驿道经此，需翻越向北开口的很长坡道，人称长坡口。村袭其名。聚落呈散点状。有中小学、卫生院、文化站、农家书屋等。农业种植水稻。工业有竹花石、瓷泥加工。服务业以商品、农产品贸易为主，兼有餐饮、住宿业。有圩场。沪昆铁路、武深高速、县道醴(陵)官(庄)线经此。

株　洲　县

株洲县［Zhūzhōu Xiàn］　株洲市辖县。北纬 27°12′，东经 112°57′。在市境中部偏西。面积 1054 平方千米。人口 34.9 万。以汉族为主，还有苗、土家、壮等民族。辖 4 镇、10 乡。县人民政府驻渌口镇。1965 年由株洲市郊区析设株洲县。因市得名。先后建成青龙湾、梅子湖、南洲生态新城、得志公园、渌江风光带、湘江东岸等片区，改扩建东城大道、渌枫大道、湘江大道、伏波大道，建湘江七桥、渌水二桥、航电枢纽二线船闸。地势东南高西北低。海拔 35—868 米。年均气温 17.6℃，1 月平均气温 5.3℃，7 月平均气温 29.5℃。年均降水量 1389.3 毫米。湘江、渌水流经。有矿产资源煤、铀、铁等。有野生植物 425 种，其中国家重点保护野生植物有银杏、罗汉松、香樟等 8 种。有野生动物 152 种，其中国家重点保护野生动物有猴面鹰、白鹭等 13 种。森林覆盖率 53%。有省级科研单位 2 个，高校 1 所，高中 4 所，初中 18 所，小学 44 所，二级医院 2 个，图书馆 1 个，博物馆 1 个，档案馆 1 个，体育馆 1 个。有省级文物保护单位磨山遗址、杨得志故居、渌口伏波庙等 7 个。有关王革命烈士纪念塔、杨家山革命烈士“十九人堆”等。有千年古镇、省级历史文化名镇朱亭镇。三次产业比例 18∶54∶28。农业以水稻、蔬菜种植为主，兼种油菜、花生，养殖生猪、牛、羊、淡水鱼。为南竹之乡。工业以装备制造、清洁能源、建安建材、生物医药为主。有省级经济开发区 1 个。服务业以通信、商贸为主。京广铁路，武广高铁，京港澳高速，省道跃石、莲花冲—株洲线过境。有湘江、渌水水运航道。

伏波广场［Fúbō Guǎngchǎng］　在县城北部。面积 1.1 万平方米。2000 年开工，2002 年建成。处渌江、湘江接口处，因伏波将军马援曾屯兵于南岭而得名，有降伏波涛、降波伏魔之意。广场中有 3000 平方米正方形区域，麻石地面。为市民休闲娱乐场所。周边有总工会、卫计局、县政务服务中心、国有资产管理中心、妇幼保健院、工商局。通公交车。

渌口站［Lùkǒu Zhàn］　见交通运输设施部分“渌口站”条。

渌口汽车站［Lùkǒu Qìchēzhàn］　见交通运输设施部分“渌口汽车站”条。

渌口镇［Lùkǒu Zhèn］　株洲县人民政府驻地。在县境西北部。面积 64 平方千米。人口 6.5 万。辖 9 居委会、16 村委会，有 330 自然村。镇人民政府驻渌口村。1949 年置渌口镇。后改公社。1987 年复镇。1992 年均坝乡并入。因镇政府驻地得名。湘江、渌水流经。有中学 7 所，小学 7 所，二级医院 2 个，卫生院 1 个，卫生室 17 个。有省级文物保护单位伏波庙。农业以水稻、黄豆、玉米、蔬菜种植为主，有生猪养殖。工业以装备制造配套、建材、生物医药为主。有湾塘工业园。京广铁路、省道攸县—宜章线过境。

学堂路［Xuétáng Lù］　在县城中部。南起向阳岭巷，北至津口西路。长 900 米，宽 9 米。沥青路面。1981 年开工，1982 年建成。因路南端旧名学堂岭，故名。两侧有司法局、县法院、县委党校、县接待中心、财政局、工商行政管理局。通公交车。

伏波大道［Fúbō Dàdào］　在县城北部。南起南江北路，北至枫溪大道。与向阳北路、黄金西路、漉浦大道、迎宾路相交。长 5 千米，宽 30 米。沥青路面。20 世纪 70 年代修建。1992 年拓宽。1997 年命名。2009 年改路面。因连接伏波将军马援曾屯兵的南岭而得名。两侧有县检察院、交警大队、国税局。通公交车。

津口大道［Jīnkǒu Dàdào］　在县城中部。东起梅苑路，西至南江路。与学堂路相交。长 2.1 千米，宽 30 米。沥青路面。1996 年开工，1997 年建成。2009 年改建。因渌口古名津口得名。两侧有房产局、住建局、林业局、环保局。通公交车。

渌口村［Lùkǒucūn］　渌口镇人民政府驻地。在镇境西部。人口 2500。处渌水入湘江口，故名。聚落呈团块状。有小学、卫生室。种植蔬菜。京广铁路经此。

朱亭镇［Zhūtíng Zhèn］　株洲县辖镇。在县境南部。面积 88 平方千米。人口 2.6 万。辖 3 居委会、22 村委会，有 212 自然村。镇人民政府驻新街社区。1951 年置朱亭镇。1967 年改红湘镇。1968 年成立朱亭公社。1970 年复朱亭镇。1998 年并入黄龙镇。2002 年析设朱亭镇。原名蒲湾，南宋乾道二年(1166)朱熹结亭讲学于此后，更名朱停，后演为今名。有中学 1 所，小学 4 所，卫生院 1 个，卫生室 18 个。有省级文物保护单位汪氏古井、朱亭码头群。有古迹龙潭书院、祖师殿、紫阳阁。为省历史文化名镇、全国重点镇。农业以水稻、蔬菜、瓜果种植为主，有生猪、黑山羊、家禽养殖。工业以医药、蕨菜加工、林木加工、针织为主。京广铁路、京港澳高速、省道攸县—宜章线过境。

新街社区［Xīnjiē Shèqū］　朱亭镇人民政府驻地。在县境南部。面积 0.6 平方千米。人口 900。因新街得名。2005 年成立。民居多以江南风格为主，2 层砖木结构，屋顶以人字形为主，小瓦盖面。有便民服务、老年日间照料、老年大学等，有文化广场、体育器材设施，开展文化汇演、茶话会、广场舞等活动。有卫生所。有省级文物保护单位汪氏古井、朱亭码头群。服务业以商贸为主。县道马亭线经此。

古岳峰镇［Gǔyuèfēng Zhèn］　株洲县辖镇。在县境西南部。面积 71 平方千米。人口 2.4 万。辖 1 居委会、19 村委会，有 191 自然村。镇人民政府驻汤圆坳社区。1961 年成立古岳峰公社。1984 年设乡。1998 年改镇。因山得名。有中学 1 所，小学 2 所，卫生院 1 个，卫生室 17 个。有文化站、岳峰寺。农业以水稻、蔬菜种植为主，有生猪、家禽养殖。工业以机械、塑料制品加工为主。武广高铁、京港澳高速过境。

汤圆坳社区［Tāngyuán'ào Shèqū］　古岳峰镇人民政府驻地。在县境西北部。面积 2 平方千米。人口 2800。因山形如汤圆得名。又名汤丸坳、汤元坳。2005 年成立。民居以 2 层砖混结构为主，屋面为人字形，小瓦盖面。有老年人日间照料中心。有中小学、幼儿园、卫生院、文化广场。服务业以商贸为主。有集贸市场。县道向阳—岳峰线经此。

淦田镇［Gàntián Zhèn］　株洲县辖镇。在县境中部。面积 106 平方千米。人口 2.3 万。辖 2 居委会、25 村委会，有 246 自然村。镇人民政府驻新马村。1951 年置淦田镇。1956 年改乡。1958 年改公社。1982 年析置淦田镇。1984 年淦田公社改乡。1994 年淦田乡并入淦田镇。2005 年八斗乡并入。旧名琴洲，明称淦田市。《湘潭县志》引许叔重注：“淦，泥也。字一作汵。又水入船中为淦，以之名田。”湘江流经。有中学 2 所，小学 3 所，卫生院 1 个，卫生室 23 个。有文化站。有建宁县古城遗址、普隆桥。有民俗龙灯、花鼓、锣鼓、剪纸等。农业以水稻、蔬菜种植为主，养殖生猪、家禽为辅。工业以机械加工、造纸为主。京广铁路、省道攸县—宜章线过境。

新马村［Xīnmǎcūn］　淦田镇人民政府驻地。在县政府驻地渌口镇南 22 千米。人口 600。原名游马山，1953 年以建设社会主义新农村改今名。聚落呈团块状。有中学、村卫生室。有商周石珠坪遗址。农业以种植水稻、蔬菜为主，养殖生猪、家禽为辅。工业以机械加工为主。省道攸县—宜章线经此。

龙凤乡 [Lóngfèng Xiāng] 株洲县辖乡。在县境南部。面积59平方千米。人口1.4万。辖13村委会,有155自然村。乡人民政府驻龙凤村。1961年成立龙凤公社。1984年改乡。因乡政府驻地得名。有中学1所,小学1所,卫生院1个,卫生室13个。有文化站。农业以水稻、蔬菜种植为主,养殖生猪、家禽为辅。工业以机械、竹木加工为主。省道攸县—宜章线过境。

龙凤村 [Lóngfèngcūn] 龙凤乡人民政府驻地。在县政府驻地渌口镇南47千米。人口1300。因龙凤桥得名。聚落呈带状。有中小学、卫生院。农业以水稻、油菜、大豆种植为主,有生猪、黑山羊、菜牛养殖。省道攸县—宜章线经此。

龙潭乡 [Lóngtán Xiāng] 株洲县辖乡。在县境东南部。面积73平方千米。人口0.9万。辖11村委会,有134自然村。乡人民政府驻毛坪村。1956年设龙潭乡。后改公社。1984年复乡。因龙潭桥得名。有中学1所,小学1所,卫生院1个,卫生室13个。有文化站、农家书屋等。农业以水稻、蔬菜种植为主,兼养生猪、黑山羊、家禽。工业以机械、竹木加工为主。京港澳高速、省道亭网线过境。

毛坪村 [Máopíngcūn] 龙潭乡人民政府驻地。在县政府驻地渌口镇东南68千米。人口不足100。以姓氏得名。聚落呈散点状。农业以水稻、油菜、大豆种植为主,有生猪、黑山羊、菜牛养殖。有农副产品贸易。有集市。

砖桥乡 [Zhuānqiáo Xiāng] 株洲县辖乡。在县境南部。面积58平方千米。人口1.2万。辖13村委会,有140自然村。乡人民政府驻庙湾村。1952年设砖桥乡。后改公社。1984年复乡。因乡政府驻地原名得名。有中学1所,小学2所,卫生院1个,卫生室10个。有文化站、农家书屋等。农业以水稻、蔬菜种植为主,兼养生猪、黑山羊、家禽。工业以竹木、农产品加工为主。省道攸县—宜章线过境。

庙湾村 [Miàowāncūn] 砖桥乡人民政府驻地。在县政府驻地渌口镇南33千米。人口1500。原名砖桥,1981年因重名更今名。原有庙宇,因年久失修被洪水冲倒,庙倒后水流经过形成水湾,称庙湾。聚落呈散点状。有卫生室、卫生院。农业以水稻、油菜、大豆种植为主,有生猪、黑山羊、菜牛养殖。有农贸市场。省道攸县—宜章、亭网线经此。

平山乡 [Píngshān Xiāng] 株洲县辖乡。在县境中部偏南。面积38平方千米。人口1.3万。辖1居委会、9村委会,有122自然村。乡人民政府驻平山塘村。1950年设平山乡。1956年黄泥乡并入。1961年改公社。1984年复乡。因乡政府驻地得名。湘江流经。有中学1所,小学2所,卫生院1个,卫生室9个。有文化站、农家书屋等。农业以水稻、蔬菜种植为主,兼养生猪、黑山羊、家禽。工业以矿产开采、建材加工为主。京广铁路过境。

平山塘村 [Píngshāntángcūn] 平山乡人民政府驻地。在县政府驻地渌口镇南30千米。人口1400。因山塘得名。聚落呈带状。有村卫生室、文化广场。农业以水稻、油菜、大豆种植为主,有生猪、黑山羊、菜牛养殖。有农贸市场。京广铁路、省道良华线经此。

洲坪乡 [Zhōupíng Xiāng] 株洲县辖乡。在县境中部。面积81平方千米。人口2.6万。辖1居委会、20村委会,有186自然村。乡人民政府驻江边湾村。1956年设洲坪乡。1959年改公社。1984年改乡。取湘江空洲、岸边地名北坪各一字得名。有中学1所,小学2所,卫生院1个,卫生室21个。有文化站、农家书屋等。有窑堆子遗址。农业以种植水稻、蔬菜,养殖生猪、黑山羊、家禽为主。盛产油茶。为省油茶之乡。工业以农产品加工为主。京广铁路,省道攸县—宜章、萍乡—湘潭线过境。有湘江航道。

江边湾村 [Jiāngbiānwāncūn] 洲坪乡人民政府驻地。在县政府驻地渌口镇南10千米。人口1200。因濒湘江得名。聚落呈散点状。有卫生院、文化站、农家书屋等。有农副产品贸易。有圩场。京广铁路经此。有湘江航道。

南阳桥乡 [Nányángqiáo Xiāng] 株洲县辖乡。在县境北部。面积56平方千米。人口2.5万。辖17村委会,有205自然村。乡人民政府驻建佐湾村。1961年成立南阳桥公社。1984年设乡。明洪武十六年(1383)邓氏建南阳桥,故名。湘江、渌江流经。有中学1所,小学4所,卫生院1个,卫生室15个。有文化站、农家书屋等。有省级文物保护单位杨得志故居、南阳桥摩崖石刻。有民俗南阳桥漆画。农业主要种植水稻、蔬菜,养殖生猪、黑山羊、家禽等。工业以建材、机械加工为主。有南洲工业园。京广铁路,省道攸县—宜章、萍乡—湘潭过境。

建佐湾村 [Jiànzuǒwāncūn] 南阳桥乡人民政府驻地。在县政府驻地渌口镇南5千米。人口1300。因胡氏先祖胡建佐得名。聚落呈散点状。有中学、卫生院。农业以水稻、油菜、大豆种植为主,养殖生猪、黑山羊。省道经此。

仙井乡 [Xiānjǐng Xiāng] 株洲县辖乡。在县境东北部。面积75平方千米。人口3.3万。辖24村委会,有252自然村。乡人民政府驻王竹村。1998年由鸿仙、漂沙井2乡合设仙井乡。取2乡各一字得名。渌水流经。有中学2所,小学5所,卫生院2个,卫生室24个。有文化站、农家书屋等。有省级文物保护单位磨山遗址、关王庙。农业主要种植水稻、蔬菜,养殖生猪、黑山羊、家禽等。工业以铸造、机械加工、电池制造为主。320国道过境。

王竹村 [Wángzhúcūn] 仙井乡人民政府驻地。在县政府驻地渌口镇东8千米。人口1400。因早年有大面积野生水竹得名。聚落呈团块状。有中小学、卫生室、文化站。农业以种植水稻、油菜、大豆,养殖生猪、黑山羊等为主。有集贸市场。县道张渌线经此。

堂市乡 [Tángshì Xiāng] 株洲县辖乡。在县境中部。面积77平方千米。人口3.1万。辖17村委会,有299自然村。乡人民政府驻堂市村。1958年成立五星公社。1961年改堂市公社。1984年改乡。因乡政府驻地得名。湘江流经。有中学1所,小学4所,卫生院1个,卫生室17个。有文化站、农家书屋等。有湘南县古城遗址。农业以水稻、蔬菜种植为主,养殖生猪、黑山羊、家禽等。工业以煤矿开采、水泥加工为主。县道三堂线过境。

堂市村 [Tángshìcūn] 堂市乡人民政府驻地。在县政府驻地渌口镇南27千米。人口1300。江边有集市,旧有吉氏祠堂,故名。聚落呈团块状。有小学、幼儿园、卫生院。以种植水稻、油菜、大豆,养殖生猪、黑山羊为主。有农贸市场。县道三堂线经此。

王十万乡 [Wángshíwàn Xiāng] 株洲县辖乡。在县境西南部。面积84平方千米。人口2.4万。辖1居委会、20村委会,有298自然村。乡人民政府驻花石村。1956年设王十万乡。后改公社。1984年复乡。清光绪年间(1875—1908)《湘潭县志》载:"王姓居此,家资十万",故名。湘江流经。有中学1所,小学4所,卫生院1个,卫生室21个。有文化站、农家书屋等。有古迹王十万老街、湘西县古城遗址、杜甫草堂等。有挽洲岛景区。农业以水稻、蔬菜种植为主,养殖生猪、黑山羊、家禽,盛产黄辣椒。工业有铸造、机械加工。京港澳高速过境。

花石村 [Huāshícūn] 王十万乡人民政府驻地。在县政府驻地渌口镇西南30千米。人口1200。临江有石,花纹似海棠,故名。聚落呈散点状。有小学、卫生院、杜甫草堂。以种植水稻、油菜、大豆,养殖生猪、黑山羊、菜牛等为主。有农贸市场。

太湖乡 [Tàihú Xiāng] 株洲县辖乡。在县境东南部。面积126平方千米。人口2.1万。辖22村委会,有228自然村。乡人民政府驻九狮村。1956年设太湖乡。1958年并入淦田公社。1961年析设太湖公社。1984年复乡。2005年长冲乡并入。因当地有大湖,方言"大"读"tài",故名。有中学1所,小学3所,卫生院1个,卫生室22个。有文化站、农家书屋等。有古迹谭公殿。农业以水稻、蔬菜种植为主,养殖生猪、黑山羊、家禽。工业以机械加工、酿酒为主。省道攸县—宜章线过境。

九狮村 [Jiǔshīcūn] 太湖乡人民政府驻地。在县政府驻地渌口镇东南28千米。人口1200。因有9座山峰,山形如狮而得名。聚落呈团块状。有卫生院、敬老院等。以农产品贸易为主。县道太长线经此。

攸 县

攸县 [Yōu Xiàn] 株洲市辖县。北纬26°46′,东经113°09′。在市境中部。面积2649平方千米。人口81.9万。以汉族为主,还有土家、苗、回等民族。辖4街道、15镇、4乡。县人民政府驻春联街道。西汉高祖五年(前202)置攸县,属长沙国。东汉时期属长沙郡。南朝齐时属湘东郡。南朝梁、陈改攸县为攸水县。隋废攸水并入湘潭县,属衡山郡。唐武德四年(621)攸水县分置安乐、新兴2县,与阴山、建宁、茶陵3县属南云州。贞观元年(627)废南云州,所属5县并为攸县,属衡州。五代属潭州,后改属衡州。宋属潭州。元元贞元年(1295)升为攸州,属潭州路。天历二年(1329)属天临路。明洪武三年(1370)降攸州为攸县,属长沙府。1914—1922年属湘江道。1937年后历属第五行政督察区、第二行政督察区、衡阳专区属湘潭专区属湘潭地区。1983年属株洲市。《水经注》载:"县北带攸溪,盖即溪以名县也。"先后建文化路、建设路、攸州大道、工业园、湘东大市场,改造望岳路、望云路,建洣江风光带、东城新区。形成"两江四岸、一城四区、两轴三核、山水融城"布局。东城新区以文化商住为主,城南片区以生态休闲为主,老城区以商贸物流为主,西部为工业园区。处罗霄山脉中麓,东西高,中部平坦。海拔63—1404.9米。年均气温18.1℃,1月平均气温1.6℃,7月平均气温31.4℃。年均降水量1389.3毫米。洣水河、攸水河、沙河流经。有矿产资源煤、锰、铁等。有野生植物425种,其中国家重点保护野生植物有银杏、罗汉松、香樟等8种。有野生动物21种,其中国家重点保护野生动物有猴面鹰、云豹、苏门羚等5种。有酒埠江国家地质公园,省级自然保护区1个。森林覆盖率55%。有中职1所,中学33所,小学124所,二级医院3个,图书馆1个,博物馆1个,体育场馆2个,花鼓戏剧团1个。有全国重点文物保护单位网岭墓群、苏维埃东冲兵工厂、列宁室旧址,省级文物保护单位中共攸县地方执委旧址、宝宁寺、阳升观、凌云塔等8个。有省级非物质文化遗产槚山皮影、打铁水。有千年古镇梅城。有国家4A级旅游景区酒仙湖。三次产业比例 14：55：31。农业以水稻、蔬菜种植为主，兼种油菜、茶、棉花，养殖生猪、牛、羊、淡水鱼。工业以食品加工、机械制造、煤炭开采、水泥加工为主。服务业以通信、商贸为主。醴茶、吉衡铁路，平汝高速，106 国道过境。

攸州市民广场［Yōuzhōu Shìmín Guǎngchǎng］　在县城中部。面积 9.7 万平方米。2012 年开工，2013 年建成。因攸县古称攸州得名。有麻石地面 4 万平方米，绿化面积 2 万平方米，景观湖 1 万平方米。为市民休闲娱乐、集会场所。周边有县发展中心主楼、攸州公园、攸州汽车站。通公交车。

攸州大道［Yōuzhōu Dàdào］　在县城中部。南起攸州南路，北至攸州北路。与工业路、新城路、攸衡路、长鸿路、交通路相交。长 4.6 千米，宽 60 米。沥青路面。1996 年开工，2010 年建成。因攸县古称攸州得名。两侧有县政府、县法院。通多路公交车。

内环路［Nèihuán Lù］　在县城南部。南起新城路，北至文化路。与商业路、攸衡路、长鸿路、攸州大道相交。长 5 千米，宽 50 米。沥青路面。2009 年开工，2011 年建成。两侧有百花、江桥、联星、永佳、万古桥社区。通公交车。

洣水一桥［Mǐshuǐ 1 Qiáo］　在县城西部。长 235.4 米，宽 7 米，最大跨度 54 米，桥下净高 12 米。1966 年开工，1967 年建成。因所跨河流及序号得名。为大型河道桥梁，结构型式为钢筋混凝土双曲拱桥。最大载重 10 吨。通公交车。

洣水二桥［Mǐshuǐ 2 Qiáo］　在县城西部。长 452.1 米，宽 24 米，最大跨度 40 米，桥下净高 14 米。2004 年开工，2005 年建成。因所跨河流及序号得名。为大型河道桥梁，结构型式为钢筋混凝土双曲拱桥。最大载重 25 吨。通公交车。

内环路大桥［Nèihuánlù Dàqiáo］　在县城南部。长 976.6 米，宽 33 米，最大跨度 30 米，桥下净高 15 米。2011 年开工，2012 年建成。因所在道路得名。为特大型河道桥梁，结构型式为钢筋混凝土双曲拱桥。最大载重 25 吨。通公交车。

攸县站［Yōu Xiàn Zhàn］　见交通运输设施部分“攸县站”条。

攸县南站［Yōuxiànnán Zhàn］　见交通运输设施部分“攸县南站”条。

攸县汽车站［Yōu Xiàn Qìchēzhàn］　见交通运输设施部分“攸县汽车站”条。

春联街道［Chūnlián Jiēdào］　攸县人民政府驻地。在县境东部。面积 35 平方千米，人口 1.6 万。2013 年设。因春联社区得名。先后建攸州义乌商贸城、紫云路。洣水河、攸水河流经。有小学 1 所，卫生院 1 个。有古迹陈氏牌坊、洪云蒸墓。农业以种植水稻为主。服务业以商贸、房地产业为主。岳汝高速过境。通多路公交车。

联星街道［Liánxīng Jiēdào］　属攸县。在县境南部。面积 85 平方千米。人口 12.7 万。2012 年设。因联星社区得名。先后建设、改造攸州大道、滨江大道、内环路。有中学 7 所，小学 6 所，二级医院 3 个，卫生院 1 个，卫生所 12 个。农业以种植水稻、蔬菜为主。工业以服装、农产品加工为主。有攸县站、攸县长途汽车站。通多路公交车。

江桥街道［Jiāngqiáo Jiēdào］　属攸县。在县境南部。面积 97 平方千米。人口 5.2 万。2012 年设。取江家垅、塔桥 2 村首字得名。先后建兴业路、新城西路、商业中路、龙山路、兴工路。清江、浊江流经。有中专 1 所，小学 5 所，卫生院 1 个，卫生所 3 个。有古迹胡公庙、古阴山县城遗址、资福寺、文明下塔、凌云塔。农业种植水稻、油菜、油茶。特产麻鸭。工业以精细化工、食品加工、生物医药、电子、机械制造为主。有攸州工业园。通公交车。

谭桥街道［Tánqiáo Jiēdào］　属攸县。在县境南部。面积 53 平方千米。人口 3 万。2014 年设。因谭桥社区得名。洣水河流经。有小学 1 所，卫生所 1 个。有桐坝、苏洲坝电站。有古迹证果寺、文明塔。服务业以商贸为主，有汽贸城、水果花卉市场。106 国道、岳汝高速过境。通公交车。

酒埠江镇［Jiǔbùjiāng Zhèn］　攸县辖镇。在县境东部。面积 143 平方千米。人口 3.1 万。辖 3 居委会、22 村委会，有 263 自然村。镇人民政府驻柘双村。1958 年成立卫星公社。1961 年更名酒埠江公社。1981 年析置酒埠江镇。1984 年公社改乡，同年并入酒埠江镇。因江畔开设酒铺得名酒铺江，后演今名。攸水河流经。有中学 1 所，小学 4 所，卫生院 1 个，卫生室 6 个。有文化站、农家书屋等。有国家 4A 级旅游景区酒仙湖。农业以水稻、蔬菜种植为主，兼种茶，养殖生猪、鱼、牛、羊等。工业以机械铸造、化工为主。平汝高速、省道柏市—桃水线过境。

柘双村［Zhèshuāngcūn］　酒埠江镇人民政府驻地。在县政府驻地春联街道东北 35 千米。人口 1100。旧时多柘桑树，称柘桑，后演为今名。聚落呈团块状。有小学。农业以种植水稻为主。服务业以商贸为主。省道黄丰桥—网岭、皇图岭—酒埠江线经此。

桃水镇［Táoshuǐ Zhèn］　攸县辖镇。在县境西部。面积 97 平方千米。人口 3.8 万。辖 2 居委会、20 村委会，有 296 自然村。镇人民政府驻桃水村。1956 年设老君潭乡。后改公社。1984 年复乡。1985 年改桃水镇。因镇政府驻地得名。清江流经。有中学 1 所，小学 8 所，卫生院 1 个，卫生所 2 个。有文化站、农家书屋等。有古迹三元宫、玄元观。农业以水稻、蔬菜种植为主，兼种油茶、棉花，养殖生猪、牛、羊、鱼。为全国油茶之乡。工业以煤炭开采、烟花加工、化工为主。省道柏市—桃水线过境。

桃水村［Táoshuǐcūn］　桃水镇人民政府驻地。在县政府驻地春联街道西北 23 千米。人口 3200。因桃花落于清江得名。聚落呈团块状。有小学、卫生所。有古迹三元宫、玄元观。农业以种植水稻为主，兼种油茶。省道柏市—桃水线经此。

网岭镇［Wǎnglǐng Zhèn］　攸县辖镇。在县境中部。面积 102 平方千米。人口 4.1 万。辖 3 居委会、20 村委会，有 371 自然村。镇人民政府驻甘溪社区。1956 年设网岭乡。后改公社。1984 年复乡，同年改镇。因高处有岗地，传古时巨蟒盘踞得名蟒岭。又因周边低处为陇田，呈渔网撒开状，改今名。攸水河、沙河流经。有中学 1 所，小学 4 所，卫生院 1 个，卫生所 10 个。有文化站、图书馆、农家书屋等。农业以水稻、蔬菜种植为主，兼种茶，养殖生猪、鱼、牛、羊、家禽。工业以电力，水泥、饲料加工为主。醴茶铁路、平汝高速、106 国道过境。

甘溪社区［Gānxī Shèqū］　网岭镇人民政府驻地。在县境中部。面积 5 平方千米。人口 4800。因甘溪塘得名。2011 年成立。民居为自建房。有公共服务室、居家养老中心、老年大学。开展法治讲座、文艺演出等活动。有志愿者服务队伍。有小学、卫生所。醴茶铁路、106 国道经此。

渌田镇［Lùtián Zhèn］　攸县辖镇。在县境南部。面积 101 平方千米。人口 4.6 万。辖 1 居委会、18 村委会，有 431 自然村。镇人民政府驻渌田村。1961 年由菜花坪公社析设渌田公社。1984 年改乡。1988 年置镇。因镇政府驻地得名。有中学 1 所，小学 10 所，卫生院 1 个，卫生所 3 个。有文化站、图书馆、农家书屋等。有渌田战场遗址。农业以水稻、蔬菜种植为主，养殖淡水鱼、生猪、家禽。工业以粮油加工为主。吉衡铁路、泉南高速过境。

渌田村［Lùtiáncūn］　渌田镇人民政府驻地。在县政府驻地春联街道西南 36 千米。人口 3900。因引渌溪水灌田得名。聚落呈团块状。有小学、幼儿园、卫生所、渌田战场遗址等。农业以水稻、油茶种植为主，粮油加工为主。

柏市镇［Bǎishì Zhèn］　攸县辖镇。在县境东北部。面积 168 平方千米。人口 1.2 万。辖 1 居委会、15 村委会，有 142 自然村。镇人民政府驻柏市社区。1956 年设柏树下乡。1958 年并入燎原公社。1959 年改黄丰桥公社。1961 年由黄丰桥公社析设柏树下公社。1984 年复乡。1996 年改柏市镇。因镇政府驻地得名。有中学 1 所，小学 1 所，卫生院 1 个，卫生所 2 个。有文化站、农家书屋等。农业以水稻、蔬菜种植为主，养殖鱼、生猪、家禽。工业以煤矿开采为主。省道柏市—桃水线过境。

柏市社区［Bǎishì Shèqū］　柏市镇人民政府驻地。在县境东北部。面积 25 平方千米。人口 5700。因在巨柏下形成集市得名。1996 年成立。民居为自建房。有敬老院、法律咨询服务室。开展书画展览、文艺演出活动。有志愿者服务队伍。有小学、幼儿园、卫生院。省道柏市—桃水线经此。

大同桥镇［Dàtóngqiáo Zhèn］　攸县辖镇。在县境中部。面积 53 平方千米。人口 3.1 万。辖 1 居委会、20 村委会，有 305 自然村。镇人民政府驻善桥村。1956 年设大同桥乡。1958 年并入和平公社（后改新市公社）。1961 年析设大同桥公社。1984 年复乡。1996 年改镇。因桥得名，取意世界大同。攸水河流经。有中学 1 所，小学 4 所，卫生院 1 个，卫生所 5 个。有文化站、农家书屋等。农业以水稻、蔬菜种植为主，养殖淡水鱼、生猪，特色养殖麻鸭。工业以农产品加工为主。湘东铁路、106 国道、省道柏市—桃水线过境。

善桥村［Shànqiáocūn］　大同桥镇人民政府驻地。在县政府驻地春联街道西北 18 千米。人口 1900。因桥得名。聚落呈团块状。有小学、卫生院。农业以水稻种植、麻鸭养殖、农产品加工为主。106 国道经此。

石羊塘镇［Shíyángtáng Zhèn］　攸县辖镇。在县境西北部。面积 82 平方千米。人口 3.8 万。辖 2 居委会、24 村委会，有 375 自然村。镇人民政府驻槁荐岭村。1956 年设石羊塘乡。1958 年并入八一公社（后称鸭塘铺公社）。1961 年析设石羊塘公社。1984 年复乡。1998 年改镇。塘内挖出巨石如羊，故名。有中学 1 所，小学 6 所，卫生院 1 个，卫生所 2 个。有文化站、农家书屋等。农业以水稻、蔬菜、油茶、百合种植为主，养殖淡水鱼、麻鸭、生猪。工业以机械、农产品加工为主。县道盘大线过境。

槁荐岭村［Gǎojiànlǐngcūn］　石羊塘镇人民政府驻地。在县政府驻地春联街道西北 18 千米。人口 400。因山色中央处如槁荐卷起得名。聚落呈团块状。有小学、卫生院。农业种植水稻，养殖麻鸭。有农产品加工业。

黄丰桥镇［Huángfēngqiáo Zhèn］　攸县辖镇。在县境东部。面积 168 平方千米。人口 2.4万。辖 1 居委会、23 村委会，有 204 自然村。镇人民政府驻阁前社区。1956 年设黄丰桥乡。1958 年与柏树下乡合设燎原公社。1959 年改黄丰桥公社。1961 年析设柏树下公社。1984 年复乡。1988 年改镇。2005 年兰村乡并入。传有拱桥，四周多枫树，得名黄枫桥，后为求五谷丰登改今名。攸水河流经。有中学1所，小学6所，卫生院1个，卫生所8个。有文化站、农家书屋等。农业以水稻、蔬菜种植为主，养殖鱼、生猪、家禽。工业以矿产开采、农产品加工为主。省道柏市—桃水线过境。

阁前社区［Géqián Shèqū］ 黄丰桥镇人民政府驻地。在县境东部。面积8平方千米。人口1600。因处亭阁前得名。2005年成立。民居为自建房。有老年活动中心、长者之家活动室。开展文艺演出等活动。有志愿者服务队。有中小学、幼儿园、卫生所。

鸾山镇［Luánshān Zhèn］ 攸县辖镇。在县境东部。面积244平方千米。人口2.7万。辖1居委会、25村委会，有273自然村。镇人民政府驻湴塘村。1956年设鸾山乡。后改公社。1984年复乡。1994年改镇。2005年漕泊乡并入。山如鸾舞，故名。有中学1所，小学6所，卫生院1个，卫生所11个。有文化站、农家书屋等。农业以水稻、蔬菜种植为主，养殖鱼、生猪、家禽。工业以矿产开采、农产品加工为主。省道柏市—桃水线过境。

湴塘村［Pántángcūn］ 鸾山镇人民政府驻地。在县政府驻地春联街道东北29千米。人口1300。因多泥泞水田得名。聚落呈团块状。有中小学、卫生室。农业种植水稻，养殖麻鸭。有农产品加工业。

丫江桥镇［Yājiāngqiáo Zhèn］ 攸县辖镇。在县境西北部。面积161平方千米。人口4.4万。辖34村委会，有436自然村。镇人民政府驻文思场村。1956年设丫江桥乡。后改公社。1984年复乡。1994年改镇。2005年大桥乡并入。溪水呈丫状汇流且有石桥，故名。有中学1所，小学6所，卫生院1个，卫生所12个。有文化站、农家书屋等。农业以水稻、蔬菜、油茶种植为主，养殖鱼、生猪、家禽。工业以烟花爆竹引线、农产品加工为主。106国道过境。

文思场村［Wénsīchǎngcūn］ 丫江桥镇人民政府驻地。在县政府驻地春联街道西北30千米。人口3300。因文姓居多且有集市得名。聚落呈散状。有中小学、卫生院。农业以水稻、油茶种植为主，烟花爆竹引线、农产品加工为主。省道亭网线经此。

上云桥镇［Shàngyúnqiáo Zhèn］ 攸县辖镇。在县境西南部。面积65平方千米。人口4.1万。辖28村委会，有372自然村。镇人民政府驻枫岭村。1956年设上云桥乡。后改公社。1984年复乡。1997年改镇。2005年沙陵陂乡并入。传明代有善人搭建石板平桥，方便行人，善行感天，降云载其成仙，故名。有中学3所，小学5所，卫生院1个，卫生所12个。有文化站、农家书屋等。有省水利风景区地杰山庄。农业种植水稻、蔬菜、油茶，养殖生猪、鱼等。工业以烟花爆竹加工、煤矿开采为主。醴茶铁路、106国道、省道柏市—桃水线过境。

枫岭村［Fēnglǐngcūn］ 上云桥镇人民政府驻地。在县政府驻地春联街道北4千米。人口2400。因岭得名。聚落呈散点状。有中小学、卫生院。以种植水稻，养殖生猪、家禽，烟花爆竹加工为主。106国道、省道柏市—桃水线经此。

皇图岭镇［Huángtúlǐng Zhèn］ 攸县辖镇。在县境北部。面积227平方千米。人口7.5万。辖4居委会、50村委会，有708自然村。镇人民政府驻皇图村。1956年设皇图岭乡。后改公社。1983年改乡。1984年置镇。2007年市上坪、高枧2镇并入。因镇政府驻地得名。有中学3所，小学5所，卫生院3个，卫生所7个。有文化站、农家书屋等。农业种植水稻、蔬菜、油茶，养殖生猪、鱼。特产干辣椒。工业以烟花爆竹、饲料、农产品加工为主。醴茶铁路、岳汝高速、106国道过境。

皇图村［Huángtúcūn］ 皇图岭镇人民政府驻地。在县政府驻地春联街道东北49千米。人口2500。因土壤多黄色得名黄土岭，后演为今名。聚落呈散点状。有小学、卫生室。农业种植水稻、蔬菜。有农贸市场。106国道经此。

新市镇［Xīnshì Zhèn］ 攸县辖镇。在县境中部。面积134平方千米。人口4.7万。辖1居委会、34村委会，有481自然村。镇人民政府驻南北街社区。1958年成立新市公社。1984年设乡。1985年改镇。2007年钟佳桥镇并入。宋代有石桥称石桥铺，有小镇处在来要冲地，曾新建一市场，名曰新市，以集市名命名。攸水河流经。有中学2所，小学9所，卫生院2个，卫生所10个。有文化站、农家书屋等。农业以水稻、蔬菜、油茶种植为主，养殖生猪、鱼等。工业以矿产开采、烟花生产、农产品加工为主。醴茶铁路、岳汝高速、106国道、省道柏市—桃水线过境。

南北街社区［Nánběijiē Shèqū］ 新市镇人民政府驻地。在县境中部。面积0.4平方千米。人口2100。因南街、北街得名。2010年成立。民居为自建房。有养老服务中心。开展志愿服务、读书会等活动。有中小学、卫生院。106国道经此。

莲塘坳镇［Liántáng'ào Zhèn］ 攸县辖镇。在县境东南部。面积309平方千米。人口6.3万。辖1居委会、49村委会，有548自然村。镇人民政府驻坳屋场村。1956年设莲塘坳乡。1958年改幸福公社，后改莲塘坳公社。1961年析设凉江、沙陵陂2公社。1984年改乡。2005年凉江乡并入。2007年银坑乡并入。2010年置镇。因2塘相连称连塘坳，后演为今名。攸水河、洣水河流经。有中学2所，小学14所，卫生院3个，卫生所15个。有文化站、农家书屋等。有景点阳升观、金溪仙迹。农业以水稻、蔬菜、油茶种植为主，养殖生猪、鱼等。工业以矿产开采为主。岳汝高速过境。

坳屋场村［Àowūchǎngcūn］ 莲塘坳镇人民政府驻地。在县政府驻地春联街道东北4千米。人口100。因屋场处平坳得名。聚落呈团块状。有中小学、卫生院。农业种植水稻，养殖生猪、家禽。有农贸市场。

菜花坪镇［Càihuāpíng Zhèn］ 攸县辖镇。在县境南部。面积159平方千米。人口5.9万。辖18村委会，有594自然村。镇人民政府驻菜花村。1956年设菜花坪乡。1958年渌田、高和、菜花坪3乡合设友谊公社，后改菜花坪公社。1961年析设高和、渌田2公社。1984年改乡。1997年置镇。2007年高和乡并入。因百亩油菜大坪得名。洣水河、永乐江流经。有中学2所，小学9所，卫生院2个，卫生所1个。有文化站、农家书屋等。农业以水稻、蔬菜、油茶种植为主，养殖生猪、鱼等。工业以农产品、饲料加工为主。醴茶铁路、106国道、省道浏东线过境。

菜花村［Càihuācūn］ 菜花坪镇人民政府驻地。在县政府驻地春联街道西南9千米。人口2500。因境内种植大量油菜，开满油菜花得名。聚落呈团块状。有中小学、卫生院。以水稻、油茶种植，农产品加工为主。106国道经此。

湖南坳乡［Húnán'ào Xiāng］ 攸县辖乡。在县境北部。面积109平方千米。人口2.6万。辖19村委会，有284自然村。乡人民政府驻毛坪村。1956年设湖南坳乡。后改公社。1984年复乡。传古有湖，湖南有山坳，名湖南坳，沿为镇名。泽江流经。有中学1所，小学2所，卫生院1个，卫生所3个。有文化站、农家书屋等。农业以水稻、蔬菜、油茶种植为主，养殖鱼、生猪、家禽。工业以矿泉水、皮鞋、竹木加工为主。岳汝高速过境。

毛坪村［Máopíngcūn］ 湖南坳乡人民政府驻地。在县政府驻地春联街道东北32千米。人口2900。境内有毛坪地片，村袭其名。聚落呈团块状。有中小学、卫生院。种植水稻、油菜。有集市。宁排公路经此。

坪阳庙乡［Píngyángmiào Xiāng］ 攸县辖乡。在县境西北部。面积100平方千米。人口2.8万。辖21村委会，有302自然村。乡人民政府驻中心村。1956年设坪阳庙乡。1958年并入东风公社。1961年析设坪阳庙公社。1984年复乡。因南坪王庙得名。沙河流经。有中学1所，小学2所，卫生院1个，卫生所3个。有文化站、农家书屋等。有沙村八景。农业以水稻、蔬菜、油茶种植为主，养殖鱼、生猪、家禽。工业以化工、煤矿开采、木材加工为主。醴茶铁路、106国道过境。

中心村［Zhōngxīncūn］ 坪阳庙乡人民政府驻地。在县政府驻地春联街道北58千米。人口2900。因处乡中部得名。聚落呈散点状。有小学、卫生室。农业以水稻种植，生猪、家禽养殖为主。工业以竹木加工为主。

槚山乡［Jiǎshān Xiāng］ 攸县辖乡。在县境西北部。面积113平方千米。人口2.6万。辖21村委会，有249自然村。乡人民政府驻炉下村。1950年设槚山乡。1958年与大桥、丫江桥2乡合设红旗公社，后称丫江桥公社。1961年析设建新公社，后改槚山公社。1984年复乡。槚为茶树古称，因旧时多茶树得名。浊江、铁水河、凉家桥江流经。有中学1所，小学6所，卫生院1个，卫生所7个。有文化站、农家书屋等。有省级非物质文化遗产槚山皮影。农业以水稻、蔬菜、棉花种植为主，养殖鱼、生猪、家禽。工业以铁锅制造、石料开采、彩瓦制作为主。106国道过境。

炉下村［Lúxiàcūn］ 槚山乡人民政府驻地。在县政府驻地春联街道西北48千米。人口2000。盛产铁锅，多铸炉，故名。聚落呈团块状。有中学、卫生室。种植水稻、棉花。有农副产品贸易。有集市。省道亭网线经此。

鸭塘铺乡［Yātángpù Xiāng］ 攸县辖乡。在县境西部。面积75平方千米。人口3.5万。辖19村委会，有344自然村。乡人民政府驻下铺村。1958年成立八一公社。后更名鸭塘铺公社。1961年析设老君潭、石羊塘2公社。1984年改乡。为麻鸭之乡，故名。浊江、清江流经。有中学1所，小学5所，卫生院1个，卫生所9个。有文化站、农家书屋等。农业以水稻、蔬菜、棉花种植为主，养殖麻鸭、生猪、鱼等。工业以化工、建材为主。省道柏市—桃水线过境。

下铺村［Xiàpùcūn］ 鸭塘铺乡人民政府驻地。在县政府驻地春联街道西北17千米。人口4000。处洪家洲集市下方，故名。聚落呈团块状。有小学、卫生院。农业以种植水稻、棉花为主。有农副产品贸易。有集市。

茶陵县

茶陵县［Chálíng Xiàn］ 株洲市辖县。北纬26°30′，东经113°20′。在市境南部。面积2500平方千米。人口64.3万。以汉族为主，还有土家、苗、布依等民族。辖4街道、13镇、3乡。县人民政府驻云阳街道。汉高帝五年(前202)置茶陵县，属长沙国。元朔四年(前125)改茶陵侯国。太初元年(前104)复县。新始建国元年(9)改名声乡，属填蛮。建武六年(30)更名茶陵县，属长沙郡。隋开皇九年(589)并入湘潭县。唐武德四年(621)复置，属南云州。贞观九年(635)并入攸县。武周圣历元年(698)复。南宋绍兴九年(1139)属茶陵军。元至元十九年(1282)升州。明洪武五年(1372)降县。成化十八年(1482)复州。清光绪六年(1880)改茶陵散州，属长沙府。1913年改茶陵县。1949年属衡阳专区。1952年属湘潭专区。1959年酃县并入，1961年又析出。1968年属湘潭地区。1983年属株洲市。陵谷多生茶茗，故名。先后改造古城，新建南站新区、河东新区、城南商圈，建农贸市场、工业品市场、商业步行街、进士长廊、洣江书院，改造犀城广场、烈士陵园，修复南宋古城墙、工农兵政府旧址，建设洣江防洪堤及景观，建成茶陵大道、工业大道、朝阳大道及乔家垅、灌子冲、东阳公园。地势由西北、东南向中部倾斜。海拔75—1405米。年均气温17.9℃，1月平均气温6.1℃，7月平均气温29℃。年均降水量1423毫米。洣水河、洮江、文江、茶水河流经。有矿产资源铁、钨、铝等。有野生植物360种，其中国家重点保护野生植物有银杏、罗汉松等5种。有野生动物14种，其中国家重点保护野生动物有云豹、苏门羚等4种。有云阳国家森林公园。森林覆盖率58%。有中职1所，中学24所，小学33所，特教学校1所，二级医院4个，图书馆1个，博物馆1个，湘剧团1个。有全国重点文物保护单位茶陵古城墙，省级文物保护单位光泉石刻、茶陵县烈士陵园、龙家牌坊等9个。有全国爱国主义教育基地茶陵县工农兵政府旧址。有省级非物质文化遗产客家火龙、茶陵湘剧、云阳山南岳宫庙会。有国家4A级旅游景区云阳国家森林公园。有名胜古迹南浦铁犀、洣江书院、东阳湖、中华茶祖文化产业园。为省级历史文化名城。有省级历史文化名村双元。三次产业比例21∶42∶37。农业种植水稻、茶、油茶，养殖生猪、牛、羊、鱼。有国家地理标志产品茶陵红茶。工业以农产品、矿产品加工，能源，建材，化工，纺织为主。服务业以旅游、商贸、物流为主。醴茶、吉衡铁路，平汝、衡炎、泉南高速，106、322国道，省道茶陵—攸县线过境。

犀城广场［Xīchéng Guǎngchǎng］　在县城中部。面积3.8万平方米。2002年开工，2003年建成。因南浦犀亭得名。大理石铺地，缀以常绿观赏树，辅以园林建筑小品。有旱喷、雕塑、夜灯，其中旱喷广场2.6公顷。为集法治教育、文化传播、科普宣传、展览演出、健身娱乐于一体的综合性广场。周边有县委、县人大、县政协、居住小区、中心农贸市场。通公交车。

犀城大道［Xīchéng Dàdào］　在县城西部。南起茶乡街，北至曲江大桥。与炎帝大道、茶陵大道相交。长6千米，宽51米。混凝土路面。2004年开工，2010年建成。因南浦犀亭得名。两侧有东大门牌坊、大型水牛雕塑、森林公园。通公交车。

炎帝大道［Yándì Dàdào］　在县城中部。南起茶陵大道，北至老虎山铁路桥。与犀城大道、茶乡街相交。长6千米，宽35米。混凝土路面。1987年开工，1989年建成。2005、2007、2008年分别扩建。因炎帝神农氏得名。两侧有县政府、云阳中学、城西农贸市场、县烈士陵园。通公交车。

茶陵大道［Chálíng Dàdào］　在县城南部。南起茶陵南站交接口，北至炎帝大道。与茶陵大道、犀城大道、茶乡街相交。长1.8千米，宽30米。沥青路面。原为省道界首—界化垄线，2010年改建为城区道路。因县得名。两侧多商铺、居住小区。通公交车。

云阳大街［Yúnyáng Dàjiē］　在县城西北部。东起交通街，西至云阳景区北门路口。与炎帝大道相交。长2.7千米，宽40米。沥青路面。1993年开工，1994年建成。2001、2007年分别扩建。因云阳国家森林公园得名。两侧有茶陵汽车站、城北小学等。通公交车。

交通街［Jiāotōng Jiē］　在县城东北部。东起洣水街，西至云阳大街。与广场路相交。长1.1千米，宽15米。沥青路面。1952年开始多次翻修改造。1965年铺筑人行道。1973年改三合土路面为沥青路面。1997年东西两端延伸。1999年建成。2008、2010年分别扩建。为县城解放后开辟的第一条新街，故名。两侧有县医院、犀城广场、中心农贸市场。通公交车。

朝阳街［Cháoyáng Jiē］　在县城北部。东起炎帝大道，西至犀城大道。长1.5千米，宽26米。2012年开工，2014年建成。因街道东西走向，每日出阳光照射，直至日暮，故名朝阳。沥青路面。两侧多商铺、居住小区。通公交车。

东阳街［Dōngyáng Jiē］　在县城中部。东起炎帝大道，西至犀城大道。长1.5千米，宽30米。沥青路面。2009年开工，2010年建成。因历史名人李东阳得名。两侧多商铺、居住小区。通公交车。

曲江大桥［Qǔjiāng Dàqiáo］　在县城西北部。长326.1米，宽23.5米，最大跨度40米，桥下净高16米。2008年开工，2009年建成。因所跨河流得名。为大型河道桥梁，结构型式为梁桥。最大载重20吨。通公交车。

茶陵大桥［Chálíng Dàqiáo］　在县城北部。长191米，宽12米，最大跨度40米，桥下净高17.9米。1960年开工，1962年建成。为县城第一座横跨洣江的大桥，故名。为中型河道桥梁，结构型式为钢筋混凝土空腹式石拱桥。最大载重15吨。通公交车。

洣江大桥［Mǐjiāng Dàqiáo］　在县城东部。长220.5米，宽12米，最大跨度45米，桥下净高14米。1976年开工，1978年建成。因所跨河流得名。为大型河道桥梁，结构型式为截面圆弧版拱桥。最大载重15吨。通公交车。

茶陵南站［Chálíngnán Zhàn］　见交通运输设施部分“茶陵南站”条。

茶陵汽车站［Chálíng Qìchēzhàn］　见交通运输设施部分“茶陵汽车站”条。

云阳街道［Yúnyáng Jiēdào］　茶陵县人民政府驻地。在县境西南部。面积16平方千米。人口7.7万。2013年设。因云阳山得名。洣水河流经。有十二年一贯制学校1所，高中2所，中学1所，小学4所，二级医院4个，卫生院1个，卫生所1个。有毛泽东重上井冈山在茶陵县委住室、青云山烈士陵园、茶陵县工农兵政府旧址。有古迹南宋古城墙、南浦犀亭、洣江书院、茶陵进士碑廊。经济以住宿、商贸为主。武深、泉南高速，106、322国道，省道茶陵—攸县线过境。通多路公交车。

思聪街道［Sīcōng Jiēdào］　属茶陵县。在县境西南部。面积86平方千米。人口4.3万。2013年设。因谭思聪烈士得名。洣水河、茶水河流经。有中学1所，小学3所，卫生院1个，卫生所1个。有文化站、农家书屋、谭思聪烈士纪念广场等。有金州城遗址、状元公祠、辉山石林。农业以水稻、棉花、油菜、红薯、大蒜种植为主。工业以矿产开采、针织、板材加工、烟花生产为主。醴茶、茶文铁路，322国道过境。通多路公交车。

洣江街道［Mǐjiāng Jiēdào］　属茶陵县。在县境中部。面积58平方千米。人口3.9万。2013年设。因洣水河得名。有中学1所，小学2所，卫生院1个，卫生所1个。有文化站、农家书屋等。有古迹定林寺、文明塔遗址、宋代陶瓷古窑遗址等。有景点洣江风光带、石梁桥、紫色砂页岩奇观、龟裂石奇观。农业以水稻、蔬菜种植为主，养殖淡水鱼。工业以针织、板材、食品加工为主。泉南高速、322国道过境。通多路公交车。

下东街道［Xiàdōng Jiēdào］　属茶陵县。在县境南部。面积58平方千米。人口4.1万。2013年设。屋多朝东，日出朝霞普照，故称霞东，后演为今名。洣水河、文江流经。有中学1所，小学7所，卫生院1个，卫生所1个。有文化站、农家书屋等。农业以种植水稻、蔬菜为主。工业以家具、食品加工为主。有茶陵经济开发区。衡炎、泉南高速，106、322国道过境。有茶陵南站。通多路公交车。

界首镇［Jièshǒu Zhèn］　茶陵县辖镇。在县境西南部。面积83平方千米。人口3万。辖1居委会、11村委会，有244自然村。镇人民政府驻白洲村。1956年设界市镇、界首乡。1958年合改界首公社。1984年改乡。1985年置镇。因省“八大名集古墟”之一界首墟得名。洒水河、莲荷江、白沙江流经。有中学1所，小学1所，卫生院1个，卫生所1个。有文化站、农家书屋等。农业以水稻、蔬菜、棉花种植为主，养殖生猪、鱼等。工业以农产品、建材加工为主。322国道过境。

白洲村［Báizhōucūn］　界首镇人民政府驻地。在县政府驻地云阳街道西南25千米。人口2500。为白沙溪、莲荷溪2溪汇合地，洲渚白茅茂盛，白花盛开，故名白洲。聚落呈团块状。有中小学、卫生院。农业以水稻、棉花种植为主。工业以农产品、建材加工为主。县道界首—月岭线经此。

湖口镇［Húkǒu Zhèn］　茶陵县辖镇。在县境南部。面积163平方千米。人口2.6万。辖1居委会、22村委会，有218自然村。镇人民政府驻湖口社区。1956年设湖口乡。1958年并入卫国公社。1984年析设湖口乡。1985年改镇。因镇政府驻地原名得名。洣水河流经。有中学1所，小学1所，卫生院1个，卫生所2个。有文化站、农家书屋等。农业以种植水稻、蔬菜为主，养殖生猪、鱼、家禽等。工业以木材加工、电力为主。有湖口墟场。吉衡铁路、平汝高速、106国道过境。

湖口社区［Húkǒu Shèqū］　湖口镇人民政府驻地。在县境南部。面积0.3平方千米。人口1100。昔有湖，上下连接洣水河，故名。1985年成立。有卫生服务站、便民服务站、老年活动室。开展邻里互助、疾病防治、知识讲座、法律援助等活动、服务。有志愿者、义工等。有湖口墟场。省道茶陵—汝城线经此。

马江镇［Mǎjiāng Zhèn］　茶陵县辖镇。在县境南部。面积80平方千米。人口2.9万。辖1居委会、12村委会，有212自然村。镇人民政府驻马江社区。1956年设马江乡。1958年改公社。1982年复乡。1998年改镇。因镇政府驻地原名得名。文江、马步江流经。有中学1所，小学1所，卫生院1个，卫生所1个。有文化站、农家书屋等。农业以水稻、蔬菜种植为主，养殖生猪、鱼等。工业以农产品、建材加工为主。吉衡铁路、衡炎高速、106国道、省道茶陵—枣市线过境。

马江社区［Mǎjiāng Shèqū］　马江镇人民政府驻地。在县境南部。面积0.4平方千米。人口1100。马步江流经，故名。1988年成立。有卫生服务站、便民服务站等。开展健康教育、疾病防治、心理卫生、法律咨询、邻里互助等服务。有志愿者、义工等。有中小学、卫生院。有农贸、工贸市场。106国道、省道茶陵—枣市线经此。

高陇镇［Gāolǒng Zhèn］　茶陵县辖镇。在县境东北部。面积141平方千米。人口2.4万。辖1居委会、17村委会，有314自然村。

镇人民政府驻高陇社区。1956年设高陇乡。1958年并入建苏公社。1984年复乡。1985年改镇。因高陇墟场得名。岩水河、芝水河、落江流经。有中学1所,小学1所,卫生院1个,卫生所1个。有文化站、农家书屋等。有古迹马王城遗址、光泉石刻。农业以水稻、蔬菜种植为主,养殖生猪、鱼、家禽等。工业以农产品加工、矿产开采为主。吉衡铁路、泉南高速、322国道过境。

高陇社区[Gāolǒng Shèqū] 高陇镇人民政府驻地。在县境东北部。面积0.5平方千米。人口2000。因镇得名。1985年成立。开展健康教育、疾病防治、心理卫生等服务。有小学、卫生院。为茶陵、江西莲花、永新3县物资集散地。322国道、县道醴陵—茶陵线经此。

虎踞镇[Hǔjù Zhèn] 茶陵县辖镇。在县境西部。面积222平方千米。人口6.1万。辖2居委会、15村委会,有295自然村。镇人民政府驻平水社区。1956年设虎踞乡。1958年并入红星公社。1984年复乡。1990年改镇。因附近有形如虎、猪之2小山,人称"虎猪山",当地方言"猪""踞"为谐音,后雅为"虎踞",故名。洣水河流经。有九年一贯制学校1所,卫生院1个,卫生所2个。有文化站、农家书屋等。农业以水稻、蔬菜、苎麻种植为主,养殖生猪、鱼等。工业以皮革、木材加工为主。醴茶铁路,泉南、岳汝高速,106国道过境。

平水社区[Píngshuǐ Shèqū] 虎踞镇人民政府驻地。在县境西部。面积0.3平方千米。人口500。原为平水镇政府驻地,故名。1990年成立。开展健康教育、疾病防治、心理卫生等服务。有中小学、卫生院、文化站等。醴茶铁路,泉南、岳汝高速,106国道经此。

枣市镇[Zǎoshì Zhèn] 茶陵县辖镇。在县境西南部。面积113平方千米。人口2.9万。辖1居委会、11村委会,有158自然村。镇人民政府驻枣市社区。1956年设枣市乡。1958年并入界首公社。1984年析设枣市乡。1997年改镇。因镇政府驻地原名得名。马步江、洒水河流经。有中学1所,小学3所,卫生院1个,卫生所1个。有文化站、农家书屋等。农业以水稻、蔬菜、油茶种植为主,养殖生猪、鱼等。工业以粮油、木材加工、电力器材制造为主。322国道过境。

枣市社区[Zǎoshì Shèqū] 枣市镇人民政府驻地。在县境西南部。面积0.2平方千米。人口1100。盛产枣子,有枣子园墟市,故名。1997年成立。民居有商住楼。有老年活动室、卫生服务站、便民服务站等。开展健康教育、疾病防治、心理卫生等服务。有中学、卫生院。322国道经此。

火田镇[Huǒtián Zhèn] 茶陵县辖镇。在县境北部。面积259平方千米。人口3.8万。辖1居委会、17村委会,有304自然村。镇人民政府驻五门村。1956年设火田乡。1958年改国营农场,同年改火田公社。1984年复乡。1994年改镇。因火田墟得名。旱时素有"田似火烧"之称,故名。茶水河流经。有中学1所,小学2所,卫生院1个,卫生所1个。有文化站、农家书屋等。农业以水稻、蔬菜、茶种植为主,养殖生猪、鱼等。工业以石材加工、水力发电、铸造为主。有农副产品贸易。有五门、洲陂、贝水3墟场。泉南高速、322国道、省道茶陵—祁东线过境。

五门村[Wǔméncūn] 火田镇人民政府驻地。在县政府驻地云阳街道北27千米。人口1800。古时分上三门、下二门,合称五门,故名。聚落呈团块状。有中小学、卫生院。农业以水稻种植为主。工业以石材加工、铸造为主。有五门中心墟场。322国道、省道茶陵—祁东线经此。

贝水村[Bèishuǐcūn] 在县政府驻地云阳街道北32千米。火田镇辖自然村。人口1400。因河得名。聚落呈团块状。有小学、农家书屋、文化活动室。有贝水墟场。县道火鸾线经此。2010年被评为全国文明村。

严塘镇[Yántáng Zhèn] 茶陵县辖镇。在县境东部。面积228平方千米。人口4.1万。辖1居委会、19村委会,有312自然村。镇人民政府驻严塘社区。1956年设严塘乡。1958年并入苏红公社。1984年复乡。1994年改镇。因镇政府驻地得名。严塘河、尧水流经。有九年一贯制学校1所,中学1所,小学1所,卫生院1个,卫生所1个。有文化站、农家书屋等。农业以水稻、蔬菜、油茶种植为主,养殖生猪、牛、羊、鱼等。工业以矿产开采为主。有农副产品贸易。有严塘、尧水2墟场。衡炎、泉南高速过境。

严塘社区[Yántáng Shèqū] 严塘镇人民政府驻地。在县境东部。面积0.3平方千米。人口1400。因多山地、山塘得名岩塘,后演为今名。1994年成立。有老年活动室、卫生服务站、便民服务站等。开展疾病防治、心理卫生、法律援助、知识讲座等服务。有志愿者、义工队伍。有中小学、卫生院、敬老院等。有严塘墟场、农贸市场。有商铺200余家。县道和吕—桃坑线经此。

腰陂镇[Yāopí Zhèn] 茶陵县辖镇。在县境中部。面积216平方千米。人口5.1万。辖1居委会、28村委会,有339自然村。镇人民政府驻腰陂社区。1956年设腰陂乡。1958年并入东风公社。1961年析设腰陂公社。1984年复乡。1990年改镇。因地处两山之间,呈马鞍形,是为腰,有河流从中流过被阻拦,是为陂(古人称拦水坝为陂),故名腰陂。《茶陵州志》载:古名腰陂墟,为茶陵八市之一。腰陂河、茶水河流经。有中学1所,小学2所,卫生院1个,卫生所2个。有文化站、农家书屋等。农业以水稻、蔬菜种植为主,养殖生猪、牛、羊、鱼等。工业以石材、建材加工为主。有大台、军塘、腰陂3墟场。吉衡铁路、322国道、泉南高速过境。

腰陂社区[Yāopí Shèqū] 腰陂镇人民政府驻地。在县境中部。面积0.7平方千米。人口1500。因腰陂墟场得名。1990年成立。有老年活动室、卫生服务站、便民服务站等。开展疾病防治、知识讲座、邻里互助服务。有志愿者、义工队伍。有小学。322国道经此。

潞水镇[Lùshuǐ Zhèn] 茶陵县辖镇。在县境西北部。面积88平方千米。人口2.3万。辖1居委会、12村委会,有158自然村。镇人民政府驻大台村。1956年设潞水乡。1958年并入东风公社。1961年析设潞水公社。1984年复乡。1993年改镇。《茶陵州志》载:"露山之麓有一水源,名公彦龙(又称露水),其源活泼不竭。"后演为潞水,沿为镇名。洋田江、双关溪流经。有九年一贯制学校1所,小学1所,卫生院1个,卫生所1个。有文化站、农家书屋等。农业以种植水稻、蔬菜、油茶为主,养殖生猪、牛、羊、鱼。工业以矿产开采、建材为主。茶文铁路、322国道、省道浏阳—炎陵线过境。2010年被评为全国文明镇。

大台村[Dàtáicūn] 潞水镇人民政府驻地。在县政府驻地云阳街道北30千米。人口2100。有大岭宽百余亩,四周环田,故名。后设墟场,也称大台市。聚落呈团块状。有小学、幼儿园、卫生院、敬老院等。有古迹小台寺、谭公古庙。农业以种植水稻、生姜、红薯为主,养殖生猪、家禽等。省道浏阳—炎陵线经此。

秩堂镇[Zhìtáng Zhèn] 茶陵县辖镇。在县境东部。面积151平方千米。人口2.7万。辖1居委会、11村委会,有172自然村。镇人民政府驻彭家祠村。1956年设秩堂乡。1958年并入建苏公社。1961年析设秩堂公社。1984年复乡。2009年改镇。因彭氏宗祠堂秩叙堂得名。雩江流经。有中学1所,小学1所,卫生院1个,卫生所1个。有文化站、农家书屋等。有纪念地列宁学校旧址。有古迹三大学士故里碑、吴楚雄关、三国军事城堡遗址、鄂王城遗址、皇雩仙。农业以种植水稻、蔬菜、茶、油茶为主,养殖生猪、牛、羊、鱼。工业以矿产开采、木材加工为主。吉衡铁路过境。

彭家祠村[Péngjiācícūn] 秩堂镇人民政府驻地。在县政府驻地云阳街道东北38千米。人口2900。因彭氏宗祠得名。聚落呈团块状。有中小学、卫生室。农业以水稻种植为主,兼养猪、牛。县道高秩、彭庵、秩三线经此。

浣溪镇[Huànxī Zhèn] 茶陵县辖镇。在县境南部。面积136平方千米。人口1.7万。辖1居委会、17村委会,有134自然村。镇人民政府驻由义村。1956年设浣溪乡。1958年改卫国公社。1961年改浣溪公社。1984年复乡。1994年改镇。因溪得名。有中学1所,小学6所,卫生院1个,卫生室10个,文化站1个,文化书屋6个。有段文将军古墓、小汾挽日飞机场旧址。有龙下神农度假村。农业种植蔬菜、西瓜、食用菌,有网箱养鱼等。工业以竹木加工、化工、金属制品加工为主。有龙下工业园区。衡炎高速过境。

由义村[Yóuyìcūn] 浣溪镇人民政府驻地。在县政府驻地云阳街道南32千米。人口1700。因牛路铺得名油萝铺,后演为今名,意为讲义气。聚落呈团块状。有小学、卫生室。种植水稻。106国道经此。

平水镇[Píngshuǐ Zhèn] 茶陵县辖镇。在县境西北部。面积137平方千米。人口3万。辖1居委会、19村委会,有191自然村。镇人民政府驻黄石铺。1956年设平水乡。1958年改公社。1984年复乡。1996年改镇。河床宽阔,洣水河经此平缓,故名。有矿产资源铁、锌、钨。有中学1所,小学4所,卫生院1个,卫生室19个,个人诊所5个,文化站1个,农家书屋19个。有古迹麻叶洞、茶陵四大学士之一张治夫妻合葬墓。有民间艺术腰鼓、舞狮、花鼓戏。经济以农业为主,种植食用菌、花卉苗木、杨梅、板栗,养殖生猪。特产生姜、大蒜、白芷。工业以水电、冶矿、农林产品加工为主。醴茶铁路,衡炎、岳汝高速,106国道过境。

黄石铺[Huángshípù] 平水镇人民政府驻地。在县政府驻地云阳街道西17千米。人口800。因岩石风化成黄色得名。聚落呈团块状。有中小学、卫生室。种植水稻。106国道经此。

舲舫乡[Língfǎng Xiāng] 茶陵县辖乡。在县境中部偏南。面积90平方千米。人口3.2万。辖11村委会,有166自然村。乡人民政府驻堤洲村。1956年设舲舫乡。1961年改公社。1984年复乡。昔舟船、竹木筏经此停靠,故名。洣水河、洮水河流经。有中学1所,小学1所,卫生院1个,卫生所1个。有文化站、农家书屋等。农业以水稻、蔬菜、棉花种植为主,养殖生猪、牛、羊、鱼。工业以矿产开采、木材加工为主。吉衡铁路、茶舲公路过境。

堤洲村[Dīzhōucūn] 舲舫乡人民政府驻地。在县政府驻地云阳街道南12千米。人口1800。处洣水河西岸,形如堤坝,故名。聚落呈团块状。有中小学、卫生院。农业种植水稻、蔬菜,养殖生猪、牛、羊、鱼。茶舲公路经此。

八团乡[Bātuán Xiāng] 茶陵县辖乡。在县境东北部。面积118平方千米。人口0.7万。辖14村委会,有86自然村。镇人民政府驻白石村。1956年设八团乡。1958年并入灯塔公社。1961年析设八团公社。1984年复乡。因清设团防8个得名。有泰和仙峰。有八团学校，卫生院1个，卫生室14个，农家书屋14个。有湘赣潮游击队、卧龙新四军留守处旧址。有景点兔子坪。经济以林业为主，产杉木、毛竹，有油茶、药材基地，养殖高山黄牛。工业以冶矿为主，有水电产业。县道麻八线过境。通公交车。

白石村 [Báishícūn]　八团乡人民政府驻地。在县政府驻地云阳街道东北45千米。人口600。因白色石头得名。聚落呈条带状。有八团学校、卫生室。农业以水稻种植为主，养殖猪、牛为辅。县道麻八线经此。

桃坑乡 [Táokēng Xiāng]　茶陵县辖乡。在县境东南部。面积254平方千米。人口1.8万。辖15村委会，有202自然村。乡人民政府驻邺坑村。1956年设桃坑乡。后改公社。1984年复乡。2005年江口乡并入。处洮水流域，又有坑口墟场，故名洮坑。后又因桃、洮同音，1956年设乡时写成今名。洣水河、中芫河、上坪河流经。有九年一贯制学校1所，卫生院1个，卫生所1个。有文化站、农家书屋等。有省级非物质文化遗产客家火龙。有民间艺术客家山歌。农业以种植水稻、蔬菜、棉花、大豆、花生为主，养殖淡水鱼、生猪、牛、羊等。工业以竹木加工为主。省道浏阳—炎陵线过境。

邺坑村 [Yèkēngcūn]　桃坑乡人民政府驻地。在县政府驻地云阳街道东54千米。人口1200。因有邺坑集镇得名。聚落呈团块状。有中小学、卫生院。农业以种植水稻、蔬菜、花生为主，养殖淡水鱼、生猪、牛、羊、家禽等。省道浏阳—炎陵线、县道和吕—桃坑线经此。

炎　陵　县

炎陵县 [Yánlíng Xiàn]　株洲市辖县。北纬26°03′，东经113°34′。在市境南部。面积2030平方千米。人口19.4万。以汉族为主，还有瑶、畲、满等民族。辖6镇、8乡、1瑶族乡。县人民政府驻霞阳镇。宋嘉定四年(1211)析茶陵县康乐、霞阳、常平3乡置酃县，因酃泉得名。此后至1954年未变，先后属衡州路、衡州府、衡阳道、湖南省、第五行政督察区、第二行政督察区、衡阳专区、湘南行署、郴县专区。1958年并入茶陵县。1961年复置酃县，属湘潭专区。1983年属株洲市。1994年因炎帝陵更今名。置县后迭建县衙、学宫、书院、考棚、庙宇等。明正德六年(1511)筑土城墙。清乾隆年间(1736—1795)以县衙为中心，建东、南、西、北正街。1912年后建7街。1946年建忠烈祠。20世纪60年代后兴建人民礼堂、百货大楼。2006年后改扩建神农大道、霞阳路、井冈路。处罗霄山脉中段，以山地、丘陵为主。东南高西北低。海拔166—2115.2米。有八面山、万洋山。最高峰湖南省第一峰酃峰海拔2115.2米。年均气温17.7℃，1月平均气温6.3℃，7月平均气温28℃。年均降水量1590.4毫米。斜濑河、河漠河、沔水河、东风河流经。有矿产资源铁、钨、稀土等。有野生植物2019种，其中国家重点保护野生植物有银杉、大院冷杉、伯乐树等6种。有野生动物244种，其中国家重点保护野生动物有云豹、金钱豹、白鹇等6种。有桃源洞国家级自然保护区，神农谷国家森林公园。森林覆盖率83.5%。有职业学校1所，九年一贯制学校9所，高中1所，中学6所，小学9所，二级医院2个，国家一级图书馆1个，省级红军标语博物馆1个，体育馆1个。有全国重点文物保护单位炎帝陵、洣泉书院，省级文物保护单位叶家祠含桥头江家、周家祠、江家试馆、接龙桥战斗旧址等10个。有国家级非物质文化遗产炎帝陵祭典，省级非物质文化遗产炎帝传说、客家山歌、三人龙、瑶拳、苏区歌谣。有国家5A级旅游景区炎帝陵，国家4A级旅游景区神农谷。有景点湘山公园、梨树洲、龙渣瑶族风情园、万寿宫、大院万顷杜鹃花等。三次产业比例14∶53∶33。农业种植水稻、蔬菜，养殖生猪、牛、羊、鱼，盛产棉花、茶叶、花生。有国家地理标志产品炎陵黄桃。工业以纺织、新材料、农林产品加工、水力发电为主。有九龙经济技术开发区、中小企业创业园。服务业以商贸、旅游为主。有铁路34千米，高速88.7千米，公路1294.2千米。吉衡铁路，炎睦、衡炎、炎汝高速，106国道，省道睦炎、车蓝等线过境。

炎陵站 [Yánlíng Zhàn]　见交通运输设施部分“炎陵站”条。

炎陵汽车中心站 [Yánlíng Qìchē Zhōngxīnzhàn]　见交通运输设施部分“炎陵汽车中心站”条。

霞阳镇 [Xiáyáng Zhèn]　炎陵县人民政府驻地。在县境北部。面积143平方千米。人口4.6万。辖4居委会、22村委会，有201自然村。镇人民政府驻马道村。南宋绍兴九年(1139)设霞阳镇。1953年设城关镇。1956年分设城关镇、城东乡。1958年改城东公社。1960年析城区部分设酃县镇城市公社。1961年改城关镇。1968年改城关公社。1981年改镇。1984年分设城东乡、城关镇。1996年合设霞阳镇。2011年三河镇部分地域并入。因霞阳峰得名。洣水河流经。有中学1所，小学1所，二级医院2个，卫生院1个，卫生室17个。有文化站、农家书屋等。有名胜古迹洣泉书院、湘山寺、龙王井、湘山公园。农业以种植水稻、蔬菜为主，养殖生猪、牛、羊、家禽、鱼等。工业以纺织、陶瓷制造、新材料、电子、冶炼、建材、农副产品加工为主。吉衡铁路、炎睦高速、106国道、省道睦炎线过境。

井冈路 [Jǐnggāng Lù]　在县城北部。东起聚福路，西至凌云桥。长2.5千米，宽24米。沥青路面。1988年开工，1994年建成。后多次扩建。因通往井冈山得名。两侧有图书馆、县政府、文化馆、教育局、新华书店、县交通运输局、县法院、财保公司等。通公交车。

神农大道 [Shénnóng Dàdào]　在县城西南部。南起霞阳路，西至井冈路。长3.9千米，宽36米。沥青路面。1992年开工，1994年建成。2006年为纪念神农氏得名。两侧有接龙桥战斗群雕、建设局、湘山公园、县医院、汽车南站、税务局、检察院、沿江风光带。通公交车。

马道村 [Mǎdàocūn]　霞阳镇人民政府驻地。在镇境东北部。人口1400。旧有马王庙，故名。聚落呈团块状。有卫生室。有古迹龙王井。以商贸为主。106国道经此。

沔渡镇 [Miǎndù Zhèn]　炎陵县辖镇。在县境东北部。面积125平方千米。人口1.6万。辖1居委会、16村委会，有135自然村。镇人民政府驻晓阳村。1956年设沔渡乡。后改公社。1983年复乡。1990年改镇。因沔水渡口得名。有中学1所，小学1所，卫生院1个，卫生室16个。有文化站、农家书屋等。有省级非物质文化遗产客家山歌、三人龙。为民间文化艺术之乡。农业以水稻、蔬菜、南竹、油茶种植为主，养殖生猪、牛、羊等。工业以水力发电、陶瓷、竹木、农副产品加工为主。吉衡铁路、炎睦高速、省道睦炎线过境。

晓阳村 [Xiǎoyángcūn]　沔渡镇人民政府驻地。在县政府驻地霞阳镇东北13千米。人口900。以东方破晓、太阳初升为名。聚落呈散点状。有中小学、卫生院、文化站、农家书屋等。种植水稻，产竹木、水果。有商贸服务业。吉衡铁路、炎睦高速、省道睦炎线经此。

十都镇 [Shídū Zhèn]　炎陵县辖镇。在县境东北部。面积213平方千米。人口1.3万。辖1居委会、20村委会，有194自然村。镇人民政府驻晓东村。1956年设十都乡。后改公社。1984年复乡。1996年改镇。因清代属十都得名。沔水河流经。有神农谷国家森林公园，桃源洞国家级自然保护区。有中学1所，小学1所，卫生院1个，卫生室10个。有文化站、农家书屋等。有古迹铁瓦仙、婆婆仙、千年古杉。有省级非物质文化遗产三人龙。农业以水稻、蔬菜、中草药、黄桃、猕猴桃种植为主，养殖生猪、牛、羊、鱼等。工业以水力发电、竹木加工、矿产开采为主。省道沔桃线过境。

晓东村 [Xiǎodōngcūn]　十都镇人民政府驻地。在县政府驻地霞阳镇东北26千米。人口1300。处十都集市东，以吉言佳语命名。聚落呈散点状。有中小学、卫生院、文化站、农家书屋等。农业以水稻、竹木种植为主。服务业以商品零售为主。省道沔桃线经此。

水口镇 [Shuǐkǒu Zhèn]　炎陵县辖镇。在县境中部。面积200平方千米。人口1.7万。辖1居委会、20村委会，有188自然村。镇人民政府驻水南村。1956年设水口乡。1958年与浆村乡合改水口公社。1984年改乡。1987年置镇。因处桃溪、浆溪汇合口得名。下村河、策源河流经。有中学1所，小学1所，卫生院1个，卫生室16个。有文化站、农家书屋等。有革命纪念地叶家祠、桥头江家、朱家祠。农业以水稻、蔬菜、花生种植为主，养殖生猪、牛、羊、鱼等。工业以水力发电、竹木加工为主。106国道过境。

水南村 [Shuǐnáncūn]　水口镇人民政府驻地。在县政府驻地霞阳镇南28千米。人口1000。因处河漠水南得名。聚落呈散点状。有中小学、卫生院。农业以水稻种植为主。服务业以商品零售为主。106国道经此。

三河镇 [Sānhé Zhèn]　炎陵县辖镇。在县境西北部。面积88平方千米。人口1.5万。辖1居委会、11村委会，有142自然村。镇人民政府驻天坪村。1958年成立三河公社。1984年设乡。1996年改镇。因斜濑水、河漠水、洣水3河得名。有中学1所，小学1所，卫生院1个，卫生室10个。有文化站、农家书屋等。有名胜古迹紫荆园、邑有圣陵石刻。农业以种植水稻、蔬菜、棉花、水果为主，养殖生猪、牛、羊、鱼。工业以水力发电、水果加工、纺织为主。炎汝高速、省道炎安线过境。

天坪村 [Tiānpíngcūn]　三河镇人民政府驻地。在县政府驻地霞阳镇西12千米。人口1500。因处平原地，取天赐平原之意得名。聚落呈条带状。有中小学、卫生院。种植水稻、蔬菜，养殖生猪。有生态园。省道炎安线经此。

星光村 [Xīngguāngcūn]　在县政府驻地霞阳镇西14千米。三河镇辖自然村。人口1400。旧称河漠，1958年取星星之火可以燎原之意更今名。聚落呈团块状。有幼儿园、图书室、娱乐休闲广场、卫生室、便民服务点等。有无公害蔬菜、花草苗木、香樟、葡萄等特色产业基地。2014年被评为全国文明村。吉衡铁路、炎陵高速、106国道、炎帝公路经此。

鹿原镇 [Lùyuán Zhèn]　炎陵县辖镇。在县境西部。面积143平方千米。人口2.7万。辖1居委会、22村委会，有215自然村。镇人民政府驻洣西村。1996年由王家渡镇、塘田乡、三河镇河光村合置鹿原镇。因炎帝神农氏葬地鹿原坡得名。斜濑水流经。有中学1所，小学2所，卫生院1个，卫生室20个。有文化站、农家书屋等。有全国重点文物保护单位、国家4A级旅游景区炎帝陵。农业以水稻、蔬菜、茶、棉花种植为主，养殖鱼、生猪、牛、羊、家禽等。工业以水力发电、农林特产加工、小水电为主。服务业以旅游为主。炎汝高速，省道炎资、炎安线过境。2011年被评为全国文明镇。

洣西村［Mǐxīcūn］ 鹿原镇人民政府驻地。在县政府驻地霞阳镇西北16千米。人口1500。因处洣水支流斜濑水西岸得名。聚落沿河呈带状分布。有中小学、卫生院、文化站、农家书屋等。农业种植水稻。有商品、农副产品贸易。有王家渡圩。省道炎安线经此。

垄溪乡［Lǒngxī Xiāng］ 炎陵县辖乡。在县境中部。面积137平方千米。人口0.9万。辖14村委会，有164自然村。乡人民政府驻西坑村。1956年设垄溪乡。1958年与坂溪乡合设垄溪公社。1984年复乡。因溪得名。河漠水流经。有九年一贯制学校1所，卫生院1个，卫生室6个。有文化站、农家书屋等。农业以水稻、蔬菜、油茶、水果种植为主，养殖生猪、牛、羊、鱼等。工业以水力发电、竹木加工为主。106国道过境。

西坑村［Xīkēngcūn］ 垄溪乡人民政府驻地。在县政府驻地霞阳镇南9千米。人口1200。因处溪流西得名。聚落呈散点状。有九年一贯制学校、卫生院、文化站、农家书屋等。产木材、南竹、玉兰片、茶油等。106国道经此。

石洲乡［Shízhōu Xiāng］ 炎陵县辖乡。在县境东部。面积174平方千米。人口0.6万。辖7村委会，有41自然村。乡人民政府驻石坝村。1956年设石洲乡。后改公社。1984年复乡。河内乱石成洲，故名。沔水河流经。有九年一贯制学校1所，卫生院1个，卫生室2个。有文化站、农家书屋等。有红军烈士墓。农业以水稻、蔬菜、水果种植为主，养殖生猪、牛、羊、淡水鱼等。工业以水力发电、竹木加工为主。省道平江—汝城、纪念碑—石洲里、睦炎线过境。

石坝村［Shíbàcūn］ 石洲乡人民政府驻地。在县政府驻地霞阳镇东南22千米。人口800。因石头河坝得名。聚落呈带状。有九年一贯制学校、卫生院。盛产松、杉、南竹。有竹木加工业。有石坝里、柳树坝、马道水电站。县道草石、沔石、石大线经此。

策源乡［Cèyuán Xiāng］ 炎陵县辖乡。在县境东南部。面积180平方千米。人口0.6万。辖11村委会，有98自然村。乡人民政府驻竹园村。1956年设策源乡。后改公社。1984年复乡。为革命老区，以革命策源地为名。策源河流经。有九年一贯制学校1所，卫生院1个，卫生室7个。有文化站、农家书屋等。农业以水稻、蔬菜、油茶种植为主，养殖生猪、牛、羊、鱼等。工业以水力发电、竹木加工为主。县道水上线过境。

竹园村［Zhúyuáncūn］ 策源乡人民政府驻地。在县政府驻地霞阳镇东南44千米。人口800。因竹林茂盛得名。聚落呈散点状。有九年一贯制学校、卫生院、文化站、农家书屋等。农业盛产杉木、南竹、竹笋等。县道水上线经此。

下村乡［Xiàcūn Xiāng］ 炎陵县辖乡。在县境东南部。面积188平方千米。人口0.8万。辖14村委会，有115自然村。乡人民政府驻同乐村。1956年设下村乡。后改公社。1984年复乡。下村河流经。有九年一贯制学校1所，卫生院1个，卫生室8个。有文化站、农家书屋等。农业以水稻、蔬菜、水果种植为主，养殖生猪、牛、羊、鱼等。工业以水力发电、竹木加工为主。县道下平线过境。

同乐村［Tónglècūn］ 下村乡人民政府驻地。在县政府驻地霞阳镇东南52千米。人口1600。因丘似铜锣得名铜锣丘，后方言谐音成今名。聚落呈散点状。有矿产资源钨、铜等。有九年一贯制学校、卫生院、文化站、农家书屋等。盛产竹木、药材。县道下平线经此。

中村乡［Zhōngcūn Xiāng］ 炎陵县辖乡。在县境南部。面积108平方千米。人口0.8万。辖10村委会，有92自然村。乡人民政府驻中村村。1956年设中村乡。1958年与平乐、平冈、龙渣3乡合改中村公社。1961年析设平乐公社。1984年复乡。1985年析设龙渣瑶族乡。因乡政府驻地得名。罗浮江、龙潭河、双龙河流经。有九年一贯制学校1所，卫生院1个，卫生室10个。有文化站、农家书屋等。农业以水稻、蔬菜、水果等种植为主，养殖生猪、淡水鱼、牛、羊、家禽等。工业以水力发电、竹木加工为主。106国道过境。

中村村［Zhōngcūncūn］ 中村乡人民政府驻地。在县政府驻地霞阳镇南46千米。人口1400。因处罗浮江、双龙河间得名。聚落呈散点状。有九年一贯制学校、卫生院、文化站、农家书屋等。农业盛产木材、南竹、竹笋、茶叶等。106国道经此。

龙渣瑶族乡［Lóngzhā Yáozú Xiāng］ 炎陵县辖乡。在县境南部。面积88平方千米。人口2000，其中瑶族占52%，还有汉、畲、土家等民族。辖4村委会，有26自然村。乡人民政府驻龙渣村。1956年设龙渣乡。1957年改龙渣瑶族乡。1958年并入中村公社。1985年复设龙渣瑶族乡。因乡政府驻地得名。斜濑水、龙渣河、新开河流经。有九年一贯制学校1所，卫生院1个，卫生室2个。有文化站、农家书屋等。有民俗十月十六盘王节。农业以水稻、蔬菜、水果、草药种植为主，养殖生猪、牛、羊、鱼等。工业以水电、竹木加工为主。炎汝高速、106国道、省道车蓝线过境。

龙渣村［Lóngzhācūn］ 龙渣瑶族乡人民政府驻地。在县政府驻地霞阳镇南55千米。人口600，以瑶族为主，还有汉族。传为盘龙之地，渣为瑶族语盘住之意，故名。聚落呈散点状。有九年一贯制学校、卫生院、文化站、农家书屋等。盛产南竹、板栗、黄桃。有黄桃专业合作社。有木材加工业。106国道经此。

平乐乡［Pínglè Xiāng］ 炎陵县辖乡。在县境南部。面积85平方千米。人口0.3万。辖8村委会，有43自然村。乡人民政府驻茅坪村。1956年设平乐乡。1958年并入中村公社。1961年析设平乐公社。1984年复乡。因处高寒山区，取意平静安乐命名。斜濑水、罗浮江流经。有九年一贯制学校1所，卫生院1个，卫生室1个。有文化站、农家书屋等。农业以黄桃、水稻、中草药、水果种植为主，养殖生猪、牛、羊、鱼、家禽等。工业以水力发电、竹木加工为主。106国道过境。

茅坪村［Máopíngcūn］ 平乐乡人民政府驻地。在县政府驻地霞阳镇南72千米。人口800。因旧茅草丛生得名。聚落呈散点状。有九年一贯制学校、卫生院、文化站、农家书屋等。盛产高山黄桃、南竹、香菇、笋干。有黄桃专业合作社。有竹木加工业。县道青平线经此。

船形乡［Chuánxíng Xiāng］ 炎陵县辖乡。在县境西南部。面积105平方千米。人口0.8万。辖10村委会，有78自然村。乡人民政府驻新生村。1956年设船形乡。1958年与塘田乡合设塘田公社。1962年析设船形公社。1984年改乡。因乡政府原驻地三面环水似船形得名。斜濑水、七里水、黄洞溪流经。有九年一贯制学校1所，卫生院1个，卫生室10个。有文化站、农家书屋等。农业以水果、中草药、水稻、蔬菜种植为主，养殖生猪、牛、羊、鱼等。工业以水力发电，竹木、竹笋加工为主。炎汝高速过境。

新生村［Xīnshēngcūn］ 船形乡人民政府驻地。在县政府驻地霞阳镇西南39千米。人口1900。1949年后取意重获新生得名。聚落呈团块状。有九年一贯制学校、卫生院、文化站、农家书屋等。农业主产稻谷、茶油、竹木、竹笋、中药材，养殖生猪。炎汝高速经此。

东风乡［Dōngfēng Xiāng］ 炎陵县辖乡。在县境西部。面积53平方千米。人口1万。辖13村委会，有104自然村。乡人民政府驻木新村。1956年设太平乡。1958年改胜利公社。1969年改东风公社。1984年复乡。因历史时期以“东风压倒西风”之口号得名。云秋河流经。有九年一贯制学校1所，卫生院1个，卫生室9个。有文化站、农家书屋等。农业以油茶、草药、水稻、蔬菜种植为主，养殖淡水鱼、生猪、家禽。有养殖白鹅特色产业。工业以水力发电，竹木、竹笋加工为主。省道炎安线过境。

木新村［Mùxīncūn］ 东风乡人民政府驻地。在县政府驻地霞阳镇西南22千米。人口700。有上、中、下木山自然村，取意焕然一新得名。聚落呈带状。有九年一贯制学校、卫生院、文化站、农家书屋等。农业以种植水稻、豆类、油茶、水果为主。省道炎安线经此。

湘 潭 市

湘潭市［Xiāngtán Shì］ 湖南省辖地级市。北纬27°20′—28°05′，东经111°58′—113°05′。在省境中部偏东。面积5006平方千米。户籍人口291.5万，常住人口281.3万。以汉族为主，还有土家、苗、侗、瑶、回等民族。辖岳塘、雨湖2区，湘潭1县，代管湘乡、韶山2县级市。市人民政府驻岳塘区。战国秦为长沙郡湘南县。西汉为长沙国湘南县、连道县及零陵郡湘乡县地。三国吴太平二年(257)析长沙郡西部置衡阳郡，郡治设湘南县(今湘潭县石潭)。南朝齐废湘南县入湘西县。隋为潭州或长沙郡衡山县地。唐天宝八年(749)为长沙郡之湘潭、湘乡县地。元至元十四年(1277)湘潭、湘乡2县属潭州路。元贞元年(1295)2县升为州，天历二年(1329)2州属天临路，至正二十四年(1364)为潭州府湘潭州和湘乡县。明洪武三年(1370)湘潭州降为县，五年2县属长沙府。明、清仍属长沙府。1914—1922年属湘江道。1937年属第一行政督察区。1949年设长沙专区，专署初驻岳阳，旋迁驻湘潭县。1950年设湘潭市(县级)，此为湘潭建市之始。1952年长沙专区改湘潭专区。1968年改湘潭地区。1983年地市合设湘潭市(地级)。处湘江、涟水下游,湘中丘陵地带。西高东低,间以河谷平原。平均海拔68.3米。年均气温17℃,1月平均气温5℃,7月平均气温29.5℃。年均降水量1300毫米。年均无霜期276天。有昌山、乌石峰、褒忠山、韶峰。涓水、涟水、靳江、乌江流经。有矿产资源锰、煤、磷、石膏、矽砂等。有野生植物800余种,其中有国家重点保护野生植物水杉、杜仲、银杏、福建柏、紫荆、红椿等30余种。有野生动物350种,其中有国家重点保护野生动物穿山甲、果子狸、豺、鸢、猫头鹰等21种。有东台山国家森林公园、水府庙国家湿地公园,齐白石、昭山2省级森林公园。森林覆盖率46.4%。有国家级重点实验室5个,省级重点实验室19个,省级工程研究中心14个。有高校13所,九年一贯制学校41所,高中32所,中学117所,小学428所,特教学校3所,三级医院4个,图书馆7个,博物馆3个,群众艺术馆(文化馆)6个,体育馆15个。有市艺术剧院、湘潭县花鼓戏剧团。有洋潭国家水上运动训练基地。有全国重点文物保护单位东山书院旧址、北五省会馆等11个,省级文物保护单位潭宝汽车站、鲁班殿、湘潭文庙、江西会馆、黎氏故居等22个。有全国爱国主义教育基地韶山毛泽东故居和纪念馆、彭德怀故居和纪念馆等3个,省级爱国主义教育基地韶山烈士陵园等4个。有国家级非物质文化遗产青山桥唢呐,省级非物质文化遗产湘潭长沙花鼓戏、韶山山歌。有省级历史文化名村壶天村。为省级历史文化名城。有国家5A级旅游景区湘潭韶山,国家4A级旅游景区盘龙大观园、水府庙等6个。三次产业比例8∶57∶35。农业以水稻、豆类、花生种植为主,养殖猪、鱼。产湘莲、茶叶、甘薯、西瓜。工业以汽车及零部件、专用设备、电气机械和器材、通用设备制造为主。有国家级经济开发区1个,省级经济开发区1个,国家级工业园区2个,省级工业园区3个。有高新技术产业开发区1个,旅游经贸开发区1个。服务业以旅游、物流、商贸为主。有五星级酒店5个,四星级酒店6个,三星级酒店3个。有铁路339.4千米,高速284千米,公路7970千米,内河航线260千米。京广、湘黔、沪昆铁路,武广、沪昆高铁,京港澳、沪昆、长潭西高速,107、320、240国道,省道学七、望潭、宁临、娄湘、株韶、陵宁线等过境。有湘江、涟水、涓水、靳江航道。有湘潭站、湘潭北站。通多路公交车。

湘潭［Xiāngtán］　简称潭。别称莲城。湘潭市聚落。在市境东北部。面积652.36平方千米。人口87.7万。宋元符元年(1098)始建。明万历二年(1574)以三沙土筑城墙,四十二年以砖石分段替代土筑城墙,建万楼、高峰塔。清代数度修筑,至清末城区长5千米,有观湘、文星、熙春、拱极、瞻岳、通济6门,正、河、后3街。“前湘后湖,形势比于夏口(武昌)”。1928年拓建正、河、后3街,建望衡亭、江山胜迹刻石立碑。1939年拆除古城墙。20世纪50年代建设湘潭电机厂、江南机器厂、湘潭纺织印染厂、湘潭电厂、湘潭钢铁厂、江麓机械厂。1958年创办湘潭大学、湘潭师专、湘潭工学院、湘潭农学院。1959年建湘江一大桥。2005年市政中心迁往河东。2014年底以湘江为界分东、西片。以东方红广场为城市中心,四周为政府办公区、湖湘公园、博物馆、规划馆等。商业区以建设路口为中心,有商业广场、步行街、体育中心、五星级酒店等。历史文化街区、科教区在河西沿江一带,有古迹万楼、观湘门、城正老街等,有湘潭大学、湖南科技大学等。专业市场集中分布在砂子岭地区,有金都商业城、义乌小商品城、建材市场、糖酒副食市场、百货和小家电市场等。以湘江为界,河东有湘潭高新技术产业开发区、昭山旅游经贸示范区,河西有九华经济技术开发区。有标志性建筑君子莲城雕、东方红广场乡情城雕、沿江风光带红太阳城雕。有纪念地刘道一烈士祠、秋瑾故居。有名胜古迹昭山、盘龙大观园、九华湖、昭阳寺、唐兴寺、关圣殿、陶侃墓、何腾蛟衣冠冢等。特产湘莲、灯芯糕、紫油姜、火焙鱼。高铁、铁路、高速、国道交错。通多路公交车。

湘潭高新技术产业开发区［Xiāngtán Gāoxīn Jìshù Chǎnyè Kāifāqū］　在市境东南部。东至科技路,南至书院路,西至建设南路,北至长潭公路。面积4679公顷。1992年6月经湖南省人民政府批准设立省级湘潭高新技术产业开发区。2009年3月经国务院批准升为国家级高新区,由湘潭市政府管理。以新能源装备、先进矿山装备、精品钢材深加工为主。有湘电风能、湘电重装、胜利钢管、湘潭万达等工业企业130多个。有国家级企业技术中心3个,省级企业技术及工程技术中心18个。园区道路呈井字形分布,区内铁路、高速过境。有湘江高新万吨货运码头。水陆交通便利。

湘潭经济技术开发区［Xiāngtán Jīngjì Jìshù Kāifāqū］　在市境东北部。东至沿江北路,南至沪昆高铁,西至潭锰路,北至沙塘路。面积1.3万公顷。2011年9月经国务院正式批准建立国家级经济技术开发区,由湘潭市政府管理。以汽车及零部件、先进装备制造、电子信息为主,有吉利汽车、中国五矿、泰富重工、蓝思科技、兴业太阳能、全创科技等企业216个。区内道路纵横,高铁、高速过境。有九华港。通公交专线。

建设路［Jiànshè Lù］　在市境中部。南起书院路,北至北二环路。与湘潭大道、霞光路、河东大道、雨湖路、韶山中路、广云路相交。长7.3千米,宽32—60米。沥青路面。分南、中、北3段。1980年开工,1982年建成南段,1985年拓宽北段,1993年拓宽中段,2000—2005年全线改造,2010—2012年延建。两侧有步步高商场、步行街、星级酒店、市体育中心、体育公园、长途汽车站、市老年大学等。通多路公交车。

岳塘区

岳塘区［Yuètáng Qū］　湘潭市人民政府驻地。在市境东南部。面积206平方千米。人口35万。以汉族为主,还有土家、苗、侗等民族。辖14街道、1镇、2乡。区人民政府驻滴水埠街道。1961年设立。因塘得名。传塘为宋代岳家军开凿,故名。先后开发昭山示范区,建设岳塘经济开发区,建成东方红广场、建设路口城市中心圈。有标志性建筑君子莲雕塑、湘潭中心、国际金融大厦。有昭山、法华山。有仰天湖。有省级工程研究中心7个,国家级企业重点实验室1个,省级企业重点实验室4个。有高校5所,中学9所,小学22所,特教学校1所,三级医院2个,二级医院5个。有省级文物保护单位昭山古蹬道,省级非物质文化遗产荷塘火龙。有国家4A级旅游景区昭山风景区。有景点盘龙大观园、菊花塘等。三次产业比例1∶63∶36。农业以种植蔬菜、花卉苗木为主。工业以钢铁、机电、机械制造、食品加工、新能源为主。有湘潭高新技术开发区、岳塘经济开发区。服务业以商贸、物流、旅游为主。有中部机械物流中心、步步高物流、长株潭大市场、中南摩托车物流中心等。武广高铁,京广、湘黔铁路,京港澳、沪昆高速,107、320国道过境。有湘潭东站。有湘江航道。通多路公交车。

东方红广场［Dōngfānghóng Guǎngchǎng］　在城区中部。面积14.8公顷。2003年开工,2005年建成。为纪念领袖毛泽东的主题广场。因主题浮雕寓意得名。广场以“文脉、时尚”为理念,有高6米主题雕塑“乡情”,记录毛泽东1959年重回韶山与村民畅叙乡情的情境。雕塑前为直径218米的圆形广场,雕塑后为毛泽东玻璃磨砂剪纸艺术长廊。广场下建有影视、娱乐、购物等综合设施。有地画浮雕毛泽东之路,分“日出韶峰”“井冈烽火”“遵义城楼”“延安宝塔”“天安门楼”等主题。绿化面积1.87公顷。融纪念、集会、休闲、文化于一体。周边有市政府行政大楼、广电中心、万达广场、湖湘公园。通多路公交车。

芙蓉大道［Fúróng Dàdào］　在区境中部。北起长沙芙蓉南路,南至湘潭二大桥。与红易大道、东二环、河东大道、书院路、高新路、湘潭大道等相交。长16.7千米,宽60米,沥青路面。原为107国道,2010年拓宽改造。因湖南美称芙蓉国得名。两侧有昭山风景区、长株潭大市场、盘龙大观园、经济开发区、国际商贸城、建材广场等。通多路公交车。

书院路［Shūyuàn Lù］　在区境南部。东起晓塘东路,西至岳塘路。与建设南路、双拥路、芙蓉大道相交。长5.9千米,宽30米。沥青路面。1954年始建。1987年拓宽改造。原名板摄路,1979年以霞城书院旧址改今名。两侧有市第一医院、火炬创新创业园、湖南建职学院等。通多路公交车。

双拥路［Shuāngyōng lù］　在区境中部偏西。南起滨江南路,北至湘江公路三大桥引桥。与湘潭大道、河东大道、书院路、福星路、晓塘路相交。长4.7千米,宽60米。沥青路面。1993年动工,1994年建成。原名丝绸路,2005年向南延长至滨江路,因创建双拥模范城改今名。两侧有湘潭医职学院、湖南建职学院、锦源广场、德国工业园、火炬创新创业园等。通多路公交车。

湘潭大道［Xiāngtán Dàdào］　在区境南部。东起京珠澳高速,西至岳塘路。与东二环、芙蓉大道、双拥路、建设南路相交。长11.8千米,宽60米。沥青路面。1993年开工,1996年建成。原名芙蓉路。2001—2002年改造拓宽。2014年迅达大道、芙蓉中路、芙蓉西路合并更名湘潭大道。两侧有工业园、湖湘公园、建材广场、东方红广场等。通多路公交车。

河东大道［Hédōng Dàdào］　在区境西北部。东起东二环路,西至杨梅州大桥。与岳塘路、建设南路、双拥路、芙蓉大道等相交。长10.8千米,宽80米。沥青路面。1959年修建长潭路(新路)。1996年改造拓宽,因处河东市区更名河东大道。2014年东站路、河岚园路并入拓宽整合。两侧有红旗商贸城、步步高广场等。通多路公交车。

湘潭一大桥［Xiāngtán 1 Dàqiáo］　在城区西北部。长605.2米,宽21米,最大跨度60米,桥下净高69.1米。1959年开工,1961年建成,1988、2001年整修。为市最早修建横跨湘江桥梁,故名。为大型河道桥梁,结构型式为砼拱双曲凸桥。最大载重30吨。通多路公交车。

湘潭二大桥［Xiāngtán 2 Dàqiáo］　在城区西北部。长850米,宽20.5米,最大跨度90米,桥下净高91米。1990年开工,1993年建成。以建设次序命名。为特大型河道桥梁,结构型式为预应力连续梁桥。最大载重55吨。通多路公交车。

湘潭三大桥［Xiāngtán 3 Dàqiáo］　在城区西北部。长700米,宽20.5米,最大跨度270

米，桥下净高67.3米。1998年开工，2001年建成。以建设次序命名。为大型河道桥梁，结构型式为双塔自锚式拉索桥。最大载重55吨。通多路公交车。

莲城大桥［Liánchén Dàqiáo］ 在城区中部偏西。长1345米，宽27米，最大跨度400米，桥下净高99.6米。2004年开工，2007年建成。因湘潭简称莲城得名。又名湘潭四大桥。为大型河道桥梁，结构型式为悬索桥。最大载重55吨。通多路公交车。

滴水埠街道［Dīshuǐbù Jiēdào］ 岳塘区人民政府驻地。在区境中部偏西。面积4.3平方千米。人口1.6万。1980年由五里堆镇析设。江边崖石藤萝下垂，常年滴水，故名。有中学1所，小学1所，二级医院1个，卫生院1个。有残疾人康复中心。经济以纺织、化工、汽缸加工、商贸、物流为主。沪昆高速，320、107国道过境。通多路公交车。

岳塘街道［Yuètáng Jiēdào］ 属岳塘区。在区境西部。面积5.2平方千米。人口5.7万。1962年设立。传宋代岳家军开凿水塘，故名。有中学3所，小学3所，卫生院1个。有幼儿园、体育馆、图书馆等。经济以钢铁、液压件制造、棉纺为主。通多路公交车。

东坪街道［Dōngpíng Jiēdào］ 属岳塘区。在区境西北部。面积7.3平方千米。人口4.1万。1961年设东坪镇。1962年改街道。因处湘江东侧三角坪得名。有中等职业学校2所，卫生所6个。农业以蔬菜种植为主。工业以印刷、食品加工为主。通多路公交车。

中洲路街道［Zhōngzhōulù Jiēdào］ 属岳塘区。在区境西南部。面积4.1平方千米。人口4.2万。1962年设立。因中洲路得名。先后改造胜利路、运河路、长城路、南国路。有高校1所，中等职业学校1所，中学1所，小学2所，二级医院1个，卫生院1个。有幼儿园、体育馆、城市公园。工业以机电制造为主。通多路公交车。

书院路街道［Shūyuànlù Jiēdào］ 属岳塘区。在区境中西部。面积6.5平方千米。人口4.1万。1984年设立。因霞城书院旧址得名。先后改扩建建设南路、书院路、晓塘路。有高校1所，小学2所，三级医院1个，卫生院1个。有幼儿园、体育馆等。工业以电线电缆制造为主。有农贸市场。通多路公交车。

下摄司街道［Xiàshèsī Jiēdào］ 属岳塘区。在区境西南部。面积2.1平方千米。人口2万。1962年设半边街街道。1980年因明设下摄巡检司改今名。有高校2所，卫生院1个，卫生所7个。有幼儿园、养老中心等。经济以电力、商贸为主。有半边街商业街区。通多路公交车。

建设路街道［Jiànshèlù Jiēdào］ 属岳塘区。在区境西北部。面积9.1平方千米。人口4.1万。1976年设立。因建设路得名。有高校1所，中学1所，小学2所，三级医院1个，二级医院2个，卫生院1个。有幼儿园、体育馆、图书馆等。有植物园、城市公园。经济以商贸为主。有农贸市场。通多路公交车。

五里堆街道［Wǔlǐduī Jiēdào］ 属岳塘区。在区境中部偏西。面积3平方千米。人口2.4万。1958年设五里堆镇。1980年改街道，同年析设滴水埠街道。因旧时离县城5里得名。有小学1所，特殊学校1所，二级医院1个，卫生院1个。有幼儿园、体育馆等。工业以耐火材料加工为主。湘黔铁路，107、320国道过境。通多路公交车。

社建村街道［Shèjiàncūn Jiēdào］ 属岳塘区。在区境中部偏西。面积1.5平方千米。人口1.7万。1980年设立。取社会主义建设之意得名。有职业技术培训学院。有中学1所，小学1所，卫生院1个。有幼儿园、体育馆、图书馆等。工业以机械制造、纺织印染、服装加工为主。107、320国道过境。通多路公交车。

宝塔街道［Bǎotǎ Jiēdào］ 属岳塘区。在区境中部偏西。面积31.8平方千米。人口5.4万。1983年宝塔公社更名宝塔乡。1993年改街道。因境内有明万历四十二年(1614)所建高峰塔，习称“宝塔”，街道依塔得名。有高校1所，小学1所，卫生院1个。有幼儿园、体育馆、图书馆。有博物馆、城市公园、广场等。工业以机械制造、食品加工、机电为主。有汽车城、大型超市、农贸市场等。通多路公交车。

板塘街道［Bǎntáng Jiēdào］ 属岳塘区。在区境中部偏南。面积14.5平方千米。人口1.9万。1950年设板塘乡。2012年改街道。因板塘铺得名。有卫生院1个。有幼儿园、公园等。农业以蔬菜种植为主，养殖金鱼。工业以医药、电线电缆、机械制造为主。有国家级湘潭高新技术产业开发区。湘黔铁路、长潭高速、107国道过境。通多路公交车。

双马街道［Shuāngmǎ Jiēdào］ 属岳塘区。在区境东南部。面积31.7平方千米。人口3.5万。1997年设双马镇。2012年改街道。处马家河北，为区别南岸马家河镇得名。有卫生院1个，卫生所1个，卫生室5个。有幼儿园等。有法华山森林公园。农业以蔬菜种植为主。工业以机械制造、风电新能源、医药、电线电缆为主。有双马工业园。湘黔铁路、京港澳高速过境。有马家河高速出入口。通多路公交车。

红旗街道［Hóngqí Jiēdào］ 属岳塘区。在区境中部偏西。面积3.9平方千米。人口2.7万。2012年设立。因原红旗农场得名。先后改造河东大道、福星中路、宝塔路、双拥北路。有高校1所，小学1所。有幼儿园、公园等。经济以商贸、休闲旅游为主。有建材家具市场、五星级酒店。通多路公交车。

霞城街道［Xiáchéng Jiēdào］ 属岳塘区。在区境中部偏西。面积6.3平方千米。人口4.3万。1984年设霞城乡。2014年改街道。因霞城书院旧址得名。有小学2所，卫生院1个，卫生所8个。有幼儿园、青少年活动室、老年活动室等。农业以蔬菜种植为主。盛产韭菜。工业以电线电缆、机械加工为主。通多路公交车。

易家湾镇［Yìjiāwān Zhèn］ 岳塘区辖镇。在区境西北部。面积18.5平方千米。人口1.6万。辖5居委会、5村委会，有137自然村。镇人民政府驻金南村。1950年设易家湾镇。1980年改街道。1997年与仰天湖农场，昭山、荷塘2乡部分地域合改易家湾镇。湘江经此成洄湾，易姓居住，故名。湘江流经。有中学1所，小学2所，卫生院1个，卫生所5个。有水上游乐公园。有民间文艺龙灯、狮舞、花鼓戏。经济以商贸、物流为主。农业以蔬菜、水稻、葡萄、花卉苗木种植为主。有长株潭大市场、中南摩托车物流中心。武广高铁，京广铁路，京港澳、沪昆高速，107、302国道过境。

金南村［Jīnnáncūn］ 易家湾镇人民政府驻地。在区政府驻地滴水埠街道北10千米。人口600。因产楠木得名金楠，后简化为今名。聚落呈团块状。有卫生室、老年活动中心等。有龙骨坡一彭金华等八烈士殉难处纪念碑。经济以商贸为主。通多路公交车。

荷塘乡［Hétáng Xiāng］ 岳塘区辖乡。在区境中部。面积43平方千米。人口2.1万。辖13村委会，有278自然村。乡人民政府驻竹埠村。1962年由昭山、板塘2公社析设荷塘公社。1984年改乡。因有荷塘得名。有中学1所，小学4所，卫生院1个，卫生所13个，村级文化中心13个。有幼儿园、敬老院等。有省级非物质文化遗产荷塘火龙。有国家4A级旅游景区盘龙大观园。有景点荷塘仙岭、红旗水库。经济以商贸、物流为主。农业以蔬菜、花卉苗木种植为主。工业以食品加工为主。湘黔铁路，上瑞、京港澳高速，107、320国道过境。通多路公交车。

竹埠村［Zhúbùcūn］ 荷塘乡人民政府驻地。在区政府驻地滴水埠街道北3千米。人口1900。处湘江边，有停靠竹排的港口，故名。聚落呈团块状。有小学、幼儿园、门诊部、图书室、老年幸福院、文化广场等。农业以蔬菜种植为主。工业以机械加工为主。107、320国道经此。通公交车。

昭山乡［Zhāoshān Xiāng］ 岳塘区辖乡。在区境北部。面积47.2平方千米。人口1.4万。辖15村委会，有375自然村。乡人民政府驻昭山村。1956年设昭山乡。后改公社。1983年复乡。因乡政府驻地得名。有卫生院1个，卫生所15个，村级活动中心15个。有幼儿园、敬老院、农村幸福院等。有省级文物保护单位昭山古蹬道。有纪念地伟人亭、将军渡。有古迹昭阳寺、南宋抗金名将刘锜故居遗址等。有国家4A级旅游景区昭山风景区。农业以种植蔬菜、水稻、花卉苗木为主，养殖家禽、鱼。工业以有机农药加工为主。武广高铁，京广铁路，京港澳高速，107、320国道过境。通公交车。

昭山村［Zhāoshāncūn］ 昭山乡人民政府驻地。在区政府驻地滴水埠街道北11千米。人口1700。因国家4A级昭山风景区得名。聚落呈团块状。有小学、卫生室、幸福院等。经济以休闲农业、旅游、餐饮住宿为主。有集贸、农产品市场等。107国道经此。通公交车。

雨　湖　区

雨湖区［Yǔhú Qū］ 湘潭市辖区。在市境东北部。面积453.3平方千米。人口57万。以汉族为主，还有土家、苗、侗等民族。辖12街道、4镇、2乡。区人民政府驻雨湖路街道。1980年设立。1992年湘江区及郊区长城、昭潭、先锋、护潭4乡并入。2009年湘潭县响水乡并入。2010年湘潭县姜畲镇、响塘乡并入。因雨湖得名。传明吉王三世偕徐妃雨中游湖，故名。先后开发窑湾历史文化街区，建设九华湘潭经济技术开发区。有标志性建筑湘潭站、湘江公路一大桥。有仙女山。湘江、涟水、靳江流经。有高校7所，职业中专3所，中学11所，小学42所，三级医院2个，二级医院6个。有齐白石纪念馆、美术馆、图书馆、少儿图书馆、群众艺术馆、艺术剧院。有全国重点文物保护单位关圣殿，省级文物保护单位鲁班殿、湘潭文庙、夕照亭、石灵桥等8个。有纪念地抗日阵亡将士纪念碑、刘道一烈士祠、秋瑾故居等。有省级非物质文化遗产纸影戏影偶制作技艺。有民俗剪纸、皮影。为省级历史文化名城。有国家3A级旅游景区湘潭农博园。有景点雨湖、白石、和平、杨海洲公园。三次产业比例3∶59∶38。农业以水稻、蔬菜种植为主。有姜畲现代农业示范园。有国家地理标志产品砂子岭猪。工业以汽车及零部件、电子、先进装备制造为主。有省级经济开发区4个。服务业以商贸、旅游为主。有商业广场、大型市场、商贸物流园等。沪昆高铁，湘黔铁路，长株潭城际铁路，沪昆、岳临高速，320、107国道，长潭西、省道望潭、宁临线过境。有湘江航道。有湘潭站、湘潭北站。通多路公交车。

韶山路［Sháoshān Lù］ 在区境东南部。东起文星门路，西至宝庆路。与解放路、建设北路、车站路相交。长4.7千米，宽33—50米。沥青路面。1964年开工，当年建成，1982—1985、2001—2002年分别延建，2003年全线改造。两侧有长途汽车站、湘潭中心医院、酒店、步步高购物中心。通多路公交车。

沿江路［Yánjiāng Lù］　在区境东南部。南起人渡码头，北至长沙潇湘南路。长21.7千米，宽17—40米。水泥路面。以新马路、莲城大桥为界分南、中、北3段，并分别命名。1953年修建中段（老城区），再建于20世纪60年代末至70年代，1994—1996年完成改造拓宽。南段（十万垄大堤）始建于1959—1961年，后陆续加固拓宽。因湘江得名。两侧有临丰学校、关圣殿、万楼、望衡亭、唐兴寺、窑湾历史文化街、九华码头、九华和平小学、九华湖德文化公园。通多路公交车。

北二环路［Běi'èrhuán Lù］　在区境中部。东起东二环路，北至潭邵路。与潭锰路、高岭路、新湘路、莲城大道、潭州大道相交。长10.3千米，宽60米。水泥、混凝土路面。2000年开工，2003年建成，2006年扩建。两侧有市国土局、湖南科大、湘潭联通、湘潭工贸中专、湘潭钢材市场、金海农产品市场、湘潭大学。通多路公交车。

湘潭站［Xiāngtán Zhàn］　见交通运输设施部分"湘潭站"条。

湘潭北站［Xiāngtánběi Zhàn］　见交通运输设施部分"湘潭北站"条。

湘潭汽车站［Xiāngtán Qìchēzhàn］　见交通运输设施部分"湘潭汽车站"条。

湘潭汽车西站［Xiāngtán Qìchē Xīzhàn］　见交通运输设施部分"湘潭汽车西站"条。

雨湖路街道［Yǔhúlù Jiēdào］　雨湖区人民政府驻地。在区境东南部。面积1.12平方千米。人口2.5万。1963年设立。因雨湖路得名。2014年建成河西地下商业步行街。有大专2所，小学2所，三级医院1个，卫生院1个。有省级文物保护单位关圣殿。有雨湖公园。经济以商贸、金融、物流为主。有湘潭汽车站。通多路公交车。

城正街街道［Chéngzhèngjiē Jiēdào］　属雨湖区。在区境东部。面积2.9平方千米。人口2.6万。1963年设城正街街道。后改红卫街街道。1981年复名。因城正街得名。有小学2所，卫生院1个，卫生所6个。有湘潭文庙、唐氏义门、刘烈士祠、抗日阵亡将士纪念碑、和化坛。有景点滨江风光带。工业以印刷、金属制品、服装、食品加工为主。通多路公交车。

平政路街道［Píngzhènglù Jiēdào］　属雨湖区。在区境东南部。面积1平方千米。人口1.4万。1961年设平政路街道。1969年更名兴无路街道。1981年复名。因平政桥得名。有中学1所，小学1所，卫生院1个。有市工人文化宫。有全国重点文物保护单位关圣殿，省级文物保护单位万寿宫。经济以商贸、服装批发为主。有罗源、大同世界、聚富大厦、八仙桥等市场。通多路公交车。

云塘街道［Yúntáng Jiēdào］　属雨湖区。在区境东北部。面积3.5平方千米。人口3.9万。1985年设立。因云鹤塘中戏水得名。有中学2所，小学2所，卫生院1个，卫生所1个。农业以种植蔬菜为主，养殖淡水鱼。经济以商贸、金融、物流为主。有三大桥、湘潭站、基建营商圈。湘黔、沪昆铁路过境。有湘潭站、湘潭长途汽车站。通多路公交车。

广场街道［Guǎngchǎng Jiēdào］　属雨湖区。在区境中部。面积6.2平方千米。人口3.9万。1962年设立。因江麓广场得名。有湘潭技师学院、湘潭电大、湘潭铁路技校。有小学1所，二级医院1个，卫生院1个。农业以种植大棚蔬菜、小麦、玉米等为主。工业以电缆、塑胶、棉纺织、化纤、挂车零部件加工为主。湘黔铁路过境。通多路公交车。

中山路街道［Zhōngshānlù Jiēdào］　属雨湖区。在区境中部偏南。面积2平方千米。人口3.3万。1962年设立。因中山路得名。有中学2所，小学1所，卫生院2个，卫生所7个。有省级文物保护单位鲁班殿。有海会寺、齐白石纪念馆。有中国龙艺术团、湘之建京剧社。工业以机械、塑料制品加工为主。通多路公交车。

窑湾街道［Yáowān Jiēdào］　属雨湖区。在区境南部。面积1.3平方千米。人口1.5万。1962年设立。以湘江第一湾窑湾为名。有中学2所，小学1所，三级医院1个，二级医院1个，卫生院1个。有古迹望衡亭、唐兴桥、大唐兴寺等。经济以造船、建材、机械为主。有杨梅洲蔬菜基地。通多路公交车。

羊牯塘街道［Yánggǔtáng Jiēdào］　属雨湖区。在区境中部。面积4.4平方千米。人口2万。1985年设立。因古有羊牯塘驿站得名。有高校4所，小学1所，卫生院1个，卫生所5个。农业以水稻、蔬菜、柑橘种植为主。工业以食品、机械加工为主。有农副产品集贸市场。湘黔铁路、320国道过境。通多路公交车。

和平街道［Hépíng Jiēdào］　属雨湖区。在区境东部。面积60.7平方千米。人口3.9万。2012年成立。以祈愿和平得名。有高校2所，中学1所，小学3所，卫生服务中心1个，卫生院1个。有九华湖德文化公园。工业以汽车及零部件制造、电子、装备制造为主。有国家级湘潭经济技术开发区。服务业以商贸为主。有大型商场、家居广场等。沪昆高铁，沪昆、长潭西线高速过境。有湘江航道。通多路公交车。

昭潭街道［Zhāotán Jiēdào］　属雨湖区。在区境中部偏南。面积3平方千米。人口2.3万。1984年设昭潭乡。2013年改街道。因清康熙时建昭潭书院得名。有小学2所，二级医院1个，卫生院1个。经济以商贸为主。有糖酒、建材、服装市场、汽配城、古玩城等。工业以门窗、不锈钢制品加工为主。有湘潭汽车西站。通多路公交车。

万楼街道［Wànlóu Jiēdào］　属雨湖区。在区境东北部。面积11.2平方千米。人口2.1万。1984年设护潭乡。2013年改街道。因古迹万楼得名。有卫生院1个。农业以种植水稻、蔬菜为主。产白毛肉丝瓜。工业以机械制造及零部件加工、水泥制品为主。湘黔铁路、潭邵高速连接线、320国道过境。通多路公交车。

先锋街道［Xiānfēng Jiēdào］　属雨湖区。在区境西北部。面积6.9平方千米。人口1.1万。1984年设先锋乡。2013年改街道。因仙峰岭得名。有中学1所，小学3所，二级医院1个，卫生院1个，卫生所5个。有仙峰庙、先锋水库。农业以水稻、蔬菜种植为主，养殖猪、鱼、家禽。工业以家具制造、机械加工为主。湘黔铁路、320国道过境。通多路公交车。

中心村［Zhōngxīncūn］　在区政府驻地雨湖路街道西北3千米。属先锋街道。人口1500。因位于原先锋公社中心地段得名。聚落呈团块状。有老年活动室、卫生室等。有村办铸造、水泵、皮件、面粉企业等。农业以蔬菜种植为主，养殖猪、鱼。通公交车。2011年被评为全国文明村。

鹤岭镇［Hèlǐng Zhèn］　雨湖区辖镇。在区境北部。面积156平方千米。人口8万。辖4居委会、1村委会，有37自然村。镇人民政府驻果沙社区。1964年设鹤岭镇。1980年改街道。1993年复镇。因鹤峰山得名。有中学3所，小学13所，二级医院1个，卫生院1个，卫生所41个。有幼儿园。有湘潭锰矿国家矿山公园。农业以种植水稻、油茶等为主。工业以冶金、化工为主。有鹤岭工业园、湘潭锰矿。服务业以商品零售为主。沪昆高铁，320、107国道，县道潭锰线过境。

果沙社区［Guǒshā Shèqū］　鹤岭镇人民政府驻地。在区境北部。面积1.2平方千米。人口4000。有梨子山果园，故名。2001年成立。民居以6层以下住宅楼为主。有一站式服务大厅、红色驿站、卫生服务站、老人活动室等。开展节庆娱乐、爱护环境等活动。有小学。通公交车。

楠竹山镇［Nánzhúshān Zhèn］　雨湖区辖镇。在区境西北部。面积6.8平方千米。人口2.4万。辖6居委会、1村委会，有1自然村。镇人民政府驻永丰社区。1957年设楠竹山镇。1959年改江南城市公社。1964年复镇。1980年改街道。1993年复镇。因昔日遍山的南竹得名。云湖河流经。有中学1所，小学1所，二级医院1个，卫生院1个。有幼儿园、体育馆、敬老院等。有江南机器厂俱乐部、招待所旧址。为全国重点镇。农业以水稻、蔬菜种植为主。工业以机械制造为主。服务业以商品零售为主。沪昆铁路，107、320国道过境。

永丰社区［Yǒngfēng Shèqū］　楠竹山镇人民政府驻地。在区境西北部。面积0.9平方千米。人口4600。因永丰寺得名。2001年成立。民居以4—9层及以上住宅楼为主。有老年活动室、一站式服务大厅、新时代文明实践大舞台、雷锋志愿服务驿站等。有绿动力环保志愿者服务队、暖心社志愿服务平台。开展鲜花换鞭炮、酵素清河、送戏下乡等活动。有卫生院。有江南商业老街。通公交车。

姜畲镇［Jiāngshē Zhèn］　雨湖区辖镇。在区境西北部。面积90.2平方千米。人口5.5万。辖1居委会、33村委会，有56自然村。镇人民政府驻姜畲村。1926年置姜畲镇。1937年与白衣乡合设姜畲乡。1949年仍为乡。后改公社。1984年复乡，析置姜畲镇。1985年姜畲乡与姜畲镇合置镇。1995年泉塘子、塔岭2乡并入。因镇政府驻地得名。涟水河流经。有韶山灌渠。有中学2所，小学3所，卫生院1个。有幼儿园、敬老院等。有清末民国时期社会活动家杨度故居、湖南工农义勇军总司令部旧址。有古迹迎龙寺。为全国重点镇。农业以种植水稻、蔬菜为主。有姜畲现代农业示范园。工业以玻璃制品、建筑材料、铸造、机械加工为主。沪昆铁路，107、320国道过境。

姜畲村［Jiāngshēcūn］　姜畲镇人民政府驻地。在区政府驻地雨湖路街道西北13千米。人口3800。姜氏垦荒，烧田为畲，故名。聚落呈团块状。涟水河流经。有小学、卫生院。农业以水稻、蔬菜种植为主，养猪、鱼。湘黔铁路、320国道经此。

响塘镇［Xiǎngtáng Zhèn］　雨湖区辖镇。在区境北部。面积149.5平方千米。人口6万。辖40村委会，有60自然村。镇人民政府驻农科村。1958年成立先锋公社。1959年改响塘公社。1984年设乡。1995年仙女、南谷2乡并入。2013年改镇。传清末民初屋前池塘不时发出响声，故名。靳江河流经。有中学2所，小学4所，卫生院1个。有幼儿园、敬老院等。有省级文物保护单位石灵桥。有古迹龙安寺、清代粮仓遗址。有仙女山旅游景区。农业以种植水稻、蔬菜为主。工业以锰矿石、石灰石开采加工、水泥、建材为主。有乡村旅游业。沪昆高铁、岳临高速过境。

农科村［Nóngkēcūn］　响塘镇人民政府驻地。在区政府驻地雨湖路街道北16千米。人口1300。因推广农业科技得名。聚落呈团块状。有卫生室。农业以水稻种植为主。有商贸服务业。有集贸市场。通公交车。

长城乡 [Chángchéng Xiāng] 雨湖区辖乡。在区境西南部。面积22.6平方千米。人口2.5万。辖16村委会,有20自然村。乡人民政府驻和平村。1953年长岭、古城2乡合设长城乡。后改公社。1984年复乡。取长岭、古城2乡各一字得名。有中学1所,小学2所,卫生院1个,卫生所12个。有幼儿园、文化站、敬老院等。农业以水稻、蔬菜种植为主,养殖猪、牛、羊。有建材、装饰、农机等特色市场9个。沪昆铁路,107、320国道过境。

和平村 [Hépíngcūn] 长城乡人民政府驻地。在区政府驻地雨湖路街道西北4千米。人口1300。以祈愿和平得名。聚落呈团块状。有卫生室、便民服务点。农业以水稻、蔬菜种植为主。通公交车。

响水乡 [Xiǎngshuǐ Xiāng] 雨湖区辖乡。在区境北部。面积77.6平方千米。人口3.9万。辖25村委会,有30自然村。乡人民政府驻九华村。1984年设响水乡。1995年九华、和平2乡并入。2012年析设和平街道。因响水坝得名。有韶山灌渠右干渠。有中学3所,小学6所,卫生院1个。有幼儿园、文化站、敬老院等。有古迹仙峰宫、黄龙庙。农业以水稻、蔬菜种植为主,养殖仔猪。盛产红菜薹、凉薯。工业有食品加工、机械制造、化工、建材等。沪昆高铁,长潭西、沪昆高速,县道潭锰线过境。

九华村 [Jiǔhuácūn] 响水乡人民政府驻地。在区政府驻地雨湖路街道东北7千米。人口1700。因山峦起伏,貌似九华山得名。聚落呈散状。有小学、幼儿园、卫生室、便民服务点。农业以种植蔬菜为主。有农贸市场。通公交车。

湘乡市

湘乡市 [Xiāngxiāng Shì] 湖南省直辖县级市,由湘潭市代管。北纬27°43′,东经112°32′。在湘潭市境西部。面积1966平方千米。人口93.5万。以汉族为主,还有土家、苗、侗、瑶、回等民族。辖4街道、15镇、3乡。市人民政府驻东山街道。东汉建武初年(25)置湘乡县,属零陵郡。三国为衡阳郡治。南朝宋永初三年(422)连道县并入。隋开皇九年(589)并入衡山县。唐武德四年(621)复县,治龙城(今双峰县境内)。旋复迁今市城区,先后属潭州、衡阳郡、长沙郡。元元贞元年(1295)升州。明洪武二年(1369)降县。清属长沙府。1914年属湘江道。1922年属省。1937、1940年属第六、第五行政督察区。1952年属邵阳专区。1965年属湘潭专区。1983年属湘潭市。1987年改县级市。取湘水及西汉长沙王之子刘昌侯爵之位得名。别名龙城。先后建设曾国藩诗文岛、镇湘楼、蒋琬广场、东山书院、褚公祠、涟滨书院等。处湘中丘岗向湘江河谷平原过渡带。西南向东北倾斜。平均海拔68.3米。最高点三尖峰海拔807米,最低点文家滩附近海拔41米。年均气温17.1℃。1月平均气温4.9℃,7月平均气温28.9℃。年均降水量1326.8毫米。涟水、沩水、靳水流经。有矿产资源白云石、石灰石、矽石、钾长石、方解石等。有野生植物529种,其中有国家重点保护野生植物水杉、杜仲、银杏、福建柏、紫荆、红椿等30余种。有野生动物236种,其中有国家重点保护野生动物白鹭、小灵猫、麝、鸳鸯、金鸡、穿山甲等20余种。有东台山国家森林公园。有褒忠山原始次森林。森林覆盖率44.3%。有省级工程技术研究中心2个,中学59所,小学161所,特教学校1所,二级医院3个。有图书馆1个,博物馆1个,体育馆1个,文化馆1个。有国家高水平体育后备人才基地1个。有全国重点文物保护单位东山书院,省级文物保护单位云门寺、湘乡文庙、宋窑遗址、黄公略故居、李卓然故居、陈赓故居。有全国爱国主义教育基地东山学校。有名胜古迹洗笔池、褒忠山、石鱼山文化考古遗址等。有省级历史文化名村壶天村。有地方特色文化艺术湘乡方言、湘乡石坝鼓、虞塘镇高跷、舞狮、龙灯、花鼓戏。有国家4A级旅游景区水府、茅浒水乡度假村等3个,国家3A级旅游景区曾国藩生平研究馆。有全国特色景观旅游名镇壶天,省级特色旅游名镇棋梓。三次产业比例16∶53∶31。农业以水稻、红薯、玉米、有机蔬菜等种植为主,养殖猪。工业以煤电、冶金、水泥加工、机械制造为主。有省级经济开发区1个。服务业以旅游、商贸为主。沪昆高铁,洛湛、沪昆、长韶铁路,沪昆、长韶娄、益衡娄高速,234、240、320、354国道,省道虞分、棋毛、翻壶、龙白、湘岐、易湘、山花线过境。

涟滨南路 [Liánbīn Nánlù] 东起文萃路,西至东山南路。长3.2千米,宽35米。沥青路面。因处涟水南岸得名。2012年开工,2014年建成。两侧有居民小区及政务中心。通多路公交车。

涟滨北路 [Liánbīn Běilù] 在市区中部。东起拥军路,西至红星路。与大将中路、县前街、大正街、健康南路、东山中路相交。长4.3千米,宽22.5—28.5米。沥青路面。1999年开工,2012年建成。处涟水北岸,原名滨河北路,2013年更今名。两侧有曾国藩诗文岛、市教师进修附小、湘乡一中、曾国藩生平研究馆、涟滨书院等。通多路公交车。

大将路 [Dàjiàng Lù] 在市区东部。北起建设大道,南至东台路。与人民路、起凤路、涟滨南路、涟滨北路、桑梅东路、红仑大道、引凤路、黄金大道相交。长16千米,宽40米。沥青路面。2011年开工,2013年建成。通往陈赓、谭政故居,故名。两侧有东山书院、东山学校、育才学校、妇幼保健院等。通多路公交车。

湘乡大道 [Xiāngxiāng Dàdào] 在市区西部。北起沪昆高速,南至东山北路。与黄金大道、引凤路、红仑大道相交。长3.4千米,宽40米。沥青路面。2002年开工,2005年建成,2009年拓宽改造。两侧有人物浮雕、湘乡经开区、湘乡一职、湘乡二中、湘乡汽车站等。通多路公交车。

东山大桥 [Dōngshān Dàqiáo] 在市区南部。长225米,宽12米,最大跨度30米,桥下净高15米。1958年开工,1966年建成,2013年大修。因通往东台山得名。为大型河道桥梁,结构型式为钢筋混凝土双曲拱桥。最大载重30吨。通多路公交车。

湘乡站 [Xiāngxiāng Zhàn] 见交通运输设施部分"湘乡站"条。

湘乡汽车站 [Xiāngxiāng Qìchēzhàn] 见交通运输设施部分"湘乡汽车站"条。

东山街道 [Dōngshān Jiēdào] 湘乡市人民政府驻地。在市境南部。面积30平方千米。人口2.8万。1984年设东山乡。1996年改街道。因东台山得名。先后建成大将路、起凤路、励志路及人民、蒋琬、法制、东山4广场。涟水河流经。有东台山国家森林公园。有中学1所,小学5所,卫生院1个,卫生所13个。有幼儿园、图书馆等。有全国重点文物保护单位东山书院。有全国爱国主义教育基地东山学校。有市烈士纪念园。有名胜古迹凤凰寺、文塔、镇湘楼。农业以种植水稻、蔬菜等为主。工业以啤酒酿造、塑胶加工、农用车制造为主。有旅游观光业。240国道、省道醴陵—湘乡线过境。通多路公交车。

望春门街道 [Wàngchūnmén Jiēdào] 属湘乡市。在市境中部偏东。面积9平方千米。人口5.9万。1987年设立。因明城楼望春门得名。先后扩建大将路、火车站、云门寺广场。涟水河流经。有中学4所,小学12所,二级医院1个,卫生所20个。有幼儿园、广播电视站、图书室等。有省级文物保护单位云门寺。有古迹褚公祠、洗笔池、节孝坊。有景点曾国藩诗文岛、沿河观光带。农业以水稻、大棚蔬菜种植为主,养殖家禽、鱼。工业以皮革、化工、建材、农副产品加工为主。沪昆铁路、320国道、省道醴陵—湘乡线过境。有湘乡站、湘乡长途汽车站。通多路公交车。

新湘路街道 [Xīnxiānglù Jiēdào] 属湘乡市。在市境中部偏西。面积10平方千米。人口3.3万。1987年设立。因新湘路得名。先后建成湘乡大道、东山北路、桑梅中路、桑梅西路、龙城广场。欧家港河流经。有中学2所,小学4所,卫生院1个。有体育馆、剧院、博物馆。农业以水稻、大棚蔬菜种植为主,养殖家禽、鱼。工业以冶金、建材、铸造、机械制造为主。服务业以商贸、餐饮等为主。沪昆铁路、320国道、省道醴陵—湘乡线过境。通多路公交车。

昆仑桥街道 [Kūnlúnqiáo Jiēdào] 属湘乡市。在市境西南部。面积11平方千米。人口4.9万。1987年设立。因昆仑桥得名。先后扩建改造东山中路、滨河西路、市医院、中医院。有中学2所,小学5所,二级医院2个。有幼儿园、图书室等。有省级文物保护单位湘乡文庙。有涟滨书院、曾国藩生平研究馆。农业以水稻、大棚蔬菜种植为主,养殖家禽、鱼。工业以冶金、化工、电缆、塑料加工为主。服务业以商贸、餐饮等为主。通多路公交车。

山枣镇 [Shānzǎo Zhèn] 湘乡市辖镇。在市境西南部。面积101平方千米。人口4.8万。辖1居委会、19村委会,有41自然村。镇人民政府驻月塘坨。1958年成立山枣公社。1984年改乡,同年改镇。1995年洪塘、莲花2乡并入。盛产红枣,故名。有中学3所,小学10所,幼儿园14所,卫生院1个,卫生所44个,图书馆1个,图书室42个,敬老院1个。有省级文物保护单位无产阶级革命家李卓然故居。有纪念地晚清湘军将领刘锦棠墓。农业以水稻、红薯、食用菌、蔬菜、芝麻、柑橘、板栗、水蜜桃、葡萄种植为主,养殖猪、鸡、泥鳅等。工业以石材、铸造、皮鞋、装饰砖加工为主。320国道过境。通公交车。

月塘坨 [Yuètángtuó] 山枣镇人民政府驻地。在市政府驻地东山街道西南13千米。人口500。因塘似半边月得名。聚落呈团块状。有广场。农业以枣、柑橘等种植为主。320国道经此。

栗山镇 [Lìshān Zhèn] 湘乡市辖镇。在市境西南部。面积68平方千米。人口2.8万。辖1居委会、11村委会,有24自然村。镇人民政府驻西山塘。1950年设栗山乡。1960年改公社。1984年复乡。1994年改镇。1995年巴江乡并入。因栗树满山得名。有荆紫峰。涟水流经。有中学2所,小学6所,卫生院1个,卫生所24个,敬老院1个。有民间特色艺术龙灯、耍狮子、花鼓戏。农业以水稻、红薯、玉米、蔬菜种植为主,养殖猪、牛、羊、鱼。产花生、广菜、食用菌、柑橘、珍珠鸡。工业以化工、皮革、木材、粮食加工为主。320国道过境。

西山塘 [Xīshāntáng] 栗山镇人民政府驻地。在市政府驻地东山街道西南20千米。人口1500。因西面山后有塘得名。聚落呈团块状。有中小学、卫生院。有广场。农业以板栗、柑橘、竹笋种植为主。320国道经此。

中沙镇［Zhōngshā Zhèn］　湘乡市辖镇。在市境西南部。面积69平方千米。人口2.7万。辖1居委会、9村委会，有27自然村。镇人民政府驻石虎庙。1950年设中沙乡。1962年改公社。1977年大杉公社并入。1984年改乡。1993年改镇。1995年桂花乡并入。因中沙河得名。有中学2所，小学4所，幼儿园7所，卫生院1个，卫生所40个，图书室25个，敬老院1个。有省级文物保护单位黄公略故居。有民间艺术腰鼓舞、唢呐。农业以水稻、蔬菜种植为主，养殖猪、家禽、鱼。工业有竹木制品加工、化工、石材加工等。服务业以旅游观光为主。县道山沙、虞桂线过境。

石虎庙［Shíhǔmiào］　中沙镇人民政府驻地。在市政府驻地东山街道西南28千米。人口2000。后山有石如虎，且原有庙，故名。聚落呈团块状。有中小学、卫生院、卫生所。有民间艺术狮舞、龙灯。服务业以商贸为主。产干笋、腊肉、野生菌。县道虞桂线经此。

公略村［Gōnglüècūn］　在市政府驻地东山街道西南32千米。中沙镇辖自然村。人口1700。原名朝阳，后以革命先驱黄公略改今名。聚落呈散状。有省级文物保护单位黄公略故居。农业以水稻种植为主。产干笋、熏肉、竹木制品。通乡村公路。

虞唐镇［Yútáng Zhèn］　湘乡市辖镇。在市境西南部。面积88.3平方千米。人口3.7万。辖1居委会、14村委会，有35自然村。镇人民政府驻虞唐街。1950年设虞唐乡。1962年改公社。1977年赤石公社并入。1984年改镇。1995年苏坡乡并入。因镇政府驻地得名。涟水、虞唐河流经。有韶山灌渠。有中学4所，小学7所，幼儿园7所，卫生院1个，卫生所42个，图书室25个，敬老院1个。有民间艺术踩高跷、花鼓戏。农业以水稻、蔬菜种植为主。产柚子、板栗、柑橘。工业以计算机制造、机械铸造、家具制造为主。320国道、省道灰虞线过境。

虞唐街［Yútángjiē］　虞唐镇人民政府驻地。在市政府驻地东山街道西南24千米。人口2000。因传曾建虞唐观得名。聚落呈团块状。有卫生院。有民间艺术踩高跷、狮舞、火龙灯。经济以商贸、物流为主。产干笋、茶油、豆腐。有商海市场。320国道经此。

潭市镇［Tánshì Zhèn］　湘乡市辖镇。在市境西部。面积127平方千米。人口4.9万。辖3居委会、20村委会，有45自然村。镇人民政府驻潭市村。1950年设潭市乡。1952年改镇。1958年改公社。1981年复镇。1995年新铺乡并入。因镇政府驻地得名。涟水、九雁河流经。有中学2所，小学10所，幼儿园16所，卫生院1个，卫生所63个，图书室36个，敬老院1个。有镇涟山抗日阵亡将士纪念碑。有名胜古迹潮音阁、永福寺、白鹤观、回龙洞、乾元宫、凌霄宝塔、石板街、吊脚楼。有民间艺术龙灯、花鼓戏。农业以水稻、油茶种植为主。产木瓜等。工业以铸造、冶炼铁合金为主。服务业以旅游为主。沪昆铁路，沪昆高速，省道娄湘、灰虞线过境。

潭市村［Tánshìcūn］　潭市镇人民政府驻地。在市政府驻地东山街道西20千米。人口1700。原名王家坪、黄荆坪，后因龙瞌潭更今名。聚落呈散状。涟水流经。有卫生室、文化广场、易华纪念庙等。农业以水稻、蔬菜、槟榔种植为主。特产豆腐、熏肉。沪昆铁路，省道娄湘、灰虞线经此。

棋梓镇［Qízǐ Zhèn］　湘乡市辖镇。在市境西部。面积139平方千米。人口5.4万。辖3居委会、15村委会，有32自然村。镇人民政府驻棋梓桥。1956年设棋梓乡。1962年改公社。1981年改镇。1995年谷水乡并入。因镇政府驻地得名。涟水流经。有府庙湖。有中学1所，小学11所，幼儿园11所，卫生院1个，卫生所46个，图书室30个，敬老院3个。有省级文物保护单位宋窑遗址。有民间艺术花灯、龙灯、狮舞、花鼓戏。农业以水稻、蔬菜等种植为主，养殖猪。特产脐橙、茶叶、火焙鱼。工业以水泥建材加工、铸造为主。为全国重点镇。沪昆高铁、湘黔铁路、上瑞高速、省道娄湘线过境。

棋梓桥［Qízǐqiáo］　棋梓镇人民政府驻地。在市政府驻地东山街道西33千米。人口5800。因山似棋子，溪上建桥得名棋子桥，后谐音改今名。聚落呈团块状。有中小学、卫生院、文化广场、图书室等。特产火焙鱼、水蜜桃。工业以水泥建材加工为主。沪昆铁路、省道娄湘线经此。

壶天镇［Hútiān Zhèn］　湘乡市辖镇。在市境西北部。面积139平方千米。人口5.1万。辖2居委会、18村委会，有50自然村。镇人民政府驻中石村。1949年设壶天乡。1962年改公社。1984年复乡。1989年改镇。1995年涧山乡并入。因壶天村得名。壶天河、潭桥河流经。有中学2所，小学14所，幼儿园16所，卫生院1个，卫生所58个，图书室20个，敬老院1个，文化广场1个。有清代壶天古街、古建筑群。有民间艺术火龙灯。有"壶天八景"。农业以水稻种植为主，养殖鱼、家禽、山羊。产花生、杨梅、梨、茶叶。工业以水泥建材加工、建筑、煤炭开采为主。服务业以旅游为主。洛湛铁路、长韶娄高速过境。

中石村［Zhōngshícūn］　壶天镇人民政府驻地。在市政府驻地东山街道西北52千米。人口3800。因处石山环抱之中得名。聚落呈散状。有小学、卫生室、图书室、文化广场等。农业以种植水稻为主。产木瓜、花生、熏鱼。有粉丝加工业。洛湛铁路、省道湘壶线经此。

壶天村［Hútiāncūn］　在市政府驻地东山街道西北54千米。壶天镇辖自然村。人口4300。四面环山，村处凹处，形似壶，故以元代佚名诗"壶中别有天"得名。聚落呈带状。为省级历史文化名村。有古石板街、古建筑群。有民俗火龙灯。有食品加工业。特产腐乳、辣酱、粉丝等。有乡村旅游。省道湘壶线、县道娄青线经此。

翻江镇［Fānjiāng Zhèn］　湘乡市辖镇。在市境西北部。面积133平方千米。人口4.4万。辖2居委会、16村委会，有47自然村。镇人民政府驻曾家山社区。1950年设翻江乡。1958年并入超美公社。1995年桃林、大乐、岐山3乡合置翻江镇。因河得名。溪水东向西流，洪涝时呈翻江倒海之势，故名。有中学4所，小学7所，幼儿园14所，卫生院1个，卫生所45个，敬老院1个。有民间艺术龙灯、花灯、地花鼓、剪纸。农业以种植水稻、油菜为主，养殖猪、牛、羊。产木瓜、茶叶、茶油、脐橙等。工业以机械加工、铸造、建筑建材为主。长韶娄、益娄衡高速，354国道，省道湘壶线，县道翻柘、翻白线过境。

曾家山社区［Zēngjiāshān shèqū］　翻江镇人民政府驻地。在市境西北部。面积1.5平方千米。人口1400。因原曾姓居此得名。1995年成立。民居以2层商住楼为主。有社区服务站、计生服务室、图书室等，提供低保、救助、养老保险、计划生育等公共服务。有小学、幼儿园、卫生室。农业以种植蔬菜、花生、茶为主。有农贸市场。354国道、省道湘壶线过境。

金石镇［Jīnshí Zhèn］　湘乡市辖镇。在市境北部。面积79.8平方千米。人口3.3万。辖2居委会、10村委会，有24自然村。镇人民政府驻打石坨。1950年设金石乡。后改公社。1984年复乡。1993年改镇。1995年龙潭乡并入。因金石桥得名。有中学3所，小学6所，幼儿园5所，卫生院2个，卫生所30个，图书室20个，敬老院1个，文化广场1个。为南宋状元王容故里，有状元塔、状元坪遗址、下马石、千年白果树、接待官员场所官来湾遗址。有民间艺术石坝鼓、龙灯、耍狮灯、花鼓戏、皮影。农业以种植水稻、蔬菜等为主，养殖猪、家禽。产柑橘、杨梅、茶叶。工业以建材、机械制造、锰粉加工为主。长韶娄高速、省道山花线过境。

打石坨［Dǎshítuō］　金石镇人民政府驻地。在市政府驻地东山街道北32千米。人口1600。因金鸡庙前铜鼓石得名，意为金石佳音。聚落呈团块状。有中小学、卫生院、卫生所、图书室、文化广场等。农业以种植水稻等为主。特产茶油、干笋。有农贸市场。县道白停、龙石线经此。

白田镇［Báitián Zhèn］　湘乡市辖镇。在市境北部。面积105平方千米。人口4.7万。辖2居委会、17村委会，有34自然村。镇人民政府驻白田湾。1950年设白田乡。1958年改公社。1984年复乡，同年改镇。1995年沙田、仁厚2乡并入。因镇政府驻地得名。有中学3所，小学11所，幼儿园3所，卫生院1个，卫生所40个，图书室20个，敬老院1个，文化广场1个。有特色民间文艺龙灯、耍狮子、花鼓戏。农业以种植水稻为主，养殖猪、家禽、鱼。产茶叶、茶油、辣椒、火焙鱼等。工业以食品加工为主。服务业以旅游、餐饮为主。354国道、省道陵宁线过境。

白田湾［Báitiánwān］　白田镇人民政府驻地。在市政府驻地东山街道北28千米。人口1800。因田泥呈白色得名。聚落呈团块状。有幼儿园、卫生院、图书室、文化广场等。农业以种植水稻为主，养殖鱼。产豆腐、干笋等。354国道、省道陵宁线经此。

月山镇［Yuèshān Zhèn］　湘乡市辖镇。在市境西北部。面积149平方千米。人口7万。辖2居委会、19村委会，有58自然村。镇人民政府驻新桥村。1950年设月山乡。1958年改公社。1984年复乡。1995年与石柱、太平2乡合置月山镇。因月光山得名。有褒忠山。有中学3所，小学14所，幼儿园4所，卫生院1个，卫生所54个，图书室36个，敬老院1个，文化广场1个。农业以种植水稻、橘子、蔬菜、茶为主。工业以大米和木材加工为主。有农家乐旅游。沪昆高速、354国道过境。

新桥村［Xīnqiáocūn］　月山镇人民政府驻地。在市政府驻地东山街道西北28千米。人口2100。因新桥得名。聚落呈带状。有小学、幼儿园、卫生院、卫生室、图书室、文化广场等。农业以种植水稻、红薯、油茶、茶等为主。盛产河砂。有农贸市场。省道湘壶、灰虞线经此。

泉塘镇［Quántáng Zhèn］　湘乡市辖镇。在市境西部。面积99平方千米。人口5.2万。辖1居委会、18村委会，有47自然村。镇人民政府驻金满堂。1950年设泉塘乡。后改公社。1984年复乡。1993年改镇。1995年湖山、双江2乡并入。旧有泉水池常年不竭，故名。有中学3所，小学7所，幼儿院13所，卫生院1个，卫生所47个，图书室33个，敬老院1个，文化广场1个。有石鱼山化石地。为全国重点镇。农业以种植水稻、大棚蔬菜为主。特产香椿、红提、草莓、香瓜。有油葵生产基地。工业以冶金、铸造、建材、食品加工为主。有农家乐旅游。有湘黔铁路、上瑞高速、320国道过境。

金满堂［Jīnmǎntáng］　泉塘镇人民政府驻地。在市政府驻地东山街道西7千米。人口1600。因曾有住宅金满堂得名。聚落呈团块状。有中学、卫生院、图书室、文化广场等。产茶叶、香椿、西瓜、草莓。经济以商贸为主。省道湘娄线经此。

梅桥镇 [Méiqiáo Zhèn] 湘乡市辖镇。在市境东南部。面积135.1平方千米。人口5.1万。辖1居委会、17村委会,有48自然村。镇人民政府驻香铺子。1950年设梅桥乡。1962年改公社。1984年复乡。1995年与酒铺、横铺2乡合置梅桥镇。因石拱桥石板有形似梅花图案得名。肖家河流经。有矿产资源锰、大理石。有中学3所,小学11所,幼儿园5所,卫生院1个,卫生所45个,图书室32个,敬老院2个,文化广场1个。有虚云大师故居、萧三故居、摇石洞。有民间艺术龙灯、唢呐、耍狮子、花鼓戏。农业以种植水稻、大棚蔬菜等为主,养殖猪、牛、羊、鱼。工业以建材、凉席加工为主。240国道过境。为省级文明镇。

香铺子 [Xiāngpùzi] 梅桥镇人民政府驻地。在市政府驻地东山街道南8千米。人口1800。早年为朝拜香客必经之地及歇脚店铺,故名。聚落呈团块状。有中学、幼儿园、中医诊所、图书室、文化广场等。特产茶油、干笋、野生菌。有商贸服务业。240国道经此。

毛田镇 [Máotián Zhèn] 湘乡市辖镇。在市境西部。面积110平方千米。人口3.7万。辖2居委会、18村委会,有45自然村。镇人民政府驻永嘉桥。1950年设毛田乡。后改公社。1984年复乡。1995年崇山、坪花2乡并入。2006年改镇。明末清初芦毛洲开垦成农田称毛田塅,故名。有矿产资源石灰石、煤、河砂。有中学3所,小学8所,幼儿园9所,卫生院1个,卫生所38个,图书室19个,敬老院1个,文化广场1个。有民间艺术龙灯、狮灯、划龙船、武术。农业以种植水稻、红薯、花生、小麦、茶、油菜、薄荷、蔬菜、脐橙、柑橘为主,养殖猪、家禽、鱼。工业以建材加工为主。服务业以旅游、餐饮为主。沪昆、上端、益娄衡高速过境。

永嘉桥 [Yǒngjiāqiáo] 毛田镇人民政府驻地。在市政府驻地东山街道西43千米。人口1600。原有木桥,后善人捐资建成石桥,惠及乡里,广为传颂,故名。聚落呈团块状。有幼儿园、卫生院、图书室、文化广场等。产茶叶、刁子鱼、火焙鱼。有集贸市场。省道棋万线经此。

龙洞镇 [Lóngdòng Zhèn] 湘乡市辖镇。在市境东北部。面积76平方千米。人口2.9万。辖2居委会、10村委会,有29自然村。镇人民政府驻乐昌。1956年设龙洞乡。1962年改公社。1984年复乡。1995年大田乡人。2008年改镇。洞石河流经。有矿产资源石灰石、白云石、海泡石、瓷土、钨、铜、铅、锌等。有中学4所,小学8所,幼儿园5所,卫生院1个,卫生所38个,图书室10个,敬老院1个,文化广场1个。有省级文物保护单位陈赓故居。有谭政故居。农业以种植水稻、中草药为主。工业以矿产开采、制革、机械制造、建材、低压电器制造为主。240国道过境。

乐昌 [Lèchāng] 龙洞镇人民政府驻地。在市政府驻地东山街道东北15千米。人口1300。原名大乐,1981年以乐昌街改今名。聚落呈团块状。有幼儿园、卫生院、敬老院、文化广场等。产菜籽油、茶叶、腊肉。有集贸市场。240国道经此。

泉湖村 [Quánhúcūn] 在市政府驻地东山街道东北10千米。龙洞镇辖自然村。人口1700。因泉水汇集成湖得名。聚落呈散状。有将军广场。有省级文物保护单位陈赓故居。有将军及夫人陵墓。农业以种植葡萄为主。产干笋、菜籽油。有葡萄酒酿造业。240国道经此。

东郊乡 [Dōngjiāo Xiāng] 湘乡市辖乡。在市境东部。面积90平方千米。人口5.6万。辖19村委会,有33自然村。乡人民政府驻小塘寺。1950年设东郊乡。1962年改公社。1977年长丰公社并入。1984年复乡。1995年新研、横州2乡并入。涟水流经。有中学3所,小学13所,幼儿园7所,卫生院1个,卫生所35个,图书室20个,敬老院1个,文化广场1个。有牛形山遗址、古墓群。有国家3A级旅游景区茅浒水乡。农业以种植水稻、油菜为主,养殖猪、鱼、家禽。工业以铸造、建筑、皮革加工为主。沪昆铁路、上瑞高速、320国道过境。

小塘寺 [Xiǎotángsì] 东郊乡人民政府驻地。在市政府驻地东山街道东5千米。人口200。原有寺庙,寺前有塘,故名。聚落呈团块状。有卫生室、图书室、文化广场等。产土鸡蛋、腊肉。320国道经此。

西北村 [Xīběicūn] 在市政府驻地东山街道东北6千米。东郊乡辖自然村。人口2500。因西北桥得名。聚落呈散状。有卫生室、图书室。每年举行农村运动会。产河鱼、柑橘。通乡村公路。2013年被评为省级文明村。

金薮乡 [Jīnsǒu Xiāng] 湘乡市辖乡。在市境北部。面积99.8平方千米。人口3.9万。辖15村委会,有29自然村。乡人民政府驻金薮村。1950年设金薮、永乐等5乡。1962年改金薮、花坪等4公社。1977年合设金薮公社。1984年改乡。1995年河山乡并入。因乡政府驻地得名。水河流经。有矿产资源花岗岩。有中学2所,小学11所,幼儿园14所,卫生院1个,卫生所29个,图书室14个,敬老院1个,文化广场1个。有民间艺术龙灯、耍狮子、花鼓戏、皮影戏。农业以种植水稻、油茶、红薯为主,养殖四大家鱼、猪。产茶叶。长韶娄高速、省道湘乡—祁东线过境。

金薮村 [Jīnsǒucūn] 金薮乡人民政府驻地。在市政府驻地东山街道西北36千米。人口2900。取清初长沙知府李守静家祠匾额金薮得名。聚落呈散状。有中小学、幼儿园、卫生室、李氏骨伤科诊所、图书室等。农业以水稻种植为主。特产茶油、粉丝、干笋。有农贸市场。省道湘乡—祁东线经此。

育塅乡 [Yùduàn Xiāng] 湘乡市辖乡。在市境中部偏东。面积88平方千米。人口3.9万。辖15村委会,有35自然村。乡人民政府驻仑上湾。1950年设育塅乡。1962年改公社。1984年复乡。1995年花坪、轧桥2乡并入。传明代有育婴田,抚育孤儿,称大育塅,故名。有中学3所,小学8所,幼儿园9所,卫生院1个,卫生所36个,图书室6个,敬老院1个,文化广场1个。农业以种植水稻、红薯等为主,养殖良种猪、黑山羊、鱼、鸡。工业有农产品、建材加工等。上瑞高速,省道湘壶、湘白线过境。

仑上湾 [Lúnshàngwān] 育塅乡人民政府驻地。在市政府驻地东山街道北13千米。人口800。地势较高,取山仑之意,得名仑上塆,后更今名。聚落呈散状。有小学、图书室、文化广场等。农业以种植水稻、油茶为主。有粮油、木胶板加工业。省道湘壶、湘白线经此。

韶山市

韶山市 [Sháoshān Shì] 湖南省直辖县级市,由湘潭市代管。北纬27°51′,东经112°23′。在湘潭市境西部。面积247.3平方千米。人口14.1万。以汉族为主,还有土家、苗、回、维吾尔等民族。辖3镇、4乡。市人民政府驻清溪镇。1950年设韶山乡。1990年改县级市。传舜帝南巡时奏韶乐而得名。2004年建设韶山新城,兴建市民广场、市政中心、金海商业城、工贸市场、市民广场、步行街、人工湖、特色影院等。有标志性建筑毛主席青年塑像、市烈士陵园。处湘中低山丘陵区。平均海拔283.2米。最高点韶峰海拔518.5米。年均气温16.7℃,1月平均气温5℃,7月平均气温29.5℃。年均降水量1458.7毫米。韶河、石狮江流经。有矿产资源铁、锰、煤、矽等。有野生植物230多种,其中有国家重点保护野生植物38种。有野生动物37种,其中有国家重点保护野生动物13种。有韶山国家级自然保护区。森林覆盖率52.5%。有省级工程技术研究中心2个,职业中专1所,中学3所,小学19所,二级医院1个,图书馆2个,博物馆1个,纪念馆1个,文化馆1个,档案馆1个。有全国重点文物保护单位毛泽东同志故居、南岸私塾、毛氏宗祠、毛鉴公祠、毛震公祠、滴水洞一号楼、韶山宾馆松山一号楼,省级文物保护单位毛泽东铜像、韶山学校门楼、韶山烈士陵园等。有全国爱国主义教育基地韶山毛泽东同志纪念馆、毛泽东铜像广场、中共韶山特别支部历史陈列馆、毛泽东纪念园。有国家5A级旅游景区湘潭韶山。有景点韶峰、滴水洞。有特色小吃毛氏红烧肉、火焙鱼、寒菌排骨汤。三次产业比例9∶58∶33。农业以种植水稻、小麦、油菜为主。工业以先进制造、新能源、新材料、印染、食品加工为主。有省级开发区1个。服务业以旅游、商贸为主。韶山高铁,韶山铁路,上瑞、韶山高速,240、354国道,省道株韶线过境。有韶山南站、韶山汽车站。

人民广场 [Rénmín Guǎngchǎng] 在市区中部。面积790公顷。2005年开工,2008年建成。原名红太阳广场,2013年更今名。入口处为长83米、宽41米的小广场,代表毛主席享年83岁,以及1935年遵义会议后至1976年逝世41年。前为形似太阳朝向东方的圆形广场,意为红太阳升起的地方。有花坛、绿化带、行人游道、健身器材等。广场四周有毛泽东文艺馆、人工湖。为市民集会、休闲养生场所。周边有市行政中心。通公交车。

韶山南站 [Sháoshānnán Zhàn] 见交通运输设施部分"韶山南站"条。

韶山汽车站 [Sháoshān Qìchēzhàn] 见交通运输设施部分"韶山汽车站"条。

清溪镇 [Qīngxī Zhèn] 韶山市人民政府驻地。在市境中部。面积71.2平方千米。人口6.7万。辖4居委会、12村委会,有14自然村。镇人民政府驻火车站社区。民国曾设清溪乡。1986年置清溪镇。因清溪寺得名。韶河流经。有中学2所,小学5所,幼儿园6所,二级医院1个,卫生院1个,卫生室5个。有毛泽东青年塑像公园、人民广场。有全国重点烈士纪念建筑物保护单位、省级文物保护单位韶山烈士陵园。有韶山花鼓戏剧团、韶山毛泽东文艺宣传队。农业以种植水稻、花生、大豆为主。工业以机电、食品加工、动物药剂制造为主。有商贸服务业。沪昆高铁,韶山铁路,韶山高速,240、354国道,省道株韶线过境。有韶山南站、韶山汽车站。

迎宾路 [Yíngbīn Lù] 在市区中部。东起韶河路,西至红旗路。与韶山路、清溪路、文化路、枣园路相交。长7千米,宽24米,沥青混凝土路面。1957年开工,1958年建成,2003年改造。两侧有韶山汽车站、新华书店、电信大楼、人寿保险公司、市卫计局、镇政府等。通公交车。

韶山大道 [Sháoshān Dàdào] 在市区中部。西起枣园路,东至韶山高速。与英雄路、航天路、韶山路、如意路相交。长3.5千米,宽50米。沥青混凝土路面。原名陵园路。1992年开工,1993年建成,2001年更名天鹅路。2008、2009年改造,2013年更名韶山大道。两侧有市行政中心、市民政局、韶山烈士陵园、航天科技小镇等。通公交车。

英雄路［Yīngxióng Lù］ 在市区中部。南起韶山大道，北至毛泽东青年塑像公园内部道路。与遵义路、厦门路、井冈路、车站路、日月路等相交。长1千米，宽40米。沥青混凝土路面。1992年开工，1993年建成，2004年改造。两侧有市行政中心、市民广场、审计局、市广电台、邮政大楼、实验中学、市旅发委、城投公司。通公交车。

车站路［Chēzhàn Lù］ 在市区中部。东起韶山中路，南至英雄路。与韶山路相交。长500米，宽32米。沥青混凝土路面。1992年开工，1993年建成，2003年改造。因韶山站得名。两侧有镇泰学校、医药商场、农贸市场、人民银行、财政局、地税局等。通公交车。

火车站社区［Huǒchēzhàn Shèqū］ 清溪镇人民政府驻地。在市境中部。面积2.4平方千米。人口1.1万。因车站得名。2003年成立。民居有现代楼房、别墅，中西结合，风格各异。有中小学、二级医院、卫生院。有社区服务中心、便民服务站、图书阅览室、卫计服务室、老年人康养中心、儿童活动中心、职工帮扶中心等。开展文明劝导、养老、英烈宣讲等活动。有志愿者服务队伍8个。驻有市政府、行政中心、财政局、人社局、检察院、法院等单位。有农贸市场。通公交车。

花园村［Huāyuáncūn］ 在镇境西部。清溪镇辖自然村。人口3400。1968年为花卉苗木基地，故名。聚落呈团块状。有毛泽东青年塑像公园、韶山烈士陵园等。农业以种植水稻为主。有韶山站。通多路公交车。

银田镇［Yíntián Zhèn］ 韶山市辖镇。在市境东部。面积30平方千米。人口1.8万。辖1居委会、4村委会，有165自然村。镇人民政府驻南村村。1939年曾设银田乡。1952年属湘潭县第四区银田乡。1961年成立银田公社。1974年设银田镇。1984年恢复银田乡。2014年镇、乡合并，建立银田镇。因银田寺得名。韶河流经。有小学2所，幼儿园3所，卫生院1个，卫生室11个。有韶山银河渡槽。农业以种植水稻、油菜、油茶为主。工业以机械制造、电杆钢模、玛钢件铸造为主。服务业以商贸、餐饮为主。沪昆高铁、韶山铁路、韶山高速、省道株韶线过境。

南村村［Náncūncūn］ 银田镇人民政府驻地。在市政府驻地清溪镇南14千米。人口5100。传远古有大湖，该村地处湖之南，故名。聚落呈散状。有幼儿园。有韶山银河渡槽。有白庙旧址、平粜阻禁遗址、古银杏树。农业以种植水稻为主。省道株韶线经此。

如意镇［Rúyì Zhèn］ 韶山市辖镇。在市境东北部。面积34平方千米。人口1.5万。辖10村委会，有265自然村。镇人民政府驻如意村。1949年设如意乡。后改公社。1984年复乡。1997年改置镇。因镇政府驻地得名。韶河流经。有矿产资源矽砂、煤、铁、石灰石等。有职业中专1所，中学1所，小学1所，卫生院1个，骨伤科医院1个，卫生室10个。农业以种植水稻、豆类、薯类等为主，养殖猪、家禽。工业以电机电器制造、肉食品加工、动物药剂制造为主。服务业以商贸为主。240国道、省道株韶线过境。

如意村［Rúyìcūn］ 如意镇人民政府驻地。在市政府驻地清溪镇东北6千米。人口5700。因如意亭得名。聚落呈散状。有韶山职业中专、如意小学。有卫生院、卫生所。农业以种植水稻等为主。240国道经此。

韶山乡［Sháoshān Xiāng］ 韶山市辖乡。在市境中部偏南。面积85.2平方千米。人口3.4万。辖10村委会，有139自然村。乡人民政府驻竹鸡村。1950年设韶山乡。1958年改公社。1984年改乡。2014年大坪乡并入。传舜帝南巡时奏韶乐得名。韶河流经。有小学3所，卫生院1个，卫生室13个，敬老院1个。有东方大剧院、韶乐宫、大型室外实景剧院。有毛泽东同志故居、毛泽东同志纪念馆、毛泽东同志遗物馆、毛泽东铜像广场、毛氏宗祠、毛泽东小道、诗词碑林、韶山烈士陵园等。有景点韶峰、滴水洞。农业以种植水稻、大豆、花生为主。工业以食品加工为主。沪昆高铁、韶山铁路、韶山高速、240国道、省道株韶线过境。有韶山站。

竹鸡村［Zhújīcūn］ 韶山乡人民政府驻地。在市政府驻地清溪镇南4千米。人口5600。传古时饲养竹鸡，明武宗朱厚照曾经此品尝，见地形平坦，赐名竹鸡塅，故名。聚落呈散状。有十八罗汉山、井坨山。有小学、卫生院、卫生所。有孙仁烈士故居。农业以种植水稻为主。服务业有商品零售、餐饮等。240国道、省道株韶线经此。

韶山村［Sháoshāncūn］ 在市政府驻地清溪镇东南2千米。韶山乡辖自然村。人口4800。因韶山嘴得名。聚落呈散状。韶河流经。有毛泽东同志故居、毛泽东同志纪念馆、毛泽东广场、中共韶山特别支部历史陈列馆、毛泽东纪念园。有国家5A级旅游景区湘潭韶山。农业以种植水稻、湘莲为主。有旅游业。通公交车。

杨林乡［Yánglín Xiāng］ 韶山市辖乡。在市境西北部。面积62平方千米。人口2.1万。辖7村委会，有213自然村。乡人民政府驻石屏村。1951年设杨林乡。1961年改公社。1984年复乡。因杨林庙得名。有矿产资源铁、磷铁、锰、石煤、白云石、石灰石等。有小学4所，卫生院1个，卫生室15个，敬老院1个。有名胜古迹黑石寨、罗仙寨、天子岭、报恩寺、书堂。农业以种植水稻、蔬菜、小麦、红薯为主。工业以建筑、酿酒、食品加工、机械铸造、建材和电器制造等为主。服务业以休闲旅游为主。长韶娄高速、354国道、县道韶团线过境。

石屏村［Shípíngcūn］ 杨林乡人民政府驻地。在市政府驻地清溪镇北5千米。人口3500。因石屏山得名。杨林河流经。聚落呈团块状。有姜堰学校、幼儿园、卫生院。有蒋梯空烈士墓、黑石寨。农业以种植水稻为主。354国道经此。

永义乡［Yǒngyì Xiāng］ 韶山市辖乡。在市境东南部。面积24平方千米。人口1.1万。辖7村委会，有83自然村。乡人民政府驻白玉村。1949年设永义乡。1956年改永义亭乡。1961年成立永义公社。1984年复乡。因古驿站永义亭得名。有小学2所，卫生院1个，卫生室7个。有幼儿园、敬老院等。农业以种植水稻为主。盛产茶叶、水果。工业以肉食制品加工为主。韶山铁路、长韶娄高速、省道湘潭—宁乡线过境。

白玉村［Báiyùcūn］ 永义乡人民政府驻地。在市政府驻地清溪镇东南10千米。人口1500。因白玉泉得名。聚落呈团块状。有卫生所。农业以种植水稻等为主。省道株韶线经此。

大坪乡［Dàpíng Xiāng］ 韶山市辖乡。在市境西南部。面积32平方千米。人口1.4万。辖9村委会，有197自然村。乡人民政府驻湘韶村。1961年由白田公社析设大坪公社。1984年改乡。因狭长山坳大坪坳得名。有小学2所，幼儿园2所，卫生院1个，卫生室9个。有文化站、敬老院等。有名胜古迹棠家阁、石干娘。农业以种植水稻、大豆、油菜、茶为主，养殖长白猪、家禽。工业有矿泉水、食品加工、水泥建材厂。市外环公路过境。通公交车。

湘韶村［Xiāngsháocūn］ 大坪乡人民政府驻地。在市政府驻地清溪镇西南10千米。人口2300。处湘乡、韶山交会处，以其首字得名。聚落呈散状。石狮江流经。有中学、卫生院、卫生所。农业以种植水稻、红薯、玉米、花生为主。有水泥加工业。市外环公路经此。

湘 潭 县

湘潭县［Xiāngtán Xiàn］ 湘潭市辖县。北纬27°20′，东经112°25′。在市境东南部。面积2140平方千米。人口98万。以汉族为主，还有苗、土家、侗、壮等民族。辖15镇、4乡。县人民政府驻易俗河镇。梁武帝天监元年(502)分阴山县设湘潭县，治今衡东县石湾，属衡阳郡。唐天宝八年(749)治迁洛口，属潭州。北宋属长沙郡。南宋时治迁今观湘门。元元贞元年(1295)升州，属潭州路。明洪武三年(1370)降县，属潭州府。此后未变，先后属长沙府、湘江道、湖南省、第一行政督察区、湘潭专区、湘潭地区。1983年属湘潭市。1995年人民政府迁驻今址。清光绪《湘潭县志》载："时更于阴山西立县，反又近湘，故曰湘潭。"地势西北、西南、东南高，中部、东北部低。平均海拔48.2米。最高点西南昌山海拔755米，最低点万家塘海拔33.2米。年均气温17.4℃，1月平均气温5.1℃，7月平均气温29.1℃。年均降水量1389.5毫米。湘江、涟水、涓水流经。有矿产资源煤、铁、锰、磷等。有野生植物816种，其中有国家重点保护野生植物银杏、伯乐树、南方红豆杉、水杉、苏铁。有野生动物160多种，其中有国家重点保护野生动物穿山甲、花面狸、虎纹蛙。森林覆盖率45%。有中等职业学校5所，高中10所，初中60所，小学189所，特教学校1所，二级医院3个。有文化馆1个，图书馆1个，博物馆1个，纪念馆1个，青少年宫1个。有国家体育后备人才基地1个，省优秀运动队后备人才训练基地1个。有全国重点文物保护单位彭德怀故居、齐白石故居，省级文物保护单位周小舟故居、黎氏故居、胡安国(南宋学者、经学家)墓、尹氏宗祠、寺门前义渡。有古迹碧泉书院。有国家级非物质文化遗产石鼓·青山唢呐，省级非物质文化遗产石鼓油纸伞。三次产业比例17∶53∶30。农业以种植水稻、湘莲为主，养殖猪。特产湘莲。工业以农产品加工、医药、新耐火陶瓷材料、电子、智能装备制造为主。有省级工业园区1个。服务业以物流、商贸为主。有湘莲集散市场。武广、沪昆高铁，沪昆铁路，沪昆、潭衡西、京港澳、韶山高速，107、320、240国道过境。有湘江、涓水航道。

易俗河镇［Yìsúhé Zhèn］ 湘潭县人民政府驻地。在县境东北部。面积212平方千米。人口23万。以汉族为主，还有土家、苗、侗等民族。辖9居委会、16村委会，有91自然村。镇人民政府驻花果山社区。1934年设易俗河镇。1947年并人易俗乡。1950年改易俗镇。1956年更今名。1993年上马、易俗河2乡并入。因易俗河得名。湘江流经。有金霞山。有中学3所，小学14所，幼儿园19所，二级医院3个，卫生院1个，卫生所25个，文化站1个，图书室26个，敬老院3个。有洛口古镇。农业以种植蔬菜、水稻为主。工业以化工、建材、机械为主。特产矮蔸子白菜。107国道过境。

凤凰路［Fènghuáng Lù］ 在县城北部。东起芙蓉大道，西至涓水一桥。与杨柳路、海棠路、雪松路、玉兰路相交。长5.4千米，宽60

米。混凝土路面。1993年开工，1994年建成。以神话动物命名。两侧有县法院、财政局、交通局、国税局、地税局、农业局、购物广场。通多路公交车。

大鹏路［Dàpéng Lù］ 在县城中部。东起天易大道，西至涓水二桥。与雪松路、金桂路、玉兰路相交。长4千米，宽40米。混凝土路面。1993年开工，1995年建成，2006年西延。以神话动物命名。两侧有县政府、电影院、邮政局、总工会、农行、司法局、青少年活动中心等。通公交车。

玉兰路［Yùlán Lù］ 在县城西部。南起海棠南路，北至滨江西路。与凤凰路、大鹏路、云龙路相交。长3.4千米，宽23米。沥青路面。原为107国道，2006年改扩建。因玉兰花得名。两侧有易俗河卫生院、县军干所、县医院、摩托车市场。通多路公交车。

海棠路［Hǎitáng Lù］ 在县城中部。南起玉兰路，北至湘江二大桥。与凤凰路、大鹏路、云龙路相交。长6.1千米，宽60米。沥青路面。原为107国道，2006年拓宽改造为城区道路。因海棠花得名。两侧有县疾控中心、畜牧局、房产局、街心公园、莲花雕塑。通多路公交车。

花果山社区［Huāguǒshān Shèqū］ 易俗河镇人民政府驻地。在县境中部。面积1平方千米。人口1.3万。因花果山得名。1987年成立。2014年南塘社区并入。民居以4—6层以下住宅楼为主。有小学、卫生所，幼儿园。有老年人日间照料中心。有志愿者队伍、社区文艺队。开展邻里互助、关爱孤寡老人和留守儿童等活动。县妇幼保健院、县发改局、检察院、电力局等驻此。工业以槟榔、食品加工为主。通公交车。

梅林桥镇［Méilínqiáo Zhèn］ 湘潭县辖镇。在县境中部偏北。面积138平方千米。人口4.9万。以汉族为主，还有苗、侗、瑶等民族。辖38村委会，有121自然村。镇人民政府驻牛头岭社区。1950年设梅林乡，同年并入易俗河镇。1961年析设梅林公社。1984年改乡。1995年与白云、郭家桥、麦子石3乡合置梅林桥镇。因梅林桥得名。涓水流经。有中学4所，小学6所，卫生院1个，卫生所38个。有文化站、敬老院等。农业以种植水稻、蔬菜、草皮、藕为主，养殖肉兔、猪。工业以建筑建材，冶炼、化工为主。107国道过境。

牛头岭社区［Niútóulǐng Shèqū］ 梅林桥镇人民政府驻地。在县境东北部。面积4平方千米。人口8000。因牛头山得名。2004年成立。民居以4—6层以下住宅楼为主。有职业技术学校、中小学、二级医院、卫生院。有志愿者队伍、社区文艺队。有同心工作站。开展医疗保健、康复训练等活动。通多路公交车。

谭家山镇［Tánjiāshān Zhèn］ 湘潭县辖镇。在县境中部偏东。面积100平方千米。人口5.1万。以汉族为主，还有苗、侗、土家等民族。辖3居委会、25村委会，有107自然村。镇人民政府驻棠霞村。1956年设茶园乡。1961年改公社。1981年析设谭家山镇。1986年茶园乡并入谭家山镇。1995年长岭乡并入。因山得名。有矿产资源煤、石灰石、耐火泥、瓷土等。有中学2所，小学10所，幼儿园12所，卫生院1个，卫生所28个。有文化站、敬老院等。农业以种植水稻、花生为主，养殖猪。特产湘莲。工业以煤矿开采、洗选煤、炼焦为主。武广高铁、107国道过境。

棠霞村［Tángxiácūn］ 谭家山镇人民政府驻地。在县政府驻地易俗河镇南15千米。人口3000。因棠霞河得名。聚落呈散状。有小学、卫生所。农业以种植水稻、蔬菜为主，养殖猪。工业以煤矿开采为主。107国道、省道醴射线经此。

中路铺镇［Zhōnglùpù Zhèn］ 湘潭县辖镇。在县境东部。面积184平方千米。人口6.2万。以汉族为主，还有苗、土家等民族。辖1居委会、34村委会，有210自然村。镇人民政府驻凤形社区。1956年设中路铺乡。1985年改镇。1995年石潭坝、荷塘、柱塘3乡并入。处长沙至衡阳古驿道中点，故名。有晓霞山。有矿产资源矽砂、高硅土、赤铁、煤、石灰石。有高中1所，初中4所，小学15所，卫生院1个，卫生所39个，敬老院4个。有省级文物保护单位黎氏故居。农业以种植水稻等为主，养殖鱼、虾、甲鱼。特产湘莲。工业以矽砂采掘、玻璃灯饰加工为主。有药糖加工业。京广高铁、107国道、省道醴棋线过境。

凤形社区［Fèngxíng Shèqū］ 中路铺镇人民政府驻地。在县境东南部。面积0.3平方千米。人口3000。因凤形山得名。2008年成立。民居为普通楼房。有小学、卫生院、广场。有老年活动中心、老人日间照料中心、老人户外健身场所。有生态农业庄园、农贸市场。107国道过境。

茶恩寺镇［Chá'ēnsì Zhèn］ 湘潭县辖镇。在县境南部。面积137千米。人口4.9万。以汉族为主，还有土家、苗、壮等民族。辖1居委会、27村委会，有65自然村。镇人民政府驻茶恩村。1956年设茶恩寺乡。1961年改公社。1984年复乡。1993年改镇。1995年花桥乡并入。因寺得名。有天马山。湘江流经。有青石资源。有中学3所，小学9所，卫生院1个，卫生所1个。有文化站、广播电视站、敬老院等。有古迹护湘关、茶恩寺。农业以种植水稻、湘莲、蔬菜为主。产白薯、生姜、板栗。工业以竹木加工为主。有竹木工业园、竹木制品市场。京广高铁、107国道、省道韶茶线过境。

茶恩村［Chá'ēncūn］ 茶恩寺镇人民政府驻地。在县政府驻地易俗河镇南48千米。人口1900。因茶恩寺得名。聚落呈散状。有中学、卫生所。有古迹护湘关。经济以竹木产业为主。有竹木工业园、竹木制品市场。107国道经此。

河口镇［Hékǒu Zhèn］ 湘潭县辖镇。在县境中部偏北。面积94平方千米。人口4.5万。以汉族为主，还有苗、土家、侗等民族。辖1居委会、29村委会，有142自然村。镇人民政府驻月形村。1952年设湘河乡。1953年更名河口乡。1956年并入双板桥乡。1961年析设河口公社。1984年改乡。1993年改镇。1995年双板桥、古塘桥2乡并入。因处涟水入湘江口得名湘河口，后简化为今名。涓水流经。有中学2所，小学8所，卫生院1个，卫生所35个。有文化站、敬老院等。农业以种植水稻为主，养殖猪、羊、家禽。有高粱种植示范园。工业以建材、农产品深加工、机电制造为主。有杨河工业园。潭衡西线高速、省道河岭线过境。

月形村［Yuèxíngcūn］ 河口镇人民政府驻地。在县政府驻地易俗河镇西北8千米。人口1600。因月形山得名。聚落呈散状。有小学、幼儿园、卫生所。农业以种植蔬菜、水果为主。省道河岭线经此。

射埠镇［Shèbù Zhèn］ 湘潭县辖镇。在县境中部。面积171平方千米。人口6.6万。以汉族为主，还有土家、壮、回等民族。辖1居委会、39村委会，有203自然村。镇人民政府驻鹤霞村。1950年设射埠乡。1961年改公社。1984年复乡。1994年与旺冲乡合置射埠镇。1995年土桥、继述桥、方上桥3乡并入。因宋名将高怀德建射箭场得名。涓水流经。有韶山灌渠。有矿产资源铁矿石、石灰石、黄金、矽砂。有高中1所，初中3所，小学15所，卫生院1个，卫生所50个，文化站1个，敬老院2个。农业以种植水稻、蔬菜为主。盛产茶油。工业以机械铸造、片石开采为主。有茶油市场。潭衡西线高速、省道醴陵—湘乡线过境。

鹤霞村［Hèxiácūn］ 射埠镇人民政府驻地。在县政府驻地易俗河镇南23千米。人口1500。因地形如仙鹤头得名。聚落呈团块状。涓水流经。有中学、卫生所。农业以种植水稻、蔬菜、湘莲、西瓜、茶、油茶为主。有茶油市场。省道醴陵—湘乡线经此。

花石镇［Huāshí Zhèn］ 湘潭县辖镇。在县境西南部。面积201平方千米。人口10.1万。以汉族为主，还有土家、壮、瑶等民族。辖1居委会、49村委会，有218自然村。镇人民政府驻马垅村。1956年设花石镇。1958并入建设公社。1961年复镇。1968年改公社。1985年复镇。1995年石坝、盐埠2乡并入。因花纹巨石得名。有天马山。涓水、罗汉水流经。有矿产资源大理石、片石。有中学4所，小学12所，卫生院1个，卫生所31个。有文化站、广播电视站、敬老院等。有名胜古迹十八罗汉山、汉城桥、观政桥。农业以种植水稻、湘莲为主。工业以湘莲、机械、建材加工为主。有湘莲交易市场。特产花石豆腐、石坝米酒。省道宁临、株冷线过境。

马垅村［Mǎlǒngcūn］ 花石镇人民政府驻地。在县政府驻地易俗河镇西南37.5千米。人口3000。因古称马家垅（又名马家岭）得名。聚落呈团块状。有小学、卫生院。有古迹汉城桥。盛产湘莲。有湘莲交易市场。省道株冷线经此。

青山桥镇［Qīngshānqiáo Zhèn］ 湘潭县辖镇。在县境西南部。面积110平方千米。人口4.9万。以汉族为主，还有苗、土家、布依等民族。辖1居委会、26村委会，有183自然村。镇人民政府驻青山桥社区。1961年成立青山桥公社。1984年改乡。1985年改镇。1995年霞岭、晓南2乡并入。因桥得名。青山河流经。有矿产资源石膏、矿泉水。有中学4所，小学12所，卫生院1个，卫生所40个，文化站1个，敬老院2个。有国家级非物质文化遗产唢呐。农业以种植水稻为主。工业有农机、竹木加工、皮鞋制造。有青山桥皮鞋工业园。潭衡西线高速、240国道过境。

青山桥社区［Qīngshānqiáo Shèqū］ 青山桥镇人民政府驻地。在县境西南部。面积2.7平方千米。人口5000。因桥得名。2014年成立。民居以4层住宅楼为主。有中学、卫生所、文化站等。有老年活动室、健身广场。有青山桥皮鞋工业园。240国道过境。

石鼓镇［Shígǔ Zhèn］ 湘潭县辖镇。在县境西南部。面积96平方千米。人口5.1万。以汉族为主，还有苗、布依、哈尼等民族。辖1居委会、31村委会，有124自然村。镇人民政府驻大桥社区。1950年设石鼓乡。1961年改公社。1984年复乡。1994年改镇。1995年歇马、明道2乡并入。因青山河畔鼓状巨石得名。有昌山。有高中1所，初中2所，小学11所，卫生院1个，卫生所34个，文化站1个，敬老院1个。有国家级非物质文化遗产唢呐。经济以种植水稻、油菜、红薯、金银花为主。工业以石材、油纸伞加工为主。为湘潭、湘乡两县商品集散地。省道湘乡—湘潭线过境。

大桥社区［Dàqiáo Shèqū］ 石鼓镇人民政府驻地。在县境西南部。面积0.8平方千米。人口4000。1994年成立。因境内有大拱桥得名。民居以私宅楼房为主。有卫生所。有社区劳动服务公司。有娱乐活动室、休息室等。开展莲乡颐老养老、邻里互助、守望之家等活动。

经济以油纸伞等旅游工艺品加工为主。为湘潭、湘乡两县商品集散地。省道湘乡—湘潭线过境。

云湖桥镇 [Yúnhúqiáo Zhèn] 湘潭县辖镇。在县境西北部。面积128平方千米。人口6.4万。以汉族为主,还有土家、苗、壮、瑶等民族。辖1居委会、38村委会,有207自然村。镇人民政府驻七里铺村。1950年设云湖乡。1956年改七里乡。1961年改云桥公社。1984年改云湖桥乡。1985年改镇。1995年南竹山、良湖、烟山3乡并入。因桥得名。涟水流经。有矿产资源烟煤、石灰石、海泡石。有中学4所,小学12所,卫生院1个,卫生所46个,敬老院3个。有文化站、广播电视站等。有湘绮楼诗社。农业以种植水稻、蔬菜为主。工业以化工、铸造、机械加工为主。沪昆高铁、湘黔铁路、上瑞高速、320国道过境。

七里铺村 [Qīlǐpùcūn] 云湖桥镇人民政府驻地。在县政府驻地易俗河镇西北39千米。人口3800。古称戚里铺,为潭宝驿道中途驿站之一,距姜畲镇7里,后称"七里铺"。聚落呈散状。有小学、卫生所。农业以种植水稻为主。有氮肥、茶叶加工业。湘黔铁路、320国道经此。

石潭镇 [Shítán Zhèn] 湘潭县属镇。在县境中部偏西。面积125平方千米。人口7.5万。以汉族为主,还有壮、瑶、土家等民族。辖5居委会、37村委会,有206自然村。镇人民政府驻新合村。1941年设石潭乡。1950年改镇。1961年改公社,同年复镇。1995年古城、白托、列家桥3乡并入。因潭旁横卧巨石得名。涟水流经。有中学4所,小学10所,卫生院1个,卫生所1个,广播电视站1个,其中石潭中心小学为百年学校。农业以种植水稻为主,养殖猪、鱼。工业以石材、农业科技产品、饲料加工为主。特产石潭生油月饼、香菇。为全国重点镇。320国道、省道醴陵—湘乡线过境。

新合村 [Xīnhécūn] 石潭镇人民政府驻地。在县政府驻地易俗河镇西27千米。人口2900。2014年新全、合德2村合并更名新合村。聚落呈散状。有中学。农业以种植水稻为主,养殖猪、鱼。有汽修、水泥加工业。省道宁临线经此。

杨嘉桥镇 [Yángjiāqiáo Zhèn] 湘潭县辖镇。在县境中部偏西。面积116平方千米。人口6.8万。以汉族为主,还有土家、壮、苗等民族。辖2居委会、21村委会,有217自然村。镇人民政府驻电厂街居委会。1952年设杨桥镇。1953年更名杨嘉桥镇,后改公社。1984年设乡。1985年复镇。1995年峡山口、雁坪、荆州3乡并入。镇以桥名。涟水流经。有中学4所,小学11所,卫生院1个,敬老院3个。有文化站、广播电视站等。有老虎坑遗址、湘潭大学早期建筑群。农业以种植水稻为主。工业以化工、冶金、海泡石加工为主。潭衡西线高速、省道株韶线过境。

电厂街居委会 [Diànchǎngjiē Jūwěihuì] 杨嘉桥镇人民政府驻地。在县政府驻地易俗河镇西14千米。人口1400。因处电厂街得名。有中心联校。省道株韶线经此。

乌石镇 [Wūshí Zhèn] 湘潭县辖镇。在县境西南部。面积96平方千米。人口3.9万。以汉族为主,还有回、土家等民族。辖1居委会、26村委会,有98自然村。镇人民政府驻乌石村。1956年设乌石乡。1961年改公社。1984年复乡。1995年景泉乡并入。1998年改镇。因镇政府驻地得名。有石灰石、锰矿石资源。有中学3所,小学6所,卫生院1个,卫生所30个,文化站1个,广播电视站1个,敬老院1个。有全国重点文物保护单位、全国爱国主义教育基地、国家4A级旅游景区彭德怀故居。有彭德怀纪念馆。农业以种植水稻、蔬菜、油茶为主。特产乌石香米、乌石黄花、乌鸡绿壳蛋。省道醴陵—湘乡线过境。

乌石村 [Wūshícūn] 乌石镇人民政府驻地。在县政府驻地易俗河镇西南33千米。人口2100。因乌石峰得名。聚落呈散状。有小学、卫生院。有彭德怀纪念馆、彭德怀故居。农业以种植水稻、玉米、薯类等为主,养殖猪、蜜蜂、家禽。省道韶茶线、县道双景线经此。

白石镇 [Báishí Zhèn] 湘潭县辖镇。在县境东南部。面积100平方千米。人口4.1万。以汉族为主,还有壮、苗等民族。辖1居委会、23村委会,有78自然村。镇人民政府驻双新村。1961年成立白石铺公社。1984年改乡。1995年与马家堰乡合设白石乡。2007年改镇。因白石铺古驿站得名。湘江流经。有中学2所,小学7所,卫生院1个,卫生所26个。有文化站、广播电视站、敬老院等。有全国重点文物保护单位齐白石故居,省级文物保护单位尹氏宗祠、寺门前义渡。农业以种植水稻、湘莲为主。有紫荆山南竹种植基地。工业以防腐保温材料加工、铁路建筑安装为主。京广高铁、107国道过境。

双新村 [Shuāngxīncūn] 白石镇人民政府驻地。在县政府驻地易俗河镇南32千米。人口2000。2014年新荷、新桥2村合并,故名。聚落呈散状。有小学、卫生院。农业以种植水稻、湘莲为主。107国道经此。

分水乡 [Fēnshuǐ Xiāng] 湘潭县辖乡。在县境西南部。面积85平方千米。人口4.1万。以汉族为主,还有满、回、仫等民族。辖23村委会,有121自然村。乡人民政府驻虎形村。1950年设分水乡。1961年改公社。1984年复乡。1995年环山、较场2乡并入。因处涟水、涓水分水岭得名。有中学3所,小学10所,卫生院1个,卫生所32个,敬老院2个。有文化站等。有省级文物保护单位清代学者陈鹏年墓。有古迹宋贞桥。农业以种植水稻为主。240国道过境。

虎形村 [Hǔxíngcūn] 分水乡人民政府驻地。在县政府驻地易俗河镇西南69千米。人口4300。因山形似虎得名。聚落呈散状。有小学、卫生所。农业种植水稻等为主,养殖鸡。有清泉养殖基地。240国道经此。

排头乡 [Páitóu Xiāng] 湘潭县辖乡。在县境西南部。面积125平方千米。人口6.4万。以汉族为主,还有土家、苗、壮、回等民族。辖36村委会,有207自然村。乡人民政府驻同心村。1956年设排头乡。1958年改排头岭公社。1961年改排头公社。1984年复乡。1995年留田、严冲、黄荆坪3乡并入。因多南北走向山丘,一山横亘于前,人称"排头岭",乡名由此而得。有隐山。涓水流经。有矿产资源石膏、磷、锰等。有高中1所,初中4所,小学11所,卫生院1个。有文化站、广播电视站、敬老院等。有省级文物保护单位周小舟故居、胡安国墓。有古迹大隐龙王慈云禅寺。农业以种植水稻、湘莲、蔬菜为主。工业以机械制造、湘莲加工为主。潭衡西线高速过境。

同心村 [Tóngxīncūn] 排头乡人民政府驻地。在县政府驻地易俗河镇西50千米。人口2000。因同心桥得名。聚落呈散状。有高中、卫生所。工业以湘莲加工为主。潭衡西线高速经此。

龙口乡 [Lóngkǒu Xiāng] 湘潭县辖乡。在县境南部。面积60平方千米。人口2.9万。以汉族为主,还有土家、苗、壮等民族。辖20村委会,有83自然村。乡人民政府驻见楼村。1950年设龙口乡。1961年改公社。1984年复乡。1995年日华乡并入。山形如龙,溪水入涓水口处如龙嘴,故名。有矿产资源石膏、高岭土、铅锌等。有中学2所,小学10所,卫生院1个,卫生所20个,敬老院2个。有文化站、广播电视站等。农业以种植水稻、蔬菜为主。工业以石膏、瓷泥等建材加工为主。省道宁临线经此。

见楼村 [Jiànlóucūn] 龙口乡人民政府驻地。在县政府驻地易俗河镇西南60千米。人口1800。因山名见楼冲得名。聚落呈散状。有见楼学校、卫生院。农业以种植水稻、湘莲,养殖猪、兔子、家禽等为主。省道宁临线经此。

锦石乡 [Jǐnshí Xiāng] 湘潭县辖乡。在县境中部。面积57平方千米。人口3.1万。以汉族为主,还有土家族。辖18村委会,有90自然村。乡人民政府驻唐家湖村。1941年设锦石乡。1950年仍乡,后改公社。1984年复乡。1995年碧泉乡并入。因涓水河中曾现锦石得名。有中学2所,小学9所,卫生院1个,卫生所1个。有文化站、广播电视站、敬老院等。有名胜古迹碧泉潭。农业以种植水稻、湘莲为主。有湘莲加工业。潭衡西线高速、省道望潭线过境。

唐家湖村 [Tángjiāhúcūn] 锦石乡人民政府驻地。在县政府驻地易俗河镇西南36千米。人口2500。因塘名唐家湖得名。聚落呈散状。有中学、卫生院。农业以种植水稻、湘莲、油茶、柑橘为主。有墟场。省道望潭线经此。

衡 阳 市

衡阳市 [Héngyáng Shì] 湖南省辖地级市。北纬26°07′—27°28′,东经111°32′—113°17′。在省境南部。面积1.5万平方千米。户籍人口670万,常住人口730.3万。以汉族为主,还有瑶、土家、苗、壮、回等民族。辖蒸湘、珠晖、雁峰、石鼓、南岳5区,衡阳、衡南、衡山、衡东、祁东5县,代管耒阳、常宁2县级市。市人民政府驻蒸湘区。东汉建安二十五年(220),设衡阳郡,因地处衡山之南得名,此为衡阳专名之始。三国吴太平二年(257)分长沙郡置湘东、衡阳2郡。隋开皇九年(589)废湘东、衡阳2郡置衡州,治今衡阳。大业初改衡山郡。唐武德四年(621)复衡州。天宝元年(742)改衡阳郡。乾元初复衡州。宋置衡阳郡。元至元十四年(1277)改衡州路。明洪武二年(1369)改衡州府。1914年改衡阳道。1922年废。1937年设第五行政督察区。1940年改第二行政督察区。1942年析衡阳县城郊3乡置衡阳市(县级)。1949年设衡阳专区，衡阳市属之。1950年衡阳市升为省辖地级市。1952年衡阳专区并入湘南行政区(地级)。1954年复衡阳专区。1958年衡阳市属省和衡阳专区。1968年衡阳专区改衡阳地区，辖衡阳市。1980年衡阳市复为省辖。1983年地市合并，祁阳县划归零陵地区，郴州地区耒阳县划入。地势南高北低。海拔61米。最高点衡山祝融峰海拔1290米。年均气温18℃，1月平均气温5.8℃，7月平均气温29.5℃。年均降水量1352毫米。年均无霜期290天。湘江、白河、宜水、栗江、春陵水、蒸水、耒水、洣水等流经。有矿产资源铅、煤、铁、锡、铜、锰、钨、硼、高岭土、重晶石、萤石、盐等。有野生植物1047种，其中有国家一级保护珍稀树种银杏、金钱树、摇钱树、绒毛皂荚等7种，国家二级珍贵树种篦子三尖杉、杜仲、榉木等6种。有野生动物200种，其中有国家一级保护动物云豹、白鹳、河鹿(车獐)、中华秋沙鸭，二级保护动物穿山甲、虎纹蛙、水獭、大灵猫、小灵猫等10种。有国家级自然保护区、风景名胜区南岳衡山，省级自然保护区衡南江口鸟洲、衡东天光山、常宁大义山。森林覆盖率46.3%。有国家级企业技术中心3个，省级企业技术中心19个，省级工程技术研究中心7个，省级重点实验室11个。有高校13所，中学420所，中职40所，小学1710所，三级医院5个。有国家级公共图书馆12个，博物馆1个，档案馆1个，体育场馆1个，省级档案馆1个。有歌舞、湘剧、花鼓、祁剧等文艺团体12个。有全国重点文物保护单位南岳忠烈祠、南岳大庙、蔡侯祠、衡州窑、王船山故居及墓、罗荣桓故居等12个，省级文物保护单位藏经殿、石鼓书院等89个。有省级爱国主义教育基地罗荣桓故居和纪念馆、欧阳海烈士纪念馆等7个。有中国传统村落中田村、高田村、杨林村等5个。有省级历史文化名镇南岳镇、白沙镇等3个，历史文化名村高新村、湘江村等9个。有国家级非物质文化遗产湘剧、祁剧等5项，省级非物质文化遗产界牌釉下五彩瓷烧制技艺、岳北山歌七巧龙、祁东渔鼓等21项，市级非物质文体遗产界牌釉下五彩瓷烧制技艺、岳北山歌等73项。三次产业比例15∶47∶38。农业以种植水稻、小麦、红薯、豆类、油菜为主，养殖家畜、家禽、鱼等。产南竹、黄花菜、柑橘、茶叶、药材等。常宁市、耒阳市为油茶开发基地。工业以机械、冶金、化工、建材、纺织、食品加工业为主。服务业以商贸、物流业为主。有国家级衡阳高新技术产业开发区，省级经济开发区9个。有铁路603.7千米，公路2.1万千米，高速572千米，内河航线743千米。武广高铁，京广、湘桂铁路，三南、京港澳、泉南、衡邵、南岳高速，107、322国道等过境。湘江等通航。有衡阳、衡阳东、衡阳西、衡阳南、衡阳北站，汽车西站，酃湖汽车站，华新客运站。有衡阳南岳机场，民航航线2条，通往北京、上海。

衡阳［Héngyáng］ 简称衡，雅称雁城。衡阳市聚落。在市境中部。面积60平方千米。人口72.8万。以汉族为主，还有瑶、土家、苗、壮、回等民族。因地处衡山南得名。传鸿雁南飞至七十二峰之首——回雁峰返，故又称雁城。历为州、郡、路、府、道、县治。五代周显德年间(954—959)立木栅为城。北宋咸平年间(998—1003)筑土城。元泰定年间(1323—1328)建石郭。明洪武年间(1368—1398)建城门7座及串楼若干，加高增厚城墙。1944年遭侵华日军焚毁。1949年城区面积不足8平方千米，1978年扩到33平方千米，现为新兴工业城市，建成区面积达60平方千米。城市布局由两条功能主轴构成十字形空间形态。一为沿湘江南北延伸生活居住功能轴，二为东西延伸综合服务功能轴。城区中心区位于湘江西岸、蒸水以南，以居住、商业服务、教育科研为主。南部为机电、轻纺工业区。有与深圳共建国家级重点工业园区白沙洲工业园区。有特变电工、中钢衡重、亚新科、金杯电缆、燕京啤酒等企业。北部为化工、冶金工业区，盐化、陶瓷基地。有衡阳松木经济开发区，聚集装备制造、新能源、新材料、盐卤化工及精细化工四大支柱产业。西南部为衡阳国家高新技术产业开发区，为国家级湘南承接产业转移示范区。有政府机构及中钢、娃哈哈、广汽长丰、衡钢集团等大型企业220余家。江东酃湖平原有湖南工学院、衡阳师范学院、衡阳科技馆、衡阳大剧院等。南岳区为风景名胜旅游区。京广、湘桂铁路，107、322国道过境。有衡阳机场通航广州、深圳等地。

苗圃［Miáopǔ］ 在市区东部。东与酃湖乡交界，南与和平乡接壤，西北邻粤汉街道，西抵广东路街道，西南与东风街道、冶金街道相邻，北与和平乡交界。1936年粤汉铁路全线贯通，建成衡阳火车站，大量来自北方铁路工程人员、家属聚居此地。因前粤汉铁路局有苗圃园得名。境内保留较多见证衡阳铁路发展、变迁的地名，如保卫里、光明里、服务里等带"里"地名，并形成了衡阳铁路生活、文化圈。有高校3所，技工学校3所，中学2所，小学5所，幼儿园5所。有市建湘厂、市探矿厂、市运机厂、线路段、水电段等。服务业以商贸零售业为主。通多路公交车。

衡阳高新技术产业开发区［Héngyáng Gāoxīn Jìshù Chǎnyè Kāifāqū］ 在市境西南部。东至蔡伦大道，西至蒸水大道，南至一环西路，北至船山大道。面积2.5万公顷。1992年6月经湖南省政府正式批准建立省级经济开发区，2012年8月经国务院正式批准升级为国家级高新区，由衡阳市政府管理。为华南北部地区高新技术产业聚集区、国家级湘南承接产业转移示范区。主要发展电子信息、智能机器人、生物医药、新材料新能源、装备制造、汽车零部件及特种车辆、智慧生态、现代物流等产业集群。有启迪古汉集团、衡阳巨子变压器集团、湖南金化科技集团、湖南雁能建设集团、衡阳印武黄花集团等企业入驻。通多路公交车。

船山大道［Chuánshān Dàdào］ 在市境南部。东起蒋家湾大桥，西至湘江公路大桥。与华新大道、蔡伦大道、红湘路、蒸阳路、蒸湘路相交。长6.4千米，宽29.2米。沥青路面。1985年改建船山西路与1988年新建船山东路合为船山大道。2003年提质改造，2013年扩建。因纪念著名思想家王船山先生，故名。两侧有南华大学、南华大学附属第一医院、蒸湘街道、蒸湘区政府、平湖公园、市中心汽车站、多个大型商场等。通多路公交车。

解放大道［Jiěfàng Dàdào］ 在市境中部。东起湘江北路，西至蒸水大道。与华新大道、蔡伦大道、红湘路、蒸阳路、蒸湘路相交。长5.4千米，宽42米。沥青路面。清代至民国初称铁炉门横街、道后街、大西门正街。1950年扩建改解放路。2000年扩建延伸分解放东路、解放中路、解放西路，合称解放大道。因纪念衡阳解放而得名。两侧有市政府大楼、市公安局大楼、林隐假日大酒店等。通公交车。

衡州大道［Héngzhōu Dàdào］ 在市境中部偏南。东起蒸湘南路，西至岳临高速。与华新大道、蔡伦大道、红湘路、蒸阳路、蒸湘路相交。长7.9千米，宽55.4米。沥青路面。2006年开工，2009年建成。2009—2012年扩建。因衡阳古称衡州而得名。两侧有衡州小学等。通公交车。

蔡伦大道［Càilún Dàdào］ 在市境中部。南起衡常路，北至北二环。与船山大道、衡州大道相交。长7.7千米，宽45米。沥青路面。1998年开工，2003年建成。原为一环西路，2010年为纪念蔡伦改今名。两侧有长湖便民服务中心、建材市场、市广电中心、市中心汽车站大楼、平湖公园等。通公交车。

蒸湘南路［Zhēngxiāng Nánlù］ 在市境中部偏南。北起解放大道，南至南岳机场。与天马山路、衡州大道、一环南路、南二环路等相交。长12千米，宽28—64米。沥青混凝土路面。1999年开工，2010年延伸改建，2014年基本建成。因位于湘水与蒸水汇合处得名。两侧有衡阳台湾工业园、石油大厦、白沙工业园等。通公交车。

蒸湘北路［Zhēngxiāng Běilù］ 在市境中部偏北。南起解放路，北至蒸水桥。与船山大道、解放大道等相交。长1.9千米，宽64米。沥青路面。1982年开工，1984年建成。2009年改建。因通达蒸水畔，取"三湘"之一蒸湘、在解放大道北得名。两侧有崇盛晶珠广场、市公路局、神龙大酒店等。通公交车。

长丰大道［Chángfēng Dàdào］ 在市境中部偏西。南起衡州大道，北至长丰大桥。与船山大道、解放大道等相交。长4.9千米，宽37.4米。沥青路面。1995年开工，2004年建成。取"长治久安，人寿年丰"之意得名。两侧有蒸湘区政府、船山公园、市技术监督局、长湖便民服务中心等。通公交车。

蒸湘区

蒸湘区［Zhēngxiāng Qū］ 衡阳市人民政府驻地。在市境西部。面积101平方千米。人口25.1万。以汉族为主，还有土家、瑶、苗、回、蒙古等民族。辖4街道、1镇、2乡。区人民政府驻长湖乡。2001年由原郊区、城北区、城南区、衡南县、衡阳县各一部分地域设蒸湘区。因蒸水贯穿全境流入湘江，取"三湘"中蒸湘得名。2001—2014年新建居住小区100多个，改造棚户区7个，提质改造老旧太平小区、红湖塘小区、立新小区、衡钢生活区。修建一环西路等大道10条，改造主次干道9条、背街小巷101条。为"三纵四横"城区道路布局。城区中部为政治文化中心，东部为市区核心商圈，西南部为雨母山风景区，南部为衡钢钢管深加工产业园区，西部为呆鹰岭中小企业创业园区，北部为商贸和居民住宅区。有标志性建筑物衡阳市广电中心大楼、崇盛晶珠广场等。海拔51—238米。蒸水、柿江河、杉旭河、幸福河等流经。有矿产资源岩盐、芒硝、矿泉水、砂石等。有南华大学、湖南科技经贸职业学院、湖南环境生物职业学院(南校区)等高校4所，中学11所，小学37所，三级医院3个，二级医院1个，体育馆2个。有省级文物保护单位1个。有国家3A级旅游景区雨母山、陆家新屋。有奇石文化博物馆。有衡阳保卫战纪念园、衡阳抗战纪念馆。有著名爱国者、杰出著作家谢彬墓地。有柘里渡露水塘。有传统民间艺术花鼓戏、舞龙、舞狮等。三次产业比例3∶60∶37。农业以种植水稻、蔬菜为主。工业以机械加工、冶金、石化、建材、轻工、医药、食品业为主。服务业以商贸、仓储、物流业为主。有国家级衡阳市高新技术产业开发区。有衡西大市场等。有省四星级休闲农庄4个，三星级7个。有医药器械、汽摩配件、时尚精品、汽车贸易4条专业特色街。湘桂高铁，湘桂、怀邵衡铁路，岳临、衡枣、潭衡(西)高速，322国道，省道龙宋、衡邵、衡同线过境。有衡阳西站、市中心汽车站、华新客运站等。通多路公交车。

太阳广场［Tàiyáng Guǎngchǎng］ 在城区

西部。面积7.2万平方米。2001年开工，同年建成。因俯瞰似以太阳为中心向四周扩散，故名。分中央广场、四周绿化区。10个圆圈不锈钢雕塑，寓意十全十美。四周绿化区遍布健身设施。为市民休闲健身地。周边有市委大院。通公交车。

立新大道［Lìxīn Dàdào］　在区境北部。东起蒸水南路，西至蔡伦大道。与红湘路等相交。长3.2千米，宽21米。沥青路面。2007年开工，2009年建成。因立新村得名。两侧有蒸湘街道、逸夫小学、船山英文学校等。通公交车。

红湘路［Hóngxiāng Lù］　在区境东部。南起衡州大道，北至蒸水南路。与解放西路、船山西路、立新大道等相交。长3.6千米，宽26米。沥青路面。2002年开工，2008年建成。因红湘街道得名。两侧有蒸湘医院、区民政局、南华大学、农业银行、市实验中学、市城管执法局、长沙医学院衡阳分院、市农业局、市规划局等。通多路公交车。

雅士林大桥［Yǎshìlín Dàqiáo］　在城区北部。长246米，宽20米，最大跨度36米，桥下净高26米。2010年开工，2011年建成。由雅士林集团独资捐建，故名。为中型河道桥梁，结构型式为悬索拉力造型桥。最大载重汽20吨，挂120吨。通公交车。

铜钱渡大桥［Tóngqiándù Dàqiáo］　在城区西部。长1670米，宽45米，最大跨度24米，桥下净高16.5米。1977年开工，1980年建成通车。复线于2003年动工，2006年建成通车。因铜钱渡口得名。为中型河道桥梁，结构型式为钢筋水泥空心板梁桥。最大载重7000吨。通公交车。

蒸阳大桥［Zhēngyáng Dàqiáo］　在城区西部。长244.1米，宽26.6米，最大跨度20米，桥下净高16.5米。2002年开工，2003年建成。因横跨蒸水河连接解放大道与蒸阳大道得名。为中型河道桥梁，结构型式为钢筋水泥空心板梁桥。最大载重80吨。通公交车。

柘里渡大桥［Zhèlǐdù Dàqiáo］　在城区西部。长160.4米，宽12米，最大跨度14.8米，桥下净高14.7米。1955年开工，同年建成。因地处柘里村渡口得名。为中型河道桥梁，结构型式为钢筋水泥板拱结构桥。最大载重120吨。通公交车。

解放路立交桥［Jiěfànglù Lìjiāoqiáo］　在城区中部。占地5.6万平方米。有3层互不交叉不同方向城市道路在此立体相交。最高层离地面12米。1997年开工，2001年建成。因时名解放路得名。

衡阳西站［Héngyángxī Zhàn］　见交通运输设施部分“衡阳西站”条。

衡阳中心汽车站［Héngyáng Zhōngxīn Qìchēzhàn］　见交通运输设施部分“衡阳中心汽车站”条。

衡阳华新汽车站［Héngyáng Huáxīn Qìchēzhàn］　见交通运输设施部分“衡阳华新汽车站”条。

蒸湘街道［Zhēngxiāng Jiēdào］　属蒸湘区。在区境东北部。面积1.5平方千米。人口4.2万。1988年由青山街道析置。2001年析出部分区域划入红湘街道。因蒸水贯穿全境流入湘江，取“三湘”中蒸湘得名。1985—1995年建设太平小区。2002、2005、2011年改造太平小区。先后建设和改造船山西路、红湘北路、立新大道、西合路、蒸水路等。有高校3所，中学2所，小学3所，幼儿园8所，三级医院1个，卫生院2个，文化站1个，阅览室9个，社区文化活动室8个，体育场4个，体育馆2个。经济以商贸、物流业为主。蒸水河四季通航。有衡阳中心汽车站。通多路公交车。

红湘街道［Hóngxiāng Jiēdào］　属蒸湘区。在区境东部。面积3.6平方千米。人口3.7万。2001年设。因红湖路得名。2003年改造红湖塘小区、红湖塘路。2012年改造联合新村、学院路、南华、红湖塘、吉祥社区、联合村。有南华大学，小学3所，卫生院1个，卫生所1个。有市艺校等。有余湖大王庙、石神庙。经济以商贸服务业为主，有少量制造、加工业。有四星级神龙大酒店。通多路公交车。

华兴街道［Huáxīng Jiēdào］　属蒸湘区。在区境中部。面积11.6平方千米。人口6.2万。2001年设。取中华兴旺之意得名。先后建成商住楼、居民楼和4个大型安置小区。有中学3所，小学5所，三级医院2个，二级医院1个，卫生院1个，卫生所4个。有省级文物保护单位陆家新屋。有衡阳胜利山遗址。农业以种植蔬菜、葡萄为主。工业以新能源装备制造、军事通信及电子信息、汽车零部件及特种车辆、生物制药、新材料为主。湘桂铁路、322国道、潭衡西高速、省道龙宋线过境。有华新客运站。通多路公交车。

联合街道［Liánhé Jiēdào］　属蒸湘区。在区境中部。面积4.5平方千米。人口4.2万。2001年设。因由城南区部分居委会和郊区部分村联合组建，故名。2001—2014年先后建成一环西路（后改蔡伦大道）、红湘南路、雁城西路、衡州大道，商住楼盘20多处，安置小区4个。有中学2所，小学8所，幼儿园14所，社区卫生服务中心1个，文化站1个，公共图书室11个。有衡阳保卫战张家山（后改胜利山）遗址。工业以钢管和钢管深加工为主。服务业以商贸为主。有杨柳汽车贸易街区。湘桂高铁、湘桂铁路、泉南高速、322国道过境。通多路公交车。

呆鹰岭镇［Dāiyīnglǐng Zhèn］　蒸湘区辖镇。在区境西部。面积30平方千米。人口3万。辖1居委会、13村委会，有149自然村。镇人民政府驻新阳村。1961年成立呆鹰岭公社。1981年改呆鹰岭区。1984年改呆鹰岭镇。1995年板市、樟树2乡并入，2000年析出。因古地名崖鹰岭方言谐音得名。蒸水流经。有大专1所，中学2所，小学12所，卫生院1个。农业以种植水稻、蔬菜、花卉苗木为主，养殖猪、家禽、水产。有无公害蔬菜基地8000亩，花卉苗木基地3个。建筑石材丰富。有商贸、餐饮业。省道龙宋线过境。蒸水河四季通航。通多路公交车。

新阳村［Xīnyángcūn］　呆鹰岭镇人民政府驻地。在区政府驻地长湖乡西4千米。人口3200。因其地形象太阳而得名。聚落呈团块状。有中小学、幼儿园、卫生院、农家书屋。有园林基地1个。农业以种植水稻、蔬菜为主，养殖猪、鸡、鸭。有农贸市场。省道龙宋线、县道呆鹰岭—樟树线经此。通多路公交车。

长湖乡［Chánghú Xiāng］　蒸湘区人民政府驻地。在区境东北部。面积11平方千米。人口2.5万。辖8居委会、4村委会，有78自然村。乡人民政府驻衡邵社区。1956年设大元头乡。1958年改上游公社。1964年改长湖公社，后改岳屏公社。1984年改长湖乡。1995年并入西湖乡。2001年复置长湖乡。因长湖荷塘得名。蒸水流经。有高校1所，中学1所，小学3所，幼儿园14所，卫生院1个，文化站1个，社区文化活动中心8个，文化活动室4个，图书室17个，文化团体2个，体育场28个。农业以种植蔬菜为主。工业以机械、电器、粮食加工业为主。服务业以商贸、金融为主。有大型无公害蔬菜基地。有金雁米。有城乡集贸市场4个。有衡阳市中心汽车站。蒸水河四季通航。通多路公交车。

衡邵社区［Héngshào Shèqū］　长湖乡人民政府驻地。在区境中部。面积0.7平方千米。人口5600。因原衡邵路得名。2002年成立。民居以村镇住宅楼为主。有幼儿园、文化活动中心、健身场所。有衡阳广电中心。通多路公交车。

雨母山乡［Yǔmǔshān Xiāng］　蒸湘区辖乡。在区境西南部。面积28平方千米。人口1.9万。辖1居委会、13村委会，有197自然村。乡人民政府驻东阳村。2001年由三塘镇析设雨母山乡。因雨母山得名。有高校1所，中学1所，小学6所，幼儿园3所，卫生院1个，卫生所1个，敬老院1个，文化站1个，广播站1个。有省级非物质文化遗产雨母山的历史传说。有景区雨母山、帝誉祠。农业以种植水稻、蔬菜、葡萄为主，养殖猪、家禽、鱼。工业以机械制造为主。服务业以商贸、旅游业为主。湘桂铁路、322国道过境。通公交车。

东阳村［Dōngyángcūn］　雨母山乡人民政府驻地。在区政府驻地长湖乡西南9千米。人口1400。因东阳铺得名。聚落呈散状。有中小学、卫生院。农业以种植蔬菜、葡萄为主，养殖猪、家禽、鱼。有商贸、餐饮业。县道金属仓库—罗金桥线经此。通乡村公路。通公交车。

珠　晖　区

珠晖区［Zhūhuī Qū］　衡阳市辖区。在市境东部。面积219平方千米。人口34.2万。以汉族为主，还有苗、瑶、侗等民族。辖7街道、2镇、2乡。区人民政府驻广东路街道。1955年成立江东区。2001年改珠晖区。同时和平乡、酃湖乡、东阳乡、茶山坳镇并入。2006年王江村、茅坪村并入。因珠晖塔得名。1996—2003年建成东外环路、衡阳广场，修建玉麟路，改造东风北路。2008—2013年建成衡阳东站、市体育中心、衡州大道，提质改造衡阳广场、东风南路，扩建衡州大道。2013年开工建设船山东路。地势西南高东北低。湘江、耒水流经。有矿产资源芒硝、盐、石膏。有国家级企业技术中心1个，省级重点实验室6个，省级企业技术中心2个。有高校6所，中学11所，小学46所，特殊学校1所，幼儿园63所，三级医院3个，二级医院6个，文化馆（站）12个，图书馆1个，体育场馆1个，电影院2个。有合唱团、美术书法社团、文艺宣传队等群众文化艺术院团30个。有全国重点文物保护单位衡阳窑址，省级文物保护单位天子坟、酃县故城遗址、湘南学联旧址。有全国青少年教育基地1个，省级爱国主义教育基地1个。有全国唯一学运纪念馆湘南学联旧址。三次产业比例4∶59∶37。农业以种植蔬菜、水果为主。特产酃湖巨峰葡萄。有国家地理标志产品金甲岭鸡萝卜。工业以盐卤化工、机械制造业为主。服务业以商贸、物流、房地产业为主。武广高铁，京广、湘桂铁路，京港澳、衡邵、衡枣高速，107国道，省道衡花、衡茶线过境。有衡阳站、衡阳东站。

东风路［Dōngfēng Lù］　在区境西部。南起解放军第一六九医院，北至衡湘公路大桥。与东风支路、广东路相交。长10千米，宽18—40米。沥青路面。原为107国道，后改城市道路，1937、1959、1985、2004年多次改扩建。1965年名茅坪路，1969年改今名。两侧有衡阳站、多个政府机关、市第一人民医院、南华大学附属南华医院、解放军第一六九医院、酃湖汽车站、区人民医院、区妇幼保健院、市铁一中学、市三中、中钢衡重、商城、银行等。通多路公交车。

船山大桥［Chuánshān Dàqiáo］　在城区西

部。长767米，宽22.5米，最大跨度55.4米。1985年开工，1988年建成。原名衡湘大桥，因连接船山东、西路更今名。为大型河道桥梁，结构型式为钢筋混凝土梁桥。最大载重60吨。通公交车。

衡阳东站［Héngyángdōng Zhàn］ 见交通运输设施部分“衡阳东站”条。

衡阳站［Héngyáng Zhàn］ 见交通运输设施部分“衡阳站”条。

衡阳北站［Héngyángběi Zhàn］ 见交通运输设施部分“衡阳北站”条。

酃湖汽车站［Línghú Qìchēzhàn］ 见交通运输设施部分“酃湖汽车站”条。

王江汽车站［Wángjiāng Qìchēzhàn］ 见交通运输设施部分“王江汽车站”条。

广东路街道［Guǎngdōnglù Jiēdào］ 珠晖区人民政府驻地。在区境中部偏西。面积1.7平方千米。人口5.1万。1955年由湖南路街道析设广东路街道。1966年改湖南路街道。1982年改广东路街道。因广东路得名。以广东路为中心向南北拓展商业、住宅区。1993年重建衡阳站。1995年建成衡阳广场。有小学3所，三级医院1个，二级医院1个，卫生院1个。有湖南省立三甲种工业学校旧址。经济以商贸、金融、物流业为主。京广、湘桂铁路，107国道过境。有衡阳站。

东风街道［Dōngfēng Jiēdào］ 属珠晖区。在区境中部。面积4平方千米。人口3.4万。1955年设茅坪街道。1971年改东风街道。因东风路得名。有中学2所，小学3所，三级医院2个，二级医院2个，社区卫生服务中心1个，街道卫生站1个。经济以加工制造业为主。107国道过境。通多路公交车。

冶金街道［Yějīn Jiēdào］ 属珠晖区。在区境中部。面积1.1平方千米。人口2.1万。2004年设。原为衡阳有色冶金机械总厂所属街道。因地处前衡阳有色冶金机械总厂得名。有高校1所，小学1所，特殊教育学校1所，二级医院1个，社区卫生服务中心1个。工业以机械制造业为主。有商贸服务业。通多路公交车。

苗圃街道［Miáopǔ Jiēdào］ 属珠晖区。在区境中部。面积4平方千米。人口5.8万。1955年设。因位于前粤汉铁路局苗圃园得名。以铁路及老工业区为主。以光明街为中心，向东、向西拓展住宅区。有高校1所，中学1所，小学1所，社区卫生服务中心1个，文化宫1个。有公园1个。经济以制造业为主。有商贸服务业。通多路公交车。

粤汉街道［Yuèhàn Jiēdào］ 属珠晖区。在区境西部。面积1.8平方千米。人口3.1万。1978年设。因粤汉铁路得名。由京广铁路两侧逐步向外拓展。有中学3所，小学3所，二级医院1个，社区卫生服务中心1个，文化站1个。有全国重点文物保护单位、全国青少年爱国主义教育基地湘南学联旧址，省级文物保护单位欧阳故居等。经济以商贸业为主。通多路公交车。

新湘街道［Xīnxiāng Jiēdào］ 属珠晖区。在区境南部。面积8平方千米。人口1.7万。2005年设。因新华材料厂、湘衡机械厂得名。有中学1所，小学1所，二级医院1个，卫生院1个。经济以服务业为主。通公交车。

衡州路街道［Héngzhōulù Jiēdào］ 属珠晖区。在区境东部。面积8平方千米。人口1.5万。2007年设。因衡州大道得名。有小学1所。农业以种植水稻、蔬菜为主。服务业以商贸业为主。武广高铁、湘桂铁路复线过境。有衡阳东站。通多路公交车。

茶山坳镇［Cháshān'ào Zhèn］ 珠晖区辖镇。在区境东北部。面积58平方千米。人口3.1万。辖2居委会、14村委会，有160自然村。镇人民政府驻茶山社区。1984年设茶山乡。1985年改茶山坳镇。因境内多种植油茶得名。为全国重点镇。有中学2所，小学6所，卫生院2个。有敬老院、幼儿园、文化站等。有省级文物保护单位衡州窑址。有珠晖塔、茶山坳古墓群。农业以种植萝卜等蔬菜为主。有金甲岭鸡萝卜。工业以盐卤化工业为主。有茶山工业集中区。服务业以旅游业为主。为省现代都市休闲农业示范镇，有中国福海国际旅游度假区。武广高铁，吉衡、京广铁路，衡邵怀高速过境。

茶山社区［Cháshān Shèqū］ 茶山坳镇人民政府驻地。在区境东北部。面积4.5平方千米。人口5200。因茶树山得名。1984年成立。2006年茶山村并入。民居以村镇自建住宅楼为主。有小学、文化室。有老年活动室、卫生服务站、便民服务站等。社区志愿服务站提供助老助残志愿服务，社区文化室提供图书阅览、学习交流等服务。有湘衡盐矿。通公交车。

东阳渡镇［Dōngyángdù Zhèn］ 珠晖区辖镇。在区境南部。面积88平方千米。人口4.1万。辖2居委会、20村委会，有244自然村。镇人民政府驻东阳渡社区。1966年衡阳市江东公社增设东阳渡分社。1971年分社改称街道。2001年设东阳渡镇。因东阳渡口得名。湘江、耒水流经。有中学2所，小学9所。有文化站、镇卫生院。有省级文物保护单位衡州窑址。农业以种植水稻、蔬菜、水果、花卉苗木为主，养殖猪、家禽。工业以农产品加工、建筑建材、轻工制造业为主。有东阳工业园。服务业以商贸、物流业为主。有益海粮油批发市场。武广高铁、京广铁路、湘桂铁路复线、泉南高速、107国道过境。有货运码头。

东阳渡社区［Dōngyángdù Shèqū］ 东阳渡镇人民政府驻地。在区境南部。面积1.5平方千米。人口3200。因位于东阳渡正街得名。1958年成立。民居以城区住宅楼为主。有中小学、幼儿园、卫生院、文化站。有老年活动室、便民服务站等。社区志愿服务站提供助老助残志愿服务，社区文化室提供图书阅览、学习交流等服务。京广铁路过境。通公交车。

和平乡［Hépíng Xiāng］ 珠晖区辖乡。在区境中部。面积15平方千米。人口2.4万。辖8村委会，有90自然村。乡人民政府驻和平村。1964年由酃湖公社析置和平公社。1984年改和平乡。取期盼、庆祝和平之意得名。有小学6所，卫生院1个。有幼儿园、文化站等。有省级文物保护单位酃县故城遗址。农业以种植蔬菜、水果为主，养殖猪、家禽。工业以高压电器、竹木、锅炉压力容器、铁路机车配件业为主。服务业以商贸、金融、房地产业为主。有天富大市场。京广、湘桂铁路，107国道，省道衡茶线过境。湘江四季通航。

和平村［Hépíngcūn］ 和平乡人民政府驻地。在区政府驻地广东路街道西3千米。人口2600。沿用原和平大队名称得名。聚落呈扇状。有小学、幼儿园、卫生室。经济以商贸业为主。有集贸市场。通客运班车。

酃湖乡［Línghú Xiāng］ 珠晖区辖乡。在区境中部。面积34平方千米。人口3.1万。辖11村委会，有132自然村。乡人民政府驻双江村。1964年以酃湖町为中心的耒河沿岸地域成立酃湖公社。1984年改酃湖乡。因位于酃湖町得名。耒水流经。有高校2所，中学2所，小学5所，卫生院1个。有幼儿园、文化站、敬老院等。有省级文物保护单位酃县故城遗址。有古迹西汉钟武侯刘圣墓“天子坟”等。有酃湖。农业以种植水稻、葡萄、大蒜、西红柿、生姜等为主，养殖猪、鱼。有国家现代农业示范区。有农村观光休闲基地4个。有商贸服务业。武广高铁、湘桂铁路复线、省道衡花、衡茶线过境。有衡阳东站。

双江村［Shuāngjiāngcūn］ 酃湖乡人民政府驻地。在区政府驻地广东路街道西4千米。人口4200。因耒河与内管子小河于此交汇得名。聚落沿衡州大道、衡花公路呈带状分布。有高校、小学、幼儿园、卫生室。经济以商贸为主。有集贸市场。省道衡花线经此。通公交车。

雁峰区

雁峰区［Yànfēng Qū］ 衡阳市辖区。在市境南部。面积93平方千米。人口21.3万。以汉族为主，有土家、苗、壮、瑶、回、满、侗、蒙古等民族。辖6街道、1镇、1乡。区人民政府驻雁峰街道。1949年9月为雁峰镇。10月改第二区。1950年2次划区重组为第一区。1955年改城南区。2001年改雁峰区。因回雁峰得名。2011年后，改造水东片区、东洲岛、湘江棚户区，建成6—8层居民楼、25层以上高楼。改造幸福河。改造解放路、湘江南路、蒸阳南路、蒸湘南路等主干道。有雁峰山、岳屏山、奇罡山等。湘江、幸福河流经。有国家级工程技术研究中心2个，省级技术研究中心2个。有高校5所，中学11所，小学34所，三级医院2个，二级医院2个，文化馆（站、室）51个，图书馆31个，体育训练基地16个，体育馆1个。有千年古刹雁峰寺。有省级重点文物保护单位衡阳战纪念城、衡阳保卫战阵亡将士墓、衡阳湘江公铁大桥。有全国爱国主义教育基地1个，省级爱国主义教育基地1个。有省级非物质文化遗产酃酒酿造工艺。有国家3A级旅游景区回雁峰景区、衡阳抗战纪念城。有重点文物湖南三师等4个。有文峰塔、雨花亭栖流所旧址等。三次产业比例2∶51∶47。农业以种植水稻、蔬菜为主，养殖鱼。盛产柑橘。工业以输变电与电线电缆、汽车和零部件制造、生物医药及食品制造业等为主。服务业以商贸、电子信息、物流业为主。有专业市场5个、集贸市场18个。有国家级经济开发区1个，省级经济开发区1个。湘桂铁路、泉南高速、省道衡同线、南外环线、西外环线过境。有湘江航道。有衡阳南站、白沙洲汽车站、渡口6个。通多路公交车。

岳屏广场［Yuèpíng Guǎngchǎng］ 在城区西北部。面积3.1公顷。1950年建成衡阳市人民广场。1954年改建为体育场。2002年修整为岳屏广场。因岳屏公园得名。整体呈凤凰形状，具有西式和中国古典园林相结合风格。有领舞台、看台、器械运动场、停车区。为市民休闲、娱乐、健身场所。有瀑布、栈桥、流水、江石等中国古典园林造景。周边有岳屏公园、衡阳动物园、抗战纪念城、衡阳有线电视台、酒店、体育广场、市体育运动学校、养老院等。通多路公交车。

蒸阳南路［Zhēngyáng Nánlù］ 在区境中部。北起解放大道，南至白沙工业大道。与先锋路、环城南路、雁城路、衡州大道相交。长10.6千米，宽20米。沥青混凝土路面。原为大庆路，2000年改建蒸阳南路。因衡阳古称蒸阳，且位于城区南部，故名。两侧有岳屏公园、雁峰公园、营盘山公园。通多路公交车。

衡州大道湘江大桥［Héngzhōu Dàdào Xiāngjiāng Dàqiáo］ 在城区西南部。长493米，宽30米，最大跨度300米，桥下净高36米。2009年开工，2012年建成。因所在道路衡州大道跨湘江得名。为大型河道桥梁，结构型式为五跨变高度连续箱梁桥。最大载重50吨。通公交车。

白沙洲大桥［Báishāzhōu Dàqiáo］　在城区西南部。长1206米，宽34米，最大跨度224米，桥下净高40米。1997年开工，2002年建成。因位于白沙洲得名。为大型河道桥梁，结构型式为独塔双索斜拉桥。最大载重40吨。通公交车。

衡阳南站［Héngyángnán Zhàn］　见交通运输设施部分“衡阳南站”条。

白沙洲汽车站［Báishāzhōu Qìchēzhàn］　见交通运输设施部分“白沙洲汽车站”条。

雁峰街道［Yànfēng Jiēdào］　雁峰区人民政府驻地。在区境中部。面积3.4平方千米。人口4万。1955年设。因回雁峰得名。1970年建成9层居民楼群。1984—1993年修建湘江西岸防洪大堤4千米。2000—2014年建成高规模住宅小区。有18层以上高楼20余栋。有雁峰山。湘江流经。有中学1所，小学3所，幼儿园7所，卫生院3个，卫生所1个，图书室6个。有雁峰寺、接龙塔、唯物主义思想家王夫之(王船山)故居湘西草堂。经济以商贸业为主。有专业市场3个、农贸市场5个。湘桂铁路过境。通多路公交车。

先锋街道［Xiānfēng Jiēdào］　属雁峰区。在区境东北部。面积2.7平方千米。人口3.1万。1979年设。因先锋路得名。建成以8层为主住宅小区。湘江流经。有职工大学1所，小学2所，幼儿园6所，三级医院1个，二级医院1个，卫生院5个，图书馆1个，图书室4个。有衡阳市基督教堂。有湘江风光带景区。经济以商贸业为主。有特色街环城南路酒店酒家一条街、先锋路电脑软件一条街、中山南路百货一条街、爱民路影楼服装一条街、黄青巷饮食排档一条街。通多路公交车。

天马山街道［Tiānmǎshān Jiēdào］　属雁峰区。在区境西部。面积2平方千米。人口2.2万。2001年设。因天马山得名。建成以6—8层为主住宅。有天马山。有云湖。有广播电视大学1所，中学1所，小学4所，幼儿园7所，三级医院1个，卫生院6个，卫生所1个，图书室7个。有国家3A级旅游景区衡阳抗战纪念城、苏眼井、国民革命军第十军衡阳保卫战阵亡将士墓等。经济以商贸、餐饮、住宿为主。通多路公交车。

黄茶岭街道［Huángchálǐng Jiēdào］　属雁峰区。在区境中部偏东。面积5平方千米。人口3.5万。1981年设。1984年析置白沙洲街道。因黄茶岭山得名。2002年改造湘江南路，建成沿江风光带。建成6—8层和25层以上商品房。湘江、幸福河流经。有营盘山。有高校1所，中学4所，小学4所，幼儿园12所，卫生院6个，卫生所1个，图书室12个。有省级爱国主义教育基地湖南省立第三师范学院旧址。农业以种植蔬菜为主，养殖鱼。工业以电线电缆、化工材料业为主。省道衡常线过境。通多路公交车。

雷公塘社区［Léigōngtáng Shèqū］　属黄茶岭街道。为岳屏镇人民政府驻地。在区境南部。面积2平方千米。人口3400。因雷公塘得名。1985年成立。民居以6—8层住宅楼为主。有湖南工学院南校区、衡阳市第五中学、图书室。有省职工疗养院、营盘山公园等。有文化娱乐室、未成年人心理健康辅导站等。有社区养老服务中心和志愿者服务队。通多路公交车。

白沙洲街道［Báishāzhōu Jiēdào］　属雁峰区。在区境东南部。面积7.7平方千米。人口4.2万。1984年由黄茶岭街道析设。2010年析出1村。因地处白沙洲得名。改造棚户区，建成5—8层现住宅。有62.8公顷原始森林。有中学1所，小学1所，二级医院1个，卫生院2个，卫生所1个。农业以种植蔬菜为主。工业以变压器、电缆业为主。有白沙洲汽车站。通多路公交车。

金龙坪街道［Jīnlóngpíng Jiēdào］　属雁峰区。在区境南部。面积22平方千米。人口1.3万。2007年由湘江农场改制设金龙坪街道。2010年白沙洲街道1村，湘江乡3村，岳屏镇1村、4社区并入。因金龙坪村得名。2011年新建白沙、白沙工业大道等11条城区干道，延伸蒸湘南路、蒸阳南路。2012年新建茅叶滩湘江大桥。建有8层楼居民安置房100余栋。湘江、幸福河流经。有小学4所，幼儿园3所，卫生院2个，卫生所1个，图书室13个。农业以种植蔬菜为主。工业以制造业、光伏电子信息产业为主。有白沙洲工业园和现代物流业。武广高铁、湘桂铁路、衡昆高速、省道衡常线过境。有衡阳南站。通多路公交车。

岳屏镇［Yuèpíng Zhèn］　雁峰区辖镇。在区境西南部。面积33平方千米。人口2.1万。辖3居委会、10村委会，有113自然村。镇人民政府驻黄茶岭街道雷公塘社区。1964年由上游公社析置岳屏公社。1984年改乡。2001年置镇。2010年析出1村、4社区。因岳屏山得名。有石牛峰。幸福河流经。为全国重点镇。有中学1所，小学6所，幼儿园10所，卫生院3个，卫生所1个，图书室15个，文化站1个，老年公寓1个。有多处明清古建筑群。农业以种植蔬菜、柑橘为主，养殖鱼。有现代农业休闲观光园14个。工业以建筑材料、生物医学、汽车零部件业为主。有商贸服务业。泉南(衡枣)高速、省道衡常线过境。通多路公交车。

湘江乡［Xiāngjiāng Xiāng］　雁峰区辖乡。在区境东南部。面积17平方千米。人口1.7万。辖2居委会、6村委会，有79自然村。乡人民政府驻高兴村。1984年设乡。2010年析出3村。因濒临湘江得名。湘江流经。有中学1所，小学5所，幼儿园14所，卫生院5个，卫生所1个，图书室1个，文化站5个。有东洲岛、船山书院遗址。农业以种植水稻、蔬菜、柑橘、桃、葡萄等为主，养殖猪。工业以机械加工业为主。服务业以商贸为主。有城乡集贸市场7个。省道衡常线过境。湘江四季通航。有渡口东洲、白沙洲、茅叶。通多路公交车。

高兴村［Gāoxìngcūn］　湘江乡人民政府驻地。在区政府驻地雁峰街道西南4千米。人口2700。取高高兴兴、无忧无虑生活之意得名。聚落沿黄白路呈带状分布。有小学、卫生院、文化广场等。有村国际龙狮队、女子军鼓队。农业以种植水稻、蔬菜为主，养殖鱼。工业以电缆业为主。服务业以商贸业为主。有集贸市场。通多路公交车。

石　鼓　区

石鼓区［Shígǔ Qū］　衡阳市辖区。在市境中部。面积105平方千米。人口23.8万。以汉族为主，还有土家、苗、瑶、侗、满等民族。辖7街道、2乡。区人民政府驻黄沙湾街道。1943年置第三区。1951年改第二区。1955年改城北区。1980年设市辖县级区。1983年衡阳地市合并，属衡阳市。2001年改石鼓区。同时析出蒸湘街道。原郊区黄沙湾街道、松木乡、西湖乡部分区域，衡阳县角山乡、集兵镇灵官庙村并入。因石鼓山、石鼓书院得名。城乡空间呈莲花形布局。莲花底部蒸水以南为老城区，以北沿湘江西岸改建为来雁新区华侨城、松木经济开发区，以北上部分为城郊蔬菜基地。21世纪后相继建成蒸湘北路、蒸阳北路、红湘北路延伸段、湘江西岸风光带、蒸水南北堤风光带等。有标志性建筑物来雁塔。湘江、蒸水、耒水流经。有矿产资源盐、钠长石、芒硝等。有红旗湖、祠塘冲、九龙冲、过路塘等水库。有国家级工程技术研究中心2个，省级工程技术研究中心1个。有国家级高新技术特色产业基地1个。有高校2所，高职2所，中学8所，中职3所，小学35所，三级医院3个，二级医院5个。有图书馆1个，文化馆1个，非遗展示中心1个，体育馆6个。有省级文物保护单位来雁塔、石鼓书院(含摩崖石刻)、市博物馆。有省级爱国主义教育基地1个，国家级和省级纪念地各1个。有省级非物质文化遗产湘剧、祁剧、花鼓戏。有国家4A级旅游景区石鼓书院。有古迹演武坪。有习俗“赶二月八”。三次产业比例3∶33∶64。农业以种植水稻、蔬菜为主，养殖猪、家禽、鱼。有无公害蔬菜基地。特产杨裕兴面、石鼓牌酥薄月饼等。工业以盐卤化工、精细化工、有色金属加工、非金属深加工业为主。服务业以商贸、旅游业为主。有省级四星级乡村旅游服务点2个，三星级2个。有省级松木经济开发区。南岳、泉南高速，107国道过境。

莲湖广场［Liánhú Guǎngchǎng］　在区境南部。面积4.2万平方米。2002年开工，2004年建成。因古莲湖书院得名。总体为洼地。中心区域为荷花花瓣形人工湖。湖上大理石桥为最高点。东西两侧有喷泉。有健身步道、健身设施、工会户外劳动者服务站点。绿化面积近1万平方米。为市民活动、大型政务活动、大型展览会、商业促销、新产品发布会、大型人才交流招聘会等场所。周边有香江百货蒸北店、大洋百货、神农大酒店、中建国际通讯广场等。通公交车。

五一路［Wǔyī Lù］　在区境东部。南起青草桥，北至同兴路。与草后街、建设路、洗脚塘、合江路相交。长2.2千米，宽15.6米。水泥沥青路面。1955年开工，1956年建成。因5月1日竣工通车得名。两侧有合江街道办事处、水口山二厂、区消防中队、大唐耒阳电厂衡阳留守处、五一大市场、市石鼓医院等。通公交车。

中山北路［Zhōngshān Běilù］　在区境南部。南起解放大道，北至青草桥。与常胜路、司前街、潇湘街、荷池路、华光街、明翰路、湘江北路、蒸水南路相交。长1.6千米，宽10米。水泥沥青路面。前清分铁炉门、八元坊、五桂坊、布政街、府政街、北正街各段。清末俗称“正街”。1939年改扩建。1946年为纪念孙中山先生得名中山路，后因位于解放大道北改今名。后多次改扩建。两侧有电影院、国家电网区用电管理中心、中国农业银行、药店、宾馆、衡南县第二人民医院等。通公交车。

蒸阳北路［Zhēngyáng Běilù］　在区境中部。南起解放路，北至衡邵高速。与人民路、常胜路、司前街、青山街、船山大道、明翰路、蒸水南路、建设路等相交。长9.2千米，宽30米。水泥沥青路面。明清为上、下长街。1944年与云楼巷合并拓建，因古蒸阳县得名蒸阳路。1979年建蒸阳南路后，以解放大道为界石鼓区境内段称蒸阳北路。1990年扩建船山路—蒸水南路延伸段(曾称古汉大道)。1995、2008年改扩建。后统称蒸阳北路。两侧有市群艺馆、中国农业银行、市第十四中学、市政工程公司、市实验幼儿园、青山街道办事处、演武坪水厂、市妇儿活动中心、田家炳中学、逸夫中学等。通公交车。

湘江北路［Xiāngjiāng Běilù］　在区境东南部。南起解放大道，北至青草桥。与胜利路、司前街、潇湘街、华光街、中山北路等相交。长1.5千米,宽15.6米。水泥沥青路面。原为沿江马路,1969年改湘江北路。1990年改扩建。后多次对路面、堤岸进行改造。两侧有南方大厦、百货店、家具店、潇湘苑、航运公司、大酒店等。通公交车。

青草桥 [Qīngcǎo Qiáo] 在城区东部。长166.4米,宽10米,最大跨度10米,桥下净高15米。1956年开工,1957年建成。20世纪80—90年代维修加固。2009年大修。为中小型河道桥梁,结构型式为石墩石拱桥。最大载重20吨。通公交车。

蒸水大桥 [Zhēngshuǐ Dàqiáo] 在城区中部。长232米,宽20米,最大跨度40米,桥下净高18米。1977年开工,1979年建成。因横跨蒸水得名。为中小型河道桥梁,结构型式为钢筋混凝土双曲拱桥。最大载重40吨。通公交车。

船山路大桥 [Chuánshānlù Dàqiáo] 在城区东南部。长767米,宽22.5米,最大跨度85米,桥下净高25米。1985年开工,1988年建成。原为衡湘公路大桥。因位于船山大道得名。为大型河道桥梁,结构型式为箱型预应力混凝土变截面连接梁桥。最大载重60吨。通公交车。

黄沙湾街道 [Huángshāwān Jiēdào] 石鼓区人民政府驻地。在区境中部。面积6平方千米。人口1.6万。1996年设。因黄沙湾得名。2004年起,先后修建望城路、雁栖湖大桥、雁栖湖新区楼盘、学校、别墅区等。2007年建设雁城大市场、综合开发雁栖湖、整体布局街道。蒸水流经。有小学10所,幼儿园11所,二级医院1个,社区医疗卫生服务中心1个,卫生所2个,诊所7个。农业以种植水稻、大豆、红薯、油菜等为主。工业以建材业为主。107国道过境。通多路公交车。

合江街道 [Héjiāng Jiēdào] 属石鼓区。在区境东南部。面积5平方千米。人口2.7万。1988年由五一街道析设。2001年西湖乡江霞、友爱、五一3村并入。因合江套(蒸水、耒水与湘江汇合处)得名。有中学1所,小学2所,幼儿园4所,卫生院1个。农业以种植蔬菜为主。工业以机械制造、化工、冶炼、制药业等为主。有商贸服务业。有城乡集贸市场1个。通多路公交车。

五一街道 [Wǔyī Jiēdào] 属石鼓区。在区境东部。面积3平方千米。人口2.6万。1955年设草桥街道。1978年改五一街道。1988年析设合江街道。2001年西湖乡建设村并入。因五一路得名。20世纪80年代末,建成大型居民小区建设新村(俗称万户村)。有中学3所,小学4所,幼儿园6所,三级医院1个,二级医院1个,卫生院2个。服务业以商贸为主。有码头4个。通多路公交车。

人民街道 [Rénmín Jiēdào] 属石鼓区。在区境南部。面积0.4平方千米。人口3.2万。1955年设。因人民路,寓意人民当家做主得名。有中学1所,小学2所,幼儿园1所,三级医院1个,二级医院1个,卫生院2个。经济以商贸业为主。通多路公交车。

人民路 [Rénmín Lù] 在人民街道中部偏南。长632米,宽13.8米。水泥沥青路面。明代始建。东端有明朝藩王桂王府。清同治年间(1862—1874)兵部尚书彭玉麟殁后,桂王府赐为彭公祠。清末民初,称大、小东华门巷。为钱庄、当铺、银行聚集地。民国时期以邑人彭玉麟谥号"刚直"命名为刚直路。1950年重建改造。1954年福星街并入,改称人民路。现为精品服装一条街,主要经营各种服饰,全国乃至国际一些名优品牌服装、针织制品、皮革制品均在此设专店或专柜销售。两侧有纪念日百货大厦、景程教育、海宁皮草城、鼎丰国际、鑫阳光商务酒店、人民路小学、皇室金夫人婚纱摄影等。通公交车。

人民路社区 [Rénmínlù Shèqū] 属人民街道。在区境南部。面积0.1平方千米。人口8200。因人民路得名。2002年成立。民居以城镇住宅楼为主。有社区文化活动中心、老年活动室、图书室、便民服务站等。2011年起衡阳群众志愿者开展"周周乐"群众文化活动。有市政协、南华大学附二医院(东院)、红旗影剧院、市环卫处、市群众艺术馆、区环卫局、都司街小学、商场、菜场等。通多路公交车。2014年被评为省级文明社区。

青山街道 [Qīngshān Jiēdào] 属石鼓区。在区境南部。面积1.1平方千米。人口3.8万。1955年设西湖街道。1978年改红湖街道。1981年改青山街道。1988年青山街道划分为青山、蒸湘2街道。因青山街得名。有老年大学1所,小学3所,幼儿园5所,三级医院1个,二级医院1个,卫生院2个。经济以电讯服务、商贸业为主。通多路公交车。

潇湘街道 [Xiāoxiāng Jiēdào] 属石鼓区。在区境南部。面积1.4平方千米。人口4万。1955年设潇湘街道。1978年改红旗街道。1981年复改潇湘街道。因潇湘街得名。有小学3所,幼儿园4所,二级医院1个,街道卫生服务中心1个,卫生院1个。有国家4A级旅游景区石鼓书院。经济以零售商贸业为主。通多路公交车。

金源街道 [Jīnyuán Jiēdào] 属石鼓区。在区境东北部。面积14平方千米。人口1.5万。2011年设。因金源管理处得名。有小学3所,幼儿园2所,卫生院1个,卫生所5个。境域为松木经济开发区。经济以盐卤化工业为主。107国道过境。有千吨级码头1个、小型码头5个。通多路公交车。

松木乡 [Sōngmù Xiāng] 石鼓区辖乡。在区境北部。面积33平方千米。人口1.3万。辖9村委会,有89自然村。乡人民政府驻松木村。1949年前为仁信乡,属衡阳县。1949年后改松木、梅田、棠湖乡。1959年并入跃进公社。1961年析置松木公社,属板桥区。1980年属衡阳市郊区。1984年改松木乡。1995年新安乡并入。2001年属石鼓区,同时灵官庙村并入。2010年析出新安、金兰、新竹3村,松木、松梅、友谊3村部分区域设金源街道。因乡政府驻地得名。地势南高北低、东高西低。有高校2所,中学1所,小学7所,卫生院1个,卫生服务站8个。有幼儿园、敬老院、文化站、广播站等。经济以种植花卉苗木为主。衡大、衡岳、衡邵、衡炎高速,107国道过境。通客运班车。通多路公交车。

松木村 [Sōngmùcūn] 松木乡人民政府驻地。在区政府驻地黄沙湾街道东北3千米。人口2100。因松木塘得名。聚落沿松木塘呈团块状。有高校、中学、卫生所。有省驾管中心、省衡阳驾校考场等。农业以种植花卉苗木等为主。南岳高速、107国道经此。通公交车。

角山乡 [Jiǎoshān Xiāng] 石鼓区辖乡。在区境西北部。面积36平方千米。人口1.8万。辖1居委会、10村委会,有136自然村。乡人民政府驻三星村。1952年设角山乡,属衡阳县第十六区。1956年前进、云山、松桂3乡并入。1958年改跃进公社,1959年改角山公社。1961年属板桥区。1984年改角山乡,属呆鹰岭区。1995年潮江乡并入,属衡阳县。2001年析出潮江乡,属石鼓区。因角山坪得名。有中学1所,小学7所,幼儿园3所,农民业余技术学校1所,卫生院1个,卫生所10个。有敬老院、文化站等。农业以种植水稻为主。有商贸业。衡邵高速、衡角公路过境。

三星村 [Sānxīngcūn] 角山乡人民政府驻地。在区政府驻地黄沙湾街道西北4千米。人口2700。因有三官殿得名。聚落呈团块状。有小学、卫生院。有盘古庙、三官殿等。农业以种植水稻、蔬菜、花卉等为主,养殖猪。有角山坪集镇。衡邵高速、衡角公路经此。通公交车。

南岳区

南岳区 [Nányuè Qū] 衡阳市辖区。在市境北部。面积182平方千米。人口5.9万。以汉族为主,还有苗、土家等民族。辖1街道、1镇、3乡。区人民政府驻南岳镇。南岳专名始于春秋战国时期(前468—前441),《尚书舜典》载:"舜五月南巡狩,至于南岳。"明称岳市,宋改南岳市(集市)。1951年析衡山县部分地域成立南岳特别区。1952年改南岳管理局。1960年兼具县级行政职能。1963年改南岳县。1966年撤。1982年成立省属南岳管理局(县级)。1984年设南岳区,衡山县部分地域并入。因五岳之一南岳得名。先后建设省旅游品交易市场、华升娱乐城、省邮电培训中心,开发百亩大院,东、西、南3城区,改造南岳古镇景区。整体布局以南岳古镇为核心,祝融路、衡山路为轴,东、西、南3城区环绕。有衡山。有国家重点保护野生植物16种,其中绒毛皂荚、南岳蹄盖蕨为世界独有自然分布植物。有国家重点保护野生动物36种,其中列入《濒危野生动植物种国际贸易公约》野生动物18种。有国家级自然保护区南岳衡山。有中学2所,小学22所,二级医院2个,图书馆1个,博物馆1个。有全国重点文物保护单位南岳忠烈祠、南岳庙、南岳摩崖石刻,省级文物保护单位12个。有全国宗教界爱国主义教育基地南岳衡山。有全国爱国主义教育基地南岳忠烈祠。有国家级风景名胜区、国家5A级旅游景区、全国文明风景旅游区南岳衡山。有南岳书院、南岳大庙、祝融峰。三次产业比例9∶9∶82。农业以种植油菜、茶为主。旅游资源丰富,旅游业发达。京广高铁,京广铁路,京珠、南岳高速,潭衡西高速东湖连接线,107国道过境。有南岳汽车站。通多路公交车。

万寿广场 [Wànshòu Guǎngchǎng] 在城区东部。面积5.3万平方米。2000年开工,同年建成。因中华万寿大鼎得名。入口处有"寿岳衡山"牌坊。广场全部草皮绿化,后为中华万寿大鼎。为休闲、集会场所。周边有居民小区和商铺。通公交车。

衡山路 [Héngshān Lù] 在区境东南部。东起黄金路,西至南岳高速。与南水公路、祝圣路、万福路、祝融路、方广路、南山街相交。长3.9千米,宽46米。沥青路面。1929年为长沙—衡阳公路。后为107国道南岳段。2000年改造为城区道路,因南岳衡山得名。两侧有南岳完全学校、金月完小、童心幼儿园、南华大学第三附属医院、南岳镇卫生院、南岳衡山牌坊、圣境明珠牌坊等。通公交车。

祝融路 [Zhùróng Lù] 在区境东南部。南起广济路,北至金沙路。与禹王路、衡山路、独秀路相交。长1.9千米,宽48米。沥青路面。1933年开工,1966年南马线通车。1984年改扩建,2003年建成。因祝融峰得名。两侧有南岳小商品市场、酒店、大型超市、零售店铺等。通公交车。

南岳汽车站 [Nányuè Qìchēzhàn] 见交通运输设施部分"南岳汽车站"条。

祝融街道［Zhùróng Jiēdào］　属南岳区。在区境东南部。面积6.7平方千米。人口2万。1997年设。2001年南岳镇衡岳村并入。因祝融峰得名。1986—1988年建城东集贸市场。1993年建小商品批发市场。1996年建迎宾市场。2000年建成南西街。2012年建成金盆小区、金沙路。有南岳6峰。有中学2所，小学2所，二级医院1个，诊所13个。有全国重点文物保护单位南岳庙，省级文物保护单位祝圣寺、大善寺、胜利坊、南岳游击干部训练班中共代表团驻地。有宗教文化特色古镇景区、南岳大庙古建筑群、万寿大鼎等。经济以商贸业为主。通公交车。

御街［Yùjiē］　在祝融街道中部。长128米，宽11米。石料路面。清康熙四十年(1701)夏，皇帝准备南巡，当地官绅命名御街。已延续近千年历史。有宋徽宗御赐“天下南岳”坊额。御街为青石板、小青瓦、白粉墙风格。北面为全国重点文物保护单位南岳大庙。通多路公交车。

南岳镇［Nányuè Zhèn］　南岳区人民政府驻地。在区境东南部。面积84平方千米。人口3.3万。辖3居委会、17村委会，有21自然村。镇人民政府驻万福社区。1936年设南岳镇。1949年改第六区。1952年设南岳乡。1958年并入南岳公社。1960年分设南岳镇、南岳公社。1983年公社改南岳乡。1987年南岳乡、南岳镇合设南岳镇。2001年析出衡岳村。以南岳命名。龙荫港、乌石铺河流经。有中学1所，小学5所，幼儿园5所，二级医院1个，卫生院1个，卫生所7个，文化站1个。有全国重点文物保护单位南岳忠烈祠、南岳摩崖石刻，省级文物保护单位祝融殿、南台寺、福严寺、邺侯书院、双忠亭、黄庭观。有祝融峰、水濂洞。经济以旅游业为主。农业以种植水稻为主。京广高铁，南岳高速，107国道，省道衡双线过境。

万福社区［Wànfú Shèqū］　南岳镇人民政府驻地。在区境东南部。面积3.6平方千米。人口0.6万。因原万寿庄、福宁庄得名。1987年成立。民居以城镇住宅楼为主。有小学、二级医院。为“一站式”服务社区。提供群众工作服务、矫正服务、矛盾调解服务、计生服务等。区委、区政府、区党政机关驻此。有商铺。通公交车。

岳林乡［Yuèlín Xiāng］　南岳区辖乡。在区境西北部。面积19平方千米。人口2300。辖4村委会，有31自然村。乡人民政府驻岳林村。1984年设。因乡政府驻地得名。有祥光峰、华盖峰等。杏西港、罗渡港、小港子流经。有小学2所，卫生院1个，卫生所2个，文化站1个，福利院1个。有全国重点文物保护单位南岳摩崖石刻，省级文物保护单位藏经殿。有名胜连理枝、同根生、摇钱树。经济以林业、旅游业为主。盛产南竹、松、杉。南马、西方公路过境。

岳林村［Yuèlíncūn］　岳林乡人民政府驻地。在区政府驻地南岳镇西北11千米。人口1400。因原岳林桥得名。聚落呈条带状。有小学、卫生院、茶场、水电站等。有省级文物保护单位藏经殿。有名胜摇钱树、连理枝、同根生。有灵山圣境牌坊。经济以茶叶种植、乡村旅游为主。南马、西方公路经此。

龙凤乡［Lóngfèng Xiāng］　南岳区辖乡。在区境北部。面积15平方千米。人口2400。辖3村委会，有23自然村。乡人民政府驻龙凤村。1984年设。因乡政府驻地得名。有祝融峰、会仙桥等。桃花港、大港子汇入湘江。有国家一级保护野生植物红豆杉、绒毛皂荚。有小学3所，卫生院1个，卫生所2个，文化站1个，广播站1个。有省级文物保护单位祝融殿。有名胜禹王城、曾国藩古道等。经济以林业、旅游业为主。盛产南竹。通公路。

龙凤村［Lóngfèngcūn］　龙凤乡人民政府驻地。在区政府驻地南岳镇西北37千米。人口1400。因龙凤潭得名。聚落呈条带状。有国家一级保护野生植物红豆杉、绒毛皂荚。有小学、卫生院、文化广场、便民服务点等。有名胜广济寺、禹王城、龙凤溪、广济寺。农业以种植水稻为主。产南竹、茶等。为南岳云雾贡茶产区。通乡村公路。通公交车。

拜殿乡［Bàidiàn Xiāng］　南岳区辖乡。在区境西南部。面积18平方千米。人口1900。辖3村委会，有30自然村。乡人民政府驻龙潭村。1984年设。因传双江口昔有拜殿得名。有潜圣峰、狮子峰等。黑沙潭、绣花溪、方广溪等流经。有小学3所，卫生院1个，卫生所2个，图书室1个，文化广场1个。有名胜方广寺、二贤祠、续梦庵。经济以林业、旅游业为主。盛产南竹。县道西岭—方广寺线过境。

龙潭村［Lóngtáncūn］　拜殿乡人民政府驻地。在区政府驻地南岳镇西南26千米。人口900。因龙潭寺得名。聚落呈散状。有小学、卫生室、图书室、简易体育场。有名胜龙潭寺、续梦庵。农业以种植水稻为主。产南竹等。县道西岭—方广寺线经此。

耒阳市

耒阳市［Lěiyáng Shì］　湖南省直辖县级市，由衡阳市代管。北纬26°25′，东经112°51′。在衡阳市境南部。面积2648平方千米。人口143.3万。以汉族为主，还有苗、瑶、侗等民族。辖5街道、17镇、14乡。市人民政府驻蔡子池街道。秦王政二十六年(前221)置耒县。西汉高帝五年(前202)改耒阳县。王莽新朝天凤元年(14)改南平亭。东汉建武年间(25—26)复改耒阳县。隋文帝开皇九年(589)改洣阴县。唐武德四年(621)复改耒阳县。贞观元年(627)至宋隶衡阳郡。元升为州。明洪武三年(1370)复降为县。1949—1983年先后隶属衡阳专区、湘南行政区、郴县专区(后改郴州专区、郴州地区)。1983年隶衡阳市。1986年撤县设市。因神农创耜且位于耒水北得名。20世纪50年代沿古城墙兴建沿城马路。先后建成耒阳市标广场、科技发明家广场、竹海喷泉广场、神农广场、居住小区、高铁站、省级经济开发区等。建成中心城区四横四纵城市道路网。地势东南、西南高，中西部低。平均海拔268米。年均气温18.2℃，1月平均气温6℃，7月平均气温30℃。年均降水量1383.6毫米。耒水、春陵水等流经。有矿产资源煤、高岭土、大理石等。有野生植物797种，其中有国家重点保护野生植物红豆杉、银杏等8种。有野生动物345种，其中有国家重点保护野生动物穿山甲、猴头鹰、狸、山獭等39种。有耒水国家湿地自然保护区。森林覆盖率46.7%。有高校1所，中学56所，小学384所，幼儿园291所，特殊学校2所，二级医院2个，大型体育场馆1个。有耒阳农耕博物馆、图书馆。有全国重点文物保护单位蔡侯祠、蔡伦墓，省级文物保护单位7个。有省级爱国主义教育基地耒阳市烈士陵园。有纪念地蔡伦墓、杜甫墓、欧阳海墓等。有省历史文化名城耒阳，千年古镇新市镇。有省级非物质文化遗产2项。有名胜三国谷朗墓、唐杜甫墓、明环秀楼、蔡伦纪念园、杜甫公园、西湖游园等。有古人类聚落遗址、宋代古窑址、古墓、碑、明清古塔、古桥。三次产业比例16∶38∶46。农业以种植水稻、蔬菜等为主，养殖猪、鸡、鸭、鹅、鱼。有林场。工业以煤电能源、水泥建材、冶金化工、食品加工、鞋业等为主。服务业以通信、物流、商贸为主。有省级耒阳市经济开发区。京深高铁，京广铁路，京港澳高速，107、356国道过境。耒水、春陵水通航。通多路公交车。

科技发明家广场［Kējì Fāmíngjiā Guǎngchǎng］　在市区西南部。面积22.7公顷。2001年开工，同年建成。因崇尚科学，传承蔡伦文化得名。由东、西两广场组成。东广场以崇尚科学、传承文明为主题。有高14.7米蔡伦铜像，彰显蔡伦纸文化。有世界31位著名发明家铜制或大理石的雕像。西广场以市政建设园林观赏为主调，有彩色喷泉、立体音响、炫耀灯光。周边有商业步行街、大型商贸中心、宾馆、茶厅、影剧院、市委办公大楼等。通公交车。

白云路［Báiyún Lù］　在市区中部偏南。东起五梅路，西至西湖路。与神农路、金华北路、体育北路相交。长1.1千米，宽30米。沥青路面。2003年开工，同年建成。因位于蓝天市场南，取与“蓝天”对应之“白云”二字命名，寓金色阳光希望之路。两侧有汽车修配城、市检察院、港湘实验学校、火车站、长途汽车站等。通多路公交车。

蔡伦路［Càilún Lù］　在市区东南部。南起沿江路，北至神龙路。与西湖路、人民路、城北中路、城北东路相交。长3.3千米，宽42米。沥青路面。原为蔡伦北路，建于1997年。20世纪90年代开始多次改造延伸。因纪念蔡伦得名。两侧有钛白粉厂、聂洲中心完小、市审计局、综合市场、蔡子池派出所、市商业集团总公司、耒阳烈士陵园等。通多路公交车。

城北路［Chéngběi Lù］　在市区西北部。东起耒阳大桥，西至站前路。与沿江路、北正街、德泰隆大道、群英北路、大桥路、五梅路、神农路、体育路、金华路、白沙路、和平路、彭桥路、新进站路相交。长4.2千米，宽50米。沥青路面。1950年始建，原为城关北门旧路。1993年改扩建。因位于城区北得名。两侧有耒阳第一人民医院、耒阳师范、建材市场等。通多路公交车。

建设路［Jiànshè Lù］　在市区东南部。南起南正街，北至高速公路桥。与振兴路相交。长4.5千米，宽54米。沥青路面。1971年始建。1998年改扩建。因寓抓生产建设得名。两侧有水东江街道、市交通运输和旅游局、耒阳汽车东站等。通多路公交车。

金华路［Jīnhuá Lù］　在市区东北部。南起蔡池路，北至白云路。与金阳西路、金星路、人民路相交。长2.5千米，宽26米。沥青路面。2000年开工，2003年建成。因地处市中心商业繁华黄金地段，寓中华遍地黄金得名。两侧有市林业局、蔡子池中学、蔡伦步行商业城、国际大酒店等。通多路公交车。

金阳路［Jīnyáng Lù］　在市区东南部。东起德泰隆大道，西至西湖北路。与金桥路、五梅路、金华北路相交。长2.4千米，宽30米。沥青路面。原为南四路，2006年改金阳路。因寓金色阳光得名。两侧有市政府、市财政局、神农广场等。通多路公交车。

神农路［Shénnóng Lù］　在市区东北部。南起城北东路，北至107国道。与白云路、金阳东路、金阳西路、蔡伦北路、文化路、城北中路相交。长2.4千米，宽48米。沥青路面。原为陵园路，2003年改。因纪念神农耒耜，弘扬农耕文化得名。两侧有耒阳师范附属小学、市交警大队、远大宾馆、市广电中心、铁二处医院、金杯市场、蓝天市场、神州明珠大酒店等。通多路公交车。

五一东路［Wǔyī Dōnglù］　在市区中部。东起南正街，西至石牛路。与西湖中路、西湖南路、群英路、蔡伦路、金华路、体育路、白沙路、彭桥路、新进站路相交。长 6.5 千米，宽 41 米。沥青路面。1965 年开工，1968 年建成。后又经过多次改造。为庆祝五一国际劳动节，故名。两侧有市商业大厦、市中心汽车站、体育运动中心、西湖游园、耒阳市第四中学等。通多路公交车。

耒阳站［Lěiyáng Zhàn］ 见交通运输设施部分“耒阳站”条。

耒阳西站［Lěiyángxī Zhàn］ 见交通运输设施部分“耒阳西站”条。

耒阳汽车中心站［Lěiyáng Qìchē Zhōngxīnzhàn］ 见交通运输设施部分“耒阳汽车中心站”条。

五里牌汽车站［Wǔlǐpái Qìchēzhàn］ 见交通运输设施部分“五里牌汽车站”条。

蔡子池街道［Càizǐchí Jiēdào］ 耒阳市人民政府驻地。在市境中部。面积 48 平方千米。人口 12.3 万。1984 年由城关镇析设。因蔡子池得名。先后改造蔡伦路、金华路，修建五一广场、神农广场、市标广场、蔡伦纪念园。耒水流经。有耒阳师范学校，中学 3 所，中心完小 9 所，幼儿园 4 所，二级医院 2 个，卫生院 1 个。有全国重点文物保护单位蔡侯祠、蔡伦墓。有耒阳古八景。经济以加工制造、冶炼、信息业为主。有耒阳汽车中心站。通多路公交车。

灶市街街道［Zàoshìjiē Jiēdào］ 属耒阳市。在市境西南部。面积 31 平方千米。人口 8.4 万。1989 年由城关镇析设。因古时此处铁匠铺林立，史称“灶头街”，后称“灶头市”，以此为街道名。先后沿耒水建设多个住宅区、商贸区。20 世纪 80 年代后改扩建耒阳站车站广场、修建进站路。耒水流经。有中学 3 所，中心完小 10 所，村小 8 所，幼儿园 3 所，卫生院 4 个。有省级文物保护单位革命烈士欧阳海墓。农业以种植水稻为主。有沙头、零洲蔬菜生产基地。工业以能源、钢铁、建材业为主。有零售业。京广铁路，107、356 国道过境。有耒阳站。通多路公交车。

水东江街道［Shuǐdōngjiāng Jiēdào］ 属耒阳市。在市境东部。面积 34 平方千米。人口 4.8 万。1989 年设。因地处耒水东得名。20 世纪 90 年代后沿耒水东岸新建住宅群。有中学 4 所，中心完小 9 所，村小 7 所，幼儿园 11 所。有三顺寺、梁氏宗祠。农业以种植水稻、红薯、油菜等为主。工业以再生能源、机械制造业为主。有化肥、粮油、生物科技等企业。通多路公交车。

五里牌街道［Wǔlǐpái Jiēdào］ 属耒阳市。在市境北部。面积 23 平方千米。人口 10.3 万。2004 年设。因古设牌坊、凉亭距县衙 5 里，得名五里牌。有中学 3 所，中心完小 3 所，村小 2 所，幼儿园 27 所，卫生院 1 个。有市会展中心、狮子岭公园。农业以种植水稻、蔬菜等为主。有青麓、白洋蔬菜示范基地。工业以食品加工、化工、制药、新能源业为主。通多路公交车。

三顺街道［Sānshùn Jiēdào］ 属耒阳市。在市境西部。面积 31 平方千米。人口 1.2 万。2010 年设。因三顺祠得名。2011 年后建成 2 安置小区。2014 年建设西区、新城市。有南岭仙山，顺湖。有小学 3 所，幼儿园 3 所，卫生院 1 个。农业以种植水稻、油菜、水果为主，养殖家禽。有有色金属冶炼业。京广高铁、107 国道过境。通多路公交车。

大市镇［Dàshì Zhèn］ 耒阳市辖镇。在市境东北部。面积 51 平方千米。人口 6.6 万。辖 1 居委会、32 村委会，有 374 自然村。镇人民政府驻大陂市（自然村）。1956 年设大市乡。1958 年改公社。1984 年复改乡。2014 年改镇。因大陂上集市得俗称大陂、大陂市，后演化为大市。耒河流经。有水电站。有中学 2 所，中心完小 2 所，村小 20 所，幼儿园 11 所，卫生院 2 个。有敬老院、文化站、广播站等。有红色纪念地敖山庙。有省级非物质文化遗产敖山庙会。农业以种植水稻、油菜、棉花为主。有杉木。工业以采煤、洗煤业为主。有大市、敖山、芭蕉 3 集贸市场。京港澳高速过境。耒水通航。

大陂市［Dàbēishì］ 大市镇人民政府驻地。在市政府驻地蔡子池街道东北 11 千米。人口 2000。原名骛山口。因河岸地势高，形成农村集贸市场得名。聚落沿河岸呈带状分布。有中小学、幼儿园、卫生室、文化站等。有名胜敖山庙等。农业以种植水稻、棉花为主，养殖猪、肉鸡。有集贸市场。京港澳高速经此。耒水通航。

小水镇［Xiǎoshuǐ Zhèn］ 耒阳市辖镇。在市境南部。面积 125 平方千米。人口 6.7 万。辖 1 居委会、38 村委会，有 344 自然村。镇人民政府驻小水铺。1949 年属耒阳县第五区。1956 年为小水乡，1958 年改公社。1984 年改乡，随后建镇。1995 年龙形乡并入。因小水溪得名。有中学 2 所，中专 2 所，中心完小 2 所，村小 19 所，幼儿园 30 所，卫生院 1 个。有敬老院、文化站、广播站等。农业以种植水稻、红薯、辣椒、油茶等为主。特产国家地理标志产品红薯粉皮。产铁皮石斛。有养殖、水果基地。工业以开采煤矿、锰矿、高岭土、石灰石为主。有红薯粉皮加工、烟花爆竹、油脂化工、水泥厂。有千年古市场小水圩场。京广铁路、京港澳高速、107 国道经此。

小水铺［Xiǎoshuǐpù］ 小水镇人民政府驻地。在市政府驻地蔡子池街道南 8 千米。人口 5000。因小水溪旁设商铺、圩场得名。聚落沿 107 国道呈带状分布。有中小学、幼儿园、卫生室、文化站。农业以水稻、油菜、红薯种植为主。特产国家地理标志产品红薯粉皮。有千年古市场小水圩场。京深高铁、京广铁路、京港澳高速、107 国道经此。通公交车。

公平圩镇［Gōngpíngxū Zhèn］ 耒阳市辖镇。在市境南部。面积 97 平方千米。人口 4.9 万。辖 1 居委会、25 村委会，有 336 自然村。镇人民政府驻公平圩。1956 年建公平乡。1958 年改公平公社。1984 年复改乡。1986 年改公平圩镇。1995 年白鹭乡并入。因镇政府驻地得名。森林覆盖率 70.4%。有中学 1 所，中心完小 1 所，村小 14 所，幼儿园 3 所，卫生院 1 个。有敬老院、文化站、广播站等。有红色纪念地洪岗岭。有石湾村古民居群。农业以种植水稻、油茶、油菜等为主，养殖猪、牛、鸡、鸭。有林地。工业以开采煤矿、锰矿、石灰石为主。有水泥、农副产品加工厂等。有农贸市场。京广铁路、107 国道过境。有旅游专线直达景区。

公平圩［Gōngpíngxū］ 公平圩镇人民政府驻地。在市政府驻地蔡子池街道南 25 千米。人口 2000。传此集市交易尺足秤准、买卖公平，故名。聚落呈长方形。有中小学、幼儿园、卫生室、文化站。有集贸市场。京深高铁、京广铁路、京港澳高速、107 国道，县道公新、白太线经此。通公交车。

泗门洲镇［Sìménzhōu Zhèn］ 耒阳市辖镇。在市境南部。面积 68 平方千米。人口 5.5 万。辖 2 居委会、17 村委会，有 222 自然村。镇人民政府驻泗门洲。1956 年设白沙乡。1958 年改白沙公社。1984 年复改白沙乡。1985 年改泗门洲镇。因镇政府驻地得名。耒水流经。有矿产资源煤、锰。森林覆盖率 89%。有幼儿园、敬老院、文化站、广播站等。农业以种植水稻等为主，养殖猪、羊、家禽。特产葡萄、橘子、桃子等。有制衣、制鞋业。服务业以商贸、物流、电子商务为主。京广铁路、京港澳高速、107 国道过境。

泗门洲［Sìménzhōu］ 泗门洲镇人民政府驻地。在市政府驻地蔡子池街道南 15 千米。人口 1000。因耒水河有淝洲、高北洲、段家洲、东洲 4 沙洲，故名泗门洲。聚落呈矩形。耒水流经。有中小学、幼儿园、卫生室、文化站等。农业以种植水稻、蔬菜、水果等为主。产葡萄、水蜜桃等。工业以煤矿开采、制鞋、制衣业为主。有集贸市场。通乡村公路。通公交车。

三都镇［Sāndū Zhèn］ 耒阳市辖镇。在市境东部。面积 75 平方千米。人口 3.9 万。辖 1 居委会、23 村委会，有 247 自然村。镇人民政府驻牛脑头。1956 年设三都乡。1958 年改公社。1984 年复改乡。1993 年置镇。1995 年石准乡并入。因元代桂阳郡邑治耒阳时，军事要地建有重要关防“都”，此地列第三，故名三都。淝江河流经。有矿产资源煤。有中学 3 所，中心完小 4 所，村小 16 所，幼儿园 3 所，卫生院 3 个。农业以种植水稻、油茶等为主，养殖猪、牛、羊、家禽。盛产木材等。工业以采煤业为主。服务业以商贸、物流业为主。县道葵田—上架线等过境。

牛脑头［Niúnǎotóu］ 三都镇人民政府驻地。在市政府驻地蔡子池街道东 29 千米。人口 3000。因牛头山得名。聚落呈长方形。有中小学、幼儿园、卫生室、文化站等。农业以种植水稻、油茶等为主。有传统蔡伦纸制造。有集贸市场。蔡一公路经此。通客运班车。

南阳镇［Nányáng Zhèn］ 耒阳市辖镇。在市境东南部。面积 105 平方千米。人口 5.1 万。辖 1 居委会、23 村委会，有 320 自然村。镇人民政府驻田螺心。1956 年设南阳乡。1958 年并入夏塘公社。1961 年析置南阳公社。1984 年复置南阳乡。1985 年置镇。1995 年盐沙乡并入。因南阳寺得名。淝江河流经。有矿产资源煤。有中学 2 所，中心完小 1 所，村小 13 所，幼儿园 15 所，卫生院 2 个，敬老院 1 个。有文化站、广播站。有淝江书院、清代资柏丞楷书“花洲献瑞”四字石刻。农业以种植水稻、红薯、杉木为主。有油茶、杉木林基地。服务业以商贸、物流业为主。有农产品综合专业市场。省道三南线过境。通客运班车。淝江河通航。

田螺心［Tiánluóxīn］ 南阳镇人民政府驻地。在市政府驻地蔡子池街道东南 15 千米。人口 1 万。清代称田心铺，后演变成今名。聚落呈带状。有中小学、幼儿园、卫生院、卫生室、文化站。有民间武术、耍龙舞狮。农业以种植水稻、油茶等为主。特产茶油。省道三南线经此。通县际公交班车。

竹市镇［Zhúshì Zhèn］ 耒阳市辖镇。在市境东部。面积 65 平方千米。人口 3.6 万。辖 1 居委会、14 村委会，有 202 自然村。镇人民政府驻竹塔市（自然村）。1956 年设竹塔市乡。1958 年龙塘乡并入改竹市公社。1961 年析出龙塘公社。1984 年改竹市乡。1995 年 6 月东湾乡并入。10 月改竹市镇。因镇政府驻地得名。因南竹茂盛得名。耒水流经。有中学 2 所，小学 9 所，幼儿园 12 所，卫生院 2 个，敬老院 1 个。有文化站、图书馆等。有东阳植物园。经济以农业为主。农业以种植水稻、油菜、茶、花生等为主。工业以煤炭精洗为主。有耒阳循环经济产业园。有传统农贸市场。省道三南线，竹马、耒安公路过境。

竹塔市［Zhútǎshì］ 竹市镇人民政府驻地。在市政府驻地蔡子池街道东 8 千米。人口 2000。因南竹生长茂盛，竹制手工艺品交易兴旺，故名。聚落呈矩形。有中小学、幼儿园、文化站、卫生院等。农业以种植水稻、油茶、花生等为主。有集贸市场。省道三南线经此。通公交班车。

夏塘镇［Xiàtáng Zhèn］　耒阳市辖镇。在市境东部。面积76平方千米。人口4.2万。辖2居委会、24村委会，有300自然村。镇人民政府驻夏塘圩。1956年设夏塘乡。1958年改夏塘公社。1984年复置夏塘乡。1986年改夏塘镇。1995年长冲乡并入。因镇政府驻地得名。淝江河流经。有矿产资源煤。有中学2所，中心完小1所，村小7所，幼儿园10所，卫生院2个。有敬老院、文化站、广播站等。农业以种植水稻、棉花等为主，养殖猪、牛、羊、家禽。盛产杉、松等。有油茶基地。工业以煤矿、农副产品加工业为主。服务业以商贸、物流业为主。省道三南线过境。通客运班车。

夏塘圩［Xiàtángxū］　夏塘镇人民政府驻地。在市政府驻地蔡子池街道东30千米。人口3000。因四周高、中间低，逢雨积水似塘。昔吏巡此，言其地："下马似塘，四周城墙，连两三日，俯视汪洋。"遂取"下、夏"谐音名"夏塘"。聚落沿淝江河呈长方形分布。有中小学、幼儿园、文化站、卫生室。有遗址夏塘忠恕堂。农业以种植水稻、棉花、油茶等为主。有千年传统农贸集市。夏大公路经此。通县际公交班车。

龙塘镇［Lóngtáng Zhèn］　耒阳市辖镇。在市境东部。面积76平方千米。人口3.4万。辖1居委会、22村委会，有256自然村。镇人民政府驻司南桥。1956年设龙塘乡。1958年属竹市公社。1961年析设龙塘公社。1984年重置龙塘乡。1995年江头乡并入。同年改龙塘镇。因龙塘得名。九良洲河、葵田河流经。有矿产资源煤。有中学2所，中心完小2所，村小9所，幼儿园14所，卫生院1个。有敬老院、文化站、广播站等。农业以种植水稻等为主，养殖猪、牛、羊、家禽。盛产松、杉、油茶、南竹、油桐等。有江头贡茶。有煤矿开采业。服务业以商贸、物流业为主。省道三南线，夏大、耒安、耒夏公路过境。通客运班车。

司南桥［Sīnánqiáo］　龙塘镇人民政府驻地。在市政府驻地蔡子池街道东16千米。人口1000。因司南桥得名。聚落沿公路呈带状分布。有中小学、幼儿园、文化站、卫生室。特产江头贡茶、优质茶油等。省道三南线、耒夏公路经此。

哲桥镇［Zhéqiáo Zhèn］　耒阳市辖镇。在市境西北部。面积136平方千米。人口4.5万。辖2居委会、23村委会，有266自然村。镇人民政府驻哲桥圩。1956年设哲桥乡。1958年属双桥公社。1961年由双桥公社析设哲桥公社。1984年改乡。1986年改镇。1995年集贤乡并入。因镇政府驻地得名。春陵水流经。有矿产资源锰、高岭土等。有中学2所，中心完小14所，村小2所，幼儿园6所，卫生院2个。有敬老院、文化站、广播站等。有五星级石仙休闲山庄。有景点石臼仙寺。农业以种植水稻等为主，养殖猪、牛、家禽。盛产茶油、棉花等。工业有高岭土、锰矿深加工厂，洗煤厂。服务业以商贸、物流业为主。京深高铁、京广铁路、107国道过境。

哲桥圩［Zhéqiáoxu］　哲桥镇人民政府驻地。在市政府驻地蔡子池街道西北10千米。人口2000。传该地修建石桥时，屡砌屡塌，经一老者指点后方建成，故称"哲人之桥"，简称哲桥。桥旁开市圩场，故名。聚落呈带状。有中小学、幼儿园、卫生室、文化站等。经济以商贸、物流业为主。京广高铁、京广铁路、107国道经此。通县际公交班车。

永济镇［Yǒngjì Zhèn］　耒阳市辖镇。在市境北部。面积50平方千米。人口3.2万。辖1居委会、15村委会，有218自然村。镇人民政府驻永济圩。1956年设永济乡。1958年属肥田公社。1961年由肥田公社析设永济公社。1984年改永济乡。1995年改永济镇。因镇政府驻地得名。耒水流经。有中学1所，中心完小1所，村小7所，幼儿园10所，卫生院1个。有敬老院。有耒水国家湿地保护区。有风景名胜宋代官园、"金钱币葫芦"。农业以种植水稻、棉花、红薯、油菜等为主，养殖猪、家禽。特产皮蛋、永济大米。工业有米业、农副产品加工。有蛋品市场。107国道，五永、五大公路过境。

永济圩［Yǒngjìxū］　永济镇人民政府驻地。在市政府驻地蔡子池街道北30千米。人口2000。因永济庵，取"济世救人"之意得名。聚落呈长方形。有中小学、幼儿园、卫生院、文化站等。有休闲广场。特产永济大米。有食品厂。107国道，五永、五大、永耒公路经此。通县际公交班车。

遥田镇［Yáotián Zhèn］　耒阳市辖镇。在市境北部。面积54平方千米。人口3.5万。辖1居委会、14村委会，有191自然村。镇人民政府驻遥田圩。1956年设遥田乡。1958年属肥田公社。1961年肥田公社析置遥田公社。1984年复置遥田乡。1986年改镇。因镇政府驻地得名。耒水流经。有矿产资源石灰石。有中学1所，中心完小1所，村小7所，幼儿园11所，卫生院1个。有敬老院、文化站、图书室。有高陂冲新石器时代人类聚落遗址。农业以种植水稻、棉花、油茶为主。特产官溪蜜柚。工业以冶炼化工、能源电力业为主。有圩场。京港澳高速、107国道、早枫公路过境。耒水通航。

遥田圩［Yáotiánxū］　遥田镇人民政府驻地。在市政府驻地蔡子池街道北10千米。人口4500。因农田辽阔、平坦、一望无际得名。聚落呈长条状。耒水流经。有中小学、幼儿园、文化站、卫生室等。农业以种植水稻、棉花、油茶为主。有圩场。早枫公路经此。通客运班车。

新市镇［Xīnshì Zhèn］　耒阳市辖镇。在市境东北部。面积75平方千米。人口4万。辖3居委会、23村委会，有262自然村。镇人民政府驻新市街。宋置新城镇。明称新城市。1953年设新市乡。1956年新市、新塘、渠塘3乡并为新市镇。1957年改新市乡。1958年与高炉乡并为新市公社。1984年析设新市乡。1985年改新市镇。1995年高炉乡并入。因镇政府驻地得名。有中学2所，中心完小2所，村小10所。有卫生院2个。有敬老院、文化站、广播站等。为千年古镇。有镇南龙王庙、千年水埠新市古街。农业以种植水稻、油菜、棉花为主，养殖猪、鸡。特产柑橘、柚子、枣子等。工业有米粉加工、红薯粉皮加工、建材家具、玩具制造。有古商阜新市。京港澳高速、竹马公路过境。耒水通航。通客运班车。

新市街［Xīnshìjiē］　新市镇人民政府驻地。在市政府驻地蔡子池街道东北25千米。人口1.5万。因明代称新城市，后称新市街。聚落呈长方形。耒水流经。有中小学、幼儿园、卫生室、文化站等。有明清古建筑群。京港澳高速，县道高新、高沅、高敖线经此。耒水通航。通县际公交班车。

淝田镇［Féitián Zhèn］　耒阳市辖镇。在市境西北部。面积51平方千米。人口2.8万。辖16村委会，有205自然村。镇人民政府驻淝田圩。1950年设肥田乡。1958年改肥田公社。1984年以企盼解决水资源困乏复置淝田乡。2014年改淝田镇。因镇政府驻地得名。有中学1所，中心完小1所，村小6所，幼儿园1所，有卫生院1个，敬老院1个。有文化站、广播站等。有革命先烈蒋啸青、红军高级将领谢维俊故居，皂角古民居。农业以种植水稻、油茶、大豆等为主，养殖鸡。有旺泰鞋业。107国道过境。县道淝利、淝永线过境。

淝田圩［Féitiánxū］　淝田镇人民政府驻地。在市政府驻地蔡子池街道西北25千米。人口2000。以企盼解决水资源困乏得名。聚落呈团块状。有中小学、幼儿园、卫生室、文化站等。农业以种植产水稻、油菜等为主，养殖鸡。有鞋业制造。107国道，县道淝利、淝永、淝板线经此。通县际公交班车。

黄市镇［Huángshì Zhèn］　耒阳市辖镇。在市境南部。面积93平方千米。人口2.9万。辖3居委会、16村委会，有196自然村。镇人民政府驻黄市（自然村）。1959年由公平公社析置黄泥江镇。1961年改黄市镇。1963年并入上堡公社。1984年撤上堡公社改上堡乡。1995年改黄市镇。因镇政府驻地得名。耒水流经。有矿产资源大理石、高岭土、水晶石等。有中学1所，中心完小1所，村小8所，幼儿园4所，卫生院1个，敬老院1个。有文化站、广播站等。有国家4A级旅游景区蔡伦竹海公园。有省级非物质文化遗产蔡伦造纸术。有古迹紫霞寺等。有"四八"冲团纪念地。农业以种植水稻、小麦、玉米、黄瓜、苦瓜、茄子、甘蔗等为主，养殖猪、肉牛、肉兔、家禽。特产黄市竹笋、大河滩绿豆、竹筒老酒、米粑等。有工矿企业。有水路5级航道35千米，旅游专线与107国道相连，对接G4京港澳高速公路。

黄市［Huángshì］　黄市镇人民政府驻地。在市政府驻地蔡子池街道南33千米。人口1500。因黄村街集贸市场得名。聚落沿耒水西岸呈不规则长方形分布。有中小学、幼儿园、卫生室、文化站等。特产竹筒老酒、米粑等。有大理石加工业。通客运班车。

南京镇［Nánjīng Zhèn］　耒阳市辖镇。在市境西南部。面积76平方千米。人口2.9万。辖16村委会，有199自然村。镇人民政府驻南京桥。1956年设南京乡。1958年并入仁义公社。1961年析置南京公社。1984年复置南京乡。1995年析出板陂村。2014年置镇。传吴三桂意于此设南京城得名。春陵水河流经。有中学1所，中心完小1所，村小8所，幼儿园2所，卫生院1个。有文化站、广播站等。农业以种植水稻、油茶、水果为主。工业以化工业为主。省道三南线、县道南仁线过境。

南京桥［Nánjīngqiáo］　南京镇人民政府驻地。在市政府驻地蔡子池街道西南19千米。人口2000。因南京桥得名。聚落呈带状。有中小学、幼儿园、卫生室、文化站等。特产茶油等。县道南仁线经此。通公交班车。

仁义镇［Rényì Zhèn］　耒阳市辖镇。在市境西南部。面积97平方千米。人口4.8万。辖17村委会，有223自然村。镇人民政府驻仁义圩。1956年设仁义乡。1958年改仁义公社。1984年复置仁义乡。2014年设镇。因镇政府驻地得名。春陵河流经。森林覆盖率93.5%。有中学2所，中心完小2所，村小15所，幼儿园10所，卫生院2个。有文化站、广播站等。有红色旅游纪念地革命先烈邝鄘墓、故居。有省级非物质文化遗产公祭大禹。有商代人类聚落遗址罗渡村石山、清道光年间禹王宫。农业以种植水稻、玉米、大豆、水果为主，养殖猪、牛、羊、鸡。工业以传统手工业为主。特产传统手工面条。服务业以商贸、物流业为主。春陵航道通航。县道南罗线过境。

仁义圩［Rényìxū］　仁义镇人民政府驻地。在市政府驻地蔡子池街道西南11千米。人口1500。因市场交易仁义相待得名。聚落呈带状。有中小学、幼儿园、卫生室、文化站等。特产传统手工面条。有商贸、餐饮业。南罗公路经此。春陵河道通航。通公交班车。

长坪乡［Chángpíng Xiāng］ 耒阳市辖乡。在市境西南部。面积77平方千米。人口3.8万。辖13村委会，有227自然村。乡人民政府驻长坪圩。1956年6月设长坪乡。1958年改长坪公社。1984年置长坪乡。因先民由江西长坪迁来，延祖籍名。有国家重点保护野生植物红豆杉。有中学2所，中心完小1所，村小14所，幼儿园2所，卫生院2个。有敬老院、文化站、广播站等。有清末民初古亭至双冲口大一亭。农业以种植水稻、油茶、黄花菜等为主，养殖猪、山羊、牛。盛产中药材。特产蔀头。工业有土法造纸、烤酒作坊。有商贸业。县道长余、长毛线过境。

长坪圩［Chángpíngxū］ 长坪乡人民政府驻地。在市政府驻地蔡子池街道西南33千米。人口1000。因山间长形坪地圩场得名。聚落呈矩形。有中小学、幼儿园、卫生室、文化站等。经济以种植水稻、油茶、黄花菜为主。有商贸业。县道长余线经此。通公交班车。

太和圩乡［Tàihéxū Xiāng］ 耒阳市辖乡。在市境西北部。面积79平方千米。人口4万。辖20村委会，有320自然村。乡人民政府驻太和圩。1956年设大和乡。1958年改大和公社。1984年改太和圩乡。因乡政府驻地得名。春陵水流经。有矿产资源玄武岩石。有中学2所，中心完小2所，村小9所，幼儿园4所，卫生院1个。有敬老院、文化站、广播站等。有新石器时代新华村古人类遗址。农业以种植水稻、油菜等为主，养殖太和鸡、太和鱼。有现代农业园。工业以采矿业为主。服务业以商贸、物流业为主。春陵水通航。京深高铁，京广、瓦窑铁路，107国道过境。

太和圩［Tàihéxū］ 太和圩乡人民政府驻地。在市政府驻地蔡子池街道西北25千米。人口1000。传圩场各姓氏和睦而居，原名大和。因耒阳方言“大”音“太”，故名。聚落呈矩形。有中小学、幼儿园、卫生室、敬老院、文化站等。特产太和鱼。通公交车。

大义乡［Dàyì Xiāng］ 耒阳市辖乡。在市境东南部。面积104平方千米。人口3.9万。辖29村委会，有276自然村。乡人民政府驻大义圩。1949年为大义乡。1956年白云等5乡并入。1958年改大义公社。1984年复置大义乡。因乡政府驻地得名。有幼儿园3所。有敬老院、文化站、广播站等。有名胜直钓岩、雕龙塔、古村落周家大屋。农业以种植水稻、油菜、南竹等为主，养殖猪、家禽。特产油茶等。工业以煤矿、竹木加工业为主。产凉席。服务业以商贸、物流业为主。县道夏大、夏陶线过境。

大义圩［Dàyìxū］ 大义乡人民政府驻地。在市政府驻地蔡子池街道东南42千米。人口3500。传经商交易者公平合理、有情有义，故名。聚落呈不规则方形。有中小学、幼儿园、卫生室、文化站等。工业以凉席手工制作、采煤业为主。有商贸业。县道夏大、大有、万石线经此。通公交车。

导子乡［Dǎozǐ Xiāng］ 耒阳市辖乡。在市境东北部。面积103平方千米。人口3.6万。辖1居委会、22村委会，有210自然村。乡人民政府驻导子洲。1949年为导子乡。1956年沙明等5乡并入。1958年与浔江乡合为导子公社。1984年改导子乡。因乡政府驻地得名。渌江河、导子河流经。有矿产资源煤、大理石、钨、铁、铅锌等。有中学2所，小学9所，幼儿园12所，卫生院1个。有敬老院、文化站、广播站等。有民俗舞龙灯、耍狮、皮影戏。农业以种植水稻等为主，养殖猪。盛产茶油、木材等。工业以开采煤炭、大理石加工业为主。经营传统山货、铁器、竹木品。省道三南线，枣导、楼高公路过境。

导子洲［Dǎozǐzhōu］ 导子乡人民政府驻地。在市政府驻地蔡子池街道东北37千米。人口1500。古时居民多以造纸为业，故名造纸洲，后音变“导子洲”。聚落呈团块状。有中小学、幼儿园、卫生院、文化站等。特产传统山货、铁器、竹木器制品。有大理石加工、煤矿、竹木器手工业。县道沙明乡—小田村线经此。通客运班车。

东湖圩乡［Dōnghúxū Xiāng］ 耒阳市辖乡。在市境东部。面积127平方千米。人口4.5万。辖1居委会、22村委会，有254自然村。乡人民政府驻坳上。1949年为东湖乡。1956年上石等3乡并入。1958年改公社。1984年改乡。1995年枫泉乡并入，更东湖圩乡。因群山怀抱，中间低洼如湖，且处县城东得名。夕洋河流经。有中学2所，小学2所，幼儿园7所，卫生院1个。有敬老院、文化站、广播站等。有五星级神农温泉山庄。有明代古墓周醒愚、观音阁泉等。有民俗花鼓戏、皮影戏、舞龙、耍狮。农业以种植水稻、红薯、玉米、油茶等为主，养殖猪、家禽。特产红薯粉皮、茶油等。工业有煤矿开采、锰矿开采、蔡伦造纸作坊等。省道三南线过境。

坳上［Àoshàng］ 东湖圩乡人民政府驻地。在市政府驻地蔡子池街道东28千米。人口1500。因地处山坳上得名。聚落呈不规则方形。有中小学、幼儿园、卫生室、文化站等。农业以种植水稻、红薯、玉米等为主。特产红薯粉皮、茶油等。有蔡伦造纸作坊和煤矿开采。有商贸业。省道三南线经此。通公交班车。

马水乡［Mǎshuǐ Xiāng］ 耒阳市辖乡。在市境东北部。面积129平方千米。人口3.5万。辖20村委会，有203自然村。乡人民政府驻湖德。1956年设马水乡。1958年改马水公社。1984年复置乡。1995年坪田乡小田等9村并入。因马水河得名。马水河流经。有中学2所，小学15所，幼儿园3所，卫生院1个。有敬老院、文化站、广播站等。有商代人类聚落遗址蛇嘴岭、象形山，西周人类聚落遗址乐田郑家湾。农业以种植水稻、杉木、南竹、油茶等为主。特产燕中鱼。工业以煤炭、锰矿、大理石开采为主。县道衡东大桥—永兴金龟线过境。

湖德［Húdé］ 马水乡人民政府驻地。在市政府驻地蔡子池街道东北35千米。人口1000。为地处马水河畔的古农贸市场，人们逐市场而居，形成村落。村畔河湖相连，村民崇尚礼仪，讲求“三从四德”，故取名“湖德”，村落以此命名。聚落倚马水河南岸呈带状分布。有中小学、幼儿园、卫生室、文化站等。农业以种植油茶为主。特产燕中鱼。工业有煤炭、锰矿开采等。有集贸市场。县道衡东大桥—永兴金龟线经此。通县际公交班车。

亮源乡［Liàngyuán Xiāng］ 耒阳市辖乡。在市境东北部。面积107平方千米。人口2.6万。辖16村委会，有176自然村。乡人民政府驻亮源桥。1956年设亮源乡。1958年隶属马水公社。1984年析置亮源乡。因乡政府驻地得名。有中学1所，中心完小1所，村小10所，幼儿园5所，卫生院1个。有敬老院、文化站、广播站等。有名胜余升潭、仙人洞、穿山洞、万佛洞、九真太守谷朗墓。有关王湖水利风景区。农业以种植水稻为主。盛产南竹、油茶、杉木等。有圩集。省道三南线、古叙公路过境。

亮源桥［Liàngyuánqiáo］ 亮源乡人民政府驻地。在市政府驻地蔡子池街道东北55千米。人口1000。传有石板桥面较窄，称让人桥，耒阳方言“让人”与“亮源”谐音，后演化为“亮源”。聚落呈半圆形。有中小学、幼儿园、卫生室、文化站等。农业以种植油菜、油茶为主，养殖猪。有农贸市场。省道三南线经此。通县际公交班车。

沙明乡［Shāmíng Xiāng］ 耒阳市辖乡。在市境东部。面积35平方千米。人口0.6万。辖6村委会、11林场工区，有66自然村。乡人民政府驻沙明村。1950年设沙明乡。1958年成立五峰仙农林垦殖场。1961年增设沙明公社。1984年撤社重置沙明乡。1986年与五峰仙农林垦殖场合设沙明乡。因乡政府驻地得名。邓山河流经。有中学1所，小学6所，幼儿园4所，卫生院1个。有敬老院、文化站等。农业以种植水稻、红薯、玉米、草药为主，养殖猪、山羊、牛、家禽。盛产南竹、油茶、杉木等。县道沙明乡—小田村线经此。

沙明村［Shāmíngcūn］ 沙明乡人民政府驻地。在市政府驻地蔡子池街道东北37千米。人口500。因土壤多为沙质，且沙粒透明得名。聚落依山形呈椭圆形分布。有中小学、幼儿园、卫生室、文化站等。农业以种植水稻、红薯、玉米为主。盛产南竹、油茶、杉木等。有集贸市场。县道沙明乡—小田村线经此。通公交车。

上架乡［Shàngjià Xiāng］ 耒阳市辖乡。在市境东南部。面积45.4平方千米。人口2.1万。辖14村委会，有146自然村。乡人民政府驻上架桥。1956年设上架乡。1958年并入三都公社。1961年析设上架公社。1984年复置上架乡。因乡政府驻地得名。淝江流经。有中学1所，小学8所，幼儿园2所，卫生院1个。有敬老院、文化站、广播站等。有红色纪念地陈家祠堂。有名胜十出九没山泉、铜钱眼、侯憩仙山、太平水库湿地保护区。农业以种植水稻、蔬菜为主。产南竹、白果。工业有手工竹木加工、碾米业等。有圩集。县道葵上、上高线过境。淝江河通航。

上架桥［Shàngjiàqiáo］ 上架乡人民政府驻地。在市政府驻地蔡子池街道东南32千米。人口800。传清代一绅士欲嫁女，因河流阻隔，捐资修一石拱桥，称上嫁桥，后因文辞优雅，演绎为“上架桥”。聚落沿淝江河呈带状分布。有中小学、幼儿园、卫生室、文化站。农业以种植水稻、蔬菜为主，养殖四大家鱼。有集贸市场。县道上架乡—大义乡公路经此。通客运班车。

太平圩乡［Tàipíngxū Xiāng］ 耒阳市辖乡。在市境西南部。面积50平方千米。人口2.5万。辖17村委会，有165自然村。乡人民政府驻太平圩。1956年设太平乡。1958年并入公平公社。1961年析设太平公社。1984年改太平圩乡。因乡政府驻地得名。有中学1所，中心完小1所，村小8所，幼儿园3所，卫生院1个。有敬老院、文化站、广播站等。有寿洲古村落、明代古上架桥。农业以种植水稻、红薯、油茶、黄花菜等为主，养殖猪、家禽。产杉木、南竹。特产蔀头。工业以红薯等农产品加工为主。有圩集。太长公路过境。通县际公交班车。

太平圩［Tàipíngxū］ 太平圩乡人民政府驻地。在市政府驻地蔡子池街道西南42千米。人口500。境内多山，唯有圩场(集市)十里开阔平坦，故名太平圩，寓意“盛世太平”。聚落呈带状。有中小学、幼儿园、卫生室、文化站等。农业以种植水稻、蔀头等为主，养殖獭兔。特产红薯粉皮等。有集贸市场。县道耒阳陶洲—双牌何家洞线经此。通县际公交班车。

坛下乡［Tánxià Xiāng］ 耒阳市辖乡。在市境西北部。面积42平方千米。人口1.9万。辖12村委会，有103自然村。乡人民政府驻坛下圩。1956年设立坛下乡。1958年改坛下公社。1984年复置坛下乡。因乡政府驻地得名。春陵水流经。有中学1所，中心完小1所，村小8所，幼儿园1所，卫生院1个。有敬老院、文化站、广播站等。有国家级非物质文化遗产铜锣铸造工艺。有商代屈家洲大岭上古人类聚落遗址。有名胜寨下仙山、耒阳通桂阳古道。农业以种植水稻、红薯、油菜、苎麻等为主,养殖猪、鱼等。工业有传统金、银、铜提炼,打制铜锣等。省道三南线、坛哲公路过境。

坛下圩［Tánxiàxū］　坛下乡人民政府驻地。在市政府驻地蔡子池街道西北 25 千米。人口 1000。传三国时张飞在寨下仙设坛点兵得名。聚落沿山丘呈圆形分布。有中小学、幼儿园、卫生室、文化站等。特产红薯粉皮。有传统鞭炮制造、铸造铜锣器具、农副产品加工等手工作坊。有集贸市场。省道安仁—洋际—常宁线经此。通县际公交班车。

余庆乡［Yúqìng Xiāng］　耒阳市辖乡。在市境西南部。面积 83 平方千米。人口 2.9 万。辖 1 居委会、17 村委会,有 179 自然村。乡人民政府驻余庆圩。1949 年为余庆乡。1956 年南桥等 5 乡并入。1958 年改余庆公社。1984 年复置余庆乡。因乡政府驻地得名。余庆河流经。有中学 1 所,小学 9 所,幼儿园 5 所,卫生院 1 个。有文化站、广播站等。有名胜枫林寺、龙泉洞。农业以种植水稻、蔬菜为主,养殖猪。工业以冶金、采矿、建材业为主。服务业以商贸、物流业为主。107 国道、省道三南线过境。

余庆圩［Yúqìngxū］　余庆乡人民政府驻地。在市政府驻地蔡子池街道西南 9 千米。人口 2000。原为余冲圩。1949 年以寓年年有余,岁岁欢庆得今名。聚落呈矩形。余庆河流经。有中小学、幼儿园、卫生院、文化站等。农业以种植水稻、蔬菜、水果为主。有集贸市场。107 国道经此。通客运班车。

洲陂乡［Zhōubēi Xiāng］　耒阳市辖乡。在市境东北部。面积 42 平方千米。人口 1.9 万。辖 12 村委会,有 103 自然村。乡人民政府驻洲陂圩。1961 年成立洲陂公社。1995 年设洲陂乡。因乡政府驻地得名。有中学 1 所,小学 7 所,幼儿园 3 所,卫生院 1 个。有敬老院、文化站、广播站等。有三眼湖水库风景区。农业以种植水稻、油菜、红薯等为主,养殖猪、山羊、家禽。特产燕中鱼。工业有铁器、竹木器、缝纫、大米加工业。县道衡东大桥—永兴金龟线过境。

洲陂圩［Zhōubēixū］　洲陂乡人民政府驻地。在市政府驻地蔡子池街道东北 47 千米。人口 1000。因地处马水河畔,三面环水为洲得名。聚落呈矩形。有中小学、幼儿园、卫生室、文化站等。特产燕中鱼。农业以种植水稻等为主,养殖猪、山羊、家禽。为耒阳重要粮食生产基地。有集贸市场。县道衡东大桥—永兴金龟线经此。通县际公交班车。

磨形乡［Mòxíng Xiāng］　耒阳市辖乡。在市境西南部。面积 41 平方千米。人口 1.9 万。辖 11 村委会,有 132 自然村。乡人民政府驻磨形圩。1949 年设黄沙乡,后改仁义公社。1961 年由仁义公社析设黄沙公社。1981 年改磨形公社。1984 年撤公社改为磨形乡。因乡政府驻地得名。有祖仙岭。象江河流经。有矿产资源锑、铅、高岭土。有中学 1 所,小学 9 所,幼儿园 3 所,卫生院 1 个。有敬老院、文化站、广播站等。有太平寺。农业以种植小麦、红薯、油菜、黄花菜等为主,养殖猪、牛、羊、家禽。产南竹。有黄秋葵、蔬菜、特种苗木、有机中草药半夏种植基地。县道长余线过境。

磨形圩［Mòxíngxū］　磨形乡人民政府驻地。在市政府驻地蔡子池街道西南 9 千米。人口 500。因山形似石磨得名。聚落沿径河东岸呈矩形分布。有中小学、幼儿园、卫生室、文化站等。农业以种植小麦、红薯、大豆、黄花菜为主。有集贸市场。县道长余线经此。通县际公交班车。

常宁市

常宁市［Chángníng Shì］　湖南省直辖县级市,由衡阳市代管。北纬 26°25′,东经 112°23′。在衡阳市境西南部。面积 2047 平方千米。人口 92.9 万。以汉族为主,还有瑶、蒙古等民族。辖 4 街道、15 镇、7 乡(其中 1 民族乡)。市人民政府驻宜阳街道。三国吴太平二年(257)设新宁县。属湘东郡。东晋太元二十年(375)新平县并入。唐天宝元年(742)改常宁县。五代至宋属衡阳郡。元至元十九年(1282)升州。明洪武三年(1370)复降为县,属衡州府。清属衡州府。1912—1940 年先后属衡阳道,第五、第二行政督察区。1949 年后属衡阳专区。1952—1968 年先后属湘南行政区、衡阳专区、衡阳地区。1983—1996 年属衡阳市。1996 年改县级市,由衡阳市代管。取祈愿常年安宁之意得名。1958 年辟建劳动路。1993 年后修通 356 国道县城段(今泉峰路)。1996 年后新建青阳大桥、宜水大桥、培元大桥、潭水大桥、市政府大楼、中鼎大厦、帝煌大酒店、中医院综合大楼、印山国际大酒店等。开发泉峰小区、万隆小区、紫阳步行街、南门湖、宜水新城等居民区。建通群英西路、青阳北路、培元路。新建莲花路、常宁大道、砚池山路、嵩塘路。形成砚池山路、泉峰路、群英路、嵩塘路四纵,常宁大道、青阳路、培元路、莲花路四横的城市格局。地势南高北低。平均海拔 170 米。年均气温 18.2℃,1 月平均气温 5.9℃,7 月平均温 29.9℃。年均降水量 1488 毫米。湘江、春陵江、宜水、浯水、潭水等流经。有矿产资源铅、锌、金、银、铜、锡、硼、高岭土等。有野生植物 750 余种,其中有国家重点保护野生植物银杏、南方红豆杉、三尖杉、金叶白兰、滇楸等 34 种。有野生动物 143 种,其中有国家重点保护野生动物水獭、穿山甲、虎纹蛙、果子狸。有省级大义山自然保护区。森林覆盖率 47.6%。有中学 52 所,小学 222 所,中职 2 所,二级医院 3 个。有体育馆 2 个,图书馆 1 个,文化馆 1 个,镇(街)文化站 26 个,档案馆 1 个,剧院 1 个。有作家、美术家、音乐家、书法家、舞蹈家、戏曲家、中老年书法家、地方史学会、民间艺术家等协会、学会 21 个。有全国重点文物保护单位龙王山矿石采选场遗址、水口山铅锌矿冶遗址、水口山工人运动遗址等 20 个,省级文物保护单位培元塔、常宁市农民协会旧址等 11 个。有省级历史文化名镇官岭、柏坊、白沙、新河,省级历史文化名村下冲、六图、上游、江边、湘江村。有中国传统村落中田村。有国家级非物质文化遗产常宁版画,省级非物质文化遗产《瑶族谈笑》、南詹正骨疗法。有国家 4A 级旅游景区天堂山森林公园、3A 级旅游景区印山。有国家级天湖湿地公园。有省级塔山西江漂流风景区、省级石马地质公园。有六合寺遗址、双龙惜字塔等。有板桥剪纸、常宁字灯等。为中国油茶之乡。三次产业比例 18∶45∶37。农业以种植水稻等为主,养殖家禽、家畜、淡水鱼。盛产油茶。有宋代贡品塔山山岚茶、石盘大米。工业以采冶铅、锌等有色金属业为主。服务业以通信、商贸、物流、旅游业为主。有省级水口山经济开发区。岳临高速,234、356 国道,省道衡东—常宁、韶山—桂阳、新化—常宁、宁乡—临武、安仁—常宁、耒阳—双牌线过境。湘江四季通航。有常宁港松柏、柏坊港区。

青阳路［Qīngyáng Lù］　在市区中部。南起砚池山路,北至嵩塘路。与泉峰路、群英路相交。长 5.2 千米,宽 22 米。沥青路面。因旧城东门青阳门得名。1984 年开工,1989 年建成。1991 年扩建。两侧有市政府、住建局、人社局、财政局、税务局、东风广场、青阳广场等。通多路公交车。

群英路［Qúnyīng Lù］　在市区中部。东起常荫路,西至莲花路。与青阳路、培元路相交。长 8.3 千米,宽 16 米。沥青路面。1983 年始建西上街—青阳路口段。取群英会聚意得名。2002 年扩延西上街—莲花路口段。2009 年扩延青阳路口—常荫路口段。两侧有常宁市汽车站、教育局、国土资源局、人民医院、中国人寿保险公司、群英大厦、中鼎大厦等。通多路公交车。

泉峰路［Quánfēng Lù］　在市区中部。东起常荫路,西至鹅湖巷。与青阳路、培元路、常宁大道相交。长 8.4 千米,宽 19 米。沥青路面。1991 年开工,同年建成。因泉峰公园得名。两侧有中国银行、印山国际酒店、市妇幼保健院、交通局、林业局、交警队、市第二中学、市第七中学、泉峰车站等。通多路公交车。

培元路［Péiyuán Lù］　在市区西部。南起泉峰路,北至嵩塘路。与群英路相交。长 4.1 千米,宽 35 米。沥青路面。2005 年始修市第一中学—泉峰路口段。因培元塔得名。2012 年北段扩延至宜水大桥,南段扩延至砚池山路。两侧有市第一中学、国土资源局、工商局等。通多路公交车。

西门桥［Xīmén Qiáo］　在市区中部。长 76 米,宽 11.5 米,最大跨度 20 米,桥下净高 18 米。始建于宋淳祐四年(1244)。元皇庆二年(1314)达鲁花赤(蒙语监州)金刚奴教武首倡并捐己俸粟百担重造,因其廉政,得名廉政桥。明成化二十三年(1487)、万历十九年(1591)、1988、2001 年改建。因位于旧城西门西江门,故又名西门桥。为中型河道桥梁。结构型式为三拱钢筋水泥结构混合桥。最大载重 40 吨。通公交车。

常宁汽车站［Chángníng Qìchēzhàn］　见交通运输设施部分“常宁汽车站”条。

泉峰车站［Quánfēng Chēzhàn］　见交通运输设施部分“泉峰车站”条。

宜阳街道［Yíyáng Jiēdào］　常宁市人民政府驻地。在市境中部。面积 9 平方千米。人口 3.9 万。2007 年由宜阳镇析设。袭镇名。2007 年后建成青阳大桥、延申青阳路北路、建成嵩塘路。建成潭水沿河风光带、青阳广场。建成宜阳工业走廊,东方水岸明珠、玉溪水岸、万象阳光城等大型居民小区。潭水、宜水流经。有中学 2 所,小学 3 所,幼儿园 15 所,卫生院 1 个,卫生所 5 个。有省级文物保护单位常宁县农民协会旧址。有廖家上塆民居群。农业以种植水稻、油茶、油菜、葡萄、西瓜、大棚蔬菜等为主。工业以农产品加工、建筑材料、棉纺织及化纤、制鞋、电子元件、玻璃生产业等为主。岳临高速,356 国道,省道韶山—桂阳、安仁—常宁线过境。通多路公交车。

泉峰街道［Quánfēng Jiēdào］　属常宁市。在市境中部。面积 17 平方千米。人口 5.1 万。2007 年由宜阳镇析设。因泉峰公园、泉峰路得名。先后扩建、改造泉峰路、群英路、砚池山路、常宁大道。修建宜水风光带。有中学 3 所,小学 4 所,二级医院 1 个,卫生院 2 个,卫生所 11 个。有泉峰、砚池山公园及体育场馆。有彭明治将军故居、茭潭、湘山寺。农业以种植水稻、油菜为主。工业以建筑材料、服装制造、农产品加工业为主。有集贸市场。356 国道、省道韶山—桂阳线过境。有泉峰车站。通多路公交车。

培元街道［Péiyuán Jiēdào］　属常宁市。在市境中部。面积 16.7 平方千米。人口 2.3 万。2007 年由宜阳镇析设。因培元古塔得名。

先后扩建、改造群英西路、莲花路、培元路、泉峰路。修建宜水风光带。有中学2所,小学4所,二级医院1个,卫生院2个,卫生所10个。有培元古塔、谷家洲、虎溪等。农业以种植水稻、水果、油菜为主。工业以冶金、塑料制品业为主。356国道、省道新化—常宁线过境。有常宁汽车站。通多路公交车。

水口山街道[Shuǐkǒushān Jiēdào] 属常宁市。在市境东北部。面积28平方千米。人口4.3万。2009年由松柏镇析设。传山坳曾有48股泉水汇流而出,故名。2014年商业街由1条扩展到11条。有矿产资源铅、锌、黄金等。有中学2所,小学6所,幼儿园5所,二级医院1个,卫生院1个,卫生所7个,图书馆1个。有国家重点文物保护单位水口山铅锌矿冶遗址。有水口山工人俱乐部成立会旧址康家戏台。有水口山工人运动纪念园、陈列馆。农业以种植水稻、油菜、油茶为主。工业以化工、冶炼业为主。岳临高速,省道衡东—常宁、宁乡—临武线过境。湘江通航。有常宁松柏汽车站、常宁港水口山港区。通多路公交车。

柏坊镇[Bǎifāng Zhèn] 常宁市辖镇。在市境北部。面积124平方千米。人口6万。辖7居委会、38村委会,有635自然村。镇人民政府驻柏坊村。1956年设柏坊乡。1960年成立柏坊公社。1981年改镇。1995年大坪、桐梓2乡并入。因镇政府驻地得名。宜水、湘江流经。有中学2所,小学13所,幼儿园9所,卫生院1个,卫生所34个。有文化站、广播电视站。有业余剧团、皮影戏社。有新宁县古城遗址、柏坊古街、跃进隧洞、憩山岭、白面石、铜鼓塘。农业以种植水稻、油茶、油菜为主,养殖鸡、鸭。产蛋品。有淡水天然渔场龙祖潭。工业以水泥、化工、采矿业为主。服务业以乡村旅游为主。省道衡东—常宁线过境。湘江四季通航。有常宁港柏坊港区、柏坊、鲤鱼塘渡口。通客运班车。

柏坊村[Bǎifāngcūn] 柏坊镇人民政府驻地。在市政府驻地宜阳街道北19千米。人口2100。因街口石牌坊两旁翠柏成行得名柏坊。聚落沿柏坊圩场呈散状分布。有小学、幼儿园、卫生室、文化活动室。有柏坊古街、钟楼及古钟。农业以种植水稻、油菜、油茶为主,养殖家禽。产蛋品。省道衡东—常宁线经此。有常宁港柏坊港区、柏坊渡口。通客运班车。

松柏镇[Sōngbǎi Zhèn] 常宁市辖镇。在市境北部。面积66.5平方千米。人口3万。辖5居委会、18村委会,有337自然村。镇人民政府驻大渔村。1950年设松柏乡。1952年改松柏镇。1953年复改乡。1958年并入水口山公社。1960年析设松柏公社。1961年置镇。1995年亲仁乡6村、大市坪乡4村、新力乡3村并入。2009年析出水口山街道。因昔湘江两岸有松、柏得名。湘江纳盐湖水、康家溪、春陵水流经。有中学1所,小学5所,幼儿园12所,卫生院2个,卫生所17个,文化站1个,广播电视站1个。有省级文物保护单位常宁十三区农民协会旧址李氏宗祠。有江洲古城遗址。有名胜老盟峰、龙王山、麂角峰、大渔湾、独石街等。农业以种植水稻、油茶、油菜为主。工业以冶金、化工、服装、建筑材料业为主。服务业以旅游业为主。岳临高速,省道衡东—常宁、宁乡—临武线过境。湘江四季通航。通客运班车。

大渔村[Dàyúcūn] 松柏镇人民政府驻地。在市政府驻地宜阳街道东北22千米。人口1700。因大渔湾得名。聚落呈带状。有小学、幼儿园、卫生室、文化活动室。农业以种植水稻、油茶、油菜等为主,养殖鱼苗、猪。有商贸业。岳临高速、省道衡东—常宁线经此。湘江四季通航。有大渔渡口。通客运班车。

烟洲镇[Yānzhōu Zhèn] 常宁市辖镇。在市境东北部。面积108平方千米。人口4万。辖5居委会、18村委会,有420自然村。镇人民政府驻烟洲街。1950年设烟洲乡。1958年并入水口山公社。1984年改设乡。1993年置烟洲镇。1995年新力乡11村、亲仁乡9村并入。因镇政府驻地得名。有中学1所,小学14所,幼儿园11所,卫生院1个,卫生室35个,文化站1个,广播电视站1个。有双龙惜字塔、瓦子坪窑址。农业以种植水稻、油菜为主。盛产茶油。工业以煤炭、冶炼、农产品加工业为主。省道宁乡—临武、安仁—常宁线,县道三厂—烟洲、烟洲—龙门线过境。通客运班车。

烟洲街[Yānzhōujiē] 烟洲镇人民政府驻地。在市政府驻地宜阳街道东26千米。人口700。因烟山、鹭鸶洲得名。聚落沿舂陵河西岸呈品字状分布。有中小学、幼儿园、卫生室、文化活动室。有清嘉庆年间戏台、亲仁河坝、双龙惜字塔。农业以种植水稻、油茶、油菜等为主,养殖鸡、鸭、鱼等。有农副产品市场。省道宁乡—临武、安仁—常宁线,县道三厂—烟洲、烟洲—龙门线经此。通客运班车。

荫田镇[Yìntián Zhèn] 常宁市辖镇。在常宁市境东部。面积102平方千米。人口4.6万。辖3居委会、33村委会,有266自然村。镇人民政府驻荫田圩。1956年设荫田乡。1958年并入东方红、前进公社。1961年设荫田公社。1984年改乡。1995年置镇。因镇政府驻地得名。舂陵河流经。有中学1所,小学13所,幼儿园7所,卫生院1个,卫生室35个,文化站1个,广播电视站1个。有业余剧团1个。有小栗黄家宗祠、白马古窑遗址。有中共常宁县工委、中共高枧塘支部所在地高枧塘。有名胜福荫桥、白马渡、衡头、婆婆岩等。农业以种植水稻、油菜为主。有白马、九眼泉油茶种植基地。356国道、省道宁乡—临武线过境。通客运班车。

荫田圩[Yìntiánxū] 荫田镇人民政府驻地。在市政府驻地宜阳街道东24千米。人口800。昔荒原有阴水泉,引水开荒为田,得名"阴田"。后取"福荫德田"雅句称荫田。聚落呈方块状。有小学、幼儿园、卫生院、文化活动室。农业以种植水稻、油茶、油菜等为主,养殖鸡、鸭等。有农副产品市场。356国道、省道宁乡—临武线经此。通客运班车。

白沙镇[Báishā Zhèn] 常宁市辖镇。在市境东南部。面积75.5平方千米。人口3.6万。辖4居委会、28村委会,有163自然村。镇人民政府驻下洲村。1950年设白沙乡。1956年改白沙镇。1958年并入前进公社。1961年析设白沙公社。1984年改乡。1995年置镇。因驻地西南小山产白沙得名。有毘帽峰、奔家岭、沙子歧、千家垌等。有中学2所,小学15所,幼儿园5所,卫生院1个,卫生室28个,文化站1个,广播电视站1个。有白沙古街道、火石桥李氏宗祠、老屋徐家古民居、砂坪老女桥。有白水岩景区等。有汉代冶银遗址茭源银场。农业以种植水稻、柑橘、黄花菜、药材、无渣生姜为主。有国家地理标志产品无渣生姜。有白沙烧饼。工业以建材、矿产采冶业为主。服务业以旅游业为主。省道宁乡—临武、耒阳—双牌线过境。通客运班车。

下洲村[Xiàzhōucūn] 白沙镇人民政府驻地。在市政府驻地宜阳街道东南53千米。人口1100。因街市濒舂陵河西岸沙洲分上、中、下三洲,此为街市下方,故名。聚落沿舂陵河中游西岸呈带状分布。有小学、幼儿园、卫生室、文化站。有白沙古建筑群。农业以种植水稻、油菜、玉米为主。有商贸业。省道宁乡—临武线、县道三黄线经此。通客运班车。

上游村[Shàngyóucūn] 在市政府驻地宜阳街道西南43千米。白沙镇辖自然村。人口2000。取力争上游之意得名。聚落呈块状。有小学、幼儿园、卫生室、文化活动室。为中国传统村落。有清代老屋徐家古民居群。农业以种植水稻、油菜为主。省道宁乡—临武线经此。

西岭镇[Xīlǐng Zhèn] 常宁市辖镇。在市境东南部。面积125平方千米。人口3.9万。辖1居委会、31村委会,有216自然村。镇人民政府驻西岭圩。1950年设西岭乡。1958年并入东方红公社。1961年析设西岭公社。1984年改乡。1995年双安乡并入。1996年置镇。因驻地西为大义山脉故名。有矿产资源高岭土。有中学2所,小学16所,幼儿园13所,卫生院1个,卫生室31个,文化站1个,广播电视站1个。有溪源古民居、六图古民居。有名胜牛迹石、七渡岗飞瀑、五门牡丹等。有传统民间艺术铁水花灯。农业以种植水稻、油菜、无渣生姜、药材为主。盛产茶油。工业以采矿、冶炼业为主。省道耒阳—双牌线,县道三黄、罗西线过境。通客运班车。

西岭圩[Xīlǐngxū] 西岭镇人民政府驻地。在市政府驻地宜阳街道东南26千米。人口3800。因圩市西为大义山脉得名。聚落沿清溪江呈带状分布。有中小学、幼儿园、卫生室、文化活动室等。有传统民间艺术铁水花灯。农业以种植水稻、油茶、油菜等为主,养殖鸡、鸭。产无渣生姜。有竹木制品贸易。省道耒阳—双牌线,县道三黄、罗西线经此。通客运班车。

六图村[Liùtúcūn] 在市政府驻地宜阳街道东南22千米。西岭镇辖自然村。人口900。因明洪武十三年(1380)排行第六尹云公迁此,取名六图。聚落呈散状。有小学、幼儿园、卫生室、文化活动室等。为中国传统村落。有六图古民居。有湘粤茶马古道、古井2口、古桥2座、古书院1所。农业以种植水稻、油菜为主。盛产茶油。有集贸市场。县道三黄线经此。通客运班车。

盐湖镇[Yánhú Zhèn] 常宁市辖镇。在市境东部。面积59平方千米。人口2.5万。辖2居委会、18村委会,有173自然村。镇人民政府驻盐湖村。1950年设盐湖乡。1955年改湖亭乡。1958年并入东方红公社。1960年析设湖亭公社。1984年改乡。同年改盐湖镇。因盐湖得名。有矿产资源煤。有中学1所,小学4所,幼儿园3所,卫生院1个,卫生室16个。有玄塘古民居。有名胜烟竹湖、鸡胗山、至圣寺等。农业以种植水稻、油菜为主。盛产油茶。工业以采矿、冶炼、建筑材料业为主。356国道过境。通客运班车。

盐湖村[Yánhúcūn] 盐湖镇人民政府驻地。在市政府驻地宜阳街道东11千米。人口200。因有浅咸水湖,可熬盐,故名。聚落呈带状。有中学、小学、幼儿园、卫生室、文化活动室等。有传统舞龙狮。农业以种植水稻、油茶、油菜等为主,养殖鸡、鸭。特产茶油。有集贸市场。356国道经此。通客运班车。

三角塘镇[Sānjiǎotáng Zhèn] 常宁市辖镇。在市境东南部。面积61平方千米。人口3.4万。辖1居委会、33村委会,有207自然村。镇人民政府驻幸福村。1956年设三塘乡。1958年并入红旗、天堂公社。1961年析设三塘公社。1981年改三角塘公社。1984年改乡。1993年置镇。1995年渔池乡、瑶塘乡14村并入。因驻地西南有三角形水塘得名。有中学3所,小学3所,幼儿园9所,卫生院3个,卫生室33个,文化站1个,广播电视站1个。有常宁县二区农民协会旧址瑶塘萧家宗祠、刘氏大屋,朱田段家古民居群。有名胜古水利工程鸭婆古堰。农业以种植水稻、油菜为主。盛产油茶。

工业以农产品加工、烟花爆竹、建筑材料业为主。岳临高速、省道韶山—桂阳线过境。通客运班车。

幸福村［xìngfúcūn］　三角塘镇人民政府驻地，在市政府驻地宜阳街道东南6千米。人口2900。因镇政府大院昔为耕牛交易场所，原名牛市坪。1961年取“幸福”之意更名幸福大队，1984年改名幸福村。聚落呈方块形。有中学、小学、幼儿园、文化活动室、卫生室。有民俗舞鱼龙。农业以种植水稻、油菜为主。盛产油茶。有集贸市场等。岳临高速、421国道、县道乌联—三塘线过境。通客运班车。

洋泉镇［Yángquán Zhèn］　常宁市辖镇。在市境西南部。面积222平方千米。人口7.1万。辖1居委会、62村委会，有696自然村。镇人民政府驻洋泉街。1950年设洋泉乡。1958年分属火星、五星、赛日月、卫星公社。1961年设洋泉公社。1984年改乡。同年置镇。1995年杉树、东山、黄洞、兴源4乡并入。因镇政府驻地得名。有塔山。有中学2所，小学12所，幼儿园7所，卫生院7个，卫生室76个，文化站1个，广播电视站1个。有名胜洋泉水库、泉峰观、两益亭、白羊寺、大井头、天堂山盐茶古道等。有古迹严冲崔氏家族墓群和王船山隐居地西庄源、设馆授徒地六合寺。农业以种植水稻、油菜、茶为主。林业是山区主要产业。工业以竹木加工业为主。234国道，省道耒阳—双牌线，县道依湖—洋泉、草蒲、东富线过境。通客运班车。

洋泉街［Yángquán Jiē］　洋泉镇人民政府驻地。在市政府驻地宜阳街道西南20千米。人口9800。因街北田垌中有田似古钱之阳面而得名阳钱，谐音“洋泉”。聚落呈方块状。有中小学、幼儿园、卫生院、文化活动室等。有景点泉峰观、洋泉水库等。有古迹王船山设馆授徒地六合寺。有集贸市场。234国道、省道耒阳—双牌线经此。通客运班车。

庙前镇［Miàoqián Zhèn］　常宁市辖镇。在市境南部。面积79平方千米。人口1.9万。辖1居委会、23村委会，有189自然村。镇人民政府驻庙前村。1950年设庙前乡。1956年改弥泉乡。1958年并入天堂公社。1961年析设庙前公社。1984年改乡。1995年春和乡并入。1996年置镇。因驻地村前昔有回龙庙得名。潭水流经。有中学4所，小学1所，幼儿园6所，卫生院2个，卫生室23个，文化站1个，广播电视站1个。有省级文物保护单位中田古民居。有中国传统村落中田村。有国家3A级旅游景区印山。有省级石马地质公园。有泉井、大屋袁家古民居。有景点金龙岩、财神洞、天仑岩等。农业以种植水稻、油菜等为主，养殖鸡、鸭、鹅、小黄牛、黑山羊。工业以石材加工为主。服务业以旅游业为主。岳临高速，省道韶山—桂阳、耒阳—双牌线，县道西岭—庙前线过境。通客运班车。

庙前村［Miàoqiáncūn］　庙前镇人民政府驻地。在市政府驻地宜阳街道南34千米。人口1000。因昔村前有回龙庙，故名。聚落沿潭水两岸呈带状分布。有中小学、幼儿园、卫生院、文化活动室等。农业以种植水稻为主。服务业以商贸、旅游业为主。省道耒阳—双牌线、县道湖罗线经此。通客运班车。

中田村［Zhōngtiáncūn］　在市政府驻地宜阳街道南35千米。庙前镇辖自然村。人口1500。原为麻畬田，习称麻衣田。1961年设生产大队时，麻畬（麻衣）田大垧位于大队中部而命名为中田大队，1984年改设中田村。聚落呈方块状。有小学、幼儿园、卫生室、文化活动室等。为中国传统村落。有始建于明永乐二年（1404）中田古民居旧宅100多幢，天井200多个，巷道108条。1945年曾为常宁县政府临时驻地。农业以种植水稻、油茶、油菜等为主，养殖鸡、鸭。服务业以旅游、商贸、住宿餐饮业为主。省道耒阳—双牌线、县道湖罗线过境。通客运班车。

罗桥镇［Luóqiáo Zhèn］　常宁市辖镇。在市境南部。面积107平方千米。人口3.9万。辖1居委会、40村委会，有334自然村。镇人民政府驻罗家桥。1950年设罗市乡。1958年并入天堂公社。1960年析设罗桥公社。1984年更名为罗市乡。1993年撤乡设罗市镇。1995年车田、汤市乡并入，改名罗桥镇。因罗家桥得名，习称罗桥。潭水、石盘水流经。有中学3所，小学1所，幼儿园15所，卫生院1个，卫生室40个，文化站1个，广播电视站1个。有中国传统村落下冲村。有新屋袁家古民居、建群古民居。有民俗文化字灯、龙狮武术。农业以种植水稻为主。产石盘米。工业以粮食加工、林木加工、矿产开采业为主。岳临高速，省道韶山—桂阳线、县道湖罗线过境。通客运班车。

罗家桥［Luójiāqiáo］　罗桥镇人民政府驻地。在市政府驻地宜阳街道南20千米。人口3000。因罗家桥得名。聚落沿潭水河西岸呈带状分布。有中小学、幼儿园、卫生室、文化活动室等。农业以种植水稻、油菜等为主，养殖鸡、鸭。有集贸市场。省道韶山—桂阳线经此。通客运班车。

下冲村［Xiàchōngcūn］　在市政府驻地宜阳街道南18千米。罗桥镇辖自然村。人口2800。因下冲垧得名。聚落呈方块状。有卫生室、文化活动室等。为中国传统村落。有新屋袁家民居群。有乾隆二十四年（1759）至民国时期建筑13栋、明代古墓1座、古井1口、六峰、思乐斋书院。有名胜汤河石堰、袁湖桥。有新屋袁家字灯。农业以种植水稻、油菜为主。县道湖罗线经此。

板桥镇［Bǎnqiáo Zhèn］　常宁市辖镇。在市境南部。面积80平方千米。人口4.7万。辖1居委会、38村委会，有378自然村。镇人民政府驻板桥村。1950年设板桥乡。1958年分属上游、东风公社。1960年设板桥公社。1984年改乡，旋改镇。1995年樟塘、仙桥乡并入。因镇政府驻地得名。有横过岭、丫田寨山。有中学2所，小学6所，幼儿园9所，卫生院1个，卫生室38个，文化站1个，广播电视站1个。为中国民间艺术之乡。有名胜浆衣寺、公主洞、朱家桥、猴子岩、五家桥、会仙桥、二十四哥抗日烈士墓等。有民俗荷花灯会。农业以种植水稻、油菜、油茶为主。工业以矿产开采、建筑材料业为主。县道车樟、板石、板弥线过境。通客运班车。

板桥村［Bǎnqiáocūn］　板桥镇人民政府驻地。在市政府驻地宜阳街道南15千米。人口1700。因溪上有木板桥得名。聚落呈散状。有小学、幼儿园、卫生室、文化活动室等。有二十四哥烈士墓。有民俗剪纸、荷花灯会。农业以种植水稻、油茶、油菜等为主，养殖鸡、鸭。县道车樟线经此。通客运班车。

胜桥镇［Shèngqiáo Zhèn］　常宁市辖镇。在市境西南部。面积78平方千米。人口5万。辖1居委会、45村委会，有346自然村。镇人民政府驻胜桥村。1950年设胜江乡。1956年改胜桥乡。1958年并入东风公社。1961年析设胜桥公社。1984年改乡。1995年到塘、官泉、大塘3乡并入。1996年置镇。因镇政府驻地得名。宜水流经。有中学2所，小学4所，幼儿园10所，卫生院1个，卫生室45个，文化站1个，广播电视站1个。有大茅坪崔家古民居、相丰曹氏鼻祖宗祠。有名胜泉峰观、官陂古堰、烟竹寺、打石岭、到塘铺等。农业以种植水稻、油茶、茶、杉木、南竹为主。工业以鞭炮、化工、制鞋业为主。县道板洋线过境。通客运班车。

胜桥村［Shèngqiáocūn］　胜桥镇人民政府驻地。在市政府驻地宜阳街道西南15千米。人口2400。取大荫江（方言大胜江）、烟竹寺桥各一字得名。聚落沿宜水河呈带状分布。有中小学、幼儿园、卫生室、文化活动室等。有名胜烟竹寺。农业以种植水稻、油茶、油菜等为主，养殖鸡、鸭。有集贸市场。县道板洋线经此。通客运班车。

官岭镇［Guānlǐng Zhèn］　常宁市辖镇。在市境西部。面积90平方千米。人口4.4万。辖1居委会、37村委会，有440自然村。镇人民政府驻易家亭子。1956年设官岭乡。1958年并入星火公社。1960年析设官岭公社。1984年改乡。1986年置镇。1995年麦园、鹅院、富贵3乡并入。清同治末年东岭建接官亭，因似官厅得名官厅岭，简称官岭。有塔山。龙堰溪、板子桥溪等流经。有中学4所，小学4所，幼儿园9所，卫生院2个，卫生室43个，文化站1个，广播电视站1个。有镇农民书法家协会。有西塘水库、大牌岭、姊妹樟、犀牛石等。农业以种植水稻、油茶、油菜为主。工业以鞭炮、服装生产业为主。服务业以乡村旅游、商贸业为主。234、356国道，县道东富线过境。通客运班车。

易家亭子［Yìjiātíngzi］　官岭镇人民政府驻地。在市政府驻地宜阳街道西16千米。人口200。昔有易姓在此建茶亭，故名。聚落呈散状。有卫生室、文化活动室等。有古井。农业以种植水稻、油茶、油菜等为主，养殖鸡、鸭、山塘鱼。356国道经此。通客运班车。

新河镇［Xīnhé Zhèn］　常宁市辖镇。在市境西北部。面积92平方千米。人口3万。辖1居委会、29村委会，有435自然村。镇人民政府驻新长村。1981年河洲公社更名新洲公社。1984年改新洲乡。1986年撤乡设镇，同年因河洲地片曾设新河乡而改名新河镇。1995年株梓、珠塘2乡并入。浯水流经。有五龙山、白竹仙等。有中学2所，小学3所，幼儿园5所。卫生院3个，卫生室29个。文化站1个，广播电视站1个。有塘头九拱石桥。有名胜父子桥、五龙山、白竹仙、浯洲岛等。农业以种植水稻、油茶、油菜为主。有山塘养鱼。工业以化工、服装、食品加工业为主。服务业以乡村旅游、商贸业为主。234国道、省道新化—常宁线过境。通客运班车。

新长村［Xīnchángcūn］　新河镇人民政府驻地。在市政府驻地宜阳街道西北11千米。人口200。原名新屋场，后改屋为场，演化为新长。聚落沿田垌呈散状分布。有小学、幼儿园、卫生室、文化活动室等。有父子桥。有民俗赛龙舟。农业以种植水稻、油菜等为主，养殖鸡、鸭、山塘鱼。特产山塘鱼。省道新化—常宁线经此。通客运班车。

宜潭乡［Yítán Xiāng］　常宁市辖乡。在市境中部。面积96平方千米。人口4.9万。辖42村委会，有327自然村。乡人民政府驻东湖村。1995年析桐黄乡16村、曲潭乡10村入乌此乡，更名宜潭乡。因宜、潭2水流经得名。有中学3所，小学14所，幼儿园8所，卫生院1个，卫生室33个，文化站1个，广播电视站1个。有全国、省文明村塘湾村。有名胜曲潭古桥、乌此山等。有由市村朱家宗祠、老屋何家宗祠。农业以种植水稻、水果、油菜、油茶为主。工业以建材、采矿、建筑业为主。356国道，省道韶山—桂阳、安仁—常宁线过境。通客运班车。

东湖村［Dōnghúcūn］　宜潭乡人民政府驻

地。在市政府驻地宜阳街道东南2千米。人口1100。清雍正《常宁县志》载:“倒湖,县东一里。”因县西有“到湖”公社,为避免重名,1984年改名东湖大队。聚落沿田垌呈散状分布。有小学、幼儿园、卫生室、文化活动室等。农业以种植水稻、蔬菜等为主,养殖鸡、鸭。有商贸业。通公交车。

塘湾村[Tángwāncūn] 在市政府驻地宜阳街道北4千米。宜潭乡辖自然村。人口1400。因昔有大塘得名。聚落沿宜水河西岸呈散状分布。有小学、幼儿园、卫生室、文化活动室等。有老屋何氏宗祠。特产茶油、葡萄、柑橘。省道韶山—桂阳线经此。通公交车。2011年被评为全国文明村。

蓬塘乡[Péngtáng Xiāng] 常宁市辖乡。在市境东北部。面积113平方千米。人口4.9万。辖1居委会,37村委会,有506自然村。乡人民政府驻裕子塘。1950年设蓬塘乡。1958年分属东方红、水口山公社。1961年析设蓬塘公社。1984年改乡。1995年大市乡7村并入。传清初将领刘三湘剿匪经附近水塘洗刀染红塘水,名“红塘”,后演化为蓬塘。有中学3所,小学14所,幼儿园4所,卫生院1个,卫生室33个,文化站1个,广播电视站1个。有名胜鹿古岭、仙人岩、油茶仙人广场等。有梅子塘农民协会旧址。农业以种植水稻、油菜、油茶为主。特产豆油、木榨粉。工业以采矿、选矿业为主。岳临高速、省道安仁—常宁线、县道新车线过境。通客运班车。

裕子塘[Yùzǐtáng] 蓬塘乡人民政府驻地。在市政府驻地宜阳街道东北15千米。人口100。明洪武年间因谭姓第二代祖发财裕及子孙,故名裕子塘,习称芋子塘。聚落呈带状。有中学、小学、幼儿园、卫生室、文化活动室。有农耕木雕工艺。农业以种植水稻、油菜、油茶等为主,养殖鸡、鸭。有集贸市场。省道安仁—常宁线经此。通客运班车。

兰江乡[Lánjiāng Xiāng] 常宁市辖乡。在市境西部。面积78平方千米。人口3.6万。辖37村委会,有392自然村。乡人民政府驻太子塘。1950年设兰江乡。1958年分属卫星、红旗公社。1961年析设兰江公社。1984年改乡。1995年湖塘、金源2乡,正同乡11村并入。因溪岸绿树映水成蓝得名蓝江,后简写为兰江。有中学1所,小学8所,幼儿园3所,卫生院1个,卫生室33个,文化站1个,广播电视站1个。兰江水流经。有芭梨冲古民居,中共早期党员、工人运动领袖萧石月故居。农业以种植水稻、油菜、水果、油茶为主。特产冰糖橙。工业以页岩砖、食品、家具加工业为主。234、356国道,省道新化—常宁线过境。通客运班车。

太子塘[Tàizǐtáng] 兰江乡人民政府驻地。在市政府驻地宜阳街道西8千米。人口1000。因盛产莲藕大塘得名。方言“大”读“tài”,后在“大塘”间加“子”雅称太子塘。聚落呈散状。有小学、幼儿园、卫生室、文化活动室等。农业以种植水稻、油菜、冰糖橙等为主,养殖鸡、鸭。有商贸业。234、356国道,县道冷水—兰江线经此。通客运班车。

大堡乡[Dàpù Xiāng] 常宁市辖乡。在市境西部。面积83平方千米。人口3.5万。辖1居委会,29村委会,有413自然村。乡人民政府驻大堡街。1950年设大堡乡。1958年分属群英、星火公社。1961年析设大堡公社。1984年改乡。1995年麻洲、到湖2乡并入。因乡政府驻地得名。有中学3所,小学3所,幼儿园6所,卫生院1个,卫生室32个,文化站1个,广播站1个。有名胜培龙古亭、寨子岭、神仙塘、龙凤岩、石江泉等。农业以种植水稻、油茶、花生为主,养殖淡水鱼。工业以冶炼、建材业为主。县道合大、官大线过境。通客运班车。

大堡街[Dàpùjiē] 大堡乡人民政府驻地。在市政府驻地宜阳街道西北21千米。人口1000。因街东有小溪注入湘江之浦,而街为常宁、祁阳、祁东3县(市)较大农村边贸集市,故得名大浦,谐音为大堡。聚落沿湘江南岸呈丁字形分布。有中小学、幼儿园、卫生室、文化活动室等。有树龄300年古樟树、树龄200年山牡荆。有集贸市场。县道合大、官大线经此。通客运班车。

江河乡[Jiānghé Xiāng] 常宁市辖乡。在市境西北部。面积41平方千米。人口1.5万。辖1居委会,13村委会,有184自然村。乡人民政府驻吕坪村。1950年设江河乡。1958年属宇宙公社。1984年改江河乡。1995年双坪乡并入。因驻地为宜水河汇入湘江口,故名。湘江、宜水流经。有中学1所,小学4所,幼儿园1所,卫生院1个,卫生室13个,文化站1个。有名胜油榨岭、瑞雾山亭、凹霞等。有江口塘古街道。农业以种植水稻、油菜、水果为主,养殖淡水鱼。工业以页岩砖、农产品加工业为主。234国道、省道韶山—桂阳线、县道大江线过境。通客运班车。

吕坪村[Lǚpíngcūn] 江河乡人民政府驻地。在市政府驻地宜阳街道西北15千米。人口800。因居民多吕姓、地势较平坦,故名。聚落呈散状。有小学、幼儿园、卫生室、文化活动室等。有民间艺术龙灯、秧歌舞。农业以种植水稻、油菜为主。有商贸业。234国道、县道大江线经此。通客运班车。

弥泉乡[Míquán Xiāng] 常宁市辖乡。在市境西南部。面积56平方千米。人口2600。辖4村委会,有49自然村。乡人民政府驻立新村。1950年设弥泉乡。1958年改为弥泉垦殖场。1963年改为国营弥泉林场。同年设国营铜钟岭林场。1995年弥泉、铜钟岭2林场合设弥泉乡,实行场乡合一体制。取弥勒铺、泉塘各一字得名。有小学3所,卫生院1个,卫生所1个,文化站1个。有名胜西江山、铜钟岭、狮子岭、马鞍岭、岩鹰寨等。农业以种植玉米、红薯、茶为主。有国有林场2个。省道耒阳—双牌线过境。通客运班车。

立新村[Lìxīncūn] 弥泉乡人民政府驻地。在市政府驻地宜阳街道南24千米。人口200。其中瑶族占25%,还有汉族。取“破旧立新”之意得名。聚落呈散状。有小学、卫生室、文化活动室等。农业以种植杉木、南竹、茶等为主。省道耒阳—双牌线、县道草蒲线经此。通客运班车。

塔山瑶族乡[Tǎshān Yáozú Xiāng] 常宁市辖民族乡。在市境西南部。面积62平方千米。人口0.9万。其中瑶族占48.9%,还有汉等民族。辖13村委会,有110自然村。乡人民政府驻板角村。1950年设阳东乡。1956年改鳌头乡。1958年属五星公社。1961年析设塔山公社。1984年改乡。1995年塔山、鳌头、狮园3村并入。2001年改塔山瑶族乡。因塔山得名。有天堂山。有中学1所,小学4所,卫生院1个,卫生室12个,文化站1个。有国家4A级旅游景区天堂山森林公园。有省级非物质文化遗产《瑶族谈笑》。有景点西江漂流、瑶寨风情、天堂山览胜、东江峡谷等。农业以种植杉木、南竹、茶为主。有宋代贡品塔山山岚茶。工业以茶叶、竹木加工业为主。服务业以商贸、旅游业为主。234国道、省道耒阳—双牌线、县道草蒲线过境。通客运班车。

板角村[Bǎnjiǎocūn] 塔山瑶族乡人民政府驻地。在市政府驻地宜阳街道西南30千米。人口1100。以汉族为主,还有瑶族。因有山形似牛角(雅名板角),故名。聚落沿田垌四周呈散状分布。有中小学、卫生室、文化活动室等。有省级非物质文化遗产《瑶族谈笑》。农业以种植杉木、南竹、茶等为主。特产瓜箪酒。234国道、省道耒阳—双牌线、县道草蒲线经此。通客运班车。

衡 阳 县

衡阳县[Héngyáng Xiàn] 衡阳市辖县。北纬26°58′,东经112°22′。在市境西北部。面积2559平方千米。人口122万。以汉族为主,还有苗、布依、壮、彝等民族。辖17镇、9乡。县人民政府驻西渡镇。东汉建安初析蒸阳、酃县部分置临蒸县。隋开皇九年(589),临蒸、重安、新城并为衡阳县,属衡州。唐高祖武德四年(621)复置重安、临蒸、新城县。七年(624)新城、重安并入临蒸县。玄宗开元二十一年(732)临蒸县改衡阳县。宋、元、明代隶属衡阳郡、衡州路、衡州府。高宗乾隆二十一年(1756)析置清泉县。1912年清泉县并入。后隶属湖南省第五、第二行政督察区。1942年析置衡阳市。县、市同城。1952年析置衡南县。同年7月迁至西渡镇。后隶属湘南行署、衡阳专员公署、衡阳地区。1983年地市合并后属衡阳市。因地处衡山之南得名。先后建设拦河坝、西渡桥、向阳桥、洪山桥、夏明翰文化宫、明翰广场、船山广场、中洲公园、清风公园等。最高山石廪峰海拔1189米。最低点樟树乡樟树村樟树组海拔57.5米。年均气温18℃,1月平均气温4.6℃,7月平均气温30.3℃。年均降水量1267毫米。蒸水、横江铺河流经。有矿产资源高岭土、花岗岩、铁、锌、铅、钠长石、矾等。有野生植物312种,其中有国家重点保护野生植物水杉、银杏、楠木等12种。有野生动物156种,其中有国家重点保护野生动物穿山甲、灵猫、猴面鹰等9种。森林覆盖率49.1%。有中学72所,小学295所,中职2所,幼儿园204所,三级医院1个,二级医院2个,公共图书馆(室)7个,博物馆1个,文化馆1个,档案馆1个,镇(街)文化站25个。有县花鼓戏剧团1个,民间表演团体30个,文艺创作团体14个。有全国重点文物保护单位1个,省级文物保护单位2个。有全国爱国主义教育基地1个。有省级非物质文化遗产九市稻草龙、石市竹木雕、界牌釉下五彩瓷烧制技艺。有国家3A级旅游景区2个。有国家2A级水利风景区万源湖。有衡阳天天见梳篦制作技艺、西渡湖之酒酿造技艺。有省级非物质文化遗产界牌火灯节等。三次产业比例18∶36∶46。农业以种植水稻、油菜为主,养殖猪、禽。工业以制造、能源、陶瓷、建筑业为主。服务业以零售、房地产业为主。有省级高新技术产业园区1个。有花岗岩石材深加工基地。岳临、衡邵、娄衡、南岳高速,107、234国道,省道攸县—武冈、韶山—桂阳、宁乡—临武、茶陵—祁东线过境。

船山广场[Chuánshān Guǎngchǎng] 在县城东南部。面积11.1公顷。2000年开工,2002年建成。因纪念明末清初思想家王船山得名。有王船山铜像、浮屠柱LED大屏显示器、音乐水幕喷泉等。为大型集会、文艺演出、体育健身、休闲观景、商贸展览等多功能大型广场。周边有船山纪念馆。通多路公交车。

西渡桥[Xīdù Qiáo] 在县城西部。长124米,宽13米,桥下净高10米。1957年动工,1958年建成通车,1994年扩宽改造。因古西渡口得名。为大型河道桥梁。结构型式为混凝土五孔石砌拱桥。最大载重30吨。通长途客车。

蒸阳汽车站［Zhēngyáng Qìchēzhàn］ 见交通运输设施部分“蒸阳汽车站”条。

衡阳县汽车站［Héngyáng Xiàn Qìchēzhàn］ 见交通运输设施部分“衡阳县汽车站”条。

西渡镇［Xīdù Zhèn］ 衡阳县人民政府驻地。在县境南部。面积153平方千米。人口17.8万。辖9居委会、61村委会，有654自然村。镇人民政府驻槐花社区。清称西渡市。1953年置西渡镇。1956年改城关镇。1958年改城关公社。1981年复改西渡镇。1995年西渡、咸水、英陂、清平、秋塘5乡并入。因昔有衡州西—宝庆(今邵阳)要津渡口，故名。武水、演水、清花河、蒸水、湘江流经。有中学14所，小学26所，幼儿园65所，三级医院1个，二级医院2个，卫生院3个，卫生室61个。有文化站、图书馆、文化广场、公园等。有重安古城遗址、大西林寺等。农业以种植水稻、油菜为主，养殖禽畜、鱼。工业以建筑建材、农产品深加工为主。服务业以商贸业为主。有省级西渡高新技术产业园。衡邵高速、省道攸县—武冈线过境。通多路公交车。2005年被评为全国文明镇。

联胜路［Liánshèng Lù］ 在县城北部。东起海英大道，西至清江北路。与培源路、洪山路、幸福路相交。长2.2千米，宽52米。混凝土路面。2002年开工，2003年建成。因经联胜村得名。两侧有元培学校、得阳鞋业、衡泰数控机床等。通多路公交车。

新正街［Xīnzhèng Jiē］ 在县城中部。东起蒸阳大道，西至西渡大桥。与清江路、中心路、向阳路、建设路相交。长3千米，宽24米。沥青路面，人行道为花岗石地砖。1953年开工，1958年建成。因县治迁址后新建首条街道得名。两侧有县政府机关大院、明翰广场、县人民医院、帝龙时代广场等。通多路公交车。

蒸阳大道［Zhēngyáng Dàdào］ 在县城中部偏南。东起省道攸县—武冈线，西至西渡桥。与海英大道、洪山路、西渡大道、新正街、清江路、滨江路、中心路、向阳路、建设路相交。长7.2千米，宽43米。沥青路面。1994年开工，1998年建成。因沿蒸水北岸得名。两侧有衡阳农业示范园、农贸市场、建材市场、商业城、城西大市场、衡阳县第三中学、县政务中心、船山广场、县公安局等。通多路公交车。

向阳路［Xiàngyáng Lù］ 在县城中部。南起向阳桥，北至省道攸县—武冈线。与蒸阳大道、春风路、新正街、西杉公路相交。长1千米，宽36米。沥青路面。1994年开工，1995年建成。2000年后改(扩)建。因向阳桥得名。两侧有县商务局、林业局、水利局、自来水公司等。通公交车。

清江路［Qīngjiāng Lù］ 在县城中部。南起于清江大桥，北至船山西路。与滨江路、蒸阳大道、新正街等相交。长2.4千米，宽48米。混凝土路面。2005年开工，2007年建成。因寓蒸水清澈之意得名。两侧有宾馆、银行、城东大市场、清风公园等。通多路公交车。

洪山路［Hóngshān Lù］ 在县城东部。南起洪山桥，北至怀邵衡铁路西渡车站。与英南大道、蒸阳大道、联胜路、船山西路相交。长5.3千米，宽57米。混凝土路面。2009年开工，2010年建成。因洪山庙得名。两侧有衡阳县第三中学、元培学校、得阳鞋业等。通公交车。

海英大道［Hǎiyīng Dàdào］ 在县城东部。南起蒸阳大道，北至衡邵高速。与联胜路、西集公路相交。长3.7千米，宽60米。沥青路面。2010年开工，2011年建成。取所在海龙村、英陂村各一字得名。两侧有角山米业、维泰智慧城、天鹅新城等。通公交车。

槐花社区［Huáihuā Shèqū］ 西渡镇人民政府驻地。在县境南部。面积2平方千米。人口1.1万。以槐花堂得名。2004年成立。民居以6层及以上城镇住宅楼为主。有健身广场、社区活动室、便民服务站等。有中小学、幼儿园、卫生院、图书室。农业以种植水稻等为主，养殖猪。服务业以商贸为主。有蒸阳汽车站。通多路公交车。

集兵镇［Jíbīng Zhèn］ 衡阳县辖镇。在县境东部。面积95平方千米。人口4.1万。辖1居委会、21村委会，有235自然村。镇人民政府驻集兵滩社区。1961年由红旗公社析置集兵公社。1984年改集兵滩镇。1995年与通天乡合设集兵镇。因镇政府驻地原名得名。有中学1所，小学9所，幼儿园2所，卫生院1个，卫生室21个。有敬老院、文化站、电视站等。农业以种植水稻、油菜为主。特产禹王牌大米、油豆腐、印粑、白果塘莲藕。工业有竹木精加工、食品加工、建筑材料业等。107国道，县道界牌—李坳、集兵滩—西渡线过境。通公交车。

集兵滩社区［Jíbīngtān Shèqū］ 集兵镇人民政府驻地。在县境东部。面积0.5平方千米。人口2400。传元顺帝时衡州府集兵于此地河滩上，故名。1984年成立集兵居委会。2007年改集兵滩社区。民居以5层及以上城镇住宅楼为主。有中心小学、幼儿园。有医疗站、健身广场、便民服务点等。农业以种植水稻、油菜为主。服务业以商贸为主。怀邵衡铁路、107国道、省道宁乡—临武线过境。通公交车。

杉桥镇［Shānqiáo Zhèn］ 衡阳县辖镇。在县境东南部。面积71平方千米。人口2.2万。辖2居委会、19村委会，有195自然村。镇人民政府驻杉桥村。1950年设杉桥乡。1952年改东木乡。1961年由东风公社析设杉桥公社。1984年改乡。同年置镇。因镇政府驻地得名。杉旭河流经。有中学1所，小学6所，幼儿园3所，卫生院1个，卫生室19个。有敬老院、文化站等。有伊山寺。农业以水稻、薯类、油菜、油茶为主，养殖猪、家禽、鱼。县道西集、杉石线过境。通长途客车。

杉桥村［Shānqiáocūn］ 杉桥镇人民政府驻地。在县政府驻地西渡镇东北15千米。人口2500。因杉木桥得名。聚落呈条形。有小学、幼儿园、卫生室、便民服务点等。农业以种植水稻、油菜等为主，养殖猪、家禽、鱼。通长途客车。

井头镇［Jǐngtóu Zhèn］ 衡阳县辖镇。在县境西南部。面积155平方千米。人口6.4万。辖2居委会、60村委会，有646自然村。镇人民政府驻青龙桥社区。1950年设井头乡。1958年并入上游公社。1959年更名为井头公社。1984年改井头江镇。1995年与泗水、清潭、大云、静云4乡合设井头镇。因镇政府原驻地附近武水河畔昔有一口水井而得名“井头江”，镇沿用其名。武水流经。有矿产资源花岗石、重晶石。有中学4所，小学25所，幼儿园3所，卫生院1个，卫生室59个。有敬老院、有线电视站、文化站等。有中共清潭支部旧址陈列室。有景点长乐四十八寨、大云山仙人洞、鸭公岭等。农业以种植水稻、红薯、油菜为主，养殖猪、家禽、鱼。工业以花岗岩开采及加工为主。234国道过境。通长途客车。

青龙桥社区［Qīnglóngqiáo Shèqū］ 井头镇人民政府驻地。在县境西部。面积3.6平方千米。人口3400。因横跨青龙桥得名。1984年设青龙桥居委会。2007年改青龙桥社区。民居以5层及以上城镇住宅楼为主。有健身广场、便民服务点等。有小学、幼儿园、卫生室。农业以种植水稻、油菜等为主，养殖猪、家禽。通长途客车。

演陂镇［Yǎnpí Zhèn］ 衡阳县辖镇。在县境西南部。面积87平方千米。人口4.3万。辖2居委会、39村委会，有415自然村。镇人民政府驻演陂桥村。1950年设演陂乡。1956年红荷、黄石、河泉3乡并入。1961年由先锋公社析设演陂公社。1984年改乡。同年置镇。1995年方工、新塘、六塘3乡并入合设演陂镇。因镇政府驻地得名。演陂河流经。有矿产资源石灰石、页岩、陶土、煤。有中学3所，小学8所，幼儿园3所，卫生院1个，卫生室39个。有敬老院、文化站、有线电视站等。农业以种植水稻、棉花、油菜为主，养殖猪、家禽。工业有碎石、水泥、石灰业等。衡邵高速、234国道、省道攸县—武冈线过境。

演陂桥村［Yǎnpíqiáocūn］ 演陂镇人民政府驻地。在县政府驻地西渡镇西13千米。人口2200。因演陂桥得名。聚落呈四方形。有镇中心学校、幼儿园、卫生院。农业以种植水稻、油菜为主。有商贸业。234国道经此。通客运班车。

金兰镇［Jīnlán Zhèn］ 衡阳县辖镇。在县境西部。面积165平方千米。人口7.7万。辖2居委会、58村委会，有727自然村。镇人民政府驻乐山村。明代置金兰乡。清设金华镇。民国复置金兰乡。1949年属第六区。1950年置金兰区。1958年属星际、五星人民公社。1961年改金兰公社。1984年改金兰寺镇。1995年与山水、古坳、檀桥、贺市4乡合设金兰镇。因“川漾金沙，山产兰草”得名。有古城峰、聚湖峰、城坪冲山脉。蒸水河流经。有中学4所，小学13所，幼儿园7所，卫生院1个，卫生室58个。有敬老院、文化站、有线电视站等。有省级城坪森林公园。有西汉承阳县故城遗址、五代旧砦萧公砦。有景点金兰寺、聚湖峰、聚湖庵、仙人洞、响鼓岭、滴水岩、三眼井、仙人掌、牛子石、乱石窝、龙王峡漂流、忠恕寺、紫云洞等。有甘溪古民居、佛教文化保护区。农业盛产稻谷、蔬菜籽，有专业养殖业。工业有竹木加工、农副产品加工、电子产品生产等。服务业以旅游为主。衡邵高速，省道攸县—武冈线，县道演金、金桐、金石线过境。

乐山村［Lèshāncūn］ 金兰镇人民政府驻地。在县政府驻地西渡镇西北35千米。人口1000。因乐山桥得名。聚落呈扇形。有小学、幼儿园、卫生院、便民服务点等。农业以种植水稻、油菜为主。通客运班车。

洪市镇［Hóngshì Zhèn］ 衡阳县辖镇。在县境西北部。面积113平方千米。人口6万。辖2居委会、40村委会，有492自然村。镇人民政府驻泰山村。1952年由天柱乡改设洪市乡。1958年属宏伟公社。1961年析置洪市公社。1981年改镇。1984年改洪罗庙镇。1995年与高碧、礼梓2乡合设洪市镇。原为洪罗庙。每逢圩场，商旅云集，遂称洪市。有中学5所，小学17所，幼儿园5所，卫生院1个，卫生室41个。有省级文物保护单位、全国爱国主义教育基地、省级红色旅游景区夏明翰故居。有敬老院、文化站、有线电视站等。农业以种植水稻、油菜等为主。特产洪市芝麻糖。有寺门前土猪。234国道，洪渣、太岩公路过境。

泰山村［Tàishāncūn］ 洪市镇人民政府驻地。在县政府驻地西渡镇西北28千米。人口2300。因旧时有名望宅院泰山堂匾额得名。聚落呈条形。有中小学、幼儿园、医疗站、健身广场等。农业以种植水稻、油菜、棉花等为主。有商贸服务业。通客运班车。

曲兰镇［Qūlán Zhèn］ 衡阳县辖镇。在县境西北部。面积118平方千米。人口5.2万。辖2居委会、39村委会，有479自然村。镇人民政府驻夫之社区。1943年置船山乡。1950年改曲兰乡。1961年由星星公社析设曲兰公社。1984年改乡。1995年与高汉、桐梓合设曲兰镇。因曲澜亭得名。有中学3所，小学19所，幼儿园3所，卫生院1个，卫生室40个。有敬老院、文化站、有线电视站等。由全国重点文物保护单位王船山故居及墓庐，省级文物保护单位中国工人运动早期领导人朱少连故居。有湘西草堂。农业以种植水稻等为主，养殖猪、家禽。产茶叶、黄花菜、菜籽油、茶油。工业以建筑、食品加工业等为主。益娄衡高速、234国道过境。

夫之社区［Fūzhī Shèqū］ 曲兰镇人民政府驻地。在县境西北部。面积0.1平方千米。人口900。因纪念王夫之(王船山)得名。又名夫子社区。2007年成立。民居以5层及以上城镇住宅楼为主。有小学、幼儿园、卫生院等。农业以种植水稻、油菜等为主。服务业以商贸、旅游业为主。娄衡高速、234国道过境。通客运班车。

金溪镇［Jīnxī Zhèn］ 衡阳县辖镇。在县境北部。面积112平方千米。人口4万。辖2居委会、32村委会，有367自然村。镇人民政府驻金溪村。1950年设金溪乡。1961年由万里公社析置金溪公社。1984年改金溪庙镇。1995年与上峰、横江、隆兴3乡合设金溪镇。因镇政府驻地得名。有中学2所，小学13所，幼儿园4所，卫生院1个，卫生室32个。有敬老院、文化站等。农业主产南竹、杉木、茶叶、药材等。工业有木器制造、竹木加工业等。有圩场。县道渣江—九峰线过境。通长途客车。

金溪村［Jīnxīcūn］ 金溪镇人民政府驻地。在县政府驻地西渡镇北46千米。人口3000。因金溪庙得名。聚落呈条形。有中小学、幼儿园、卫生院等。农业以水稻、薯类种植为主。有农贸市场。通长途客运班车。

界牌镇［Jièpái Zhèn］ 衡阳县辖镇。在县境东北部。面积99平方千米。人口3.4万。辖6居委会、25村委会，有276自然村。镇人民政府驻红星社区。1950年置界牌乡。1953年大兴、银溪2乡并入改界牌镇。1958年改界牌公社。1964年复改镇。1995年国庆乡并入。因清乾隆元年(1736)官方在分水坳上立牌为界得名。有中学1所，小学8所，幼儿园6所，卫生院2个，卫生室7个。有敬老院、文化站、有线电视站等。有省级非物质文化遗产界牌火灯节。工业有矿产品加工、陶瓷生产。潭衡西高速石市连接线，县道西界、国李线过境。通长途客运车。

红星社区［Hóngxīng Shèqū］ 界牌镇人民政府驻地。在县境东北部。面积4平方千米。人口5900。因红星瓷厂得名。1984年设复兴居委会。2007年改红星社区。民居以5层及以上城镇住宅楼为主。有小学、幼儿园。有医疗站、健身广场等。工业以瓷泥开采、加工，陶瓷生产等为主。服务业以商贸业为主。省道宁乡—临武线过境。通客运班车。

渣江镇［Zhājiāng Zhèn］ 衡阳县辖镇。在县境北部。面积140平方千米。人口7.1万。辖2居委会、51村委会，有580自然村。镇人民政府驻北正街社区。1943年置渣江镇。1950年改渣江乡。1961年由群峰公社析设渣江公社。1966年复置渣江镇。1995年盐田、官埠、赤石3乡并入。传蒸水、柿竹水于此汇合，泥渣长期停滞形成江边平地，故名。蒸水、柿竹水、岳沙水流经。有中学4所，小学25所，幼儿园6所，卫生室57个。有敬老院、文化站等。有晚清名臣彭玉麟故居。农业盛产稻谷、油菜籽。有特色美食渣江米粉、假羊肉、土头碗。县道西界、渣洪、渣排、盐双线过境。通长途客车。

北正街社区［Běizhèngjiē Shèqū］ 渣江镇人民政府驻地。在县境中部。面积1.7平方千米。人口7600。因地处正街北面得名。2007年由北正街居委会改北正街社区。民居以5层及以上城镇住宅楼为主。有医疗站、健身广场等。有小学、幼儿园。农业以种植水稻、油菜等为主，养殖猪、家禽、鱼。有农贸市场。省道韶山—桂阳、茶陵—祁东线过境。通公交车。

三湖镇［Sānhú Zhèn］ 衡阳县辖镇。在县境中部偏北。面积113平方千米。人口5.5万。辖1居委会、43村委会，有446自然村。镇人民政府驻龟石渡社区。1950年置龟石乡。1956年改三湖乡。1961年由和平公社析设三湖公社。1995年三湖、鼓峰、甘泉等35乡合为三湖乡。1996年改镇。因有上、中、长湖3町得名。有中学3所，小学14所，幼儿园7所，卫生院1个，卫生室44个。有敬老院、文化站等。农业以种植水稻、棉花、油菜等为主，养殖猪、鱼、家禽。工业以食品加工、纺织、建材业等为主。县道渣洪、渣九、合三线过境。通长途客车。

龟石渡社区［Guīshídù Shèqū］ 三湖镇人民政府驻地。在县境中部。面积2平方千米。人口1000。因蒸水河边有形似龟巨石得名。2007年由龟石村析设龟石社区。民居以5层及以上城镇住宅楼为主。有健身广场等。有小学、幼儿园、卫生院。农业以种植水稻、油菜为主。有商贸服务业。省道茶陵—祁东线过境。通客运班车。

台源镇［Táiyuán Zhèn］ 衡阳县辖镇。在县境中部。面积119平方千米。人口6万。辖1居委会、48村委会，有537自然村。镇人民政府驻台源寺社区。1952年置台源乡。1961年由东方红公社析设台源公社。1984年改台源寺镇。1995年与九市、福溪、高真、花滩4乡合设台源镇。因台源寺得名。有中学4所，小学15所，幼儿园10所，卫生院1个，卫生室49个。有敬老院、文化站等。为省民间艺术之乡。有省级非物质文化遗产九市稻草龙。农业以种植水稻、油菜等为主，养殖猪、鸡、鱼。工业以建筑建材、食品加工业等为主。县道西界、杉方、台雷线过境。通公交车。

台源寺社区［Táiyuánsì Shèqū］ 台源镇人民政府驻地。在县境中部。面积1.8平方千米。人口4100。因台源寺得名。2005年由上、下街2居委会合设台源寺社区。民居以5层及以上城镇住宅楼为主。有小学、幼儿园、卫生院、健身广场等。农业以种植水稻、湘莲、油菜、棉花等为主。有商贸业。省道韶山—桂阳线过境。通公交车。

关市镇［Guānshì Zhèn］ 衡阳县辖镇。在县境西部。面积91平方千米。人口5.3万。辖2居委会、46村委会，有457自然村。镇人民政府驻关帝庙社区。1950年置关市乡。1961由太阳升公社析置关市公社。1984年改乡。1995年关市、汇水、双溪3乡合设关市乡。2011年改镇。因驻地昔称关帝庙、旁有集市，故名。有省级三阳林场自然保护区。有中学3所，小学21所，幼儿园3所，卫生院1个，卫生室46个。有敬老院、文化站等。农业以种植水稻、红薯、油菜为主，有养殖业。工业以食品加工、采矿业等为主。特产关市薯粉条。234国道过境。通长途客车。

关帝庙社区［Guāndìmiào Shèqū］ 关市镇人民政府驻地。在县境西南部。面积5.2平方千米。人口3300。因关帝庙得名。2007年成立。民居以5层及以上城镇住宅楼为主。有小学、幼儿园、卫生院。有健身广场等。农业以种植水稻、红薯、豆类等为主。有商贸业。234国道过境。通客运班车。

库宗桥镇［Kùzōngqiáo Zhèn］ 衡阳县辖镇。在县境西北部。面积100平方千米。人口5万。辖1居委会、39村委会，有455自然村。镇人民政府驻梅开村。1950年置库宗乡。1961年由超英公社析设库宗公社。1984年改乡。1995年与石口、古井、牌楼3乡合设库宗乡。2011年改库宗桥镇。因库宗桥得名。有金华山。大源河流经。有中学4所，小学13所，幼儿园4所，卫生院1个，卫生室38个。有敬老院、文化站、有线电视台等。有金华山寺庙、福益亭、观景台。农业以种植水稻、红薯、油菜为主。工业以蔬菜加工、制鞋、建材、木器加工业等为主。娄衡、衡邵高速，省道攸县—武冈线过境。2010年被评为全国文明乡镇。

梅开村［Méikāicūn］ 库宗桥镇人民政府驻地。在县政府驻地西渡镇西南21千米。人口1900。因梅开堂得名。聚落呈扇形。有小学、幼儿园、医疗站、健身广场、便民服务点等。农业以种植水稻、油菜等为主。工业以木器制造为主。通客运班车。

岘山镇［Xiànshān Zhèn］ 衡阳县辖镇。在县境西南部。面积157平方千米。人口7万。辖2居委会、57村委会，有638自然村。镇人民政府驻岘市社区。1950年置岘山乡。1961年由卫星公社析设岘山公社。1984年复改岘山乡。1995年与檀山、碧崖、木口3乡合设岘山乡。2012年置镇。因镇政府驻地原名得名。有中学3所，小学18所，幼儿园9所，卫生院1个，卫生室57个。有敬老院、文化站、有线电视站等。有国家级织女湖水利风景区。农业以种植水稻、油菜、棉花为主。产长永中华鳖。工业有化工、建筑、制鞋、食品加工等。娄衡高速、234国道过境。通客运班车。2014年被评为全国文明村镇。

岘市社区［Xiànshì Shèqū］ 岘山镇人民政府驻地。在县境南部。面积4平方千米。人口2300。因境内岘山寺旁有集市得名。2011年成立。民居以5层及以上城镇住宅楼为主。有健身广场等。有小学、幼儿园、卫生院。农业以种植水稻、油菜等为主。有商贸服务业。省道韶山—桂阳线过境。通客运班车。

石市镇［Shíshì Zhèn］ 衡阳县辖镇。在县境东北部。面积145平方千米。人口5.7万。辖1居委会、53村委会，有504自然村。镇人民政府驻石头桥社区。1950年设石市乡。1956年并入唐福乡。1961年由群峰公社析设石市公社。1984年复改乡。1995年与金屏、甲满、醒狮3乡合设石市乡。2012年置镇。因石头桥旁有集市得名。有中学4所，小学11所，幼儿园7所，卫生院2个。有敬老院、有线电视站、文化站等。2011年被评为中国民间文化艺术之乡。有省级非物质文化遗产石市竹木雕刻。有国家级万源湖水利风景区、黄门寨丹霞地貌群。有近代著名书画家曾熙故居。农业以种植水稻、油菜等为主。潭衡西高速，县道西界、杉方线过境。

石头桥社区［Shítouqiáo Shèqū］ 石市镇人民政府驻地。在县境北部。面积6.6平方千米。人口3800。因昔有石桥得名。2011年成立。民居以5层及以上城镇住宅楼为主。有小学、幼儿园、卫生院。有健身广场等。农业以种植水稻、油菜等为主。有农贸市场。岳临高速、省道茶陵—祁东线过境。通客运班车。

樟木乡［Zhāngmù Xiāng］ 衡阳县辖乡。在县境东部。面积99平方千米。人口2.9万。辖1居委会、19村委会，有236自然村。乡人民政府驻竹园村。1950年设正乳乡。1956年改樟木乡。1961年由红旗公社析设樟木公社。1984年改乡。1995年与里仁乡合设樟木乡。2002年乡政府迁驻衡岳村。因樟木寺得名。有九乳峰、十乳峰。有中学1所，小学11所，幼儿园3所，卫生院1个，卫生室19个。有敬老院、文化站、有线电视站等。有樟木寺、培元寺遗址、程公馆、彭玉麟墓庐。农业以种植水稻、油茶、蔬菜等为主,养殖猪、家禽、鱼。工业以竹木器制作加工业为主。有食品加工业。衡岳高速、107国道过境。

竹园村 [Zhúyuáncūn]　樟木乡人民政府驻地。在县政府驻地西渡镇东南38千米。人口3200。因多生竹子得名。聚落呈条形。有中小学、幼儿园、卫生院、健身广场等。农业以种植水稻、油茶、油菜等为主。盛产竹木。有农贸市场。衡岳高速、107国道经此。通公交车。

岣嵝乡 [Gǒulǒu Xiāng]　衡阳县辖乡。在县境东部。面积120平方千米。人口2.4万。辖17村委会,有243自然村。乡人民政府驻杉云村。清同治十年(1871)属岣嵝镇。1942年设岣嵝乡。1961年由红旗公社析设岣嵝公社。1984年复改乡。1995年与神皇、江柏堰2乡合设岣嵝乡。因岣嵝峰得名。有矿产资源瓷土、钾长石等。有中学1所,小学7所,卫生院1个,卫生室17个。有幼儿园、敬老院、文体站、有线电视站等。有岣嵝峰国家森林公园、神皇山。农业以种植水稻、油茶为主。盛产竹木。工业有采矿、碎石、竹木器加工业等。县道李腊线过境。

杉云村 [Shānyúncūn]　岣嵝乡人民政府驻地。在县政府驻地西渡镇东北33千米。人口2100。因旧称云盘町且有杉树,故名。聚落呈宝塔状。有小学、幼儿园、医疗站、便民服务点、健身广场等。农业以种植水稻、油菜、油茶等为主,养殖猪、家禽、鱼。省道宁乡—临武线经此。通客运班车。

栏垅乡 [Lánlǒng Xiāng]　衡阳县辖乡。在县境中部。面积51平方千米。人口2.4万。辖19村委会,有249自然村。乡人民政府驻栏市村。1950年设栏垅乡。1961年由光明公社析置栏垅公社。1984年改乡。1995年白水乡并入。传清末坦塘、山塘2垅口有栏垅铺得名。有中学2所,小学6所,幼儿园5所,卫生院1个,卫生室17个。有敬老院、文化站、有线电视站等。农业以种植水稻、油菜、棉花等为主,养殖猪、家禽、鱼。工业以生产梳篦为主。县道西荷、西(渡)白(水)线过境。

栏市村 [Lánshìcūn]　栏垅乡人民政府驻地。在县政府驻地西渡镇西北13千米。人口2300。因栏垅铺设集贸市场得名。聚落呈带状。有小学、幼儿园、医疗站、健身广场等。农业以种植水稻、油菜、棉花为主,养殖猪、家禽。有农贸市场。通客运班车。

大安乡 [Dà'ān Xiāng]　衡阳县辖乡。在县境西北部。面积79平方千米。人口4.4万。辖31村委会,有396自然村。乡人民政府驻大安村。1952年设大安乡。1958年改火炬公社。1984年复改大安乡。1995年水寺乡并入。原有大安塘,故名。有邹岗山。蒸水河流经。有中学2所,小学10所,幼儿园2所,卫生院1个,卫生室20个。有敬老院、文化活动中心、有线电视站、文体站等。有龙王庙。农业以种植水稻等为主,养殖猪、鸡、鸭、鱼。工业有纸袋、石灰、建材、竹木加工业等。娄衡高速、234国道、水大公路过境。

大安村 [Dà'āncūn]　大安乡人民政府驻地。在县政府驻地西渡镇西北35千米。人口2200。因大安塘得名。聚落呈带状。有中学、小学、幼儿园、医疗站、便民服务点、健身广场等。农业以种植水稻、油菜等为主,养殖猪、家禽、鱼。有农贸市场。通客运班车。

溪江乡 [Xījiāng Xiāng]　衡阳县辖乡。在县境西北部。面积84平方千米。人口3.9万。辖1居委会、30村委会,有310自然村。乡人民政府驻岳沙社区。1950年设溪江乡。1958年并入鹏程公社。1961年析设溪江公社。1984年复改乡。1995年富田、九峰2乡并入。以岳沙河溪流得名。有中学2所,小学15所,幼儿园4所,卫生院1个,卫生室30个。有文体站、电影放映队、有线电视站等。有省级九峰山森林公园。农业以种植水稻为主。盛产南竹。工业有刨木、采石、竹木加业等。县道溪九、渣排线过境。

岳沙社区 [Yuèshā Shèqū]　溪江乡人民政府驻地。在县境北部。面积3.2平方千米。人口1500。因岳沙河得名。2009年由溪江村析设岳沙社区。民居以5层及以上城镇住宅楼为主。有小学、幼儿园。有医疗站、健身广场、便民服务点等。农业以种植水稻、油菜等为主。有农贸市场。省道韶山—桂阳线过境。通客运班车。

长安乡 [Cháng'ān Xiāng]　衡阳县辖乡。在县境中部。面积39平方千米。人口1.9万。辖1居委会、8村委会,有201自然村。乡人民政府驻长市社区。1950年设长安乡。1958年并入光明公社。1961年析设长安公社。1984年复改乡。1995年与大胜乡合设长安乡。因长安塘得名。有中学1所,小学4所,幼儿园6所,卫生院1个,卫生室8个。有敬老院、文化站、有线电视站等。农业以种植水稻、油菜等为主,养殖猪、鸡、鸭。工业有梳篦生产业。县道台雷线过境。

长市社区 [Chángshì Shèqū]　长安乡人民政府驻地。在县境中部。面积1.4平方千米。人口1800。原为长塘铺,因有集市得今名。2014年成立。民居以5层及以上城镇住宅楼为主。有医疗站、健身广场、便民服务点等。有小学、幼儿园。农业以种植水稻、油菜、棉花、豆类等为主。工业有梳篦生产业。有商贸服务业。通客运班车。

板市乡 [Bǎnshì Xiāng]　衡阳县辖乡。在县境东部。面积24平方千米。人口1.5万。辖10村委会,有117自然村。乡人民政府驻板市村。1950年设板桥乡。1958年并入东风公社。1961年析设板桥公社。1984年改板市乡。1995年并入杲鹰岭镇。2000年析出复置。因乡政府驻地得名。杉旭河流经。有中学1所,小学4所,幼儿园2所,卫生院1个,卫生室10个。有敬老院、文化站、有线电视站等。农业以种植水稻、莲藕等为主,养殖猪、鸡。工业有制塑、编织、建筑材料业等。潭衡西、衡邵高速,杲杉公路过境。

板市村 [Bǎnshìcūn]　板市乡人民政府驻地。在县政府驻地西渡镇东17千米。人口2500。因石板桥设集市得名。聚落呈带状。有小学、幼儿园、医疗站、健身广场、便民服务点。农业以种植水稻、油菜、莲藕等为主。有农贸市场。衡邵高速、省道宁乡—临武线经此。通客运班车。

樟树乡 [Zhāngshù Xiāng]　衡阳县辖乡。在县境东南部。面积28平方千米。人口1.4万。辖2居委会、9村委会,有113自然村。乡人民政府驻樟树坳社区。1950年设樟树乡。1958年并入东风公社。1961年析设樟树公社。1984年复改樟树乡。1995年并入杲鹰岭镇。2000年析出复置。因乡政府驻地得名。蒸水河流经。有中学1所,小学3所,幼儿园3所,卫生院1个,卫生室9个。有敬老院、文化站、有线电视站等。农业以种植水稻、棉花等为主,养殖猪、鸡、鸭、鱼。工业有装备制造、建筑材料、光伏能源业等。潭衡西高速、省道攸县—武冈线过境。通公交车。

樟树坳社区 [Zhāngshù'ào Shèqū]　樟树乡人民政府驻地。在县境东南部。面积1.3平方千米。人口6400。因樟树坳得名。2011年成立。民居以5层及以上城镇住宅楼为主。有医疗站、健身广场、便民服务点等。有小学、幼儿园。农业以种植水稻、油菜等为主。有农贸市场。省道茶陵—祁东线过境。通公交车。

潮江乡 [Cháojiāng Xiāng]　衡阳县辖乡。在县境东南部。面积27平方千米。人口1万。辖8村委会,有88自然村。乡人民政府驻永乐村。1950年设潮江乡。1961年由跃进公社析设潮江公社。1984年复改乡。1995年并入角山乡。2000年析出复置潮江乡。因潮江河得名。有中学1所,小学5所,幼儿园1所,卫生院1个,卫生室8个。有文化站等。有天主教堂、大道庙等。农业以种植水稻、油菜、油茶为主,有养殖业。产角山香米。工业以服装、大米加工业为主。西集、潮角公路过境。

永乐村 [Yǒnglècūn]　潮江乡人民政府驻地。在县政府驻地西渡镇东南23千米。面积1.5平方千米。人口2000。因希望居此的人民永远开心快乐得名。聚落呈带状。有小学、幼儿园、医疗站、便民服务点等。农业以种植水稻、油菜等为主,养殖猪、家禽、鱼。有集贸市场。通客运班车。

衡南县

衡南县 [Héngnán Xiàn]　衡阳市辖县。北纬26°32′,东经112°16′。在市境东南部。面积2621平方千米。人口110万。以汉族为主,还有苗、藏、哈尼、土家等民族。辖23镇、3乡。县人民政府驻云集镇。1952年析衡阳县部分区域设衡南县,属衡阳专区。后隶属湘南行政区(地级)、属衡阳地区。1974年金桥区洪堰公社并入。1983年属衡阳市,治衡阳市城北区。2004年驻地云集镇。先后建成县会展中心、明德小学、县图书馆、南岳机场等重要设施。因处南岳衡山之南得名。地势东西部较高,南北部略低。地貌以平原、丘陵、山地为主。平均海拔437米。有七里山、岐山、火石山、天光山等。年均气温18.8℃,1月平均气温5—6℃,7月平均气温30℃。年均降水量1335.5毫米。湘江、春陵水、耒水、蒸水流经。有矿产资源煤、锰、钒、铜、铅、铁、铝、锌、钨、钼、金、银、萤石、硅石、芒硝、石灰石、重晶石、石膏、高岭土、卤水、玄武岩、黏土等28种。有野生植物624种,其中有国家重点保护野生植物银杏、三尖杉、榉树等15种。有野生动物60余种,其中有国家二级保护动物蓝喉蜂虎、凤头鹰、画眉、白胸翡翠、虎纹蛙、松雀鹰、蛇雕。有省级自然保护区江口鸟洲、岐山风景区。森林覆盖率85.4%。有高中6所,初中、小学254所,中职2所,二级医院8个。有博物馆1个,文化馆1个,档案馆1个,体育馆4个。有剧团、电影院。有群众化艺术团体33个。有全国重点文物保护单位栗江渔溪王氏宗祠、云集窑址,省级文物保护单位岐山仁瑞寺、宝盖楼古建筑群、桐梓山工农游击队指挥部旧址。有省级历史文化名村花桥镇高新村。有中国传统村落栗江镇大渔村、宝盖镇宝盖村。有省级非物质文化遗产七巧龙。有省级特色旅游名镇1个、特色旅游名村1个、农业旅游示范点2个。有国家4A级旅游景区岐山森林公园。有古迹廖田勤丰果志堂、冠市高岭刘氏宗祠、三塘左氏祖庙、花桥蒋家大屋古建筑群、车江炎帝神农祠、松江尚书祠、青冲窑址等。有传统民间艺术渔鼓戏、皮影戏、花鼓戏等。三次产业比例23∶43∶34。农业以种植水稻、玉米、大豆、红薯、油菜为主,养殖猪、家禽、鱼。特产宝盖、相市、茅市烧饼,冠市红豆腐,古城西瓜,江口鸟洲乳鸽,宝盖银杏、有机茶、罗汉果。

工业以高新电子、建筑业为主。服务业以商贸、物流业为主。有高铁58千米,内河航线141千米。京广高铁,京广、吉衡、湘桂铁路,衡柳、泉南、岳临、京港澳高速,107、322国道,省道宁乡一临武、衡山一宜章杨梅山、衡东大桥一永兴金龟,攸县金龟一武冈邓元泰、茶陵严塘一衡阳、衡南车江一东安紫溪线过境。有南岳机场,民航航线6条,通往北京、上海等地。有湘江、耒水、蒸水、春陵水等内河航运。

云集湘江大桥 [Yúnjí Xiāngjiāng Dàqiáo] 在县城北部。长717.5米,宽24米,最大跨度90米,桥下净高8.8米。1998年开工,2002年建成。因位云集大道跨湘江得名。为大型河道桥梁,结构型式为钢筋混凝拱桥。最大载重15吨。通公交车。

松柏湘江大桥 [Sōngbǎi Xiāngjiāng Dàqiáo] 在县城南部。长580米,宽19米,最大跨度80米,桥下净高20米。1990年开工,1992年建成。因位于衡南县松柏镇(现松江镇)跨湘江,故名。为大型河道桥梁,结构型式为钢筋混凝桥。最大载重10吨。通公交车。

衡南站 [Héngnán Zhàn] 见交通运输设施部分"衡南站"条。

衡南县云集汽车站 [Héngnán Xiàn Yúnjí Qìchēzhàn] 见交通运输设施部分"衡南县云集汽车站"条。

云集镇 [Yúnjí Zhèn] 衡南县人民政府驻地。在县境中部。面积102平方千米。人口2.9万。辖6居委会、23村委会,有305自然村。镇人民政府驻黄金社区。1996年车江、向阳2镇析部分区域设云集镇。因云集潭得名。有十牛峰、云集峰。湘江、耒水流经。有中学3所,小学4所,二级医院5个,卫生院1个,卫生室23个,图书馆1个,图书室23个。有篮球场10个,健身场15个,广场3个。有全国重点文物保护单位云集窑,省级文物保护单位李氏宗祠(含仙根书院)。有省五星级旅游区泉梓村内亚皂生态山庄。有民俗端午龙舟赛、春节舞龙闹元宵、红白喜事唱马灯。农业以种植水稻、蔬菜等为主,养殖家禽、水产。特产大米、瘦肉型猪、茶油。工业以高新科技、建筑业为主。服务业以物流、餐饮业为主。京广高铁,京广铁路,泉南、岳临高速,107、322国道,省道宁乡一临武、衡南车江一东安紫溪线过境。湘江、耒水通航。有南岳机场。

云集大道 [Yúnjí Dàdào] 在县城北部。东起107国道,西至省道宁乡一临武线。与雅园北路、新塘路、云峰路、鸿业路、燕湘南路相交。长21.6千米,宽60米。沥青混凝土路面。1998年开工,2002年建成。因处云集镇,故名。两侧有县农机局、电力局、农业局、安监局、财政局、衡南云集开发区、县住建局、交通局。通多路公交车。

黄金路 [Huángjīn Lù] 在县城中部。东起滨江路,西至鸿业路。与雅园南路、新塘南路、云峰路相交。长2.1千米,宽24米。沥青混凝土路面。1998年开工,1999年建成。2002年延伸扩建。因黄金村得名。两侧有县国税局、检察院、卫健局、公安局、水利局、县政府、县委等。通多路公交车。

正德路 [Zhèngdé Lù] 在县城南部。东起滨江南路,西至鸿业路。与雅园南路、云峰路相交。长2千米,宽24米。沥青混凝土路面。2005年开工,2006年建成。取移动公司"正德厚生,臻于至善"理念得名。两侧有镇六一幼儿园、县机关幼儿园、县人民医院、居住小区等。通多路公交车。

云峰路 [Yúnfēng Lù] 在县城西部。南起明珠路,北至滨江北路。与正德路、黄金路、清泉路、清华路、云集大道相交。长3.3千米,宽24米。沥青混凝土路面。2003年开工,2006年建成。因面对云集峰,喻此地日后发展如高耸入云山峰,故名。两侧有中国电信、邮局、居住小区等。通多路公交车。

滨江路 [Bīnjiāng Lù] 在县城东部。北起车江边界,南至县城边线。与黄金路、云集大道相交。长7.2千米,宽24米。混凝土路面。因邻湘江得名。以云集大桥为界分为南、北2段。两侧有县水利局、县人社局、中科超市、县污水处理厂、湘江防洪堤、沿江风光带等。通公交车。

黄金社区 [Huángjīn Shèqū] 云集镇人民政府驻地。在县境中部。面积3平方千米。人口1万。因由黄金村改设,故名。2004年成立。民居以6层住宅楼为主,兼有高层电梯楼。有中小学、县人民医院、卫生室。有社区便民服务中心、养老服务中心、文体活动中心等。有下湾周商时代村落遗址、黄金堡古井、中北祠等。通公交车。

向阳镇 [Xiàngyáng Zhèn] 衡南县辖镇。在县境东南部。面积106平方千米。人口5.1万。辖5居委会、28村委会,有339自然村。镇人民政府驻车和村。1967年由观音公社改向阳公社。1984年改向阳镇。1995年云市、黄狮2乡部分区域并入。1996年廖田乡8村并入,析出云市等9村。因向阳桥得名。耒水、春陵水、湘江流经。有中学2所,小学9所,卫生院1个,卫生室28个,图书馆1个。有文化站1个,文化活动中心26个,广播电视站1个。有遗址彭祠大屋、宋龙窑。农业以种植水稻、莲藕、香瓜、蔬菜为主,养殖家禽、家畜、鲜虾、蟹、贝类。工业以机械制造业为主。有商贸服务业。京广高铁、京广铁路、107国道过境。湘江、耒水四季通航。

车和村 [Chēhécūn] 向阳镇人民政府驻地。在县政府驻地云集镇东11千米。人口500。因车和塘得名。聚落呈散状。有卫生室。农业主产粮食、蔬菜。有农机厂。107国道经此。通公交车。

廖田镇 [Liàotián Zhèn] 衡南县辖镇。在县境东南部。面积110平方千米。人口3.2万。辖2居委会、26村委会,有352自然村。镇人民政府驻廖田街社区。1956年设廖田乡。1958年改廖田公社。1984年复改乡。1995年湘西、黄狮2乡(除天竺村)并入改廖田镇。1996年析出黄狮等8村。因廖田圩得名。有狮子岭、桐子山。耒水、春陵水、杨柳河流经。有中学1所,小学8所,卫生院1个,卫生室26个。有省级文物保护单位桐梓山工农游击队指挥部旧址。有古迹勤丰村果志堂、宋时青冲窑。农业以种植水稻、香瓜、蔬菜等为主,养殖猪、牛、羊。产柑橘、竹笋等。工业以建筑、建材业为主。有商贸服务业。京广高铁、京广铁路、107国道、新市一水口山公路过境。湘江、耒水四季通航。

廖田街社区 [Liàotiánjiē Shèqū] 廖田镇人民政府驻地。在县境东南部。面积1.5平方千米。人口5300。原名廖田铺、廖田墟。传廖姓财主在此购田开店设铺,定期赶圩,逐成街市,故名。1984年成立。民居以砖混结构自建住宅楼为主。有中小学、幼儿园、卫生室、文化广场等。农业以种植水稻、花生为主。工业有建筑、建材加工业等。有集贸市场。京广高铁、京广铁路、107国道过境。通公交车。

茶市镇 [Cháshì Zhèn] 衡南县辖镇。在县境东部。面积71平方千米。人口3.5万。辖3居委会、29村委会,有305自然村。镇人民政府驻茶市村。1949年设茶市乡。1958年改茶市公社。1984年改茶市镇。1995年石桥乡并入。因茶市街得名。耒水流经。有中学1所,小学9所,幼儿园6所。有剧场、文化站、广播电视站。有古迹爱敬堂、宋梓樟园窑址。有传统民间艺术皮影戏、雕刻。农业以种植水稻为主。产油茶、花生、西瓜、珍珠枣、湘黄鸡、瘦肉型猪。工业以机械制造、竹品加工、制鞋业为主。322国道、省道S316线过境。耒水四季通航。

茶市村 [Cháshìcūn] 茶市镇人民政府驻地。在县政府驻地云集镇东10千米。人口2500。古称茶溪,后发展为街市,故名。聚落呈十字状。有中小学、幼儿园、卫生室、文化广场等。农业以种植水稻、油菜、香瓜为主。有竹品加工、机械制造业等。有集贸市场。322国道经此。通公交车。

冠市镇 [Guànshì Zhèn] 衡南县辖镇。在县境东部。面积79平方千米。人口5万。辖4居委会、30村委会,有404自然村。镇人民政府驻正街社区。1956年设冠市乡。1961年改杨武公社。1984年改杨武乡。同年改冠市镇。1995年黄竹镇、接官乡2村,江口镇、上壁乡各1村并入。原为罐子市场,因"冠"与"罐"同音,故名。有古皇山。沙河、相市河流经。有中学2所,小学12所,卫生院1个,卫生室30个。有图书馆(室)、文化站、广播电视台等。有省级文物保护单位高岭刘氏宗祠。有古迹古皇山寺、千头樟、肚泉(吐泉)、杨武桥、汉古墓。有民间传统文化端午节后"关夫子诞辰"庙会。农业以种植水稻、蔬菜为主,养殖家禽、家畜、淡水鱼。特产冠市红豆腐、金银花、西瓜、湘黄鸡。工业以机械制造、小型制造业为主。有商贸服务业。京港澳高速、省道柏市一武冈邓元泰线、县道冠市一江口线过境。

正街社区 [Zhèngjiē Shèqū] 冠市镇人民政府驻地。在县境东部。面积1平方千米。人口7000。因处于冠市街正中心得名。1984年由正街与冠市村部分合并成立。民居以村镇居民自建住宅楼为主。有中学、卫生院。有老年活动室、便民服务站等。有社区志愿者服务,开展探访老人、宣传教育等活动。有机械制造、建材加工业等。322国道过境。通客运班车。

江口镇 [Jiāngkǒu Zhèn] 衡南县辖镇。在县境东南部。面积99.7平方千米。人口6.1万。辖4居委会、31村委会,有384自然村。镇人民政府驻上街社区。1958年成立江口公社。1984年改江口镇。1995年九龙乡并入。因小江口得名。耒水、沙河流经。有矿产资源锰、钨、金、玛瑙。有江口鸟洲省级自然保护区。有中学3所,小学17所,卫生院1个,卫生室31个。有图书馆(室)、文化站、广播电视台、文化活动中心等。有省级非物质文化遗产七巧龙。有国家3A级旅游风景区1个。有省四星级乡村旅游区(点)同福村星光生态公园。农业以种植水稻、油茶、棉花、柰李、柑橘、水晶梨等为主,养殖猪、家禽、鱼。特产泉边竹木、九龙茶、江口鸟洲乳鸽。工业以机械制造、电子加工、食品加工、建筑建材业为主。有商贸服务业。京港澳高速、省道柏市一武冈邓元泰线过境。耒水四季通航。

上街社区 [Shàngjiē Shèqū] 江口镇人民政府驻地。面积0.9平方千米。人口2800。依街走向定为上街,故名。1984年由上街、江新街部分合并成立。民居以村镇居民自建住宅楼为主。有中小学、卫生院。有老年活动室、便民服务站等。有社区志愿者服务,开展清洁卫生、便民利民等活动。有食品加工、建筑建材业等。京港澳高速,冠江、冠新公路过境。通客运班车。

宝盖镇 [Bǎogài Zhèn] 衡南县辖镇。在县境东部。面积177平方千米。人口5万。辖1居委会、31村委会,有414自然村。镇人民政府驻宝盖村。1956年为宝盖乡，1958年为胜利公社，1959年成立宝盖公社。1984年改宝盖乡。1995年与樟树脚乡合设宝盖镇。因镇政府驻地得名。沙河、车陂河流经。有中学2所，小学11所，幼儿园6所，卫生院1个，卫生室31个。有图书馆(室)、文化站、广播站等。为省级农业旅游示范镇、环境优美乡镇、特色旅游名镇。有省级文物保护单位宝盖楼古建筑群。有国家3A级旅游风景区银杏公园。农业以种植水稻、银杏为主。特产银杏、有机茶、罗汉果。工业以粮食、粮油、豆制品加工业等为主。有商贸服务业。吉衡铁路、322国道、省道柏市—武冈邓元泰线、县道黄田—黄竹线过境。

宝盖村［Bǎogàicūn］　宝盖镇人民政府驻地。在县政府驻地云集镇东30千米。人口3000。因宝盖楼得名。聚落呈散状。有中小学、幼儿园、卫生室、文化广场等。有省级文物保护单位宝盖楼古建筑群。有明清古民居群。农业以种植水稻、银杏为主。工业有化工业等。有集贸市场。吉衡铁路、322国道、省道衡东—永兴线经此。通客运班车。

花桥镇［Huāqiáo Zhèn］　衡南县辖镇。在县境东北部。面积145平方千米。人口4.3万。辖2居委会、29村委会，有429自然村。镇人民政府驻花桥社区。1956年设花桥乡。1958年改花桥公社。1984年改花桥镇。1995年接观乡(清瑞、四一村除外)、金竹乡并入。2003年析置川口办事处。因花桥得名。有天光山、雷打岭、岩鹰岭、纱帽岭。龙溪河、车陂河流经。有矿产资源钨、锰、铅、锌、重晶石等。有中学2所，小学11所，幼儿园5所，卫生院1个，卫生室29个。有图书馆、文化站、广播电视台、文化活动中心等。有科技示范基地。有省级文物保护单位蒋家大屋古建筑群。有中国传统村落高新村。有省四星级乡村旅游景区滑翔基地。有古迹虎岩山寺。有景点梦之洞、龙溪湖。农业以种植水稻、豆类、红薯、蔬菜等为主。产藤茶、竹制品等。工业以建筑建材业为主。有商贸、物流业。吉衡铁路，衡川、接宝公路过境。

花桥社区［Huāqiáo Shèqū］　花桥镇人民政府驻地。在县境南部。面积0.2平方千米。人口3100。因花桥得名。1984年由老街、新街部分地域合并成立。民居以村镇居民自建住宅楼为主。有老年活动室、便民服务站等。有社区志愿者服务，开展义工、文娱演出等活动。有中小学、卫生院。工业以竹制品加工、建筑建材业等为主。省道茶陵严塘—衡阳线过境。通客运班车。

高新村［Gāoxīncūn］　在县政府驻地云集镇东北54千米。花桥镇辖自然村。人口2200。1958年成立高兴大队。因寓中华人民共和国成立人民高高兴兴得名。1984年改高新村。聚落呈散状。有小学、幼儿园、卫生室、阅览室、老年活动中心。有省级文物保护单位蒋家大屋古建筑群。有传统建筑元代蒋家大屋、明代蒋家祠堂、清代蒋五三民居、礼门公住宅、蒋六公住宅、蒋小青民居等30余处。农业以种植水稻、豆类、红薯、蔬菜等为主。产藤茶、竹制品。县道云集—花桥线经此。通客运班车。

铁丝塘镇［Tiěsītáng Zhèn］　衡南县辖镇。在县境东北部。面积75平方千米。人口2.4万。辖3居委会、17村委会，有228自然村。镇人民政府驻铁丝村。1984年设望江乡。1995年改铁丝塘镇。因镇政府驻地得名。地势西高东低。有巨麓峰、狮子岭等。龙溪河、洪山庙河流经。有矿产资源煤、矿泉水。有中学1所，小学10所，幼儿园2所，卫生院1个，卫生室17个。有图书馆(室)、文化站、广播电视站、文化活动中心等。有古迹上冲寺、巨壁寺、天璧寺、南岳行宫。有天、雷、风、火4天然池。有18层盘山公路。农业以种植水稻为主。特产仔猪、湘黄鸡、龙眼等。工业以采石加工、建筑建材业为主。吉衡铁路过境。

铁丝村［Tiěsīcūn］　铁丝塘镇人民政府驻地。在县政府驻地云集镇东北54千米。人口1000。因铁丝塘得名。聚落呈散状。有中小学、幼儿园、卫生室、文化广场等。农业以种植水稻为主。特产仔猪、湘黄鸡。工业以采石、竹制品加工业为主。有集贸市场。吉衡铁路、省道茶陵严塘—衡阳线经此。通客运班车。

泉溪镇［Quánxī Zhèn］　衡南县辖镇。在县境东部。面积54平方千米。人口3.1万。辖3居委会、15村委会，有193自然村。镇人民政府驻石狮社区。1953年设泉溪镇。1986年改泉溪乡。1958年改和平公社。1959年与红星公社合设泉溪公社。1984年改泉溪镇。1995年咸塘镇并入。2001年析出咸塘镇。因泉溪得名。地势东南略高、西北略低。有清泉山。耒水流经。有中学2所，小学5所，幼儿园5所，卫生院1个，卫生室15个。有图书馆(室)、体育场等。有古刹古城寺。农业以种植水稻、油菜为主。有绿色环保农产品西瓜、椪柑、无公害蔬菜等。特产七巧莲藕、板栗、黑山羊等。工业以农产品加工、建筑建材业等为主。有商贸服务业。泉南高速、衡花公路过境。耒水四季通航。

石狮社区［Shíshī Shèqū］　泉溪镇人民政府驻地。在县境东部。面积0.9平方千米。人口6500。传境内有一对古石狮，故名。1984年由香泉路、清泉中路、思泉东路合并成立。民居以村镇居民自建住宅楼为主。有中学、卫生院。有老年活动室、便民服务站等。有社区志愿者服务，开展扶弱济贫、治安维稳等活动。农业以种植水稻为主。特产七巧莲藕、板栗。工业以农产品加工、建材业为主。泉南高速、衡花公路过境。通客运班车。

洪山镇［Hóngshān Zhèn］　衡南县辖镇。在县境东北部。面积106平方千米。人口4.4万。辖4居委会、32村委会，有436自然村。镇人民政府驻狮塘社区。1995年双林乡与古城乡合设双林乡。同年改洪山镇。因洪山庙得名。有天子坟山。龙溪河流经。有中学2所，小学9所，幼儿园2所，卫生院1个，卫生室32个。有图书馆(室)、文化站、广播电视站、文化活动中心等。有省四星级乡村旅游景区(点)天子泉生态农业观光园。有古迹双王庙、天子坟山、古牛寺遗址、墨江村磨砣河桥。农业以种植水稻、油菜为主。特产富硒核桃、草莓、蓝莓、古城西瓜等。工业以冶炼化工、农产品加工、机械制造、电子加工业为主。有商贸服务业。泉南、京港澳高速，县道将军—扬名线，衡川公路过境。

狮塘社区［Shītáng Shèqū］　洪山镇人民政府驻地。在县境东北部。面积0.4平方千米。人口2100。因狮塘得名。1984年由狮塘街及周边地区合并成立。民居以村镇居民自建住宅楼为主。有中小学、卫生院。有老年活动室、便民服务站等。有社区志愿者服务，开展医疗保健、环境保洁等活动。工业以电子加工、农机制造业为主。泉南、京港澳高速，县道将军—扬名线，衡川公路过境。通客运班车。

三塘镇［Sāntáng Zhèn］　衡南县辖镇。在县境西北部。面积68平方千米。人口7.2万。辖7居委会、21村委会，有606自然村。镇人民政府驻老街社区。1955年成立三塘区。1956年改乡。1958年改公社。1984年置镇。1995年东阳乡并入。2000年析出雨母山、文昌2乡。2001年析置阳乡(除公益、东风2村)。因三塘驿站得名。有青龙山、云盘山。蒸水河、柿江流经。有高校2所，中学4所，中专1所，小学6所，幼儿园5所，二级医院3个，卫生院1个，卫生室20个。有图书馆(室)、文化站、广播电视台、活动中心等。有古迹皇城架式黄金托、法公庙、古市南乡铺、洲巩桥。农业以种植水稻、油菜等为主，养殖鱼、猪、肉鸽、鸵鸟。产无公害蔬菜。工业以化工、农产品加工、建筑建材业为主。有商贸服务业。衡桂高铁、湘桂铁路、322国道过境。

老街社区［Lǎojiē Shèqū］　三塘镇人民政府驻地。在县境西北部。面积1.1平方千米。人口10400。因街道历史悠久得名。2008年由老街、学塘村、新塘村合并成立。民居以村镇居民自建住宅楼为主。有小学、卫生院。有老年活动室、便民服务站等。有社区志愿者服务，开展医疗保健、环境保洁等活动。工业以农副产品加工、化工业为主。通公交车。

谭子山镇［Tánzǐshān Zhèn］　衡南县辖镇。在县境西北部。面积111平方千米。人口4.7万。辖3居委会、33村委会，有418自然村。镇人民政府驻兴隆村。1956年设谭子山乡。1961年改公社，属三塘区。1984年三塘区析置谭子山乡。1995年京山乡并入改谭子山镇。因谭子山得名。有探山岭。清花河、柿江流经。有中学2所，小学7所，九年一贯制学校1所，幼儿园5所，卫生院1个，卫生室33个。有图书馆(室)、文化站、广播电视台、活动中心、体育场等。有杨湖烈士陵园。农业以种植水稻、玉米、棉花、蔬菜为主。盛产药材。工业以化工、建筑材料、重晶石采选业为主。有商贸服务业。衡柳高铁，湘桂铁路，322国道，县道谭子山—茅市、谭子山—柞市线过境。

兴隆村［Xīnglóngcūn］　谭子山镇人民政府驻地。在县政府驻地云集镇西北40千米。人口1100。因兴隆堂得名，寓意发达昌盛，生机勃勃。聚落沿湘桂铁路呈条带状分布。有中小学、幼儿园、卫生室、文化广场。农业以种植水稻、玉米为主。工业以重晶石采选、化工业为主。有集贸市场。湘桂铁路、322国道经此。通客运班车。

工联村［Gōngliáncūn］　在县政府驻地云集镇西北40千米。谭子山镇辖自然村。面积2.9平方千米。人口1500。为纪念工农联盟胜利，故名。聚落呈散状。有小学、幼儿园、卫生室、老年活动中心、图书室等。县道新桥—谭子山线经此。通客运班车。2005年被评为全国文明村。

鸡笼镇［Jīlóng Zhèn］　衡南县辖镇。在县境西北部。面积126平方千米。人口5万。辖2居委会、28村委会，有436自然村。镇人民政府驻鸡笼村。1955年成立鸡笼区。1956年改鸡笼乡。1958年为鸡笼公社。1984年改鸡笼镇。1995年永兴、岐山2乡并入。因镇政府驻地得名。地势西高东低。有岐山、雷祖峰、金排山。清花河流经。有中学2所，小学10所，幼儿园4所，卫生院2个，卫生室28个。有图书馆(室)、文化站、广播电视站、文化活动中心等。有国家3A级旅游景区、国家森林公园、省级自然保护区岐山。有古迹万寿仁瑞寺、普同塔、白玉塔林。农业以种植水稻、大豆、红薯等为主，养殖猪、鸡、鱼。盛产油茶、茶叶。工业以农产品加工、建筑建材业为主。有商贸服务业。湘桂铁路、娄衡高速、322国道过境。

鸡笼村［Jīlóngcūn］　鸡笼镇人民政府驻地。在县政府驻地云集镇西北40千米。人口1900。传商人陶十万专营鸡生意，兼编织鸡笼，后成集市，得名。聚落呈团块状。有中小学、幼儿园、卫生室、文化广场等。农业以种植水稻、玉米、红薯为主。工业以农产品加工、建筑业等为主。有集贸市场。鸡笼镇—衡阳西渡公路经此。通客运班车。

泉湖镇 [Quánhú Zhèn] 衡南县辖镇。在县境西北部。面积97平方千米。人口4.2万。辖2居委会、31村委会,有374自然村。镇人民政府驻红湖村。1956年设泉湖乡。1961年为泉湖公社。1984年复改泉湖乡。1995年与龙秀乡合设泉湖镇。因泉水湖得名。清花河、老铺街河流经。有中学1所,小学11所,卫生院1个,卫生室31个。有图书馆、广播电视站、文化站等。有传统民间艺术皮影戏、花鼓戏。有民俗二月八庙会。有古迹泉水湖、汉墓群、宋砖窑遗址、建伟萝卜滩古村落遗址。农业以种植水稻、油菜为主,养殖鲤鱼、蜜蜂、黑山羊。工业以重晶石开采、麻石加工业为主。有商贸服务业。衡柳高铁、湘桂铁路、322国道过境。

红湖村 [Hónghúcūn] 泉湖镇人民政府驻地。在县政府驻地云集镇西北58千米。面积3.6平方千米。人口2000。1965年红旗、泉湖2大队合并,各取一字名红湖大队。后改红湖村。聚落呈团块状。有中小学、幼儿园、卫生室、文化广场等。农业以种植水稻、油菜、西瓜为主。有重晶石开采、麻石加工业等。有集贸市场。湘桂铁路、322国道经此。通客运班车。

柞市镇 [Zuòshì Zhèn] 衡南县辖镇。在县境西部。面积81平方千米。人口3.3万。辖2居委会、25村委会,有364自然村。镇人民政府驻柞市村。1956年设柞市乡。后改公社。1984年置镇。1995年洪堰乡并入。因镇政府驻地得名。地势南高北低。有寨子岭。栗水流经。有中学2所,小学10所,卫生院1个,卫生室25个。有图书馆(室)、文化站、广播电视站、文化活动中心等。有工农革命军第八师武装暴动指挥部遗址。有古迹南山寺、延寿寺、沙溪寺。农业以种植水稻、油菜、大豆、花生为主,养殖山羊。工业以亚麻纺织、铜铝加工业为主。娄衡高速过境。通客运班车。

柞市村 [Zuòshìcūn] 柞市镇人民政府驻地。在县政府驻地云集镇西51千米。人口2300。因境内山坳有古柞树,人们在此进行农副产品交易,久而成集市,故称柞市,村沿用其名。聚落呈散状。有中小学、幼儿园、卫生室、文化广场等。农业以种植水稻、油菜、大豆为主。工业有亚麻纺织、铜铝加工业等。有集贸市场。衡柞公路经此。通客运班车。

茅市镇 [Máoshì Zhèn] 衡南县辖镇。在县境西部。面积159平方千米。人口6.2万。辖3居委会、43村委会,有681自然村。镇人民政府驻宝树村。1955年成立茅市区。1956年改茅市乡。1958年并入先锋、幸福2公社。1959年合设茅市公社。1961年属茅市区。1984年撤区设茅市乡,同年改设茅市镇。1995年长沙、斗山2乡并入。因有茅洞桥,逐成为市,故名。有寨子岭。栗水、托塘坳河、老铺街河流经。有矿产资源石油、金、铝、铜等。有中学3所,小学15所,卫生院1个,卫生室43个。有图书室、文化站、广播电视站、文化活动中心等。有古迹赤足字纸塔、文魁塔、泉水江段氏将军家族故居、蒙正发墓。农业以种植水稻、油茶、花生、豆类等为主,养殖猪、山羊、鱼。工业以建筑、粮食加工、豆制品加工业为主。传统手艺制作闻名,产茅市烧饼、豆腐。有商贸服务业。泉南高速,县道茅市—硫市、茅市—柞市线过境。

宝树村 [Bǎoshùcūn] 茅市镇人民政府驻地。在县政府驻地云集镇西北50千米。人口1700。因宝树堂屋场得名。聚落呈散状。有小学、卫生院、老年活动室、便民服务站等。农业以种植水稻、大豆、油菜为主。有大型养猪场、渔业合作社。

硫市镇 [Liúshì Zhèn] 衡南县辖镇。在县境西部。面积123平方千米。人口4.5万。辖2居委会、43村委会,有520自然村。镇人民政府驻硫市村。1955年设硫市区。1956年贞元、侍郎、盘古3乡并入改硫市乡。1958年改硫市公社。1961年属硫市区。1984年改设硫市镇。1995年古山、龙鹤2乡并入。因镇政府驻地得名。地势东北偏高,东南略低。有十牛峰、盘古岭、天圣岩等。栗水、车江河流经。有中学2所,小学10所,卫生院1个,卫生室43个。有图书馆(室)、文化站、广播电视台等。有省四星级乡村旅游区天胜村、同发生态旅游山庄。有古迹盘古庵、古山寺、龙头山、宁氏司马祠。有民间艺术花鼓戏。农业以种植水稻为主,养殖猪。产南竹、茶油、蜂蜜。工业以鞭炮、冶炼、化工业为主。有商贸服务业。泉南高速过境。

硫市村 [Liúshìcūn] 硫市镇人民政府驻地。在县政府驻地云集镇西32千米。人口400。清乾隆年间取土烧制琉璃瓦,名硫磁坑,后演化为硫市。聚落呈散状。有中小学、幼儿园、卫生室、文化广场等。农业以种植水稻、油菜、大豆为主。工业有鞭炮、冶炼业等。有集贸市场。泉南高速经此。通客运班车。

栗江镇 [Lìjiāng Zhèn] 衡南县辖镇。在县境西南部。面积131平方千米。人口7万。辖6居委会、43村委会,有610自然村。镇人民政府驻栗江村。1956年设栗江乡。1958年改栗江公社。1961年属栗江区。1984年改设栗江镇。1995年檀市乡、隆市镇并入。因镇政府驻地得名。有城基峰、杨梅峰。湘江、栗水、满金河流经。有矿产资源煤、铜、瓷泥等。有中学3所,小学13所,幼儿园5所,卫生院1个,卫生室43个。有图书馆(室)、文化站、广播电视台、文化活动中心。有全国重点文物保护单位大渔村王家祠堂。有五星级乡村旅游区1个,省四星级乡村旅游区1个。有古迹明代鲁班桥。农业以种植水稻、大豆为主。产油茶、莲藕、荸荠、豆油、板栗等。工业以化工、煤矿业为主。有商贸服务业。岳临高速,衡连、衡栗公路过境。湘江四季通航。

栗江村 [Lìjiāngcūn] 栗江镇人民政府驻地。在县政府驻地云集镇西南32千米。人口1900。因栗江流经得名。聚落沿衡近公路呈条带放射状分布。有中小学、幼儿园、卫生室、文化广场等。农业以种植水稻、大豆、油菜为主。工业有化工、煤矿业等。有集贸市场。衡阳—近尾洲公路经此。通客运班车。

大渔村 [Dàyúcūn] 在县政府驻地云集镇西南21千米。栗江镇辖自然村。人口1700。因有百亩大鱼塘得名。聚落呈散状。有卫生室、图书馆、文化活动中心、老年活动中心等。有全国重点文物保护单位王家祠堂。农业以种植水稻、玉米、红薯、蔬菜为主。有餐饮、商贸服务业。衡南—东安线经此。通客运班车。

近尾洲镇 [Jìnwěizhōu Zhèn] 衡南县辖镇。在县境西南部。面积84平方千米。人口3.1万。辖2居委会、33村委会,有409自然村。镇人民政府驻蒸湘社区。1995年卿云、蒸市2镇合设近尾洲镇。因近尾洲水电站得名。有纱帽岭。湘江、托塘坳河、栗水河流经。有中学1所,小学9所,幼儿园3所,卫生院1个,卫生室33个。有图书馆(室)、文化站、广播电视站等。有莲湖湾国家湿地公园、省五星级乡村旅游区莲湖湾生态农庄。有古迹同善亭。农业以种植水稻、油菜、湘莲为主。特产湘莲、茶油。工业以建筑建材加工业为主。有商贸服务业。泉南高速,县道近尾洲—茅市、栗江—近尾洲、硫市—近尾洲线过境。湘水四季通航。

蒸湘社区 [Zhēngxiāng Shèqū] 近尾洲镇人民政府驻地。在县境西南部。面积0.4平方千米。人口2900。取老蒸市街、湘江各一字得名。1984年成立。民居以村镇居民自建住宅楼为主。有老年活动室、便民服务站等。有青年志愿者服务,开展治安维稳、环境保洁等活动。有中小学、卫生院。有建筑、加工业等。泉南高速、县道近尾洲—茅市线过境。通客运班车。

车江镇 [Chējiāng Zhèn] 衡南县辖镇。在县境西北部。面积112平方千米。人口5万。辖3居委会、24村委会,有290自然村。镇人民政府驻车江村。1953年设车江镇。1955年改车江区。1958年与铁市乡合设友谊公社。1959年析设车江公社。1960年车江镇与车江公社分治。1961年复置车江镇。1984年析出4村划归东阳乡。1995年铁市、石塘2乡(除4村)并入。1996年析出16村归云集镇。2001年析出4村划归岳屏镇。因镇政府驻地得名。有七里山、十牛峰、高石岭、雷子岭。湘江、车江河流经。有矿产资源铁、铜、煤、硅、石灰石、铀等。有中学2所,小学8所,二级医院1个,卫生院1个,卫生室24个。有图书馆(室)、文化站、广播电视站、文化活动中心、体育场等。有古迹神农祠、李氏宗祠(含仙根书院)、商周时代古村落遗址。有车江镇铜矿。农业以种植水稻为主。特产优质稻米、黑美人西瓜。工业以机械制造、化工业为主。泉南、岳临高速,省道宁乡—临武、衡南—东安线过境。湘江四季通航。

车江村 [Chējiāngcūn] 车江镇人民政府驻地。在县政府驻地云集镇西北12千米。人口700。因湘江水至此受阻回流,有"江水滔滔,车回轮转"之说,故名。聚落呈散状。有中小学、幼儿园、卫生室、文化广场等。农业以种植水稻、西瓜等为主。工业有机械加工、化工业等。有集贸市场。省道衡南—东安、宁乡—临武线经此。通公交车。

咸塘镇 [Xiántáng Zhèn] 衡南县辖镇。在县境东北部。面积52平方千米。人口2.2万。辖3居委会、13村委会,有153自然村。镇人民政府驻花江村。1961年成立咸塘公社。1984年改咸塘乡。1993年置镇。1995年并入泉溪镇。2000年析置咸塘镇。2006年析出王江、茅坪2村划归酃湖乡。因富含卤水、食盐得名。湘江、耒水、龙溪河流经。有矿产资源石膏、芒硝、卤水。有中学1所,小学3所,卫生院1个,卫生室13个。有图书馆(室)、农家书屋、文化站、广播电视台(站)、文化活动中心等。有省级文物保护单位咸塘高桥。有古迹雷祖殿、五圣寺、八面镜大王庙、天主教堂。农业以种植水稻、大豆、红薯为主,养殖猪。产甜瓜、茶油、湘黄鸡等。工业以水泥、石膏、盐卤化工、炼胶、萤石矿采选业为主。京广、衡柳高铁,京广、吉衡铁路,衡邵高速,省道龙宋线,茶咸公路过境。湘水、耒水四季通航。

花江村 [Huājiāngcūn] 咸塘镇人民政府驻地。在县政府驻地云集镇东北30千米。人口2700。因花江庄得名。聚落呈散状。有中小学、幼儿园、卫生室、文化广场等。农业以种植水稻、大豆、红薯为主。工业有盐卤化工、萤石矿采选业等。有集贸市场。京广高铁,京广、吉衡铁路,省道攸县柏市—武冈邓元泰线经此。通客运班车。

松江镇 [Sōngjiāng Zhèn] 衡南县辖镇。在县境南部。面积126平方千米。人口4.8万。辖1居委会、38村委会,有481自然村。镇人民政府驻金盘村。1956年设松柏乡。1958年改公社。1984年复改乡。1995年长岭乡并入。2007年改松江镇。因湘江西岸有古松得名。有高石岭(又名狮子岭)、冲子山。湘江、满金河、车江河流经。有中学2所,小学13所,卫生院1个,卫生室38个。有图书馆(室)、文化站、广播电视台(站)、文化活动中心等。有古迹尚书祠、神灵七郎庙、霭市古戏台。农业以种植水稻为主,养殖猪、鱼。特产瘦肉型猪等。工业以化工为主。岳临高速、省道宁乡—临武线、衡近公路过境。通湘江航道。

金盘村［Jīnpáncūn］　松江镇人民政府驻地。在县政府驻地云集镇南 15 千米。人口 1200。因地形似盘、美丽富饶得名。聚落呈散状。有中小学、幼儿园、卫生室、文化广场等。有古建筑阳氏宗祠。农业以种植水稻、油菜、大豆为主。工业有化工、冶炼等。有集贸市场。省道宁乡—临武线经此。通客运班车。

相市乡［Xiàngshì Xiāng］　衡南县辖乡。在县境东部。面积 77 平方千米。人口 3.2 万。辖 2 居委会、30 村委会,有 316 自然村。乡人民政府驻相公堡社区。1956 年设相市乡。1961 年改相市公社。1984 年复乡。1995 年上壁村并入。因于相公堡建集市,故名。耒水、清溪河流经。有中学 2 所,小学 9 所,卫生院 1 个,卫生室 30 个。有图书馆(室)、文化站、广播电视台(站)、文化活动中心等。有古迹相公堡、武侯祠、周家花屋。有民俗舞灯、木偶戏、舞星子灯、龙舟赛等。农业以种植水稻、油菜等为主。特产相公堡烧饼。工业以农业机械、农机配件、建材、电子业等为主。有商贸服务业。京港澳高速、322 国道过境。通湘江航道。

相公堡社区［Xiànggōngbǎo Shèqū］　相市乡人民政府驻地。在县境东部。面积 2 平方千米。人口 5300。传为纪念诸葛孔明在此建武侯祠,得名相公堡。2009 年成立。民居以村镇居民自建住宅楼为主。有中小学、幼儿园、卫生室、文化广场等。有古建筑相公堡祠。农业以种植水稻、油菜为主。工业有农机配件、建材、电子业等。有集贸市场。茶市—江口公路过境。通客运班车。

洲市乡［Zhōushì Xiāng］　衡南县辖乡。在县境西北部。面积 99.6 平方千米。人口 4.2 万。辖 2 居委会、26 村委会,有 377 自然村。乡人民政府驻洲市村。1956 年设洲市乡。1961 年改洲市公社。1984 年复乡。1995 年大山乡并入。因乡政府驻地得名。有青龙山、云盘山。柿江流经。有中学 2 所,小学 12 所,卫生院 1 个,卫生室 26 个。有图书馆(室)、文化站、广播电视站、文化活动中心等。有古迹洲巩桥。农业以种植水稻、油菜为主,养殖猪、羊、家禽。特产茶油。工业以建筑建材业为主。湘桂铁路、四塘—古山公路、县道三塘—大山桥线过境。

洲市村［Zhōushìcūn］　洲市乡人民政府驻地。在县政府驻地云集镇西北 42 千米。人口 1600。因于洲巩桥旁开墟市得名。聚落呈散状。有中小学、幼儿园、卫生室、文化广场等。有古建筑洲巩桥。农业以种植水稻、油菜、红薯为主。工业有建筑建材业等。有集贸市场。湘桂铁路、县道三塘—大山桥线经此。通客运班车。

川口乡［Chuānkǒu Xiāng］　衡南县辖乡。在县境东北部。面积 100.6 平方千米。人口 2 万。辖 1 居委会、20 村委会,有 135 自然村。乡人民政府驻豹泉街。2003 年由花桥镇析设川口办事处。2010 年改川口乡。因川口龙洞得名。有龙虎仙山、桂子岭、狮子岭。龙溪河、川口河、车陂河流经。有中学 1 所,小学 2 所,卫生院 1 个,卫生室 20 个。有图书馆(室)、文化站、广播电视台、文化活动中心等。有名胜将军庙、川口溶洞、源头老涧、白水瀑布等。农业以种植水稻为主。盛产茶油。工业以钨砂、萤石采矿业为主。吉衡铁路、省道茶陵严塘—衡阳线、扬莫公路过境。

豹泉街［Bàoquánjiē］　川口乡人民政府驻地。在县政府驻地云集镇东北 58 千米。人口 1600。因古井豹泉得名。聚落呈散状。有中小学、幼儿园、卫生室、文化广场等。农业以种植水稻、油菜、大豆为主。工业有手工业、矿业等。有集贸市场。省道茶陵严塘—衡阳市区线经此。通客运班车。

衡 山 县

衡山县［Héngshān Xiàn］　衡阳市辖县。北纬 27°23′,东经 112°87′。在市境北部。面积 936 平方千米。人口 44.7 万。以汉族为主,还有苗、土家、壮、侗、瑶、布依、彝等民族。辖 8 镇、9 乡。县人民政府驻开云镇。三国吴太平二年(257)设衡阳县。西晋永熙元年(290)更名衡山县,治今衡山县南。隋开皇九年(589)湘乡、湘西 2 县并入。五代移今治。1963 年析设南岳县。1966 年南岳县并入,析设衡东县。1984 年析设县级南岳区。因衡山得名。唐景龙三年(709)县城迁白茅镇(今开云镇)。宋绍兴元至八年(1131—1138)建春秋楼。明正统十年(1445)筑土质城墙,建通津、驻节、望岳、迎思、敷政、观湘 6 门,谯楼。明嘉靖元年(1522)县城毁于洪水。三年(1524)冬改筑石城,高 8 米,周长 1653.3 米,城内广 400 米,袤 366.6 米,于原基础重建 6 门,东、西、南、北 4 主街。1935 年改建环城马路。1995 年建成衡山湘江大桥。2009 年建成衡山西站。城区以东西南北 4 主街交会点四牌楼为中心,呈线状向西、西北延伸。地势内高外低。海拔 40—1028 米。最高峰紫盖峰海拔 1028 米。年均气温 17.6℃,1 月平均气温 5.5℃,7 月平均气温 29.8℃。年均降水量 1394 毫米。湘江、涓水流经。有矿产资源瓷泥、石膏、钠长石、钾长石。有国家一级保护植物银杏、南方红豆杉,国家二级保护植物香樟、香果树、楠木、鹅掌楸、凹叶厚朴、喜树、刺楸。有陆地野生动物 64 科 180 余种,其中有国家二级保护动物穿山甲、果子狸、虎纹蛙、草鸮、红腹锦鸡等 10 余种。森林覆盖率 47.9%。有中学 27 所,小学 82 所,中专 1 所,二级医院 1 个。有博物馆、图书馆、档案馆、文化馆、剧院、体育场馆各 1 个,乡镇文化站 17 个。有文化艺术团体 1 个。有省级爱国主义教育基地 1 个。有国家级非物质文化遗产衡山皮影戏,省级非物质文化遗产岳北山歌、衡山花鼓灯,县级物质文化遗产师古民族乐器。有全国重点文物保护单位衡山窑遗址。有衡山农民运动纪念馆、毛泽建烈士陵园、岳北农工会旧址、中国女权运动先驱唐群英故居、著名抗日英烈文立正故居、禹王碑遗址等。三次产业比例 22∶33∶45。农业以种植水稻、油菜、西瓜、香瓜等为主。特产红脆桃、九龙李、岳北大白茶、狮口雪芽茶、衡山黄鸡等。工业以机械制造、造纸、新材料、食品饮料业等为主。服务业以酒店餐饮业为主。有省级经济开发区 1 个。武广高铁,南岳、岳临高速,107 国道,省道衡双线过境。通湘江航道。

衡山西站［Héngshānxī Zhàn］　见交通运输设施部分“衡山西站”条。

衡山县汽车站［Héngshān Xiàn Qìchēzhàn］　见交通运输设施部分“衡山县汽车站”条。

开云镇［Kāiyún Zhèn］　衡山县人民政府驻地。在县境东南部。面积 101 平方千米。人口 8.1 万。辖 7 居委会、24 村委会,有 347 自然村。镇人民政府驻师古村。隋代至民国初期名白茅镇。1936 年改义安镇。1946 年改安石镇。1950 年改城关镇。1995 年改开云镇。因开云楼得名。有巾紫峰、勾头峰。湘江流经。有中学 4 所,小学 9 所,二级医院 1 个,卫生院 1 个,村卫生室 32 个。有幼儿园、图书室、敬老院、文化站、广播站等。有景点康王庙、毛泽建烈士陵园、衡山烈士纪念园、紫巾森林公园。有雯峰、观湘、景贤、研经 4 大书院遗址。农业以种植水稻为主,养殖猪、衡山黄鸡、鱼。有食用菌、苗木、百合培育基地。特产九龙李。工业以建筑、汽车制造、铝合金精密铸造、机械齿轮、陶瓷、造纸、采矿业等为主。武广高铁,107 国道,省道衡双线过境。通湘江航道。

衡山大道［Héngshān Dàdào］　在县城中部。东起五一路,西至省道衡双线。与环先路、龙泉路、工业路、金龙路相交。长 2.5 千米,宽 60 米。沥青混凝土路面。1996 年开工,1998 年建成。2002 年改扩建。因县名得名。两侧有人社局、发改局、卫计局、电力公司、神龙盈佳大酒店等。通多路公交车。

解放路［Jiěfàng Lù］　在县城东南部。南起县道衡糖线,北至书院街。与人民路相交。长 2.2 千米,宽 16 米。沥青路面。1959 年开工,1979 年建成。为纪念全国解放而命名。两侧有县政府、公安局、教育局等。通多路公交车。

人民路［Rénmín Lù］　在县城中部。东起滨江大道,西至 107 国道。与解放路、开云路、五一路、环先路、育英街、金龙路相交。长 3.5 千米,宽 24—33 米。沥青路面。1959 年开工,1993 年建成。两侧有财政局、农业局、人民银行、人民检察院、人民法院、汽车站等。通多路公交车。

师古村［Shīgǔcūn］　开云镇人民政府驻地。在镇境南部。人口 1300。因师古桥得名。聚落呈团块状。有中小学、幼儿园、卫生院。农业以种植水稻、西瓜等为主,养殖猪。有集贸市场。107 国道经此。

白果镇［Báiguǒ Zhèn］　衡山县辖镇。在县境北部。面积 55 平方千米。人口 3.4 万。辖 1 居委会、25 村委会,有 247 自然村。镇人民政府驻同兴村。1936 年为白果乡。1946 年为果山乡。1956 年仍改白果乡。1958 年属伟大公社。1959 年改白果公社。1961 年白果公社分设棠兴、贯塘、松柏、望峰、白果 5 公社。1984 年公社改乡。同年白果、棠兴 2 乡合设白果镇。因曾有白果(银杏)古树得名。涓水、青山河流经。有中学 3 所,小学 7 所,卫生院 1 个,村卫生室 25 个。有幼儿园、图书室、敬老院、文化站、广播站等。有省级非物质文化遗产岳北山歌。有古迹楚南第一桥、晚清名将曾国荃墓。有岳北农工会旧址。农业以种植水稻为主,养殖猪、鱼。特产白果、富硒米、衡山黄鸡。工业有石膏开采加工、农机、铸造、制砖、粮食加工业等。岳临高速、省道衡双线过境。

同兴村［Tóngxīngcūn］　白果镇人民政府驻地。在县政府驻地开云镇北 30 千米。人口 1000。因寓共同兴旺得名。聚落呈团块状。有图书室、卫生室、活动中心等。农业以种植水稻等为主,养殖猪、家禽、鱼。省道衡双线经此。

东湖镇［Dōnghú Zhèn］　衡山县辖镇。在县境西北部。面积 59 平方千米。人口 2.1 万。辖 1 居委会、19 村委会,有 189 自然村。镇人民政府驻立正社区。1936 年为东湖乡。1946 年为新东乡。1956 年仍为东湖乡。1958 年属五星公社。1959 年改东湖公社。1984 年改东湖乡。旋石山、莲塘、岳林、杉湾 4 村划归南岳区后置镇。1990 年贯底乡南溪、石潭 2 村并入。原为黄花坪,传因明代初筑坝使成水域,位西抵山东侧,得名东湖。南河流经。有中学 1 所,小学 8 所,卫生院 1 个。有幼儿园、图书室、敬老院、文化站、广播站等。有省级非物质文化遗产衡山花鼓灯。有抗日英烈文立正故居。有景点幽幽谷、衡山竹海。农业以种植水稻为主,养殖猪、家禽、鱼。工业有竹木加工、矿山采掘业。岳临高速过境。

立正社区 [Lìzhèng Shèqū] 东湖镇人民政府驻地。在县境西部偏北。面积2平方千米。人口1200。因抗日英烈文立正得名。1996年成立。民居为20世纪80—90年代砖混结构房屋。有小学、幼儿园、卫生院。农业以种植水稻等为主,养殖猪、家禽、鱼。县道新马线过境。通客运班车。

萱洲镇 [Xuānzhōu Zhèn] 衡山县辖镇。在县境南部。面积53平方千米。人口2.2万。辖1居委会、16村委会,有198自然村。镇人民政府驻萱洲村。1956年设萱洲乡。后改公社。1984年改萱洲乡。1993年置镇。1995年糖铺乡并入。因镇政府驻地得名。湘江流经。有中学2所,小学4所,卫生院1个,村卫生室16个。有幼儿园、图书室、敬老院、文化站、广播站等。有景点萱洲古镇、萱洲湿地公园、衡山窑遗址等。农业以种植水稻、油菜为主,养殖猪、家禽。特产西瓜、香瓜、红脆桃等。工业以制砖、石料加工业为主。武广高铁、南岳高速过境。通湘江航道。

萱洲村 [Xuānzhōucūn] 萱洲镇人民政府驻地。在县政府驻地开云镇南19千米。人口1100。因萱洲河得名。聚落呈团块状。有中学、卫生院等。农业以种植水稻、油菜等为主。特产西瓜、香瓜、红脆桃等。县道衡糖线经此。通客运班车。

长江镇 [Chángjiāng Zhèn] 衡山县辖镇。在县境北部。面积73平方千米。人口3.4万。辖1居委会、24村委会,有246自然村。镇人民政府驻石桥铺村。1936年设石桥乡。1937年与柘塘乡合设石桥乡。1946年并入安石镇。1956年析设石桥乡。后改长江公社。1984年改乡。1993年置镇。1995年宋桥乡金门、宋桥、富台3村并入。以江河名称命名。湘江、荆陂河流经。有中学1所,小学7所,卫生院1个,村卫生室24个。有幼儿园、图书室、敬老院、文化站、广播站等。有古迹罐子窑、新源渡口。农业以种植水稻、油茶为主,养殖猪、家禽。工业有竹木加工、造纸、机械加工、石灰加工、水泥、制砖业等。107国道过境。通湘江航道。

石桥铺村 [Shíqiáopùcūn] 长江镇人民政府驻地。在县政府驻地开云镇北9千米。人口1000。因石桥铺得名。聚落呈团块状。有中小学、卫生院。农业以种植水稻、油茶等为主。有集贸市场。通客运班车。

新桥镇 [Xīnqiáo Zhèn] 衡山县辖镇。在县境西北部。面积77平方千米。人口2.9万。辖2居委会、24村委会,有251自然村。镇人民政府驻良田村。1936年设新桥乡。1946年并入新东乡。1958年与江东、贯底2乡合设红旗公社。1959年与五星公社合设东湖公社。1961年析设新桥公社。1984年改乡。1993年置镇。1995年贯底乡并入。清雍正元年(1723)涓水河木桥改石桥,称新桥。涓水流经。有中学2所,小学5所,卫生院1个,村卫生室24个。有幼儿园、图书室、敬老院、文化站、广播站等。有中国女权运动先驱唐群英故居和墓地。农业以种植水稻、茶为主,养殖猪、家禽。特产狮口雪芽茶。工业以陶瓷、钠长石加工业为主。省道衡双线过境。

良田村 [Liángtiáncūn] 新桥镇人民政府驻地。在县政府驻地开云镇西北37千米。人口1500。原名新桥村,后取良田千顷意改良田。聚落呈团块状。有中小学、幼儿园、卫生院。农业以种植水稻等为主,养殖猪、家禽。有集贸市场。通客运班车。

马迹镇 [Mǎjì Zhèn] 衡山县辖镇。在县境西部。面积35平方千米。人口1.3万。辖1居委会、10村委会,有114自然村。镇人民政府驻马迹村。1956年设马迹乡。1958年与东湖乡合设五星公社。1959年与红旗公社合设东湖公社。1961年析设马迹公社。1984年改乡,析出龙潭、拜殿、观音3村划归南岳区。1993年置镇。因镇政府驻地得名。南河流经。有中学1所,小学6所,卫生院1个,村卫生室10个。有幼儿园、图书室、敬老院、文化站、广播站等。有古迹马迹桥、寄马庄等。有民俗火龙节。农业以种植水稻、蔬菜为主,养殖猪、家禽。工业以钠长石矿、钾长石矿、瓷泥矿开采,矿石粉、瓷器业等为主。县道南马、新马线过境。

马迹村 [Mǎjìcūn] 马迹镇人民政府驻地。在县政府驻地开云镇西29千米。人口1200。因马迹桥得名。聚落呈团块状。有小学、村卫生室等。农业以种植水稻、油菜等为主,养殖猪、家禽。通客运班车。

店门镇 [Diànmén Zhèn] 衡山县辖镇。在县境西南部。面积97平方千米。人口3.1万。辖1居委会、21村委会,有268自然村。镇人民政府驻店门村。1956年设店门乡。1958年与南岳镇,南岳、师古2乡合设南岳公社。1961年析设店门公社。1984年改乡。1993年置镇。1995年祝融乡并入。因镇政府驻地得名。有石廪峰、姊妹岭。有中学2所,小学6所,卫生院1个,村卫生室22个。有幼儿园、图书室、敬老院、文化站、广播站等。有省级农业旅游示范点九观旅游区。有景点箭楼、雷钵峰(石廪峰)。农业以种植水稻、席草、油茶为主,养殖猪、家禽。特产草席、茶油、九观血鸭。工业以席草加工业为主。南岳高速、107国道过境。

店门村 [Diànméncūn] 店门镇人民政府驻地。在县政府驻地开云镇西南18千米。人口1600。传明末船形山侧有2枫树,远望如舟扬帆,名店门船,后演化为店门前,故名。聚落呈团块状。有中小学、村卫生室。农业以种植水稻、席草等为主。有集贸市场。107国道经此。

贺家乡 [Hèjiā Xiāng] 衡山县辖乡。在县境南部。面积52平方千米。人口1.8万。辖1居委会、16村委会,有169自然村。乡人民政府驻贺家村。1961年由萱洲公社析设贺家公社。1984年改乡。因乡政府驻地得名。湘江流经。有中学1所,小学2所,卫生院1个,村卫生室16个。有幼儿园、图书室、敬老院、文化站、广播站等。有遗址宋代衡山窑。农业以种植水稻等为主。盛产西瓜、香瓜、桃、李等。工业以服装、采矿、药材、制砖、玩具加工业为主。武广高铁、南岳高速过境。通湘江航道。

贺家村 [Hèjiācūn] 贺家乡人民政府驻地。在县政府驻地开云镇南16千米。人口300。因贺家山得名。聚落呈团块状。有中学、卫生院等。农业以种植水稻等为主。特产西瓜、香瓜。通客运班车。

永和乡 [Yǒnghé Xiāng] 衡山县辖乡。在县境东南部。面积68平方千米。人口3.1万。辖2居委会、24村委会,有265自然村。乡人民政府驻上林村。1956年设松坳乡。1958年与萱洲乡合设东风公社。1959年改萱洲公社。1961年析设沙头公社。1984年改乡。1995年与新场市乡合设永和乡。因寓永远祥和意得名。湘江流经。有中学1所,小学4所,卫生院1个,村卫生室24个。有幼儿园、图书室、敬老院、文化站、广播站等。有古迹衡山古县城遗址、战国墓群、龙荫桥、兜率寺、韦宙书院。农业以种植水稻、油茶等为主,养殖猪、家禽。特产桃子、李子、西瓜、香瓜、衡山黄鸡等。工业有建筑、采矿、烟花鞭炮、建材、农药化工、农产品加工业等。县道衡糖线过境。通湘江航道。

上林村 [Shànglíncūn] 永和乡人民政府驻地。在县政府驻地开云镇东南10千米。人口1100。因位于林子冲上首,故名。聚落呈团块状。有卫生院等。农业以种植水稻、油茶等为主。特产桃子、李子、西瓜、香瓜等。有集贸市场。通客运班车。

沙泉乡 [Shāquán Xiāng] 衡山县辖乡。在县境东部。面积44平方千米。人口2.1万。辖1居委会、19村委会,有201自然村。乡人民政府驻泉水村。1956年设沙泉乡。1958年与白峰乡合设和平公社。1959年与曙光公社合设沙泉公社。1961年析出福田、望峰、岭坡3公社。1984年改乡。1995年宋桥乡6村并入。因土质含沙多且有数处含沙涌泉得名。荆陂河流经。有中学1所,小学2所,卫生院1个,村卫生室19个。有幼儿园、图书室、敬老院、文化站、广播站等。有古迹章堂、戴聘公祠。农业以种植水稻、蔬菜等为主,养殖猪、家禽。工业有异型钢管、塑胶、压滤机、橡胶压滤机业。有商贸服务业。省道衡双线过境。

泉水村 [Quánshuǐcūn] 沙泉乡人民政府驻地。在县政府驻地开云镇东9千米。人口700。因有3泉水井得名。聚落呈团块状。有村卫生室、幼儿园等。农业以种植水稻、蔬菜等为主,养殖猪、家禽。有集贸市场。省道衡双线经此。

福田铺乡 [Fútiánpù Xiāng] 衡山县辖乡。在县境北部。面积44平方千米。人口2万。辖1居委会、17村委会,有168自然村。乡人民政府驻福兴社区。1936年设福田乡。1949年改白峰乡。1958年与沙泉乡合设和平公社。1959年与曙光公社合设沙泉公社。1961年析设福田公社。1969年改福田铺公社。1984年改乡。传福田宝地逐成集镇,店铺逐多,故名福田铺。有紫盖峰、白云峰。荆陂河流经。有中学2所,小学2所,卫生院1个,村卫生室17个。有幼儿园、图书室、敬老院、文化站、广播站等。有国家级非物质文化遗产皮影戏。有景点禹王碑遗址、燕形嘴、紫盖峰等。农业以种植水稻、蔬菜为主,养殖猪、家禽。工业以麻石加工、制砖业为主。产手工油豆腐。省道衡双线过境。

福兴社区 [Fúxīng Shèqū] 福田铺乡人民政府驻地。在县境北部偏东。面积2平方千米。人口900。取福田人兴旺发达意得名。1984年成立。民居为20世纪80—90年代砖混结构房屋。有幼儿园等。农业以种植水稻为主,养殖猪、家禽。省道衡双线过境。

岭坡乡 [Lǐngpō Xiāng] 衡山县辖乡。在县境北部。面积46平方千米。人口1.5万。辖1居委会、18村委会,有136自然村。乡人民政府驻龙潭村。1956年设岭坡乡。1958年与大峰乡合设曙光公社。1959年与和平公社合设沙泉公社。1961年析设岭坡公社。1984年改乡。传有一潮水塘,能凝结食用盐,居民购盐时需先在坳口领盐票,渐成集镇,得名"领票坳",后演化为"岭坡坳"。乡以此为名。有茅乙脊、天子坟山、马鞍山、高峰岭。有中学1所,小学3所,卫生院1个,村卫生室18个。有幼儿园、图书室、敬老院、文化站、广播站等。有景点城前书院遗址、丹霞地貌地质公园、野莓谷等。农业以种植水稻、蔬菜为主,养殖猪、家禽。工业以竹木加工业为主。省道衡双线过境。

龙潭村 [Lóngtáncūn] 岭坡乡人民政府驻地。在县政府驻地开云镇北21千米。人口800。因龙潭得名。聚落呈团块状。有中学、幼儿园、村卫生室等。农业以种植水稻为主,养殖猪、家禽。省道衡双线经此。

望峰乡 [Wàngfēng Xiāng] 衡山县辖乡。在县境北部。面积36平方千米。人口1.4万。辖1居委会、13村委会,有104自然村。乡人民政府驻望峰桥村。1961年由沙泉公社析设望峰公社。1984年改乡，青水、龙凤潭、红旗3村划归南岳区。因乡政府驻地得名。有狮子山、擂鼓峰、鸣锣峰、太极山。桃花港流经。有中学1所，小学3所，卫生院1个，村卫生室13个。有幼儿园、图书室、敬老院、文化站、广播站等。有景点朝圣古道、黄垅峡。农业以种植水稻、茶为主，养殖猪、家禽。特产云雾茶。工业以竹产品、矿石加工业为主。县道四东线过境。

望峰桥村［Wàngfēngqiáocūn］　望峰乡人民政府驻地。在县政府驻地开云镇北22千米。人口1000。因望峰桥得名。聚落呈团块状。有幼儿园、卫生院等。农业以种植水稻、茶为主，养殖猪、家禽。通客运班车。

长青乡［Chángqīng Xiāng］　衡山县辖乡。在县境北部。面积32平方千米。人口1.9万。辖1居委会、16村委会，有175自然村。乡人民政府驻长青社区。1961年由白果公社析设松柏公社。1981年改松柏桥公社。1984年改松柏桥乡。1995年改长青乡。取松柏长青意得名。有中学1所，小学4所，卫生院1个，村卫生室16个。有幼儿园、图书室、敬老院、文化站、广播站等。有古迹晓岚港。农业以种植水稻为主，养殖猪、家禽。工业以石膏开采业为主。省道衡双线过境。

长青社区［Chángqīng Shèqū］　长青乡人民政府驻地。在县境北部偏西。面积1平方千米。人口1000。以乡名命名。2014年成立。民居为20世纪80—90年代砖混结构房屋。有幼儿园等。农业以种植水稻，养殖猪、家禽等为主。省道衡双线过境。

贯塘乡［Guàntáng Xiāng］　衡山县辖乡。在县境西北部。面积35平方千米。人口2.1万。辖1居委会、17村委会，有167自然村。乡人民政府驻迎龙桥社区。原有贯塘村。1952年置贯塘乡。1956年与义母、东阳、枫林、天圫4乡合设贯塘乡。1958年属伟大公社，1959年改称白果公社。1961年由白果公社析设贯塘公社。1984年再改贯塘乡。传旧时有水塘与另外5水塘相贯通，得名贯塘。涓水流经。有中学2所，小学5所，卫生院1个，村卫生室18个。有幼儿园、图书室、敬老院、文化站、广播站等。农业以种植水稻、茶为主，养殖猪、家禽。特产岳北大白茶。工业以大米加工、烟花制作、制鞋业为主。岳临高速、省道衡双线过境。

迎龙桥社区［Yínglóngqiáo Shèqū］　贯塘乡人民政府驻地。在县境西北部。面积1平方千米。人口1300。因迎龙桥得名。1995年成立。民居为20世纪80—90年代砖混结构房屋。有中小学、幼儿园、卫生院等。农业以种植水稻、茶等为主，养殖猪、家禽。特产岳北大白茶。有集贸市场。省道衡双线过境。

江东乡［Jiāngdōng Xiāng］　衡山县辖乡。在县境西北部。面积34平方千米。人口2万。辖1居委会、16村委会，有141自然村。乡人民政府驻江东村。1956年设江东乡。1958年与新桥、贯底2乡合设红旗公社。1959年与五星公社合设东湖公社。1961年析设江东公社。1984年改江东乡。因乡政府驻地得名。涓水、南河流经。有中学1所，小学5所，卫生院1个，村卫生室16个。有幼儿园、图书室、敬老院、文化站、广播站等。有景点白山书院、石溪八景。农业以种植水稻为主，养殖猪、家禽。工业有石膏粉加工、瓷泥矿开采、大米加工业等。岳临高速过境。

江东村［Jiāngdōngcūn］　江东乡人民政府驻地。在县政府驻地开云镇西北30千米。人口1400。因江东桥得名。聚落呈团块状。有小学、村卫生室等。农业以种植水稻等为主，养殖猪、家禽。岳临高速经此。

衡东县

衡东县［Héngdōng Xiàn］　衡阳市辖县。北纬26°47′，东经112°44′。在市境东北部。面积1926.8平方千米。人口74.7万。均为汉族。辖15镇、9乡。县人民政府驻城关镇。1966年由衡山县析设衡东县，属衡阳专员公署。1983年属衡阳市。因在衡山东得名。1966年起兴建以衡岳路、衡东大道十字交叉为主干，衡东大桥、兴衡大桥延线构成一纵三横路网，与杨山公园、河西开发区联为一体。地势东南高西北低。海拔50—815米。年均气温18.5℃，1月平均气温5.3℃，7月平均气温28.6℃。年均降水量1336毫米。湘江、洣水、永乐江等流经。有矿产资源铅、锌、钨、金、银、铁、汞、萤石、石灰岩、地热水、砂石、黏土等。有野生植物1428种，其中有国家重点保护野生植物花榈木、银杏、金毛狗等20余种。有野生动物218种，其中有国家重点保护野生动物云豹、水鹿、虎纹蛙、猴面鹰等24种。有国家级天光山自然保护区。森林覆盖率53.5%。有中学46所，中职1所，小学144所，三级医院3个。有图书馆、博物馆、文化馆、剧院、档案馆各1个，乡镇文化站24个，体育场馆2个。有文化艺术团体3个。有全国重点文物保护单位、国家4A级旅游景区、全国爱国主义教育基地、省全民国防教育基地罗荣桓故居，有省级文物保护单位甘溪镇大源窑遗址、柴山洲特别区第一农民银行旧址、欧阳海烈士纪念馆等8个。有省级非物质文化遗产衡东大桥剪纸。有衡东山歌、皮影戏、草市赶分社、灵山庙会、衡东土菜烹饪技艺等。有中国传统村落杨林村、夏浦村、高田村。有国家级衡东洣水水利风景区、衡东洣水湿地公园，省级四方山森林公园。有省四星级乡村旅游示范点锡岩仙洞、灵山庙。有龙山文化遗址、大浦镇岭茶甑箕岭化石、清代彭浚状元第牌坊等。三次产业比例17∶35∶48。农业以种植水稻、油茶、油菜、黄贡椒为主，养殖猪。工业以机械制造、有色冶金、轻工陶瓷、化工医药、建筑材料、农副产品加工业为主。有铜阳极板、钨化品加工、机油泵、水泥生产。服务业以零售、餐饮业为主。有省级衡东大浦工业园。京广、吉衡铁路，京港澳、泉南、衡邵、南岳高速，省道跃石、衡双、龙宋线过境。有湘江、洣水、永乐江内河水运航道。

衡东大桥［Héngdōng Dàqiáo］　在县城南部。长307.8米，宽12米，最大跨度62.2米，桥下净高19.6米。1977年开工，1981年建成。为大型跨河道桥梁，结构型式为4孔不等跨钢筋混凝土双曲拱桥。最大载重20吨。通公交车。

衡山站［Héngshān Zhàn］　见交通运输设施部分“衡山站”条。

衡东县汽车站［Héngdōng Xiàn Qìchēzhàn］　见交通运输设施部分“衡东县汽车站”条。

城关镇［Chéngguān Zhèn］　衡东县人民政府驻地。在县境中部。面积31平方千米。人口6.7万。辖5居委会、10村委会，有99自然村。镇人民政府驻迎宾社区。1966年析金花、吴集2公社部分地域设城关镇。1989年金花乡并入。洣水流经。有中学4所，小学5所，三级医院3个，卫生院3个，卫生所7个。有图书馆、县广播电视站、专业剧团、电影院等。有景点王光泽烈士故居等。农业以种植油茶、大豆、花生、红薯为主，养殖猪、山羊、长毛兔。工业以机械制造、有色冶金、轻工陶瓷、化工医药、建筑材料、农副产品加工业为主。有机油泵生产基地。省道龙宋、衡双线过境。通公交车。

衡岳北路［Héngyuè Běilù］　在县城中部。南起衡东大道，北至金堰广场。与交通路、文冲路、延安路等相交。长2千米，宽30米。沥青路面。1966年开工，1967年建成。因南岳衡山得名。两侧有嘉汇购物中心、镇政府、中医院、湖南机油泵股份有限公司、国土局、检察院等。通公交车。

衡岳南路［Héngyuè Nánlù］　在县城中部。北起衡东大道，南至衡东大桥。与文明路、杨山路、洣江大道相交。长1千米，宽30米。沥青路面。1966年开工，1967年建成。因南岳衡山得名。两侧有阳光大厦、农村信用联社、民政局、滨江广场等。通公交车。

衡东大道［Héngdōng Dàdào］　在县城中部。东起洣江大道，西至南岳高速东延线立交桥。与迎宾路、衡岳路相交。长6.6千米，宽30米。沥青路面。1966年始建，2012年改扩建。原为兴衡东路，2013年因成为衡东县最重要主干道更今名。两侧有县政府、兴东中学、文体广场、人民医院等。通公交车。

迎宾社区［Yíngbīn Shèqū］　城关镇人民政府驻地。在县境中部。面积1平方千米。人口1.7万。因在迎宾路，取欢迎四方宾客意得名。2006年由东街居委会改设。民居以城镇住宅楼为主。有中小学、卫生服务站。有老年活动室。有志愿者团队、书画协会、腰鼓队、舞蹈队等文化服务团体。县政府、县人武部、衡东电视台、自来水公司、总工会等驻此。通多路公交车。

石湾镇［Shíwān Zhèn］　衡东县辖镇。在县境北部。面积78平方千米。人口3.6万。辖1居委会、25村委会，有294自然村。镇人民政府驻廻澜峰社区。1950年为石湾乡。1953年设石湾镇。1958年属湘江公社。1966年分设石湾公社、石湾镇。后石湾公社改为石湾乡。1989年石湾乡、石湾镇合设石湾镇。因湘江至回澜山（石峰立于高岸）潆洄，故名石湾。湘江流经。有矿产资源瓷泥、砂石。有中学2所，小学5所，幼儿园11所，卫生院1个，卫生所26个。有文化站。有刘胡兰式英雄小姐妹李洁、李广墓。有景点熬洲、菩萨岭、廻澜峰等。农业以种植水稻、茶、油茶、花生等为主，养殖猪、牛、家禽。工业有瓷器制造、农机制造、制鞋、氧化锌加工、食品加工业等。有商贸服务业。京广铁路、京港澳高速过境。有湘江航道。通公交车。

廻澜峰社区［Huílánfēng Shèqū］　石湾镇人民政府驻地。在县境北部。面积3.2平方千米。人口9500。因回澜山直插湘江东岸，石峰立于高岸得名。2003年成立。民居均为普通砖混结构房屋。有志愿者服务团队、老年活动中心、法律援助服务中心。有中小学、幼儿园、卫生院。有石湾自来水公司等。工业有瓷器制造等。京广铁路、京港澳高速过境。有石湾站。通公交车。

新塘镇［Xīntáng Zhèn］　衡东县辖镇。在县境西北部。面积102平方千米。人口5.2万。辖1居委会、33村委会，有375自然村。镇人民政府驻文峰社区。1956年设新塘乡。1966年改欧阳海公社。1981年改新塘镇。1986年欧阳海乡并入。1989年谭泊乡并入。因衡山站南新修池塘得名。湘江、洣水、幸福港流经。有中学3所，小学8所，卫生院1个，卫生所34个。有文化站。有省级文物保护单位、省级爱国主义教育基地欧阳海烈士纪念馆。有抗日名将罗芳珪墓。有景点晓霞峰、雷溪双月、观音禅寺、回龙精舍、抛石岭、欧阳海山庄等。农业以种植水果、花卉为主。工业以陶瓷、化工、矿产、医药业等为主。有民间土菜烹饪技艺。京广铁路、京港澳高速、省道衡双线过境。

通公交车。

文峰社区［Wénfēng Shèqū］ 新塘镇人民政府驻地。在县境西北部。面积1.1平方千米。人口1.5万。因文峰塔得名。2003年由湘江、车站2居委会合设。民居以高层住宅楼为主。有中学、卫生服务站、老年活动室、便民服务站。有腰鼓队等。有民间土菜烹饪技艺。京广铁路、京港澳高速、省道衡双线过境。通公交车。

大浦镇［Dàpǔ Zhèn］ 衡东县辖镇。在县境西南部。面积121平方千米。人口5.4万。辖2居委会、39村委会，有452自然村。镇人民政府驻大浦街。1950年设堡霞乡。1956年改大浦乡。1958年置镇。后改公社。1981年复镇。1989年岭茶、大浦2乡并入。因镇政府驻地得名。湘江流经。有中学3所，小学12所，卫生院1个，卫生所39个。有文化站等。有七一二矿旧址群、堰城城址、甑箕岭脊椎动物化石遗址等。农业以种植水稻、油菜、大豆、花生为主。产茶叶、茶油、席草。工业以农产品加工、机械(电)制造、化工、冶金业为主。京广铁路，京港澳、泉南高速，省道龙宋线过境。湘江通航。

大浦街［Dàpǔjiē］ 大浦镇人民政府驻地。在县政府驻地城关镇西南19千米。人口1.2万。因大浦街车站得名。聚落呈团块状。有中小学、幼儿园、卫生所。农业以种植水稻为主。有商贸服务业。京广铁路、省道龙宋线经此。通公交车。

吴集镇［Wújí Zhèn］ 衡东县辖镇。在县境中部。面积105平方千米。人口4万。辖1居委会、35村委会，有369自然村。镇人民政府驻吴集村。1952年设吴集镇。1956年并入吴集乡。后改公社。1984年复设吴集镇。1989年红坪、双园2乡并入。因镇政府驻地得名。有紫岗岩、鸡公岭、帽顶。洣水流经。有中学3所，小学9所，中专1所，卫生院1个，卫生所35个。有文化站、广播站等。有省级文物保护单位台北故宫博物院院长秦孝仪故居、杨山庙。有古迹龙门泉奉公祠、锁狮桥、衣架峰、飞来石、雷砌石等。农业以种植水稻、油茶、席草、西瓜、香菇、萝卜、花生等为主。盛产杉木、南竹。工业有钨、纺织、粮油、电器、建材、竹木加工业等。有圩场。泉南高速、省道龙宋线过境。洣水通航。

吴集村［Wújícūn］ 吴集镇人民政府驻地。在县政府驻地城关镇南2千米。人口800。因初成集吴姓居多，故名。聚落沿省道龙宋线呈线状分布。有中小学、卫生院。农业以种植水稻为主。工业有铸铁、油纸雨伞制造业。有商贸服务业。省道龙宋线经此。通公交车。

甘溪镇［Gānxī Zhèn］ 衡东县辖镇。在县境中部。面积111平方千米。人口3.2万。辖1居委会、31村委会，有314自然村。镇人民政府驻甘溪村。1950年设甘溪乡。1958年改公社。1984年复乡。1989年夏浦乡并入置甘溪镇。因甘溪港得名。有金觉峰。洣水流经。有矿产资源石灰石、萤石、铅、锌等。有中学1所，小学5所，卫生院1个，卫生所32个。有文化站等。有省级文物保护单位大源窑址、夏浦萧家大屋古建筑遗址。有名胜金觉峰、锡岩仙洞、洣水风景区等。农业以种植水稻、油茶、南竹、红枣等为主，养殖黑山羊。产藤茶、席草、药材等。工业有采矿、化工、水电、皮革加工业等。有圩场。省道龙宋、跃石线过境。

甘溪村［Gānxīcūn］ 甘溪镇人民政府驻地。在县政府驻地城关镇东7千米。人口1000。因甘溪港得名。聚落沿省道龙宋线呈带状分布。有中小学、幼儿园、卫生院等。农业以种植水稻、红枣等为主。有集贸市场。省道龙宋线过境。通公交车。

夏浦村［Xiàpǔcūn］ 在县政府驻地城关镇东南11千米。甘溪镇辖自然村。人口1100。原为新铺子。清道光六年(1826)被洪水冲毁，重建后改称下铺。因地处洣水浦，夏日气候宜人，下与夏谐音，雅称夏浦。聚落沿洣水呈半圆状分布。有夏浦小学。为中国传统村落。有建于清道光二年(1822)萧家大屋。农业以种植水稻为主。特产夏浦珍珠枣、板栗、藤茶等。通乡村公路。

杨林镇［Yánglín Zhèn］ 衡东县辖镇。在县境东南部。面积120平方千米。人口3万。辖1居委会、28村委会，有232自然村。镇人民政府驻杨林村。1950年设高水乡。1952年改杨林乡。1958年改公社。1983年复乡。1986年置镇。1989年青山乡并入。因杨林埠得名。洣水流经。有矿产资源石灰石、钨。有中学2所，小学6所，卫生院1个，卫生所29个。有文化站等。有万泉坳谭家宗祠、杨林老街古戏台。有名胜四方山、杨林老街等。农业以种植水稻、柑橘、油茶为主。盛产木材、南竹。工业有建材、钨矿开采、水泥、石灰、农机、竹器生产业等。有圩场。省道岳阳—宜章线过境。洣水通航。

杨林村［Yánglíncūn］ 杨林镇人民政府驻地。在县政府驻地城关镇东南23千米。人口1700。因洣水岸杨柳成林得名。聚落沿洣水呈带状分布。有中学、卫生所等。为中国传统村落。有杨林老街。有古戏台、谭家宗祠、董华公祠等，为清一色青瓦土木结构建筑。农业以种植水稻、柑橘等为主。省道岳阳—宜章线经此。

草市镇［Cǎoshì Zhèn］ 衡东县辖镇。在县境东南部。面积70平方千米。人口3.6万。辖1居委会、20村委会，有246自然村。镇人民政府驻丫塘村。清咸丰三年(1853)设草市。1949年高湖部分区域并入。1950年改南草乡。1952年置草市镇。1954年后改草市公社。1982年析设草市镇、洣坪乡。1989年草市镇、洣坪乡合设草市镇。明清时境域设巡检司，军队长驻洣水岸边草坪练兵，草坪被称为"草司"。清咸丰年间草坪处人流船运密集，物流兴盛形成集市，改称草市。洣水、永乐江流经。有中学1所，小学10所，卫生院1个，卫生所21个。有文化站等。有抗日英烈刘阳生墓、下井刘氏宗祠。有名胜"灵山胜地""八仙下棋""猴子捞月""合福林寺"、中洲书院等。农业以种植水稻、柑橘、花生、芝麻、大豆为主，养殖猪、鱼。工业有农机、鞭炮制造、钨选业等。泉南高速、省道岳阳—宜章线过境。洣水通航。

丫塘村［Yātángcūn］ 草市镇人民政府驻地。在县政府驻地城关镇东南31千米。人口2300。因水塘边坪似"丫"形得名。聚落呈散状。有小学、卫生院、农家书屋。农业以种植水稻等为主。有集贸市场等。省道岳阳—宜章线经此。

杨桥镇［Yángqiáo Zhèn］ 衡东县辖镇。在县境东北部。面积112平方千米。人口3.5万。辖1居委会、30村委会，有343自然村。镇人民政府驻杨桥村。1952年设杨桥乡。1958年改公社。1983年复乡。1984年置镇。1989年东烟乡并入。因镇政府驻地得名。有凤凰山。有矿产资源石灰石、青石膏、铁矿石、白瓷泥、铅、锌、金、银、铜等。有中学2所，小学3所，卫生院1个，卫生所15个。有文化站等。有名胜凤凰峰、鹤岭等。农业以种植大豆、花生、板栗、油茶、茶、药材等为主。有用材林基地。有圩场。省道跃石、衡东杨桥—宜章关溪线过境。

杨桥村［Yángqiáocūn］ 杨桥镇人民政府驻地。在县政府驻地城关镇东北20千米。人口1400。原为杨林桥。后因县内有两座杨林桥，1949年更名杨桥。聚落呈矩形。有中小学、卫生院等。农业以种植水稻、油茶等为主。省道衡东杨桥—宜章关溪线、县道杨桥—蓬源线经此。

霞流镇［Xiáliú Zhèn］ 衡东县辖镇。在县境西部。面积104平方千米。人口4万。辖1居委会、35村委会，有379自然村。镇人民政府驻霞流新街。1952年设霞流乡。1958年改公社。1983年复乡。1989年洋塘乡并入。1996年置镇。因江水荡漾、彩霞如流得名。湘江、洣水流经。有中学2所，小学10所，卫生院1个，卫生所16个。有文化站等。有名胜何家箭楼、成家大屋瞭望楼、洋塘惜字炉等。农业以种植水稻、油茶、茶、席草、柑橘、红枣、板栗、花生等为主。特产亚峰鸭、爱平猪、咸蛋黄、益品鸡。京广铁路、京港澳高速过境。湘江通航。

霞流新街［Xiáliúxīnjiē］ 霞流镇人民政府驻地。在县政府驻地城关镇西12千米。人口4800。原名霞流埠。在明清时期是湘江流域的水路重镇之一，因坐落湘江之滨，江水荡漾，阳光照映，彩霞如流，故名霞流。聚落呈带状。有中小学、卫生院等。农业以种植水稻、西瓜等为主。京广铁路、京港澳高速经此。通客运班车。

荣桓镇［Rónghuán Zhèn］ 衡东县辖镇。在县境东部。面积86平方千米。人口3万。辖1居委会、27村委会，有252自然村。镇人民政府驻长岭村。1989年由杉山、鱼形2乡合设荣桓乡。1997年置镇。因罗荣桓元帅得名。有矿产资源煤、钨锰、金、瓷泥、石灰石等。有中学1所，小学8所，卫生院1个，卫生所27个。有文化站、敬老院等。有全国重点文物保护单位、全国爱国主义教育基地、国家4A级旅游景区罗荣桓故居。有名胜虎泉岭萧家新屋、锡岩仙洞。农业以种植水稻、大豆、油茶、红枣、板栗、花生等为主，养殖猪、土鸡、麻鸭。产药材、木材。工业有水泥、建材、农机修理业等。有圩场。省道龙宋、衡东杨桥—宜章关溪线过境。通客运班车。

长岭村［Chánglǐngcūn］ 荣桓镇人民政府驻地。在县政府驻地城关镇东18千米。人口1600。因村边有长条状山岭而得名。聚落沿省道龙宋线呈带状分布。有中小学、卫生院、图书室等。农业以种植水稻、油茶等为主。有集贸市场。省道龙宋、衡东杨桥—宜章关溪线经此。通客运班车。

高湖镇［Gāohú Zhèn］ 衡东县辖镇。在县境东南部。面积71平方千米。人口3万。辖1居委会、24村委会，有248自然村。镇人民政府驻高湖村。1961年由杨林公社析置高湖公社。1983年改乡。1989年红桥乡并入。2001年置镇。因镇政府驻地得名。洣水、山溪流经。有矿产资源煤、锰、石灰石等。有中学2所，小学5所，卫生院1个，卫生所26个。有文化站等。有江阴咀石牌坊、才一公祠、紫峰楼。农业以种植水稻、柑橘、油茶、红枣、花生、大豆等为主，养殖猪、鱼、麻鸭。产药材、木材等。有圩场。泉南高速、省道衡东杨桥—宜章关溪线过境。洣水通航。

高湖村［Gāohúcūn］ 高湖镇人民政府驻地。在县政府驻地城关镇东南26千米。人口1900。传高处有小湖，四周低洼，故名。聚落呈散状。有中小学、卫生院。有洣江生态园。农业以种植水稻、油菜等为主。有集贸市场。泉南高速、省道衡东杨桥—宜章关溪线经此。通客运班车。

白莲镇［Báilián Zhèn］ 衡东县辖镇。在县境北部。面积79平方千米。人口2.7万。辖1居委会、25村委会，有287自然村。镇人民政府驻白莲村。1950年设白莲乡。后改公社。

1983年改乡。1989年小初乡并入。2001年置镇。因镇政府驻地得名。白莲河流经。有中学1所,小学3所,卫生院1个,卫生所27个。有文化站等。有省级文物保护单位向道龙墓。有市级非物质文化遗产衡东影子戏。有古迹麻园窑址、小初桥。农业以种植水稻、油茶、茶、板栗为主,养殖猪。工业有农机修理、木材加工业等。省道衡东三樟—永兴金龟线过境。通客运班车。

白莲村［Báiliáncūn］　白莲镇人民政府驻地。在县政府驻地城关镇北15千米。人口1300。因白莲寺得名。聚落沿溪流呈弧形分布。有尚德学校、卫生院等。有白莲千年风情园。农业以种植水稻、湘莲等为主。有集贸市场。省道衡东三樟—永兴金龟线经此。通客运班车。

大桥镇［Dàqiáo Zhèn］　衡东县辖镇。在县境北部。面积63平方千米。人口2.2万。辖1居委会、20村委会,有221自然村。镇人民政府驻西元村。1956年设大桥乡。后改公社。1984年改乡。2002年置镇。境内大桥湾有古老的石拱桥,取"大桥"为镇名。有凤凰山。有中学1所,小学7所,卫生院1个,卫生所21个。有文化站等。有省级非物质文化遗产剪纸。有古迹北斗岭窑址。农业以种植水稻等为主。产黄贡椒、木材等。京广铁路、京港澳高速、县道石坝—山坳线过境。

西元村［Xīyuáncūn］　大桥镇人民政府驻地。在县政府驻地城关镇北30千米。人口1000。因旧西园染坊得名。聚落呈散状。有中小学、卫生院等。农业以种植水稻等为主。产黄贡椒。京广铁路、京港澳高速、县道石坝—山坳线经此。

蓬源镇［Péngyuán Zhèn］　衡东县辖镇。在县境东北部。面积84平方千米。人口2.6万。辖1居委会、28村委会,有272自然村。镇人民政府驻横路村。1952年设横路乡。后改公社。1984年复乡。1989年与云集乡合设横路乡。2002年改蓬源镇。因蓬源峰得名。有凤凰山、蓬源峰。有中学2所,小学4所,卫生院1个,卫生所28个。有文化站等。农业以种植水稻、大豆、红薯、花生等为主,养殖猪、山羊、家禽。特产红薯粉丝、刀豆丝。工业有化工、建材、陶瓷、机械加工、印刷业等。有圩集。县道杨桥—蓬源线过境。通客运班车。

横路村［Hénglùcūn］　蓬源镇人民政府驻地。在县政府驻地城关镇东北28千米。人口1700。因有路贯村而过,似扁担横亘村中,故名。聚落呈带状。有中小学、卫生院等。农业以种植水稻、花生等为主。县道杨桥—蓬源线经此。通客运班车。

莫井乡［Mòjǐng Xiāng］　衡东县辖乡。在县境南部。面积57平方千米。人口1.2万。辖13村委会,有143自然村。乡人民政府驻莫井村。1952年有莫井、将塘、灵江3乡。1956年3乡合并为莫井乡。1958年属猛进公社。后改莫井公社。1984年复乡。因乡政府驻地得名。有矿产资源金、钨、铅锌、萤石、重晶石、花岗岩等。有中学1所,小学1所,卫生院1个,卫生所13个。有文化站等。有古迹龙鹅咀惜字炉。农业以种植水稻、油茶、药材等为主,养殖猪、麻鸭、鱼。有圩市。省道衡东三樟—永兴金龟线过境。通客运班车。

莫井村［Mòjǐngcūn］　莫井乡人民政府驻地。在县政府驻地城关镇南14千米。人口1000。因莫姓人居水井旁得名。聚落呈带状。有中小学、卫生院等。农业以种植水稻、油茶等为主。省道衡东三樟—永兴金龟线经此。通客运班车。

踏庄乡［Tàzhuāng Xiāng］　衡东县辖乡。在县境中部。面积44平方千米。人口1.7万。辖13村委会,有164自然村。乡人民政府驻踏庄村。1961年成立踏庄公社。1982年改乡。因乡政府驻地得名。有矿产资源石灰石。有中学1所,小学9所,卫生院1个,卫生所16个。有文化站等。农业以种植水稻、油茶、大豆、花生、红薯等为主。有松林、金竹林。工业以灯饰玻璃、建筑建材、机械加工业为主。省道龙宋线、县道踏庄—白莲线过境。通客运班车。

踏庄村［Tàzhuāngcūn］　踏庄乡人民政府驻地。在县政府驻地城关镇东北5千米。人口2000。传清代官方未收此地租,得名塌庄,后改今名。聚落呈带状。有中小学、卫生院等。农业以种植水稻、花生、油茶、药材、蔬菜为主。产杉木。省道龙宋线、县道踏庄—白莲线经此。通客运班车。

高塘乡［Gāotáng Xiāng］　衡东县辖乡。在县境东南部。面积95平方千米。人口2.4万。辖16村委会,有191自然村。乡人民政府驻两路口村。1956年设高塘乡。1961年改高塘公社。1984年复乡。因土薄缺水,幻有塘库居高临下灌至,故名高塘。永乐江流经。有中学1所,小学10所,卫生院1个,卫生所16个。有文化站等。有中国传统村落高田村。有景点马脑寨、狮子岩、云雾山等。有古迹石塘古村、斜柳塘大屋牌坊门。农业以种植水稻、柑橘、辣椒为主。通公路。通客运班车。

两路口村［Liǎnglùkǒucūn］　高塘乡人民政府驻地。在县政府驻地城关镇东南36千米。人口2200。因处草市—安仁、大洲—南湾2路交叉口得名。聚落呈散状。有中小学、卫生院等。农业以种植水稻等为主。通客运班车。

高田村［Gāotiáncūn］　在县政府驻地城关镇东南40千米。高塘乡辖自然村。人口2100。因处山湾且地势高得名。聚落呈散状。为中国传统村落。明代单氏先人兴建古民居,后逐增建民居、祠堂、庙宇,成传统建筑群落。农业以种植水稻、花生等为主。通公路。通客运班车。

南湾乡［Nánwān Xiāng］　衡东县辖乡。在县境东南部。面积78平方千米。人口1.4万。辖9村委会,有110自然村。乡人民政府驻新南村。1956年设南湾乡。1961年改南湾公社。1984年复乡。传古代武将欧阳南湾定居,屋牌楼上书南湾门得名。有高日塘山、四方山。有矿产资源钨、金。有野生动物獐、麂、鹿、兔、黄鼠狼、野猪等10余种。有中学1所,小学5所,卫生院1个,卫生所9个。有文化站等。有省级文物保护单位晏家大屋箭楼院落。有衡炎古道。农业以种植水稻、红薯、油茶、柑橘、板栗、黄花菜、湘莲等为主。产荸荠、乌豆。有茄子、丝瓜种植基地。工业以乌豆等农产品加工、鞭炮烟花生产、竹木加工业为主。有商贸服务业。省道岳阳—宜章线过境。通客运班车。

新南村［Xīnnáncūn］　南湾乡人民政府驻地。在县政府驻地城关镇东南37千米。人口3300。因建设新南湾得名。聚落呈团块状。有中小学、卫生院等。农业以种植水稻等为主。省道岳阳—宜章线经此。通客运班车。

三樟乡［Sānzhāng Xiāng］　衡东县辖乡。在县境北部。面积50平方千米。人口2万。辖16村委会,有182自然村。乡人民政府驻合山村。1956年设三樟乡。1961年改公社。1982年分设三樟、油麻2乡。1989年合设三樟乡。传有三株古樟树,得名三樟。湘江流经。有中学1所,小学6所,卫生院1个,卫生所16个。有文化站等。有省级文物保护单位中国共产党最早的农民银行柴山洲第一农民银行旧址。农业以种植水稻、棉花、花生、辣椒、湘莲、油茶等为主。特产藕、荸荠、豆油、板栗、香菇。有圩集。县道新塘—油麻线过境。有湘江航道。通客运班车。

合山村［Héshāncūn］　三樟乡人民政府驻地。在县政府驻地城关镇北32千米。人口1300。因合山得名。聚落呈散状。有小学、卫生院等。农业以种植水稻、黄贡椒等为主。县道新塘—油麻线经此。通客运班车。

栗木乡［Lìmù Xiāng］　衡东县辖乡。在县境西南部。面积52平方千米。人口2万。辖20村委会,有199自然村。乡人民政府驻溪塘村。1958年成立栗木公社。1984年改乡。1989年泉新乡并入。因栗木坪村得名。有中学1所,小学5所,卫生院1个,卫生所20个。有文化站等。有泉新彭楚公祠。农业以种植水稻、大豆、油茶、席草、花生、柑橘等为主。盛产菜籽油。有圩集。泉南高速、省道龙宋线过境。通客运班车。

溪塘村［Xītángcūn］　栗木乡人民政府驻地。在县政府驻地城关镇西8千米。人口1200。因溪塘水库得名。聚落呈团块状。有中小学、卫生院等。农业以种植水稻、花生、大豆等为主。泉南高速、省道龙宋线经此。通客运班车。

珍珠乡［Zhēnzhū Xiāng］　衡东县辖乡。在县境中部。面积56平方千米。人口2.1万。辖18村委会,有215自然村。乡人民政府驻珍珠村。1958年成立珍珠公社。1984年改乡。因乡政府驻地得名。有矿产资源铅、锌、钨、金、煤、花岗岩、高岭土等。有中学1所,小学3所,卫生院1个,卫生所18个。有文化站等。农业以种植水稻、红薯、油茶、红辣椒、西瓜、柰李、蜜桃等为主。工业以陶瓷、机械业为主。省道衡东三樟—永兴金龟线过境。通客运班车。

珍珠村［Zhēnzhūcūn］　珍珠乡人民政府驻地。在县政府驻地城关镇北10千米。人口2100。因珍珠堆地片得名。聚落呈椭圆形。有中小学、卫生院等。农业以种植板栗、油茶等为主。省道衡东三樟—永兴金龟线经此。通客运班车。

石滩乡［Shítān Xiāng］　衡东县辖乡。在县境西南部。面积94平方千米。人口4.1万。辖30村委会,有368自然村。乡人民政府驻石金村。1956年德圳、早禾、冲乡合并为石滩乡。1961年成立石滩公社。1984年公社改乡。1989年真塘乡并入。因石滩庙得名。有凤凰山、四方山。有中学2所,小学12所,卫生院1个,卫生所30个。有文化站等。有抗金名将岳飞后裔聚居地。农业以种植水稻、红薯、西瓜、绿豆、花生等为主,养殖猪、家禽、鱼。吉衡铁路、京港澳高速、县道铁丝塘—大浦线过境。通客运班车。

石金村［Shíjīncūn］　石滩乡人民政府驻地。在县政府驻地城关镇西南30千米。人口1300。各取石滩庙、金子山一字得名。聚落呈团块状。有中小学、卫生院等。农业以种植水稻、油菜、花生等,养殖淡水鱼为主。县道铁丝塘—大浦公路经此。通客运班车。

德圳乡［Dézhèn Xiāng］　衡东县辖乡。在县境南部。面积53平方千米。人口1.4万。辖14村委会,有147自然村。乡人民政府驻洣桥村。1961年成立德圳公社。1984年改乡。因德圳水库得名。有鸡公岩、狗头岭。有矿产资源煤、铁、石灰石、锰、铅锌等。有中学1所,小学4所,卫生院1个,卫生所14个。有文化站等。农业以种植水稻、大豆、油茶、红薯、生姜为主,养殖猪、麻鸭、鱼。有林业种植。特产黑宝石李、红宝石李、新世纪梨、无籽西瓜等。工业有煤炭、铁矿、石灰石、滑石开采,竹木加工业等。服务业有旅游、商贸服务业。通乡村公路。

通客运班车。

洣桥村 [Mǐqiáocūn] 德圳乡人民政府驻地。在县政府驻地城关镇西南23千米。人口1000。因在洣水上建石桥得名。聚落呈带状。有中小学、卫生院等。农业以种植水稻、油茶、花生为主。产板栗、蕨根、小鱼干等。通乡村公路。通客运班车。

祁东县

祁东县 [Qídōng Xiàn] 衡阳市辖县。北纬26°04′,东经112°05′。在市境西部。面积1871平方千米。人口106万。以汉族为主,还有壮、瑶、苗、蒙古等民族。辖4街道、17镇、4乡。县人民政府驻玉合街道。1952年析祁阳县部分区域置祁东县,先后属零陵地区、湘南行署、衡阳地区。1983年属衡阳市。因大部分土地位于祁阳东,故名。1952年后由原3小街扩建到18大中小街。1993年兴建祁东中心市场,城区西拓。1998年打通城西大米厂卡口,建设祁丰大道。2000年后,新辟"四纵七横"祁丰新区、"三纵三横"玉泉新区,城区西拓南扩。建成高铁站站前广场、体育文化公园、黄花公园等。2014年建成现代园林式生活小区近10个,高层建筑20多幢。地势西北高东南低。海拔54.8—1043.2米。有腾云岭。年均气温17.9℃,1月平均气温5.9℃,7月平均气温29.3℃。年均降水量1267.9毫米。湘江、白河、祁水流经。有矿产资源铁、铅、锌、铜、煤、重晶石、石灰岩等。有野生植物500余种,其中有国家二级保护野生植物水杉、银杏、罗汉松等20种。有野生动物80余种,其中有国家二级保护野生动物虎纹蛙、中国小鲵、穿山甲、猫头鹰、草鸮、岩鹰,三级保护野生动物雉、华南兔、石板蛙等21种。森林覆盖率35.9%。有中学56所,中职2所,小学259所,特教1所,教师进修学校1所,二级医院2个。有图书馆1个,档案馆1个,影剧院1个,文化馆1个,文化站24个,体育场(馆)3个。有省级文物保护单位归阳状元桥、曹炎烈士墓、新红十军军长兼政治委员王如痴故居。有中国传统村落风石堰镇沙井老屋村。有省级非物质文化遗产祁东渔鼓。有国家3A级旅游景区四明山国家森林公园。有景点鼎山风景区、凤歧坪溶洞群、落排洲渔村、归阳古镇等。三次产业比例25∶38∶37。农业以种植水稻、蔬菜为主,养殖猪。盛产槟榔芋、席草。有国家地理标志产品祁东黄花菜、祁东酥脆枣。工业以建材、化工、农产品加工、新能源、新材料业为主。服务业以商贸、物流业为主。有省级祁东经济开发区、归阳工业园。衡柳高铁,湘桂铁路,泉南高速,234、322、356国道,省道风石堰—荷花坳、凤歧坪水井亭—城连墟石板铺、县城洪桥—过水坪丝塘、步云桥燕元亭—砖塘太平桥、金桥打拢—太和堂石梅冲线过境。有湘江航道。

玉合广场 [Yùhé Guǎngchǎng] 在县城北部。面积5.9万平方米。2004年开工,2005年建成。因在玉河山脚,取谐音得名。绿化2.5万平方米。中柱线有不锈钢雕塑、主席台,东西侧各4根罗马墩柱。有绿化带。为大型集会、展览、科普宣传、文体赛事、健身娱乐于一体综合性广场。周边有道路和政府机关。通多路公交车。

永昌大道 [Yǒngchāng Dàdào] 在县城西部。北起竹苑路,南至圣云大道。与竹苑路、莲花路、祁丰路相交。长0.9千米,宽60米。混凝土路面。2001年开工,2002年建成。2011—2013年扩建。原为市府路。2005年以永昌古县名改现名。两侧有县民政局、教育局、工商局、祁东经济开发区管委会、县政务服务中心、县社保局、县信用联社、中行永昌支行、华融湘江银行祁东支行、县移动公司、汇都大酒店、鑫都大酒店等。通多路公交车。

祁丰路 [Qífēng Lù] 在县城西部。东起县正路,西至城西路。与234国道、永昌大道、朝阳路、新丰路等相交。长2.8千米,宽45米。沥青混凝土路面。1998年开工,2009年建成。因祁丰村得名。两侧有县水务局、农业局、电信公司、开福大市场、宏蔚家居广场、川祁耐磨材料公司、洪城变压器公司等。通多路公交车。

南山路 [Nánshān Lù] 在县城南部。东起祁东大桥,西至洪双公路。与白云路、富绅路、建设路、迎宾路、车站路、城东路相交。长3.2千米,宽45米。沥青混凝土路面。1986年开工,1989年建成。因城东南山得名。两侧有县交警大队、武警消防中队、农业发展银行祁东支行、县中职、盛德中学、湘运祁东汽车站、城南市场、华南出版彩印公司、新华大酒店、洪河公路改建纪念塔等。通多路公交车。

县正路 [Xiànzhèng Lù] 在县城中部偏东。东起322国道,西至祁丰路。与城东路、车站路、文化路、迎宾路、建设路、石门路等相交。长3.7千米,宽30—40米。沥青混凝土路面。1954年开工,1995年建成。因位于县城正中心位置得名。两侧有县总工会、县祁剧团、新华书店、影剧院、文化馆、湘瑞铜套公司、至壹机械工业公司、憩园(街心公园)等。通多路公交车。

莲花路 [Liánhuā Lù] 在县城北部。东起麻竹巷,西至城西路。与迎宾路、建设路、石门路、永昌大道、朝阳路、新丰路、234国道相交。长4.6千米,宽15—42米。沥青混凝土路面。1998年开工,2010年建成。因莲花塘得名。两侧有玉合中心小学、楚源小学、船山实验学校、凯迪电厂、祁东人寿公司、金利建材大市场等。通多路公交车。

祁东大桥 [Qídōng Dàqiáo] 在县城东部。长101米,宽18.5米,最大跨度30米,桥下净高12米。1988年开工,1989年建成。2008—2009年重建。因祁东县得名。为大型河道桥梁。结构型式为上部连续T型梁桥,下部钻孔桩基础预应力钢筋混凝土结构桥。最大载重55吨。通公交车。

祁东站 [Qídōng Zhàn] 见交通运输设施部分"祁东站"条。

湘运祁东汽车站 [Xiāngyùn Qídōng Qìchēzhàn] 见交通运输设施部分"湘运祁东汽车站"条。

玉合街道 [Yùhé Jiēdào] 祁东县人民政府驻地。在县境中部。面积60平方千米。人口7万。2014年由洪桥镇析置。因玉河山谐音得名。聚落呈长方形。有矿产资源铁。有中学2所,小学11所,县妇幼保健院、祁东新区医院,社区卫生服务中心1个,村卫生室26个。有万福寺。有双凤亭、玉河山风景区。农业以种植杉木、南竹为主,养殖山羊。工业有化工、家具生产、食品加工业等。有3专业市场、1综合市场。湘桂铁路,234、322国道过境。通多路公交车。

洪桥街道 [Hóngqiáo Jiēdào] 属祁东县。在县境东部。面积64平方千米。人口8.8万。2014年由洪桥镇析置。传明洪武元年(1368)明将胡海克永州,衡、祁、邵48寨于祁阳红桥杀俘囚,桥石尽赤,故名红桥铺。后以同音,改洪桥。有中学4所,小学8所,其中县第一中学、第二中学为省重点示范中学,县职业中专为国家级示范性职业学校。有二级医院1个,村卫生室40个,农家书屋16个。有洪河公路改建纪念塔、沐浴庵。农业主产粮食,养殖山羊。盛产荸荠、白莲。工业以机械、铜套等建材业为主。有集贸市场3个、综合批发市场1个、农贸市场1个。湘桂铁路、322国道过境。有湘运祁东汽车站。通多路公交车。

永昌街道 [Yǒngchāng Jiēdào] 属祁东县。在县境中部。面积52平方千米。人口7.2万。2014年成立。因古永昌县得名。2013年动工建设祁东新区完全中学,新建祁东县中医医院。有中学2所,小学8所,二级医院1个,卫生室29个,农家书屋29个。有温泉、石灰岩洞燕子岩。农业以种植水稻为主。盛产蜜橘。工业以水泥等建材业为主。服务业以商贸、物流业为主。衡柳高铁,湘桂铁路,衡枣高速、234、322国道过境。有祁东站。通多路公交车。

白鹤街道 [Báihè Jiēdào] 属祁东县。在县境东部。面积76平方千米。人口4.1万。2014年由白鹤铺镇析置。因白鹤铺镇得名。有高基岭。有中学2所,小学8所,卫生院1个,卫生室30个,农家书屋18个。有遗迹排山驿丞署、排山戏台。农业主产粮食,养殖雏鸭、甲鱼。工业以铜矿石、重晶石开采业为主。衡柳高铁、湘桂铁路、322国道过境。通多路公交车。

金桥镇 [Jīnqiáo Zhèn] 祁东县辖镇。在县境南部。面积80平方千米。人口4.7万。辖2居委会、43村委会,有614自然村。镇人民政府驻黄土岭社区。1939年设金兰乡。1950年改金桥乡。1956年新桥等7乡并入。1958年改耕作区。1961年改金桥公社。1984年复乡。同年置镇。1995年新桥头、官山2乡,罗云乡清塘、路陂、九塘等8村并入。因金篮桥得名。白河流经。有中学2所,小学12所,卫生院1个,卫生室29个,农家书屋17个。有省级非物质文化遗产传统草席制作工艺。有金兰寺遗迹。有习俗花鼓戏表演、划龙舟。农业以种植水稻为主。盛产席草、荸荠。有国家级龙溪蔬菜标准园。工业以织席业为主。洪河公路过境。

黄土岭社区 [Huángtǔlǐng Shèqū] 金桥镇人民政府驻地。在县境南部。面积1.5平方千米。人口1000。因黄土岭地片得名。1984年成立。民居以2层及以上村镇居民自建住宅楼为主。有中小学、幼儿园、卫生室等。农业以种植水稻为主。工业以草席加工为主。洪河公路过境。通客运班车。

鸟江镇 [Niǎojiāng Zhèn] 祁东县辖镇。在县境东部。面积65平方千米。人口2.8万。辖1居委会、28村委会,有349自然村。镇人民政府驻星源社区。1952年设鸟江乡。1956年丁字、杨柳等4乡并入。1958年改耕作区。1961年改公社。1984年复鸟江乡。1985年杨柳乡并入。1990年置镇。1995年丁字乡10村并入。因鸟江(鸟江坳)得名。白河流经。有中学2所,小学7所,卫生院1个,卫生室28个,农家书屋28个。有古迹法华庵。农业以种植水稻、蔬菜为主,养殖鸡。盛产席草。工业以铅锌矿开采、织席业为主。有草席协会。有商贸服务业。234国道、省道衡南—东安线、洪河公路过境。

星源社区 [Xīngyuán Shèqū] 鸟江镇人民政府驻地。在县境东部。面积0.7平方千米。人口2400。因取"星星之火,可以燎原"之意,演化为星源得名。1995年成立。民居以3层及以上村镇居民自建住宅楼为主。有中小学、幼儿园、卫生院。农业以种植水稻为主。工业以草席加工业为主。省道衡南—东安线、洪河公路过境。通客运班车。

粮市镇 [Liángshì Zhèn] 祁东县辖镇。在县境东部。面积55平方千米。人口2万。辖

1居委会、25村委会,有252自然村。镇人民政府驻粮船埠社区。1952年设粮市乡。1956年石埠、安家2乡并入。1958年改耕作区。1961年改公社。1984年复粮市乡。1985年石埠乡、樟木乡曹马村并入。1995年樟木乡7村并入。同年置镇。原为粮船埠,后逐成市场,遂称粮市。有中学1所,小学7所,卫生院1个,卫生室26个,农家书屋8个。有民俗端午赛龙舟。农业以种植水稻、花生为主。盛产蕌头等。工业以冶炼焊剂、建材业为主。泉南高速常宁连接线、省道衡南—东安线过境。有湘江渡口码头2个。

粮船埠社区［Liángchuánbù Shèqū］　粮市镇人民政府驻地。在县境东部。面积1.5平方千米。人口1700。因明正德三年(1508)开征祁阳漕粮,由此船运解京,故称粮船埠。1995年成立。民居以2层及以上村镇居民自建住宅楼为主。有中学、幼儿园、卫生院。农业以种植水稻、花生为主。工业以加工产业为主。有农贸市场。县道河九线过境。通客运班车。

河洲镇［Hézhōu Zhèn］　祁东县辖镇。在县境东部。面积65平方千米。人口3.5万。辖3居委会、38村委会,有369自然村。镇人民政府驻河洲村。1952年设河洲乡。1956年定山、左家、五家、金钱4乡并入。1958年改耕作区。1961年改公社。1984年复河洲乡。同年置镇。1995年五家围乡、樟木塘11村并入。因湘江近岸小洲与陆地连片称河洲。有中学2所,小学10所,卫生院1个,卫生室35个。有遗迹瓦子滩窑址、刘三庙。有景点落排洲。有河洲渔灯。农业以种植水稻、席草、花生、大豆、油菜为主。工业以食品加工、制药业为主。有农贸市场1个。泉南高速、234国道、洪河公路过境。

河洲村［Hézhōucūn］　河洲镇人民政府驻地。在县政府驻地玉合街道东南41千米。人口3300。因由洪水冲积成沙洲故名。聚落沿湘江呈带状分布。有中小学、幼儿园等。农业以种植水稻、花生为主。工业以轻工业为主。有集贸市场。234国道、县道河九线经此。通客运班车。

归阳镇［Guīyáng Zhèn］　祁东县辖镇。在县境东南部。面积79平方千米。人口4.4万。辖3居委会、44村委会,有426自然村。镇人民政府驻太平街社区。明清设归阳巡检司。1939年设归阳乡。1952年设归阳镇。1956年并入归阳乡。1957年复归阳镇。1958年改耕作区。1961年改公社。1984年复镇。1985年冲安乡3村并入。1990年丁字乡福罗村并入。1995年三冲、七碗2乡,丁字乡4村并入。因清江、白河异出于此同归,居湘江北岸,故名。有中学1所,小学9所,卫生院1个,卫生室45个。有省级文物保护单位归阳状元桥。有全国文明光荣院归阳光荣院。有全国百强文化站镇文化站。有民俗端午赛龙舟。有茅坪洲村半边山东汉墓群、唐家汉代古窑址。农业以种植水稻为主。盛产席草。工业以装备制造、化工业为主。有省级归阳工业园。泉南高速、234国道、省道风石堰—荷花坳线、洪河公路过境。有归阳码头、湘江渡口。

太平街社区［Tàipíngjiē Shèqū］　归阳镇人民政府驻地。在县境东南部。面积5.5平方千米。人口4400。因盼永久太平,故名。1954年设第一居委会,1984年改太平街社区。民居以2层及以上村镇居民自建住宅楼为主。有小学、幼儿园、卫生室等。有省级文物保护单位归阳状元桥。有归阳巡检司遗迹。农业以种植水稻为主。工业以织席等轻工业为主。通客运班车。

过水坪镇［Guòshuǐpíng Zhèn］　祁东县辖镇。在县境南部。面积97平方千米。人口4.8万。辖2居委会、52村委会,有589自然村。镇人民政府驻过水坪村。1956年设过水坪乡。1958年改耕作区。1961年改公社。1984年复过水坪乡。旋置镇。1995年百吉、会塘、姊妹岭3乡,大兴乡5村并入。因镇政府驻地得名。有三分脑(山)。清江流经。有中学2所,小学13所,卫生院1个,卫生室19个,农家书屋52个。有泉井72口。农业以种植水稻、油菜、茶为主。工业以采煤、鞭炮生产业为主。有集贸市场。234国道、省道风石堰—荷花坳线过境。

过水坪村［Guòshuǐpíngcūn］　过水坪镇人民政府驻地。在县政府驻地玉合街道南16千米。人口3800。因雨过坪干自然特点得名。聚落呈散状。有中小学、卫生院、文化广场等。农业以种植水稻为主。工业有木材加工业。有集贸市场。省道风石堰—荷花坳线经此。通客运班车。

双桥镇［Shuāngqiáo Zhèn］　祁东县辖镇。在县境南部。面积73平方千米。人口4.7万。辖2居委会、34村委会,有415自然村。镇人民政府驻双桥村。1950年设双桥乡。1956年江南、厚南等6乡并入。1958年改耕作区。1961年改公社。1984年复双桥乡。同年置镇。1995年大云市、金盆2乡并入。因镇政府驻地得名。有中学1所,小学11所,卫生院1个,卫生室22个。有古戏台遗迹、清乾隆年间镌刻“宋武穆岳飞忠义碑”。有古迹魁公祠、彭双溪公祠。农业以种植水稻为主。有现代农业科技生态园2个。工业以采煤、鞭炮业为主。有农贸市场3个。衡柳高铁、省道风石堰—荷花坳线过境。

双桥村［Shuāngqiáocūn］　双桥镇人民政府驻地。在县政府驻地玉合街道西南10千米。人口3300。因2石桥并列,称双桥。聚落呈团块状。白河流经。有中学、卫生院等。农业以种植水稻为主。工业以鞭炮卷筒业为主。有集贸市场。洪灵公路经此。通客运班车。

灵官镇［Língguān Zhèn］　祁东县辖镇。在县境南部。面积78平方千米。人口4.1万。辖2居委会、32村委会,有438自然村。镇人民政府驻灵官村。1950年设灵官殿乡。1956年傅家町、茶山等5乡并入改灵官乡。1958年改耕作区。1961年改公社。1984年复灵官乡。1985年绿桥乡并入。1990年置镇。1995年大同市乡、大兴乡3村并入。因镇政府驻地得名。有矿产资源铜、铁、锰、煤、硫等。有熊罴岭。有珍稀濒危野生动物中国小鲵。有中学2所,小学1所,村完小9所,卫生院1个,村卫生室32个,文化站1个。有民营瑞华医院。农业以种植水稻为主。工业以冶炼、鞭炮业为主。有农贸市场2个。衡柳高铁、省道风石堰—荷花坳线、白过公路过境。

灵官村［Língguāncūn］　灵官镇人民政府驻地。在县政府驻地玉合街道西南15千米。人口2200。因灵官殿得名。聚落呈散状。有中小学、卫生院等。农业以种植水稻为主。工业以鞭炮卷筒业为主。有农贸市场。白过公路经此。通客运班车。

风石堰镇［Fēngshíyàn Zhèn］　祁东县辖镇。在县境西部。面积110平方千米。人口5.7万。辖1居委会、43村委会,有541自然村。镇人民政府驻堰寺社区。1952年设风石堰乡。1956年杉铺、紫冲、永和等7乡并入。1958年改耕作区。1961年改公社。1984年复风石堰乡。同年置镇。1995年花屋、紫冲、毛坪3乡并入。取风陂堰、石堰首字得名风石堰。有中学3所,小学12所,卫生院1个,卫生室43个,农家书屋43个。有中国传统村落沙井老屋村。农业以种植辣椒、白菜为主,养殖禾花鲤。工业以铁矿开采、食品加工业为主。有农贸市场2个,风石堰鱼苗市场。湘桂铁路、322国道、省道金桥打拢—太和堂石梅冲线过境。

堰寺社区［Yànsì Shèqū］　风石堰镇人民政府驻地。在县境西部。面积1.4平方千米。人口4800。取八堰、寺湾各一字得名。1984年成立。民居以2层及以上村镇居民自建住宅楼为主。有中小学、卫生院等。农业以种植水稻、辣椒、大白菜为主,养殖鱼苗。工业有饲料加工业。有农贸市场。湘桂铁路过境。通多路公交车。

沙井老屋村［Shājǐnglǎowūcūn］　在县政府驻地玉合街道西北14千米。风石堰镇辖自然村。人口1200。因沙井得名。聚落呈团块状。为中国传统村落。有相距300米左右的两个庄院,上院始建于清道光二十五年(1845),下院建于宣统元年(1909),坐北朝南,为“三进九厅十八井”架构,屋首、柱基、门窗均浮雕装饰。农业以种植水稻为主。省道金桥打拢—太和堂石梅冲线经此。通客运班车。

白地市镇［Báidìshì Zhèn］　祁东县辖镇。在县境西部。面积108平方千米。人口7.5万。辖3居委会、49村委会,有583自然村。镇人民政府驻松林桥村。1952年设老白地市乡。1956年松林桥、元里坪、柏松亭、老白地市4乡合设白地市乡。1958年改耕作区。1961年改公社。1984年改镇。1995年万福岭、元里坪、枫树山3乡并入。古时修建双忠祠发现一块白地,后在此形成小集市,故名。湘桂铁路设白地市站,镇因站名。有七宝山。祁水、白河流经。有中学3所,小学12所,卫生院1个,卫生室47个,农家书屋52个。农业以种植水稻为主。工业以米业、商品混凝土、轻化工业为主。七宝山煤矿(又名墨莳塘煤矿)有百余年采煤历史。有农贸市场。湘桂铁路,322、356国道,省道风石堰—荷花坳、金桥打拢—太和堂石梅冲线过境。

松林桥村［Sōnglínqiáocūn］　白地市镇人民政府驻地。在县政府驻地玉合街道西15千米。人口900。因松林桥得名。聚落呈散状。有中学。农业以种植水稻为主。工业有建材业等。湘桂铁路、322国道经此。通公交车。

流泉町村［Liúquándīngcūn］　在县政府驻地玉合街道西18千米。白地市镇辖自然村。人口1400。因垅町有清泉得名。聚落呈散状。有小学。农业以种植水稻为主,养殖猪。湘桂铁路、322国道经此。通客运班车。2011年被评为全国文明村。

黄土铺镇［Huángtǔpù Zhèn］　祁东县辖镇。在县境西部。面积93平方千米。人口4.8万。辖2居委会、37村委会,有427自然村。镇人民政府驻大荣村。1952年设黄土铺乡。1956年驷马、马鞍等4乡并入。1958年改耕作区。1961年改公社。1984年复乡。同年置镇。1995年三星、上升2乡并入。因黄土坡设集铺得名。有中学2所,小学8所,卫生院1个,卫生室39个,文化站1个,农家书屋15个,省三星级敬老院1个。有衡宝战役烈士纪念墓。有民俗耍龙灯、玩狮灯。农业以种植水稻为主。特产黄花菜。工业以黄花菜、红薯粉条等食品加工业为主。有商贸城。省道金桥打拢—太和堂石梅冲线过境。

大荣村［Dàróngcūn］　黄土铺镇人民政府驻地。在县政府驻地玉合街道西北23千米。人口2700。传张飞曾在此山皂扎营,称大营皂,后演化为大荣。聚落呈散状。有小学。农业以种植水稻为主。特产黄花菜、红薯粉条。有食品加工业。有农贸市场。省道金桥打拢—太和堂石梅冲线经此。通客运班车。

石亭子镇［Shítíngzi Zhèn］　祁东县辖镇。

在县境西部。面积56平方千米。人口3.5万。辖1居委会、27村委会,有334自然村。镇人民政府驻石亭子村。1956年新福、留余、大马3乡合设石亭子乡。1958年改耕作区。1961年改公社。1984年复石亭子乡。1985年析出永兴、双合2村划入黄土铺镇。谷陂塘乡松山岭、泉塘等5村并入。1995年梅塘乡(除湖塘村外)并入。同年置镇。因镇政府驻地得名。梅塘溪、源头冲溪、上福冲溪、烟江流经。有中学2所,小学12所,卫生院1个,卫生室28个,农家书屋27个。有景观"梅塘烟雨""烟江石燕"。有洪塘村贞节牌坊、小米山春秋墓。农业以种植水稻为主。特产黄花菜。工业以黄花菜等食品加工业为主。有农贸市场1个。356国道过境。

石亭子村［Shítíngzicūn］ 石亭子镇人民政府驻地。在县政府驻地玉合街道西北23千米。人口3000。因石料建成古亭石柱得名。聚落呈带状。有中小学、卫生院。有小米山春秋墓。农业以种植水稻为主。特产黄花菜。工业以食品加工业为主。356国道经此。通客运班车。

步云桥镇［Bùyúnqiáo Zhèn］ 祁东县辖镇。在县境西部。面积150平方千米。人口7.4万。辖3居委会、68村委会,有775自然村。镇人民政府驻田心社区。1950年设步云桥乡。1956年攸陂乡并入。1958年改耕作区。1961年改公社。1984年复步云桥乡。同年置镇。1995年攸陂、乔木、拔茅冲、祖山湾4乡部分区域并入。因步云桥得名。有中学4所,小学18所,卫生院1个,卫生室56个,农家书屋56个。有省级文物保护单位曹炎烈士墓。有名胜金龙岩、杏湖山。有民间工艺三官村骨牌灯。农业以种植水稻为主。有国家级黄花菜蔬菜标准园。工业以食品加工、建材业为主。有农贸市场1个。省道金桥打拢—太和堂石梅冲、步云桥燕元亭—砖塘太平桥线过境。

田心社区［Tiánxīn Shèqū］ 步云桥镇人民政府驻地。在县境西部。面积1.9平方千米。人口2700。因一自然村落位于田町中心得名。1984年由田心村改设。民居以3层村镇居民自建住宅楼为主。有中小学、卫生院。农业以种植水稻为主。工业有食品、木材加工业。有集贸市场。县道白四线过境。通客运班车。

官家嘴镇［Guānjiāzuǐ Zhèn］ 祁东县辖镇。在县境西部。面积94平方千米。人口3.6万。辖3居委会、36村委会,有383自然村。镇人民政府驻官家嘴村。1950年设官家嘴乡。1956年泉陂、怀远、日新3乡并入。1958年改耕作区。1961年改公社。1984年复官家嘴乡。同年置镇。1985年怀远堂乡并入。1995年草源冲乡并入。因镇政府驻地得名。源头江流经。有中学2所,小学8所,卫生院1个,卫生室15个。有名胜朝天岩。农业以种植水稻为主。特产黄花菜。工业以食品加工、铅锌矿开采业为主。有农贸市场1个。省道金桥打拢—太和堂石梅冲线过境。

官家嘴村［Guānjiāzuǐcūn］ 官家嘴镇人民政府驻地。在县政府驻地玉合街道西北29千米。人口2200。传古时官员至此见地形如嘴,故名。聚落呈散状。有中学、卫生院。农业以种植水稻为主。特产黄花菜。有食品加工业。县道白四线经此。通客运班车。

砖塘镇［Zhuāntáng Zhèn］ 祁东县辖镇。在县境西部。面积68平方千米。人口4.1万。辖1居委会、37村委会,有424自然村。镇人民政府驻葵花园社区。1950年设砖塘乡。1956年并入包圣殿乡。1961年成立砖塘公社。1984年复砖塘乡。1995年双江、包圣殿2乡,梅塘乡湖塘村并入。同年置镇。因水塘内现汉砖,故名。祁水流经。有中学2所,小学17所,卫生院2个,卫生室29个,农家书屋31个。有古永昌县城遗址。农业以种植水稻、蔬菜为主。特产砖塘槟榔芋、生姜。工业以食品加工、磨具磨料业为主。有农贸市场2个。356国道、省道步云桥燕元亭—砖塘太平桥线过境。

葵花园社区［Kuíhuāyuán Shèqū］ 砖塘镇人民政府驻地。在县境西部。面积3.4平方千米。人口3600。因成片种植向日葵得名。2007年成立。民居以3层村镇居民自建住宅楼为主。祁水流经。有中小学、卫生院。有古永昌县城遗址。农业以种植水稻、蔬菜为主。有食品加工、建材业。有农贸市场。356国道过境。通客运班车。

蒋家桥镇［Jiǎngjiāqiáo Zhèn］ 祁东县辖镇。在县境西北部。面积67平方千米。人口4.3万。辖2居委会、36村委会,有469自然村。镇人民政府驻蒋家桥村。1950年设蒋家桥乡。1956年祖山等5乡并入。1958年改耕作区。1961年改公社。1984年复蒋家桥乡。同年置镇。1995年小坪乡、祖山湾乡6村并入。因镇政府驻地得名。祁水流经。有中学4所,小学12所,卫生院1个,卫生室34个,农家书屋36个。有龙兴古寺。农业以种植水稻为主。特产簪岭鲜枣。工业以制砖业等为主。有农贸市场1个。省道金桥打拢—太和堂石梅冲、凤歧坪水井亭—城连墟石板铺线过境。

蒋家桥村［Jiǎngjiāqiáocūn］ 蒋家桥镇人民政府驻地。在县政府驻地玉合街道西北42千米。人口2900。因蒋家桥得名。聚落呈散状。祁水流经。有小学。农业以种植水稻为主。工业有建材业等。有农贸市场。省道凤歧坪水井亭—城连墟石板铺线经此。通客运班车。

太和堂镇［Tàihétáng Zhèn］ 祁东县辖镇。在县境西部。面积124平方千米。人口6万。辖2居委会、65村委会,有693自然村。镇人民政府驻马颈村。1950年由景卿乡分设中和堂、太和堂2乡,1956年2乡联合办公,设太和堂办事处。1958年改太和堂耕作区。1961年分设中和堂、太和堂2公社。1984年复中和堂、太和堂2乡。同年中和堂乡改马颈坳镇。1985年太和堂乡并入。1986年改名太和堂镇。1995年紫云桥、罗口町、三口湾3乡并入。因居民多从江西省太和县迁此,为怀念故乡建祠堂太和堂,镇以此名。祁水流经。有中学3所,小学18所,卫生院1个,卫生室56个,农家书屋67个。有省级文物保护单位王如痴故居。农业以水稻种植为主。特产五里堆冰糖甜橙、芙蓉凰富硒鸡、乌骨鸡。有农贸市场。356国道、省道金桥打拢—太和堂石梅冲线过境。

马颈村［Mǎjǐngcūn］ 太和堂镇人民政府驻地。在县政府驻地玉合街道西北45千米。人口3200。因山坳形似马颈得名。聚落呈散状。有卫生室。有王佐烈士墓。农业以种植水稻为主。工业有食品加工、建材业。有农贸市场。356国道经此。通客运班车。

四明山乡［Sìmíngshān Xiāng］ 祁东县辖乡。在县境西部。面积37平方千米。人口0.3万。辖7村委会,有30自然村。乡人民政府驻长乐村。1961年成立四明山公社,与四明山林场实行场社合一体制。1984年改乡,实行场乡合一体制。因在主峰腾云岭上,可明观4县临近景色,故名四明山。有国家一级保护野生植物银杏等。有国家二级保护野生动物石板蛙等。有小学2所,卫生所1个,卫生室3个。有国家级四明山森林公园。有景点长龙江大峡谷、碧玉湖、双江笔石。有名胜紫云寺、四明寺、祖师殿等。农业以种植水稻为主,养殖猪、鸡、鸭。特种养殖蝎子、蜈蚣、竹鼠、富硒鸡等。有四明山国营林场。盛产杉木、南竹。县道白四线过境。通客运班车。

长乐村［Chánglècūn］ 四明山乡人民政府驻地。在县政府驻地玉合街道西50千米。人口300。传腾云祖师降收长龙江作恶黑龙为坐骑,自此村民安居乐业,故称长乐。聚落呈散状。有小学、卫生室。有四明山国营林场。盛产杉木、南竹。县道白四线经此。通客运班车。

马杜桥乡［Mǎdùqiáo Xiāng］ 祁东县辖乡。在县境西北部。面积60平方千米。人口1.5万。辖20村委会,有152自然村。乡人民政府驻光明村。1950年设马杜桥乡。1956年福星、两头塘、西冲、桥头4乡并入。1958年改耕作区。1961年改公社。1984年复马杜桥乡。传马、杜2姓商议共修跨溪石桥,合姓定名。有矿产资源铁。有中学1所,小学5所,卫生院1个,卫生室6个。农业以种植水稻为主。特产高峰云雾茶。产木材。工业以采矿业为主。省道凤石堰—荷花坳线过境。

光明村［Guāngmíngcūn］ 马杜桥乡人民政府驻地。在县政府驻地玉合街道西北18千米。人口800。原为马杜村,取向往光明意更今名。聚落呈散状。有中小学、卫生院。农业以种植水稻、红薯为主。产木材。省道凤石堰—荷花坳线经此。通客运班车。

凤歧坪乡［Fèngqípíng Xiāng］ 祁东县辖乡。在县境西北部。面积40平方千米。人口1.3万。辖13村委会,有153自然村。乡人民政府驻凤歧坪村。1950年设凤歧坪乡。1956年光祖塘、韭菜坪2乡并入。1958年改耕作区。1961年改公社。1984年复凤歧坪乡。1985年韭菜坪乡并入。因乡政府驻地得名。有中学1所,小学5所,卫生院1个,卫生室13个,文化站1个,农家书屋13个。多地下溶洞。农业以种植水稻为主。盛产丹皮、板蓝根、金银花。省道凤歧坪水井亭—城连墟石板铺线过境。

凤歧坪村［Fèngqípíngcūn］ 凤歧坪乡人民政府驻地。在县政府驻地玉合街道西北48千米。人口1500。传山似凤形,有凤凰嬉戏于水塘前空坪,故称凤池坪,后演化为凤歧坪。聚落呈散状。有中小学、卫生院、文化站等。农业以种植水稻、药材等为主。省道凤歧坪水井亭—城连墟石板铺线经此。通客运班车。

城连墟乡［Chéngliánxū Xiāng］ 祁东县辖乡。在县境西部。面积40平方千米。人口2.7万。辖24村委会,有287自然村。乡人民政府驻城连墟村。1961年成立城连墟公社。1984年改乡。1985年云龙山、清江桥2乡并入。因乡政府驻地得名。祁水流经。有初中2所,小学5所,卫生院1个,卫生室9个。有七拱清江桥。农业以种植水稻为主,养殖牛、猪。特产荸荠。有农贸市场2个。356国道、省道凤歧坪水井亭—城连墟石板铺线过境。

城连墟村［Chéngliánxūcūn］ 城连墟乡人民政府驻地。在县政府驻地玉合街道西41千米。人口4500。传百姓凑钱联合开设墟场,按份分成,故名成联墟,后演化为城连墟。聚落呈散状。祁水流经。有小学、卫生院。农业以水稻种植为主。有集贸市场。356国道经此。通客运班车。

邵 阳 市

邵阳市［Shàoyáng Shì］ 湖南省辖地级市。北纬 25°58′—27°40′，东经 109°49′—112°05′。在省境中部偏西。面积 20793 平方千米。户籍人口 812.5 万，常住人口 721.9 万。以汉族为主，还有苗、瑶、回、侗、土家等民族。辖大祥、双清、北塔 3 区，邵东、新邵、邵阳、隆回、洞口、绥宁、新宁 7 县，城步苗族自治县，代管武冈县级市。市人民政府驻大祥区。三国时期，吴国改昭阳侯国为昭阳县，此为邵阳专名之始。1949 年设邵阳专区。1950 年析邵阳县置邵阳市（县级），属邵阳专区。1953 年邵阳市改省辖市，由邵阳专区代管。1958 年复为专区辖市。1968 年改专区为地区。1977 年升县级邵阳市为省辖地级市。1983 年娄底地区邵东、新邵 2 县划入。1986 年邵阳地区并入邵阳市。地处江南丘陵向云贵高原过渡地带，南有南岭山脉，西、北有雪峰山脉，中、东部为衡邵丘陵盆地。地势西南高东北低，顺势向中、东部倾斜，呈东北向敞口箕形。平均海拔 222 米。最高点二宝顶海拔 2021 米。年均气温 17.3℃，1 月平均气温 5.4℃，7 月平均气温 28.3℃。年均降水量 1328 毫米。年均无霜期 279.7 天。资江、巫水流经。有矿产资源煤、铁、锰、铅、锌、锑、硫铁、石膏、滑石等。为湖南四大林区之一。有野生植物 2826 种，其中有国家一级保护野生植物银杉、资源冷杉、伯乐树、南方红豆杉、红豆杉、银杏，国家二级保护野生植物三尖杉、篦子三尖杉、华南五针松、香榧、连香树、香樟、闽楠、鹅掌楸、峨眉含笑、水青树、香果树、榉树、半枫荷、花榈木、红椿、毛红椿、喜树、香果树。有野生动物 397 种，其中有国家重点保护野生动物金钱豹、云豹、水鹿、黄腹角雉、红腹锦鸡、鼋、大鲵等 36 种。有国家级自然保护区绥宁黄桑、新宁舜皇山、城步金童山，省级自然保护区 2 个。森林覆盖率 60.5%。有省级工程技术研究中心 10 个。有高校 3 所，职业学校 62 所，中学 334 所，小学 1201 所，三级医院 8 个，图书馆 2 个，档案馆 1 个，大型体育场馆 2 个。有文艺团体湖南省祁剧团、邵阳市花鼓剧团等 4 个。有全国重点文物保护单位魏源故居、邵阳北塔、塘田战时讲学院旧址等 10 个，省级文物保护单位古郢甲坊、魏午庄故居、育婴堂等 29 个。有省级爱国主义教育基地 2 个。有中国历史文化名镇寨市、高沙，省级历史文化名镇 3 个，省级历史文化名城武冈市，省级历史文化名村 1 个，中国传统村落 11 个。有国家级非物质文化遗产邵阳布袋戏、宝庆竹刻、蓝印花布印染技艺等 14 项，省级非物质文化遗产 53 项。有国家级风景名胜区南山、虎型山—花瑶等 3 个，省级风景名胜区 3 个。有世界自然遗产、国家地质公园、国家 5A 级旅游景区崀山。有国家森林公园云山、舜皇山、百里龙山、两江峡谷、洞口溪。三次产业比例 22∶38∶40。农业以种植水稻、玉米、柑橘、棉花、茶、草药，养殖猪、肉牛、奶牛、山羊、家禽为主。为国家级杂交水稻制种生产基地。有名优农产品雪峰蜜橘、新宁脐橙、大蒜、生姜、辣椒、隆回金银花、龙牙百合、邵东黄花、武冈卤菜、城步反季节蔬菜、邵阳县山茶油等。有国家级农业科技示范园。工业以机械制造、五金、农产品加工等为主。有省级经济开发区 1 个，省级高新科技园 1 个。有铁路 86 千米，高速 422.8 千米，公路 21872.9 千米，内河航线 837 千米。沪昆高铁，洛湛铁路，沪昆、二广、衡邵高速，207、320、356、421 国道，省道安化—零陵、双峰—嘉禾、涟源—邵阳、新化—邵阳等线过境。有通航河道 16 条。

邵阳［Shàoyáng］ 简称邵。邵阳市聚落。在市境东北部。面积 63 平方千米。人口 76.2 万。以汉族为主，还有回、苗、瑶、侗等民族。古城建在资、邵 2 水汇流处，宋、元、明、清时期形成，东、北、西三面临水，南面有六岭屏障，形成易守难攻的军事重镇，有"铁打的宝庆"之誉。南宋宝庆元年（1225）理宗赵昀登基，用年号命名曾领防御使的封地，升曾在此避难的邵州为宝庆府。1949 年后以资江、邵水两岸为中心，东拓、北跨、南延。由资江、沿江、青龙、邵水等 10 桥连接老城、新城，构建"两带两轴，两城四片区"中心城区空间形态。行政办公、文化教育、商业旅游、居住区在邵水以西。装备制造、医药物流、农副产品加工产业集群区在邵水以东。蔬菜批发、食品加工区位于市北。有标志性建筑邵阳站、人寿保险大厦、爱莲广场等。通多路公交车。

宝庆路［Bǎoqìng Lù］ 在市境东北部。东起 320 国道，西至资江二桥。与邵水东路、邵水西路、邵石路、建设路、五一路、西湖路相交。长 12.8 千米，宽 20—42 米。沥青混凝土路面。1955 年始建，时称城南路。1976、1979 年扩建。1980 年以原宝庆府更今名。以邵水桥、西湖路为界分东、中、西 3 段。两侧有城南公园、市委、教育局、市中心医院、市中西医结合医院、体育学校、妇幼保健院、邵阳卫校、科协、农机局、水利局等。通多路公交车。

西湖路［Xīhú Lù］ 在市境东北部。南起潭邵高速，北至兴和路。与邵州路、敏州路、宝庆路、红旗路、城北路等相交。长 13.4 千米，宽 42—80 米。沥青路面。以西湖桥为界分南、北 2 路。西湖南路 1986 年始建，2002 年改扩建。西湖北路原名蔡锷路，1999 年开工，2004 年竣工，2013 年改扩建，2014 年更名。因曾有西湖池得名。两侧有汽车南站、交通局、规划局、邵阳学院、教育学院、中学、气象观测台、蔡锷广场、湘窖生态城、石头寨等。通多路公交车。

大 祥 区

大祥区［Dàxiáng Qū］ 邵阳市人民政府驻地。在市境西南部。面积 215 平方千米。人口 34.4 万。以汉族为主，还有回、苗、土家等民族。辖 9 街道、2 镇、3 乡。区人民政府驻城南街道。1997 年由西区、郊区析设大祥区。因打枪坪谐音得名，寓意大吉大利、和谐美好。先后建成滨江金融商贸新城、教育新城、体育新城、国家农业科技园区、蔡锷故里文化博览园、宝庆古城旅游区、西湖桥、资江二桥、沿江桥、青龙桥、邵水桥、佘湖桥、步月桥、桂花桥、雪峰桥等。处湘中低山丘陵地带，南面低山，中、西部丘陵岗地，东、北部沿河低平宽阔。地势南高北低。资江、邵水、雨溪、檀江流经。有矿产资源沙金、大理石、锰、无烟煤、石灰石等。有高校 3 所，中学 12 所，小学 42 所，三级医院 3 个，二级医院 14 个，图书馆 2 个，体育馆 2 个。有全国重点文物保护单位宝庆府古城墙、蔡锷故居，省级文物保护单位松坡图书馆旧址等 3 个。有国家级非物质文化遗产宝庆竹刻，省级非物质文化遗产羽毛画。有景点"六岭春色""龙桥铁犀""神滩晚渡""桃洞流香"等。三次产业比例 5∶42∶53。农业以种植水稻、柑橘、蔬菜为主。特产朝天椒、沙罐萝卜。工业以机械、建材、电力、电子、农产品加工为主。为湘中重要工业基地。为湘西南物资集散中心。洛湛、娄邵铁路，沪昆高速，207、320 国道，省道安化—零陵线过境。有资江、邵水航道。有邵阳南站、邵阳汽车南站、邵州汽车站。通多路公交车。

红旗路［Hóngqí Lù］ 在区境中部。东起青龙桥，西至西湖路。与邵水西路、曹婆井路、中心路、大安街相交。长 1.6 千米，宽 24—30 米。沥青混凝土路面。民国为东、西直街，1948—1985 年先后 8 次改扩建。两侧有公园、市政府二办公区、体育馆、松坡图书馆旧址、社区卫生服务中心等。通多路公交车。

敏州路［Mǐnzhōu Lù］ 在区境南部。东起戴家路，西至宝庆西路。与双拥路、大祥路、雪峰路相交。长 4.2 千米，宽 22—42 米。沥青路面。20 世纪 90 年代修建，2013—2014 年改造。因邵阳唐代曾名敏州得名。以西湖路为界分东、西段，并分别命名。两侧有市地税局、市财政局、区法院、市林业局、区政府、西苑公园、邵阳汽车南站等。通多路公交车。

邵州路［Shàozhōu Lù］ 在区境南部。东起佘湖桥，西至西湖路。与客村路、园艺路、邵水西路、邵檀路、双拥路、铜铃路相交。长 1.8 千米，宽 60 米。沥青路面。2001 年开工，2013 年建成。因邵阳古称邵州得名。两侧有邵阳南站、魏源广场、邵州汽车站、市质监局、市药监局、审计局、邵阳工业学校等。通多路公交车。

西湖大桥［Xīhú Dàqiáo］ 在城区北部。长 747 米，宽 29 米，最大跨度 547 米，桥下净高 98 米。1996 年开工，1999 年建成。因南端曾有西湖池得名。为大型河道桥梁，结构型式为杆钢管拱下承式顶推连续桥。最大载重 60 吨。通公交车。

大祥立交桥［Dàxiáng Lìjiāoqiáo］ 在城区南部。占地 4800 平方米。有三层互不交叉的不同方向的城市道路在此立体相交。最高层离地面 18 米。2013 年修建。为区境内第一座公路立交桥而得名。日交通流量 4850 辆。

邵阳站［Shàoyáng Zhàn］ 见交通运输设施部分"邵阳站"条。

邵州汽车站［Shàozhōu Qìchēzhàn］ 见交通运输设施部分"邵州汽车站"条。

邵阳汽车南站［Shàoyáng Qìchē Nánzhàn］ 见交通运输设施部分"邵阳汽车南站"条。

城南街道［Chéngnán Jiēdào］ 大祥区人民政府驻地。在区境南部。面积 27 平方千米。人口 3.3 万。1984 年设城南乡。2011 年改街道。因处古城区南得名。先后修建西苑公园，改造宝祥寺公园。资江流经。有高校 2 所，中学 1 所，小学 6 所，二级医院 1 个，卫生院 2 个，社区卫生服务中心 11 个。有幼儿园、图书室等。有古迹桃花洞碑刻、张氏宗祠。有景点桃花洞、无底洞、"神滩晚渡"等。农业以种植水稻、柑橘、蔬菜、中草药、花卉苗木为主。特产白田萝卜。有国家级农业科技示范园檀香园。工业以建材、农产品加工为主。服务业以商贸为主。洛湛铁路、沪昆高速、207 国道过境。有邵阳汽车南站。通多路公交车。

中心路街道［Zhōngxīnlù Jiēdào］ 属大祥区。在区境东北部。面积1平方千米。人口2.4万。1968年设红卫街道。1982年因中心路更今名。先后改造古城，建成邵水西路风光带。有中学1所，小学2所，二级医院1个，社区卫生服务中心1个。有市青少年图书馆。有标志性建筑中保大厦。有中山公园。有省级文物保护单位古卸甲坊。有古迹曹婆井、白鹤观、德园等。有邵阳抗日阵亡将士纪念碑。有古宝庆八景之"六岭春色""龙桥铁犀"。经济以商业、金融、文化产业为主，服装销售、餐饮业发达。320国道过境。通多路公交车。

红旗路街道［Hóngqílù Jiēdào］ 属大祥区。在区境中部。面积1.5平方千米。人口3.6万。1962年设红旗街道。1981年因红旗路更今名。先后改造呙家园居民区，红旗路、长新街、南正街等街巷，重建松坡图书馆。有中等专业学校1所，中学2所，小学2所，三级医院1个，社区卫生服务中心1个。有市体育馆。有省级文物保护单位松坡图书馆旧址、育婴堂。有古迹龙口井、猴子塔。经济以商贸、金融、餐饮、服装销售为主。为城区商业中心。有红旗路品牌服饰一条街，南门口、九井湾农贸市场。工业以印刷为主。320国道过境。通多路公交车。

城北路街道［Chéngběilù Jiēdào］ 属大祥区。在区境北部。面积2.5平方千米。人口2.7万。1981年设。因处古城北得名。资江、邵水流经。2006年整修宝庆古城墙、资江南路文化休闲街。有技工学校1所，中学1所，小学3所，社区卫生服务中心1个。有特色专科医院市消防医院。有西湖广场。有全国重点文物保护单位宝庆府古城墙。有古迹古仙人井、节孝忠烈坊等。有古街巷北正街、临津门等。经济以商业、餐饮服务、文化娱乐产业为主。有四星级酒店1个。有百年老字号何记米粉、宝隆和、老公馆等。通多路公交车。通轮渡。

城西街道［Chéngxī Jiēdào］ 属大祥区。在区境西部。面积3.2平方千米。人口3.5万。1977年设立。因处古城区西得名。先后改造民族巷、樟树垅等街巷。有高校1所，中学2所，小学2所，三级医院1个，二级医院1个，社区卫生服务中心1个。有湖南省祁剧文化传承基地楚雄大剧院、市科技馆。有清真南寺。经济以工业、商贸为主。工业有纺织机械、印刷机器制造等。320国道过境。通多路公交车。

翠园街道［Cuìyuán Jiēdào］ 属大祥区。在区境东部。面积2.6平方千米。人口2.8万。1997年设立。因翠园小区得名。邵水流经。2006年改造城南公园、三八亭居民区、李子园农贸市场等，建设宝庆府邸等居住小区。有高校1所，中学1所，小学1所，三级医院1个，二级医院1个，社区卫生服务中心1个。有城南公园、三八亭古墓群。经济以商贸、文化产业为主。有农贸市场。320国道过境。通多路公交车。

百春园街道［Bǎichūnyuán Jiēdào］ 属大祥区。在区境中部。面积1.4平方千米。人口2.4万。1994年由城西街道析设。因百春园小区得名。有高校1所，大专2所，中学2所，小学2所，特教学校1所，二级医院1个，社区卫生服务中心1个。有国家级非物质文化遗产宝庆竹刻，省级非物质文化遗产羽毛画。经济以商贸、金融、发制品加工为主。320国道过境。通多路公交车。

火车南站街道［Huǒchē Nánzhàn Jiēdào］ 属大祥区。在区境南部。面积2.3平方千米。人口6000。2012年设立。因习称邵阳站为火车南站而得名。有标志性建筑魏源广场、魏源国际大酒店、大祥立交桥。有职业学校1所，中学1所，小学3所，二级医院1个。经济以商业、金融、餐饮住宿、文化娱乐产业、建材贸易为主。洛湛、怀邵衡铁路，沪昆高速，217国道过境。有邵阳站。通多路公交车。

学院路街道［Xuéyuànlù Jiēdào］ 属大祥区。在区境南部。面积3.4平方千米。人口3000。2012年设。因学院路得名。有高校1所，中等职业学院1所，中学1所，小学3所，二级医院3个。有标志性建筑市气象天文观测塔。经济以工业、商贸、餐饮为主。工业以汽车零部件制造，农产品、建材、竹木制品加工为主。洛湛铁路、沪昆高速过境。通多路公交车。

雨溪镇［Yǔxī Zhèn］ 大祥区辖镇。在区境西部。面积3平方千米。人口2.4万。辖1居委会、7村委会，有7自然村。镇人民政府驻雨溪社区。1962年成立雨溪公社。1984年改乡。1999年改镇。因镇政府原驻地得名。资江流经。有中学1所，小学6所，卫生院2个。有文化站、广播站、图书室、敬老院。有松坡公园。有雨溪烈士陵园、贺绿汀墓等。农业以种植水稻、蔬菜、油茶为主。特产宝庆朝天椒。工业有煤电、新能源等。洛湛铁路、207国道过境。

雨溪社区［Yǔxī Shèqū］ 雨溪镇人民政府驻地。在区境西部。面积5平方千米。人口3600。清道光《宝庆府志·疆里记》载，永成三都有禹溪，溪上建有单孔石桥，名禹溪桥。后演称雨溪得名。2002年雨溪村改社区。民居以1—5层住宅楼为主。有中小学、村卫生室。有居民服务大楼、退伍军人之家、老年活动中心、居民健身中心等。有新能源公司。沪昆高速、207国道过境。

罗市镇［Luóshì Zhèn］ 大祥区辖镇。在区境西南部。面积43平方千米。人口2.6万。以汉族为主，还有回族。辖1居委会、16村委会，有16自然村。镇人民政府驻罗市社区。1956年设面铺乡。1958年并入城南公社。1961年析设面铺公社。1984年改乡。2001年改罗市镇。因罗市桥得名。有吊井岭。资江、檀江流经。有中学1所，小学5所，卫生院1个。有文化站、敬老院等。有古迹苏家冲清真寺。有景点云溪谷生态园、百果洲生态农业园、白竹石林等。农业以种植水稻、蔬菜为主。特产罗市桥土鸡。工业有建材、食品、羽绒制品加工等。有石雕加工业。有邵阳国家农业科技园区、罗市工业园。有菜牛交易市场。省道梅芝线过境。

罗市社区［Luóshì Shèqū］ 罗市镇人民政府驻地。在区境西南部。面积3.2平方千米。人口2800。因清末店铺多罗姓所开而得名。2002年成立。民居以1—5层住宅楼为主。社区有乒乓球、篮球、健身器材。有中小学、幼儿园、卫生院、文化站、广播站、敬老院。特产罗市桥土鸡。有罗市工业园。有农贸市场。省道梅芝线过境。

檀江乡［Tánjiāng Xiāng］ 大祥区辖乡。在区境南部。面积34平方千米。人口3万。辖18村委会，有18自然村。乡人民政府驻檀江村。1953年设檀江乡。1958年并入城南公社。1961年析设檀江公社。1984年复乡。因乡政府驻地得名。邵水、檀江流经。有中学1所，小学4所，卫生院1个。有文化站、广播站、敬老院。有古迹旧檀江桥、李家桥、高江桥。农业以种植水稻、油料作物、蔬菜为主，养殖猪、家禽、鱼。工业以农产品、建材加工为主。沪昆高速、217国道、县道邵板线过境。

檀江村［Tánjiāngcūn］ 檀江乡人民政府驻地。在区政府驻地城南街道东南10千米。人口3700。因宋代檀江桥得名。聚落呈团块状。有中小学、幼儿园、卫生院、老年活动室、便民服务站。农业以种植水稻、蔬菜为主。工业有建材、农产品加工。有集贸市场。沪昆高速、217国道、县道邵板线经此。

蔡锷乡［Cài'è Xiāng］ 大祥区辖乡。在区境东南部。面积41平方千米。人口2.4万。辖16村委会，有17自然村。乡人民政府驻陈桥村。1950年设蒋河桥乡。1958年并入板桥公社。1961年析设蒋河桥公社。1984年复乡。1996年因纪念蔡锷更今名。有天子岭。邵水流经。有中学1所，小学7所，卫生院1个。有文化站、广播站、图书室、敬老院。有全国重点文物保护单位蔡锷故居。经济以种植水稻、柑橘、油茶为主，养殖猪、山羊、肉兔、家禽。工业有农产品、建材加工。县道邵毛线过境。

陈桥村［Chénqiáocūn］ 蔡锷乡人民政府驻地。在区政府驻地城南街道东南14千米。人口2400。因陈家桥得名。聚落呈团块状。有中小学、幼儿园、卫生院、敬老院。农业以种植水稻、花生、蔬菜为主。工业有农产品、建材加工。有农贸市场。县道渡头桥—仙槎桥线经此。

板桥乡［Bǎnqiáo Xiāng］ 大祥区辖乡。在区境东部。面积29平方千米。人口2.6万。辖17村委会，有17自然村。乡人民政府驻蔡家村。1956年设板桥乡。1958年与蒋河桥乡合设板桥公社。1961年析设蒋河桥公社。1984年复乡。因板桥湾得名。邵水流经。有中学1所，小学5所，卫生院1个。有国家级长青科普示范基地。有古迹召伯古窑址、彩山岩遗址、朱氏宗祠、杨氏宗祠、白鹤潭清真寺、召伯祠。有国家级非物质文化遗产宝庆竹刻。农业以种植水稻、红薯、小麦、柑橘、花生、茶为主，养殖猪、鸡。特产金秋梨、苹果李、美国红提、日本葡萄等水果。工业有腌菜、饲料、塑料制品、生物柴油加工业。有竹艺、草席等手工业。有横冲工业园。沪昆高速，县道邵毛、邵两、邵板线过境。有邵水航道。

蔡家村［Càijiācūn］ 板桥乡人民政府驻地。在区政府驻地城南街道东南12千米。人口3200。因曾多蔡姓得名。聚落呈团块状。有中小学、卫生院、敬老院、文化站、图书室。有古迹杨氏宗祠。经济以现代生态农业为主，有蔬菜、沃柑、精品水果、茶花等种植基地。县道邵毛线经此。

龙头村［Lóngtóucūn］ 在区政府驻地城南街道东南15千米。板桥乡辖自然村。人口1900。因龙头坡得名。聚落呈团块状。有幼儿园、卫生室、文化广场。有古迹彩山岩遗址、游家岭汉墓群。农业以种植蔬菜、花卉苗木为主。特产脆冠黄金梨和沙田柚。有广风园林、益宏园林。有现代生态休闲观光农业基地。县道渡头桥—仙槎桥线经此。

双 清 区

双清区［Shuāngqīng Qū］ 邵阳市辖区。在市境东部。面积140平方千米。人口31.3万。以汉族为主，还有回、苗、瑶等民族。辖6街道、2镇、4乡。区人民政府驻石桥乡。1997年设立。因景点"双清胜览"得名。先后改造老城区，建成宝庆工业新城、市文化艺术中心等。处湘中丘陵地带，中东部高，南北略低。最高点龙口岭海拔346.7米，最低点江湖大堤海拔204米。资江、邵水、红旗河流经。有中等职业学校8所，高中6所，初中17所，小学39所，幼儿园70所，三级医院2个，二级医院2个，文化馆1个。有省祁剧院、邵阳花鼓剧团。有省级文物保护单位八路军驻湘通讯处旧址、水府庙戏楼等3个。有古迹余湖道观、岳飞纪念堂等。有国家级非物质文化遗产邵阳花鼓戏、宝庆竹刻。有景点双清公园、东塔公园、玉清宫、双龙紫薇园等。三次产业比例 4∶56∶40。农业以种植蔬菜、苗木花卉为主，养殖淡水鱼、家禽等。工业以装备制造、医药、农副产品加工为主。有省级经济开发区 1 个。服务业以商业、物流为主。有家禽、建材、农产品等专业市场。娄邵、洛湛铁路，上瑞、怀衡邵高速，207、320 国道过境。有资江、邵水航道。有邵阳汽车东站、宝庆车站。通多路公交车。

宝庆工业集中区［Bǎoqìng Gōngyè Jízhōngqū］ 在区境中部。东至 320 国道，南至邵阳大道，西至世纪大道，北至 320 国道。面积 18 平方千米。因古宝庆府得名。2006 年成立宝庆科技园，2013 年 9 月经湖南省政府批准建立省级开发区，更名宝庆工业集中区。由邵阳市政府管理。形成先进机械制造、电子信息、生物医药、农产品加工等主导产业。有三一重工、深圳亚洲富士电梯、恒天九五等企业 200 余家。园区内建成“三横八纵”交通网络。通多路公交车。

邵阳人民广场［Shàoyáng Rénmín Guǎngchǎng］ 在城区西部。面积 3.7 公顷。1969 年开工，2013 年开放。有环岛街心花园、彩色音乐喷泉、地下商业街。为集商业、休闲、健身、娱乐于一体的综合性广场。周边有市公路局、区政府、湘运邵阳分公司、三眼井大市场、东塔公园、东塔小学、佳惠超市、大汉步行街等。通多路公交车。

东大路［Dōng Dàlù］ 在区境中部。东起十井铺，西至建设路。与双坡路相交。长 4.6 千米，宽 42 米。沥青混凝土路面。为 320 国道城区段，1964、1985 年改扩建。曾名陵东路，后因位于古宝庆城东而更今名。两侧有化纤公司、湘印公司、市路桥公司、省建四公司、市肿瘤专科医院、市三中等。通多路公交车。

邵水东路［Shàoshuǐ Dōnglù］ 在区境西部。北起沿江桥，南至白马大道。与双清路、东风路、涂家冲路、宝庆东路、五一南路、邵阳大道相交。长 3.6 千米，宽 24 米。水泥路面。原为旧中河街、保宁街，1994 年拆建合并，2014 年南延。因沿邵水东岸而建得名。两侧有电器城、电影城、不动产登记中心、中学、公园等。通多路公交车。

五一路［Wǔyī Lù］ 在区境西部。南起邵水东路，北至广信路。与田江路、塔北路、宝庆东路相交。长 4.3 千米，宽 24 米。沥青混凝土路面。1951 年修建简易公路，称江湖大道。1964 年更名工业街。1967 年连通东风路，1975 年连通铁砂岭路，更今名。1981 年以人民广场为界分为南、北 2 路。1985 年连接宝庆东路，2013 年延建成现状。两侧有市二医院、市供水公司、大汉步行街、市电信局、中行邵阳分行。通多路公交车。

建设路［Jiànshè Lù］ 在区境中部偏西。北起东大路，南至双河口大桥。与宝庆东路、邵阳大道、县道邵板线相交。长 5 千米，宽 40 米。沥青混凝土路面。1946 年修建简易道路。1960 年延伸、拓宽。1984 年拓宽。2008 年拓宽、延伸。两侧有汽车东站、宝庆汽车站、三眼井大市场、市高级技校、昭陵中学、佘湖公园等。通多路公交车。

双坡路［Shuāngpō Lù］ 在区境中部。北起塔北路，南至宝庆东路。与东大路相交。长 2 千米，宽 42 米，中间隔离绿化带 4 米。沥青混凝土路面。为 207 国道城区段，1958—1997 年改为城区道路，2008 年改造。因双坡岭得名。两侧有区政府、移动公司、省建四公司、得丰市场等。通多路公交车。

邵阳大道［Shàoyáng Dàdào］ 在区境中部。东起世纪大道，西至云佘湖桥。与建设路、邵石路、新华南路、兴业路等相交。长 12.3 千米，宽 100 米。沥青混凝土路面。2004 年开工，2007 年建成。为市重要主干道，故名。两侧有市政务中心、大剧院、博物馆、美术馆、规划馆、文化馆、图书馆、妇女和青少年活动中心、邵阳日报社、湘林酒店、爱莲广场等。通多路公交车。

昭陵西路［Zhāolíng Xīlù］ 在区境西部。东起人民广场，西至资江一桥。与五一路相交。长 0.9 千米，宽 30 米。沥青路面。原为简易公路，1964 年拓宽。因与昭陵东路对称得名。两侧有公路局、佳惠超市、昭东市场、汽车西站、昭陵综合市场等单位。通多路公交车。

沿江桥［Yánjiāng Qiáo］ 在城区西部。长 118.9 米，宽 15 米，最大跨度 42 米，桥下净高 3 米。1971 年开工，同年建成。2005 年改造。因沿资江跨越邵水得名。为中型河道桥梁，结构型式为钢筋混凝土双曲拱桥。最大载重 80 吨。通公交车。

青龙桥［Qīnglóng Qiáo］ 在城区西部。长 85 米，宽 24 米，最大跨度 28 米，桥下净高 3 米。唐乾宁年间(894—898)建木桥，南宋宝庆二年(1226)改建 5 墩石桥，因理宗赵昀以邵州防御使跃登龙位而得名跃龙桥。后以东震位之神青龙更今名。经多次水患火灾，墩圮桥塌。1963、1992 年分别改建。曾改名东风桥，1984 年复今名。为中型河道桥梁，结构型式为二礅三拱箱梁式全钢筋混凝土桥。桥两端四角各塑巨犀。最大载重 100 吨。通多路公交车。

邵水桥［Shàoshuǐ Qiáo］ 在城区西部。长 115 米，宽 32 米，最大跨度 23 米，桥下净高 3 米。1966 年建成老桥。1995 年桥南建新桥。因横跨邵水得名。为中型河道桥梁，结构型式为预应力五跨简支钢筋混凝土 T 型梁桥。最大载重 100 吨。通多路公交车。

佘湖桥［Shéhú Qiáo］ 在城区西部。长 179 米，宽 33 米，最大跨度 68 米，桥下净高 3 米。2004 年开工，2006 年建成。因位于佘湖新城得名。为中型河道桥梁，结构型式为悬索桥。最大载重 100 吨。通公交车。

邵阳汽车东站［Shàoyáng Qìchē Dōngzhàn］ 见交通运输设施部分“邵阳汽车东站”条。

宝庆车站［Bǎoqìng Chēzhàn］ 见交通运输设施部分“宝庆车站”条。

汽车站街道［Qìchēzhàn Jiēdào］ 属双清区。在区境西部。面积 4.5 平方千米。人口 5.1万。1979 年由东区广场、石桥 2 街道合设。因邵阳汽车东站得名。先后改造五一路、宝庆东路、砂子坡路、东大路等。有体育中专 1 所，中学 1 所，小学 3 所，卫生院 1 个。有古迹东塔、东塔禅寺。经济以商贸、物流为主。有百货、农贸、食品、家具、水果、布匹、鞋料批发等专业市场。有宝庆车站。省道潭宝线过境。通多路公交车。

兴隆街道［Xīnglóng Jiēdào］ 属双清区。在区境中部偏北。面积 3 平方千米。人口 2.1 万。1977 年设火车站街道。1997 年因兴隆坳更今名。有中专 4 所，中学 1 所，幼儿园 5 所，卫生所 1 个，社区卫生服务中心 1 个。有钟馗庵、大禹庵、凤公庙。农业以养殖猪、家禽为主。工业以机械制造、化工为主。服务业以商贸、物流为主。有建材城、汽车城及钢材、家禽等市场。娄邵铁路过境。有双清站。通多路公交车。

龙须塘街道［Lóngxūtáng Jiēdào］ 属双清区。在区境中部偏西。面积 5 平方千米。人口 4 万。1977 年设。因水塘长龙须草得名。先后改造塔北路、双坡北路、东大路等。有中学 1 所，2 所小学，三级医院 1 个，社区卫生院 1 个。有图书室、文化站等。工业有化工、制药、造纸、纺织、化肥、制革等。有物流业。有汽车销售一条街、建材市场一条街。省道潭宝线过境。通多路公交车。

小江湖街道［Xiǎojiānghú Jiēdào］ 属双清区。在区境西北部。面积 4.5 平方千米。人口 3.7 万。1977 年设工业街道。1979 年更今名。昔资江白沙洲每遇洪水成湖，故名。先后改造五一北路、塔北路、双清路、田江路等。资江流经。有中学 3 所，小学 3 所，二级医院 1 个，卫生院 1 个。有亭外亭、关帝庙等。工业有皮革加工、肉类屠宰加工、汽车发动机制造等。省道潭宝线过境。有田江、狮子渡口。通多路公交车。

东风路街道［Dōngfēnglù Jiēdào］ 属双清区。在区境中部偏西。面积 2.5 平方千米。人口 3.1 万。1977 年设。1979 年保宁街道并入。因东风路得名。先后改造东风路、五一南路、宝庆东路、邵水东路等。有中等职业学校 1 所，中学 2 所，小学 2 所，三级医院 1 个，卫生院 1 个。有清真古寺、鼓楼亭、静佛庵、灵乌庙等。经济以商业为主。有服装、手机一条街，魏源书市，商业步行街。为市、区商业中心。省道潭宝线过境。通多路公交车。

东风路［Dōngfēng Lù］ 在东风路街道北部。长 0.8 千米，宽 24 米。沥青路面。旧时儒林街、管乐街、驿传街三街相连，为石板路面。1961 年改简易公路。1967 年拓宽降坡，统称东风路。1997 年再拓宽。为服装一条街。2013 年增加地下商铺 400 余间，地下街出入口 12 个。为首条立体商业街。通公交车。

桥头街道［Qiáotóu Jiēdào］ 属双清区。在区境西部。面积 0.5 平方千米。人口 2.4 万。1977 年设。因处资江、沿江、青龙 3 桥桥头而得名。先后改造东风路、昭陵西路、五一北路、塔北路、邵水东路等。有小学 2 所，卫生院 1 个。有省级文物保护单位水府庙戏楼、八路军驻湘通讯处旧址。经济以商贸为主。有电器城、服装城。有农用及五金配件、日杂、陶瓷建材、服装专业街。省道潭宝线过境。通多路公交车。

高崇山镇［Gāochóngshān Zhèn］ 双清区辖镇。在区境东部。面积 31 平方千米。人口 2.4 万。辖 2 居委会、15 村委会，有 202 自然村。镇人民政府驻高崇山社区。1952 年置高崇山乡。1956 年并入严塘乡。1957 年严塘乡更名高崇山乡。1958 年改公社。1984 年改乡。1998 年改镇。有高桐山，方言桐、崇音近，故名。有小学 5 所，卫生院 1 个。有幼儿园、文化站、广播站。有岳飞纪念堂。农业以种植水稻、花生、芝麻为主，养殖猪、羊、家禽。工业有假发制作、纺织机械制造、饲料加工、制药等。潭邵、衡邵高速过境。

高崇山社区［Gāochóngshān Shèqū］ 高崇山镇人民政府驻地。在区境东部。面积 2 平方千米。人口 2800。因原高崇山集市得名。2006 年村改社区。民居以住宅楼为主。有老年活动室、便民服务站、卫生服务站。有中学、卫生院、图书室等。洛湛铁路、320 国道过境。通公交车。

东郊渔场［Dōngjiāoyúchǎng］ 在区政府驻地石桥乡东北 12 千米。高崇山镇辖自然村。人口 2100。因处市东郊得名。聚落呈带状。有中小学、幼儿园、卫生室、文化广场等。经济以农业为主。有鱼塘 55.7 公顷。有集贸市场。为渔业、蔬菜、水果、猪养殖、农副产品生产基地。通公交车。2005 年被评为全国文明村。

渡头桥镇［Dùtóuqiáo Zhèn］ 双清区辖镇。

在区境东南部。面积24平方千米。人口2万。辖1居委会、12村委会，有207自然村。镇人民政府驻渡头桥社区。1956年设鸡笼乡。1958年并入高崇山公社。1961年析置鸡笼公社。1984年改乡。1998年改渡头桥镇。因镇政府驻地原名得名。邵水流经。有中学1所，小学4所，卫生院2个，社区卫生服务站1个，卫生室12个。有幼儿园、文化站、广播站等。农业以种植水稻、蔬菜、花卉为主，有淡水养殖。工业以机械、新能源、食品加工为主。娄邵、洛湛铁路，上瑞高速，省道潭宝线过境。

渡头桥社区 [Dùtóuqiáo Shèqū] 渡头桥镇人民政府驻地。在区境东南部。面积1.5平方千米。人口2200。因明代渡头桥得名。2004年村改社区。民居以住宅楼为主。有中学。有社区服务中心、老年活动室、卫生服务站、便民服务站、图书室等。驻有市车管所、车检所、驾驶员管理所等单位。农业以种植水稻、红薯、玉米等为主。有商铺260个。潭邵、衡邵高速，省道潭宝线过境。通公交车。

石桥乡 [Shíqiáo Xiāng] 双清区人民政府驻地。在区境西南部。面积15平方千米。人口2万。辖1居委会、9村委会，有202自然村。乡人民政府驻五一村。1956年设石桥乡。1958年与城东乡合设城东公社。1961年析设石桥公社。1984年改乡。因古石桥得名。有初中1所，小学4所，二级医院1个，卫生院1个。有幼儿园、文化站、广播站、敬老院。有古迹佘湖道观、玉清宫、魏源墓、魏源亭等。有景点佘湖山、紫薇公园。农业以种植水稻、蔬菜为主。娄邵、洛湛铁路，上瑞高速，省道潭宝线过境。

五一村 [Wǔyīcūn] 石桥乡人民政府驻地。在乡境北部。人口1400。聚落呈锤子形。有中小学、幼儿园、卫生室、文化广场。有洗涤剂加工厂、装修机具制造厂。有集贸市场。省道潭宝线经此。通多路公交车。

城东乡 [Chéngdōng Xiāng] 双清区辖乡。在区境北部。面积12平方千米。人口1.2万。辖4居委会、2村委会，有38自然村。乡人民政府驻兴建社区。1956年由佘湖、双清、五里牌3乡合设城东乡。1958年改公社。1984年改乡。因处城区东部得名。资江流经。有小学3所，卫生院1个。有幼儿园、文化站、广播站。农业以种植水稻、水果、蔬菜为主，养殖猪、家禽。工业以炼油、化工为主。207国道过境。

兴建社区 [Xīngjiàn Shèqū] 城东乡人民政府驻地。在区境中部偏北。面积0.7平方千米。人口3600。取兴旺发达之意命名。2002年成立。民居以楼房为主。有社区服务中心、老年活动室、卫生服务站、便民服务站、图书室等。有省建四公司等。省道潭宝线过境。通公交车。

火车站乡 [Huǒchēzhàn Xiāng] 双清区辖乡。在区境中部偏北。面积23平方千米。人口2.2万。辖3居委会、12村委会，有179自然村。乡人民政府驻古塘社区。1962年设火车站办事处。1963年成立公社。1984年改乡。因原邵阳站(今双清站)得名。有小学4所，卫生院1个。有幼儿园、文化站、广播站。农业以种植苗木、蔬菜、水果为主。有湘西南物流中心。有中南家禽大市场，粮油、饲料、兽药批发一条街。娄邵、洛湛铁路过境。有邵阳东站。

古塘社区 [Gǔtáng Shèqū] 火车站乡人民政府驻地。在区境中部偏北。面积2平方千米。人口2000。因古池塘得名。2004年成立。民居以楼房为主。有社区服务中心、老年活动室、卫生服务站、便民服务站、图书室等。有中小学、卫生院。有集贸市场。有粮油、饲料、兽药批发一条街。有防护材料公司、酒厂、钢球厂等。洛湛铁路过境。通多路公交车。

云水铺乡 [Yúnshuǐpù Xiāng] 双清区辖乡。在区境中部偏南。面积23平方千米。人口1.8万。辖12村委会，有194自然村。乡人民政府驻快活村。1981年由鸡笼、石桥2公社析设云水铺公社。1984年改乡。因云水大坝旁有贸易商铺得名。邵水流经。有小学4所，卫生院1个，卫生室12个，青少年活动中心1个。有幼儿园、文化站、广播站。有古迹高江桥。有五星级湘林酒店、三星级华泰大酒店。农业以种植水稻、红薯、玉米、莳菇、莲藕等为主。工业以食品、机械加工为主。有云水铺、高家桥水电站。娄邵、洛湛铁路，上瑞高速，省道潭宝线过境。

快活村 [Kuàihuócūn] 云水铺乡人民政府驻地。在区政府驻地石桥乡东7千米。人口1500。取居民快乐生活之意得名。聚落呈矩形。有中小学、幼儿园、卫生室、文化广场。农业以种植红薯、玉米为主。有集贸市场等。县道两邵线经此。通公交车。

北塔区

北塔区 [Běitǎ Qū] 邵阳市辖区。在市境北部。面积84平方千米。人口10.7万。以汉族为主，还有回、苗等民族。辖2街道、3乡。区人民政府驻状元洲街道。1997年设立。因全国重点文物保护单位邵阳北塔得名。先后建成、改建西湖北路、魏源路、龙山路、云山路、资江北路、雪峰北路、北塔路等，建成地王大厦、中驰一城等。地处衡邵丘陵盆地。资江流经。有黄板石资源。有中学3所，小学15所。有省级非物质文化遗产喻家花龙。有景点茶元头丹霞地貌、北塔生态园。有宝庆十二景之“神滩晚渡”。三次产业比例9∶56∶35。农业以种植水稻、小麦、玉米、棉花、蔬菜为主。特产龙牙百合、白田萝卜等。工业以建材、食品加工、棉纺、酿酒为主。服务业以商贸、物流为主。有五金、竹木、建材、蔬菜等专业市场。怀邵衡铁路，沪昆、二广高速，207、320国道，省道安化—零陵线过境。有邵阳汽车北站。通多路公交车。

蔡锷广场 [Cài'è Guǎngchǎng] 在城区西部。面积2.7公顷。2012年开工，2014年建成。为纪念蔡锷得名。中央矗立蔡锷雕像。有音乐喷泉、文化长廊、健身广场。绿化占70%。为休闲文化广场。周边有小学、罐头厂及市煤炭局、规划局、国税局等。通公交车。

西湖北路 [Xīhú Běilù] 在区境东部。南起西湖桥，北至蔡锷大道。与魏源路、龙山路相交。长7.6千米，宽80米。沥青路面。1999年开工，2004年建成，2013年改扩建。原名蔡锷路，2014年因西湖南路延伸段而更今名。两侧有电信公司、中信银行、蔡锷广场、规划局、国税局等。通多路公交车。

资江一桥 [Zījiāng 1 Qiáo] 在城区东部。长358.8米，宽15米，最大跨度70米，桥下净高75米。1960年开工，1968年建成，2003年维修。因为市区第一座跨资江桥梁得名。为大型河道桥梁，结构型式为石砌台墩水泥钢筋混凝土结构双拱桥。最大载重25吨。通多路公交车。

资江二桥 [Zījiāng 2 Qiáo] 在城区西部。长538米，宽21.5米，最大跨度16米，桥下净高72米。1993年开工，1996年建成。因修建顺序命名。为大型河道桥梁，结构型式为钢筋混凝土筒支空心桥梁。最大载重20吨。通多路公交车。

邵阳汽车北站 [Shàoyáng Qìchē Běizhàn] 见交通运输设施部分“邵阳汽车北站”条。

状元洲街道 [Zhuàngyuánzhōu Jiēdào] 北塔区人民政府驻地。在区境东部。面积7平方千米。人口3.2万。2003年设立。因资江状元洲得名。先后建成魏源东路、西湖北路、崀山路、资江北路、九江路、资兴路等。有中学1所，小学1所，卫生院1个，卫生所1个。有幼儿园、文化站、图书室。有全国重点文物保护单位邵阳北塔。有蔡锷广场、望江楼等。经济以纺织、皮革制品、造纸等为主。有市蔬菜水果批发市场。有邵阳汽车北站。通公交车。

新滩镇街道 [Xīntānzhèn Jiēdào] 属北塔区。在区境西部。面积6平方千米。人口2万。2003年设立。因民间故事“神滩晚渡”取名神滩渡，1949年后改名新滩镇。先后改造、绿化街区道路。有小学2所，卫生院1个，卫生所1个。有幼儿园、文化站、图书室、敬老院。农业以种植水稻、红薯、小麦、高粱为主。工业有食品加工、木业等。320国道过境。通多路公交车。

田江乡 [Tiánjiāng Xiāng] 北塔区辖乡。在区境东部。面积15平方千米。人口1.5万。以汉族为主，还有回、苗、侗等民族。辖5居委会、5村委会，有65自然村。乡人民政府驻高撑社区。1963年由江北公社析设田江公社。1984年设乡。因田江渡口得名。资江流经。有小学2所，卫生院1个，卫生所1个。有幼儿园、文化站、广播站。农业以种植水稻、大蒜、蔬菜为主，养殖鸡、鸭。工业以建材、造纸、白酒酿造为主。207国道过境。通多路公交车。

高撑社区 [Gāochēng Shèqū] 田江乡人民政府驻地。在区境东部。面积0.7平方千米。人口1900。因高撑渡得名。2006年村改社区。民居以楼房为主。有小学。有老年活动室、卫生服务站、文化活动室、便民服务站等。市物价局、国税局、公安局等单位驻此。通多路公交车。

茶元头乡 [Cháyuántóu Xiāng] 北塔区辖乡。在区境西部。面积34平方千米。人口1.9万。辖12村委会，有188自然村。乡人民政府驻马家村。1950年设茶元头乡。1958年并入江北公社。1961年析设茶元头公社。1984年复乡。原名查完头，后因方言谐音演化为今名。资江流经。有中学1所，小学5所，卫生院1个，卫生所1个。有幼儿园、文化站、广播站、敬老院。农业以种植水稻、红薯、玉米、大豆、蔬菜为主。特产白田萝卜。有白田无公害蔬菜基地。工业以建材、羽绒加工为主。怀邵衡铁路、二广高速、320国道过境。通多路公交车。

马家村 [Mǎjiācūn] 茶元头乡人民政府驻地。在区政府驻地状元洲街道西6千米。人口1300。以回族为主，还有汉族。因马姓居多得名。聚落呈散状。有中小学、卫生院。有健身广场、便民服务点等。有清真寺。农业以种植水稻为主，养殖鸡、鸭。县道兴毬线经此。

陈家桥乡 [Chénjiāqiáo Xiāng] 北塔区辖乡。在区境北部。面积22平方千米。人口2.1万。以汉族为主，还有回、苗、侗等民族。辖3居委会、14村委会，有167自然村。乡人民政府驻陈家桥村。1956年新邵县设陈家桥乡。1962年改公社。1984年复乡。1995年并入酿溪镇。1997年划入北塔区，析设陈家桥乡。因乡政府驻地得名。有中学1所，小学5所，卫生院1个，卫生所1个。有幼儿园、敬老院。有省级非物质文化遗产喻家花龙。农业以种植水稻、玉米、红薯、蔬菜为主。特产龙牙百合。工业有建材、食品加工。有湘商文化产业园、湘瓷竹木市场。320国道、省道安化—零陵线、县道大应线过境。通多路公交车。

陈家桥村 [Chénjiāqiáocūn] 陈家桥乡人

民政府驻地。在区政府驻地状元洲街道西北5千米。人口1400。因清康熙四十一年(1702)修建陈李桥得名。聚落呈散状。有中小学、卫生院。有健身广场、便民服务点。农业以种植蔬菜为主,养殖鸡、鸭。有农贸市场。320国道、省道安化—零陵线、县道大应线经此。通公交车。

武冈市

武冈市［Wǔgāng Shì］　湖南省直辖县级市,由邵阳市代管。北纬26°44′,东经110°38′。在邵阳市境西部。面积1549平方千米。人口84.6万。以汉族为主,还有苗、仫佬、侗、回、瑶、壮、土家、满等民族。辖4街道、9镇、8乡。市人民政府驻水西门街道。西汉初置武冈县,属长沙郡。汉元朔五年(前124)置都梁侯国。元鼎六年(前111)改都梁县,属零陵郡。三国吴宝鼎元年(266)复武冈县,属邵陵郡。晋太康元年(280)析设都梁、建兴2县,后武冈县改武刚县(《水经注》仍作武冈县)。南朝梁改武强县。隋大业年间(605—616)改武攸县。唐武德四年(621)复武冈县,属邵州。宋崇宁五年(1106)升武冈军,军、县同在。绍兴二十五年(1155)武冈县析设新宁县。元至元十三年(1276)军改安抚司,次年改武冈路,属湖南道。明洪武元年(1368)改路为府,九年(1376)改府为州,寻废县入州。弘治十七年(1504)析设城步县。清顺治四年(1647)改州为奉天府,旋复州,属宝庆府。1913年改县,属湘江道。1922年属湖南省。1933年属第六行政督察区。1949年属邵阳专区。1952年析设洞口县。1994年撤县设市,由邵阳市代管。因武冈山得名。先后建成迎春路、解放路、玉龙路、资江南路、武威路等。改造四牌路、伞铺街。新建电信大厦、邮政大厦等。建成庆丰木材购销市场、竹山购物城、西南牛羊市场、富田蔬菜市场、建材城等专业市场。新建陶侃休闲广场、城壕路街心小游园、荷花公园等。形成四区发展格局,即城北铜宝新城开发区、城东工业园区、城西物流区、城南商住区,以城北、东为主,城西、南为辅。地势南高北低。有天尊山、黄茅岭、麻子山、云山、扶峰山等。最高点照面山海拔1409.5米。最低点双牌镇钟桥村石宝坳河床海拔260米。年均气温16.7℃,1月平均气温15.8℃,7月平均气温17.6℃。年均降水量1400毫米。资江流经。有矿产资源煤、铁、锰、铅、锌、大理石、陶瓷土等。有野生植物1168种,其中有国家重点保护野生植物银杏、水杉、香果树、南方红豆杉等6种。有野生动物380多种,其中有国家重点保护野生动物长尾雉、红腹角雉、云豹等8种。有云山国家森林公园。森林覆盖率31.8%。有高中(含职高)12所,初中34所,小学139所,二级医院5个,革命历史纪念馆1个,文化馆1个,图书馆1个。有丝弦剧团1个。有全国重点文物保护单位黄埔军校第二分校旧址、武冈古城墙,省级文物保护单位法相岩、武冈文庙、浪石古民居、凌云塔、武穆宫、双峰禅院、木瓜桥、宣风楼、石羊桥。有纪念地武冈烈士陵园等。有千年古镇邓家铺镇。有中国传统村落浪石村。有邓家铺古街等。有国家级非物质文化遗产武冈丝弦,省级非物质文化遗产武冈卤菜制作技术等。为省级历史文化名城。三次产业比例35∶20∶45。农业以种植水稻、玉米、红薯、大豆为主,养殖猪、牛、羊、家禽、鱼。产药材、茶叶、茶油、脐橙等。特产武冈铜鹅。工业以电子、建材、机械、能源、农产品深加工为主。有省级武冈经济开发区。服务业以商贸、旅游为主。洞新高速,省道金贝、洞新、沅新线过境。

百姓广场［Bǎixìng Guǎngchǎng］　在市区北部。面积1.5万平方米。2007年开工,2011年建成。以服务百姓之意命名。中央为音乐喷泉。北有大理石浮雕群,记载武冈革命历程、风土人情。西有大型舞台、十二生肖石柱。四周为大型灯塔、太阳能路灯。为集商业、爱国主义教育、展览演出、娱乐休闲于一体的综合性文化广场。周边有民政局、质监局、法院、老年大学、居住小区等。通公交车。

庆丰路［Qìngfēng Lù］　在市区北部。东起迎春路,西至武强路。与同保路、东升路等相交。长2千米,宽50米。沥青混凝土路面。1994年开工,1999年建成。取意庆祝丰收得名。两侧有电信大楼、市国税局、邮政局、法院、人社局等。通多路公交车。

武强路［Wǔqiáng Lù］　在市区西北部。南起乐洋路,北至新东路。与庆丰路等相交。长2.2千米,宽24米。沥青混凝土路面。1992年开工,1994年建成。因武强古县得名,象征武冈富强之意。两侧有财政局、教育局、住建局、审计局等。通多路公交车。

乐洋路［Lèyáng Lù］　在市区北部。东起解放路,西至城翠公路。与武强路、都梁路、同保路等相交。长1.8千米,宽16米。沥青混凝土路面。1952年开工,1958年建成。1985年拓宽改建。因昔有洛阳塘,谐音得名。沿街商业繁华,有数十家黄金首饰店。两侧有市医院、电影院、步行街、购物广场、步步高超市等。通公交车。

都梁路［Dūliáng Lù］　在市区东部。南起武威路,北至乐洋路。与柳山路、沿河路等相交。长1.3千米,宽10米。沥青混凝土路面。1950年开工,1952年建成。1981年拓宽改建。因都梁古城得名。两侧有党校、水利局、农业局、宣风楼、武冈文庙等。通多路公交车。

武冈汽车西站［Wǔgāng Qìchē Xīzhàn］　见交通运输设施部分“武冈汽车西站”条。

武冈汽车北站［Wǔgāng Qìchē Běizhàn］　见交通运输设施部分“武冈汽车北站”条。

水西门街道［Shuǐxīmén Jiēdào］　武冈市人民政府驻地。在市境西南部。面积8平方千米。人口3.4万。以汉族为主,还有苗、侗等民族。1994年设立。因渠水自西进城处有清渠门得名。有中学4所,小学2所,二级医院2个,社区卫生服务中心1个,卫生室2个。有幼儿园、图书馆、档案馆等。有省级文物保护单位武冈文庙、宣风楼。有古迹武陵井。农业以种植水稻、玉米、蔬菜、花卉苗木为主,养殖猪、家禽、淡水鱼。有名优农产品脐橙。有武冈汽车西站。通公交车。

迎春亭街道［Yíngchūntíng Jiēdào］　属武冈市。在市境中部。面积6平方千米。人口2.4万。以汉族为主,还有苗、回、仫佬等民族。1994年设立。因迎春亭得名。先后建成同保路、陶侃路、东塔路、东升路、花塔路、庆丰路等。资江流经。有中学5所,小学3所,社区卫生服务中心1个,卫生室2个。有省级文物保护单位凌云塔、双峰禅院。有省级非物质文化遗产石羊走马灯。农业以种植水稻、玉米、油菜、花生等为主,养殖猪、羊、牛、家禽、鱼。工业以汽修、电子、建材、建筑为主。有集贸市场。有武冈汽车东站。通公交车。

辕门口街道［Yuánménkǒu Jiēdào］　属武冈市。在市境西南部。面积16.5平方千米。人口4.2万。以汉族为主,还有回、苗、侗等民族。1994年由城关镇析设。1995年法相岩街道部分地域、武冈林场并入。因处旧州衙辕门口得名。先后修复古城墙,改造都梁路、玉龙路,建成南门口菜市场,硬化跃进路、沿河路,改造小街小巷,保护性开发古城,改造西直街民居、仿古街、渠水风光带等。资江流经。有中学1所,小学2所,二级医院1个,社区卫生服务中心1个,卫生室8个。有幼儿园、文化馆。有云山国家森林公园。农业以种植水稻、玉米、葡萄、西瓜为主,养殖猪、家禽。通公交车。

法相岩街道［Fǎxiàngyán Jiēdào］　属武冈市。在市境中部。面积9.6平方千米。人口2.6万。以汉族为主,还有苗、侗、回等民族。1994年设立。2011年法相岩、玉龙、梯云等3社区、6村并入。因古迹法相岩得名。资江流经。有中学6所,小学2所,二级医院2个,社区卫生服务中心1个,卫生室6个。有幼儿园、文化站。有全国重点文物保护单位黄埔军校第二分校旧址。有云山国家森林公园。农业以种植水稻、玉米为主,兼种油菜、花生,养殖猪、羊、牛、家禽、鱼。通公交车。

邓元泰镇［Dèngyuántài Zhèn］　武冈市辖镇。在市境西南部。面积145平方千米。人口7.4万。以汉族为主,还有苗、仫佬、壮等民族。辖1居委会、42村委会,有586自然村。镇人民政府驻绿洲村。1958年成立火箭公社,旋改转弯公社。1961年析设清溪、山岚2公社。1984年改乡,旋改邓元泰镇。1995年江塘、城西2乡并入。明洪武三年(1370)邓元泰自江西迁此建粮仓,开发农业,为纪念他得名。资江流经。有中学2所,小学11所,卫生院1个,卫生室42个。有幼儿园、文化站、广播站。有省级文物保护单位木瓜桥。农业以种植水稻、脐橙、西瓜为主,养殖猪、牛、家禽、鱼。洞新高速、省道金贝线过境。

绿洲村［Lǜzhōucūn］　邓元泰镇人民政府驻地。在市政府驻地水西门街道西南13千米。人口2700。因沙洲绿柳成荫得名。聚落呈团块状。有小学、卫生院。农业以种植水稻、玉米、红薯为主。省道金贝线经此。

湾头桥镇［Wāntóuqiáo Zhèn］　武冈市辖镇。在市境北部。面积139平方千米。人口7.9万。以汉族为主,还有侗、苗、回、土家、壮、瑶等民族。辖1居委会、48村委会,有614自然村。镇人民政府驻湾头桥社区。1955年设湾头桥区。1956年改乡。1958年改湾头公社。1961年改湾头桥公社。1969年青龙公社并入。1984年改乡。1989年改镇。1995年南桥、泉塘2乡并入。旧时镇南河湾有石墩长廊式木桥,称湾头桥,镇因桥名。有中学3所,小学9所,卫生院1个,卫生室49个。有幼儿园、文化站、广播电视站。农业以种植水稻、玉米为主,养殖猪、家禽、淡水鱼。洞新高速、省道洞新线过境。

湾头桥社区［Wāntóuqiáo Shèqū］　湾头桥镇人民政府驻地。在市境东北部。面积3平方千米。人口1500。因镇名得名。1995年成立。民居以2层及以上住宅楼为主。有中心小学、卫生院。有老年活动室、卫生服务站、便民服务站等。有华旺油业、金福元卤菜等企业。省道洞新线过境。

文坪镇［Wénpíng Zhèn］　武冈市辖镇。在市境东南部。面积85平方千米。人口4万。以汉族为主,还有侗族。辖1居委会、26村委会,有331自然村。镇人民政府驻黄泥坳村。1961年成立文坪公社。1965年长接岭公社并入。1984年改乡,旋改镇。1995年安心观镇并入。因文家坪得名。龙溪河流经。有中学2所,小学6所,卫生院1个,卫生室26个。有幼儿园、文化站、广播电视站等。农业以种植水稻、玉米为主,养殖猪、羊、牛、家禽。工业以采煤、小水电为主。县道龙文线过境。

黄泥坳村［Huángní'àocūn］　文坪镇人民

政府驻地。在市政府驻地水西门街道南21千米。人口2600。清代成村。因黄泥坳院落得名。聚落呈团块状。有中小学、幼儿园、卫生室、便民服务点、文化广场。有古迹霍氏宗祠。农业以种植水稻、玉米为主,养殖猪、羊、牛。工业有水电,红砖、水泥砖加工等。有豆腐作坊。县道龙万线经此。

荆竹铺镇 [Jīngzhúpù Zhèn] 武冈市辖镇。在市境东北部。面积78平方千米。人口4.3万。以汉族为主,还有苗、蒙古、侗等民族。辖1居委会、27村委会,有396自然村。镇人民政府驻荆竹铺社区。1955年设荆竹区。1958年改跃进公社,旋更名荆竹公社。1984年改乡,旋改荆竹铺镇。1995年朱溪乡并入。昔有金竹,后开设店铺,金、荆近音,故名。有回马山、芒头岭。资江流经。有中学2所,小学7所,卫生院1个,卫生室28个。有幼儿园、文化站、图书馆、图书室、广播电视站、敬老院。有回马山抗日阵亡将士纪念碑。农业以种植水稻、玉米、红薯为主,养殖猪、牛、羊、家禽。县道武马、荆洞线过境。

荆竹铺社区 [Jīngzhúpù Shèqū] 荆竹铺镇人民政府驻地。在市境东北部。面积3.5平方千米。人口5000。因镇名得名。1984年成立。民居以2层及以上砖混结构楼房、砖木结构楼房为主。有中学、卫生院。有老年活动室、卫生服务站、便民服务站等。有回马山抗日阵亡将士纪念碑。县道武马线过境。

稠树塘镇 [Chóushùtáng Zhèn] 武冈市辖镇。在市境东南部。面积110平方千米。人口4万。以汉族为主,还有回、苗、壮、布依等民族。辖1居委会、32村委会,有457自然村。镇人民政府驻稠树塘社区。1956年设杨柳乡。1958年改公社。1965年雅槎公社并入。1984年改乡。1989年改稠树塘镇。1995年法新乡并入。塘中石板似和氏璧,孔生小柏苗,渐成大树,为念其奇,称柏树塘,后依方言演化为今名。有雷婆岭。冻江流经。有中学1所,小学11所,卫生院1个,卫生室33个。有幼儿园、文化站、广播站、敬老院。农业以种植水稻、玉米、大豆、辣椒、板栗、葡萄为主。有豆腐干加工业。县道泉安线过境。

稠树塘社区 [Chóushùtáng Shèqū] 稠树塘镇人民政府驻地。在市境东北部。面积1.7平方千米。人口2100。因镇名得名。1989年成立。民居以2层及以上住宅楼为主。有小学、卫生院。有老年活动室、卫生服务站、便民服务站等。有超市、银行等。县道泉安线过境。

邓家铺镇 [Dèngjiāpù Zhèn] 武冈市辖镇。在市境东北部。面积111平方千米。人口6.3万。以汉族为主,还有苗、回、壮、瑶等民族。辖1居委会、35村委会,有481自然村。镇人民政府驻邓家铺社区。1955年设邓家铺区。1956年改邓家铺、双桥2乡。1958年改武东公社。1961年析设邓家铺、黄塘、双桥3公社。1965年黄塘公社并入邓家铺公社。1984年改乡,旋改镇。1995年双桥乡并入。传昔邓姓开店,故名。有扶峰山。龙江流经。有中学2所,小学13所,卫生院1个,卫生室36个。有幼儿园、文化站、广播站。农业以种植水稻、玉米、大豆、油菜、花生、蔬菜为主。工业以矿产开采为主。省道金贝线过境。

邓家铺社区 [Dèngjiāpù Shèqū] 邓家铺镇人民政府驻地。在市境东北部。面积2.3平方千米。人口2800。因镇名得名。1984年成立。民居以2层及以上住宅楼为主。有小学、卫生院。有老年活动室、卫生服务站、便民服务站等。有集贸市场。省道金贝线过境。

龙溪镇 [Lóngxī Zhèn] 武冈市辖镇。在市境东北部。面积50平方千米。人口3.9万。以汉族为主,还有苗、侗、回、壮、瑶等民族。辖1居委会、23村委会,有317自然村。镇人民政府驻龙溪铺社区。1955年设龙溪乡。1956年并入龙江乡。1961年由龙江公社析设龙溪公社。1984年改乡。1996年改镇。因龙溪河得名。有中学1所,小学7所,卫生院1个,卫生室24个。有幼儿园、文化站、广播站。有傩戏。农业以种植水稻、玉米、油菜、花生、蔬菜、食用菌为主。工业以豆制品、水泥加工为主。省道洞新线过境。

龙溪铺社区 [Lóngxīpù Shèqū] 龙溪镇人民政府驻地。在市境东南部。面积1.8平方千米。人口3000。因龙溪河并有集镇商铺而得名。1996年村改社区。民居以2层及以上住宅楼为主。有小学、卫生院。有老年活动室、卫生服务站、便民服务站等。有超市、银行等。省道洞新线、县道龙文线过境。

司马冲镇 [Sīmǎchōng Zhèn] 武冈市辖镇。在市境南部。面积74平方千米。人口2.5万。以汉族为主,还有苗、侗、壮、瑶等民族。辖1居委会、21村委会,有235自然村。镇人民政府驻勒石村。1995年由双田、勒石2乡合设司马冲乡。1996年改镇。因山峰左、右边形似狮、马得名狮马冲,后乡人官拜司马而改今名。有中学2所,小学3所,卫生院1个,卫生室21个。有幼儿园、文化站、广播站等。有省级文物保护单位武穆宫。有新安渡槽。农业以种植水稻、玉米、油菜、花生、油茶、中草药为主,养殖猪。工业以水泥、预制管加工、冶炼为主。洞新高速、省道洞新线过境。

勒石村 [Lèshícūn] 司马冲镇人民政府驻地。在市政府驻地水西门街道东南21千米。人口1800。因出产青石宜于雕刻得名。聚落呈带状。有中小学、幼儿园、卫生室、便民服务点、文化广场。农业以种植水稻为主。工业有铸铁、制氧、冶炼等。省道洞新线经此。

秦桥镇 [Qínqiáo Zhèn] 武冈市辖镇。在市境东部。面积73平方千米。人口2.5万。以汉族为主,还有苗、回、瑶、壮等民族。辖1居委会、17村委会,有249自然村。镇人民政府驻黄沙社区。1961年成立秦桥公社。1965年华口公社并入。1984年改乡。2014年改镇。因千年秦家桥得名。有狼跳坳、凉山凹、排子岭。冻江、秦桥水流经。有中学1所,小学6所,卫生院1个,卫生室18个,农家书屋5个。有幼儿园、文化站、广播站。农业以种植水稻、玉米、花生、辣椒、油菜、葡萄为主。产药材。特产秦桥土鸡。有砖加工业。县道名花线过境。

黄沙社区 [Huángshā Shèqū] 秦桥镇人民政府驻地。在市境东北部。面积5平方千米。人口2400。因黄沙坪街得名。2014年成立。民居以2层及以上住宅楼为主。有中小学、卫生院。有老年活动室、卫生服务站、便民服务站等。有超市、银行。县道名花线过境。

龙田乡 [Lóngtián Xiāng] 武冈市辖乡。在市境西部。面积58平方千米。人口3.1万。以汉族为主,还有苗、仫佬、侗等民族。辖18村委会,有265自然村。乡人民政府驻得胜村。1952年设龙田乡。1958年改和平公社。1961年分龙田、合心2公社。1968年合心公社并入龙田公社。1984年改乡。因曾垄田横贯谐音得名。有中学1所,小学5所,卫生院1个,卫生室18个。有幼儿园、文化站、广播站等。农业以种植水稻、玉米为主,养殖猪、牛、羊、鹅。工业以水泥、木材加工为主。洞新高速、省道洞新线过境。

得胜村 [Déshèngcūn] 龙田乡人民政府驻地。在市政府驻地水西门街道西北6千米。人口1700。因得胜庙得名。聚落呈带状。有中小学、幼儿园、卫生室、便民服务点、文化广场。农业以种植水稻、玉米、莲藕、茭白、荸荠、蔬菜为主。有农贸市场。洞新高速、省道洞新线过境。

头堂乡 [Tóutáng Xiāng] 武冈市辖乡。在市境中部。面积82平方千米。人口4.5万。以汉族为主,还有苗、侗、回等民族。辖31村委会,有354自然村。乡人民政府驻托坪村。1995年由新东、石羊2乡合设头堂乡。昔为武冈至邵阳驿站,十里一堂,此为第一堂,故名。资江流经。有中学3所,小学6所,卫生院1个,卫生室31个。有幼儿园、文化站、广播站等。有古迹石羊桥、半山摩崖。有景点同保岩。农业以种植水稻、玉米、花生、蔬菜为主,养殖猪、武冈铜鹅、肉牛。工业以电力、造纸、冶炼、建材为主。洞新高速、县道武马线过境。

托坪村 [Tuōpíngcūn] 头堂乡人民政府驻地。在市政府驻地水西门街道东北7千米。人口1800。因托坪大田垅得名。聚落呈团块状。有中小学、幼儿园、卫生室、便民服务点、文化广场。农业以种植水稻、玉米、莲藕、蔬菜为主。有农贸市场。县道武马线经此。

安乐乡 [Ānlè Xiāng] 武冈市辖乡。在市境中部偏东。面积51平方千米。人口2.9万。以汉族为主,还有苗、侗、土家、壮等民族。辖17村委会,有201自然村。乡人民政府驻塘富村。1995年独山、法相岩2乡合设安乐乡。因安乐古桥得名。资江、龙溪河流经。有中学1所,小学6所,卫生院1个,卫生室17个。有幼儿园、文化站、广播站、博物馆等。农业以种植水稻为主,养殖猪、羊、家禽。工业有啤酒酿造、食品加工、建材等。洞新高速、省道金贝线过境。

塘富村 [Tángfùcūn] 安乐乡人民政府驻地。在市政府驻地水西门街道东北7千米。人口1300。因境内无活水,村民靠开挖山塘蓄水,村因"塘"而"富",故名。聚落呈带状。有中小学、幼儿园、卫生室、便民服务点、文化广场等。农业以种植水稻为主。省道金贝线经此。

大甸乡 [Dàdiàn Xiāng] 武冈市辖乡。在市境东南部。面积64平方千米。人口2.7万。以汉族为主,还有苗、壮、侗、回、土家等民族。辖19村委会,有245自然村。乡人民政府驻大甸村。1955年设大甸区。1958年并入龙江公社。1961年析设大甸、白莲2公社。1965年合为大甸公社。1984年改乡。因乡政府驻地得名。有雷步岭、尖山寨。青龙河流经。有中学1所,小学7所,卫生院1个,卫生室19个,农家书屋15个。有幼儿园、文化站、广播站。农业以种植水稻、玉米、油菜、中药材为主,养殖猪、羊、牛、家禽、淡水鱼。工业有陶瓷材料、食品加工、煤炭开采。省道洞新线、县道龙大线过境。

大甸村 [Dàdiàncūn] 大甸乡人民政府驻地。在市政府驻地水西门街道东南16千米。人口1800。四周环山,地势开阔,俗称大地,雅称今名。聚落呈带状。有中小学、幼儿园、卫生室、便民服务点、文化广场。农业以种植水稻为主,养殖猪、鸡、鸭。有农贸市场。县道龙大线经此。

马坪乡 [Mǎpíng Xiāng] 武冈市辖乡。在市境北部。面积62平方千米。人口4万。以汉族为主,还有回、苗、侗等民族。辖26村委会,有356自然村。乡人民政府驻金星村。1961年成立马坪公社。1984年改乡。1995年田家渡乡并入。因清雍正年间(1723—1735)曾宪松专辟草坪养马得名。资江、蓼水流经。有中学2所,小学5所,卫生院1个,卫生室26个,农家书屋18个。有幼儿园、文化站、广播站。有中共武冈特别区委旧址福培庵。农业以种植水稻、玉米、红薯、大豆、油菜、花生为主。县道武马线过境。

金星村［Jīnxīngcūn］　马坪乡人民政府驻地。在市政府驻地水西门街道东北34千米。人口2000。取金光灿烂之意命名。聚落呈带状。有中小学、幼儿园、卫生室、便民服务点、文化广场。有中共武冈县委成立旧址。农业以种植水稻为主，养殖猪、鸡、鸭等。有农贸市场。县道武马线经此。

晏田乡［Yàntián Xiāng］　武冈市辖乡。在市境中部偏东。面积67平方千米。人口2.7万。辖24村委会，有312自然村。乡人民政府驻大路坪村。1955年设晏田区。1961年改公社。1984年改乡。1995年梅树乡并入。因田地地势低、草木掩盖得名暗田，后方言"暗""晏"谐音，改今名。有龚家岭山。有中学2所，小学7所，卫生院1个，卫生室24个，农家书屋16个。有幼儿园、文化站、广播站。农业以种植水稻、玉米、辣椒、花生为主，养殖猪、羊、牛、家禽、淡水鱼。省道金贝线过境。

大路坪村［Dàlùpíngcūn］　晏田乡人民政府驻地。在市政府驻地水西门街道东北17千米。人口1100。周皆山谷，大道迂回，唯此宽平，故名大路平，后谐音改今名。聚落呈带状。有中小学、幼儿园、卫生室、便民服务点、文化广场等。农业以种植水稻为主。有农贸市场。省道金贝线经此。

水浸坪乡［Shuǐjìnpíng Xiāng］　武冈市辖乡。在市境东北部。面积72平方千米。人口3万。以汉族为主，还有苗、回等民族。辖24村委会，有350自然村。乡人民政府驻水浸坪村。1955年设水浸坪区。1956年改乡。1961年改公社。1984年复乡。1995年天鹅乡并入。因乡政府驻地得名。有天鹅山、贺古岭。有中学2所，小学7所，卫生院1个，卫生室24个，农家书屋24个。有幼儿园、文化站、广播站。农业以种植水稻、玉米为主，养殖猪、山羊。产药材。省道金贝线过境。

水浸坪村［Shuǐjìnpíngcūn］　水浸坪乡人民政府驻地。在市政府驻地水西门街道东北25千米。人口1500。因处洼地常被淹得名。聚落呈带状。有中小学、幼儿园、卫生室、便民服务点、文化广场等。农业以种植水稻、玉米、辣椒、山药等为主。有农贸市场。省道金贝线经此。

双牌乡［Shuāngpái Xiāng］　武冈市辖乡。在市境东北部。面积102平方千米。人口5.1万。以汉族为主，还有苗、回、壮、侗等民族。辖30村委会，有458自然村。乡人民政府驻双牌村。1956年设米山、龙从2乡。1961年改公社。1984年改乡。1995年合设双牌乡。因乡政府驻地得名。有云雾岭、椅子岭。龙江流经。有矿产资源锰、煤等。有中学2所，小学14所，卫生院1个，卫生室30个，农家书屋23个。有幼儿园、文化站、广播站。有中国传统村落浪石村。农业以种植水稻、玉米为主。省道金贝线过境。

双牌村［Shuāngpáicūn］　双牌乡人民政府驻地。在市政府驻地水西门街道东北56千米。人口1800。因牌头山、夏氏贞节牌坊得名。聚落呈带状。有中小学、幼儿园、卫生室、便民服务点、文化广场。农业以种植水稻、玉米为主，养殖猪、鸡、鸭。有农贸市场。为农副产品集散地。省道金贝线经此。

浪石村［Làngshícūn］　在市政府驻地水西门街道东北60千米。双牌乡辖自然村。人口2600。明代建村，群山环抱，起伏似浪，中有石山，故名。聚落呈团块状。为中国传统村落、中国古楹联第一村。有明清时期湘西南建筑风格古民居88座、门柱石古楹联41副。有中小学、幼儿园、卫生室、便民服务点、文化广场。农业以种植水稻为主，养殖养鸡、鸭、猪。通乡村公路。

邵　东　县

邵东县［Shàodōng Xiàn］　别名昭阳。邵阳市辖县。北纬26°56′，东经111°33′。在市境东部。面积1768平方千米。人口128.6万。以汉族为主，还有回、苗、土家、壮等民族。辖3街道、19镇、6乡。县人民政府驻大禾塘街道。1952年由邵阳县析设邵东县。因处邵阳东部得名。1977年属涟源专区。1983年属邵阳市。南部以文教卫生为主，东部以机械制造、加工业等为主，北部为交通枢纽，西部建游乐休闲场所，中部为行政与商业区。地势南北崛起，中部抬升向东西倾斜。平均海拔585米。年均气温16.6℃，1月平均气温4.7℃，7月平均气温27.9℃。年均降水量1278.5毫米。邵水、蒸水、侧水、槎江、桐江、西洋江流经。有矿产资源烟煤、无烟煤、石灰岩、石膏、铁、铅、锌、锰等。有野生植物1166种，其中有国家一级保护野生植物珙桐、苏铁、红豆杉、银杏等8种，国家二级保护野生植物双花木、杜仲、金钱松、水青树、花榈木等24种。有野生动物168种，其中有国家重点保护野生动物鹰、鹞、鸮等。森林覆盖率39.6%。有职业中学2所，中学68所，小学245所，特教学校1所，教师进修学校1所，三级医院2个，二级医院9个。有图书馆1个，文化馆1个，档案馆1个，体育场馆1个。有文化艺术团体2个。有全国重点文物保护单位荫家堂，省级文物保护单位昭阳侯城遗址、贺金声墓、野鸡坪农业学大寨梯田区等8个。有省级非物质文化遗产邵东木偶戏、邵东花鼓戏。三次产业比例10∶48∶42。农业以种植水稻、玉米、油菜，养殖猪为主。产玉竹、黄花等。工业以小五金、打火机制造、塑料制品、印刷包装、皮具加工为主。有省级湖南邵东经济开发区。服务业以商贸、物流为主。有工业品、药材、家电、眼镜、五金等专业市场。有三星级酒店3个。有铁路70千米，高速81千米，公路3400千米。洛湛铁路，上瑞、衡邵高速，320国道，省道宝善亭—宋家塘线过境。有邵东站、邵东汽车西站。通多路公交车。

昭阳大道［Zhāoyáng Dàdào］　在县城西北部。东起虹桥路，西至沪昆高速。与绿汀大道、衡宝路相交。长7.5千米，宽60米。沥青混凝土路面。2006年开工，2014年建成。因处昭阳公园旁得名。两侧有县公安局、衡水创新中学、昭阳小学、湘运邵东分公司、眼镜城、邵东国际商贸城、邵东星沙物流园等。通公交车。

兴和大道［Xīnghé Dàdào］　在县城中部。东起建设北路，西至公园路。与衡宝路相交。长8千米，宽50米。沥青混凝土路面。1996年开工，2000年建成。寓意兴旺发达、和平而得名。两侧有县委、县政府、家电城、五金城、副食城、县第四中学、县疾病预防控制中心等。通公交车。

衡宝路［Héngbǎo Lù］　在县城西部。东起人民路，西至320国道。与建设中路、金龙大道相交。长9.9千米，宽40米。沥青混凝土路面。1952年开工，2014年改扩建。为衡阳—宝庆(邵阳曾名宝庆)公路城区段，故名。两侧有县地税局、市场服务中心、救助站、电视台、工业品市场、建材城等。通公交车。

邵东站［Shàodōng Zhàn］　见交通运输设施部分"邵东站"条。

邵东汽车西站［Shàodōng Qìchē Xīzhàn］　见交通运输设施部分"邵东汽车西站"条。

大禾塘街道［Dàhétáng Jiēdào］　邵东县人民政府驻地。在县境西北部。面积19平方千米。人口8.1万。以汉族为主，还有回、苗等民族。2010年设立。因原大禾塘乡得名。清道光《宝庆府志》载有大禾塘地名。原有平地，邵东方言称屋前坪地为禾塘，故名。先后建成北岭路东延、绿汀大道、兴盛路、互生路、虹桥路等。有中学8所，小学10所，卫生院6个，卫生所1个。有文化站、图书室、体育场。有邵东生态产业园。工业以家具、小五金、塑料制品、印刷包装、皮具加工等为主。有工业品市场、农贸市场等。怀邵衡铁路、省道宝善亭—宋家塘线过境。有邵东站。通多路公交车。

荷田社区［Hétián Shèqū］　属大禾塘街道。在县境中部。面积2平方千米。人口8900。2002年成立。取荷花、大田2村得名。民居以5层及以上住宅楼为主。有中学。有老年活动室、便民服务站、卫生服务站、文化活动中心等。县交通局驻此。通公交车。2014年被评为省级文明社区。

两市塘街道［Liǎngshìtáng Jiēdào］　属邵东县。在县境南部。面积37平方千米。人口7.4万。以汉族为主，还有回、苗等民族。2010年设立。因老和平街两端各有水塘得名两头塘，后演化为今名。先后建成金龙大道、衡宝路等。有中学4所，小学8所，教师进修学校1所，三级医院1个，二级医院1个，卫生院2个。有幼儿园、文化站等。有优质稻栽培基地4个。工业以服装、皮革制品、打火机、小五金、铝制品制造等为主。省道宝善亭—宋家塘线过境。通多路公交车。

宋家塘街道［Sòngjiātáng Jiēdào］　属邵东县。在县境西北部。面积30平方千米。人口8.6万。以汉族为主，还有回、苗、壮等民族。2010年设立。因老院落曾有塘口似粽子得名粽角塘，方言同音改今名。有中学5所，小学7所，二级医院4个，卫生院4个，卫生所1个，图书室8个。有幼儿园、文化站。农业以种植水稻、蔬菜、柑橘为主。工业以服装、皮革制品、打火机、铝制品制造为主。有城北经济开发区。洛湛、怀邵衡铁路，沪昆高速，320国道过境。有邵东站、邵东汽车西站。通多路公交车。

牛马司镇［Niúmǎsī Zhèn］　邵东县辖镇。在县境西北部。面积51平方千米。人口5.6万。以汉族为主，还有回族。辖1居委会、31村委会，有158自然村。镇人民政府驻三槐社区。1961年成立水井头公社。1965年宋家塘公社并入，改名牛马司公社。1983年改镇。1995年湾泥乡并入。因当地名人刘晚四谐音得名。西洋江流经。有中学6所，小学8所，卫生院2个，卫生所1个。有幼儿园、文化站、广播站、敬老院。有天子坪遗址。农业以种植水稻为主。工业以煤矿开采为主。洛湛铁路、潭邵高速、320国道、县道牛陈线过境。

三槐社区［Sānhuái Shèqū］　牛马司镇人民政府驻地。在县境西北部。面积1.2平方千米。人口1400。1988年成立。因院落三槐堂得名。民居以单位家属楼为主。有老年活动室、卫生服务站、便民服务站。有肉食品加工、工矿贸易、化纤等企业。320国道过境。通多路公交车。

范家山镇［Fànjiāshān Zhèn］　邵东县辖镇。在县境西部。面积33平方千米。人口2.7万。以汉族为主，还有回、苗、土家等民族。辖1居委会、18村委会，有159自然村。镇人民政府驻范家山社区。1952年设范家山镇。1956年改公社。1985年复镇。因镇政府原驻地得名。西洋江流经。有中学2所，小学4所，卫生院1个，卫生所1个。有幼儿园、文化站、广播站、敬老院等。有省级文物保护单位洪桥。有新四军政治部主任袁国平、工农红军第29军军长谢崇故居。农业以种植水稻、蔬菜为主。有葡萄种植基地。工业以采冶、化工、生物科技为主。洛湛铁路、320国道过境。

范家山社区 [Fànjiāshān Shèqū] 范家山镇人民政府驻地。在县境西部。面积0.2平方千米。人口2000。原名范家祖山,传范姓祖宗葬在此地,后范姓迁走,更名范家山。1985年成立。民居以6层以上楼房为主。有中小学、卫生院。有老年活动室、卫生服务站、便民服务站等。农业以种植水稻、玉米、红薯、西瓜、草药为主。有打火机厂、日化厂等。320国道过境。通公交车。

九龙岭镇 [Jiǔlónglǐng Zhèn] 邵东县辖镇。在县境西南部。面积84平方千米。人口4.5万。以汉族为主,还有回族。辖1居委会、40村委会,有300自然村。镇人民政府驻栗山社区。1956年设九龙岭乡。1958年改九龙岭公社。1984年改乡。1995年槎江乡并入,旋改镇。因九龙岭得名。槎江流经。有中型水库12个。有中学5所,小学9所,卫生院1个,卫生所1个。有幼儿园、文化站、广播站、敬老院。有省级文物保护单位贺绿汀故居、著名新闻记者严怪愚故居。农业以种植水稻、红薯、玉米为主。工业以小五金加工为主。有五金、打火机2工业园,冶炼、机械制造、造纸3基地。县道邵阳—毛家栗山线过境。

栗山社区 [Lìshān Shèqū] 九龙岭镇人民政府驻地。在县境西南部。面积为0.8平方千米。人口1500。昔有毛姓坟山,长满栗树,得名毛家栗山,简称为今名。1995年成立。民居以低层住宅楼为主。有小学、幼儿园、卫生院。有老年活动室、卫生服务站、便民服务站等。有农商银行、邮政所、电信所、农贸市场等。县道邵阳—毛家栗山线过境。通公交车。

仙槎桥镇 [Xiāncháqiáo Zhèn] 邵东县辖镇。在县境西南部。面积为81平方千米。人口为5.4万。以汉族为主,还有回、苗等民族。辖1居委会、45村委会,有238自然村。镇人民政府驻仙槎桥社区。1956年设仙槎桥乡。1958年改公社。1984年改镇。1995年灵山寺乡并入。因槎江上石桥得名。槎江流经。有中学6所,小学8所,卫生院2个,卫生所1个。有幼儿园、文化站、广播站、敬老院。农业以种植水稻、红薯为主。工业以五金、汽车配件加工为主。有五金专业村6个。有商贸服务业。衡邵高速过境。

仙槎桥社区 [Xiāncháqiáo Shèqū] 仙槎桥镇人民政府驻地。在县境西南部。面积0.8平方千米。人口2700。因镇名得名。1984年成立。民居以低层住宅楼为主。有中小学。有老年活动室、卫生服务站、便民服务站等。有农商银行、邮政所、电信所、农贸市场等。经济以商贸为主。县道邵仙线过境。通公交车。

火厂坪镇 [Huǒchǎngpíng Zhèn] 邵东县辖镇。在县境中部偏东。面积97平方千米。人口6.3万。以汉族为主,还有侗、苗等民族。辖1居委会、50村委会,有400自然村。镇人民政府驻火厂坪社区。1956年设火厂坪乡。1958年改公社。1984年复乡。1985年改镇。1995年龙公桥乡并入。因镇政府驻地原名得名。桐江河流经。有初中2所,小学13所,卫生院2个,卫生所1个,图书室15个。有幼儿园、文化站、广播站、敬老院。农业以种植水稻、油菜为主,养殖猪。工业以钢球、缸套、编织机、水泥、乳胶等制造业为主。有红薯粉丝、红薯糖加工业。有商贸服务业。衡邵高速,省道衡宝、八老线过境。

火厂坪社区 [Huǒchǎngpíng Shèqū] 火厂坪镇人民政府驻地。在县境中部偏东。面积0.1平方千米。人口3700。昔因2铁厂合并得名合厂坪,后因炉火通红改今名。1985年村改社区。民居以低层住宅楼为主。有中小学。有老年活动室、卫生服务站、便民服务站等。工业以铁制品加工为主。320国道过境。通多路公交车。

佘田桥镇 [Shétiánqiáo Zhèn] 邵东县辖镇。在县境东南部。面积49平方千米。人口3.3万。以汉族为主,还有满族。辖2居委会、27村委会,有191自然村。镇人民政府驻佘田桥社区。1956年设佘田桥乡。1958年改公社。1984年改镇。因蒸水上有1400年历史的佘田桥得名。有佘湖山。蒸水流经。有初中1所,小学8所,卫生院1个,卫生所1个。有幼儿园、文化站、广播站、敬老院。有古迹云霖室。有景点佘湖山、莲荷山、狮子峰。农业以种植水稻、慈菇为主。工业有五金铸造、制锁、水泥加工、大米加工等。省道衡宝、八老线过境。

佘田桥社区 [Shétiánqiáo Shèqū] 佘田桥镇人民政府驻地。在县境东南部。面积0.7平方千米。人口1700。昔建桥于佘姓田町中,故名。1984年成立。民居以低层住宅楼为主。有中小学、卫生院。有老年活动室、卫生服务站、便民服务站等。有农副产品加工业。省道衡宝线过境。通公交车。

灵官殿镇 [Língguāndiàn Zhèn] 邵东县辖镇。在县境南部。面积93平方千米。人口6.3万。以汉族为主,还有满、壮等民族。辖1居委会、52村委会,有325自然村。镇人民政府驻大全社区。1956年设灵官殿乡。1958年改公社。1966年撤销。1995年茶子山、毛荷殿2乡合设灵官殿乡。1996年改镇。因庙宇有五尊灵官菩萨而得名。有大云山。蒸水流经。有中学7所,小学17所,卫生院3个,卫生所1个。有幼儿园、文化站、广播站、敬老院。农业以水稻、油茶种植为主。工业以水泵及其配件制造、轻纺为主。省道八老线、县道灵青线过境。

大全社区 [Dàquán Shèqū] 灵官殿镇人民政府驻地。在县境南部。面积1.2平方千米。人口1900。取大家安全之意命名。1995年村改社区。民居以低层住宅楼为主。有中小学。有老年活动室、卫生服务站、便民服务站等。农业以种植水稻、蔬菜为主。工业有水泵制造、轻纺等。省道八老线过境。通公交车。

团山镇 [Tuánshān Zhèn] 邵东县辖镇。在县境东北部。面积94平方千米。人口7.1万。以汉族为主,还有苗、回等民族。辖1居委会、67村委会,有414自然村。1958年成立团山公社。1984年改乡。1995年改镇,崇山铺乡并入。因圆山得名,而方言"圆"与"团"谐音,故名。有初中2所,小学14所,卫生院2个,卫生所1个。有幼儿园、文化站、广播站、敬老院。有团山烈士陵园。农业以种植水稻、黄花菜为主。有王枣、黄花菜种植基地。工业以竹木加工、建材、造纸、打火机制造为主。有竹木建材市场。县道大黄、流团线过境。

团山社区 [Tuánshān Shèqū] 团山镇人民政府驻地。在县境东北部。面积1.8平方千米。人口1900。因禹氏宗祠被山围住得名。1995年成立。民居以低层住宅楼为主。有中小学。有老年活动室、卫生服务站、便民服务站等。农业以种植水稻、玉米、蔬菜为主。县道大黄、流团线过境。通公交车。

砂石镇 [Shāshí Zhèn] 邵东县辖镇。在县境中部。面积41平方千米。人口3.6万。以汉族为主,还有苗、回等民族。辖2居委会、25村委会,有205自然村。镇人民政府驻裕兴社区。1956年设砂石乡。1958年并入火厂坪公社。1965年析设砂石公社。1984年改乡。1993年改镇。传昔李氏以背负泥沙石块定去留,远者留近者迁,故名。侧水流经。有中学1所,小学7所,卫生院1个,卫生所1个。有幼儿园、文化站、广播站、敬老院。农业以种植水稻为主。有药材基地。工业有齿轮、农用车制造等。省道八老线、县道大汗线过境。

裕兴社区 [Yùxīng Shèqū] 砂石镇人民政府驻地。在县境中部。面积0.7平方千米。人口1700。寓意生活富裕,事业兴旺而得名。1995年村改社区。民居以低层住宅楼为主。有中小学、幼儿园、卫生院。有老年活动室、卫生服务站、便民服务站等。有矿山救护队等。有银行、煤矿、集贸市场等。省道八老线过境。通公交车。

廉桥镇 [Liánqiáo Zhèn] 邵东县辖镇。在县境东北部。面积86平方千米。人口7.4万。以汉族为主,还有苗、回等民族。辖2居委会、55村委会,有301自然村。镇人民政府驻茅坪陈村。1951年设廉桥镇。1956年改乡。1958年改公社,1983年复镇。1995年光陂乡并入。因石桥廉桥得名。桐江流经。有中学2所,小学9所,卫生院2个,卫生所1个。有幼儿园、文化站、广播站、敬老院。农业以种植水稻、中草药为主。有药材、木材加工业。有廉桥药市。洛湛铁路,潭邵高速,320国道,县道廉禾、廉斫线过境。

茅坪陈村 [Máopíngchéncūn] 廉桥镇人民政府驻地。在县政府驻地大禾塘街道北19千米。人口1800。明初陈姓迁此,因遍地茅草得名。聚落呈散状。有中小学、幼儿园、卫生院、敬老院、健身广场等。农业以种植水稻、玉米、中草药为主。有集贸市场。320国道经此。通公交车。

流光岭镇 [Liúguānglǐng Zhèn] 邵东县辖镇。在县境东部。面积40平方千米。人口2.3万。以汉族为主,还有拉祜、苗等民族。辖1居委会、20村委会,有117自然村。镇人民政府驻流市社区。1956年设流光岭乡。1965年改公社。1984年复乡。1998年改镇。因山岭为刘姓居住得名刘家岭,后因山岭光秃演化为今名。有凤形山、狮形山。有流光湖。有中学1所,小学4所,卫生院1个,卫生所1个。有幼儿园、文化站、广播站、敬老院。农业以种植水稻、红薯、大豆、玉米、花生、油菜为主。有黄花菜基地、槐子山鱼苗基地。有大理石、建材加工业。有流光湖旅游区、流芳度假村。县道大汗线过境。

流市社区 [Liúshì Shèqū] 流光岭镇人民政府驻地。在县境东部。面积2.7平方千米。人口1800。因为镇集市得名。1997年成立。民居以低层住宅楼为主。有中小学、卫生院。有老年活动室、卫生服务站、便民服务站等。有邮政局、信用社等。省道八老线过境。通公交车。

流泽镇 [Liúzé Zhèn] 邵东县辖镇。在县境东北部。面积53平方千米。人口4.5万。以汉族为主,还有苗、回等民族。辖1居委会、37村委会,有301自然村。镇人民政府驻大坪社区。1950年设流泽所乡。1958年并入廉桥公社。1965年析设流泽所公社。1980年改流泽公社。1984年改乡。1998年改镇。地势高,水往四面流,流水泽长,故名。有中学2所,小学7所,卫生院1个,卫生所1个。有幼儿园、文化站、广播站、敬老院。农业以种植水稻、中草药、杨梅为主。工业以铝业、打火机制造、煤矿开采为主。县道流团线过境。

大坪社区 [Dàpíng Shèqū] 流泽镇人民政府驻地。在县境东北部。面积3.2平方千米。人口1900。因村前大坪得名。1999年村改社区。民居以低层住宅楼为主。有中小学。有老年活动室、卫生服务站、便民服务站等。农业以种植水稻、玉米、玉竹为主。有玉竹加工业。县道流团线过境。通公交车。

魏家桥镇［Wèijiāqiáo Zhèn］　邵东县辖镇。在县境西南部。面积75平方千米。人口4.5万。以汉族为主,还有回族。辖2居委会、41村委会,有293自然村。镇人民政府驻魏家桥社区。1956年设魏家桥乡。1958年改公社。1984年改乡。1995年驻马桥乡并入。2001年改镇。因石桥魏家桥得名。邵水流经。有中学2所,小学6所,卫生院1个,卫生所1个。有幼儿园、文化站、广播站、敬老院。有张家古渡、贺民范故居。农业以种植水稻为主。有优质稻、精品水果、葡萄、双孢菇种植基地。工业以打火机制造、五金、鞭炮加工、化工等为主。县道两邵线过境。

魏家桥社区［Wèijiāqiáo Shèqū］　魏家桥镇人民政府驻地。在县境西南部。面积2.3平方千米。人口2200。为魏氏先祖居住地,有石桥,故名。2001年成立。民居以低层住宅楼为主。有中小学。有老年活动室、卫生服务站、便民服务站等。有银行、农贸市场等。农业以种植水稻、玉米、油菜为主。县道邵东—霞光线过境。通公交车。

野鸡坪镇［Yějīpíng Zhèn］　邵东县辖镇。在县境东南部。面积77平方千米。人口4.6万。以汉族为主,还有苗、壮、黎等民族。辖1居委会、44村委会,有326自然村。镇人民政府驻野鸡坪社区。1961年成立野鸡坪公社。1984年改乡。1995年高楼乡并入。2001年改镇。坪有巨石,形如野鸡,故名。蒸水流经。有中学2所,小学9所,农民文化技术学校1所,卫生院1个,卫生所1个。有幼儿园、文化站、广播站、敬老院。农业以种植水稻为主。有优质稻、中药材、玉米、水果基地。工业以机械、农副产品加工、水泵制造、铸造为主。省道佘野线、县道火荷线过境。

野鸡坪社区［Yějīpíng Shèqū］　野鸡坪镇人民政府驻地。在县境东南部。面积0.7平方千米。人口2300。传虚禾山有一石野鸡,受日月精华修成灵性,夜食庄稼,民怨冲天,感动雷公,将其劈毙,故名野鸡坪。2001年成立。民居以低层住宅楼为主。有老年活动室、卫生服务站、便民服务站等。有中小学。农业以种植水稻、草药为主。通乡村公路。通公交车。

杨桥镇［Yángqiáo Zhèn］　邵东县辖镇。在县境东部。面积51平方千米。人口3.1万。以汉族为主,还有藏族。辖2居委会、30村委会,有211自然村。镇人民政府驻东风社区。1956年设杨桥乡。1958年并入佘田桥公社。1965年析设杨桥公社。1984年改乡。2000年改镇。因杨桥自然村得名。蒸水流经。有中学2所,小学1所,卫生院1个,卫生所1个。有幼儿园、文化站、广播站、敬老院。有全国重点文物保护单位荫家堂。有杨塘书院。有民间特色艺术晏丰木偶戏。农业以种植水稻为主。工业有轴瓦、轮胎、橡塑管等加工业。省道宝宋线,县道流佘、双佘线过境。

东风社区［Dōngfēng Shèqū］　杨桥镇人民政府驻地。在县境东部。面积1.9平方千米。人口1100。1995年村改社区。民居以低层住宅楼为主。有中小学。有老年活动室、卫生服务站、便民服务站等。县道大汗线过境。通公交车。

水东江镇［Shuǐdōngjiāng Zhèn］　邵东县辖镇。在县境东部。面积99平方千米。人口5.2万。以汉族为主,还有苗、壮、侗、土家等民族。辖1居委会、51村委会,有336自然村。镇人民政府驻桃树村。1958年成立水东江公社。1984年改乡。1995年汪塘乡并入。2000年改镇。因蒸水向东流经小集得名。有南塘水库。有中学3所,小学13所,卫生院2个,卫生所1个。有幼儿园、文化站、广播站。农业以种植水稻为主,养殖牛、鸡、猪、兔。有草籽、油菜、油茶、黄花菜等种植基地。工业有家具制造、胶管加工、化工等。有家具城。省道龙宋线、县道汗水线过境。

桃树村［Táoshùcūn］　水东江镇人民政府驻地。在县政府驻地大禾塘街道东南32千米。人口800。桃花盛开,象征此地居民生命力盎然,桃果甘甜是此地人们追求幸福生活的愿望。聚落呈团块状。有中小学、幼儿园、卫生院、卫生室、健身广场。农业以种植水稻、玉米为主。有集贸市场。衡邵高速、省道龙宋线经此。通公交车。

黑田铺镇［Hēitiánpù Zhèn］　邵东县辖镇。在县境西北部。面积100平方千米。人口7万。以汉族为主,还有苗、回等民族。辖1居委会、50村委会,有275自然村。镇人民政府驻齐合社区。1958年成立黑田铺公社。1984年改乡。1995年双泉铺乡并入。2013年改镇。传原有夜明珠而夜晚通明,得名光田铺,后被盗致夜漆黑,改今名。桐江流经。有中学2所,小学19所,卫生院2个,卫生所1个。有幼儿园、文化站、广播站、敬老院。有资东书院。农业以种植水稻、玉米、中草药为主。有水果、蔬菜种植基地。工业有造纸、化工等。有木材市场。320国道过境。

齐合社区［Qíhé Shèqū］　黑田铺镇人民政府驻地。在县境西北部。面积1.4平方千米。人口1500。取合力齐心建家园之意命名。2013年村改社区。民居以低层住宅楼为主。有老年活动室、卫生服务站、便民服务站等。有中小学、卫生院。320国道过境。通公交车。

简家陇镇［Jiǎnjiālǒng Zhèn］　邵东县辖镇。在县境南部。面积133平方千米。人口5.8万。辖1居委会、52村委会,有364自然村。镇人民政府驻简家陇社区。1958年成立简家陇公社。1984年改乡。2014年改镇。传明代颜姓有田垅,后归简姓,故名。蒸水、桐江流经。有中学2所,小学11所,卫生院2个,卫生所1个。有幼儿园、文化站、广播站、敬老院。农业以种植水稻、黄花菜、西瓜、柑橘为主,养殖猪。工业以铸造、造纸等为主。县道棠佘、火高、大简线过境。

简家陇社区［Jiǎnjiālǒng Shèqū］　简家陇镇人民政府驻地。在县境南部。面积4平方千米。人口1000。因明代田地为简姓耕种得名。2014年成立。民居以低层住宅楼为主。有中小学、卫生院。有老年活动室、卫生服务站、便民服务站等。县道棠佘线过境。通公交车。

界岭镇［Jièlǐng Zhèn］　邵东县辖镇。在县境东北部。面积53平方千米。人口3.3万。辖2居委会、27村委会,有177自然村。镇人民政府驻当家社区。1956年设界岭、金仙2乡。1958年合设界岭公社。1984年改乡。2014年改镇。清初湘乡、邵阳2县分界于此,故名。侧水、南冲河流经。有中学1所,小学7所,卫生院1个,卫生所1个。有幼儿园、文化站、广播站、敬老院。有景点仙人殿。农业以种植水稻为主。产药材、水果。工业以造纸、打火机制造为主。有鞋业、采石等生产基地。上瑞高速、320国道过境。

当家社区［Dāngjiā Shèqū］　界岭镇人民政府驻地。在县境东北部。面积1.5平方千米。人口1400。清初萧姓建新德堂,因乡音传为当家坪,故名。2014年成立。民居以低层住宅楼为主。有小学、幼儿园、卫生院。有老年活动室、卫生服务站、便民服务站等。有农村信用社、邮政所、电信所等。320国道过境。通公交车。

黄陂桥乡［Huángpíqiáo Xiāng］　邵东县辖乡。在县境中部。面积38平方千米。人口4.3万。以汉族为主,还有壮、回等民族。辖35村委会,有130自然村。乡人民政府驻黄陂桥村。1950年设黄陂桥、杉树坪2乡。1965年合设黄陂桥公社。1984年改乡。因乡政府驻地得名。桐江流经。有中学3所,小学7所,卫生院1个,卫生所1个,村级文化活动中心8个,图书室21个。有幼儿园、文化站、广播站、敬老院。有省级文物保护单位昭阳侯城遗址。农业以种植水稻、水果为主。工业以矿产开采、农机制造、茶叶加工等为主。省道龙宋线、县道两流线过境。

黄陂桥村［Huángpíqiáocūn］　黄陂桥乡人民政府驻地。在县政府驻地大禾塘街道东6千米。人口1800。因古桥黄陂桥得名。聚落呈团块状。有中小学、幼儿园、卫生院、健身广场。农业以种植水稻、小麦为主。有集贸市场。县道两流线经此。通公交车。

双凤乡［Shuāngfèng Xiāng］　邵东县辖乡。在县境西南部。面积56平方千米。人口2.2万。以汉族为主,还有土家、回等民族。辖25村委会,有149自然村。乡人民政府驻东南村。1956年设双凤乡。1961年改公社。1984年复乡。因境内有2座似凤凰展翅的山峰而得名双凤。有中学1所,小学8所,卫生院1个,卫生所1个。有幼儿园、文化站、广播站、敬老院。农业以种植水稻、大豆、花生、玉竹、黄花菜为主,养殖黑山羊。有板栗、白果、柿子等种植基地。省道青石桥—水井坪线过境。

东南村［Dōngnáncūn］　双凤乡人民政府驻地。在县政府驻地大禾塘街道南20千米。人口800。因20世纪70年代前该村位于乡政府东南,故名。聚落呈散状。有中小学、幼儿园、卫生室、健身广场。农业以种植水稻、红薯、玉米、花生、油菜为主。有集贸市场。通公交车。

周官桥乡［Zhōuguānqiáo Xiāng］　邵东县辖乡。在县境中部。面积49平方千米。人口3.6万。辖29村委会,有211自然村。乡人民政府驻息安村。1958年成立周官桥公社。1984年改乡。因周官石桥得名。桐江河流经。有中学1所,小学9所,二级医院2个,卫生院1个,卫生所1个。有幼儿园、文化站、广播站、敬老院。有古迹建胜城址。农业以种植水稻、玉米为主,养殖猪、家禽。产水果。省道衡宝线、县道汗砂线过境。

息安村［Xī'āncūn］　周官桥乡人民政府驻地。在县政府驻地大禾塘街道东南8千米。人口1700。因息安亭得名。聚落呈团块状。有中小学、幼儿园、卫生室、健身广场。农业以种植水稻、玉米为主。有集贸市场。省道宝善亭—宋家塘线经此。通公交车。

堡面前乡［Bǎomiànqián Xiāng］　邵东县辖乡。在县境东南部。面积54平方千米。人口1.8万。辖19村委会,有128自然村。乡人民政府驻堡面前村。1956年设堡面前乡。1965年改公社。1984年复乡。因乡政府驻地得名。有大云山。有中学1所,小学5所,卫生院1个,卫生所1个。有幼儿园、文化站、广播站、敬老院。农业以种植水稻、红薯、草药、南竹为主。有尾参、黄药、天麻等种植基地。工业以竹艺、塑胶加工等为主。县道灵青线过境。

堡面前村［Bǎomiànqiáncūn］　堡面前乡人民政府驻地。在县政府驻地大禾塘街道东南35千米。人口1200。以汉族为主,还有土家族。因处形似堡垒山前得名。聚落呈团块状。有中小学、幼儿园、卫生院、文化广场。农业以种植水稻、小麦、玉米、红薯为主。有集贸市场。通乡村公路。通公交车。

石株桥乡［Shízhūqiáo Xiāng］　邵东县辖乡。在县境东南部。面积57平方千米。人口3万。辖29村委会,有190自然村。乡人民政府驻石株桥村。1953年设石株桥乡。1965年改公社。1984年复乡。因乡政府驻地得名。有大云山。蒸水流经。有中学2所,小学5所,卫生院1个,卫生所1个。有幼儿园、文化站、广播站、敬老院。农业以种植水稻、油茶、葡萄为主。省道余白线过境。

石株桥村 [Shízhūqiáocūn] 石株桥乡人民政府驻地。在县政府驻地大禾塘街道南37千米。人口1600。河石圆滑如珠且河上有桥,故名石珠桥,后演化为今名。聚落呈团块状。有中小学、幼儿园、卫生室、幸福院、文化广场。农业以种植水稻为主。有集贸市场。省道八老线经此。通公交车。

斫曹乡 [Zhuócáo Xiāng] 邵东县辖乡。在县境北部。面积50平方千米。人口2.7万。辖29村委会,有138自然村。乡人民政府驻上斫村。1956年设斫曹乡。1958年改公社。1970年新邵县万富、合兴2村并入。1984年改乡。传曾荆棘丛生,先民槽坑斫路,故名。有中学1所,小学5所,卫生院2个,卫生所1个。有幼儿园、文化站、广播站、敬老院。农业以种植水稻、玉米、草药为主。有药材基地4个。省道八老线过境。

上斫村 [Shàngzhuócūn] 斫曹乡人民政府驻地。在县政府驻地大禾塘街道北27千米。人口1300。因处斫曹上方得名。聚落呈团块状。有中小学、幼儿园、卫生院、文化广场。农业以种植草药为主,养殖猪、家禽。有集贸市场。省道八老线经此。通公交车。

新 邵 县

新邵县 [Xīnshào Xiàn] 邵阳市辖县。北纬27°38′,东经111°50′。在市境东北部。面积1763平方千米。人口82.4万。以汉族为主,还有回、苗、瑶、土家等民族。辖11镇、4乡。县人民政府驻酿溪镇。1951年由邵阳、新化2县析设邵阳县新邵办事处。1952年改新邵县,取新化、邵阳2县首字得名,属邵阳专区。1977年属涟源地区。1983年复属邵阳市。先后修建赛双清公园、资江一桥、资江二桥。以资江为界,北为老城区,以服务业为主。南有大坪经济开发区。东北、西北多山地,东南、西南为丘陵。地势北高南低。有天龙山、大形山、板子山、金龙山、龙山。平均海拔842米。最高峰岳坪峰海拔1514米。年均气温17℃,1月平均气温5.1℃,7月平均气温28℃。年均降水量1334.4毫米。资江、石马江流经。有矿产资源金、锑、银、铁、钨、铅、锌、煤、花岗岩、矿泉水、石灰石等。有野生植物620种,其中有国家重点保护野生植物金丝楠木、银杏、红豆杉、金钱树等16种。有野生动物139种,其中有国家重点保护野生动物大鲵、果子狸、虎纹蛙等7种。有岳坪峰国家森林公园、筱溪国家湿地公园、白水洞国家地质公园。森林覆盖率55.3%。有中等职业学校1所,中学34所,小学181所,三级医院1个,二级医院2个。有省级文物保护单位白云岩古建筑群、文仙观三官殿、雅居坑古建筑群、合辉北宋墓。有国家级非物质文化遗产孙氏正骨术,省级非物质文化遗产龙山药王医药文化、石马江劳动号子。有国家3A级旅游景区白水洞。三次产业比例24∶35∶41。农业以种植水稻、玉米、红薯、小麦为主。工业以有色金属采矿冶炼、水电为主。有省级湖南新邵经济开发区。服务业以商贸、住宿、餐饮为主。沪昆高铁,湘黔铁路,衡邵、娄怀、二广、邵坪高速,207、320国道,省道梅芝线过境。有石泉站、邵阳北站、新邵汽车总站。

资江二桥 [Zījiāng 2 Qiáo] 在县城西北部。长362米,宽36米,最大跨度38米,桥下净高16米。2003年开工,2009年建成。为县城跨资江第二座大桥,故名。为中型河道桥梁,结构型式为钢筋水泥现浇拱形桥。最大载重150吨。通多路公交车。

邵阳北站 [Shàoyángběi Zhàn] 见交通运输设施部分“邵阳北站”条。

新邵汽车总站 [Xīnshào Qìchē Zǒngzhàn] 见交通运输设施部分“新邵汽车总站”条。

酿溪镇 [Niàngxī Zhèn] 新邵县人民政府驻地。在县境中部偏南。面积64平方千米。人口9.4万。辖11居委会、29村委会,有174自然村。镇人民政府驻大新社区。1952年设酿溪乡。1953年改镇。1958年并入东方红公社。1959年复镇。1960年改公社。1961年复镇。1995年陈家桥、土桥2乡,寺门前乡部分村并入。1997年陈家桥乡17村划出。处河流汇合处,春夏资江水倒灌入溪呈酿势,故名。有中学7所,小学12所,三级医院1个,二级医院2个,卫生院1个,卫生室21个。有幼儿园、文化站、敬老院。有国家级非物质文化遗产孙氏正骨术。有景点赛双清公园、资江风光带等。农业以种植水稻、蔬菜、水果为主。工业以水电、食品加工、纸板纸业为主。服务业以商贸、餐饮、住宿为主。二广高速、207国道过境。

酿溪大道 [Niàngxī Dàdào] 在县城东部。南起新阳路,北至207国道。与新涟街相交。长1.9千米,宽39米。沥青混凝土路面。2001年开工,2003年建成。因镇名得名。两侧有新邵汽车总站、路运管理所、中小学、眼科医院、影城等。通多路公交车。

蔡锷大道 [Cài'è Dàdào] 在县城南部。南起邵阳市西湖北路,北至双清路。与大应路相交。长1.7千米,宽65米。沥青混凝土路面。1998年开工,2014年建成。为纪念蔡锷得名。两侧有供电营业厅、农行、超市、酒店等。通多路公交车。

大新街 [Dàxīn Jiē] 在县城中部。东起新阳路,西至大塘路。与资码街、文化路等相交。长2千米,宽26米。沥青混凝土路面。1954年开工,同年建成。1973年铺成柏油路。1984年扩建。为县城新修第一条大街,故名。两侧有县委大院、民政局、工商局、财政局、卫健局、工商银行、妇幼保健院、新华书店、公安局等。通多路公交车。

新涟街 [Xīnlián Jiē] 在县城北部。北起酿溪大道,南至新阳路。与塔平路、新邵大道相交。长1.7千米,宽24米。沥青混凝土路面。1957年开工,1958年建成。1973年铺成柏油路。1984年扩建。1958年邵(阳)涟(源)公路通车后,沿路建房形成街道,得名新涟街。为县城商业街。两侧有金鑫超市、金三角市场、幸福树电器商店、宾馆等。通多路公交车。

大新社区 [Dàxīn Shèqū] 酿溪镇人民政府驻地。在县境中部偏南。面积1.5平方千米。人口5900。因大新街得名。2004年成立。民居多为3层以上房屋。有中小学、卫生院。有老年活动中心、卫生服务站、便民服务站。驻有县民政局、财政局、工商局、卫生局、建设局、政务中心等。通多路公交车。

严塘镇 [Yántáng Zhèn] 新邵县辖镇。在县境中部偏南。面积121.3平方千米。人口5.6万。辖2居委会、47村委会,有195自然村。镇人民政府驻绿杨村。1952年设严塘乡。1958年成立东方红公社,旋改严塘公社。1984年复乡。1992年改镇。1995年高桥乡并入。因古时开渔塘并严禁捕鱼得名。有金龙山。资江流经。有中学2所,小学9所,卫生院1个,卫生室19个。有幼儿园、文化站、敬老院。有白水洞国家地质公园、白水洞旅游景区。农业以种植水稻、玉米、小麦、红薯为主。工业以石灰石开采、加工为主。二广、衡邵高速,207国道过境。

绿杨村 [Lùyángcūn] 严塘镇人民政府驻地。在县政府驻地酿溪镇东南8千米。人口3000。传神仙赶6羊变成石山,因近音而得名。聚落呈带状。有中小学、幼儿园、卫生室。农业以种植水稻、红薯、小麦、玉米为主。有集贸市场。二广高速、207国道经此。通多路公交车。

雀塘镇 [Quètáng Zhèn] 新邵县辖镇。在县境东南部。面积90平方千米。人口5.6万。辖2居委会、48村委会,有246自然村。镇人民政府驻雀塘社区。1952年设雀塘乡。1958年改公社。1984年复乡。1995年改镇,寺门前乡并入。因多岔路,商铺得名错路铺,后因都团治所迁此,改称雀党,以谐音改今名。有中学2所,小学14所,卫生院2个,卫生室21个。有幼儿园、文化站、敬老院。农业以种植水稻、玉米、小麦、柑橘、葡萄为主。工业以再生资源产业为主。邵坪、衡邵高速,省道渔龙线过境。

雀塘社区 [Quètáng Shèqū] 雀塘镇人民政府驻地。在县境东南部。面积3.5平方千米。人口3000。因雀塘铺得名。2005年成立。民居以多层建筑为主。有小学、卫生院。有老年活动室、便民服务站等。有再生资源工业园、集贸市场。省道渔龙线过境。通多路公交车。

陈家坊镇 [Chénjiāfāng Zhèn] 新邵县辖镇。在县境东南部。面积103平方千米。人口7.2万。以汉族为主,还有回、苗等民族。辖2居委会、62村委会,有220自然村。镇人民政府驻陈家坊村。1952年设陈家坊乡。1958年改公社。1984年复乡。1992年改镇。1995年壕塘乡并入。因镇政府驻地得名。有中学3所,小学19所,卫生院1个,卫生室27个。有幼儿园、文化站、敬老院。农业以种植水稻、玉米、红薯、小麦为主。产中药材。工业以服装、皮革加工为主。服务业以商贸为主。省道渔龙线、县道陈牛线过境。

陈家坊村 [Chénjiāfāngcūn] 陈家坊镇人民政府驻地。在县政府驻地酿溪镇东南21千米。人口2000。曾为陈姓聚居地,多染坊,故名。聚落呈带状。有中小学、卫生院、幼儿园、老年活动中心。农业以种植水稻、红薯、小麦、中草药为主。有皮具加工业。有服装城、中心集贸市场。省道渔龙线经此。通多路公交车。

潭溪镇 [Tánxī Zhèn] 新邵县辖镇。在县境东北部。面积111平方千米。人口3.9万。辖1居委会、37村委会,有195自然村。镇人民政府驻椅子村。1952年设潭溪乡。1958年并入孙家桥公社。1961年析设潭溪公社。1984年复乡。1993年改镇。1995年爽溪、礼坪2乡并入。因潭溪得名。有中学2所,小学11所,卫生院1个,卫生室13个。有幼儿园、文化站、敬老院。农业以种植水稻、玉米、小麦、红薯、中草药为主。有国家玉竹规范化栽培示范基地。工业以金、锑开采及冶炼,林竹加工为主。服务业以商贸为主。沪昆高铁、二广高速过境。

椅子村 [Yǐzicūn] 潭溪镇人民政府驻地。在县政府驻地酿溪镇东北26千米。人口4000。因地形似椅子得名。聚落呈带状。有中小学、卫生院、老年活动中心。农业以种植水稻、玉米、小麦、红薯、中草药为主。有集贸市场。县道花潭线经此。通多路公交车。

寸石镇 [Cùnshí Zhèn] 新邵县辖镇。在县境东北部。面积98.2平方千米。人口4.8万。辖1居委会、39村委会,有232自然村。镇人民政府驻梅市社区。1952年设寸石乡,同年并入武桥乡。1983年由武桥公社析设寸石镇。

1995年武桥、花桥2乡并入。因寸石庙得名。有中学1所，小学7所，卫生院1个，卫生室16个。有幼儿园、文化站、敬老院。农业以种植水稻、红薯、玉米、食用菌、小麦为主。工业以食品加工为主。服务业以商贸为主。二广、邵坪高速，207国道过境。

梅市社区［Méishì Shèqū］　寸石镇人民政府驻地。在县境东北部。人口3000。因地处梅寨坳脚下，当地方言“寨”“市”近音，故名。1983年成立。民居以多层房屋为主。有中小学。有卫生服务站、老年活动中心。农业以种植水稻、玉米、红薯、中草药为主。有服装厂、集贸市场。207国道过境。通多路公交车。

坪上镇［Píngshàng Zhèn］　新邵县辖镇。在县境西北部。面积228平方千米。人口8.6万。辖2居委会、70村委会，有242自然村。镇人民政府驻坪上社区。1952年设坪上乡。1958年改公社。1984年复乡。1995年与洪溪、岱水桥2乡合设坪上镇。因镇政府驻地得名。资江、岱水河、麻溪河流经。有新邵县第二中学等中学3所，小学17所，卫生院1个，卫生室29个。有幼儿园、文化站、敬老院。有近代著名教育家张干故居。农业以种植水稻、玉米、红薯、小麦、草药为主。工业以建材为主。服务业以商贸、旅游为主。沪昆高铁，湘黔铁路，娄怀、邵坪高速，207国道过境。有邵阳北站。

坪上社区［Píngshàng Shèqū］　坪上镇人民政府驻地。在县境西北部。面积5.4平方千米。人口4000。因镇名得名。1995年成立。民居以多层建筑为主。有中小学、卫生院。有老年活动中心等。省道张金线过境。通多路公交车。

龙溪铺镇［Lóngxīpù Zhèn］　新邵县辖镇。在县境西北部。面积174平方千米。人口5.9万。辖2居委会、46村委会，有279自然村。镇人民政府驻楠木村。1952年设龙溪铺乡。1958年改公社。1983年改镇。1995年下源、田心2乡并入。因龙溪河且古有驿站、塘铺而得名。有中学3所，小学18所，卫生院1个，卫生室19个。有幼儿园、文化站、敬老院。有古迹大名禅院、天龙禅院、金龙寺。有筱溪国家湿地公园。农业以种植水稻、红薯、玉米、小麦、草药为主。工业以花岗石开采及加工、皮毛服饰加工等为主。省道梅芝线过境。

楠木村［Nánmùcūn］　龙溪铺镇人民政府驻地。在县政府驻地酿溪镇西北23千米。人口1600。因原多楠木得名。聚落呈带状。有中小学、卫生院、老年活动中心等。农业以种植水稻、红薯、小麦、玉米为主。有集贸市场。省道梅芝线经此。通多路公交车。

巨口铺镇［Jùkǒupù Zhèn］　新邵县辖镇。在县境西北部。面积161平方千米。人口5.9万。辖1居委会、49村委会，有102自然村。镇人民政府驻巨口铺村。1952年设巨口铺镇。1956年改乡。1958年改公社。1984年复乡。1995年与五星乡合设巨口铺镇。因镇政府驻地得名。有中学2所，小学19所，卫生院1个，卫生室21个。有幼儿园、文化站、敬老院。有省级文物保护单位白云岩古建筑群、文仙观三官殿。农业以种植水稻、玉米、小麦、红薯为主。工业以矿产开采及冶炼、电绝缘材料加工为主。服务业以商贸、旅游为主。省道梅芝线过境。

巨口铺村［Jùkǒupùcūn］　巨口铺镇人民政府驻地。在县政府驻地酿溪镇西北19千米。人口2800。古为宝庆通商大口埠，曾设驿铺，故名。聚落呈带状。有中小学、卫生院、老年活动室。农业以种植水稻、红薯、玉米为主。有豆腐作坊、集贸市场。省道梅芝线经此。通多路公交车。

新田铺镇［Xīntiánpù Zhèn］　新邵县辖镇。在县境西南部。面积115平方千米。人口6.3万。辖2居委会、49村委会，有206自然村。镇人民政府驻新田铺社区。1952年设新田铺乡。1958年改公社。1984年复乡。1995年与长冲铺乡合设新田铺镇。原为沙滩，开垦新田，多商铺，故名。有中学3所，小学15所，卫生院1个，卫生室23个。有幼儿园、文化站、敬老院。有省级非物质文化遗产石马江劳动号子。农业以种植水稻、小麦、玉米、红薯为主。工业以金、锑等矿产开采为主。服务业以商贸为主。有集贸市场。二广高速、省道梅芝线过境。

新田铺社区［Xīntiánpù Shèqū］　新田铺镇人民政府驻地。在县境西南部。面积7.5平方千米。人口3000。因处新田铺街得名。1995年成立。民居以多层建筑为主。有中学、卫生所。有老年活动中心等。有集市。省道梅芝线过境。通多路公交车。

小塘镇［Xiǎotáng Zhèn］　新邵县辖镇。在县境西南部。面积105平方千米。人口5.4万。辖2居委会、47村委会，有308自然村。镇人民政府驻黄土社区。1953年设小塘乡。1958年改公社。1984年复乡。1995年言栗乡并入。2002年改镇。传因山塘面积小、池水深得名。石马江流经。有中学2所，小学9所，卫生院1个，卫生室16个。有幼儿园、文化站、敬老院。农业以种植水稻、红薯、玉米、花生、大豆为主，养殖麻鸭。工业以罐头等食品加工为主。320国道、省道酿烂线过境。

黄土社区［Huángtǔ Shèqū］　小塘镇人民政府驻地。在县境西南部。面积4平方千米。人口3000。因处黄土坡得名。2001年成立。民居多为3层以上建筑。有中小学、卫生院。有老年活动室、卫生服务站、便民服务站等。省道酿烂线过境。通多路公交车。

潭府乡［Tánfǔ Xiāng］　新邵县辖乡。在县境东北部。面积99平方千米。人口3.2万。辖33村委会，有132自然村。乡人民政府驻水口村。1953年由中潭、上潭2乡合设潭府乡。1958年改公社。1961年析设壕塘、车峙2公社。1984年改潭府、车峙2乡。1995年车峙乡并入潭府乡。元至正四年(1344)李氏自江西吉水迁此，借原籍处有池水名“玄潭”，为莫忘本取“潭”字，且有立府之意，故名。有中学1所，小学6所，卫生院1个，卫生室13个。有幼儿园、文化站、敬老院。有省级文物保护单位合辉北宋墓。农业以种植水稻、小麦、红薯、玉米、草药为主。工业以林竹产品加工为主。省道渔龙线过境。

水口村［Shuǐkǒucūn］　潭府乡人民政府驻地。在县政府驻地酿溪镇东北26千米。人口2000。因水口山得名。聚落呈带状。有小学、幼儿园、卫生院、敬老院等。农业以种植水稻、玉米、红薯、草药为主。省道渔龙线经此。通多路公交车。

太芝庙乡［Tàizhīmiào Xiāng］　新邵县辖乡。在县境东北部。面积89平方千米。人口3.1万。辖31村委会，有128自然村。乡人民政府驻社中村。1952年设太芝庙乡。1958年改公社。1984年复乡。1995年扶锡乡并入。因石庙奉祀唐代名医申泰芝而得名。有中学1所，小学6所，卫生院1个，卫生室14个。有幼儿园、文化站、敬老院。有省级文物保护单位雅居坑古建筑群。有省级非物质文化遗产龙山药王医药文化。有岳坪峰国家森林公园。农业以种植水稻、红薯、玉米、草药为主。工业以矿产开采及冶炼、林竹产品加工为主。省道渔龙线过境。

社中村［Shèzhōngcūn］　太芝庙乡人民政府驻地。在县政府驻地酿溪镇东北31千米。人口2000。因处众院落中心得名。聚落呈带状。有幼儿园、老年活动中心。农业以种植水稻、玉米、红薯、草药为主。省道渔龙线经此。通多路公交车。

大新乡［Dàxīn Xiāng］　新邵县辖乡。在县境西北部。面积134平方千米。人口4.1万。辖42村委会，有68自然村。乡人民政府驻大西村。1995年小南、龙口溪2乡合设大新乡。因大申塘谐音得名。资江流经。有中学1所，小学8所，卫生院1个，卫生室17个。有幼儿园、文化站、敬老院。有古迹释印寺。农业以种植水稻、红薯、玉米、草药为主。特产黄心生姜。工业以金、锑矿开采为主。县道新邵—冷水江线过境。

大西村［Dàxīcūn］　大新乡人民政府驻地。在县政府驻地酿溪镇西北34千米。人口2000。因处资江西得名。聚落呈带状。有中小学、卫生院、老年活动中心。农业以种植水稻、红薯、玉米、草药为主。有集贸市场。县道新邵—冷水江线经此。通多路公交车。

迎光乡［Yíngguāng Xiāng］　新邵县辖乡。在县境西北部。面积54平方千米。人口3.3万。辖22村委会，有133自然村。乡人民政府驻车塘村。1952年设迎官乡。1958年并入龙溪铺公社。1961年析设迎光公社。1984年改乡。因迎官古桥谐音得名。有中学1所，小学11所，卫生院1个，卫生室9个。有幼儿园、文化站、敬老院。有迎光篾艺。农业以种植水稻、红薯、玉米、小麦为主。工业以箱包生产、竹艺手工业为主。省道巨口铺—高坪线、县道龙溪铺—隆回线过境。

车塘村［Chētángcūn］　迎光乡人民政府驻地。在县政府驻地酿溪镇西北30千米。人口3000。清末车姓建桥，后建房成街，故名。聚落呈带状。有小学、卫生所。农业以种植水稻、红薯、玉米、草药为主。有集贸市场。县道巨口铺—隆回线经此。通多路公交车。

邵　阳　县

邵阳县［Shàoyáng Xiàn］　邵阳市辖县。北纬26°59′，东经111°16′。在市境南部。面积1992平方千米。人口106.8万。以汉族为主，还有回、苗等民族。辖12镇、10乡。县人民政府驻塘渡口镇。东汉初由昭陵县析置昭阳县。三国吴宝鼎元年(266)置昭陵郡，郡县同治。晋太康元年(280)避司马昭讳更名邵陵郡、邵阳县。隋初昭陵、高平2县并入昭阳县。唐改郡设邵州，领邵阳县。五代后晋天福年间(936—943)更名敏州、敏政县，后汉复名。宋宝庆元年(1225)升邵州为宝庆府。元至元十四年(1277)改路。明洪武元年(1368)复府。清因之。1913年废府入县，更名宝庆县。1928年复邵阳县。1949—1952年邵东、新邵2县与邵阳市析出，属邵阳专区。1968年属邵阳地区。1986年属邵阳市。先后建成塘渡口大桥、塘渡口站、振羽大道、振羽广场、青松公园、昭阳大道。北部为工业中心，西部为仓储物流中心，南部为居住区，东部为商业中心，中部为娱乐中心。地势南高北低，以丘陵为主，山地、平原、岗地兼有。平均海拔242米。年均气温16.9℃，1月平均气温4.9℃，7月平均气温28.3℃。年均降水量1263.2毫米。夫夷水、赧水、资江、檀江流经。有矿产资源煤、石膏石、大理石、重晶石、锰、锌、铁等。有野生植物1166种，其中有国家重点保护野生植物银杏、水杉、银杉、金钱松等。有野生动物168种，其中有国家二级保护野生动物穿山甲、果子狸、虎纹蛙等。森林覆盖率47.8%。有中学58所，小学268所，特教学校1

所，二级医院2个。有博物馆1个，文化馆1个，图书馆1个，档案馆1个，体育场馆1个。有全国重点文物保护单位塘田战时讲学院旧址，省级文物保护单位吕霞观院子（含六里桥）、著名历史学家和教育家吕振羽故居、文化先贤胡曾墓。有省级爱国主义教育基地衡宝战役下花桥五龙岭战斗烈士纪念碑。有国家级非物质文化遗产邵阳布袋戏、蓝印花布印染技艺，省级非物质文化遗产白仓高跷、石马江劳动号子、手工榨油术等。有名胜古迹西汉夫夷侯国遗址、响水洞、济公岩、高霞山、渣滩。三次产业比例27∶36∶37。农业以种植水稻、油茶为主。工业以建材、服装、纺织、农产品加工等为主。有商贸市场3个。洛湛铁路，二广、沪昆高速，207、320国道，省道隆回—祁东、安化—零陵线过境。

振羽广场 [Zhènyǔ Guǎngchǎng] 在县城东部。面积2.85万平方米。2004年开工，2006年建成。为纪念吕振羽得名。有华灯、休闲亭、演出台、健身器械、园林绿地、音乐程控旱喷泉等。为集爱国主义教育、文化传播、展览演出、健身娱乐于一体的综合性广场。周边有县税务局、石奇学校、酒店等。通多路公交车。

塘渡口站 [Tángdùkǒu Zhàn] 见交通运输设施部分“塘渡口站”条。

邵阳县汽车站 [Shàoyáng Xiàn Qìchēzhàn] 见交通运输设施部分“邵阳县汽车站”条。

塘渡口镇 [Tángdùkǒu Zhèn] 邵阳县人民政府驻地。在县境中部偏西。面积119平方千米。人口10.7万。以汉族为主，还有回、侗等民族。辖8居委会、30村委会，有540自然村。镇人民政府驻石湾社区。1953年设塘渡口镇。1958年改红旗公社。1961年复镇。1967年改公社。1974年复镇。1995年红石、塘渡口2乡并入。因明中叶唐姓建渡口得名唐渡口，后谐音演化为今名。夫夷水、郝水、资江流经。有中学5所，小学5所，二级医院1个，卫生院1个。有幼儿园、文化站、广播站、敬老院。有天子山湿地公园、青松公园、双庐公园等。有国家级非物质文化遗产蓝印花布印染技艺。农业以种植水稻、玉米、蔬菜为主。工业以化工、铸造、机械加工、制塑、建材为主。服务业以住宿、餐饮、商品零售为主。洛湛铁路、二广高速、207国道过境。通多路公交车。

振羽大道 [Zhènyǔ Dàdào] 在县城东部。东起峡山铺，西至陡水洞。与邵阳大道、白虎街、金缘路、广场路相交。长2.3千米，宽60米。混凝土路面。2002年开工，2004年建成。因吕振羽得名。两侧有振羽广场、国土局、国税局等。通多路公交车。

石湾社区 [Shíwān Shèqū] 塘渡口镇人民政府驻地。在县境中部偏西。面积2.4平方千米。人口1.3万。2002年石湾、邵新街2居委会合并而成。有中医院等。有老年活动室、卫生服务站、便民服务站等。县交通局、教育局驻此。通多路公交车。

白仓镇 [Báicāng Zhèn] 邵阳县辖镇。在县境东南部。面积140平方千米。人口7.9万。以汉族为主，还有回、苗等民族。辖1居委会、48村委会，有669自然村。镇人民政府驻白仓村。1949年设白仓镇。1958年改红星公社。1959年改白仓公社。1984年改乡。1985年改镇。1995年千秋、新建2乡并入。因镇政府驻地得名。有四尖峰。夫夷水流经。有矿产资源大理石、石灰石、铁、锰、锑等。有中学3所，卫生院1个。有幼儿园、文化站、敬老院。有省级非物质文化遗产白仓高跷。农业以种植水稻、大棚蔬菜为主。有农副产品交易市场。洛湛铁路、邵永高速、207国道、县道塘千线过境。

白仓村 [Báicāngcūn] 白仓镇人民政府驻地。在县政府驻地塘渡口镇南20千米。人口3100。传昔有白色外墙粮仓，故名。聚落呈团块状。有中小学、幼儿园、卫生室、幸福院、文化广场。农业以种植水稻、玉米为主。有集贸市场。207国道经此。通公交车。

金称市镇 [Jīnchēngshì Zhèn] 邵阳县辖镇。在县境西南部。面积138平方千米。人口4.2万。辖1居委会、19村委会，有465自然村。镇人民政府驻金称市村。1958年成立金星公社。1961年改金称市公社。1965年黄泥、芙蓉2公社并入。1984年改乡。1993年改镇。1995年芙蓉乡并入。因镇政府驻地得名。夫夷水流经。有高中1所，初中1所，小学12所，幼儿园2所，卫生院1个，卫生室2个。有文化站、图书馆、敬老院。农业以种植水稻为主。产金秋梨、脐橙、杨梅等。县道塘田市—黄亭市线过境。

金称市村 [Jīnchēngshìcūn] 金称市镇人民政府驻地。在县政府驻地塘渡口镇西南32千米。人口1300。传寺内佛座藏有金秤，故名金秤寺，后讹为今名。聚落呈散状。有中小学、幼儿园、卫生室、文化广场。农业以种植水稻、花生为主。有集贸市场。县道塘田市—黄亭市线经此。通公交车。

塘田市镇 [Tángtiánshì Zhèn] 邵阳县辖镇。在县境南部。面积102平方千米。人口4.9万。辖2居委会、38村委会，有481自然村。镇人民政府驻塘田市社区。1961年由幸福公社析设塘田市、水西、河边3公社。1965年水西、河边2公社并入塘田市公社。1981年析设河边公社。1984年改乡。1985年改镇。1995年河边乡、芙蓉乡等并入。原名塘田寺，后演化为今名。有全国重点文物保护单位塘田战时讲学院旧址。有古迹水西遗址、芙蓉峰石刻。有景点花园桥亭、响水洞、夫夷漂流等。有中学1所，卫生院1个。有幼儿园、文化站、敬老院。农业以种植水稻、甘蔗、花生、油菜为主，养殖猪、水产。207国道过境。

塘田市社区 [Tángtiánshì Shèqū] 塘田市镇人民政府驻地。在县境南部。面积2.3平方千米。人口3500。因镇名得名。2002年成立。民居以低层住宅为主。有小学。有老年活动室、卫生服务站、便民服务站。207国道过境。通公交车。

黄亭市镇 [Huángtíngshì Zhèn] 邵阳县辖镇。在县境西南部。面积129平方千米。人口6.3万。辖1居委会、40村委会，有537自然村。镇人民政府驻黄亭市社区。1961年由胜利公社分设黄亭市、双清、永兴、长乐4公社。1984年改黄亭市、双清、永兴3乡。1985年黄亭市乡改镇。1995年永兴、双清2乡并入。原名黄亭寺，后谐音演化为今名。有阳乌岭。资江流经。有高中1所，初中1所，小学14所，卫生院1个。有幼儿园、文化站、电视台、广播站、敬老院。有阳乌岭古寺院。农业以种植水稻、油茶为主。盛产松木、杉木。省道常隆线过境。

黄亭市社区 [Huángtíngshì Shèqū] 黄亭市镇人民政府驻地。在县境西南部。面积2.3平方千米。人口2000。因镇名得名。2002年成立。民居以低层住宅为主。有老年活动室、卫生服务站、便民服务站等。农业以种植水稻、油茶等为主。省道常隆线过境。通公交车。

长阳铺镇 [Chángyángpù Zhèn] 邵阳县辖镇。在县境西北部。面积97平方千米。人口4.7万。辖1居委会、34村委会，有506自然村。镇人民政府驻长阳铺社区。1956年设长阳铺乡。1958年并入先锋公社。1961年析设长阳铺公社。1984年改乡。1995年改镇。原名长烟铺，后演化为今名。资江流经。有高中1所，初中3所，小学8所，卫生院1个，卫生室32个。有幼儿园、文化站、广播站、敬老院。有省级文物保护单位胡曾墓。有秋田祠、银仙桥清真寺等。农业以种植水稻、花生、大豆、茶、百合为主。怀邵衡铁路，潭邵、邵永高速，320国道过境。

长阳铺社区 [Chángyángpù Shèqū] 长阳铺镇人民政府驻地。在县境西北部。面积1.8平方千米。人口3200。因镇名得名。2002年成立。民居以低层住宅为主。有老年活动室、卫生服务站、便民服务站等。农业以种植水稻、花生、玉米、油菜等为主。怀邵衡铁路，潭邵、邵永高速，320国道过境。通公交车。

岩口铺镇 [Yánkǒupù Zhèn] 邵阳县辖镇。在县境西北部。面积88平方千米。人口3.4万。辖1居委会、32村委会，有397自然村。镇人民政府驻岩口铺社区。1964年成立岩口铺公社。1984年改乡。1989年改镇。1995年皇安寺乡并入。因镇政府驻地原名得名。有中学1所，卫生院1个。有幼儿园、文化站、敬老院。农业以种植水稻、花生、辣椒、西瓜、茶为主。产茶油、金秋梨、葡萄。工业以汽车配件制造、采煤、金属材料加工为主。有大米、茶油加工业。上瑞高速、320国道过境。

岩口铺社区 [Yánkǒupù Shèqū] 岩口铺镇人民政府驻地。在县境西北部。面积1平方千米。人口1800。传昔岩洞前有店铺，故名。2002年村改社区。民居以低层住宅为主。有老年活动室、卫生服务站、便民服务站等。农业以种植水稻、草药为主，养殖畜禽。上瑞高速、320国道过境。通公交车。

九公桥镇 [Jiǔgōngqiáo Zhèn] 邵阳县辖镇。在县境东北部。面积126平方千米。人口6.4万。以汉族为主，还有回族。辖3居委会、35村委会，有553自然村。镇人民政府驻九公桥村。1961年成立九公桥公社。1984年改乡。1985年改镇。1995年东田乡并入。因镇政府驻地得名。资江流经。有中学1所，卫生院1个。有幼儿园、文化站、敬老院。农业以种植水稻、油茶、花生、辣椒、茶为主。产西瓜、金秋梨、葡萄等。洛湛铁路、邵永高速、207国道、县道邵塘线过境。

九公桥村 [Jiǔgōngqiáocūn] 九公桥镇人民政府驻地。在县政府驻地塘渡口镇北17千米。人口1200。传9位老人捐修石拱桥，故名。聚落呈散状。有中小学、幼儿园、卫生室、文化广场。农业以种植水稻、玉米、花生、油菜为主，养殖猪、家禽、鱼。有集贸市场。洛湛铁路、二广高速、207国道经此。通公交车。

下花桥镇 [Xiàhuāqiáo Zhèn] 邵阳县辖镇。在县境东部。面积82平方千米。人口5万。辖1居委会、28村委会，有515自然村。镇人民政府驻下花桥社区。1961年由八一公社析设下花桥公社。1984年改乡。1988年改镇。1995年双江乡并入。因镇政府原驻地得名。檀江流经。有中学1所，卫生院1个。有幼儿园、文化站、敬老院。有省级爱国主义教育基地衡宝战役下花桥五龙岭战斗烈士纪念碑。农业以种植水稻、玉米、油菜为主，养殖猪。有饲料、树脂加工业。省道安化—零陵线过境。

下花桥社区 [Xiàhuāqiáo Shèqū] 下花桥镇人民政府驻地。在县境东部。面积1.2平方千米。人口3700。因花桥得名，为别于上游东安县花桥而改今名。2002年村改社区。民居以低层住宅为主。有老年活动室、卫生服务站、便民服务站等。农业以种植水稻、玉米等为主。省道梅芝线过境。通公交车。

谷洲镇 [Gǔzhōu Zhèn] 邵阳县辖镇。在县境东北部。面积85平方千米。人口5.8万。辖1居委会、35村委会，有530自然村。镇人民政府驻谷洲社区。1949年为谷洲乡。1952年并入六区。1956年谷洲、中庙等7乡合为谷洲乡。1961年改公社。1984年改乡。1995年湾塘乡并入。因镇政府原驻地得名。檀江流经。有初中1所,小学12所,卫生院1个。有幼儿园、文化站、敬老院。农业以种植水稻、花生、大豆、西瓜、柑橘为主。有水泥加工业。有集镇2个,农贸市场1个。省道梅芝线过境。

谷洲社区［Gǔzhōu Shèqū］　谷洲镇人民政府驻地。在县境东北部。面积0.6平方千米。人口3700。因江水包围得名箍洲,后演化为今名。2002年村改社区。民居以低层住宅为主。有老年活动室、卫生服务站、便民服务站等。农业以种植水稻等为主。省道梅芝线过境。通公交车。

郦家坪镇［Lìjiāpíng Zhèn］　邵阳县辖镇。在县境东部。面积112平方千米。人口6万。辖1居委会、25村委会,有594自然村。镇人民政府驻郦家坪村。1956年设郦家坪乡。1958年并入五星公社。1961年析设郦家坪公社。1984年改乡。1988年改镇。1995年杉木桥、城天堂2乡并入。因镇政府驻地得名。有高中1所,初中1所,小学12所,卫生院2个。有幼儿园、文化站、敬老院。农业以种植水稻、油茶、花生、黄花、草药为主。县道黄塘—九龙岭线过境。

郦家坪村［Lìjiāpíngcūn］　郦家坪镇人民政府驻地。在县政府驻地塘渡口镇东48千米。人口1300。因昔郦姓居住得名。聚落呈团块状。有中小学、幼儿园、卫生室、文化广场、郦氏墓等。农业以种植水稻、玉米、大豆、红薯、油菜、小麦等为主。有集贸市场。县道黄塘—九龙岭线经此。通公交车。

五峰铺镇［Wǔfēngpù Zhèn］　邵阳县辖镇。在县境东南部。面积89平方千米。人口10.3万。辖4居委会、55村委会,有951自然村。镇人民政府驻兴峰社区。1961年设五峰铺区。1961年改镇。1995年中和、水田2乡并入。因云霞山、高霞山、破头寨、山角岭、小眉山得名。有中学5所,卫生院1个。有幼儿园、文化站、敬老院。有国家级非物质文化遗产蓝印花布印染技艺,省级非物质文化遗产扎台戏。农业以种植水稻、玉米、油茶、牡丹、金银花为主。工业以童装加工为主。省道梅芝、常隆线过境。

兴峰社区［Xīngfēng Shèqū］　五峰铺镇人民政府驻地。在县境东南部。面积1.6平方千米。人口1600。地傍高霞山,取兴旺发达之意得名。2002年成立。民居以低层住宅为主。有老年活动室、卫生服务站、便民服务站等。农业以种植水稻、玉米、油茶等为主。省道常隆线过境。通公交车。

黄塘乡［Huángtáng Xiāng］　邵阳县辖乡。在县境中部。面积64平方千米。人口2.9万。辖19村委会,有237自然村。乡人民政府驻蛇湾村。1961年成立黄塘公社。1968年鱼鳞公社并入。1984年改乡。因黄塘大院得名。有中学1所,卫生院1个。有幼儿园、文化站、敬老院。农业以种植水稻为主。有商品零售业。有集贸市场。洛湛铁路、邵永高速、207国道、省道常隆线过境。

蛇湾村［Shéwāncūn］　黄塘乡人民政府驻地。在县政府驻地塘渡口镇东南9千米。人口700。因村委会建在蛇形大湾处而得名。聚落呈团块状。有中小学、幼儿园、卫生室、文化广场等。农业以种植水稻、玉米为主。有集贸市场。洛湛铁路、二广高速、207国道、省道常隆线经此。通公交车。

小溪市乡［Xiǎoxīshì Xiāng］　邵阳县辖乡。在县境西北部。面积92平方千米。人口3.9万。辖19村委会,有348自然村。乡人民政府驻小溪市村。1950年为小溪市乡。1958年并入前进公社。1961年析设小溪市公社。1984年改乡。因乡政府驻地得名。资江流经。有中小学、卫生院、幼儿园、文化站。有夫夷侯国故城遗址。农业以种植玉米、水稻、百合为主。工业以农机制造、煤矿开采、茶油加工等为主。县道岩口铺—塘渡口线过境。

小溪市村［Xiǎoxīshìcūn］　小溪市乡人民政府驻地。在县政府驻地塘渡口镇北20千米。人口2700。原名小溪寺,后演化为今名。聚落呈带状。有中小学、幼儿园、卫生室、文化广场。农业以种植玉米、水稻为主。有集贸市场。县道岩口铺—塘渡口线经此。通公交车。

霞塘云乡［Xiátángyún Xiāng］　邵阳县辖乡。在县境西北部。面积62平方千米。人口3.4万。辖18村委会,有278自然村。乡人民政府驻霞塘云村。1981年成立霞塘云公社。1984年改乡。因乡政府驻地得名。资江流经。有中学1所,卫生院1个。有幼儿园、文化站、敬老院。有天子湖湿地公园。农业以种植水稻、玉米等为主,养殖猪、家禽、鱼。省道常隆线过境。

霞塘云村［Xiátángyúncūn］　霞塘云乡人民政府驻地。在县政府驻地塘渡口镇西5千米。人口3400。因晨间云蒸霞蔚得名。聚落呈团块状。有中小学、幼儿园、卫生室、文化广场。农业以种植水稻、玉米为主。有集贸市场。省道常隆线经此。通公交车。

长乐乡［Chánglè Xiāng］　邵阳县辖乡。在县境西部。面积64平方千米。人口2.8万。辖19村委会,有248自然村。乡人民政府驻长乐村。1961年由胜利公社析设长乐公社。1984年改乡。因乡政府驻地得名。资江流经。有矿产资源石膏、煤、锰等。有中学1所,卫生院1个。有幼儿园、文化站。有古迹江东桥亭。农业以种植水稻、油茶、花生、油菜、大豆为主。县道桃花坪—长乐线过境。

长乐村［Chánglècūn］　长乐乡人民政府驻地。在县政府驻地塘渡口镇西33千米。人口1600。因昔有长乐庵得名。聚落呈散状。有中小学、幼儿园、卫生室、文化广场。农业以种植水稻为主。有集贸市场。县道桃花坪—长乐线经此。通公交车。

蔡桥乡［Càiqiáo Xiāng］　邵阳县辖乡。在县境西部。面积70平方千米。人口3万。辖19村委会,有275自然村。乡人民政府驻农科村。1952年设蔡桥乡。1956年柘双、杨桥、立华3乡并入。1958年并入金称市公社。1961年析设柘双、蔡桥2公社。1964年合为蔡桥公社。1984年改乡。因昔有蔡家桥得名。有中学1所,卫生院1个。有幼儿园、文化站、广播电视站、敬老院。农业以种植水稻、玉米、花生、大豆、油茶、辣椒为主,养殖猪、羊、家禽。工业以采煤为主。县道双牌—塘渡口线过境。

农科村［Nóngkēcūn］　蔡桥乡人民政府驻地。在县政府驻地塘渡口镇西35千米。人口600。因原为农科站得名。聚落呈团块状。有中小学、幼儿园、卫生室、文化广场。农业以种植水稻、花生、油菜、大豆为主。有集贸市场。县道双牌—塘渡口线经此。通公交车。

河伯乡［Hébó Xiāng］　邵阳县辖乡。在县境西南部。面积96平方千米。人口3.1万。辖27村委会,有322自然村。乡人民政府驻源头村。1956年设河伯乡。1958年并入幸福公社。1961年析设河伯公社。1984年改乡。1995年杨青乡并入。因河伯岭得名。河伯岭海拔1455米。有中学2所,卫生院1个。有幼儿园、文化站、敬老院。有景点清代风雨桥亭、易仕宗祠、济公岩等。经济以种植水稻、玉米、茶为主。盛产南竹、杉木。有凉席加工业。通乡村公路。

源头村［Yuántóucūn］　河伯乡人民政府驻地。在县政府驻地塘渡口镇南36千米。人口1800。为源头江发源地,故名。聚落呈团块状。有中小学、幼儿园、卫生室、幸福院、文化广场。农业以种植水稻、玉米为主。有集贸市场。通乡村公路。通公交车。

黄荆乡［Huángjīng Xiāng］　邵阳县辖乡。在县境东部。面积48平方千米。人口2.1万。辖17村委会,有240自然村。乡人民政府驻四塘村。1950年设黄荆乡。1958年分设七一、八一2公社。1962年改黄荆、白马2公社。1984年改乡。1995年合设黄荆乡。因荆棘丛生开满黄花得名。有卫生院1个。有幼儿园、文化站、敬老院。农业以种植水稻为主。通乡村公路。

四塘村［Sìtángcūn］　黄荆乡人民政府驻地。在县政府驻地塘渡口镇东25千米。人口1100。因熊塘、聋塘、高塘、荒塘4院落得名。聚落呈团块状。有中小学、幼儿园、卫生室、文化广场。农业以种植水稻、玉米为主。有集贸市场。通公交车。

诸甲亭乡［Zhūjiǎtíng Xiāng］　邵阳县辖乡。在县境东部。面积51平方千米。人口2.9万。辖15村委会,有304自然村。乡人民政府驻诸甲亭村。1956年设诸甲亭乡。1958年并入五星公社。1961年析置诸甲亭公社。1984年复乡。因乡政府驻地得名。有中学1所,卫生院1个。有幼儿园、文化站。农业以种植水稻、红薯、花生、玉米为主。县道黄塘—九龙岭线过境。

诸甲亭村［Zhūjiǎtíngcūn］　诸甲亭乡人民政府驻地。在县政府驻地塘渡口镇东40千米。人口2100。因昔有亭美甲于四周诸亭而得名。聚落呈团块状。有中小学、幼儿园、卫生室、文化广场。农业以种植水稻、玉米为主。有集贸市场。县道黄塘—九龙岭线经此。通公交车。

罗城乡［Luóchéng Xiāng］　邵阳县辖乡。在县境东南部。面积35平方千米。人口2.2万。辖17村委会,有238自然村。乡人民政府驻罗城村。1956年设罗城乡。1958年并入卫星公社。1961年析设罗城公社。1984年复乡。因乡政府驻地得名。有矿产资源铁、锑、锰、煤等。有中学1所,幼儿园2所,卫生院1个。有文化站。农业以种植水稻、玉米、大豆、花生、黄花、柑橘、油茶为主。省道隆祁线过境。

罗城村［Luóchéngcūn］　罗城乡人民政府驻地。在县政府驻地塘渡口镇东南43千米。人口1400。曾罗姓聚居,以铜锣乐器加工名扬,地域开阔,繁华如城,故名。聚落呈团块状。有中小学、幼儿园、卫生室、文化广场。农业以种植水稻、玉米、大豆、花生为主。有集贸市场。省道隆祁线经此。通公交车。

金江乡［Jīnjiāng Xiāng］　邵阳县辖乡。在县境东南部。面积8平方千米。人口0.4万。辖3村委会,有29自然村。乡人民政府驻金江村。1984年由金江水库管理所改乡。因金江湖得名。有中学1所,卫生院1个。有幼儿园。农业以种植水稻、小麦为主。盛产鲜鱼。通乡村公路。

金江村［Jīnjiāngcūn］　金江乡人民政府驻地。在县政府驻地塘渡口镇东南32千米。人口2600。因金江溪得名。聚落呈团块状。有小学、幼儿园、卫生室、文化广场。农业以种植水稻、玉米、花生为主。有集贸市场。通乡村公路。通公交车。

隆回县

隆回县［Lónghuí Xiàn］　邵阳市辖县。北

纬 27°06′，东经 111°01′。在市境西部。面积 2868 平方千米。人口 123 万。以汉族为主，还有回、瑶等民族。辖 18 镇、8 乡。县人民政府驻桃洪镇。1947 年析邵阳县置隆回县，属第六行政督察区。1949 年属邵阳专区。1950 年武冈县紫阳乡及石江乡部分地域划入。1952 年新化县高平、水车 2 区划入。1953 年水车复归新化县。1956 年溆浦、武冈 2 县部分地域划入。1974 年武冈县部分地域划入。1983 年属邵阳地区。1986 年属邵阳市。原因九龙回首典故得名龙回，后因避讳改今名。先后建成隆回大桥、汽车东站，改造工商街、松坡街等，升级桃洪路，建成九龙广场，修通帽子石路、沿江江路、沿江南路。按"北拓南接、东扩西展"扩张，城中心为商业区，城南为文化教育中心和工业区，城西为滨江居住区，城北为行政中心。南部丘岗区、西北山原区、北部山地区。地势西北高东南低。海拔 230—1780 米。年均气温18.2℃，1 月平均气温 5℃，7 月平均气温 28℃。年均降水量 1427.5 毫米。资江、辰河、西洋江流经。有矿产资源煤、金、锰等。有野生植物 1536 种，其中有国家重点保护野生植物篦子三尖杉、银杏、红豆杉、柏乐树等 16 种。有野生动物 163 种，其中有国家重点保护野生动物穿山甲、麝、狸、穿山甲等 20 多种。森林覆盖率41.8%。有职中 2 所，高中 6 所，初中 60 所，小学 241 所，二级医院 7 个，文化馆 1 个，图书馆 1 个。有文化艺术团体 4 个，体育场馆 1 个。有全国重点文物保护单位魏源故居，省级文物保护单位 7 个。有省级历史文化名镇司门前镇、滩头镇，省级历史文化名村崇木凼村。有国家级非物质文化遗产滩头木板年画、花瑶挑花、花瑶呜哇山歌、滩头手工抄纸技，省级非物质文化遗产七江炭花舞、花瑶讨僚皈等。有造纸竹编技艺。有虎形山国家级风景名胜区。有景点高田奎峰塔、长铺石笋寨、桃城八景、魏源湖、罗洪瀑布、高洲温泉等。三次产业比例 24∶30∶46。农业以种植水稻为主。有国家地理标志产品金银花。为国家辣椒、茶叶、柑橘生产基地。工业以发电、水泥加工、制鞋等为主。有省级工业开发区 1 个。服务业以商贸、旅游为主。沪昆高铁，上瑞高速，320、356 国道，省道隆回—新邵、新邵—洞口、涟源—怀化线等过境。

九龙广场［Jiǔlóng Guǎngchǎng］ 在县城中部。面积 1 公顷。2000 年开工，2008 年建成。因九龙回首典故得名。广场呈轴对称布局，铺设瓷砖，中间竖立龙柱 9 根，四角为以桂花、银杏为主绿化区，有亭廊。为集爱国主义教育、科普宣传、文化传播、健身娱乐于一体的综合性广场。周边有党政机关、新华书店等。通多路公交车。

隆回大桥［Lónghuí Dàqiáo］ 在县城中部偏南。长 198 米，宽 14.4 米，最大跨度 56 米，桥下净高 10 米。1976 年开工，1978 年建成。因县名得名。为中型河道桥梁，结构型式为石混桥。最大载重 30 吨。通公交车。

隆回汽车西站［Lónghuí Qìchē Xīzhàn］ 见交通运输设施部分"隆回汽车西站"条。

桃洪镇［Táohóng Zhèn］ 隆回县人民政府驻地。在县境南部。面积 97 平方千米。人口 11.9 万。辖 15 居委会、35 村委会，有 445 自然村。镇人民政府驻新隆社区。1942 年设桃洪镇，取桃花坪、洪仁首字得名。1958 年改公社。1961 年复镇。1995 年桃洪、天福 2 乡并入桃洪镇。赧水河流经。有高中 5 所，初中 8 所，小学 11 所，二级医院 6 个，卫生院 1 个，卫生室 51 个，图书馆 2 个。有幼儿园、文化馆、敬老院。有抗日英雄烈士纪念塔。有古迹古都梁县治衙门遗址、澄水汉墓群。农业以种植水稻、玉米、薯类为主。特产百合、生姜、大蒜。工业以建材、轻工制造、富硒农产品加工为主。有省级工业开发区 1 个。有集贸市场 3 个。沪昆高速，320 国道，省道隆回—新邵、桃花坪—山界线过境。有隆回汽车西站。

桃洪路［Táohóng Lù］ 在县城中部。西起澄水路，东至九龙东路。与万和路、桃花路、公园路、朝阳路、工商街、建设街、大桥路、九龙路、花门路相交。长 5.1 千米，宽 32 米。沥青混凝土路面。1950 年开工，1951 年建成。2000 年改建。原名交通街，后因镇名改今名。两侧有县政府、新华书店、电力局、国税局、物价局、水务局、公路管理局、国土局等。通多路公交车。

新隆社区［Xīnlóng Shèqū］ 桃洪镇人民政府驻地。在县境南部。面积 0.5 平方千米。人口 5600。以汉族为主，还有回、苗等民族。2002 年成立桃洪镇 15 社区。2005 年因新隆街更今名。民居以低层和多层楼为主。有小学、二级医院。有便民服务站、电信服务点、老年活动室。有超市、农贸市场、商店等。省道新邵—芷江线过境。通公交车。

小沙江镇［Xiǎoshājiāng Zhèn］ 隆回县辖镇。在县境西北部。面积 143 平方千米。人口 2.5 万。辖 1 居委会、17 村委会，有 176 自然村。镇人民政府驻小沙江社区。1958 年成立小沙江公社。1984 年改乡。1987 年改镇。1995 年龙坪乡并入。因小沙江河得名。处花岗岩地带，常年泥沙淤积，故名。背龙江、杉木坪河流经。有初中 1 所，小学 4 所，卫生院 1 个，卫生室 18 个。有幼儿园、文化站、敬老院。农业以种植水稻、金银花为主。省道新邵—芷江线过境。

小沙江社区［Xiǎoshājiāng Shèqū］ 小沙江镇人民政府驻地。在县境西北部。面积 2.2 平方千米。人口 2800。因河得名。1987 年成立。民居以 3 层以上住宅楼为主。有卫生院。有老年活动室、司法服务所、电信服务点、便民服务站。有超市、建材、药材收购等商店。省道新邵—芷江线过境。

金石桥镇［Jīnshíqiáo Zhèn］ 隆回县辖镇。在县境北部。面积 200 平方千米。人口 6.9 万。辖 2 居委会、56 村委会，有 543 自然村。镇人民政府驻金南社区。1950 年设立土桥乡。1956 年改金石桥乡。1958 年改公社。1984 年改乡。1987 年改镇。1995 年黄金井、江田、高洲 3 乡并入。传因金石桥石碑得名。大洋江、云溪河、晓阳溪、石苗河流经。有高中 1 所，初中 3 所，小学 21 所，卫生院 1 个，卫生室 71 个。有幼儿园、文化站、敬老院。有革命遗址晓阳溪茶亭。有国家 3A 级旅游景区高洲温泉。农业以种植水稻、玉米、薯类为主。沪昆高铁，省道隆回—新邵、新邵—洞口线过境。

金南社区［Jīnnán Shèqū］ 金石桥镇人民政府驻地。在县境北部。面积 3.6 平方千米。人口 3200。因处镇南部得名。1994 年成立。民居以多层住宅楼为主。有文化广场。有中小学、卫生室。有家具厂、木制厂、时装厂等。有超市、商品交易市场、农商银行。省道隆回—新邵、新邵—洞口线过境。通多路客运车。

司门前镇［Sīménqián Zhèn］ 隆回县辖镇。在县境西北部。面积 167 平方千米。人口 5.7 万。辖 2 居委会、39 村委会，有 418 自然村。镇人民政府驻兴隆社区。1947 年设隆治乡。1958 年改司门前公社。1962 年析设兴隆公社。1984 年改乡。1985 年改司门前镇。1995 年金潭、石桥铺 2 乡并入。因镇政府处原隆回巡检司衙门前得名。有土岭界，海拔 1430 米。一都河、庙背河、枫溪江流经。有初中 2 所，小学 15 所，二级医院 1 个，卫生院 1 个，卫生室 41 个。有幼儿园、文化站、敬老院。有全国重点文物保护单位魏源故居，省级文物保护单位魏午庄故居。农业以种植水稻、玉米、薯类为主。工业以采矿、茶叶加工等为主。有温泉度假村。省道新邵—芷江线过境。

兴隆社区［Xīnglóng Shèqū］ 司门前镇人民政府驻地。在县境西北部。面积 3.6 平方千米。人口 3200。因清代兴隆石拱桥得名。1987 年成立。民居以 4 层以上住宅楼为主。有卫生服务站、老年活动室、便民服务点。有银行、超市等。有温泉。省道新邵—芷江线过境。

学堂湾村［Xuétángwāncūn］ 在县政府驻地桃洪镇北 61 千米。司门前镇辖自然村。人口 2500。因传魏文彬开办学堂得名。聚落呈团块状。有中小学、幼儿园、卫生室、文化广场。有全国重点文物保护单位魏源故居。农业以种植水稻、油菜、玉米、薯类为主。有集贸市场。省道新邵—芷江线经此。

高平镇［Gāopíng Zhèn］ 隆回县辖镇。在县境东北部。面积 159 平方千米。人口 8.1 万。辖 1 居委会、51 村委会，有 529 自然村。镇人民政府驻大桥社区。三国吴宝鼎元年(266)曾设高平县。1958 年成立高平公社。1984 年改乡。1987 年改镇。1995 年马落、大桥、侯田、颜公 4 乡并入。因古高平县得名。高平河流经。有初中 4 所，小学 19 所，卫生院 1 个，卫生室 52 个。有幼儿园、文化站、敬老院。有高平抗日烈士纪念园。有小坳、樟树崂遗址。农业以种植水稻、玉米、薯类、茶、柑橘为主。工业以皮鞋、农机、金属锌、食用油加工为主。省道新邵—芷江、隆回—新邵线过境。

大桥社区［Dàqiáo Shèqū］ 高平镇人民政府驻地。在县境东北部。面积 2 平方千米。人口 2800。因桥得名。1987 年成立。民居以低层住宅为主。有中小学、卫生院。有老年活动室、便民服务站。有金融服务网点、通信服务点、供销社等。省道新邵—芷江、隆回—新邵线过境。

六都寨镇［Liùdūzhài Zhèn］ 隆回县辖镇。在县境中部。面积 165 平方千米。人口 6.1 万。辖 5 居委会、49 村委会，有 475 自然村。镇人民政府驻新建社区。1958 年成立六都寨公社。1984 年改乡。1987 年改镇。1995 年马坪、丁山、西山 3 乡并入。因明清设六都且有寨得名。辰河流经。有魏源湖。有初中 2 所，小学 11 所，卫生院 1 个，卫生室 48 个。有幼儿园、文化站、敬老院。有景点东山药王殿、双溪禅院、仙磴桥等。农业以种植水稻、玉米、红薯为主。工业以建材、水电为主。省道隆回—洞口线过境。

新建社区［Xīnjiàn Shèqū］ 六都寨镇人民政府驻地。在县境中部。面积 2.5 平方千米。人口 2800。因建设时间得名。1986 年成立。民居以低层楼房为主。有卫生院。有老年活动室、便民服务中心。有超市、服装店、建材店。省道隆回—洞口线过境。

荷香桥镇［Héxiāngqiáo Zhèn］ 隆回县辖镇。在县境中部偏南。面积 123 平方千米。人口 5.8 万。辖 3 居委会、56 村委会，有 606 自然村。镇人民政府驻城中社区。1956 年设荷香桥办事处。1958 年成立公社。1984 年改乡。1987 年改镇。1995 年树竹、茅铺、桐木桥 3 乡并入。原名和尚桥，传明代中期一和尚化缘修建，后雅化为荷香桥。晨河流经。有初中 2 所，小学 5 所，卫生院 1 个，卫生室 59 个。有幼儿园、文化站、敬老院。农业以种植水稻、玉米、红薯为主。省道隆回—洞口线过境。

城中社区［Chéngzhōng Shèqū］ 荷香桥镇人民政府驻地。在县境中部偏南。面积 2.7 平方千米。人口 5500。因处镇区中心而得名。1983 年成立。民居以多层住宅楼为主。有卫生室。有老年活动室、便民服务站。有通信服务站、金融服务网点、超市、服装店、建材店、农贸市场等。省道隆回—洞口线过境。

横板桥镇［Héngbǎnqiáo Zhèn］　隆回县辖镇。在县境西南部。面积98平方千米。人口5.1万。辖2居委会、38村委会，有415自然村。镇人民政府驻横板桥社区。1958年成立横板桥公社。1984年改乡。1987年改镇。1995年罗子团、柳山2乡并入。因罗横溪架有横板桥得名。有白马山、天龙山。西洋江流经。有初中2所，小学4所，卫生院1个，卫生室40个。有幼儿园、文化站、敬老院。农业以种植水稻、玉米、红薯为主。有红薯粉丝加工业。有农贸市场。县道南麻线过境。

横板桥社区［Héngbǎnqiáo Shèqū］　横板桥镇人民政府驻地。在县境西南部。面积10平方千米。人口3300。因镇名得名。1987年成立。民居以低层住宅楼为主。有卫生室。有老年活动室、便民服务站等。农业以种植水稻、玉米为主。县道南麻线过境。

周旺镇［Zhōuwàng Zhèn］　隆回县辖镇。在县境东南部。面积75平方千米。人口3.3万。辖1居委会、36村委会，有372自然村。镇人民政府驻周旺社区。1958年成立周旺公社。1978年清水公社并入。1984年改乡。1987年改镇。1995年斜岭乡并入。因周姓店铺生意兴旺而得名。有初中1所，小学9所，卫生院1个，卫生室37个。有幼儿园、文化站、敬老院。农业以种植水稻、玉米、红薯、油茶、百合为主。上瑞高速、320国道过境。

周旺社区［Zhōuwàng Shèqū］　周旺镇人民政府驻地。在县境东南部。面积1.7平方千米。人口5000。因镇名得名。1987年成立。民居以低层住宅楼为主。有卫生服务站、老年活动室、便民服务站。有超市、电信服务网点、银行等。沪昆高速、320国道过境。

滩头镇［Tāntóu Zhèn］　隆回县辖镇。在县境东部。面积175平方千米。人口7.9万。辖3居委会、87村委会，有671自然村。镇人民政府驻东风社区。1947年设果胜乡。1950年更名滩头镇。1951年改第一区。1952年改第十区。1956年复镇。1958年改公社。1961年复镇。1995年塘市、三溪、双江、苏塘4乡并入。因街头有3小溪在此汇聚成滩，得名滩头。小清河、白竹河流经。有初中2所，小学11所，卫生院1个，卫生室90个。有幼儿园、文化站、广播站、敬老院。有国家级非物质文化遗产滩头木板年画。为民间年画之乡、省级历史文化名镇。农业以种植水稻、玉米、红薯、葡萄为主。工业有造纸、农产品加工、手工木板年画。上瑞高速过境。

东风社区［Dōngfēng Shèqū］　滩头镇人民政府驻地。在县境东部。面积0.9平方千米。人口2700。2004年成立一社区，2014因东风路更今名。民居以低层住宅为主。有卫生院。有老年活动室、便民服务点等。有超市、药店、农贸市场、木板年画作坊等。省道隆回—新邵线过境。

鸭田镇［Yātián Zhèn］　隆回县辖镇。在县境北部。面积75平方千米。人口3.1万。辖1居委会、25村委会，有236自然村。镇人民政府驻鸭田社区。1956年设鸭田乡。1958年并入金石桥公社。1961年析设鸭田公社。1984年改乡。1995年苗田乡并入。2000年改镇。因镇政府原驻地得名。有望云山，海拔1493米。张寨河、苗田河流经。有初中2所，小学9所，卫生院1个，卫生室32个。有幼儿园、文化站、广播站、敬老院。有省级文物保护单位近代著名资产阶级革命家谭人凤故居。农业以种植水稻、玉米、红薯为主。特产腊肉、猪血丸子。有农贸市场。省道隆回—新邵线过境。

鸭田社区［Yātián Shèqū］　鸭田镇人民政府驻地。在县境北部。面积1.9平方千米。人口1100。传田垅乌鸦云集，得名老鸦田，后改为鸭田。2000年成立。民居以低层住宅楼为主。有小学。有卫生服务室、老年活动室、便民服务站等。有农商银行、超市、商铺等。有建材加工业。省道鸭田—小沙江线过境。

西洋江镇［Xīyángjiāng Zhèn］　隆回县辖镇。在县境西南部。面积100平方千米。人口4.2万。辖2居委会、26村委会，有372自然村。镇人民政府驻新潮社区。1995年由碧山、苏河2乡合设西洋江乡。2001年改镇。西洋江流经，故名。有初中3所，小学8所，卫生院1个，卫生室28个。有幼儿园、文化站、广播站、敬老院。农业以种植水稻、玉米、红薯为主。工业有化工、造纸、塑料制品加工等。县道南麻线过境。

新潮社区［Xīncháo Shèqū］　西洋江镇人民政府驻地。在县境西南部。面积3.8平方千米。人口4200。以掀起农业新高潮之意得名。2001年成立。民居以低层住宅楼为主。有卫生服务室、老年活动室、便民服务站等。有农商银行、邮政支局、电站、电信支局、超市、农贸市场。有家具制作、建材加工等门店。省道金石桥—三阁司线过境。

雨山铺镇［Yǔshānpù Zhèn］　隆回县辖镇。在县境东南部。面积86平方千米。人口4.3万。辖1居委会、46村委会，有485自然村。镇人民政府驻雨山社区。1956年设雨山乡。1958年并入周旺公社。1961年析设雨山公社。1978年长扶公社并入。1984年改雨山铺乡。1995年高田、长扶2乡并入。2000年改镇。因镇政府原驻地得名。伏龙江、白竹河流经。有初中1所，小学10所，卫生院1个，卫生室53个。有幼儿园、文化站、敬老院。农业以种植水稻、玉米、红薯、生姜、百合、大蒜为主。沪昆高速、320国道过境。

雨山社区［Yǔshān Shèqū］　雨山铺镇人民政府驻地。在县境东南部。面积为3.3平方千米。人口4000。因古代时制作雨伞，形成集镇，设驿站，后由雨伞谐音演化为雨山，故名。2000年村改社区。民居以低层住宅楼为主。有中小学、幼儿园、卫生院。有政务中心、通信服务网点、农技站、超市、服装店。320国道过境。通公交车。

岩口镇［Yánkǒu Zhèn］　隆回县辖镇。在县境东北部。面积196平方千米。人口6.6万。辖3居委会、67村委会，有554自然村。镇人民政府驻岩口社区。1958年成立岩口公社。1978年马头山公社并入。1984年改乡，析设马头山乡。1995年大观、梅塘、马头山、添壁4乡并入。2006年改镇。因石灰岩溶洞得名。有九龙山。白竹河、资江流经。有初中2所，小学9所，卫生院1个，卫生室67个。有幼儿园、文化站、广播站、敬老院。农业以种植水稻、玉米、红薯为主，养殖猪。有富硒水稻农业合作社。有造纸业。省道鸭田—周旺线、县道马头山—横板桥线过境。

岩口社区［Yánkǒu Shèqū］　岩口镇人民政府驻地。在县境东北部。面积7.8平方千米。人口4000。因处溶岩洞口得名。2006年成立。民居以低层住宅楼为主。有中小学、幼儿园、卫生院等。有老年活动室、便民服务站。有建材加工、五金制作等门店。有农贸市场、超市。省道鸭田—周旺线过境。

北山镇［Běishān Zhèn］　隆回县辖镇。在县境东南部。面积100平方千米。人口4.2万。辖4居委会、35村委会，有208自然村。镇人民政府驻东鄄社区。1958年成立红旗公社。1961年改北山公社。1985年改乡。1995年云峰乡并入。2010年改镇。传马姓迁此，曾管100座山，名百山，后依谐音演化为北山。赧水河流经。有初中2所，小学6所，卫生院1个，卫生室39个。有幼儿园、文化站、敬老院。农业以种植水稻、玉米、红薯、生姜、大蒜、百合为主。有水泥加工业。356国道过境。

东鄄社区［Dōngjuàn Shèqū］　北山镇人民政府驻地。在县境东南部。面积1平方千米。人口1100。传祖先来此择地，东转西转后仍回此地，“转”“鄄”近音，故名。2011年成立。民居以多层住宅楼为主。有卫生院。有老年活动室、便民服务站、图书阅览室。有农技站、政务服务中心、超市、服装店、建材店、通信服务网点等。通公交车。

三阁司镇［Sāngésī Zhèn］　隆回县辖镇。在县境西南部。面积118平方千米。人口7.5万。辖3居委会、52村委会，有492自然村。镇人民政府驻三阁司社区。1956年设三阁司乡。1958年并入红旗公社。1961年析设三阁司公社。1978年五里公社并入。1984年改乡，析设五里乡。1995年长铺、五里2乡并入。2011年改镇。因明清设巡检司且有3观音阁而得名。赧水流经。有初中4所，小学21所，卫生院1个，卫生室52个。有幼儿园、文化站、敬老院。农业以种植水稻、玉米、红薯、大蒜、生姜、百合为主。上瑞高速、省道金石桥—三阁司线过境。

三阁司社区［Sāngésī Shèqū］　三阁司镇人民政府驻地。在县境西南部。面积2.3平方千米。人口5000。因镇名得名。2011年成立。民居以低层住宅楼为主。有老年活动室、便民服务点。有中小学、卫生院。有超市、服装店、汽车维修厂、家具厂等。沪昆高速、省道金石桥—三阁司线过境。通公交车。

南岳庙镇［Nányuèmiào Zhèn］　隆回县辖镇。在县境西部。面积68平方千米。人口3.3万。辖4居委会、23村委会，有263自然村。镇人民政府驻南田社区。1995年由立新、沙子坪乡合设南岳庙乡。2013年改镇。因曾建南岳大庙得名。赧水流经。有初中2所，小学6所，卫生院1个，卫生室26个。有幼儿园、文化站、敬老院。农业以种植水稻、玉米、红薯为主。320国道过境。

南田社区［Nántián Shèqū］　南岳庙镇人民政府驻地。在县境西部。面积1.2平方千米。人口1100。因田凼院子俗称南岳庙田凼得名。2013年成立。民居以低层住宅楼为主。有中小学、幼儿园、卫生室。有老年活动室、便民服务点、文化广场等。有集贸市场、超市、服装店、家具店等。320国道过境。通公交车。

七江镇［Qījiāng Zhèn］　隆回县辖镇。在县境中部偏北。面积107平方千米。人口5.7万。辖4居委会、35村委会，有422自然村。镇人民政府驻石背社区。1956年设七江镇。1958年改公社。1984年改乡。1995年鸟树下、建华2乡并入。2013年改镇。因7溪汇聚得名。四都河流经。有初中3所，小学13所，卫生院1个，卫生室39个。有幼儿园、文化站、敬老院。有省级非物质文化遗产七江炭花舞。农业以种植水稻、玉米、红薯、茶、柑橘、草药为主。省道金石桥—三阁司线、县道三叉线过境。

石背社区［Shíbèi Shèqū］　七江镇人民政府驻地。在县境中部偏北。面积2.4平方千米。人口1300。传明代刘姓迁此，以原居地六都寨石背山命名。2013年成立。民居以低层住宅楼为主。有中小学、幼儿园、卫生室。有健身广场、老年活动室、便民服务点等。有农贸市场。省道金石桥—三阁司线过境。

麻塘山乡［Mátángshān Xiāng］　隆回县辖乡。在县境西北部。面积67平方千米。人口

1.5万。辖12村委会,有112自然村。乡人民政府驻兴屋场村。1956年设麻塘山乡。1959年并入小沙江公社。1961年析置麻塘山公社。1978年青山公社并入。1984年复乡,析设青山乡。1995年青山乡并入。因土丘长有葛麻得名。有白马山。沅江、资江流经。有九年一贯制学校2所,小学2所,卫生院1个,卫生室12个。有幼儿园、文化站等。农业以种植水稻、玉米、红薯、反季节蔬菜为主。产金银花、白术、牛膝、天麻、猕猴桃、竹笋、高山云雾茶。有水电业。省道小沙江—南岳庙线过境。

兴屋场村［Xīngwūchǎngcūn］ 麻塘山乡人民政府驻地。在县政府驻地桃洪镇西北88千米。人口500。因遭受火灾新建得名。聚落呈团块状。有九年一贯制学校、幼儿园、卫生室。农业以种植水稻、金银花、杜仲、天麻、厚朴等为主。有集贸市场。省道小沙江—南岳庙线过境。

虎形山瑶族乡［Hǔxíngshān Yáozú Xiāng］ 隆回县辖乡。在县境西北部。面积96平方千米。人口1.5万,其中瑶族占40%,还有汉族。辖15村委会,有124自然村。乡人民政府驻虎形山村。1956年设虎形山瑶族乡。1962年改公社。1984年复瑶族乡。1995年茅坳瑶族乡并入。因乡政府驻地得名。富寨河、茅坳河、九溪江流经。有小型水库2个。有九年一贯制学校1所,小学7所,卫生院1个,卫生室13个。有幼儿园、文化站。有国家级非物质文化遗产花瑶挑花、花瑶呜哇山歌,省级非物质文化遗产花瑶讨僚皈、花瑶婚俗。有国家级风景名胜区崇木凼、大托花瑶。农业以种植水稻、马铃薯、金银花为主。有石板材加工、水电业。省道高平—小沙江线过境。

虎形山村［Hǔxíngshāncūn］ 虎形山瑶族乡人民政府驻地。在县政府驻地桃洪镇西北100千米。人口1400。以瑶族为主,还有汉族。因山形似虎得名。聚落呈团块状。有中小学、幼儿园、卫生院、活动广场。有国家级非物质文化遗产花瑶挑花。有景点花瑶山庄。农业以种植金银花、猕猴桃、反季蔬菜为主。有农贸市场。省道高平—小沙江线经此。

崇木凼村［Chóngmùdàngcūn］ 在县政府驻地桃洪镇西北95千米。虎形山瑶族乡辖自然村。人口900。以瑶族为主,还有汉、回等民族。因有松木,当地人称枞树,得村名枞毛凼。后因村民对古树特别崇敬、爱护而更今名。聚落呈散状。有中小学、幼儿园、卫生室、文化广场。为省级历史文化名村。有省级文物保护单位崇木凼古树林。有花瑶古寨。农业以种植水稻、玉米、金银花为主。有集贸市场。省道高平—小沙江线经此。

大水田乡［Dàshuǐtián Xiāng］ 隆回县辖乡。在县境西北部。面积119平方千米。人口1.2万。辖13村委会,有129自然村。乡人民政府驻水田村。1952年设立大水田乡。1958年并入五星公社。1961年析设大水田公社。1984年改乡。传古有人来此寻找居住之地时,夜逢大雨,旱地变大水田,故名。有白马山。西洋江流经。有木瓜山水库。有初中1所,小学8所,卫生院1个,卫生室7个。有幼儿园、文化站、敬老院。农业以种植水稻、玉米、红薯为主。产杜仲、金银花、黄柏、高山云雾茶。有水电站。县道南麻线过境。

水田村［Shuǐtiáncūn］ 大水田乡人民政府驻地。在县政府驻地桃洪镇西北78千米。人口1800。传明洪武年间(1368—1398)廖姓居水田旁得名。聚落呈团块状。有中学、幼儿园、卫生院。农业以种植水稻、玉米、薏米、红薯为主。有农贸市场。省道金石桥—三阁司线经此。

羊古坳乡［Yánggǔ'ào Xiāng］ 隆回县辖乡。在县境西北部。面积61平方千米。人口3.9万。辖20村委会,有208自然村。乡人民政府驻羊古坳村。1961年金潭公社析设羊古坳公社,后复入。1984年由金潭乡析设羊古坳乡。1995年中团乡并入。因乡政府驻地得名。三都河流经。有初中2所,小学9所,卫生院1个,卫生室20个。有幼儿园、文化站、敬老院。有袁隆平水稻种植试验基地雷锋村。有中共早期领导人彭述之故居。农业以种植水稻、玉米、油茶、尾参、金银花、板栗为主。省道金石桥—三阁司线过境。

羊古坳村［Yánggǔ'àocūn］ 羊古坳乡人民政府驻地。在县政府驻地桃洪镇北50千米。人口2000。传洪水自山直泻,坳上雄羊傲立,昂首不惧,故名羊牯坳,后简化为今名。聚落呈团块状。有中小学、幼儿园、卫生室。农业以种植水稻、玉米为主。有农贸市场。省道金石桥—三阁司线经此。

罗洪乡［Luóhóng Xiāng］ 隆回县辖乡。在县境东北部。面积65平方千米。人口2.5万。辖19村委会,有189自然村。乡人民政府驻中罗洪村。1956年设立罗洪乡。1958年改公社。1984年复乡。1995年孟公乡并入。因乡政府驻地得名。春溪河、四都河流经。有初中2所,小学8所,卫生院1个,卫生室19个。有幼儿园、文化站、广播站、敬老院。有省级文物保护单位晚清著名史学家、方志学家、舆地学家邹汉勋故居。农业以种植水稻、玉米、红薯为主。特产糯米酒。省道隆回—城步线过境。

中罗洪村［Zhōngluóhóngcūn］ 罗洪乡人民政府驻地。在县政府驻地桃洪镇东北80千米。人口2300。传原名春溪洞,后为纪念明代抗洪英雄罗中生而改今名。聚落呈团块状。有中小学、幼儿园、卫生院。有清代、民国时期木结构民居。农业以种植水稻、玉米、红薯为主。特产腊肉、猪血丸子、糯米酒等。有农贸市场。省道隆回—城步线经此。

荷田乡［Hétián Xiāng］ 隆回县辖乡。在县境中部偏东。面积81平方千米。人口2.9万。辖30村委会,有252自然村。乡人民政府驻青龙江村。1952年设荷田乡。1956年并入合理乡。1961年析设荷田公社。1984年复乡。1995年长鄄乡并入。传水田曾广植莲藕,故名。罗水河流经。有初中2所,小学5所,卫生院1个,卫生30个。有幼儿园、文化站、敬老院。农业以种植水稻、玉米、红薯、玉竹为主。有农贸市场。省道岩口—西洋江线过境。

青龙江村［Qīnglóngjiāngcūn］ 荷田乡人民政府驻地。在县政府驻地桃洪镇北33千米。人口2800。因青龙、汉江2村得名。聚落呈团块状。有中小学、幼儿园、卫生室。农业以种植水稻、玉米为主。有农贸市场。省道岩口—西洋江线经此。

石门乡［Shímén Xiāng］ 隆回县辖乡。在县境中部偏南。面积80平方千米。人口3.9万。辖42村委会,有445自然村。乡人民政府驻荣祥村。1956年设石门乡。1958年并入荷香桥公社。1961年析设石门公社。1984年复乡。1995年曾家坳乡并入。因石山中通道如门而得名。有芙蓉山。辰水河流经。有初中2所,小学8所,幼儿园12所,卫生院1个,卫生室40个。有文化站、敬老院。农业以种植水稻、玉米、红薯、大蒜、生姜为主。工业以水泥加工、纸业为主。省道金石桥—三阁司线过境。

荣祥村［Róngxiángcūn］ 石门乡人民政府驻地。在县政府驻地桃洪镇北10千米。人口1300。因原荣祥学校得名。聚落呈团块状。有卫生院、图书室。农业以种植水稻、玉米、红薯为主。有企业3家。省道金石桥—三阁司线经此。

山界回族乡［Shānjiè Huízú Xiāng］ 隆回县辖乡。在县境南部。面积47平方千米。人口2.5万,其中回族占35.5%,还有汉族。辖25村委会,有219自然村。乡人民政府驻民族村。1956年设山界回族乡,后改回族公社。1984年改山界回族乡。1995年罗白乡并入。因境域与相邻乡镇多以山为界而得名。赧水流经。有九年一贯制学校2所,卫生院1个,卫生室25个。有幼儿园、文化站、敬老院。有清真寺。农业以种植水稻、玉米、红薯、柑橘、生姜、大蒜为主。省道桃花坪—山界线过境。

民族村［Mínzúcūn］ 山界回族乡人民政府驻地。在县政府驻地桃洪镇南5千米。人口1800,其中回族占80%。因回族居民较多得名马家冲,后改今名。聚落呈团块状。有幼儿园、卫生室。农业以种植水稻、玉米、百合、辣椒为主。有集贸市场。省道桃花坪—山界线经此。

洞口县

洞口县［Dòngkǒu Xiàn］ 邵阳市辖县。北纬27°03′,东经110°34′。在市境西北部。面积2200平方千米。人口88.1万。以汉族为主,还有瑶、侗、苗、回、满等民族。辖12镇、7乡、3瑶族乡。县人民政府驻洞口镇。1951年设武冈县洞口(县级)办事处。1952年析武冈县置洞口县。1953年武冈县部分地域划入。1960年绥宁县部分地域划入。因县政府驻地得名。先后修建雪峰路、雪峰广场。2014年建成区面积18平方千米。资江流经,分南、北2片,通过洞口一桥、二桥连体,形成山水园林县城。南片为洞口老街、工业区,北片为行政、教育、商业中心,城东为商居区。西北部山峦重叠,中部地势低平,东南部为丘岗。平均海拔1000米。年均气温16.6℃,1月平均气温5.1℃,7月平均气温27.2℃。年均降水量1500.8毫米。赧水、平溪江、蓼水、公溪河等流经。有矿产资源煤、石煤、铁、锰等。有野生植物984种,其中有国家一级保护野生植物银杏、水杉、红豆杉、伯乐树,国家二级保护野生植物樟树、鹅掌楸等8种。有野生动物328种,其中有国家重点保护野生动物穿山甲、虎纹蛙、鹰、大鲵、小灵猫。森林覆盖率60.1%。有中学59所,小学249所,特教学校1所,教师进修学校1所,二级医院4个。有博物馆1个,文化馆1个,图书馆1个,档案馆1个,体育场馆1个。有祁阳戏、花古戏及民间文艺团体6个。有全国重点文物保护单位蔡锷故居、公馆和墓,洞口宗祠建筑群,黄埔军校第二分校旧址(洞口)等。有省级文物保护单位红六军团长征高沙革命活动旧址、洞口文昌塔等14个。有中国历史文化名镇高沙镇。有中国传统村落2个。有国家级非物质文化遗产棕包脑舞。有半江旅游度假村。三次产业比例35∶35∶30。农业以种植水稻为主,养殖猪。工业以食品加工、机械制造、建材、制鞋、采矿和矿产品加工为主。有省级工业园区1个。服务业以旅游、商贸为主。沪昆、洞新高速,320国道,省道洞新、洞通线过境。

雪峰广场［Xuěfēng Guǎngchǎng］ 在县城北部。面积2.5万平方米。2002年开工,2004年建成。因雪峰山脉和纪念雪峰(湘西)会战胜利55周年而命名。广场呈凸字形。西北、东北为1.3万平方米的大片绿地。北门入口有8座八仙造型雕塑柱。中央为音乐喷泉。地面为大理石铺装,配以石凳、流水、花台、草坪、绿化树木及多式彩灯。为集爱国主义教育、科普宣传、健身娱乐于一体的综合性广场。周边有县一中、疾控中心、国土局等。通多路公交车。

洞口一桥［Dòngkǒu 1 Qiáo］　在县城中部。长163.3米，宽12米，最大跨度65米，桥下净高12米。1968年开工，1969年建成。2006年改扩建。为县跨平溪江第一座桥梁，故名。为大型河道桥梁，结构型式为石墩钢筋混凝土多肋多波双曲拱桥。最大载重汽20吨，挂100吨。通多路公交车。

洞口二桥［Dòngkǒu 2 Qiáo］　在县城东部。长272.3米，宽20米，最大跨度68米，桥下净高12米。1997年开工，1999年建成。因修建顺序得名。为大型河道桥梁，结构型式为轻型石砌板肋空腹式悬链线拱桥。最大载重汽20吨，挂100吨。通多路公交车。

洞口汽车总站［Dòngkǒu Qìchē Zǒngzhàn］　见交通运输设施部分"洞口汽车总站"条。

洞口汽车东站［Dòngkǒu Qìchē Dōngzhàn］　见交通运输设施部分"洞口汽车东站"条。

洞口镇［Dòngkǒu Zhèn］　洞口县人民政府驻地。在县境中部偏南。面积98平方千米。人口12.9万。辖5居委会、35村委会，有145自然村。镇人民政府驻和平社区。清光绪年间(1875—1908)由峡口镇改洞口团。1951年设洞口镇。1958年改公社。1969年改城关镇。1995年与木瓜、洞口2乡合置洞口镇。西有峡谷，传悬崖覆盖，江水穿洞成潭，名洞口潭，因潭得名。有雪峰山余脉。平溪江流经。有职业中专3所，高中2所，九年一贯制学校1所，初中3所，小学13所，特教学校1所，二级医院2个，卫生院2个，卫生室45个。有幼儿园、文化站、广播站、敬老院。有省级文物保护单位洞口文昌塔。有景点龙眼洞、民俗风情园伏龙洲、回龙洲森林公园。有雪峰山抗战纪念园。农业以种植水稻、油菜、蜜橘为主，养殖猪、家禽、淡水鱼。工业以食品加工、机械制造、建材、制鞋、采矿和矿产品加工为主。有农贸、副食品、粮油、竹木、水果等市场。沪昆高速，320国道，省道洞新、洞通线过境。

雪峰路［Xuěfēng Lù］　在县城北部。东起桔城东路，西至320国道、桔城西路连接处。与蔡锷路、峡口路、砚龙路、洞口大道相交。长6千米，宽17—28米。水泥路面。1995年开工，1997年建成。因雪峰山得名。两侧有雪峰广场、步行街、国土局、移动公司、电信局、联通公司、电力公司等。通多路公交车。

和平社区［Hépíng Shèqū］　洞口镇人民政府驻地。在县境中部。面积0.7平方千米。人口2.4万。因和平街得名。1986年成立。民居以多层红砖住宅为主。有小学、县医院、妇幼保健院等。有卫生服务站、老年活动室、便民服务站等。有多家传统手工业作坊。有百货超市。通多路公交车。

江口镇［Jiāngkǒu Zhèn］　洞口县辖镇。在县境西北部。面积102平方千米。人口1.3万。辖1居委会、14村委会，有28自然村。镇人民政府驻江口村。1956年设江口乡。1958年改公社。1985年改镇。因镇政府驻地得名。有白岩顶，海拔1693.5米。有初中1所，小学6所，卫生院1个，卫生室6个。有幼儿园、文化站、广播站、敬老院。有陆军第七十四军湘西会战阵亡将士纪念塔和解放战争烈士纪念塔。有罗溪国家森林公园。农业以种植水稻、蔬菜、金银花为主。工业以金属矿冶炼为主。沪昆高速、320国道过境。

江口村［Jiāngkǒucūn］　江口镇人民政府驻地。在县政府驻地洞口镇西北30千米。人口2000。因处平溪江、小江汇合口得名。聚落呈带状。有中小学、幼儿园、卫生室、文化广场。农业以种植水稻、玉米为主。有集贸市场。沪昆高速、320国道经此。

毓兰镇［Yùlán Zhèn］　洞口县辖镇。在县境中部偏西。面积122平方千米。人口5.1万。辖1居委会、36村委会，有110自然村。镇人民政府驻毓兰村。1956年设桥头乡。1958年改公社。1985年改镇并更今名。1995年石桥乡并入。因镇政府驻地得名。有凤凰山。半江河流经。有梅田水库。有初中3所，小学13所，卫生院1个，卫生室21个。有幼儿园、文化站、广播站、敬老院。农业以种植水稻、玉米为主，养殖猪、羊、牛、家禽。有渔业基地。有杂交制种、优质稻、蔬菜等基地。有全国乡村旅游重点村山阳村。省道洞新线，县道洞花、洞石、高毓线过境。

毓兰村［Yùláncūn］　毓兰镇人民政府驻地。在县政府驻地洞口镇西11千米。人口3000。因昔兰草丛生，幽香雅洁而得名。聚落呈T字形。有中小学、幼儿园、卫生室、文化广场。农业以种植水稻、蔬菜、水果为主。有集贸市场。省道洞新线经此。通公交车。

高沙镇［Gāoshā Zhèn］　洞口县辖镇。在县境东南部。面积173平方千米。人口12.1万。辖8居委会、64村委会，有298自然村。镇人民政府驻蓼湄社区。1952年设高沙镇。1958年成立公社。1961年复镇。1985年太平公社并入。1995年茶铺、南泥、马鞍、洪茂4乡并入。古蓼水溢洪改道，泥沙堆积，地势增高，故名。蓼水河流经。有高中1所，初中6所，九年一贯制学校1所，小学39所，卫生院2个，卫生室38个。有幼儿园、文化站、广播站、敬老院。为中国历史文化名镇。有全国重点文物保护单位曾八支祠(石堰曾氏总祠)。有古迹云峰塔、观澜书院等。有民间艺术祁剧、剪纸、陶艺、龙狮舞、渔鼓等。农业以种植水稻、玉米、茶为主。有双季稻、优质稻、油菜种植基地。工业以食品加工、建材、机械、化工、电子、陶瓷加工为主。为湘西南农副产品集散地。洞新高速、省道洞新线过境。

蓼湄社区［Liǎoméi Shèqū］　高沙镇人民政府驻地。在县境东南部。面积1.5平方千米。人口8100。因处蓼水河滨得名。2004年成立。民居以多层住宅楼为主。有中小学、幼儿园、卫生室、文化广场等。社区着力打造15分钟生活圈，有商贸中心广场、集贸市场。省道洞新线，县道黄高、竹桐线过境。

竹市镇［Zhúshì Zhèn］　洞口县辖镇。在县境中部。面积139平方千米。人口8.8万。辖1居委会、57村委会，有115自然村。镇人民政府驻竹篙塘社区。1956年设竹市乡。1958年改公社。1985年改镇。1995年管竹、秀丰、大水3乡并入。因古时圩场南竹生长茂盛而得名。平溪江流经。有职高1所，初中4所，小学26所，卫生院1个，卫生室34个。有幼儿园、文化站、广播站、敬老院。有全国重点文物保护单位曲塘杨氏宗祠。有爱国主义教育基地国立第十一中学纪念碑。农业以种植水稻、蔬菜为主，养殖猪、家禽、淡水鱼。有优质稻、无公害瓜菜、柑橘、苗木花卉种植基地。有瘦肉型猪养殖基地。工业以建材为主。沪昆、洞新高速，320国道，省道竹城线过境。

竹篙塘社区［Zhúgāotáng Shèqū］　竹市镇人民政府驻地。在县境中部偏东。人口4500。平溪江经此平缓如塘，岸边修竹宜做撑篙，故名。2006年成立。民居以多层住宅楼为主。有中小学、幼儿园、卫生室。有老年活动室、文化广场。有集贸市场。320国道、县道竹桐线过境。通公交车。

石江镇［Shíjiāng Zhèn］　洞口县辖镇。在县境东部。面积146平方千米。人口9万。辖3居委会、52村委会，有156自然村。镇人民政府驻振兴社区。1952年设石江镇。1958年改公社。1961年改区。1985年复镇。1985年大塘乡并入。1995年江潭、树林、青龙3乡并入。镇东峭石壁立，江水东流，故名石下江，后简化为今名。平溪江、黄泥江、赧水流经。有高中1所，初中5所，小学22所，卫生院1个，卫生室33个。有幼儿园、文化站、广播站、敬老院。有全国重点文物保护单位金塘杨祠、江潭王祠、石田谭祠、双江江阴侯祠。农业以种植水稻、玉米为主，养殖猪、牛、家禽、淡水鱼。沪昆高速、320国道过境。

振兴社区［Zhènxīng Shèqū］　石江镇人民政府驻地。在县境东部。面积1.2平方千米。人口7400。因吉言佳语得名。2004年成立。民居以多层住宅楼为主。有中小学、幼儿园、卫生室。有老年活动室、文化广场。有集贸市场。320国道过境。

黄桥镇［Huángqiáo Zhèn］　洞口县辖镇。在县境东南部。面积132平方千米。人口9.8万。以汉族为主，还有回族。辖2居委会、56村委会，有156自然村。镇人民政府驻幸福社区。1913年为武冈县黄桥乡。1949年撤销。1952年设黄桥镇和龙潭、乔江、狮合、和平、三角等乡，属洞口县。1956年黄桥镇不变，各乡并为黄桥乡。1958年改黄桥公社。1985年并入黄桥镇。1995年金田、石背2乡并入。古有木桥，江水四季皆黄，桥端有店铺，故名黄桥铺，后简化为今名。赧水流经。有九年一贯制学校1所，初中5所，小学32所，卫生院1个，卫生室29个。有幼儿园、文化站、广播站、敬老院。有省级文物保护单位开国少将袁也烈故居。农业以种植水稻、棉花、辣椒，养殖猪为主。有优质稻、柑橘种植基地。工业以食品加工、建材、制鞋、电子为主。沪昆高速过境。

幸福社区［Xìngfú Shèqū］　黄桥镇人民政府驻地。在县境东南部。面积2.9平方千米。人口8700。因吉言佳语得名。2004年成立。民居以多层住宅楼为主。有中小学、幼儿园、卫生室。有老年活动室、文化广场。有集贸市场，多商铺。县道隆武线过境。

山门镇［Shānmén Zhèn］　洞口县辖镇。在县境西北部。面积108平方千米。人口5.9万。辖2居委会、34村委会，有105自然村。镇人民政府驻黄泥江社区。1952年置山门镇。1956年设乡，镇、乡共存。1958年镇改公社。1963年复镇。1985年山门乡并入。1995年横溪乡并入。黄泥江两岸高山对峙，俨如大门，故名。有高中1所，九年一贯制学校1所，初中1所，小学10所，二级医院1个，卫生室22个。有幼儿园、文化站、广播站、敬老院。有全国重点文物保护单位蔡锷公馆，省级文物保护单位秀云观。农业以种植水稻、玉米、油菜、柑橘、梨为主，养殖猪、羊、家禽。工业以食品、电器、竹木加工为主。县道洞南、大老线过境。

黄泥江社区［Huángníjiāng Shèqū］　山门镇人民政府驻地。在县境西北部。面积2.1平方千米。人口7200。因处黄泥江西岸得名。2002年成立。民居以多层住宅楼为主。有中小学、幼儿园、卫生室、文化广场。有老年活动室。有集贸市场。省道洞山醪线过境。

醪田镇［Láotián Zhèn］　洞口县辖镇。在县境东北部。面积65平方千米。人口2.8万。辖1居委会、14村委会，有35自然村。镇人民政府驻梅园社区。1956年置花桥乡。1958年并入水东公社。1961年析置花桥公社。1981年更名醪田公社。1985年改乡。1996年改镇。古有酒肆，酒甘醇可口，称为醪，又因田垄宽广、物阜民丰得名。黄泥江流经。有中学1所，小学9所，卫生院1个，卫生室10个。有幼儿园、文化站、广播站、敬老院。农业以种植水稻、薯类为主。有粉丝加工业。县道洞南线过境。

梅园社区［Méiyuán Shèqū］ 醪田镇人民政府驻地。在县境东北部。面积0.8平方千米。人口1800。因原有庄园多梅树得名。2008年成立。民居以多层住宅楼为主。有中小学、幼儿园、卫生室、文化广场。有老年活动室。有集贸市场,多商铺。县道洞南线过境。

花园镇［Huāyuán Zhèn］ 洞口县辖镇。在县境西南部。面积96平方千米。人口3.4万。辖1居委会、27村委会,有90自然村。镇人民政府驻红军桥社区。1956年设花园乡。1958年并入桥头公社。1961年析置花园公社。1984年复乡。1995年西中乡并入。2001年改镇。传宋代有督军建花园而得名。有龙头山、龙门山。蓼水流经。有九年一贯制学校1所,初中1所,小学12所,卫生院1个,卫生室13个。有幼儿园、文化站、广播站、敬老院。有红二、六军团洞口花园会师旧址。有红军街、红军桥和红军纪念塔。农业以种植水稻、玉米为主。产杉木。工业以食品加工、建材、机械、制鞋、竹木加工为主。为洞口、绥宁、武冈3县(市)边境农产品集散地。省道洞通线、县道花西线过境。

红军桥社区［Hóngjūnqiáo Shèqū］ 花园镇人民政府驻地。在县境西南部。面积2.1平方千米。人口2000。因红军桥得名。2006年成立。民居以多层住宅楼为主。有中小学、幼儿园、卫生室、文化广场。有老年活动室。有集贸市场。省道洞新线、县道花南线过境。

岩山镇［Yánshān Zhèn］ 洞口县辖镇。在县境中部。面积72平方千米。人口2.5万。辖19村委会,有35自然村。镇人民政府驻菱角村。1956年置岩山乡。1958年并入竹市公社。1961年析置岩山公社。1984年改乡。2014年改镇。因古时岩石累累、山丘起伏得名。有九年一贯制学校1所,初中1所,小学4所,卫生院1个,卫生室10个。有幼儿园、文化站、广播站、敬老院。农业以种植水稻、油菜、杉树为主。省道洞山醪线过境。

菱角村［Língjiǎocūn］ 岩山镇人民政府驻地。在县政府驻地洞口镇西9千米。人口1800。因旧有田似菱角而得名。聚落呈T形。有中小学、幼儿园、卫生室。农业以种植蔬菜为主。有集贸市场。县道洞南线经此。

水东镇［Shuǐdōng Zhèn］ 洞口县辖镇。在县境东北部。面积35平方千米。人口2.2万。辖12村委会,有42自然村。镇人民政府驻水东村。1956年设水东乡。1958年改公社。1984年复乡。2014年改镇。因镇政府驻地得名。黄泥江流经。有初中1所,小学4所,卫生院1个,卫生室6个。有幼儿园、文化站、广播站、敬老院。农业以种植水稻、玉米、柑橘、食用菌为主。有渔业基地。县道山水线过境。

水东村［Shuǐdōngcūn］ 水东镇人民政府驻地。在县政府驻地洞口镇东北22千米。人口2500。因水东古桥得名。聚落呈圆形。有中小学、幼儿园、卫生室、文化广场。农业以种植水稻、油菜为主。有集贸市场。县道大老线经此。

花古乡［Huāgǔ Xiāng］ 洞口县辖乡。在县境西南部。面积49平方千米。人口2.5万。辖15村委会,有42自然村。乡人民政府驻平南村。1956年置花古乡。1958年并入洞口公社。1961年析设花古公社。1984年复乡。因花古庙得名。平溪江流经。有初中1所,小学6所,卫生院1个,卫生室10个。有幼儿园、文化站、广播站、敬老院。农业以种植水稻、油菜为主。有西瓜、苗木花卉种植基地。有县经济开发区。沪昆高速,省道洞通、洞新线过境。

平南村［Píngnáncūn］ 花古乡人民政府驻地。在县政府驻地洞口镇西南4千米。人口1900。因地势平坦,处县城南端而得名。聚落呈团块状。有中小学、幼儿园、卫生室、敬老院、文化广场。农业以种植水稻、油菜为主。有集贸市场。沪昆高速经此。通公交车。

古楼乡［Gǔlóu Xiāng］ 洞口县辖乡。在县境西部。面积87平方千米。人口0.6万。辖9村委会,有12自然村。乡人民政府驻古楼村。1956年置古楼乡。1958年改公社。1984年复乡。因乡政府驻地得名。古楼河流经。森林覆盖率90%。有九年一贯制学校1所,小学3所,卫生院1个,卫生室6个。有幼儿园、文化站、广播站、敬老院。有湘黔古道观景台。农业以种植水稻、茶等为主。特产古楼云雾茶。盛产杉木。沪昆高速、320国道过境。

古楼村［Gǔlóucūn］ 古楼乡人民政府驻地。在县政府驻地洞口镇西16千米。人口1100。因木质鼓楼庙得名鼓楼,后演化为今名。聚落呈带状。有中小学、幼儿园、卫生室、文化广场。农业以种植茶、水稻为主。有集贸市场。为洞绥边境农林副产品集散地。县道平溪江—古楼线经此。

月溪乡［Yuèxī Xiāng］ 洞口县辖乡。在县境西部。面积134平方千米。人口1.6万。辖20村委会,有36自然村。乡人民政府驻鸿程村。1956年设月溪乡。1958年改公社。1984年复乡。因月溪村得名。平溪江在此迂回,状似新月,故名。有初中1所,小学6所,卫生院1个,卫生室14个。有幼儿园、文化站、广播站、敬老院。有水灵古寺。农业以种植水稻、反季节蔬菜、水果、杉木为主。有速生杉木林基地。320国道过境。

鸿程村［Hóngchéngcūn］ 月溪乡人民政府驻地。在县政府驻地洞口镇西23千米。人口1200。取前景广阔之意得名。聚落呈长方形。有中小学、幼儿园、卫生室、文化广场等。农业以种植水稻、油菜为主。有集贸市场。320国道经此。

渣坪乡［Zhāpíng Xiāng］ 洞口县辖乡。在县境西北部。面积96平方千米。人口0.9万。辖12村委会,有18自然村。乡人民政府驻渣坪村。1956年建渣坪乡。1958年改公社。1984年复乡。因乡政府驻地得名。有乌云岩、兰李坳、朱门楼、天堂界等山峰。有九年一贯制学校1所,小学6所,卫生院1个,卫生室8个。有幼儿园、文化站、广播站、敬老院。农业以种植水稻、油菜为主。产南竹、杉木。有速生杉木林基地。县道月溪—渣坪线过境。

渣坪村［Zhāpíngcūn］ 渣坪乡人民政府驻地。在县政府驻地洞口镇西北36千米。人口1800。因四周高山,小溪纵穿,遇大雨泥沙淤积成坪,故名。聚落呈T形。有中小学、幼儿园、卫生室、文化广场。农业以种植水稻、油茶、油菜、南竹为主,养殖瘦肉型猪。有集贸市场。县道月溪—渣坪线经此。

杨林乡［Yánglín Xiāng］ 洞口县辖乡。在县境东南部。面积48平方千米。人口2.4万。辖16村委会,有30自然村。乡人民政府驻杨林村。1956年置杨林乡。1958年并入黄桥公社。1961年析置杨林公社。1984年改乡。因乡政府驻地得名。有破刀寨、将军寨、云飞寨、马鞍寨4山峰。有初中1所,小学9所,卫生院1个,卫生室11个。有幼儿园、文化站、广播站、敬老院。农业以种植水稻、玉米、油菜为主。为洞口、武冈、隆回3县(市)农副产品集散地。县道大老线过境。

杨林村［Yánglíncūn］ 杨林乡人民政府驻地。在县政府驻地洞口镇东南48千米。人口2000。因杨林寺得名。聚落呈网状。有中小学、幼儿园、卫生室、文化广场等。农业以种植水稻、玉米、油菜为主。有集贸市场。县道大老线经此。

石柱乡［Shízhù Xiāng］ 洞口县辖乡。在县境东北部。面积93平方千米。人口2.4万。辖17村委会,有25自然村。乡人民政府驻石柱村。1956年设石柱乡。1958年并入山门公社。1961年析置石柱公社。1985年改乡。因乡政府驻地得名。有雪峰山脉。七岭河、寨河水流经。森林覆盖率86%。有初中2所,小学11所,卫生院1个,卫生室11个。有幼儿园、文化站、广播站、敬老院。农业以种植水稻、玉米、松树、杉树为主。县道山门—石柱线过境。

石柱村［Shízhùcūn］ 石柱乡人民政府驻地。在县政府驻地洞口镇东北35.3千米。人口6800。传原有石状如宝珠,取名石珠院子,后谐音演化为今名。聚落呈T字形。有中小学、幼儿园、卫生室、文化广场等。农业以种植水稻、油菜为主,养殖猪、牛。产木材。有集贸市场。县道山门—石柱线经此。

桐山乡［Tóngshān Xiāng］ 洞口县辖乡。在县境北部。面积89平方千米。人口1.1万。辖16村委会,有30自然村。乡人民政府驻马颈村。1956年设桐山乡。1958年改公社。1985年复乡。因乡人民政府原驻古道桐山嘴,山多桐树,故名。有观音石、观音形、茅坪界、九龙山等。黄泥江流经。森林覆盖率90%。有九年一贯制学校1所,小学5所,卫生院1个,卫生室10个。有幼儿园、文化站、广播站、敬老院。农业种植水稻、玉米、红薯为主。产木材、南竹、金银花等。县道山门—桐山线过境。

马颈村［Mǎjǐngcūn］ 桐山乡人民政府驻地。在县政府驻地洞口镇北35千米。人口1300。因岩石裸露似马颈而得名,俗称马颈骨。聚落呈带状。有中小学、幼儿园、卫生室、文化广场。农业以种植水稻、玉米、红薯为主,养殖猪、牛。产木材、南竹。有集贸市场。县道山门—桐山线经此。

长塘瑶族乡［Chángtáng Yáozú Xiāng］ 洞口县辖乡。在县境中部偏西。面积64平方千米。人口0.5万,其中瑶族占43%,还有汉族。辖10村委会,有12自然村。乡人民政府驻山龙村。1956年置长塘乡。1958年改公社。1984年复乡。1986年改长塘瑶族乡。因长塘河得名。有初中1所,小学5所,卫生院1个,村卫生室6个。有幼儿园、文化站、广播站、敬老院。有国家级非物质文化遗产棕包脑舞。农业以种植水稻、茶、反季节蔬菜为主,养殖猪、羊、家禽。产水果、药材、杉、松、杂木、南竹等。320国道、县道大双线过境。

山龙村［Shānlóngcūn］ 长塘瑶族乡人民政府驻地。在县政府驻地洞口镇西2.5千米。人口700。因高山岩石裸露如龙得名。聚落呈带状。有中小学、幼儿园、卫生室、文化广场等。农业以种植水稻、茶、反季节蔬菜为主。产杉、松、杂木、南竹等。有集贸市场。320国道、县道大双线经此。

罗溪瑶族乡［Luóxī Yáozú Xiāng］ 洞口县辖乡。在县境西部。面积298平方千米。人口1.2万,其中瑶族占56%,还有汉族。辖17村委会,有20自然村。乡人民政府驻罗溪村。1956年建罗溪瑶族乡。1958年改公社。1984年复罗溪瑶族乡。因乡政府驻地得名。有罗溪国家森林公园。公溪河流经。有九年一贯制学校1所,小学8所,卫生院1个,卫生室11个。有幼儿园、文化站、广播站、敬老院。农业以水稻种植为主。产木材。工业以竹木加工为主。特产熬茶、腊制品、玉兰片。县道江罗线过境。

罗溪村［Luóxīcūn］ 罗溪瑶族乡人民政府驻地。在县政府驻地洞口镇西75千米。人口1500。因溪流常涨,河床移位得名挪溪。后筑堤灌溉,遇大雨常垮堤,人们认为“挪”字不好,遂改今名。聚落呈团块状。有中小学、幼儿园、卫生室、文化广场。农业以种植水稻、油茶、杉木、蔬菜等为主，养殖猪。有集贸市场。县道江罗线经此。

大屋瑶族乡［Dàwū Yáozú Xiāng］　洞口县辖乡。在县境西北部。面积 76 平方千米。人口 0.5 万，其中瑶族占 65%，还有汉族。辖 11 村委会，有 8 自然村。乡人民政府驻大屋村。1961 年由桐山公社析置大屋公社。1984 年改乡。1986 年改大屋瑶族乡。因乡政府驻地得名。处雪峰山腹地。有九年一贯制学校 1 所，卫生院 1 个，卫生室 7 个。有幼儿园、文化站、广播站、敬老院。经济以林业种植为主。有南竹、杉木林、高山茶、中药材基地。县道大老线过境。

大屋村［Dàwūcūn］　大屋瑶族乡人民政府驻地。在县政府驻地洞口镇西北 42 千米。人口 800，其中瑶族占 80%。传曾有宽敞木屋，故名。聚落呈带状。有中小学、幼儿园、卫生室、文化广场。农业以种植水稻为主，养殖猪、羊。产木材、南竹、中药材。县道大老线经此。

绥　宁　县

绥宁县［Suíníng Xiàn］　邵阳市辖县。北纬 26°35′，东经 110°09′。在市境西南部。面积 2927 平方千米。人口 38 万，其中苗族占 54.8%，还有汉、侗、瑶等民族。辖 6 镇、19 乡。县人民政府驻长铺镇。宋元丰四年(1081)置莳竹县，治寨市(又名在市)。元祐二年(1087)废。崇宁二年(1103)复县，易名绥宁，寓意绥之以宁，治寨市，隶邵州。五年(1106)属武冈军。绍兴三十年(1160)临冈县并入。此后至 1949 年未变，先后属武冈路、靖州、辰沅道、第四行政督察区、第七行政督察区、第十行政督察区、会同专区。1951 年县境南部划入通道县。1952 年属芷江专区，旋隶黔阳专区。1954 年县人民政府迁驻长铺。1958 年属邵阳专区。1986 年属邵阳市。先后建成长铺大桥、绿洲大道，改造绿洲广场、凤雨桥、水景工程、沿河风光带等。城区依巫水、虾子溪分南、北、西 3 片，通过各桥连为一体，形成山水园林之城，同富苗侗风情特色。南片为长铺老街、绿洲大道开发新区，北片为行政、商业中心，西片为老工业区。以山地为主。地势东高西低、南高北低。平均海拔 302 米。有海拔 1500 米以上山峰 27 座。最高峰牛坡头海拔 1913 米。年均气温 16.8℃，1 月平均气温 5.8℃，7 月平均气温 26.6℃。年均降水量 1460 毫米。巫水、蓼水流经。有矿产资源铁、锰、锑、锡、石煤、石硅等。有野生植物 700 余种，其中有国家重点保护野生植物香果树、长苞铁杉等 22 种。有野生动物 223 种，其中有国家重点保护野生动物水鹿等 37 种。有黄桑国家级自然保护区。森林覆盖率 74%。有中等职业学校 1 所，高中 4 所，初中 9 所，小学 61 所，幼儿园 35 所，二级医院 2 个，文化馆 1 个，图书馆 1 个，档案馆 1 个。有民间、民俗博物馆各 1 个。有全国重点文物保护单位中国工农红军第七军指挥所旧址，省级文物保护单位 9 个。有邓小平征战绥宁指挥所旧址、红军长征鸡公坡战斗烈士亭、关帝庙大捷遗址等。有国家级非物质文化遗产苗族“四月八”姑娘节，省级非物质文化遗产 2 项。有中国历史文化名镇寨市古镇，省级历史文化名镇李熙桥镇，中国历史文化名村上堡村、大园村，省级历史文化名村 2 个，中国传统村落 8 个。有景点六鹅洞瀑布、铁杉林、楠木林、上堡古国、高登山普照寺、神坡庵、花园角湿地公园等。三次产业比例 24∶47∶29。农业以种植水稻、油菜、金秋梨、柑橘等为主。盛产松、杉、南竹等。林副产品有松脂、冬笋、玉兰片、木耳、天麻等。特产东山花猪、绞股蓝、优质茶油、青钱柳茶、雕花蜜饯、猪血丸子等。工业以造纸、竹木加工、建材、化工、印刷、食品加工、医药、水电、冶炼等为主。服务业以商贸、仓储和邮政业为主。包茂高速，省道洞通、绥靖线过境。通多路公交车。

绿洲广场［Lǜzhōu Guǎngchǎng］　在县城中部。占地 3360 平方米。2004 年开工，2005 年建成。因绥宁县喻为“神奇绿洲”而得名。由书画家黄永玉题名。分上下 2 层，上层为休闲区，下层为商业中心。休闲区有大型电子屏幕墙、环形休闲长廊、绿化带、健身广场。为集休闲、娱乐和购物为一体的综合性广场。周边有县妇幼保健院、购物商场、宾馆。通多路公交车。

万家坪大桥［Wànjiāpíng Dàqiáo］　在县城北部。长 147 米，宽 13.5 米，最大跨度 37 米，桥下净高 28 米。1986 年开工，1987 年建成。因万家坪村得名。因栏杆雕有石狮子又称狮子桥。为中型河道桥梁，结构型式为钢筋混凝土石拱桥。最大载重 120 吨。通公交车。

绥宁汽车总站［Suíníng Qìchē Zǒngzhàn］　见交通运输设施部分“绥宁汽车总站”条。

长铺镇［Chángpù Zhèn］　绥宁县人民政府驻地。在县境中部偏南。面积 13 平方千米。人口 3.8 万。辖 5 居委会、3 村委会，有 18 自然村。镇人民政府驻长铺村。1953 年设长铺镇。因镇政府驻地得名。巫水流经。有中学 7 所，职业中专 1 所，小学 3 所，二级医院 2 个，卫生院 6 个，卫生室 8 个。有文化馆 1 个，图书馆 1 个，档案馆 1 个，体育场 1 个，文化广场 2 个，敬老院 1 个。农业主产蔬菜、水果。工业以造纸、建材、水电、木材加工为主。服务业以商贸、物流、旅游为主。有农贸市场 5 个。包茂高速，省道洞通线过境。

绿洲大道［Lǜzhōu Dàdào］　在县城东部。西起长征路，东至 356 国道。与两路口、黄花园巷相交。长 3.2 千米，宽 58 米。沥青混凝土路面。原为省道，1995—1996 年改建城区道路，2004 年扩建。因绥宁县被誉为“神奇的绿洲”而得名。两侧有商贸城、教师进修学校、绥宁农发行、中学、长途汽车站等。通多路公交车。

中心路［Zhōngxīn Lù］　在县城中部。南起长征路，北至长铺路。与东正路、长城路、长河路、文家寨路相交。长 1.3 千米，宽 25 米。沥青混凝土路面。因居县城中心得名，又名中心街。1968 年开工，1971 年建成，1996、2003 年改扩建。两侧有党政机关、小学、电信大楼、绿洲大厦、绿洲广场、农贸市场、银行等。通多路公交车。

长铺村［Chángpùcūn］　长铺镇人民政府驻地。在镇境西部。亦为长铺子苗族乡人民政府驻地。人口 5900。宋代成村，清嘉庆年间沿巫水南岸扩建店铺，形成长街，遂名长铺子。聚落呈团块状。有中小学、幼儿园、二级医院、卫生院、敬老院、村活动中心。农业主产蔬菜、水果。工业有砖、胶合板、竹艺加工等。有集贸市场。省道洞通线经此。通多路公交车。

武阳镇［Wǔyáng Zhèn］　绥宁县辖镇。在县境东北部。面积 176 平方千米。人口 2.9 万。辖 2 居委会、19 村委会，有 172 自然村。镇人民政府驻六王村。1956 年设武阳乡。1958 年改公社。1984 年改镇。因处武冈之南而得名。有中学 3 所，小学 2 所，卫生院 2 个，卫生室 21 个。有幼儿园、文化站、村活动中心、敬老院。有马鞍山抗日战场遗址。有古迹何姑桥、黄氏宗祠、寺坪里窑址。农业以种植水稻、玉米、蔬菜为主。为全国杂交水稻制种基地。工业有制茶、木材加工、翻砂、服装加工等。省道洞通线过境。

六王村［Liùwángcūn］　武阳镇人民政府驻地。在县政府驻地长铺镇东北 13 千米。人口 3100。唐代成村。因曾有六王庙得名。聚落呈团块状。有中小学、幼儿园、卫生室、敬老院、村活动中心。农业以种植水稻、红薯、柑橘、绞股蓝，杂交水稻制种为主。工业有木材加工、翻砂、制模等。省道洞通线经此。

李熙桥镇［Lǐxīqiáo Zhèn］　绥宁县辖镇。在县境东北部。面积 69 平方千米。人口 2 万。辖 1 居委会、15 村委会，有 111 自然村。镇人民政府驻李熙村。1956 年设李熙桥乡。1958 年改公社。1984 年复乡。1985 年改镇。因镇政府驻地原名得名。有大水洞、草鞋岭山。蓼水、扶水、白玉河流经。有中学 1 所，小学 3 所，卫生院 1 个，卫生室 16 个。有幼儿园、文化站、敬老院。有省级文物保护单位于家大院、清咸丰举人陈锡兰故居。有莳竹县城遗址、李熙山墓。农业以种植水稻、水果为主。产木材。工业以木材加工、造纸为主。有圩场。省道洞通线过境。

李熙村［Lǐxīcūn］　李熙桥镇人民政府驻地。在县政府驻地长铺镇东北 36 千米。人口 1600。为纪念隋末唐初李熙山修桥得名李熙桥，后简化为今名。聚落呈团块状。有小学、幼儿园、卫生室、敬老院、村级活动中心。为中国传统村落。有省级文物保护单位于家大院。农业以杂交水稻制种为主。省道洞通线经此。

红岩镇［Hóngyán Zhèn］　绥宁县辖镇。在县境东北部。面积 124 平方千米。人口 3 万。以汉族为主，还有苗、侗、瑶等民族。辖 1 居委会、33 村委会，有 259 自然村。镇人民政府驻红岩村。1956 年设盐井乡。1958 年改公社。1984 年复乡。1996 年改红岩镇。1997 年桃坪乡并入。因镇政府驻地得名。蓼水、岳溪江流经。有中学 1 所，小学 9 所，卫生院 2 个，卫生室 31 个。有幼儿园、文化站、敬老院。有省级文物保护单位鸡公坡战役贺龙指挥部旧址及纪念设施群。有文峰塔遗址。农业以种植水稻、蔬菜、葡萄、绞股蓝，杂交水稻制种为主。工业以木材加工、制砖、水电为主。省道洞通线、县道红唐线过境。

红岩村［Hóngyáncūn］　红岩镇人民政府驻地。在县政府驻地长铺镇东北 50 千米。人口 1300。唐代成村。因多红色砂砾岩得名。聚落呈团块状。有小学、幼儿园、卫生室、村活动中心等。有匡非非烈士墓。农业以种植水稻，杂交水稻制种为主。工业有木材加工、制砂、鞭炮制造等。有集贸市场。省道洞通线经此。

唐家坊镇［Tángjiāfāng Zhèn］　绥宁县辖镇。在县境东北部。面积 99 平方千米。人口 2.3 万。辖 1 居委会、17 村委会，有 169 自然村。镇人民政府驻唐家坊村。1956 年设唐家坊乡。1958 年成立公社。1984 年改乡。1996 年改镇。因镇政府驻地得名。扶水河流经。有小学 6 所，卫生院 1 个，卫生室 18 个。有幼儿园、文化站、敬老院。农业以种植水稻、油茶、柑橘为主。工业有农机制造、罐头加工、棕地毯制作等。有圩场。县道李唐、万江线过境。

唐家坊村［Tángjiāfāngcūn］　唐家坊镇人民政府驻地。在县政府驻地长铺镇北 36 千米。人口 1400。唐末成村。因原唐姓居多且有街坊得名。聚落呈团块状。有小学、幼儿园、卫生院、敬老院、村级活动中心。农业以种植水稻、红薯、柑橘、油茶为主。有杂交水稻制种基地。工业有罐头、沙石、木材加工。有集贸市场。县道李唐、万江线经此。

金屋塘镇［Jīnwūtáng Zhèn］　绥宁县辖镇。在县境北部。面积 141 平方千米。人口 1.6

万。辖1居委会、12村委会，有130自然村。乡人民政府驻草寨村。1956年设金屋塘乡。1961年改公社。1984年复乡。1996年改镇。因真武塘桥谐音演化为今名。有中学1所，小学5所，卫生院1个，卫生室13个。有幼儿园、文化站、敬老院。有大竹坪摩崖"汉瑶分界"、中国工农红军关帝庙大捷纪念碑。农业以种植水稻、天麻、金银花、茶为主，养殖乌骨鸡。工业以木材加工、小水电、采矿、制茶、饮用水生产为主。县道万江线过境。

草寨村［Cǎozhàicūn］ 金屋塘镇人民政府驻地。在县政府驻地长铺镇北59千米。人口2200。宋代成村。因荒草漫芜且有苗王扎寨而得名。聚落呈带状。有小学、幼儿园、卫生室、敬老院、村级活动中心。农业以种植水稻为主。工业有小水电、采石、电解锰加工等。有集贸市场。县道万江线经此。

东山侗族乡［Dōngshān Dòngzú Xiāng］ 绥宁县辖乡。在县境西南部。面积117平方千米。人口1.8万，其中侗族占36.7%，还有苗族、汉族。辖19村委会，有136自然村。乡人民政府驻东山村。1956年设东山乡。1958年与鹅公岭、朝仪、乐安铺3乡合设东山公社。1961年4地分开成立公社。1984年改东山公社为乡，翌年改侗族乡。因乡政府驻地得名。老鸦河、瓮溪、阳溪流经。有九年一贯制学校1所，卫生院1个，卫生室19个。有幼儿园、文化站、敬老院。有古迹西南七省龙氏总祠、飞山庙、天圣钟鼓楼等。有民俗正月二十三苗族龙姓大王会、四月初八苗族杨姓吃黑饭、打闹年锣、逗春牛等。农业以种植水稻、蔬菜、葡萄、食用菌为主。特产茶油、发豆腐、东山花猪。为全国油茶产业基地、花猪原种基地。为民族民俗文化乡。县道东文、东鹅、东表线过境。

东山村［Dōngshāncūn］ 东山侗族乡人民政府驻地。在县政府驻地长铺镇西25千米。人口3700。唐末成村。因古处靖州之东、为东山里而得名。聚落呈带状。有小学、幼儿园、卫生室、村活动中心。为中国传统村落。有古迹西南七省龙氏总祠、飞山庙、天圣钟鼓楼。农业以种植水稻、蔬菜、葡萄为主。有集贸市场。县道东文、东表线经此。

鹅公岭侗族苗族乡［Égōnglǐng Dòngzú Miáozú Xiāng］ 绥宁县辖乡。在县境西部。面积73平方千米。人口1.3万，其中苗族占85%，侗族占15%。辖17村委会，有112自然村。乡人民政府驻鹅公村。1956年设鹅公岭乡。1958年并入东山公社。1961年析设鹅公岭公社。1984年改乡。1985年改侗族苗族乡。因乡政府驻地原名得名。文溪、鹅公水流经。有中学1所，小学1所，卫生院1个，卫生室17个。有幼儿园、文化站、敬老院。有古迹古戏楼、回龙桥等。农业以种植水稻、薯类、油茶为主。产生姜、辣椒、木材。为全国油茶产业基地。省道寨鹅线，县道东鹅、界鹅线过境。

鹅公村［Égōngcūn］ 鹅公岭侗族苗族乡人民政府驻地。在县政府驻地长铺镇西22千米。人口1400。宋代成村。因岭形似公鹅而得名鹅公岭，后简化为今名。聚落呈带状。有幼儿园、卫生室、农家书屋。有古迹古戏楼。农业以种植水稻、薯类、油茶为主。有集贸市场。省道寨鹅线，县道东鹅、界鹅线经此。

朝仪侗族乡［Cháoyí Dòngzú Xiāng］ 绥宁县辖乡。在县境西部。面积42平方千米。人口0.8万，其中侗族占15%，还有苗族、汉族。辖13村委会，有65自然村。乡人民政府驻朝仪村。1956年设朝仪乡。1958年并入东山公社。1961年析设朝仪公社。1984年改乡，翌年改侗族乡。因乡政府驻地得名。铁坡河、翁培溪流经。有九年一贯制学校1所，卫生院1个，卫生室13个。有幼儿园、文化站、敬老院等。有古迹宝塔风雨桥、文昌阁等。农业以种植水稻、蔬菜、草药、油茶为主。特产东山花猪、金秋梨。为全国茶油产业基地。省道寨鹅线过境。

朝仪村［Cháoyícūn］ 朝仪侗族乡人民政府驻地。在县政府驻地长铺镇西19千米。人口1200。明代杨昌义率众居此，后人取桥、义2字作地名，后谐音改今名。聚落呈团块状。有九年一贯制学校、卫生室、文化广场等。有古迹宝塔风雨桥、文昌阁。农业以种植水稻、蔬菜、草药、油茶为主。有集贸市场。省道寨鹅线经此。

寨市苗族侗族乡［Zhàishì Miáozú Dòngzú Xiāng］ 绥宁县辖乡。在县境西南部。面积132平方千米。人口1.7万，其中苗族占67%，侗族占19%，还有汉族。辖2居委会、20村委会，有155自然村。乡人民政府驻东门村。1956年设在市镇。1985年分设在市苗族侗族乡、兰家侗族苗族乡、在市镇。1995年合设在市镇。1997年改在市苗族侗族乡。2013年更今名。因处原县城之内得名在城、在市，后改寨市。莳竹河流经。有中学2所，小学5所，卫生院1个，卫生室12个。有幼儿园、文化站、敬老院等。为中国历史文化名镇。有全国重点文物保护单位中国工农红军第七军指挥所旧址，省级文物保护单位寨市古建筑群、正板村古建筑群。有高功山红军哨所旧址、寨市抗日阵亡将士纪念碑、仰高亭碑记、元天阁、莳竹县遗址、虎溪书院章程碑。农业以种植水稻、水果为主，养殖猪。工业以木材加工为主。包茂高速，省道洞通线、寨鹅线过境。

东门村［Dōngméncūn］ 寨市苗族侗族乡人民政府驻地。在县政府驻地长铺镇西南13千米。人口700。唐代成村。因处古城东门得名。聚落呈团块状。有小学、幼儿园、卫生室、村活动中心。有寨市抗日阵亡将士纪念碑。有古迹窨子屋、古城墙。有省级云雾山风景区。农业以种植水稻、柑橘为主。包茂高速、省道洞通线经此。

正板村［Zhèngbǎncūn］ 在县政府驻地长铺镇西南17千米。寨市苗族侗族乡辖自然村。人口1100。明景泰年间(1450—1456)杨正板开疆辟土，故名。聚落呈带状。有幼儿园、卫生室、村活动中心等。为中国传统村落。有省级文物保护单位正板村古建筑群。有古民居20栋，青石板古巷道6条，四方天井12个，消防池塘3口，雕刻窗花100余幅。农业以种植水稻、油茶为主。产木材。

乐安铺苗族侗族乡［Lè'ānpù Miáozú Dòngzú Xiāng］ 绥宁县辖乡。在县境西南部。面积106平方千米。人口1万，其中苗族占71.9%，侗族占27.7%，还有汉族。辖11村委会，有77自然村。乡人民政府驻乐安村。1956年设乐安铺乡。1961年成立联丰、乐安铺2公社。1966年合设联丰公社。1982年改名乐安铺公社。1984年析设乐安铺、联丰2乡，翌年分别改苗族侗族乡。1995年合设乐安铺苗族侗族乡。因乡政府驻地得名。文江河流经。有小学2所，卫生院1个，卫生室7个。有幼儿园、文化活动中心。农业以种植水稻为主，养殖猪。产木材。工业以木材、药材加工为主。包茂高速，省道洞通、绥靖线过境。

乐安村［Lè'āncūn］ 乐安铺苗族侗族乡人民政府驻地。在县政府驻地长铺镇西南26千米。人口1000，其中苗族占71.9%，侗族占27.6%，还有汉族。宋代成村，处湘桂黔古道，古有店铺，故名乐安铺，简称乐安。聚落呈带状。有小学、卫生室、村活动中心。有丰乐鼓楼。农业以种植水稻、茯苓为主。有人造板加工业。有集贸市场。包茂高速，省道洞通、绥靖线经此。

天堂村［Tiāntángcūn］ 在县政府驻地长铺镇西南21千米。乐安铺苗族侗族乡辖自然村。人口800，其中苗族占72%，侗族占27%，还有汉族。宋代成村，取似天堂之地之意得名。聚落呈井字形。有幼儿园、卫生室。为中国传统村落。有古迹古驿道、烽火台、护林碑、天华寺、和尚塔等。有古民居建筑群况家冲、李家湾、左家湾、彭家冲、老屋等。有天堂界风景区。农业以种植水稻为主。产木材、药材等。包茂高速、省道洞通线经此。

黄桑坪苗族乡［Huángsāngpíng Miáozú Xiāng］ 绥宁县辖乡。在县境南部。面积235平方千米。人口0.7万，其中苗族占87.1%，还有侗族、汉族。辖11村委会，有47自然村。乡人民政府驻黄桑村。1956年设黄桑坪乡。1958年并入在市公社。1961年析设黄桑坪公社。1982年改苗族公社。1984年改苗族乡。因乡政府驻地原名得名。莳竹河流经。有国家级黄桑自然保护区。有小学1所，卫生院1个，卫生室11个。有文化站、幼儿园、敬老院。农业以种植水稻、高山蔬菜为主。产木材。特产野生猕猴桃、青钱柳茶。通旅游公路。

黄桑村［Huángsāngcūn］ 黄桑坪苗族乡人民政府驻地。在县政府驻地长铺镇南20千米。人口1000，其中苗族占87%，还有汉族。明代成村。因古时此地皆为桑树，深秋时叶黄而得名黄桑坪，后简化为今名。聚落呈带状。有小学。有古筒车、仁慈禅寺、黄桑营遗址、跑马场遗址等。农业以种植水稻为主，养殖山羊。产木材。特产野生猕猴桃、青钱柳茶。服务业以商贸、旅游为主。县道寨黄、余黄线经此。

上堡村［Shàngbǎocūn］ 在县政府驻地长铺镇南23千米。黄桑坪苗族乡辖自然村。人口400，其中侗族占70%，苗族占20%，还有汉族。明正统年间(1436—1449)李天保率苗侗义军安营设堡，因处溪水上游得名。聚落呈团块状。为中国传统村落、中国历史文化名村、中国少数民族特色村寨。有省级文物保护单位上堡武烈王故城。有金銮殿遗址。农业以种植水稻为主。产木材。特产野生猕猴桃、青钱柳茶。通乡村公路。

关峡苗族乡［Guānxiá Miáozú Xiāng］ 绥宁县辖乡。在县境东部。面积218平方千米。人口2.5万，其中苗族占95.6%，还有汉族。辖19村委会，有150自然村。乡人民政府驻关峡村。1956年设梅口、茶江2乡。1958年合设关峡公社。1982年改关峡苗族公社。1984年改苗族乡。因乡政府驻地得名。巫水、岚溪流经。有中学2所，小学16所，卫生院1个，卫生室11个。有省级文物保护单位大园苗寨古建筑群、定远桥。有花园角国家级湿地公园。农业以种植水稻、水果为主，养殖猪。产木材。工业有竹木深加工、人造板加工等。省道洞通、关蒋线过境。

关峡村［Guānxiácūn］ 关峡苗族乡人民政府驻地。在县政府驻地长铺镇东12千米。人口1700，其中苗族占98%。宋代成村。因峡谷形成关隘得名。聚落呈团块状。有中小学、幼儿园、村活动中心。有省级文物保护单位定远桥。农业以种植水稻为主，养殖猪。产木材。有人造板加工业。省道洞通、关蒋线经此。

大园村［Dàyuáncūn］ 在县政府驻地长铺镇东18千米。关峡苗族乡辖自然村。人口1200，其中苗族占98%。北宋初成村。因昔有大园地得名。聚落呈团块状。为中国传统村落、中国历史文化名村。有省级文物保护单位大园苗寨古建筑群，古建筑总面积3.8万平方米。农业以种植水稻、水果为主，养殖猪。省道关蒋线经此。

长铺子苗族乡［Chángpùzi Miáozú Xiāng］　绥宁县辖乡。在县境中部偏南。面积 251 平方千米。人口 2 万，其中苗族占 82.2%，还有汉、土家等民族。辖 24 村委会，有 140 自然村。乡人民政府驻长铺镇长铺村。1956 年设和平乡。1958 年并入长铺公社。1961 年析设和平、寨坡 2 公社。1982 年改长铺子苗族公社、枫香公社。1985 年改长铺子苗族乡、枫香苗族乡。1997 年合为长铺子苗族乡。因旧店铺相连较长得名。巫水、哨溪、坪溪、虾子溪流经。有小学 2 所，卫生院 1 个，卫生室 24 个。农业以种植水稻、蔬菜、水果为主。养殖猪。产木材。有人造板加工业。包茂高速，省道洞通、长河线过境。

党坪苗族乡［Dǎngpíng Miáozú Xiāng］　绥宁县辖乡。在县境中部偏南。面积 100 平方千米。人口 1.1 万，其中苗族占 81.2%，还有汉、侗等民族。辖 12 村委会，有 106 自然村。乡人民政府驻党坪村。1956 年设党坪乡。1958 年并入长铺公社。1961 年析设党坪公社。1982 年更名双河公社。1985 年改双河苗族乡。1995 年更今名。因乡政府驻地得名。巫水、莳竹河流经。有小学 2 所，卫生院 1 个，卫生室 9 个。有幼儿园、文化站、敬老院。农业以种植水稻、蔬菜为主，养殖猪。产木材。工业以木材加工、小水电、冶炼为主。长铺—界溪口—党坪—龙家—长铺环型公路过境。

党坪村［Dǎngpíngcūn］　党坪苗族乡人民政府驻地。在县政府驻地长铺镇西 9 千米。人口 1400，其中苗族占 81%。宋代成村，取"乡党和睦、集于一坪"之意得名。聚落呈带状。有小学、幼儿园、卫生室、村活动中心、敬老院等。有古迹文昌阁遗址、万古花桥等。农业以种植水稻、蔬菜、水果为主。工业以小水电为主。长铺—界溪口—党坪—龙家—长铺环型公路经此。

联民苗族瑶族乡［Liánmín Miáozú Yáozú Xiāng］　绥宁县辖乡。在县境西北部。面积 116 平方千米。人口 0.6 万，其中苗族占 50.3%，瑶族占 4.7%，还有汉族。辖 8 村委会，有 65 自然村。乡人民政府驻联民村。1956 年设联民乡。1959 年并入河口公社。1961 年析设联民公社。1984 年改联民乡。1990 年改联民苗族瑶族乡。因乡政府驻地得名。联民河、龙水河流经。有小学 2 所，卫生院 1 个，卫生室 8 个。有幼儿园、文化站。有省级文物保护单位高登山普照寺。农业以种植水稻、红薯、玉米为主，养殖山羊。盛产冬笋。工业有竹材加工、小水电。县道麻联线过境。

联民村［Liánmíncūn］　联民苗族瑶族乡人民政府驻地。在县政府驻地长铺镇西北 40 千米。人口 1000。以苗族为主，还有汉、瑶等民族。明代成村，旧为保地，1949 年后以"人民齐心协力，联合起来建立新乡村"之意命今名。聚落呈带状。有小学、幼儿园、卫生室、村活动中心。农业以种植水稻、红薯、南竹为主。特产冬笋、野生香菇。有集贸市场。县道麻联线经此。

麻塘苗族乡［Mátáng Miáozú Xiāng］　绥宁县辖乡。在县境西北部。面积 134 平方千米。人口 1 万，其中苗族占 55%，还有汉、瑶、侗等民族。辖 13 村委会，有 107 自然村。乡人民政府驻麻塘村。1956 年设麻塘乡。1959 年并入河口公社。1961 年析设麻塘公社。1984 年改乡。1985 年改苗族乡。因乡政府驻地得名。麻塘溪流经。有中学 1 所，小学 1 所，卫生院 1 个，卫生室 13 个。有幼儿园、文化站、敬老院等。农业以种植水稻为主。盛产木材、南竹。工业有木材加工、小水电。县道长流线过境。

麻塘村［Mátángcūn］　麻塘苗族乡人民政府驻地。在县政府驻地长铺镇西北 28 千米。人口 1300。以苗族为主，还有汉、瑶等民族。明代成村。因原塘边习种苎麻而得名。聚落呈带状。有中小学、幼儿园、卫生室、村活动中心、敬老院。有古迹永绥石拱桥。农业以种植水稻、南竹为主。特产玉兰片。有竹木加工业。有集贸市场。县道长流线经此。

枫木团苗族侗族乡［Fēngmùtuán Miáozú Dòngzú Xiāng］　绥宁县辖乡。在县境中部偏北。面积 168 平方千米。人口 0.7 万，其中苗族占 59%，侗族占 7%，还有汉族。辖 10 村委会，有 63 自然村。乡人民政府驻枫木团村。1956 年设枫木团乡。1959 年并入河口公社。1961 年析设枫木团公社。1984 年改乡。1990 年改苗族侗族乡。因乡政府驻地得名。白岩水、河口溪流经。有小学 1 所，卫生院 1 个，卫生室 10 个。有幼儿园、文化站。有古迹宝顶山佛教古庙。农业以种植水稻为主。产木材、南竹、板栗。工业有竹木加工、矿产开采、榨油、风电等。县道长枫线过境。

枫木团村［Fēngmùtuáncūn］　枫木团苗族侗族乡人民政府驻地。在县政府驻地长铺镇北 24 千米。人口 700。以苗族为主，还有汉、侗等民族。明代成村。因原有枫树林且村民聚居成团而得名。聚落呈团块状。有小学、幼儿园、卫生室、村活动中心。农业以种植水稻为主。产松、杉木材。有集贸市场。县道长枫线经此。

河口苗族乡［Hékǒu Miáozú Xiāng］　绥宁县辖乡。在县境西北部。面积 72 平方千米。人口 0.7 万，其中苗族占 64.7%，还有汉族。辖 7 村委会，有 50 自然村。乡人民政府驻河口村。1959 年成立河口公社。1984 年改乡。1990 年改今名。因乡政府驻地得名。河口溪、巫水河流经。有中学 1 所，小学 1 所，卫生院 1 个，卫生室 7 个。有幼儿园、文化站。农业以种植水稻、玉米、油菜为主。产木材、南竹。特产香菇、木耳。工业有竹木加工、水电等。省道绥洪线、县道河枫线过境。

河口村［Hékǒucūn］　河口苗族乡人民政府驻地。在县政府驻地长铺镇西北 20 千米。人口 2100。以苗族为主，还有汉族。宋代成村。因处河口溪与巫水交汇口而得名。聚落呈团块状。有中小学、幼儿园、卫生室、村活动中心。农业以种植水稻为主。产南竹。有木材、机制炭加工业。有集贸市场。省道绥洪线、县道河枫线经此。水路直达洪江。

竹舟江苗族乡［Zhúzhōujiāng Miáozú Xiāng］　绥宁县辖乡。在县境西部。面积 72 平方千米。人口 0.9 万，其中苗族占 72%，还有汉、侗、壮、回、布依等民族。辖 9 村委会，有 79 自然村。乡人民政府驻竹舟江村。1956 年设竹舟江乡。1959 年并入河口公社。1961 年析设竹舟江公社。1984 年改乡，翌年改苗族乡。因乡政府驻地得名。巫水河流经。有小学 1 所，卫生院 1 个，卫生室 9 个。有幼儿园、文化站、敬老院。有景点神坡山。农业以种植水稻、食用菌、蔬菜为主。产木材、板栗。工业有木材、粮食、木炭、食用油加工，水电等。省道绥洪江线过境。

竹舟江村［Zhúzhōujiāngcūn］　竹舟江苗族乡人民政府驻地。在县政府驻地长铺镇西 14 千米。人口 1300。以苗族为主，还有汉、侗等民族。宋代成村，处巫水河畔，昔多竹筏做舟渡江，故名。聚落呈带状。有小学、幼儿园、卫生室、敬老院。有古迹会龙桥、集福桥。农业以种植水稻、食用菌为主。有木炭、木材加工业。省道长河线经此。

白玉乡［Báiyù Xiāng］　绥宁县辖乡。在县境东部。面积 108 平方千米。人口 1 万。以苗族为主，还有汉、侗、瑶、土家族等民族。辖 9 村委会，有 68 自然村。乡人民政府驻罗家铺村。1956 年设白玉乡。1958 年并入李熙桥公社。1961 年析设白玉公社。1984 年复乡。因古有白玉桥得名。广竹水流经。有小学 1 所，卫生院 1 个，卫生室 9 个。有文化站。有省级洛口山库区风景区。农业以种植水稻为主。产木材、南竹。特产玉兰片、天麻、木耳等。工业有农机、竹艺、木材加工、小水电等。县道李白线过境。

罗家铺村［Luójiāpùcūn］　白玉乡人民政府驻地。在县政府驻地长铺镇东北 28 千米。人口 800。唐末成村。因原罗姓开设店铺得名。聚落呈带状。有小学、卫生室、村活动中心。农业以种植水稻、蔬菜为主，养殖猪。县道李白线经此。

黄土矿乡［Huángtǔkuàng Xiāng］　绥宁县辖乡。在县境东北部。面积 97 平方千米。人口 1.8 万。以汉族为主，还有苗、侗、瑶等民族。辖 14 村委会，有 120 自然村。乡人民政府驻同乐村。1956 年设黄土坑乡。1958 年改公社。1984 年复乡。四周高中间低平且广为黄土，故名黄土坑，后谐音改为今名。岳溪河流经。有中学 1 所，小学 1 所，卫生院 1 个，卫生室 14 个。有幼儿园。有黄土矿革命烈士纪念塔、牛栏冲红军烈士纪念塔。有古迹杨家风雨桥、朝阳庵、同乐村遗址。农业以种植水稻、柑橘和杂交水稻制种为主，养殖淡水鱼。工业以农机制造、烟花爆竹及木材加工、水电为主。县道红唐线过境。

同乐村［Tónglècūn］　黄土矿乡人民政府驻地。在县政府驻地长铺镇东北 45 千米。人口 2400。以汉族为主，还有苗、侗等民族。唐代成村。因有山形似铜锣而得名铜锣山，后谐音改今名，寓意普民同乐。聚落呈团块状。有小学、卫生室、幼儿园、村活动中心等。农业以种植水稻、杂交水稻制种为主。工业有机制木炭、烟花爆竹等加工业。有集贸市场。县道红唐线经此。

瓦屋塘乡［Wǎwūtáng Xiāng］　绥宁县辖乡。在县境东北部。面积 105 平方千米。人口 2.1 万。以汉族为主，还有苗、侗等民族。辖 17 村委会，有 146 自然村。乡人民政府驻官路村。1956 年设瓦屋塘乡。1958 年改公社。1984 年改乡。因原盛产瓦器、民房多盖瓦而得名。扶水河流经。有中学 1 所，小学 3 所，卫生院 1 个，卫生室 17 个。有幼儿园、文化站、敬老院。有鸡公坡红军烈士纪念亭。有古迹岳飞殿、杨家堂村遗址。农业以种植水稻、蔬菜、草药，杂交水稻制种为主。产南竹、茶叶、金银花。工业有药材、竹木加工，水电等。县道万江、官田线过境。

官路村［Guānlùcūn］　瓦屋塘乡人民政府驻地。在县政府驻地长铺镇北 41 千米。人口 1500。宋代成村。因古为交通要道且常有官员往来而得名官路上，后简化为今名。聚落呈团块状。有卫生院、村活动中心。农业以杂交水稻制种为主。有竹木、玉兰片加工业。有农贸市场。县道万江、官田线经此。

水口乡［Shuǐkǒu Xiāng］　绥宁县辖乡。在县境北部。面积 96 平方千米。人口 1 万。以汉族为主，还有苗、侗、瑶等民族。辖 10 村委会，有 69 自然村。乡人民政府驻水口村。1956 年设水口乡。1958 年并入瓦屋塘公社。1961 年析设水口公社。1984 年复乡。因乡政府驻地得名。曲溪河、水口溪、菖蒲江、小金江流经。有小学 1 所，卫生院 1 个，卫生室 10 个。有幼儿园、文化站。有湘西雪峰山会战旧址之茶山阻击战旧址。有茶山抗日阵亡将士公墓。有古迹南岳殿。农业以种植水稻为主。产木材、南竹、金银花、香菇、冬笋。特产玉兰片、天麻。工业有木材、竹制品加工。县道官田线过境。

水口村 [Shuǐkǒucūn] 水口乡人民政府驻地。在县政府驻地长铺镇北 40 千米。人口 1500。以汉族为主,还有苗、瑶等民族。宋代成村。因处菖蒲江、小金江汇合口而得名。聚落呈团块状。有小学、幼儿园、卫生室、村活动中心。有古迹南岳殿、湘黔古道遗迹。农业以种植水稻为主。产冬笋。有集贸市场。县道官田线经此。

梅坪乡 [Méipíng Xiāng] 绥宁县辖乡。在县境东北部。面积 42 平方千米。人口 0.3 万。以汉族为主,还有苗族。辖 6 村委会,有 32 自然村。乡人民政府驻梅坪村。1961 年成立庙湾公社。1982 年更名梅坪公社。1984 年改乡。因乡政府驻地得名。斜水塘溪、梅坪溪流经。有小学 2 所,卫生院 1 个,卫生室 6 个。有幼儿园、文化站。经济以林业为主。产木材、茶叶。工业有木材加工、水电等。有茶叶贸易。通乡村公路。

梅坪村 [Méipíngcūn] 梅坪乡人民政府驻地。在县政府驻地长铺镇东北 53 千米。人口 400。明代成村。因处山脚平地、山上多杨梅树而得名。聚落呈团块状。有小学、幼儿园、卫生室、村活动中心。经济以林业为主。产野生云雾茶。通乡村公路。

新宁县

新宁县 [Xīnníng Xiàn] 邵阳市辖县。北纬 26°26′,东经 110°51′。在市境西南部。面积 2756 平方千米。人口 64.7 万。以汉族为主,还有苗、瑶、侗、壮、土家等民族。辖 9 镇、7 乡、2 瑶族乡。县人民政府驻金石镇。宋绍兴二十五年(1155)置新宁县,意即“绥靖康定之后,不可不有新之宁之也”,先后属武冈军、武冈路、武冈州、宝庆府、第六行政督察区、邵阳专区、邵阳地区。1986 年属邵阳市。先后建成崀山大道、舜皇大道、大兴路、解放路。地势东南高西北低。平均海拔 1100 米。年均气温 17℃,1 月平均气温 7.5℃,7 月平均气温 29.5℃。年均降水量 1360.6 毫米。夫夷水、巫水、玉溪、龙溪河流经。有矿产资源煤、铁、锰、钨、锡、铅、锑、金等 34 种。有野生植物 2949 种,其中有国家二级保护野生植物银杏、冷杉等 13 种。有野生动物 229 种,其中有国家一级保护野生动物麝、猕猴、鲍鲤、豹、毛冠鹿、水鹿、原猫、短尾猴、红腹雉等。有国家级舜皇山自然保护区,省级自然保护区 2 个。森林覆盖率 62.8%。有职业技术学校 2 所,中学 35 所,小学 82 所,二级医院 4 个。有文化馆、图书馆、档案馆、体育馆。有省级文物保护单位刘氏宗祠、西村坊古建筑群等 6 个。有中国传统村落西村坊村。有省级非物质遗产八峒瑶山跳鼓坛、岩鹰拳、崀山侗歌等。有民间传统艺术采茶灯、竹傩面雕等。有纪念地老山界红色旅游区、烈士陵园、革命烈士纪念馆等。有中央红军长征舜皇山旧址。有世界自然遗产、国家地质公园、国家 5A 级旅游景区崀山。三次产业比例 28∶24∶48。农业以种植水稻、玉米、脐橙为主,养殖猪、梅花鹿、肉牛、鸡。有国家地理标志产品新宁脐橙。特产铁皮石斛、玉兰片、猕猴桃等。为用材林、坑木林、速生丰产林、南竹、油桐生产基地县。工业以电力机械、造纸、豆制品加工、化工为主。为国家定点生漆、白蜡基地县。服务业以旅游为主。洞新高速,207 国道,省道洞新、新宁—广西梅溪线过境。

崀之韵广场 [Làngzhīyùn Guǎngchǎng] 在县城中部。面积 5000 平方米。2002 年开工,2003 年建成。取意崀山山水之美和广场内部旱喷泉特色得名。有彩色音乐旱喷泉、健身场所、儿童娱乐设施、崀山景观线雕、商业步行街等。为集休闲健身、文化娱乐、商业购物于一体的综合性广场。周边有居住小区、县住房公积金中心等。通公交车。

新宁回龙车站 [Xīnníng Huílóng Chēzhàn] 见交通运输设施部分“新宁回龙车站”条。

新宁汽车西站 [Xīnníng Qìchē Xīzhàn] 见交通运输设施部分“新宁汽车西站”条。

金石镇 [Jīnshí Zhèn] 新宁县人民政府驻地。在县境中部。面积 247 平方千米。人口 8.7万。以汉族为主,还有瑶、苗等民族。辖 6 居委会、35 村委会,有 47 自然村。镇人民政府驻刘家井社区。1935 年设金石镇。1949 年并入第一区。1961 年由金峰公社析设金石镇。1985 年金峰乡并入。1995 年水头乡并入。汉元朔元年(前 128)夫夷侯国设金城都,为历代治所,也称扶阳城。清光绪十九年(1893)因金城、石桥 2 村改今名。夫夷水流经。有职业中学 2 所,中学 7 所,小学 9 所,二级医院 3 个,社区卫生服务中心 1 个,卫生室 2 个。有幼儿园、文化馆、博物馆、体育馆、敬老院。有省级文物保护单位放生阁。有夫夷江国家湿地公园。农业以种植水稻、玉米、红薯、脐橙为主。有食品加工业。洞新高速、省道邵阳—新宁线过境。

解放路 [Jiěfàng Lù] 在县城中部。北起观瀑大桥,南至东风路。与大兴路、春风路、舜皇大道相交。长 3.4 千米,宽 30 米。沥青混凝土路面。1956 年连通拓宽上方桥、小兴门及藕塘边街。1996—1997 年改建。两侧有县政府、中小学等。通多路公交车。

刘家井社区 [Liújiājǐng Shèqū] 金石镇人民政府驻地。在县境中部。面积 4.3 平方千米。人口 1.7 万。因刘家古井得名。2003 年成立。民居以多层住宅楼为主。有小学、卫生院。有老年活动室、日间照料中心、便民服务站等。有农贸市场、银行。通多路公交车。

水庙镇 [Shuǐmiào Zhèn] 新宁县辖镇。在县境西南部。面积 118 平方千米。人口 2.3 万。辖 1 居委会、13 村委会,有 21 自然村。镇人民政府驻水庙村。1955 年设水庙区。1956 年设水庙乡。1958 年改群英公社,旋改水庙公社。1984 年改镇。1995 年万峰乡并入。因镇政府驻地得名。有中学 1 所,小学 5 所,卫生院 1 个,卫生室 21 个。有幼儿园、敬老院。有古迹五里石圳。有景点八音岩、玉女岩、佛光岩、万佛园。农业以种植水稻、橘子、脐橙、茶、生姜为主。产杉木、南竹。省道江黄线过境。

水庙村 [Shuǐmiàocūn] 水庙镇人民政府驻地。在县政府驻地金石镇西北 10 千米。人口 1400。传曾修水府庙得名。聚落呈团状。有中小学、幼儿园、卫生院。农业以种植水稻、玉米、脐橙为主。省道江黄线经此。

崀山镇 [Làngshān Zhèn] 新宁县辖镇。在县境南部。面积 266 平方千米。人口 3.4 万。辖 1 居委会、27 村委会,有 264 自然村。镇人民政府驻窑市村。1955 年设崀山区。1958 年成立红旗公社,旋更名崀山公社。1962 年改石田公社,析设盆溪、肖市 2 公社。1983 年石田公社更名崀山公社。1983 年改崀山乡。1995 年与窑市镇合为崀山镇。因崀山得名。夫夷水流经。有中学 1 所,小学 5 所,卫生院 1 个,卫生室 24 个。有幼儿园、文化站、广播站、敬老院。有世界自然遗产、国家地质公园、国家 5A 级旅游景区崀山。农业以种植水稻、草药、脐橙为主。产南竹。省道新宁—广西梅溪线过境。

窑市村 [Yáoshìcūn] 崀山镇人民政府驻地。在县政府驻地金石镇西南 22 千米。人口 3400。曾有多家民窑,因窑成市,故名。聚落呈团块状。有中学、卫生院。经济以经营农家乐为主。省道新宁—广西梅溪线经此。

白沙镇 [Báishā Zhèn] 新宁县辖镇。在县境中部。面积 79 平方千米。人口 3.2 万。辖 1 居委会、24 村委会,有 209 自然村。镇人民政府驻白沙村。1953 年设白沙区。1958 年成立公社。1980 年白沙公社析置西冲公社。1983 年改设白沙乡。1985 年白沙乡撤乡设镇。1995 年西冲乡并入。因镇政府驻地得名。夫夷水流经。有中学 2 所,小学 6 所,卫生院 1 个,卫生室 27 个。有幼儿园、文化站、广播站、敬老院。农业以种植水稻、脐橙、西瓜、花生为主。省道新宁—广西梅溪线过境。

白沙村 [Báishācūn] 白沙镇人民政府驻地。在县政府驻地金石镇东北 10 千米。人口 2800。因夫夷江畔洁白沙滩得名。聚落呈团块状。有中小学、幼儿园、卫生室、文化广场。农业以种植水稻、脐橙、西瓜、花生为主。有集贸市场。省道新宁—广西梅溪线经此。

黄龙镇 [Huánglóng Zhèn] 新宁县辖镇。在县境东部。面积 153 平方千米。人口 3.2 万。辖 1 居委会、26 村委会,有 213 自然村。镇人民政府驻黄龙村。1961 年由横卜公社析设黄龙公社。1984 年设乡。1985 年改镇。1995 年横卜乡并入。因镇政府驻地得名。夫夷水流经。有中学 1 所,小学 6 所,卫生院 1 个,卫生室 26 个。有幼儿园、文化站、敬老院。农业以种植水稻、大棚蔬菜、脐橙为主。产南竹。省道新宁—广西梅溪线过境。

黄龙村 [Huánglóngcūn] 黄龙镇人民政府驻地。在县政府驻地金石镇东北 17 千米。人口 2100。因明万历年间黄、龙 2 姓捐资修建黄龙桥而得名。聚落呈团块状。有中小学、幼儿园、卫生院。农业以种植水稻、玉米、大豆、花生、油菜、脐橙为主。工业以电子加工、电力等为主。省道新宁—广西梅溪线经此。

高桥镇 [Gāoqiáo Zhèn] 新宁县辖镇。在县境西北部。面积 165 平方千米。人口 3.9 万。辖 1 居委会、29 村委会,有 228 自然村。镇人民政府驻高桥村。1955 年设高桥区。1958 年改卫星公社,旋改高桥公社。1980 年复高桥区。1984 年改乡。1995 年烟村乡并入。1996 年改镇。因镇政府驻地得名。夫夷水流经。有中学 1 所,小学 6 所,卫生院 1 个,卫生室 29 个。有幼儿园、文化站、敬老院。有古迹烟村古道、千秋寨。农业以种植水稻为主。工业有食品加工、药材加工、煤矿开采、机械制造等。省道沅陵—新宁线过境。

高桥村 [Gāoqiáocūn] 高桥镇人民政府驻地。在县政府驻地金石镇西 24 千米。人口 2900。因古桥高桥得名。聚落呈团块状。有中小学、幼儿园、卫生室。农业以种植水稻、玉米为主。省道沅陵—新宁线经此。

回龙寺镇 [Huílóngsì Zhèn] 新宁县辖镇。在县境东北部。面积 203 平方千米。人口 7.5 万。辖 2 居委会、55 村委会,有 306 自然村。镇人民政府驻井坡岭社区。1955 年设回龙寺区。1956 年改回龙寺办事处。1958 年改上游公社,旋改回龙寺公社。1961 年设回龙寺区。1963 年区改镇。1966 年回龙寺镇并入回龙寺公社。1971 年复镇。1984 年公社改乡,回龙寺镇析设连山乡。1995 年回龙寺、连山、军田、塘尾头 4 乡并入龙寺镇。因回龙寺得名,寓意祥龙回头,吉祥幸福。夫夷水流经。有中学 4 所,小学 24 所,二级医院 1 个,卫生院 2 个,卫生室 55 个。有幼儿园、文化站、广播站、敬老院。有宋代江边院子窑址。有民俗端午划龙舟。有自然景观风神洞、天坑等。农业以种植水稻、玉米、油菜、柑橘、脐橙、草药、茶为主。有白花蛇舌草生产基地。工业以采矿、铁合金加工、水电等为主。有井坡岭开发区。有圩场。207 国道、省道新邵线过境。

井坡岭社区［Jǐngpōlǐng Shèqū］　回龙寺镇人民政府驻地。在县境东北部。面积 5.1 平方千米。人口 2800。因井坡岭得名。2006 年成立。民居以 5—6 层住宅楼为主。社区发扬助人精神，开展绿色环保、敬老爱幼、读书学习、普法宣传等活动。有中小学、幼儿园、卫生院。通客运班车。

一渡水镇［Yīdùshuǐ Zhèn］　新宁县辖镇。在县境东南部。面积 241 平方千米。人口 4.2 万。辖 1 居委会、35 村委会，有 316 自然村。镇人民政府驻一渡水村。1950 年设一渡水区。1958 年并入跃进公社。1961 年析设一渡水公社。1984 年改乡。1995 年对江、三渡水 2 乡并入。1996 年改镇。因镇政府驻地得名。龙源水流经。有中学 2 所，小学 11 所，卫生院 1 个，卫生室 35 个。有幼儿园、文化站、广播站、敬老院。有省级文物保护单位西村坊古建筑群、三渡水节孝坊。有中国传统村落西村坊村。农业以种植水稻、玉米、大豆、西瓜、猕猴桃、中草药为主。有谢家岭林场。207 国道过境。

一渡水村［Yīdùshuǐcūn］　一渡水镇人民政府驻地。在县政府驻地金石镇东北 72 千米。人口 3900。昔人行 10 里，需三渡龙源水，此为第一渡，故名。聚落呈团块状。有中小学、幼儿园、卫生室、文化广场。有古迹李氏宗祠、孝义寺。农业以种植水稻、玉米等为主。有集贸市场。207 国道经此。

西村坊村［Xīcūnfāngcūn］　在县政府驻地金石镇东北 70 千米。一渡水镇辖自然村。人口 2100。清嘉庆年间廪生李昌富创修民居形成村落。聚落呈团块状。为中国传统村落。有省级文物保护单位西村坊古建筑群，分住宅、宗祠、会馆 3 部分，总建筑面积 6218 平方米。农业以种植水稻、胡萝卜、棉花、苦皮藤、油杉、猕猴桃等为主。通乡村公路。

马头桥镇［Mǎtóuqiáo Zhèn］　新宁县辖镇。在县境西北部。面积 183 平方千米。人口 6 万。辖 2 居委会、50 村委会，有 332 自然村。镇人民政府驻马头桥社区。1956 年武冈县马头桥区 18 乡划入新宁县。1966 年并入回龙寺区。1984 年设马头桥乡。1995 年洞头、白云 2 乡并入。2009 年改镇。传宋谏议大夫周仪修建马头石桥，故名。有中学 1 所，小学 19 所，卫生院 1 个，卫生室 52 个。有幼儿园、文化站、广播站。农业以种植水稻、油茶、脐橙为主，养殖猪、羊、家禽。省道沅陵—新宁线过境。

马头桥社区［Mǎtóuqiáo Shèqū］　马头桥镇人民政府驻地。面积 8.8 平方千米。人口 3000。因石拱桥像马头得名。1996 年成立。民居以住宅楼为主。有老年人日间照料中心、儿童之家、便民服务中心等。有中小学、幼儿园、卫生院、文化广场。农业以种植水稻、玉米、花生、红薯为主。有砂石场、电子玩具厂等。有集贸市场。省道金马线过境。

黄金瑶族乡［Huángjīn Yáozú Xiāng］　新宁县辖乡。在县境西南部。面积 127 平方千米。人口 9000，其中瑶族占 54%，还有汉、苗、侗、壮、土家等民族。辖 15 村委会，有 65 自然村。乡人民政府驻黄金村。1950 年设黄金乡。1956 年圳源乡并入。1958 年改黄金瑶族乡，旋与麻林乡合设团结公社，旋更名麻林公社。1961 年析设黄金公社。1982 年改瑶族公社。1984 年改瑶族乡。因乡政府驻地得名。有中学 1 所，小学 2 所，卫生院 1 个，卫生室 15 个。有幼儿园、文化站、广播站、敬老院。有省级非物质文化遗产八峒瑶山跳鼓坛。有传统习俗四月初八吃“乌饭”、喝油茶。农业以种植水稻、南竹为主。县道江黄线过境。

黄金村［Huángjīncūn］　黄金瑶族乡人民政府驻地。在县政府驻地金石镇西南 60 千米。人口 1300，其中瑶族占 75%，还有汉、苗等民族。明代成村，取黄狗山、金沙 2 地首字得名。聚落呈散状。有中小学、幼儿园、卫生室、文化广场。农业以种植水稻、玉米、南竹为主。有集贸市场。县道江黄线经此。

麻林瑶族乡［Málín Yáozú Xiāng］　新宁县辖乡。在县境西南部。面积 173 平方千米。人口 1.5 万，其中瑶族占 70%，还有汉、侗、壮、苗等民族。辖 15 村委会，有 126 自然村。乡人民政府驻麻林村。1950 年设麻林乡。1956 年三水、大圳、八角 3 乡并入。1958 年改麻林瑶族乡，旋并入团结公社，后更名麻林公社。1961 年析设黄金公社。1982 年麻林公社改麻林瑶族公社。1984 年改乡。因乡政府驻地得名。有麻林大坝水库。有中学 1 所，小学 2 所，卫生院 1 个，卫生室 15 个。有幼儿园、文化站、广播站、敬老院。农业以种植水稻、玉米、天麻为主，养殖家鹿。产冬笋。有南竹、土纸加工业。省道江茅线过境。

麻林村［Málíncūn］　麻林瑶族乡人民政府驻地。在县政府驻地金石镇西南 45 千米。人口 2700。因盛产造纸用竹麻丝而得名。聚落呈散状。有中小学、卫生院。农业以种植水稻为主。是木材、南竹、冬笋、天麻、竹器的集散地。省道江茅线、县道江黄线经此。

飞仙桥乡［Fēixiānqiáo Xiāng］　新宁县辖乡。在县境西南部。面积 97 平方千米。人口 2.9 万。辖 19 村委会，有 154 自然村。乡人民政府驻飞仙桥村。1961 年成立飞仙桥公社。1966 年龙潭公社并入。1984 年改乡。因乡政府驻地得名。新寨河流经。有中学 1 所，小学 5 所，卫生院 1 个，卫生室 19 个。有幼儿园、文化站、广播站。有古迹龙潭桥。农业以种植水稻、玉米、脐橙为主。产南竹。省道江茅线过境。

飞仙桥村［Fēixiānqiáocūn］　飞仙桥乡人民政府驻地。在县政府驻地金石镇东北 4 千米。人口 3000。因古桥得名。传仙翁飞渡，后人建桥纪念，桥名飞仙。聚落呈团块状。有中小学、幼儿园、卫生室。农业以种植水稻、玉米为主。有集贸市场。省道江茅线经此。

万塘乡［Wàntáng Xiāng］　新宁县辖乡。在县境西北部。面积 107 平方千米。人口 2.8 万。辖 26 村委会，有 224 自然村。乡人民政府驻万塘村。1961 年由金峰公社析设万塘公社。1984 年改乡。1995 年白马田乡并入。因乡政府驻地得名。有中学 2 所，小学 7 所，卫生院 1 个，卫生室 26 个。有幼儿园、文化站、广播站、敬老院。农业以种植水稻、玉米、大豆、红薯、脐橙、油菜、生姜为主。工业以白蜡生产、木材加工、铁矿冶炼等为主。服务业以商贸为主。洞新高速、省道洞新线过境。

万塘村［Wàntángcūn］　万塘乡人民政府驻地。在县政府驻地金石镇西北 15 千米。人口 2400。传原为低洼盆地似水塘，范姓开垦为良田，后人为纪念取名范塘，后谐音改今名。聚落呈团块状。有中小学、幼儿园、卫生院。有景点万塘石林。农业以种植水稻、玉米、脐橙为主。有集贸市场。省道洞新线经此。

清江桥乡［Qīngjiāngqiáo Xiāng］　新宁县辖乡。在县境中部。面积 131 平方千米。人口 3.1 万。辖 1 居委会、25 村委会，有 232 自然村。乡人民政府驻清江村。1956 年设清江桥乡。1958 年与水口乡合设火箭公社，旋改清江桥公社。1984 年改乡。1995 年堡口乡并入。因乡政府驻地得名。夫夷水流经。有中学 1 所，小学 7 所，卫生院 1 个，卫生室 25 个。有幼儿园、文化站、广播站、敬老院。农业以种植水稻、玉米、脐橙、西瓜、葡萄等为主。产药材。有堡口电站。省道新宁—广西梅溪线过境。

清江村［Qīngjiāngcūn］　清江桥乡人民政府驻地。在县政府驻地金石镇东北 25 千米。人口 2400。因清江古桥得名。聚落呈团块状。有中小学、幼儿园、卫生室、文化广场。农业以种植水稻、玉米、脐橙为主。有集贸市场。省道新宁—广西梅溪线经此。

安山乡［Ānshān Xiāng］　新宁县辖乡。在县境西北部。面积 106 平方千米。人口 2.8 万。辖 1 居委会、25 村委会，有 246 自然村。乡人民政府驻安山村。1961 年由高桥公社析设安山公社。1984 年改乡。1995 年温塘乡并入。传曾有千秋寨，取意千秋永固，安然如山。村处山下，故名。有大水江水库。有中学 2 所，小学 7 所，卫生院 1 个，卫生室 25 个。有幼儿园、文化站、广播站、敬老院。有古迹千秋寨、天生桥、高安寨。有景点溶洞群。农业以种植水稻、玉米、花生、辣椒为主。产药材。省道沅陵—新宁线过境。

安山村［Ānshāncūn］　安山乡人民政府驻地。在县政府驻地金石镇东北 37 千米。人口 3000。以汉族为主，还有瑶族。明代成村，取安全太平之意得名。聚落呈团块状。有中小学、幼儿园、卫生室、文化广场。农业以种植水稻、玉米、脐橙为主。有贸易集散地安山老街。省道沅陵—新宁线经此。

丰田乡［Fēngtián Xiāng］　新宁县辖乡。在县境北部。面积 80 平方千米。人口 2.5 万。辖 23 村委会，有 186 自然村。乡人民政府驻丰田村。1956 年设丰田乡。1958 年并入东风公社（后改马头桥公社）。1961 年析设丰田公社。1966 年大屋公社并入。1981 年丰田公社析设碧田公社。1984 年改乡。1995 年碧田乡并入。因乡政府驻地得名。有中学 1 所，小学 8 所，卫生院 1 个，卫生室 23 个。有幼儿园、文化站、广播站、敬老院。农业以种植水稻、玉米、油茶、辣椒、柑橘为主。产松、杉。省道金马线过境。

丰田村［Fēngtiáncūn］　丰田乡人民政府驻地。在县政府驻地金石镇东北 84 千米。人口 4100。明代成村。因土壤肥沃得名丰田冲，后简化为今名。聚落呈团块状。有中小学、幼儿园、卫生室。农业以种植水稻、玉米、大豆为主。省道金马线经此。

巡田乡［Xúntián Xiāng］　新宁县辖乡。在县境东部。面积 95 平方千米。人口 2.7 万。辖 17 村委会，有 181 自然村。乡人民政府驻巡江村。1961 年由一渡水公社析置巡田公社。1984 年改乡。因境域明清置巡检司而得名。有矿产资源铁、锑。有中学 1 所，小学 8 所，卫生院 1 个，卫生室 17 个。有幼儿园、文化站、敬老院。农业以种植水稻、玉米、百合为主。有金桂电站。207 国道过境。

巡江村［Xúnjiāngcūn］　巡田乡人民政府驻地。在县政府驻地金石镇东北 64 千米。人口 4100。因明清以来为巡检司之驻地而得名。聚落呈团块状。有中小学、幼儿园、卫生院等。农业以种植水稻、玉米为主，养殖猪。207 国道经此。

靖位乡［Jìngwèi Xiāng］　新宁县辖乡。在县境东南部。面积 65 平方千米。人口 1.3 万。以汉族为主，还有瑶族。辖 7 村委会，有 80 自然村。乡人民政府驻靖位村。1961 年由一渡水公社析设靖位公社。1984 年改乡。因乡政府驻地得名。最高峰烟轿子顶海拔 1460 米。紫溪河、谭家河流经。有野生动植物虎纹蛙、香榧、红豆杉等。有小学 3 所，卫生院 1 个，卫生室 7 个。有幼儿园、敬老院等。农业以种植水稻、玉米等为主。县道对靖线过境。

靖位村 [Jìngwèicūn] 靖位乡人民政府驻地。在县政府驻地金石镇东北108千米。人口2100。原名野牛冲,清中后期因群山围抱、景色秀美得名景围,光绪年间因方言定为今名。聚落呈散状。有中小学、幼儿园、卫生室、文化广场。农业以种植水稻、玉米为主。有集贸市场。县道对靖线经此。

城步苗族自治县

城步苗族自治县 [Chéngbù Miáozú Zìzhìxiàn] 邵阳市辖县。北纬26°23′,东经110°19′。在市境西南部。面积2647平方千米。人口30万,其中苗族占62%,还有汉、侗、瑶、回、满、壮、土家、布依等民族。辖6镇、7乡。县人民政府驻儒林镇。明弘治十七年(1504)析武冈、绥宁2县设城步县,县治原城步巡检司旧址(即今儒林镇古城址)。清乾隆三年(1738)属靖州府。六年(1741)属宝庆府。1949年属邵阳地区。1956年改城步苗族自治县,县人民政府迁驻今址。1968年属邵阳地区。1986年属邵阳市。因宋熙宁六年(1073)置城步寨得名。清道光《宝庆府志》载:"步者,水陆凑会之名。城者,言有故城也。"先后建成南山大道、儒林大道、青年路、中心路、新田路、八角路、民族大道、兴业路。地势南高北低。以山地为主,山地占90.8%。平均海拔696.8米。有南山顶、枫门岭、黔峰山、金紫山。有1000米以上山峰657座。最高点二宝鼎海拔2024米。年均气温16.1℃,1月平均气温-1℃,7月平均气温26.7℃。年均降水量1218.5毫米。巫水、浔江、资江、渠江流经。有矿产资源金、银、铜、锰、钨、铅锌、滑石、钾长石、重晶石等。有野生植物1700余种,其中有国家重点保护野生植物银杉、南方红豆杉、毛红椿、银杏等30多种。有野生动物173种,其中有国家重点保护野生动物岩羊、穿山甲、大鲵、猴面鹰等。有国家级金童山自然保护区。森林覆盖率46.6%。有职业高中1所,中学24所,小学139所,特教学校1所,教师进修学校1所,二级医院2个。有图书馆、文化馆、档案馆。有省级文物保护单位城步文庙、蓝氏宗祠、南门城楼、高山红哨旧址、清溪古民居建筑群。有古迹十万古田、永镇桥、大寨村古那家建筑群等。有中国传统村落桃林村、大寨村。有国家级非物质文化遗产城步吊龙,省级非物质文化遗产5项。有景点南山、沙角洞、白云湖、两江峡谷、明代大将蓝玉故里、桃林民俗村、长安侗寨等。三次产业比例34∶18∶48。农业以种植水稻、玉米、蔬菜为主。有苗香梨、葡萄等水果基地。工业以乳制品加工、发电、水泥加工、光电子器件制造为主。服务业以商贸、物流、休闲旅游为主。邵怀、武城高速,356国道,省道隆回—广西龙胜、祁阳—通道、洞新线过境。

儒林广场 [Rúlín Guǎngchǎng] 在县城中部。面积3.2公顷。2005年开工,2006年建成。因儒林镇、儒林南路得名。中心有音乐喷泉、大型电子屏幕。为集购物、居住、休闲、观光于一体的综合性广场。周边有县教育局、儒林镇政府、购物商店等。通公交车。

城步汽车北站 [Chéngbù Qìchē Běizhàn] 见交通运输设施部分"城步汽车北站"条。

城步汽车南站 [Chéngbù Qìchē Nánzhàn] 见交通运输设施部分"城步汽车南站"条。

儒林镇 [Rúlín Zhèn] 城步苗族自治县人民政府驻地。在县境中部。面积311平方千米。人口28.9万,其中苗族占55%,还有汉、侗、瑶等民族。辖11居委会、45村委会,有164自然村。镇人民政府驻中心社区。1940年为儒林镇。1958年改公社。1961年复镇。1995年塔溪、白云、清溪、金水、浆坪5乡并入。原名竹丝峒,宋改名城步寨,元皇庆二年(1313)因儒林书院改今名。有高中1所,初中3所,小学8所,二级医院2个,卫生院2个,卫生所5个,村卫生室20个,文化活动中心2个,体育中心2个。有幼儿园、博物馆、图书馆、文化馆、档案馆、敬老院、民族文化广场。有省级文物保护单位南门城楼、城步文庙、清溪古民居建筑群。有古迹杨氏官厅。农业以种植水稻、蔬菜、水果为主。产葡萄、西瓜、紫茄、萝卜。特产苗香梨。有冬暖式蔬菜大棚基地。工业以奶产品、竹木加工为主。省道金贝线过境。

儒林大道 [Rúlín Dàdào] 在县城中部。南起儒林大桥,北至省道金贝线。与城南路、中心路、新田路相交。长7.2千米,宽24米。水泥路面。1955年始建,2006、2011年改扩建,2014年修建北段。因镇名得名。两侧有县医院、镇卫生院、妇幼保健院、银行、儒林广场、镇政府、行政中心、粮食局、公安局、云马林场、检察院等。通多路公交车。

南山大道 [Nánshān Dàdào] 在县城西部。南起城南路,北至民族大道。与中心路、新田路相交。长5.1千米,宽24米。混凝土路面。2002年始建。2009年改造。因南山得名。两侧有水泥厂、新农贸市场、中医院、疾病防疫中心、公路局、大明医院等。通多路公交车。

中心社区 [Zhōngxīn Shèqū] 儒林镇人民政府驻地。在县境中部。面积1平方千米。人口6200。因处县城中心得名。2003年成立。民居以5层及以上住宅楼为主。有小学、县中医院、卫生院等。通多路公交车。

茅坪镇 [Máopíng Zhèn] 城步苗族自治县辖镇。在县境北部。面积230平方千米。人口2.8万。以苗族为主,还有汉、侗、回、瑶等民族。辖3居委会、15村委会,有164自然村。镇人民政府驻茅坪铺。1984年由土桥公社改茅坪镇。1995年蒋坊、大古2乡并入。2011年析设蒋坊乡。因镇政府驻地得名。有初中3所,小学1所,卫生院1个,卫生室16个。有宋初城徽州十峒首领之一杨正修墓、大叶头古民居、铺头古民居群落。农业以种植水稻、柑橘、西瓜、葡萄、反季节蔬菜为主。有猕猴桃产业基地。有罐头加工业。有茅坪圩场。省道金贝线过境。

茅坪铺 [Máopíngpù] 茅坪镇人民政府驻地。在县政府驻地儒林镇北18千米。人口2800。原名猫坪,苗族聚居,后更名茅坪。明、清分设巡检司、铺递,改今名。聚落呈长方形。有中小学、幼儿园、卫生院、文化站、敬老院。农业以种植水稻、柑橘、西瓜、葡萄、反季节蔬菜为主。有集贸市场。省道金贝线经此。通公交车。

西岩镇 [Xīyán Zhèn] 城步苗族自治县辖镇。在县境北部。面积221平方千米。人口4.5万。以汉族为主,还有苗、侗、回、瑶、黎等民族。辖2居委会、24村委会,有27自然村。镇人民政府驻西岩市(自然村)。1956年成立西岩公社。1961年改西岩区。1984年分设西岩镇及花桥、永丰、资源、金紫4乡。1995年资源、三水、花桥、永丰、金紫5乡并入西岩镇。2014年析设金紫乡。因曾有西岩寺得名。有中学2所,小学16所,卫生院1个,卫生室9个。有幼儿园、文化站、敬老院。农业以种植水稻、玉米、反季节蔬菜、南竹为主,养殖奶牛。有大型农贸市场。武靖高速、省道金贝线过境。

西岩市 [Xīyánshì] 西岩镇人民政府驻地。在县政府驻地儒林镇北38千米。人口1500。因西岩寺并有街市得名。聚落呈工字形。有中小学、卫生院、卫生室。农业以种植水稻、玉米、反季节蔬菜为主。有商贸、建材市场等。省道金贝线经此。

丹口镇 [Dānkǒu Zhèn] 城步苗族自治县辖镇。在县境西部,巫水河下游。面积286平方千米。人口2.5万。以苗族为主,还有汉、侗、瑶、回、满等民族。辖1居委会、39村委会,有1自然村。镇人民政府驻下团村。1956年设丹口乡。1958年改红旗公社。1959年更名丹口公社。1961年析设平林、丹口、杨柳、羊石4公社。1984年改乡。1995年4乡合设丹口乡。1996年改镇。因丹口村得名。扶城河、岩背水、兰溪河流经。有中学1所,小学10所,卫生院1个,卫生所2所,卫生室17个。有幼儿园、图书馆。有省级文物保护单位蓝氏宗祠。有古迹陡冲头观音岩苗文石刻。有国家级非物质文化遗产城步吊龙。有中国传统村落1个。农业以种植水稻、玉米、蔬菜、柑橘、金银花为主。有暖冬式蔬菜、葡萄大棚。有竹木、药材、矿产等加工业。省道城绥、城通线,县道旺溪—洞头山、边溪—花龙线过境。

下团村 [Xiàtuáncūn] 丹口镇人民政府驻地。在县政府驻地儒林镇西南15千米。人口5600。以苗族为主,还有黎、侗、瑶、回、壮、满等民族。因原团寨处扶城河下游得名。聚落呈带状。有中小学、幼儿园、卫生院、图书室。农业以种植水稻为主。产木材、南竹。县道丹口镇—坪子寨线经此。

桃林村 [Táolíncūn] 在县政府驻地儒林镇西南24千米。丹口镇辖自然村。人口1200。以青衣苗族为主,还有汉族。因有桃树得名。聚落呈带状。有小学、卫生室、幼儿园、健身活动广场。为中国传统村落,青衣苗族聚居古村落。有苗族古民居吊脚楼213座。农业以种植水稻为主。省道边溪—南山线经此。

五团镇 [Wǔtuán Zhèn] 城步苗族自治县辖镇。在县境西南部。面积197平方千米。人口1.1万。以苗族为主,还有汉、侗、瑶、壮、土家等民族。辖17村委会,有119自然村。镇人民政府驻新寨村。1961年由咸宜公社析设五团公社。1984年改乡。1995年江头司乡并入。1996年改镇。苗族聚居群落称寨、团,因有5团寨得名。巫山水、扶竹水流经。有初中1所,小学10所,卫生院2个,卫生室8个。有幼儿园、文化站、广播站、敬老院。农业以种植水稻、玉米、西红柿、紫茄为主。有湘桂边贸大市场。省道南山—城步线过境。

新寨村 [Xīnzhàicūn] 五团镇人民政府驻地。在县政府驻地儒林镇西南55千米。人口900,其中苗族占99.5%。明代为聋底寨,为莫宜峒辖寨。清代归下莫峒管辖,改今名。聚落呈带状。有小学、幼儿园、卫生室、健身活动广场等。农业以种植水稻、玉米为主。产松、杉、南竹。省道南山—城步线经此。

南山镇 [Nánshān Zhèn] 城步苗族自治县辖镇。在县境西南部。面积152平方千米。人口0.5万。以苗族为主,还有汉、侗、满等民族。辖3居委会、4村委会。镇人民政府驻大坪社区。1956年设南山乡。1958年改南山公社。1960年改垦殖场(后改牧场)。2012年由南山牧场改镇。因南山得名。平均海拔1760米。有小学2所,幼儿园2所,卫生院1个,卫生所1个。有文化站、敬老院。有省级文物保护单位高山红哨旧址。经济以牧业为主,有奶制品、矿泉水加工业。县道城南、南临线过境。

大坪社区 [Dàpíng Shèqū] 南山镇人民政府驻地。在县境西南部。面积4.5平方千米。人口1000。以苗族为主,还有汉、侗、瑶、满等民族。因地势较平坦命名。2007年成立。民居以低层住宅为主。有中小学、卫生院。有省级文物保护单位高山红哨旧址，景点兵器广场、天湖等。有奶粉加工厂、乳制品厂、宾馆、商业中心、自来水厂。县道城南、南临线过境。

威溪乡［Wēixī Xiāng］ 城步苗族自治县辖乡。在县境西南部。面积65平方千米。人口0.8万。以汉族为主，还有苗、侗、回、瑶等民族。辖15村委会，有109自然村。乡人民政府驻白沙村。1950年为中溪乡。1951年回龙、双龙2乡并入。1958年改公社。1981年改威溪公社。1984年改乡。因威溪河得名。有中学1所，小学3所，卫生院1个，卫生室6个。有幼儿园、文化站、广播站、敬老院等。有沙角洞银杉森林公园。农业以种植水稻为主。产南竹。有林场、电站。县道白江线过境。

白沙村［Báishācūn］ 威溪乡人民政府驻地。在县政府驻地儒林镇东北62千米。人口900。以汉族为主，还有苗族。因昔日白沙庙得名。聚落呈散状。有中小学、幼儿园、卫生院、图书室。农业以种植水稻为主，养殖猪、黄牛。有南竹、土纸加工业。县道白江线经此。

长安营乡［Cháng'ānyíng Xiāng］ 城步苗族自治县辖乡。在县境西南部。面积260平方千米。人口0.9万。以苗族为主，还有汉、侗等民族。辖13村委会，有97自然村。乡人民政府驻岩寨村。1961年由西南公社析置长安公社。1984年改乡，析设岩寨乡。1995年岩寨乡并入。因清乾隆六年(1741)设长安营得名。有中学1所，小学8所，卫生院1个。有幼儿园、文化站、广播站、敬老院。有古迹长安营古城遗址、回龙桥、永镇桥、大寨村古建筑群、文昌阁、侗族花鼓楼。有景点东晋人工古杉群、湖南杉树王。有民俗长安山歌。有长安苗侗建筑。农业以种植水稻为主，养殖奶牛。有西红柿、红茄种植基地。特产南山奶粉、香禾米、长安虫茶。省道南山—通道线过境。

岩寨村［Yánzhàicūn］ 长安营乡人民政府驻地。在县政府驻地儒林镇西南63千米。人口1200。以苗族为主，还有侗、汉、回等民族。因寨边多岩石得名。聚落呈椭圆形。有中心学校、幼儿园、卫生院、图书室。农业以种植水稻、红茄、西红柿为主。特产虫茶。省道南山—通道线经此。

大寨村［Dàzhàicūn］ 在县政府驻地儒林镇西南62千米。长安营乡辖自然村。人口700。以侗族为主，还有苗、瑶等民族。清乾隆年间设大定堡，以“助大寨防守者也”命名。聚落呈团块状。有小学、幼儿园、卫生室、图书室。为中国传统村落。有保存完好的风雨桥、千年鼓楼、侗家特色吊脚楼群等。有喝油茶、唱山歌、挤油尖、庆娘娘、祭杉树王等民俗活动。农业以种植水稻、红茄、西红柿为主。特产虫茶。县道长安营—双塘线经此。

白毛坪乡［Báimáopíng Xiāng］ 城步苗族自治县辖乡。在县境东南部。面积303平方千米。人口1.7万。以苗族为主，还有侗、回、满、壮、高山等民族。辖28村委会，有173自然村。乡人民政府驻白毛坪村。1959年成立白毛坪公社。1961年分设白毛坪、大阳、歌舞3公社。1984年改白毛坪、大阳、清源3乡。1995年清源、大阳2乡并入白毛坪乡。因乡政府驻地得名。有中学1所，小学12所，卫生院1个。有幼儿园、文化站、广播站、敬老院等。农业以种植水稻、玉米、红薯为主。产松、杉、杂木。县道枫矮线过境。

白毛坪村［Báimáopíngcūn］ 白毛坪乡人民政府驻地。在县政府驻地儒林镇东南12千米。人口900，其中苗族占64%，还有侗、回等民族。昔为河滩，冬茅丛生，花白如絮，故名白茅坪，后谐音改今名。聚落呈丁字形。有中小学、幼儿园、卫生院、图书室。农业以种植水稻、玉米、红薯为主。产松、杉、杂木。县道枫矮线经此。

兰蓉乡［Lánróng Xiāng］ 城步苗族自治县辖乡。在县境东部。面积112平方千米。人口0.9万。以苗族为主，还有汉、瑶、侗、回等民族。辖9村委会，有82自然村。乡人民政府驻尖头田村。民国曾设兰蓉乡。1958年成立跃进公社。1959年改兰蓉公社。1984年改乡。传曾设卡拦截犀牛，故名拦牛，后方言谐音改今名。长溪水、扶竹水流经。有中学1所，小学4所，卫生院1个，卫生室4个。有幼儿园、文化站、广播站、敬老院。农业以种植水稻、红薯、玉米、蔬菜为主。产木材、南竹。县道枫矮线过境。

尖头田村［Jiāntóutiáncūn］ 兰蓉乡人民政府驻地。在县政府驻地儒林镇西南42千米。人口2200，其中苗族占70%，还有汉、瑶、侗、回等民族。因有尖形长丘稻田得名。聚落呈带状。有中小学、幼儿园、卫生院、图书室。农业以种植水稻、玉米、红薯为主。产松、杉、竹。县道枫矮线经此。

汀坪乡［Tīngpíng Xiāng］ 城步苗族自治县辖乡。在县境南部。面积277平方千米。人口1.8万。以苗族为主，还有汉、侗、回、满、壮等民族。辖25村委会，有167自然村。乡人民政府驻糁子坪村。1958年成立汀坪公社。1961年改汀坪区。1984年改汀坪乡。因溪水呈丁字交叉汇聚而得名。有中学1所，小学10所，卫生院1个，卫生室12个。有幼儿园、文化站、广播站、敬老院。有省级非物质文化遗产苗歌贺郎歌、苗族打油茶。有景点老山、十万古田。有国家级金童山自然保护区。农业以种植水稻、玉米、红薯、油茶、西红柿、紫茄、葡萄为主。有硅锰矿厂、水电站。省道金贝线过境。

糁子坪村［Sǎnzipíngcūn］ 汀坪乡人民政府驻地。在县政府驻地儒林镇南29千米。人口500。以苗族为主，还有汉、侗、瑶等民族。因旧时旱土多种糁子得名。聚落呈人字形。有中学、卫生院。农业以种植水稻、玉米、红薯为主。省道城步—广西龙胜、汀坪—南山线，县道汀坪—五团、岩门—长滩线经此。

蒋坊乡［Jiǎngfāng Xiāng］ 城步苗族自治县辖乡。在县境北部。面积94平方千米。人口0.8万。以苗族为主，还有汉、侗、瑶等民族。辖13村委会，有38自然村。乡人民政府驻柳林村。1956年由永兴、清和、飞凤3乡合设蒋坊乡。1958年并入土桥公社。1961年析设蒋坊公社。1984年改建蒋坊乡。1995年蒋坊乡与大古乡、茅坪镇合并为茅坪镇。2011年由茅坪镇析设蒋坊乡。因盛产南竹，宋代曾有纸作坊得名浆加坊，后谐音改今名。有小学9所，卫生院1个，卫生室11个。有幼儿园、文化站、广播站。有铺头村古民居群落、飞山庙。农业以种植水稻、玉米、红薯、蔬菜为主。省道金贝线过境。

柳林村［Liǔlíncūn］ 蒋坊乡人民政府驻地。在县政府驻地儒林镇北13千米。人口1300。以苗族为主，还有汉族。因溪岸多柳树得名。聚落呈带状。有中小学、幼儿园、卫生院、图书室。农业以种植红茄、西瓜、蔬菜为主。有农贸市场。县道牛易线经此。

金紫乡［Jīnzǐ Xiāng］ 城步苗族自治县辖乡。在县境北部。面积69平方千米。人口2.8万。以苗族为主，还有汉、侗、回、满等民族。辖1居委会、13村委会，有148自然村。乡人民政府驻三塘村。1983年设金紫乡。2013年西岩镇部分地域并入。因金紫山得名。有中学1所，小学4所，卫生院1个，卫生室12个。有省级文物保护单位城步文庙。农业以种植水稻、玉米、红薯、柑橘、蔬菜为主。有优质稻制种业。县道西凤线过境。

三塘村［Sāntángcūn］ 金紫乡人民政府驻地。在县政府驻地儒林镇东北41千米。人口1200。以汉族为主，还有苗、侗、回、满等民族。因战鼓、白塘、三角3塘得名。聚落呈散状。有中学、幼儿园、卫生室、图书室。农业以种植水稻、玉米、红薯、西瓜、西红柿、紫茄等为主。产柑橘、猕猴桃、梨、葡萄。县道西凤线经此。

岳 阳 市

岳阳市［Yuèyáng Shì］ 湖南省辖地级市。北纬28°25′—29°29′，东经112°18′—114°00′。在省境东北部。面积14858平方千米。户籍人口563.3万，常住人口559.5万。以汉族为主，还有土家、苗、蒙古等民族。辖岳阳楼、云溪、君山3区，岳阳、华容、湘阴、平江4县，代管汨罗、临湘2县级市。市人民政府驻岳阳楼区。南朝梁大通二年(528)分罗县东部及吴昌县西部置岳阳县，因在幕阜山之南，幕阜山古称天岳而得名。同年建岳阳郡，治岳阳县。承圣二年(553)置巴州，州治设巴陵县。隋开皇九年(589)撤岳阳郡。十一年(591)改巴州为岳州。唐贞观元年(627)岳州属江南道。开元二十一年(733)属江南西道。五代后唐天成元年(926)属楚。宋至道二年(996)隶荆湖北路。元属岳州路总管府，属湖广行省江南北道。明改设岳州府，属湖广承宣布政使司。清属湖南布政使司岳常澧道。1913年废府存道，改巴陵县为岳阳县。1949年后先后属长沙专区、湘潭专区。1960年以岳阳县城关镇设岳阳市，由岳阳县代管。1962年撤岳阳市。1964年设岳阳地区。1975年恢复岳阳市(县级)。1981年撤岳阳县，划入岳阳市。1983年岳阳市升为省辖市，同时恢复岳阳县建置。1986年撤岳阳地区，设岳阳市。地势自东向西呈梯级向下延缓。东为山丘区，有连云山、幕阜山、药姑山等山脉，最高点连云山主峰海拔1600.3米。中部丘岗区海拔50—300米。西部平原区海拔40米以下。年均气温17℃，1月平均气温4.5℃，7月平均气温29.1℃。年均降水量1302毫米。年均无霜期277天。长江、汨罗江、湘江、新墙河等流经。有洞庭湖。有金、铅、锌、白云石、萤石等矿产资源。有野生植物1200余种，其中有国家重点保护野生植物112种，有国家一级保护树种伯乐、水杉、红豆杉、银杏，二级保护树种闽楠、樟树、杜仲、香果等11种。有野生动物600余种，其中有国家一级保护野生动物云豹、黑鹿、穿山甲、麋鹿、白鳍豚，二级保护野生动物江豚、水獭、河鹿等。有国家级自然保护区湖南东洞庭湖，省级自然保护区湖南平江幕阜山等2个。森林覆盖率45.3%。有湖南省血吸虫病防治研究所等科研单位。有湖南理工学院等高校5所，中职30所，中学305所，小学1155所，三级医院5个。有文艺团体巴陵戏剧团、岳阳花鼓剧团。有全国重点文物保护单位岳阳楼、慈氏塔、屈子祠、张谷英古建筑群等17个，省级文物保护单位罗子国城遗址、大云山摩崖石刻等44个。有全国爱国主义教育基地任弼时故居和纪念馆、平江起义旧址和纪念馆等，省级爱国主义教育基地何长工同志纪念馆、岳阳楼、左宗棠故居柳庄等9个。有省级历史文化名镇聂市镇、长乐镇。有省级传统村落张谷英村、新市村等4个。有世界非物质文化遗产汨罗江畔端午习俗，国家级非物质文化遗产巴陵戏、平江九龙舞等6项，省级非物质文化遗产屈原传说、华容夹叶点子、平江皮影戏等17项。有国家5A级岳阳楼—君山岛旅游景区，4A级旅游景区5个，3A级旅游景区10个。三次产业比例11∶54∶35。农业以水稻、棉花、油菜种植，生猪、鲜鱼养殖为主。工业以石油化工、能源、饲料、轻纺、造纸、电子信息产业为主。服务业以商贸、物流、旅游为主。有国家级经济开发区岳阳经济技术开发区，省级经济技术开发区城陵矶临港产业区、汨罗循环经济产业园等12个。有铁路458千米，公路20280千米，高速315.4千米，内河航线1274.7千米。京广、浩吉铁路，武广高铁，106、107、353国道等，京港澳、杭瑞、平汝高速等，省道平岳、平伍、跑注线等过境。有高铁岳阳站。有国家水上一类开放口岸城陵矶港。有三荷机场，民航航线17条，通往北京、上海、昆明、南宁、杭州、青岛等城市。

岳阳［Yuèyáng］ 古名巴丘、巴丘城、巴陵城、岳阳城、岳州城。岳阳市聚落。在市境北部。面积171平方千米。人口52万。商代置大彭城于城陵矶；春秋时楚迁麇子国遗民于此，建东、西麇城，为聚落建城之始。东汉大将马援于此建大屯戍。汉建安十五年(210)鲁肃筑巴丘邸阁，后世称巴丘城，为岳阳城雏形。晋太康元年(280)此为治所，称巴陵城。“巴陵”源于《山海经》《淮南子》所载“巴蛇吞象”“羿断修蛇”神话。元康元年(291)建昌郡，郡治设此，成府县同城的区域性中心城市。咸和二年(327)名将陶侃建陶侃城，为八州军事中心。南朝宋元嘉十六年(439)置巴陵郡，形成府县同城的格局。唐代以后岳州城、巴陵城、岳阳城同称。城区原局限于洞庭湖东岸、京广铁路以西。1982年修建京广铁路跨线桥，城市主体移向京广铁路以东，逐渐东扩、北延、南展、西跨。城市形成几大功能区：洞庭湖东岸、京广铁路以西为文化古迹、旅游观光、商贸住宅区；北为港口区；邻近城陵矶的七里山、冷水铺等为石油化工、电力、造纸、轻纺等为主导的产业聚集区；中为贸易零售、商业楼盘、物流等为主导的产业聚集区；南为科教区，有湖南理工学院、市第十三中学等学校；西南为异域文化特色区片，有美国教会学校遗址、岳阳会展中心、南湖宾馆、岳阳博物馆、岳阳东高铁站等地标性建筑。有岳阳楼公园、君山公园、金鹗山公园、团湖荷花公园、东洞庭湖湿地公园、南湖旅游度假区、麻布山森林公园等生态园林景区。有铁路、高铁、高速、国道过境。有航道。形成水陆空立体交通枢纽。通多路公交车。

铁西［Tiěxī］ 在市区西部。东抵京广铁路，西滨洞庭湖，北至北门渡口，南至南津港。汉称巴丘。汉建安十五年(210)鲁肃筑巴丘城。1917年粤汉铁路通车，设岳州车站，有南正街、竹荫街等特色街巷多条和商业经营场地。为岳阳市老城区。因在京广铁路以西，故称铁西或路西。有历史文化街区芋头田社区、翰林街、汴河街特色风情街。有百年老校市第一、第二、第三中学和岳阳楼小学。有全国重点文物保护单位岳阳楼、慈氏塔、岳州文庙等，文物古迹鲁肃墓、小乔墓、唐代乾明寺、天主堂等。有巴陵广场。通多路公交车。

东茅岭［Dōngmáolǐng］ 在市区中部。西、北抵京广铁路，东至南湖大道，南接青年路。1964年设岳阳行政专员公署，随后岳阳地委、行署所属机关相继迁建，成为岳阳地区政治经济中心。2000年前后贯通南、北辅道，建成东茅岭步行街、东茅岭地下商城。因曾为茅草丛生之地，且在城区东而得名。有市第一人民医院、市工人文化宫、东风广场、市四中、东方红小学等。有岳阳火车站、湘运汽车站。通多路公交车。

五里牌［Wǔlǐpái］ 在市区中部。东起洞庭大道，南至青年路，北抵巴陵大道，西接南湖大道。20世纪70年代前为与城区隔离的小聚落，东茅岭路接通五里牌路后形成街道，与东茅岭行政区紧密相连，融入中心城区。因古驿站五里牌得名。有建材一条街。有国际大厦、国际商贸大厦、大润发商业城、五里牌商业街、运通街等商贸场所及天伦国际、北控岳州府、君临佳龙公馆等商住楼盘。有五里牌中学、市七中、土桥小学。通多路公交车。

八字门［Bāzìmén］ 在市区东部。东邻107国道，西滨王家河，北抵巴陵大道，南至岳阳大道。20世纪90年代设岳阳经济技术开发区，先后贯通通海路、旭园路等，与巴陵东路、青年路、岳阳大道形成纵横格局，商家聚集。因陈氏祖先曾建大型庄园，大门与围墙呈八字形东开而得名。有市二医院、市一医院东院、长江骨科医院、岳阳文化艺术会展中心、八字门小学、东城小学等。通多路公交车。

岳阳经济技术开发区［Yuèyáng Jīngjì Jìshù Kāifāqū］ 在市境中部偏北。东抵金凤桥管理处，南邻南湖，西至三眼桥街，北接通海路管理处。面积253平方千米。1992年经省政府正式批准建立省级经济技术开发区，由岳阳市政府管理。2010年升为国家级经济技术开发区。有国家高新技术创业服务中心、国家小型微型企业创业创新基地、国家电子商务产业示范基地、国家新材料成果转化产业化基地、湖南省承接产业转移示范区、湖南省两化融合试验园区等。有磁力设备制造集群、节能环保装备制造集群、军民融合产品制造集群、生物药业产业集群。为区域性商贸物流中心。有铁路、国道过境。有武广高铁岳阳东站和岳阳三荷机场。通公交车。

湖南城陵矶新港区［Húnán Chénglíngjī Xīngǎngqū］ 在市境中部偏北。东起随岳高速，西临洞庭湖、长江，南至荆岳铁路，北抵松杨湖。面积69平方千米。以区内城陵矶港得名。2012年由省人民政府批准为省级高新技术开发区，由岳阳市政府管理。重点发展港航物流、智能制造、电子信息、新材料等产业。为集干散货、集装箱、件杂货、液态货、危化品、汽车滚装、旅游客运等功能于一体的现代化港口集群。有世界500强企业、上市公司和行业龙头企业，其中规模以上企业128家。包括电子信息、现代物流、粮油加工、先进装备制造、新能源新材料产业，有惠普、华为、上港集团、中远海、中粮、高澜股份、恒大新能源汽车等企业。有“三纵三横”骨干道路。有城陵矶码头、洞庭湖航道。

巴陵大道［Bālíng Dàdào］ 在市区中部。西起南岳坡巴陵广场，东至武广东站前广场。与南湖大道、洞庭大道、大桥河路等相交。长10.8千米，宽80米。沥青路面。1982年开工，1994年建成。因岳阳古称得名。分东、中、西路。两侧有东茅岭步行街、岳阳妇幼保健站、市第二医院、市体育中心等。通多路公交车。

岳阳大道［Yuèyáng Dàdào］ 在市区中部。西起云梦路，东至京港澳高速。与德胜南路、南湖大道、洞庭大道等相交。长23.9千米，宽35—100米。沥青路面。1993年开工，2000年建成。因有市委、市政府等机关及多家行政、事业单位而得名。两侧有市四中、市一医院东院、会展中心、住建局等。通多路公交车。

洞庭大道［Dòngtíng Dàdào］ 在市区中部偏西。北起洞庭湖大桥东，南至南湖大桥。与求索东路、岳阳大道、青年中路等相交。长7千米，宽50米。沥青路面。1995年开工，同年建成，2009年扩建。因北接洞庭湖大桥得名。两侧有市美术馆、图书馆、市广播电视大学、市公安局等。为西北出城主要通道。通多路公交车。

学院路［Xuéyuàn Lù］ 在市区中部。北起花板桥转盘，南至岳州南路。与奇康路、奇仓路、湖山路等相交。长7.6千米，宽35米。沥青路面。1999年开工，同年建成。因贯穿湖南理工学院而得名。两侧有市第十三中学、湖南民族职业学院、岳阳职业技术学院等。为市区东南出入主要通道。通多路公交车。

南湖大道［Nánhú Dàdào］ 在市区中部。北起站前路，南至南湖游路。与东茅岭路、青年中路、岳阳大道、求索路等相交。长6.8千米，宽20米。沥青路面。1989年开工，2000年建成。因南通南湖北岸得名。两侧有市一医院南院、第十四中学、市体育馆等。通多路公交车。

岳阳楼区

岳阳楼区［Yuèyánglóu Qū］ 岳阳市人民政府驻地。在市境西北部。面积465平方千米。人口67万。以汉族为主，还有回、苗、瑶等民族。辖17街道、1镇、4乡。区人民政府驻五里牌街道。1984年设岳阳市南区、郊区。1996年合设岳阳楼区。因岳阳楼得名。分沿湖古城区，东茅岭、金凤桥商业区，七里山—冷水铺、木里港—康王工业区，奇家岭—郭镇文教区。有岳阳会展中心等标志性建筑。有麻布山、金鹗山、珍珠山等山峰。最高点鹰咀山海拔358.8米。长江流经。有洞庭湖、南湖、东风湖等。有高校5所，中学46所，小学68所，三级医院5个，二级医院25个。有景点洞庭湖、君山、岳阳楼、南湖、岳州文庙、慈氏塔等。三次产业比例1∶24∶75。工业以石油化工、电力为主。服务业以旅游、商贸、物流业为主。有蒙华铁路，京广高铁，京广复线，京港澳、杭瑞、随岳、岳常高速，107国道，省道平岳线等过境。有高铁岳阳站、岳阳东站。有长江、洞庭湖航道，城陵矶港。有三荷机场。通多路公交车。

南湖广场［Nánhú Guǎngchǎng］ 在市区南部。面积16万平方米。1991年始建，2000—2002年改扩建。以临近南湖北岸得名。有文化集会、音乐喷泉、主题雕塑、林荫休闲、亲水平台和东区绿化6功能区。绿化面积6.8万平方米。为集文化休闲、绿化旅游为一体的城市综合性广场。周边有湖南理工学院、市博物馆、财政局大厦等。通多路公交车。

青年路［Qīngnián Lù］ 在区境中部。东起白石岭北路，西至梅溪桥老街。与云梦路、南湖大道、洞庭大道等相交。长8千米，宽23米。沥青路面。分东、中、西3段。因20世纪60年代共青团组织青年义务劳动修筑此路而得名。

后逐年东延，2002年扩西段，2008、2009年先后建成中、东段。两侧有市总工会、市国资委、金鹗山公园、市四中等。是岳阳老城区通往新区的主干道。通多路公交车。

求索路［Qiúsuǒ Lù］　在区境南部。东起湘北大道，西至建设南路。与洞庭大道、南湖大道、云梦南路等相交。长4.5千米，宽22.5米。沥青路面。2009年开工，同年建成。以屈原《离骚》"路漫漫其修远兮，吾将上下而求索"诗句命名。两侧有市公安局、市第八中学、市中级人民法院等。通多路公交车。

沿湖大道［Yánhú Dàdào］　在区境西北部。北起桂花园路，南至洞庭北路。与建设北路、洞庭大道、东风湖路、汴河园路等相交。长6.8千米，宽30米。沥青路面。1996年开工，同年建成，至2009年多次改建。因临洞庭湖得名。两侧有城陵矶港务集团等。集防洪、交通、观景于一体，为市区通往城陵矶港区及西向出城重要通道。通公交车。

通海路［Tōnghǎi Lù］　在区境东部。北起冷水铺路，南至王家垅路北路。与雷锋山路、王家畈路、青年路、岳阳大道等相交。长12千米，宽18—45米。沥青路面。1990年开工，2000年建成。寓通江达海之意得名。两侧有冷水铺、八字门商业圈，市国土局等。通多路公交车。

白石岭路［Báishílǐng Lù］　在区境东部。北起联港路，南至奇西路。与花果畈路、王家畈路、岳阳大道等相交。长6千米，宽45米。沥青路面。2001年开工，2005年建成。因途经白石岭，山麓有巨大白垩石而得名。两侧有市体育中心、太阳桥大市场、中南大市场等。通公交车。

旭园路［Xùyuán Lù］　在区境东部。北起王家畈路，南至岳阳大道。与兴业路、巴陵东路、青年路等相交。长2.5千米，宽45米。沥青路面。2003年开工，2004年建成。因商居楼盘旭园得名。两侧有八字门商业圈、区法院、市电业局、市一医院东院等。通公交车。

建湘路［Jiànxiāng Lù］　在区境中部。北起洞庭大道，南至岳阳大道。与站前路、青年中路、岳阳大道、求索东路等相交。长2.8千米，宽16米。沥青路面。1999年开工，2001年竣工。因建设湖南之意得名。两侧有站前路商业街、建湘路小学、五里牌商业圈、市人事社保局等。通多路公交车。

赶山路［Gǎnshān Lù］　在区境南部。东起黄茆山路，西至湖滨大道。与湘北大道、狮坡岭路相交。长4.6千米，宽46米。沥青路面。2010年开工，2011年建成。因在赶山南麓得名。两侧有南湖风景区、湘北女校等。通公交车。

洞庭路［Dòngtíng Lù］　在区境南部。北起沿湖大道，南至南津港。与汴河园路、剪刀池巷、巴陵路等相交。长3.4千米，宽10米。沥青路面。1931年始建，1964年扩建。因临洞庭湖得名。两侧有市第一中学、岳阳楼小学、岳阳火车南站等。通多路公交车。

桂花园路［Guìhuāyuán Lù］　在区境北部。北起桂花园路，南至望岳路。与洛家山路、吉家湖路、良山路等相交。长1.7千米，宽35米。沥青路面。为民国旧道，1949年后多次拓宽，2001年复改建。因城陵矶港休闲码头桂花园得名。两侧有城陵矶港、国家棉麻库、七里山油库、京广铁路岳阳北站等。通公交车。

枫桥湖路［Fēngqiáohú Lù］　在区境东北部。东起洞庭大道，西至汴河园路。与云山街、岳州路、湘东路、德胜北路、马壕路、建设北路相交。长3.3千米，宽35米。沥青路面。2001年开工，同年建成。因邻枫桥湖得名。两侧有广济医院、岳阳火车站、市中医院等。通公交车。

冷水铺路［Lěngshuǐpù Lù］　在区境北部。北起通海路，南至洞庭大道。与花果畈路、通海北路、茶园路、罗网路、丁澜路、花园坡路相交。长5.7千米，宽45米。沥青路面。1938年始建，1949年后经多次扩建改造，2010年再改造。因途经古驿道铺递冷水铺得名。两侧有岳阳火车北站、梅溪中学、冷水铺商业圈、中航长江动力厂等。为城陵矶港连接岳阳市城区、贯穿市区外围主干道。通公交车。

洞庭湖大桥［Dòngtínghú Dàqiáo］　在市区东北部，跨洞庭湖。长18.9千米，宽20米，最大跨度310米，桥下净高16米。1996年开工，2000年建成。因处洞庭湖水入长江出口处而得名。为大型河道桥梁，结构型式为三塔斜拉桥结构体系桥。最大载重120吨。通公交车。

巴陵大桥［Bālíng Dàqiáo］　在市区中部。长871米，宽20米，最大跨度27米，桥下净高8.5米。1979年开工，1982年建成。因岳阳古郡名得名。为大型河道铁路跨线桥，结构型式为钢筋混凝土结构双曲孔桥。最大载重20吨。通公交车。

王家河桥［Wángjiāhé Qiáo］　在市区中部，跨王家河。长309米，宽69米，最大跨度65米，桥下净高8米。2001年开工，2002年建成。因跨王家河得名。为大型河道桥梁，结构型式为钢筋混凝土结构T梁桥。最大载重55吨。通公交车。

琵琶王立交桥［Pípawáng Lìjiāoqiáo］　在城区中部。占地13.2万平方米。三层互不交叉的不同的城市道路在此立体相交。为人车分流、全互通、彩蝶式立交桥。最高层离地面13米。1997年开工，1999年建成。旧时有王姓喜植枇杷树，称枇杷王，以谐音雅化为桥名。日交通流量6.9万辆。

岳阳站［Yuèyáng Zhàn］　见交通运输设施部分"岳阳站"条。

岳阳东站［Yuèyángdōng Zhàn］　见交通运输设施部分"岳阳东站"条。

岳阳长途汽车站［Yuèyáng Chángtú Qìchēzhàn］　见交通运输设施部分"岳阳长途汽车站"条。

岳阳洞庭汽车站［Yuèyáng Dòngtíng Qìchēzhàn］　见交通运输设施部分"岳阳洞庭汽车站"条。

五里牌街道［Wǔlǐpái Jiēdào］　岳阳楼区人民政府驻地。在区境中部。面积8.5平方千米。人口5.8万。1984年设。因有古驿道站亭五里牌得名。2000年后修建青年中路、建湘路等。有中等职业技校中南技师学院。有中学4所，小学3所，二级医院4个，卫生服务中心1个。服务业以商贸、房地产开发为主。通公交车。

岳阳楼街道［Yuèyánglóu Jiēdào］　属岳阳楼区。在区境中部偏西。面积5.7平方千米。人口4.1万。2001年设。因岳阳楼得名。2006年建成岳阳楼沿湖风光带二期工程、汴河街，重建古城南门瞻岳门、巴陵广场。为沿湖岗丘。有九华山。滨洞庭湖、吉家湖。有中学2所，其中市第一中学为省重点中学，小学3所，二级医院4个，卫生所2个。有全国重点文物保护单位岳阳楼、岳州文庙。有鲁肃墓、小乔墓。有特色街巷汴河街、翰林街。工业以橡胶制品为主。服务业以商贸为主。通公交车。

三眼桥街道［Sānyǎnqiáo Jiēdào］　属岳阳楼区。在区境中部偏南。面积4.5平方千米。人口3.7万。2001年设。因三眼桥得名。有高校2所，专业学校1所，中学2所，二级医院1个，卫生服务中心2个。有尚书山公园。服务业以商贸、房地产开发为主。岳荣公路过境。通公交车。

吕仙亭街道［Lǚxiāntíng Jiēdào］　属岳阳楼区。在区境西南部。面积6.9平方千米。人口3.5万。1984年设。因古道观吕仙亭得名。有天岳山、油榨岭、老印山、新印山等。西滨洞庭湖。有中学1所，小学4所，二级医院1个，卫生服务中心2个。服务业以商品零售为主。有批发市场、商业大厦和茶叶、鱼市等专业市场。通公交车。

金鹗山街道［Jīn'èshān Jiēdào］　属岳阳楼区。在区境东南部。面积14平方千米。人口4.4万。1984年设。因境内金鹗山得名。有南津港、千亩湖。有专业学校1所，小学4所，三级医院1个，二级医院3个。有景点南津古渡、金鹗山公园等。服务业以商贸为主。通公交车。

东茅岭街道［Dōngmáolǐng Jiēdào］　属岳阳楼区。在区境中部。面积5.4平方千米。人口6万。1984年设。因曾为茅草丛生之岭岗，又在古城东而得名。1985年建巴陵大桥集贸市场。2002年建商业步行街。有中学1所，小学2所，三级医院3个，二级医院3个。有工人文化宫。服务业以商贸为主。通公交车。

望岳路街道［Wàngyuèlù Jiēdào］　属岳阳楼区。在区境北部。面积8.6平方千米。人口5.8万。2001年设岳阳楼街道。2007年改今名。因可望见岳阳楼得名。有七里山。有吉家湖、东风湖。有专业学校1所，中学2所，小学4所，二级医院4个，卫生服务中心1个。经济以工业为主，有石油化工、苎麻纺织等产业。有岳阳汽车西站。通公交车。

城陵矶街道［Chénglíngjī Jiēdào］　属岳阳楼区。在区境西北部。面积12.8平方千米。人口2.7万。1960年设。因城陵山得名。有中学3所，小学6所，二级医院2个，卫生所1个。有省级文物保护单位岳州关。有湖南省唯一通江达海的口岸城陵矶港。经济以港口运输、工业为主。有电厂、纸业等企业。通公交车。

枫桥湖街道［Fēngqiáohú Jiēdào］　属岳阳楼区。在区境东北部。面积7.5平方千米。人口2.8万。因枫桥湖得名。2002年设新路口街道。2007年改今名。有小学1所，三级医院1个，卫生所1个。服务业以商贸为主。京广铁路过境。有岳阳火车站、岳阳客运汽车站。通公交车。

奇家岭街道［Qíjiālǐng Jiēdào］　属岳阳楼区。在区境东南部。面积7.5平方千米。人口4.2万。2007年设。传有奇氏在岭上建居而得名。北港河、南港河流经。有高校2所，职业中专1所，小学4所，卫生服务中心1个。有蔬菜种植业、电磁铁业、餐饮业等。107国道、省道岳新线过境。通公交车。

洞庭街道［Dòngtíng Jiēdào］　属岳阳楼区。在区境西北部。面积8.5平方千米。人口0.8万。2001年设。因滨洞庭湖岸且由洞庭湖渔业生产单位发展而来而得名。修建洞庭湖沿湖风光带，建沿湖大道、洞庭大道西段、建设北路等道路。有中学2所，小学2所，卫生服务中心1个。农业以鱼类养殖为主。有鱼类加工、饮食类商业服务。浩吉铁路、杭瑞高速过境。通公交车。

洛王街道［Luòwáng Jiēdào］　属岳阳楼区。在区境东北部。面积9.7平方千米。人口1.9万。2002年设。明代有王姓设渡口接送过往客商在此落宿，称落宿王家，后简为落王，去草头得今名。先后建冷水铺路、城北路、洛王路、茶园路等道路及商住小区、商场多个。大桥水流经。有小学2所，卫生服务中心1个。服务业以商贸为主。京广铁路、107国道过境。

通公交车。

王家河街道［Wángjiāhé Jiēdào］ 属岳阳楼区。在区境中部。面积3.4平方千米。人口1.7万。2007年设。因王家河渡口得名。为低矮丘陵区。王家河流经。有中学1所,小学2所,二级医院1个。服务业以商贸为主。通公交车。

站前路街道［Zhànqiánlù Jiēdào］ 属岳阳楼区。在区境中部。面积3.5平方千米。人口2.4万。2006年设。因在火车站前得名。有望城岭。有中学2所,小学2所,卫生院2个,卫生服务中心1个。服务业以商品零售为主。京广铁路过境。通公交车。

南湖街道［Nánhú Jiēdào］ 属岳阳楼区。在区境南部。面积7.5平方千米。人口1.1万。1998年设。因境内南湖得名。2003年修建湖南理工学院畔湖湾新校区。有高校1所,中学2所,小学1所,二级医院1个,卫生服务中心2个。有省级文物保护单位三眼桥。有景点尚书山公园,南湖公园,明工部尚书谢登之、明刑部尚书颜颐寿墓等。服务业以生态旅游为主。通公交车。

湖滨街道［Húbīn Jiēdào］ 属岳阳楼区。在区境西南部。面积10平方千米。人口1.1万。2008年设。因滨洞庭湖东岸得名。2012年改造湖滨大道。有月形山、虎形山等。有门山湖、雷公湖等。有特殊教育学校1所,中学3所,卫生服务中心1个。有全国重点文物保护单位岳阳教会学校旧址。有景点圣安寺、雷公湖、月形山等。服务业以商贸为主。有建材、医药等企业。京广铁路、240国道过境。通公交车。

求索街道［Qiúsuǒ Jiēdào］ 属岳阳楼区。在区境南部,南湖北岸。面积10.8平方千米。人口1.1万。2008年设。因"吾将上下而求索"诗句得名。有中学2所,小学1所,卫生服务中心2个。有景点千亩湖、九孔桥、天灯、映月、南湖三圈游路等。服务业以商贸、旅游为主。通公交车。

西塘镇［Xītáng Zhèn］ 岳阳楼区辖镇。在区境东部。面积49平方千米。人口2.8万。辖1居委会、17村委会,有182自然村。镇人民政府驻西塘街。1958年为西塘公社。1984年为西塘乡。1995年改镇。因镇政府驻地得名。有琵琶山。游港河流经。有中学1所,小学2所,卫生院1个。有风景名胜千年紫竹禅林院、兰家洞水库等。农业以花木、林果种植为主。随岳、大岳、岳望高速过境。有三荷机场。

西塘街［Xītángjiē］ 西塘镇人民政府驻地。在区政府驻地五里牌街道东23千米。人口3000。明清时此地开两口灌溉田地的山塘,以方位称东塘、西塘。因沿塘发展成集镇而得名。聚落呈弯月形。有中小学、卫生院等。有明清风格老街建筑。有木业加工、铝制品、铸钢等企业。蒙华铁路,省道湖西、筻西、长桃线,县道西马线经此。

三荷乡［Sānhé Xiāng］ 岳阳楼区辖乡。在区境东部。面积92平方千米。人口2万。辖1居委会、23村委会,有213自然村。乡人民政府驻三荷。1993年平地、昆山2乡并为三荷乡。因乡政府驻地得名。为丘陵地貌。有昆山、琵琶山。珊桥河流经。有小学1所,卫生服务中心1个。有古迹昆山寺、十八罗汉岭寺庙、观音座殿等。有洪山村抗日爱国主义教育基地。农业以水稻种植、生猪养殖为主。京珠、随岳、杭瑞高速,107、353国道等过境。

三荷［Sānhé］ 三荷乡人民政府驻地。在区政府驻地五里牌街道东18千米。人口3300。原属昆山乡辖地,因昆山乡由平地、珊桥两乡组成,俗称"三合一",谐音雅化为三荷。聚落呈丁字形。有小学、卫生院。有古迹千年紫竹禅林院、"乐善好施"牌坊、来太夫人墓葬、普济桥等。服务业以商贸为主。随岳高速、353国道、省道务利线经此。通公交车。

梅溪乡［Méixī Xiāng］ 岳阳楼区辖乡。在区境东北部。面积29平方千米。人口7万。辖5居委会、11村委会,有64自然村。乡人民政府驻冷水铺。1952年为梅溪乡。1958年与昆山乡合并成立梅溪公社。1972年并入五里公社。1984年析置梅溪乡。春秋时楚建东麋城,后音变为梅子市,又演为梅溪。有芭蕉湖。有中等职业技术学校3所,中学2所,小学7所,二级医院1个,卫生服务中心1个。农业以水稻、棉花种植为主。工业以机械制造为主。京广铁路、107国道过境。通多路公交车。

冷水铺［Lěngshuǐpù］ 梅溪乡人民政府驻地。在区政府驻地五里牌街道北5千米。人口2800。明代成村,旧时为岳州城连通南北的铺递,民户多植椰榆树,因岳阳方言"椰树"与"冷水"谐音而得名。聚落呈团状。有中小学、卫生院、敬老院、文化广场等。工业以化工、机械制造为主。107国道经此。通多路公交车。

郭镇乡［Guōzhèn Xiāng］ 岳阳楼区辖乡。在区境南部。面积33平方千米。人口1.6万。辖8村委会,有65自然村。乡人民政府驻阁子市。1950年置郭镇乡。1961年改公社。1983年复乡。因乡政府驻地得名。南湖古称角子湖、阁子湖、鸽子湖。沿湖成聚落称阁子市,后谐为"郭",渐成集镇,改今名。为丘陵地貌。有内赶山等。有南湖。有高校1所,小学1所,卫生服务中心1个。农业以水稻、蔬菜、苗木种植为主。京广铁路、武广高铁、江新高速、省道安林线过境。

阁子市［Gézishì］ 郭镇乡人民政府驻地。在区政府驻地五里牌街道南7千米。人口3600。意为南湖"一角","阁"为"角"意。聚落呈团状。有湘北女校、小学、区卫生室。有黄梅港湿地公园、安徒生童话乐园、文化活动广场、文化艺术长廊等。农业以水稻、红薯、茶种植为主。通多路公交车。

康王乡［Kāngwáng Xiāng］ 岳阳楼区辖乡。在区境东南部。面积77平方千米。人口3.2万。辖3居委会、24村委会,有230自然村。乡人民政府驻长岭头。1961年设康王乡。1981年改公社。1984年改乡。1995年乌江乡并入。因康王庙、康王桥得名。为丘陵地貌。乌江流经。有中学1所,小学1所,卫生服务中心1个。有"四·三"惨案烈士陵园。有遗址北宋墓、唐代绿荫庙、张果老槽、金井、半斗米坳等。农业以水稻、花卉苗木种植为主。工业以造纸、数控机床加工为主。京港澳、武广高速,107国道过境。

长岭头［Chánglǐngtóu］ 康王乡人民政府驻地。在区政府驻地五里牌街道东南18千米。人口2500。因在长形岗岭上,为溪水流入南湖和乌江分水岭而得名。聚落呈T字形。有中小学、卫生院、敬老院。工业以机筛制造、节能炉生产为主。省道湖金线、康青线经此。

云溪区

云溪区［Yúnxī Qū］ 岳阳市辖区。在市境东北部。面积396平方千米。人口19万。以汉族为主,还有土家、苗、满等民族。辖1街道、5镇、2乡。区人民政府驻云溪镇。1984年设北区。1996年改今名。明代设驿道,因驿站东南有溪水自东向西流,设船埠,逢春夏茶商云集而得名。1996—2014年修建胜利西路、云中西路、洗马路、白虎塘路、新埠路,改扩建云中路、文苑路,改造云溪老街,建云溪广场。形成6功能区,马鞍山区为政治文化中心区,西为工业发展集中区,东为商贸集中区,北为居民生活区,南为金融、通信服务区,牛形山区为文化娱乐休闲区。有荆竹山、五尖山等。清溪河、云溪河等流经。有国家一级保护动物白鹤、白鹳。有白泥湖国家湿地公园,省级自然保护区清溪森林公园、芭蕉湖洋溪湖自然风景区。有中等职业学校1所,中学7所,小学23所,二级医院3个,图书馆3个,档案馆1个,体育场馆5个。有全国重点文物保护单位铜鼓山商文化遗址、清代石砌大矶头,省级文物保护单位岳飞手植五爪松、"乐善好施"牌坊、白荆桥等8个。三次产业比例7∶63∶30。农业以水稻种植、生猪养殖为主。有特色农产品螃蟹、松杨湖湘莲等。工业以精细化工为主。有省级开发区2个。服务业以商贸、物流为主。武广高铁,京广、蒙华铁路,107国道,杭瑞、随岳高速,省道道八、长陆、瑟最线等过境。

云溪广场［Yúnxī Guǎngchǎng］ 在城区西南部。面积3万平方米。2009年开工,2011年建成。因在云溪镇得名。分停车区、活动区、绿化区、苗圃区、游览区、牛形山景观园。有以著名历史人物、历史事件为主题的文化墙。为市民休闲、健身及举行文化活动的场所。周边有云溪中学、云溪公园、区政府。通公交车。

云溪站［Yúnxī Zhàn］ 见交通运输设施部分"云溪站"条。

云溪汽车站［Yúnxī Qìchēzhàn］ 见交通运输设施部分"云溪汽车站"条。

长岭街道［Chánglǐng Jiēdào］ 属云溪区。在区境北部。面积8.2平方千米。人口2.6万。2003年设。因在长岭得名。2009、2011年分别改扩建北干道、长炼路。有驼鹤山。路口河流经。有省级科研单位长岭炼电化工研究院。有中等职业学校1所,小学2所,卫生所4个。有长炼博物馆、长炼体育馆、驼鹤山公园、长炼水上公园。工业以石油化工为主。通公交车。

云溪镇［Yúnxī Zhèn］ 云溪区人民政府驻地。在区境中部。面积15平方千米。人口4.7万。以汉族为主,还有土家、苗、蒙古等民族。辖4居委会、2村委会,有25自然村。镇人民政府驻凤台山社区。1953年设云溪镇。1961年划入云溪公社。1975年复置云溪镇。因云溪河得名。有中学1所,小学2所,二级医院3个,卫生所2个。有国家级非物质文化遗产地花鼓。经济以工业和商贸为主。农业以蔬菜、花卉苗木种植为主。工业以石油化工、塑料制品、建材为主。服务业以商贸、物流、餐饮为主。京广铁路、随岳高速、107国道过境。

凤台山社区［Fèngtáishān Shèqū］ 云溪镇人民政府驻地。在区境东北部。面积2平方千米。人口7700。2014年成立。因传曾有凤凰集于台山上得名。民居以低层楼房为主。有文化广场、文化活动中心、门球场、篮球场、羽毛球场、体育健身广场等设施。开展社区平安创建、清洁治理、群众文体娱乐、全民健身、再就业援助、民政救助、户籍管理、计划生育、流动人口管理、健康服务、志愿者服务等活动。有云溪影剧院。有小学、省级示范幼儿园。云溪区人民政府驻此。服务业以商贸为主。通公交车。

陆城镇［Lùchéng Zhèn］ 云溪区辖镇。在区境西北部。面积38.9平方千米。人口1.1万。辖1居委会、8村委会,有57自然村。镇人民政府驻陆逊社区。1952年设陆城镇。1961年划入陆城公社。1983年复置陆城镇。1984年陆城公社改乡。1985年陆城乡并入陆城镇。因镇政府驻地得名。有青山。有中学1所,小学3所,卫生院1个,卫生所9个。有全国重点文物保护单位铜鼓山商文化遗址、清代石砌大矶头,省级文物保护单位培风塔。农业以水稻、湘莲种植为主。工业以化工为主。省道路陆线过境。

陆逊社区［Lùxùn Shèqū］　陆城镇人民政府驻地。在区境西北部。面积9平方千米。人口3100。2002年成立。为纪念三国陆逊在此筑城演兵得名。民居以楼房为主。有文化活动中心、养老院。有中学、卫生院。有遗址文庙、武庙、天宫府、嘉佑寺、莼湖书院、考棚等。有商品零售业及化工企业。省道路陆线过境。

道仁矶镇［Dàorénjī Zhèn］　云溪区辖镇。在区境西部。面积56平方千米。人口1万。辖1居委会、7村委会,有73自然村。镇人民政府驻道仁矶社区。1993年陆城镇、白泥湖渔场合置道仁矶镇。因镇政府驻地得名。有蜈蚣山、枫桥湖等。有省级文物保护单位道仁矶新石器时代大溪文化遗址、太平嘴战国至汉代文化遗址。有中学1所,小学3所,卫生院1个,卫生所5个。农业以水稻种植为主。随岳高速、省道道云线过境。

道仁矶社区［Dàorénjī Shèqū］　道仁矶镇人民政府驻地。在区境西部。面积4平方千米。人口4500。1993年成立。因临江矮山,如道人面北而立,称道人矶,后演为道仁矶。民居多为低层楼房。有社区文化活动中心、养老院。有中小学、卫生院。服务业以运输、商贸为主。省道道云线、陆松公路经此。

路口镇［Lùkǒu Zhèn］　云溪区辖镇。在区境东部。面积42平方千米。人口1.9万。辖2居委会、12村委会,有119自然村。镇人民政府驻路口老街。1958年设路口公社。1961年析置路口镇。1983年路口公社改乡。1987年镇、乡合并。因镇政府驻地得名。有太平山、南亭山。有中学1所,小学3所,卫生院1个,卫生所4个。农业以水稻种植、生猪养殖为主。工业以混凝土生产为主。服务业以商贸、运输为主。京广铁路、107国道、省道路陆线、县道路临线过境。

路口老街［Lùkǒulǎojiē］　路口镇人民政府驻地。在区政府驻地云溪镇西13千米。人口2100。唐代长安驿至陆城、云溪两驿道在此分道,成"丁"字路口,因路口有店铺而得名。聚落呈丁字形。服务业以商品零售为主。京广铁路复线、县道路临线经此。

文桥镇［Wénqiáo Zhèn］　云溪区辖镇。在区境东北部。面积63平方千米。人口1.9万。辖1居委会、13村委会,有164自然村。镇人民政府驻文桥街。1954年为文修乡。1961年改公社。1984年复乡。1999年改文桥镇。因镇政府驻地得名。有荆竹山等。青龙河流经。有宝塔湖。有中学1所,小学3所,卫生院1个,卫生所11个。有省级文物保护单位龟山新石器时代文化遗址、培风塔。农业以水稻种植为主。工业以化工为主。有建筑、运输业。省道临鸭线过境。

文桥街［Wénqiáojiē］　文桥镇人民政府驻地。在区政府驻地云溪镇东北14千米。人口4300。清乾隆年间乡绅李子文在青龙河上建独拱石桥,为铭其功,得名文修桥,后简为今名。聚落呈块状。青龙河流经。有中学、卫生院、文化活动中心。有商贸、建筑业、运输业。县道文牌线经此。通公交车。

云溪乡［Yúnxī Xiāng］　云溪区辖乡。在区境东南部。面积132.1平方千米。人口3.1万。辖16村委会,有248自然村。乡人民政府驻云溪老街。1951年置云溪乡。1958年改公社。1984年改乡。因乡政府驻地得名。有小木岭、斗笠山等。有芭蕉湖、扬旗湖等。有中学1所,小学4所,卫生所13个。有省级文物保护单位岳飞手植五爪松、明代户部尚书杨一鹏家族墓、"乐善好施"牌坊、清代台湾首任兵备道道台刘璈墓。农业以水稻、湘莲种植,生猪养殖为主。工业以化工为主。有运输业。武广高铁,京广、蒙华铁路,杭瑞、随岳高速,107国道等过境。

云溪老街［Yúnxīlǎojiē］　云溪乡人民政府驻地。在区政府驻地云溪镇西南1千米。人口1300。因有溪水自东向西流经,设有船埠,每逢春夏茶商云集而得名。聚落呈弓状。有中小学、卫生院、敬老院、文化广场等。有楮木桥、洗马塘等名胜古迹。有绸厂、编织袋厂等。京广铁路、107国道经此。通公交车。

永济乡［Yǒngjì Xiāng］　云溪区辖乡。在区境西南部。面积30平方千米。人口8500。以汉族为主,还有苗、壮、瑶等民族。辖1居委会、5村委会,有31自然村。乡人民政府驻松杨湖街。2001年设永济乡。因古长江永济堤得名。长江流经。有芭蕉湖、松杨湖。有中学1所,小学3所,卫生所5个。有省级文物保护单位楚庄王土台擂鼓台遗址。农业以水稻种植为主。工业以采沙、砖瓦等建材生产为主。省道詹桥镇大界村—横铺乡东方村线过境。

松杨湖街［Sōngyánghújiē］　永济乡人民政府驻地。在区政府驻地云溪镇西南8千米。人口1100。因滨松杨湖得名,又名三角坪街、象滑港。聚落呈丁字形。有中小学、卫生院、文化广场等。有混凝土厂、沙石场等。省道白石岭线等经此。通公交车。

君山区

君山区［Jūnshān Qū］　岳阳市辖区。在市境西北部。面积62.9平方千米。人口23.6万。以汉族为主,还有土家、苗、瑶等民族。辖1街道、6镇。区人民政府驻柳林洲镇。1996年成立君山区。2000年钱粮湖、采桑湖、良心堡、柳林洲4镇和西城街道并入。因君山岛得名。2001年建洞庭湖大桥,连通洞庭西路与君山大道。2007年修景明大道、光明大道。2014年铺荆江大道。有标志性建筑洞庭湖博物馆、团湖公园莲花塔。北滨长江。有蓼湖、太阳湖、团湖。有职业高中1所,中学8所,小学29所,二级医院2个。有景点墨山禅祠、天井山森林公园、采桑湖湿地、君山岛、观鸟之都等。三次产业比例31∶26∶43。农业以水稻、棉花、湘莲种植,鲜鱼、龙虾养殖为主。工业以食品加工为主。蒙华铁路、杭瑞高速、省道岳华线过境。通多路公交车。

洞庭西路［Dòngtíng Xīlù］　在区境中部。东起洞庭湖大桥,西至进港路(荆江门港)。与光明路、君山大道、旅游路相交。长14千米,宽75米。沥青路面。2001年开工,2002年建成,2009年改扩建。因为洞庭大道的西延线而得名。两侧有区检察院、区法院、市第十六中学等。通多路公交车。

君山大道［Jūnshān Dàdào］　在区境中部。南起千亩田路,北至柳林路。与洞庭西路、黄岸路相交。长4千米,宽22米。沥青路面。1988年开工,1989年建成,2009年改建。两侧有区政府、洞庭湖博物馆、君山公园。为城区最繁华主街。通多路公交车。

西城街道［Xīchéng Jiēdào］　属君山区。在区境东部。面积34平方千米。人口2.9万。2000年设。因在岳阳城西得名。2001年相继修建洞庭大道、洞庭西路等道路多条,拓宽岳华公路君山段。有中学1所,小学4所,卫生院1个,卫生所10个。农业以蔬菜种植,黄鳝、黄古、大口鲇、才鱼、甲鱼、回头鱼等特种水产养殖为主。工业以电磁铁、印刷包装、新型建材产业为主。商业以餐饮、物流、零售为主。蒙华铁路、岳常高速过境。通多路公交车。

柳毅社区［Liǔyì Shèqū］　在区境东部。为柳林洲镇人民政府驻地。面积1.3平方千米。人口8200。2012年成立。因柳毅路得名。民居有简约园林式、简约欧式风格楼房。有劳动保障、低保救助和社会管理等常规服务窗口。有慈善爱心超市、健身房、老人活动室和残疾人康复室。成立老年人门球队、舞蹈队和腰鼓队。有小学、幼教中心。服务业以商贸为主。通多路公交车。

柳林洲镇［Liǔlínzhōu Zhèn］　君山区人民政府驻地。在区境西部。面积181平方千米。人口4.2万。辖4居委会、12村委会,有39自然村。镇人民政府驻西城街道柳毅社区。2000年撤君山农场,设柳林洲镇。因植柳成林得名。以洞庭湖淤积平原为主。有中学2所,小学5所,二级医院1个,卫生院2个,卫生室22个。农业以水稻种植为主。工业以食品、纺织、饲料生产为主。蒙华铁路、岳常高速过境。

广兴洲镇［Guǎngxīngzhōu Zhèn］　君山区辖镇。在区境中部。面积85平方千米。人口3.8万。辖2居委会、12村委会,有30自然村。镇人民政府驻广兴洲。1968年成立广兴公社。1984年改建乡。1985年改广兴洲镇。因镇政府驻地得名。为洞庭湖长江冲积平原。有中学1所,小学4所,卫生院1个,卫生室12个。特产兴洲大白菜。县道七茅线过境。

广兴洲［Guǎngxīngzhōu］　广兴洲镇人民政府驻地。在区政府驻地柳林洲镇东北20千米。人口1.1万。因大众共兴之意得名。聚落呈井字形。有中小学、卫生院。服务业以商贸为主。通客运班车辆。

许市镇［Xǔshì Zhèn］　君山区辖镇。在区境西北部。面积97平方千米。人口3万。辖2居委会、10村委会,有77自然村。镇人民政府驻茅屋岭。1961年成立许市公社。1984年改乡。1993年黄金乡并入后改许市镇。因镇境为长江故道与洞庭湖口接壤处,上游竹木排筏多集结此地,形成水上市场,简称"水家牌"。本地方言读"水"为"许",故名许市。有中学1所,小学4所,卫生院1个,卫生所12个。有新屋岭和刘家屋新石器文化遗址、新四军江南支队伏击日寇遗址,景点墨山禅祠、天井山森林公园、四知庵等。农业以水稻、茶、湘莲种植为主,产柿树岭丑橘。浩吉铁路、岳常高速过境。2014年被评为省级文明镇。

茅屋岭［Máowūlǐng］　许市镇人民政府驻地。在区政府驻地柳林洲镇西北24千米。人口4500。原为荒山地,明代渔民、樵夫在此搭茅棚居住而得名。聚落沿岳华、许洪公路呈羊角状分布。有小学、血吸虫防治医院、卫生院。服务业以商贸、餐饮为主。浩吉铁路、杭瑞高速经此。

钱粮湖镇［Qiánliánghú Zhèn］　君山区辖镇。在区境东南部。面积9平方千米。人口4.7万。辖5居委会、15村委会,有50自然村。镇人民政府驻层山。2000年钱粮湖农场与层山镇合置钱粮湖镇。因钱粮湖得名。有中学2所,小学5所,二级医院1个,卫生院2个,卫生室18个。农业以水稻、棉花种植为主。工业以纺织、造纸、化工为主。省道岳华线、六门闸—华容线过境。

层山［Céngshān］　钱粮湖镇人民政府驻地。在区政府驻地柳林洲镇西35千米。人口1.2万。当地有山,因沙砾、土层分明得名层山,后成集镇以山名。聚落呈团状。有中小学、二级医院、敬老院。有商贸、农产品加工业。省道岳华线经此。

良心堡镇［Liángxīnbǎo Zhèn］ 君山区辖镇。在区境西南部。面积70平方千米。人口3.1万。辖2居委会、20村委会，有68自然村。镇人民政府驻良心堡。2000年由钱粮湖农场析设良心堡镇。因镇政府驻地得名。悦来河流经。有中学1所，小学3所，卫生院1个，卫生室22个。有省级文物保护单位玟山堡遗址。农业以棉花、水稻、油菜种植，青、草、鲢等鱼类养殖为主。服务业以生态旅游为主。省道岳华线过境。

良心堡［Liángxīnbǎo］ 良心堡镇人民政府驻地。在区政府驻地柳林洲镇西南45千米。人口4700。传清代一穷苦渔民为治母病，冬日入湖捕鱼陷淤泥而死，渔民感念其孝，共同供奉其母。乾隆赞誉："子心孝，民心善，此谓良心之地也。"故名。聚落呈团状。有中小学、卫生院。服务业以乡村旅游、农商贸易为主。省道岳华线经此。

采桑湖镇［Cǎisānghú Zhèn］ 君山区辖镇。在区境西部。面积72平方千米。人口1.9万。辖2居委会、14村委会，有88自然村。镇人民政府驻分路口。2000年钱粮湖农场与华容县烟墩村、肖台村合并设采桑湖镇。因采桑湖得名。有北麓墨山。有采桑湖。有中学1所，小学4所，卫生院1个，卫生室16个。农业以水稻、棉花、甘蔗等种植，龙虾养殖为主。蒙华铁路、岳常高速等过境。

分路口［Fēnlùkǒu］ 采桑湖镇人民政府驻地。在区政府驻地柳林洲镇西28千米。人口800。因在两条公路交会处得名。聚落呈T字形。有商代烽火台遗址。有中小学、卫生院。有商贸业和石艺厂、环保砖厂。浩吉铁路、杭瑞高速经此。

汨 罗 市

汨罗市［Mìluó Shì］ 湖南省直辖县级市，由岳阳市代管。北纬29°20′，东经113°08′。在岳阳市境南部。面积1670平方千米。人口73.6万。以汉族为主，还有土家、苗、壮、瑶等民族。辖1街道、19镇、15乡。市人民政府驻城郊乡。1966年析湘阴县东部京广铁路两侧及汨罗江沿岸部分地域设汨罗县。1986年属岳阳市。1987年撤县设汨罗市(县级)。因汨罗江得名。1992年后建成建设东路、建设西路、罗城路等道路多条。以京广铁路为界，城西老区多居民区，城东新区为政治文化和商业中心。地处洞庭湖平原东南部。平均海拔43米。有幕阜山、智峰山等。年均气温17℃，1月平均气温4.4℃，7月平均气温28.9℃。年均降水量1345毫米。汨罗江、白水江等流经。有黄金、花岗石、沙砾等矿产资源。有野生植物421种，其中有国家重点保护野生植物水杉、银杏、杜仲。有野生动物70种，其中有国家重点保护野生动物穿山甲、金钱豹、大鲵、猴面鹰、江豚、大灵猫。有省级自然保护区神鼎山森林公园、八景洞旅游风景名胜区。森林覆盖率42.5%。有中等职业学校3所，中学43所，小学146所，二级医院6个。有全国重点文物保护单位屈子祠、任弼时故居、罗子国遗址、汨罗山战国墓群，省级文物保护单位营盘园遗址、郭嵩焘墓等11个。有省级历史文化名镇长乐镇。有世界非物质文化遗产汨罗江畔端午习俗，国家级非物质文化遗产龙舟竞赛、长乐抬阁故事会。三次产业比例12∶61∶27。农业以水稻、玉米种植，生猪、肉牛、肉鸡、鱼、河蟹、泥鳅、锦鲤、小龙虾、甲鱼、乌龟、牛蛙等特种水产养殖为主。工业以冶金、化工、纺织、建材、饲料产业为主。服务业以商贸、旅游业为主。京广铁路，武广高铁，京港澳、岳长高速，107国道，省道平益、屈汨、长岳、三磊、十古、天伍线过境。

归义广场［Guīyì Guǎngchǎng］ 在市区中部。面积800平方米。2011年开工，2012年建成。因邻归义街得名。分南、北2广场。南广场面积300平方米，建有街心花园、绿地。北广场面积500平方米，有城市景观花坛4个、广场铭牌石、排椅多张。为群众文娱活动场地。周边有国家开发银行等单位。通多路公交车。

罗城路［Luóchéng Lù］ 在市区南部。东起汨新路，西至城西路。与湖西路、劳动南路等相交。长2.7千米，宽24—50米。混凝土路面。1987年始建，2006年改建。因经古罗子国城遗址得名。两侧有市教育局、市建设局、市规划办等单位。通多路公交车。

建设路［Jiànshè Lù］ 在市区中部。东至红花大桥，西至城西路。与城西路、劳动路、汨新路等相交。长6千米，宽30—38米。混凝土路面。分东、中、西3段，红花大桥—归义广场段为东路，2003年修建。归义广场—屈原桥头段为中路，1965年修建。屈原桥头—屈子公园段为西路，1993年修建。两侧有财富商厦、汨罗大市场等。通多路公交车。

沿江大道［Yánjiāng Dàdào］ 在市区北部。东起107国道，西至省道长岳线。与大众北路、高泉北路、劳动北路等相交。长11.7千米，宽60米。混凝土路面。2001年始建，2010年扩建。因汨罗江得名。为滨江亲水游憩风光带，串联4街心广场及江边文化广场。两侧有屈原历史文化、现代园林艺术、滨江自然风光主题风景区，汨罗龙舟竞渡中心、中天机械等。通公交车。

大众路［Dàzhòng Lù］ 在市区东部。南起城界路，北至沿江大道。与建设中路、建设东路、人民路、汨新路等相交。长2.6千米，宽40米。混凝土路面。1994年开工，2002年建成。两侧有市彩虹学校、大众集贸市场、市能源局、市工商局等。通多路公交车。

城西路［Chéngxī Lù］ 在市区西部。南起站前路，北至省道长岳线。与建设西路、城西路相交。长2.9千米，宽38米。混凝土路面。为省道长岳线城区段，分南、北两段，1994年修建站前路—燎家山广场段，2006年修建燎家山广场—省道长岳线段。因在城西部得名。为家具、建材一条街。两侧有市第一中学、罗城学校、罗城医院等。通多路公交车。

汨罗江大桥［Mìluójiāng Dàqiáo］ 在市区中部偏北，跨汨罗江。长896米，宽15.5米，最大跨度30米，桥下净高10米。2008年开工，2010年建成。为大型桥梁，结构型式为箱梁空心桥。最大载重汽20吨，拖120吨。通公交车。

罗城桥［Luóchéng Qiáo］ 在市区北部。长50米，宽20米，最大跨度16米，桥下净高6米。1984年开工，1987年建成。因邻近古罗子国遗址得名。结构型式为T型简支桥。最大载重汽20吨，拖100吨。通多路公交车。

武广高铁汨罗东站［Wǔguǎng Gāotiě Mìluódōng Zhàn］ 见交通运输设施部分"武广高铁汨罗东站"条。

汨罗站［Mìluó Zhàn］ 见交通运输设施部分"汨罗站"条。

汨罗市客运总站［Mìluó Shì Kèyùn Zǒngzhàn］ 见交通运输设施部分"汨罗市客运总站"条。

汨罗中心汽车站［Mìluó Zhōngxīn Qìchēzhàn］ 见交通运输设施部分"汨罗中心汽车站"条。

天问街道［Tiānwèn Jiēdào］ 属汨罗市。在市境东部。面积16.5平方千米。人口2.8万。2007年营田镇7居委会合并设天问街道。因屈原作品《天问》得名。先后修建橘颂路、天问路、纺城路等道路多条。有中学1所，卫生院1个，卫生所1个。服务业以商贸、旅游为主。有纺织印染厂。省道屈汨线过境。通多路公交车。

城关镇［Chéngguān Zhèn］ 汨罗市辖镇。在市境中部。面积6.5平方千米。人口5.5万。辖7居委会，有72自然村。镇人民政府位于建设中路。1961年设汨罗镇。1966年改为城关镇。有中学2所，小学3所，二级医院4个，卫生院1个。有罗子国都邑遗址。农业以蔬菜种植为主。工业以环保设备、小五金、饲料、塑编、包装材料产业为主。服务业以商贸批发为主。京广铁路，240、505、536国道等过境。

汨罗镇［Mìluó Zhèn］ 汨罗市辖镇。在市境西部。面积35平方千米。人口2.6万。辖1居委会、15村委会，有232自然村。镇人民政府驻夹城。1958年设汨罗公社。1984年改乡。同年改镇。因滨汨罗江得名。为河湖冲积平原。有瞭家山、龙塘山、龙山。有鹤巢湖。有中学1所，小学7所，卫生院1个。农业以水稻种植，生猪、鸡、鸭养殖为主。工业以建材、食品加工为主。240、536国道过境。

夹城［Jiáchéng］ 汨罗镇人民政府驻地。在市政府驻地城郊乡西5千米。人口2000。因在两小土山夹峙之间得名。聚落呈井字形。有中小学、卫生院。有遗迹罗州治所。服务业以商贸为主。汨营公路经此。通公交车。

新市镇［Xīnshì Zhèn］ 汨罗市辖镇。在市境东部。面积56平方千米。人口2.7万。辖3居委会、10村委会，有227自然村。镇人民政府驻新市街。1949年设新市镇。1958年改公社。1984年析置新市镇、新市乡。1992年新市乡并入新市镇。因镇政府驻地得名。有中学1所，小学12所，二级医院1个，卫生院1个。农业以水稻种植为主。工业以再生资源生产经营为主，有造纸业、铝楦鞋模生产、铜铝线、小五金、建材业等。服务业以餐饮、住宿为主。107国道、省道龙牛线过境。

新市街［Xīnshìjiē］ 新市镇人民政府驻地。在市政府驻地城郊乡东11千米。人口6000。北宋设新市坊，因交通优势发展成集镇得名。有中小学、卫生院、老年活动室、卫生服务站、便民服务站。工业以铜业、农业机械制造、废旧产品加工为主。服务业以服装、餐饮、本地土特产销售为主。通公交车。

白水镇［Báishuǐ Zhèn］ 汨罗市辖镇。在市境中部偏西。面积72平方千米。人口3.6万。辖1居委会、24村委会，有345自然村。镇人民政府驻白水。1953年设行健乡。1956年改白水乡。1960年改公社。1984年复改白水乡。同年改镇。因镇政府驻地得名。有塘山、熨头山、倪家山。白水江流经。有中学2所，小学14所，卫生院1个。有省级文物保护单位闵氏宗祠。有古迹密岩山、仰圣寺、张公桥、明代杨孝子墓、南宋楚侍卫墓等。农业以水稻、红菇种植为主。工业以铸造、制茶为主。京广铁路，省道平益、长岳线过境。

白水［Báishuǐ］ 白水镇人民政府驻地。在市政府驻地城郊乡南15千米。人口3000。因白水江得名。聚落呈线状。有中学、卫生院等。农业以水稻种植为主。京广铁路、省道长岳线经此。

川山坪镇［Chuānshānpíng Zhèn］ 汨罗市辖镇。在市境南部。面积68平方千米。人口2.7万。辖1居委会、17村委会，有289自然村。镇人民政府驻镇东街。1961年设川山公社。1984年改乡。同年改川山坪镇。取川山圳、枫树坪各一字得名。有湖鼻山、高华岭等。有中学1所,小学14所,卫生院1个。有古迹景点高坊庙、南岳行宫、达摩山佛庙等。农业以水稻、红薯种植为主。工业以农产品加工、麻石开采加工、光学仪器制造为主。京广铁路、省道长岳线过境。

镇东街［Zhèndōngjiē］　川山坪镇人民政府驻地。在市政府驻地城郊乡南20千米。人口3000。民居沿京广铁路分为东、西两块,因镇政府驻地在东侧而得名。聚落呈线状。有中小学、卫生院。农业以水稻、蔬菜种植,家禽养殖为主。服务业以商贸为主。京广铁路、省道长岳线经此。

弼时镇［Bìshí Zhèn］　汨罗市辖镇。在市境南部。面积42平方千米。人口2.8万。辖1居委会、18村委会,有318自然村。镇人民政府驻莲花塘。1958年成立弼时公社。1984年改乡。同年改镇。白沙河流经。有中学1所,小学13所,卫生院1个。有全国重点文物保护单位、全国爱国主义教育基地任弼时故居。有汉家山昭烈寺遗址、桃花洞古戏台遗址等。农业以水稻种植、生猪养殖为主。工业以轻工纺织、鞋类制造、家具与精麻石生产为主。京珠高速、107国道过境。

莲花塘［Liánhuātáng］　弼时镇人民政府驻地。在市政府驻地城郊乡南39千米。人口1000。因有一山塘,盛开莲花而得名。聚落呈线状。有中学、卫生院。农业以水稻种植、生猪养殖为主。107国道经此。

大荆镇［Dàjīng Zhèn］　汨罗市辖镇。在市境东北部。面积48平方千米。人口1.3万。辖1居委会、12村委会,有134自然村。镇人民政府驻大荆驿。1950年设大荆乡。1958年改公社。1984年改乡。1994年改镇。因镇政府驻地得名。有中学1所,小学5所,卫生院1个。农业以水稻、柑橘、花卉苗木种植为主。工业以农产品、竹木、建材加工、家具制造为主。京珠高速、107国道过境。

大荆驿［Dàjīngyì］　大荆镇人民政府驻地。在市政府驻地城郊乡北38千米。人口1500。明代在荆棘丘岗地带设驿站而得名。聚落沿107国道呈带状分布。有中学、卫生院。有商贸、农产品加工业。有米业、木业等公司。京珠高速、107国道经此。

长乐镇［Chánglè Zhèn］　汨罗市辖镇。在市境东北部。面积58平方千米。人口3.4万。辖2居委会、15村委会,有216自然村。镇人民政府驻长乐街。1950年设长乐镇。1958年改公社。1979年析置长乐镇。1984年长乐公社改乡。1987年长乐乡并入长乐镇。有智峰山。汨江、罗水流经。有中学1所,小学5所,卫生院1个。有国家级非物质文化遗产长乐抬阁故事会。农业以水稻种植、生猪养殖为主。工业以农产品加工、安防设备制造为主。有国家地理标志产品长乐甜酒。县道汨平线过境。

长乐街［Chánglèjiē］　长乐镇人民政府驻地。在市政府驻地城郊乡东16千米。人口5000。因寓意"长久安乐"得名。聚落呈团状。有中小学、卫生院。有国家级非物质文化遗产长乐抬阁故事会。有百年回龙门、胡氏祠堂、郑家大屋、余氏祖居、熊正和药铺等老宅。有长乐老街甜酒博物馆。有安防设备生产企业。有国家地理标志产品长乐甜酒。省道务利、十古线经此。

桃林寺镇［Táolínsì Zhèn］　汨罗市辖镇。在市境北部。面积62平方千米。人口2.8万。辖1居委会、17村委会,有265自然村。镇人民政府驻咀上郭。1956年设桃林乡。1958年改公社。1982年更名桃林寺公社。1984年改乡。1986年改镇。因唐代桃林寺得名。白塘湖支流流经。有中学2所,小学6所,卫生院1个。农业以水稻、红薯种植为主。产吴茰、红薯粉条。工业以建材生产、农产品加工为主。京广铁路、岳望高速过境。

咀上郭［Zuǐshàngguō］　桃林寺镇人民政府驻地。在市政府驻地城郊乡北19千米。人口2000。因山限处曾有郭姓人聚居而得名。聚落呈线状。有中学、卫生院。农业以水稻种植为主。京广铁路、240国道等经此。

三江镇［Sānjiāng Zhèn］　汨罗市辖镇。在市境东北部。面积42平方千米。人口1.7万。辖10村委会,有154自然村。镇人民政府驻猫嘴岭。1950年为三江乡。1961年改公社。1984年改乡。1995年改镇。罗水、洪源洞水、蓝向水汇集于此而得名。罗水流经。有中学1所,小学4所,卫生院1个。有吴咏湘将军故居。农业以水稻、板栗、竹木种植为主。工业以石材、造纸等为主。县道汨平线过境。

猫嘴岭［Māozuǐlǐng］　三江镇人民政府驻地。在市政府驻地城郊乡东46千米。人口3000。因有山如猫嘴得名。聚落呈团状。有中学、卫生院。农业以水稻种植为主。服务业以商贸为主。省道梅汨线经此。

屈子祠镇［Qūzǐcí Zhèn］　汨罗市辖镇。在市境西部。面积36平方千米。人口2.3万。辖16村委会,有293自然村。镇人民政府驻欧阳家墩。1958年设屈原公社。1961年改楚塘公社。1984年改乡。2000年改屈子祠镇。因是屈原晚年流放旅居之地,汉代即建有屈子祠而得名。汨罗江流经。有中学2所,小学5所,卫生院1个。有全国重点文物保护单位屈子祠、汨罗山战国墓群。有屈子文化园。有世界非物质文化遗产汨罗江畔端午习俗。农业以水稻、玉米种植,生猪养殖为主。工业以酿酒、龙舟制造等为主。服务业以乡村旅游为主。京广铁路、省道长岳线过境。

欧阳家墩［Ōuyángjiādūn］　屈子祠镇人民政府驻地。在市政府驻地城郊乡西17千米。人口2000。因半山住有欧阳氏人家得名。聚落呈十字形。有中学、卫生院。有古迹桃花洞、濯缨桥、望爷墩等。服务业以商贸、旅游为主。省道长岳线经此。

黄柏镇［Huángbó Zhèn］　汨罗市辖镇。在市境中部偏南。面积73平方千米。人口3万。辖1居委会、16村委会,有298自然村。镇人民政府驻四方山。1950年置黄柏乡。1961年改公社。1984年改乡。1993年改镇。因早年盛产药材黄柏得名。有神鼎山、飘峰山。湄江流经。有矿产资源花岗岩。有中学2所,小学10所,卫生院1个。有资圣寺。农业以水稻种植、生猪养殖为主。工业以家具制造、建筑、竹木等加工及电磁线生产为主。武广、京珠高速,107国道,省道湘慧线,县道白沙线过境。

四方山［Sìfāngshān］　黄柏镇人民政府驻地。在市政府驻地城郊乡南22千米。人口3000。因山岭呈四方形且连接四方道路得名。聚落呈团状。有中学、卫生院。农业以水稻种植、生猪养殖为主。武广高铁、107国道、省道安万线经此。

沙溪镇［Shāxī Zhèn］　汨罗市辖镇。在市境东南部。面积55平方千米。人口1.8万。辖13村委会,有196自然村。镇人民政府驻滩上屋。1956年为沙溪乡。1960年改公社。1984年改乡。2001年改镇。因湄江经此形成沙堆露滩而得名。有飘峰山。湄江、鹅江流经。有矿产资源花岗岩。有中学1所,小学10所,卫生院1个。有省级文物保护单位中国首位驻外(英法)使节郭嵩焘墓。有湘北会战遗址。农业以水稻种植、生猪养殖为主。工业以建筑、竹木等加工及电磁线等生产为主。武广、京珠高速过境。

滩上屋［Tānshàngwū］　沙溪镇人民政府驻地。在市政府驻地城郊乡东南2千米。人口2000。因旧时聚落在湄江沙滩之上而得名。聚落呈团状。有中学、医疗站、便民服务点等。农业以水稻种植为主。服务业以商品零售为主。县道张傲线经此。通客运班车。

范家园镇［Fànjiāyuán Zhèn］　汨罗市辖镇。在市境北部。面积48平方千米。人口1.8万。辖1居委会、13村委会,有193自然村。镇人民政府驻范家园。1956年为范家园乡。1958年改公社。1984年复乡。2000年改镇。因镇政府驻地得名。有中学1所,小学6所,卫生院1个。有全国重点文物保护单位屈原疑冢。有景点普德大庙、屈原墓等。农业以水稻种植、生猪养殖为主。工业以农产品加工及建材生产为主。京广铁路、省道长岳线过境。

范家园［Fànjiāyuán］　范家园镇人民政府驻地。在市政府驻地城郊乡北11千米。人口2000。因早期范姓居民聚居得名。聚落呈线状。有小学、健身广场、医疗站等。农业以水稻种植为主。省道长岳线经此。

高家坊镇［Gāojiāfāng Zhèn］　汨罗市辖镇。在市境南部。面积76平方千米。人口2.8万。辖2居委会、19村委会,有335自然村。镇人民政府驻罗家山。1956年为高坊乡。1961年改公社。1984年复乡。1984年改高家坊镇。因曾有高姓先祖在此开作坊,且乐善好施,后有僧人在此建高坊庙,因庙得名。有玉池山、湖鼻山。青江河流经。有矿产资源花岗岩。有中学2所,小学25所,卫生院1个。农业以水稻种植、生猪养殖为主。工业以农产品加工、麻石开采和加工等为主。京广铁路、省道长岳线过境。

罗家山［Luójiāshān］　高家坊镇人民政府驻地。在市政府驻地城郊乡南30千米。人口3000。因最早罗姓聚居得名。聚落沿京广铁路呈带状分布。有中学、医疗站、广场。农业以水稻种植为主。服务业以商贸为主。京广铁路经此。通公交车。

李家塅镇［Lǐjiāduàn Zhèn］　汨罗市辖镇。在市境南部。面积55平方千米。人口1.9万。辖16村委会,有286自然村。镇人民政府驻新潘。1984年设铜盆乡。1997年改李家塅镇。因塅畈多李姓聚居得名。松江河等流经。有矿产资源花岗岩。有中学1所,小学6所,卫生院1个。有宏济寺。农业以水稻种植、生猪养殖为主。工业以家具制造、产品加工为主。107国道、省道湘慧线过境。

新潘［Xīnpān］　李家塅镇人民政府驻地。在市政府驻地城郊乡南25千米。人口3000。原名潘家塅,合作化时以新起新发之意改今名。聚落呈十字形。有中学、医疗站、健身广场。农业以水稻种植为主。服务业以商贸、运输为主。107国道、省道湘慧线经此。

古培镇［Gǔpéi Zhèn］　汨罗市辖镇。在市境南部。面积76平方千米。人口3.3万。辖22村委会,有408自然村。镇人民政府驻沙皮湾。1961年成立古培公社。1984年改乡。1995年与大众乡合设古培镇。传宋代为灌溉田地和饮水之用开挖大塘,因年代久远,历代培修,故称古培塘。镇以此命名。有矿产资源高岭土、陶土。有中学2所,小学16所,卫生院1个。有景点岳峰山、慈济禅院、杨梅铺驿站、辛亥革命先驱仇鳌墓、明月台等。农业以水稻种植、生猪养殖为主。工业以环氧树脂、铜材等加工为主。产油飞刀。汨白公路过境。

沙皮湾［Shāpíwān］　古培镇人民政府驻地。在市政府驻地城郊乡南2千米。人口1000。原为沙陂,为沙壤堰塘而得名。聚落沿汨白公路呈带状分布。有小学、卫生院。农业以水稻种植为主。服务业以商贸为主。京广铁路经此。通公交车。

营田镇［Yíngtián Zhèn］ 汨罗市辖镇。在市境南部。面积72平方千米。人口4万。辖5居委会、14村委会，有156自然村。镇人民政府驻青山寺。1950年置营田乡。1993年设屈原镇。1994年改营田镇。因南宋名将岳飞扎营屯田于此得名。有中学2所，小学3所，二级医院1个，卫生所8个。有省级文物保护单位营田江防抗日遗址、刘家山战壕及团湖村、推山咀2处粮食拱仓库。农业以水稻、西瓜种植，龙虾养殖为主。工业以纺织等轻工产业为主。省道屈汨线过境。

青山寺［Qīngshānsì］ 营田镇人民政府驻地。在市政府驻地城郊乡西北23千米。人口4800。因岳飞部将牛皋在此建青山寺做修行之地而得名。聚落呈带状。有中小学、二级医院、卫生所。有屈原文化艺术中心、栀子文化广场。服务业以商贸为主。通公交车。

河市镇［Héshì Zhèn］ 汨罗市辖镇。在市境北部。面积22平方千米。人口1万。辖1居委会、10村委会，有156自然村。镇人民政府驻河夹塘。1956年为河市乡。1958年改公社。1990年建河市镇。因镇政府驻地得名。有矿产资源沙砾石、沙金。有中学1所，小学1所，卫生所2个。有罗子国都城遗址、屈原活动遗迹多处。农业以水稻、甘蔗、玉米等种植，生猪养殖为主。有饲料厂、化工等企业。岳长高速、省道屈汨线过境。

河夹塘［Héjiātáng］ 河市镇人民政府驻地。在市政府驻地城郊乡北14千米。人口2400。原名胭脂塘，因水塘夹于汨罗江主、支流之间改今名。1958年前汨罗江主航道上通平江，下入洞庭，形成天然码头，明嘉靖年间成聚落，商业和手工业发展，集市有"小南京"之称。后取"以河兴市"之意，镇名河市。聚落呈带状。有中小学、卫生院。农业以生猪养殖为主。有饲料、化工、电子、木业加工等企业。省道屈汨线经此。通公交车。

城郊乡［Chéngjiāo Xiāng］ 汨罗市人民政府驻地。在市境中部。面积28平方千米。人口3.3万。辖9居委会、7村委会，有56自然村。乡人民政府位于小汨新路。1981年设城郊公社。1984年改乡。因在城关镇近郊得名。汨罗江流经。有矿产资源高岭土。有中学1所，小学7所，卫生院1个。有群星剧团。农业以蔬菜种植、生猪养殖为主。工业以化工、塑料制品、镀锌钢材等行业为主。武广高铁，京广铁路，省道屈汨、平益、长岳线过境。

白塘乡［Báitáng Xiāng］ 汨罗市辖乡。在市境西北部。面积44平方千米。人口2.1万。辖14村委会，有220自然村。乡人民政府驻白塘湖。1956年为白塘乡。1965年改公社。1984年复乡。因白塘湖得名。白塘湖流经。有中学1所，小学6所，卫生院1个。农业以水稻、玉米种植为主。工业以农产品加工、建材、碳素等为主。省道长岳线、县道汨磊线过境。

白塘湖［Báitánghú］ 白塘乡人民政府驻地。在市政府驻地城郊乡北24千米。人口2500。因滨白塘湖得名。聚落呈丰字形。有中学、图书馆、体育馆、医疗站。农业以水稻种植为主。县道桃白、荣新线经此。

红花乡［Hónghuā Xiāng］ 汨罗市辖乡。在市境东北部。面积58平方千米。人口2.7万。辖11村委会，有258自然村。乡人民政府驻钟家井。1956年为红花乡。1958年改公社。1984年复乡。因红花山得名。汨水、罗江流经。有中学2所，小学6所，卫生院1个。有景点天井山、红花山等。农业以水稻种植、生猪养殖为主。工业以碳素、汽车零配件等行业为主。107国道、县道汨平线过境。

钟家井［Zhōngjiājǐng］ 红花乡人民政府驻地。在市政府驻地城郊乡东6千米。人口1000。因钟姓人开凿的水井得名。聚落呈带状。有小学、医疗站、便民服务点。农业以水稻种植为主。武广高铁、107国道经此。

黄市乡［Huángshì Xiāng］ 汨罗市辖乡。在市境东北部。面积56平方千米。人口2.6万。辖11村委会，有191自然村。乡人民政府驻金塘湾。1956年为黄市乡。1961年改公社。1984年复乡。因聚落黄谷市得名。罗江流经。有矿产资源高岭土、黄岩石。有中学1所，小学3所，卫生院1个。农业以水稻种植、生猪养殖为主。工业以农产品、竹木加工为主。107国道、县道汨平线过境。

金塘湾［Jīntángwān］ 黄市乡人民政府驻地。在市政府驻地城郊乡东北15千米。人口600。有塘处弯曲垅田与乡道下，阳光中金光闪耀，名金塘，村以塘名。聚落呈带状。有中学、卫生院。农业以水稻种植为主。服务业以商贸为主。107国道经此。

天井乡［Tiānjǐng Xiāng］ 汨罗市辖乡。在市境东北部。面积43平方千米。人口1.6万。辖9村委会，有161自然村。乡人民政府驻庙神塘。1950年设天井乡。1961年改公社。1984年复乡。因天井山得名。汨水、罗江流经。有矿产资源高岭土、麻石、沙金等。有中学1所，小学4所，卫生院1个。农业以水稻、茶种植，生猪养殖为主。产"天井峰"茶叶。工业以建材为主。县道汨平线经此。

庙神塘［Miàoshéntáng］ 天井乡人民政府驻地。在市政府驻地城郊乡东18千米。人口3000。因旧时傍水塘建有神庙得名。聚落呈井字形。有中学、医疗站、便民服务点。农业以水稻种植为主。县道新白、石古线等经此。

八景乡［Bājǐng Xiāng］ 汨罗市辖乡。在市境东部。面积47平方千米。人口4000。辖5村委会，有58自然村。乡人民政府驻牛形咀。1984年撤蓝水林场设八景乡。因八景洞得名。蓝水流经。有九年一贯制学校1所，卫生所1个。有省级文物保护单位智峰山福果寺，风景名胜区八景洞。农业以水稻种植，生猪、黑山羊养殖为主。工业以造纸、竹木和农产品加工为主。县道智八线过境。

牛形咀［Niúxíngzuǐ］ 八景乡人民政府驻地。在市政府驻地城郊乡东30千米。人口1000。因地势如牛口饮水得名。聚落呈带状。有九年一贯制学校、卫生所。服务业以旅游为主。县道智八线经此。

智峰乡［Zhìfēng Xiāng］ 汨罗市辖乡。在市境东部。面积36平方千米。人口1万。辖6村委会，有87自然村。乡人民政府驻王家坊。1950年为智峰乡。1961年改公社。1984年复乡。因境内智峰山得名。蓝水、向水流经。有中学1所，小学3所，卫生院1个。农业以水稻种植、生猪养殖为主。工业以造纸、竹木加工为主。县道汨平、智八线过境。

王家坊［Wángjiāfāng］ 智峰乡人民政府驻地。在市政府驻地城郊乡东北26千米。人口2000。因明代有王姓落籍于此，后世在此开设槽坊而得名。聚落呈团状。有小学、卫生院、农机站。农业以水稻、蔬菜种植为主。服务业以商贸为主。县道汨岑、智八线经此。

古仑乡［Gǔlún Xiāng］ 汨罗市辖乡。在市境东部。面积35平方千米。人口1.3万。辖8村委会，有124自然村。乡人民政府驻大园坡。1956年为古仑乡。1961年改公社。1984年复乡。以杨古岭命名，方言"岭""仑"相通而得名。罗江流经。有中学1所，小学3所，卫生院1个。有省级文物保护单位女子桥。农业以水稻种植、生猪养殖为主。工业以竹木加工、石英砂生产为主。县道汨平、徐广线过境。

大园坡［Dàyuánpō］ 古仑乡人民政府驻地。在市政府驻地城郊乡东23千米。人口2100。因有较大的山坡缓地得名。聚落呈带状。有中学、卫生院。农业以水稻种植为主。服务业以商贸为主。县道徐广线经此。

火天乡［Huǒtiān Xiāng］ 汨罗市辖乡。在市境北部。面积52平方千米。人口2万。辖12村委会，有202自然村。乡人民政府驻徐家屋场。1961年成立火天公社。1984年改乡。因张姓先祖择此生根时，朝霞满天，红光漫地，视为吉，筑基建屋称火天张。有矿产资源高岭土、稀土等。有中学1所，小学5所，卫生院1个。农业以水稻种植、生猪养殖为主。有金银花生产基地。工业以粮食加工、酿酒、建材生产为主。县道新石线过境。

徐家屋场［Xújiāwūchǎng］ 火天乡人民政府驻地。在市政府驻地城郊乡北20千米。人口3000。因屋场多徐姓得名。聚落呈带状。有中学、卫生院。农业以水稻种植为主。服务业以商贸为主。县道新石线经此。

新塘乡［Xīntáng Xiāng］ 汨罗市辖乡。在市境北部。面积43平方千米。人口1.9万。辖13村委会，有200自然村。乡人民政府驻新塘吴。1956年为新塘乡。1961年改公社。1984年复乡。因新塘湖得名。有中学1所，小学5所，卫生院1个。有古迹张氏宗祠、武穆祠等。农业以水稻、玉米种植，生猪养殖为主。工业以竹木、农产品加工，造纸，建材生产为主。县道新石、新白线过境。

新塘吴［Xīntángwú］ 新塘乡人民政府驻地。在市政府驻地城郊乡北25千米。人口3000。因旧时新塘湖畔多吴姓而得名。聚落呈丁字形。有小学、卫生院。农业以水稻种植、生猪养殖为主。县道新石、新白线经此。

磊石乡［Lěishí Xiāng］ 汨罗市辖乡。在市境北部。面积18平方千米。人口6400。辖12村委会，有58自然村。乡人民政府驻长山。1981年成立磊石公社。1984年改乡。因磊石山得名。处东洞庭湖尾闾，湘江、汨罗江、洞庭湖交汇处，为湘江一线防洪大堤保护垸区。有九年一贯制学校1所，卫生院1个。农业以水稻种植、生猪养殖为主。工业以农产品加工、碳素生产为主。县道磊楚线过境。

长山［Chángshān］ 磊石乡人民政府驻地。在市政府驻地城郊乡北25千米。人口1500。20世纪80年代成村。处洞庭湖与湘江交汇处一处长形沙洲上，上有石包，远看如山而得名。聚落呈T字形。有九年一贯制学校、卫生院。农业以水稻种植、生猪养殖为主。服务业以商贸为主。县道磊楚、转磊线经此。

玉池乡［Yùchí Xiāng］ 汨罗市辖乡。在市境南部。面积41平方千米。人口8000。辖15村委会，有162自然村。乡人民政府驻白鹤洞。1958年成立玉池公社。1984年改乡。因玉池山得名。有玉池山、明月山等。有矿产资源花岗岩。有古迹达摩山佛庙、玉池山南岳行宫等。有中学1所，小学8所，卫生院1个。农业以水稻种植为主。工业以农产品、竹木加工、矿泉水生产为主。县道团玉、团高线过境。

白鹤洞［Báihèdòng］ 玉池乡人民政府驻地。在市政府驻地城郊乡东25千米。人口1500。因有一岩泉终年不竭，常有白鹤来聚而得名。聚落呈一字形。有中学、卫生院。农业以水稻种植、生猪养殖为主。工业以粮食产品加工、竹木加工、矿泉水生产为主。县道团玉线经此。

黄金乡［Huángjīn Xiāng］ 汨罗市辖乡。

在市境西北部。面积 43 平方千米。人口 1.6 万。辖 14 村委会,有 70 自然村。乡人民政府驻黄金。2003 年大江、黄金办事处合设黄金乡。因乡政府驻地得名。黄金河、灰滩河流经。有矿产资源沙砾石和沙金。有中学 1 所,小学 2 所,卫生所 1 个。农业以水稻、甘蔗种植,生猪养殖为主。工业以饲料生产为主。岳望高速、省道屈汨线过境。

黄金［Huángjīn］　黄金乡人民政府驻地。在市政府驻地城郊乡北 8 千米。人口 1100。因黄金河得名。聚落呈带状。有九年一贯制学校、卫生院。农业以水稻种植、生猪养殖为主。望岳高速、省道屈汨线经此。

凤凰乡［Fènghuáng Xiāng］　汨罗市辖乡。在市境中部。面积 49 平方千米。人口 1 万。辖 19 村委会,有 39 自然村。乡人民政府驻横港。2003 年凤凰、汨江 2 办事处合设凤凰乡。传黄帝南巡至此,有凤鸣集于山而得名。有凤凰山。有九年一贯制学校 1 所,卫生所 1 个。有景点屈潭、笔架山、屈子庙遗址、凤凰山。农业以水稻种植为主。产茶叶。工业以大米加工、精干麻加工为主。省道道仁矶—八一桥线过境。

横港［Hénggǎng］　凤凰乡人民政府驻地。在市政府驻地城郊乡西北 24 千米。人口 800。1958 年建屈原农场时曾开凿渠港,东入平江河,西接八尺港,因横穿聚落而得名。聚落呈带状。有九年一贯制学校、卫生所。农业以水稻、西瓜种植,龙虾养殖为主。有购物广场。县道沅(沙港)凤(凰)线经此。通公交车。

琴棋乡［Qínqí Xiāng］　汨罗市辖乡。在市境西北部。面积 34 平方千米。人口 1 万。辖 10 村委会,有 52 自然村。乡人民政府驻磊石。2003 年琴棋、磊石 2 办事处合设琴棋乡。因磊石山又名棋子山,凤凰山形如琴柄,故名琴棋望,乡以此名。平江河流经。有中学 1 所,小学 1 所,卫生所 1 个。有省级文物保护单位磊石山抗战哨所。农业以水稻、湘莲种植,龙虾养殖为主。有造纸厂、精干麻厂、铜铝加工企业等。省道尚磊、屈磊线过境。

磊石［Lěishí］　琴棋乡人民政府驻地。在市政府驻地城郊乡北 30 千米。人口 1500。为洞庭湖中石山,多石,故名磊石山,以山名村。聚落呈团状。有九年一贯制学校、卫生院。有省级文物保护单位磊石山抗战哨所。种植水稻、西瓜、莲藕,养殖龙虾。省道道仁矶—八一桥线经此。

临　湘　市

临湘市［Línxiāng Shì］　湖南省直辖县级市,由岳阳市代管。北纬 29°10′,东经 113°15′。在岳阳市境东北部。面积 1718 平方千米。人口 53 万。以汉族为主,还有侗、土、苗、瑶等民族。辖 3 街道、13 镇、5 乡。市人民政府驻长安街道。五代后唐清泰二年(935)设王朝场。宋淳化五年(994)升王朝县。至道二年(996)因滨三湘之流,改临湘县,县治陆城,属岳州。元属岳州路。明属岳州府。清雍正年间(1723—1735)属岳常澧道。1913—1937 年属武陵道、湘江道、湖南省、湖南省第一行政督察区。1949—1964 年属湖南省长沙专区、湘潭专区、岳阳专区。1986 年属岳阳市。1992 年撤县改临湘市(县级),属岳阳市。县城原设陆城(今岳阳市云溪区),1930 年迁今址长安,渐成集镇。相继建成长安阁桥、长盛桥、安澜桥等大型桥梁 6 座。21 世纪后拓建城区,改造、拓宽长五路、长盛路、南太路,兴修永昌路和临湘大道,建成“四纵八横”路网。在城南长安河上游挖掘人工湖,兴建星河广场、卧云广场、吴獬广场和莼湖书院等。2014 年城区扩展到 221 平方千米。有标志性建筑长安塔、长安文化创意园、临湘体育馆等。地处长江中下游平原。地势由东南向西北递降。平均海拔 130 米。最高点药姑山海拔 1261.1 米,最低点江南镇谷花洲海拔 23 米。有龙窖山、大云山(东北段)、五尖山、荆竹山、天井山等。年均气温 16.8℃,1 月平均气温 4.2℃,7 月平均气温 28.8℃。年均降水量 1469 毫米。长江、桃林河、坦渡河、源潭河流经。有萤石、高岭土、花岗岩等矿产资源。有国家重点保护野生植物 24 种,其中有一级重点保护野生植物南方红豆杉、莼菜、水杉、银杏等 8 种,二级重点保护野生植物樟、红椿、闽楠、喜树等 16 种。有国家重点保护野生动物 25 种,其中有国家一级重点保护野生动物东方白鹳,二级重点保护野生动物虎纹蛙、白琵鹭、鸳鸯、小天鹅等 24 种。森林覆盖率 56.8%。有省级湿地自然保护区黄盖湖。有中等职业学校 2 所,中学 31 所,小学 122 所,二级医院 3 个。有全国重点文物保护单位龙窖山堆石墓群,省级文物保护单位临湘塔、雁峰关、龙窖山遗址。有中国历史文化名镇聂市古镇。有国家级非物质文化遗产临湘嗡琴戏、白羊田天狮舞。有五尖山国家森林公园,风景名胜 6501 人工洞等。三次产业比例 11∶56∶33。农业以水稻、茶、棉花、湘莲、有机蔬菜种植,猪、牛、鱼、黄鳝、小龙虾养殖为主。林业以南竹种植为主。有国家地理标志产品龙窖酱菜,中国驰名商标永巨“洞庭牌”黑茶,名优特农产品十三村酱菜、桃林豆腐、詹桥八味豆豉、临湘青砖茶、白石毛尖茶、千针芦笋茶等。工业以传统精细化工、渔具产业、建筑建材、农业机械制造为主。服务业以餐饮、物流、酒店住宿为主。武广高铁,京广铁路,京港澳、杭瑞高速,107 国道,省道詹横、八合、广八线过境。

星河广场［Xīnghé Guǎngchǎng］　在市区中部。面积 15 万平方千米。1996 年开工,1998 年建成。初名绿化广场,后因东滨长安河,河岸高楼林立,灯火灿若群星,改今名。有音乐喷泉、活动中心广场、绿茵健身场、儿童游乐场和大型舞台等设施。绿化面积 10 万平方米,鹅卵石小径连接各个娱乐网点。为市民休闲散步、文化娱乐、庆典集会场所。周边有长安商业步行街、中国电网服务大楼、临湘市博物馆、假日茶楼等。通公交车。

长盛路［Chángshèng Lù］　在市区南部。东起兰坡跨京广铁路桥处,西至临湘大道。与向阳路、河东南路、南正街相交。长 8.4 千米,宽 20 米。沥青路面。1987 年开工,1991 年建成。因寓意长盛久安命名。两侧有市第一中学、临湘体育馆、白云湖景区等。通公交车。

长安路［Cháng'ān Lù］　在市区中部。东起长盛路,西至临湘大道。与向阳路、西塘路、新建路相交。长 9.2 千米,宽 18 米。沥青路面。1960 年开工,1962 年建成。后经数次改扩建。分东、中、西 3 段。原名长五路,后以市政府驻地名更名长安路。两侧有蓝海商城、外贸大厦、临湘火车站、长安汽车公司。通公交车。

永昌路［Yǒngchāng Lù］　在市区北部。东起向阳路口,西至省道临鸭线。与城中北路、河东北路、北正街、建新北路相交。长 5.8 千米,宽 16 米。沥青路面。1992 年开工,1999 年建成。分东、中、西路。取永久昌盛意命名。两侧有长安中学、广播电视大楼等。通公交车。

临湘大道［Línxiāng Dàdào］　在市区西部。南起京港澳高速主干线临湘互通 A 匝道,北至省道临鸭线。与永昌西路、长白路、南太路相交。长 3.6 千米,宽 60 米。沥青路面。2000 年开工,2003 年建成,2014 年改建。两侧有市第三中学、社保服务中心、中雅医院等。通公交车。

长安桥［Cháng'ān Qiáo］　在市区中部。长 87 米,宽 15 米,最大跨度 15 米,桥下净高 7.8米。1966 年开工,1980 年建成,2010 年扩建。以长安河命名。为中型河道桥梁,结构型式为砖拱桥。最大载重 55 吨。通公交车。

长盛桥［Chángshèng Qiáo］　在市区中部。长 93 米,宽 20 米,最大跨度 20 米,桥下净高 10 米。1990 年开工,同年建成,2014 年整修拓宽。因湘北路原名长盛路,桥以路名。为中型河道桥梁,结构型式为混凝土板桥。最大载重 55 吨。通公交车。

永昌桥［Yǒngchāng Qiáo］　在市区中部。长 87 米,宽 15 米,最大跨度 20 米,桥下净高 10 米。2000 年开工,同年建成。以永昌路名。为中型河道桥梁,结构型式为混凝土空心板桥。最大载重 55 吨。通公交车。

临湘站［Línxiāng Zhàn］　见交通运输设施部分“临湘站”条。

临湘长安汽车站［Línxiāng Cháng'ān Qìchēzhàn］　见交通运输设施部分“临湘长安汽车站”条。

长安街道［Cháng'ān Jiēdào］　临湘市人民政府驻地。在市境中部偏西。面积 16.6 平方千米。人口 5.1 万。1949 年设长安镇。1995 年撤镇设长安街道。因濒长安河得名。相继改造长安河,架长盛、永昌 2 桥,贯通湘北路、永昌路和麦坡路等道路多条。有五尖山、荆竹山。长安河流经。有五尖山国家森林公园。有职业中专 1 所,中学 4 所,完全小学 7 所,二级医院 2 个。工业以建筑业、农机制造为主。服务业以商贸业为主。京广铁路、京港澳高速、107 国道过境。通公交车。

长安社区［Cháng'ān Shèqū］　属长安街道。在市境中部。为城南乡人民政府驻地。面积2.1平方千米。人口 1.5 万。1995 年成立。传东晋时有长安人避乱来此落籍,因怀故乡称之长安,后有人开设店铺,故称长安铺。民居多中高层楼房。有老年活动室、农家书屋、便民服务站等。有临湘市职业中专、卫生院、市林业局、畜牧水产局和中共临湘市委党校。通多路公交车。

桃矿街道［Táokuàng Jiēdào］　属临湘市。在市境南部。面积 9.6 平方千米。人口 9000。2004 年在原桃林铅锌矿基础上设立。改造棚户区,贯通迎宾路等道路多条,新建复兴文化广场、老年人门球场等。有九年一贯制学校 1 所,小学 2 所。工业以采矿业为主。服务业以餐饮、乡村旅游为主。桃矿专用铁路、长忠公路过境。

桥东街道［Qiáodōng Jiēdào］　属临湘市。在市境中部偏西。面积 14 平方千米。人口 5.4 万。原属长安街道,2014 年以长安河为界东、西分设。因处长安桥东得名。长安河流经。有中学 1 所,小学 3 所,卫生医疗服务点 5 个。有市文化馆、市图书馆、市影剧院。服务业以商贸、金融、物流业为主。京广铁路、京港澳高速、107 国道过境。有临湘火车站。通公交车。

忠防镇［Zhōngfáng Zhèn］　临湘市辖镇。在市境南部。面积 104 平方千米。人口 3.1 万。辖 4 居委会、15 村委会,有 216 自然村。镇人民政府驻汀家畈。1958 年成立忠防公社。1984 年改乡。1985 年改镇。明洪武年间袁氏家族筑雁峰关以防外侵,以忠心防守意得名。处药姑山西麓,北部有丹霞地貌。有九宫山、晓煦山、鹰咀山。桃林河、新墙河流经。有矿产资源铅、锌、钾长石、石英、萤石等 27 种。有中学 1 所,小学 10 所,卫生医疗点 25 个。有国家

3A级旅游景区6501人工洞。农业以水稻、茶种植,生猪养殖为主。工业以采矿业为主。桃矿专用铁路、杭瑞高速、省道詹桥镇大界村—横铺乡东方村线、县道长忠线过境。

汀家畈 [Tīngjiāfàn] 忠防镇人民政府驻地。在市政府驻地长安街道南17千米。人口9000。因丁姓人聚居,又近港边得名。聚落呈团块状。有中小学、卫生院。工业以采矿业为主。有冶炼、长石粉、铅化等厂。县道长忠线、6501风景区旅游公路经此。

白云镇 [Báiyún Zhèn] 临湘市辖镇。在市境西部。面积43平方千米。人口1.5万。辖1居委会、9村委会,有108自然村。镇人民政府驻麻塘铺。1984年设路口乡。1987年长安乡杨田等5村划入,同年改白云镇。因有白云岩和石灰岩得名。有五尖山国家森林公园。有中学1所,小学4所,卫生院1个,卫生医疗点13个。产大米、茶叶。有混凝土厂、矿业公司等。武广高铁、京广铁路、京港澳高速、107国道、省道临鸭线过境。

麻塘铺 [Mátángpù] 白云镇人民政府驻地。在市政府驻地长安街道西4千米。人口8100。此地曾以加工麻糖为生,并设有店铺,称麻糖铺,后演为今名。聚落呈丰字形。有中小学、卫生院。工业以采矿业为主。京广铁路、107国道经此。

聂市镇 [Nièshì Zhèn] 临湘市辖镇。在市境中部偏北。面积117平方千米。人口2.4万。辖1居委会、20村委会,有256自然村。镇人民政府驻聂市老街。1956年为聂市乡。1961年改公社。1984年改镇。传三国吴主孙权赴部将黄盖操练水军,附近官绅曾于此接驾,俗称"接驾市",后演变为"聂家市",简称今名。聂市河流经。有黄盖湖。为省级历史文化名镇。有省级文物保护单位聂市古建筑群。有市级非物质文化遗产"十样锦"。有中学1所,小学7所,卫生院1家,卫生医疗点20个。农业以水稻、茶种植,淡水鱼养殖为主。有"永巨牌"砖茶。有茶厂、制鞋厂等企业。省道最江线过境。

聂市老街 [Nièshìlǎojiē] 聂市镇人民政府驻地。在市政府驻地长安街道北20千米。人口6900。因街道两旁建筑多明、清风格得名。聚落沿沅潭河、省道最江线呈带状分布。有省级文物保护单位聂市古建筑群45栋古建筑。有中小学、卫生院、卫生医疗点。服务业以商贸为主。有副食品加工、压制砖茶、制线制鞋等企业。省道最江线经此。

源潭镇 [Yuántán Zhèn] 临湘市辖镇。在市境北部。面积94平方千米。人口1.6万。辖1居委会、12村委会,有149自然村。镇人民政府驻源潭街。1956年为源潭乡。1961年改公社。1984年复乡。1992年改镇。因镇政府驻地得名。源潭河流经。有矿产资源钨、铜、黄金、铁等。有中学1所,小学3所,卫生院1个,卫生医疗点30个。有旧石器遗址。农业以水稻、棉花、油菜、湘莲种植,猪、牛、鸡养殖为主。有食品加工、自来水、建材等企业。省道最江线过境。

源潭街 [Yuántánjiē] 源潭镇人民政府驻地。在市政府驻地长安街道北25千米。人口6900。因依源潭河而建得名。聚落呈十字形。有中小学、卫生院。服务业以商贸、餐饮为主。省道最江线经此。

江南镇 [Jiāngnán Zhèn] 临湘市辖镇。在市境北部。面积115平方千米。人口2.9万。辖1居委会、13村委会,有178自然村。镇人民政府驻谷花洲。1958年成立江南公社。1984年改乡。1990年改镇。因处长江南岸得名。有中学1所,小学8所,卫生院1个,卫生所20个。有谷花洲革命烈士纪念亭、谷花洲暴动纪念碑。农业以水稻、油菜、棉花种植为主。有油脂厂、副食品加工厂等企业。省道铁桃、最江线,县道临鸭线过境。

谷花洲 [Gǔhuāzhōu] 江南镇人民政府驻地。在市政府驻地长安街道北30千米。人口8000。原为长江南岸一淤洲,因盛产粟(俗称谷子)而得名。聚落沿省道铁桃线呈带状分布。有农民大学、中小学、卫生院、图书馆、影剧院。有谷花洲革命烈士纪念亭、谷花洲暴动纪念碑。有乡村大舞台和老年健身中心。有商贸业及建材加工、油脂加工、副食品加工等行业。省道最江、铁桃线经此。

桃林镇 [Táolín Zhèn] 临湘市辖镇。在市境南部。面积77平方千米。人口3.6万。辖2居委会、16村委会,有258自然村。镇人民政府驻桃林街。1956年设桃林乡。1961年改公社。1984年复乡。1986年改镇。因镇政府驻地得名。为丘陵地形。有笔架山。桃林河流经。有黄金、铜、高岭土等矿产资源。有省重点中学1所,小学12所,卫生院1个,卫生所40个。有"桃林八景"。农业以水稻、茶种植,猪、牛、羊养殖为主。工业以采矿、烟花爆竹、豆制品加工为主。有特色农产品豆制品、土黑猪肉制品、茯砖茶等。京港澳、杭瑞高速过境。

桃林街 [Táolínjiē] 桃林镇人民政府驻地。在市政府驻地长安街道南18千米。人口1.2万。因洲上野生桃树茂密得名。聚落呈带状。有中小学、卫生院、文化广场等。工业以采矿、烟花爆竹、豆制品加工为主。服务业以商品零售为主。产桃林清泉、桃林豆腐和"桃林佬"豆制品。京珠高速、107国道经此。

长塘镇 [Chángtáng Zhèn] 临湘市辖镇。在市境南部。面积58平方千米。人口2.8万。辖1居委会、16村委会,有177自然村。镇人民政府驻托坝。1961年成立长塘公社。1984年改乡。1987年改镇。因有长1200米水塘得名。有断山、棋盘山、狮子山。桃林河、新墙河流经。有黄金、铜、高岭土等矿产资源。有中学1所,小学5所,卫生院1个,卫生医疗点20个。农业以水稻、油菜、棉花、茶种植,猪、牛、羊、鸡、鸭养殖为主。产荸荠。有化工、农机、米厂、肥料厂等多家企业。县道桃黄、桃岳线过境。

托坝 [Tuōbà] 长塘镇人民政府驻地。在市政府驻地长安街道南29千米。人口4800。因有河坝呈巨手托起河面之势得名。聚落呈T字形。有中小学、卫生院、便民服务中心、老年活动中心等。有景点"五步三搭桥"、"文笔冲天"、狮子山等。服务业以商贸为主。有米厂、农机厂、化工厂等企业。县道长托、桃岳线经此。

白羊田镇 [Báiyángtián Zhèn] 临湘市辖镇。在市境南部。面积84平方千米。人口2.4万。辖1居委会、16村委会,有247自然村。镇人民政府驻白羊田。1950年设白羊田乡。1961年改公社。1984年改镇。因镇政府驻地得名。有方山、云山等。白羊田河流经。有中学1所,小学9所,卫生院1个,卫生医疗点12个。有国家级非物质文化遗产白羊田天狮舞。农业以水稻、红薯种植为主。产茶叶。工业以采矿业为主。有米厂、油茶厂等企业。县道桃黄线过境。

白羊田 [Báiyángtián] 白羊田镇人民政府驻地。在市政府驻地长安街道南35千米。人口6600。有山白石遍布,形似白羊沉睡,名白羊眠,后演为今名。聚落沿省道呈横Y字形分布。有中小学、卫生院。服务业以商贸为主。有烟花鞭炮、服装、建材、酿酒、食品加工等企业。省道白羊田镇八百村—白羊田镇合盘村、黄盖镇广坪村—白羊田镇八百村线经此。

詹桥镇 [Zhānqiáo Zhèn] 临湘市辖镇。在市境东南部。面积151平方千米。人口4万。辖2居委会、29村委会,有307自然村。镇人民政府驻詹家桥。1956年设詹桥乡。1958年改公社。1984年复乡。1985年改镇。因镇政府驻地得名。有药姑山、大云山。詹桥河等流经。有矿产资源长石、高岭土、石英等。有中学2所,小学13所,卫生院1个,医疗点30个。农业以水稻、红薯、茶种植为主。特产八味豆豉、纯谷酒。杭瑞高速等过境。

詹家桥 [Zhānjiāqiáo] 詹桥镇人民政府驻地。在市政府驻地长安街道东32千米。人口3800。因清道光年间有詹姓乡绅捐修一座两孔石桥而得名。聚落呈带状。有中小学、卫生院。服务业以商贸为主。有食品加工厂、酒厂、石材加工厂等。杭瑞高速等经此。

儒溪镇 [Rúxī Zhèn] 临湘市辖镇。在市境西北部。面积72平方千米。人口1.2万。辖1居委会、9村委会,有101自然村。镇人民政府驻白马矶。1992年建儒溪镇。因此处有石矶伸入江中,《水经注》载为"如山",宋代后音变为"儒","矶"音变为"溪"而得名。有冶湖、洋溪湖。有钨、铍、铁等矿产资源。有中学1所,小学2所,卫生院1个,卫生医疗点20个。有团洲新石器时代文化遗址、白马矶。有省级文物保护单位临湘塔。农业以水稻、棉花、湘莲种植,猪、鸭、黄鳝、小龙虾养殖为主。工业以生物化工为主,有化学科技、生化科技公司等。省道铁桃线、县道临鸭线、防汛专用公路过境。

白马矶 [Báimǎjī] 儒溪镇人民政府驻地。在市政府驻地长安街道西北26千米。人口2100。因有耸立的白色石矶,形似白马而得名。聚落呈团状。有中小学、卫生院。有商贸、精细化工业。省道铁桃线、防汛专用公路经此。

定湖镇 [Dìnghú Zhèn] 临湘市辖镇。在市境北部。面积74平方千米。人口1.6万。辖1居委会、13村委会,有152自然村。镇人民政府驻长岭街。1956年为定湖乡。1961年改公社。1984年复乡,同年改镇。因定子湖得名。有牵牛岭、大和岭山。有定子湖、中寨湖等。坦渡河流经。有中学1所,小学4所,卫生院1个,卫生医疗点30个。农业以水稻、棉花种植,牛蛙、黄鳝养殖为主。县道羊定线过境。

长岭街 [Chánglǐngjiē] 定湖镇人民政府驻地。在市政府驻地长安街道北41千米。人口3400。因聚落旁有长形山岭得名。聚落呈井字形。有中小学、卫生院、文化广场、便民服务中心等。服务业以商贸为主。县道羊定线经此。

黄盖湖镇 [Huánggàihú Zhèn] 临湘市辖镇。在市境北部。面积34平方千米。人口1.1万。辖1居委会、6村委会,有24自然村。镇人民政府驻团山。2000年撤黄盖湖农场设黄盖湖镇。以黄盖湖得名。黄盖湖原名大湖,因三国时孙权将此湖赐黄盖为封地而得名。鸭栅口河流经。有省级湿地自然保护区黄盖湖。有中学1所,小学3所,卫生院1个,卫生医疗点20个。农业以水稻、棉花种植,鳝鱼、牛蛙、小龙虾养殖为主。省道黄盖镇广坪村—白羊田镇八百村线过境。

团山 [Tuánshān] 黄盖湖镇人民政府驻地。在市政府驻地长安街道北42千米。人口3200。因集镇旁一圆形山包得名。聚落沿省道呈带状分布。有中小学、卫生院、文化广场。有遗迹虚白庵、团山鼓台、凝花楼等。服务业以商贸为主。省道黄盖镇广坪村—白羊田镇八百村线经此。

羊楼司镇 [Yánglóusī Zhèn] 临湘市辖镇。在市境北部。面积281平方千米。人口5万。辖4居委会、37村委会,有265自然村。镇人民政府驻尖山街。1956年为羊楼司乡。1958年改公社。1984年复乡，同年改镇。传因元代当地农民养羊，建竹楼守望而得名。有龙窖山。新店河、枫林港、横溪河流经。有矿产资源石灰石、白云石、方解石等。有中学2所，小学15所，卫生院3个，卫生医疗点50个。有全国重点文物保护单位龙窖山堆石墓群，省级风景名胜区龙窖山。农业以水稻、茶种植为主。工业以竹器加工为主。京广铁路、京港澳高速、107国道等过境。

尖山街［Jiānshānjiē］　羊楼司镇人民政府驻地。在市政府驻地长安街道东17千米。人口1.3万。因尖山得名。聚落沿107国道呈块状分布。有中小学、卫生医疗服务站、便民服务中心、老年活动中心等。工业以采矿、竹制品加工为主。服务业以商贸为主。京广铁路、107国道经此。

龙源［Lóngyuán］　在市政府驻地长安街道东北45千米。羊楼司镇辖自然村。人口1700。因附近有山似龙头，且有一潭天然泉水而得名。聚落呈团状。为省级历史文化名村。有全国重点文物保护单位龙窖山堆石墓群，省级风景名胜区龙窖山。有小学、卫生院、便民服务中心、老年活动中心等。服务业以乡村旅游为主。有木材、竹跳板、白乳胶等加工企业。县道文龙线经此。

五里牌乡［Wǔlǐpái Xiāng］　临湘市辖乡。在市境东部。面积105.7平方千米。人口2.6万。辖1居委会、19村委会，有213自然村。乡人民政府位于长安东路。1956年为五里乡。1961年改五里牌公社。1984年改五里牌乡。因原在距县衙驻地5里处设有驿站得名。有荆竹山。有中学1所，小学7所，二级医院1个，卫生院1个，卫生医疗点60个。有国家5A级旅游景区棋子山。农业以水稻、茶种植为主。武广高铁、京广铁路、京港澳高速、107国道过境。有临湘火车站。

乘风乡［Chéngfēng Xiāng］　临湘市辖乡。在市境北部。面积56平方千米。人口1.1万。辖9村委会，有101自然村。乡人民政府驻乘风岭。1973年源潭公社析置乘风公社。1984年改乘风乡。因乡政府驻地得名。有黄盖湖、涓田湖、冶湖。有中学1所，小学2所，卫生院1个，卫生医疗点15个。农业以水稻、苎麻、油菜、湘莲种植，特种水产小青虾、小龙虾、螃蟹、黄鳝、甲鱼养殖为主。省道黄盖镇广坪村—白羊田镇八百村、最江线，乘新公路过境。

乘风岭［Chéngfēnglǐng］　乘风乡人民政府驻地。在市政府驻地长安街道北28千米。人口1100。附近有山林木茂盛，传当地富户周十万以此为夏季纳凉之地，故名乘风岭，以岭名村。聚落沿最江公路呈Y字形分布。有中小学、卫生院、文化广场等。服务业以商贸为主。最江公路经此。

坦渡乡［Tǎndù Xiāng］　临湘市辖乡。在市境东北部。面积80平方千米。人口1.7万。辖15村委会，有159自然村。乡人民政府驻桐子铺。1956年为坦渡乡。1958年改公社。1984年改乡。原名滩头，1954年河上架桥，来往行人可从桥上平坦渡过，遂改今名。有万峰山、天井山等。新店河流经。有中学1所，小学3所，卫生院1个，卫生医疗点30个。农业以水稻、西瓜种植，小龙虾、螃蟹养殖为主。武广高铁、京港澳高速过境。

桐子铺［Tóngzǐpù］　坦渡乡人民政府驻地。在市政府驻地长安街道北31千米。人口1000。因周边多桐树，旧时乡人在此设厂榨桐油，开店销售，称桐籽铺，后演为今名。聚落呈丰字形。有卫生院、医疗点。服务业以商贸为主。有米厂、粮油收储公司等。武广高铁、京珠高速、县道羊定线经此。

横铺乡［Héngpù Xiāng］　临湘市辖乡。在市境西南部。面积83平方千米。人口1.7万。辖13村委会，有187自然村。乡人民政府驻苎麻咀。1956年设横铺乡。1961年改公社。1984年复乡。因清代桃林—岳阳驿道经此，有人在道旁横设店铺而得名。有马鞍山、枇杷山、福寿山。桃林河流经。有中学1所，小学5所，卫生院1个，卫生医疗点20个。农业以水稻、油菜、茶种植，猪、牛、羊养殖为主。产白石毛尖茶。蒙华铁路、杭瑞高速过境。

苎麻咀［Zhùmázuǐ］　横铺乡人民政府驻地。在市政府驻地长安街道西南24千米。人口3700。因驿道经此，建有马棚，故得名驻马咀，后演为今名。聚落呈丰字形。有中小学、卫生院、敬老院、文化广场等。服务业以商贸为主。杭瑞高速经此。

城南乡［Chéngnán Xiāng］　临湘市辖乡。在市境中部。面积53平方千米。人口1.2万。辖8村委会，有104自然村。乡人民政府驻长安街道长安社区。1984年设长安乡。1992年改城南乡。因处城区之南得名。有五尖山、龙宿山。长安河、板桥河流经。有中学1所，小学4所，卫生院1个，卫生医疗点20个。有陆城遗址。农业以水稻、红薯、茶种植为主。京港澳高速、省道黄盖镇广坪村—白羊田镇八百村线、长大公路经此。

岳阳县

岳阳县［Yuèyáng Xiàn］　岳阳市辖县。北纬29°08′，东经113°06′。在市境中部。面积1868.3平方千米。人口71.7万。以汉族为主，还有布依、土家、苗等民族。辖12镇、8乡。县人民政府驻荣家湾镇。晋太康元年(280)析下隽县置巴陵县。1913年巴陵县改为岳阳县，因县城居天岳山之南(幕阜山古名)得名，属省第一行政督察区。1981年撤岳阳县，并入岳阳市。1983年复岳阳县，属岳阳市，同年县治迁今址。先后建天鹅路、荷花路、农民致富街等道路多条及县人民医院主楼。建成天鹅新村、县中心市场、工人文化宫、厚德广场等。东方路与天鹅路相交为中心线，形成“五纵六横”的城市布局。其中东方路为政治文化区，以天鹅路为轴线形成商贸集中区，县城东南角有县生态工业园。东部为山地，向西依次为丘陵、岗地、平原。平均海拔70米。有相思山、大云山等。最高峰相思山海拔957.2米。年均气温1℃，1月平均气温4.5℃，7月平均气温29.1℃。年均降水量1292.2毫米。新墙河、罗水河流经。有矾、稀土、高岭土、独居石等矿产资源。有野生植物890余种，其中有国家重点保护野生植物银杏、水杉、杜仲、桢楠等24种。有野生动物660余种，其中有国家一级保护野生动物云豹、华南虎、白鳍豚，二级保护野生动物穿山甲、水獭、河鹿等34种。有世界最稀少的禽类小白额雁。有国家级东洞庭湖自然保护区。森林覆盖率30%。有中等职业学校1所，中学31所，小学78所，特殊教育学校1所，二级医院6个。有新墙河抗战胜利陈列馆。有全国重点文物保护单位“三战三捷”摩崖石刻。有国家4A级旅游景区张谷英古建筑群。有大云山国家森林公园、相思山爱情森林公园。三次产业比例18∶50∶32。农业以水稻、红薯种植为主。有“洞庭湖”优质大米、“岳州”富硒米等，产“洞庭春”茶。工业以竹木、食品加工，建材制造为主。服务业以餐饮、旅游为主。有省级经济开发区1个。武广高铁，京广铁路，京珠、岳望高速，107国道，省道岳汨、岳平线过境。通公交车。

岳阳县荣家湾站［Yuèyáng Xiàn Róngjiāwān Zhàn］　见交通运输设施部分“岳阳县荣家湾站”条。

岳阳县汽车站［Yuèyáng Xiàn Qìchēzhàn］　见交通运输设施部分“岳阳县汽车站”条。

荣家湾镇［Róngjiāwān Zhèn］　岳阳县人民政府驻地。在县境西北部。面积49平方千米。人口10.7万。辖1居委会、18村委会，有53自然村。镇人民政府驻南街社区。1956年设为荣家湾乡。1958年改公社。1978年改城关镇。1981年改荣家湾镇。多荣姓，且在新墙河出口河湾处，1918年粤汉铁路在此设站乃名荣家湾站，因站得名。新墙河流经。有荣湾湖。有中学5所，小学5所，二级医院4个，卫生院1个。有古迹温家山商代墓葬群。农业以蔬菜种植为主。工业以轻工业制造、食品加工为主。服务业以商贸、餐饮业为主。武广高铁，京珠高速，岳汨、岳荣公路过境。通多路公交车。

天鹅路［Tiān'é Lù］　在县城中部。南起荣新路，北至城北路。与兴荣路、文艺路、东方路等相交。长2.4千米，宽36米。沥青路面。以东方路为界分为南、北两段。1980年建成天鹅南路，1983年建成天鹅北路。因经过天鹅社区得名。两侧有县八中、县人民医院、县民政局、县建设局等。通多路公交车。

南街社区［Nánjiē Shèqū］　荣家湾镇人民政府驻地。在县境中部偏西。面积5.4平方千米。人口6300。因在荣家湾火车站街南得名。2009年成立。民居以低层楼房为主。有就业服务中心，开展再就业援助、民政救助、户籍管理、计划生育、流动人口管理、健康服务等服务。有篮球场、体育健身场等设施。有中小学、幼儿园、卫生所。有副食品制作与销售。有农贸蔬菜市场。县道荣新线经此。通多路公交车。

麻塘镇［Mátáng Zhèn］　岳阳县辖镇。在县境西北部。面积74平方千米。人口2.5万。辖1居委会、19村委会，有220自然村。镇人民政府驻春风。1950年设麻塘乡。1958年改公社。1984年改镇。1995年春风乡并入。明代修塘堰于此，因处麻布大山西麓而得名。为丘陵地貌。有中学1所，小学3所，卫生院2个。有“神奇八景”东风洞、亨风窝、木耳山、象鼻嘴、莲花井、不冰池、西月亭、白月寺。农业以水稻、西甜瓜、湘莲、柑橘种植为主。工业以原材料加工为主。京广铁路、武广高铁、荣岳公路过境。通多路公交车。

春风［Chūnfēng］　麻塘镇人民政府驻地。在县政府驻地荣家湾镇西北12千米。人口1700。依毛主席诗词“春风杨柳万千条”句命名。聚落呈十字形。有中小学。农业以水稻种植为主。有饲料、鸡场等企业。荣岳公路经此。通多路公交车。

鹿角镇［Lùjiǎo Zhèn］　岳阳县辖镇。在县境西部。面积95平方千米。人口3.8万。辖4居委会、34村委会，有400自然村。镇人民政府位于荣家湾镇兴荣西路。1958年成立鹿角公社。1984年改镇。1995年友爱乡并入。因有山嘴伸入洞庭湖中，形如麋鹿犄角而得名。东南多岗岭，西北低洼。有白石湖、杨幺湖、万石湖。有中学1所，小学3所，卫生院2个。有省级文物保护单位鹿角古窑遗址。有古迹古道观、洞天观、营盘岭等。农业以水稻、棉花、花生种植为主。工业以建材、粮油加工为主。岳荣、荣鹿公路等过境。

鹿角村［Lùjiǎocūn］　在县政府驻地荣家湾镇西10千米。鹿角镇辖自然村。人口4200。因多湖汊似鹿角得名。聚落呈散状。有省级文物保护单位鹿角古窑遗址。有纸厂、混凝土厂。荣鹿公路经此。通公交车。

黄沙街镇 [Huángshājiē Zhèn] 岳阳县辖镇。在县境南部。面积131平方千米。人口5.4万。辖3居委会、34村委会，有430自然村。镇人民政府驻黄沙街。1951年为黄沙街区。1958年改公社。1984年改镇。1995年黄秀、荆州、大明3乡并入。因镇政府驻地得名。有高峰岭、胡仙山、玉华山等。坪桥河、费家河流经。有中学2所，小学4所，卫生院3个。农业以水稻、红薯、茶种植为主。有"洞庭春"茶。有国家级岳阳农业创业园。武广高铁，京广铁路，岳望、岳临高速过境。

黄沙街 [Huángshājiē] 黄沙街镇人民政府驻地。在县政府驻地荣家湾镇南14千米。人口1700。旧时多黄土沙石，名黄沙埛，形成集镇后称今名。聚落呈团状。有中学、卫生院等。农业以水稻、茶叶种植为主。京广铁路，荣黄、岳汨公路经此。通多路公交车。

新墙镇 [Xīnqiáng Zhèn] 岳阳县辖镇。在县境中部。面积77平方千米。人口3.2万。辖3居委会、27村委会，有260自然村。镇人民政府驻十二公里。1951年设新墙镇。1958年改新墙公社。1961年新墙公社析置新墙镇。1984年新墙公社改乡。1987年新墙乡并入新墙镇。1995年五垸乡并入。因新墙河得名。东为丘陵，中、西为平原。有常山、香严山。有中学2所，小学3所，二级医院1个，卫生院2个。农业以水稻、棉花、油菜种植，猪、鱼养殖为主。工业有陶瓷、制药等业。岳临、京港澳高速，107国道过境。

十二公里 [Shí'èrgōnglǐ] 新墙镇人民政府驻地。在县政府驻地荣家湾镇东12千米。人口8000。1990年107国道拓宽时形成，因到县城的距离得名。聚落呈块状。有二级医院。有陶瓷建材企业及商贸、餐饮业。107国道、荣公公路经此。通公交车。

柏祥镇 [Bǎixiáng Zhèn] 岳阳县辖镇。在县境中部偏南。面积102平方千米。人口3.3万。辖1居委会、24村委会，有360自然村。镇人民政府驻黄柏祥。1995年中村、十步2乡合置柏祥镇。因镇政府驻地得名。有中学1所，小学4所，卫生院3个。农业以水稻种植为主。有花卉苗木基地。荣公、柏凤、十宏公路过境。

黄柏祥 [Huángbǎixiáng] 柏祥镇人民政府驻地。在县政府驻地荣家湾镇东南21千米。人口2600。由黄姓先民黄柏祥始建村而得名。聚落呈带状。有中小学、卫生院。有窑岭陶瓷。农业以水稻、茶叶种植，生猪养殖为主。柏凤、十宏公路经此。通公交车。

筻口镇 [Gàngkǒu Zhèn] 岳阳县辖镇。在县境中部偏北。面积139平方千米。人口6万。辖3居委会、58村委会，有560自然村。镇人民政府驻筻口。1953年设筻口镇。1958年改公社。1984年改乡，同年复改镇。1995年潼溪、熊市2乡并入。因镇政府驻地得名。西南为平原，东北为丘岗。游港河、沙港河流经。有中学2所，小学5所，卫生院3个。有湘北抗战遗址笔架山、草鞋岭。农业以水稻、棉花种植为主。工业以建材、造纸、印刷包装、食品加工为主。省道岳华线等过境。

筻口 [Gàngkǒu] 筻口镇人民政府驻地。在县政府驻地荣家湾镇东北18千米。人口6000。筻为捕鱼工具，形如竹篓，因此地地形如"筻"得名。聚落呈块状。有中小学、卫生院。有电站。农业以水稻种植为主。有制造业、建筑业、餐饮业。省道平益线经此。通公交车。

公田镇 [Gōngtián Zhèn] 岳阳县辖镇。在县境东部。面积89平方千米。人口2.7万。辖2居委会、23村委会，有300自然村。镇人民政府驻公田。1960年成立公田公社。1985年改镇。1995年大埛乡并入。因镇政府驻地得名。东部多山地，西南为丘陵。有雪花山等。沙港河，大、小饶港河流经。有中学2所，小学5所，二级医院1个，卫生院2个。农业以水稻、红薯种植为主。产铁山"刁子鱼"。荣公、岳平公路过境。

公田 [Gōngtián] 公田镇人民政府驻地。在县政府驻地荣家湾镇东35千米。人口5000。传曾有人在此置公益田产而得名。聚落呈块状。有中小学、二级医院、卫生院。农业以水稻种植为主。荣公、岳平公路经此。通公交车。

毛田镇 [Máotián Zhèn] 岳阳县辖镇。在县境东北部。面积81平方千米。人口2.3万。辖2居委会、31村委会，有206自然村。镇人民政府驻南冲。1958年成立毛田公社。1984年改乡。1995年南冲镇并入。传旧时有大块茅坪，辟为良田后称茅田，后演为今名。有相思山、眉毛尖等山。卢墩水、英桥水等流经。有铁山水库主库区。有中学2所，小学5所，卫生院2个。有国家3A级旅游景区相思山爱情森林公园。农业以水稻、红薯、茶叶种植为主。产毛田火焙鱼。工业以金属回收、医疗器械、木器加工、采沙为主。县道公相线过境。

南冲 [Nánchōng] 毛田镇人民政府驻地。在县政府驻地荣家湾镇东北50千米。人口2600。相对湖北通城县北港而称南冲。聚落呈带状。有中学、卫生院。农业以水稻、红薯种植为主。县道公相线经此。

月田镇 [Yuètián Zhèn] 岳阳县辖镇。在县境东南部。面积175平方千米。人口4.6万。辖1居委会、55村委会，有540自然村。镇人民政府驻月田。1958年成立月田公社。1984年改乡。1995年改镇。因镇政府驻地得名。有高峰殿山、建鸡山、皇帽山等。有中学2所，小学5所，卫生院3个。有千年古松、烈士亭。农业以水稻种植，猪、牛、羊养殖为主。产茶油、花生等。省道岳华线过境。

月田 [Yuètián] 月田镇人民政府驻地。在县政府驻地荣家湾镇东南55千米。人口3000。以人名余月田为名。聚落呈块状。有中小学、卫生院、敬老院。农业以水稻种植为主。产茶油。省道岳华线经此。通公交车。

张谷英镇 [Zhānggǔyīng Zhèn] 岳阳县辖镇。在县境东南部。面积130平方千米。人口2.9万。辖1居委会、31村委会，有190自然村。镇人民政府驻渭洞。1958年成立渭洞公社。1984年改乡。1995年渭洞乡与芭蕉乡合并为张谷英镇。因全国重点文物保护单位张谷英古建筑群得名。有小水尖山等。有中学2所，小学5所，卫生院2个。有景点刘备洞、丝毛小井、玉女溪、千年驿道、斛谷路、中共湘北特委旧址拦石坡等。农业以水稻、红薯种植为主。有竹木加工和旅游业。县道城芭线过境。

渭洞 [Wèidòng] 张谷英镇人民政府驻地。在县政府驻地荣家湾镇东南50千米。人口3000。因有渭溪河横贯，多山洞而得名。聚落呈人字形。有中学、卫生院等。农业以水稻种植为主。有竹木加工和旅游业。县道城芭线经此。通公交车。

张谷英村 [Zhānggǔyīngcūn] 在县政府驻地荣家湾镇东南50千米。张谷英镇辖自然村。人口2000。因元末明初张谷英建村而得名。聚落呈方块状。为中国历史文化名村。有全国重点文物保护单位张谷英古建筑群。农业以水稻种植为主。有旅游服务和食品加工业。县道城芭线经此。有旅游专线直达。

新开镇 [Xīnkāi Zhèn] 岳阳县辖镇。在县境东北部。面积133平方千米。人口3.9万。辖2居委会、35村委会，有128自然村。镇人民政府驻新开塘。1961年成立新开公社。1984年改乡。1995年龙湾、五垸2乡并入。1997年改镇。因镇政府驻地得名。有马头山、东山、西山等。龙湾河、新墙河流经。有矿产资源钒、石煤、高岭土等。有中学2所，小学4所，卫生院3个。有古迹景点龙湾大马村春秋古城遗址、凤形嘴山春秋墓群、莲花寺。农业以水稻种植为主。有钒矿冶炼厂。京珠高速、107国道、省道岳华线过境。通公交车。

新开塘 [Xīnkāitáng] 新开镇人民政府驻地。在县政府驻地荣家湾镇东北14千米。人口1700。宋代龙子美《墓志铭》有"葬辛家塘左侧"语，当是旧时辛姓聚居之地凿有池塘，故名，后演为今名。聚落呈人字形。有中小学、卫生院。农业以水稻种植为主。有钒矿冶炼厂。京珠高速、107国道、省道岳华线经此。通公交车。

中洲乡 [Zhōngzhōu Xiāng] 岳阳县辖乡。在县境西南部。面积77平方千米。人口3万。辖25村委会，有180自然村。乡人民政府驻中洲。20世纪70年代成立中洲公社。1984年分置为中洲、兴旺2乡。1995年2乡合并为中洲乡。以乡政府驻地得名。为洞庭湖淤积平原。有坪桥湖、费家湖。有中学1所，小学3所，卫生院2个。有省级文物保护单位凌云塔。农业以水稻、棉花、莲藕、湘莲、藜蒿种植，黄颡鱼、龙虾、螃蟹、甲鱼养殖为主。有高岭土、硅砂销售及商贸业。荣中公路过境。

中洲 [Zhōngzhōu] 中洲乡人民政府驻地。在县政府驻地荣家湾镇西10千米。人口4000。湘江至此分东、西两支流入洞庭湖，因江心形成洲渚而得名。聚落呈带状。有中小学、卫生院。有省级文物保护单位凌云塔。农业以水稻种植为主。荣中公路经此。通公交车。

长湖乡 [Chánghú Xiāng] 岳阳县辖乡。在县境中部偏南。面积121平方千米。人口3.8万。辖31村委会，有400自然村。乡人民政府驻长湖街。1995年白乡、荆洲2乡合设长湖乡。有嵩峰山、胡仙山。有矿产资源高岭土。有中学1所，小学4所，卫生院3个。农业以水稻、西瓜、茶叶种植，生猪养殖为主。工业以陶瓷建材生产销售为主。有大米加工厂。服务业以商贸、餐饮为主。京港澳高速、107国道过境。

长湖街 [Chánghújiē] 长湖乡人民政府驻地。在县政府驻地荣家湾镇东南14千米。人口3000。传古人以狭长水塘为远途劳顿的车马提供水源而得名。聚落呈带状。有中学、小学、卫生院。有古迹崇佛寺，唐忠臣南霁云、雷万春祠等。农业以水稻种植为主。京珠高速、107国道经此。

步仙乡 [Bùxiān Xiāng] 岳阳县辖乡。在县境东南部。面积104平方千米。人口4.4万。辖21村委会，有160自然村。乡人民政府驻狮山。1956年为步仙乡。1958年改步仙桥公社。1981年分关王、凤凰2公社。1984年2公社改乡。1995年2乡合设步仙乡。传古时罗水之上有风雨桥，步之可入仙境而得名。有清竹山等。罗水流经。有中学1所，小学4所，卫生院2个。有巴陵傅氏文化公园。有古迹步仙山宗教古迹群、胡召保青铜器遗址、岐山古驿场等。农业以水稻种植，猪、牛、鱼养殖为主。服务业以商贸、餐饮为主。特产岳坊皮纸、龙灯。县道柏凤、兰关线过境。

狮山 [Shīshān] 步仙乡人民政府驻地。在县政府驻地荣家湾镇东南30千米。人口1300。传古时9头雄狮游于此，经仙人点化成9座山峰，形如狮而得名。聚落呈块状。有中学、卫生院。有春秋战国时期遗址。农业以水稻种植为主。有印刷厂、大米加工厂、采石场等。县道柏凤、兰关线经此。通公交车。

甘田乡 [Gāntián Xiāng]　岳阳县辖乡。在县境中部偏北。面积 57 平方千米。人口 1.8 万。辖 15 村委会，有 150 自然村。乡人民政府驻横铺。1951 年为甘田区。1961 年改公社。1984 年改乡。因田土多沙底，易渗水干涸，称干田，谐为今名。有李公大山。甘田河流经。有中学 1 所，小学 3 所，卫生院 1 个。有特色丧葬文化。农业以水稻、红薯种植为主。服务业以商贸、餐饮为主。省道岳华线过境。

横铺 [Héngpù]　甘田乡人民政府驻地。在县政府驻地荣家湾镇东北 32 千米。人口 1000。因紧邻甘田河，有如横陈道旁而得名。聚落呈带状。有小学、卫生院等。农业以西瓜、水稻种植为主。省道岳华线经此。

杨林乡 [Yánglín Xiāng]　岳阳县辖乡。在县境中部。面积 85 平方千米。人口 3.2 万。辖 25 村委会，有 280 自然村。乡人民政府驻城山舟。1961 年成立杨林公社。1984 年改乡。1995 年兰田乡并入。因杨柳成林，商铺密布得名。有将军山、大坪山、铜鼓山等。沙港河等流经。有中学 1 所，小学 4 所，卫生院 1 个。有蓝泽烈士墓、林生根雕艺术馆。农业以水稻、红薯种植，生猪、乳鸽养殖为主，有富硒土鸡。有瓷业、长石粉厂、砖厂等。省道荣公线、县道城芭线过境。

城山舟 [Chéngshānzhōu]　杨林乡人民政府驻地。在县政府驻地荣家湾镇东 28 千米。人口 1300。传此地有一禅山，聚落呈舟形，故名禅山舟，后演为今名。聚落呈纺锤状。有中小学、卫生院。农业以水稻种植为主，有大米加工厂、榨油厂等。省道荣公线、县道城芭线经此。通公交车。

云山乡 [Yúnshān Xiāng]　岳阳县辖乡。在县境东北部。面积 40 平方千米。人口 1.2 万。辖 15 村委会，有 130 自然村。乡人民政府驻西台。1961 年成立云山公社。1984 年改乡。因道教圣地大云山得名。有大云山。有中学 1 所，小学 3 所，卫生院 1 个。有全国重点文物保护单位"三战三捷"摩崖石刻。有大云山国家森林公园。农业以水稻种植，生猪、黑山羊养殖为主。有土特产野山蕨、野山笋、云山腐乳等。服务业以旅游服务为主。公田—大云山旅游专线过境。

西台 [Xītái]　云山乡人民政府驻地。在县政府驻地荣家湾镇东北 41 千米。人口 900。因在云墩西面台地得名。聚落呈 T 字形。有中小学、卫生院。农业以水稻种植为主。公田—大云山旅游专线经此。

相思乡 [Xiāngsī Xiāng]　岳阳县辖乡。在县境东北部。面积 66 平方千米。人口 2.2 万。辖 27 村委会，有 230 自然村。乡人民政府驻珠港。1961 年成立相思公社。1984 年设相思乡。1995 年与珠港乡合并为相思乡。因相思山得名。有矿产资源长石、石英。有中学 1 所，小学 3 所，卫生院 1 个。有相思爱情主题文化公园，古迹鹅飞石、仙鹅寺等。农业以水稻、红薯、大豆种植为主。有鲇鱼洞水力发电站。有餐饮、旅游业。县道公卢线过境。

珠港 [Zhūgǎng]　相思乡人民政府驻地。在县政府驻地荣家湾镇东北 50 千米。人口 1300。因屋场旁有河港，港中多乌龟得名龟港，后因方言谐音演今名。聚落呈块状。有中小学、卫生院。农业以水稻种植为主。服务业以商贸、餐饮、旅游为主。县道公卢线经此。

饶村乡 [Ráocūn Xiāng]　岳阳县辖乡。在县境东南部。面积 47 平方千米。人口 1.8 万。辖 16 村委会，有 150 自然村。乡人民政府驻黄土仑。1961 年成立饶村公社。1984 年改乡。因境内饶溪得名。饶溪流经。有中学 1 所，小学 3 所，卫生院 1 个。有景点屈原祠、文昌阁、明代禅院、刘备洞等。农业以水稻、红薯、板栗、油茶种植，皇鸽、黑山羊、土鸡养殖为主。工业以竹木制品加工为主。县道城芭线过境。

黄土仑 [Huángtǔlún]　饶村乡人民政府驻地。在县政府驻地荣家湾镇东南 38 千米。人口 2000。因多黄土山得名。聚落呈丁字形。有中学、卫生院。农业以水稻种植为主。工业以竹木制品加工为主。县道城芭线经此。

华 容 县

华容县 [Huáróng Xiàn]　岳阳市辖县。北纬 29°10′，东经 112°18′。在市境西部。面积 1591 平方千米。人口 73 万。辖 12 镇、8 乡。县人民政府驻城关镇。汉高祖六年(前 201)以楚章华台地置华容县，取章华台、容城各一字得名，隶南郡。三国初属蜀，后属吴。晋属南郡。南北朝属南郡。隋隶巴陵郡。唐属岳州。唐垂拱二年(686)因避武则天讳，改华容县为容城。神龙二年(706)复名华容县。宋至和元年(1054)再迁县治于隋县治故墟，即今址。元属岳州路。明属湖广布政使司岳州府。清属湖南布政使司岳常澧道岳州府。1913—1940 年属湖南省岳常澧道、武陵道、湘江道、第二行政督察区、第四行政督察区。1949 年后划属常德专区。1962 年属益阳专区。1964 年属岳阳专区。1986 年属岳阳市。1959、1977 年先后修建华容大桥等，县城东扩。1992 年贯通迎宾路，城区以一桥路、二桥路、大港路为轴呈网状结构。1998 年修华容二大桥，河西、河东连为一体。1999 年开发马鞍山新区，贯通华容大道中、西路等道路，逐步向河东发展新城区。治河渡大桥改扩建后，城区面积扩大。东北为低矮丘山，有桃花山、天井山。西、南部为长江、洞庭湖冲积平原。平均海拔 35 米。年均气温 16.6℃，1 月平均气温 4.3℃，7 月平均气温 28.7℃。年均降水量 214 毫米。有花岗石、独居石、磷钇矿等 30 种矿产资源。有野生植物 60 种，其中有国家一级重点保护野生植物银杏、水杉、红豆杉。有野生动物 194 种，其中有国家一级保护野生动物麋鹿、黑麂鹿、白鳍豚、穿山甲、中华鲟、白鲟及金雕、白鹤、白头鹤等鸟类 7 种。有国家级自然保护区华容东湖湿地公园、东洞庭湖自然保护区之一的东洞庭湖圆田螺水产资源保护区，省级小集成麋鹿自然保护区、小集成长江故道江豚自然保护区。森林覆盖率 15.6%。有中学 34 所，小学 87 所，二级医院 2 个。有全国重点文物保护单位车轱山新石器文化遗址，省级文物保护单位七星墩古城遗址、仁义堂、刘大夏墓、黎淳墓。有古迹景点章华台、禹山庙、范蠡墓、宝慈观等。三次产业比例 21∶50∶29。农业以水稻、棉花种植，生猪养殖为主。产苎麻、茶叶、湘莲、华容芥菜。工业以纺织为主。服务业以餐饮住宿为主。有省级工业集中区 1 个。浩吉铁路，杭瑞、岳宜、岳常高速，省道华石、华南、华塔、华洪、许东线等过境。通多路公交车。

人民广场 [Rénmín Guǎngchǎng]　在县城西部。面积 6 公顷。2000 年开工，同年建成。内有汉白玉龙柱、滑水道、国旗台、观礼台、音乐喷泉、诗词文化长廊、小桥流水等设施。广场南北边沿植行道树，东、西侧植绿化树带，有银杏等古树名木，中心有天鹅绒草坪。为居民休闲和举办文娱活动场所。周边有县电视台、县工业信息化局等。通公交车。

华容大桥 [Huáróng Dàqiáo]　在县城东南部。长 150 米，宽 8 米，最大跨度 7.6 米，桥下净高 5.2 米。1959 年始建，为石墩木质桥，1964 年改为钢筋混凝土桥，1983 年改扩建为 6 孔 5 墩 T 形砼桥。为跨华容河第一座大桥，故名，又称华容一大桥。为大型跨河道桥梁，结构型式为钢筋混凝土 T 梁桥。最大载重 15 吨。通公交车。

华容二桥 [Huáróng 2 Qiáo]　在县城中部。长 376.7 米，宽 20 米，最大跨度 25 米，桥下净高 10.5 米。1996 年开工，1998 年建成。华容县城跨华容河的第二座大桥而得名。大型跨河道桥梁，结构型式为钢筋混凝土 T 梁桥。最大载重 30 吨。通公交车。

华容县汽车站 [Huáróng Xiàn Qìchēzhàn]　见交通运输设施部分"华容县汽车站"条。

华容县中心汽车站 [Huáróng Xiàn Zhōngxīn Qìchēzhàn]　见交通运输设施部分"华容县中心汽车站"条。

城关镇 [Chéngguān Zhèn]　华容县人民政府驻地。在县境中部。面积 11 平方千米。人口 9.4 万。辖 12 居委会、2 村委会，有 13 自然村。镇人民政府驻环城社区。1956 年设城关镇。1958 年改公社。1984 年复改镇。有黄湖山、陡岡山、石山矶等。华容河流经。有中学 6 所，其中华容一中为全国重点中学，小学 5 所，二级医院 2 个，卫生院 1 个，卫生所 24 个。有省级爱国主义教育基地何长工同志纪念馆。工业以纺织工业为主。服务业以酒店餐饮业为主。产"海霸鱼"酸菜、泡豇豆、雪花啤酒、纺织品。杭瑞、岳宜高速，省道岳华线过境。

华容大道 [Huáróng Dàdào]　在县城中部。西起白鼎山路杨家桥，东至岳华公路与大桥东路交汇处。与沿河路、迎宾路、人民大道等相交。长 5.3 千米，宽 50 米。沥青路面。1998 年建西段，为混凝土路面，2002—2006 年改沥青路面。东、中段为省道岳华线城区段，1995 年开工，1998 年建成，2000—2002 年改建。两侧有县检察院、县法院、县妇幼保健院、何长工纪念馆等。通多路公交车。

环城社区 [Huánchéng Shèqū]　城关镇人民政府驻地。在县境中部。面积 4 平方千米。人口 3 万。2012 年成立。因村境环绕城西北得名。民居以中低层楼房为主。有社区服务中心、健身广场、图书室等。有县委党校、商贸市场、大酒店、广场等。有石山矶遗迹。通公交车。

三封寺镇 [Sānfēngsì Zhèn]　华容县辖镇。在县境东部。面积 79 平方千米。人口 3 万。辖 1 居委会、19 村委会，有 174 自然村。镇人民政府驻三封寺集镇(自然村)。1956 年设三封寺乡。1958 年成立华一公社。1961 年改三封公社。1984 年改三封寺镇。因镇政府驻地得名。南为洞庭湖冲积平原。有七女峰、墨山。华容河、华洪运河流经。有中学 2 所，小学 2 所，卫生院 1 个，卫生所 21 个。有景点华一水库、墨山禅寺等。有全国重点文物保护单位车轱山新石器文化遗址，省级非物质文化遗产华容夹叶点子，地方特色文化地花鼓、坐丧鼓等。农业以水稻、棉花种植为主。工业以纺织加工为主。杭瑞高速、省道岳华线过境。

三封寺集镇 [Sānfēngsìjízhèn]　三封寺镇人民政府驻地。在县政府驻地城关镇东 8 千米。人口 3800。传有寺经东汉、魏、西晋三朝敕封而得名。聚落呈带状。有中学、卫生院。有纺织、鞋业公司。省道岳华线经此。

治河渡镇 [Zhìhédù Zhèn]　华容县辖镇。在县境东南部。面积 46 平方千米。人口 2.8 万。辖 2 居委会、14 村委会，有 176 自然村。镇人民政府驻治河渡集镇(自然村)。1984 年设潘家乡。1993 年乡政府迁至河渡村改今名。华容河流经。有中学 1 所，小学 3 所，卫生院 1

个，卫生室18个。农业以水稻、棉花种植为主。产潘家渡大辣椒。工业以农副产品加工为主。服务业以休闲农庄、商业为主。省道华钱线过境。

治河渡集镇［Zhìhédùjízhèn］ 治河渡镇人民政府驻地。在县政府驻地城关镇东南1千米。人口6100。因华容河南、北支分汊口设支河渡，谐音取今名。聚落呈带状。有中小学、卫生院。服务业以商贸为主。有轧花厂及蔬菜、电子、棉花加工企业。省道华钱线经此。通公交车。

北景港镇［Běijǐnggǎng Zhèn］ 华容县辖镇。在县境南部。面积76平方千米。人口3.9万。辖1居委会、27村委会，有280自然村。镇人民政府驻北景港集镇。1956年设景港乡。1961年改公社。1984年改北景港镇。因镇政府驻地得名。以平原为主。有牛氏湖、西湖。有中学2所，小学5所，卫生院1个，卫生室32个。为湖南花鼓戏发源地之一。农业以水稻、棉花种植为主。工业以农副产品加工为主。县道新景线过境。

北景港集镇［Běijǐnggǎngjízhèn］ 北景港镇人民政府驻地。在县政府驻地城关镇东南28千米。人口3200。为长江虎渡口决口后江水裹挟景水入洞庭湖的出口，称景口，分南、北景港两条支流，此为北景港而得名。聚落呈十字形。有中小学、卫生院。有商品零售、铸造、机械加工、建材生产等。产北景港油砣。县道新景线经此。通多路公交车。

鲇鱼须镇［Niányúxū Zhèn］ 华容县辖镇。在县境西部。面积67平方千米。人口3.3万。辖3居委会、23村委会，有233自然村。镇人民政府驻鲇鱼须集镇（自然村）。1966年置鲇市镇。1984年设鲇市乡，同年镇、乡合并为鲇鱼须镇。为丘陵地形。有中学2所，小学3所，卫生院1个，卫生室23个。有战国古墓群，民俗文化锣鼓、夹叶点子、地花鼓等。农业以水稻、棉花种植为主。工业以农副产品加工为主。县道华鲇、鲇操线过境。

鲇鱼须集镇［Niányúxūjízhèn］ 鲇鱼须镇人民政府驻地。在县政府驻地城关镇西15千米。人口3100。清嘉庆年间形成集市。因在藕池河汊港形如鲇鱼须得名。聚落呈Y字形。有中小学、卫生院。有商品零售、农产品加工业。县道华鲇线经此。通公交车。

宋家嘴镇［Sòngjiāzuǐ Zhèn］ 华容县辖镇。在县境中部偏西。面积43.5平方千米。人口2.3万。辖1居委会、13村委会，有152自然村。镇人民政府驻宋家嘴集镇。1961年成立宋市公社。1984年改乡。1990年改宋家嘴镇。因镇政府驻地得名。藕池河流经。有蔡田湖、赤眼湖。有中学1所，小学4所，卫生院1个，卫生室17个。有花鼓戏。农业以水稻、棉花种植为主。工业以粮食加工为主。服务业以商业为主。华宋公路过境。

宋家嘴集镇［Sòngjiāzuǐjízhèn］ 宋家嘴镇人民政府驻地。在县政府驻地城关镇西11千米。人口1300。宋代即有宋田山地名。清咸丰二年(1852)居民徙至藕池河畔聚居，名宋家汊，因建有人工矶头而得名。聚落沿藕池河呈带状分布。有中小学、卫生院。有商贸和农副产品加工业。华宋公路经此。

万庾镇［Wànyǔ Zhèn］ 华容县辖镇。在县境西北部。面积97平方千米。人口4.3万。辖3居委会、26村委会，有276自然村。镇人民政府驻万庾集镇（自然村）。1956年设万庾镇。1961年改公社。1984年改镇。因镇政府驻地得名。东为鼎山山脉，西为低矮丘陵，中、南为长江冲积平原。华容河流经。有二郎湖等。有中学2所，小学5所，卫生院1个，卫生室31个。农业以水稻、棉花种植为主。工业以农副产品加工为主。服务业以商品贸易为主。岳宜高速过境。

万庾集镇［Wànyǔjízhèn］ 万庾镇人民政府驻地。在县政府驻地城关镇西北8千米。人口4200。因曾建大型储粮之所得名。聚落呈十字形。有中小学、卫生院。服务业以商贸为主。有机械、毛巾、大米加工等企业。岳宜高速经此。

插旗镇［Chāqí Zhèn］ 华容县辖镇。在县境东南部。面积76平方千米。人口3万。辖1居委会、14村委会，有202自然村。镇人民政府驻注北集镇（自然村）。1961年成立插旗公社。1984年改镇。以平原为主。藕池河流经。有中学1所，小学4所，卫生院1个，卫生室22个。农业以水稻、棉花、芥菜种植为主。工业以芥菜加工为主。服务业以商业为主。有名产华容芥菜。省道虹安线等过境。

注北集镇［Zhùběijízhèn］ 插旗镇人民政府驻地。在县政府驻地城关镇东南30千米。人口1800。因在注滋口北而得名。聚落沿藕池河成带状分布。有中小学、卫生院。有菜业公司。省道华注、注幸、注北线经此。

注滋口镇［Zhùzīkǒu Zhèn］ 华容县辖镇。在县境南部。面积64平方千米。人口3.6万。辖4居委会、24村委会，有249自然村。镇人民政府驻注滋口集镇（自然村）。1984年隆西乡、注市镇合设注滋口镇。因镇政府驻地得名。藕池河流经。有中学1所，小学3所，卫生院1个，卫生室31个。有楹联一条街、仁义堂诗词广场。有花鼓剧团、文化站、电影队。农业以水稻、棉花、苎麻、油菜种植，财鱼、黄鳝养殖为主。工业以油籽加工、棉花加工为主。省道虹安线、华注线过境。

注滋口集镇［Zhùzīkǒujízhèn］ 注滋口镇人民政府驻地。在县政府驻地城关镇南32千米。人口7700。因藕池河河道弯曲如锯齿，称锯齿口，后谐为今名。聚落呈团状。有中小学、卫生院、图书室、花鼓剧团。有省级文物保护单位仁义堂。有油脂、棉花加工及商业。省道虹安线、华注线经此。通公交车。

操军镇［Cāojūn Zhèn］ 华容县辖镇。在县境西部。面积95.5平方千米。人口5万。辖2居委会、27村委会，有337自然村。镇人民政府驻南华渡。1956年为操军乡。1958年改公社。1984年复乡。1997年改镇。因南宋时岳飞在此练兵，建有操军场而得名。藕池河东、中支流经。有朝阳湖等。有中学2所，小学7所，卫生院1个，卫生室32个。农业以水稻、棉花种植为主。工业以农产品加工为主。服务业以商贸为主。岳常高速、省道岳华线过境。

南华渡［Nánhuádù］ 操军镇人民政府驻地。在县政府驻地城关镇西25千米。人口2800。此处为旧南县县城与华容县沟通之渡口而得名。聚落呈块状。有小学、卫生院。有商贸、农产品加工。岳常高速、省道岳华线经此。通公交车。

东山镇［Dōngshān Zhèn］ 华容县辖镇。在县境东北部。面积384平方千米。人口8.5万。辖5居委会、54村委会，有567自然村。镇人民政府驻三郎堰集镇（自然村）。1958年成立东山公社。1984年改乡。1995年桃花山、江洲2乡并入。2000年改镇。因县志曾载为“邑东诸山统名”，故称东山。有桃花山、赶子山等。有大荆湖、沉埸湖。有花岗岩、高岭土等矿产资源。有中学5所，小学13所，卫生院3个，卫生所12个。有省级文物保护单位七星墩史前文化遗址，旅游景点桃花山、大荆湖、东山水库、关山水库、天井山、仙鹅寺等。农业以水稻、棉花种植，小龙虾养殖为主，特产皱皮柑、板栗、东山土鸡等。有风力发电站。省道虹安线过境。有长江水运码头。

三郎堰集镇［Sānlángyànjízhèn］ 东山镇人民政府驻地。在县政府驻地城关镇东北30千米。人口5000。因明代易氏3兄弟在此开凿蓄水堰灌溉田地得名。聚落呈蛛网状。有中学、卫生院等。服务业以商贸为主。240国道经此。

梅田湖镇［Méitiánhú Zhèn］ 华容县辖镇。在县境西部。面积42平方千米。人口1.8万。辖1居委会、12村委会，有65自然村。镇人民政府驻张家湾集镇。1956年为梅田乡。1961年改公社。1984年改梅田湖镇。因梅田湖集镇得名。藕池河东支流经。有中学1所，小学2所，卫生院1个，卫生室13个。农业以水稻种植，龙虾养殖为主。省道梅浪线过境。

张家湾集镇［Zhāngjiāwānjízhèn］ 梅田湖镇人民政府驻地。在县政府驻地城关镇西20千米。人口1500。因张姓聚居得名。聚落呈带状。有中小学、卫生院、敬老院、文化广场等。农业以水稻、棉花种植为主。工业以农产品加工为主。省道梅浪线经此。

胜峰乡［Shèngfēng Xiāng］ 华容县辖乡。在县境北部。面积71平方千米。人口2.4万。辖14村委会，有140自然村。乡人民政府驻毛家巷集镇（自然村）。1961年成立胜峰公社。1984年改乡。1956年成立县第一个农业合作社，因《人民日报》发表“胜峰岭上红旗飘”一文，遂以“胜峰”为名。有桃花山、鼎山等。有板桥湖、蔡家湖、金鱼挡湖。有中学2所，小学3所，卫生院1个，卫生室17个。有省级文物保护单位明兵部尚书刘大夏墓、明南京礼部尚书黎淳墓。农业以水稻、棉花种植为主。工业以农副产品加工为主。服务业以商贸为主。杭瑞高速、省道珠跑线过境。

毛家巷集镇［Máojiāxiàngjízhèn］ 胜峰乡人民政府驻地。在县政府驻地城关镇北5千米。人口1300。因明代卒赠工部尚书毛永震出生于此，名声日大而名。聚落呈卜字形。有中学、卫生院等。农业以水稻、油茶、茶种植为主。省道珠跑线经此。

新河乡［Xīnhé Xiāng］ 华容县辖乡。在县境西南部。面积71平方千米。人口4万。辖1居委会，有282自然村。乡人民政府驻新河口。1956年置新河乡。1961年改公社。1984年改乡。因乡政府驻地得名。华容河、藕池河流经。有中学1所，小学6所，卫生院1个，卫生室28个。农业以棉花、黄麻种植为主。工业以纺织、生物科技为主。省道华南、新老线等过境。

新河口［Xīnhékǒu］ 新河乡人民政府驻地。在县政府驻地城关镇西南15千米。人口3800。清咸丰二年(1852)藕池口决口，冲出一条水路，人称新河。后成集市，称今名。聚落呈团状。有中小学、卫生院。工业以农产品加工、铸造、机械加工为主。234国道经此。

护城乡［Hùchéng Xiāng］ 华容县辖乡。在县境中部。面积52平方千米。人口3.32万。辖1居委会、17村委会，有200自然村。乡人民政府驻麻浬泗。1956年为护城乡。1958年改公社。1984年复乡。因晋代县衙组织围城修筑堤垸，称官垸，又称护城大垸而得名。北有白鼎山岗地，东南为洞庭湖冲积平原。有赤眼湖、田家湖。有中学1所，小学4所，卫生院1个，卫生室14个。农业以水稻、棉花种植，小龙虾养殖为主。服务业以商业为主。省道岳华线过境。

麻浬泗［Málǐsì］ 护城乡人民政府驻地。在县政府驻地城关镇南2千米。人口1600。晋代有植苎麻之习，因距县城4里，又四面环水而得名。聚落呈Y字形。有中小学、卫生院。农业以水稻种植为主。省道岳华线经此。通公交车。

新建乡［Xīnjiàn Xiāng］　华容县辖乡。在县境西部。面积49平方千米。人口2.1万。辖13村委会，有173自然村。乡人民政府驻迎祥垸。1972年成立新建公社。因是新组建的公社得名。1984年改乡。藕池河、哑河、清水河流经。有中学2所，小学2所，卫生院1个，卫生室17个。农业以水稻、棉花、辣椒、甘蔗种植为主。鲇梅、张梅公路过境。

迎祥垸［Yíngxiángyuàn］　新建乡人民政府驻地。在县政府驻地城关镇西北22千米。人口1400。以迎祥纳吉意得名。聚落呈T字形。有中小学、卫生院。农业以水稻种植为主。通客运班车。

南山乡［Nánshān Xiāng］　华容县辖乡。在县境南部。面积81平方千米。人口2.5万。辖1居委会、25村委会，有234自然村。乡人民政府驻大乘寺社区。1956年设大乘乡。1958年改南山公社。1984年改乡。因在县境南部诸山之间得名。有禹山、凤山、鸲鸽山。有东湖、西湖、罗帐湖。有中学1所，小学6所，卫生院1个，卫生室30个。有景点“禹山晴岚”“凤山晴岚”等，古迹吊鼓山、太逊殿等。农业以水稻种植为主。省道华注线过境。

大乘寺社区［Dàchéngsì Shèqū］　南山乡人民政府驻地。在县境东北部。面积1.5平方千米。人口4800。2013年成立。因在东湖港汊的山嘴上，山顶建有古刹，寺僧日诵大乘佛经命名。民居以低层楼房为主。有老年活动室、便民服务站等。有南山小学、卫生服务站、派出所等。省道华注线经此。

终南乡［Zhōngnán Xiāng］　华容县辖乡。在县境中部偏南。面积55平方千米。人口2.3万。辖1居委会、17村委会，有22自然村。乡人民政府驻终南山。1956年为终南乡。1961年改公社。1984年复乡。因县南诸山统名南山，乡域处南山诸山之中，故得名中南山，又“中”“终”同音而得名。中、南为丘陵，北为洞庭湖冲积平原。有禹山、达子山、严八岭等。有中学1所，小学3所，卫生院1个，卫生室22个。有景点禹山风景区、禹王庙等。农业以水稻种植、生猪养殖为主。有渔粉公司。省道华注线过境。

终南山［Zhōngnánshān］　终南乡人民政府驻地。在县政府驻地城关镇南10千米。人口1200。乡政府由鱼口迁此，逐成集镇，故以乡名得名。聚落呈十字形。有小学、卫生院、派出所等。服务业以商贸为主。省道华注线等经此。

幸福乡［Xìngfú Xiāng］　华容县辖乡。在县境东南部。面积68平方千米。人口3.2万。辖1居委会、25村委会，有233自然村。乡人民政府驻坝上。1958年成立幸福公社。1983年改幸福乡。1995年新洲乡并入幸福乡。因幸福公社得名，寓意集体生产会给人民带来幸福。藕池河、杨林河流经。有小学4所，卫生院1个，卫生室29个。农业以棉花、油菜种植，财鱼、黄鳝、大口鲇养殖为主。有轧花企业。县道注杨、注新线过境。

坝上［Bàshàng］　幸福乡人民政府驻地。在县政府驻地城关镇东南35千米。人口2800。20世纪初有渔民在藕池河支流隆庆河上筑坝塞流而得名。聚落呈V字形。有小学、卫生院等。农业以水稻、棉花种植为主。县道注杨、注新线经此。

团洲乡［Tuánzhōu Xiāng］　华容县辖乡。在县境东南部。面积100平方千米。人口2.6万。辖1居委会、14村委会，有157自然村。乡人民政府驻团洲集镇(自然村)。1980年成立团洲公社。1984年改乡。因近藕池河入湖口处有一圆形土包而得名。有中学1所，小学3所，卫生院1个，卫生室18个。农业以棉花、油菜种植为主。产高支纱、脆皮乳鸽、酱菜等。工业以农副产品加工为主。省道君团、插团线过境。

团洲集镇［Tuánzhōujízhèn］　团洲乡人民政府驻地。在县政府驻地城关镇东南40千米。人口2900。因乡名得名。聚落呈干字形。有中小学、卫生院。有商贸业、农副产品加工业。省道君团、插团线经此。

湘　阴　县

湘阴县［Xiāngyīn Xiàn］　岳阳市辖县。北纬28°30′，东经112°30′。在市境西南部。面积1281平方千米。人口70万。辖13镇、6乡。县人民政府驻文星镇。南朝宋元徽二年(474)划罗县、益阳、湘西3县部分地置湘阴县，以县署在湘水之南得名。隋开皇九年(589)省湘阴入岳阳县。十一年改岳阳县为湘阴县，县治夹城。五代后周广顺三年(953)隶朗州。宋淳化四年(993)属潭州(今长沙市)。宋绍兴五年(1153)县治迁瓦碎潭，即今文星镇。元元贞元年(1295)升湘阴为州，属潭州路，随即改属天临路。明洪武二年(1369)降州为县，属长沙府。民国初年直属湖南省。1937年底至1940年属第一区。1950年属长沙专署。1952年属湘潭专署。1964年属岳阳专署。1966年析东部5区建汨罗县(后改市)。1986年属岳阳市。城区先后修建江东路、太傅路、尚书路等道路。2000年起贯通新世纪大道等道路多条，以及江东路、太傅路等延长线，向东、北拓展。2003年建沿江、沿湖风光带及远浦楼、湘江公园、滨江广场等。2004年建岳州窑博物馆、左宗棠文化纪念园、宗棠广场、东湖生态公园，修缮文星塔等文物多处。至2014年，形成“一环、八纵、六横”路网，有以新世纪大沿线为主的行政功能区、以江东路沿线为主的商业功能区、以湖滨路沿线为主的休闲健身功能区、以滨江路沿江风光带为主的名胜风景区。有标志性建筑湘阴文庙、文星塔、状元塔、左文襄公祠。地势在幕阜山余脉向洞庭湖凹陷处过渡带，自东南向西北递降。有王思岩、文家山等。最高峰青山庵海拔552.4米。平均海拔38米。年均气温17℃，1月平均气温4.8℃，7月平均气温29.2℃。年均降水量1457.7毫米。湘江、资江、资江东支、白水江等流经。有南洞庭湖、东湖、北湖、鹤龙湖等。有沙砾石、麻石、陶土等矿产资源。有野生植物680余种，其中有国家一级保护野生植物银杏、水杉。有野生动物480余种，其中有国家一级保护野生动物东方白鹳、黑鹳、中华秋沙鸭、大鸨、白鹤、白头鸭等7种。有东湖—洋沙湖国家级湿地公园、横岭湖(青山岛)省级湿地自然保护区、鹅形山省级森林公园。森林覆盖率44.8%。有中学46所，小学154所，二级医院2个。有全国重点文物保护单位湘阴文庙、左文襄公祠，省级文物保护单位郭嵩焘故居、岳州窑遗址、青竹寺窑、白梅窑、文星塔、状元塔。有省级爱国主义教育基地陈毅安纪念馆、左宗棠故居、柳庄、中共湖南省委湘阴旧址。有国家3A级旅游景区南泉寺，风景名胜区南洞庭湖明珠青山岛、潇湘八景之一“远浦归帆”等。三次产业比例16∶56∶28。农业以水稻种植为主。工业以建材、食品加工为主。有国家地理标志产品三塘藠头，特产樟树港辣椒、长康麻油等。服务业以商贸为主。省道龙牛、新乔线过境。有深水码头。通多路公交车。

宗棠广场［Zōngtáng Guǎngchǎng］　在县城中部。面积4.7万平方米。2007年开工，2009年建成。因左宗棠得名。有休闲长廊、假山、花圃、生态停车场、大型显示屏等。假山种有大片樟、桂等名贵树木。为市民健身和举办大型活动之处。周边有东湖生态公园。通多路公交车。

湘阴县高岭汽车站［Xiāngyīn Xiàn Gāolǐng Qìchēzhàn］　见交通运输设施部分“湘阴县高岭汽车站”条。

湘阴县汽车站［Xiāngyīn Xiàn Qìchēzhàn］　见交通运输设施部分“湘阴县汽车站”条。

文星镇［Wénxīng Zhèn］　湘阴县人民政府驻地。在县境中部。面积39平方千米。人口9.8万。辖18居委会、1村委会，有18自然村。镇人民政府驻江东社区。1949年为城关镇。1995年以古迹文星塔更名文星镇。湘江、白水江流经。有东湖、洋沙湖。有中学8所，小学7所，二级医院2个，卫生院1个，卫生室18个。有国家级东湖—洋沙湖湿地公园。有景点南泉寺、文庙等。有省级文物保护单位文星塔、状元塔。农业以水稻种植、生猪养殖为主。工业以化工、铸造、机械加工、塑料制品、建材为主。省道龙牛线等过境。

新世纪大道［Xīnshìjì Dàdào］　在县城北部。东起省道龙牛线，西至湘江大桥。与太傅路、旭东路、嵩焘路等相交。长4.9千米，宽60米。沥青路面。1998年开工，2000年建成。因兴建于世纪之交而得名。两侧有湘阴宾馆、水利局等。通多路公交车。

冬茅路［Dōngmáo Lù］　在县城中部。东起芙蓉北路，西至湘江大桥。与先锋路、太傅路、旭东路等相交。长3.9千米，宽24—38米。混凝土路面。20世纪60年代始建，1995年改建，2008年建成。因原为冬茅草地而得名。两侧有卫生局、疾控中心、检察院、职业中专等。通多路公交车。

江东路［Jiāngdōng Lù］　在县城中部。东起湘白路，西至滨江路。与东湖路、尚书路、太傅路等相交。长4.3千米，宽20—45米。沥青路面。1986年始建，2003年建成，2005年改建，2014年改沥青路面。因在湘江之东而得名。为县城商业、文化中心。两侧有湘阴一中、县电力局、妇幼保健院等。通多路公交车。

旭东路［Xùdōng Lù］　在县城中部。南起滨湖路，北至新世纪大道。与江东中路、冬茅路、先锋路、新世纪大道相交。长3千米，宽30米。混凝土路面。2005年开工，2010年建成。为纪念民族化工之父范旭东得名。为城区美食一条街。两侧有保险公司、滨湖学校等。通多路公交车。

江东社区［Jiāngdōng Shèqū］　文星镇人民政府驻地。在县境中部。面积2平方千米。人口9300。2002年成立。因境域主要在江东路沿线得名。民居以中低层楼房为主。有老年活动室、健身器材设施。开展残疾证申领、社会救助、技能培训、计划生育、就业援助、求职介绍、招聘推荐、退休老人社会化管理等服务。持续开展“健康进小区，义诊暖人心”公益活动，“学雷锋义剪”服务，创文活动。有县广播电视大学、教师进修学校、罗城学校、滨湖学校。有夏家英园、接官亭、东湖生态公园、宗棠广场。有教育局、农机局、水产局等。通公交车。

东塘镇［Dōngtáng Zhèn］　湘阴县辖镇。在县境北部。面积43平方千米。人口2.8万。辖1居委会、20村委会，有263自然村。镇人民政府驻东塘社区。1956年为东塘乡。1961年改公社。1984年改乡。1995年改镇。因旧时县北大道从境内穿过，道东有口大水塘而得名。有中学2所，小学4所，卫生院1个，卫生室21个。农业以水稻种植为主。工业以食品加工、建材为主。县道湘营线等过境。

东塘社区 [Dōngtáng Shèqū] 东塘镇人民政府驻地。在县境北部。面积1.4平方千米。人口2200。因镇名得名。1995年成立。民居以低层楼房为主。有养老服务中心,开展再就业援助、民政救助、户籍管理、计划生育、流动人口管理、健康、群众文体娱乐等服务。有中小学、卫生院。县道牛大、湘营线经此。

袁家铺镇 [Yuánjiāpù Zhèn] 湘阴县辖镇。在县境东南部。面积38平方千米。人口2.3万。辖1居委会、14村委会,有189自然村。镇人民政府驻袁家铺。1984年设城南乡。1995年改袁家铺镇。因古驿站袁家铺得名。有矿产资源独居石、陶土等。有九年一贯制学校2所,小学5所,卫生院2个,卫生室14个。有洋沙湖国际旅游度假村。农业以水稻种植为主。工业以食品加工、铸造、机械加工、建材为主。省道长沙市芙蓉路北—湘阴线过境。

袁家铺 [Yuánjiāpù] 袁家铺镇人民政府驻地。在县政府驻地文星镇东南9千米。人口1400。旧时此地曾为集市,因居民多姓袁而得名。聚落呈带状。有中小学、卫生院。服务业以商贸为主。省道长沙市芙蓉路北—湘阴线经此。通公交车。

樟树镇 [Zhāngshù Zhèn] 湘阴县辖镇。在县境南部。面积55平方千米。人口2.4万。辖4居委会、22村委会,有293自然村。镇人民政府驻樟树港。1956年设樟树乡。1961年分为樟树公社、樟树镇。1984年樟树公社改为樟树乡。1995年樟树乡并入樟树镇。因镇政府驻地得名。以丘陵为主。有中学1所,小学5所,卫生院1个,卫生室22个。有省级文物保护单位左宗棠故居柳庄、法华寺。农业以水稻种植为主,产樟树港辣椒。工业以化工、铸造、机械加工、建材为主。县道湘樟、界樟线过境。

樟树港 [Zhāngshùgǎng] 樟树镇人民政府驻地。在县政府驻地文星镇南14千米。人口2700。因有株古樟树,且滨湘江,车舟络绎不绝而得名。聚落呈块状。有中学、卫生院。特产樟树港辣椒、樟树港白黄瓜。服务业以商贸为主。通公交车。

三塘镇 [Sāntáng Zhèn] 湘阴县辖镇。在县境北部。面积41平方千米。人口2万。辖2居委会、14村委会,有177自然村。镇人民政府驻拦河坝社区。1961年成立三塘公社。1984年改乡。2001年改镇。因三塘桥得名。有湘山。有中学1所,小学5所,卫生院1个,卫生室14个。有黄陵庙、二妃庙。农业以水稻种植、生猪养殖为主,产藠头、韭菜、大葱。工业以建材、食品加工为主。有国家地理标志产品三塘藠头。有湘江航道。县道湘营线过境。

拦河坝社区 [Lánhébà Shèqū] 三塘镇人民政府驻地。在县境北部。面积6平方千米。人口1200。因三汊港垸内的一道坝得名。2014年成立。民居以低层楼房为主。有讲习堂、图书室、文体广场和新时代文明实践站等,开展再就业援助、民政救助、户籍管理、计划生育、流动人口管理、健康管理、群众文体娱乐等服务。经常举办广场舞比赛、志愿者文明劝导及讲习堂集中培训和学习等活动。有中学、卫生院。通公交车。

长康镇 [Chángkāng Zhèn] 湘阴县辖镇。在县境东部。面积51平方千米。人口2.2万。辖1居委会、17村委会,有258自然村。镇人民政府驻长康里。1961年成立长康公社。1984年改乡。2001年改镇。因镇政府驻地得名。以丘陵为主。有花岗岩、陶土等矿产资源。有中学1所,小学5所,卫生院1个,卫生室17个。农业以水稻种植,猪、牛、羊养殖为主。工业以食品加工、化工、建材为主。产芝麻油、兰岭毛尖、调和油等。省道长沙市芙蓉路北—湘阴线过境。

长康里 [Chángkānglǐ] 长康镇人民政府驻地。在县政府驻地文星镇东9千米。人口4500。俗称长墈里,后雅为长康里,寓长久康泰。聚落呈块状。有中小学、卫生院。有景点白沙塘水库。有食品加工业。通公交车。

岭北镇 [Lǐngběi Zhèn] 湘阴县辖镇。在县境南部。面积115平方千米。人口7.8万。以汉族为主,还有回族等。辖3居委会、48村委会,有642自然村。镇人民政府驻铁角嘴。1956年为岭北乡。1961年设岭北区。1984年改乡。2005年改镇。以岭北垸名命名。以滨湖平原为主。有中学5所,小学7所,卫生院4个,卫生室48个。有省级文物保护单位岳州窑遗址。农业以水稻种植为主,产甲鱼。工业以船舶制造为主。省道新乔线过境。

铁角嘴 [Tiějiǎozuǐ] 岭北镇人民政府驻地。在县政府驻地文星镇南20千米。人口1700。因地处湘江急弯处山嘴上,土质坚硬如铁而得名。聚落沿湘江呈带状分布。有中学、卫生院。有省级文物保护单位岳州窑遗址。农业以水稻种植为主。省道新乔线经此。有湘江航道。

新泉镇 [Xīnquán Zhèn] 湘阴县辖镇。在县境西部。面积103平方千米。人口8.5万。辖4居委会、49村委会,有663自然村。镇人民政府驻新泉寺。1956年为新泉乡。1961年改公社。1984年改新泉寺镇。2005年凤南、车马、西林、关公潭4乡并入。因新泉寺得名。资江东支、湘江西支流经。有中学6所,小学16所,卫生院5个。农业以水稻、辣椒、大葱、韭菜种植,猪、牛、青鱼、草鱼养殖为主。工业以农业机械制造、米业加工为主。产水稻联合收割机。省道龙牛线过境。有湘江、资江航道。

新泉寺 [Xīnquánsì] 新泉镇人民政府驻地。在县政府驻地文星镇西18千米。人口2100。清康熙年间建有一寺,寺内有泉水井而得名。聚落呈块状。新开河流经。有中小学、卫生院。服务业以商贸为主。省道平益、新乔线经此。通公交车。

湘滨镇 [Xiāngbīn Zhèn] 湘阴县辖镇。在县境西北部。面积183平方千米。人口5.8万。辖2居委会、33村委会,有427自然村。镇人民政府驻和平闸社区。2005年临资口、白马寺、洞庭围3镇及柳潭乡合设湘滨镇。因境内一垸处湘水之滨,名湘滨垸,镇以垸名。资江流经。有中学4所,小学12所,卫生院3个。农业以水稻种植,猪、牛养殖为主。工业以食品加工、铸造、机械加工、建材为主。省道龙牛线过境。

和平闸社区 [Hépíngzhá Shèqū] 湘滨镇人民政府驻地。在县境西北部。面积1平方千米。人口1400。以和平永驻意得名。2005年成立。民居以低层楼房为主。有退役军人服务站、图书室、书画室、人民调解室等,开展残疾证申领、社会救助、技能培训、计划生育、就业援助、求职介绍、招聘推荐、退休老人社会化管理等服务。服务业以商贸为主。省道龙牛线经此。

南湖洲镇 [Nánhúzhōu Zhèn] 湘阴县辖镇。在县境西部。面积150平方千米。人口5.7万。辖1居委会、38村委会,有457自然村。镇人民政府驻南湖洲。1955年为南湖区。1958年改卫星公社。1961年复南湖区。1995年改南湖洲镇。因镇政府驻地得名。地处洞庭湖湖盆区。资江流经。有中学5所,小学10所,卫生院3个。农业以水稻种植为主,产红麻、苎麻等。工业以加工、建材为主。县道白赛、南平线过境。

南湖洲 [Nánhúzhōu] 南湖洲镇人民政府驻地。在县政府驻地文星镇西28千米。人口2100。因明以前属南洞庭湖水域,后淤积成洲而得名。聚落呈块状。有卫生院。有关圣古寺。服务业以商贸为主。县道南平线经此。

鹤龙湖镇 [Hèlónghú Zhèn] 湘阴县辖镇。在县境中部。面积140平方千米。人口6.8万。辖4居委会、43村委会,有574自然村。镇人民政府驻东闸社区。2005年建城西镇。2011年更名鹤龙湖镇。原名学粮湖,本为县学学俸田产,后谐为今名。湘江流经。有鹤龙湖。有中学4所,小学19所,卫生院4个,卫生室46个。农业以水稻种植,虾、蟹养殖为主,产湘鹤大闸蟹。工业以船舶制造、建材加工为主。省道平益线过境。

东闸社区 [Dōngzhá Shèqū] 鹤龙湖镇人民政府驻地。在县境东部。面积2平方千米。人口1400。因在鹤龙湖东边有一处水闸得名。2002年成立。民居以低层楼房为主。有老年活动中心、图书室、养老院、文化广场、健身器材设施等。开展再就业援助、民政救助、户籍管理、计划生育、流动人口管理、健康服务、群众文体娱乐等服务。有卫生院。农业以螃蟹养殖为主。服务业以商贸为主。省道平益线经此。

金龙镇 [Jīnlóng Zhèn] 湘阴县辖镇。在县境南部。面积44平方千米。人口1.7万。辖1居委会、14村委会,有176自然村。镇人民政府驻界头铺。1956年为金龙乡。1961年改公社。1984年改乡。1995年改界头铺镇。2011年改金龙镇。取金山寺和十龙山各一字得名。以丘陵为主。有青山。有中学1所,小学4所,卫生院1个,卫生室13个。有景点燎原水库、左氏宗祠、仙人采石、千年百果树、陈毅安烈士纪念馆等。农业以水稻、茶叶种植为主。工业以铸造、麻石精加工、农副产品加工、灯饰和木材业为主。省道长沙市芙蓉路北—湘阴线、县道界樟线过境。

界头铺 [Jiètóupù] 金龙镇人民政府驻地。在县政府驻地文星镇南19千米。人口2800。因曾为长沙县进入湘阴县土地的第一铺而得名。聚落呈块状。有中学、卫生院、陈毅安烈士纪念馆。服务业以商贸为主。省道长沙市芙蓉路北—湘阴线、县道界樟线经此。通公交车。

青山岛镇 [Qīngshāndǎo Zhèn] 湘阴县辖镇。在县境北部。面积27平方千米。人口800。辖3村委会,有15自然村。镇人民政府驻上山。1956年为青潭乡。1962年改公社。1984年复乡。2013年改青山岛镇。因洞庭湖中青山岛得名。有国家一级保护鸟类东方白鹳、黑鹳等7种。有省级湿地自然保护区横岭湖。有卫生院1个,卫生室3个。有血吸虫病防疫站。农业以渔业养殖为主。有国家商品鱼生产基地。工业以食品加工为主,有火焙鱼、龙虾、藠头等加工厂。服务业以乡村旅游业为主。环青山岛公路过境。

上山 [Shàngshān] 青山岛镇人民政府驻地。在县政府驻地文星镇北21千米。人口600。因乡域有3块地势稍高的地段,俗称“山”,依次排列称上山、中山、下山,此为“上山”而得名。聚落呈块状。有中小学、卫生院等。有新石器时代遗址。农业以渔业养殖为主。服务业以乡村旅游为主。环青山岛公路经此。

石塘乡 [Shítáng Xiāng] 湘阴县辖乡。在县境东部。面积48平方千米。人口2.4万。辖18村委会,有231自然村。乡人民政府驻石头塘。1956设石塘乡。1961年改公社。1984年复乡。因乡政府驻地得名。以丘陵为主。有中学1所,小学5所,卫生院1个,卫生室18

个。农业以水稻、红薯种植为主。工业以化工、铸造、塑料制品、建材为主。县道湘营线过境。

石头塘［Shítoutáng］　石塘乡人民政府驻地。在县政府驻地文星镇东6千米。人口1400。曾有富户用石块砌屋前水塘而得名。聚落呈块状。有中学、卫生院。农业以水稻种植、生猪养殖为主。县道湘营线经此。

六塘乡［Lùtáng Xiāng］　湘阴县辖乡。在县境东部。面积36平方千米。人口1.6万。辖1居委会、11村委会，有116自然村。乡人民政府驻六塘铺。1961年成立六塘公社。1984年改乡。因乡政府驻地得名。以平原为主。有中学1所，小学4所，卫生院1个，卫生室11个。农业以水稻种植，猪、牛养殖为主。工业以食品加工、化工、建材为主。有茶叶公司。省道龙牛线过境。

六塘铺［Lùtángpù］　六塘乡人民政府驻地。在县政府驻地文星镇东12千米。人口2000。原为县东驿道上著名铺店。宋嘉祐年间称官禄塘，因“禄”与“六”方言同音而得名。聚落呈块状。有中小学、卫生院。农业以水稻种植、生猪养殖为主。省道龙牛线经此。

白泥湖乡［Báiníhú Xiāng］　湘阴县辖乡。在县境东部。面积37平方千米。人口1.7万。辖14村委会，有136自然村。乡人民政府驻许家台。1965年成立白泥湖公社。1984年改乡。因白泥湖得名。以滨湖平原为主。有中学1所，小学2所，卫生院1个，卫生室14个。农业以水稻、藠头种植为主。工业以食品加工、建材为主。产蔬菜罐头、甜酸藠头。县道湘杨、湘三线过境。

许家台［Xǔjiātái］　白泥湖乡人民政府驻地。在县政府驻地文星镇东12千米。人口1500。因早年许姓聚居得名。聚落呈块状。有中小学、卫生院。农业以水稻种植为主。县道湘三线经此。

静河乡［Jìnghé Xiāng］　湘阴县辖乡。在县境南部。面积61平方千米。人口3.1万。辖19村委会，有246自然村。乡人民政府驻牛路口。1995年安静、湾河2乡合设静河乡。取2乡各一字得名。以丘陵为主。有中学2所，小学9所，卫生院2个，卫生室19个。有省级文物保护单位青竹寺窑。有魁楼市，洋沙湖国际旅游度假村，古寺庙飞来寺、龙潭寺、青竹寺等。农业以水稻种植，猪、羊养殖为主。工业以化工、建材为主。县道湘樟线过境。

牛路口［Niúlùkǒu］　静河乡人民政府驻地。在县政府驻地文星镇南8千米。人口300。传曾有财主为方便下湖坪放牛，出资买下一条通道而得名。聚落呈块状。有中学、卫生院。农业以水稻种植，猪、羊养殖为主。有化工、建材业。县道湘樟线经此。

玉华乡［Yùhuá Xiāng］　湘阴县辖乡。在县境东部。面积46平方千米。人口2.1万。辖14村委会，有246自然村。乡人民政府驻玉石桥。1956年设玉华乡。1961年改公社。1984年复乡。取古迹玉石桥和华光庙各一字得名。以丘陵为主。有鹅形山、夏家山、张家山等。有矿产资源花岗岩、重砂。有鹅形山省级森林公园。有中学1所，小学5所，卫生院1个，卫生室14个。农业以水稻、玉米种植，猪、牛养殖为主。工业以铸造、食品加工、建材为主。省道长沙市芙蓉路北—湘阴线、县道湘玉线过境。

玉石桥［Yùshíqiáo］　玉华乡人民政府驻地。在县政府驻地文星镇东13千米。人口1100。传明正德皇帝曾在玉江溪木桥旁凉亭歇驾，后乡绅在此建石桥，称御石桥，谐为今名。聚落呈块状。有中学、卫生院。有古迹玉石桥、北云峰庙、玉峰桥、古枫香树等。农业以水稻种植、生猪养殖为主。县道湘玉线经此。

杨林寨乡［Yánglínzhài Xiāng］　湘阴县辖乡。在县境西北部。面积30平方千米。人口2.6万。辖1居委会、14村委会，有161自然村。乡人民政府驻黄太港。1969年成立杨林寨公社。1984年改乡。因南宋农民起义领袖杨幺曾于此立寨，且有大片杨林而得名。有矿产资源沙砾石。有中学1所，小学2所，卫生院1个，卫生室14个。农业以棉花、油菜籽种植为主，产菜籽油。县道临寨、牧杨线过境。

黄太港［Huángtàigǎng］　杨林寨乡人民政府驻地。在县政府驻地文星镇西北20千米。人口2000。因有港连接黄土围、太合围，各取一字得名。聚落呈块状。有小学、卫生院、敬老院、文化广场等。农业以水稻种植，水产养殖为主。县道牧杨线经此。

平江县

平江县［Píngjiāng Xiàn］　岳阳市辖县。北纬28°42′，东经113°35′。在市境东部。面积4125平方千米。人口106万。辖19镇、8乡。县人民政府驻汉昌镇。唐神龙二年(706)析湘阴县东境置昌江县。五代后唐同光元年(923)改昌江县为平江县，以昌江江水经此平静无波得名。元元贞元年(1295)升为平江州。明洪武三年(1370)复平江县。1949年后属长沙专区、湘潭地区、岳阳专区。1986年属岳阳市。至20世纪90年代末相继建成平江起义纪念馆、平江一中教学楼等标志性建筑。地势东南、东北高，西南低，以山地和丘陵为主。有连云山、幕阜山等。最高点连云山海拔1603米，最低点黄海海拔30.5米。平均海拔106.3米。年均气温16.9℃，1月平均气温4.9℃，7月平均气温28.6℃。年均降水量1487.6毫米。汨江河、昌江河、木瓜河等流经。有黄金、长石等56种矿产资源。有野生植物1200余种，其中有国家重点保护野生植物银杏、栎乐树(钟萼木)、南方红豆杉、凹叶厚朴、珙桐，省级重点保护野生植物20种。有野生动物1156种，其中有国家重点保护野生动云豹、黄腹角雉、蟒、金雕。有省级自然保护区1个。森林覆盖率67.9%。有特殊教育学校1所，成人高中1所，中等职业技术学校3所，九年一贯制学校6所，中学52所，小学253所，二级医院1个。有全国重点文物保护单位平江起义旧址、平江烈士陵园、毛简青烈士故居，省级文物保护单位杜甫墓祠、革命先驱李六如故居等。有全国爱国主义教育基地平江起义纪念馆，省级爱国主义教育基地中共平江县委旧址、向钧烈士故居等4个。有国家级公园石牛寨、幕阜山。有国家级非物质文化遗产平江九龙舞，省级非物质文化遗产3项。三次产业比例18∶44∶38。农业以水稻、玉米、棉花种植为主。工业以矿产、化工、机电、竹木制品、食品饮料为主。服务业以贸易、餐饮、住宿为主。特产平江酱干。有省级工业园1个。京港澳、平汝高速，106国道，省道三黄、南永、龙牛、安万、车总线过境。通多路公交车。

平江天岳汽车站［Píngjiāng Tiānyuè Qìchēzhàn］　见交通运输设施部分“平江天岳汽车站”条。

平江汽车站［Píngjiāng Qìchēzhàn］　见交通运输设施部分“平江汽车站”条。

汉昌镇［Hànchāng Zhèn］　平江县人民政府驻地。在县境中部。面积63平方千米。人口9万。辖16居委会、17村委会，有224自然村。镇人民政府驻月池塘社区。1935年设汉昌镇。1950年改城关镇。1995年原三阳区东源乡11村并入。2008年与开发区合并为汉昌镇。东汉末置汉昌县，寓大汉昌盛之意。以山地和丘陵为主。汨水流经。有中等职业技术学校2所，成人高中1所，中学5所，小学8所，二级医院1个，卫生院1个，卫生室30个。有全国重点文物保护单位平江起义纪念馆、平江烈士陵园。服务业以商品零售为主。农业以水稻种植为主。工业以机械制造、鞋业、纺织服装为主。服务业以商贸、餐饮、住宿为主。京珠、平汝高速，106、107国道，省道三黄、龙牛线等过境。

百花台路［Bǎihuātái Lù］　在县城中部。东起通平高速，西至浏家滩大桥。与甲山大道、金盾街等相交。长6.7千米，宽35米。沥青路面。2013年开工，同年建成。因在百花台得名。两侧有县档案馆、平江天岳汽车站等。通多路公交车。

天岳大道［Tiānyuè Dàdào］　在县城东部。南起长冲路，北至体育路。与百花台路、大桥东路、三兴路、育才路等相交。长3.3千米，宽30米。沥青路面。1993年开工，同年建成。为天岳经济开发区最早修建的大道而得名。两侧有财政局、卡尔顿酒店、购得乐购物广场等。通多路公交车。

平江大道［Píngjiāng Dàdào］　在县城东部。南起长冲路，北至秀野路。与百花台路、育才西路、东兴北路、浏家滩路等相交。长6.3千米，宽10—30米。沥青路面。2013年开工，同年建成。分南、中、北3段。以县名得名。两侧有县档案局、平江家居建材物流园等。通多路公交车。

浏家滩大桥［Liújiātān Dàqiáo］　在县城东北部。长262.2米，宽15米，5孔净跨45米，桥下净高17米。原桥1957年毁于洪水。1994年开工重建，1995年建成。因浏家滩得名。为大型河道桥梁，结构型式为空腹式石砌板肋拱桥。最大载重40吨。通公交车。

严家滩大桥［Yánjiātān Dàqiáo］　在县城西部。长210米，宽18米，最大跨度10米，桥下净高12米。1999年开工，2000年建成。因严家滩得名。为大型河道桥梁，结构型式为石板拱桥。最大载重30吨。通公交车。

月池塘社区［Yuèchítáng Shèqū］　汉昌镇人民政府驻地。在县境西部。面积2平方千米。人口1.4万。因唐时建泮池，池成半月形而得名。1999年成立。民居以中低层楼房为主。有志愿者活动。有老年活动室、文化活动室、便民服务站等。有中小学、医疗诊所、图书馆、博物馆、体育馆等。通公交车。

安定镇［Āndìng Zhèn］　平江县辖镇。在县境东部。面积168平方千米。人口7.2万。辖3居委会、44村委会，有655自然村。镇人民政府驻官塘。1961年成立安定公社。1984年改乡。1995年与长田、大桥2乡合置安定镇。因明代安定郡陈氏在此筑有一桥得名。以山地和丘陵为主。有中学2所，小学17所，卫生院1个，卫生室45个。有汉昌县治所遗址、汉昌县城遗址。有民间艺术皮影戏。农业以水稻、玉米种植为主。工业以食品、铜制品、黄金加工为主。平汝高速、106国道、省道龙牛线过境。通公交车。

官塘［Guāntáng］　安定镇人民政府驻地。在县政府驻地汉昌镇东南15千米。人口2500。因有官资开凿山塘得名。聚落呈井字形。有中小学、卫生院。服务业以商贸为主。106国道经此。

三市镇［Sānshì Zhèn］　平江县辖镇。在县境东部。面积138平方千米。人口5.8万。辖1居委会、35村委会，有35自然村。镇人民政府驻三眼桥。1951年设三眼桥镇。1958年改三市公社。1984年改三市乡。1995年与爽口乡合设三市镇。因有三眼桥，形成集市而得名。以丘陵山地为主。有中学2所，小学11所，卫生院1个，卫生室36个。有景点汤家山遗址、管芷伟烈士墓、红花尖农民革命运动遗址、开国上将钟期光故居等。农业以水稻、玉米种植，生猪、牛、羊养殖为主。工业以食品加工、塑料制品、建材为主。省道龙牛线，平三、爽三公路过境。

三眼桥［Sānyǎnqiáo］ 三市镇人民政府驻地。在县政府驻地汉昌镇东南14千米。人口1500。因有三孔石桥得名。聚落呈井字形。有中小学、医疗站、卫生服务站、文化活动室、老年活动室、便民服务站等。农业以水稻、蔬菜种植，鸡、鸭、牛养殖为主。平三、爽三公路经此。

嘉义镇［Jiāyì Zhèn］ 平江县辖镇。在县境东部。面积360平方千米。人口5.3万。辖3居委会、38村委会，有512自然村。镇人民政府驻嘉义。1958年成立嘉义公社。1984年改镇。1996年献钟、谢江2乡并入。2014年咏生乡并入。因镇政府驻地得名。有连云山国家森林公园。有中等职业技术学校1所，中学2所，小学16所，卫生院1个，卫生室40个。有省级文物保护单位革命先驱李六如故居等。有平江惨案发生地旧址。农业以水稻、玉米种植为主。工业以制鞋，云母、石膏板、豆制食品、竹木加工为主。服务业以旅游业为主。省道龙牛线过境。

嘉义［Jiāyì］ 嘉义镇人民政府驻地。在县政府驻地汉昌镇东42千米。人口1600。此地因喻家积极赈灾，受明英宗旌表为"义口"而得名。聚落呈团状。有中小学、医疗站、卫生服务站。有文化活动室、老年活动室、便民服务站等。工业以农产品加工为主。特产嘉义油豆腐、嘉义发饼。服务业以商贸为主。省道龙牛线经此。

长寿镇［Chángshòu Zhèn］ 平江县辖镇。在县境东部。面积219平方千米。人口7.3万。辖3居委会、51村委会，有675自然村。镇人民政府驻长寿街。1958年成立长寿公社。1981年改镇。1995年长寿、桂桥、邵阳3乡并入。2014年黄金洞乡、南桥镇并入。因镇政府驻地得名。以平原为主。汨水、黄金水、西溪水流经。有景点仙姑岩红军营、吴楚古城墙等。有中学3所，小学15所，卫生院1个，卫生室50个。农业以水稻、玉米种植为主。工业以电子、黄金、竹木加工为主。服务业以旅游业为主。省道龙牛线过境。

长寿街［Chángshòujiē］ 长寿镇人民政府驻地。在县政府驻地汉昌镇东46千米。人口8000。传刘伯温盛赞此地为长寿之乡而得名。聚落呈井字形。有中小学、二级医院。工业以鞭炮加工为主。服务业以商贸为主。省道龙牛线经此。

龙门镇［Lóngmén Zhèn］ 平江县辖镇。在县境东部。面积203平方千米。人口4.1万。辖1居委会、36村委会，有473自然村。镇人民政府驻大口塅。1961年成立龙门公社。1984年改乡。1995年与大口塅、泉水2乡合置龙门镇。因土龙山"峰势夭矫如龙"得名。汨罗江流经。有中学3所，小学9所，卫生院1个，卫生室37个。有景点张平凯将军墓、裴周玉将军墓、将军井、龙门烈士陵园等。农业以水稻、玉米种植为主。省道龙牛线过境。

大口塅［Dàkǒuduàn］ 龙门镇人民政府驻地。在县政府驻地汉昌镇东64千米。人口3000。因此地形似大口袋得名。聚落沿省道龙牛线和大岭公路呈T状分布。有中小学、医疗站、卫生服务站、文化活动室、老年活动室、便民服务站等。有吴门仲新公墓。农业以水稻、玉米种植为主。省道龙牛线、大岭公路经此。

虹桥镇［Hóngqiáo Zhèn］ 平江县辖镇。在县境北部。面积183平方千米。人口3.8万。辖1居委会、34村委会，有432自然村。镇人民政府驻虹桥市（自然村）。1956年设虹桥乡。1958年改幕阜公社。1984年改虹桥镇。1995年天岳、长庆2乡并入。因镇政府驻地得名。有天岳关。有花岗岩、长石、云母等矿产资源。有中学4所，小学9所，卫生院1个，卫生室35个。有景点汤家嘴大溪文化遗址、黄龙山、长庆寺、幕阜丹崖等。农业以水稻、玉米、平术种植为主。工业以农产品加工为主。省道龙牛线等过境。

虹桥市［Hóngqiáoshì］ 虹桥镇人民政府驻地。在县政府驻地汉昌镇北43千米。人口3100。因旧时此处有形似彩虹的石拱桥得名。聚落呈十字形。有中学、医疗站、卫生服务站、文化活动室、老年活动室、便民服务站等。服务业以商贸为主。107国道、省道龙牛线经此。

南江镇［Nánjiāng Zhèn］ 平江县辖镇。在县境北部。面积195平方千米。人口7.6万。辖6居委会、44村委会，有44自然村。镇人民政府驻南江桥。1958年成立南江公社。1974年改镇。1995年南江、石浆、昌江3乡并入。因有"群山望去皆朝北，众水流来尽向南"之说而得名。石浆河、昌江河、冬塔河流经。有中学5所，小学22所，卫生院1个，卫生室50个。有天岳幕阜山风景旅游区，建有幕阜山国家级地质公园。农业以水稻种植为主。产长石粉、云母纸、保鲜剂、蚊香、豆豉等。服务业以旅游、餐饮为主。通平高速、106国道、省道岳华线过境。

南江桥［Nánjiāngqiáo］ 南江镇人民政府驻地。在县政府驻地汉昌镇东北39千米。人口1万。因旧时昌江上建有大木桥，昌江主要支流皆由北向南流至此汇入汨水而得名。聚落呈团状。有中小学、卫生院。有商贸服务业及除氧保鲜剂、卫生蚊香、食品加工企业。通平高速、106国道、省道岳华线经此。

梅仙镇［Méixiān Zhèn］ 平江县辖镇。在县境北部。面积205平方千米。人口7万。辖2居委会、36村委会，有632自然村。镇人民政府驻梅仙。1958年成立梅仙公社。1984年改镇。1995年柘庄、团山2乡并入。因镇政府驻地得名。有姜源岭、化米尖、梧桐山、鹅公尖等。昌江流经。有中学4所，小学37所，卫生院1个。有罐坡里遗址、桐树坵遗址、碧龙峡、黄柏山风景区等。农业以水稻、玉米种植为主。工业以建材、水力发电、长石粉加工为主。主产长石粉、铝银粉、石英粉。服务业以旅游、餐饮、住宿为主。通平高速、106国道过境。

梅仙［Méixiān］ 梅仙镇人民政府驻地。在县政府驻地汉昌镇北19千米。人口2000。传西汉末年南昌尉梅福不满王莽篡汉，弃官隐居于此，刘秀感其忠，敕封为梅仙而得名。聚落呈带状。有中学、卫生院、敬老院。工业以矿石加工为主。106国道经此。

浯口镇［Wúkǒu Zhèn］ 平江县辖镇。在县境西部。面积190平方千米。人口4万。辖1居委会、34村委会，有382自然村。镇人民政府驻浯口。1951年置浯口镇。1959年改公社。1984年复镇。1995年西江乡和三联乡8村并入浯口镇。因镇政府驻地得名。有锌、钨、黄金等矿产资源。有中学3所，小学6所，卫生院1个，卫生室35个。农业以水稻、红薯种植为主，产生姜、天麻。工业以水力发电为主。服务业以餐饮、住宿为主。省道龙牛线等过境。

浯口［Wúkǒu］ 浯口镇人民政府驻地。在县政府驻地汉昌镇西27千米。人口1800。因在浯溪与汨水汇合处得名。聚落呈团块状。有中小学、卫生院、敬老院、民间艺术团、浯口文化中心。服务业以商贸、批发零售、餐饮业为主。536国道经此。

瓮江镇［Wèngjiāng Zhèn］ 平江县辖镇。在县境西部。面积254平方千米。人口5.6万。辖1居委会、47村委会，有556自然村。镇人民政府驻水口嘴。1958年成立瓮江公社。1984年改乡。1995年与双江、河东2乡及三联乡3村合置瓮江镇。此地有一小江，江边有两泉井形似瓮缸，因平江口语"江"读"缸"而得名。瓮溪水流经。有省级文物保护单位清朝大臣、经学家张岳龄故居。有中学3所，小学11所，卫生院1个，卫生室48个。工业以水力发电、建材加工为主。服务业以商品零售为主。省道三黄线过境。

水口嘴［Shuǐkǒuzuǐ］ 瓮江镇人民政府驻地。在县政府驻地汉昌镇西17千米。人口2500。因在瓮溪水东岸，临水当冲而得名。聚落呈网状。有中小学、卫生院。工业以矿石加工为主。省道三黄线经此。

伍市镇［Wǔshì Zhèn］ 平江县辖镇。在县境西部。面积191平方千米。人口7.2万。辖1居委会、49村委会，有583自然村。镇人民政府驻伍公市（自然村）。1995年栗山、三和、时丰3乡合置伍市镇。2003年国营时丰茶场并入。因镇政府驻地得名。车对河流经。有中学6所，小学16所，卫生院1个，卫生室50个。有东山寺。农业以水稻种植为主，特产栗山黄鸡、松花皮蛋、平江春卷茶叶。工业以食品加工、有色金属加工为主。有省级经济开发区"平江工业园"。有旅游、餐饮业。京珠高速过境。

伍公市［Wǔgōngshì］ 伍市镇人民政府驻地。在县政府驻地汉昌镇西36千米。人口3400。传古有伍姓老人居此，乐善好施，人感其善而得名。聚落呈带状。有中小学、卫生院、图书馆。有黄金冶炼公司等。京珠高速经此。

向家镇［Xiàngjiā Zhèn］ 平江县辖镇。在县境西南部。面积41平方千米。人口1.7万。辖2居委会、8村委会，有124自然村。镇人民政府驻向家畬。1960年成立向家公社。1984年改乡。1986年改镇。因镇政府驻地得名。有中学1所，小学5所，卫生院1个，卫生室12个。有省级文物保护单位向筠烈士纪念园。有上荆寺。农业以水稻、红薯、棉花种植为主。京珠高速过境。

向家畬［Xiàngjiāshē］ 向家镇人民政府驻地。在县政府驻地汉昌镇西56千米。人口4100。明代有向姓人流落于此，渐成聚落，因思乡，以"想家"谐"向家"得名。聚落呈散状。有中小学、卫生院。服务业以商贸为主。京珠高速经此。

童市镇［Tóngshì Zhèn］ 平江县辖镇。在县境中部。面积159平方千米。人口3万。辖1居委会、27村委会，有369自然村。镇人民政府驻塝上。1984年设钟洞乡。2011年改童市镇。以早期有童姓人住得名。有斩顶山、峰山尖、放牛洞等。有中学2所，小学7所，卫生院1个，卫生室28个。农业以水稻、玉米、油茶种植为主。工业以农产品加工、熟食加工为主。服务业以餐饮、住宿、旅游业为主。县道安万线过境。

塝上［Bàngshàng］ 童市镇人民政府驻地。在县政府驻地汉昌镇东19千米。人口1600。因背靠山脉，前滨钟洞河而得名。又称童市。聚落沿恩溪公路两侧呈带状分布。有中小学、医疗站、卫生服务站、文化活动室、老年活动室、便民服务站等。服务业以商贸为主。县道汉三、汉童、戴塝线经此。通公交车。

岑川镇［Cénchuān Zhèn］ 平江县辖镇。

在县境西北部。面积 92 平方千米。人口 2.1 万。辖 1 居委会、15 村委会，有 146 自然村。镇人民政府驻金沙。1958 年成立岑川公社。1984 年改乡。2001 年改镇。因有三条小江从塅中流过，山岭为“岑”，三江为“川”而得名。有中学 1 所，小学 3 所，卫生院 1 个，卫生室 16 所。有景点九龙岩、天子井、飞来石、李安甫侍郎墓、李氏宗祠等。农业以水稻、红薯种植为主。工业以建材生产为主。服务业以旅游、餐饮为主。省道梅汨线过境。

金沙［Jīnshā］　岑川镇人民政府驻地。在县政府驻地汉昌镇西北 29 千米。人口 2300。因有沙金矿得名。聚落呈长方形。有中小学、卫生院等。工业以仪器加工、生活用品加工、木器加工、建材业为主。服务业以商贸为主。省道梅汨线经此。

福寿山镇［Fúshòushān Zhèn］　平江县辖镇。在县境东南部。面积 137 平方千米。人口 2.1 万。辖 24 村委会，有 24 自然村。镇人民政府驻思和。1984 年设思村乡。2011 年改福寿山镇。因福寿山得名。有福寿山国家级森林公园。有中学 1 所，小学 6 所，卫生院 1 个，卫生室 24 个。农业以水稻、红薯种植为主，产茶叶、黑山羊。工业以云母纸、有机玻璃、铜制品业为主。服务业以旅游、餐饮、住宿为主。县道平浏线等过境。

思和［Sīhé］　福寿山镇人民政府驻地。在县政府驻地汉昌镇东南 25 千米。人口 1800。取向往和谐之意命名。聚落呈带状。有中小学、卫生院。有商品零售业及云母造纸、长石粉、工艺、皮带等行业。省道虹安线经此。

上塔市镇［Shàngtǎshì Zhèn］　平江县辖镇。在县境北部。面积 60 平方千米。人口 2.7 万。辖 18 村委会，有 234 自然村。镇人民政府驻上塔市（自然村）。1961 年成立冬塔公社。1984 年改乡。2014 年改上塔市镇。传吕洞宾过此，降三层宝塔于龙头山解除旱情而得名。冬塔河流经。有中学 1 所，小学 1 所，卫生院 1 个，卫生室 10 个。有民间文化狮龙舞、腰鼓舞、皮影戏。农业以水稻、玉米、红薯种植，鸡、鸭、猪养殖为主。通平高速、106 国道过境。

上塔市［Shàngtǎshì］　上塔市镇人民政府驻地。在县政府驻地汉昌镇北 48 千米。人口 2000。因龙头山有 3 宝塔得名。聚落呈块状。有中小学、卫生院、文化广场等。工业以农产品加工业为主。服务业以商贸为主。106 国道经此。

石牛寨镇［Shíniúzhài Zhèn］　平江县辖镇。在县境东北部。面积 108 平方千米。人口 2.4 万。辖 21 村委会，有 272 自然村。镇人民政府驻大坪。1984 年设大坪乡。2014 年改石牛寨镇。因村寨一座山顶有巨石似黄牛而得名。有幕阜山、黄龙山、石牛山。有国家地质公园、国家 4A 级旅游景区石牛山。有中学 2 所，小学 10 所，卫生院 1 个，卫生室 21 个。农业以水稻、黄豆、花生种植，猪、牛、羊、鸡养殖为主。有水电、旅游业。省道安万线过境。

大坪［Dàpíng］　石牛寨镇人民政府驻地。在县政府驻地汉昌镇东北 51 千米。人口 1400。因镇政府驻地有一块大荒坪而得名。有中小学、卫生院、卫生服务站、老年活动室、便民服务站等。服务业以商贸为主。省道安万线经此。

余坪镇［Yúpíng Zhèn］　平江县辖镇。在县境西北部。面积 182 平方千米。人口 4.1 万。辖 28 村委会，有 395 自然村。镇人民政府驻余坪。1995 年设余坪乡。2014 年改镇。因镇政府驻地得名。有中学 2 所，小学 9 所，卫生院 1 个，卫生室 28 个。农业以水稻、旱粮种植为主。工业以石粉加工、家具制造为主。服务业以商贸、电子产品终端服务、餐饮为主。省道梅汨线过境。

余坪［Yúpíng］　余坪镇人民政府驻地。在县政府驻地汉昌镇西北 22 千米。人口 2800。因余姓居民在此聚居得名。聚落呈散状。有中小学、卫生院、文化活动室。工业以造纸、食品加工、长石粉加工为主。服务业以商贸为主。省道梅汨线经此。

三阳乡［Sānyáng Xiāng］　平江县辖乡。在县境东南部。面积 205 平方千米。人口 6.6 万。辖 42 村委会，有 612 自然村。乡人民政府位于三阳街。1959 年成立三阳公社。1984 年改三阳乡。1995 年清水、浊水 2 乡并入三阳乡。传此地曾建有一座 3 孔圆拱桥，夕阳西下时阳光透过圆孔映在汨罗江水面上，出现 3 个太阳而得名。有矿产资源黄金。有中学 3 所，小学 17 所，卫生院 1 个，卫生室 42 个。有省级文物保护单位革命烈士毛简青故居。有“平江起义”和“二月扑城”策源地和指挥中心遗址。农业以水稻、林果、大棚菜、中药材、菌类种植为主。工业以机械制造及加工、黄金开采为主。有住宿、餐饮、商贸、旅游业。106 国道、省道三黄线过境。

咏生乡［Yǒngshēng Xiāng］　平江县辖乡。在县境中部偏东。面积 79 平方千米。人口 3700。辖 5 村委会，有 60 自然村。乡人民政府驻桑园。1985 年由谢江乡 7 村合设咏生乡。因革命烈士高咏生得名。有小学 3 所，卫生室 5 个。有湘鄂赣苏维埃旧址等。农业以水稻种植为主。通乡村公路。

桑园［Sāngyuán］　咏生乡人民政府驻地。在县政府驻地汉昌镇东 51 千米。人口 600。因栽植桑树得名。聚落呈线状。有小学、卫生院、敬老院等。有湘鄂赣省委、省政府旧址等。农业以水稻种植为主。通乡村公路。

黄金洞乡［Huángjīndòng Xiāng］　平江县辖乡。在县境东部。面积 197 平方千米。人口 3300。辖 15 村委会，有 92 自然村。乡人民政府驻金塘。1956 年设黄金乡。1958 年改公社。1984 年改乡。因境内大小 48 洞皆产黄金而得名。处连云山腹地。黄金溪流经。有黄金洞水库。有名贵树种楠木、红豆杉、古银杏。有黄金、银、铜等矿产资源。有中学 1 所，小学 5 所，卫生院 1 个，卫生室 15 个。有中共湘鄂赣省委、省苏维埃政府驻地遗址。农业以水稻种植为主。工业以采矿业、竹木深加工、林业化工为主。县道黄长线过境。

金塘［Jīntáng］　黄金洞乡人民政府驻地。在县政府驻地汉昌镇东 61 千米。人口 1700。因塘中有黄金矿得名。聚落呈团状。有小学、卫生室、敬老院等。有黄金河湿地公园。工业以冶金为主。县道黄长线经此。

南桥乡［Nánqiáo Xiāng］　平江县辖乡。在县境东部。面积 84 平方千米。人口 3700。辖 13 村委会，有 69 自然村。乡人民政府驻金鸡墩。1956 年设南桥乡。1958 年改公社。1984 年改乡。取南坑、桥上各一字得名。在连云山脉北麓。有饭匙尖山、曲山尖山等。曲溪流经。有黄金、铜、锑等矿产资源。有小学 1 所，卫生院 1 个，卫生所 1 个。有县游击大队、红军后方医院、兵工厂等遗址。经济以林业为主。工业以木器加工、矿产开采为主。县道和长线过境。

金鸡墩［Jīnjīdūn］　南桥乡人民政府驻地。在县政府驻地汉昌镇东 67 千米。人口 300。因山形似公鸡得名。聚落呈线状。有小学。有红军后方医院、兵工厂等遗址。产南竹、蜂蜜。有竹木加工业。通乡村公路。

木金乡［Mùjīn Xiāng］　平江县辖乡。在县境东北部。面积 119 平方千米。人口 2.4 万。辖 23 村委会，有 55 自然村。乡人民政府驻木瓜街。1995 年木瓜、金坪 2 乡合设木金乡，取木瓜、金坪各一字得名。木瓜河流经。有中学 2 所，小学 5 所，卫生院 1 个，卫生室 20 个。有省级文物保护单位余氏家庙古建筑群。有平江八景之一“三峰叠嶂”。农业以水稻、花生、大豆种植为主。产板栗、黑山羊。服务业以旅游、餐饮、住宿为主。省道虹安线过境。

木瓜街［Mùguājiē］　木金乡人民政府驻地。在县政府驻地汉昌镇东北 48 千米。人口 1600。因山形似木瓜，且多产木瓜而得名。聚落呈散状。有省级文物保护单位余氏家庙古建筑群。有中小学、卫生院。服务业以商贸为主。省道虹安线经此。

板江乡［Bǎnjiāng Xiāng］　平江县辖乡。在县境西北部。面积 70 平方千米。人口 1.5 万。辖 17 村委会，有 180 自然村。乡人民政府驻板江。1950 年设板江乡。1961 年改公社。1984 年复乡。因汇入新墙河的小河曾建有 5 座石板桥而得名。有南峰山、染峰山。有矿产资源黄金、长石、花岗岩等。有中学 1 所，小学 4 所，卫生院 1 个，卫生室 17 个。农业以水稻、黄豆、花生种植，生猪、牛、羊养殖为主，特产板栗、柑橘、杜仲等。有竹木加工、蚕丝加工、矿业生产企业。省道岳华线过境。

板江［Bǎnjiāng］　板江乡人民政府驻地。在县政府驻地汉昌镇西北 46 千米。人口 2500。因傍板江成市得名。聚落呈带状。有中小学、卫生服务站、文化活动室、老年活动室、便民服务站等。有零售业及长石粉、保鲜、纸箱、红木家具、食用菌等企业。省道岳华线经此。

大洲乡［Dàzhōu Xiāng］　平江县辖乡。在县境西北部。面积 100 平方千米。人口 2.2 万。辖 16 村委会，有 168 自然村。乡人民政府驻汪坪街。1958 年成立大洲公社。1984 年改乡。因昌江与主支流黄沙水交汇处冲积成两片大沙洲而得名。有中学 1 所，小学 8 所，卫生院 1 个，卫生室 16 个。有景点猫儿尖、铁石盖、四隐堂等。农业以山羊养殖为主。工业以石灰、混凝土、石材加工和黄金开采为主。省道龙牛线过境。

汪坪街［Wāngpíngjiē］　大洲乡人民政府驻地。在县政府驻地汉昌镇西北 25 千米。人口 2400。因汪姓聚居得名。聚落呈 T 字形。有小学、卫生院。有景点龙潭湾、天鹅抱蛋、斩龙坑、汪坪大屋等。服务业以商贸为主。省道龙牛线经此。

三墩乡［Sāndūn Xiāng］　平江县辖乡。在县境中部。面积 118 平方千米。人口 3.3 万。辖 32 村委会，有 371 自然村。乡人民政府驻戴家塝。1950 年设三墩乡。1958 年改公社。1984 年复乡。1996 年瑚珮乡并入。传远古时此地遭大水，群众依靠凤凰、孔雀、鹭鸶 3 只神鸟落地化成的 3 个石墩避险而得名。有山峰尖、威岩山、棋盘岭等。钟洞河流经。有中学 2 所，小学 10 所，卫生院 1 个，卫生室 32 个。农业以水稻、油茶种植为主。工业以矿产开采、矿物加工为主。有餐饮业。省道安万、车总线等过境。

戴家塝［Dàijiābàng］　三墩乡人民政府驻地。在县政府驻地汉昌镇东北 25 千米。人口 1400。因戴姓聚居得名。俗称戴市。聚落呈散状。有中小学、卫生院。有商品零售和矿石加工业。有选矿厂、长石粉厂等。省道安万线等经此。

常德市

常德市［Chángdé Shì］ 湖南省辖地级市。北纬28°24′—30°07′，东经110°29′—112°17′。在省境西北部。面积1.8万平方千米。户籍人口621.4万，常住人口为571.7万。以汉族为主，还有土家、回、维吾尔等民族。辖武陵、鼎城2区，安乡、汉寿、澧县、临澧、桃源、石门6县，代管津市县级市。市人民政府驻武陵区。隋开皇九年(589)置嵩州，旋改名朗州，治武陵县。宋大中祥符五年(1012)改鼎内州，因武陵县境在沅、澧2水汇合处有鼎水而得名。政和七年(1117)取《诗经·大雅》《常武》诗序中"有常德以立武事"句置常德军。上行德政，下安本分，谓之常德。此乃"常德"一名出现之始。乾道元年(1165)升常德府，武陵县为其属县。元代改路。明、清复府。1914年改武陵道。1937年设第二行政督察区。1940年改第四行政督察区。1949年设常德专区。1979年改地区。1988年改地级市。地势西高东低，以平原为主。西北武陵山，西南雪峰山余脉，东部开阔平原，两山夹一凹。平均海拔50米。最高峰点壶瓶山海拔2098.7米。年均气温17.4℃，1月平均气温5℃，7月平均气温28.9℃。年均降水量1330.5毫米。年均无霜期273天。沅江、澧水流经。有膨润土、金刚石、石膏、石英砂、磷、石煤等矿产资源。有野生植物222种，其中有国家一级保护野生植物莼菜、中华猕猴桃，国家二级保护野生植物红豆杉、野菱、水芹。有野生动物379种，其中有国家一级保护野生动物云豹、金钱豹、黑麂等。有国家级西洞庭湖、乌云界、壶瓶山自然保护区，有桃花源、河洑、黄山头、夹山、花岩溪5国家森林公园，津市毛里湖、石门仙阳湖、柳叶湖3国家湿地公园。森林覆盖率48%。有省级重点实验室2个，省级工程技术研究中心7个。有高校7所，中等职业学校47所，高中46所，初中241所，小学511所，三级医院8个，图书馆9个，博物馆6个，体育馆22个，汉剧高腔保护传承中心、鼎城区花鼓戏保护中心等文艺团体10个。有全国重点文物保护单位沧浪坪、古索县城汉代遗址、南禅湾晋墓群等6个，省级文物保护单位明荣庄王墓、虞家岗遗址、马栏嘴新石器遗址、南宋义军首领杨幺墓等。有民国陆军74军57师抗日阵亡纪念公墓、贺家台苏维埃政府旧址、徐熙榕苏维埃政府旧址。有国家级非物质文化遗产澧水船工号子、常德高腔、荆河戏、嘉山孟姜女哭长城传说等7项，省级非物质文化遗产27项。三次产业比例12∶40∶48。农业以水稻、棉花、油菜、茶、柑橘种植，生猪、淡水鱼、虾、蟹、甲鱼及珍珠养殖为主。工业以轻纺、机械制造、食品加工、生物医药为主。有国家级经济技术开发区1个，省级经济技术开发区5个，省级高新技术开发区1个。服务业以商贸、物流、旅游为主。有铁路298.5千米，高速168.8千米，国道327.4千米，省道150.5千米，内河航线321.6千米。焦柳、石长铁路，杭瑞、二广、常益、常张高速，207、319国道，省道南永线过境。有沅江航道。有常德站、常德港。有桃花源机场，民航航线6条，通往北京、广州、深圳、上海、昆明、南京等城市。

常德［Chángdé］ 常德市聚落。在市境中部。面积90平方千米。人口62万。以汉族为主，还有土家、回、苗、维吾尔等民族。战国时蜀郡守张若筑城。元至顺元年(1330)郡守纳鄰不花扩建，筑土城。明改砖城。抗日战争时几近废墟。1949年后先后建成道路洞庭大道、武陵大道、人民路、朗州路、龙港路等131条及惠民新村等居民小区，修建穿紫河绿化带、诗墙公园、柳叶湖环湖公园、沅江外滩公园等。经济、文化中心位于沅江北岸，市政府位此。工业区在东南部，有国家级经济开发区。旅游度假区在东北部，有国家湿地公园柳叶湖等。科教区在城西，有常德职业技术学院、湖南幼儿师专、常德技师学院、常德农科所。有标志性建筑常德诗墙公园、常德河街、老西门等。特产酱板鸭、擂茶、北堤麻辣肉、常德米粉。枝柳、石常铁路，207国道过境。

桃花源路［Táohuāyuán Lù］ 在市区西部。北起常德大道，南至桃花源机场。与紫菱路、柳叶大道、常澧路、滨湖路、洞庭大道等相交。长18.6千米，宽68米。沥青混凝土路面。1988年开工，1989年建成。因通往桃花源机场得名。两侧有多家企业、鼎城区税务局、市第四医院、中学等。通多路公交车。

武陵区

武陵区［Wǔlíng Qū］ 常德市人民政府驻地。在市境中部。面积394平方千米。人口69.7万。辖13街道、2镇、3乡。区人民政府驻南坪街道。1950年设县级常德市。1988年改武陵区。因汉高祖五年(前202)置武陵郡得名，"止戈为武，高平为陵"。先后建设洞庭大道、武陵大道、人民路、朗州路、龙港路等，修建穿紫河绿化带、诗墙公园、柳叶湖环湖公园、沅江外滩公园。有标志性建筑武陵阁、笔架城、七里桥廊桥、水星楼、孤峰塔、常德诗墙。年均气温16.9℃，1月平均气温5.1℃，7月平均气温29℃。年均降水量1324毫米。渐河、沅江、马家吉河流经。有河洑国家森林公园。有中学20所，小学45所，三级医院3个，二级医院8个，文化馆1个，博物馆1个。有国家湿地公园柳叶湖、老西门、大小河街、乾明寺等名胜古迹。有国家级非物质文化遗产常德高腔、常德丝弦、常德花鼓戏，省级非物质文化遗产善卷传说。有民俗汉剧、湘北大鼓、舞龙舞狮、采莲船、花灯、腰鼓。三次产业比例1∶60∶39。农业以水稻、棉花、柑橘、蔬菜种植，生猪、鲜鱼、甲鱼养殖为主。工业以装备制造、精细化工、医药、建筑为主。服务业以批发、零售、仓储为主。特产武陵酒、酱板鸭、米粉、擂茶。石长铁路，长常、常张高速，207、319国道，省道湘西—岳阳、长沙—桃源线过境。有常德站、常德汽车站等。有水运航道5条。通多路公交车。

常德经济开发区［Chángdé Jīngjì Kāifāqū］ 在区境东南部。东临与汉寿县间乡道，南至319国道，西临枉水河，北临沅江。面积5000公顷。1992年5月设立常德德山经济技术开发区，1994年升为省级经济科技开发区，2010年经国务院正式批准建立国家级经济开发区，并改今名，由常德市政府管理。以纺织、化工、机械制造、食品医药、新型材料为主。有武陵酒厂、恒安纸业、三金制药、三一重工等企业230多个。铁路、高速、国道交会、贯通。通多路公交车。

柳叶大道［Liǔyè Dàdào］ 在区境中部。东起环湖路，西至常慈公路。与杭瑞高速、桃花源路、芙蓉路、龙港路、皂果路、朝阳路、武陵大道等相交。长10.9千米，宽70米。沥青路面。1996年开工，1999年建成，2013年改扩建。因通往柳叶湖旅游度假区得名。两侧有湖南文理学院、芷兰实验学校、市公安局、规划局、林业局。通多路公交车。

紫菱路［Zǐlíng Lù］ 在区境北部。东起紫缘路，西至桃花源路。与长庚路、芙蓉路、龙港路、皂果路、武陵大道、朗州路相交。长6.3千米，宽40米。沥青路面。1999年开工，2010年建成。取刘禹锡《采菱行》"白马湖平秋日光，紫菱如锦彩鸳翔"句得名。两侧有交警一、四大队，国土局，柳叶湖汽车站。通多路公交车。

滨湖路［Bīnhú Lù］ 在区境中部。东起丹阳路，西至桃花源路。与长庚路、芙蓉路、龙港路、皂果路、武陵大道、朗州路相交。长5.6千米，宽30米。沥青路面。1995年开工，1999年建成，2009年扩建延伸。因濒临柳叶湖得名。两侧有中肤医院、第一中医院、白马湖文化公园、湖南文理学院西院、市康复医院。通多路公交车。

洞庭大道［Dòngtíng Dàdào］ 在区境中部。东起二广高速，西至桃花源路。与长庚路、芙蓉路、龙港路、皂果路、武陵大道、朗州路等相交。长7.6千米，宽42米。沥青路面。1983年开工，1986年建成，1991年改扩建。因洞庭湖得名。两侧有市人大、商务局、妇幼保健院、环保局等。通多路公交车。

人民路［Rénmín Lù］ 在区境中部。东起新关路，西至桃花源路。与长庚路、龙港路、皂果路、朝阳路、武陵大道、朗州路、青年路等相交。长9.5千米，宽30米。沥青路面。1958年开工，1960年建成，1966、1971年改扩建，2000年中路改为步行街，2013年复扩建。两侧有中学、自来水公司、小学、燃气公司、第一医院、屈原公园。通多路公交车。

沅安路［Yuán'ān Lù］ 在区境南部。西起丹溪路，东至启明路。与朗州路、水星楼巷、青年路、美吉巷、水巷口巷、水府庙街、劳动巷、双拥路相交。长10.1千米，宽30米。沥青路面。1992年开工，1996年建成，2013年改扩建。因绕沅江大堤，取安居之意为名。两侧有诗墙公园、武陵阁、春申阁、排云阁、渔父阁、笔架城、中学、市水利局。通多路公交车。

常德大道［Chángdé Dàdào］ 在区境北部。西起临岗公路，东至樟木桥。与桃花源路、芙蓉路、龙港路、皂果路、武陵大道等相交。长22.5千米，宽70米。沥青路面。原为207国道绕城段，1999年改建城区道路，2013年改扩建。因市名得名。两侧有常德汽车总站、常德短途汽车站、常德站、柳叶湖汽车站及多处居民小区等。通多路公交车。

芙蓉路［Fúróng Lù］ 在区境西部。南起沅安路，北至太阳大道。与常德大道、柳叶大道、洞庭大道、人民路、沅安西路相交。长5千米，宽30米。沥青路面。1994年开工，1995年建成，2008年延伸。因工业产品得名。两侧有市芙蓉医院、湖南文理学院。通多路公交车。

朝阳路［Cháoyáng Lù］ 在区境中部。南起人民路，北至环湖路。与建设路、育才路、洞庭大道、紫菱路、滨湖路、柳叶大道等相交。长

4.7千米，宽16米。沥青路面。1958年开工，1982年建成，1984、2013年分别改扩建。因吉言佳语得名。两侧有市安监局、区民政局、第四医院等。通多路公交车。

武陵大道［Wǔlíng Dàdào］　在区境中部。南起人民路，北至常德大道。与建设路、育才路、洞庭大道、紫菱路、滨湖路等相交。长4.4千米，宽30米。沥青路面。1986年开工，1988年建成。原名鼎城路，1993年扩建，因原武陵郡改今名。两侧有市国土局、审计局、工商局、教育局等。通多路公交车。

朗州路［Lǎngzhōu Lù］　在区境中部。南起沅安路，北至杭瑞高速。与建设路、育才路、洞庭大道、紫菱路、滨湖路、柳叶大道等相交。长4.7千米，宽30米。沥青路面。原为下南门、临沅街、汉寿街等旧街，1949年合建，1985年扩建中段，2000年扩建北段，2010年延伸。因常德古名朗州得名。两侧有滨湖公园、市政府、财政局、气象局、质监局。通多路公交车。

紫缘路［Zǐyuán Lù］　在区境东部。南起武陵大桥，北至环湖路。与青年路、洞庭大道、柳叶大道、常德大道相交。长7.7千米，宽30米。沥青路面。1983年开工，1986年建成，2013年改扩建。因穿紫河得名。两侧有柳叶湖汽车站、区城管局、市农机所、城区供电局。通多路公交车。

紫缘桥［Zǐyuán Qiáo］　在城区东部。长397米，宽38米，最大跨度55米，桥下净高7米。2007年开工，2010年建成。处穿紫、姻缘2河交汇处而得名。为大型河道桥梁，结构型式为V型墩刚构加预应力连续梁组合体系桥。最大载重40吨。连接德国风情街、常德河街。通公交车。

常德站［Chángdé Zhàn］　见交通运输设施部分“常德站”条。

常德汽车站［Chángdé Qìchēzhàn］　见交通运输设施部分“常德汽车站”条。

常德汽车北站［Chángdé Qìchē Běizhàn］　见交通运输设施部分“常德汽车北站”条。

南坪街道［Nánpíng Jiēdào］　武陵区人民政府驻地。在区境中部。面积12平方千米。人口3.8万。以汉族为主，还有土家、回、苗、维吾尔等民族。1984年设南坪岗乡。2014年改街道。因南坪岗得名。先后改造龙港路，延伸芙蓉路、皂果路。有中学2所，小学2所，卫生院1个，卫生所27个。有体育馆、图书馆、丁玲公园。服务业以仓储、商贸、物流为主。石长铁路、省道常德—津市线过境。通多路公交车。

启明街道［Qǐmíng Jiēdào］　属武陵区。在区境东南部。面积10.5平方千米。人口3.8万。以汉族为主，还有回、苗、维吾尔等民族。1913年设启明镇。2014年改街道。因启明楼得名。先后改造沅安路，延伸红旗路、三闾路。有中学1所，小学2所，三级医院1个，卫生院1个，卫生所7个。有古迹清真寺。农业以水稻、蔬菜种植为主。工业以造船、机械为主。服务业以商业批发、零售、旅游为主。有甘露寺蔬菜批发大市场。通多路公交车。

府坪街道［Fǔpíng Jiēdào］　属武陵区。在区境南部。面积2.6平方千米。人口4.4万。1957年设城南街道。2014年改今名。历为州、府治所而得名。先后改造人民路，建武陵阁步行街。有中学1所，小学2所，二级医院1个，卫生所28个。有常德会战纪念塔、纪念坊。有名胜古迹常德诗墙、武陵阁、常德码头、笔架城。服务业以商贸、旅游、餐饮为主。有常德步行街、老西门商业广场。有全国老字号清真第一春。通多路公交车。

穿紫河街道［Chuānzǐhé Jiēdào］　属武陵区。在区境中部。面积3.5平方千米。人口5.7万。以汉族为主，还有回、维吾尔、土家、苗等民族。1957年设城西街道。2014年因穿紫河改今名。有中学1所，小学2所，三级医院1个，二级医院2个，卫生院1个，卫生所35个。有市博物馆、图书馆、体育中心。服务业以住宿、餐饮、金融、汽车修理等为主。工业以机械制造为主。通多路公交车。

丹阳街道［Dānyáng Jiēdào］　属武陵区。在区境中部。面积3平方千米。人口5.2万。以汉族为主，还有回、土家、苗、瑶等民族。1956年设城北街道。2014年因丹阳楼改今名。有中学1所，小学2所，卫生院1个，卫生所27个。有滨湖公园。有古迹铁经幢、葵花井、丝瓜井。服务业以商贸、餐饮为主。石长铁路，长常、常张、东常高速过境。通多路公交车。

白马湖街道［Báimǎhú Jiēdào］　属武陵区。在区境中部。面积4.7平方千米。人口7万。以汉族为主，还有回、土家、苗、白等民族。1985年设三岔路街道。2014年因白马湖改今名。有高校2所，大专1所，中学2所，小学5所，二级医院2个，卫生院1个，卫生所12个。有屈原公园。工业以机械制造、光学仪器、建材、纺织、家具制造、印刷为主。有大型农贸、工贸市场3个。207国道过境。通多路公交车。

德山街道［Déshān Jiēdào］　属武陵区。在区境东南部。面积7.5平方千米。人口4.6万。以汉族为主，还有回、土家、苗等民族。1956年设立。因山得名。隋朗州刺史樊子盖钦慕善卷先生品德高尚，改枉山为善德山，简为德山。有中学2所，小学3所，三级医院1个，二级医院2个，卫生院1个，卫生所20个。有名胜古迹乾明寺、老龙潭、白骨塔、仙人洞、孤峰塔。农业以水稻、蔬菜、林果种植为主。有果园基地。工业以机械制造、化工、酿酒、印刷为主。石长铁路，207、319国道过境。通多路公交车。

东江街道［Dōngjiāng Jiēdào］　属武陵区。在区境东部。面积12.9平方千米。人口2.4万。以汉族为主，还有回、维吾尔、土家、苗等民族。1984年设东江乡。2014年改街道。因东江寺得名。先后改造腾飞路、东溪路。有中学1所，小学1所，幼儿园3所，卫生院1个，卫生所9个。农业以蔬菜种植，生猪养殖为主。工业以农产品加工、机械制造、塑料制品加工为主。有农资、废旧物品、旧木材、钢材等市场。石长铁路、207国道过境。有市汽车东站。通多路公交车。

永安街道［Yǒng'ān Jiēdào］　属武陵区。在区境东北部。面积5.3平方千米。人口4.7万。以汉族为主，还有回、土家、维吾尔等民族。1984年设东郊乡。2014年改街道。寓意人们有长久安宁的生活环境而得名。先后改造洞庭大道、建设路。有湖南文理学院芙蓉学院。有中学2所，小学3所，卫生院1个，卫生所22个。农业以蔬菜种植为主。工业以机械、塑料制品、橡胶制品、家具加工为主。服务业以餐饮、商贸为主。石长铁路、207国道过境。通多路公交车。

长庚街道［Chánggēng Jiēdào］　属武陵区。在区境西北部。面积8.1平方千米。人口3.8万。以汉族为主，还有回、苗、维吾尔、蒙古等民族。1984年设护城乡。2014年改街道。因长庚路得名。先后改造青杨路，延伸桃花源路、长庚路。有常德高职学院、市工艺美术学校。有中学1所，小学3所，二级医院1个，卫生院1个，卫生所8个。服务业以仓储、物流、餐饮为主。农业以水稻、蔬菜种植为主。工业以机械制造、建材、食品加工为主。通多路公交车。

芷兰街道［Zhǐlán Jiēdào］　属武陵区。在区境东北部。面积8.3平方千米。人口3.3万。2014年设立。以屈原“沅有芷兮澧有兰”诗句得名。先后改造太阳大道、沾天湖南环路，北延朗州路。有中学1所，小学1所，卫生所9个。服务业以仓储、物流、商贸为主。有恒大商城、和瑞欢乐城、火车站商圈。农业以水稻、蔬菜种植为主。石长铁路、长常城际铁路过境。有常德站、常德汽车总站。通多路公交车。

芙蓉街道［Fúróng Jiēdào］　属武陵区。在区境西部。面积15.5平方千米。人口3.7万。2014年设立。因企业得名。先后建智慧谷、落路口码头、桃花源大桥，改建沅安路、高泗路、窑港路。有湖南幼儿师专、常德职业技术学院、常德技师学院。有小学2所，卫生院1个，卫生所9个。有刘泽远烈士墓、纪念亭、纪念碑。农业以水稻、蔬菜种植为主。工业以制造、纺织、建材、化工为主。服务业以仓储、物流为主。207国道过境。通多路公交车。

柳叶湖街道［Liǔyèhú Jiēdào］　属武陵区。在区境北部。面积68平方千米。人口2.1万。2008年设立。因柳叶湖得名。先后改造太阳路，延伸岩子堰街，建成中心街，整修水月庵、万寿庵、白鹿寺等历史文化街区。有中学1所，小学1所，卫生所5个。农业以水稻、蔬菜种植，鱼养殖为主，产柑橘、湘莲为辅。有观光旅游业。通多路公交车。

河洑镇［Héfú Zhèn］　武陵区辖镇。在区境西部。面积19平方千米。人口1.9万。以汉族为主，还有回、维吾尔、土家、苗等民族。辖1居委会、9村委会，有32自然村。镇人民政府驻岩桥村。1956年设河洑镇、河洑乡。1997年河洑乡并入。因古时西陲山下有伏流入河而得名。渐河流经。有中学1所，小学3所，卫生院1个，卫生所14个。有中共湘西特委机关旧址。有景点美女峰、卓刀泉、太和观、犀牛口。农业以种植水稻、蔬菜，养鱼为主。工业以食品加工、建筑建材、机械加工、化纤纺织为主。服务业以仓储物流为主。常张高速接城线、省道长沙—桃源线过境。

岩桥村［Yánqiáocūn］　河洑镇人民政府驻地。在区政府驻地南坪街道西5千米。人口2000。北宋成村。因寺得名。聚落呈T字形。有中小学、幼儿园、卫生院、卫生所、休闲广场。农业以水稻、油菜、火龙果种植为主。工业以建材、食品加工为主。有农贸市场。通多路公交车。

德山镇［Déshān Zhèn］　武陵区辖镇。在区境东南部。面积36平方千米。人口5.9万。以汉族为主，还有回族。辖7居委会、8村委会，有23自然村。镇人民政府驻莲花池村。1950年设德山镇。1951年改乡。后改公社。1984年复乡。1992年石门桥镇11村并入。2000年改镇。因山得名。枉水、东风河流经。有中学1所，小学4所，卫生院1个，卫生所20个。有幼儿园、文化站、广播站、敬老院等。农业以种植水稻、蔬菜为主。工业以机械制造、化工、新型材料、食品医药为主。有德山工业区。石长铁路，长常、常张高速，207、319国道过境。有沅水航道。

莲花池村［Liánhuāchícūn］　德山镇人民政府驻地。在区政府驻地南坪街道东南18千米。因莲花池得名。聚落呈散状。有中小学、幼儿园、卫生室。农业以水稻、油菜种植为主。工业以纺织、电机制造为主。有农贸市场。319国道经此。

芦荻山乡［Lúdíshān Xiāng］　武陵区辖乡。在区境东部。面积58平方千米。人口3.3万。以汉族为主，还有回、维吾尔、苗、侗等民族。辖1居委会、21村委会，有49自然村。乡人民政府驻熊家坪村。1961年成立芦荻山公社。1984年设乡。因山得名。有中学1所，小学5

所，卫生院1个，卫生所18个。有幼儿园、文化站、广播站、敬老院等。有名胜古迹大关庙、观音寺、祠堂寺、石公庙、玉带桥。农业以现代农业为主，有蔬菜产业园、农业示范园、采摘园。二广高速过境。

熊家坪村［Xióngjiāpíngcūn］ 芦荻山乡人民政府驻地。在区政府驻地南坪街道东南10千米。人口1300。明代成村。因熊家团子鱼塘得名。聚落呈T字形。有中小学、幼儿园、卫生院、卫生所。农业以水稻、甘蔗、蔬菜种植，养蚕为主。有油脂加工业。有农贸市场。通多路公交车。

丹洲乡［Dānzhōu Xiāng］ 武陵区辖乡。在区境西南部。面积30平方千米。人口2.1万。以汉族为主，还有回、苗、土家、维吾尔等民族。辖14村委会，有42自然村。乡人民政府驻夹街村。1962年成立丹洲公社。1984年设乡。因丹砂井得名。沅江流经。有高校1所，中学1所，小学4所，卫生院3个，卫生所14个。有幼儿园、文化站、广播站、敬老院等。有古迹丹砂井、傩王台、古樟树。农业以水稻、棉花、柑橘、葡萄种植，生猪养殖为主。工业以纺织、食品加工、电子、建材为主。通乡村公路。

夹街村［Jiájiēcūn］ 丹洲乡人民政府驻地。在区政府驻地南坪街道西南7千米。人口2000。明代成村。因有2街得名。聚落呈矩形。有中小学、幼儿园、卫生院、卫生所。农业以棉花、蔬菜、柑橘种植为主。

白鹤山乡［Báihèshān Xiāng］ 武陵区辖乡。在区境北部。面积98平方千米。人口3.3万。辖11居委会、5村委会，有24自然村。乡人民政府驻万金障村。1949年设白鹤山乡。后改公社。1984年复乡。1995年肖伍铺乡并入。因白鹤山得名。有中学1所，小学2所，卫生院1个，卫生所24个。有幼儿园、文化站、广播站、敬老院等。有常德体育生态园、沙滩公园。有名胜古迹太阳山、仙人洞、烂船州、陈良墓、茶盐老街、美丽山谷、沾天湖栈桥。农业以水稻、油菜种植为主。服务业以旅游为主。长石铁路，东常、常岳高速，省道常德—津市线过境。

万金障村［Wànjīnzhàngcūn］ 白鹤山乡人民政府驻地。在区政府驻地南坪街道南5千米。人口800。明代成村。因燕子山下万只金鸭成群，而山似屏障而得名。聚落呈带状。有中心学校、幼儿园、卫生院。农业以水稻种植为主。有农贸市场。省道常德—津市线经此。

鼎城区

鼎城区［Dǐngchéng Qū］ 常德市辖区。在市境中部。面积2373平方千米。人口87万。以汉族为主，还有回、维吾尔、土家、苗等民族。辖4街道、21镇、10乡。区人民政府驻红云街道。1913年设常德县。1988年改鼎城区。因宋为鼎州治所而得名。先后改扩建鼎城路、阳明路、滨江路等，修建沅江画墙、沅江风光带、阳明湖公园、外滩公园。年均气温17.4℃，1月平均气温6℃，7月平均气温26℃。年均降水量1500毫米。有插角殿山、太阳山。沅江、澧水流经。有石煤、黄金、金刚石、灰岩等矿产资源。有野生植物712种，其中有国家重点保护野生植物银杏、水杉、香莓木、红豆杉、中国粗榧。有野生动物399种，其中有国家一级保护野生动物白鹤、白鹳等7种。有花岩溪国家森林公园、鸟儿洲国家湿地公园。有中学43所，小学58所，三级医院1个，二级医院3个。有全国重点文物保护单位沧浪坪、古索县城汉代遗址，省级文物保护单位明荣庄王墓。有中国译介马克思主义第一人赵必振故居、万寿山文甲农民起义纪念地。有国家级非物质文化遗产常德丝弦，省级非物质文化遗产常德花鼓戏、善卷传说。有沧浪仙山、龙门洞、古城山沅南县城遗址等名胜古迹。三次产业比例34∶25∶41。农业以水稻、棉花、蔬菜种植，猪、牛、羊、鸡、鸭、甲鱼、银鱼、白鲟养殖为主，产柑橘、湘莲、南竹、油茶、油桐。工业以矿产开采、机械轻工、化工、建材、电子为主。有国家级高新技术产业开发区1个。服务业以金融、商贸、旅游为主。有桥南市场。石长、常长、常张、常吉、杭瑞、二广高速，207、319国道，省道常德—津市、周家店—西洞庭线过境。有沅江、澧水内河航道。有桃花源机场、常南汽车总站。通多路公交车。

鼎城路［Dǐngchéng Lù］ 在区境中部。东起善卷路，西至桃花源路。与阳明大道、善池路、德安路相交。长2.7千米，宽30米。沥青路面。2002年开工，2003年建成。因跨越鼎城社区得名。横穿商业中心。两侧有商贸大厦、国际酒店、电业公司、邮政公司、区工业发展局、鼎城一中等。通多路公交车。

金霞路［Jīnxiá Lù］ 在区境南部。东起沅江大堤，西至桃花源路。与善卷路、阳明大道相交。长4.5千米，宽40米。沥青路面。2000年开工，2011年建成。因金霞社区得名。两侧有常南汽车总站、桥南商贸城。通多路公交车。

善卷路［Shànjuàn Lù］ 在区境东部。北起德善路，南至莲花路。与临沅路、鼎城路、花溪路、永安路、金霞路相交。长7.2千米，宽60米。沥青路面。1993年开工，1995年建成。因历史人物善卷先生得名。穿过商业中心。两侧有区商贸城、桥南市场、五金交电市场、轻纺城等。通多路公交车。

金霞大桥［Jīnxiá Dàqiáo］ 在城区南部。长144.8米，宽30米，最大跨度40米，桥下净高4米。1985年开工，2001年建成，2012年大修。因金霞路得名。为特大型河道桥梁，结构型式为钢筋水泥结构拱桥。最大载重25吨。通公交车。

红云街道［Hóngyún Jiēdào］ 鼎城区人民政府驻地。在区境西北部。面积11平方千米。人口3.5万。以汉族为主，还有回、维吾尔等民族。2013年由武陵镇析设。因原红云村得名。有大学2所，中专3所，中学2所，小学4所，幼儿园6所，三级医院1个，卫生院1个，卫生所6个。有老年公寓1个。有阳明湖休闲公园。有古迹善德塔。有省级非物质文化遗产善卷传说。农业以蔬菜、瓜果种植为主。工业以机电、食品加工、电子为主。有五星级酒店1个。207、319国道过境。有常南汽车总站。通多路公交车。

玉霞街道［Yùxiá Jiēdào］ 属鼎城区。在区境中部。面积5平方千米。人口8万。以汉族为主，还有回、维吾尔等民族。2013年由武陵镇析设。因玉霞社区得名。有中学1所，小学3所，幼儿园8所，二级医院2个，卫生院1个，卫生所5个。有文化中心、体育馆、陈辉烈士公园。工业以家电、印刷、食品加工、电子为主。服务业以商贸为主。有桥南市场、家电市场等。207、319国道过境。有大西门、下南门渡口。通多路公交车。

郭家铺街道［Guōjiāpù Jiēdào］ 属鼎城区。在区境南部。面积22平方千米。人口2.9万。以汉族为主，还有回、维吾尔等民族。2013年由武陵镇析设。因原郭家铺村得名。枉水流经。有三汊湖。有湖南应用技术学院。有小学2所，幼儿园4所，卫生院1个，卫生所8个。农业以水稻、蔬菜种植为主。服务业以商贸、物流为主。有物流园、五金机电城、水产大市场。319国道过境。通多路公交车。

斗姆湖街道［Dòumǔhú Jiēdào］ 属鼎城区。在区境西南部。面积42平方千米。人口2.4万。以汉族为主，还有回、维吾尔等民族。1984年设斗姆湖镇。2013年改街道。因昔有斗姆湖得名。沅江、枉水流经。有中学2所，小学1所，卫生院1个，卫生所11个。有古迹临沅县石碑、裴家码头古窑址。农业以水稻、棉花、油菜种植为主。工业以纺织、化工、机械制造、竹器加工为主。常吉、常张高速，319国道过境。有桃花源机场、水运码头。通公交车。

蒿子港镇［Hāozigǎng Zhèn］ 鼎城区辖镇。在区境东北部。面积56平方千米。人口3.4万。以汉族为主，还有维吾尔族。辖5居委会、13村委会，有130自然村。镇人民政府驻振兴街社区。1961年设蒿子港乡。1991年改镇。因港口青蒿丛生而得名。有中学2所，小学3所，卫生院1个，卫生所10个。有楚国集镇遗址。农业以水稻、棉花、油菜、湘莲种植，猪、家禽、淡水鱼养殖为主。工业以铸造、制塑、食品加工为主。有农副产品集散贸易。常岳高速，省道常德—津市线过境。有澧水航道。

振兴街社区［Zhènxīngjiē Shèqū］ 蒿子港镇人民政府驻地。在区境东北部。面积1平方千米。人口2900。寓意振兴中华得名。1985年成立。民居以4层住宅楼为主。有老年活动室等。有中学、卫生室、农贸市场。通公交车。

中河口镇［Zhōnghékǒu Zhèn］ 鼎城区辖镇。在区境东北部。面积73平方千米。人口3.2万。辖1居委会、22村委会，有176自然村。镇人民政府驻河口社区。1961年成立中河口公社。1984年设乡。1994年改镇。因处东湖河分支河口正中而得名。有初中1所，小学6所，卫生院1个，卫生所11个。有麻河口古战场遗址。农业以水稻、棉花、黄麻、苎麻种植为主。工业以农产品、建材、木材加工为主。常岳高速，省道周家店—西洞庭、常德—津市线过境。

河口社区［Hékǒu Shèqū］ 中河口镇人民政府驻地。在区境东北部。面积1平方千米。人口1600。因处津市、鼎城区、临澧县3地交界、3河之口而得名。1982年成立。民居以3层住宅楼为主。有小学、幼儿园、卫生室、文体活动室等。有集贸市场。通公交车。

十美堂镇［Shíměitáng Zhèn］ 鼎城区辖镇。在区境东北部。面积56平方千米。人口2.5万。以汉族为主，还有回族。辖2居委会、16村委会，有144自然村。镇人民政府驻老街社区。1951年设十美堂乡。1958年改公社。1968年更名洞庭公社。1984年改乡。1994年改十美堂镇。清代为洞庭湖滨洲，乡绅十人合伙围垦，称议事堂为“十美堂”，后改今名。有鸟儿洲国家湿地公园。有初中1所，小学1所，卫生院1个，卫生所15个。农业以水稻、油菜、棉花种植，猪、家禽、黄牛养殖为主。有旅游业。省道常德—津市线过境。

老街社区［Lǎojiē Shèqū］ 十美堂镇人民政府驻地。在区境东北部。面积3平方千米。人口1300。地处墟场，因有老街得名。1994年成立。民居以2层楼房为主。有便民服务站、文体活动中心等。有中学、卫生室、集贸市场。特产湘绣。通公交车。

牛鼻滩镇［Niúbítān Zhèn］ 鼎城区辖镇。在区境东部。面积112平方千米。人口4.2万。以汉族为主，还有回族。辖4居委会、20村委会，有176自然村。镇人民政府驻上街社区。1956年设牛鼻滩乡。后改公社。1985年置镇。旧有深潭，碧水长流，得名流碧潭，后因泥沙淤积成滩，以谐音改今名。有中学2所，小学3所，卫生院1个，卫生所12个。有名胜古迹猫儿山、天主教堂、万善寺、观音桩。农业以水稻、棉花种植，鲜鱼、湘莲养殖为主。有贺家山原种场。工业以造纸、食品加工为主，有印刷、五金加工、制鞋等工厂。二广高速、207国道过境。

上街社区 [Shàngjiē Shèqū]　牛鼻滩镇人民政府驻地。在区境东部。面积2平方千米。人口1500。因处街道上段得名。1981年成立。民居以3层以上楼房为主。有卫生服务站、老年活动室、健身广场等。有幼儿园、卫生院。服务业以商品批发、零售为主。有农贸市场。207国道经此。

韩公渡镇 [Hángōngdù Zhèn]　鼎城区辖镇。在区境东部。面积119平方千米。人口4.7万。辖2居委会、30村委会，有290自然村。镇人民政府驻永泰社区。1956年设韩公渡乡。1993年改镇。1995年断港头乡并入。传韩姓老者长年摆渡，渡名韩公渡，沿为镇名。有初中2所，小学3所，卫生院1个，卫生所17个。有全国重点文物保护单位古索县城汉代遗址。农业以水稻、棉花、湘莲、油菜种植，淡水鱼养殖为主。省道周家店—西洞庭线，县道常韩、韩黑、韩断线过境。有冲柳河航道。

永泰社区 [Yǒngtài Shèqū]　韩公渡镇人民政府驻地。在区境东北部。面积2平方千米。人口3600。处镇墟场，以永远安泰得名。1990年成立。民居以3—4层住宅楼为主，有高层楼。有综合服务中心、图书室、卫生室、消防器材室，安放健身器材等。有小学、幼儿园、卫生院。有超市、集贸市场。省道周家店—西洞庭线经此。

石公桥镇 [Shígōngqiáo Zhèn]　鼎城区辖镇。在区境北部。面积128平方千米。人口4.3万。辖4居委会、25村委会，有250自然村。镇人民政府驻桥头社区。1956年设石公桥乡。后改公社。1984年改镇。1995年冲天湖乡并入。明末为张家渡，后因石姓接管改名石家渡。清末建石桥，名石公桥，沿为镇名。高水河、低水河流经。有冲天湖。有初中1所，小学4所，卫生院1个，卫生所15个。有覃家岗古墓群。农业以水稻、棉花、柑橘、油菜种植为主。有区园艺示范场。工业以粮油加工为主。常岳高速、省道常德—津市线过境。

桥头社区 [Qiáotóu Shèqū]　石公桥镇人民政府驻地。在区境东北部。面积1平方千米。人口2000。因处桥头得名。1984年成立。民居以2层以上住宅楼为主。有幼儿园、老年活动室、便民服务站等。有卫生院。有农贸市场。省道常德—津市线经此。

镇德桥镇 [Zhèndéqiáo Zhèn]　鼎城区辖镇。在区境中部偏北。面积43平方千米。人口2.1万。以汉族为主，还有回族。辖3居委会、13村委会，有127自然村。镇人民政府驻夹巷口社区。1956年设镇德桥乡。1984年改镇。因桥得名。有初中1所，小学2所，卫生院1个，卫生所9个。有朱家桥窑址、仙井庙遗址、古樟树。农业以水稻、棉花、湘莲种植，淡水鱼养殖为主。工业以纺织、制鞋、石化为主。有农副产品集散贸易。省道常德—津市线、县道白石线过境。

夹巷口社区 [Jiáxiàngkǒu Shèqū]　镇德桥镇人民政府驻地。在区境东北部。面积2平方千米。人口2900。因枫树对称生长得名枫树口，且有巷子而得名。1984年成立。民居以3层以上住宅楼为主。有小学、幼儿园、卫生院。有农贸市场、超市等。通公交车。

周家店镇 [Zhōujiādiàn Zhèn]　鼎城区辖镇。在区境东北部。面积140平方千米。人口3.9万。以汉族为主，还有回、维吾尔等民族。辖3居委会、25村委会，有240自然村。镇人民政府驻闵泉社区。1956年设周家店乡。1958年改公社。1984年改镇。1995年瓦屋垱乡并入。传明永乐年间周姓开设酒店，渐成集市而得名。有中学1所，小学4所，卫生院1个，卫生所14个。有大溪遗址、大砖桥古墓群。农业以水稻、油菜、大豆、花生、湘莲种植为主，产油桐、茶叶、柑橘等。工业以环保砖、电子器材、烟花爆竹、粮油加工为主。有农副产品集散贸易。省道常德—津市线过境。

闵泉社区 [Mǐnquán Shèqū]　周家店镇人民政府驻地。在区境东北部。面积1平方千米。人口1500。取闵家桥、泉水2村首字得名。1984年成立。民居以4层住宅楼为主。有樊溪诗社。有中小学、卫生院、卫生室、文体中心、樊溪文化广场等。有景观樊溪九曲、天门朗照等。有农副产品集散贸易。有集贸市场。通公交车。

大龙站镇 [Dàlóngzhàn Zhèn]　鼎城区辖镇。在区境北部。面积69平方千米。人口1.2万。辖2居委会、9村委会，有122自然村。镇人民政府驻大龙站社区。1956年设大龙站乡。1958年改公社。1984年复乡。1996年改镇。因镇政府驻地原名得名。有太阳山森林公园。有初中1所，小学1所，卫生院1个，卫生所9个。有省级文物保护单位明荣庄王墓。有薰衣草园。有薰衣草、稻草人艺术节。农业以水稻、棉花、柑橘、板栗、杨梅、油桐、油茶种植为主。工业以建材、油脂、木材加工为主。常岳、东常高速过境。

大龙站社区 [Dàlóngzhàn Shèqū]　大龙站镇人民政府驻地。在区境北部。面积3平方千米。人口1100。因明洪武十五年(1382)置大龙驿站而得名。1995年村改社区。民居以2层楼房为主。有健身器材。有小学、幼儿园、卫生院。有省级文物保护单位明荣庄王墓。有大龙站古驿站遗址。有集贸市场。通公交车。

双桥坪镇 [Shuāngqiáopíng Zhèn]　鼎城区辖镇。在区境北部。面积71平方千米。人口2.2万。以汉族为主，还有回族。辖3居委会、15村委会，有120自然村。镇人民政府驻双桥坪社区。1956年设双桥坪乡。1958年并入冲天公社。1984年复乡。1997年改镇。因镇政府驻地原名得名。有初中1所，小学3所，卫生院1个，卫生所13个。有名胜古迹七姑山、莱公甘泉。农业以水稻、油茶、花生、茶种植为主。特产七姑山云雾茶。工业以制瓷、湘绣为主。有农副产品集散贸易。东常高速，县道刘钟、常津线过境。

双桥坪社区 [Shuāngqiáopíng Shèqū]　双桥坪镇人民政府驻地。在区境东北部。面积2平方千米。人口1400。因坪中有2石桥得名。1997年村改社区。民居以3层以上楼房为主。有便民服务大厅、图书室、卫生室、消防器材室、文体活动中心等。有小学。有农贸市场。工业以大米加工为主。东常高速、省道常德—津市线经此。

灌溪镇 [Guànxī Zhèn]　鼎城区辖镇。在区境西北部。面积64平方千米。人口3.5万。以汉族为主，还有维吾尔族。辖2居委会、14村委会，有112自然村。镇人民政府驻溪沿社区。1950年设灌溪乡。1961年改公社。1984年复乡。1991年改镇。因通天灌古泉水流成溪得名。有太阳山。有中学1所，小学2所，卫生院1个，卫生所14个。有黄土山墓葬群、回水窝遗址、窑顶遗址。农业以水稻、油茶、茶、柑橘、油菜、花生、水蜜桃种植为主。工业以吊车制造、建筑建材为主，有冶炼、食品加工、酿酒、橡胶制品加工等。有常德高新技术产业开发区。石长铁路、207国道过境。

溪沿社区 [Xīyán Shèqū]　灌溪镇人民政府驻地。在区境西北部。面积4平方千米。人口3000。1991年成立。取灌溪、浦沅各一个字谐音得名。民居以4层以上住宅楼为主，有高层建筑。有卫生服务站、老年活动室、便民服务站等。有常德高新技术产业开发区。207国道经此。

蔡家岗镇 [Càijiāgǎng Zhèn]　鼎城区辖镇。在区境西北部。面积56平方千米。人口1.6万。以汉族为主，还有回、土家等民族。辖2居委会、14村委会，有135自然村。镇人民政府驻延寿庵社区。1956年设蔡家岗乡。1961年改公社。1984年复乡。1992年改镇。有湖南农学院常德分院。有中学2所，小学1所，卫生院1个，卫生所14个，图书室20个。农业以水稻、油菜种植为主。工业以建筑建材、塑料制品加工、化工、机械加工为主。石长铁路、207国道过境。

延寿庵社区 [Yánshòu'ān Shèqū]　蔡家岗镇人民政府驻地。在区境西北部。面积2平方千米。人口1200。因延寿庵庙堂得名。1992年成立。民居以3层以上住宅楼为主。有卫生服务站、老年活动室、便民服务站等。有湖南农学院常德分院。有超市、建筑公司、钢材市场等。207国道经此。

草坪镇 [Cǎopíng Zhèn]　鼎城区辖镇。在区境南部。面积76平方千米。人口2.7万。以汉族为主，还有回、维吾尔等民族。辖2居委会、18村委会，有162自然村。镇人民政府驻草坪社区。1956年设草坪乡。1958年改金刚公社。1984年复乡。1995年改镇。因镇政府驻地原名得名。枉水流经。有初中1所，小学2所，卫生院1个，卫生所6个。有中寨遗址、花叶港遗址。为民间歌舞之乡。农业以水稻、茶、黄豆、油茶、油菜种植为主。207国道、省道常德—吉首线过境。

草坪社区 [Cǎopíng Shèqū]　草坪镇人民政府驻地。在区境南部。面积3平方千米。人口2400。南宋为练兵操坪，后杂草丛生，因此得名。1995年村改社区。民居以2层以上住宅楼为主。有老年活动室、文体活动中心、便民服务站等。有夕阳红演艺团、花鼓戏剧团。有小学、幼儿园、卫生院。有农贸市场。207国道经此。

石门桥镇 [Shíménqiáo Zhèn]　鼎城区辖镇。在区境东南部。面积100平方千米。人口4.7万。以汉族为主，还有土家、回、苗等民族。辖2居委会、31村委会，有280自然村。镇人民政府驻下街社区。1956年设石门桥乡。1958年改公社。1984年改镇。1995年康家吉、赵家桥2乡并入。因洞有石门，外有石桥得名。石门桥河流经。有肖家湖。有中学2所，小学4所，卫生院1个，卫生所6个。有区肿瘤医院。有名胜白沙潭。农业以水稻、棉花、油茶种植为主。工业以纺织、建筑、柴油机制造为主。石长铁路，常长、常张、二广高速，207、319国道过境。

下街社区 [Xiàjiē Shèqū]　石门桥镇人民政府驻地。在区境东南部。面积1.4平方千米。人口900。因处街下段得名。2000年成立。民居以3—4层住宅楼为主。有医疗服务站、便民服务站等。有小学、卫生院。有农贸市场。常长高速经此。

谢家铺镇 [Xièjiāpù Zhèn]　鼎城区辖镇。在区境东南部。面积62平方千米。人口2.5万。以汉族为主，还有土家、回、苗等民族。辖1居委会、24村委会，有238自然村。镇人民政府驻桥头社区。1956年设谢家铺乡。1958年改东风公社。1961年更名谢家铺公社。1966年析设官桥坪公社。1990年谢家铺公社改镇。1995年官桥坪乡并入。沧水流经。有初中1

所,小学2所,卫生院1个,卫生所18个。有马祖寺。农业以水稻、蔬菜、油茶、竹种植为主。工业以纺织、电子、烟花爆竹加工为主。有钢材、生猪交易市场。石长铁路、常张高速、319国道过境。

桥头社区 [Qiáotóu Shèqū] 谢家铺镇人民政府驻地。在区境东南部。面积2平方千米。人口1300。因处桥头得名。1990年成立。民居以3—4层住宅楼为主。有社区便民服务站、老年活动室等。有中学、幼儿园、卫生院。有农贸市场。为鼎城区、汉寿县边境农副产品集散地。有钢材、生猪交易市场。有超市、服装城等。319国道经此。

黄土店镇 [Huángtǔdiàn Zhèn] 鼎城区辖镇。在区境西南部。面积72平方千米。人口2.5万。以汉族为主,还有回、维吾尔等民族。辖5居委会、19村委会,有190自然村。镇人民政府驻下街社区。1956年设黄土店乡。1961年改公社。1984年改镇。因有红黄黏土,且店铺林立而得名。有金霞山。有中学2所,小学1所,卫生院1个,卫生所16个。有名胜古迹沧山、九龙山、金霞古寺。农业以水稻、油菜、油茶种植为主,产南竹、杉木。服务业以商贸、旅游为主。常安高速、207国道过境。

下街社区 [Xiàjiē Shèqū] 黄土店镇人民政府驻地。在区境南部。面积1平方千米。人口1400。因处街下段得名。1984年成立。民居以4层及以上住宅楼为主。有卫生服务站、老年活动室、便民服务站等。有中学。有擂茶产业。有服装城、竹木加工厂。常安高速、207国道经此。

尧天坪镇 [Yáotiānpíng Zhèn] 鼎城区辖镇。在区境西南部。面积54平方千米。人口1.6万。以汉族为主,还有回、维吾尔等民族。辖2居委会、14村委会,有138自然村。镇人民政府驻金峰社区。1949年设尧天乡。1956年改尧天坪乡。1958年改金星公社。1984年复尧天坪乡。1996年改镇。因镇政府原驻地得名。传古曾筑窑烧瓦,因俗称窑顶为窑田得名窑田坪,清末雅化为瑶田。1912年后取"尧天舜日"之意改今名。有初中1所,小学1所,卫生院1个,卫生所12个。有新华山寺庙、洪福寺遗址。有龙狮艺术。为全国民间文化艺术之乡。农业以水稻、蔬菜、油茶、杉木、毛竹种植为主。县道甘潭—伍福寺线过境。

金峰社区 [Jīnfēng Shèqū] 尧天坪镇人民政府驻地。在区境西南部。面积1平方千米。人口1500。因旧时淘金,挖成小山峰而得名。1996年成立。民居以3层以上住宅楼为主。有便民服务大厅、图书室、卫生室、消防器材室。有健身器材。有中小学。有民俗舞龙狮。县道甘潭—伍福寺线经此。通公交车。

港二口镇 [Gǎng'èrkǒu Zhèn] 鼎城区辖镇。在区境西南部。面积115平方千米。人口1.8万。以汉族为主,还有回族。辖3居委会、16村委会,有150自然村。镇人民政府驻吴家坝社区。1956年设港二口乡。1961年改公社。1984年复乡。1995年改镇。因处花岩、楠水2溪汇合处而得名。有花岩溪国家森林公园。有五溪湖、龙凤湖。有初中1所,小学1所,卫生院1个,卫生所16个。有国家4A级旅游景区花岩溪。有名胜仙池山。农业以水稻、油菜、松、杉、南竹种植为主。工业以竹地板、油脂、茶叶加工为主。有墟场。通乡村公路。

吴家坝社区 [Wújiābà Shèqū] 港二口镇人民政府驻地。在区境西南部。面积2平方千米。人口1500。因吴姓曾修建并管理拦河坝得名。1995年成立。民居以3层以上住宅楼为主。有卫生服务站、老年活动室、便民服务站等。有中小学。有木材、油脂、竹器加工厂。通公交车。

雷公庙镇 [Léigōngmiào Zhèn] 鼎城区辖镇。在区境北部。面积57平方千米。人口1.5万。辖1居委会、12村委会,有84自然村。镇人民政府驻镇南社区。1984年设雷公庙乡。1997年改镇。因庙得名。有初中1所,小学4所,卫生院1个,卫生所9个。有名胜龙门洞。农业以水稻、油菜、棉花种植为主。工业以机械加工、建材、日用化工为主。石长铁路、207国道过境。

镇南社区 [Zhènnán Shèqū] 雷公庙镇人民政府驻地。在区境西北部。面积1平方千米。人口2000。因处镇政府南得名。1997年成立。民居以2层及以上住宅楼为主。有老年活动室、便民服务站、敬老院等。有小学、幼儿园、卫生院。207国道经此。

石板滩镇 [Shíbǎntān Zhèn] 鼎城区辖镇。在区境西北部。面积63平方千米。人口2.4万。以汉族为主,还有土家族。辖4居委会、14村委会,有120自然村。镇人民政府驻石板滩社区。1951年设石板滩乡。1958年改红旗公社。1984年复乡。1998年改镇。因渐水河滩多石板得名。有矿产资源石煤、石灰、岩石、陶土。有初中1所,小学1所,卫生院1个,卫生所10个。有中国译介马克思主义第一人赵必振故居。有古迹金鸡堤、赵慎畛墓。农业以水稻、油茶、花卉种植为主。工业以铸造、机械制造、水泥建材为主。石长铁路、207国道过境。

石板滩社区 [Shíbǎntān Shèqū] 石板滩镇人民政府驻地。在区境西北部。面积2平方千米。人口1600。因镇名得名。1992年成立。民居以3层以上住宅楼为主。有老年活动室、便民服务站、敬老院等。有小学、幼儿园、卫生院。有集贸市场。通公交车。

毛栗岗村 [Máolìgǎngcūn] 在区政府驻地红云街道西北4千米。石板滩镇辖自然村。人口1300。明末清初成村。因岗多毛栗树得名。聚落呈团块状。农业以花卉、苗木种植为主。服务业以乡村旅游为主。为湘西北最大花卉苗木基地。通公交车。

祝丰镇 [Zhùfēng Zhèn] 鼎城区辖镇。在区境东部。面积110平方千米。人口5.1万。以汉族为主,还有回、藏、苗、维吾尔等民族。辖3居委会、26村委会,有258自然村。镇人民政府驻中洲村。2001年设立。因祝丰垸得名。有白芷湖、牛屎湖国家湿地公园。有高中1所,初中1所,小学5所,卫生院4个,卫生所23个。农业以甘蔗、棉花、朝蓟、冬瓜、油茶种植,珍珠、鲜鱼养殖为主。工业以农产品、食品加工为主。杭瑞高速,省道周家店—西洞庭、津市—汉寿线过境。

中洲村 [Zhōngzhōucūn] 祝丰镇人民政府驻地。在区政府驻地红云街道东北37千米。人口600。明末清初成村。因处中界洲得名。聚落呈团块状。有小学、卫生所。农业以水稻、甘蔗、朝蓟、棉花种植为主。工业以食品加工为主。通乡村公路。

黄珠洲乡 [Huángzhūzhōu Xiāng] 鼎城区辖乡。在区境东北部。面积45平方千米。人口1.8万。辖1居委会、12村委会,有80自然村。乡人民政府驻黄珠洲村。1950年设黄珠洲乡。1958年改公社。1984年复乡。因乡政府驻地得名。澧水流经。有荷包湖。有中学1所,小学1所,卫生院1个,卫生所14个。农业以水稻、棉花种植,甲鱼、黄鳝、雏鸭、龟鳖养殖为主。县道蒿子港—西湖线过境。

黄珠洲村 [Huángzhūzhōucūn] 黄珠洲乡人民政府驻地。在区政府驻地红云街道东北44千米。人口1500。明末清初成村。因洲得名。聚落呈条块状。有中小学、幼儿园、卫生院。农业以水稻、棉花种植,甲鱼、黄鳝养殖为主。县道蒿子港—西湖线经此。

黑山嘴乡 [Hēishānzuǐ Xiāng] 鼎城区辖乡。在区境东北部。面积42平方千米。人口1.8万。以汉族为主,还有回族。辖1居委会、12村委会,有85自然村。乡人民政府驻四港村。1963年成立黑山嘴公社。1978年设乡。有中学1所,小学4所,卫生院1个,卫生所12个。有古迹观音寺。农业以水稻、蔬菜、油茶、棉花种植,淡水鱼养殖为主。工业以农产品加工、酿酒为主。县道蒿子港—西湖线过境。

四港村 [Sìgǎngcūn] 黑山嘴乡人民政府驻地。在区政府驻地红云街道东北42千米。人口1700。明末清初成村。丁家洲分9港,因此为第四港而得名。聚落呈条块状。有小学、卫生室。有观音寺。农业以水稻、油菜、棉花种植,珍珠养殖为主。县道蒿子港—西湖线经此。

长岭岗乡 [Chánglǐnggǎng Xiāng] 鼎城区辖乡。在区境北部。面积42平方千米。人口1.1万。辖10村委会,有70自然村。乡人民政府驻长岭岗村。1956年设长岭岗乡。1961年改公社。1984年复乡。因乡政府驻地得名。有太阳山、打山垭。有石灰岩、碎石等矿产资源。有初中1所,小学1所,卫生院1个,卫生所9个。农业以种植水稻、油菜、棉花为主,产桃、李、梨、柑橘、茶叶等。工业以泥煤、石灰、砖瓦建材等加工为主。临岗公路过境。

长岭岗村 [Chánglǐnggǎngcūn] 长岭岗乡人民政府驻地。在区政府驻地红云街道北25千米。人口2600。明末清初成村。因岭岗较长得名。聚落呈条块状。有中学、卫生院。农业以油茶、柑橘种植为主,产茶油。通乡村公路。

许家桥回族维吾尔族乡 [Xǔjiāqiáo Huízú Wéiwú'ěrzú Xiāng] 鼎城区辖乡。在区境西南部。面积60平方千米。人口2.1万,其中回族占38%,维吾尔族占1.8%,还有汉、土、苗等民族。辖2居委会、16村委会,有144自然村。乡人民政府驻许家桥社区。1961年成立许家桥公社。1984年改许家桥回族维吾尔族乡。因桥梁得名。有中学1所,小学1所,卫生院1个,卫生所16个。有天子岗遗址。农业以水稻、油茶种植,肉牛养殖为主。长张、长吉高速,319国道过境。

许家桥社区 [Xǔjiāqiáo Shèqū] 许家桥回族维吾尔族乡人民政府驻地。在区境西南部。面积1平方千米。人口1700。以汉族为主,还有回、维吾尔等民族。因乡得名。2012年成立。有惠农综合服务站、图书室、卫生室、消防器材室、广播室、便民服务大厅。有中学、卫生院、文化站、敬老院、文化广场等。319国道经此。

丁家港乡 [Dīngjiāgǎng Xiāng] 鼎城区辖乡。在区境西南部。面积59平方千米。人口1.8万。以汉族为主,还有回、维吾尔等民族。辖13村委会,有87自然村。乡人民政府驻清凉村。1961年成立丁家港公社。1984年改乡。因港内多丁姓得名。有黄金、金刚石等矿产资源。有初中1所,小学1所,卫生院1个,卫生所14个。农业以水稻、棉花、油菜种植为主。工业以木漆、胶合板加工为主。常吉高速、319国道过境。

清凉村 [Qīngliángcūn] 丁家港乡人民政府驻地。在区政府驻地红云街道西南23千米。人口1600。明末清初成村。因清凉山得名。聚落呈团块状。有小学、幼儿园、卫生院。工业以木材、胶合板加工为主。319国道经此。

钱家坪乡 [Qiánjiāpíng Xiāng] 鼎城区辖乡。在区境东南部。面积77平方千米。人口1.5万。辖17村委会,有28自然村。乡人民政府驻马安头村。1956 年设钱家坪乡。1958 年改公社。1984 年复乡。因姓氏得名。有九龙山。沧水流经。有初中 1 所，小学 4 所，卫生院 1 个，卫生所 16 个。农业以水稻、玉米、花卉种植，山羊养殖为主。工业以竹木加工为主。常吉高速、207 国道过境。

马安头村［Mǎ'āntóucūn］　钱家坪乡人民政府驻地。在区政府驻地红云街道东南 50 千米。人口 1200。明末清初成村。传因马迹塘落马歇息得名。聚落呈条带状。沧水流经。有小学、幼儿园、卫生院、健身广场等。农业以棉花、油菜、油茶种植为主。工业以竹木加工为主。县道常德—安化线经此。

唐家铺乡［Tángjiāpù Xiāng］　鼎城区辖乡。在区境东南部。面积 62 平方千米。人口 1.6 万。以汉族为主，还有回、维吾尔等民族。辖 14 村委会，有 111 自然村。乡人民政府驻古龙山村。1958 年成立唐家铺公社。1984 年设乡。因唐家铺墟场得名。有初中 1 所，小学 1 所，卫生院 1 个，卫生所 11 个。农业以水稻、蔬菜、黄豆种植为主。有国家地理标志产品鼎城茶油。县道康家吉—朱洛铺线过境。

古龙山村［Gǔlóngshāncūn］　唐家铺乡人民政府驻地。在区政府驻地红云街道东南 32 千米。人口 1400。明末清初成，因山得名。聚落呈团块状。有中小学、卫生院。农业以油茶种植为主。有砖瓦、陶器、茶叶加工业。通乡村公路。

沧山乡［Cāngshān Xiāng］　鼎城区辖乡。在区境南部。面积 67 平方千米。人口 1.4 万。辖 13 村委会，有 96 自然村。乡人民政府驻新桥村。1961 年成立沧山公社。1979 年设乡。因山得名。有中学 1 所，小学 4 所，卫生院 1 个，卫生所 7 个。有矿产资源黄金。有苍山水库。有沧山古寺、孟子岩。农业以种植水稻、红薯、草药、油茶为主。工业以矿产开采、竹木加工为主。207 国道过境。

新桥村［Xīnqiáocūn］　沧山乡人民政府驻地。在区政府驻地红云街道南 45 千米。人口 1300。明末清初成村。因桥梁名得名。聚落呈条块状。有卫生院、敬老院等。农业以中草药种植为主。工业以竹木加工、矿产开采为主。207 国道经此。

长茅岭乡［Chángmáolǐng Xiāng］　鼎城区辖乡。在区境西南部。面积 64 平方千米。人口 1.8 万。以汉族为主，还有回、维吾尔等民族。辖 19 村委会，有 188 自然村。乡人民政府驻花园岗村。1961 年成立长茅岭公社。1984 年改乡。因昔日山岭芭茅遍地得名。甘溪河流经。有初中 1 所，小学 2 所，卫生院 1 个，卫生所 16 个。有常德文甲农民起义纪念碑广场。有古城山沅南县城遗址。有花莲冲、朱家冲清真寺。农业以水稻、油菜、油茶种植为主。县道甘潭—五福寺线过境。

花园岗村［Huāyuángǎngcūn］　长茅岭乡人民政府驻地。在区政府驻地红云街道西南 36 千米。人口 1100。明末清初成村。因花园岗山得名。聚落呈条块状。有小学、幼儿园、卫生服务站、文化站、健身广场等。有古城山沅南县城遗址。有人米、茶油加工业。通乡村公路。

逆江坪乡［Nìjiāngpíng Xiāng］　鼎城区辖乡。在区境西南部。面积 77 平方千米。人口 1.2 万。以汉族为主，还有回族。辖 15 村委会，有 135 自然村。乡人民政府驻逆江坪村。1958 年成立逆江坪公社。1983 年改乡。因乡政府驻地得名。有插角山。逆江河流经。森林覆盖率 80%。有初中 1 所，小学 1 所，卫生院 1 个，卫生所 12 个。农业以水稻、杉木、南竹种植为主，特产茶叶、冬笋、红豆。工业以竹木加工、造纸为主。通乡村公路。

逆江坪村［Nìjiāngpíngcūn］　逆江坪乡人民政府驻地。在区政府驻地红云街道西南 53 千米。人口 1100。明末清初成村。因逆江河得名。聚落呈团块状。有小学、幼儿园、卫生服务站、文化站、敬老院、文化广场等。有名胜古迹仙娘洞、孟子岩。农业以松、杉木、南竹种植为主。工业以竹木加工为主。产竹筷、竹椅。通乡村公路。

津市市

津市市［Jīnshì Shì］　湖南省直辖县级市，由常德市代管。北纬 29°16′，东经 111°45′。在常德市境东北部。面积 558 平方千米。人口 25 万。以汉族为主，还有土家、回、苗、壮、白等民族。辖 4 街道、5 镇、2 乡。市人民政府驻襄阳街街道。1949 年置津市市，属澧县。1950 年升县级市，属常德专区。1952 年撤市为镇。1953 年复津市市。1959 年属澧县。1961 年属常德专区。1963 年并入澧县。1979 年复津市市，属常德地区。1988 年升省辖县级市，由常德市代管。古为荆楚之地，依澧水而生，傍津设市而得名。为明嘉靖—万历年间（1522—1619）澧州七市之一。先后新建车胤大道、孟姜女大道、津澧大道、银苑路、澧水大桥、澧水防洪大堤，修建三湖公园、澹津文体公园、沿河大堤风光带、工业园区等。以澧水大桥为界，桥南为政治文化中心区，桥北为商业区。处武陵山余脉向洞庭湖盆地过渡地带。平均海拔 34 米。最高点海拔 377.1 米，最低点海拔 23 米。年均气温 16.6℃，1 月平均气温 3.9℃，7 月平均气温 29.1℃。年均降水量 1164.3 毫米。澧水、涔水、澹水、道水流经。有西湖。有石煤、白云岩、芒硝、石灰石等矿产资源。有野生植物 403 种，其中有国家重点保护野生植物银杏、水杉、樟树、闽楠等 12 种。有野生动物 261 种，其中有国家二级保护野生动物白琵鹭、鸳鸯等 17 种。有毛里湖国家湿地公园。森林覆盖率 18.2%。有省机电学校。有中学 16 所，小学 14 所，特教学校 1 所，二级医院 3 个，博物馆 1 个，文化馆 2 个，体育场馆 3 个。有全国重点文物保护单位虎爪山遗址，省级文物保护单位 7 个。有津市市红二军团指挥部旧址。有国家级非物质文化遗产嘉山孟姜女哭长城传说，省级非物质文化遗产车胤囊萤苦读佳话。有名胜古迹嘉山、古大同森林公园、药山寺、中武当道观、龙山、大溪文化遗址。三次产业比例 16∶49∶35。农业以水稻、棉花、柑橘、蚕桑种植为主。有国家地理标志产品津市藠头。工业以汽配、盐化工、纺织、造纸、食品加工为主，发展生物医药、新型建材等。有省级高新技术产业开发区 1 个。服务业以餐饮为主。特产张老头牛肉干、津佳兔肉、十八子腐乳王、中意糖果、南北特牌爽口橘、金宏牌金针菇、金宏牌双孢菇。东常高速，353 国道，省道澧县—汉寿、津市—石门、安乡—桃源、津市—常德、津市—临澧、南永线过境。有澧水、澧湘航道。有津市港。

江南名珠广场［Jiāngnán Míngzhū Guǎngchǎng］　在市区西北部。面积 2.2 万平方米。1989 年开工，2000 年建成。因“江南明珠、九澧门户”之美誉得名。分停车场、休闲健身广场、老人活动区、儿童活动区 4 功能分区。有灯光喷泉、大型遮阴休闲区等。绿地面积 1.1 万平方米，栽植香樟、栾树、八月桂、晚樱、老人葵、冬青、紫薇、海棠等。集健身休闲、文化娱乐、宣传等于一体。周边有市公安局、市住建局等。通多路公交车。

津澧大道［Jīnlǐ Dàdào］　在市区东部。东起涔水大桥，西至临津桥。与车胤大道、孟姜女大道相交。长 5.2 千米，宽 20—40 米。沥青路面。2000 年开工，2013 年建成，同年扩建。取津市、澧县首字得名。两侧有中学、汽车站等。通多路公交车。

车胤大道［Chēyìn Dàdào］　在市区东北部。东起涔水闸，西至羊湖口处乡村道路。与孟姜女大道、双济路、刘公桥路相交。长 4.1 千米，宽 20 米。混凝土路面。1982 年开工，1984 年建成，1997 年改扩建。原名北大路，1997 年因历史名人车胤改今名。两侧有市中专学校、法治广场、后湖公园、车胤文体公园、市双济实验学校。通多路公交车。

银苑路［Yínyuàn Lù］　在市区中部。东起城东路，西至御林安巷路。与刘公桥路、凤凰路、洞庭大道、孟姜女大道相交。长 3.2 千米，宽 22—35 米。沥青路面。1992 年开工，2010 年建成。原名北大二路，后因财政、税务机构建于此大道而得名。两侧有税务局、民政局、津市环保分局、财政局、住建局质安站、市监局、汪家桥派出所。通多路公交车。

孟姜女大道［Mèngjiāngnǚ Dàdào］　在市区中部。南起省道澧县—汉寿线，北至澹津路。与津澧大道、银苑路、车胤大道、大同路相交。长 20.9 千米，宽 24 米。沥青混凝土路面。1986 年开工，1990 年建成，2011 年改扩建。因孟姜女传说得名。两侧有宝悦乐城、市政府、法院、公安局、法治广场、二级医院、图书馆、供电分公司。通多路公交车。

澧水大桥［Lǐshuǐ Dàqiáo］　在市区中部。长 752.37 米，宽 16.4 米，最大跨度 53 米，桥下净高 25 米。1986 年开工，1989 年建成。因所跨河道得名。为大型河道桥梁，结构型式为三跨单相单室变截面预应力连续刚构梁、柔性墩桥。最大载重 100 吨。通多路公交车。

津市市汽车站［Jīnshì Shì Qìchēzhàn］　见交通运输设施部分“津市市汽车站”条。

襄阳街街道［Xiāngyángjiē Jiēdào］　津市市人民政府驻地。在市境西北部。面积 12 平方千米。人口 2.1 万。以汉族为主，还有土家族。1980 年设立。清代中后期因靠近阳由垸得名相阳街，抗战期间湖北难民迁此，误改今名。澧水流经。有皇姑山森林公园。有省机电学校。有中学 3 所，小学 1 所，二级医院 1 个，卫生院 2 个，卫生所 5 个。有古大同寺。工业以食盐加工、化工、食品加工为主。服务业以商贸为主。有襄阳街农贸市场。通多路公交车。

三洲驿街道［Sānzhōuyì Jiēdào］　属津市市。在市境西北部。面积 6 平方千米。人口 3.3万。1979 年设立。因晒网、落雁、棋盘 3 洲得名。2010 年建柏枝林社区广场公园。2013 年改造棚户区，建金城银座、城隍庙步行街。有标志性建筑海城国际。澧水、临津河、澹水流经。有西湖。有中学 2 所，小学 3 所，二级医院 2 个，卫生院 2 个，卫生所 7 个。服务业以商贸为主。特产张老头牛肉干、木子腐乳、绿康香酥鱼、刘聋子米粉、麻蓉酥糖、国立汤包。353 国道过境。有欣运汽车客运站。通多路公交车。

汪家桥街道［Wāngjiāqiáo Jiēdào］　属津市市。在市境东部。面积 2.5 平方千米。人口 3.2 万。1971 年设立。因桥得名。先后建洞庭大道、民安路。澧水、澹水、涔水流经。有东湖、中湖。有中学 2 所，小学 1 所，卫生院 2 个，卫生所 6 个。有九澧广场、望江楼、澹津公园。工业以酶制剂发酵工业为主。353 国道过境。通多路公交车。

金鱼岭街道［Jīnyúlǐng Jiēdào］　属津市市。在市境北部。面积 44 平方千米。人口 2.1 万。以汉族为主，还有回、土家等民族。1989 年设立。因处金鱼岭得名。澧水流经。有中学

1所，小学1所，卫生院2个，卫生所6个。有全国重点文物保护单位虎爪山遗址。有名胜关山。工业以汽配、纺织为主，造纸为辅。通多路公交车。

新洲镇［Xīnzhōu Zhèn］ 津市市辖镇。在市境西南部。面积47平方千米。人口2.3万。辖3居委会、7村委会，有13自然村。镇人民政府驻东街。1936年设新洲镇。1958年成立公社。1961年析设新洲镇。1984年公社改乡，旋并入镇。因处澧水入洞庭湖处，淤积成洲而得名。有大旗山、嘉山。有张家荡、易家、胥家、肖家湖。有中学2所，小学1所，卫生院1个，卫生所15个。有省级文物保护单位新洲古城遗址。有国家级非物质文化遗产嘉山孟姜女哭长城传说，省级非物质文化遗产车胤囊萤苦读佳话。有名胜嘉山。农业以水稻种植为主。工业以农产品加工、酿酒为主。有手工业铁、木、篾器及金、银、铜、锡、白铁制作。特产孟姜女牌荞面。省道津市—常德线过境。

东街［Dōngjiē］ 新洲镇人民政府驻地。在市境南部。面积2平方千米。人口0.3万。以6层及以上住宅楼为主。有中小学、卫生院。有孟姜女庙、车胤广场。有老年活动室（敬老院）、卫生服务站、便民服务站等，开展健身、休闲等文化活动。开展敬老爱老、心理健康辅导、免费体检、政策宣传、信息咨询等方面的志愿者服务。津市—常德省道经此。通公交车。

渡口镇［Dùkǒu Zhèn］ 津市市辖镇。在市境西南部。面积69平方千米。人口2.4万。辖2居委会、13村委会，有14自然村。镇人民政府驻文昌阁。1956年设渡口镇。1958年改公社。1985年复镇。原名洞口，清代成水陆要津，改今名。有中学1所，小学1所，卫生院1个，卫生所15个。农业以种植水稻、棉花、柑橘为主。省道安乡—桃源、澧县—汉寿线过境。

文昌阁［Wénchānggé］ 渡口镇人民政府驻地。在市境南部。面积3平方千米。人口0.5万。民居以5层及以上住宅楼为主。有老年活动室、便民服务站、文化广场等。开展敬老爱老、心理健康辅导、免费体检等活动。有中小学、幼儿园、卫生院。有农贸市场。省道澧县—汉寿线经此。

保河堤镇［Bǎohédī Zhèn］ 津市市辖镇。在市境东南部。面积56平方千米。人口2.3万。辖3居委会、7村委会，有12自然村。镇人民政府驻荣台村。1954年设毛里湖乡。1961年改公社。1985年改保河堤镇。原名保禾垸，1954年加固堤防，改今名。有毛里湖国家湿地公园。有中学1所，小学1所，卫生院1个，卫生所16个。有血吸虫病防治医院。农业以水稻、棉花种植，淡水鱼养殖为主。工业以蔬果深加工为主。省道澧县—汉寿线过境。

荣台村［Róngtáicūn］ 保河堤镇人民政府驻地。在县政府驻地襄阳街街道南32千米。人口1300。传因车武子借萤光苦读得名萤台，后讹为今名。聚落呈带状。有小学、卫生所、农家书屋等。农业以种植水稻、棉花、油菜为主。有商品零售。省道安乡—桃源线经此。

白衣镇［Báiyī Zhèn］ 津市市辖镇。在市境西南部。面积92平方千米。人口2.8万。辖2居委会、18村委会，有21自然村。镇人民政府驻白衣庵。1956年设白衣乡。1958年改公社。1984年复乡。1998年改镇。因镇政府驻地得名。有中学1所，小学2所，卫生院1个，卫生所18个。有清华驿遗址。农业种植蔬果。特产白衣云茶、松针。省道津市—常德线过境。

白衣庵［Báiyī'ān］ 白衣镇人民政府驻地。在市境西南部。面积2平方千米。人口1200。因曾有白衣庵得名。民居以2层住宅楼为主。开展敬老爱老、心理健康辅导、免费体检等活动。有中小学、卫生室、卫生院。逢初三、初六为赶集日。省道津市—常德线经此。

灵泉镇［Língquán Zhèn］ 津市市辖镇。在市境西南部。面积55平方千米。人口1.3万。辖1居委会、12村委会，有9自然村。镇人民政府驻五泉。1961年成立灵泉公社。1984年设乡。2007年改镇。传明代有5泉水，在汇聚处建灵泉寺。镇以寺名。有中学1所，小学1所，卫生院1个，卫生所13个。农业以水稻、棉花、食用菌种植，生猪养殖为主。有神九堰风情园。常东高速、省道南永线过境。

五泉［Wǔquán］ 灵泉镇人民政府驻地。在市境北部。面积3平方千米。人口1200。因5眼泉水得名。民居以2层住宅楼为主。开展敬老爱老、心理健康辅导、免费体检活动。有中学、卫生院。通公交车。

棠华乡［Tánghuá Xiāng］ 津市市辖乡。在市境西南部。面积66平方千米。人口2万。辖2居委会、11村委会，有15自然村。乡人民政府驻棠华铺。1952年设棠华乡。1958年并入渡口公社。1961年析设棠华公社。1984年复乡。因乡政府驻地原名得名。有中学1所，小学1所，卫生院1个，卫生所16个。有古迹药山寺、惟俨墓碑、山寺竹林禅院、白云观。农业以水稻、棉花、小麦种植为主。省道安乡—桃源、津市—石门线过境。

棠华铺［Tánghuápù］ 棠华乡人民政府驻地。在市境东北部。面积0.8平方千米。人口3400。原名唐家铺、谈话铺，1949年后依地形如海棠叶改今名。民居以2层住宅楼为主。开展敬老爱老、心理健康辅导等活动。有中小学、幼儿园、卫生院、敬老院等。有古迹药山寺。省道津市—石门线经此。

李家铺乡［Lǐjiāpù Xiāng］ 津市市辖乡。在市境东南部。面积63平方千米。人口1.9万。辖1居委会、12村委会，有15自然村。乡人民政府驻官堰。民国时期曾设李家铺乡。1956年成立李家铺公社。1984年改乡。因曾有李姓小商铺得名。有中学1所，小学1所，卫生院1个，卫生所14个。农业以棉花、水稻种植，淡水鱼、家禽养殖为主。工业以采石为主。省道湘北线过境。

官堰［Guānyàn］ 李家铺乡人民政府驻地。在市境北部。面积0.5平方千米。人口800。因旧有官堰得名。民居以2层住宅楼为主。有老年活动室、便民服务站等。开展敬老爱老、心理健康辅导等活动。有幼儿园、卫生室、敬老院。省道湘北线经此。

安乡县

安乡县［Ānxiāng Xiàn］ 常德市辖县。北纬29°24′，东经112°09′。在市境东部。面积1086平方千米。人口55万。以汉族为主，还有土家、苗等民族。辖8镇、11乡。县人民政府驻深柳镇。南朝陈天嘉二年（561）析作唐县西南部置安乡县。此后未变，先后属南义阳郡、澧州、澧阳郡、澧州路、岳州府、湖南省、常澧专区、常德专区、常德地区。1988年属常德市。“左挹洞庭，右接兰澧”，因“洞庭兰澧诸水各安其流”得名。先后建设松滋河防洪墙及江南水乡等多处园林小区，打造花园式滨湖县城。政治文化中心区位于城中。商业集中区处城东、城西，有香港路步行街商业圈、汽摩城、安乡大市场。工业、高科技产业集中区处城南。交通枢纽、旅游区在城北，有书院洲国家湿地公园、打鼓台公园。有重要建筑潺陵市场、书院广场、昌颐公园。处洞庭盆地西北部，堤垸型地貌。平均海拔157米。年均气温17.1℃，1月平均气温4.6℃，7月平均气温28.5℃。年均降水量1267.9毫米。松滋河、虎渡河、藕池河流经。有野生植物319种，其中有国家重点保护野生植物野菱、芡实、香蒲等8种。有野生动物231种，其中有国家重点保护野生动物东方白鹳、白鹤、中华秋沙鸭、大鸨等28种。有书院洲国家湿地公园、黄山头国家森林公园。森林覆盖率10.5%。有中专1所，中学20所，小学32所，二级医院3个，体育中心1个。有全国重点文物保护单位汤家岗遗址、划城岗遗址、南禅湾晋墓群，省级文物保护单位庹家岗遗址等6个。有省级非物质文化遗产安乡硪歌。有民俗跳三鼓、蚌舞。三次产业比例23∶25∶52。农业以水稻、棉花、油菜、柑橘、芦苇种植，鲜鱼养殖为主。有国家地理标志产品珊珀湖草鱼、鲫鱼、花鲢。工业以纺织服饰、化工、机械铸造、造纸及纸制品、农副产品加工为主，发展医药制药、电子等。服务业以物流、餐饮、商贸为主。杭瑞高速，省道岳阳—永顺、安乡—江华线过境。有虎渡、松滋、藕池、五里河等航道。

书院广场［Shūyuàn Guǎngchǎng］ 在县城西部。面积1800平方米。2008年开工，同年建成。因深柳书院遗址得名。有升华标志台、喷泉。有太极拳、交际舞、自由体操、儿童盆钓等娱乐场地、设施。为集爱国主义教育、科普宣传、文化传播、展览演出、健身娱乐于一体的综合性广场。周边有县委、海事局、中学、残联、畜牧水产局。通多路公交车。

安乡大桥［Ānxiāng Dàqiáo］ 在县城西部。长640.7米，宽16.8米，最大跨度50米，桥下净高10.5米。1991年开工，1994年建成。原名大鲸港大桥，1994年以县名改今名。为特大型河道桥梁，结构型式为双箱单室预应力砼连接桥梁。最大载重100吨。通多路公交车。

子龙汽车站［Zǐlóng Qìchēzhàn］ 见交通运输设施部分“子龙汽车站”条。

深柳镇［Shēnliǔ Zhèn］ 安乡县人民政府驻地。在县境中部。面积68平方千米。人口11.5万。辖9居委会、12村委会，有92自然村。镇人民政府驻官陵湖社区。2008年由城关镇、安猷乡合设深柳镇。因深柳书院遗址得名。松滋河、虎渡河流经。有中学2所，小学7所，二级医院3个，卫生院2个，卫生室25个。有文化站、广播站、电视站、敬老院等。有名胜古迹打鼓台、晒甲山。有省级非物质文化遗产安乡硪歌。农业以油菜、水稻、棉花、蔬菜种植为主。工业以机械制造、农产品加工为主。服务业以商贸、物流、旅游为主。杭瑞高速、353国道过境。有尾闾河航道。通多路公交车。

深柳大道［Shēnliǔ Dàdào］ 在县城中部。东起弘古路，西至沿河路。与天嘉路、浙江路、柳堤路、文艺路、洞庭大道、纯银路、安乡大道、双洲西路相交。长6.2千米，宽42米。沥青路面。1991年开工，1994年建成。原名大桥路，2006年因临深柳书院遗址改今名。两侧有县政协、检察院、国土资源局、自来水公司。通多路公交车。

安乡大道［Ānxiāng Dàdào］ 在县城东部。南起杭瑞高速，北至子龙路。与围庵路、深柳大道、和平路、潺陵路、安南路、昌颐路、车胤路、长岭路相交。长5.2千米，宽59—79米。沥青路面。1991年开工，2010年建成。原名二环路，2008年因县名改今名。两侧有中学、公安局、检察院、政务中心、水利局、农业局、妇幼保险院、县医院。通多路公交车。

洞庭大道［Dòngtíng Dàdào］ 在县城西部。南起长岭路，北至子龙路。与围庵路、文昌路、深柳大道、和平路、潺陵路、安南路、昌颐路、车胤路相交。长4.8千米，宽42米。沥青路面。1991年开工，2006年建成。原名一环路，2006年更名安乡大道，2008年因处洞庭湖平原改今名。两侧有普光寺、环保局、民政局、工业园、税务局、质监局。通多路公交车。

官陵湖社区［Guānlínghú Shèqū］　深柳镇人民政府驻地。在县境中部。面积0.5平方千米。人口2700。原名官临福，谐音官陵湖。2007年成立。民居以3层及以上住宅楼为主。有卫生服务站、老年人日间照料中心、便民服务站等。开展学雷锋、敬老爱幼、助残活动。有中小学、幼儿园、卫生院。省道常德—津市线经此。

大鲸港镇［Dàjīnggǎng Zhèn］　安乡县辖镇。在县境中部。面积26平方千米。人口2.9万。辖5居委会、2村委会，有40自然村。镇人民政府驻小湾社区。1977年设大鲸港镇。因大鲸湖得名。澧水、西城哑河流经。有中学1所，小学1所，卫生院1个，卫生室25个。有文化站、敬老院等。农业以水稻、棉花、油菜、果木、蔬菜种植，生猪、鱼虾、家禽养殖为主。服务业以商贸、物流、餐饮为主。省道岳阳—常德线过境。有尾闾河航道。通多路公交车。

小湾社区［Xiǎowān Shèqū］　大鲸港镇人民政府驻地。在县境西部。面积2平方千米。人口7700。2005年成立。民居以3层及以上住宅楼为主。有老年人活动中心，志愿者服务队。开展敬老爱幼、扶贫、助残活动。有幼儿园、卫生室。有商贸、农贸市场。省道常安线经此。

黄山头镇［Huángshāntóu Zhèn］　安乡县辖镇。在县境北部。面积69平方千米。人口3.7万。以汉族为主，还有回、土家等民族。辖3居委会、16村委会，有75自然村。镇人民政府驻南禅寺社区。1984年设黄山头镇。1995年安造乡并入。因黄山头国家森林公园得名。虎渡河、松滋河流经。有中学1所，小学2所，卫生院1个，卫生室13个。有文化广播电视站、敬老院等。有全国重点文物保护单位南禅湾晋墓群。有古迹南禅寺、忠济庙、谢公墓。有省级非物质文化遗产安乡硪歌。农业以水稻、玉米、棉花、油菜种植为主。特产黄山绿茶。有黄山林场、县畜牧场。工业以建材、农产品加工为主。服务业以商贸、旅游、物流为主。353国道过境。

南禅寺社区［Nánchánsì Shèqū］　黄山头镇人民政府驻地。在县境北部。面积0.6平方千米。人口3000。因寺得名。2007年成立。民居以3层及以上住宅楼为主。有卫生服务站、敬老院、老年活动室、便民服务站、老年人日间照料中心等。有志愿者服务。开展敬老爱幼、助残活动。有小学、幼儿园、卫生院、卫生室。通公交车。

三岔河镇［Sānchàhé Zhèn］　安乡县辖镇。在县境东部。面积50平方千米。人口2.5万。以汉族为主，还有回、土家等民族。辖1居委会、11村委会，有70自然村。镇人民政府驻朝阳门社区。1949年置三岔河镇。1959年成立安化公社。1984年改乡，旋改三岔河镇。栗林河流经。有中学1所，小学2所，卫生院1个，卫生室14个。有文化站、广播站、电视站、敬老院等。有古迹卢公馆、一夜台。有省级非物质文化遗产安乡硪歌，民间文艺花鼓戏。农业以水稻、棉花、油菜种植，鲜鱼、生猪养殖为主。特产罗洲冬瓜。工业以农产品加工为主。服务业以商贸、物流、餐饮为主。353国道过境。

朝阳门社区［Cháoyángmén Shèqū］　三岔河镇人民政府驻地。在县境东部。面积0.2平方千米。人口4200。旧有杨泗庙，牌坊朝东而得名。1994年成立。民居以2层及以上住宅楼为主。有卫生服务站、老年活动室、便民服务站等。有志愿者服务。开展敬老爱幼、助残、扶贫活动。有中小学、幼儿园、卫生院、卫生室。353国道经此。

官垱镇［Guāndàng Zhèn］　安乡县辖镇。在县境东北部。面积44平方千米。人口2.1万。辖1居委会、13村委会，有65自然村。镇人民政府驻官垱社区。1949年置官垱镇。1956年设安文乡，后改公社。1984年复乡，旋改官垱镇。清咸丰二年(1852)知县常缮上书请求官帑，抢修垱坝，事成后取官帑、垱坝首字为名。栗林河流经。有中学1所，小学2所，卫生院1个，卫生室13个。有文化站、广播站、电视站、敬老院等。有贺龙红军战斗遗址。有古迹窑头庙、毕家山庄院、金家山遗址。有省级非物质文化遗产安乡硪歌，民间文艺跳三鼓。农业以水稻、棉花、小麦、蔬菜、葡萄种植，淡水鱼、猪、家禽养殖为主。省道紫边线过境。

官垱社区［Guāndàng Shèqū］　官垱镇人民政府驻地。在县境东北部。面积1平方千米。人口2500。因镇名得名。2007年成立。民居以3层及以上住宅楼为主。有卫生服务站、老年活动室、便民服务站、老年人日间照料中心等。有志愿者服务队伍。开展敬老爱幼、助残活动。有中小学、幼儿园、卫生院、卫生室。通公交车。

下渔口镇［Xiàyúkǒu Zhèn］　安乡县辖镇。在县境南部。面积81平方千米。人口3.6万。辖1居委会、22村委会，有65自然村。镇人民政府驻下渔口社区。1935年为永成乡。1949年改永乐乡。1953年改下渔口区。1956年改安武乡。1958年与安康乡合设安康公社。1961年析设安武公社。1984年改乡，旋改下渔口镇。因北有上渔口，此处在南而得名。有大溶湖。有中学1所，小学1所，卫生院1个，卫生室23个。有文化站、广播站、电视站、敬老院等。有省级非物质文化遗产安乡硪歌，民间文艺蚌舞。农业以水稻、棉花种植为主，盛产芦苇。工业以造纸、农产品加工为主。杭瑞高速过境。有澧水河航道。

下渔口社区［Xiàyúkǒu Shèqū］　下渔口镇人民政府驻地。在县境南部。面积0.7平方千米。人口4600。因镇得名。2006年成立。民居以2层及以上住宅楼为主。有卫生服务站、老年人活动室、便民服务站、老年人日间照料中心。开展敬老爱幼、助残活动。有中小学、幼儿园、卫生院、卫生室。通公交车。

陈家嘴镇［Chénjiāzuǐ Zhèn］　安乡县辖镇。在县境南部。面积49平方千米。人口2.3万。辖1居委会、13村委会，有62自然村。镇人民政府驻朝阳社区。1956年设安成乡，后改公社。1984年复乡，旋改陈家嘴镇。处河洲嘴，因姓氏得名。松虎河流经。有中学1所，小学1所，卫生院1个，卫生室16个。有文化站、广播站、电视站、敬老院等。有古迹麻田岗、南山墓群。有省级非物质文化遗产安乡硪歌。农业以水稻、棉花种植，生猪、鱼养殖为主。省道沙河口—芦林铺线过境。

朝阳社区［Cháoyáng Shèqū］　陈家嘴镇人民政府驻地。在县境南部。面积0.5平方千米。人口3100。地处曹家洲，洲在陈家嘴河之西，水西为阳，曹、朝谐音而得名。2012年成立。民居以2层及以上住宅楼为主。有卫生服务站、老年人活动室、便民服务站、老年人日间照料中心。有志愿者服务，开展敬老爱幼、助残活动。有中小学、幼儿园、卫生室。省道沙河口—芦林铺线经此。

焦圻镇［Jiāoqí Zhèn］　安乡县辖镇。在县境北部。面积44平方千米。人口2万。辖1居委会、10村委会，有65自然村。镇人民政府驻和平民主社区。1956年设焦圻乡。1961年成立安金公社。1984年设乡，旋改焦圻镇。因焦圻水得名。松滋河流经。有中学1所，小学3所，卫生院1个，卫生室11个。有文化站、广播站、电视站、敬老院等。有彭德怀驻兵遗址。有古迹阎王台、白湖岗、大王山墓群、岗堤遗址。有省级非物质文化遗产安乡硪歌。农业以水稻、小麦、棉花、油菜种植，猪、牛养殖为主。工业以彩印包装、制药、农产品加工为主。服务业以物流、商贸、餐饮为主。省道岳阳—永顺线过境。

和平民主社区［Hépíngmínzhǔ Shèqū］　焦圻镇人民政府驻地。在县境北部。面积0.7平方千米。人口1800。因美好意愿得名。2007年成立。民居以2层及以上住宅楼为主。有卫生服务站、老年人活动室、便民服务站、老年人日间照料中心等。有志愿者服务队伍。开展敬老爱幼、助残活动。有中小学、幼儿园、卫生室。省道岳阳—永顺线经此。

安障乡［Ānzhàng Xiāng］　安乡县辖乡。在县境北部。面积43平方千米。人口2.1万。辖1居委会、10村委会，有48自然村。乡人民政府驻黄山岗社区。1956年设安障乡。1959年改公社。1984年复乡。因安障垸得名。虎渡河、松滋河流经。有中学1所，小学4所，卫生院1个，卫生室10个。有文化站、广播站、电视站、敬老院等。有全国重点文物保护单位划城岗遗址，省级文物保护单位庹家岗遗址。有古迹古墓群。有省级非物质文化遗产安乡硪歌。农业以水稻、棉花、油菜种植，猪、鱼、虾养殖为主。特产太空莲。工业以建材、农产品加工为主。服务业以商贸、餐饮为主。353国道过境。

黄山岗社区［Huángshāngǎng Shèqū］　安障乡人民政府驻地。在县境北部。面积1平方千米。人口5300。因处黄山支脉，呈山岗地貌而得名。2006年成立。民居以2层及以上住宅楼为主。有卫生服务站、老年活动室、便民服务站、老年人日间照料中心等。有志愿者服务队伍。开展敬老爱幼、助残活动。有中小学、幼儿园、卫生室。353国道经此。

沙湖口村［Shāhúkǒucūn］　在县政府驻地深柳镇北7千米。安障乡辖自然村。人口2700。汉晋成村。因旧为沙湖出口处而得名。聚落呈条状。有全国重点文物保护单位划城岗遗址。农业以水稻、棉花、油菜种植为主。县道黄山岗—沙湖口线经此。

安昌乡［Ānchāng Xiāng］　安乡县辖乡。在县境东部。面积49平方千米。人口2.1万。辖1居委会、12村委会，有65自然村。乡人民政府驻三仙咀社区。1956年设安昌乡。1959年改公社。1984年复乡。因安昌垸得名。虎渡河、藕池河流经。有大兴湖。有中学1所，小学1所，卫生院1个，卫生室12个。有文化站、广播站、电视站、敬老院等。有梅家洲庄院遗址、大成寺墓群、杨泗庙遗址。有省级非物质文化遗产安乡硪歌，民间文艺蚌舞。农业以水稻、棉花、油菜种植，生猪、家禽、淡水鱼、虾、龟养殖为主。工业以棉花、木材、电子元器件加工为主。省道荆江南堤—八百弓线过境。

三仙咀社区［Sānxiānzuǐ Shèqū］　安昌乡人民政府驻地。在县境东部。面积1.4平方千米。人口2700。因处笃睦、湖障、昌化3乡结合部而得名三乡咀，后改今名。2006年成立。民居以2层及以上住宅楼为主。有卫生服务站、老年活动室、便民服务站、老年人日间照料中心等。有志愿者服务队伍。开展敬老爱幼、助残活动。有中小学、幼儿园、卫生院、卫生室。省道荆江南堤—八百弓线道经此。

安宏乡［Ānhóng Xiāng］　安乡县辖乡。在县境东南部。面积43平方千米。人口1.9万。辖1居委会、10村委会，有50自然村。乡人民政府驻唐家铺社区。1961年成立安宏公社。1984年改乡。因安宏垸得名。藕池河、虎渡河流经。有中学1所,小学2所,卫生院1个,卫生室12个。有文化站、广播站、电视站、敬老院等。有吴家台庄院遗址。有省级非物质文化遗产硪歌。农业以水稻、棉花种植,生猪、家禽养殖为主。省道荆八线过境。

唐家铺社区［Tángjiāpù Shèqū］ 安宏乡人民政府驻地。在县境东南部。面积0.2平方千米。人口2000。因唐姓曾开药铺得名。1991年成立。民居以2层及以上住宅楼为主。有卫生服务站、老年活动室、便民服务站、老年人日间照料中心等。有志愿者服务队伍。开展敬老爱幼、助残活动。有中小学、幼儿园、卫生院、卫生室。省道荆八线经此。

安生乡［Ānshēng Xiāng］ 安乡县辖乡。在县境北部。面积40平方千米。人口1.8万。辖1居委会、9村委会,有50自然村。乡人民政府驻大杨树社区。1956年设安生乡,后改公社。1984年复乡。因安生垸得名。虎渡河流经。有中学1所,小学3所,卫生院1个,卫生室11个。有文化站、广播站、电视站、敬老院等。有莲花台遗址、叶家坪墓群。有省级非物质文化遗产安乡硪歌。农业以水稻、棉花、油菜种植为主。工业以农产品加工为主。服务业以商贸、餐饮为主。省道荆八线过境。

大杨树社区［Dàyángshù Shèqū］ 安生乡人民政府驻地。在县境北部。面积2.7平方千米。人口1700。传昔有高大杨树而得名。2007年村改社区。虎渡河流经。民居以2层及以上住宅楼为主。有卫生服务站、老年活动室、便民服务站、老年人日间照料中心等。有志愿者服务队伍。开展敬老爱幼、助残活动。有中小学、幼儿园、卫生院、卫生室。省道荆八线经此。

安全乡［Ānquán Xiāng］ 安乡县辖乡。在县境北部。面积62平方千米。人口2.9万。以汉族为主,还有回、苗、壮等民族。辖1居委会、17村委会,有60自然村。乡人民政府驻董家垱社区。1956年设安全乡,后改公社。1984年复乡。因安全垸得名。虎渡河流经。有中学1所,小学2所,卫生院1个,卫生室18个。有文化站、广播站、电视站、敬老院等。有全国重点文物保护单位汤家岗遗址。有濮州知州潘相族墓群。有省级非物质文化遗产安乡硪歌,民间文艺舞狮、舞龙灯。农业以水稻、棉花、油菜种植,生猪、鲜鱼养殖为主。工业以农产品加工为主,有建材、轧棉等企业。服务业以物流、商贸、餐饮为主。353国道、省道黄安线过境。

董家垱社区［Dǒngjiādàng Shèqū］ 安全乡人民政府驻地。在县境北部。面积1.6平方千米。人口4300。因垱坝处多董姓得名。1984年成立。民居以2层及以上住宅楼为主。有卫生服务站、老年活动室、便民服务站、老年人日间照料中心等。有志愿者服务队伍。开展敬老、爱幼、助残活动。有中小学、幼儿园、卫生院、卫生室。353国道、省道黄安线经此。

刘家咀村［Liújiāzuǐcūn］ 在县政府驻地深柳镇北23千米。安全乡辖自然村。人口3100。曾为河口,因旁有河洲似咀,刘氏居住而得名。聚落呈条块状。虎渡河流经。有全国重点文物保护单位汤家岗遗址。农业以水稻种植,鲜鱼养殖为主。省道黄安线经此。

安福乡［Ānfú Xiāng］ 安乡县辖乡。在县境西北部。面积56平方千米。人口2.3万。辖1居委会、14村委会,有75自然村。乡人民政府驻大湖口社区。1956年设安福乡,后改公社。1984年复乡。旧有同福垸,取安乡县、同福垸各一字得名。有中学1所,小学2所,卫生院1个,卫生室15个。有文化站、广播站、电视站、敬老院等。有古迹大垸子、腾子庙遗址。有省级非物质文化遗产安乡硪歌。农业以棉花、油菜种植,鲜鱼、美国王鸽养殖为主。353国道过境。

大湖口社区［Dàhúkǒu Shèqū］ 安福乡人民政府驻地。在县境西北部。面积0.6平方千米。人口3900。旧为北端入洞庭湖湖口而得名。1984年成立。民居以2层及以上住宅楼为主。有卫生服务站、老年活动室、便民服务站、老年人日间照料中心等。有志愿者服务队伍。开展敬老爱幼、助残活动。有中小学、幼儿园、卫生院。353国道经此。

安凝乡［Ānníng Xiāng］ 安乡县辖乡。在县境西北部。面积52平方千米。人口2.2万。辖1居委会、13村委会,有65自然村。乡人民政府驻张九台社区。1956年设安凝乡。1961年改公社。1984年复乡。因安宁垸谐音得名。有中学1所,小学3所,卫生院1个,卫生室17个。有文化站、广播站、电视站、敬老院等。有省级非物质文化遗产安乡硪歌。农业以棉花、油菜、水稻种植为主。工业以农产品加工为主。省道大鲸港—张九台线过境。

张九台社区［Zhāngjiǔtái Shèqū］ 安凝乡人民政府驻地。在县境西北部。面积0.3平方千米。人口4400。传旧有仓九台粮仓,张姓居多,后讹为今名。2006年村改社区。民居以2层及以上住宅楼为主。有卫生服务站、老年活动室、便民服务站、老年人日间照料中心等。有志愿者服务队伍。开展敬老爱幼、助残活动。有中小学、幼儿园、卫生院。通公交车。

安丰乡［Ānfēng Xiāng］ 安乡县辖乡。在县境西部。面积73平方千米。人口2.7万。辖1居委会、16村委会,有50自然村。乡人民政府驻出口洲社区。1956年设安丰乡,后改公社。1984年复乡。因安丰垸得名。有珊珀湖。有中学1所,小学2所,卫生院1个,卫生室17个。有文化站、广播站、电视站、敬老院等。有颜昌颐烈士故居。有省级非物质文化遗产安乡硪歌。农业以水稻、棉花、藕种植,鱼、猪、鸭养殖为主。工业以农产品加工、渔网编制为主。服务业以物流、餐饮、垂钓园为主。省道大鲸港—张九台线过境。

出口洲社区［Chūkǒuzhōu Shèqū］ 安丰乡人民政府驻地。在县境西部。面积1平方千米。人口3000。原名溶口,后因处珊珀湖出口改今名。2010年村改社区。民居以2层及以上住宅楼为主。有卫生服务站、老年活动室、便民服务站等。有志愿者服务队伍。开展敬老、爱幼、助残活动。有中小学、幼儿园、卫生院。通公交车。

安裕乡［Ānyù Xiāng］ 安乡县辖乡。在县境西部。面积54平方千米。人口1.8万。以汉族为主,还有土家、苗、瑶等民族。辖1居委会、11村委会,有70自然村。乡人民政府驻槐圃垸社区。1956年设安裕乡。1961年改公社。1984年复乡。因安裕垸得名。有中学1所,小学3所,卫生院1个,卫生室13个。有文化站、广播站、电视站、敬老院等。有省级非物质文化遗产安乡硪歌,民间文艺虾灯舞。农业以水稻、油菜、棉花种植,草鱼、白鲢、麻鲢、青鱼养殖为主。工业以农产品加工为主。服务业以商贸、餐饮、物流等为主。省道鲸沙线过境。

槐圃垸社区［Huáipǔyuàn Shèqū］ 安裕乡人民政府驻地。在县境西部。面积5平方千米。人口2600。因槐圃垸得名。2007年成立。民居以2层及以上住宅楼为主。有卫生服务站、老年活动室、便民服务站、老年照料中心等。有志愿者服务队伍。开展敬老爱幼、助残活动。有中小学、幼儿园、卫生院。通公交车。

安康乡［Ānkāng Xiāng］ 安乡县辖乡。在县境南部。面积57平方千米。人口2.5万。辖2居委会、8村委会,有55自然村。乡人民政府驻北河口社区。1959年成立安康公社。1984年改乡。因安康垸得名。有中学1所,小学5所,卫生院1个,卫生室17个。有文化站、广播站、电视站、敬老院等。有省级非物质文化遗产安乡硪歌,仙桃村荷花节。农业以水稻、玉米种植,生猪、鱼、虾养殖为主。工业以造纸、农产品加工为主。服务业以物流、餐饮、旅游为主。省道鲸沙线过境。有澧水、尾闾河航道。

北河口社区［Běihékǒu Shèqū］ 安康乡人民政府驻地。在县境南部。面积1.1平方千米。人口2000。因处安康垸北部,旧为松虎洪道入澧水洪道河口而得名。2007年村改社区。民居以2层及以上住宅楼为主。有卫生服务站、老年活动室、便民服务站、老年照料中心等。有志愿者服务队伍。开展敬老爱幼、助残活动。有中小学、幼儿园、卫生院。省道鲸沙线经此。

安德乡［Āndé Xiāng］ 安乡县辖乡。在县境南部。面积42平方千米。人口1.9万。辖1居委会、9村委会,有50自然村。乡人民政府驻芦林铺社区。1965年成立安德公社。1984年改乡。取安乡县、德寿垸首字得名。有中学1所,小学1所,卫生院1个,卫生室11个。有文化站、广播站、电视站、敬老院等。有麻田岗墓群。有省级非物质文化遗产安乡硪歌,民间文艺虾灯舞。农业以水稻、小麦、棉花种植为主。工业以农产品加工为主。服务业以物流、商贸、批发零售、餐饮为主。省道陈芦线过境。有澧水、松虎河航道。

芦林铺社区［Lúlínpù Shèqū］ 安德乡人民政府驻地。在县境南部。面积0.5平方千米。人口3700。因旧时芦苇成林得名。2009年村改社区。民居以2层及以上住宅楼为主。有卫生服务站、老年活动室、便民服务站、老年照料中心等。有志愿者服务队伍。开展敬老爱幼、助残活动。有中小学、幼儿园、卫生院。省道陈芦线经此。

汉寿县

汉寿县［Hànshòu Xiàn］ 常德市辖县。北纬28°36′,东经111°41′。在市境东部。面积2090平方千米。人口81.9万。以汉族为主,还有苗、回、维吾尔等民族。辖16镇、16乡。县人民政府驻龙阳镇。汉阳嘉三年(134)曾改索县为汉寿县,意为汉王朝长寿不衰。为汉寿县名之始。三国吴赤乌十一年(248)置龙阳县。宋大观年间(1107—1110)更名辰阳县。绍兴三年(1133)复名龙阳。绍兴五年(1135)升军。绍兴三十年复县,属鼎洲。元元贞元年(1295)升州,属常德路。明洪武九年(1376)降县,属常德府。清因之。1912年改汉寿县,属湘江道。此后未变,先后属第二行政督察区、第五行政督察区、益阳专区、常德专区、常德地区。1988年属常德市。2004年起先后改扩建沧浪路、辰阳路、龙阳路、南岳路、芙蓉路、振兴路、拥军路、步行街等,修建银水湖、屈原、净心等公园。政治、文化中心位于城东,有县委县政府,汉寿一中、二中。新开发区在城南,有芙蓉世纪城、碧桂园等居住小区。商业集中区位于城西,有商业街、花木兰蔬菜市场。企业集中区在城北。处雪峰山脉向洞庭湖平原过渡地带,南高北低。以山区、丘岗区、湖区为主。平均海拔58米。年均气温16.7℃,1月平均气温4.5℃,7月平均气温28.5℃。年均降水量1398毫米。沅江流经。有太白、安乐、龙池、青泥、目平等湖泊。有金、铜、铁、煤等矿产资源。有野生植物436种,其中有国家一级保护野生植物银杏、南方红豆杉、水杉,国家二级保护野生植物香樟、野大豆、楠木等9种。有野生动物245种,其中有国家一级保护野生动物麋鹿、白鹤、白尾海雕、黑鹳、东方白鹳,国家二级保护野生动物小灵猫、河麂、穿山甲等30种。有国家级西洞庭湖自然保护区,鹿溪省级森林公园。森林覆盖率32.4%。有省级实验室1个。有中学42所,小学90所,二级医院7个,文化馆1个,图书馆1个,文物馆1个。有省级文物保护单位帅孟奇故居、马栏嘴新石器遗址等。有省级非物质文化遗产杨幺民间故事。有民间特色文艺汉剧、灯戏、地花鼓、采莲船、舞狮、舞龙等。有国家4A级旅游景区清水湖。三次产业比例21∶34∶45。农业以水稻、油菜、棉花种植,鲜鱼、甲鱼、鳝鱼、虾养殖为主,盛产水果。有国家地理标志产品汉寿甲鱼、汉寿玉臂藕。工业以装备制造、精细化工、医药、建筑为主。服务业以商贸、餐饮、旅游为主。石长铁路,长常高速,319国道,省道武潭—津市、长沙—张家界、花容—鼎城、澧县—桃江、安乡—宁乡、安乡—江华、澧县—零陵、岩汪湖—沅陵线过境。有沅江、澧水河等航道。

汉寿汽车总站［Hànshòu Qìchē Zǒngzhàn］见交通运输设施部分"汉寿汽车总站"条。

龙阳镇［Lóngyáng Zhèn］　汉寿县人民政府驻地。在县境中部。面积114平方千米。人口12.4万。辖16居委会、28村委会,有216自然村。镇人民政府驻城南社区。2004年城关镇与西竺山、围堤湖2乡合设龙阳镇。因古龙阳县得名。沧浪河、沅江流经。有张家湖、湘莲湖。有中学8所,小学5所,二级医院6个,卫生院3个,卫生所42个,文化馆1个,文化站3个,文物馆1个,公园4个。有汉寿烈士陵园、福音堂中共汉寿县委成立旧址、帅孟奇事迹展览馆。有名胜古迹杨旗嘴、净照寺、文峰塔、青文胜墓、爱国诗人易顺鼎墓。农业以水稻、棉花、蔬菜种植,淡水鱼类养殖为主。有棉种场1个,渔场12个。有蔬菜、黑杨种植基地。工业以建材、冷冻食品、水产品、蔬菜加工为主。省道周家店—西洞庭线过境。通多路公交车。

沧浪路［Cānglàng Lù］　在县城中部。东起文胜路,西北至龙阳中路。与辰阳中路、孟奇路相交。长2.1千米,宽24米。沥青路面。原为古县城东、西正街,1958、1974、1998、2012年分别改扩建。取沧、浪2水首字得名。穿过商业中心。两侧有中小学、县医院、水利局、邮政局、东套大市场、粮食局、人社局、中医院。通多路公交车。

龙阳路［Lóngyáng Lù］　在县城西部。南起麻园坝路,北至沅江大桥。与汉岩路、拥军路、芙蓉路、振兴路、南岳路、沧浪路、汉沧路相交。长5千米,宽50米。沥青路面。分南、中、北3段。龙阳中路1983年开工,1995年建成水泥路;龙阳北路2005—2007年由原省道改造而成;龙阳南路2000—2008年由原县道汉太线北段改造而成。2007年3段连通,2014年改沥青路,合称龙阳路。因龙阳古县得名。两侧有检察院、民政局。通多路公交车。

城南社区［Chéngnán Shèqū］　龙阳镇人民政府驻地。在县境中部。面积1平方千米。人口1.1万。因处旧县城南得名。2004年村改社区。民居以3—5层及以上住宅楼为主。有矫形医院、西竺山医院。驻有县住建局、审计局、卫生局等单位。有红山庙中共汉寿县委地下党组织旧址。有爱国诗人易顺鼎墓。有步行街、银鑫大市场。通多路公交车。

蒋家嘴镇［Jiǎngjiāzuǐ Zhèn］　汉寿县辖镇。在县境东北部。面积68平方千米。人口4.6万。辖5居委会、16村委会,有186自然村。镇人民政府驻蒋家嘴。1977年设蒋家嘴镇。2004年阳南塘乡并入。因镇政府驻地得名。有目平湖、龙池湖、安乐湖。有中学3所,小学3所,卫生院1个,卫生所19个,文化站1个,图书室1个,敬老院2个。有名胜古迹莲塘寨、白马庙。有民间特色文艺花鼓戏。农业以水稻种植,淡水鱼类养殖为主,产茶叶、花生。工业以纺织、制造、水泥建材为主。服务业以餐饮、商贸为主。县道汉军线过境。

蒋家嘴［Jiǎngjiāzuǐ］　蒋家嘴镇人民政府驻地。在县政府驻地龙阳镇东北32千米。人口2.4万。因蒋姓居于山嘴得名。聚落呈手掌状。有中学、县医院。服务业以商贸为主。县道汉军线经此。

岩汪湖镇［Yánwānghú Zhèn］　汉寿县辖镇。在县境东部。面积49平方千米。人口2.7万。辖1居委会、16村委会,有123自然村。镇人民政府驻岩汪湖。1956年设岩汪湖乡。1958年并入周文庙公社。1984年析设岩汪湖镇。因镇政府驻地得名。沅江流经。有国家级西洞庭湖自然保护区。有中学1所,小学3所,卫生院1个,卫生所16个。有文化站、图书室、敬老院等。有名胜古迹龟山、蛇山、雷神庵、赫神庵。有民间特色文艺地花鼓、汉寿竹马戏、三棒鼓等。农业以水稻、棉花、油菜种植,甲鱼、珍珠养殖为主,产湘莲、苎麻。工业以建材、黑杨木加工为主。县道汉军线过境。

岩汪湖［Yánwānghú］　岩汪湖镇人民政府驻地。在县政府驻地龙阳镇北15千米。人口2800。因湖水汪洋,湖畔赤江嘴有岩桥而得名。聚落呈椭圆形。有中小学、卫生院。多吊脚楼。有国家级西洞庭湖自然保护区。农业以水稻、油菜种植,甲鱼、珍珠养殖为主,产蔬菜、苎麻、棉花。工业以建筑、水稻、黑杨木加工为主。省道汉军线经此。

坡头镇［Pōtóu Zhèn］　汉寿县辖镇。在县境北部。面积47平方千米。人口2.6万。辖1居委会、14村委会,有86自然村。镇人民政府驻坡头。1956年设坡头乡。1958年并入鸭子港公社。1961年析设坡头公社。1984年改镇。因镇政府驻地得名。沅江、内江流经。有目平湖。有中学1所,小学3所,卫生院1个,卫生所14个,文化站1个,敬老院1个。有省级文物保护单位帅孟奇故居。农业以水稻、棉花、油菜种植,鲜鱼、甲鱼、珍珠养殖为主,产湘莲、苎麻、芦苇。工业以建筑、棉花及油脂加工为主。县道汉寿—西港线过境。

坡头［Pōtóu］　坡头镇人民政府驻地。在县政府驻地龙阳镇北15千米。人口4400。因明末清初建村于河坡高埠而得名。聚落呈Z字形。沅江流经。有中小学、卫生院、文化站、图书馆、敬老院等。服务业以餐饮、商贸为主。县道汉寿—西港线经此。

西港镇［Yǒugǎng Zhèn］　汉寿县辖镇。在县境东北部。面积91平方千米。人口4万。辖1居委会、23村委会,有120自然村。镇人民政府驻西港社区。1956年设西港乡。1958年并入鸭子港公社。1961年析设西港公社。1984年改镇。因镇政府驻地原名得名。有中学1所,小学4所,卫生院1个,卫生所23个,文化站1个,敬老院1个。有护国障遗址。有西港暴动烈士墓群。农业以水稻、棉花、油菜种植,淡水鱼类养殖为主,产湘莲、苎麻、玉臂藕、珍珠。县道汉寿—西港、罐头嘴—西港线过境。

西港社区［Yǒugǎng Shèqū］　西港镇人民政府驻地。在县境东北部。面积1.5平方千米。人口3700。传旧有西溪,后成河港而得名。2002年成立。民居以2—3层住宅楼为主。有敬老院、老年活动室等。有民俗龙舟赛。有中小学、幼儿园、卫生院。县道汉寿—西港线经此。

洲口镇［Zhōukǒu Zhèn］　汉寿县辖镇。在县境北部。面积74平方千米。人口3.5万。辖1居委会、20村委会,有128自然村。镇人民政府驻洲口。1949年设洲口乡。1958年与罐头嘴乡合设洲口公社。1961年析设罐头嘴公社。1984年复乡。1994年改镇。因镇政府驻地得名。沅江、西湖内江流经。有中学1所,小学4所,卫生院1个,卫生所21个。有文化站、敬老院等。有小港13队居民点建筑群。有民俗龙舟赛。农业以水稻、棉花、油菜种植,鲈鱼、珍珠、甲鱼养殖为主,特产湘莲、苎麻、甘蔗、珍珠。工业以建材、铁器及篾器加工为主。县道汉寿—罐头嘴线过境。

洲口［Zhōukǒu］　洲口镇人民政府驻地。在县政府驻地龙阳镇北15千米。人口2800。因处乌龙河口得名乌龙港,明永乐二年(1404)围垦成洲,改今名。聚落呈凸字形。有中小学、卫生院、文化站、老年活动室等。农业以水稻、油菜、棉花种植,鲈鱼、珍珠、甲鱼养殖为主。县道汉寿—罐头嘴线经此。

罐头嘴镇［Guàntouzuǐ Zhèn］　汉寿县辖镇。在县境北部。面积74平方千米。人口3.2万。辖1居委会、19村委会,有124自然村。镇人民政府驻罐头嘴社区。1956年设罐头嘴乡。1958年并入洲口公社。1961年析设罐头嘴公社。1984年复乡。1995年改镇。因镇政府驻地原名得名。沅江流经。有中学1所,小学4所,卫生院1个,卫生所18个。有文化站、图书室、敬老院、龙舟广场。有民俗龙舟赛。农业以水稻、棉花、油菜种植,淡水鱼类养殖为主,产湘莲、苎麻、珍珠、甘蔗。省道周家店—西洞庭线过境。

罐头嘴社区［Guàntouzuǐ Shèqū］　罐头嘴镇人民政府驻地。在县境北部。面积1.2平方千米。人口2700。因犁田状似罐头得名。2002年成立。民居以2层住宅楼为主。有卫生服务站、图书室、文化站、敬老院、老年活动室、便民服务站、龙舟广场等。有民俗活动赛龙舟。有中小学、幼儿园、卫生院。服务业以商贸为主。省道周家店—西洞庭线经此。

沧港镇［Cānggǎng Zhèn］　汉寿县辖镇。在县境西部。面积36平方千米。人口2.1万。辖1居委会、13村委会,有83自然村。镇人民政府驻沧港社区。1956年设沧港乡。1958年与新兴乡合设沧港公社。1961年析设新兴、聂家桥2乡。1984年沧港公社改镇。因镇政府驻地原名得名。沅江流经。有中学1所,小学3所,卫生院1个,卫生所12个。有幼儿园、图书室、文化站等。有古迹三闾大夫祠、濯缨桥。有屈原遇渔夫风景遗址。农业以水稻、棉花、湘莲种植,甲鱼养殖为主。特产风味鱼、酱卤。工业以建材、粮油、油漆加工为主。县道汉寿—常德、汉寿—毛家滩线过境。

沧港社区［Cānggǎng Shèqū］　沧港镇人民政府驻地。在县境西部。面积1.5平方千米。人口3000。《龙阳县志》载:"沧港,沧浪水注沅处。"以此得名。2002年成立。民居以2—3层住宅楼为主。有卫生服务站、敬老院、老年活动室。有诗词协会、书画协会、棋牌室、文艺队、歌舞团等。有中小学、幼儿园、卫生院。有天乙宫、屈原庙、濯缨桥、沧浪亭等古迹。县道汉寿—沧港线经此。

朱家铺镇［Zhūjiāpù Zhèn］　汉寿县辖镇。在县境西南部。面积81平方千米。人口2.4万。辖1居委会、21村委会,有160自然村。镇人民政府驻朱家铺。1956年设朱家铺乡。1958年与丰家铺、东岳庙2乡合设朱家铺公社。1961年析设丰家铺、东岳庙2公社。1984年复乡。1993年改镇。因镇政府驻地得名。

沧水流经。有中学1所,小学4所,卫生院1个,卫生所21个。有文化站、敬老院等。有名胜古迹五宝山、五宝寺,景点九岭赛车场。农业以水稻种植为主,特产茶油。工业以建筑建材、竹木加工为主。县道常德—桃江线过境。

朱家铺 [Zhūjiāpù] 朱家铺镇人民政府驻地。在县政府驻地龙阳镇西南36千米。人口2600。因明永乐二年(1404)江西朱姓迁此,开店渐成集市而得名。聚落呈十字形。有中小学、幼儿园、卫生院、卫生室、文化站、图书室、敬老院、老年活动室、九岭越野赛车场等。工业以建筑、食品加工为主。县道汉寿—朱家铺线经此。通公交车。

太子庙镇 [Tàizǐmiào Zhèn] 汉寿县辖镇。在县境南部。面积59平方千米。人口2.5万。辖4居委会、12村委会,有105自然村。镇人民政府驻太子庙。1952年设太子庙乡。1958年与株木山乡合设汉太公社。1961年析设株木山公社。1984年复太子庙乡。1992年改镇。因镇政府驻地得名。太子河、南湖撇洪河流经。有中学2所,小学3所,幼儿园3所,二级医院1个,卫生院1个,卫生所12个,文化站1个,图书室1个,敬老院2个。农业以水稻种植,淡水鱼类养殖为主,产茶油、湘莲。工业以建筑、家具制造、蛋品加工为主。有汉寿高新技术产业园区。石长铁路、长常高速、319国道、省道周家店—西洞庭线过境。有汉寿站。

太子庙 [Tàizǐmiào] 太子庙镇人民政府驻地。在县政府驻地龙阳镇南16千米。人口1.5万。传刘氏为祭祀刘禅建庙而得名。聚落呈团块状。有中小学、二级医院、卫生院、图书室、文化站、敬老院等。服务业以建筑、修理、餐饮为主。有汉寿高新技术产业园区。石长铁路、长常高速、319国道、省道周家店—西洞庭线经此。

毓德铺镇 [Yùdépù Zhèn] 汉寿县辖镇。在县境南部。面积50平方千米。人口1.6万。辖1居委会、16村委会,有105自然村。镇人民政府驻毓德铺。1956年设毓德铺乡。1958年并入崔家桥公社。1961年析设毓德铺公社。1984年改镇。因镇政府驻地得名。崔毓河流经。有中学1所,小学3所,卫生院1个,卫生所16个。有文化站、图书室等。有新民农场毓德铺中共地下党支部旧址。农业以水稻种植,淡水鱼类养殖为主,产茶油、茶叶。工业以建材、食品加工为主。长常高速过境。

毓德铺 [Yùdépù] 毓德铺镇人民政府驻地。在县政府驻地龙阳镇南30千米。人口2200。因明末曾毓德经营屠宰场而得名。聚落呈T字形。有中小学、幼儿园、卫生院、卫生服务站、敬老院、老年活动室。工业以建筑、食品加工为主。服务业以商贸为主。县道汉寿—毓德铺线经此。

崔家桥镇 [Cuījiāqiáo Zhèn] 汉寿县辖镇。在县境南部。面积50平方千米。人口1.8万。辖1居委会、15村委会,有120自然村。镇人民政府驻崔家桥。1956年设崔家桥乡。1958年与毓德铺、三和2乡合设崔家桥公社。1961年析设毓德铺、三和2公社。1984年复乡。1994年改镇。因镇政府驻地得名。有蔺家山。崔毓河流经。有徒山河坝。有中学1所,小学3所,幼儿园2所,卫生院1个,卫生所15个,图书室1个,老年活动室1个。有古迹净修寺。农业以水稻种植为主。特产茶油、甲鱼。工业以建筑、岩石采矿、竹木加工为主。石长铁路、319国道过境。

崔家桥 [Cuījiāqiáo] 崔家桥镇人民政府驻地。在县政府驻地龙阳镇南25千米。人口2300。传清末崔姓乞讨居此,勤劳致富,后人用其遗产建桥而得名。聚落呈十字形。有中小学、幼儿园、卫生院、文化站、敬老院、老年活动室等。服务业以建筑、餐饮、商贸为主。319国道经此。

军山铺镇 [Jūnshānpù Zhèn] 汉寿县辖镇。在县境东南部。面积71平方千米。人口2.7万。辖1居委会、16村委会,有159自然村。镇人民政府驻军山铺。1956年设军山铺乡。1958年并入龙潭桥公社。1961年析设军山铺公社。1984年复乡。1995年改镇。因镇政府驻地得名。有南庵山。有中学1所,小学4所,幼儿园2所,卫生院1个,卫生所16个,卫生服务站1个,文化站1个,图书室1个,敬老院1个,老年活动中心1个。有汉益沅苏维埃政府遗址。农业以水稻种植为主,特产茶油。工业以建筑、竹木加工为主。长常高速、319国道过境。

军山铺 [Jūnshānpù] 军山铺镇人民政府驻地。在县政府驻地龙阳镇东南32千米。人口2500。原因三国东吴大将潘俊驻此得名军山,后明清时设邮铺而得今名。聚落呈块状。有中小学、卫生院、卫生服务站、敬老院、老年活动室等。服务业以建筑、竹木加工、餐饮、商贸为主。长常高速、319国道经此。

百禄桥镇 [Bǎilùqiáo Zhèn] 汉寿县辖镇。在县境东南部。面积50平方千米。人口2.2万。辖1居委会、14村委会,有151自然村。镇人民政府驻百禄桥。1956年设百禄桥乡。1958年并入阳南塘公社。1961年析设百禄桥公社。1984年复乡。1994年改镇。因镇政府驻地得名。有胭脂湖、鹿角山湖。有中学1所,小学3所,卫生院1个,卫生所14个。有文化站、图书室、敬老院、老年活动室。有省级文物保护单位马栏嘴新石器遗址。农业以水稻种植,淡水鱼类养殖为主,特产花生、茶油、茶叶、柑橘。工业以建筑及苎麻、铁、木加工为主。县道汉寿—沅江、蒋家嘴—百禄线过境。

百禄桥 [Bǎilùqiáo] 百禄桥镇人民政府驻地。在县政府驻地龙阳镇东南40千米。人口2400。因1912年百名官员捐出俸禄重修明代白驼桥而得名。聚落呈带状。有中小学、卫生院。服务业以建筑、苎麻加工、餐饮、商贸为主。县道汉寿—沅江线经此。

西湖镇 [Xīhú Zhèn] 汉寿县辖镇。在县境东北部。面积为10平方千米。人口1.5万。辖2居委会、3村委会,有7自然村。镇人民政府驻西湖。1984年置西湖镇。因镇政府驻地得名。有中学1所,小学4所,幼儿园5所,卫生院1个,卫生所6个。农业以棉花、水稻种植,鱼、虾、青蛙、鳝鱼养殖为主。工业以建筑,水产、粮油加工为主。县道常德—西湖、汉寿—西湖线过境。

西湖 [Xīhú] 西湖镇人民政府驻地。在县政府驻地龙阳镇东北38千米。人口1.2万。因处洞庭湖西得名。聚落呈块状。有中小学、幼儿园、卫生室、老年活动室等。服务业以建筑、商贸、餐饮为主。县道常德—西湖、汉寿—西湖线经此。

洋淘湖镇 [Yángtáohú Zhèn] 汉寿县辖镇。在县境东部。面积34平方千米。人口1.5万。辖1居委会、10村委会,有31自然村。镇人民政府驻朱家湾。2002年由洋淘湖农场改置镇。因原处洞庭湖西,涨水为汪洋,湖底有淘土而得名。南湖撇洪河、西湖内江流经。有目平湖、安乐湖。有小学2所,幼儿园2所,卫生院1个,卫生所6个。有文化站、图书馆、敬老院等。农业以水稻、棉花种植,甲鱼养殖为主,特产湘莲。工业以纺织印染、纸业加工、建筑建材为主。县道汉军线过境。

朱家湾 [Zhūjiāwān] 洋淘湖镇人民政府驻地。在县政府驻地龙阳镇东25千米。人口3000。因原为朱家占据得名。聚落呈团块状。有小学、卫生院、图书室、文化站等。工业以纺织印染、纸业加工为主。县道汉军线经此。

周文庙乡 [Zhōuwénmiào Xiāng] 汉寿县辖乡。在县境东部。面积39平方千米。人口2.2万。辖1居委会、15村委会,有100自然村。乡人民政府驻周文庙。1961年成立周文庙公社。1984年设乡。因乡政府驻地得名。沅江流经。有中学1所,小学2所,幼儿园2所,卫生院1个,卫生所15个。有文化站、图书室、敬老院。农业以水稻种植,鲜鱼、珍珠养殖为主,特产湘莲、苎麻、芦苇。工业以建筑建材、船舶制造为主。县道汉军线过境。

周文庙 [Zhōuwénmiào] 周文庙乡人民政府驻地。在县政府驻地龙阳镇东9千米。人口2000。聚落呈块状。有中小学、卫生院。农业以水稻、棉花种植,鲜鱼、珍珠养殖为主。县道汉军线经此。

鸭子港乡 [Yāzigǎng Xiāng] 汉寿县辖乡。在县境东北部。面积54平方千米。人口2.5万。辖1居委会、19村委会,有103自然村。乡人民政府驻鸭子港。1956年设鸭子港乡,后改公社。1984年复乡。因乡政府驻地得名。内江流经。有中学1所,小学2所,幼儿园2所,卫生院1个,卫生所19个。有文化站、图书室、敬老院。有民俗龙舟赛。农业以水稻、棉花、油菜种植,鲜鱼、珍珠养殖等为主,产苎麻、湘莲、芦苇。工业以建筑,大米、铁器及木材加工为主。县道汉寿—西港线过境。

鸭子港 [Yāzigǎng] 鸭子港乡人民政府驻地。在县政府驻地龙阳镇北21千米。人口4400。因金鸭托水传说得名。聚落呈块状。有中小学、幼儿园、卫生院、老年活动室等。服务业以建筑、商贸、餐饮为主。县道汉寿—鸭子港线经此。

文蔚乡 [Wénwèi Xiāng] 汉寿县辖乡。在县境北部。面积38平方千米。人口1.5万。辖1居委会、15村委会,有72自然村。乡人民政府驻文蔚。1949年设文蔚乡,后改公社。1984年复乡。因乡政府驻地得名。内江流经。有中学1所,小学2所,幼儿园2所,卫生院1个,卫生所9个。有文化站、图书室、敬老院。农业以水稻、棉花、油菜种植,甲鱼、珍珠养殖为主,特产湘莲。工业以建筑、粮棉加工为主。县道汉寿—西港线过境。

文蔚 [Wénwèi] 文蔚乡人民政府驻地。在县政府驻地龙阳镇北20千米。人口1300。因文蔚垸得名。又名易家嘴。聚落呈块状。有中小学、卫生院。农业以种植水稻为主。县道汉寿—文蔚线路经此。

新兴乡 [Xīnxīng Xiāng] 汉寿县辖乡。在县境西部。面积78平方千米。人口2.3万。辖1居委会、15村委会,有108自然村。乡人民政府驻新兴嘴。1950年设新兴乡。1956年更名新兴嘴乡。1961年成立新兴公社。1984年复乡。因乡政府驻地得名。沅江流经。有青泥湖。有中学1所,小学2所,幼儿园2所,卫生院1个,卫生所16个。有文化站、图书室、敬老院。有省级文物保护单位农民起义领袖杨幺墓。有古迹桔林。农业以水稻、棉花种植,淡水鱼类养殖为主,特产湘莲、珍珠、苎麻、黑杨。县道汉寿—常德、汉寿—聂家桥线过境。

新兴嘴 [Xīnxīngzuǐ] 新兴乡人民政府驻地。在县政府驻地龙阳镇西15千米。人口1500。明永乐二年(1404)洲嘴围垸造田,定名新兴障,寓意"新建堤垸、兴家创业",后改今名。聚落呈7字形。有中学、卫生院、卫生服务站、老年活动室等。服务业以建筑、商贸为主。县道汉寿—新兴嘴线经此。

聂家桥乡 [Nièjiāqiáo Xiāng] 汉寿县辖

乡。在县境西部。面积48平方千米。人口2万。辖2居委会、14村委会,有131自然村。乡人民政府驻聂家桥。1961年成立聂家桥公社。1984年设乡。因乡政府驻地得名。有中学1所,小学2所,幼儿园2所,卫生院1个,卫生所14个。有文化站、图书室、敬老院。有黄诚港、太子庵、八角楼、白沙渡、老渡口等遗址。农业以水稻、棉花种植,淡水鱼类养殖为主,特产茶油。工业有建筑、粮油加工等。长常高速过境设出入口。

聂家桥［Nièjiāqiáo］ 聂家桥乡人民政府驻地。在县政府驻地龙阳镇西25千米。人口2500。因清同治十一年(1872)聂姓募捐建桥而得名。又名聂家湾。聚落呈Z字形。有中小学、卫生院、卫生服务站、老年活动室等。服务业以建筑、商贸为主。长常高速经此。

毛家滩回族维吾尔族乡［Máojiātān Huízú Wéiwú'ěrzú Xiāng］ 汉寿县辖乡。在县境西部。面积54平方千米。人口2.7万,其中回族占23%,维吾尔族占0.04%,还有土家、苗等民族。辖1居委会、16村委会,有175自然村。乡人民政府驻毛家滩。1956年设毛家滩乡。1958年与岩嘴乡合设毛家滩公社。1961年析设岩嘴公社。1984年复乡。1988年改今名。因乡政府驻地得名。沧水流经。有中学1所,小学2所,幼儿园2所,卫生院1个,卫生所16个。有文化站、图书室、敬老院。有战国古墓葬。农业以水稻、棉花种植,鲜鱼、甲鱼养殖为主。工业以建筑,爆竹、粮油加工为主。长常高速、319国道过境。

毛家滩［Máojiātān］ 毛家滩回族维吾尔族乡人民政府驻地。在县政府驻地龙阳镇西15千米。人口3000。原名殷家滩、矛甲滩,后因毛姓为主改今名。聚落呈多边形块状。南湖撇洪河流经。有中小学、幼儿园、卫生院、卫生服务站、老年活动室。工业以建筑、酿酒、爆竹加工为主。长常高速、县道汉寿—家滩线经此。

丰家铺乡［Fēngjiāpù Xiāng］ 汉寿县辖乡。在县境西南部。面积80平方千米。人口2.5万。辖1居委会、22村委会,有188自然村。乡人民政府驻丰家铺。1952年设丰家铺乡。1958年并入朱家铺公社。1961年析设丰家铺公社。1984年复乡。因乡政府驻地得名。浪水流经。有天宝庵山。有鹿溪省级森林公园。有中学1所,小学2所,幼儿园1所,卫生院1个,卫生所22个,图书室1个,文化站1个,敬老院1个。有名胜古迹驿道茶亭、敞口堂屋群、天宝庵。农业以种植水稻、油茶、竹为主。工业以建筑、竹木加工为主。服务业以旅游为主。省道周家店—西洞庭线过境。

丰家铺［Fēngjiāpù］ 丰家铺乡人民政府驻地。在县政府驻地龙阳镇西南35千米。人口1900。因明永乐二年(1404)江西丰姓迁此,开设杂货铺而得名。聚落呈半圆形。有中学、卫生院、老年活动室、卫生服务站等。有龙津书院遗址。工业以建筑、竹木加工为主。服务业以商贸为主。有农贸市场。省道周家店—西洞庭线经此。

东岳庙乡［Dōngyuèmiào Xiāng］ 汉寿县辖乡。在县境西南部。面积67平方千米。人口2.4万。辖1居委会、21村委会,有185自然村。乡人民政府驻东岳庙。1952年设东岳庙乡。1958年并入朱家铺公社。1961年析设东岳庙公社。1984年复乡。因乡政府驻地得名。浪水流经。有金牛山。有中学1所,小学2所,幼儿园2所,卫生院1个,卫生所21个。有文化站、图书室、敬老院。有古迹龙泉寺、白龟仙洞。农业以水稻、茶种植为主,产茶油。省道周家店—西洞庭线过境。

东岳庙［Dōngyuèmiào］ 东岳庙乡人民政府驻地。在县政府驻地龙阳镇西南33千米。人口1600。传唐末佛教徒自泰山带回佛像,立庙祭祀而得名。聚落呈半圆形。有中小学、卫生院。服务业以商贸为主。省道周家店—西洞庭线经此。

岩嘴乡［Yánzuǐ Xiāng］ 汉寿县辖乡。在县境南部。面积63千米。人口2.4万。辖1居委会、16村委会,有165自然村。乡人民政府驻岩嘴。1956年设岩嘴乡。1958年并入毛家滩公社。1961年析设岩嘴公社。1984年复乡。因乡政府驻地得名。浪水流经。有中学1所,小学2所,幼儿园2所,卫生院1个,卫生所17个。有文化站、图书室、敬老院。农业以水稻、棉花种植,淡水鱼类养殖为主,产茶油、茶叶。石长铁路、319国道、县道黄发线过境。

岩嘴［Yánzuǐ］ 岩嘴乡人民政府驻地。在县政府驻地龙阳镇南16千米。人口900。因处伏虎山山嘴得名。聚落呈块状。浪水流经。有中小学、卫生院。工业以建筑、竹木加工、商贸为主。县道黄发线经此。

株木山乡［Zhūmùshān Xiāng］ 汉寿县辖乡。在县境南部。面积62平方千米。人口2.8万。辖1居委会、19村委会,有144自然村。乡人民政府驻株木山。1956年设株木山乡。1958年并入汉太公社。1961年析设株木山公社。1984年复乡。因乡政府驻地得名。南湖撇洪河流经。有中学1所,小学2所,卫生院1个,卫生所19个。有幼儿园、文化站、图书室、敬老院。有国家4A级旅游景区清水湖。农业以水稻、棉花种植,甲鱼养殖为主,产茶油、茶叶。有思雅园农业生态园。工业以建筑、粮油加工为主。省道周家店—西洞庭线过境。

株木山［Zhūmùshān］ 株木山乡人民政府驻地。在县政府驻地龙阳镇南8千米。人口1600。因山上株树成林得名。聚落呈块状。有中学、卫生院、图书室、文化站等。服务业以建筑、商贸为主。省道周家店—西洞庭线经此。

三和乡［Sānhé Xiāng］ 汉寿县辖乡。在县境南部。面积49平方千米。人口2.1万。辖1居委会、16村委会,有180自然村。乡人民政府驻三和。1956年设三和乡。1958年并入崔家桥公社。1961年析设三和公社。1984年复乡。因乡政府驻地得名。有中学1所,小学2所,幼儿园2所,卫生院1个,卫生所16个。有文化站、图书室、敬老院。有名胜晒谷岩。农业以水稻种植为主,产茶油、茶叶。工业以建筑、竹木加工为主。石长铁路、县道三毓线过境。

三和［Sānhé］ 三和乡人民政府驻地。在县政府驻地龙阳镇南30千米。人口900。因3溪汇合得名。又因清末杨氏家族祠堂华也称华宫。聚落呈块状。有中学、卫生院、图书室、文化站、老年活动室等。服务业以建筑、商贸为主。有农贸市场。县道汉寿—三合线经此。

龙潭桥乡［Lóngtánqiáo Xiāng］ 汉寿县辖乡。在县境东南部。面积71平方千米。人口2.7万。辖1居委会、19村委会,有179自然村。乡人民政府驻龙潭桥。1952年设龙潭桥乡。1958年与军山铺、石板滩2乡合设龙潭桥公社。1961年析设军山铺、石板滩2公社。1984年复乡。因乡政府驻地得名。溪河、港河流经。有中学1所,小学2所,幼儿园2所,卫生院1个,卫生所19个,图书室1个,文化站1个,敬老院1个。农业以水稻种植,淡水鱼类养殖为主,特产茶油、茶叶、花生。长常高速、319国道过境。

龙潭桥［Lóngtánqiáo］ 龙潭桥乡人民政府驻地。在县政府驻地龙阳镇东南30千米。人口3000。清乾隆三十一年(1766)溪上建桥,因溪流南北蜿蜒曲折如蛟龙,石桥北有潭,水至桥而入深潭而得名。聚落呈十字形。有中学、卫生院。农业以水稻种植为主,特产茶油、茶叶。有农贸市场。县道红石线经此。

月明潭乡［Yuèmíngtán Xiāng］ 汉寿县辖乡。在县境东南部。面积59平方千米。人口2.5万。辖1居委会、20村委会,有164个自然村。乡人民政府驻石板滩。1952年设石板滩乡。1958年并入龙潭桥公社。1961年析设石板滩公社。1980年更名月明潭公社。1984年改乡。因潭水清澈,月下庙宇映照清晰可见而得名。南湖撇洪河、龙潭桥河、纸料洲河流经。有安乐湖。有中学1所,小学2所,幼儿园2所,卫生院1个,卫生所20个。有文化站、图书室、敬老院。农业以水稻种植为主,特产茶油、茶叶、花生、甲鱼。工业以建筑,油脂、茶叶加工为主。县道红石线过境。

石板滩［Shíbǎntān］ 月明潭乡人民政府驻地。在县政府驻地龙阳镇东南35千米。人口2200。因曾挖出大面积石板层得名。聚落呈块状。南湖撇洪河流经。有安乐湖。有中学、卫生院。服务业以建筑、商贸为主。有农贸市场。县道红石线经此。

大南湖乡［Dànánhú Xiāng］ 汉寿县辖乡。在县境南部。面积51平方千米。人口1.1万。辖1居委会、9村委会,有48自然村。乡人民政府驻杨家嘴。1984年由大南湖农场改乡。因湖得名。有中学1所,小学1所,卫生院1个,卫生所11个。有幼儿园、图书室、文化站、敬老院。农业以水稻、棉花种植,甲鱼、珍珠、龙虾养殖为主。县道汉寿—大南湖线过境。

杨家嘴［Yángjiāzuǐ］ 大南湖乡人民政府驻地。在县政府驻地龙阳镇南4千米。人口1500。因杨姓聚居得名。聚落呈块状。有中学、卫生院。服务业以商贸为主。县道汉寿—杨家嘴线经此。

东洲乡［Dōngzhōu Xiāng］ 汉寿县辖乡。在县境东北部。面积29平方千米。人口2.1万。以汉族为主,还有回、苗、壮等民族。辖12村委会,有30自然村。乡人民政府驻九狮桥。2010年由新港、鼎港、东洲3农场分场合设东洲乡。因处西湖管理区东部洲港得名。西港河流经。有中学1所,小学2所,幼儿园3所,卫生所2个,卫生室9个,图书室13个,文化站1个。服务业以水稻、棉花、柑橘、西瓜、蔬菜种植,淡水鱼类养殖为主。工业以建筑、粮油加工为主。县道汉寿—西港线过境。

九狮桥［Jiǔshīqiáo］ 东洲乡人民政府驻地。在县政府驻地龙阳镇东北41千米。人口800。传某年9月有群狮活动,后人建桥而得名。聚落呈带状。酉港河流经。有中小学、卫生院。服务业以水稻、棉花、蔬菜种植,淡水鱼类养殖为主。县道汉寿—西港线经此。

西洲乡［Xīzhōu Xiāng］ 汉寿县辖乡。在县境北部。面积31平方千米。人口2.6万。辖10村委会,有31自然村。乡人民政府驻十字闸。2010年由西洲农场分场改乡。因处西湖农场西部洲港得名。有小学2所,卫生所3个,卫生室10个,图书室10个,文化站1个。农业以水稻、棉花、柑橘种植,淡水鱼类养殖为主。工业以建筑、奶制品加工为主。县道汉寿—西港线过境。

十字闸［Shízìzhá］ 西洲乡人民政府驻地。在县政府驻地龙阳镇北38千米。人口500。因处公路、渠道交汉处,且有水闸而得名。聚落呈带状。有小学、文化站。农业以水稻、棉花、柑橘、西瓜、蔬菜种植,淡水鱼类养殖为主。县道汉寿—西港线经此。

澧 县

澧县［Lǐ Xiàn］ 常德市辖县。北纬29°38′,

东经111°45′。在市境北部。面积2075平方千米。人口92万。以汉族为主,还有回、土家等民族。辖4街道、14镇、16乡。县人民政府驻澧阳街道。南朝梁绍泰元年(555)置澧州,以"在澧水之北"得名。隋开皇九年(589)析石门县置澧阳县,州、县同在。元升州为路。明洪武初改澧州府,九年(1376)澧阳县省入澧州。清雍正七年(1729)升为直隶州。1913年废州置澧县。至1949年先后属武陵道、湘江道、湖南省、常澧专区。1950年析设津市市,旋入,1953—1963年再出再入。1968年属常德地区。1979年析设津市市。1988年属常德市。1949年后建成澧州路、翊武路、解放路等路、街54条。处洞庭湖西岸、澧水中下游。西北部为山区,南、北部为丘陵区,东、西部为湖区,中部为澧阳平原。海拔28.6—1019.5米。最高点太青山鸭母尖海拔1019.5米。年均气温16.7℃,1月平均气温7.2℃,7月平均气温28.1℃。年均降水量1311.7毫米。澧水、涔水、澹水、道水、松滋河流经。有七里湖。有石膏、岩盐、钙芒硝、无水芒硝、膨润土等矿产资源。有野生植物300多种,其中有国家一级保护野生植物银杏、水杉、珙桐,国家二级保护野生植物金钱松、香樟、楠木等12种。有野生动物213种,其中有国家重点保护野生动物黑鹳、小灵猫、水獭、虎纹蛙等15种。有天供山省级森林公园、澧县北民湖省级湿地自然保护区。森林覆盖率85%。有省级澧县生物工程技术研究所。有高中5所,职高5所,中学31所,小学103所,二级医院2个,博物馆1个,文化馆1个,图书馆1个,档案馆1个,体育中心1个。有全国重点文物保护单位城头山古文化遗址、彭头山遗址、鸡叫城遗址、八十垱遗址等13个,省级文物保护单位7个。有国家级非物质文化遗产鼓盆歌、澧水船工号子,省级非物质文化遗产澧州荆河戏、澧州夯歌、澧州大鼓。有国家4A级旅游景区城头山国家考古遗址公园、华城彭山旅游度假庄园。三次产业比例21∶39∶40。农业以水稻、棉花、油菜种植,淡水鱼类养殖为主,产葡萄、橘柚、蚕桑。工业以矿产开采、食品医药、机械电子、纺织服装为主。有省级经济开发区1个。服务业以商贸为主。焦柳铁路,二广高速,207、353国道,省道澧县—汉寿、澧县—临澧、安乡—永顺、澧县—桃源线过境。有澧县站。

群玉广场［Qúnyù Guǎngchǎng］ 在城区南部。面积1.2万平方千米。2011年开工,同年建成。因唐代诗人李群玉得名。广场由中心广场、景观和绿地组成。有南北诗墙,镌刻李群玉等作古澧诗文书画。有中心喷泉、石雕景墙、景观灯具等。绿地以种植中等偏大规格落叶乔木为主,绿地率30%。有大量健身器材、园林小品等。为居民学习、休闲、健身场所。周边有澧县职中、兰江阁、县委、县卫计局。通公交车。

澧州路［Lǐzhōu Lù］ 在县城中部。东起任家巷,西至朱家岗路。与澧浦路、珍珠路、解放路、永兴寺路、龙潭寺路、澧阳环城路相交。长6.9千米,宽60米。沥青混凝土路面。1992年开工,1996年建成。因古澧州得名。穿过商业中心。两侧有农业银行、工商银行、保险公司、澧州边贸城、民政局、地表水厂、汽车东站。通多路公交车。

翊武路［Yìwǔ Lù］ 在县城中部。东起改口路,西至207国道。与澧浦路、襄阳路、永兴寺路、解放路、澧阳路、护城路、运达路、关心路、澧西路相交。长5.1千米,宽22米。沥青路面。1934年建设原始路段,1949年后逐年拓宽,1985年改建。因历史名人蒋翊武得名。穿过商业文化中心。两侧有澧阳派出所、国税局、澧县汽车站。通多路公交车。

澧阳路［Lǐyáng Lù］ 在县城中部。南起古城西路,北至黄桥路。与古城路、翊武路、澧州路、桃花滩路、环城路相交。长3.5千米,宽30米。沥青路面。1985年开工,1987年建成。因原澧阳镇得名。分南、北2段。穿过商业中心。两侧有澧州城墙、文物博物馆、省蚕科所、中医院、澧州医院、县光荣院、福利院、中小学、澧县汽车北站。通多路公交车。

澧浦路［Lǐpǔ Lù］ 在县城中部偏东。南起屈原路,北至大坪路。与兰江路、翊武路、澧州路、兰韵路、桃花滩路、黄桥路相交。长2千米,宽75米。沥青路面。2007年开工,2009年建成。"澧浦"出自屈原诗句"捐余袂兮江中,遗余褋兮澧浦",因地处澧阳平原,有澧水、粟河、澹水流经,均属诗句所指澧浦范围而得名。途经商业中心。两侧有建材市场、小学、农贸城、机电城、政务中心、水产市场、县司法局、检察院、法院、澧县汽车东站。通多路公交车。

环城路［Huánchéng Lù］ 在县城东北部。东起澧浦路,西至澧西路。长13.8千米,宽21米。泥混路面。2008年开工,2010年建成。两侧有农贸市场、湘北物流园、中学、工业园、汽车总站。通多路公交车。

张公庙大桥［Zhānggōngmiào Dàqiáo］ 在县城西部。长894.1米,宽12.6米,最大跨度76米,桥下净高29.5米。1987年开工,1989年建成。因位于澧县张公庙之地得名。为大型河道桥梁,结构型式为悬链箱型拱桥。最大载重55吨。通公交车。

澧县站［Lǐ Xiàn Zhàn］ 见交通运输设施部分"澧县站"条。

澧县汽车站［Lǐ Xiàn Qìchēzhàn］ 见交通运输设施部分"澧县汽车站"条。

澧县汽车西站［Lǐ Xiàn Qìchē Xīzhàn］ 见交通运输设施部分"澧县汽车西站"条。

澧阳街道［Lǐyáng Jiēdào］ 澧县人民政府驻地。在县境中部。面积21平方千米。人口14.9万。2013年由澧阳镇析设。因晋太康四年(283)置澧阳县得名。澧水流经。有高中1所,中学3所,小学13所,二级医院2个。有幼儿园、图书馆、电视台。有全国重点文物保护单位澧州文庙、澧州古城墙、澧浦楼。工业以化工、机械加工、纸制包装、食品医药为主。服务业以商贸、旅游为主。207、353国道过境。有澧水航道。有湘运汽车站、县汽车北站。通多路公交车。

澹阳社区［Dànyáng Shèqū］ 属澧阳街道。在县境中部。面积1平方千米。人口7900。取澹水、澧阳各一字得名。1995年成立。民居以6层及以上住宅楼为主。有卫生服务站、老年活动室、便民服务平台。开展矛盾纠纷调解、防火、防溺水等活动。驻有县人大、卫计局、城管局。通多路公交车。

澧西街道［Lǐxī Jiēdào］ 属澧县。在县境中部。面积45平方千米。人口5.3万。2013年由澧阳镇析设。因本街道原为澧西乡之地而得名。澧水流经。有芒硝、砂卵石、红土等矿产资源。有高中1所,小学1所,卫生院1个,医疗室17个。有毛泽东红色纪念馆、翊武公园。农业以水稻、棉花、蔬菜种植为主。工业以化工、食品加工、医药、建材为主。服务业以商贸为主。有湘北木材市场。207国道过境。有澧县汽车西站。通多路公交车。

澧浦街道［Lǐpǔ Jiēdào］ 属澧县。在县境中部。面积37平方千米。人口4.2万。2014年设立。取屈原"捐余袂兮江中,遗余褋兮澧浦"诗句得名。澧水、粟河、澹水流经。有中专1所,小学4所,卫生院1个,医疗室13个。有县体育中心。有省级文物保护单位蜚云塔、多安桥。农业以蔬菜、水稻、瓜果、棉花种植为主。工业以化工、铸造、猪鬃及服装加工、建材为主。有农贸城。207、353国道过境。有县汽车东站。通多路公交车。

澧澹街道［Lǐdàn Jiēdào］ 属澧县。在县境中部。面积48平方千米。人口3.8万。1983年设澧澹乡。2014年改街道。因澧水、澹水流经而得名。有中学1所,小学12所,卫生院2个,卫生室12个。有省级文物保护单位优周岗遗址。农业以棉花、蔬菜、水稻、瓜果种植为主。特产大石桥黄瓜。工业以化工、铸造、猪鬃加工、服装加工、建材为主。二广高速、353国道过境。通多路公交车。

张公庙镇［Zhānggōngmiào Zhèn］ 澧县辖镇。在县境南部。面积51平方千米。人口3.3万。辖2居委会、17村委会,有24自然村。镇人民政府驻张公庙社区。1980年县棉花试验站改张公庙公社。1984年改乡。1994年改镇。因镇政府驻地原名得名。澧水流经。有高中1所,中学1所,小学6所,幼儿园7所,卫生院1个,卫生室20个。有文化站、敬老院等。有国家3A级旅游景区彭山。有省级五星级农家乐1个。农业以水稻、棉花、蔬菜、瓜果种植为主。特产张公草莓、澧县葡萄。工业以农产品加工、电子制造为主。服务业以商贸、物流为主。207国道过境。

张公庙社区［Zhānggōngmiào Shèqū］ 张公庙镇人民政府驻地。在县境西南部。面积4平方千米。人口1300。《常德府志》载,三国张飞曾屯兵垦殖,善修好事,后人以祠祀之而得名。2002年村改社区。民居以3层及以上住宅楼为主。有卫生服务站、老年活动室、便民服务平台。有中小学。盛产葡萄。有农源、和益合作社,提供葡萄产供销一条龙服务。207国道经此。

小渡口镇［Xiǎodùkǒu Zhèn］ 澧县辖镇。在县境东部。面积85平方千米。人口3.6万。辖1居委会、23村委会,有27自然村。镇人民政府驻小渡口社区。1956年设大围乡。1958年改公社。1984年复乡。1993年改小渡口镇。因镇政府驻地原名得名。澧水、松滋河、涔水流经。有中学2所,小学15所,卫生院2个,医疗点30个。有文化馆、文化站、图书馆、体育馆、敬老院等。农业以水稻、油菜、棉花种植,鱼塘养殖为主。特产红心柚。工业以油脂加工为主。353国道、省道安乡—永顺线过境。

小渡口社区［Xiǎodùkǒu Shèqū］ 小渡口镇人民政府驻地。在县境东部。面积1.4平方千米。人口7000。因渡口较小得名。2002年村改社区,2005年北街社区并入。民居以3层及以上住宅楼为主。有卫生服务站、老年活动室、便民服务平台。有中学。353国道经此。

梦溪镇［Mèngxī Zhèn］ 澧县辖镇。在县境北部。面积80平方千米。人口3.1万。辖2居委会、18村委会,有28自然村。镇人民政府驻梦溪寺社区。1949年设梦溪乡。1960年改公社。1984年复乡,旋改镇。《直隶澧州志》载,唐代僧侣慈合因梦行此建梦溪寺,故名。南北夹河、涔水流经。有宋鲁湖。有初中1所,小学4所,幼儿园10所,卫生院1个,医疗站21个,广播电视台1个。有全国重点文物保护单位八十垱遗址、三元宫遗址。农业以水稻、油菜、柑橘种植,养蜂为主。工业以木船制造、机械加工、电力为主。服务业以商贸为主。特产惜春蜂蜜、湘香菌油。二广高速、207国道过境。

梦溪寺社区［Mèngxīsì Shèqū］ 梦溪镇人民政府驻地。在县境北部。面积3平方千米。人口1200。因梦溪寺得名。2000年成立。民居以2—5层住宅楼为主。有卫生服务站,大鼓、唢呐队。有中小学、幼儿园。有农贸市场。

207国道经此。

复兴厂镇［Fùxīngchǎng Zhèn］　澧县辖镇。在县境北部。面积62平方千米。人口2万。辖1居委会、16村委会，有18自然村。镇人民政府驻桃花园社区。1956年设复兴乡。1958年并入梦溪公社。1961年析设复兴公社。1984年改复兴厂乡，旋改镇。传明代名复田堡，毁于兵乱，后复修兴业，改今名。有初中1所，小学2所，幼儿园2所，卫生院1个，卫生站18个，文化站1个，广播电视台1个，图书室10个，村级文化中心17个。农业以水稻、棉花、油菜种植，鱼养殖为主。特产柑橘、苹果柚。工业以米业，页岩砖、环保砖加工为主。服务业以商品批发、零售为主。二广高速、207国道过境。

桃花园社区［Táohuāyuán Shèqū］　复兴厂镇人民政府驻地。在县境北部。面积3平方千米。人口3300。因有桃林得名。1984年成立，2005年复兴厂村并入。民居以2—3层中式住宅楼为主。有卫生服务站、老年活动室、健身广场。有小学、幼儿园。服务业以商贸、建筑建材为主。207国道经此。

盐井镇［Yánjǐng Zhèn］　澧县辖镇。在县境北部。面积67平方千米。人口1.9万。辖1居委会、8村委会，有18自然村。镇人民政府驻和平社区。1954年设盐井镇。1956年改乡。后改公社。1984年复乡，旋改镇。《直隶澧州志》载，因明代取井水煎盐而得名。有中学1所，小学3所，幼儿园5所，卫生院1个，卫生室15个，文化站1个，村级文化活动中心9个，图书室11个。有名胜古迹盐井水库、分水岭银杏树、观山凸桂花树、伍家岗枫杨树。农业以水稻、棉花、油菜、柑橘种植为主。工业以大米加工、机砖预制、农机具制造、陶器手工制作为主。特产盐井鱼糕。省道安乡—永顺线过境。

和平社区［Hépíng Shèqū］　盐井镇人民政府驻地。在县境北部。面积0.5平方千米。人口3100。寓意"和睦相处、平安快乐"得名。2003年成立。民居以2—5层住宅楼为主。有卫生服务站、老年活动室、便民服务站、休闲健身广场等。有广场舞队、腰鼓队。每月开展评选清洁户活动。有中小学、超市。有建筑建材、农贸市场等企业。省道安乡—永顺线经此。

雷公塔镇［Léigōngtǎ Zhèn］　澧县辖镇。在县境北部。面积50平方千米。人口2.4万。辖1居委会、13村委会，有18自然村。镇人民政府驻岩头嘴社区。1956年设彭家厂乡。1961年改公社。1984年复乡。1993年改雷公塔镇。传明初房屋遭雷电烧毁，仅存土塌而得名雷封塌，后以读音相近演为雷公塔。涔水流经。有中学1所，小学2所，幼儿园4所，卫生院1个，卫生室14个。有文化站、广播电视站、村级文化活动室、图书室等。农业以水稻、棉花、小麦、玉米种植为主。工业以棉业、包装、食品加工为主。省道安乡—永顺线过境。

岩头嘴社区［Yántóuzuǐ Shèqū］　雷公塔镇人民政府驻地。在县境北部。面积2平方千米。人口1100。因巉岩乱石遍布得名。2005年成立。民居以2—5层住宅楼为主。开展抱团养老模式。有广场舞队、志愿者服务队。有中小学。县道澧县—复兴线经此。

大堰垱镇［Dàyàndàng Zhèn］　澧县辖镇。在县境中部。面积53平方千米。人口4.1万。辖4居委会、19村委会，有26自然村。镇人民政府驻东街社区。1954年设大堰垱镇。1958年成立大堰垱镇公社。1975年合为大堰垱镇。1980年析设大堰垱公社。1984年公社改乡。1987年乡入镇。因三国时关羽驻军挖堰，后吴将周泰扩堰筑垱而得名。涔水流经。有初中1所，小学8所，幼儿园7所，卫生室23个，体育场2个。有文化站、广播电视站、文化大戏院等。有省级文物保护单位星星遗址。有宋家台遗址。有省级非物质文化遗产澧州大鼓，民俗舞龙舞狮、影戏。农业以水稻、棉花、油菜、葡萄种植为主。工业以化工、膨润土、建材、纸制品加工为主。特产黑水堰锅饺。焦柳铁路过境。有大堰垱飞机场，主要用于播种造林，防治森林、芦苇及农作物病虫害、抢险救灾等。

东街社区［Dōngjiē Shèqū］　大堰垱镇人民政府驻地。在县境中部。面积0.9平方千米。人口2900。因处街区东部得名。2002年成立。民居以3层及以上住宅楼为主。涔水流经。有卫生服务站、老年活动室、大戏院、曲艺茶社。有小学。有建材、膨润土、石膏粉加工企业。通乡村公路。

王家厂镇［Wángjiāchǎng Zhèn］　澧县辖镇。在县境中部偏南。面积65平方千米。人口2.6万。辖2居委会、15村委会，有19自然村。镇人民政府驻建设街社区。1959年成立王家厂公社。1980年析设王家厂镇。1987年公社并入镇。为北宋初名臣王祐祖居地，名王家坪，明初成集改今名。涔水流经。有初中1所，小学3所，幼儿园13所，卫生院1个，卫生室17个。有文化站、广播电视站、敬老院等。有国家水利风景区王家厂水库。农业以水稻、油菜、棉花、小麦种植为主。特产柑橘、茶油、刺葡萄、红不软香桃、三红柚。有王家厂渔场。工业以化工、建筑建材、陶土及石膏加工为主。服务业以餐饮为主。焦柳铁路、省道安乡—永顺线过境。

建设街社区［Jiànshèjiē Shèqū］　王家厂镇人民政府驻地。在县境中部偏南。面积4平方千米。人口4700。因建设街得名。2005年成立。民居以3层及以上住宅楼为主。有老年活动室、卫生服务站。有环境卫生协会、红白理事会，开展社会事务服务。有广场舞队、唢呐乐队、门球队等。有中小学。有国家水利风景区王家厂水库。有王家厂渔场及宝源、裕丰水果专业合作社。省道安乡—永顺线经此。

金罗镇［Jīnluó Zhèn］　澧县辖镇。在县境西北部。面积89平方千米。人口2.9万。辖2居委会、18村委会，有25自然村。镇人民政府驻金鸡岭社区。1956年设界岭乡。1961年改公社。1984年复乡。1990年改金罗镇。取金鸡岭、台罗湾各一字得名。澧水、涔水流经。有初中1所，小学4所，幼儿园10所，卫生院1个，卫生室20个。有文化站、广播电视站、村文化活动室、图书室等。有名胜古迹衙前寺、石龟山、护国寺、金鸡山寺。农业以水稻、棉花、油菜、小麦、玉米种植为主。有玉溪、金鸡寨绿色果品基地。工业以食品、石膏、制衣、电子制品、棉麻加工为主。服务业以商贸、物流为主。枝柳铁路，省道安乡—永顺、金罗—张公庙线过境。有澧县站。

金鸡岭社区［Jīnjīlǐng Shèqū］　金罗镇人民政府驻地。在县境中部偏西。面积12平方千米。人口4300。因金鸡岭得名。2002年成立。民居以3层及以上住宅楼为主。有卫生服务站、村文化活动室、敬老院、猴子坡休闲广场。有环境卫生协会、红白理事会，开展社会事务服务。有广场舞队、音乐队等。有名胜古迹护国寺、金鸡山寺。省道金罗—张公庙线经此。

码头铺镇［Mǎtóupù Zhèn］　澧县辖镇。在县境西北部。面积39平方千米。人口1.7万。辖1居委会、6村委会，有16自然村。镇人民政府驻码头社区。1961年成立码头铺公社。1984年改乡，旋改镇。因镇政府驻地原名得名。涔水、澹水流经。有初中1所，小学2所，幼儿园3所，卫生院1个，卫生室7个。有文化站、广播电视站、村文化活动室、图书室等。有名胜刻木山。农业以水稻、棉花、油菜种植为主。工业以水泥、建材加工为主，有红薯粉丝加工业。省道澧县—桃源、安乡—永顺、临澧—澧县线过境。

码头社区［Mǎtóu Shèqū］　码头铺镇人民政府驻地。在县境西北部。面积4平方千米。人口4400。因古码头得名。2005年成立。民居以2层及以上住宅楼为主。有卫生服务站、老年活动室、码头铺文化广场。有评选长寿、孝老敬老之星活动。有中小学、社区果蔬专业合作社。有建材、农贸市场。省道临澧—澧县线经此。

方石坪镇［Fāngshípíng Zhèn］　澧县辖镇。在县境西北部。面积46平方千米。人口1.3万。辖1居委会、6村委会，有17自然村。镇人民政府驻双泉寺社区。1948年设方石坪乡。1958年改五星公社，次年改方石坪公社。1984年复乡。1994年改镇。传明初方氏迁此大石坪处而得名。涔水流经。有初中1所，小学1所，幼儿园4所，卫生院1个，卫生室16个。有赤峰、羊耳山煤矿。有文化站、广播电视站、村文化活动室、图书室等。有600年古枫树1株。农业以水稻、油菜、小麦、玉米种植为主。工业以煤炭开采、建材为主。省道安乡—永顺、澧县—桃源线过境。

双泉寺社区［Shuāngquánsì Shèqū］　方石坪镇人民政府驻地。在县境西北部。面积3平方千米。人口4600。有2泉井，因曾有双泉寺而得名。2002年村改社区。民居以3层及以上住宅楼为主。有卫生服务站、老年活动室、图书室、老年人日间照料中心、便民服务站。有环境卫生协会、红白理事会。有中小学。省道王家厂—码头铺线经此。

甘溪滩镇［Gānxītān Zhèn］　澧县辖镇。在县境西北部。面积80平方千米。人口2.3万。辖1居委会、8村委会，有17自然村。镇人民政府驻精华寺社区。1955年设甘溪乡。1958年并入东门公社。1961年析设甘溪公社。1984年复乡，旋改甘溪滩镇。因水落成滩，清澈甘甜而得名。澧水、涔水流经。有中学1所，小学3所，幼儿园4所，卫生院1个，卫生室9个，村级文化室9个，图书室9个。有古迹皮氏牌坊。农业以水稻、玉米、红薯种植为主。工业以水泥、石煤、建材、水电为主。服务业以餐饮、商贸为主。为湘北物资集散地。省道澧县—桃源线过境。

精华寺社区［Jīnghuásì Shèqū］　甘溪滩镇人民政府驻地。在县境西北部。面积3平方千米。人口3400。2002年成立。因寺得名。民居以3层及以上住宅楼为主。有老年服务中心、日间照料中心、图书室、便民服务站等。有环境卫生协会、红白理事会。有中小学、卫生室。县道澧县—太青线经此。

火连坡镇［Huǒliánpō Zhèn］　澧县辖镇。在县境西北部。面积62平方千米。人口1.8万。辖1居委会、7村委会，有16自然村。镇人民政府驻观音阁社区。1962年成立金山公社。1984年改乡，旋改火连坡镇。传金家山南坡煤层自燃延及全坡而得名。澧水流经。有初中1所，小学3所，幼儿园6所，卫生院2个，卫生室8个。有文化站、广播电视站、敬老院等。有常德会战暖水街战役遗址。有古迹松祝桥。农业以水稻、玉米种植为主，产茶叶、脐橙、南竹、中华鲟鱼。特产有机蔬菜。工业以农业产品加工、生物化工为主。服务业以商贸为主。省道澧县—桃源线过境。

观音阁社区［Guānyīngé Shèqū］　火连坡镇人民政府驻地。在县境西北部。面积2平方千米。人口2300。传观音经此留有马蹄印，遂建阁祭祀，名观音阁，袭为村名。2002年村改社区。民居以3层及以上住宅楼为主。有老年活动室、日间照料中心、图书室等。有环境卫生协会、红白理事会。有中小学、卫生院。县道澧县—太青线经此。

澧南镇［Lǐnán Zhèn］ 澧县辖镇。在县境南部。面积 49 平方千米。人口 3 万。辖 2 居委会、17 村委会，有 19 自然村。镇人民政府驻乔家河社区。1956 年设澧南乡。1959 年改公社。1984 年复乡。2007 年改镇。因处澧水之南而得名。澧水、道水流经。有中学 1 所，小学 4 所，幼儿园 8 所，卫生院 1 个，卫生室 19 个。有文化站、广播电视站、敬老院等。有全国重点文物保护单位鸡公垱遗址。有国家 4A 级旅游景区华城彭山旅游度假庄园。农业以水稻、棉花、油菜种植为主。工业以农副产品加工、建材、化工为主。服务业以商贸、物流为主。县道乔家河—仙峰线过境。有澧水航道。

乔家河社区［Qiáojiāhé Shèqū］ 澧南镇人民政府驻地。在县境南部。面积 3 平方千米。人口 2800。昔偏僻荒凉，后乔姓居于澧水河渡口旁而得名。2002 年村改社区。民居以 3 层及以上住宅楼为主。有卫生服务站、老年人日间照料中心、老年活动室、图书室等。有环境卫生协会、红白理事会。县道乔家河—仙峰线经此。

九垸乡［Jiǔyuàn Xiāng］ 澧县辖乡。在县境东部。面积 54 平方米。人口 2.2 万。辖 14 村委会，有 15 自然村。乡人民政府驻甘家村。1956 年设九垸乡。1961 年改公社。1984 年复乡。因有 9 围垸得名。松滋河、澧水流经。有初中 1 所，小学 7 所，幼儿园 10 所，卫生院 1 个，卫生室 17 个。有名胜七里湖芦苇荡。农业以水稻、小麦、棉花种植，甲鱼、黄鳝养殖为主，产瓜果、菱、藕。工业以农副产品加工、建材预制、卷板加工为主。服务业以商贸为主。县道柳耳坝—甘家湾线过境。

甘家村［Gānjiācūn］ 九垸乡人民政府驻地。在县政府驻地澧阳街道东南 18 千米。人口 2300。因原甘姓居于河湾得名。聚落呈带状。有小学、幼儿园、卫生院、敬老院、文化图书室。农业以水稻、棉花种植，淡水鱼养殖为主。县道柳耳坝—甘家湾线经此。

官垸乡［Guānyuàn Xiāng］ 澧县辖乡。在县境东南部。面积 81 平方千米。人口 1.8 万。辖 1 居委会、9 村委会，有 15 自然村。乡人民政府驻官垸码头社区。1958 年成立红星公社。1959 年更名官垸公社。1984 年设乡。1995 年余家台乡 11 村并入。为清十官垸之一，1912 年后加固形成独立堤垸而得名。松滋河流经。有初中 1 所，小学 4 所，幼儿园 12 所，卫生院 1 个，卫生室 10 个。有文化站、广播电视站等。农业以小麦、棉花、油菜、水稻、蔬菜、湖藕种植，南美白对虾养殖为主。工业以棉花、竹木加工，保健食品加工，铁具制造等为主。353 国道过境。

官垸码头社区［Guānyuànmǎtóu Shèqū］ 官垸乡人民政府驻地。在县境东南部。面积 0.5平方千米。人口 3000。因官垸外有码头得名。2002 年村改社区。民居以 3 层及以上住宅楼为主。有敬老院、图书室、便民服务站。有幼儿园、卫生室、农贸市场等。353 国道经此。

永丰乡［Yǒngfēng Xiāng］ 澧县辖乡。在县境东北部。面积 59 平方千米。人口 2.7 万。辖 1 居委会、13 村委会，有 16 自然村。乡人民政府驻梅家港社区。1956 年设永丰乡。1961 年改公社。1984 年复乡。因古有永镇河、渡、垸，祈丰收之意得名。涔水、松滋河流经。有中学 1 所，小学 6 所，幼儿园 8 所，卫生院 1 个，卫生室 15 个。有文化站、广播电视站等。农业以水稻、棉花、蔬菜种植，鸭养殖为主。特产红地球葡萄。工业以油脂、棉业、木材加工为主。省道柳耳坝—梦溪线过境。

梅家港社区［Méijiāgǎng Shèqū］ 永丰乡人民政府驻地。在县境东北部。面积 9 平方千米。人口 4600。曾为湖洲，因港口有梅姓摆渡而得名。2002 年村改社区。民居以 3 层及以上住宅楼为主。有老年人日间照料中心、敬老院、图书室、便民服务站。有环境卫生协会、红白理事会。有小学、幼儿园、卫生室、农贸市场等。省道柳耳坝—梦溪线经此。

如东乡［Rúdōng Xiāng］ 澧县辖乡。在县境东北部。面积 67 平方千米。人口 2.2 万。辖 1 居委会、14 村委会，有 16 自然村。乡人民政府驻如东铺社区。1950 年设如东乡。1959 年改卫星公社。1961 年并入红庙区。1984 年复乡。因乡政府驻地得名。杨家湖河、马公湖河流经。有中学 1 所，小学 8 所，幼儿园 18 所，卫生院 1 个，卫生室 16 个。有文化站、广播电视站、敬老院等。农业以棉花、油菜、水稻种植为主，特产葡萄。工业以化工、铸造、服装加工等为主。服务业以商贸为主。省道安乡—永顺线、县道青龙部—盐井线过境。

如东铺社区［Rúdōngpù Shèqū］ 如东乡人民政府驻地。在县境东北部。面积 0.7 平方千米。人口 500。因清末民初郑如东迁此开店而得名。2002 年村改社区。民居以 3 层及以上住宅楼为主。有卫生站、老年活动室、老年人日间照料中心、便民服务站、图书室等。有环境卫生协会、红白理事会。有中学。县道青龙部—盐井线经此。

澧东乡［Lǐdōng Xiāng］ 澧县辖乡。在县境东部。面积 46 平方千米。人口 3 万。辖 16 村委会，有 18 自然村。乡人民政府驻澧东村。1956 年设澧东乡。1958 年成立公社。1961 年析设澧澹、涔南 2 公社。1984 年复乡。因乡政府驻地得名。澹水流经。有北民湖蓄洪区。有中学 1 所，小学 5 所，精神康复医院 1 个，卫生院 1 个，卫生室 16 个。有幼儿园、文化站、广播电视站、敬老院。有全国重点文物保护单位十里岗遗址。有古迹十回港。农业以棉花、水稻、油菜种植为主。特产团结腊鹅、凉拌腱子牛肉。二广高速、207 国道过境。

澧东村［Lǐdōngcūn］ 澧东乡人民政府驻地。在县政府驻地澧阳街道东 6 千米。人口 2000。因处县城东得名。聚落呈线状。有中学、有幼儿园、敬老院、卫生室、图书室、文化综合站。农业以水稻、棉花、油菜种植为主。有服装加工业。二广高速经此。

涔南乡［Cénnán Xiāng］ 澧县辖乡。在县境中部偏东。面积 21 平方千米。人口 2.6 万。辖 1 居委会、18 村委会，有 19 自然村。乡人民政府驻涔曾社区。1956 年设涔南乡。1958 年改公社。1984 年复乡。因处涔水南得名。涔水流经。有初中 1 所，小学 5 所，卫生院 1 个，卫生室 16 个。有幼儿园、文化站、广播电视站、敬老院等。有全国重点文物保护单位丁家岗遗址、鸡叫城遗址，省级文物保护单位鲁家山遗址。农业以水稻、棉花、油菜种植为主。工业以铸造、机械加工、饮料食品加工为主。二广高速、207 国道过境。

涔曾社区［Cénzēng Shèqū］ 涔南乡人民政府驻地。在县境中部。面积 4 平方千米。人口 3800。因此段涔水附近多曾姓得名。2002 年成立。民居以 3 层及以上住宅楼为主。开展送戏下乡、改灶、改厕建沼气池等活动。有小学、幼儿园、卫生站、敬老院、图书室。有供销社、农机站、二轻机械厂等。农业以水稻、棉花种植为主。207 国道经此。

大坪乡［Dàpíng Xiāng］ 澧县辖乡。在县境中部偏西。面积 36 平方千米。人口 2.2 万。辖 1 居委会、12 村委会，有 14 自然村。乡人民政府驻玉成社区。1956 年设大坪乡。1961 年改公社。1984 年复乡。因处澧阳平原中心得名。有中学 1 所，小学 5 所，卫生院 1 个，卫生室 12 个。有幼儿园、文化站、广播电视站、敬老院等。有全国重点文物保护单位彭头山遗址。农业以水稻、棉花、油菜、葡萄种植为主。工业以油脂、农副产品加工，膏矿开采，铸造为主。省道澧县—宜万楼子嘴线过境。

玉成社区［Yùchéng Shèqū］ 大坪乡人民政府驻地。在县境中部偏西。面积 2.5 平方千米。人口 2200。因玉成小学得名。2005 年成立。民居以 3 层及以上住宅楼为主。有老年活动室、儿童之家、卫生服务站、便民服务站、微型消防站，配有消防车 1 台等设施。有老年人日间照料中心，提供阅读、棋牌等休闲活动。有文化志愿者队伍、民间乐器队伍、广场舞队等文体团队。有中学、卫生院、农科站等。通多路公交车。

道河乡［Dàohé Xiāng］ 澧县辖乡。在县境东南部。面积 63 平方千米。人口 1.5 万。辖 1 居委会、13 村委会，有 15 自然村。乡人民政府驻天子山社区。1956 年设道河乡。1961 年改公社。1984 年复乡。因道水流经而得名。有中学 1 所，小学 3 所，卫生院 1 个，卫生室 14 个。有幼儿园、文化站、广播电视站、敬老院等。有古迹胡家场遗址、乌鸦山古墓群、钦山寺。农业以水稻、棉花、油菜、葡萄种植为主。工业以农副产品加工、膏矿开采、铸造为主。特产道河千张。省道澧县—宜万楼子嘴线、县道乔家河—仙峰线过境。

天子山社区［Tiānzǐshān Shèqū］ 道河乡人民政府驻地。在县境东南部。面积 5 平方千米。人口 1200。因天子山得名。2002 年成立。民居以 3 层及以上住宅楼为主。有老年人日间照料中心。有红白理事会、环境卫生协会，提供社会事务服务。有中学、幼儿园、卫生室、图书室、农家书屋。盛产道河千张。县道乔家河—仙峰线经此。

双龙乡［Shuānglóng Xiāng］ 澧县辖乡。在县境东北部。面积 58 平方千米。人口 1.6 万。辖 1 居委会、12 村委会，有 16 自然村。乡人民政府驻顺林桥社区。1950 年设双龙乡。1956 年改名双龙岗乡。1961 年成立双龙公社。1984 年改乡。因双龙岗得名。有牛奶湖。有中学 1 所，小学 1 所，卫生院 1 个，卫生室 13 个。有文化站、广播电视站、敬老院等。有大美家园、涔阳古道、千年古枫、百年香樟等名胜古迹。农业以水稻、棉花、油菜、玉米、红薯种植，螃蟹养殖为主。盛产西瓜、柑橘。工业以农副产品加工为主。服务业以商贸为主。省道安乡—永顺、青龙部—盐井线过境。

顺林桥社区［Shùnlínqiáo Shèqū］ 双龙乡人民政府驻地。在县境东部。面积 4 平方千米。人口 1300。传因李顺林修桥得名。2002 年成立。民居以 3 层及以上住宅楼为主。有图书室、便民服务站、农家书屋和老年人日间照料中心。有广场舞队。有红白理事会、环境卫生协会，提供社会事务服务。有中小学、卫生院。省道青龙部—盐井线经此。

宜万乡［Yíwàn Xiāng］ 澧县辖乡。在县境北部。面积 65 平方千米。人口 2.1 万。辖 1 居委会、8 村委会，有 18 自然村。乡人民政府驻金马社区。1950 年设宜万岭乡。1956 年改宜万乡。1958 年改公社。1984 年改乡。因宜万岭得名。有中学 1 所，小学 5 所，卫生院 1 个，卫生室 9 个。有幼儿园、敬老院、体育室、文化站、广播电视站等。有全国重点文物保护单位花瓦塔。农业以水稻、棉花、油菜、玉米、红薯、柑橘种植为主。工业以农副产品加工为主。服务业以商贸为主。省道安乡—永顺、澧县—

宜万楼子嘴线过境。

金马社区［Jīnmǎ Shèqū］　宜万乡人民政府驻地。在县境北部。面积3平方千米。人口2100。因金马堰得名。2002年成立。民居以3层及以上住宅楼为主。有老年人日间照料中心、卫生室等。红白理事会常年开展活动。有中学、卫生院、农家书屋。省道澧县—宜万楼子嘴线经此。

车溪乡［Chēxī Xiāng］　澧县辖乡。在县境中部。面积41平方千米。人口2.7万。辖1居委会、16村委会，有19自然村。乡人民政府驻车溪河社区。1958年成立车溪公社。1984年改乡。因乡政府驻地原名得名。车溪、八根、澹水等河流经。有高中1所，小学7所，卫生院1个，卫生室17个。有全国重点文物保护单位城头山古文化遗址、余家牌坊。农业以水稻、棉花、油菜、葡萄种植为主。工业以副食品加工、铸造、建材、服装加工为主。特产城头山紫米。省道澧县—宜万楼子嘴线过境。

车溪河社区［Chēxīhé Shèqū］　车溪乡人民政府驻地。在县境中部。面积0.6平方千米。人口500。因河得名。2002年村改社区。民居以3层及以上住宅楼为主。有老年活动室、卫生服务站、便民服务站等。有中学、卫生院、文化广场。省道澧县—宜万楼子嘴线经此。

中武乡［Zhōngwǔ Xiāng］　澧县辖乡。在县境北部。面积69平方千米。人口2万。辖1居委会、12村委会，有17自然村。乡人民政府驻中武桥社区。1950年设中武乡。1961年成立公社。1984年复乡。因乡政府驻地原名得名。涔水流经。有中学1所，小学5所，幼儿园3所，卫生院1个，卫生室15个。有文化站、广播电视站、敬老院。有游玉圃烈士墓。农业以棉花、油菜、水稻种植为主。工业以食品加工、煤矿开采、玻璃制品加工等为主。省道澧县—宜万楼子嘴线过境。

中武桥社区［Zhōngwǔqiáo Shèqū］　中武乡人民政府驻地。在县境北部。面积6平方千米。人口1600。传清初乡民中武举后，捐资建桥而得名。2005年村改社区。民居以3层及以上住宅楼为主。有老年人日间照料中心、卫生站、老年活动室。有环境卫生协会、红白理事会。有小学、幼儿园。为湘北棉花集散中心。省道澧县—宜万楼子嘴线经此。

闸口乡［Zhákǒu Xiāng］　澧县辖乡。在县境西北部。面积78平方千米。人口2万。辖2居委会、11村委会，有19自然村。乡人民政府驻花园湾社区。1956年设闸口乡。1958年改公社。1984年复乡。因旧有闸堰湾得名。涔水流经。有百岛湖。有矿产资源石灰石、烟煤、石煤、石膏等。有天供山省级森林公园。有中学1所，小学3所，卫生院1个，卫生室12个。有文化站、广播电视站、敬老院。有岗城遗址。农业以水稻、油菜种植为主，产金银花、天供山蜈蚣。工业以矿产开采为主。县道澧县—太青线过境。

花园湾社区［Huāyuánwān Shèqū］　闸口乡人民政府驻地。在县境西部。面积4平方千米。人口2900。传曾山湾堰塘荷叶翠绿、花香四溢，翌日不见，传为神花而得名花堰湾，后谐音为今名。2005年成立。民居以3层及以上住宅楼为主。有卫生服务站、老年活动室。有小学。有服装加工、建材等企业。县道澧县—太青线经此。

洞市乡［Dòngshì Xiāng］　澧县辖乡。在县境西部。面积45平方千米。人口1.2万。辖8村委会，有14自然村。乡人民政府驻洞市村。1950年设洞市乡。1961年改公社。1984年复乡。因乡政府驻地得名。涔水南支流经。有小学2所，卫生院1个，卫生室8个。有幼儿园、文化站、广播电视站、敬老院。有名胜古迹和尚洞、水帘洞、木溪峪。农业以水稻、棉花、油菜、玉米、红薯种植为主。工业以煤矿开采、建材加工为主。服务业以商贸为主。省道安乡—永顺线过境。

洞市村［Dòngshìcūn］　洞市乡人民政府驻地。在县政府驻地澧阳街道西北52千米。人口2700。因集市位于和尚洞下得名。聚落呈线状。有小学、幼儿园、卫生院等。农业以水稻、棉花、玉米、红薯种植为主。通乡村公路。

杨家坊乡［Yángjiāfāng Xiāng］　澧县辖乡。在县境西北部。面积38平方千米。人口1.2万。辖7村委会，有14自然村。乡人民政府驻杨家坊村。1956年设杨家坊乡。1958年并入五星公社。1961年析设杨家坊公社。1984年复乡。因乡政府驻地得名。涔水支流流经。有中学1所，小学1所，卫生院1个，卫生室7个。有文化站、广播电视站、敬老院等。有名胜古迹肖家洞、黄木洞、燕子洞、杨花桥水库等。农业以水稻、棉花、玉米种植为主。工业以茶叶、环保砖、水泥、石煤等加工业为主。服务业以商贸为主。县道码头铺—龙凤观线过境。

杨家坊村［Yángjiāfāngcūn］　杨家坊乡人民政府驻地。在县政府驻地澧阳街道西北40千米。人口2000。明代成村。因杨姓聚居并开办制粉作坊而得名。聚落呈块状。有中学、卫生院、农贸市场。农业以水稻、棉花种植为主。县道码头铺—龙凤观线经此。

太青乡［Tàiqīng Xiāng］　澧县辖乡。在县境西北部。面积108平方千米。人口1.9万。辖11村委会，有24自然村。乡人民政府驻探峪村。1950年设太青乡。1956年改群山乡。1961年成立太青公社。1984年改乡。1995年东门乡并入。因太青山得名。淞水流经。有中学1所，小学5所，卫生院1个，卫生室11个。有文化站、广播电视站、敬老院等。有名胜古迹鸭母尖、白生灰窑、穿眼岩屋、巡抚洞、蛮王寨。农业以玉米、红薯、水稻、茶种植为主。工业以茶叶加工、纯净水灌装、化工等为主。有国家地理标志农产品双上绿芽茶叶。县道甘溪滩—太青线过境。

探峪村［Tànyùcūn］　太青乡人民政府驻地。在县政府驻地澧阳街道西北49千米。人口2500。明代成村，传孽龙寻子于峪中，遂名峪为探儿峪而得名。聚落呈带状。有中学、卫生院、文化室、图书室、幸福园等。农业以水稻、玉米、棉花、红薯种植为主。县道甘溪滩—太青线经此。

临澧县

临澧县［Línlǐ Xiàn］　常德市辖县。北纬29°30′，东经111°36′。在市境北部。面积1209平方千米。人口45万。以汉族为主，还有土家、回等民族。辖8镇、9乡。县人民政府驻安福镇。清雍正七年(1729)置安福县，治裴家河，今城关镇，属澧州直隶州。1914年以壕阵澧水更今名，先后属武陵道、湘江道、第二行政督察区、第四行政督察区、常德专区、常德地区。1988年属常德市。先后建丁玲广场、朝阳广场，改造棚户区。城中为政治文化区，城南为商业区，城北为工业集中区，城西为居民居住区。处西部山丘向洞庭湖盆地过渡地带。以丘陵、平原为主，西南、西北部有丘陵。平均海拔50米。有太浮山、刻木山。年均气温16.3℃，1月平均气温4℃，7月平均气温28℃。年均降水量1256毫米。道水、澧水、肖家河、朱家河、大溪河流经。有煤、膨润土、硅砂、石膏矿等矿产资源。有野生植物56种，其中有国家重点保护野生植物银杏、刺楸、杜仲、香樟、紫檀、红椿、三尖杉等16种。有野生动物38种，其中有国家重点保护野生动物穿山甲、水獭、果子狸、虎纹蛙、麂子等23种。有省级自然保护区1个。森林覆盖率42%。有中学22所，小学72所，三级医院1个，二级医院2个，博物馆1个，文化馆1个，图书馆1个，档案馆1个，文艺团体10个。有全国重点文物保护单位林伯渠故居、九里楚墓群、青山崖墓、申明城遗址，省级文物保护单位大溪、龙山文化遗址、宋玉城遗址等10个。有丁玲故居、诗人宋玉墓。有省级非物质文化遗产九里渔鼓、鼓盆歌、宋玉的传说。有民俗鼓书说唱、丁兰刻木、杨板千丈。有景点太浮山、官亭湖、青山。三次产业比例16：32：52。农业以水稻、棉花、油菜、小麦、油茶种植，生猪、鸡、鸭、水产养殖为主，产柑橘、水蜜桃、蜜柚、葡萄、西瓜。有特产杨板千张。有国家地理标志产品临澧黄花鱼、临澧杂柑。工业以采矿、机械、化纤纺织、化工为主，发展高新材料、新型建材等。有省级经济开发区1个。服务业以商贸、餐饮、住宿为主，发展物流、旅游。枝柳、石长铁路，二广高速，207、353国道，省道张家界—慈利线过境。

临澧大桥［Línlǐ Dàqiáo］　在县城南部。长145.8米，宽18.6米，最大跨度35米，桥下净高33.9米。1968年开工，1969年建成，1981、1992年扩建维修。因县名得名。为中型河道桥梁，结构型式为钢混拱桥。最大载重汽车13吨，拖车60吨。通多路公交车。

临澧站［Línlǐ Zhàn］　见交通运输设施部分“临澧站”条。

临澧县汽车东站［Línlǐ Xiàn Qìchē Dōngzhàn］　见交通运输设施部分“临澧县汽车东站”条。

安福镇［Ānfú Zhèn］　临澧县人民政府驻地。在县境中部偏南。面积44平方千米。人口7.1万。辖11居委会、8村委会，有8自然村。镇人民政府驻安福路社区。道水流经。1951年设城关镇。2003年铁锣、芭蕉等5村及太平社区并入，改为安福镇。有中学4所，小学6所，三级医院1个，二级医院2个，卫生院1个。有幼儿园、文化站、敬老院等。农业以大棚蔬菜种植为主。工业以化纤、棉纺织、建材、汽车零部件制造为主。石常铁路、207国道过境。有临澧站。

新安大道［Xīn’ān Dàdào］　在县城北部。南起常石公路，北至353国道。与风光带南路、北路相交。长900米，宽20米。沥青路面。1994年开工，2013年建成。因吉言佳语得名。两侧有小学、农贸菜市场、文化广场、农民文化宫、风光带、酒店、花园等。通多路公交车。

安福路［Ānfú Lù］　在县城北部。东起临岗公路，西至文火公路。与迎宾路相交。长5.8千米，宽30米。水泥路面。1986年开工，1989年建成。因吉言佳语得名。两侧有临澧县汽车东站、中小学、丁玲广场等。通多路公交车。

朝阳街［Cháoyáng Jiē］　在县城中部。东起临岗公路，西至环城路。与迎宾路相交。长4.5千米，宽20米。沥青路面。1985年开工，1987年建成。因吉言佳语得名。分东、西2街。两侧有县儿童医院、图书馆、博物馆、卫生防疫站、新华书店、朝阳农贸市场、朝阳广场。通多路公交车。

迎宾路［Yíngbīn Lù］　在县城中部。南起207国道，北至沅澧快速干线。与文塘路、滨河路、老正街、朝阳路、安福路、翰林路相交。长5.2千米，宽30米。水泥路面。1985年开工，1987年建成。两侧有农贸市场、中医院、丁玲剧院、朝阳广场、丁玲广场等。通多路公交车。

安福路社区［Ānfúlù Shèqū］ 安福镇人民政府驻地。在县境中部。面积1.7平方千米。人口5700。因安福路得名。2002年成立。民居以2层楼房及20层以上住宅楼为主。有卫生服务站、老年活动室、便民服务站等。有志愿者队伍。有中学。驻有县税务局、老干部局等。207国道经此。

合口镇［Hékǒu Zhèn］ 临澧县辖镇。在县境北部。面积49平方千米。人口4.7万。以汉族为主，还有土家族。辖3居委会、24村委会，有24自然村。镇人民政府驻管渡社区。清雍正七年(1729)设合口镇。1912年改乡。1956年复镇。1985年新合乡并入。因索水、高家溪、芭茅溪汇合注入澧水而得名。有矿产资源石膏。有中学1所，小学10所，卫生院1个，卫生所32个。有幼儿园、文化广播站、文化活动中心、敬老院等。有楚大夫申鸣墓、明代右佥都御史刘刚壁墓、御史桥、龙池书院等名胜古迹。农业以水稻、小麦、棉花、蔬菜种植为主。工业以烟花爆竹加工、石膏矿开采、纺织、造纸等为主。为湘北物资聚散地。省道澧慈线过境。有澧水航道。

管渡社区［Guǎndù Shèqū］ 合口镇人民政府驻地。在县境北部。面积1.5平方千米。人口1800。因管渡铺得名。2009年成立。民居以4层及以上住宅楼为主。有老年活动室、便民服务站等。有小学、卫生所，幼儿园。省道澧慈线经此。

新安镇［Xīn'ān Zhèn］ 临澧县辖镇。在县境西北部。面积59平方千米。人口5.9万。以汉族为主，还有土家族。辖5居委会、22村委会，有22自然村。镇人民政府驻高兴社区。民国时曾有新安乡。1956年设新安乡。1958年与洞坪、砚水堰2乡合设新安公社。1961年析设新安镇。1968年镇改公社。1970年镇、社分设。1980年析设棉花良种场，1981年场改洞坪公社，1984年改乡，1985年并入新安镇。1986年镇、社合并，仍名新安镇。因明天启元年(1621)设九溪卫署，取"新近安抚边夷"称新安市而得名。有中学4所，小学6所，卫生院1个。有幼儿园、文化广播站、县血防医院、文化广场、敬老院等。有全国重点文物保护单位申明城遗址、杉龙岗遗址，省级文物保护单位化垱遗址。农业以水稻、棉花、油菜、小麦、蔬菜种植为主。特产洞坪红萝卜。工业以建材、烟花爆竹加工、机械铸造为主。焦柳铁路、省道岳阳—永顺线过境。

高兴社区［Gāoxìng Shèqū］ 新安镇人民政府驻地。在县境北部。面积1.8平方千米。人口2600。因高兴堰得名。2010年成立。民居以2层及以上住宅楼为主。有老年活动室、医疗室、健身广场。有民俗舞狮，玩龙灯、土花鼓。开展学雷锋、敬老活动。有小学、幼儿园。枝柳铁路、省道岳阳—永顺线经此。

龙凤村［Lóngfèngcūn］ 在县政府驻地安福镇北30千米。新安镇辖自然村。人口3700。明末清初成村。因处龙凤山脚得名。聚落呈条状。有小学、医疗室、农民文化宫。农业以水稻、油菜、棉花种植为主。工业以烟花爆竹加工为主。焦柳铁路经此。2011年被评为全国文明村。

佘市桥镇［Shéshìqiáo Zhèn］ 临澧县辖镇。在县境西部。面积72平方千米。人口2.2万。辖1居委会、19村委会，有22自然村。镇人民政府驻新兴社区。民国曾设佘市乡。1960年成立佘市桥公社。1984年改乡，旋改镇。因明代佘市桥得名。有中学1所，小学3所，卫生院1个，卫生所21个。有幼儿园、文化广播站、敬老院等。有丁玲故居、纪念馆。农业以水稻、油菜、棉花、油茶种植为主，盛产柑橘、葡萄。有农贸市场。石长铁路、省道临慈线过境。

新兴社区［Xīnxīng Shèqū］ 佘市桥镇人民政府驻地。在县境西部。面积0.8平方千米。人口3600。寓新建兴旺之意得名。1984年成立。民居以2层及以上住宅楼为主。有老年活动室、医疗室、农家书屋。有中小学、幼儿园、卫生院、农贸市场等。县道临澧—佘市线经此。

太浮镇［Tàifú Zhèn］ 临澧县辖镇。在县境南部。面积74平方千米。人口1.5万。辖1居委会、18村委会，有18自然村。镇人民政府驻衍嗣社区。1961年由东风公社析设太浮公社。1984年改乡，旋改衍嗣庵镇。1995年改今名。因处太浮山下得名。有中学1所，小学13所，卫生院1个，卫生所3个。有幼儿园、文化广播站、敬老院等。有太浮山革命烈士纪念广场及烈士纪念碑、常德会战战壕遗址。有名胜古迹樱花谷、金鼎大殿。农业以水稻、油茶种植为主，产林木。有集贸市场。临澧—桃源公路过境。

衍嗣社区［Yǎnsì Shèqū］ 太浮镇人民政府驻地。在县境西南部。面积1.8平方千米。人口1600。因衍嗣庵得名。2002年成立。民居以2层及以上住宅楼为主。重点开展为老服务，如举办老年文体活动，兴办福利院、老年公寓及提供健康服务。开展社会保障服务，对低收入家庭落实低保政策，建立再就业基地，安排下岗职工再就业。有中小学、幼儿园、医疗室、健身广场、集贸市场等。通多路公交车。

四新岗镇［Sìxīngǎng Zhèn］ 临澧县辖镇。在县境南部。面积94平方千米。人口2万。辖1居委会、46村委会，有22自然村。镇人民政府驻四新岗社区。1956年设珠日乡。1958年改五星公社。1961年改珠日桥公社。1984年改四新岗镇。因镇政府驻地原名得名。有中学1所，小学5所，卫生院1个，卫生所27个。有幼儿园、文体活动中心、文化广场、敬老院等。农业以水稻、油茶种植，山羊养殖为主。工业以石材石料、钢管、鞭炮制作为主。有集贸市场。石长铁路、207国道过境。

四新岗社区［Sìxīngǎng Shèqū］ 四新岗镇人民政府驻地。在县境南部。面积5平方千米。人口3300。原名爬爬堰，1966年后更名为四新岗村。1985年村改社区。民居以2层住宅楼为主。重点开展为老服务，如举办老年文体活动，兴办福利院、老年公寓及提供健康服务。开展社会保障服务，对低收入家庭落实低保政策，建立再就业基地，安排下岗职工再就业。办好社区卫生保健室，开展对常见病的康复医疗服务。有中小学、卫生院、集贸市场。207国道经此。

停弦渡镇［Tíngxiándù Zhèn］ 临澧县辖镇。在县境中部。面积67平方千米。人口2万。辖1居委会、19村委会，有19自然村。镇人民政府驻古渡社区。1956年设停弦渡乡。1958年成立先锋公社。1959年更名停弦公社。1984年复乡。1985年改镇。传因司马相如携卓文君渡口抚琴，弦断音绝而得名。有中学1所，小学4所，卫生院1个，卫生所13个。有文化广播站、敬老院等。农业以水稻、小麦、油菜、棉花、油茶种植为主。工业以陶瓷加工、煤矿开采为主。有集贸市场。207国道、省道常澧线过境。

古渡社区［Gǔdù Shèqū］ 停弦渡镇人民政府驻地。在县境北部。面积5平方千米。人口3100。因停弦古渡口得名。1984年成立。民居以2层住宅楼为主。重点开展为老服务，如举办老年文体活动，兴办福利院、老年公寓及提供健康服务。开展社会保障服务，对低收入家庭落实低保政策，建立再就业基地，安排下岗职工再就业。办好社区卫生保健室，开展对常见病的康复医疗服务。有中小学、卫生院。工业以陶瓷产销为主。通公交车。

修梅镇［Xiūméi Zhèn］ 临澧县辖镇。在县境中部。面积75平方千米。人口2.1万。辖2居委会、20村委会，有22自然村。镇人民政府驻南江社区。1921年设赵家乡。1946年更名修梅乡。1949年并入四区。1956年复修梅乡。1958年改超美公社。1959年改修梅公社。1984年改乡。1991年改镇。因革命先驱林修梅得名。有中学1所，小学3所，卫生院1个，卫生所24个。有幼儿园、文化广播站、敬老院等。有全国重点文物保护单位林伯渠故居。农业以水稻、油菜、棉花、蔬菜种植为主，产茶籽油、葡萄、柑橘、西瓜。207国道、省道林夹线过境。

南江社区［Nánjiāng Shèqū］ 修梅镇人民政府驻地。在县境北部。面积3平方千米。人口2200。因南江塝得名。1984年成立。民居以2层及以上住宅楼为主。重点开展为老服务，如举办老年文体活动，兴办福利院、老年公寓及提供健康服务。开展社会保障服务，对低收入家庭落实低保政策，建立再就业基地，安排下岗职工再就业。办好社区卫生保健室，开展对常见病的康复医疗服务。有小学、卫生室、集贸市场。207国道经此。

杉板乡［Shānbǎn Xiāng］ 临澧县辖乡。在县境西北部。面积77平方千米。人口1.5万。辖15村委会，有15自然村。乡人民政府驻杉板桥村。1958年成立星火公社。1959年更名杉板公社。1984年设乡。因乡政府驻地得名。澧水流经。有童山。有中学1所，小学6所，卫生院1个，卫生所15个。有幼儿园、文化广播站、敬老院等。有全国重点文物保护单位青山崖墓。农业以水稻、小麦、油菜、棉花种植为主，产大蒜、板栗、柑橘、茶籽油。工业以建材、烟花爆竹制作为主。有集贸市场。石长铁路、省道林夹线过境。

杉板桥村［Shānbǎnqiáocūn］ 杉板乡人民政府驻地。在县政府驻地安福镇西北20千米。人口900。明末清初成村。因桥得名。聚落呈团块状。有中小学、幼儿园、卫生院等。农业以柑橘种植，鸡、猪养殖为主。工业以农产品加工为主。服务业以商贸为主。有集贸市场。县道白洋—珠日线经此。

文家乡［Wénjiā Xiāng］ 临澧县辖乡。在县境西南部。面积81平方千米。人口1.6万。辖17村委会，有17自然村。乡人民政府驻文家店村。民国时曾设文家乡。1956年为文家乡。1961年改公社。1984年复乡。因乡政府驻地得名。有中学1所，小学4所，卫生院1个，卫生所3个。有幼儿园、文化广播站、敬老院。有景点太浮山。农业以水稻、油菜、棉花种植为主，产茶籽油、茶叶、柑橘、猕猴桃。县道佘市—文家线过境。

文家店村［Wénjiādiàncūn］ 文家乡人民政府驻地。在县政府驻地安福镇西15千米。人口1000。因清中期文姓开店，后成集市而得名。聚落呈团块状。有小学、医疗所、集贸市场。农业以水稻、油菜种植为主。产茶油、柑橘。服务业以旅游为主。县道烽火—文家线经此。

陈二乡［Chén'èr Xiāng］ 临澧县辖乡。在县境南部。面积78平方千米。人口1.5万。辖19村委会，有19自然村。乡人民政府驻陈二铺村。民国时曾设陈二乡。1956年设陈二乡。1958年并入东风公社。1961年析设陈二公社。1984年复乡。因乡政府驻地得名。杨明溪流经。有太浮山。有中学1所，小学2所，卫生院1个，卫生所14个。有幼儿园、敬老院、文化广播站等。农业以水稻、油茶、柑橘种植为主。发展旅游业。有集贸市场。特产陈二郎茶籽油。石长铁路、207国道过境。

陈二铺村［Chén'èrpùcūn］　陈二乡人民政府驻地。在县政府驻地安福镇南15千米。人口2200。明末清初成村。因乡贤陈二郎得名。聚落呈团块状。有中小学、卫生院。农业以水稻、蔬菜种植为主。有农贸市场。石长铁路、207国道经此。

柏枝乡［Bǎizhī Xiāng］　临澧县辖乡。在县境东部。面积101平方千米。人口2.8万。辖24村委会，有24自然村。乡人民政府驻柏枝台村。民国时曾设柏枝乡。1956年设柏枝台乡。1958年成立红旗公社。1959年更名柏枝公社。1984年复乡。因乡政府驻地得名。有七姑山。有中学1所，小学5所，卫生院1个，卫生所4个。有幼儿园、文化广播站、敬老院等。农业以水稻、油菜种植为主。产茶籽油。工业以烟花加工为主。有农产品加工。常荆高速过境。

柏枝台村［Bǎizhītáicūn］　柏枝乡人民政府驻地。在县政府驻地安福镇南20千米。人口2200。明末清初成村。因旧有参天柏树得名。聚落呈带状。有中小学、卫生院、集贸市场。农业以水稻、油菜种植为主。有商贸服务业。县道临澧—柏枝线经此。

烽火乡［Fēnghuǒ Xiāng］　临澧县辖乡。在县境东部。面积85平方千米。人口2.1万。辖21村委会，有21自然村。乡人民政府驻观音庵村。1956年设烽火乡。1958年成立东方红公社。1961年更名烽火公社。1984年改乡。因将军山上烽火台得名。道水流经。有中学1所，小学3所，卫生院1个，卫生所21个。有幼儿园、文化广播站、敬老院等。有古迹将军亭。农业以水稻、小麦、油茶、油菜、棉花种植为主。二广高速、省道临澧—安乡线过境。

观音庵村［Guānyīn'āncūn］　烽火乡人民政府驻地。在县政府驻地安福镇东15千米。人口1700。明末清初成村。因曾有观音庵得名。聚落呈条带状。有中小学、幼儿园、卫生室、文化广场、农家书屋等。农业以水稻、小麦、棉花种植为主。有集贸市场。通公交车。

望城乡［Wàngchéng Xiāng］　临澧县辖乡。在县境中部。面积58平方千米。人口2.1万。辖15村委会，有15自然村。乡人民政府驻文塘村。1956年设望城乡。1958年成立前锋公社。1959年更名望城公社。1984年复乡。因与县城隔河相望得名。道水流经。有中学1所，小学2所，卫生院1个，卫生所13个。有健身广场、敬老院等。有省级文物保护单位宋玉城遗址。农业以水稻、油菜、棉花、油茶、柑橘种植为主。207国道过境。

文塘村［Wéntángcūn］　望城乡人民政府驻地。地处县城城乡结合部。面积3平方千米。人口3300。因堰塘得名。村内道路、电力、通讯等基础设施完善。有小学、卫生院、农家书屋等。农业以水稻、莲藕种植为主。有木材加工企业。207国道经此。

杨板乡［Yángbǎn Xiāng］　临澧县辖乡。在县境东北部。面积78平方千米。人口2.2万。辖18村委会，有18自然村。乡人民政府驻杨板桥村。1956年设杨板桥乡。1958年改跃进公社。1959年更名杨板桥公社。1984年改杨板乡。因乡政府驻地得名。道水流经。有古老山。有中学1所，小学4所，卫生院1个，卫生所18个。有幼儿园、文化广播站、敬老院等。农业以水稻、棉花、油菜、油茶种植为主，产柑橘、蜜柚、水蜜桃。工业以烟花、农产品加工为主。特产杨板千张。有集贸市场。县道修梅—杨板线过境。

杨板桥村［Yángbǎnqiáocūn］　杨板乡人民政府驻地。在县政府驻地安福镇东北15千米。人口4500。西汉马腾驻此成村。因有永镇桥且产杨板西瓜而得名。聚落呈带状。有中小学、卫生院、敬老院、农家书屋等。农业以水稻种植为主。特产杨板千张。有农贸市场。县道修梅—杨板线经此。

官亭乡［Guāntíng Xiāng］　临澧县辖乡。在县境北部。面积79平方千米。人口2.2万。辖17村委会，有17自然村。乡人民政府驻彭家铺村。1958年成立官亭公社。1984年改乡。因旧有接官亭得名。有刻木山。有官亭水库。有中学1所，小学4所，卫生院1个，卫生所1个。有幼儿园、文化广播站、敬老院等。有省级非物质文化遗产丁兰刻木故事。农业以水稻、棉花种植为主，产水蜜桃、茶叶、蜜柚。工业以烟花加工为主。有农贸市场。枝柳铁路、县道新安—官亭线过境。

彭家铺村［Péngjiāpùcūn］　官亭乡人民政府驻地。在县政府驻地安福镇北35千米。人口1900。因清初彭姓经商开铺得名。聚落呈团块状。有中小学、卫生院、幼儿园、农家书屋、敬老院等。农业以水稻、小麦、棉花种植为主。工业以烟花加工为主。县道新安—官亭线经此。

九里乡［Jiǔlǐ Xiāng］　临澧县辖乡。在县境北部。面积44平方千米。人口1.9万。辖11村委会，有11自然村。乡人民政府驻栗山口村。1949年设九里乡。1956年并入刻木山乡。1961年由官亭公社析设九里公社。1984年改乡。因九里岗得名。有中学1所，小学3所，卫生院1个，卫生所14个。有幼儿园、文化广播站、敬老院等。有全国重点文物保护单位九里楚墓群。农业以水稻、棉花、油菜种植为主。有烟花、茶叶加工业。焦柳铁路、县道九里—五里线过境。

栗山口村［Lìshānkǒucūn］　九里乡人民政府驻地。在县政府驻地安福镇北30千米。人口500。明末成村。因满山栗树得名。聚落呈团状。有小学、卫生院、敬老院、农贸市场。农业以水稻种植为主。有烟花爆竹加工特色经济。县道九里—五里线经此。

桃　源　县

桃源县［Táoyuán Xiàn］　常德市辖县。北纬28°24′，东经110°51′。在市境西南部。面积4442平方千米。人口97.1万。以汉族为主，还有维吾尔、回、土家、苗等民族。辖18镇、22乡（含2民族乡）。县人民政府驻漳江镇。宋乾德二年(964)析武陵县置桃源县，先后属武陵郡、鼎州、常德府。元元贞元年(1295)升州，属常德路。明洪武二年(1369)复县。此后未变，先后属常德府、武陵道、辰沅道、湖南省、常澧专区、常德专区、常德地区。1988年属常德市。因陶渊明《桃花源记》得名。先后新建桃花大道、武陵路、浔阳路、新石路、荷花路、建设路等，改扩建漳江北路、漳江中路、莲花湖街、新河南路等，建成文化体育中心、沅江西岸风光带、外滩公园。处雪峰山、武陵山余脉交汇处。南、西、北3面环山，中部、东北部为丘陵，东部为平原。最高点牯牛山海拔1104米，最低点草鞋洲海拔40米。年均气温16.8℃，1月平均气温4.8℃，7月平均气温28.3℃。年均降水量1463.1毫米。沅江、白洋河、大洑溪、小洑溪、暖溪流经。有白钨、锑、金、铁、钒等矿产资源。有野生植物1860种，其中有国家一级保护野生植物银杏、红豆杉、南方红豆杉、伯乐树、金钱松，国家二级保护野生植物篦子三尖杉、榧树、鹅掌楸等23种。有野生动物225种，其中有国家一级保护野生动物金钱豹、云豹、白颈长尾雉、林麝、中华秋沙鸭，国家二级保护野生动物大鲵、穿山甲、果子狸、金猫、水獭等8种。有国家级乌云界自然保护区、万阳山省级自然保护区、沅江国家湿地公园、星德山省级地质公园。森林覆盖率65%。有职业学校4所，中学50所，小学100所，特教学校1所，三级医院2个，二级医院6个。有全国重点文物保护单位桃花源古建筑群、星子宫古建筑群、楚采菱城遗址，省级文物保护单位哈勒·八士陵园、翦伯赞故居。有省级非物质文化遗产瑜伽焰口手势、桃花源传说、桃花源擂茶习俗。有民间特色文艺丝弦、板龙灯、虾灯舞等。有国家4A级旅游景区桃花源。有中国民族特色村寨枫树维回新村。三次产业比例27∶37∶36。农业以水稻、油菜、棉花种植，猪、牛、羊、淡水鱼类养殖为主，产柑橘、茶叶、苎麻、油茶。特产桃源红茶、桃源大种鸡、桃源黑猪。工业以农副产品加工、铝业、建材、电子为主。有创元、漳江、陬市工业园。服务业以商贸、旅游为主。为中国竹子之乡。石长铁路，常张、常吉高速，319国道，省道南永、陬桃、漆官线过境。有沅江航道。有常德桃花源机场。

沅江大桥［Yuánshuǐ Dàqiáo］　在县城南部。长1.2千米，宽16米，最大跨度100米，桥下净高48.8米。1995年开工，1999年建成。因所跨河流得名。为特大型河道桥梁，结构型式为中承式钢管拱桥。最大载重汽20吨，挂100吨。通公交车。

黄花井汽车站［Huánghuājǐng Qìchēzhàn］　见交通运输设施部分“黄花井汽车站”条。

漳江镇［Zhāngjiāng Zhèn］　桃源县人民政府驻地。在县境东部。面积126平方千米。人口11.6万。辖19居委会、11村委会，有11自然村。镇人民政府驻二里岗社区。1937年设漳江镇。1952年更名城关镇，后改公社。1962年复城关镇。1986年二里岗乡并入。1995年改今名。因漳江得名。沅江流经。有矿产资源金刚石、砂金、纹石等。有高中2所，职中3所，初中4所，小学8所，二级医院2个，卫生室20个，门诊部1个。有县文体中心。有名胜古迹文昌阁、漳江阁、白佛阁、回风塔、渔父祠、楚望塔。有宋教仁故居，桃花白楼、红军码头。农业以水稻、蔬菜种植为主。工业以印染、瓷器、酿酒、农副产品加工为主。常张、常吉高速，319国道，省道陬桃线过境。

武陵西路［Wǔlíng Xīlù］在县城中部。东起漳江南路桥，西至桃花大道。与漳江路相交。长1.2千米，宽12米。沥青路面。1984年建成。因古武陵郡得名。两侧有银行、财政局、县委党校、移动公司。通公交车。

武陵东路［Wǔlíng Dōnglù］　在县城中部。东起双洲大桥，西至漳江南路。与漳江路相交。长404米，宽12米。沥青路面。1984年开工，1985年建成。因古武陵郡得名。两侧有农行、农贸市场等。通公交车。

桃花大道［Táohuā Dàdào］　在县城西部。南起大桥中路，北到新石路。与文昌路、武陵路相交。长3.2千米，宽14米。沥青路面。20世纪60年代建。原名环城路，2011年完成扩建，后改今名。两侧有中学、移动公司、黄花井汽车站。通公交车。

漳江南路［Zhāngjiāng Nánlù］　在县城中部。南起尧河，北至武陵大道。与建设路、大桥西路相交。长2千米，宽14米。沥青路面。1976年开工，1977年建成。因漳江镇得名。两侧有中学、电力局、自来水厂、建设银行。通公交车。

漳江中路［Zhāngjiāng Zhōnglù］　在县城

中部。南起武陵大道，北至新河桥。与武陵路、文昌路相交。长1.7千米，宽14米。沥青路面。1976年开工，1977年建成。因漳江镇得名。两侧有小学、花园大酒店。通公交车。

漳江北路［Zhāngjiāng Běilù］ 在县城中部。南起新河桥，北至古堤路。与浔阳路、黄花路相交。长1600米，宽14米。沥青路面。1976年开工，1978年建成。因漳江镇得名。两侧有农行、儿童医院等。通公交车。

二里岗社区［Èrlǐgāng Shèqū］ 漳江镇人民政府驻地。在县境东部。面积2平方千米。人口2200。因出县城西门2华里可上岗顶得名。1996年成立。民居以2层及以上住宅楼为主。有卫生服务站、老年活动室、便民服务站等。有小学、县职业中专。驻有县财政局、国税局等单位。农业以蔬菜种植，家禽养殖为主。有餐饮住宿业。通公交车。

陬市镇［Zōushì Zhèn］ 桃源县辖镇。在县境东北部。面积105平方千米。人口5.6万。辖7居委会、13村委会，有13自然村。镇人民政府驻下街社区。1952年设陬市镇。1986年陬郊乡并入。1995年畲田乡并入。因明、清曾有陬溪市得名。沅江流经。有初中1所，小学3所，二级医院2个，卫生室20个。有徐溶熙苏维埃政权旧址、陈兆森烈士墓。有毛家桥遗址。农业以水稻、油菜、棉花种植，猪、鸡养殖为主。工业以农副产品加工、机械制造、建筑建材、家具制造为主。有陬市工业园。特产桂花糖。长张高速，省道南永、陬桃线过境。有沅江航道。

下街社区［Xiàjiē Shèqū］ 陬市镇人民政府驻地。在县境东部。面积0.7平方千米。人口4300。以官码头闸口为界分上、下街，因居下得名。1951年成立。民居以2层及以上住宅楼为主。有卫生服务站、老年活动室、便民服务站等。开展电影下乡、包粽子等活动。有小学、县第二医院。省道陬桃线经此。

盘塘镇［Pántáng Zhèn］ 桃源县辖镇。在县境东北部。面积83.8平方千米。人口2.3万。辖2居委会、7村委会，有7自然村。镇人民政府驻盘龙桥社区。1956年设盘塘乡，后改公社。1984年复乡。1996年改镇。原名盘龙桥，明初桥头挖水塘，改今名。有中学1所，小学2所，卫生院1个，卫生室7个。农业以水稻、油茶、柑橘种植为主。工业以铝加工为主。石长铁路、长张高速、省道石陬线过境。

盘龙桥社区［Pánlóngqiáo Shèqū］ 盘塘镇人民政府驻地。在县境北部。面积6平方千米。人口1400。因盘龙墟场得名。1996年成立。民居以2层及以上住宅楼为主。有卫生服务站、老年活动室、便民服务站等。开展广场舞、篮球比赛等活动。有中小学、卫生院。省道石陬线经此。

热市镇［Rèshì Zhèn］ 桃源县辖镇。在县境西北部。面积127平方千米。人口3.1万。辖2居委会、18村委会，有18自然村。镇人民政府驻温泉村。1941年设明月乡。1950年更名温泉乡。1956年设热市乡。1958年改公社。1984年复乡。1995年菖蒲乡并入。1997年改镇。因温泉俗称热坑得名。有中学2所，小学4所，卫生院1个，卫生室25个。有全国重点文物保护单位星子宫古建筑群。农业以水稻、棉花、油桐种植为主，产水果。工业以水泥、矿业为主。常张高速、省道南永线过境。

温泉村［Wēnquáncūn］ 热市镇人民政府驻地。在县政府驻地漳江镇西北67千米。人口1400。原名高灵村，后因有温泉改今名。聚落呈散状。有中小学、幼儿园、卫生室、便民服务点、敬老院等。农业以水稻种植为主，产水果。服务业以旅游为主。有集贸市场。常张高速、省道常德—津市线经此。

黄石镇［Huángshí Zhèn］ 桃源县辖镇。在县境西北部。面积147平方千米。人口2.1万。辖2居委会、14村委会，有14自然村。镇人民政府驻花园村。1941年设黄石乡。1951年改黄石镇。1958年改公社。1984年改乡，旋改镇。传黄石公游此而得名。有黄石水库。有中学1所，小学5所，卫生院1个，卫生室11个。有古迹会贤桥。农业以油菜、棉花、苎麻、水稻、油茶、柑橘种植为主。特产黄板翘鱼、脆蜜桃。工业以爆竹、大米加工为主。县道九溪—黄石线经此。

花园村［Huāyuáncūn］ 黄石镇人民政府驻地。在县政府驻地漳江镇西北66千米。人口1300。因原有花园得名。聚落呈散状。有中小学、幼儿园、卫生室、便民服务点、敬老院等。有古迹会贤桥。农业以生猪、鱼养殖，水稻、油菜种植为主。服务业以商贸为主。县道杨柳—花园线经此。

漆河镇［Qīhé Zhèn］ 桃源县辖镇。在县境西北部。面积155平方千米。人口5.8万。辖4居委会、17村委会，有17自然村。镇人民政府驻长寿街社区。1951年设漆河镇。1958年改公社。1963年复镇。1968年复公社。1981年改镇。因漆河得名。白洋河流经。有中学1所，小学6所，二级医院1个，卫生院1个，卫生室21个。有古迹万寿宫、关帝庙。农业以水稻、油菜种植为主，产蜜柚、荸荠、红肉甜瓜等。工业以农副产品加工、机械制造为主。省道南永、漆官线过境。

长寿街社区［Chángshòujiē Shèqū］ 漆河镇人民政府驻地。在县境西北部。面积0.7平方千米。人口3000。因长寿街得名。1978年成立。民居以2层及以上住宅楼为主。有文化活动广场舞、健身操等。有卫生院。有古迹万寿宫。县道漆河—黄石线经此。

理公港镇［Lǐgōnggǎng Zhèn］ 桃源县辖镇。在县境西北部。面积98平方千米。人口1.6万。辖1居委会、5村委会，有5自然村。镇人民政府驻兰溪社区。1956年设理公港乡。1958年改公社。1984年复乡。1996年改镇。原名李公港，后取公正之意谐音成今名。有石灰石、碳页煤、矾、硫铁等矿产资源。有中学1所，小学2所，卫生院1个，卫生室15个。农业以水稻、油菜、花生、苎麻、柑橘种植为主，产油茶。工业以建材、小水电为主。省道漆官线过境。

兰溪社区［Lánxī Shèqū］ 理公港镇人民政府驻地。在县境西北部。面积19.4平方千米。人口2700。因兰溪河得名。2011年成立。民居以2层及以上住宅楼为主。有卫生服务站、老年活动室、便民服务站等。有广场舞、乒乓球、拔河、健康中国一起舞公益行等活动。有小学、卫生院。通公交车。

观音寺镇［Guānyīnsì Zhèn］ 桃源县辖镇。在县境西部。面积226平方千米。人口2.6万。辖2居委会、16村委会，有16自然村。镇人民政府驻姚家坪社区。1952年设观音寺乡。1958年并入龙潭公社。1961年析设观音寺公社。1984年复乡。1995年燕家坪、三望坡2乡并入。1997年改镇。因观音寺得名。有矿产资源石灰石、铅、锌、石煤、重晶石。有万阳山省级自然保护区。有中学1所，小学6所，卫生院1个，卫生室18个。有古银杏、古桂花树、三仙桥。农业以水稻、油菜、苎麻种植为主，产油茶、药材、皇菊。工业以水泥、机砖、电力为主。省道漆官线过境。

姚家坪社区［Yáojiāpíng Shèqū］ 观音寺镇人民政府驻地。在县境西部。面积11平方千米。人口1900。为纪念元朝姚姓官员得名。2006年村改社区。民居以2层及以上住宅楼为主。有卫生服务站、老年活动室、便民服务站等。开展篮球赛、书画展等。有中小学、卫生院、集贸市场。通公交车。

龙潭镇［Lóngtán Zhèn］ 桃源县辖镇。在县境西北部。面积256平方千米。人口2.8万。辖2居委会、13村委会，有13自然村。镇人民政府驻龙潭社区。1941年设龙潭乡。1958年成立公社。1984年改乡。1995年丁家坊、龙潭、鄢家溪3乡并入。1996年改镇。因山似长龙，临桃花溪得名。有丫柱山。小洑溪、桃花溪流经。有中学1所，小学3所，卫生院1个，卫生室35个。有名胜古迹梁皇殿古寺、王家大院、株木山墓窟群。农业以水稻、油菜、油茶种植为主。工业以水电、建材为主。省道漆官线过境。

龙潭社区［Lóngtán Shèqū］ 龙潭镇人民政府驻地。在县境西北部。面积8平方千米。人口9500。因镇得名。2011年成立。民居以2层及以上住宅楼为主。有卫生服务站、老年活动室、便民服务站等。有中小学、卫生院。县道桃源—龙潭线经此。

三阳港镇［Sānyánggǎng Zhèn］ 桃源县辖镇。在县境中部偏西。面积94平方千米。人口2.5万。辖1居委会、7村委会，有7自然村。镇人民政府驻三阳港村。1941年设三阳乡。1958年成立公社。1983年改乡。1984年改三阳港镇。因镇政府驻地得名。延溪河流经。有高中1所，初中1所，小学2所，卫生院1个，卫生室20个。有民俗花灯。农业以水稻、油菜种植，三阳大种鸡养殖为主。工业以防腐材料、保健品加工、水泥预制、针织机械制造为主。省道太平桥—三阳港、三阳—佘家坪线过境。

三阳港村［Sānyánggǎngcūn］ 三阳港镇人民政府驻地。在县政府驻地漳江镇西北18千米。人口2200。因3水汇合，取"三阳开泰"得名。聚落呈散状。有中小学、卫生室、集贸市场。农业以水稻、油菜种植为主。通乡村公路。

剪市镇［Jiǎnshì Zhèn］ 桃源县辖镇。在县境中部偏南。面积98平方千米。人口2.8万。辖2居委会、7村委会，有7自然村。镇人民政府驻剪家溪社区。1953年置剪市镇。1956年改剪家溪乡。1958年成立剪市公社。1983年改乡。1995年八公桥、喜雨2乡并入。1996年改镇。因剪氏以豆腐坊立市得名。剪家溪流经。有中学1所，小学6所，卫生院1个，卫生室11个。有白麟洲遗址、董家古桥、剪市古街、千亩荷塘。农业以水稻、蚕桑种植为主，盛产水果、木材。特产喜雨蜜橘。工业以印刷、大米、丝绵被加工为主。县道漳江—凌津滩、深水港—剪市线过境。

剪家溪社区［Jiǎnjiāxī Shèqū］ 剪市镇人民政府驻地。在县境南部。面积7.7平方千米。人口4200。因镇得名。2011年成立。民居以2层及以上住宅楼为主。开展敬老爱老、防溺水等活动。有中小学、卫生院。有古迹陈公殿。通公交车。

茶庵铺镇［Chá'ānpù Zhèn］ 桃源县辖镇。在县境西南部。面积210平方千米。人口2.8万。辖2居委会、11村委会，有11自然村。镇人民政府驻桥东社区。1956年设茶庵铺乡。1958年改公社。1984年复乡。1996年改镇。清代为竹毛铺，后因附近尼姑庵常供茶水而改今名。夷望溪流经。有矿产资源黄金、辉绿石、铅、石灰石。有中学1所，小学3所，卫生院1个，卫生室14个。农业以水稻、玉米、红薯、茶、各类林木种植为主。特产桃源大叶茶。工业以茶叶、竹木加工、电子制造为主。服务业以旅游为主。常吉高速、319国道过境。

桥东社区［Qiáodōng Shèqū］ 茶庵铺镇人

民政府驻地。在县境南部。面积 14 平方千米。人口 1400。因处桥东得名。1996 年成立。民居以 2 层及以上住宅楼为主。有卫生服务站、农家书屋、老年活动室、便民服务站。开展乒乓球、健身腰鼓、舞蹈等活动。有志愿者服务队。有中小学、卫生院。通公交车。

西安镇 [Xī'ān Zhèn]　桃源县辖镇。在县境西南部。面积 192 平方千米。人口 1.6 万。辖 1 居委会、10 村委会,有 10 自然村。镇人民政府驻闵家坪社区。1941 年设安平乡。1956 年改大水田乡。1958 年并入茶庵铺公社。1961 年析设大水田公社。1984 年改乡,旋改西安镇。传村西青少年懂诗书礼仪,十分安宁而得名。有中学 1 所,小学 6 所,卫生院 1 个,卫生室 18 个。有大水田红军长征遗址。有山洞溪原生态漂流。农业以草药、茶种植为主。有天台山林场。工业以采矿、竹木加工为主。有湘西金矿西安坑口矿区。省道太平铺—安化线过境。

闵家坪社区 [Mǐnjiāpíng Shèqū]　西安镇人民政府驻地。在县境西南部。面积 1.5 平方千米。人口 3300。因姓氏得名。1996 年成立。民居以 2 层及以上住宅楼为主。有卫生服务站、老年活动室、便民服务站。开展文化下乡活动。有中小学、幼儿园、卫生院。县道漳江—西安线经此。

沙坪镇 [Shāpíng Zhèn]　桃源县辖镇。在县境南部。面积 195 平方千米。人口 1.8 万。辖 2 居委会、9 村委会,有 9 自然村。镇人民政府驻万寿宫社区。1935 年设沙坪乡。1951 年设沙坪镇。1956 年并入沙坪乡。1958 年改公社。1963 年析设沙坪镇。1984 年公社改乡。1987 年乡并入镇。因处冷家溪冲积形成小平原得名。有石灰石、石煤、黄金等矿产资源。有乌云界国家级自然保护区。有中学 1 所,小学 4 所,卫生院 1 个,卫生室 13 个。工业以水稻、茶种植为主。工业以竹木、茶叶加工为主。杭瑞高速过境。

万寿宫社区 [Wànshòugōng Shèqū]　沙坪镇人民政府驻地。在县境南部。面积 0.01 平方千米。人口 1600。传江西人迁此建业,冀望百业兴旺,代代相传而得名。1992 年村改社区。民居以 2 层及以上住宅楼为主。有卫生服务站、文化活动室、图书室、老年活动室、便民服务站、健身广场等。有广场舞、篮球、播放露天电影等活动。有中学、卫生院。县道桃花源—沙坪线经此。

桃花源镇 [Táohuāyuán Zhèn]　桃源县辖镇。在县境西南部。面积 143 平方千米。人口 3.9 万。辖 2 居委会、36 村委会,有 36 自然村。镇人民政府驻翘望嘴社区。1956 年设桃花源乡。1958 年改公社。1984 年改镇。1995 年龙虎乡并入。因桃花源国家森林公园得名。有高中 1 所,初中 1 所,小学 4 所,卫生院 1 个,卫生室 27 个。有省级非物质文化遗产桃花源传说、桃花源擂茶习俗。有国家 4A 级旅游景区桃花源。农业以水稻、棉花、油菜、茶种植为主。特产桃花源擂茶。工业以砖、竹木、油墨涂料加工为主。319 国道、省道武陵线过境。

翘望嘴社区 [Qiáowàngzuǐ Shèqū]　桃花源镇人民政府驻地。在县境南部。面积 0.3 平方千米。人口 1600。因河西山嘴呈翘望状得名。1984 年成立。民居以 2 层及以上住宅楼为主。有卫生服务站、老年活动室、便民服务站等。有中学。有桃花源风景名胜管理区。319 国道、省道武陵线经此。

架桥镇 [Jiàqiáo Zhèn]　桃源县辖镇。在县境北部。面积 112 平方千米。人口 1.6 万。辖 2 居委会、10 村委会,有 10 自然村。镇人民政府驻架桥社区。1961 年成立架桥公社。1984 年改乡。1995 年基隆乡并入。2002 年改镇。传康熙微服私访,动员百姓架木桥于溪港而得名帝架桥,后简为今名。有中学 1 所,小学 5 所,卫生院 1 个,卫生室 12 个。有古迹圆通寺。农业以水稻、棉花种植,生猪、羊、牛蛙养殖为主,产花卉苗木、油茶。工业以建材、农副产品加工为主。长张高速过境。

架桥社区 [Jiàqiáo Shèqū]　架桥镇人民政府驻地。在县境东北部。面积 18 平方千米。人口 1300。因镇得名。2002 年成立。民居以 2 层及以上住宅楼为主。有老年活动室、便民服务站等。有中小学、卫生院。省道石陬线经此。

马鬃岭镇 [Mǎzōnglǐng Zhèn]　桃源县辖镇。在县境东北部。面积 69 平方千米。人口 2.3 万。辖 1 居委会、7 村委会,有 7 自然村。镇人民政府驻马鬃岭社区。1956 设马鬃岭乡。1958 年并入盘塘公社。1961 年析设马鬃岭公社。1984 年复乡。2002 年改镇。因镇政府驻地原名得名。有中学 1 所,小学 4 所,卫生院 1 个,卫生室 18 个。农业以水稻、棉花、油菜、柑橘种植为主。特产湘马柑橘。有木器加工、柑橘打蜡业。省道刘漆、石陬线过境。

马鬃岭社区 [Mǎzōnglǐng Shèqū]　马鬃岭镇人民政府驻地。在县境东北部。面积 8.3 平方千米。人口 2400。因山岭形如马鬃得名。2006 年村改社区。民居以 2 层及以上住宅楼为主。有老年活动室、便民服务站等。有广场舞队、大鼓队。每月组织篮球比赛。有中小学、幼儿园、卫生院。省道马鬃岭—石门线、县道马鬃岭—双溪口线经此。

凌津滩镇 [Língjīntān Zhèn]　桃源县辖镇。在县境西南部。面积 148 平方千米。人口 1.8 万。辖 3 居委会、5 村委会,有 5 自然村。镇人民政府驻凌津滩社区。1995 年由马石、一甲城 2 乡合设凌津滩乡。2002 年改镇。因凌津滩水电站得名。有中学 1 所,小学 4 所,卫生院 1 个,卫生室 6 个。有名胜古迹沅江风光带、七星岩崖墓群、马援石室。农业以水稻、红薯、油菜、油茶、蔬菜种植为主。工业以茶叶、建材加工为主。县道桃源—仙人溪、桃源—泥窝潭—凌津滩线过境。通沅江航道。

凌津滩社区 [Língjīntān Shèqū]　凌津滩镇人民政府驻地。在县境西南部。面积 37 平方千米。人口 2800。因滩得名。2011 年成立。民居以 2 层及以上住宅楼为主。有老年活动室、便民服务站、文化广场等。开展龙舟赛。有中小学、卫生院。县道漳江—凌津滩线经此。

青林回族维吾尔族乡 [Qīnglín Huízú Wéiwú'ěrzú Xiāng]　桃源县辖乡。在县境北部。面积 52 平方千米。人口 2.3 万,其中回族占 20.9%,维吾尔族占 12.7%,还有汉、土家、白、苗等民族。辖 8 村委会,有 8 自然村。乡人民政府驻青林村。1961 年成立茅草街公社。1984 年改乡。1986 年改今名。因乡政府驻地得名。白洋河流经。有矿产资源金刚石。有中学 1 所,小学 3 所,卫生院 1 个,卫生室 8 个。有县精神病医院。有全国重点文物保护单位楚采菱城遗址。农业以水稻、棉花、油菜种植,生猪、牛、羊养殖为主。工业以农副产品加工为主。特产金虹茶油。有漳江创业园。省道陬桃线过境。

青林村 [Qīnglíncūn]　青林回族维吾尔族乡人民政府驻地。在县政府驻地漳江镇西北 5 千米。人口 1900。因青林寺得名。聚落呈散状。有中小学、幼儿园、卫生室、便民服务点、敬老院、集贸市场等。种植水稻、棉花。省道陬桃线经此。

车湖垸乡 [Chēhúyuàn Xiāng]　桃源县辖乡。在县境西部。面积 25 平方千米。人口 1.7 万。辖 6 村委会,有 6 自然村。乡人民政府驻交岩村。1961 年成立车湖垸公社。1984 年改乡。传明末因车姓居湖边而得名车湖,1956 年修车湖垸,改今名。有中学 1 所,小学 1 所,卫生院 1 个,卫生室 6 个。农业以棉花、水稻种植,黑猪养殖为主。工业以农产品加工为主。通乡村公路。

交岩村 [Jiāoyáncūn]　车湖垸乡人民政府驻地。在县政府驻地漳江镇东北 11 千米。人口 1100。因交岩寺得名。聚落呈散状。有中小学、幼儿园、卫生室、便民服务点、敬老院、集贸市场等。农业以蔬菜、棉花种植为主。通乡村公路。

枫树维吾尔族回族乡 [Fēngshù Wéiwú'ěrzú Huízú Xiāng]　桃源县辖乡。在县境东北部。面积 59 平方千米。人口 3.2 万,其中维吾尔族占 24.5%、回族占 7.2%,还有汉、苗、土家等民族。辖 12 村委会,有 12 自然村。乡人民政府驻庄家桥村。1953 年设枫树维吾尔族自治乡。后改公社。1984 年改乡。1986 年改今名。因有枫树,景色宜人得名。沅江、白洋河、哑河流经。有中学 1 所,小学 3 所,卫生院 1 个,卫生室 12 个。有国家 3A 级旅游景区风林花海。有名胜古迹清真寺。有省级文物保护单位哈勒·八士陵园、翦伯赞故居。农业以水稻、油菜、棉花种植,猪、牛、羊、鱼、蟹、虾养殖为主。工业以农副产品、饲料加工为主。省道陬桃线、县道漆河—枫树线过境。

庄家桥村 [Zhuāngjiāqiáocūn]　枫树维吾尔族回族乡人民政府驻地。在县政府驻地漳江镇东北 15 千米。人口 1700。因明代庄氏建桥得名。聚落呈散状。有中小学、幼儿园、卫生室、便民服务点、敬老院、集贸市场等。有省级文物保护单位翦伯赞故居。产柑橘。省道陬桃线经此。

木塘垸乡 [Mùtángyuàn Xiāng]　桃源县辖乡。在县境东部。面积 59 平方千米。人口 3.5 万。辖 7 村委会,有 7 自然村。乡人民政府驻庆兰村。1956 年设三汊港乡,后改公社。1984 年复乡。原名牧羊坪,明崇祯年间建木塘垸,1995 年改今名。有中学 1 所,小学 1 所,卫生院 1 个,卫生室 7 个。有古迹瓦窑寺窑址、文星塔。农业以棉花、水稻、油菜种植为主,产水果。工业以农产品加工、机械制造、建材为主。长张高速过境。

庆兰村 [Qìngláncūn]　木塘垸乡人民政府驻地。在县政府驻地漳江镇东北 22 千米。人口 1500。因李庆兰烈士得名。聚落呈散状。有中小学、幼儿园、卫生室、便民服务点、敬老院、集贸市场等。有庆兰烈士墓。农业以水稻、棉花种植为主,产柑橘、桃、李、西瓜。长张高速经此。

双溪口乡 [Shuāngxīkǒu Xiāng]　桃源县辖乡。在县境北部。面积 66 平方千米。人口 2.5 万。辖 11 村委会,有 11 自然村。乡人民政府驻复兴村。1956 年设双溪口乡,后改公社。1984 年复乡。因处汤溪、洋茂滩 2 溪汇合口而得名。界溪流经。有中学 1 所,小学 4 所,卫生院 1 个,卫生室 13 个。农业以水稻、棉花、油菜、花生种植为主,产柑橘、桃、李、梨。特产双溪口羊肉、羊全席。有水泥、砖、大理石加工业。长张高速、省道南永线过境。

复兴村 [Fùxīngcūn]　双溪口乡人民政府驻地。在县政府驻地漳江镇西北 61 千米。人口 2700。取意中华民族复兴得名。聚落呈散状。有中小学、幼儿园、卫生室、便民服务点、敬老院、集贸市场等。农业以水稻、棉花种植为主。省道蒙泉—双溪口线经此。

郝坪乡 [Hǎopíng Xiāng]　桃源县辖乡。在县境北部。面积 65 平方千米。人口 1.1 万。

辖7村委会,有7自然村。乡人民政府驻郝仙坪村。1961年成立郝坪公社。1984年改乡。因郝家坪简称得名。有九年一贯制学校1所,卫生院1个,卫生室7个。有名胜古迹仙姑洞。农业以水稻、油菜、棉花种植为主,产柑橘、李、梨、枣、竹木。县道热市—郝坪线过境。

郝仙坪村［Hǎoxiānpíngcūn］ 郝坪乡人民政府驻地。在县政府驻地漳江镇西北65千米。人口700。因2011年郝坪、仙娘庙2村合并得名。聚落呈散状。有中小学、幼儿园、卫生室、便民服务点、敬老院、集贸市场等。农业以水稻、棉花种植为主。县道马家堰—仙娘庙线经此。

九溪乡［Jiǔxī Xiāng］ 桃源县辖乡。在县境北部。面积99平方千米。人口2.2万。辖13村委会,有13自然村。乡人民政府驻九溪村。1941年设九溪乡。1961年成立九溪公社。1984年复乡。因乡政府驻地得名。白洋河流经。有中学1所,小学1所,卫生院1个,卫生室13个。有民间特色文艺板龙灯、虾灯舞。农业以水稻、棉花、油菜种植为主,产柑橘、桃、李、枇杷、枣、湘莲。有水泥、塑管、红砖、三合板等加工业。县道漆黄、郝九、九双、九理线过境。

九溪村［Jiǔxīcūn］ 九溪乡人民政府驻地。在县政府驻地漳江镇西北59千米。人口1300。因9溪汇入得名。聚落呈散状。有中小学、幼儿园、卫生室、便民服务点、敬老院、集贸市场等。农业以水稻、油菜种植为主,产柑橘、桃、李、枇杷。县道漆河—九溪、九溪—黄石、沙溪—九溪线经此。

黄甲铺乡［Huángjiǎpù Xiāng］ 桃源县辖乡。在县境西北部。面积48平方千米。人口1.7万。辖7村委会,有7自然村。乡人民政府驻黄甲村。1952年设黄甲铺乡,后改公社。1984年复乡。因乡政府驻地原名得名。有中学1所,小学2所,卫生院1个,卫生室7个。有灵岩古洞、苏溪市遗址、白砖市遗址。农业以水稻、苎麻、柑橘、玉米种植为主。有苗木基地。工业以机械、烟花爆竹、采石、苎麻加工为主。省道漆伍线过境。

黄甲村［Huángjiǎcūn］ 黄甲铺乡人民政府驻地。在县政府驻地漳江镇西北55千米。人口1300。传江西黄姓迁此搭棚开店,得名黄家棚,后黄姓繁衍,墟场发展,改名黄甲铺。2011年原铁甲、汪家山2村并入,改今名。聚落呈散状。有中小学、幼儿园、卫生室、便民服务点、敬老院、集贸市场等。农业以水稻、苎麻种植为主。省道漆伍线经此。

钟家铺乡［Zhōngjiāpù Xiāng］ 桃源县辖乡。在县境西北部。面积125平方千米。人口1.6万。辖11村委会,有11自然村。乡人民政府驻青年村。1952年设钟家铺乡。1961年改公社。1984年复乡。1995年杜坪乡并入。传因昔钟姓开铺得名。兰溪流经。有中学2所,小学2所,卫生院1个,卫生室9个。有老祖岩道教文化生态旅游园、千丈河崖墓群。农业以油菜、苎麻、水稻、玉米、红薯种植为主。有食品加工业。县道盘塘—钟家铺、理牛线过境。

青年村［Qīngniáncūn］ 钟家铺乡人民政府驻地。在县政府驻地漳江镇西北83千米。人口700。因1952年建社时负责人皆为青年人得名。聚落呈散状。有中小学、幼儿园、卫生室、便民服务点、敬老院、集贸市场等。农业以红薯、油茶种植为主。县道理牛线经此。

牛车河乡［Niúchēhé Xiāng］ 桃源县辖乡。在县境西北部。面积170平方千米。人口1.3万。辖12村委会,有12自然村。乡人民政府驻柿子坪村。1956年设牛车河乡。1958年改为万定山公社。1984年复乡。因牛车河得名。有矿产资源铅、大理石、石煤、镍。森林覆盖率85%。有中学1所,小学2所,卫生院1个,卫生室12个。有名胜古迹雪花洞、吊脚楼、老祖岩道观。农业以水稻、黄金梨、油菜种植为主。特产七星椒。工业以辣酱加工、电池制造为主。省道牛栗线、县道理牛线过境。

柿子坪村［Shìzipíngcūn］ 牛车河乡人民政府驻地。在县政府驻地漳江镇西北85千米。人口1100。因盛产柿子得名。聚落呈散状。有中小学、幼儿园、卫生室、便民服务点、敬老院、集贸市场等。农业以水稻、油菜种植为主。通乡村公路。

佘家坪乡［Shéjiāpíng Xiāng］ 桃源县辖乡。在县境中部。面积127平方千米。人口2.1万。辖9村委会,有9自然村。乡人民政府驻新港村。1956年设佘家坪乡,后改公社。1984年复乡。1995年向家桥乡并入。因宋元时期佘姓为本地望族得名。佘家坪溪流经。有中学2所,小学1所,卫生院1个,卫生室17个。农业以水稻、油菜、红薯、花生、油茶种植为主。特产沙田柚、蜜柚。工业以茶叶、大米、建材加工为主。省道三阳—佘家坪线、县道漆河—佘家坪线过境。

新港村［Xīngǎngcūn］ 佘家坪乡人民政府驻地。在县政府驻地漳江镇西北30千米。人口1700。因新开排水港得名。聚落呈散状。有中小学、幼儿园、卫生室、便民服务点、敬老院、集贸市场等。农业以水稻、柑橘种植为主。县道漆河—佘家坪线经此。

太平桥乡［Tàipíngqiáo Xiāng］ 桃源县辖乡。在县境中部偏东。面积82平方千米。人口1.6万。辖13村委会,有13自然村。乡人民政府驻中心村。1956年设太平桥乡。1958年并入三阳公社。1961年析设太平桥公社。1984年复乡。因明洪武年间建太平桥得名。有中学1所,小学1所,卫生院1个,卫生室7个。有凤凰山古樟树。农业以水稻、苎麻、油茶种植为主,产苹果瓜、百合。工业以铸造、机械加工、建材为主。省道太三线过境。

中心村［Zhōngxīncūn］ 太平桥乡人民政府驻地。在县政府驻地漳江镇西北31千米。人口1500。因处原乡中心位置得名。聚落呈散状。有中小学、幼儿园、卫生室、便民服务点、敬老院、集贸市场等。农业有种植水稻等。县道漆河—佘家坪线经此。

浯溪河乡［Wúxīhé Xiāng］ 桃源县辖乡。在县境东部。面积50平方千米。人口1.4万。辖5村委会,有5自然村。乡人民政府驻龙潭桥村。1961年由三阳、城郊2公社析设龙潭桥公社。1981年更名浯溪河公社。1984年改乡。传春秋时期乡人安霸王曾于河中言"此乃吾之溪流",后由文人改为今名。有中学1所,小学2所,卫生院1个,卫生室10个。有浯溪河战斗遗址。有古迹九龙山道观。农业以水稻、油菜、棉花种植,家禽养殖为主。有油茶种植基地。有机械、花艺制品、花炮、大米加工等业。县道青浯、三浯线过境。

龙潭桥村［Lóngtánqiáocūn］ 浯溪河乡人民政府驻地。在县政府驻地漳江镇西北20千米。人口3300。因溪入潭如龙,且有百余年老桥而得名。聚落呈散状。有中小学、幼儿园、卫生室、便民服务点、敬老院、集贸市场等。农业以水稻、油茶种植为主。县道青林—太平桥、华阳—株林桥线经此。

深水港乡［Shēnshuǐgǎng Xiāng］ 桃源县辖乡。在县境东部。面积70平方千米。人口2.1万。辖8村委会,有8自然村。乡人民政府驻长湖村。1956年设深水港乡,后改公社。1984年复乡。原有沙洲,后成深潭,因其习称得名。延溪、高岩河、划港河流经。有黄金、金刚石等矿产资源。有中学1所,小学2所,卫生院1个,卫生室15个。有幼儿园、文化站、广播站、敬老院等。农业以水稻种植,蛋鸡养殖为主,产花卉苗木、无公害蔬菜、柑橘、柿、枇杷、葡萄。工业以建筑建材为主。县道深三、深泥线过境。

长湖村［Chánghúcūn］ 深水港乡人民政府驻地。在县政府驻地漳江镇西9千米。人口1400。因湖得名。聚落呈散状。有中小学、幼儿园、卫生室、便民服务点、敬老院、集贸市场等。农业以水稻、油菜种植为主。县道深水港—泥窝潭线经此。

泥窝潭乡［Níwōtán Xiāng］ 桃源县辖乡。在县境东南部。面积92平方千米。人口1.8万。辖9村委会,有9自然村。乡人民政府驻五马寨村。1956年设泥窝潭乡,后改公社。1984年复乡。因泥潭得名。有中学1所,小学2所,卫生院1个,卫生室18个。有民俗促龟舞。农业以水稻、油菜种植为主,产脐橙。工业以农产品、木材加工为主。县道泥剪、泥佘线过境。

五马寨村［Wǔmǎzhàicūn］ 泥窝潭乡人民政府驻地。在县政府驻地漳江镇西南20千米。人口1600。传寨下压5匹金马而得名。聚落呈散状。有中小学、幼儿园、卫生室、便民服务点、敬老院、集贸市场等。农业以水稻、油菜种植为主。县道深水港—剪市线经此。

兴隆街乡［Xīnglóngjiē Xiāng］ 桃源县辖乡。在县境西南部。面积148平方千米。人口1.2万。辖8村委会,有8自然村。乡人民政府驻兴隆村。1956年设兴隆街乡。1958年改公社。1984年复乡。旧名渡口、扶善溪,后成沅陵、桃源2县街市,因其繁盛兴隆而改今名。沅江流经。有中学1所,小学4所,卫生院1个,卫生室8个。有名胜夷望溪。农业以水稻、南竹、油茶种植为主。工业以发电、化工、铸造、造纸为主。县道黄茶线过境。有沅江航道。

兴隆村［Xīnglóngcūn］ 兴隆街乡人民政府驻地。在县政府驻地漳江镇西南56千米。人口800。因盼望兴隆美好得名。聚落呈散状。有中小学、幼儿园、卫生室、便民服务点、敬老院、集贸市场等。农业以水稻、油茶种植为主。县道兴隆街—牛车河线经此。

太平铺乡［Tàipíngpù Xiāng］ 桃源县辖乡。在县境西南部。面积142平方千米。人口1.1万。辖12村委会,有12自然村。乡人民政府驻太平铺村。1956年设太平铺乡。1958年并入茶庵铺公社。1961年析设太平铺公社。1984年复乡。因乡政府驻地得名。有九年一贯制学校1所,卫生院1个,卫生室5个。有景点太平古楮树、苏黄溪。农业以水稻、茶、花生、油菜种植为主。有国家地理标志产品古洞春野茶王。319国道过境。

太平铺村［Tàipíngpùcūn］ 太平铺乡人民政府驻地。在县政府驻地漳江镇西南69千米。人口2400。明设驿铺,清康熙十七年(1678)蔡毓荣驻此,因四方战争而独此太平而得名。聚落呈散状。有中小学、幼儿园、卫生室、便民服务点、敬老院、集贸市场等。农业以水稻、花生种植为主,产竹木。319国道经此。

牯牛山乡［Gǔniúshān Xiāng］ 桃源县辖乡。在县境南部。面积112平方千米。人口6000。辖6村委会,有6自然村。乡人民政府驻冷家溪村。1961年由沙坪公社析设牯牛山公社。1984年改乡。因牯牛山得名。夷望溪、澄溪、大杨溪流经。有国家级乌云界自然保护区。森林覆盖率95%。有教学点1个,卫生院1个,卫生室6个。有名胜古迹永慈庵遗址、西坪瀑布群。工业以矿业、茶产业、林业加工为主,产茶笕、竹笕、杉笕。县道杨牯线过境。

冷家溪村［Lěngjiāxīcūn］ 牯牛山乡人民

政府驻地。在县政府驻地漳江镇西南61千米。人口1000。因明代冷姓居溪旁得名。聚落呈散状。有幼儿园、卫生室、健身广场、敬老院、集贸市场等。农业以竹木、茶叶种植为主。工业以金矿开采为主。省道杨溪桥—牯牛山线经此。

杨溪桥乡 [Yángxīqiáo Xiāng]　桃源县辖乡。在县境西南部。面积78平方千米。人口1.1万。辖8村委会,有8自然村。乡人民政府驻杨溪桥村。1941年设杨溪乡。1956年改杨溪桥乡。1958年并入沙坪公社。1961年析设杨溪桥公社。1984年改乡。因乡政府驻地得名。大杨溪流经。处雪峰山余脉。森林覆盖率64.8%。有中学1所,小学2所,卫生院1个,卫生室8个。农业以水稻、玉米、大豆、花生种植为主。工业以南竹、茶叶加工,山泉水灌装为主。常吉高速、319国道、县道杨牯线过境。

杨溪桥村 [Yángxīqiáocūn]　杨溪桥乡人民政府驻地。在县政府驻地漳江镇西南48千米。人口1200。因桥得名。聚落呈散状。有中小学、幼儿园、卫生室、健身广场、敬老院、集贸市场等。工业以竹木、茶叶加工为主。319国道经此。

寺坪乡 [Sìpíng Xiāng]　桃源县辖乡。在县境西南部。面积87平方千米。人口1.4万。辖8村委会。乡人民政府驻常吉村。1956年设寺坪乡。1958年并入沙坪公社。1961年析设寺坪公社。1984年复乡。因灵峰寺得名。沅江流经。有金刚石、黄金等矿产资源。有中学1所,小学3所,卫生院1个,卫生室8个。有营盘洲、马援征五溪蛮遗址。农业以林业为主,盛产南竹、茶叶。有服饰、竹制品加工业。常吉高速、319国道过境。

常吉村 [Chángjícūn]　寺坪乡人民政府驻地。在县政府驻地漳江镇西南41千米。人口1800。取常年吉祥得名。聚落呈散状。有中小学、幼儿园、卫生室、健身广场、敬老院、集贸市场等。有竹木、茶叶加工业。常吉高速、319国道经此。

郑家驿乡 [Zhèngjiāyì Xiāng]　桃源县辖乡。在县境南部。面积面65平方千米。人口1.3万。辖6村委会,有6自然村。乡人民政府驻郑家驿村。1961年由桃花源公社析设郑家驿公社。1984年改乡。因乡政府驻地得名。澄溪流经。有石英砂、高岭土资源。有九年一贯制学校1所,卫生院1个,卫生室10个。有名胜丰隆山。为桃源刺绣传承培训基地。农业以水稻、油菜、茶叶种植为主。工业以竹木加工为主。常吉高速、319国道过境。

郑家驿村 [Zhèngjiāyìcūn]　郑家驿乡人民政府驻地。在县政府驻地漳江镇西南33千米。人口1300。因明洪武四年(1371)建郑家驿得名。聚落呈散状。有丰隆山。有中小学、幼儿园、卫生室、健身广场、敬老院、集贸市场等。农业以水稻、油菜种植为主。319国道经此。

芦花潭乡 [Lúhuātán Xiāng]　桃源县辖乡。在县境东南部。面积108平方千米。人口1.4万。辖5村委会,有5自然村。乡人民政府驻芦花村。1956年设芦花潭乡。1958年并人桃花源公社。1061年析设芦花潭公社。1984年复乡。因潭边满生芦花得名。向家溪、月弓溪、虎溪流经。有金矿。有中学1所,小学1所,卫生院1个,卫生室11个。有名胜马王溪、赛五龙。农业以水稻、茶种植为主,产南竹、杉木。特产红肉蜜柚。工业以茶叶、竹木胶板加工为主。省道芦逆线、县道水溪—芦花线过境。

芦花村 [Lúhuācūn]　芦花潭乡人民政府驻地。在县政府驻地漳江镇西南32千米。人口1600。因遍开芦花得名。聚落呈散状。有中小学、幼儿园、卫生室、健身广场、敬老院、集贸市场等。农业以水稻种植为主,产竹木、茶叶、蜜柚。省道沙坪—芦花线、县道水溪—芦花线经此。

石　门　县

石门县 [Shímén Xiàn]　常德市辖县。北纬29°35′,东经111°22′。在市境西北部。面积3970平方千米。人口67万。以土家族为主,还有汉、苗、壮等民族。辖11镇、8乡。县人民政府驻楚江镇。三国吴永安六年(263)置天门郡。隋开皇九年(589)改石门县,属澧阳郡。此后未变,先后属澧州、澧阳郡、澧州路、澧州、第四行政督察区、常澧专区、常德专区、常德地区。1988年属常德市。因石门山得名。先后修建石门一桥、澧阳路、澧滨路、永兴大道、黄金路、站前路、夹山大道等。处湘鄂边界。西北高峻,东南窄长。最高点壶瓶山海拔2099米,最低点蔡家溪、澧水汇合处海拔42米。平均海拔500米。有十九峰、观国山、燕子山、云落观、八户山、东山峰、亮垭山、鹅公山、太青山。年均气温17℃,1月平均气温4.9℃,7月平均气温27.9℃。年均降水量1343.8毫米。澧水、渫水、道水、澹水、涔水、穿山河、麻溪流经。有煤、磷、石膏、石灰石等矿产资源。有野生植物3118种,其中有国家重点保护野生植物珙桐、南方红豆杉、银杏、钟萼木等33种。有野生动物315种,其中有国家重点保护野生动物华南虎、金钱豹、金雕、黑熊、娃娃鱼、苏门羚等41种。有国家级壶瓶山自然保护区、夹山国家森林公园、仙阳湖国家湿地公园。森林覆盖率72%。有高中5所,职高3所,初中32所,小学86所,三级医院1个,二级医院1个,博物馆1个,文化馆1个,国家二级图书馆1个,档案馆1个,体育馆2个。有全国重点文物保护单位皂市遗址、夹山寺,省级文物保护单位石门文庙、梯云塔等7个。有省级非物质文化遗产石门土家山歌、石门桩巴龙传说、土家族跳丧舞。有地方特色南路吹打乐、泰和合宜红茶制作技艺、九子鞭、薅草锣鼓、夹山李自成的传说、传统木榨油技艺等。有国家4A级旅游景区夹山。有皂市国家水利风景区。有名胜古迹龙王洞、灵泉禅院、蒙泉湖。三次产业比例9∶49∶42。农业以柑橘、茶、水稻、玉米、马铃薯种植,生猪、肉鸡养殖为主。特产羊肉。有国家地理标志产品石门马头山羊、石门土鸡。工业以机械制造、电力能源、建材、农产品加工为主。有省级经济开发区1个。服务业以商贸、旅游为主。石长、焦柳、洛湛铁路,省道石门—南北镇、石门—临澧、澧县—桃源、安乡—永顺线过境。有石门北站、石门汽车站、楚江汽车站。

石门大桥 [Shímén Dàqiáo]　在县城中部。长444米,宽15米,最大跨度70米,桥下净高6米。1992年开工,1994年建成,2009、2014年改造。因县得名。为大型河道桥梁,结构型式为钢筋混凝土箱形拱桥。最大载重55吨。通多路公交车。

石门北站 [Shíménběi Zhàn]　见交通运输设施部分“石门北站”条。

石门汽车站 [Shímén Qìchēzhàn]　见交通运输设施部分“石门汽车站”条。

楚江镇 [Chǔjiāng Zhèn]　石门县人民政府驻地。在县境中部偏南。面积67平方千米。人口8.4万。以汉族为主,还有土家族。辖15居委会,有395自然村。镇人民政府驻老西门社区。1943年置楚江镇。1949年改城关镇。1958年改城市公社。1972年改城关镇。1995年因楚江楼改今名。有蜈蚣寨、白云层山、香炉山、方顶山、凤凰山、阳山。澧水、红土溪流经。有中学4所,小学7所,三级医院1个,二级医院1个,卫生院2个,卫生室13个。有幼儿园、文化馆、文化站、图书馆、敬老院等。有省级文物保护单位石门文庙、梯云塔、秀峰书院。农业以蔬菜种植,生猪、家禽养殖为主,产柑橘、纽荷尔橙、脐橙。特产雪峰蜜橘。工业以机械制造、制塑、建材为主。服务业以商贸为主。有商业步行街。有专业市场14个。石长、焦柳、洛湛铁路,省道石门—南北镇、石门—临澧、澧县—桃源、岳阳—永顺线过境。有石门北站。

夹山大道 [Jiáshān Dàdào]　在县城南部。东起林夹公路,西至橘香路。与石门大道、神樟路、宝峰路、电厂路、杨岩桥路、金峰街相交。长12.8千米,宽32米。沥青路面。2012年开工,2014年建成。因夹山国家森林公园得名。两侧有发电站、湘佳牧业、石门二中、农贸市场、竹木市场等。通多路公交车。

澧阳路 [Lǐyáng Lù]　在县城中部偏西。东起永兴大道,西至三江路。与渫阳路、零阳路、宝峰路相交。长5.3千米,宽34米。沥青路面。1950年始建,2014年改建。因处澧水之北得名。穿过商业中心。两侧有观潭花园、幽兰园、桥头花园、麒麟园、王尔琢烈士纪念园、橘颂园。通多路公交车。

老西门社区 [Lǎoxīmén Shèqū]　楚江镇人民政府驻地。在县境西南部。面积2平方千米。人口3万。因老西门得名。2002年成立。民居以6层及以上住宅楼为主。有卫生服务站、老年活动室、便民服务站等。有中小学、幼儿园、中医院。通多路公交车。

中渡社区 [Zhōngdù Shèqū]　属楚江镇。在县境南部。为二都乡人民政府驻地。面积2平方千米。人口7200。因处新街口上渡口、宝塔下渡口中间而得名。2002年成立。民居以6层及以上住宅楼为主。有卫生服务站、老年活动室、便民服务站等。有县全民健身中心、幼儿园、少儿艺校。通公交车。

蒙泉镇 [Méngquán Zhèn]　石门县辖镇。在县境南部。面积238平方千米。人口6.8万。辖4居委会、16村委会,有528自然村。镇人民政府驻白洋湖社区。1929年设蒙泉乡。1949年改一区。1956年复蒙泉乡。1958年改公社。1984年复乡,旋改夏家巷镇。1995年与白洋湖、盘石、花薮3乡合设蒙泉镇。因黄庭坚“蒙泉石碑”得名。道水、南源、龙口溪流经。有观国山、将军山、浮丘山、太浮山等。有中学5所,小学12所,卫生院4个,卫生室46个。有太浮山匪变殉难烈士纪念碑、石门南乡起义战斗遗址、湘西工农革命军第四支队成立地遗址。有梅家河遗址。有蒙泉湖省级水利风景区。农业以水稻、柑橘种植为主。特产百旺柑橘、板鸭、清水鱼。有山泉水灌装产业。省道澧县—桃源、澧县—永顺线过境。

白洋湖社区 [Báiyánghú Shèqū]　蒙泉镇人民政府驻地。在县境南部。面积9平方千米。人口6000。因旧时湖泊白茫茫一片得名。2007年成立。民居以3层及以上住宅楼为主。有便民服务点,开展阅读会等活动。有中小学、幼儿园、卫生院、农贸市场等。农业以柑橘种植为主。服务业以商贸为主。省道澧县—桃源、澧县—永顺线经此。

夹山镇 [Jiáshān Zhèn]　石门县辖镇。在县境南部。面积185平方千米。人口5.8万。以汉族为主,还有土家族。辖4居委会、13村委会,有330自然村。镇人民政府驻杨坪社区。1995年官渡桥镇与杨坪、三板桥2乡合设夹山镇。因夹山国家森林公园得名。有戟峰、独峰尖山。道水、浒溪流经。有煤、石膏、海泡石、石灰石、矽砂等矿产资源。有初中3所,小学8

所，卫生院2个，卫生室17个，民办医院2个。有石门南乡起义革命烈士纪念碑、烈士墓，中共南乡二区区委遗址。农业以水稻、柑橘种植为主。特产桂花糖、打白糖、龙须糖、糍粑。石长铁路、省道澧县—桃源线过境。

杨坪社区 [Yángpíng Shèqū] 夹山镇人民政府驻地。在县境南部。面积13平方千米。人口4000。因原杨坪村得名。2010年成立。民居以3层及以上住宅楼为主。有图书室、便民服务点等。有中小学、卫生院、群众文化活动广场、农贸市场。农业以柑橘种植为主。服务业以商贸为主。省道澧县—桃源线经此。

易家渡镇 [Yìjiādù Zhèn] 石门县辖镇。在县境东南部。面积72平方千米。人口3.6万。以汉族为主，还有土家族。辖2居委会、8村委会，有100自然村。镇人民政府驻易家渡社区。民国曾设易市乡。1956年设易市乡。1958年改双红公社，次年并入城关公社。1961年析设易市公社。1982年更名易家渡公社。1984年改镇。1995年改东城区管理委员会。2002年复镇。明末易姓造船设渡，立碑"易市古渡"，后演为今名。有孔家大山、孙家大山、长青山。澧水流经。有高中1所，初中1所，小学3所，卫生院1个，卫生室12个。有王家山、烟支堆、八庙大地等遗址。农业以水稻、蔬菜种植，生猪、家禽养殖为主，产柑橘、纽荷尔橙、脐橙。工业以机械制造、建材为主。服务业以仓储物流、餐饮、旅游为主。焦柳铁路，省道澧县—桃源、岳阳—永顺线过境。有澧水航道。

易家渡社区 [Yìjiādù Shèqū] 易家渡镇人民政府驻地。在县境东部。面积4平方千米。人口4000。因镇得名。2007年成立。民居以3层及以上住宅楼为主。有书院、广场舞、阅读会等活动。有中学、卫生院、卫生所、文化广场、农贸市场等。服务业以柑橘产销、商贸为主。有壶瓶山茶叶公司等企业。省道张慈线经此。

新关镇 [Xīnguān Zhèn] 石门县辖镇。在县境西部。面积80平方千米。人口2.4万。以汉族为主，还有土家族。辖2居委会、5村委会，有227自然村。镇人民政府驻新关社区。1938年设新关乡。1949年为第三区。1955年改城关区。1956年改乡。后改公社。1982年更名新关公社。1984年改镇。明初覃添顺设关戍守，与渔洋关遥相呼应而得名。有金鸡观山、何家山。澧水、渫水流经。有石灰石、铁、石煤、白云石等矿产资源。有初中1所，小学4所，卫生院1个，卫生室14个，图书室5个。有敬老院、文化站。有石家堡、胡家堡、新关、七松等遗址。农业以水稻种植，生猪、家禽养殖为主，产柑橘、纽荷尔橙、脐橙、蔬菜。特产早熟蜜橘、茅山油茶、松林薄壳核桃、五桂香桃。工业以机械加工、建材为主。焦柳铁路，省道石门—南北镇、石门—临澧线过境。

新关社区 [Xīnguān Shèqū] 新关镇人民政府驻地。在县境中部。面积15平方千米。人口6700。因镇得名。2007年成立。民居以3层及以上住宅楼为主。有便民服务点。有小学、幼儿园、卫生所、农贸市场。经济以柑橘产销、商贸为主。有水泥、化肥加工企业。省道石门—南北镇线经此。

皂市镇 [Zàoshì Zhèn] 石门县辖镇。在县境中部。面积103平方千米。人口2.3万。以汉族为主，还有土家族。辖2居委会、9村委会，有115自然村。镇人民政府驻皂市社区。1956年设皂市乡。1958年改公社。1982年更名皂角市公社。1984年改乡，旋改镇。1995年与阳泉乡合设皂市镇。原因皂角树得名皂角市，后简为今名。有亮垭山、覆锣山。渫水、南溪流经。有仙阳湖国家湿地公园、皂市国家水利风景区。有中学1所，初中1所，小学3所，幼儿园5所，卫生院1个，卫生室18个。有全国重点文物保护单位皂市遗址。有桅市遗址、官山商墓。农业以水稻、马铃薯、玉米种植为主，产柑橘、纽荷尔橙、脐橙、蔬菜。有白沙渡铁矿、柑橘批发市场。省道石门—南北镇、石门—临澧线过境。

皂市社区 [Zàoshì Shèqū] 皂市镇人民政府驻地。在县境中部。面积7平方千米。人口4700。因镇得名。2007年成立。民居以3层及以上住宅楼为主。有敬老院、健身广场，开展傩愿戏、重阳节活动。有中小学、幼儿园、卫生院、农贸市场、柑橘批发大市场。有皂市国家水利风景区、全国重点文物保护单位皂市遗址。经济以柑橘产销、商贸为主。省道石门—南北镇、石门—临澧线经此。

维新镇 [Wéixīn Zhèn] 石门县辖镇。在县境中部偏西。面积170平方千米。人口2.1万，其中土家族占99%。辖3居委会、13村委会，有173自然村。镇人民政府驻仙阳湖社区。1956年设维新场乡。1958年改公社。1984年复乡，旋改镇。1995年渡水、袁公渡2乡并人。取《诗经》"周虽旧邦，其命维新"得名。有大同山、凤凰尖。仙阳河、峡峪河流经。有仙阳湖国家湿地公园。有初中1所，小学2所，幼儿园3所，卫生院1个，卫生室18个。有景点热水溪温泉、峡峪河峡谷。农业以水稻、马铃薯、玉米种植为主，产柑橘、纽荷尔橙、脐橙、蔬菜。特产脐橙。省道石门—临澧、安乡—永顺线过境。

仙阳湖社区 [Xiānyánghú Shèqū] 维新镇人民政府驻地。在县境中部。面积9平方千米。人口2700。因湖得名。2008年成立。民居以3层及以上住宅楼为主，江南徽派建筑风格。有全民健身广场。有中小学、卫生院、仙阳湖民俗文化广场、边贸市场等。经济以柑橘产销、旅游、商贸为主。省道石门—临澧、安乡—永顺线经此。

太平镇 [Tàipíng Zhèn] 石门县辖镇。在县境西北部。面积360平方千米。人口2.5万，其中土家族占97%。辖5居委会、13村委会，有156自然村。镇人民政府驻太平街社区。1934年设太平乡。1949年改六区。1951年改十区。1956年复太平乡。1958年改公社。1982年更名太平街公社。1984年改乡。1995年穿山河、九渡河2乡并入。1998年改太平镇。古匪患猖獗，后清匪平息，逐成集市而得名太平街，后简为今名。有青山尖、炉红山。穿山河、峡峪河流经。有无烟煤、重晶石、大理石、页岩等矿产资源。有初中2所，小学4所，卫生院1个，分院1个，卫生室17个。有古迹万世桥。有竹儿岭遗址、驾岩山风洞洞穴遗址。农业以水稻、玉米、马铃薯种植为主，产茶叶、板栗等。为湘鄂边贸重镇。省道石门—临澧线过境。2011年被评为全国文明镇。

太平街社区 [Tàipíngjiē Shèqū] 太平镇人民政府驻地。在县境西北部。面积17平方千米。人口3900。因镇得名。2005年成立。民居以3层及以上住宅楼为主。有老年活动中心、图书室、便民服务站、桩巴龙文化广场、孝龙文化广场。有中小学、卫生院。经济以茶叶产销、商贸为主。有湘北农贸市场。省道石门—临澧线经此。

磨市镇 [Móshì Zhèn] 石门县辖镇。在县境西北部。面积213平方千米。人口3万，其中土家族占98%。辖3居委会、15村委会，有449自然村。镇人民政府驻磨市社区。1929年设磨市乡。1949年改七区。1951年改十二区。1956年复磨市乡。1958年改公社。1982年更名磨岗隘公社。1984年改乡。1993年改镇。1995年与九伙坪、商溪2乡合设磨市镇。因岗上岩石可制石磨，明代秦添顺设隘而得名。有斗笠尖、轿顶山。渫水、商溪河流经。有初中2所，小学3所，幼儿园2所，卫生院1个，分院1个，卫生室24个。有革命烈士陈振亚、王尔琢故居。农业以水稻、玉米、马铃薯种植为主，产柑橘、茶叶。省道石门—南北镇、安乡—永顺线过境。

磨市社区 [Móshì Shèqū] 磨市镇人民政府驻地。在县境西北部。面积11平方千米。人口3500。因镇得名。2007年成立。民居以3层及以上住宅楼为主。有便民服务点。有中小学、卫生院、敬老院、农贸市场等。有台丘遗址。经济以柑橘产销、商贸为主。省道石门—南北镇、安乡—永顺线经此。

壶瓶山镇 [Húpíngshān Zhèn] 石门县辖镇。在县境西北部。面积665平方千米。人口2.9万，其中土家族占84%。辖4居委会、33村委会，有283自然村。镇人民政府驻泥沙社区。1995年由泥沙镇与南坪河、江坪河、中岭3乡合设壶瓶山镇。因山得名。有楸木峰、高家界山等。渫水流经。有壶瓶山国家级自然保护区。有初中1所，小学4所，卫生院4个，卫生室17个。有省级文物保护单位泰和合茶号。有贺锦斋烈士殉难地。有大胜寨遗址、平东遗址、宜沙古镇。有景点泉坪飞瀑、黄虎港。农业以玉米、红薯、马铃薯、茶种植为主。省道石门—南北镇线过境。

泥沙社区 [Níshā Shèqū] 壶瓶山镇人民政府驻地。在县境西北部。面积8平方千米。人口4800。因处河谷平地泥沙淤积得名。1984年成立。民居以3层及以上住宅楼为主。开展农民运动会、唱红歌等活动。有中小学、幼儿园、卫生院、农贸市场。为全国民族特色村寨。有省级文物保护单位泰和合茶号。有泥沙老街，各式土家族风味建筑。经济以茶叶产销、旅游、商贸为主。省道石门—南北镇线经此。

壶瓶山村 [Húpíngshāncūn] 在县政府驻地楚江镇西北46千米。壶瓶山镇辖自然村。人口600。因壶瓶山得名。聚落呈散状。位于壶瓶山国家级自然保护区。壶瓶山主峰海拔2099米，为湖南第一高峰。有古迹太白草堂。农业以玉米、茶、马铃薯种植为主。服务业以旅游为主。通乡村公路。

南北镇 [Nánběi Zhèn] 石门县辖镇。在县境西北部。面积154平方千米。人口6800，其中土家族占98%。辖2居委会、6村委会，有105自然村。镇人民政府驻南镇社区。1956年设南镇乡。1958年改公社。1984年复乡。1993年改南北镇。因东接湖南、西接湖北得名。有官赢尖山、凉伞寨山等。花子洞河流经。有矿产资源磷、钒、铜、赤铁、滑石、大理石等。有初中1所，小学1所，卫生院1个，卫生室7个。有石门县苏维埃旧址、三河园革命教育基地。有龙门胜景、金家河生态园、下河奇观。农业以玉米、马铃薯、茶叶种植为主，特产土家腊肉、蜂蜜、猕猴桃、高山薇菜、苦瓜芦。省道石门—南北镇线过境。

南镇社区 [Nánzhèn Shèqū] 南北镇人民政府驻地。在县境西北部。面积7平方千米。人口2000。因镇名得名。2007年成立。民居以3层及以上住宅楼为主。有便民服务点，开展土家族特色节目、口子镇文化交流等活动。有中心学校、卫生院、敬老院、农贸市场等。农业以茶种植为主。服务业以商贸为主。省道石门—南北镇线经此。

二都乡 [Èrdū Xiāng] 石门县辖乡。在县境南部。面积64平方千米。人口2.8万。以汉族为主，还有土家族。辖5居委会、9村委会，有204自然村。乡人民政府驻楚江镇中渡社区。1941年设二都乡。1949年改三区。1956年复乡。1959年改公社。1984年复乡。2007年石门经济开发区并入。因明为二都得名。有南岳山、戟峰。澧水、观音溪流经。有中学2所,小学5所,卫生院1个,卫生室18个。有抗日碉堡群遗址。有紫和寺、大圣庙遗址、石家堡遗址、胡家堡遗址、竹家堡遗址、王家岗遗址。有璞谷文化生态园。农业以柑橘、水稻种植、生猪养殖为主。工业以电力能源、农副产品加工、非金属矿物制品开采、电子为主。石长铁路,省道石门—临澧、澧县—桃源线过境。有石门南站、县汽车南站。

新铺乡 [Xīnpù Xiāng] 石门县辖乡。在县境东北部。面积162平方千米。人口3.3万。以汉族为主,还有土家族。辖2居委会、21村委会,有302自然村。乡人民政府驻新铺社区。1956年设新铺乡。1961年改公社。1982年更名瓜子峪公社。1984年改乡。1995年与燕子山乡合设新铺乡。传先由陈姓开铺,后唐姓扩建而得名。有偏山、马岭。澹水新河流经。有初中2所,小学3所,卫生院1个,分院1个,卫生室19个。有湘西两黄墓园、白洲台遗址、狮子岭遗址、河曲遗址。农业以柑橘、水稻、油菜、玉米种植为主。县道石新线过境。2014年被评为省级文明镇。

新铺社区 [Xīnpù Shèqū] 新铺乡人民政府驻地。在县境东北部。面积6平方千米。人口2000。因乡得名。2014年成立。民居以3层及以上住宅楼为主。有便民服务点,开展关爱留守儿童等活动。有中小学、卫生院、敬老院、农贸市场等。经济以柑橘产销、商贸为主。县道石新线经此。

白云乡 [Báiyún Xiāng] 石门县辖乡。在县境中部偏西。面积165平方千米。人口3.3万。以汉族为主,还有土家族。辖3居委会、13村委会,有191自然村。乡人民政府驻白云桥社区。1956年设白云桥乡。1961年改公社。1984年复乡。1995年与望羊桥乡合设白云乡。因白云山得名。有三合山。南溪、黄沿溪流经。有铁、大理石、煤、石灰石等矿产资源。有初中1所,小学6所,卫生院1个,卫生室15个。有黄厂医院。有省级文物保护单位白云屋桥。有景点龙王洞。农业以柑橘、水稻、棉花种植为主。特产望羊麻花、打白糖。省道石门—南北镇线过境。

白云桥社区 [Báiyúnqiáo Shèqū] 白云乡人民政府驻地。在县境中部。面积3平方千米。人口3000。因桥得名。2014年成立。民居以3层及以上住宅楼为主。有便民服务点。有中心学校、卫生院、敬老院、农贸市场等。有省级文物保护单位白云屋桥。经济以柑橘产销、商贸为主。省道石门—南北镇线经此。

三圣乡 [Sānshèng Xiāng] 石门县辖乡。在县境西北部。面积271平方千米。人口4.1万,其中土家族占97%。辖3居委会、15村委会,有320自然村。乡人民政府驻三圣庙社区。1956年设三圣乡,后改公社。1984年复乡。1995年杜家岗、河口2乡并入。因明洪武元年(1368)建庙供奉"关帝、祖师、西天佛祖"3圣人得名。有太清山、庚子山。仙阳河、仙阳河东支流经。有初中2所,小学6所,卫生院1个,分院2个,卫生室28个。有黄鳌、曾庆萱烈士墓,郑金材烽火屋。有县第一个党支部旧址、县第一个农村党支部旧址、县第一个农民协会旧址。有古迹槐树阁、王子垭遗址。农业以柑橘、茶、水稻、玉米种植为主。省道安乡—永顺线过境。

三圣庙社区 [Sānshèngmiào Shèqū] 三圣乡人民政府驻地。在县境西北部。面积18平方千米。人口5000。因乡得名。2014年成立。民居以3层及以上住宅楼为主。有便民服务点。有中小学、幼儿园、卫生院、敬老院、农贸市场等。经济以柑橘产销、商贸为主。省道安乡—永顺线过境。

子良乡 [Zǐliáng Xiāng] 石门县辖乡。在县境东北部。面积200平方千米。人口2.9万,其中土家族占99%。辖2居委会、13村委会,有257自然村。乡人民政府驻子良坪社区。1928年设子良乡。1949年为六区。1951年为九区。1956年设子良坪乡。1958年并入子太公社。1961年析设子良公社。1982年设子良坪公社。1984年改乡。1995年与水田岗乡合设子良乡。传因元末向子良自四川迁此而得名。有炉红山、北山。渫水、穿山河流经。有初中2所,小学5所,幼儿园3所,卫生院1个,卫生室14个。有大河洲温泉、大河洲遗址等名胜古迹。农业以柑橘、茶、水稻、红薯、马铃薯种植为主。工业以矿产开采、水泥预制件及苎麻、农副产品加工为主。省道子良—罗坪线过境。

子良坪社区 [Zǐliángpíng Shèqū] 子良乡人民政府驻地。在县境西北部。面积14平方千米。人口2800。因乡名得名。2014年成立。民居以3层及以上住宅楼为主。有便民服务点。开展"五子五良"评选、关爱老年人等活动。有中心学校、幼儿园、卫生院、卫生室、敬老院、农贸市场等。农业以柑橘、茶种植为主。省道子良—罗坪线经此。

所街乡 [Suǒjiē Xiāng] 石门县辖乡。在县境西北部。面积216平方千米。人口2.4万,其中土家族占97%。辖3居委会、13村委会,有267自然村。乡人民政府驻迎驾垭社区。1931年设所市乡。1949年为八区。1951年为十一区。1956年复乡。1958年改公社。1982年更名所街公社。1984年改乡。1995年水南渡乡并入。因明覃添顺设添平所,后成街市而得名。有王家山、铜锅寨。渫水、合溪流经。有初中1所,小学4所,幼儿园3所,卫生院1个,卫生室19个。有省级文物保护单位覃氏祖祠。有明代武德将军覃添顺墓、栋青遗址。农业以柑橘、茶、水稻、玉米、马铃薯、油菜种植为主。省道石门—南北镇、子良—罗坪线过境。

迎驾垭社区 [Yíngjiàyā Shèqū] 所街乡人民政府驻地。在县境西北部。面积8平方千米。因明代田中华据寨为王,宦官百姓迎驾而得名。人口4000。2014年成立。民居以3层及以上住宅楼为主。有便民服务点。有中小学、幼儿园、卫生院、敬老院、农贸市场等。经济以柑橘产销、商贸为主。特产冰糖橙。省道石门—南北镇线经此。

雁池乡 [Yànchí Xiāng] 石门县辖乡。在县境西北部。面积237平方千米。人口2.5万,其中土家族占98%。辖3居委会、17村委会,272自然村。乡人民政府驻雁池坪社区。1958年成立雁池公社。1984年改乡。1995年杨柳、苏家铺2乡并入。因原雁常栖息于水池得名。有干沟尖、横断山。渫水、干沟河流经。有初中1所,小学4所,幼儿园2所,卫生院1个,分院1个,卫生室18个。有县精神康复医院。有中共石门县虎踏桥党支部旧址。有将军渡、苦竹溪、覃家冲、六拐丘遗址。农业以水稻、柑橘、茶种植为主,产油桐、油茶、乌桕、小水果。特产石门银峰茶。有西山垭高山生态有机茶园。省道石门—南北镇、子良—罗坪线过境。

雁池坪社区 [Yànchípíng Shèqū] 雁池乡人民政府驻地。在县境西北部。面积9平方千米。人口4000。因乡得名。2014年成立。民居以3层及以上住宅楼为主。有便民服务点。有中小学、幼儿园、卫生院、敬老院、农贸市场等。经济以柑橘产销、商贸为主。有水泥预制、页岩砖加工等。省道石门—南北镇、子良—罗坪线经此。

罗坪乡 [Luópíng Xiāng] 石门县辖乡。在县境西北部。面积208平方千米。人口1.6万,其中土家族占99%。辖2居委会、11村委会,有115自然村。乡人民政府驻罗家坪社区。1956年设罗坪乡。1958年改公社。1984年复乡。1995年安溪乡并入。因四面环山,中为平地,原罗姓居多而得名。有横断山、黄连尖。渫水流经。有初中1所,小学2所,卫生院2个,卫生室8个。有牙齿洞遗址。有民俗山歌、九子鞭、土地戏。有全国民族特色村寨长梯隘村。农业以茶、水稻、玉米、红薯、马铃薯种植为主。省道子良—罗坪线过境设站。

罗家坪社区 [Luójiāpíng Shèqū] 罗坪乡人民政府驻地。在县境西北部。面积13平方千米。人口2200。因乡得名。2014年成立。民居以3层及以上住宅楼为主。有便民服务点。有民俗山歌、九子鞭、土地戏。有中小学、幼儿园、卫生院、敬老院、农贸市场等。经济以茶叶产销、商贸为主。省道子良—罗坪线经此设站。

张 家 界 市

张家界市 [Zhāngjiājiè Shì] 湖南省辖地级市。北纬28°52′—29°48′,东经109°40′—111°20′。在省境西北部。面积9653平方千米。户籍人口172.1万,常住人口151.9万。以土家族为主,还有汉、白、苗等民族。辖永定、武陵源2区,慈利、桑植2县。市人民政府驻永定区。清雍正十三年(1735)析慈利县置永定县。1913年永定县更名大庸县。此后至1985年先后属武陵道、辰沅道、第三行政督察区、第八行政督察区、永顺专区、湘西苗族自治区、湘西土家族苗族自治州。1985年改县级市。1988年升地级市,慈利、桑植2县并入。1994年因张家界国家森林公园改今名。地势西北高,沿澧水向东南倾斜。以山地、石英砂岩峰林地貌为主。市区海拔183米,景区平均海拔1000米。年均气温16℃,1月平均气温5℃,7月平均气温35℃。年均降水量1400毫米。年均无霜期242天。澧水、郁水、茅溪、九渡溪流经。有煤、铁、镍钼、铝土、石灰岩等矿产资源。有野生植物3000余种,其中有国家重点保护野生植物珙桐、光叶珙桐、红豆杉、金钱松、黄杉等。有野生动物4400余种,其中有国家重点保护野生动物金钱豹、金雕、猕猴、黑熊、红腹锦鸡、大鲵等。有八大公山、大鲵国家级自然保护区,张家界、天门山、天泉山、峰峦溪国家森林公园。森林覆盖率71%。有省级重点实验室1个。有高校2所,中学113所,小学101所,特教学校1所,三级医院2个,体育馆3个,文化馆5个,图书馆4个,博物馆、纪念馆6个。有全国重点文物保护单位贺龙故居、湘鄂川黔革命根据地省委旧址、田家大院古建筑群、石堰坪古建筑群等7个，省级文物保护单位19个。有国家级非物质文化遗产桑植民歌、桑植仗鼓舞、张家界阳戏等4项，省级非物质文化遗产8项。有国家5A级旅游景区武陵源。有中国传统村落石堰坪。有名胜茅岩河、张家界大峡谷。三次产业比例12：24：64。农业以水稻、玉米、甘薯、油菜种植为主。特产菊花心柚、茅岩霉茶、杜仲雄花茶、天子山剁辣椒、禾田居蔬菜、巧媳妇辣酱。有国家地理标志产品张家界葛根粉、洞溪七姊妹辣椒、桑植萝卜、张家界大鲵。工业以农副食品加工、化学原料及化学制品制造、医药、电子为主。有省级经济开发区1个。服务业以旅游为主。为全国大鲵之乡。有铁路117千米，高速185千米，国道609千米，省道1064千米。焦柳铁路，张常、张花、张桑高速，241、352、353国道，省道武陵源—安化、桑植—芦溪、汉寿—三岔、慈利—永定、武陵源—合作桥线过境。有荷花国际机场，民用航线88条，通往国内外北京、上海、长沙、香港、釜山等城市。有张家界站、张家界西站、张家界汽车站。

张家界［Zhāngjiājiè］ 别名庸城、永定城。张家界市聚落。在市境中部。面积50平方千米。人口30万。以土家族为主，还有汉、白、苗等民族。明洪武四年(1371)张胜首筑城。清雍正十三年(1735)扩建城墙周长2010丈，高1丈5尺，有朝阳、朝天、拱极、镇彝、土门5城门。1946年扩建南正街。1949年城区面积6.8平方千米，以南门口、文昌阁、河街为中心区。1949年后修通大永、大慈公路。1960年兴修回龙路。1971年建成澧水大桥。1988年后新建子午路、子午西路、澧水沿河大道、永定大道等，拓宽回龙路、人民路、解放路等，修建鸬鹚湾大桥、观音大桥、大庸桥等。1994年主城区向澧水南岸扩张。2005年向南、向东延伸。2014年形成澧水两岸交通带、产业带、风光带。有名胜古迹普光禅寺、大庸古城、宝塔岗、天主教堂。有标志性建筑张家界站、贺龙体育馆、博物馆。形成公路、铁路、航空构成的交通运输网络。通多路公交车。

永定区

永定区［Yǒngdìng Qū］ 张家界市人民政府驻地。在市境西南部。面积217平方千米。人口44万。以土家族为主，还有汉、白、苗、回等民族。辖6街道、9镇、12乡。区人民政府驻西溪坪街道。1988年设。因清雍正十三年(1735)永定县得名。先后建设观音大桥、陵园南路、武陵中路、西溪坪邮电通信大厦、张家界站，改建大庸路、大桥路、鼎泰路、阳光大道、回龙路。有标志性建筑大庸府城、贺龙体育馆。年均气温17.2℃，1月平均气温5.4℃，7月平均气温28℃。年均降水量1345.6毫米。澧水、沅江流经。有高校2所，中等职业学校7所，中学28所，小学73所，三级医院2个，二级医院1个，体育馆1个，图书馆1个，博物馆2个，纪念馆1个，武术、戏剧类文艺团体2个。有全国重点文物保护单位湘鄂川黔革命根据地纪念馆、普光禅寺等4个，省级文物保护单位玉皇洞石窟、天罗山古城、北社区苏维埃政府旧址、刘明灯石雕群等7个。有国家级非物质文化遗产张家界阳戏，省级非物质文化遗产张家界高花灯。有特色民间艺术土家族茅古斯、大庸花灯、大庸傩戏、欢水龙灯。有石堰坪、马头溪、牧笛溪村等民族特色村寨。有国家5A级旅游景区天门山。有景点茅岩河漂流。三次产业比例9：15：76。农业以水稻、玉米、油菜、油茶种植，生猪、湘西黄牛、山羊、山鸡养殖为主。特产菊花心柚、龙虾花茶、茅岩莓茶。工业以化工、电子、机械制造、医药为主。服务业以旅游为主。张常、张花、张桑高速，241、352、353国道，省道武陵源—安化、桑植—芦溪、汉寿—三岔、青龙垭隧道—温塘、慈利—永定、武陵源—合作桥线过境。有张家界汽车站、荷花国际机场。

人民广场［Rénmín Guǎngchǎng］ 在城区中部。面积8000平方米。1988年开工，2003年改建，2004年建成。分为娱乐休闲、商业服务、餐饮服务、体育健身等功能区，有健身步道、健身器材、儿童游乐场、舞蹈广场、报刊亭、篮球场、停车场、个体商铺等。为居民休闲、娱乐、健身、会议场所。周边有商业步行街、区国税局。通公交车。

子午路［Zǐwǔ Lù］ 在区境西北部。东起凤湾大桥，西至大庸桥。与迎宾路相交。长5.5千米，宽24米。混凝土路面。2007年开工，2008年建成。因子午山得名。两侧有大庸桥公园、吉首大学张家界校区、市委、检察院、民政局、妇幼保健站。通公交车。

大庸路［Dàyōng Lù］ 在区境中部偏南。东起鼎泰路，西至子午路。与天门路相交。长4.7千米，宽20米。混凝土路面。2007年开工，2014年建成。因古大庸县得名。两侧有市博物馆、宣传文化中心、林业局、行政学院、生态环境局、天门山索道、张家界站、张家界汽车站。通公交车。

迎宾路［Yíngbīn Lù］ 在区境中部偏北。北起凤湾大桥，南至子午路。与大庸路相交。长2.8千米，宽28米。混凝土路面。2007年开工，同年建成。穿过商业中心。两侧以土家族吊脚楼建筑为主，有小学、眼科医院、市商务局、崇文派出所。通多路公交车。

永定大道［Yǒngdìng Dàdào］ 在区境中部偏东。东起站前路，西至鹭鸶湾大桥。与崇文路相交。长3.3千米，宽40米。混凝土路面。1994年开工，1995年建成，2008年改建。原名森林大道，后因区名改今名。两侧栽植樟树约800棵，有市政务中心、市法院、区政府、区财政局、区民宗局、区医保局、购物中心、建材市场等。通多路公交车。

澧水大桥［Lǐshuǐ Dàqiáo］ 在城区中部偏东。长480米，宽24米，最大跨度50米，桥下净高15米。1967年开工，1970年建成。因横跨澧水得名。为大型河道桥梁，结构型式为多跨上承式空腹双曲拱桥。最大载重50吨。通公交车。

鸬鹚湾大桥［Lúcíwān Dàqiáo］ 在城区东南部。长426米，宽42米，最大跨度55米，桥下净高17米。1993年开工，1995年建成，2011年改建。因位于鸬鹚湾得名。为大型河道桥梁，结构型式为预应力混凝土Y型刚构连续组合箱梁桥。最大载重50吨。通公交车。

观音桥［Guānyīn Qiáo］ 在城区东南部。长674米，宽21米，最大跨度40米，桥下净高14米。1995年开工，1998年建成。因原有观音像得名。为大型河道桥梁，结构型式为多跨上承式空腹双曲拱桥。最大载重50吨。通公交车。

大庸桥［Dàyōng Qiáo］ 在城区西南部。长460米，宽24米，最大跨度50米，桥下净高15米。2007年开工，2008年建成。因旧大庸县得名。为大型河道桥梁，结构型式为混凝土单拱形桥。最大载重50吨。通公交车。

张家界站［Zhāngjiājiè Zhàn］ 见交通运输设施部分"张家界站"条。

张家界汽车站［Zhāngjiājiè Qìchēzhàn］ 见交通运输设施部分"张家界汽车站"条。

西溪坪街道［Xīxīpíng Jiēdào］ 永定区人民政府驻地。在区境中部偏东。面积127平方千米。人口3.7万。以土家族为主，还有汉、白、苗等民族。1993年设。1995年关门岩、原天门山乡部分地域并入。坪西大溪水汇入澧水而得名。先后改造铁路两侧，建成多个居民小区，重建鹭鸶湾大桥。有职高1所，小学4所，卫生院1个，卫生服务中心1个，卫生所8个。有贺龙国际体育中心。农业以水稻、玉米、蔬菜种植为主，盛产柑橘、脐橙、菊花心柚等。工业以商贸、汽配、玻璃加工为主。服务业以旅游为主。焦柳铁路、常张高速过境。有张家界站。通多路公交车。

永定街道［Yǒngdìng Jiēdào］ 属永定区。在区境中部。面积5平方千米。人口7.7万。以土家族为主，还有汉、苗、回、白等民族。1953年设永定镇。1985年改街道。因旧县名永定得名。先后改造子午路，建设滨河路。澧水河流经。有中学2所，小学1所，三级医院2个，二级医院1个，卫生服务中心1个。农业以种植水稻、玉米、柑橘、蔬菜为主。工业以毛巾、冷饮加工等为主。服务业以旅游、商贸、餐饮为主。常张高速过境。通多路公交车。

大庸桥街道［Dàyōngqiáo Jiēdào］ 属永定区。在区境中部偏西。面积11平方千米。人口2.7万。以土家族为主，还有汉、苗、白、回等民族。1985年设。因1949年修建大庸桥得名。先后建成木龙滩电站、大庸桥公园、吉首大学张家界学院等。澧水河流经。有高校2所，中学1所，小学2所，卫生服务中心1个，卫生所3个。农业以蔬菜种植为主。工业以建筑建材为主。服务业以旅游为主。常张高速、241国道过境。通多路公交车。

官黎坪街道［Guānlípíng Jiēdào］ 属永定区。在区境南部。面积86平方千米。人口2.2万。以土家族为主，还有汉、白、苗、藏等民族。1989年设。因明代官军开垦犁田得名官犁坪，后因谐音演为今名。先后建成天门山景区、天门山索道。澧水流经。有中学2所，小学2所，卫生院1个，卫生服务中心5个，卫生所2个。有特色民间艺术技艺狮子灯、花灯、龙舟、土家气功。工业以门窗加工为主。服务业以商贸为主。焦柳铁路、龙新高速过境。有张家界站。通多路公交车。

双峡村［Shuāngxiácūn］ 在区政府驻地西溪坪街道西南9千米。属官黎坪街道。人口1600。以土家族为主，还有汉、白、苗、朝鲜等民族。因2溪自谷中流经而得名。聚落呈Y字形。位于国家5A级旅游景区天门山内，为土家族民俗文化特色自然村寨。有特色民俗客栈群、亚洲第一长索道和特色餐饮区。农业以水稻、玉米、油菜种植为主。

崇文街道［Chóngwén Jiēdào］ 属永定区。在区境中部。面积19平方千米。人口3.4万。以土家族为主，还有汉、白、苗等民族。1997年设。因崇文塔得名。澧水流经。有高校1所，中等职业学校2所，中学3所，小学2所，卫生服务中心3个，卫生所1个。有市烈士陵园、文化广场。有名胜古迹卧虎洞、回龙观、普光禅寺。服务业以商贸、旅游为主。有步行街、购物中心等。通多路公交车。

南庄坪街道［NánZhuāngpíng Jiēdào］ 属永定区。在区境西南部。面积12平方千米。人口1.2万。以土家族为主，还有汉、白、苗等民族。1997年设。因处永定城南得名。澧水流经。有中学2所，小学2所，卫生服务中心5个，卫生所1个，图书室15个。有特色民间艺术狮子灯、花灯、龙舟、土家山歌。服务业以商贸、旅游为主。有荷花国际机场。焦柳铁路过境。通多路公交车。

新桥镇［Xīnqiáo Zhèn］ 永定区辖镇。在

区境北部。面积64平方千米。人口1.3万。以土家族为主,还有汉、白、苗等民族。辖2居委会、9村委会,有100自然村。镇人民政府驻新桥社区。1949年设新桥乡。后改公社。1984年复乡。1989年改镇。1995年合作桥乡并入,1998年析出。因镇政府驻地原名得名。澧水流经。有中学1所,小学3所,卫生院1个,卫生所5个。有幼儿园、文化站、敬老院等。有南门垭烈士纪念碑、苏维埃纪念馆。农业以水稻、玉米、红薯、油菜种植为主。工业以农副产品加工为主。服务业以旅游为主。353国道过境。

新桥社区 [Xīnqiáo Shèqū] 新桥镇人民政府驻地。在区境东北部。面积5平方千米。人口1600。以土家族为主,还有汉、苗、朝鲜等民族。明有石拱桥,1953年改建新桥而得名。1984年成立。有中学、幼儿园、卫生院、文化站、敬老院等。有土家族古建筑,景点双峰山。农业以葡萄、黄桃、西瓜、火龙果等当季水果种植为主。353国道经此。

温塘镇 [Wēntáng Zhèn] 永定区辖镇。在区境西北部。面积71平方千米。人口0.8万。以土家族为主,还有汉、白、苗等民族。辖1居委会、6村委会,有44自然村。镇人民政府驻温塘社区。1949年设温塘乡。1958年改公社。1984年复乡。1989年改镇。1995年青安坪、罗塔坪2乡并入,1998年又析出。因镇政府驻地原名得名。有狮子瑙峰。茅岩河流经。有中学1所,卫生院1个。有幼儿园、文化站、敬老院等。有茅岩河漂流。农业以水稻、玉米、油菜、莓茶种植,淡水鱼养殖为主。特产岩鱼。服务业以旅游为主。县道教子垭—温塘线过境。

温塘社区 [Wēntáng Shèqū] 温塘镇人民政府驻地。在区境西部。面积12平方千米。人口2400。因温泉外有堰塘得名。1985年成立。民居以平房和楼房组成四合院或三合院形式,黏土砖和混凝土制品结合。有医保缴费、养老服务、留守儿童图书室、活动棋牌室等服务。有中小学、幼儿园、卫生院、文化站、敬老院等。有茅岩河漂游。县道小河坎—温塘线经此。

教字垭镇 [Jiàozìyā Zhèn] 永定区辖镇。在区境西北部。面积136平方千米。人口2.6万。以土家族为主,还有汉、白、苗等民族。辖1居委会、25村委会,有271自然村。镇人民政府驻教字垭社区。1949年设中心乡。1952年更名教字垭乡。1958年改公社。1984年复乡。1989年改镇。1995年罗水、桥头、兴隆、禹溪4乡并入。1998年析设罗水、桥头2乡。因镇政府驻地原名得名。茅岩河流经。有中学1所,小学3所,卫生院2个,卫生所4个。有幼儿园、文化站、敬老院等。有民间特色文艺花灯、阳戏、摆手舞、茅古斯、土家织锦。农业以水稻、玉米、油菜、红薯种植为主。工业以建筑建材、矿产开采为主。服务业以商贸、旅游为主。为永定区、桑植县边境物资集散地。张桑高速、353国道过境。

教字垭社区 [Jiàozìyā Shèqū] 教字垭镇人民政府驻地。在区境西北部。面积4平方千米。人口1700。因清光绪《永定乡土志》载:慈利伍致麟授徒于此,大书"教"字于石壁而得名。1985年成立。民居以土家族风格住宅楼为主。有留守儿童图书室、滨河广场娱乐地,开展医保缴费、养老服务等。有中小学、幼儿园、卫生院、文化站、敬老院等。农业以水稻、玉米种植为主。353国道经此。

大坪镇 [Dàpíng Zhèn] 永定区辖镇。在区境西南部。面积95平方千米。人口0.8万。以土家族为主,还有汉、白、苗等民族。辖2居委会、9村委会,有60自然村。镇人民政府驻大坪社区。1949年设大坪乡。1958年改公社。1984年复乡。1989年改镇。1995年四都坪、沅溪、三岔3乡并入。1998年析设三岔、四都坪2乡。因镇政府驻地原名得名。有天门山、堡子界、七星山。有中学1所,小学2所,卫生所1个。有幼儿园、文化站、敬老院等。农业以水稻、玉米、油菜种植为主。工业以零部件制造、机械加工为主。服务业以旅游为主。龙新高速、241国道过境。

大坪社区 [Dàpíng Shèqū] 大坪镇人民政府驻地。在区境西南部。面积5.4平方千米。人口1100。原因传赤松子经此而得名赤松坪,后因东有小坪而改今名。1985年成立。民居以住宅楼为主。有老年活动室、便民服务站、卫生服务站等。有中小学、幼儿园、卫生院、文化站、文化广场、敬老院。农业以水稻、玉米种植为主。龙新高速、242国道经此。

沅古坪镇 [Yuángǔpíng Zhèn] 永定区辖镇。在区境东南部。面积140平方千米。人口1.6万。以土家族为主,还有汉、白、苗、侗等民族。辖1居委会、18村委会,有168自然村。镇人民政府驻沅古坪社区。1953年设沅古坪乡。1958年改公社。1984年复乡。1989年改镇。1995年红土坪、谢家垭、双溪桥3乡并入。1998年析设谢家垭、双溪桥2乡。因镇政府驻地原名得名。有万花山。五龙河流经。有中学1所,小学1所,卫生院1个,卫生所3个。有幼儿园、文化站、敬老院等。有民俗花灯、阳戏、土地戏、画眉斗鸟会、山歌对唱。有景点五龙河瀑布。农业以水稻、玉米、油菜、红薯种植为主。服务业以商贸、旅游为主。为区东南部物资集散地。241国道过境。

沅古坪社区 [Yuángǔpíng Shèqū] 沅古坪镇人民政府驻地。在区境东南部。面积5.9平方千米。人口2200。以土家族为主。传因李自成部将打鼓于此得名悬鼓坪,后谐音改今名。1985年成立。民居以木质建筑为主,城镇以砖混结构为主。有中小学、幼儿园、卫生院、敬老院等。有特色民间艺术花灯、阳戏、土地戏、画眉斗鸟会、山歌对唱。农业以水稻、玉米、油菜、红薯种植为主。服务业以旅游为主。241国道、县道三岔—沅古坪线经此。

尹家溪镇 [Yǐnjiāxī Zhèn] 永定区辖镇。在区境西北部。面积91平方千米。人口3万。以土家族为主,还有汉、白、苗等民族。辖3居委会、21村委会,有206自然村。镇人民政府驻小河坎社区。1995年由官坪、三坪、枫香岗3乡合设大溶溪镇。1998年改今名,析设枫香岗乡。因明代尹姓居于三溪汇聚之地得名。有小学9所,卫生院2个,卫生所9个。有幼儿园、文化站、敬老院等。有省级文物保护单位玉皇洞石窟。有特色民间艺术龙灯、狮子灯、土家茅古斯舞。农业以水稻、玉米、蔬菜、茶、柑橘种植,牛、羊、猪养殖为主。有水蜜桃、香芋、甘蔗、蓝莓种植基地。工业以建材、电力为主。有圩场。张桑、张花高速,353国道过境。

小河坎社区 [Xiǎohékǎn Shèqū] 尹家溪镇人民政府驻地。在区境西北部。面积3平方千米。人口1300。因小河自河坎流入澧水得名。1984年成立。民居以土家族仿古建筑为主。有养老活动棋牌室、留守儿童图书室,开展医保缴费、养老服务等。有小学、幼儿园、卫生院、文化站、敬老院等。有土家族民俗过赶年、三月三、玩龙灯等。353国道经此。

后坪镇 [Hòupíng Zhèn] 永定区辖镇。在区境西南部。面积71平方千米。人口1.8万。以土家族为主,还有汉、白、苗等民族。辖3居委会、14村委会,有140自然村。镇人民政府驻后坪社区。1995年由二家河、大庸2乡合设后坪镇。因镇政府驻地原名得名。武溪流经。有小学8所,卫生院2个。有幼儿园、文化站、敬老院等。有鸡公垭大捷遗址。有古迹武口寨。农业以水稻种植为主,兼产柑橘、茶叶。有蔬菜、黄姜、板栗种植基地。特产崇山青菜、崇山梨、荷花红提、中山橘。工业以建筑建材、食品加工为主。有圩场2个。枝柳铁路、龙新高速过境。

后坪社区 [Hòupíng Shèqū] 后坪镇人民政府驻地。在区境西部。面积5平方千米。人口1300。因处武溪南岸坪地得名。1995年成立。民居以住宅楼为主。有便民服务站等。有中小学、卫生院、敬老院。工业以建筑建材、食品加工为主。枝柳铁路、龙新高速经此。

阳湖坪镇 [Yánghúpíng Zhèn] 永定区辖镇。在区境东北部。面积69平方千米。人口2.4万。以土家族为主,还有汉、白、苗等民族。辖3居委会、19村委会,有206自然村。镇人民政府驻建新社区。1952年设阳湖坪乡。后改公社。1984年复乡。1995年与黄家铺乡合设今镇。因居澧水之阳,又常被洪水淹没如湖而得名。澧水流经。有中学2所,小学1所,卫生院1个,卫生所6个。有幼儿园、文化站、敬老院、农科教中心、农技推广站等。有大庸旧八景之"潭口飞瀑"。农业以水稻、蔬菜、棉花、柑橘、油菜种植为主。有水果、蔬菜、玉米、油菜等基地。有林场18个。工业以玻璃、汽车配件、电子、竹纤维加工为主。常张高速过境。

建新社区 [Jiànxīn Shèqū] 阳湖坪镇人民政府驻地。在区境东部。面积3平方千米。人口1000。以建设新农村得名。1995年成立。民居以住宅楼为主。有便民服务站、医疗室等。有中小学、文化广场、敬老院。工业以食品加工为主。服务业以商贸为主。常张高速经此。

王家坪镇 [Wángjiāpíng Zhèn] 永定区辖镇。在区境东南部。面积167平方千米。人口1.6万。以土家族为主,还有汉、白、苗等民族。辖2居委会、17村委会,有168自然村。镇人民政府驻王家坪社区。1953年设王家坪乡。1958年改公社。1984年复乡。1995年湖田垭乡并入。2000年改镇。因镇政府驻地原名得名。有杨柳池山。有中学1所,小学1所,卫生院1个,卫生所3个。有幼儿园、文化站、养老院等。有全国重点文物保护单位石堰坪古建筑群。有名胜古迹龙凤洞、自生桥、穿心岩、土家吊脚楼、马头溪、水墨关水坪、飞溪河。有特色民间文艺草龙灯、狮子灯、渔鼓、土地戏、哭嫁歌、傩戏。农业以水稻、玉米、油菜种植为主。工业以木材、石材、农副产品加工为主。241国道过境。

王家坪社区 [Wángjiāpíng Shèqū] 王家坪镇人民政府驻地。在区境东部。面积3平方千米。人口700。因明代王姓居此得名。1994年成立。有土家族古建筑特色民居。有养老活动棋牌室、留守儿童图书室,开展医保缴费、养老服务等。有中小学、幼儿园、卫生院、文化站、养老院等。农业以水稻、玉米、油菜、红薯种植为主。241国道经此。

马头溪村 [Mǎtóuxīcūn] 在区政府驻地西溪坪街道东南35千米。王家坪镇辖自然村。人口700。因山形似马头且下有溪河得名。聚落呈带状。为中国民族特色村寨。有马头溪土家族古建筑群。农业以水稻、玉米、油菜、红薯种植为主。241国道、县道三岔—马头溪线经此。

伞家湾村 [Sǎnjiāwāncūn] 在区政府驻地西溪坪街道东37千米。王家坪镇辖自然村。人口1000。因明清时制油纸伞得名。聚落呈半月状。为土家族传统村落。有老屋湾吊脚楼群、风雨桥、榨油坊、碾坊。有幼儿园、图书室等。农业以水稻、玉米、油菜、红薯种植为主。241国道、县道三岔—王家坪线经此。

石堰坪村［Shíyànpíngcūn］ 在区政府驻地西溪坪街道东44千米。王家坪镇辖自然村。人口700。因地似石堰得名。聚落呈半月状。为中国传统村落。有全国重点文物保护单位石堰坪古建筑群。有土家吊脚楼。有幼儿园、图书室等。农业以水稻、玉米、油菜、红薯种植为主。

三家馆乡［Sānjiāguǎn Xiāng］ 永定区辖乡。在区境西部。面积115平方千米。人口1.2万。以土家族为主，还有汉、苗等民族。辖17村委会，有162自然村。乡人民政府驻将军庙村。1952年设三家馆乡，后改公社。1984年复乡。因清代有3馆得名。有小学3所，卫生院1个，卫生所4个。有幼儿园、文化站、敬老院等。农业以水稻、玉米、油菜种植，牛、羊养殖为主。工业以化工、建材为主。张花高速过境。

将军庙村［Jiāngjūnmiàocūn］ 三家馆乡人民政府驻地。在区政府驻地西溪坪街道西27千米。人口700。明代3将军阵亡于此，乡人建庙纪念之而得名。聚落呈椭圆形。有小学。有土家族仿古建筑、土家族民俗。农业以水稻、玉米、油菜、红薯种植为主。张花高速经此。

沙堤乡［Shādī Xiāng］ 永定区辖乡。在区境西北部。面积82平方千米。人口1.7万。以土家族为主，还有汉、苗等民族。辖14村委会，有163自然村。乡人民政府驻贯坪村。1958年成立沙堤公社。1984年改乡。因沙堤溪得名。有中学1所，小学6所，卫生院1个，卫生所7个。有幼儿园、文化站、敬老院等。农业以水稻、玉米、油菜种植，牛、羊养殖为主。工业以建材加工为主。张花高速、241国道过境。

贯坪村［Guànpíngcūn］ 沙堤乡人民政府驻地。在区政府驻地西溪坪街道西北4千米。人口1000，其中土家族占90%。因贯坪庵得名。聚落呈梯形。有中小学。农业以水稻、玉米种植，猪、羊、牛养殖为主，产柑橘、椪柑、琵琶等。县道张清线经此。

枫香岗乡［Fēngxiānggǎng Xiāng］ 永定区辖乡。在区境西部。面积35平方千米。人口1.3万。以土家族为主，还有苗、白等民族。辖2居委会、11村委会，有117自然村。乡人民政府驻枫香岗社区。1952年设枫香岗乡。1958年改公社。1984年复乡。1995年并入大溶溪镇。1998年复乡。因乡政府驻地原名得名。澧水流经。有中学1所，小学2所，卫生院1个，卫生所4个。有幼儿园、文化站、敬老院等。有省级文物保护单位玉皇洞石窟。有茅岩河漂流。农业以水稻、油菜种植为主，产水果、蔬菜。龙新高速过境。

枫香岗社区［Fēngxiānggǎng Shèqū］ 枫香岗乡人民政府驻地。在区境西部。面积1平方千米。人口1600。因古枫香树得名。1995年成立。民居以住宅楼为主。有便民服务站、合作医疗室。有中小学、文化广场、敬老院等。农业以水稻种植为主。工业以食品加工为主。服务业以商贸为主。龙新高速经此。

合作桥乡［Hézuòqiáo Xiāng］ 永定区辖乡。在区境东北部。面积59平方千米。人口1.3万，其中土家族占80%，还有汉、白、苗、侗等民族。辖12村委会，有143自然村。乡人民政府驻合作桥村。1953年设合作桥乡。后改公社。1984年复乡。因乡政府驻地得名。有中学1所，小学5所，卫生院2个，卫生所6个。有幼儿园、文化站、敬老院等。农业以水稻、玉米种植，牛、羊、猪养殖为主。工业以建筑、农产品加工为主。353国道过境。

合作桥村［Hézuòqiáocūn］ 合作桥乡人民政府驻地。在区政府驻地西溪坪街道东北13千米。人口1700。原因风雨桥曾遭火焚得名火烧桥，1957年改今名。聚落呈团块状。有中小学、卫生院、幼儿园、文化站、敬老院等。农业以水稻、玉米、蔬菜种植为主。353国道经此。

双溪桥乡［Shuāngxīqiáo Xiāng］ 永定区辖乡。在区境东南部。面积70平方千米。人口0.7万，其中土家族占70%，还有汉、白、苗等民族。辖10村委会，有70自然村。乡人民政府驻双溪桥村。1953年设双溪桥乡。1958年改公社。1984年复乡。1995年并入沅古坪镇。1998年复乡。因乡政府驻地得名。有中学1所，小学2所，卫生院1个，卫生所1个。有幼儿园、文化站、敬老院等。有古迹文昌塔、武昌塔。农业以木材、药材、七星椒、红薯、稻谷、玉米种植为主。县道张桃、高坪线过境。

双溪桥村［Shuāngxīqiáocūn］ 双溪桥乡人民政府驻地。在区政府驻地西溪坪街道东南14千米。人口1400。因桥位于2溪交汇处得名。聚落呈散状。有中小学、合作医疗室、文化广场、敬老院、便民服务站、集贸市场等。有古迹文昌塔、武昌塔。农业以水稻、玉米、油菜种植为主。县道三岔—双溪桥线经此。

谢家垭乡［Xièjiāyà Xiāng］ 永定区辖乡。在区境东南部。面积71平方千米。人口1万。以土家族为主，还有汉、白、苗等民族。辖10村委会，有106自然村。乡人民政府驻青湾村。1953年设谢家垭乡。后改公社。1984年复乡。1995年并入沅古坪镇。1998年复乡。传吴三桂经此，士兵卸甲休息，得名卸甲垭，后因谐音演为今名。有人头山、堡子界、天罗山、白竹山。有小学1所，卫生院1个，卫生所10个。有幼儿园、文化站、敬老院等。有省级非物质文化遗产高花灯。农业以水稻、玉米、油菜、黄豆、红薯种植，猪、羊、家禽养殖为主。有木材加工、销售业。龙新高速过境。

青湾村［Qīngwāncūn］ 谢家垭乡人民政府驻地。在区政府驻地西溪坪街道东南24千米。人口1400。以土家族为主，还有汉族。因青堰潭得名。聚落呈三角形。有卫生所。为土家族自然特色村寨，有土家族民居、民俗。农业以水稻、玉米、油菜种植为主。通乡村公路。

青安坪乡［Qīng'ānpíng Xiāng］ 永定区辖乡。在区境西部。面积88平方千米。人口0.8万。以土家族为主，还有汉、白、苗等民族。辖12村委会，有95自然村。乡人民政府驻安坪村。1952年设青安坪乡。1958年改公社。1984年复乡。1995年并入温塘镇。1998年复乡。因历代无赋税徭役，生活清闲安乐得名。茅岩河流经。有煤、铁、铜、锰等矿产资源。有小学2所，卫生院1个。有幼儿园、文化站、敬老院等。农业以花生、红薯、油菜、中草药种植，猪、牛、羊养殖为主，盛产核桃、蜂蜜。有大理石开采、加工业。县道张家界—青安坪线过境。

安坪村［Ānpíngcūn］ 青安坪乡人民政府驻地。在区政府驻地西溪坪街道西北47千米。人口1200。因乡得名。聚落呈丁字形。有小学、医疗室、文化广场、敬老院、便民服务站、集贸市场等。农业以水稻、玉米、红薯种植为主。县道小河坎—温塘线经此。

罗塔坪乡［Luótǎpíng Xiāng］ 永定区辖乡。在区境西部。面积88平方千米。人口0.8万。以土家族为主，还有汉、白、苗等民族。辖12村委会，有99自然村。乡人民政府驻宏岗村。1949年设罗塔乡。1958年改罗塔坪公社。1984年改乡。1995年并入温塘镇。1998年复乡。土家族语迦塔译名，意为水氹之塔。为喀斯特地貌。有小学2所，卫生院1个，卫生所5个。有幼儿园、文化站、敬老院等。农业以水稻、茅岩莓茶、玉米、油菜、红薯种植，猪、牛、羊、家禽养殖为主。县道小河坎—温塘线过境。

宏岗村［Hónggǎngcūn］ 罗塔坪乡人民政府驻地。在区政府驻地西溪坪街道西48千米。人口1000。因杨宏岗烈士得名。聚落呈丁字形。有小学、幼儿园、卫生院、文化站等。农业以水稻、茅岩莓茶、玉米、红薯、板栗种植，猪、牛、羊养殖为主。县道小河坎—温塘线经此。

罗水乡［Luóshuǐ Xiāng］ 永定区辖乡。在区境西北部。面积58平方千米。人口0.9万。以土家族为主，还有汉、白、苗等民族。辖9村委会，有96自然村。乡人民政府驻罗水村。1952年设罗水乡。1958年改公社。1984年复乡。1995年并入教字垭镇。1998年复乡。因乡政府驻地得名。有云朝山。罗水流经。有小学1所，卫生院1个，卫生所3个。有幼儿园、文化站、敬老院等。有民俗六月六祭祀、茅古斯舞。农业以水稻、玉米、油菜、花生、黄豆、红薯种植，生猪、湘西黄牛养殖为主。有林茶场13个。工业以木材、农副产品加工为主。特产蜂蜜、野葛粉、茶叶、板栗、辣椒。焦柳铁路，长张、张花高速，省道武陵源—安化、桑植—芦溪、汉寿—三岔线过境。

罗水村［Luóshuǐcūn］ 罗水乡人民政府驻地。在区政府驻地西溪坪街道西北37千米。人口1700。因罗水溪得名，为土家族"氹水"音译。聚落呈倒兀字形。有小学、幼儿园、卫生院、文化站、文化广场、敬老院等。有民俗六月六祭祀、茅古斯舞。农业以水稻、玉米、油菜、红薯、花生、黄豆种植，生猪、黄牛、山羊养殖为主。县道教字垭—罗水线经此。

桥头乡［Qiáotóu Xiāng］ 永定区辖乡。在区境西北部。面积54平方千米。人口1.3万。以土家族为主，还有汉、白、苗、维吾尔等民族。辖16村委会，有144自然村。乡人民政府驻桥头村。1952年设桥头乡。1958年改公社。1984年复乡。1995年并入教字垭镇。1998年复乡。因乡政府驻地得名。有丫角山。有小学2所，卫生院1个，卫生所7个。有幼儿园、文化站、敬老院等。有木偶戏。农业以水稻、玉米、油菜、红薯种植，猪、牛、羊、家禽养殖为主。龙新高速、353国道过境。

桥头村［Qiáotóucūn］ 桥头乡人民政府驻地。在区政府驻地西溪坪街道西北41千米。人口800。因桥头多商铺得名桥头商铺，简为今名。聚落呈团块状。有小学、幼儿园、卫生院、敬老院等。农业以水稻、玉米、油菜种植为主。353国道经此。

三岔乡［Sānchà Xiāng］ 永定区辖乡。在区境东南部。面积65平方千米。人口0.7万。以土家族为主，还有汉、白、苗等民族。辖10村委会，有80自然村。乡人民政府驻三岔村。1952年设三岔乡。1958年改公社。1984年复乡。1995年并入大坪镇。1998年复乡。因乡政府驻地得名。有镍钼、磷资源。有小学2所，卫生院1个，卫生所1个。有幼儿园、文化站、敬老院等。农业以水稻、玉米、茶种植，湘西黄牛、山羊养殖为主，产松、杉、南竹。特产龙虾花茶、青岩茗翠、三岔豆腐。龙新高速、241国道过境。

三岔村［Sānchàcūn］ 三岔乡人民政府驻地。在区政府驻地西溪坪街道南7千米。人口1100。因处通往沅陵县、沅古坪镇三岔路口而得名。聚落呈团块状。有小学、医疗室、文化广场、敬老院、便民服务站、集贸市场等。农业以水稻、玉米、油菜种植为主。241国道经此。

四都坪乡［Sìdūpíng Xiāng］ 永定区辖乡。在区境西南部。面积191平方千米。人口1.1万。以土家族为主，还有汉、白、苗等民族。辖19村委会，有141自然村。乡人民政府驻四都坪村。1953年设四都坪乡。1958年改公社。1984年复乡。1995年并入大坪镇。1998年原四都坪、三岔、沅溪3乡合设四都坪乡。因乡政府驻地得名。有借母溪国家级自然保护区。有中学1所，小学3所，卫生院1个，卫生所4个。有幼儿园、文化站、敬老院等。农业以水稻、玉米、油菜、红薯种植，猪、牛、羊、家禽养殖为主。省道张沅线过境。

四都坪村 [Sìdūpíngcūn]　四都坪乡人民政府驻地。在区政府驻地西溪坪街道南27千米。人口900。因元为沅陵县四都得名。聚落呈S字形。有小学、卫生院、幼儿园、敬老院等。农业以水稻、玉米、油菜、红薯种植为主。省道张沅线经此。

武陵源区

武陵源区 [Wǔlíngyuán Qū]　张家界市辖区。在市境中部。面积397.6平方千米。人口5.6万。以土家族为主，还有汉、白、苗、侗等民族。辖1街道、1镇、3乡。区人民政府驻军地坪街道。1988年设。原名青岩山，因唐李白“功成拂衣去，归入武陵源”诗句改今名。先后建成宝峰湖大桥、高云桥、高云公园、喻家嘴公园、岩门大桥、天际桥，治理索溪河，改造武陵路、天子路、白鹭路、桂花路等。2014年改造城中村。以索溪河为轴，建设高云—沙坪旅游设施服务区、军地坪旅游综合服务区、文风高端休闲度假区、喻家嘴文化体育活动区、岩门居民生活新区。有标志性建筑标志门、百龙天梯、中国大鲵生物科技馆、张家界晶彩武陵博览园、龙凤庵、贺龙铜像。为典型石英砂岩峰林地貌。年均气温16.1℃，1月平均气温6.3℃，7月平均气温26.9℃。年均降水量1394.6毫米。有兔儿望月峰。索溪流经。有张家界国家森林公园。有职业中学1所，九年一贯制学校2所，中心学校5所，小学1所，村小及教学点7个，二级医院1个。有魅力湘西剧场、图书馆。有名胜古迹索溪峪、天子山、杨家界、龙凤庵、贺龙元帅墓、朝天观、天子庙、宝峰寺、紫霞观。有特色民间艺术山歌、阳戏、傩戏、土家织锦等。有国家5A级旅游景区武陵源。三次产业比例4∶1∶95。农业以水稻种植、生猪养殖为主。工业以矿泉水、旅游工艺品加工为主。服务业以旅游为主。特产土家腊肉、石耳、枞菌、葛粉、葛根宝、竹编。省道南江桥—永顺线过境。有武陵源汽车站。

武陵路 [Wǔlíng Lù]　在区境中部。东起喻家嘴桥，西至中国张家界世界地质公园内部道路。与军邸路、驼峰路、玉泉路、桂花路、白鹭路、军陵路、武陵东路相交。长5千米，宽30米。沥青混凝土路面。1997年开工，1998年建成，2014年改建。因贯穿全城区得名。两侧有区政府、档案局、交通局。通多路公交车。

军邸路 [Jūndǐ Lù]　在区境中部。东起武陵路，西至驼峰路。与军陵路、桂花路、白鹭路相交。长1.7千米，宽20米。沥青混凝土路面。2002年开工，2004年建成。因军地坪得名。两侧有区水利局、教育局。通多路公交车。

未央路 [Wèiyāng Lù]　在区境中部。东起军邸路，西至驼峰路。与玉泉路、桂花路、白鹭路相交。长1.9千米，宽12米。沥青混凝土路面。2001年开工，2005年建成。因此路原有未央宫而得名。两侧有酒店、区安监局等。通多路公交车。

宝峰路 [Bǎofēng Lù]　在区境中部。南起宝峰桥，北至天子路。与朝阳路相交。长1.3千米，宽12米。沥青混凝土路面。1997年开工，1998年建成，2001年改建。因宝峰湖得名。两侧有中国大鲵科技馆、宝峰湖游客服务中心。通公交车。

武陵源汽车站 [Wǔlíngyuán Qìchēzhàn]　见交通运输设施部分“武陵源汽车站”条。

军地坪街道 [Jūndìpíng Jiēdào]　武陵源区人民政府驻地。在区境中部。面积63平方千米。人口1.3万。以土家族为主，还有白、苗等民族。2001年设立。清雍正年间曾屯军养兵而得名。先后建武陵路、军邸路、未央路、宝峰路、高云路。索溪流经。有军地小学、军地坪医院。有地震台、魅力湘西剧场。有民间艺术腰鼓、摆手舞、花灯、舞狮。有景点索溪峪、宝峰湖、紫霞观。服务业以住宿、餐饮、商贸为主。县道张清线过境。有武陵源汽车站。通多路公交车。

天子山镇 [Tiānzǐshān Zhèn]　武陵源区辖镇。在区境北部。面积55平方千米。人口0.5万。以土家族为主，还有白、汉、苗等民族。辖3居委会、2村委会，有37自然村。镇人民政府驻泗南峪社区。1986年设天子山镇。元末明初土家族农民起义领袖自号“向王天子”，以此名山，沿为镇名。有昆仑峰。有煤、硫黄、龟纹石、米化石等矿产资源。有小学2所，幼儿园1所，卫生院1个，卫生室2个。有文化站、图书馆、敬老院等。有贺龙公园。有名胜古迹天子山、黑神庙、天子庙遗址。有景点黄龙泉、凤栖山、茶盘塔、御笔峰、仙女献花、点将台、仙人桥、鸳鸯瀑布、将军岩等。有特色民间艺术腰鼓、阳戏、花灯。农业以水稻、玉米种植，生猪养殖为主。服务业以旅游、住宿、餐饮为主。特产剁辣椒、茶叶、蜂蜜、葛根。泗南峪—天子山旅游公路过境。

泗南峪社区 [Sìnányù Shèqū]　天子山镇人民政府驻地。在区境西北部。面积11平方千米。人口1200。以土家族为主，还有汉、白、苗等民族。因处泗水南得名。1992年成立。民居以土家族、白族建筑为主。开展关爱独居老人、留守儿童等活动。有中心学校、卫生院。有特色民间艺术桑植民歌、土家粘贴画、泼水龙、白族仗鼓舞。有景点风雨桥、扁桶寨、土匪寨、野猪林。特产土家神茶、苗乡社饭、龟纹石雕、张家界野菜。通公交车。

索溪峪土家族乡 [Suǒxīyù Tǔjiāzú Xiāng]　武陵源区辖乡。在区境东部。面积167平方千米。人口1.5万，其中土家族占91.5%，还有汉、白、苗、侗等民族。辖5居委会、6村委会，有101自然村。乡人民政府驻迎宾路社区。1956年设喻家嘴乡，后改公社。1983年复乡。1986年改索溪峪镇。1995年定今名。索溪河流经而得名。有观音山。有中学1所，小学6所，幼儿园3所，二级医院1个，卫生室11个。有文化站、图书馆、敬老院等。有名胜古迹黄龙洞、观音洞、悬丝洞、贞灵观、观音庙、朝阳寺。有特色民间艺术腰鼓、摆手舞、花灯、舞狮、舞龙。农业以水稻、玉米、马铃薯种植，猪、羊、牛、家禽养殖为主。服务业以旅游、住宿、餐饮为主。特产土家织锦、葛粉、蜂蜜、茶叶、猕猴桃。县道张清线过境。

迎宾路社区 [Yíngbīnlù Shèqū]　索溪峪土家族乡人民政府驻地。在区境中部。面积5平方千米。人口1800。因处旅游接待区得名。1995年成立。民居以土家族民宅为主。有卫生服务站、老年活动室、便民服务站等。开展传承土家族苗族文化、地方阳戏等活动。有幼儿园。有民俗桑植民歌、土家粘贴画、泼水龙习俗、白族仗鼓舞。有名胜古迹野人井、风洞、硝洞、龙潭庙遗址。特产土家神茶、青岩茗翠、龟纹石雕。驻有区检察院。县道张清线经此。

协合乡 [Xiéhé Xiāng]　武陵源区辖乡。在区境南部。面积60平方千米。人口0.8万。以土家族为主，还有汉族。辖2居委会、7村委会，有76自然村。乡人民政府驻协合村。1956年设协合乡，后改公社。1984年复乡。因乡政府驻地得名。有杨芷界、龙尾巴山。协合溪流经。有初中1所，小学2所，卫生院1个，卫生室7个。有古迹宝峰寺、道林寺。有景点金鞭溪、索溪、鸳鸯溪、龙尾溪、万岁牌、将军岩、笔架山、舍身崖等。农业以水稻、玉米、马铃薯种植，生猪、牛、羊、家禽养殖为主。经济以林木加工、旅游为主。特产莱葛、茶叶、乌鸡、香猪、河蚌、竹鼠、大闸蟹。有禾田居特色农场。县道张清线过境。

协合村 [Xiéhécūn]　协合乡人民政府驻地。在区政府驻地军地坪街道南20千米。人口2200。以土家族为主，还有汉族。原名道林寺，1949年后以齐心协力、团结合作改今名。聚落呈团块状。有小学、卫生院。有名胜宝峰山。以土家族传统建筑为主。农业以水稻种植为主。服务业以商贸为主。县道张清线经此。

中湖乡 [Zhōnghú Xiāng]　武陵源区辖乡。在区境西部。面积67平方千米。人口1.4万。以土家族为主，还有汉、白、苗、侗等民族。辖2居委会、9村委会，有109自然村。乡人民政府驻杨家界社区。1953年设中湖乡，后改公社。1984年复乡。位于山区低洼地带，古时积水成湖而得名。有初中1所，小学3所，卫生院1个，卫生室10个。有幼儿园、文化馆、图书馆、养老院等。有古迹龙凤庵。有特色民间艺术阳戏、花灯、龙灯、狮子灯。有国家5A级旅游景区杨家界。农业以水稻、玉米种植，生猪、牛、羊养殖为主。特产鱼泉贡米、杨梅、丹桂、藤茶、中湖土乌鸡、大鲵、土家黑猪、豪猪、竹鼠、葛根、板栗等。服务业以旅游为主。省道石南线、张家界飞机场—天子山公路过境。

杨家界社区 [Yángjiājiè Shèqū]　中湖乡人民政府驻地。在区境中部。面积7平方千米。人口1900。传宋杨家将后裔迁此而得名。1994年成立。有土家族传统民居。开展关爱独居老人、留守儿童、我为旅游做贡献等志愿服务。有中小学、卫生院、文化馆、图书馆、养老院等。有杨家界景区。省道石南线经此。

慈利县

慈利县 [Cílì Xiàn]　张家界市辖县。北纬29°25′，东经111°07′。在市境东部。面积3485平方千米。人口70.3万，其中土家族占62.3%，还有汉、白、苗等民族。辖13镇、11乡、7民族乡。县人民政府驻零阳镇。秦始皇二十六年（前221）置慈姑县。汉高帝五年（前202）设零阳县。隋开皇十八年（598）更名慈利县，属崇州，后属澧州、澧阳郡。唐因之。元元贞元年（1295）升慈姑州，旋改名慈利州，属澧州路。明洪武二年（1369）降改大庸县，旋更名慈利县，属澧阳府。此后未变，先后属常德府、澧州、武陵道、辰沅道、湖南省、湘西绥靖处、第四督察区、常澧专区、常德专区、常德地区、大庸市。1994年属张家界市。因“土俗淳慈，得物产之利”得名。先后建零阳路、澧阳大道、慈利大道、世纪大道，建设县城新区、县工业集中区、大峡谷旅游经济区。处武陵山脉东部边缘，砂岩峰林地貌。西北高东南低。有道人山、笔架山、五雷山、羊角山、饭甑山、太平山、宝峰山、华岳山。平均海拔200米。最高点西垭界海拔1409.8米。年均气温16.9℃，1月平均气温4.9℃，7月平均气温28.1℃。年均降水量1357.8毫米。澧水、溇水、狮头溪、九渡溪、零溪河流经。有煤、铁、镍、钼等矿产资源。有野生植物2377种，其中有国家重点保护野生植物珙桐、银杏、古樟、古柏、古枫等427种。有野生动物472种，其中有国家重点保护野生动物大鲵、云豹、穿山甲、果子狸、眼镜蛇等18种。森林覆盖率59.7%。有中学41所，小学193所，二级医院3个，专科医院2个，图书馆1个，博物馆1个，文化馆1个，体育馆1个。有广福桥四十八寨、县草根文化、向往欢乐艺术团等文艺团体14个。有全国重点文物保护单位骑龙岗古墓群，省级文物保护单位九溪卫城及江垭古建筑群、梅花殿、红二六军团指挥部及红军医院旧址、苏维埃溪口区政府旧址等9个。有特色民间文艺慈利渔鼓、阳花柳、土家花灯、澧水号子等。有中国历史文化名镇江垭镇，中国历史文化名村老棚村，省级历史文化名村杨家坪村。有国家4A级旅游景区张家界大峡谷、龙王洞、江垭温泉、万福温泉。有省级风景名胜区五雷山。三次产业比例17∶35∶48。农业以水稻、玉米、红薯种植为主，产柑橘、茶叶、杜仲雄花茶。有江垭杜仲林场。工业以新能源新材料、电子、生物医药、装备制造为主。有省级工业园区1个，省级高新技术企业1个。服务业以旅游为主。为中国杜仲之乡。枝柳铁路，常张高速，省道灵武、黄江、石清线过境。

澧水大桥［Lǐshuǐ Dàqiáo］ 在县城西南部。长696米，宽21米，最大跨度49米，桥下净高18米。2008年开工，2010年建成。为大型河道桥梁，结构型式为支T型梁桥。最大载重40吨。通公交车。

慈利站［Cílì Zhàn］ 见交通运输设施部分“慈利站”条。

万福汽车站［Wànfú Qìchēzhàn］ 见交通运输设施部分“万福汽车站”条。

零阳镇［Língyáng Zhèn］ 慈利县人民政府驻地。在县境中部偏东。面积316平方千米。人口13万。以土家族为主，还有汉、苗、白、回、维吾尔等民族。辖15居委会、57村委会，有861自然村。镇人民政府驻南街社区。1935年设零阳镇。1948年改环溪镇。1949年改二区。1956年改城关镇。1958年并入红旗公社。1959年复镇。1960年改城关镇公社。1984年改城关镇。1987年环城公社并入。1995年与柳林铺、蒋家坪2乡合设零阳镇。因汉为零阳县治得名。澧水、溇水流经。有职业技术学校1所，中学3所，小学56所，二级医院3个，卫生院1个，卫生所71个。有图书馆、文化馆、体育馆、敬老院、人民广场。有省级文物保护单位骑马岗、白宫城遗址。有县烈士陵园。有名胜古迹五雷山、准提庵、斗米观、燕子洞、万福温泉、桂香楼。农业以水稻、蔬菜、柑橘、黄姜种植为主。工业以电子、鞋衣、建材、农产品加工为主。服务业以旅游为主。枝柳铁路，常张高速，省道石慈、灵武线过境。

零阳大道［Língyáng Dàdào］ 在县城中部。东起军民桥，西至慈姑路。与万福路、城南路、光明路、白公城路、古城路相交。长1.8千米，宽24米。沥青路面。1985年开工，1986年建成。两侧有中学、粮食局、食药监局、农机局、检察院、国土局、农业局、畜牧水产局、统计局、广播电视台、妇幼保健站。通多路公交车。

笔架路［Bǐjià Lù］ 在县城中部偏北。东起慈利大道，西至车路口路。与光明路、白公城路、古城路、慈姑路相交。长3.8千米，宽18米。沥青路面。1986年开工，1987年建成，1993年改扩建。因笔架山得名。分东、中、西3路。两侧有县政府、银行、建设局、法院、林业局、地税局。通多路公交车。

慈姑路［Cígū Lù］ 在县城中部。南起城南路，北至兰江路。与零阳路、笔架路、文化路、官桥路相交。长1.2千米，宽24米。沥青路面。1985年开工，1986年建成，1993年改造。因秦慈姑县得名。两侧有芙蓉超市、大世界市场、银行、人保公司、人民广场等。通多路公交车。

南街社区［Nánjiē Shèqū］ 零阳镇人民政府驻地。在县境中部偏东。面积1平方千米。人口7900。以处城南得名。2003年成立。民居以土家族住宅楼为主。有卫生服务站、老年大学、老年活动室、便民服务站等。开展送书画、文艺下乡等活动。有志愿者服务队伍，为残疾人员、伤残军人、老年优抚对象提供服务。有中学。驻有县财政局、移民局、老干局等。有名胜水磨峪。通多路公交车。

岩泊渡镇［Yánbódù Zhèn］ 慈利县辖镇。在县境西部。面积94平方千米。人口2.6万。以汉族为主，还有土家、苗、白、藏等民族。辖1居委会、26村委会，有228自然村。镇人民政府驻岩泊渡社区。1956年设岩泊渡乡。1958年与柳林铺乡合设岩泊渡公社。1984年改镇。1995年南山坪、宜冲桥2乡并入。因镇政府驻地原名得名。有毽云山、中柱山。失马溪、澧水流经。有中学1所，小学8所，卫生院1个，卫生所15个。有幼儿园、敬老院等。有日军侵慈遗迹孙家新屋、孙家老屋。有朱氏夫人陵园。有民俗五月十五龙舟节。农业以水稻、油菜、红薯、柑橘种植为主。特产红薯粉丝。枝柳铁路、常张高速过境。

岩泊渡社区［Yánbódù Shèqū］ 岩泊渡镇人民政府驻地。在县境中部偏南。面积3平方千米。人口2700。清代临水设渡，因礁石参差得名。1995年成立。民居以住宅楼为主。有九年一贯制学校、中心完小、幼儿园、卫生室、体育活动场地、敬老院等。农业以水稻、红薯、油菜种植为主。有农贸市场。支柳铁路、常张高速经此。

溪口镇［Xīkǒu Zhèn］ 慈利县辖镇。在县境西南部。面积111平方千米。人口1.9万，其中土家族占99.5%。辖2居委会、19村委会，有164自然村。镇人民政府驻新街社区。1930年设溪口镇。1956年改乡。1958年改公社。1983年复乡。1984年复镇。1995年洞溪乡并入，1998年又析出。处九渡溪、杜家溪汇入澧水之口而得名。澧水流经。有磷、镍、钼等矿产资源。有中学1所，小学3所，卫生院1个，卫生所26个。有幼儿园、敬老院等。有省级文物保护单位红军医院旧址、红军古樟树。有红二、六军团指挥部旧址。有古迹康乐街。农业以水稻、玉米、油菜、红薯、柑橘种植为主。为桃源、永定、武陵源3区县农产品集散地。枝柳铁路、常张高速过境。

新街社区［Xīnjiē Shèqū］ 溪口镇人民政府驻地。在县境西南部。面积5平方千米。人口1300。土家族聚居。因1986年建新街得名。1997年成立。民居以土家族住宅楼为主。有九年一贯制学校、中心完小、卫生室、体育活动场地等。有省级文物保护单位红军古樟树。有红二、六军团指挥部旧址。农业以水稻、玉米、红薯种植为主。特产溪口月饼。枝柳铁路经此。通公交车。

东岳观镇［Dōngyuèguàn Zhèn］ 慈利县辖镇。在县境东北部。面积109平方千米。人口2.9万。以土家族为主，还有汉、白、苗、维吾尔等民族。辖1居委会、25村委会，有343自然村。镇人民政府驻东市社区。1936年设东岳观乡。1950年改六区，后改八区。1956年复乡。1958年改公社。1984年复乡。1995年与杨柳铺乡合设东岳观镇。1998年析设杨柳铺乡。原有祠堂，明万历年间扩为庙观，因庙坐落于东峪尽头得名东峪观，后取东岳泰山之意改今名。有中学1所，小学5所，卫生院1个，卫生所22个。有幼儿园、文化站、敬老院等。农业以水稻、玉米、红薯、柑橘、蔬菜种植为主。省道黄江线过境。

东市社区［Dōngshì Shèqū］ 东岳观镇人民政府驻地。在县境东北部。面积6平方千米。人口1300。因处镇东得名。1995年成立。民居以住宅楼为主。有九年一贯制学校、中心完小、幼儿园、卫生室、体育活动场地、文化站等。农业以水稻、蔬菜种植为主。有集贸市场。省道黄江线经此。

通津铺镇［Tōngjīnpù Zhèn］ 慈利县辖镇。在县境西北部。面积94平方千米。人口2.8万。辖4居委会、23村委会，有300自然村。镇人民政府驻后溪峪社区。1956年设通津铺乡。后改公社。1984年复乡。1995年与国太桥、庄塔2乡合设通津铺镇。1998年析设国太桥、庄塔2乡。明县志载，输赢溪上有亭桥，桥头有商铺，亭上匾曰“通津”而得名。输赢溪流经。有中学1所，小学3所，卫生院1个，卫生所17个。有幼儿园、文化站、敬老院等。农业以水稻、玉米、柑橘、红薯种植为主，产杜仲、黄姜、马铃薯、花椒等。为湘西北商品集散地。省道黄江、灵武线过境。

后溪峪社区［Hòuxīyù Shèqū］ 通津铺镇人民政府驻地。在县境北部。面积1.6平方千米。人口1000，其中土家族占60%。1995年成立。因处后溪流经之地得名。民居以住宅楼为主。有九年一贯制学校、中心完小、卫生院、卫生室、体育活动场地等。农业以水稻、玉米、油菜种植为主。省道黄江线经此。

杉木桥镇［Shānmùqiáo Zhèn］ 慈利县辖镇。在县境西北部。面积91平方千米。人口2.8万，其中土家族占63.2%，还有汉、白等民族。辖2居委会、27村委会，有351自然村。镇人民政府驻西街社区。1930年设杉木桥镇。1950年并入九区。1952年复镇。1956年改乡。1958年改公社。1984年复镇。因传溪有杉木桥而得名。战马溪流经。有中学1所，小学5所，卫生院1个，卫生所22个。有幼儿园、文化站、敬老院等。农业以水稻、玉米、红薯、油菜、柑橘种植为主。工业以食品加工为主。特产飞沫豆腐。有墟场。省道黄江线过境。

西街社区［Xījiē Shèqū］ 杉木桥镇人民政府驻地。在县境中部偏北。面积2平方千米。人口2600。因处省道黄江线西侧得名。1992年成立。民居以住宅楼为主。有九年一贯制学校、中心完小、幼儿园、卫生院、卫生室、体育活动场地等。农业以水稻、玉米、红薯、蔬菜种植为主。有各类商铺近百家。省道黄江线经此。

象市镇［Xiàngshì Zhèn］ 慈利县辖镇。在县境西北部。面积100平方千米。人口2.4万，其中土家族占97.5%，还有汉、白、苗、维吾尔等民族。辖1居委会、23村委会，有256自然村。镇人民政府驻象市社区。1952年设象市乡。1956年更名象耳桥乡。1958年成立象市公社。1984年改乡。1986年改镇。1995年三合口乡并入，1998年又析出。因镇政府驻地原名得名。溇水、向家溪流经。有煤、铁资源。有中学1所，小学8所，卫生院1个，卫生所13个。有幼儿园、文化站、敬老院等。农业以水稻、玉米、油菜、柑橘种植为主。省道黄江线过境。

象市社区［Xiàngshì Shèqū］ 象市镇人民政府驻地。在县境西北部。面积2平方千米。人口700。以土家族为主，还有汉、白等民族。2003年成立。因象耳桥得名。民居以土家族住宅楼为主。有九年一贯制学校、中心完小、幼儿园、卫生院、卫生室、体育活动场地等。农业以水稻、玉米、油菜、红薯种植为主。有农贸市场。省道黄江线经此。

江垭镇［Jiāngyà Zhèn］ 慈利县辖镇。在县境西北部。面积22平方千米。人口5.3万，其中土家族占46.7%，还有汉、白、苗、维吾尔等民族。辖5居委会、47村委会，有504自然村。

镇人民政府驻东河街社区。1951年设江垭乡。1987年改镇。1995年熊家庄、龙潭湾2乡并入。取溇江、高家垭2地尾字得名。溇水、索水流经。有江垭温泉。有中学2所，小学33所，卫生院1个，卫生所18个。有幼儿园、文化站、敬老院等。有省级文物保护单位兴国寺梅花殿。有古迹九溪卫城遗址、钟鼓楼、文昌阁、文庙、江垭古街。古街内遗存清代至民国时期商用建筑50余栋。农业以水稻、玉米、红薯、蔬菜种植为主，产金相柚、蜜柚。有杜仲种植基地。有江垭林场。省道黄江、灵武线过境。

东河街社区［Dōnghéjiē Shèqū］　江垭镇人民政府驻地。在县境西北部。面积1平方千米。人口400。因处溇水东得名。1956年成立。民居以住宅楼为主。有乐善志愿者服务站、文化站。有中心小学、县第二人民医院、卫生室。服务业以商贸、餐饮为主。省道黄江、灵武线经此。

苗市镇［Miáoshì Zhèn］　慈利县辖镇。在县境东北部。面积104平方千米。人口2.4万，其中土家族占51.7%，还有汉、白、苗等民族。辖1居委会、24村委会，有289自然村。镇人民政府驻苗市社区。1956年设猫儿峪乡。1958年成立苗市公社。1984年改乡。1994年改镇。1995年广福桥镇并入，1998年又析出。因镇政府驻地原名得名。澧水流经。有中学1所，小学6所，卫生院1个，卫生所18个。有幼儿园、敬老院等。有名胜五雷山。有蛮王城、洞湾、荷花、茶林等遗址。农业以水稻、玉米、油菜、柑橘种植为主。枝柳铁路、省道石慈线过境。

苗市社区［Miáoshì Shèqū］　苗市镇人民政府驻地。在县境东部。面积10平方千米。人口1800。峪外有独立山凸形似猛虎，与峪中山相对，因民间习俗"山凸不称虎"得名猫儿峪，后成集市，简为今名。1998年成立。民居以住宅楼为主。有九年一贯制学校、中心完小、幼儿园、卫生院、卫生室、敬老院、体育活动场地、农贸市场等。枝柳铁路、省道石慈线经此。

高桥镇［Gāoqiáo Zhèn］　慈利县辖镇。在县境西南部。面积167平方千米。人口1.3万。以汉族为主，还有土家、苗、白等民族。辖2居委会、19村委会，有194自然村。镇人民政府驻高桥社区。1930年设高桥乡。1949年并入三区。1962年由南坪公社析设高桥公社。1984年改乡。1994年改镇。因镇政府驻地原名得名。西溪、大浒溪流经。有大理石、重晶石、磷、镍、钼、铁、石煤等矿产资源。有中学1所，小学9所，卫生院1个，卫生所11个。有幼儿园、敬老院等。有名胜古迹云朝山、白竹峪、厢子岩古悬棺群、谢家坪古吊脚楼。农业以水稻、玉米、红薯、油菜种植，生猪、山羊、湘西黄牛养殖为主，产桐油、茶油、板栗、七星椒。有石材、木材产销业。县道零溪—洞溪线过境。

高桥社区［Gāoqiáo Shèqū］　高桥镇人民政府驻地。在县境南部。面积7平方千米。人口900。清乾隆年间陈氏修建亭子桥而得名。1994年成立。民居以住宅楼为主。有九年一贯制学校、中心完小、幼儿园、卫生院、卫生室、体育活动场地、文化站、敬老院等。农业以水稻、玉米、红薯、油菜种植为主。县道零溪—洞溪线经此。

龙潭河镇［Lóngtánhé Zhèn］　慈利县辖镇。在县境东南部。面积98平方千米。人口1.3万。以汉族为主，还有土家、苗、白等民族。辖2居委会、14村委会，有157自然村。镇人民政府驻龙潭河社区。民国曾设龙潭河乡。1948年并入龙云乡。1956年复龙潭河乡。1958年改公社。1984年改镇。1995年二坊坪、景龙桥、金坪3乡并入，1998年3乡析出。因镇政府驻地原名得名。有大理石资源。有中学1所，小学7所，卫生院1个，卫生所10个。有幼儿园、文化馆、敬老院等。有国家级非物质文化遗产板板灯。有土家民俗赶白虎、过火槽、上刀梯等。为中国民间艺术之乡。农业以水稻、玉米、油菜种植为主，产茶油、板栗、柑橘。工业以石材、木材加工为主。县道零甘线过境。

龙潭河社区［Lóngtánhé Shèqū］　龙潭河镇人民政府驻地。在县境南部。面积1平方千米。人口3900。1984年成立。因河得名。民居以住宅楼为主。有九年一贯制学校、中心完小、幼儿园、卫生院、卫生室、敬老院、体育活动场地等。农业以水稻、玉米、红薯、油菜种植为主。有农贸市场。县道零甘线经此。

零溪镇［Língxī Zhèn］　慈利县辖镇。在县境东南部。面积103平方千米。人口2.7万。以汉族为主，还有土家、苗、白等民族。辖1居委会、16村委会，有295自然村。镇人民政府驻墨园社区。1959年成立零溪公社。1984年改乡。1995年与朝阳乡合设零溪镇。因零溪河得名。有中学1所，小学4所，卫生院1个，卫生所10个。有幼儿园、文化馆、敬老院等。农业以水稻、柑橘、油菜、杜仲、西瓜种植为主。工业以木材、农产品加工为主。有二斗岗集贸市场。常张高速、省道灵武线、县道零甘线过境。

墨园社区［Mòyuán Shèqū］　零溪镇人民政府驻地。在县境东南部。面积6平方千米。人口2500。因坪似墨砚得名墨园坪，简为今名。1995年成立。民居以住宅楼为主。有九年一贯制学校、中心完小、幼儿园、卫生院、卫生室、文化站、体育活动场地等。农业以水稻、柑橘种植为主。常张高速、省道灵武线、县道零甘线经此。

广福桥镇［Guǎngfúqiáo Zhèn］　慈利县辖镇。在县境东部。面积98平方千米。人口1.4万。以汉族为主，还有土家、白、苗等民族。辖1居委会、14村委会，有144自然村。镇人民政府驻广福桥社区。1926年设广福桥乡。1949年并入广林乡。1956年复广福桥乡，后改公社。1984年复乡，旋改镇。1995年并入苗市镇。1998年复镇。因镇政府驻地原名得名。有中学1所，小学3所，卫生院1个，卫生所15个。有幼儿园、文化馆、敬老院等。有名胜古迹五雷山、秤砣寨。为湘鄂西老革命根据地。农业以水稻、玉米、柑橘、油茶种植为主。有广福桥、桃溪集市。县道慈利—石门线过境。

广福桥社区［Guǎngfúqiáo Shèqū］　广福桥镇人民政府驻地。在县境东部。面积10平方千米。人口1800。传明末清初广东、福建商人联合乡人修建石拱桥，刻碑"广福者"而得名。1991年成立。民居以住宅楼为主。有乐善服务站。有九年一贯制学校、中心完小、幼儿园、卫生院、卫生室、敬老院、体育活动场地等。服务业以商贸为主。通乡村公路。

南山坪乡［Nánshānpíng Xiāng］　慈利县辖乡。在县境西南部。面积119平方千米。人口1.2万。以汉族为主，还有土家、苗、白等民族。辖17村委会，有174自然村。乡人民政府驻南山坪村。1956年设南山坪乡，后改公社。1984年复乡。1995年并入岩泊渡镇。1998年复南山坪乡。因乡政府驻地得名。有九头寨山。有中学1所，小学3所，卫生院1个，卫生所7个。有幼儿园、文化馆、敬老院等。农业以水稻、玉米、红薯、油菜、杜仲种植为主。枝柳铁路过境。通乡村公路。

南山坪村［Nánshānpíngcūn］　南山坪乡人民政府驻地。在县政府驻地零阳镇西南25千米。人口1700。处梁家山南得名。聚落呈团块状。有中小学、幼儿园、卫生院、卫生室、敬老院等。农业以水稻、玉米、红薯种植为主。有集贸市场。通乡村公路。

宜冲桥乡［Yíchōngqiáo Xiāng］　慈利县辖乡。在县境中部偏西。面积95平方千米。人口1.7万。以汉族为主，还有土家、苗、白等民族。辖20村委会，有225自然村。乡人民政府驻宜冲桥村。1930年设宜冲桥乡。1949年并入七区。1956年复宜冲桥乡。1958年改公社。1984年复乡。因乡政府驻地得名。有中学1所，小学9所，卫生院1个，卫生所13个。有幼儿园、文化馆、敬老院等。农业以水稻、玉米、红薯、油菜种植为主。常张高速、353国道过境。

宜冲桥村［Yíchōngqiáocūn］　宜冲桥乡人民政府驻地。在县政府驻地零阳镇西27千米。人口1100。因古宜冲桥得名。聚落呈散状。有中小学、幼儿园、卫生院。农业以水稻、玉米种植为主。通乡村公路。

洞溪乡［Dòngxī Xiāng］　慈利县辖乡。在县境西南部。面积121平方千米。人口1.3万。以土家族为主，还有汉、苗、白等民族。辖13村委会，有117自然村。乡人民政府驻洞溪村。1950年设洞溪乡。1958年成立郝溪公社。1981年更名洞溪公社。1983年复乡。1995年并入溪口镇。1998年复洞溪乡。因乡政府驻地得名。郝溪、洞溪流经。有矿产资源钼、镍、磷、硫等。有中学1所，小学3所，卫生院1个，卫生所7个。有幼儿园、文化馆、敬老院等。农业以水稻、玉米、油菜种植为主。有国家地理标志保护产品洞溪七姊妹辣椒。县道零甘线过境。

洞溪村［Dòngxīcūn］　洞溪乡人民政府驻地。在县政府驻地零阳镇西南44千米。人口1200。因郝溪发源于插花洞得名。聚落呈丁字形。有中小学、幼儿园、卫生院。农业以水稻、玉米、甘薯、油菜、茶种植为主。特产洞溪七姊妹辣椒。县道零甘线经此。

金坪乡［Jīnpíng Xiāng］　慈利县辖乡。在县境南部。面积95平方千米。人口0.8万。以汉族为主，还有土家、苗、白等民族。辖15村委会，有107自然村。乡人民政府驻金坪村。1956年设枞木坪乡。1958年改公社。1982年更名金坪公社。1984年改乡。1995年并入龙潭河镇。1998年复金坪乡。有云朝山。有大理石资源。森林覆盖率80%。有中学1所，小学1所，卫生院1个，卫生所3个。有幼儿园、文化馆、敬老院等。农业以水稻、玉米、红薯、油菜种植为主。通乡村公路。

金坪村［Jīnpíngcūn］　金坪乡人民政府驻地。在县政府驻地零阳镇南23千米。人口600。取金竹湾、干溪坪首尾2字得名。聚落呈丁字形。有中小学、幼儿园、卫生院、敬老院。农业以水稻、玉米、红薯种植为主。有农贸市场。

景龙桥乡［Jǐnglóngqiáo Xiāng］　慈利县辖乡。在县境东南部。面积88平方千米。人口1.1万。以汉族为主，还有土家、苗、白等民族。辖12村委会，有145自然村。乡人民政府驻景龙桥村。1961年由龙潭河公社析设景龙桥公社。1984年改乡。1995年并入龙潭河镇。1998年复乡。因乡政府驻地得名。有中学1所，小学4所，卫生院1个，卫生所5个。有幼儿园、文化馆、敬老院等。有雷雨垭抗战旧址。有省级非物质文化遗产板板灯。农业以水稻、玉米、柑橘、草药、油菜种植为主。县道零甘线过境。

景龙桥村［Jǐnglóngqiáocūn］　景龙桥乡人民政府驻地。在县政府驻地零阳镇东南15千米。人口800。古有森林，清代立"正堂示禁"碑于桥头，得名禁龙桥。乾隆八年(1743)雅称今名。聚落呈丁字形。有中小学、幼儿园、卫生院、敬老院。农业以水稻、玉米种植为主，产柑橘、药材。有农贸市场。县道零甘线经此。

二坊坪乡 [Èrfāngpíng Xiāng] 慈利县辖乡。在县境东南部。面积98平方千米。人口1万。以汉族为主，还有土家、苗、白等民族。辖11村委会，有124自然村。乡人民政府驻二坊坪村。1961年由龙潭河公社析设二坊坪公社。1984年改乡。1995年并入龙潭河镇。1998年复乡。因乡政府驻地得名。森林覆盖率70%。有中学1所，小学4所，卫生院1个，卫生所6个。有幼儿园、文化馆、敬老院等。农业以水稻、玉米种植为主，产柑橘、药材。县道景马线过境。

二坊坪村 [Èrfāngpíngcūn] 二坊坪乡人民政府驻地。在县政府驻地零阳镇东南16千米。人口1400。明万历年间有熬糖、酿酒作坊而得名。聚落呈团块状。有中小学、幼儿园、卫生院、敬老院。农业以水稻、玉米、柑橘、油菜种植为主。有农贸市场。县道景马线经此。

三合口乡 [Sānhékǒu Xiāng] 慈利县辖乡。在县境西北部。面积115平方千米。人口0.9万，其中土家族占67%，还有汉、白、维吾尔等民族。辖18村委会，有125自然村。乡人民政府驻三合口村。1958年设三合口乡。1961年改公社。1984年复乡。1995年并入象市镇。1998年复乡。因乡政府驻地得名。有中学1所，小学4所，卫生院1个，卫生所9个。有幼儿园、文化馆、敬老院等。有牧阳冲茶马古道。农业以水稻、玉米、红薯、茶、油菜种植为主。特产牧阳冲甑茶、笔峰春、武陵云雾。县道象三线过境。

三合口村 [Sānhékǒucūn] 三合口乡人民政府驻地。在县政府驻地零阳镇西北36千米。人口400。明初因处西头峪、唐家坪、长冲3谷交汇口而得名。聚落呈丁字形。有中小学、幼儿园、卫生院、敬老院。农业以茶、玉米、水稻、红薯、油菜种植为主。有农贸市场。

国太桥乡 [Guótàiqiáo Xiāng] 慈利县辖乡。在县境西北部。面积58平方千米。人口0.8万，其中土家族占77.5%，还有汉、白、苗等民族。辖1居委会、10村委会，有103自然村。乡人民政府驻国太桥社区。1956年设国太桥乡，后改公社。1984年复乡。1995年并入通津铺镇。1998年复乡。因乡政府驻地原名得名。有东角尖、黄龙、青龙山。有中学1所，小学4所，卫生院1个，卫生所4个。有幼儿园、文化馆、敬老院等。农业以水稻、玉米、油菜、红薯种植为主。工业以农产品、木材加工为主。省道石清线过境。

国太桥社区 [Guótàiqiáo Shèqū] 国太桥乡人民政府驻地。在县境西北部。面积6平方千米。人口1300。清同治年间石匠杜名国、杜名太建桥，为纪念乡人取其名尾字得名国太桥。因桥得名。1995年成立。民居以土家族住宅楼为主。有九年一贯制学校、中心完小、幼儿园、卫生院、卫生室、敬老院、体育活动场地等。农业以水稻、玉米、红薯种植为主。有农贸市场。省道石清线经此。

庄塌乡 [Zhuāngtā Xiāng] 慈利县辖乡。在县境北部。面积56平方千米。人口0.7万，其中土家族占81.4%，还有汉、白、苗等民族。辖1居委会、11村委会，有95自然村。乡人民政府驻西庄社区。1952年设庄塌乡。1956年并入国太桥乡。1958年析设庄塌公社。1987年复乡。1995年并入通津铺镇。1998年复庄塌乡。原为荒塌，后垦田建庄而得名。森林覆盖率80%。有庄塌水库。有中学1所，小学3所，卫生院1个，卫生所3个。有幼儿园、文化馆、敬老院等。有名胜古迹西武当庙、月亮岩。有土家族建筑、习俗。农业以玉米、水稻、茶叶、红薯种植为主，产用材林、南竹、杜仲、黄柏、黄姜。工业以煤矿、石灰矿、硫铁矿开采为主。通乡村公路。

西庄社区 [Xīzhuāng Shèqū] 庄塌乡人民政府驻地。在县境北部。人口900。因处乡西得名。1995年成立。民居以土家族住宅楼为主。有九年一贯制学校、中心完小、幼儿园、卫生院、卫生室、敬老院、体育活动场地等。农业以茶、水稻、玉米种植为主。通乡村公路。

杨柳铺乡 [Yángliǔpù Xiāng] 慈利县辖乡。在县境东北部。面积107平方千米。人口2.2万，其中土家族占63%，还有汉、白、苗、维吾尔等民族。辖2居委会、23村委会，有328自然村。乡人民政府驻杨柳铺社区。1956年设杨柳铺乡，后改公社。1984年复乡。1995年并入东岳观镇。1998年复杨柳铺乡。因乡政府驻地原名得名。杨家溪流经。有中学1所，小学12所，卫生院1个，卫生所13个。有幼儿园、文化馆、敬老院等。农业以水稻、玉米、红薯种植为主，有良种猪、反季节蔬菜、水果基地。特产滕梨、柑橘。省道黄江线过境。

杨柳铺社区 [Yángliǔpù Shèqū] 杨柳铺乡人民政府驻地。在县境东北部。面积0.7平方千米。人口1700。明万历《慈利县志》载，明清时设羊楼铺，1912年后因杨柳树而谐音为今名。1995年成立。民居以砖混结构2—3层小楼房为主。有中小学、幼儿园、卫生院、卫生室、敬老院、健身文体活动场所、集贸市场等。农业以水稻、油菜、玉米种植为主。省道黄江线经此。

朝阳乡 [Cháoyáng Xiāng] 慈利县辖乡。在县境西南部。面积53平方千米。人口1万。以汉族为主，还有土家、苗、白等民族。辖12村委会，有135自然村。乡人民政府驻岩坪村。1998年由零溪镇析设朝阳乡。因乡政府原驻地朝阳村得名。零溪流经。有中学1所，小学2所，卫生院1个，卫生所7个。有幼儿园、文化馆、敬老院等。有景点朝阳地缝一线天。农业以水稻、玉米、红薯、蔬菜种植为主。工业以红薯粉丝加工为主。县道零溪—金坪线过境。

岩坪村 [Yánpíngcūn] 朝阳乡人民政府驻地。在县政府驻地零阳镇西南15千米。人口1000。因处坪地且有大岩板而得名。聚落呈丁字形。有中小学、幼儿园、卫生院、敬老院等。农业以水稻、玉米、油菜种植为主。县道零溪—金坪线经此。

三官寺土家族乡 [Sānguānsì Tǔjiāzú Xiāng] 慈利县辖乡。在县境西部。面积113平方千米。人口2.6万，其中土家族占84.6%，还有汉、白、苗、藏等民族。辖26村委会，有259自然村。乡人民政府驻三官寺村。1956年设三官寺乡。1961年改公社。1984年复乡。1995年与赵家岗乡合设三官寺土家族乡。1998年析设赵家岗土家族乡。因乡政府驻地得名。索水、溇水流经。有中学1所，小学18所，卫生院1个，卫生所18个。有幼儿园、文化馆、敬老院等。有省级文物保护单位民国将领唐牺支故居。有溇中县古遗址。有景点张家界大峡谷玻璃桥、禾田居土家族民族村等。农业以水稻、玉米、柑橘、油菜种植为主。服务业以旅游为主。省道灵武、慈索线过境。

三官寺村 [Sānguānsìcūn] 三官寺土家族乡人民政府驻地。在县政府驻地零阳镇西45千米。人口900，其中土家族占98%。传因古庙祭祀天、地、水3官得名。聚落呈π字形。有中小学、幼儿园、卫生院、敬老院等。有溇中县古遗址。农业以水稻、玉米、蔬菜种植为主。有农贸市场。省道慈索线经此。

高峰土家族乡 [Gāofēng Tǔjiāzú Xiāng] 慈利县辖乡。在县境中部偏西。面积143平方千米。人口1.6万，其中土家族占96.9%，还有汉、白、苗等民族。辖25村委会，有228自然村。乡人民政府驻覃家桥村。1958年成立高峰公社。1984年改乡。1995年改今名。因多山且平均海拔800米得名。森林覆盖率90%。有中学1所，小学7所，卫生院1个，卫生所12个。有幼儿园、文化馆、敬老院等。有特色民间艺术土家鱼鼓。农业以玉米、油菜、红薯、反季蔬菜种植为主。有农贸市场、湘西黄牛交易市场。省道慈素、慈桑线过境。

覃家桥村 [Qínjiāqiáocūn] 高峰土家族乡人民政府驻地。在县政府驻地零阳镇西23千米。人口300，其中土家族占95.9%。聚落呈丁字形。有中小学、幼儿园、卫生院、敬老院等。农业以玉米、油菜、红薯、反季蔬菜种植为主。省道慈素、慈桑线经此。

许家坊土家族乡 [Xǔjiāfāng Tǔjiāzú Xiāng] 慈利县辖乡。在县境西部。面积81平方千米。人口2.2万，其中土家族占96.6%，还有汉、白、苗等民族。辖16村委会，有219自然村。乡人民政府驻麒麟村。1956年设许家坊乡，后改公社。1984年复乡。1995年与甘堰、阳和2乡合设许家坊土家族乡。1998年析设甘堰、阳和2乡。因许姓开酒坊、榨坊得名。狮头溪、咸丰溪流经。有中学1所，小学7所，卫生院1个，卫生所11个。有幼儿园、文化馆、敬老院等。农业以水稻、玉米、红薯、油菜、柑橘种植为主。省道慈大线过境。

麒麟村 [Qílíncūn] 许家坊土家族乡人民政府驻地。在县政府驻地零阳镇西53千米。人口900，其中土家族占96.6%。聚落呈丁字形。有中小学、文化站、卫生院、卫生室。农业以水稻、玉米种植为主，产柑橘。有农贸市场。

金岩土家族乡 [Jīnyán Tǔjiāzú Xiāng] 慈利县辖乡。在县境西南部。面积138平方千米。人口1.9万，其中土家族占74.5%，还有汉、白、苗、维吾尔等民族。辖19村委会，有264自然村。乡人民政府驻三元村。1952年设金岩乡，后改公社。1984年复乡。1995年定今名。因金岩山得名。九渡溪流经。有国家一级保护野生植物黄杉。森林覆盖率65%。有中学1所，小学11所，卫生院1个，卫生所20个。有幼儿园、文化馆、敬老院等。农业以水稻、玉米、红薯、柑橘、草药种植为主。县道金关、夹金、溪金线过境。

三元村 [Sānyuáncūn] 金岩土家族乡人民政府驻地。在县政府驻地零阳镇西南52千米。人口900，其中土家族占74.5%。原因桑园、柴家、朱家3坪组成得名三羊坪，后谐音雅称今名。聚落呈S字形。有中小学、幼儿园、卫生院、敬老院等。农业以水稻、玉米、红薯、油菜、柑橘种植为主。有农贸市场。县道金关、夹金、溪金线经此。

赵家岗土家族乡 [Zhàojiāgǎng Tǔjiāzú Xiāng] 慈利县辖乡。在县境西部。面积76平方千米。人口1.6万，其中土家族占93.2%，还有汉、白、苗、维吾尔等民族。辖19村委会，有164自然村。乡人民政府驻双河村。1956年设赵家岗乡，后改公社。1984年复乡。1995年并入三官寺土家族乡。1998年析设赵家岗土家族乡。因乡政府设在金坪村赵家祠堂山岗上得名。索水、界溪流经。有中学1所，小学14所，卫生院1个，卫生所13个。有幼儿园、文化馆、敬老院等。农业以水稻、玉米、油菜种植为主。省道黄江线过境。

双河村 [Shuānghécūn] 赵家岗土家族乡人民政府驻地。在县政府驻地零阳镇西44千米。人口1300，其中土家族占93.2%。因界溪河南、北岸形似鹤，得名双鹤，明末改今名。聚落呈丁字形。有中小学、幼儿园、卫生院、卫生室、敬老院等。农业以水稻、玉米、红薯种植为主。有农贸市场。省道黄江线经此。

甘堰土家族乡 [Gānyàn Tǔjiāzú Xiāng] 慈利县辖乡。在县境西部。面积100平方千米。人口2.2万，其中土家族占95%，还有汉、白、苗、维吾尔等民族。辖21村委会，有266自然村。乡人民政府驻甘堰村。1956年设甘堰乡，后改公社。1984年复乡。1998年定今名。因乡政府驻地得名。有中学1所，小学5所，卫生院1个，卫生所15个。有幼儿园、文化馆、敬老院等。农业以水稻、玉米、红薯、柑橘、油菜种植为主。常张高速，省道慈大线过境。

甘堰村 [Gānyàncūn] 甘堰土家族乡人民政府驻地。在县政府驻地零阳镇西38千米。人口1500。土家族聚居。原因堰遇旱干涸得名干堰，后引水入渠改为今名。聚落呈Y字形。有中小学、幼儿园、卫生院、文化站、敬老院等。农业以水稻、玉米、红薯、柑橘、油菜种植为主。省道慈大线经此。

阳和土家族乡 [Yánghé Tǔjiāzú Xiāng] 慈利县辖乡。在县境西南部。面积74平方千米。人口1.9万，其中土家族占92%，还有汉、白、苗、维吾尔等民族。辖16村委会，有231自然村。乡人民政府驻夹石村。1956年设阳和乡。1960年改公社。1984年复乡。1995年并入许家坊土家族乡。1998年析设阳和土家族乡。原因酿河讹称然河，因然、阳谐音改为阳河，后改今名。酿河、桃水流经。有中学1所，小学6所，卫生院1个，卫生所12个。有幼儿园、文化馆、敬老院等。有杨家坪土家族民族村。农业以水稻、玉米、柑橘、红薯、油菜种植为主。长张高速过境。

夹石村 [Jiāshícūn] 阳和土家族乡人民政府驻地。在县政府驻地零阳镇西南45千米。人口1800，其中土家族占92%。原因峪口石英细砂岩、粉砂岩石相夹得名夹石口，后简为夹石。聚落呈Y字形。有中小学、幼儿园、卫生院、文化站、敬老院等。农业以水稻、玉米、红薯、柑橘、油菜种植为主。有农贸市场。县道慈张线经此。

桑　植　县

桑植县 [Sāngzhí Xiàn] 张家界市辖县。北纬29°24′，东经110°09′。在市境西北部。面积3474平方千米。人口46.8万。以土家族为主，还有白、苗、汉等民族。辖9镇、22乡、7民族乡。县人民政府驻澧源镇。原实行土司制，宋仁宗年间曾设桑植宣抚司。明永乐四年(1406)改宣慰司。清雍正十三年(1735)改土归流，始设桑植县，属永顺府。此后未变，先后属辰沅道、第三行政督察区、第八行政督察区、永顺地区、湘西苗族自治区、湘西自治州、湘西土家族苗族自治州、大庸市。1994年属张家界市。明隆庆《岳州府志》载，"以地产桑名其地"。先后建梅山公园、康旅小镇、福山陵园、青少年活动中心，建成"三横五纵"框架路网。东部为政治文化中心，中部为商业区，西部为工业发展集中区。以山地为主。东南部武陵山支脉，喀斯特、砂岩峰林地貌。中、南部低山丘陵、河谷平原。海拔154—1890米。有九龙山、杉木界、天平山。最高点斗篷山海拔1898.4米。年均气温16.4℃，1月平均气温4.8℃，7月平均气温26.9℃。年均降水量1418.2毫米。澧水、溇水流经。有煤、石煤、铁矿、铝土等矿产资源。有野生植物702种，其中有国家重点保护野生植物珙桐、黄杉、银杏、红豆杉、厚朴等21种。有野生动物86种，其中有国家重点保护野生动物云豹、金钱豹、白颈长尾雉等51种。有八大公山国家级自然保护区、峰峦溪国家森林公园。森林覆盖率72.1%。有中等职业技术学校2所，中学48所，小学203所，二级医院3个，文化馆1个，图书馆1个，档案馆1个，体育场馆3个。有全国重点文物保护单位贺龙故居、红二方面军长征出发地旧址，省级文物保护单位芭茅溪盐税局旧址、桑植起义旧址、罗峪整编旧址等16个。有全国爱国主义教育示范基地贺龙纪念馆、红二方面军长征出发地纪念馆，省级爱国主义教育基地廖汉生故居。有国家级非物质文化遗产桑植民歌、桑植仗鼓舞、土家族撒叶儿嗬，省级非物质文化遗产桑植围鼓、陈洋盘的故事、桑植傩戏、花灯、白族游神。有省级风景名胜区九天洞赤溪河、溇水。三次产业比例11∶20∶69。农业以水稻、玉米、大豆、红薯、马铃薯、茶种植为主。有国家地理标志产品桑植萝卜。工业以混凝土、饲料、粽叶加工为主。服务业以商贸、物流为主。353国道，省道桑植—梅坪、桑植—鹤峰、石门垭—分水岭、岔垭—利福塔、官地坪—梯市、长潭坪—瑞塔铺线过境。

桑植民歌广场 [Sāngzhí Míngē Guǎngchǎng] 在县城西部。面积2万平方米。原为菜地，1991年辟为贺龙体育场，2010年改造，因广场特色改今名。广场分民歌表演核心区、娱乐休闲区。核心区有舞台、音乐喷泉、民歌曲词碑林、文化长廊。休闲区有门球场、篮球场、儿童娱乐场。为集民歌演绎、健身休闲于一体综合性广场。周边有公路养护中心、青少年活动中心。通公交车。

桑植汽车西站 [Sāngzhí Qìchē Xīzhàn] 见交通运输设施部分"桑植汽车西站"条。

澧源镇 [Lǐyuán Zhèn] 桑植县人民政府驻地。在县境南部。面积98平方千米。人口8.7万。以土家族为主，还有苗、白等民族。辖14居委会、17村委会，有233自然村。镇人民政府驻文明路社区。1939年设澧源镇。1949年设城关乡。1953年改镇。1958年改公社。1964年复镇。1982年复澧源镇。1992年五里桥乡并入。因处澧水上源得名。有梅家山森林公园。有职高1所，中学5所，小学7所，二级医院3个，卫生院1个，卫生室30个。有幼儿园、文化站、敬老院等。有苏维埃政府旧址、桑植起义旧址、湘鄂川黔省委旧址、湘鄂川黔省军区旧址、贺满姑烈士纪念亭。有名胜古迹观音洞、清代宝塔。农业以水稻、玉米、红薯、马铃薯种植为主，产花生、柑橘。省道慈利—永顺线过境。

帅乡路 [Shuàixiāng Lù] 在县城北部。东起西水桥，西至澧水桥。与文明路、胜蓝路、赤溪路相交。长5.2千米，宽24米。沥青混凝土路面。2008年开工，2009年建成。因桑植为贺龙元帅故乡得名。分东、中、西3路。两侧有中学、党校、汽车西站、县医院。通公交车。

文明路社区 [WénmíngLù Shèqū] 澧源镇人民政府驻地。在县境南部。面积4平方千米。人口1.7万。因文明路得名。2010年成立。民居以5层住宅楼为主。有卫生服务站、老年活动室、便民服务站等。有中小学、二级医院。驻有森林公安局、交通局、公安局、法院等单位。农业以玉米、蔬菜种植，生猪养殖为主。省道慈利—永顺线经此。通多路公交车。

瑞塔铺镇 [Ruìtǎpù Zhèn] 桑植县辖镇。在县境东部。面积108平方千米。人口2.4万。以白族为主，还有汉、土家等民族。辖4居委会、21村委会，有223自然村。镇人民政府驻罗家边社区。1956年设瑞塔铺乡。1959年改公社。1984年改瑞塔铺白族乡。1998年与新村坪乡合设瑞塔铺镇。因溪多水獭且岸多店铺得名水獭铺，后雅为今名。西水流经。有中学1所，小学9所，卫生院1个，卫生室14个。有幼儿园、文化站、敬老院、光荣院等。有民间特色文艺花灯。为中国花灯之乡、中国民间艺术之乡。农业以水稻、油菜种植，大鲵、豪猪养殖为主。工业以混凝土建材为主。张桑高速，省道桑慈、官瑞线过境。

罗家边社区 [Luójiābiān Shèqū] 瑞塔铺镇人民政府驻地。在县境东部。面积6平方千米。人口1300。2004年成立。民居以白族特色建筑为主。有便民站、卫生服务站、老年活动室、幼儿园等便民机构。有中小学、卫生院、光荣院、文化广场等。农业以水稻、玉米种植，生猪、牛、羊养殖为主。张桑高速，省道桑慈、官瑞线经此。通公交车。

官地坪镇 [Guāndìpíng Zhèn] 桑植县辖镇。在县境东部。面积126平方千米。人口1.5万。以土家族为主，还有白、苗、汉等民族。辖1居委会、18村委会，有141自然村。镇人民政府驻官地坪社区。1958年成立官地坪公社。1984年改镇。1995年长潭坪乡并入，1998年又析出。因镇政府驻地原名得名。溇水流经。地下多溶洞。有中学1所，小学4所，卫生院1个，卫生室19个。有幼儿园、敬老院、广播电视站等。有古迹罗洞书院。有景点双泉水库之源、成龙岩。农业以玉米、小麦、蔬菜种植，大鲵养殖为主。有集贸市场。省道桑官线过境。

官地坪社区 [Guāndìpíng Shèqū] 官地坪镇人民政府驻地。在县境东部。面积13平方千米。人口3000。为向氏世袭官地而得名。又因缺水也称干地坪。2004年成立。民居以4层以上土家族、白族建筑为主。有卫生服务站、老年活动室、便民服务站等。有小学。省道桑官线经此。通公交车。

黄家台村 [Huángjiātáicūn] 在县政府驻地澧源镇东北53千米。官地坪镇辖自然村。人口1100。以土家族为主，还有汉、白、苗等民族。聚落呈团块状。2014年被评为全国文明村，水电路基础设施完善，村民庭院环境优美。农业以水稻、油菜、马铃薯、红薯、玉米、蔬菜种植为主。服务业以乡村旅游为主。省道长潭坪—瑞塔铺线经此。

凉水口镇 [Liángshuǐkǒu Zhèn] 桑植县辖镇。在县境中部。面积73平方千米。人口1.3万。以土家族为主，还有白、苗、回、高山等民族。辖1居委会、16村委会，有90自然村。镇人民政府驻楠木岗社区。1952年设凉水口乡。1956年谷罗山乡并入。1959年改公社。1961年析设谷罗山公社。1984年复乡，旋改镇。1995年谷罗山、桥自弯2乡并入，1998年又析出。因渔兰溪流此水温冰凉得名。罗峪河、长潭河、利溪河流经。有中学1所，小学5所，卫生院1个，卫生室17个。有幼儿园、敬老院、广播站、文化广场等。有特色民间文艺傩戏、花灯戏、狮子灯。农业以水稻、玉米、油茶、蔬菜种植为主。353国道过境。

楠木岗社区 [Nánmùgǎng Shèqū] 凉水口镇人民政府驻地。在县境中部。面积8平方千米。人口1300。因岗上楠木成林得名。1985年成立。民居以2层及以上住宅楼为主，土家族建筑风格。有活动中心、中小学、幼儿园、卫生室、超市等。353国道经此。通公交车。

龙潭坪镇 [Lóngtánpíng Zhèn] 桑植县辖镇。在县境北部。面积125平方千米。人口0.8万。以土家族为主，还有汉、苗、白、回等民族。辖1居委会、10村委会，有89自然村。镇人民政府驻龙潭坪社区。1956年设龙潭坪乡。1959年改公社。1984年复乡。1995年与四方溪、苦竹坪2乡合设龙潭坪镇，1998年2乡析出。因镇政府驻地得名。有中学1所,小学4所,幼儿园3所,卫生院1个,卫生室11个,文化站1个,广播站1个,敬老院3个。有省级文物保护单位苏维埃六县联合政府旧址。有凉风山红军烈士纪念碑及其附属陵园。有国家级非物质文化遗产土家族撒叶儿嗬。农业以粽叶、茶叶、油茶、猕猴桃种植为主。为县边贸重镇。省道桑梅、龙四、龙云线过境。

龙潭坪社区［Lóngtánpíng Shèqū］ 龙潭坪镇人民政府驻地。在县境东北部。面积5平方千米。人口900。五溪汇聚,因其名皆有龙字,古以为五龙捧圣之地而得名。2004年成立。民居以4层以上住宅楼为主。有文化活动中心、敬老院。有中小学、幼儿园、卫生院等。农业以玉米、水稻、大豆种植,生猪、牛养殖为主。有特色药材产业。有超市、服装城、建材市场等。省道桑植—泸溪线经此。

五道水镇［Wǔdàoshuǐ Zhèn］ 桑植县辖镇。在县境西北部。面积127平方千米。人口0.6万。以土家族为主,还有汉、苗、白等民族。辖2居委会、10村委会,有65自然村。镇人民政府驻汪家坪社区。1952年设五道水乡。1956年芭茅溪、八大公山等乡并入。1959年改公社。1961年析设芭茅溪、猫子垭、八大公山3公社。1984年复乡。1995年与芭茅溪、细砂坪、八大公山3乡合设五道水镇。1998年3乡析出。因至县城需过5道河水得名。位于八大公山国家级自然保护区缓冲区,森林覆盖率91%。有中学1所,小学2所,卫生院1个,卫生室12个。有幼儿园、文化站、广播站、敬老院等。有五道水烈士陵园。有土司结盟遗址。有景点澧水源、七眼泉、玉龙温泉。有桑植民歌。农业以水稻、玉米、大豆、红薯、马铃薯、草药、蔬菜种植,生猪、黑山羊、大鲵、蜜蜂养殖为主。工业以粽叶、茶叶加工为主。省道桑鹤线过境。

汪家坪社区［Wāngjiāpíng Shèqū］ 五道水镇人民政府驻地。在县境北部。面积18平方千米。人口1000。因汪姓居多得名。1998年成立。民居以6层以上住宅楼为主。有老年活动室、便民服务站等。有中小学、卫生院、幼儿园、文化活动中心、敬老院。有超市、农商行等。省道桑鹤线经此。

陈家河镇［Chénjiāhé Zhèn］ 桑植县辖镇。在县境西部。面积106平方千米。人口1.8万。辖2居委会、20村委会,有149自然村。以土家族为主,还有汉、苗、高山、蒙古、白等民族。镇人民政府驻黄木潭社区。1985年设陈家河镇。1995年新街、仓关峪、蹇家坡3乡并入。1998年析设蹇家坡乡。因陈姓居住且澧水流经而得名陈家沱,后演为今名。有中学1所,小学5所,卫生院1个,卫生室22个。有幼儿园、文化站、广播站、老年人文化活动中心、敬老院。有红二、六军团陈家河大捷遗址。农业以水稻、玉米、花生、大豆、红薯、马铃薯、蔬菜、茶、猕猴桃、柑橘、梨种植为主。省道桑龙线过境。

黄木潭社区［Huángmùtán Shèqū］ 陈家河镇人民政府驻地。在县境西部。面积3平方千米。人口900。因潭得名。1985年成立。民居以4层住宅楼为主。有文化活动中心、老年活动室、便民服务站、敬老院等。有中小学、幼儿园、卫生院。农业以水稻、玉米、红薯、马铃薯种植,生猪、蜜蜂养殖为主。有超市、农贸市场、商业街等。省道桑龙线经此。

廖家村镇［Liàojiācūn Zhèn］ 桑植县辖镇。在县境西南部。面积58平方千米。人口1.2万。以土家族为主,还有苗、汉等民族。辖2居委会、9村委会,有94自然村。镇人民政府驻苗寨社区。1952年设廖家村乡。1956年二户田、丰岩、卧云界3乡并入,后改公社。1984年复乡。1995年与两河口、打鼓泉、上洞街3乡合置廖家村镇。1998年3乡析出。原因寮竹丛生得名寮竹村,后演为今名。澧水南源流经。有中学1所,小学8所,卫生院1个,卫生室11个。有幼儿园、文化站、敬老院等。有上峒长官司衙遗址、红军洞遗址。农业以水稻、玉米、草药、茶、花卉苗木种植,生猪、家禽、大鲵、蜜蜂养殖为主。省道桑植—永顺线过境。

苗寨社区［Miáozhài Shèqū］ 廖家村镇人民政府驻地。在县境西南部。面积4.3平方千米。人口1100。因苗族居多得名。1995年苗寨村更名为苗寨社区。民居以土家族建筑、4层住宅楼为主。有社区活动中心。有中小学、幼儿园、卫生室。农业以水稻、油菜、玉米、花卉苗木种植,生猪、家禽养殖为主。省道桑植—永顺线经此。

利福塔镇［Lìfútǎ Zhèn］ 桑植县辖镇。在县境南部。面积83.3平方千米。人口2.2万。以土家族为主,还有苗、白、回等民族。辖1居委会、22村委会,有185自然村。镇人民政府驻利福塔社区。1956年设利福塔乡。1959年改公社。1984年复乡。1995年与赤溪乡合设利福塔镇。因镇政府驻地原名得名。有中学1所,小学9所,卫生院1个,卫生室23个。有幼儿园、文化站、广播站、敬老院等。有国家4A级景区九天洞。有名胜峰峦溪、苦竹古寨。有土家族马灯艺术。农业以水稻、玉米、蔬菜种植为主。工业以建材、粮油加工为主。服务业以旅游为主。省道桑小线过境。

利福塔社区［Lìfútǎ Shèqū］ 利福塔镇人民政府驻地。在县境南部。面积1.5平方千米。人口1100,其中土家族占95%。明清时山洪暴发,泥泞成糊,因名泥糊塔。1950年雅化为今名。1995年利福塔村更名为利福塔社区。民居以4层住宅楼为主,为土家族建筑。有中小学、幼儿园、卫生室。有土家族马灯艺术。有农贸市场。省道桑小线经此。

空壳树乡［Kōngkéshù Xiāng］ 桑植县辖乡。在县境东部。面积68平方千米。人口1.6万,其中土家族占80%,还有苗、白、汉等民族。辖14村委会,有137自然村。乡人民政府驻空军村。1961年成立空壳树公社。1984年改乡。1995年并入瑞塔铺白族乡。1998年复乡。原名竹园坪,后因坪中空心树改今名。有矿产资源煤、铜、锰、锌等。有中学1所,小学3所,卫生院1个,卫生室14个。有幼儿园、文化站、广播站、敬老院等。有"贺龙单枪会陈黑"廊桥遗址。有汤溪峪温泉。农业以水稻、玉米、蔬菜、油茶、草药种植,大鲵、野猪、豪猪、梅花鹿、山羊、湘西黑猪养殖为主。省道苗龙线过境。

空军村［Kōngjūncūn］ 空壳树乡人民政府驻地。在县政府驻地澧源镇东20千米。人口2600。取空壳树、军家峪2地首字得名。聚落呈块状。有中小学、幼儿园、卫生室、敬老院等。有陈策勋故居。农业以水稻、玉米、蔬菜种植为主。省道桑慈线经此。

汩湖乡［Mìhú Xiāng］ 桑植县辖乡。在县境东部。面积73平方千米。人口0.9万。以白族为主,还有汉、土家、苗等民族。辖13村委会,有99自然村。乡人民政府驻咸池峪村。1958年成立汆湖公社。1982年更名汩湖公社。1984年改乡。1995年并入竹叶坪白族乡。1998年复乡。原因山洪齐至,仅汩眼消泄得名汆湖。1982年改今名。有中学1所,小学7所,卫生院1个,卫生室13个。有幼儿园、文化站、广播站、敬老院等。农业以水稻、玉米、花生种植,岩蛙、野猪养殖为主,产柑橘、药材、杉木。省道苗龙线过境。

咸池峪村［Xiánchíyùcūn］ 汩湖乡人民政府驻地。在县政府驻地澧源镇东35千米。人口1000。因峪中池水咸得名。聚落呈团块状。有中小学、幼儿园、卫生院、文化活动中心等。农业以水稻、玉米、油菜种植为主。服务业以旅游为主。有农贸市场。省道苗龙线经此。

竹叶坪乡［Zhúyèpíng Xiāng］ 桑植县辖乡。在县境东部。面积141平方千米。人口1.5万。以土家族为主,还有白、汉等民族。辖16村委会,有116自然村。乡人民政府驻竹叶坪村。1956年设竹叶坪乡,后改公社。1984年复乡。1995年汩湖乡、走马坪白族乡并入,1998年2乡析出。因乡政府驻地得名。溇水流经。有野生植物金弹子、黄杨、竹叶楠、红豆杉等。有野生动物大鲵、中华鲟等。有中学1所,小学5所,卫生院1个,卫生室16个。有幼儿园、文化站、敬老院等。有贺仕道牺牲地纪念碑。有景点玉女峰、三月滩、黄林寨、柳杨溪。农业以水稻、玉米、红薯种植为主,产各类药材。有鸡公垭、三百墩林场。工业以食品加工、水电为主。服务业以旅游为主。省道苗龙线过境。

竹叶坪村［Zhúyèpíngcūn］ 竹叶坪乡人民政府驻地。在县政府驻地澧源镇东45千米。人口2100。以土家族为主,还有白、苗等民族。因产南竹得名。聚落呈船状。有中小学、幼儿园、卫生室、文化广场、敬老院等。农业以水稻、玉米、木瓜种植为主。有农贸市场。为县东部物产交易中心。省道苗龙线经此。

走马坪白族乡［Zǒumǎpíng Báizú Xiāng］ 桑植县辖乡。在县境东部。面积68平方千米。人口0.9万,其中白族占80%以上,还有土家、苗、回、黎、侗等民族。辖11村委会,有86自然村。乡人民政府驻唐家塔村。1961年成立走马坪公社。1984年改乡,旋改白族乡。1995年并入竹叶坪乡。1998年复走马坪白族乡。古为盐道,间有坪地,骡马添草,商人憩息而得名。青龙溪流经。有小学5所,卫生院1个,卫生室11个。有幼儿园、文化站、敬老院等。有景点九十九尖、金丰庵。农业以水稻、油菜、茶、蔬菜种植为主,产木瓜、天麻等。县道桑石线过境。

唐家塔村［Tángjiātǎcūn］ 走马坪白族乡人民政府驻地。在县政府驻地澧源镇东北40千米。人口800。因元明期间唐姓在此落居而得名。聚落呈团块状。有小学、幼儿园、卫生室、文化广场等。农业以水稻、小麦、油菜种植,猪、牛、羊养殖为主。服务业以商贸为主。有农贸市场。县道桑植—西莲、汩湖—走马坪线经此。

人潮溪乡［Réncháoxī Xiāng］ 桑植县辖乡。在县境东北部。面积115平方千米。人口2.2万。辖11村委会,有75自然村。乡人民政府驻塔坪村。1952年设人潮溪乡,属慈利县。1958年改公社,划归桑植县。1984年复乡。1995年白石、西莲2乡并入,1998年析出。原因溪可一跃而过得名人跳溪,后演为今名。溇水流经。有中学1所,小学6所,卫生院1个,卫生室11个。有幼儿园、文化站、广播站、敬老院等。有千年古城廖城。农业以水稻、油菜、茶种植,淡水鱼养殖为主。特产人潮溪活鱼。县道桑石线过境。

塔坪村［Tǎpíngcūn］ 人潮溪乡人民政府驻地。在县政府驻地澧源镇东北72千米。人口1000。因坪地有塔得名。聚落呈团块状。有中小学、卫生室、敬老院。农业以水稻、玉米、红薯、马铃薯、油菜、茶种植为主。工业以纺织、轻加工为主。县道桑石线经此。

西莲乡［Xīlián Xiāng］ 桑植县辖乡。在县境东北部。面积112平方千米。人口0.5万。辖10村委会,有65自然村。乡人民政府驻月岩村。1952年设西莲乡,属慈利县。1958年改公社,划归桑植县。1984年复乡。1995年并入人潮溪乡。1998年复西莲乡。传向王天子怒踢官渡口，使溪水西流至翻西溪垭莲花地而得名。有中学1所，小学5所，卫生院1个，卫生室10个。有文化站、广播电视站等。农业以水稻、油菜、茶种植为主。工业以矿产开采，茶叶、木材加工为主。县道桑石线过境。

月岩村［Yuèyáncūn］　西莲乡人民政府驻地。在县政府驻地澧源镇东北98千米。人口1000。因四面环山、山塘似月得名。聚落呈团块状。有中小学、卫生室、敬老院。农业以水稻、玉米、红薯、马铃薯、茶种植为主。县道桑石线经此。

白石乡［Báishí Xiāng］　桑植县辖乡。在县境东北部。面积121平方千米。人口0.6万。辖12村委会，有71自然村。乡人民政府驻白石村。1952年设五里溪乡，属慈利县。1958年改公社，划归桑植县。1982年更名白石公社。1984年改乡。1995年并入人潮溪乡。1998年复白石乡。因乡政府驻地得名。有南滩草场。有中学1所，小学4所，卫生院1个，卫生室12个。农业以反季节蔬菜、水稻种植，猪、羊、湘西黄牛养殖为主。特产桑植萝卜。县道桑石线过境。

白石村［Báishícūn］　白石乡人民政府驻地。在县政府驻地澧源镇东北122千米。人口800。因峡谷峭壁为白色岩石得名。聚落呈团块状。有中小学、卫生室、敬老院等。农业以水稻、玉米、红薯、马铃薯种植为主。县道桑石线经此。

刘家坪白族乡［Liújiāpíng Báizú Xiāng］　桑植县辖乡。在县境中部偏南。面积38平方千米。人口1.2万，其中白族占90%，还有汉、土家等民族。辖13村委会，有114自然村。乡人民政府住珠玑塔村。1952年设珠玑塔乡。1958年并入星火公社。1961年析设珠玑塔公社，1982年更名刘家坪公社。1984年改刘家坪白族乡。1995年并入瑞塔铺白族乡。1998年复刘家坪白族乡。酉水流经。有中学1所，小学9所，卫生院1个，卫生室13个。有文化站、广播站等。有红二方面军长征出发地纪念馆、纪念碑，红二、六军团司令部旧址。有国家级非物质文化遗产白族仗鼓舞。农业以水稻、小麦、玉米、红薯、马铃薯种植为主。省道桑官线过境。

珠玑塔村［Zhūjītǎcūn］　刘家坪白族乡人民政府驻地。在县政府驻地澧源镇北17千米。人口1100。以白族为主，还有土家、苗等民族。河边产晶石膏，古人以为珠玑而得名。聚落呈团块状。有中小学、卫生院。农业以水稻、小麦、玉米种植为主。有粮油加工业。省道桑官线经此。

芙蓉桥白族乡［Fúróngqiáo Báizú Xiāng］　桑植县辖乡。在县境东北部。面积70平方千米。人口1.2万，其中白族占90%，还有汉、土家、苗等民族。辖13村委会，有135自然村。乡人民政府驻芙蓉桥村。1952年设芙蓉桥乡。1958年并入星火公社。1961年析设芙蓉桥公社。1984年改芙蓉桥白族乡。1995年并入马合口白族乡。1998年复芙蓉桥白族乡。因乡政府驻地得名。酉水流经。有芙蓉龙国家地质公园。有国家级大鲵研究中心。有中学1所，小学6所，卫生院1个，卫生室17个。有幼儿园、文化站、敬老院等。农业以水稻、玉米种植，大鲵养殖为主。工业以纯净水灌装、皮鞋加工、建材为主。省道桑官线、县道桑淋线过境。

芙蓉桥村［Fúróngqiáocūn］　芙蓉桥白族乡人民政府驻地。在县政府驻地澧源镇东北20千米。人口1600，其中白族占96%。宋末元初白族王姓居此建桥，因多植木芙蓉而名桥为芙蓉桥，沿为村名。聚落呈团块状。有中小学、幼儿园、卫生院、敬老院、博物馆、文化广场等。农业以水稻、玉米、油菜种植，大鲵养殖为主。有集贸市场。县道芙淋线经此。

麦地坪白族乡［Màidìpíng Báizú Xiāng］　桑植县辖乡。在县境东部。面积50平方千米。人口0.5万，其中白族占95%，还有汉、土家等民族。辖8村委会，有53自然村。乡人民政府驻麦地坪村。1961年由官地坪公社析设麦地坪公社。1983年改乡。1984年改白族乡。1995年并入马合口白族乡。1998年复麦地坪白族乡。因乡政府驻地得名。有小学3所，卫生院1个，卫生室8个。有幼儿园、幸福院等。有国家级非物质文化遗产白族仗鼓舞，省级非物质文化遗产白族游神。农业以水稻、玉米种植为主。县道马合口—麦地坪线过境。

麦地坪村［Màidìpíngcūn］　麦地坪白族乡人民政府驻地。在县政府驻地澧源镇东39千米。人口1300。以白族为主，还有土家、苗等民族。原名没粮坪，因开荒后种小麦，改今名。聚落呈团块状。有小学、幼儿园、卫生室、幸福院、文化广场等。农业以水稻、茶、马铃薯种植为主。有农贸市场。县道马合口—麦地坪线经此。

马合口白族乡［Mǎhékǒu Báizú Xiāng］　桑植县辖乡。在县境东北部。面积119平方千米。人口1.6万，其中白族占90%，还有汉、土家等民族。辖16村委会，有155自然村。乡人民政府驻梭子丘村。1952年设马合口乡，属慈利县。1958年划归桑植县，并入官地坪公社。1961年析设马合口公社。1984年改白族乡。1995年麦地坪、芙蓉桥、淋溪河3白族乡和金藏乡并入，1998年4乡析出。酉水两岸山势如奔马会于峡口而得名。有双泉水库。有中学1所，小学8所，卫生院1个，卫生室16个。有幼儿园、幸福院等。有白族歌舞、戏剧。农业以水稻、玉米、小麦种植等为主。省道官瑞、桑官线过境。

梭子丘村［Suōziqiūcūn］　马合口白族乡人民政府驻地。在县政府驻地澧源镇东35千米。人口2900，其中白族占98%。因丘如梭子得名。聚落呈团块状。有中小学、幼儿园、卫生室、幸福院、文化广场等。农业以水稻种植为主，产莲藕、玉米、马铃薯。有农贸市场。省道官瑞线经此。

长潭坪乡［Chángtánpíng Xiāng］　桑植县辖乡。在县境东部。面积60平方千米。人口0.7万。以土家族为主，还有汉、白、苗、瑶、侗等民族。辖8村委会，有49自然村。乡人民政府驻赤石坪村。1952年设长潭坪乡，属慈利县。1958年划归桑植县，并入官地坪公社。1961年析设长潭坪公社。1984年复乡。1995年并入官地坪镇。1998年复长潭坪乡。因坪地临溇水中长潭而得名。溇水流经。有中学1所，小学5所，卫生院1个，卫生室8个。有幼儿园、幸福院等。农业以玉米、小麦、蔬菜种植为主，有大鲵特种养殖业。省道长潭坪—瑞塔铺线过境。

赤石坪村［Chìshípíngcūn］　长潭坪乡人民政府驻地。在县政府驻地澧源镇东73千米。人口1200。因溇水河畔有红色石壁得名。聚落呈团块状。有中小学、幼儿园、卫生室、幸福院、文化广场等。农业以柑橘、茶叶、玉米、核桃种植为主。有农贸市场。省道长潭坪—瑞塔铺线经此。

淋溪河白族乡［Línxīhé Báizú Xiāng］　桑植县辖乡。在县境北部。面积93平方千米。人口0.5万，其中白族占90%，还有土家、苗、壮、回等民族。辖11村委会，有62自然村。乡人民政府驻张家铺村。1952年设淋溪河乡，属慈利县。1958年划归桑植县，并入官地坪公社。1961年析设淋溪河公社。1984年改乡。1988年改白族乡。1995年并入马合口白族乡。1998年复淋溪河白族乡。原因溪河交叉、林姓首居开发而得故名林溪河，后因溪为水，将“林”改为“淋”更显贴切而演化为今名。有中学1所，小学4所，卫生院1个，卫生室11个。有幼儿园、幸福院等。农业以玉米、水稻、红薯种植为主。县道芙淋线过境。

张家铺村［Zhāngjiāpùcūn］　淋溪河白族乡人民政府驻地。在县政府驻地澧源镇北58千米。人口800。以白族为主，还有汉、土家等民族。因张姓开铺得名。聚落呈团块状。有中小学、卫生院等。农业以稻谷、玉米、黄豆、红薯、土豆种植，淡水鱼养殖为主。有茶叶、木材产销业。县道芙淋线经此。

洪家关白族乡［Hóngjiāguān Báizú Xiāng］　桑植县辖乡。在县境北部。面积91平方千米。人口2.6万，其中白族占95%，还有土家、壮、汉等民族。辖25村委会，有240自然村。乡人民政府驻泉峪村。1952年设洪家关乡。1959年改公社。1984年改白族乡。原名冯家关，后谐音演为今名。玉泉河流经。有中学1所，小学13所，卫生院1个，卫生室23个。有幼儿园、文化广播站、敬老院、光荣院等。有全国重点文物保护单位贺龙故居，全国爱国主义教育基地贺龙纪念馆。农业以玉米、水稻、红薯种植为主。有牛角尖绿色林场。省道桑龙、桑鹤线过境。

泉峪村［Quányùcūn］　洪家关白族乡人民政府驻地。在县政府驻地澧源镇北13千米。人口1300，其中白族占90%。因处泉水源头得名。聚落呈团块状。有中小学、幼儿园、卫生所、光荣院、敬老院、文化广播站等。有贺戊妹烈士故居。有景点贺龙桥。农业以玉米、水稻、红薯种植为主。省道桑鹤线经此。

桥自弯乡［Qiáozìwān Xiāng］　桑植县辖乡。在县境西南部。面积77平方千米。人口1.4万。以土家族为主，还有汉、白、苗等民族。辖17村委会，有144自然村。乡人民政府驻张家桥村。1952年设樵子弯乡。1958年改火箭公社。1959年更名樵自弯公社。1984年改乡。1995年并入凉水口镇。1998年复设桥自弯乡。传古有弯曲柳树自然成桥而得名。澧水北源流经。有中学1所，小学8所，卫生院1个，卫生室17个。有幼儿园、文化站、广播站、敬老院等。有省级爱国主义教育基地廖汉生故居。农业以水稻、玉米种植为主，产西瓜、梨。省道桑植—泸溪铺线过境。

张家桥村［Zhāngjiāqiáocūn］　桥自弯乡人民政府驻地。在县政府驻地澧源镇北21千米。人口800。因张姓居多且有石桥得名。聚落呈团块状。有中小学、幼儿园、卫生室等。农业以玉米、马铃薯、油菜、板栗种植为主。有集贸市场。省道桑鹤线经此。

谷罗山乡［Gǔluóshān Xiāng］　桑植县辖乡。在县境北部。面积38平方千米。人口0.8万。以土家族为主，还有白、苗、回等民族。辖13村委会，有54自然村。乡人民政府驻谷罗山村。1953年设谷罗山乡，后改公社。1984年复乡。1995年并入凉水口镇。1998年复乡。因乡政府驻地得名。罗峪河流经。有小学1所，卫生院1个，卫生室13个。有幼儿园、文化站、广播站、敬老院等。有景点风车口峡谷、白龙泉瀑布、桌子岩等。有特色民间艺术傩戏、花灯戏、汉戏、佛戏。农业以水稻、玉米种植为主，产榉木、梓树、银杏。县道桥自弯—谷罗山线过境。

谷罗山村［Gǔluóshāncūn］　谷罗山乡人民政府驻地。在县政府驻地澧源镇北35千米。人口600。因山似谷箩得名。聚落呈团块状。

有小学、幼儿园、卫生院、文化广场等。农业以水稻、玉米种植为主。有集贸市场。县道桥自弯—谷罗山线经此。

沙塔坪乡 [Shātǎpíng Xiāng] 桑植县辖乡。在县境西北部。面积131平方千米。人口1.7万。以土家族为主,还有汉、苗等民族。辖25村委会,有166自然村。乡人民政府驻沙塔坪村。1952年设沙塔坪乡。1958年改红星公社,次年更名沙塔坪公社。1961年析设大木塘公社。1984年改沙塔坪乡。1995年大木塘乡并入。因乡政府驻地得名。涧宝河、武家河、澧水流经。有中学1所,小学10所,卫生院1个,卫生室25个。有幼儿园、文化站、广播站、敬老院等。有六耳口战斗遗址。农业以水稻、玉米种植为主,盛产花生、绞股蓝、梅茶、蜂蜜。有湘西北黄牛交易市场。省道桑鹤线过境。

沙塔坪村 [Shātǎpíngcūn] 沙塔坪乡人民政府驻地。在县政府驻地澧源镇北45千米。人口1500。因泥沙淤积成坪得名。聚落呈团块状。有中小学、幼儿园、卫生院、活动中心等。农业以水稻、玉米、花生、蔬菜种植为主。有农贸市场、湘西黄牛交易市场。省道桑鹤线经此。

苦竹坪乡 [Kǔzhúpíng Xiāng] 桑植县辖乡。在县境北部。面积51平方千米。人口0.6万,其中土家族占91.8%,还有白、回、苗、高山等民族。辖11村委会,有62自然村。乡人民政府驻农科站村。1952年设苦竹坪乡。1961年改公社。1984年复乡。1995年并入龙潭坪镇。1998年复苦竹坪乡。因坪多苦竹得名。有小学2所,卫生院1个,卫生室11个。有幼儿园、文化站、敬老院等。有苦竹坪战斗遗址。农业以油茶、玉米、红薯、蔬菜、水果种植为主。省道桑鹤线过境。

农科站村 [Nóngkēzhàncūn] 苦竹坪乡人民政府驻地。在县政府驻地澧源镇北56千米。人口400。原名苦竹坪,后因农科站驻此改今名。聚落呈团块状。有小学、卫生院等。农业以水稻、玉米、蔬菜种植为主。服务业以乡村旅游为主。省道桑鹤线经此。

四方溪乡 [Sìfāngxī Xiāng] 桑植县辖乡。在县境东北部。面积83平方千米。人口0.5万。以土家族为主,还有白、苗等民族。辖10村委会,有63自然村。乡人民政府驻四方溪村。1952年设四方溪乡,后改公社。1984年复乡。1995年并入龙潭坪镇。1998年复四方溪乡。因乡政府驻地得名。有小学2所,卫生院1个,卫生室10个。有文化站。有国家级非物质文化遗产土家族撒叶儿嗬。经济以林业为主,产红豆杉。农业以玉米、蔬菜种植为主。县道黄柏垭—四方溪线过境。

四方溪村 [Sìfāngxīcūn] 四方溪乡人民政府驻地。在县政府驻地澧源镇北70千米。人口400。因四面高山,山涧汇流成溪得名。聚落呈团块状。有小学、卫生院等。农业以玉米、蔬菜种植为主。服务业以乡村旅游为主。县道黄柏垭—四方溪线经此。

芭茅溪乡 [Bāmáoxī Xiāng] 桑植县辖乡。在县境西北部。面积98平方千米。人口0.5万。辖10村委会,有58自然村。乡人民政府驻芭茅溪村。1952年设芭茅溪乡,后改公社。1984年复乡。1995年并入五道水镇。1998年复芭茅溪乡。因乡政府驻地得名。澧水北源经此。有小学1所,卫生院1个,卫生室10个。有幼儿园、文化站、广播站、敬老院等。有省级文物保护单位贺龙"两把菜刀闹革命"旧址芭茅溪盐税局。农业以水稻、玉米、红薯、马铃薯种植为主。有粽叶种植基地。省道桑鹤线过境。

芭茅溪村 [Bāmáoxīcūn] 芭茅溪乡人民政府驻地。在县政府驻地澧源镇北62千米。人口700。因溪沟多芭茅得名。聚落呈团块状。有中小学、卫生院。有省级文物保护单位贺龙"两把菜刀闹革命"旧址芭茅溪盐税局。农业以水稻、玉米、红薯、马铃薯种植为主,产厚朴、杜仲、黄柏。省道桑鹤线经此。

细砂坪乡 [Xìshāpíng Xiāng] 桑植县辖乡。在县境西北部。面积99平方千米。人口0.8万。以土家族为主,还有白、苗等民族。辖12村委会,有89自然村。乡人民政府驻细砂坪村。1952年设猫子垭乡,后改公社。1981年更名细砂坪公社。1984年改乡。1995年并入五道水镇。1998年复细砂坪乡。因乡政府驻地得名。有九龙山海拔1310米。有中学1所,小学3所,卫生院1个,卫生室12个。有幼儿园、文化站、广播站、敬老院等。农业以玉米、水稻、蔬菜种植为主,产药材、梅茶、金钱柳。县道五道水—细砂坪线过境。

细砂坪村 [Xìshāpíngcūn] 细砂坪乡人民政府驻地。在县政府驻地澧源镇西北83千米。人口1100。以土家族为主,还有白族、苗族。因坪地细沙土质得名。聚落呈团块状。有中小学、卫生院。农业以玉米、水稻,特产药材、梅茶种植为主。县道五道水—细砂坪线经此。

八大公山乡 [Bādàgōngshān Xiāng] 桑植县辖乡。在县境西北部。面积110平方千米。人口0.5万。以土家族为主,还有汉、苗等民族。辖10村委会,有66自然村。乡人民政府驻砂地坪村。1961年成立八大公山公社。1984年改乡。1995年并入五道水镇。1998年复八大公山乡。原为八大业主划地分管,后无人受业,沦为公山而得名。有珍稀植物珙桐、红豆杉等,名贵药材天麻、黄连、杜仲、厚朴等。有国家重点保护野生动物大鲵、红腹角雉等。有小学2所,卫生院1个,卫生室10个。有幼儿园、文化站、敬老院等。有庄耳坪战斗纪念碑。有名胜斗篷山。农业以玉米、蔬菜种植为主,特产金钱柳、茶叶、蜂蜜。县道仓关峪—八大公山线过境。

砂地坪村 [Shādìpíngcūn] 八大公山乡人民政府驻地。在县政府驻地澧源镇西北93千米。人口1300。以土家族为主,还有汉、苗等民族。因以沙地为主得名。聚落呈团块状。有小学、幼儿园、卫生院、文化站、敬老院等。农业以玉米种植为主,产茶叶、蜂蜜。县道仓关峪—八大公山线经此。

蹇家坡乡 [Jiǎnjiāpō Xiāng] 桑植县辖乡。在县境西北部。面积65平方千米。人口0.7万。以土家族为主,还有苗、回、白等民族。辖13村委会,有67自然村。乡人民政府驻蹇家坡村。1956年设蹇家坡乡,后改公社。1984年复乡。1995年并入陈家河镇。1998年复乡。因乡政府驻地得名。有中学1所,小学3所,卫生院1个,卫生室13个。有幼儿园、文化站、广播站、敬老院等。有无名烈士纪念碑。农业以水稻、玉米、蔬菜、草药种植为主,特产冬桃、葡萄、油茶。县道桑植—八大公山线过境。

蹇家坡村 [Jiǎnjiāpōcūn] 蹇家坡乡人民政府驻地。在县政府驻地澧源镇西北59千米。人口600。以土家族为主,还有汉、白等民族。因蹇姓聚居于坡地得名。聚落呈偏坡状。有中小学、卫生院。农业以水稻、玉米、蔬菜种植为主,特产冬桃。县道桑植—八大公山线经此。

岩屋口乡 [Yánwūkǒu Xiāng] 桑植县辖乡。在县境西部。面积52平方千米。人口0.6万。以土家族为主,还有汉、苗等民族。辖9村委会,有62自然村。乡人民政府驻岩屋口村。1952年设岩屋口乡,后改公社。1984年复乡。1995年并入河口乡。1998年复岩屋口乡。因乡政府驻地得名。澧水中源、犀牛泉河流经。有小学3所,卫生院1个,卫生室9个。有幼儿园、文化站、广播站、便民服务站、敬老院等。有岩屋口烈士陵园。农业以水稻、玉米、大豆种植为主。有茶园。县道桑河线过境。

岩屋口村 [Yánwūkǒucūn] 岩屋口乡人民政府驻地。在县政府驻地澧源镇西南59千米。人口700。以土家族为主,还有汉、苗等民族。处澧水中源、犀牛泉2水汇合口,旁有天然岩屋而得名。聚落呈团块状。有小学、幼儿园、卫生院等。有景点犀牛洞。农业以水稻、玉米、大豆、蔬菜种植为主。有建材市场。县道桑河线经此。

河口乡 [Hékǒu Xiāng] 桑植县辖乡。在县境西北部。面积164平方千米。人口1.3万。以土家族为主,还有苗、蒙古、白、汉等民族。辖20村委会,有149自然村。乡人民政府驻河口村。1952年设河口乡。1959年改公社。1984年复乡。1995年岩屋口乡并入,1998年析出。因乡政府驻地得名。澧水中源流经。有中学1所,小学5所,卫生院1个,卫生室20个。有幼儿园、文化站、敬老院等。有贞节牌坊旧址。农业以水稻、玉米、红薯、花生、蔬菜、中草药种植为主,有大鲵特色养殖。县道夹石河—亮垭线过境。

河口村 [Hékǒucūn] 河口乡人民政府驻地。在县政府驻地澧源镇西北72千米。人口1600。因处澧水中源小溪汇合口得名。聚落呈团块状。有中小学、幼儿园、卫生室、文化广场、敬老院等。农业以水稻、玉米、油菜种植,豪猪、蜜蜂养殖为主。为县西北部物产交易集散地。有集贸市场。县道夹石河—亮垭线经此。

上河溪乡 [Shànghéxī Xiāng] 桑植县辖乡。在县境西南部。面积133平方千米。人口1.4万。以土家族为主,还有苗族、汉族。辖15村委会,有128自然村。乡人民政府驻上河溪村。1952年设上河溪乡。1958年改五星公社。1959年更名上河溪公社。1984年复乡。因乡政府驻地得名。有中学1所,小学8所,卫生院1个,卫生室15个。有幼儿园、文化站、广播站、敬老院等。有红军医院旧址。农业以水稻、玉米种植为主。工业以建材加工、煤矿开采为主。省道苗龙线过境。

上河溪村 [Shànghéxīcūn] 上河溪乡人民政府驻地。在县政府驻地澧源镇西北50千米。人口2100。因猛洞河发源于此得名。聚落呈带状。有中小学、卫生院。农业以水稻、玉米种植为主。省道苗龙线过境。

两河口乡 [Liǎnghékǒu Xiāng] 桑植县辖乡。在县境西部。面积48平方千米。人口1万。以土家族为主,还有苗、白、壮等民族。辖14村委会,有87自然村。乡人民政府驻两河口村。1956年设两河口乡,后改公社。1984年复乡。1995年并入廖家村镇。1998年复两河口乡。因乡政府驻地得名。澧水南源、中源流经。有小学5所,卫生院1个,卫生室14个。农业以水稻、玉米种植为主,产梨、桃、椪柑等。省道苗龙线过境。

两河口村 [Liǎnghékǒucūn] 两河口乡人民政府驻地。在县政府驻地澧源镇西北20千米。人口1000。处澧水南源、中源2河汇合口而得名。聚落呈带状。有小学、卫生院、老年活动室。农业以水稻、玉米种植为主。有建材、农贸市场。省道苗龙线经此。

打鼓泉乡 [Dǎgǔquán Xiāng] 桑植县辖乡。在县境东南部。面积57平方千米。人口0.8万。以土家族为主,还有汉、苗等民族。辖13村委会,有78自然村。乡人民政府驻小埠头村。1952年设打鼓泉乡,后改公社。1984年复乡。1995年并入廖家村镇。1998年复打鼓泉乡。因传古时巫师打鼓入泉祈雨得名。澧水流经。有小学3所,卫生院1个,卫生室12

个。有特色民间艺术阳戏。农业以水稻、玉米种植,猪、牛、羊、家禽养殖为主。省道苗龙线过境。

小埠头村 [Xiǎobùtóucūn] 打鼓泉乡人民政府驻地。在县政府驻地澧源镇西南22千米。人口800。因明代码头称小埠头得名。聚落呈带状。有小学、卫生院、敬老院等。农业以水稻、玉米种植,鱼、猪养殖为主。省道苗龙线经此。

上洞街乡 [Shàngdòngjiē Xiāng] 桑植县辖乡。在县境西南部。面积61平方千米。人口1.1万。以土家族为主,还有汉、苗等民族。辖11村委会,有90自然村。乡人民政府驻上洞街村。1956年设上洞街乡,后改公社。1984年复乡。1995年并入廖家村镇。1998年复上洞街乡。因乡政府驻地得名。澧水南源流经。有中学1所,小学8所,卫生院1个,卫生室11个。有幼儿园、文化站、广播站、敬老院等。农业以水稻、玉米、马铃薯、红薯种植为主。县道观音岩—上洞街线过境。

上洞街村 [Shàngdòngjiēcūn] 上洞街乡人民政府驻地。在县政府驻地澧源镇西南36千米。人口1700。明宣德四年(1429)分上、中、下3峒长官司,此为上峒,后改峒为洞得今名。聚落呈带状。有中小学、卫生院等。农业以水稻、玉米、马铃薯、红薯种植为主。县道观音岩—上洞街线经此。

益 阳 市

益阳市 [Yìyáng Shì] 湖南省辖地级市。北纬27°59′—29°32′,东经110°43′—112°56′。在省境中部偏北。面积12144平方千米。户籍人口493.8万,常住人口439.2万。以汉族为主,还有回、土家、苗等民族。辖赫山、资阳2区,南县、桃江、安化3县,代管沅江县级市。市人民政府驻赫山区。秦始皇帝二十六年(前221)灭楚,立长沙郡,下设益阳等9县。秦汉之际,益阳县地域辽阔,北滨洞庭,南达资江上游,东临长沙,西接溆浦。魏晋以后,朝廷先后在益阳县地置宁乡、湘阴、沅江、汉寿、安化、新化等县。至清末,益阳县面积减至秦汉时的1/7。1940年湖南省政府在益阳县城设置第五行政督察区公署,自此益阳辖地格局基本形成。1949年设益阳专区。1952年撤。1962年复专区。1968年改地区。1994年设益阳市。因城邑位于益水(今资江)北得名。处雪峰山余脉和湘中丘陵向洞庭湖平原过渡地带,地势由南至北呈梯级倾斜。地形以山地、平原为主。平均海拔150米。年均气温17℃,1月平均气温4.7℃,7月平均气温28.5℃。年均降水量1483.6毫米。年均无霜期266天。资江流经。有矿产资源锑、钨、钒、石煤等。有野生植物1020种,其中有国家重点保护野生植物银杉、润楠、南方红豆杉等18种。有野生动物265种,其中有国家重点保护野生动物云豹、白颈长尾雉、毛冠鹿、豹猫、大鲵等26种。有六步溪国家级自然保护区。森林覆盖率54.1%。有国家级科研单位1个,省级科研单位1个,高校5所,中学214所,小学406所,三级医院1个,省级图书馆、博物馆、档案馆各1个,体育馆11个。为省级历史文化名城。有全国重点文物保护单位五马坊牧师楼等7个,省级文物保护单位12个。有全国爱国主义教育基地厂窖惨案遇难同胞纪念馆。有传统村落6个。有国家级非物质文化遗产4项,省级非物质文化遗产7项。有名胜古迹会龙山、周立波故居、茶马古道、兔子山遗址等。有柘溪国家森林公园。三次产业比例18∶40∶42。农业以水稻、南竹、油茶、茶种植为主,有生猪、鱼虾饲养。产苎麻、芦苇、黄(红)麻、糖料等。工业以纺织、电力、化工、机械、电子等为主,以麻纺、造纸、食品加工、电子为特色。有益阳国家高新技术产业开发区,省级经济开发区5个。服务业以电子商务、金融、保险、物流、旅游等为主。有铁路142.1千米,公路12427.9千米,高速56.1千米,内河航线1429千米。石长、益湛、湘黔铁路,长张、长常、益溆、益平、二广、益娄、益马、南益、益阳绕城高速,319国道,省道益沅线过境。通多路公交车。

益阳 [Yìyáng] 别名银城。益阳市聚落。在市境中部偏北。面积71平方千米。人口70万。以汉族为主,还有回、土家、苗等民族。东汉建安二十年(215)三国吴鲁肃移兵资江北,筑土为城,为建城之始。明洪武初年(1368)再筑土城,挖深壕堑,修立城楼。此后成化、弘治年间加修,初兴城池规模,城墙自西门拓至东门口。明嘉靖三十年(1551)县邑四围修坚固城墙,古城面积3平方千米。清末流传"铁打的宝庆,银铸的益阳,纸糊的长沙",银城由此得名。20世纪50年代修筑防洪大堤,改建旧城区,建五一路。1977年建成区面积10平方千米。1978年后向南拓展。1989年建成益阳大厦。2002年建成奥林匹克公园。2014年通过跨江大桥连接老城、新城,形成"一城三区"城市格局。北部为综合发展区、洞庭湖区商贸重镇,有马良国家农副产品批发场、桥北综合批发场、资阳步行街等。工业有电子、轻工、化工、冶金、机械、纺织、食品加工等。有全国重点文物保护单位五马坊牧师楼,省级文物保护单位三台塔、丝茅岭遗址。有丰堆仑革命旧址。中部为政治、文化、商贸中心。有文化馆、图书馆、博物馆、影剧院、体育馆等。有城市公园会龙山、秀峰湖、梓山湖等。东南部为益阳国家高新技术开发区、龙岭工业园区。旅游区在西南部,有周立波故居、花乡农家乐等。境内铁路、高速、国道、省道纵横。资江洞庭湖水路直通长江。有益阳东站、益阳北站、益阳站、朝阳汽车站等。

赫 山 区

赫山区 [Hèshān Qū] 益阳市人民政府驻地。在市境东部。面积1278平方千米。人口85.8万。以汉族为主,还有土家、回、侗等民族。辖6街道、11镇、2乡。区人民政府驻赫山街道。1949年为益阳县。1994年改赫山区。原名橘土岗,明嘉靖年间(1522—1566)知县刘激见2红色山峰,以红土为赤、两赤为赫改今名。先后建设青年路、体育路、银城大道、绕城高速,建成秀峰公园、会龙山文化公园。地形以丘陵、平原为主。由西南向东北逐渐降低。年均气温17.3℃,1月平均气温4.5℃,7月平均气温29℃。年均降水量1432.8毫米。资江流经。有北峰山省级森林公园。有高校4所,职业中学2所,九年一贯制学校12所,中学33所,小学87所。三级医院1个,二级医院6个。有羊舞岭古窑遗址。有周立波故居,外交家、著名"国际义人"何凤山故居,中国左翼作家联盟成员叶紫故居,金家堤党支部陈列馆。有国家4A级旅游景区益阳奥林匹克公园,3A级旅游景区鱼形山。有景点枫林古桥、百竹园、梓山湖、会龙山佛教公园、南洞庭湿地生态保护区。有国家农业旅游示范点1个。三次产业比例13∶42∶45。农业以水稻、小麦种植为主,有生猪、淡水鱼饲养,兼种荞麦、马铃薯、玉米等。工业形成电子、医药、机械、建材等十大支柱产业。服务业以商贸、信息技术服务为主。有步行街、综合市场等。石长、洛湛铁路,长张高速,319国道,省道凤凰—平江线过境。有资江航道。有益阳站、赫山汽车站。有益阳泥湾千吨级码头。通多路公交车。

大禹广场 [Dàyǔ Guǎngchǎng] 在城区北部。面积13000多平方米。2001年开工,2002年建成,2014年改扩建。因纪念大禹得名。有大禹治水浮雕群,展示启母石、卧仙石、圣泉、台桑等大禹文化内涵。有大禹铜像,后座为大禹治水碑,纪念大禹治理洞庭湖水系功绩。为集爱国主义教育、文化传播、健身娱乐于一体的综合性广场。周边有西流湾大桥等。通多路公交车。

益阳大道 [Yìyáng Dàdào] 在区境南部。东起长常高速,西至去树路。与团圆路、龙州路、康富路、金山路相交。长6.1千米,宽60米。沥青路面。1985年开工,1987年建成,1994年改扩建,2006年改造。因市得名。两侧有梓山湖生态公园、益阳日报社、湖南城市学院等。通公交车。

桃花仑路 [Táohuālún Lù] 在区境中西部。东起宁朱公路,西至会龙山大桥。与金山路、白鹿路、建筑路相交。长6.4千米,宽36米。沥青路面。为319国道城区段,1995—1997年改建为城区道路。两侧有多家商铺、多家银行、通信大楼等。通多路公交车。

迎宾路 [Yíngbīn Lù] 在区境南部。西起金山路,东至319国道。与荷花路、康富南路、龙洲南路、团圆南路、银城大道、蓉园路相交。长10.9千米,宽60米。沥青路面。1996年开工,1999年建成。原名站前路,后改今名。两侧有中南电商产业园、益阳站等。通多路公交车。

康富路 [Kāngfù Lù] 在区境中部。南起迎宾路,北至滨江路。与桃花仑路、秀峰路、益阳大道相交。长5.1千米,宽30—60米。沥青路面。1980年开工,1981年建成,2005、2008年分别改扩建。因路东有医院得名康复路,后寓康庄富裕之意改今名。以益阳大道为界分南、北2路。两侧有益阳日报社、市海棠学校、博物馆、奥林匹克公园等。通多路公交车。

金山路 [Jīnshān Lù] 在区境西部。南起迎宾路,北至会龙山大桥。与秀峰路、益阳大道相交。长4.7千米,宽45—60米。沥青路面。1959年开工,1960年建成,1995—1997年改扩建,2009年改建。因曾有山,秋日风起飞叶金黄得名。以益阳大道为界分南、北2路。两侧有秀峰公园、眼科医院等。通多路公交车。

龙洲路 [Lóngzhōu Lù] 在区境中部。南起迎宾路,北至十洲路。与桃花仑、秀峰路、益阳大道相交。长5.7千米,宽60米。沥青路面。1992年开工,1995年建成,1995—2001年改扩建,2008年改造。因附近的龙洲书院而命名。两侧有益阳妇女儿童医院、省物勘院益阳分院等。通多路公交车。

会龙山大桥 [Huìlóngshān Dàqiáo] 在城区中部。长618米,宽24米,最大跨度72米,桥下净高8米。1972年开工,1974年建成。因会龙山得名。为大型河道桥梁,结构型式为特大双曲拱桥。最大载重50吨。通公交车。

龙洲大桥 [Lóngzhōu Dàqiáo] 在城区中部。长1135.52米,宽24.5米,最大跨度114米,桥下净高37.92米。1998年开工,2002年建成。因龙洲路得名。为大型河道桥梁,结构型式为中承式钢管混凝土拱桥。最大载重40吨。通公交车。

益阳站 [Yìyáng Zhàn] 见交通运输设施部分"益阳站"条。

朝阳汽车客运站 [Cháoyáng Qìchē Kèyùnzhàn] 见交通运输设施部分"朝阳汽车客运站"条。

赫山汽车站 [Hèshān Qìchēzhàn] 见交通运输设施部分"赫山汽车站"条。

赫山街道 [Hèshān Jiēdào] 赫山区人民政府驻地。在区境北部。面积27平方千米。人口7.9万。1995年设。因赫山村得名。先后改造老旧小区、棚户区,保护性整修历史文化街区,新建多处居民小区、酒店、写字楼,改造银城大道、桃花仑路、萝溪路等。有中学3所,小学7所,二级医院4个,卫生院1个,卫生所13个。有体育馆、图书馆等。有省级文物保护单位斗魁塔、三台塔等。经济以商贸、金融、物流为主。长张高速、319国道过境。有益阳站、朝阳汽车客运站。通多路公交车。

桃花仑街道 [Táohuālún Jiēdào] 属赫山区。在区境北部。面积12平方千米。人口5.9万。1952年设河南街道。1965年改今名。因山头桃花仑得名。昔日山多桃树,临春桃花开满山仑,故名。有中学2所,小学2所,三级医院1个,二级医院1个,卫生院1个,卫生所8个。有关羽单刀赴会遗址碧津晓渡(现名大渡口)、斗魁塔、龙洲书院、南岳禅寺等。经济以商贸、金融、轻工、物流为主。工业以针织、机械、电子为主。通多路公交车。

金银山街道 [Jīnyínshān Jiēdào] 属赫山区。在区境北部。面积8平方千米。人口4.8万。1984年设金花湖乡,1995年改街道。传三兄弟中老三开垦荒山,挖出金银,故名。有湖南城市学院、益阳卫校。有中学1所,小学2所,二级医院1个,卫生院1个,卫生所7个。有秀峰公园、会龙公园。有景点会龙栖霞、白鹿晚钟、裴亭古树等。有资江沿江风光带。经济以商贸为主。通多路公交车。

朝阳街道 [Cháoyáng Jiēdào] 属赫山区。在区境北部。面积25平方千米。人口3.9万。1995年设。先后拓宽改造主干道,新建多处居民小区、酒店、写字楼。地势西南高东北低。有中学3所,小学4所,卫生院1个,卫生所10个。有国家4A级旅游景区益阳奥林匹克公园、省级爱国主义教育基地益阳市博物馆等。经济以商贸、物流、房地产业、互联网产业等为主。洛湛铁路、234国道过境。有益阳站、朝阳汽车站。通多路公交车。

会龙山街道 [Huìlóngshān Jiēdào] 属赫山区。在区境西北部。面积36平方千米。人口7.3万。2006年设。三国时赵云、诸葛亮会师于此,因其字、号称二龙会师,故名。有湖南工艺美术职业学院。有中学1所,小学2所,卫生院1个,卫生所13个。有景点会龙山公园、裴公亭、栖霞阁、白鹿寺等。有中国特色村仙峰岭村。工业以机械、电力、建材为主。益阳南绕高速过境。通多路公交车。

鱼形山街道 [Yúxíngshān Jiēdào] 属赫山区。在区境南部。面积61平方千米。人口2.5万。2014年设。因鱼形山水库得名。有中学2所,小学2所,卫生院1个,卫生所7个。经济以文化创意、生态旅游、体育休闲等产业为主。省道桃江—湘阴线过境。通多路公交车。

龙光桥镇 [Lóngguāngqiáo Zhèn] 赫山区辖镇。在区境北部。面积130平方千米。人口7.6万。辖1居委会、29村委会,有593自然村。镇人民政府驻寨子仑村。1995年由羊舞岭乡、天成垸乡合设龙光桥镇。2006年石笋乡并入。传龙脉经此,且有石桥,故名。有矿产资源石英砂、瓷泥、花岗石等。有湘穗电脑学院、益阳职业学院。有中学3所,小学7所,卫生院1个,卫生所18个。经济以农产品加工、塑编、采矿为主。有益阳银天工业园。农业以水稻、蔬菜、茶种植为主,有生猪饲养,盛产油茶、松、杉、竹。服务业以商贸、物流为主。长石、洛湛铁路,长张高速,319国道等过境。

寨子仑村 [Zhàizilúncūn] 龙光桥镇人民政府驻地。在区政府驻地赫山街道南12千米。人口5800。因高山寨子仑得名。聚落呈带状。有卫生院、卫生室。有景点神龙峰、凤形山、摩天岭等40多个。经济以水稻种植、竹木加工、旅游为主。洛湛铁路、县道龙光桥—泥江口线经此。

八字哨镇 [Bāzìshào Zhèn] 赫山区辖镇。在区境东北部。面积47平方千米。人口2.6万。辖1居委会、6村委会,有237自然村。镇人民政府驻九亩土社区。1956年设八字哨乡。1961年改公社。1984年复乡。1985年改镇。东汉建安二十年(215)吴国鲁肃曾屯兵设哨,哨口形如"八"字,故名。资江流经。有中学1所,小学2所,卫生院1个,卫生所7个。有幼儿园、敬老院。有金家堤村党支部陈列馆。农业以水稻种植为主,有生猪、鸭、珍珠、甲鱼、泥鳅等饲养为主。536国道过境。

九亩土社区 [Jiǔmǔtǔ Shèqū] 八字哨镇人民政府驻地。在区境东北部。面积0.4平方千米。人口1200。因早期驻地面积9亩左右得名。2008年成立。民居以住宅楼为主。有医疗、养老等志愿服务。有中小学、文化站、卫生院、敬老院、集贸市场等。536国道过境。通公交车。

泉交河镇 [Quánjiāohé Zhèn] 赫山区辖镇。在区境东南部。面积102平方千米。人口5万。辖1居委会、12村委会,有541自然村。镇人民政府驻香三社区。1956年设泉交河乡。1958年改公社。1984年改乡。1987年改镇。1995年烂泥湖、泞湖2乡并入。因老河与侍郎河交汇得名。有中学3所,小学4所,卫生院1个,卫生所13个。有胡林翼故居陈列馆、奎星塔。特产黄花、茶叶、花生、莲藕等。长常高速过境。

香三社区 [Xiāngsān Shèqū] 泉交河镇人民政府驻地。在区境东南部。面积2平方千米。人口3200。为纪念革命烈士香三娘(即邱桂香)得名。2008年成立。有便民服务站,有医疗、养老等志愿服务。有中学、卫生院、敬老院、奎星塔。省道湘阴—桃江线经此。

欧江岔镇 [Ōujiāngchà Zhèn] 赫山区辖镇。在区境东南部。面积88平方千米。人口4.1万。辖1居委会、18村委会,有498自然村。镇人民政府驻罗湖社区。1956年设欧江岔乡。1958年改公社。1984年改乡。1986年改镇。1995年上湖乡并入。因挟湘、资2江凹陷处,岭北湖水浩瀚,鸥鸟翱翔,故名凹江汉、欧翔汉,后改今名。有中学4所,小学5所,卫生院1个,卫生所19个。有幼儿园、敬老院。有烂泥湖撇洪工程纪念广场、纪念碑。经济以建筑建材、铸造为主。农业以水稻种植为主,有生猪饲养。县道衡龙桥—欧江岔线过境。

罗湖社区 [Luóhú Shèqū] 欧江岔镇人民政府驻地。在区境东南部。面积1.2平方千米。人口2700。因罗家湖得名。2008年成立。有便民服务站,有医疗、养老等志愿服务。有中学、卫生院、敬老院。县道衡龙桥—欧江岔线经此。

沧水铺镇 [Cāngshuǐpù Zhèn] 赫山区辖镇。在区境中部。面积66平方千米。人口5.2万。辖1居委会、9村委会,有475自然村。镇人民政府驻云峰社区。1955年设沧水铺区。1956年改乡。1958年改公社。1983年析设沧水铺镇。1984年公社改乡。1987年乡、镇合并。1995年珠波塘乡并入。古为洞庭湖滩涂,汛期水淹至此相撞,得名撞水。宋代开官道置驿铺,因乡音沧、撞相谐而改今名。有中学3所,小学4所,卫生院1个,卫生所10个。有幼儿园、敬老院。有景点碧云峰、清修寺等。经济以包装袋加工为主。农业以水稻、姜、香菇种植为主。服务业以物流、餐饮为主。石长铁路、长张高速、319国道过境。

云峰社区 [Yúnfēng Shèqū] 沧水铺镇人民政府驻地。在区境中部。面积3.9平方千米。人口5100。因碧云峰得名。2007年成立。有便民服务站,有医疗、养老等志愿服务。开展法律、文化、金融等知识宣讲活动。有中学、卫生院、敬老院。有包装袋加工业。石长铁路、319国道经此。

岳家桥镇 [Yuèjiāqiáo Zhèn] 赫山区辖镇。在区境南部。面积96平方千米。人口5万。辖1居委会、11村委会,有525自然村。镇人民政府驻岳家桥社区。1956年设岳家桥乡。1958年并入国庆公社。1961年析设岳家桥公社。1984年改乡。1995年与大泉、堤卡子2乡合设岳家桥镇。因岳飞曾于谭家洲建桥得名。衡龙河流经。有中学1所,小学3所,卫生院1个,卫生所11个。有幼儿园、敬老院。经济以建材加工为主。农业以水稻种植为主,有生猪饲养。县道衡龙桥—鸾凤山线过境。

岳家桥社区 [Yuèjiāqiáo Shèqū] 岳家桥镇人民政府驻地。在区境南部。面积2.9平方千米。人口4800。2008年成立。因镇得名。民居以低层楼房为主。有便民服务站,有医疗、养老等志愿服务。有中学、卫生院、敬老院、集贸市场等。省道桃江—赫山线经此。

谢林港镇 [Xièlíngǎng Zhèn] 赫山区辖镇。在区境西部。面积76平方千米。人口3.2万。辖1居委会、8村委会,有346自然村。镇人民政府驻福竹社区。1956年设谢林港乡。1960年改公社。1984年改乡。1986年改镇。1996年5村划出,邓石桥乡1村并入。明初谢、林2姓表弟于溪港、河道交汇处开店,故名。志溪河流经。有中学2所,小学3所,卫生院1个,卫生所9个。有幼儿园、敬老院、月明山文化公园等。有周立波故居。有景点竹园等。有寨子仑风景区。农业以南竹种植为主。工业以竹木加工为主。特产凉席。石长、洛湛铁路过境。

福竹社区 [Fúzhú Shèqū] 谢林港镇人民政府驻地。在区境西部。面积1.1平方千米。人口4300。为全国水竹凉席之乡,取美好寓意得名。2008年成立。民居以住宅楼为主。有便民服务站,有医疗、养老等志愿服务。有中学、幼儿园、卫生院、文化站、敬老院。省道桃江—赫山线经此。

新市渡镇 [Xīnshìdù Zhèn] 赫山区辖镇。在区境西部。面积67平方千米。人口2.3万。

辖1居委会、7村委会，有209自然村。镇人民政府驻新华社区。1958年成立新市渡公社。1984年改乡。1986年改镇。因处邵阳—益阳古驿道必经之处，久成商埠，明嘉靖知县刘激曾处理停渡纠纷，立碑"新市渡"，故名。志溪河流经。有中学1所，小学3所，卫生院1个，卫生所8个。有幼儿园、敬老院等。有周扬故居。农业以水稻、竹木种植为主，有生猪饲养。工业以竹制品加工、精密铸造、精锑冶炼为主。绕城高速、省道桃江—资阳线过境。

新华社区［Xīnhuá Shèqū］ 新市渡镇人民政府驻地。在区境西部。面积2.4平方千米。人口3500。2005年为庆祝中华人民共和国成立56周年成立并命名。民居以低层楼房为主。有便民服务站，有医疗、养老等志愿服务。有中学、幼儿园、卫生院、文化站、敬老院、集贸市场等。省道桃江—资阳线经此。

兰溪镇［Lánxī Zhèn］ 赫山区辖镇。在区境东北部。面积105平方千米。人口8.8万。辖2居委会、22村委会，有749自然村。镇人民政府驻枫林社区。1950年设兰溪区。1956年改公社。1984年改乡。1986年改镇。2006年羊角、千家洲2乡并入。镇区傍溪而建，岸多菊皮树，因其俗称木兰花得名。兰溪河流经。有中学7所，小学10所，卫生院1个，卫生所22个。有敬老院。有古迹枫林桥。有省级非物质文化遗产兰溪双桡龙舟、兰溪山歌。农业以水稻、蔬菜种植为主，有生猪饲养。工业以大米加工为主。服务业以物流、餐饮为主。省道铜仁—平江线过境。

枫林社区［Fēnglín Shèqū］ 兰溪镇人民政府驻地。在区境东北部。面积2.9平方千米。人口12500。因多枫树得名。2006年成立。有便民服务站等，有医疗、养老、保健等志愿服务。有中小学、卫生院、敬老院。省道赫山—湘阳线经此。

衡龙桥镇［Hénglóngqiáo Zhèn］ 赫山区辖镇。在区境东南部。面积137平方千米。人口7.7万。辖1居委会、12村委会，有785自然村。镇人民政府驻衡龙桥村。1950年设衡龙桥乡。1952年改区。1958年改公社。1984年改乡。1992年改镇。1995年槐奇岭乡并入。2006年白石塘乡并入。因镇政府驻地得名。有中学3所，小学9所，卫生院1个，卫生所13个。有敬老院。农业以水稻、油茶、茶、花卉苗木种植为主，有生猪、鸡、鸭、鱼饲养。工业以重装备制造、高新技术产业、塑编包装业、印刷、建材为主。服务业以物流、餐饮、娱乐产业为主。石长铁路、长张高速、319国道过境。

衡龙桥村［Hénglóngqiáocūn］ 衡龙桥镇人民政府驻地。在区政府驻地赫山街道南26千米。人口4500。原名莲花铺，后因清乾隆年间侍郎河架有衡龙桥改今名。聚落呈块状。有中小学、卫生院、敬老院等。农业以水稻、油茶、茶、花卉苗木种植为主，有生猪饲养。319国道、省道桃江—望城线经此。

泥江口镇［Níjiāngkǒu Zhèn］ 赫山区辖镇。在区境西南部。面积138平方千米。人口6.3万。辖2居委会、15村委会，有576自然村。镇人民政府驻泥江口社区。1983年设泥江口镇。1987年岩子潭乡并入。2006年樊家庙乡并入。因七里江、浏阳河、志溪河汇流成泥江得名。有矿产资源石煤、锰、硫、铀等。有中学4所，小学8所，卫生院1个，卫生所17个。有敬老院、曾士峨烈士故居等。经济以竹制品加工、化工、建材为主。农业以水稻、茶、竹子种植为主。洛湛铁路、益娄高速过境。

泥江口社区［Níjiāngkǒu Shèqū］ 泥江口镇人民政府驻地。在区境西南部。面积4.7平方千米。人口4900。因镇得名。2008年成立。有便民服务站、书画室等，有医疗、养老、保健等志愿服务。有中小学、卫生院、敬老院。有石煤发电厂、精石灰厂等。省道桃江—望城线经此。

笔架山乡［Bǐjiàshān Xiāng］ 赫山区辖乡。在区境中部偏东。面积90平方千米。人口3.6万。辖1居委会、10村委会，有392自然村。乡人民政府驻笔架山村。1956年设笔架山乡。1961年改公社。1984年改乡。1995年张家塘乡并入。2006年凤凰湖乡并入。因乡政府驻地得名。有中学2所，小学4所，卫生院1个，卫生所11个。有幼儿园、敬老院等。有省级文物保护单位笔架山古墓群。有古迹崇安寺。有笔架山民间杂技等。农业以水稻、苗木种植为主，有淡水鱼养殖。工业以农产品加工、采矿为主。长张高速、省道赫山—望城线过境。

笔架山村［Bǐjiàshāncūn］ 笔架山乡人民政府驻地。在区政府驻地赫山街道东南14千米。人口3900。因山形似笔架得名。聚落呈带状。有中小学、卫生院、卫生室、敬老院等。有省级文物保护单位笔架山古墓群。农业以水稻、花卉苗木、蔬菜种植为主，有淡水鱼养殖。工业以农产品加工、采矿为主。省道赫山—望城线经此。

牌口乡［Páikǒu Xiāng］ 赫山区辖乡。在区境东北部。面积39.1平方千米。人口2.6万。以汉族为主，还有土家、回、壮等民族。辖11村委会，有251自然村。乡人民政府驻牌口村。1961年成立牌口公社。1984年改乡。因乡政府驻地得名。柳林江流经。有中学1所，小学2所，农校1所，卫生院1个，卫生室24个，文化站1个，农家书屋9个。农业以水稻、莲藕种植为主，有生猪、鲜鱼、洞庭麻鸭饲养。工业以大米等农产品加工为主。服务业以商业、外贸为主。县道岳家桥—牌口乡、车马—牌口线过境。

牌口村［Páikǒucūn］ 牌口乡人民政府驻地。在区政府驻地赫山街道东北50千米。人口1700。以汉族为主，还有土家、回、壮等民族。原为南洞庭湖畔竹木集散地，故名排口，后因谐音改今名。聚落呈块状。有中小学、幼儿园、农校。农业以水稻、莲藕种植为主，有生猪、麻鸭饲养。县道岳家桥—牌口乡、车马—牌口线经此。

资阳区

资阳区［Zīyáng Qū］ 益阳市辖区。在市境东部。面积572平方千米。人口42.3万。以汉族为主，还有土家、回、苗等民族。辖2街道、5镇、1乡。区人民政府驻大码头街道。1949年为益阳县城关区。1950年升县级，更名益阳城关区，旋升县级益阳市，属益阳专区。1953年改省直辖市，常德专区代管。1958年改属益阳县，县级不变。1994年改资阳区。因处资江北岸得名。先后建成古道仿古商贸街，改造鹅羊池等。以长春路分南北，以马良路分东西，呈十字形布局，东北区为工业区，东南区为商业区，西部区为居民区。地势自西向东倾斜。年均气温17.4℃，1月平均气温7.9℃，7月平均气温27.6℃。年均降水量1428.4毫米。资江、甘溪港河、新桥河流经。处国家洞庭湖湿地生态保护区。有高院1所，职高5所，中学14所，小学54所，二级医院3个。有全国重点文物保护单位五马坊牧师楼，省级文物保护单位2个。有丰堆仑革命旧址。有明清古巷建筑群。三次产业比例17∶45∶38。农业以稻米、苎麻、柑橘、湘莲种植为主。工业以电子、新材料、装备制造、食品加工为主。服务业以文旅产业为主。长常高铁，长张、华常高速，319国道，省道沅江—宁乡煤炭坝线过境。有资江航道。有益阳长途汽车北站。通多路公交车。

长春经济开发区［Chángchūn Jīngjì Kāifāqū］ 在区境中部。东至长常高速，西至马良路，北至白马山路，南至长春东路。面积1144公顷。因在长春镇得名。2002年成立益阳市长春工业园，2006年升格为省级开发区。2012年4月更今名，由益阳市人民政府管理。以纺织品深加工产业、光电子科学和光机电一体化技术、新材料技术和新能源、高效节能技术和应用新工艺、新技术改造传统产业为主。形成机械、电子、纺织三大支柱产业。有企业40余家。长张高速、益阳南线绕城高速过境。形成五纵五横主次干道交通网络。

鹅羊池广场［Éyángchí Guǎngchǎng］ 在城区西南部。面积14900平方米。2008年开工，2009年建成。因明代吉藩庄牧养鹅羊得名。有驳岸、观景平台、护栏、雕塑、文化墙、喷泉、园林小品等。为举办大型仪式、演出综合公共场所。周围有区政府、交通局、公路养护中心。通公交车。

资阳路［Zīyáng Lù］ 在区境北部。东起长张高速，西至迎春路。与白马山路、永丰路、文昌阁路、贺家桥路等相交。长3.4千米，宽60米。沥青路面。2002年开工，2003年建成，2012年改造。因区得名。两侧有中学、派出所等。通多路公交车。

五一路［Wǔyī Lù］ 在区境南部。东起资江三桥，西至长常高速。与人民路、三益南街、贺家桥路等相交。长5千米，宽30米。沥青路面。1968年开工，1969年建成，1997年改扩建，2012年改造。因道路竣工之日恰逢五一劳动节，故以此命名。以马良路为界，分东、西2路。两侧有市医院、中学、中医院等。通多路公交车。

长春路［Chángchūn Lù］ 在区境中部。东起长常高速，西至金花湖路。与向仓路、三益街、迎春路、马良路等相交。长5千米，宽30—60米。沥青路面。1995年开工，1996年建成。以道路两旁树木茂盛，四季长春而命名。两侧有资阳汽车站、区妇幼保健院、区法院等。通多路公交车。

迎春路［Yíngchūn Lù］ 在区境中部。南起金花湖路，北至319国道。与人民路、幸福渠路、资阳路等相交。长2.3千米，宽12米。沥青路面。1965年开工，1966年建成，1994年改扩建。两侧有桥北广场、长春镇卫生院、资阳医院等。通多路公交车。

马良路［Mǎliáng Lù］ 在区境中部。南起资江一桥，北至资阳路。与长春路等相交。长2.1千米，宽60米。沥青路面。1992年开工，1993年建成，1996年改扩建。因马良传说得名。两侧有区农业农村局、水利局等。通多路公交车。

资阳汽车站［Zīyáng Qìchēzhàn］ 见交通运输设施部分"资阳汽车站"条。

大码头街道［Dàmǎtóu Jiēdào］ 资阳区人民政府驻地。在区境南部。面积3平方千米。人口4.3万。1950年设。因有规模较大码头得名。先后改造五一西路、金花湖西路、向仓路、古道街及棚户区、旧城。有高校1所，中学1所，小学3所，卫生院1个。有幼儿园、图书馆、广播电视台、体育馆等。有古迹益阳古道街、诸葛井、灯笼巷、五福宫等。经济以商贸为主。工业以食品加工、机械、纺织等为主。319国道过境。通公交车。

汽车路街道［Qìchēlù Jiēdào］ 属资阳区。在区境南部。面积14平方千米。人口4.8万。1956年设汽车路街道。2005年城内街道并入。

因20世纪30年代长途汽车经此得名。先后保护性整修益阳古城墙、鲁肃堤、五马坊教堂等。有小学2所，二级医院2个，卫生院2个。有古迹诸葛井、文昌阁等。经济以商贸为主。工业以纺织、制鞋、印刷、有色金属加工等为主。通公交车。

迎风桥镇［Yíngfēngqiáo Zhèn］　资阳区辖镇。在区境西北部。面积54平方千米。辖1居委会、8村委会，有277自然村。镇人民政府驻左家仑村。1956年设迎风桥乡。1958年改公社。1984年复乡。1985年改镇。1928年建木桥，北面正对大垭口，迎风而立，故名。有高校1所，中专1所，中学2所，小学4所，卫生院1个，卫生所8个。有第四届全国侨联名誉主席张国基故居、国基学校及纪念馆。有便民服务点等。农业以水稻、茶、苗木、草皮种植为主，有生猪饲养。工业以建筑建材为主，有大米加工业。长张高速、319国道过境。

左家仑村［Zuǒjiālúncūn］　迎风桥镇人民政府驻地。在区政府驻地大码头街道西北10千米。人口5500。1961年设村。2008年民主村并入。聚落呈块状。有中心小学、幼儿园、卫生院、便民服务点等。农业以水稻、板栗、杏、大蒜、山药等种植为主。有农贸市场。319国道经此。通公交车。

沙头镇［Shātóu Zhèn］　资阳区辖镇。在区境中部偏东。面积43平方千米。人口2.8万。辖1居委会、14村委会，有114自然村。镇人民政府驻沙头村。1952年设沙头镇。1956年改乡。1957年复镇。1958年成立沙头公社。1984年公社改乡。1987年乡人镇。因镇政府驻地得名。资江、甘溪港流经。有长泊湖、黄金湖等。有高校1所，中学1所，小学4所，卫生院1个，卫生所17个。有文化站、敬老院。农业以水稻、蔬菜、莲藕种植为主，有蛋鸡、瘦肉猪、肉牛等饲养。工业以农产品加工为主。省道江北线过境。

沙头村［Shātóucūn］　沙头镇人民政府驻地。在区政府驻地大码头街道东北16千米。人口1600。因处洋沙洲之头得名。聚落呈块状。有小学、卫生院、敬老院、便民服务点等。农业以稻谷种植为主，有鱼虾等养殖。有农贸市场。省道江北线经此。

茈湖口镇［Zǐhúkǒu Zhèn］　资阳区辖镇。在区境东北部。面积92平方千米。人口4.1万。辖1居委会、13村委会，有266自然村。镇人民政府驻茈湖口社区。1956年设茈湖口乡。1961年改公社。1984年复乡。1992年改镇。处资江入洞庭湖口，昔茈草(即紫草)丛生，故名。有中学1所，小学5所，卫生院1个，卫生所13个。有农校、农家书屋等。有古迹镇江塔。有景点堵口石碑、泽群双枫、垸子湾古枫、刘家湖湿地公园、洞庭朗山观鸟区、凌云湘楚文化休闲区等。农业以水稻、西瓜、棉花、湘莲、柑橘种植为主，有中华鳖、中华绒螯蟹、湖鸭等养殖。工业以农产品加工为主。服务业以商贸为主。省道浏阳社港—安化线过境。

茈湖口社区［Zǐhúkǒu Shèqū］　茈湖口镇人民政府驻地。在区境东北部。面积1.8平方千米。人口1.2万。因镇得名。2007年成立。民居以低层楼房为主。有中小学、幼儿园、敬老院等。农业以水稻、西瓜等种植为主。省道江北线经此。

长春镇［Chángchūn Zhèn］　资阳区辖镇。在区境北部。面积125平方千米。人口8.9万。辖1居委会、30村委会，有699自然村。镇人民政府驻桃子塘村。1956年设白鹿铺乡。1958年改长春公社。1984年复乡。1995年改长春镇。2006年香铺仑乡、过鹿坪镇并人。因长春垸得名。取四季常青、焕发青春之意。资江流经。有黄家湖。有中学4所，小学9所，二级医院1个，卫生院5个，卫生所57个。有文化站、广播站、敬老院等。有岳飞练兵遗址蚂蚁堤、古三国蜀军屯兵之地、钟相杨幺起义军驻营旧址。有黄家湖生态旅游度假区、云梦方舟国际度假区水上乐园、紫薇文化博览园等。农业以水稻、蔬菜、花卉种植为主，有生猪、螃蟹、银鱼等饲养，盛产柑橘等。工业以农产品加工为主。服务业以商贸、旅游为主。洛湛、石长铁路，长常高速过境。

桃子塘村［Táozǐtángcūn］　长春镇人民政府驻地。在区政府驻地大码头街道东北37千米。人口4500。因池塘周围遍种桃树得名。聚落呈块状。有中小学、幼儿园、卫生所、敬老院等。农业以水稻、玉米、桃子种植为主。省道江北线经此。

新桥河镇［Xīnqiáohé Zhèn］　资阳区辖镇。在区境西北部。面积46平方千米。人口3.2万。辖2居委会、27村委会，有682自然村。镇人民政府驻虎形山社区。1951年设新桥河镇。1956年改乡。1958年改公社。1984年改乡。1986年改镇。2005年李昌港、杨林坳2乡并入。因河港昔有新桥得名。有中学1所，小学5所，卫生院3个，卫生所37个。有敬老院、文化站、广播站。农业以水稻、茶、花卉种植为主，有瘦肉猪饲养。工业以有色金属冶炼为主。省道江北线过境。

虎形山社区［Hǔxíngshān Shèqū］　新桥河镇人民政府驻地。在区境西部。面积0.7平方千米。人口3500。因山形如老虎得名。民居以旧村镇住宅为主。有老年活动室、便民服务站等。有中学、卫生院、文化站。农业以水稻、桃、杨梅等种植为主。工业以化工为主。省道江北线经此。

张家塞乡［Zhāngjiāsài Xiāng］　资阳区辖乡。在区境东北部。面积92平方千米。人口4.2万。辖1居委会、10村委会，有304自然村。乡人民政府驻窑园里社区。1956年设张家塞乡。1961年改公社。1984年复乡。传南宋为张姓义军驻守要塞，故名。甘溪港河流经。有中学2所，小学9所，卫生院1个，卫生所11个。有敬老院、文化站、广播站。经济以船舶制造为主。农业以水稻、柑橘、湘莲种植为主，有螃蟹养殖。省道沅江市—宁乡煤炭坝线过境。

窑园里社区［Yáoyuánlǐ Shèqū］　张家塞乡人民政府驻地。在区境东北部。面积3.6平方千米。人口2200。明清塘坳有官窑，后废为耕地，故名。2006年成立。民居以旧村镇住宅为主。有老年活动室、便民服务站等。有小学、幼儿园。农业以水稻种植为主。省道沅江市—宁乡煤炭坝线经此。

沅　江　市

沅江市［Yuánjiāng Shì］　湖南省直辖县级市，由益阳市代管。北纬28°50′，东经112°21′。在益阳市境东北部。面积2177平方千米。人口72.3万。以汉族为主，还有土家、侗、蒙古等民族。辖2街道、11镇。市人民政府驻琼湖街道。北周开皇元年(581)置安乐县。唐乾宁三年(896)改乔江县。宋乾德元年(963)改沅江县，先后属岳州、鼎州、常德府。元元贞元年(1295)属龙阳州。明洪武二年(1369)属常德府，十二年(1379)并入龙阳县。洪武十三年(1380)复沅江县，属常德府。此后至1988年未变，先后属岳常澧道、常德府、湘江道、第五行政督察区、益阳专区、常德专区。1988年改县级市，属益阳专区。1995年属益阳市。因沅江经白沙河口注入洞庭湖得名。先后建成琼湖路、巴山路、沅江大道、美世界商贸街等。分东城区、西城区、高新区等。东城区为复合功能区域，西城区为政治文化中心，高新区为企业集中区。地形以平原为主。地势西高东低。平均海拔115.7米。年均气温18.4℃，1月平均气温8℃，7月平均气温30.8℃。年均降水量1322毫米。湘水、资江、沅江、澧水流经。有后江湖、廖叶湖、上琼湖、下琼湖、石矶湖、漉湖、东南湖、万子湖、目平湖等。有赤山岛。有矿产资源黏土、砂石等。有野生植物648种，其中有国家重点保护野生植物银杏。有野生动物324种，其中有国家重点保护野生动物中华鲟、江豚、白鹳、青头潜鸭。有国家级南洞庭湖湿地和水禽自然保护区。森林覆盖率14.8%。有中学8所，小学54所，二级医院7个。有省级文物保护单位4个。有国家3A级旅游景区1个。有凌云塔、琼湖公园、魁星楼、镇江塔、琼湖书院、景星寺等。有景点樟生蜡、龙虎山、香炉山、五汉湖、云风寺、九臂樟、阁老山庄等。三次产业比例22∶39∶39。农业以水稻、油菜、柑橘种植为主，有淡水鱼养殖。工业以装备制造、食品加工、造纸、纺织服装为主。有省级开发区1个。服务业以旅游、商贸为主。有四星级酒店1个，三星级5个。234国道、省道南县—益阳线过境。有常鲇、澧湘航道。

湖南沅江高新技术产业园［Húnán Yuánjiāng Gāoxīn Jìshù Chǎnyèyuán］　在市境南部。东至桔城大道，南至文明路，西至中联大道，北至青年路。面积609公顷。2006年5月经省政府正式批准建立省级开发区，2012年更今名。由益阳市人民政府管理。有工程机械装备制造、食品加工、纺织服装、船舶制造等。有中联重科、新马制衣、辣妹子、亚光科技、恒瑞管桩、华兴玻璃等企业46个。有国道过境。处四水交汇之地，有沅江—岳阳城陵矶水运航道，有千吨级码头1个。

沅江大道［Yuánjiāng Dàdào］　在市区北部。西起金竹路，东至新沅路。与桔园路、沅田路、桔城大道相交。长1.6千米，宽50米。沥青路面。2000年开工，同年建成。因市得名。两侧有市委、市政府等。通公交车。

琼湖路［Qiónghú Lù］　在市区中部。西起白沙大道，东至庆云山路。与巴山路、金沙路、新沅路、金融路、桔城大道等相交。长3.1千米，宽30米。沥青路面。1983年开工，同年建成，2010年改扩建。因琼湖得名。两侧有国土资源局、新华书店等。通公交车。

巴山路［Bāshān Lù］　在市区南部。西起沅益公路，东至商贸街。与桔园路、桔城大道、新沅路、百合路相交。长2.5千米，宽25米。沥青路面。1998年开工，同年建成，2010年改扩建。因巴山得名。两侧有酒店、渔网厂等。通公交车。

桔城大道［Júchéng Dàdào］　在市区西部。北起团山寺路，南至狮山路。与琼湖路、新沅路相交。长2千米，宽30米。沥青路面。2003年开工，同年建成，2010年改扩建。自古产橘，屈原作《橘颂》于此，故名。两侧有自来水二厂、疾控中心等。通公交车。

百合汽车站［Bǎihé Qìchēzhàn］　见交通运输设施部分“百合汽车站”条。

琼湖街道［Qiónghú Jiēdào］　沅江市人民政府驻地。在市境南部。面积250平方千米。人口13万。2005年由原团山、马公铺、山巷口3街道合设。外依洞庭，内镶碧水，故名。先后建成沅江大道、白沙大桥。有中学4所，小学9所，二级医院5个，卫生院3个，卫生室25个，血防站2个。有植物园、体育馆、图书馆等。有景点景星寺、琼湖书院、魁星楼、昭烈古城等。

农业以水稻、油菜种植为主。特产银鱼、芦笋等。工业以食品加工、造纸、造车、造船、棉麻纺织、化工等为主。服务业以通信、餐饮、商贸为主。省道南迎线过境。通多路公交车。

胭脂湖街道［Yānzhīhú Jiēdào］　属沅江市。在市境南部。面积108平方千米。人口6万。1988年设。因胭脂湖得名。有中学1所，小学5所，卫生院1个，卫生所25个。有3A级旅游景区胭脂湖。农业以水稻、藠头种植为主，产柑橘、茶叶、西瓜等。工业以木材加工为主。服务业以旅游为主。省道南迎线过境。通多路公交车。

四季红镇［Sìjìhóng Zhèn］　沅江市辖镇。在市境东北部。面积17平方千米。人口1.7万。辖1居委会、7村委会，有49自然村。镇人民政府驻四季红社区。1965年成立四季红公社。1985年改乡。1990年改镇。因镇政府驻地原名得名。有鹭鸶湖、大通湖。有中学1所，小学4所，卫生院1个，卫生所9个。有幼儿园、文化站、血防站、敬老院等。经济以建材、农机修造、食品加工为主。农业以水稻、蔬菜种植为主。省道益大、益金线过境。

四季红社区［Sìjìhóng Shèqū］　四季红镇人民政府驻地。在市区北部。面积1.8平方千米。人口2600。2007年成立。因境内地势低洼，四季流水经此注入大通湖，当地人称“四季泓洲”（“泓”为水过道之意）。渔民为图吉利，改“泓”为“红”，故名。民居楼房以低层为主。有老年活动室、卫生服务站、便民服务站等。有广场舞等文化活动。有中小学、卫生院等。县道沅江—大通湖线经此。

泗湖山镇［Sìhúshān Zhèn］　沅江市辖镇。在市境北部。面积102平方千米。人口6.3万。辖1居委会、13村委会，有455自然村。镇人民政府驻泗湖山社区。1965年设泗湖山区。1995年撤区，由光复、华田、洞庭红3乡合设泗湖山镇。2005年净下洲农场并入。因镇政府驻地原名得名。篱竹河、草尾河流经。有中学5所，小学5所，卫生院1个，卫生室40个，血防站1个。有景点杀子埂、青天坪、长寿寺等。经济以建材、农产品加工为主。农业以水稻、油菜、棉花种植为主。服务业以商贸、旅游为主。省道沅江—茶盘洲线过境。

泗湖山社区［Sìhúshān Shèqū］　泗湖山镇人民政府驻地。在市境北部。面积4.5平方千米。人口7600。原石立如削，后沉陷仅存小山包，周四湖环绕，故名。1995年成立。民居以低层楼房为主。有老年活动室、血防站、便民服务站等。有文化活动广场舞、娱乐表演等。有血吸虫病防治志愿服务。有中小学、卫生院。省道沅江—茶盘洲线经此。

南嘴镇［Nánzuǐ Zhèn］　沅江市辖镇。在市境北部。面积55平方千米。人口2.2万。辖1居委会、7村委会，有130自然村。镇人民政府驻新南社区。1956年为南嘴乡。1961年改公社。1984年复乡。1995年与目平湖乡及明月乡6村合设镇。原经渡船，每遇风暴或临近傍晚，船员抢靠南面山嘴，故名。南嘴河、篱竹河流经。有目平湖。有中学1所，小学4所，卫生院1个，卫生所7个。有幼儿园、文化站、血防站、敬老院等。有蠡山遗址。有景点香炉山、桌子岩、关山沙嘴等。经济以造纸、化工、造船等为主。农业以水稻、柑橘、油菜种植为主。服务业以旅游为主。省道南迎线，县道沅漉、沅茶线过境。

新南社区［Xīnnán Shèqū］　南嘴镇人民政府驻地。在市境北部。面积3.1平方千米。人口1200。由老新南社区和渔村合并而成。2008年成立。民居以低层楼房为主。有卫生服务站、老年活动室、便民服务站等。有中小学、卫生院。234国道经此。通公交车。

新湾镇［Xīnwān Zhèn］　沅江市辖镇。在市境南部。面积57平方千米。人口2.5万。辖1居委会、6村委会，有165自然村。镇人民政府驻振兴社区。1984年置龙山乡。1985年改新湾镇。1995年杨阁老乡及明月乡2村并入。因1949年后乡人建新房得名新屋湾，后简为今名。白沙长河、挖口子河、巴南河流经。有目平湖。有中学2所，小学3所，卫生院1个，卫生室11个，血防站1个。有幼儿园、文化站、敬老院等。有景点龙虎山、藩王墓、仙人洞等。经济以电子、造船、建材为主。农业以水稻、油菜、柑橘、蔬菜种植为主。服务业以旅游为主。省道茅草街—采桑湖线过境。

振兴社区［Zhènxīng Shèqū］　新湾镇人民政府驻地。在市境南部。面积0.4平方千米。人口1400。2008年成立。寓意经济振兴得名。民居以低层楼房为主。有老年活动室、卫生服务站、便民服务站等。组织广场舞等活动。开展关爱老年人、学雷锋等志愿服务。有中小学、卫生院、邮政银行等。省道兴阳线经此。通公交车。

茶盘洲镇［Chápánzhōu Zhèn］　沅江市辖镇。在市境北部。面积50平方千米。人口2.8万。辖2居委会、8村委会，有78自然村。镇人民政府驻幸福港社区。1958年成立茶盘洲公社，后改县属农场。2000年改茶盘洲镇。因垸形似茶盘得名。草尾河、湘江尾闾流经。有东洞庭湖。有中学1所，小学1所，卫生院1个，卫生所7个。有幼儿园、文化站、血防站、敬老院等。有玉竹包、梨树山、鹅洲等遗址。经济以建材、造纸、粮油加工、轧花为主。农业以水稻、油菜、棉花种植为主。服务业以旅游、商贸为主。省道沅幸线过境。

幸福港社区［Xìngfúgǎng Shèqū］　茶盘洲镇人民政府驻地。在市境北部。面积0.7平方千米。人口4900。1958年辟为港口，寄于人民幸福得名。2011年成立。有卫生服务站、敬老院、便民服务站、休闲文化广场等。组织文艺汇演、广场舞等活动。开展关爱孤寡老人、关爱留守儿童志愿服务。有中学、菜市场。省道沅幸线经此。

南大膳镇［Nándàshàn Zhèn］　沅江市辖镇。在市境北部。面积149平方千米。人口9.2万。辖1居委会、21村委会，有374自然村。镇人民政府驻南大社区。1954年设南大膳区，1956年分设义南、双丰2乡。1958年并入南大公社。1965年成立南大镇。2005年始设南大膳镇，双丰、北大2乡并入。传南宋牛皋败起义军，分在南大、北大摆宴，故名。草尾河、塞阳运河流经。有中学3所，小学11所，卫生院1个，卫生室44个，血防站1个。有幼儿园、文化站、敬老院等。经济以建材、塑料制品、食品加工等为主，有芦笋加工业。农业以水稻、油菜、棉花种植为主，特产乌鲤。省道南金线、县道沅漉线过境。

南大社区［Nándà Shèqū］　南大膳镇人民政府驻地。在市境北部。面积0.6平方千米。人口5900。因镇得名。2003年成立。民居以低层楼房为主。有卫生服务站、血防站、老年活动室、便民服务站等。有广场舞等活动。有中小学、卫生院。省道沅江—南大膳线经此。

黄茅洲镇［Huángmáozhōu Zhèn］　沅江市辖镇。在市境北部。面积120平方千米。人口7.7万。辖1居委会、14村委会，有617自然村。镇人民政府驻黄茅洲村。1965年为黄茅洲区。1995年分设黄茅洲镇、大成乡。2005年大成乡并入黄茅洲镇。因镇政府驻地得名。草尾河流经。有中学5所，小学16所，二级医院1个，卫生院1个，卫生所5个。有幼儿园、文化站、血防站、敬老院等。有哺乳动物化石点、子母城化石点、利丰遗址等。农业以水稻、油菜、棉花、苎麻、蔬菜种植为主。工业以建材、食品加工等为主。县道沅漉线过境。

黄茅洲村［Huángmáozhōucūn］　黄茅洲镇人民政府驻地。在市政府驻地琼湖街道北18千米。人口7700。以汉族为主，还有壮、回等民族。宋代此处为大片湖洲，有农民起义领袖杨幺在此放马得名放马洲。秋冬时洲上湖草一片枯黄，后称今名。聚落沿草尾河呈棋盘状分布。有中小学、卫生院、血防站。农业以水稻、油菜、棉花、苎麻种植为主，有龟、虾养殖。服务业以农资服务为主。省道漉湖—草尾镇线经此。

草尾镇［Cǎowěi Zhèn］　沅江市辖镇。在市境北部。面积139平方千米。人口9万。辖1居委会、21村委会，有589自然村。镇人民政府驻草尾社区。1956年设草尾乡。1958年改公社。1985年复乡。1995年改镇。2005年熙和、大同2乡并入。因原处洞庭湖青草湖之尾得名。草尾河流经。有中学2所，小学5所，二级医院1个，卫生院1个，卫生室26个，血防站1个。有幼儿园、文化站、敬老院等。有景点南岳寺。经济以大米加工、机械制造、造纸、制塑为主。农业以水稻、油菜、棉花、苎麻种植为主。服务业以商贸、旅游为主。省道南迎线、县道乐漉线过境。

草尾社区［Cǎowěi Shèqū］　草尾镇人民政府驻地。在市境北部。面积0.7平方千米。人口1.1万。因镇得名。2003年成立。民居以低层楼房为主。有卫生服务站、老年活动室、便民服务站等。组织广场舞等活动。开展关爱老年人、学雷锋等志愿服务。有中小学、卫生院。省道沅江—漉湖线经此。

阳罗洲镇［Yángluózhōu Zhèn］　沅江市辖镇。在市境北部。面积99平方千米。人口5.2万。辖1居委会、13村委会，有245自然村。镇人民政府驻永兴社区。1965年设阳罗洲镇。1995年阳罗、普丰、复兴3乡并入。因阳、罗2姓始居得名。有瓦岗湖。有中学4所，小学4所，卫生院2个，卫生所16个。有幼儿园、文化站、血防站、敬老院等。有吼龙港遗址。经济以建材、农产品加工为主。农业以种植水稻、油菜、棉花为主。省道百阳线过境。

永兴社区［Yǒngxīng Shèqū］　阳罗洲镇人民政府驻地。在市境北部。面积0.4平方千米。人口3700。寓意永远兴盛得名。2003年成立。民居以低层楼房为主。有卫生服务站、老年活动室、便民服务站等。组织广场舞等活动。开展关爱老年人、学雷锋等志愿服务。有中小学、卫生院。省道沅江—南大膳线经此。

共华镇［Gònghuá Zhèn］　沅江市辖镇。在市境北部。面积131平方千米。人口7.4万。辖1居委会、16村委会，有475自然村。镇人民政府驻黄土包社区。1956年设共和、新华2乡。1958年与双华、共和、新华合设共华公社。1959年析设双华公社。1961年改共华区。1966年析设泗湖山区。1995年撤共华区分设新华乡、共华镇。2005年新华乡并入。草尾河、蒿竹河流经。有中学1所，小学5所。有卫生院1个，卫生分院1个，卫生室16个，血防站1个。有幼儿园、文化站、敬老院等。有介福垸抗日死难烈士遗址。经济以麻纺、造船、修船、芦笋加工、建材等为主。农业以水稻、油菜、棉花、蔬菜种植为主。服务业以商贸、旅游为主。县道沅江—共华线过境。

黄土包社区［Huángtǔbāo Shèqū］　共华镇人民政府驻地。在市境北部。面积3.9平方千米。人口2500。因地貌得名。2006年成立。民居以低层楼房为主。有卫生服务站、老年活动室、便民服务站等。开展关爱老年人、利剑护蕾、关爱留守儿童等志愿服务。有中小学、卫生院。县道沅江—共华线经此。

千山红镇［Qiānshānhóng Zhèn］ 沅江市辖镇。在市境北部。面积117平方千米。人口3.2万。辖3居委会、6村委会，有68自然村。镇人民政府驻北汀社区。2000年由千山红农场改镇。原因遍地青草，远望如青山得名青山泓。后以千山红遍、兴旺发达之意改今名。有大通湖、瓦岗湖。有九年一贯制学校1所，小学3所，卫生院1个，卫生室13个。有幼儿园、文化站、敬老院等。经济以农产品加工、生物科技为主。农业以水稻、蔬菜种植为主，产南美白对虾、莲藕、草莓、提子等。省道茅草街—采桑湖线过境。

北汀社区［Běitīng Shèqū］ 千山红镇人民政府驻地。在市境北部。面积2.1平方千米。人口5600。因处河流北部平地得名。2000年成立。民居以低层楼房为主。有中小学、卫生室、卫生服务站、老年活动室、便民服务站等。省道沅江—千山红线经此。

南 县

南县［Nán Xiàn］ 别名南洲。益阳市辖县。北纬29°03′，东经112°11′。在市境北部。面积1347平方千米。人口77.8万。以汉族为主，还有回、土家、苗、壮等民族。辖14镇、2乡。县人民政府驻南洲镇。清光绪二十一年(1895)设南洲直隶厅。1913年改南洲县。1914年改南县。先后属常德专区、益阳专区、益阳地区。1994年由益阳市辖。清同治末年(1874)洞庭湖北淤积洲渚，乌嘴、北洲南岸新淤狭长湖州，因处北洲之南得名南洲。先后改造旧街建起新街，修建南洲路、集贸市场等，修建兴盛路。地势自西北向东南微倾。地形以平原为主。平均海拔28.8米。年均气温17.1℃，1月平均气温4.6℃，7月平均气温30.5℃。年均降水量1256.3毫米。藕池河、松澧洪道流经。有煤资源。有野生植物121种，其中有国家重点保护野生植物银杏、樟树、金荞麦等5种。有野生动物173种，其中有国家重点保护野生动物日本松雀鹰、白尾鹞、红隼。森林覆盖率12.7%。有中学28所，小学90所，二级医院2个。有德昌公园。有全国重点文物保护单位厂窖惨案遗址、涂家台遗址。有全国爱国主义教育基地、国家3A级旅游景点、省级重点红色旅游景区厂窖惨案遇难同胞纪念馆。有古遗迹赤松亭、桂花园、大郎城、南湖等。有古村落明山、太阳山、大郎城、兆和岗等。有国家级非物质文化遗产南县地花鼓。有湖南南洲国家湿地公园、光复湖万亩荷花生态园等。三次产业比例29∶27∶44。农业以水稻、棉花、蔬菜种植为主，特产草龟、中华鳖。有中国地理标志保护产品南县小龙虾。工业以织造、农产品及食品加工为主。有省级开发区1个。服务业以餐饮、旅游、休闲娱乐业为主。杭瑞高速，234、353国道，省道南安、南茅、南注线过境。

南洲广场［Nánzhōu Guǎngchǎng］ 在县城中部。面积5公顷。2004年开工，2006年建成。因原县名得名。有花坛、草地、大型灯柱、群众运动器材。南面有大型舞台、大型电子显示屏等。为集集会、休闲、娱乐于一体综合性广场。周边有中学、汽车南站等。通公交车。

南华大桥［Nánhuá Dàqiáo］ 在县城北部。长603.5米，宽12.5米，最大跨度50米，桥下净高13米。1994年开工，1997年建成。取南县、华容2县首字得名。为大型河道桥梁，结构型式为斜拉桥。最大载重20吨。

南县兴盛汽车站［Nán Xiàn Xīngshèng Qìchēzhàn］ 见交通运输设施部分"南县兴盛汽车站"条。

湘北汽车客运站［Xiāngběi Qìchē Kèyùnzhàn］ 见交通运输设施部分"湘北汽车客运站"条。

南洲镇［Nánzhōu Zhèn］ 南县人民政府驻地。在县境北部。面积94平方千米。人口13.9万。辖10居委会、11村委会，有357自然村。镇人民政府驻火箭社区。1955年为城关镇。1961年改公社。1969年改镇。1982年改今名。1995年九都山乡并入。2005年荷花嘴乡并入。因南洲得名。藕池河、沱江流经。有中学7所，小学15所，二级医院2个，卫生院1个。有全国重点文物保护单位涂家台遗址。有赤松亭、桂花园遗址、德昌公园、三郎城遗址、肖城遗址等。经济以纺织、建筑、制鞋、食品加工等为主。农业以水稻种植为主，有鸡、鸭、鱼、虾养殖。服务业以商贸、住宿为主。杭瑞高速，234、353国道，省道湘北线过境。

兴盛路［Xīngshèng Lù］ 在县城中部。西起益南高速，东至滨江路。与通盛路、九都山路、沿湖路、南华路相交。长6.3千米，宽42米。沥青路面。2001年开工，2004年建成。取兴旺繁盛之意命名。两侧有兴盛汽车站、中学、县政府等。通公交车。

南洲路［Nánzhōu Lù］ 在县城中部偏北。西起南洲桥，东至永复路。与南华路、沿湖路相交。长4.6千米，宽18米。沥青路面。1979年开工，1981年建成，1992—1994年东延。因原县名得名。两侧有县总工会、商务局、税务局、畜牧局、农业局等。通公交车。

南华路［Nánhuá Lù］ 在县城中部偏东。南起桂花园路，北至南华大桥。与南洲路、兴盛路相交。长4.5千米，宽18米。沥青路面。2010年开工，同年建成，2011年改扩建。因连接南县、华容得名。两侧有人社局、房产局、妇幼保健院等。通公交车。

火箭社区［Huǒjiàn Shèqū］ 南洲镇人民政府驻地。在县境北部。面积2平方千米。人口2.2万。以火箭比喻跃进得名。2003年成立。民居以高层楼房为主，中式庭院、小洋楼为辅，偶有别墅。有夕阳红、健康知识咨询等活动。有中小学、卫生院。驻有县政府、检察院等单位。通公交车。

明山头镇［Míngshāntóu Zhèn］ 南县辖镇。在县境东北部。面积64平方千米。人口4.1万。辖2居委会、9村委会，有298自然村。镇人民政府驻创业社区。1956年安乐、合建等5乡合设明山头乡。1958年改公社。1984年改镇。因明山头山得名。藕池河流经。有中学1所，小学4所，卫生院1个。有古迹明山草堂、古楼寨遗址等。农业以水稻种植为主，有生猪、水牛、淡水鱼养殖。工业以农产品加工、机械制造、纺织印刷、建筑建材为主。省道南注线过境。

创业社区［Chuàngyè Shèqū］ 明山头镇人民政府驻地。在县境东北部。面积2平方千米。人口4100。以艰苦创业之意命名。2006年成立。民居以低层中式风格楼房为主。有老年活动室、健康咨询室等。有中小学、卫生院。省道南注线经此。

青树嘴镇［Qīngshùzuǐ Zhèn］ 南县辖镇。在县境中部。面积71平方千米。人口4.6万。辖1居委会、10村委会，有347自然村。镇人民政府驻青树嘴社区。1956年设青树嘴乡。1961年改沙港市公社。1998年改青树嘴镇。唐代因洲青草丛生，形若鱼嘴得名青鱼嘴，清代因洲上有大树改今名。沱江流经。有中学1所，小学5所，卫生院1个。有地方特色艺术西边地花鼓、戏曲、舞龙、围龙地花鼓等。农业以棉花、油菜、湘莲、苎麻种植为主，有稻虾、畜禽、淡水鱼养殖。有葡萄园艺、草莓、蘑菇等基地。县道东胜线过境。

青树嘴社区［Qīngshùzuǐ Shèqū］ 青树嘴镇人民政府驻地。在县境中部。面积0.6平方千米。人口7400。2006年成立。因镇得名。民居以低层中式风格楼房为主。有老年活动中心等。有龙鼓队、健身队。有中小学、卫生院、广场。县道东胜线经此。

厂窖镇［Chǎngjiào Zhèn］ 南县辖镇。在县境西南部。面积69平方千米。人口3.8万。辖1居委会、8村委会，有231自然村。镇人民政府驻浩成社区。1956年设厂窖乡。1958年改公社。1984年改乡。1989年改镇。明末清初沅、澧2水汇成深限潭窖，畔有集市，古呼为厂，故名。松澧洪道流经。有中学1所，小学4所，卫生院1个。有全国重点文物保护单位厂窖惨案遗址，德伏村、肖家湾村白骨坑遗址。有全国爱国主义教育基地厂窖惨案遇难同胞纪念碑和纪念馆。有地方特色艺术厂窖农民画。为全国文化艺术之乡。农业以水稻种植为主。有韭花、果木、脆蜜桃、杂交猪、鱼蚌、名贵鱼等种养基地。工业以食品、建材加工为主。省道大通湖—南大膳线过境。

浩成社区［Hàochéng Shèqū］ 厂窖镇人民政府驻地。在县境西南部。面积1.9平方千米。人口4800。取"浩大天成"之意命名。2008年成立。民居以中式风格小楼房为主。有老年活动室、文化活动站。有中小学、卫生所。县道南西线经此。

武圣宫镇［Wǔshènggōng Zhèn］ 南县辖镇。在县境西部。面积55平方千米。人口2.9万。辖1居委会、7村委会，有192自然村。镇人民政府驻南阳社区。1956年为武圣宫乡。1961年改公社。1985年改镇。因清光绪年间修武圣宫得名。松澧洪道流经。有中学1所，小学3所，卫生院1个。有民俗赛龙舟。农业以水稻、棉花、榨菜、苎麻、油菜种植为主，有鱼虾养殖。工业以食品加工、建材、橡胶制造为主。县道南西线过境。

南阳社区［Nányáng Shèqū］ 武圣宫镇人民政府驻地。在县境西部。面积0.5平方千米。人口4800。因南阳垸得名。2008年成立。民居以中式风格小楼房为主。有老年人活动中心、社会工作室、群团活动室、阅览室、文体活动室。组织赛龙舟、唱歌、广场舞等活动。有中小学、卫生所。县道南西线经此。

河坝镇［Hébà Zhèn］ 南县辖镇。在县境东南部。面积175平方千米。人口4.5万。辖4居委会、11村委会，有74自然村。镇人民政府驻银河社区。2001年设立。2002年大通湖渔场析出。1950年围垦大通湖堵塞坝合围三才、吉星2垸，故名。金盆河、老三运河流经。有大通湖。有中学1所，小学6所，卫生院2个。有生态公园、王家坝遗址、大通禅寺。农业以水稻、甘蔗、棉花、脐橙、草药、水草种植为主，有螃蟹、龙虾养殖。工业以农产品加工、新能源为主。服务业以旅游、住宿、餐饮为主。省道大通湖—南大膳线过境。

银河社区［Yínhé Shèqū］ 河坝镇人民政府驻地。在区境中部偏东。面积2.9平方千米。人口1.06万。因银河市场得名。2006年成立。民居以楼房为主。有志愿者服务队、老年大学等。有中小学、卫生院。省道茅草街—采桑湖、省道大通湖—南大膳线经此。通公交车。

金盆镇［Jīnpén Zhèn］ 南县辖镇。在县境东南部。面积42平方千米。人口2.6万。辖2居委会、5村委会，有62自然村。镇人民政府驻金桥社区。1963年成立金盆农场。2000年改镇。因地势低形如盆且土地肥沃得名。金盆河、塞阳运河流经。有中学1所,小学2所,卫生院1个。农业以水稻、玉米、棉花、油菜、柑橘等种植为主,有生猪、鱼虾养殖。省道大通湖—南大膳线过境。

金桥社区［Jīnqiáo Shèqū］　金盆镇人民政府驻地。在县境东南部。面积1.8平方千米。人口6200。因金盆大桥得名。2001年成立。民居以低层楼房为主。有足球场、老年活动室等。有儿童防溺水、防电信网络诈骗、未成年人保护等志愿宣传服务。有中小学、卫生院、敬老院、文化广场。省道大通湖—南大膳线经此。

北洲子镇［Běizhōuzǐ Zhèn］　南县辖镇。在县境东南部。面积45平方千米。人口2.1万。辖2居委会、4村委会,有34自然村。镇人民政府驻银辉社区。1962年成立北洲子农场。2000年改镇。清咸丰年间泥沙淤积成洲,多在隆庆河之北,故名。有中学1所,卫生院1个。农业以水稻、棉花、葡萄种植为主,有龙虾、螃蟹、孔雀养殖。工业以大米加工为主。省道大通湖—南大膳线过境。

银辉社区［Yínhuī Shèqū］　北洲子镇人民政府驻地。在县境东南部。面积2平方千米。人口2900。因每年秋季所收购的棉花堆积如山,故名。2004年成立。民居以楼房为主。有四点半学校、道德讲堂、居民夜校、法律知识下乡活动等。有舞龙、腰鼓、秧歌、健身、舞蹈等队伍。有中小学、卫生院、卫生所。省道大通湖—南大膳线经此。通公交车。

华阁镇［Huágé Zhèn］　南县辖镇。在县境东北部。面积64平方千米。人口4.4万。辖2居委会、16村委会,有472自然村。镇人民政府驻复兴港社区。1958年成立华阁公社。1984年改镇。2005年河口乡并入。因寄愿居住华丽楼阁得名。南临大通湖。有中学2所,小学9所,卫生院2个。有敬老院、文化站、便民服务站等。农业以水稻、棉花、油菜、湘莲、莲藕、苎麻种植为主,有生猪、家禽养殖。工业以食品加工、建筑、纺织为主。省道南注线过境。

复兴港社区［Fùxīnggǎng Shèqū］　华阁镇人民政府驻地。在县境东北部。面积0.3平方千米。人口3300。原有进水港,取福星高照之意命名福星港,后取谐音改今名,取繁荣复兴之意。2006年成立。民居以中式风格楼房为主。有老年活动中心、文化活动室、社工工作站等。开展义诊义剪活动。有初中、卫生所。省道南注线经此。

茅草街镇［Máocǎojiē Zhèn］　南县辖镇。在县境南部。面积96平方千米。人口7.45万。以汉族为主,还有回族。辖7居委会、13村委会,有370自然村。镇人民政府驻朝阳社区。1960年设茅草街镇。2005年八百弓、三岔河2乡并入。原为河滩地。后舟楫停泊,渐成集市,因初建多为茅草房得名。淞澧洪道、藕池河经此。有中学3所,小学7所,卫生院1个。有幼儿园、文化站、便民服务站、敬老院等。农业以水稻、棉花、油菜、冬瓜、南瓜、大蒜、莲藕、花卉苗木等种植为主,有鱼虾养殖。工业以渔网、农产品加工为主。服务业以餐饮、住宿、商贸为主。南益高速、234国道过境。

朝阳社区［Cháoyáng Shèqū］　茅草街镇人民政府驻地。在县境南部。面积0.4平方千米。人口4700。取朝阳东升、欣欣向荣之意命名。2005年成立。民居以中式风格楼房为主,小别墅、小洋楼为辅。有卫生服务站、老年活动中心、社工工作站、文化活动室等。组织科普知识竞赛、老年书画展、广场舞比赛等活动。有中小学、幼儿园、卫生院。省道南茅线经此。

三仙湖镇［Sānxiānhú Zhèn］　南县辖镇。在县境西南部。面积92平方千米。人口5.1万。辖3居委会、11村委会,有230自然村。镇人民政府驻新民社区。1953年设三仙湖镇。1956年设三仙湖乡。1961年乡改公社。1970年镇并入公社。1975年复镇。1984年公社改乡。1985年乡并入镇。2005年下柴市乡并入。因三仙湖得名。古有三溪,清咸丰年间溃为湖泊,故名三溪湖。后因湖泊缩小演为三星湖,因福、禄、寿三星亦称三仙而改今名。沱江流经。有中学2所,小学7所,卫生院2个。有健身广场。有地方特色民间艺术花鼓戏、皮影戏、腰鼓等。有景点南茅运河百里生态走廊、沱江湿地公园、利群莲塘风光带等。农业以水稻、蔬菜种植为主,有乌龟、甲鱼、鱼虾养殖。工业以农副产品加工为主。服务业以旅游为主。234国道、省道南茅复线过境。

新民社区［Xīnmín Shèqū］　三仙湖镇人民政府驻地。在县境西南部。面积1.5平方千米。人口5000。因新民街得名。1955年成立。民居以中式风格楼房为主,小别墅、小洋楼为辅。有敬老院、图书室、志愿者活动室等。组织送戏下乡、广场舞比赛等活动。有中小学、卫生所。县道南三线经此。

麻河口镇［Máhékǒu Zhèn］　南县辖镇。在县境西部。面积109平方千米。人口5.8万。辖2居委会、13村委会,有334自然村。镇人民政府驻方谷社区。1956年为麻河口乡。1961年改公社。1984年改乡。2001年改镇。2005年北河口乡并入。古为麻河入洞庭湖口,故名。有卫星湖、白洋湖、南湖、保和湖等。有中学2所,小学7所,卫生院2个。有南湖寺、南平郡、作唐县等遗址。经济以农副产品加工为主。农业以水稻、蔬菜、棉花、油菜种植,有小龙虾、龟鳖养殖。服务业以餐饮、娱乐产业为主。杭瑞高速、省道大通湖—南大膳线过境。

方谷社区［Fānggǔ Shèqū］　麻河口镇人民政府驻地。在县境西部。面积0.4平方千米。人口3600。因方谷中学得名。2004年成立。民居以中式风格楼房为主。有卫生服务站、老年活动室、便民服务站、儿童之家等。有中学、卫生院。县道南西线经此。

浪拔湖镇［Làngbáhú Zhèn］　南县辖镇。在县境西北部。面积96平方千米。人口5.6万。辖2居委会、13村委会,有379自然村。镇人民政府驻浪拔湖社区。1969年成立浪拔湖公社。1984年改乡。2005年牧鹿湖乡并入。2010年改镇。传为岳飞拔剑止浪处,故名。有红堰湖、牧鹿湖、筲箕湖、景兴湖、寿玉湖等。有中学2所,小学7所,卫生院2个。有太阳山砖石墓群。农业以水稻、棉花、油菜、湘莲、葡萄种植为主,有生猪、牛、羊、龟鳖、虾、泥鳅养殖,产香椿、水杉、桂花、白玉兰、紫薇等。工业以大米、木材、建材加工为主。杭瑞高速、353国道过境。

浪拔湖社区［Làngbáhú Shèqū］　浪拔湖镇人民政府驻地。在县境西北部。面积1.3平方千米。人口2200。因镇得名。2006年成立。民居以中式风格楼房为主。有健身体育广场、老年活动中心、文化活动室、社工服务站等。开展科普竞赛、老年健康生活咨询活动。组织唱歌、广场舞比赛。有小学、县创意技术学校、卫生所。省道南安线经此。

沙堡洲镇［Shābǎozhōu Zhèn］　南县辖镇。在县境东南部。面积85.3平方千米。人口0.3万。辖1居委会、2村委会,有2自然村。镇人民政府驻沙堡洲村。2013年设。因镇政府驻地得名。有小学1所,卫生院1个,生态公园1个。经济以淡水鱼养殖、加工为主。服务业以旅游为主。省道平江—浏阳线过境。

沙堡洲村［Shābǎozhōucūn］　沙堡洲镇人民政府驻地。在县政府驻地南洲镇西北32千米。人口1200。清光绪年间成洲,因其呈方矩形俨若城堡得名。聚落呈块状。有小学、卫生院、老年活动室、便民服务站、生态公园。经济以淡水鱼养殖、加工,生态旅游为主。省道平江—浏阳线经此。

乌嘴乡［Wūzuǐ Xiāng］　南县辖乡。在县境中部。面积70平方千米。人口4.2万。辖1居委会、9村委会,有244自然村。乡人民政府驻昭明社区。1956年设乌嘴乡。1961年改公社。1984年复乡。明清时期因乌姓居于洞庭湖嘴得名乌家嘴,后简为今名。沱江流经。有中学1所,小学4所,卫生院1个。农业以水稻、棉花、油菜种植为主,有生猪、鱼虾、龟鳖养殖。工业以农产品加工为主。服务业以商贸、旅游为主。县道东胜线过境。

昭明社区［Zhāomíng Shèqū］　乌嘴乡人民政府驻地。在县境中部。面积1平方千米。人口4000。民国时为昭明乡,取向往光明之意,故名。2006年成立。民居以中式风格楼房为主。有健身体育广场、老年活动室、文体活动中心、社工服务站。有小学、卫生所。有农贸市场等。县道东胜线经此。

中鱼口乡［Zhōngyúkǒu Xiāng］　南县辖乡。在县境中部。面积95平方千米。人口5.6万。辖2居委会、13村委会,有451自然村。乡人民政府驻班嘴社区。1956年为中鱼口乡。1961年改公社。1984年复乡。2005年游港乡并入。清咸丰年间成洲,有上、中、下3河口,因渔民常捕鱼而成产鱼之口,此地居中,故名。疏河流经。有菱角湖、陶家湖等。有中学2所,小学9所,卫生院2个。有文化站、敬老院、农家书屋。农业以水稻、棉花、油菜、苎麻种植为主,有河蟹、龙虾、珍珠养殖。工业以纺织、农产品加工、建材为主。服务业以商贸、旅游为主。234国道过境。

班嘴社区［Bānzuǐ Shèqū］　中鱼口乡人民政府驻地。在县境中部。面积0.7平方千米。人口3200。古为河畔之嘴,传班姓居此,故名。2005年成立。民居以中式风格楼房为主。举办诗词展览、老年人专场文艺表演、老年人义诊等活动。有中小学、卫生院、文化站等。省道南茅线经此。

桃　江　县

桃江县［Táojiāng Xiàn］　益阳市辖县。北纬28°31′,东经112°09′。在市境北部。面积2068平方千米。人口89万。以汉族为主,还有回、仡佬、苗等民族。辖12镇、2乡、1民族乡。县人民政府驻桃花江镇。1952年由益阳县析设桃江县,先后属益阳专区、常德专区、益阳地区。1994年属益阳市。因“夹岸种桃,桃花泛江而流”得名。先后建成桃花江站、供销大厦、金盆广场、体育馆,改造县城道路。以丘陵、平原为主。南高北低、西高东低。平均海拔200米。年均气温16.8℃,1月平均气温4.6℃,7月平均气温28.4℃。年均降水量1676毫米。资江流经。有矿产资源煤、金、铀等。有野生植物1477种,其中有国家重点保护野生植物银杏、水杉、苏铁、南方红豆杉等14种。有野生动物107种,其中有国家重点保护野生动物梅花鹿、蓝孔雀等13种。森林覆盖率64.2%。有中学46所,小学126所,二级医院5个。有全国重点文物保护单位腰子仑春秋墓群,省级文物保护单位4个。有浮邱寺、屈原天问遗址、浮邱山千年银杏群等。有省级非物质文化遗产1项。有桃花江国家森林公园、羞女湖国家湿地公园。有景点桃花江竹海、浮邱山、桃花湖、凤凰山、罗溪瀑布、羞女峰等。三次产业比例18∶45∶37。农业以水稻、南竹、油茶种植为主,有生猪、鱼养殖。有国家地理标志产品桃江竹凉席、桃江绿茶。有特色美食修山面、桃花江擂茶、竹笋宴、桃江沙鳖、鲊埠牛肉、武潭鱼等。有省级农村特色产业科技示范基地2个,省级农业科技园1个。工业以冶炼、建材、机械制造为主。有湖南桃江经济开发区、灰山港省级工业区。服务业以商贸、物流、旅游为主。洛湛、石长铁路,二广、益马、益娄衡高速,207、234、536国道,省道桃灰、桃修、江北、牛大、桃马、牛鸬、鸬板线过境。

金盆广场［Jīnpén Guǎngchǎng］ 在县城东南部。面积4400平方米。1999年开工,同年建成,2000年扩建。因金盆村得名。有旭日东升主雕塑。有闭环步行道、健身器材、水景喷泉、休闲长廊、景观凉亭、座椅等。集观赏、休闲、集会于一体。周边有县政府、税务局、博爱医院、邮储银行等。通公交车。

花苞洲桥［Huābāozhōu Qiáo］ 在县城南部。长366米,宽24.5米,最大跨度366米,桥下净高11.5米。2013年开工,2014年建成。因花苞洲村得名。为大型河道桥梁,结构型式为预应力箱梁桥。最大载重49吨。通公交车。

芙蓉桥［Fúróng Qiáo］ 在县城中部偏东。长96米,宽21米,最大跨度30米,桥下净高8.6米。1996年开工,1997年建成。因芙蓉路得名。为大型河道桥梁,结构型式为拱式桥。最大载重20吨。通公交车。

桃江县汽车站［Táojiāng Xiàn Qìchēzhàn］ 见交通运输设施部分"桃江县汽车站"条。

桃江县汽运车站［Táojiāng Xiàn Qìyùn Chēzhàn］ 见交通运输设施部分"桃江县汽运车站"条。

桃花江镇［Táohuājiāng Zhèn］ 桃江县人民政府驻地。在县境东部。面积180平方千米。人口18.6万。辖10居委会、21村委会,有787自然村。镇人民政府位于资江北路。1958年成立桃花江公社,后并入城关公社。1995年由城关镇、桃谷山乡合设桃花江镇。2005年花果山、牛潭河2乡并入。因处桃花江下游得名。资江流经。有县职业中专、仁山文武影视学校。有中学6所,小学16所,二级医院4个,卫生院1个。有图书馆等。有省级文物保护单位跃龙塔。有景点三闾桥、书房村、上马石等。有省特色旅游名村崆峒村。经济以机械制造、竹产品加工、包具生产等为主。农业以水稻、南竹、茶种植为主,有生猪、家禽、淡水鱼养殖。服务业以房地产业、旅游、商贸为主。有省级五星级休闲农庄1个。石长铁路、益马高速、319国道过境。

桃花江大道［Táohuājiāng Dàdào］ 在县城南部。东起雪峰山路,西至浮邱山路。与金盆大道相交。长11.2千米,宽54米。混凝土路面。原为536国道,2012—2013年改建为城区道路。两侧有县政务中心、法院等。通公交车。

桃花路［Táohuā Lù］ 在县城北部。东起桃花江一桥,西至芙蓉路。与滨江路、金凤路相交。长3.7千米,宽30米。混凝土路面。1961年始建,1996年改扩建。2014年命名,以桃花江为界分东、西2路。两侧有汽运车站、湘运汽车站、新华书店等。通公交车。

芙蓉路［Fúróng Lù］ 在县城中南部。东起桃花江大道,西至浮邱山大道。与金凤路、资江路、獭溪路、谷山路相交。长6.7千米,宽46米。混凝土路面。1992年开工,1997年建成。2014年命名。两侧有金盆广场、城管局等。通公交车。

獭溪路［Tǎxī Lù］ 在县城东部。北起滨江路,南至桃花江大道。与桃花路、芙蓉路相交。长3.8千米,宽20米。沥青路面。2014年建成。原为沿江路,因獭溪河而得名。两侧有华美达酒店等。通公交车。

金盆大道［Jīnpén Dàdào］ 在县城东部。北起资江公路大桥,南至桃益公路。与芙蓉路、观桃路相交。长5.5千米,宽46米。沥青路面。1999年开工,2000年建成。因金盆广场得名。两侧有金盆广场、天问阁旧址、玉潭实验学校等。通公交车。

资江路［Zījiāng Lù］ 在县城中部。北起桃花路,南至桃花江子堤。与芙蓉路相交。长2.1千米,宽30米。沥青路面。1986年开工,1994年建成。因资江得名。两侧有县体育馆、检察院等。通公交车。

谷山路［Gǔshān Lù］ 在县城东部。北起资江公路桥,南至芙蓉路。与桃花路相交。长2.9千米,宽15米。混凝土路面。1958年建成,1997年改扩建。1961年谷山路公社在此成立,故名。两侧有县政府、公安局、公路局等。通公交车。

修山镇［Xiūshān Zhèn］ 桃江县辖镇。在县境北部。面积93平方千米。人口3.5万。辖2居委会、9村委会,有390自然村。镇人民政府驻修山村。1951年为修山乡。1959年改公社。1984年改镇。1995年三官桥乡并入。原有山形似裸女得名羞女山,简为羞山,后因修、羞谐音改今名。有中学2所,小学16所,卫生院1个。有文化站、敬老院。农业以水稻、蔬菜、竹木种植为主。工业以竹制品加工为主。服务业以旅游、餐饮、娱乐产业为主。319国道过境。

修山村［Xiūshāncūn］ 修山镇人民政府驻地。在县政府驻地桃花江镇西北15千米。人口2300。原因有山形似裸女得名羞女山,简为羞山,后因修、羞谐音改今名。聚落呈长条状。有中小学、卫生院、文化站等。有羞女山风景区。有老年活动室、文化站、儿童之家、卫生服务站、便民服务站等。开展书法、广场舞等文化活动,定期为居民免费健康体检。开展道路交通安全、防溺水、保护环境等志愿者服务活动。农业以水稻、玉米、油菜等种植为主,有竹制品加工。319国道经此。

鸬鹚渡镇［Lúcídù Zhèn］ 桃江县辖镇。在县境中部。面积116平方千米。人口3.9万。辖2居委会、10村委会,有381自然村。镇人民政府驻鸬鹚渡社区。1951年为鸬鹚渡乡。1959年改公社。1984年改乡。1995年与板溪乡合设鸬鹚渡镇。2012年蒋家冲村并入。因镇政府驻地原名得名。板溪流经。有中学2所,小学7所,卫生院1个。有文化站。有张子清烈士故居、张子清陈列馆、工人运动领袖张昆弟衣冠冢、张昆弟文化广场。经济以工业为主。农业以水稻、南竹、茶种植为主。有板溪林场。工业以竹制品及茶叶加工、锑矿开采为主。服务业以旅游、餐饮、娱乐产业为主。536国道过境。

鸬鹚渡社区［Lúcídù Shèqū］ 鸬鹚渡镇人民政府驻地。在县境中部。面积9.8平方千米。人口3300。传渔民错杀鸬鹚厚葬于渡口旁,故名。2008年成立。民居以低层楼房为主。有卫生服务站、老年活动室、便民服务站等。有关爱留守儿童、老人志愿服务。有中小学、卫生院、文化站。平洞高速,536国道,省道牛鸬、鸬板线经此。

石牛江镇［Shíniújiāng Zhèn］ 桃江县辖镇。在县境中部偏东。面积64平方千米。人口3.5万。辖1居委会、9村委会,有407自然村。镇人民政府驻石牛江村。1951年设石牛江乡。1961年改公社。1984年改乡。1987年改镇。1995年黄泥田乡并入。因镇政府驻地得名。有中学1所,小学6所,卫生院1个。有古迹公庙、牛剑桥等。农业以水稻、蔬菜种植为主,有生猪、淡水鱼养殖。有湖南隆平高科超级稻示范基地。省道牛鸬、桃灰线经此。

石牛江村［Shíniújiāngcūn］ 石牛江镇人民政府驻地。在县政府驻地桃花江镇南14千米。人口5200。石牛江流经,故名。聚落呈块状。有中小学、幼儿园、卫生院、文化站等。农业以水稻、蔬菜种植为主,有生猪、淡水鱼养殖。有集贸市场。省道桃灰线经此。

牛田镇［Niútián Zhèn］ 桃江县辖镇。在县境东南部。面积74平方千米。人口3.7万。辖1居委会、9村委会,有351自然村。镇人民政府驻牛田社区。1995年由杉树仑、金光山2乡合设牛田镇。因镇政府驻地原名得名。处雪峰山余脉。獭溪流经。有矿产资源页岩、粉煤、石灰石、锑、锰。有中学2所,小学3所,卫生院1个。有古迹上马石、义茶亭、东山寺、梅兰古井、古道凉亭等。有景点清泉水库、峡山口水库、天宫山、小仙峰等。经济以钢铁、烟花、建材、采矿为主。农业以水稻、油菜、山茶树种植为主。服务业以旅游为主。省道桃灰、牛大线,县道鸬清线过境。

牛田社区［Niútián Shèqū］ 牛田镇人民政府驻地。在县境东南部。面积4.1平方千米。人口3800。传因小山形如牛,山下有田,故名。2008年成立。民居以低层楼房为主。有卫生服务站、老年活动室、文化站、便民服务站等。开展禁赌知识宣传、广场舞比赛、健康知识讲座等活动。有关爱老年人健康志愿服务。有中小学。省道桃灰、牛大线经此。

松木塘镇［Sōngmùtáng Zhèn］ 桃江县辖镇。在县境南部。面积218平方千米。人口3.8万。辖1居委会、14村委会,有442自然村。镇人民政府驻松木塘村。1951年设松木塘乡。1961年改公社。1984年改镇。1995年关山口、天井山2乡并入。因盛产松木得名。桃花江流经。有矿产资源锰、石煤、锑、矾等。有野生动植物银杏、银杉、麂子等。有中学3所,小学5所,卫生院1个。有古迹新安驿道、玄则陵塔、龙庵古庙等。有景点桃花湖、老木盆、神仙洞等。农业以水稻种植为主,有猪、牛、羊养殖,盛产茶叶、南竹、松木等。工业以竹木加工、农副产品加工、采矿为主。服务业以旅游为主。省道安化—宁乡线过境。

松木塘村［Sōngmùtángcūn］ 松木塘镇人民政府驻地。在县政府驻地桃花江镇西南24千米。人口3300。因原塘边有松树得名。聚落呈带状。有中心学校、卫生院。农业以水稻种植为主。省道牛大线经此。

灰山港镇［Huīshāngǎng Zhèn］ 桃江县辖镇。在县境东南部。面积230平方千米。人口12.8万。辖4居委会、35村委会,有1087自然村。镇人民政府驻跑马坡社区。1951年设灰山港乡。1959年改公社。1984年改镇。1995年金沙洲、连河冲2乡并入。2005年河溪水、源嘉桥2乡并入。因清乾隆年间港口石灰堆积如山得名。志溪河流经。有矿产资源石灰石、铁、煤。有中学5所,小学13所,卫生院1个。有景点白鹤山道教文化公园、杨家湾美丽乡村、克上冲水库、天圣庄园、救十寨、雪峰山茶园等。经济以农副产品加工、建材、机械制造为主。农业以水稻、蔬菜、茶种植为主。服务业以商贸、旅游为主。洛湛铁路、益娄衡高速、234国道、省道大通湖—南大膳线过境。

跑马坡社区［Pǎomǎpō Shèqū］ 灰山港镇人民政府驻地。在县境东南部。面积4平方千米。人口2300。传关羽于此跑马得名。2007年成立。有卫生室、理论宣讲室、健身活动室、家长学校、科普宣传室、市民学校、文化活动室、便民服务站等。开展广场舞比赛、送戏下乡等活动。有环境保护、防溺水、森林防火、保护志溪河等志愿服务。省道桃灰线经此。

武潭镇 [Wǔtán Zhèn] 桃江县辖镇。在县境西北部。面积220平方千米。人口8万。辖1居委会、28村委会,有822自然村。镇人民政府驻武潭社区。1951年为武鲊镇。1959年改武潭公社。1984年改镇。1986年天湾乡并入。1995年龙拱滩乡并入。2005年罗家坪乡并入。因镇政府驻地原名得名。有寨子岗、天池山。泥潭溪流经。有矿产资源金、锑、磺、铁等。有中学2所,小学17所,卫生院1个。有古迹万寿桥、楠木古寺、犀牛仙井等。农业以南竹种植为主。工业以竹制品加工为主。服务业以餐饮、旅游为主。207国道过境。

武潭社区 [Wǔtán Shèqū] 武潭镇人民政府驻地。在县境西北部。面积2.2平方千米。人口2600。《九域志》载,宋有部落逃此临资江深潭设武坛,故名。2008年成立。民居以低层楼房为主。有敬老院、文化站、便民服务站等。有老年人日间活动中心、老年人活动室。有中小学、卫生院。207国道经此。

马迹塘镇 [Mǎjìtáng Zhèn] 桃江县辖镇。在县境西部。面积217平方千米。人口6.7万。辖2居委会、20村委会,有650自然村。镇人民政府驻马迹塘社区。1951年设马迹塘镇。1953年改区。1956年分设马迹塘镇、乡。1958年乡改公社。1984年公社复乡。1986年乡并入镇。1995年龙溪、毛家村、筑金坝3乡并入。2005年泗里河乡并入。因镇政府驻地原名得名。有中学3所,小学9所,二级医院1个,卫生院1个。有省级非物质文化遗产马迹塘故事。有地方特色桃江擂茶。农业以水稻、蔬菜种植为主,有生猪、淡水鱼养殖,产葡萄、黄桃、猕猴桃、药材。工业以农产品、竹制品、茶叶、五金加工,金属冶炼,水电为主。有百年老字号皮万兴药店、马迹塘纸伞、油炸豆腐。服务业以旅游为主。二广、益马高速,207、536国道过境。

马迹塘社区 [Mǎjìtáng Shèqū] 马迹塘镇人民政府驻地。在县境西部。面积5.2平方千米。人口2100。因故事关公跃马沂溪得名。2008年成立。民居以低层楼房为主。有卫生服务站、老年活动室、敬老院、文化站、便民服务站等。有广场舞、篮球赛等活动。提供环境保护、防溺水等知识讲座。有中小学、幼儿园、二级医院、卫生院。536国道经此。

三堂街镇 [Sāntángjiē Zhèn] 桃江县辖镇。在县境北部。面积173平方千米。人口6.3万。辖1居委会、18村委会,有631自然村。镇人民政府驻三堂街村。1956年为三堂街乡。1959年改公社。1984年复乡。1995年与合水桥、湖莲坪2乡合设三堂街镇。因镇政府驻地得名。有乌旗山。资江流经。有矿产资源青页矿石、花岗石、黄金等。有中学4所,小学8所,卫生院1个。有敬老院。有龙牙寺。农业以水稻种植为主,有生猪饲养。工业以建材、竹木、食品加工及采矿为主。服务业以商业为主。省道江北线过境。

三堂街村 [Sāntángjiēcūn] 三堂街镇人民政府驻地。在县政府驻地桃花江镇西北33千米。人口3700。传因秦叔宝、尉迟恭着3县令设堂督办粮草事宜得名。聚落呈块状。有中小学、幼儿园、敬老院。有胶板加工业。有金矿。省道江北线经此。

大栗港镇 [Dàlìgǎng Zhèn] 桃江县辖镇。在县境西部。面积171平方千米。人口7.2万。辖1居委会、16村委会,有624自然村。镇人民政府驻大栗港社区。1951年设大栗港乡。1959年改公社。1984年复乡。1995年与筑金坝乡合置大栗港镇。2005年栗山河乡并入。因镇政府驻地原名得名。资江、沂溪、首溪、刘溪流经。有矿产资源金、锑等。有中学3所,小学11所,卫生院1个。有美人窝国家湿地公园。有省级非物质文化遗产胡呐喊。有地方特色五道茶。农业以水稻、油菜、茶种植为主,有生猪饲养。产益阳黑茶。工业以锑品冶炼、机械铸造、水电开发为主。服务业以旅游为主。益马高速,207、536国道过境。

大栗港社区 [Dàlìgǎng Shèqū] 大栗港镇人民政府驻地。在县境西部。面积10.7平方千米。人口6500。传因昔资江港口畔板栗树硕果累累得名。2008年成立。民居以低层楼房为主。有卫生服务站、敬老院、老年活动室、便民服务站等。开展九九重阳节、广场舞等活动。有关爱老年人、残疾人、特困人员志愿服务。有中小学。平洞高速、536国道、省道铜仁—平江线经此。

沾溪镇 [Zhānxī Zhèn] 桃江县辖镇。在县境中部。面积66平方千米。人口3万。辖1居委会、7村委会,有334自然村。镇人民政府驻荷叶山社区。1961年成立沾溪公社。1984年改乡。1995年伍家洲乡并入。2011年改镇。沾溪流经,故名。有回龙山、鹿岭仑等山峰。有中学2所,小学7所,卫生院1个。有羞女湖国家湿地公园核心景区。农业以水稻、茶种植为主,有生猪、鱼虾养殖。工业以机械制造、茶叶加工为主。有水电站2个。服务业以旅游为主。县道桃荷线过境。

荷叶山社区 [Héyèshān Shèqū] 沾溪镇人民政府驻地。在县境中部。面积2.1平方千米。人口3100。因桃花江核电站移民,为纪念原住地荷叶山,故名。2012年成立。民居以低层楼房为主。有老年活动室、便民服务站等。开展广场舞、核电知识宣传、留守儿童关爱活动。有中小学、卫生服务站、文化站、敬老院。县道桃荷线经此。

洋泉湾村 [Yángquánwāncūn] 在县政府驻地桃花江镇西25千米。沾溪镇辖自然村。人口4100。因资江流此成湾,如玉臂揽怀中,湾名洋泉湾,村以此名。聚落呈块状。处羞女湖国家湿地公园核心。有省级非物质文化遗产五道二十四碟。农业以水稻、采摘为主。有白竹洲水电站。省道鸬板线、县道邓大线经此。

高桥乡 [Gāoqiáo Xiāng] 桃江县辖乡。在县境中部。面积93平方千米。人口3.2万。辖10村委会,有344自然村。乡人民政府驻高桥村。1951年设高桥乡。后改公社。1984年复乡。1995年石井头乡并入。因乡政府驻地得名。有罗溪、静乐庵、张家冲水库。有中学6所,小学16所,卫生院1个。有罗溪瀑布旅游风景区。经济以农产品加工、机械制造、采矿等为主。农业以水稻、茶种植为主,有生猪饲养,产葡萄、黄桃、猕猴桃。服务业以旅游为主。省道牛鸬线过境。

高桥村 [Gāoqiáocūn] 高桥乡人民政府驻地。在县政府驻地桃花江镇西南15千米。人口4400。因高姓首集资金建桥得名。聚落呈块状。有小学、卫生院等。经济以砂石加工为主。省道牛鸬线经此。

鲊埠回族乡 [Zhǎbù Huízú Xiāng] 桃江县辖乡。在县境西北部。面积48平方千米。人口2.2万,其中回族占45.2%,还有汉族。辖1居委会、9村委会,有194自然村。乡人民政府驻车门塅村。1961年成立鲊埠公社。1984年改回族乡。明清时因鱼商制作鲊鱼而成鱼市、鱼埠,故名。资江、颜溪、碧螺港流经。有中学6所,小学16所,卫生院1个。经济以竹木、建材、食品加工为主。农业以水稻、油菜种植为主,有鱼虾养殖。省道江北、鸬板线过境。

车门塅村 [Chēménduàncūn] 鲊埠回族乡人民政府驻地。在县政府驻地桃花江镇西北55千米。人口3600。以回族为主,还有汉族。孔子乘车经此,轮损而弃,经年成石,后人于其旁开水田,时乡人谓有岩之田、塅为车盘丘、塅,后演为今名。聚落呈带状。有中小学等。经济以竹木、胶板加工为主。通公路。

浮邱山乡 [Fúqiūshān Xiāng] 桃江县辖乡。在县境东部。面积124平方千米。人口5.5万。辖17村委会,有677自然村。乡人民政府驻桃花路社区。1951年设浮邱山乡。1961年改公社。1984年改乡。1995年双江乡并入。2005年水口山乡并入。山间云遮雾绕,远望若浮,近看似丘,故名。有国家重点保护野生植物银杏、水杉等16种,国家重点保护野生动物豹猫、穿山甲、竹鼠、五步蛇等20余种。有中学6所,小学16所,卫生院1个。有名胜古迹浮邱山、浮邱寺、鸣石滩、印心石屋、摩崖石刻等。农业以水稻、葛、葡萄种植为主。工业以花岗石开采与加工、环保免烧砖、农机耕作船制造为主。有修山电站。服务业以旅游为主。县道桃修、桃浮线过境。

桃花路社区 [Táohuālù Shèqū] 浮邱山乡人民政府驻地。在县境东部。人口9400。因紧邻桃花路得名。2004年成立。有卫生服务室、老年人活动室、便民服务站、警务室、文化站等。有中小学、家长学校、道德讲堂等。有志愿服务。有老街、市场。通公交车。

安化县

安化县 [Ānhuà Xiàn] 别名"梅山"。益阳市辖县。北纬27°58′,东经110°43′。在市境西部。面积4950平方千米。人口103万。以汉族为主,还有土家、苗、蒙古等民族。辖18镇、5乡。县人民政府驻东坪镇。古称"梅山"。宋熙宁六年(1073)置安化县,属长沙郡,取归安、德化之意命名。后属潭州路、长沙府、湘江道、第五行政督察区、益阳专区。1951年丰乐、常安2乡析出。1952年属常德专区。1953年桃江县部分地域并入。1962年属益阳专区。1968年属益阳地区。1970年涟源县部分地域划入。1994年属益阳市。先后修建路巷70条,建十八拐公园、茶马广场、湾竹塘广场、陶澍广场、黑茶小镇等。处雪峰山北段。地势西南高东北低。地形以山地、丘陵为主。平均海拔400米。千米以上山峰157座。年均气温16.2℃,1月平均气温5℃,7月平均气温27.9℃。年均降水量1622毫米。资江流经。有矿产资源锑、钨、金、石煤等。有野生植物1022种,其中有国家重点保护野生植物银杏、南方红豆杉、香果树等23种。有野生动物191种,其中有国家重点保护野生动物云豹、金钱豹、黄腹角雉等40种。有六步溪国家级自然保护区、柘溪国家森林公园、湖南雪峰湖国家湿地公园、雪峰湖国家地质公园、云台山国家石漠公园。森林覆盖率76.2%。有职高1所,中学47所,小学197所,二级医院3个。有全国重点文物保护单位安化风雨桥群,清嘉庆、道光时期重臣、学者陶澍墓,省级文物保护单位11个。有国家级非物质文化遗产千两茶制作技艺,省级非物质文化遗产梅王传说。有地方特色民间艺术梅山山歌、梅山武术、地花鼓、梅山傩戏、梅山巫术、梅山剪纸等。有梅山山歌节、黑茶文化节等。有九龙池风光带等。有省四星级乡村旅游区1个。三次产业比例20∶35∶45。农业以水稻、茶种植为主,有生猪养殖。工业以新能源、新材料、茶叶加工为主。有省级经济开发区1个。服务业以商贸、物流、旅游为主。湘黔铁路,207、354、536国道,省道溆浦—桃源、安化—宁乡、安化梅城—新化、安化—新化、桃江—涟源、宁乡—新化、江北线过境。

东坪大桥 [Dōngpíng Dàqiáo] 在县城南部。长524.3米,宽14.5米,最大跨度434.3米,桥下净高4.8米。2004年开工,2007年建成。因东坪镇得名。为中型河道桥梁,结构型式为钢筋混凝土刚架拱桥。最大载重60吨。通公交车。

资江大桥 [Zījiāng Dàqiáo] 在县城东部。长504.2米,宽16.5米,最大跨度50米,桥下净高10米。1999年开工,2000年建成。因跨资江得名。为大型河道桥梁,结构型式为预应力连续砼箱梁桥。最大载重60吨。通公交车。

平口站 [Píngkǒu Zhàn] 见交通运输设施部分"平口站"条。

安化城南汽车站 [Ānhuà Chéngnán Qìchēzhàn] 见交通运输设施部分"安化城南汽车站"条。

安化城西客运站 [Ānhuà Chéngxī Kèyùnzhàn] 见交通运输设施部分"安化城西客运站"条。

东坪镇 [Dōngpíng Zhèn] 安化县人民政府驻地。在县境北部。面积450平方千米。人口13.6万。辖6居委会、37村委会,有845自然村。镇人民政府驻民主社区。1949年设东坪镇。1951年更名城关镇。1968年改公社。1980年复东坪镇。2000年杨林乡部分地域划入。2005年木子、杨林2乡并入。因柳溪入资江口东有平地得名。资江流经。有中学8所,小学10所,二级医院2个,卫生院1个,卫生室32个。有文化站、敬老院。经济以矿产品、农副产品、建材加工为主。农业以水稻、玉米、红薯、茶种植为主,特产黑茶。服务业以商贸、旅游为主。536国道过境。

资江路 [Zījiāng Lù] 在县城北部。东起东桥路,西至迎春路。与柳溪东路、解放路、沿江路相交。长3千米,宽30米。混凝土路面。1968年开工,1970年建成,2014年改扩建。因临资江得名。两侧有职业学校、农资大厦、技工学校等。通公交车。

迎春路 [Yíngchūn Lù] 在县城北部。东起资江路,西至536国道。与绿豆湾路、黄江路、柳溪西路相交。长2千米,宽20米。沥青路面。1968年开工,1970年建成,2014年改扩建。因吉言佳语得名。两侧有县汽车站、县政府、财政局、气象局等。通公交车。

沿江路 [Yánjiāng Lù] 在县城北部。东起资江大桥,西至536国道。与轻骑路、迎宾路、新开路、柳溪路相交。长3千米,宽30米。沥青路面。1995年开工,同年建成。因沿江建设得名。两侧有县中院、审计局等。通公交车。

雪峰湖大道 [Xuěfēnghú Dàdào] 在县城南部。东起罗绕典大道,西至536国道。与民珠路、柳潭路、辰峰路相交。长3千米,宽30米。沥青路面。2007年开工,2010年建成,2014年改扩建。原名滨江路,后因雪峰湖改今名。两侧有民政局、公安局、检察院等。通公交车。

民主社区 [Mínzhǔ Shèqū] 东坪镇人民政府驻地。在县境北部。面积0.5平方千米。人口1000。寄寓人民当家作主得名。1958年成立。民居以2—5层自建商住楼为主。有卫生服务站、文化广场、老年活动室、便民服务站等。开展广场舞、书画、象棋比赛等活动。有关爱老人、助残、法律宣传方面的志愿者服务。有中小学、卫生室。有名胜古迹云天桥。通公交车。

清塘铺镇 [Qīngtángpù Zhèn] 安化县辖镇。在县境东南部。面积234平方千米。人口5.7万。辖3居委会、29村委会,有509自然村。镇人民政府驻清塘社区。1956年为清塘乡。1958年改公社。1985年改清塘铺镇。1995年鱼水、廖家坪、太平3乡,芙蓉林场蔡家村并入。原为驿铺,且有清水塘,故名。漳水、浉水流经。有中学2所,小学4所,卫生院4个,卫生室24个。有文化站、敬老院。经济以化工、建材、煤、黄金、锑钨开采与冶炼为主。农业以水稻、玉米种植为主,有生猪饲养。服务业以商贸为主。207国道过境。

清塘社区 [Qīngtáng Shèqū] 清塘铺镇人民政府驻地。在县境东南部。面积3.6平方千米。人口1400。原有2塘,塘水清澈,故名。2012年成立。民居以2—5层自建商住楼为主。有卫生服务站、文化广场、老年活动室、便民服务站等。开展广场舞、书画展等活动。有关爱老人、人居环境整治等志愿服务。有中小学、卫生室。有名胜古迹关圣殿、佛兴庵等。207国道经此。

仙溪镇 [Xiānxī Zhèn] 安化县辖镇。在县境东部。面积281平方千米。人口4.7万。辖1居委会、25村委会,有577自然村。镇人民政府驻仙溪社区。1960年设仙溪区。后改公社。1984年改仙溪乡。1985年改镇。1995年九龙、山口2乡并入。因镇政府驻地原名得名。浉水、上溪、漳溪、老龙溪流经。有中学3所,小学5所,卫生院1个,卫生室21个。有文化站、敬老院。农业以水稻、红薯、玉米、黄豆种植为主。工业以农产品加工、建材为主。服务业以商贸为主。207国道、省道柘湘线过境。

仙溪社区 [Xiānxī Shèqū] 仙溪镇人民政府驻地。在县境东部。面积8.3平方千米。人口3500。因仙峰山下有溪流得名。2008年成立。民居以2—5层自建商住楼为主。有卫生服务站、老年活动室、便民服务站等。有广场舞、诗歌朗诵等活动。有关爱老人、人居环境整治等志愿服务。有中小学、卫生室。207国道、省道安化—宁乡线经此。

长塘镇 [Chángtáng Zhèn] 安化县辖镇。在县境东部。面积181平方千米。人口5.1万。辖2居委会、17村委会,有395自然村。镇人民政府驻林山塘冲村。1958年成立长塘公社。1984年改乡。1995年通溪乡及大荣乡9村划入。1995年改镇。明崇祯四年(1631)因地震形成堰塞湖,乡人称长塘,故名。浉溪流经。有中学2所,小学2所,卫生院1个,卫生室17个。有幼儿园、文化站、广播站、敬老院等。农业以水稻、玉米、红薯种植为主。工业以建材为主。服务业以商贸为主。207国道过境。

林山塘冲村 [Línshāntángchōngcūn] 长塘镇人民政府驻地。在县政府驻地东坪镇东55千米。人口2700。由林山、塘冲2村合并而成,故名。聚落呈块状。有中小学、卫生室等。农业以水稻、玉米、红薯种植为主。县道小柳、长大线经此。

小淹镇 [Xiǎoyān Zhèn] 安化县辖镇。在县境东部。面积183平方千米。人口3.9万。辖3居委会、18村委会,有275自然村。镇人民政府驻小淹社区。1956年设小淹镇乡。1958年改公社。1960年析置小淹镇。1984年公社改乡。1986年镇、乡合并。1995年敷溪乡并入。因镇政府驻地原名得名。资江流经。有中学3所,小学1所,卫生院2个,卫生室18个。有幼儿园、文化站、广播站、敬老院等。经济以黑茶加工、竹产品加工、包装印刷为主。农业以水稻、红薯、玉米种植为主。服务业以商贸为主。省道铜仁—平江线过境。

小淹社区 [Xiǎoyān Shèqū] 小淹镇人民政府驻地。在县境东部。面积2.5平方千米。人口4300。宋嘉定十七年(1224)赵昀征谐京师过此,水涨淹留数日,故名。1984年成立。民居以2—5层自建商住楼为主。有卫生服务站、文化广场、老年活动室、便民服务站等。有广场舞、书画展等活动。开展关爱老人、人居环境整治等志愿服务。有中小学、卫生室。536国道经此。

羊角塘镇 [Yángjiǎotáng Zhèn] 安化县辖镇。在县境东北部。面积247平方千米。人口6.8万。辖2居委会、27村委会,有501自然村。镇人民政府驻羊角塘社区。1951年设羊角乡。1958年改公社。1984年改乡。1995年金鸡乡并入。1996年改镇。因镇政府驻地原名得名。有中学3所,小学2所,卫生院1个,卫生室21个。有幼儿园、文化站、广播站、敬老院等。农业以水稻、玉米、油菜种植为主,特产橘子、西瓜、板栗。工业以竹木、烟花爆竹、成品鞋加工为主。服务业以旅游为主。319国道、县道常安线过境。

羊角塘社区 [Yángjiǎotáng Shèqū] 羊角塘镇人民政府驻地。在县境东北部。面积1.3平方千米。人口1100。因古为羊角寨得名。1996年成立。民居以2—5层自建商住楼为主。有卫生服务站、老年活动室、便民服务站。有百姓春晚、广场舞比赛、演讲比赛、锣鼓比赛等活动。有音乐、太极拳协会。开展关爱老人、人居环境整治等志愿服务。有中小学、卫生室。319国道、县道常安线经此。

冷市镇 [Lěngshì Zhèn] 安化县辖镇。在县境东北部。面积186平方千米。人口3.6万。辖2居委会、20村委会,有317自然村。镇人民政府驻冷家嘴社区。1995年由三洲、大桥2乡合设冷市镇。因镇政府驻地原名得名。思模溪、河曲溪流经。有中学3所,小学1所,卫生院2个,卫生室18个。有幼儿园、文化站、广播站、敬老院等。农业以水稻、玉米、花生、油菜种植为主。工业以茶叶、木材、竹产品加工为主。服务业以商贸为主。县道茅东线过境。

冷家嘴社区 [Lěngjiāzuǐ Shèqū] 冷市镇人民政府驻地。在县境东北部。面积4.8平方千米。人口2200。清代曾名热市,后因集市冷清更名冷市。1995年社区成立时取名冷家嘴。民居以2—5层自建商住楼为主。有卫生服务站、老年活动室、便民服务站等。有广场舞、书画展等活动。开展关爱老人、人居环境整治等志愿服务。有中小学、卫生室。省道江北线经此。

奎溪镇 [Kuíxī Zhèn] 安化县辖镇。在县境西部。面积242平方千米。人口2.5万。辖1居委会、12村委会,有240自然村。镇人民政府驻白羊社区。1956年为奎溪乡。1958年改公社。1984年改乡。1995年改镇。奎溪流经,故名。有原始次生林1000多亩。有野生植物钟萼木、三尖杉、巨紫荆、金钱松、鹅掌楸等。有中学2所,小学3所,卫生院1个,卫生室12个。有幼儿园、文化站、广播站、敬老院等。经济以锑矿开采、茶叶加工为主。农业以水稻、玉米、油菜种植为主。服务业以商贸为主。省道铜仁—平江线,县道铜奎、湖黄线过境。

白羊社区 [Báiyáng Shèqū] 奎溪镇人民政府驻地。在县境西部。面积19.1平方千米。人口2400。传因白羊夜出觅食得名白羊塘,后简为今名。2008年成立。民居以2—5层自建商住楼为主。有卫生服务站、文艺活动室、文化广场、老年活动室、便民服务站等。开展关爱老人、人居环境整治等志愿服务。有中小学、卫生室。省道铜仁—平江线，县道烟奎、湖黄线过境。

烟溪镇［Yānxī Zhèn］　安化县辖镇。在县境西南部。面积198平方千米。人口2.6万。辖3居委会、20村委会，有170自然村。镇人民政府驻烟溪社区。1949年设烟溪镇。1956年改乡。1958年改公社。1961年因柘溪水库蓄水镇址迁烟溪大双塘，重建烟溪镇。1984年公社改乡。1987年乡、镇合并。1995年双龙乡并入。传溪水入资江口有金霞山，雨过晴日金光万道，烟霞缭绕，故名。有中学2所，小学3所，卫生院1个，卫生室18个。有幼儿园、文化站、广播站、敬老院等。经济以农产品加工、木材加工、采矿、手工制造为主。农业以水稻、玉米、油菜种植为主。沪昆铁路、省道鸬板线过境。

烟溪社区［Yānxī Shèqū］　烟溪镇人民政府驻地。在县境西南部。面积2平方千米。人口3000。因烟溪得名。2007年成立。民居以2—5层自建商住楼为主。有卫生服务站、社区文化活动室、老年活动室、便民服务站等。开展关爱老人、人居环境整治等志愿服务。有中小学、卫生室。沪昆铁路、省道鸬板线经此。

渠江镇［Qújiāng Zhèn］　安化县辖镇。在县境西南部。面积86平方千米。人口1.4万。辖1居委会、11村委会，有132自然村。镇人民政府驻渠江社区。1961年成立连里公社。1984年改乡。1995年改渠江镇。因镇政府驻地原名得名。渠江流经。有野生植物南方红豆杉、银杏、楠木等120种。有野生动物红腹锦鸡、果子狸、大鲵、白冠长尾雉等46种。有中学1所，小学2所，卫生院1个，卫生室9个。有幼儿园、文化站、广播站、敬老院等。有古迹文昌塔、皇茶溪、茶祖牌坊。农业以水稻、玉米、大豆种植为主，产茶叶、南丰蜜橘、椪柑、金秋梨、黄花梨。工业以木材、小水果、茶叶加工为主。服务业以商贸为主。沪昆铁路、省道鸬板线过境。

渠江社区［Qújiāng Shèqū］　渠江镇人民政府驻地。在县境西南部。面积8.7平方千米。人口850。因渠江得名。1984年成立。民居以2—5层自建商住楼为主。有卫生服务站、老年活动室、便民服务站等。开展关爱老人、人居环境整治等志愿服务。有中小学、卫生院。沪昆铁路、省道鸬板线经此。

平口镇［Píngkǒu Zhèn］　安化县辖镇。在县境西南部。面积107平方千米。人口2.3万。辖3居委会、11村委会，有164自然村。镇人民政府驻新正社区。1953年设平口镇。1956年与润溪、范溪、罗福、沂洛、平山5乡合设平口乡。1958年改公社。1963年析置平口镇。1984年公社改乡。1986年乡并入镇。因处平溪入资江口得名。有中学1所，小学1所，卫生院1个，卫生室12个。有幼儿园、文化站、广播站、敬老院等。农业以水稻、玉米、茶种植为主，产奈李、脐橙等。工业以铁合金冶炼、木材加工为主。服务业以商贸为主。昆沪铁路、省道鸬板线过境。

新正社区［Xīnzhèng Shèqū］　平口镇人民政府驻地。在县境西南部。人口2100。因新建正街得名。1984年成立。民居以2—5层自建商住楼为主。有卫生服务站、敬老院、便民服务站等。有文娱阅览室、老年学习中心、书画培训中心、羽毛球场、篮球场、振华武术培训中心等。组织广场舞、书画展、红歌比赛等活动。开展关爱老人、人居环境整治等志愿服务。有中小学、卫生院。沪昆铁路、省道鸬板线经此。

柘溪镇［Zhèxī Zhèn］　安化县辖镇。在县境中部偏西。面积143平方千米。人口1.6万。辖2居委会、9村委会，有145自然村。镇人民政府驻柘溪杨沙社区。1990年设柘溪镇。1995年唐溪乡并入。因柘溪电厂得名。资江流经。有中学1所，小学1所，卫生院1个，卫生室9个。有幼儿园、文化站、广播站、敬老院等。经济以采矿为主，有白钨精矿。农业以水稻、玉米、油菜、花生种植为主。服务业以商贸为主。省道铜仁—平江线过境。

柘溪杨沙社区［Zhèxīyángshā Shèqū］　柘溪镇人民政府驻地。在县境中部偏西。面积12.8平方千米。人口2900。由杨沙、柘溪口2村合并而成，故名。2008年成立。民居以2—5层自建商住楼为主。有社区文化书院、老年活动室、篮球场等。有女子舞龙队、广场舞队、龙舟协会等。开展关爱老人、人居环境整治等志愿服务。有中小学、卫生室、文化广场。省道铜仁—平江线经此。

乐安镇［Lè'ān Zhèn］　安化县辖镇。在县境东南部。面积192平方千米。人口5.2万。辖2居委会、28村委会，有545自然村。镇人民政府驻乐桥社区。1952年设乐安乡。1958年改公社。1984年复乡。1995年浮青、思游2乡并入。2002年改镇。因乐安桥得名。洢水流经。有中学3所，小学3所，卫生院1个，卫生室24个。有幼儿园、文化站、广播站、敬老院等。经济以陶瓷工业为主。农业以水稻、红薯、玉米、花生、茶、油菜、黄豆、西瓜种植为主，产柑橘、葡萄等。服务业以商贸为主。省道大通湖—南大膳线过境。

乐桥社区［Lèqiáo Shèqū］　乐安镇人民政府驻地。在县境东南部。面积15.1平方千米。人口4000。洢水流经此地，有李乐安修桥命名为乐安桥，桥西有乐桥村。2002年更名乐桥社区。民居以2—5层自建商住楼为主。有卫生服务站、老年活动室、便民服务站等。开展关爱老人、人居环境整治等志愿服务。有中小学。省道大通湖—南大膳线经此。

滔溪镇［Tāoxī Zhèn］　安化县辖镇。在县境中部偏东。面积154平方千米。人口2.9万。辖2居委会、12村委会，有229自然村。镇人民政府驻滔东社区。1957年设滔溪乡。1958年改公社。1963年改长乐公社。1983年改乡。1995年与上马乡并为滔溪乡。2006年改镇。滔溪流经，故名。有中学1所，小学3所，卫生院1个，卫生室13个。有幼儿园、文化站、广播站、敬老院等。经济以建材、茶叶加工为主。农业以水稻、玉米、茶、油菜种植为主。县道柘湘、大通线过境。

滔东社区［Tāodōng Shèqū］　滔溪镇人民政府驻地。在县境中部偏东。面积11.2平方千米。人口3300。因处滔溪东岸得名。2008年成立。民居以2—5层自建商住楼为主。有卫生服务站、老年活动室、便民服务站等。开展健康知识教育讲座、女性两癌检查、关爱留守儿童、安全知识讲座等，关爱老人、人居环境整治等志愿服务。有中小学、卫生室。县道柘湘、大通线经此。

梅城镇［Méichéng Zhèn］　安化县辖镇。在县境东南部。面积287平方千米。人口11.5万。辖4居委会、34村委会，有739自然村。镇人民政府驻西街社区。1951年设梅城镇。1958年改公社。1981年复镇。1987年洢泉乡并入。1996年东华、田心2乡并入。2006年栗林乡并入。古为梅山峒地，宋为安化县治，故名。洢水、漳水、梅子溪流经。有中学2所，小学6所，二级医院1个，卫生院1个，卫生室32个。有幼儿园、文化站、广播站、敬老院等。农业以水稻、茶、红薯、草药、蔬菜种植为主，产木瓜、杨梅、李子等。工业以农产品加工为主。服务业以商贸为主。207国道、省道大通湖—南大膳线过境。

西街社区［Xījiē Shèqū］　梅城镇人民政府驻地。在县境东南部。面积1.3平方千米。人口3880。因处镇区西街得名。1952年成立。民居以2—5层自建商住楼为主。有卫生服务站、老年活动室、便民服务站等。开展广场舞，防溺水、禁毒宣传等活动，环境卫生维护等志愿服务。有中小学、二级医院。省道梅城—新化线经此。

大福镇［Dàfú Zhèn］　安化县辖镇。在县境东部。面积319平方千米。人口9.7万。辖3居委会、48村委会，有949自然村。镇人民政府驻大福坪村。1951年设大福镇。1958年改公社，后析置大福镇。1986年公社改乡，旋乡并入镇。1995年木孔乡并入。2005年东山、新桥2乡并入。因镇政府驻地得名。沂溪流经。有中学2所，小学5所，卫生院3个，卫生室39个。有幼儿园、文化站、广播站、敬老院等。经济以采矿、竹木加工、烟花鞭炮生产为主。农业以水稻、玉米、草药、蔬菜种植为主。省道长高、牛大线过境。

大福坪村［Dàfúpíngcūn］　大福镇人民政府驻地。在县政府驻地东坪镇东南67千米。人口3700。因处坪地且有大福桥得名。聚落呈块状。有中小学、幼儿园、卫生室等。农业以水稻、玉米、草药等种植为主。有集贸市场。省道长高、牛大线经此。

马路镇［Mǎlù Zhèn］　安化县辖镇。在县境西北部。面积408平方千米。人口4.2万。辖1居委会、35村委会，有472自然村。镇人民政府驻马路社区。1952年设马辔市镇。1960年更名马路镇，同年设马路乡。1986年马路乡并入。1995年岳溪、湖南坡2乡并入。2005年苍场乡并入。因镇政府驻地原名得名。处雪峰山脉腹地。资江流经。有矿产资源锑、铝、铁、钒等。有中学4所，小学4所，卫生院4个，卫生室26个。有幼儿园、文化站、广播站、敬老院等。有溶洞群。经济以农业、旅游为主。农业以水稻、玉米、红薯、大豆、油菜、花生、蔬菜种植为主，特产柑橘等。工业以工矿开采、茶叶加工、生物制药、食品加工为主。省道铜仁—平江线过境。

马路社区［Mǎlù Shèqū］　马路镇人民政府驻地。在县境西北部。面积4平方千米。人口1.6万。因昔为州县驿马要道得名。2007年成立。民居以2—5层自建商住楼为主。有卫生服务站、老年活动室、便民服务站等。有广场舞、书画展、百姓春晚等活动。开展关爱老人、人居环境整治等志愿服务。有中小学、卫生院。536国道经此。

六步溪村［Liùbùxīcūn］　在县政府驻地东坪镇西37千米。马路镇辖自然村。人口700。因六步溪得名。聚落呈带状。处六步溪国家级自然保护区核心地带。有国家重点保护野生动物18种。农业以茶、草药种植为主。有旅游业。县道马路—西安线经此。

江南镇［Jiāngnán Zhèn］　安化县辖镇。在县境中部。面积289平方千米。人口6.1万。辖1居委会、33村委会，有560自然村。镇人民政府驻江南社区。1950年设江南镇及江南乡。1958年江南镇并入江南乡。1961年复江南镇。1986年乡并入镇。1995年陈王乡并入。2005年洞市乡并入。原处资江南岸且地势平坦，得名江南坪，后改今名。有中学2所，小学4所，卫生院2个，卫生室27个。有幼儿园、文化站、广播站、敬老院等。有名胜古迹万里茶道遗存、鹞子尖、青石板路、缘奇桥、古石桥、古树梓叶槭等。经济以烟花爆竹、茶叶加工为主。农业以水稻、油菜、花生、茶、柑橘、蔬菜种植为主。服务业以商贸为主。省道铜仁—平江线、县道柘湘线过境。

江南社区 [Jiāngnán Shèqū] 江南镇人民政府驻地。在县境中部。面积1平方千米。人口1.2万。因镇得名。2008年成立。民居以2—5层自建商住楼为主。有卫生服务站、老年活动室、便民服务站,组织广场舞、书画展等活动,开展关爱老人、人居环境整治等志愿服务。有中小学、农商银行等。536国道、省道安化—新化线经此。

高明乡 [Gāomíng Xiāng] 安化县辖乡。在县境东南部。面积98平方千米。人口1.9万。辖12村委会,有188自然村。乡人民政府驻高明铺村。1961年成立高明公社。1984年改乡。因乡政府驻地得名。归水流经。有矿产资源钨、铁、锰等。有中学1所,小学3所,卫生院1个,卫生室10个。有幼儿园、文化站、广播站、敬老院等。经济以采矿、钨钴废料回收加工为主。农业以水稻、茶、油菜种植为主。207国道过境。

高明铺村 [Gāomíngpùcūn] 高明乡人民政府驻地。在县政府驻地东坪镇东南73千米。人口2200。从梅城到长沙有36铺,高明铺是其中一铺,是一条古老的街道,村以此得名。聚落呈块状。有中小学、幼儿园、卫生室等。农业以水稻、茶、油菜等种植为主。有集贸市场。207国道经此。

龙塘乡 [Lóngtáng Xiāng] 安化县辖乡。在县境中部偏北。面积142平方千米。人口2.7万。辖18村委会,有252自然村。乡人民政府驻红星村。1950年设龙塘乡。1958年改公社。1984年改乡。因宋淳熙二年(1175)设龙塘寨得名。渭溪流经。有中学1所,小学2所,卫生院1个,卫生室14个。有幼儿园、文化站、广播站、敬老院等。经济以竹木制品、乳酸、鞭炮等加工业,造纸等为主。农业以水稻、玉米种植为主,特产柑橘、桃、李子、杨梅等。服务业以商贸为主。县道常安线过境。

红星村 [Hóngxīngcūn] 龙塘乡人民政府驻地。在县政府驻地东坪镇东20千米。人口3200。取意五星红旗高高飘扬得名。聚落呈块状。有中小学、卫生室等。农业以水稻、玉米、红薯、油菜等种植为主。有集贸市场。县道常安线过境。

田庄乡 [Tiánzhuāng Xiāng] 安化县辖乡。在县境中部。面积207平方千米。人口3.2万。辖23村委会,有374自然村。乡人民政府驻新联村。1951年设田庄乡。1958年改公社。1984年改乡。因田庄湾居民点得名。大酉溪、思贤溪流经。有中学1所,小学4所,卫生院1个,卫生室14个。有幼儿园、文化站、广播站、敬老院等。有千年红杉王。经济以茶叶加工为主。农业以水稻、玉米、黄豆、油菜、花生等种植为主。服务业以商贸为主。省道铜仁—平江线过境。

新联村 [Xīnliáncūn] 田庄乡人民政府驻地。在县政府驻地东坪镇南10千米。人口1000。因吉言佳语得名。聚落呈块状。有中小学、幼儿园、卫生室等。农业以水稻、红薯、玉米、油菜等种植为主。有集贸市场。省道铜仁—平江线过境。

南金乡 [Nánjīn Xiāng] 安化县辖乡。在县境西南部。面积195平方千米。人口1.2万。辖14村委会,有140自然村。乡人民政府驻南金村。1956年为南金乡。1958年改公社。1984年改乡。1995年将军乡并入。因乡政府驻地得名。有九龙池,海拔1622.4米,为湘中第一高峰。资江流经。有中学1所,小学2所,卫生院1个,卫生室10个。有幼儿园、文化站、广播站、敬老院等。农业以水稻、玉米、油菜、草药、茶、柑橘种植为主。工业以木材、茶叶初加工为主。服务业以商贸为主。县道柘古线过境。

南金村 [Nánjīncūn] 南金乡人民政府驻地。在县政府驻地东坪镇西南24千米。人口1800。取南岳庙、金鸡坑溪首字得名。聚落呈块状。有中小学、幼儿园、卫生室等。农业以水稻、玉米、草药、茶等种植为主。有集贸市场。县道柘古线经此。

古楼乡 [Gǔlóu Xiāng] 安化县辖乡。在县境西部。面积125平方千米。人口1.7万。辖24村委会,有125自然村。乡人民政府驻古楼坪村。1956年设古楼乡。1961年改公社。1984年改乡。因乡政府驻地得名。资江、探溪流经。有中学1所,小学1所,卫生院1个,卫生室13个。有幼儿园、文化站、广播站、敬老院等。农业以水稻、油菜、柑橘、茶种植为主。县道柘探线过境。

古楼坪村 [Gǔlóupíngcūn] 古楼乡人民政府驻地。在县政府驻地东坪镇西南28千米。人口1000。因曾有清代古楼得名。聚落呈块状。有中小学、幼儿园、卫生室等。农业以水稻、柑橘、茶等种植为主。县道柘探线经此。

郴州市

郴州市 [Chēnzhōu Shì] 湖南省辖地级市。北纬24°53′—26°50′,东经112°13′—114°14′。在省境东南部。面积1.94万平方千米。户籍人口460.5万,常住人口469.8万。以汉族为主,还有瑶、畲、苗、土家等民族。辖北湖、苏仙2区,桂阳、宜章、永兴、嘉禾、临武、汝城、桂东、安仁8县,代管资兴县级市。市人民政府驻北湖区。汉高祖五年(前202)置桂阳郡,属荆州。南朝梁天监六年(507)改郴州,后复桂阳郡。隋开皇九年(589)改郴州。大业初(605)复桂阳郡。唐乾元元年(758)复改郴州。五代后晋天福元年(936)改敦州。后汉乾祐三年(950)复郴州。宋乾德元年(963)改郴州军。元至元十三年(1276)改路,属湖广行省。明洪武元年(1368)改府。九年(1376)降直隶州,属湖广布政使司。清属衡永郴桂道。1913年废州复郴县。1949年设郴县专区。1950年更名郴州专区。1952年并入湘南行政区。1954年复郴县专区。1960年复名郴州专区。1979年改地区。1994年改市。取篆书林、邑2字组合得名,意为邑在林中。处长江、珠江水系分流地带。东部罗霄山脉,南部南岭山脉,西部郴道盆地,北部醴攸、茶永盆地。平均海拔400米。年均气温17.4℃,1月平均气温6.5℃,7月平均气温27.8℃。年均降水量1452毫米。年均无霜期288天。耒水、春陵水、永乐江、武水河、浈水、集龙江、泉江流经。有矿产资源煤、铁、铋、锰、铅锌等。有野生植物2400多种,其中有国家重点保护野生植物银杏、银杉、红豆杉等36种。有野生动物385余种,其中有国家重点保护野生动物华南虎、云豹、短尾猴、穿山甲、大灵猫等45种。有莽山、八面山国家级自然保护区,省级自然保护区2个。有天鹅山、齐云峰、永兴丹霞等国家森林公园5个,省级森林公园3个。有飞天山国家地质公园。森林覆盖率66%。有省级科研单位4个,高校3所,中学251所,小学471所,图书馆12个,博物馆2个,档案馆11个,三级医院4个,体育场馆14个,省昆剧团、市歌舞剧团等文艺团体5个。有中国女排郴州训练基地。有全国重点文物保护单位湘南年关暴动指挥部旧址、义帝陵,省级文物保护单位92个。有国家5A级旅游景区东江湖,国家4A级旅游景区万华岩、龙女温泉、苏仙岭等8个。三次产业比例10∶57∶33。农业以水稻种植为主,产茶叶、香菇、花豆、禾花鱼。工业以有色金属、能源、机械化工、医药、食品加工为主。有国家级高新技术产业园区1个,省级经济开发区7个。服务业以商贸、金融、物流、旅游为主。特产资兴狗脑贡茶、桂东玲珑茶、永兴冰糖橙、临武鸭、桂阳子龙郡坛子肉。有铁路309.7千米,高速574.4千米,公路8000千米。京广、郴三、吉衡铁路,武广高铁,粤港澳、厦蓉、岳汝、衡武高速,106、107国道,省道攸县—永兴、衡阳—临武、茶陵—祁阳、桂东—道县、东山—泸水、汝城—嘉禾线过境。有郴州站、郴州西站。通多路公交车。

郴州 [Chēnzhōu] 别名福城、林城。郴州市聚落。在市境中部。面积72平方千米。人口60万。以汉族为主,还有瑶、土家、苗等民族。西周共和二年(前840)楚白公善筑城于郴。汉高祖五年(前202)郡守杨璆建城垣,成小集镇。唐建苏仙观。清宣统年间(1901—1911)初具规模。1912—1926年出现中西合璧建筑物,先后建成粤汉铁路及湘粤、耒安、郴桂公路,新建文化路—火车站街路,拓宽东、南、西、北4街。1950年恢复建设,改建旧城区。2000年后建五岭广场、市文化活动中心、青少年活动中心、图书馆、博物馆等。形成"王仙岭、五岭广场、西站、下湄桥、北湖公园、骆仙"六大片区共同发展格局。新兴工业、科教区在东部王仙岭片,有湘南学院、郴州职业技术学院、国家级郴州高新区等。政治、商业中心位于南部五岭广场片。西部西站片区为新兴城镇。老工业区处北部下湄桥片。商贸、休闲区位于北湖公园、骆仙片。特产栖凤渡鱼粉,郴州"四件宝"临武鸭、东江鱼、桂阳坛子肉、资兴狗脑贡茶。境内铁路、高铁、高速、国道纵横,为湘南地区重要交通枢纽。通多路公交车。

五岭大道 [Wǔlǐng Dàdào] 在市区南部。南起郴州大道,北至青年大道。与万华中路、涌泉路、万华东路、柏树路、冲口路等相交。长3.2千米,宽42米。沥青路面。1998年开工,2002年建成。因五岭广场得名。两侧有市政府、法院、国税局、经开区管委会、城管局、水电局、移民局、市文化中心、五岭大市场、七星大市场。通多路公交车。

人民路 [Rénmín Lù] 在市区中部。东起苏石路,西至工业大道。与国庆路、文化路、北街、苏园路相交。长2.9千米,宽35米。沥青路面。1961年开工,1962年建成,2009年改扩建。原名红卫路,1981年更今名。分东、中、西3路。穿过商业中心。两侧有市供销社、检察院、政府中山院、北湖公园、湘南学院附属医院、省湘昆剧团、人民电影院。通多路公交车。

国庆路［Guóqìng Lù］　在市区中部。南起北湖区工业园路口，北至工业大道。与香雪路、燕泉路、人民路、东风路、健康路、同心路等相交。长4.7千米，宽35米。沥青路面。1959年开工，同年建成，2009年改扩建。为庆祝建国十周年命名。分北、南2路。两侧有马家坪市场、北湖市场、友谊中皇城等。通多路公交车。

郴江路［Chēnjiāng Lù］　在市区东部。南起郴州大道，北至苏仙路。与人民路、青年大道、曹家坪路等相交。长3.5千米，宽50米。沥青路面。2000年开工，2003年建成。原名郴州大道，2012年因郴江河更今名。两侧有海关办事处、郴州技师学院、职中、市民政局、爱莲湖公园、石榴湾公园。通多路公交车。

北　湖　区

北湖区［Běihú Qū］　郴州市人民政府驻地。在市境中部。面积830平方千米。人口38.9万。以汉族为主，还有瑶、满、壮、苗等民族。辖8街道、4镇、2乡、2瑶族乡。区人民政府驻骆仙街道。1959年设郴州市。1963年改镇。1977年复市。1994年改北湖区。因古湖泊北湖得名。先后建设城市广场、兴隆步行街、兴旺步行街、东骏广场、三九新城、天龙汽车站、龙女景区、市康复医院，改造下湄桥老工业区，构筑“三纵两横”城市骨架。有标志性建筑五岭广场、郴州西站、郴州汽车总站、五岭大市场。年均气温19.2℃，1月平均气温7.1℃，7月平均气温29.3℃。年均降水量1086毫米。有二尖峰、平头寨、邓家山。郴江、西河流经。有仰天湖。有大专1所，中等职业学校1所，中学13所，九年一贯制学校11所，小学22所，三级医院2个，体育场馆3个，博物馆1个。有全国重点文物保护单位义帝陵，省级文物保护单位郴州古堡群、坦山岩劝农记事碑刻、万华岩摩崖石刻群、邓氏宗祠等7个。有省级非物质文化遗产2项。有国家4A级旅游景区北湖公园、龙女温泉、万华岩。有中国历史文化名村陂副、村头村。三次产业比例3∶31∶66。农业以水稻、红薯、蔬菜种植为主，有鸡、鸭、猪、羊、牛、禾花鱼养殖。工业以农产品及矿产品加工、能源电力为主。有省级经济开发区3个。服务业以商贸、物流、旅游为主。京广铁路，京广高铁，京港澳高速，107国道，省道衡东—宜章、衡阳—同益圩、永兴—宜章、汝城—道县线过境。有郴州站、郴州西站、郴州汽车总站。通多路公交车。

郴州经济开发区［Chēnzhōu Jīngjì Kāifāqū］　在区境东北部。东邻南岭大道，南靠兴城路，西接增湖路，北抵万华路。面积22平方千米。1988年经省政府正式批准建立省级经济开发区，由郴州市政府管理。以生物医药、电子信息、新材料、机械制造为主。入驻企业500余家，其中高新技术企业17个。高铁、高速过境。通多路公交车。

五岭广场［Wǔlǐng Guǎngchǎng］　在城区中部。面积14公顷。1998年开工，1999年建成，2009年改建。因五岭山得名。中心为下沉式圆形放射广场，有日形舞台、月形水池。有郴阳古八景浮雕。休息散集区由主、次入口与西、北2小广场组成。有扇形草地、绿地栽植乔灌木。为群众集会、休闲、旅游观光、购物、健身一体广场。周边有市政府、郴州博物馆、市邮政局。通公交车。

同心路［Tóngxīn Lù］　在区境东北部。东起国庆北路，西至107国道。与南岭大道、寒溪路相交。长4.2千米，宽24米。沥青路面。1959年开工，1961年建成，1988年改建。因位于同心河附近得名。两侧有北湖公园、中学、郴州汽车总站、同心市场。通多路公交车。

骆仙西路［Luòxiān Xīlù］　在区境东北部。东起燕泉南路，西至寒溪路。与南岭大道相交。长2.9千米，宽18米。沥青路面。2008年开工，2010年建成。2013年因骆仙街道得名。两侧有区政府、南岭植物园、骆仙公园。通多路公交车。

燕泉北路［Yànquán BěiLù］　在区境东北部。东起文化路，西至燕泉南路。与国庆南路、南湖路、龙泉路交会。长2.3千米，宽28米。沥青路面。1952年开工，1953年建成。因燕泉古井得名。途经商业中心，两侧有区妇幼保健院、幼儿园、市人社局。通多路公交车。

燕泉南路［Yànquán Nánlù］　在区境东北部。南起南岭大道，北至燕泉北路。与青年大道、香雪路相交。长1千米，宽28米。沥青路面。1952年开工，1953年建成。因燕泉古井得名。两侧有区幼儿园、妇幼保健院等。通多路公交车。

南岭大道［Nánlǐng Dàdào］　在区境东北部。南起郴资公路，北至107国道。与国庆北路、同心路、人民西路、五里堆路、骆仙西路、香雪路、青年大道等相交。长11.8千米，宽36米。沥青路面。1982年开工，1985年建成。因郴州地处南岭得名。两侧有天龙汽车站、五岭大市场、区政府、市房产局、广电中心、区公安分局。通多路公交车。

郴州站［Chēnzhōu Zhàn］　见交通运输设施部分“郴州站”条。

郴州西站［Chēnzhōuxī Zhàn］　见交通运输设施部分“郴州西站”条。

郴州汽车总站［Chēnzhōu Qìchē Zǒngzhàn］　见交通运输设施部分“郴州汽车总站”条。

万华汽车站［Wànhuá Qìchēzhàn］　见交通运输设施部分“万华汽车站”条。

骆仙街道［Luòxiān Jiēdào］　北湖区人民政府驻地。在区境东北部。面积24平方千米。人口2.3万。2012年设。因骡仙岭得名。传东汉真人成武丁骑骡成仙，后演为骆仙岭。先后改扩建骆仙北路、西路。同心河流经。有中学1所，小学3所，卫生服务中心1个。有南岭植物园、骆仙公园。经济以商贸为主。京珠高速、107国道过境。通多路公交车。

人民路街道［Rénmínlù Jiēdào］　属北湖区。在区境东北部。面积7平方千米。人口4.7万。1960年设。1982年改红卫街道。1982年因人民路改今名。1990年改扩建人民路、东风路。有中学1所，小学4所，三级医院1个，卫生服务中心1个。有全国重点文物保护单位义帝陵。有北湖公园。经济以商贸、餐饮为主。通多路公交车。

北湖街道［Běihú Jiēdào］　属北湖区。在区境东北部。面积9平方千米。人口3.7万。1980年设。因北湖得名。1983年扩宽同心路。1998年改造火车站广场。有中学1所，小学3所，三级医院1个，卫生服务中心1个。服务业以商贸、餐饮为主。京广铁路过境。有郴州站。通多路公交车。

同新社区［Tóngxīn Shèqū］　属北湖街道。在区境东北部。面积1.2平方千米。人口1.5万。因同心桥得名。2002年成立。民居多为商品楼房。有便民服务大厅、阅览室、活动室等。开展文明劝导、母婴健康宣传等活动。通公交车。2014年被评为全国文明社区。

燕泉街道［Yànquán Jiēdào］　属北湖区。在区境东北部。面积12平方千米。人口15.7万。1996年设。因燕泉古井得名。先后建成桐子坪路、香雪中路、五岭大道、冲口路，改造小街巷。燕泉河流经。有中学2所，小学1所，卫生服务中心1个。有五岭广场。经济以商贸为主。有农贸市场6个。通多路公交车。

五里堆社区［Wǔlǐduī Shèqū］　属燕泉街道。在区境东北部。面积0.6平方千米。人口8600。明代距县城5里，故名。1979年成立。民居多为楼房。有社会救助工作服务站、居家养老中心。开展关爱老人、残疾人等活动。通多路公交车。2014年被评为省文明社区。

下湄桥街道［Xiàméiqiáo Jiēdào］　属北湖区。在区境东北部。面积19平方千米。人口2万。1983年设。因桥得名。2010年改造旧城，治理河道，建成阳光佳苑、五牛城等小区。同心河流经。有中学1所，小学3所，卫生服务中心1个。有国家4A级旅游景区龙女温泉。经济以机械加工、服装、纺织、瓷器加工为主，种植蔬菜、瓜果为辅。通多路公交车。

增福街道［Zēngfú Jiēdào］　属北湖区。在区境东北部。面积20平方千米。人口2.3万。2012年设。取增湖、郴州别名福城各一字得名。先后建华盛世纪新城、乾通时代广场。有中学1所，小学1所，卫生服务中心1个。经济以机械制造、食品药品加工、物流为主。有长冲创新创业工业园。武广高铁过境。有郴州西站、万华汽车站。通多路公交车。

郴江街道［Chēnjiāng Jiēdào］　属北湖区。在区境东北部。面积17平方千米。人口2万。2012年设。郴江河流经，故名。先后建成万宝国际、长信广场、恒隆国际等小区。有中学3所，小学3所，卫生服务中心1个。有袁子让墓。经济以农产品加工、化工、铸造、商贸为主，蔬菜种植为辅。有铁海联运、湘南综合大市场。通多路公交车。

涌泉街道［Yǒngquán Jiēdào］　属北湖区。在区境东北部。面积12平方千米。人口5.7万。2012年设。因泉得名。先后建多处小区。有中学2所，小学3所，卫生服务中心1个。经济以商贸、金融、物流为主。有批发市场6个。通多路公交车。

石盖塘镇［Shígàitáng Zhèn］　北湖区辖镇。在区境东部。面积92平方千米。人口2.1万。以汉族为主，还有瑶族。辖2居委会、19村委会，有168自然村。镇人民政府驻石盖塘村。1950年设小溪乡。1961年改公社。1984年复乡。1996年改石盖塘镇。2012年江口乡并入。因镇政府驻地得名。有九年一贯制学校2所，小学6所，卫生院2个，卫生室19个，文化站1个，广场2个。有名胜古迹七姊石、神农殿、田氏宗祠。经济以食品加工、化工、纺织为主。农业以水稻、红薯、蔬菜种植为主，有禾花鱼、山羊饲养。服务业以餐饮为主。107国道过境。

石盖塘村［Shígàitángcūn］　石盖塘镇人民政府驻地。在区政府驻地骆仙街道西南11千米。人口1200。明万历年间（1573—1619）成村。传铁拐李扁担打滑遗落石头于泉口上，故名。聚落呈团块状。有仙岭湖。有小学、卫生所。有晚清湘南民居。有民俗舞龙灯、耍狮子。农业以水稻、红薯、蔬菜种植为主。通公交车。

华塘镇［Huátáng Zhèn］　北湖区辖镇。在区境西北部。面积172平方千米。人口3.6万。辖2居委会、16村委会，有188自然村。镇人民政府驻华塘村。1958年成立东风公社。1959年更名华塘公社。1984年改镇。2012年同和乡并入。因镇政府驻地得名。西河流经。有中学2所，小学5所，卫生院2个，卫生室24个，文化站1个，广场1个。有明清石拱桥8座，古民居300余栋。有百年古树群。农业以水稻、蔬菜、草莓种植为主。工业以农产品、矿产品深加工为主。服务业以商业、餐饮、旅游为主。省道郴州—炎陵线过境。

华塘村［Huátángcūn］ 华塘镇人民政府驻地。在区政府驻地骆仙街道西北12千米。人口3700。明洪武年间(1368—1398)成村。因市场繁华且有塘得名。聚落呈团块状。有九年一贯制学校、卫生院。经济以农业、商贸为主，农业以水稻、蔬菜种植为主，产草莓、西瓜。省道郴州—炎陵线经此。

鲁塘镇［Lǔtáng Zhèn］ 北湖区辖镇。在区境西北部。面积112平方千米。人口3.1万。以汉族为主，还有瑶族。辖3居委会、24村委会，有207自然村。镇人民政府驻同祥圩村。1956年设鲁塘乡。1958年成立上游公社，次年改鲁塘公社。1984年复乡。1994年改镇。2002年南溪乡并入。宋绍兴二十八年(1158)何姓迁此，近有池塘长满卤草，以谐音得名。西河、鲁水流经。有中学1所，小学5所，卫生院1个，卫生室24个，文化站1个，广场1个。有古迹文峰塔。有中国历史文化名村陂副、村头村。经济以石墨深加工、煤开采为主。农业以水稻、蔬菜种植为主。省道临桂线过境。

同祥圩村［Tóngxiángxūcūn］ 鲁塘镇人民政府驻地。在区政府驻地骆仙街道西南38千米。人口1100。元至正年间(1341—1367)成村。原名铜钱墟，因该名过于俗气，不符合新社会道德要求，故更名同祥圩，寓同舟、祥和之意。聚落呈团块状。有中心学校、卫生室、文化室、邓华将军广场、文峰塔。经济以商贸为主。农业以水稻、蔬菜种植为主，产各类瓜果。省道临桂线经此。

保和镇［Bǎohé Zhèn］ 北湖区辖镇。在区境西北部。面积110平方千米。人口2.5万。以汉族为主，还有瑶族。辖1居委会、20村委会，有192自然村。镇人民政府驻林木水村。1950年设安和、保和2乡。1958年并入东风公社。1960年析设保和公社。1984年复乡。2012年与万华岩镇合置保和镇。清有8姓共建圩，以保持友好和睦得名。有九年一贯制学校2所，卫生院2个，卫生所10个，文化站1个，广场1个。有古迹类大桥。有国家4A级旅游景区万华岩。农业以水稻、红薯、西瓜、花生、辣椒种植为主。工业以农产品加工、旅游为主。武广高铁、厦蓉高速、107国道过境。

林木水村［Línmùshuǐcūn］ 保和镇人民政府驻地。在区政府驻地骆仙街道西南17千米。人口200。明洪武年间(1368—1398)成村。因古树涌水、四季不枯得名。聚落呈团块状。有中学、卫生室、文化室。农业以蔬菜、瓜果等种植为主，特产包粽粑、抖糍粑。省道郴州—嘉禾线经此。

永春乡［Yǒngchūn Xiāng］ 北湖区辖乡。在区境南部。面积77平方千米。人口1.1万。以汉族为主，还有瑶族。辖1居委会、9村委会，有106自然村。乡人民政府驻永春圩。1950年设黄茅乡。1958年并入邓家塘公社。1961年析设黄茅公社。1965年更名永春公社。1984年改乡。因乡政府驻地得名。黄茅水、章溪水流经。有仰天湖。有九年一贯制学校1所，卫生院1个，卫生所9个。有景点仰天湖草原。农业以水稻、红薯、蔬菜种植为主，有禾花鱼、鸡、鸭、黄牛饲养。省道亳口—鲁塘线过境。

永春圩［Yǒngchūnxū］ 永春乡人民政府驻地。在区政府驻地骆仙街道西南30千米。人口1300。原名黄茅圩，1965年取意为永远的春天改今名。聚落呈带状。有中小学、卫生院。农业以水稻、红薯、蔬菜种植为主，有禾花鱼、黄牛饲养。省道亳口—鲁塘线经此。

芙蓉乡［Fúróng Xiāng］ 北湖区辖乡。在区境南部。面积65平方千米。人口0.7万。以汉族为主，还有瑶族。辖1居委会、8村委会，有54自然村。乡人民政府驻芙蓉洞村。1950年设芙蓉乡。1958年并入上游公社。1961年析设芙蓉公社。1984年复乡。因乡政府驻地得名。芙安河、桃源水流经。有九年一贯制学校1所，小学4所，卫生院1个，卫生所4个。有名胜古迹下关石桥、黄草岱瀑布、二尖峰、石林。农业以水稻、红薯种植为主，有禾花鱼、鸡、鸭饲养。工业以锡矿开采、风电为主。省道衡东—宜章线过境。

芙蓉洞村［Fúróngdòngcūn］ 芙蓉乡人民政府驻地。在区政府驻地骆仙街道西南38千米。人口1300。清乾隆年间(1736—1795)成村。因芙蓉树得名。聚落呈团块状。有中心学校、卫生室、文化室等。有景点黄草岱瀑布。农业以水稻、红薯、蔬菜种植为主，有禾花鱼养殖。省道衡东—宜章线经此。

月峰瑶族乡［Yuèfēng Yáozú Xiāng］ 北湖区辖乡。在区境西部。面积46平方千米。人口6500，其中瑶族占26%，还有汉族。辖1居委会、8村委会，有96自然村。乡人民政府驻月峰村。1950年设月峰乡。1958年并入东风公社。1961年析设月峰公社。1984年改月峰瑶族乡。因乡政府驻地得名。月峰河流经。有九年一贯制学校1所，卫生院1个，卫生室8个。有文化站等。有名胜将军石。农业以水稻、红薯、西瓜、蔬菜种植为主，有禾花鱼、鸡、鸭饲养。工业以煤矿开采为主。省道衡东—宜章线过境。

月峰村［Yuèfēngcūn］ 月峰瑶族乡人民政府驻地。在区政府驻地骆仙街道西南23千米。人口2000。以汉族为主，还有瑶族。清乾隆年间(1736—1795)成村。因山峰似月得名。聚落呈团块状。有中心学校、卫生院等。有民俗舞龙灯、抖糍粑。农业以水稻、红薯、蔬菜等种植为主。省道衡东—宜章线经此。

大塘瑶族乡［Dàtáng Yáozú Xiāng］ 北湖区辖乡。在区境西南部。面积32平方千米。人口0.5万，其中瑶族占19%，还有汉族。辖1居委会、4村委会，有28自然村。乡人民政府驻大塘村。1950年设大塘乡，1958年并入上游公社。1986年析芙蓉乡设大塘瑶族乡。因乡政府驻地得名。罗家河流经。有九年一贯制学校1所，卫生院1个，卫生室4个。有文化站等。有景点仰天湖草原、仰天巨佛。农业以水稻、红薯、蔬菜种植为主，有禾花鱼、鸡、鸭饲养。省道衡东—宜章、永兴—宜章线过境。

大塘村［Dàtángcūn］ 大塘瑶族乡人民政府驻地。在区政府驻地骆仙街道西南46千米。人口1300。清道光年间(1821—1850)成村。四面环山，中似水塘，故名。聚落呈团块状。有中心学校、卫生院。有仰天湖草原。有民俗瑶歌、瑶舞。经济以种植水稻、红薯，养殖禾花鱼、鸭为主。省道永兴—宜章线经此。

苏仙区

苏仙区［Sūxiān Qū］ 郴州市辖区。在市境中部。面积1340平方千米。人口42.5万。以汉族为主，还有瑶、土家、壮、侗等民族。辖6街道、9镇、1乡。人民政府驻苏仙岭街道。秦二十六年(前221)设郴县，属长沙郡。西汉属桂阳郡。新始建国元年(9)易名宣风县，属南平郡。东汉建武十一年(35)复郴县，属桂阳郡。隋、唐时属桂阳郡，时属郴州。五代后唐清泰三年(936)更名敦化县。后汉乾祐三年(950)复名。宋属郴州军。元至元十三年(1276)更名郴阳县。十四年(1277)属郴州路。明洪武九年(1376)省入郴州。1913年废州复郴县。先后属第八行政督察区、第三行政督察区、郴县专区、郴州专区、郴州地区。1994年改苏仙区，属郴州市。因苏仙岭得名。传苏耽于牛脾山修道成仙，西汉时遂改牛脾山为苏仙岭，故名。先后建设爱莲湖、湘南学院、郴州职业技术学院、王仙岭公园，开发城东新区，改造西部老城区小街小巷，建苏仙文化娱乐城、橘井商厦。2011年后改造棚户区，新建多处居住小区。有标志性建筑福地广场、市国际会展中心、市体育馆。年均气温19.4℃，1月平均气温6.8℃，7月平均气温29.8℃。年均降水量1092毫米。秧溪、郴江流经。有飞天山国家地质公园、五盖山国家森林公园。有高校2所，中学7所，九年一贯制学校10所，小学68所，三级医院2个，二级医院2个。有全国重点文物保护单位郴县苏维埃政府旧址、苏仙岭摩崖石刻群，省级文物保护单位湘粤古道苏仙段、国共合作抗日谈判旧址等16个。有湘南起义烈士纪念园、区革命烈士纪念馆。有省级历史文化街区裕后街。有国家级非物质文化遗产苏仙传说。有国家4A级旅游景区苏仙岭、天堂温泉。有景点三绝碑、喻家寨、千年悬棺、高崎岭。三次产业比例5∶65∶30。农业以水稻、玉米、马铃薯种植为主，有生猪饲养，特产油茶、葡萄、高山菊。工业以有色金属、电子、能源电力、化工为主。有省级苏仙区工业集中区。有有色金属、铅锌、锰、煤等矿。服务业以批发零售、旅游为主。京广铁路，武广客运专线，京港澳、厦蓉、京珠高速，107国道，省道衡山—宜章、攸宜—关溪线过境。通多路公交车。

郴州出口加工区［Chēnzhōu Chūkǒu Jiāgōngqū］ 在区境东部。面积100平方千米。东至塘溪路，南至福源大街，西至秧溪水，北至郴州大道。2005年经国务院正式批准建立国家级出口加工区，由郴州市政府管理。以电子信息、有色金属新材料为主，发展信息、数字视讯产业。入驻有金贵银业、台达电子、华录数码、郴州粮机等企业470多个。通过城区道路与主城区相连。

福地广场［Fúdì Guǎngchǎng］ 在城区西部。面积20平方千米。2011年开工，2013年建成。因处"天下第十八福地"苏仙岭山脚得名。有南、北大理石墙。北墙刻有苏仙公、天下名山七十二福地排名。南墙为百福墙，刻有166个不同字体福字。为文化旅游、休闲、集会、健身广场。周边有居住小区、市二中等。通多路公交车。

苏仙南路［Sūxiān Nánlù］ 在区境北部。南起人民东路，北至飞虹路。与苏园路、郴江北路相交。长1.3千米，宽30米。沥青路面。1965年开工，1966年建成，2009年扩建。因苏仙岭得名。两侧有市教育局、妇幼保健院、教师发展中心。通多路公交车。

苏仙北路［Sūxiān Běilù］ 在区境北部。南起飞虹路，北至协作路。与卜里坪路相交。长0.8千米，宽30米。沥青路面。1965年开工，1966年建成，2009年扩建。因苏仙岭得名。两侧有市委、郴州日报社、区妇幼保健院。通多路公交车。

郴江北路［Chēnjiāng Běilù］ 在区境东部。西起苏仙南路，南至郴州大道。与人民东路、青年大道、杨家坪路、爱莲路相交。长4千米，宽40米。沥青路面。1965年开工，1966年建成，2009年改建。因郴江河得名。两侧有爱莲湖公园、石榴湾生态公园、市民政局、职中、郴州技师学院、市演艺中心。通多路公交车。

苏仙桥［Sūxiān Qiáo］ 在城区东部。长88米，宽22米，最大跨度40米，桥下净高9.2米。北宋建造，1964、1988年分别改建，1999年重建。因苏仙岭得名。为小型河道桥梁，结构型式为变截面箱梁桥。最大载重 22 吨。通多路公交车。

苏仙岭街道［Sūxiānlǐng Jiēdào］　苏仙区人民政府驻地。在区境中部。面积 2.9 平方千米。人口 7.4 万。1983 年设。因国家 4A 级旅游景区苏仙岭得名。2011 年改造苏东苑、苏仙福地广场。郴江河流经。有中等职业学校 1 所，中学 2 所，小学 4 所，三级医院 1 个，二级医院 2 个，卫生服务中心 2 个，卫生所 16 个。有橘井、苏仙桥遗址。有国家级非物质文化遗产苏仙传说。经济以商贸、旅游为主。有东苑阁、苏仙、苏园等农贸市场。京广铁路过境。通多路公交车。

南塔街道［Nántǎ Jiēdào］　属苏仙区。在区境中部。面积 1.2 平方千米。人口 2.7 万。1980 年设。因古迹南塔得名。2009 年改造裕后街历史文化街区，治理郴江河。有中学 2 所，小学 1 所，卫生服务中心 1 个，卫生所 9 个。有湘南起义烈士纪念园。有全国重点文物保护单位郴县苏维埃政府旧址，省级文物保护单位骡马古道、犀牛井。有古迹陈家大屋、东塔、江西会馆、燕泉洲、涌泉门。有省级历史文化街区裕后街。经济以商贸为主，有八一路商业步行街。京广铁路过境。通多路公交车。

裕后街［Yùhòujiē］　在南塔街道东南部。长 420 米，宽 7 米。青石板路面。以《三字经》"光于前，裕于后"警句得名。为省级历史文化街区。古为郴宜 90 里驰道北起点，历为邮驿、商道。清为郴江河终端码头。2014 年改造。有省级文物保护单位湘粤古道遗址、犀牛井。有古迹张家井、清淑桥、化龙桥、江西会馆、涌泉门、沿江码头。有仿徽派建筑 25 栋，门面 198 个，商家 106 个。有中小学。通多路公交车。

白鹿洞街道［Báilùdòng Jiēdào］　属苏仙区。在区境西部。面积 10.1 平方千米。人口 1.1 万。1995 年设白鹿洞镇。2012 年改街道。因白鹿洞得名。郴江河流经。有苏仙湖。有中等职业学院 1 所，小学 1 所，三级医院 1 个，卫生服务中心 1 个，卫生所 7 个。有省级文物保护单位国共合作抗日谈判旧址李家大屋。有南塔岭革命烈士墓群。有古迹南塔、苏仙桥古井。有景点东塔岭、石榴湾生态公园。经济以商贸、餐饮为主。京广铁路过境。通多路公交车。

王仙岭街道［Wángxiānlǐng Jiēdào］　属苏仙区。在区境东部。面积 16.3 平方千米。人口 0.3 万。2012 年设。因国家 4A 级旅游景区王仙岭得名。有职业技术学院 1 所，中学 2 所，小学 1 所，卫生服务中心 1 个，卫生所 5 个。有景点相山瀑布、爱莲湖。经济以旅游、餐饮为主。京港澳高速过境。通多路公交车。

卜里坪街道［Bǔlǐpíng Jiēdào］　属苏仙区。在区境北部。面积 25.6 平方千米。人口 0.3 万。2012 年设。原因居坪中，有商铺，得名铺里坪，后谐音改今名。郴江流经。有小学 1 所，特教学校 1 所，卫生服务中心 1 个，卫生所 5 个。有名胜小苏仙、青年湖。农业以水稻、蔬菜种植为主，特产仙鹿葡萄。工业有有色金属冶炼、石墨及锌加工。京广铁路、107 国道过境。通多路公交车。

观山洞街道［Guānshāndòng Jiēdào］　属苏仙区。在区境东部。面积 21.5 平方千米。人口 0.6 万。2012 年设。四面环山，中间有洞，故名。先后建成多处小区。有标志性建筑郴州国际会展中心、市奥林匹克体育中心。有湘南学院。有小学 1 所，卫生服务中心 1 个，卫生所 3 个。有西河沙滩公园、西河体育公园。经济以电子、建筑为主。通多路公交车。

桥口镇［Qiáokǒu Zhèn］　苏仙区辖镇。在区境东北部。面积 120 平方千米。人口 2 万。以汉族为主，还有瑶族。辖 5 居委会、15 村委会，有 240 自然村。镇人民政府驻桥口村。1950 年设桥口乡。1958 年并入五星公社。1959 年析设桥口公社。1982 年改镇。因镇政府驻地得名。有高椅岭。大浪江、雷溪、东江流经。有飞天山国家地质公园。有中等职业学校 1 所，九年一贯制学校 1 所，小学 10 所，卫生院 1 个，卫生所 15 个。有省级文物保护单位石佛寺。农业以种植草皮、花卉、苗木为主。工业以化工、能源、有色金属加工为主。服务业以旅游为主。资许铁路、省道郴州—桂东线过境。

桥口村［Qiáokǒucūn］　桥口镇人民政府驻地。在区政府驻地苏仙岭街道东北 18 千米。人口 500。原因三面环水且人口有石磅而得名磅口，后因生僻字不易写改为今名。聚落呈带状。有九年一贯制学校、卫生院。种植花卉、苗木等。资许铁路经此。通公交车。

白露塘镇［Báilùtáng Zhèn］　苏仙区辖镇。在区境东部。面积 121 平方千米。人口 2.9 万。以汉族为主，还有瑶族。辖 6 居委会、13 村委会，有 280 自然村。镇人民政府驻珠江桥村。1983 年设。原白鹭聚居，以谐音得名。有十里山、百砂垄山。秧溪、大浪江流经。有中学 1 所，九年一贯制学校 1 所，小学 6 所，卫生院 1 个，卫生所 16 个。有省级文物保护单位柿竹园矿冶古遗址。农业以蔬菜、草皮、花卉等种植为主。工业以有色金属新材料、电子、装备制造为主。有郴州高新技术产业开发区、郴州出口加工区、郴州有色金属产业园。京港澳高速，240、357 国道，省道衡山—宜章线过境。

珠江桥村［Zhūjiāngqiáocūn］　白露塘镇人民政府驻地。在区政府驻地苏仙岭街道东 2 千米。人口 2800。百年前有简易石板桥，因桥与朱家湾临近得名朱江桥，2011 年更今名。聚落呈带状。有中小学、卫生所。有清咸丰武功将军何流恕墓。经济以金属矿采选、加工为主。省道郴州—宜章线过境。

良田镇［Liángtián Zhèn］　苏仙区辖镇。在区境南部。面积 192 平方千米。人口 4.4 万。以汉族为主，还有瑶族。辖 4 居委会、31 村委会，有 480 自然村。镇人民政府驻良田村。1952 年设良田镇。1957 年改良田办事处。1982 年复镇。因镇政府驻地得名。有萧家山、圣公岭。郴江河、章溪流经。有中学 1 所，九年一贯制学校 3 所，小学 16 所，卫生院 1 个，卫生所 23 个，文化站 1 个。有省级文物保护单位福德楼。有区革命烈士纪念馆。有古迹上下古街、水星楼、文昌宫戏台、贞节牌坊、湘粤古道遗址。农业以水稻、茶、高山菊种植为主，有鱼养殖，制种为主。工业以水泥建材、水电为主。服务业以商贸、餐饮为主。为区境南部农副产品集散地。京广铁路，武广高铁，京港澳、厦蓉高速，107 国道过境。

良田村［Liángtiáncūn］　良田镇人民政府驻地。在区政府驻地苏仙岭街道南 22 千米。人口 2900。明代成村。以《徐霞客游记》"良田居市甚众，乃中道一大聚落"得名。聚落呈带状。有九年一贯制学校。有区革命烈士纪念馆。有古迹福德楼、水星楼、骡马古道。经济以种植水稻、蔬菜，休闲农业为主。107 国道经此。

栖凤渡镇［Qīfèngdù Zhèn］　苏仙区辖镇。在区境北部。面积 104 平方千米。人口 4.6 万。辖 6 居委会、25 村委会，有 330 自然村。镇人民政府驻栖江社区。1950 年设栖凤渡乡。1958 年成立先锋公社。1959 年更名栖凤渡公社。1982 年复乡。1984 年改镇。传三国庞统栖此渡口，因其号凤雏得名。西河、九山河流经。有中学 1 所，小学 3 所，卫生院 3 个，卫生所 10 个，文化站 1 个。有樟木冲山古遗址、栖凤渡驿站、望仙亭。农业以水稻种植为主，有生猪饲养。工业以煤矿开采为主。特产栖凤渡鱼粉。服务业以乡村旅游、商贸为主。为区境北部商品集散地。京广铁路、京港澳高速、107 国道过境。

栖江社区［Qījiāng Shèqū］　栖凤渡镇人民政府驻地。在区境北部。人口 3200。因栖河得名。2005 年成立。民居以 6 层以下住宅楼为主。有老年活动中心、便民服务站。开展文明劝导、环境保护等活动。有中小学、卫生院。107 国道经此。

坳上镇［Àoshàng Zhèn］　苏仙区辖镇。在区境南部。面积 162 平方千米。人口 2.1 万。辖 1 居委会、14 村委会，有 258 自然村。镇人民政府驻坳上村。1950 年设坳上乡。1955 年改区。1956 年复乡。1958 年并入红旗公社。1984 年复乡。1994 年改镇。因镇政府驻地得名。郴江河、兆吉洞河流经。有九年一贯制学校 1 所，小学 11 所，卫生院 1 个，卫生所 19 个，文化站 1 个。有省级文物保护单位坳上村古建筑群。有名胜古迹天下第十八泉、五盖山峡谷、湘粤古道。有民俗炸套环、爆米花、赶年会。农业以水稻种植为主，蔬菜、西瓜为辅。工业以采选矿、建材、小水电为主。京广铁路，京港澳、厦蓉高速过境。

坳上村［Àoshàngcūn］　坳上镇人民政府驻地。在区政府驻地苏仙岭街道南 13 千米。人口 2200。宋代成村。因处五盖山西南山坳得名。聚落呈点状。有九年一贯制学校、卫生院。为中国历史文化名村。有省级文物保护单位坳上村古建筑群。有文星古桥。农业以水稻、蔬菜、西瓜等种植为主。京港澳高速经此。

许家洞镇［Xǔjiādòng Zhèn］　苏仙区辖镇。在区境北部。面积 55 平方千米。人口 1.6 万。辖 1 居委会、8 村委会，有 88 自然村。镇人民政府驻许家洞村。1950 年设许家洞乡。1958 年成立市郊公社。1963 年改许家洞公社。1982 年改镇。因镇政府驻地得名。郴江、秧溪流经。有飞天山国家地质公园。有九年一贯制学校 1 所，小学 3 所，卫生院 1 个，卫生所 8 个，文化站 1 个。有省级文物保护单位郴州古堡群喻家寨。有国家 4A 级旅游景区天堂温泉。农业以蔬菜种植为主。工业以采煤为主。服务业以旅游为主。京广铁路、京港澳高速过境。

许家洞村［Xǔjiādòngcūn］　许家洞镇人民政府驻地。在区政府驻地苏仙岭街道北 10 千米。人口 1600。黄巢义军经此洗刀，血染田洞，故名洗刀洞，后因音近演为今名。聚落呈带状。有九年一贯制学校、卫生院。农业以种植蔬菜为主，葡萄为辅。京港澳高速经此。

五里牌镇［Wǔlǐpái Zhèn］　苏仙区辖镇。在区境北部。面积 103 平方千米。人口 3.3 万。辖 2 居委会、17 村委会，有 285 自然村。镇人民政府驻街洞村。1950 年设五里牌乡。1958 年并入先锋公社，1959 年析设五里牌公社。1984 年复乡。2002 年改镇。因距中伙铺、白芒铺均 5 里得名。翠江流经。有飞天山国家地质公园。有中学 2 所，小学 5 所，卫生院 1 个，卫生所 11 个，文化站 1 个。农业以水稻、蔬菜种植为主，有鲜鱼养殖。工业以农林产品精深加工、电子零部件、有色金属加工为主。有区工业集中区。服务业以商贸为主。京广铁路、京港澳高速过境。

街洞村［Jiēdòngcūn］　五里牌镇人民政府驻地。在区政府驻地苏仙岭街道北 18 千米。人口 2200。原因铁路分开田洞得名界洞，后谐音演为今名。聚落呈带状。有卫生所。农业以水稻、蔬菜等种植为主。有苏仙工业集中区五里牌片区。京广铁路经此。通多路公交车。

望仙镇［Wàngxiān Zhèn］　苏仙区辖镇。

在区境东部。面积154平方千米。人口1.2万。以汉族为主，还有瑶族。辖1居委会、13村委会，有280自然村。镇人民政府驻和平村。1950年设塘溪乡，后改公社。1984年复乡。2011年改望仙镇。因望仙亭得名。有李家坳、五十四坳、鸡冠石、太和仙、铅煤坳山。大浪江、雷溪流经。有九年一贯制学校2所，小学5所，卫生院1个，卫生所8个，文化站1个。农业以水稻种植为主，有鱼、生猪饲养。服务业以休闲旅游为主。240国道过境。

和平村［Hépíngcūn］ 望仙镇人民政府驻地。在区政府驻地苏仙岭街道东15千米。人口2300。因和平祠得名。聚落呈环状。有九年一贯制学校、卫生院。经济以乡村旅游为主。农业以草皮、花卉种植为主，产水果。有红叶石楠、红枫种植基地。

五盖山镇［Wǔgàishān Zhèn］ 苏仙区辖镇。在区境东南部。面积116平方千米。人口0.9万。以汉族为主，还有瑶族。辖1居委会、8村委会，有160自然村。镇人民政府驻大奎上村。1950年设大奎上乡。1958年并入钢铁公社。1961年析设大奎上公社。1984年复乡。2012年改五盖山镇。因五盖山得名。有狮子口、十里山。大浪江、秧溪流经。有五盖山省级森林公园。有九年一贯制学校1所，小学2所，卫生院1个，卫生所4个，文化站1个。有古迹惜字炉、凤凰亭、风林庵。有五盖山国际狩猎场。农业以水稻、红薯、马铃薯种植为主，有生猪、黄牛、黑山羊饲养。工业以水电为主。特产腊肉、红薯干。服务业以旅游为主。省道郴州—宜章线过境。

大奎上村［Dàkuíshàngcūn］ 五盖山镇人民政府驻地。在区政府驻地苏仙岭街道东南17千米。人口1500。清光绪三十三年（1907）《郴州直隶州乡土志》载："出州治南行，入秀才乡。又南行五里至大奎上"。因奎星得名。聚落呈点状。有九年一贯制学校、卫生院。有古迹风林庵。有五盖山省级森林公园、五盖山国际狩猎场。农业以水稻种植为主，有猪、牛饲养。省道郴州—宜章线经此。

马头岭乡［Mǎtóulǐng Xiāng］ 苏仙区辖乡。在区境北部。面积135平方千米。人口2.2万。辖2居委会、16村委会，有282自然村。乡人民政府驻马头岭村。1950年设马头岭乡。1958年并入先锋公社。1959年析设马头岭公社。1984年复乡。因乡政府驻地得名。西河、太和水流经。有九年一贯制学校2所，小学11所，卫生院2个，卫生所16个，文化站2个。有古迹白云仙庵、海堂贞节牌坊。农业以水稻、蔬菜种植为主。武广高铁、107国道过境。

马头岭村［Mǎtóulǐngcūn］ 马头岭乡人民政府驻地。在区政府驻地苏仙岭街道北11千米。人口2200。因岭似马头得名。聚落呈带状。有九年一贯制学校、卫生院。农业以水稻、蔬菜、葡萄等种植为主。107国道经此。

资 兴 市

资兴市［Zīxīng Shì］ 湖南省辖县级市，由郴州市代管。北纬25°56′，东经113°26′。在郴州市境东部。面积2747平方千米。人口37.5万。以汉族为主，还有瑶、满、回、苗、壮等民族。辖2街道、10镇、6乡、2瑶族乡。市人民政府驻唐洞街道。东汉永和元年（136）析郴县置汉宁县，属桂阳郡。三国吴建兴元年（252）更名阳安县。晋太康元年（280）更名晋宁县。南朝齐建元二年（480）并入郴县。梁天监年间（502—519）复县。陈永定三年（559）并入郴县。隋开皇九年（589）再置县，属郴州。大业三年（607）更名晋兴县。唐贞观八年（634）并入郴县。咸亨三年（672）析设资兴县，属桂阳郡。建中年间（780—783）并入郴县。宋嘉定二年（1209）复资兴县。绍定二年（1229）更名兴宁县。元属郴州路。明、清属郴州。1914年复资兴县，属衡阳道。1937、1940年属第八、第三行政督察区。1949年属郴县专区。1951年属郴州专区。1952年属湘南行政区。1954年属郴州专区。1959年并入郴县。1961年复县。1962年东江市并入。1968年属郴州地区。1984年改资兴市。1994年由郴州市代管。因资兴江得名。1985年建唐洞新区，先后建成"四纵四横"框架路网。通过鲤鱼江大桥、东江大桥、凉树湾大桥将城区与南部东江湖风景名胜区、西部江北工业园区、罗围食品工业园区、资五产业园区和北部工矿区、农业开发区连成一体。有市人民广场、东江文化广场、白薇广场、秀流公园、青鲁湖公园。有东江湾景区、三湘四水旅游文化街、寿佛寺、千佛塔、农耕博物馆、东江移民博物馆、奇石博物馆、湘南植物园等。居湘、粤、赣3省交会处。地势东南高西北低。以山地为主。平均海拔630米。最高点八面山海拔2042米，最低点程江口海拔106米。年均气温17.6℃，1月平均气温6.3℃，7月平均气温29℃。年均降水量1495毫米。东江、程江河、永乐江、船形河流经。有矿产资源煤、白钨、黑钨、铅、锌等。有野生植物2400种，其中有国家重点保护野生植物银杉、水杉、杜仲、柏乐等28种。有野生动物718种，其中有国家重点保护野生动物黄腹角雉、白颈长尾雉、蟒蛇、猫头鹰、穿山甲等44种。有顶寮银杉、光叶白兰群落。有天鹅山国家森林公园、八面山省级自然保护区。森林覆盖率73.8%。有中等职业学校1所，中学25所，小学85所，特教学校1所，二级医院5个，博物馆1个，文化馆1个，图书馆1个，档案馆1个，体育馆1个，文艺团体1个。有全国重点文物保护单位湘南起义旧址群彭公庙联席会议旧址，省级文物保护单位大岸盈古建筑群、观澜书院、资兴县苏维埃政府旧址等8个。有省级非物质文化遗产还盘王愿祭祀礼仪等2项。有国家5A级旅游景区东江湖。有名胜古迹回龙山、东江漂流、程江丹霞、湘南古民居流华湾等。有千年古镇兴宁镇。三次产业比例10∶59∶31。农业以水稻、蔬菜种植为主，有生猪、虹鳟鱼、牛、鸡、鸭等饲养。工业以能源、建材、木材加工、新材料为主。特产狗脑贡茶、清江柑橘、大辣椒、回龙乌鸡、资兴白鹅、玉兰片、白露酒。有省级经济开发区1个，省级新材料产业示范基地1个，省级特色产业基地1个。服务业以商贸、物流、旅游为主。有鲤鱼江、兴华等大市场3个。郴三铁路，省道东山—泸水、资兴—高坡线过境。有东江湖水运航道。通多路公交车。

东江文化广场［Dōngjiāng Wénhuà Guǎngchǎng］ 在市区南部。面积6.9公顷。2000年开工，2003年建成。因东江湾得名。由日月同辉主题雕塑、音乐水景喷泉、公众游乐广场、临河广场、罗马广场、滨水舞台、三国五城纪念碑和友谊树等8个各具特色的景观艺术整体组成，集爱国主义教育、科普宣传、文化传播、健身娱乐于一体。周边有千福塔、水上运动中心。通多路公交车。

晋兴路［Jìnxīng Lù］ 在市区北部。东起矿工南路，西至兴华路。与资兴大道、大全路、民生路相交。长1.8千米，宽21米。沥青路面。1987年开工，1990年建成，2013年改建。因晋兴古县得名。两侧有市广播电视台、公路局、小学等。通多路公交车。

晋宁路［Jìnníng Lù］ 在市区中部。东起民生路，西至秀流路。与文锋路、资兴大道、大全路相交。长1.7千米，宽36米。沥青路面。1985年开工，1986年建成，2012年改建。因晋宁古县得名。两侧有市委市政府、建设局、电信大楼等。通多路公交车。

阳安路［Yáng'ān Lù］ 在市区中部。东起大全路，西至文锋路。与兴华路、资兴大道相交。长1.5千米，宽52米。沥青路面。1986年开工，1987年建成，2013年改建。因阳安古县得名。两侧有老干部活动中心、地税局、市人社局、宾馆、酒楼等。通多路公交车。

汉宁路［Hànníng Lù］ 在市区南部。东起焦厂公路，西至文锋路。与兴华路相交。长914米，宽28米。沥青路面。1987年开工，1993年建成，2005、2011年改建。取汉宁古县得名。两侧有电力集团、住宅区、居住小区等。通多路公交车。

东江大道［Dōngjiāng Dàdào］ 在市区南部。东起省道东山—泸水线，西至山背桥。长4.1千米，宽36米。沥青水泥混凝土路面。2004年开工，2005年建成。原名东江迎宾路，2012年改今名。两侧有东江文化广场、东江中学、东江大桥、千福塔。通多路公交车。

兴华路［Xīnghuá Lù］ 在市区中部。南起汉宁路，北至晋兴路。与晋宁路、阳安路相交。长1.2千米，宽36米。沥青路面。1985年开工，1987年建成，2011年改建。取意振兴中华得名。两侧有中小学、市剧院、兴华市场、青少年文化宫、人民广场。通多路公交车。

资兴大道［Zīxīng Dàdào］ 在市区中部。南起东江大道，北至晋兴路。与省道东山—泸水线相交。长6千米，宽60米。沥青路面。1985年开工，1989年建成，2011年改建。途经商业中心。两侧有市司法局、检察院、公安局、市汽车总站、市法院、建材大市场、购物广场。通多路公交车。

资兴汽车总站［Zīxīng Qìchē Zǒngzhàn］ 见交通运输设施部分"资兴汽车总站"条。

鲤鱼江汽车站［Lǐyújiāng Qìchēzhàn］ 见交通运输设施部分"鲤鱼江汽车站"条。

唐洞街道［Tángdòng Jiēdào］ 资兴市人民政府驻地。在市境北部。面积21平方千米。人口7.1万。以汉族为主，还有瑶、苗、土家等民族。1989年设。因洞得名。先后建人民广场、白薇广场、秀流公园、青鲁湖公园，改扩建民生路。程江流经。有中学4所，小学3所，二级医院2个，卫生服务中心4个，卫生所10个。有市特教学校、体育馆、图书馆。有省级非物质文化遗产还盘王愿祭祀礼仪。农业以稻谷、水果、蔬菜等种植为主，有猪、禽、鱼养殖。工业以煤炭、竹木、食品加工为主。有江北工业园。有兴华大市场。郴三铁路、省道资兴—高坡线过境。通多路公交车。

茶坪瑶族村［Chápíngyáozúcūn］ 在唐洞街道东南部。属唐洞街道。人口1100，其中瑶族占80%，还有汉族。明末清初成村。因多茶树得名。聚落呈散状。有省级非物质文化遗产还盘王愿祭祀礼仪。有瑶族起春节、团圆节、盘王节。开展唱瑶歌、打长鼓、舞草龙、学武术等瑶族传统文化活动。有瑶族文艺宣传队、瑶族文化培训班等。农业以水稻、油茶、茶种植为主，产蜂蜜。省道资兴—高坡线经此。

东江街道［Dōngjiāng Jiēdào］ 属资兴市。在市境东南部。面积154平方千米。人口7.1万。以汉族为主，还有瑶、满、侗、维吾尔等民族。2012年由东江、鲤鱼江2镇合设。东江河流经，故名。先后改造东江大道、东江湖门楼。有高龙山、东江湖。有市职业中专。有中学2所，小学5所，幼儿园14所，二级医院2个，卫生服务中心1个，卫生所8个。有东江文化广场。有名胜古迹寿佛寺、千佛塔、东江湾、三湘四水、龙景峡谷。工业以发电、水泥建材、木材、食品加工为主。服务业以商贸、物流为主。有鲤鱼江大市场。郴三铁路，省道资兴—高坡、东山—泸水线过境。有东江汽车站。通多路公交车。

滁口镇 [Chúkǒu Zhèn]　资兴市辖镇。在市境南部。面积164平方千米。人口1.4万。以汉族为主，还有瑶族。辖1居委会、15村委会，有230自然村。镇人民政府驻葫芦顶。1956年设滁口乡。1961年改公社。1984年复乡。1997年改镇。因处滁水入沤江之口得名。有中学1所，小学6所，卫生院1个，卫生所4个。有幼儿园、文化中心、广播站、敬老院等。有名胜古迹瑶岭、滁口林场、干塘、犀牛迷宫、灵芝岩铜锁吊悬棺。农业以水稻、柑橘、茶种植为主，有水产养殖。工业以矿产、木材加工为主。服务业以商贸、旅游为主。省道汝城—临武线过境。有东江湖客运码头5个。

葫芦顶 [Húlúdǐng]　滁口镇人民政府驻地。在市政府驻地唐洞街道南34千米。人口1800。因地形似葫芦得名。聚落呈团块状。有中小学、卫生院、文化中心、广播电视站。盛产柑橘、茶叶、板栗。有集贸市场。县道滁口—瑶岗仙线经此。

三都镇 [Sāndū Zhèn]　资兴市辖镇。在市境北部。面积68平方千米。人口4.3万。以汉族为主，还有瑶、回、白、壮等民族。辖5居委会、14村委会，有184自然村。镇人民政府驻三都社区。1956年设三都镇。1958年并入蓼市公社。1961年析设三都公社。1962年复镇。2012年原碑记乡部分地域并入。南宋曾设8都，此为三都，故名。有八角星山。宝源河流经。有中学5所，小学8所，卫生院2个，卫生所4个。有幼儿园、文化中心、广播电视站、敬老院等。有省级文物保护单位资兴县苏维埃政府旧址。有流华湾古建筑群。农业以水稻、玉米、蔬菜种植为主，有生猪、家禽饲养。工业以煤矿开采、冶炼，机械加工，建材为主。郴三铁路、省道东山—泸水线过境。

三都社区 [Sāndū Shèqū]　三都镇人民政府驻地。在市境北部。面积1.3平方千米。人口2200。因处三都集镇得名。1984年成立。民居以2层及以上住宅楼为主。有卫生服务站、老年活动室、便民服务站等。有中小学、卫生院。有煤矿、洗煤厂、火力发电厂。有商贸服务业。省道资兴—高坡线、县道廖江—三都线经此。通多路公交车。

流华湾 [Liúhuáwān]　在市政府驻地唐洞街道北10千米。三都镇辖自然村。人口1000。明代成村。原因为刘姓地产得名刘家湾，后以谐音，取意源远流长、永放光华之意改今名。聚落呈团块状。有省级文物保护单位资兴县苏维埃政府旧址。有明清古民居400余栋。省道资兴—高坡线、县道廖江—三都线经此。

蓼江镇 [Liǎojiāng Zhèn]　资兴市辖镇。在市境北部。面积81平方千米。人口2.4万。以汉族为主，还有瑶族。辖3居委会、12村委会，有147自然村。镇人民政府驻蓼市村。1958年成立蓼市公社。1984年改乡。1993年改蓼江镇。因蓼江流经，故名。有帽岭。有中学1所，小学2所，卫生院1个，卫生所6个。有幼儿园、文化中心、广播电视站、敬老院等。有古迹大蜂寨、郴侯书院、“两亩半”园、蓼江老街。农业以水稻、油茶、蔬菜种植为主，有生猪、家禽饲养，盛产松、杉、油桐。工业以煤开采、加工为主。服务业以商贸为主。郴三铁路、省道资兴—高坡线、县道廖江—三都线过境。

蓼市村 [Liǎoshìcūn]　蓼江镇人民政府驻地。在市政府驻地唐洞街道北12千米。人口2900。秦汉成村。清雍正年间(1723—1735)在老街建市，因多蓼草得名。聚落呈团块状。有中小学、幼儿园、卫生院、文化活动室等。农业以水稻、蔬菜等种植为主。工业以煤矿开采为主。有集贸市场。省道资兴—高坡线、县道宇字—香花星塘线经此。

七里镇 [Qīlǐ Zhèn]　资兴市辖镇。在市境北部。面积76平方千米。人口1.6万。以汉族为主，还有瑶族。辖1居委会、10村委会，有179自然村。镇人民政府驻七里圩。1961年成立七里公社。1984年改乡。1993年改镇。因镇政府驻地得名。有七里山。有中学1所，小学3所，卫生院1个，卫生所5个。有幼儿园、文化中心、广播电视站、敬老院等。有省级文物保护单位曹里怀将军故居。有名胜半垅水库、大石庵人工湖。农业以水稻、柑橘、板栗、杨梅种植为主，有生猪、牛、家禽饲养。工业以煤矿开采为主。省道资兴—高坡线过境。

七里圩 [Qīlǐxū]　七里镇人民政府驻地。在市政府驻地唐洞街道北29千米。人口2800。宋代成村。因距驿站7里得名。聚落呈带状。有中小学、幼儿园、卫生室、文化活动室等。经济以商贸为主。农业以水稻种植为主。有集贸市场。县道蕉坪岭—柏树线经此。

兴宁镇 [Xīngníng Zhèn]　资兴市辖镇。在市境中部。面积220平方千米。人口3.9万。以汉族为主，还有瑶、满、苗等民族。辖3居委会、33村委会，有519自然村。镇人民政府驻兴宁社区。1987年由城关镇、城郊乡合设兴宁镇。2012年坪石、何家山2乡并入。因古县名兴宁得名。有东江湖、长须垅峰。有中学2所，小学8所，二级医院1个，卫生院3个，卫生所12个。为国家级千年古镇。宋绍定二年(1229)为资兴县治，有兴宁烈士塔。有名胜古迹云盖仙亭、十龙潭。农业以水稻、玉米、松、杉、南竹种植为主，有生猪、牛饲养。工业以萤石矿开采、木材加工、建材、电子为主。为全国重点镇。省道东山—泸水线过境。

兴宁社区 [Xīngníng Shèqū]　兴宁镇人民政府驻地。在市境东部。面积1.8平方千米。人口1.8万。2004年成立。因镇得名。民居多3—6层的楼房。有中小学、幼儿园、二级医院、文化活动室、运动场、集贸市场等。有市革命烈士塔、古迹云盖仙亭。为市东部集市中心。省道东山—泸水线经此。

州门司镇 [Zhōuménsī Zhèn]　资兴市辖镇。在市境东部。面积190平方千米。人口2.2万。以汉族为主，还有瑶族。辖2居委会、26村委会，有406自然村。镇人民政府驻州门司村。1961年成立州门司公社。1984年改乡。1993年改镇。2012年彭市乡并入。因镇政府驻地得名。有小桃寮峰。有中学2所，小学8所，卫生院3个，卫生所15个。有文化中心、广播电视站等。有全国重点文物保护单位彭公庙联席会议旧址，省级文物保护单位军事家曾中生、省委书记曾希圣故居。农业以水稻、玉米种植为主，有生猪、牛、家禽饲养，特产东江梨。工业以硅石、玻璃、南竹加工、水电为主。省道东山—泸水线过境。

州门司村 [Zhōuménsīcūn]　州门司镇人民政府驻地。在市政府驻地唐洞街道东51千米。人口2000。明代成村。旧为关隘，属古州府大门，故名。聚落呈块状。有中小学、幼儿园、卫生室、文化活动室。农业以水稻种植为主。为市东部农副产品交易中心。有集贸市场。省道东山—泸水线经此。

牵牛坳 [Qiānniú'ào]　在市政府驻地唐洞街道东55千米。州门司镇辖自然村。人口100。宋代成村。因每春耕牛聚此得名。聚落呈点状。有省级文物保护单位曾中生、曾希圣故居。农业以稻谷、水果、蔬菜等种植为主。县道州波线经此。

塘家湾村 [Tángjiāwāncūn]　在市政府驻地唐洞街道东61千米。州门司镇辖自然村。人口800。宋代成村。因塘多得名。聚落呈点状。有全国重点文物保护单位彭公庙联席会议旧址。农业以稻谷、水果、蔬菜等种植为主。省道东山—泸水线经此。

青腰镇 [Qīngyāo Zhèn]　资兴市辖镇。在市境东部。面积131平方千米。人口1.4万。以汉族为主，还有瑶族。辖1居委会、15村委会，有384自然村。镇人民政府驻青腰圩。1955年设青腰乡。1961年改青市公社。1984年改乡。1993年改青腰镇。因镇政府驻地得名。有八面山。有中学1所，小学3所，卫生院1个，卫生所8个。有文化中心、广播电视站、敬老院等。农业以水稻、西瓜、生姜、南竹、松、杉种植为主，有生猪、牛、家禽饲养。工业以南竹、竹木、茶叶加工及水电为主。县道何连线过境。

青腰圩 [Qīngyāoxū]　青腰镇人民政府驻地。在市政府驻地唐洞街道东55千米。人口300。明代成村。因处八面山脚，青山环绕得名。聚落呈带状。有中小学、幼儿园、卫生院、文化活动室。经济以商贸为主。农业以水稻种植为主。有集贸市场。县道何连线经此。

黄草镇 [Huángcǎo Zhèn]　资兴市辖镇。在市境南部。面积187平方千米。人口1.8万。以汉族为主，还有瑶族。辖1居委会、15村委会，有350自然村。镇人民政府驻金牛岛。1956年设黄草乡。1958年成立钢铁公社。1961年改黄草公社。1984年复乡。1993年改镇。因遍地黄草得名。有雷公仙山、东江湖。有中学1所，小学8所，卫生院1个，卫生所9个。有文化中心、广播电视站、敬老院等。有名胜古迹雷公仙寺、东江漂流、黄草风情街。农业以水稻、玉米、柑橘、板栗、松、杉、南竹种植为主，有生猪、羊、鸡、鸭饲养。工业以竹木加工为主。省道茶陵—汝城线过境。2009年被评为全国文明镇。

金牛岛 [Jīnniúdǎo]　黄草镇人民政府驻地。在市政府驻地唐洞街道南55千米。人口700。1986年东江库区移民于此。因该岛形状似牛，故名。聚落呈块状。有中小学、幼儿园、卫生院、文化活动室。为国家5A级旅游景区东江湖核心景区。有东江漂流。经济以旅游为主。有集贸市场。省道茶陵—汝城线经此。

汤溪镇 [Tāngxī Zhèn]　资兴市辖镇。在市境东北部。面积188平方千米。人口1.2万。辖1居委会、18村委会，有456自然村。镇人民政府驻汤边圩。2011年由汤市、皮石2乡合设汤溪镇。因温汤得名。有猴古打望峰、汤市温泉。有小学10所，卫生院2个，卫生所7个。有幼儿园、文化中心、广播电视站、敬老院等。农业以水稻、茶、草药、油菜、杉木、松木、南竹种植为主，有生猪、牛、鸡、鸭饲养。有狗脑贡茶生产基地。省道茶陵—汝城线过境。

汤边圩 [Tāngbiānxū]　汤溪镇人民政府驻地。在市政府驻地唐洞街道东北87千米。人口1100。明代成村。传炎帝经此温泉沐浴，渐成集，故名。聚落呈带状。有中小学、幼儿园、卫生室、文化活动室等。经济以温泉旅游为主。农业以水稻、茶种植为主。有集贸市场。县道资炎线经此。

程水镇 [Chéngshuǐ Zhèn]　资兴市辖镇。在市境西部。面积124平方千米。人口1.3万。辖3居委会、17村委会，有251自然村。镇人民政府驻文昌阁村。2012年由高码、香花2乡合设程水镇。因程江河得名。有毛仙背峰。有中学1所，小学10所，卫生院2个，卫生所4个。有幼儿园、文化中心、广播电视站、敬老院等。有省级文物保护单位程子楷将军故居。有名胜古迹程江丹霞风光、古寿佛寺、白石岩庙、李王庙。农业以水稻、蔬菜、冰糖橙、柑橘、板栗种植为主,有生猪、牛、鸡、鸭饲养。工业以煤矿开采、化工、冶炼、电子为主。省道资江—高坡线过境。

文昌阁村 [Wénchānggécūn] 程水镇人民政府驻地。在市政府驻地唐洞街道西2千米。人口2300。宋代成村。因文昌阁得名。聚落呈点状。有小学、卫生院。农业以水稻、蔬菜种植为主,有猪、鱼等饲养。省道资江—高坡线经此。

石鼓村 [Shígǔcūn] 在市政府驻地唐洞街道西北2千米。程水镇辖自然村。人口1000。明代成村。传有石如鼓状得名。聚落呈块状。有省级文物保护单位程子楷将军故居。农业以水稻种植为主。省道资江—高坡线经此。

东坪乡 [Dōngpíng Xiāng] 资兴市辖乡。在市境东南部。面积147平方千米。人口0.4万。辖1居委会、7村委会,有210自然村。乡人民政府驻两水口村。1956年设东坪乡。1958年改先锋公社。1960年并入汝城县田庄公社。1961年复东坪乡,划归资兴县。因东坪洞得名。有雷公仙、洪水山。有东江湖。有九年一贯制学校1所,卫生院1个,卫生所4个。有幼儿园、文化中心、广播电视站等。有名胜古迹雷公仙寺、新坳古村落。农业以水稻、松、杉、南竹、油茶种植为主,有生猪、牛、羊、鸡、鸭饲养,盛产蜂蜜。工业以木材、茶叶加工,水电,金矿开采为主。县道东暖、九东、东水线过境。

两水口村 [Liǎngshuǐkǒucūn] 东坪乡人民政府驻地。在市政府驻地唐洞街道东南65千米。人口400。南宋成村。处东坪、芦桥2河交汇口,故名。聚落呈带状。有九年一贯制学校、幼儿园、卫生院、文化活动室。农业以水稻、茶种植为主,产蜂蜜。有集贸市场。

团结瑶族乡 [Tuánjié Yáozú Xiāng] 资兴市辖乡。在市境北部。面积70平方千米。人口0.3万,其中瑶族占30%,还有汉族。辖1居委会、7村委会,有110自然村。乡人民政府驻龙形村。1956年设团结乡。1957年改瑶族乡,后改公社。1984年复团结瑶族乡。取意民族团结得名。有回龙山。有小学1所,卫生院1个,卫生所4个。有幼儿园、文化中心、广播电视站、敬老院等。农业以水稻、茶、南竹、松、杉种植为主,有生猪、羊、家禽饲养。工业以竹木、茶叶加工为主。有乡村旅游业。县道蕉坪岭—柏树线过境。

龙形村 [Lóngxíngcūn] 团结瑶族乡人民政府驻地。在市政府驻地唐洞街道北29千米。人口200。以瑶族为主,还有汉族。清代成村。因地形似龙得名。聚落呈点状。有小学、幼儿园、卫生院、文化活动室。农业以水稻、茶种植为主。有集贸市场。

二峰村 [Èrfēngcūn] 在市政府驻地唐洞街道北35千米。团结瑶族乡辖自然村。人口700。以瑶族为主,还有汉族。清代成村。因处回龙山半山腰得名,又名二峰瑶寨。聚落呈点状。为省级民族特色村寨。有民俗瑶家歌、瑶家舞、瑶家美食。经济以乡村旅游为主,产云雾茶、蜂蜜、药材。

连坪瑶族乡 [Liánpíng Yáozú Xiāng] 资兴市辖乡。在市境东部。面积117平方千米。人口0.2万,其中瑶族占50%,还有汉族。辖1居委会、4村委会,有151自然村。乡人民政府驻上连村。1956年设连坪乡。1961年改公社。1984年复连坪乡。1993年改瑶族乡。取上连洞、田坪洞2村各一字得名。有八面山。有小学1所,卫生院1个,卫生所4个。有八面山西南坡、千年古道、千年铁松、千年石笋。有民俗盘王节、瑶歌瑶舞、瑶家刺绣。农业以水稻、茶、冬笋、玉兰、香菇种植为主,有生猪、牛、羊、家禽饲养,特产蜂蜜。工业以竹木加工、水电为主。省道桂东—资兴线过境。

上连村 [Shàngliáncūn] 连坪瑶族乡人民政府驻地。在市政府驻地唐洞街道东75千米。人口600。以瑶族为主,还有汉族。清代成村。因上连洞得名。聚落呈点状。有小学、幼儿园、卫生点、文化活动室等。农业以水稻、茶等种植为主。有集贸市场。省道桂东—资兴线经此。

兰市乡 [Lánshì Xiāng] 资兴市辖乡。在市境东部。面积57平方千米。人口0.7万。辖1居委会、9村委会,有181自然村。乡人民政府驻柳沙坪。1956年设兰市乡。1958年成立红旗公社。1961年更名兰市公社。1984年复兰市乡。因地形似菜篮且有溪水得名篮溪,后演为今名。有雅吉仙山。有小学2所,卫生院1个,卫生所5个。有幼儿园、文化中心、广播电视站。农业以水稻、松、杉、南竹种植为主,有生猪、牛、羊、家禽饲养,特产兰花。工业以木材、茶叶加工,水电,硅石、萤石开采为主。县道兰李线过境。

柳沙坪 [Liǔshāpíng] 兰市乡人民政府驻地。在市政府驻地唐洞街道东60千米。人口500。明代成村。因旧有柳树林得名。聚落呈带状。有小学、幼儿园、卫生院、文化活动室等。农业以水稻种植为主,盛产兰花。有集贸市场。县道老屋头—兰市线经此。

波水乡 [Bōshuǐ Xiāng] 资兴市辖乡。在市境东北部。面积86平方千米。人口1.1万。辖1居委会、13村委会,有228自然村。乡人民政府驻波水圩。1956年设波水乡。1958年成立红星公社,1961年改波水公社。1984年复波水乡。因乡政府驻地得名。有七宝山。有中学1所,小学3所,卫生院1个,卫生所6个。有幼儿园、文化中心、广播电视站、敬老院等。农业以水稻、油茶、生姜种植为主,有生猪、牛、羊、家禽饲养。有水电工业。省道东山—泸水线过境。

波水圩 [Bōshuǐxū] 波水乡人民政府驻地。在市政府驻地唐洞街道东56千米。人口500。明代成村。圩因河得名。有中小学、卫生室。农业以水稻种植为主,有生猪饲养。省道资兴—宁远线经此。

清江乡 [Qīngjiāng Xiāng] 资兴市辖乡。在市境西南部。面积154平方千米。人口1.2万。以汉族为主,还有瑶、傣等民族。辖1居委会、17村委会,有196自然村。乡人民政府驻羊场村。1956年设清江乡。1958年并入红专公社,1961年析设清江公社。1984年复清江乡。因青草江清澈见底得名。有东江湖、瑶岗仙峰。有九年一贯制学校1所,卫生院1个,卫生所4个。有幼儿园、文化站、广播电视站、敬老院等。有古迹黄氏宗祠。农业以水稻、玉米种植为主,有生猪、牛、羊、家禽饲养。有果业生产基地。特产清江柑橘。服务业以休闲旅游为主。县道东清、清长线过境。

羊场村 [Yángchǎngcūn] 清江乡人民政府驻地。在市政府驻地唐洞街道西南42千米。人口500。因曾为牧羊地得名。聚落呈带状。有九年一贯制学校、幼儿园、卫生院、文化活动室等。农业以水稻、玉米种植为主,产柑橘。有集贸市场。县道东清线经此。

留家田 [Liújiātián] 在市政府驻地唐洞街道西南50千米。清江乡辖自然村。人口200。明弘治年间(1488—1505)成村。原因为刘姓开发得名刘家田,后谐音为今名。聚落呈块状。有湘南古民居群,含明清古建筑80多栋。县道清长线经此。

龙溪乡 [Lóngxī Xiāng] 资兴市辖乡。在市境东南部。面积131平方千米。人口0.5万。以汉族为主,还有瑶族。辖1居委会、8村委会,有292自然村。乡人民政府驻社前村。1949年设浓溪乡。1956年水头、秋木2乡并入。1958年成立火箭公社。1959年改浓溪公社。1968年更名龙溪公社。1984年改乡。因龙溪洞得名。有天狮仙顶峰。有九年一贯制学校1所,卫生院1个,卫生所4个。有幼儿园、文化中心、广播电视站等。有英雄树、湘南特委驻地遗址、垒石战遗址。农业以水稻、松、杉、南竹种植为主,有生猪、牛、羊、家禽饲养。有竹木产销业。省道茶陵—汝城线过境。

社前村 [Shèqiáncūn] 龙溪乡人民政府驻地。在市政府驻地唐洞街道东南75千米。人口100。昔在居民点前成立龙溪公社,故名。聚落呈点状。有九年一贯制学校、幼儿园、卫生院、文化活动室等。农业以水稻种植为主,产松、杉、南竹。有集贸市场。县道龙溪—长策线经此。

杨家坪 [Yángjiāpíng] 在市政府驻地唐洞街道东南80千米。龙溪乡辖自然村。人口100。瑶族聚居。清代成村。杨姓居多,故名。聚落呈带状。有英雄树、湘南特委驻地遗址、垒石战遗址。经济以旅游业。农业以水稻种植为主。

白廊乡 [Báiláng Xiāng] 资兴市辖乡。在市境中部。面积250平方千米。人口1.3万。以汉族为主,还有瑶族。辖1居委会、12村委会,有276自然村。乡人民政府驻白廊村。2003年由厚玉、旧市2乡合设白廊乡。因乡政府驻地得名。有东江湖、凤毛坳山。有中学1所,小学4所,卫生院1个,卫生所8个。有幼儿园、文化中心、广播电视站、敬老院等。有民俗汉剧。有国家5A级旅游景区东江湖。有名胜兜率灵岩、五岛一村、龙艇观光楼。农业以水稻、玉米、柑橘、柚、杨梅种植为主,有东江鱼、中华鲟养殖。有旅游服务业。工业以竹木加工、水电为主。省道东山—泸水线过境。有水运航线4条。

白廊村 [BáiLángcūn] 白廊乡人民政府驻地。在市政府驻地唐洞街道东南34千米。人口1100。宋代成村。传旧有圩场形似长廊,故名。聚落呈带状。有小学、幼儿园、卫生室、文化活动室。有景点"五岛一村"。主产柑橘。有集贸市场。县道兴白、围湖线经此。

桂阳县

桂阳县 [Guìyáng Xiàn] 郴州市辖县。在市境西部。北纬25°45′,东经112°43′。面积2958平方千米。人口88.7万。以汉族为主,还有瑶族。辖3街道、17镇、4乡、2瑶族乡。县人民政府驻龙潭街道。东晋建武元年(317)设平阳县,先后属平阳郡、桂阳郡。明洪武九年(1376)省人桂阳州。1913年撤州设桂阳县,属衡永郴桂道。1914年属衡阳道。1922年属省。1937年属第八、第三行政督察区。1949年属郴县专区。1952年属湘南行政公署。1954年属郴县专区。1959年新田县并入。1960年属郴州专区。1961年析设新田县。1968年属郴州地区。1995年属郴州市。隋大业十三年(617)始筑土城。明成化四年(1468)改砖石城墙。万历四年(1576)有朝阳、聚宝、迎薰、拱极4门。清末西门外有七里长街,南门外有南外街、菜市场。1954年拆除旧城墙,修筑道路。1986年建电视转播塔、自来水厂。1990年后建工贸大厦、广播电视中心大楼、体育馆、图书馆、电信大楼、人民医院门诊大楼。1998年建城北教师新村。2000年修筑欧阳海大道、金叶大道。2004年建成欧阳海广场、龙潭东路、翡翠路、宝蓝路、芙蓉东路。2012年建成朝阳、聚宝、迎薰、拱极4广场，新修骏马大道、珍珠大道、蔡伦北路、宝山路、翡翠公园、宝岭公园。以欧阳海路为南北中轴线，中部商贸区，有老城区商业步行街。北部行政文化区，有八字塘、欧阳海广场。东部商住区，有翡翠公园。南部、西部工业区有宝山矿。处南岭北麓。地势南北高中间低，为丘陵、山地地形。平均海拔278米。有泗洲山、扶苍山、白阜岭、福隆山、龙渡岭、芙蓉寨、金仙寨等。年均气温17.2℃，1月平均气温5.8℃，7月平均气温28.3℃。年均降水量1385毫米。舂陵水、西水、灌江流经。有矿产资源铅、锌、铜、铁、银等。有野生植物804种，其中有国家重点保护野生植物银杏、南方红豆杉、水杉等12种。有野生动物173种，其中有国家重点保护野生动物斑林狸、鸳鸯、小天鹅、大鲵等14种。有舂陵国家湿地公园。有省级自然保护区1个。森林覆盖率61.2%。有省级工程技术研究中心1个，省级重点实验室1个，中学37所，小学46所，职教学校1所，特教学校1所，二级医院3个，文化馆1个，图书馆1个，体育场馆5个，档案馆1个。有全国重点文物保护单位湘南起义旧址群，省级文物保护单位宝山矿冶遗址、欧阳氏宗祠等17个。有国家级非物质文化遗产桂阳昆曲。有国家4A级旅游景区宝山国家矿山公园，3A级旅游景区阳山古村。有名胜古迹桐木岭矿冶遗址、奇秀山庄、桂阳文化园。为省级历史文化名城。三次产业比例13∶52∶35。农业以水稻、红薯、玉米种植为主，有生猪饲养，产花生、辣椒、油茶。有国家地理标志产品桂阳五爪辣。工业以石墨矿产采冶、轻工制造、能源化工、农产品加工为主，发展家居智造、电子、陶瓷加工。有省级工业园1个。服务业以商贸、物流、旅游、电子商务为主。京深高铁，夏蓉、衡武高速，省道衡阳—临武、桂东—道县、桂阳—宁远、永兴—宜章线过境。有舂陵航道。

欧阳海广场［Ōuyánghǎi Guǎngchǎng］　在县城北部。面积11万平方米。2004年开工，2005年建成。因欧阳海烈士得名。中央为音乐喷泉，间杂亭台。栽植近百种花木。南部有11.18米高欧阳海推马救列车花岗岩塑像。集爱国主义教育、科普宣传、文化传播、展览演出、健身娱乐于一体。周边有县行政中心、会议中心、翡翠公园。通多路公交车。

欧阳海路［Ōuyánghǎi Lù］　在县城中部。南起向阳路，北至骏马大道。与芙蓉路、五云观路、园艺路、龙潭路、学仕路相交。长3.5千米，宽42米。沥青路面。1999年开工，2000年建成，2012年改建。因欧阳海烈士得名。两侧有妇幼保健院、环保局、国土局、检察院、士杰学校、全民健身中心、城北汽车站。通多路公交车。

桂阳县汽车北站［Guìyáng Xiàn Qìchē Běizhàn］　见交通运输设施部分“桂阳县汽车北站”条。

桂阳县汽车南站［Guìyáng Xiàn Qìchē Nánzhàn］　见交通运输设施部分“桂阳县汽车南站”条。

龙潭街道［Lóngtán Jiēdào］　桂阳县人民政府驻地。在县境东南部。面积75平方千米。人口4万。2012年设。因龙潭书院得名。先后改扩建欧阳海路、蔡伦北路、龙潭西路，新建桂阳汽车北站、全民健身中心、政务服务中心。有中学3所，小学3所，二级医院2个，卫生院2个，卫生所8个。有桂阳烈士陵园、欧阳海广场、翡翠公园、龙潭书院碑亭。有中国传统村落溪里魏家。经济以商贸、金融、物流为主。有桂阳食品药品工业园。省道衡阳—临武、永兴—宜章线过境。有桂阳县汽车北站。通多路公交车。

溪里魏家［Xīlǐwèijiā］　在县政府驻地龙潭街道西6千米。属龙潭街道。人口800。宋嘉定年间(1208—1225)魏姓建村于2溪间，故名。又名昭金魏家，俗称溪里洞。聚落成团块状。为中国传统村落。有魏氏公祠、魏喻义官厅等明清古建筑近百栋。农业以水稻种植为主。

鹿峰街道［Lùfēng Jiēdào］　属桂阳县。在县境东南部。面积66平方千米。人口7万。2012年设。因鹿峰山得名。先后改造珍珠大道、宝山路、蒙泉路，新建湘南国际商贸博览城、宝山国家矿山公园、桂阳文化园。有中学3所，小学4所，二级医院1个，卫生院3个，卫生所9个。有全国重点文物保护单位桂阳县苏维埃政府旧址，省级文物保护单位东塔、蒙泉、宝山矿冶遗址、欧阳氏宗祠。有古迹蔡伦井。经济以冶炼、商贸、金融、物流为主。工业有塑料加工、建筑建材、食品加工等。有孑龙工业区。省道桂东—道县、衡阳—临武线过境。有桂阳县汽车南站。通多路公交车。

黄沙坪街道［Huángshāpíng Jiēdào］　属桂阳县。在县境东南部。面积37平方千米。人口2.3万。1983年设黄沙坪镇。2012年改街道。先后改造文化路，修建雄鹰广场、公园。有矿产资源铅、锌、铁精、磁铁、锰、钨、钼等。有中学1所，小学2所，卫生院1个，卫生所3个。有幼儿园、图书室等。有迎薰、黄沙坪、骆宾王广场。经济以石墨加工、采选矿、机械制造为主。有长富工业区。厦蓉高速、省道桂东—道县、衡阳—临武线过境。通多路公交车。

仁义镇［Rényì Zhèn］　桂阳县辖镇。在县境中部。面积190平方千米。人口3.6万。辖3居委会、22村委会，有198自然村。镇人民政府驻仁义圩。1956年设仁义乡。1958年改仁义公社。1978年更名仁义圩公社。1983年改乡。1993年改仁义镇。因镇政府驻地得名。有中学2所，小学2所，卫生院2个，卫生所5个。有刘放吾将军故居、千家坪古人类遗址、桐木岭冶炼遗址、高峰塔、文峰塔。农业以水稻种植为主，有水产养殖。工业以塑料制品加工为主。服务业以餐饮、商贸为主。省道衡阳—临武线过境。

仁义圩［Rényìxū］　仁义镇人民政府驻地。在县政府驻地龙潭街道北9千米。人口2000。明成化年间(1465—1487)成村。以崇仁尚义得名。聚落呈团块状。有中小学、幼儿园、卫生院、敬老院、文化广场等。农业以水稻种植为主。有集贸市场。省道衡阳—临武线经此。

太和镇［Tàihé Zhèn］　桂阳县辖镇。在县境南部。面积118平方千米。人口3.8万。辖2居委会、18村委会，有203自然村。镇人民政府驻泡鼓浪村。1956年设太和乡。1958年改公社。1984年复乡。1993年改镇。2012年清和乡并入。以和谐太平得名。有中学2所，小学2所，卫生院2个，卫生所6个。有中国传统古村落地界村。农业以水稻、五爪辣种植为主，有猪、羊饲养。工业以煤炭开采、石墨加工、风电为主。服务业以餐饮、商贸为主。省道衡阳—临武线过境。

泡鼓浪村［Pàogǔlàngcūn］　太和镇人民政府驻地。在县政府驻地龙潭街道南16千米。人口2200。因河水常鼓波浪得名。聚落呈团块状。有中小学、幼儿园、卫生院、敬老院、文化广场等。有名胜寄生岩、天生岩。农业以水稻种植为主。有集贸市场。省道衡阳—临武线经此。

地界村［Dìjiècūn］　在县政府驻地龙潭街道南13千米。太和镇辖自然村。人口500。明嘉靖年间(1522—1566)建村。因处2山交界地得名。聚落呈团块状。为中国传统村落。有清代湘南建筑40余栋。有古戏台、舜公宗祠等。农业以水稻种植为主。省道衡阳—临武线经此。

洋市镇［Yángshì Zhèn］　桂阳县辖镇。在县境东北部。面积172平方千米。人口5万。辖2居委会、23村委会，有313自然村。镇人民政府驻洋布坪。1949年设洋市乡。1958年改公社。1984年复乡。1993年改镇。2012年东成乡并入。因镇政府驻地得名。舂陵江流经。有中学2所，小学2所，卫生院2个，卫生所5个。有省级文物保护单位庙下村古建筑群。有东华山会议旧址、邓三雄烈士故居。农业以水稻、油茶、花生种植为主。工业以建材为主。服务业以餐饮、商贸为主。省道永兴—宜章线过境。

洋布坪［Yángbùpíng］　洋市镇人民政府驻地。在县政府驻地龙潭街道东北25千米。人口1500。明中叶成村。以卖洋布得名。聚落呈团块状。有中小学、幼儿园、卫生院、敬老院、文化广场等。农业以水稻种植为主，特产油茶。有集贸市场。省道永兴—宜章线经此。

庙下古村［Miàoxiàgǔcūn］　在县政府驻地龙潭街道东北34千米。洋市镇辖自然村。人口1000。宋大中祥符年间(1008—1016)成村。因处古庙下得名。聚落呈团块状。为中国传统村落。有省级文物保护单位庙下村古建筑群。有宗祠、尚书第曹门、雕楼、文龙书院等。有小学。农业以水稻种植为主。县道全义—车江线经此。

和平镇［Hépíng Zhèn］　桂阳县辖镇。在县境北部。面积116平方千米。人口2.3万。辖1居委会、16村委会，有198自然村。镇人民政府驻和平圩。1949年设和平乡。1956年桥市乡并入。1958年改公社，析设桥市乡。1983年改乡。1993年改镇。因镇政府驻地得名。有中学1所，小学1所，卫生院1个，卫生所4个。农业以水稻种植为主。工业以建材、小水电为主。服务业以餐饮为主。县道敖泉圩—野鹿线过境。

和平圩［Hépíngxū］　和平镇人民政府驻地。在县政府驻地龙潭街道北35千米。人口1500。明末成村。取和气生财、和平相处之意得名。聚落呈团块状。有中小学、幼儿园、卫生院、敬老院、文化广场等。农业以水稻种植为主。有集贸市场。县道敖泉圩—野鹿线经此。

流峰镇［Liúfēng Zhèn］　桂阳县辖镇。在县境西北部。面积172平方千米。人口7.2万。辖5居委会、39村委会，有465自然村。镇人民政府驻流市圩。1949年设流峰乡。1958年改公社。1983年复乡。1986年改镇。2012年樟木、板桥2乡并入。取流渡桥、石山峰各一字得名。灌江流经。有中学1所，小学3所，卫生院3个，卫生所8个。有上龙泉古人类活动遗址。农业以水稻种植为主。工业以精灰加工、汽修、化工为主。服务业以餐饮、商贸为主。为全国重点镇。衡武高速、省道桂阳—宁远线过境。

流市圩［Liúshìxū］　流峰镇人民政府驻地。在县政府驻地龙潭街道西北42千米。人口3500。北宋初成村。古名流渡桥，后成集市，故名。聚落为团块状。有中小学、幼儿园、卫生院、敬老院、文化广场。农业以水稻种植为主。有集贸市场。为湘南三大名圩之一。省道桂阳—宁远线经此。

塘市镇［Tángshì Zhèn］　桂阳县辖镇。在县境西北部。面积74平方千米。人口3.2万。辖1居委会、18村委会，有98自然村。镇人民政府驻塘湾桥村。1950年设塘市乡。1958年并入四里公社。1961年析设塘市公社。1984年复乡。1993年改镇。因塘湾桥集市得名。鼠峡水流经。有中学1所,小学10所,卫生院1个,卫生所5个,文化站1个。农业以水稻、大豆种植为主,产茶油、木材。为县西北商贸重镇。特产坛山岭豆豉。省道桂阳—宁远线过境。

塘湾桥村［Tángwānqiáocūn］ 塘市镇人民政府驻地。在县政府驻地龙潭街道西北52千米。人口1500。清末成村。处大塘、罗塘4水汇合处,架有石拱桥,故名。聚落呈条块状。有中小学、幼儿园、卫生室、广场等。经济以商贸为主。有农贸市场。农业以水稻、蔬菜等种植为主。省道桂阳—宁远线经此。

莲塘镇［Liántáng Zhèn］ 桂阳县辖镇。在县境西北部。面积95平方千米。人口3万。辖1居委会、21村委会,有132自然村。乡人民政府驻莲塘圩。1950年设莲塘乡。1958年改公社。1984年复乡。1993年改镇。因镇政府驻地得名。有中学1所,小学2所,卫生院1个,卫生所6个。有省级文物保护单位榜眼第。有古迹天窗岩。有中国传统村落大湾村。农业以水稻、中草药、黄花菜、油茶等种植为主。省道衡阳—临武线过境。

莲塘圩［Liántángxū］ 莲塘镇人民政府驻地。在县政府驻地龙潭街道西北52千米。人口1400。南宋中叶成村。因昔有5口莲塘得名。聚落呈条块状。有中小学、幼儿园、卫生院。经济以商贸为主。农业以水稻、蔬菜等种植为主。有集贸市场。省道衡阳—临武线经此。

大湾村［Dàwāncūn］ 在县政府驻地龙潭街道北55千米。莲塘镇辖自然村。人口1000。明初成村。因居河湾得名。聚落呈团块状。为中国传统村落。有清代建筑100余栋。有省级文物保护单位榜眼第。有夏氏宗祠、巡抚居、中丞第、翰林坊等。有小学、农家书屋、卫生室、篮球场等。农业以水稻、蔬菜、草药等种植为主,特产玉竹。省道衡阳—临武线经此。

舂陵江镇［Chōnglíngjiāng Zhèn］ 桂阳县辖镇。在县境西部。面积258平方千米。人口9.6万。辖4居委会、62村委会,有508自然村。镇人民政府驻飞仙桥村。2011年由飞仙镇与余田、十字、古楼3乡合置舂陵江镇。因江得名。有锰、铁资源。有中学1所,小学4所,卫生院4个,卫生所12个。有古迹鉴湖古书院、岩石寨遗址。农业以水稻种植为主,有生猪饲养。工业以陶瓷、金属加工、建材、化工为主。服务业以商贸、餐饮为主。衡武高速过境。

飞仙桥村［Fēixiānqiáocūn］ 舂陵江镇人民政府驻地。在县政府驻地龙潭街道西北36千米。人口1700。明嘉靖年间(1522—1566)成村。因桥得名。聚落呈团块状。有中小学、幼儿园、卫生院、敬老院、文化广场等。农业以水稻种植为主,有商贸服务、陶瓷加工。衡武高速、县道七拱桥—沅潭大桥线经此。

荷叶镇［Héyè Zhèn］ 桂阳县辖镇。在县境南部。面积80平方千米。人口2.9万。辖2居委会、15村委会,有108自然村。镇人民政府驻神堂圩。1956年设荷叶乡。1958年改公社。1984年复乡。1996年改镇。因镇政府原驻地荷叶圩得名。有中学1所,小学1所,卫生院1个,卫生所4个。有名胜古迹潮泉、金仙、仰天卧佛、回龙庵、水边红豆杉群。有中国传统村落上王家村。农业以水稻种植为主,有牛、羊、猪饲养,特产红薯、魔芋、五爪辣。工业以煤矿及石墨开采、风电为主。服务业以乡村旅游、商贸、餐饮为主。省道衡阳—临武线过境。

神堂圩［Shéntángxū］ 荷叶镇人民政府驻地。在县政府驻地龙潭街道南29千米。人口2600。明末成村。因旧有神庙得名。聚落呈团块状。有中小学、幼儿园、卫生院、文化站、敬老院等。农业以水稻种植为主。有集贸市场。省道衡阳—临武线经此。

上王家村［Shàngwángjiācūn］ 在县政府驻地龙潭街道南28千米。荷叶镇辖自然村。人口600。明正德年间(1506—1521)成村。因方位、姓氏得名。聚落呈团块状。为中国传统村落。有古民居39栋。有舞凤楼、秘授堂、昭忠祠等。农业以水稻种植为主,特产辣椒、魔芋。县道桂阳—荷叶煤矿线经此。

方元镇［Fāngyuán Zhèn］ 桂阳县辖镇。在县境西南部。面积211平方千米。人口4.9万。辖2居委会、33村委会,有306自然村。镇人民政府驻方元圩。1950年设永平乡。1956年更名方元乡。1958年改公社。1984年改乡。1996年改镇。2012年燕塘乡并入。因镇政府驻地得名。有矿产资源煤、铅、锰、铜、锌、铁等。有中学1所,小学2所,卫生院1个,卫生所5个。农业以水稻种植为主,特产辣椒、西瓜。工业以矿产开发为主。服务业以商贸为主。厦蓉高速、省道桂东—道县线过境。

方元圩［Fāngyuánxū］ 方元镇人民政府驻地。在县政府驻地龙潭街道西南16千米。人口900。清乾隆年间(1736—1795)成村。原圆形圩场设在方坪中得名方圆圩,后简为今名。聚落呈团块状。有中小学、卫生院、文化站、敬老院等。农业以水稻种植为主。有集贸市场。厦蓉高速、省道桂东—道县线经此。

樟市镇［Zhāngshì Zhèn］ 桂阳县辖镇。在县境东部。面积192平方千米。人口4.6万。辖2居委会、24村委会,有174自然村。镇人民政府驻樟树下村。1950年设樟市乡。1958年改公社。1983年复乡。1996年改镇。2012年团结圩乡并入。因樟树下圩场得名。有中学1所,小学2所,卫生院1个,卫生所5个。有幼儿园、文化站、广播站、敬老院等。农业以水稻、油茶种植为主,有生猪饲养,有水产养殖。发展乡村旅游。为全国重点镇。省道永兴—宜章线过境。

樟树下村［Zhāngshùxiàcūn］ 樟市镇人民政府驻地。在县政府驻地龙潭街道东北10千米。人口1100。明洪武年间(1368—1398)成村。因多樟树得名。聚落呈团块状。有中小学、幼儿园、卫生院、敬老院等。经济以农贸、汽修、商品零售、餐饮为主。农业以水稻等种植为主。有集贸市场。省道永兴—宜章线经此。

敖泉镇［Áoquán Zhèn］ 桂阳县辖镇。在县境中部。面积116平方千米。人口2.7万。辖1居委会、13村委会,有150自然村。镇人民政府驻荷叶塘村。1950年设敖泉乡。1958年改公社。1984年复乡。1997年改镇。因镇政府原驻地敖泉圩得名。舂陵江流经。有中学1所,小学1所,卫生院1个,卫生所3个。有幼儿园、文化站等。有省级文物保护单位温溪亭。有古迹湘山阁。经济以农业为主。农业以水稻种植为主,特产乌龙姜、百香果、火龙果、猕猴桃、莲藕。省道衡阳—临武、桂阳—宁远线过境。

荷叶塘村［Héyètángcūn］ 敖泉镇人民政府驻地。在县政府驻地龙潭街道北28千米。人口900。明初成村。因附近山塘栽种荷花得名。聚落成条块状。有小学、幼儿园、卫生院等。经济以农贸、汽修、商品零售、餐饮为主。省道衡阳—临武线经此。

正和镇［Zhènghé Zhèn］ 桂阳县辖镇。在县境东南部。面积94平方千米。人口2.5万。辖2居委会、14村委会,有144自然村。镇人民政府驻西水村。1952年设正和乡。1962年改公社。1984年复乡。2012年与城郊乡合置正和镇。因镇政府原驻地正和圩得名。有中学1所,小学1所,卫生院1个,卫生所5个。有幼儿园、朝阳广场等。有省级文物保护单位阳山古村、小塘狮子岩。农业以水稻种植为主。工业以化工、制塑、矿产品加工、建材为主。厦蓉高速过境。

西水村［Xīshuǐcūn］ 正和镇人民政府驻地。在县政府驻地龙潭街道东8千米。人口400。元代成村。因处西水河边得名。聚落呈团块状。有小学、医疗站、健身广场、便民服务点等。农业以水稻种植为主。通公交车。

阳山古村［Yángshāngǔcūn］ 在县政府驻地龙潭街道东南15千米。正和镇辖自然村。人口400。元代成村。因天阳山得名。聚落呈团块状。为国家3A级旅游景区、省级历史文化名村。有古民居60余栋。有重九(敬老)、义学(助学)、救婴(扶孺)、禁戒(自律)、宗源(祭祖)、女儿会(维权)等治村组织。农业以水稻种植为主。有旅游接待。县道黎埠、桂正线经此。

浩塘镇［Hàotáng Zhèn］ 桂阳县辖镇。在县境西南部。面积74平方千米。人口2.2万。辖1居委会、19村委会,有85自然村。镇人民政府驻浩塘圩。1950年设浩塘乡。1956年丰加乡并入。1958年并入方元公社。1961年析设浩塘公社。1984年改乡。2012年改镇。因镇政府驻地得名。有中学1所,小学1所,卫生院1个,卫生所3个。有幼儿园、文化站、敬老院。农业以水稻种植为主。衡武高速、县道桂阳—飞仙线过境。

浩塘圩［Hàotángxū］ 浩塘镇人民政府驻地。在县政府驻地龙潭街道西18千米。人口500。南宋成村。地形如塘,雷姓先祖浩兴公建村,故名。聚落呈团块状。有中小学、幼儿园、卫生院。经济以农贸、汽修、商品零售、餐饮为主。有集贸市场。县道桂阳—飞仙线经此。

雷坪镇［Léipíng Zhèn］ 桂阳县辖镇。在县境北部。面积118平方千米。人口3.3万。辖2居委会、18村委会,有120自然村。镇人民政府驻雷坪圩。1950年设雷坪乡。1958年并入洋市公社。1961年析设雷坪公社。1983年复乡。2012年与青兰乡合置雷坪镇。因镇政府驻地得名。有矿产资源铅、锡、锰、铁等。有中学1所,小学1所,卫生院1个,卫生所4个。有幼儿园、文化站、敬老院。农业以水稻、油茶、蔬菜、冰糖橙种植为主。县道洋市—青兰线过境。

雷坪圩［Léipíngxū］ 雷坪镇人民政府驻地。在县政府驻地龙潭街道北32千米。人口500。清末成村。因姓氏得名。聚落呈团块状。有小学、幼儿园、卫生院、雷氏公祠。农业以水稻等种植为主。有集贸市场。县道洋市—青兰线经此。

欧阳海镇［Ōuyánghǎi Zhèn］ 桂阳县辖镇。在县境北部。面积101平方千米。人口2.8万。辖1居委会、19村委会,有125自然村。镇人民政府驻天鹅坪。1958年成立沙溪公社。1963年更名欧阳海公社。1984年改乡。2012年改镇。因欧阳海烈士得名。有中学1所,小学1所,卫生院1个,卫生所3个。有幼儿园、文化站、敬老院。有省级文物保护单位欧阳海故居。农业以水稻种植为主。衡武高速、省道衡阳—临武线过境。

天鹅坪［Tiān'épíng］ 欧阳海镇人民政府驻地。在县政府驻地龙潭街道西北43千米。人口400。清末成村。因常有天鹅出没且地势平坦得名。聚落呈条块状。有中小学、幼儿园、卫生院。农业以水稻等种植为主。有集贸市场。省道衡阳—临武线经此。

四里镇［Sìlǐ Zhèn］ 桂阳县辖镇。在县境西部。面积126平方千米。人口5.4万。辖2

居委会、33村委会，有200自然村。镇人民政府驻四里坪村。1930年设四里乡。1949年改贵临乡。1956年复名四里乡。1958年改公社。1984年改乡。2012年与六合乡合置四里镇。因镇政府驻地得名。有中学1所，小学2所，卫生院1个，卫生所4个。有幼儿园、文化站、农家书屋等。有省级文物保护单位西河安贞寨。农业以水稻种植为主。省道桂阳—宁远线、县道龙山下—黄土线过境。

四里坪村 [Sìlǐpíngcūn] 四里镇人民政府驻地。在县政府驻地龙潭街道西北62千米。人口300。明正德年间(1506—1521)成村。因属原义、安乐、德安、长春4里得名。聚落呈块状。有中小学、幼儿园、卫生院。农业以水稻等种植为主。有集贸市场。县道龙山下—黄土线经此。

桥市乡 [Qiáoshì Xiāng] 桂阳县辖乡。在县境北部。面积178平方千米。人口1.9万。辖1居委会、13村委会，有200自然村。乡人民政府驻桥头圩。1956年成立桥市公社。1984年改乡。因乡政府驻地得名。春陵江流经。有铜、锡、高岭土资源。有中学1所，小学1所，卫生院1个，卫生所2个。有幼儿园、文化站、农家书屋等。有古迹程氏宗族古戏台、黄家大院、赵侯祠。农业以水稻、油茶种植为主。县道敖泉圩—野鹿线过境。

桥头圩 [Qiáotóuxū] 桥市乡人民政府驻地。在县政府驻地龙潭街道北46千米。人口500。明中叶成村。因河有天生石桥且设圩场得名。聚落呈块状。有中小学、幼儿园、卫生院。农业以水稻种植为主。有商品零售、餐饮服务。县道敖泉圩—野鹿线经此。

泗洲乡 [Sìzhōu Xiāng] 桂阳县辖乡。在县境西北部。面积50平方千米。人口2万。辖1居委会、9村委会，有55自然村。乡人民政府驻塔下王家村。1950年设泗洲乡。1958年并入莲塘公社。1961年析设泗洲公社。1984年复乡。因乡政府原驻地泗洲寨得名。因村周原有4寨得名四周寨，后因灌水流经乡境，地处水边之洲，故改泗洲寨。灌江河流经。有中学1所，小学1所，卫生院1个，卫生所2个。有省级文物保护单位晚清官员陈士杰故居、欧阳氏宗祠、颜氏宗祠。有寨脚山商周村落遗址。农业以水稻、灌江莲藕种植为主。县道下塘—坦家坳线过境。

塔下王家村 [Tǎxiàwángjiācūn] 泗洲乡人民政府驻地。在县政府驻地龙潭街道西北54千米。人口500。宋代王姓迁此，山有古塔，故名。聚落呈团块状。有小学、幼儿园、卫生院。农业以水稻、黄豆等种植为主。有集贸市场。县道下塘—坦家坳线经此。

光明乡 [Guāngmíng Xiāng] 桂阳县辖乡。在县境西北部。面积72平方千米。人口1.8万。辖1居委会、17村委会，有101自然村。乡人民政府驻下泮塘村。1961年成立光明公社。1984年改乡。有小学1所，卫生院1个，卫生所1个。经济以农林业为主，产茶叶、中药材、木材。县道莲塘—光明线过境。

下泮塘村 [Xiàpàntángcūn] 光明乡人民政府驻地。在县政府驻地龙潭街道西北62千米。人口400。宋代成村。因处泮塘之南得名。聚落呈块状。有小学、幼儿园、卫生院。经济以农贸、商品零售、餐饮服务为主。农业以水稻、花生等种植为主。有集贸市场。县道莲塘—光明线经此。

白水乡 [Báishuǐ Xiāng] 桂阳县辖乡。在县境西北部。面积112平方千米。人口2万。辖2居委会、17村委会，有134自然村。乡人民政府驻上唐家村。1959年成立白水公社。1984年改乡。2012年华泉乡并入。白水河流经，故名。有扶苍山、紫顶山。有中学1所，小学2所，卫生院2个，卫生所3个。经济以农林业为主，产稻谷、木材、南竹。县道塘市—杨柳线过境。

上唐家村 [Shàngtángjiācūn] 白水乡人民政府驻地。在县政府驻地龙潭街道西北79千米。人口600。明万历年间(1573—1619)成村。唐姓于白水河畔初建村，位置靠上，故名。聚落呈块状。有小学、幼儿园、卫生院。有古银杏、红豆杉。种植水稻、花生、黄豆等，产木材。有集贸市场。县道塘市—杨柳线经此。

华山瑶族乡 [Huáshān Yáozú Xiāng] 桂阳县辖乡。在县境西北部。面积37平方千米。人口0.4万，其中瑶族占47%，还有汉族。辖6村委会，有52自然村。乡人民政府驻茶盘庵村。1986年设华山瑶族乡。因华山林场得名。有小学1所，卫生院1个，卫生所1个，文化站1个，农家书屋6个。有省级非物质文化遗产瑶族歌舞。农业种植水稻、中草药等。县道塘市—杨柳线过境。

茶盘庵村 [Chápán'āncūn] 华山瑶族乡人民政府驻地。在县政府驻地龙潭街道西北63千米。人口200。清末成村。地似茶盘，曾有尼姑庵，故名。聚落呈散状。有小学、幼儿园、卫生所。农业以花生、黄豆、茶等种植为主，产木材。县道塘市—杨柳线经此。

杨柳瑶族乡 [Yángliǔ Yáozú Xiāng] 桂阳县辖乡。在县境西北部。面积24平方千米。人口0.3万，其中瑶族占35%，还有汉族。辖3村委会，有31自然村。乡人民政府驻双河村。1986年设杨柳瑶族乡。因白水流经乡境，沿河两岸长满杨柳，故名。白水河流经。有小学1所，卫生院1个，卫生所1个，文化站1个，农家书屋3个，瑶族文化表演队1个。有瑶歌、长鼓舞。农业以水稻种植为主，有畜禽饲养，产木材、南竹。县道塘市—杨柳线过境。

双河村 [Shuānghécūn] 杨柳瑶族乡人民政府驻地。在县政府驻地龙潭街道西北92千米。人口200。清光绪年间(1875—1908)成村。因处2河交汇处得名。聚落呈条块状。有小学、幼儿园、卫生所。农业以花生、黄豆、茶种植为主，产南竹、木材。县道塘市—杨柳线经此。

宜 章 县

宜章县 [Yízhāng Xiàn] 郴州市辖县。北纬24°54′，东经112°35′。在市境南部。面积2117平方千米。人口62.6万。以汉族为主，还有瑶、苗、侗、土家、回等民族。辖11镇、10乡、1瑶族乡。县人民政府驻玉溪镇。隋大业十三年(617)析郴县置义章县，属桂阳郡。因大、小章水得名。唐武德七年(624)并入郴县。八年(625)复。北宋太宗元年(976)避赵光义讳改今名，属郴州军。此后至1959年先后属郴州路、郴州直隶州、衡永郴桂道、衡阳道、湖南省、第八行政督察区、第三行政督察区、郴县专区、郴州专区、湘南行政区、郴县专区。1959年临武县并入，1961年又析出，属郴州专区。1979年属郴州地区。1995年属郴州市。先后建成文明路、民主路、中夏公园、宜人广场、星火广场、尚书广场。处南岭山脉，为湘江、珠江水系分水岭。地势南北高中间低，呈阶梯状。以山地为主。平均海拔1028.7米。有莽山、骑田岭、西岭、瑶岗仙等。最高点猛坑石海拔1902.3米，最低点老坪山村海拔155米。年均气温18.5℃，1月平均气温7.1℃，7月平均气温28.3℃。年均降水量1444毫米。武水河、长乐河、玉溪、渔溪、长策河流经。有矿产资源煤、钨、锡、铅、锌等。有野生植物1500多种，其中有国家重点保护野生植物银杏、红豆杉、柏乐树、莼菜等24种。有野生动物411种，其中有国家重点保护野生动物莽山烙铁头蛇、黄腹角雉、白颈长尾雉等46种。有莽山国家级自然保护区、狮子口省级自然保护区、赤石国家级石漠地质公园。森林覆盖率62.3%。有中等职业学校2所，中学25所，小学305所，特教学校1所，二级医院5个，文化馆1个，图书馆1个，体育馆1个，档案馆1个，艺术团1个。有全国重点文物保护单位邓中夏故居、湘南起义指挥部旧址、湘南起义纪念馆、宜章烈士陵园等7个。有中国传统村落腊元、黄家塝、千家岸。有国家级非物质文化遗产宜章夜故事。有国家4A级旅游景区莽山。有景点合门口大峡谷、湘粤骡马古道、浆水石虎山武陵侯祠、笆篱堡、黄沙堡、栗源堡、溶家洞、骑田岭、狮子口、瑶岗仙大山。三次产业比例11∶45∶44。农业以水稻、玉米、花生、大豆种植为主，有生猪饲养，产脐橙、茶叶。工业以氟化工及煤炭、水泥、氮肥、竹木加工为主。有省级开发区1个。服务业以物流、旅游、金融为主。京广铁路，京广高铁，京港澳、厦蓉、宜凤高速，107国道，省道郴州—宜章、汝城—临武、衡阳—宜章、永兴—宜章线过境。

中夏广场 [Zhōngxià Guǎngchǎng] 在县城南部。面积4.3公顷。1993年开工，1994年建成。分上、下广场，中间有阶梯139级，意为纪念邓中夏诞辰一百周年。上广场有邓中夏铜像。下广场有宜章八景诗、八景释文刻碑、八景图浮雕，有华表、喷池、花池。集爱国主义教育、科普宣传、文化传播、展览演出、健身娱乐于一体。周边有康复医院、居民区、民政局、中学等。通多路公交车。

西门桥 [Xīmén Qiáo] 在县城西部。长68.5米，宽10米，最大跨度15米，桥下净高7米。1989年开工，同年建成。因西门村得名。为中型河道桥梁，结构型式为石片榨拱桥。最大载重20吨。通多路公交车。

宜章汽车总站 [Yízhāng Qìchē Zǒngzhàn] 见交通运输设施部分“宜章汽车总站”条。

百通汽车站 [Bǎitōng Qìchēzhàn] 见交通运输设施部分“百通汽车站”条。

玉溪镇 [Yùxī Zhèn] 宜章县人民政府驻地。在县境西部。面积178平方千米。人口11万。以汉族为主，还有瑶族。辖4居委会、24村委会，有375自然村。镇人民政府驻罗家山村。2012年由城关镇、城南乡合置玉溪镇。玉溪河流经，故名。有中学4所，小学28所，二级医院3个，卫生院1个，卫生所24个，图书馆1个，文化馆1个，广场5个。有全国重点文物保护单位湘南年关暴动指挥部旧址、湘南起义纪念馆、宜章县烈士陵园等5个。有古迹湘粤骡马古道、三星桥、福星桥、吴家大院。有国家级非物质文化遗产宜章夜故事。经济以商贸、制造业、房地产业、物流为主。农业以水稻、玉米、蔬菜、脐橙等种植为主。工业以冶金、水电、水泥、建材为主。高珠高速、107国道、省道汝城—临武线过境。

宜章大道 [Yízhāng Dàdào] 在县城西部。东起民主东路，西至省道汝城—临武线。长11.3千米，宽40米。沥青路面。2011年开工，2012年建成。时为县路面最宽、最长之路，故名。途经商业文化中心。两侧有县检察院、公安局、百通汽车站、商贸物流园、中小学、玉溪镇政府等。通多路公交车。

民主东路 [Mínzhǔ Dōnglù] 在县城东部。西起民主西路，东至宜章大道。与文明北路、文明南路相交。长800米，宽30米。沥青路面。原为土路，1982年改建混凝土路面，2009年改造。寓意弘扬民主且处县城东得名。两侧有农业局、商业总公司、教育局、教师进修学校、小学、宜人广场、百通汽车站。通多路公交车。

民主西路［Mínzhǔ Xīlù］ 在县城西部。东起民主东路、文明北路和文明南路天桥交会处，西至宜章大道。与107国道、环城西路、宜黄路、宜章大道相交。长2.9千米，宽40米。沥青混凝土路面。1954年开工，1956年建成，1982、2014年改扩建。寓意弘扬民主且处县城西得名。两侧有新华书店、小学、广播电视台、县政府、林业局、交通局、审计局、商务局、城关派出所及各类门店。通多路公交车。

文明北路［Wénmíng Běilù］ 在县城北部。南起文明南路，北至茅栗坪路。与民主东路、民主西路、环城北路相交。长2千米，宽30米。沥青路面。原为107国道，1982年改建城区道路，1990、2012年改建。途经商业中心，两侧有中学、公路局、汽车总站、中医院。通多路公交车。

文明南路［Wénmíng Nánlù］ 在县城南部。南起107国道，北至文明北路。与民主东路、民主西路、宜章大道、南京东路、南门大道相交。长3.7千米，宽30米。沥青路面。原为107国道，1982年改建城区道路，1990年改建。两侧有新华书店、四方井市场、县妇幼保健院、县医院、中学、县建设局、国土局、中夏广场、民政局。通多路公交车。

中夏街［Zhōngxià Jiē］ 在玉溪镇区南部。长300米，宽4米。麻石路面。1950年以纪念先烈邓中夏得名。原有古街，2010年重修。又名南关古街。两侧商铺以美容美发、小商铺、杂货店等为主。有全国重点文物保护单位湘南暴动指挥部旧址、湘南起义纪念馆。有星火广场。通公交车。

罗家山村［Luójiāshāncūn］ 玉溪镇人民政府驻地。在镇境西部。人口2500。明万历年间(1573—1619)成村。因罗姓居于山坡得名。聚落呈团块状。有小学、幼儿园、卫生室、文化广场。农业以水稻、玉米、脐橙、蔬菜等种植为主。省道汝城—临武线经此。

白石渡镇［Báishídù Zhèn］ 宜章县辖镇。在县境东部。面积53平方千米。人口1.3万。辖3居委会、6村委会，有60自然村。镇人民政府驻解放路社区。1950年设白石渡乡。1957年改镇，旋改公社。1982年复镇。因白石渡村得名。章水流经。有中学1所，小学7所，卫生院1个，卫生所8个。有幼儿园、文化站、广播站、敬老院。有省级文物保护单位邝氏宗祠。有粤汉铁路遗址、八角寨。农业以水稻、玉米种植为主，产水果、蔬菜。京广铁路、京港澳高速、省道汝城—临武线过境。

解放路社区［Jiěfànglù Shèqū］ 白石渡镇人民政府驻地。在县境东部。面积0.7平方千米。人口2200。因解放路得名。1983年成立。民居以2—4层混凝土楼房居多，少数老式2层红砖瓦房。有老年活动室、便民服务站、休闲健身广场。有太极拳班、红歌演唱队。有中小学、卫生院。有百货、服装、餐饮、机电维修等各类商铺52个。省道汝城—临武线经此。

白石渡村［Báishídùcūn］ 在县政府驻地玉溪镇东10千米。白石渡镇辖村。人口2100。明洪武年间(1368—1398)成村。因渡口白石矗立得名。聚落呈团块状。有省级文物保护单位邝氏宗祠。农业以水稻、玉米种植为主。服务业以商贸为主。有蔬菜基地。京广铁路、省道汝城—临武线经此。

杨梅山镇［Yángméishān Zhèn］ 宜章县辖镇。在县境东北部。面积40平方千米。人口1万。辖1居委会、7村委会，有48自然村。镇人民政府驻高枧社区。1956年设杨梅山乡。1958年并入赤石公社。1960年析设杨梅山公社。1983年改镇。因山多杨梅树得名。平和水流经。有中学1所，小学8所，卫生院1个，卫生所8个。有幼儿园、文化站、敬老院等。有茶园革命纪念地。有景点仙人洞。农业以水稻、玉米、红薯、蔬菜种植为主，特产西瓜、高山肉牛、山鸡。工业以煤矿开采、建材、电力为主。京广铁路，高珠高速，省道汝城—临武、郴州—宜章、衡阳—宜章线过境。

高枧社区［Gāojiǎn Shèqū］ 杨梅山镇人民政府驻地。在县境东北部。面积0.5平方千米。人口600。因高处修建引水渡槽得名，当地称渡槽为枧。1993年成立。民居以高层住宅楼为主。有老年活动室、便民服务中心、卫生服务站等。开展唱红歌、书法、太极拳等活动。有九年一贯制学校、矿区管理服务中心。有农贸市场、超市、理发店、餐饮店等。省道衡阳—宜章线过境。

瑶岗仙镇［Yáogǎngxiān Zhèn］ 宜章县辖镇。在县境东北部。面积98平方千米。人口2万。辖3居委会、14村委会，有98自然村。镇人民政府驻长兴街社区。1957年设瑶岗仙镇，后改公社。1984年复镇。2012年长策乡并入。因瑶岗仙大岭得名。策水、汇溪河流经。有狮子口省级自然保护区。有中学1所，小学16所，卫生院2个，卫生所18个。有文化站、广播站等。有名胜古迹观澜书院、雕玉山、天鹅峰、香岭溶洞。农业以水稻、玉米、水果、茶种植为主，有猪饲养，特产高山禾花鱼。工业以钨、煤冶炼为主。服务业以商贸、物流为主。省道长清线过境。

长兴街社区［Chángxīngjiē Shèqū］ 瑶岗仙镇人民政府驻地。在县境东北部。面积0.5平方千米。人口600。以长久兴旺为名。1999年成立。民居以村镇一般住宅为主。有老年活动中心、群众健身设施等。开展布艺、唐灯制作、艺术扎染、插花等活动。有小学、卫生院、卫生室。县道宜章—瑶岗仙矿线经此。

梅田镇［Méitián Zhèn］ 宜章县辖镇。在县境西部。面积82平方千米。人口3.4万。以汉族为主，还有瑶族。辖2居委会、13村委会，有154自然村。镇人民政府驻车头村。1956年设梅田乡。1958年改公社。1983年改镇。因梅溪两岸开拓良田得名。武水流经。有中学1所，小学14所，二级医院1个，卫生院1个，卫生所17个。有文化站、农家书屋、梅溪广场。有名胜古迹遇仙桥、黄氏宗祠。经济以商贸、矿业、制造业为主。农业以水稻种植为主，产甜竹笋、脐橙、茶叶。工业有建材、煤炭加工、铸造等。服务业以商贸、物流为主。为全国重点镇。坪梅铁路、宜凤高速、省道汝城—临武线过境。

车头村［Chētóucūn］ 梅田镇人民政府驻地。在县政府驻地玉溪镇西南22千米。人口2500。明洪武年间(1368—1398)成村。因筒车提水灌田得名。聚落呈长方状。有中学、幼儿园、二级医院、梅溪广场、幸福院。经济以商贸为主。农业以水稻、蔬菜种植为主。省道汝城—临武线经此。

麻田镇［Mátián Zhèn］ 宜章县辖镇。在县境西南部。面积52平方千米。人口2万。以汉族为主，还有瑶族。辖11村委会，有88自然村。镇人民政府驻麻田村。1956年设麻田乡。1958年并入梅田公社，1961年析设麻田公社。1984年复乡。1993年改镇。因镇政府驻地得名。武水河流经。有中学1所，小学12所，卫生院1个，卫生所12个。有文化站、敬老院等。有名胜古迹开山寺、义章县治旧址、欧阳毅将军故居、泗溪码头、老街。经济以煤产销、商贸为主。农业以水稻、玉米、花生、黄豆等种植为主。有有色金属采掘业。特产抖糍粑。坪梅铁路、省道汝城—临武线过境。

麻田村［Mátiáncūn］ 麻田镇人民政府驻地。在县政府驻地玉溪镇西南34千米。人口3700。唐天祐年间(904—906)传白麻诏书赐欧阳庆田土，故名。聚落呈团块状。有中小学、卫生院、文化广场等。有欧阳毅故居。经济以煤产销、商贸为主。农业以水稻、玉米、红薯等种植为主。坪梅铁路、省道汝城—临武线经此。

黄沙镇［Huángshā Zhèn］ 宜章县辖镇。在县境南部。面积102平方千米。人口3.5万。辖21村委会，有82自然村。镇人民政府驻大黄家村。1949年设黄沙区。1956年改乡。1958年改公社。1984年复乡。1995年改镇。处黄土丘陵地带，故名。长乐河、朱水河、容水河、南冲河流经。有中学1所，小学22所，卫生院1个，卫生所20个。有文化站。有省级文物保护单位黄沙堡。有古迹沙城书院、西林庵、节孝牌坊。农业以水稻、红薯种植为主，有生猪饲养。工业以造纸、建材、花炮制作为主。宜凤、桂武高速，107国道过境。

大黄家村［Dàhuángjiācūn］ 黄沙镇人民政府驻地。在县政府驻地玉溪镇南56千米。人口3200。宋嘉定年间(1208—1224)成村。以黄氏族人聚居且村大得名。聚落呈团块状。有中小学、卫生院、文化广场。有水楼保卫战遗址、骡马古道、福寿寺塔碑。农业以水稻、红薯、辣椒、板栗等种植为主。宜连、桂武高速经此。

堡城村［Bǎochéngcūn］ 在县政府驻地玉溪镇南56千米。黄沙镇辖自然村。人口2400。明代成村。因处黄沙堡内得名。聚落呈团块状。有省级文物保护单位黄沙堡。有古城墙、城楼、古井、清代牌坊等。有小学、幼儿园、卫生室。种植水稻。省道永兴—宜章线经此。

迎春镇［Yíngchūn Zhèn］ 宜章县辖镇。在县境西南部。面积87平方千米。人口2.4万。辖13村委会，有77自然村。镇人民政府驻太平圩。1950年设碕石乡。1961年改公社。1968年更名迎春公社。1984年改乡。1993年改镇。因吉言佳语得名。有中学1所，小学14所，卫生院1个，卫生所13个。有文化站、敬老院等。有全国重点文物保护单位中共宜章县委旧址、玉公祠、彭氏宗祠。有民俗碕石爬竿狮子。农业以水稻、玉米、蔬菜、花生种植为主，特产水晶梨、茶油。工业以烟花制作、建材、采石为主。107国道，省道汝城—临武、永兴—宜章线过境。

太平圩［Tàipíngwéi］ 迎春镇人民政府驻地。在县政府驻地玉溪镇46千米。人口3000。宋代成村。因太平庵得名。聚落呈带状。有中小学、幼儿园、卫生院、幸福院等。经济以商贸为主。农业以水稻、玉米种植为主。有综合市场。省道汝城—临武线经此。

碕石村［Qíshícūn］ 在县政府驻地玉溪镇南48千米。迎春镇辖自然村。人口3900。明洪武年间(1368—1398)建村。因山石错落有致得名，又因彭姓聚居得名碕石彭家。聚落呈团块状。有全国重点文物保护单位彭氏宗祠、玉公宗祠、承启书院。有清代建筑43栋。农业以水稻、玉米、油菜等种植为主。省道永兴—宜章线经此。

一六镇［Yīliù Zhèn］ 宜章县辖镇。在县境南部。面积64平方千米。人口4.1万。辖1居委会、24村委会，有102自然村。镇人民政府驻一六社区。1955年为一六区。1956年改乡。1958年并入笆篱公社。1961年析设一六公社。1984年复乡。1993年改镇。因镇政府原驻地一六圩得名。乐水、玉水流经。有中学2所，小学25所，卫生院1个，卫生所25个。有幼儿园、文化站等。有名胜古迹廖家岭、狗平山、平头岭、元官场圩城、沿河村古炮楼。经济以烟花爆竹加工、温泉产业为主。农业以水稻、玉米、油茶等种植为主。服务业以餐饮、物流为主。107国道过境。

一六社区［Yīliù Shèqū］　一六镇人民政府驻地。在县境南部。面积1平方千米。人口3000。传开圩时曾对"一路顺风财气旺，万民赶集物流丰"。因方言一路、一六谐音得名一六圩，沿为社区名。1995年成立。民居以村镇一般住宅为主。开展唱红歌、猜灯谜、舞狮子等活动。有广场舞队、祁剧演唱队。有中小学、卫生院。经济以商贸、物流为主。107国道经此。

汤湖里村［Tānghúlǐcūn］　在县政府驻地玉溪镇南部48千米。一六镇辖自然村。人口1300。明万历年间(1573—1619)成村。因原有游草湖且温泉水热如汤得名。聚落呈团块状。有休闲广场、游乐公园。为中国温泉之乡。经济以休闲旅游为主，特产白茨菇、特种热带鱼。107国道经此。

栗源镇［Lìyuán Zhèn］　宜章县辖镇。在县境南部。面积71平方千米。人口3.1万。辖1居委会、19村委会，有147自然村。镇人民政府驻复源村。1949年设栗源区。1956年改栗源乡，后改公社。1984年复乡。1995年改镇。因镇政府驻地原名得名。乐水、辽河流经。有九年一贯制学校1所，小学24所，卫生院1个，卫生所19个。有幼儿园、文化站、敬老院等。有省级文物保护单位栗源堡城。有栗源书院、明星桥、逕口炮楼、东华仙佛殿、包公庙。农业以水稻、玉米、红薯、蔬菜种植为主。工业以建材、烟花爆竹加工为主。服务业以商贸、物流为主。坪梅铁路、107国道过境。

复源村［Fùyuáncūn］　栗源镇人民政府驻地。在县政府驻地玉溪镇南35千米。人口1600。原多栗树，明永乐元年(1403)筑城建堡，故名栗源堡。后毁，1928年重建，遂改今名。聚落呈团块状。有小学、老年活动中心、图书室。有复源村革命历史纪念室、栗源堡旧城墙、明星桥、两江书院旧址。农业以水稻、油茶种植为主，特产脐橙、贡橘。107国道经此。

岩泉镇［Yánquán Zhèn］　宜章县辖镇。在县境南部。面积72平方千米。人口1.8万。辖1居委会、21村委会，有116自然村。镇人民政府驻岩泉社区。1956年设岩泉乡。1958年并入栗源公社。1961年析设岩泉公社。1984年复乡。1995年改镇。因镇政府原驻地得名。乐水、泉溪流经。有九年一贯制学校1所，小学21所，二级医院1个，卫生院1个，卫生所23个。有幼儿园、文化站、农家书屋等。有古迹东塔、惜字炉塔。经济以烟花爆竹制造、商贸为主。农业以水稻、油茶、红心柚、脐橙、葡萄、大棚蔬菜种植为主。有造纸、物流业。京广铁路坪梅支线、107国道、县道梅田—岩泉线过境。

岩泉社区［Yánquán Shèqū］　岩泉镇人民政府驻地。在县境南部。面积3平方千米。人口1400。因泉水流自岩洞得名。1992年成立。民居以村镇一般住宅为主。有中小学、幼儿园、二级医院、文化广场等。有商铺260余家。有耕牛、菜牛市场。107国道、县道梅田—岩泉线经此。

浆水乡［Jiāngshuǐ Xiāng］　宜章县辖乡。在县境西南部。面积85平方千米。人口2.2万。辖15村委会，有78自然村。乡人民政府驻水口村。1956年设浆水乡。后改公社。1984年复乡。因河流浆水得名。康水流经。有中学1所，小学13所，卫生院1个，卫生所15个。有幼儿园、文化站、敬老院等。有浆水烈士纪念塔。有名胜古迹石虎山、武陵侯祠、伏龙风雨桥、文昌阁、八角凉亭。有民俗昭王公出巡。农业以水稻、玉米、红薯种植为主。工业以煤矿开采为主。服务业以旅游、商贸为主。坪梅铁路、宜凤高速、省道汝城—临武线过境。

水口村［Shuǐkǒucūn］　浆水乡人民政府驻地。在县政府驻地玉溪镇西南33千米。人口2700。清光绪年间(1875—1908)成村。因处2溪相汇口得名。聚落呈团块状。有小学、幼儿园、卫生室、文化广场等。有浆水烈士纪念塔。农业以水稻、玉米、蔬菜种植为主，有豪猪、竹鼠饲养。有环保节能砖生产基地。省道汝城—临武线过境。

长村乡［Chángcūn Xiāng］　宜章县辖乡。在县境西南部。面积58平方千米。人口1.4万。辖9村委会，有65自然村。乡人民政府驻长启村。1956年设长村乡。1958年并入黄沙公社。1961年析设长村公社。1984年复乡。原以"长守忠孝、诵读诗书"得名长诵，后因呈长方形而改今名。长乐水流经。有中学1所，小学10所，卫生院1个，卫生所9个。有幼儿园、文化站、敬老院等。有千家岸明清古建筑群。有瓒公祠堂、瓒公宗祠、琅公宗祠、古门楼、永丰庙等。有古迹镇兴祠古柏、古石楠。农业以水稻、玉米种植为主，有香猪、土猪、禾花鱼饲养，盛产水果、油茶。宜凤高速过境。

长启村［Chángqǐcūn］　长村乡人民政府驻地。在县政府驻地玉溪镇西南36千米。人口1600。明洪武年间(1368—1398)成村。因启运曹家与长村圩相连得名。聚落呈带状。有中小学、幼儿园、卫生院、文化广场。农业以水稻、玉米、反季节蔬菜等种植为主。有集贸市场。宜凤高速经此。

天塘乡［Tiāntáng Xiāng］　宜章县辖乡。在县境西南部。面积69平方千米。人口3.9万。辖30村委会，有210自然村。乡人民政府驻肖家冲。1950年设天塘乡。1961年改公社。1984年复乡。2012年东风乡并入。因天然水塘得名。长乐水流经。有中学1所，小学29所，卫生院1个，卫生所30个。有幼儿园、文化站、广播站、敬老院等。有省级文物保护单位谭氏宗祠。有张际春故居、文昌宫、张氏门楼、文昌阁。经济以商贸为主，有集市圩场。农业以水稻、玉米、花生、茶种植为主。工业以水电、烟花爆竹、农产品加工为主。服务业有餐饮、物流等。107国道、省道黄莽线、县道栏莽线过境。

肖家冲［Xiāojiāchōng］　天塘乡人民政府驻地。在县政府驻地玉溪镇西南62千米。人口100。清末成村。因肖姓始居狭长垄沟得名。聚落呈团块状。经济以商贸、养殖畜禽为主。农业以水稻、玉米、蔬菜等种植为主。县道栏莽线经此。

莽山瑶族乡［Mǎngshān Yáozú Xiāng］　宜章县辖乡。在县境南部。面积89平方千米。人口7800，其中瑶族占69%，还有汉族。辖7村委会，有107自然村。乡人民政府驻茅庵街。1950年设莽山乡。1957年改瑶族乡。1958年改莽山公社。1984年改莽山瑶族乡。因山势磅礴莽莽无边得名。乐水、鸟石洞河流经。有国家自然保护区、国家森林公园、国家4A级旅游景区莽山。有中学1所，小学8所，卫生院1个，卫生所10个。有幼儿园、文化站等。有古迹进士门楼、下关风水墙、黄氏宗祠。有省级非物质文化遗产盘王节。有民俗赛鼓。有省级民族特色村寨塘坊村。农业以稻谷、玉米、茶叶、水果种植为主。工业以水电为主。服务业以乡村旅游、商贸为主。特产蕨根糍粑。省道永兴—宜章线过境。

茅庵街［Máo'ānjiē］　莽山瑶族乡人民政府驻地。在县政府驻地玉溪镇南85千米。人口800，以瑶族为主，还有汉族。清中期成村。因茅草庵子得名。聚落呈带状。有中小学、幼儿园、卫生院。农业以水稻、茶种植为主，有肉牛、山羊、蜜蜂饲养。省道黄莽线、县道栏莽线经此。

黄家塝村［Huángjiābàngcūn］　在县政府驻地玉溪镇南85千米。莽山瑶族乡辖自然村。人口1400，其中瑶族占95%，还有汉族。因黄姓聚居得名。聚落呈带状。有小学、卫生室、便民服务点等。有进士门楼、下关风水墙、黄氏宗祠。经济以乡村旅游为主。

笆篱乡［Bālí Xiāng］　宜章县辖乡。在县境南部。面积33平方千米。人口1.9万。辖14村委会，有44自然村。乡人民政府驻峙冲村。1950年设笆篱区。1956年设笆篱乡。1958年改公社。1984年复乡。因笆篱堡城得名。玉水河流经。有中学1所，小学16所，卫生院1个，卫生所17个。有幼儿园、文化站、敬老院等。有省级文物保护单位笆篱堡、柳氏宗祠、广济桥。有刘云烈士故居。经济以种植水稻、商业为主。工业有皮鞋加工、烟花爆竹、造纸。服务业有物流、餐饮等。107国道过境。

峙冲村［Zhìchōngcūn］　笆篱乡人民政府驻地。在县政府驻地玉溪镇南51千米。人口1400。明永乐年间(1403—1424)成村。因山冲寺与前山对峙得名。聚落呈阶梯状。有小学、幼儿园、卫生院、老年活动中心、文化广场。有高仙岭休闲游园。农业以水稻、玉米、红薯等种植为主。县道一白线经此。

柳家村［Liǔjiācūn］　在县政府驻地玉溪镇南53千米。笆篱乡辖自然村。人口1000。明正统四年(1439)柳琼英劈竹建篱笆营，得名笆篱。弘治六年(1493)改营为堡，建石城，更名笆篱堡。后以柳姓居多改今名。聚落呈团块状。有省级文物保护单位柳氏宗祠、笆篱堡。农业以水稻种植为主。

白沙圩乡［Báishāwéi Xiāng］　宜章县辖乡。在县境南部。面积108平方千米。人口1.7万。辖18村委会，有130自然村。乡人民政府驻朱家村。1956年设白沙圩乡。1958年并入笆篱公社。1961年析设白沙圩公社。1984年复乡。因白色河沙且设圩场得名。玉水、小溪水流经。有中学1所，小学17所，卫生院1个，卫生所17个。有幼儿园、文化站、敬老院等。有省级文物保护单位圣公坦工农革命后方医院旧址、后坛岩兵工厂遗址。有中国传统村落、省级历史文化名村腊元村。农业以水稻、玉米、果木种植为主。工业以石材加工、小水电为主。服务业以商贸、餐饮为主。县道白沙线过境。

朱家村［Zhūjiācūn］　白沙圩乡人民政府驻地。在县政府驻地玉溪镇南61千米。人口300。明成化年间(1465—1487)成村。因朱姓聚居得名。聚落呈团块状。有小学、幼儿园、卫生院。经济以商贸为主。农业以水稻、蔬菜种植为主。有集贸市场。县道白沙线经此。

腊元村［Làyuáncūn］　在县政府驻地玉溪镇南62千米。白沙圩乡辖自然村。人口2600。明中期成村。原因多蜡树得名蜡园村，后演为今名。聚落呈团块状。有小学、幼儿园、休闲娱乐广场。为中国传统村落。有省级文物保护单位蜡园村古建筑群。有古民居200余栋。农业以水稻、玉米等种植为主。县道白沙线经此。

关溪乡［Guānxī Xiāng］　宜章县辖乡。在县境南部。面积54平方千米。人口1.4万。辖16村委会，有104自然村。乡人民政府驻廖家村。1956年设关溪乡。1961年改公社。1984年复乡。原因小溪久晴则涸得名干溪，后雅称今名。有雄关渠道。有中学1所，小学16所，卫生院1个，卫生所16个。有幼儿园、文化站、敬老院。有余家村古民居群。农业以水稻、玉米、红薯、蔬菜种植为主。工业以煤矿开采、烟花爆竹及红砖加工为主。服务业以商贸、餐饮为主。107国道过境。

廖家村［Liàojiācūn］ 关溪乡人民政府驻地。在县政府驻地玉溪镇南51千米。人口200。清康熙四十一年(1702)成村。因多廖姓得名。聚落呈团块状。有中小学、幼儿园、卫生院。农业以水稻、玉米种植为主。有集贸市场。

里田乡［Lǐtián Xiāng］ 宜章县辖乡。在县境东北部。面积45千米。人口1.8万。辖1居委会、15村委会,有134自然村。乡人民政府驻里田社区。1950年设里田乡。1958年并入赤石公社。1961年析设里田公社。1984年复乡。因乡政府原驻地得名。上渡河、龙溪河、洞头河、犀牛江流经。有中学1所,小学15所,卫生院1个,卫生所18个。有文化站、敬老院等。有古迹中塘戏楼、真武庙、里田老街。农业以水稻、玉米、辣椒、油茶、水果种植为主。工业以石化、木材加工为主。有物流业。厦蓉高速、省道汝城—临武线过境。

里田社区［Lǐtián Shèqū］ 里田乡人民政府驻地。在县境东北部。面积1.5平方千米。人口1300。1994年成立。因有1里长田得名。民居以一般住宅为主。有老年活动中心、卫生室,有老年广场舞队、红白喜事歌舞表演队、舞龙狮队、青年篮球队。有中小学、卫生院。有里田老街、古牌坊、古戏台、广东和江西会馆遗迹。为县东部边境集散地。有牛市、猪市。省道汝城—临武线经此。

赤石乡［Chìshí Xiāng］ 宜章县辖乡。在县境东北部。面积81平方千米。人口1.7万。辖17村委会,有109自然村。乡人民政府驻赤石村。1950年设赤石乡。1958年改公社。1984年复乡。因乡政府驻地得名。渔溪流经。有赤石国家级石漠地质公园。有中学2所,小学18所,卫生院1个,卫生所19个。有文化站、广播站、敬老院等。有三望坪红军整编旧址。有名胜古迹司马兵碑、万寿桥、井壁仙、秀峰寺门楼、赤石特大桥、合门口大峡谷。有长演头村明清建筑群。农业以水稻、玉米、棉花、黄豆、辣椒种植为主。有矿产开采。服务业以商贸、餐饮、物流为主。厦蓉高速、省道汝城—临武线过境。

赤石村［Chìshícūn］ 赤石乡人民政府驻地。在县政府驻地玉溪镇东北37千米。人口2200。唐代成村。因红色巨石得名。聚落呈带状。有中小学、幼儿园、卫生院、幸福院、文化广场等。农业以水稻、玉米、花生、棉花等种植为主。

平和乡［Pínghé Xiāng］ 宜章县辖乡。在县境东北部。面积76平方千米。人口1.4万。辖12村委会,有125自然村。乡人民政府驻土桥村。1950年设平和乡。1958年并入赤石公社。1961年析设平和公社。1984年复乡。原因群山环抱、中为盆地得名平窝,后经文人修饰以谐音改今名。平和河流经。有中学1所,小学7所,卫生院1个,卫生所8个。有幼儿园、文化站、敬老院等。有名胜古迹积善亭、鸡公坦、老虎坦、下洞溶洞。农业以水稻、红薯、玉米、茶种植为主,有山羊、肉牛、鸡、鸭饲养,特产红薯干、红薯酒、红薯粉条、腊肉、萝卜干。厦蓉高速、省道郴州—宜章线过境。

土桥村［Tǔqiáocūn］ 平和乡人民政府驻地。在县政府驻地玉溪镇东北39千米。人口1100。明末成村。因有土木桥得名。聚落呈团块状。平和河流经。有小学、幼儿园、卫生室。农业以水稻、玉米、土豆、辣椒、红薯等种植为主。厦蓉高速、省道郴州—宜章线经此。

五岭乡［Wǔlǐng Xiāng］ 宜章县辖乡。在县境东北部。面积146平方千米。人口3万。辖21村委会,有226自然村。乡人民政府驻桃子湾村。2012年由太平里、沙坪2乡合设五岭乡。因五岭山脉得名。章水流经。有中学1所,小学21所,卫生院1个,卫生所21个。有文化站、敬老院等。有全国重点文物保护单位邓中夏故居。有名胜古迹野石铺诗刻、三仙洞。经济以农业为主,产稻谷、葡萄、禾花鱼。工业有小水电、水泥、风电。服务业以温泉旅游为主。有物流园。京广高铁、京广铁路、京港澳高速、107国道过境。

桃子湾村［Táoziwāncūn］ 五岭乡人民政府驻地。在县政府驻地玉溪镇东北17千米。人口200。清末成村。因多桃树得名。聚落呈团块状。有小学、幼儿园、卫生院、文化站等。农业以水稻、玉米、油茶等种植为主。京广铁路、京广高铁经此。

邓家湾村［Dèngjiāwāncūn］ 在县政府驻地玉溪镇东北13千米。五岭乡辖自然村。人口400。清初成村。因邓姓聚居得名。聚落呈团块状。有小学、幼儿园、卫生室。有全国重点文物保护单位邓中夏故居。农业以水稻种植为主。

永兴县

永兴县［Yǒngxīng Xiàn］ 郴州市辖县。北纬25°58′,东经112°43′。在市境北部。面积1979平方千米。人口64.1万。以汉族为主,还有瑶、苗、土家等民族。辖14镇、7乡。县人民政府驻便江镇。唐开元十三年(725)析郴县北4乡置安陵县,属桂阳郡。天宝元年(742)更名高亭县。因高亭山得名。宋熙宁六年(1073)改今名,意为永世兴旺。此后未变,先后属郴州军、郴州路、郴州府、郴州直隶州、衡永郴桂道、衡阳道、第八行政督察区、第三行政督察区、郴县专区、湘南行政区、郴州专区、郴州地区。1994年属郴州市。战国时为楚邑鄙,沿便江北岸分布。明天顺年间(1457—1464)初筑土垣,正德年间(1506—1521)改筑砖石城墙,有城楼及5城门。清代数次修复。1912年后全废,仅留一街,分段为东正街、县正街、西正街、胜利街。1959年修通干劲路。1961年建成永兴大桥。1995年后旧城改造,新建永兴大道、人民路、沿江北路、沿江南路、内环路、永兴北大桥等。东部多山,西部丘陵,中部丘岗平原。平均海拔102米。有四十八蚌、金宝仙、东岭等山。最高点羊角仙海拔1387米,最低点柳洲滩便江出境处海拔93米。年均气温18.7℃,1月平均气温5.6℃,7月平均气温28.8℃。年均降水量1828毫米。耒水、西河、注江、永乐江流经。有矿产资源煤、铁、铅、锌、高岭土等。有野生植物2029种,其中有国家重点保护野生植物水松、银杏、红豆杉、杜仲等20余种。有野生动物221种,其中有国家重点保护野生动物中华秋沙鸭、穿山甲、花面狸、水鹿、水獭等20余种。有永兴丹霞国家森林公园,龙华山省级森林公园。森林覆盖率68%。有中学32所,小学172所,二级医院2个,图书馆1个,博物馆1个,文化馆1个,体育馆1个,花鼓戏剧团1个。有全国重点文物保护单位湘南起义板梁暴动夺枪旧址中村宗祠、侍郎窾摩崖石刻群,省级文物保护单位黄克诚故居、黄氏宗祠、观音岩寺、金鹅寨、桃李寨等11个。有省级非物质文化遗产花鼓戏、汉三侯祠重阳庙会、大布江拼布绣。有景点便江、青山垄、龙潭、板梁古村、太平寺、安福司关圣祠等。三次产业比例9∶58∶33。农业以水稻、油茶、冰糖橙等种植为主。工业以有色金属冶炼、煤矿开采为主。服务业以商贸、物流、旅游为主。京广铁路、武广高铁、京港澳高速、107国道、省道莱鲁线过境。

水南坪大桥［Shuǐnánpíng Dàqiáo］ 在县城中部。长197米,宽14.2米,最大跨度30米,桥下净高13.8米。1959年开工,1961年建成,2001年扩建。原名永兴大桥、永兴南大桥,2011年因处水南坪更今名。为中型河道桥梁,结构型式为石砌板双曲拱桥。最大载重20吨。通公交车。

龙门渡大桥［Lóngméndù Dàqiáo］ 在县城中部。长212米,宽16.5米,桥下净高10米。1993年开工,1995年建成。原名永兴北大桥,2011年因处龙门渡更今名。为大型河道桥梁,结构型式为钢筋混凝土结构颟曲拱桥。最大载重20吨。通公交车。

永兴汽车南站［Yǒngxīng Qìchē Nánzhàn］ 见交通运输设施部分"永兴汽车南站"条。

永兴汽车北站［Yǒngxīng Qìchē Běizhàn］ 见交通运输设施部分"永兴汽车北站"条。

便江镇［Biànjiāng Zhèn］ 永兴县人民政府驻地。在县境中部。面积197平方千米。人口11.4万。辖10居委会、26村委会,有373自然村。镇人民政府驻龙山路社区。2012年由城关镇及城郊、碧塘2乡合置便江镇。因便江得名。有龙王岭峰。有永兴丹霞国家森林公园。有中学8所,小学22所,二级医院2个,卫生院2个,卫生所36个,敬老院5个。有全国重点文物保护单位侍郎窾丹霞摩崖石刻群,省级文物保护单位观音岩寺、太平寺。有省级非物质文化遗产永兴花鼓戏、汉三侯祠重阳庙会。有名胜古迹白银文化坊、注江、安陵书院、龙王岭。农业以水稻、蔬菜、冰糖橙等种植为主。工业以有色金属冶炼、煤矿开采为主。服务业以商贸、物流、旅游为主。省道莱鲁线过境。

永兴大道［Yǒngxīng Dàdào］ 在县城南部。北起人民广场大桥路南端,南至永安大道。与人民路、龙山路、橙乡路、书院路相交。长7.5千米,宽40米。沥青路面。1998年开工,1999年建成。因县得名。两侧有县政务中心、法院、五星实验学校、海汇国际商贸城、永兴汽车南站。通多路公交车。

大桥路［Dàqiáo Lù］ 在县城中部。南起人民广场永兴大道北端,北至新路下广场永安大道。与滨河路、凤凰岭路、跃进路、干劲路、戴家路、沙子江路等相交。长2.2千米,宽30米。混凝土路面。1950年始建,1998年扩建。2011年大桥北路、城北路合并定今名。两侧有县政府、县医院、新华书店、烈士陵园、永兴汽车北站。通多路公交车。

龙山路社区［Lóngshānlù Shèqū］ 便江镇人民政府驻地。在县境中部。面积8平方千米。人口6800。因龙山路得名。2006年成立。民居以高层住宅楼为主。经常开展广场舞、文艺演出、书画展、红色文化展、太极拳表演、露天电影等文体活动。有中小学、中医院、博物馆、图书馆、福利院、翠竹广场。有景点中国银楼、人民公园等。驻有县法院、国税局等单位。有城南大市场。省道莱鲁线经此。通多路公交车。

马田镇［Mǎtián Zhèn］ 永兴县辖镇。在县境西北部。面积100平方千米。人口8.4万。辖5居委会、21村委会,有203自然村。镇人民政府驻老马田社区。1956年设马田镇。1958年并入红旗公社。1961年析设马田矿区公社。1984年分设马田镇、乡。1986年乡并入镇。初名鸦鹊铺,后名泰来墟。清初因官兵田中养马而更今名。有神仙岭。马田河、高亭河流经。有中学3所,小学24所,幼儿园5所,卫生院4个,卫生所26个,敬老院4个。有文子洞古建筑群、井岗古井群。有民俗舞狮子、耍龙灯。农业以油茶、莲藕种植为主。工业以煤矿开采为主。服务业以旅游、商贸、物流为主。为全国重点镇。京广铁路、武广高铁、京港澳高速、107国道过境。

老马田社区 [Lǎomǎtián Shèqū] 马田镇人民政府驻地。在县境西北部。面积1.1平方千米。人口1400。因镇得名。2014年成立。民居以4层及以上住宅楼为主。有小学、幼儿园、卫生室、文化广场、集贸市场等。通公交车。

湘阴渡镇 [Xiāngyīndù Zhèn] 永兴县辖镇。在县境西南部。面积65平方千米。人口3.6万。辖1居委会、13村委会，有198自然村。镇人民政府驻湘阴村。1956年设湘阴乡。1958年并入卫星公社。1961年析设湘阴公社。1984年复乡。1986年改镇。因清代湘阴官渡得名。有龙王岭。西河、高亭河、桥头河流经。有中学2所，小学8所，幼儿园5所，卫生院1个，卫生所14个。有文化站、敬老院。有民俗庙会、十五倒灯。农业以水稻、蔬菜、冰糖橙、葡萄、提子种植为主，有生猪、水产养殖。工业以煤炭、化工为主。服务业以乡村旅游、商贸、物流为主。京港澳高速、省道莱鲁线、县道湘滩线过境。

湘阴村 [Xiāngyīncūn] 湘阴渡镇人民政府驻地。在县政府驻地便江镇西南13千米。人口2200。汉代成村。湘江二级支流西河穿村而过，清代在河南岸设官渡，因山北水南为阴，得名湘阴渡。村以此为名。聚落呈带状。有中小学、幼儿园、卫生室。农业以水稻种植为主，有鱼养殖。有商贸、煤矿开采及加工。有湘阴渡圩。县道湘滩线经此。

塘门口镇 [Tángménkǒu Zhèn] 永兴县辖镇。在县境北部。面积95平方千米。人口2.2万。辖1居委会、18村委会，有203自然村。镇人民政府驻马仰村。1958年成立光速公社。1982年更名塘门口公社。1984年改乡。1986年改镇。因圩侧旧有大池塘得名。纳西、八石河流经。有中学1所，小学5所，幼儿园3所，卫生院1个，卫生所19个。有文化站、敬老院。农业以水稻、柑橘种植为主，有生猪养殖。工业以煤矿开采及冶炼为主。有塘门口工业区。县道湘塘线过境。

马仰村 [Mǎyǎngcūn] 塘门口镇人民政府驻地。在县政府驻地便江镇北10千米。人口600。汉代成村。传州官坐骑至此恋而不前，似有仰慕之意，故名。聚落呈带状。有中小学、幼儿园、卫生室、敬老院、文化广场等。农业以水稻、柑橘等种植为主。有塘门口工业区、集贸市场。县道湘塘线经此。

金龟镇 [Jīnguī Zhèn] 永兴县辖镇。在县境中部偏北。面积53平方千米。人口2.2万。辖1居委会、14村委会，有150自然村。镇人民政府驻曹家边村。1958年成立金龟公社。1984年改乡。1986年改镇。因镇政府原驻地金龟村得名。淝江、灵江流经。有中学1所，小学5所，幼儿园4所，卫生院1个，卫生所15个。有敬老院。有省级文物保护单位何昆烈士故居、安福寺、关圣祠。农业以水稻种植为主，盛产油茶、南竹、茶叶。工业以煤炭、金银冶炼为主。省道莱鲁线过境。

曹家边村 [Cáojiābiāncūn] 金龟镇人民政府驻地。在县政府驻地便江镇北19千米。人口1100。因曹姓于山边建房得名。聚落呈团块状。有小学、幼儿园、卫生室、文化广场等。农业以水稻、南竹种植为主。省道莱鲁线经此。

柏林镇 [Bǎilín Zhèn] 永兴县辖镇。在县境北部。面积196平方千米。人口5.2万。辖2居委会、32村委会，有500自然村。镇人民政府驻柏林村。1961年成立柏林公社。1984年改乡。1986年改镇。2012年洞口乡并入。因镇政府驻地得名。永乐江流经。有中学2所，小学7所，卫生院2个，卫生所32个，敬老院2个。有省级文物保护单位九团金鹅仙寨。有洞口皮影戏。农业以水稻种植为主。工业以金银冶炼为主。有柏林工业园。为中国银都、全国稀贵金属生产和交易中心。省道莱鲁线过境。

柏林村 [Bǎilíncūn] 柏林镇人民政府驻地。在县政府驻地便江镇北29千米。人口2200。村内有一塘，中有白泥，旧名白泥塘。后以方言音讹为柏林。聚落呈团块状。有煤资源。有小学、卫生所。农业以水稻、油茶种植为主。工业以煤炭、矿产冶炼为主。省道莱鲁线经此。

鲤鱼塘镇 [Lǐyútáng Zhèn] 永兴县辖镇。在县境东南部。面积171平方千米。人口3.4万。以汉族为主，还有瑶、苗等民族。辖1居委会、27村委会，有456自然村。镇人民政府驻中心村。1961年成立鲤鱼塘公社。1984年改乡。1986年改镇。2012年千冲乡并入。因养殖禾花鲤得名。洪波河流经。有中学1所，小学7所，幼儿园6所，卫生院2个，卫生所27个，敬老院2个。有廖家山、茸婆堰等遗址。农业以水稻、冰糖橙、柑橘种植为主，产山苍子油、香菇，特产碱水糍粑、糯米酒。省道青资线，县道鲤上、鲤沅线过境。

中心村 [Zhōngxīncūn] 鲤鱼塘镇人民政府驻地。在县政府驻地便江镇东24千米。人口2400。先秦成村。因处鲤鱼塘盆地(当地称洞)中心得名。聚落呈团块状。有中小学、幼儿园、卫生室、文化广场、敬老院等。有茸婆堰遗址。农业以水稻种植为主。有集贸市场。省道青资线，县道鲤上、鲤沅线经此。

油市镇 [Yóushì Zhèn] 永兴县辖镇。在县境西南部。面积42平方千米。人口2.8万。辖1居委会、12村委会，有110自然村。镇人民政府驻油市村。1961年成立油市公社。1984年改乡。1998年改镇。因镇政府驻地得名。九山河流经。有中学1所，小学7所，幼儿园4所，卫生院1个，卫生所13个。有敬老院。经济以农业为主，主产稻谷、油茶。工业以煤矿开采、烟花爆竹及刀剪加工为主。京广铁路、京港澳高速、107国道过境。

油市村 [Yóushìcūn] 油市镇人民政府驻地。在县政府驻地便江镇西南19千米。人口2400。唐宋成村。因油榨坊形成圩市得名油榨圩，后改今名。聚落呈团块状。高亭河流经。有小学、幼儿园、卫生室。有军家桥、油市大桥。农业以水稻种植为主。有集贸市场。107国道经此。

悦来镇 [Yuèlái Zhèn] 永兴县辖镇。在县境西北部。面积52平方千米。人口2.8万。辖1居委会、14村委会，有99自然村。镇人民政府驻悦来村。1961年成立悦来公社。1984年改乡。2012年改镇。因镇政府驻地得名。有神仙岭山。高亭河流经。有中学1所，小学6所，幼儿园5所，卫生院1个，卫生所14个，敬老院3个。有古迹李氏宗祠、廊水塔、坪田澄水冶炼遗址、马渡古村。有国家3A级旅游景区悦来温泉旅游度假山庄。农业以水稻、油茶等种植为主。工业以棕制品及食品加工、冶铁为主。县道水黄线过境。

悦来村 [Yuèláicūn] 悦来镇人民政府驻地。在县政府驻地便江镇西北29千米。人口2300。古名托塘，清光绪六年(1880)设圩场，以“近者悦，远者来”改今名。聚落呈团块状。有中小学、幼儿园、卫生室、敬老院。经济以商贸为主，有集贸市场。县道水黄线经此。

复和镇 [Fùhé Zhèn] 永兴县辖镇。在县境西北部。面积40平方千米。人口2.2万。辖1居委会、12村委会，有111自然村。镇人民政府驻曹家村。1961年成立复和公社。1984年改乡。2012年改镇。因圩得名。原名磊头圩，后以和好、公平交易更名复和圩。有中学1所，小学9所，幼儿园4所，卫生院1个，卫生所12个，文化站1个。农业以水稻、油茶种植为主。工业以煤炭开采为主，有腐竹加工业。县道马雷线过境。

曹家村 [Cáojiācūn] 复和镇人民政府驻地。在县政府驻地便江镇西北16千米。人口1500。因姓氏得名。聚落呈团块状。有中小学、幼儿园、卫生室、敬老院。农业以水稻、油茶种植为主。工业以煤矿开采为主。有集贸市场。县道马雷线经此。

高亭镇 [Gāotíng Zhèn] 永兴县辖镇。在县境西部。面积46平方千米。人口3.3万。辖1居委会、14村委会，有99自然村。镇人民政府驻高亭村。1961年成立高亭公社。1984年改乡。2012年改镇。因镇政府驻地得名。高亭河流经。有中学2所，小学10所，幼儿园4所，卫生院1个，卫生所14个，敬老院1个。有全国重点文物保护单位中村宗祠。有东冲古建筑群。有国家4A级旅游景区板梁古村。农业以水稻、莲藕种植为主。工业以烟花爆竹加工为主，有腐竹加工业。有旅游业。京广铁路、武广高铁、京港澳高速、107国道过境。

高亭村 [Gāotíngcūn] 高亭镇人民政府驻地。在县政府驻地便江镇西22千米。人口3000。唐开元十三年(725)为安陵县治，天宝元年(742)更名高亭县，故名。聚落呈团块状。有中小学、幼儿园、卫生室、敬老院。有古迹九山古堰、安陵县故址、高亭县故址。农业以水稻种植为主。有集贸市场。107国道经此。

板梁村 [Bǎnliángcūn] 在县政府驻地便江镇西25千米。高亭镇辖自然村。人口2100。传明永乐年间(1403—1424)刘润公以木板代梁建厅，故名。聚落呈团块状。为中国历史文化名村、中国传统村落。有全国重点文物保护单位中村宗祠。有明清建筑360余栋。农业以水稻种植为主。107国道经此。

黄泥镇 [Huángní Zhèn] 永兴县辖镇。在县境中部。面积128平方千米。人口3.1万。辖1居委会、22村委会，有352自然村。镇人民政府驻石虎村。1961年成立东方红公社。1980年更名黄泥公社。1984年改乡。2012年改镇。因黄泥坳圩场得名。注江、灵江流经。有中学1所，小学4所，幼儿园5所，卫生院1个，卫生所22个，敬老院2个。有名胜古迹盐坦洞、国陵寺、注江生态漂流。农业以水稻种植为主，产油茶、涌水冰糖橙等。工业以煤炭加工为主，有豆油加工。有黄泥工业园。省道莱鲁、青资线过境。

石虎村 [Shíhǔcūn] 黄泥镇人民政府驻地。在县政府驻地便江镇北9千米。人口2500。因巨石似虎得名。聚落呈带状。石虎河流经。有中小学、幼儿园、卫生室、敬老院。有娘娘庙。农业以水稻种植为主，有豆油加工业。有集贸市场。省道莱鲁线经此。

樟树镇 [Zhāngshù Zhèn] 永兴县辖镇。在县境北部。面积98平方千米。人口3.5万。辖1居委会、17村委会，有243自然村。镇人民政府驻樟树村。1961年成立樟树公社。1984年改乡。2012年改镇。因镇政府驻地得名。毛坪河、欧西河、天堂溪流经。有中学1所，小学10所，幼儿园7所，卫生院1个，卫生所17个，敬老院1个。有名胜古迹侯憩仙、马氏官厅。农业以水稻种植为主，产南竹、冰糖橙、油茶、葡萄等。工业以煤炭、金银冶炼为主。县道金茨线过境。

樟树村 [Zhāngshùcūn] 樟树镇人民政府驻地。在县政府驻地便江镇北30千米。人口

2000。因有古樟得名。聚落呈团块状。有煤资源。有中小学、幼儿园、卫生室、敬老院。农业以水稻、南竹种植为主。工业以金属冶炼为主。有集贸市场。县道金茨线经此。

太和镇 [Tàihé Zhèn] 永兴县辖镇。在县境中北部。面积98平方千米。人口2.3万。辖1居委会、15村委会,有211自然村。镇人民政府驻太和村。1956年设太和乡。1961年改公社。1984年复乡。2012年改镇。因镇政府驻地得名。注江流经。有中学1所,小学5所,幼儿园4所,卫生院1个,卫生所15个,敬老院1个。农业以水稻种植为主。工业以金银冶炼为主。有太和工业园。省道莱鲁线过境。

太和村 [Tàihécūn] 太和镇人民政府驻地。在县政府驻地便江镇东北23千米。人口2100。因太和圩得名,意为太平和气。聚落呈带状。有中小学、幼儿园、卫生院、敬老院。农业以水稻种植为主。工业以金银冶炼为主。有集贸市场。省道莱鲁线经此。

洋塘乡 [Yángtáng Xiāng] 永兴县辖乡。在县境西南部。面积51平方千米。人口2.2万。辖15村委会,有76自然村。乡人民政府驻长洲村。1960年成立文明公社。1982年更名洋塘公社。1984年改乡。因洋塘冲得名。地处垄冲,始祖自桂阳县洋市圩迁此,村前有塘,故名。洋塘河流经。有仙子岭。有泉波头、铁龙头、沙圳头等泉。有中学1所,小学7所,幼儿园3所,卫生院1个,卫生所15个,敬老院2个。有辛亥革命烈士刘重故居、黄氏宗祠。农业以水稻种植为主,特产冰糖橙、油茶。有烟花爆竹加工业。县道高桂线过境。

长洲村 [Chángzhōucūn] 洋塘乡人民政府驻地。在县政府驻地便江镇西南27千米。人口1500。原因曾有长丘稻田得名长丘头,后讹为今名。聚落呈团块状。有中小学、幼儿园、卫生室、敬老院。农业以水稻、红薯种植为主,有集贸市场。县道高桂线经此。

油麻乡 [Yóumá Xiāng] 永兴县辖乡。在县境西部。面积44平方千米。人口2万。辖8村委会,有80自然村。乡人民政府驻油麻村。1956年设油麻乡。1958年并入五星公社。1961年析设油麻公社。1984年复乡。因乡政府驻地得名。有岩头岭。谦和河、平罗溪流经。有中学1所,小学15所,幼儿园3所,卫生院2个,卫生所8个,敬老院2个。有寨上遗址。农业以水稻种植为主,盛产油茶、红薯酒。有风力发电场。县道马洋线过境。

油麻村 [Yóumácūn] 油麻乡人民政府驻地。在县政府驻地便江镇西32千米。人口1700。因油麻圩得名。古以桐油、苎麻交易著称,故名。聚落呈团块状。有中小学、幼儿园、卫生室、敬老院、文化广场。农业以油茶、红薯种植为主。有集贸市场。县道马洋线经此。

三塘乡 [Sāntáng Xiāng] 永兴县辖乡。在县境西北部。面积49平方千米。人口2.6万。辖11村委会,有102自然村。乡人民政府驻小尾村。1961年成立三塘公社。1984年改乡。因有大塘、鲁塘、小尾塘得名。有鸟仔岩峰。下何家河流经。有中学1所,小学8所,幼儿园2所,卫生院1个,卫生所11个。有文化站、敬老院。有省级文物保护单位黄克诚故居、黄氏宗祠。农业以水稻、油茶、红薯种植为主。县道马洋线过境。

小尾村 [Xiǎowěicūn] 三塘乡人民政府驻地。在县政府驻地便江镇西50千米。人口2800。原因小水塘围以石塴得名小围塘,后讹为今名。聚落呈团块状。有小学、幼儿园、卫生室等。农业以油茶种植为主。有集贸市场、六合圩。县道马洋线经此。

下青村 [Xiàqīngcūn] 在县政府驻地便江镇西52千米。三塘乡辖自然村。人口1600。因处上青山下得名。有小学、幼儿园、卫生室等。有省级文物保护单位黄克诚故居、黄氏宗祠。农业以红薯种植为主。有旅游业。县道马洋线经此。

香梅乡 [Xiāngméi Xiāng] 永兴县辖乡。在县境中部偏北。面积44平方千米。人口1.9万。辖13村委会,有158自然村。乡人民政府驻塘屋村。1961年成立香梅公社。1984年改乡。因圩得名。圩场旧有杨梅树,雅称香梅圩。有中学1所,小学4所,幼儿园3所,卫生院1个,卫生所13个,敬老院1个。农业以水稻种植为主,盛产油茶、南竹。有煤炭加工业。县道金香线过境。

塘屋村 [Tángwūcūn] 香梅乡人民政府驻地。在县政府驻地便江镇北27千米。人口2400。因填塘建屋得名塘屋冲,后改今名。聚落呈团块状。有中小学、幼儿园、卫生室、敬老院。经济以煤矿开采及加工、种植油茶为主。县道金香线经此。

大布江乡 [Dàbùjiāng Xiāng] 永兴县辖乡。在县境东部。面积119平方千米。人口1.7万。辖1居委会、13村委会,有391自然村。乡人民政府驻沅洲村。1956年设大布江乡。后改公社。1984年复乡。因大布江圩得名。有中学1所,小学4所,卫生院1个,卫生所13个,敬老院1个。有古迹金宝仙塔。有省级非物质文化遗产大布江拼布绣。农业以水稻种植为主,产杉木、南竹。有蕨根粉、山苍子油、茶叶等加工业。县道鲤沅线过境。

沅洲村 [Yuánzhōucūn] 大布江乡人民政府驻地。在县政府驻地便江镇东北34千米。人口2000。大布江与永乐江在此交汇,交汇处有沙洲,故名源洲,后讹化为沅洲。聚落呈带状。有中小学、幼儿园、卫生室、敬老院、文化广场。经济以农林为主,产稻谷、木材。有集贸市场。县道鲤沅线经此。

龙形市乡 [Lóngxíngshì Xiāng] 永兴县辖乡。在县境东部。面积157平方千米。人口1.5万。辖1居委会、15村委会,有311自然村。乡人民政府驻龙形市村。1961年成立龙形市公社。1984年改乡。因乡政府驻地得名。有水南坳峰。永乐江、注江流经。有中学1所,小学3所,幼儿园3所,卫生院1个,卫生所15个,敬老院1个。有省级文物保护单位桃李寨。有国家级水利风景区青山垄。农业以水稻种植为主,产杉木、南竹。县道鲤上线过境。

龙形市村 [Lóngxíngshìcūn] 龙形市乡人民政府驻地。在县政府驻地便江镇东北36千米。人口1600。因山形似龙且曾有龙形寺得名龙形市圩,沿为村名。聚落呈团块状。有中小学、幼儿园、卫生室、敬老院等。经济以农林为主,产稻谷、木材、山苍子油。有集贸市场。县道鲤上线经此。

七甲乡 [Qījiǎ Xiāng] 永兴县辖乡。在县境东部。面积125平方千米。人口1.6万。辖1居委会、10村委会,有364自然村。乡人民政府驻七甲村。1961年成立七甲公社。1984年改乡。因乡政府驻地得名。有羊角仙峰。七甲水流经。有中学1所,小学11所,幼儿园1所,卫生院1个,卫生所10个,敬老院2个。经济以农牧业为主。农业以水稻、中草药、玉兰等种植为主。有山苍子油、桐油、蕨根粉等加工业。有南湾、黑山高山牧场。县道鲤上线过境。

七甲村 [Qījiǎcūn] 七甲乡人民政府驻地。在县政府驻地便江镇东北39千米。人口2100。因旧属十九都七甲得名。聚落呈团块状。有中小学、幼儿园、卫生室、幸福院等。农业以水稻、南竹种植为主。有腊制品加工业。有集贸市场。县道鲤上线过境。

嘉禾县

嘉禾县 [Jiāhé Xiàn] 郴州市辖县。北纬25°47′,东经112°21′。在市境西南部。面积699平方千米。人口40.5万。辖11镇、2乡。县人民政府驻珠泉镇。明崇祯十二年(1639)置嘉禾县。此后至1954年先后属桂阳州、衡州府、桂阳直隶州、衡永郴桂道、第八行政督察区、第三行政督察区、郴县专区、郴州专区、湘南行政区。1958年并入蓝嘉县。1961年复。1979年属郴州地区。1995年属郴州市。《衡湘稽古》载:"炎帝之世,天降嘉种,神农拾之,以教耕作,于其地为禾仓,后以置县,循其实曰嘉禾县",故名。先后建城北新城区、人民广场、市民广场、嘉滨湖公园等。东部文教卫区,中部行政单位、商业区,西部居民住宅区,北部工业区。处五岭山脉北麓,多丘陵山地。平均海拔325米。年均气温18.3℃,1月平均气温6.5℃,7月平均气温28.9℃。年均降水量1496毫米。有黄牛岭、南岭山。钟水、大成河、黄狮江、石燕河流经。有矿产资源铁、锰、铅、锌、汞等。有野生植物284种,其中有国家重点保护野生植物南方红豆杉、钟萼木、金叶含笑、银雀树等9种。有野生动物131种,其中有国家重点保护野生动物穿山甲、白鹇等18种。有钟水河国家湿地公园、南岭国家森林公园。森林覆盖率46.8%。有中专1所,中学26所,小学156所,二级医院2个,文化馆1个,图书馆1个,文艺团体1个。有全国重点文物保护单位萧克故居,省级文物保护单位民国初期将领李国柱故居、抗日烈士李必蕃故居、风宪牌坊等8个。有省级非物质文化遗产嘉禾伴嫁歌。有名胜古迹九老峰、普济寺、珠泉、龟山、飞来湖。三次产业比例14∶50∶36。农业以水稻、玉米等种植为主。工业以铸造、锻造、煤炭加工为主。服务业以餐饮、商贸、旅游为主。厦蓉、岳临高速,省道荆江—临武、安乡—江华、嘉禾—江华、桂东—江永、汝城—新田、望城—蓝山、汝城—道县线过境。

人民广场 [Rénmín Guǎngchǎng] 在县城北部。面积3.48公顷。1998年开工,同年建成。有"燃升"城雕,以"火炬"为主题。有嘉禾八景地标图。有花池、喷泉、礼花灯、休闲道和部分健身体育器械等。为居民集会、休闲、娱乐、健身场所。周边有县委、珠泉镇政府、金田社区。通公交车。

金田汽车站 [Jīntián Qìchēzhàn] 见交通运输设施部分"金田汽车站"条。

珠泉镇 [Zhūquán Zhèn] 嘉禾县人民政府驻地。在县境中部。面积132平方千米。人口10.2万。辖9居委会、38村委会,有132自然村。镇人民政府驻金田社区。1938年设珠泉镇。1950年设珠泉乡。1952年复镇。1954年更名城关镇,后改公社。1981年复城关镇。2012年与钟水、石羔、莲荷3乡合设珠泉镇。因名胜珠泉涌月得名。钟水、石燕河流经。有初中4所,小学27所,二级医院2个,卫生院4个,卫生所38个。有图书馆、文化馆、体育馆、人民广场、市民广场。有省级文物保护单位李国柱故居、李必蕃故居、李国柱墓、李必蕃墓。农业以种植水稻、蔬菜为主。工业以铸造、机械加工、建材为主。服务业以商贸为主。厦蓉高速,省道郴州—桂东、塘村—车头线过境。

嘉禾大道 [Jiāhé Dàdào] 在县城中部。南起人民路南端,北至嘉桂公路。长7千米,宽40米。沥青路面。2013年开工,2014年建成。因县得名。两侧有房产局、国土局、嘉禾大市场、协和医院、中学、检察院、民政局、财政局、司法局等。通多路公交车。

人民路［Rénmín Lù］　在县城中部。南起嘉禾大道，北至晋屏大道。与城南路、中华路、珠泉路、建设路、金田路、晋屏北路相交。长3.7千米，宽22米。沥青路面。分南、北2段。人民南路于1967年开工，同年建成。长1000米，宽12米。人民北路于1970年开工，同年建成。长2700米，宽24米。2014年改建。两侧有环卫所、农机局、林业局、水电局、新华书店、县工会、中伟步行街、农业局、县政府、广播电视台、文化局、图书馆、珠泉镇政府。通多路公交车。

金田社区［Jīntián Shèqū］　珠泉镇人民政府驻地。在县境东部。面积2平方千米。人口1.3万。因金田路得名。2006年成立。民居以6层以上住宅楼为主。经常开展敬老献爱心活动，为老人放电影、表演文艺节目。有中学、二级医院、卫生院。驻有县委、县政府等单位。有嘉禾大市场。通公交车。

车头镇［Chētóu Zhèn］　嘉禾县辖镇。在县境南部。面积24平方千米。人口1.8万。辖1居委会、11村委会，有27自然村。镇人民政府驻车头村。1981年成立车头公社。1984年改乡。1986年改镇。因镇政府驻地得名。钟水河流经。有中学1所，小学7所，卫生院1个，卫生所11个。有图书室、文化站、敬老院等。有省级文物保护单位风宪牌坊。农业以水稻种植为主。工业以铸造、机械加工、建材为主。服务业以餐饮、商贸、商品零售为主。厦蓉高速，省道桂东—江永、望城—蓝山线过境。通公交车。

车头村［Chētóucūn］　车头镇人民政府驻地。在县政府驻地珠泉镇南5千米。人口900。原名车溪村，清光绪四年(1878)因建普渡桥更名车头桥村，后简为今名。聚落呈团块状。有中小学、卫生院。农业以水稻种植为主。工业以机械加工、建材为主。厦蓉高速，省道桂东—江永、望城—蓝山线经此。

塘村镇［Tángcūn Zhèn］　嘉禾县辖镇。在县境南部。面积33平方千米。人口2.8万。辖5居委会、17村委会，有41自然村。镇人民政府驻塘村。1950年设塘村镇。1958年改公社。1984年分设塘村镇、花溪乡。1986年花溪乡并入。因镇政府驻地得名。花溪流经。有中学2所，小学7所，卫生院1个，卫生所17个。有文化站、敬老院、村级图书室等。有古迹狸虎岩洞。农业以水稻、蔬菜种植为主。工业以锻造、铸造、机械加工、建材为主。服务业以商贸为主。省道望城—蓝山线过境。

塘村［Tángcūn］　塘村镇人民政府驻地。在县政府驻地珠泉镇南12千米。人口1200。宋代成村。因多水塘得名。聚落呈散状。有小学、卫生院。农业以水稻种植为主。工业以锻造、机械加工为主。服务业以商贸为主。省道望城—蓝山线经此。

袁家镇［Yuánjiā Zhèn］　嘉禾县辖镇。在县境东南部。面积52平方千米。人口3.2万。辖4居委会、24村委会，有114自然村。镇人民政府驻袁家村。1964年成立袁家公社。1984年改乡。1986年改镇。2012年泮头乡并入。因镇政府驻地得名。黄狮江、袁溪河流经。有中学2所，小学15所，卫生院2个，卫生所24个。有文化站、敬老院、村级图书室等。有全国重点文物保护单位萧克故居、湘南起义旧址群中共嘉禾南区支部活动旧址，省级文物保护单位南薰亭。农业以水稻、蔬菜、山茶种植为主。工业以铸造、锻造、机械加工、建材为主。服务业以商贸为主，有乡村旅游。厦蓉、岳临高速，省道桂东—江永线过境。

袁家村［Yuánjiācūn］　袁家镇人民政府驻地。在县政府驻地珠泉镇东11千米。人口2800。元末明初成村。因袁姓始居得名。聚落呈团块状。有小学、卫生院。农业以水稻、山茶种植为主，产多种水果。工业以铸造为主。有圩场。厦蓉高速经此。

小街田村［Xiǎojiētiáncūn］　在县政府驻地珠泉镇东南19千米。袁家镇辖自然村。人口900。元代成村。因田、街小得名。聚落呈散状。有小学、卫生室、图书室、老年活动中心等。有全国重点文物保护单位萧克故居，省级文物保护单位南薰亭。农业以水稻种植为主，产油茶、水果。县道碎毛线经此。

行廊镇［Xíngláng Zhèn］　嘉禾县辖镇。在县境东部。面积42平方千米。人口2.5万。辖3居委会、16村委会，有49自然村。镇人民政府驻长圳村。1950年设行廊乡。1961年改公社。1984年复乡。1986年改镇。因镇政府原驻地行廊村得名。传因陈姓招婿得名行郎，后谐音改为今名。陶家河、黄狮江流经。有中学2所，小学7所，卫生院1个，卫生所16个。有文化站、敬老院、村级图书室及文化活动中心等。农业以水稻、玉米、山茶等种植为主。工业以建材、煤炭、针织为主。服务业以商贸为主。为全国重点镇。岳临高速、省道荆江—临武线过境。

长圳村［Chángzhèncūn］　行廊镇人民政府驻地。在县政府驻地珠泉镇东13千米。人口500。清康熙年间(1662—1722)成村。因水沟得名。圳指田边水沟。聚落呈团块状。农业以水稻等种植为主。省道荆江—临武线经此。

肖家镇［Xiāojiā Zhèn］　嘉禾县辖镇。在县境东北部。面积35平方千米。人口1.5万。辖2居委会、10村委会，有30自然村。镇人民政府驻肖家村。1961年成立肖家公社。1984年改乡。1986年改镇。因镇政府驻地得名。黄狮江、陶家河流经。有中学1所，小学8所，卫生院1个，卫生所10个。有图书室、文化站、敬老院等。农业以水稻等种植为主。工业以煤、建材加工为主。服务业以商贸为主。岳临高速、省道荆江—临武线过境。

肖家村［Xiāojiācūn］　肖家镇人民政府驻地。在县政府驻地珠泉镇东北24千米。人口2600。明嘉靖年间(1522—1566)成村。因肖姓聚居得名。聚落呈散状。有小学、卫生院。农业以水稻种植为主。有煤加工业。省道荆江—临武线经此。

龙潭镇［Lóngtán Zhèn］　嘉禾县辖镇。在县境东部。面积75平方千米。人口3.1万。辖1居委会、20村委会，有94自然村。镇人民政府驻龙潭村。1958年成立龙潭公社。1984年改乡。1997年改镇。因镇政府驻地得名。陶家河、黄狮江、沙坪河、行廊河流经。有中学1所，小学13所，卫生院1个，卫生所20个。有图书室、文化站、敬老院等。农业以水稻、玉米、花生、油茶等种植为主。工业以铸造、冶炼、煤炭加工、机械加工为主。厦蓉、岳临高速，省道荆江—临武、桂东—江永线过境。2014年被评为全国文明镇。

龙潭村［Lóngtáncūn］　龙潭镇人民政府驻地。在县政府驻地珠泉镇东19千米。人口400。清嘉庆年间(1796—1820)成村。传潭有蛟龙得名蛟龙潭，临村有圩故名龙潭圩，因圩得今名。聚落呈团块状。有中小学、卫生院。农业以水稻、花生、山茶等种植为主。厦蓉、岳临高速经此。

石桥镇［Shíqiáo Zhèn］　嘉禾县辖镇。在县境北部。面积58平方千米。人口3.7万。辖2居委会、24村委会，有73自然村。镇人民政府驻石市村。1938年设石桥乡。1950年仍乡，后改公社。1984年复乡。1997年改镇。因镇政府驻地原名石桥圩得名。钟水流经。有中学2所，小学14所，卫生院1个，卫生所24个。有图书室、文化站、敬老院等。有景点禹迹龙门、太公钓鱼处。农业以稻谷、水果种植为主。工业以煤炭、造纸、水电为主。服务业以旅游、商贸、物流为主。为新田、桂阳、嘉禾3县物资集散地。省道望城—蓝山线过境。

石市村［Shíshìcūn］　石桥镇人民政府驻地。在县政府驻地珠泉镇北19千米。人口1900。明末清初成村。原因周皆石山，贸易亭由石柱搭建得名石桥圩，后称今名。聚落呈散状。有小学、卫生院。有广济圩古市场。农业以水稻种植为主。服务业以商贸为主。省道望城—蓝山线经此。

田心镇［Tiánxīn Zhèn］　嘉禾县辖镇。在县境中部。面积3平方千米。人口2.5万。辖2居委会、14村委会，有39自然村。镇人民政府驻山田村。1956年设田心乡。1961年改公社。1984年复乡。2013年改镇。因镇政府原驻地田心村得名。有黄牛岭。钟水流经。有中学1所，小学10所，卫生院1个，卫生所14个。有图书室、文化站、敬老院等。有凌云古蹬及摩崖石刻、八角亭。农业以水稻、蔬菜种植为主。工业以煤矿开采、冶炼为主。服务业以商贸、餐饮为主。县道园仙线过境。

山田村［Shāntiáncūn］　田心镇人民政府驻地。在县政府驻地珠泉镇北13千米。人口1600。宋绍兴年间(1131—1162)成村。因三面环山得名。聚落呈团块状。有中小学、卫生所。农业以水稻等种植为主。工业以煤矿开采为主。县道园仙线经此。

坦坪镇［Tǎnpíng Zhèn］　嘉禾县辖镇。在县境北部。面积37.4平方千米。人口2.9万。辖1居委会、19村委会，有41自然村。镇人民政府驻坦坪村。1961年成立坦坪公社。1984年改乡。2013年改镇。因镇政府驻地得名。钟水、石燕河流经。有中专1所，中学1所，小学14所，卫生院1个，卫生所19个。有图书室、敬老院等。有宋代古窑址2个。农业以水稻、玉米等种植为主。工业以铸造、机械加工、建材为主。省道嘉禾—江华线过境。

坦坪村［Tǎnpíngcūn］　坦坪镇人民政府驻地。在县政府驻地珠泉镇北10千米。人口1700。明初成村。因地势平坦得名。聚落呈块状。有中专、中小学、卫生院。农业以水稻种植为主。有圩集。省道宁乡—临武线经此。

广发镇［Guǎngfā Zhèn］　嘉禾县辖镇。在县境西北部。面积68平方千米。人口3.7万。辖1居委会、23村委会，有76自然村。镇人民政府驻广发村。1938年设广发乡。1950年仍乡，后改公社。1984年复乡。2013年改镇。因镇政府驻地得名。有陶岭。大成河流经。有中学1所，小学15所，卫生院1个，卫生所23个。有图书室、文化站、敬老院等。农业以水稻种植为主，有生猪饲养，产金手指葡萄、儒峰脐橙。工业以铸造、冶炼、建材为主。为全国重点镇。省道汝城—新田线过境。

广发村［Guǎngfācūn］　广发镇人民政府驻地。在县政府驻地珠泉镇西北14千米。人口1300。因旧有广发寺得名。聚落呈块状。有中小学、卫生院。有红六军团司令部广发墟旧址。农业以水稻种植为主。省道汝城—新田线经此。

普满乡［Pǔmǎn Xiāng］　嘉禾县辖乡。在县境东北部。面积71平方千米。人口2.3万。辖1居委会、16村委会，有70自然村。乡人民政府驻普满村。1950年设普满乡，后改公社。1984年复乡。因乡政府驻地得名。有观音山。陶家河流经。有中学1所，小学9所，卫生院1个，卫生所16个。有图书室、文化站、敬老院等。有省级文物保护单位刘氏宗祠。农业以水稻、玉米等种植为主。有优质高产水稻示范区。工业以建材、针织、大理石加工为主。服务业以商业、外贸为主。岳临高速、省道桂阳杨柳—蓝山线过境。

普满村［Pǔmǎncūn］ 普满乡人民政府驻地。在县政府驻地珠泉镇东北30千米。人口300。清代成村。因圩场人人满意得名。聚落呈块状。有中小学、卫生院。农业以水稻种植为主。省道桂阳杨柳—蓝山线经此。

盘江乡［Pánjiāng Xiāng］ 嘉禾县辖乡。在县境西部。面积41平方千米。人口1.4万。辖1居委会、12村委会，有56自然村。乡人民政府驻新圩。1950年设盘江乡，后改公社。1984年复乡。因乡政府原驻地得名。原因山凹平如盘且村前有溪得名盘溪，后改为盘江。石燕河流经。有中学1所，小学7所，卫生院1个，卫生所12个。有图书室、文化馆、文化站、敬老院等。农业以水稻、花生、玉米等种植为主。省道汝城—道县线过境。

新圩［Xīnxū］ 盘江乡人民政府驻地。在县政府驻地珠泉镇西7千米。人口100。因乡政府迁此后，村民曾设圩场得名。聚落呈块状。有小学、卫生院。农业以水稻、花生、玉米等种植为主。省道汝城—道县线经此。

临武县

临武县［Línwǔ Xiàn］ 郴州市辖县。在市境西南部。北纬25°17′，东经112°33′。面积1376平方千米。人口39.5万。以汉族为主，还有瑶、蒙古、苗、侗等民族。辖9镇、8乡、1瑶族乡。县人民政府驻武水镇。汉高帝五年（前202）置临武县，属桂阳郡。新始建国元年（9）改名大武县。汉建武十一年（35）复名。隋开皇九年（589）南平县并入。唐咸亨二年（671）又析出。如意元年（692）更名隆武县。神龙元年（705）复名临武。五代后晋天福四年（939）并入桂阳监。宋绍兴十一年（1141）复置。此后至1954年先后属桂阳郡、桂阳路、桂阳州、衡州府、桂阳直隶州、衡阳道、湖南省、第八行政督察区、第三行政督察区、郴县专区、湘南行政区。1959年并入宜章县。1961年复县。1994年属郴州市。《水经注》载："以侧武溪东，因曰临武县。"以武水、沙溪为依托，形成4纵4横1环线城市路网。东部历史文化园，东南角食品医药工业园，西部西山郊野公园，临武高速出入口为建材轻工业制造园区，建材轻工业制造园区与历史文化园之间为高效农业生态示范园。位于南岭山脉。为湘江、珠江之源。地势西北高东南低。平均海拔276米。以山地、丘陵、平原为主。有通天庙、桐柏山。最高点天头岭海拔1712米。年均气温17.9℃，1月平均气温8℃，7月平均气温32℃。年均降水量1422毫米。武水河、人民河、谭河、高安河、腊水河、水东河流经。有矿产资源锡、铷、钨、铅、煤、石墨、大理石、玉石等。有野生植物797种，其中有国家重点保护野生植物红豆杉、樟树、国槐等20种。有野生动物345种，其中有国家重点保护野生动物黄腹角雉、西山娃娃鱼、五步蛇等33种。有西瑶绿谷国家森林公园。森林覆盖率56.3%。有初中18所，小学155所，二级医院5个，文化馆1个，图书馆1个，档案馆1个，体育场馆3个。有文艺团体傩戏剧团、上横祁剧团、临武瑶族高台长鼓舞团等。有省级文物保护单位秀岩崖题刻、临武碉楼群、临武明清门楼群等6个。有十八岗烈士陵园。有廻峰塔、舜峰广场。有国家级非物质文化遗产临武傩戏，省级非物质文化遗产临武小调、临武祁剧、临武跳龙、临武瑶族高台长鼓舞。有景点杜家隐园、东林胜境、通天神韵、渡头古城遗址、龙洞烟云、金仙天然大佛等。三次产业比例11∶49∶40。农业以水稻、香芋种植为主，有临武鸭饲养，产乌梅、蜜枣、脐橙、红心桃等水果，特产沙田牛巴、大冲辣椒、双溪香芋、南丰蜜橘。工业以农产品加工、煤矿开采及加工为主。有省级经济开发区1个。服务业以餐饮住宿、零售、旅游为主。坪梅铁路，衡武高速，234国道，省道临桂、临连、临宜、临嘉线过境。

舜峰广场［Shùnfēng Guǎngchǎng］ 在县城中部。面积1.3公顷。2000年开工，2003年建成。因舜峰山得名。有喷泉、大理石柱、诗歌长廊、浮雕墙、风雨亭、玻璃钢雕塑。集爱国主义教育、科普宣传、文化传播、展览演出、健身娱乐于一体。周边有县委、县政府、县人大、县政协、小区、酒店、银行等。通多路公交车。

临武大桥［Línwǔ Dàqiáo］ 在县城东部。长105米，宽12米，最大跨度63.5米，桥下净高6米。1992年开工，1993年建成。因县得名。为中型河道桥梁，结构型式为钢筋混凝土双曲拱桥。最大载重15吨。通公交车。

临武汽车总站［Línwǔ Qìchē Zǒngzhàn］ 见交通运输设施部分"临武汽车总站"条。

武水镇［Wǔshuǐ Zhèn］ 临武县人民政府驻地。在县境东南部。面积96平方千米。人口2.9万。以汉族为主，还有瑶、苗等民族。辖1居委会、19村委会，有80自然村。镇人民政府驻黄莲村。1959年成立武水公社。1984年改乡。1998年改镇。因武水河得名。有中学3所，小学7所，二级医院2个，卫生室9个。有幼儿园、文化站、敬老院等。有省级文物保护单位义门楼、邝家更楼、唐家碉楼更楼、太邱第门楼，省级非物质文化遗产临武小调。有名胜古迹挂榜晴岚、秦汉古道。农业以水稻、香芋种植为主，有临武鸭饲养。工业以食品加工、建材为主。特产龙须草席。岳临高速，省道临桂、临嘉线过境。

东云路［Dōngyún Lù］ 在县城北部。东起234国道，西至韩山北路。与解放路、晴岚路、官山路相交。长2.4千米，宽11米。水泥路面。1959年开工，1961年建成。因东云山得名。途经商业中心，两侧有邮政局、财政局、公安局、人社局、交运局、中学。通多路公交车。

临武大道［Línwǔ Dàdào］ 在县城中部。东起临武高速，西至解放路。与晴岚路、官山路、临连大道相交。长3.6千米，宽60米。水泥路面。1998年开工，2001年建成，2004年扩建。因县得名。途经商业中心，两侧有县法院、县汽车总站、水利局、县政府、县检察院、舜峰镇政府。通多路公交车。

解放路［Jiěfàng Lù］ 在县城中部。南起隆武路，北至环城北路。与东云路、临武大道相交。长2.8千米，宽22米。水泥路面。1952年开工，1954年建成解放中路，1962年改建南路，1986年后扩建北路。两侧有银行、县医院、县司法局、县民政局。通多路公交车。

晴岚路［Qínglán Lù］ 在县城中部。南起环城南路，北至环城北路。与临武大道、东云路相交。长2.8千米，宽42米。水泥路面。2002年开工，2005年建成。因景点挂榜晴岚得名。两侧有审计局、自然资源局、县政府、县交警大队。通公交车。

黄莲村［Huángliáncūn］ 武水镇人民政府驻地。在镇境西部。人口1100。已有600多年历史，原名黄连村，后改黄泥村，1999年雅化为今名。聚落呈团块状。有中学、幼儿园、卫生所。有古迹廻峰塔。农业以水稻、蔬菜等种植为主。通公交车。

舜峰镇［Shùnfēng Zhèn］ 临武县辖镇。在县境中部。面积24平方千米。人口5.1万。以汉族为主，还有苗、瑶等民族。辖5居委会、8村委会，有214自然村。镇人民政府驻武江社区。1956年设城关镇。1958年并入五星公社。1964年复镇。1970年改公社。1981年分设城关镇、城郊公社。1984年城郊公社改乡。1986年城郊乡并入城关镇。2012年因舜峰山更今名。武水河流经。有中学4所，小学5所，幼儿园11所，二级医院3个，卫生院2个，卫生室9个，文化站1个，敬老院1个。有省级非物质文化遗产临武小调。有名胜古迹舜峰山、杜家隐园、少陵亭、大陵亭、孝子坊。农业以水稻、香芋种植为主，有临武鸭饲养，特产龙须草席。服务业以商贸、餐饮为主。省道荆江—临武、汝城—道县、围桥—车头桥线过境。

武江社区［Wǔjiāng Shèqū］ 舜峰镇人民政府驻地。在县境南部。面积0.03平方千米。人口8500。因处武水河畔得名。2003年成立。民居以住宅楼为主。有卫生服务站、阅览室、广播站、老年活动室、文化活动中心等。经常组织唱歌、书法、下棋、乒乓球、羽毛球等活动。开展文明劝导、关爱独居老人、留守儿童等志愿服务。驻有县检察院、环保局、文化局等单位。通公交车。

金江镇［Jīnjiāng Zhèn］ 临武县辖镇。在县境东北部。面积50平方千米。人口2.2万。以汉族为主，还有苗、瑶等民族。辖1居委会、18村委会，有78自然村。镇人民政府驻金仙社区。1949年设沙田区。1956年设乡。1961年改沙田公社。1982年更名金江公社。1984年改乡。1986年改镇。因金江河得名。杉木河流经。有中学1所，小学9所，幼儿园3所，卫生院1个，卫生室16个，文化站1个，敬老院1个。有名胜金仙天然大佛。农业以水稻、红薯、蔬菜种植为主，有黄牛等养殖，特产沙田牛巴。工业以煤矿开采及加工为主。省道临桂线过境。

金仙社区［Jīnxiān Shèqū］ 金江镇人民政府驻地。在县境东北部。面积1平方千米。人口1000。原名金江，2008年以金仙天然大佛改今名。1986年成立。民居以住宅楼为主。有便民服务站、卫生服务站、社区活动室、老年活动室、文化活动中心等。经常开展唱歌、书法、下棋、乒乓球、羽毛球等活动。开展文明劝导、环境保护、关爱老人儿童等志愿服务。有中学、卫生院。省道临桂线经此。

香花镇［Xiānghuā Zhèn］ 临武县辖镇。在县境北部。面积77平方千米。人口2.1万。辖2居委会、16村委会，有86自然村。镇人民政府驻三合墟。民国时曾设香花镇。1949年为香花区。1956年分设广平、工农2乡。1964年由广平、三合、香花岭3公社合设香花公社、香花岭镇。1981年香花公社改三合公社。1984年公社改乡。2012年由三合乡、香花岭镇合置香花镇。因香花岭得名。无利河流经。有矿产资源锡、钨、锌、铅、铍等。有中学1所，小学12所，幼儿园7所，卫生院1个，卫生室9个，文化站1个，敬老院1个。有古迹刘家宗祠。农业以水稻、玉米、花生种植为主。工业以矿产开采为主，产香花石。省道荆江—临武线过境。

三合墟［Sānhéxū］ 香花镇人民政府驻地。在县政府驻地武水镇西北68千米。人口200。有王、何、胡3姓居此，原名三角墟，已形成小集市，故名。聚落呈块状。有小学、卫生室、健身广场。农业以水稻、玉米等种植为主。有集贸市场。省道荆江—临武线经此。

南强镇［Nánqiáng Zhèn］ 临武县辖镇。在县境东南部。面积175平方千米。人口4

万。以汉族为主,还有瑶族。辖45村委会,有98自然村。镇人民政府驻新祖寺。民国时曾设南强乡。1958年成立红旗公社。1959年更名南强公社。1984年改乡。2012年与广宜乡、岚桥镇合社南强镇。处县境东南部,以繁荣强盛为名。有大石窝岭。人民河、高安水流经。有中学1所,小学16所,幼儿园5所,卫生院3个,卫生室20个,文化站1个,敬老院3个。有省级文物保护单位秀岩崖题刻。有地方特色艺术元富山歌。有名胜秀岩溶洞。农业以水稻、大豆、油茶等种植为主,特产香塘鱼。岳临高速、234国道、省道临连线过境。

新祖寺［Xīnzǔsì］　南强镇人民政府驻地。在县政府驻地武水镇东南9千米。人口200。旧有祖教寺,村为新建,故名。聚落呈团块状。有中小学、幼儿园、卫生室、健身广场等。农业以水稻等种植为主。有集贸市场。岳临高速、234国道、省道临连线经此。

汾市镇［Fénshì Zhèn］　临武县辖镇。在县境东部。面积48平方千米。人口1.7万。辖12村委会,有34自然村。镇人民政府驻北岸村。1942年设汾市乡。1958年成立东风公社。1959年更名汾市公社。1984年复乡。2012年改镇。传古神牛横卧,此为头部,武水河段亦称汾河,故名牛头汾,后改今名。武水流经。有中学1所,小学6所,幼儿园7所,卫生院1个,卫生室12个,文化站1个,敬老院1个。有十八岗烈士陵园。有省级文物保护单位汾市汉墓群、秦汉古城遗址、朝泉阁。有民俗高跷、秧歌灯。有国家3A级旅游景区东林。农业以水稻、红薯、玉米种植为主,有临武鸭饲养。服务业以旅游为主。省道临桂线过境。

北岸村［Běi'àncūn］　汾市镇人民政府驻地。在县政府驻地武水镇东20千米。人口2300。因处武水河北岸得名。聚落呈团块状。有中小学、幼儿园、卫生室、健身广场等。农业以水稻、蔬菜、油茶等种植为主。有集贸市场。省道临桂线经此。

南福村［Nánfúcūn］　在县政府驻地武水镇东16千米。汾市镇辖自然村。人口2200。传昔人南下放鸭至此,鸭蛋皆双黄,视为福地,故名。聚落呈圆状。为中国传统村落。有省级文物保护单位朝泉阁。有古建筑美善堂、余庆堂、九儒堂等200余栋。有民俗秧歌灯。省道临桂线经此。

水东镇［Shuǐdōng Zhèn］　临武县辖镇。在县境东北部。面积69平方千米。人口1.8万。辖14村委会,有66自然村。镇人民政府驻深渡村。1986年由金江乡析设水东乡。2012年与接龙乡合设水东镇。水东河流经,故名。有杨鸟寨山。有小学7所,幼儿园4所,卫生院2个,卫生室9个,文化站1个,敬老院2个。有秀龙寺起义旧址。有地方特色折龙夜故事。经济以农业为主。农业以水稻、红薯、蔬菜种植为主,特产临武鸭、大冲辣酱、大冲西瓜。工业以煤炭及有色金属加工、小水电为主。梅沙铁路、省道临桂线过境。

深渡村［Shēndùcūn］　水东镇人民政府驻地。在县政府驻地武水镇东北27千米。人口2100。渡口水深不可测,故名。聚落呈团块状。有小学、幼儿园、卫生室、健身广场等。农业以水稻、红薯、蔬菜种植为主,有猪、牛、羊、鸡、鸭等饲养。有集贸市场。省道临桂线经此。

楚江镇［Chǔjiāng Zhèn］　临武县辖镇。在县境东北部。面积76平方千米。人口2万。以汉族为主,还有瑶族。辖21村委会,有70自然村。镇人民政府驻楚江村。1956年设楚江乡。1958年并入上游公社。1961年析设楚江公社。1984年复乡。2012年改镇。因镇政府驻地得名。有通天庙峰海拔1594米。谭河流经。有中学1所,小学14所,幼儿园2所,卫生院1个,卫生室9个,文化站1个,敬老院1个。有古迹王氏大院。农业以水稻、红薯、玉米、花生种植为主,有生猪、牛、羊、鸡、鸭饲养。有玉石开采业。省道临嘉线过境。

楚江村［Chǔjiāngcūn］　楚江镇人民政府驻地。在县政府驻地武水镇西北14千米。人口4400。因旧有土江以当地土话得名土江墟,后改今名。聚落呈团块状。有中小学、幼儿园、卫生室、健身广场等。农业以水稻、蔬菜、红薯、玉米等种植为主。有集贸市场。省道临嘉线经此。

麦市镇［Màishì Zhèn］　临武县辖镇。在县境西北部。面积79平方千米。人口3万。辖21村委会,有101自然村。镇人民政府驻麦市村。1938年设麦市乡。1951年并入香花区。1956年复麦市乡,后改公社。1984年复乡。2012年改镇。因镇政府驻地得名。有畔泥湖山。马尿江、猴子江流经。有中学1所,小学2所,幼儿园2所,卫生院1个,卫生室9个,文化站1个,敬老院1个。有省级历史文化名村上乔。经济以农业为主,主产临武鸭、麦市油茶。工业以有色金属及煤矿开发、水电为主。岳临高速、234国道、省道临嘉线过境。

麦市村［Màishìcūn］　麦市镇人民政府驻地。在县政府驻地武水镇西北39千米。人口3100。因盛产小麦且有小麦圩场得名。聚落呈团块状。有中小学、幼儿园、卫生室、健身广场等。农业以水稻、小麦、高粱、玉米、蔬菜、花生等种植为主。岳临高速、省道临嘉线经此。

上乔村［Shàngqiáocūn］　在县政府驻地武水镇西北43千米。麦市镇辖自然村。人口1900。宋开禧年间(1205—1207)郭妥定居此地,境内小溪上有木桥,村居桥上方,故取名上桥村,后演为今名。聚落呈团块状。为省级历史文化名村。有昭王德庙、四方台、茶凉亭、郭氏大宗祠等古建筑440多栋。有民俗山歌、花鼓戏、对子调。经济以旅游为主。234国道经此。

双溪乡［Shuāngxī Xiāng］　临武县辖乡。在县境南部。面积80平方千米。人口1.8万。辖12村委会,有56自然村。乡人民政府驻沟边村。1956年设双溪乡。1958年并入五星公社。1961年析设双溪公社。1984年复乡。因4水双双交汇得名。有天头岭海拔1711.8米。老鼠江、水里头江流经。有小学4所,幼儿园1所,卫生院1个,卫生室4个,文化站1个,敬老院1个。有贝溪起义旧址。有名胜滴水岩。经济以农业为主,盛产香芋。工业以香芋产业为主。通公路。

沟边村［Gōubiāncūn］　双溪乡人民政府驻地。在县政府驻地武水镇南5千米。人口100。因处水沟边得名。聚落呈团块状。有小学、幼儿园、卫生室、健身广场等。农业以香芋、水稻种植为主。

同益乡［Tóngyì Xiāng］　临武县辖乡。在县境东南部。面积42平方千米。人口1.3万。以汉族为主,还有瑶、苗等民族。辖15村委会,有110自然村。乡人民政府驻腊树脚村。1979年成立同益公社。1984年改乡。1932年设圩场,因与欧果圩集日相同得名同日圩,后演为同益圩,袭为乡名。人民河流经。有中学1所,小学9所,幼儿园1所,卫生院1个,卫生室7个,文化站1个,敬老院1个。有明代唐家古村。经济以农业为主,主产水稻、临武鸭、临武乌梅。有建材业。省道临嘉、临桂线过境。

腊树脚村［Làshùjiǎocūn］　同益乡人民政府驻地。在县政府驻地武水镇东12千米。人口300。因处腊树下方得名。聚落呈团块状。有中小学、幼儿园、卫生室、健身广场等。农业以水稻、蔬菜种植为主。有集贸市场。省道汝城—临武、永兴—宜章线经此。

土地乡［Tǔdì Xiāng］　临武县辖乡。在县境东部。面积59平方千米。人口1.3万。辖1居委会、14村委会,有37自然村。乡人民政府驻土地冲村。1956年设土地乡。1961年改公社。1984年复乡。因乡政府驻地得名。有火庙背峰。人民河、腊水河、武水河流经。有煤、锰资源。有中学1所,小学8所,幼儿园2所,卫生院1个,卫生室9个,文化站1个,敬老院1个。有省级文物保护单位古书楼、玉美碉楼。有古迹寺冲汉墓、洁龙桥。经济以农业为主,盛产临武鸭、淮山、乌梅。省道荆江—临武线过境。

土地冲村［Tǔdìchōngcūn］　土地乡人民政府驻地。在县政府驻地武水镇东15千米。人口700。地势平坦,土质宜耕作,故名。聚落呈团块状。有小学、幼儿园、卫生室、健身广场等。农业以水稻等种植为主。有集贸市场。省道荆江—临武线经此。

花塘乡［Huātáng Xiāng］　临武县辖乡。在县境中部。面积68平方千米。人口1.9万。辖14村委会,有64自然村。乡人民政府驻农科村。1961年成立花塘公社。1984年改乡。河塘芦苇丛生,长满野花,故名。武水河、斜江河、铺下河流经。有中学1所,小学5所,幼儿园1所,卫生院1个,卫生室4个,文化站1个,敬老院1个。有名胜石门龙洞。农业以水稻、红薯、玉米、花生、大豆、蔬菜种植为主,有生猪、牛、羊、鸡、鸭饲养。有矿产开采业。岳临高速、省道临嘉线过境。

农科村［Nóngkēcūn］　花塘乡人民政府驻地。在县政府驻地武水镇西北7千米。人口900。因农业科技试验站得名。聚落呈团块状。有九年一贯制学校、卫生室、健身广场等。农业以水稻、玉米种植为主。有集贸市场。岳临高速、省道临嘉线经此。

武源乡［Wǔyuán Xiāng］　临武县辖乡。在县境西部。面积83平方千米。人口1万。以汉族为主,还有瑶族。辖12村委会,有87自然村。乡人民政府驻水头墟。1956年设武源乡,后改公社。1984年复乡。处武水河源头,故名。有三峰岭。黄家田河、村头河流经。有矿产资源花岗岩、铅、锌、铁、锡、铜、煤、金、银、铀等。有小学2所,幼儿园1所,卫生院1个,卫生室5个,文化站1个,敬老院1个。有民俗踩高跷、骑竹马、赛鼓。经济以农业为主。农业以水稻种植为主,有生猪、黄牛、山羊、临武鸭饲养,产松、杉等,特产西山米酒、西山腊肉、西山酿豆腐。县道三板桥—界头坳、龟头坳—横头线过境。

水头墟［Shuǐtóuxū］　武源乡人民政府驻地。在县政府驻地武水镇西19千米。人口200。地势平坦,汇集积水,渐成集市,故名。聚落呈团块状。有小学、幼儿园、卫生室、健身广场等。农业以水稻、玉米等种植为主。有集贸市场。县道龟头坳—横头线经此。

万水乡［Wànshuǐ Xiāng］　临武县辖乡。在县境西北部。面积60平方千米。人口2.3万。辖18村委会,有63自然村。乡人民政府驻林里村。1978年成立万水公社。1984年改乡。因万水洞水库得名。发米江、溪河流经。有中学1所,小学16所,幼儿园2所,卫生院1个,卫生室11个,文化站1个,敬老院1个。农业以水稻、玉米、红薯、油茶、蔬菜种植为主。有矿产开采及加工业。岳临高速、省道临嘉线过境。

林里村［Línlǐcūn］　万水乡人民政府驻地。在县政府驻地武水镇西北31千米。人口1100。原名麟溪,后改麟为林,里为旧时村级组织名称,故名。聚落呈团块状。有中小学、卫生室、健身广场等。农业以水稻、玉米种植为主，有集贸市场。岳临高速、省道临嘉线经此。

镇南乡［Zhènnán Xiāng］ 临武县辖乡。在县境北部。面积82.7平方千米。人口1.2万。辖12村委会，有93自然村。乡人民政府驻十字铺村。民国时曾设镇南乡。1949年并入香花区。1956年复镇南乡，后改公社。1984年复乡。因旧有关隘镇守得名。下山江、腊水流经。有中学1所，小学8所，卫生院1个，卫生室5个，文化站1个，敬老院1个。有省级文物保护单位镇南公社旧址。经济以农业为主。农业以水稻、玉米种植为主，有生猪、黄牛、山羊饲养，特产五爪辣椒、魔芋、马铃薯、白萝卜。省道荆江—临武线过境。

十字铺村［Shízìpùcūn］ 镇南乡人民政府驻地。在县政府驻地武水镇北32千米。人口100。处镇南铺香花岭、排洞、化子铺十字路口，故名。聚落呈团块状。有中学、卫生室、健身广场等。农业以水稻、玉米等种植为主。有集贸市场。省道荆江—临武线经此。

大冲乡［Dàchōng Xiāng］ 临武县辖乡。在县境东北部。面积41平方千米。人口0.8万。辖9村委会，有32自然村。乡人民政府驻大冲墟村。1956年设大冲乡，后改公社。1984年复乡。因乡政府驻地得名。有大岭榜峰。有小学4所，卫生院1个，卫生室3个，文化站1个，敬老院1个。有国家级非物质文化遗产临武傩戏。农业以水稻、红薯、马铃薯种植为主，有生猪、牛、鸡、鸭等饲养，特产辣椒、生姜、魔芋。省道荆江—临武线过境。

大冲墟村［Dàchōngxūcūn］ 大冲乡人民政府驻地。在县政府驻地武水镇东北36千米。人口900。前有大山冲，曾作墟市，故名。聚落呈团块状。有小学、卫生室、健身广场等。农业以水稻、辣椒、生姜、魔芋等种植为主。省道荆江—临武线经此。

乐岭村［Lèlǐngcūn］ 在县政府驻地武水镇东北35千米。大冲乡辖自然村。人口600。明末清初成村。因山似螺蛳得名螺岭，后演为今名。聚落呈长扇形。为中国传统村落。有古建筑100余栋，青石板巷20余条。省道荆江—临武线经此。

西山瑶族乡［Xīshān Yáozú Xiāng］ 临武县辖乡。在县境西南部。面积127平方千米。人口0.2万，其中瑶族占19%，还有汉族。辖6村委会，有36自然村。乡人民政府驻庙背脚村。1995年设西山瑶族乡。因西山林场得名。有天头岭海拔1711.8米。武水、春陵水流经。有西瑶绿谷国家森林公园。有小学3所，卫生院1个，卫生室2个，文化站1个，敬老院1个。有民俗瑶族高台长鼓舞。经济以林业为主。农业以水稻、红薯、玉米、大豆等种植为主。有水电工业。省道汝城—道县线、县道龟头坳—横头线过境。

庙背脚村［Miàobèijiǎocūn］ 西山瑶族乡人民政府驻地。在县政府驻地武水镇西南12千米。人口100。因地处太仙庙背后庙下，故名。聚落呈团块状。有小学、卫生室、健身广场等。农业以水稻、玉米、红薯等种植为主。

汝城县

汝城县［Rǔchéng Xiàn］ 郴州市辖县。北纬25°32′，东经113°41′。在市境东南部。面积2401平方千米。人口40.1万，其中瑶族占16.7%，还有汉、畲、苗、侗等民族。辖10镇、6乡、3瑶族乡。县人民政府驻卢阳镇。东晋升平二年(358)析晋宁县置汝城县，属桂阳郡。南朝陈永定三年(559)废。天嘉元年(560)置卢阳县。唐天宝元年(742)更名义昌县。五代后唐同光三年(925)避庄宗祖父李国昌之讳，更名郴义县。宋太平兴国元年(976)避宋太宗赵光义之讳，改名桂阳县。宋嘉定四年(1211)析设桂东县。1913年复汝城县。后至1954年先后属衡阳道、湖南省、第八行政督察区、第三行政督察区、郴县专区、郴州专区、湘南行政区。1959年与桂东县合置汝桂县。1961年各复原制，属郴州专区。1968年属郴州地区。1994年属郴州市。春秋战国时为楚南边境地，设汝邑，故名汝城，意为大山，指"有像城墙般高大山体环绕的地方"。宋太平兴国三年(978)始建卢阳古城。嘉定九年(1216)建城池。明洪武元年(1368)开通护城河。弘治八年(1495)扩建县城，至十四年(1501)竣工。周长798丈，高3丈。城脚砌大青石，上砌青砖，增开东门名朝门。南薰门、北拱门依旧。桂阳古城面积3平方千米。2007年后建县城新区，先后建汝城大道、卢阳大道、九龙大道、神农大道、三江大道、爱莲广场、城市防洪工程等。处湘、粤、赣3省交界处。平均海拔593米。最高点五指峰海拔1726.6米。年均气温16.8℃，1月平均气温6.5℃，7月平均气温25.6℃。年均降水量1528毫米。耒水、沤江、滁水、集龙江、三江口等流经。有矿产资源钨、铁等。有野生植物677种，其中有国家重点保护野生植物银杏、南国红豆杉、水杉等13种。有野生动物256种，其中有国家重点保护野生动物大鲵、穿山甲、苏门羚等20余种。有九龙江国家森林公园。森林覆盖率74%。有高中2所，初中39所，小学130所，特殊教育学校1所，二级医院2个，文化馆1个，图书馆1个，体育馆1个。有全国重点文物保护单位朱氏总祠、绣衣坊、湘南起义旧址群，省级文物保护单位汝城窑遗址、上古寨、红军楼等。有省级爱国主义教育基地"半条被子"发生地沙洲瑶族村。有国家级非物质文化遗产汝城香火龙，省级非物质文化遗产2项。有古迹文塔、濂溪书院、朱氏总祠等。有中国传统村落外沙村，省级历史文化名城卢阳古城，省级历史文化名村石泉、土桥、先锋等6个。为千年古县。有国家4A级旅游景区热水温泉、九龙江。三次产业比例21∶34∶45。农业以水稻、蔬菜等种植为主。工业以矿产开采、水电、建材、竹木加工为主。服务业以金融、商贸、旅游为主。厦蓉、平汝高速，106、107国道过境。

爱莲广场［Àilián Guǎngchǎng］ 在县城中部。面积11.5万平方米。2009年开工，2012年建成。因周敦颐《爱莲说》得名。有汉白玉雕刻卷轴《爱莲说》全文。有文化图腾柱、中心舞台、文化长廊、灯光喷泉。集文化、休闲、娱乐、观光、集会为一体。周边有东冈岭、耒山、县行政中心、档案馆、财政局。通多路公交车。

汝城县汽车总站［Rǔchéng Xiàn Qìchē Zǒngzhàn］ 见交通运输设施部分"汝城县汽车总站"条。

卢阳镇［Lúyáng Zhèn］ 汝城县人民政府驻地。在县境中部。面积115平方千米。人口6.5万。辖6居委会、29村委会，有168自然村。镇人民政府驻朝阳社区。2012年由城关镇与城郊、附城2乡合置卢阳镇。因卢阳古县得名。有东冈岭。耒水流经。有中学6所，小学18所，二级医院2个，卫生院2个，卫生所10个，体育馆1个。有全国重点文物保护单位朱氏总祠、绣衣坊、湘南起义旧址群，省级历史文化名城卢阳古城。有国家级非物质文化遗产香火龙。有古祠堂120座。农业以水稻、蔬菜种植为主，特产禾花鱼、空心油糍。工业以矿产开采为主。服务业以旅游为主。厦蓉、平汝高速过境。

汝城大道［Rǔchéng Dàdào］ 在县城中部。南起106国道，北至厦蓉高速。与三江大道、神农大道、义昌路、郴义路等相交。长14.2千米，宽40米。沥青路面。2010年开工，2013年建成。因县得名。两侧有民政局、农机局、县汽车站等。通多路公交车。

卢阳大道［Lúyáng Dàdào］ 在县城中部偏西。南起106国道，北至省道汝城—蓝山线。与三江大道、神农大道、义昌路、郴义路等相交。长5千米，宽32米。沥青路面。2009年开工，2012年建成。因镇得名。两侧有县行政中心、人民医院、卫生防疫站、县汽车站。通多路公交车。

朝阳社区［Cháoyáng Shèqū］ 卢阳镇人民政府驻地。在县境中部。面积0.9平方千米。人口1.5万。因古迹朝阳书院得名。2005年成立。民居以6层及以下住宅楼为主。有卫生服务站、老年活动室、便民服务站等。有中学、景点厚坊岩。驻有县公安局、交通局。通多路公交车。

热水镇［Rèshuǐ Zhèn］ 汝城县辖镇。在县境东部。面积142平方千米。人口1万。以汉族为主，还有瑶族、畲族。辖1居委会、12村委会，有272自然村。镇人民政府驻热水村。1956年设热水乡。1958年改公社。1984年复乡。1991年改镇。因镇政府驻地得名。有九年一贯制学校1所，卫生院1个，卫生所9个。有幼儿园、文化站等。有畲族手工造纸工艺。有国家4A级旅游景区热水温泉。农业以水稻、蔬菜等种植为主。工业以竹木加工为主。经济以温泉旅游为主。为中国温泉之乡。厦蓉高速过境。有温泉旅游专线。

热水村［Rèshuǐcūn］ 热水镇人民政府驻地。在县政府驻地卢阳镇东23千米。人口1500。宋代成村。因温泉"石气生烟火，潭声若沸汤"得名。聚落呈环状。有九年一贯制学校、卫生院、卫生所。有畲族手工造纸工艺。有民俗舞春牛、热水山歌。经济以温泉旅游为主，产热水土纸、东河木。厦蓉高速经此。

土桥镇［Tǔqiáo Zhèn］ 汝城县辖镇。在县境东北部。面积75平方千米。人口3.2万。辖1居委会、23村委会，有117自然村。镇人民政府驻土桥村。1956年设土桥乡。1958年成立公社。1984年复乡。1994年改镇。因镇政府驻地得名。有中学2所，小学2所，卫生院1个，卫生所15个。有幼儿园、文化站等。有全国重点文物保护单位八角楼、李氏宗祠、叶氏家庙、卢氏家庙。有国家级非物质文化遗产香火龙。有古祠堂120座。农业以水稻、苗木、水果种植为主。工业以小水电为主。服务业以旅游为主。厦蓉高速、107国道过境。

土桥村［Tǔqiáocūn］ 土桥镇人民政府驻地。在县政府驻地卢阳镇东北7千米。人口4600。唐代成村。因有石灰岩桥得名。聚落呈团块状。有中小学、卫生院。为省级历史文化名村。有全国重点文物保护单位广安所、李氏宗祠。有国家级非物质文化遗产香火龙。经济以商贸为主，产土桥水酒、辣椒。107国道经此。

金山村［Jīnshāncūn］ 在县政府驻地卢阳镇东北9千米。土桥镇辖自然村。人口2600。唐代成村。因布满荆棘得名荆山，后雅称今名。聚落呈团块状。为省级历史文化名村。有全国重点文物保护单位叶氏家庙、卢氏家庙。经济以古祠堂旅游为主。有藤编、古祠堂维修工艺。107国道经此。

泉水镇［Quánshuǐ Zhèn］ 汝城县辖镇。在县境西南部。面积93平方千米。人口3.1万。辖1居委会、21村委会，有94自然村。镇人民政府驻西黄村。1956年设泉水乡。1958年改东风公社。1984年复乡。1993年改三星镇。2012年改今名。因泉水河得名。耒水流经。有中学2所,小学15所,卫生院1个,卫生所12个。有幼儿园、文化站、敬老院等。有城郭棕编工艺。农业以水稻、蔬菜种植为主。工业以建材及钨、铁矿开采为主。特产西山茶、前山米粉、下青笠竿。平汝高速过境。

西黄村 [Xīhuángcūn] 泉水镇人民政府驻地。在县政府驻地卢阳镇西南6千米。人口2300。南朝时成村。取西坪、黄龙2自然村首字得名。聚落呈团块状。有小学、卫生院。经济以钨砂加工、建筑建材为主。农业以水稻、辣椒种植为主,有禾花鱼养殖。平汝高速经此。

暖水镇 [Nuǎnshuǐ Zhèn] 汝城县辖镇。在县境北部。面积77平方千米。人口3万。辖1居委会、10村委会,有72自然村。镇人民政府驻双联村。1941年设暖水乡。1961年成立公社。1984年改乡。1995年改镇。因大汤泉水暖和得名。沤江流经。有中学1所,小学1所,卫生院2个,卫生所11个。有幼儿园、文化站等。有省级文物保护单位汝城窑遗址。有古迹万年桥,古祠堂96座。农业以水稻、蔬菜种植为主。工业以建筑建材、小水电为主,有矿泉水灌装业。平汝高速、106国道过境。

双联村 [Shuānglián cūn] 暖水镇人民政府驻地。在县政府驻地卢阳镇北15千米。人口2400。唐代成村。原名双江村,后因村域过大而分村,其后以祈愿联合之意改今名。聚落呈团块状。有小学、卫生室、文化广场等。有古迹万年桥。经济以石材加工、餐饮为主。农业以反季节蔬菜种植为主,产西河木、辣椒。有集贸市场。106国道经此。

大坪镇 [Dàpíng Zhèn] 汝城县辖镇。在县境南部。面积260平方千米。人口3.2万。辖1居委会、20村委会,有118自然村。镇人民政府驻大坪村。1956年设大坪乡。1959年改公社。1984年复乡。1996年改镇。因镇政府驻地得名。铁炉江流经。有中学2所,小学16所,卫生院1个,卫生所20个。有幼儿园、文化站等。有国家4A级旅游景区九龙江。有古祠堂91座。农业以蔬菜、水稻种植为主,特产禾花鱼。工业以铁矿开采、小水电为主。为全国重点镇。平汝高速、106国道过境。

大坪村 [Dàpíngcūn] 大坪镇人民政府驻地。在县政府驻地卢阳镇南10千米。人口3200。唐代成村。因大坪墟得名。聚落呈团块状。有小学、卫生室、文化广场等。农业以蔬菜、水稻种植为主。有集贸市场。通公交车。

三江口镇 [Sānjiāngkǒu Zhèn] 汝城县辖镇。在县境东南部。面积117平方千米。人口1万。以瑶族为主,还有畲、汉等民族。辖1居委会、11村委会,有98自然村。镇人民政府驻三江口瑶族村。1956年设东岭乡。1958年改公社。1984年复东岭乡。1992年改设三江口镇。因镇政府驻地得名。有笔架山。有九年一贯制学校1所,卫生院1个,卫生所12个。有幼儿园、文化站、敬老院等。有民俗舞春牛。经济以林业为主,有大坪林场,产松、杉、南竹。有竹木加工业。工业有小水电业。服务业以旅游为主。平汝高速、106国道过境。

三江口瑶族村 [Sānjiāngkǒuyáozúcūn] 三江口镇人民政府驻地。在县政府驻地卢阳镇东南19千米。人口1600,其中瑶族占75%,还有畲、汉等民族。明代成村。因九龙江、兰田水、东岭水3江汇合得名。聚落呈带状。有九年一贯制学校、卫生室、文化广场等。有民俗舞春牛、稻草龙。经济以乡村旅游为主,特产白毛茶。有集贸市场。平汝高速、107国道经此。

马桥镇 [Mǎqiáo Zhèn] 汝城县辖镇。在县境西部。面积198平方千米。人口3.2万。辖2居委会、24村委会,有222自然村。镇人民政府驻马桥村。1956年设马桥乡。1958年改公社。1984年复乡。2012年与外沙乡合置马桥镇。因镇政府驻地得名。耒水、沤江流经。有中学1所,小学3所,卫生院2个,卫生所15个。有幼儿园、文化站、敬老院等。有全国重点文物保护单位太保第,省级文物保护单位上古寨。有古祠堂6座。有中国传统村落外沙村,省级历史文化名村石泉村。农业以水稻种植为主,有蛋鸡饲养,特产西河木、生姜、薏米。工业以建筑建材、小水电为主。厦蓉、平汝高速过境。

马桥村 [Mǎqiáocūn] 马桥镇人民政府驻地。在县政府驻地卢阳镇西北10千米。人口2300。唐代成村。原为养马场,溪上有桥,故名。聚落呈团块状。有九年一贯制学校、卫生室、文化广场等。经济以商贸、餐饮为主。特产西河木、马桥生姜、马桥薏米。有集贸市场。厦蓉、平汝高速经此。

外沙村 [Wàishācūn] 在县政府驻地卢阳镇西北6千米。马桥镇辖自然村。人口3400。唐代成村。因处河湾沙洲得名。聚落呈团块状。为中国传统村落。有全国重点文物保护单位朱氏宗祠。有古民居100多栋。有自石岩、自石书院。农业以水稻种植为主,特产生姜、薏米。省道汝城—蓝山线经此。

石泉村 [Shíquáncūn] 在县政府驻地卢阳镇东北2千米。马桥镇辖自然村。人口2700。宋代成村。以胡氏先祖号石泉得名。聚落呈团块状。为省级历史文化名村。有省级文物保护单位上古寨。农业以水稻种植为主,特产生姜、薏米。县道马桥—金宝线经此。

文明镇 [Wénmíng Zhèn] 汝城县辖镇。在县境东南部。面积192平方千米。人口3.1万。辖1居委会、29村委会,有430自然村。镇人民政府驻文市村。1941年设文明乡。1951年为文延区。1956年复文明乡。1958年改公社。1984年复乡。2013年改镇。因五岭山"文经武纬、水秀山明"得名。秀水、策水流经。有中学1所,小学2所,卫生院1个,卫生所23个。有幼儿园、文化站、敬老院等。有省级爱国主义教育基地"半条被子"发生地沙洲瑶族村。有古祠堂58座。农业以水稻、柰李、柚子、水晶梨等种植为主。工业以水电、建筑为主。服务业以红色旅游为主。厦蓉高速过境。有红色沙洲旅游专线。

文市村 [Wénshìcūn] 文明镇人民政府驻地。在县政府驻地卢阳镇西31千米。人口1600。宋代成村。因文市古墟得名。聚落呈环状。有九年一贯制学校、小学、卫生室、文化广场等。有民俗罗家布狮。经济以旅游为主。农业以水稻种植为主,产柰李、柚子、水晶梨。厦蓉高速经此。

沙洲瑶族村 [Shāzhōuyáozúcūn] 在县政府驻地卢阳镇西31千米。文明镇辖自然村。人口500,其中瑶族占60%,还有畲、汉等民族。宋代成村。因处秀水江湾沙洲得名。聚落呈环状。有红军广场。为省级历史文化名村。为省级爱国主义教育基地"半条被子"故事发生地。经济以红色旅游为主。厦蓉高速、省道汝城—蓝山线经此。有红色沙洲旅游专线。

小垣镇 [Xiǎoyuán Zhèn] 汝城县辖镇。在县境西南部。面积86平方千米。人口1.4万,其中瑶族占50%,还有汉、畲等民族。辖1居委会、7瑶族村委会,有84自然村。镇人民政府驻白云瑶族村。1950年设白云乡。1958年改超英公社。1984年改冬芒乡。1985年改小垣镇。因镇政府驻地白云村古时残垣断壁得名。有五指峰海拔1726米,白云仙海拔1610米。有九年一贯制学校1所,卫生院1个,卫生所8个。有幼儿园、文化站等。有民俗舞春牛、纸马歌。农业以红薯、高粱、玉米、穇子等种植为主。工业以钨砂开采为主。县道井坡—小垣线过境。

白云瑶族村 [Báiyúnyáozúcūn] 小垣镇人民政府驻地。在县政府驻地卢阳镇西南22千米。人口1400,其中瑶族占86%,还有汉族。明代成村。因终年白云缭绕得名。聚落呈散状。有九年一贯制学校、卫生室、文化室等。有民俗舞布狮。经济以钨矿开采为主。县道井坡—小垣线经此。

井坡乡 [Jǐngpō Xiāng] 汝城县辖乡。在县境西南部。面积89平方千米。人口2.3万。辖1居委会、16村委会,有87自然村。乡人民政府驻古塘村。1956年设井坡乡,后改公社。1984年复乡。因东北部井坡状盆地得名井陂,"陂"方言意为水坝,后演为今名。有白云仙、道士仙峰。有九年一贯制学校1所,小学8所,卫生院1个,卫生所17个。有幼儿园、文化站等。有古祠堂50座。农业以水稻、蔬菜种植为主,有生猪、禾花鱼饲养。工业以建筑建材、钨砂开采为主。平汝高速过境。

古塘村 [Gǔtángcūn] 井坡乡人民政府驻地。在县政府驻地卢阳镇西南10千米。人口2700。宋代成村。取日出明亮之意得名杲塘,为汝城方言,后演为古塘。聚落呈团块状。有九年一贯制学校、卫生室、文化室等。经济以钨砂开采加工为主,特产禾花鱼。有集贸市场。平汝高速经此。

岭秀瑶族乡 [Lǐngxiù Yáozú Xiāng] 汝城县辖乡。在县境西部。面积116平方千米。人口1.1万,其中瑶族占84%,还有汉、畲等民族。辖1居委会、12村委会,有152自然村。乡人民政府驻大兴村。1961年成立岭秀公社。1984年改乡。1991年改今名。因山清水秀得名。有九年一贯制学校1所,卫生院1个,卫生所12个。有幼儿园、文化站等。有瑶族民俗对山歌、过火坑、下油锅。农业以水稻种植为主,特产西河木、岭秀生姜。工业以竹木加工、小水电为主。厦蓉高速过境设出入口。

大兴村 [Dàxīngcūn] 岭秀瑶族乡人民政府驻地。在县政府驻地卢阳镇西21千米。人口1100,其中瑶族占91%,还有汉族。明代成村。因处大兴河湾得名。聚落呈团块状。有九年一贯制学校、卫生室、文化室等。有瑶族民俗捞油锅、过火坑。经济以竹木加工为主,特产生姜、辣椒。有集贸市场。厦蓉高速经此。

南洞乡 [Nándòng Xiāng] 汝城县辖乡。在县境北部。面积158平方千米。人口1万。辖1居委会、11村委会,有225自然村。乡人民政府驻淇南村。1956年设南洞乡,后改公社。1984年复乡。古名拦峒,后演化为南洞,因有南洞墟得名。有洪水山海拔1681米,黑山海拔1720米。有小学1所,卫生院1个,卫生所12个。有幼儿园、文化站等。有东西边山革命根据地遗址、洪水山红军游击队遗址。农业以水稻、中草药种植为主。工业以竹木加工、小水电为主,特产南洞土纸。县道南洞—暖水线过境。

淇南村 [Qínáncūn] 南洞乡人民政府驻地。在县政府驻地卢阳镇北24千米。人口1400。明代成村。因居淇江之南得名。聚落呈带状。有九年一贯制学校、卫生室、文化站等。有民俗舞布狮、香火龙。经济以竹木加工为主,特产南洞土纸、枳壳、葛根、辣椒、冬笋。有集贸市场。县道南洞—暖水线经此。

永丰乡 [Yǒngfēng Xiāng] 汝城县辖乡。在县境东北部。面积92平方千米。人口1.5万。辖1居委会、14村委会,有137自然村。乡人民政府驻龙内村。1956年设永丰乡。

1958年改公社。1984年复乡。因乡政府原驻地永丰村得名。有君子岭峰。沤江流经。有中学1所，小学3所，卫生院1个，卫生所14个。有幼儿园、文化站等。有全国重点文物保护单位诏旌第、周氏家庙。农业以稻谷、水果种植为主。工业以矿产开采、加工为主。省道汝城—蓝山线过境。

龙内村［Lóngnèicūn］ 永丰乡人民政府驻地。在县政府驻地卢阳镇东北12千米。人口1400。元代成村。因形如长龙卧于山中得名。聚落呈带状。有小学、卫生室、文化室。经济以商贸为主。农业以水稻等种植为主。有集贸市场。省道汝城—蓝山线经此。

先锋村［Xiānfēngcūn］ 在县政府驻地卢阳镇东北16千米。永丰乡辖自然村。人口2100。宋代成村。系客家人借用肇基地江西永丰县为名。聚落呈团块状。为省级历史文化名村。有全国重点文物保护单位诏旌第、周氏家庙。有明清古民居95栋，民国民居121栋。经济以商贸、旅游为主，有集贸市场。县道土桥—濠头线经此。

濠头乡［Háotóu Xiāng］ 汝城县辖乡。在县境东北部。面积177平方千米。人口1.4万。辖1居委会、16村委会，有363自然村。乡人民政府驻濠头村。1956年设濠头乡，后改公社。1984年复乡。因乡政府驻地得名。有千米以上高山9个。沤江、樟溪、社溪、丰坑江流经。有九年一贯制学校1所，小学7所，卫生院1个，卫生所15个。有幼儿园、文化站等。有省级文物保护单位红军楼。农业以水稻种植为主。工业以竹木加工、小水电为主。特产濠头土纸。县道濠头—永丰线过境。

濠头村［Háotóucūn］ 濠头乡人民政府驻地。在县政府驻地卢阳镇东北24千米。人口1200。元代成村。处沤江谷口，远看似濠，故名。聚落呈带状。有九年一贯制学校、卫生室、文化室。有省级文物保护单位红军楼。经济以竹木加工、商贸为主，有集贸市场。特产濠头土纸。县道土桥—濠头线经此。

延寿瑶族乡［Yánshòu Yáozú Xiāng］ 汝城县辖乡。在县境西南部。面积87平方千米。人口1.9万，其中瑶族占84%，还有汉、畲等民族。辖1居委会、17瑶族村委会，有235自然村。乡人民政府驻东寿村。1956年设延寿乡。1958年改公社。1984年复乡。1991年改今名。取延水、寿水首字得名。有中学1所，小学1所，卫生院1个，卫生所6个。有幼儿园、文化站等。有红军长征突破第二道封锁线纪念碑、“红军借据”发现地。有民俗延寿山歌、蹴球、长鼓舞。农业以水稻、蔬菜种植为主，有生猪饲养。工业以钨砂开采、加工为主。厦蓉高速、县道延寿—冲头线过境。

东寿村［Dōngshòucūn］ 延寿瑶族乡人民政府驻地。在县政府驻地卢阳镇西南20千米。人口2100，其中瑶族占90%，还有汉族。明代成村。因处寿水东岸得名。有中小学、卫生室、文化室。有民俗山歌、蹴球。经济以钨砂开采为主。有集贸市场。县道延寿—冲头线经此。

集益乡［Jíyì Xiāng］ 汝城县辖乡。在县境东北部。面积170平方千米。人口1.4万。辖2居委会、14村委会，有195自然村。乡人民政府驻益将村。2012年由集龙、益将2乡合设集益乡。取2乡首字得名。集龙河流经。有矿产资源铀、萤石等。有九年一贯制学校2所，卫生院2个，卫生所11个。有幼儿园、文化站、敬老院等。有中央红军西路军转战汝城纪念碑。农业以水稻、蔬菜种植为主。为县重点林区。工业以竹木加工、小水电、矿产开采为主，特产集益土纸。厦蓉高速过境。

益将村［Yìjiāngcūn］ 集益乡人民政府驻地。在县政府驻地卢阳镇东北17千米。人口1400。元代成村。因河得名。原因泥浆横溢得名溢浆河，后水流清澈，雅称益将河。聚落呈环状。有九年一贯制学校、卫生室、文化室。经济以竹木加工为主，有集贸市场，特产东河木、土纸。厦蓉高速经此。

田庄乡［Tiánzhuāng Xiāng］ 汝城县辖乡。在县境北部。面积83平方千米。人口1.5万。辖1居委会、11村委会，有219自然村。乡人民政府驻田庄村。1984年设田庄乡。因乡政府驻地得名。沤江流经。有九年一贯制学校1所，卫生院1个，卫生所11个。有幼儿园、文化站等。有古迹田庄戏台、指头春药铺。农业以水稻、反季节蔬菜种植为主。工业以建筑建材、小水电为主。平汝高速过境。

田庄村［Tiánzhuāngcūn］ 田庄乡人民政府驻地。在县政府驻地卢阳镇北19千米。人口1500。宋代成村。清乾隆年间（1736—1795）设田庄墟，沿为村名。聚落呈团块状。有小学、卫生室、文化室。有古迹田庄戏台、指头春药铺。经济以商贸为主，农业以蔬菜种植为主。有集贸市场。平汝高速经此。

盈洞瑶族乡［Yíngdòng Yáozú Xiāng］ 汝城县辖乡。在县境西南部。面积74平方千米。人口7500，其中瑶族占98%，还有汉、畲等民族。辖1居委会、11村委会，有320自然村。乡人民政府驻盈洞瑶族村。1961年成立盈洞公社。1984年设乡。1991年改今名。因乡政府驻地得名。有九年一贯制学校1所，小学16所，卫生院1个，卫生所5个。有幼儿园、文化站等。有民俗舞布狮、盈洞山歌。农业以水稻种植为主，有生猪饲养，特产金银花、西河木。工业以竹木加工、小水电为主。省道汝城—道县线过境。

盈洞瑶族村［Yíngdòngyáozúcūn］ 盈洞瑶族乡人民政府驻地。在县政府驻地卢阳镇西南29千米。人口900，其中瑶族占89%，还有汉族。明代成村。古名大人峒，后称大盈洞、盈洞。“洞”旧作“峒”“崗”，在汝城方言中特指山间盆地、瑶洞。聚落呈环状。有九年一贯制学校、卫生室、文化室。有民俗舞布狮、散打武术。经济以竹木加工为主，特产金银花。有集贸市场。省道汝城—道县线经此。

桂 东 县

桂东县［Guìdōng Xiàn］ 郴州市辖县。北纬26°05′，东经113°56′。在市境东部。面积1451.6平方千米。人口23.2万。以汉族为主，还有畲、瑶等民族。辖7镇、8乡。县人民政府驻沤江镇。宋嘉定四年（1211）析桂阳县置桂东县，此后至清先后属桂阳郡、郴州路、郴州府、郴州直隶州。清康熙十七年（1678）更名阳平县，次年复名桂东县。直至1959年未变，先后属衡阳道、湖南省、第八行政督察区、第三行政督察区、郴县专区、郴州专区、湘南行政区。1959年与汝城县合设汝桂县。1961年各复原制。1968年属郴州地区。1994年属郴州市。因居桂阳县东得名。处湘赣边界、罗霄山脉腹地。以山地为主。平均海拔844米。最高点齐云山海拔2061.3米，有海拔2000米以上山峰12座。年均气温15.8℃，1月平均气温6.1℃，7月平均气温24.1℃。年均降水量1866毫米。沤江、泉江、淇江、小水江流经。有矿产资源钨、锡、铅、铀、石灰石等。有野生植物2047余种，其中有国家重点保护野生植物银杉、水杉、银杏、红豆杉、伯乐树等31种。有野生动物120余种，其中有国家重点保护野生动物华南虎、金猫等22种。有八面山国家级自然保护区、齐云峰国家森林公园。森林覆盖率81.8%。有职业中学1所，高中1所，初中11所，小学73所，二级医院3个，文化馆1个，档案馆1个，图书馆1个，体育馆1个，舞蹈、音乐、书画、拳击、诗社、乐器等文艺团体15个。有全国重点文物保护单位红四军前委扩大会议旧址唐家大屋，省级文物保护单位“三大纪律·八项注意”颁布旧址、沙田戏台、城隍庙等12个。有全国爱国主义教育基地万寿宫，全国红色文化重点镇沙田镇。为革命老区、红军长征首发地。有省级非物质文化遗产玲珑茶制茶技艺。有国家3A级旅游景区桂东植物园。三次产业比例17∶26∶57。农业以水稻种植为主，有猪、牛、羊等饲养，特产桂东玲珑茶。工业以小水电、农副产品加工为主。有省级经济开发区1个。服务业以旅游、物流、电子商务为主。武深高速，106国道，省道郴州—桂东、桂东—汝城、遂川—崇义线过境。

第一军规广场［Dìyī Jūnguī Guǎngchǎng］ 在县城南部。面积1.1万平方米。原为1928年毛泽东颁布工农革命军军规土台，1975年修整，1998年兴建“三大纪律八项注意”纪念碑，2007—2008年改建广场。北面矗立着“三大纪律八项注意”纪念碑、南面有“三大纪律八项注意”牌坊、周围设置多尊工农红军雕塑和摆布整齐的花坛，中央是举行大型活动或市民健身的场所。广场东西两侧修建了2层仿古商业门面。为爱国主义、革命传统教育、红色旅游场所。周边有万寿宫、沙田戏台。通公交车。

桂东大桥［Guìdōng Dàqiáo］ 在县城中部。长50.8米，宽12米，最大跨度32.4米，桥下净高6.9米。1955年开工，1956年建成。2001年大修。为县城连接东西部最大桥梁，故名。为大型河道桥梁，结构型式为双孔钢筋混凝土桥。最大载重30吨。通多路公交车。

下黄桥［Xiàhuáng Qiáo］ 在县城中部。长51.7米，宽10.6米，最大跨度31.5米，桥下净高7.4米。清末建石拱大桥，1956年加宽，2001年改大理石雕刻栏杆，铺设人行道。因建桥处的地名为下黄得名。为大型河道桥梁，结构型式为双孔钢筋混凝土桥。最大载重30吨。通多路公交车。

桂东汽车站［Guìdōng Qìchēzhàn］ 见交通运输设施部分“桂东汽车站”条。

沤江镇［Ōujiāng Zhèn］ 桂东县人民政府驻地。在县境北部。面积172平方千米。人口5.1万。辖4居委会、23村委会，有208自然村。镇人民政府驻草堂村。2012年由城关镇及黄洞、三洞2乡合置沤江镇。沤江流经，故名。有中学3所，小学7所，二级医院3个，卫生院1个。有县职教中心、图书馆、文化馆、文化广场、体育馆等。有工农红军革命活动纪念馆、唐家大屋、城隍庙、陈奇故居。经济以建筑业为主。农业以水稻种植为主。工业以农副产品加工为主。还有物流业。武深高速连接线、106国道、省道郴州—桂东线过境。

维夏路［Wéixià Lù］ 在县城中部。西南起三里桥，东北至松山桥。与解放路、东华路、德胜路相交。长4.5千米，宽18米。沥青混凝土路面。20世纪70年代建。21世纪初扩建。因方维夏烈士得名。两侧有林业局、交通运输局、城市管理局、公安局、卫生健康局、第一医院、罗霄广场、粮食局、税务局、广播电视局、齐云峰国家森林公园管理处、公路局、水利局。通多路公交车。

陈奇路［Chénqí Lù］ 在县城东部。西起观前路，东至柳明路。与金桂路相交。长1.7千米，宽12米。沥青路面。20世纪80年代建，1996年改扩建。因陈奇烈士得名。两侧有教育局、财政局、中学、职教中心。通公交车。

桂东大道［Guìdōng Dàdào］ 在县城东部。东起迎宾路，西至柳明路。与金桂路、黄石路、东华路、朝阳路相交。长2.5千米，宽24米。沥青路面。2000年开工，2003年建成。2011年扩建。因县得名。两侧有福利中心、政务中心、档案局、司法局、环境保护局、盐务管理局、畜牧水产局、邮政局、民政局等。通多路公交车。

草堂村［Cǎotángcūn］ 沤江镇人民政府驻地。在镇境中部。人口1200。唐代成村。因草堂河得名。聚落呈带状。有中小学、职教中心、卫生院。农业以蔬菜种植为主。通多路公交车。

沙田镇［Shātián Zhèn］ 桂东县辖镇。在县境南部。面积107平方千米。人口2.8万。辖2居委会、15村委会，有169自然村。镇人民政府驻沙田街。1956年设沙田乡。1958年并入火箭公社。1961年析设沙田公社。1984年改镇。2012年原大水乡部分地域并入。因镇政府驻地得名。有中学2所，小学9所，卫生院1个，卫生所21个。有第一军规广场。有全国爱国主义教育基地万寿宫。有省级文物保护单位“三大纪律八项注意”颁布旧址、沙田戏台。经济以小水电为主。农业以水稻种植为主。工业以硅石冶炼为主。服务业以红色旅游、商贸为主。有湘赣边贸大市场。武深高速、106国道、省道桂东—汝城线过境。

沙田街［Shātiánjiē］ 沙田镇人民政府驻地。在县政府驻地沤江镇西南37千米。人口2600。因沙田老圩得名。聚落呈片状。有幼儿园、卫生院、第一军规广场。有“三大纪律八项注意”颁布旧址、万寿宫、沙田戏台。经济以餐饮、商贸为主，有湘赣边贸大市场。106国道、省道桂东—汝城线过境。

清泉镇［Qīngquán Zhèn］ 桂东县辖镇。在县境东北部。面积65平方千米。人口1.1万。辖1居委会、7村委会，有76自然村。镇人民政府驻大地圩。1949年设清泉乡。1950年设大地乡，后改公社。1984年复乡。1994年改清泉镇。盛产清茶，因泉、茶相宜得名。有中学1所，小学5所，卫生院1个，卫生所8个。有省级非物质文化遗产玲珑茶制茶技艺。经济以茶叶加工为主。农业以水稻、金橘种植为主。有国家地理标志产品玲珑茶。省道遂川—崇义线过境。

大地圩［Dàdìxū］ 清泉镇人民政府驻地。在县政府驻地沤江镇东北37千米。人口700。元代成村。聚落呈带状。有中小学、幼儿园、卫生院等。经济以玲珑茶制作为主，特产金橘。省道桂东—江西遂川线经此。

大塘镇［Dàtáng Zhèn］ 桂东县辖镇。在县境西南部。面积62平方千米。人口2万。辖1居委会、9村委会，有142自然村。镇人民政府驻大塘圩。1950年设大塘乡，后改公社。1984年复乡。2011年改镇。因镇政府驻地得名。沤江流经。有中学1所，小学7所，卫生院1个，卫生所13个。有幼儿园、文化站、广播站、敬老院等。经济以农业为主。农业以水稻种植为主，有生猪饲养。有花豆、油茶、蔬菜、草药种植基地。工业以南竹加工为主。有大塘工业园区。武深高速连接线、106国道、省道桂东—汝城线过境。

大塘圩［Dàtángxū］ 大塘镇人民政府驻地。在县政府驻地沤江镇南23千米。人口1600。因地如大塘得名。聚落呈带状。有中小学、幼儿园、卫生院、文化站、敬老院、文化广场等。经济以商贸为主，特产花豆。武深高速连接线、106国道、省道桂东—汝城线经此。

四都镇［Sìdū Zhèn］ 桂东县辖镇。在县境西部。面积158平方千米。人口2.1万。辖1居委会、14村委会，有137自然村。镇人民政府驻四都圩。1950年设四都区。1956年分设东水、西水2乡。1958年合改四都公社。1984年改乡。2011年改镇。因镇政府驻地得名。东水、西水流经。有中学1所，小学10所，卫生院1个，卫生所15个。有幼儿园、文化站、广播站、敬老院等。有名胜古迹仙人石田、国宝洞、黄龙洞、总管庙。农业以水稻种植为主，有猪、牛饲养，特产钻栗。有黄姜种植基地。武深高速、县道寨四线过境。

四都圩［Sìdūxū］ 四都镇人民政府驻地。在县政府驻地沤江镇西47千米。人口700。因清属四都得名。聚落呈团块状。有中小学、幼儿园、卫生院、文化站、敬老院等。经济以商贸为主。农业以水稻种植为主。有集贸市场。武深高速、县道寨四线经此。

寨前镇［Zhàiqián Zhèn］ 桂东县辖镇。在县境南部。面积76平方千米。人口2.1万。辖1居委会、11村委会，有174自然村。镇人民政府驻寨前圩。1961年成立寨前公社。1984年改乡。2012年改镇。因镇政府驻地得名。沤江流经。有中学1所，小学10所，卫生院1个，卫生所13个。有幼儿园、文化站、广播站、敬老院等。有省级文物保护单位红六军团誓师西征旧址(朱氏宗祠)、扶氏祠堂。有国家3A级旅游景区桂东植物园。农业以水稻种植为主，有猪、牛等饲养。服务业以旅游为主。武深高速连接线、106国道、省道遂川—崇义线过境。

寨前圩［Zhàiqiánxū］ 寨前镇人民政府驻地。在县政府驻地沤江镇南13千米。人口1600。唐代成村。因处上犹寨前得名。聚落呈团块状。有中小学、幼儿园、卫生院、文化站、敬老院、文化广场等。经济以商贸为主。农业以水稻种植为主。106国道、省道桂东—江永线经此。

普乐镇［Pǔlè Zhèn］ 桂东县辖镇。在县境东南部。面积128平方千米。人口2万。辖13村委会，有125自然村。镇人民政府驻普乐村。1956年设普乐乡。1958年并入沙田公社。1961年析设普乐公社。1984年复乡。2012年改镇。因镇政府驻地得名。沤江流经。有中学1所，小学9所，卫生院1个，卫生所15个。有幼儿园、文化站、广播站、敬老院等。有省级文物保护单位红军医院旧址。有名胜古迹齐云峰、油箩口凉桥、冰臼群。农业以水稻种植为主，有猪、牛等饲养。工业以传统陶艺制作、农产品加工为主。武深高速连接线、县道文溪—普乐线过境。

普乐村［Pǔlècūn］ 普乐镇人民政府驻地。在县政府驻地沤江镇东南35千米。人口1800。宋代成村。取普天同乐之意命名。聚落呈散状。有中小学、幼儿园、卫生院、文化站、敬老院等。工业以陶瓷制作为主。有集贸市场。县道文溪—普乐线经此。

桥头乡［Qiáotóu Xiāng］ 桂东县辖乡。在县境东北部。面积86平方千米。人口1万。辖1居委会、8村委会，有96自然村。乡人民政府驻桥头圩。1949年设桥头区。1950年改乡。1961年与大地乡合改桥头公社。1966年析设大地公社。1984年复乡。因乡政府驻地得名。泉江流经。有中学1所，小学5所，卫生院1个，卫生所9个。有幼儿园、文化站、广播站、敬老院等。经济以种植茶及加工为主，有乡村旅游。有国家地理标志产品玲珑茶。省道遂川—崇义线过境。

桥头圩［Qiáotóuxū］ 桥头乡人民政府驻地。在县政府驻地沤江镇东北32千米。人口700。南宋成村。因处泉江大桥头得名。聚落呈带状。有中小学、幼儿园、卫生院、文化站、敬老院等。农业以茶种植为主。省道桂东—江西遂川线经此。

寒口乡［Hánkǒu Xiāng］ 桂东县辖乡。在县境东北部。面积74平方千米。人口0.7万。辖5村委会，有62自然村。乡人民政府驻寒口圩。1961年由沤城公社析设寒口公社。1984年改乡。因乡政府驻地得名。上东河流经。有小学4所，卫生院1个，卫生所6个。有幼儿园、文化站、广播站、敬老院等。农业以水稻种植为主，有牛饲养，有药材种植基地。省道郴州—桂东、遂川—崇义线过境。

寒口圩［Hánkǒuxū］ 寒口乡人民政府驻地。在县政府驻地沤江镇东北12千米。人口2000。元代成村。因处高寒山区风口得名。聚落呈片状。有小学、幼儿园、卫生院、文化站、敬老院等。有木材检查站。农业以水稻、中草药种植为主。有集贸市场。省道郴州—桂东、遂川—崇义线经此。

增口乡［Zēngkǒu Xiāng］ 桂东县辖乡。在县境南部。面积78平方千米。人口1万。辖8村委会，有89自然村。乡人民政府驻增口。1956年设增口乡。1958年并入沤城公社。1961年析设增口公社。1984年复乡。因乡政府驻地得名。沤江流经。有中学1所，小学6所，卫生院1个，卫生所8个。有幼儿园、文化站、广播站、敬老院等。农业以水稻种植为主，有猪饲养。工业以服装加工、小水电为主。有增口创业园。武深高速连接线、106国道过境。有县汽车站。

增口［Zēngkǒu］ 增口乡人民政府驻地。在县政府驻地沤江镇南4千米。人口2200。元代成村。因地似捕鱼之罾得名。聚落呈散状。有中小学、幼儿园、卫生院、文化站、敬老院、文化广场等。经济以服装加工为主。武深高速连接线、106国道经此。有县汽车站。

流源乡［Liúyuán Xiāng］ 桂东县辖乡。在县境南部。面积51平方千米。人口0.5万。辖5村委会，有40自然村。乡人民政府驻流源村。1980年由寨前公社析设流源公社。1984年改乡。因乡政府驻地得名。流源河、汶江流经。有中学1所，小学3所，卫生院1个，卫生所6个。有幼儿园、文化站、广播站、敬老院等。有省级文物保护单位桂东农民运动讲习所旧址。有邓力群故居。经济以南竹开发为主。农业以水稻种植为主，有猪、牛等饲养。省道桂东—江永线过境。

流源村［Liúyuáncūn］ 流源乡人民政府驻地。在县政府驻地沤江镇南19千米。人口3300。北宋成村。为横江源地，故名。聚落呈散状。流源河流经。有中小学、卫生院。农业以水稻、黄桃种植为主。有集贸市场。省道桂东—江永线经此。

新坊乡［Xīnfāng Xiāng］ 桂东县辖乡。在县境东南部。面积86平方千米。人口1万。辖6村委会，有85自然村。乡人民政府驻青龙湾。1956年设新坊乡。1958年并入火炬公社。1961年析设新坊公社。1984年复乡。明代扶姓六才子得皇帝赐匾，祠前建牌坊，故名。有中学1所，小学4所，卫生院1个，卫生所7个。有幼儿园、文化站、广播站、敬老院等。有省级文物保护单位龙溪苏维埃政府旧址。有龙溪革命纪念亭。农业以水稻种植为主，有羊、鸡、鸭饲养。工业以小水电为主。服务业以餐饮为主。省道桂东—汝城线过境。

青龙湾［Qīnglóngwān］ 新坊乡人民政府驻地。在县政府驻地沤江镇东南32千米。人口1400。明代成村。因处大坪河湾得名。聚落呈散状。有中小学、幼儿园、卫生院、文化站、敬老院、文化广场等。农业以水稻等种植为主。

工业以小水电为主。有集贸市场。省道桂东—汝城线经此。

东洛乡［Dōngluò Xiāng］ 桂东县辖乡。在县境南部。面积90平方千米。人口0.6万。辖8村委会，有43自然村。乡人民政府驻寨里。1956年设东洛乡，后改公社。1984年复乡。因处沙田镇东得名东边山，又因土壤肥沃农产丰富，居民安居乐业改名东乐，意为东方乐土，后谐音演为今名。东洛河流经。有小学1所，卫生院1个，卫生所8个。有幼儿园、文化站、广播站、敬老院等。有古迹回龙仙、喜乐仙遗址。有省级非物质文化遗产禾苗节。经济以林业为主，有东山林场。农业以水稻种植为主，有猪饲养。工业以小水电为主。省道遂川—崇义线过境。

寨里［Zhàilǐ］ 东洛乡人民政府驻地。在县政府驻地沤江镇南43千米。人口900。明代成村。因处深山山寨得名。聚落呈散状。有小学、幼儿园、卫生院、文化站、敬老院、文化广场等。农业以水稻等种植为主。有集贸市场。县道沙洛线经此。

贝溪乡［Bèixī Xiāng］ 桂东县辖乡。在县境西南部。面积51平方千米。人口0.6万。辖6村委会，有48自然村。乡人民政府驻南边村。1956年为贝溪乡。1961年设贝溪公社。1964年并入沙田公社。1966年复设贝溪公社。1984年改为乡。因水资源贫乏，有"溪水贵如油"之说，故视溪水如宝贝得名。有小学2所，卫生院1个，卫生所6个。有幼儿园、文化站、广播站、敬老院等。有省级文物保护单位聚龙居。农业以水稻种植为主。工业以加工石碑为主。服务业以餐饮为主。106国道、县道三青线过境。通多路公交车。

南边村［Nánbiāncūn］ 贝溪乡人民政府驻地。在县政府驻地沤江镇西南34千米。人口900。明代成村。因处山南得名。聚落呈散状。有小学、幼儿园、卫生院、文化站、敬老院、文化广场等。农业以水稻种植为主。有集贸市场。县道三青线经此。

青山乡［Qīngshān Xiāng］ 桂东县辖乡。在县境西南部。面积111平方千米。人口0.5万。辖6村委会，有48自然村。乡人民政府驻罗家村。1950年设青山乡。1956年改宋坪乡。1961年改公社。1968年改青山公社。1984年改乡。因青山环抱得名。宋家河流经。有小学1所，卫生院1个，卫生所6个。有幼儿园、文化站、广播站、敬老院等。经济以林业为主，有木材加工。农业以水稻种植为主，有牛等饲养。县道三青线过境。

罗家村［Luójiācūn］ 青山乡人民政府驻地。在县政府驻地沤江镇西南75千米。人口1100。明代成村。以姓氏得名。聚落呈散状。有小学、幼儿园、卫生院、文化站、敬老院等。工业以木材加工为主。县道三青线经此。

安仁县

安仁县［Ānrén Xiàn］ 郴州市辖县。北纬26°17′，东经113°05′。在市境北部。面积1462平方千米。人口45.1万。以汉族为主，还有满、苗、瑶、回、侗等民族。辖5镇、12乡。县人民政府驻永乐江镇。宋乾德三年(965)置安仁县，治宜阳乡彭蠡铺，属衡阳郡。宋咸平五年(1002)治迁永安铺香草坪，今县城。此后未变，先后属衡州路、衡州府、衡阳道、湖南省、第五行政督察区、第二行政督察区、衡阳专区、湘南行政区、郴县专区、郴州专区、郴州地区。1994年属郴州市。取《论语》"仁者安仁"得名。2014年以五一、七一路交会为中心，成4纵6横布局，有街路52条，有神农广场、春分广场、神农文塔。属半山地半丘陵区，三山夹两盆。有万洋山、五峰仙、茶安岭。有醴攸、茶安2盆地。平均海拔1141.5米。最高点金紫仙海拔1433米。年均气温17.7℃，1月平均气温5.4℃，7月平均气温29.3℃。年均降水量1482毫米。永乐江、莲花江、宜阳河、浪江流经。有矿产资源红柱石、铁、锰、煤、钴等。有野生植物1320余种，其中有国家重点保护野生植物南方红豆杉、银杏、长瓣短柱茶等12种。有野生动物550余种，其中有国家重点保护野生动物云豹、中华秋鸭、豹猫、黄腹角雉等5种。有熊峰山国家森林公园。森林覆盖率65.3%。有袁隆平院士杂交水稻工作站。有中学18所，小学208所，二级医院3个，博物馆1个，图书馆1个，文化馆1个，档案馆1个，体育馆1个。有全国重点文物保护单位湘南起义旧址群轿顶屋会议旧址，省级文物保护单位烈士塔、侯氏宗祠、义海寺等10个。有省级爱国主义教育基地烟堆岭、唐天际将军故居、卢古祠、朱毛井冈会师决策地轿顶屋。有古迹神农殿、安平司遗址、何古山遗址、崖脑遗址、细萧古遗址等。有国家级非物质文化遗产安仁赶分社。有国家4A级旅游景区稻田公园。三次产业比例23∶37∶40。农业以水稻、油菜种植为主，产食用菌、油茶、云雾茶。有国家地理标志产品安仁枳壳。工业以建材、精细化工、机械制造、食品加工为主。有省级安仁工业集中区、三一重工安仁产业园。服务业以商贸、仓储为主。吉衡铁路，240、322、356国道，省道茶陵—常宁、鹿原—关王、菜花坪—宜章、安仁—衡阳线过境。有安仁站。

神农广场［Shénnóng Guǎngchǎng］ 在县城东部。面积148.5公顷。2011年开工，2013年建成。为纪念炎帝得名。广场南依永乐江呈环形布局，中央有9.9米高神农石像，有李时珍、宋慈、张仲景、孙思邈、扁鹊、王叔和、葛洪、华佗石像群。有华表石柱、门楼等。为安仁"赶分社"祭祀神农大典场所。周边有安养中心、敬老院、神农文化街、侯氏宗祠、国家4A级旅游景区稻田公园等。通公交车。

永乐大桥［Yǒnglè Dàqiáo］ 在县城南部。长223.1米，宽10米，最大跨度46.2米，桥下净高10.7米。1965年开工，1966年建成，2004年改造。因陶铸题写"永乐大桥"而命名。为大型河道桥梁，结构型式为空腹式钢筋混凝土四孔双曲拱桥。最大载重100吨。通多路公交车。

安仁大桥［Ānrén Dàqiáo］ 在县城南部。长200.8米，宽11米，最大跨度80米，桥下净高11米。1995年开工，1997年建成，2003年改造。因处县城得名。为大型河道桥梁，结构型式为中承式钢管混凝土拱桥。最大载重汽20吨，挂100吨。通多路公交车。

永乐江镇［Yǒnglèjiāng Zhèn］ 安仁县人民政府驻地。在县境北部。面积359平方千米。人口13.7万。辖4居委会、33村委会，有606自然村。镇人民政府驻城北社区。2012年由城关、清溪2镇，排山、军山、禾市3乡合置永乐江镇。因江得名。有九妹仙、天元山。有熊峰山国家森林公园。有中学8所，小学13所，二级医院2个，卫生院5个，卫生所15个。有图书馆、文化馆等。有全国重点文物保护单位湘南起义旧址群轿顶屋会议旧址，省级文物保护单位烈士塔，诰授直隶大夫、奉天大夫欧阳厚均墓，欧阳氏祠，侯氏宗祠。有神农文化一条街、何古洞遗址。有国家级非物质文化遗产安仁赶分社。有国家4A级旅游景区稻田公园。农业以水稻、油菜、灯芯草等种植为主。工业以农副产品、水泥、板材、药材加工及精细化工为主。有省级工业园3个。吉衡铁路，240、322、356国道，省道攸县—宜章、攸县—永兴线过境。

五一路［Wǔyī Lù］ 在县城中部。南起安仁大道南，北至安仁大道北。与安康路、凤岗路、七一路、万福路、八一路、仁北路、泉塘路相交。长2.5千米，宽42米。沥青混凝土、水泥路面。1965年开工，1966年建成南路，1984年改建中路，1989年延建北路，2011年改造。为纪念五一国际劳动节得名。两侧有商贸城、县教育局、邮政局、广播电视台、中学、交运局、税务局、党校、民政局。通多路公交车。

七一路［Qīyī Lù］ 在县城中部。东起玉峰路，西至安仁大道。与环城路、东方路、五一路相交。长2.1千米，宽50米。沥青混凝土路面。1970年开工，1971年建成。1989、2011年改造。为纪念建党节得名。两侧有水利局、农业局、粮食办、林业局、县政府、国土局、市场。通多路公交车。

八一路［Bāyī Lù］ 在县城北部。东起东方路，西至工业大道。与安仁大道、五一路相交。长5千米，宽42米。水泥、沥青混凝土路面。2006年开工，2007年建成，2011年改造。为纪念建军节得名。两侧有县行政中心、检察院、法院、国际根雕艺术馆、中央商务区、工业集中区。通多路公交车。

万福路［Wànfú Lù］ 在县城中部。东起东方路，西至日光路。与五一中路相交。长900米，宽20米。沥青混凝土路面。1982年开工，1984年建成，2011年改造。因万福庵得名。两侧有万福公园、宜康医院。通公交车。

安仁大道［Ānrén Dàdào］ 在县城西部。南起安仁大桥，北至五一北路。与环城北路、仁北中路、八一路、七一路相交。长2.9千米，宽42米。沥青混凝土路面。1980年开工，1982年建成，2011年改造。为县城西部主干道，故名。两侧有县审计局、财政局、人民医院、协和医院。通多路公交车。

安康路［Ānkāng Lù］ 在县城南部。东起凤岗路，西至状元洲路。与五一南路相交。长600米，宽10米。沥青混凝土路面。1965年建，2011年改造。原名四清路，2000年以祈求平安奔小康改今名。两侧有中医院、文化馆、电信大楼等。通公交车。

城北社区［Chéngběi Shèqū］ 永乐江镇人民政府驻地。在县境北部。面积2.5平方千米。人口1.8万。因处城北得名。1991年成立。民居多为次高楼和高楼。有医疗室、一站式服务大厅、文化活动室、便民服务站、敬老院、文化站等。有柔力球队、健身球队、腰鼓队等。有中学。有省级文物保护单位唐天际将军墓、烈士塔。有万福公园、万福庵。省道攸县—宜章线经此。

山塘村［Shāntángcūn］ 在镇境东北部。永乐江镇辖自然村。人口1100。清代成村。因大崎垅山下龙塘湖得名。聚落呈散状。有老人活动室、医疗室、图书室。有名胜古迹炎帝观鹭台、龙塘湖、神农寨、滑草场。经济以乡村旅游为主。农业以乌梅、葡萄、樱桃、花卉苗木种植为主。有养猪、养牛场。

安平镇［Ānpíng Zhèn］ 安仁县辖镇。在县境东南部。面积56平方千米。人口4.3万。辖3居委会、14村委会，有225自然村。镇人民政府驻安平社区。1956年设安平乡，后改公社。1984年复乡。1985年改镇。因镇政府驻地得名。永乐江流经。有中学1所，小学2所，幼儿园1所，二级医院1个，卫生院1个，卫生所2个。有文化站、敬老院等。有名胜古迹安平司遗址、曹婆水库、神农药湖、药湖寺、老君观、东方人故居。农业以水稻、油茶、食用菌、蔬菜种植为主,有生猪饲养。工业以建筑、铸铁及家具、板材、食品、食用菌加工为主。为安仁、茶陵边贸物资集散地。为全国重点镇。356国道过境。

安平社区 [Ānpíng Shèqū] 安平镇人民政府驻地。在县境东南部。面积2.7平方千米。人口1万。因明设安平巡检司得名。1982年成立。民居多钢材混凝土框架结构3—7层楼房。有老年活动室、卫生服务站、社区文化中心、便民服务站。有中小学。有安平司遗址。经济以商贸为主。农业以水稻种植为主。通公交车。

灵官镇 [Língguān Zhèn] 安仁县辖镇。在县境东南部。面积79平方千米。人口2.2万。辖15村委会,有152自然村。镇人民政府驻官桥村。1956年设南坪乡。1958年并入超美公社。1961年析设南坪公社。1966年更名朝阳公社。1984年改乡。1997年因灵官庙改设灵官镇。宜阳河流经。有矿产资源铜、铁、锰、煤、硫、精致陶土、石灰石、红柱石等。有中学1所,小学1所,卫生院1个,卫生所4个,卫生室15个。有名胜南雷庙、莽山梯田、古县治老鸦桥遗址、何古山遗址。农业以水稻、油菜、中草药种植为主,有生猪饲养。工业以大米、板材加工为主。240、356国道过境。

官桥村 [Guānqiáocūn] 灵官镇人民政府驻地。在县政府驻地永乐江镇南20千米。人口3300。明代成村。因石拱桥曾迎接官员得名。聚落呈带状。有小学、卫生院、文化中心。有古迹灵官庙。农业以水稻、油菜、中草药种植为主。有新型环保材料、板材加工业。240、356国道经此。

关王镇 [Guānwáng Zhèn] 安仁县辖镇。在县境东南部。面积133平方千米。人口1.5万。辖1居委会、10村委会,有116自然村。镇人民政府驻关王社区。1956年设关王乡。1958年并入东风公社。1961年析设关王公社。1984年复乡。1997年改镇。因镇政府原驻地得名。有大湖仙山。有中学1所,小学3所,卫生院1个,卫生室10个。有幼儿园、文化站、广播站、敬老院等。有省级文物保护单位义海寺塔林。有民国时期安仁县府遗址。农业以水稻、南竹、茶种植为主,有生猪、牛、山羊饲养,有水产养殖,盛产中草药、木材、茶油、香菇。工业以煤矿开采、建材、竹木加工为主。有商品零售业。省道惠阳平潭—东莞线过境。

关王社区 [Guānwáng Shèqū] 关王镇人民政府驻地。在县境东南部。面积16平方千米。人口2000。因关王庙得名。1982年成立。民居以次高楼、高楼为主,平房相间。有卫生服务站、老年活动室、便民服务站等。有中学。主产优质稻、木材、中草药、茶油。县道界首—芳岭井老、夹口—关王线经此。

龙海镇 [Lónghǎi Zhèn] 安仁县辖镇。在县境南部。面积72平方千米。人口1.9万。辖10村委会,有164自然村。镇人民政府驻龙海村。1956年设龙海乡。1958年并入红旗公社。1961年析设龙海公社。1984年复乡。1999年改镇。因镇政府驻地得名。有矿产资源地热、石灰石、煤、红粉砂岩等。有中学1所,小学3所,卫生院1个,卫生室10个,文化站1个。有省级文物保护单位清光绪八年(1882)台湾知府侯材骥墓,省级非物质文化遗产芙蓉庙会。有名胜龙脊山丹霞、炎坦、龙海温泉、时珍湾、神山。农业以水稻、油菜种植为主,特产湘鲁脐橙。工业以金属冶炼、水泥建材为主,有大米加工业。有茨冲工业园区。有省五星级休闲山庄1个。240国道、省道攸县—宜章线过境。

龙海村 [Lónghǎicūn] 龙海镇人民政府驻地。在县政府驻地永乐江镇南27千米。人口1600。明代成村。因龙海塘得名。聚落呈散状。有小学、卫生室、文化活动中心、便民服务室等。有古迹财神殿、关帝寺、神农殿、神农冲、法云寺。农业以水稻、油菜种植为主,产木材。有唐古工业小区。240国道经此。

龙市乡 [Lóngshì Xiāng] 安仁县辖乡。在县境西部。面积82平方千米。人口1.6万。辖10村委会,有128自然村。乡人民政府驻玉峰村。1956年设龙市乡。1958年并入火箭公社。1961年析设龙市公社。1984年复乡。因龙家湾有古农贸市场得名。黄龙江流经。有中学1所,小学1所,卫生院1个,卫生所1个,卫生室10个。有文化站、村文化活动中心。有名胜古迹玉峰琴、烟堆岭、双泉村、玉峰书院、谭氏书院。农业以水稻种植为主,盛产杉木、南竹、灯芯草、百合、食用菌。工业有竹木及茶叶加工、酿酒、宝石加工等。服务业以休闲旅游为主。县道东郊—双泉线经此。

玉峰村 [Yùfēngcūn] 龙市乡人民政府驻地。在县政府驻地永乐江镇东北11千米。人口3400。宋代成村。因玉峰书院旧址得名。聚落呈散状。有小学、卫生室、文化活动中心等。有名胜古迹玉峰、曾任台湾国民大会秘书欧阳明故居遗址。农业以水稻、蔬菜、中草药种植为主。县道东郊—双泉线经此。

渡口乡 [Dùkǒu Xiāng] 安仁县辖乡。在县境东北部。面积54平方千米。人口2.3万。辖14村委会,有206自然村。乡人民政府驻渡口村。1956年设渡口乡。1958年并入卫星公社。1961年析设渡口公社。1984年复乡。因乡政府驻地得名。永乐江流经。有小学2所,卫生院1个,卫生所1个,卫生室14个。有文化站、村文化活动中心。有名胜古迹丹霞山、乌陂渡神农登岸石、神农洞、三仙庙。农业以优质稻、油菜种植为主,盛产茶叶、大豆、花生、西瓜、蔬菜、食用菌、柑橘、红枣、西瓜、鳝鱼、美国牛蛙。工业有橡胶、制衣、机制砖等。为周边3县农产品集散地。县道芙塘—南湾线经此。

渡口村 [Dùkǒucūn] 渡口乡人民政府驻地。在县政府驻地永乐江镇西北16千米。人口2100。明代成村。因乌陂渡口得名。聚落呈团块状。有小学、幼儿园、卫生室、便民服务室等。有名胜古迹永乐江、三仙庙。农业以水稻、油菜种植为主,有鱼养殖。有渡口圩场。县道芙塘—南湾线经此。

洋际乡 [Yángjì Xiāng] 安仁县辖乡。在县境西部。面积56平方千米。人口1.7万。辖10村委会,有119自然村。乡人民政府驻洋际村。1956年设洋际乡。1958年并入超美公社。1961年析设洋际公社。1984年复乡。因乡政府驻地得名。宜阳河流经。有矿产资源红柱石、石英石、滑石、石墨等。有中学1所,小学1所,卫生院1个,卫生所1个。有幼儿园、文化站、敬老院等。有名胜古迹猴县仙、神农百草园、洋际古墓葬遗址。农业以杂交稻制种为主,主产优质稻、油菜、南竹、玫瑰香柑、脐橙、药材,有黑山羊饲养。有茶、红薯、马铃薯、花生、李子种植基地。工业有陶瓷、建材、酿水酒等。有木材、竹制品生产基地。省道安仁—常宁线、县道洋际—大塘湾线经此。

洋际村 [Yángjìcūn] 洋际乡人民政府驻地。在县政府驻地永乐江镇西南12千米。人口3200。明代成村。因以羊头祭祀神农得名羊祭坳,后谐音改今名。聚落呈团块状。有小学、卫生室等。有洋际古墓。农业以水稻、南竹、玫瑰香柑、脐橙、草药等种植为主。省道安仁—常宁线、县道洋际—大塘湾线经此。

华王乡 [Huáwáng Xiāng] 安仁县辖乡。在县境西南部。面积62平方千米。人口2万。辖10村委会,有128自然村。乡人民政府驻华王村。1956年设华王乡。1958年并入超美公社。1961年析设华王公社。1984年复乡。因乡政府驻地得名。宜阳河流经。有滑石、窭灰石、红柱石资源。有中学1所,小学3所,卫生院1个,卫生室10个。有幼儿园、文化站、村文化活动中心等。有省级文物保护单位唐天际将军故居。有华王烈士纪念碑。有名胜古迹赵古祠、五峰仙、华王庙、东桥渡槽。农业以水稻、辣椒等种植为主。有中药材、玉竹、油茶种植基地。工业以矿产开采为主。服务业以商贸为主。省道界首—白露塘线过境。

华王村 [Huáwángcūn] 华王乡人民政府驻地。在县政府驻地永乐江镇西南26千米。人口3200。明代成村。因华王庙得名。聚落呈散状。有小学、卫生室等。有古迹华王庙、赵古祠。农业以水稻种植为主,有黑山羊饲养。县道平山—消湾线经此。

牌楼乡 [Páilóu Xiāng] 安仁县辖乡。在县境东部。面积78平方千米。人口3.3万。辖17村委会,有232自然村。乡人民政府驻莲花村。1956年设牌楼乡。1958年并入先锋公社。1961年析设牌楼公社。1984年复乡。因明代贞节牌楼得名。神洲河流经。有铁、钴、石灰石资源。有中学2所,小学4所,卫生院1个,卫生室17个。有省级文物保护单位朱德颁布十大军规地卢古祠。有周继武烈士故居。有名胜古迹龙源卡、龙源老坦、宵仙寨、风仙、风仙山泉、枫仙庵。农业种植水稻、食用菌等。工业有建材、玻璃制造、陶瓷等。有湘南牛交易市场。为湘东农产品集散地。县道牌荷、牌界、牌城线过境。

莲花村 [Liánhuācūn] 牌楼乡人民政府驻地。在县政府驻地永乐江镇东南17千米。人口3500。明代成村。因塘中遍植莲花得名。聚落呈团块状。有小学、卫生室、村文化活动中心、农家书屋。有当代陶艺教授周国桢故里牌楼、永乐江。农业以水稻、油菜、大豆、红薯种植为主。

平背乡 [Píngbèi Xiāng] 安仁县辖乡。在县境南部。面积45平方千米。人口2.2万。辖11村委会,有171自然村。乡人民政府驻平背村。1956年设平背乡。1958年并入先锋公社。1961年析设平背公社。1984年复乡。因乡政府驻地得名。有中学1所,小学1所,卫生院1个,卫生所1个,卫生室11个。有文化站、村文化活动中心等。有名胜古迹台岗寨、桐冲红军桥、宋衡州太守张徽岳墓、明四川按察使谭有德墓。农业以水稻、油菜种植为主,有生猪饲养,盛产油茶、大豆、花生、药材。工业有水泥加工、建筑、冶炼等。省道界首—白露塘线、县道朴豪线过境。

平背村 [Píngbèicūn] 平背乡人民政府驻地。在县政府驻地永乐江镇东南27千米。人口2700。明代成村。因岭似龟背得名。聚落呈团块状。有小学、卫生室、文化活动中心、便民服务室等。农业以水稻、油菜种植为主,有生猪饲养。

坪上乡 [Píngshàng Xiāng] 安仁县辖乡。在县境南部。面积89平方千米。人口1.6万。辖9村委会,有137自然村。乡人民政府驻坪上村。1956年设坪上乡。1958年并入先锋公社。1961年析设坪上公社。1984年复乡。因乡政府驻地得名。叶山、太平港河流经。有中学1所,小学1所,卫生院1个,卫生所1个,卫生室9个。有文化站、村文化活动中心、农家书屋、敬老院。农业以水稻、茶、食用菌、蔬菜、油茶、脐橙种植为主,有生猪、牛、羊、淡水鱼等饲养。工业有木材、饲料加工、电子等。有商品零售业。322国道过境。

坪上村 [Píngshàngcūn] 坪上乡人民政府

驻地。在县政府驻地永乐江镇东南 33 千米。人口 2300。明代成村。因处山坡平地得名。聚落呈丁字形。有小学、卫生室、文化活动中心、便民服务室等。农业以水稻、蔬菜、食用菌种植为主,有生猪、牛、羊等饲养。322 国道经此。

承坪乡［Chéngpíng Xiāng］ 安仁县辖乡。在县境南部。面积 37 平方千米。人口 1.8 万。辖 9 村委会,有 137 自然村。乡人民政府驻承坪村。1956 年设承坪乡。1958 年改公社。1984 年复乡。因乡政府驻地得名。永乐江流经。有中学 1 所,小学 1 所,卫生院 1 个,卫生所 2 个,卫生室 9 个。有文化站。有名胜古迹楚兴寺、月轮岩、清泉寺、榴霞桥湘南古民居群、江口洲老街、木子山。有民俗赛龙舟。农业以水稻、油菜种植为主,有牛、羊、家禽饲养,有淡水鱼养殖,盛产大豆、花生、水果等。有农场 1 个。工业有建筑、水电。为湖南建筑之乡。为湘南木材集散地。县道承坪—龙海线过境。

承坪村［Chéngpíngcūn］ 承坪乡人民政府驻地。在县政府驻地永乐江镇南 34 千米。人口 4700。因明代围坪练兵得名城坪岭,后演为今名。聚落呈团块状。三面环江。有小学、卫生室、文化活动中心、农家书屋、便民服务室等。有承坪古街、上街、新街。农业以水稻种植为主,有生猪、鸡、鸭饲养。有大平岭农场。县道承坪—龙海线经此。

竹山乡［Zhúshān Xiāng］ 安仁县辖乡。在县境东南部。面积 31 平方千米。人口 1.4 万。辖 8 村委会,有 141 自然村。乡人民政府驻竹山村。1956 设竹山乡。1958 年并入红旗公社,1961 年析设竹山公社。1984 年复乡。莲花江流经。有中学 1 所,小学 1 所,卫生院 1 个,卫生室 8 个。有李国源将军故居。有古迹冠岚书院。农业以水稻种植为主,有黑山羊饲养,有淡水鱼养殖,盛产药材、花卉苗木、珍妃果、柑橘。工业有建筑建材等。为周边乡镇集贸中心。县道安鄌线过境。

竹山村［Zhúshāncūn］ 竹山乡人民政府驻地。在县政府驻地永乐江镇东南 35 千米。人口 2200。明代成村。因大平山产翠竹得名。聚落呈团块状。有小学、卫生室、文化活动中心、便民服务室等。农业以水稻种植为主。有磴下圩古农贸市场。县道夹口—关王线经此。

豪山乡［Háoshān Xiāng］ 安仁县辖乡。在县境东南部。面积 127 平方千米。人口 1.2 万。辖 8 村委会,有 94 自然村。乡人民政府驻豪山村。1957 年设豪山乡。1958 年并入东风公社。1961 年析设豪山公社。1984 年复乡。因乡政府驻地得名。有金紫仙山。有熊峰山国家森林公园。有中学 1 所,小学 2 所,卫生院 1 个,卫生所 1 个,卫生室 8 个。有文化站、敬老院、村文化中心、农家书屋等。有潭湾会议及湘南特委遗址。有名胜古迹九龙庵、公木林场、螺蛳寨、高里寨、文明阁、仙老寺。农业以水稻、油茶、香菇种植为主,有生猪、羊、牛等饲养。工业有茶叶加工、水电。有商品零售业。省道垄下—周家湾线过境。

豪山村［Háoshāncūn］ 豪山乡人民政府驻地。在县政府驻地永乐江镇东南 54 千米。人口 2800。明代成村。因豪山洞得名。聚落呈块状。有小学、卫生室、图书馆等。有名胜古迹何之煌大屋、文明阁、童子岩、仙老寺。农业以水稻、油茶、香菇、茶种植为主,有生猪、羊、牛等饲养。县道界首—芳岭井线经此。

羊脑乡［Yángnǎo Xiāng］ 安仁县辖乡。在县境东南部。面积 101 平方千米。人口 0.9 万。辖 11 村委会,有 92 自然村。乡人民政府驻中洞村。1956 年设羊脑乡。1958 年并入东风公社。1961 年析设羊脑公社。1984 年复乡。昔有磅石,状似羊脑,故名。有中学 1 所,小学 2 所,卫生院 1 个,卫生室 11 个。有文化站。有名胜古迹香炉寨、盘古仙、盘古仙庙、福星红色老区。农业以水稻、油菜种植为主,有生猪、牛、山羊饲养,产食用菌、香柑、药材、茶叶。工业有冶炼、纤维板加工。有商品零售业。356 国道过境。

中洞村［Zhōngdòngcūn］ 羊脑乡人民政府驻地。在县政府驻地永乐江镇东南 45 千米。人口 1500。明代成村。四面环山中间平坦,因习称平坦为洞,故名。聚落呈团块状。有中小学、卫生室等。农业以优质稻、油菜、大豆、药材、茶叶、竹笋等种植为主,有牛、山羊饲养。356 国道经此。

新洲乡［Xīnzhōu Xiāng］ 安仁县辖乡。在县境东南部。面积 50 平方千米。人口 0.8 万。辖 6 村委会,有 70 自然村。乡人民政府驻莲塘村。1956 年设新洲乡。1958 年并入东风公社。1961 年析设新洲公社。1984 年复乡。因处浦阳河沙洲得名。永乐江、莲花港河流经。有中学 1 所,小学 1 所,卫生院 1 个,卫生室 6 个,文化站 1 个,村文化中心 2 个,农家书屋 6 个。有名胜穿石门、塘下漂流。农业以优质稻、油菜、大豆、茶叶、茶油、香菇、药材、木材等种植为主,有牛、黑山羊饲养。工业有冶铁及墙体材料、环保炭、木器加工等。有莲塘商贸城。356 国道、省道泉州—永兴线过境。

莲塘村［Liántángcūn］ 新洲乡人民政府驻地。在县政府驻地永乐江镇东南 42 千米。人口 2000。明代成村,传光下洲有农民来此提亲,在交换对联时上下联中均有"连塘"二字,故名连塘村,后谐音为莲塘。聚落呈块状。有小学、卫生室。农业以水稻、油菜、大豆、茶、油茶、香菇等种植为主,有牛、黑山羊饲养。356 国道经此。

永 州 市

永州市［Yǒngzhōu Shì］ 湖南省辖地级市。北纬 24°39′—26°51′,东经 111°06′—112°21′。在省境南部。面积 22255 平方千米。户籍人口 630.9 万,常住人口 538.7 万。以汉族为主,还有瑶、壮、苗等民族。辖冷水滩、零陵 2 区,祁阳、东安、双牌、道县、江永、宁远、蓝山、新田 8 县,江华瑶族自治县。市人民政府驻冷水滩区。汉元鼎六年(前 111)置零陵郡,属荆州。西汉末更名九疑郡。东汉建武元年(25)复零陵郡,治泉陵县,今零陵区。隋开皇九年(589)与永阳郡合置永州府。大业三年(607)复名零陵郡。唐武德四年(621 年)废郡分置永、营 2 州,次年改营州为南营州。贞观八年(634)改南营州为道州。贞观十七年(643)撤道州并入永州。上元二年(675)析设道州。天宝元年(742)改永州为永州零陵郡。乾元元年(758)废郡名,复名永州。宋建隆元年(960)析设道州。元改永州路。明为府。清康熙三年(1664)属衡永郴桂道。1914 年属衡阳道。1949 年成立永州专区。1950 年更名零陵专区。1952 年并入湘南行政区。1962 年复零陵专区。1968 年改地区。1995 年改永州市,治芝山区。1997 年治迁冷水滩区。郡西南有永山永水,故名。三面环山,西南高,东北及中部低。平均海拔 119 米。以丘岗山地为主。最高点韭菜岭海拔 2009.3 米。年均气温 18℃,1 月平均气温 6℃,7 月平均气温 28.8℃。年降水量 1500 毫米。年均无霜期 298 天。湘江、潇水流经。有矿产资源锰、锡、稀土等。有野生植物 4254 种,其中有国家一级保护野生植物银杉、水杉、珙桐等 6 种,国家二级保护野生植物楠木、银杏、冷杉等 13 种。有野生动物 1000 余种,其中有国家一级保护野生动物华南虎、黄腹角雉,国家二级保护野生动物五步蛇、猕猴、穿山甲等 10 种。有都庞岭、阳明山、九嶷山、舜皇山国家级自然保护区。森林覆盖率 64.7%。有省级科研单位 1 个,高校 3 所,中学 320 所,小学 444 所,三级医院 3 个,国家级图书馆 1 个,国家级博物馆 1 个,国家级档案馆 1 个,国家级体育馆 3 个。有全国重点文物保护单位李达故居、柳子庙、周家大院等 26 个,省级文物保护单位 56 个。有省级爱国主义教育基地 4 个。有国家级非物质文化遗产零陵渔鼓、祁阳戏、舜帝祭典等 26 项,省级非物质文化遗产 76 项。有中国历史文化名村涧岩头、龙溪、坦田等 5 个,省级历史文化名村 8 个,省级历史文化名镇 1 个。有中国传统村落塘基上、上甘棠、兰溪等 8 个。有风景名胜九嶷山、柳子庙、浯溪碑林等。为省级历史文化名城。三次产业比例 22∶38∶40。农业以水稻种植为主,兼种蔬菜等。工业以农产品加工、金属冶炼为主,发展生物医药、电子、新材料、先进装备制造。有国家级经济开发区 6 个,省级经济开发区 15 个。服务业以餐饮、住宿、旅游为主。有铁路 361 千米,公路 2.5 万千米,高速 489 千米,内河航线 1.1 万千米。湘桂、洛湛铁路,湘桂高铁,二广、泉南、厦蓉、道贺高速,207、322 国道,省道宁远—郴州、邵阳—零陵、永州—南风坳线过境。通湘江、潇水河等航道。通多路公交车。

零陵［Línglíng］ 别名潇湘、永州、芝山。永州市聚落。在市境南部。面积 223.9 平方千米。人口 26 万。以汉族为主,还有瑶、苗、满、布依等民族。《史记》载,舜"南巡狩,崩于苍梧之野,葬于江南九疑,是为零陵"。汉为土城。宋改建砖城。绍兴年间(1131—1162)赵善谧增修里城,开庆、咸淳年间(1259—1274)增筑贰廓。元因其旧。明洪武六年(1373)拓之。沿潇水东岸、东山山麓形成城内大街及纵横小巷。城墙围九里二十七步,高三丈,阔一丈四尺五寸。有东、西、南、北、太平、永安、潇湘 7 门。清有 12 街,18 巷,25 坊,面积为汉泉陵城邑 3 倍。1912 年后修建中山路。1949 年后向西北、东北发展,修建东门岭路、菱角塘路、前进街、芝山路、芝山北路、朱家二巷。1961 年后向西南发展,修建柳子街、工农路、城南路、人民路。1981 年后向西北发展,修建潇湘大道、杨梓塘路、萍阳路、黄古山路、回龙塔路、神仙岭路、潇湘街、徐家井路等。1991 年后向南发展,修建羊角山路、百万庄——八号路。2001 年后向东、西、北方向发展,形成潇水路、黄古山路、萍州路、杨万里路、荔枝路、计生委路、阳明大道、南津路、芝山路六纵三横空间布局，由东风大桥、南津渡大桥、萍州大桥连接潇水河两岸。2014年城区面积109.4平方千米。文化、教育、卫生区在聚落东南部，有市第三、第五中学、市中医院、中西结合医院、市第四医院。商贸和政府办公区在聚落中部。工业区在聚落西部，有萍州、河西工业园。农业开发区和汽车交易市场在聚落北部。旅游区在朝阳街道，有名胜古迹朝阳岩、柳子庙、永州八记遗址等。有标志性建筑体育馆、博物馆、工人文化宫、市图书馆、永州商业城、竹城标志。有铁路车站1个，长途汽车站2个。通多路公交车。

永州经济技术开发区［Yǒngzhōu Jīngjì Jìshù Kāifāqū］ 在市境北部。北部片区，东至春江路，南至湘桂铁路，西至凤凰南路、凤凰中路和珍珠北路，北与珊瑚乡岭头上村接壤；南部片区，东至湘江，南至城南大道，西至洛湛铁路，北至南甸路。（东至湘江，南至蔡市镇，西至石期市镇，北至杨家桥街道。）面积121平方千米。1990年经省政府批准成立省级经济开发区，由永州市政府管理。原名永州市凤凰园经济开发区。2013年更今名。以汽车及零部件、食品、生物医药、电子信息为主。入驻企业92个。207国道经此。通多路公交车。

永州大道［Yǒngzhōu Dàdào］ 在市境中部。南起南津北路，北至曲河大桥。长15.5千米，宽42米。沥青路面。1993年开工，2002年建成，2010年扩建。原名零陵大道，2010年改今名。两侧有永州机场、永州汽车城、永州职业技术学院、市图书馆、永州北站。通多路公交车。

冷 水 滩 区

冷水滩区［Lěngshuǐtān Qū］ 永州市人民政府驻地。在市境北部。面积1221平方千米。人口63.3万。以汉族为主，还有瑶、佤、畲、土家等民族。辖8街道、11镇、1乡。区人民政府驻梧桐街道。1960年设冷水滩市，属衡阳专区。1962年并入零陵县。1969年析设冷水滩镇（县级），属零陵地区，旋并入零陵县。1984年复冷水滩市。1995年改区。因滩地溪水冷凉得名。2004年建永州站。2011年建永州大桥。有标志性建筑曲河大桥、凤凰园城标、潇湘大桥。年均气温18.2℃，1月平均气温6.4℃，7月平均气温29.3℃。年均降水量1608毫米。湘江、石溪江、芦洪江、烟江、燕子河流经。有高校2所，中学35所，小学88所，三级医院2个，二级医院3个。有滨江、潇湘公园。有全国重点文物保护单位李达故居，省级文物保护单王氏宗祠、唐克故居、老埠头古建筑群、交三院古建筑群、八井村古建筑群。有省级非物质文化遗产黄阳司扎故事。有民俗普利桥“二八”赶社、赛龙舟、潮水农民磨漆画、民间壁画雕刻。有景点大陂岩、潇湘古镇、怀素故里、百里平湖、永州塔等。三次产业比例15：41：44。农业以水稻、大豆、柑橘、红薯种植为主，有生猪养殖。工业以建材、食品加工、机械、医疗、电力为主，发展电子、新能源、新材料、生物医药。服务业以餐饮、娱乐产业、物流为主。有黄泥井市场。洛湛、衡柳高铁，湘桂铁路，衡枣、二广高速，省道邵阳—零陵线过境。有永州站、永州东站、永州市汽车站、凤凰园汽车站。通多路公交车。

滨江广场［Bīnjiāng GuǎngChǎng］ 在城区中部。面积8万平方米。1992年开工，2003年建成。因处湘江右岸得名。有华表立柱10根。有凉亭、音乐喷泉、游艇码头、健身器材。绿化率90%，栽植樟树、紫薇、雪松、广玉兰、桂花等。周边有银行、市文联、市史志办、区公路局、居住小区等。通多路公交车。

育才路［Yùcái Lù］ 在区境东部。北起湘江东路，南至长丰大道。与湘永路、翠竹路、逸云路相交。长3.9千米，宽34米。沥青混凝土路面。1996年开工，当年建成。以寄愿培育人才得名。两侧有市国土局、市公路局、移动公司等。通多路公交车。

湘江东路［Xiāngjiāng Dōnglù］ 在区境中部。东起永州大道，西至长丰大道。与清桥路、翠竹路、中信路相交。长7.2千米，宽18米。泥混路面。1990年开工，当年建成。原名沿江路，2003年因湘江更今名。两侧有市财政局、永州日报社、滨江小学等。通多路公交车。

零陵中路［Línglíng ZhōngLù］ 在区境中部。南起零陵南路，北至零陵北路。与凤凰路、珍珠路、南平路相交。长1.9千米，宽28米。沥青混凝土路面。1970年开工，1971年建成。两侧有虎岩公园及杨家桥、肖家园街道办事处。通多路公交车。

凤凰路［Fènghuáng Lù］ 在区境北部。南起潇湘大桥，北至银象路。与梧桐路、湖塘路、零陵北路相交。长3千米，宽8米。沥青混凝土路面。1988年开工，1989年建成。因通往凤凰园经济开发区得名。两侧有中小学、市委党校等。通多路公交车。

梧桐路［Wútóng Lù］ 在区境中部。东起九嶷大道，西至潇湘大道。与凤凰路、银象路、传芳路相交。长3.6千米，宽36米。沥青混凝土路面。2000年开工，2001年建成。原名白竹路，2003年因两旁栽植梧桐树更今名。两侧有小学、区政府、市职技学院北院。通多路公交车。

珍珠路［Zhēnzhū Lù］ 在区境西部。南起零陵南路，北至陶源路。与梧桐路、珊瑚路、紫霞路相交。长4.7千米，宽10米。沥青混凝土路面。1969年开工，1970年建成。因路旁池塘产珍珠得名。两侧有区水利局、市二公交公司、中学等。通多路公交车。

潇湘大道［Xiāoxiāng Dàdào］ 在区境西部。南起楚南大道，北至谷源路。与梧桐路、紫霞路、珊瑚路相交。长2.5千米，宽45米。沥青混凝土路面。2002年开工，2003年建成。取湘江、潇水河首字得名。两侧有市皮肤病医院、永州站等。通多路公交车。

湘永路［Xiāngyǒng Lù］ 在区境中部。东起永州大道，西至湘江东路。与育才路、清桥路、双洲路相交。长2.7千米，宽35米。沥青混凝土路面。1992年开工，1993年建成。原名潇湘东路，2005年取永州、湘江首字更今名。两侧有中学、电信公司、市体育中心等。通多路公交车。

逸云路［Yìyún Lù］ 在区境中部。东起永州大道，西至湘江东路。与梅湾路、育才路相交。长1.5千米，宽18米。沥青混凝土路面。1992年开工，1993年建成。因永州八景之逸云望阁得名。两侧有市政府、李达中学、市公安局。通多路公交车。

翠竹路［Cuìzhú Lù］ 在区境中部。东起永州大道，西至湘江东路。与梅湾路、育才路相交。长1.8千米，宽30米。沥青混凝土路面。1992年开工，1993年建成。因路旁栽植翠竹得名。两侧有市民政局、区公安局、市文联等。通多路公交车。

长丰大道［Chángfēng Dàdào］ 在城区南部。东起曲河大桥，西至潇湘大道。与零陵南路、珍珠南路、猎豹南路相交。长3.8千米，宽16米。沥青混凝土路面。1970年开工，1971年建成。因企业得名。两侧有市经开区管委会、长丰小学、酒店等。通多路公交车。

潇湘大桥［Xiāoxiāng Dàqiáo］ 在城区中部。长592米，宽19米，最大跨度180米，桥下净高23米。1991年开工，1994年建成。取湘江、潇水河首字得名。为大型河道桥梁，结构型式为单波空腹式双曲拱桥。最大载重20吨。通多路公交车。

永州大桥［Yǒngzhōu Dàqiáo］ 在城区东部。长511米，宽28米，最大跨度160米，桥下净高16米。2008年开工，2001年建成，2011年扩建东桥。因永州大道得名。为大型河道桥梁，结构型式为单波空腹式双曲拱桥。最大载重20吨。通多路公交车。

曲河大桥［Qǔhé Dàqiáo］ 在城区南部。长305米，宽12米，最大跨度258米，桥下净高15米。1975年开工，1978年建成。2013年改造。因曲河得名。为大型河道桥梁，结构型式为石拱桥。最大载重20吨。通多路公交车。

宋家洲大桥［Sòngjiāzhōu Dàqiáo］ 在城区中部。长680米，宽20米，最大跨度15米，桥下净高12米。1993年开工，1997年建成。因宋家洲得名。为大型河道桥梁，结构型式为钢筋混凝土桥。最大载重20吨。通多路公交车。

永州站［Yǒngzhōu Zhàn］ 见交通运输设施部分“永州站”条。

永州市汽车北站［Yǒngzhōu Shì Qìchē Běizhàn］ 见交通运输设施部分“永州市汽车北站。”条。

梧桐街道［Wútóng Jiēdào］ 冷水滩区人民政府驻地。在区境西北部。面积3.9平方千米。人口2.8万。2003年设。因梧桐路得名。先后建银象路、珊瑚西路、白竹路、梧桐西路、湖塘西路。有高校1所，职业学校3所，中学1所，小学2所，卫生室3个。有珊瑚公园。工业以铸造、竹制品加工、线带塑胶、小五金加工为主。有凤凰园汽车站。通多路公交车。

梅湾街道［Méiwān Jiēdào］ 属冷水滩区。在区境东部。面积7.6平方千米。人口5.4万。1987年设。因多梅树得名。先后建滨江广场、居住小区，改造梅湾路。湘江流经。有中学1所，小学3所，二级医院1个，卫生室3个。有图书馆、潇湘及滨江公园。有永州塔、体育中心。经济以商贸、金融、房地产业为主。通多路公交车。

菱角山街道［Língjiǎoshān Jiēdào］ 属冷水滩区。在区境西南部。面积7平方千米。人口4.3万。1984年设。因山得名。先后改扩建零陵北路、下河线路、文昌阁路、湘江西路、春江路。有中学1所，小学2所，二级医院1个，卫生服务中心1个。有古迹文昌阁、活龙井。经济以商贸、物流为主。湘桂铁路过境。通多路公交车。

肖家园街道［Xiāojiāyuán Jiēdào］ 属冷水滩区。在区境西南部。面积3平方千米。人口3.1万。1984年设。因曾有肖姓韭菜园得名。先后改扩建零陵中路、德源路、新华街、潇湘步行街。有小学1所，三级医院1个，卫生服务中心3个。有名胜古迹六月亭、飞来石纱帽。经济以商贸、物流为主。有桥头、金地市场。有永州东站。通多路公交车。

杨家桥街道［Yángjiāqiáo Jiēdào］ 属冷水滩区。在区境西南部。面积4平方千米。人口3.6万。1984年设。因桥得名。先后改扩建零陵南路、湘江西路、轻机路、朱家山路、生资路。有中学1所，小学2所，二级医院1个，卫生服务中心2个。有名胜古迹虎岩公园、宋家洲。经济以商贸、物流、皮革加工为主。湘桂铁路过境。通多路公交车。

凤凰街道［Fènghuáng Jiēdào］ 属冷水滩

区。在区境西南部。面积20平方千米。人口2.7万。1993年设。因凤凰园得名。先后改扩建湖塘路、春江路、零陵北路,建市二中门前休闲广场。有标志性建筑凤凰园城标。有中学4所,小学4所,卫生服务中心1个。经济以医药食品、机械制造、商贸、物流为主。湘桂铁路过境。通多路公交车。

珊瑚街道[Shānhú Jiēdào] 属冷水滩区。在区境西南部。面积29平方千米。人口1.3万。2013年设。因珊瑚巷得名。有中学1所,小学2所,卫生服务中心1个。有古迹白竹亭。经济以商贸、木材加工、物流为主。湘桂、洛湛铁路,省道邵阳—零陵线过境。有永州站。通多路公交车。

曲河街道[Qǔhé Jiēdào] 属冷水滩区。在区境南部。面积16平方千米。人口为2.3万。2013年设。因曲河渡口得名。先后改扩建湘江东路、逸云路、翠竹路、育才路、永州大道、中兴路、进贤路。有九嶷山职业技术学院。有中学2所,小学2所,三级医院1个,卫生服务中心1个。经济以商贸,物流为主。农业以水稻、红薯种植为主。有永州汽车北站。通多路公交车。

普利桥镇[Pǔlìqiáo Zhèn] 冷水滩区辖镇。在区境北部。面积136平方千米。人口5.2万。辖2居委会、38村委会,有451自然村。镇人民政府驻普利桥社区。1956年设普利桥乡。1958年并入和平公社。1961年析设普利桥公社。1984年复乡。1986年改镇。1995年楠木冲、杉木桥2乡并入。明初有土地桥,后因修有碉堡改名堡里桥。1943年取意普利四方改普利桥,沿为镇名。石溪江、龙江流经。有锰、煤资源。有中学4所,小学21所,卫生院1个,卫生室38个,文化馆1个。有名胜古迹吕旃蒙故居、八井村明清古建筑群。有民俗“二八”赶社。农业以水稻、大豆、红枣、向日葵、百合种植为主,特产红薯粉。县道冷普线过境。

普利桥社区[Pǔlìqiáo Shèqū] 普利桥镇人民政府驻地。在区境北部。面积3平方千米。人口1300。因镇得名。1995年成立。民居以2层及以上住宅楼为主。有老年活动室、社区服务站、便民服务站等。有中小学、卫生院、卫生室。通公路。

花桥街镇[Huāqiáojiē Zhèn] 冷水滩区辖镇。在区境北部。面积65平方千米。人口2.1万。辖1居委会、19村委会,有202自然村。镇人民政府驻花桥街社区。1950年设花桥乡。传明初石拱花桥镌刻奇特花纹,故名。1958年并入和平公社。1961年析设花桥公社。1981年为避重名改花桥街公社。1984年分设花桥街、平塘2乡。1995年2乡合置花桥街镇。有好汉岭。花溪流经。有中学1所,小学2所,卫生院1个,卫生室19个。有文化馆、广播站等。有民俗赶闹子。农业以稻谷、玉米、花生、林木种植为主。工业以藤制品、竹木加工为主。有商贸服务业。二广、邵永高速,省道邵阳—零陵线过境。

花桥街社区[Huāqiáojiē Shèqū] 花桥街镇人民政府驻地。在区境西部。面积7平方千米。人口3200。因镇得名。1995年成立。民居以2层及以上住宅楼为主。有卫生服务站、活动中心。有中小学。经济以商贸为主。农业以水稻种植为主。二广高速经此。

牛角坝镇[Niújiǎobà Zhèn] 冷水滩区辖镇。在区境西北部。面积86平方千米。人口3.1万。辖1居委会、21村委会,有253自然村。镇人民政府驻湘山街社区。1950年设牛角圩乡。1956年与石溪坪、澄塘、杨泗庙、下籍甸4乡合设牛角坝乡。1958年并入黎明公社(后改高溪市公社)。1961年分设牛角圩、牛角坝2公社。1984年改乡。1995年2乡合置牛角坝镇。因石溪江牛角弯处截流筑坝得名。岚江流经。有中学2所,小学13所,卫生院1个,卫生室21个。有古迹交三院古建筑群、湘山寺。农业以水稻、玉米种植为主,产芋头、生姜。工业以农产品加工为主。邵永高速过境。

湘山街社区[Xiāngshānjiē Shèqū] 牛角坝镇人民政府驻地。在区境北部。面积11平方千米。人口4300。因湘山街得名。2003年成立。民居以2层及以上住宅楼为主。有卫生服务站、活动中心等。有中小学、卫生院。有古迹湘山寺。通公路。

高溪市镇[Gāoxīshì Zhèn] 冷水滩区辖镇。在区境北部。面积82平方千米。人口1.8万。辖1居委会、18村委会,有155自然村。镇人民政府驻高溪市社区。1950年设高溪市乡。1958年并入黎明公社。1959年更名高溪市公社。1961年析设易家桥公社。1984年改乡。1995年2乡合置高溪市镇。处湘江之滨高地,有溪入湘江,故名。石溪江、芦洪江、湘江流经。有中学2所,小学7所,卫生院3个,卫生室18个。有高溪市古渡口、高溪市古墓葬群。农业以水稻种植为主。湘桂高铁、县道普口—高溪线过境。

高溪市社区[Gāoxīshì Shèqū] 高溪市镇人民政府驻地。在区境北部。面积8平方千米。人口3300。1984年成立。因镇得名。民居以2层及以上住宅楼为主。有卫生服务站、活动中心。有中学、卫生院。湘桂高铁经此。

黄阳司镇[Huángyángsī Zhèn] 冷水滩区辖镇。在区境北部。面积130平方千米。人口5.1万。辖1居委会、37村委会,有375自然村。镇人民政府驻黄阳司社区。1912年设黄阳镇。1958年分设黄阳司公社、黄阳司镇。1961年黄阳司、天理坪2公社及黄阳司镇,旋改水口桥、郝皮桥、黄阳司3公社及黄阳司镇。1962年黄阳司镇并入黄阳司公社。1984年分别改乡。1986年黄阳司乡改镇。1995年郝皮桥、水口桥2乡并入。因明隆庆年间设黄阳堡巡检司得名。湘江流经。有矿产资源铁、锰、煤、黏土、石灰岩等。有中学2所,小学7所,卫生院1个,卫生室37个。有名胜古迹方志道碑、宋代古窑址、唐叟钓矶、大陂岩、黄阳司老街古建筑群。有省级非物质文化遗产黄阳司扎故事。农业以水稻、油茶等种植为主。工业以石灰岩加工为主。湘桂铁路、县道冷水滩—黄阳司线过境。

黄阳司社区[Huángyángsī Shèqū] 黄阳司镇人民政府驻地。在区境东北部。面积1.5平方千米。人口0.8万。因镇得名。1984年成立。民居以3层及以上住宅楼为主。有社区服务站、老年活动室、便民服务站等。有中学、卫生院。有黄阳司老街古建筑群。有省级非物质文化遗产黄阳司扎故事。湘桂铁路经此。

上岭桥镇[Shànglǐngqiáo Zhèn] 冷水滩区辖镇。在区境东部。面积199平方千米。人口4.6万。辖30村委会,有376自然村。镇人民政府驻马坪里村。1961年成立上岭桥公社。1984年改乡。1995年与阳山观、马路街2乡合置上岭桥镇。曾出入皆须上岭下坡,故名岭边小溪桥为上岭桥,沿为镇名。湘江流经。有矿产资源锰、石灰岩等。有中学3所,小学3所,卫生院3个,卫生室30个。有明塘黄家古建筑群、红牌楼、古樟。有民俗潮水农民磨漆画、壁画雕刻。为国家文化艺术之乡。农业以水稻种植为主,有生猪饲养。工业以建筑建材、农产品加工为主。有农家乐旅游。二广高速过境。

马坪里村[Mǎpínglǐcūn] 上岭桥镇人民政府驻地。在区政府驻地梧桐街道东6千米。人口2200。因清代来往车马停此得名。聚落呈团块状。有小学、卫生室、老年活动室、便民服务站等。农业以水稻、蔬菜种植为主,有生猪、家禽饲养。有集贸市场。有水果加工业。通公路。

竹山桥镇[Zhúshānqiáo Zhèn] 冷水滩区辖镇。在区境东北部。面积96平方千米。人口2.2万。辖1居委会、23村委会,有203自然村。镇人民政府驻龙门社区。1995年由香花坝、潮水2乡合置竹山桥镇。因多竹、桥得名。湘江、烟江流经。有中学1所,小学2所,卫生院3个,卫生室23个。有民俗潮水农民磨漆画、壁画雕刻。农业以水稻种植为主。为区林业、蛋品产区。工业以煤矿开采、建材为主。有永州生态科技园。322国道过镇。

龙门社区[Lóngmén Shèqū] 竹山桥镇人民政府驻地。在区境东部。面积6平方千米。人口1700。因古迹龙门寺得名。1996年成立。民居以2层及以上住宅楼为主。有卫生服务站、活动中心。有中学、幼儿园、卫生院。农业以水稻种植为主,有猪饲养。322国道经此。

伊塘镇[Yītáng Zhèn] 冷水滩区辖镇。在区境东南部。面积90平方千米。人口2.3万。辖1居委会、26村委会,有237自然村。镇人民政府驻紫竹街社区。1995年由孟公山、白塘2乡合置伊塘镇。因古迹伊塘观得名。有矿产资源锰、煤矸石。有中学1所,小学28所,卫生院2个,卫生室26个。有名胜古迹贾波故居、白塘古墓群。农业以水稻、油茶、柑橘、西瓜种植为主,有生猪、家禽等饲养。工业以农产品加工为主。衡昆高速、322国道过境。

紫竹街社区[Zǐzhújiē Shèqū] 伊塘镇人民政府驻地。在区境东南部。面积8平方千米。人口2200。因紫竹街得名。1984年成立。民居以2层及以上住宅楼为主。有卫生服务站、活动中心。有中小学、卫生院。有古迹伊塘观。农业以水稻、瓜果、蔬菜种植为主,有家禽、生猪饲养。工业以水果加工为主。322国道经此。

岚角山镇[Lánjiǎoshān Zhèn] 冷水滩区辖镇。在区境南部。面积92平方千米。人口2.9万。辖4居委会、30村委会,有278自然村。镇人民政府驻岚角山村。1950年设蔡家、楚江圩2乡。1958年改公社。1984年改岚角山、楚江圩2乡。1986年改镇。1995年楚江圩镇并入。因镇政府驻地得名。湘江流经。有中学2所,小学13所,卫生院2个,卫生室30个。有名胜古迹李达故居、李达广场、唐克故居、楚江圩古建筑群、巴洲岛。农业以水稻、柑橘、蔬菜种植为主,有生猪饲养。有零陵柑橘示范场、永州蔬菜园、花木基地。洛湛铁路,衡枣、邵永高速,322国道,省道邵阳—零陵线过境。

岚角山村[Lánjiǎoshāncūn] 岚角山镇人民政府驻地。在区政府驻地梧桐街道南11千米。人口1100。因山云遮雾绕得名。有中小学、卫生院、老年活动室、便民服务站等。农业以水稻种植为主,有生猪饲养。有集贸市场。通公路。

蔡市镇[Càishì Zhèn] 冷水滩区辖镇。在区境西南部。面积72平方千米。人口2.5万。辖19村委会,有178自然村。镇人民政府驻巴洲滩村。1956年设蔡市乡。1958年改幸福公社。1959年更名蔡家公社。1961年析设岐山头公社。1984年改乡。1995年2乡合置蔡市镇。明代为水陆交通埠头,蔡姓居多,故名蔡家埠。1949年为别于对岸蔡家更今名。湘江、潇水河流经。有矿产资源锰、煤、石灰石、砂卵石等。有中学2所,小学11所,卫生院1个,卫生室19个。有名胜古迹潇湘古镇、老埠头古建筑群、书堂寺、文秀塔、湘桂古驿道、潇湘文化旅游园。农业以水稻、油茶、柑橘种植为主,有生猪、水产养殖。洛湛铁路、衡枣高速过境。通潇湘水运航道。

巴洲滩社区［Bāzhōutān Shèqū］　蔡市镇人民政府驻地。在区境西南部。面积5平方千米。人口2200。处湘江河畔，以沙洲得名。2013年成立。民居以2层及以上住宅楼为主。有卫生服务站、活动中心。有中小学。农业以水稻种植为主，养殖家禽、龙虾等。通公路。

仁湾镇［Rénwān Zhèn］　冷水滩区辖镇。在区境西南部。面积105平方千米。人口4.4万。辖1居委会、25村委会，有278自然村。镇人民政府驻梓塘社区。1952年设仁湾乡。1956年并入冷水滩乡。1960年析设仁湾乡。1964年改公社。1984年改乡。1995年与水浪坝乡合置仁湾镇。以仁义和睦得名。有矿产资源锰、煤、石灰石、砂卵石等。有中学3所，小学8所，卫生院2个，卫生室25个。有名胜古迹将军岭、李氏祠堂。经济以建筑陶瓷、机械配件、精细化工、饲料化肥加工为主。农业以水稻种植为主。洛湛、湘桂铁路过境。

梓塘社区［Zǐtáng Shèqū］　仁湾镇人民政府驻地。在区境南部。面积0.9平方千米。人口500。因塘边栽植梓树得名。1993年成立。民居以5层及以上住宅楼为主。有老年活动室、社区服务站、便民服务站等。有小学、卫生所。通多路公交车。

杨村甸乡［Yángcūndiàn Xiāng］　冷水滩区辖乡。在区境北部。面积84平方千米。人口2.4万。辖1居委会、14村委会，有151自然村。乡人民政府驻回龙村。1950年设杨村甸等3乡。1952年改杨村甸等4乡。1957年合设杨村甸乡。1958年并入普利桥公社。1961年析设杨村甸公社。1984年改乡。因杨姓居多且有大甸得名。有中学1所，小学9所，卫生院2个，卫生室14个。有省级文物保护单位王氏宗祠。有古迹欧阳宗祠、李家宗祠、杨家祠堂。经济以农林业为主，主产稻谷、林木、南竹。有竹木加工业。通公路。

回龙村［Huílóngcūn］　杨村甸乡人民政府驻地。在区政府驻地梧桐街道北39千米。人口1800。因回龙阁得名。聚落沿河溪呈条带状分布。有中小学、卫生院、老年活动室、便民服务站、文化广场等。有省级文物保护单位王家祠堂。农业以稻谷、水稻、瓜果、蔬菜种植为主，有生猪、家禽等饲养。有集贸市场。

零　陵　区

零陵区［Línglíng Qū］　永州市辖区。在市境中部。面积1964平方千米。人口62.8万。以汉族为主，还有瑶、土家、满等民族。辖4街道、8镇、4乡。区人民政府驻徐家井街道。1982年设县级永州市。1984年零陵县部分地域划入。1995年改芝山区。2005年改今名。《史记》载，舜"南巡狩，崩于苍梧之野，葬于江南九疑，是为零陵"。秦始皇二十六年(前221)曾设零陵县，故名。先后清淤愚溪，整治柳子街，修复张浚故居等，修整古城核心区。2014年年底形成"一圈一带一轴三组团"发展格局，形成六纵三横空间布局。年均气温18℃，1月平均气温6℃，7月平均气温29℃。年均降水量1426毫米。有四方山、狗婆岭、黄花岭。湘江、潇水、贤水、愚溪河流经。有湖南科技学院、永州职业技术学院。有中学36所，小学112所，三级医院1个，二级医院2个。有市博物馆、市群众艺术馆、柳宗元纪念馆、零陵花鼓戏剧团。有全国重点文物保护单位柳子庙、周家大院，省级文物保护单位文庙、武庙、回龙塔、淡岩、朝阳岩。有中国历史文化名村涧岩头村。有红六军团长征临时指挥部旧址、零陵古城。有国家级非物质文化遗产零陵渔鼓。有国家3A级旅游景区柳子。有永州八景。三次产业比例19∶47∶34。农业以水稻种植为主，有猪、牛、羊饲养，产各类蔬菜。工业以农产品加工、机械制造、金属冶炼为主，发展生物制药、电子、精细化工。有省级经济开发区1个。服务业以餐饮、住宿、旅游为主。洛湛铁路，322、207国道过境。有零陵站、永州长途汽车客运总站等。通多路公交车。

萍阳路［Píngyáng Lù］　在区境西部。南起旭日路，北至萍洲路，与杨梓塘路、柳子街、潇水西路、红豆路相交。长5.3千米，宽28米。沥青路面。1980年开工，1987年建成。取朝阳公园、萍洲路各一字谐音得名。分南、北2路。两侧有朝阳公园、柳子庙、白沙洲、湖南科技学院、居住小区等。通多路公交车。

绿影路［Lùyǐng Lù］　在区境北部。南起萍洲路，北至日升路。与黄盖路、杨万里路、法华路相交。长1.9千米，宽42米。沥青路面。2013年开工，2014年建成。因路旁行道树而寓意得名。两侧有公园大地、苏通国际等。通多路公交车。

芝山路［Zhīshān Lù］　在区境中部。北起中山北路，南至黄古山中路。与花果同路、司马塘路、徐家井路、朱家巷相交。长2千米，宽28米。沥青路面。1954年开工，1958年建成。先后名跃进路、城北路，1984年因原芝山区更今名。两侧有零陵汽车站、商业城、邮政局、超市等。通多路公交车。

南津路［Nánjīn Lù］　在区境中部。南起南津渡大桥，北至日升路。与羊角山路、百万庄二一八号路、福寿亭路、潇水路、菱角塘路等相交。长6.1千米，宽42米。沥青路面。1991年开工，2003年建成。因老南津渡得名。分南、中、北3路。两侧有区人社局、司法局、区政府、法院、检察院、公安分局、中学、永州职技学院等。通多路公交车。

阳明大道［Yángmíng Dàdào］　在区境东部。南起潇水东路，北至七里店路。与菱角塘路、黄古山路、荔枝东路、湘中馆路、金阳路、萍洲路相交。长3.4千米，宽60米。沥青路面。2000年开工，2008年建成。原名日升大道，2003年因阳明山更今名。两侧有中小学、区委党校等。通多路公交车。

中山路［Zhōngshān Lù］　在区境南部。南起羊角山路，北至芝山路。与太平路、撒珠井路、东门岭路、七层坡路、文星街、新街、水晶巷、人民路相交。长1.9千米，宽20米。沥青路面。1980年开工，1984年建成。分南、北2路。两侧有中学、国税分局、永州血站、市二中医院、供电局等。通多路公交车。

日升路［Rìshēng Lù］　在区境北部。南起七里店路，北至湘江东路。与永州大道、南津北路、芝山北路、绿影路相交。长3.3千米，宽42米。沥青路面。1992年开工，2000年建成。原名虎啸路，2003年取旭日东升之意更今名。两侧有市交通局等。通多路公交车。

萍洲路［Píngzhōu Lù］　在区境北部。东起阳明大道，西至永乐路。与鸟沙洲路、南津北路、风荷路、光明新路、芝山北路、朝阳大道相交。长7.7千米，宽42米。沥青路面。2005年开工，2010年建成。因萍洲岛得名。分东、中、西3路。两侧有区政务中心、计生委、疾控中心、市法院、药业公司等。通多路公交车。

湘口馆路［Xiāngkǒuguǎn Lù］　在区境北部。东起阳明大道，西至古城路。与鸟沙洲路、南津路、神仙岭路、芝山北路、回龙塔路相交。长2.8千米，宽28米。沥青路面。1999年开工，2005年建成。原名宗元路，2003年因古有湘口馆更今名。两侧有市检察院、市法院、市一中等。通多路公交车。

黄古山路［Huánggǔshān Lù］　在区境中部。东起阳明大道，西至芝山北路，与光明路、黄泥塘路、南津路、神仙岭路、菱角塘路相交。长1.4千米，宽27米。沥青路面。1984年开工，1989年建成。因山得名。分东、中2段。两侧有区总工会、计生服务站、小学等。通多路公交车。

潇水路［Xiāoshuǐ Lù］　在区境中部。东起阳明大道，西至朝阳大道。与南津路、百万庄路、徐家井路、中山路、前进街、萍阳路、工农路、桃江路相交。长5.6千米，宽42米。沥青路面。1984年开工，1992年建成。原名潇湘路，2003年潇水河更今名。分东、中、西3路。两侧有怀素公园、东山景区、零陵楼、竹城标志、白沙洲、柳子中学、区教育局、区司法局、区审计局、区城管局、区住建局、市第四医院、市中心医院南院等。通多路公交车。

芝山北路［Zhīshān Běilù］　在区境北部。北起黄古山中路，南至日升路。与荔枝路、学苑路、湘口馆路、萍洲路、黄盖路、杨万里路、法华路相交。长2.9千米，宽42米。沥青路面。1998年开工，2009年建成。因原区名得名。两侧有汽车站、区民政局、区人事局、永州一中、市法院等。通多路公交车。

朝阳大道［Cháoyáng Dàdào］　在区境西部。南起萍洲西路，北至阳明大道，与潇水西路相交。长8.8千米，宽60米。沥青路面。2001年开工，2009年建成。因处朝阳街道得名。两侧有零陵站等。通多路公交车。

东风大桥［Dōngfēng Dàqiáo］　在城区西部。长352.9米，宽12.4米，最大跨度40米，桥下净高23米。1968年开工，1971年建成。因原东风镇得名。为大型河道桥梁，结构型式为石混式平拱桥。最大载重100吨。通多路公交车。

南津渡大桥［Nánjīndù Dàqiáo］　在城区南部。长659.5米，宽16米，最大跨度40米，桥下净高18米。1992年开工，1995年建成。因南津渡街道得名。为大型河道桥梁，结构型式为中承式钢架拱桥。最大载重100吨。通多路公交车。

零陵站［Línglíng Zhàn］　见交通运输设施部分"零陵站"条。

零陵区汽车站［Línglíng Qū Qìchēzhàn］　见交通运输设施部分"零陵区汽车站"条。

永州长途汽车客运总站［Yǒngzhōu Chángtú Qìchē Kèyùn Zǒngzhàn］　见交通运输设施部分"永州长途汽车客运总站"条。

徐家井街道［Xújiājǐng Jiēdào］　零陵区人民政府驻地。在区境中部。面积7.3平方千米。人口3.8万。1995年设。因井得名。先后建永州商业城、徐家井大市场、波波新天地步行街。有标志性建筑零陵楼。潇水河、湘江流经。有萍洲岛。有小学1所，卫生院1个。有市群众艺术馆、市创作中心。经济以商贸、餐饮、住宿为主。有轻工制造业。有零陵区汽车站。通多路公交车。

朝阳街道［Cháoyáng Jiēdào］　属零陵区。在区境西部。面积52平方千米。人口6.5万。以汉族为主，还有瑶、苗、壮等民族。1996年设。因朝阳岩得名。先后建零陵站、康济大道、潇湘大道、东风大桥、西山公园、狮子岭森林公园、思柳桥公园。有高校1所，中学5所，小学5所，三级医院1个，卫生院1个，卫生所6个。有全国重点文物保护单位柳子庙、朝阳岩。有民俗柳宗元祭祀。有名胜古迹萍州书院、柳子庙、愚溪桥、柳宗元"永州八记"遗址等。农业以水稻、玉米、大豆种植为主，有猪、牛饲养，产西瓜、草莓。工业以建材、农产品、矿产品加工为主。322、207国道过境。通多路公交车。

柳子街 [Liǔzǐ Jiē] 在朝阳街道东南部。长1.3千米，宽4—7米。青石、混凝土路面。唐贞元十七年(801)以柳宗元居此得名。1967年更名向阳街。1981年复今名。两侧多民国木质结构商铺。有小学、柳子庙。为步行街。通公交车。

南津渡街道 [Nánjīndù Jiēdào] 属零陵区。在区境南部。面积25平方千米。人口3.8万。以汉族为主，还有瑶、苗、壮等民族。1995年设。因城南南津渡得名。先后建南津渡水电站、南津南路、南津渡大桥。有中学3所，小学5所，二级医院1个，卫生院1个，卫生所3个。有市博物馆。有全国重点文物保护单位法华寺、文武双庙。有名胜古迹张浚故居、碧云庵、福寿亭、大西门古建筑群、永州古城门。农业以水稻、蔬菜种植为主，有生猪、家禽饲养。工业以建材、农产品加工为主。服务业以商贸、餐饮、住宿为主。有市场5个。通多路公交车。

七里店街道 [Qīlǐdiàn Jiēdào] 属零陵区。在区境北部。面积25平方千米。人口5.4万。以汉族为主，还有瑶、苗、壮等民族。1996年设。因古时离城7里且开店得名。先后建零陵工业园，改扩建南津北路、绿影路、杨万里路、鸟沙洲路等。有市职业技术学院。有中学9所，小学10所，二级医院1个，卫生院1个，卫生所2个。有古迹潇湘庙、老埠头古建筑群。农业以水稻、玉米、大豆种植为主，有猪、牛、家禽饲养，产白菜、萝卜、辣椒、西瓜、草莓、柑橘、桃等。工业以农产品加工、生物制药为主。服务业以商贸、住宿、餐饮为主。322国道过境。通多路公交车。

水口山镇 [Shuǐkǒushān Zhèn] 零陵区辖镇。在区境西南部。面积151平方千米。人口5万。以汉族为主，还有瑶、苗、满等民族。辖1居委会、28村委会，有374自然村。镇人民政府驻水口山村。1950年设水口山乡。1958年并入友谊公社。1961年析设水口山公社。1984年改乡。1986年改镇。因柴君山麓之水与梅溪河水汇于对门山狭地，形成锁住"水口"之势而得名。有中学1所，小学8所，卫生院1个，卫生所49个，文化站1个，村级文化活动中心21个。农业以水稻种植为主，有猪、牛、家禽饲养。工业以农产品、矿产品加工为主。服务业以住宿、餐饮为主。县道大水线过境。

水口山村 [Shuǐkǒushāncūn] 水口山镇人民政府驻地。在区政府驻地徐家井街道西50千米。人口4400。因镇得名。聚落呈团块状。有中小学、幼儿园、卫生室等。农业以水稻、玉米、花生、大豆种植为主。有集贸市场。县道珠近线经此。

珠山镇 [Zhūshān Zhèn] 零陵区辖镇。在区境西部。面积200平方千米。人口7万。以汉族为主，还有瑶、苗、满等民族。辖2居委会、34村委会，有506自然村。镇人民政府驻珠山村。1950年设苦株山乡。1958年成立超美公社。1959年更名珠山公社。1959年改区。1984年改乡。1986年改镇。有矿产资源氧化锰、碳酸锰等。因镇政府驻地得名。有中学3所，小学13所，卫生院1个，卫生所57个，文化站1个，广播电视站1个，农家书屋29个。有名胜古迹观音山、罗川屋岩洞、杨柳塘。农业以水稻、大豆、红薯、花生种植为主，有生猪饲养。工业以锰矿开采加工为主。衡昆高速、322国道过境。

珠山村 [Zhūshāncūn] 珠山镇人民政府驻地。在区政府驻地徐家井街道西40千米。人口4800。原因多苦株树得名苦株山，1958年以苦尽甘来之意更今名。聚落呈团块状。有中小学、卫生院。经济以商品零售为主。衡昆高速、322国道经此。

黄田铺镇 [Huángtiánpù Zhèn] 零陵区辖镇。在区境西部。面积116平方千米。人口3.1万。辖1居委会、33村委会，有328自然村。镇人民政府驻球华村。1956年设黄田铺乡。1961年改公社。1986年改镇。原因山秃水缺生活苦如黄连且建铺营生得名黄连铺，后取连、田谐音改今名。湘江流经。有中学1所，小学4所，卫生院1个，卫生33个，农家书屋17个。有文化站、图书馆等。有省级保护文物单位石棚遗址。农业以水稻、蔬菜等种植为主。服务业以商品零售为主。衡昆高速，207、322国道过境。

球华村 [Qiúhuácūn] 黄田铺镇人民政府驻地。在区政府驻地徐家井街道西20千米。人口600。传张氏追求荣华富贵而以谐音得名。聚落呈块状。有中小学、幼儿园、卫生室等。农业以水稻、脐橙种植为主。有集贸市场。衡昆高速、207、322国道经此。

富家桥镇 [Fùjiāqiáo Zhèn] 零陵区辖镇。在区境南部。面积238平方千米。人口5.2万。以汉族为主，还有瑶、苗、满等民族。辖2居委会、30村委会，有455自然村。镇人民政府驻栗山铺村。1956年设富家桥乡。1961年改公社。1984年改乡。1986年改镇。1995年阳河、大庙头、何仙观3乡并入。原名窝家桥，1949年后以祈愿人民致福更今名。有初中2所，小学5所，幼儿园8所，卫生院4个，社区卫生服务站1个，卫生室50个，文化馆1个。有全国重点文物保护单位周家大院，省级文物保护单位淡岩。有中国历史文化名村涧岩头村。有古迹大仙观。农业以水稻种植为主，有猪、牛、羊饲养，产甘蔗、西瓜等。有异蛇养殖基地。工业以农副产品加工、建材为主。服务业以商贸为主。有市场4个。洛湛铁路、207国道过境。

栗山铺村 [Lìshānpùcūn] 富家桥镇人民政府驻地。在区政府驻地徐家井街道南10千米。人口1100。原有半边街，开店铺，街后山上栽有板栗树，故得名。聚落呈团块状。有小学、卫生所。农业以水稻种植为主，有生猪、家禽等饲养。207国道经此。通公交车。

涧岩头村 [Jiànyántóucūn] 在区政府驻地徐家井街道西南30千米。富家桥镇辖自然村。人口1700。因处山涧岩头得名。聚落呈团块状。为中国历史文化名村。有全国重点文物保护单位周家大院。农业以水稻等种植为主。县道人何线经此。

菱角塘镇 [Língjiǎotáng Zhèn] 零陵区辖镇。在区境东南部。面积157平方千米。人口3.4万。以汉族为主，还有瑶、苗、满等民族。辖1居委会、20村委会，有307自然村。镇人民政府驻六塘村。1950年设菱角塘乡。1961年改公社。1984年复乡。1986年改镇。1995年喜塘、天字地2乡并入。因多池塘产菱角得名。有初中1所，小学4所，幼儿园4所，卫生院1个，卫生所35个，文化站1个，广播电视站1个，村级文化活动中心18个，图书室18个。有红军临时指挥部旧址。工业以农副产品加工为主。农业以水稻、西瓜、蔬菜、板栗种植为主，有猪、牛、羊、家禽饲养。县道黄太、零凼、六喜线过境。

六塘村 [Liùtángcūn] 菱角塘镇人民政府驻地。在区政府驻地徐家井街道东南10千米。人口1000。因塘得名。聚落呈环状。有小学、幼儿园、卫生室等。农业以水稻等种植为主。县道麻凼线经此。

邮亭圩镇 [Yóutíngxū Zhèn] 零陵区辖镇。在区境东北部。面积323平方千米。人口5.4万。以汉族为主，还有瑶、苗、满等民族。辖2居委会、33村委会，有588自然村。镇人民政府驻凤岭社区。1956年设邮亭圩乡，后改公社。1984年复乡。1986年改镇。因清有邮亭得名。有初中1所，小学7所，幼儿园14所，卫生院1个，卫生室49个，文化站1个，农家书屋30个。有名胜古迹黄江源、秀峰塔、青云塔、惜字塔。农业以水稻、柑橘、西瓜、油菜、大豆种植为主，有生猪、家禽饲养。有福田茶场。工业以农产品加工为主。衡枣、二广高速过境。

凤岭社区 [Fènglǐng Shèqū] 邮亭圩镇人民政府驻地。在区境东北部。面积5平方千米。人口8600。因凤凰岭得名。2011年成立。民居以6层住宅楼为主。有卫生服务站、老年活动室、便民服务站等。有小学。有福田茶场。通公交车。

接履桥镇 [Jiēlǚqiáo Zhèn] 零陵区辖镇。在区境北部。面积102平方千米。人口2.8万。以汉族为主，还有瑶、苗、满等民族。辖33村委会，有201自然村。镇人民政府驻接履桥村。1961年成立接履桥公社。1984年改乡。1995年与长岭、集义2乡合置接履桥镇。有中学1所，小学3所，卫生院1个，卫生所32个。有幼儿园、文化站、广播站、敬老院等。有永连公路纪念碑。有名胜寿仙岩。工业以建材、农副产品加工为主。农业以水稻、小麦、蔬菜种植为主，有猪、牛、羊、家禽饲养，产大白菜、土豆、西红柿等。衡昆、永蓝高速，322国道，省道永连线过境。

接履桥村 [Jiēlǚqiáocūn] 接履桥镇人民政府驻地。在区政府驻地徐家井街道北8千米。人口1800。因桥得名。传张飞立城郭高呼而桥边回音得名接音桥，清初改修难以合拢，有老人塞入草履而成，为纪念之更今名。聚落呈环状。有中小学、幼儿园、卫生所、文化广场等。农业以水稻种植为主，有猪、牛、羊饲养，产西瓜等。有集贸市场。衡昆高速、322国道、省道永连线经此。

石岩头镇 [Shíyántóu Zhèn] 零陵区辖镇。在区境西南部。面积128平方千米。人口4.2万。以汉族为主，还有瑶、苗、满等民族。辖1居委会、23村委会，有296自然村。镇人民政府驻石岩头村。1950年设立石岩头乡，后改公社。1984年复乡。1995年与新宅里、西头2乡合置石岩头镇。因镇政府驻地得名。有中学1所，小学13所，卫生院1个，卫生所35个，村级文化活动中心30个，农家书屋35个。有幼儿园、文化站、广播电视站等。有惜字塔、太平安古建筑群。农业以水稻、花生、红薯种植为主，有猪、羊、家禽饲养，产各类蔬菜、水果。工业以农副产品、林木加工为主。县道石黄线过境。

石岩头村 [Shíyántóucūn] 石岩头镇人民政府驻地。在区政府驻地徐家井街道西南40千米。人口2100。明末建村于河边岩石上，故名。聚落呈团块状。有中小学、幼儿园、卫生室等。农业以水稻、花生、红薯种植为主，有猪、羊、家禽饲养，产各类蔬菜、水果。有集贸市场。县道石黄线经此。

大庆坪乡 [Dàqìngpíng Xiāng] 零陵区辖乡。在区境西南部。面积156平方千米。人口3.3万。以汉族为主，还有瑶、苗、满等民族。辖1居委会、26村委会，有328自然村。乡人民政府驻大庆坪村。1950年设井边乡。1952年更名大庆坪乡。1959年改大湾公社。1961年改大庆坪公社。1984年复乡。1995年湾夫、据江寺2乡并入。因乡政府驻地得名。有中学1所，小学13所，卫生院1个，卫生所45个，农家书屋25个。有农村文化宫、文化站等。有名胜古迹赵家大院、禅寺塔、福寿塔、楚粤亭、乾隆岩岩洞群。有芬香村古建筑群。农业以水稻、红薯、玉米、小麦、高粱种植为主，有猪、牛、山羊、家禽等饲养。工业以农副产品、林木加工为主。通公路。

大庆坪村［Dàqìngpíngcūn］　大庆坪乡人民政府驻地。在区政府驻地徐家井街道西南50千米。人口3500。原因村口有井得名大井坪，1927年为庆祝农会打土豪首战告捷而更今名。聚落呈团块状。有中小学、幼儿园、卫生院等。农业以水稻、玉米、花生等种植为主。通公路。

梳子铺乡［Shūzipù Xiāng］　零陵区辖乡。在区境西南部。面积98平方千米。人口2.8万。以汉族为主，还有瑶、苗、满等民族。辖1居委会、23村委会，有315自然村。乡人民政府驻二房村。1961年成立梳子铺公社。1984年改乡。1995年水字桥、排龙山2乡并入。因原产木梳畅销湘桂得名。有初中2所，小学4所，幼儿园12所，卫生院1个，卫生所40个，文化站1个，广播电视站1个，村级文化活动中心8个，图书室24个。有名胜古迹将军府、二房村清代欧式别墅。农业以水稻、栝楼、大豆、花生、蔬菜种植为主，有猪、牛、羊饲养，产白菜、萝卜等。工业以农产品加工、锰矿开采为主。县道名欧、东梳线过境。

二房村［Èrfángcūn］　梳子铺乡人民政府驻地。在区政府驻地徐家井街道西南40千米。人口1800。传黄姓祖公名下有4大房，第二大房位此，故名。聚落呈环状。有小学、幼儿园、卫生室。农业以水稻等种植为主。县道名欧线经此。

石山脚乡［Shíshānjiǎo Xiāng］　零陵区辖乡。在区境西部。面积122平方千米。人口3.2万。以汉族为主，还有瑶、苗、满等民族。乡人民政府驻烽火堆村。1956年设石山脚乡。1958年并入上游公社。1961年析设石山脚公社。1984年改乡。有高校1所，中学3所，小学6所，卫生院1个，卫生33个。有幼儿园、文化站、广播站、敬老院等。有古迹艾氏宗祠、石山脚佛塔、马桥村古民居。农业以水稻、油茶种植为主，有猪、牛、羊、家禽饲养。工业以生物医学、电子、农产品加工为主。有河西工业园。洛湛铁路，衡昆高速，207、322国道过境。

五里堆村［Wǔlǐduīcūn］　石山脚乡人民政府驻地。在区政府驻地徐家井街道西10千米。人口2300。因古时五里一烽火堆得名。聚落呈散点状。有小学、幼儿园、卫生室。农业以水稻等种植为主。有河西工业园。322国道经此。

凼底乡［Dàngdǐ Xiāng］　零陵区辖乡。在区境东南部。面积84平方千米。人口2.3万。以汉族为主，还有瑶、苗、满等民族。辖1居委会、12村委会，有187自然村。乡人民政府驻凼底村。1950年设凼底乡。1956年晓江渡、长田、大塘3乡并入，后改公社。1984年复乡。因乡政府驻地得名。有中学1所，小学2所，卫生院1个，卫生所20个，村级文化活动中心20个，图书室25个。有文化站、广播电视站。有省级文物保护单位万子岗古越人遗址、王德榜墓。农业以水稻、油茶种植为主，有猪、牛、羊等饲养。工业以农产品、林木加工为主。县道麻凼、羊凼、五黄线过境。

凼底村［Dàngdǐcūn］　凼底乡人民政府驻地。在区政府驻地徐家井街道东南30千米。人口2400。群峰拱卫，村若一凼，故名。聚落呈环状。有小学、幼儿园、卫生室。农业以水稻、棉花、蔬菜种植为主。有集贸市场。县道麻凼线经此。

祁　阳　县

祁阳县［Qíyáng Xiàn］　永州市辖县。北纬26°02′，东经110°34′。在市境东北部。面积2538平方千米。人口107.2万。以汉族为主，还有瑶、佤、蒙古、布依等民族。辖3街道、20镇、9乡、1瑶族乡。县人民政府驻长虹街道。三国吴太平二年(257)置祁阳县，属零陵郡。隋开皇九年(589)并入零陵县。唐武德四年(621)复县。贞观元年(627)并入零陵县。四年复县，属永州。此后至1952年未变，先后属零陵郡、永州路、永州府、湖南布政使司、衡阳道、湖南省、第九行政督察区、第七行政督察区、永州专区、零陵专区。1952年析设祁东县，属湘南行政区。1954年属衡阳专区。1983年属零陵地区。1995年属永州市。因处古祁山南得名。先后建设湘江风光带、高新技术新兴产业区、教育产业、物流园区。有标志性建筑天马骧云雕塑。以山地、岗地、丘陵为主，兼有盆地、平原。平均海拔112米。有阳明山、四明山、祁山。最高点串风坳海拔1437米。年均气温18.2℃，1月平均气温6.4℃，7月平均气温29.8℃。年均降水量1200毫米。湘江、祁水、白水、清江、黄溪河流经。有矿产资源煤、铁、锰、大理石、祁阳石等。有野生植物972种，其中有国家重点保护野生植物水杉、银杏、光叶珙桐等20多种。有野生动物246种，其中有国家重点保护野生动物梅花鹿、祁阳小鲵、穿山甲等10种。有挂榜山小鲵省级自然保护区。森林覆盖率53%。有中学40所，小学95所，特教学校1所，二级医院2个，文化馆1个，图书馆1个，档案馆1个，祁剧博物馆1个。有全国重点文物保护单位浯溪碑林、李家大院，省级文物保护单位文昌塔、天主教教堂、陶铸故居。有中国历史文化名村龙溪村，中国传统村落九泥村、蔗塘村等5个，省级传统村落17个。有国家级非物质文化遗产祁阳戏、祁阳小调。有民俗赛龙舟。有景点滴水老街、窑门前西汉瓦窑遗址、百里平湖、天主教教堂、甘泉寺、文昌塔。三次产业比例26∶34∶40。农业以水稻、油茶种植为主，有生猪、鸡、鸭、鹅、鱼等饲养。有国家地理标志产品祁阳槟榔芋。工业以机电、机械制造、建材、医药为主。有省级经济开发区1个。服务业以餐饮、快递、旅游为主。特产祁阳米粉、红曲米鱼。湘桂铁路、湘桂高铁、泉南高速、322国道、省道界木线过境。通湘江航道。有祁阳站。

陶铸广场［Táozhù Guǎngchǎng］　在县城西南部。面积20万平方米。2003年开工，2004年建成。纪念陶铸诞辰100周年而建，故名。有21米高“天、地、人”主题雕塑。有“先人遗风”“峥嵘岁月”“世纪新风”主题浮雕文化柱12根，呈半圆形排列。有集会广场、音乐喷泉、老年活动中心、葫芦形水池、张拉膜景观、健身馆、露天舞台。绿化面积8.7万平方米。周边有县委、县政府、县人大、县政协等。通多路公交车。

祁阳大道［Qíyáng Dàdào］　在县城中部偏西。北起黎家坪镇交接点，南至322国道。与环城北路、盘龙西路、金盆西路、银岭路、万寿路、元结路、环城南路等相交。长9.2千米，最宽60米。沥青混凝土路面。2004年开工，2014年建成。因县得名。两侧有陶铸广场、祁阳站、浯溪电站、唐家岭汽车站等。通公交车。

金盆路［Jīnpén Lù］　在县城中部偏南。东起滨湖路，西至栖霞路。与浯洲路、椒山南路、浯溪中路、新兴路、复兴路、祁阳大道相交。长3.1千米，宽24—67.5米。沥青混凝土路面。1996年开工，2006年建成。因金盆塘得名。分东、西2路。两侧有县委、县政府、陶铸广场、县人社局、县审计局、县邮政局等。通多路公交车。

人民路［Rénmín Lù］　在县城中部。东起湘江人民码头，西至复兴路。与南长街、民生南路、兴浯路、浯溪中路、新兴路、新达路相交。长2.9千米。宽18—26米。沥青混凝土路面。原为明景泰三年(1452)修筑青石板道路，1970年改建水泥路，1980年后拓宽改直，1990年后铺设沥青，1994年建成人民东路，2004年扩建西路。穿过商业中心。两侧有万寿宫、火神庙、祁阳祁剧团、县质监局、县中医院等。通多路公交车。

浯溪中路［Wúxī Zhōnglù］　在县城中部。南起祁阳大道，北至浯溪南路。与金浯路、人民东路、金盆东路相交。长3.1千米，宽20—52米。沥青混凝土路面。1937年建，1992年扩宽改直，1995年建成。因河得名。为摩托车、电动车销售一条街。两侧有县委党校、县农业局、县水利局、县畜牧水产局、县林业局、城设公司、县城管局、县环境绿化处等。通公交车。

民生路［Mínshēng Lù］　在县城中部。南起滨湖路，北至环城北路。与人民东路、陶铸路、盘龙路、西园路、小园路、祁山路相交。长1.9千米，宽12—14米。沥青路面。分南、北2路。1990年开工，同年建成，2002年扩建。两侧有县医院、县科技局、县科协、县住建局、县交运局、银行、各类商铺等。通公交车。

湘江大桥［Xiāngjiāng Dàqiáo］　在县城中部偏南。长397米，宽13米，最大跨度67米。桥下净高30.3米。1980年开工，1983年建成。因跨越湘江得名。为大型河道桥梁，结构型式为预应力钢筋混凝土板拱桥。最大载重汽—20吨，挂—80吨。通公交车。

祁阳站［Qíyáng Zhàn］　见交通运输设施部分“祁阳站”条。

祁阳湘运汽车站［Qíyáng Xiāngyùn Qìchēzhàn］　见交通运输设施部分“祁阳湘运汽车站”条。

唐家岭汽车站［Tángjiālǐng Qìchēzhàn］　见交通运输设施部分“唐家岭汽车站”条。

长虹街道［Chánghóng Jiēdào］　祁阳县人民政府驻地。在县境中部偏北。面积32平方千米。人口5.9万。2010年设。因长狭山岭红叶远看如虹得名。2013年建成祁阳站。湘江、祁水流经。有中学2所，小学4所，二级医院1个，卫生院1个，卫生室21个。有名胜古迹雷泽岩洞、江村石林。农业以水稻、玉米、红薯、油菜、花生、大豆种植为主。工业以机械、纺织、电子、建材、食品加工为主。湘桂铁路、322国道过境。有祁阳汽车总站。通多路公交车。

龙山街道［Lóngshān Jiēdào］　属祁阳县。在县境中部偏北。面积25平方千米。人口6.9万。2010年设。因龙山公园得名。湘江、祁水流经。有高中2所，初中2所，小学7所，卫生院1个，卫生室15个。有省级文物保护单位天主教堂、文昌塔。有祁阳烈士纪念碑亭、甘泉寺。有民俗祁剧、渔鼓。农业以水稻、红薯、高粱、油菜、花生、大豆种植为主。工业以冶金制造、食品加工、医药为主。湘桂铁路、322国道过境。有祁阳汽车站。通多路公交车。

浯溪街道［Wúxī Jiēdào］　在县境中部偏北。面积26平方千米。人口4.8万。2010年设。因国家4A级旅游景区浯溪得名。有职业中专1所，中学2所，小学4所，二级医院1个，卫生所1个，卫生室15个。有全国重点文物保护单位浯溪摩崖石刻碑林。有民俗祁剧、腰鼓。农业以水稻、蔬菜、大豆种植为主，有生猪养殖。工业以制鞋、机械、医药、食品加工为主。有县经济开发区。通湘江航道。通多路公交车。

白水镇［Báishuǐ Zhèn］　祁阳县辖镇。在县境中部偏南。面积127平方千米。人口7.1万。辖4居委会、72村委会，有570自然村。镇人民政府驻喜善村。1956年置白水镇，后改公社。1995年复镇。因白水得名。湘江、黄花河流经。有中学3所,小学10所,卫生院1个,卫生室50余个。有民俗祁剧。经济以机电制造、冶金、农产品加工为主。农业以水稻、红薯、玉米、大豆等种植为主。服务业以餐饮、商品零售为主。为县木材集散地、全国重点镇。泉南高速、省道界木线过境。

喜善村［Xǐshàncūn］ 白水镇人民政府驻地。在县政府驻地长虹街道南28千米。人口700。因清建喜善亭得名。聚落呈团块状。有中小学、幼儿园、卫生院、银行等。农业以水稻、大豆种植为主,商贸为主。泉南高速、省道界木线经此。

竹山村［Zhúshāncūn］ 在县政府驻地长虹街道东南35千米。白水镇辖自然村。人口1200。聚落呈散状。为省五星级农村旅游景区。农业以水稻、玉米种植为主。有乡村旅游业。省道界木线经此。2011年被评为全国文明村。

黎家坪镇［Líjiāpíng Zhèn］ 祁阳县辖镇。在县境北部。面积83平方千米。人口6.5万。辖4居委会、37村委会,有413自然村。镇人民政府在黎家坪村。1955年为黎家坪区。1956年分设黎家坪、横江桥2乡。1958年改东风公社。1959年与和平公社合设黎家坪公社。1961年析设张公坪等3公社。1981年由黎家坪公社析设黎家坪镇。1984年黎家坪公社改乡,旋乡并入镇。因镇政府驻地得名。有祁山。祁水流经。有高中1所,初中2所,小学10所,卫生院1个,卫生室30余个。经济以机电制造、水泥建材为主。农业以水稻、棉花、蔬菜种植为主,有生猪、珍珠养殖、水稻制种基地。服务业以金融、商品批发零售为主。有批发市场4个。湘桂铁路、322国道过境。

黎家坪村［Líjiāpíngcūn］ 黎家坪镇人民政府驻地。在县政府驻地长虹街道北14千米。人口1800。因姓氏得名。聚落呈团块状。有中小学、幼儿园、卫生院。农业以水稻、玉米种植为主,有生猪饲养。322国道经此。

金洞镇［Jīndòng Zhèn］ 祁阳县辖镇。在县境南部。面积66平方千米。人口1.1万。辖3居委会、11村委会,有45自然村。镇人民政府驻上公兴社区。1955年为金洞区。1956年析设金洞、小金洞2乡。1958年改金洞、林海2公社。1961年改金洞、小金洞2公社。1984年复乡。1985年金洞乡改镇。因长田垄产金,远望似洞,故名。有珍稀树种楠木、银杏等。有国家重点保护野生动物梅花鹿、穿山甲等。森林覆盖率93.1%。有中学2所,小学6所,卫生院1个,卫生室10个。经济以林业为主,盛产木材、茶叶。农业以水稻、红薯、玉米种植为主。工业以竹木加工为主。服务业以旅游、餐饮、金融服务为主。省道耒阳—双牌线过境。

上公兴社区［Shànggōngxīng Shèqū］ 金洞镇人民政府驻地。在县境南部。面积3平方千米。人口5000。以汉族为主,还有瑶、布依等民族。1995年成立。民居以2、3层自建房为主。有老年活动室、文化服务站、便民服务站等。有小学、卫生院。有金洞林场场部、祁阳金洞管理区。农业以水稻、玉米种植为主。通公路。

观音滩镇［Guānyīntān Zhèn］ 祁阳县辖镇。在县境中部。面积81平方千米。人口4.1万。辖3居委会、37村委会,有368自然村。镇人民政府驻八尺村。1955年设观音滩区。1958年成立五一公社。1959年与八一公社合设观音滩公社。1961年析设新铺、东泉、石坝3公社。1984年改乡。1995年改镇。因洲滩有石形似观音得名。湘江流经。有矿产资源煤、锰、铁。有鸭婆洲自然保护区。有中学2所,小学6所,卫生院1个,卫生室30余个。有文化站、广播站等。有名胜古迹仙人岭、金紫岭、观音阁。经济以煤矿开采、建材、旅游、商贸为主。农业以水稻、油茶等种植为主。省道界木线过境。

八尺村［Bāchǐcūn］ 观音滩镇人民政府驻地。在县政府驻地长虹街道南12千米。人口1400。原名八喜湾,后因八尺楼改今名。聚落呈团块状。有鸭婆洲自然保护区。有中小学、幼儿园、卫生所。农业以水稻、玉米、红薯种植为主。有煤业公司。界木省道线经此。

茅竹镇［Máozhú Zhèn］ 祁阳县辖镇。在县境中部偏西。面积92平方千米。人口2.6万。辖2居委会、29村委会,有275自然村。镇人民政府驻邓家院社区。1956年设茅竹乡,后改公社。1984年改茅竹乡。1986年周塘乡并入。1995年与滴水乡合置茅竹镇。因盛产茅竹得名。有中学1所,小学9所,卫生院1个,卫生室20余个。有文化站、广播站等。有名胜古迹滴水岩、马迹观。经济以农业、工业为主。农业以稻谷、甘蔗、柑橘、西瓜、蔬菜、油茶、林木种植为主。有苗圃。工业以建材、煤炭、钢材加工为主。有饮食一条街。322国道、省道界木线过境。通湘江航道。

邓家院社区［Dèngjiāyuàn Shèqū］ 茅竹镇人民政府驻地。在县境中部偏西。面积2.2平方千米。人口700。因姓氏得名。1995年成立。民居以2、3层自建房为主。有老年活动室、文化服务站、便民服务站等。有中学、卫生院。有农商银行。通公路。

大忠桥镇［Dàzhōngqiáo Zhèn］ 祁阳县辖镇。在县境南部。面积129平方千米。人口5.5万。辖3居委会、51村委会,有516自然村。镇人民政府驻星星村。1955年为大忠区。1956年设大忠桥乡,后改公社。1984年改乡。1995年与祝兴、马江2乡,原上马乡部分地域合设大忠桥镇。原名大冲桥,清顺治六年(1649)南明守将姚大复、姚守郭殉节于此,传乾隆年间(1736—1795)赐改为大忠桥。有中学2所,小学9所,卫生院1个,卫生室40余个。有文化站、广播站等。农业以水稻种植为主,有鲜鱼养殖,产杉、松、柑橘等。工业以农机制造、发电、水泥建材、造纸为主。泉南高速、县道清大线过境。

星星村［Xīngxīngcūn］ 大忠桥镇人民政府驻地。在县政府驻地长虹街道南30千米。人口700。旧有土堆7座,誉为七星伴月,故名。聚落呈团块状。有中小学、幼儿园、卫生院、文化站等。农业以水稻、玉米种植为主,有鲜鱼养殖。县道清大线经此。

三口塘镇［Sānkǒutáng Zhèn］ 祁阳县辖镇。在县境中部偏西。面积62平方千米。人口2.5万。辖1居委会、29村委会,有296自然村。镇人民政府驻三口塘社区。1961年成立三塘公社。1983年更名三口塘公社。1984年改乡。1986年栗林乡并入。1995年与上马乡11村并入合设三口塘镇。因镇政府驻地原名得名。有中学2所,小学6所,卫生院1个,卫生所1个。有文化站、广播站等。农业以水稻种植为主,有肉鸭饲养,产柑橘、油茶等。工业以煤矿开采、建材、大米加工为主。县道大黄线过境。

三口塘社区［Sānkǒutáng Shèqū］ 三口塘镇人民政府驻地。在县境中部偏西。面积2.5平方千米。人口1100。因昔有3塘得名。1995年成立。民居以2、3层自建房为主。有老年活动室、文化服务站、便民服务站等。有中小学、卫生院。有祁阳煤矿矿部、农商银行等。通公路。通公交车。

肖家村镇［Xiāojiācūn Zhèn］ 祁阳县辖镇。在县境中部偏南。面积220平方千米。人口4.7万。辖2居委会、36村委会,有361自然村。镇人民政府驻下白田社区。1956年设肖家村乡,后改公社。1984年复乡。1985年改镇。因肖家村得名。白水、黄溪流经。有八庙、井塘湾温泉。有中学3所,小学13所,卫生院1个,卫生所2个。有文化站、广播站等。有景点清泉公园、将军歧、老虎岩、云台山。农业以水稻、红薯、大豆种植为主,有生猪、鱼、鸡、鸭、鹅饲养,产林木、柑橘等。有建材场、茶场。工业有电力、卫生纸及竹木加工等。356国道、县道石九线过境。

下白田社区［Xiàbáitián Shèqū］ 肖家村镇人民政府驻地。在县境中部偏南。面积2.3平方千米。人口1100。原因盛产白莲藕得名白莲,后以豪山为界分上、下白田,此处居下,故名。1995年成立。民居以2、3层自建房为主。有老年活动室、文化服务站、便民服务站等。有中小学。通公交车。

八宝镇［Bābǎo Zhèn］ 祁阳县辖镇。在县境中部偏南。面积71平方千米。人口3.6万。辖4居委会、42村委会,有361自然村。镇人民政府驻八宝社区。1956年设黄市乡,后改公社。1984年复乡。1986年龙桥乡并入。1991年更名八宝镇。因镇政府驻地原名得名。有中学1所,小学4所,卫生院1个,医疗点56个。有文化站、广播站等。农业以稻谷、柑橘、甘蔗种植为主。工业以木材、预制件、体育用品加工为主。服务业以商贸、旅游为主。356国道、省道洪山—嘉禾线过境。

八宝社区［Bābǎo Shèqū］ 八宝镇人民政府驻地。在县境中部偏南。面积1.4平方千米。人口700。明代因昔有土堆8个得名八宝院,后改今名。1995年成立。民居以2、3层自建房为主。有老年活动室、文化服务站、便民服务站等。有小学。有农商银行。通公交车。

黄泥塘镇［Huángnítáng Zhèn］ 祁阳县辖镇。在县境东部。面积71平方千米。人口3.8万。辖3居委会、32村委会,有349自然村。镇人民政府驻黄泥塘社区。1956年设黄泥塘乡,后改公社。1984年复乡。1985年改镇。因镇政府原驻地得名。湘江流经。有矿产资源煤、石灰石。有中学2所,小学6所,卫生院1个,卫生室4个。有文化站、广播站、敬老院等。农业以水稻、油菜种植为主,产香菇、槟榔芋、百合、葡萄等。有鱼苗繁殖基地。工业以矿产开采、木材加工为主。县道唐白、三南线过境。通湘江航道。

黄泥塘社区［Huángnítáng Shèqū］ 黄泥塘镇人民政府驻地。在县境东部。面积1.1平方千米。人口1600。原因处黄牛山下得名黄牛塘,后演为今名。1995年成立。民居以2、3层自建房为主。有老年活动室、文化服务站、便民服务站等。有中小学。通公交车。

进宝塘镇［Jìnbǎotáng Zhèn］ 祁阳县辖镇。在县境东部。面积65平方千米。人口3.2万。辖2居委会、31村委会,有326自然村。镇人民政府驻进宝塘社区。1995年由河埠塘、石梓塘、白鹤3乡合置进宝塘镇。因镇政府驻地得名。湘江流经。有中学2所,小学2所。卫生院1个,卫生所2个。有文化站、广播站等。有名胜古迹河埠塘码头、安澜亭、青石街。农业以水稻、油茶种植为主,有生猪、黑山羊饲养。工业以煤矿开采为主。省道界木、洪山—嘉禾线,县道木进、黄白线过境。

进宝塘社区［Jìnbǎotáng Shèqū］ 进宝塘镇人民政府驻地。在县境东部。面积3.2平方千米。人口1500。古有进宝亭,明永乐年间(1403—1424)亭下修塘名进宝塘,故名。1995

年成立。民居以2、3层自建房为主。有老年活动室、文化服务站、便民服务站等。有中小学、卫生院、邮政所。通公交车。

潘市镇［Pānshì Zhèn］　祁阳县辖镇。在县境中部偏北。面积128平方千米。人口4.7万。辖3居委会、56村委会，有540自然村。镇人民政府驻周家湾社区。1984年设塘弦湾乡。1985年改今名。原名潘家埠，为泊船码头，1985年因商贸繁荣更今名。有祁山。湘江流经。有矿产资源石灰石、煤、铁、铜、瓷泥、陶泥等。有中学2所，小学14所，卫生院2个，卫生所3个。有文化站、广播站、敬老院等。有全国重点文物保护单位李家大院。有陶铸故居、红军学校旧址。有名胜古迹石洞源、文昌阁。农业以水稻、蔬菜种植为主，盛产杉木、茶油、板栗、柑橘等。有蔬菜、水果基地。服务业以商贸、旅游为主。泉南高速过境。通湘江航道。

周家湾社区［Zhōujiāwān Shèqū］　潘市镇人民政府驻地。在县境中部偏北。面积2.1平方千米。人口1100。因河湾周姓居多得名。1995年成立。民居以2、3层自建房为主。有老年活动室、文化服务站、便民服务站等。有中小学。通公交车。

龙溪村［Lóngxīcūn］　在县政府驻地长虹街道东南20千米。潘市镇辖自然村。人口1000。传象牙山卧龙游此成溪，得名龙溪，沿为村名。聚落呈团块状。为中国历史文化名村、中国传统村落。有全国重点文物保护单位李家大院。农业以水稻、红薯、玉米、花生等种植为主。泉南高速经此。

梅溪镇［Méixī Zhèn］　祁阳县辖镇。在县境东北部。面积63平方千米。人口2.9万。辖3居委会、25村委会，有357自然村。镇人民政府驻春光社区。1956年设梅溪乡，后改公社。1984年复乡。1995年改镇。镇以溪名，因溪岸边多梅树得名。有石灰石资源。有中学2所，小学4所，卫生院1个，卫生所3个。有文化站、广播站等。有景点城墙岭、马祖洞。农业以水稻、花生、油菜种植为主，有鲜鱼、生猪饲养，产茶油、柑橘等。工业以石材加工为主。泉南高速过境。

春光社区［Chūnguāng Shèqū］　梅溪镇人民政府驻地。在县境中部偏东。面积1.9平方千米。人口1500。取意春光明媚得名。1995年成立。民居以2、3层自建房为主。有老年活动室、文化服务站、便民服务站等。有中小学。通公交车。

羊角塘镇［Yángjiǎotáng Zhèn］　祁阳县辖镇。在县境中部偏东。面积127平方千米。人口6.1万。辖3居委会、57村委会，有703自然村。镇人民政府驻复兴社区。1956年设羊角塘乡，后改公社。1984年复乡。1985年改镇。传神仙赶羊过境，闻鸡鸣而羊群变石，有石如羊角立于塘中，故名。清江水流经。有矿产资源重晶石、铜、铅锌、硫铁等。有中学4所，小学12所，卫生院2个，卫生所4个。有文化站、广播站、敬老院等。有景点太白峰、张阿塘。农业以水稻、花生、红薯、油菜种植为主，有鲜鱼、生猪饲养。工业以矿产开采、造纸、烟花爆竹为主。县道祁羊、祁过线过境。

复兴社区［Fùxīng Shèqū］　羊角塘镇人民政府驻地。在县境中部偏北。面积1.9平方千米。人口900。因昔村民凿岩取水反复2次才成得名。1995年成立。民居以2、3层自建房为主。有老年活动室、文化服务站、便民服务站等。有中小学。通公交车。

下马渡镇［Xiàmǎdù Zhèn］　祁阳县辖镇。在县境东北部。面积125.3平方千米。人口5.3万。辖2居委会、55村委会，有508自然村。镇人民政府驻大湖塘社区。1956年设下马渡乡。1958年改并入红旗公社。1985年由赤塘、太白山2乡合置下马渡镇。因岳飞至此下马渡河得名。祁水流经。有中学2所，小学19所，卫生院2个，卫生所3个。有文化站、广播站等。有名胜熊罴岭、大华山、云盘甸。农业以水稻、大豆、红薯种植为主，产林木、柑橘、乌梅等。县道祁灵线过境。

大湖塘社区［Dàhútáng Shèqū］　下马渡镇人民政府驻地。在县境东北部。面积2.1平方千米。人口1400。因塘如大湖得名。1995年成立。民居以2、3层自建房为主。有老年活动室、文化服务站、便民服务站等。有中小学。通公交车。

七里桥镇［Qīlǐqiáo Zhèn］　祁阳县辖镇。在县境中部。面积106平方千米。人口4.3万。辖2居委会、37村委会，有415自然村。镇人民政府驻长寿亭村。1961年成立七里桥公社。1984年改乡。1995年改镇。因长寿亭村有石桥距古县城7华里得名七里桥，镇以桥名。湘江流经。有矿产资源石灰石、祁阳石、瓷泥、陶土等。有中学2所，小学3所，卫生院1个，卫生分院4个，卫生所49个。有文化站、广播站、敬老院等。农业以水稻、大豆种植为主，有猪、鱼饲养，产柑橘、油茶、茶叶等。工业以陶瓷、建材为主。县道祁羊、祁挂线过境。通祁水航道。

长寿亭村［Chángshòutíngcūn］　七里桥镇人民政府驻地。在县政府驻地长虹街道南3千米。人口700。因亭得名。聚落呈团块状。有中小学、幼儿园、卫生院、文化站等。农业以水稻、玉米种植为主，有生猪饲养。县道祁羊线经此。

大村甸镇［Dàcūndiàn Zhèn］　祁阳县辖镇。在县境西北部。面积93平方千米。人口3.6万。辖1居委会、34村委会，有336自然村。镇人民政府驻大村甸社区。1956年设大村甸乡，后改公社。1984年复乡。1985年改镇。1995年何公庙乡并入。因镇政府驻地原名得名。有中学2所，小学11所，卫生院1个，分院1个，卫生所2个。有文化站、广播站等。有古迹栖真洞。农业以水稻、油茶、芦荟等种植为主。有椒山养猪场。工业以农产品加工、玻璃仪器制造为主。湘桂铁路，县道祁大、黎大、冷大线过境。

大村甸社区［Dàcūndiàn Shèqū］　大村甸镇人民政府驻地。在县境西北部。面积2.3平方千米。人口1000。因有大田得名。1995年成立。民居以2、3层自建房为主。有老年活动室、文化服务站、便民服务站等。有小学、卫生院、农商银行、农贸市场。通公交车。

文富市镇［Wénfùshì Zhèn］　祁阳县辖镇。在县境北部。面积61平方千米。人口3.3万。辖1居委会、26村委会，有341自然村。镇人民政府驻农科社区。1956年设文富市乡，后改公社。1984年复乡。1995年改镇。传因文姓修亭得名文富亭，后成集市改今名。有祁山。祁水流经。有中国农科院衡阳红壤实验站。有中学2所，小学7所，卫生院1个，卫生分院1个。有文化站、广播站等。农业以水稻、红薯、玉米种植为主，产甘蔗、西瓜、槟榔芋、南竹。工业以造纸、建材、毛衣加工为主。湘桂铁路、322国道过境。

农科社区［Nóngkē Shèqū］　文富市镇人民政府驻地。在县境北部。面积0.9平方千米。人口700人。曾为杂交水稻制种基地，因其俗称农科站得名。1995年成立。民居以2、3层自建房为主。有老年活动室、文化服务站、便民服务站等。有中小学、卫生院。通公交车。

文明铺镇［Wénmíngpù Zhèn］　祁阳县辖镇。在县境西北部。面积113平方千米。人口5.9万。辖3居委会、47村委会，有509自然村。镇人民政府驻向阳路社区。1956年设文明铺、高码头2乡及文明镇。1958年改文明公社。1959年与新华公社合改文明铺公社。1961年分设文明镇与文明铺等4公社。1984年公社改乡，旋乡并入文明镇。1995年更名文明铺镇。传明代文姓经商，渐成结邻成市，故名。有中学2所，小学17所，卫生院1个，卫生分院1个，卫生所2个。有文化站、广播站等。农业以水稻、红薯、玉米种植为主，有生猪饲养，有鲜鱼养殖，产生姜、槟榔芋等。工业以建筑、农产品加工、机电制造为主。省道冷邵线、县道黎石线过境。

向阳路社区［Xiàngyánglù Shèqū］　文明铺镇人民政府驻地。在县境西北部。面积1.8平方千米。人口1000。因向阳路得名。1995年成立。民居以2、3层自建房为主。有老年活动室、文化服务站、便民服务站等。有中小学。有米业公司、食品站等。县道黎石线经此。通公交车。

龚家坪镇［Gōngjiāpíng Zhèn］　祁阳县辖镇。在县境西北部。面积80平方千米。人口3.3万。辖2居委会、22村委会，有405自然村。镇人民政府驻云排岭社区。1961年成立龚家坪公社。1984年改乡。1995年改镇。有四明山。有中学2所，小学17所，卫生院1个，分院1个，卫生所1个。有文化站、广播站等。农业以水稻种植为主，有鲜鱼养殖，产生姜、槟榔芋、黄花、黄豆等。工业以农副产品、木材加工、建材为主。县道黎石线过境。

云排岭社区［Yúnpáilǐng Shèqū］　龚家坪镇人民政府驻地。在县境西北部。面积1.6平方千米。人口800。因处云排岭下得名。1995年成立。民居以2、3层自建房为主。有老年活动室、文化服务站、便民服务站等。有中小学。通公交车。

大江乡［Dàjiāng Xiāng］　祁阳县辖乡。在县境南部。面积121平方千米。人口0.6万。辖12村委会，有59自然村。乡人民政府驻塘岭村。1961年成立大江公社。1984年改乡。1986年并入太平乡。2013年复大江乡。因大江省级森林公园得名。昌木套河流经。森林覆盖率83.1%。有中学1所，小学1所，卫生院1个，卫生所1个。有文化站、广播站等。有名胜三圣湖。农业以水稻、玉米种植为主，产杉木、南竹、樟树。为林区。省道洪山—嘉禾线过境。

塘岭村［Tánglǐngcūn］　大江乡人民政府驻地。在县政府驻地长虹街道南45千米。人口1100。因四周环山中间较平得名。聚落呈团块状。有中小学、幼儿园、卫生院、文化站、农商银行等。农业以水稻、玉米种植为主。县道江洲—黄沙线经此。

内下乡［Nèixià Xiāng］　祁阳县辖乡。在县境南部。面积110平方千米。人口0.3万。辖4村委会，有33自然村。乡人民政府驻内下村。2008年设。因乡政府驻地得名。有中学1所，小学1所，卫生院1个，卫生所1个。有文化站、广播站等。农业以水稻、玉米种植为主，产杉竹。有内下林场。省道洪山—嘉禾线过境。

内下村［Nèixiàcūn］　内下乡人民政府驻地。在县政府驻地长虹街道南90千米。人口1000。以汉族为主，还有瑶、佤等民族。因处内头岭脚下得名。聚落呈散状。有小学、卫生院等。农业以水稻、玉米种植为主。县道龙溪—金洞线经此。

挂榜山乡［Guàbǎngshān Xiāng］　祁阳县辖乡。在县境中部偏东。面积47平方千米。人口0.3万。辖5村委会，有52自然村。乡人民政府驻观云口村。2013年设。因山得名。

有太白峰。有祁阳小鲵省级自然保护区、挂榜山森林公园。有中学1所,小学1所,卫生院1个,卫生所1个。有文化站、广播站等。有名胜古迹云仙观、石洞源。农业以水稻、玉米种植为主,产杉竹。县道祁挂线过境。

观云口村 [Guānyúnkǒucūn] 挂榜山人民政府驻地。在县政府驻地长虹街道东南15千米。人口700。明清时因亭旁竹林花纹如观音像得名观音口,后演为今名。聚落呈散状。有中小学、幼儿园、卫生院、文化站等。农业以水稻、玉米种植为主。县道祁挂线经此。

小金洞乡 [Xiǎojīndòng Xiāng] 祁阳县辖乡。在县境东南部。面积72平方千米。人口0.8万。辖4村委会,有22自然村。乡人民政府驻小金洞村。1958年成立小金洞公社。1984年改乡。因乡政府驻地得名。白水河流经。有中学1所,小学1所,卫生院1个,卫生所1个。有文化站、广播站等。有金洞漂流、照山庵水上乐园。农业以水稻、玉米等种植为主。有金洞林场。工业有水电、竹木加工等。服务业以旅游为主。省道金洞—三湾脚线过境。

小金洞村 [Xiǎojīndòngcūn] 小金洞乡人民政府驻地。在县政府驻地长虹街道东南65千米。人口400。因处金洞河上游且平地窄小得名。聚落呈散状。有中小学、卫生院等。农业以水稻、玉米种植为主,产南木。县道小金洞—上司源线经此。

万宝山乡 [Wànbǎoshān Xiāng] 祁阳县辖乡。在县境南部。面积62平方千米。人口0.6万。辖6村委会,有25自然村。乡人民政府驻油榨铺村。2010年由万宝山工区与白果市、小金洞2乡部分地域合设万宝山乡。因动植物资源丰富得名。有五背岭山。白水河流经。有矿产资源锡砂、石材等。有野生动植物獐、鹿、野山羊、穿山甲、锦鸡、五步蛇、红豆杉、楠木、银杏等。有中学1所,小学1所,卫生院1个,卫生所1个。有文化站、广播站等。有景点小黄司河漂流。农业以水稻、玉米种植为主,产杉木、茶叶、南竹、竹笋。有金洞林场。省道金洞—三湾脚线过境。

油榨铺村 [Yóuzhàpùcūn] 万宝山乡人民政府驻地。在县政府驻地长虹街道南72千米。人口500。以汉族为主,还有瑶、佤等民族。因昔有榨桐油铺子得名。聚落呈散状。白水河流经。有小学、幼儿园、卫生院、文化站等。农业以水稻、大豆、红薯种植为主,有生猪、鸡、鸭、鹅、鱼等饲养,产林木、茶叶。县道龙溪—金洞线经此。

凤凰乡 [Fènghuáng Xiāng] 祁阳县辖乡。在县境南部。面积33平方千米。人口0.8万。辖9村委会,有76自然村。乡人民政府驻凤凰村。1950年设凤凰乡,后改公社。1984年复乡。因乡政府驻地得名。有国家重点保护野生植物水杉、银杏、光叶珙桐等20多种。有国家重点保护野生动物梅花鹿、穿山甲等10种。有中学1所,小学2所,卫生院1个,医务室7个。有文化站、广播站等。农业以水稻、玉米等种植为主。有竹木加工业。肖白公路过境。

凤凰村 [Fènghuángcūn] 凤凰乡人民政府驻地。在县政府驻地长虹街道南70千米。人口1200。因山形似凤凰得名。聚落呈团块状。有中小学、幼儿园、卫生院、文化站等。农业以水稻、玉米、红薯种植为主,有生猪、鸡、鸭、鹅、鱼饲养。有凤凰墟。县道江洲—黄沙线经此。

白果市乡 [Báiguǒshì Xiāng] 祁阳县辖乡。在县境南部。面积105平方千米。辖8村委会,有57自然村。乡人民政府驻团结村。1984年设。原因有数棵白果(银杏)树得名白果树街,后演为今名。小黄司河流经。有小学10所,卫生院1个,卫生所1个。有文化站、广播站等。有红军烈士墓。有300年以上银杏树100余株,100年以上银杏树300余株。农业以水稻、玉米种植为主。有南竹种植基地。有竹木加工业。特产银杏干果。县道凤白线过境。

团结村 [Tuánjiécūn] 白果市乡人民政府驻地。在县政府驻地长虹街道南80千米。人口1000。以汉族为主,还有瑶、佤等民族。取意真诚团结得名。聚落呈散状。有小学、幼儿园、卫生院、文化站等。农业以水稻、玉米、红薯种植为主,有昂志生猪、家禽、鱼等饲养。县道凤白线经此。

石鼓源乡 [Shígǔyuán Xiāng] 祁阳县辖乡。在县境东南部。面积29平方千米。人口1万。辖11村委会,有78自然村。乡人民政府驻五房村。1961年成立石鼓源公社。1984年改乡。因昔巨石如鼓且有溪源此得名。有野生动植物水杉、野山羊、虎纹蛙、野猪等。有中学1所,小学6所,卫生院1个,卫生室12个。有文化站、广播站等。农业以水稻、玉米种植为主,有猪、羊饲养,产水杉、南竹。省道洪山—嘉禾线过境。

五房村 [Wǔfángcūn] 石鼓源乡人民政府驻地。在县政府驻地长虹街道东南57千米。人口900。村民多为奉姓老五之后裔,故名。聚落呈散状。有中小学、幼儿园、卫生院、文化站等。有古迹五房大院、泉江大院、五房商贸街。农业以水稻种植为主,有猪、羊饲养。县道石五线经此。

上司源乡 [Shàngsīyuán Xiāng] 祁阳县辖乡。在县境南部。面积50平方千米。人口0.5万。辖7村委会,有68自然村。乡人民政府驻上司源村。1954年设上司源乡,后改公社。1984年复乡。因乡政府驻地得名。有司源山。有野生动物野猪、野兔、鹿、刺猬、穿山甲等。有中学1所,小学5所,卫生院1个,医务室7个。有文化站、广播站等。农业以水稻、玉米种植为主,产茶叶、生姜及中药材。特产干笋、蜂蜜。有竹木加工业。省道金洞—三湾脚线过境。

上司源村 [Shàngsīyuáncūn] 上司源乡人民政府驻地。在县政府驻地长虹街道南88千米。人口800。因处司源山上方且为白水支流源头得名。聚落呈团块状。有中小学、幼儿园、卫生院、文化站等。农业以水稻、玉米、红薯种植为主,有生猪、鸡、鸭、鹅、鱼等饲养。县道陶洲—何家洞线经此。

晒北滩瑶族乡 [Shàiběitān Yáozú Xiāng] 祁阳县辖乡。在县境南部。面积119平方千米。人口0.6万,其中瑶族占25%,还有汉、佤等民族。辖11村委会,有43自然村。乡人民政府驻晒北滩村。1954年设晒北滩乡,后改公社。1984年复乡。同年改瑶族乡。因乡政府驻地得名。白水河流经。森林覆盖率88.6%。有小学11所,瑶族小学1所,卫生院1个,卫生所1个。有文化站、广播站等。经济以林业为主。农业以水稻、玉米、蔬菜种植为主,有猪、羊、家禽等饲养,盛产水杉、南竹。省道洪山—嘉禾线过境。

晒北滩村 [Shàiběitāncūn] 晒北滩瑶族乡人民政府驻地。在县政府驻地长虹街道南88千米。人口600。以汉族为主,还有瑶、佤等民族。处白水上游沙滩北岸,日照长,故名。聚落呈散状。有小学、幼儿园、卫生院、文化站等。农业以水稻、玉米、红薯种植为主,有生猪、鸡、鸭、鹅、鱼饲养。县道野内线经此。

东安县

东安县 [Dōng'ān Xiàn] 永州市辖县。在市境西北部。北纬26°23′,东经111°18′。面积2204.4平方千米。人口64.9万。以汉族为主,还有瑶、苗、壮、满等民族。辖13镇、4乡。县人民政府驻白牙市镇。宋雍熙元年(984)析零陵县置东安县,意为东方安宁,属永州。其后未变,先后属永州路、永州府、衡阳道、第九行政督察区、第七行政督察区、永州专区、零陵专区、湘南行政区、衡阳专区、零陵地区。1995年属永州市。先后建成建设路、紫水大桥、舜皇大道、经开区、东安大道、同心路、官田路、轻土坪路、东安东站。形成"一城两片"发展格局,城西以商贸、文化为主,城东以经济开发区、行政服务为主。处南岭山地向湘中丘陵过渡带,以丘陵为主。西北高,东南低,中部较平坦。平均海拔139米。最高点舜皇山海拔1882米。年均气温18.9℃,1月平均气温7℃,7月平均气温29.7℃。年均降水量1441毫米。湘江、紫水河、芦洪江、石期河、水市桥河流经。有矿产资源煤、铁、锰、铜等。有野生植物2415种,其中有国家重点保护野生植物冷杉、南方红豆杉、银杏、钟萼木等39种。有百年以上古树名木2.3万株。有野生动物259种,其中有国家重点保护野生动物林麝、云豹、黄腹角雉、白颈长尾雉等35种。有舜皇山国家森林公园、独秀峰国家石漠公园、紫水国家湿地公园、黄金洞省级森林公园。森林覆盖率62.2%。有职高6所,中学34所,小学34所,三级医院1个,二级医院3个,图书馆1个。有全国重点文物保护单位树德山庄、广利桥,省级文物保护单位坐果山商周遗址、吴公塔等5个。有红军长征纪念地老山界。有省级非物质文化遗产东安鸡、东安武术。有名胜古迹独秀峰、黄金洞、吴公塔。有中国历史文化名镇芦洪市。三次产业比例23∶40∶37。农业以水稻、玉米种植为主,有生猪、肉鸡饲养,产南竹、柑橘、紫皮大蒜、油茶。工业以传统冶炼、农产品精深加工、光伏电子、水电、新型建材为主。有省级经济开发区1个。服务业以商贸为主。湘桂、洛湛铁路,衡柳高铁,二广高速,207国道,省道冷东、邵阳—芝山、芦洪市—井头圩、邵阳—东安线过境。有东安站、东安东站、东安汽车总站。

和谐广场 [Héxié Guǎngchǎng] 在县城东部。占地5.3公顷。2005年开工,2009年建成。以建设和谐社会之意得名。中为广场,两侧为和谐园。有各色彩灯200余盏,舞榭亭台6处,涌泉1处,池塘1处,假山2处。有凤凰展翅园雕、同济桥。园雕作凤凰展翅状,寓意奋进不息、积极进取。园桥如舟,取名同济,寓意风雨同舟、和衷共济。集爱国主义教育、科普宣传、文化传播、展览演出、健身娱乐于一体。周边有县行政中心、县检察院等。通多路公交车。

湘江大桥新桥 [Xiāngjiāng Dàqiáo Xīnqiáo] 在县城东南部。长386米,宽12.5米,最大跨度80米,桥下净高30米。2011年开工,2014年建成。因横跨湘江得名。为大型河道桥梁,结构型式为预应力砼空心板桥。最大载重80吨。通公交车。

东安东站 [Dōng'āndōng Zhàn] 见交通运输设施部分"东安东站"条。

东安汽车总站 [Dōng'ān Qìchē Zǒngzhàn] 见交通运输设施部分"东安汽车总站"条。

白牙市镇 [Báiyáshì Zhèn] 东安县人民政府驻地。在县境中部偏南。面积155平方千米。人口9.9万。辖7居委会、42村委会,有482自然村。镇人民政府驻林角村。1953年置白牙市镇。1958年为城关公社。1961年改镇。1980年复白牙市镇。传老婆婆烧茶水供行人止渴,神仙放白鸭生蛋助其生计,故名白鸭,后雅改今名。清代曾设白牙市塘。紫水河、龙溪流经。有中学4所,九年一贯制学校2所,小学

3所，幼儿园42所，三级医院1个，二级医院2个，卫生院3个。农业以水稻、玉米种植为主，有生猪、菜牛饲养，有鱼养殖为主。工业以锑品、水泥、焊材、水电设备制造为主。服务业以商贸为主。衡柳高铁、湘桂铁路、207国道，省道芦洪市—井头圩、冷东线过境。

东安大道［Dōng'ān Dàdào］　在县城东部。东起省道冷东线，西至建设路。与东山路、八角街、官田路、林角路、环城东路等相交。长3.2千米，宽80米。沥青混凝土路面。2002年开工，2005年建成。因县得名。两侧有县行政中心、东安东站、东安汽车总站、教育局、林业局、公安局、县法院、地税局、天成学校。通公交车。

舜皇大道［Shùnhuáng Dàdào］　在县城东北部。东起环城东路，西至火车站路。与东山路、八角街、彩荷路、官田路相交。长3.4千米，宽36米。沥青混凝土路面。1993年开工，1994年建成，2012年改造。为纪念舜帝得名。两侧有县行政中心、建材市场、邮政局、小学、中专、县国土局、汽车东站、健民医院等。通多路公交车。

建设大道［Jiànshè Dàdào］　在县城中部。东起东安铁路立交桥，西至东大路。与龙溪路、生智路、狮岩路相交，福馨巷、康馨巷、沿河路、文生路等相交。长2.4千米，宽30米。沥青混凝土路面。20世纪50年代建，1985、1996、2002年改扩建。两侧有汽车西站、县医院、小学、文化娱乐中心、县畜牧水产局、县工商局。通多路公交车。

东新路［Dōngxīn Lù］　在县城中部偏西。南起建设路，北至207国道。与大众路相交。长2.3千米，宽18米。沥青混凝土路面。20世纪60年代建，1985、2003年改造。为安东、新宁2县主要通道，故名。两侧有中学、县中医院、县户籍中心等。通多路公交车。

林角村［Línjiǎocūn］　白牙市镇人民政府驻地。在镇境西部。人口1200。因旧有麒麟阁得名麟阁，后谐音为今名。聚落呈条块状。紫水流经。有老人棋牌室。有湿地公园、新吴公塔、新广利桥。农业以水稻、玉米、蔬菜种植为主，有生猪、家禽饲养。通公交车。

大庙口镇［Dàmiàokǒu Zhèn］　东安县辖镇。在县境西部。面积203平方千米。人口3.5万。以汉族为主，还有瑶、壮、回等民族。辖2居委会、39村委会，有314自然村。镇人民政府驻江北（地片）。1956年设大庙口乡。1961年改公社。1984年复乡。1985年改镇。1995年紫云、白沙2乡并入。因舜庙得名。紫水河、杨江流经。有舜皇山国家森林公园。有中学2所，小学5所，卫生院1个，卫生所3个。有幼儿园、文化站、广播电视站、敬老院等。有省级文物保护单位坐果山遗址。有名胜古迹舜皇岩、南溪花海、春晓石乳岩、舜石桥、敦伦第、邓禹庙。有大庙口乌饭制作技艺。农业以水稻、玉米种植为主，有生猪、山羊、牛、鱼饲养，产柑橘、葡萄。特产舜皇山土猪、大庙口土鸡、紫云生姜。工业以钨锑矿开采、竹木及农产品加工为主。省道冷东线、县道东紫线过境。

江北（地片）［Jiangběi］　大庙口镇人民政府驻地。在县境西南部。面积2平方千米。人口1000。因方位得名。1995年成立。民居以2层住宅楼为主。有篮排球场、棋牌室、居民广场。有小学、卫生院、动物防疫站、邮政所、农技站等。有名胜舜皇岩。有民俗庙会祭奠舜帝。农业以水稻、玉米种植为主，兼有商贸。有酒店、农贸市场等。县道东紫线经此。

紫溪市镇［Zǐxīshì Zhèn］　东安县辖镇。在县境西南部。面积171平方千米。人口4.1万。以汉族为主，还有瑶、壮等民族。辖4居委会、38村委会，有302自然村。镇人民政府驻东正街（地片）。1934年设紫溪镇。1947年改乡。1952年设紫溪市镇，后改公社。1984年改镇。1995年渌埠头、塘复2乡并入。因紫水河得名。有挂望山。湘江流经。有中学2所，小学3所，卫生院1个，卫生所2个。有幼儿园、文化站、广播电视站、敬老院等。有全国重点文物保护单位广利桥，省级文物保护单位吴公塔。有名胜古迹沉香寺、渌埠头、幽岩石刻、汉营古迹、孔明点将台。农业以水稻、玉米种植为主，有生猪、山羊、牛饲养，产西瓜、柑橘、紫皮大蒜等。工业以白云石、锰矿、竹木加工为主。衡柳高铁，湘桂铁路，省道冷东、芦洪市—井头圩线过境。

东正街（地片）［Dōngzhèngjiē］　紫溪市镇人民政府驻地。在县境西南部。面积2平方千米。人口500。宋雍熙元年(984)为东安县衙驻地，故名。1985年成立。民居以2层住宅楼为主。有中学、卫生院、文化站、老年活动中心、邮电所、农贸市场及多处商铺。经济以商贸为主。省道冷东线经此。

横塘镇［Héngtáng Zhèn］　东安县辖镇。在县境南部。面积1401平方千米。人口3.4万。辖2居委会、31村委会，有268自然村。镇人民政府驻文堂（地片）。1995年由狮子铺、高峰2乡合设横塘镇。因镇政府原驻地文堂谐音得名。有凤凰山。湘江、白滩河流经。有中学2所，小学2所，卫生院1个，卫生所1个。有幼儿园、文化站、广播电视站、敬老院等。有中国传统保护村落周家大院，省级历史文化名村文堂村。农业以水稻、玉米、蔬菜、西瓜、柑橘种植为主，有生猪、黑山羊、菜牛饲养，有鲜鱼养殖。工业以农产品、林木加工为主。省道端桥铺—石期市、芦洪市—井头圩线过境。

文堂（地片）［Wéntáng］　横塘镇人民政府驻地。在县境东南部。面积4平方千米。人口1000。明清曾出多为秀才、进士，故名。1995年设横塘居委会。2001年改今名。民居以2层住宅楼为主。有小学、卫生院、老年活动室等。有中国传统村落周家大院、省级历史文化名村文堂村。农业以水稻、玉米种植为主，有生猪饲养。省道端桥铺—石期市线经此。

石期市镇［Shíqīshì Zhèn］　东安县辖镇。在县境东南部。面积123平方千米。人口4万。辖3居委会、31村委会，有307自然村。镇人民政府驻解放路（地片）。1939年设石期市乡。1941年改仁智乡。1952年改石期市等8乡。1956年合设石期市、台凡市2乡，后改2公社。1983年析设石期市镇。1984年2公社改乡。1985年石期市乡并入石期市镇。1995年台凡市乡并入。因明弘治元年(1488)设石期驿站得名。有木瓜岭。湘江、石期河流经。有中学2所，小学2所，卫生院1个，卫生所1个。有幼儿园、文化站、广播电视站、敬老院等。有省级文物保护单位唐元甫夫妇墓。有古迹文塔、文昌塔、陈夫人墓、邓太夫人墓、独成桥。农业以水稻、玉米、红薯、西瓜、蔬菜种植为主，有生猪、山羊、牛、家禽饲养，有鱼养殖。工业以竹木、粮食加工为主。207国道，省道端桥铺—石期市、芦洪市—井头圩线过境。通湘江航道。有渡口8个。

解放路（地片）［Jiěfànglù］　石期市镇人民政府驻地。在县境东南部。面积1平方千米。人口500。因解放路得名。1985年成立。民居以2层住宅楼为主。有老年活动中心、图书室等。有小学、卫生院。农业以水稻、玉米、西瓜、蔬菜种植为主，兼有商贸业。有农贸市场。207国道经此。

井头圩镇［Jǐngtóuxū Zhèn］　东安县辖镇。在县境中部。面积166平方千米。人口5.7万。以汉族为主，还有瑶、壮、苗等民族。辖3居委会、39村委会，有446自然村。镇人民政府驻井头圩村。1949年设恭安乡。1955年更名井头圩乡，后改公社。1984年改乡。1985年改镇。1995年山口铺、凡龙圩2乡并入。因镇政府驻地得名。有桥屋山。南涧河、宥江、紫水河流经。有中学3所，小学3所，卫生院1个，卫生所1个。有幼儿园、文化站、广播电视站、敬老院等。有王甲本烈士墓、晓江口码头、石板铺老街。有山口铺油豆腐制作技艺。农业以水稻、玉米种植为主，有生猪、山羊、牛饲养，产西瓜、柑橘、油茶等。工业以冶炼、焊剂、竹木、粮食加工为主。衡柳高铁，湘桂铁路，207国道，省道冷东、芦洪市—井头圩、端桥铺—石期市线过境。

井头圩村［Jǐngtóuxūcūn］　井头圩镇人民政府驻地。在县政府驻地白牙市镇南10千米。人口1900。《赤井碑记》载，唐神龙初年(705)雷裂赤石，泉涌车量，曰赤井。后成圩，故名。聚落呈团块状。有小学、卫生院。老年活动室、农技站等。农业以水稻、玉米种植为主，有生猪、家禽等饲养。湘桂铁路、衡柳高铁经此设站。

端桥铺镇［Duānqiáopù Zhèn］　东安县辖镇。在县境中部。面积135平方千米。人口4.6万。辖1居委会、37村委会，有368自然村。镇人民政府驻端桥铺（地片）。1956年设端桥铺乡，后改公社。1984年复乡。1986年改镇。1995年竹木町乡并入。因镇政府驻地原名得名。有沙岭坪。芦江流经。有中学2所，小学2所，卫生院1个，卫生所1个。有幼儿园、文化站、广播电视站、敬老院等。农业以水稻、玉米、红薯、西瓜、蔬菜、柑橘等种植为主，有生猪、山羊、牛、家禽等饲养，产西瓜、油茶、枣、红心柚。洛湛铁路，二广高速，省道端桥铺—石期市、芦洪市—井头圩、邵阳—芝山线过境。

端桥铺（地片）［Duānqiáopù］　端桥铺镇人民政府驻地。在县境中部。面积7平方千米。人口3700。传清咸丰末年石匠手端巨石合拱桥面，故名。1995年成立。民居以2层住宅楼为主。有老年大学、棋牌室。有中小学、卫生院、动物防疫站、农技站、农贸市场及多家商铺。农业以水稻、玉米种植为主，有生猪、山羊等饲养。省道芦洪市—井头圩线经此。

鹿马桥镇［Lùmǎqiáo Zhèn］　东安县辖镇。在县境中部。面积86平方千米。人口3.1万。以汉族为主，还有瑶、回、蒙古等民族。辖3居委会、22村委会，有258自然村。镇人民政府驻新村（地片）。1953年设鹿马桥乡，后改公社。1984年复乡。1985年改镇。1995年金江乡并入。传曾有人为逃避官兵追捕而于桥头夺木马离去，故名木马桥，后演为今名。有长冲大岐山，海拔1424米。金江河流经。有中学1所，小学1所，九年一贯制学校1所，卫生院1个，卫生所1个。有幼儿园、文化站、广播电视站、敬老院等。有名胜古迹字纸塔、简家岭、皂水函瀑布、牛头寨、舒家山大峡谷。农业以水稻、玉米种植为主，有生猪、山羊、牛饲养，产柑橘、油茶。工业以冶炼、焊剂、林木、农产品加工。省道芦洪市—井头圩线、县道鹿金线过境。

新村（地片）［Xīncūn］　鹿马桥镇人民政府驻地。在县境北部。面积1平方千米。人口600。因新建得名。1985年成立。民居以2层住宅楼为主。有老年活动室。有小学、卫生院。有文化广场、动物防疫站、农贸市场等。农业以水稻、玉米种植为主，有生猪、家禽等饲养。省道芦洪市—井头圩线经此。

芦洪市镇［Lúhóngshì Zhèn］　东安县辖镇。在县境中部偏北。面积137平方千米。人口6.2万。辖4居委会、54村委会，有505自然村。镇人民政府驻应阳社区。1950年设芦洪市镇，后改公社。1985年复镇。1995年伍家桥、西江桥2乡并入。因江得名。芦洪江、金江、南洞水流经。有中学3所，小学8所，二级医院1个，卫生院1个，卫生所3个。有全国重点文物保护单位树德山庄，省级文物保护单位九龙岩石刻。有省级非物质文化遗产东安鸡制作技艺。为省级历史文化名镇。农业以水稻、蔬菜种植为主，养殖生猪等。工业以水泥、锑品加工、电力为主。洛湛铁路，二广高速，省道邵阳—芝山、芦洪市—井头圩线过境。

应阳社区［Yīngyáng Shèqū］ 芦洪市镇人民政府驻地。在县境中部偏北。面积3平方千米。人口1.3万。西晋永熙元年（290）置应阳县，故名。2008年成立。有居民楼310余栋，以2层为主。有老年活动室。有中小学、卫生院。有农贸市场及多处商铺等。经济以商贸为主。省道邵阳—芝山线经此。

新圩江镇［Xīnxūjiāng Zhèn］ 东安县辖镇。在县境西北部。面积132平方千米。人口3.1万。辖2居委会、24村委会，有245自然村。镇人民政府驻新江（地片）。1952年设新圩乡，后改公社。1984年更名新圩江乡。1995年中田乡并入，旋改镇。明设圩场，1944年遭侵华日军烧光后重建改名新圩，1981年以街临易江更今名。易江流经。有中学2所，小学2所，卫生院1个，卫生所1个。有幼儿园、文化站、广播电视站、敬老院等。农业以水稻、玉米种植为主，有生猪、山羊、牛饲养，产油茶、柑橘。特产中田橙子糖。工业以农产品和竹木加工、电力为主。洛湛铁路、省道芦洪市—井头圩线过境。

新江（地片）［Xīnjiāng］ 新圩江镇人民政府驻地。在县境西北部。面积8平方千米。人口1900。因新圩街临芦江河畔得名。1995年成立。有居住楼250余栋，以2层为主。有老年大学、老年活动室。有中小学、卫生院。有林业站等。农业以水稻、玉米种植为主。省道芦洪市—井头圩线经此。

花桥镇［Huāqiáo Zhèn］ 东安县辖镇。在县境北部。面积53平方千米。人口1.7万。辖3居委会、15村委会，有163自然村。镇人民政府驻花山（地片）。1950年设花桥乡，后改公社，1984年复乡。1995年改镇。镇以桥名。传明初石拱桥上雕龙画凤、花草图案，故名花桥。有九年一贯制学校1所，卫生院1个。有幼儿园、文化站、广播电视站、敬老院等。有“勿忘国耻”碑。有景点好汉岭、飞来石、峨眉观。农业以水稻、玉米、辣椒种植为主，有生猪、山羊、牛等饲养。工业以水泥预制、焊剂、食品加工为主。二广高速，省道邵阳—芝山、邵阳—东安线过境。

花山（地片）［Huāshān］ 花桥镇人民政府驻地。在县境北部。面积1平方千米。人口700。清光绪三十四年（1908）雷发聋创办新式学堂，遭劣绅杀害。1926年乡人葬其遗骨于学校后山，碑刻“花山血迹”。因碑得名。1995年成立。有老年活动中心、老年大学等。有中小学、卫生院。有“勿忘国耻”碑。农业以水稻、玉米、蔬菜种植为主，兼有商贸业。有农贸市场。省道邵阳—芝山线经此。

大盛镇［Dàshèng Zhèn］ 东安县辖镇。在县境北部。面积103平方千米。人口3.2万。辖2居委会、26村委会，有240自然村。镇人民政府驻回隆（地片）。1950年设大盛乡，后改公社。1984年复乡。1986年改镇。1995年易江乡并入。原名大瀛桥，传清乾隆年间（1736—1795）魏大盛金榜题名后改今名。有大浪冲顶山。应源河流经。有中学1所，小学1所，九年制学校1所，卫生院1个，卫生所1个。有幼儿园、文化站、广播电视站、敬老院等。有景点文广岩、栗木冲瀑布。农业以水稻、玉米种植为主，有生猪、山羊、牛饲养，产西瓜、甘蔗。工业以冶炼，农产品、竹木加工为主。特产大盛月饼、猪血丸子、蕨根豆腐。洛湛铁路、邵永高速、省道邵阳—东安线、县道岔界线过境。

回隆（地片）［Huílóng］ 大盛镇人民政府驻地。在县境西北部。面积1平方千米。人口1300。因旧有回隆寺得名。1995年成立。民居以2层住宅楼为主。有老年大学、老年活动室。有中学、卫生院。有动物防疫站、农贸市场等。农业以水稻、玉米、大豆种植为主。省道邵阳—东安线经此。

南桥镇［Nánqiáo Zhèn］ 东安县辖镇。在县境东北部。面积104平方千米。人口3.5万。辖2居委会、33村委会，有288自然村。镇人民政府驻南桥（地片）。1952年设南镇乡，后改公社。1984年复乡。1995年与大水乡合置南桥镇。清代南京商贾捐资筑桥，得名南京桥，地以桥名南镇。1995年因南镇镇读音拗口更今名。有登云岭。开河冲、平阳溪、杉木河流经。有中学1所，九年一贯制学校1所，小学1所，卫生院1个，卫生所1个。有幼儿园、文化站、广播电视站、敬老院等。农业以水稻、玉米种植为主，有生猪、山羊、牛饲养，产西瓜、大豆、香芋等。工业以家具、食品、农产品、竹木加工为主。省道邵阳—芝山线过境。

南桥（地片）［Nánqiáo］ 南桥镇人民政府驻地。在县境东北部。面积3平方千米。人口1300。因镇得名。1995年成立。民居以2层住宅楼为主。有老年活动室、老年大学。有卫生所。有动物防疫站、农贸市场等。农业以水稻、玉米、蔬菜等种植为主。省道邵阳—芝山线经此。

大江口乡［Dàjiāngkǒu Xiāng］ 东安县辖乡。在县境东南部。面积95平方千米。人口3万。辖24村委会，有231自然村。乡人民政府驻大江口村。1956年设大江口乡，后改公社。1984年复乡。1995年荷池乡6村并入。因乡政府驻地得名。湘江、紫水河流经。有中学1所，小学1所，卫生院1个。有幼儿园、文化站、广播电视站、敬老院等。农业以水稻、玉米、蔬菜种植为主，有生猪、鱼等饲养。工业有锰矿开采、砂卵石加工。特产斗酒、喝螺。207国道过境。通湘江航道。

大江口村［Dàjiāngkǒucūn］ 大江口乡人民政府驻地。在县政府驻地白牙市镇东南16千米。人口2500。因处紫水、湘江汇合口得名。聚落呈团块状。有中小学、幼儿园、卫生院、幸福院等。种植水稻、玉米等。有农贸市场。207国道过境。通湘江航道。

黄泥洞乡［Huángnídòng Xiāng］ 东安县辖乡。在县境西北部。面积114平方千米。人口1万。辖8村委会，有96自然村。乡人民政府驻金江村。2013年由黄泥洞林场6村与鹿马桥镇2村合设黄泥洞乡。有九年制学校1所。有幼儿园、文化站、广播电视站、敬老院等。有瑶族民俗风情。有景点黄泥洞瀑布、兴隆寺。农业以水稻、玉米种植为主，有生猪、菜牛、山羊饲养，产蜂蜜、八月笋。有锑矿开采业。县道金黄线过境。

金江村［Jīnjiāngcūn］ 黄泥洞乡人民政府驻地。在县政府驻地白牙市镇西北44千米。人口1800。因金江水库得名。聚落呈点状。有九年一贯制学校、幼儿园、卫生院、幸福院、文化广场等。农业以水稻、玉米种植为主，有生猪饲养。有农贸市场。县道金黄线经此。

川岩乡［Chuānyán Xiāng］ 东安县辖乡。在县境中部偏西。面积100.4平方千米。人口1.9万。以汉族为主，还有瑶族。辖16村委会，有155自然村。乡人民政府驻禾市村。1952年设川岩乡，后改公社。1984年复乡。原因小河子岩洞穿过得名穿岩，后谐音为今名。有将军棋山，海拔1106.9米。小河松江、宥江流经。森林覆盖率87.1%。有九年制学校1所，卫生院1个。有文化站、广播电视站、敬老院等。有名胜古迹豹虎岩古戏台、仙人桥、盘古岭溶洞群、乐子冲古老吊脚楼群等。农业以水稻、玉米种植为主，有生猪、山羊、黄牛饲养，产药材、杉木、松木、南竹等。为东安鸡保种基地。工业有竹器、竹木加工。特产蜂蜜、天麻、竹筒酒。县道东川线过境。

禾市村［Héshìcūn］ 川岩乡人民政府驻地。在县政府驻地白牙市镇西北22千米。人口2200。原因2小村合并成集市得名合市，后谐音为今名。聚落呈条块状。有中小学、卫生院。有老年大学、棋牌室、门球场等。农业以水稻、玉米、蔬菜等种植为主。

水岭乡［Shuǐlǐng Xiāng］ 东安县辖乡。在县境西部。面积60平方千米。人口1.4万。辖15村委会，有131自然村。乡人民政府驻水岭村。1950年设枧田乡，后改公社。1961年更名水岭公社。1984年改乡。因乡政府驻地得名。有齐培古山。紫江、龙溪河流经。有九年制学校1所，卫生院1个。有文化站、广播电视站、敬老院等。有水岭羊肉制作技艺、水岭武术。农业以水稻、玉米、红薯、松、杉等种植为主，特产水岭百合、水岭羊肉。县道笑东线过境。

水岭村［Shuǐlǐngcūn］ 水岭乡人民政府驻地。在县政府驻地白牙市镇西北12千米。人口1600。因处上、下河分水岭得名。聚落呈条块状。有九年制学校、卫生院、水岭文化广场。农业以水稻、玉米、蔬菜等种植为主，特产水岭羊肉。县道笑东线经此。

双牌县

双牌县［Shuāngpái Xiàn］ 永州市辖县。在市境南部。北纬25°28′，东经111°39′。面积1751平方千米。人口20.3万。以汉族为主，还有瑶、蒙古、苗等民族。辖6镇、7乡、1瑶族乡。县人民政府驻泷泊镇。1969年设双牌县，属零陵专区。1968年属零陵地区。1995年属永州市。因潇水流经县域一名滩，《永州府志》载，“地始平，水始缓，谓之出泷”，来往船只在此停泊，故名“泷泊”，又“泷泊”（Shuāngbó）与“双牌”谐音，故称“双牌”。先后改扩建平阳路、阳明路、紫阳路、兴隆街，建城南批发市场、城北竹木交易市场、阳明山大厦、邮电大楼、体育馆、泷泊大厦、科技大楼、财政大楼。2010年后改造老区。2014年年底建成区面积近4平方千米。中部为老城区，以商贸为主。城北新区为行政、教育中心。北部为产业中心，有双牌工业园区。处南岭山脉北麓。以山地为主，兼有丘陵、平原。东西高，南北低，形似马鞍。平均海拔288米。年均气温17.7℃，1月平均气温6.1℃，7月平均气温28.4℃。年均降水量1382.4毫米。潇水河、永江、桴江、社江流经。有矿产资源铁、锰、铅、锌等。有野生植物1883种，其中有国家一级保护野生植物伯乐树、银杏、南方红豆杉、水松，国家二级保护野生植物黄杉、白豆杉、杜仲等21种。有野生动物218种，其中有国家一级保护野生动物云豹，国家二级保护野生动物穿山甲等32种。有阳明山国家森林公园、日月湖国家湿地公园、打鼓坪西冲省级森林公园。森林覆盖率83%。有中学20所，小学22所，二级医院2个。有体育馆。有省级文物保护单位访尧古村建筑群。有古迹万寿寺。有中国传统村落塘基上村。有中国历史文化名村坦田村，省级历史文化名村大河江、访尧村。有国家一级景点8个，二级20个，三级46个。三次产业比例33∶31∶36。农业以水稻种植为主，产生姜、山铲籽。工业以农林产品、纸箱、皮鞋、服装加工为主。服务业以旅游、商贸为主。洛湛铁路、二广高速、207国道，省道永连、耒阳—双牌线过境。

潇水大桥 [Xiāoshuǐ Dàqiáo] 在县城北部。长311米，宽12.5米，最大跨度50米，桥下净高20米。2005年开工，2006年建成。因潇水河得名。为大型河道桥梁，结构型式为预应力砼简支T梁桥。最大载重49吨。通公交车。

双牌站 [Shuāngpái Zhàn] 见交通运输设施部分“双牌站”条。

双牌汽车站 [Shuāngpái Qìchēzhàn] 见交通运输设施部分“双牌汽车站”条。

泷泊镇 [Lóngbō Zhèn] 双牌县人民政府驻地。在县境中部。面积100.5平方千米。人口5.2万。以汉族为主，还有瑶、苗、蒙古等民族。辖5居委会、16村委会，有130自然村。镇人民政府驻大路口村。1976年设城关镇。1984年双牌乡并入。1995年因古县名更今名。潇水河、岚江、溧江、永水河流经。有日月湖国家湿地公园、西岭万亩园林。有中学3所，小学4所，二级医院2个，卫生院1个，卫生所20个。有幼儿园、文化站、广播站、敬老院等。有名胜古迹雷石镇遗址、文昌阁、良仙寺戏台、尚书庙、永和塔。农业以水稻种植为主。有柑橘、蔬菜、葡萄等种植基地。有九甲村综合养殖。工业以农机、造纸、人造板制造、食品加工为主。洛湛铁路、207国道过境。通公交车。

紫金路 [Zǐjīn Lù] 在县城中部。北起207国道城北加油站，南至207国道城南加油站。与电站路、平阳路、林峰路、紫阳路相交。长3.5千米，宽26—37米。混凝土路面。1969年开工，1971年建成，1983年扩建北路，1994年扩建南路。因紫金山得名。穿过商业中心。两侧有紫金医院、中学、电影院、长途汽车站。通公交车。

兴隆街 [Xīnglóng Jiē] 在县城中部。北起双电西路，南至林峰路。与紫阳路、平阳路相交。长1.3千米，宽25米。混凝土路面。1986年开工，1988年建成。因原兴隆市场得名。两侧有县民政局、县审计局、县水利局。通公交车。

阳明路 [Yángmíng Lù] 在县城东部。北起双西路，南至林峰路。与紫阳、平阳路、电站路相交。长1.3千米，宽30米。混凝土路面。2000年开工，2002年建成。因阳明山得名。分北、南2路。与平阳路交叉处有街心喷泉、雕塑。两侧有双牌大市场、邮政局、农村商业银行。通公交车。

大路口村 [Dàlùkǒucūn] 泷泊镇人民政府驻地。在镇境北部。人口1100。明初建有官马大道，由北向南贯村，村北建有“龙家亭”，村南建有“拱门亭”，两亭间铺青石路，村口有小集市，为南北大路的要道口，故称大路口。村以此名。聚落呈团块状。溧江流经。有小学、幼儿园、医务室、文化广场等。农业以水稻种植为主，有家禽饲养。有集贸市场。洛湛铁路、207国道经此。通公交车。

江村镇 [Jiāngcūn Zhèn] 双牌县辖镇。在县境南部。面积155平方千米。人口1.9万。辖19村委会，有202自然村。镇人民政府驻江村村。1956年设江村乡。1958年并入幸福公社。1961年改江村公社。1984年改乡。1986年改镇。因镇政府驻地得名。潇水流经。有中学1所，小学2所，卫生院1个，卫生室14个。有幼儿园、文化站、广播站、敬老院等。有省级文物保护单位访尧古村建筑群。有古迹鼻圩、沈公庙。农业以水稻种植为主，有家禽饲养，产水产、红瓜子、花生、大豆。工业以竹木加工为主。服务业以商贸、旅游为主。县道尚江线过境。通潇水河航道。

江村村 [Jiāngcūncūn] 江村镇人民政府驻地。在县政府驻地泷泊镇东南36千米。人口1300。因处潇水河畔得名。聚落呈菱形。有中小学、幼儿园、医务室、文化广场等。农业以水稻种植为主，有生猪、山羊饲养。有集贸市场。县道尚江线经此。通潇水河航道。

访尧村 [Fǎngyáocūn] 在县政府驻地泷泊镇东南15千米。江村镇辖自然村。人口1500。传象寻访尧帝足迹至此，故名。建于明嘉靖元年(1522)，为省级历史文化名村。有省级文物保护单位访尧古村建筑群。古民居保存完好。有周氏宗祠等明、清古建筑200余栋。有千年铁树。远眺访尧村，5条山脉斜插而下汇于古村，呈“五龙抢珠”之势，有“五马归槽”之说。农业以水稻种植为主，有家禽等饲养。

茶林镇 [Chálín Zhèn] 双牌县辖镇。在县境东北部。面积129平方千米。人口1.5万。辖16村委会，有100自然村。镇人民政府驻大河江村。1952年设茶林寺乡。1961年改公社。1974年更名茶林公社。1984年改乡。2013年改镇。因多茶林得名。桴江、大河江流经。有中学1所，小学5所，卫生院1个，卫生室9个。有幼儿园、文化站、广播站、敬老院等。有古迹邓家大院。有省级历史文化名村大河江村。有国家3A级旅游景区桐子坳。有景点阳明山。农业以水稻种植为主，有家禽饲养。工业以水电为主。服务业以旅游为主。永蓝、二广高速，省道永连线过境。

大河江村 [Dàhéjiāngcūn] 茶林镇人民政府驻地。在县政府驻地泷泊镇东北23千米。人口900。因桴江河得名。聚落呈团块状。有九年制学校、卫生院。为省级历史文化名村。有古迹邓家大院。农业以水稻种植为主，有家禽饲养。永蓝高速、省道永连线经此。

桐子坳村 [Tóngzǐ'àocūn] 在县政府驻地泷泊镇东北33千米。茶林镇辖自然村。人口600。因有桐子坳、桐子山、桐子平山得名。聚落呈三角形。有原始银杏林、天子山次原始森林。为国家3A级旅游景区。永蓝高速、省道永连线经此。

五里牌镇 [Wǔlǐpái Zhèn] 双牌县辖镇。在县境北部。面积95平方千米。人口1.6万。以汉族为主，还有蒙古、布依、满等民族。辖15村委会，有143自然村。镇人民政府驻五里牌村。1950年设五里牌乡。1958年并入狮子山乡。1961年由群英公社析设五里牌公社。1984年改乡。1993年改镇。因镇政府驻地得名。潇水河、洋江流经。有矿产资源灰岩、黏土、砂石、石灰石等。有中学1所，小学1所，卫生院1个，卫生所11个。有幼儿园、文化站、广播站等。有名胜古迹黑岩、水星庵。农业以水稻种植为主，有猪、牛、羊饲养，产杉木、南竹。洛湛铁路、207国道过境。

五里牌村 [Wǔlǐpáicūn] 五里牌镇人民政府驻地。在县政府驻地泷泊镇西北6千米。人口1600。古时五户为邻、五邻为里，时住户较多而成街坊，故名。聚落呈团块状。有中小学、幼儿园、医务室、文化广场。有古迹水星庵。农业以水稻种植为主，有猪饲养。有集贸市场。洛湛铁路、207国道经此。

塘基上村 [Tángjīshàngcūn] 在县政府驻地泷泊镇西北12千米。五里牌镇辖自然村。人口3000。因村前塘口数亩、良田数顷得名。聚落呈“靠椅”状。为中国传统村落。有明清古民居建筑群100余栋。农业以水稻种植为主，养殖家禽。

何家洞镇 [Héjiādòng Zhèn] 双牌县辖镇。在县境西南部。面积196平方千米。人口1.1万。以汉族为主，还有瑶族。辖22村委会，有324自然村。镇人民政府驻何家洞村。1950年设何家洞乡，后改公社。1984年复乡。1995年蔡里口乡并入。2014年改镇。因镇政府驻地得名。大竹江、大坪江、粗石江、二井江河流经。有中学1所，小学3所，卫生院1个，卫生室17个。有幼儿园、文化站、广播站、敬老院等。有古桥、古墓、四神庙、周崇傅墓。有龙洞文化艺术产业园。农业以反季蔬菜种植为主，产水果、林木。服务业以旅游为主。省道西蔡线过境。

何家洞村 [Héjiādòngcūn] 何家洞镇人民政府驻地。在县政府驻地泷泊镇西南18千米。人口2200。因何姓住址前有田洞(指平地)得名。聚落呈团块状。有中小学、幼儿园、医务室、文化广场。有龙洞文化艺术产业园。农业以生猪、羊、牛饲养为主，产杉树、南竹、中药材。有集贸市场。省道西蔡线经此。

麻江镇 [Májiāng Zhèn] 双牌县辖镇。在县境东部。面积119平方千米。人口1.5万。辖14村委会，有112自然村。镇人民政府驻蒋家村。1952年设麻江乡。1958年并入闪电公社。1961年析设麻江公社。1984年改乡。2014年改镇。因河得名。麻江、横江流经。有中学1所，小学1所，卫生院1个，卫生室7个。有幼儿园、文化站、广播站、敬老院。有“三仙”碑、麻江街红军标语。农业以水稻种植为主，有家禽饲养，产水果、蔬菜。工业以石料、肉制品、竹木加工为主。永蓝高速、省道永连线过境。

蒋家村 [Jiǎngjiācūn] 麻江镇人民政府驻地。在县政府驻地泷泊镇东北31千米。人口700。因蒋姓氏得名。聚落呈团块状。有中小学、幼儿园、医务室、文化活动室。农业以水稻种植为主，有家禽饲养，产葡萄、百香果。有集贸市场。永蓝高速、省道永连线经此。

红水岭瑶族村 [Hóngshuǐlǐngyáozúcūn] 在县政府驻地泷泊镇东北28千米。麻江镇辖自然村。人口500，其中瑶族占83%，还有汉族。原因常年白雾环绕且有白冰得名白水岭，20世纪60年代更名红水岭，2004年改今名。聚落呈三角形。有幼儿园、医务室、文化活动室。阳明山脚下为瑶族居住地。有“六月六”过半年节习俗。原“秦池古道”必经之地。经济以乡村旅游为主，农业以红菇、玉米种植为主。永蓝高速、省道永连线经此。

平福头乡 [Píngfútóu Xiāng] 双牌县辖乡。在县境东北部。面积32平方千米。人口0.9万。辖7村委会，有76自然村。乡人民政府驻平福头村。1950年设平福头乡。1956年并入五里牌乡。1961年由群英公社析设平福头公社。1984年改乡。因乡政府驻地得名。潆水流经。有中学1所，小学1所，卫生院1个，卫生室9个。有文化站、广播站。有福桥双樟、沙背甸古牌坊、石碑。农业以水稻、棉花、柑橘、甘蔗种植为主，有猪饲养，有鱼养殖。工业有工艺地球仪、木材加工。县道平霞线过境。

平福头村 [Píngfútóucūn] 平福头乡人民政府驻地。在县政府驻地泷泊镇东北17千米。人口1800。处潇水冲头上，农田颇多，以祈愿平安幸福得名。聚落呈团块状。有小学、卫生室。有景点福桥双樟。农业以水稻、香芋、油菜种植为主，有家禽饲养。有集贸市场。县道平霞线经此。

尚仁里乡 [Shàngrénlǐ Xiāng] 双牌县辖乡。在县境中部。面积82平方千米。人口0.6万。辖8村委会，有56自然村。乡人民政府驻尚仁里村。1950年设尚仁里乡。1952年析设崔家、埭碟2乡。1956年3乡合设尚仁里乡。

1958年并入东风公社。1964年析设尚仁里公社。1984年改乡。因乡政府驻地得名。单江、岚江流经。有小学1所,卫生院1个,卫生室8个。有文化站、广播站。农业以水稻种植为主,有家禽饲养,产塔山茶。洛湛铁路、207国道过境。

尚仁里村 [Shàngrénlǐcūn] 尚仁里乡人民政府驻地。在县政府驻地泷泊镇南7千米。人口1100。以高尚仁义之街坊命名。聚落呈团块状。有小学、幼儿园、医务室、文化活动室。有古迹百源之妻贞洁牌坊。农业以水稻种植为主,产百香果、罗汉果。有集贸市场。洛湛铁路、207国道经此。

永江乡 [Yǒngjiāng Xiāng] 双牌县辖乡。在县境西南部。面积88平方千米。人口0.5万。辖9村委会,有71自然村。乡人民政府驻盘家洞村。1962年成立盘家洞公社。1970年更名永江公社。1984年改乡。永江河流经。有中学1所,小学1所,卫生院1个,卫生室5个。有文化站、广播站。农业以生猪、羊、牛饲养为主,产杉树、南竹、油茶、中药材。省道西蔡线过境。

盘家洞村 [Pánjiādòngcūn] 永江乡人民政府驻地。在县政府驻地泷泊镇西南13千米。人口700。因姓氏得名。聚落呈团块状。有中小学、医务室、文化活动室。农业以生猪、羊、牛饲养为主,产南竹、油茶、中药材。省道西蔡线经此。

塘底乡 [Tángdǐ Xiāng] 双牌县辖乡。在县境中部。面积118平方千米。人口0.6万。辖12村委会,有82自然村。乡人民政府驻黄泥山村。1950年设塘底乡。1958年并入幸福公社。1961年析设塘底公社。1984年改乡。有黄龙山。麻江、潇水河流经。有中学1所,小学1所,卫生院1个,卫生室7个。有文化站、广播站。有麻隍古庙、千古悬棺。农业以杉树、油茶、中药材种植为主,有生猪、牛等饲养。为林区乡。县道沙塘、塘林线过境。

黄泥山村 [Huángníshāncūn] 塘底乡人民政府驻地。在县政府驻地泷泊镇东25千米。人口600。因该地山出口处在潇水与麻江河汇合处,无沙石,普显黄色泥土,故称"黄泥山"。聚落呈团块状。有卫生室。有麻隍古庙、千古悬棺。农业以油茶、中草药种植为主,有生猪饲养。县道线塘林公路经此。

上梧江瑶族乡 [Shàngwújiāng Yáozú Xiāng] 双牌县辖乡。在县境中部。面积185平方千米。人口1.5万,其中瑶族占19%,还有汉族。辖23村委会,有177自然村。乡人民政府驻上梧江村。1952年设上梧江乡,后改公社。1984年复乡,旋改瑶族乡。1995年林江乡并入。因乡政府驻地得名。潇水河流经。有中学1所,小学3所,卫生院1个,卫生室22个。有文化站、广播站。农业以生姜、红薯种植为主,有生猪、牛、羊饲养,产杉树、油茶、中药材。县道塘林、尚林线过境。通潇水航道。

上梧江村 [Shàngwújiāngcūn] 上梧江瑶族乡人民政府驻地。在县政府驻地泷泊镇东南20千米。人口1400。以汉族为主,还有瑶族。原因处潇水河上埠江码头得名上埠港,后谐音改今名。聚落呈团块状。有中小学、医务室、文化活动室。农业以生姜、油茶、红薯种植为主,有生猪饲养,产林木、中药材。有集贸市场。县道塘林线经此。通潇水航道。

理家坪乡 [Lǐjiāpíng Xiāng] 双牌县辖乡。在县境南部。面积80平方千米。人口1.4万。以汉族为主,还有瑶、回、侗等民族。辖12村委会,有134自然村。乡人民政府驻理家坪村。1952年设理家坪乡,后改公社。1984年复乡。因乡政府驻地得名。坦水河流经。有中学1所,小学1所,卫生院1个,卫生室13个。有文化站、广播站。有全国重点保护单位岁圆楼。有中国历史文化名村坦田村。农业以水稻种植为主,产花生、黄豆、红瓜子。洛湛铁路,县道车江、打理线过境。

理家坪村 [Lǐjiāpíngcūn] 理家坪乡人民政府驻地。在县政府驻地泷泊镇东南40千米。人口2000。原因姓氏得名李家坪,后因盘姓居此改为今名。聚落呈团块状。有中小学、幼儿园、医务室、文化活动室。农业以水稻种植为主,产柑橘、脆梨。有集贸市场。洛湛铁路,县道车江、打理线经此。

坦田村 [Tǎntiáncūn] 在县政府驻地泷泊镇东南25千米。理家坪乡辖自然村。人口2900。因村前田土宽平得名。聚落呈马鞍状。为中国历史文化名村、中国传统村落。有全国重点文物保护单位岁圆楼。农业以水稻、油茶种植为主。县道打理线经此。

五星岭乡 [Wǔxīnglǐng Xiāng] 双牌县辖乡。在县境东北部。面积172平方千米。人口1万。辖11村委会,有75自然村。乡人民政府驻长滩村。2012年由五星岭林场析设五星岭乡。原名蒋家岭,1958年改今名。横江流经。有九年制学校1所,卫生院1个,卫生室9个。经济以林业为主,产西瓜、油茶、药材,有黑山羊、土猪饲养。省道红霞线过境。

长滩村 [Chángtāncūn] 五星岭乡人民政府驻地。在县政府驻地泷泊镇东10千米。人口700。因有长滩得名。聚落呈团块状。有九年制学校、卫生室、文化活动室。产木材、南竹。有集贸市场。省道红霞线经此。

打鼓坪乡 [Dǎgǔpíng Xiāng] 双牌县辖乡。在县境东南部。面积112平方千米。人口1.1万。辖7村委会,有43自然村。乡人民政府驻打鼓坪村。1952年设打鼓坪乡。1956年并入车头乡。1964年为打鼓坪林场。2012年由林场析设打鼓坪乡。因乡政府驻地得名。有九年制学校1所,卫生院1个,卫生室7个。有幼儿园。经济以林业为主。有生猪饲养,产东魁杨梅、塔山婆婆仙茶、中药材。有打鼓坪林场。洛湛铁路、207国道过境。

打鼓坪村 [Dǎgǔpíngcūn] 打鼓坪乡人民政府驻地。在县政府驻地泷泊镇南32千米。人口900。原因小道旁有碓屋、晒谷坪得名挞谷坪,因挞、打近音习称打谷坪,后又误写为今名。聚落呈团块状。有九年制学校、幼儿园、卫生室、文化活动室。农业以杨梅、茶种植为主,有生猪、牛等饲养。有集贸市场。洛湛铁路、207国道经此。

道县

道县 [Dào Xiàn] 永州市辖县。北纬25°31′,东经111°35′。在市境南部。面积2448平方千米。人口80.2万。以汉族为主,还有瑶、壮、苗、侗等民族。辖7街道、12镇、1乡、4瑶族乡。县人民政府驻濂溪街道。秦王政二十六年(前221)置营浦县,属长沙郡。因县在营水之滨得名。隋开皇九年(589)并入永阳县。唐武德四年(621)置营州,次年更名南营州。贞观八年(634)改道州。元改道州路。明洪武元年(1368)改府。九年复道州。清康熙三年(1664)降为县级散州。1913年改道县,先后属永州专区、湘南行政区、零陵地区。1995年属永州市。清道光《永州府志》载,"道州,以营道山得名,唐以前从水以营著"。先后建成建设中路、道州中路、文化路、红星路等。2014年扩展为"三纵十三横"空间布局,形成濂溪河、城北、上关城东3片区。城区由道州古城、新城组成,工业集中区在东北部。有周敦颐文化广场、西洲公园、绍基公园、滨江风光带。有标志性建筑道州古城、濂溪书院、陈树湘红色文化园。处南岭地区。四周高,中间低,县城处盆地中心。平均海拔420.4米。年均气温18.8℃,1月平均气温7.3℃,7月平均气温28.8℃。年均降水量1504毫米。有把截大岭、九嶷山、铜山岭、都庞岭、紫金山。潇水河、沱江、永明河、濂溪河、洑水河、泡水河、泠水河、九嶷河流经。有矿产资源锡、钨、锰、铜等。有野生植物1265种,其中有国家重点保护野生植物银杏、资源冷杉、香果树等43种。有野生动物2377种,其中有国家重点保护野生动物云豹、蟒、灰腹角雉、金雕等41种。有都庞岭国家级自然保护区。森林覆盖率62.5%。有高校2所,中学34所,小学270所,二级医院5个。有全国重点文物保护单位玉蟾岩遗址、鬼崽岭遗址、濂溪故里古建筑群及月岩摩崖石刻、潇贺古道,省级文物保护单位道州古城墙、何绍基故居、周凤山周岐山故居、中央红军长征突破第四道封锁线旧址群—湘江战役道县活动旧址。有省级爱国主义教育基地陈树湘烈士纪念馆,省级国防教育基地何宝珍故里。有湘江战役豪福红军指挥部旧址、红军渡、红军墙、陈树湘烈士墓。为省革命老根据地。有省级非物质文化遗产道州龙船赛、调子戏。有中国传统村落田广洞、小坪村等3个,省级历史文化名村楼田村。有国家3A级旅游景区周敦颐故里。有景点道州州府衙遗址、寇公楼、文塔、荣恩进士坊、状元山。三次产业比例比为27∶28∶45。农业以水稻、脐橙、厚朴种植为主,有生猪、牛饲养,特产红瓜子、茶油、萝卜、香姜、香芋。工业以电子、轻纺制鞋、生物科技、先进制造为主。有省级工业集中区1个。服务业以商贸、物流、旅游为主。洛湛铁路,厦蓉、道贺高速,207国道,省道东山—泸水、江永—钟山线过境。通潇水河航道。有道州站、道州汽车北站。

周敦颐文化广场 [Zhōudūnyí Wénhuà Guǎngchǎng] 在县城中部。面积2.1公顷。2005年开工,2007年建成。为纪念周敦颐得名。有周敦颐铜像、周敦颐理学文化墙、周敦颐名言名作汉白玉圆柱9根。为大型活动、娱乐休闲场所。周边有西洲公园、道县大市场。东临潇水。通多路公交车。

道州路 [Dàozhōu Lù] 在县城中部。北起工业大道,南至厦蓉高速。与富塘路、湘源路、长征路、营江路、月岩路等相交。长10.7千米,宽60米。沥青混凝土路面。原为旧街路解放街一段,1971年改建,1996年改建北路,2011年改建南路。原名建设路,后改建设街,1993年定今名。穿过商业文化中心。两侧有道州汽车北站、商贸城、道县大市场等。通公交车。

潇水路 [Xiāoshuǐ Lù] 在县城中部。北起工业大道,南至道州南路。与富塘路、湘源路、长征路、寇公街、濂溪北路等相交。长7.7千米,宽40米。沥青混凝土路面。原为新街、老街等旧街路,1993年改为道州街,20世纪70年代改建为潇水路,1996年改建北路,2001年改建南路。因东临潇水河得名。穿过商业中心。两侧有县工业园、道州古城、道县大市场、新华书店、商业步行街、红军墙、西洲公园、周敦颐文化广场。通公交车。

月岩路 [Yuèyán Lù] 在县城中部。东起省道上坦线,西至站前路。与道州路、潇水路等相交。长4250米,宽60米。沥青混凝土路面。原为旧街路,1971年改建,1997年改建东路,2008年改建西路。先后名大寨路、上关街,1993年因道州八景之月岩改今名。两侧有新华书店、商业步行街、城管局等。通公交车。

潇水大桥 [Xiāoshuǐ Dàqiáo] 在县城东部。长228米，宽10.7米，最大跨度48.4米，桥下净高15.4米。1969年开工，1970年建成。因跨潇水河得名。为大型河道桥梁，结构型式为双曲拱桥。最大载重15吨。

潇水二桥 [Xiāoshuǐ 2 Qiáo] 在县城东北部。长517.3米，宽13米，最大跨度50米，桥下净高16米。2002年开工，2009年建成。以建设顺序延续得名。为大型河道桥梁，结构型式为等截面连续预应力水泥砼箱梁桥。最大载重30吨。

道州站 [Dàozhōu Zhàn] 见交通运输设施部分“道州站”条。

道州汽车北站 [Dàozhōu Qìchē Běizhàn] 见交通运输设施部分“道州汽车北站”条。

濂溪街道 [Liánxī Jiēdào] 道县人民政府驻地。在县境中部偏北。面积18平方千米。人口3.6万。以汉族为主，还有瑶、壮、苗、彝等民族。2010年设。因河得名。先后建长征路，改扩建潇水北路、道州北路、濂溪北路、长征路、湘源路、荷叶塘路、富塘路。潇水河、濂溪流经。有道县师范学校、市工贸中专。有中学3所，小学3所，二级医院1个，社区卫生服务中心1个。有省级文物保护单位道州石城墙，省级非物质文化遗产道州龙船赛。有道州古城。有古迹道州州府衙遗址、寇公楼、五龙石雕、状元山、文昌阁。经济以商贸、金融、物流为主。农业以蔬菜种植为主，有鱼养殖。有餐饮住宿、房屋租赁业。207国道、省道东山—泸水线过境。有道州汽车北站。

西洲街道 [Xīzhōu Jiēdào] 属道县。在县境中部。面积13平方千米。人口4.5万。2010年设。因潇水河中西洲得名。有狮子岭。有中学3所，小学5所，二级医院2个，社区卫生服务中心1个。有周敦颐文化广场、西洲公园。有省级文物保护单位陈树湘烈士墓。有红军墙、红军标语墙。经济以商贸、金融、物流为主。有皮鞋加工业。洛湛铁路、207国道、省道东山—泸水线过境。有道州站。

上关街道 [Shàngguān Jiēdào] 属道县。在县境中部。面积61平方千米。人口2.8万。1984年设上关乡。2011年改街道。处济川浮桥关口上游，故名。潇水河、龙江流经。有红旗渠。有中学1所，小学6所，卫生院1个，卫生室15个。有名胜古迹文塔、含晖岩、济川浮桥。经济以农业、商贸为主。农业以水稻、脐橙、花生、大豆、油茶种植为主。有园艺场、苗圃基地。省道东山—泸水线过境。

营江街道 [Yíngjiāng Jiēdào] 属道县。在县境中部。面积27平方千米。人口1.7万。1984年设营江乡。2013年改街道。因营江大洞得名。濂溪流经。有中学1所，小学3所，卫生院1个，卫生室14个。有乌龙庙。经济以商贸、农业为主。农业以水稻、蔬菜种植为主，有猪、牛等饲养。洛湛铁路、省道道县—清塘线过境。有道州站。通多路公交车。

东门街道 [Dōngmén Jiēdào] 属道县。在县境中部。面积32平方千米。人口1.6万。1984年设东门乡。2013年改街道。因处道州城东门之外得名。潇水河、沭水河流经。有中学1所，小学3所，二级医院1个，卫生院1个，卫生室13个。有省级文物保护单位何绍基故里古建筑群。有古迹九井塘、黄龙庙、左溪、五如石、石鱼湖。农业以水稻种植为主，产葡萄、杨梅、枇杷。工业以电子信息、轻纺制鞋、先进制造、生物科技为主。有道县工业园。省道东山—泸水线过境。通公交车。

富塘街道 [Fùtáng Jiēdào] 属道县。在县境中部。面积24平方千米。人口1.3万。1984年设富塘乡。2013年改街道。原因水塘四季不干、五谷丰收得名小富塘，后简为今名。沭水河流经。有中学2所，小学2所，二级医院1个，卫生院1个，卫生室13个。经济以农业、商贸为主。农业以水稻种植为主。有建材加工业。洛湛铁路、207国道、省道东山—泸水线过境。通多路公交车。

万家庄街道 [Wànjiāzhuāng Jiēdào] 属道县。在县境中部。面积37平方千米。人口1.6万。1984年设万家庄乡。2013年改街道。原名罐罐庄，后改为官家庄，再后人数增多更今名。有中学2所，小学3所，卫生院1个，卫生室10个。有景点华岩。经济以商贸、物流为主。农业以水稻、蔬菜种植为主，有猪、牛饲养。洛湛铁路，厦蓉、道贺高速，207国道过境。通多路公交车。

梅花镇 [Méihuā Zhèn] 道县辖镇。在县境北部。面积85平方千米。人口3.8万。辖30村委会，有109自然村。镇人民政府驻梅花村。1961年成立梅花公社。1984年改乡。1995年与车头乡合设梅花镇。因镇政府驻地得名。有宜山、胜穆岭。沭水河流经。有中学1所，小学21所，幼儿园13所，卫生院1个，图书室18个。有文化站、广播电视站。有修宜村古民居、何宝珍故居、状元楼。农业以水稻、蔬菜种植为主，盛产甘蔗、板栗、大蒜等。工业以茶叶、建材、化工、竹木加工为主。为县北部农副产品集散地。有梅花、棠下2圩市。洛湛铁路、207国道、县道江塘线过境。

梅花村 [Méihuācūn] 梅花镇人民政府驻地。在县政府驻地濂溪街道北10千米。人口2900。清光绪二十八年(1902)建圩掘土得梅花状石，故名。聚落呈团块状。有中小学、卫生院、敬老院等。农业以水稻、脐橙、香柚、蔬菜等种植为主，有肉鸽饲养。有梅花圩。县道江塘线经此。

寿雁镇 [Shòuyàn Zhèn] 道县辖镇。在县境西部。面积187平方千米。人口10.4万。辖2居委会、66村委会，有172自然村。镇人民政府驻寿清社区。1935年设寿雁镇。1949年改乡。1957年复镇，后改公社。1984年复镇。1995年牛路口、唐家2乡并入。由寿佛、雁峰2圩合并取首字得名寿雁圩，沿为镇名。有袁家山、瑶山界、都庞岭。沭水河流经。有中等专业学校1所，中学2所，小学30所，卫生院1个，卫生室61个。有文化站、广播电视站。有全国重点文物保护单位有玉蟾岩遗址。有湘江战役豪福红军指挥部旧址。有古桥十里桥、长田桥、普安桥。农业以水稻、油茶、柑橘、红瓜子种植为主。工业以冶金、弹花机制造、针织、建材为主。厦蓉高速、省道东山—泸水过境设道州西高速出入口。

寿清社区 [Shòuqīng Shèqū] 寿雁镇人民政府驻地。在县境西部。面积0.4平方千米。人口1100。因镇得名。1994年成立。民居以住宅楼为主。有老年活动室、便民服务站、居家养老服务中心、图书室、篮球场、健身设施等。有中专、中小学、卫生服务站等。有寿福农贸市场。省道东山—泸水线经此。

仙子脚镇 [Xiānzǐjiǎo Zhèn] 道县辖镇。在县境西北部。面积133平方千米。人口4.5万。辖1居委会、35村委会，有110自然村。镇人民政府驻仙子脚村。1958年成立五星公社。1959年改仙子脚公社。1964年改红岩公社。1984年改仙子脚镇。1995年沙田乡并入。因镇政府驻地得名。有都庞岭、禾仓岭、屋门岭。有永安、清水、雷口、高木4关。桂水河、沭水河流经。有中学2所，小学20所，卫生院1个，卫生室34个。有高明桥中央红军阻击战遗址、大债文光摩崖石刻、奇会亭石刻、下坝洞回庵廊桥。经济以农业、商业为主，种植水稻、大豆、玉米、柰李等。有仙子脚圩，农历逢二、五、八开市。工业以冶炼为主。厦蓉高速、省道东山—泸水线过境设高速出入口。

仙子脚村 [Xiānzǐjiǎocūn] 仙子脚镇人民政府驻地。在县政府驻地濂溪街道西北25千米。人口1400。明初建村。传古为仙子落脚地，故名。聚落呈团块状。有中小学、卫生院。农业以水稻、脐橙、柰李种植为主。有仙子脚圩。省道东山—泸水线经此。

清塘镇 [Qīngtáng Zhèn] 道县辖镇。在县境西部。面积281平方千米。人口4.9万。辖1居委会、36村委会，有128自然村。镇人民政府驻清塘社区。1961年由五一公社析设清塘公社。1984年改乡。1995年与久佳乡合设清塘镇。因镇政府驻地得名。有省第二高峰韭菜岭，海拔2009.3米。濂溪流经。有都庞岭国家级自然保护区。有中学1所，小学24所，卫生院1个，卫生室30个。有文化站、广播电视站等。有全国重点文物保护单位濂溪故里古建筑群及月岩摩崖石刻。有中国传统村落楼田村、小坪村。有国家3A级旅游景区周敦颐故里。有名胜古迹道山、月岩、大江源、千家洞等。经济以生态农业、旅游为主。农业以水稻种植为主，有山羊饲养，产柑橘、桃子、茶油。有月岩林场、大坪铺农场、清塘圩。厦蓉高速过境设道州西出入口。

清塘社区 [Qīngtáng Shèqū] 清塘镇人民政府驻地。在县境西部。面积1.8平方千米。人口2500。因塘水清如镜得名。2013年成立。民居以住宅楼为主。有老年活动室、卫生服务站、便民服务站、图书室、健身场所、居家养老服务中心等。有中学、卫生院。有清塘圩，农历逢二、五、八开市。省道道县—清塘、寿雁—清塘线经此。

楼田村 [Lóutiáncūn] 在县政府驻地濂溪街道西8千米。清塘镇辖自然村。人口1600。因田间积木如楼得名。聚落呈块状。为中国传统村落、国家3A级旅游景区。有全国重点文物保护单位濂溪故里古建筑群。有周敦颐故居、濂溪博物馆、道山。为周敦颐故里。种植水稻、蔬菜等，产道州红瓜子、灰鹅。省道道县—清塘线经此。

小坪村 [Xiǎopíngcūn] 在县政府驻地濂溪街道西18千米。清塘镇辖自然村。人口2600。宋建村之初全境遭水唯此小坪无恙，故名。聚落呈团块状。为中国传统村落。有全国重点文物保护单位月岩摩崖石刻。有古民居79栋，祠堂2栋，私塾1个，进士牌坊2个。农业以水稻种植为主，有山羊饲养。县道大坪铺—营乐源线经此。

祥霖铺镇 [Xiánglínpù Zhèn] 道县辖镇。在县境南部。面积154平方千米。人口4.9万。辖1居委会、46村委会，有155自然村。镇人民政府驻祥霖铺社区。1984年设祥霖铺乡。1995年与下蒋、岑江渡2乡合设祥霖铺镇。因镇政府驻地原名得名。有铜山岭。有中学2所，小学30所，卫生院1个，卫生室37个。有文化站、广播电视站等。有全国重点文物保护单位鬼崽岭遗址，省级文物保护单位周凤山周岐山将军故居。有中国传统村落田广洞村。农业以水稻、脐橙、油茶种植为主，特产香姜、香芋。工业以建材、纺织、农业加工为主。服务业以乡村旅游为主。有祥霖铺、新车、岑江渡3圩市。洛湛铁路、道贺高速、207国道、省道江永—钟山线过境。设道州南高速出入口。

祥霖铺社区 [Xiánglínpù Shèqū] 祥霖铺镇人民政府驻地。在县境南部。面积4平方千米。人口2200。原建圩时因皆竹棚多遭火灾，得名火烧铺，后寓以水克火更今名。2013年成立。民居以住宅楼为主。有老年活动室、卫生服务站、便民服务站、居家养老服务中心、图书室、健身场所等。有小学、卫生院。有千年古樟。种植水稻、脐橙。有制衣制鞋等厂及集贸市场。道贺高速、207国道、省道江永—钟山线经此。

田广洞村［Tiánguǎngdòngcūn］ 在县政府驻地濂溪街道南39千米。祥霖铺镇辖自然村。人口2400。因田多地广得名。聚落呈团块状。为中国传统村落。有全国重点文物保护单位鬼崽岭遗址。有明清古民居68栋，门楼7座，古巷道12条。特产香姜、香米、香芋。洛湛铁路、省道江永—钟山线经此。

蚣坝镇［Gōngbà Zhèn］ 道县辖镇。在县境东南部。面积140平方千米。人口5.1万。辖1居委会、36村委会，有195自然村。镇人民政府驻蚣坝社区。1959年成立蚣坝公社。1984年改乡。1986年析设井塘瑶族乡。1995年与兴桥乡合设蚣坝镇。因镇政府驻地原名得名。有丰村大岭。沱江流经。有中学1所，小学19所，卫生院1个，卫生室36个。有文化站、广播电视站等。有石马神红34师师长陈树湘牺牲地。有名胜古迹斑竹岩、龙岩、洲背渡口文化遗址。农业以水稻、柑橘、油茶种植为主。有蚣坝、兴桥、后江桥3圩市。厦蓉高速过境。

蚣坝社区［Gōngbà Shèqū］ 蚣坝镇人民政府驻地。在县境东南部。面积4平方千米。人口2800。传有蜈蚣遭雷击而头落河中横截如坝，取名蜈蚣坝，简为蚣坝。2013年成立。有居住楼1619栋。有卫生服务站、老年活动室、便民服务站、图书室、健身场所、居家养老服务中心等。有中小学、卫生院、文化站、广播站、敬老院等。农业以水稻、柑橘、葡萄种植为主。有蚣坝圩，农历逢二、五、八开市。省道上坦线经此。

四马桥镇［Sìmǎqiáo Zhèn］ 道县辖镇。在县境东南部。面积121平方千米。人口3.7万。辖1居委会、35村委会，有160自然村。镇人民政府驻四马桥村。1959年成立四马桥公社。1984年设乡。1995年与杨家乡合设四马桥镇。因镇政府驻地得名。泡水河流经。有中学1所，小学20所，卫生院1个，卫生室25个。有文化站、广播电视站。有富竹湾红34师师长陈树湘战斗遗址。有古迹道南书院、富足湾石刻。农业以水稻、水果种植为主。有四马桥圩，农历逢一、四、七开市。特产卜字菜刀、四马桥炸豆腐。省道上坦线过境。

四马桥村［Sìmǎqiáocūn］ 四马桥镇人民政府驻地。在县政府驻地濂溪街道东南22千米。人口2000。原名清坪圩，后因有4桥且流水湍急如骏马奔腾而更名驷马桥圩，简写为今名。聚落呈团块状。有中小学、卫生院等。有古迹道南书院。农业以水稻、柑橘、葡萄种植为主，特产四马桥炸豆腐。省道上坦线经此。

白马渡镇［Báimǎdù Zhèn］ 道县辖镇。在县境北部。面积105平方千米。人口3.9万。辖23村委会，有143自然村。镇人民政府驻白马渡村。1995年由清溪、青口2乡合设白马渡镇。因镇政府驻地得名。洑水河、泠水河流经。有中学1所，小学21所，卫生院1个，卫生室23个。有文化站、广播电视站等。有古迹白马渡、青口渡口、寨子岭宋代窑遗址、东山书院。经济以农业、商贸为主，种植水稻、脐橙、油茶等。有白马渡、青口2圩。县道油湘—白马渡线过境。

白马渡村［Báimǎdùcūn］ 白马渡镇人民政府驻地。在县政府驻地濂溪街道东北9千米。人口2700。传仙人骑白马至此遇潇水陡涨，仙人拂袖而去而马不能渡，昂首悲嘶化石，故名。聚落呈团块状。有中小学、卫生院、文化站、广播电视站等。农业以水稻、油茶、脐橙、杨梅等种植为主。有白马渡圩。县道油湘—白马渡线经此。

柑子园镇［Gānziyuán Zhèn］ 道县辖镇。在县境东部。面积80平方千米。人口3.3万。辖21村委会，有166自然村。镇人民政府驻柑子园村。1961年成立柑子园公社。1984年改乡。1995年油湘乡并入。2010年改镇。因镇政府驻地得名。九疑河、泠水河、春水河流经。有中学2所，小学20所，卫生院1个，卫生室19个。有文化站、广播电视站等。有古迹文星塔。农业以水稻、柑橘、油茶种植为主。有柑子园圩（农历逢二、五、八开市）、油湘圩（农历逢一、四、七开市）。省道东山—泸水线过境。

柑子园村［Gānziyuáncūn］ 柑子园镇人民政府驻地。在县政府驻地濂溪街道东21千米。人口2800。因建村之初有柑橘园得名。聚落呈团块状。有中小学、幼儿园、卫生室、图书室等。农业以水稻、脐橙、油茶等种植为主。有集贸市场。省道东山—泸水线经此。

新车镇［Xīnchē Zhèn］ 道县辖镇。在县境西南部。面积93平方千米。人口2.9万。辖28村委会，有80自然村。镇人民政府驻新车村。1952年设新车乡。1958年并入超美公社。1961年析设新车公社。1984年复乡。1995年午田乡并入。2011年改镇。因镇政府驻地得名。永明河流经。有中学1所，小学15所，卫生院1个，卫生室20个。有文化站等。有省级文物保护单位湘桂古道。有禾塘決策旧址、八家红军亭。有古迹风雨桥、龙母庙女书祭祀遗址。农业以水稻、脐橙、油茶种植为主。有新车圩，农历逢一、四、七开市。洛湛铁路、县道曾新线过境。

新车村［Xīnchēcūn］ 新车镇人民政府驻地。在县政府驻地濂溪街道西南17千米。人口1200。明洪武间(1368—1398)建村。因新装灌田水筒车得名。聚落呈环状。有中小学、卫生院。农业以水稻、油茶等种植为主。有新车圩。洛湛铁路、县道曾新线经此。

白芒铺镇［Báimángpù Zhèn］ 道县辖镇。在县境东部。面积103平方千米。人口3.5万。辖2居委会、29村委会，有206自然村。镇人民政府驻白芒铺社区。1961年成立白芒铺公社。1984年改乡。1995年小甲乡并入。2011年改镇。因镇政府原驻地得名。有中学2所，小学15所，幼儿园16所，卫生院1个，卫生室28所。农业以水稻、油茶、脐橙、柰李种植为主。有白芒铺圩（农历逢一、四、七开市）、小甲圩（农历逢三、六、九开市）。厦蓉高速、省道东山—泸水线过境。设道州东高速出入口。

白芒铺社区［Báimángpù Shèqū］ 白芒铺镇人民政府驻地。在县境东部。面积6平方千米。人口2600。因产白芒皮且有店铺得名。2014年成立。有中小学、卫生院。农业以水稻、油茶、脐橙种植为主。有白芒铺圩。省道东山—泸水线经此。

桥头镇［Qiáotóu Zhèn］ 道县辖镇。在县境西北部。面积258平方千米。人口3.6万。辖1居委会、34村委会，有268自然村。镇人民政府驻桥头社区。1958年成立先进公社。1959年更名桥头公社。1984年改乡。1995年会潭乡并入。2013年改镇。因镇政府原驻地得名。有营道山、九狮岭。洑水流经。有中学2所，小学9所，卫生院1个，卫生室31个。有敬老院等。有名胜古迹坦口古戏台、跳鱼台、庄村古建筑群、大车坝石拱桥、虎岩石刻。农业以水稻、大豆、玉米、油茶、沃柑、脐橙等种植为主。有桥头林场，产杉木、药材。有桥头圩，农历逢一、四、七开市。特产腊肉、鲊肉、椮子米酒。县道毛仙线过境。

桥头社区［Qiáotóu Shèqū］ 桥头镇人民政府驻地。在县境西北部。面积8平方千米。人口4100。因何氏先祖"择迁营阳桥头"而得名。2014年成立。有中小学、卫生院。农业以水稻、大豆、玉米种植为主。为湘桂2省边贸集散地。县道毛仙线经此。

乐福堂乡［Lèfútáng Xiāng］ 道县辖乡。在县境西北部。面积71平方千米。人口1.8万。辖15村委会，有72自然村。乡人民政府驻塘碑村。1961年成立乐福堂公社。1984年改乡。原因明代迁此时住于灰厂得名落灰堂，后取意幸福快乐改今名。有紫金山。沐福堂河、龙村河、岩溪、月头源等流经。有中学1所，小学7所，卫生院1个，卫生室14个。有敬老院等。有千年古村龙村、福岩洞古人类遗址。有景点中郎岩、皋陶桥、龙角石。农业以水稻、大豆、玉米、花生、红薯、青蒿等种植为主。北部山区以营林为主。有富头圩，农历逢一、四、七开市。特产腊肉、鲊肉、山羊。县道双寿线过境。

塘碑村［Tángbēicūn］ 乐福堂乡人民政府驻地。在县政府驻地濂溪街道西北18千米。人口1000。因塘边有石碑得名。聚落呈条带状。有卫生院、卫生所，幼儿园、林管站等。有景点中郎岩、福岩洞、甘霖寺、明清古建筑群。农业以水稻、大豆种植为主。县道双寿线经此。

审章塘瑶族乡［Shěnzhāngtáng Yáozú Xiāng］ 道县辖乡。在县境南部。面积66平方千米。人口1.7万，其中瑶族占45.3%，还有苗、汉等民族。辖17村委会，有50自然村。乡人民政府驻审章塘村。1961年成立审章塘公社。1984年改乡。1991年改瑶族乡。因乡政府驻地得名。沱江流经。有中学1所，小学6所，卫生院1个，卫生室10个。有文化站、敬老院等。有茶园、葫芦岩渡口。农业以水稻、油茶等种植为主。有审章塘圩。省道宁远—江永线过境。

审章塘村［Shěnzhāngtángcūn］ 审章塘瑶族乡人民政府驻地。在县政府驻地濂溪街道南20千米。人口700。清初先祖胡国清（号审文）、陈子章2亲老表迁此，后修建一塘，为纪念其功德，各取先祖名一字，得名审章塘。聚落呈团块状。有中学、卫生院。农业以水稻、油茶种植为主。有审章塘圩，农历逢一、四、七开市。省道宁远—江永线经此。

井塘瑶族乡［Jǐngtáng Yáozú Xiāng］ 道县辖乡。在县境西南部。面积42平方千米。人口0.9万，其中瑶族占43.6%，还有汉族等。辖7村委会，有56自然村。乡人民政府驻井塘村。1986年由蚣坝乡析设井塘瑶族乡。因乡政府驻地得名。有石落寨山。沱江流经。有中学1所，小学6所，卫生院1个，卫生室8个。经济以水稻种植、林业为主，产林木、脐橙、沃柑、红瓜子。有井塘圩，农历逢三、六、九开市。省道新田—江华线过境。

井塘村［Jǐngtángcūn］ 井塘瑶族乡人民政府驻地。在县政府驻地濂溪街道西南24千米。人口1500。明代建村。因娘娘井边有塘得名。聚落呈团块状。有中小学、卫生院。有娘娘庙遗址。有景点徐家岩、刘家岩。农业以植水稻、脐橙、红瓜子种植为主。有井塘圩。省道新田—江华线经此。

横岭瑶族乡［Hénglǐng Yáozú Xiāng］ 道县辖乡。在县境东南部。面积100平方千米。人口1.1万，其中瑶族占70%，还有汉族等。辖15村委会，有122自然村。乡人民政府驻横岭村。1961年成立大坪岭公社。1984年改乡，旋因山岭横亘更今名。泡水河流经。有中学1所，小学5所，卫生院1个，卫生室9个。有古迹龙门桥。有瑶族文艺瑶歌、长鼓舞。农业以水稻、玉米、大豆种植为主，产马尾松、油桐、竹林。有矿产资源铅锌、锰。有横岭圩，农历逢

一、四、七开市。特产瑶家腊肉、鲊肉。省道蓝山—道县线过境。

大坪岭村［Dàpínglǐngcūn］　横岭瑶族乡人民政府驻地。在县政府驻地濂溪街道东南27千米。人口2100。以汉族为主，还有瑶、黎等民族。因四面皆岭得名。聚落呈团块状。有中小学、卫生院。有古迹龙门桥。农业以水稻种植为主。有横岭圩、集贸市场。省道蓝山—道县线经此。

洪塘营瑶族乡［Hóngtángyíng Yáozú Xiāng］　道县辖乡。在县境东南部。面积244平方千米。人口1.5万，其中瑶族占57.6%，还有汉族等。辖17村委会，有219自然村。乡人民政府驻洪塘营村。1961年成立洪塘营公社。1984年改乡，旋更今名。因乡政府驻地得名。有癞子山。泡水河流经。有中学1所，小学5所，卫生院1个，卫生室14个。有湘源温泉。有瑶族文艺瑶歌、长鼓舞。经济以林业为主。农业以水稻、茶、中药材种植为主，特产瑶家腊肉、鲊肉、厚朴。有洪塘营圩，农历逢三、六、十开市。省道蓝山—道县线过境。

洪塘营村［Hóngtángyíngcūn］　洪塘营瑶族乡人民政府驻地。在县政府驻地濂溪街道东南35千米。人口1100。以瑶族为主，还有汉族等。昔设五营八寨，此为洪塘营，故名。聚落呈团块状。有中小学、卫生院。农业以水稻、大豆种植为主，产杉木、厚朴。有洪塘营圩。省道蓝山—道县线经此。

江　永　县

江永县［Jiāngyǒng Xiàn］　别名谢沐、永阳、永明。永州市辖县。北纬24°55′，东经110°57′。在市境西南部。面积1629平方千米。人口28.1万，其中瑶族占63.2%，还有汉、壮、彝等民族。辖7镇、1乡、4瑶族乡。县人民政府驻潇浦镇。汉元鼎六年（前111）置谢沐县，属苍梧郡。因谢水、沐水得名。隋开皇九年（589）改永阳县，处永明岭（今都庞岭）南得名，属永州府。大业三年（607）属零陵郡。唐武德四年（621）属南营州。贞观八年（634）省入营道县。天授二年（691）复永阳县，治今县城圳景村附近。天宝元年（742）更名永明县，治迁今白塔脚村附近，属道州。宋熙宁五年（1072）废为镇。元佑元年（1086）复县，治今潇浦镇潇水河南岸，属道州江华郡。此后先后属道州路、道州、湖南布政司、永州府、衡永郴桂道、永州府、衡阳道、第九行政督察区、第七行政督察区、永州专区、零陵专区、湘南行政区。1956年江华县4区、1镇划入后更名江永县。取江华、永明2县首字得名。1958年沱江、大路铺、白芒营3区及沱江镇划归江华。1962年属零陵专区。1979年属零陵地区。1989年原桥头铺区划归江华瑶族自治县。1995年属永州市。明天顺八年（1464）建砖城，城墙宽3.3米、高4.3米，城池周长1200米。设东、西、南3门，各建门楼。1951年拆除城墙辟为街道。先后建凤凰公园、知青广场、滨河公园等。通过五一、永明河、幸福、西门4桥沟通城区南北。北部旧城区，有三纵三横道路网络，以商贸、文化、教育为主。南部新城区，有四纵三横道路网络，以医疗、工业、交通为主。四面环山，中为盆地。以山地、岗地、平原为主。平均海拔400米。有都庞岭、铜山岭、大源岭、黄沙岭、源口岭。最高点杉木顶海拔1951米，最低点仙姑塘海拔183米。年均气温18.4℃，1月平均气温6℃，7月平均气温28℃。年均降水量1446毫米。潇江、桃水流经。有矿产资源铜、银、铅、锌、铁等。有野生植物1809种，其中有国家重点保护野生植物冷杉、南方红豆杉、柏乐树、香果树等38种。有野生动物648种，其中有国家重点保护野生动物短尾猴、大鲵、苏门羚等21种。有都庞岭国家级自然保护区、源口省级自然保护区。森林覆盖率74.9%。有职业中专1所，中学15所，小学72所，二级医院3个。有全国重点文物保护单位上甘棠古谢沐县治遗址，省级文物保护单位天然崖穹月陂亭、玉井宋代古窑瓷群遗址、桃溪书院。有国家级非物质文化遗产江永女书。有南岭瑶族发祥地千家峒。有中国历史文化名村落兰溪勾蓝瑶寨，千年古村上甘棠。有国家3A级旅游景区浦尾女书园。有月陂亭及层岩摩崖石刻、石枧雄山寺摩崖石窟造像。三次产业比例39∶29∶32。农业以水稻、蔬菜种植为主，产香柚、香姜、香芋、夏橙等。有省级桃川洞特色农业示范区。工业以冶金建材、水电能源、农副产品加工为主。服务业以旅游为主。洛湛铁路，道贺高速，538国道，省道祥龙、黄冷线过境。

五一桥［Wǔyī Qiáo］　在县城中部。长119.2米，宽12.6米，最大跨度15米，桥下净高7.6米。1959年开工，1961年建成，1985年扩建。因建成时间得名。为中型河道桥梁，结构型式为石拱桥。最大载重20吨。通公交车。

江永站［Jiāngyǒng Zhàn］　见交通运输设施部分“江永站”条。

江永汽车总站［Jiāngyǒng Qìchē Zǒngzhàn］见交通运输设施部分“江永汽车总站”条。

潇浦镇［Xiāopǔ Zhèn］　江永县人民政府驻地。在县境中部。面积83平方千米。人口4.4万，其中瑶族占56.1%，还有汉、苗、壮等民族。辖4居委会、17村委会，有57自然村。镇人民政府驻永新社区。清康熙十三年（1674）设潇浦镇。1935年设凤亭镇。1938年复名。1953年更名城关镇。1984年消江乡并入。1995年改今名。因潇江得名。掩水、警水、溪洲水流经。有职业中专1所，中学2所，小学6所，二级医院3个，卫生院1个，卫生所21个。有知青广场。有江永县革命烈士纪念碑、红军树、王文烈士墓。有名胜古迹层岩摩崖石刻、麒麟岩、鹅岩飞瀑、圳景塔、文昌阁。农业以水稻种植为主，柑橘为辅。工业以农副产品加工为主。服务业以住宿、餐饮为主。538国道，省道黄冷、祥龙线过境。

永明东路［Yǒngmíng Dōnglù］　在县城东部。东起白水桥，西至幸福路。与环城东路、浦美路、永新路、龙溪路、溪岭路相交。长3.2千米，宽50米。沥青路面。1956年开工，1964年建成，1992、1996年改扩建。原名城东路，2006年以永明古县改今名。两侧有汽车总站、县农机局、县电力局、县民政局、县工商局、县司法局、都庞岭自然保护局、交通局、中学、疾控中心、妇幼保健院等。通公交车。

永明中路［Yǒngmíng Zhōnglù］　在县城中部。东南起幸福路，北至千家峒路。与潇浦路、知青路、麒麟路、永回路相交。长1.2千米，宽44米。沥青路面。1958年开工，1961年建成，1978、1991、2002年改扩建。原名五一街，2006年改今名。两侧有五一大桥、中医院、汽车站、步行街、瑶鑫市场。通公交车。

永回路［Yǒnghuí Lù］　在县城东南部。西起永明中路，东至538国道。与幸福路、白牛山路、环城路、浦美路、龙溪路、溪岭路相交。长2.8千米，宽16米。混凝土路面。1958年开工，1960年建成，1984、1998年改扩建。因通往回龙圩得名。两侧有汽车总站、新华书店、县住建局、社会福利院、老年服务中心。通公交车。

永桃路［Yǒngtáo Lù］　在县城西南部。东起永明中路，西至虎山路。与爱浦路相交。长3.1千米，宽28米。混凝土路面。1957年开工，1958年建成，1962、1999年扩建。原名城南路，1995年更名永香路，2006年因通往桃川改今名。两侧有汽车站、县电信局、县气象局、县公路局、县科商粮经信委、县总工会等。通公交车。

千家峒路［Qiānjiādòng Lù］　在县城西北部。东起永明北路，西北至省道黄冷线。与北山塘路相交。长1.8千米，宽40米。沥青路面。1958年开工，1959年建成，1978、1991、2002年改扩建。原名城北路，2006年因千家峒更今名。两侧有知青广场、市民广场、县政府、县林业局、县农业局、县水务局、潇浦汽车站、潇浦卫生院、中等职业技校、教师进修学校。通公交车。

永新社区［Yǒngxīn Shèqū］　潇浦镇人民政府驻地。在县境中部。面积7.4平方千米。人口6000。因永新路得名。2003年成立。民居以村镇住宅楼为主。有老年活动广场舞。开展学雷锋志愿者服务。有以家庭养老为主，县敬老院集中养老为辅的养老模式。有中小学、社会福利中心、妇幼保健院。有卫生院、卫生所。有古迹文昌阁、圳景塔。有永阳路电商一条街。通公交车。

上江圩镇［Shàngjiāngxū Zhèn］　江永县辖镇。在县境东北部。面积83.4平方千米。人口2.5万，其中瑶族占38.2%，还有汉、壮等民族。辖1居委会、16村委会，有58自然村。镇人民政府驻上江圩村。1950年设上江圩乡。1956年并入新华乡。1958年改上江圩公社。1984年改乡。1995年改镇。因镇政府驻地得名。潇江流经。有中学1所，小学8所，卫生院1个，卫生所19个。有幼儿园、文化站、广播站、敬老院等。有国家级非物质文化遗产江永女书。有猫仔山、十工田汉代冶铁遗址。有桐口、荆田、夏湾村等明清古民居建筑群。有国家3A级旅游景区浦尾女书园。农业以水稻种植为主，产香柚、柑橘、香芋、花生。特产上江圩生姜。服务业以旅游为主。有铜山岭农场、铜山岭银铅锌矿。有风电场2个。洛湛铁路、538国道、省道祥龙线过境。有江永站。

上江圩村［Shàngjiāngxūcūn］　上江圩镇政府驻地。在县政府驻地潇浦镇东北13千米。人口2200。因濒潇江成圩得名。聚落呈Y字形。有中小学、卫生院、敬老院等。农业以水稻、香姜种植为主。有集贸市场。洛湛铁路、538国道、省道祥龙线经此。有江永站。

允山镇［Yǔnshān Zhèn］　江永县辖镇。在县境中部。面积192.4平方千米。人口3.6万，其中瑶族占70%，还有汉、苗、壮等民族。辖1居委会、39村委会，有145自然村。镇人民政府驻允山圩。1980年由红旗公社析设允山公社。1984年改乡。1995年与厂子铺、井边2乡合设允山镇。因镇政府驻地得名。有中学1所，小学7所，卫生院1个，卫生所40个。有幼儿园、文化站、广播站、敬老院等。有省级文物保护单位玉井宋代古瓷窑群遗址。经济以农业、商贸为主。农业以水稻、香柚、柑橘、香芋等种植为主。为县中部物资集散地。省道祥龙线，县道潇西、允大线过境。

允山圩［Yǔnshānxū］　允山镇人民政府驻地。在县政府驻地潇浦镇西6千米。人口2800。传因当地人允诺外地客商于此建房设铺得名。聚落呈条块状。有中小学、幼儿园、卫生院等。经济以商贸为主。为县中部物资集散地。省道祥龙线经此。

夏层铺镇［Xiàcéngpù Zhèn］　江永县辖镇。在县境中部。面积140平方千米。人口2.7万，其中瑶族占80%，还有汉、苗、壮等民族。

辖1居委会、24村委会，有58自然村。镇人民政府驻夏层铺圩。1950年设夏层铺乡。1958年改公社。1984年复乡。1995年冷水铺乡并入，改镇。因镇政府驻地得名。沐水流经。有中学1所，小学5所，卫生院1个，卫生所26个。有幼儿园、文化站、广播站、敬老院等。有全国重点文物保护单位上甘棠古谢沐县治遗址，省级文物保护单位天然崖穹月陂亭。有古迹步瀛桥、前芳寺、文昌阁。农业以水稻种植为主，盛产香芋、香姜、油茶。服务业以旅游为主。省道祥龙线过境。

夏层铺圩 [Xiàcéngpùxū] 夏层铺镇人民政府驻地。在县政府驻地潇浦镇西南18千米。人口3100。昔因夏曾山有宝仙观、云仙庙，香客日多，遂成圩集，得名夏曾圩。清初在此设驿站邮铺，称"夏曾铺"。后以方言音讹为"夏层铺"。聚落呈团块状。有中小学、幼儿园、卫生院等。农业以水稻种植为主，盛产香芋、香姜。有集贸市场。省道祥龙线、县道潇夏线经此。

上甘棠村 [Shànggāntángcūn] 在县政府驻地潇浦镇西南25千米。夏层铺镇辖自然村。人口1700，其中瑶族占88%，还有汉、苗、壮等民族。唐中叶建村。处沐水上游，棠梨遍布，故名。聚落呈八卦状。为中国历史文化名村。有全国重点文物保护单位古谢沐县治遗址，省级文物保护单位天然崖穹月陂亭。有明清湘南古民居建筑200多栋。有上甘棠博物馆。经济以乡村旅游为主。农业以水稻种植为主，产香柚、柑橘。省道祥龙线经此。

桃川镇 [Táochuān Zhèn] 江永县辖镇。在县境西南部。面积164平方千米。人口5万，其中瑶族占30.1%，还有汉、壮等民族。辖4居委会、30村委会，有115自然村。镇人民政府驻四香路。清康熙十三年(1674)设桃川镇。1952年仍为桃川镇。1953年更名太平镇。1955年复名桃川镇。1984年桃川乡并入。1995年上洞乡并入。古名桃溪。四面环山，中为桃形盆地，河流横贯一马平川，故名。扶灵水、邀水、沐水、高泽水流经。有中学1所，小学14所，卫生院1个，卫生所35个。有省级文物保护单位桃溪书院、雄山寺摩崖石窟造像石刻、桃川守御千户所遗址。农业以水稻种植为主，夏橙、香姜为辅。工业以农副产品、花炮、纺织袋加工为主。服务业以餐饮为主。省道祥龙线过境。

四香路 [Sìxiānglù] 桃川镇人民政府驻地。在县政府驻地潇浦镇西南33千米。人口2000。因江永特产香柚、香芋、香姜、香米且新辟街道得名。聚落呈团块状。有中小学、卫生院。工业以编织袋加工为主。省道祥龙线、县道桃朝线经此。

粗石江镇 [Cūshíjiāng Zhèn] 江永县辖镇。在县境西南部。面积169平方千米。人口3万，其中瑶族占49.9%，还有汉、壮等民族。辖2居委会、14村委会，有105自然村。镇人民政府驻粗石江。1950年设粗石江乡。1958年改公社。1984年复乡，旋改镇。1995年清溪瑶族乡、城下乡并入。因镇政府驻地得名。桃水流经。有中学1所，小学6所，卫生院1个，卫生所24个。有幼儿园、文化站、广播站、敬老院等。有古迹龙虎关、永富恭办事处旧址、槐木村门楼古建筑群。农业以香柚、夏橙等种植为主。服务业以商贸为主。为湘西南、桂东北物资集散地。特产粗石江油茶、粗石江扣肉。省道祥龙线过境。

粗石江 [Cūshíjiāng] 粗石江镇人民政府驻地。在县政府驻地潇浦镇西南41千米。人口2400。因清江河中石多且粗大得名。聚落呈团块状。有中小学、幼儿园、卫生院等。农业以香柚、夏橙种植为主。有集贸市场。为湘西南、桂东北物资集散地。省道祥龙线经此。

回龙圩镇 [Huílóngxū Zhèn] 江永县辖镇。在县境南部。面积108平方千米。人口1.1万，其中瑶族占70%，还有汉、壮、满、回等民族。辖2居委会、9村委会，有74自然村。镇人民政府驻回龙圩村。1989年设。因镇政府驻地得名。有黄沙岭。回龙水流经。有中学1所，小学1所，卫生院1个，卫生所11个。有高山革命烈士墓。有古迹李卫公祠、镇水阁。农业以柑橘种植为主，水稻种植为辅。道贺高速、538国道过境。

回龙圩村 [Huílóngxūcūn] 回龙圩镇人民政府驻地。在县政府驻地潇浦镇南12千米。人口1400，其中瑶族占76%，还有汉等民族。因山似回龙得名。回龙水流经。聚落呈中字形。有中小学、卫生院。农业以柑橘、脐橙种植为主。538国道经此。

松柏瑶族乡 [Sōngbǎi Yáozú Xiāng] 江永县辖乡。在县境东南部。面积228平方千米。人口1.3万，其中瑶族占98%，还有汉、苗、壮等民族。辖14村委会，有29自然村。乡人民政府驻松柏村。1950年设松柏乡。1958年并入黄甲岭公社。1961年析设松柏公社。1984年复乡。1986年改瑶族乡。因乡政府驻地得名。有中学1所，小学8所，卫生院1个，卫生所14个。有幼儿园、文化站、广播站、敬老院等。有名胜古迹紫荆花海、古城墙。有民俗赶鸟节、傩戏。农业以水稻种植为主，产花生、红枣、油茶、柑橘等。有风电场3个。特产松柏米酒、松柏腊肉。县道石茅线过境。

松柏村 [Sōngbǎicūn] 松柏瑶族乡人民政府驻地。在县政府驻地潇浦镇东南21千米。人口2400。为七都瑶聚居地。因多松柏得名，寓意多姓氏和睦相处、情谊长久。聚落呈Z字形。有中小学、幼儿园、卫生院、敬老院等。有名胜紫荆花海。有民俗赶鸟节、傩戏、紫荆花节。农业以水稻、玉米种植为主。有集贸市场。县道白枇线经此。

黄甲岭乡 [Huángjiǎlǐng Xiāng] 江永县辖乡。在县境东南部。面积117平方千米。人口1.6万，其中瑶族占74%，还有汉、苗等民族。辖16村委会，有53自然村。乡人民政府驻黄甲岭村。1950年设黄甲岭乡。1958年改公社。1983年复乡。因乡政府驻地得名。有中学1所，小学4所，卫生院1个，卫生所17个。有敬老院等。有古迹杏菊村瑶族梨木经书。农业以水稻种植为主，盛产柑橘、油茶。道贺高速、县道白枇线过境。

黄甲岭村 [Huángjiǎlǐngcūn] 黄甲岭乡政府驻地。在县政府驻地潇浦镇东南11千米。人口500。旧名寒柏町，明弘治年间欧阳氏叔侄黄榜题名，登进士第，遂更今名。聚落呈Z字形。有中小学、卫生院、敬老院等。农业以水稻、花生种植为主。有集贸市场。县道白枇线经此。

千家峒瑶族乡 [Qiānjiādòng Yáozú Xiāng] 江永县辖乡。在县境北部。面积71.4平方千米。人口1.1万，其中瑶族占97%，还有汉、苗、壮等民族。辖1居委会、10村委会，有72自然村。乡人民政府驻枫木坪。1952年设大远乡，后改公社。1984年复大远乡，旋改瑶族乡。1987年改今名。传盘瓠偕平王三公主定居都庞岭下，繁衍生息达千户之众，故名。有中学1所，小学4所，卫生院1个，卫生所10个。有幼儿园、文化站、广播站、敬老院、盘王广场等。有民俗盘王会、长鼓舞、羊角舞。有国家3A级旅游景区千家峒。有名胜大白水瀑布、天女散花、双溪口温泉。农业以水稻、香芋等种植为主。服务业以旅游为主。省道黄冷线过境。

枫木坪村 [Fēngmùpíngcūn] 千家峒瑶族乡人民政府驻地。在县政府驻地潇浦镇北15千米。人口1200，其中瑶族占97%，还有汉等民族。因产枫树得名。聚落呈Y字形。有小学、卫生院。种植水稻、香芋等。省道黄冷线经此。

兰溪瑶族乡 [Lánxī Yáozú Xiāng] 江永县辖乡。在县境西南部。面积64平方千米。人口0.7万，其中瑶族占86.2%，还有汉、壮、土家等民族。辖10村委会，有50自然村。乡人民政府驻黄家村。1950年设兰溪乡。1952年更名大干乡。1956年并入甘棠乡。1984年由冷水铺乡析设兰溪瑶族乡。因溪得名。有中学1所，小学1所，卫生院1个，卫生所10个。有省级非物质文化遗产洗泥节。有民俗放花、盘王庙会。有国家3A级旅游景区勾蓝瑶寨。农业以水稻、玉米种植为主，产柑橘、油茶。服务业以旅游为主。县道棠大线过境。

黄家村 [Huángjiācūn] 兰溪瑶族乡人民政府驻地。在县政府驻地潇浦镇西南31千米。人口1100。因姓氏得名。聚落呈T字形。有中小学、卫生院。农业以水稻、柑橘等种植为主。县道棠大线经此。

勾蓝瑶村 [Gōulányáocūn] 在县政府驻地潇浦镇西南31千米。兰溪瑶族乡辖村。人口2200，其中瑶族占90%，还有汉族等。以县四大民瑶之勾蓝瑶得名。聚落呈团块状。为中国历史文化名村、中国传统村落。有明清古民居建筑300多栋，有祭祀盘王、秦王、关帝等寺庙17个，古戏台5个，碑刻100余方。有省级非物质文化遗产洗泥节。有民俗盘王庙会、放花。经济以乡村旅游为主。农业以水稻、柑橘、油茶种植为主。县道棠大线经此。

源口瑶族乡 [Yuánkǒu Yáozú Xiāng] 江永县辖乡。在县境西南部。面积30平方千米。人口0.7万，其中瑶族占85%，还有汉、壮、黎等民族。辖1居委会、7村委会，有19自然村。乡人民政府驻公朝村。1950年设源口乡。1958年并入水美公社。1961年析设源口公社。1982年更名源口瑶族公社。1984年改今名。诸水归至凉亭坳出口，故名。有燕子山万亩高山生态草原。有中学1所，小学3所，卫生院1个，卫生所10个。有省级文物保护单位首家大院。有民俗耍春牛。农业以水稻、香芋、香柚等种植为主，特产源口香米。服务业以旅游为主。县道桃源、桃朝线过境。

公朝村 [Gōngcháocūn] 源口瑶族乡人民政府驻地。在县政府驻地潇浦镇西南41千米。人口400，其中瑶族占85%，还有汉等民族。因公曹岭谐音得名。聚落呈半圆形。种植水稻、香芋、香柚等。县道桃源线经此。

宁远县

宁远县 [Níngyuǎn Xiàn] 别名泠道、春陵、延唐、九疑。永州市辖县。北纬25°15′，东经111°50′。在市境南部。面积2515平方千米。人口88.8万。以汉族为主，还有瑶、壮、黎、侗、苗、土家等民族。辖3街道、12镇、4瑶族乡。县人民政府驻舜陵街道。隋大业十三年(617)析营道县置梁兴县。唐武德四年(621)改名唐兴县。天宝元年(742)改名延唐县。宋太祖乾德二年(964)敕改宁远县。此后未变，先后属江华郡、道州路、道州、永州府、衡阳道、第九行政督察区、第七行政督察区、湘南行政区、永州专区、零陵专区、零陵地区。1995年属永州市。古为舜帝过化之地。宋太祖祈愿舜帝福佑赐名宁远，意为武定功成，远方安宁。1982年后向东、南发展，建泠江桥沟通新老城区，先后改扩建泠江路、九疑中路、九疑南路、水市路、建设路、泠南路，建成芙蓉大厦、湘运汽车站、商业大厦、广电大楼、自来水公司、中医院、图书馆。1993年建成九疑大桥。1994年建成高峰山市场。1998年后建成重华桥、九疑南路样榜街、水市路建材商业街。通过九疑、泠江、五拱、重华4桥连接，形成"三纵六横"空间布局。处湘南山区。四周高，中部低。有舂陵丘陵、宁远盆地。平均海拔350米。有九疑山、舂陵山、西山、雾云山。最高点畚箕窝海拔1959.2米。年均气温18.6℃，1月平均气温7.1℃，7月平均气温28.7℃。年均降水量1451毫米。九疑河、泠江、舂水河流经。有矿产资源铅锌、水晶、银等。有野生维管植物2350余种，其中有国家重点保护野生植物61种。有野生动物245种，其中有国家重点保护野生动物黄腹角雉、林麝、猕猴等22种，省级保护野生动物31种。有中国特有物种859种。有九嶷山国家级自然保护区。森林覆盖率60.6%。有中学37所，小学313所，特教学校1所，三级医院2个，二级医院11个，博物馆1个，文化馆1个，图书馆1个，档案馆1个，体育馆1个。有舜帝广场、莲花山公园。有全国重点文物保护单位宁远文庙，省级文物保护单位舜帝庙遗址、舂陵侯城与舂陵墓遗址、云龙牌坊与王氏虚堂、泠道故城遗址、久安背翰林祠。有国家级非物质文化遗产舜帝祭典。有中国传统村落小桃源，省级历史文化名镇柏家坪镇。三次产业比例17∶31∶52。农业以水稻种植为主，有猪、兔饲养，产茶叶、荸荠、油茶、红瓜子。工业以制鞋、食品加工、建材冶金、生物科技为主，发展电子、新能源新材料。有省级开发区1个。服务业以旅游、餐饮住宿为主。二广、厦蓉高速，省道永连、新田—江华、岔路口—永安关线过境。

文庙广场 [Wénmiào Guǎngchǎng] 在县城中部。面积7800平方米，其中绿化1200平方米。2000年开工，2002年建成。中心有音乐喷泉。四周栽植景观树。有健身器材等。为文艺活动、群众健身、舞蹈场所。周边有宁远文庙、九亿休闲街等。通多路公交车。

五拱桥 [Wǔgǒng Qiáo] 在县城中部。长73.3米，宽8.8米，最大跨度56.5米，桥下净高5米。明嘉靖初年(1522)建木板桥，四十三年(1564)改石桥，1956、1971年加固改造。曾名兴宁桥、固宁桥、兴贤桥，清咸丰年间(1851—1861)改今名。因结构特点得名。为小型河道桥梁，结构型式为五拱石桥。最大载重10吨。通公交车。

重华桥 [Chónghuá Qiáo] 在县城中部。长220米，宽15米，最大跨度45米，桥下净高5米。1998年开工，1999年建成。以舜帝名重华得名。为大型河道桥梁，结构型式为钢筋混凝土拱桥。最大载重15吨。通公交车。

泠江桥 [Língjiāng Qiáo] 在县城中部。长83米，宽15米，最大跨度56.5米，桥下净高7.3米。1981年开工，1982年建成。为县内最早建造跨泠江桥梁，故名。为大型河道桥梁，结构型式为圬工拱桥。最大载重15吨。通公交车。

九疑大桥 [Jiǔyí Dàqiáo] 在县城中部。长310米，宽20.8米，最大跨度90米，桥下净高5米。1993年开工，1994年建成。以毛泽东诗句"九嶷山上白云飞"得名。为大型河道桥梁，结构型式为双曲拱结构桥。最大载重15吨。通公交车。

舜帝大桥 [Shùndì Dàqiáo] 在县城东部。长104.2米，宽24米，最大跨度50米，桥下净高7.2米。2008年开工，2010年建成。原名泠江大桥，后为纪念舜帝更今名。为中型河道桥梁，结构型式为钢筋混凝土梁桥。最大载重20吨。通公交车。

宁远汽车站 [Níngyuǎn Qìchēzhàn] 见交通运输设施部分"宁远汽车站"条。

宁远汽车客运总站 [Níngyuǎn Qìchē Kèyùn Zǒngzhàn] 见交通运输设施部分"宁远汽车客运总站"条。

舜陵街道 [Shùnlíng Jiēdào] 宁远县人民政府驻地。在县境中部偏南。面积43平方千米。人口4.6万。2014年设。《史记》载，"(舜)南巡狩，崩于苍梧之野，葬于江南九疑，是为零陵"，故名。有中专1所，中学6所，小学6所，二级医院5个，卫生院2个，卫生所15个。有县文化馆、舜德书院、莲花山公园。有名胜古迹印山春雨、周敦颐先祖故里。经济以旅游、商贸、餐饮为主。有步步高商业城、高峰大市场。有宁远湘运汽车站。通多路公交车。

印山社区 [Yìnshān Shèqū] 属舜陵街道。在县境东南部。面积1.8平方千米。人口4100。因印山砠得名。2003年成立。民居以高层住宅楼为主。有老年活动室、卫生服务站、便民服务站等。通多路公交车。2014年被评为省文明社区。

文庙街道 [Wénmiào Jiēdào] 属宁远县。在县境西北部。面积87平方千米。人口6.9万。2014年设。因全国重点文物保护单位宁远文庙得名。泠江、舂水河流经。有中学4所，小学3所，三级医院1个，二级医院5个，卫生院2个，卫生所43个。有省级文物保护单位1个。经济以商贸为主。农业以水稻、蔬菜、苗木花卉种植为主，有生猪、家禽饲养，有淡水鱼养殖。通多路公交车。

桐山街道 [Tóngshān Jiēdào] 属宁远县。在县境中部偏西。面积47平方千米。人口4.6万。2014年设。因凤栖梧桐、舜为凤凰化身而得名。舂水河、泠江流经。有中学2所，小学3所，三级医院1个，二级医院1个，卫生院1个，卫生所15个。经济以商贸为主。农业以水稻、红薯种植为主，有生猪、兔饲养。通多路公交车。

天堂镇 [Tiāntáng Zhèn] 宁远县辖镇。在县境西部。面积103平方千米。人口4.4万。辖29村委会，有127自然村。镇人民政府驻天堂村。1950年设天堂等3乡。1958年合改天堂公社。1984年改乡。1995年与大阳洞乡合设天堂镇。因镇政府驻地得名。泠江、潇水河流经。有中学1所，小学6所，卫生院1个，卫生所29个。有古迹回龙书院、观音阁。农业种植水稻、蔬菜为主。有园艺场、苗圃。工业以红砖、陶瓷、竹木加工为主。有牛市。厦蓉高速、357国道、省道岔路口—永安关线过境。

天堂村 [Tiāntángcūn] 天堂镇人民政府驻地。在县政府驻地舜陵街道西南8千米。人口1400。原为旱地，山塘仅靠雨水，故名天水塘，后简为天塘，再后以祈愿美好生活雅化为今名。聚落呈散状。有中小学、卫生院。农业以水稻、蔬菜种植为主，有牛、猪、鸭饲养。有天堂牛市。357国道经此。

水市镇 [Shuǐshì Zhèn] 宁远县辖镇。在县境南部。面积240平方千米。人口7.2万。辖1居委会、61村委会，有325自然村。镇人民政府驻水市社区。1949年设水市乡，后改公社。1984年复乡。1986年改镇。1995年香花铺、大界、梅岗3乡并入。因镇政府原驻地得名。水市江流经。有中学1所，小学4所，卫生院1个，卫生所62个，文化站1个。有县烈士陵园、红军标语墙。有马家村汉晋古墓群。农业以水稻种植为主，盛产红瓜子、甘蔗。工业以竹器加工为主，产竹垫、竹花篮、刻花竹椅。厦蓉高速过境。

水市社区 [Shuǐshì Shèqū] 水市镇人民政府驻地。在县境南部。面积2平方千米。人口3500。原因历遭山洪得名水打铺，后改今名。2004年成立。九疑河流经。民居以自建住宅楼为主。有老年活动室、卫生服务站、便民服务站、儿童之家、社工服务站等。有中小学、医疗站、县烈士公园。经济以商贸为主。农业以种植水稻、玉米为主，产水市河鱼干、碱水粑粑、竹制品。县道彭祖—岔路口线经此。

湾井镇 [Wānjǐng Zhèn] 宁远县辖镇。在县境东南部。面积97平方千米。人口4.2万。辖1居委会、29村委会，有117自然村。镇人民政府驻下灌村。1958年成立湾井公社。1984年改乡。1995年下灌乡并入。因镇政府原驻地湾井村得名。有中学1所，小学14所，卫生院1个，卫生所30个。有文化站。有全国重点文物保护单位久安背翰林祠、云龙牌坊与王氏虚堂，省级文物保护单位东安头翰林祠、下灌李氏宗祠、灌溪学校早期建筑群。有名胜古迹九嶷山、状元楼、云龙牌坊、读书岩、赛景岩。经济以农业、乡村旅游为主。农业以水稻、柑橘种植为主，产林木。有农机修配、竹木加工、彩灯制造等业。厦蓉高速过境。

下灌村 [Xiàguàncūn] 湾井镇人民政府驻地。在县政府驻地舜陵街道东南17千米。人口2000。南齐永元元年(499)建村，唐代名唐乐洞、沐唐，后因三溪下灌改今名。聚落呈团块状。有小学、医疗站。有省级文物保护单位李氏宗祠、灌溪学校早期建筑群。经济以乡村旅游为主。农业以水稻种植为主。厦蓉高速、省道泠九线经此。

冷水镇 [Lěngshuǐ Zhèn] 宁远县辖镇。在县境南部。面积197平方千米。人口7.6万。辖66村委会，有216自然村。镇人民政府驻冷水铺村。1984年设冷水乡。1995年与上宜、东城、云潭3乡合置冷水镇。因镇政府驻地得名。有中学2所，小学65所，卫生院1个，卫生所66个，文化站1个。有全国重点文物保护单位泠道故城遗址，省级文物保护单位神下李氏宗祠。有名胜古迹桃花岩、金泉庵僧人墓、狮子砠遗址。农业以水稻、油茶种植为主。工业以陶瓷建材、食品、五金电子、竹木加工为主。服务业以旅游为主。厦蓉、二广高速，省道永连、泠九线过境。

冷水铺村 [Lěngshuǐpùcūn] 冷水镇人民政府驻地。在县政府驻地舜陵街道东南12千米。人口3100。原因泠水流经得名泠水铺，后讹为今名。聚落呈散状。有中小学、卫生院、便民服务点等。经济以商贸为主。农业以水稻、大豆种植为主。二广、厦蓉高速、357国道、省道泠九线经此。

太平镇 [Tàipíng Zhèn] 宁远县辖镇。在县境东部。面积161平方千米。人口6.6万。辖53村委会，有196自然村。镇人民政府驻太平村。1958年成立太平公社。1984年改乡。1995年与岭头源、下坠、白土3乡合设太平镇。有中学3所，小学4所，卫生院1个，卫生所53个，文化站1个。农业以种植水稻、花生、黄豆、辣椒为主。有百千层、茶树种植基地。工业以辣酱、胶板、木器加工为主。二广高速过境。

太平村 [Tàipíngcūn] 太平镇人民政府驻地。在县政府驻地舜陵街道南26千米。人口2700。清道光七年(1827)开圩，因屡遭火焚得名火烧圩，后为祈愿太平安乐改今名。聚落呈散状。有中小学、卫生院、医疗站、活动中心、便民服务点等。经济以商贸为主。农业以水稻、大豆、辣椒种植为主。县道仁和—长田尾线经此。

禾亭镇 [Hétíng Zhèn] 宁远县辖镇。在县境中部。面积87平方千米。人口4.7万。辖1居委会、39村委会，有136自然村。镇人民政府驻禾亭社区。1950年设禾亭乡。1956年改镇。1958年改公社。1984年复镇。因镇政府原驻地得名。有中学2所,小学2所,卫生院1个,卫生所40个,文化站1个。有中国传统村落小桃源村。农业以水稻、甘薯、辣椒、大豆种植为主,有生猪、肉兔等饲养。工业以彩灯加工、绣花、针织为主。有耕牛交易市场。二广高速过境。

禾亭社区［Hétíng Shèqū］ 禾亭镇人民政府驻地。在县境中部。人口1500。1985年成立。因何侯亭得名何亭,后演为今名。民居以自建住宅楼为主。有卫生服务站、老年活动室、便民服务站、儿童之家、社工服务站等。提供法律援助服务。有中小学、卫生院。省道宁新线经此。

小桃源村［Xiǎotáoyuáncūn］ 在县政府驻地舜陵街道东北25千米。禾亭镇辖自然村。人口600。因陶渊明《桃花源记》之桃花源得名。聚落呈条块状。为中国传统村落。有明清古民居50余栋。特产小桃源红薯干、萝卜丝粑粑、血灌肠。县道仁和—长田尾线经此。

仁和镇［Rénhé Zhèn］ 宁远县辖镇。在县境北部。面积84平方千米。人口3.3万。辖33村委会,有123自然村。镇人民政府驻仁和村。1961年由禾亭公社析设仁和公社。1984年改乡。1995年与李家铺乡合置仁和镇。因镇政府驻地得名。春陵河流经。有中学1所,小学9所,卫生院1个,卫生所33个。有文化站。农业以水稻、蔬菜种植为主。工业以建材、彩灯、塑料、轧钢加工为主。省道永连线过境。

仁和村［Rénhécūn］ 仁和镇人民政府驻地。在县政府驻地舜陵街道东北13千米。人口2800。1917年以天地仁和定名。聚落呈条块状。有中学、卫生院、养老院、集贸市场。农业以水稻、蔬菜种植为主。省道永连线经此。

中和镇［Zhōnghé Zhèn］ 宁远县辖镇。在县境西部。面积293平方千米。人口7.5万。辖67村委会,有348自然村。镇人民政府驻下街村。1950年设中和乡。1958年改公社。1984年复乡。1995年改镇。因中和圩得名。有中学1所,小学4所,卫生院1个,卫生所67个,文化站1个。有古迹杉木园汉晋古墓群、峦头岭遗址、春水桥。农业以水稻种植为主,有麻鸭、生猪、九嶷山兔饲养,产木材、油茶、生姜、大豆。有白云山林场。工业以锑品冶炼、选矿、建材、竹木加工为主。省道宁中线过境。

下街村［Xiàjiēcūn］ 中和镇人民政府驻地。在县政府驻地舜陵街道西北21千米。人口3600。明代建村。建圩时以老拱桥分上、下2街,此处居下,故名。聚落呈条块状。有中小学、卫生院、活动中心等。经济以商贸为主。农业以水稻、玉米种植为主。省道宁中线经此。

坦坝村［Tǎnbàcūn］ 在县政府驻地舜陵街道西北18千米。中和镇辖自然村。人口1500。原名连花塘,后以"菩发千年茂,花开万年春"改名菩葩,又以谐音演为今名。聚落呈条带状。有活动中心、医疗站等。有景点仙寨朝阳、宝峰晚照、仁川秋月等。有养殖场、水果园。有水泥、文体用品、五金加工业。2003年被评为全国文明村。

柏家坪镇［Bǎijiāpíng Zhèn］ 宁远县辖镇。在县境北部。面积160平方千米。人口6.5万。辖1居委会、49村委会,有240自然村。镇人民政府驻柏家坪社区。1950年设柏家坪乡,后改公社。1986年改镇。1995年礼仕湾、双井圩2乡并入。因镇政府原驻地得名。古称春陵、北屏。西春水河流经。有中学1所,小学4所,卫生院3个,卫生所49个,文化站1个,农家书屋28个。有全国重点文物保护单位春陵侯城遗址、春陵侯墓。经济以农业、商贸为主。农业以水稻、蔬菜种植为主。二广高速,省道永连、新田—江华线过境。

柏家坪社区［Bǎijiāpíng Shèqū］ 柏家坪镇人民政府驻地。在县境北部。面积3平方千米。人口2500。原名百家坪市,后因有柏家村改今名。2004年成立。民居以住宅楼为主。有卫生服务站、老年活动室、便民服务站、儿童之家、社工服务站等。有中小学、卫生院、敬老院等。有全国重点文物保护单位春陵故城、春陵侯墓。二广高速、省道永连线经此。

清水桥镇［Qīngshuǐqiáo Zhèn］ 宁远县辖镇。在县境北部。面积148平方千米。人口4.1万。辖38村委会,有127自然村。镇人民政府驻清水桥村。1952年设清水桥乡,后改公社。1984年复乡。1995年与晓睦塘、上龙盘2乡合置清水桥镇。因镇政府驻地得名。有中学1所,小学11所,卫生院1个,卫生所38个。有文化站。有省级文物保护单位欧阳氏宗祠。农业以水稻、生姜种植为主。有稻田养鱼基地。二广高速、省道永连线过境。

清水桥村［Qīngshuǐqiáocūn］ 清水桥镇人民政府驻地。在县政府驻地舜陵街道北40千米。人口1000。因桥得名。聚落呈条块状。有中小学、卫生院。经济以商贸为主。农业以水稻、高粱种植为主,有山羊、猪饲养。二广高速、省道永连线经此。

鲤溪镇［Lǐxī Zhèn］ 宁远县辖镇。在县境东北部。面积162平方千米。人口4.7万。辖55村委会,有198自然村。镇人民政府驻鲤溪村。1952年设鲤溪乡,后改公社。1984年复乡。1995年与柏万城、永安、石家洞、荒塘4乡合置鲤溪镇。因镇政府驻地得名。有雾冲山、瓜垒源山。东春河流经。有中学1所,小学28所,卫生院2个,卫生所55个。有文化站。有古迹节孝坊、姜荪普墓。农业以水稻、红薯、大豆种植为主,产杉、松、柑橘、柰李、板栗。工业以木材、蜜枣加工为主。省道新田—江华线过境。

鲤溪村［Lǐxīcūn］ 鲤溪镇人民政府驻地。面积2.1平方千米。人口2200。因溪水鲤鱼多得名。聚落呈条块状。有小学、卫生院。种植水稻、大豆。省道新田—江华线经此。

保安镇［Bǎo'ān Zhèn］ 宁远县辖镇。在县境东北部。面积70平方千米。人口3万。辖35村委会,有123自然村。镇人民政府驻保安村。1950年设保安乡,后改公社。1984年复乡。1995年中心铺乡并入。2014年改镇。因镇政府驻地得名。有中学1所,小学17所,卫生院1个,卫生所35个。有文化站。农业以水稻、柰李、柑橘、油茶种植为主,有猪、牛等饲养。工业以针织、彩灯、建材加工为主。二广高速、省道宁新线过境。

保安村［Bǎo'āncūn］ 保安镇人民政府驻地。在县政府驻地舜陵街道东北26千米。人口1700。原名桥下洞,后因常遭匪患,1925年以祈愿平安改今名。聚落呈条块状。有中小学、卫生院、活动中心等。农业以水稻种植为主,有猪、鸡饲养。省道宁新线经此。

九嶷瑶族乡［Jiǔyí Yáozú Xiāng］ 宁远县辖乡。在县境南部。面积328平方千米。人口3.2万,其中瑶族占26%,还有汉、苗、布依等民族。辖31村委会,有327自然村。乡人民政府驻九嶷山村。1950年设九嶷山乡。1952年更名九嶷洞乡。1961年成立九嶷公社。1982年设乡。1984年改瑶族乡。1995年鲁观瑶族乡、麦地乡并入。因乡政府驻地得名。母江、荆江河流经。有九嶷山国家森林公园。有中学1所,小学3所,卫生院3个,卫生所31个。有文化站。有全国重点文物保护单位舜帝庙遗址,省级文物保护单位舜帝陵、黄家大屋、牛亚岭瑶寨。经济以农林、旅游为主。农业以水稻、红薯、马铃薯种植为主,有猪、羊、兔饲养,产九嶷三宝石枞、香杉、泪竹、九嶷香峰茶。省道冷九线过境。

九嶷山村［Jiǔyíshāncūn］ 九嶷瑶族乡人民政府驻地。在县政府驻地舜陵街道北30千米。人口1900。以瑶族为主,还有汉等民族。传因舜葬九嶷得名。聚落呈散状。有九年一贯制学校、卫生院、九嶷山国家森林公园管理局。有省级文物保护单位舜帝陵、黄家大屋。经济以旅游、餐饮为主。省道冷九线经此。

棉花坪瑶族乡［Miánhuāpíng Yáozú Xiāng］ 宁远县辖乡。在县境西北部。面积52平方千米。人口5800,其中瑶族占83%,还有汉族。辖4村委会,有56自然村。乡人民政府驻沙子田村。1984年设。因盛产棉花得名。有小学4所,卫生院1个,卫生所4个。农业种植水稻、茶叶、板栗、中药材等。县道仁和—棉花坪线过境。

沙子田村［Shāzǐtiáncūn］ 棉花坪乡人民政府驻地。在县政府驻地舜陵街道北20千米。人口1200。以瑶族为主,还有汉族。因改造沙地成田得名。聚落呈散状。有小学、卫生服务站、活动中心。农业以水稻种植为主,有猪、牛饲养,产茶叶、板栗、中药材。县道仁和—棉花坪线经此。

桐木漯瑶族乡［Tóngmùluò Yáozú Xiāng］ 宁远县辖乡。在县境北部。面积69平方千米。人口6000,其中瑶族占58%,还有汉族。辖7村委会,有62自然村。乡人民政府驻下龙盘村。1984年设。因盛产桐木得名。有九年制学校1所,卫生院1个,卫生所7个。有文化站。农业以水稻、红薯种植为主,有羊、猪、牛饲养。有竹木加工业。通公路。

下龙盘村［Xiàlóngpáncūn］ 桐木漯瑶族乡人民政府驻地。在县政府驻地舜陵街道北47千米。人口700。以瑶族为主,还有汉族。聚落呈散状。有九年制学校、卫生院、活动中心。农业以水稻种植为主,有羊、猪等饲养。

荒塘瑶族乡［Huāngtáng Yáozú Xiāng］ 宁远县辖乡。在县境北部。面积168平方千米。人口1.2万,其中瑶族占28%,还有汉、土家、壮等民族。辖15村委会,有105自然村。乡人民政府驻石家洞村。1984年设。因有荒塘得名。东春河流经。有中学1所,小学1所,卫生院1个,卫生所15个。有文化站。农业以水稻、玉米、黄豆种植为主,有猪、羊饲养,产林木。县道花桥—石家洞线过境。

石家洞村［Shíjiādòngcūn］ 荒塘瑶族乡人民政府驻地。在县政府驻地舜陵街道东北61千米。人口1300。元末明初建村。因石氏聚居得名。聚落呈散状。有中小学、卫生服务站、活动中心。农业以水稻、玉米、蔬菜、百合、中药材种植为主,有羊、猪、牛、鸡等饲养。

蓝山县

蓝山县［Lánshān Xiàn］ 永州市辖县。北纬25°18′,东经111°58′。在市境南部。面积1806平方千米。人口40万,以汉族为主,还有瑶、壮、苗等民族。辖6镇、3乡、6瑶族乡。县人民政府驻塔峰镇。汉高祖五年(前202)置南平县,属桂阳郡。隋大业三年(607)并入临武县。唐武德四年(621)复南平县,属郴州。天宝元年(742)更名蓝山县,属桂阳郡。此后至1959年未变,先后属桂阳监、桂阳路、桂阳州、衡阳道、湖南省、第八行政督察区、第三行政督察区、郴县专区、郴州专区、湘南行政区。1959年与嘉禾县合为蓝嘉县。1961年复蓝山县。

1962年属零陵专区。1968年属零陵地区。1995年属永州市。因"山岭重叠,荟蔚苍萃,浮空如蓝"得名。先后修建城东路、南平路、湘粤路、塔峰路、新建路、舜峰路,开发五里坪工业园区,建成三蓝广场、植物园、舜水河风光带。2003年建成东方大道,北部工业园区、南部主城区连成一片。处南岭山脉中段北侧。南部山区,北部平丘区。最高点蓝山峰海拔1825米,最低点太平圩乡月溪村海拔188米。年均气温17.8℃,1月平均气温8.5℃,7月平均气温28℃。年均降水量1660毫米。琛水、舜水、湟水流经。有矿产资源铀、钼、铌、铁等。有野生植物583种,其中有国家重点保护野生植物水杉、银杏、福建柏、楠木等38种。有野生动物60余种,其中有国家级重点保护野生动物大鲵、猕猴、猴面鹰、香獐等15种。有湘江源国家森林公园。森林覆盖率72%。有中等职业学校2所,中学12所,九年一贯制学校16所,小学及教学点96个,特教学校1所,二级医院2个,文化馆1个,图书馆1个。有省级文物保护单位塔下寺、虎溪古民居群落。有名胜古迹传芳塔、塔下寺公园、夔龙公园、百叠岭茶文化体验园、湘江源头、大洞梨园。有省级历史文化名村虎溪村、滨溪村。三次产业比例17∶38∶45。农业以水稻种植为主,有生猪饲养,产黄花梨、葡萄。工业以运动用品、电子、皮具箱包、针织品加工为主。有省级经济开发区1个。服务业以商贸、旅游为主。二广、厦蓉高速,省道永连、蓝嘉、蓝临线过境。

蓝山汽车站［Lánshān Qìchēzhàn］ 见交通运输设施部分"蓝山汽车站"条。

塔峰镇［Tǎfēng Zhèn］ 蓝山县人民政府驻地。在县境中部。面积143平方千米。人口9.4万。以汉族为主,还有瑶、蒙、壮、满等民族。辖6居委会、37村委会,有372自然村。镇人民政府驻龙泉社区。1995年由城关镇、龙溪乡合置塔峰镇。因传芳塔、童峰2塔耸立山巅得名。舜水、钟水流经。有中等职业学校2所,中学7所,九年一贯制学校4所,小学6所,特教学校1所,二级医院2个,卫生院2个,卫生所1个。有省级文物保护单位塔下寺古建筑群。有南平故城旧址、汉晋古墓群、夔龙古庙。农业以水稻、花生、大蒜种植为主,产生姜、甘蔗、金柑、茶油、茄子、辣椒。工业以制鞋、皮具、玩具为主。为湘粤边境货物集散地。有湘南边贸城、广蓝集贸城。二广高速、省道永连线过境。

湘粤路［Xiāngyuè Lù］ 在县境中部。南起城南路,北至东方大道。与环城路、塔峰西路、新建路、英才路、南平路相交。长4.2千米,宽32米。沥青路面。1990年开工,1992年建成。为湖南—广东主通道,故名。两侧有县中心医院、县客运站、民族中学、职业中专、酒店等。通多路公交车。

南平路［Nánpíng Lù］ 在县城北部。东起古城路,西至省道永连线。与五里大道、工业大道、新民路、湘粤路相交。长2.4千米,宽45米。沥青路面。1992年开工,当年建成,2001年扩建西路。因旧县名南平得名。两侧有县交警大队、县国税局、博爱学校、水电总公司、酒店等。通多路公交车。

东方大道［Dōngfāng Dàdào］ 在县城北部。西起二广高速,东至七里江大桥。与湘粤北路、工业大道、五里大道等相交。长5.1千米,宽60米。泥混路面。2004年开工,2010年建成。两侧有政务中心、污水处理厂、毛织公司、电子公司等。通多路公交车。

龙泉社区［Lóngquán Shèqū］ 塔峰镇人民政府驻地。在县境中部。面积1平方千米。人口9800。因龙泉洞得名。2003年成立。民居以高层住宅楼为主。有老年活动室、卫生服务站、便民服务站、图书室等。有中小学。驻有县国税局、县国土资源局、县交通局、县农业局、县林业局等单位。通多路公交车。

竹管寺镇［Zhúguǎnsì Zhèn］ 蓝山县辖镇。在县境中部偏北。面积87平方千米。人口3.6万。以汉族为主,还有瑶族。辖2居委会、35村委会,有272自然村。镇人民政府驻竹管寺。1950年设竹市乡。1958年改公社。1984年改竹管寺乡。1986年改镇。1995年总市乡并入。因镇政府驻地得名。有长冲岭、百叠岭。濛溪流经。有中学1所,九年一贯制学校1所,小学1所,卫生院2个,卫生所1个,文化站1个。有古迹戴星桥、杞梓山房书楼、横江砠古人类遗址。农业以水稻、油茶、黄瓜、苦瓜种植为主。有竹管寺农贸市场。省道永连线过境。

竹管寺［Zhúguǎnsì］ 竹管寺镇人民政府驻地。在县政府驻地塔峰镇北8千米。人口2000。古有寿相寺,翠竹环绕,故名。又称竹市。聚落呈团块状。有中小学、幼儿园、卫生室、养老院等。种植水稻、油茶、蔬菜等。有竹市集贸市场。省道永连线经此。

毛俊镇［Máojùn Zhèn］ 蓝山县辖镇。在县境东部。面积166平方千米。人口4.1万。以汉族为主,还有瑶族。辖2居委会、51村委会,有427自然村。镇人民政府驻毛俊村。1950年设毛俊区,旋设乡。1958年并入超美公社。1961年析设毛俊公社。1984年改乡。1986年改镇。1995年火市、尚屏2乡并入。因镇政府驻地得名。俊水河流经。有中学1所,小学1所,九年一贯制学校1所,幼儿园1所,卫生院3个,卫生所1个,文化站2个。有水上乐园、风雨廊桥。农业以水稻、香芋、葡萄种植为主。工业以竹木加工为主。为县东部农贸集市。县道火军线过境。

毛俊村［Máojùncūn］ 毛俊镇人民政府驻地。在县政府驻地塔峰镇东20千米。人口5100。明设巡检司,因由毛俊主持修堡得名毛俊堡,故名。聚落呈团块状。有中小学、幼儿园、卫生院、敬老院。有沿河风光带、水上乐园、风雨廊桥。农业以香芋、葡萄、水稻种植为主。有集贸市场。县道火军线经此。

楠市镇［Nánshì Zhèn］ 蓝山县辖镇。在县境北部。面积90平方千米。人口3.5万。辖1居委会、31村委会,有250自然村。镇人民政府驻楠木桥。1950年设楠市乡。1958年并入红星公社。1961年析设楠市公社。1984年改乡。1986年改镇。1995年正市乡并入。因在镇政府驻地建市场得名。濛溪、蓝溪流经。有中学1所,九年一贯制学校1所,小学1所,小学教学点5个,卫生院2个,卫生所1个,文化站1个。有下洞红军标语墙、木马下战斗遗址、红军烈士墓、矮脚岩。农业以水稻种植为主,有生猪饲养,特产黄花、花生。有楠木桥市场。为宁蓝嘉3县物资集散中心。厦蓉高速,省道蓝连、郴道线过境。

楠木桥［Nánmùqiáo］ 楠市镇人民政府驻地。在县政府驻地塔峰镇北17千米。人口700。原盛产楠木,曾用楠木架桥,故名。聚落呈团块状。有中小学、卫生院等。经济以商贸为主,有集贸市场。农业以水稻种植为主,特产黄花、小籽花生。厦蓉高速、省道郴道线经此。

所城镇［Suǒchéng Zhèn］ 蓝山县辖镇。在县境南部。面积173平方千米。人口2.8万。以汉族为主,还有瑶族。辖2居委会、26村委会,有246自然村。镇人民政府驻所城村。1950年设所城乡。1958年并入高峰公社。1961年析设所城公社。1984年复乡。1995年与大麻乡合置所城镇。因镇政府驻地得名。舜水流经。有九年一贯制学校2所,卫生院2个,卫生所1个,文化站1个。有古迹万年桥、南风坳古峤道、岿道古城、舜殿、舜岩、望嶷亭。经济以农林为主,种植水稻,产南竹、茶叶、木材。有水稻制种、蔬菜种植基地。工业以小水电站为主。二广高速,省道永连线过境。

所城［Suǒchéng］ 所城镇人民政府驻地。在县政府驻地塔峰镇南12千米。人口1300。古称宁溪,明洪武二十六年(1393)设守御千户所,兴建城垣,故名。俗称所里。聚落呈团块状。有中小学、幼儿园、卫生室等。农业以竹木、蔬菜、水果种植为主。有集贸市场。县道猫大线过境。

新圩镇［Xīnxū Zhèn］ 蓝山县辖镇。在县境东部。面积141平方千米。人口4.9万。辖1居委会、45村委会,有425自然村。镇人民政府驻新圩。1950年设新圩乡。1958年并入东方红公社。1961年析设新圩公社。1984年复乡。1995年与田心、早禾2乡合置新圩镇。因镇政府驻地得名。有九年一贯制学校3所,幼儿园3所,卫生院3个,卫生所1个,文化站1个。有岸山烈士墓、隐岩洞、青龙桥。有省级历史文化名村滨溪村。农业以蔬菜、水稻种植为主,特产辣椒、茶油、双何枣、滨溪西瓜等。为周边3县物资集散地。省道汝嘉线过境。

新圩［Xīnxū］ 新圩镇人民政府驻地。在县政府驻地塔峰镇东31千米。人口1300。因民国时田心铺圩场迁此得名。聚落呈团块状。有九年一贯制学校、幼儿园、卫生院等。有新圩市场。产黑糊酒、双何枣、新圩辣椒。省道汝嘉线经此。

滨溪村［Bīnxīcūn］ 在县政府驻地塔峰镇东27千米。新圩镇辖自然村。人口1300。聚落呈口字形。为省级历史文化名村。有六角楼、扁书房等明清古建筑20多栋。农业以水稻种植为主。

祠堂圩乡［Cítángxū Xiāng］ 蓝山县辖乡。在县境西北部。面积73平方千米。人口2.4万。辖31村委会,有213自然村。乡人民政府驻桃源腹。1950年设祠市乡。1958年并入上游公社。1961年析设祠市公社。1984年改祠堂圩乡。1995年蓝屏乡并入。因刘公祠堂得名。有中学1所,小学1所,九年一贯制学校1所,幼儿园1所,卫生院2个,卫生所1个,文化站1个。有全国重点文物保护单位黄氏宗祠。有朱德、彭德怀居住旧址。有省级历史文化名村虎溪村。有名胜通心岩。农业以水稻种植为主,产水果。省道永连线过境。

桃源腹［Táoyuánfù］ 祠堂圩乡人民政府驻地。在县政府驻地塔峰镇西北20千米。人口200。因旧时多桃树得名。聚落呈团块状。有小学、卫生室等。农业以水稻种植为主。

虎溪村［Hǔxīcūn］ 在县政府驻地塔峰镇西北23千米。祠堂圩乡辖村。人口900。石山如虎,溪水潺流不绝,故名。聚落呈团块状。为省级历史文化名村。有全国重点文物保护单位黄氏宗祠。农业以水稻种植为主。

土市乡［Tǔshì Xiāng］ 蓝山县辖乡。在县境东北部。面积108平方千米。人口3.9万。辖39村委会,有213自然村。镇人民政府驻土桥圩。1950年设土桥乡。1953年更名土市乡。1958年并入盖世公社。1961年析设土市公社。1984年复乡。1995年洪观乡并入。因乡政府驻地名得名。有百叠岭、南岭山。蓝溪流经。有九年一贯制学校1所,中学1所,小学2所,幼儿园1所,卫生院2个,卫生所1个,文化站1个。有省级文物保护单位红军渡、红六军团指挥部旧址、红军西征转战旧址。有打靶岭。农业以水稻、花生、辣椒、油茶种植为主,特产泉塘西瓜、南岭柑橘。为周边2县物资集散地。省道郴道线过境。

土桥圩［Tǔqiáoxū］ 土市乡人民政府驻地。

在县政府驻地塔峰镇东北33千米。人口900。因桥下为圩得名。又名土市。聚落呈团块状。钟水、蓝溪流经。有中小学、幼儿园、卫生室等。农业以稻谷、水果种植为主。有集贸市场。省道郴道线经此。

太平圩乡 [Tàipíngxū Xiāng] 蓝山县辖乡。在县境东北部。面积72平方千米。人口3.2万。辖20村委会,有116自然村。镇人民政府驻太平村。1953年设太平乡。1958年并入盖世公社。1961年析设太平公社。1981年更名太平圩公社。1984年改乡。1995年大洞乡并入。因乡政府驻地得名。有中学1所,小学2所,幼儿园1所,卫生院2个,卫生所1个,文化站1个。有石礅古村、大洞梨园。农业以水稻种植为主,有生猪饲养,产黄花梨、葡萄、柑橘。有铸造工业园。省道汝嘉、蓝大线,县道土太线过境。

太平圩 [Tàipíngxū] 太平圩乡人民政府驻地。在县政府驻地塔峰镇东北27千米。人口600。旧时匪盗横行,清剿后得太平,故名。聚落呈团块状。有中小学、幼儿园、卫生室等。农业以水稻种植为主。县道土太线经此。

汇源瑶族乡 [Huìyuán Yáozú Xiāng] 蓝山县辖乡。在县境西部。面积51平方千米。人口2900,其中瑶族占51%,还有汉族。辖5村委会,有42自然村。乡人民政府驻河背。1953年设大源乡。1956年改大源民族乡。1957年与小源乡(今犁头瑶族乡)合设汇源瑶族乡。1961年改汇源公社,原小源乡划入竹市公社。1982年改汇源瑶族公社。1984年复汇源瑶族乡。原名栗树源、大源,1957年大源、小源合并改今名。有三角山,海拔1304米。大源河流经。有小学2所,卫生院1个,卫生所1个,文化站1个。有瑶族民俗度戒、抛牌、还盘王愿、还家愿等。有蓝界古碑。经济以林业为主,产杉松、南竹、中药材。县道岭汇线过境。

河背 [Hébèi] 汇源瑶族乡人民政府驻地。在县政府驻地塔峰镇西北27千米。人口100。瑶族聚居。因处河背面得名。聚落呈团块状。有小学、幼儿园、卫生室等。产竹木及竹木制品。县道岭汇线经此。

犁头瑶族乡 [Lítóu Yáozú Xiāng] 蓝山县辖乡。在县境西部。面积33平方千米。人口2800,其中瑶族占36%,还有汉族。辖4村委会,有21自然村。乡人民政府驻犁头嘴。1950年设犁头乡。1956年改小源民族乡,旋改瑶族乡。1957年并入汇源瑶族乡。1984年由竹市公社析设犁头瑶族乡。因乡政府驻地得名。小源水流经。有茶盘坳,海拔1042米。有小学2所,卫生院1个,卫生所1个,文化站1个。农业以水稻种植为主。有竹木加工业。县道塔犁线过境。

犁头嘴 [Lítóuzuǐ] 犁头瑶族乡人民政府驻地。在县政府驻地塔峰镇西20千米。人口100。瑶族聚居。因山岭形似犁头嘴得名。聚落呈团块状。有小学、卫生室等。有红军烈士墓。产木材。县道塔犁线经此。

浆洞瑶族乡 [Jiāngdòng Yáozú Xiāng] 蓝山县辖乡。在县境东南部。面积82平方千米。人口5000,其中瑶族占40%,还有汉族。辖9村委会,有58自然村。乡人民政府驻马家碑。1950年设浆洞乡。1956年改瑶族乡。1958年改爱好和平公社。1959年并入超美公社。1961年析设浆洞公社。1982年改瑶族公社。1984年复浆洞瑶族乡。传原上洞村堡居民点后有岩洞,常流岩浆和稀泥浆,故名浆洞,后习为地片名,沿为乡名。有葫芦岭,海拔1402米,为珠江、长江水系分水岭。有海拔1000米以上山峰十余座。鲁田河、浆洞河流经。有小学1所,卫生院1个,医疗点1个,文化站1个。有名胜古迹枫木山火山岩、大石槽第四纪冰川遗迹、西峰岭高山青苔、华阴山、浆洞堡遗址。经济以林业为主,产杉木、松木、南竹、中药材。有竹木加工业。县道蓝浆线过境。

马家碑 [Mǎjiābēi] 浆洞瑶族乡人民政府驻地。在县政府驻地塔峰镇东南25千米。人口300。因马姓曾立碑居住得名。聚落呈团块状。有小学、卫生室等。经济以林业为主,产杉木、松木、南竹。有集贸市场。县道蓝浆线经此。

紫良瑶族乡 [Zǐliáng Yáozú Xiāng] 蓝山县辖乡。在县境西南部。面积149平方千米。人口3100,其中瑶族占98%,还有汉族。辖5村委会,有31自然村。乡人民政府驻桐村。1953年设紫良乡。1956年改民族乡。1958年改群峰公社,后并入高峰公社。1961年析设紫良公社。1982年更名紫良瑶族公社。1984年改紫良瑶族乡。因紫良源溪得名。有海拔1700米以上山峰蓝山峰、香炉石、金鸡岭、八仙下棋峰等。琛水、中河、凌江流经。有高塘坪湖、板塘湖。有矿产资源金、银、铀、钽、水晶石、钾长石等。有湘江源国家森林公园。有板塘森林保护区。森林覆盖率82.7%。有小学1所,小学教学点3个,卫生院1个,卫生所1个,文化站1个。经济以林业为主,农业以水稻种植为主,产南竹、斑竹。有小水电。通公路。

桐村 [Tóngcūn] 紫良瑶族乡人民政府驻地。在县政府驻地塔峰镇西南26千米。人口100。以瑶族为主,还有汉族。初名新洞,后以数姓同住改名同村,又作今名。聚落呈散状。紫良源溪流经。有小学、卫生院等。农业以南竹种植为主。

大桥瑶族乡 [Dàqiáo Yáozú Xiāng] 蓝山县辖乡。在县境南部。面积88平方千米。人口9100,其中瑶族占32%,还有汉族。辖10村委会,有77自然村。乡人民政府驻桥市村。1950年设大桥乡。1953年分设复兴、顺江、桥市3乡。1956年合为大桥乡。1958年并入高峰公社。1961年析设大桥公社。1984年改乡。1997年改今名。因古有大桥得名。琛水流经。有九年一贯制学校1所,幼儿园1所,卫生院1个,卫生所1个,文化站1个。经济以农林业为主,产茶叶、黄柏、厚朴、田七、金银花、松香等。为县南部边陲物资集散地,有大桥农贸市场。县道猫大线过境。

桥市村 [Qiáoshìcūn] 大桥瑶族乡人民政府驻地。在县政府驻地塔峰镇南38千米。人口600。原有桥,后毁未建,地名沿袭。聚落呈团块状。有九年一贯制学校、幼儿园、卫生院等。农业以食用菌种植为主,产竹木。有集贸市场。县道猫大线经此。

荆竹瑶族乡 [Jīngzhú Yáozú Xiāng] 蓝山县辖乡。在县境南部。面积185平方千米。人口4400。其中瑶族占87%,还有汉族。辖8村委会,有35自然村。乡人民政府驻蓝山冲。1950年设荆竹乡。1953年分设新寨、沙落2乡,1955年划入江华县。1957年2乡划归蓝山县并合设荆竹瑶族乡。1958年改先锋公社。旋并入高峰公社。1961年析设荆竹公社。1982年改荆竹瑶族公社。1984年复荆竹瑶族乡。清设瑶官,因产荆竹,故名。有青山排顶峰,海拔1586.6米。中河、凌江河流经。有矿产资源金、银、铀、钽、水晶石、长石、花岗石等。有野生植物金丝楠木、水杉、红豆杉、斑竹等,野生动物猕猴、穿山甲、大鲵等。有小学1所,卫生院1个,卫生所1个。有文化站。有瑶族民俗唱瑶歌、跳瑶舞、穿瑶服、瑶俗婚礼等。有大坦、沙落村吊脚楼建筑群。经济以林业为主,产掌纹斑斑竹。有竹木加工业。县道蓝荆线过境。

蓝山冲 [Lánshānchōng] 荆竹瑶族乡人民政府驻地。在县政府驻地塔峰镇南59千米。人口300。以瑶族为主,还有汉族。因处蓝山边境得名。聚落呈团块状。有小学、卫生院等。有胡仁生烈士墓。产竹木、中药材。县道蓝荆线经此。

新 田 县

新田县 [Xīntián Xiàn] 永州市辖县。北纬25°55′,东经112°12′。在市境东部。面积1022平方千米。人口44.7万,以汉族为主,还有瑶、壮、土家等民族。辖9镇、9乡、1瑶族乡。县人民政府驻龙泉镇。明崇祯十二年(1639)析宁远、桂阳县设新田县,治新田堡,原为军队屯田处,故名。此后至1959年未变,先后属道州、永州府、衡阳道、第九行政督察区、第七行政督察区、永州专区、湘南行政区、郴州专区。1959年并入桂阳县。1961年复县。1962年属零陵专区。1968年属零陵地区。1995年属永州市。1978年老城区有青石板街道10条。1982年修筑文化路。1990—2003年改造老城区,建商业街5条,市场1个,广场2个,建设日西河、新田河风光带。形成"五纵五横"城市布局。四面环山,西北高东南低。南北长东西窄,呈向南开口狭长盆地。以山丘、岗地为主。平均海拔640米。年均气温18.1℃,1月平均气温6.6℃,7月平均气温28.8℃。年均降水量1425毫米。日东、日西河流经。有矿产资源铁、煤、锑、铅、锌等。有野生植物800余种,其中有国家重点保护野生植物银杏、红豆杉、厚朴、香樟等。有野生动物700余种,其中有国家重点保护动物金钱豹、林麝、穿山甲、红腹锦鸡、五步蛇等。有福音山国家森林公园。森林覆盖率55.6%。有高中2所,初中22所,小学221所,中等职业学校1所,二级医院4个,文化馆1个,图书馆1个,档案馆1个。有全国重点文物保护单位龙家大院,省级文物保护单位谈文溪古民居、新田文庙等9个。有古迹龙泉山商代遗址、清《平定准噶尔碑刻》、青云塔、古洞石羊、彭梓城、南国武当山、大观岭古堡。有孝文化公园、小源会议旧址。有省级历史文化名村黑砠岭村、谈文溪村。三次产业比例20∶28∶52。农业以水稻、油茶、茶种植为主,产富硒蔬菜、小水果。有国家地理标志产品陶岭三味辣椒、新田大豆。工业以水电、采矿、石材加工、竹木加工、化工为主。服务业以商业、旅游为主。省道岔路口—永安关、柏家坪—嘉禾坦坪线过境。

双碧广场 [Shuāngbì Guǎngchǎng] 在县城东南部。面积3公顷。2003年开工,2004年建成。以日东、日西2河如碧带得名。分主广场、休闲广场、北云亭、观景台。有健身器材、阅报栏、活动室、凉亭、石椅等。为集会、休闲、旅游广场。周边有中医院、双碧幼儿园。通公交车。

龙泉镇 [Lóngquán Zhèn] 新田县人民政府驻地。在县境中部。面积130平方千米。人口12.1万。辖6居委会、39村委会,有194自然村。镇人民政府驻中山社区。1995年由城关镇与城东、田家2乡合置龙泉镇。因龙泉山得名。春陵河流经。有中学4所,小学15所,幼儿园28所,二级医院4个,卫生院2个,私立医院10个,卫生所65个,文化站1个,广播站1个,敬老院2个。有省级文物保护单位文庙。有古迹青云塔。有景点南桥双碧、恩寺寒烟。农业以蔬菜种植为主,特产大五星枇杷。工业以家具、食品、木材加工及机械制造为主。234国道,省道新田—江华、岔路口—永安关线过境。

龙泉大道［Lóngquán Dàdào］　在县城西部。东起迎宾路，西至新田大桥。与秀峰路、东溪路相交。长4.2千米，宽50米。沥青混凝土路面。1993年开工，1996年建成。因龙泉山得名。两侧有县检察院、政务中心等。通公交车。

云鹤路［Yúnhè Lù］　在县城西部。东起叠翠街，西至滨河西路。与秀峰街、西莞街、福海路相交。长1.5千米，宽36米。沥青混凝土路面。2003年开工，同年建成。取"和平祥瑞，前程远大"之意命名。两侧有县司法局、瑞华实验学校、思源实验学校。通公交车。

新田大道［Xīntián Dàdào］　在县城中部。东起秀峰街，西至叠翠街。与双碧街相交。长2.1千米，宽60米。沥青混凝土路面。1997年开工，同年建成。因县得名。两侧有县司法局、新世纪广场、新田汽车站。通公交车。

迎宾路［Yíngbīn Lù］　在城区西部。东起新田大桥，西至龙泉路。与兴林路、滨河西路相交。长560米，宽30米。沥青路面。1996年开工，同年建成。两侧有县林业局、县农业局。通公交车。

中山社区［Zhōngshān Shèqū］　龙泉镇人民政府驻地。在县境中部。面积0.4平方千米。人口0.9万。因中山路得名。2004年成立。民居以住宅楼为主。有老年活动室、卫生服务站、便民服务站等。组建多支志愿服务队伍，开展文明劝导、医疗义诊、关爱老弱、环境保护等活动。有小学。有中山步行街、星中心购物广场。通多路公交车。

新圩镇［Xīnxū Zhèn］　新田县辖镇。在县境南部。面积40平方千米。人口2.4万。辖3居委会、16村委会，有85自然村。镇人民政府驻新圩。1956年设新圩乡。1958年改公社，1981年更名下漕洞公社。1984年改乡。1986年改镇。1994年改今名。因镇政府驻地得名。新田河流经。有中学1所，中心学校2所，小学12所，卫生院1个，卫生所19个。有文化站、广播站、敬老院等。有中国传统村落兰溪村。农业以水稻、蔬菜、大豆、花生种植为主。为县农产品集散地。省道新田—江华线过境。

新圩［Xīnxū］　新圩镇人民政府驻地。在县政府驻地龙泉镇南16千米。人口4000。原名石牛圩，清嘉庆二十三年(1818)改建圩场，遂改今名。聚落呈团块状。有中小学、幼儿园、卫生室、幸福院、文化广场等。农业以水稻、蔬菜种植为主。有集贸市场。省道新田—江华线经此。

金陵镇［Jīnlíng Zhèn］　新田县辖镇。在县境东北部。面积77平方千米。人口2万。以汉族为主，还有瑶族。辖3居委会、17村委会，有93自然村。镇人民政府驻金陵圩。1950年设金陵圩乡。1961年成立金陵公社。1984年改乡。1994年改镇。因镇政府驻地得名。有中学2所，小学1所，卫生院1个，卫生所13个。有幼儿园、文化站、广播站、敬老院等。经济以林业为主，盛产板栗、松木、杉木、南竹。农业以水稻、玉米、蔬菜种植为主。省道岔路口—永安关线过境。

金陵圩［Jīnlíngxū］　金陵镇人民政府驻地。在县政府驻地龙泉镇东北17千米。人口800。原名上流洞圩，后清宣宗道光皇帝赐改今名。聚落呈团块状。有中小学、幼儿园、卫生室、幸福院、文化广场等。农业以水稻、蔬菜种植为主。有集贸市场。省道岔路口—永安关线经此。

骥村镇［Jìcūn Zhèn］　新田县辖镇。在县境西北部。面积97平方千米。人口2.6万。辖18村委会，有181自然村。镇人民政府驻李家山村。1952年设骥村乡，后改公社。1984年复乡。1986年改镇。传古有官员誉马为骥，故名。日西河流经。有中学1所，小学4所，卫生院1个，卫生所18个。经济以农林为主。农业以稻谷、柰李、枇杷、柑橘种植为主。有肥源林场。县道龙骥线过境。

李家山村［Lǐjiāshāncūn］　骥村镇人民政府驻地。在县政府驻地龙泉镇西北8千米。人口1500。因姓氏得名。聚落呈团状。有中小学、幼儿园、卫生室、敬老院、文化活动室等。主产蔬菜、水果、稻谷。有集贸市场。县道泥塘—骥村线经此。

枧头镇［Jiǎntóu Zhèn］　新田县辖镇。在县境西南部。面积54平方千米。人口2.4万。辖3居委会、19村委会，有160自然村。镇人民政府驻枧头圩。1950年设枧头圩乡。1961年成立枧头公社。1984年改乡。1995年改镇。因镇政府驻地得名。有李郁溶洞。有中学2所，小学2所，卫生院2个，卫生所22个，敬老院2个。有全国重点文物保护单位龙家大院。有名胜古迹大观岭、大观堡、彭梓城、仙姑岩、惜字塔。农业以水稻、红薯种植为主。有十字圩市场，为新田、宁远、嘉禾3县物资集散地。二广高速、省道岔路口—永安关线过境。

枧头圩［Jiǎntóuxū］　枧头镇人民政府驻地。在县政府驻地龙泉镇西南21千米。人口600。因村头有石槽枧且开圩场得名。聚落呈环状。有中小学、幼儿园、卫生室、幸福院、文化广场等。种植水稻、红薯。有集贸市场。二广高速、省道岔路口—永安关线经此。

黑砠岭村［Hēijūlǐngcūn］　在县政府驻地龙泉镇西16千米。枧头镇辖自然村。人口600。因山岭黑色岩石得名。聚落呈环状。有全国重点文物保护单位龙家大院。有明清建筑78栋，300年以上古树118棵。为国家3A级旅游景区。有古八景"坐堂听书""丹凤朝阳""榭楼垂钓"等。农业以水稻种植为主。省道岔路口—永安关线经此。

新隆镇［Xīnlóng Zhèn］　新田县辖镇。在县境东南端。面积42平方千米。人口2万。辖1居委会、14村委会，有57自然村。镇人民政府驻龙会寺。1961年成立新隆公社。1984年改乡。1995年改镇。因新隆桥得名。新田河、春陵河流经。有中学1所，小学8所，卫生院1个，卫生所15个，文化站1个，广播站1个，敬老院1个。有幼儿园。农业以水稻、红薯种植为主。有龙会寺设圩场，为新田、桂阳、嘉禾3县物资集散地。县道黄新、新新线过境。

龙会寺［Lónghuìsì］　新隆镇人民政府驻地。在县政府驻地龙泉镇东南26千米。人口2500。清乾隆年间(1736—1795)设圩场，因寺得名。聚落呈团块状。有中小学、幼儿园、卫生室、幸福院、文化广场等。农业以水稻、红薯种植为主。有集贸市场。为新田、桂阳、嘉禾3县物资集散地。县道乔亭—陶岭线经此。

十字镇［Shízì Zhèn］　新田县辖镇。在县境西南部。面积45平方千米。人口1.9万。辖19村委会，有63自然村。镇人民政府驻十字圩。1956年设十字圩乡。1958年并入枧头公社。1961年析设十字公社。1984年改乡。2014年改镇。因镇政府驻地得名。有大广岭。有中学1所，小学13所，卫生院1个，卫生所19个。农业种植水稻、红薯等。省道岔路口—永安关线过境。

十字圩［Shízìxū］　十字镇人民政府驻地。在县政府驻地龙泉镇西南24千米。人口2200。明崇祯四年(1631)设圩场于十字路口，故名。聚落呈环状。有中小学、幼儿园、卫生室、幸福院、文化广场等。农业以水稻种植为主。有集贸市场。省道岔路口—永安关线经此。

大坪塘镇［Dàpíngtáng Zhèn］　新田县辖镇。在县境东南部。面积51平方千米。人口2.3万。以汉族为主，还有瑶族。辖20村委会，有123自然村。镇人民政府驻大坪塘村。1950年设大坪塘乡，后改公社。1984年复乡。2014年改镇。因镇政府驻地得名。有中学1所，小学11所，卫生院1个，卫生所20个，文化站1个，广播站1个，敬老院1个。农业以水稻、柑橘种植为主。有万华林场。有沙发加工业。县道新嘉线过境。

大坪塘村［Dàpíngtángcūn］　大坪塘镇人民政府驻地。在县政府驻地龙泉镇东南13千米。人口4000。因塘前有大草坪得名。聚落呈团块状。有中小学、幼儿园、卫生室、幸福院、文化广场等。农业以水稻种植为主。有集贸市场。县道新嘉线经此。

石羊镇［Shíyáng Zhèn］　新田县辖镇。在县境南部。面积64平方千米。人口3.4万。辖3居委会、23村委会，有58自然村。镇人民政府驻石羊圩。1956年设石羊乡。1959年改公社。1984年复乡。1995年改镇。因镇政府驻地得名。有赛武当山。石羊河流经。有中学1所，小学19所，卫生院1个，卫生所26个，文化站1个，广播站1个，敬老院1个。有厦源、东田、龙眼头、史家、清水湾古民居建筑群。有古泉井64眼。有石古寨、厦源古堡群、惠通桥、莲花亭。农业以水稻、红薯、黄豆种植为主，有生猪饲养，有特产石羊醋水豆腐、长亭面条。有南国武当汽车越野赛基地县道新嘉、新土线过境。

石羊圩［Shíyángxū］　石羊镇人民政府驻地。在县政府驻地龙泉镇南19千米。人口2400。因多羊群状石山得名。聚落呈环状。有中小学、幼儿园、卫生室、幸福院、文化广场等。农业以水稻、红薯、黄豆种植为主。有集贸市场。县道新嘉、新土线经此。

莲花乡［Liánhuā Xiāng］　新田县辖镇。在县境东北部。面积33平方千米。人口1.3万。辖11村委会，有104自然村。镇人民政府驻莲花圩。1956年设莲花乡，后并入莲花公社。1984年复乡。因乡政府驻地得名。有秀峰山。有中学1所，小学6所，卫生院1个，卫生所11个，文化站1个，广播站1个，敬老院1个。农业以水稻种植为主，有蔬菜、枇杷、葡萄、黑山羊等种养基地。工业有木材加工、煤炭开采。省道岔路口—永安关线过境。

莲花圩［Liánhuāxū］　莲花乡人民政府驻地。在县政府驻地龙泉镇东北8千米。人口300。因莲花塘得名。聚落呈环状。有中小学、幼儿园、卫生室、幸福院、文化广场等。农业以稻谷、蔬菜、水果种植为主。有集贸市场。省道岔路口—永安关线经此。

冷水井乡［Lěngshuǐjǐng Xiāng］　新田县辖镇。在县境西部。面积36平方千米。人口1.1万。辖11村委会，有44自然村。乡人民政府驻冷水井。1956年设冷水井乡。1958年并入骥村公社。1961年析设冷水井公社。1984年复乡。因乡政府驻地得名。有中学1所，小学8所，卫生院1个，卫生所11个。有文化站、广播站等。农业以水稻、红薯、花生种植为主。通公路。

冷水井［Lěngshuǐjǐng］　冷水井乡人民政府驻地。在县政府驻地龙泉镇西16千米。人口1000。因井水清凉得名。聚落呈环状。有中小学、幼儿园、卫生室、幸福院、文化广场等。农业以水稻、花生、红薯种植为主。有集贸市场。

茂家乡［Màojiā Xiāng］　新田县辖乡。在县境中部。面积33平方千米。人口1.2万。辖15村委会，有38自然村。乡人民政府驻茂家圩。1961年由东门桥公社析设茂家公社。

1984年改乡。因乡政府驻地得名。有中学1所,小学7所,卫生院1个,卫生所15个。有文化站、广播站等。农业以水稻种植为主。县道枧三线过境。

茂家圩 [Màojiāxū] 茂家乡人民政府驻地。在县政府驻地龙泉镇南8千米。人口400。因昔森林茂密得名。聚落呈环状。有中小学、幼儿园、卫生室、幸福院、文化广场等。农业以水稻种植为主。有集贸市场。县道枧三线经此。

毛里乡 [Máolǐ Xiāng] 新田县辖乡。在县境西南部。面积50平方千米。人口1.9万。辖20村委会,有40自然村。乡人民政府驻毛里圩。1961年由枧头公社析设毛里公社。1984年改乡。因乡政府驻地得名。有大冠岭、青龙洞。有中学1所,小学13所,卫生院1个,卫生所20个。有幼儿园、文化站、广播站、敬老院等。农业以水稻、红薯、辣椒、黄豆种植为主。省道岔路口—永安关线过境。

毛里圩 [Máolǐxū] 毛里乡人民政府驻地。在县政府驻地龙泉镇西南13千米。人口2000。原因产毛栗得名毛栗坪,后谐音改今名。聚落呈环状。有中小学、幼儿园、卫生室、幸福院、文化广场等。农业以水稻、大豆、红薯种植为主。有集贸市场。省道岔路口—永安关线经此。

金盆圩乡 [Jīnpénxū Xiāng] 新田县辖乡。在县境西南部。面积48平方千米。人口2.8万。辖20村,有44自然村。乡人民政府驻金盆圩。1961年由石羊公社析设徐家公社。1981年更名金盆圩公社。1984年改乡。因乡政府驻地得名。有中学1所,小学1所,卫生院1个,卫生所20个。有幼儿园、文化站、广播站、敬老院等。农业以水稻、红薯种植为主。县道石羊—金盆窝线过境。

金盆圩 [Jīnpénxū] 金盆圩乡人民政府驻地。在县政府驻地龙泉镇南38千米。人口600。原因地处山中盆地得名荒塘窝,后雅改为金盆窝,又因建圩场改今名。聚落呈环状。有中小学、幼儿园、卫生室、幸福院、文化广场等。农业以水稻种植为主。有集贸市场。县道石羊—金盆窝线经此。

河三岩村 [Hésānyáncūn] 在县政府驻地龙泉镇南35千米。金盆圩乡辖自然村。人口600。清道光癸巳年(1833)建村。因三岩洞之水汇聚成溪而流经得名。聚落呈半月状。为中国传统村落。有清代古民居建筑58栋。农业以水稻种植为主。县道金鸡岭—十字圩线经此。

三井乡 [Sānjǐng Xiāng] 新田县辖乡。在县境南部。面积29平方千米。人口1.9万。辖18村委会,有141自然村。乡人民政府驻三井圩。1956年设三井乡。1961年改公社。1984年复乡。因乡政府驻地得名。有山下大洞。有小学8所,中学1所,幼儿园1所,卫生院1个,卫生所18个,敬老院1个,文化站1个,广播站1个。有省级文物保护单位谈文溪古民居。农业以水稻、玉米种植为主,发展旅游业。县道枧三线过境。

三井圩 [Sānjǐngxū] 三井乡人民政府驻地。在县政府驻地龙泉镇南16千米。人口1900。因有3口水井得名。聚落呈环状。有中小学、幼儿园、卫生室、幸福院、文化广场等。农业以玉米、水稻种植为主。有集贸市场。县道枧三线经此。

谈文溪村 [Tánwénxīcūn] 在县政府驻地龙泉镇南20千米。三井乡辖自然村。人口1600。原因崇尚耕读文化得名谈文喜,后以谐音改今名。聚落呈团块状。为省级历史文化名村。有古民居30余栋。农业以水稻种植为主。县道枧三线经此。

陶岭乡 [Táolǐng Xiāng] 新田县辖乡。在县境东南部。面积32平方千米。人口1.7万。辖23村委会,有42自然村。乡人民政府驻陶市。1956年设陶岭圩乡。1961年改陶岭公社。1984年改乡。因陶岭山得名。有中学1所,小学6所,卫生院1个,卫生所23个。农业种植水稻等。有国家地理标志产品陶岭三味辣椒。省道柏家坪—嘉禾坦坪线过境。

陶市 [Táoshì] 陶岭乡人民政府驻地。在县政府驻地龙泉镇东南27千米。人口1200。因陶岭圩得名。聚落呈环状。有中小学、幼儿园、卫生室、幸福院、文化广场等。农业以水稻、辣椒种植为主。有集贸市场。省道柏家坪—嘉禾坦坪线经此。

高山乡 [Gāoshān Xiāng] 新田县辖乡。在县境东南部。面积30平方千米。人口1.5万。辖15村委会,有116自然村。乡人民政府驻高山村。1961年成立高山公社。1984年改乡。因乡政府驻地得名。春陵河流经。有中学1所,小学11所,卫生院1个,卫生所15个。有幼儿园、文化站、广播站、敬老院等。农业以水稻种植为主,盛产蜜橘、马蹄。省道新田—江华线,县道新嘉、大田线过境。

高山村 [Gāoshāncūn] 乡人民政府驻地。在县政府驻地龙泉镇东南22千米。人口2800。因村后山峰高耸得名。聚落呈环状。有中小学、幼儿园、卫生室、幸福院、文化广场等。农业以水稻、蜜橘种植为主。有集贸市场。省道新田—江华线经此。

知市坪乡 [Zhīshìpíng Xiāng] 新田县辖乡。在县境东南部。面积43平方千米。人口2.1万。辖17村委会,有155自然村。乡人民政府驻知市坪村。1956年设邓家村乡。1958年并入新圩公社。1961年析设邓家村公社。1981年更名知市坪公社。1984年改乡。因乡政府驻地得名。有中学1所,小学8所,卫生院1个,卫生所17个。有幼儿园、文化站、广播站、敬老院等。农业以水稻、红薯种植为主。有沙发加工业。县道大坪塘—高山线过境。

知市坪村 [Zhīshìpíngcūn] 知市坪乡人民政府驻地。在县政府驻地龙泉镇东南16千米。人口1300。原因山石多形如鸡粪得名鸡屎坪,后雅化改今名。聚落呈环状。有中小学、幼儿园、卫生室、幸福院、文化广场等。农业以红薯、水稻种植为主。有集贸市场。县道大坪塘—高山线经此。

门楼下瑶族乡 [Ménlóuxià Yáozú Xiāng] 新田县辖乡。在县境北部。面积134平方千米。人口1万,其中瑶族占70%,还有汉、苗、壮等民族。辖20村委会,有328自然村。乡人民政府驻门楼下村。1957年设门楼下民族乡。1957年改民族乡。1958年改民族团结公社。1982年改门楼下瑶族公社。1984年改门楼下瑶族乡。因乡政府驻地得名。有九峰山、天崎岭。春陵河、鲁塘河流经。森林覆盖率为85%。有中学1所,小学18所,卫生院1个,卫生所20个。有幼儿园、文化站、广播站、敬老院等。林业以产杉、马尾松、樟树、南竹为主,农业以水稻、玉米、茶叶种植为主。省道乌金线过境。

门楼下村 [Ménlóuxiàcūn] 门楼下瑶族乡人民政府驻地。在县政府驻地龙泉镇北20千米。人口1100。因山似门楼得名。聚落呈散状。有中小学、幼儿园、卫生室、幸福院、文化广场等。农业以水稻、玉米种植为主。有集贸市场。省道乌金线经此。

江华瑶族自治县

江华瑶族自治县 [Jiānghuá Yáozú Zìzhìxiàn] 永州市辖县。北纬25°11′,东经111°35′。在市境南部。面积3248平方千米。人口51万,其中瑶族占67%,还有汉、壮、苗等民族。辖11镇、10乡、1壮族乡。县人民政府驻沱江镇。唐武德四年(621)析冯乘县置江华县,初属营州,后属道州。文明元年(684)更名云溪县。神龙元年(705)复名江华县。此后至1955年未变,先后属道州路、永州府、衡阳道、第九行政监察区、第七行政监察区、永州专区、零陵专区、湘南行政区、衡阳专区。1955年改今名。1962年属零陵专区。1968年属零陵地区。1995年属永州市。因处阳华岩之江南得名。明天顺六年(1462)建城,包砌以石,复以串楼,立东、南、西、北4门。上建重楼,周三百六十余丈,濠三百一十丈。1985年县治复迁沱江后,于旧城区西、北郊建"九纵六横"框架路网,建瑶族铜鼓广场、金牛湖公园、滨江公园及广场。沱水西侧为主城区,有平头岩公园、瑶族图腾园、豸山公园、盘王殿、民族文化宫。西部高新技术产业开发区,北部湖南海联江华产业园,东、南部涔天河国家湿地公园。处湘、粤、桂3省(区)接合部。东部群山,西部低平狭长。平均海拔510米。最高点黄龙山海拔1923.9米。年均气温18.8℃,1月平均气温7.3℃,7月平均气温28.2℃。年均降水量1474.6毫米。东河、西河流经。有矿产资源金、银、铜、铅、锌等。有野生植物1382种,其中有国家重点保护野生植物苏铁、银杏、南方红豆杉、水杉、伯乐树等。有野生动物200余种,其中有国家重点保护野生动物大鲵、穿山甲等。有涔天河国家湿地公园、大龙山省级自然保护区。森林覆盖率78%。有中等职业学校3所,高中2所,初中18所,特教学校1所,二级医院4个。有全国重点文物保护单位阳华岩摩崖石刻、潇桂古道永州段—龙门桥,省级文物保护单位凌云塔、红七军十九师政治部旧址、李启汉故居等5个。有国家级非物质文化遗产瑶族长鼓舞等2项,省级非物质文化遗产1项。有古迹阳华岩、江华文庙、豸山寺等。有瑶族盘王节。有省级历史文化名村宝镜村。有国家3A级旅游景区瑶族文化园等6个。有潇湘源国家水利风景区。三次产业比例26∶31∶43。农业以水稻、玉米、大豆、茶种植为主。有国家地理标志产品瑶山雪梨、江华苦茶、江华毛尖。工业以电子、新能源、机电、印刷传媒、金属冶炼、新型建材为主。有省级经济开发区1个。服务业以旅游、物流、商贸为主,有电子商务。洛湛铁路,道贺高速,207国道,省道江华—富川、江华—江永线过境。

瑶族图腾园 [Yáozú Túténgyuán] 在县城中部。占地3.3公顷。2009年开工,2010年建成。因广场主题得名。有瑶族盘瓠龙犬图腾浮雕墙、图腾柱、图腾雕塑。有旱喷。绿地2.3公顷。为集节日集会、文艺演出、健身娱乐于一体综合性广场。周边有县委、县房产局、小学、体育馆、文化中心。通公交车。

沱江大桥 [Tuójiāng Dàqiáo] 在县城东部。长171米,宽18米,最大跨度36米,桥下净高10米。1990年建旧桥,2011年重建,2014年建成。因横跨沱江得名。为中型河道桥梁,结构型式为预应力混凝土T型梁桥。最大载重40吨。通公交车。

江华站 [Jiānghuá Zhàn] 见交通运输设施部分"江华站"条。

江华汽车站 [Jiānghuá Qìchēzhàn] 见交通运输设施部分"江华汽车站"条。

沱江镇 [Tuójiāng Zhèn] 江华瑶族自治县人民政府驻地。在县境西北部。面积176平方千米。人口9.5万。以汉族为主,还有瑶、壮等民族。辖4居委会、38村委会,有186自然村。镇人民政府驻百家尾村。1947年设沱江镇。

1990年沱江乡并入。1995年竹园寨、鲤鱼井2乡并入。因江得名。沱江、西河流经。有高中2所,职业高中2所,完全中学1所,初中4所,九年制学校2所,小学7所,幼儿园19所,二级医院4个,卫生院1个,卫生室38个。有全国重点文物保护单位阳华岩摩崖石刻,省级文物保护单位凌云塔。有名胜古迹铜铸长鼓、瑶族图腾牌坊、盘王殿。有民俗瑶族盘王节。为省级历史文化名镇。农业种植水稻、红薯、花生等。有国家地理标志产品同丰大米。工业以新能源、新材料、电子、新型建材为主。服务业以旅游为主。特产圣水豆腐丸、瑶家十八酿。洛湛铁路、207国道、省道江华—江永线过境。有江华站。2008年被评为全国文明镇。

长征路［Chángzhēng Lù］　在县城东北部。东起马鞍山村路,西至为人路。与阳华路、民族路、春晓路、豸山路、迎宾路、冯乘路相交。长3.8千米,宽22米。混凝土路面。1983年开工,1985年建成。为纪念红军长征路过此而得名。两侧有江华大市场、瑶韵步行街、县交运局、林业局、小学、江华汽车站。通公交车。

萌渚路［Méngzhǔ Lù］　在县城中部。南起滨江路,北至春晓路。与鲤鱼井路、翠华路、苍松路、阳华路相交。长1.9千米,宽37米。沥青路面。1984年开工,1990年建成,1995年改造。因萌渚水得名。两侧有县卫计委、法院、公安局、县医院、民政局、电视台、教育局等。通公交车。

阳华路［Yánghuá Lù］　在县城中部。东起长征路,西至冯乘路。与萌渚路、寿域路相交。长1.7千米,宽32米。沥青路面。1984年开工,1990年建成。因名胜阳华岩得名。两侧有县中医院、县财政局、县国税局、体育馆、小学、银行等。通公交车。

瑶都大道［Yáodū Dàdào］　在县城西部。南起冯乘路,北至207国道。与金牛大道、鲤鱼井路、江华大道、为人路相交。长11.1千米,宽36米。混凝土路面。2009年开工,2010年建成,2011年改造。因江华被誉为"神州瑶都"而得名。两侧有乔兴城市花园、祥龙城市花园、江华新城、江华工业园、同丰米业、江华站。通公交车。

百家尾村［Bǎijiāwěicūn］　沱江镇人民政府驻地。在镇境中部。人口1200。清康熙二十六年(1687)因有百户得名百家美,后以谐音改今名。聚落呈条带状。有小学、卫生院、卫生所。有中共"三大""五大"代表陈为人故居、舒翼烈士墓。经济以商贸为主。207国道经此。

桥头铺镇［Qiáotóupù Zhèn］　江华瑶族自治县辖镇。在县境西北部。面积120平方千米。人口3.7万。辖1居委会、23村委会,有74自然村。镇人民政府驻桥头铺。1950年设桥头铺乡。1958年改公社。1984年改镇。1995年大干乡并入。因镇政府驻地得名。潇河流经。有中学1所,小学15所,幼儿园3所,卫生院1个,卫生所15个。有文化站、广播站、敬老院等。有全国重点文物保护单位潇桂古道永州段—龙门桥。农业以水稻、红薯、油菜种植为主。洛湛铁路、道贺高速、207国道过境。

桥头铺［Qiáotóupù］　桥头铺镇人民政府驻地。在县政府驻地沱江镇西北12千米。人口1400。因古人在桥头开店铺得名。聚落呈团块状。有中小学、幼儿园、医疗站。农业以水稻种植为主。有集贸市场。207国道经此。

东田镇［Dōngtián Zhèn］　江华瑶族自治县辖镇。在县境西北部。面积67平方千米。人口2.1万。以瑶族为主,还有汉、壮、苗等民族。辖1居委会、17村委会,有86自然村。镇人民政府驻蒋家寨。1961年成立东田公社。1984年改乡。1995年改镇。原因有大片冬季水田得名冬田,后演为今名。潇水河流经。有中学1所,小学11所,幼儿园2所,卫生院1个,卫生所12个。有文化站、广播站、敬老院等。农业以水稻、花生、油菜种植为主。省道嘉禾—江华、江华—江永线过境。

蒋家寨［Jiǎngjiāzhài］　东田镇人民政府驻地。在县政府驻地沱江镇东南9千米。人口1500。因姓氏得名。聚落呈三角形。有卫生院、便民服务中心、敬老院。农业以水稻、蔬菜种植为主。有农贸市场。省道嘉禾—江华、江华—江永线经此。

大路铺镇［Dàlùpù Zhèn］　江华瑶族自治县辖镇。在县境西部。面积155平方千米。人口3.7万。以瑶族为主,还有汉、壮、苗等民族。辖1居委会、34村委会,有131自然村。镇人民政府驻大路铺。1950年设大路铺乡,后改公社。1984年复乡。1995年与黑山口、邓家湾2乡合置大路铺镇。因镇政府驻地得名。西河流经。有初中1所,九年制学校1所,小学4所,村小教学点5个,幼儿园2所,卫生院1个,卫生所26个。有文化站、敬老院等。有景点惠风亭、回溪不老泉。农业以水稻、玉米、大豆种植为主,特产瑶都青桃、瑶山雪梨、柑橘、百香果。工业有打稻机制造及红砖、大理石、铅锌加工。洛湛铁路、207国道、省道江华—江永线过境。

大路铺［Dàlùpù］　大路铺镇人民政府驻地。在县政府驻地沱江镇南16千米。人口1400。因处湘桂古驿道得名。聚落呈三角形。有中小学、幼儿园、卫生院、健身广场、便民服务点、敬老院等。经济以种植水稻、商贸服务为主。有集贸市场。207国道经此。

白芒营镇［Báimángyíng Zhèn］　江华瑶族自治县辖镇。在县境西部。面积179平方千米。人口5.5万。以瑶族为主,还有汉、壮、苗等民族。辖1居委会、54村委会,有175自然村。镇人民政府驻白芒营。1950年设白芒营乡。1958年改公社。1984年复乡。1985年改镇。1995年白牛山、小贝、岩口铺3乡并入。因镇政府驻地得名。西河流经。有中学1所,小学5所,幼儿园4所,卫生院1个,卫生所43个。有文化站、敬老院等。有中共秦山区支部红色文化旅游基地。有民俗赶鸟节、花炮节、黄龙节。有国家3A级旅游景区秦岩。农业以水稻、柑橘、玉米种植为主,有生猪、奶牛饲养。工业以机电、农副产品加工、制香为主。洛湛铁路、207国道、省道江华—富川线过境。

白芒营［Báimángyíng］　白芒营镇人民政府驻地。在县政府驻地沱江镇南32千米。人口1700。古为县境二十四营之一。《通典》载,"有甿渚岭,今谓之白芒"。聚落呈团块状。有中小学、幼儿园、卫生院、健身广场、便民服务点、敬老院等。经济以商贸为主。有集贸市场。207国道经此。

涛圩镇［Tāoxū Zhèn］　江华瑶族自治县辖镇。在县境西南部。面积94平方千米。人口3.5万。以瑶族为主,还有汉、壮等民族。辖1居委会、29村委会,有71自然村。镇人民政府驻涛圩。1950年设涛圩乡。1958年改公社。1984年复乡。1986年改镇。1995年上游乡并入。因镇政府驻地得名。有中学1所,小学22所,幼儿园2所,卫生院1个,卫生所22个。有文化站、敬老院等。有民俗仁王节、盘王节。农业以水稻、茶叶、蔬菜种植为主,特产江华苦茶。207国道过境。

涛圩［Tāoxū］　涛圩镇人民政府驻地。在县政府驻地沱江镇南46千米。人口1300。以瑶族为主,还有汉、壮等民族。因暴雨时河流汹涌得名。明洪武十三年(1380)曾置涛圩市。聚落呈团块状。有中小学、幼儿园、卫生院、便民服务点。农业以水稻种植为主。有集贸市场。207国道经此。

河路口镇［Hélùkǒu Zhèn］　江华瑶族自治县辖镇。在县境西南部。面积124平方千米。人口2.7万。以瑶族为主,还有汉、壮、苗等民族。辖1居委会、18村委会,有89自然村。镇人民政府驻河路口。1950年设河路口乡。1958年改公社。1984年复乡。1985年改镇。因镇政府驻地得名。正源冲河、春头源河、流车源河流经。有中学1所,小学2所,幼儿园2所,卫生院1个,卫生所19个。有文化站、敬老院等。农业以水稻、玉米种植为主,有生猪饲养业。工业以矿产加工为主。207国道过境。

河路口［Hélùkǒu］　河路口镇人民政府驻地。在县政府驻地沱江镇南59千米。人口900。以瑶族为主,还有汉、壮、苗等民族。因为湘桂2省溪河汇合口得名。聚落呈团块状。有中小学、幼儿园、卫生院、健身广场、便民服务点、敬老院等。农业以水稻种植为主。有集贸市场。207国道经此。

小圩镇［Xiǎoxū Zhèn］　江华瑶族自治县辖镇。在县境中部。面积110平方千米。人口2.6万。以瑶族为主,还有汉、壮等民族。辖1居委会、28村委会,有115自然村。镇人民政府驻小圩。1950年设小圩乡,后改公社。1984年复乡。1994年改镇。1995年桥铺乡并入。因镇政府驻地得名。崇江流经。有中学1所,小学32所,幼儿园1所,卫生院1个,卫生所14个。有文化站、敬老院等。农业以水稻、玉米种植为主,特产七彩椒。工业以林木加工为主。省道江华—富川线过境。

小圩［Xiǎoxū］　小圩镇人民政府驻地。在县政府驻地沱江镇东南62千米。人口1000。以瑶族为主,还有汉、壮等民族。原名河崽圩,后因明嘉靖年间圩上老者破晓营业而改晓圩,后简为今名。聚落呈团块状。有中小学、幼儿园、卫生院、健身广场、便民服务点等。农业以水稻种植为主。有集贸市场。省道江华—富川线经此。

大圩镇［Dàxū Zhèn］　江华瑶族自治县辖镇。在县境南部。面积138平方千米。人口3.3万。以瑶族为主,还有汉、壮、苗等民族。辖1居委会、38村委会,有133自然村。镇人民政府驻大圩。1950年设大圩乡。1958年改公社。1983年复乡。1994年改镇。1995年鲤鱼塘乡并入。因镇政府驻地得名。有中学1所,小学14所,幼儿园2所,卫生院1个,卫生所12个。有文化站。有省级文物保护单位红七军十九师政治部旧址。有省级历史文化名村宝镜村。有国家级非物质文化遗产瑶族长鼓舞。有名胜川岩。农业以水稻、玉米种植为主,特产指天椒、茶叶。工业以针织、制酒为主。有红薯粉加工业。省道祁阳—江华线过境。

大圩［Dàxū］　大圩镇人民政府驻地。在县政府驻地沱江镇东南70千米。人口1900。以瑶族为主,还有汉、壮、苗等民族。原名桥头圩,后因大于小圩而改今名。聚落呈团块状。有中小学、幼儿园、卫生院、健身广场、便民服务点、敬老院等。农业以水稻种植为主。有集贸市场。省道祁阳—江华线经此。

宝镜村［Bǎojìngcūn］　在县政府驻地沱江镇东南63千米。大圩镇辖自然村。人口1100,其中瑶族占87%,还有汉族等。明代建村。因塘水清澈如镜得名。聚落呈团块状。为省级历史文化名村。有省级文物保护单位红七军十九师政治部旧址。有明末清初江南古建筑群。有民俗祭祖祈福大典。省道祁阳—江华线经此。

水口镇［Shuǐkǒu Zhèn］　江华瑶族自治县辖镇。在县境中部。面积82平方千米。人口1万。以瑶族为主,还有汉、壮等民族。辖4居委会、9村委会，有40自然村。镇人民政府驻水口。1950年设水口乡。1956年槁梧、别塘、泮水3乡并入。1958年改城关镇。1961年改城关镇公社。1984年复镇。1985年改今名。1995年高滩乡并入。因镇政府驻地得名。冯河、崇江河流经。有中学1所，小学7所，幼儿园1所，卫生院2个，卫生所5个。有文化站、敬老院等。经济以木材加工为主，发展旅游业。省道江华—富川线过境。

水口 [Shuǐkǒu] 水口镇人民政府驻地。在县政府驻地沱江镇东南76千米。人口1200。以瑶族为主，还有汉、壮等民族。因位于岭东河入潇水河之处得名。聚落呈团块状。有中小学、幼儿园、卫生院、便民服务点、敬老院等。经济以木材加工、商贸为主。有集贸市场。省道江华—富川线过境。

码市镇 [Mǎshì Zhèn] 江华瑶族自治县辖镇。在县境东部。面积416平方千米。人口3.1万。以瑶族为主，还有汉、壮、苗等民族。辖1居委会、44村委会，有123自然村。镇人民政府驻码市。1950年设码市乡。1958年改公社。1984年复乡。1989年改镇。1995年新铺、中河、黄石、竹市4乡并入。因镇政府驻地得名。有大龙山森林公园。有中学1所，小学22所，幼儿园3所，卫生院1个，卫生所22个。有文化站、广播站、敬老院等。有省级文物保护单位李启汉故居。有王德榜故居。有民俗赶春牛、舞板凳龙、火烧狮子。有特色美食码市喝螺。农业以水稻种植为主。工业以食品、板材加工为主。省道江华—富川线过境。

码市 [Mǎshì] 码市镇人民政府驻地。在县政府驻地沱江镇东129千米。人口3700。以瑶族为主，还有汉、壮、苗等民族。原因历为船舶码头得名码头铺，后演为今名。聚落呈团块状。有中小学、幼儿园、卫生院、健身广场、便民服务点等。经济以食品加工、商贸为主。有集贸市场。省道江华—富川线经此。

界牌乡 [Jièpái Xiāng] 江华瑶族自治县辖乡。在县境北部。面积73平方千米。人口2.2万。以瑶族为主，还有汉、壮等民族。辖17村委会，有48自然村。乡人民政府驻界牌。1950年设界牌乡。1958年改公社。1984年改界牌瑶族乡。1989年改今名。因乡政府驻地得名。潇水河流经。有中学1所，小学2所，幼儿园3所，卫生院1个，卫生所13个。有文化站等。农业以水稻、红薯、油茶种植为主，有生猪饲养业。有小马达机电制造业。省道嘉禾—江华线过境。

界牌 [Jièpái] 界牌乡人民政府驻地。在县政府驻地沱江镇东北16千米。人口1500。古名西家铺，后因处2县交界处改今名。聚落呈三角形。有中小学、幼儿园、卫生院、健身广场、便民服务点等。农业以水稻种植为主。有集贸市场。省道嘉禾—江华线、县道桥头铺—界牌线经此。

桥市乡 [Qiáoshì Xiāng] 江华瑶族自治县辖乡。在县境中部偏西。面积69平方千米。人口1.5万，其中瑶族占92.7%，还有汉、壮、苗等民族。辖17村委会，有56自然村。乡人民政府驻桥市。1950年设桥头铺乡。1953年更名桥市乡。1961年改公社。1984年复乡。因乡政府驻地得名。有中学1所，小学4所，幼儿园2所，卫生院1个，卫生所17个。有文化站、敬老院等。农业以水稻、茶叶种植为主。省道嘉禾—江华线过境。

桥市 [Qiáoshì] 桥市乡人民政府驻地。在县政府驻地沱江镇南24千米。人口1500。以瑶族为主，还有汉、壮、苗等民族。原名桥头铺，后因同名改今名。聚落呈三角形。有中小学、幼儿园、卫生院、便民服务点、健身广场等。农业以水稻种植为主。有集贸市场。省道嘉禾—江华线经此。

大石桥乡 [Dàshíqiáo Xiāng] 江华瑶族自治县辖乡。在县境西部。面积92平方千米。人口2.6万，其中瑶族占88.6%，还有汉、壮、苗等民族。辖32村委会，有72自然村。乡人民政府驻大石桥。1950年设大石桥乡，后改公社。1984年复乡。1995年中洞乡并入。因乡政府驻地得名。有中学1所，小学19所，幼儿园1所，卫生院1个，卫生所20个。有文化站、敬老院等。有江华故居。有中国传统村落井头湾村。农业以水稻、油菜种植为主。207国道过境。

大石桥 [Dàshíqiáo] 大石桥乡人民政府驻地。在县政府驻地沱江镇南38千米。人口1300。以瑶族为主，还有汉、壮、苗等民族。因有石砌大桥得名。聚落呈条带状。有中小学、幼儿园、卫生院、便民服务点、健身广场等。农业以水稻种植为主。207国道经此。

清塘壮族乡 [Qīngtáng Zhuàngzú Xiāng] 江华瑶族自治县辖乡。在县境中部。面积41平方千米。人口0.8万，其中壮族占45%，还有汉、瑶等民族。辖12村委会，有53自然村。乡人民政府驻清塘。1984年由小圩公社析设清塘壮族乡。因乡政府驻地得名。崇江流经。有九年制学校1所，幼儿园1所，卫生院1个，卫生所3个。有文化站等。有民俗牛魂节。农业以水稻、玉米种植为主，木材加工为主。通公路。

清塘 [Qīngtáng] 清塘壮族乡人民政府驻地。在县政府驻地沱江镇东南70千米。人口700。以壮族为主，还有汉、瑶等民族。因塘水清澈得名。聚落呈三角形。有九年制学校、幼儿园、卫生院、便民服务点等。有民俗煮乌米饭、耍滚珠龙。农业以水稻、玉米种植为主。

两岔河乡 [Liǎngchàhé Xiāng] 江华瑶族自治县辖乡。在县境南部。面积84平方千米。人口0.5万。以瑶族为主，还有汉、壮等民族。辖12村委会，有47自然村。乡人民政府驻两岔河。1952年设两岔河乡。1956年新村、小旧源、两岔河、庄稼4乡并入。1961年改公社。1984年改乡。因乡政府驻地得名。有小学1所，卫生院1个，卫生所4个。有文化站、农科站等。经济以林木生产、木材加工、水电为主。县道涛圩—大圩线过境。

两岔河 [Liǎngchàhé] 两岔河乡人民政府驻地。在县政府驻地沱江镇南82千米。人口300。以瑶族为主，还有汉、壮等民族。因东、西冲河交汇得名。聚落呈弧状。有小学、卫生院、便民服务点等。经济以林木生产、木材加工为主。县道涛圩—大圩线经此。

务江乡 [Wùjiāng Xiāng] 江华瑶族自治县辖乡。在县境北部。面积137平方千米。人口0.7万。以瑶族为主，还有汉、壮等民族。辖9村委会，有41自然村。乡人民政府驻务江。1950年设务江乡。1956年滕冲、漕滩、龙造窝、马鹿洞、云梯山5乡并入。1958年并入花江公社。1961年析设务江公社。1984年改乡。因乡政府驻地得名。潇水河流经。有涔天河水库。有小学9所，卫生院1个，卫生所3个。有文化站。经济以林木生产、木材加工、水电为主。省道江华—江永线过境。

务江 [Wùjiāng] 务江乡人民政府驻地。在县政府驻地沱江镇东南12千米。人口400。以瑶族为主，还有汉、壮等民族。原因河面常被浓雾笼罩而得名雾江，后简写为今名。聚落呈梯状。有小学、卫生院、便民服务点等。经济以林木生产、木材加工为主。省道江华—江永线经此。

花江乡 [Huājiāng Xiāng] 江华瑶族自治县辖乡。在县境中部偏北。面积131平方千米。人口0.8万。以瑶族为主，还有汉、壮、苗等民族。辖11村委会，有50自然村。乡人民政府驻花江。1950年设花江乡，后改公社。1984年复乡。1995年花江洞乡并入。因乡政府驻地得名。潇水河流经。有小学3所，村小教学点2个，卫生院1个，卫生所5个。有文化站。经济以林木生产、木材加工、水电为主，产银杏、红豆杉、水杉。省道江华—江永线过境。

花江 [Huājiāng] 花江乡人民政府驻地。在县政府驻地沱江镇东南26千米。人口300。以瑶族为主，还有汉、壮、苗等民族。因潇水河两岸花开满山得名。聚落呈条带状。有小学、卫生院、便民服务点等。经济以林木生产、木材加工为主。省道江华—江永线经此。

湘江乡 [Xiāngjiāng Xiāng] 江华瑶族自治县辖乡。在县境东北部。面积189平方千米。人口0.6万。以瑶族为主，还有汉、壮、苗等民族。辖10村委会，有58自然村。乡人民政府驻湘江。1961年由水口公社析设湘江公社。1984年改乡。因乡政府驻地得名。因处湘江源头得名。有黄龙山。麻江河、竹瓦河流经。森林覆盖率96%。有九年一贯制学校1所，卫生院1个，卫生所2个。有文化站、农技站等。有香草源、桐冲口等瑶寨。农业以水稻、玉米种植为主，产中药材、林木。工业有木材加工、水电等。省道祁阳—江华线过境。

湘江 [Xiāngjiāng] 湘江乡人民政府驻地。在县政府驻地沱江镇东95千米。人口800。以瑶族为主，还有汉、壮、苗等民族。原因沿河香草丛生得名香江，后演为今名。聚落呈三角形。有九年义务制学校、幼儿园、卫生站、便民服务点等。经济以林木生产、木材加工为主。省道祁阳—江华线经此。

贝江乡 [Bèijiāng Xiāng] 江华瑶族自治县辖乡。在县境中部偏北。面积211平方千米。人口1.2万。以瑶族为主，还有汉、壮等民族。辖15村委会，有101自然村。乡人民政府驻贝江。1950年设贝江乡。1958年并入濠江公社。1961年析设贝江公社。1984年改乡。1995年濠江、凌江2乡并入。因乡政府驻地得名。有小学18所，卫生院1个，卫生所6个。有文化站。有民俗长鼓舞。工业以竹木加工、水电为主，产楠木、银杏、红豆杉。有香菇场。省道江华—富川、江华—江永线过境。

贝江 [Bèijiāng] 贝江乡人民政府驻地。在县政府驻地沱江镇东南101千米。人口1500。以瑶族为主，还有汉、壮等民族。因扇贝仙子传说得名。聚落呈团块状。有小学、幼儿园、卫生院、便民服务点等。经济以林木生产、木材加工为主。省道江华—富川、江华—江永线过境。

蔚竹口乡 [Wèizhúkǒu Xiāng] 江华瑶族自治县辖乡。在县境南部。面积152平方千米。人口0.9万。以瑶族为主，还有汉、壮等民族。辖12村委会，有85自然村。乡人民政府驻蔚竹口。1952年设蔚竹口乡。1958年并入濠江公社。1961年析设小鲁桂公社。1984年改蔚竹口乡。因乡政府驻地得名。贝江流经。有小学12所，卫生院1个，卫生所5个。有文化站、农技站等。经济以林木生产、加工及水电为主。特产杉竹。有厚朴、鸡血藤等中药材、南竹基地。有乡村旅游业。省道江华—江永线过境。

蔚竹口 [Wèizhúkǒu] 蔚竹口乡人民政府驻地。在县政府驻地沱江镇东南107千米。人口1200。以瑶族为主，还有汉、壮等民族。因盛产箭竹得名，瑶语称箭竹为蔚竹。聚落呈“弓”状。有小学、幼儿园、卫生院、便民服务点等。经济以林木生产、加工及水电为主。省道江华—江永线经此。

大锡乡 [Dàxī Xiāng]　江华瑶族自治县辖乡。在县境东南部。面积118平方千米。人口0.6万。以瑶族为主,还有汉、壮等族。辖10村委会,有44自然村。乡人民政府驻大中村。1950年设大锡乡。1956年山冲、大锡、磨龙3乡并入。1958年并入码市公社。1961年析设大锡公社。1984年改乡。因阳光下水田似大锡镜闪光得名。有穗花杉群落。有小学6所,卫生院1个,卫生所2个。有文化站、农技站等。农业以水稻、茶种植为主,产林竹,特产紫长茄、冬瓜。省道大锡—禾洞线过境。

大中村 [Dàzhōngcūn]　大锡乡人民政府驻地。在县政府驻地沱江镇东南150千米。人口700。以瑶族为主,还有汉、壮等族。取大锡街、中寨2村首字得名。聚落呈团块状。有小学、卫生室、便民服务点等。农业以水稻、蔬菜种植为主。省道大锡—禾洞线经此。

怀 化 市

怀化市 [Huáihuà Shì]　湖南省辖地级市。北纬25°52′—29°02′,东经108°47′—111°07′。在省境西南部。面积2.8万平方千米。户籍人口525.5万,常住人口487万。以汉族为主,还有侗、苗、土家、瑶、白、回等民族。辖鹤城区,中方、沅陵、辰溪、溆浦、会同5县,麻阳苗族、新晃侗族、芷江侗族、靖州苗族侗族、通道侗族5自治县,代管洪江县级市。市人民政府驻鹤城区。1952年设芷江专区,旋改黔阳专区。1968年改地区。1981年更名怀化地区。1998年改市。因宋代以"怀柔归化"之意设怀化砦得名。东南部为雪峰山脉,西北部为武陵山脉,中间丘岗起伏形成若干盆地。平均海拔436.8米。最高点苏宝顶海拔1934米,最低点界首海拔45米。年均气温16.4℃,1月平均气温5℃,7月平均气温28.5℃。年均降水量1482.5毫米。年均无霜期287天。沅江、酉水、辰水、溆水、渠水流经。有矿产资源金、铜、钒、硫铁、重晶石等。有野生植物3716种,其中国家重点保护野生植物有银杏、红豆杉、南方红豆杉等27种。有野生动物2197种,其中国家重点保护野生动物有穿山甲、小灵猫、白颈长尾雉等48种。有鹰嘴界、借母溪国家级自然保护区,省级自然保护区2个。有中坡国家森林公园,省级森林公园7个。森林覆盖率65.3%。有国家级科研单位1个,省级科研单位2个,高等院校4所,中学350所,小学1368所。有三级医院2个,图书馆15个,博物馆1个,纪念馆5个。有全国重点文物保护单位向警予同志故居、龙兴讲寺、抗日胜利芷江受降旧址等10个,省级文物保护单位16个。有全国爱国主义教育基地中国人民抗日战争胜利芷江受降旧址、通道会议旧址,省级爱国主义教育基地11个。有名胜古迹鼓楼、风雨桥、吊脚楼、合拢宴、洪江古商城、黔阳古城、龙潭古镇。有国家级非物质文化遗产辰州傩戏、沅陵传统龙舟、辰河高腔、溆浦花瑶挑花等14项,省级非物质文化遗产33项。三次产业比例14∶44∶42。农业种植水稻、甘薯、玉米、大豆,饲养猪、牛、养、鸭。有特产侗藏红米、雪峰乌骨鸡、沅陵酥糖、黔阳冰糖橙、麻阳冰糖橙、安江香柚、靖州杨梅、溆浦蜜枣、通道侗织锦、碣滩茶等。工业以矿产开采、冶炼、食品加工、侗锦织造为主。有省级经济开发区1个。服务业以商贸、旅游为主。有铁路552.6千米,高铁184千米,公路17256千米,高速612千米,内河航线1223千米。湘黔、焦柳、渝怀铁路,沪昆高铁,沪昆、杭瑞、吉通、娄怀、绕城高速,209、320国道,省道三角坪—怀化、湘乡—怀化线过境。有怀化芷江机场,民航航线9条,通往国内长沙、广州、北京、上海、昆明、深圳等城市。通沅江航道。

怀化 [Huáihuà]　别名五溪。怀化市聚落。在市境中部。面积65平方千米。人口61万。以汉族为主,还有侗、苗、瑶、白、土家等民族。原为集镇,20世纪50年代聚落不足1平方千米。1970年建湘黔、枝柳铁路。1979年聚落扩至10.3平方千米。1982年建设城中、铁北、杨村、河西4区片。1990年聚落面积18平方千米。1998年后形成"山水相间、组团布局、城乡交融、共为一体"的生态型山水城市。有东、中、西3区及7功能组团。城中组团为综合性功能区,河西组团为专业、综合批发功能区,铁北组团为铁路管理服务区,迎丰组团为行政、文化、科教服务区,湖天组团为体育、高新技术产业功能区,坨院组团为仓储、运输服务区,杨村组团为绿色食品加工区。有标志性建筑市政务中心、智慧城市云计算中心、体育馆、会展中心。酉水、辰水等5河流经,故别名五溪。铁路、高铁、高速、国道、省道、城区道路交错相汇。有怀化站、怀化南站。

鹤 城 区

鹤城区 [Hèchéng Qū]　怀化市人民政府驻地。在市境中部。面积723平方千米。人口37.4万。以汉族为主,还有侗、苗、瑶、白、土家等民族。辖7街道,1镇,6乡。区人民政府驻坨院街道。1997年设。因㵲水对崖有白鹤岩得名。年均气温16.7℃,1月平均气温5.1℃,7月平均气温27.8℃。年均降水量1331.9毫米。㵲水、太平溪流经。有野生植物135种,其中国家重点保护野生植物有水杉、银杏、红豆杉等28种。有野生动物167种。有中坡国家森林公园。森林覆盖率64.2%。有高等院校4所,中等职业技术学校17所,中学33所,小学58所,特殊教育学校1所,三级医院2个,二级医院5个。有名胜古迹黄岩。有中国传统村落尽远村。有民间文艺上河阳戏、傅氏木雕、打鼓薅田歌等。三次产业比例3∶29∶68。农业主种水稻、小麦、大豆等。工业以绿色食品加工、纺织、电子、家具制造、生物制药为主。有省级经济开发区2个。服务业以商贸、物流为主。枝柳、渝怀铁路,沪昆高铁,怀吉、怀新、娄怀、怀通高速,209、320国道,省道沅陵—怀化,湘乡—怀化线过境。有怀化南站、怀化站、怀化中心汽车站等。通多路公交车。

怀化经济开发区 [Huáihuà Jīngjì Kāifāqū]　在区境西南部。东至天星东路,南至中方县怀芷快速干道,西至芷江县怀芷快速干道,北至㵲水。面积82.2平方千米。原名怀化市河西新区。2006年定今名。1998年经省政府正式批准建立省级开发区,由怀化市政府管理。以新型显示面板、集成电路、专用设备等高端制造为主。驻地企业有德天、宝庆、怀仁、龙源等1000余个。通过㵲水、天星等5桥与市中心相连。多条高速交会过境。通公交车。

五溪广场 [Wǔxī Guǎngchǎng]　在城区东部。面积21公顷。2003年开工,2004年建成。因怀化处五溪流域得名。分中心广场、人工园区、自然生态区。广场中心为"五溪文化"雕塑图腾柱。有千鹤湖、五溪人物墙、植物园、音乐喷泉、水幕亭等。为集休闲、娱乐、集会于一体的综合性广场。周边有市二医院、广电中心、购物广场。通公交车。

香洲广场 [Xiāngzhōu Guǎngchǎng]　在城区中部。面积2.3公顷。2005年开工,2006年建成。因香洲路得名。有展现怀化杂交水稻研究历史的文化柱、音乐喷泉。为集文化传播、展览演出、健身、娱乐于一体的综合性广场。周边有市三中、水文局、中心血站。通公交车。

五溪大道 [Wǔxī Dàdào]　在区境东南部。南起电力雅苑门前水泥路,北至怀东路。与金海路相交。长1.6千米,宽49米。沥青路面。1983年开工,同年建成。因怀化处五溪流域得名。两侧有怀化汽车东站、广电中心、金海广场、五溪广场。通公交车。

顺天大道 [Shùntiān Dàdào]　在区境东南部。南起天星东路,北至北环路。与迎丰中路、花溪路、正清路相交。长3.2千米,宽32米。沥青路面。1995年开工,2008年建成。取顺应天意命名。两侧有市规划局、怀化海关、怀化智慧大厦等。通公交车。

湖天大道 [Hútiān Dàdào]　在区境东南部。南起本业大道,北至北环路。与迎丰中路、紫东路、云集路、正清路、天星东路、刘塘路、南环路、高堰路相交。长10.3千米,宽34米。沥青路面。2008年开工,2011年建成。因湖天开发区得名。两侧有市图书馆、怀化南站等。通公交车。

㵲阳大道 [Wǔyáng Dàdào]　在区境南部。南起南环路,北至㵲水一桥。与滨江路、德天路、政通路、天星西路相交。长3.2千米,宽50米。沥青路面。1969年开工,1995年建成。因舞阳小区得名。途经河西商业中心。两侧有市政协、家电城、电器市场、德天广场等。通公交车。

本业大道 [Běnyè Dàdào]　在区境南部。南起李公湾大桥,北至红星南路。与南环路、高堰路、湖天南大道相交。长2.8千米,宽25米。沥青路面。1935年开工,1937年建成。后多次改扩建。因吉言佳语得名。两侧有怀化汽车南站、海天中学、城南学校、居住小区等。通公交车。

河西大道 [Héxī Dàdào]　在区境南部。南起李公湾大桥,北至㵲阳大道。与320国道相交。长2.9千米,宽32米。沥青路面。2009年开工,2011年建成。因河西组团得名。两侧有小商品城、商贸城等。通公交车。

迎丰路 [Yíngfēng Lù]　在区境南部。东起三眼桥,西至㵲水路。与鹤洲北路、红星路、湖天大道、锦溪路、顺天大道、东环路等相交。长6.5千米,宽32米。沥青路面。1975年开工,1983年建成。因处原迎风管理处得名。途经商业中心。两侧有怀化学院、市委、市法院、人社局、银行、怀化站等。通公交车。

㵲水大桥 [Wǔshuǐ Dàqiáo]　在城区西部。

长 251.2 米，宽 20 米，最大跨度 140 米，桥下净高 4 米。1993 年开工，1994 年建成，2013 年维修。因溆水路得名。为大型河道桥梁，结构型式为中承式拱桥。最大载重汽车 20 吨、挂车 100 吨。通公交车。

天星大桥 [Tiānxīng Dàqiáo] 在城区西部。长 260 米，宽 24 米，最大跨度 150 米，桥下净高 4 米。1997 年开工，2000 年建成。因天星路得名。为大型河道桥梁，结构型式为连续刚构桥。最大载重汽车 20 吨、挂车 100 吨。通公交车。

大泉大桥 [Dàquán Dàqiáo] 在城区南部。长 312 米，宽 24 米，最大跨度 160 米，桥下净高 4 米。2006 年开工，2009 年建成。因所处位置得名。为大型河道桥梁，结构型式为预应力砖连续简支桥。最大载重汽车 20 吨、挂车 100 吨。通公交车。

李公湾大桥 [Lǐgōngwān Dàqiáo] 在城区南部。长 320.4 米，宽 24 米，最大跨度 150 米，桥下净高 4 米。2009 年开工，2011 年建成。因李公湾村得名。为大型河道桥梁，结构型式为连续刚构桥。最大载重汽车 20 吨、挂车 100 吨。通公交车。

张家湾大桥 [Zhāngjiāwān Dàqiáo] 在城区西部。长 202.6 米，宽 19 米，最大跨度 140 米，桥下净高 4 米。2009 年开工，2011 年建成。因处张家湾得名。为大型河道桥梁，结构型式为预应力砖连续简支桥。最大载重汽车 20 吨、挂车 100 吨。通公交车。

怀化南站 [Huáihuànán Zhàn] 见交通运输设施部分"怀化南站"条。

怀化站 [Huáihuà Zhàn] 见交通运输设施部分"怀化站"条。

怀化汽车东站 [Huáihuà Qìchē Dōngzhàn] 见交通运输设施部分"怀化汽车东站"条。

怀化中心汽车站 [Huáihuà Zhōngxīn Qìchēzhàn] 见交通运输设施部分"怀化中心汽车站"条。

坨院街道 [Tuóyuàn Jiēdào] 鹤城区人民政府驻地。在区境东部。面积 8 平方千米。人口 4.1 万。1985 年设。因坨岭周布得名。太平溪流经。有高等院校 2 所，中专学校 2 所，中学 1 所，小学 2 所，托幼所 5 所，二级医院 2 个，卫生院 2 个，卫生所 4 个，敬老院 1 个。有五溪广场、兴隆桥。农业以种植水稻为主。有特产坨院贡梨、凉粉。工业以生物制药为主。有怀化汽车东站。通公交车。

城中街道 [Chéngzhōng Jiēdào] 属鹤城区。在区境南部。面积 11 平方千米。人口 10.1万。1981 年设。溆水流经。有中专学校 4 所，中学 2 所，小学 3 所，幼儿园 1 所，三级医院 1 个，专科医院 5 个，卫生院 1 个。经济以商贸、物流为主。有专业市场、步行街。有怀化中心汽车站、怀化汽车西站。通公交车。

城北街道 [Chéngběi Jiēdào] 属鹤城区。在区境南部。面积 5 平方千米。人口 4.1 万。1981 年设。有中坡国家森林公园。有中专学校 1 所，初中 2 所，小学 3 所，幼儿园 13 所，二级医院 1 个，卫生院 1 个。有铁路工人文化宫。经济以商贸为主。有怀化站。通公交车。

红星街道 [Hóngxīng Jiēdào] 属鹤城区。在区境南部。面积 7 平方千米。人口 7.3 万。1981 年设。因红星路得名。太平溪、岩偃溪流经。有高中 1 所，中专学校 1 所，初中 1 所，小学 5 所，幼儿园 22 所，三级医院 1 个，二级医院 2 个，卫生院 5 个。经济以生物制药、化工、电缆制造为主。有农贸、物流、汽贸中心。通公交车。

迎丰街道 [Yíngfēng Jiēdào] 属鹤城区。在区境南部。面积 12 平方千米。人口 7.1 万。1981 年设。因迎丰路得名。太平溪流经。有高等院校 1 所，高中 1 所，中专学校 4 所，初中 4 所，小学 5 所，幼儿园 17 所，卫生院 3 个。有市博物馆。工业以机械制造、电子、纺织为主。有商贸、金融业。通公交车。

河西街道 [Héxī Jiēdào] 属鹤城区。在区境西南部。面积 82 平方千米。人口 2 万。2008 年设。因处溆水西岸得名。有高等院校 1 所，初中 1 所，小学 5 所，幼儿园 9 所，卫生所 13 个。经济以生物制药、专用设备制造、商贸、物流为主。有怀化经济开发区。有专业批发市场 31 个。通公交车。

城南街道 [Chéngnán Jiēdào] 属鹤城区。在区境南部。面积 13 平方千米。人口 5 万。2009 年设。因处城区南部得名。溆水、清水溪流经。有高中 2 所，中等职业技术学校 4 所，小学 2 所，卫生院 2 个。有名胜古迹仙人桥古址、鹤鸣洲。经济以商贸、物流为主。有钢材、汽车、厂矿机械汽车、农产品等专业市场。沪昆高铁、沪昆高速过境。有怀化南站、怀化汽车南站。通公交车。

黄金坳镇 [Huángjīn'ào Zhèn] 鹤城区辖镇。在区境东北部。面积 78 平方千米。人口 1.6 万。以汉族为主，还有侗、苗等民族。辖 1 居委会、10 村委会，有 130 自然村。镇人民政府驻败泥冲村。1958 年成立黄金坳公社。1984 年改乡。1997 年改镇。传山坳呈金黄色，故名。清水河、黄金溪流经。有中学 1 所，小学 1 所，卫生院 1 个。有幼儿园、文化站、敬老院等。经济以种植水稻为主。有农贸市场。焦柳铁路、209 国道过境。

败泥冲村 [Bàiníchōngcūn] 黄金坳镇人民政府驻地。在区政府驻地坨院街道北 18 千米。人口 1900。冲垄水田多败泥，故名。聚落呈团块状。有小学、幼儿园、卫生所。种植水稻、蔬菜。焦柳铁路、209 国道经此。通公交车。

盈口乡 [Yíngkǒu Xiāng] 鹤城区辖乡。在区境南部。面积 114 平方千米。人口 3.2 万。辖 16 村委会，有 138 自然村。乡人民政府驻府星路社区。1956 年设盈口乡。1958 年改公社，榆树湾镇并入。1960 年析设榆树湾镇。1984 年改盈口、榆树 2 乡。1995 年榆树乡并入。古为通滇、黔水陆要道，埠小人满，故名。溆水、太平溪流经。有小学 6 所，幼儿园 1 所，卫生院 1 个。经济以种植水稻为主，兼种蔬菜等。沪昆、焦柳、渝怀铁路，沪昆、包茂高速，209、320 国道过境。

府星路社区 [Fǔxīnglù Shèqū] 盈口乡人民政府驻地。在区境南部。面积 0.5 平方千米。人口 7100。因路得名。2012 年成立。民居以 6 层以上住宅楼为主。有小学、武陵医院、商场、超市等。有老年活动室、卫生服务站、便民服务站等。通公交车。

杨村乡 [Yángcūn Xiāng] 鹤城区辖乡。在区境南部。面积 44 平方千米。人口 1.1 万。辖 7 村委会，有 72 自然村。乡人民政府驻杨村村。1956 年设杨村乡。1958 年改公社。1984 年析设黄岩乡，并改杨村乡。1995 年黄岩乡并入，翌年又析出。因乡政府驻地得名。有小学 1 所，幼儿园 1 所，卫生院 1 个。有文化站。经济以种植水稻为主，大豆、油菜为辅。省道湘乡—怀化线过境。

杨村村 [Yángcūncūn] 杨村乡人民政府驻地。在区政府驻地坨院街道西南 11 千米。人口 3400。因溪岸遍植杨树得名。聚落呈散状。有中小学、幼儿园、卫生院、文化站等。种植水稻、蔬菜、花卉等。省道湘乡—怀化线经此。

石门乡 [Shímén Xiāng] 鹤城区辖乡。在区境东部。面积 79 平方千米。人口 2 万。辖 13 村委会，有 146 自然村。乡人民政府驻新街村。1956 年设石门大乡。1958 年并入泸阳公社。1961 年析设石门公社。1984 年改乡。有中学 1 所，小学 10 所，幼儿园 5 所，卫生所 13 个。有文化站。有国家级非物质文化遗产辰河高腔。农业主种水稻。工业以建材、烟花爆竹加工为主。有阳塘科技物流园。省道三角坪—怀化线过境。

新街村 [Xīnjiēcūn] 石门乡人民政府驻地。在区政府驻地坨院街道西 2 千米。人口 1500。为 1935 年新修，与老街相对得名。聚落呈带状。有小学、幼儿园、卫生院、文化站等。经济以商贸为主。种植水稻、蔬菜等。公交车。

贺家田乡 [Hèjiātián Xiāng] 鹤城区辖乡。在区境西北部。面积 105 平方千米。人口 7000。辖 7 村委会，有 68 自然村。乡人民政府驻贺家田村。1956 年设贺家田乡。1958 年并入黄金坳公社。1961 年析设贺家田公社。1984 年改乡。因乡政府驻地得名。瀑溪流经。有小学 1 所，幼儿园 1 所，卫生院 1 个。有文化站、敬老院等。经济以农业为主，主产稻谷、蔬菜、瓜果等。渝怀铁路过境。

贺家田村 [Hèjiātiáncūn] 贺家田乡人民政府驻地。在区政府驻地坨院街道西北 31 千米。人口 1100。因地形似鱼头鳃部得名颌夹田，后雅化成今名。聚落呈散状。有小学、幼儿园、卫生所、文化站、敬老院等。种植水稻，产柑橘、梨等。通乡村道路。

凉亭坳乡 [Liángtíng'ào Xiāng] 鹤城区辖乡。在区境北部。面积 87 平方千米。人口 1.4 万。辖 8 村委会，有 103 自然村。乡人民政府驻杨潭村。1961 年由黄金坳公社析设凉亭坳公社。1984 年改乡。因山坳有凉亭得名。颅兹江、蒿菜坪溪、竹林坪溪流经。有小学 1 所，幼儿园 1 所，卫生院 1 个。有文化站、敬老院等。经济以种植水稻、小麦、玉米、甘薯、蔬菜为主。焦柳铁路、209 国道过境。

杨潭村 [Yángtáncūn] 凉亭坳乡人民政府驻地。在区政府驻地坨院街道北 33 千米。人口 2100。因潭边多杨柳得名。聚落呈团块状。有小学、卫生室等。种植水稻、玉米、油菜等。焦柳铁路、209 国道经此。

芦坪乡 [Lúpíng Xiāng] 鹤城区辖乡。在区境北部。面积 81 平方千米。人口 1.6 万。辖 12 村委会，有 129 自然村。乡人民政府驻芦坪村。1956 年设芦坪乡。1958 年并入黄金坳公社。1961 年析设芦坪公社。1984 年改乡。因乡政府驻地得名。有小学 1 所，幼儿园 1 所，卫生院 1 个。有敬老院。经济以农业为主，主产稻谷、瓜果、蔬菜等。县道黄金坳—芦坪线经此。

芦坪村 [Lúpíngcūn] 芦坪乡人民政府驻地。在区政府驻地坨院街道东北 27 千米。人口 1100。因坪多芦苇得名。聚落呈散状。有小学、卫生室等。种植水稻、蔬菜等。县道黄金坳—芦坪线经此。

洪 江 市

洪江市 [Hóngjiāng Shì] 湖南省直辖县级市，由怀化市代管。北纬 27°13′，东经 109°50′。在怀化市境南部。面积 2239 平方千米。人口 51.9 万。以汉族为主，还有土家、壮、侗、苗等民族。辖 4 街道、8 镇、18 乡、2 民族乡。市人民政府驻黔城镇。北宋元祐五年（1090）置洪江寨。明景泰中设洪江驿。清乾隆十六年（1751）改设洪江巡检司。1914 年置洪江镇。1924 年曾为洪江市。1940 年属第十行政督察区。1950 年洪江市析置黔阳县。1952 年后隶属芷江专区、黔阳专区、黔阳地区。1981年黔阳更名为怀化,黔阳县隶怀化地区。1997年黔阳县改为洪江市(县级),市政府驻黔城镇。1999年析置洪江区。2002年改为省直辖县级市,由怀化市代管。洪江市以巫水得名。《湖南通志》卷十·地理十·水道二载:"巫水即洪江,古称运水,一曰竹舟江,一曰雄溪,又作熊溪。"洪江作为地名始见于北宋舆图。《洪江育婴小识》卷一·识十馆谓:"沅江入湖南境,首受朗江,次受清水,又次受洪江,洪大水也,沅江至此而始大,故市镇受其名焉。"先后改造安江商业广场、安江车站、稻都广场步行街等,建成龙标大桥、沅江大桥、冰心路、衡安路、荷塘路、龙标大道。形成"一城、二带、三山、四区"城市布局。处云贵高原东部边缘雪峰山区,地势西北高,东南低。以丘陵为主,有少量河谷小平原。平均海拔338米。最高点苏宝顶海拔1934米。年均气温17℃,1月平均气温5.4℃,7月平均气温27.8℃。年均降水量1360.9毫米。沅江流经。有矿产资源金、钒、煤等。有野生植物2281种,其中国家一级保护植物有野生红豆杉、银杏。有野生动物360种,其中国家一级保护动物有金钱豹、蟒、云豹,二级保护动物有穿山甲、豺水獭、花面狸、大鲵等11种。有雪峰山国家级自然保护区、嵩云山国家森林公园、清江湖国家湿地公园。森林覆盖率68.2%。有中学14所,九年一贯制学校18所,小学94所,二级医院1个。有全国重点文物保护单位洪江古建筑群、高庙遗址、安江农校纪念园,省级文物保护单位杨家大院。有省级非物质文化遗产雪峰断颈龙灯。有省级历史文化名城黔阳古城。有名胜古迹芙蓉楼、苏州会馆、汛把总署旧址、岩鹰洞大峡谷、古商城竹海生态旅游区。三次产业比例20∶36∶44。农业以种植水稻、玉米、甘薯,饲养生猪、牛、羊、鱼为主。为杂交水稻发源地。有国家地理标志产品黔阳冰糖橙、黔阳大红甜橙、黔阳脐橙、黔阳金秋梨、黔阳天麻等7种。有特产安江香柚、黄金贡柚、雪峰乌骨鸡、雪峰豆腐乳、洗马甘薯干。工业以农产品加工、建材、电子为主。有省级工业园区1个。服务业以旅游为主。焦柳铁路,邵怀、包茂高速,209、320国道,省道溆浦一通道、洪江一靖州线过境。

世纪广场 [Shìjì Guǎngchǎng] 在市区中部。面积1.2公顷。2008年开工,当年建成。呈半圆形,分上、下阶梯。上方为舞台、电子显示屏,两边有艺术长廊,柱刻书法爱好者作品。中间为大型音乐喷泉。为集爱国主义教育、科普宣传、文化传播、展览演出、健身娱乐于一体的综合性广场。周边有多处居住小区。通公交车。

雪峰大道 [Xuěfēng Dàdào] 在市区中部。南起芙蓉中路,北至龙标路。与开元大道、荷塘路相交。长42.7千米,宽24米。混凝土路面。2001年开工,2004年建成。因雪峰山得名。两侧有财政局、人社局、农业局、总工会、邮政局、粮食局、行政中心等。通公交车。

镡城路 [Tánchéng Lù] 在市区中部。南起荷塘路,北至滨江路。与开元大道、龙标路相交。长2.1千米,宽24米。混凝土路面。2001年开工,2004年建成。因镡城古县名得名。两侧有森林公安局、卫生防疫站、公路局、党校、小学、房车公园、梅子湾水厂。通公交车。

龙标大道 [Lóngbiāo Dàdào] 在市区中部。东起芙蓉东路,西至滨江路。与雪峰大道、冰心路、镡城路、玉壶路相交。长3.3千米,宽60米,混凝土路面。2001年开工,2007年建成。因原龙标县得名。两侧有教育局、司法局、公安局、疾控中心、法院、国税局、电信局、检察院、芙蓉中学。通公交车。

开元大道 [Kāiyuán Dàdào] 在市区中部。东起黔阳路,西至滨江路。与冰心路、镡城路、玉壶路相交。长1.8千米,宽100米。混凝土路面。2001年开工,2008年建成。两侧有工商局、建设局、水利局、房管局、芙蓉小学。通公交车。

沅江路 [Yuánjiāng Lù] 在市区中部。东起洪江大桥,西至洪黔公路。与新民路、雄溪路相交。长1.6千米,宽25米,混凝土路面。1955年修建土路,1985、1989年扩建。两侧有纺织品大楼、农行大厦、中学、商业街、洪江古商城等。通公交车。

古商城大桥 [Gǔshāngchéng Dàqiáo] 在市区东部。长503米,宽15米,最大跨度40米,桥下净高30米。2010年开工,2012年建成。因近古商城景区得名。为大型河道桥梁,结构型式为截面石拱桥。最大载重30吨。通公交车。

洪江大桥 [Hóngjiāng Dàqiáo] 在市区中部。长199米,宽12米,最大跨度40米,桥下净高24米。1931年开工,1951年建成,1965年重建。为中型河道桥梁,结构型式为截面石拱桥。最大载重17吨。通公交车。

黔城站 [Qiánchéng Zhàn] 见交通运输设施部分"黔城站"条。

黔城汽车站 [Qiánchéng Qìchēzhàn] 见交通运输设施部分"黔城汽车站"条。

洪江汽车站 [Hóngjiāng Qìchēzhàn] 见交通运输设施部分"洪江汽车站"条。

河滨路街道 [Hébīnlù Jiēdào] 属洪江市。在市境西南部。面积6平方千米。人口1.5万。以汉族为主,还有侗、回等民族。1953年设。因河滨路得名。先后改造中山路、南岳路、萝卜湾路。修建萝卜湾桥、何家溪桥、长寨桥、阴明山桥、官团溪桥、洪江大桥等。沅江、巫水流经。有中学1所,小学2所,幼儿园1所,卫生院1个,卫生所1个。有名胜南岳山、天柱峰。有洪江区工业集中区、集贸市场。有洪江汽车站。通公交车。

沅江路街道 [Yuánjiānglù Jiēdào] 属洪江市。在市境西南部。面积3平方千米。人口0.7万。1953年设。因沅江路得名。先后改建沅江路,修建洪江古商城。沅江、巫水流经。有小学1所,幼儿所1个。有国家4A级旅游景区洪江古商城。有古建筑陈荣信商行、徐复隆商行等16座。经济以旅游、商贸为主。通公交车。

新街街道 [Xīnjiē Jiēdào] 属洪江市。在市境西南部。面积32平方千米。人口1.5万。1953年设。因新街得名。先后建巫水路,改造小河正街、司门口正街、新街、老街。有小学1所,卫生院1个,卫生所3个。有体育馆。有全国重点文物保护单位东海堂、狮子楼。有古迹药王寺。经济以商贸、旅游为主。有塘坨农贸市场。通公交车。

高坡街街道 [Gāopōjiē Jiēdào] 属洪江市。在市境西南部。面积21平方千米。人口1.1万。1953年设。因高坡街得名。有中学1所,小学1所,幼儿园1所。有图书馆。有怀化市第二医院。有图书馆。有古迹吉发堆栈、潘家大院。经济以旅游、商贸为主。通公交车。

黔城镇 [Qiánchéng Zhèn] 洪江市人民政府驻地。在市境西南部。面积126平方千米。人口6万。辖5居委会、18村委会,有191自然村。镇人民政府驻古城社区。民国曾设黔城镇。1961年成立黔城镇公社。1984年改黔城镇。为宋代黔阳县治,故名。沅江流经。有初中3所,小学6所,卫生室22个,文化室22个,农家书屋22个。有文化站、广播站、敬老院等。有省级历史文化名城黔阳古城。农业以种植水稻、玉米,饲养生猪、山羊、牛、家禽、水产为主。工业以建材制造为主。服务业以商贸、旅游为主。焦柳铁路、包茂高速、209国道过境。有黔城汽车站。通沅江航道。

古城社区 [Gǔchéng Shèqū] 黔城镇人民政府驻地。在市境西部。面积0.9平方千米。人口7000。因黔阳古城得名。1994年成立。民居以1—2层木结构房屋为主,伴有砖木结构。有居家养老中心,开展义诊、体检活动。有中小学。有张家老屋、邓家大院、明代进士王有为故居、晚清名臣黄忠浩故居等清代徽派民居。有古迹钟鼓楼、万寿宫、芙蓉楼、老县衙、宝山书院、龙王庙等。经济以个体经商为主。通公交车。

安江镇 [Ānjiāng Zhèn] 洪江市辖镇。在市境北部。面积8.2平方千米。人口7.6万。辖9居委会、4村委会,有4自然村。镇人民政府驻两眼塘社区。清道光年间(1821—1850)置安江镇。1949年仍为安江镇。1960年改县辖安江市。1961年升县级市。1962年复镇。因沅江平澜无波得名,寓意民安江靖。沅江流经。有高中2所,中等职业学校2所,初中3所,小学2所,幼儿园12所,二级医院1个,卫生院1个,卫生室4个,文化室4个,农家书屋4个。有安江农校纪念园、李若水纪念馆。有古迹长安寺、普觉寺、诸葛井、文峰塔、关圣宫等。经济以种植水稻、蔬菜、柑橘,饲养生猪、家禽为主。为杂交水稻发源地。有国家地理标志产品黔阳冰糖橙。工业以纺织、能源为主。服务业以商贸为主。沪昆高速、320国道、省道洪江一靖州线过境。

两眼塘社区 [Liǎngyǎntáng Shèqū] 安江镇人民政府驻地。在市境东部。面积2平方千米。人口1.3万。2003年成立。民居以4—5层楼房为主。有养老服务示范点、老年协会。有卫生院。通公交车。

托口镇 [Tuōkǒu Zhèn] 洪江市辖镇。在市境西南部。面积117平方千米。人口3.1万。以汉族为主,还有苗、侗、土家等民族。辖2居委会、16村委会,有176自然村。镇人民政府驻朗溪村。民国曾设托口镇。1956年设双江镇。1957年更名托口镇。1958年改公社。1961年析设托口镇。1984年托口公社改乡。1986年乡并入镇。清水、渠水2河相托交汇于此,故名。有豹雾山。沅江流经。有清江湖国家湿地公园。有初中1所,小学11所,卫生院1个,卫生室16个,农家书屋16个。有幼儿园、文化站、广播站等。有古迹诸葛城。经济以种植水稻、杨梅、生姜、柑橘为主。服务业以旅游为主。县道黔城一托口线过境。

朗溪村 [Lǎngxīcūn] 托口镇人民政府驻地。在市政府驻地黔城镇北22千米。人口3600。因渠水河古称朗溪得名。聚落呈散状。有卫生室。盛产柑橘、冰糖橙、杉木。县道黔城一托口线经此。

雪峰镇 [Xuěfēng Zhèn] 洪江市辖镇。在市境东北部。面积118平方千米。人口1.7万。辖1居委会、17村委会,有167自然村。镇人民政府驻大坪村。1958年成立雪峰公社。1984年改乡。1985年改镇。因山得名。有雪峰山国家森林公园。有初中1所,小学2所,卫生院1个,卫生室13个,农家书屋13个。有幼儿园、文化站、广播站等。有古迹风雨桥。经济以种植水稻,养殖生猪为主。有特产付氏豆腐乳。工业以矿泉水灌装为主。服务业以商贸为主。沪昆高速、320国道过境。

大坪村 [Dàpíngcūn] 雪峰镇人民政府驻地。在市政府驻地黔城镇东北48千米。人口300。传原为沙洲,后成坪地,故名。后有圩场,又名大坪墟。聚落呈散状。有中心学校、卫生室。种植水稻。有商品零售业。320 国道经此。

双溪镇[Shuāngxī Zhèn] 洪江市辖镇。在市境北部。面积 88 平方千米。人口 2.1 万。辖 2 居委会、16 村委会,有 178 自然村。镇人民政府驻双溪村。1942 年设双溪乡。1949 年并入第五区。1956 年复双溪乡。1958 年并人黔城公社。1961 年析设双溪公社。1984 年复乡,旋改镇。因镇政府驻地得名。有初中 1 所,小学 2 所,卫生院 1 个,卫生室 16 个,农家书屋 16 个。有幼儿园、文化站、广播站等。经济以种植水稻、葡萄、草莓为主。工业以建材、刀具加工为主。服务业以餐饮、商贸为主。枝柳铁路、209 国道过境。

双溪村[Shuāngxīcūn] 双溪镇人民政府驻地。在市政府驻地黔城镇东 4 千米。人口 2100。因山门、小阳 2 溪得名。又名双溪铺。聚落呈散状。有卫生室。种植水稻。有特产葡萄。209 国道经此。

江市镇[Jiāngshì Zhèn] 洪江市辖镇。在市境西部。面积 96 平方千米。人口 2.1 万。辖 1 居委会、13 村委会,有 166 自然村。镇人民政府驻老团村。1936 年设由义乡。1942 年改名江市乡。1949 年并入第四区。1956 年复乡。1958 年红莲乡并入,旋改公社。1984 年复乡,旋改镇。因江西商人修建江西街得名。有初中 1 所,小学 7 所,卫生院 1 个,卫生室 13 个,农家书屋 13 个。有幼儿园、文化站、广播站等。有老团红军烈士纪念塔。经济以种植水稻、油菜,饲养生猪、鸡为主。有特产西瓜、蜜橘。工业以农用工具加工为主。服务业以商贸为主。枝柳铁路、包茂高速、209 国道过境。

老团村[Lǎotuáncūn] 江市镇人民政府驻地。在市政府驻地黔城镇西南 9 千米。人口 2600。居于沅江畔且集中如团,故名。聚落呈散状。有卫生室、老团红军烈士纪念塔。种植水稻、柑橘、西瓜、油菜。209 国道经此。

沅河镇[Yuánhé Zhèn] 洪江市辖镇。在市境西部。面积 54 平方千米。人口 1.3 万。辖 1 居委会、10 村委会,有 104 自然村。镇人民政府驻黔阳坪村。1942 年设原神乡。1947 年并入原托乡。1956 年复原神乡。1958 年改公社。1965 年更名沅河公社。1984 年改乡,旋改镇。有小学 10 所,卫生院 1 个,卫生室 10 个,农家书屋 10 个。有幼儿园、文化站、广播站等。有俊溪口、鄢家溪红军烈士墓。有沅城红军长征过黔阳纪念馆。有名胜古迹绝壁神剑、诸葛古营、十里古窑、夜郎崖画、沅河古村、深谷溶洞迷宫、地主庄园。经济以种植水稻、柑橘,饲养生猪、家禽为主。工业以斗笠、陶器加工为主。服务业以旅游为主。县道双沅线过境。

黔阳坪村[Qiányángpíngcūn] 沅河镇人民政府驻地。在市政府驻地黔城镇西 34 千米。人口 1600。传古黔阳县治拟设于此,故名。聚落呈散状。有中心学校、卫生室。种植水稻、柑橘,养殖生猪。县道双沅线经此。

塘湾镇[Tángwān Zhèn] 洪江市辖镇。在市境东部。面积 69.5 平方千米。人口 1.3 万。辖 1 居委会、13 村委会,有 109 自然村。镇人民政府驻文峰村。1956 年设塘湾乡。1958 年并入洗马公社。1961 年析设塘湾公社。1984 年复乡。2001 年改镇。因河湾曾有塘得名。有九年一贯制学校 1 所,卫生院 1 个,卫生室 14 个,农家书屋 14 个。有幼儿园、文化站、广播站等。有剿匪烈士纪念碑、太平风雨桥、横江庙。有民间艺术断颈龙灯、蚌壳舞。经济以农林业为主,有水稻制种、反季节高山蔬菜种植、生猪养殖等。工业以食品加工、矿产开采为主。服务业以餐饮、住宿为主。沪昆高速、邵怀高速溆浦连接线、320 国道过境。

文峰村[Wénfēngcūn] 塘湾镇人民政府驻地。在市政府驻地黔城镇东 99 千米。人口 2300。因山似古人笔架得名。聚落呈散状。有中心学校、卫生室。有古迹太平风雨桥、横江庙。有民间艺术断颈龙灯、蚌壳舞。种植水稻、蔬菜。320 国道经此。

硖洲乡[Xiázhōu Xiāng] 洪江市辖乡。在市境中部。面积 81 平方千米。人口 2.8 万。辖 14 村委会,有 201 自然村。乡人民政府驻黄花坪村。1936 年设执礼乡。1942 年改秀洲乡。1955 年改硖洲区。1958 年成立公社。1984 年改乡。因宋初置峡州亦名硖洲得名。有初中 1 所,小学 7 所,卫生院 1 个,卫生室 14 个,农家书屋 14 个。沅江流经。经济以种植水稻、蔬菜、冰糖橙、西瓜、葡萄、花卉,养殖龙虾为主。有山岩湾、稔禾溪花卉种植基地。服务业以旅游为主。沪昆高速、320 国道、省道洪江—靖州线过境。

黄花坪村[Huánghuāpíngcūn] 硖洲乡人民政府驻地。在市政府驻地黔城镇东 35 千米。人口 1000。因原花园黄色花朵较多得名。聚落呈团块状。沅江流经。有卫生室。种植蔬菜。沪昆高速、320 国道、省道洪江—靖州线经此。

龙田乡[Lóngtián Xiāng] 洪江市辖乡。在市境中部偏北。面积 108 平方千米。人口 1.8万。辖 14 村委会,有 141 自然村。乡人民政府驻金花村。1936 年设记礼乡。1942 年改龙田乡。1947 年并入茅龙乡。1949 年复龙田乡。1955 年改龙田区。1956 年助溪、涝溪、洪溪 3 乡并入。1958 年并入硖洲公社。1961 年析设龙田公社。1984 年复乡。传神龙翱游于田,故名。有初中 1 所,小学 2 所,卫生院 1 个,卫生室 14 个,农家书屋 14 个。有古迹文峰塔、普觉寺、安江大桥纪念塔、大垅风雨桥亭、段氏宗祠。经济以种植水稻,饲养生猪、家禽为主。有特产香柚、金秋梨、葡萄、冰糖橙。工业以能源为主。服务业以农产品销售为主。沪昆高速、320 国道、省道溆浦—通道线过境。

金花村[Jīnhuācūn] 龙田乡人民政府驻地。在市政府驻地黔城镇东北 47 千米。人口 2400。取金鸡湾、黄花社各 1 字得名。聚落呈散状。有卫生室。种植水稻。有黄桃、花卉苗木种植基地。320 国道、省道溆浦—通道线经此。

岔头乡[Chàtóu Xiāng] 洪江市辖乡。在市境北部。面积 115 平方千米。人口 1.7 万。辖 16 村委会,有 153 自然村。乡人民政府驻竹山园村。1956 年设岔头乡。1958 年并入硖洲公社。1961 年析设岔头公社。1984 年复乡。因河水于洲头岔道分流得名。有初中 1 所,小学 1 所,卫生院 1 个,卫生室 16 个,农家书屋 16 个。有高庙遗址、杨氏宗祠。经济以种植水稻、柑橘、中药材为主。工业以农产品加工为主。服务业以旅游、商贸为主。县道安岔线过境。

竹山园村[Zhúshānyuáncūn] 岔头乡人民政府驻地。在市政府驻地黔城镇东北 58 千米。人口 3000。聚落呈散状。有卫生室。种植水稻、柑橘。盛产木材。县道安岔线经此。

茅渡乡[Máodù Xiāng] 洪江市辖乡。在市境北部。面积 51 平方千米。人口 0.9 万。辖 10 村委会,有 76 自然村。乡人民政府驻茅渡村。1936 年设约礼乡。1942 年改名茅渡乡。1949 年仍为茅渡乡。1956 年母溪、鸭池、洒溪 3 乡并入。1961 年改公社。1984 年复乡。因乡政府驻地得名。有小学 1 所,卫生院 1 个,卫生室 8 个,农家书屋 8 个。有古迹洒溪古村落、仙福桥。经济以种植水稻、丝瓜、羊肚菌、雷笋、黄精、香葱、橘柚、西瓜、菊花、藠头,养殖灰天鹅为主。盛产油茶。省道溆浦—通道线过境。

茅渡村[Máodùcūn] 茅渡乡人民政府驻地。在市政府驻地黔城镇东北 43 千米。人口 1500。因茅渡河得名。聚落呈散状。有小学、卫生室。有古迹仙福桥。种植水稻、柑橘。通乡村道路。

大崇乡[Dàchóng Xiāng] 洪江市辖乡。在市境东部。面积 76 平方千米。人口 1.1 万。辖 9 村委会,有 93 自然村。乡人民政府驻石板桥村。1961 年成立大崇公社。1984 年改乡。因大崇溪得名。有九年一贯制学校 1 所,卫生院 1 个,卫生室 9 个,农家书屋 9 个。有岩脚剿匪烈士墓。经济以种植金秋梨、柑橘、茶树为主。工业以农产品加工为主。服务业以商贸为主。沪昆高速、320 国道过境。

石板桥村[Shíbǎnqiáocūn] 大崇乡人民政府驻地。在市政府驻地黔城镇东 58 千米。人口 1900。因采石板架桥得名。聚落呈散状。有中心学校、卫生室。种植冰糖柚、柑橘。有大崇金秋梨产业基地。上瑞高速、320 国道经此。

熟坪乡[Shúpíng Xiāng] 洪江市辖乡。在市境东南部。面积 127 平方千米。人口 1.4 万。辖 1 居委会、15 村委会,有 132 自然村。乡人民政府驻熟坪村。1942 年设熟坪乡。1947 年并入龙坪乡。1949 年析设熟坪乡。1955 年改区。1956 年网塘、竹坡、罗翁、岩脚 4 乡并入,改熟坪乡。1958 年改公社。1984 年复乡。因乡政府驻地得名。有初中 1 所,小学 1 所,卫生院 1 个,卫生室 21 个,农家书屋 21 个。有名胜苏宝顶山。经济以杂交水稻制种,竹木、中药材种植,生猪养殖为主。工业以小水电开发、矿泉水灌装为主。服务业以旅游为主。县道安江—熟坪线过境。

熟坪村[Shúpíngcūn] 熟坪乡人民政府驻地。在市政府驻地黔城镇东 84 千米。人口 1900。清黄东旭《黔阳县乡土志》引旧志载:“罗翁山西北有地,平广数百亩。岁大旱,此处独稔,号熟坪。”聚落呈散状。有中心学校、卫生室。主产稻谷、竹木。为袁隆平杂交水稻制种起源区。县道安江—熟坪线经此。

铁山乡[Tiěshān Xiāng] 洪江市辖乡。在市境东南部。面积 118 平方千米。人口 1 万。辖 13 村委会,有 114 自然村。乡人民政府驻铁山村。1942 年设铁山乡。1958 年改公社。1984 年复乡。因乡政府驻地得名。有九年一贯制学校 1 所,卫生院 1 个,卫生室 14 个,农家书屋 14 个。经济以种植水稻、冰糖柚、天麻为主。工业以水电、木材加工为主。服务业以旅游为主。怀邵衡铁路、沪昆高速过境。

铁山村[Tiěshāncūn] 铁山乡人民政府驻地。在市政府驻地黔城镇东 82 千米。人口 1800。因铁扇庙得名,又名铁山场。聚落呈散状。有中心学校、卫生室。种植水稻、蘑菇、天麻、黄精等。沪昆高速经此。

群峰乡[Qúnfēng Xiāng] 洪江市辖乡。在市境东北部。面积 68 平方千米。人口 1.1 万。辖 10 村委会,有 111 自然村。乡人民政府驻蛇形村。1956 年设蛇形乡。1958 年并入雪峰公社。1961 年析设蛇形公社。1965 年更名群峰公社。1984 年改乡。因群峰林立得名。有矿产资源锰、锑、锌、金等。有九年一贯制学校 1 所,卫生院 1 个,卫生室 9 个,农家书屋 9 个。经济以种植水稻、藠头、辣椒、林木为主。工业以食品加工、矿产开采为主。县道安江—溆浦线过境。

蛇形村[Shéxíngcūn] 群峰乡人民政府驻地。在市政府驻地黔城镇东 80 千米。人口 1400。因山似蛇得名。聚落呈散状。有中心学校、卫生室。盛产黄桃、猕猴桃、香柚。县道安江—溆浦线经此。

湾溪乡[Wānxī Xiāng] 洪江市辖乡。在市境东北部。面积45平方千米。人口1万。辖12村委会,有94自然村。乡人民政府驻山下垅村。1940年设湾溪乡。1947年并入大湾乡。1956年复。1958年改公社。1984年复乡。因溪水萦回弯曲得名。有九年一贯制学校1所,卫生院1个,卫生室13个,农家书屋13个。有省级文物保护单位杨家大院。有名胜古迹湾溪石刻、保埋上古村落、古佛山、观音洞、羊桥洞、三级岩。有民间艺术杨戏、山歌、庆庙、辰河木偶戏。经济以种植水稻、金银花、七叶一枝花、白芨、贡菊、油菜为主。有特产湾溪油茶、油豆腐。工业以麻石开采、加工为主。服务业以商贸为主。县道安江—溆浦线过境。

山下垅村［Shānxiàlǒngcūn］ 湾溪乡人民政府驻地。在市政府驻地黔城镇东北89千米。人口600。因处群山下得名。聚落呈散状。有中心学校、卫生室。有省级文物保护单位杨家大院。有古迹杨氏祠堂及书院、湘黔古商道。有民间技艺花岗石雕刻、辰河木偶戏、竹编。种植水稻、油茶等。县道安江—溆浦线经此。

洗马乡［Xǐmǎ Xiāng］ 洪江市辖乡。在市境东部。面积69平方千米。人口1.7万。辖16村委会,有131自然村。乡人民政府驻芽柳村。1942年设洗马乡。1958年改公社。1984年复乡。传因诸葛亮洗马于潭中得名。有初中1所,小学1所,卫生院1个,卫生室16个,农家书屋16个。有省级非物质文化遗产雪峰断颈龙灯。有剿匪烈士纪念塔、诸葛桥、洗马潭、接龙亭、易氏宗祠群。经济以杂交水稻制种,种植甘薯、蔬菜,养殖生猪为主。工业以农产品加工为主。服务业以商贸为主。邵怀高速溆浦连接线、320国道过境。

芽柳村［Yáliǔcūn］ 洗马乡人民政府驻地。在市政府驻地黔城镇东北100千米。人口3700。传因明代设衙门得名衙里,后以谐音演为今名。聚落呈散状。有中心学校、卫生室。有剿匪烈士纪念塔。种植水稻、甘薯等。有特产锅面、葛粉、米豆腐、牛血汤。沪昆高速溆浦连接线经此。

沙湾乡［Shāwān Xiāng］ 洪江市辖乡。在市境中部偏南。面积87平方千米。人口2.2万。辖14村委会,有164自然村。乡人民政府驻沙湾村。1942年设沙湾乡。1956年建设、平原、寨头、樱桃溪4乡并入。1958年改公社。1984年复乡。因乡政府驻地得名。有初中1所,小学1所,卫生院1个,卫生室20个,农家书屋20个。有南岳殿、唐家团、蒋家团古建筑群。经济以种植香葱、香柚、柑橘、脐橙、花卉为主。有十里画廊花卉基地。有特产沙湾贡柚。工业以农产品加工为主。服务业以商贸为主。省道洪江—靖州线过境。

沙湾村［Shāwāncūn］ 沙湾乡人民政府驻地。在市政府驻地黔城镇东36千米。人口2600。因沅江冲积成湾得名。聚落呈散状。有中小学、卫生室。有南岳殿、重阳树、唐家团、蒋家团古建筑群。种植水稻、柑橘、花卉。省道溆浦—通道线经此。

太平乡［Tàipíng Xiāng］ 洪江市辖乡。在市境中部。面积76平方千米。人口1.5万。辖1居委会、10村委会,有116自然村。乡人民政府驻太平村。1942年设太平乡。1958年改公社。1984年复乡。因乡政府驻地得名。沅江流经。有初中1所,小学5所,卫生院1个,卫生室10个,农家书屋10个。经济以种植水稻、山核桃为主。工业以农产品加工为主。服务业以商贸为主。县道安双线过境。

太平村［Tàipíngcūn］ 太平乡人民政府驻地。在市政府驻地黔城镇东37千米。人口2100。以寓意生活安定太平得名。聚落呈散状。有小学、卫生室。种植以水稻、柑橘为主,辣椒、蔬菜为辅。有集贸市场。县道安双线经此。

土溪乡［Tǔxī Xiāng］ 洪江市辖乡。在市境中部偏西。面积75平方千米。人口0.8万。辖11村委会,有76自然村。乡人民政府驻塘宝村。1956年设土溪乡。1958年并入太平公社。1961年析设土溪公社。1984年复乡。因溪得名。有九年一贯制学校1所,卫生院1个,卫生室5个,农家书屋5个。经济以种植水稻、南竹、山核桃为主。工业以农产品加工为主。服务业以商贸为主。县道安双线过境。

塘宝村［Tángbǎocūn］ 土溪乡人民政府驻地。在市政府驻地黔城镇东南25千米。人口900。因地似古钱币且村中有塘得名。聚落呈散状。有卫生室。种植水稻、南竹等。209国道经此。

红岩乡［Hóngyán Xiāng］ 洪江市辖乡。在市境西部。面积44平方千米。人口1.1万。辖9村委会,有87自然村。乡人民政府驻菊花村。1942年设红岩乡。1947年并入中红公社。1956年复红岩乡。1958年改公社。1984年复乡。因有红色岩山得名。潕水流经。有初中1所,小学4所,卫生院1个,卫生室14个,农家书屋14个。经济以种植冰糖橙、刺葡萄为主。怀通高速过境。

菊花村［Júhuācūn］ 红岩乡人民政府驻地。在市政府驻地黔城镇北12千米。人口1600。聚落呈散状。有中心学校、卫生室。种植水稻、冰糖橙等。县道双溪—沅河线经此。

岩垅乡［Yánlǒng Xiāng］ 洪江市辖乡。在市境西北部。面积77平方千米。人口1.8万。辖13村委会,有145自然村。乡人民政府驻力丰村。1958年成立岩垅公社。1984年改乡。因田中溪水多岩石得名。有初中1所,小学1所,卫生院1个,卫生室13个,农家书屋13个。有名胜古迹观音洞、灵珑庵、观音寺。经济以种植水稻、冰糖橙,饲养生猪、家禽为主。有国家地理标志产品岩垅冰糖橙。工业以农产品加工为主。服务业以商贸为主。县道双溪—沅河线过境。

力丰村［Lìfēngcūn］ 岩垅乡人民政府驻地。在市政府驻地黔城镇西8千米。人口2000。1956年以争取更大丰收命名。聚落呈散状。有中心学校、卫生室。有名胜古迹观音洞、灵珑庵、观音寺。有千年古樟树2棵。种植水稻、冰糖柑,饲养生猪。县道双溪—沅河线经此。

深渡苗族乡［Shēndù Miáozú Xiāng］ 洪江市辖乡。在市境南部。面积87平方千米。人口1.1万,其中苗族占68.3%,还有汉、侗、瑶等民族。辖13村委会,有128自然村。乡人民政府驻深渡村。1956年设深渡乡。1958年并入沙湾公社。1961年析设深渡公社。1984年复乡。1989年改今名。因乡政府驻地得名。有初中1所,小学2所,卫生院1个,卫生室6个,农家书屋6个。经济以杂交水稻制种,水稻、南竹种植,生猪养殖为主。有特产玉兰片。工业以能源、南竹加工为主。服务业以商贸为主。县道深寨线过境。

深渡村［Shēndùcūn］ 深渡苗族乡人民政府驻地。在市政府驻地黔城镇东45千米。人口1800。以苗族为主,还有汉等民族。因处公溪河畔且渡口水深得名。聚落呈散状。有中小学、卫生室。有古迹众善祠。种植水稻、南竹。县道深寨线经此。

龙船塘瑶族乡［Lóngchuántáng Yáozú Xiāng］ 洪江市辖乡。在市境南部。面积104平方千米。人口0.9万,其中瑶族占74.5%,还有汉、侗、苗等民族。辖1居委会、9村委会,有88自然村。乡人民政府驻龙船塘村。1942年设龙船塘乡。1947年并入龙坪乡。1949年复。1956年龙地胜、萝卜畲、白龙、翁野4乡并入。1958年改公社。1984年复乡。1989年改今名。因乡政府驻地得名。有九年一贯制学校1所,卫生院1个,卫生室8个,农家书屋8个。有古迹翁郎溪瑶寨、竹麻田百年造纸作坊。景点有岩鹰洞大峡谷、高山平湖、清风竹海、老山万亩草场。经济以水稻、南竹种植,生猪养殖为主。工业以能源、南竹加工为主。服务业以旅游为主。通乡村道路。

龙船塘村［Lóngchuántángcūn］ 龙船塘瑶族乡人民政府驻地。在市政府驻地黔城镇东60千米。人口2600。以瑶族为主,还有汉等民族。河床宽阔如塘,可赛龙船,故名。聚落呈散状。有瑶族中心学校、卫生室。有瑶族传统木质吊脚楼。种植水稻、南竹。通乡村道路。

桂花园乡［Guìhuāyuán Xiāng］ 洪江市辖乡。在市境中部偏东。面积54平方千米。人口1万。以汉族为主,还有侗、苗、瑶民族。辖1居委会、12村委会,有76自然村。乡人民政府驻桂花园村。1958年成立桂花园公社。1984年改乡。因乡政府驻地得名。沅江、巫水流经。有矿产资源铁、铜。有小学1所,卫生院1个,卫生室11个,农家书屋11个,活动室2个。有国家3A级旅游景区慧沃星空庄园。有民俗舞龙、舞狮。经济以水稻、杨梅、皮蛋种植,乌骨鸡养殖为主。有国家地理标志产品雪峰乌骨鸡。服务业以旅游为主。邵怀、怀通高速,省道洪江—靖州线过境。

桂花园村［Guìhuāyuáncūn］ 桂花园乡人民政府驻地。在市政府驻地黔城镇东南23千米。人口1000。旧有桂花树百余株,故名。聚落呈散状。有卫生室。有民俗舞龙、舞狮。种植杨梅、水稻、蔬菜等。省道洪安线经此。

横岩乡［Héngyán Xiāng］ 洪江市辖乡。在市境西部。面积33平方千米。人口0.4万。以汉族为主,还有侗、苗、瑶、土家族。辖4村委会,有36自然村。乡人民政府驻鸬鹚村。1985年设。因岩石层峦叠嶂如横向而生得名。沅江流经。森林覆盖率80%。有小学1所,幼儿园1所,卫生院1个,卫生所3个,文化站1个,农家书屋4个。有民俗舞龙、舞狮、打腰鼓。经济以水稻种植,山羊、乌骨鸡、生猪养殖为主。工业以竹木及其制品加工为主。省道堡横、洪黔线过境。

鸬鹚村［Lúcícūn］ 横岩乡人民政府驻地。在市政府驻地黔城镇东南16千米。人口1000。因岛似鸬鹚得名。聚落呈带状。有小学、幼儿园、卫生院、文化广场、综合服务中心等。经济以南竹种植、加工为主,兼种水稻。省道洪黔线经此。

常青乡［Chángqīng Xiāng］ 洪江市辖乡。在市境南部。面积9平方千米。人口0.5万。以汉族为主,还有侗、苗、瑶等民族。辖1居委会、4村委会,有36自然村。乡人民政府驻新桥社区。1980年由桂花园公社析设常青公社。1984年改乡。以寓意四季常青命名。沅江、巫水流经。有嵩云山国家森林公园。有小学1所,幼儿园2所,卫生院1个,卫生室2个,图书馆1个。有名胜古迹大兴禅寺、祖师洞、白云洞、半山亭。经济以旅游、餐饮为主。种植蔬菜、柑橘等。有特产柚子。省道安桂、洪会线,县道洪白、松林线过境。

新桥社区［Xīnqiáo Shèqū］ 常青乡人民政府驻地。在市境南部。面积0.5平方千米。人口1400。因有石板桥且为新建社区得名。1993年成立。民居以1—3层楼房为主。有便民大厅、爱心超市、社区服务站等。有卫生院。通公交车。

中方县

中方县[Zhōngfāng Xiàn] 怀化市辖县。北纬27°16′,东经109°45′。在市境中部。面积1515平方千米。人口28.9万。以汉族为主,还有瑶、侗、苗、土家等民族。辖11镇、10乡、1瑶族乡。县人民政府驻中方镇。1997年设。因县政府驻地得名。地势东高西低,地形以山地为主。平均海拔620米。最高点苏宝顶海拔1934米,最低点赤岩湾村海拔137米。年均气温17℃,1月平均气温4.8℃,7月平均气温28.5℃。年均降水量1415毫米。沅江、㵲水流经。有矿产资源陶土、花岗岩、煤、磷、金等。有野生植物2193种,其中国家重点保护野生植物有银杏、钟萼木、红豆杉、南方红豆杉等28种。有野生动物240多种,其中国家重点保护动物有云豹、穿山甲、水獭、大灵猫等27种。有康龙省级自然保护区。森林覆盖率66%。有高中1所,中等职业学校1所,完全中学1所,初中19所,小学60所,二级医院1个,图书馆1个,文化馆1个。有全国重点文物保护单位荆坪村古建筑群,省级文物保护单位黄溪村窨子屋古建筑群、孝义坊等4个。有国家级风景名胜区大松坡葡萄沟、五龙溪水库。有中国传统村落江坪、桥头等4个。有省级非物质文化遗产中方斗笠竹编技艺。有民间艺术铜湾霸王鞭、中方酒歌、瑶山锣鼓等。三次产业比例13∶60∶27。农业种植水稻、油茶,养殖生猪、水产。产中药材。工业以食品加工、机械制造、印刷包装、电力能源为主。有省级工业园区1个。服务业以商贸、物流为主,有乡村旅游业。有湘商文化科技产业园、中方工业集中区。沪昆、焦柳铁路,沪昆高铁,沪昆、包茂、娄怀高速,209、320国道,省道沅陵—怀化、石门—独峒、溆浦—绥宁、永顺—中方、鹤城—芷江、芷江—城步、醴陵—新晃、湘乡—怀化、邵阳—麻阳线过境。通沅江、㵲水航道。

怀化工业园区[Huáihuà Gōngyè Yuánqū] 在县境西南部。东至焦柳铁路,南至沪昆高速,西至滨江路,北至希望路。面积41.3平方千米。2006年经省政府正式批准建立省级开发区,由怀化市政府管理。原名怀化生态工业园。以生物医药、绿色食品、电子信息为主。驻有泰格林纸业、正清制药、天琦科技、娃哈哈、汇源、金升阳、建南电子等企业63个。多条铁路、高速过境。通公交车。

荆坪㵲水大桥[Jīngpíng Wǔshuǐ Dàqiáo] 在县城西部。长447.4米,宽17米,最大跨度40米,桥下净高15米。2008年开工,2010年建成。因所在位置及所跨河流得名。为大型河道桥梁,结构型式为6孔预应力钢筋混凝土T型梁桥。最大载重45吨。通公交车。

中方镇[Zhōngfāng Zhèn] 中方县人民政府驻地。在县境西部。面积127方千米。人口3.1万。辖4居委会、16村委会,有163自然村。镇人民政府驻铜锣村。1936年设得仁乡。1940年更名中方乡,后并入八区。1953年复中方乡。1958年改公社。1984年复乡,旋改镇。汉设驿站,因至安江、黔城、芷江、泸阳各30千米得名。㵲水流经。有中等职业学校1所,中学5所,小学6所,二级医院1个,卫生院1个,卫生所18个。有图书馆、文化馆等。有全国重点文物保护单位荆坪村古建筑群。有省级非物质文化遗产中方斗笠竹编技艺。经济以商贸、物流、加工、乡村文化旅游为主。农业以种植水稻、蔬菜、花卉、苗木为主。有粮油、木材、建材加工业。有市工业园、县湘商文化科技产业园。焦柳铁路,沪昆、包茂高速,209、320国道过境。通公交车。

中方大道[Zhōngfāng Dàdào] 在县城东部。南起财富路,北至滨江北路。与迎松路、丹桂路、同乐路、五溪路、芙蓉路、荆坪东路相交。长7.9千米,宽60米。混凝土路面。2002年开工,2013年建成。原名香樟路,后改今名。两侧有建材城、建材市场、商贸市场、华美学校、红十字医院、中方老街、市工业园等。通公交车。

南湖中路[Nánhú Zhōnglù] 在县城中部。南起荆坪东路,北至丹桂路。与同乐路、樱花路、迎松路、玫瑰路、芙蓉路、五溪路等相交。长2.8千米,宽50米。混凝土路面。2005年开工,2010年建成。因湖得名。两侧有县住建局、财政局、公安局、法院、医院、中方中心市场等。通公交车。

丹桂路[Dānguì Lù] 在县城北部。东起中方大道,西至滨江北路。与南湖中路相交。长1.9千米,宽27米。混凝土路面。2006年开工,2008年建成。原名秀峰路,后因路旁栽植桂花树改今名。两侧有公交公司、县公路局、汽修厂、居住小区等。通公交车。

同乐路[Tónglè Lù] 在县城北部。东起中方大道,西至南湖中路。长1.2千米,宽24米。混凝土路面。2005年开工,2007年建成。因铜锣村谐音得名。途经商业中心。两侧有福兴商业广场、中方中心市场等。通公交车。

迎松路[Yíngsōng Lù] 在县城中部。东起中方大道,西至滨江中路。与南湖中路相交。长2.2千米,宽50米。混凝土路面。2002年开工,2006年建成。原名金园路,后因路旁栽植松树改今名。两侧有县委、县人大、县政府、县政协、住建局、规划局、工商局、国土局、居住小区等。通公交车。

荆坪路[Jīngpíng Lù] 在县城南部。东起东环路,西至西环路。与中方大道相交。长2.6千米,宽50米。混凝土路面。2011年开工,2014年建成。因处荆坪村得名。以㵲水为界分东、西2路。两侧有湘商产业园、职教城等。通公交车。

铜锣村[Tóngluócūn] 中方镇人民政府驻地。在镇境东北部。人口1900。因地形似铜锣得名。聚落呈散状。有华美学校。经济以商贸和种植水稻、西瓜、葡萄、花卉、苗木为主。209国道经此。

荆坪村[Jīngpíngcūn] 在镇境西部。人口2100。传以栽种紫荆花得名。聚落呈团块状。有全国重点文物保护单位荆坪村古建筑群。有古迹荆坪遗址、新塘遗址、潘氏祠堂、双凤桥、关圣宫。为国家3A级旅游景区。经济以乡村旅游为主。省道黄金坳—芷江分水坳线经此。通公交车。

牌楼镇[Páilou Zhèn] 中方县辖镇。在县境西南部。面积103平方千米。人口1.9万。辖1居委会、10村委会,有121自然村。镇人民政府驻冯家湾村。1956年设牌楼坳乡。1958年改公社。1984年改镇。传昔常遭火灾,时人建牌楼以镇之,故名。㵲水流经。有中学1所,小学6所,卫生院1个,卫生所10个。有省级非物质文化遗产中方斗笠竹编技艺。有国家级水利风景区五龙溪水库。经济以种植业、商贸为主。农业种植水稻、蔬菜、柑橘、西瓜、葡萄、花卉、苗木等。工业以竹木加工、电力为主。有物流业。焦柳铁路、包茂高速、209国道过境。

冯家湾村[Féngjiāwāncūn] 牌楼镇人民政府驻地。在县政府驻地中方镇南8千米。人口2400。因冯姓曾居此得名。聚落呈团块状。有中小学、卫生院。种植水稻,有农贸服务。焦柳铁路、包茂高速、209国道经此。

泸阳镇[Lúyáng Zhèn] 中方县辖镇。在县境东北部。面积72平方千米。人口2.2万。辖3居委会、13村委会,有142自然村。镇人民政府驻杨桥村。1943年设泸阳镇。1958年改公社。1984年复镇。因卢阳古县得名。有中专1所,中学1所,小学2所,卫生院1个,卫生所13个。经济以农业、商贸为主。农业种植水稻、葡萄、西瓜、花卉、苗木,养殖生猪、牛、羊。工业以建材、化工、矿产加工为主。沪昆铁路、娄怀高速、省道沅陵—怀化线过境。

杨桥村[Yángqiáocūn] 泸阳镇人民政府驻地。在县政府驻地中方镇东北23千米。人口1700。因处杨树旁小桥边得名。聚落呈团块状。有中小学、卫生院。有商贸、餐饮、种植业。有集贸市场。省道沅陵—怀化线经此。

花桥镇[Huāqiáo Zhèn] 中方县辖镇。在县境北部。面积112平方千米。人口2.2万。辖2居委会、15村委会,有137自然村。镇人民政府驻车坪村。1951年设第一区。1955年改花桥区。1956年改乡。1958年改公社。1984年复乡,旋改镇。因桥得名。有中学1所,小学3所,卫生院1个,卫生所15个。有花桥无名烈士纪念碑、仙人桥、桂花庵遗址、龙阳山寺遗址。经济以种植水稻、玉米,建材加工,商贸为主。有特产花桥豆腐。有县工业集中区。沪昆铁路、娄怀高速、省道沅陵—怀化线过境。

车坪村[Chēpíngcūn] 花桥镇人民政府驻地。在县政府驻地中方镇东北40千米。人口3200。旧为筒车汲水灌田地,故名。聚落呈带状。有九年一贯制学校、卫生院。有花桥无名烈士纪念碑。有水稻种植、建材加工、商贸、餐饮业。有特产花桥豆腐。有集贸市场。沪昆铁路、省道沅陵—怀化线经此。

铜湾镇[Tóngwān Zhèn] 中方县辖镇。在县境东部。面积72平方千米。人口2.5万。辖2居委会、15村委会,有107自然村。镇人民政府驻兴华村。1942年设铜湾乡。1953年改镇。1956年复乡。1958年改公社。1984年复乡。1986年复镇。因沅江西岸铜湾得名。沅江流经。有中学1所,小学3所,卫生院1个,卫生所15个。有省级文物保护单位黄溪村窨子屋古建筑群。经济以种植水稻、玉米、西瓜,养殖水产,商贸为主。工业以电力为主。沪昆高铁,省道溆浦—通道、石门—独峒线过境。

兴华村[Xīnghuácūn] 铜湾镇人民政府驻地。在县政府驻地中方镇东61千米。人口1200。以兴旺繁华得名。聚落呈团块状。有高中、九年一贯制学校、幼儿园、卫生院。经济以商贸为主。省道石门—独峒线经此。

黄溪村[Huángxīcūn] 在县政府驻地中方镇东北45千米。铜湾镇辖自然村。人口2200。因溪得名。聚落呈团块状。为省级历史文化名村。有杨家大院等明清窨子屋古建筑群160多栋。经济以种植水稻、玉米、油菜为主。新建一黄溪旅游公路经此。

桐木镇[Tóngmù Zhèn] 中方县辖镇。在县境西南部。面积100平方千米,人口2万。辖1居委会、12村委会,有129自然村。镇人民政府驻桐木村。1956年设桐木乡。1958年改公社。1984年复乡。1998年改镇。因镇政府驻地得名。有中学1所,小学5所,卫生院1个,卫生所13个。经济以水稻、葡萄、柑橘、茶种植,商贸为主。有国家地理标志产品湘珍珠葡萄。有特产雪笋茶。有农贸市场。焦柳铁路、包茂高速、209国道、省道芷江—城步线过境。

桐木村[Tóngmùcūn] 桐木镇人民政府驻地。在县政府驻地中方镇南16千米。人口2900。处㵲水畔坪地,因原多泡桐树得名。因清设圩场又名桐木场。聚落呈团块状。有中小学、卫生院。经济以水稻、葡萄种植,商贸为主。包茂高速、209国道、省道芷江—城步线经此。

铁坡镇［Tiěpō Zhèn］　中方县辖镇。在县境东部。面积48平方千米。人口1.2万。辖1居委会、11村委会,有87自然村。镇人民政府驻团一村。1942年设铁坡乡。1950年并入第五区。1953年复铁坡乡。1958年与活水乡合改铁坡公社。1961年析设活水公社。1984年复乡。1999年改镇。因山含少量铁得名。有九年一贯制学校1所,卫生院1个,卫生所11个。有中国传统村落江坪。经济以水稻、玉米种植,水稻制种,商贸为主。工业以农产品、麻石加工为主。有特产江坪油豆腐。省道湘乡—怀化线过境。

团一村［Tuányīcūn］　铁坡镇人民政府驻地。在县政府驻地中方镇东77千米。人口800。1955年团垴上村第一个建立农业合作社,故名。聚落呈团块状。有九年一贯制学校、卫生院。有水稻种植和制种、商贸业。省道湘乡—怀化线经此。

新建镇［Xīnjiàn Zhèn］　中方县辖镇。在县境东部。面积118平方千米。人口1.5万。辖11村委会,有75自然村。镇人民政府驻黄立坪村。1956年设新建乡。1958年改公社。1984年复乡。2011年改镇。原名新甸,清代店铺增多渐演为新店。1943年改今名。有康龙省级自然保护区。有中学1所,小学1所,卫生院1个,卫生所12个。经济以农林、商贸为主。农业种植水稻、玉米、蔬菜、花卉、苗木等。有旅游业。沪昆高铁、省道湘乡—怀化线过境。

黄立坪村［Huánglìpíngcūn］　新建镇人民政府驻地。在县政府驻地中方镇东37千米。人口1200。原因遍植黄梨得名黄梨坪,后改今名。聚落呈环状。有中小学、卫生院。有水稻、玉米种植和商贸业。有农贸市场。省道湘乡—怀化线经此。

接龙镇［Jiēlóng Zhèn］　中方县辖镇。在县境东部。面积50平方千米。人口1万。辖11村委会,有93自然村。镇人民政府驻卧龙村。1943年设卧龙乡,旋改接龙乡。1950年并入第五区。1956年复接龙乡。1958年改公社。1984年复乡。2011年改镇。原名卧龙,后因接龙亭改今名,取接续龙脉之意。有中学1所,小学1所,卫生院1个,卫生所11个。有中国传统村落桥头村。经济以种植水稻、玉米、油茶为主。有农贸市场。省道湘乡—怀化线过境。

卧龙村［Wòlóngcūn］　接龙镇人民政府驻地。在县政府驻地中方镇东60千米。人口1400。传有孽龙为祸,后修杨公庙镇压,故名。聚落呈团块状。有中小学、卫生院等。经济以种植水稻为主。省道溆浦大江口—洪江市雪峰线经此。

铜鼎镇［Tóngdǐng Zhèn］　中方县辖镇。在县境东北部。面积49平方千米。人口1.5万。辖10村委会,有98自然村。镇人民政府驻铜鼎坪村。1943年设铜鼎乡。1956年并入铜湾区。1953年复铜鼎乡。1956年赤南、桐木、青市、麻田4乡并入。1958年并入铜湾公社。1961年析设铜鼎公社。1984年改乡。2012年改镇。因镇政府驻地得名。沅江流经。有九年一贯制学校1所,小学1所,卫生院1个,卫生所6个。经济以种植水稻、棉花、蔬菜为主。有农贸市场。省道永顺—中方线过境。

铜鼎坪村［Tóngdǐngpíngcūn］　铜鼎镇人民政府驻地。在县政府驻地中方镇东北72千米。人口1100。传明代为洲,状似铁鼎罐,附近有岩山名铜城,取铜铁相合之意得名。聚落呈带状。有中小学、卫生院。种植水稻、玉米、棉花。省道永顺—中方线经此。

新路河镇［Xīnlùhé Zhèn］　中方县辖镇。在县境东部。面积61平方千米。人口1.2万。辖1居委会、13村委会,有97自然村。镇人民政府驻湾溪口村。1956年设新路河乡。1958年改公社。1984年复乡。2012年改镇。传有路通往溆浦县龙潭,得名新路,后以沅江流经改今名。有九年一贯制学校1所,小学2所,卫生院1个,卫生所13个。有省级文物保护单位孝义坊。经济以种植水稻、玉米、油茶,网箱养鱼为主。有竹木加工业。省道湘乡—怀化线过境。

湾溪口村［Wānxīkǒucūn］　新路河镇人民政府驻地。在县政府驻地中方镇东56千米。人口1200。因处湾溪注入沅江口得名。聚落呈散状。有九年一贯制学校、卫生院。种植水稻、玉米等。省道湘乡—怀化线经此。

炉亭坳乡［Lútíng'ào Xiāng］　中方县辖乡。在县境东南部。面积52平方千米。人口6700。辖5村委会,有47自然村。乡人民政府驻炉亭坳村。1984年设。因乡政府驻地得名。有九年一贯制学校1所,卫生院1个,卫生所5个。经济以种植蔬菜、西瓜、葡萄、提子、花卉、苗木为主。有农贸市场。沪昆高速、320国道过境。

炉亭坳村［Lútíng'àocūn］　炉亭坳乡人民政府驻地。在县政府驻地中方镇东南15千米。人口1300。传因于坳上安炉打铁得名。聚落呈散状。有九年一贯制学校、卫生院。种植蔬菜、葡萄、花卉、苗木、中药材。沪昆高速、320国道经此。

下坪乡［Xiàpíng Xiāng］　中方县辖乡。在县境东北部。面积67平方千米。人口0.8万。辖8村委会,有71自然村。乡人民政府驻桥上村。1955年设下坪乡。1958年并入泸阳公社。1961年析设下坪公社。1984年复乡。因处凉山下得名。有九年一贯制学校1所,卫生院1个,卫生所8个。经济以种植水稻、金秋梨、脆香梨、葡萄、西瓜为主。有特产杂竹。沪昆铁路、省道沅陵—怀化线过境。

桥上村［Qiáoshàngcūn］　下坪乡人民政府驻地。在县政府驻地中方镇东北32千米。人口1600。因大部分地域位于桥上方得名。聚落呈团块状。有九年一贯制学校、卫生院。种植水稻。产脆香梨、葡萄、西瓜。

聂家村乡［Nièjiācūn Xiāng］　中方县辖乡。在县境北部。面积56平方千米。人口1.2万。辖7村委会,有77自然村。乡人民政府驻聂家村。1954年设聂家村乡。1958年并入花桥公社。1961年析设聂家村公社。1984年改乡。因乡政府驻地得名。有中学1所,小学2所,卫生院1个,卫生所7个。经济以种植水稻、玉米,商贸为主。产优质水果。工业以烟花爆竹、铁器加工为主。娄怀高速过境。

聂家村［Nièjiācūn］　聂家村乡人民政府驻地。在县政府驻地中方镇北41千米。人口2500。因聂姓始居得名。聚落呈环状。有九年一贯制学校、卫生院。经济以种植水稻、葡萄、蔬菜、西瓜为主。娄怀高速经此。

龙场乡［Lóngchǎng Xiāng］　中方县辖乡。在县境东北部。面积49平方千米。人口0.8万。辖8村委会,有39自然村。乡人民政府驻龙场村。1955年设龙场乡,后撤销。1961年由铜湾、铜鼎、花桥3公社析设龙场公社。1984年改乡。因乡政府驻地得名。有九年一贯制学校1所,卫生院1个,卫生所8个。经济以种植水稻为主。有特产杨梅。有农贸市场。省道永顺—中方线过境。

龙场村［Lóngchǎngcūn］　龙场乡人民政府驻地。在县政府驻地中方镇东北65千米。人口800。因凉山逶迤似龙得名。聚落呈散状。有九年一贯制学校、卫生院。种植水稻、玉米。产杨梅。

袁家乡［Yuánjiā Xiāng］　中方县辖乡。在县境东部。面积44平方千米。人口0.7万。辖5村委会,有36自然村。乡人民政府驻袁家村。1961年成立袁家公社。1984年改乡。因乡政府驻地得名。有小学1所,卫生院1个,卫生所5个。经济以种植水稻、玉米、蔬菜、西瓜为主。工业有木材、农副产品加工。有农贸市场。省道湘乡—怀化、石门—独峒线过境。

袁家村［Yuánjiācūn］　袁家乡人民政府驻地。在县政府驻地中方镇东43千米。人口2300。因昔袁姓聚居得名。聚落呈团块状。有九年一贯制学校、卫生院。种植水稻、玉米等。有集贸市场。省道湘乡—怀化、石门—独峒线经此。

蒋家乡［Jiǎngjiā Xiāng］　中方县辖乡。在县境东部。面积51平方千米。人口0.7万。辖6村委会,有48自然村。乡人民政府驻蒋家村。1984年由袁家公社析设。因乡政府驻地得名。沅江流经。有小学1所,卫生院1个,卫生所6个。经济以种植水稻、玉米、金秋梨、黄桃、西瓜为主。县道袁家—安江线过境。

蒋家村［Jiǎngjiācūn］　蒋家乡人民政府驻地。在县政府驻地中方镇东71千米。人口1200。原因有古井得名井家,后以井、蒋方言同音改今名。又名蒋家冲。聚落呈环状。有小学、卫生院。种植水稻、玉米、油菜。县道袁家—安江线经此。

丁家乡［Dīngjiā Xiāng］　中方县辖乡。在县境东北部。面积37平方千米。人口0.6万。辖8村委会,有54自然村。乡人民政府驻丁家村。1956年设丁家乡。1958年并入接龙公社。1961年析设丁家公社。1984年改乡。因乡政府驻地得名。有小学1所,卫生院1个,卫生所8个。经济以种植水稻、网箱养鱼为主。沪昆高铁过境。

丁家村［Dīngjiācūn］　丁家乡人民政府驻地。在县政府驻地中方镇东北66千米。人口1000。因姓氏得名。聚落呈环状。有小学、卫生院。种植水稻、油菜等。沪昆高铁经此。

锦溪乡［Jǐnxī Xiāng］　中方县辖乡。在县境东部。面积45平方千米。人口0.6万。辖7村委会,有66自然村。乡政府驻锦溪村。1958年成立锦溪公社。1984年改乡。因乡政府驻地得名。小浦溪流经。有小学1所,卫生院1个,卫生所7个。经济以种植水稻、松、杉、南竹,水稻制种为主。有小水电工业。通乡村道路。

锦溪村［Jǐnxīcūn］　锦溪乡人民政府驻地。在县政府驻地中方镇东77千米。人口700。原因溪流汇于垄中,岸边绿树成荫,得名锦溪垄,后简为今名。聚落呈散状。有小学、卫生院。种植水稻等。

活水乡［Huóshuǐ Xiāng］　中方县辖乡。在县境东部。面积22平方千米。人口0.7万。辖6村委会,有52自然村。乡人民政府驻龙盘村。1956年设活水乡。1958年并入铁坡公社。1961年析设活水公社。1984年复乡。传杨氏迁此,观山水之象,谓之活水。有矿产资源花岗石、瓷泥等。有九年一贯制学校1所,卫生院1个,卫生所6个。经济以种植水稻、玉米、金秋梨、香梨、核桃等,石材加工为主。省道湘乡—怀化线过境。

龙盘村［Lóngpáncūn］　活水乡人民政府驻地。在县政府驻地中方镇东87千米。人口1500。四周为高山,中间低平如盘,原住龙姓,故名。聚落呈环状。有九年一贯制学校、卫生院。有水稻种植、杂交稻制种、石材加工业。省道湘乡—怀化线经此。

石宝乡［Shíbǎo Xiāng］ 中方县辖乡。在县境东部。面积46平方千米。人口1万。辖6村委会，有83自然村。乡人民政府驻鱼龙桥村。1956年设石宝乡。1958年并入新路河公社。1961年析设石宝公社。1984年复乡。崖壁嵌黑、白2石，村民视如宝石，故名。有九年一贯制学校1所，卫生院1个，卫生所9个。经济以种植水稻、蔬菜、油茶、林木为主。省道湘乡—怀化线过境。

鱼龙桥村［Yúlóngqiáocūn］ 石宝乡人民政府驻地。在县政府驻地中方镇东62千米。人口1600。桥下有石似鲤鱼如水，取鲤鱼跳龙门之意得名。聚落呈团块状。有九年一贯制学校、卫生院。种植水稻、玉米、油菜等。省道湘乡—怀化线经此。

蒿吉坪瑶族乡［Hāojípíng Yáozú Xiāng］ 中方县辖乡。在县境东部。面积58平方千米。人口0.6万，其中瑶族占55%，还有汉、土家等民族。辖7村委会，有61自然村。乡人民政府驻罗洪村。1961年由接龙公社析设蒿吉坪公社。1984年改乡。1989年改瑶族乡。传因出产辣椒味美而得名蒿辣坪，后雅为今名。有抗乐山。有九年一贯制学校1所，卫生院1个，卫生所6个。经济以农林为主。农业种植水稻、玉米、高山葡萄、金银花等。盛产松木、杉木、南竹等。有竹木加工业。沪昆高铁过境。

罗洪村［Luóhóngcūn］ 蒿吉坪瑶族乡人民政府驻地。在县政府驻地中方镇东北88千米。人口900。以瑶族为主，还有汉等民族。因罗子山陡峭如山洪奔泻得名。聚落呈散状。有九年一贯制学校、卫生院。种植水稻等。沪昆高铁经此。

沅陵县

沅陵县［Yuánlíng Xiàn］ 别名辰州。怀化市辖县。北纬28°05′，东经110°05′。在市境北部。面积5852平方千米。人口68.9万。以汉族为主，还有苗、土家、回、白等民族。辖8镇、13乡、2民族乡。县人民政府驻沅陵镇。汉高祖五年(前202)设沅陵县，治窑头，属武陵郡。新莽改名沅陆县，属建平郡。光武中兴后复原名，属武陵郡。此后至清末未变，先后属通宁郡、沅陵郡、辰州、泸溪郡、辰州路、辰州府。1912年废。1914年复，先后属辰沅道、第三行政督察区、第九行政督察区、沅陵专区、芷江专区、黔阳专区、黔阳地区、怀化地区。1998年属怀化市。因故城北枕沅江、南傍土阜得名。处武陵山脉南麓、雪峰山脉东北交汇处，两山夹一谷。平均海拔325米。最高点圣人山海拔1355.3米。年均气温16.9℃，1月平均气温4.7℃，7月平均气温27.8℃。年均降水量1384.9毫米。沅江流经。有矿产资源金、锑、钨、铅等。有野生植物2227种，其中国家一级保护植物有南方红豆杉、钟萼木。有野生动物1276种，其中国家一级保护野生动物有白颈长尾雉。有借母溪国家级自然保护区、五强溪国家湿地公园、沅陵国家森林公园。森林覆盖率66%。有高中4所，中学49所，小学54所，二级医院3个。有全国重点文物保护单位龙兴讲寺，省级文物保护单位沅江古纤道遗址。有湘西剿匪胜利纪念园。有国家4A级旅游景区凤滩。有名胜古迹五溪湖、黔中郡遗址、虎溪书院、辰州三塔。有国家级非物质文化遗产辰州傩戏、沅陵传统龙舟。为省级历史文化名城。三次产业比例12∶61∶27。农业种植水稻、蔬菜、茶树等。有国家地理标志产品碣滩茶、五强溪鱼、大合坪黑猪。工业以水电、矿产开采、电子、食品加工为主。服务业以旅游、住宿、餐饮为主。杭瑞高速，319、241国道，省道武陵源—安化、辰溪—怀化、桃源—保靖、古丈—沅陵线过境。

龙舟广场［Lóngzhōu Guǎngchǎng］ 在县城北部。占地3.5万平方米。2002年开工，2004年建成。因为龙舟赛观景台得名。由龙舟大看台、休闲区、防洪堤三部分组成。有龙腾雕塑、龙腾柱、五强溪国家湿地公园标志物等。周边有龙兴讲寺、湘西剿匪胜利纪念园等。通公交车。

沅江大桥［Yuánshuǐ Dàqiáo］ 在县城东部。长767.8米，宽16米，最大跨度140米，桥下净高52.4米。1988年开工，1991年建成。因所跨河流得名。为大型河道桥梁，结构型式为混凝土连续刚构桥。最大载重60吨。通公交车。

沅陵镇［Yuánlíng Zhèn］ 沅陵县人民政府驻地。在县境中部偏南。面积218平方千米。人口13.5万。辖16居委会、10村委会，有114自然村。镇人民政府驻胜利门社区。1934年设普善镇。1953年改城关镇。1981年改今名。2004年苦藤铺乡、郑家村乡6村并入。2005年白田乡并入。因县得名。沅江、酉水流经。有完全中学4所，职业中学1所，初中2所，小学5所，九年一贯制学校3所，二级医院3个，专科医院2个，卫生院3个，卫生所26个。有全国重点文物保护单位龙兴讲寺。有湘西剿匪胜利纪念园、湖南临时省会旧址群。有张学良囚禁旧址凤凰寺。有沅陵国家森林公园。有名胜古迹凤凰山、龙吟塔。农业以种植水稻、蔬菜为主。工业以食品加工为主。服务业以住宿、商贸、旅游为主。有特产沅陵大曲、沅陵酥糖、晒兰。杭瑞高速、319国道过境。

辰州街［Chénzhōu Jiē］ 在县城北部。东起迴龙桥，西至酉水大桥。与迎宾路、文化路、天宁路、古城路、虎溪路、公安路、辰龙路相交。长3.6千米，宽45米。混凝土路面。1990年开工，1991年建成。原名武陵大道，1995年以沅陵古名辰州改今名。分东、中、西3街。途经商业中心。两侧有县医院、人社局、发改局、辰州中央广场、电力企业、小学等。通公交车。

滨江大道［Bīnjiāng Dàdào］ 在县城北部。东起辰州东街，西至西环路。与胜利路、体育场路、天宁路、文化路、回龙街相交。长8千米，宽20米。混凝土路面。1993年开工，1994年建成。因临沅江得名。两侧有龙兴讲寺、龙泉寺、龙兴花城、龙舟广场、建材市场、县医院外科大楼等。通公交车。

凤鸣大道［Fèngmíng Dàdào］ 在县城南部。东起迎宾南路，西至沅江二桥。与望圣西路、黄姑路、二环路、迎宾北路相交。长4.5千米，宽7米。混凝土路面。1993年开工，1994年建成。因凤鸣塔得名，两侧有游园、职业中学等。通公交车。

胜利门社区［Shènglìmén Shèqū］ 沅陵镇人民政府驻地。在县境中部偏南。面积0.5平方千米。人口8200。因湘西剿匪胜利门得名。2005年成立。有老年活动室、便民服务站等。有卫生院、湘西剿匪纪念园、龙舟广场、商场、超市、餐饮店等。通公交车。

五强溪镇［Wǔqiángxī Zhèn］ 沅陵县辖镇。在县境东北部。面积272平方千米。人口3.8万。辖4居委会、15村委会，有259自然村。镇人民政府驻唐家湾社区。1956年设麻伊伏乡。1958年并入国庆公社。1962年析设麻伊伏公社。1984年复乡，旋改镇。1992年因五强溪电站改今名。沅江流经。有夸父山森林公园。有中学2所，小学1所，九年一贯制学校1所，卫生院2个，卫生所19个。有省级文物保护单位沅江古纤道遗址。有国家级非物质文化遗产辰州傩戏。经济以水电、矿产开采、造纸为主。农业种植水稻、玉米、甘薯、大豆、茶树、柑橘等。有国家地理标志产品五强溪鱼。省道桃源—保靖、武陵源—安化线过境。

唐家湾社区［Tángjiāwān Shèqū］ 五强溪镇人民政府驻地。在县境东北部。面积9平方千米。人口2200。因唐姓始居河湾得名。2005年成立。有老年活动室、便民服务站等。有中小学、卫生院。有名胜百瓜河。驻有县税务局第一分局等单位。经济以乡村旅游为主。省道桃源—保靖、武陵源—安化线经此。

官庄镇［Guānzhuāng Zhèn］ 沅陵县辖镇。在县境东北部。面积461平方千米。人口5.2万。辖3居委会、45村委会，有480自然村。镇人民政府驻官庄村。1956年设官庄乡。1961年改镇。2003年沃溪镇并入。2005年荔枝溪乡、黄壤坪乡7村并入。因镇政府驻地得名。怡溪、夷望溪流经。有中学1所，九年一贯制学校2所，小学2所，卫生院3个，卫生所48个。有幼儿园、文化站、广播站、敬老院等。有名胜古迹辰龙关、界亭驿古驿道、高华山。经济以有色金属采掘及加工、食品加工、矿山机械制造为主。农业种植水稻、茶树、南竹、中药材、花卉、苗木，养殖生猪。杭瑞高速、319国道、省道武陵源—安化线过境。

官庄村［Guānzhuāngcūn］ 官庄镇人民政府驻地。在县政府驻地沅陵镇东北82千米。人口1500。明永乐二年(1404)第十二路旗牌官驻此，故名。聚落呈块状。有中小学、卫生院。有农会湾碉堡。经济以餐饮、住宿、零售批发为主，种植水稻、养殖生猪为辅。盛产茶叶。319国道经此。

七甲坪镇［Qījiǎpíng Zhèn］ 沅陵县辖镇。在县境东北部。面积426平方千米。人口4.2万。以汉族为主，还有苗、土家、白等民族。辖2居委会、42村委会，有542自然村。镇人民政府驻七甲坪社区。1961年由光辉公社析设七甲坪公社。1984年改乡。2001年改镇。2004年蚕忙、楠木2乡并入。2005年洞溪乡并入。因镇政府原驻地得名。洞庭溪、大晏溪流经。有九年一贯制学校3所，小学1所，卫生院4个，卫生所44个。有幼儿园、文化站、广播站、敬老院等。有省级文物保护单位金氏宗祠。有国家级非物质文化遗产辰州傩戏。有民间艺术剪纸、土家刺绣、苗族歌舞。经济以商业、住宿、餐饮为主。农业种植水稻、黄豆、玉米、茶树、松、杉等。工业以小水电、食品加工为主。省道桃源—保靖线过境。

七甲坪社区［Qījiǎpíng Shèqū］ 七甲坪镇人民政府驻地。在县境东北部。面积7平方千米。人口2000。处溪旁坪地，此为第七家甲冠全族，故名。2005年成立。有老年活动室、便民服务站等。有旗袍协会、业余篮球队、广场舞表演队，定期组织旗袍舞蹈、篮球比赛。有九年一贯制学校、卫生院、敬老院等。有国家级非物质文化遗产辰州傩戏。有民间艺术上刀山、下火海、土家刺绣、苗族歌舞。省道桃源—保靖线经此。

凉水井镇［Liángshuǐjǐng Zhèn］ 沅陵县辖镇。在县境东南部。面积561平方千米。人口6.1万。以汉族为主，还有苗、土家、白、回等民族。辖3居委会、61村委会，有503自然村。镇人民政府驻凉水井村。1962年成立凉水井公社。1984年改乡，旋改镇。2004年张家坪、张家滩、渭溪3乡及郑家村乡5村并入。因镇政府驻地得名。蓝溪流经。有中学1所，九年一贯制学校3所，小学1所，卫生院4个，卫生所64个。有幼儿园、文化站、广播站、敬老院等。有省级文物保护单位吴氏家族陵园。有名胜求仙洞、七仙洞、凉仙洞。经济以木材加工、水泥建材、水力发电为主。有沅陵工业集中区。农业种植水稻,饲养山羊、生猪等。有花卉、苗木、中药材、南竹基地。服务业以商贸、乡村旅游为主。杭瑞高速、319国道过境。

凉水井村 [Liángshuǐjǐngcūn] 凉水井镇人民政府驻地。在县政府驻地沅陵镇东9千米。人口1500。因蓝溪河畔井水清凉得名。聚落呈带状。有中小学、卫生院。经济以餐饮、住宿、商品批发零售为主,水稻种植、生猪养殖为辅。319国道过境。

筲箕湾镇 [Shāojīwān Zhèn] 沅陵县辖镇。在县境西南部。面积246平方千米。人口3.4万。以苗族为主,还有汉、土家等民族。辖2居委会、17村委会,有124自然村。镇人民政府驻筲箕湾社区。1956年设筲箕湾乡。1958年并入卫星公社。1961年析设筲箕湾公社。1984年复乡。2001年改镇。2005年用坪乡并入。因镇政府原驻地得名。舒溪、杨溪流经。有矿产资源铅、锌、硫、矾、磷、锑等。有中学1所,九年一贯制学校1所,小学2所,卫生院2个,卫生所19个。有幼儿园、文化站、广播站、敬老院等。农业以种植水稻、花生、黄豆、柑橘、板栗、中药材为主。工业以矿产开采、冶金为主。有农贸市场2个。杭瑞高速、319国道过境。

筲箕湾社区 [Shāojīwān Shèqū] 筲箕湾镇人民政府驻地。在县境西南部。面积5平方千米。人口4600。因湾形似筲箕得名。2005年成立。有敬老院、老年活动室、便民服务站等。有中小学、卫生院。有赶场习俗。有筲箕湾集市。319国道经此。

麻溪铺镇 [Máxīpù Zhèn] 沅陵县辖镇。在县境南部。面积96平方千米,人口2万。以苗族为主,还有土家、侗、汉等民族。辖2居委会、8村委会,有109自然村。镇人民政府驻麻溪铺社区。1956年设麻溪铺乡。后改公社。1984年复乡。1985年改镇。因镇政府原驻地得名。荔溪流经。有矿产资源硫铁、铅锌、磷、铜等。有九年一贯制学校1所,卫生院1个,卫生所10个。有幼儿园、文化站、广播站、敬老院等。有民间艺术和民俗调香、挑花、刺绣、明香大会、坐堂戏。经济以矿产开采为主。农业以种植水稻、油菜、柑橘、板栗为主。服务业以商贸为主。杭瑞高速、319国道过境。

麻溪铺社区 [Máxīpù Shèqū] 麻溪铺镇人民政府驻地。在县境南部。面积15平方千米。人口6000。位于荔溪旁,古有递铺,因其古称麻溪得名。2005年成立。围绕镇敬老院,开展以副促养、以副养院为主养老模式,聘请院民有偿种植蔬菜,养殖猪、山鸡,自养自食,富余售卖。有九年一贯制学校、卫生院等。经济以商贸为主。杭瑞高速、319国道经此。

明溪口镇 [Míngxīkǒu Zhèn] 沅陵县辖镇。在县境北部。面积257平方千米。人口2.3万。以土家族为主,还有苗、汉等民族。辖2居委会、16村委会,有186自然村。镇人民政府驻高砌头村。1956年设明溪口乡。后改公社。1984年复乡。1985年改镇。2005年高砌头乡并入。因处明溪入酉水之口得名。有借母溪国家级自然保护区。有九年一贯制学校2所,卫生院2个,卫生所18个。有幼儿园、文化站、广播站、敬老院等。有国家4A级旅游景区凤滩。有省级文物保护单位红字碑。有中国传统村落胡家溪村。有民间艺术传唱山歌、号子、打点子。经济以水电为主。农业以种植水稻为主,玉米、甘薯、荞麦为辅。有特产板栗、油桃、桐油、葡萄。服务业以乡村旅游为主。县道沅陵—凤滩线过境。

高砌头村 [Gāoqìtóucūn] 明溪口镇人民政府驻地。在县政府驻地沅陵镇北40千米。人口1100。因处酉水河高砌滩得名。聚落呈块状。有九年一贯制学校、卫生院。经济以水电、农贸交易为主。种植水稻、板栗,养殖生猪等。县道沅陵—凤滩线经此。

太常乡 [Tàicháng Xiāng] 沅陵县辖乡。在县境西部。面积189平方千米。人口2.6万。辖18村委会,有140自然村。乡人民政府驻立新村。1956年设太常乡。1958年并入红旗公社。1961年析设太常乡。1983年复乡。2004年沙金滩乡并入。2005年栗坡乡并入。三国吴嘉禾三年(234)太常卿潘承明讨武陵蛮于此,故以其官职得名。沅江、酉水流经。有九年一贯制学校1所,卫生院3个,卫生所18个。有幼儿园、文化站、广播站、敬老院等。有省级文物保护单位窑头古城遗址。经济以农业为主,主产水稻、蔬菜、小水果、茶叶。工业以食品加工为主。发展旅游,有农家乐。县道沅丑线过境。通沅江航道。

立新村 [Lìxīncūn] 太常乡人民政府驻地。在县政府驻地沅陵镇西北500米。人口2000。以破旧立新寓意命名。聚落呈散状。有九年一贯制学校、卫生院。有民俗赛龙舟。种植水稻、蔬菜,养殖生猪。县道沅丑线经此。通沅江航道。

盘古乡 [Pángǔ Xiāng] 沅陵县辖乡。在县境西南部。面积137平方千米。人口2.1万。以苗族为主,还有汉、土家、瑶、白等民族。辖17村委会,有186自然村。乡人民政府驻盘古村。2005年由舒溪口、丑溪口2乡合设盘古乡。因乡政府驻地得名。沅江流经。有矿产资源金、金刚石、煤、石灰石等。有九年一贯制学校2所,卫生院2个,卫生所17个。有幼儿园、文化站、广播站等。有名胜盘古洞。有民俗赶场。经济以农业为主,主产水稻、玉米、大豆、油菜、黄桃、柚、柑橘、香瓜、茶油、板栗、大棚蔬菜等。有特产三洲西瓜。有矿产开采业。杭瑞高速、县道沅丑线过境。通沅江航道。

盘古村 [Pángǔcūn] 盘古乡人民政府驻地。在县政府驻地沅陵镇西15千米。人口2000。原名丑溪口,后以盘古洞改今名。聚落呈散状。有九年一贯制学校、卫生院。有民俗赛龙舟。经济以餐饮、住宿、农贸、乡村旅游为主,水稻种植、生猪养殖为辅。县道沅丑线过境。通沅江航道。

荔溪乡 [Lìxī Xiāng] 沅陵县辖乡。在县境南部。面积298平方千米。人口3.5万。以苗族为主,还有土家、汉等民族。辖16村委会,有276自然村。乡人民政府驻坳坪村。2005年由池坪、坳坪、竹园3乡合设荔溪乡。荔溪流经,故名。有矿产资源硫铁、铅锌、锑、锰、银等。有九年一贯制学校3所,卫生院3个,卫生所16个。有幼儿园、文化站、广播站等。有省级文物保护单位明中村古民居建筑群。有民间艺术和民俗辰河高腔、阳戏、舞蚌壳、过半年。经济以种植水稻为主,兼种油菜、黄豆、油茶、油桐、板栗、竹等。工业以矿产开采、农产品加工为主。县道麻溪铺—张其坳线过境。

坳坪村 [Àopíngcūn] 荔溪乡人民政府驻地。在县政府驻地沅陵镇南45千米。人口900。因处山坳坪地得名。聚落呈散状。有九年一贯制学校、卫生院。有民间艺术舞龙、舞狮、蚌壳舞等。经济以餐饮、住宿、农贸为主,水稻种植、生猪养殖为辅。县道麻溪铺—张其坳线经此。

马底驿乡 [Mǎdǐyì Xiāng] 沅陵县辖乡。在县境东部。面积244平方千米。人口2.2万。辖22村委会,有173自然村。乡人民政府驻马底驿村。1956年设马底驿乡。1958年并入曙光公社。1961年析设马底驿公社。1984年复乡。2005年长界乡并入。因乡政府驻地得名。怡溪流经。有矿产资源铁、铀、金、钒等。有中学1所,九年一贯制学校2所,卫生院2个,卫生所22个。有幼儿园、文化站、广播站、敬老院等。有古迹滇黔驿道。有民间艺术小调、九子鞭。经济以种植水稻、玉米、茶树、柑橘,饲养生猪为主。有矿产开采、木材加工业。服务业以农贸为主。杭瑞高速、319国道过境。

马底驿村 [Mǎdǐyìcūn] 马底驿乡人民政府驻地。在县政府驻地沅陵镇东40千米。人口1600。明设驿站,群山环绕,五岭似马,故名。聚落呈散状。有中学、九年一贯制学校、卫生院。有古迹伏波宫、花银桥、牌楼、古驿道。经济以餐饮住宿、农贸为主,水稻种植、生猪养殖为辅。杭瑞高速、319国道经此。

楠木铺乡 [Nánmùpù Xiāng] 沅陵县辖乡。在县境东部。面积167平方千米。人口1.6万。以苗族为主,还有汉、土家等民族。辖7村委会,有153自然村。乡人民政府驻楠木铺村。1956年设楠木铺乡。1958年并入曙光公社。1961年析设楠木铺公社。1984年复乡。因乡政府驻地得名。来溪、怡溪流经。有矿产资源煤、石灰石、金、铜等。有九年一贯制学校1所,卫生院1个,卫生所7个。有幼儿园、文化站、广播站等。有芙蓉关红军长征纪念碑。经济以种植水稻、玉米、茶树、油茶、柑橘为主。工业以矿产开采、木材加工为主。服务业以农贸为主。杭瑞高速、319国道过境。

楠木铺村 [Nánmùpùcūn] 楠木铺乡人民政府驻地。在县政府驻地沅陵镇东55千米。人口4000。因旧时盛产楠木且设驿站得名。聚落呈散状。有九年一贯制学校、卫生院。有芙蓉关红军长征纪念碑。经济以餐饮、住宿、商品批发零售为主,水稻种植、生猪养殖为辅。杭瑞高速、319国道经此。

杜家坪乡 [Dùjiāpíng Xiāng] 沅陵县辖乡。在县境东南部。面积154平方千米。人口0.7万。以苗族为主,还有汉、土家等民族。辖8村委会,有60自然村。乡人民政府驻杜家坪村。1956年设杜家坪乡。1958年先后属先锋、曙光公社。1961年析设杜家坪公社。1984年复乡。因乡政府驻地得名。有矿产资源金、铜、铁、钨等。有九年一贯制学校1所,卫生院1个,卫生所8个。有幼儿园、文化站、广播站等。有汉代古战场遗迹。景点有万亩林海、一线天、岩湾瀑布群。民俗有水对马、舞龙灯、跳篝火。经济以水稻、玉米种植为主。产茶叶、板栗、茶油、桐油等。工业以矿产开采、木材加工为主。服务业以农贸为主。县道杜家坪—楠木铺、官庄—狮子坪线过境。

杜家坪村 [Dùjiāpíngcūn] 杜家坪乡人民政府驻地。在县政府驻地沅陵镇东93千米。人口800。因杜姓居于溪谷坪地得名。聚落呈散状。有九年一贯制学校、卫生院。经济以餐饮、住宿、商品批发零售为主,水稻种植、生猪养殖为辅。县道官庄—狮子坪线经此。

北溶乡 [Běiróng Xiāng] 沅陵县辖乡。在县境东北部。面积363平方千米。人口2万。辖14村委会,有97自然村。乡人民政府驻朱红溪村。1956年设北溶乡。1958年并入花园公社。1962年析设北溶公社。1984年复乡。2004年落坪乡并入。沅江经此被岩石隔开,分南、北溶,因乡政府驻地居其北得名。松溪、朱红溪流经。有九年一贯制学校2所,卫生院2个,卫生所14个。有幼儿园、文化站、广播站等。有民俗赛龙舟。经济以种植水稻、玉米、甘薯、茶树、黄豆、油菜为主。有国家地理标志产品碣滩茶。工业以食品加工为主。服务业以农贸为主。省道桃源—保靖线过境。

朱红溪村 [Zhūhóngxīcūn] 北溶乡人民政

府驻地。在县政府驻地沅陵镇东北56千米。人口1700。因盛产朱砂，溪水呈红色得名。聚落呈带状。有九年一贯制学校、卫生院。经济以水稻种植，生猪、种羊养殖为主。省道沅陵—五强溪线经此。

深溪口乡［Shēnxīkǒu Xiāng］ 沅陵县辖乡。在县境中部。面积128平方千米。人口1.2万。辖9村委会，有126自然村。乡人民政府驻深溪口村。1956年设深溪口乡。1958年改花园公社。1962年改深溪口公社。1984年改乡。因乡政府驻地得名。沅江、深溪流经。有九年一贯制学校1所，卫生院1个，卫生所9个。有幼儿园、文化站、广播站等。经济以农业为主，主产油菜、花生、甘薯、黄豆、芝麻、西瓜等。有特产草莓、板栗、茶叶、桐油、柑橘、蜂蜜等。有山羊养殖场。工业以林农产品加工为主。国道张家界—沅陵线、省道沅陵—五强溪线过境。通沅江航道。

深溪口村［Shēnxīkǒucūn］ 深溪口乡人民政府驻地。在县政府驻地沅陵镇北21千米。人口1000。因处深溪汇入沅江口得名。聚落呈带状。有九年一贯制学校、卫生院。经济以水稻、草莓种植，生猪养殖为主。241国道、省道桃源—保靖线过境。通沅江航道。

肖家桥乡［Xiāojiāqiáo Xiāng］ 沅陵县辖乡。在县境东北部。面积144平方千米。人口1.4万。辖9村委会，有89自然村。乡人民政府驻全家坪村。1956年设肖家桥乡。1958年并入花园公社。1961年析设肖家桥公社。1984年复乡。因乡政府原驻地得名。沅江流经。有矿产资源金等。有九年一贯制学校1所，卫生院1个，卫生所9个。有幼儿园、文化站、广播站、敬老院等。有民间艺术舞龙灯、舞狮、蚌壳舞、彩龙船、唱阳戏等。经济以种植水稻为主。产黄豆、玉米、花生、茶叶、淡水鱼。工业以矿产开采、食品加工为主。服务业以农贸为主，发展渔家休闲旅游业。县道肖家桥—牛栏坪线过境。

全家坪村［Quánjiāpíngcūn］ 肖家桥乡人民政府驻地。在县政府驻地沅陵镇东北65千米。人口1600。因姓氏得名。聚落呈散状。有九年一贯制学校、卫生院。经济以餐饮、住宿、商品零售批发、农贸交易为主，水稻种植、网箱养鱼为辅。县道肖家桥—牛栏坪线经此。

大合坪乡［Dàhépíng Xiāng］ 沅陵县辖乡。在县境北部。面积239平方千米。人口2万。以白族为主，还有汉、苗、土家等民族。辖22村委会，有184自然村。乡人民政府驻大合坪村。1962年由光明公社析设大合坪公社。1984年改乡。2005年七甲溪乡并入。因乡政府驻地得名。朱红溪、七甲溪流经。有九年一贯制学校2所，卫生院2个，卫生所22个。有幼儿园、文化站、广播站等。经济以农业为主，主产水稻、玉米、甘薯，兼产茶油、黄豆、芝麻、核桃、板栗等。有特产桐油、生漆、五倍子等。有国家地理标志产品大合坪黑猪。工业以农林产品加工、水电为主。服务业以农贸为主。省道沅陵—五强溪线过境。

大合坪村［Dàhépíngcūn］ 大合坪乡人民政府驻地。在县政府驻地沅陵镇北84千米。人口4000。原因三面环山、一面临水，呈窝形，得名大窝坪，后以谐音改大合坪。聚落呈散状。有九年一贯制学校、卫生院。经济以餐饮、住宿、商品零售批发、农贸交易为主，水稻种植、生猪养殖为辅。省道沅陵—五强溪线经此。

清浪乡［Qīnglàng Xiāng］ 沅陵县辖乡。在县境东北部。面积316平方千米。人口2.8万。辖27村委会，有284自然村。乡人民政府驻田公坪村。1962年由飞跃公社析设清浪公社。1984年改乡。2005年高坪乡11村并入。因青龙滩又名清浪滩得名。沅江、大宴溪、侏罗溪、洞庭溪、阴沉溪流经。有九年一贯制学校2所，卫生院2个，卫生所27个。有幼儿园、文化站、广播站、敬老院等。有古迹新息侯祠。有民间艺术舞龙灯、舞狮、唱阳戏、辰河高腔。经济以农业为主。主产水稻、玉米、甘薯，兼产蔬菜、花生、茶叶、板栗、南竹、中药材等。工业以木材加工为主。服务业以农贸为主。县道清浪—莲花线过境。

田公坪村［Tiángōngpíngcūn］ 清浪乡人民政府驻地。在县政府驻地沅陵镇东北67千米。人口2100。因田姓居溪旁坪地得名。聚落呈团块状。有九年一贯制学校、卫生院。有古迹白灵口水碾。经济以餐饮、住宿、商品零售批发、农贸交易为主，水稻种植、生猪养殖为辅。县道清浪—莲花线经此。

陈家滩乡［Chénjiātān Xiāng］ 沅陵县辖乡。在县境东北部。面积241平方千米。人口1万。辖8村委会，有90自然村。乡人民政府驻陈家滩村。1956年设陈家滩乡。1958年并入飞跃公社。1961年析设陈家滩公社。1984年复乡。因乡政府驻地得名。沅江、怡溪、麻伊溪、砚石溪流经。有库汊湖。有矿产资源金、铜、铁、锑等。有九年一贯制学校1所，卫生院1个，卫生所8个。有幼儿园、文化站、广播站、敬老院等。有古迹陈氏宗祠。经济以水稻、大豆、花生、茶树、油菜种植，网箱养鱼为主。盛产杜仲、黄柏、天麻等。工业以农产品加工、矿产开采为主。服务业以农贸交易为主。有休闲旅游业。县道陈家滩—牛栏坪线过境。

陈家滩村［Chénjiātāncūn］ 陈家滩乡人民政府驻地。在县政府驻地沅陵镇东北60千米。人口1700。因陈姓居于溪滩得名。聚落呈散状。有九年一贯制学校、卫生院。有古迹陈氏宗祠。经济以餐饮、住宿、商品零售批发、农贸交易为主，水稻种植、网箱养鱼为辅。县道陈家滩—牛栏坪线经此。

借母溪乡［Jièmǔxī Xiāng］ 沅陵县辖乡。在县境北部。面积289平方千米。人口2.2万。辖24村委会，有252自然村。乡人民政府驻军大坪村。2005年由军大坪、筒车坪、枫香坪3乡合设借母溪乡。传知县携母赴任，遇水寄母于此，故名寄母溪，以方言谐音为今名。深溪流经。有借母溪国家级自然保护区。有九年一贯制学校3所，卫生院3个，卫生所24个。有幼儿园、文化站、广播站、敬老院等。有民间艺术山歌小调、打点子。经济以种植水稻、玉米为主。产黄豆、板栗、蜂蜜、中药材等。工业以农林产品加工、小水电为主。服务业以农贸、乡村旅游为主。有木材交易市场。国道沅陵—张家界公路过境。

军大坪村［Jūndàpíngcūn］ 借母溪乡人民政府驻地。在县政府驻地沅陵镇北58千米。人口800。处沅陵—大庸古道“喉咽”，古有驻军得名。聚落呈散状。有九年一贯制学校、卫生院。经济以餐饮、住宿、商品零售、旅游为主，水稻种植、生猪养殖为辅。国道沅陵—张家界公路经此。

火场土家族乡［Huǒchǎng Tǔjiāzú Xiāng］ 沅陵县辖乡。在县境北部。面积101平方千米。人口0.8万，其中土家族占93%，还有汉、侗等民族。辖9村委会，有94自然村。乡人民政府驻中村村。1956年设火场乡。1958年并入光明公社。1962年析设火场公社。1984年复乡。1989年改今名。因村前山似火焰起舞得名。大溪、鹿鸣溪流经。有九年一贯制学校1所，卫生院1个，卫生所9个。有幼儿园、文化站、广播站等。有名胜无缘洞、鬼石洞、老龙洞、雪花洞。有民间艺术土家刺绣、山歌小调。有画眉鸟文化节。经济以种植水稻、玉米、黄豆、甘薯为主。工业以农林产品加工为主。服务业以农贸、乡村旅游为主。通乡村道路。

中村村［Zhōngcūncūn］ 火场土家族乡人民政府驻地。在县政府驻地沅陵镇北106千米。人口1300。因居乡境中心得名。聚落呈团块状。有九年一贯制学校、卫生院。景点有红军司令部旧址、老龙洞。有民间艺术和民俗土家刺绣、山歌小调、斗鸟。经济以农贸、旅游为主，水稻种植、生猪养殖为辅。通乡村道路。

二酉苗族乡［Èryǒu Miáozú Xiāng］ 沅陵县辖乡。在县境西部。面积365平方千米。人口4万，其中苗族占80.9%，还有汉、土家等民族。辖40村委会，有324自然村。乡人民政府驻乌宿村。2004年由乌宿、落鹤坪2乡合设二酉乡。2005年与棋坪、清水坪2苗族乡合并，改今名。因酉水、酉溪交汇得名。有中学1所，小学2所，九年一贯制学校2所，卫生院4个，卫生所40个。有幼儿园、文化站、广播站等。有国家3A级旅游景区二酉山。有省级文物保护单位二酉藏书洞。有民俗和民间艺术傩神戏、明香节、五谷神、打点子、提篮子等。经济以种植水稻、玉米为主，兼种油菜、黄豆、芝麻、秋荞、甘薯等。产茶油、茶叶、桐油、银杏、杜仲、黄柏、柑橘、板栗等。工业以农林产品加工为主。服务业以农贸、乡村旅游为主。有农贸市场。省道沅陵—古丈、沅陵—凤滩线过境。

乌宿村［Wūsùcūn］ 二酉苗族乡人民政府驻地。在县政府驻地沅陵镇西13千米。人口3000。以苗族为主，还有汉、土家等民族。传旧时乌鸦成群栖林中，故名。聚落呈团块状。有中小学、卫生院。经济以服务业为主，水稻种植、养殖生猪为辅。省道沅陵—古丈、沅陵—凤滩线经此。

辰溪县

辰溪县［Chénxī Xiàn］ 怀化市辖县。北纬28°01′，东经110°19′。在市境北部。面积1987平方千米。人口52.4万。以汉族为主，还有瑶、苗、侗、壮、回、土家等民族。辖8镇、17乡、5民族乡。县人民政府驻辰阳镇。汉高祖二年（前205）置辰陵县，五年改辰阳县，治铜山（今潭湾镇杉林村），属武陵郡。王莽始建国元年（9）改会真县，属建平郡。东汉复名辰阳县。梁天监十年（511）更名建昌县，属南阳郡。陈太建七年（575）复名辰阳县。隋开皇九年（589）迁治今辰阳镇并改今名。此后未变，先后隶属辰州、辰州泸溪郡、辰州路、辰州府、辰沅道、第一行政督察区、第三行政督察区、第九行政督察区、沅陵专区、芷江专区、黔阳专区、黔阳地区、怀化地区。1998年属怀化市。因辰水古称辰溪得名。明景泰二年（1451）始筑土城墙。万历三十六年（1608）易为石城墙，辟东、上南、中南、中南、西、北5门。清康熙年间（1662—1722）城区有所扩大。20世纪30、40年代再扩，80年代建米家滩一带新城区。2000年后建城南新城区。以山地、丘陵为主，间以平地。东南高，西北低。平均海拔750米。年均气温21.6℃，1月平均气温5.1℃，7月平均气温28.3℃。年均降水量1328.4毫米。有矿产资源煤、磷、石灰石、金、铁等。有野生植物2400余种，其中国家重点保护植物有水杉、红豆杉、银杏、香果树、金钱树、杜仲、大花红山茶等17种。有野生动物640余种，其中国家重点保护动物有黄腹雉、长尾角雉、红腹锦鸡、猴面鹰、麝等18种。森林覆盖率65%。有高中3所，中学14所，小学83所，文化馆1个，博物馆1个，图书馆1个，体育馆1个。有省级文物保护单位沅陵区剿匪胜利纪念堂、江东寺。有古迹征溪口遗址、松溪口遗址、大酉观、奎星阁。有中国历史文化名村五宝田村，省级历史文化名村龚家湾村。有国家级非物质文化遗产辰河高腔、茶山号子。有民间艺术辰溪丝弦、辰溪渔鼓、双唢呐、掐龙船。三次产业比例15∶42∶43。农业以种植水稻、玉米、甘薯、小麦、大豆、油菜为主，饲养蛋鸡。有特产粉糍粑、火炕鱼、毛狗肉、丫髻脐橙、三屯西瓜、乌肉土鸡、九角尖山竹笋等。工业以煤电、建材、化工、机械制造、食品加工为主。有电子、生物医药、新能源、新材料等产业。有省级工业集中区1个。服务业以商贸、物流、旅游、文化创意产业为主。沪昆铁路，娄怀高速，省道三角坪—怀化、凤凰—平江线过境。通沅江、辰水航道。

辰溪县汽车站［Chénxī Xiàn Qìchēzhàn］见交通运输设施部分"辰溪县汽车站"条。

辰阳镇［Chényáng Zhèn］　辰溪县人民政府驻地。在县境中部。面积28平方千米。人口6.1万。辖5居委会、10村委会，有97自然村。镇人民政府驻奎星阁社区。1935年设阳城镇。1937年改名辰阳镇。1952年改城关镇。1961年改城关镇公社。1983年复辰阳镇。1995年水井乡并入。因辰阳古县得名。沅江、辰水、双溪流经。有职业学校3所，中学3所，小学4所，卫生院1个，卫生所10个。有幼儿园、图书馆、体育馆、博物馆、文化馆等。有省级文物保护单位剿匪胜利纪念堂。有古迹大酉观、奎星阁、丹山寺。农业种植水稻、蔬菜等。有特产黄桃、荸荠。工业以水泥建材制造、食品加工、印刷、包装为主。服务业以商贸为主。有综合市场2个，农贸市场1个。省道沅陵三角坪—怀化过境。通沅江航道。

辰州北路［Chénzhōu Běilù］　在县城中部。南起沅江大桥，北至省道三角坪—怀化线。与先锋路、东风东路、辰河路相交。长3.2千米，宽40米。混凝土路面。1991年开工，同年建成。因古辰州府得名。两侧有交警大队、矿业公司、中学、长途汽车站等。通公交车。

东风东路［Dōngfēng Dōnglù］　在县城中部。东起刘晓公园门口，西至东风大桥。与辰州北路、丹山路、八一路相交。长1.2千米，宽48米。沥青路面。1988年开工，1993年建成。两侧有县人大、县政协、辰阳大市场、新华书店、电信公司、移动公司、酒店等。通公交车。

奎星阁社区［Kuíxīnggé Shèqū］　辰阳镇人民政府驻地。在县境中部。面积0.5平方千米。人口1.5万。因明代奎星阁得名。2013年成立。民居以3层及以上住宅楼为主。有老年活动室、卫生服务站、便民服务站等。有小学、博物馆。通公交车。

孝坪镇［Xiàopíng Zhèn］　辰溪县辖镇。在县境北部。面积58平方千米。人口3.2万。辖4居委会、18村委会，有99自然村。镇人民政府驻号湾坪社区。民国曾设孝平乡，属沅陵县。1957年设孝坪镇。1995年方田乡并入。民国时名多取"平"字，兼取"忠孝仁爱"之"孝"命名。后划归辰溪县，改今名。沅江、洛衣溪、干溪流经。有中学1所，小学1所，卫生院1个，卫生所18个。有幼儿园、文化站、敬老院等。有省级文物保护单位江东寺。有孝坪洞抗日文化石刻、皂角坪抗战机场遗址、江东汉墓群。经济以种植水稻、玉米、西瓜、花生、油菜为主。工业以采煤、机械制造为主。服务业以餐饮、修理为主。县道花铁线过境。

号湾坪社区［Hàowāngpíng Shèqū］　孝坪镇人民政府驻地。在县境北部。面积0.5平方千米。人口5000。原因坪地长满蒿草得名蒿湾坪，后演为今名。1985年成立。2006年茄子岭、核桃坳2社区并入。民居以2层及以上楼房为主。有老年活动室、卫生服务站、便民服务站等。县道铺里—陆家湾线经此。

田湾镇［Tiánwān Zhèn］　辰溪县辖镇。在县境北部。面积91平方千米。人口1.6万。辖1居委会、9村委会，有88自然村。镇人民政府驻田湾村。1953年设田湾乡。1958年改公社。1984年改镇。因镇政府驻地得名。干溪、双溪流经。有九年一贯制学校1所，小学5所，卫生院1个，卫生所13个。有幼儿园、文化站、敬老院等。有民间艺术辰河高腔。经济以种植水稻为主。有油茶、油菜、西瓜、苗木特色种植。有建材工业等。省道三角坪—怀化线过境。

田湾村［Tiánwāncūn］　田湾镇人民政府驻地。在县政府驻地辰阳镇北15千米。人口1800。原名白竹坪，1912年因田坪多山湾改今名。聚落呈团块状。有中小学、幼儿园、卫生院。经济以种植水稻为主。有集贸市场。省道三角坪—怀化线经此。

火马冲镇［Huǒmǎchōng Zhèn］　辰溪县辖镇。在县境南部。面积89平方千米。人口2.2万。辖1居委会、17村委会，有128自然村。镇人民政府驻火马冲。1961年成立火马冲公社。1984年改镇。因镇政府驻地得名。沅江、松溪流经。有中学1所，小学3所，卫生院1个，卫生所17个。有幼儿园、文化站、敬老院。有名胜燕子洞。经济以种植水稻、大豆、玉米、棉花、油菜，土鸡养殖为主。有化工、建材、采掘机械、电子工业等。有辰溪工业集中区。为辰溪、沅陵、泸溪3县物资集散地。沪昆铁路，娄怀高速，省道凤凰—平江、三角坪—怀化线过境。

火马冲村［Huǒmǎchōngcūn］　火马冲镇人民政府驻地。在县政府驻地辰阳镇南19千米。人口1300。原因盛产中药材火麻得名火麻冲。1958年改今名。聚落呈团块状。有中小学、幼儿园、卫生室。经济以种植水稻、花生、甘薯、玉米为主。有集贸市场。省道凤凰—平江线经此。

黄溪口镇［Huángxīkǒu Zhèn］　辰溪县辖镇。在县境东南部。面积61平方千米。人口2.1万。辖1居委会、13村委会，有69自然村。镇人民政府驻老街村。1953年设黄溪口镇。1956年廖家坪、周家村、大湾、芙蓉、黑家溪5乡并入，改黄溪口乡。1961年改公社。1984年改镇。因溪得名。沅江、黄溪流经。有中学1所，小学4所，卫生院1个，卫生所13个。有幼儿园、文化站、敬老院。经济以种植水稻、玉米、蔬菜为主。有铁制用具、篾制器具制造业。县道芦沅线过境。

老街村［Lǎojiēcūn］　黄溪口镇人民政府驻地。在县政府驻地辰阳镇东南70千米。人口800。因街古老得名。聚落呈团块状。有中小学、幼儿园、卫生室、文化广场。经济以种植水稻为主。有集贸市场。县道黄溪口—后塘线经此。

潭湾镇［Tánwān Zhèn］　辰溪县辖镇。在县境西南部。面积37平方千米。人口3.5万。辖1居委会、18村委会，有119自然村。镇人民政府驻桥湾。1953年置潭湾镇。1956年南庄、小路、石牌、铜山、田坪5乡并入，改潭湾乡。1961年改公社。1984年改镇。因辰水湾有深潭得名。沅江、辰水流经。有中学1所，小学4所，卫生院1个，卫生所23个。有幼儿园、文化站、敬老院等。遗址有秦人书室、诸葛屯兵处、商代村落、古辰阳县治等。景点有大酉洞。经济以种植水稻为主。产蔬菜、水果、甘薯、玉米、油菜、花生等。工业以预制构件、机砖加工为主。服务业以餐饮、修理为主。有多家休闲农庄。省道凤凰—平江线过境。

桥湾［Qiáowān］　潭湾镇人民政府驻地。在县政府驻地辰阳镇西北7千米。人口1500。因溪多湾且架桥得名。聚落呈团块状。有中小学、幼儿园、卫生院。经济以种植水稻、花生、甘薯、玉米为主。有集贸市场。省道凤凰—平江线经此。

安坪镇［Ānpíng Zhèn］　辰溪县辖镇。在县境东南部。面积47平方千米。人口8.4万。辖1居委会、15村委会，有145自然村。镇人民政府驻王安坪。1953年置安坪镇。1956年与蛮田垅、龙门溪、湄河湾、蒋家坪4乡合改安坪乡。1961年改公社。1984年改镇。因镇政府驻地得名。辰水、龙门溪流经。有中学1所，小学5所，卫生院1个，卫生所18个。有幼儿园、文化站、敬老院等。有古迹古水寺、桂山寺。有民俗炸龙灯、掐龙船。经济以种植水稻为主，玉米、甘薯、蔬菜、辣椒、西瓜、花生、油菜等为辅。有特产王家洲红萝卜。工业有铁制用具、篾制器具、鞭炮加工，造纸等。县道五凉线过境。

王安坪村［Wáng'ānpíngcūn］　安坪镇人民政府驻地。在县政府驻地辰阳镇西南27千米。人口2100。传朱元璋曾避难于此，平安无恙，故名。聚落呈团块状。有中小学、幼儿园、卫生室、文化广场。经济以种植水稻为主。有集贸市场。县道五凉线经此。

寺前镇［Sìqián Zhèn］　辰溪县辖镇。在县境东南部。面积50平方千米。人口1.7万。辖1居委会、11村委会，有101自然村。镇人民政府驻寺前铺村。1961年成立寺前公社。1984年改乡。2000年改镇。因镇政府驻地得名。有矿产资源烟煤、石灰石。有中学1所，小学2所，卫生院1个，卫生所11个。有幼儿园、文化站、敬老院等。经济以种植水稻、玉米、小麦为主。工业以煤矿开采、洗煤、水泥建材制造为主。省道三角坪—怀化线过境。

寺前铺村［Sìqiánpùcūn］　寺前镇人民政府驻地。在县政府驻地辰阳镇南19千米。人口2300。因明设寺前铺得名。聚落呈团块状。有中小学、幼儿园、卫生室、农家书屋、文化广场等。经济以种植水稻为主。省道三角坪—怀化线经此。

船溪乡［Chuánxī Xiāng］　辰溪县辖乡。在县境北部。面积69平方千米。人口1.3万。辖9村委会，有72自然村。乡人民政府驻船溪村。1953年设船溪乡。1956年田头坪、长坡、岩头河、夹石等乡并入。后改公社。1983年复乡。因乡政府驻地得名。沅江、洛衣溪、蚂蟥溪、小溪流经。有矿产资源磷、烟煤等。有九年一贯制学校1所，小学5所，卫生院1个，卫生所9个。有幼儿园、文化站、敬老院等。有名胜古迹船溪古驿站、玉华洞、狗头寨。经济以种植水稻、油菜为主，蔬菜、玉米、瓜果为辅。工业以矿产开采、机砖制造为主。服务业以乡村旅游为主。省道三角坪—怀化线过境。

船溪村［Chuánxīcūn］　船溪乡人民政府驻地。在县政府驻地辰阳镇北20千米。人口1600。因船溪驿得名。聚落呈团块状。有中小学、幼儿园、卫生室、农家书屋等。经济以种植水稻为主。省道三角坪—怀化线经此。

城郊乡［Chéngjiāo Xiāng］　辰溪县辖乡。在县境中部偏西。面积83平方千米。人口2.1万。辖1居委会、17村委会，有77自然村。乡人民政府驻柘坪村。1961年成立城郊公社。1984年改乡。因处城郊得名。沅江、双溪流经。有中学1所，小学6所，卫生院1个，卫生所17个。有幼儿园、文化站、敬老院等。经济以种植水稻为主，兼种甘薯、油茶、花生、西瓜等。工业以采石，水泥制品、砖瓦、陶瓷加工为主。省道三角坪—怀化线过境。

柘坪村 [Zhèpíngcūn] 城郊乡人民政府驻地。在县政府驻地辰阳镇北 2 千米。人口 900。元代因战事得名战坪,后因忌改今名。聚落呈团块状。有小学、幼儿园、卫生院、农家书屋、文化广场等。经济以种植水稻为主。省道三角坪—怀化线经此。

板桥乡 [Bǎnqiáo Xiāng] 辰溪县辖乡。在县境北部。面积 48 平方千米。人口 1.3 万。辖 11 村委会,有 79 自然村。乡人民政府驻板桥村。1961 年成立板桥公社。1984 年改乡。因乡政府驻地得名。沅江、洛衣溪流经。有矿产资源煤。有九年一贯制学校 1 所,小学 1 所,卫生院 1 个,卫生所 16 个。有幼儿园、文化站、敬老院等。有名胜古迹里甲寨、蒋太谦故居、风雨桥。经济以种植水稻、玉米、油菜、花生、大豆为主。工业以煤矿开采为主。服务业以餐饮为主。县道花铁线过境。

板桥村 [Bǎnqiáocūn] 板桥乡人民政府驻地。在县政府驻地辰阳镇北 22 千米。人口 800。因木板桥得名。聚落呈团块状。有中小学、幼儿园、卫生院、农家书屋、文化广场等。经济以种植水稻为主。县道孝坪—茅坪线经此。

长田湾乡 [Chángtiánwān Xiāng] 辰溪县辖乡。在县境南部。面积 91 平方千米。人口 1.7 万。辖 10 村委会,有 118 自然村。乡人民政府驻长田湾村。1953 年设长田湾乡。1956 年锄头坪、雷家坡、教场坪、岩桥坪 4 乡并入。后改公社。1984 年复乡。因乡政府驻地得名。有矿产资源煤。有九年一贯制学校 1 所,小学 4 所,卫生院 1 个,卫生所 16 个。有幼儿园、文化站、敬老院等。景点有长田湾库区。经济以种植水稻、甘薯、玉米为主。有特产稻花鱼、腰带柿、枞菌、板栗。工业以煤矿开采为主。有砖瓦、酿酒、竹木加工等手工作坊。服务业以旅游为主。县道锄雷线过境。

长田湾村 [Chángtiánwāncūn] 长田湾人民政府驻地。在县政府驻地辰阳镇南 50 千米。人口 1400。因村西南山湾有长田得名。聚落呈团块状。有中小学、幼儿园、卫生室、文化广场等。经济以种植水稻、甘薯、玉米为主。有集贸市场。县道中伙铺—长田湾线经此。

小龙门乡 [Xiǎolóngmén Xiāng] 辰溪县辖乡。在县境南部。面积 64 平方千米。人口 1.3 万。辖 14 村委会,有 118 自然村。乡人民政府驻小龙门村。1953 年设小龙门乡。1961 年改公社。1984 年复乡。因乡政府驻地得名。龙门溪、小龙门溪流经。有中学 2 所,小学 2 所,卫生院 1 个,卫生所 14 个。有幼儿园、文化站、敬老院等。有名胜古迹龙门溪、清代石刻。经济以种植水稻、柑橘、香瓜为主。工业以煤矿、石灰石开采为主。服务业以旅游为主。沪昆铁路、省道三角坪—怀化线过境。

小龙门村 [Xiǎolóngméncūn] 小龙门乡人民政府驻地。在县政府驻地辰阳镇南 28 千米。人口 1300。隋代因山蜿蜒似龙得名大龙门,清代改今名。聚落呈团块状。有中小学、幼儿园、卫生院、文化广场等。种植水稻、小麦、黄豆、油菜等。省道三角坪—怀化线经此。

后塘瑶族乡 [Hòutáng Yáozú Xiāng] 辰溪县辖乡。在县境东南部。面积 69 平方千米。人口 1.9 万,其中瑶族占 68.4%,还有汉、苗、侗等民族。辖 12 村委会,有 109 自然村。乡人民政府驻莲花村。1953 年设后塘乡。1956 年佛洞、柳头元、枣子坪 3 乡并入。后改公社。1984 年改乡。1989 年改瑶族乡。有 2 小盆地如塘,以方位分前、后塘,此地居北,故名。有中学 1 所,小学 2 所,卫生院 1 个,卫生所 17 个。有名胜丹霞山。经济以种植水稻、玉米、甘薯、花生为主。工业以竹木加工、矿泉水灌装为主。服务业以旅游为主。县道溆罗线过境。

莲花村 [Liánhuācūn] 后塘瑶族乡人民政府驻地。在县政府驻地辰阳镇东南 82 千米。人口 3200。因四周山环绕如莲花得名。聚落呈散状。有中小学、卫生室等。种植水稻、花生、甘薯、玉米等。县道黄溪口—后塘线经此。

苏木溪瑶族乡 [Sūmùxī Yáozú Xiāng] 辰溪县辖乡。在县境东南部。面积 55 平方千米。人口 1 万,其中瑶族占 68.9%,还有汉、苗、侗等民族。辖 13 村委会,有 94 自然村。乡人民政府驻苏木溪村。1956 年由金鸡洞、小溪、鲁家冲、芭蕉田 4 乡合设苏木溪乡。后改公社。1984 年复乡。1989 年改瑶族乡。因乡政府驻地得名。有九年一贯制学校 1 所,小学 3 所,卫生院 1 个,卫生所 6 个。有幼儿园、文化站、敬老院等。经济以农业为主。主种水稻、玉米、油茶、杉、松、南竹、金银花等,兼产小米、魔芋、辣椒等。县道前苏线过境。

苏木溪村 [Sūmùxīcūn] 苏木溪瑶族乡人民政府驻地。在县政府驻地辰阳镇东南 103 千米。人口 1100。杉木经溪水浸后呈苏木红色,故名。聚落呈团块状。有中小学、幼儿园、卫生院、文化广场等。经济以种植水稻为主。县道后塘—苏木溪线经此。

罗子山瑶族乡 [Luózǐshān Yáozú Xiāng] 辰溪县辖乡。在县境东南部。面积 49 平方千米。人口 0.8 万,其中瑶族占 61%,还有汉、苗、侗等民族。辖 10 村委会,有 82 自然村。乡人民政府驻王家冲村。1956 年由翁冲、灰堂冲、干树脚 3 乡合设罗子山瑶族乡。后改公社。1984 年复瑶族乡。因山得名。有九年一贯制学校 1 所,小学 5 所,卫生院 1 个,卫生所 10 个。有文化站、敬老院等。经济以林业为主。产松脂、茶油等。县道溆罗线过境。

王家冲村 [Wángjiāchōngcūn] 罗子山瑶族乡人民政府驻地。在县政府驻地辰阳镇东南 80 千米。人口 500。以瑶族为主,还有汉等民族。因王姓居于山冲得名。聚落呈团块状。有九年一贯制学校、卫生院、卫生所。有盘王祭祀习俗。经济以种植水稻为主。县道黄溪口—罗子山线经此。

上蒲溪瑶族乡 [Shàngpúxī Yáozú Xiāng] 辰溪县辖乡。在县境东南部。面积 64 平方千米。人口 1 万,其中瑶族占 53.6%,还有汉、苗等民族。辖 12 村委会,有 87 自然村。乡人民政府驻上蒲溪村。1953 年设上蒲溪乡。1956 年当风、五宝田、六屋场 3 乡并入。后改公社。1984 年复乡。1989 年改瑶族乡。因乡政府驻地得名。有九年一贯制学校 1 所,小学 10 所,卫生院 1 个,卫生所 12 个。有文化站、敬老院等。经济以林业为主,产各类竹材。种植黑木耳、高山葡萄、甜茶、金银花。县道芦沅线过境。

上蒲溪村 [Shàngpúxīcūn] 上蒲溪瑶族乡人民政府驻地。在县政府驻地辰阳镇东南 91 千米。人口 1200。以瑶族为主,还有汉等民族。因昔蒲氏居于溪水上游得名。聚落呈团块状。有中小学、幼儿园、卫生室、文化广场等。经济以种植水稻、甘薯、玉米为主。县道龙头庵—上蒲溪线经此。

五宝田村 [Wǔbǎotiáncūn] 在县政府驻地辰阳镇东南 92 千米。上蒲溪瑶族乡辖自然村。人口 1000。以瑶族为主,还有汉等民族。后有龙形山,前有 5 山包,如龙戏宝,故名。聚落呈团块状。为中国历史文化名村、中国传统村落。有省级文物保护单位五宝田村古建筑群。有古迹八大家老院子、兰陵别墅、耕读所。有民间艺术双唢呐、霸王鞭、阳戏、栽田歌舞。种植水稻。通乡村道路。

仙人湾瑶族乡 [Xiānrénwān Yáozú Xiāng] 辰溪县辖乡。在县境东南部。面积 124 平方千米。人口 2.4 万,其中瑶族占 70.8%,还有汉、苗等民族。辖 1 居委会、20 村委会,有 154 自然村。乡人民政府驻仙人湾村。1953 年设仙人湾乡。1956 年炮台岭、高古塘、千丘田、龙头坪、望乡、龙呼溪 6 乡并入。后改公社。1984 年复乡。1996 年改瑶族乡。因乡政府驻地得名。沅江、天腊溪流经。有中学 1 所,小学 10 所,卫生院 1 个,卫生所 15 个。有文化站、敬老院等。有民间艺术茶山调子、沅江号子、阳戏、渔鼓。经济以林业为主,产茶油。有水电、商贸业。县道中江线过境。

仙人湾村 [Xiānrénwāncūn] 仙人湾瑶族乡人民政府驻地。在县政府驻地辰阳镇东南 63 千米。人口 1100。以瑶族为主,还有汉等民族。因仙李树得名仙李湾,后演为今名。聚落呈团块状。有中小学、幼儿园、卫生院、文化广场等。经济以种植水稻、甘薯、玉米为主。县道锄头坪—仙人湾线经此。

龙头庵乡 [Lóngtóu'ān Xiāng] 辰溪县辖乡。在县境东南部。面积 54 平方千米。人口 1.8 万。辖 11 村委会,有 71 自然村。乡人民政府驻龙头庵村。1952 年设龙头庵乡。1956 年肖家、茶园、长田 3 乡并入。后改公社。1984 年复乡。因乡政府驻地得名。沅江流经。有中学 1 所,小学 2 所,卫生院 1 个,卫生所 14 个。有幼儿园、文化站、敬老院等。经济以种植蔬菜为支柱,兼种水稻、棉花。县道芦沅线过境。通沅江航道。

龙头庵村 [Lóngtóu'āncūn] 龙头庵乡人民政府驻地。在县政府驻地辰阳镇东南 77 千米。人口 900。因庵得名。聚落呈团块状。有中小学、卫生院、卫生所。种植水稻。县道黄溪口—龙头庵线经此。通沅江航道。

锦滨乡 [Jǐnbīn Xiāng] 辰溪县辖乡。在县境南部。面积 74 平方千米。人口 3.2 万。辖 2 居委会、17 村委会,有 108 自然村。乡人民政府驻大路口村。1956 年设老寨乡。1961 年改公社。1962 年更名锦滨公社。1984 年改乡。处辰水之滨,因其又名锦江得名。沅江流经。有九年一贯制学校 1 所,小学 3 所,卫生院 1 个,卫生所 10 个。有幼儿园、文化站、敬老院等。经济以种植水稻、蔬菜、油茶、柑橘为主。工业有建材、化工等。有商贸业。省道三角坪—怀化、凤凰—平江线过境。

大路口村 [Dàlùkǒucūn] 锦滨乡人民政府驻地。在县政府驻地辰阳镇南 2 千米。人口 1100。处沅江渡口,路面较宽,故名。聚落呈团块状。有中小学、幼儿园、卫生院、文化广场等。经济以种植水稻为主。省道三角坪—怀化线经此。

石碧乡 [Shíbì Xiāng] 辰溪县辖乡。在县境南部。面积 36 平方千米。人口 1.5 万。辖 15 村委会,有 110 自然村。乡人民政府驻新店村。1956 年由岩地、新店、晓滩、田家垅、均田坪 5 乡合设石碧乡。后改公社。1984 年复乡。因石碧山得名。野鹿溪、锦江流经。有小学 4 所,幼儿园 1 个,卫生院 1 个,卫生所 21 个,敬老院 1 个。经济以种植水稻、柑橘、黄豆、蔬菜为主。有特产新店椪橘。有水电工业。省道三角坪—怀化、凤凰—平江线过境。

新店村 [Xīndiàncūn] 石碧乡人民政府驻地。在县政府驻地辰阳镇南 9 千米。人口 100。明代因大户人家在此又开新店得名。聚落呈散状。有小学、卫生院、卫生所。经济以种植水稻为主。省道三角坪—怀化线经此。

桥头乡 [Qiáotóu Xiāng] 辰溪县辖乡。在县境西南部。面积 40 平方千米。人口 1.6 万。辖 13 村委会,有 97 自然村。乡人民政府驻西庄坪村。1953 年设桥头乡。1956 年复兴、柘溪、龙埠、报木洞 4 乡并入。后改公社。1984 年复乡。因乡政府驻地处古桥头得名。辰水流经。有中学1所，小学4所，卫生院1个，卫生所13个。有幼儿园、敬老院等。经济以种植水稻为主。工业以铜矿开采、制陶为主。省道凤凰—平江线过境。

西庄坪村［Xīzhuāngpíngcūn］　桥头乡人民政府驻地。在县政府驻地辰阳镇西南9千米。人口2300。因处相思坡西得名。聚落呈团块状。有中小学、幼儿园、卫生院、文化广场等。经济以种植水稻为主。省道凤凰—平江线经此。

大水田乡［Dàshuǐtián Xiāng］　辰溪县辖乡。在县境西南部。面积101平方千米。人口2.1万。辖17村委会，有116自然村。乡人民政府驻大水田村。1953年设大水田乡。1956年茶田垅、岩屋塘、桂潭、永安庄4乡并入。后改公社。1984年复乡。因乡政府驻地得名。鸬鹚溪流经。有中学1所，小学5所，卫生院1个，卫生所20个。有文化站、敬老院等。经济以种植水稻、玉米、甘薯为主。县道五凉线过境。

大水田村［Dàshuǐtiáncūn］　大水田乡人民政府驻地。在县政府驻地辰阳镇西南52千米。人口1100。因长田旁有井水注入得名。聚落呈团块状。有中小学、幼儿园、卫生院、文化广场等。经济以种植水稻为主。县道五凉线经此。

桥头溪乡［Qiáotóuxī Xiāng］　辰溪县辖乡。在县境西南部。面积62平方千米。人口1.1万。辖13村委会，有77自然村。乡人民政府驻灯草潭村。1961年成立桥头溪公社。1984年改乡。溪有石桥，村居东岸，故名。龙门溪、摘潭溪流经。有九年一贯制学校1所，小学2所，卫生院1个，卫生所12个。有文化站、敬老院等。经济以种植水稻为主，辣椒、甘薯、花生、板栗为辅。县道龙桥线过境。

灯草潭村［Dēngcǎotáncūn］　桥头溪乡人民政府驻地。在县政府驻地辰阳镇西南47千米。人口1600。因潭生灯草得名。聚落呈团块状。有中小学、卫生院、卫生所。经济以种植水稻为主。县道龙桥线经此。

石马湾乡［Shímǎwān Xiāng］　辰溪县辖乡。在县境西南部。面积37平方千米。人口1.7万。辖13村委会，有111自然村。乡人民政府驻石马湾村。1961年成立石马湾公社。1984年改乡。因乡政府驻地得名。辰水流经。有小学5所，卫生院1个，卫生所13个。有幼儿园、敬老院等。经济以种植水稻为主，玉米、甘薯、蔬菜为辅。县道五凉线过境。

石马湾村［Shímǎwāncūn］　石马湾乡人民政府驻地。在县政府驻地辰阳镇西南28千米。人口1600。因辰水湾处有石如马得名。聚落呈团块状。有小学、幼儿园、卫生院、文化广场等。经济以种植水稻为主。县道岩地—石马湾线路经此。通辰水航道。

龙泉岩乡［Lóngquányán Xiāng］　辰溪县辖乡。在县境西南。面积54平方千米。人口1.2万。辖11村委会，有89自然村。乡人民政府驻龙泉岩村。1961年成立龙泉岩公社。1984年改乡。因乡政府驻地得名。龙门溪、倒潭溪流经。有九年一贯制学校1所，小学2所，卫生院1个，卫生所13个。有幼儿园、文化站、敬老院等。经济以种植水稻为主，甘薯、辣椒为辅。县道龙小、龙桥线过境。

龙泉岩村［Lóngquányáncūn］　龙泉岩乡人民政府驻地。在县政府驻地辰阳镇西南45千米。人口1500。原因峭壁刻有“龙泉”“金船从溪潭中出”等字得名龙船岩，后因岩下有泉改今名。聚落呈团块状。有九年一贯制学校、小学、卫生院。经济以种植水稻为主。县道五凉线经此。

修溪乡［Xiūxī Xiāng］　辰溪县辖乡。在县境东北部。面积93平方千米。人口1.6万。辖1居委会、13村委会，有105自然村。乡人民政府驻木洲村。1956年设修溪乡。1961年改公社。1984年复乡。因溪得名。沅江、征溪、修溪、葛藤溪流经。有中学1所，小学5所，卫生院1个，卫生所13个。有幼儿园、文化站、敬老院等。有征溪口遗址。有省级历史文化名村龚家湾村。经济以水稻、玉米种植，淡水鱼养殖为主。有特产木洲甜橙。有水电工业。县道辰谭线过境。

木洲村［Mùzhōucūn］　修溪乡人民政府驻地。在县政府驻地辰阳镇东9千米。人口1200。洲处沅江中，树木成林，故名。聚落呈团块状。有小学、幼儿园、卫生院、农家书屋、文化广场等。经济以种植水稻为主。县道辰谭线经此。

龚家湾村［Gōngjiāwāncūn］　在县政府驻地辰阳镇东15千米。修溪乡辖自然村。人口1400。因姓氏得名。聚落呈团块状。为省级历史文化名村。有明清古民居12栋。种植水稻。县道辰谭线经此。

伍家湾乡［Wǔjiāwān Xiāng］　辰溪县辖乡。在县境东北部。面积96平方千米。人口0.8万。辖11村委会，有77自然村。乡人民政府驻伍家湾村。1952年设思蒙乡。1956年椒坪溪、斋家塘2乡并入。后改公社。1981年更名伍家湾公社。1984年改乡。因乡政府驻地得名。椒坪溪、龙潭溪、思蒙溪、荆竹溪流经。有矿产资源磷、石煤、铅锌等。有九年一贯制学校1所，小学3所，卫生院1个，卫生所11个。有幼儿园、文化站、敬老院等。经济以农林业、矿产开采为主。种植水稻、油菜、玉米、花生、竹等。有盐竹笋加工业。县道辰谭线过境。

伍家湾村［Wǔjiāwāncūn］　伍家湾乡人民政府驻地。在县政府驻地辰阳镇东26千米。人口900。因伍姓建村与山坳得名。聚落呈团块状。有九年一贯制学校、幼儿园、卫生院、农家书屋等。经济以种植水稻为主。县道辰谭线经此。

柿溪乡［Shìxī Xiāng］　辰溪县辖乡。在县境东北部。面积101平方千米。人口1.9万。辖17村委会，有140自然村。乡人民政府驻向家湾村。1956年设柿溪乡。1958年并入胜利公社。1961年析设柿溪公社。1984年改乡。因溪得名。沅江流经。有九年一贯制学校1所，小学5所，卫生院1个，卫生所20个。有幼儿园、文化站、敬老院等。经济以种植水稻、甘薯、玉米、葡萄为主。县道辰斧线过境。

向家湾村［Xiàngjiāwāncūn］　柿溪乡人民政府驻地。在县政府驻地辰阳镇东16千米。人口2200。因项姓始居山湾得名。聚落呈团块状。有九年一贯制学校、幼儿园、卫生院、文化广场等。经济以种植水稻为主。县道修溪口—柿溪线经此。

谭家场乡［Tánjiāchǎng Xiāng］　辰溪县辖乡。在县境东北部。面积90平方千米。人口1.3万。辖15村委会，有93自然村。乡人民政府驻谭家场村。1952年设谭家场乡。1956年小板林、柘木屯、草子坳3乡并入。后改公社。1984年复乡。因乡政府驻地得名。思乐溪、荆竹溪流经。有中学1所，小学6所，卫生院1个，卫生所15个。有幼儿园、文化站、敬老院等。经济以种植水稻、甘薯、玉米为主。林业发达。县道辰谭线过境。

谭家场村［Tánjiāchǎngcūn］　谭家场乡人民政府驻地。在县政府驻地辰阳镇东北35千米。人口1200。明末3姓建圩场，谭姓出资最多，故名。聚落呈团块状。有中小学、幼儿园、卫生院、文化广场等。经济以种植水稻为主。县道辰谭线经此。

溆浦县

溆浦县［Xùpǔ Xiàn］　怀化市辖县。北纬27°45′，东经110°35′。在市境东北部。面积3429平方千米。人口90.3万。以汉族为主，还有土家、苗、瑶、侗、壮等民族。辖14镇、29乡。县人民政府驻卢峰镇。唐武德五年（622）置溆浦县。此后未变，先后隶属辰州、辰州路、辰州府、辰沅道、第三行政督察区、沅陵专区、芷江专区、黔阳地区、怀化地区。1997年属怀化市。因溆水得名。屈原《九章·涉江》云：“入溆浦余儃徊兮”。先后建成城南集贸市场、园艺路、兴隆路、静安路等。处湘西中低山丘陵区东部，位于雪峰山区。周边高、中间低。平均海拔800米。最高点二宝顶山海拔2021米。年均气温17.1℃，1月平均气温5.2℃，7月平均气温28℃。年均降水量1384.9毫米。沅江、溆水、湾溪、清溪江、平溪江、渠江、烟溪流经。有矿产资源煤、重金石、耐火黏土、花岗岩等。有野生植物1015种，其中国家一级保护植物有红豆杉、银杏，国家二级保护植物有香樟、喜树、鹅掌楸、榉树、厚树。有野生动物802种，其中国家一级保护动物有林麝，国家二级保护动物有虎皮蛙、红腹锦鸡、苍鹰、游隼。森林覆盖率63.5%。有国家级科研单位1个，省级科研单位6个，高中7所，中专2所，初中50所，小学39所，特殊教育学校1所，二级医院2个，文化馆2个，图书馆1个，纪念馆1个。有辞海广场。有全国重点文物保护单位向警予故居，省级文物保护单位龙潭抗日烈士陵园等3个。有古迹溆浦女校旧址、龙泉寺、紫云宫、南岳行宫、屈原庙、涉江楼、橘颂阁、怀屈楼。景点有米粮谷、山背梯田。有国家级非物质文化遗产辰河目连戏、溆浦花瑶挑花。三次产业比例24∶34∶42。农业种植水稻、玉米、甘薯、马铃薯，饲养生猪、溆浦鹅。产金银花、朱红橘、脐橙、鸡蛋枣、脆蜜桃等。有特产溆浦枣、龙潭火腿、枕头粽粑、片片橘。工业以电力、化工、水泥建材制造、食品加工为主。服务业以住宿、餐饮为主。湘黔铁路，沪昆高铁，娄怀高速，241、354、536国道，省道凤凰—平江、洪江—溆浦、安化—溆浦、湘乡—怀化线过境。通沅江、溆水、资江航道。

屈原广场［Qūyuán Guǎngchǎng］　在县城北部。面积6864平方米。2005年开工，2006年建成。为纪念屈原得名。有屈原石像、屈原诗碑林、石雕盘、橘颂园、利民码头。东部有法治广场。北部有饮食服务区。为集文化传播、展览演出、健身娱乐于一体的综合性广场。周边有小学、县医院。通公交车。

溆浦南站［Xùpǔnán Zhàn］　见交通运输设施部分“溆浦南站”条。

溆浦站［Xùpǔ Zhàn］　见交通运输设施部分“溆浦站”条。

溆浦汽车站［Xùpǔ Qìchēzhàn］　见交通运输设施部分“溆浦汽车站”条。

卢峰镇［Lúfēng Zhèn］　溆浦县人民政府驻地。在县境中部。面积98平方千米。人口12.1万。辖11居委会、29村委会，有295自然村。镇人民政府驻胜利社区。1940年设首善镇。1947年改文蔚镇。1950年改城关镇。1981年改卢峰镇。1995年马田坪、麻阳水2乡并入。因山得名。溆水、二都河、三都河流经。有中学1所，小学11所，二级医院2个，卫生院1个，卫生所39个。有幼儿园、文化站、敬老院等。有全国重点文物保护单位向警予纪念馆。

有名胜古迹桔花园、梁家坡、义陵城、招屈亭、文庙遗址。农业种植水稻、玉米,饲养生猪。产柑橘、红枣。工业以电力、制瓷、酿酒、农产品深加工为主。湘黔铁路,娄怀高速,241、354、536国道,省道溆浦—塘湾、华容—吉首线过境。通水路航道。

屈原大道［Qūyuán Dàdào］ 在县城西部。南起县道桥思线,北至省道华容—吉首线。与迎宾路、警予路相交。长5千米,宽30米。沥青路面。原为241国道,2014年扩建为城区道路。为纪念屈原得名。两侧有溆浦工业园、灵翠山公园、鹿鸣学校等。通公交车。

义陵大道［Yìlíng Dàdào］ 在县城中部。南起舒新城路,北至迎宾路。与南环路、粮贸路、桔花路、园艺路、幸福路、北环路、民福路、张家湾路相交。长5.1千米,宽23米。沥青路面。1939年建设。2007年改扩建。原名屈原大道、警予北路、警予南路,后以汉代义陵县改今名。两侧有溆浦汽车站、狮子山广场、城南步行街等。通公交车。

胜利社区［Shènglì Shèqū］ 卢峰镇人民政府驻地。在县境中部。面积1平方千米。人口6000。2005年成立。民居以高层楼房为主。有便民服务点。为老年人、残障人士、孤儿、妇女、优抚对象提供社会救助、社会福利、优抚保障等服务。开展禁毒宣传活动。有红二六军团指挥部旧址。通公交车。

江口镇［Jiāngkǒu Zhèn］ 溆浦县辖镇。在县境西部。面积81平方千米。人口3.5万。辖6居委会、12村委会,有109自然村。镇人民政府驻田坪村。民国时曾设江口乡。1953年设江口镇。1954年改大江口镇。1957年改设江口镇。1958年镇并入江口公社。1961年改江口镇公社。1976年洑水湾公社部分地域划入。1984年改镇。因处溆水注入沅江口得名。有中学3所,小学1所,卫生院1个,卫生所18个。有文化站、敬老院等。有古迹江口古墓葬、犁头嘴水路驿站。经济以种植水稻、玉米、蔬菜,饲养生猪、家禽为主。盛产柑橘、红枣。工业以化工和原煤、水泥、新材料加工为主。湘黔铁路、娄怀高速、省道大江口—洪江线过境。通水路航道。

田坪村［Tiánpíngcūn］ 江口镇人民政府驻地。在县政府驻地卢峰镇西20千米。人口2900。因坪多良田得名。聚落沿江岸呈多边形分布。有小学、卫生院、卫生所。种植水稻,产柑橘。为土特产集散地。湘黔铁路、省道大江口—洪江线经此。

低庄镇［Dīzhuāng Zhèn］ 溆浦县辖镇。在县境东北部。面积112平方千米。人口5.2万。辖5居委会、25村委会,有172自然村。镇人民政府驻东门头社区。1940年设低庄乡。1958年改公社。1983年改镇。因处河畔低洼处得名。四都河、渭溪江流经。有中学2所,小学1所,卫生院1个,卫生所30个。有文化站、敬老院等。有名胜龙凤寨。经济以种植水稻、玉米、蔬菜,饲养生猪、家禽为主。盛产蜜枣、柑橘、甘蔗。工业以工业硅、水泥加工为主。湘黔铁路、省道华容—吉首线过境。

东门头社区［Dōngméntóu Shèqū］ 低庄镇人民政府驻地。在县境东部。面积0.4平方千米。人口2200。因处集镇东得名。1995年成立。民居以低层、多层楼房为主。为老人、残障人士、孤儿、妇女、优抚对象提供社会救助、社会福利和优抚保障等服务。开展安全生产宣传活动。驻有水泥、榨油、陶瓷、机械修理等厂。为溆浦、安化、沅陵3县土特产集散地。省道华容—吉首线经此。

桥江镇［Qiáojiāng Zhèn］ 溆浦县辖镇。在县境东南部。面积81平方千米。人口5.4万。辖3居委会、41村委会,有168自然村。镇人民政府驻沙湾村。1956年设桥江乡。1958年改公社。1985年改镇。因跨河有桥得名。四都河流经。有中学3所,小学3所,卫生院1个,卫生所44个。有文化站、敬老院等。农业种植水稻、玉米、蔬菜,饲养生猪、家禽。盛产柑橘、甘蔗、红枣。有特产溆浦鹅。工业以农产品加工为主。娄怀高速,县道溆浦—观音阁、哑塘—善溪线过境。

沙湾村［Shāwāncūn］ 桥江镇人民政府驻地。在县政府驻地卢峰镇东21千米。人口1800。因淤沙堆积成湾得名。聚落呈环状。有中小学、幼儿园、卫生室等。经济以种植水稻为主。有集贸市场。县道溆浦—观音阁线经此。

龙潭镇［Lóngtán Zhèn］ 溆浦县辖镇。在县境南部。面积75平方千米。人口3.2万。辖4居委会、22村委会,有151自然村。镇人民政府驻云盘村。1913年置龙潭镇。1954年改柳坪镇。1956年复龙潭镇。后改公社。1961年析置龙潭镇。1984年公社并入镇。传因潭中有龙得名。一都河流经。有高中1所,中学2所,小学1所,卫生院2个,卫生所2个。有文化站、敬老院等。有省级文物保护单位龙潭抗日烈士陵园。有古迹崇实书院、紫云宫、节孝坊。经济以种植水稻、玉米、油菜、金银花、油茶、猕猴桃,饲养生猪、家禽为主。有特产火腿、糍粑。工业以电力、炭质页岩开采、水泥加工为主。省道溆浦低庄—洪江塘湾线过境。

云盘村［Yúnpáncūn］ 龙潭镇人民政府驻地。在县政府驻地卢峰镇南72千米。人口2400。因营盘山谐音得名。聚落呈矩形。有中小学、幼儿园、卫生所。经济以种植水稻、油菜为主。有集贸市场。省道溆浦低庄—洪江塘湾线经此。

均坪镇［Jūnpíng Zhèn］ 溆浦县辖镇。在县境西北部。面积88平方千米。人口2.4万。辖2居委会、16村委会,有128自然村。镇人民政府驻先锋村。民国曾设均坪乡。1949年并入第三区。1956年复乡。后改公社。1985年改镇。原因居住集中得名居坪,后演为今名。大江溪流经。有矿产资源煤、金、铀、黏土等。有中学1所,小学1所,卫生院1个,卫生所17个。有文化站等。景点有乌龟寨、棋盘寨、鸡公寨。经济以种植水稻、玉米、蔬菜,饲养猪、牛、羊、家禽为主。工业以煤矿开采、耐火材料加工为主。县道哑塘—均坪线过境。

先锋村［Xiānfēngcūn］ 均坪镇人民政府驻地。在县政府驻地卢峰镇北21千米。人口3200。因吉言佳语得名。聚落呈带状。有小学、幼儿园、卫生所、文化站等。经济以种植水稻为主。县道哑塘—均坪线经此。

观音阁镇［Guānyīngé Zhèn］ 溆浦县辖镇。在县境西北部。面积63平方千米。人口3.6万。辖2居委会、22村委会,有102自然村。镇人民政府驻黎阳社区。1956年设观音阁乡。1958年改公社。1984年复乡。1985年改镇。因曾有观音阁得名。三都河流经。有中学1所,小学1所,卫生院1个,卫生所23个。有文化站、敬老院等。经济以种植水稻、玉米、蔬菜,饲养猪、牛、羊、溆浦鹅为主。盛产柑橘。工业以农产品深加工为主。湘黔铁路、娄怀高速、省道华容—吉首线过境。

黎阳社区［Líyáng Shèqū］ 观音阁镇人民政府驻地。在县境北部。面积0.3平方千米。人口1100。因黎阳街得名。1985年成立。民居以多层楼房为主。为老人、残疾人、孤儿、妇女、优抚对象提供社会救助、社会福利和优抚保障等服务。开展消防宣传活动。省道华容—吉首线经此。

双井镇［Shuāngjǐng Zhèn］ 溆浦县辖镇。在县境东北部。面积70平方千米。人口3.9万。辖2居委会、21村委会,有139自然村。镇人民政府驻新华社区。1956年成立花桥公社。1984年改乡。1995年因居民院中有2水井改双井镇。四都河流经。有中学1所,小学2所,卫生院1个,卫生所23个。有文化站、敬老院等。经济以种植水稻、玉米、蔬菜,饲养猪、牛、家禽为主。盛产柑橘。工业以农产品深加工为主。湘黔铁路、省道华容—吉首线过境。

新华社区［Xīnhuá Shèqū］ 双井镇人民政府驻地。在县境东北部。面积2平方千米。人口2700。取振兴中华之意命名。1995年成立。民居以低层楼房为主。为老人、残疾人、孤儿、妇女、优抚对象提供社会救助、社会福利和优抚保障等服务。开展防溺水、交通安全宣传活动。有卫生所、文化书屋。湘黔铁路、县道田头—水田庄线经此。

水东镇［Shuǐdōng Zhèn］ 溆浦县辖镇。在县境中部。面积43平方千米。人口2.1万。辖1居委会、9村委会,有67自然村。镇人民政府驻上绿化村。1950年设水东乡。1957年改公社。1984年复乡。1995年改镇。因河水东流北转得名。二都河流经。有中学1所,小学1所,卫生院1个,卫生所10个。有文化站、敬老院等。景点有明月洞。农业以种植水稻、玉米、蔬菜,饲养生猪、牛、羊、家禽为主。工业以农产品深加工为主。省道溆浦—塘湾线过境。

上绿化村［Shànglǜhuàcūn］ 水东镇人民政府驻地。在县政府驻地卢峰镇南11千米。人口2700。以植树绿化得名。聚落呈带状。有中小学、幼儿园、卫生所、文化书屋等。经济以种植水稻、棉花、柑橘、甘蔗为主。县道塘湾—金垅线经此。

两丫坪镇［Liǎngyāpíng Zhèn］ 溆浦县辖镇。在县境东南部。面积85平方千米。人口1.5万。辖2居委会、14村委会,有183自然村。镇人民政府驻荷花社区。1958年成立两丫坪公社。1984年改乡。1995年改镇。因2河交汇呈丫字形得名。二都河流经。有中学1所,小学1所,卫生院1个,卫生所16个。有文化站等。景点有岩鹰屙蛋。经济以种植水稻、玉米、蔬菜,饲养生猪、牛、羊、家禽为主。工业以农产品深加工为主。县道田头—水田庄线过境。

荷花社区［Héhuā Shèqū］ 两丫坪镇人民政府驻地。在县境东南部。面积4平方千米。人口2200。因地形似荷花得名。2005年成立。民居以平房为主,有多层住宅楼。为老人、残疾人、孤儿、妇女、优抚对象提供社会救助、社会福利和优抚保障等服务。开展交通安全宣传活动。有文化站、文化书屋等。县道田头—水田庄线经此。

黄茅园镇［Huángmáoyuán Zhèn］ 溆浦县辖镇。在县境东南部。面积114平方千米。人口3.8万。辖4居委会、28村委会,有143自然村。镇人民政府驻金中村。1956年设黄茅园乡。1958年与合田乡合改黄茅园公社。1961年析设合田公社。1984年改乡。1995年2乡合置黄茅园镇。原为森林、茅草地,明初粟姓始居,取名黄岗。后改黄茅园,意为在黄茅大坪上开荒建立家园。一都河流经。有中学2所,小学1所,卫生院1个,卫生所28个。有文化站、敬老院等。有名胜古迹田心辣钟、万寿桥、百岁坊。经济以种植水稻、玉米、油茶、中药材、蔬菜,饲养生猪、牛、羊、家禽为主。工业以花岗岩石材、烟花爆竹加工,水电为主。省道溆浦—塘湾线过境。

金中村［Jīnzhōngcūn］ 黄茅园镇人民政府驻地。在县政府驻地卢峰镇南63千米。人口

2400。因处原金鄘乡中心得名。聚落呈带状。有中学、幼儿园、卫生所、文化站、文化书屋等。经济以种植水稻、玉米、蔬菜为主。省道溆浦—塘湾线经此。

祖市殿镇 [Zǔshìdiàn Zhèn]　溆浦县辖镇。在县境东北部。面积60平方千米。人口2.2万。辖2居委会、15村委会,有113自然村。镇人民政府驻荷叶社区。1956年设祖市殿乡。1958年并入红旗公社。1961年析设祖市殿公社。1984年改乡。2001年改镇。四都河流经。有中学1所,小学1所,卫生院1个,卫生所17个。有文化站、敬老院等。农业以水稻、玉米、油茶、中药材、蔬菜种植,生猪、牛、羊、家禽养殖为主。县道田头—水田庄线过境。

荷叶社区 [Héyè Shèqū]　祖市殿镇人民政府驻地。在县境东北部。面积2平方千米。人口2200。因荷叶塘得名。2000年成立。民居多低层住宅楼和平房。为老人、残疾人、孤儿、妇女、优抚对象提供社会救助、社会福利和优抚保障等服务。开展防溺水、交通安全等宣传活动。有中小学、幼儿园、卫生所、文化站、文化书屋等。县道田头—水田庄线经此。

葛竹坪镇 [Gězhúpíng Zhèn]　溆浦县辖镇。在县境南部。面积101平方千米。人口2.5万。辖1居委会、23村委会,有261自然村。镇人民政府驻旗形村。1956年设葛竹坪镇。1958年并入龙潭公社。1961年析设葛竹坪公社。1985年改乡。2001年改镇。因坪多葛藤、翠竹得名。一都河流经。有中学1所,小学1所,卫生院1个,卫生所23个。有文化站。有国家3A级旅游景区山背梯田。有古迹佛缘寺。有国家级非物质文化遗产溆浦花瑶挑花。经济以水稻、玉米、油茶、中药材、蔬菜种植,生猪、牛、羊、家禽养殖为主。工业以农产品加工、水电为主。服务业以旅游为主。县道圭洞—中都线过境。

旗形村 [Qíxíngcūn]　葛竹坪镇人民政府驻地。在县政府驻地卢峰镇南75千米。人口1300。因山如旗形得名。聚落呈散状。有小学、幼儿园、卫生所、农家书屋等。经济以农业为主。主产水稻,盛产木材、南竹、中药材、茶叶。县道圭洞—中都线经此。

山背村 [Shānbèicūn]　在县政府驻地卢峰镇南78千米。葛竹坪镇辖自然村。人口2000。原因山上水田酷似酒杯口,得名三杯,后以谐音演为今名。聚落呈散状。有国家3A级旅游景区山背梯田。有国家级非物质文化遗产溆浦花瑶挑花。经济以旅游为主。种植水稻,产金银花、猕猴桃、玉竹。通乡村道路。

谭家湾镇 [Tánjiāwān Zhèn]　溆浦县辖镇。在县境北部。面积66平方千米。人口1.7万。辖1居委会、13村委会,有97自然村。镇人民政府驻卫星村。1956年设谭家湾乡。1958年改公社。1984年复乡。2001年改镇。因谭姓始居河湾得名。四都河流经。有中学1所,小学1所,卫生院1个,卫生所13个。有文化站、敬老院等。有省级水利风景区深子湖。经济以水稻、玉米、油茶、中药材、蔬菜种植,生猪、家禽养殖为主。工业以硅砂加工为主。省道华容—吉首线过境。

卫星村 [Wèixīngcūn]　谭家湾镇人民政府驻地。在县政府驻地卢峰镇北33千米。人口3100。以20世纪50年代时代口号得名。聚落呈团块状。有中学、小学、幼儿园、卫生所、农家书屋等。经济以种植水稻、油菜为主。省道华容—吉首线经此。

洑水湾乡 [Fúshuǐwān Xiāng]　溆浦县辖乡。在县境西部。面积89平方千米。人口2.1万。辖15村委会,有106自然村。乡人民政府驻洑水村。1956年设洑水湾乡。1958年并入大江口公社。1961年析设洑水湾公社。1984年复乡。湾大潭深称洑,故名。沅江、溆水、小江河、青江屯溪流经。有小学1所,卫生院1个,卫生所14个。有文化站。景点有莲花洞、睡美人山。经济以水稻、玉米、油茶、中药材、蔬菜种植,生猪、家禽养殖为主。工业以煤开采、加工为主。湘黔铁路、省道华容—吉首线过境。

洑水村 [Fúshuǐcūn]　洑水湾乡人民政府驻地。在县政府驻地卢峰镇西32千米。人口3200。因沅江流经且湾大潭深得名。聚落呈半月状。有小学、卫生所、文化站、农家书屋等。盛产柑橘、茶油。湘黔铁路、省道华容—吉首线经此。

小江口乡 [Xiǎojiāngkǒu Xiāng]　溆浦县辖乡。在县境西部。面积62平方千米。人口1.2万。辖12村委会,有102自然村。乡人民政府驻高桥村。1956年设小江口乡。后改公社。1984年复乡。处曹家溪注入溆水之口,故名。有中学1所,小学1所,卫生院1个,卫生所12个。有文化站。景点有鬼葬山、飞水洞、红岩坎摩崖题记。经济以水稻、玉米、油茶、蔬菜种植,生猪、家禽养殖为主。工业以煤开采及加工、石材加工、水电为主。省道华容—吉首线过境。

高桥村 [Gāoqiáocūn]　小江口乡人民政府驻地。在县政府驻地卢峰镇西19千米。人口1600。因高石桥得名。聚落呈散状。有中小学、幼儿园、卫生所、文化站、农家书屋等。经济以种植水稻、柑橘、油茶为主。省道华容—吉首线经此。

思蒙乡 [Sīméng Xiāng]　溆浦县辖乡。在县境西部。面积85平方千米。人口1.7万。辖14村委会,有84自然村。乡人民政府驻仁里冲村。1956年设思蒙乡。1958年改公社。1984年复乡。原名丝茅。传屈原流放于此,启思发蒙,写《涉江》,遂改今名。溆水流经。有中学1所,小学1所,卫生院1个,卫生所14个。有文化站、敬老院等。经济以水稻、玉米、油茶、蔬菜种植,生猪、家禽养殖为主。工业以煤、石材加工,水电为主。湘黔铁路、县道溆浦—后塘线过境。

仁里冲村 [Rénlǐchōngcūn]　思蒙乡人民政府驻地。在县政府驻地卢峰镇西南15千米。人口2000。传明末2书生过此,得乡人仁义相待,遂誉为仁义冲,后演为今名。聚落呈三角形。有卫生所、文化站、文化书屋等。经济以种植水稻、玉米、油菜、杨梅、柑橘为主。湘黔铁路经此。

木溪乡 [Mùxī Xiāng]　溆浦县辖乡。在县境西北部。面积100平方千米。人口1.2万。辖13村委会,有91自然村。乡人民政府驻木溪村。1956年设木溪乡。1958年并入麻阳水公社。1961年析设木溪公社。1984年复乡。因乡政府驻地得名。三都河流经。有中学1所,小学1所,卫生院1个,卫生所12个。有文化站。有名胜古迹田儿洞溶洞群、震旦纪水母化石群。经济以水稻、玉米、油茶、蔬菜种植,生猪、家禽养殖为主。有特产茶油、辣椒、西瓜。工业以水电为主。通乡村道路。

木溪村 [Mùxīcūn]　木溪乡人民政府驻地。在县政府驻地卢峰镇北30千米。人口1400。因溪有古木桥得名。聚落呈团块状。有中小学、卫生所、文化站等。经济以农业为主。盛产茶油、桐油、松木、杉木、南竹。

舒溶溪乡 [Shūróngxī Xiāng]　溆浦县辖乡。在县境西北部。面积60平方千米。人口1.4万。辖13村委会,有111自然村。乡人民政府驻舒溶溪村。1956年设舒溶溪乡。1958年并入麻阳水公社。1961年析设舒溶溪公社。1984年复乡。因乡政府驻地得名。有中学1所,小学1所,卫生院1个,卫生所13个。有文化站、敬老院等。经济以水稻、甘薯种植,生猪、家禽养殖为主。工业以黏土矿开采、水电为主。通乡村道路。

舒溶溪村 [Shūróngxīcūn]　舒溶溪乡人民政府驻地。在县政府驻地卢峰镇西北16千米。人口1600。五代时建村。地多溶洞,流水舒缓,故名。聚落呈散状。有矿产资源煤。有中小学、幼儿园、卫生所、文化站、农家书屋等。经济以种植水稻、玉米、西瓜为主。

仲夏乡 [Zhòngxià Xiāng]　溆浦县辖乡。在县境西部。面积46平方千米。人口1.7万。辖9村委会,有55自然村。乡人民政府驻仲夏村。1949年设仲夏乡。1958年并入思蒙公社。1961年析设仲夏公社。1985年复乡。因乡政府驻地得名。溆水流经。有中学1所,小学1所,卫生院1个,卫生所9个。有文化站。景点有桃源洞天。经济以水稻、柑橘、枣树种植,生猪、家禽养殖为主。工业以合金制造、电解锰、枣果加工为主。湘黔铁路、娄怀高速、省道华容—吉首线过境。

仲夏村 [Zhòngxiàcūn]　仲夏乡人民政府驻地。在县政府驻地卢峰镇西南6千米。人口3000。五代时建村。传舒保归于农历五月(仲夏月)迁此,故名。聚落呈团块状。有中小学、幼儿园、卫生所、文化站、农家书屋等。经济以种植水稻、柑橘、金秋梨为主。有水泥预制加工、农贸交易等业。县道溆浦—后塘线经此。

水隘乡 [Shuǐ'ài Xiāng]　溆浦县辖乡。在县境北部。面积66平方千米。人口1.1万。辖12村委会,有85自然村。乡人民政府驻水岩村。1956年设水隘乡。1958年并入谭家湾公社。1985年复乡。处隘水之隘口,故名。有中学1所,小学1所,卫生院1个,卫生所11个。有文化站、敬老院等。经济以水稻、玉米、甘薯种植,生猪、家禽养殖为主。服务业以餐饮为主。省道华容—吉首线过境。

水岩村 [Shuǐyáncūn]　水隘乡人民政府驻地。在县政府驻地卢峰镇北41千米。人口1200。因村前有一对直立的岩石像竹笋,故名笋岩,后演化为水岩。聚落呈团块状。有中小学、幼儿园、卫生所、农家书屋等。经济以农业为主。盛产水稻、玉米、甘薯、油菜、桐油、茶油。省道华容—吉首线经此。

让家溪乡 [Ràngjiāxī Xiāng]　溆浦县辖乡。在县境北部。面积114平方千米。人口0.8万。辖11村委会,有129自然村。乡人民政府驻让家溪村。1956年设让家溪乡。1958年并入谭家湾公社。1961年析设让家溪公社。1984年复乡。因乡政府驻地得名。四都河流经。有中学1所,小学1所,卫生院1个,卫生所14个。有文化站、敬老院等。经济以水稻、玉米、甘薯种植,生猪、牛、羊、家禽养殖为主。产茯苓、天麻、三两金、金银花等中药材。服务业以餐饮为主。通乡村道路。

让家溪村 [Ràngjiāxīcūn]　让家溪乡人民政府驻地。在县政府驻地卢峰镇北53千米。人口1300。传让姓迁居溪边得名。聚落呈散状。有中小学、卫生室。经济以种植水稻、油菜、玉米为主。有集贸市场。

大渭溪乡 [Dàwèixī Xiāng]　溆浦县辖乡。在县境北部。面积95平方千米。人口0.8万。辖9村委会,有89自然村。乡人民政府驻宋家村。1956年设大渭溪乡。1958年并入谭家湾公社。1961年析设大渭溪公社。1985年复乡。传明末清初沅陵县渭溪人迁此,因地域宽阔、溪水多得名。四都河流经。有中学1所,小学1所,卫生院1个,卫生所9个。有文化站。经济以水稻、玉米、甘薯种植,生猪、牛、羊、家禽养殖为主。服务业以住宿、餐饮为主。县道溆浦低庄—大渭溪线过境。

宋家村［Sòngjiācūn］ 大渭溪乡人民政府驻地。在县政府驻地卢峰镇北43千米。人口800。因姓氏得名。聚落呈带状。有卫生所、文化站、农家书屋等。经济以竹笋加工，水稻、板栗、猕猴桃种植为主。有圩场。县道溆浦低庄—大渭溪线经此。

岩家垅乡［Yánjiālǒng Xiāng］ 溆浦县辖乡。在县境东北部。面积34平方千米。人口2.3万。辖12村委会，有63自然村。乡人民政府驻凤凰村。1961年成立岩家垅公社。1985年改乡。原因颜姓始居，得名颜家垅，后演为今名。四都河流经。有中学1所，卫生院1个，卫生所12个。有文化站、敬老院等。经济以水稻、玉米、甘薯、蔬菜种植，生猪、羊、家禽养殖为主。服务业以餐饮为主。县道田头—水田庄线过境。

凤凰村［Fènghuángcūn］ 岩家垅乡人民政府驻地。在县政府驻地卢峰镇东北18千米。人口2020。因凤凰亭得名。聚落呈带状。有中学、卫生所。种植水稻、玉米、甘蔗。县道田头—水田庄线经此。

水田庄乡［Shuǐtiánzhuāng Xiāng］ 溆浦县辖乡。在县境东北部。面积56平方千米。人口0.2万。辖11村委会，有76自然村。乡人民政府驻中坡村。1956年设水田庄乡。1958年并入红旗公社（后改祖市殿公社）。1961年析设水田庄公社。1984年复乡。原为密林，后建村开垦水田，故名。四都河流经。有中学1所，小学1所，卫生院1个，卫生所11个。有文化站。经济以水稻、西瓜、辣椒、柰李种植，生猪、牛、羊、家禽养殖为主。县道田头—水田庄线过境。

中坡村［Zhōngpōcūn］ 水田庄乡人民政府驻地。在县政府驻地卢峰镇东北26千米。人口1000。因处山坡中段得名。聚落呈散状。有中小学、卫生所。种植水稻、西瓜、柰李等。县道田头—水田庄线经此。

油洋乡［Yóuyáng Xiāng］ 溆浦县辖乡。在县境东部。面积84平方千米。人口2.4万。辖23村委会，有239自然村。乡人民政府驻油洋村。1984年设油洋乡。1996年庄坪乡并入。因乡政府驻地得名。四都河流经。有中学1所，小学2所，卫生院1个，卫生所23个。有文化站、敬老院等。景点有白洋洞。经济以水稻、玉米、辣椒、百合、油茶种植，生猪、牛、羊、家禽养殖为主。娄怀高速过境。

油洋村［Yóuyángcūn］ 油洋乡人民政府驻地。在县政府驻地卢峰镇东35千米。人口1300。因油茶花绽放如海得名。聚落呈散状。有中小学、幼儿园、卫生所、文化站、农家书屋等。盛产茶油、辣椒。县道哑塘—善溪线经此。

新田乡［Xīntián Xiāng］ 溆浦县辖乡。在县境东部。面积64平方千米。人口0.7万。辖11村委会，有129自然村。乡人民政府驻刘家洞村。1949年设新田乡。1956年灶坪乡并入。后改公社。1984年复乡。以新开良田得名。紫金河流经。有中学1所，卫生院1个，卫生所11个。有文化站。经济以水稻、玉米、中药材、蔬菜种植，生猪、家禽养殖为主。通乡村道路。

刘家洞村［Liújiādòngcūn］ 新田乡人民政府驻地。在县政府驻地卢峰镇东28千米。人口600。传有武将战败藏此洞，留甲走之，故名留甲洞，后演为今名。聚落呈散状。有中学、卫生所、文化站、农家书屋等。种植水稻、玉米、甘薯、黄豆等。有茶场、林场。通乡村道路。

岗东乡［Gǎngdōng Xiāng］ 溆浦县辖乡。在县境东北部。面积116平方千米。人口1.2万。辖17村委会，有193自然村。乡人民政府驻乐园村。1956年设江东乡。后改公社。1981年更名岗东公社。1984年改乡。因处紫荆山岗东得名。岗东河、罗林河流经。有中学1所，卫生院1个，卫生所17个。有文化站。有景点龙泉山。经济以种植水稻、玉米、甘薯、中药材、南竹、茶树、蔬菜，饲养生猪、羊、家禽为主。林木资源丰富。娄怀高速过境。

乐园村［Lèyuáncūn］ 岗东乡人民政府驻地。在县政府驻地卢峰镇东41千米。人口1900。传因旧有鸾圆台，得名鸾圆，后演为今名。聚落呈团块状。有卫生所、文化站、农家书屋等。盛产茶叶、杉木、松木、南竹。有圩场。通乡村道路。

两江乡［Liǎngjiāng Xiāng］ 溆浦县辖乡。在县境东部。面积116平方千米。人口1.8万。辖20村委会，有208自然村。乡人民政府驻三口村。1961年成立两江公社。1984年改乡。因江东、石牛2河交汇得名。有中学1所，卫生院1个，卫生所20个。有文化站、敬老院等。景点有七星伴月、石牛寨。经济以水稻、玉米、甘薯种植，生猪、牛、羊、家禽养殖为主。盛产木材、南竹等。娄怀高速过境。通水路航道。

三口村［Sānkǒucūn］ 两江乡人民政府驻地。在县政府驻地卢峰镇东26千米。人口600。因处3河流交汇的河汊得名。聚落呈带状。有中学、卫生所、农家书屋等。娄怀高速、县道哑塘—善溪线经此。

善溪乡［Shànxī Xiāng］ 溆浦县辖乡。在县境东北部。面积55平方千米。人口0.9万。辖12村委会，有82自然村。乡人民政府驻一心村。1956年设善溪乡。1958年并入江东公社。1961年析设善溪公社。1984年复乡。善溪流经，故名。有中学1所，卫生院1个，卫生所12个。有文化站。经济以水稻、玉米种植，生猪养殖为主。为新化、安化、溆浦3县农副产品集散地。县道哑塘—善溪线过境。通渠江航道。

一心村［Yīxīncūn］ 善溪乡人民政府驻地。在县政府驻地卢峰镇东北62千米。人口1300。以美好寄愿得名。聚落呈带状。有卫生所、农家书屋。种植水稻、玉米、甘薯、土豆等。有圩场。通渠江航道。

桐木溪乡［Tóngmùxī Xiāng］ 溆浦县辖乡。在县境南部。面积44平方千米。人口1.9万。辖10村委会，有69自然村。乡人民政府驻湖田坪村。1956年设桐木溪乡。1958年并入水东公社。1984年复乡。传清代多油桐树，处溆水、龙王江2水汇合处，故名。二都河流经。有中学1所，卫生院1个，卫生所10个。有文化站。有古迹南岳行宫。经济以水稻、玉米、柑橘、甘蔗、蔬菜种植，生猪、牛、羊、家禽养殖为主。省道溆浦—塘湾线过境。

湖田坪村［Hútiánpíngcūn］ 桐木溪乡人民政府驻地。在县政府驻地卢峰镇南14千米。人口2900。原为回水湾，后围湖造田，故名。聚落呈曲尺状。有中学、幼儿园、卫生所、文化站、农家书屋等。经济以种植水稻、棉花、柑橘为主。有圩场。

小横垅乡［Xiǎohénglǒng Xiāng］ 溆浦县辖乡。在县境南部。面积133平方千米。人口1.7万。辖16村委会，有151自然村。乡人民政府驻罗丰村。1953年设小横垅乡。1958年改公社。1984年复乡。溪水横垅而过，故名。金龙溪流经。有中学1所，小学1所，卫生院1个，卫生所16个。有文化站、敬老院等。经济以水稻、杨梅、金银花、百合、黑木耳种植，生猪、牛、羊、家禽养殖为主。省道溆浦—塘湾线过境。

罗丰村［Luófēngcūn］ 小横垅乡人民政府驻地。在县政府驻地卢峰镇南37千米。人口2900。因罗子山得名。聚落呈三角形。有中小学、幼儿园、卫生所、文化站、农家书屋、农机站等。种植水稻。有碾米厂。有圩场。省道溆浦—塘湾线经此。

统溪河乡［Tǒngxīhé Xiāng］ 溆浦县辖乡。在县境南部。面积87平方千米。人口1.4万。辖13村委会，有119自然村。乡人民政府驻沙洲村。1956年设统溪河乡。1958年并入小横垅公社。1961年析设统溪河公社。1984年复乡。因多股溪水注入溆水得名。有川岩山森林公园。有中学1所，卫生院1个，卫生所13个。有文化站、敬老院等。经济以水稻、玉米、甘薯、油菜、中药材、柑橘种植，生猪、牛、羊、家禽养殖为主。省道溆浦—塘湾线过境。

沙洲村［Shāzhōucūn］ 统溪河乡人民政府驻地。在县政府驻地卢峰镇南21千米。人口1100。因河中有沙洲得名。聚落呈散状。有中学、幼儿园、卫生所、文化站、农家书屋等。种植水稻、蔬菜、柑橘、杨梅等。省道溆浦—塘湾线经此。

龙王江乡［Lóngwángjiāng Xiāng］ 溆浦县辖乡。在县境南部。面积59平方千米。人口1万。辖10村委会，有120自然村。乡人民政府驻龙王江村。1956年设龙王江乡。1958年并入水东公社。1961年析设龙王江公社。1984年复乡。因乡政府驻地得名。龙王江流经。有中学1所，小学1所，卫生院1个，卫生所10个。有文化站。经济以水稻、玉米、甘薯、蔬菜种植，生猪、羊、牛、家禽养殖为主。县道塘湾—金垅线过境。

龙王江村［Lóngwángjiāngcūn］ 龙王江乡人民政府驻地。在县政府驻地卢峰镇南20千米。人口1000。传江边曾出“龙王”，后被害死，故名。聚落呈团块状。有中学、幼儿园、卫生所、文化站、农家书屋等。经济以种植水稻、玉米、甘薯、蔬菜为主。盛产南竹。有圩场。县道塘湾—金垅线经此。

陶金坪乡［Táojīnpíng Xiāng］ 溆浦县辖乡。在县境东部。面积71平方千米。人口1万。辖10村委会，有161自然村。乡人民政府驻乡门村。1956年设陶金坪乡。1958年并入水东公社。1961年析设陶金坪公社。1984年复乡。传原因可淘金，得名淘金坪，后演为今名。二都河流经。有中学1所，卫生院1个，卫生所10个。有文化站、敬老院等。经济以水稻、金秋梨、百合、柑橘、蔬菜种植，生猪、牛、羊、家禽养殖为主。通乡村道路。

乡门村［Xiāngméncūn］ 陶金坪乡人民政府驻地。在县政府驻地卢峰镇东南22千米。人口1100。因曾于乡政府门前成立高级社得名。聚落呈散状。有矿产资源煤。有中学、幼儿园、卫生所、文化站、农家书屋等。种植水稻、玉米、甘薯、蔬菜等。

中都乡［Zhōngdū Xiāng］ 溆浦县辖乡。在县境东南部。面积124平方千米。人口1万。辖11村委会，有137自然村。乡人民政府驻桂花村。1956年设中都乡。1958年并入两丫坪公社。1961年析设中都公社。1984年复乡。原因林中有洞得名中洞，后因谐音演为今名。有中学1所，卫生院1个，卫生所11个。有文化站。经济以水稻、金银花、百合种植，生猪、牛、家禽养殖为主。县道塘湾—金垅线过境。

桂花村［Guìhuācūn］ 中都乡人民政府驻地。在县政府驻地卢峰镇东南24千米。人口1200。因有古桂花树得名。聚落呈散状。有中学、卫生院、卫生所、农家书屋。种植水稻、玉米、金银花等。盛产油茶、天麻。有酿酒业。县道塘湾—金垅线经此。

沿溪乡［Yánxī Xiāng］ 溆浦县辖乡。在县境东南部。面积138平方千米。人口1.2万。辖16村委会，有193自然村。乡人民政府驻旺坪村。1956年设沿溪乡。1958年并入两丫坪公社。1961年析设沿溪公社。1984年复乡。1995年金垅乡并入。因村沿溪而建得名。沿溪河、金龙河流经。有中学2所,卫生院1个,卫生所16个。有文化站、敬老院等。有古迹杨柳江摩崖造像。经济以水稻、玉米、金银花、杜仲种植,生猪、牛、家禽养殖为主。县道塘湾—金垅线过境。

旺坪村［Wàngpíngcūn］　沿溪乡人民政府驻地。在县政府驻地卢峰镇东南47千米。人口1500。以寄兴旺发达之意得名。聚落呈散状。有中学、幼儿园、卫生所、文化站、农家书屋等。种植水稻、土豆、玉米、甘薯、油菜等。以杨梅、茶叶为特色产业。县道塘湾—金垅线经此。

九溪江乡［Jiǔxījiāng Xiāng］　溆浦县辖乡。在县境南部。面积102平方千米。人口1万。辖14村委会,有134自然村。乡人民政府驻光明村。1956年设九溪江乡。1958年并入小横垅公社。1961年析设九溪江公社。1984年复乡。溪流众多,就此注入溆水,故名。二都河流经。有中学1所,小学1所,卫生院1个,卫生所14个。有文化站。经济以水稻、玉米、金银花、柑橘、油菜、百合种植,高山土鸡、三元杂交猪、黄牛养殖为主。工业以水电、采砂、林木加工为主。县道圭洞—中都线过境。

光明村［Guāngmíngcūn］　九溪江乡人民政府驻地。在县政府驻地卢峰镇南57千米。人口1800。因寄望光明得名。聚落呈散状。有中小学、幼儿园、卫生所、文化站、农家书屋等。经济以种植水稻、玉米、油菜为主。盛产竹木、茶叶。县道圭洞—中都线经此。

北斗溪乡［Běidǒuxī Xiāng］　溆浦县辖乡。在县境南部。面积69平方千米。人口0.7万。辖8村委会,有68自然村。乡人民政府驻松林村。1956年设北斗溪乡。1958年并入小横垅公社。1961年析设北斗溪公社。1984年复乡。传原贫穷落后无圩场,后有富户取百斗米低价售于此,遂于溪边成市,故名百斗溪,因谐音演为今名。二都河流经。有中学1所,卫生院1个,卫生所18个。有文化站、敬老院等。有古迹仙坡寺。经济以水稻、玉米、甘薯、马铃薯、金银花、杨梅、柑橘、葡萄、百合种植,生猪、鸡养殖为主。沪昆高铁、县道圭洞—中都线过境。有溆浦南站。

松林村［Sōnglíncūn］　北斗溪乡人民政府驻地。在县政府驻地卢峰镇南56千米。人口1200。因松林洞得名。聚落呈三角形。有中学、卫生所、农家书屋等。经济以种植水稻、玉米、油菜为主。盛产桐油。有喇叭滩电站。县道圭洞—中都线经此。

横板桥乡［Héngbǎnqiáo Xiāng］　溆浦县辖乡。在县境南部。面积46平方千米。人口1.6万。辖11村委会,有118自然村。乡人民政府驻红星村。1956年设横板桥乡。后改公社。1984年复乡。因横板桥得名。一都河流经。有中学1所,小学1所,卫生院1个,卫生所11个。有文化站、敬老院等。有古迹节孝坊。有阳雀坡古村落。经济以水稻、玉米、甘薯、马铃薯、生姜、辣椒种植,生猪、羊、牛养殖为主。服务业以乡村旅游为主。省道溆浦低庄—洪江塘湾线过境。

红星村［Hóngxīngcūn］　横板桥乡人民政府驻地。在县政府驻地卢峰镇南67千米。人口2000。寓意五星红旗永远飘扬命名。聚落呈带状。有中小学、幼儿园、卫生所、文化站、农家书屋、农技站等。经济以种植水稻、蔬菜为主。盛产茶叶、茶油。有榨油厂。

株木村［Zhūmùcūn］　在县政府驻地卢峰镇南68千米。横板桥乡辖自然村。人口1100。因多株树木(甜槠)得名。聚落呈带状。有国家3A级旅游景区阳雀坡古村落。经济以种植水稻、玉米、黄豆为主。盛产茶叶、茶油。有旅游业。

温水乡［Wēnshuǐ Xiāng］　溆浦县辖乡。在县境南部。面积76平方千米。人口0.9万。辖9村委会,有106自然村。乡人民政府驻景山村。1956年设温水乡。1958年并入龙潭公社。1961年析设温水公社。1984年复乡。因天然温泉得名。有米粮洞县级自然保护区。有中学1所,卫生院1个,卫生所9个。有文化站。有红军烈士墓、清代王氏祠壁画。经济以水稻、玉米、金银花、猕猴桃、油菜、辣椒、南竹种植,鸡、猪、羊养殖为主。工业以竹木、中药材加工为主。通乡村道路。

景山村［Jǐngshāncūn］　温水乡人民政府驻地。在县政府驻地卢峰镇南90千米。人口800。因景色优美得名。聚落呈椭圆形。有中学、幼儿园、卫生所、文化站、农家书屋等。有红军烈士墓。经济以种植水稻、玉米、甘薯为主。盛产松木、竹木、茶油。有石灰石、竹加工业。

大华乡［Dàhuá Xiāng］　溆浦县辖乡。在县境南部。面积51平方千米。人口1.3万。辖13村委会,有286自然村。乡人民政府驻东升村。1956年设大华乡。1958年并入龙潭公社。1961年析设大华公社。1984年复乡。传皇帝杀害孕有“王子”的妇人,得名大王杀,后雅化为今名。一都河流经。有中学1所,卫生院1个,卫生所13个。有英雄山抗日战场遗址、木鳌瀑布。经济以水稻、玉米、油菜、金银花、姜种植,猪、牛、羊、家禽养殖为主。省道溆浦低庄—洪江塘湾线过境。

东升村［Dōngshēngcūn］　大华乡人民政府驻地。在县政府驻地卢峰镇南86千米。人口1300。因吉言佳语得名。聚落呈散状。有卫生所、文化站、农家书屋等。有景点木鳌瀑布。种植水稻、蔬菜、金银花等。有木鳌水电站。省道溆浦低庄—洪江塘湾线经此。

龙庄湾乡［Lóngzhuāngwān Xiāng］　溆浦县辖乡。在县境南部。面积47平方千米。人口0.9万。辖9村委会,有64自然村。乡人民政府驻龙庄湾村。1983年由大华公社析设龙庄湾公社。1984年改乡。因乡政府驻地得名。龙庄湾河流经。有中学1所,小学1所,卫生院1个,卫生所9个。有文化站。有青山界战役阵亡陵园。有古迹向氏宗祠。有刘家坪水库水利风景区。经济以水稻、马铃薯、甘薯、玉米、猕猴桃、金银花、牛膝、玉竹等中药材种植,生猪、家禽养殖为主。有金银花加工业。省道溆浦低庄—洪江塘湾线过境。

龙庄湾村［Lóngzhuāngwāncūn］　龙庄湾乡人民政府驻地。在县政府驻地卢峰镇南98千米。人口2600。原因地形似龙得名龙漕湾,后演为今名。聚落呈十字形。有中学、幼儿园、卫生所、文化站、农家书屋等。有青山界战役阵亡陵园。有古迹向氏宗祠。种植水稻、玉米、金银花、白术、太子参、猕猴桃等。省道溆浦低庄—洪江塘湾线经此。

会同县

会同县［Huìtóng Xiàn］　怀化市辖县。北纬26°53′,东经109°44′。在市境南部。面积2259平方千米。人口35.9万。以侗族为主,还有汉、苗、瑶、壮、土家等民族。辖8镇、11乡、6民族乡。县人民政府驻林城镇。北宋崇宁元年(1102)置三江县,以巫水、渠水、清水三江得名,治今林城镇西北。次年改会同县,以增纳土贡、会于京师而得名,取意于《周礼》“时见曰会,殷见曰同”。此后未变,先后隶属靖州、辰沅道、湖南省、第四行政督察区、第七行政督察区、第十行政督察区。1949年治迁洪江市带子街,属会同专区。1950年治迁今址。1952年属芷江专区,旋属黔阳专区。1981年属怀化专区。1997年属怀化市。先后改造东部旧城,西移北扩,建西部新城。形成“一心两城、一点两线”组团式城市结构。“一心”为县城西侧绿地,“两城”指由绿心分隔而成东部老城、西部新城。“一点”指渠水以南工业点。“两线”指渠水河、会同河自然景观线。有标志性建筑粟裕同志纪念碑、粟裕公园、将军广场、粟裕同志纪念馆。以山地为主。有南岳山、天马山、尖坡山。平均海拔400米。年均气温17.4℃,1月平均气温12.1℃,7月平均气温21.8℃。年均降水量1195毫米。沅江、渠水、巫水、清水流经。有矿产资源金、重晶石、石煤等。有野生植物1798种,其中国家重点保护植物有榉木、黄连木、野菱等6种。有野生动物500多种,其中国家重点保护动物有白颈长尾稚、白鹇、红腹锦鸡等5种。有鹰嘴界国家级自然保护区、渠水国家湿地公园。森林覆盖率73%。有国家级科研单位1个,省级科研单位1个,职业技术学校2所,高中3所,初中24所,小学114所,特殊教育学校1所,二级医院2个。有全国重点文物保护单位高椅村古建筑群,省级文物保护单位粟裕故居、官舟古建筑群、于氏家祠。有省级爱国主义教育基地粟裕纪念馆。有中国历史文化名村1个,中国传统村落4个。有省级非物质文化遗产扛菩萨、野生茶传统制作技艺、竹编技艺等5项。三次产业比例21∶24∶55。农业以种植水稻、茶树为主。有国家地理标志产品魔芋。工业以水电,铁合金、农林产品加工为主。服务业以贸易、物流为主。焦柳铁路,包茂高速,209国道,省道溆浦—通道、绥宁—会同、洪江—会同、会同—城步线过境。

将军广场［Jiāngjūn Guǎngchǎng］　在县城北部。面积3000平方米。1996年开工,1997年建成。为纪念粟裕将军诞辰90周年修建,故名。有高杆照明灯、露天篮球场、健身器材等。为居民休闲、健身、文化娱乐活动场所。周边有会同站、人保公司。通公交车。

会同大桥［Huìtóng Dàqiáo］　在县城南部。长207.3米,宽15米,最大跨度40米,桥下净高19.7米。1962年开工,1964年建成,1997年改造。时为县内最大公路桥,故名。为大型河道桥梁,结构型式为预应力简支架组合箱型梁桥。最大载重49吨。通公交车。

林城大桥［Línchéng Dàqiáo］　在县城南部。长379米,宽20米,最大跨度40米,桥下净高13米。2002年开工,2004年建成。因林城镇得名。为大型河道桥梁,结构型式为单孔I型组合桥梁。最大载重30吨。通公交车。

会同站［Huìtóng Zhàn］　见交通运输设施部分“会同站”条。

会同汽车站［Huìtóng Qìchēzhàn］　见交通运输设施部分“会同汽车站”条。

林城镇［Línchéng Zhèn］　会同县人民政府驻地。在县境中部偏南。面积106平方千米。人口6万。以侗族为主,还有汉、苗、壮、土家等民族。辖3居委会、22村委会,有183自然村。镇人民政府驻改河社区。1950年设第七区。1951年改第八区。1955年改城关区。1956年改镇。1958年改城镇公社。1960年改城郊公社。1961年析设城镇公社。1963年复城关镇。1981年更今名。1999年攀龙桥乡并入。历为湘西南木材集散地,故名。渠水河、会同河、广坪河流经。有中专1所,中学5所,小学18所,特殊教育学校1所,二级医院2个,卫生院3

个，卫生所87个，私立医院3个。有文化馆、广播电视台、图书馆、体育中心、广场等。有省级非物质文化遗产竹编技艺。经济以商品批发零售、餐饮为主。农业以种植水稻、油菜为主。工业以造纸、食用油加工为主。焦柳铁路、包茂高速、209国道、省道绥宁—会同线过境。有会同站、会同汽车站。

林城大道［Línchéng Dàdào］ 在县城西部。南起林城大桥，北至希望路。与李园路、城中路相交。长900米，宽25米。沥青路面。2001年开工，2005年建成。因镇得名。两侧有国土资源局、劳动和社会保障局、邮政局、体育中心、汽车南站。通公交车。

将军南路［Jiāngjūn Nánlù］ 在县城南部。南起水边溪三岔路口，北至将军北路。与黄泥井路、岩屋寺路、城中路、改河街、解放街相交。长3.2千米，宽24米。沥青路面。1996年开工，2000年建成。为纪念粟裕将军丰功伟绩得名，分南、北2路。两侧有林业局、工商银行、新华书店、商业广场、粟裕公园等。通公交车。

将军北路［Jiāngjūn Běilù］ 在县城北部。南起将军南路，北至清溪铺路。与希望路、莲花路、藕塘路、东门街、老河街相交。长2.2千米，宽24米。沥青路面。1996年开工，2000年建成。两侧有县政府、水利局、总工会、会同站、长途汽车站等。通公交车。

改河社区［Gǎihé Shèqū］ 林城镇人民政府驻地。在县境中部偏南。面积5平方千米。人口2.5万。因改河街得名。1984年成立。民居以2层木质侗乡建筑为主。开展歌咏比赛、广场舞等活动。形成以居家养老为主的养老模式。有小学、县人民医院、卫生院。驻地单位有经信局、民政局、工商管理局等。通公交车。

坪村镇［Píngcūn Zhèn］ 会同县辖镇。在县境中部。面积87平方千米。人口2.5万。以侗族为主，还有汉、苗、回等民族。辖3居委会、20村委会，有166自然村。镇人民政府驻枫响铃社区。1949年设第三区。1955年改坪村区。1956年改乡。1958年改公社。1984年复乡。1985年改镇。因坪村团自然村得名。会同河、大顺溪、铺坪溪流经。有中学1所，小学4所，幼儿园1所，卫生院1个，卫生所20个，文化广播电视站1个，纪念馆1个，图书室(含农家书屋)21个。有省级文物保护单位粟裕故居，省级爱国主义教育基地粟裕纪念馆。有省级非物质文化遗产野生茶传统制作技艺。农业以水稻、油菜、柑橘种植为主。工业以建材、竹木加工、手工制陶为主。服务业以商品零售为主。焦柳铁路、包茂高速、209国道过境。

枫响铃社区［Fēngxiǎnglíng Shèqū］ 坪村镇人民政府驻地。在县境中部。面积0.4平方千米。人口600。原因有枫树林且香气袭人得名枫香林，后因寺中檐下响铃改今名。1985年成立。民居以侗乡建筑楼房为主。开展歌舞晚会、故事会、篮球比赛等活动。有幼儿园、卫生院、图书馆等。通公交车。

堡子镇［Bǔzi Zhèn］ 会同县辖镇。在县境中部。面积67平方千米。人口1.8万。以侗族为主，还有汉、苗、壮等民族。辖1居委会、16村委会，有160自然村。镇人民政府驻龙燕社区。民国曾设堡子乡。1949年设第二区。1955年改堡子区。1956年复乡。1958年并入坪村公社。1961年析设堡子公社。1984年复乡。1985年改镇。因村落堡子脚得名。会同河、清胆溪、凉伞溪、星塘溪、楂溪流经。有中学1所，小学4所，幼儿园1所，卫生院1个，卫生所18个，文化广播电视站1个。农业以水稻、油菜、柑橘、西红柿种植为主。工业以竹木、烟花爆竹加工为主。服务业以商品零售为主。焦柳铁路、包茂高速、209国道过境。

龙燕社区［Lóngyàn Shèqū］ 堡子镇人民政府驻地。在县境中部。面积0.5平方千米。人口600。取龙井、燕塘首字得名。1985年成立。民居以侗乡建筑楼房为主。开展阳戏表演、象棋比赛等。有中小学、卫生院。有民间艺术阳戏。有集贸、耕牛市场。通公交车。

团河镇［Tuánhé Zhèn］ 会同县辖镇。在县境中部偏东。面积137平方千米。人口1.4万。以侗族为主，还有汉、苗、壮、满等民族。辖1居委会、15村委会，有132自然村。镇人民政府驻诸葛井社区。1950年设第六区。1955年改团河区。1956年改乡。后改公社。1984年复乡。1995年改镇。因团河村得名。若水河、洞溪、洪合溪、盛储溪流经。有中学1所，小学3所，幼儿园1所，卫生院1个，卫生所16个，文化广播电视站1个。有省级文物保护单位官舟古建筑群、于氏家祠。农业以水稻、油菜、中草药种植为主。工业以建材制造为主。服务业以商品零售为主。省道洪江—靖州线过境。

诸葛井社区［Zhūgějǐng Shèqū］ 团河镇人民政府驻地。在县境中部偏东。面积0.5平方千米。人口500。因诸葛古井得名。2000年成立。民居以侗乡建筑楼房为主。开展傩戏、汉戏表演，篮球比赛等活动。有中小学、卫生院。通公交车。

若水镇［Ruòshuǐ Zhèn］ 会同县辖镇。在县境东北部。面积132平方千米。人口1.4万。以侗族为主，还有汉、苗、回等民族。辖1居委会、20村委会，有105自然村。镇人民政府驻若水社区。1949年设第一区。1955年改若水区。1956年改乡。后改公社。1984年复乡。1995年改镇。因镇政府驻地原名得名。巫水、若水、里龙溪、大洞溪流经。有中学1所，小学5所，幼儿园1所，卫生院1个，卫生所20个，文化广播电视站1个。经济以种植水稻、油菜、百合、金银花、灵芝为主。工业以水电为主。有特产河鱼干、灰沤豆腐干。省道桃源—保靖、洪江—靖州线过境。通巫水航道。

若水社区［Ruòshuǐ Shèqū］ 若水镇人民政府驻地。在县境东北部。面积0.5平方千米。人口600。因若干条溪水汇此得名。2000年成立。民居以侗乡建筑楼房为主。开展傩戏、汉戏表演，唱山歌，放排号子，篮球、拔河比赛等。有中小学、卫生院。经济以商贸、餐饮为主。通客运班车。

朗江镇［Lǎngjiāng Zhèn］ 会同县辖镇。在县境西北部。面积60平方千米。人口1.3万。以侗族为主，还有汉、苗、壮等民族。辖1居委会、10村委会，有84自然村。镇人民政府驻朗江新街。民国曾设朗江乡。1950年设第四区。1955年改东城区。1956年复朗江乡。1958年改公社。1984年复乡。1995年改镇。因朗江集镇得名。渠水、倒溪、岩梅溪、炳溪、旺田溪流经。有九年一贯制学校1所，小学2所，幼儿园1所，卫生院1个，卫生所10个，文化广播电视站1个。经济以种植水稻、油菜为主。工业以水电、食用油加工为主。服务业以商品零售为主。省道洪江—会同线过境。通渠水航道。

朗江新街［Lǎngjiāng Xīnjiē］ 朗江镇人民政府驻地。在县境西部。面积0.4平方千米。人口500。以侗族为主，还有汉、苗等民族。为朗江电站建成后新建得名。2000年成立。民居以干栏式歇山顶2层木屋、砖混框架结构歇山顶3层房屋为主，具侗、苗族建筑特色。开展侗族歌舞，棒棒戏，放排号子，篮球、拔河比赛等活动。有九年一贯制学校、卫生院。经济以商贸、餐饮为主。省道洪江—会同线经此。

广坪镇［Guǎngpíng Zhèn］ 会同县辖镇。在县境西南部。面积133平方千米。人口2.2万。以侗族为主，还有汉、苗、土家等民族。辖1居委会、20村委会，有167自然村。镇人民政府驻林源社区。民国时期曾置广坪乡。1950年设第五区。1955年改广坪区。1956年复广坪乡。后改公社。1984年复乡。1995年改镇。因镇政府驻地平坦、宽广得名。广坪河、地灵河流经。有中国科学院会同森林生态实验站。有中学1所，小学10所，幼儿园1所，卫生院1个，卫生所17个，文化广播电视站1个。经济以林业为主，主产杉木。种植水稻、油菜等。工业以水电为主。服务业以商品零售为主。省道桃源—保靖线过境。

林源社区［Línyuán Shèqū］ 广坪镇人民政府驻地。在县境西南部。面积2平方千米。人口500。为县优质杉木种源区，故名。2000年成立。民居以侗乡建筑楼房为主。开展篮球、拔河比赛等。有民间艺术侗苗歌舞、唱拉木号子。有中小学、幼儿园、卫生院等。

马鞍镇［Mǎ'ān Zhèn］ 会同县辖镇。在县境北部。面积121平方千米。人口1.3万。以侗族为主，还有汉、苗、壮、满等民族。辖1居委会、16村委会，有172自然村。镇人民政府驻清江溪社区。1956年设马鞍乡。1958年改公社。1984年复乡。2002年改镇。因马鞍山得名。窦家团溪、大岳溪、马鞍溪、闹溪、马田溪、梅坪溪流经。有九年一贯制学校1所，小学5所，幼儿园1所，卫生院1个，卫生所16个，文化广播电视站1个。经济以养羊为主，有养殖基地。农业种植水稻、油菜。工业以木材加工为主。服务业以商品零售为主。焦柳铁路、包茂高速、209国道过境。

清江溪社区［Qīngjiāngxī Shèqū］ 马鞍镇人民政府驻地。在县境北部。面积0.4平方千米。人口200。因溪得名。2002年成立。民居以侗乡建筑楼房为主。开展阳戏、汉戏表演，篮球比赛等。有九年一贯制学校、幼儿园、卫生院等。通客运班车。

沙溪乡［Shāxī Xiāng］ 会同县辖乡。在县境东南部。面积130平方千米。人口1.5万。辖19村委会，有98自然村。镇人民政府驻沙溪村。1956年设沙溪乡。1958年改公社。1984年复乡。因乡政府驻地得名。木寨溪、木栗溪、冷溪、朗溪、古雅溪流经。有初中1所，完全小学1所，初级小学7所，幼儿园1所，卫生院1个，卫生所19个，医疗点3个，个体诊所1个，文化广播电视站1个，图书馆1个，农家书屋19个。为全国“唢呐艺术之乡”。经济以林业为主，主种杉、马尾松。农业种植水稻、油菜等。工业以竹木加工为主。服务业以商品零售为主。省道洪江—靖州线过境。

沙溪村［Shāxīcūn］ 沙溪乡人民政府驻地。在县政府驻地林城镇东南22千米。人口1000。明万历二十一年(1593)建村。因旱时溪河见沙不见水得名。聚落呈带状。有中小学、卫生院、卫生所。有民间艺术吹唢呐，侗族民俗游祭杨公。种植水稻、辣椒、油菜、核桃，养殖土猪等。省道洪江—靖州线经此。

金子岩侗族苗族乡［Jīnziyán Dòngzú Miáozú Xiāng］ 会同县辖乡。在县境东部。面积92平方千米。人口1.3万。其中侗族占65%，苗族占20%，还有汉、瑶、壮、彝等民族。辖13村委会，有145自然村。乡人民政府驻金子岩村。1956年设金子岩乡。后改公社。1984年复乡。1997年改今名。因乡政府驻地得名。巫水、金鱼口溪、木栗溪流经。有中学1所，小学10所，幼儿园1所，卫生院1个，卫生所13个，文化广播电视站1个。经济以林业为主，主种杉、马尾松、南竹等。农业种植水稻、中药材、油菜等。工业以竹木、爆竹加工为主。服务业以商品零售为主。省道会同沙溪—城步五团线，县道会同王家坪—城步汀坪、漫塘—长寨、长寨—王家坪、新华—晒金、小洪—栗木、枞树脚—泥湾线过境。

金子岩村［Jīnziyáncūn］　金子岩侗族苗族乡人民政府驻地。在县政府驻地林城镇东南32千米。人口900。以侗族为主，还有汉、苗等民族。明嘉靖二年(1523)建村。因有石闪光如金得名。聚落呈团块状。有中小学、卫生院等。种植水稻，产杉木、玉竹、百合等。有竹木加工业。省道会同沙溪—城步五团线经此。

王家坪乡［Wángjiāpíng Xiāng］　会同县辖乡。在县境东南部。面积84平方千米。人口1.2万。辖14村委会，有109自然村。镇人民政府驻王家坪村。1956年设王家坪乡。1958年改公社。1984年复乡。因乡政府驻地得名。巫水、木栗溪流经。有九年一贯制学校1所，小学3所，幼儿园1所，卫生院1个，卫生所14个，文化广播电视站1个。经济以林业为主，主种杉、马尾松、南竹等。农业种植水稻、柑橘、中药材等。工业以水电、竹木加工为主。服务业以商品零售为主。县道王家坪—城步汀坪、长寨—王家坪线过境。

王家坪村［Wángjiāpíngcūn］　王家坪乡人民政府驻地。在县政府驻地林城镇东27千米。人口1400。清初因黄姓迁居得名黄家坪，后因方言“黄”“王”同音，演为今名。聚落呈带状。有中小学、卫生院。种植水稻、柑橘、油菜，养殖淡水鱼。县道王家坪—城步汀坪、长寨—王家坪线经此。

长寨乡［Chángzhài Xiāng］　会同县辖乡。在县境东部。面积67平方千米。人口0.8万。以侗族为主，还有汉、苗、瑶、壮等民族。辖13村委会，有83自然村。镇人民政府驻长寨村。1956年设长寨乡。1958年并入王家坪公社。1961年析设长寨公社。1984年复乡。因乡政府驻地得名。巫水、白市溪、江抱溪流经。有九年一贯制学校1所，小学2所，幼儿园1所，卫生院1个，卫生所13个，文化广播电视站1个。有中国传统村落小市村。经济以林业为主，主产杉木、马尾松、南竹。种植水稻、柑橘、中药材。工业以水电、竹木加工为主。县道漫塘—长寨、长寨—王家坪线过境。

长寨村［Chángzhàicūn］　长寨乡人民政府驻地。在县政府驻地林城镇东30千米。人口400。因寨长得名。聚落呈团块状。有中小学、幼儿园、卫生院等。种植水稻、油菜、南竹，养殖河鱼。有特产冬笋、蜜橘。县道漫塘—长寨、长寨—王家坪线经此。

小市村［Xiǎoshìcūn］　在县政府驻地林城镇东60千米。长寨乡辖自然村。人口1200。以苗族为主，还有汉、侗等民族。宋末成村。因热闹如小街市得名。聚落呈团块状。为中国传统村落。有湘西苗寨传统民居300余栋，其中清代古民居8栋。有古迹谭氏家祠、文峰塔等。种植水稻、油菜等。通乡村道路。

高椅乡［Gāoyǐ Xiāng］　会同县辖乡。在县境东部。面积99平方千米。人口0.9万。以侗族为主，还有汉、苗、壮、布衣等民族。辖17村委会，有74自然村。乡人民政府驻高椅村。1956年设高椅乡。1958年并入若水公社。1961年析设高椅公社。1984年复乡。因乡政府驻地得名。巫水、邓家溪流经。有九年一贯制学校1所，小学4所，幼儿园1所，卫生院1个，卫生所18个，文化广播电视站1个。有全国重点文物保护单位高椅村古建筑群。有省级非物质文化遗产扛菩萨。经济以林业为主，主产杉木、马尾松、南竹。农业以种植水稻、油菜、百合、金银花为主。有特产牛肉干、河鱼干、九妹黑泡茶。工业以水电为主。服务业以旅游为主。省道绥宁—会同线过境。通巫水航道。

高椅村［Gāoyǐcūn］　高椅乡人民政府驻地。在县政府驻地林城镇东29千米。人口2400。以侗族为主，还有汉、苗等民族。三面环山，一面临水，如处高椅之中，故名。聚落呈椭圆形。有九年一贯制学校、幼儿园、卫生院、卫生所。为中国历史文化名村。有红白鱼塘、月光楼、老屋巷、上寨家祠等明清古民居104栋。经济以旅游、餐饮、土特产产销为主。有特产高椅竹雕、高椅泡茶、高椅牛肉干、高椅鱼干。省道绥宁—会同线、县道黄茅—高椅线经此。

黄茅乡［Huángmáo Xiāng］　会同县辖乡。在县境东北部。面积70平方千米。人口0.8万。辖13村委会，有93自然村。镇人民政府驻白羊村。1956年设黄茅乡。1958年并入若水公社。1961年析设黄茅公社。1984年复乡。因黄茅团村得名。巫水、车皮溪、土洞溪流经。有九年一贯制学校1所，小学3所，幼儿园1所，卫生院1个，卫生所13个，文化广播电视站1个。经济以种植水稻、蔬菜、百合、金银花为主。工业以水电、大米加工为主。服务业以商品零售为主。省道溆浦—通道、洪江—靖州线过境。通巫水航道。

白羊村［Báiyángcūn］　黄茅乡人民政府驻地。在县政府驻地林城镇东北32千米。人口700。因曾盛产洋白菜，以谐音得名。聚落呈团块状。有九年一贯制学校、幼儿园、卫生院等。种植水稻、蔬菜等。有大米加工、红砖烧制等业。省道溆浦—通道线经此。

肖家乡［Xiāojiā Xiāng］　会同县辖乡。在县境北部。面积91平方千米。人口1万。辖9村委会，有170自然村。镇人民政府驻肖家村。1956年设肖家乡。1958年并入岩脚公社。1961年析设肖家公社。1984年复乡。因乡政府驻地得名。竹瓦溪、鱼塘溪流经。有九年一贯制学校1所，小学2所，幼儿园1所，卫生院1个，卫生所9个，文化广播电视站1个。经济以林业为主，主产南竹、杉木、马尾松、冬笋。农业种植水稻、油菜等。工业以竹木加工为主。服务业以商品零售为主。省道洪江—会同线过境。

肖家村［Xiāojiācūn］　肖家乡人民政府驻地。在县政府驻地林城镇北34千米。人口1200。因姓氏得名。聚落呈带状。有九年一贯制学校、幼儿园、卫生院等。经济以水稻、南竹种植，木材加工，锰矿开采加工为主。省道洪江—会同线、县道肖家—马鞍线经此。

金龙乡［Jīnlóng Xiāng］　会同县辖乡。在县境东北部。面积110平方千米。人口1.1万。以侗族为主，还有汉、苗、壮、瑶等民族。辖12村委会，有151自然村。镇人民政府驻金坪村。1961年成立金龙公社。1983年改乡。因金龙山得名。会同河、大洞溪、竹瓦溪流经。有矿产资源金、煤矸石等。有九年一贯制学校1所，小学1所，幼儿园1所，卫生院1个，卫生所12个，文化广播电视站1个。经济以林业为主，主产杉木。农业种植水稻、柑橘、葛根等。有矿产开采、水电、竹木加工业。服务业以商品零售为主。省道洪江—会同线过境。

金坪村［Jīnpíngcūn］　金龙乡人民政府驻地。在县政府驻地林城镇东北17千米。人口1300。宋绍兴年间(1131—1162)建村。因旧产黄金得名金盆，后演为今名。聚落呈带状。有九年一贯制学校、幼儿园、卫生院等。种植水稻、杉木、南竹，有竹木加工业。省道洪江—会同线经此。

宝田侗族苗族乡［Bǎotián Dòngzú Miáozú Xiāng］　会同县辖乡。在县境西北部。面积65平方千米。人口1万。其中侗族占64%，苗族占23%，还有汉、壮、土家等民族。辖10村委会，有119自然村。乡人民政府驻宝田村。1956年设宝田乡。1958年改公社。1984年复乡。1997年改今名。因乡政府驻地得名。窦家团溪、楠木洞溪、炳溪、旺田溪流经。有九年一贯制学校1所，小学1所，幼儿园1所，卫生院1个，卫生所10个，文化广播电视站1个，图书馆1个，农家书屋10个。有省级非物质文化遗产草龙舞。经济以林业为主，种植水稻、油茶、茶树。盛产茶油。工业以茶叶加工为主。服务业以商品零售为主。县道蓑衣场—坪村线过境。

宝田村［Bǎotiáncūn］　宝田侗族苗族乡人民政府驻地。在县政府驻地林城镇西北17千米。人口2000。以侗族为主，还有汉、苗、壮、土家、傣等民族。因以田为宝得名。聚落呈团块状。有九年一贯制学校、卫生院等。主产稻谷、茶油、茶叶。有茶场。县道蓑衣场—坪村线经此。

漠滨侗族苗族乡［Mòbīn Dòngzú Miáozú Xiāng］　会同县辖乡。在县境西北部。面积78平方千米。人口1.5万。其中侗族占66%，苗族占19%，还有汉、回、壮等民族。辖1居委会、10村委会，有130自然村。乡人民政府驻漠滨村。民国时期曾设漠滨乡。1956年为漠滨乡。1958年改公社。1984年复乡。1997年改今名。因乡政府驻地得名。渠水河、清水江流经。有九年一贯制学校1所，小学5所，幼儿园1所，卫生院1个，卫生所9个，文化广播电视站1个。经济以河鱼、生猪、山羊养殖为主。农业种植水稻、油茶、油菜、柑橘等。服务业以商品零售为主。县道枫木—漠滨、漠滨—托口线过境。

漠滨村［Mòbīncūn］　漠滨侗族苗族乡人民政府驻地。在县政府驻地林城镇西北26千米。人口2000。以侗族为主，还有汉、苗、回等民族。因莫姓居河滨得名莫滨，后演为今名。聚落呈团块状。有九年一贯制学校、卫生院。种植水稻、油茶、桐树，养殖河鱼。县道枫木—漠滨、漠滨—托口线经此。

蒲稳侗族苗族乡［Púwěn Dòngzú Miáozú Xiāng］　会同县辖乡。在县境西部。面积56平方千米。人口1万。其中侗族占67%，苗族占27%，还有汉、布依、壮等民族。辖9村委会，有77自然村。乡人民政府驻蒲稳村。1956年设蒲稳乡。1958年并入朗江公社。1961年析设蒲稳公社。1984年复乡。1997年改今名。因乡政府驻地得名。阳溪、蒲稳溪、冷水溪、岩梅溪、翁乐溪流经。有初中1所，小学6所，幼儿园1所，卫生院1个，卫生所9所，文化广播电视站1个，图书馆1个，农家书屋9个。经济以林业为主。盛产茶油、杉木、马尾松。种植水稻、油菜、柑橘等。服务业以商品零售为主。省道洪江—会同线过境。

蒲稳村［Púwěncūn］　蒲稳侗族苗族乡人民政府驻地。在县政府驻地林城镇西19千米。人口1200。以侗族为主，还有汉、苗等民族。传蒲姓开发，因势力大、底盘稳固得名。聚落呈团块状。有中小学、卫生院等。主产茶油、杉木、稻谷等。省道洪江—会同线经此。

青朗侗族苗族乡［Qīnglǎng Dòngzú Miáozú Xiāng］　会同县辖乡。在县境西部。面积58平方千米。人口1万。其中侗族占45%，苗族占29%，还有汉、壮、布依等民族。辖9村委会，有63自然村。乡人民政府驻青朗村。1956年设青朗乡。1958年并入朗江公社。1961年析设青朗公社。1984年复乡。1997年改今名。因乡政府驻地得名。渠水河流经。有九年一贯制学校1所，小学3所，幼儿园1所，卫生院1个，卫生所9个，文化广播电视站1个。以电站库区经济为主。主产河鱼、鱼干、山茶油、茶叶、金银花。种植水稻、油菜等。工业以木材、植物油加工为主。服务业以商品零售为主。省道洪江横岩—会同蒲稳线,县道青朗—广坪线过境。通渠水河航道。

青朗村［Qīnglǎngcūn］ 青朗侗族苗族乡人民政府驻地。在县政府驻地林城镇西11千米。人口1600。以侗族为主,还有汉、苗等民族。因山清水秀,格外明朗得名。聚落呈带状。有九年一贯制学校、幼儿园、卫生院等。种植水稻、油茶,养殖河鱼。有木材、植物油加工业。县道青朗—广坪线经此。通渠水河航道。

炮团侗族苗族乡［Pàotuán Dòngzú Miáozú Xiāng］ 会同县辖乡。在县境西部。面积85平方千米。人口1.3万。其中侗族占61%,苗族占36%,还有汉、壮、布依等民族。辖12村委会,有74自然村。乡人民政府驻炮团村。1956年设炮团乡。1958年并入广坪公社。1961年析设炮团公社。1984年复乡。1997年改今名。因乡政府驻地得名。清水河流经。有九年一贯制学校1所,小学5所,幼儿园1所,卫生院1个,卫生所12个,文化广播电视站1个。经济以林业为主。主产山茶油、杉木、马尾松。种植水稻、甘薯、油菜等。工业以黄金开采、青石板材采掘加工、食用油加工为主。通乡村道路。通清水河航道。

炮团村［Pàotuáncūn］ 炮团侗族苗族乡人民政府驻地。在县政府驻地林城镇西20千米。人口2000。以侗族为主,还有汉、苗等民族。因自制土炮防匪患得名。聚落呈带状。有九年一贯制学校、幼儿园、卫生院等。种植水稻、油茶、杉树等。

地灵乡［Dìlíng Xiāng］ 会同县辖乡。在县境西南部。面积78平方千米。人口1.1万。以侗族为主,还有汉、苗、壮、布依、瑶等民族。辖11村委会,有78自然村。乡人民政府驻地灵村。1956年设地灵乡。1958年并入广坪公社。1961年析设地灵公社。1984年复乡。因乡政府驻地得名。地灵河流经。有初中1所,小学4所,幼儿园1所,卫生院1个,卫生所11个,文化广播电视站1个,图书馆1个,农家书屋11个。经济以林业为主。主种杉树、马尾松。种植水稻、油菜等。服务业以商品零售为主。通乡村道路。

地灵村［Dìlíngcūn］ 地灵乡人民政府驻地。在县政府驻地林城镇西南22千米。人口1400。以侗族为主,还有汉、苗等民族。传土地老爷显灵得名。聚落呈团块状。有中小学、幼儿园、卫生院等。种植水稻、杉树、马尾松、杨梅等。

连山乡［Liánshān Xiāng］ 会同县辖乡。在县境南部。面积68平方千米。人口1.5万。辖12村委会,有89自然村。乡人民政府驻建设村。民国时期曾设连山乡。1956年为连山乡。1958年改公社。1984年复乡。因远视如2山相连得名。渠水河流经。有中学1年、小学5所,幼儿园2所,卫生院1个,卫生所12个,医疗点4个,文化广播电视站1个,图书馆1个,农家书屋12个。有省级非物质文化遗产连山斗牛舞。有中国传统村落大坪村。经济以种植水稻、油菜、柑橘为主。工业以水电、造船为主。服务业以商品零售为主。焦柳铁路、包茂高速、209国道过境。

建设村［Jiànshècūn］ 连山乡人民政府驻地。在县政府驻地林城镇南10千米。人口2400。因20世纪50年代各项建设成绩突出得名。聚落呈团块状。矿产资源有河沙。有中小学、幼儿园、卫生院等。种植水稻、柑橘等。209国道经此。通公交车。

大坪村［Dàpíngcūn］ 在县政府驻地林城镇南3千米。连山乡辖自然村。人口2200。因处平阔大坪得名。聚落呈团块状。为中国传统村落。有名胜古迹连山石、荷花塘、狮子洞、神农宅、药王洞。有民间艺术和民俗斗牛舞、奉炎帝。经济以水稻、蜜枣种植,杂交水稻制种为主。209国道经此。通公交车。

岩头乡［Yántóu Xiāng］ 会同县辖乡。在县境东南部。面积113平方千米。人口1.3万。辖16村委会,有135自然村。乡人民政府驻溪坪村。1956年设岩头乡。1958年改公社。1984年复乡。因岩头场得名。渠水河流经。有初中1所,小学3所,幼儿园1所,卫生院1个,卫生所16个,文化广播电视站1个。有中国传统村落墓脚村。经济以林业为主。主产杉木、马尾松。种植水稻、油菜、柑橘、高山核桃等。工业以建材制造为主。服务业以商品零售为主。县道会同—向阳线过境。通渠水河航道。

溪坪村［Xīpíngcūn］ 岩头乡人民政府驻地。在县政府驻地林城镇南6千米。人口1400。因岩头溪于此注入渠水河得名。聚落呈团块状。有中小学、幼儿园、卫生院等。种植水稻、蔬菜等。县道会同—王家店线经此。通渠水河航道。

墓脚村［Mùjiǎocūn］ 在县政府驻地林城镇南6千米。岩头乡辖自然村。人口1700。元至正年间(1341—1368)建村。传皇帝表彰孝子,于其母坟脚立双阙,故名。聚落呈团块状。为中国传统村落。有清末民初古建筑24栋。有古凉亭、古大门。种植水稻、油菜、柑橘等。

洒溪乡［Sǎxī Xiāng］ 会同县辖乡。在县境东南部。面积70平方千米。人口0.9万。辖10村委会,有98自然村。乡人民政府驻坪寨村。1956年设洒溪乡。1958年并入坪村公社。1961年析设洒溪公社。1984年复乡。因溪水如自天上洒下得名。洒溪、镇溪、落龙溪流经。有初中1所,小学2所,幼儿园1所,卫生院1个,卫生所10个,文化广播电视站1个。经济以南竹种植、加工为主。农业以水稻、油菜种植为主。工业以造纸、玉兰片加工为主。服务业以商品零售为主。省道桃源—保靖线过境。

坪寨村［Píngzhàicūn］ 洒溪乡人民政府驻地。在县政府驻地林城镇东南10千米。人口1100。以汉族为主,还有侗、苗等民族。因地势平坦得名。聚落呈团块状。有小学、幼儿园、卫生院等。主产稻谷、油菜籽、南竹、冬笋、玉兰片。省道桃源—保靖线经此。

麻阳苗族自治县

麻阳苗族自治县［Máyáng Miáozú Zìzhìxiàn］ 怀化市辖县。北纬27°51′,东经109°48′。在市境北部。面积1568平方千米。人口40万。其中苗族占80.3%,还有汉、侗、土家等民族。辖6镇、17乡。县人民政府驻高村镇。唐武德三年(620)析沅陵、辰溪2县置麻阳县。此后未变,先后隶属辰州、辰州府、沅州府、辰沅道、湖南省、芷麻黔晃行政区、第三行政督察区、第四行政督察区、第九行政督察区、沅陵专区、黔阳专区、怀化行政区。1988年改今名。1997年属怀化市。因南朝陈天嘉三年(562)于辰水北岸麻潭设麻阳戍得名。1990年县城南扩,先后建城北、城南、城东、尧里河防洪堤。2006年建设城东、西部,先后建锦江阁、苗族风雨桥等。南、西、北三面环山。以山地为主,兼有丘陵、河谷平原。处雪峰山、武陵山脉之间。平均海拔767.5米。最高点西晃山海拔1405米。年均气温19.5℃,1月平均气温5.6℃,7月平均气温28℃。年均降水量1300毫米。锦江流经。有矿产资源铜、铁、铅、锌、锰、钒等。有野生植物1200余种,其中国家重点保护植物有云山伯乐、银杏、杜仲、桢楠等10种。有野生动物800余种,其中国家重点保护动物有穿山甲、长尾雉、大鲵、麂子等12种。有西晃山省级森林公园。森林覆盖率65.3%。有高中2所,中专学校1所,中学23所,小学146所,特殊教育学校1所,二级医院2个。有省级爱国主义教育基地滕代远纪念馆、滕代远故居。有省级非物质文化遗产麻阳盘瓠祭。有民间艺术麻阳绘画。有中国传统村落岩口山村、小江村等4个。三次产业比例25∶34∶41。农业以种植水稻、柑橘为主。产无籽西瓜、大麻鸭等。为中国"冰糖橙之乡"。工业以食品加工、电子、冶炼为主。有省级开发区1个。服务业以餐饮、商贸为主。焦柳、渝怀铁路,吉怀高速,209国道,省道平江—凤凰线过境。

锦江广场［Jǐnjiāng Guǎngchǎng］ 在县城北部。面积7992平方米。2003年开工,2004年建成。原名福寿广场,2008年因锦江更今名。有苗族图腾柱6根,苗族人物铜雕9座,喷泉1个。有若干"福""寿"字石块。为重大活动、健身、休闲、民族特色游览场所。周边有滕代远纪念馆、步行街、苗族风雨桥、锦江阁、青少年体育中心。通公交车。

锦江大桥［Jǐnjiāng Dàqiáo］ 在县城中部。长527米,宽17.5米,最大跨度131.5米,桥下净高32米。2003年开工,2005年建成。为县首座跨锦江桥梁,故名。为大型河道桥梁,结构型式为石砌上承式四孔拱桥。最大载重55吨。通公交车。

富州大桥［Fùzhōu Dàqiáo］ 在县城中部。长108米,宽20米,最大跨度100米,桥下净高12.7米。1965年开工,1967年建成。1998年扩建。因所在地古为富州得名。为中型河道桥梁,结构型式为单跨双曲拱桥。最大载重41吨。通公交车。

麻阳二桥［Máyáng 2 Qiáo］ 在县城中部。长103米,宽9米,最大跨度98米,桥下净高15米。1988年开工,1989年建成。为县第二座跨尧里河桥,故名。为中型河道桥梁,结构型式为钢筋混凝土板筋拱桥。最大载重41吨。通公交车。

麻阳站［Máyáng Zhàn］ 见交通运输设施部分"麻阳站"条。

麻阳长途汽车站［Máyáng Chuángtú Qìchēzhàn］ 见交通运输设施部分"麻阳长途汽车站"条。

高村镇［Gāocūn Zhèn］ 麻阳苗族自治县人民政府驻地。在县境东北部。面积54平方千米。人口7.1万。以苗族为主,还有汉、侗等民族。辖10居委会、8村委会,有69自然村。镇人民政府驻尧里社区。1952年设高村镇。1958年改公社。1960年分设高村、高村城镇2公社。1984年分别改高村乡、高村镇。2006年乡并入镇。因地势高得名。锦江、尧里河流经。有中学4所,小学4所,二级医院2个,卫生院3个,卫生所32个。有图书馆、体育馆、公园、广场。有省级爱国主义教育基地滕代远纪念馆。有省级非物质文化遗产麻阳盘瓠祭。经济以食品加工、酿酒、电子、商贸为主。农业种植柑橘、蔬菜等。有餐饮、服务业。有步行街、专业市场。焦柳铁路、吉怀高速、209国道、省道平江—凤凰线过境。有麻阳站、麻阳长途汽车站。

富州北路［Fùzhōu Běilù］ 在县城北部。南起富州大桥,北至梅水桥。与大桥路、友谊路、兴隆街、人民路、田坪路、建设北路相交。长1.7千米,宽10—20米。沥青路面。1956年开工,

1975年建成。1988、1997、2007年改扩建。因所在地古为富州得名，分南、北2路。两侧有步行街、小学、城北市场、县医院等。通公交车。

富州南路［Fùzhōu Nánlù］　在县城南部。南起五三铁路桥，北至富州大桥。与滨河路、五一路、车站路相交。长2.8千米，宽40米。沥青路面。1956年开工，1975年建成。1978、1988、1997、2007年改扩建。两侧有地税局、民政局、邮政局、法院、教育局、民族中学、麻阳站、长途汽车站等。通公交车。

建设北路［Jiànshè Běilù］　在县城北部。南起尧里二桥，北至梅水桥。与友谊西路、兴隆街、人民西路、田坪西路、富州北路相交。长1.7千米，宽20米。沥青路面。1976年开工，1978年建成。1988、2009年改扩建。两侧有中学、城北市场等。通公交车。

建设南路［Jiànshè Nánlù］　在县城南部。南起五一西路，北至尧里二桥。与滨河路、新城路相交。长1.6千米，宽32米。沥青路面。1988年开工，1989年建成。1997、2009年改扩建。两侧有老干局、国税局、水利局、检察院、城南加油站等。通公交车。

滨江大道［Bīnjiāng Dàdào］　在县城东部。南起县道高村—文昌阁线，北至绿溪口大桥。与荷花路、农场路相交。长2.9千米，宽42米。沥青路面。2006年开工，2012年建成。2014年改扩建。因邻河得名。两侧有职业中学、文化广播新局、卫计局、县行政中心、国土局、社保局等。通公交车。

尧里社区［Yáolǐ Shèqū］　高村镇人民政府驻地。在县境东北部。面积1.2平方千米。人口1.3万。因尧里河得名。2006年成立。民居以5—7层楼房为主。有文化活动中心。有乐队、舞蹈队等。有卫生院、民族剧院、城北综合市场。通公交车。

锦和镇［Jǐnhé Zhèn］　麻阳苗族自治县辖镇。在县境西南部。面积87平方千米。人口2.1万。以苗族为主，还有汉、侗等民族。辖2居委会、20村委会，有101自然村。镇人民政府驻西街社区。1953年设锦和镇。1956年分锦和镇、锦和乡。1961年改锦和城镇、锦和2公社。1984年复镇、乡。1985年乡并入镇。古为锦州地，以“弭兵不战，苗汉为和”得名。有初中1所，小学4所，卫生院1个，卫生室22个。有幼儿园、文化广播站等。为省级历史文化名镇。有锦和古城。有中国传统村落岩口山村。经济以种植水稻、柑橘、蔬菜为主。工业以农产品加工为主。服务业以商贸、商品零售为主。渝怀铁路、县道岩门—锦和线过境。

西街社区［Xījiē Shèqū］　锦和镇人民政府驻地。在县境西南部。面积6平方千米。人口3300。因西街得名。1985年成立。民居以3—6层楼房为主。有卫生院。有古迹孔庙、同天寺、城隍庙、古城门。通公交车。

江口墟镇［Jiāngkǒuxū Zhèn］　麻阳苗族自治县辖镇。在县境西南部。面积107平方千米。人口2万。以苗族为主，还有汉、侗等民族。辖1居委会、14村委会，有113自然村。镇人民政府驻江口社区。1958年成立江口公社。1981年更名江口墟公社。1984年改镇。因处大爷溪入锦江口得名。锦江流经。有初中1所，小学5所，卫生院1个，卫生室16个。有幼儿园、文化广播站等。经济以种植水稻、柑橘、蔬菜为主。产甘蔗、西瓜、猕猴。工业以农产品加工为主。服务业以商贸为主。渝怀铁路、县道高村—文昌阁线过境。

江口社区［Jiāngkǒu Shèqū］　江口墟镇人民政府驻地。在县境西南部。面积9平方千米。人口2700。因镇得名。1984年成立。民居以3—6层楼房为主。有文化活动中心、露天演出舞台。有乐队、舞蹈队等。有中学、卫生院、集贸市场。县道高村—文昌阁线经此。

岩门镇［Yánmén Zhèn］　麻阳苗族自治县辖镇。在县境西北部。面积71平方千米。人口2.4万。以苗族为主，还有汉、侗等民族。辖1居委会、12村委会，有96自然村。镇人民政府驻岩门社区。1958年成立岩门公社。1986年改镇。因镇政府驻地原名得名。尧里河流经。有初中1所，小学13所，卫生院1个，卫生室14个。有幼儿园、文化广播站等。有省级爱国主义教育基地滕代远故居。经济以种植水稻、柑橘、蔬菜为主。工业以农产品加工为主。服务业以商贸为主。吉怀高速、209国道过境。

岩门社区［Yánmén Shèqū］　岩门镇人民政府驻地。在县境西北部。面积3平方千米。人口2100。因旧有大岩石门得名。1986年成立。民居以3—6层楼房为主。有腰鼓队、乐队等。有中学、卫生院。有面条加工业。209国道经此。

兰里镇［Lánlǐ Zhèn］　麻阳苗族自治县辖镇。在县境东部。面积76平方千米。人口2.8万。以苗族为主，还有汉、土家等民族。辖1居委会、21村委会，有119自然村。镇人民政府驻兰里社区。1958年成立兰里公社。1984年改镇。因镇政府驻地原名得名。锦江流经。有初中1所，小学11所，卫生院1个，卫生室22个。有幼儿园、文化广播站等。有古迹满公祠。经济以种植水稻、柑橘、猕猴桃、冰糖橙、黄桃，养殖白鹅为主。工业以农产品加工为主。服务业以商贸为主。省道平江—凤凰线过境。

兰里社区［Lánlǐ Shèqū］　兰里镇人民政府驻地。在县境东部。面积3平方千米。人口2300。原因道路泥泞得名滥泥，后因产芷兰更今名。1984年成立。民居以3—6层楼房为主。有民间艺术花灯戏。有中学、卫生院。有集贸市场。省道平江—凤凰线经此。

吕家坪镇［Lǚjiāpíng Zhèn］　麻阳苗族自治县辖镇。在县境东部。面积54平方千米。人口2万。以苗族为主，还有汉、土家等民族。辖2居委会、13村委会，有73自然村。镇人民政府驻吕家坪社区。1958年成立吕家坪公社。1984年改镇。因镇政府驻地原名得名。锦江流经。有初中1所，小学6所，卫生院1个，卫生室10个。有幼儿园、文化广播站等。经济以种植水稻、柑橘、桃李、西瓜、蔬菜为主。工业以农产品加工为主。服务业以商贸为主。省道平江—凤凰线过境。

吕家坪社区［Lǚjiāpíng Shèqū］　吕家坪镇人民政府驻地。在县境东部。面积8平方千米。人口4200。因原吕姓开辟集市得名。1984年成立。民居以3—6层楼房为主。有“长河号子”演出队。有中学、卫生院。省道平江—凤凰线经此。

郭公坪乡［Guōgōngpíng Xiāng］　麻阳苗族自治县辖乡。在县境西南部。面积115平方千米。人口1.8万。以苗族为主，还有汉、瑶等民族。辖19村委会，有117自然村。乡人民政府驻郭公坪村。1956年设郭公坪乡。1958年并入锦和公社。1961年析设郭公坪公社。1984年复乡。因乡政府驻地得名。锦江流经。有初中1所，小学10所，卫生院1个，卫生室6个。有幼儿园、文化广播站等。有小坡哨、川洞哨堡等遗址。有中国传统村落湾里。经济以种植水稻为主。有特产小籽花生、黑猪。工业以农产品加工为主。服务业以商贸为主。渝怀铁路过境。

郭公坪村［Guōgōngpíngcūn］　郭公坪乡人民政府驻地。在县政府驻地高村镇西南37千米。人口2800。以苗族为主，还有汉、侗、土家等民族。因姓氏得名。聚落呈团块状。有中小学、卫生院。种植水稻，养殖生猪、鸡、鸭等。省道锦和—郭公坪线经此。

长潭乡［Chángtán Xiāng］　麻阳苗族自治县辖乡。在县境西南部。面积47平方千米。人口1.1万。以苗族为主，还有汉、侗等民族。辖11村委会，有67自然村。乡人民政府驻长潭村。1961年由锦和公社析设长潭公社。1984年改乡。因乡政府驻地得名。锦江流经。有初中1所，小学3所，卫生院1个，卫生室6个。有幼儿园、文化广播站等。经济以种植水稻、柑橘、油菜、猕猴桃、刺葡萄、蔬菜为主。工业以农产品加工为主。服务业以商贸为主。渝怀铁路过境。

长潭村［Chángtáncūn］　长潭乡人民政府驻地。在县政府驻地高村镇西南4千米。人口1200。以苗族为主，还有汉、侗等民族。锦江流经。有长潭，故名。聚落呈团块状。有中小学、卫生院。种植水稻、柑橘，养殖生猪、鸡、鸭等。有集市。

拖冲乡［Tuōchōng Xiāng］　麻阳苗族自治县辖乡。在县境西南部。面积87平方千米。人口1.2万。以苗族为主，还有汉、侗等民族。辖12村委会，有97自然村。乡人民政府驻拖冲村。1961年由尧市公社析设拖冲公社。1984年改乡。因乡政府驻地得名。有初中1所，小学2所，卫生院1个，卫生室6个。有幼儿园、文化广播站等。经济以种植水稻、柑橘、油菜为主。县道文昌阁—拖冲线过境。

拖冲村［Tuōchōngcūn］　拖冲乡人民政府驻地。在县政府驻地高村镇西南39千米。人口3100。以苗族为主，还有汉、侗等民族。旧有独木桥，需拖扶过桥，故名。聚落呈团块状。有小学、卫生院。种植水稻，养殖生猪、鸡、鸭等。有集市。县道文昌阁—拖冲线经此。

尧市乡［Yáoshì Xiāng］　麻阳苗族自治县辖乡。在县境西南部。面积90平方千米。人口1.2万。以苗族为主，还有汉、侗等民族。辖12村委会，有88自然村。乡人民政府驻尧市村。1958年成立尧市公社。1984年改乡。因乡政府驻地得名。有初中1所，小学4所，卫生院1个，卫生室13个。有幼儿园、文化广播站等。有中国传统村落小江村。经济以种植水稻、油菜、猕猴桃、刺葡萄为主。有特产松油、五倍子。工业以农产品加工为主。服务业以商贸、餐饮为主。县道文昌阁—拖冲线过境。

尧市村［Yáoshìcūn］　尧市乡人民政府驻地。在县政府驻地高村镇西南37千米。人口2400。以苗族为主，还有汉、侗等民族。旧多石灰窑，后成集市，故名窑市，1949年后取舜日尧天之意更今名。聚落呈团块状。有中小学、卫生院。种植水稻，养殖生猪、家禽等。有集市。县道文昌阁—拖冲线经此。

文昌阁乡［Wénchānggé Xiāng］　麻阳苗族自治县辖乡。在县境西南部。面积69平方千米。人口1.3万。以苗族为主，还有汉、土家等民族。辖14村委会，有78自然村。乡人民政府驻新寨坪村。1956年设文昌阁乡。1958年并入尧市公社。1961年析设文昌阁公社。1984年复乡。因旧有文昌圣帝楼阁得名。有初中1所，小学2所，卫生院1个，卫生室8个。有幼儿园、文化广播站等。经济以种植水稻、猕猴桃、刺葡萄为主。工业以农产品加工为主。服务业以商贸为主。县道高村—文昌阁线过境。

新寨坪村［Xīnzhàipíngcūn］　文昌阁乡人民政府驻地。在县政府驻地高村镇西南31千米。人口900。以苗族为主，还有汉、侗等民族。为1949年后新成立村寨，故名。聚落呈带状。有中小学、卫生院。种植水稻、林木，养殖猪、鸡、鸭。有集市。县道高村—文昌阁线经此。

大桥江乡 [Dàqiáojiāng Xiāng] 麻阳苗族自治县辖乡。在县境西南部。面积62平方千米。人口1.2万。以苗族为主,还有汉、瑶等民族。辖10村委会,有86自然村。乡人民政府驻大桥江村。1956年设大桥江乡。1958年并入江口公社。1961年析设大桥江公社。1984年复乡。因乡政府驻地得名。有西晃山省级森林公园。有九年一贯制学校1所,卫生院1个,卫生室7个。有幼儿园、文化广播站等。有中国传统村落豪侠坪村。经济以水稻、猕猴桃、刺葡萄种植,山羊、黄牛养殖为主。工业以农产品、矿泉水加工为主。服务业以商贸、餐饮为主。县道高村—文昌阁线过境。

大桥江村 [Dàqiáojiāngcūn] 大桥江乡人民政府驻地。在县政府驻地高村镇西南25千米。人口2100。以苗族为主,还有汉、土家等民族。因旧有石墩木桥得名。聚落呈带状。有九年一贯制学校、卫生院。种植水稻,养殖生猪、鸡、鸭等。县道高村—文昌阁线经此。

舒家村乡 [Shūjiācūn Xiāng] 麻阳苗族自治县辖乡。在县境中部。面积41平方千米。人口1.2万。以苗族为主,还有汉族。辖9村委会,有82自然村。乡人民政府驻舒家村。1961年由江口公社析设舒家村公社。1984年改乡。因乡政府驻地得名。锦江流经。有初中1所,小学7所,卫生院1个,卫生室7个。有幼儿园、文化广播站等。经济以种植水稻为主。工业以农产品加工为主。有特产福寿红糖。服务业以商贸为主。渝怀铁路过境。

舒家村 [Shūjiācūn] 舒家村乡人民政府驻地。在县政府驻地高村镇西南18千米。人口1800。以苗族为主,还有汉族。因舒姓始居得名。聚落呈带状。有中小学、卫生院。种植水稻,养殖生猪、鸡、鸭等。有集市。

隆家堡乡 [Lóngjiābǎo Xiāng] 麻阳苗族自治县辖乡。在县境南部。面积68平方千米。人口1.3万。以苗族为主,还有汉、侗等民族。辖13村委会,有80自然村。乡人民政府驻隆家堡。1961年由江口公社析设隆家堡公社。1984年改乡。因乡政府驻地得名。锦江流经。有初中1所,小学1所,卫生院1个,卫生室8个。有幼儿园、文化广播站等。经济以种植水稻、柑橘为主。工业以农产品加工为主。服务业以商贸为主。包茂高速过境。

隆家堡 [Lóngjiābǎo] 隆家堡乡人民政府驻地。在县政府驻地高村镇南11千米。人口1600。以苗族为主,还有汉、侗等民族。因商而聚,寄生意兴隆之意得名。聚落呈团块状。有中小学、卫生院。经济以水稻种植,生猪、鸡、鸭养殖为主。有集市。县道高村—文昌阁线经此。

谭家寨乡 [Tánjiāzhài Xiāng] 麻阳苗族自治县辖乡。在县境中部。面积71平方千米。人口1.3万。以苗族为主,还有汉、瑶等民族。辖14村委会,有60自然村。乡人民政府驻弄里村。1956年设谭家寨乡。1958年并入岩门公社。1961年析设谭家寨公社。1984年复乡。因谭姓始居得名。有初中1所,小学1所,卫生院1个,卫生室12个。有幼儿园、文化广播站等。经济以种植水稻、冰糖橙、刺葡萄为主。服务业以乡村旅游为主。县道岩门—锦和线过境。

弄里村 [Lònglǐcūn] 谭家寨乡人民政府驻地。在县政府驻地高村镇西南12千米。人口1800。以苗族为主,还有汉、土家、侗等民族。因旧时居谭家寨巷弄得名。聚落呈带状。有中小学、卫生院。种植水稻,养殖生猪、鸡、鸭。有集市。县道岩门—锦和线经此。

石羊哨乡 [Shíyángshào Xiāng] 麻阳苗族自治县辖乡。在县境西部。面积73平方千米。人口1.2万。以苗族为主,还有汉族。辖12村委会,有61自然村。乡人民政府驻新田村。1961年由岩门公社析设石羊哨公社。1984年改乡。旧岩洞有石羊,且有哨卡,故名。有初中1所,小学5所,卫生院1个,卫生室8个。有幼儿园、文化广播站等。经济以水稻、冰糖橙种植,河鱼养殖为主。有特产金秋梨、红心猕猴桃、核桃、绿壳鸡蛋。服务业以商贸、餐饮为主。吉怀高速、209国道过境。

新田村 [Xīntiáncūn] 石羊哨乡人民政府驻地。在县政府驻地高村镇西15千米。人口900。以苗族为主,还有汉、侗等民族。以新开良田得名。聚落呈带状。有中小学、卫生院。种植水稻、柑橘,养殖生猪、鸡、鸭。吉怀高速、209国道经此。

板栗树乡 [Bǎnlìshù Xiāng] 麻阳苗族自治县辖乡。在县境北部。面积70平方千米。人口1.4万。以苗族为主,还有汉、侗等民族。辖13村委会,有68自然村。乡人民政府驻武岩村。1956年设板栗树乡。1958年并入大江公社。1961年析设板栗树公社。1984年复乡。因乡政府驻地原多板栗树得名。有初中1所,小学1所,卫生院1个,卫生室6个。有幼儿园、文化广播站等。有名胜古迹八斗山、南山坑古战场、古银杏树群。经济以种植水稻、玉米为主。服务业以商贸、餐饮为主。焦柳铁路过境。

武岩村 [Wǔyáncūn] 板栗树乡人民政府驻地。在县政府驻地高村镇北13千米。人口1800。垒岩为堡,以武卫乡,故名。聚落呈团块状。有中小学、卫生院。种植水稻,养殖生猪、鸡、鸭。有集市。焦柳铁路、县道高村—木江坪线经此。

谷达坡乡 [Gǔdápō Xiāng] 麻阳苗族自治县辖乡。在县境北部。面积47平方千米。人口1.2万。以苗族为主,还有汉族。辖9村委会,有58自然村。乡人民政府驻谷达坡。1961年由大江公社析设谷达坡公社。1984年改乡。因乡政府驻地得名。有初中1所,小学2所,卫生院1个,卫生室9个。有幼儿园、文化广播站等。经济以种植水稻、玉米、柑橘为主。焦柳铁路、县道高村—木江坪线过境。

谷达坡村 [Gǔdápōcūn] 谷达坡乡人民政府驻地。在县政府驻地高村镇北6千米。人口2200。以苗族为主,还有汉族。因多山坡、山谷得名。聚落呈带状。有小学、卫生院。种植水稻,养殖生猪、鸡、鸭。焦柳铁路、县道高村—木江坪线经此。

兰村乡 [Láncūn Xiāng] 麻阳苗族自治县辖乡。在县境南部。面积73平方千米。人口1万。以苗族为主,还有汉、土家等民族。辖14村委会,有68自然村。乡人民政府驻兰村村。1956年设兰村乡。1958年并入高村公社。1961年析设兰村公社。1984年复乡。因乡政府驻地得名。锦江流经。有初中1所,小学1所,卫生院1个,卫生室5个。有幼儿园、文化广播站等。经济以种植水稻、猕猴桃、冰糖橙为主。服务业以旅游为主,有农家乐。吉怀高速、209国道过境。

兰村村 [Láncūncūn] 兰村乡人民政府驻地。在县政府驻地高村镇南7千米。人口700。以苗族为主,还有汉、侗等民族。旧名蛮村,后以锦江岸产芷兰更今名。聚落呈带状。有小学、卫生院。经济种植水稻、柑橘,养殖生猪、鸡、鸭,旅游为主。有农家乐。209国道经此。

栗坪乡 [Lìpíng Xiāng] 麻阳苗族自治县辖乡。在县境东北部。面积43平方千米。人口1.2万。以苗族为主,还有汉族。辖8村委会,有88自然村。乡人民政府驻三家村。1961年由高村公社析设栗坪公社。1984年改乡。因乡政府驻地为坪地且多栗木得名。有初中1所,小学1所,卫生院1个,卫生室8个。有幼儿园、文化广播站等。经济以种植水稻、柑橘为主。工业以硅业、锰业、造纸为主。县道梅水桥—合水线过境。

三家村 [Sānjiācūn] 栗坪乡人民政府驻地。在县政府驻地高村镇东北5千米。人口1300。以苗族为主,还有汉、土家等民族。因向氏三兄弟迁此建村得名。聚落呈带状。有中小学、卫生院。种植水稻,养殖生猪、鸡、鸭等。县道梅水桥—合水线经此。

绿溪口乡 [Lùxīkǒu Xiāng] 麻阳苗族自治县辖乡。在县境东部。面积47平方千米。人口2万。以苗族为主,还有汉、土家等民族。辖14村委会,有74自然村。乡人民政府驻绿溪口。1961年由高村公社析设绿溪口公社。1984年改乡。因乡政府驻地得名。锦江流经。有初中1所,小学10所,卫生院1个,卫生室15个。有幼儿园、文化广播站等。经济以种植水稻、蔬菜、柑橘为主。有特产雪峰山乌骨鸡、柰李、金秋梨。省道平江—凤凰线过境。

绿溪口村 [Lùxīkǒucūn] 绿溪口乡人民政府驻地。在县政府驻地高村镇东4千米。人口800。以苗族为主,还有汉、土家等民族。因溪水两岸竹木常绿得名。聚落呈团块状。有中小学、卫生院。种植水稻,养殖生猪、鸡、鸭等。省道平江—凤凰线经此。

和平溪乡 [Hépíngxī Xiāng] 麻阳苗族自治县辖乡。在县境东部。面积59平方千米。人口1.5万。以苗族为主,还有汉、土家等民族。辖10村委会,有52自然村。乡人民政府驻和平溪村。1961年由兰里公社析设和平溪公社。1984年改乡。因乡政府驻地得名。有初中1所,小学3所,卫生院1个,卫生室6个。有幼儿园、文化广播站等。经济以种植水稻、花生、黄桃、冰糖橙为主。服务业以乡村旅游为主。焦柳铁路过境。

和平溪村 [Hépíngxīcūn] 和平溪乡人民政府驻地。在县政府驻地高村镇东14千米。人口1900。以苗族为主,还有汉、土家等民族。原名阿弥溪,1949年后以和平安居之意更今名。聚落呈团块状。有中小学、卫生院。种植水稻,养殖生猪、鸡、鸭等。

黄桑乡 [Huángsāng Xiāng] 麻阳苗族自治县辖乡。在县境东部。面积50平方千米。人口1.9万。以苗族为主,还有汉、土家等民族。辖17村委会,有70自然村。乡人民政府驻黄桑。1984年设置。因乡政府驻地得名。锦江流经。有初中1所,小学1所,卫生院1个,卫生室11个。有幼儿园、文化广播站等。有民俗赛龙舟。经济以种植水稻、油菜、柑橘为主。

黄桑村 [Huángsāngcūn] 黄桑乡人民政府驻地。在县政府驻地高村镇东22千米。人口2000。以苗族为主,还有汉、侗等民族。因多黄茎桑树得名。聚落呈团块状。有中小学、卫生院。种植水稻,养殖生猪、鸡、鸭等。

新晃侗族自治县

新晃侗族自治县 [Xīnhuàng Dòngzú Zìzhìxiàn] 别名晃州、晃县。怀化市辖县。北纬27°35′,东经109°17′。在市境西部。面积1508平方千米。人口25.6万。其中侗族占80.1%,还有汉、苗、回等民族。辖7镇、14乡、2苗族乡。县人民政府驻新晃镇。清嘉庆二十二年(1817)置晃州直隶厅，属辰沅道。1913年废厅置晃县，属第十行政督察区。1949年属会同专区。1952年属黔阳专区。1956年改今名。1968年属黔阳地区。1981年属怀化地区。1997年属怀化市。因晃山得名。1936年有东、西、南、北4街区。1937年建中山路。1949年后先后建成人民路、太阳坪路、环城路、龙溪口大桥，南延中山路。1991年建龙溪烈士公园。2002年后建晃山路、通达路。2012年起建西城区，建成晃州风雨桥、新晃西站。行政中心区以晃山路为核心，商贸区位于解放路，食品加工区处城东，旅游休闲区位于龙溪口，文化娱乐区以夜郎广场为核心。处云贵高原苗岭余脉，雪峰山脉以西，武陵山脉以南。地势南、西、北三面高，北、东部低，中部呈带状隆起。平均海拔700米。最高点天雷山海拔1136.3米，最低点江口村海拔287.7米。年均气温16.6℃，1月平均气温5℃，7月平均气温27.4℃。年均降水量1139.1毫米。㵲水流经。有矿产资源汞、铅、锌、金、钾等。有野生植物590余种，其中国家重点保护植物有南方红豆杉、银杏、杜仲等20种。有野生动物182种，其中有国家重点保护野生动物黑鹳、花面狸、穿山甲、大鲵、锦鸡等20种。有黄家垄省级森林公园。森林覆盖率67.6%。有高中2所，中专1所，初中16所，九年一贯制学校7所，小学16所，二级医院1个，博物馆1个，文化馆1个，图书馆1个，档案馆1个。有省级文物保护单位红二、六军团总部旧址，便水战役前线指挥部旧址，红军战地医院旧址，龙溪古镇。有名胜古迹夜郎谷、仙人桥、石梁亭、镇江阁、燕来寺。为省级历史文化名城。有省级历史文化名城龙溪口。有中国传统村落何家田、地习、美岩村等4个，中国民族特色村寨皂溪、天井寨等3个。有人类非物质文化遗产侗族大歌，国家级非物质文化遗产侗族大歌傩戏"咚咚推"，省级非物质文化遗产侗族垒词、刀梯舞狮。三次产业比例14∶52∶34。农业以种植水稻、玉米、柑橘、油菜，饲养生猪、肉牛、山羊为主。有特产侗家甜酒、五倍子蜂蜜。有国家地理标志产品新晃黄牛肉、新晃龙樟脑、侗藏红米。工业以矿产品深加工、食品加工、生物医药、新能源新材料制造、电子为主。有省级工业集中区1个。服务业以商贸、物流、旅游为主。湘黔铁路，沪昆高铁，上瑞高速，242、320国道，省道龙新、新晃—凉伞线过境。

夜郎广场［Yèláng Guǎngchǎng］　在县城中部。面积1.4万平方米。1957年开工，1966年建成。2003年扩建。原名文体广场，后因唐代新晃曾为夜郎县治地，为打造成旅游景点更今名。中心为喷水池，有竹王、神鸟、神牛图腾石柱。东面为篮球场、儿童娱乐场。为居民文体、健身、娱乐中心。周边有县一中、电视台、傩戏影视城、商业步行街等。通公交车。

龙溪口大桥［Lóngxīkǒu Dàqiáo］　在县城北部。长165米，宽12米，最大跨度45米，桥下净高16.6米。1982年开工，1984年建成。2014年加固。因所处位置得名。为中型河道桥梁，结构型式为双曲拱桥。最大载重100吨。通公交车。

新晃大桥［Xīnhuàng Dàqiáo］　在县城南部。长193.7米，宽22米，最大跨度28米，桥下净高14.3米。1938年建，1953年重建。1983、2012年改造。原名晃县大桥，后更今名。为中型河道桥梁，结构型式为预应力箱梁桥。最大载重100吨。通公交车。

新晃站［Xīnhuàng Zhàn］　见交通运输设施部分"新晃站"条。

新晃西站［Xīnhuàngxī Zhàn］　见交通运输设施部分"新晃西站"条。

新晃汽车站［Xīnhuàng Qìchēzhàn］　见交通运输设施部分"新晃汽车站"条。

新晃镇［Xīnhuàng Zhèn］　新晃侗族自治县人民政府驻地。在县境北部。面积6平方千米。人口5.6万。以侗族为主，还有汉、苗等民族。辖5居委会、3村委会，有14自然村。镇人民政府驻日光村。1951年设城关镇。1958年改城关镇公社。1980年更名城镇公社。1981年改新晃镇。1929年县治迁此，故名。有黄家垄森林公园。有中学1所，中专1所，小学3所，二级医院1个，卫生院1个，卫生所1个。有省级文物保护单位龙溪古镇，红二、六军团总部旧址，便水战役前线指挥部旧址。有古迹燕来寺、福音堂、灶王宫。经济以化工、电力、机械加工，商贸为主。农业以种植蔬菜为主。服务业以金融、物流为主。沪昆高铁，湘黔铁路，上瑞高速，242、320国道过境。

中山路［Zhōngshān Lù］　在县城东部。南起320国道，北至解放路。与晃山路、梅林路、兴隆路相交。长2千米，宽24米。沥青混凝土路面。1937年建设。1986、1994、2005年改扩建。两侧有中医院、民政局、银行、居住小区等。通公交车。

人民路［Rénmín Lù］　在县城西部。南起320国道，北至龙溪口大桥。与解放路、太阳坪路、晃山路相交。长1.9千米，宽24米。沥青混凝土路面。1937年建成砂石便道。1956年拓宽。1991、2002、2014年改造。两侧有新华书店、公安局、法院、司法局、防疫站、水务局、酒店等。通公交车。

日光村［Rìguāngcūn］　新晃镇人民政府驻地。在镇境中部。人口1800。原名太阳坪，1956年改今名。聚落呈团块状。有中小学、幼儿园、二级医院。经济以商贸、物流为主。通公交车。

波洲镇［Bōzhōu Zhèn］　新晃侗族自治县辖镇。在县境东部。面积63平方千米。人口1.2万。以侗族为主，还有汉、苗等民族。辖1居委会、12村委会，有139自然村。镇人民政府驻瓦屋坡村。1940年设波洲乡。1949年改第一区。1956年复乡。1958年并入柳寨公社。1961年析设波洲公社。1984年复乡，旋改镇。因北宋羁縻波洲得名。㵲水、平溪流经。有中学1所，小学1所，卫生院1个，卫生所1个。有幼儿园。有省级文物保护单位碁山坪便水战役前线指挥部旧址、红军战地医院旧址、唐伯赓烈士故居。有景点波洲春望。农业以种植水稻、玉米、蔬菜、柑橘、葡萄为主。有龙脑樟基地。工业以生物医药为主。服务业以商贸、物流为主。沪昆铁路、沪昆高铁、320国道过境。

瓦屋坡村［Wǎwūpōcūn］　波洲镇人民政府驻地。在县政府驻地新晃镇东10千米。人口800。因山坡下有瓦屋厂棚得名。聚落呈团块状。有中小学、卫生院。种植水稻、玉米，养殖生猪、肉牛等。沪昆铁路、沪昆高铁、320国道经此。

兴隆镇［Xīnglóng Zhèn］　新晃侗族自治县辖镇。在县境北部。面积103平方千米。人口2.1万。以侗族为主，还有汉、苗等民族。辖2居委会、21村委会，有233自然村。镇人民政府驻民生村。1940年设兴隆乡。1956年改沙湾乡。1958年改公社。1982年更名兴隆公社。1984年改乡。1999年改镇。因兴隆街得名。㵲水流经。有中学1所，小学1所，卫生院1个，卫生所1个。有幼儿园。有红军马鬃岭战斗遗址、大桥溪遗址。有丁字坳民俗文化村。农业以水稻、玉米、金银花、葡萄种植，生猪、黄牛养殖为主。工业以食品加工、纸业为主。有柏树林食品加工园。有国家地理标志产品新晃黄牛肉，省知名品牌富强牛肉。服务业以乡村旅游为主。湘黔铁路，沪昆高速，242、320国道过境。

民生村［Mínshēngcūn］　兴隆镇人民政府驻地。在县政府驻地新晃镇南2千米。人口1600。1912年后以民生主义命名。聚落呈团块状。有中小学、卫生院。有清代凉山巡检司旧址巡司坪。有古晃州八景之"南崖钟声""狮岩耸翠"。种植水稻、玉米，生猪、家禽养殖，有商贸、物流业。沪昆高速、320国道经此。

鱼市镇［Yúshì Zhèn］　新晃侗族自治县辖镇。在县境西南部。面积53平方千米。人口1.1万。以侗族为主，还有汉、苗等民族。辖1居委会、13村委会，有139自然村。镇人民政府驻鱼市村。1956年设鱼市乡。1958年改公社。1984年复乡，旋改镇。因镇政府驻地得名。㵲水流经。有中学1所，小学1所，卫生院1个，卫生所1个。有文化广场等。农业种植水稻、玉米，养殖生猪、黄牛、山羊。产苗木。工业以电力、化工、冶金、电子为主。有前锋工业园。湘黔铁路、沪昆高铁、沪昆高速、320国道、县道鱼市—晏家线过境。

鱼市村［Yúshìcūn］　鱼市镇人民政府驻地。在县政府驻地新晃镇西南10千米。人口1200。以侗族为主，还有汉族。原名大鱼塘，民国时因鱼类上市多更今名。聚落呈团块状。有中小学、卫生院。种植水稻、玉米、蔬菜、柑橘，养殖生猪、肉牛、家禽等。有商贸服务业。320国道经此。

凉伞镇［Liángsǎn Zhèn］　新晃侗族自治县辖镇。在县境西南部。面积100平方千米。人口1.4万。以侗族为主，还有汉、苗等民族。辖1居委会、17村委会，有188自然村。镇人民政府驻街上村。1936年设凉伞乡。1940年更名良知乡。1953年改凉伞镇。1956年改乡。1958年改公社。1984年改乡。2000年改镇。因凉伞岩得名。有中学1所，小学1所，卫生院1个，卫生所1个。有民族特色建筑鼓楼、风雨桥。有民间艺术凉伞山歌。有景点八江口温泉、公岩、母岩等。农业以水稻、玉米种植，凉伞猪、黄牛、山羊养殖为主。工业以农产品加工为主。有特产凉伞豆腐、灰碱粑。服务业以商贸、物流为主。为湘黔物资集散地。省道龙新、新晃—凉伞线过境。

街上村［Jiēshàngcūn］　凉伞镇人民政府驻地。在县政府驻地新晃镇西南63千米。人口800。因处凉伞集镇得名。聚落呈团块状。有中小学、幼儿园、卫生院等。种植水稻。服务业以商贸、物流为主。有特产凉伞豆腐、灰碱粑。省道龙新线经此。

扶罗镇［Fúluó Zhèn］　新晃侗族自治县辖镇。在县境中部偏南。面积100平方千米。人口1.6万。以侗族为主，还有汉、苗等民族。辖1居委会、16村委会，有177自然村。镇人民政府驻扶罗村。1956年设扶罗乡。1958年改公社。1984年复乡。2000年改镇。因镇政府驻地得名。平溪流经。有矿产资源重晶石。有中学1所，小学1所，卫生院1个，卫生所1个。有天王坝农民起义遗址。有民族特色建筑鼓楼、风雨桥。农业以水稻、玉米、中药材种植，生猪、肉牛养殖为主。工业以重晶石开采为主。服务业以商贸、物流为主。为县中部物资集散地。242国道、省道龙新线过境。

扶罗村［Fúluócūn］　扶罗镇人民政府驻地。在县政府驻地新晃镇西南35千米。人口1400。以侗族为主，还有汉族。因打谷时要扶箩筐装谷，以谐音得名。聚落呈团块状。有中小学、卫生院。种植水稻、玉米，养殖生猪、肉牛、家禽等。为县中部物资集散基地。242国道、省道龙新线经此。

中寨镇［Zhōngzhài Zhèn］　新晃侗族自治县辖镇。在县境东南部。面积117平方千米。

人口1.5万。以侗族为主，还有汉、苗等民族。辖1居委会、20村委会，有221自然村。镇人民政府驻中寨村。1956年设中寨乡。1958年改公社。1984年复乡，旋改镇。因镇政府驻地得名。有山峰岑翰坡。中和溪流经。有中学1所，小学1所，卫生院1个，卫生所1个。有民族特色建筑鼓楼、风雨桥。有清代石凉亭。经济以水稻、玉米、油菜种植，生猪、肉牛、山羊养殖，商贸服务业为主。工业以重晶石、铅锌开采为主。县道界牌坳—禾滩线过境。

中寨村［Zhōngzhàicūn］ 中寨镇人民政府驻地。在县政府驻地新晃镇东南30千米。人口1200。以侗族为主，还有汉族。因距四周重要建筑单位皆30里得名。侗语名地梗，意为种稻之地。聚落呈团块状。有中小学、卫生院。有侗族特色建筑吊脚楼、风雨桥、鼓楼。种植水稻、玉米，养殖生猪、肉牛等。有商贸服务业。县道界牌坳—禾滩、大寨—槐花坪、比足—中寨线经此。

步头降苗族乡［Bùtóujiàng Miáozú Xiāng］ 新晃侗族自治县辖乡。在县境东南部。面积98平方千米。人口1.2万。其中苗族占92.2%，还有侗族、汉族。辖14村委会，有144自然村。乡人民政府驻步头降村。1956年设步头降乡。1958年并入柳寨公社。1961年析设步头降公社。1984年复乡，旋改今名。因乡政府驻地得名。有天雷山。有九年一贯制学校1所，卫生院1个，卫生所1个。经济以水稻、玉米种植，生猪、肉牛、山羊养殖，商贸，物流为主。有天雷林场。县道界牌坳—米贝线过境。

步头降村［Bùtóujiàngcūn］ 步头降苗族乡人民政府驻地。在县政府驻地新晃镇东南48千米。人口1100。为苗族聚居村。原名蒲头冈，因姓氏及居住环境得名，后以谐音演为今名。聚落呈团块状。有九年一贯制学校、卫生院。种植水稻、玉米，养殖生猪、肉牛等。有竹木加工、商贸服务业等。县道界牌坳—米贝线经此。

洞坪乡［Dòngpíng Xiāng］ 新晃侗族自治县辖乡。在县境东部。面积71平方千米。人口0.9万。以侗族为主，还有汉、苗等民族。辖9村委会，有112自然村。乡人民政府驻洞坪村。1981年由波柳、步头降2公社析设洞坪公社。1984年改乡。因乡政府驻地得名。平溪流经。有九年一贯制学校1所，卫生院1个，卫生所1个。有洞坪遗址。农业种植水稻、玉米，养殖生猪、肉牛、山羊。产中药材。服务业以商贸、物流为主。县道界牌坳—禾滩线过境。

洞坪村［Dòngpíngcūn］ 洞坪乡人民政府驻地。在县政府驻地新晃镇东南28千米。人口800。以侗族为主，还有汉、苗等民族。因居洞口前坪地得名。有九年一贯制学校、卫生院。有洞坪遗址、千年古井。种植水稻、玉米，养殖生猪、肉牛、家禽等。服务业以物流为主。县道界牌坳—禾滩线经此。

大湾罗乡［Dàwānluó Xiāng］ 新晃侗族自治县辖乡。在县境北部。面积46平方千米。人口0.9万。以侗族为主，还有汉、苗等民族。辖1居委会、15村委会，有92自然村。乡人民政府驻兴隆坳村。1956年设大湾罗乡。1958年并入沙湾公社。1961年析设大湾罗公社。1984年复乡。传明末罗姓居此湾，故名。有小学1所，卫生院1个，卫生所1个。有名胜古迹向家地悬棺、仙人桥、川岩、打岩坡遗址。经济以种植水稻、玉米，养殖生猪、肉牛为主。沪昆高铁过境。

兴隆坳村［Xīnglóng'àocūn］ 大湾罗乡人民政府驻地。在县政府驻地新晃镇东北2千米。人口300。聚落呈团块状。旧为圩场，生意兴隆，故名。有小学、卫生院。有打岩坡遗址。种植水稻、玉米、蔬菜，养殖生猪等。通公交车。

方家屯乡［Fāngjiātún Xiāng］ 新晃侗族自治县辖乡。在县境北部。面积54平方千米。人口1.6万。辖17村委会，有138自然村。乡人民政府驻大洞坪村。1956年设方家屯乡。1958年并入沙湾公社。1961年析设方家屯公社。1984年复乡。有龙溪峡谷。有中学1所，小学1所，卫生院1个，卫生所1个。有双狮峰古战场。经济以水稻、玉米种植，生猪、肉牛、家禽养殖，商品物流为主。242国道过境。

大洞坪村［Dàdòngpíngcūn］ 方家屯乡人民政府驻地。在县政府驻地新晃镇北2千米。人口1200。因有大水洞得名。聚落呈团块状。有中小学、卫生院。种植水稻、玉米，养殖生猪、肉牛等。服务业以物流为主。242国道经此。

何家田村［Héjiātiáncūn］ 在县政府驻地新晃镇北8千米。方家屯乡辖自然村。人口400。因何姓居多得名。聚落呈团块状。有活动室、广播站等。为中国传统村落。有何家田、老王寨、岩板田3寨。有老王寨湖广农民起义遗址。有古巷、古井、古石桥。种植水稻、玉米，养殖生猪、肉牛、家禽等。

晏家乡［Yànjiā Xiāng］ 新晃侗族自治县辖乡。在县境西南部。面积46平方千米。人口0.7万。以侗族为主，还有汉族。辖11村委会，有100自然村。乡人民政府驻晏家村。1956年设晏家乡。后改公社。1984年复乡。因乡政府驻地得名。有九年一贯制学校1所，卫生院1个，卫生所1个。有湖广农民起义遗址天王寨、血坡屯。有殿溪三烈士墓园。农业种植水稻、玉米，养殖生猪、肉牛等。县道鱼市—晏家、三江—坝上线过境。

晏家村［Yànjiācūn］ 晏家乡人民政府驻地。在县政府驻地新晃镇南30千米。人口1200。为侗族聚居村。以侗语"各晏"音译得名，意为田坝边寨子。聚落呈团块状。有九年一贯制学校、卫生院。有湖广农民起义遗址天王寨、血坡屯。种植水稻、玉米，养殖生猪、肉牛、家禽等。县道鱼市—晏家、三江—坝上线经此。

林冲乡［Línchōng Xiāng］ 新晃侗族自治县辖乡。在县境西南部。面积54平方千米。人口0.7万。以侗族为主，还有汉、苗等民族。辖12村委会，有107自然村。乡人民政府驻林冲村。1961年由鱼市公社析设林冲公社。1984年改乡。因乡政府驻地得名。有九年一贯制学校1所，卫生院1个，卫生所1个。有湖广农民起义遗址大堡、青屯坡。农业种植水稻、玉米，养殖生猪、肉牛、山羊等。服务业以物流为主。湘黔铁路、沪昆高铁、沪昆高速、320国道过境。

林冲村［Línchōngcūn］ 林冲乡人民政府驻地。在县政府驻地新晃镇西南22千米。人口1100。以侗族为主，还有汉、苗等民族。聚落呈团块状。因侗语"砱冲"音译得名，意为多石头的山冲。有九年一贯制学校、卫生院。种植水稻、玉米、甘薯、蔬菜，养殖生猪、肉牛、家禽。有商贸服务业。320国道经此。

天堂乡［Tiāntáng Xiāng］ 新晃侗族自治县辖乡。在县境西南部。面积58平方千米。人口0.7万。以侗族为主，还有汉、苗等民族。辖13村委会，有96自然村。乡人民政府驻天堂村。1956年设天堂乡。后改公社。1984年复乡。因乡政府驻地得名。有山峰战北坡。有九年一贯制学校1所，卫生院1个，卫生所1个。有湖广农民起义遗址战北坡、九屯坡。农业种植水稻、玉米，养殖生猪、肉牛、家禽等。县道大坪—坝万、南宁—克寨线过境。

天堂村［Tiāntángcūn］ 天堂乡人民政府驻地。在县政府驻地新晃镇西南43千米。人口500。以侗族为主，还有汉、苗等民族。因"天塘"谐音得名。聚落呈团块状。有九年一贯制学校、卫生院。有湖广农民起义遗址战北坡、九屯坡。种植水稻、玉米，养殖生猪、肉牛等。县道大坪—坝万线经此。

地习村［Dìxícūn］ 在县政府驻地新晃镇西南38千米。天堂乡辖自然村。人口400。以侗族为主，还有汉族。以侗语音译得名，意为山形如蓑衣。聚落呈团块状。为中国传统村落。有老屋、兴隆、大龙3寨。有侗族特色开口屋。种植水稻、玉米，养殖生猪、肉牛等。县道南宁—克寨、大坪—坝万线经此。

黄雷乡［Huángléi Xiāng］ 新晃侗族自治县辖乡。在县境西南部。面积51平方千米。人口0.6万。以侗族为主，还有汉、苗等民族。辖11村委会，有89自然村。乡人民政府驻转水村。1956年设黄雷乡。1958年并入凉伞公社。1961年析设黄雷公社。1984年复乡。因黄鹂寨讹音得名。西溪流经。有九年一贯制学校1所，卫生院1个，卫生所1个。有明代袁家陵。农业以水稻、玉米种植，生猪、黄牛、家禽养殖为主。工业以水电为主。服务业以物流为主。省道新晃—凉伞线过境。

转水村［Zhuànshuǐcūn］ 黄雷乡人民政府驻地。在县政府驻地新晃镇西南44千米。人口800。以侗族为主，还有汉族。聚落呈团块状。因西溪经此转弯得名。有九年一贯制学校、卫生院。有袁家陵。种植水稻、玉米，养殖生猪、黄牛等。省道新晃—凉伞线经此。

凳寨乡［Dèngzhài Xiāng］ 新晃侗族自治县辖乡。在县境西南部。面积55平方千米。人口0.9万。以侗族为主，还有汉、苗等民族。辖9村委会，有112自然村。乡人民政府驻凳寨村。1956年设凳寨乡。1958年并入凉伞公社。1961年析设凳寨公社。1982年定名凳寨公社。1984年改乡，旋析设茶坪乡。因乡政府驻地得名。西溪流经。有小学1所，卫生院1个，卫生所1个。农业种植水稻、玉米，养殖生猪、黄牛等。有煤矸石开采、物流业。省道龙新线过境。

凳寨村［Dèngzhàicūn］ 凳寨乡人民政府驻地。在县政府驻地新晃镇西南73千米。人口1300。以侗族为主，还有汉族。清因寨处凳形平台得名凳村，后更今名。聚落呈团块状。有小学、卫生院。种植水稻、玉米，养殖生猪、黄牛等。省道龙新线经此。

茶坪乡［Chápíng Xiāng］ 新晃侗族自治县辖乡。在县境西南部。面积40平方千米。人口0.5万。以侗族为主，还有汉族。辖8村委会，有63自然村。乡人民政府驻塘教村。1984年由凳寨乡析设茶坪乡。因乡政府原驻地多油茶树得名。有山峰美岩坡。有小学1所，卫生院1个，卫生所1个。有湖广农民起义遗址红景屯。农业种植水稻、玉米，养殖生猪、黄牛等。服务业以物流为主。县道子成—关口线过境。

塘教村［Tángjiàocūn］ 茶坪乡人民政府驻地。在县政府驻地新晃镇西南83千米。人口900。以侗族为主，还有汉族。因塘边有湖广农民起义教场得名。聚落呈团块状。有小学、卫生院。种植水稻、玉米，养殖生猪、黄牛等。县道子成—关口线经此。

美岩村［Měiyáncūn］ 在县政府驻地新晃镇西南86千米。茶坪乡辖自然村。人口500。以侗族为主，还有汉族。因山坡秀美得名。聚落呈团块状。为中国传统村落。有美岩、桥安、桥郎3寨。有侗族传统民居。有湖广农民起义遗址高屯、红景屯。种植水稻、玉米，养殖生猪、黄牛等。县道八江口—茶坪线经此。

新寨乡［Xīnzhài Xiāng］ 新晃侗族自治县

辖乡。在县境西南部。面积73平方千米。人口1万。以侗族为主,还有汉族。辖13村委会,有124自然村。乡人民政府驻新寨村。1956年设新寨乡。1958年并入扶罗公社。1961年析设新寨公社。1984年复乡。因乡政府驻地得名。平溪流经。有中学1所,小学1所,卫生院1个,卫生所1个。有湖广农民起义遗址天王坝、各楼王、岑堡。农业种植水稻、玉米,养殖生猪、黄牛、山羊等。服务业以商品物流为主。省道龙新线过境。

新寨村 [Xīnzhàicūn]　新寨乡人民政府驻地。在县政府驻地新晃镇西南45千米。人口1200。以侗族为主,还有汉族。聚落呈团块状。传为杨新官元末明初建立,故名。有中小学、卫生院。有湖广农民起义遗址天王坝、出佃。种植水稻、玉米,养殖生猪、黄牛等。省道龙新线经此。

贡溪乡 [Gòngxī Xiāng]　新晃侗族自治县辖乡。在县境南部。面积75平方千米。人口1.2万。为侗族聚居村。辖13村委会,有178自然村。乡人民政府驻贡溪村。1956年设贡溪乡。1958年并入扶罗公社。1961年析设贡溪公社。1984年复乡。因乡政府驻地得名。有凸龙山。有矿产资源重晶石、铅锌。有野生动物大鲵。有中学1所,小学1所,卫生院1个,卫生所1个。有民族特色建筑鼓楼、风雨桥。有湖广农民起义遗址、玉龙山清代侗族起义根据地。有中国传统村落天井寨。有国家级非物质文化遗产傩戏"咚咚推"。农业以种植水稻、玉米,养殖生猪、黄牛为主。有特产长线辣椒、贡溪土鸡、金银花。工业以矿产开采为主。服务业以商品物流为主。242国道过境。

贡溪村 [Gòngxīcūn]　贡溪乡人民政府驻地。在县政府驻地新晃镇南53千米。人口1100。为侗族聚居村。以侗语"各贡"音译得名。原因三溪汇流得名共溪,后演为今名。聚落呈团块状。有中小学、卫生院。种植水稻、玉米,养殖生猪、黄牛、家禽等。242国道经此。

李树乡 [Lǐshù Xiāng]　新晃侗族自治县辖乡。在县境南部。面积65平方千米。人口1.1万。为侗族聚居村。辖10村委会,有136自然村。乡人民政府驻红星村。1956年设李树乡。1958年并入扶罗公社。1961年析设李树公社。1984年改乡。因多李树得名。平溪流经。有矿产资源重晶石。有中学1所,小学1所,卫生院1个,卫生所1个。农业种植水稻、玉米,养殖生猪、黄牛、山羊等。有重晶石开采、商品物流业。242国道过境。

红星村 [Hóngxīngcūn]　李树乡人民政府驻地。在县政府驻地新晃镇西南28千米。人口1200。为侗族聚居村。侗语原名"吉佑",意为沙滩边,1958年改今名。聚落呈团块状。有中小学、卫生院。种植水稻、玉米,养殖生猪、黄牛、家禽等。242国道经此。

禾滩乡 [Hétān Xiāng]　新晃侗族自治县辖乡。在县境中部。面积71平方千米。人口1万。以侗族为主。辖12村委会,有132自然村。乡人民政府驻禾滩村。1956年设禾滩乡。1958年并入扶罗公社。1961年析设禾滩公社。1984年复乡。因乡政府驻地得名。平溪流经。有矿产资源重晶石、磷、铅锌等。有中学1所,小学1所,卫生院1个,卫生所1个。农业种植水稻、玉米,饲养生猪、黄牛等。服务业以商品物流为主。242国道、县道界牌坳—禾滩线过境。

禾滩村 [Hétāncūn]　禾滩乡人民政府驻地。在县政府驻地新晃镇西南15千米。人口1100。为侗族聚居村。因侗语音译得名,意为位于像脖子一样弯曲河滩边的村落。侗语俗名"地龙",意为山势如龙。聚落呈团块状。平溪流经。有中小学、卫生院等。种植水稻、玉米,养殖生猪、黄牛、家禽等。有物流业。242国道、县道界牌坳—禾滩线经此。

碧朗乡 [Bìlǎng Xiāng]　新晃侗族自治县辖乡。在县境东南部。面积43平方千米。人口0.8万。以侗族为主,还有苗族。辖11村委会,有118自然村。乡人民政府驻碧朗村。1956年设碧朗乡。1958年并入中寨公社。1961年析设碧朗公社。1984年复乡。因乡政府驻地得名。有九年一贯制学校1所,卫生院1个,卫生所1个。农业种植水稻、玉米、蔬菜,养殖生猪、黄牛、家禽等。有金秋梨、油茶种植基地。服务业以商品物流为主。县道米贝—碧朗、比足—中寨线过境。

碧朗村 [Bìlǎngcūn]　碧朗乡人民政府驻地。在县政府驻地新晃镇东南63千米。人口1000。以侗族为主,还有苗族。清称皮朗。为侗语"各郎"音译名,意为有榉木的地方。聚落呈团块状。有九年一贯制学校、卫生院。种植水稻、玉米,养殖生猪、肉牛、家禽等。有特产金秋梨。县道米贝—碧朗、比足—中寨线经此。

米贝苗族乡 [Mǐbèi Miáozú Xiāng]　新晃侗族自治县辖乡。在县境东南部。面积75平方千米。人口1.1万,其中苗族占55%,还有侗族。辖16村委会,有143自然村。乡人民政府驻米贝村。1956年设米贝乡。1958年并入中寨公社。1961年析设米贝公社。1984年复乡,旋改今名。因乡政府驻地得名。中和溪流经。有九年一贯制学校1所,卫生院1个,卫生所1个。农业种植水稻、玉米,养殖生猪、黄牛、山羊、家禽等。工业以金矿开采为主。服务业以商品物流为主。省道龙新线过境。

米贝村 [Mǐbèicūn]　米贝苗族乡人民政府驻地。在县政府驻地新晃镇东南58千米。人口1100。以苗族为主,还有侗族。因侗语音译得名米焙,意为形如水稻焙笼的小山包,后以谐音演为今名。聚落呈团块状。有九年一贯制学校、卫生院。种植水稻,养殖生猪、黄牛、家禽等。有商品物流业。龙新省道、县道界牌坳—米贝线经此。

芷江侗族自治县

芷江侗族自治县 [Zhǐjiāng Dòngzú Zìzhìxiàn]　怀化市辖县。北纬27°26′,东经109°40′。在市境西部。面积2099平方千米。人口38.3万,其中侗族占56%,还有汉、苗、土家等民族。辖5镇、23乡。县人民政府驻芷江镇。清乾隆元年(1736)置芷江县,属沅州府。1912年裁县,次年复,属辰沅道。此后未变,先后隶属湖南省、芷黔麻晃行政督察区、第四行政督察区、第七行政督察区、第十行政督察区、会同专区、芷江专区、黔阳专区、黔阳地区、怀化地区。1986年改今名。1997年属怀化市。因㵲水别称芷江得名。先后拓宽东、西、南、北4大街及解放路、前进路,修建凯旋路,建成龙津桥、和平广场、民族文化广场、万和鼓楼。构建"一城两片、五纵四横"县城布局。处武陵山南麓、雪峰山西脉与云贵高原东缘接合地带。地势周边高中部低。以山地、丘陵为主。平均海拔500米。年均气温16.5℃,1月平均气温3.8℃,7月平均气温26.8℃。年均降水量1300毫米。㵲水、清水河流经。有矿产资源铁、铜、锰、磷、煤等。有野生植物1751种,其中国家一级保护植物有银杏、红豆杉、南方红豆杉、伯乐树,国家二级保护植物有香榧、楠木等15种。有野生动物160种,其中国家一级保护动物有云豹、林麝、金雕、白鹤、大鸨,国家二级保护动物有穿山甲、水獭、灵猫等15种。有三道坑省级自然保护区、象狮坡省级森林公园。森林覆盖率70.1%。有中学31所,小学105所,二级医院5个,文化馆1个,图书馆1个。有全国重点文物保护单位2个,全国爱国主义教育基地1个。有名胜古迹抗日受降旧址、抗日战争胜利受降纪念馆、飞虎队纪念馆、太和塔、天后宫、龙津风雨桥。有全国非物质文化遗产2项。三次产业比例23∶43∶34。农业以水稻种植,生猪、鸡、鸭养殖为主,兼种玉米、油菜、大豆、柑橘、葡萄、油茶等。有特产芷江甜茶、虫白蜡。工业以电力、建材、化工、造纸为主。有省级经济开发区1个。服务业以商贸、旅游、餐饮为主。沪昆高铁,湘黔铁路,沪昆、包茂高速,320国道过境。有芷江站。有怀化芷江机场,民航航线10余条,通往北京、上海、广州等城市。

芷江胜利广场 [Zhǐjiāng Shènglì Guǎngchǎng]　在县城东部。面积12万平方米。2011年开工,2014年建成。主体建筑为高53.9米太和塔。有和平亭、世界和平文化雕塑园、橄榄湖、和平论坛永久会址。为集爱国主义教育、集会、休闲、健身于一体的综合性广场。周边有受降纪念坊、中国人民抗战胜利受降纪念馆。通公交车。

芷江大桥 [Zhǐjiāng Dàqiáo]　在县城南部。长264米,宽20米,最大跨度45米,桥下净高13.3米。1994年开工,1998年建成。原名芷江二大桥,后因原芷江大桥改为风雨桥而更今名。为大型河道桥梁,结构型式为钢筋混凝土双曲拱梁桥。最大载重40吨。通公交车。

和平大桥 [Hépíng Dàqiáo]　在县城北部。长278米,宽22米,最大跨度88米,桥下净高13米。2009年开工,2013年建成。原名㵲水大桥,后为纪念抗战胜利更今名。为大型河道桥梁,结构型式为下承式钢管混凝土系杆组合拱桥。最大载重40吨。通公交车。

芷江站 [Zhǐjiāng Zhàn]　见交通运输设施部分"芷江站"条。

芷江汽车站 [Zhǐjiāng Qìchēzhàn]　见交通运输设施部分"芷江汽车站"条。

芷江镇 [Zhǐjiāng Zhèn]　芷江侗族自治县人民政府驻地。在县境中部。面积29平方千米。人口6.5万。辖7居委会、16村委会,有276自然村。镇人民政府驻前街社区。1927年设城区。1932年改中心镇。1949年改城厢区。1953年改城关镇。1960年改城关镇公社。1981年改城关镇,旋改芷江镇。2003年垅坪乡并入。㵲水流经。有中学6所,小学6所,二级医院4个,卫生院1个,卫生室21个。有抗日战争胜利受降纪念馆、飞虎队纪念馆。有名胜古迹龙津风雨桥、天后宫、太和塔。经济以旅游、商贸、物流为主。农业以水稻、蔬菜、荸荠种植,芷江鸭、肉牛养殖为主。工业以农产品、建材加工为主。湘黔铁路、沪昆高铁、沪昆高速、320国道过境。有芷江机场、芷江汽车站。

凯旋路 [Kǎixuán Lù]　在县城南部。南起320国道,北至县城南门口。与鼓楼路相交。长1.4千米,宽28米。沥青路面。1986年开工,1989年建成。1998、2005年改扩建。两侧有中医院、银行、芷江汽车站、邮政大楼、自来水公司等。通公交车。

前街社区 [Qiánjiē Shèqū]　芷江镇人民政府驻地。在县境中部。面积0.3平方千米。人口5800。因街得名。2005年成立。民居以5—7层楼房为主。有文化健身广场、健走步道、公共绿地。开展广场舞、健身等活动。有卫生院、卫生室。县交通局驻此。有古迹从文阁、龙津风雨桥。通公交车。

罗旧镇 [Luójiù Zhèn]　芷江侗族自治县辖镇。在县境东部。面积82平方千米。人口1.8

万。辖1居委会、11村委会,有139自然村。镇人民政府驻罗旧村。1951年设罗旧乡。1958年改和平公社。翌年改罗旧公社。1984年复乡,旋改镇。因镇政府驻地得名。㵲水、五郎溪、青鹤溪流经。有中学1所,小学1所,二级医院1个,卫生院1个,卫生室11个。有花山丹霞景观。经济以种植水稻、白蜡、红菜薹、西瓜、食用菌为主。工业以农产品加工为主。有芷江工业集中区。服务业以商贸、物流为主。湘黔铁路、沪昆高铁、320国道过境。

罗旧村［Luójiùcūn］ 罗旧镇人民政府驻地。在县政府驻地芷江镇东18千米。人口2700。原为罗姓庄园,故名。聚落呈团块状。有中小学、卫生院、文化广播电视站等。经济以水稻、蔬菜种植为主。320国道、县道罗旧—五郎溪线经此。

新店坪镇［Xīndiànpíng Zhèn］ 芷江侗族自治县辖镇。在县境西部。面积98平方千米。人口2.1万。以侗族为主,还有汉、苗等民族。辖1居委会、18村委会,有181自然村。镇人民政府驻新店坪社区。1951年设新店坪乡。1959年改公社。1984年复乡,旋改镇。因镇政府驻地原名得名。㵲水、柳林溪流经。有中学1所,小学10所,卫生院1个,卫生室15个。有文化站。经济以种植水稻、玉米、油菜、柑橘、葡萄,养殖生猪、家禽为主。工业以农产品加工为主。服务业以商贸为主。为湘黔2省4县物资集散地。湘黔铁路、沪昆高铁、320国道过境。

新店坪社区［Xīndiànpíng Shèqū］ 新店坪镇人民政府驻地。在县境西部。人口1800。以火灾后新建得名。1984年成立。民居以4—5层楼房为主。开展广场舞活动。以居家养老为主。有中小学、卫生院、文化广播电视站、农贸市场等。通公交车。

碧涌镇［Bìyǒng Zhèn］ 芷江侗族自治县辖镇。在县境西南部。面积93平方千米。人口1.6万。以侗族为主,还有汉、苗等民族。辖1居委会、14村委会、有166自然村。镇人民政府驻碧涌村。1940年设碧涌乡。1949年并入第五区。1951年复乡。1958年改东风公社。1984年复乡。1985年改镇。因镇政府驻地得名。碧涌溪流经。有中学1所,小学9所,卫生院1个,卫生室15个。有省级少数民族特色村寨碧河村。经济以种植水稻、玉米、蔬菜为主。有特产茶油、木材。工业以农产品加工为主。服务业以商品零售、餐饮为主。县道芷江—板山、芷江—大龙线过境。

碧涌村［Bìyǒngcūn］ 碧涌镇人民政府驻地。在县政府驻地芷江镇西南47千米。人口1700。以侗族为主,还有苗、汉等民族。取碧山涌水简称得名。聚落呈椭圆形。有中小学、幼儿园、卫生院、文化站等。种植水稻、玉米、油菜、杨梅等。有特产油茶、油桐。有农贸市场。县道芷江—板山、芷江—大龙线经此。

公坪镇［Gōngpíng Zhèn］ 芷江侗族自治县辖镇。在县境东部。面积86平方千米。人口0.9万。以土家族为主,还有汉、侗等民族。辖1居委会、8村委会,有78自然村。镇人民政府驻公坪社区。1961年成立公坪公社。1984年改乡。1994年改土家族乡。2000年改镇。因镇政府驻地原名得名。有象狮坡省级森林公园。有中学1所,小学1所,卫生院1个,卫生室9个。有幼儿园、文化站、广播站等。有顺溪铺如女茶山陶窑遗址。有景点怀化侗文化城。经济以水电、水泥加工、啤酒酿造、塑胶制造为主。农业以水稻、蔬菜、油茶、板栗种植为主。服务业以商贸、物流、旅游为主。湘黔铁路、320国道过境。

公坪社区［Gōngpíng Shèqū］ 公坪镇人民政府驻地。在县境东部。人口1500。2000年成立。元设罗旧驿站,东距怀化驿40千米,西距沅江驿20千米。后东移至此,东西距离相等,故名马公平,又名马公坪,后演为今名。㵲水流经。民居以3—5层楼房为主。开展广场舞活动。以居家养老为主。有中小学、卫生院、卫生室、文化站。湘黔铁路、320国道经此。

牛牯坪乡［Niúgǔpíng Xiāng］ 芷江侗族自治县辖乡。在县境东北部。面积115平方千米。人口0.8万。以侗族为主,还有汉、苗等民族。辖9村委会,有90自然村。乡人民政府驻牛牯坪。1951年设牛牯坪乡。1958年改公社。1984年复乡。因乡政府驻地得名。有矿产资源赤铁、钒、钴、铅锌、铜、重晶石等。有小学2所,卫生院1个,卫生室4个。有幼儿园、文化站、广播站等。经济以水稻、玉米、油菜、油茶种植为主。工业以农产品加工为主。服务业以商贸、物流为主。县道罗旧—五郎溪线过境。

牛牯坪村［Niúgǔpíngcūn］ 牛牯坪乡人民政府驻地。在县政府驻地芷江镇东北40千米。人口800。有巨石如牯牛,故名。聚落呈扇形。有小学、幼儿园、卫生院、文化站等。产水稻、玉米、油菜、柑橘、桃等。有特产茶油。盛产杉木、松木等。有农贸市场。县道罗旧—五郎溪线经此。

艾头坪乡［Àitóupíng Xiāng］ 芷江侗族自治县辖乡。在县境东北部。面积56平方千米。人口0.9万。以侗族为主,还有汉、苗等民族。辖8村委会,有74自然村。乡人民政府驻唐家桥村。1951年设艾头坪乡。1956年并入罗旧乡。1961年由罗旧公社析设艾头坪公社。1984年复乡。中部为大坪,艾姓居多,故名。㵲水、五郎溪流经。有小学1所,卫生院1个,卫生室8个。有幼儿园、文化站、广播站等。经济以种植水稻、油菜为主。盛产桃、香西瓜、柑橘。有特产白蜡。工业以农产品加工为主。服务业以商贸为主。湘黔铁路、沪昆高铁、320国道过境。

唐家桥村［Tángjiāqiáocūn］ 艾头坪乡人民政府驻地。在县政府驻地芷江镇东北10千米。人口1300。因桥得名。聚落呈散状。有小学、卫生院等。主种水稻,盛产桃、柑橘。有特产白蜡。有农贸市场。湘黔铁路、县道罗旧—艾头坪线经此。

岩桥乡［Yánqiáo Xiāng］ 芷江侗族自治县辖乡。在县境东部。面积98平方千米。人口2.3万。以侗族为主,还有汉、苗等民族。辖17村委会,有185自然村。乡人民政府驻岩桥村。1951年设岩桥乡。1958年改公社。1984年复乡。因乡政府驻地得名。㵲水流经。有中学1所,小学7所,卫生院1个,卫生室17个。有幼儿园、文化站、广播站等。经济以种植水稻、玉米、油菜、柑橘,养殖生猪、家禽为主。工业以农产品加工为主。服务业以商贸为主。沪昆高速、320国道过境。

岩桥村［Yánqiáocūn］ 岩桥乡人民政府驻地。在县政府驻地芷江镇东10千米。人口1600。因三渡溪旧有岩石拱桥得名。聚落呈团块状。㵲水流经。有中小学、幼儿园、卫生院、文化站等。种植水稻、油菜、柑橘,养殖生猪、家禽等。有农贸市场。县道芷江—水宽线经此。

水宽乡［Shuǐkuān Xiāng］ 芷江侗族自治县辖乡。在县境东部。面积74平方千米。人口1.2万。以侗族为主,还有汉、苗等民族。辖8村委会,有80自然村。乡人民政府驻干塘坪村。1956年设水宽乡。1958年改公社。1984年复乡。原因村民自订用水条款得名水款,后演为今名。有中学1所,小学5所,卫生院1个,卫生室8个。有文化站、广播站等。经济以种植水稻、玉米、油菜、柑橘为主。工业以农产品加工、矿产开采为主。有庆湾煤矿。服务业以商贸为主。沪昆高速、县道芷江—水宽线过境。

干塘坪村［Gāntángpíngcūn］ 水宽乡人民政府驻地。在县政府驻地芷江镇东24千米。人口1500。因田无水源得名。聚落呈带状。有中小学、卫生院、文化站等。主种水稻,兼种玉米、油菜、柑橘等。养殖生猪、山羊等。县道芷江—水宽线经此。

木叶溪乡［Mùyèxī Xiāng］ 芷江侗族自治县辖乡。在县境西北部。面积122平方千米。人口0.8万。以侗族为主,还有汉、苗等民族。辖13村委会,有78自然村。乡人民政府驻木叶溪村。1951年设木叶溪乡。1958年并入东方红公社。翌年析设芷溪公社。1961年改木叶溪公社。1984年复乡。因乡政府驻地得名。㵲水、细米溪、芷溪、渔溪流经。有中学1所,小学3所,卫生院1个,卫生室9个。有文化站。有小渔溪蒯匪烈士纪念园。经济以水稻、油菜、柑橘种植,生猪、家禽养殖为主。盛产木材。有特产紫秋葡萄。工业以农产品加工为主。县道芷江—五郎溪线过境。

木叶溪村［Mùyèxīcūn］ 木叶溪乡人民政府驻地。在县政府驻地芷江镇西北18千米。人口1000。溪岸树木繁多,秋季落叶阻塞溪流,故名。聚落呈带状。有中小学、卫生院、文化站等。主种水稻,兼种油菜、葡萄等。养殖生猪、家禽。盛产木材。县道芷江—五郎溪线经此。

五郎溪乡［Wǔlángxī Xiāng］ 芷江侗族自治县辖乡。在县境北部。面积68平方千米。人口0.5万。以侗族为主,还有汉、苗等民族。辖3村委会,有35自然村。乡人民政府驻牛皮寨村。1984年由五郎溪林场析设。因五姓儿郎迁此溪河两岸得名。有三道坑省级自然保护区。有小学3所,卫生院1个,卫生室3个。有文化站。经济以水稻、油菜种植为主。盛产木材。工业以农产品加工为主。有西晃山风电场。服务业以商贸、乡村旅游为主。县道芷江—五郎溪线过境。

牛皮寨村［Niúpízhàicūn］ 五郎溪乡人民政府驻地。在县政府驻地芷江镇西北44千米。人口1000。因地形似牛皮且曾有寨得名。聚落呈带状。有小学、卫生院、文化站等。主种水稻,兼种油菜等。养殖生猪、家禽。盛产木材。县道芷江—五郎溪线经此。

麻缨塘乡［Máyīngtáng Xiāng］ 芷江侗族自治县辖乡。在县境中部。面积73平方千米。人口1.7万。以侗族为主,还有汉、苗等民族。辖14村委会,有153自然村。乡人民政府驻麻缨塘村。1951年设麻缨塘乡。1958年改公社。1984年复乡。因乡政府驻地得名。杨溪河流经。有中学1所,小学2所,卫生院1个,卫生室14个。有文化站。经济以水稻、玉米、油菜、柑橘种植,生猪、芷江鸭养殖为主。工业以农产品加工为主。服务业以商贸为主。县道芷江—碧涌线过境。

麻缨塘村［Máyīngtángcūn］ 麻缨塘乡人民政府驻地。在县政府驻地芷江镇西南4千米。人口1500。以侗族为主,还有汉、苗、土家等民族。河湾有深塘,以麻缨线系石无法触底,故名。聚落呈团块状。有中小学、卫生院。主种水稻,兼种甘薯、玉米等。养殖生猪、家禽。县道芷江—碧涌线经此。

竹坪铺乡［Zhúpíngpù Xiāng］ 芷江侗族自治县辖乡。在县境中部偏西。面积51平方千米。人口1.2万。以侗族为主,还有汉、苗等民族。辖9村委会,有83自然村。乡人民政府驻竹坪铺村。1951年设竹坪铺乡。1958年改公社。1984年复乡。因乡政府驻地得名。㵲水流经。有中学1所，小学1所，卫生院1个，卫生室11个。有文化站。经济以水稻、玉米、葡萄、柑橘、荸荠种植为主。工业以水电、农产品加工为主。服务业以商贸为主。湘黔铁路、沪昆高铁、沪昆高速、320国道过境。有芷江站。

竹坪铺村［Zhúpíngpùcūn］　竹坪铺乡人民政府驻地。在县政府驻地芷江镇西7千米。人口2000。以侗族为主，还有汉、苗、土家等民族。聚落呈丁字形。有中小学、卫生室、文化站等。主种水稻，兼种油菜、葡萄、柑橘、荸荠。养殖生猪、家禽等。湘黔铁路、沪昆高铁、沪昆高速、320国道经此。

土桥乡［Tǔqiáo Xiāng］　芷江侗族自治县辖乡。在县境西部。面积102平方千米。人口1.8万。以侗族为主，还有汉、苗等民族。辖13村委会，有167自然村。乡人民政府驻土桥村。1951年设土桥乡。1958年改幸福公社。翌年改土桥公社。1983年复乡。因乡政府驻地得名。有中学1所，小学9所，卫生院1个，卫生室13个。有文化站。有国家级非物质文化遗产孽龙舞。经济以水稻、玉米、油菜、柑橘种植，生猪养殖为主。工业以农产品加工为主。服务业以商贸为主。湘黔铁路、沪昆高铁、沪昆高速、320国道过境。

土桥村［Tǔqiáocūn］　土桥乡人民政府驻地。在县政府驻地芷江镇西22千米。人口1600。以侗族为主，还有汉、土家、苗等民族。因早年村内溪河上有桥，桥墩系用乱石和土筑成，故名。聚落呈品字形。有中小学、卫生院、文化站等。主种水稻，兼种玉米、油菜等，养殖生猪、家禽。县道哨路口—下神祝线经此。

上坪乡［Shàngpíng Xiāng］　芷江侗族自治县辖乡。在县境西部。面积62平方千米。人口1.2万。以侗族为主，还有汉、苗等民族。辖12村委会，有113自然村。乡人民政府驻上坪。1951年设上坪乡。1956年并入新店坪乡。1961年由新店坪公社析设上坪公社。1984年复乡。因乡政府驻地得名。柳林溪流经。有中学1所，小学9所，卫生院1个，卫生室12个。有文化站。有红军长征便水战役战场遗址、上坪红军烈士陵园。经济以水稻、玉米、油菜种植，生猪养殖为主。工业以农产品加工为主。服务业以商贸为主。湘黔铁路、沪昆高铁、320国道过境。

上坪村［Shàngpíngcūn］　上坪乡人民政府驻地。在县政府驻地芷江镇西42千米。人口2400。以侗族为主，还有苗、汉、土家等民族。因居新店坪上方得名。聚落呈带状。有中小学、卫生院、卫生室、文化站等。主种水稻，兼种油菜。养殖生猪、家禽。湘黔铁路、320国道经此。

大树坳乡［Dàshù'ào Xiāng］　芷江侗族自治县辖乡。在县境西北部。面积104平方千米。人口1万。以侗族为主，还有汉、苗等民族。辖12村委会，有109自然村。乡人民政府驻大树坳村。1951年设大树坳乡。后改公社。1984年复乡。因乡政府驻地得名。有中学1所，小学7所，卫生院1个，卫生室10个。有文化站。有大树坳剿匪烈士纪念塔。经济以水稻、油菜种植，生猪养殖为主。有特产野生甜茶。盛产高山葡萄、木材。工业以农产品加工为主。服务业以商贸为主。县道新店坪—大树坳线过境。

大树坳村［Dàshù'àocūn］　大树坳乡人民政府驻地。在县政府驻地芷江镇西北45千米。人口800。以侗族为主，还有汉、苗等民族。聚落呈带状。有中小学、卫生院、文化站等。有大树坳剿匪烈士陵园。主种水稻，兼种油菜、葡萄等。养殖生猪、家禽。盛产木材。县道新店坪—大树坳线经此。

大洪山乡［Dàhóngshān Xiāng］　芷江侗族自治县辖乡。在县境西部。面积51平方千米。人口0.6万。以侗族为主，还有汉、苗等民族。辖9村委会，有72自然村。乡人民政府驻大洪山村。1951年设大洪山乡。1958年并入新店坪公社。1961年析设大洪山公社。1984年改大洪山侗族乡。1987年改今名。因乡政府驻地得名。㵲水、楠木溪流经。有中学1所，小学2所，卫生院1个，卫生室10个。有文化站。经济以水稻、油菜种植，生猪养殖为主。盛产木材。有特产天麻、黄精、绿壳鸡蛋。工业以水电、农产品加工为主。服务业以物流为主。沪昆高速、县道冷水铺—大洪山线过境。

大洪山村［Dàhóngshāncūn］　大洪山乡人民政府驻地。在县政府驻地芷江镇西38千米。人口1100。以侗族为主，还有苗、汉等民族。四面大山环绕，为㵲水源头，故名大洪山。聚落呈团块状。有中小学、卫生院、文化站等。主种水稻，兼种油菜、柑橘等。养殖生猪、家禽等。有绿壳蛋鸡特色养殖。沪昆高速、县道冷水铺—大洪山线经此。

杨公庙乡［Yánggōngmiào Xiāng］　芷江侗族自治县辖乡。在县境西部。面积77平方千米。人口1万。以侗族为主，还有汉、苗等民族。辖11村委会，有117自然村。乡人民政府驻杨公庙。1951年设杨公庙乡。1959年并入土桥公社。1961年析设杨公庙公社。1984年复乡。因乡政府驻地得名。杨溪流经。有中学1所，小学1所，卫生院1个，卫生室8个。有文化站。经济以水稻、玉米、油菜种植，生猪养殖为主。盛产木材。工业以农产品加工为主。服务业以商贸为主。县道哨路口—下神祝线过境。

杨公庙村［Yánggōngmiàocūn］　杨公庙乡人民政府驻地。在县政府驻地芷江镇西南26千米。人口1500。以侗族为主，还有汉、苗、土家等民族。因庙得名。聚落呈三角形。有中小学、卫生院、文化站等。主种水稻，兼种油菜、玉米、香菇等。养殖生猪、家禽。县道哨路口—下神祝线经此。

梨溪口乡［Líxīkǒu Xiāng］　芷江侗族自治县辖乡。在县境西南部。面积87平方千米。人口1.3万。以侗族为主，还有汉、苗等民族。辖13村委会，有139自然村。乡人民政府驻下神祝村。1951年设梨溪口乡。1958年并入卫星公社(翌年改洞下场公社)。1961年析设梨溪口公社。1984年改梨溪口侗族乡。1987年改今名。因梨溪口水库得名。梨洞溪、戳溪流经。有中学1所，小学9所，卫生院1个，卫生室10个。有文化站。经济以水稻、油菜种植，生猪养殖为主。盛产木材。工业以农产品加工为主。服务业以商贸为主。县道哨路口—洞下场线过境。

下神祝村［Xiàshénzhùcūn］　梨溪口乡人民政府驻地。在县政府驻地芷江镇西南36千米。人口1500。以侗族为主，还有汉、苗等民族。以神仙下凡村民焚香祝拜之传说得名。聚落呈团块状。有中小学、卫生院、文化站等。主种水稻，兼种玉米、油菜等。养殖生猪、家禽。县道哨路口—洞下场线经此。

洞下场乡［Dòngxiàchǎng Xiāng］　芷江侗族自治县辖乡。在县境西南部。面积64平方千米。人口1万。以侗族为主，还有汉、苗等民族。辖10村委会，有114自然村。乡人民政府驻洞下场村。1951年设洞下场乡。1958年改卫星公社。翌年改洞下场公社。1984年复乡。因乡政府驻地得名。有槐木洞、鼓磉洞。有中学1所，小学2所，卫生院1个，卫生室9个。有文化站。有剿匪烈士纪念塔。经济以水稻、玉米、油菜、柑橘种植，生猪养殖为主。工业以农产品加工为主。服务业以商贸为主。县道芷江—碧涌线过境。

洞下场村［Dòngxiàchǎngcūn］　洞下场乡人民政府驻地。在县政府驻地芷江镇西南25千米。人口1200。以侗族为主，还有汉、苗等民族。因处岩洞下得名。聚落呈带状。有中小学、卫生院、文化站等。有剿匪烈士纪念塔。主种水稻，兼种玉米、油菜等。养殖生猪、家禽。县道芷江—碧涌线经此。

罗岩乡［Luóyán Xiāng］　芷江侗族自治县辖乡。在县境西南部。面积38平方千米。人口0.6万。以侗族为主，还有汉、苗等民族。辖8村委会，有76自然村。乡人民政府驻罗岩。1951年设罗岩乡。1958年并入东风公社(翌年改碧涌公社)。1961年析设罗岩公社。1984年复乡。因乡政府驻地得名。碧涌河流经。有中学1所，小学1所，卫生院1个，卫生室5个。有文化站。经济以水稻、玉米、油菜种植，生猪养殖为主。工业以农产品加工为主。服务业以商贸为主。县道芷江—罗岩线过境。

罗岩村［Luóyáncūn］　罗岩乡人民政府驻地。在县政府驻地芷江镇西南52千米。人口1100。以侗族为主，还有苗、汉等民族。因在岩石滩上敲锣欢庆得名。聚落呈品字形。有中小学、卫生院、文化站等。主种水稻，兼种玉米、油菜等。养殖生猪、家禽。县道芷江—罗岩线经此。

板山乡［Bǎnshān Xiāng］　芷江侗族自治县辖乡。在县境南部。面积28平方千米。人口0.5万。以侗族为主，还有苗、汉等民族。辖6村委会，有54自然村。乡人民政府驻新屋村。1951年设板山乡。1958年并入东风公社(翌年改碧涌公社)。1961年析设板山公社。1984年改板山侗族苗族乡。1987年改今名。因青山陡峭如竖板得名。有中学1所，小学1所，卫生院1个，卫生室8个。有文化站。经济以水稻、玉米、油菜种植，生猪养殖为主。工业以农产品加工为主。服务业以商贸为主。县道芷江—板山线过境。

新屋村［Xīnwūcūn］　板山乡人民政府驻地。在县政府驻地芷江镇西南58千米。人口800。以侗族为主，还有苗、汉等民族。因新辟宅基地、新修房屋得名。聚落呈散状。有中小学、卫生院、文化站等。主种水稻，兼种玉米、油菜等。养殖生猪、家禽。县道芷江—板山线经此。

大龙乡［Dàlóng Xiāng］　芷江侗族自治县辖乡。在县境南部。面积43平方千米。人口0.6万。以侗族为主，还有苗、汉等民族。辖7村委会，有66自然村。乡人民政府驻小塘溪村。1951年设大龙乡。1958年并入东风公社(翌年改碧涌公社)。1961年析设大龙公社。1984年复乡。因山如蛟龙得名。清水河流经。有中学1所，小学3所，卫生院1个，卫生室7个。有文化站。经济以水稻、玉米、油菜、油桐种植为主。工业以农产品加工为主。服务业以商贸为主。县道芷江—大龙线过境。

小塘溪村［Xiǎotángxīcūn］　大龙乡人民政府驻地。在县政府驻地芷江镇南63千米。人口1100。以侗族为主，还有苗、汉等民族。因清水河边沙洲有水塘得名。聚落呈带状。有卫生院、文化站等。主种水稻、玉米、油菜等，兼养生猪、家禽。县道芷江—大龙线经此。

禾梨坳乡［Hélí'ào Xiāng］　芷江侗族自治县辖乡。在县境南部。面积52平方千米。人口1.1万。以侗族为主，还有汉、苗等民族。辖8村委会，有108自然村。乡人民政府驻禾梨坳村。1951年设禾梨坳乡。1958年并入星火公社(翌年改楠木坪公社)。1961年析设禾梨坳公社。1984年复乡。因乡政府驻地得名。

有中学1所，小学1所，卫生院1个，卫生室12个。有文化站。经济以水稻、玉米、油菜、柑橘种植为主。工业以农产品加工为主。服务业以商贸为主。县道芷江—冷水溪线过境。

禾梨坳村［Hélí'àocūn］ 禾梨坳乡人民政府驻地。在县政府驻地芷江镇南38千米。人口1500。以侗族为主，还有汉、苗等民族。因进出山坳处有大梨树得名。聚落呈带状。有中小学、卫生院、文化站等。主种水稻、柑橘，兼种油菜等。养殖生猪、家禽。县道芷江—冷水溪线经此。

冷水溪乡［Lěngshuǐxī Xiāng］ 芷江侗族自治县辖乡。在县境南部。面积76平方千米。人口1.4万。以侗族为主，还有汉、苗等民族。辖12村委会，有120自然村。乡人民政府驻冷水溪村。1951年设冷水溪乡。1958年改星火公社。翌年并入楠木坪公社。1961年析设冷水溪公社。1984年复乡。因乡政府驻地得名。有中学1所，小学5所，卫生院1个，卫生室10个。有文化站。经济以水稻、油菜、柑橘、杨梅种植为主。工业以农产品加工为主。服务业以商贸为主。县道芷江—冷水溪线过境。

冷水溪村［Lěngshuǐxīcūn］ 冷水溪乡人民政府驻地。在县政府驻地芷江镇南44千米。人口1000。以侗族为主，还有汉、苗、土家等民族。因泉中冷水流入溪流得名。聚落呈团块状。有中小学、卫生院、文化站等。主种水稻，兼种油菜、柑橘等。养殖生猪、家禽。县道芷江—冷水溪线经此。

楠木坪乡［Nánmùpíng Xiāng］ 芷江侗族自治县辖乡。在县境南部。面积94平方千米。人口1.6万。以侗族为主，还有汉、苗等民族。辖13村委会，有177自然村。乡人民政府驻楠木坪村。1951年设楠木坪乡。1958年改红旗公社。翌年改楠木坪公社。1984年复乡。因乡政府驻地得名。有中学1所，小学1所，卫生院1个，卫生室13个。有文化站。经济以水稻、玉米、油菜、柑橘种植，生猪、家禽养殖为主。工业以农产品加工为主。服务业以商贸为主。县道芷江—冷水溪线过境。

楠木坪村［Nánmùpíngcūn］ 楠木坪乡人民政府驻地。在县政府驻地芷江镇南24千米。人口1800。以侗族为主，还有汉、苗、土家等民族。因坪中原有数株高大楠木得名。聚落呈人字形。有中小学、卫生院、文化站、文化广场等。种植水稻、油菜、柑橘，养殖生猪、家禽。县道芷江—冷水溪线经此。

晓坪乡［Xiǎopíng Xiāng］ 芷江侗族自治县辖乡。在县境南部。面积58平方千米。人口1.2万。以侗族为主，还有汉、苗等民族。辖10村委会，有127自然村。乡人民政府驻晓坪村。1951年设晓坪乡。1958年并入红旗公社（翌年改楠木坪公社）。1961年析设晓坪公社。1984年复乡。因乡政府驻地得名。有中学1所，小学1所，卫生院1个，卫生室9个。有文化站。经济以种植水稻、玉米、油菜、柑橘，养殖生猪为主。工业以农产品加工为主。服务业以商贸为主。县道芷江—冷水溪、芷江—萝卜田线过境。

晓坪村［Xiǎopíngcūn］ 晓坪乡人民政府驻地。在县政府驻地芷江镇南12千米。人口1800。以侗族为主，还有汉、苗、回等民族。传古时信差从沅州府至黔城经此坪时天刚拂晓，故名。聚落呈人字形。有中小学、卫生院、文化站等。种植水稻、玉米、油菜、柑橘，养殖生猪、家禽。县道芷江—冷水溪、芷江—萝卜田线经此。

萝卜田乡［Luóbotián Xiāng］ 芷江侗族自治县辖乡。在县境东南部。面积70平方千米。人口1.2万。以侗族为主，还有汉、苗等民族。辖9村委会，有107自然村。乡人民政府驻萝卜田村。1951年设萝卜田乡。1958年并入红旗公社（翌年改楠木坪公社）。1961年析设萝卜田公社。1984年复乡。因乡政府驻地得名。有中学1所，小学4所，卫生院1个，卫生室9个。有文化站。经济以水稻、玉米、油菜、柑橘种植，生猪、家禽养殖为主。工业以农产品加工为主。服务业以商贸为主。县道芷江—萝卜田口线过境。

萝卜田村［Luóbotiáncūn］ 萝卜田乡人民政府驻地。在县政府驻地芷江镇东南22千米。人口1200。因田栽种萝卜且长势好得名。聚落呈团块状。有中小学、卫生院、文化站等。种植水稻、油菜、柑橘，养殖生猪、家禽。县道芷江—萝卜田口线经此。

靖州苗族侗族自治县

靖州苗族侗族自治县［Jìngzhōu Miáozú Dòngzú Zìzhìxiàn］ 怀化市辖县。北纬26°35′，东经109°42′。在市境南部。面积2208平方千米。人口24.6万。其中苗族占46.4%，侗族占25.7%，还有汉、回、壮、瑶等民族。辖6镇、7乡。县人民政府驻渠阳镇。唐天祐七年(910)以来，靖州历为州府所在地。唐代中期称诚州、徽州，五代后周末至宋初为羁縻诚州治，辖地为今会同、通道和贵州锦屏、天柱、黎平县一带。宋崇宁二年(1103)杨晟臻纳贡归附，改诚州为靖州，意为安靖，治今渠阳镇。元至元十二年(1275)改靖州路。翌年改靖州路总管府，属湖广行中书省。明洪武元年(1368)改靖州。清沿之。1913年废州置靖县。此后至1959年未变，先后属辰沅道、第四行政督察区、第七行政督察区、第十行政督察区、会同专区、芷江专区、黔阳专区。1959年并入通道侗族自治县。1961年复县。1968年属黔阳地区。1981年属怀化地区。1987年改今名。1997年属怀化市。先后建设梅林路、新建路、飞山路、永平路、渠阳东路、渠阳中路、渠阳西路、鹤山路。形成"三纵三横"空间布局。有标志性建筑望江楼、浮桥、万寿宫、靖州民族风雨桥。地势东、西、南三面高峻，北部低缓，中部为狭长山间盆地。平均海拔450米。年均气温16.7℃，1月平均气温5.1℃，7月平均气温27.3℃。年均降水量1378.8毫米。渠水河、四乡河、地灵河、老鸦溪、广坪溪、异溪流经。有矿产资源重晶石、煤、金等。有野生植物543种，其中国家重点保护植物有南方红豆杉、水杉、银杏等30余种。有野生动物179种，其中国家重点保护动物有穿山甲、獐、獾、猫头鹰、野鸡、大鲵、五步蛇等15种。有靖州国家森林公园、五龙潭国家湿地公园、地理冲省级自然保护区。森林覆盖率80.8%。有高中1所，中专1所，初中13所，九年一贯制学校3所，小学15所，二级医院2个，博物馆1个，文化馆1个，图书馆1个，档案馆1个。有文学艺术、苗族歌鼟表演、老年京剧及秧歌、腰鼓、乐队等文艺团体11个。有省级文物保护单位飞山庙、林源寨门、新厂战役旧址群。有国家3A级旅游景区排牙山、岩脚侗寨。有景点锹里苗寨建筑群、文峰塔、飞山、地笋苗寨。有国家级非物质文化遗产苗族歌鼟，省级非物质文化遗产苗族侗族芦笙节、雕花蜜饯制作技艺。三次产业比例19∶34∶47。农业以种植水稻、茯苓、杨梅、山核桃为主。工业以木材、食品、中药材、建材加工，矿产开采为主。有工业园区2个。服务业以旅游、餐饮、商贸为主。为湘、黔、桂3省边境物资集散中心。焦柳铁路，包茂高速，209、356国道，省道坳上东—大堡子、溆浦—通道、靖州—通道、洪江—靖州、绥宁—靖州线过境。

靖州站［Jìngzhōu Zhàn］ 见交通运输设施部分"靖州站"条。

靖州汽车站［Jìngzhōu Qìchēzhàn］ 见交通运输设施部分"靖州汽车站"条。

渠阳镇［Qúyáng Zhèn］ 靖州苗族侗族自治县人民政府驻地。在县境中部。面积353平方千米。人口10.5万。以汉族为主，还有苗、侗、壮、回等民族。辖7居委会、39村委会，有359自然村。镇人民政府驻梅林社区。1953年设渠阳镇。1998年江东、飞山、艮山口3乡并入。因处渠江南得名。有高中1所，中专1所，初中8所，小学15所，二级医院2个，卫生院7个，卫生室39个。有文化站、广播电视站等。有省级文物保护单位飞山庙。有古迹渠阳武庙。农业以水稻、蔬菜种植为主。工业以木材、食品、中药材加工为主。服务业以旅游、餐饮为主。焦柳铁路，包茂高速，209、356国道，省道溆浦—通道线过境。有靖州站、靖州汽车站。

永平路［Yǒngpíng Lù］ 在县城西部。南起县气象局，北至罗家冲。与梅林路、渠阳路相交。长4.5千米，宽60米。混凝土路面。2006年开工，2007年建成。以古县名永平得名。两侧有民政局、交通运输局、人社局、靖州剧院、检察院、中学等。通公交车。

新建路［Xīnjiàn Lù］ 在县城中部。南起贮木场，北至鹤山路。与红星路、梅林路、渠阳路相交。长2.2千米，宽28米。混凝土路面。1971年开工，1972年建成。原名建设路，1995年改今名。分南、中、北3段。两侧有广电局、电信局、四鼓楼、镇政府、中医院、教育局、县供水公司等。通公交车。

渠阳路［Qúyáng Lù］ 在县城中部。东起环城北路，西至永平路。与飞山路、新建路相交。长2.5千米，宽28米。混凝土路面。1939年开工，1940年建成。1966—1968年扩建东段，1992—1993年扩建西段，1999、2001年分别改造。因镇得名。两侧有电力服务中心、县政府、总工会、房产局、人事局、农业局、法院、靖州汽车站、小学、市二医院靖州分院等。通公交车。

梅林路［Méilín Lù］ 在县城中部。东起土桥街，西至永平路。与飞山路、新建路相交。长2.4千米，宽40米。混凝土路面。1997年开工，1998年建成。因靖州盛产杨梅得名。两侧有民政局、财政局、国税局、供销社、靖宝市场、联通公司、铁通公司、农业发展银行、宾馆等。通公交车。

梅林社区［Méilín Shèqū］ 渠阳镇人民政府驻地。在县境中部。面积1平方千米。人口1.1万。因梅林路得名。2004年成立。开展重阳节、妇女节等节庆活动。有中医院。驻地单位有教育局、国税局、财政局等。有玉麟庵市场。通公交车。

甘棠镇［Gāntáng Zhèn］ 靖州苗族侗族自治县辖镇。在县境东北部。面积143平方千米。人口2.4万。以汉族为主，还有苗、侗、回等民族。辖1居委会、17村委会，有156自然村。镇人民政府驻甘棠村。1946年设甘棠乡。1958年改公社。1984年复乡。1985年改镇。因镇政府驻地得名。渠江流经。有初中1所，小学1所，卫生院1个，卫生室14个。有文化站、广播站等。有古迹林氏先祠、双园地遗址、龙峰村古民居群。经济以水稻、油茶、杨梅、柑橘种植为主。工业以食品、药品、建材加工为主。有甘太工业园。服务业以批发零售为主。焦柳铁路、包茂高速过境。

甘棠村［Gāntángcūn］ 甘棠镇人民政府驻地。在县政府驻地渠阳镇东北26千米。人口

2100。地处山坳,昔水凼生有海棠,故名甘露海棠坳,简称甘棠坳,渐演为今名。聚落呈散状。有小学、卫生院。种植水稻。有农贸市场。县道靖州太阳坪—会同沙溪线经此。

大堡子镇［Dàbǎozi Zhèn］　靖州苗族侗族自治县辖镇。在县境西北部。面积176平方千米。人口2.2万。以苗族为主,还有汉、侗等民族。辖1居委会、17村委会,有124自然村。镇人民政府驻堡子村。1956年设大堡子乡。1958年改苗族乡,旋改公社。1984年改苗族乡。1987年复乡。1994年改镇。因镇政府驻地得名。有初中1所,小学1所,卫生院1个,卫生室15个。有文化站、广播站等。有岩湾歌场。经济以水稻、西瓜、奈李、板栗种植为主。盛产杉木、松木、樟木、梓木等。工业以木材加工为主。服务业以批发零售为主。省道坳上东—大堡子线过境。

堡子村［Bǎozicūn］　大堡子镇人民政府驻地。在县政府驻地渠阳镇西北42千米。人口2100。以苗族为主,还有汉、侗等民族。因古为靖州关隘且有堡楼得名。聚落呈散状。有中小学、卫生院、卫生室、文化站、广播站等。种植水稻。有特产木洞杨梅。省道坳上东—大堡子线经此。

坳上镇［Àoshàng Zhèn］　靖州苗族侗族自治县辖镇。在县境西北部。面积191平方千米。人口2万。以苗族为主,还有汉、侗、回、土家等民族。辖1居委会、11村委会,有89自然村。镇人民政府驻坳上村。1956年设坳上乡。1958年改公社。1984年改苗族侗族乡。1987年改乡。1995年改镇。因镇政府驻地得名。有矿产资源金。有初中1所,小学1所,卫生院1个,卫生室10个。有文化站、广播站等。经济以水稻种植为主。有特产木洞杨梅。工业以食品加工、矿产开采为主。服务业以旅游为主。省道坳上东—大堡子线过境。

坳上村［Àoshàngcūn］　坳上镇人民政府驻地。在县政府驻地渠阳镇西北21千米。人口2200。以苗族为主,还有汉、侗等民族。因山坳得名。聚落呈散状。有小学、卫生院、卫生室、文化站、广播站等。盛产稻谷、荸荠、葡萄、西瓜、番茄。省道坳上东—大堡子线经此。

新厂镇［Xīnchǎng Zhèn］　靖州苗族侗族自治县辖镇。在县境西部。面积193平方千米。人口2.3万。以苗族为主,还有汉、侗、回、彝、瑶、藏、土家等民族。辖1居委会、16村委会,有106自然村。镇人民政府驻新厂村。1956年设新厂乡。1958年改公社。1984年改苗族侗族乡。1987年复乡。1995年改镇。因镇政府驻地得名。四乡河流经。有初中1所,小学1所,卫生院1个,卫生所15个。有文化站、广播站等。有省级文物保护单位新厂战役旧址群。有斗篷坡遗址。经济以水稻、荸荠、葡萄、西瓜、番茄种植为主。工业以食品加工为主。服务业以批发零售为主。省道桥江—大高坪线过境。

新厂村［Xīnchǎngcūn］　新厂镇人民政府驻地。在县政府驻地渠阳镇西南42千米。人口3300。为新设圩场,故名新场,后以谐音改今名。聚落呈散状。有中小学、卫生院。有省级文物保护单位新厂战役旧址群。种植水稻、荸荠、葡萄等。有集贸市场。省道桥江—大高坪线经此。

平茶镇［Píngchá Zhèn］　靖州苗族侗族自治县辖镇。在县境西南部。面积154平方千米。人口1.2万。以苗族为主,还有汉、侗等民族。辖1居委会、10村委会,有61自然村。镇人民政府驻平茶村。1956年设平察乡。1958年并入新平公社。1961年析设平察公社。1984年改平茶苗族侗族乡。1987年改平茶乡。1994年改镇。因镇政府驻地得名。有矿产资源金、硅、锰。有野生动植物野灵芝、野木耳、山核桃、野猪、竹鼩、大鲵、灵猫、五步蛇等。有初中1所,小学1所,卫生院1个,卫生室3个。有文化站、广播站等。经济以水稻种植为主。工业以木材加工、矿产开采为主。服务业以批发零售为主。省道洪江—靖州线过境。

平茶村［Píngchácūn］　平茶镇人民政府驻地。在县政府驻地渠阳镇西南46千米。人口2900。以苗族为主,还有汉、侗等民族。因地势平坦且有茶园得名。聚落呈散状。有中小学、卫生院。种植水稻。有集贸市场。省道洪江—靖州线经此。

太阳坪乡［Tàiyángpíng Xiāng］　靖州苗族侗族自治县辖乡。在县境北部。面积90平方千米。人口1.3万。以苗族为主,还有汉、侗等民族。辖14村委会,有94自然村。乡人民政府驻太阳坪村。1956年设太阳坪乡。1961年改公社。1984年复乡。因乡政府驻地得名。渠江流经。有初中1所,小学1所,卫生院1个,卫生室15个。有文化站、广播站等。经济以种植水稻为主。有特产金秋梨、柑橘、柿子、杨梅、板栗。工业以木材加工、发电为主。服务业以批发零售为主。焦柳铁路、包茂高速、209国道过境。

太阳坪村［Tàiyángpíngcūn］　太阳坪乡人民政府驻地。在县政府驻地渠阳镇北19千米。人口1200。以苗族为主,还有汉、侗等民族。因烈日当空无所遮挡得名。聚落呈散状。有中小学、卫生院。种植水稻、金秋梨、柑橘、杨梅等。有集贸市场。焦柳铁路、包茂高速、209国道经此。

三锹乡［Sānqiāo Xiāng］　靖州苗族侗族自治县辖乡。在县境西部。面积174平方千米。人口0.7万。以苗族为主,还有汉、侗、回、土家等民族。辖8村委会,有41自然村。乡人民政府驻枫香村。1956年设三锹乡。1958改苗族乡,旋改苗族公社。1984年复苗族乡。1987年复乡。传清末官吏来此查田征粮,因交通阻塞,山多田少,地瘠民贫,征粮不多,实为"铁锹锹不出的不毛之地",称为"锹里",分上、中、下三锹,统称"三锹",故名。恭水、大由溪流经。有九年一贯制学校1所,卫生院1个,卫生室2个。有文化站、广播站等。有名胜古迹地笋苗寨。有国家级非物质文化遗产苗族歌鼟。经济以水稻种植为主。有特产山核桃、茶油、桐油。工业以木材加工为主。服务业以批发零售、旅游为主。县道坳上—三锹线过境。

枫香村［Fēngxiāngcūn］　三锹乡人民政府驻地。在县政府驻地渠阳镇西44千米。人口1500。以苗族为主,还有汉、侗等民族。因枫树木浆散发香气得名。聚落呈散状。有中小学、卫生院。种植水稻。有特产茶油、山核桃、西瓜、番茄。有集贸市场。县道坳上—三锹线经此。

文溪乡［Wénxī Xiāng］　靖州苗族侗族自治县辖乡。在县境东北部。面积119平方千米。人口1.1万。以侗族为主,还有汉、苗等民族。辖13村委会,有93自然村。乡人民政府驻水屯村。1956年设文溪乡。1958年改公社。1984年复乡。因文溪得名。地脚溪流经。有九年一贯制学校1所,卫生院1个,卫生室9个。有文化站、广播站等。经济以水稻、柑橘、香菇、西瓜种植为主。盛产南竹。工业以竹制品加工为主。服务业以批发零售为主。省道桥江—大高坪线过境。

水屯村［Shuǐtúncūn］　文溪乡人民政府驻地。在县政府驻地渠阳镇东北22千米。人口700。以侗族为主,还有汉、苗等民族。原因溪边有藤,得名水藤,后以谐音演为今名。聚落呈散状。有九年一贯制学校、卫生院。种植水稻、柑橘、香菇、西瓜、板栗。有集贸市场。省道桥江—大高坪线经此。

寨牙乡［Zhàiyá Xiāng］　靖州苗族侗族自治县辖乡。在县境东部。面积133平方千米。人口0.8万。以苗族为主,还有汉、侗、回、瑶、土家等民族。辖8村委会,有63自然村。乡人民政府驻寨牙村。1956年设寨牙乡。1958年改公社。1984年复乡。因乡政府驻地得名。有青靛山。老鸦溪流经。有九年一贯制学校1所,卫生院1个,卫生室4所。有文化站、广播站等。有国家3A级旅游景区岩脚侗寨。经济以水稻种植为主。有特产茯苓、香菇、玉兰片、生姜。工业以竹制品加工为主。服务业以旅游、批发零售为主。省道寨牙—播阳线过境。

寨牙村［Zhàiyácūn］　寨牙乡人民政府驻地。在县政府驻地渠阳镇东南24千米。人口800。以侗族为主,还有汉、苗等民族。因寨处门牙状山脉中得名。聚落呈散状。有九年一贯制学校、卫生院。种植水稻、茯苓、香菇、西瓜、木耳、番茄。有集贸市场。省道寨牙—播阳线经此。

横江桥乡［Héngjiāngqiáo Xiāng］　靖州苗族侗族自治县辖乡。在县境南部。面积118平方千米。人口1万。以侗族为主,还有汉、苗等民族。辖8村委会,有55自然村。乡人民政府驻横江桥村。1956年设横江桥乡。1961年改公社。1984年复乡,旋改横江桥侗族苗族乡。1987年复乡。因乡政府驻地得名。有山峰蚂蚁坡。有初中1所,小学1所,卫生院1个,卫生室8个。有文化站、广播站等。经济以水稻、核桃种植为主。工业以木制品加工、发电、石材开采为主。服务业以旅游、商品批发零售为主。209国道过境。

横江桥村［Héngjiāngqiáocūn］　横江桥乡人民政府驻地。在县政府驻地渠阳镇南12千米。人口1200。以侗族为主,还有汉、苗等民族。因桥得名。聚落呈散状。有中小学、卫生院。种植水稻、荸荠、葡萄、西瓜、山核桃、番茄。有集贸市场。209国道经此。

铺口乡［Pùkǒu Xiāng］　靖州苗族侗族自治县辖乡。在县境中部。面积139平方千米。人口1.6万。以侗族为主,还有苗、汉等民族。辖12村委会,有79自然村。乡人民政府驻铺口村。1956年设铺口乡。1961年改公社。1984年复乡,旋改铺口侗族苗族乡。1987年复乡。因乡政府驻地得名。有初中1所,小学1所,卫生院1个,卫生室9个。有文化站、广播站等。经济以水稻种植为主。有特产金秋梨、水蜜桃、东魁杨梅、木耳、天麻、香菇等。有水稻制种基地。有煤、金开采业,旅游业。省道洪江—靖州线过境。

铺口村［Pùkǒucūn］　铺口乡人民政府驻地。在县政府驻地渠阳镇西11千米。人口900,其中苗族、侗族共占99.6%。曾为清代靖州第一关口,且有伙铺,故名。聚落呈散状。有中小学、卫生院。种植水稻、香菇、金秋梨、东魁杨梅、木耳、茯苓。有集贸市场。省道洪江—靖州线经此。

藕团乡［Ǒutuán Xiāng］　靖州苗族侗族自治县辖乡。在县境西南部。面积150平方千米。人口1.3万。以苗族为主,还有汉、侗等民族。辖11村委会,有63自然村。乡人民政府驻藕团村。1956年设藕团乡。1961年改公社。1984年改藕团苗族乡。1987年复乡。因乡政府驻地得名。有初中1所,小学1所,卫生院1个,卫生室9个。有文化站、广播站等。经济以水稻种植为主。有特产竹木、茯苓、猕猴桃、香菇、木耳、灵芝等。工业以木材加工、水电为主。

服务业以旅游、批发零售为主。省道洪江—靖州线过境。

藕团村［Ǒutuáncūn］ 藕团乡人民政府驻地。在县政府驻地渠阳镇西南32千米。人口3100。以苗族为主，还有汉、侗等民族。因盛产莲藕得名。聚落呈散状。有中小学、卫生院。种植水稻、香菇、葡萄、西瓜、木耳等。省道洪江—靖州线经此。

通道侗族自治县

通道侗族自治县［Tōngdào Dòngzú Zìzhìxiàn］ 怀化市辖县。北纬26°16′，东经109°26′。在市境南部。面积2240平方千米。人口24万，其中侗族占76%，还有汉、苗、瑶等民族。辖8镇、10乡、3民族乡。县人民政府驻双江镇。宋崇宁元年(1102)置罗蒙县。翌年改通道县，意为沟通湘、桂、黔毗邻地，属靖州。元属靖州路。明洪武十年(1377)并入靖州。十三年(1380)复县，属靖州。清因之。此后至1949年先后隶属辰沅道、湖南省、第四行政督察区、第七行政督察区、第十行政督察区。1950年属会同专区。1952年属黔阳专区。1954年改今名。1959年靖县并入，1961年析出。1968年属黔阳地区。1981年属怀化地区。1997年属怀化市。先后建长征路、转兵路。有标志性建筑萨岁广场、风雨桥、鼓楼。处云贵高原与南岭西端过渡地带。东北处雪峰山余脉，西南处苗岭余脉。平均海拔650米。年均气温16.6℃，1月平均气温5.2℃，7月平均气温26.2℃。年均降水量1479.6毫米。通道河、都垒河流经。有矿产资源铁、重晶石、石煤、高岭土等。有野生植物1202种，其中国家一级保护植物有6种。有野生动物120余种，其中国家一级保护动物有1种，国家二级保护动物26种。有晒口国家湿地公园。有省级自然保护区1个。有宏门冲原始次生林、恩科亚热带沟谷雨林。森林覆盖率74%。有高中1所，中等职业学校1所，初中10所，小学20所，二级医院1个，文化馆1个，图书馆1个，博物馆1个。有全国重点文物保护单位芋头侗寨古建筑群、马田鼓楼、恭城书院等6个，省级文物保护单位4个。有梨子界红军烈士墓。有国家4A级旅游景区皇都侗文化村、芋头侗寨、万佛山、通道转兵纪念馆，国家3A级旅游景区龙底漂流、横岭侗寨等3个。有名胜古迹普修桥、张里戏园、半坡鼓楼、江口寨门。有中国历史文化名村3个。有国家级非物质文化遗产侗戏、侗族芦笙、侗锦织造技艺，省级非物质文化遗产5项。三次产业比例21∶36∶43。农业以水稻种植为主。有万佛山省级生态农业科技园。工业以木材加工为主。服务业以旅游为主。枝柳铁路、怀通高速、209国道、省道澧县—通道线过境。

双江大桥［Shuāngjiāng Dàqiáo］ 在县城中部偏南。长107米，宽8米，桥下净高15米。1955年建。1969、1998、2014年改扩建。因处双江河得名。为小型河道桥梁，结构型式为混凝土桥。最大载重20吨。通公交车。

通道站［Tōngdào Zhàn］ 见交通运输设施部分“通道站”条。

通道侗族自治县汽车客运站［Tōngdào Dòngzú Zìzhìxiàn Qìchē Kèyùnzhàn］ 见交通运输设施部分“通道侗族自治县汽车客运站”条。

双江镇［Shuāngjiāng Zhèn］ 通道侗族自治县人民政府驻地。在县境中部。面积109平方千米。人口4万。以侗族为主，还有汉、苗、瑶等民族。辖3居委会、16村委会，有81自然村。镇人民政府驻寨上村。1956年设双江乡。1958年与马龙、菁芜洲2乡合改双江公社。1963年析置双江镇。1984年公社改乡。1997年乡并入镇。因坪坦、马龙2河交汇得名。有太平山、岩鹰坡、独岩。双江河流经。森林覆盖率79%。有中学3所，小学4所，二级医院1个，专科医院1个，卫生院1个。有幼儿园、文化站等。有全国重点文物保护单位芋头侗寨古建筑群。有百里侗文化长廊起点寨上村。经济以食品加工、乡村旅游、商贸、物流为主。农业以种植水稻为主。有特产芋头红茶。包茂高速、209国道过境。

长征路［Chángzhēng Lù］ 在县城北部。南起万佛路，北至双江大桥。与城东路、寨上路相交。长5千米，宽12—18米。混凝土路面。1957年开工，1958年建成。2004年改扩建。为纪念红军长征经此得名。分北、中、南3路。两侧有中学、电力公司、交通运输局、林业局、教育局、国税局、农业银行、商贸广场、民族剧院、民族体育广场等。通公交车。

转兵路［Zhuǎnbīng Lù］ 在县城东部。北起城北大桥，南至万佛路。与双江大道、城东路相交。长3.8千米，宽32米。沥青路面。2003年开工，2004年建成。原名外环路，后因红军长征通道转兵会议改今名。分北、中、南3路。两侧有萨岁广场、县妇幼保健院、城东汽车站。通公交车。

双江大道［Shuāngjiāng Dàdào］ 在县城东部。西起廊桥，东至省道澧县—通道线。与城东路、转兵路相交。长6.5千米，宽30米。沥青路面。2012年开工，2014年建成。因双江镇得名。两侧有长沙银行、县中医院。通公交车。

寨上村［Zhàishàngcūn］ 双江镇人民政府驻地。在镇境南部。人口1800。村民均为侗族。聚落呈团块状。有中小学。种植水稻，有餐饮、商贸业。通公交车。

芋头村［Yùtoucūn］ 在镇境西南部。双江镇辖自然村。人口800。村民均为侗族。原因位居玉石之上得名玉头，后误写为今名。聚落呈团块状。为中国历史文化名村。有全国重点文物保护单位芋头侗寨古建筑群。种植水稻，发展旅游。通旅游专车、客运班车。

县溪镇［Xiànxī Zhèn］ 通道侗族自治县辖镇。在县境西北部。面积166平方千米。人口2.6万。以汉族为主，还有侗、苗等民族。辖1居委会、21村委会，有101自然村。镇人民政府驻恭江村。1953年设县溪乡。1984年改镇。1997年地阳坪乡并入。因曾为县治得名。通道河、播阳河流经。有中学1所，小学1所，卫生院1个。有幼儿园、文化站等。有全国重点文物保护单位恭城书院、兵书阁与文星桥。有通道转兵纪念馆。经济以造纸、木材、硅矿加工、商贸、物流为主。农业以水稻种植，水产养殖为主。有特产县溪蜜饯。有通道贮木场。枝柳铁路、209国道过境。

恭江村［Gōngjiāngcūn］ 县溪镇人民政府驻地。在县政府驻地双江镇西北40千米。人口600。因河得名。聚落呈散状。有中小学、卫生院。有全国重点文物保护单位恭城书院。种植水稻，养殖水产，发展旅游业。枝柳铁路、209国道经此。

播阳镇［Bōyáng Zhèn］ 通道侗族自治县辖镇。在县境西部。面积160平方千米。人口1.8万。以侗族为主，还有汉、苗等民族。辖1居委会、17村委会，有90自然村。镇人民政府驻东门村。1956年设播阳乡。1958年改公社。1984年复乡。1986年改镇。因侗语音译得名，意为山之南。播阳河流经。有中学1所，小学1所，卫生院1个。有幼儿园、文化站等。有全国重点文物保护单位白衣观。有国家级非物质文化遗产侗锦织造技艺。经济以水稻、油茶、茶树种植，食品加工为主。盛产木材。为县西部农副产品集散地。省道独坡—播阳、县溪—播阳、播阳—洪州线过境。通播阳河航道。

东门村［Dōngméncūn］ 播阳镇人民政府驻地。在县政府驻地双江镇西62千米。人口900。因处镇东大门得名。聚落呈团块状。有中小学、卫生院。有全国重点文物保护单位白衣观。种植水稻等。省道县溪—黎平、独坡—播阳线经此。

临口镇［Línkǒu Zhèn］ 通道侗族自治县辖镇。在县境东北部。面积182平方千米。人口1.3万。以侗族为主，还有汉、苗、瑶等民族。辖1居委会、11村委会，有105自然村。镇人民政府驻临口村。1956年设临口乡。1958年与下乡、木脚2乡合改临口公社。1961年析设下乡、木脚2公社。1984年复乡。1986年改镇。因镇政府驻地得名。有中学1所，小学1所，卫生院1个。有幼儿园、文化站等。有国家4A级旅游景区万佛山。经济以水稻种植为主。工业以木材加工为主。服务业以旅游为主。包茂高速、省道临溪线过境。

临口村［Línkǒucūn］ 临口镇人民政府驻地。在县政府驻地双江镇东北15千米。人口1800。“临”瑶语意为田，此地有十里大田坝。聚落呈散状。有中小学、卫生院。种植水稻。有木材加工业。包茂高速经此。

牙屯堡镇［Yátúnbǎo Zhèn］ 通道侗族自治县辖镇。在县境西部。面积180平方千米。人口2.2万。以侗族为主，还有汉、苗等民族。辖1居委会、23村委会，有137自然村。镇人民政府驻牙屯堡村。1956年设牙屯堡乡。1958年改公社。1984年复乡。1996年与团头乡合置牙屯堡镇。因镇政府驻地得名。有山峰冷水坡。牙屯堡河流经。有中学1所，小学1所，卫生院1个。有幼儿园、文化站等。有国家级非物质文化遗产侗锦织造技艺。有大戊梁民族歌会。经济以水稻种植，家禽养殖为主。有特产钩藤、黑老虎、油茶。工业以侗锦织造为主。服务业以旅游为主。枝柳铁路，省道埂水、菁独线过境。

牙屯堡村［Yátúnbǎocūn］ 牙屯堡镇人民政府驻地。在县政府驻地双江镇西42千米。人口800。因清代牙将屯兵得名。聚落呈团块状。有中小学、卫生院。种植水稻等。枝柳铁路，省道埂水、菁独线经此。

菁芜洲镇［Jīngwúzhōu Zhèn］ 通道侗族自治县辖镇。在县境中部。面积149平方千米。人口1.9万。以侗族为主，还有汉、苗等民族。辖1居委会、19村委会，有86自然村。镇人民政府驻菁芜洲村。1956年设菁芜洲乡。1958年并入双江公社。1961年析设菁芜洲公社。1984年复乡。1999年改镇。因镇政府驻地得名。有塘头岭。双江河、羊须河、金殿河流经。有中学1所，小学1所，卫生院1个。有幼儿园、文化站等。有民间艺术喉路歌。经济以水稻种植，猪、牛、羊养殖为主。有中药材、蔬菜、水果、苗木种植基地。工业以食品加工为主。服务业以餐饮为主。209国道，县道菁杉、更水线过境。

菁芜洲村［Jīngwúzhōucūn］ 菁芜洲镇人民政府驻地。在县政府驻地双江镇北20千米。人口1400。传陆姓自青州(青府)迁此，为纪念之取名“青府州”，后改为今名。聚落呈散状。有中小学、卫生院。种植水稻等。209国道，县道菁杉、更水线经此。

溪口镇［Xīkǒu Zhèn］ 通道侗族自治县辖镇。在县境北部。面积187平方千米。人口1.2万。以汉族为主，还有侗、苗等民族。辖1居委会、10村委会，有102自然村。镇人民政府府驻溪口村。民国初设溪口乡。1958 年成立溪口公社。1984 年复乡。2000 年改镇。因镇政府驻地得名。有野羊洞山。羊须河流经。有中学 1 所，小学 1 所，卫生院 1 个。有幼儿园、文化站等。经济以水稻种植为主。盛产松木、松脂。工业以木材加工为主。包茂高速、县道菁杉线过境。

溪口村［Xīkǒucūn］　溪口镇人民政府驻地。在县政府驻地双江镇北 36 千米。人口 2400。因处岔口且有季节性溪流得名。聚落呈散状。有中小学、卫生院。种植水稻。有木材加工业。包茂高速、县道菁杉线经此。

陇城镇［Lǒngchéng Zhèn］　通道侗族自治县辖镇。在县境南部。面积 69 平方千米。人口 1 万。均为侗族。辖 1 居委会、14 村委会，有 59 自然村。镇人民政府驻路塘村。1956 年设陇城乡。1958 年改公社。1984 年复乡。2001 年改镇。以侗语音译得名，意为深山冲。有山峰八都坡。有中学 1 所，小学 1 所，卫生院 1 个。有幼儿园、文化站等。有全国重点文物保护单位马田鼓楼。有百里侗文化长廊。经济以水稻种植、水泥加工为主。有特产柑橘、葛根、茶油、生姜、反季节蔬菜。服务业以商贸、物流为主。有民族商贸街。209 国道、县道陇城—坪坦线过境。

路塘村［Lùtángcūn］　陇城镇人民政府驻地。在县政府驻地双江镇南 23 千米。人口 1100。均为侗族。以侗语音译得名，意为古驿道旁的山间盆地。聚落呈团块状。有中小学、卫生院。种植水稻等。209 国道、县道陇城—坪坦线经此。

江口乡［Jiāngkǒu Xiāng］　通道侗族自治县辖乡。在县境西北部。面积 132 平方千米。人口 0.8 万。以汉族为主，还有侗族。辖 13 村委会，有 63 自然村。乡人民政府驻江口村。1949 年设江口乡。1958 年并入县溪公社。1961 年析设江口公社。1984 年复乡。因乡政府驻地得名。渠水河流经。有小学 1 所，卫生院 1 个。有幼儿园、文化站等。经济以水稻、香菇种植为主。为周边县市香菇集散地。有特产赵家茶。枝柳铁路、209 国道过境。

江口村［Jiāngkǒucūn］　江口乡人民政府驻地。在县政府驻地双江镇西北 50 千米。人口 900。因处网田溪、渠水交汇口得名。聚落呈团块状。有小学、卫生院。种植水稻。

锅冲苗族乡［Guōchōng Miáozú Xiāng］　通道侗族自治县辖乡。在县境西北部。面积 22 平方千米。人口 0.2 万。其中苗族占 98%，还有侗族、汉族。辖 3 村委会，有 12 自然村。乡人民政府驻肯溪村。1984 年由苗族聚居的肯溪村、占字村、锅冲村组建苗族乡，以锅冲村命名。有晒口国家湿地公园。有小学 1 所，卫生院 1 个。有幼儿园、文化站等。有全国重点文物保护单位兵书阁与文星桥。经济以水稻种植为主。有三百岭、肯溪南竹种植基地。通乡村道路。

肯溪村［Kěnxīcūn］　锅冲苗族乡人民政府驻地。在县政府驻地双江镇西北 50 千米。人口 400。均为苗族。传始居之民舍得食用，故名肯吃，后始居者他迁，后迁者去俗取雅改今名。聚落呈散状。有小学、卫生院。种植水稻、百合等。

大高坪苗族乡［Dàgāopíng Miáozú Xiāng］　通道侗族自治县辖乡。在县境西部。面积 28 平方千米。人口 0.4 万。其中苗族占 94.6%，还有侗族、汉族。辖 4 村委会，有 17 自然村。乡人民政府驻龙寨塘村。1953 年设大高坪乡。1956 年改苗族乡。1958 年并入播阳公社。1985 年复大高坪苗族乡。因大高山得名。有小学 1 所，卫生院 1 个。有幼儿园、文化站等。经济以水稻、柑橘、板栗种植，猪、牛、羊养殖为主。有特产竹笋、腌鱼、腌肉、华南松。通乡村道路。

龙寨塘村［Lóngzhàitángcūn］　大高坪苗族乡人民政府驻地。在县政府驻地双江镇西 80 千米。人口 900。均为苗族。传龙姓散居塘状地形区得名。聚落呈散状。有小学、卫生院。种植水稻。

独坡乡［Dúpō Xiāng］　通道侗族自治县辖乡。在县境西南部。面积 153 平方千米。人口 1.6 万。以侗族为主，还有苗、汉等民族。辖 12 村委会，有 50 自然村。乡人民政府驻木瓜村。1956 年设独坡乡。1958 年并入播阳公社。1961 年析设独坡公社。1984 年复乡。因侗语音译得名，意为独立小山。有三省坡，海拔 1370 米。有九年一贯制学校 1 所，小学 1 所，卫生院 1 个。有幼儿园、文化站等。有国家级非物质文化遗产侗族芦笙制造技艺。经济以水稻种植为主。有特产同禾米、实心笋。省道播阳—独坡线、县道独坡—独岬线过境。

木瓜村［Mùguācūn］　独坡乡人民政府驻地。在县政府驻地双江镇西南 63 千米。人口 1900。均为侗族。因地形似木瓜得名。聚落呈团块状。有小学、卫生院。种植水稻。省道播阳—独坡线、县道独坡—独岬线经此。

杉木桥乡［Shāmùqiáo Xiāng］　通道侗族自治县辖乡。在县境东北部。面积 106 平方千米。人口 0.6 万。以汉族为主，还有侗、苗等民族。辖 6 村委会，有 66 自然村。乡人民政府驻杉木桥村。1961 年由溪口公社析设杉木桥公社。1984 年改乡。因乡政府驻地得名。洋须河流经。有中学 1 所，小学 1 所，卫生院 1 个。有幼儿园、文化站等。有红军小水战斗纪念碑。经济以农林业为主，种植水稻。盛产松树。工业以木材加工为主。县道菁杉线过境。

杉木桥村［Shāmùqiáocūn］　杉木桥乡人民政府驻地。在县政府驻地双江镇东北 53 千米。人口 1700。因有杉木古桥得名。聚落呈散状。有小学、卫生院。种植水稻。

木脚乡［Mùjiǎo Xiāng］　通道侗族自治县辖乡。在县境东北部。面积 112 平方千米。人口 0.5 万。以侗族为主，还有汉族。辖 7 村委会，有 63 自然村。乡人民政府驻木脚村。1956 年设木脚乡。1958 年并入临口公社。1961 年析设木脚公社。1984 年复乡。因乡政府驻地得名。有大尖山、黄竹山、烂泥界。长平河流经。有小学 1 所，卫生院 1 个。有幼儿园、文化站等。有国家 3A 级旅游景区龙底漂流。农业种植水稻。盛产木材、木耳、香菇、竹笋、生漆。服务业以旅游、商贸为主。为县东南部农副产品集散地。省道临溪线过境。

木脚村［Mùjiǎocūn］　木脚乡人民政府驻地。在县政府驻地双江镇东北 30 千米。人口 1000。因处山脚，古木参天得名。聚落聚团块状。有小学、卫生院。经济以林业为主，产香菇、木耳、玉兰片、生漆。为县东南部农副产品集散地。省道临溪线经此。

下乡乡［Xiàxiāng Xiāng］　通道侗族自治县辖乡。在县境东部。面积 118 平方千米。人口 0.9 万。以侗族为主，还有汉、苗、瑶等民族。辖 7 村委会，有 71 自然村。乡人民政府驻下乡村。1956 年设下乡乡。1958 年并入临口公社。1961 年析设下乡公社。1983 年复乡。因乡政府驻地得名。有湘涛坪山。临口河流经。有野生植物水杉、树蕨、红豆杉等。有小学 1 所，卫生院 1 个。有幼儿园、文化站等。有下乡遗址。经济以水稻、柑橘种植为主。工业以牛奶加工为主。包茂高速过境。

下乡村［Xiàxiāngcūn］　下乡乡人民政府驻地。在县政府驻地双江镇东 12 千米。人口 2000。以侗族为主，还有汉族。宋置临岗县，此近城厢，故名下厢，后演为今名。聚落呈团块状。有小学、卫生院。有大荒遗址。种植水稻、柑橘。包茂高速经此。

马龙乡［Mǎlóng Xiāng］　通道侗族自治县辖乡。在县境东南部。面积 68 平方千米。人口 0.8 万。以侗族为主，还有汉族。辖 12 村委会，有 60 自然村。乡人民政府驻竹坪村。1956 年设马龙乡。1961 年改公社。1984 年复乡。以侗语“麻隆”音译得名，意为河似龙王舌。马龙河流经。有铜矿。有小学 1 所，卫生院 1 个。有幼儿园、文化站等。经济以矿产开采为主。农业以水稻种植为主。有特产马龙红茶。209 国道过境。

竹坪村［Zhúpíngcūn］　马龙乡人民政府驻地。在县政府驻地双江镇东南 10 千米。人口 800。以侗族为主，还有汉族。因古为竹林地得名。聚落呈团块状。有小学、卫生院。种植水稻等。209 国道经此。

传素瑶族乡［Chuánsù Yáozú Xiāng］　通道侗族自治县辖乡。县境东南部。面积 51 平方千米。人口 0.1 万。其中瑶族占 71%，还有侗、汉等民族。辖 5 村委会，有 22 自然村。乡人民政府驻新团村。1953 年设传素乡。1956 年改瑶族乡。1958 年并入双江公社。1983 年复传素瑶族乡。以瑶语音译得名，意为后悔。有黄沙岗山。有小学 1 所，卫生院 1 个。有幼儿园、文化站等。经济以水稻种植为主。盛产竹笋、猕猴桃、蕨菜、薇菜、香菇。马龙—黄河岗草场公路过境。

新团村［Xīntuáncūn］　传素瑶族乡人民政府驻地。在县政府驻地双江镇东南 20 千米。人口 400。以瑶族为主，还有汉族。为新建之村，故名。聚落呈团块状。有小学、卫生院。种植水稻。马龙—黄河岗草场公路经此。

黄土乡［Huángtǔ Xiāng］　通道侗族自治县辖乡。在县境西南部。面积 45 平方千米。人口 0.6 万。均为侗族。辖 7 村委会，有 44 自然村。乡人民政府驻尾寨村。1956 年设黄土乡。1958 年并入坪坦公社。1961 年析设黄土公社。1984 年复乡。因乡政府驻地山岭横亘，以“中央戊己属土，其色黄”，横、黄变字得名。坪坦溪流经。有小学 1 所，卫生院 1 个。有幼儿园、文化站等。有国家 4A 级旅游景区皇都侗文化村。有百里侗文化长廊。经济以水稻种植为主。服务业以旅游为主。省道双江—坪坦线过境。

尾寨村［Wěizhàicūn］　黄土乡人民政府驻地。在县政府驻地双江镇南 10 千米。人口 800。均为侗族。因方位得名。聚落呈团块状。有小学、卫生院。种植水稻，发展旅游业。省道双江—坪坦线经此。

皇都侗文化村［Huángdūdòngwénhuàcūn］　在县政府驻地双江镇南 10 千米。黄土乡辖自然村。人口 3100。均为侗族。传夜郎王曾许愿建都于此，故名。聚落呈团块状。为中国传统村落、国家 4A 级旅游景区。有头寨、尾寨、盘寨、新寨 4 侗族寨。民间艺术有侗族服饰、民族刺绣。经济以旅游为主。寨上—黄土公路经此。

坪坦乡［Píngtǎn Xiāng］　通道侗族自治县辖乡。在县境西南部。面积 56 平方千米。人口 0.9 万。均为侗族。辖 11 村委会，有 49 自然村。乡人民政府驻坪坦。1956 年设坪坦乡。1958 年改公社。1984 年复乡。因乡政府驻地得名。坪坦河流经。有小学 1 所，卫生院 1 个。有幼儿园、文化站等。有全国重点文物保护单位坪坦风雨桥群，省级文物保护单位 3 个。有中国传统村落 2 个。有省级非物质文化遗产琵琶歌、芦笙表演艺术、侗戏、侗族双歌、侗锦。为“芦笙艺术之乡”。经济以水稻种植为主。有特产油茶。服务业以旅游为主。省道双陇、坪坦—广西林溪、坪坦—牙屯堡线过境。

坪坦村［Píngtǎncūn］ 坪坦乡人民政府驻地。在县政府驻地双江镇南21千米。人口1000。均为侗族。因曾居平坝得名。聚落呈团块状。有小学、卫生院。为中国传统村落、中国历史文化名村。有全国重点文物保护单位普济桥。种植水稻,发展旅游业。通公交车。

坪阳乡［Píngyáng Xiāng］ 通道侗族自治县辖乡。在县境南部。面积68平方千米。人口0.8万。均为侗族。辖12村委会,有63自然村。乡人民政府驻坪阳村。1951年设都垒乡。1956年并入甘溪乡(后甘溪乡并入陇城公社)。1961年由陇城公社析设都垒公社。1962年更名坪阳公社。1984年改乡。因乡政府驻地得名。有小学1所,卫生院1个。有幼儿园、文化站等。有全国重点文物保护单位马田鼓楼。有阳洞滩瀑布。经济以水稻、蔬菜、茶树种植为主。服务业以餐饮、旅游为主。县道茶坪—三盘线过境。

坪阳村［Píngyángcūn］ 坪阳乡人民政府驻地。在县政府驻地双江镇南34千米。人口1800。均为侗族。取庙坪、寨阳2村各1字得名。聚落呈团块状。有小学、卫生院。种植水稻。县道茶坪—三盘线过境。

甘溪乡［Gānxī Xiāng］ 通道侗族自治县辖乡。在县境南部。面积58平方千米。人口0.8万。均为侗族。辖10村委会,有32自然村。乡人民政府驻甘溪村。1956年设甘溪乡。1958年并入陇城公社。1961年析设甘溪公社。1984年复乡。因乡政府驻地得名。有山峰青龙界。有小学1所,卫生院1个。有幼儿园、文化站等。经济以水稻、生姜、茶树种植为主。209国道过境。

甘溪村［Gānxīcūn］ 甘溪乡人民政府驻地。在县政府驻地双江镇南35千米。人口1100。均为侗族。原因仅有浅涸溪沟得名乾溪,后演为今名。聚落呈团块状。有小学、卫生院。种植水稻。有特产生姜、茶油。209国道经此。

娄底市

娄底市［Lóudǐ Shì］ 湖南省辖地级市。北纬27°12′—28°14′,东经110°45′—112°31′。在省境中部。面积8117平方千米。户籍人口444.9万,常住人口385.3万。以汉族为主,还有苗、土家、侗、壮等民族。辖娄星区,双峰、新化2县,代管冷水江、涟源2县级市。市人民政府驻娄星区。1977年析邵阳地区置涟源地区。1982年更名娄底地区。1999年改市。因北宋时街市楼下营业楼上住宿得名。处云贵高原向江浙丘陵过渡带,西高东低。西部为山地,中部为丘陵,东部为盆地。平均海拔170米。最高点九龙池海拔1622米,最低点江口峡谷海拔64米。有雪峰山。年均气温20℃,1月平均气温5℃,7月平均气温28℃。年均降水量1553.5毫米。年均无霜期260天。涟水河、资江流经。有矿产资源煤、锑、金等。有野生植物2875种,其中国家重点保护野生植物有距瓣尾囊草、银杏、香果树、水杉、南方红豆杉、连香树等20种。有野生动物1023种,其中国家重点保护动物有云豹、大鲵、穿山甲、虎纹蛙、彩鹮、白颈长尾雉等20多种。有国家森林公园2个,省级森林公园4个。森林覆盖率50.2%。有高等院校3所,高中42所,中等职业学校36所,初中241所,小学789所,特殊教育学校5所。有图书馆6个,博物馆6个,纪念馆3个,艺术馆2个,文化馆6个,市文化中心1个,三级医院4个,体育馆12个。有艺术团体6个。有全国重点文物保护单位曾国藩故居、新化北塔、蔡和森和蔡畅故居、红二军团长征司令部旧址,省级文物保护单位26个。有省级爱国主义教育基地蔡和森、罗盛教纪念馆。有国家级非物质文化遗产新化山歌、傩戏(梅山傩戏)、梅山武术、抬阁(珠梅抬故事),省级非物质文化遗产永丰辣酱制作工艺、溪砚制作工艺、花鼓戏。有国家4A级旅游景区梅山龙宫、紫鹊界梯田、曾国藩故居。有名胜古迹湄江、波月洞。有中国传统村落3个,省级历史文化名镇2个,省级历史文化名村4个。三次产业比例14∶54∶32。农业种植水稻、玉米,养殖生猪、肉牛、羊。产中药材、茶叶。工业以精品钢材锻制,新能源新材料、先进装备制造为主。有国家级经济开发区1个,省级经济技术开发区5个,省级工业园区5个。服务业以旅游、商贸为主。有铁路280.5千米,高铁44千米,高速210.4千米,公路15000千米,水运航线326千米。洛湛、湘黔、安张娄衡铁路,沪昆高铁,沪昆、娄怀、长韶娄高速,省道宁太、涟油、梅芝、低新、湘怀、衡双线过境。有资江、涟水等航道。

娄底［Lóudǐ］ 娄底市聚落。在市境东部。面积62平方千米。人口62.8万。以汉族为主,还有苗、土家、侗等民族。宋熙宁六年(1073)为湘乡八大集镇之一。南宋淳祐十年(1250)避水灾,迁至竹山坡,今娄星区老街。1934年置娄底镇。2000年后南拓北延,东优西联,形成“一核四组团”布局。中心城区为商贸、金融、行政办公、科研教育综合服务区。东部为休闲旅游区。南部万宝新区为金融、会展、文化、信息、商贸物流服务区。西部为工业区,发展机械制造,钢铁冶金,精密锻制,耐火材料、家具与装饰材料产业。北部为涟钢钢铁产业区,发展电子工业、汽车整车及零部件制造等。为中国南方重要交通枢纽。铁路、高铁呈十字交汇,与高速、省道构成井字形立体交通网络。

娄底经济技术开发区［Lóudǐ Jīngjì Jìshù Kāifāqū］ 在市境北部。东至湘乡市,南至娄星区,西至涟钢,北至杉山镇。面积72.8平方千米。2013年经国务院正式批准建立国家级开发区,由娄底市政府管理。以薄板深加工、工程机械、电力科技为主。入驻有华菱涟钢、三一重工等规模企业。娄涟、娄湘公路过境,与城区主干道交会构成交通网络。

娄星区

娄星区［Lóuxīng Qū］ 娄底市人民政府驻地。在市境中部。面积428平方千米。人口47万。以汉族为主,还有苗、土家、侗等民族。辖7街道、4镇、3乡。区人民政府驻长青街道。1960年设娄底市(县级),属邵阳专区。1962年并入涟源县。1980年复市,属涟源地区。1982年属娄底地区。1999年更名娄星区,属娄底市。因娄、氐2星交相辉映得名。有标志性建筑娄星广场。有洪家山、雪峰山、龙山。涟水河、孙水河流经。有省级科研单位2个,省级工程技术研究中心7个,中学14所,小学42所,三级医院4个,二级医院3个,文化馆1个,省优秀运动队后备人才训练基地1个。有省级文物保护单位贺国中故居、石花彭氏支祠。有名胜古迹天王寺、圣仙洞、仙女寨、天籁崖寺、神童湾。三次产业比例3∶61∶36。农业种植水稻、玉米、甘薯,饲养生猪、牛、羊。产茶叶、柑橘、中药材。工业以钢铁、电子为主。有国家高新区1个。服务业以商贸、旅游为主。湘黔、洛湛铁路,沪昆高铁,益娄、长韶娄、娄怀、安邵高速,207、234、320、354国道过境。有娄底南站、娄底站、娄底汽车南站、娄底汽车站。

娄底文化广场［Lóudǐ Wénhuà Guǎngchǎng］ 在城区中部偏南。面积2公顷。2001年开工,2002年建成。因近高校得名。以廉政文化为主题,融合娄底独特文化。有标志性石刻1处,宣传窗35个,文化长廊68米,小知识展示牌12个,景观石22个。为廉政文化宣传、教育广场。周边有建设局、环保局。通公交车。

娄星广场［Lóuxīng Guǎngchǎng］ 在城区中部。面积10.9公顷。2001年开工,2004年建成。因区得名。南有宋代神童贺德英汉白玉雕像,东有文艺演出广场。有风雨桥亭、九曲回廊、人工湖。为市民休闲广场。周边有市煤炭局、城市广场、家居广场。通公交车。

乐坪大道［Lèpíng Dàdào］ 在区境中部偏南。东起吉星路,西至丹阳路。与新星路、娄星路、吉星路相交。长5.8千米,宽22米。沥青路面。2005年开工,同年建成。因乐坪街道得名。途经商业文化中心。两侧有市人大、市政协、公路局、教育局、步行街、中学等。通公交车。

湘中大道［Xiāngzhōng Dàdào］ 在区境南部。东起吉星路,西至甘桂路。与新星南路相交。长4.5千米,宽30米。沥青路面。2006年开工,同年建成。因娄底所处位置得名。两侧有市委、市政府、信访局、城管局、规划局、交通局、孙水广场、沿河风光带等。通公交车。

新星路［Xīnxīng Lù］ 在区境东部。南起娄涟公路,北至湘中大道。与大汉大道、乐坪大道、静安街相交。长16.7千米,宽24米。沥青路面。2002年开工,同年建成新星北路。2003年扩建南路。因星座得名。两侧有中小学、市人大、市政协、建设局、检察院、烟草局、区民政局、娄底中心医院、眼科医院、石马公园。通公交车。

娄星路［Lóuxīng lù］ 在区境中部。南起湘中大道,北至娄涟公路。与大汉大道、乐坪大道、静安街、仙桥街相交。长15.5千米,宽24—32米。沥青混凝土路面。1985年开工,1986年建成。1990年延伸。因区得名。分北、南2段。两侧有区委、区政府、林业局、公安局、中学、洞兴市场、建材市场、东方医院等。通公交车。

氐星路［Dīxīng Lù］ 在区境中部。南起新星南路,北至娄底站广场。与月塘街相交。长

3.8千米，宽30米。沥青混凝土路面。1998年开工，2000年建成。因氐星得名。途经商业中心。两侧有市文广新局、电脑城、批发城、移动公司、城市广场、娄星广场、高校等。通公交车。

长青街［Chángqīng Jiē］　在区境中部。东起湘阳街，西至甘桂路。与新星南路、吉星南路等相交。长5千米，宽32米。沥青路面。2000年开工，同年建成。因长青社区得名。分东、中、西3街。途经商业文化中心。两侧有区委、区政府、市总工会、市委党校、中小学、娄底中心医院、建材城、批发城等。通公交车。

吉星路［Jíxīng Lù］　在区境东部。南起湘中大道，北至娄涟公路。与乐坪大道、长青街、湘阳街相交。长13千米，宽32米。沥青路面。2005年开工，2006年建成。以"吉星高照"寓意命名。两侧有市法院、市检察院、质监局、中心血站、妇幼保健院等。通公交车。

娄底一大桥［Lóudǐ 1 Dàqiáo］　又名娄底大桥。在城区西北部。长150米，宽60米，最大跨度80米，桥下净高25米。1998年开工，2000年建成。为中型河道桥梁，结构型式为钢筋混凝土箱形梁桥。最大载重50吨。通公交车。

娄底站［Lóudǐ Zhàn］　见交通运输设施部分"娄底站"条。

娄底南站［Lóudǐnán Zhàn］　见交通运输设施部分"娄底南站"条。

娄底汽车站［Lóudǐ Qìchēzhàn］　见交通运输设施部分"娄底汽车站"条。

娄底汽车南站［Lóudǐ Qìchē Nánzhàn］　见交通运输设施部分"娄底汽车南站"条。

长青街道［Chángqīng Jiēdào］　娄星区人民政府驻地。在区境中部。面积6平方千米。人口8.2万。以汉族为主，还有苗、土家等民族。1995年设。因长青社区得名。先后建丽春路、扶青北路，改扩建娄星南路、长青西街路。有中学1所，小学1所，三级医院1个，二级医院1个，卫生服务中心1个，卫生服务站1个。经济以商贸、物流为主。有九龙小商品批发城。湘黔铁路过境。通公交车。

乐坪街道［Lèpíng Jiēdào］　属娄星区。在区境中部。面积10平方千米。人口8.3万。以汉族为主，还有苗、土家、侗等民族。1982年设。原因广植葫芦得名葫芦坪，因方言改和乐萍，后演为乐坪。先后建吉星路、秀石街，改扩建乐坪大道、新星南路、春园路。有中学1所，小学4所，三级医院1个，卫生服务中心1个。经济以商贸、物流为主。234国道过境。通公交车。

花山街道［Huāshān Jiēdào］　属娄星区。在区境中部。面积5平方千米。人口4.7万。以汉族为主，还有苗族。1982年设。因原有花山仑得名。先后整修娄底老街历史文化街区，建设中心街。有中学1所，小学3所，三级医院1个，卫生服务中心1个。有古迹天王寺、澄清塔、姜齐贤故居、娄底老街老码头。经济以商贸、物流为主。湘黔铁路过境。有娄底站。通公交车。

黄泥塘街道［Huángnítáng Jiēdào］　属娄星区。在区境西北部。面积18平方千米。人口8.9万。以汉族为主，还有苗、土家、侗等民族。1982年设。因涟水冲刷淤泥积此得名。先后建设碧溪路、桔园路、桑塘路、福岭路，改扩建娄星北路、钢城街、中心街等。有中学1所，小学2所，卫生院1个。经济以钢铁、机械制造和物流为主。湘黔铁路、娄涟公路、234国道过境。通公交车。

大科街道［Dàkē Jiēdào］　属娄星区。在区境中部。面积27平方千米。人口3.2万。以汉族为主，还有侗、土家等民族。2003年由大科乡整体转制。原因禾苗、溪河景色得名大禾溪，后演今名。先后建湘中大道、建设路、吉星路、早园街，改扩建娄星南路、新星南路、氐星路。有中学1所，小学7所，三级医院1个，二级医院1个，卫生服务中心1个，卫生服务站10个，卫生室5个。经济以商贸、物流为主。湘黔铁路、沪昆高铁、娄怀高速过境。通公交车。

涟滨街道［Liánbīn Jiēdào］　属娄星区。在区境中部。面积48平方千米。人口2.3万。以汉族为主，还有苗、侗等民族。2003年设。因处涟水之滨得名。先后建吉星北路、铁炉路、西坪路、太和路、勤丰路、新坪街，改扩建娄商大道、新星北路。有中学1所，小学1所，二级医院1个，卫生服务中心1个。经济以钢铁深加工为主，发展电子、汽车整车及零部件制造等。有物流业。有娄底经济技术开发区。娄涟公路、234国道过境。通公交车。

大埠桥街道［Dàbùqiáo Jiēdào］　属娄星区。在区境东部。面积58平方千米。人口2.3万。2003年由西阳镇整体转制。因桥得名。有中学1所，小学6所，卫生院1个，卫生服务中心1个，卫生服务站1个，卫生室26个。有省级文物保护单位石花彭氏支祠。经济以机械制造、水稻种植、物流为主。洛湛铁路、华常高速、娄涟公路、354国道过境。通公交车。

杉山镇［Shānshān Zhèn］　娄星区辖镇。在区境北部。面积37平方千米。人口2.8万。以汉族为主，还有土家族。辖1居委会、18村委会，有245自然村。镇人民政府驻杉山村。1956年设杉山乡，后改公社。1984年复乡。1986年改镇。因镇政府驻地得名。高登河流经。有中学2所，小学9所，卫生院1个。有文化站、广播站。有名胜乌石峰、妙笔峰。农业种植水稻、玉米。产花卉苗木、油葵、荷花、中药材。长韶娄、娄益高速，234国道，省道宁太线过境。

杉山村［Shānshāncūn］　杉山镇人民政府驻地。在区政府驻地长青街道东北11千米。人口2000。宋代成村。因杉树成林得名。聚落呈团块状。有中小学、幼儿园、卫生室、文化广场。种植水稻。有荷花基地。工业有化工、不锈钢加工等。有集贸市场。234国道经此。

万宝镇［Wànbǎo Zhèn］　娄星区辖镇。在区境南部。面积81平方千米。人口4.5万。以汉族为主，还有苗族。辖24村委会，有249自然村。镇人民政府驻万宝村。1956年设万宝乡，后改公社。1984年复乡。2000年改镇。因镇政府驻地得名。孙水河、檀山湾河、福善溪、小江河流经。有中学1所，小学1所，卫生院1个。有文化站、广播站。有名胜古迹仙女寨、天籁岩。农业种植水稻。产柑橘、食用菌、花卉、林木、蔬菜。工业以包装、食品饮料加工为主。湘黔铁路，沪昆高铁，娄怀、娄新高速，234国道，省道宁太线过境。

万宝村［Wànbǎocūn］　万宝镇人民政府驻地。在区政府驻地长青街道南8千米。人口800。宋代成村，传有聚宝财盆得名。聚落呈散状。有中小学、幼儿园、卫生室、文化广场。主产食用菌、百合、梨、西瓜等。有建材、机械加工工业。有集贸市场。沪昆高铁、益娄衡高速、234国道经此。

茶园镇［Cháyuán Zhèn］　娄星区辖镇。在区境南部。面积38平方千米。人口2.1万。以汉族为主，还有苗、土家等民族。辖19村委会，有239自然村。镇人民政府驻茶园村。1950年设茶园乡，后改公社。1984年复乡。2000年改镇。因镇政府驻地得名。有茶园山。孙水河流经。有中学1所，小学3所，卫生院1个，卫生室19个。有文化站、广播站。农业种植水稻、棉花。产杨梅、西瓜。工业以建筑、机械、茶叶加工为主。洛湛铁路，沪昆高铁，娄双公路，省道宁太线过境。

茶园村［Cháyuáncūn］　茶园镇人民政府驻地。在区政府驻地长青街道南15千米。人口1000。宋代成村。因有茶园得名。聚落呈散状。有中心小学、幼儿园、卫生院、文化广场。农业种植水稻、玉米。工业有建材、机械加工。有集贸市场。洛湛铁路、娄双公路经此。

石井镇［Shíjǐng Zhèn］　娄星区辖镇。在区境西部。面积70平方千米。人口3.5万。以汉族为主，还有苗族。辖16村委会，有201自然村。镇人民政府驻松江村。1961年成立石井公社。1984年改乡。2009年改镇。因泉水自石缝而出得名。有雷峰山、回龙山。涟水河、孙水河、涠水河、柳家湾河流经。有矿产资源煤。有中学1所，小学1所，卫生院1个。有文化站、广播站。有古迹玉龙寺。农业种植水稻、甘薯，产茶油、柑橘、西瓜。有犇牛养殖基地。工业以建材制造、矿产开采为主。湘黔铁路，娄涟、三桃公路过境。

松江村［Sōngjiāngcūn］　石井镇人民政府驻地。在区政府驻地长青街道西11千米。人口2500。唐代成村。因松树连片如江得名。聚落呈散状。有中小学、幼儿园、卫生室、文化广场。种植水稻、茶树菇。有采煤、农机加工业。有集贸市场。湘黔铁路、三桃公路经此。

百亩乡［Bǎimǔ Xiāng］　娄星区辖乡。在区境西南部。面积30平方千米。人口1.5万。以汉族为主，还有土家族。辖18村委会，有178自然村。乡人民政府驻百亩村。1961年成立百亩公社。1984年改乡。因乡政府驻地得名。有凤冠山。涟水河、孙水河流经。有中学1所，小学1所，卫生院1个。有文化站、广播站。农业种植水稻，产茶油、柰李。工业有建材、农机、耐火材料、碳酸钙加工等。湘黔铁路、娄怀高速、234国道过境。

百亩村［Bǎimǔcūn］　百亩乡人民政府驻地。在区政府驻地长青街道西南8千米。人口1400。宋代成村。因大井可灌溉农田百亩得名。聚落呈散状。有中小学、幼儿园、卫生室、文化广场。种植水稻。有榨油、环保砖加工业。有集贸市场。沪昆铁路、娄怀高速经此。

小碧乡［Xiǎobì Xiāng］　娄星区辖乡。在区境北部。面积34平方千米。人口1.5万。以汉族为主，还有苗、侗等民族。辖17村委会，有210自然村。乡人民政府驻小碧村。1956年设小碧乡，后改公社。1984年复乡。因乡政府驻地得名。有牯牛山。碧溪河流经。有中学1所，小学1所，卫生院1个，卫生室17个。有文化站、广播站。农业种植水稻，产花卉、苗木、蔬菜、柑橘、枇杷、柰李。有湖南黑猪养殖基地。有水泥加工业。长芷高速、省道湘安线、县道小碧—双江线过境。

小碧村［Xiǎobìcūn］　小碧乡人民政府驻地。在区政府驻地长青街道北14千米。人口1600。唐代成村。因小溪、小河碧波荡漾得名。聚落呈散状。有中小学、幼儿园、卫生室、文化广场。种植水稻、花山、葡萄、柰李。有竹木制品加工业。有集贸市场。长芷高速、省道湘安线、县道小碧—双江线经此。

双江乡［Shuāngjiāng Xiāng］　娄星区辖乡。在区境北部。面积64平方千米。人口1.7万。以汉族为主，还有苗族。辖19村委会，有221自然村。乡人民政府驻双江村。1961年成立双江公社。1984年改乡。因乡政府驻地得名。高登河、井堪河流经。有洪家山省级森林公园。有中学1所，小学3所，卫生院1个，卫生室10个。有文化站、广播站。有省级文物保护单位贺国中故居。农业种植水稻、甘薯。产木材、辣椒、藠头、中药材。工业有锰、钒加工。长韶娄高速、县道小碧—双江线过境。

双江村［Shuāngjiāngcūn］ 双江乡人民政府驻地。在区政府驻地长青街道北20千米。人口1800。宋代成村。因高登、井堪2河流经得名。聚落呈散状。有中小学、幼儿园、卫生室、文化广场。种植水稻、辣椒。有集贸市场。县道小碧—双江线经此。

冷水江市

冷水江市［Lěngshuǐjiāng Shì］ 湖南省直辖县级市，由娄底市代管。北纬27°41′，东经111°26′。在娄底市中部偏西。面积439平方千米。人口37.3万。以汉族为主，还有苗、回、土家等民族。辖4街道、7镇、5乡。市人民政府驻冷水江街道。1960年置冷水江市，属邵阳专区。1961年更名冷江市。1962年改冷江特别区。1969年复冷水江市，属邵阳地区。1977年属涟源地区。1982年属娄底地区。1999年属娄底市。原名老鼠港、老树光，1949年因不雅以新化县方言发音，且流经此资江水冷温低改今名。先后改扩建冷金路、锑都中路、江北路、新城路、金竹东路、金竹西路、锑都南路。建红日岭公园、锑都大厦、滨江公园广场。拓建东、南部。有标志性建筑锑都大厦。处雪峰山东麓，中部为资江谷地。地势南北高中部低，呈不对称马鞍形。平均海拔185米。最高点祖师岭海拔1072米，最低点花桥村海拔162米。有龙虎山、玄山、龙盘山、谢铎山、大乘山、天龙山。年均气温16.8℃，1月平均气温5℃，7月平均气温28℃。年均降水量1446.1毫米。资江、纳球溪、麻溪、涟溪、柳溪流经。有矿产资源煤、铁、锑、铅、锌等。有野生植物871种，其中国家重点保护野生植物有银杏、篦子三尖杉、金钱松等12种。有野生动物517种，其中国家重点保护野生动物有穿山甲、麝、豹猫、滑鼠蛇、五步蛇等62种。有紫云峰省级森林公园。森林覆盖率51.5%。有中学20所，小学62所，博物馆1个，文化馆1个，图书馆1个，档案馆1个，二级医院4个，体育场馆2个。有省级文物保护单位锡矿山羊牯岭碉楼、女作家谢冰莹故居、锡矿山矿冶遗址、六房院。有省级爱国主义教育基地锡矿山老采矿场遗址及陈列馆。景点有波月洞、大乘山。有国家级非物质文化遗产梅山傩戏。三次产业比例7∶51∶42。农业种植水稻、玉米、油茶，饲养猪、牛、羊。有特产铁山杨梅、腊肉松饼、眉山葡萄、花桥牛全席。有国家地理标志产品水云峰黄桃。工业以锑业、钢铁、化工、火电、建材制造为主。有耐火材料企业集群。服务业以物流、商贸为主，发展电子商务。沪昆铁路，沪昆高铁，娄新高速，省道湘怀、梅芝、分白线过境。

滨江公园广场［Bīnjiāng Gōngyuán Guǎngchǎng］ 在市区中部偏东。面积9.4万平方米，2008年开工，2010年建成。因邻资江得名。有亲水平台，老人、儿童活动区，中心广场，休闲廊亭，文化墙。绿地面积6.2万平方米。是集休闲、娱乐、健身于一体广场。周边有酒店等。通公交车。

锑都中路［Tīdōu Zhōnglù］ 在市区中部。西南起广场西路，北至环城北路。与江北路、广场路、冷新路、政法路、金竹西路等相交。长2千米，宽50米。混凝土路面。1964年开工，1965年建成。原名冷锡路，1993年因直通锡矿山更今名。途经商业中心。两侧有文化局、教育局、图书馆、中学等。通公交车。

江北路［Jiāngběi Lù］ 在市区中部。东起万盛锑路，西至金竹西路。与建新街、锑都中路、冷新路相交。长1千米，宽40米。沥青路面。1985年开工，当年建成。1993年扩建。原名沿江路，1988年因处资江北更今名。两侧有烟草局等。通公交车。

富民路［Fùmín Lù］ 在市区南部。西起江南路，东至大坝路。与锑都南路相交。长2千米，宽20米。沥青路面。1998年开工，1999年建成。原名体育东路、西路，2005年合改今名。两侧有中学、人社局、国税局、国土局。通公交车。

冷江大桥［Lěngjiāng Dàqiáo］ 在市区中部。长420米，宽16米，最大跨度80米，桥下净高35米。1988年开工，1991年建成。原名资江大桥，1991年因冷水江市更今名。为大型河道桥梁，结构型式为钢筋混凝土箱形梁桥。最大载重100吨。通公交车。

冷水江东站［Lěngshuǐjiāngdōng Zhàn］ 见交通运输设施部分“冷水江东站”条。

金竹山汽车站［Jīnzhúshān Qìchēzhàn］ 见交通运输设施部分“金竹山汽车站”条。

同兴汽车站［Tóngxīng Qìchēzhàn］ 见交通运输设施部分“同兴汽车站”条。

冷水江街道［Lěngshuǐjiāng Jiēdào］ 冷水江市人民政府驻地。在市境中部。面积14平方千米。人口8.4万。以汉族为主，还有苗族。1969年设冷水江镇。1981年改街道。因处市中心得名。先后改造锑都中路，延伸新城路。资江流经。有省级工程技术研究中心1个，中学5所，小学8所，二级医院4个，卫生服务中心1个，卫生院1个，卫生所14个。有体育场。有古迹涟溪桥、福音堂、讲司所。经济以商贸、餐饮、旅游为主。湘黔铁路、沪昆高铁过境。有冷水江东站。通公交车。

锡矿山街道［Xīkuàngshān Jiēdào］ 属冷水江市。在市境北部。面积12平方千米。人口1.5万。以汉族为主，还有土家族。1981年设。因锡矿山矿区得名。先后改造锑都北路，建设中心街。有中学1所，小学4所，卫生服务中心1个，卫生院1个，卫生所8个。有锡矿山革命烈士陵园。经济以锑业为主。冷水江—新化田坪公路过境。

沙塘湾街道［Shātángwān Jiēdào］ 属冷水江市。在市境中部。面积13平方千米。人口1.6万。以汉族为主，还有苗族。1981年由沙塘湾镇整体转制。因多沙洲、塘坑得名。先后改扩建金竹西路，建成教育路。资江流经。有中学1所，小学4所，特殊教育学校1所，卫生服务中心1个，卫生院1个，卫生所4个。有图书室。农业种植水稻、蔬菜。工业以电力、化工、制造、材料加工为主。服务业以商贸为主。沪昆铁路、省道湘怀线过境。通公交车。

布溪街道［Bùxī Jiēdào］ 属冷水江市。在市境西部。面积4平方千米。人口1.5万。以汉族为主，还有苗、侗等民族。1992年设。因布溪村得名。先后改造布溪路，延建江南路。有中学1所，小学3所，卫生服务中心1个，卫生院1个，卫生所3个。农业种植水稻、花生。服务业以商贸、物流为主。沪昆铁路、冷禾公路过境。通公交车。

禾青镇［Héqīng Zhèn］ 冷水江市辖镇。在市境南部。面积28平方千米。人口3.7万。以汉族为主，还有苗、土家等民族。辖4居委会、12村委会，有186自然村。镇人民政府驻里福社区。1950年设禾青乡，后改公社。1984年复乡。1989年与球溪街道合置禾青镇。因禾青坪得名。球溪流经。矿产资源有铅、锌、钒、钨、钼、铜、汞、氧化钙、硅石等。有中学1所，小学10所，卫生服务中心1个，卫生院1个，卫生所14个。有文化站、广播站。有名胜古迹大乘山、望云寺。农业种植水稻、花生。有特产禾青嘣螺。工业以化工、建材制造为主。服务业以商贸、物流为主。湘黔铁路、沪昆高铁、娄怀高速、省道冷邵线过境。

里福社区［Lǐfú Shèqū］ 禾青镇人民政府驻地。在市境南部。面积2.2平方千米，人口4000。居民原以打草鞋为生得名履覆，富裕后改今名。1989年成立。民居以高层住宅楼为主。有小学、德雅医院、卫生院、卫生所。工业以预制板制造、化工为主。县道太石线经此。

岩口镇［Yánkǒu Zhèn］ 冷水江市辖镇。在市境东部。面积25平方千米。人口2.1万。以汉族为主，还有土家族。辖3居委会、14村委会，有146自然村。镇人民政府驻土朱。1958年成立岩口公社。1984年改乡。1989年改镇。因岩石垭口得名。有中学1所，小学2所，卫生服务中心1个，卫生院1个，卫生所17个。有文化站、广播站。有名胜仙云岛。农业种植水稻、蔬菜、柑橘，养殖生猪。工业以煤业、建材制造为主。省道新化—长宁、湘怀线过境。

土朱［Tǔzhū］ 岩口镇人民政府驻地。在市政府驻地冷水江街道东南25千米。人口600。因清代产光油，土石朱红色得名。聚落呈散状。有中小学、幼儿园、卫生室、广场。种植水稻、柑橘。有煤矿工业。有集贸市场。省道湘怀线经此。

渣渡镇［Zhādù Zhèn］ 冷水江市辖镇。在市境东北部。面积43平方千米。人口2.2万。以汉族为主，还有回族。辖3居委会、13村委会，有125自然村。镇人民政府驻木瓜村。1950年设渣渡乡，后改公社。1984年复乡。1989年改镇。因渣水渡口得名。新涟河、白石溪流经。有中学1所，小学8所，卫生服务中心1个，卫生院1个，卫生所15个。有文化站、广播站。有名胜九门洞。农业以林业为主。产杨梅、水稻、蔬菜。工业以煤矿开采、水泥加工、化工、酿酒为主。湘黔铁路、县道铎利线过境。

木瓜村［Mùguācūn］ 渣渡镇人民政府驻地。在市政府驻地冷水江街道东北40千米。人口700。以汉族为主，还有回族。因树得名。聚落呈块状。有中小学、幼儿园、卫生室、广场。有清代石桥、石碑。种植水稻。有农场、集贸市场、煤矿。县道铎利线经此。

铎山镇［Duóshān Zhèn］ 冷水江市辖镇。在市境东部。面积28平方千米。人口2.6万。以汉族为主，还有苗族。辖1居委会、17村委会，有212自然村。镇人民政府驻龙潭村。1950年设铎山乡，后改公社。1984年改镇。原因谢姓居多得名谢托山，后演为托山，后以谐音改今名。有峨嵋山。良溪河流经。有中学1所，小学7所，卫生服务中心1个，卫生院1个，卫生所18个。有文化站、广播站。有省级文物保护单位谢冰莹故居。农业种植葡萄、杨梅、油茶。有特产葛根。工业以煤炭加工、建材制造、化工、机电为主。服务业以商贸、物流为主。354国道、省道湘怀线过境。

龙潭村［Lóngtáncūn］ 铎山镇人民政府驻地。在市政府驻地冷水江街道东40千米。人口2700。因深潭似有龙隐现得名。聚落呈团块状。有中小学、幼儿园、卫生室、广场。有省级文物保护单位谢冰莹故居。有古迹宝光堂、福善亭。农业种植水稻。工业有煤矿开采、建材制造、耐火材料加工等。有集贸市场。354国道经此。

毛易镇［Máoyì Zhèn］ 冷水江市辖镇。在市境东南部。面积27平方千米。人口2.6万。以汉族为主，还有土家族。辖3居委会、11村委会，有144自然村。镇人民政府驻长铺村。1950年设毛易乡，后改公社。1984年复乡。1999年改镇。原因多毛、易2姓得名毛易铺，后简为今名。资江、柳溪河流经。有中学1所，小学2所，卫生服务中心1个，卫生院1个，卫生所13个。有文化站、广播站。农业种植水稻、蔬菜。工业以煤炭加工、化工、建材制造、奶业为主。湘黔铁路、省道湘怀线过境。

长铺村［Chángpùcūn］　毛易镇人民政府驻地。在市政府驻地冷水江街道东南6千米。人口1800。因地形狭长得名。聚落呈长条状。有中小学、幼儿园、卫生室、广场。种植水稻。工业以煤炭、建材加工为主。有集贸市场。湘黔铁路、省道湘怀线经此。

三尖镇［Sānjiān Zhèn］　冷水江市辖镇。在市境南部。面积37平方千米。人口2.1万。以汉族为主，还有苗族。辖3居委会、14村委会，有166自然村。镇人民政府驻石槽社区。1950年设三尖乡，后改公社。1984年复乡。2002年改镇。因三尖峰得名。有大乘山。茶花溪流经。有中学1所，小学3所，卫生服务中心1个，卫生院1个，卫生所11个。有文化站、广播站。有省级文物保护单位六房院。有名胜祖师岭。农业产南竹、黄桃、猕猴桃。有金银花、黄柏、牛膝、鸡冠花等中药材种植基地。工业以煤矿开采，竹器、碳素、水泥外加剂加工为主。省道祁宁、新邵线过境。

石槽社区［Shícáo Shèqū］　三尖镇人民政府驻地。在市境西南部。面积3平方千米。人口1500。因白水洞石槽得名。2001年成立。民居以高层住宅楼为主。有小学、卫生服务站、便民服务站。有煤炭、石墨企业。种植大芋头、马铃薯、椰子。省道安化—零陵线经此。

金竹山镇［Jīnzhúshān Zhèn］　冷水江市辖镇。在市境南部。面积27平方千米。人口2.6万。以汉族为主，还有土家、侗等民族。辖6居委会、13村委会，有137自然村。镇人民政府驻坪塘社区。1960年置金竹山镇，后改公社。1984年设乡。2010年复镇。因山得名。麻溪流经。有中学1所，小学5所，卫生服务中心1个，卫生院1个，卫生所14个。有文化站、广播站。农业种植蔬菜、油茶。有特种养殖基地。工业以采煤、电力、建材制造、烟花爆竹加工为主。沪昆铁路、沪昆高铁、娄新高速、354国道、省道湘怀线过境。

坪塘社区［Píngtáng Shèqū］　金竹山镇人民政府驻地。在市境南部。面积2平方千米。人口2500。取李家坪、古塘2村各1字得名。1983年成立。民居以多层住宅楼为主。有中学、卫生服务站、便民服务站。有煤炭、建材企业。湘黔铁路、354国道经此。

潘桥乡［Pānqiáo Xiāng］　冷水江市辖乡。在市境西南部。面积25平方千米。人口1.6万。以汉族为主，还有苗族。辖1居委会、14村委会，有147自然村。乡人民政府驻桥头村。1956年设潘桥乡，后改公社。1984年复乡。因潘姓居多且乡政府驻地处桥头得名。资江流经。有中学1所，小学4所，卫生服务中心1个，卫生院1个，卫生所15个。有文化站、广播站。有名胜鸿云洞。农业种植水稻、玉米。产南竹、松木。工业以煤炭、瓷砖石材、耐火材料、电线电缆加工和制造为主。湘黔铁路、娄怀高速、冷禾公路过境。有冷水江西站。

桥头村［Qiáotóucūn］　潘桥乡人民政府驻地。在市政府驻地冷水江街道南7千米。人口1400。因处桥头得名。聚落呈散状。有中小学、幼儿园、卫生室、广场。种植水稻、玉米。有煤炭、建材工业。有集贸市场。冷禾公路经此。

梓龙乡［Zǐlóng Xiāng］　冷水江市辖乡。在市境东部。面积32平方千米。人口1.2万。以汉族为主，还有苗族。辖8村委会，有66自然村。乡人民政府驻周头村。1950年设场桥乡。1956年更名梓龙乡，后改公社。1984年复乡。取枫梓坪、龙氹2地名各1字得名。有龙盘山。柳溪河流经。有中学1所，小学4所，卫生服务中心1个，卫生院1个，卫生所8个。有文化站、广播站。农业种植水稻、花生。产食用菌、柑橘、木材、葛根。工业以煤炭、石灰、铁矿石加工为主。县道铎利、毛矿线过境。

周头村［Zhōutóucūn］　梓龙乡人民政府驻地。在市政府驻地冷水江街道东17千米。人口1500。原因尖峰似三蜡烛得名烛头，后演为今名。聚落呈带状。柳溪河流经。有中小学、幼儿园、卫生室、广场。种植水稻、橘柚。有集贸市场。县道毛矿线经此。

矿山乡［Kuàngshān Xiāng］　冷水江市辖乡。在市境北部。面积43平方千米。人口1.6万。以汉族为主，还有苗族。辖1居委会、15村委会，有145自然村。乡人民政府驻陶塘社区。1950年设漆矿乡。1952年更名矿山乡，后改公社。1984年复乡。因锡矿山得名。有癞子岭。有中学1所，小学4所，卫生服务中心1个，卫生院1个，卫生所15个。有锑文化博物馆、锡矿山烈士塔、古碉堡、忆苦窿。有省级文物保护单位羊牯岭碉楼、锡矿山矿冶遗址。有省级爱国主义教育基地锡矿山老采矿场遗址及陈列馆。农业养殖黑山羊。产中药材、油茶。工业以锑业、煤业为主。县道毛矿、万晏线过境。

陶塘社区［Táotáng Shèqū］　矿山乡人民政府驻地。在市境北部。面积2平方千米。人口800。原为陶姓居住地，且有塘，故名。1969年成立。民居以多层住宅楼为主。有中学、卫生服务站。有闪星矿山公司。县道毛矿线经此。

中连乡［Zhōnglián Xiāng］　冷水江市辖乡。在市境西北部。面积53平方千米。人口2.8万。以汉族为主，还有苗族。辖2居委会、16村委会，有182自然村。乡人民政府驻金湾村。1950年设中连乡，后改公社。1984年复乡。因乡政府驻地位于涟溪河中游得名。有狮子山、耸山。连溪、余连溪流经。有矿产资源煤、天然气、白云石、氧化镁、石灰石等。有中学1所，小学2所，卫生服务中心1个，卫生院1个，卫生所16个。有文化站、广播站。有古迹李氏宗祠。农业种植油菜、油茶。产中药材、苗圃花卉。工业有矿产开采、冶金。省道湘怀线过境。

金湾村［Jīnwāncūn］　中连乡人民政府驻地。在市政府驻地冷水江街道北5千米。人口2000。取金瓶、颜家湾2地名各1字得名。聚落呈团块状。有中小学、幼儿园、卫生室、广场。种植油茶、水稻。工业有煤炭加工、化工等。有集贸市场。县道温金线经此。

同兴乡［Tóngxīng Xiāng］　冷水江市辖乡。在市境东北部。面积16平方千米。人口1.2万。以汉族为主，还有土家族。辖3居委会、6村委会，有69自然村。乡人民政府驻同心村。1950年设同兴乡，后撤。1982年由农业科技示范场改同兴公社。1983年改乡。以同心同德振兴中华得名。资江流经。有中学1所，小学2所，卫生服务中心1个，卫生院1个，卫生所9个。有文化站、广播站。有名胜波月洞。农业种植水稻、玉米、甘薯。工业有建材、食品加工。服务业以商贸、物流、旅游为主。湘黔铁路、354国道、省道湘怀线过境。

同心村［Tóngxīncūn］　同兴乡人民政府驻地。在市政府驻地冷水江街道东北5千米。人口3300。因吉言佳语得名。聚落呈团块状。有中小学、幼儿园、卫生室、文化广场。有名胜波月洞。经济以电力、钢铁、旅游为主。有集贸市场。354国道经此。

涟源市

涟源市［Liányuán Shì］　湖南省直辖县级市，由娄底市代管。北纬27°41′，东经111°39′。在娄底市境中部。面积1912平方千米。人口115.6万。以汉族为主，还有苗、回、土家等民族。辖1街道、17镇、2乡。市人民政府驻蓝田街道。1952年置蓝田县，旋更名涟源县，属益阳专区。1977年属涟源地区。1982年属娄底地区。1987年改市。1999年属娄底市。因处涟水上源得名。先后建设城东、城北、城西，建成涟水河风光带、涟水公园、洪水岭公园、人民公园、烈士纪念园、火车站综合广场、体育馆、蓝田市场、三角坪商业广场等。处雪峰山余脉，以低山、丘陵为主。地势南北高中间低。平均海拔160米。最高点岳坪峰海拔1410.1米。年均气温17℃，1月平均气温8℃，7月平均气温29.6℃。年均降水量1382.9毫米。孙水河、湄水河、涟水河流经。有矿产资源煤、铁、锰、锑、石膏等。有野生植物1016种，其中国家重点保护野生植物有水杉、珙桐、银杏等33种。有野生动物270余种，其中国家重点保护野生动物有金钱豹、猫头鹰、勺鸡等12种。有湄江国家地质公园、龙山国家森林公园。森林覆盖率40.2%。有高中6所，职业高中5所，初中42所，九年一贯制学校11所，小学224所，二级医院4个，文化馆1个，图书馆1个，档案馆1个，体育馆1个。有文艺团体2个。有湘军名将故居群。有古迹世业堂、乐恺堂、药王殿、紫华庵、仙麓亭。有国家级非物质文化遗产抬阁（珠梅抬故事），省级非物质文化遗产涟源湘剧。有中国历史文化名镇杨市镇，省级历史文化名村三甲村。有国家4A级旅游景区湄江，国家3A级旅游景区飞水涯漂流、博盛生态园等4个。有景点杨家滩、白马湖、塞海、仙人洞、观音洞。三次产业比例21∶47∶32。农业种植水稻、玉米、小麦。有娄涟蔬菜产业园。工业以矿产开采、机电设备制造为主。服务业以物流为主。湘黔、涟渣铁路，二广、长韶娄、娄怀高速，207国道，省道涟油线过境。

人民路［Rénmín Lù］　在市区中部。东起马头山路，西至娄底大道。与东风路、振定路、石马山路、体育路等相交。长9.5千米，宽15—30米。沥青混凝土路面。1979年开工，1988年建成。1995、2002、2013年分别改扩建。分东、中、西3段。途经商业文化中心。两侧有市政府、财政局、交通局等。通公交车。

涟源站［Liányuán Zhàn］　见交通运输设施部分“涟源站”条。

涟源汽车站［Liányuán Qìchēzhàn］　见交通运输设施部分“涟源汽车站”条。

蓝田街道［Lántián Jiēdào］　涟源市人民政府驻地。在市境西南部。面积37平方千米。人口6.5万。以汉族为主，还有苗、回、土家等民族。1961年设蓝田镇。1987年改街道。因盛产蓼蓝得名。先后建福源路、交通路、娄底大道、商悦广场。涟水河流经。有中学1所，小学8所，二级医院4个，卫生院1个，卫生所18个。有体育馆、图书馆。农业以种植大棚蔬菜、小麦、玉米为主。湘黔铁路、207国道过境。有涟源站、涟源汽车站。通公交车。

六亩塘镇［Liùmǔtáng Zhèn］　涟源市辖镇。在市境西部。面积65平方千米。人口6.8万。以汉族为主，还有土家、苗等民族。辖5居委会、31村委会，有474自然村。镇人民政府驻笃庆堂社区。1987年设六亩塘街道。1995年与毛坪、芙蓉2乡合改六亩塘镇。因六亩池塘得名。涟水河流经。有中学1所,小学16所,卫生院1个,卫生所36个。有文化站。有抗日战壕旧址。古迹有月桂园、同善桥、怀德堂、进士牌、两荣堂、肃松园。农业种植水稻、玉米。工业以采煤、煤机制造为主。有建材市场。湘黔、涟渣铁路,娄源、涟新公路过境。

笃庆堂社区[Dǔqìngtáng Shèqū] 六亩塘镇人民政府驻地。在市境西部。面积2平方千米。人口7800。因古建筑笃庆堂名。2010年成立。民居以多层楼房为主。有中学、卫生所、健康中心、建材市场。有古迹四季井。涟渣铁路、涟新公路经此。

石马山镇[Shímǎshān Zhèn] 涟源市辖镇。在市境东部。面积115平方千米。人口8.2万。以汉族为主,还有苗、回、土家等民族。辖1居委会、63村委会,有660自然村。镇人民政府驻石梅社区。1995年由马家境街道,马头山、青烟、湖泉3乡合置石马山镇。因山得名。涟水河流经。有中学2所,小学23所,卫生院1个,卫生所67个。有文化站、光荣院、救助站、福利院。农业种植水稻、玉米。工业以矿山机械制造、化工、洗煤为主。省道涟油线过境。

石梅社区[Shíméi Shèqū] 石马山镇人民政府驻地。在市境东部。面积2平方千米。人口3000。取石马山、梅子坳首字故名。2010年成立。民居以多层楼房为主。有职业中学、小学、卫生服务站、市光荣院。回春堂药业位此。省道涟油线经此。

安平镇[Ānpíng Zhèn] 涟源市辖镇。在市境西北部。面积85平方千米。人口5万。以汉族为主,还有土家、苗等民族。辖1居委会、53村委会,有458自然村。镇人民政府驻唐家村。1984年置安平镇。1995年岛石、四古2乡并入。有铁厂,1946年以生产平安得名安平铁厂,沿为镇名。有凤家山、长眉山。有中学2所,小学18所,卫生院1个,卫生所54个。有文化站。有景点月光崖、麻溪洞。农业种植水稻、油菜。工业以木材加工、机械维修为主。省道安古线、县道珠古线过境。

唐家村[Tángjiācūn] 安平镇人民政府驻地。在市政府驻地蓝田街道北16千米。人口4900。因姓氏得名。聚落呈散状。有中小学、幼儿园、卫生室、文化广场。种植水稻。有湘中煤矿。有集贸市场。县道安古线经此。

湄江镇[Méijiāng Zhèn] 涟源市辖镇。在市境西北部。面积108平方千米。人口5.6万。以汉族为主,还有土家、侗等民族。辖3居委会、45村委会,有439自然村。镇人民政府驻栗山桥社区。1992年由大桥乡与石陶、四古、古塘3乡17村合置湄江镇。因湄江得名。有天子山、梅子山。有中学2所,小学17所,卫生院1个,卫生所47个。有文化站。有国家4A级旅游景区湄江国家地质公园。有名胜古迹塞海湖、藏君洞、观音岩。经济以旅游业为主。农业种植水稻、油菜。工业有煤炭、石膏、水泥加工。安邵高速,湄七、湄桂、安大公路,207国道过境。

栗山桥社区[Lìshānqiáo Shèqū] 湄江镇人民政府驻地。在市境西北部。面积1.3平方千米。人口4800。因桥得名。2010年成立。民居以多层楼房为主。有卫生服务站、老年活动室、便民服务站等。有中小学、幼儿园、卫生室、文化广场。有服装城、水泥厂。湄七公路经此。

蒿子村[Hāozicūn] 在市政府驻地蓝田街道东北26千米。湄江镇辖自然村。人口900。因产蒿子得名。聚落呈散状。有湄江国家地质公园。有中小学、幼儿园、卫生室、广场。种植水稻、玉米。有集贸市场。安大公路经此。

伏口镇[Fúkǒu Zhèn] 涟源市辖镇。在市境北部。面积177平方千米。人口6.1万。以汉族为主,还有土家、侗等民族。辖62村委会,有653自然村。镇人民政府驻林家村。1949年设伏口乡,后改公社。1984年复乡。1987年改镇。1995年漆树、石陶、柏树3乡并入。四面环山,归、温2水汇入,物产丰沃,故名福口,清末改今名。有寨子山。有中学3所,小学27所,卫生院1个,卫生所62个。有文化站。农业种植水稻、玉米。工业以挖掘为主。二广高速、207国道过境。

林家村[Línjiācūn] 伏口镇人民政府驻地。在市政府驻地蓝田街道东北32千米。人口1300。因姓氏得名。聚落呈散状。有中小学、幼儿园、卫生室。种植水稻、玉米。二广高速、县道伏田线经此。

桥头河镇[Qiáotóuhé Zhèn] 涟源市辖镇。在市境东北部。面积147平方千米。人口13.7万。以汉族为主,还有土家、侗等民族。辖4居委会、48村委会,有216自然村。镇人民政府驻桥南社区。1959年成立桥头河公社。1972年析置桥头河镇。1984年公社并入镇。1995年石狗、桂花、株木3乡并入。因桥头河大桥得名。涓水河、涟水河流经。有中学4所,小学30所,卫生院2个,卫生所87个。有文化站。农业种植水稻、甘薯,盛产蔬菜。长韶娄高速、207国道、省道湘怀线过境。

桥南社区[Qiáonán Shèqū] 桥头河镇人民政府驻地。在市境东北部。面积0.5平方千米。人口5000。因处桥头河大桥南得名。2007年成立。民居以多层楼房为主。有老年活动室、卫生服务站、便民服务站等。有中小学、幼儿园、卫生院、文化广场。

七星街镇[Qīxīngjiē Zhèn] 涟源市辖镇。在市境东北部。面积185平方千米。人口8.3万。以汉族为主,还有土家、侗等民族。辖1居委会、58村委会,有622自然村。镇人民政府驻七星社区。1956年设七星乡,后改公社。1984年复乡。1995年与仙洞乡、湘波镇、柏树乡2村合置七星街镇。因街得名。桥头河流经。有麻布山、水牛山。有中学2所,小学31所,卫生院1个,卫生所60个。有文化站、广播电视站。农业种植水稻、玉米、蔬菜。工业以煤矿开采、加工为主。华雷、七伏公路过境。

七星社区[Qīxīng Shèqū] 七星街镇人民政府驻地。在市境东北部。面积8平方千米。人口6200。因有山,如七星连珠得名。2014年成立。民居以多层楼房为主。有老年活动室、卫生服务站、便民服务站等。有中小学、幼儿园、卫生院、健身广场。有服装城。田湖公司位此。华雷、湄七公路经此。

杨市镇[Yángshì Zhèn] 涟源市辖镇。在市境东南部。面积117平方千米。人口8.1万。以汉族为主,还有土家、苗等民族。辖7居委会、55村委会,有733自然村。镇人民政府驻泉溪社区。1995年由杨家滩镇,太和、快溪2乡合置杨市镇。唐武德年间(618—626)因杨姓大族始居得名杨家院,又名杨家滩,后成集市改今名。有牛形山。孙水河流经。有中学1所,小学20所,卫生院1个,卫生所62个。有文化站。有湘军名将故居群存厚堂、师善堂、光远堂、云桂堂、德厚堂等。有彭氏宗祠。为中国历史文化名镇。农业种植水稻、玉米。工业以化工、矿山机械制造、洗煤、建材制造为主。湘黔铁路、沪昆高铁、娄怀高速、省道涟油线过境。

泉溪社区[Quánxī Shèqū] 杨市镇人民政府驻地。在市境东南部。面积3平方千米。人口3500。因泉水汇流成溪得名。2003年成立。民居以多层楼房为主。有老年活动室、卫生服务站、便民服务站等。有小学、幼儿园、卫生院、广场。种植水稻、玉米。有集贸市场。娄怀高速、省道涟油线经此。

枫坪镇[Fēngpíng Zhèn] 涟源市辖镇。在市境中部偏南。面积42平方千米。人口3.1万。以汉族为主,还有土家、苗等民族。辖24村委会,有290自然村。镇人民政府驻杨梓江村。1961年成立枫坪公社。1984年改乡。1995年改镇。取枫树铺、坪底垅2地名各1字得名。孙水河流经。有中学2所,小学9所,卫生院1个,卫生所25个。有文化站。农业种植水稻、玉米。工业以煤矿开采为主。湘黔铁路、娄怀高速、省道涟油线、县道枫观线过境。

杨梓江村[Yángzǐjiāngcūn] 枫坪镇人民政府驻地。在市政府驻地蓝田街道东南14千米。人口3400。因沿溪多白杨树、梓树得名。聚落呈散状。有中小学、幼儿园、卫生室。种植水稻、小麦。工业以水泥加工为主。有集贸市场。省道涟油线、县道枫观线经此。

斗笠山镇[Dǒulìshān Zhèn] 涟源市辖镇。在市境东部。面积87平方千米。人口5.6万。以汉族为主,还有土家、苗等民族。辖1居委会、40村委会,有450自然村。镇人民政府驻香花村。1960年成立明镜、斗笠山2公社。1968年合改明镜公社。1984年改斗笠山镇。1995年甘溪乡并入。因山如斗笠得名。孙水河流经。有中学2所,小学12所,卫生院2个,卫生所41个。有文化站。有新四军平江通讯处旧址、平江惨案旧址、加义烈士陵园。景点有纯溪小镇、连云山、沱龙峡。农业种植水稻、玉米、小麦。工业以煤矿开采、加工为主。省道宁涟线过境。

香花村[Xiānghuācūn] 斗笠山镇人民政府驻地。在市政府驻地蓝田街道东19千米。人口1400。因斗笠山煤矿主井香花台工区得名。聚落呈团块状。有中小学、幼儿园、卫生室、广场。种植水稻、小麦、玉米。工业主产煤。有集贸市场。香古、娄枫公路经此。

水洞底镇[Shuǐdòngdǐ Zhèn] 涟源市辖镇。在市境东南部。面积82平方千米。人口4.5万。以汉族为主,还有土家、苗等民族。辖1居委会、45村委会,有428自然村。镇人民政府驻红土村。1961年成立水洞底公社。1984年改镇。1994年新禾乡并入。泉水汇入孙水河处有潭,水清见底,故名。有中学1所,小学12所,卫生院1个,卫生所47个。有文化站、广播站。农业种植水稻。产杨梅、板栗、柑橘。工业以煤、石灰石、食品加工为主。湘黔铁路、沪昆高铁、娄新高速、县道斗氮线过境。

红土村[Hóngtǔcūn] 水洞底镇人民政府驻地。在市政府驻地蓝田街道东南32千米。人口2100。因红土山得名。聚落呈散状。有中小学、幼儿园、卫生室、广播电视站等。主产杏、小芋头、莲藕、小包菜。有集贸市场。县道斗氮线经此。

白马镇[Báimǎ Zhèn] 涟源市辖镇。在市境南部。面积99平方千米。人口4.8万。辖2居委会、44村委会,有457自然村。镇人民政府驻白马社区。1956年设白马乡,后改公社。1984年复乡。1995年与田心、孙家桥2乡合置白马镇。因镇政府驻地原名得名。有天尖山、楠木山。孙水河流经。有中学3所,小学8所,卫生院2个,卫生所46个。有文化站。农业种植水稻、玉米。工业以机械、塑料制品制造和建材加工为主。沪昆高铁、二广高速过境。

白马社区[Báimǎ Shèqū] 白马镇人民政府驻地。在市境南部。面积6平方千米。人口5700。因白马寺得名。2014年成立。民居以多层住宅楼为主。有小学、卫生院、老年活动室、便民服务站。种植水稻、玉米。有农贸市场。学白公路经此。

茅塘镇［Máotáng Zhèn］　涟源市辖镇。在市境南部。面积85平方千米。人口3.7万。以汉族为主，还有土家族。辖1居委会、25村委会，有281自然村。镇人民政府驻马溪社区。1956年设茅塘乡，后改公社。1984年复乡。1995年改镇。因宋末建村时有茅屋、水塘得名。有五峰山。孙水河流经。有中学1所，小学3所，卫生院1个，卫生所26个。有文化站。景点有龙山森林公园、飞水涯。农业种植水稻、蔬菜。工业以铸造及日用品、塑料制品、食品加工为主。茅枫、杨白公路过境。

马溪社区［Mǎxī Shèqū］　茅塘镇人民政府驻地。在市境南部。面积3平方千米。人口5000。因溪边山坳形似马得名。2014年成立。民居以多层楼房为主。有老年活动室、卫生服务站、便民服务站、健身广场等。有中心学校、幼儿园、卫生院。种植水稻、玉米。杨谭、杨沙公路经此。

荷塘镇［Hétáng Zhèn］　涟源市辖镇。在市境东南部。面积100平方千米。人口5.5万。以汉族为主，还有土家族。辖51村委会，有464自然村。镇人民政府驻山塘村。1995年由山塘、古楼、塘湾3乡合置镇，取名荷塘。有中学3所，小学15所，卫生院1个，卫生所52个。有文化站。有名胜古迹锡三堂。农业种植水稻、蔬菜。产中药材、木材、南竹。有豆制品、茶油加工业。沪昆铁路、省道涟油线过境。

山塘村［Shāntángcūn］　荷塘镇人民政府驻地。在市政府驻地蓝田街道东南33千米。人口2900。因处犀牛山下得名。聚落呈团块状。有小学、幼儿园、卫生室、健身广场。种植水稻。有集贸市场。省道涟油线经此。

金石镇［Jīnshí Zhèn］　涟源市辖镇。在市境东南部。面积109平方千米。人口6万。辖1居委会、55村委会，有699自然村。镇人民政府驻砂石社区。1995年由砂石、灌泪、常林3乡合置金石镇。取砂石和境内金银山各一字得名。测水河流经。有矿产资源煤、铁、铅锌、石灰石、黏土等10余种。有中学2所，小学20所，卫生院1个，卫生所56个。有文化站、广播电视站。农业种植水稻、玉米。工业以采矿、铸造、建材制造为主。洛湛、娄邵铁路，省道宁太、涟油线过境。

砂石社区［Shāshí Shèqū］　金石镇人民政府驻地。在市境东南部。面积4平方千米。人口4100。因多砂石得名。1996年成立。民居以多层楼房为主。有老年活动室、卫生服务站、便民服务站、健身广场等。有中学、中心学校、幼儿园、卫生院。种植水稻、玉米。有集贸市场。七山公路经此。

龙塘镇［Lóngtáng Zhèn］　涟源市辖镇。在市境北部。面积98平方千米。人口8万。以汉族为主，还有土家族。辖65村委会，有635自然村。镇人民政府驻洞庭村。1952年设龙塘乡，后改公社。1984年复乡。1995年珠梅、南风2乡并入。2008年改镇。取龙宫凼、下石塘各1字得名。湄水河、珠梅河流经。有中学3所，小学17所，卫生院1个，卫生所65个。有文化站、广播站。农业种植玉米、小麦、棉花。产西葫芦、长茄、石榴、葡萄。有大棚蔬菜基地。工业有光伏发电、石灰石开采等。二广、长韶娄高速，207国道，县道珠古线过境。

洞庭村［Dòngtíngcūn］　龙塘镇人民政府驻地。在市政府驻地蓝田街道东北16千米。人口1400。因洞庭坑得名。聚落呈团块状。有中小学、幼儿园、卫生室、健身广场。种植水稻、油菜。有集贸市场。长邵娄高速、207国道经此。

渡头塘镇［Dùtóutáng Zhèn］　涟源市辖镇。在市境东北部。面积64平方千米。人口3.5万。以汉族为主，还有土家族。辖1居委会、40村委会，有351自然村。镇人民政府驻铜铃村。1958年成立渡头塘公社。1984年改乡。1995年增加乡并入。2009年改镇。清乾隆年间（1736—1795）设永济渡，渡口河水平静如塘，故名。涟水河流经。有中学2所，小学10所，卫生院1个，卫生所41个。有文化站。农业种植水稻、玉米。工业以电力、化工、建材制造为主。娄涟、桥祖、桥侧公路过境。

铜铃村［Tónglíngcūn］　渡头塘镇人民政府驻地。在市政府驻地蓝田街道东北36千米。人口1900。因铜铃桥得名。聚落呈多边形。有小学、幼儿园、卫生室。种植水稻、玉米。有集贸市场。桥祖公路经此。

三甲乡［Sānjiǎ Xiāng］　涟源市辖乡。在市境西部。面积80平方千米。人口5万。以汉族为主，还有土家族。辖36村委会，有486自然村。乡人民政府驻玉峰村。1956年设荷叶乡，后改公社。1982年更名三甲公社。1984年改三甲乡。1995年财溪乡并入。因梁姓祖先有四子，编十、六、四、三甲，故名。有玉屏峰。涟水河流经。有中学2所，小学15所，卫生院1个，卫生所36个。有文化站。有省级历史文化名村三甲乡古村落群。农业种植水稻、玉米、蔬菜。工业以煤、蔬菜、石灰岩开采为主。沪昆高铁、湘黔铁路复线、207国道、省道涟油线过境。

玉峰村［Yùfēngcūn］　三甲乡人民政府驻地。在市政府驻地蓝田街道西南8千米。人口3300。因玉屏峰得名。聚落呈散状。有中小学、幼儿园、卫生室、便民服务点。种植水稻、玉米。工业产煤炭。有集贸市场。湘黔铁路、207国道经此。

古塘乡［Gǔtáng Xiāng］　涟源市辖乡。在市境西北部。面积57平方千米。人口2.3万。以汉族为主，还有土家族。辖23村委会，有209自然村。乡人民政府驻塘边村。1961年成立古塘公社。1984年改乡。因原有大塘得名。有中学1所，小学11所，卫生院1个，卫生所25个。有文化站。有名胜古仙界、破刀岭、擂钵井、运台山。农业种植水稻、玉米。产金秋梨、茶叶、中药材。有国家地理标志产品枫木贡茶。县道珠古线过境。

塘边村［Tángbiāncūn］　古塘乡人民政府驻地。在市政府驻地蓝田街道西北36千米。人口2600。群山环伺，中似大塘，故名。聚落呈块状。中小学、幼儿园、卫生室、幸福院、健身广场、老年活动室、便民服务点等。种植水稻、油菜。有集贸市场。县道珠古线经此。

双　峰　县

双峰县［Shuāngfēng Xiàn］　娄底市辖县。北纬27°27′，东经112°12′。在市境东南部。面积1596平方千米。人口95.8万。以汉族为主，还有苗、侗、土家等民族。辖13镇、3乡。县人民政府驻永丰镇。1951年由湘乡县析置双峰县，属益阳专区。后属邵阳专区。1977年属涟源地区。1982年属娄底地区。1999年属娄底市。因双峰山得名。先后改造老城，发展新城，以娄双大道、省道娄衡线为发展轴，先后建女杰广场、曾国藩广场、蔡和森广场、沿河风光带、文塔山公园、烈士公园等。处湘中腹地，四周山丘环绕，中部岗盆宽广。地势西高东低，丘陵、平原相间。有九峰山、衡山支脉。最高点仙女殿海拔818.8米，最低点江口河谷海拔64米。年均气温17℃，1月平均气温5℃，7月平均气温28.6℃。年均降水量1300毫米。测水河、湄水河、四安埠河流经。有矿产资源石膏、大理石、黄铁、煤等。有野生植物820种，其中国家重点保护野生植物有三角枫、枫香、棕榈、杜鹃等28种。有野生动物236种，其中国家重点保护野生动物有豹猫、林麝、牛头伯劳、穿山甲、小灵猫、虎纹蛙、红角鸮等30种。有九峰山省级森林公园。森林覆盖率47.9%。有中学57所，小学224所，特殊教育学校1所，二级医院3个，文化馆1个，图书馆1个，体育馆1个。有全国重点文物保护单位曾国藩故居、光甲堂，省级文物保护单位7个。有省级爱国主义教育基地蔡和森纪念馆。有衡宝战役青树坪战斗纪念塔。有国家级非物质文化遗产溪砚制作工艺。有国家4A级旅游景区曾国藩故居富厚堂。有名胜古迹永丰文塔、雷峰山、双胜寺、黄巢山、仙神寨、永丰桥、龟灵桥、观音阁。有省级历史文化名镇1个，省级历史文化名村2个。有中国传统村落硖石村、香花村。三次产业比例32∶41∶27。农业种植水稻、小麦、玉米，养殖生猪。工业以农业机械、铸件、五金、电机、建材加工为主。服务业以商贸、旅游、物流为主。有机电、建材、副食品等专业市场10余个。有丰厚物流园。洛湛铁路，上瑞、益衡高速，320国道，省道宁太、涟油、梅芝、低新、湘怀、衡双线过境。有双峰北站。有涟水、测水航道。

永丰老桥［Yǒngfēng Lǎoqiáo］　在县城南部。长120米，宽12米，最大跨度15米，桥下净高9米。宋真宗大中祥符三年（1010）建木桥。明成化年间（1465—1487）改建石桥。1927年定名永丰老桥。1957年重建。1978年扩宽。因永丰镇及建造早得名。为中型河道桥梁，结构型式为钢筋混凝土桥。最大载重15吨。通公交车。

双峰北站［Shuāngfēngběi Zhàn］　见交通运输设施部分“双峰北站”条。

双峰县汽车西站［Shuāngfēng Xiàn Qìchē Xīzhàn］　见交通运输设施部分“双峰县汽车西站”条。

双峰县汽车东站［Shuāngfēng Xiàn Qìchē Dōngzhàn］　见交通运输设施部分“双峰县汽车东站”条。

永丰镇［Yǒngfēng Zhèn］　双峰县人民政府驻地。在县境中部。面积90平方千米。人口10.1万。以汉族为主，还有苗、土家等民族。辖15居委会、52村委会，有589自然村。镇人民政府驻文星社区。唐乾宁元年（894）设定胜镇。明万历十八年（1590）以永远丰收之意更名永丰镇。1952年仍为永丰镇，后改公社。1961年复镇。1989年东华、灯塔、金田3乡并入。湄水河流经。有中学4所，小学16所，二级医院3个，专科医院2个，卫生院1个。有省级爱国主义教育基地蔡和森纪念馆。有省级文物保护单位洛阳湾古建筑群、中国早期女权活动先驱葛健豪故居。有塔子山烈士公园。有名胜古迹双峰山、双胜寺。农业种植水稻、大豆、玉米、辣椒。工业以机械、通信设备制造，木材、农产品加工为主。有机电、副食品、建材等专业市场。有特产永丰辣酱、五味香干、红茶。益衡高速，320国道，省道衡双、涟油、宁太线过境。

蔡和森大道［Càihésēn Dàdào］　在县城中部。东起320国道，西至曾国藩大道。与万宜南路、迎宾路、城中路相交。长3.8千米，宽60米。混凝土路面。2003年开工，2005年建成。为纪念蔡和森得名。途经商业文化中心。两侧有县政府、中伟世纪城等。通公交车。

复兴街［Fùxīng Jiē］　在县城中部。东起320国道，西至320国道。与书院路、工农路、城中路、国藩大道、迎宾路相交。长4.8千米，宽35米。水泥混凝土路面。1985年始建。因吉言佳语得名。两侧有机械厂、第五医院、国藩医院、地税局等。通公交车。

曾国藩大道［Zēngguófān Dàdào］ 在县城中部。南起大楚街，北至有恒街。与八本街、和森大道、复兴街相交。长 2.5 千米，宽 40 米。水泥混凝土路面。2003 年开工，2005 年建成。为纪念曾国藩得名。两侧有卫生室、城投办公楼、国藩医院等。通公交车。

文星社区［Wénxīng Shèqū］ 永丰镇人民政府驻地。在县境中部。面积 3 平方千米。人口 3700。旧有双峰书院，以"文曲高照"之意得名。1982 年成立。民居以多层楼房为主。有老年活动室、卫生服务站、便民服务站等。有小学、骨伤科医院。通公交车。

荷叶镇［Héyè Zhèn］ 双峰县辖镇。在县境东南部。面积 141 平方千米。人口 5.8 万。辖 1 居委会、63 村委会，有 619 自然村。镇人民政府驻沙溪村。1989 年设荷叶乡。1997 年改镇。四周环山，中部低平，形似荷叶，故名。涓水河流经。有中学 4 所，小学 14 所，卫生院 1 个，卫生室 38 个。有文化站、广播站等。有全国重点文物保护单位曾国藩故居，省级文物保护单位大夫第、万宜堂。有秋瑾故居。为省级历史文化名镇。农业种植水稻，养殖生猪。工业以机械、玩具、家具、建材加工为主。省道衡双线过境。

沙溪村［Shāxīcūn］ 荷叶镇人民政府驻地。在县政府驻地永丰镇东南 26 千米。人口 1100。因多砂石且有溪水流经得名。聚落呈散状。有中小学、幼儿园、卫生室、健康广场。种植水稻、板栗。有集贸市场。省道衡双线经此。

井字镇［Jǐngzì Zhèn］ 双峰县辖镇。在县境东部。面积 80 平方千米。人口 3.4 万。辖 1 居委会、36 村委会，有 340 自然村。镇人民政府驻蒋市村。1952 年设井字乡。1958 年改公社。1984 年改镇。1989 年白碧乡并入。因井字形街路布局得名。有紫云峰、铜梁山、黄巢山、峡石山。涓水河、扶溪流经。有中学 2 所，小学 6 所，卫生院 1 个，卫生室 21 个。有文化站、广播站。有全国重点文物保护单位蔡和森、蔡畅故居光甲堂。有云溪寺遗址。农业种植水稻、油菜、茶树。工业以塑胶加工、电子为主。省道衡双线过境。

蒋市村［Jiǎngshìcūn］ 井字镇人民政府驻地。在县政府驻地永丰镇东 30 千米。人口 2700。传为三国蒋琬族居地，因亦农亦商俨然街市得名。又名蒋市街。聚落呈团块状。有中小学、幼儿园、卫生室、健康广场、幸福院、便民服务点等。种植油菜、茶树。有集贸市场。省道衡双线经此。

梓门桥镇［Zǐménqiáo Zhèn］ 双峰县辖镇。在县境东部。面积 133 平方千米。人口 6.3 万。辖 3 居委会、65 村委会，有 652 自然村。镇人民政府驻东湾里村。1989 年由梓门、大村、铃山、千金 4 乡合置梓门桥镇。因明代建梓门桥得名。有铃山。测水河流经。有中学 4 所，小学 17 所，卫生院 1 个，卫生室 38 个。有文化站、广播站。农业种植水稻、玉米、小麦，养殖生猪。产竹木。320 国道过境。

东湾里村［Dōngwānlǐcūn］ 梓门桥镇人民政府驻地。在县政府驻地永丰镇东 9 千米。人口 1400。明代彭东湾在朝为官，村以人名。聚落呈带状。有中小学、幼儿园、卫生室、健康广场、幸福院、便民服务点等。种植水稻、油菜。有集贸市场。320 国道经此。

杏子铺镇［Xìngzipù Zhèn］ 双峰县辖镇。在县境北部。面积 176 平方千米。人口 7.5 万。辖 2 居委会、74 村委会，有 786 自然村。镇人民政府驻睦家塘社区。1952 年设杏子乡。1958 年改公社。1984 年复乡。1989 年与丰瑞、测水、溪口 3 乡合置杏子铺镇。因昔有杏子铺得名。涟水河、湄水河流经。有矿产资源石膏、煤、溪石、硫磺、金、石灰石等。有中学 6 所，小学 21 所，卫生院 1 个，卫生室 42 所。有文化站、广播站。有省级文物保护单位洛阳湾古建筑群。有国家级非物质文化遗产溪砚制作工艺。景点有观音阁、惜字塔、莲花庵、江口小三峡、白鹭洲、水府庙水上乐园、水府龙宫等。农业种植水稻，养殖生猪、鱼。产茶叶、竹木、中药材。工业以采矿、建筑、制造为主。服务业以旅游、商贸为主。上瑞高速，320 国道，县道杏棋、杏娄线过境。有洋潭河、湄水河航道。

睦家塘社区［Mùjiātáng Shèqū］ 杏子铺镇人民政府驻地。在县境北部。面积 5 平方千米。人口 2400。原因穆姓居此且屋边有塘得名穆家塘，后演为今名。有健康广场、幸福院、便民服务点。有中小学、幼儿园、卫生室、集贸市场等。种植水稻、玉米。

走马街镇［Zǒumǎjiē Zhèn］ 双峰县辖镇。在县境中部。面积 108 平方千米。人口 7.3 万。辖 1 居委会、70 村委会，有 739 自然村。镇人民政府驻走马村。1950 年设农田乡。1958 年改公社。1984 年复乡。1989 年柘塘、白杨、印田 3 乡并入。1994 年改走马街镇。因镇政府驻地得名。有梅仑山。测水河、四安埠河、迷水河流经。有中学 5 所，小学 20 所，卫生院 1 个，卫生室 41 个。有文化站、广播站。为"民间书画艺术之乡"。农业种植水稻、玉米、大豆。工业以烟花、煤炭、建材、农副产品加工为主。上瑞、潭邵高速，320 国道，省道涟油线过境。

走马村［Zǒumǎcūn］ 走马街镇人民政府驻地。在县政府驻地永丰镇西北 10 千米。人口 900。传明正德皇帝至此走了马，而得名。聚落呈团块状。有中小学、幼儿园、卫生室、健康广场、幸福院、便民服务点等。种植水稻、油菜。有集贸市场。省道涟油线经此。

蛇形山镇［Shéxíngshān Zhèn］ 双峰县辖镇。在县境西北部。面积 112 平方千米。人口 6.8 万。辖 3 居委会、57 村委会，有 729 自然村。镇人民政府驻立新村。1984 年置蛇形山镇。1989 年金溪、南塘、增桥 3 乡并入。因山得名。迷水河流经。有中学 4 所，小学 18 所，卫生院 1 个，卫生室 57 个。有文化站、广播站。农业种植水稻、小麦、大豆，养殖生猪。产柑橘、茶叶、中药材。工业以煤矿开采、建材、农产品加工、农机制造为主。有农产品集散贸易。潭邵高速过境。

立新村［Lìxīncūn］ 蛇形山镇人民政府驻地。在县政府驻地永丰镇西北 25 千米。人口 600。以"建设新农村立新功"命名。聚落呈散状。有中小学、幼儿园、卫生室、健康广场、幸福院、便民服务点等。种植水稻、油菜。有集贸市场。县道万桥—城中线经此。

洪山殿镇［Hóngshāndiàn Zhèn］ 双峰县辖镇。在县境西北部。面积 64 平方千米。人口 4.8 万。辖 3 居委会、41 村委会，有 502 自然村。镇人民政府驻咸新村。1984 年置洪山殿镇。1989 年双桥、太平 2 乡并入。因洪山殿寺得名。有白石岩、蛇形山。迷水河流经。有中学 2 所，小学 11 所，卫生院 1 个，卫生室 22 个。有文化站、广播站。有名胜雷锋山。农业种植水稻、玉米、小麦。产蔬菜、水果。工业以煤炭、建材加工为主。娄邵铁路，洛湛高铁，省道宁太、涟油线过境。有双峰北站。

咸新村［Xiánxīncūn］ 洪山殿镇人民政府驻地。在县政府驻地永丰镇西北 19 千米。人口 1200。自原咸加大队分出新设，故名。聚落呈团块状。有中小学、幼儿园、卫生室、健康广场、幸福院、便民服务点等。种植水稻、小麦。有集贸市场。娄邵铁路、洪蛇公路经此。

甘棠镇［Gāntáng Zhèn］ 双峰县辖镇。在县境西部。面积 133 平方千米。人口 7.3 万。以汉族为主，还有土家、苗等民族。辖 2 居委会、83 村委会，有 773 自然村。镇人民政府驻双潭村。1958 年成立甘棠公社。1984 年改乡。1989 年山斗、小富、金家 3 乡并入。1994 年改镇。原因缺水得名干塘铺，后雅为今名。有铜洛脑、鸡公石山、黄粟山。金家河、迷水河、四安埠河流经。有中学 5 所，小学 22 所，卫生院 1 个，卫生室 51 个。有文化站、广播站。农业种植水稻，养殖生猪。有中药材、竹荪、水果生产基地。有特产西瓜、中药材。工业以煤炭加工、中药材加工、建材制造、铸造为主。洛湛铁路，潭邵高速，青甘、太甘公路过境。

双潭村［Shuāngtáncūn］ 甘棠镇人民政府驻地。在县政府驻地永丰镇西 20 千米。人口 2400。因潭上江、潭江 2 村得名。聚落呈团块状。有中小学、幼儿园、卫生室、健康广场、幸福院、便民服务点等。主种水稻、中药材、西瓜、竹荪等。有集贸市场。县道甘棠—十字线经此。

三塘铺镇［Sāntángpù Zhèn］ 双峰县辖镇。在县境西部。面积 55 平方千米。人口 5 万。辖 5 居委会、50 村委会，有 452 自然村。镇人民政府驻三塘村。1984 年设三塘铺镇。1989 年朝阳乡并入。因镇政府驻地得名。茶冲河流经。有中学 2 所，小学 12 所，卫生院 1 个，卫生室 38 个。有文化站、广播站。有省级文物保护单位柏荫堂、体仁堂。有古代双拱石桥 8 座。农业种植水稻、茶树。产西瓜、柑橘、中药材。有突尼斯软籽石榴种植基地。工业以钢、铁、铝铸造，水泥、煤炭、耐火材料加工为主。娄邵、洛湛铁路，潭邵高速，青甘公路过境。

三塘村［Sāntángcūn］ 三塘铺镇人民政府驻地。在县政府驻地永丰镇西 24 千米。人口 1200。因 3 水塘得名。聚落呈团块状。有中小学、幼儿园、卫生室、健康广场、幸福院、便民服务点等。产西瓜、柑橘。工业以铸钢、铸铁、铸铝、水泥加工为主。有集贸市场。娄邵铁路、茶冲—枫树山公路经此。

青树坪镇［Qīngshùpíng Zhèn］ 双峰县辖镇。在县境西部。面积 97 平方千米。人口 6.3 万。辖 2 居委会、64 村委会，有 669 自然村。镇人民政府驻青树村。1912 年置青树坪镇。1950 年设青树坪乡。1958 年改公社。1980 年复镇。1989 年青树坪、单家井、大泉、华国 4 乡并入。因镇政府驻地得名。有猪婆大山。群力河、湄水河流经。有中学 5 所，小学 16 所，卫生院 1 个，卫生室 37 个。有文化站、广播站。有衡宝战役烈士墓。有民间艺术舞龙、舞狮、打花鼓、铜管乐。农业种植水稻、玉米、西瓜、茶树、中药材，养殖生猪。有特产淮山、萝卜。工业以煤炭、建材、农机、食品加工，铸造为主。为双峰、邵东 2 县农副产品集散地。娄邵铁路，青甘、青衡公路，320 国道过境。2014 年被评为省级文明镇。

青树村［Qīngshùcūn］ 青树坪镇人民政府驻地。在县政府驻地永丰镇西 20 千米。人口 1000。因原多常青树得名。聚落呈团块状。有中小学、幼儿园、卫生室、健康广场、幸福院、便民服务点等。种植水稻、玉米。产淮山、中药材。有集贸市场。娄邵铁路、320 国道经此。

花门镇［Huāmén Zhèn］ 双峰县辖镇。在县境西南部。面积 97 平方千米。人口 6.1 万。辖 1 居委会、59 村委会，有 779 自然村。镇人民政府驻正公祠村。1950 年设花门乡。1958 年改公社。1984 年复乡。1989 年与深扶、黄龙、钟岭 3 乡合置花门镇。因清初修建花门楼得名。湄水河流经。有中学 4 所，小学 18 所，卫生院 1 个，卫生室 32 个。有文化站、广播站。

农业种植水稻、玉米、小麦，养殖鲜鱼。产红心蜜柚、茶油、香菇。有蔬菜、水稻制种基地。工业以建筑、钢板弹簧加工、铸钢、陶瓷制造为主。有集贸市场4个。省道娄衡线过境。

正公祠村［Zhènggōngcícūn］　花门镇人民政府驻地。在县政府驻地永丰镇西南20千米。人口1900。因正公祠得名。聚落呈带状。有中小学、幼儿园、卫生室、健康广场、幸福院、便民服务点等。种植水稻、玉米、小麦。有建筑、铸钢、陶瓷制造等。有集贸市场。县道甘棠—十字线经此。

锁石镇［Suǒshí Zhèn］　双峰县辖镇。在县境南部。面积65平方千米。人口3.4万。辖1居委会、38村委会，有424自然村。镇人民政府驻锁石村。1950年设锁石乡。1958年改公社。1984年复乡。1989年十竹乡并入。1995年改镇。因镇政府驻地得名。有黄龙大山。深江河流经。有中学2所，小学13所，卫生院1个，卫生室39个。有文化站、广播站。有坪壤山抗日游击战场旧址。有古迹周湾里遗址、三角塘窑址、宝觉寺、清峻亭。有景点蒋琬峰。农业种植水稻、玉米，养殖生猪。产茶油、中药材、黄花菜、茶叶。工业以烟花爆竹、机械制造，米、林产品深加工为主。有锁石坳大市场。省道涟油线过境。

锁石村［Suǒshícūn］　锁石镇人民政府驻地。在县政府驻地永丰镇西南16千米。人口1300。因巨石似锁得名。聚落呈团块状。有中小学、幼儿园、卫生室、健康广场、幸福院、便民服务点等。种植水稻、油茶、花生。有集贸市场。大坪—锁石、车田—大街公路经此。

印塘乡［Yìntáng Xiāng］　双峰县辖乡。在县境中部。面积90平方千米。人口4.8万。辖51村委会，有550自然村。乡人民政府驻印塘湾村。1950年设印塘乡，后改公社。1984年复乡。1989年新泽、湄水2乡并入。因乡政府驻地得名。有黄龙大山、丛毛大山、梅山仑。湄水河、新泽河、四安埠河流经。有中学2所，小学9所，卫生院1个，卫生室18个。有文化站、广播站。农业种植水稻、茶树、油茶，养殖生猪。工业有鞋、农机机电、建材制造等。上瑞、娄衡高速，320国道过境。

印塘湾村［Yìntángwāncūn］　印塘乡人民政府驻地。在县政府驻地永丰镇东南6千米。人口2300。因湾中方塘如印得名。聚落呈团块状。有中小学、幼儿园、卫生室、健康广场、幸福院、便民服务点等。种植蔬菜，养殖生猪。有集贸市场。320国道经此。

石牛乡［Shíniú Xiāng］　双峰县辖乡。在县境东南部。面积177平方千米。人口4.3万。辖1居委会、60村委会，有577自然村。乡人民政府驻石牛村。1957年设石牛乡。1958年改公社。1984年复乡。1989年马鞍、树山、桥亭3乡并入。因乡政府驻地得名。石牛河、山口河、洪家冲河流经。有九峰山省级森林公园。有中学4所，小学12所，卫生院1个，卫生室31个。有文化站、广播站。有晚清文学家罗泽南故居。农业种植水稻、辣椒、大豆、油茶、油桐。产中药材。有竹木加工业。有竹木、畜禽等专业市场。永丰—石牛公路过境。

石牛村［Shíniúcūn］　石牛乡人民政府驻地。在县政府驻地永丰镇东南11千米。人口4300。因石山似牛得名。聚落呈团块状。有中小学、幼儿园、卫生室、健康广场、老年活动室、文化活动中心等。种植水稻、辣椒。永丰—石牛公路经此。

沙塘乡［Shātáng Xiāng］　双峰县辖乡。在县境中部偏东。面积70平方千米。人口3.1万。辖31村委会，有322自然村。乡人民政府驻沙塘村。1969年成立沙塘公社。1984年改乡。1989年沙田乡并入。因乡政府驻地得名。有紫峰山。燕霄河、梓门河流经。有中学2所，小学9所，卫生院1个，卫生室18个。有文化站、广播站。农业种植水稻，养殖生猪。产竹木。工业有农产品加工。省道衡双线过境。

沙塘村［Shātángcūn］　沙塘乡人民政府驻地。在县政府驻地永丰镇东6千米。人口1800。因塘常被沙子淤堵得名。聚落呈团块状。有中小学、幼儿园、卫生室、健康广场、幸福院、便民服务点等。种植水稻，养殖生猪。产竹木。有集贸市场。乌龟山—善塘公路经此。

新　化　县

新化县［Xīnhuà Xiàn］　娄底市辖县。北纬27°44′，东经111°19′。在市境西部。面积3636平方千米。人口146.9万。以汉族为主，还有苗、土家、瑶、侗、壮等民族。辖19镇、7乡。县人民政府驻上梅镇。宋熙宁五年（1072）“梅山蛮”归化后置新化县，意为王化之新地，属邵州。此后隶属宝庆府、宝庆路、湘江道、第六行政督察区、邵阳专区。1951、1952、1953年分别析出部分地域。1960年析设冷江市。1977年属涟源地区。1982年属娄底地区。1999年属娄底市。先后改造老城区，开发上渡河东新区，形成“一河两翼，一心四轴、一环三横六纵”城市格局。处雪峰山东南麓。南、北、西部为山地，东部为低山丘陵，中部为准平原。平均海拔280米。最高点九龙池海拔1622米。年均气温16.9℃，1月平均气温5.0℃，7月平均气温28.3℃。年均降水量1452.2毫米。资江、大洋江、油溪、渠江、白溪流经。有矿产资源煤、金等。有野生植物933种，其中国家重点保护植物有青钱柳、天师栗、红豆杉等13种。有野生动物140余种，其中国家一级保护动物有云豹，国家二级保护动物有大鲵、草鸮、花面狸、穿山甲等15种。有大熊山国家森林公园。森林覆盖率50%。有中等职业学校11所，九年一贯制学校9所，中学94所，小学403所，二级医院3个，文化馆1个，图书馆1个。有全国重点文物保护单位新化北塔、红二军团司令部遗址，省级文物保护单位5个。有省级爱国主义教育基地罗盛教纪念馆。有楚怡高级工业学校旧址、格虎亭、梅山寺。有国家4A级旅游景区紫鹊界梯田、梅山龙宫。有中国历史文化名镇上梅镇。有中国传统村落3个，省级历史文化名村2个。有国家级非物质文化遗产新化傩戏、新化山歌、梅山武术。有民间艺术新化竹子戏、梅山歌谣。三次产业比例26∶31∶43。农业种植水稻、玉米、甘薯。产油菜、花生、西瓜、茶叶、中药材。有特产秦田香、紫鹊红红米、紫香黑米、奉家米茶、石冲口金银花。工业以电子陶瓷、电子电器制造，农产品加工，精细化工为主。有省级经济开发区1个。服务业以旅游为主。沪昆铁路，沪昆高铁，娄怀高速，省道梅怀、南兴、湘安线过境。

资江大桥［Zījiāng Dàqiáo］　在县城中部。长575米，宽13米，最大跨度60米，桥下净高30米。1975年开工，1977年建成。为大型河道桥梁，结构型式为钢筋混凝土双曲拱桥。最大载重20吨。通公交车。

新化站［Xīnhuà Zhàn］　见交通运输设施部分“新化站”条。

新化南站［Xīnhuànán Zhàn］　见交通运输设施部分“新化南站”条。

新化汽车西站［Xīnhuà Qìchē Xīzhàn］　见交通运输设施部分“新化汽车西站”条。

新化梅苑汽车站［Xīnhuà Méiyuàn Qìchēzhàn］　见交通运输设施部分“新化梅苑汽车站”条。

上梅镇［Shàngméi Zhèn］　新化县人民政府驻地。在县境东南部。面积106平方千米。人口18万。以汉族为主，还有苗、土家、瑶、侗等民族。辖21居委会、47村委会，有700自然村。镇人民政府驻玉虚宫社区。1954年置城关镇。1960年改梅城公社。1961年复镇。1989年上渡乡并入。1995年燎原、枫林、北渡3乡并入。1997年因上梅山更今名。资江流经。有中学9所，小学25所，二级医院2个，卫生院2个，卫生室52个。有文化站、陈天华广场。有全国重点文物保护单位新化北塔，省级爱国主义教育基地罗盛教纪念馆。农业种植水稻、小麦、玉米，盛产柑橘。工业以电子陶瓷制造为主。沪昆铁路，娄怀高速，省道梅怀、湘安、南兴线过境。通资江航道。2014年被评为全国文明镇。

上梅路［Shàngméi Lù］　在县城中部。东起青峰路，西至新洋路。与振兴路、梅苑路、学府路、沿河路、滨江路、天华路等相交。长4.1千米，宽52米。沥青路面。1977年开工，1990年建成。20世纪90年代扩建东路，2004年扩建西路。因上梅镇得名。途经商业中心。两侧有人社局、国土局、电力局、教师进修学校、汽车东站等。通公交车。

白沙洲路［Báishāzhōu Lù］　在县城南部。东起振兴南路，西至新洋路。与梅苑路、梅枝路、学府路、沿河路、天华路相交。长4.2千米，宽52米。沥青路面。2005年开工，2006年建成。分东、西2路。因途经白沙村河州得名。两侧有体育中心、天河新城、法院等。通公交车。

天华路［Tiānhuá Lù］　在县城西部。南起白沙洲路，北至城北街。与建新路、上梅路、崇阳岭路、人民路、迎宾路、古城路相交。长3.8千米，宽25米。沥青路面。原为旧街路青石街、火车站街、南正街，2004年合建为天华路。为纪念革命先驱陈天华得名。分南、中、北3路。途经商业文化中心。两侧有步步高商场、永泰大厦、明源购物公园、日益隆超市等。通公交车。

梅苑路［Méiyuàn Lù］　在县城东部。南起白沙洲路，北至望城路。与富康路、清水塘路、科苑路、上梅路、重庆路相交。长3.6千米，宽52米。沥青路面。1998年开工，1999年建成。2005年改扩建。因梅苑开发区得名。分南、北2段。两侧有县政府、世贸广场、县医院、工业园等。通公交车。

玉虚宫社区［Yùxūgōng Shèqū］　上梅镇人民政府驻地。在县境西北部。面积0.8平方千米。人口5300。因曾有玉虚宫得名。2005年成立。民居以高层楼房为主。有志愿者活动中心、老年活动室、卫生服务站、便民服务站等。有小学、中医院等。通公交车。

石冲口镇［Shíchōngkǒu Zhèn］　新化县辖镇。在县境东南部。面积100平方千米。人口6.5万。辖1居委会、43村委会，有570自然村。镇人民政府驻石冲口村。1995年由化溪、潮水、天龙山3乡合置石冲口镇。因镇政府驻地得名。资江、化溪、珂溪流经。有矿产资源石墨。有中学4所，小学19所，卫生院1个，卫生室45个，文化站1个，图书室44个。农业种植水稻、玉米。产茶叶、杨梅、柑橘、金银花、茶油。工业以煤炭加工为主。湘黔铁路、省道梅怀线过境。

石冲口村［Shíchōngkǒucūn］　石冲口镇人民政府驻地。在县政府驻地上梅镇南8千米。人口1700。居山冲口，口内多石，故名。聚落呈团块状。有小学、卫生院。种植水稻、玉米。

有耐火材料加工业。有集贸市场。省道梅怀线经此。

洋溪镇［Yángxī Zhèn］ 新化县辖镇。在县境南部。面积132平方千米。人口8.3万。辖1居委会、61村委会，有680自然村。镇人民政府驻新兴社区。1956年设洋溪镇，后改公社。1961年析置洋溪镇。1984年公社改乡。1986年乡并入镇。1995年苍溪、新塘、白塘3乡并入。因溪得名。洋溪、麻罗河、苍溪流经。有中学3所，小学16所，卫生院1个，卫生室49个，文化站1个，图书室60个。有省级文物保护单位文昌阁。有纪念地青砖墙蜂窝弹孔遗迹、万人坑。农业种植水稻、玉米。产南竹。工业以采煤、锰矿开采和冶炼、铜铸件加工为主。服务业以文印经营为主。沪昆高铁、娄怀高速、省道梅怀线过境。有新化南站。

新兴社区［Xīnxīng Shèqū］ 洋溪镇人民政府驻地。在县境西部。面积2平方千米。人口4300。取新建兴旺之意命名。2006年成立。民居以多层民居为主。有志愿者活动中心、老年活动室。有中心学校、卫生院。有御溪园。沪昆高铁、省道梅怀线经此。

槎溪镇［Cháxī Zhèn］ 新化县辖镇。在县境西南部。面积114平方千米。人口3.9万。辖1居委会、28村委会，有340自然村。镇人民政府驻政辉村。1950年设槎溪乡，后改公社。1984年复乡。1995年与五溪乡合置槎溪镇。因溪得名。槎溪、五溪、金溪流经。有中学3所，小学9所，卫生院1个，卫生室26个，文化站1个，图书室28个。农业种植黄精、水稻、玉米。工业以建材、竹制品加工和造纸为主。有特产玉兰片。沪昆高铁、省道梅怀线过境。

政辉村［Zhènghuīcūn］ 槎溪镇人民政府驻地。在县政府驻地上梅镇西南20千米。人口2600。以"政绩辉煌"得名。聚落呈团块状。有中心学校、卫生院、集贸市场。种植水稻、玉米。沪昆高铁、省道梅怀线经此。

水车镇［Shuǐchē Zhèn］ 新化县辖镇。在县境西南部。面积123平方千米。人口4.4万。辖1居委会、35村委会，有470自然村。镇人民政府驻水车村。1950年设水车乡，后改公社。1984年复乡。1988年改镇。1995年大同、锡溪2乡并入。因镇政府驻地得名。水车河、烟竹江流经。有中学2所，小学17所，卫生院1个，卫生室35个，文化站1个，图书室25个。有省级文物保护单位杨氏宗祠。有国家4A级旅游景区紫鹊界秦人梯田。有中国传统村落正龙村，省级历史文化名村楼下村。农业种植水稻、玉米、甘薯。工业以水利开发、食品加工、建材制造为主。有特产柴火腊肉、风干板鸭、猪血粑、冻鱼。娄怀高速连接线过境。

水车村［Shuǐchēcūn］ 水车镇人民政府驻地。在县政府驻地上梅镇西南33千米。人口2500。因以水车灌田得名。聚落呈团块状。有中小学、幼儿园、卫生院。种植水稻、玉米。县道新化—溆浦、水车—双林线经此。

正龙村［Zhènglóngcūn］ 在县政府驻地上梅镇西南42千米。水车镇辖自然村。人口1500。处龙王潭上首，以正代镇，故名。聚落呈龙形。为中国传统村落。有明清古民居120栋，以干栏式建筑为主。种植水稻、玉米。有旅游业。县道水车—双林线经此。

楼下村［Lóuxiàcūn］ 在县政府驻地上梅镇西33千米。水车镇辖自然村。人口1000。处鼓楼山旁，坡陡如楼梯，故名。聚落呈散状。宋代成村，为省级历史文化名村。有举人院等清代古民居。有百口古鱼塘、千年樟树。种植水稻、玉米。县道新化—溆浦线经此。

文田镇［Wéntián Zhèn］ 新化县辖镇。在县境西部。面积90平方千米。人口2.4万。辖1居委会、19村委会，有270自然村。镇人民政府驻文田村。1950年设文田乡，后改公社。1984年复乡。1995年与大田乡合置文田镇。因镇政府驻地得名。有雪峰山。科腊溪、坪树河流经。有中学2所，小学13所，卫生院1个，卫生室20个，文化站1个，图书室19个。农业种植水稻、玉米。产中药材。工业以铜钨矿、高岭土、金矿、玄武岩开发为主。县道新化—溆浦线过境。

文田村［Wéntiáncūn］ 文田镇人民政府驻地。在县政府驻地上梅镇西30千米。人口2100。因文田街得名。聚落呈带状。有中心学校、卫生院。有清末资产阶级民主革命家谭人凤墓。种植水稻、玉米。县道新化—溆浦线经此。

奉家镇［Fèngjiā Zhèn］ 新化县辖镇。在县境西部。面积234平方千米。人口2.3万。辖1居委会、29村委会，有330自然村。镇人民政府驻坪下村。1956年设奉家乡，后改公社。1984年复乡。1995年与上团、双林2乡合置奉家镇。因奉家山得名。渠江、卯溪流经。有中学3所，小学21所，卫生院1个，卫生室20个，文化站1个，图书室16个。有省级文物保护单位红二军团司令部旧址。有名胜古迹桃花源、渠江源、梅山寺。有中国传统村落2个。农业种植茶树、水稻、玉米。工业以水力发电为主。县道水车—双林线过境。

坪下村［Píngxiàcūn］ 奉家镇人民政府驻地。在县政府驻地上梅镇西46千米。人口1100。因村庄四面环山，中间有一平坦小盆地，且"平"谐音"坪"，故名。聚落呈团块状。有小学、卫生院。种植水稻、玉米。县道水车—双林线经此。

上团村［Shàngtuáncūn］ 在县政府驻地上梅镇西52千米。奉家镇辖自然村。人口1000。地形如塘，因处溪河上游，故名上塘，后以谐音改今名。聚落呈散状。为中国传统村落。有省级文物保护单位红二军团司令部旧址。有梅山寺。经济以旅游为主，种植水稻、玉米。县道水车—双林线经此。

下团村［Xiàtuáncūn］ 在县政府驻地上梅镇西50千米。奉家镇辖自然村。人口900。地形如塘，因处溪河下游，故名下塘，后以谐音改今名。聚落呈散状。为中国传统村落。有木质结构古民居建筑群。经济以旅游为主，种植水稻、茶树。县道水车—双林线经此。

炉观镇［Lúguān Zhèn］ 新化县辖镇。在县境中部偏西。面积170平方千米。人口8.3万。辖3居委会、65村委会，有510自然村。镇人民政府驻炉观村。1950年设炉观乡。1961年改公社。1984年改镇。1995年石新、青山、云溪3乡并入。因镇政府驻地得名。石溪、云溪、洋溪流经。有中学4所，小学17所，卫生院1个，卫生室53个，文化站1个，图书室26个。农业种植水稻、小麦、玉米，养殖生猪。工业以煤矿开采，炼锑，电子陶瓷、建材制造为主。湘黔铁路、娄怀高速、省道南兴线过境。

炉观村［Lúguāncūn］ 炉观镇人民政府驻地。在县政府驻地上梅镇西北15千米。人口1800。因旧时延陵阁道观内有大香炉得名。聚落呈团块状。有小学、卫生院。种植水稻、玉米。沪昆铁路、娄怀高速、县道新化—溆浦线经此。

游家镇［Yóujiā Zhèn］ 新化县辖镇。在县境中部。面积144平方千米。人口7.4万。辖1居委会、72村委会，有760自然村。镇人民政府驻游家村。1950年设游家乡。1956年改镇。1961年改公社。1983年复镇。1995年乌石、白沙、东岭、栗山4乡并入。因镇政府驻地得名。资江、芦茅江、辇溪、黄连溪流经。有中学5所，小学21所，卫生院1个，卫生室78个，文化站1个，图书室50个。农业种植水稻、玉米。有特产东岭田鱼、栗山水酒、歇凉杨梅。工业以煤矿开采、建材加工为主。省道南兴线过境。

游家村［Yóujiācūn］ 游家镇人民政府驻地。在县政府驻地上梅镇西北10千米。人口1300。因游姓始居得名。聚落呈团块状。有中小学、卫生院、集市。有大洋江码头遗址。种植水稻、玉米。县道白溪—青山线经此。

西河镇［Xīhé Zhèn］ 新化县辖镇。在县境中部偏西。面积150平方千米。人口7.1万。辖2居委会、51村委会，有620自然村。镇人民政府驻五一村。1983年置西河镇。1995年鹅塘、大石、滑石3乡并入。因镇政府原驻地西河村得名。大石溪、石溪流经。有矿产资源石灰石。有中学3所，小学17所，卫生院1个，卫生室49个，文化站1个，图书室64个。为中国"武术之乡"。农业种植水稻、玉米，养殖生猪、黄牛、黑山羊。有梅山黑猪良种繁育基地。工业以水泥、精石灰加工为主。沪昆、湘黔铁路，娄怀、娄新高速，省道南兴线过境。

五一村［Wǔyīcūn］ 西河镇人民政府驻地。在县政府驻地上梅镇西北18千米。人口1700。因五一国际劳动节得名。聚落呈团块状。有小学、幼儿园、卫生院。种植水稻、玉米。有旅游业。沪昆铁路、省道南兴线经此。

孟公镇［Mènggōng Zhèn］ 新化县辖镇。在县境中部偏西。面积117平方千米。人口7.3万。辖1居委会、55村委会，有590自然村。镇人民政府驻孟公村。1950年设孟公乡。1961年改横阳公社。1984年改孟公镇。1995年太阳、桥头、三塘3乡并入。因镇政府驻地得名。龙溪、曲溪、桥头溪流经。有中学4所，小学18所，卫生院1个，卫生室62个，文化站1个，图书室25个。农业种植茶树、水稻、玉米，养殖生猪、黄牛、黑山羊。产杨梅、林木。工业以仿古工艺品制作为主。有工业园。沪昆铁路、娄怀高速及大熊山连接线、省道南兴线过境。

孟公村［Mènggōngcūn］ 孟公镇人民政府驻地。在县政府驻地上梅镇西北24千米。人口3100。因孟公菩萨桥亭得名。聚落呈团块状。有中小学、幼儿园、卫生院。种植水稻、玉米。沪昆铁路、省道南兴线经此。

琅塘镇［Lángtáng Zhèn］ 新化县辖镇。在县境西北部。面积137平方千米。人口6.1万。辖1居委会、50村委会，有530自然村。镇人民政府驻印双村。1950年设琅塘乡。1956年改镇，后改公社。1983年复镇。1995年太平、龙通、杨木洲3乡并入。资江西流，水旋有滦塘，以谐音得名琅塘。雷打边溪、柘溪流经。有中学4所，小学26所，卫生院1个，卫生室33个，文化站1个，图书室16个。农业种植水稻、玉米，养殖鲜鱼。产杨梅、柚子、柰李。工业以铁合金加工和电子陶瓷、建材制造为主。有工业园。沪昆铁路、娄怀高速、省道南兴线过境。

印双村［Yìnshuāngcūn］ 琅塘镇人民政府驻地。在县政府驻地上梅镇西北33千米。人口1200。取印山、双冲2地首字得名。聚落呈团块状。有中学、卫生院、农贸市场。种植水稻、玉米。沪昆铁路、娄怀高速、省道南兴线经此。

白溪镇［Báixī Zhèn］ 新化县辖镇。在县境北部。面积214平方千米。人口7.2万。辖1居委会、75村委会，有560自然村。镇人民政府驻向学社区。1950年设白溪乡。1956年改镇，后改公社。1961年析置白溪镇。1984年公社改乡。1986年乡并入镇。1995年东富、何思、鹅溪、横岩4乡并入。因溪得名。资江、油溪、白溪、董溪、鹅溪流经。有中学 5 所，小学 24 所，卫生院 1 个，卫生室 65 个，文化站 1 个，图书室 76 个。农业种植水稻、玉米，养殖鱼类。工业以铁合金加工、铸铁、建材制造为主。有特产白溪豆腐。县道肖家桥—孟公、安化龙塘—零陵区线过境。

向学社区［Xiàngxué Shèqū］　白溪镇人民政府驻地。在县境北部。面积 2 平方千米。人口 2500。2006 年由向阳、学堂 2 居委会合并成立，故名。资江流经。民居以多层楼房为主。有老年活动室、卫生服务站、便民服务站等。有中小学、幼儿园、卫生院。经济以商贸为主。县道肖家桥—孟公、安化龙塘—零陵区线经此。

圳上镇［Zhènshàng Zhèn］　新化县辖镇。在县境北部。面积 337 平方千米。人口 7.3 万。辖 1 居委会、79 村委会，有 660 自然村。镇人民政府驻神仙坪村。1956 年设圳上乡，后改公社。1984 年改镇。1995 年山溪、松山、半山、株梓、海龙 5 乡并入。因圳上片村得名。懂溪、圳水河、江下河流经。有中学 6 所，小学 21 所，卫生院 1 个，卫生室 64 个，文化站 2 个，图书室 71 个。有省级文物保护单位罗盛教故居。农业种植水稻、玉米。工业以食品加工、电力、建材制造为主。县道肖家桥—孟公线过境。

神仙坪村［Shénxiānpíngcūn］　圳上镇人民政府驻地。在县政府驻地上梅镇北 41 千米。人口 1100。传神仙曾于此坪下棋，故名。聚落呈团块状。有幼儿园、卫生院。有方鼎英旧居。种植水稻、玉米。有集贸市场。县道肖家桥—孟公线经此。

吉庆镇［Jíqìng Zhèn］　新化县辖镇。在县境东北部。面积 182 平方千米。人口 5.2 万。辖 1 居委会、54 村委会，有 460 自然村。镇人民政府驻金星社区。1950 年设吉庆乡，后改公社。1984 年复乡。1995 年与华山、南山、崇山、晨光 4 乡合置吉庆镇。因镇政府原驻地鸡叫岩谐音吉庆得名。油溪流经。有中学 4 所，小学 17 所，卫生院 1 个，卫生室 42 个，文化站 1 个，图书室 44 个。农业种植水稻、小麦、玉米，产花生、油菜。工业以建材、机械、食品加工为主。省道梅怀线过境。

金星社区［Jīnxīng Shèqū］　吉庆镇人民政府驻地。在县境东北部。面积 2 平方千米。人口 1300。鸡鸣时有星辰，因鸡属相为酉，酉属金，故名。2006 年成立。民居以多层楼房为主。有老年活动室、卫生服务站、便民服务站等。有中小学、幼儿园、卫生院。省道梅怀线经此。

温塘镇［Wēntáng Zhèn］　新化县辖镇。在县境东部。面积 170 平方千米。人口 6.4 万。辖 1 居委会、50 村委会，有 450 自然村。镇人民政府驻温塘村。1950 年设温塘乡，后改公社。1984 年复乡。1995 年与晏家、车田江 2 乡合置温塘镇。因镇政府驻地得名。油溪、珠溪流经。有中学 5 所，小学 22 所，卫生院 1 个，卫生室 50 个，文化站 1 个，图书室 5 个。有省级文物保护单位龙潭桥。农业种植水稻、玉米、甘薯、花生。产西瓜、百合等。工业以煤矿开采为主。县道彭关—晏家、青山坡脚—新化线过境。

温塘村［Wēntángcūn］　温塘镇人民政府驻地。在县政府驻地上梅镇东北 24 千米。人口 1400。因温水塘得名。聚落呈团块状。有小学、卫生院。种植水稻、玉米。有集贸市场。县道彭关—晏家线经此。

田坪镇［Tiánpíng Zhèn］　新化县辖镇。在县境东北部。面积 118 平方千米。人口 4 万。辖 1 居委会、46 村委会，有 450 自然村。镇人民政府驻湖广村。1950 年设田坪乡，后改公社。1984 年复乡。1993 年改镇。1995 年茶溪、白岩 2 乡并入。因田坪村得名。茶溪、邹江溪、塘湾溪、白岩溪、油溪流经。有中学 3 所，小学 18 所，卫生院 1 个，卫生室 42 个，文化站 1 个，图书室 33 个。农业种植水稻、玉米。有特产玉竹。工业以煤矿开采、水电为主。县道白岩—田坪、漆树—田坪线过境。

湖广村［Húguǎngcūn］　田坪镇人民政府驻地。在县政府驻地上梅镇东北 34 千米。人口 400。因村院旧称湖广城得名。聚落呈散状。有中小学、卫生院。种植水稻、玉米。有集贸市场。县道白岩—田坪线经此。

桑梓镇［Sāngzǐ Zhèn］　新化县辖镇。在县境东部。面积 154 平方千米。人口 6.5 万。辖 2 居委会、44 村委会，有 450 自然村。镇人民政府驻桑树社区。1956 年设桑梓乡，后改公社。1984 年复乡。1995 年与坪溪、鹧鸪 2 乡合置桑梓镇。因旧时多桑树、梓树得名。资江、青峰桥河、栗溪流经。有中学 2 所，小学 23 所，卫生院 1 个，卫生室 48 个，文化站 1 个，图书室 7 个。农业种植茶树、水稻、玉米。产杨梅、葡萄、香葱等。工业以煤矿开采、电子陶瓷制造、白云石开发为主。省道梅怀线过境。

桑树社区［Sāngshù Shèqū］　桑梓镇人民政府驻地。在县境东部。面积 3 平方千米。人口 1500。因原多桑树得名。2005 年成立。民居以多层楼房为主。有老年活动室、卫生服务站、便民服务站等。有中心学校、卫生院。省道梅怀线经此。

曹家镇［Cáojiā Zhèn］　新化县辖镇。在县境中部偏东。面积 138 平方千米。人口 6.4 万。辖 1 居委会、51 村委会，有 410 自然村。镇人民政府驻曹家村。1995 年由小洋、胜利、水江、娘家 4 乡合置曹家镇。因镇政府驻地得名。小洋江、南溪、朱溪河流经。有中学 3 所，小学 16 所，卫生院 1 个，卫生室 56 个，文化站 1 个，图书室 38 个。农业种植水稻、玉米，饲养生猪等。工业以机械、建材、化工材料制造为主。有向红工业园。省道梅怀线过境。

曹家村［Cáojiācūn］　曹家镇人民政府驻地。在县政府驻地上梅镇北 10 千米。人口 1800。因曹家坪得名。聚落呈团块状。有中心学校、卫生院。种植水稻、玉米。有集贸市场。省道梅怀线经此。

科头乡［Kētóu Xiāng］　新化县辖乡。在县境南部。面积 67 平方千米。人口 4.3 万。辖 35 村委会，有 380 自然村。乡人民政府驻科头村。1950 年设科头乡，后改公社。1984 年复乡。1995 年汝溪乡并入。因乡政府驻地得名。汝溪、鼎溪河流。有中学 2 所，小学 12 所，卫生院 1 个，卫生室 36 个，文化站 1 个，图书室 12 个。有名胜桃林小南岳。农业种植中药材、水稻、玉米。产林木、南竹等。有烟花爆竹加工业。娄怀高速、省道梅怀线过境。

科头村［Kētóucūn］　科头乡人民政府驻地。在县政府驻地上梅镇西南 8 千米。人口 2000。传乡民曾登科考中头名，故名。聚落呈团块状。有中学、卫生院。种植水稻、玉米。县道四都—三联洞线经此。

维山乡［Wéishān Xiāng］　新化县辖乡。在县境南部。面积 82 平方千米。人口 4.4 万。辖 28 村委会，有 450 自然村。乡人民政府驻林屋村。1956 年设维山乡，后改公社。1984 年复乡。1995 年四都乡并入。因山得名。汝溪、四都河、维山溪流经。有中学 2 所，小学 11 所，卫生院 1 个，卫生室 33 个，文化站 1 个，图书室 16 个。有名胜古迹三联洞。农业种植茶树、水稻、玉米。盛产林木。工业主产耐火砖。县道四都—三联洞线过境。

林屋村［Línwūcūn］　维山乡人民政府驻地。在县政府驻地上梅镇西南 12 千米。人口 1800。原因仅有零星屋舍得名零屋，后有村人中举，遂改今名，意为举人林立。聚落呈团块状。有小学、卫生院。种植水稻、玉米。县道四都—三联洞线经此。

天门乡［Tiānmén Xiāng］　新化县辖乡。在县境西部。面积 149 平方千米。人口 1.3 万。辖 16 村委会，有 190 自然村。乡人民政府驻天门村。1950 年设天门乡，后改公社。1984 年复乡。1995 年长峰乡并入。因乡政府驻地得名。渠江、岩湾河流经。有中学 1 所，小学 10 所，卫生院 1 个，卫生室 19 个，文化站 1 个，图书室 16 个。农业种植水稻、玉米。有特产寒茶、柴火腊肉、金银花、玉兰片。工业以小水电为主。县道水车—双林、鹅塘—天门线过境。

天门村［Tiānméncūn］　天门乡人民政府驻地。在县政府驻地上梅镇西北 34 千米。人口 1300。因天门界得名。聚落呈团块状。有中心学校、幼儿园、卫生院。种植水稻、玉米，发展旅游服务。县道水车—双林线经此。

荣华乡［Rónghuá Xiāng］　新化县辖乡。在县境西北部。面积 121 平方千米。人口 2.8 万。辖 30 村委会，有 290 自然村。乡人民政府驻过街村。1956 年设荣华乡，后改公社。1984 年复乡。1995 年横溪乡并入。因方荣华烈士得名。有龙山。资江、横溪流经。有龙湾国家湿地公园。有中学 1 所，小学 12 所，卫生院 1 个，卫生室 28 个，文化站 1 个，图书室 13 个。有中国同盟会创始人之一陈天华故居遗址、观音阁、乐善桥。农业种植中药材、水稻、玉米。有特产猕猴桃酒、柑橘、茶油、火焙鱼。县道青山—新化线过境。

过街村［Guòjiēcūn］　荣华乡人民政府驻地。在县政府驻地上梅镇西北 39 千米。人口 1500。旧时须经此通往安化大街，故名。聚落呈团块状。有小学、幼儿园、卫生院、农贸市场。有古迹观音阁、乐善桥。种植水稻、玉米。县道新化—凤凰山江线经此。

金凤乡［Jīnfèng Xiāng］　新化县辖乡。在县境西部。面积 109 平方千米。人口 1.8 万。辖 21 村委会，有 220 自然村。乡人民政府驻金凤村。1950 年设金凤乡，后改公社。1984 年复乡。1995 年铁炉乡并入。因乡政府驻地得名。有九龙山、凤凰山。岩山湾河流经。有中学 1 所，小学 11 所，卫生院 1 个，卫生室 21 个，文化站 1 个，图书室 5 个。农业种植中药材、南竹、茶树、水稻、玉米。盛产林木。娄怀高速过境。

金凤村［Jīnfèngcūn］　金凤乡人民政府驻地。在县政府驻地上梅镇西北 40 千米。因金凤庵得名。聚落呈团块状。有中心学校、幼儿园、卫生院。种植水稻、玉米。县道湘乡—渠江线经此。

油溪乡［Yóuxī Xiāng］　新化县辖乡。在县境中部偏北。面积 89 平方千米。人口 3.2 万。辖 38 村委会，有 245 自然村。乡人民政府驻油溪村。1950 年设油溪乡，后改公社。1984 年复乡。1995 年邓家、青实 2 乡并入。因乡政府驻地得名。资江、油溪流经。有中学 2 所，小学 11 所，卫生院 1 个，卫生室 36 个，文化站 1 个，图书室 18 个。有国家 4A 级旅游景区梅山龙宫。农业种植水稻、玉米、大豆。工业有陶器加工、制鞋、发电。县道安化龙塘—零陵区线过境。

油溪村［Yóuxīcūn］　油溪乡人民政府驻地。在县政府驻地上梅镇北 26 千米。人口 2100。因溪得名。聚落呈团块状。有中心学校、幼儿园、卫生院。种植水稻、玉米、大豆。县道安化龙塘—零陵区线经此。

坐石乡［Zuòshí Xiāng］　新化县辖乡。在县境东北部。面积 87 平方千米。人口 3 万。辖 24 村委会，有 290 自然村。乡人民政府驻毛坪村。1956年设毛坪乡，后改公社。1981年更名坐石公社。1984年改坐石乡。1995年石桥乡并入。因景观石上坐石得名。油溪流经。有中学2所，小学13所，卫生院1个，卫生室35个，文化站1个，图书室18个。有青龙风雨桥。农业种植水稻、玉米、大豆。工业有小水电、建材、制鞋等。县道青山一新化线过境。

毛坪村 [Máopíngcūn] 坐石乡人民政府驻地。在县政府驻地上梅镇东北27千米。人口1900。因坪多茅草得名。聚落呈团块状。有中小学、幼儿园、卫生院。种植水稻、大豆、玉米。县道青山一新化线经此。

湘西土家族苗族自治州

湘西土家族苗族自治州 [Xiāngxī Tǔjiāzú Miáozú Zìzhìzhōu] 湖南省辖地级州。北纬27°44′—28°38′，东经109°10′—110°23′。在省境西北部。面积16000平方千米。户籍人口294万，常住人口262万。以土家族为主，还有苗、汉、回、瑶、侗、白等民族。辖吉首市，泸溪、凤凰、花垣、保靖、古丈、永顺、龙山7县。自治州人民政府驻吉首市。1952年设湘西苗族自治区，治乾城县。1955年改设自治州，治迁吉首县。1957年改今名。又名湘西、湘西州、湘西自治州。地处湘鄂渝黔4省、市交界处。西部与云贵高原相接，北部与鄂西山地相连，中部有武陵山，东南为沅江河谷。平均海拔500米。年均气温17℃，1月平均气温5℃，7月平均气温23℃。年均降水量1351毫米。年均无霜期282天。沅江、武水河、酉水河流经。有铅锌、汞、锰、磷、铝、煤等矿产资源。有野生植物3800余种，其中国家一级重点保护野生植物珙桐、光叶珙桐、银杏、南方红豆杉等8种。有野生动物389种，其中国家一级重点保护野生动物云豹、金钱豹、白鹤等7种，国家二级重点保护野生动物猕猴、水獭、大鲵等48种。有国家级自然保护区3个，省级自然保护区5个。有坐龙峡、南华山国家森林公园，峒河国家湿地公园，红石林国家地质公园。森林覆盖率66.9%。有高校3所，中等职业学校28所，中学182所，小学233所，三级医院2个，艺术馆9个，文化馆9个，图书馆9个，博物馆9个，纪念馆1个，体育馆11个，省级文艺团体1个。有世界文化遗产老司城遗址，全国重点文物保护单位乾州文庙、凤凰古城堡、溪州铜柱、沈从文故居等13个，省级文物保护单位50个。有全国爱国主义教育基地1个，省级爱国主义教育基地2个。有国家级纪念地1个。有国家级非物质文化遗产土家族哭嫁歌、湘西苗族鼓舞、湘西苗族民歌、苗族四月八节等26项，省级非物质文化遗产湘西苗族接龙舞、酒鬼酒酿制技术、乾州春会、跳马节等62项。有国家历史文化名城凤凰古城，中国历史文化名镇4个，国家历史文化名村3个，省级历史文化名村10个。有中国传统村落古堡寨、芭蕉坪、椰木溪、五斗、中东卫村等29个。有国家级风景名胜区3个，省级风景名胜区4个。三次产业比例15：34：51。农业以种植水稻，养殖猪、牛、鸡、鸭为主。盛产椪柑、猕猴桃、百合。工业以矿产开发为主，发展电子、新材料等产业。有省级经济开发区2个。服务业以旅游为主。有铁路132千米，公路12572千米，高速303千米，内河航线1067千米。焦柳铁路，杭瑞、张花、包茂、恩施恩吉、张南高速，209、319国道，省道永顺一吉首线、龙山一花垣线过境。通沅江、泸溪等航道。

吉首市

吉首市 [Jíshǒu Shì] 湘西土家族苗族自治州人民政府驻地。北纬28°16′，东经109°42′。在州境南部。面积1078平方千米。人口30.1万。以苗族为主，还有土家、汉、回、白等民族。辖4街道、5镇、7乡。市人民政府驻乾州街道。清康熙年间(1662—1722)置乾州厅。1913年废厅置乾县。翌年更名乾城县，属辰沅道。1937、1940年属第四、第九行政督察区。1949年后属沅陵专区、湘西苗族自治区。1953年更名吉首县。1955年属湘西苗族自治州。1957年属湘西土家族苗族自治州。1982年改市。"吉首"为苗语，意为生育、生养之地。分老城区、鸦溪片区、乾州新区、州府新城区。有标志性建筑物吉首站、人民广场。地处云贵高原北东侧与鄂西山地南西端结合部，武陵山脉斜贯。东南有雪峰山。以山原山地为主，兼有丘陵、小平原。地势南东低北西高。平均海拔292米。最高点大灵山海拔1737米。年均气温17℃，1月平均气温6℃，7月平均气温30℃。年均降水量1447毫米。有峒河、沱江、万溶江、司马河、丹青河、洽比河流经。有水泥灰岩、白云岩、大理石、钒、磷等矿产资源。有野生植物336种，其中国家一级重点保护野生植物珙桐、银杏、苏铁、红豆杉、柏栎，国家二级重点保护野生植物榉木、翠柏、金钱松、红毛椿、青檀等11种。有野生动物112种，其中国家一级重点保护野生动物金雕、白颈长尾雉，国家二级重点保护野生动物猕猴、穿山甲、大鲵、小灵猫、锦鸡、虎纹蛙等28种。有峒河国家湿地公园、矮寨国家森林公园。森林覆盖率58.2%。有高校3所，中等职业学校10所，中学20所，小学32所，特教学校1所，幼儿园88所，三级医院2个，二级医院3个，体育馆2个，省级文艺团体1个。有全国重点文物保护单位乾州文庙，省级文物保护单位重午苗寨等6个。有国家级非物质文化遗产湘西苗族民歌、苗族鼓舞、苗族四月八节，省级非物质文化遗产湘西苗族接龙舞、酒鬼酒酿制技术等8项。有国家4A级旅游景区乾州古城、矮寨奇观。有国家级风景名胜区3个，省级水利景区1个。三次产业比例5：30：65。农业以种植水稻为主。工业以食品加工为主。有省级开发区2个。服务业以旅游为主。有四星级宾馆2个。焦柳铁路，杭瑞、包茂高速，209、319国道，省道石堤西一吉首线、龙山一通道线过境。

湘西经济开发区 [Xiāngxī Jīngjì Kāifāqū] 在市境南部。东起张社大道，西至工业大道，北临三炮台路，南靠武陵山大道。面积21平方千米。2006年经省政府正式批准建立省级湘西吉凤经济开发区，由自治州政府管理。2011年更今名。经济以矿产品加工、生物食品、轻工建材为主。有三益科技、和益生物科技、星际动力新能源等规模以上工业企业59个。形成"二纵一横"主干骨架，联通高速、铁路。通过城市主干道与主城区相连。

吉首经济开发区 [Jíshǒu Jīngjì Kāifāqū] 在市境东南部。东起319国道，西至乾城大道，北临小溪桥路，南靠金坪路。面积8.5平方千米。2001年经省政府正式批准建立省级吉首市乾州经济开发区，由自治州政府管理。2010年更今名。经济以新材料、新能源为主。有恒泰服饰、汇德环保科技、金海钢构、方亿新材料等大中型企业20余个。园区内道路呈网格状，形成环路。通过城市主干道与主城区相连。

人民广场 [Rénmín Guǎngchǎng] 在市区中部。面积1.9公顷。2006年开工，2007年建成。有土家族、苗族民俗浮雕、湘西历史名人浮雕、音乐喷泉。展现湘西峡谷风光、绮丽山水、民俗文化。集爱国主义教育、文化传播、健身娱乐于一体。周边有乾州古城、市政府。通公交车。

武陵路 [Wǔlíng Lù] 在市境北部。东起309国道，西至309国道。与人民路、文艺路、红旗路、团结路、光明路相交。长10千米，宽28米。混凝土路面。1936年开工，1938年建成。1953年改扩建。因武陵山得名。以人民北路为界分东、西2段。途经商业中心。两侧有州人大、政府、政协、公安局、吉首大学老校区、峒河国家湿地公园、吉首汽车西站。通公交车。

人民路 [Rénmín Lù] 在市境中部。南起大坡垅路，北至吉首站广场路口。与武陵路、荣光路、朝阳路、团结路、青云路等相交。长12.8千米，宽28米。混凝土路面。1953年开工，1954年建成。1978年改扩建。穿过商业中心。两侧有州委、州政府、吉首大学、州检察院、国税局、中学、步行街、峒河公园、建材市场、人民广场、乾州古城景区。通公交车。

世纪大道 [Shìjì Dàdào] 在市境南部。南起科技园路，北至西一环。与建新路、荣光路、载福路、朝阳路、溶江路相交。长2.5千米，宽50米。混凝土路面。1998年开工，2001年建成。两侧有市委、市政府、州医院、人民广场。通公交车。

吉首站 [Jíshǒu Zhàn] 见交通运输设施部分"吉首站"条。

吉首汽车西站 [Jíshǒu Qìchē Xīzhàn] 见交通运输设施部分"吉首汽车西站"条。

吉首汽车北站 [Jíshǒu Qìchē Běizhàn] 见交通运输设施部分"吉首汽车北站"条。

乾州街道 [Qiánzhōu Jiēdào] 吉首市人民政府驻地。在市境南部。面积54平方千米。人口4.5万。以土家族为主，还有苗、汉等民族。1982年设。《乾州厅志》载："地在诸水中，而土高有州义，名其村曰乾州。"先后改扩建人民南路、建新路、世纪大道、乾城大道。有水泥灰岩、水泥黏土、建筑材料用灰岩等矿产资源。有中学3所，小学3所，幼儿园18所，三级医院1个，卫生院3个，社区卫生服务中心1个，门诊部15个，图书馆1个。有省级非物质文化遗产乾州春会。有民俗四月八、六月六节、苗族龙狮。有国家4A级旅游景区乾州古城。农业以种植蔬菜、椪柑，养殖猪、家禽为主。特产乾州板鸭、太虚茶。工业以医药化工、机械加工、建材、矿产开采为主。服务业以商贸为主，旅游为辅。焦柳铁路，常吉、吉茶、吉怀高速，209国道过境。通多路公交车。

峒河街道 [Dònghé Jiēdào] 属吉首市。在

市境北部。面积 64 平方千米。人口 9.4 万。以土家族为主，还有苗、汉、回、侗等民族。1982 年设。因河得名。先后改扩建光明路、酒鬼酒大道、东一环路。有高校 2 所，中学 2 所，小学 3 所，幼儿园 24 所，二级医院 1 个，卫生院 3 个，社区卫生服务中心 1 个，门诊部 15 个，博物馆 1 个。有罗盛教亭。有名胜古迹伏波宫、潕溪书院、古渡口、花果山、峒河公园。经济以餐饮、住宿、商贸为主。有酿酒业。通多路公交车。

小溪村［Xiǎoxīcūn］　在市政府驻地乾州街道北 10 千米。峒河街道辖自然村。人口 1000。苗族聚居。因有小溪得名。聚落呈点状。为中国传统村落。有洪家大院等明清古建筑群。有苗族刺绣、银饰。农业以种植水稻为主。有乡村旅游。吉首—夯沙公路经此。

镇溪街道［Zhènxī Jiēdào］　属吉首市。在市境中部。面积 24 平方千米。人口 14.6 万。以土家族为主，还有苗、汉、回等民族。2005 年设。宋置镇溪砦，明设镇溪军民千户所，故名。先后改扩建人民中路、西一环路、东一环路。有高校 1 所，中学 3 所，小学 6 所，幼儿园 28 所，三级医院 1 个，二级医院 2 个，卫生院 1 个，卫生所 5 个，体育馆 1 个。经济以旅游、商贸、餐饮为主。焦柳铁路、长吉高速连结线过境。有吉首站。通多路公交车。

吉凤街道［Jífèng Jiēdào］　属吉首市。在市境南部。面积 19 平方千米。人口 2 万。以土家族为主，还有苗、汉等民族。2011 年设。因地处吉首市、凤凰县交界处，故名。先后改扩建武陵山大道、工业大道、学院路、吉凤路、长潭路、开发路。有高校 1 所，小学 1 所，幼儿园 1 所，卫生院 1 个，卫生室 3 个。经济以矿产品加工、建材、生物医药为主。有湘西经济开发区。长吉高速连结线过境。通多路公交车。

矮寨镇［Ǎizhài Zhèn］　吉首市辖镇。在市境西部。面积 96 平方千米。人口 1.6 万。以苗族为主，还有土家、汉等民族。辖 2 居委会、16 村委会，有 55 自然村。镇人民政府驻矮寨社区。1956 年设矮寨乡。1958 年改上游公社。1960 年改矮寨公社。1984 年复乡。1986 年改镇。因镇政府驻地原名得名。峒河流经。有初中 1 所，小学 1 所，幼儿园 1 所，卫生院 1 个，卫生所 17 个。有文化站、广播电视站、敬老院等。有国家级非物质文化遗产苗族四月八节。有国家 4A 级旅游景区矮寨奇观。农业以种植水稻、玉米为主。服务业以旅游为主。有集贸市场。包茂高速，319、209 国道过境。

矮寨社区［Ǎizhài Shèqū］　矮寨镇人民政府驻地。在市境西部。面积 12 平方千米。人口 3800。因地处山脚，地势低矮，故名。2005 年成立。民居以多层、低层住宅楼为主。有中小学、卫生院、卫生所，幼儿园、敬老院、文化广场。有民俗百狮会、鼓文化节。有景点矮寨特大悬索桥、盘山公路奇观、开路先锋铜像。有集贸市场。包茂高速，209、319 国道经此。

德夯村［Déhāngcūn］　在市政府驻地乾州街道西 20 千米。矮寨镇辖自然村。人口 600。均为苗族。为苗语记音名，意为峡谷地、峡谷下。聚落呈块状。有卫生室、文化广场、图书室等。为中国传统村落。位于国家 4A 级旅游景区矮寨奇观核心区。有名胜盘古峰、流沙瀑布、玉泉溪峡谷、云雾峰、夯响溪。经济以旅游业为主，种植水稻、蔬菜为辅。矮寨—德夯公路经此。

中黄村［Zhōnghuángcūn］　在市政府驻地乾州街道西 30 千米。矮寨镇辖自然村。人口 1000。均为苗族。2005 年因取中阿岭、黄岩冲首字得名。聚落呈点状。有卫生室、文化广场、图书室等。为中国传统村落。有省级文物保护单位重午苗寨。农业以种植水稻、茶为主。发展乡村旅游业。矮寨—补抽公路经此。

平年村［Píngniáncūn］　在市政府驻地乾州街道西 15 千米。矮寨镇辖自然村。人口 900。均为苗族。以祈愿年年平安得名。聚落呈块状。为中国传统村落。建筑以木结构为主，木墙青瓦。苗族传统文化苗鼓、苗绣、苗歌等保存完好。有蜡染、银饰等非遗技艺。农业以种植水稻、蔬菜为主。209 国道经此。

马颈坳镇［Mǎjǐng'ào Zhèn］　吉首市辖镇。在市境北部。面积 91 平方千米。人口 2 万。以土家族为主，还有苗、汉等民族。辖 1 居委会、13 村委会，有 122 自然村。镇人民政府驻溪马社区。1953 年设马颈坳乡，后改公社。1984 年改乡，旋改镇。因山坳狭长似马颈得名。隘口河、司马河流经。有初中 1 所，小学 2 所，幼儿园 2 所，卫生院 1 个，卫生所 14 个。有文化站、广播电视站、敬老院等。有民俗正月十五钢火烧龙。农业以种植柑橘为主。服务业以物流、乡村旅游为主。有集贸市场。焦柳铁路、省道石堤西—吉首线过境。

溪马社区［Xīmǎ Shèqū］　马颈坳镇人民政府驻地。在市境北部。面积 7 平方千米。人口 2000。以土家族为主，还有汉、苗等民族。因取溪州、马颈坳 2 村首字得名。2005 年成立。民居以多层、低层住宅楼为主。有卫生服务站、老年活动室、便民服务站等。有中小学、马颈坳农贸市场。焦柳铁路、省道石堤西—吉首线经此。

河溪镇［Héxī Zhèn］　吉首市辖镇。在市境东部。面积 99 平方千米。人口 1.3 万。以土家族为主，还有苗、汉等民族。辖 1 居委会、11 村委会，有 94 自然村。镇人民政府驻河溪社区。1953 年设河溪乡。1956 年楠木、铁岩、张排 3 乡并入。1958 年改太阳升公社。1960 年改河溪公社。1984 年改乡，旋改镇。因镇政府驻地原名得名。峒河、万溶江、司马河、沱江等流经。有初中 1 所，小学 2 所，幼儿园 3 所，卫生院 1 个，卫生所 12 个。有文化站、广播电视站、敬老院等。农业以种植水稻、玉米为主。工业以加工为主，特产河溪香醋。有集贸市场。常吉高速、319 国道过境。有阿娜高速出入口。有水运航线 1 条。

河溪社区［Héxī Shèqū］　河溪镇人民政府驻地。在市境东部。面积 12 平方千米。人口 3400。原因诸河汇流得名合溪，后以谐音演为今名。2005 年成立。民居以多层、低层住宅楼为主。有卫生服务站、老年活动室、便民服务站等。有中小学。有民俗拔龙船赛。特产河溪醋。319 国道经此。

双塘镇［Shuāngtáng Zhèn］　吉首市辖镇。在市境东北部。面积 74 平方千米。人口 1.4 万。以土家族为主，还有苗、汉等民族。辖 1 居委会、13 村委会，有 91 自然村。镇人民政府驻周家寨社区。1958 年成立卫星公社。1963 年更名双塘公社。1984 年改乡。2000 年改镇。因镇政府原驻地双塘村得名。沱江流经。有初中 1 所，小学 1 所，幼儿园 2 所，卫生院 1 个，卫生所 13 个。有文化站、广播电视站、敬老院等。有国家级非物质文化遗产双塘阳戏。为“中国民间艺术之乡”。农业以种植柑橘、蔬菜为主。焦柳铁路、吉怀高速过境。

周家寨社区［Zhōujiāzhài Shèqū］　双塘镇人民政府驻地。在市境南部。面积 8 平方千米。人口 2200。因原周姓聚居得名。2005 年成立。民居以多层、低层住宅楼为主。有中小学、幼儿园、卫生院。有国家级非物质文化遗产双塘阳戏。焦柳铁路经此。

丹青镇［Dānqīng Zhèn］　吉首市辖镇。在市境东北部。面积 61 平方千米。人口 0.7 万。以苗族为主，还有土家、汉等民族。辖 1 居委会、7 村委会，有 40 自然村。镇人民政府驻清明社区。1957 年设丹青乡。1958 年并入东风公社。翌年析设丹青公社。1984 年复乡。2001 年改镇。因丹青寨得名，意为风景如画。丹青河流经。有初中 1 所，小学 1 所，幼儿园 2 所，卫生院 1 个，卫生所 7 个。有文化站、广播电视站、敬老院等。有民俗苗族芭排技艺。有湘西苗族传统清明歌会。农业以种植水稻、玉米、椪柑为主。有集贸市场。潭溪—丹青公路过境。

清明社区［Qīngmíng Shèqū］　丹青镇人民政府驻地。在市境东部。面积 5 平方千米。人口 900。因清明节赛歌、聚会于此得名。2005 年成立。民居以多层、低层住宅楼为主。有中小学、卫生院。有民俗清明歌会、唱苗歌、打苗鼓。潭溪—丹青公路经此。

寨阳乡［Zhàiyáng Xiāng］　吉首市辖乡。在市境西部。面积 89 平方千米。人口 1.2 万。以苗族为主，还有土家、汉等民族。辖 13 村委会，有 44 自然村。乡人民政府驻寨阳村。1956 年设寨阳乡。1958 年并入上游公社。1961 年析设寨阳公社。1984 年复乡。因乡政府驻地得名。峒河流经。有峒河国家湿地公园。有初中 1 所，小学 1 所，幼儿园 1 所，卫生院 1 个，卫生所 13 个。有文化站、广播电视站、敬老院等。有苗族民俗。为“中国民间艺术之乡”。农业以种植水稻、蔬菜为主。吉茶、永吉高速，319、209 国道过境。

寨阳村［Zhàiyángcūn］　寨阳乡人民政府驻地。在市政府驻地乾州街道西 10 千米。人口 1300。苗族聚居。为苗语“强秧”汉译得名，意为秧姓居此。聚落呈带状。有中小学、卫生室、图书室、文化广场。农业以种植水稻为主。有乡村旅游业。209、319 国道经此。

己略乡［Jǐlüè Xiāng］　吉首市辖乡。在市境北部。面积 79 平方千米。人口 0.8 万。以苗族为主，还有土家、汉等民族。辖 10 村委会，有 66 自然村。乡人民政府驻龙舞村。1961 年由颈坳公社析设己略公社。1984 年改乡。因乡政府原驻地名得名。为苗族语音译名，意为地势较低，蓄水山塘较大。龙舞河、己略河流经。有初中 1 所，小学 1 所，卫生院 1 个，卫生所 11 个。有幼儿园、文化站、广播电视站。有苗族服饰、银饰。农业以种植水稻、玉米、柑橘为主。吉首—夯沙公路过境。

龙舞村［Lóngwǔcūn］　己略乡人民政府驻地。在市政府驻地乾州街道西 20 千米。人口 1000。苗族聚居。因山岭如巨龙飞舞得名。聚落呈团状。有中小学、卫生室、图书室、广场。有苗族服饰、银饰。农业以种植水稻、蔬菜、椪柑为主。吉首—夯沙公路经此。

社塘坡乡［Shètángpō Xiāng］　吉首市辖乡。在市境西南部。面积 87 平方千米。人口 1 万。以苗族为主，还有土家族等。辖 5 村委会，有 27 自然村。乡人民政府驻西门口村。1953 年设社塘坡乡。1958 年改八月公社。1960 年更名社塘坡公社。1984 年复乡。因坡脚有水塘，旧有天工庙行社祀，故名。有初中 1 所，小学 1 所，卫生院 1 个，卫生所 10 个。有幼儿园、文化站、广播电视站。有齐心民居古建筑群、苗王故址、乾嘉苗民起义古战场遗址、盘瓠石室、盘瓠庙宇、八月岩影等。农业以种植水稻、蔬菜为主。万溶江—齐心公路过境。

西门口村［Xīménkǒucūn］　社塘坡乡人民政府驻地。在市政府驻地乾州街道南 10 千米。人口 2700。以苗族为主，还有土家、汉等民族。因处乾州通西部要隘，故名。聚落呈点状。有九年一贯制学校、卫生室、图书室、文化广场。有民俗过土家年、敬土地神、唱山歌。农业以种植水稻、玉米、生姜为主。万溶江—齐心公路经此。

齐心村［Qíxīncūn］ 在市政府驻地乾州街道南20千米。社塘坡乡辖自然村。人口300。均为苗族。原因与武山相比只为岑头而得名岑头坡，1958年寄愿齐心合力改今名。聚落呈点状。有卫生室、图书室、文化广场。为中国传统村落。以石为寨，有石头房50余栋。有明代石门、石碉楼、城墙。盛产高山蔬菜、茶叶、金银花。万溶江—齐心公路经此。

太平乡［Tàipíng Xiāng］ 吉首市辖乡。在市境东部。面积59平方千米。人口0.7万。以土家族为主，还有苗、汉等民族。辖8村委会，有53自然村。乡人民政府驻太平村。1961年由太阳升公社析设太平公社。1984年改乡。因乡政府驻地得名。司马河流经。有中学1所，小学1所，卫生院1个，卫生所8个。有幼儿园、文化站、广播站。有民俗过土家年、唱山歌、摆手舞。农业以种植椪柑、黄金茶、生姜、金银花为主。太平—排吼、马颈坳—夯田冲公路过境。

太平村［Tàipíngcūn］ 太平乡人民政府驻地。有市政府驻地乾州街道东30千米。人口1600。以土家族为主，还有苗、汉等民族。因寄愿安康太平得名。聚落呈点状。有中小学、医疗站。有民俗过土家年、敬土地神、过四月八。农业以种植水稻、玉米，养殖竹鼠为主。有农贸市场。太平—排吼、马颈坳—夯田冲公路经此。

白岩乡［Báiyán Xiāng］ 吉首市辖乡。在市境东北部。面积72平方千米。人口1.1万。以苗族为主，还有土家、汉等民族。辖10村委会，有19自然村。乡人民政府驻白岩村。1956年设五星乡。1958年改公社。1981年更名白岩公社。1984年改乡。因乡政府驻地得名。有初中1所，小学1所，卫生院1个，卫生所10个。有幼儿园、文化站、广播电视站。农业以种植蔬菜、水稻、玉米、中药材为主。马颈坳—白岩公路过境。

白岩村［Báiyáncūn］ 白岩乡人民政府驻地。在市政府驻地乾州街道东北19千米。人口800。以苗族为主，还有土家、汉等民族。因白岩洞得名。聚落呈点状。有小学，卫生院。农业以种植水稻、玉米、蔬菜、板栗、生姜为主。马颈坳—白岩公路经此。

排绸乡［Páichóu Xiāng］ 吉首市辖乡。在市境东部。面积66平方千米。人口0.8万。以苗族为主，还有土家、汉等民族。辖10村委会，有57自然村。乡人民政府驻香花村。1960年由丹青公社析设排绸公社。1984年改乡。旧时挖出一罐铜钱，因苗语音译得名排折，后雅化为今名。丹青河流经。有小学1所，教学点11个，卫生院1个，卫生所10个。有幼儿园、文化站、广播站。有省级非物质文化遗产调年舞。有特色跳苗舞。农业以种植水稻、玉米为主。特产桐油、茶油、中药材、椪柑。排绸—梁家潭公路过境。

香花村［Xiānghuācūn］ 排绸乡人民政府驻地。在市政府驻地乾州街道东25千米。人口1400。均为苗族。因寄寓如香花般美好得名。聚落呈点状。有小学、卫生院、敬老院。农业以种植水稻、玉米、椪柑、油菜、花生、大豆为主。排绸—梁家潭公路经此。

排吼乡［Páihǒu Xiāng］ 吉首市辖乡。在市境东部。面积62平方千米。人口0.8万。以苗族为主，还有土家、汉等民族。辖6村委会，有43自然村。镇人民政府驻芭颜村。1960年由丹青公社析设排吼公社。1984年改乡。为苗语音译名，意为坪寨。有中学1所，小学1所，卫生院1个，卫生所7个。有文化站、广播站。有重阳场会。农业以种植水稻、甘薯，养殖生猪、山羊、竹鼠、家禽、蜜蜂为主。盛产椪柑、苗木、蜂蜜。特产苗家手工花带。常吉高速过境。

芭颜村［Bāyáncūn］ 排吼乡人民政府驻地。在市政府驻地乾州街道东37千米。人口1500。均为苗族。2005年因取颜家、芭蕉2村首字得名。有中小学、医疗站、便民服务点。农业以种植水稻、蔬菜，养殖山羊、家禽为主。有农贸市场。太平—排吼公路经此。

泸 溪 县

泸溪县［Lúxī Xiàn］ 湘西土家族苗族自治州辖县。北纬28°22′，东经110°22′。在州境东南部。面积1566平方千米。人口31.4万。以苗族为主，还有汉、土家、回、瑶等民族。辖8镇、7乡。县人民政府驻白沙镇。唐武德二年(619)置卢溪县，治卢江口。天宝元年(742)治迁洗溪口，属卢溪郡。南宋绍兴九年(1139)治迁武溪楠木洲。元属辰州路。明属辰州府。清顺治六年(1649)更今名，属辰州府。此后未变，先后属辰沅道、第九行政督察区、沅陵专区、湘西苗族自治区、湘西苗族自治州。1957年属湘西土家族苗族自治州。因溪得名。南宋绍兴九年(1139)于楠木洲建县城。清代县城1.5平方千米，建4门。1988年选址白沙村建新县城。2014年底城区面积5.5平方千米，呈"四纵四横"管网布局，有街巷11条。有标志性建筑涉江楼、橘颂塔。地处武陵山脉向雪峰山脉过渡地带。地势西高东低，以低山为主。最高点巴斗山海拔884.3米，最低点大龙溪出口海拔97米。年均气温17℃，1月平均气温5℃，7月平均气温28℃。年均降水量1326毫米。沅江流经。有煤、石煤、铀、铁、锰等矿产资源。有野生植物616种，其中国家一级重点保护野生植物水杉、银杏，国家二级重点保护野生植物楠木、榔木、檫木、杜仲、五味子等21种。有野生动物130余种，其中国家一级重点保护野生动物白颈长尾雉、黄腹角雉、麝，国家二级重点保护野生动物花面狸、毛冠鹿、竹鸡、环颈雉等30种。有省级自然保护区1个。森林覆盖率71%。有高中3所，职业中学1所，初中7所，九年一贯制学校9所，小学120所，教师进修学校1所，二级医院2个。有省级文物保护单位岩门古堡寨、京兆堂、高山坪古驿道。有国家级非物质文化遗产辰河高腔、盘瓠辛女传说等5个，省级非物质文化遗产7个。有中国历史文化名镇浦市镇，中国传统村落岩门古堡寨、芭蕉坪村、椰木溪村、欧溪村，中国少数民族特色村寨新寨坪村。三次产业比例14∶55∶31。农业以种植水稻、玉米、大豆、油菜，养殖生猪、湘西黄牛、山羊为主。盛产辣椒、生姜、茶油、生姜。有国家农产品地理标志泸溪浦市铁骨猪。工业以矿石加工为支柱，兼有果品、新金属材料加工等。有省级武溪工业园。服务业以商贸为主，兼有食宿业等。杭瑞高速，319国道，省道张家界—芷江线、张家界—怀化线、怀化—凤凰线、龙山—怀化线过境。有沅江、武水航道。

辛女广场［Xīnnǚ Guǎngchǎng］ 在县城东部。面积2.4公顷。2010年开工，2014年建成。因苗民祖先辛女传说得名。有12米高辛女雕塑。有舞台、文化墙、景观石、喷泉。以辛女盘瓠文化、民俗文化为内涵，集休闲、观光、旅游，健身为一体。周边有职中、鹰嘴岩。通公交车。

铁山河大桥［Tiěshānhé Dàqiáo］ 在县城东南部。长456米，宽13米，最大跨度100米，桥下净高20米。1990年开工，1993年建成。因河得名。为大型河道桥梁，结构型式为悬链线钢筋混凝土箱形肋拱桥。最大载重100吨。通公交车。

泸溪县汽车站［Lúxī Xiàn Qìchēzhàn］ 见交通运输设施部分"泸溪县汽车站"条。

白沙镇［Báishā Zhèn］ 泸溪县人民政府驻地。在县境东部。面积60平方千米。人口3.5万。以苗族为主，还有土家、汉等民族。辖5居委会、3村委会，有38自然村。镇人民政府驻沅江社区。1994年设。因多白沙得名。沅江流经。有中学2所，小学3所，二级医院2个，卫生院1个，卫生室8个。有文化馆、图书馆。有国家级非物质文化遗产盘瓠与辛女传说。有民俗划龙舟。农业以种植水稻、玉米为主。盛产柑橘。工业以矿产品加工为主。杭瑞高速、319国道过境。通沅江水运航道。

大桥路［Dàqiáo Lù］ 在县城东部。东起铁山河大桥，西至319国道。与朝阳西路、建设路相交。长1.5千米，宽15米。沥青路面。1993年开工，1997年建成。因铁山河大桥得名。又名国道路。两侧有农业发展银行、中学、民政局、电力公司、交通运输局、县汽车站。通公交车。

朝阳路［Cháoyáng Lù］ 在县城中部。东起株洲路，西至朝阳西路。与建设路、屈原路、大桥路相交。长2.1千米，宽20米。沥青路面。1994年开工，1996年建成。两侧有县政府、县移民开发局、国税局、人民银行、粮食局、建设局、文化馆、林业局、县政协。通公交车。

株洲路［Zhūzhōu Lù］ 在县城中部。东起白沙—浦市公路，西至319国道。与大桥路、临江路、朝阳路相交。长2.5千米，宽15米。沥青路面。1994年开工，2000年建成。因其为株洲市援建，故名。分南路、中路。两侧有县法院、公安局、检察院、司法局、海事处、环卫所、质监局等。

建设路［Jiànshè Lù］ 在县城中部。南起电力大厦大桥路，北至长城国际大酒店大桥路。与临江路、朝阳路相交。长1.8千米，宽20米。沥青路面。1994年开工，1996年建成。分南路、北路。两侧有电影院、总工会、供销联社、邮政局、电信公司、工商银行、财政局、疾控中心、卫生局、国土局、县医院。通公交车。

人民路［Rénmín Lù］ 在县城中部。东起株洲路，西至大桥路。与建设路、朝阳路相交。长1.8千米，宽20米。沥青路面。1994年开工，1996年建成。分东路、西路。两侧有人社局、环保局、小学、地税局、建行。通公交车。

沅江社区［Yuánjiāng Shèqū］ 白沙镇人民政府驻地。在县境东部。面积1平方千米。人口9700。因临沅江得名。2004年成立。民居以多层住宅楼为主。有文化广场。有民族舞蹈队、民乐队等。有小学、卫生室。驻有县农业局、水利局、交通局、文广新局、移民开发局等单位。有妇幼保健站。通公交车。

达岚镇［Dálán Zhèn］ 泸溪县辖镇。在县境南部。面积105平方千米。人口1.9万。辖1居委会、8村委会，有55自然村。镇人民政府驻达岚坪社区。1956年设达岚乡。1958年改公社。1984年复乡，旋改镇。因镇政府驻地原名得名。太平溪流经。有初中1所，完全小学1所，小学10所，卫生院1个，卫生室9个，文化站1个。有省级文物保护单位岩门古堡寨。有民俗六月年。农业以种植水稻、玉米、油茶为主。有集贸市场。省道张家界—芷江线、张家界—怀化线过境。

达岚坪社区［Dálánpíng Shèqū］ 达岚镇人民政府驻地。在县境南部。面积9平方千米。人口3700。因传罗氏兄弟遭奸臣下毒，至此头已耷拉不起，故名耷拉，后演为今名。2006年成立。民居以现代建筑为主,其中岩门古堡寨保存明末以京兆堂为代表的窨子屋4栋。有便民服务站。以居家养老为主,孤寡老人集中养老。有中小学、卫生院、敬老院、集贸市场等。省道张家界—芷江线经此。

岩门康家古堡寨［Yánménkāngjiāgǔbǎozhài］ 在县政府驻地白沙镇南38千米。达岚镇辖自然村。人口400。以汉族为主,还有苗、土家等民族。因岩石如门得名。聚落呈椭圆形。为中国传统村落。有省级文物保护单位岩门古堡寨。为红砂岩封闭城堡。农业以种植水稻、玉米、柑橘为主。服务业以乡村旅游为特色。白沙—浦市公路经此。

兴隆场镇［Xīnglóngchǎng Zhèn］ 泸溪县辖镇。在县境西南部。面积87平方千米。人口2.3万。辖1居委会、10村委会,有45自然村。镇人民政府驻兴隆场社区。1958年成立兴隆场公社。1984年改镇。因镇政府驻地原名得名。有省级非物质文化遗产傩面具。有中学1所,小学11所,卫生院1个,卫生室10个,文化站1个。农业以种植水稻、玉米、柑橘为主。有集贸市场。省道张家界—怀化线、县道小章—兴隆场线过境。

兴隆场社区［Xīnglóngchǎng Shèqū］ 兴隆场镇人民政府驻地。在县境西南部。面积8平方千米。人口3900。因商贸繁荣得名。2006年成立。民居以多层住宅楼为主。有便民服务站。以居家养老为主。有中小学、卫生院、集贸市场。省道张家界—怀化线经此。

潭溪镇［Tánxī Zhèn］ 泸溪县辖镇。在县境西北部。面积148平方千米。人口1.9万。辖1居委会、14村委会,有134自然村。镇人民政府驻潭溪社区。1956年设潭溪乡。1958年改公社。1984年复乡,旋改镇。因武水河、丹青河、白虎溪汇流成潭,故名。有中学1所,小学15所,卫生院1个,卫生室14个,文化站1个。有国家级非物质文化遗产苗族挑花。有民俗划龙舟、苗族民歌、筷子舞。农业以种植水稻、玉米、椪柑为主。有集贸市场。杭瑞高速、319国道、省道张家界—怀化线过境。

潭溪社区［Tánxī Shèqū］ 潭溪镇人民政府驻地。在县境西北部。面积18平方千米。人口2800。因镇得名。2006年成立。民居以多层住宅楼为主。有便民服务站。有中小学、卫生院、敬老院、集贸市场等。杭瑞高速、319国道、省道张家界—怀化线经此。

洗溪镇［Xǐxī Zhèn］ 泸溪县辖镇。在县境中部。面积128平方千米。人口1.3万。辖1居委会、8村委会,有46自然村。镇人民政府驻洗溪社区。1956年设洗溪乡。1958年改公社。1984年改镇。因古有洗溪与峒河交汇,故名。武水河流经。有九年一贯制学校1所,小学8所,卫生院1个,卫生室8个,文化站1个。有民俗六月六划龙舟、苗族民歌、苗族七月八情人节。农业以种植水稻、柑橘为主。工业以磷矿开采、加工为主。有集贸市场。杭瑞高速、319国道、省道张家界—芷江线过境。

洗溪社区［Xǐxī Shèqū］ 洗溪镇人民政府驻地。在县境中部。面积3平方千米。人口2400。因镇得名。2006年成立。民居以多层住宅楼为主。有便民服务站。有中心学校、卫生院、敬老院、集贸市场。有民俗六月六划龙舟、苗族民歌。杭瑞高速、319国道、省道张家界—怀化线经此。

武溪镇［Wǔxī Zhèn］ 泸溪县辖镇。在县境东部。面积97平方千米。人口2.5万。辖2居委会、10村委会,有62自然村。镇人民政府驻城南社区。1953年设武溪镇。1960年改公社。1980年复镇。因处武水出口北得名。峒河、沅江流经。有中学1所,小学13所,卫生院1个,卫生室12个,文化站1个。有省级非物质文化遗产杨柳石雕。有名胜军亭界、铁山河渡口。农业以种植水稻、玉米、柑橘为主。工业以锰、铝、锌、硫酸、不锈钢加工为主。服务业以旅游为主。杭瑞高速,319国道过境。通沅江、峒河航道。

城南社区［Chéngnán Shèqū］ 武溪镇人民政府驻地。在县境东部。面积3平方千米。人口4600。因地处镇南得名。2006年成立。民居以多层住宅楼为主。有卫生服务站、便民服务站等。有幼儿园。有铝业、冶炼等公司。杭瑞高速、319国道经此。

浦市镇［Pǔshì Zhèn］ 泸溪县辖镇。在县境东南部。面积237平方千米。人口6万。辖4居委会、24村委会,有184自然村。镇人民政府驻十字街社区。1935年置浦市镇。1949年改浦市特别镇。1953年复镇。1958年改公社。1984年复镇。1987年浦阳乡并入。2005年长坪乡与李家田乡部分并入。原因处浦溪、沅江交汇处得名浦口,后成集市,改今名。有煤、铜、铅锌、铝土、矾、磷、石灰石、菊花石等矿产资源。有中学1所,小学29所,中医院1个,卫生院1个,卫生室26个,文化站1个。为中国历史文化名镇。有国家级非物质文化遗产辰河高腔,省级非物质文化遗产浦市窨子屋建筑艺术。有民俗抬黑龙、龙舟竞渡、龙蛇会、打黄醮。农业以种植水稻、玉米、柑橘、莲藕、荸荠为主。工业以矿产品加工为主。服务业以餐饮为主。有集贸市场。省道张家界—芷江线过境。通沅江航道。

十字街社区［Shízìjiē Shèqū］ 浦市镇人民政府驻地。在县境东南部。面积0.6平方千米。人口2800。因十字街得名。2006年成立。民居以明清建筑风格为主。有卫生服务站、老年活动室、便民服务站。有民俗抬黑龙、龙舟竞渡、龙蛇会、打黄醮。有集贸市场。省道怀化—凤凰线经此。

合水镇［Héshuǐ Zhèn］ 泸溪县辖镇。在县境西南部。面积133平方千米。人口2.7万。辖1居委会、11村委会,有72自然村。镇人民政府驻合水社区。1956年设合水乡。1958年改公社。1984改镇。2005年踏虎乡并入。因镇政府驻地得名。太平溪流经。有中学1所,小学15所,卫生院1个,卫生室12个,文化站1个。有国家级非物质文化遗产踏虎凿花。有民俗六月年。农业以种植水稻、甘薯、油茶为主。有集贸市场。省道张家界—怀化线过境。

合水社区［Héshuǐ Shèqū］ 合水镇人民政府驻地。在县境西南部。面积4平方千米。人口1900。因太平溪支流于此交汇得名。2006年成立。民居以砖木结构中式房屋为主。有卫生服务站、便民服务站。有中小学、卫生院、敬老院、集贸市场。省道张家界—怀化线经此。

石榴坪乡［Shíliupíng Xiāng］ 泸溪县辖乡。在县境南部。面积55平方千米。人口1.6万。以汉族为主,还有土家、苗等民族。辖7村委会,有42自然村。乡人民政府驻石榴坪村。1956年设石榴坪乡。1958年并入达岚公社。1961年析设石榴坪公社。1984年复乡。因乡政府驻地得名。太平溪流经。有中学1所,小学8所,卫生院1个,卫生室6个,文化站1个。有民俗六月年、石榴坪花灯、兰村龙舟。农业以种植水稻、甘薯为主,养殖生猪。有集贸市场。省道张家界—芷江线过境。

石榴坪村［Shíliupíngcūn］ 石榴坪乡人民政府驻地。在县政府驻地白沙镇南48千米。人口2900。以汉族为主,还有土家、苗等民族。因曾有大石榴树得名。聚落呈块状。有小学、幼儿园、卫生室、集贸市场。农业以种植水稻、甘薯、柑橘为主。省道达岚坳—吕家坪线经此。

永兴场乡［Yǒngxīngchǎng Xiāng］ 泸溪县辖乡。在县境中部。面积66平方千米。人口1.4万。以苗族为主,还有土家族、汉族。辖6村委会,有34自然村。乡人民政府驻上广村。1956年设永兴场乡。1958年并入兴隆场公社。1961年析设永兴场公社。1984年复乡。清设圩场,以期盼永远兴隆得名。有中学1所,小学6所,卫生院1个,卫生室5个,文化站1个,敬老院1个。农业以种植水稻、玉米、柑橘为主。有集贸市场。县道小章—兴隆场线过境。

上广村［Shàngguǎngcūn］ 永兴场乡人民政府驻地。在县政府驻地白沙镇西南39千米。人口3300。以汉族为主,还有苗、土家等民族。原因有矿石得名上矿,后演为今名。聚落呈点状。明代成村。有中小学、幼儿园、卫生室、集贸市场。农业以种植水稻、玉米、黄豆、辣椒为主。县道小章—兴隆场线经此。

解放岩乡［Jiěfàngyán Xiāng］ 泸溪县辖乡。在县境西部。面积87平方千米。人口1.6万。以土家族为主,还有苗族、汉族。辖6村委会,有45自然村。乡人民政府驻场上村。1956年设解放岩乡,后改公社。1984年复乡。原因经此峭壁动如爬行得名狗爬岩,1952年因不雅改今名。沱江流经。有矾、铜、硫、铁等矿产资源。有中学1所,小学7所,卫生院1个,卫生室5个,文化站1个,敬老院1个。有民俗解放岩花灯、阳戏。农业以种植水稻、生姜、柑橘为主。有集贸市场。焦柳铁路,省道怀化—凤凰线、龙山—怀化线过境。

场上村［Chángshàngcūn］ 解放岩乡人民政府驻地。在县政府驻地白沙镇西69千米。人口3300。以土家族为主,还有苗族、汉族。因为集市得名。聚落呈点状。有解放岩学校、卫生院、文化站等。有民俗解放岩花灯。农业以种植水稻、生姜、柑橘为主。省道怀化—凤凰线经此。

小章乡［Xiǎozhāng Xiāng］ 泸溪县辖乡。在县境中部。面积70平方千米。人口1.3万。以苗族为主,还有土家族、汉族。辖7村委会,有37自然村。乡人民政府驻小章村。1956年设小章乡。1958年改公社。1984年复乡。因乡政府驻地得名。能溪流经。有中学1所,小学7所,卫生院1个,卫生室6个,文化站1个,敬老院1个。有苗族民歌。农业以种植水稻、玉米、辣椒、柑橘为主。有集贸市场2个。省道张家界—怀化线过境。

小章村［Xiǎozhāngcūn］ 小章乡人民政府驻地。在县政府驻地白沙镇西38千米。人口2500。以苗族为主,还有土家族、汉族。宋代成村。因章氏兄弟中弟弟居此得名。聚落呈块状。有中小学、卫生院、文化站。有民俗过苗年、唱苗歌。农业以种植水稻、玉米、辣椒、柑橘为主。有集贸市场。省道张家界—怀化线经此。

白羊溪乡［Báiyángxī Xiāng］ 泸溪县辖乡。在县境中部。面积92平方千米。人口1.1万,其中土家族占35%,苗族占35%,汉族占30%。辖8村委会,有35自然村。乡人民政府驻白羊溪村。1956年设白羊溪乡,后改公社。1984年复乡。因乡政府驻地得名。能溪流经。有九年一贯制学校1所,小学6所,卫生院1个,卫生室7个,文化站1个,敬老院1个。有民俗花灯、阳戏。农业以种植水稻、玉米、柑橘为主。有集贸市场。省道张家界—怀化线过境。

白羊溪村［Báiyángxīcūn］ 白羊溪乡人民政府驻地。在县政府驻地白沙镇西32千米。人口1800。以苗族为主,还有汉、土家等民族。

宋代成村。因溪旁洞穴常有白羊出没得名。聚落呈点状。有九年一贯制学校、卫生院、文化站。农业以种植水稻、柑橘为主。有集贸市场。省道张家界—怀化线经此。

梁家潭乡 [Liángjiātán Xiāng] 泸溪县辖乡。在县境西部。面积88平方千米。人口1.3万。以苗族为主,还有土家族。辖9村委会,有63自然村。乡人民政府驻梁家潭村。1956年设梁家潭乡。1958年改公社。1984年复乡。因乡政府驻地得名。酉溪、冲溪流经。有九年一贯制学校1所,小学8所,卫生院1个,卫生室8个,文化站1个,敬老院1个。有古迹芭蕉坪百年风雨桥。有省级非物质文化遗产苗族跳香。有三月三挑葱节、六月六祭祖节、七月九情人节、九月九思亲节。有苗族跳香、口咬犁头、上刀梯、苗鼓、苗歌。有省级少数民族特色文化村芭蕉坪村。农业以种植水稻、玉米、柑橘为主。有集贸市场。省道张家界—芷江线过境。

梁家潭村 [Liángjiātáncūn] 梁家潭乡人民政府驻地。在县政府驻地白沙镇西31千米。人口1600。因梁姓居于潭边得名。聚落呈点状。有九年一贯制学校、卫生院、文化站。有六月六祭祖节。有民俗苗族跳香、苗鼓、苗歌。农业以种植水稻、柑橘为主。有集贸市场。省道张家界—芷江线经此。

八什坪乡 [Bāshípíng Xiāng] 泸溪县辖乡。在县境西部。面积91平方千米。人口1.1万。以苗族为主,还有汉、土家等民族。辖6村委会,有46自然村。乡人民政府驻花园坪村。1956年设八什坪乡。1958年改公社。1983年复乡。因有大小坪地80块,故名。酉溪流经。有上云界省级自然保护区。有七月九情人节。有中学1所,小学6所,卫生院1个,卫生室5个,文化站1个,敬老院1个。有民俗苗族跳香、阳戏、民歌。农业以种植水稻、玉米、柑橘为主。有集贸市场。县道洗溪—八什坪线过境。

花园坪村 [Huāyuánpíngcūn] 八什坪乡人民政府驻地。在县政府驻地白沙镇西40千米。人口1900,其中土家族占40%,苗族占40%,还有汉族。宋代成村。因旧有大桂花树得名。聚落呈点状。有八什坪学校、卫生院、文化站等。有民俗阳戏。农业以种植水稻、柑橘为主。县道洗溪—八什坪线经此。

凤 凰 县

凤凰县 [Fènghuáng Xiàn] 湘西土家族苗族自治州辖县。北纬27°57′,东经109°36′。在州境南部。面积1745平方千米。人口42万。以苗族为主,还有汉、土家、回、壮、侗等民族。辖9镇、15乡。县人民政府驻沱江镇。清乾隆年间(1736—1795)置凤凰厅,属辰州府。1913年废厅为凤凰县。此后未变,先后属辰沅道、第四行政督察区、第九行政督察区、沅陵专区、湘西苗族自治区、湘西苗族自治州。1957年属湘西土家族苗族自治州。因凤凰山得名。先后建成虹桥路、南华路、凤凰北路、凤凰南路、江北路、桔园路、红旗大道、土桥路、新田垅路,重建古城西门,新建堤溪苑体育馆、笔架山公园,保护性修建凤凰古城。东、东南部为河谷丘陵地带,东北至西南以中低山、中低山原为主,西北部中山地带。平均海拔650米。年均气温16℃,1月平均气温5℃,7月平均气温27℃。年均降水量1308毫米。沱江、万溶江流经。有汞、铅锌、金刚石、无烟煤等矿产资源。有野生植物147种,其中国家重点保护野生植物银杏、红豆杉、柏栎树、珙桐、鹅掌楸等10种。有野生动物179种,其中国家重点保护野生动物云豹、白颈长尾雉、穿山甲等5种。有南华山国家森林公园。有省级自然保护区2个。森林覆盖率58.2%。有中等职业学校2所,中学7所,小学261所,特教学校1所,二级医院2个,文化馆1个,博物馆2个,图书馆1个。有全国重点文物保护单位凤凰古城堡、沈从文故居,省级文物保护单位黄丝桥古城等15个。有古迹田家祠堂、万名塔、古城楼、古城墙、天后宫。有国家级非物质文化遗产苗族银饰锻制技艺。有民俗傩堂戏、阳戏、文茶灯、蜡染、纸扎。有国家级历史文化名城凤凰古城。有国家4A级旅游景区奇梁洞、南华山神凤文化景区,国家3A级旅游景区南方长城。三次产业比例12∶18∶70。农业以种植水稻、玉米、甘薯、油菜为主。盛产椪柑、猕猴桃、生姜。工业以采矿、针织、民族工艺品加工为主。有省级经济开发区1个。服务业以旅游为主。焦柳铁路,吉怀、凤大高速,209、354国道,省道龙山—凤凰线过境。有新凤凰站。

凤凰二桥 [Fènghuáng 2 Qiáo] 在县城西北部。长237米,宽21.5米,最大跨度21米,桥下净高25米。2004年开工,2007年建成。因修建次序得名。为大型河道桥梁,结构型式为钢筋混凝土桥。最大载重450吨。通公交车。

城北汽车客运站 [Chéngběi Qìchē Kèyùnzhàn] 见交通运输设施部分"城北汽车客运站"条。

沱江镇 [Tuójiāng Zhèn] 凤凰县人民政府驻地。在县境东南部。面积114平方千米。人口6万。以土家族为主,还有汉、苗等民族。辖7居委会、32村委会,有133自然村。镇人民政府驻新田垅社区。1952年设沱江镇。1958年改公社。1961年复镇。1987年南华山乡并入。2005年齐良桥乡并入。因沱江流经得名。有南华山国家森林公园。有中学3所,小学12所,二级医院2个,卫生院1个,卫生所25个。有图书馆、文化馆、文化广场、体育馆、笔架山公园。有全国重点文物保护单位凤凰古城堡、沈从文故居,省级文物保护单位朝阳宫、文庙、天王庙、田氏宗祠、妈祖庙等11个。有万寿宫建筑群、凤凰革命烈士纪碑。有民俗阳戏、傩堂戏、花鼓戏、茶灯戏。农业以种植水稻、玉米、黄豆、柑橘为主。工业以建筑、民族工艺、食品加工、蜡染为主。服务业以商贸、旅游为主。吉大、吉怀高速,209国道过境。

虹桥西路 [Hóngqiáo Xīlù] 在县城南部。东起虹桥中路,西至土桥路。与南华路、凤凰南路相交。长1.2千米,宽12米。沥青路面。1956年开工,1957年建成。2002年改扩建。因桥得名。途经商业中心。两侧有县医院、农业银行、步行街、新华书店等。通公交车。

桔园路 [Júyuán Lù] 在县城西北部。东起南华路,西至凤凰南路。与老干路相交。长0.8千米,宽12米。沥青路面。1990年开工,1991年建成。2001年改扩建。因原为橘子园得名。两侧有博爱医院、美食街、幼儿园、移动公司、农行、酒店等。通公交车。

金坪路 [Jīnpíng Lù] 在县城西北部。东起豹子湾路,西至凤凰二桥。与凤凰南路、南华路相交。长2.6千米,宽7.5米。沥青路面。1955年开工,1956年建成。因金坪村得名。又名江北路。两侧有金坪小学、计生服务站、沱江河沿线景区、酒店等。通公交车。

凤凰北路 [Fènghuáng Běilù] 在县城西北部。东起金坪路,西至凤凰路。长3.5千米,宽18米。沥青路面。1955年开工,1956年建成。2006年扩建。两侧有居民小区、城北汽车站、电力公司、长沙银行、中石化加油站、凤凰旅游服务中心等。通公交车。

土桥路 [Tǔqiáo Lù] 在县城西南部。东起虹桥西路,西至红旗大道。与田菜垅路、红旗新区路等相交。长2.5千米,宽16米。沥青路面。1956年开工,1957年建成。因处土桥垅得名。途经商业中心。两侧有箭道坪小学、人社局、法院、档案局、同济医院等。通公交车。

南华路 [Nánhuá Lù] 在县城西北部。南起虹桥西路,北至凤凰大桥。与金坪路、桔园路、虹桥西路相交。长0.9千米,宽12米。沥青路面。1979年开工,1980年建成。1985年改扩建。因南华门城楼得名。两侧有步行街、商贸城、农商银行、工商银行、南华门、司法局、党校、美食街等。通公交车。

新田垅社区 [Xīntiánlóng Shèqū] 沱江镇人民政府驻地。在县境东南部。面积2平方千米。人口3700。原为田垅,故名。2003年成立。民居以现代建筑与仿古建筑相结合。有老年活动室、居民服务中心。有小学。驻有县教体局、总工会等单位。有县妇幼保健医院、新华书店。通公交车。

廖家桥镇 [Liàojiāqiáo Zhèn] 凤凰县辖镇。在县境西南部。面积67平方千米。人口1.6万。以土家族为主,还有苗、汉等民族。辖1居委会、20村委会,有75自然村。镇人民政府驻廖家桥村。1950年设勤奋乡。1956年更名廖家桥乡,后改公社。1984年改乡。1993年改镇。因镇政府驻地得名。有中专1所,中学1所,小学12所,卫生院1个,卫生所28个。有文化站、广播站。农业以种植水稻、玉米、柑橘、猕猴桃为主。工业以建材、农产品、保健食品加工为主。有农机修配业。凤大高速、354国道过境。

廖家桥村 [Liàojiāqiáocūn] 廖家桥镇人民政府驻地。在县政府驻地沱江镇西10千米。人口2500。以土家族为主,还有汉、苗等民族。南北朝成村。因桥得名。聚落呈团块状。有中小学、幼儿园、卫生室、文化站、广播站。农业以种植水稻、玉米、黄豆、蔬菜为主。盛产柑橘、猕猴桃等水果。服务业以农产品销售、商贸为主。有集贸市场。凤大高速、县道凤凰—牛堰线经此。

茶田镇 [Chátián Zhèn] 凤凰县辖镇。在县境西南部。面积91平方千米。人口1.4万。以土家族为主,还有汉、回等民族。辖1居委会、9村委会,有54自然村。镇人民政府驻茶田村。1950年设笃信乡。1956年更名茶田乡,后改公社。1983年改镇。因镇政府驻地得名。茶田溪、大岩溪流经。有小学7所,卫生院9个,卫生室10个,文化站1个,广播电视站1个。农业以种植水稻、玉米、猕猴桃,养殖黑猪,产药材、桐油、茶油为主。为湘、黔边贸农产品集散地。省道龙山—凤凰线过境。

茶田村 [Chátiáncūn] 茶田镇人民政府驻地。在县政府驻地沱江镇西南33千米。人口1600。以土家族为主,还有汉族等。因传徐氏首居,后田氏迁此,时徐氏归探田氏以茶饭相待,徐氏为致谢意,遂名地为茶田并赠予田氏,故名。聚落呈团块状。宋成村落。有小学、幼儿园、卫生室、敬老院等。农业以种植水稻、玉米、油菜为主。有集贸市场。省道龙山—凤凰线经此。

吉信镇 [Jíxìn Zhèn] 凤凰县辖镇。在县境东北部。面积121平方千米。人口2.1万。以土家族为主,还有汉、苗等民族。辖1居委会、24村委会,有85自然村。镇人民政府驻吉信村。1950年设蔚文乡。1952年改团结镇。1956年改万溶江乡。1968年成立吉信公社。1984年改吉信镇。2005年火炉坪乡并入。因镇政府驻地得名。万溶江流经。有中学1所,小学14所，卫生院1个，卫生所21个，文化站1个，广播站1个。有古迹三潭书院。农业以种植水稻、玉米、苎麻为主。工业以铁器、橡塑、建材加工为主。特产吉信料糖。有大型集贸市场。包茂高速、209国道过境。

吉信村［Jíxìncūn］　吉信镇人民政府驻地。在县政府驻地沱江镇北21千米。人口3000。以土家族为主，还有汉、苗等民族。为苗语音译名，意为苗族人的城。聚落呈团块状。南北朝成村。有中小学、幼儿园、卫生室、敬老院等。有三潭书院、明代古城墙。农业以种植水稻、玉米、蔬菜、生姜为主。有集贸市场。209国道经此。

腊尔山镇［Là'ěrshān Zhèn］　凤凰县辖镇。在县境西北部。面积81平方千米。人口1.8万。以苗族为主，还有汉族。辖1居委会，19村委会，有125自然村。镇人民政府驻夺西村。1950年设新民乡。1956年更名腊尔山乡，后改公社。1984年复乡。1992年改置镇。因山得名。乌巢河、苏马河、油麻河流经。有中学1所，小学14所，卫生院1个，卫生所19个，文化站1个，广播站1个。有苗歌、苗鼓。农业以种植水稻、玉米、猕猴桃为主。特产罐罐菌、生漆。工业以农机修配、银首饰、印染、建材、酿酒为主。有大型集贸市场。为湘、川、黔边贸农产品集散地。省道龙山—凤凰线过境。

夺西村［Duóxīcūn］　腊尔山镇人民政府驻地。在县政府驻地沱江镇西北35千米。人口1800。苗族聚居。为苗语"dul xil"音译名，意为灰坨。传苗族自楚国迁此，曾烧灰积肥，故名。聚落呈团块状。南北朝成村。有中小学、卫生院、文化站、广播站。有乾嘉苗民起义的领导者之一吴天半纪念塔。农业以种植水稻、玉米、黄豆为主。省道龙山—凤凰线经此。

禾库镇［Hékù Zhèn］　凤凰县辖镇。在县境西北部。面积91平方千米。人口1.6万。以苗族为主，还有汉族。辖1居委会、15村委会，有43自然村。镇人民政府驻禾库村。1956年设禾库乡，后改公社。1984年复乡。1993年改镇。因镇政府驻地得名。洞布游溪流经。有天星山国家地质公园。有中学1所，小学20所，卫生院1个，卫生所31个，文化站1个，广播站1个，敬老院1个。有民俗苗歌、苗年等。农业以种植水稻、玉米、黄豆为主。工业以电力、农机修配、建材、苗族服饰加工为主。有农贸市场。县道三拱桥—腊尔山线、吉信—禾库线过境。

禾库村［Hékùcūn］　禾库镇人民政府驻地。在县政府驻地沱江镇北46千米。人口1800。为苗语音译名，意为天坑、深洞。因附近有天坑得名。聚落呈块状。有中小学、卫生服务站、老年活动室、便民服务站等。有民俗苗族六月六节、苗族祭祀。有苗族服银饰一条街。农业以种植水稻、玉米、黄豆为主。县道三拱桥—腊尔山线、吉信—禾库线经此。

阿拉营镇［Ālāyíng Zhèn］　凤凰县辖镇。在县境西南部。面积75平方千米。人口2.4万。以土家族为主，还有汉、苗等民族。辖1居委会、26村委会，有58自然村。镇人民政府驻阿拉营村。1956年设阿拉乡。1958年并入红旗公社。1961年析设阿拉公社。1983年改乡。1984年改阿拉营镇。2007年黄合乡并入。因镇政府驻地得名。有中学1所，小学15所，卫生院2个，卫生所26个，文化站1个，广播站1个。有全国重点文物保护单位黄丝桥古城、舒家塘古城堡。有景点天龙峡。农业以种植水稻、猕猴桃为主。工业以采石、制冰、建筑、粮油加工为主。为湘、黔边贸农产品集散地。凤大高速、354国道、省道龙山—凤凰线过境。

阿拉村［Ālācūn］　阿拉营镇人民政府驻地。在县政府驻地沱江镇西20千米。人口2600。因养鸭多得名。方言称鸭为"阿"，"拉"为苗族语呼唤鸭子的声音。聚落呈团块状。有中小学、卫生院、健身广场、老年活动室等。有苗族特色民俗。农业以种植水稻、玉米、黄豆为主。有集贸市场。凤大高速、354国道、省道龙山—凤凰线经此。

舒家塘村［Shūjiātángcūn］　在县政府驻地沱江镇西37千米。阿拉营镇辖自然村。人口1200。以土家族为主，还有汉、苗等民族。因舒姓新开山塘得名。聚落呈团块状。有小学、卫生室、广场。为中国传统村落。有全国重点文物保护单位舒家塘古城堡、王坡屯古城堡。农业以种植水稻为主。有旅游业。通公路。

木江坪镇［Mùjiāngpíng Zhèn］　凤凰县辖镇。在县境东北部。面积122平方千米。人口1.8万。以土家族为主，还有汉、回、侗等民族。辖1居委会、19村委会，有75自然村。镇人民政府驻木江坪村。1956年设木江坪乡。1958年改公社。1983年复乡。1991年改镇。2005年桥溪口乡并入。因镇政府驻地得名。有中学1所，小学14所，卫生院1个，卫生所21个，文化站1个，广播站1个。农业以种植水稻、玉米、油桐、油茶为主。盛产杉、松、椿、枫、梓等木材。工业以食品加工、建筑为主。有农贸市场。枝柳铁路过境。有新凤凰站。

木江坪村［Mùjiāngpíngcūn］　木江坪镇人民政府驻地。在县政府驻地沱江镇东24千米。人口1100。以土家族为主，还有汉、苗等民族。因古时出售木材放木排至此而得名。聚落呈带状。有中小学、幼儿园、卫生院、健身广场、老年活动室。农业以种植水稻、玉米、蔬菜、柑橘为主。有集贸市场。

山江镇［Shānjiāng Zhèn］　凤凰县辖镇。在县境东北部。面积104平方千米。人口1.9万。均为苗族。辖1居委会、19村委会，有58自然村。镇人民政府驻黄毛坪村。1958年成立山江公社。1984年改镇。2007年板畔乡并入。因山江水库得名。有中学1所，小学14所，卫生院1个，卫生所21个，苗族博物馆1个，文化站1个，广播站1个。有名胜苗人谷。有民俗四月八跳花节。农业以种植水稻、玉米为主。盛产猕猴桃。工业以农产品、竹木、民族刺绣加工为主。服务业以乡村旅游为主。有农贸市场。省道龙山—凤凰线过境。

黄毛坪村［Huángmáopíngcūn］　山江镇人民政府驻地。在县政府驻地沱江镇北20千米。人口600。均为苗族。因地势平坦，旧时全为茅草，故名黄毛坪。聚落呈团块状。有中小学、幼儿园、卫生院、文化广场、敬老院、苗族博物馆。有民俗四月八跳花节。农业以种植水稻、玉米为主。有旅游业。有苗族服银饰一条街、农贸市场。省道龙山—凤凰线经此。

早岗村［Zǎogǎngcūn］　在县政府驻地沱江镇北23千米。山江镇辖自然村。人口800。均为苗族。为苗语地名，"早"指山脊，"岗"指山苍子、山胡椒，意为长有山胡椒的山梁。聚落呈团块状。宋代成村。有小学、卫生室、文化广场。为省级历史文化名村。有名胜苗人谷。农业以种植水稻、玉米为主。有旅游业。省道龙山—凤凰线经此。

官庄乡［Guānzhuāng Xiāng］　凤凰县辖乡。在县境东南部。面积75平方千米。人口1.1万。以土家族为主，还有汉族、苗族。辖10村委会，有39自然村。乡人民政府驻官庄村。1956年设龙潭乡。1958年改辽原公社。1981年更名官庄公社。1984年改乡。因乡政府驻地得名。有小学8所，卫生院1个，卫生所9个，文化站1个，广播站1个。有土家族习俗提前过年、上梁、唱山歌。农业以种植水稻、玉米、柑橘为主，盛产松、杉等木材。工业以竹木加工、制砖制瓦为主。

官庄村［Guānzhuāngcūn］　官庄乡人民政府驻地。在县政府驻地沱江镇东南12千米。人口1100。以土家族为主，还有汉族、苗族。曾为官姓庄园，故名。聚落呈团块状。宋成村落。有小学、幼儿园、卫生室、文化广场。有土家族习俗提前过年、上梁、唱山歌等。农业以种植水稻、玉米、柑橘为主。有集贸市场。

水打田乡［Shuǐdǎtián Xiāng］　凤凰县辖乡。在县境南部。面积91平方千米。人口1.2万。以汉族为主，还有土家、苗、回等民族。辖9村委会，有52自然村。乡人民政府驻水田村。1956年成立火箭公社。1981年更名水田公社。1984年改乡。因乡政府驻地得名。有小学8所，卫生院1个，卫生所8个，文化站1个，广播站1个。有民间艺术文茶灯。农业以种植水稻、玉米为主。盛产木材、茶油、桐油、柑橘、木炭。工业以竹木、农产品加工为主。有圩场。县道凤凰—水田线过境。

水田村［Shuǐtiáncūn］　水打田乡人民政府驻地。在县政府驻地沱江镇南17千米。人口1400。以土家族为主，还有汉、苗等民族。宋代成村。因溪水冲毁农田而无法耕种得名。聚落呈团块状。有小学、幼儿园、卫生室、敬老院等。农业以种植水稻、玉米、柑橘为主。有集贸市场。县道凤凰—水田线经此。

林峰乡［Línfēng Xiāng］　凤凰县辖乡。在县境西南部。面积73平方千米。人口1.2万。以土家族为主，还有汉族、苗族。辖8村委会，有49自然村。乡人民政府驻黄罗寨村。1958年成立林峰公社。1984年改乡。因山峰林立得名。有小学8所，卫生院1个，卫生所7个，文化站1个，广播站1个。农业以种植水稻、蔬菜、柑橘为主。盛产桐油、茶油、木材、木炭。工业以采石、竹木加工、山泉水灌装为主。有圩场2个。县道廖家桥—林峰线、林峰—茨岩线过境。

黄罗寨村［Huángluózhàicūn］　林峰乡人民政府驻地。在县政府驻地沱江镇西南25千米。人口3100。以土家族为主，还有汉族等。宋代成村。因制作黄布罗伞得名。聚落团块状。有小学、幼儿园、卫生室、文化广场、敬老院等。农业以种植水稻、玉米、柑橘为主。有集贸市场。县道廖家桥—林峰线、林峰—茨岩线经此。

都里乡［Dūlǐ Xiāng］　凤凰县辖乡。在县境西南部。面积46平方千米。人口1.2万。以苗族为主，还有土家、汉等民族。辖8村委会，有47自然村。乡人民政府驻都里村。1961年成立都里公社。1984年改乡。因乡政府驻地得名。沱江流经。有小学7所，卫生院1个，卫生所7个，文化站1个，广播站1个。有名胜古迹南方长城、拉毫营盘。农业以种植水稻、玉米为主。工业以农产品、竹木加工，采石为主。服务业以旅游为主。杭瑞、凤大高速过境。

都里村［Dūlǐcūn］　都里乡人民政府驻地。在县政府驻地沱江镇西南16千米。人口1800。以苗族为主，还有土家、汉等民族。宋代成村，为苗语音译名，意为"都要"。清乾隆初永安哨官兵强占良田，苗民起义提出"苗地归苗"，故名。聚落呈团块状。有小学、幼儿园、卫生室、文化广场、敬老院等。农业以种植水稻、玉米为主。有集贸市场。县道廖家桥—都里线经此。

拉毫村［Lāháocūn］　在县政府驻地沱江镇西南15千米。都里乡辖自然村。人口2100。以苗族为主，还有土家、汉等民族。宋代成村，原因拿"毫"捕鱼得名拿毫，后音变为今名。聚落呈团块状。有小学、卫生室、文化广场。为中国传统村落。有名胜古迹南方长城、拉毫营盘。

农业以种植水稻、玉米为主。凤大高速、县道凤凰—牛堰线经此。

落潮井乡［Luòcháojǐng Xiāng］ 凤凰县辖乡。在县境西部。面积60平方千米。人口1.4万。以苗族为主，还有土家、汉等民族。辖13村委会，有58自然村。乡人民政府驻落潮井村。1961年成立落潮井公社。1984年改乡。因乡政府驻地得名。龙塘河、高堰溪流经。有小学9所，卫生院1个，卫生所12个，文化站1个，广播站1个。有名胜古迹凤凰石、凤凰营旧址。农业以种植水稻、猕猴桃为主。工业以鞭炮制作、食品加工、采石为主。凤大高速、省道龙山—凤凰线过境。

落潮井村［Luòcháojǐngcūn］ 落潮井乡人民政府驻地。在县政府驻地沱江镇西30千米。人口1000。以苗族为主，还有土家族、汉族。宋代成村。因传古时水井朝涨暮落，故名。聚落呈团块状。有小学、幼儿园、卫生室、文化广场、敬老院等。有名胜古迹凤凰石、凤凰营旧址。农业以种植水稻、玉米等为主。省道龙山—凤凰线经此。

新场乡［Xīnchǎng Xiāng］ 凤凰县辖乡。在县境西南部。面积52平方千米。人口1.3万。以土家族为主，还有苗、汉等民族。辖10村委会，有54自然村。乡人民政府驻新场村。1956年设新场乡。1958年改公社。1984年复乡。因乡政府驻地得名。白泥江、茨岩溪流经。有中学1所，小学9所，卫生院1个，卫生所9个，文化站1个，广播站1个。农业以种植水稻、油桐、油茶、漆树、核桃、板栗为主。工业以榨油、青石板加工、花炮生产为主。有集贸市场。县道廖家桥—茶田线过境。

新场村［Xīnchǎngcūn］ 新场乡人民政府驻地。在县政府驻地沱江镇西南20千米。人口1700。均为土家族。宋代成村。因清道光年间官设新圩场得名。聚落呈团块状。有中小学、幼儿园、卫生室、文化广场、敬老院等。农业以种植水稻、油桐、油茶、核桃、板栗为主。有集贸市场。县道廖家桥—茶田线经此。

茨岩乡［Cíyán Xiāng］ 凤凰县辖乡。在县境西南部。面积51平方千米。人口1.3万。以汉族为主，还有苗族、土家族。辖10村委会，有60自然村。乡人民政府驻茨岩村。1956年设茨岩乡。1958年并入新场公社。1961年析设茨岩公社。1984年复乡。因乡政府驻地得名。有小学10所，卫生院1个，卫生所9个，文化站1个，广播站1个。农业以种植水稻、玉米为主。有农产品加工业。有铅锌矿。县道廖家桥—茶田线过境。

茨岩村［Cíyáncūn］ 茨岩乡人民政府驻地。在县政府驻地沱江镇西南24千米。人口1500。以土家族为主，还有汉族等。原因巨石遍生荆棘刺蓬得名刺岩，后以谐音演为今名。聚落呈团块状。宋代成村。有小学、幼儿园、卫生室、文化广场、敬老院等。农业以种植水稻、玉米为主。有集贸市场。县道廖家桥—茶田线经此。

三拱桥乡［Sāngǒngqiáo Xiāng］ 凤凰县辖乡。在县境北部。面积51平方千米。人口1.5万。以苗族为主，还有土家、汉等民族。辖16村委会，有24自然村。乡人民政府驻三拱桥村。1961年由吉信公社析设三拱桥公社。1984年改乡。2005年大田乡并入。因乡政府驻地得名。万溶江、大田河、泡水流经。有三门洞国家地质公园。有小学15所，卫生院1个，卫生所15个，文化站1个，广播站1个。有名胜泡水河峡谷。有苗族特色风情。农业以种植水稻、蔬菜、生姜为主。工业以石材加工、山泉水灌装为主。209国道过境。

三拱桥村［Sāngǒngqiáocūn］ 三拱桥乡人民政府驻地。在县政府驻地沱江镇东北35千米。人口900。以苗族为主。因明建三拱石桥得名。聚落呈团块状。有小学、幼儿园、卫生室等。农业以种植水稻、玉米为主。209国道经此。

竿子坪乡［Gānzipíng Xiāng］ 凤凰县辖乡。在县境东北部。面积44平方千米。人口0.6万。以土家族为主，还有汉族、苗族。辖8村委会，有22自然村。乡人民政府驻竿子坪村。1956年设竿子坪乡。1958年并入吉信公社。1961年析设竿子坪公社。1983年复乡。因乡政府驻地得名。万溶江流经。有小学5所，卫生院1个，卫生所7个，文化站1个，广播站1个。农业以种植水稻、玉米、油桐、油茶、生姜为主。工业以采石、副食品加工、山泉水灌装为主。有农贸市场。枝柳铁路、吉怀高速、209国道过境。

竿子坪村［Gānzipíngcūn］ 竿子坪乡人民政府驻地。在县政府驻地沱江镇东北36千米。人口1500。以土家族为主，还有汉族、苗族。宋代成村，原名竹子寨，后因成竿竹集市而改今名。聚落呈团块状。有小学、幼儿园、卫生室、文化广场。盛产稻谷、蔬菜、水果。有集贸市场。吉怀高速、209国道经此。

麻冲乡［Máchōng Xiāng］ 凤凰县辖乡。在县境西部。面积53平方千米。人口1.3万。均为苗族。辖16村委会，有72自然村。乡人民政府驻上麻村。1956年设麻冲乡。1958年并入太阳坪公社。1961年析设麻冲公社。1984年复乡。因麻姓始居山冲得名。有小学7所，卫生院1个，卫生所15个，文化站1个，广播站1个。有民俗苗歌、跳花鼓等。农业以种植水稻、玉米、甘薯、猕猴桃为主。有农产品加工、农用动力机械维修厂。省道龙山—凤凰线过境。

上麻村［Shàngmácūn］ 麻冲乡人民政府驻地。在县政府驻地沱江镇西北38千米。人口1300。均为苗族。因麻姓始居山冲上部得名。聚落呈团块状。有中小学、卫生院。有健身广场、老年活动室等。有民俗苗歌、跳花鼓等。农业以种植水稻、蔬菜为主。有集贸市场。省道龙山—凤凰线经此。

老洞村［Lǎodòngcūn］ 在县政府驻地沱江镇西北30千米。麻冲乡辖自然村。人口1100。均为苗族。因古老山洞得名。聚落团块状。有小学、幼儿园、卫生室、文化广场。为中国传统村落、省级历史文化名村。现存清代古民居10余栋、堡家楼5栋、麻家祠堂等。农业以种植水稻、玉米为主。服务业以旅游为主。省道龙山—凤凰线经此。

千工坪乡［Qiāngōngpíng Xiāng］ 凤凰县辖乡。在县境中部。面积62平方千米。人口1.2万。均为苗族。辖15村委会，有45自然村。乡人民政府驻岩板井村。1956年设千工坪乡。1958年并入超美公社。1961年析设千工坪公社。1984年复乡。为喀斯特地貌，多天坑，故名千孔坪，1949年后雅称今名。有中学1所，小学12所，卫生院1个，卫生所14个，文化站1个，广播站1个。农业以种植水稻为主。特产红根、中药材、土茯苓。工业以床具加工、采石为主。省道龙山—凤凰线过境。

岩板井村［Yánbǎnjǐngcūn］ 千工坪乡人民政府驻地。在县政府驻地沱江镇西北15千米。人口1100。均为苗族。因石板盖古井得名。聚落呈团块状。有中小学、幼儿园、卫生室、文化广场。农业以种植水稻、玉米为主。有集贸市场。省道龙山—凤凰线过境。

木里乡［Mùlǐ Xiāng］ 凤凰县辖乡。在县境中部。面积53平方千米。人口1.1万。均为苗族。辖9村委会，有43自然村。乡人民政府驻柳甑村。1956年设木里乡，后改公社。1984年复乡。为苗语音译名，意为大山下的良田。木里溪流经。有小学10所，卫生院1个，卫生所8个，文化站1个，广播站1个。农业以种植水稻、甘薯、油菜为主。为县杉木林基地。209国道过境。

柳甑村［Liǔzèngcūn］ 木里乡人民政府驻地。在县政府驻地沱江镇北23千米。人口1600。均为苗族。为苗族语名，意为石缝里冒出的井水。聚落呈团块状。有小学、卫生室、文化广场、敬老院等。农业以种植水稻、玉米为主。县道吉信—千工坪线经此。

两林乡［Liǎnglín Xiāng］ 凤凰县辖乡。在县境西北部。面积74平方千米。人口1.3万。以苗族为主，还有汉、土家等民族。辖13村委会，有50自然村。乡人民政府驻两林村。1956年设两林乡。1958年并入腊尔山公社。1961年析设两林公社。1984年复乡。因乡政府驻地得名。叉河、禾当溪流经。有小学14所，卫生院1个，卫生所13个，文化站1个。有民俗苗歌、苗鼓等。农业以种植水稻、玉米、黄豆、甘薯、核桃为主。工业以铅锌矿开采、采石、建筑、农产品加工为主。省道龙山—凤凰线过境。

两林村［Liǎnglíncūn］ 两林乡人民政府驻地。在县政府驻地沱江镇西北46千米。人口1100。以苗族为主，还有汉、土家等民族。宋代成村，为苗语地名，意为多板栗、马尾松林。聚落呈团块状。有小学、卫生室、文化广场。有民俗苗歌、苗鼓。农业以种植水稻、玉米、高山反季蔬菜为主。有集贸市场。省道龙山—凤凰线经此。

柳薄乡［Liǔbó Xiāng］ 凤凰县辖乡。在县境西北部。面积46平方千米。人口0.8万。均为苗族。辖11村委会，有21自然村。乡人民政府驻柳薄村。1961年由拖排公社析设柳薄公社。1984年改乡。因乡政府驻地得名。牛角河流经。有小学10所，卫生院1个，卫生所10个，文化站1个，广播站1个。有民间艺术唢呐。有国家级非物质文化遗产苗族银饰锻制技艺。农业以种植水稻、玉米、黄豆、甘薯为主，养殖柳薄黄牛。特产漆树、核桃、板栗。有水电业。县道禾库—柳薄线过境。

柳薄村［Liǔbócūn］ 柳薄乡人民政府驻地。在县政府驻地沱江镇西北59千米。人口1600。均为苗族。宋代成村，为苗族语音译名，意为一口喷薄的水井。聚落呈团块状。有小学、幼儿园、卫生室、文化广场。有苗族民俗。有烈士墓。农业以种植水稻、玉米、黄豆为主。县道禾库—柳薄线经此。

米良乡［Mǐliáng Xiāng］ 凤凰县辖乡。在县境西北部。面积42平方千米。人口0.4万。均为苗族。辖6村委会，有25自然村。乡人民政府驻芭科村。1956年设米良乡。1958年拖排公社。1961年改米良公社。1983年复乡。为苗族语音译名，意为抬头即见大山。雷公洞溪流经。有小学6所，卫生院1个，卫生所5个，文化站1个，广播站1个。农业以种植水稻、玉米、黄豆、甘薯为主。有农产品、竹制品加工业。县道禾库—米良线过境。

芭科村［Bākēcūn］ 米良乡人民政府驻地。在县政府驻地沱江镇西北67千米。人口1200。均为苗族。宋代成村，为苗族语音译名，因为多峭壁、溶洞得名。聚落呈团块状。有小学、卫生室、文化广场。农业以种植水稻、玉米、黄豆为主。县道禾库—米良线经此。

花 垣 县

花垣县［Huāyuán Xiàn］ 湘西土家族苗族

自治州辖县。北纬 28°35′，东经 109°28′。在州境西部。面积 1109 平方千米。人口 31.5 万。以苗族为主，还有汉、土家等民族。辖 8 镇、10 乡。县人民政府驻花垣镇。清雍正十年(1732)设永绥厅。1913 年废厅为永绥县。1914—1953 年先后属辰沅道、第四行政督察区、第九行政督察区、沅陵专区、湘西苗族自治区。1953 年更今名。1955 年属湘西苗族自治州。1957 年属湘西土家族苗族自治州。先后改造古城，扩建城南、城北新区及城西花垣工业集中区，治理坝塘溪、城南溪河道，修筑城南桥，新建城南车站、城南大道、城北大道等，建古苗河公园、浮桥区公园、竹篙滩电站。地处湘黔渝交界处。以山地、丘陵为主。平均海拔 516 米。最高点莲花山海拔 1195 米。年均气温 16℃，1 月平均气温 3℃，7 月平均气温 26℃。年均降水量 1421 毫米。花垣河、兄弟河、牛角河等流经。有锰、铅、锌、钼、滑石、石煤等矿产资源。有野生植物 454 种，其中国家重点保护野生植物珙桐、水杉、钟萼木、檫树、银杏等 20 多种。有野生动物 600 多种，其中国家重点保护野生动物鹰、大鲵等 20 多种。有古苗河国家湿地公园。森林覆盖率 58.2%。有中学 8 所，九年一贯制学校 11 所，小学 172 所，二级医院 2 个，文化馆 1 个，图书馆 1 个，体育馆 2 个。有民俗苗族赶秋节。有中国历史文化名镇边城镇。有中国民族特色村 5 个，中国传统村落 31 个。有国家 5A 级旅游景区十八洞，国家 3A 级旅游景区边城茶峒。有乾嘉苗民起义古战场遗址、大小龙洞瀑布群、古苗河蚩尤风景区。有蚩尤文化研究基地。三次产业比例 10∶60∶30。农业以种植水稻、玉米、辣椒、甘薯、猕猴桃为主。工业以矿产品、农副产品加工为主。服务业以旅游为主。张花、吉茶高速，209、319 国道，省道保靖—凤凰线、龙山—凤凰线、古丈—花垣线、张家界—昭通线过境。通花垣河航道。

花垣汽车站［Huāyuán Qìchēzhàn］　见交通运输设施部分“花垣汽车站”条。

花垣镇［Huāyuán Zhèn］　花垣县人民政府驻地。在县境北部。面积 111.3 平方千米。人口 6.8 万。以苗族为主，还有汉、土家等民族。辖 9 居委会、42 村委会，有 132 自然村。镇人民政府驻登高楼社区。1953 年设花垣镇，后改公社。1980 年复镇。1989 年三角岩乡并入。2005 年窝勺乡并入。因花垣河流经，故名。有石英石等矿产资源。有中学 5 所，小学 13 所，二级医院 2 个，卫生院 3 个，卫生室 37 个。有古迹老花垣城垣和街巷、屯兵遗址大营盘、香光寺、陶家大院。有民俗苗歌、山歌、赶秋节。有景点古苗河大峡谷。农业以种植水稻、玉米、辣椒、甘薯为主。工业以矿产品、副食品加工为主。有花垣工业集中区。服务业以餐饮、住宿为主。张花高速、209 国道过境。通花垣河航道。

登高楼社区［Dēnggāolóu Shèqū］　花垣镇人民政府驻地。在县境北部。面积 2 平方千米。人口 1.1 万。因原多 3 层木房得名。2003 年成立。民居以城镇居民住宅楼为主。有幼儿园、小学、体育广场。驻有县财政局、住建局、经信局、人社局、地税局等单位。有名胜古迹老花垣城垣和街巷、屯兵遗址大营盘、香光寺、陶家大院、古苗河大峡谷。有民俗苗歌、山歌、汉戏。通公交车。

团结镇［Tuánjié Zhèn］　花垣县辖镇。在县境西北部。面积 48 平方千米。人口 1.7 万。以苗族为主，还有土家、汉等民族。辖 2 居委会、17 村委会，有 54 自然村。镇人民政府驻吉场村。1958 年成立团结公社。1984 年改镇。因取意民族团结得名。有铅锌等矿产资源。有中学 1 所，小学 7 所，卫生院 1 个，卫生室 17 个。有民俗苗鼓、苗歌。农业以种植水稻、玉米为主。工业以铅锌冶炼、农产品加工为主。服务业以贸易为主。为湘、川、黔 3 省边界耕牛市场。张花高速、319 国道过境。

吉场村［Jíchángcūn］　团结镇人民政府驻地。在县政府驻地花垣镇西 11 千米。人口 1200。以苗族为主，还有汉、土家等民族。清嘉庆八年(1803)设吉洞坪汛，后成圩场，故名。聚落呈环状。有中小学、幼儿园、卫生室、文化广场、幸福院等。有民俗汉戏。农业以种植水稻、玉米为主。有铅锌矿开采及矿产品销售业。有集贸市场。张花高速、319 国道经此。

龙潭镇［Lóngtán Zhèn］　花垣县辖镇。在县境中部偏北。面积 60 平方千米。人口 1.3 万。以苗族为主，还有土家、汉等民族。辖 3 居委会、16 村委会，有 63 自然村。镇人民政府驻龙潭村。1958 年成立幸福公社。1961 年更名龙潭公社。1984 年改镇。因镇政府驻地得名。有中学 1 所，小学 13 所，卫生院 1 个，卫生室 16 个。有民俗苗歌、苗鼓、赶秋节。农业以种植水稻、玉米为主。工业以铅锌开采及冶炼为主。有铅锌工业品、生猪、商贸等市场。花民、雅龙、龙团公路过境。

龙潭村［Lóngtáncūn］　龙潭镇人民政府驻地。在县政府驻地花垣镇西南 20 千米。人口 1500。以苗族为主。因河得名。聚落呈零星状。有中小学、幼儿园、卫生所、敬老院等。有民俗苗歌、苗鼓。有景点弯弯河、荷花园、坝田等。农业以种植玉米、水稻为主。花民、团雅公路经此。

民乐镇［Mínlè Zhèn］　花垣县辖镇。在县境西南部。面积 49 平方千米。人口 1.2 万。以苗族为主，还有汉、土家等民族。辖 2 居委会、12 村委会，有 57 自然村。镇人民政府驻民乐村。1958 年成立民乐公社。1984 年改镇。因镇政府驻地得名。有矿产资源锰。有中学 1 所，小学 14 所，卫生院 1 个，卫生室 14 个。有苗歌、苗族舞蹈。农业以种植水稻、玉米为主。工业以矿产品开采、加工为主。为湘、黔 2 省边贸农产品集散地。花垣—两河、花垣—贵州松桃公路过境。

民乐村［Mínlècūn］　民乐镇人民政府驻地。在县政府驻地花垣镇西南 37 千米。人口 1800。以苗族为主。因盛产九月糯以苗族语得名米罗贵，汉译名米糯，以转音写作今名。聚落呈块状。有中学、幼儿园、卫生所。有古枫树、古圩场。有苗歌、苗鼓。农业以种植水稻、玉米为主。工业以锰矿开采、电子加工为主。花垣—两河、花垣—贵州松桃公路经此。

吉卫镇［Jíwèi Zhèn］　花垣县辖镇。在县境南部。面积 85 平方千米。人口 1.5 万。以苗族为主，还有汉、土家等民族。辖 2 居委会、20 村委会，有 53 自然村。镇人民政府驻吉卫村。1956 年设吉卫乡。1958 年改红旗公社。翌年改吉卫公社。1984 年改镇。因镇政府驻地得名。有中学 1 所，小学 13 所，卫生院 1 个，卫生室 17 个。有苗族民俗。农业以种植水稻、玉米为主。工业以农产品加工为主。服务业以苗服、首饰交易为主。有仔猪市场。花垣—雅西、吉首—贵州松桃公路过境。

吉卫村［Jíwèicūn］　吉卫镇人民政府驻地。在县政府驻地花垣镇南 39 千米。人口 1600。以苗族为主，还有汉、土家、侗等民族。原为苗族语名吉董，意为山弯弯村寨。明洪武元年(1368)设崇山卫后改今名。聚落呈块状。有民族小学、幼儿园、卫生所、敬老院等。有吉卫革命烈士纪念园。有吉多坪、老卫城遗址。有苗族习俗打花带。农业以种植水稻、高山玉米为主。花垣—雅西、吉首—贵州松桃公路经此。

麻栗场镇［Málìchǎng Zhèn］　花垣县辖镇。在县境中部。面积 54 平方千米。人口 1.4 万。以苗族为主，还有汉、土家等民族。辖 1 居委会、18 村委会，有 47 自然村。镇人民政府驻麻栗场村。1961 年成立麻栗场公社。1984 年改镇。因镇政府驻地得名。有中学 1 所，小学 13 所，卫生院 1 个，卫生室 13 个。有名胜麻栗场坝田、尖岩山。有民俗苗剧、苗鼓、苗绣、苗族武术、打花带等。为苗剧发源地。有“全国苗族武术之乡”之称。有苗族花带、银饰制作工艺。农业以种植水稻、玉米为主。为边贸农产品集散地。吉茶高速，209、319 国道过境。

麻栗场村［Málìchǎngcūn］　麻栗场镇人民政府驻地。在县政府驻地花垣镇南 22 千米。人口 700。以苗族为主，还有汉、土家等民族。清代设麻连场，后演为今名。聚落呈散状。有中小学、幼儿园、卫生室、敬老院等。有苗族花带、银饰制作工艺。有景点麻栗场坝田、尖岩山。农业以种植水稻、玉米为主。特产麻栗场苗鱼。服务业以商贸为主，有集贸市场。花垣—雅西、吉首—贵州松桃公路经此。

雅酉镇［Yǎyǒuzhèn］　花垣县辖镇。在县境西南部。面积 51 平方千米。人口 8300。辖 1 居委会、10 村委会，有 32 自然村。镇人民政府驻夯杜社区。1961 年成立雅酉公社。1984 年改乡。2001 年改镇。清代改土归流后设鸦夷汛，地名随之，后演为今名。为苗族语音译名。有中学 1 所，小学 7 所，卫生院 1 个，卫生室 9 个。有乾嘉苗民起义旧址黄瓜寨、石三保纪念碑、排达扣古战场、红石海。有民俗苗歌、山歌、苗鼓、苗族傩戏。农业以种植水稻、玉米为主。特产苗族苞谷酒、苗家豆豉、腊肉。花垣—凤凰公路过境。

夯杜社区［Hāngdù Shèqū］　雅酉镇人民政府驻地。在县境南部。面积 1 平方千米。人口 100。以苗族为主。为苗族语音译名，意为树木繁茂的山冲。2005 年成立。民居以苗族木屋居多，有部分砖木结构砖房。有村民服务中心，开展登记、管理、宣传、座谈及文体活动等。有九年一贯制学校，卫生院、敬老院等。有民俗苗歌、山歌、苗鼓、苗族傩戏色。经济以商品零售为主。特产苗族苞谷酒、苗家豆豉、腊肉。花垣—凤凰公路经此。

边城镇［Biānchéng Zhèn］　花垣县辖镇。在县境西北部。面积 75 平方千米。人口 2.7 万。以苗族为主，还有汉、土家等民族。辖 2 居委会、19 村委会，有 74 自然村。镇人民政府驻茶洞社区。1923 年设茶洞乡。1933 年改镇。1958 年改茶洞公社。1984 年复镇。2005 年更今名，同年大河坪乡并入。因沈从文著作《边城》得名。有铅、锌等矿产资源。有中学 1 所，小学 7 所，卫生院 1 个，卫生室 19 个。有幼儿园、文化广场、敬老院等。有边城遗址、茶洞古码头、国立茶师旧址、药王洞遗址。有民俗苗歌、山歌、汉戏、边城巨龙。农业以种植水稻、玉米为主。工业以矿产品加工为主，有竹编、食品加工、冶炼业等。服务业以商贸为主。有集贸市场。为湘、渝、黔 3 省边贸农产品集散地。张花高速连结线、319 国道过境。

茶洞社区［Chádòng Shèqū］　边城镇人民政府驻地。在县境西北部。面积 1 平方千米。人口 1400。以苗族为主，还有汉、土家等民族。为苗族语地名，意为有汉人窝坨地。1984 年成立。民居以古建筑居多，砖木结构，鳞次栉比，古色古香。有村民服务中心，开展登记、管理、宣传、座谈及文体活动等。有中学、幼儿园、卫生所、敬老院、文化广场、集贸市场。有边城旧石器遗址、茶洞古码头、边城平阳桥、国立茶师旧址、药王洞遗址、拉拉渡等名胜古迹。有民俗苗歌、山歌、汉戏、边城巨龙等地方特色文化。农业以种植水稻、玉米为主。319 国道经此。

通公交车。

长乐乡 [Chánglè Xiāng] 花垣县辖乡。在县境东北部。面积82平方千米。人口1.3万。以苗族为主,还有汉族。辖18村委会,有35自然村。乡人民政府驻卧岔那村。1953年设长乐乡,后改公社。1984年复乡。因寓意永远康乐得名。有中学1所,小学8所,卫生院1个,卫生室16个。有民俗赶秋、椎牛祭祖。农业以种植水稻、玉米、甘薯、油茶、油桐为主。工业以农产品加工为主。服务业以集市贸易为主。花垣—长乐公路过境。

卧岔那村 [Wòchànàcūn] 长乐乡人民政府驻地。在县政府驻地花垣镇东北19千米。人口1200。苗族聚居。原为苗族语地名乌叉啦,意为水流叉啦声,后演为今名。聚落呈列状。有中小学、卫生院。有苗歌、苗鼓、苗族傩戏。农业以种植水稻、玉米为主。特产油茶。服务业以集市贸易为主。花垣—长乐公路经此。

补抽乡 [Bǔchōu Xiāng] 花垣县辖乡。在县境南部。面积61平方千米。人口1.4万。以苗族为主,还有汉族。辖14村委会,有39自然村。乡人民政府驻大哨村。1961年成立补抽公社。1984年改乡。2005年大龙洞乡并入。苗族初迁,命名为草坡。因苗族语改为今名,"补"为缓坡,"抽"古音为楚,意为草。有小学11所,卫生院1个,卫生室11个。有名胜古迹大龙洞、尖朵朵瀑布、一条河大峡谷、兴中码头等。有民俗苗歌、苗鼓、苗绣。为苗族打秋发源地。农业以种植水稻、玉米为主。花垣—凤凰、吉首—补抽公路过境。

大哨村 [Dàshàocūn] 补抽乡人民政府驻地。在县政府驻地花垣镇南44千米。人口700。苗族聚居。为苗族语地名,哨指蕨根。因传明代有老人以蕨根维持生计,每挖蕨归来皆至同一地捣烂过滤,故名。聚落呈块状。有小学、幼儿园、卫生室、文化广场。有民俗苗歌、苗鼓、苗族傩戏。农业以种植水稻、玉米为主。花垣—雅西、吉首—贵州松桃公路经此。

道二乡 [Dào'èr Xiāng] 花垣县辖乡。在县境北部。面积45平方千米。人口0.9万。以苗族为主,还有汉族。辖11村委会,有47自然村。乡人民政府驻道二村。1961年成立道二公社。1984年改乡。因乡政府驻地得名。有石英石等矿产资源。有中学1所,小学6所,卫生院1个,卫生室9个。有苗年、苗歌会、苗族舞蹈。农业以种植水稻、玉米为主。工业以矿产品加工为主,农产品加工为辅。花垣—民乐公路过境。

道二村 [Dào'èrcūn] 道二乡人民政府驻地。在县政府驻地花垣镇西南12千米。人口600。苗族聚居。村后有尖形山,以苗族语得名"到柔",意为岩板,因汉音改为今名。聚落呈点状。有中小学、幼儿园、卫生室、文化广场。有苗年、苗歌会、苗族舞蹈。农业以种植辣椒、红薯、大头菜为主。有集贸市场。花垣—民乐公路经此。

雅桥乡 [Yǎqiáo Xiāng] 花垣县辖乡。在县境中部。面积40平方千米。人口0.8万。以苗族为主,还有汉族。辖13村委会,有30自然村。乡人民政府驻保楼村。1959年成立雅桥公社。1984年改乡。原为苗族语名高罐寨,意为石姓居住地。后建苗族特色木桥于河,高雅美观,遂改今名。兄弟河流经。有矿产资源滑石。有中学1所,小学11所,卫生院1个,卫生室12个。有油麻古堡寨。有苗歌、山歌、苗鼓、苗族傩戏。农业以种植水稻、玉米、花生、大豆为主。工业以矿产品加工为主。花垣—雅西、团结—雅桥公路过境。

保楼村 [Bǎolóucūn] 雅桥乡人民政府驻地。在县政府驻地花垣镇西南28千米。人口800。苗族聚居,多石姓居民。"保楼"苗语称"哥鹳",意为石姓。聚落呈块状。有中小学、卫生所。有油麻古堡寨。有苗歌、山歌、苗鼓、苗族傩戏。农业以种植水稻、玉米、花生、大豆为主。花垣—雅西、团结—雅桥公路经此。

排吾乡 [Páiwú Xiāng] 花垣县辖乡。在县境南部。面积48平方千米。人口0.8万。均为苗族。辖11村委会,有36自然村。乡人民政府驻排吾村。1959年成立排吾公社。1984年改乡。因乡政府驻地得名。有矿产资源锰、褐铁。有中学1所,小学11所,卫生院1个,卫生室10个。有苗鼓、苗歌、苗年。有景点巴代来人像化石、雷公洞、梅花井、石栏杆。农业以种植水稻、玉米为主,盛产茶油、桐油、松木、杉木、茶叶等。工业以矿产品加工为主。花垣—雅西公路过境。

排吾村 [Páiwúcūn] 排吾乡人民政府驻地。在县政府驻地花垣镇西南35千米。人口1000。以苗族为主。为苗族语音译名,意为好水好坪。聚落呈块状。有九年一贯制中学、卫生所。有巴代来人像化石、石栏杆、雷公洞、梅花井。经济以种植水稻为主,山茶为辅。花垣—雅西公路经此。

排碧乡 [Páibì Xiāng] 花垣县辖乡。在县境东南部。面积55平方千米。人口0.9万。以苗族为主,还有汉、土家等民族。辖14村委会,有37自然村。乡人民政府驻排碧村。1961年成立排碧公社。1984年改乡。因乡政府驻地得名。有寒武纪金钉子地质公园。有中学1所,小学7所,卫生院1个,卫生室8个。有名胜古迹蚩尤部落群、金龙苗寨、十八洞苗寨。有民俗苗歌、苗族赶秋节、苗鼓、苗族傩戏。农业以种植水稻、玉米、花生为主。服务业以乡村旅游为主。吉首—贵州松桃、花垣—吉首公路过境。

排碧村 [Páibìcūn] 排碧乡人民政府驻地。在县政府驻地花垣镇南34千米。人口1300。以苗族为主,还有土家族。为苗族语音译名,意为坪地村寨。聚落呈块状。有中小学、幼儿园、卫生室、文化广场等。有景点小龙洞瀑布、大峡谷。经济以种植水稻、玉米为主。有集贸市场。吉首—贵州松桃公路经此。

排料乡 [Páiliào Xiāng] 花垣县辖乡。在县境东南部。面积48平方千米。人口0.6万。以苗族为主,还有汉、土家等民族。辖7村委会,有16自然村。乡人民政府驻排料村。1949年设排料乡,后改公社。1984年复乡。因乡政府驻地得名。有中学1所,小学2所,卫生院1个,卫生室6个。有民俗苗族打花带、苗鼓。农业以种植水稻、玉米、板栗为主。工业以副食品、农具、石英加工为主。麻栗场—排料公路过境。

排料村 [Páiliàocūn] 排料乡人民政府驻地。在县政府驻地花垣镇东南44千米。人口1300。以苗族为主,还有汉、土家等民族。为苗族语地名,意为坪地有寮竹。聚落呈块状。有中小学、幼儿园、卫生室、文化广场。有民俗苗歌、苗族赶秋节、苗族傩戏。种植水稻、玉米。有集贸市场。麻栗场—排料公路经此。

董马库乡 [Dǒngmǎkù Xiāng] 花垣县辖乡。在县境东部。面积53平方千米。人口1万。以苗族为主,还有汉族。辖16村委会,有25自然村。乡人民政府驻董马库。1959年成立董马库公社。1984年改乡。因乡政府驻地得名。有中学1所,小学11所,卫生院1个,卫生室11个。有苗歌、苗族赶秋节。农业以种植水稻、玉米、板栗为主。花垣—董马库公路过境。

董马库村 [Dǒngmǎkùcūn] 董马库乡人民政府驻地。在县政府驻地花垣镇东南35千米。人口2000。以苗族为主,还有汉族。因弯地有洞穴得名。董为苗族语弯地之意,马为字头无实际意义,库为"枯"变音意为洞穴。聚落呈块状。有九年一贯制学校、卫生院、圩场。有民俗苗歌、赶秋节。农业以种植水稻、玉米为主。麻栗场—董马库公路经此。

两河乡 [Liǎnghé Xiāng] 花垣县辖乡。在县境西南部。面积54平方千米。人口1.1万。以苗族为主,还有汉、土家等民族。辖12村委会,有46自然村。人民政府驻两河村。1959年成立民河公社。1961年更名两河公社。1984年改乡。因乡政府驻地得名。有民俗苗年、苗鼓。有中学1所,小学10所,卫生院1个,卫生室10个。农业以种植水稻、玉米,养殖山羊、鸡、鸭为主。盛产油桐、油茶、漆树。为县林业基地。工业以锰矿开采、加工为主。花垣—两河公路过境。

两河村 [Liǎnghécūn] 两河乡人民政府驻地。在县政府驻地花垣镇西南49千米。人口1200。以苗族为主,还有汉、土家等民族。因2溪汇流得名。聚落呈散状。有中小学、幼儿园、卫生室、文化广场。有古迹老木山举人石碑、百年古树。有苗歌、苗鼓、苗族傩戏。农业以种植水稻、玉米为主。有集贸市场。花垣—两河公路经此。

猫儿乡 [Māo'ér Xiāng] 花垣县辖乡。在县境西部。面积69平方千米。人口1.3万。以苗族为主,还有汉族、土家族。辖12村委会,有66自然村。乡人民政府驻团结村。1961年成立猫儿公社。1984年改乡。因传有岩石形似猫,故名。有中学1所,小学8所,卫生院1个,卫生室12个。有民俗苗歌、苗舞、打花带、赶秋节。经济以种植水稻、玉米、油茶为主。工业以钼、铅锌矿开采,农产品加工为主。花垣—猫儿公路过境。

团结村 [Tuánjiécūn] 猫儿乡人民政府驻地。在县政府驻地花垣镇西南28千米。人口1200。有汉族、苗族、土家族。因吉言佳语得名。聚落呈块状。有中小学、卫生院。有猫儿寨、牵牛坪、干塘3石拱桥。有民俗苗歌、苗舞、打花带、赶秋节。农业以种植水稻、玉米、蔬菜为主。花垣—猫儿公路经此。

保靖县

保靖县 [Bǎojìng Xiàn] 湘西土家族苗族自治州辖县。北纬28°42′,东经109°39′。在州境西北部。面积1761平方千米。人口31.3万。以土家族为主,还有苗、汉、瑶等民族。辖10镇、6乡。县人民政府驻迁陵镇。唐贞观九年(635)析大乡县置三亭县。武周天授二年(691)改名洛浦县。先天二年(713)复名三亭县,属溪州。五代后梁开平元年(907)改名保静州。宋建隆元年(960)改为羁縻保靖州。元为保靖州军民安抚司。明为军民宣慰使司。清雍正七年(1729)置保靖县,属永顺府。此后未变,先后属辰沅道、第四行政督察区、第八行政督察区、永顺专区、湘西苗族自治区、湘西苗族自治州。1957年属湘西土家族苗族自治州。历史上洞庭湖西南一带统为"蛮人"所居,即"不服从朝廷管教,不缴税,常造反"之少数民族。朝廷为加强管理,对当时土司管辖的行政区从政治的角度进行命名。"保靖"之名即取"永保安宁"之意。先后建梯玛公园、酉水湿地公园、202民俗村、酉水路、魏竹路等。形成"四纵四横"空间布局。地处云贵高原东侧、武陵山脉中段。以山地为主。中部丘陵、河谷平原。南部中山台地，多峡谷。平均海拔472米。最高点白云寺海拔1321米。有川河界、白云山、香火山、灵角山。年均气温16℃，1月平均气温5℃，7月平均气温27℃。年均降水量1399毫米。花垣河、酉水河流经。有煤、铁、磷、铅、锌等矿产资源。有野生植物38种，其中国家一级重点保护野生植物银杏、伯乐树、珙桐、楠木等27种，国家二级重点保护野生植物金毛狗、黄杉、闽楠、花榈木等24种。有野生动物323种，其中国家一级重点保护野生动物云豹、金钱豹、林麝、白颈长尾雉等6种，国家二级重点保护野生动物穿山甲、大灵猫、小灵猫、白冠长尾雉等32种。有白云山国家级自然保护区。森林覆盖率68.2%。有职业学校1所，中学9所，小学10所，教师进修学校1所，二级医院2个，文化馆1个，图书馆1个。有全国重点文物保护单位四方城遗址，省级文物保护单位4个。有国家级非物质文化遗产苗画、苗族古歌、湘西土家族茅古斯舞、江河号子，省级非物质文化遗产6项。三次产业比例19∶36∶45。农业以种植水稻、玉米、甘薯为主，盛产油桐、油茶、茶叶等。工业以陶瓷、茶叶加工为主。服务业以旅游为主。张花高速，209国道，省道迁陵—清水坪线、毛沟—清水坪线、夯沙—凤凰线、平江—清水坪线过境。通酉水航道。

酉水大桥［Yǒushuǐ Dàqiáo］　在县城东北部。长60米，宽6米，最大跨度30米，桥下净高20米。1970年开工，1972年建成。因跨酉水河得名。为小型河道桥梁，结构型式为钢筋混凝土拱桥。最大载重50吨。通公交车。

保靖县汽车站［Bǎojìng Xiàn Qìchēzhàn］　见交通运输设施部分“保靖县汽车站”条。

迁陵镇［Qiānlíng Zhèn］　保靖县人民政府驻地。在县境中部偏东。面积5平方千米。人口8万。以土家族为主，还有苗、汉、瑶等民族。辖7居委会、14村委会，有14自然村。镇人民政府驻二月坡社区。1951年设迁陵镇，后改公社。1963年复镇。2005年梅花、龙溪2乡并入。因汉置迁陵县得名。酉水河流经。有中学2所，九年制学校2所，小学14所，二级医院2个，卫生所30个。有文化广场、幸福院等。有民俗土家族八部大神祭祀、万摆手舞、茅古斯表演。农业以种植水稻、玉米为主，盛产柑橘、茶叶。工业以农产品加工为主。有集贸市场。特产松花蛋、保靖酱油。张花高速、209国道过境。通酉水航道。

迁陵北路［Qiānlíng BěiLù］　在县城东北部。东起酉水大桥，西至209国道。与沿河大道相交。长5千米，宽7米。沥青混凝土路面。2006年开工，2010年建成。因镇得名。两侧有建材市场、杨震体育馆、林业局等。通公交车。

酉水大道［Yǒushuǐ Dàdào］　在县城西部。东起浣翠桥，西至209国道。与迁陵北路、魏竹路相交。长10千米，宽14米。沥青混凝土路面。2006年开工，2011年建成。因沿酉水河得名。两侧有天开文运遗址、檬潼溪遗址、居住小区等。通公交车。

魏竹北路［Wèizhú Běilù］　在县城南部。南起迁陵东路，北至三岔路。与沿河大道相交。长4千米，宽14米。沥青混凝土路面。2006年开工，2010年建成。因2001年城镇规划中将209国道改道复兴乡魏家寨村至龙溪乡竹子坪村段，得名魏竹路。两侧有魏竹路社区、县法院、检察院等。通公交车。

迁陵南路［Qiānlíng Nánlù］　在县城南部。南起魏竹北路，北至酉水大桥。与魏竹路相交。长4千米，宽7米。沥青混凝土路面。2006年开工，2012年建成。因镇得名。两侧有县医院、商贸中心等。通公交车。

二月坡社区［Èryuèpō Shèqū］　迁陵镇人民政府驻地。在县境中部偏东。面积0.9平方千米。人口1.2万。原为土司二爷辖地，得名二爷坡，后谐音更今名。2003年成立。民居以高层住宅楼为主。有老年活动室、卫生服务站、便民服务站等。有幼儿园、卫生院、卫生所。有土家族民俗摆手舞、唱土家山歌等。县水利局、人社局等单位驻此。通公交车。

普戎镇［Pǔróng Zhèn］　保靖县辖镇。在县境北部。面积115平方千米。人口1.2万。以土家族为主，还有苗、汉等民族。辖1居委会、9村委会，有56自然村。镇人民政府驻普戎社区。1958年成立普戎公社。1984年改乡。1999年改镇。因镇政府驻地原名得名。有中学1所，完全小学1所，小学10所，卫生院8个。有民俗八部大神祭祀、唱土家族山歌、打溜子、跳茅古斯。农业以种植水稻、玉米为主，盛产桐油、茶油。为县北部农产品集散地。县道迁陵—普戎线过境。

普戎社区［Pǔróng Shèqū］　普戎镇人民政府驻地。在县境西北部。面积8平方千米。人口1200。为土家语“蓬日翁”音变得名，意为凤鸣之地。1985年成立。民居以土家族风格为主。有老年活动室、卫生服务站、便民服务站。有中小学。有普戎苏区、苏维埃政府旧址。有民俗摆手舞。县道迁陵—普戎线经此。

野竹坪镇［Yězhúpíng Zhèn］　保靖县辖镇。在县境西部。面积62平方千米。人口0.9万。以土家族为主，还有汉、苗等民族。辖1居委会、6村委会，有48自然村。镇人民政府驻野竹社区。1958年成立卡棚公社。1983年更名野竹坪公社。1984年改乡。1998年改镇。因镇政府驻地原名得名。有九年一贯制学校1所，小学9所，卫生院7个。有图书室、文化站。有湘西剿匪烈士陵园。有民俗过土家年、唱土家族山歌、敬土司王。农业以种植玉米为主，盛产桐油、茶油。为县边贸农产品集散地。省道毛沟—清水坪线过境。

野竹社区［Yězhú Shèqū］　野竹坪镇人民政府驻地。在县境西部。面积6平方千米。人口1300。因昔野竹丛生得名。2005年成立。民居以土家族风格为主。以居家养老为主。有敬老院。有小学。省道毛沟—清水坪线经此。

复兴镇［Fùxīng Zhèn］　保靖县辖镇。在县境中部。面积68平方千米。人口1.2万。以土家族为主，还有苗、汉等民族。辖1居委会、9村委会，有55自然村。镇人民政府驻复兴村。1951年设复兴乡，后改公社。1984年改镇。因镇政府驻地原名得名。复兴河流经。有中学2所，小学14所，卫生院2个，卫生所11个。有文化站。有民俗敬土司王、唱土家族山歌、起屋上梁等。农业以种植水稻、玉米为主。工业以农机、木材加工为主。为县中部农产品集散地。张花高速、209国道过境。通复兴河航道。

复兴社区［Fùxīng Shèqū］　复兴镇人民政府驻地。在县境西部。面积7平方千米。人口2600。清初兴集，名古铜溪场，后萧条，嘉庆年间复兴，故名。2005年成立。民居以土家族风格为主。以居家养老为主。有中小学、敬老院。有民俗摆手舞、唱山歌、打溜子。张花高速、209国道经此。

清水坪镇［Qīngshuǐpíng Zhèn］　保靖县辖镇。在县境西部。面积119平方千米。人口2.4万。以土家族为主，还有苗、汉等民族。辖1居委会、19村委会，有132自然村。镇人民政府驻清水坪社区。1958年成立黄连公社，1984年改乡。1999年改清水坪镇。2005年马王乡并入。因镇政府驻地原名得名。酉水河流经。有中学1所，小学14所，卫生院1个。有图书室、文化站、文化广场。有坝木烈士陵园、西汉古墓。有民俗敬八部大神、打溜子。农业以种植水稻、玉米为主，盛产柑橘、桐油、茶油。省道毛沟—清水坪线、平江—清水坪线过境。

清水坪社区［Qīngshuǐpíng Shèqū］　清水坪镇人民政府驻地。在县境西部。面积2平方千米。人口300。因酉水清澈见底得名。2005年成立。民居以土家族风格为主。以居家养老为主。有敬老院。有中小学。有民俗摆手舞。省道平江—清水坪线经此。

比耳镇［Bǐ'ěr Zhèn］　保靖县辖镇。在县境西北部。面积90平方千米。人口1.6万。以土家族为主，还有苗、汉等民族。辖1居委会、11村委会，有38自然村。镇人民政府驻比耳社区。1958年成立比耳公社。1984年改乡。1999年改镇。2005年隆头乡并入。因镇政府驻地原名得名。酉水河流经。有中学1所，小学10所，卫生院1个，卫生所6个。有民俗提打溜子、摆手舞、唱山歌。农业以种植水稻、玉米、柑橘为主。为边贸农产品集散地。省道迁陵—清水坪线过境。通酉水航道。

比耳社区［Bǐ'ěr Shèqū］　比耳镇人民政府驻地。面积13平方千米。人口1800。为土家族语“闭耳”误记，形容小小的地方。2005年成立。民居以杆栏式民房、厢房式转角楼房为主。以居家养老为主。有中小学、敬老院。有民俗提打溜子、摆手舞、唱山歌。

毛沟镇［Máogōu Zhèn］　保靖县辖镇。在县境西南部。面积151平方千米。人口3.1万。以土家族为主，还有苗、汉等民族。辖1居委会、17村委会，有157自然村。镇人民政府驻毛沟寨社区。1958年成立毛沟公社。1984年改乡。1985年改镇。2005年簸箕乡并入。因镇政府驻地原名得名。有中学2所，小学14所，卫生院2个，卫生所17个。有民俗哭嫁、打溜子、起屋上梁。农业以种植水稻、玉米为主，盛产桐油、茶油、椪柑。省道迁陵—清水坪线过境。

毛沟寨社区［Máogōuzhài Shèqū］　毛沟镇人民政府驻地。在县境西部。面积2平方千米。人口3600。原因溪沟茅草丛生得名茅沟，后以谐音改今名。民居以杆栏式木房为主。以居家养老为主。有中小学、敬老院。有民俗哭嫁、打溜子、起屋上梁。为保靖、花垣2县边贸农产品集散地。省道毛沟—清水坪线经此。

水田河镇［Shuǐtiánhé Zhèn］　保靖县辖镇。在县境南部。面积148平方千米。人口2.3万。以苗族为主，还有土家、汉等民族。辖1居委会、23村委会，有124自然村。镇人民政府驻水田河社区。1952年设水田乡。1958年改公社。1984年改水田河乡。1985年改镇。2005年中心乡并入。因河得名。有中学1所，小学13所，卫生院1个，卫生所12个。有民俗苗歌、苗族赶秋节等。农业以种植水稻、玉米为主，盛产桐油、茶油。为县南部农产品集散地。县道迁陵—葫芦线过境。

水田河社区［Shuǐtiánhé Shèqū］　水田河镇人民政府驻地。在县境南部。面积8平方千米。人口1200。因镇得名。2005年成立。民居以杆栏式木房为主。以居家养老为主。有中小学。有民俗苗族赶秋节。为县南部农产品集散地。县道迁陵—葫芦线经此。

葫芦镇［Húlu Zhèn］　保靖县辖镇。在县境南部。面积150平方千米。人口1.7万。以苗族为主，还有土家、汉等民族。辖1居委会、21村委会，有83自然村。镇人民政府驻葫芦社区。1938年设葫芦乡。1958年改公社。1984年复乡。1985年改镇。2005年堂朗乡并入。因镇政府驻地原名得名。有中学1所，小学17所，卫生院1个，卫生所11个。有民俗苗鼓。农业以种植水稻、玉米为主，盛产桐油、茶油、板栗、茶叶。为保靖、古丈2县边贸农产品集散地。省道吉首—葫芦线过境。

葫芦社区 [Húlu Shèqū] 葫芦镇人民政府驻地。在县境南部。面积7平方千米。人口1500。以苗族为主,还有土家、汉等民族。因葫芦河得名。2005年成立。民居多为苗族吊脚楼。有社区活动活动柜中心、互助养老站等。以居家养老为主。有小学、幼儿园。有苗鼓艺术、苗年民俗。特产糯米糍粑。省道吉首—葫芦线经此。

碗米坡镇 [Wǎnmǐpō Zhèn] 保靖县辖镇。在县境西北部。面积216平方千米。人口2.2万。以土家族为主,还有苗、汉等民族。辖1居委会、20村委会,有107自然村。镇人民政府驻拔茅寨。2005年由昂洞、拔茅2乡合置。因翻此坡需煮熟一碗米时间而得名。酉水河流经。有中学1所,小学9所,卫生院1个,卫生所10个。有图书室、文化站。有省级非物质文化遗产八部大王祭。有民俗摆手舞、打溜子、起屋上梁。农业以种植玉米、水稻为主,盛产桐油、茶油、香菇、五倍子。有林场、茶场、牛场。为县西北部农产品集散地。省道迁陵—清水坪线过境。通酉水航道。

拔茅寨 [Bámáozhài] 碗米坡镇人民政府驻地。在县政府驻地迁陵镇西10千米。人口1100。以土家族为主,还有苗、汉等民族。原因芭茅丛生得名芭茅寨,后以谐音演为今名。聚落呈点状。有中小学、幼儿园、卫生室、文化广场、幸福院等。有省级非物质文化遗产八部大王祭。农业以种植玉米为主。为县西北部农产品集散地。省道迁陵—清水坪线经此。通酉水航道。

首八峒村 [Shǒubādòngcūn] 在县政府驻地迁陵镇西8千米。碗米坡镇辖自然村。人口1100。土家族聚居。因土家族曾辖八部族而得名八峒,此为首领部族,故名。聚落呈点状。为中国传统村落。有八部大王庙遗址。有省级非物质文化遗产八部大王祭。农业以种植玉米、大豆、甘薯为主。省道迁陵—清水坪线经此。有酉水航道。

水银乡 [Shuǐyín Xiāng] 保靖县辖乡。在县境中部。面积53平方千米。人口1万。以土家族为主,还有苗、汉等民族。辖6村委会,有32自然村。乡人民政府驻水银村。1961年成立水银公社。1984年改乡。因乡政府驻地得名。有民俗打溜子、起屋上梁、敬土司王。有中学1所,小学10所,卫生院1个,卫生所5个。农业以种植水稻、玉米为主。有林场。盛产桐油、茶油、板栗等。县道迁陵—葫芦线过境。

水银村 [Shuǐyíncūn] 水银乡人民政府驻地。在县政府驻地迁陵镇南11千米。人口1100。以土家族为主,还有苗、汉等民族。清同治《保靖志稿辑要》载为水荫厂,为汛地。光绪《湖南通志》载为水荫场,后以谐音演为今名。聚落呈块状。有小学、卫生院。有民俗打溜子、起屋上梁、敬土司王。农业以种植水稻、玉米为主。有圩场。县道迁陵—葫芦线经此。

涂乍乡 [Túzhà Xiāng] 保靖县辖乡。在县境东南部。面积54平方千米。人口0.8万。以土家族为主,还有苗、汉等民族。辖8村委会,有49自然村。乡人民政府驻涂乍。1958年成立涂乍公社。1984年设乡。因乡政府驻地得名。有小学17所,卫生院1个,卫生所5个。有图书室、文化站。农业以种植水稻、玉米、油桐、油茶、生漆树、板栗为主。县道迁陵—葫芦线过境。

涂乍村 [Túzhàcūn] 涂乍乡人民政府驻地。在县政府驻地迁陵镇南25千米。人口1200。土家族聚居。为土家族语音译名。乡人至此须爬坡登顶,常有"快到了"之体验,故名。聚落呈块状。有小学、幼儿园、卫生室。经济以种植水稻、玉米、柑橘为主。县道迁陵—葫芦线经此。

大妥乡 [Dàtuǒ Xiāng] 保靖县辖乡。在县境中部。面积108平方千米。人口1.9万。以土家族为主,还有苗、汉等民族。辖10村委会,有73自然村。乡人民政府驻大妥。1958年成立东风公社。1961年更名大妥公社。1984年改乡。因乡政府驻地得名。有中学1所,小学10所,卫生院1个,卫生所12个。有唐洛甫县城遗址。有民俗打溜子。农业以种植水稻、玉米、油桐、油茶、柑橘为主。有花垣河、酉水航道。

大妥村 [Dàtuǒcūn] 大妥乡人民政府驻地。在县政府驻地迁陵镇西南14千米。人口2700。为土家族语音译名。因远看似人横卧而睡得名。聚落呈块状。有中小学、幼儿园、卫生院、敬老院等。有民俗哭嫁、打溜子、唱土家族山歌。农业以种植水稻、玉米、甘薯、油桐为主。有集贸市场。

夯沙乡 [Hāngshā Xiāng] 保靖县辖乡。在县境南部。面积65平方千米。人口0.7万。以苗族为主,还有土家、汉等民族。辖7村委会,有22自然村。乡人民政府驻夯沙。1961年成立夯沙公社。1984年改乡。因乡政府驻地得名。有民俗苗歌、苗鼓。有小学11所,卫生院1个,卫生所8个。有图书室、文化站。农业以种植水稻、玉米为主。有林场、茶场。盛产桐油、茶油、茶叶。特产吕洞山黄金茶。省道夯沙—凤凰线过境。

夯沙村 [Hāngshācūn] 夯沙乡人民政府驻地。在县政府驻地迁陵镇南34千米。人口1400。以苗族为主,还有土家、汉等民族。为苗族语音译名,意为唱苗歌的峡谷。聚落呈点状。有小学、幼儿园、卫生院等。有民俗苗歌、苗鼓。农业以种植茶、水稻、玉米为主。特产黄金茶。为保靖县、吉首市边贸农产品集散地。省道夯沙—凤凰线经此。

清水乡 [Qīngshuǐ Xiāng] 保靖县辖乡。在县境西南部。面积56平方千米。人口1万。以土家族为主,还有苗、汉等民族。辖9村委会,有28自然村。乡人民政府驻河边村。1951年设清水乡。1958年改公社。1984年复乡。因花垣河清澈见底得名。有小学15所,卫生院1个,卫生所6个。有图书室、文化站。有民俗清水农民画。农业以种植水稻、玉米、甘薯、油桐、油茶为主。省道毛沟—清水坪线过境。有花垣河航道。

河边村 [Hébiāncūn] 清水乡人民政府驻地。在县政府驻地迁陵镇西南20千米。人口500。以土家族为主,还有苗、汉等民族。因处花垣河边得名。聚落呈块状。有小学、幼儿园、卫生院等。有民俗打溜子、起屋上梁。农业以种植水稻、玉米、甘薯、柑橘为主。有水电站。省道毛沟—清水坪线经此。

阳朝乡 [Yángcháo Xiāng] 保靖县辖乡。在县境东南部。面积100平方千米。人口1.8万。以土家族为主,还有苗、汉等民族。辖12村委会,有79自然村。乡人民政府驻阳朝村。1958年成立阳朝公社。1984年改乡。2005年仙仁乡并入。因乡政府驻地得名。有小学14所,卫生院1个,卫生所14个。有图书室、文化站。有民俗敬土司王。农业以种植水稻、玉米、油桐、油茶为主。为县东南部农产品集散地。

阳朝村 [Yángcháocūn] 阳朝乡人民政府驻地。在县政府驻地迁陵镇东南10千米。人口500。土家族聚居。因处山冲日出照耀峡谷而得名。聚落呈点状。有小学、幼儿园、卫生院、敬老院等。经济以养殖稻花鱼、山羊为主,种植水稻、玉米等。有集贸市场。

古丈县

古丈县 [Gǔzhàng Xiàn] 湘西土家族苗族自治州辖县。北纬28°24′,东经109°44′。在州境中部偏东。面积1286平方千米。人口14.5万。以苗族为主,还有土家、汉、侗、白等民族。辖6镇、6乡。县人民政府驻古阳镇。清道光二年(1822)置古丈坪厅。1913年改古丈县。先后属辰沅道、第四行政督察区、第八行政督察区、永顺专区、湘西苗族自治区、湘西苗族自治州。1957年属湘西土家族苗族自治州。因古丈坪得名,指发生战事的坪地。《古丈坪厅志》载:"译其命名之意,古则居今追昔之辞,仗则两军对敌之号,坪则王道平平,履道坦坦之谓也……后仗作丈,取均田丈地之意。"县城处狭长山谷,古阳河穿城而过。2011年新扩石板步行街、太阳城。武陵山脉斜贯。平均海拔800米。最高点海拔1146米。年均气温16℃,1月平均气温5℃,7月平均气温29℃。年均降水量1476毫米。酉水河、古阳河、龙鼻河流经。有栖凤湖。有锰、钒、磷、大理石等矿产资源。有野生植物918种,其中国家重点保护野生植物银杏、红豆杉、南方红豆杉等19种。有野生动物279种,其中国家重点保护野生动物云豹、林麝、白颈长尾雉、白鹇等31种。有高望界国家级自然保护区、坐龙峡国家森林公园、红石林国家地质公园。森林覆盖率72.9%。有中等职业院校1所,高中1所,初中3所,小学28所,九年一贯制学校7所,档案馆1个,文化站1个,二级医院1个,体育馆1个。有省级文物保护单位老司岩村、岩排溪村。有古丈金钉子世界地质遗址。有国家级非物质文化遗产土家族哭嫁歌、湘西苗族鼓舞等7项,省级非物质文化遗产7项。有中国传统村落3个。三次产业比例22∶29∶49。农业以种植水稻、玉米、甘薯为主。盛产茶叶。工业以建材、有色金属、发电、食品加工为主。有省级红石林工业园区。服务业以餐饮、商贸、仓储物流为主。焦柳铁路,永吉高速,352国道,省道桑植—泸溪线、源黄—保靖线、古丈—沅陵线、张家界—巧家线过境。通酉水航道。

猛洞河站 [Měngdònghé Zhàn] 见交通运输设施部分"猛洞河站"条。

古丈县长途汽车客运站 [Gǔzhàng Xiàn Chángtú Qìchē Kèyùnzhàn] 见交通运输设施部分"古丈县长途汽车客运站"条。

古阳镇 [Gǔyáng Zhèn] 古丈县人民政府驻地。在县境中部。面积72平方千米。人口3.1万。以土家族为主,还有苗、汉、侗、瑶等民族。辖4居委会、9村委会,有55自然村。镇人民政府驻红星社区。1935年置古阳镇。1956年改县城镇。1964年改城关镇。1972年复名县城镇。1982年复名古阳镇。因古阳河得名。有中学3所,小学3所,二级医院1个,卫生室9个。有文化站、敬老院。有名胜天桥山。有民俗迎城隍、玩龙灯、跳马。农业以种植茶、柑橘为主。工业以建材、茶叶加工为主。焦柳铁路,永吉高速,省道张家界—巧家线、桑植—泸溪线、桃源—保靖线过境。

茶城路 [Chácháng Lù] 在县城中部。南起白腊池公路桥,北至大岩板公路桥。与沿河路、栖凤路相交。长3千米,宽12.5米。分北、中、南3段。沥青混凝土路面。2004年开工,2006年建成。因古丈盛产茶叶得名。两侧有中学、县汽车总站、县会展中心、县公安局等。通公交车。

红星社区［Hóngxīng Shèqū］　古阳镇人民政府驻地。在县境中部。面积 0.7 平方千米。人口 6700。2003 年成立。民居以低层商住房、平房为主。有老年活动室、卫生服务站、便民服务中心。有执委妈妈看护队、医疗志愿者服务队。驻有县公安局、财政局等单位。有中小学。省道张家界—巧家线经此。

罗依溪镇［Luóyīxī Zhèn］　古丈县辖镇。在县境北部。面积 110 平方千米。人口 1.3 万。以土家族为主，还有苗、汉、侗、瑶等民族。辖 1 居委会、14 村委会，有 82 自然村。镇人民政府驻罗依溪社区。1956 年设罗依溪乡。1958 年改东方公社。1984 年改乡，旋改镇。因镇政府驻地原名得名。古阳河、酉水河流经。有九年一贯制学校 1 所，卫生院 1 个，卫生室 14 个。有省级风景名胜区栖凤湖。农业以种植水稻、玉米、茶、柑橘，网箱养鱼为主。焦柳铁路、永吉高速、省道张家界—巧家线过境。有酉水航道。

罗依溪社区［Luóyīxī Shèqū］　罗依溪镇人民政府驻地。在县境北部。面积 1 平方千米。人口 2500。原为湘西桐油、茶油、菜油水运中转码头，得名罗油溪，后演为今名。2009 年成立。民居依酉水河畔而建，公路两侧多为 2 层以上砖木混合结构小楼房。有执委妈妈看护队、医疗志愿者服务队。实行集中养老、分散养老相结合养老模式。有广场舞、老年人腰鼓、龙舟、龙灯等队伍。县海事处驻此。有华仁集团、溪洲茶业等企业。焦柳铁路、永吉高速、省道张家界—巧家线经此。有酉水航道。有猛洞河站。

岩头寨镇［Yántóuzhài Zhèn］　古丈县辖镇。在县境东部。面积 196 平方千米。人口 1.5万。苗族聚居。辖 3 居委会、21 村委会，有 126 自然村。镇人民政府驻野竹坪。1958 年成立岩头寨公社。1984 年改乡。2005 年野竹、草潭 2 乡并入。2008 年改镇。因镇驻地周围岩山高大而得名。有初中 1 所，九年一贯制学校 3 所，卫生院 3 个，卫生室 21 个。有民俗跳香、苗家三月三、诸天山庙会。农业以种植茶、水稻、玉米为主。省道桃源—保靖线、县道田麻—草塘线过境。

野竹村［Yězhúcūn］　岩头寨镇人民政府驻地。在县政府驻地古阳镇东南 45 千米。人口 1000。苗族聚居。因野竹丛生得名。聚落呈点状。有九年一贯制学校、幼儿园、卫生室、幸福院等。农业以种植水稻、玉米、茶为主。有集贸市场。县道田麻—草塘线经此。

默戎镇［Mòróng Zhèn］　古丈县辖镇。在县境西南部。面积 117 平方千米。人口 1.4 万。以苗族为主，还有汉、侗、瑶等民族。辖 1 居委会、11 村委会，有 53 自然村。镇人民政府驻龙鼻嘴村。1956 年设龙鼻乡。1958 年改默戎公社。1984 年复名龙鼻乡。1985 年改默戎镇。因镇政府驻地得名。“默戎”即苗语“梅戎”，“默”即有或存在，“戎”即“龙”，合称意为有龙的地方。古阳河、龙鼻河流经。有职业中学 1 所，小学 7 所，卫生院 1 个，卫生室 11 个。有民俗苗歌、苗鼓、苗年。有传统民族节日三月三、七月八、赶秋节。为“中国民间文化艺术之乡”。农业以种植水稻、玉米、大豆为主。有乡村旅游业。焦柳铁路、永吉高速、省道张家界—巧家线过境。

龙鼻嘴村［Lóngbízuǐcūn］　默戎镇人民政府驻地。在县政府驻地古阳镇西南 23 千米。人口 3200。苗族聚居。寨子河对岸石壁突出，状似龙鼻、龙嘴，故名。聚落呈块状。有中等职业学校、九年一贯制学校、卫生室、幸福院等。有苗族民俗赶秋节、四方鼓舞、巫傩绝技、苗族山歌等。农业以种植水稻、玉米为主。工业以茶叶加工为之主。有旅游业。省道张家界—巧家线经此。为中国少数民族特色村寨。

红石林镇［Hóngshílín Zhèn］　古丈县辖镇。在县境西北部。面积 104 平方千米。人口 1.5 万。以土家族为主，还有汉、侗、瑶等民族。辖 1 居委会、11 村委会，有 73 自然村。镇人民政府驻茄通村。2005 年由河西镇、茄通乡合设。因红石林国家地质公园得名。酉水河、广潭河流经。有泽禾溪溶洞。有坐龙峡国家森林公园。有九年制义务教育学校 1 所，小学 1 所，卫生院 2 个，卫生室 15 个，敬老院 1 个。有中国传统村落老司岩村、列溪村，中国少数民族特色村寨张家坡村。农业以种植水稻、玉米为主，盛产柑橘、茶叶。服务业以旅游为主。永吉高速、省道张家界—巧家线过境。

茄通村［Qiétōngcūn］　红石林镇人民政府驻地。在县政府驻地古阳镇西北 18 千米。人口 900。土家族聚居。为土家族语音译名，意为山窝窝。聚落呈点状。有小学、幼儿园、卫生室。农业以种植水稻、玉米、柑橘、茶为主。县道河西—保靖线经此。

万龙镇［Wànlóng Zhèn］　古丈县辖镇。在县境西北部。面积 95.9 平方千米。人口 1.4 万。以土家族为主，还有汉、侗、瑶等民族。辖 1 居委会、15 村委会，有 131 自然村。镇人民政府驻田家洞村。1958 年成立断龙山公社。1984 年改断龙乡。2013 年更名万龙镇。因缺水，取万龙来归、溪水长流之意得名。有中学 1 所，小学 1 所，卫生院 1 个，卫生室 12 个，敬老院 1 个。有民俗土家山歌、哭嫁歌、劳动歌、孝歌。农业以种植水稻、玉米、茶为主。县道河西—保靖线、米多—龙天坪线过境。

田家洞村［Tiánjiādòngcūn］　万龙镇人民政府驻地。在县政府驻地古阳镇西北 45 千米。人口 700。土家族聚居。元代为田家岗，后设峒长得名田家峒。明洪武三年(1370)置田家洞长官司，故名。聚落呈“龙”形。有九年一贯制学校、卫生院。有民俗摆手、过土家年、打溜子。农业以种植水稻、玉米为主。有集贸市场。县道河西—保靖线、米多—龙天坪线经此。

高峰乡［Gāofēng Xiāng］　古丈县辖乡。在县境东北部。面积 124 平方千米。人口 1 万。以汉族为主，还有苗、土家等民族。辖 1 居委会、11 村委会，有 79 自然村。乡人民政府驻李家洞村。1958 年成立高峰公社。1984 年改乡。因处高寒山区得名。有国家级自然保护区高望界。有中学 1 所，小学 1 所，卫生院 1 个。有民俗跳香。农业以种植水稻、玉米、大豆、油菜、甘薯为主。县道高峰—沅陵线过境。

李家洞村［Lǐjiādòngcūn］　高峰乡人民政府驻地。在县政府驻地古阳镇东北 29 千米。人口 1600。因姓氏得名。聚落呈点状。有九年一贯制学校、幼儿园、卫生室、幸福院等。农业以种植水稻、油菜、茶、七叶参为主。有集贸市场。县道高峰—沅陵线经此。

河蓬乡［Hépéng Xiāng］　古丈县辖乡。在县境东南部。面积 76 平方千米。人口 0.6 万。以苗族为主，还有汉、侗、瑶等民族。辖 1 居委会、8 村委会，有 33 自然村。乡政府驻河蓬村。1938 年设河蓬乡。1950 年并入第三区。1956 年复河蓬乡。1958 年改公社。1984 年复乡。因乡政府驻地得名。酉溪流经。有小学 9 所，卫生院 1 个，卫生所 1 个。有民俗三月三、七月半过鬼节、七月七走穿洞等。有民俗团圆鼓舞。农业以种植水稻、玉米、甘薯，养殖生猪、牛、羊为主。省道桑植—泸溪线过境。

河蓬村［Hépéngcūn］　河蓬乡人民政府驻地。在县政府驻地古阳镇东南 32 千米。人口 1200。酉溪水草丰茂，葑繁成蓬，故名。聚落呈点状。有小学、幼儿园、卫生室、敬老院。农业以种植水稻、玉米、甘薯，养殖生猪、牛、羊为主。有集贸市场。省道桑植—泸溪线经此。

坪坝乡［Píngbà Xiāng］　古丈县辖乡。在县境南部。面积 111 平方千米。人口 1 万。以苗族占为主，还有汉、侗、瑶等民族。辖 1 居委会、12 村委会，有 62 自然村。乡人民政府驻溪口村。1956 年设坪坝乡。1958 年改超美公社。翌年改坪坝公社。1984 年复乡。溪河交汇，地势平坦，筑有水坝，故名。坪坝河流经。有九年一贯制学校 1 所，小学 4 所，幼儿园 1 所，卫生院 1 个，卫生所 1 个。有民俗三月三苗族对歌会、六月六赶歌会、七月八边边场。农业以种植水稻、玉米、油菜为主。

溪口村［Xīkǒucūn］　平坝乡人民政府驻地。在县政府驻地古阳镇南 30 千米。人口 1000。苗族聚居。因坪坝、大寨、窝塔 3 溪河交汇得名。聚落呈“龙”形。有龙汇潭。有九年一贯制学校、幼儿园、卫生室。有民俗七月八边边场。农业以种植水稻、玉米、油菜、柑橘为主。有集贸市场。

山枣乡［Shānzǎo Xiāng］　古丈县辖乡。在县境东南部。面积 72 平方千米。人口 0.7 万。以苗族为主，还有汉、侗、瑶等民族。辖 1 居委会、7 村委会，有 44 自然村。乡政府驻山枣村。1956 年设山枣乡。1958 年改公社。1984 年复乡。因乡政府驻地得名。山枣溪流经。有九年一贯制学校 1 所，小学 1 所，幼儿园 1 所，卫生院 1 个，卫生室 1 个，文化站 1 个，图书室 1 个。有民俗苗乡节、跳香节。农业以种植水稻、玉米、茶，养殖猪、鸡、山羊为主。有集贸市场。县道洞坪—山枣线过境。

山枣村［Shānzǎocūn］　山枣乡人民政府驻地。在县政府驻地古阳镇南 40 千米。人口 600。因山岭多野枣树得名。聚落呈点状。有九年一贯制学校、幼儿园、卫生室。农业以种植水稻、玉米、茶为主。有集贸市场。县道山枣—竹山线经此。

双溪乡［Shuāngxī Xiāng］　古丈县辖乡。在县境西部。面积 79 平方千米。人口 0.8 万。以土家族为主，还有苗、汉、侗、瑶等民族。辖 1 居委会、8 村委会，有 44 自然村。乡人民政府驻官坝村。1961 年成立官坝公社。1982 年更名双溪公社。1984 年改乡。因西歧河、梳头溪交汇得名。有小学 9 所，卫生院 1 个，卫生所 1 个。农业以种植水稻、玉米、茶为主。特产古丈毛尖茶。张花高速古丈连接线、县道太坪—双溪线过境。

官坝村［Guānbàcūn］　双溪乡人民政府驻地。在县政府驻地古阳镇西 38 千米。人口 1300。苗族聚居。因旧有官家田坝得名。聚落呈点状。有小学、幼儿园、卫生室。农业以种植水稻、玉米、茶为主。张花高速古丈连接线经此。

高望界乡［Gāowàngjiè Xiāng］　古丈县辖乡。在县境东北部。面积 129 平方千米。人口 0.4 万。以土家族为主，还有苗、汉等民族。辖 1 居委会、8 村委会，有 43 自然村。乡人民政府驻高望界村。2005 年设。因乡政府驻地得名。有顶堂山、鲤鱼池山、椿木垭等。酉水河流经。有小学 8 所，卫生院 1 个，卫生室 8 个。有民俗九至十月过乡吃斋、跳香。农业以种植水稻、玉米、油茶为主。县道李家洞—分水界线过境。

高望界村［Gāowàngjiècūn］　高望界乡人民政府驻地。在县政府驻地古阳镇东北 20 千米。人口 300。以土家族为主，还有苗、汉等民族。因高望界山脉得名。聚落呈点状。有小学、卫生室。农业以种植水稻、玉米、茶、油茶为主。有乡村旅游业。

永顺县

永顺县［Yǒngshùn Xiàn］　湘西土家族苗族

自治州辖县。北纬28°42′,东经109°35′。在州境北部。面积3811平方千米。人口54.1万。以土家族为主,还有苗、汉、瑶等民族。辖12镇、18乡。县人民政府驻灵溪镇。元代设永顺安抚司。明为军民宣慰使司。清雍正七年(1729)置县,属永顺府。1912年裁县留府。翌年裁府复县,先属辰沅道,后属第三、第八行政督察区。1949年属永顺专区。1952年由湘西苗族自治区代管。1957年属湘西土家族苗族自治州。"永顺"为永远依循正道,不逆有叙之意。今通作永远顺利之意。2006年改造老城区,开发西部溪州新城区,先后建湘潭文化休闲广场、三角公园、溪州公园。2011年建成"六纵七横"空间布局,"城中有山,山下有水、山水辉映"。地处武陵山脉地带。以中山、中低山山为主。平均海拔650米。最高点羊峰山海拔1438米。有大青山、人头山。有车坪黑洞、猪鼻子洞、硝洞、风洞等溶洞180余个。年均气温17℃,1月平均气温4℃,7月平均气温29℃。年均降水量1366毫米。酉水河、猛洞河流经。有煤、铁、铅锌、磷、大理石等矿产资源。有野生植物2702种,其中国家一级重点保护野生植物珙桐等7种,国家二级重点保护野生植物巴东木莲、银杏、水青树等31种。有野生动物210种,其中国家一级重点保护野生动物金钱豹、云豹、白颈长尾雉,国家二级重点保护野生动物林麝、虎纹蛙等33种。有国家自然保护区小溪、国家森林公园不二门、国家湿地公园猛洞河。森林覆盖率66%。有职业学校2所,中学37所,小学346所,二级医院2个,文化馆1个,图书馆1个。有世界文化遗产老司城遗址。有全国重点文物保护单位溪州铜柱、湘鄂川黔革命根据地旧址等3个,省级文物保护单位抗战时期湖南临时省会旧址群等5个。有全国爱国主义教育基地1个。有湘鄂川黔革命纪念馆、湘鄂川黔红二六军团烈士陵园。有国家级非物质文化遗产土家年、土家族吊脚楼营造技艺、土家哭嫁歌。有中国历史文化名镇芙蓉镇,中国历史文化名村2个,中国传统村落11个。有古迹观音岩寺、不二门商周遗址、不二门摩崖石刻。三次产业比例27∶27∶46。农业以种植水稻、玉米为主。工业以农产品加工为主。有省级经济开发区1个。服务业以旅游为主。焦柳铁路,张花、永吉、永龙高速,209国道,省道常永线、永桑线、石吉线、抚小线、永抚线过境。有酉水航道。有永茂站。

不二门大桥［Bù'èrmén Dàqiáo］ 在县城南部。长377.6米,宽12.8米,最大跨度400米,桥下净高128米。2004年开工,2008年建成。有2高大岩石矗立,因取佛教术语不二法门得名。为大型河道桥梁,结构型式为预应力砼刚构连续箱梁桥。最大载重100吨。通公交车。

永顺汽车站［Yǒngshùn Qìchēzhàn］ 见交通运输设施部分"永顺汽车站"条。

灵溪镇［Língxī Zhèn］ 永顺县人民政府驻地。在县境中部。面积623平方千米。人口13.9万。以土家族为主,还有苗、汉、瑶等民族。辖12居委会、45村委会,有466自然村。镇人民政府驻城北社区。1938年置灵溪镇。1952年改为城关区。1958年改灵溪公社。1961年复镇。1995年艾坪、连洞2乡,吊井、麻岔2乡部分地域并入。因河得名。有中学2所,小学11所,二级医院2个,卫生院1个,卫生所58个。为中国历史文化名镇。有世界文化遗产老司城遗址。农业以种植水稻,养猪为主。工业以精细化加工、果品开发为主。服务业以旅游为主。张花、永吉、永龙高速,209国道,省道常永线、永桑线、永抚线过境。

猛洞河路［Měngdònghé Lù］ 在县城中部。东起交通桥,西至小西门桥。与溪州路、大西街相交。长1千米,宽6米。沥青路面。1991年开工,1994年建成。2002年改扩建。因横跨猛洞河得名。两侧有三角公园、邮政局、工商银行、猛洞河管理处等。通公交车。

南山路［Nánshān Lù］ 在县城南部。东起常德—永顺公路,西至不二门大桥。与榆腊街、香桂路、培英路相交。长5千米,宽8米。泥混路面。2007年开工,2009年建成。因位于县城南边高峰山山脚下得名。两侧有法院、公安局、城南派出所、税务局等。通公交车。

溪州路［Xīzhōu Lù］ 在县城北部。南起南门桥,北至府政路。与猛洞河路、校场路相交。长500米,宽6米。沥青路面。20世纪70年代初开工,中期建成。2002年改扩建。因永顺古称溪州得名。两侧有邮政局、县医院等。通公交车。

湘潭路［Xiāngtán Lù］ 在县城东部。南起交通桥,北至香桂路。与坡子街、校场路相交。长500米,宽10米。沥青路面。1995年开工,1996年建成。为湘潭出资修建,故名。两侧有水利局、建设银行、农业局等。通公交车。

城北社区［Chéngběi Shèqū］ 灵溪镇人民政府驻地。在县境西南部。面积0.9平方千米。人口9900。因处城北得名。2003年成立。民居以土家族风格为主。有卫生服务站、老年活动室、便民服务站。有民俗摆手舞、茅古斯、土家山歌、吹咚咚喹、打溜子。通公交车。

司城村［Sīchéngcūn］ 在镇境东部。灵溪镇辖自然村。人口1800。土家族聚居。南宋成村。旧为土司王居住地,故名。又名老司城。聚落沿灵溪河呈B字形。为中国历史文化名村、中国传统村落。有世界文化遗产、国家4A级旅游景区老司城遗址。有溪州彭氏土司治所遗址、土司古墓群等。有民俗摆手舞、茅古斯、打溜子、过赶年、土家族唱山歌。通公路。

首车镇［Shǒuchē Zhèn］ 永顺县辖镇。在县境西北部。面积118平方千米。人口1.4万。以土家族为主,还有汉、苗等民族。辖2居委会、5村委会,有96自然村。镇人民政府驻龙潭社区。1950年设首车乡。1958年改公社。1984年复乡。2000年改镇。为土家族语音译名。古为养蚕、缫丝之地,故名。有中学1所,小学1所,卫生院1个,卫生所7个。有土家族民俗敬八部大王、土司王、摆手舞、唱山歌、舍巴日等。农业以种植油茶,养殖羊、猪、牛、蜂为主。张花高速、209国道过境。

龙潭社区［Lóngtán Shèqū］ 首车镇人民政府驻地。在县境西北部。面积20平方千米。人口2200。因地处猛洞河中上流之龙海潭河段,简称龙潭而得名。1999年成立。民居以土家族建筑风格为主。有小学、卫生院、敬老院。有民俗土家族摆手舞、茅古斯、打溜子、唱山歌等。张花高速、209国道经此。

芙蓉镇［Fúróng Zhèn］ 永顺县辖镇。在县境南部。面积252平方千米。人口3.3万。以土家族为主,还有汉、苗等民族。辖5居委会、17村委会,有168自然村。镇人民政府驻河畔社区。1956年设王村镇。2007年因电影《芙蓉镇》拍摄于此而更今名。酉水河流经。有中学1所,小学2所,卫生院1个,卫生所23个。为中国历史文化名镇。有国家4A级旅游景区芙蓉古镇。有全国重点文物保护单位溪州铜柱。有名胜古迹土司王宫、《芙蓉镇》电影拍摄地、五里石板街。有土家族民俗舍巴日、茅古斯、牛头宴、摆手节。农业以种植油茶为主。工业以食品加工为主。服务业以旅游为主。吉恩、张怀高速,209国道过境。

河畔社区［Hépàn Shèqū］ 芙蓉镇人民政府驻地。在县境南部。面积5平方千米。人口1800。因酉水河畔得名。2005年成立。民居以土家族风格为主。补充社区服务项目、设施、活动、特点。有小学、敬老院。有名胜古迹五里石板街、天主堂、摆手堂。有民俗土家族唱山歌、茅古斯、打溜子、摆手舞。吉恩高速、209国道过境。

永茂镇［Yǒngmào Zhèn］ 永顺县辖镇。在县境东部。面积81平方千米。人口0.9万。以土家族为主,还有汉、苗等民族。辖1居委会、6村委会,有87自然村。镇人民政府驻永茂社区。1952年设永茂乡。1958年改青坪公社。1984年复乡。1984年改镇。因镇政府驻地原名得名。有九年一贯制学校1所,卫生院1个,卫生所7个。有土家族民俗敬八部大王、唱山歌、打溜子。农业以林业为主,种植玉米,养殖猪、羊。工业以果品加工为主。枝柳铁路、省道常永线过境。

永茂社区［Yǒngmào Shèqū］ 永茂镇人民政府驻地。在县境东部。面积19平方千米。人口2800。古名野猫塌,清设塘汛,改名惹毛塘,后以寄愿改今名。1984年成立。民居以土家族风格建筑为主。有卫生服务站、老年活动室。有小学、敬老院。有民俗打溜子、敬土司王、敬八部大王、舍巴日。省道常永线经此。

长官镇［Zhǎngguān Zhèn］ 永顺县辖镇。在县境东南部。面积117平方千米。人口0.6万。以土家族为主,还有汉、苗等民族。辖2居委会、5村委会,有65自然村。镇人民政府驻长官社区。1952年设长官乡。1958年改公社。1984年复乡。1999年改镇。因镇政府驻地原名得名。有土家族民俗摆手舞。有小学1所,卫生院1个,卫生所7个。农业以种植水稻为主,盛产各类水果。工业以食品加工为主。永罗公路过境。

长官社区［Zhǎngguān Shèqū］ 长官镇人民政府驻地。在县境东南部。面积19平方千米。人口1700。1999年成立。因旧属土司时期长官司得名。民居以土家族特色楼房为主。有卫生服务站、便民服务站、老年活动室。有中学。有古迹长官司遗址、施溶州遗址。有民俗摆手舞、茅古斯、打溜子。永罗公路经此。

青坪镇［Qīngpíng Zhèn］ 永顺县辖镇。在县境东部。面积148平方千米。人口1.2万。以土家族为主,还有苗、汉等民族。辖1居委会、9村委会,有98自然村。镇人民政府驻青坪社区。1956年设青坪乡。1958年改公社。1984年复乡。2001年改镇。因镇政府驻地原名得名。贺虎溪流经。有中学1所,小学1所,卫生院1个。有敬老院。有民俗土家族绷绷妥。农业以种植水稻为主。张花高速过境。

青坪社区［Qīngpíng Shèqū］ 青坪镇人民政府驻地。在县境东部。面积13平方千米。人口1400。原名青水天,明朝崇祯元年(1628)更名青天坪,后简为今名。2001年成立。民居以土家族风格建筑为主。补充社区服务项目、设施、活动、特点。有九年一贯制学校。有土家族民俗摆手舞、茅古斯、打溜子、唱山歌等。常永公路经此。

泽家镇［Zéjiā Zhèn］ 永顺县辖镇。在县境西南部。面积154平方千米。人口2万。以土家族为主,还有苗、汉等民族。辖2居委会、12村委会,有96自然村。镇人民政府驻泽家社区。1952年设泽家乡。1958年改公社。1984复乡。1999年改镇。2005年柏杨乡并入。因镇政府驻地原名得名。有土家族民俗哭嫁、打溜子、摆手舞。有九年一贯制学校1所,小学2所,卫生院1个,卫生所14个。有文化站。农业以种植水稻为主。工业以食品加工为主。服务业以餐饮为主。张花高速、209国道过境。

泽家社区［Zéjiā Shèqū］　泽家镇人民政府驻地。在县境西南部。面积 12 平方千米。人口 2800。原名土家族语泽嘎枯，意为干旱山地，后简为今名。1999 年成立。民居以土家族风格建筑为主。有小学、卫生院、敬老院等。有民俗土家族摆手舞、茅古斯、打溜子、唱山歌等。张花高速、209 国道经此。

石堤镇［Shídī Zhèn］　永顺县辖镇。在县境中部偏东。面积 309 平方千米。人口 4.8 万。以土家族为主，还有苗、汉等民族。辖 2 居委会、27 村委会，有 328 自然村。镇人民政府驻石堤社区。1923 年设石堤乡。1949 年改区。1952 年复石堤乡。1958 年改公社。1984 年复乡，旋改镇。因镇政府驻地原名得名。有中学 2 所，九年一贯制学校 1 所，卫生院 4 个，卫生所 27 个。有民俗哭嫁、敬八部大王、打溜子。农业以种植水稻为主。工业以食品加工为主。服务业以餐饮为主。张花高速，229、306 国道过境。

石堤社区［Shídī Shèqū］　石堤镇人民政府驻地。在县境中部偏东。面积 5 平方千米。人口 2200。原为土家族语名石铁西(溪)，意为溪边有田，后简为今名。2006 年成立。民居以土家族干栏式建筑为主，转角楼风格。有中小学、卫生院。有土家族民俗摆手舞、茅古斯、打溜子、山歌等。张花高速，229、306 国道经此。

万坪镇［Wànpíng Zhèn］　永顺县辖镇。在县境北部。面积 144 平方千米。人口 3 万。以土家族为主，还有苗、汉等民族。辖 2 居委会、13 村委会，有 95 自然村。镇人民政府驻龙寨村。1952 年设万坪镇。1956 年更名龙寨镇。1958 年改万坪公社。1983 年复龙寨镇。2005 年复名万坪镇。因原年产粮十万担得名十万坪，简为今名。有中学 1 所，小学 2 所，卫生院 2 个，卫生所 16 个。有民俗摆手舞、茅古斯、打溜子。农业以种植水稻、玉米为主。永万公路过境。

龙寨村［Lóngzhàicūn］　万坪镇人民政府驻地。在县政府驻地灵溪镇北 47 千米。人口 3200。以土家族为主，还有苗、汉等民族。唐末五代成村。因原多龙姓得名。聚落呈点状。有中小学、卫生服务站、老年活动室、便民服务站等。有民俗摆手舞、敬八部大王。农业以种植水稻、玉米为主。永万公路经此。

塔卧镇［Tǎwò Zhèn］　永顺县辖镇。在县境东北部。面积 139 平方千米。人口 4 万。以土家族为主，还有苗、汉等民族。辖 2 居委会、12 村委会，有 348 自然村。镇人民政府驻塔卧社区。1938 年设塔卧乡。1958 年改塔卧公社。1984 年复乡。1985 年改镇。因镇政府驻地原名得名。有九年一贯制学校 1 所，小学 6 所，卫生院 3 个，卫生所 14 个。有全国重点文物保护单位湘鄂川黔革命根据地旧址。有省级文物保护单位湘鄂赣省委、省苏维埃政府、省军区驻地旧址、抗战时期湖南临时省会旧址群。有湘鄂川黔革命纪念馆、湘鄂川黔红二六军团烈士陵园、湘鄂川黔革命根据地遗址。有民俗敬八部大王、敬土司王、摆手舞。农业以种植水稻、油茶、猕猴桃、板栗为主。工业以石材加工为主。特产塔卧石狮。省道永桑线过境。

塔卧社区［Tǎwò Shèqū］　塔卧镇人民政府驻地。在县境东北部。面积 7 平方千米。人口 3500。为土家族语音译名，意为田螺。1985 年成立。民居以干栏式土家族风格为主。有中小学、卫生院。有湘鄂川黔革命纪念馆、湘鄂川黔红二六军团烈士陵园、湘鄂川黔革命根据地遗址。有民俗土家族摆手舞、茅古斯、打溜子、山歌等。省道永桑线经此。

砂坝镇［Shābà Zhèn］　永顺县辖镇。在县境东北部。面积 137 平方千米。人口 2.8 万。以土家族为主，还有苗、汉等民族。辖 3 居委会、9 村委会，有 106 自然村。镇人民政府驻砂坝社区。1956 年设砂坝乡。1958 年改公社。1984 年复乡。2002 年改镇。因镇政府驻地原名得名。有九年一贯制学校 2 所，小学 9 所，卫生院 1 个，卫生所 12 个。有土家族民俗打溜子、过土家年。农业以种植水稻、茶为主。工业以茶叶加工为主。省道永桑线过境。

砂坝社区［Shābà Shèqū］　砂坝镇人民政府驻地。在县境东北部。面积 8 平方千米。人口 2800。为土家族语音译名，意为杉树坡。2002 年成立。民居以干栏式土家族风格为主。以居家养老为主。有中小学、卫生院。有民俗唱山歌、敬土司王。省道永桑线经此。

松柏镇［Sōngbǎi Zhèn］　永顺县辖镇。在县境东南部。面积 163 平方千米。人口 2.5 万。以土家族为主，还有苗、汉等民族。辖 1 居委会、12 村委会，有 89 自然村。镇人民政府驻松柏社区。1950 年设松柏乡。1961 年改公社。1984 年复乡。2005 年西米、保坪 2 乡部分地域并入。2008 年改镇。因镇政府驻地原名得名。有九年一贯制学校 1 所，小学 1 所，卫生院 1 个，卫生所 14 个。有民俗哭嫁、打溜子、摆手舞、敬土地、敬灶神。农业以种植水稻、猕猴桃为主。工业以果品加工为主。服务业以餐饮为主。马松公路过境。

松柏社区［Sōngbǎi Shèqū］　松柏镇人民政府驻地。在县境东南部。面积 13 平方千米。人口 2900。原为土家族语名耸湖，后写成送湖，“送”汉语译为“鱼”，“湖”汉语译为“沟谷”，“送湖”即汉语山谷水沟鱼多之意。最后改为松柏。2008 年成立。民居以土家族干栏式建筑为主。有中小学、卫生院。有民俗唱山歌、打溜子、摆手舞。马松公路经此。

两岔乡［Liǎngchà Xiāng］　永顺县辖乡。在县境西北部。面积 111 平方千米。人口 1.2 万。以土家族为主，还有苗、汉等民族。辖 9 村委会，有 54 自然村。乡人民政府驻车禾村。1956 年设两岔乡，后改公社。1984 年复乡。因处 2 河交汇处得名。有九年一贯制学校 1 所，小学 5 所，卫生院 1 个，卫生所 9 个。有文化站。有民俗打溜子、摆手舞、敬八部大王、唱山歌。农业以种植水稻、玉米，养殖猪、牛、羊为主。工业以果品加工为主。服务业以餐饮为主。永两公路过境。

车禾村［Chēhécūn］　两岔乡人民政府驻地。在县政府驻地灵溪镇西 43 千米。人口 1000。土家族聚居。清雍正年间(1723—1735)成村。因喝水困难需背水得名。为土家族语音译名。聚落呈点状。有小学、卫生院、敬老院等。有民俗敬八部大王、土司王。农业以种植水稻、玉米为主。永两公路经此。

勺哈乡［Sháohā Xiāng］　永顺县辖乡。在县境西北部。面积 104 平方千米。人口 1.6 万。以土家族为主，还有苗、汉等民族。辖 10 村委会，有 78 自然村。乡人民政府驻勺哈村。1923 年设勺哈乡。1949 年改区。1952 年复乡。1958 年并入首车公社。1961 年析设勺哈公社。1984 年复乡。因乡政府驻地得名。有九年一贯制学校 1 所，小学 4 所，卫生院 1 个，卫生所 9 个。有民俗敬土王、摆手舞。农业以种植水稻为主。工业以油脂加工为主。盛产火纸。209 国道过境。

勺哈村［Sháohācūn］　勺哈乡人民政府驻地。在县政府驻地灵溪镇西北 10 千米。人口 1600。以土家族为主，还有苗、汉等民族。唐末五代成村。土家族语音译名，意为 3 河冲切成 3 大坪。聚落呈点状。有九年一贯制学校、卫生院。有民俗摆手舞。农业以种植水稻、玉米为主。209 国道经此。

西岐乡［Xīqí Xiāng］　永顺县辖乡。在县境西部。面积 90 平方千米。人口 1.2 万。以土家族为主，还有苗、汉等民族。辖 7 村委会，有 58 自然村。乡人民政府驻西岐村。1952 年设西岐乡。1958 年并入首车公社。1961 年析设西岐公社。1984 年复乡。因乡政府驻地得名。有九年一贯制学校 1 所，小学 1 所，卫生院 1 个，卫生所 7 个。有文化站。有民俗唱山歌、打溜子、摆手舞。农业以种植水稻、玉米为主。基西公路过境。

西岐村［Xīqícūn］　西岐乡人民政府驻地。在县政府驻地灵溪镇西 28 千米。人口 1500。唐末五代成村。因传土司夫人西岐葬于此，故名。聚落呈点状。有九年一贯制学校、卫生院、光荣院。有民俗伐木号子、土家族山歌、喝拦门酒。农业以种植水稻，养殖山羊为主。基西公路经此。

对山乡［Duìshān Xiāng］　永顺县辖乡。在县境西北部。面积 88 平方千米。人口 0.9 万。以土家族为主，还有苗、汉等民族。辖 6 村委会，有 48 自然村。乡人民政府驻对山村。1956 年设对山乡。1961 年改公社。1984 年复乡。因乡政府驻地得名。有九年一贯制学校 1 所，卫生院 1 个，卫生所 6 个。有民俗打溜子、喝拦门酒。农业以种植水稻、玉米为主。和对公路过境。

对山村［Duìshāncūn］　对山乡人民政府驻地。在县政府驻地灵溪镇西 40 千米。人口 3700。以土家族为主，还有苗、汉等民族。唐末五代成村。因山山相对得名。聚落成散状。有中小学、卫生院。有民俗喝拦门酒、过土家年、摆手舞、打溜子。农业以种植中药材、水稻、玉米为主。和对公路经此。

列夕乡［Lièxī Xiāng］　永顺县辖乡。在县境西南部。面积 82 平方千米。人口 0.9 万。以土家族为主，还有苗、汉等民族。辖 9 村委会，有 68 自然村。乡人民政府驻列夕村。1938 年设列夕镇。1961 年成立公社。1984 年改乡。因乡政府驻地得名。有九年一贯制学校 1 所，卫生院 1 个，卫生所 7 个。有民俗喝拦门酒、打溜子、敬八部大王。农业以种植玉米为主。工业以农副产品加工为主。服务业以旅游为主。泽列公路过境。

列夕村［Lièxīcūn］　列夕乡人民政府驻地。在县政府驻地灵溪镇西南 29 千米。人口 1800。土家族聚居。唐末五代成村。为土家族语音译名，因楼多得名。聚落呈散状。有九年一贯制学校、卫生院。有民俗摆手舞、铜铃舞、拖木号子、敬土司王、舍巴日。农业以种植玉米为主。泽列公路经此。

高坪乡［Gāopíng Xiāng］　永顺县辖乡。在县境南部。面积 125 平方千米。人口 1.5 万。以土家族为主，还有苗、汉等民族。辖 8 村委会，有 98 自然村。乡人民政府驻场坪村。1956 年设高坪乡。1958 年改公社。1984 年复乡。因乡政府驻地盛产高粱得名高粱坪，简为今名。有九年一贯制学校 1 所，小学 1 所，卫生院 1 个，卫生所 8 个。有民俗打溜子、喝拦门酒、敬土王、舍巴日。农业以种植水稻、高粱、玉米，养殖猪、牛、羊为主。工业以农副产品加工为主。石王公路过境。

场坪村［Chángpíngcūn］　高坪乡人民政府驻地。在县政府驻地灵溪镇南 49 千米。人口 2400。以土家族为主，还有苗、汉等民族。唐末五代成村。因旧有圩场得名。聚落呈点状。九年一贯制学校、卫生院。有民俗打溜子、摆手舞。农业以种植水稻、猕猴桃、红提葡萄为主。石王公路经此。

回龙乡［Huílóng Xiāng］　永顺县辖乡。在县境东部。面积 96 平方千米。人口 0.9 万。

以土家族为主，还有苗、汉等民族。辖5村委会，有68自然村。乡人民政府驻回龙村。1961年成立回龙公社。1984年改乡。因乡政府驻地得名。有九年一贯制学校1所，小学3所，卫生院1个，卫生所6个。有民俗摆手舞、敬八部大神、打溜子、拖木号子。农业以水稻种植、生猪养殖为主。枝柳铁路、后罗公路过境。

回龙村 [Huílóngcūn] 回龙乡人民政府驻地。在县政府驻地灵溪镇东26千米。人口2200。土家族聚居。唐末五代成村。因回龙庵得名。聚落呈点状。有中小学、卫生院。有民俗拦门、打溜子、敬土王。养殖生猪等。枝柳铁路、后罗公路经此。

小溪乡 [Xiǎoxī Xiāng] 永顺县辖乡。在县境东南部。面积248平方千米，人口0.9万。以土家族为主，还有苗、汉等民族。辖11村委会，有88自然村。乡人民政府驻茅坪村。1952年设小溪乡。1956年泉溪乡部分地域并入。1958年并入长官乡(后改公社)。1961年析设小溪公社。1984年复乡。因小溪众多得名。有小溪国家级自然保护区。有小学1所，卫生院1个，卫生所9个。有民俗摆手舞、茅古斯、舍巴日。农业以种植水稻为主。工业以中药材加工为主。服务业以旅游为主。展小公路过境。

毛坪村 [Máopíngcūn] 小溪乡人民政府驻地。在县政府驻地灵溪镇东南58千米。人口1100。土家族聚居。因茅草丛生得名。聚落呈点状。有小学、卫生院。有民俗摆手舞、敬土王、舍巴日。农业以种植水稻、玉米、柑橘为主。展小公路经此。

朗溪乡 [Lǎngxī Xiāng] 永顺县辖县。在县境东南部。面积114平方千米。人口0.6万。以土家族为主，还有苗、汉等民族。辖6村委会，有44自然村。乡人民政府驻朗溪村。1950年设朗溪乡。1958年改公社。1984年复乡。因乡政府驻地得名。有小学1所，卫生院1个，卫生所6个。有文化站。有民俗唱山歌、拖木号子、打溜子、敬八部大王、摆手舞。农业以种植水稻、玉米，养殖生猪为主。工业以农副产品加工为主。服务业以餐饮为主。永朗公路过境。

朗溪村 [Lǎngxīcūn] 朗溪乡人民政府驻地。在县政府驻地灵溪镇东南58千米。人口1400。以土家族为主，还有汉族。因溪水清澈如镜得名。聚落呈点状。有小学、卫生院。有民俗敬大神、摆手舞。农业以养殖生猪为主。永朗公路经此。

润雅乡 [Rùnyǎ Xiāng] 永顺县辖乡。在县境东北部。面积90平方千米。人口0.9万。以土家族为主，还有苗、汉等民族。辖6村委会，有76自然村。乡人民政府驻润雅村。1913年设润雅乡。1949年仍乡。1961年改公社。1984年复乡。因乡政府驻地得名。有九年一贯制学校1所，卫生院1个，卫生所6个。有民俗敬八部大王、舍巴日，摆手舞。农业以养殖生猪、牛、羊为主。石润公路过境。

润雅村 [Rùnyǎcūn] 润雅乡人民政府驻地。在县政府驻地灵溪镇东北35千米。人口2300。以土家族为主，还有苗、汉等民族。唐末五代成村。因传土司设官衙于此，取名润衙，意为"恩润子民、衙门永存"，后以谐音改为今名。聚落呈块状。有小学、卫生院。有民俗摆手舞、敬八部大王、喝拦门酒。农业以养殖生猪、牛、羊，种植水稻为主。石润公路经此。

车坪乡 [Chēpíng Xiāng] 永顺县辖乡。在县境东北部。面积77平方千米。人口1.4万。以土家族为主，还有苗、汉等民族。辖7村委会，有78自然村。乡人民政府驻车坪村。1950年设车坪乡。1958年改公社。1984年复乡。因乡政府驻地得名。有九年一贯制学校1所，卫生院1个，卫生所7个。有文化站。有古迹傅氏贞节牌坊。有民俗敬大神、摆手舞、喝拦门酒、打溜子。农业以种植水稻、养殖生猪为主。塔西公路过境。

车坪村 [Chēpíngcūn] 车坪乡人民政府驻地。在县政府驻地灵溪镇东北32千米。人口3600。以土家族为主，还有苗、汉等民族。唐末五代成村。为土家族语音译名。因坪地有水得名。聚落沿车坪河呈丫字形分布。有九年一贯制学校、卫生院。有古迹傅氏贞节牌坊。有民俗打溜子、摆手舞、唱拦门酒、起屋上梁。农业以种植水稻，养殖生猪为主。塔西公路经此。

毛坝乡 [Máobà Xiāng] 永顺县辖乡。在县境东北部。面积92平方千米。人口1.3万。以土家族为主，还有苗、汉等民族。辖7村委会，有89自然村。乡人民政府驻毛坝村。1923年设毛坝乡。1949年仍乡。1958年并入万坪公社。1984年复乡。因乡政府驻地得名。有九年一贯制学校1所，卫生院1个，卫生所7个。有十万坪大战指挥部旧址、李烛尘先生故居。有民俗跳舞手舞、唱山歌、做梯玛、打溜子。农业以种植水稻、养殖生猪为主。杉毛公路过境。

毛坝村 [Máobàcūn] 毛坝乡人民政府驻地。在县政府驻地灵溪镇西北28千米。人口2500。以土家族为主，还有汉族。唐末五代成村。因旧为茅草地得名。聚落呈块状。有九年一贯制学校、卫生室。有十万坪大战指挥部旧址、李烛尘先生故居。有民俗敬八部大王、喝拦门酒、舍巴日。农业以种植水稻、养殖生猪为主。杉毛公路经此。

万民乡 [Wànmín Xiāng] 永顺县辖乡。在县境北部。面积139平方千米。人口1万。以土家族为主，还有苗族、汉族。辖8村委会，有70自然村。乡人民政府驻青龙村。1950年设立万民乡。1958年并入万坪公社。1984年复乡。因传万民、万岗兄弟居此，故名。万民河、盐井河流经。有九年一贯制学校1所，卫生院1个，卫生所8个。有民俗敬八部大王、摆手舞、唱拖木号子。农业以种植水稻、玉米为主。万万公路过境。

青龙村 [Qīnglóngcūn] 万民乡人民政府驻地，在县人民政府驻地灵溪镇西北80千米。人口1900，以土家族为主。唐末五代成村。因该村左边有一山似龙，遂取名青龙村。聚落呈散状。建筑以土家族干栏式为主。有敬大神、敬灶神、跳摆手舞、喝拦门酒等土家族民俗。经济以养殖业为主。通乡村客运班车。

盐井乡 [Yánjǐng Xiāng] 永顺县辖乡。在县境西北部。面积77平方千米。人口0.7万。以土家族为主，还有苗、汉等民族。辖9村委会，有62自然村。乡人民政府驻新场村。1950年设盐井乡。1958年并入万坪公社。1961年析设盐井公社。1984年复乡。因乡政府原驻地盐井村得名。村内原有一口水井，水质含盐咸味，故名。有小学1所，卫生院1个，卫生所9个。有民俗起屋上梁、敬八部大王、喝拦门酒。农业以种植水稻、玉米，养殖生猪为主。万盐公路过境。

新场村 [Xīnchǎngcūn] 盐井乡人民政府驻地。在县政府驻地灵溪镇西39千米。人口1500。以土家族为主，还有苗、汉等民族。唐末五代成村，以新开圩场得名。聚落呈块状。有九年一贯制学校、卫生院、文化站。有民俗打溜子、唱山歌、摆手舞。农业以种植油茶、水稻，养殖生猪为主。万盐公路经此。

抚志乡 [Fǔzhì Xiāng] 永顺县辖乡。在县境南部。面积99平方千米。人口1万。以土家族为主，还有苗族、汉族。辖7村委会，有92自然村。乡人民政府驻抚志村。1938年设抚志乡。1949年改区。1952年复乡。1961年改公社。1984年复乡。因乡政府驻地得名。有九年一贯制学校1所，卫生院1个，卫生所7个。有民俗敬土王、敬灶神、敬树神、摆手舞、打溜子。农业以种植水稻，养殖生猪为主。省道永抚线过境。

抚志村 [Fǔzhìcūn] 抚志乡人民政府驻地。在县政府驻地灵溪镇南30千米。人口2300。唐末五代成村。为土家族语音译名，意为土家人。因土家族聚居得名。聚落呈点状。有九年一贯制学校、卫生院。有民俗敬八部大王、摆手舞、舍巴日。农业以种植水稻、玉米，养殖生猪为主。省道永抚线经此。

吊井乡 [Diàojǐng Xiāng] 永顺县辖乡。在县境北部。面积86平方千米。人口1.2万。以土家族为主，还有苗、汉等民族。辖8村委会，有72自然村。乡人民政府驻吊井村。1961年成立吊井公社。1984年改乡。因乡政府驻地得名。有小学1所，卫生院1个，卫生所8个。有名胜古迹钓鱼台、火焰山、飞霞阁、点将台。有民俗茅古斯、摆手舞。农业以种植水稻、养殖生猪为主。省道永桑线过境。

吊井村 [Diàojǐngcūn] 吊井乡人民政府驻地。在县政府驻地灵溪镇北29千米。人口3800。土家族聚居。唐末五代成村。因土家族语叽岩音变得名，意为土司修有钓鱼台。聚落呈块状。有小学、卫生院。有名胜古迹钓鱼台、跑马坪、马匹洞、火焰山、飞霞阁、点将台。有石匠技艺。有民俗打溜子、摆手舞、舍巴日。农业以养殖生猪为主。省道永桑线经此。

大坝乡 [Dàbà Xiāng] 永顺县辖乡。在县境西南部。面积130平方千米。人口1.5万。以土家族为主，还有苗、汉等民族。辖11村委会，有78自然村。乡人民政府驻金星村。1952年设大坝乡。1961年改公社。1984年复乡。因大坝田得名。有九年一贯制学校1所，卫生院1个，卫生所10个。农业以种植水稻、玉米，养殖生猪为主。209国道过境。

金星村 [Jīnxīngcūn] 大坝乡人民政府驻地。在县政府驻地灵溪镇西南18千米。人口1700。土家族聚居。唐末五代成村。20世纪80年代国家提出扶贫攻坚，人们希望成为脱贫致富的先锋(明星)，故以金星命名。聚落呈点状。有九年一贯制学校、幼儿园、卫生室。农业以种植柑橘、水稻、玉米为主。209国道经此。

双凤村 [Shuāngfèngcūn] 在县政府驻地灵溪镇南10千米。大坝乡辖自然村。人口300。土家族聚居。唐末五代成村。原为土家族语名"双湖且"，意为三个人的山，误记为双凤栖，后演为今名。聚落呈块状。为中国历史文化名村、中国少数民族特色村寨。有名胜古迹摆手堂、土王祠，凉亭桥。有民俗摆手舞、演茅古斯、吹咚咚喹。经济以旅游业为主，种植水稻、玉米等。双两公路经此。

颗砂乡 [Kēshā Xiāng] 永顺县辖乡。在县境东北部。面积79平方千米。人口1.8万。以土家族为主，还有苗、汉等民族。辖9村委会，有70自然村。乡人民政府驻颗砂村。明清曾设颗砂土司行署。1932年设颗砂区。1938年改乡。1951年复区。1952年复乡。1958年成立公社。1984年改乡。因乡政府驻地得名。有九年一贯制学校2所，卫生院1个，卫生所9个。有民俗摆手舞、敬八部大王、舍巴日。农业以种植水稻、玉米，养殖生猪为主。省道永桑线过境。

颗砂村 [Kēshācūn] 颗砂乡人民政府驻地。在县政府驻地灵溪镇北26千米。人口

3100。土家族聚居。唐末五代成村。因赤色圆砂石得名。聚落呈口状。有九年一贯制学校、卫生院。有名胜古迹新司城旧址、北岭樵哥、凉热二洞。有民俗土家族摆手舞、茅古斯、打溜子、山歌、提前一天过年等。农业以种植水稻、玉米,养殖生猪为主。有旅游业。省道永桑线经此。

龙　山　县

龙山县［Lóngshān Xiàn］　湘西土家族苗族自治州辖县。北纬29°27′,东经109°26′。在州境西北部。面积3131平方千米。人口59.4万。以土家族为主,还有苗、汉、回、侗、白等民族。辖3街道、11镇、20乡。县人民政府驻民安街道。清雍正七年(1729)置龙山县,属永顺府。1914年后属辰沅道、第四及第八行政督察区。1949年属永顺专区。1952年属湘西苗族自治区。1954年由湘西苗族自治区代管。1955年由湘西苗族自治州代管。1957年属湘西土家族苗族自治州。因峰峦起伏如龙得名。清雍正七年(1729)始建县城,十年初成,有4街、4门,面积1.4平方千米。1950年拆除城墙,建新建路、建设路、英模路、朝阳路。1992年新建长沙路、民族路、湘鄂路。2014年城区面积5.5平方千米,形成"四横六纵"空间布局,有街巷53条。地处武陵山区腹地。地势北高南低,东陡西缓。以中低山峡谷和低山丘陵峡谷为主,局部山间谷地平原。有大灵山、洛塔界、猛必界、曾家界、永龙界、可立坡、八面山。平均海拔977米。最高点青岩堡海拔1737米,最低点大河龙嘴海拔218米。年均气温16℃,1月平均气温4℃,7月平均气温25℃。年均降水量1355毫米。酉水河、洗车河、皮渡河流经。有煤、铁、铅、锌、硫磺等矿产资源。有野生植物1990种,其中国家重点保护野生植物苏铁、银杏、水杉、红榧、白豆杉等28种。有野生动物153种,其中国家二级重点保护野生动物穿山甲、大鲵、猕猴、麝等15种。有乌龙山国家地质公园。有省级自然保护区2个。森林覆盖率62.1%。有中等职业学校4所,高中2所,中学28所(含九年一贯制学校),小学122所,二级医院2个,体育馆1个。有全国重点文物保护单位里耶古城遗址、里耶大板遗址与墓群、里耶麦茶战国墓群。有古迹南岳宫。有国家级非物质文化遗产土家族织锦技艺、土家族摆手舞等6项,省级非物质文化遗产4项。有中国历史文化名镇里耶镇,中国历史文化名村捞车村,省级历史文化名村街上村。有中国传统村落5个。有省级名胜风景区洛塔地质公园、里耶—乌龙山景区、乌龙山大峡谷。三次产业比例26∶23∶51。农业以种植水稻、玉米、百合为主。工业以食品、中药材、生漆、紫砂加工为主。有省级工业集中区1个。服务业以餐饮、旅游为主。特产土家族织锦、龙山大篼菜、龙山霉豆腐。黔张常铁路,吉恩、黔张高速,209国道,省道龙山—桑植线、龙山—花垣线过境。

龙凤广场［Lóngfèng Guǎngchǎng］　在县城西部。面积1.9公顷。2000年开工,2002年建成。原名世纪广场。2014年改建后以"龙凤呈祥"之意更今名。中心地带有舞台、喷泉、假山梯阶。中间为运动场。外侧有长廊亭台。为文艺活动、休闲娱乐场所。周边有龙山高中、社保局、居住小区等。通公交车。

朝阳路［Cháoyáng Lù］　在县城中部。东起城东路,西至湘鄂路。与新建路、民族路、团结路等相交。长1.8千米,宽24米。沥青路面。1982年开工,1999年建成。穿过商业、金融中心。两侧有政务中心、工商银行、农业银行、电信大楼、南岳宫、小学等。通公交车。

长沙路［Chángshā Lù］　在县城中部。东起新城大道,西至湘鄂路。与城东路、新建路、民族路、团结路等相交。长2千米,宽34米。沥青路面。1995年开工,1996年建成。为长沙市资助修建,故名。两侧有民安派出所、农发银行、房管局、物价局、地税局、建行等。通公交车。

城南路［Chéngnán Lù］　在县城南部。东起团结路,西至湘鄂路。与老城路、高速互通道路相交。长2.8千米,宽16米。沥青路面。1982年开工,1999年建成。因位置得名。两侧有小学、城郊法庭、派出所、居住小区等。通公交车。

岳麓大道［Yuèlù Dàdào］　在县城西部。南起湘鄂路,北至来凤县武汉大道。与山青路、龙山大道相交。长3.4千米,宽36米。沥青路面。2006年开工,同年建成。因岳麓山得名。两侧有教育局、中学、信合大院、农业局、总工会、公安局。通公交车。

湘鄂路［Xiāng'è Lù］　在县城西部。南起城南路,北至岳麓大道。与朝阳路、长沙路等相交。长1.2千米,宽34米。沥青路面。1992年开工,1993年建成。因连接湘、鄂2省得名。两侧有龙山高中、民政局、林业局、工商局、计生局等。通公交车。

团结路［Tuánjié Lù］　在县城西部。东起老城路,西至龙凤路。与朝阳路、长沙路等相交。长3.4千米,宽16米。沥青路面。1956年开工,1958年建成。1988—1998年改扩建。因团结桥得名。两侧有初中、锅炉厂、工信局、幼儿园、汽车站等。通公交车。

民族路［Mínzú Lù］　在县城西部。南起回龙路,北至团结路。与朝阳路、长沙路等相交。长1.5千米,宽35米。沥青路面。1997年开工,1999年建成。因规划时路侧多土家族建筑得名。两侧有国土局、民宗局、邮政局、移民局、新华书店、康复医院。通公交车。

新建路［Xīnjiàn Lù］　在县城中部。南起团结路,北至龙凤路。与朝阳路、长沙路等相交。长2.1千米,宽20米。沥青路面。1968年开工,1976年建成。1992年改扩建。原名英模路,后因改扩建更今名。两侧有县政府、图书馆、中医院、公路局、购物广场。通公交车。

湘鄂情大桥［Xiāng'èqíng Dàqiáo］　在县城西北部。长586米,宽23米,最大跨度203米,桥下净高28米。2009年开工,2013年建成。因取意湖南湖北情谊深重得名。为大型河道桥梁,结构型式为预应力钢筋混凝土桥。最大载重30吨。通公交车。

长沙大桥［Chángshā Dàqiáo］　在县城南部。长112.9米,宽25.5米,最大跨度60米,桥下净高8米。2002年开工,2005年建成。为长沙市援建,故名。为中型河道桥梁,结构型式为预应力钢筋混凝土桥。最大载重20吨。通公交车。

团结桥［Tuánjié Qiáo］　在县城西部。长146.3米,宽9米,最大跨度33米,桥下净高15米。1970年开工,1972年建成。因取意团结一心得名。为中型河道桥梁,结构型式为石肋双曲线拱桥。最大载重20吨。通公交车。

龙山客运站［Lóngshān Kèyùnzhàn］　见交通运输设施部分"龙山客运站"条。

里耶秦城客运总站［Lǐyē Qínchéng Kèyùn Zǒngzhàn］　见交通运输设施部分"里耶秦城客运总站"条。

民安街道［Mín'ān Jiēdào］　龙山县人民政府驻地。在县境西北部。面积43平方千米。人口8.1万。以土家族为主,还有苗、回、汉等民族。2005年设。因取国泰民安得名。先后延扩长沙路、朝阳路、湘鄂路,改造新建路、龙凤路。有中等职业学校3所,中学2所,小学5所,二级医院2个,卫生院1个,卫生室5个。有景点南岳宫、钟英塔。农业以种植水稻、大棚蔬菜,养殖鲜鱼为主。工业以农副食品、塑料制品加工为主。209国道过境。通多路公交车。

华塘街道［Huátáng Jiēdào］　属龙山县。在县境西北部。面积18平方千米。人口1.8万。以汉族为主,还有土家、苗、回、侗、白等民族。2005年设。先民修坪坝筑山塘,远看若莲花,故名花塘坝,后谐音为今名。先后改造209国道,建岳麓大道。有中学1所,小学1所,卫生院1个,卫生室11个,体育馆1个。农业以种植水稻、大棚蔬菜,养殖家禽为主。工业以农副食品加工、家具制造为主。209国道过境。通多路公交车。

新城街道［Xīnchéng Jiēdào］　属龙山县。在县境东北部。面积30平方千米。人口1.3万。以汉族为主,还有土家、苗、回等民族。2005年设。以新城为中心,向东拓展,建新城大道,故名。有中学1所,小学2所,卫生院1个,卫生室9个。农业以种植水稻、大棚蔬菜,养殖家禽为主。工业以农产品加工为主。吉恩高速、省道龙山—桑植线过境。通多路公交车。

石羔镇［Shígāo Zhèn］　龙山县辖镇。在县境北部。面积42平方千米。人口2.6万。以土家族为主,还有汉、苗、回等民族。辖1居委会、15村委会,有18自然村。镇人民政府驻石羔山村。1956年设石羔乡。1961年改公社。1984年复乡。1991年改镇。因镇政府驻地得名。酉水河流经。有石英石、石膏等矿产资源。有中学1所,小学4所,卫生院1个,卫生室16个。有文化站、广播站。有民俗土家族民歌、草编、绣花鞋。农业以种植蔬菜、水稻,养殖生猪、淡水鱼为主。工业以农产品深加工为主。吉恩高速过境。

石羔山村［Shígāoshāncūn］　石羔镇人民政府驻地。在县政府驻地民安街道北6千米。人口1600。以土家族为主,还有汉、苗、回等民族。因盛产石膏得名。聚落呈团块状。有中小学、卫生室、图书室、文化广场。农业以种植蔬菜、水稻为主。工业以农副产品加工、酿酒为主。有集贸市场。县道民安—三元线经此。

洗车河镇［Xǐchēhé Zhèn］　龙山县辖镇。在县境东南部。面积175平方千米。人口1.4万。以土家族为主,还有汉、苗等民族。辖1居委会、19村委会,有25自然村。镇人民政府驻洗车河村。1956年设洗车乡。1961年改公社。1984年改洗车河镇。2005年千溪乡并入。因镇政府驻地得名。洗车河流经。有中学1所,小学13所,卫生院1个,卫生室10个。有文化站、广播站、敬老院等。有省级文物保护单位洗车河古建筑群。有民俗摆手锣鼓、哭嫁歌、摆手舞。农业以种植水稻、蔬菜,养殖生猪、淡水鱼为主。工业以农产品深加工为主。县道茅坪—隆头线过境。

洗车河村［Xǐchēhécūn］　洗车河镇人民政府驻地。在县政府驻地民安街道东南73千米。人口2500。以土家族为主,还有汉、苗等民族。为土家族语音译名,意为醋。因昔产醋得名。聚落呈团块状。有九年一贯制学校、卫生室、图书室、文化广场。有省级文物保护单位洗车河古建筑群。农业以种植蔬菜、水稻为主。工业以农副产品加工为主。服务业以餐饮、旅游为主。有集贸市场。县道茅坪—隆头线经此。

隆头镇［Lóngtóu Zhèn］　龙山县辖镇。在县境南部。面积67平方千米。人口0.8万。以土家族为主,还有汉、苗等民族。辖1居委会、9村委会,有13自然村。镇人民政府驻水坝村。1956年置隆头镇。1961年改水坝公社。1985年复隆头镇。2水汇合处山嘴似龙头突起,以谐音得名。酉水河流经。有中学1所,小学6所,卫生院1个,卫生室8个。有文化站、广播站、敬老院等。有民俗土家族山歌、土家织锦。农业以种植水稻、蔬菜,养殖猪、牛、羊、淡水鱼为主,盛产柑橘、中药材、桐油。工业以农产品深加工为主。县道茅坪—隆头线、树木—隆头线过境。

水坝村 [Shuǐbàcūn] 隆头镇人民政府驻地。在县政府驻地民安街道南96千米。人口1400。土家族聚居。有天然拦水石坝,故名。聚落呈团块状。有小学、卫生室、图书室、文化广场。农业以种植蔬菜、水稻、油菜、中药材为主。工业以农副产品加工为主。服务业以旅游、餐饮为主。有集贸市场。县道树木—隆头线经此。

石牌镇 [Shípái Zhèn] 龙山县辖镇。在县境东北部。面积68平方千米。人口1.6万。辖1居委会、10村委会,有15自然村。镇人民政府驻石牌洞。1956年设石牌乡。1961年改公社。1984年复乡。2000年改镇。因镇政府驻地得名。猛洞河流经。有中学1所,小学8所,卫生院1所,村卫生室11个。有文化站、广播站、敬老院等。有民俗高脚灯、三棒鼓。农业以种植蔬菜、水稻、柑橘、中药材,养殖猪、牛、羊为主。工业以农产品深加工、中药材精加工为主。县道洗车河—石牌线过境。

石牌洞村 [Shípáidòngcūn] 石牌镇人民政府驻地。在县政府驻地民安街道东北26千米。人口2300,其中土家族占57.2%,还有汉、苗等民族。洞口立有古篆文石牌,故名。聚落呈团块状。有小学、卫生室、图书室、文化广场等。农业以种植蔬菜、水稻为主。工业以农副产品、中药材加工为主。有集贸市场。县道洗车河—石牌线经此。

茨岩塘镇 [Cíyántáng Zhèn] 龙山县辖镇。在县境东北部。面积139平方千米。人口2.1万。以土家族为主,还有汉、苗、布依等民族。辖1居委会、20村委会,有28自然村。镇人民政府驻茨岩村。1956年设茨岩乡。1961年改公社。1984年改茨岩塘镇。2005年比溪乡并入。因镇政府驻地得名。有中学1所,小学5所,卫生院1个,卫生室12个。有文化站、广播站、敬老院等。有省级文物保护单位红二、六军团兵工厂旧址等。有苏维埃县政府旧址。有名胜古迹望乡台瀑布、茄佗河、十八丘红石林、凉水银杏林。有民俗傩愿戏、三棒鼓。农业以种植水稻、蔬菜,养殖猪、牛、羊为主。工业以农产品深加工、建材为主。龙吉高速、省道龙山—桑植线过境。

茨岩村 [Cíyáncūn] 茨岩塘镇人民政府驻地。在县政府驻地民安街道东南21千米。人口3300。以土家族为主,还有汉、苗等民族。传昔为水塘,因村民填以木石、茅草、藤茨建寨得名。聚落呈团块状。有小学、卫生室、图书室、文化广场、方献宇烈士墓。农业以种植蔬菜、水稻为主。工业以农副产品加工为主。服务业以餐饮、旅游为主。有集贸市场。龙吉高速、省道龙山—桑植线经此。

红岩溪镇 [Hóngyánxī Zhèn] 龙山县辖镇。在县境东南部。面积179平方千米。人口2.5万。以土家族为主,还有汉、苗等民族。辖2居委会、24村委会,有31自然村。镇人民政府驻古丈村。1952年设红岩乡。1958年改公社。1983年复乡。1985年改红岩溪镇。2005年西湖乡并入。因红岩溪流经,故名。有煤等矿产资源。有中学1所,小学16所,卫生院2个,卫生室23个。有文化站、广播站、敬老院等。有民俗土家族摆手舞、三棒鼓。农业以种植水稻、蔬菜、百合,养殖猪、牛、羊为主。工业以农产品深加工、矿产开采为主。吉恩高速、209国道过境。

古丈村 [Gǔzhàngcūn] 红岩溪镇人民政府驻地。在县政府驻地民安街道东南49千米。人口1300。以土家族为主,还有汉、苗等民族。传土司王、吴王交战于此,得名古战坪,后演为古丈坪,故名。聚落呈线状。有小学、卫生室、图书室、文化广场。农业以种植蔬菜、水稻、玉米为主。工业以农副产品加工为主。服务业以餐饮、旅游为主。有集贸市场。209国道经此。

靛房镇 [Diànfáng Zhèn] 龙山县辖镇。在县境东南部。面积129平方千米。人口1.5万。以土家族为主,还有汉、苗等民族。辖1居委会、15村委会,有22自然村。镇人民政府驻靛房村。1956年设靛房乡。1958年改公社。1984年复乡。2000年改镇。2005年坡脚乡并入。因镇政府驻地得名。有中学1所,小学15所,卫生院2个,卫生室16个。有文化站、广播站、敬老院等。有名胜古迹转角楼、凤武屋、摆手堂、舍把堂、土王遗址。有国家级非物质文化遗产土家族打溜子、吹咚咚喹,省级非物质文化遗产小摆手舞、挖土锣鼓、苦嫁歌、茅古斯。为"中国民间文化艺术之乡"。农业以种植蔬菜、水稻,养殖生猪、牛、羊为主。工业以农产品深加工为主。县道农车—坡脚线过境。

靛房村 [Diànfángcūn] 靛房镇人民政府驻地。在县政府驻地民安街道东南88千米。人口2900。土家族聚居。因昔有蓝靛染坊得名。聚落呈团块状。有小学、卫生室、图书室、文化广场。农业以种植蔬菜、水稻为主。工业以农副产品、木材加工为主。服务业以餐饮、旅游为主。有集贸市场。县道农车—坡脚线经此。

苗儿滩镇 [Miáo'értān Zhèn] 龙山县辖镇。在县境南部。面积1589平方千米。人口2.2万。以土家族为主,还有汉、苗等民族。辖1居委会、17村委会,有26自然村。镇人民政府驻苗儿滩村。1956年设苗市乡。1958年改公社。1984年复乡。1987年更名苗儿滩镇。2005年凤溪乡并入。因镇政府驻地得名。洗车河流经。有中学1所,小学15所,卫生院1个,卫生室18个。有文化站、广播站、敬老院等。有省级文物保护单位、省级风景名胜区捞车河古建筑群。有国家级非物质文化遗产土家族织锦技艺。有民俗摆手舞、茅古斯、唱山歌等。为"中国土家织锦之乡"。农业以种植水稻、蔬菜,养殖生猪、牛、羊、家禽为主,盛产百合、脐橙、柚子。工业以农产品、工艺品加工为主。省道龙山—花垣线过境。

苗儿滩村 [Miáo'értāncūn] 苗儿滩镇人民政府驻地。在县政府驻地民安街道南86千米。人口3500。土家族聚居。因滩上有石似猫得名猫儿滩,后讹化为今名。聚落呈团块状。有小学、卫生室、图书室、文化广场。农业以种植蔬菜、水稻、百合为主。工业以农副产品、土家工艺品加工为主。服务业以餐饮、旅游为主。有集贸市场。省道龙山—花垣线过境。

捞车村 [Lāochēcūn] 在县政府驻地民安街道东南79千米。苗儿滩镇辖自然村。人口1900。土家族聚居。为土家族语音译名,意为太阳直射河面。聚落呈团块状。为中国历史文化名村、中国传统村落。有明清古寨冲天楼。有国家级非物质文化遗产土家族织锦技艺。农业以种植蔬菜、水稻为主。工业以农副产品加工为主。服务业以旅游、餐饮为主。县道茅坪—隆头线经此。

里耶镇 [Lǐyē Zhèn] 龙山县辖镇。在县境南部。面积166平方千米。人口2.9万。以土家族为主,还有汉、苗等民族。辖3居委会、25村委会,有33自然村。镇人民政府驻里耶村。1940年置里耶镇。1958年成立里耶公社。1987年复镇。2005年岩冲、长潭、八面3乡并入。因镇政府驻地得名。酉水河、长潭河流经。有乌龙山国家地质公园。有中学1所,小学9所,卫生院1个,卫生室28个。有文化站、广播站、敬老院、秦简博物馆等。有全国重点文物保护单位里耶古城遗址、里耶大板遗址与墓群,省级文物保护单位里耶古城遗址、里耶大板遗址、里耶大板墓群、里耶麦茶战国墓群。有民俗酉水船歌、梯玛歌、铜铃舞、摆手舞、里耶花灯。有中国历史文化名镇里耶古镇。农业以种植水稻、柑橘,饲养猪、牛、羊为主。工业以农产品深加工为主。为酉水河流域物流集散中心。省道龙山—花垣线过境。

里耶村 [Lǐyēcūn] 里耶镇人民政府驻地。在县政府驻地民安街道南116千米。人口1.2万。以土家族为主,还有汉、苗等民族。为土家族语音译名。因先民以人力拖犁耕地得名。聚落呈团块状。有小学、秦简博物馆。有卫生院、卫生室。有全国重点文物保护单位里耶遗址。农业以种植蔬菜为主。工业以农副产品加工为主。服务业以旅游、餐饮为主。有集贸市场。省道龙山—花垣线过境。

桂塘镇 [Guìtáng Zhèn] 龙山县辖镇。在县境西南部。面积152平方千米。人口2.1万。以土家族为主,还有汉、苗、回等民族。辖1居委会、12村委会,有18自然村。镇人民政府驻桂塘坝。1956年设桂塘乡。1961年改公社。1984年复乡。1995年改镇。2005年火岩乡并入。因镇政府驻地得名。有中学1所,小学11所,卫生院1个,卫生室12个,防疫妇幼保健所1个。有文化站、广播站、敬老院等。有省级非物质文化遗产土家族竹雕。有景点乌龙山大峡谷、惹迷洞、鲢鱼洞、飞虎洞。农业以种植水稻、蔬菜、花生、柑橘,养殖生猪、牛、羊、家禽、淡水鱼为主。工业以农产品深加工为主。省道龙山—花垣线过境。

桂塘坝 [Guìtángbà] 桂塘镇人民政府驻地。在县政府驻地民安街道西南54千米。人口2200,其中土家族占45.6%,还有汉、苗、回等民族。因昔塘边多桂花树得名。聚落呈团块状。有小学、卫生室、图书室、文化广场。农业以种植蔬菜为主。有农副产品加工业。有集贸市场。省道龙山—花垣线经此。

召市镇 [Zhàoshì Zhèn] 龙山县辖镇。在县境南部。面积152平方千米。人口3.3万。以汉族为主,还有土家、苗等民族。辖1居委会、21村委会,有34自然村。镇人民政府驻招头寨村。1956年设召市乡。1958年改公社。1984年复乡。1985年改镇。2005年瓦房、辽叶2乡并入。传清代此地已设圩场,又为官府法场,被行刑者亲属来此领头认尸,故名"招头寨",后演化为"召头寨",雅称"召市"。贾坝河流经。有中学1所,小学9所,卫生院2个,卫生室17个。有文化站、广播站、敬老院等。有民俗土家族情歌、龙山盘歌。有特色工艺品绣花鞋垫。农业以种植水稻、蔬菜、百合、柑橘,养殖生猪、牛、羊为主。工业以农产品深加工为主。省道龙山—花垣线过境。

招头寨村 [Zhāotóuzhàicūn] 召市镇人民政府驻地。在县政府驻地民安街道南42千米。人口4900。以土家族为主,还有汉、苗等民族。传官府正法犯人示众,亲属被招来认尸领头,故名。后成集市,雅化为召市。聚落呈团块状。有小学、卫生室、图书室、文化广场。农业以种植蔬菜、百合为主。有农副产品加工业。有集贸市场。省道龙山—花垣线过境。

洛塔乡 [Luòtǎ Xiāng] 龙山县辖乡。在县境东南部。面积167平方千米。人口1.6万。以土家族为主,还有汉、苗等民族。辖16村委会，有23自然村。乡人民政府驻洛塔车村。1956年设洛塔乡。1961年改公社。1984年复乡。2005年猛西乡并入。因乡政府驻地得名。洛塔河、猛西河流经。有煤等矿产资源。有洛塔国家地质公园。有中学1所，小学5所，卫生院2个，卫生室9个。有文化站、广播站、敬老院等。有特色工艺品土家族银饰。农业以种植水稻、蔬菜、百合，养殖生猪、牛、羊为主。工业以农产品深加工、矿产开采为主，有建材加工业。县道茅坪—隆头线过境。

洛塔车村［Luòtǎchēcūn］　洛塔乡人民政府驻地。在县政府驻地民安街道东南45千米。人口1800。土家族聚居。因土家族语"洛梦卡塔"缩写得名，意为仙家溪流。聚落呈线状。有小学、卫生室、图书室、文化广场。农业以种植蔬菜、水稻为主。有农产品加工业。有集贸市场。县道茅坪—隆头线经此。

洗洛乡［Xǐluò Xiāng］　龙山县辖乡。在县境东北部。面积77平方千米。人口1.7万。以汉族为主，还有土家、苗、回等民族。辖13村委会，有19自然村。乡人民政府驻洗洛村。1956年设洗洛乡。1961年改公社。1984年复乡。因乡政府驻地得名。有中学1所，小学10所，卫生院1个，村卫生室13个。有文化站、广播站、敬老院等。有民俗九子鞭、傩愿戏。农业以种植水稻、蔬菜、百合、柑橘、葡萄，养殖生猪、家禽为主。工业以农产品深加工为主。209国道、省道龙山—花垣线过境。

洗洛村［Xǐluòcūn］　洗洛乡人民政府驻地。在县政府驻地民安街道东7千米。人口3700。以汉族为主，还有土家、苗、回等民族。传清咸丰年间(1851—1861)知县见田螺交配，视为喜兆，取名喜螺，后因谐音演为今名。聚落呈零星状。有小学、卫生室、图书室、文化广场。农业以种植蔬菜、百合为主。工业以农副产品加工为主。服务业以旅游、餐饮为主。有集贸市场。209国道、省道龙山—花垣线经此。

湾塘乡［Wāntáng Xiāng］　龙山县辖乡。在县境西北部。面积56平方千米。人口1.2万。以土家族为主，还有汉、苗、满、黎等民族。辖11村委会，有16自然村。乡人民政府驻龙嘴村。1956年设湾塘乡。1961年改公社。1983年复乡。酉水河流经成深潭，因方言潭、塘谐音得名。有中学1所，小学7所，卫生院1个，卫生室12个。有文化站、广播站、敬老院等。有民间艺术三棒鼓、民间小调。农业以种植水稻、蔬菜、百合，饲养猪、家禽、淡水鱼为主。工业以农副产品深加工为主。省道龙山—花垣线过境。

龙嘴村［Lóngzuǐcūn］　湾塘乡人民政府驻地。在县政府驻地民安街道西南27千米。人口1600。土家族聚居。因地形似龙嘴得名。聚落呈团块状。有小学、卫生室、图书室、文化广场。农业以种植蔬菜、水稻为主。有农副产品加工业。有集贸市场。省道龙山—花垣线经此。

白羊乡［Báiyáng Xiāng］　龙山县辖乡。在县境西北部。面积31平方千米。人口1.2万。以土家族为主，还有汉、苗等民族。辖10村委会，有14自然村。乡人民政府驻白羊坪村。1956年设白羊乡。1963年改公社。1983年复乡。因乡政府驻地得名。酉水河流经。有小学3所，卫生院1个，卫生室10个。有文化站、广播站、敬老院等。有民间艺术土家族跳丧舞、三棒鼓。农业以种植水稻、蔬菜、百合、西瓜，养殖生猪、牛、淡水鱼为主。盛产柑橘、桐油、茶油。工业以农产品深加工、建材为主。

白羊坪村［Báiyángpíngcūn］　白羊乡人民政府驻地。在县政府驻地民安街道西南14千米。人口2100。以土家族为主，还有汉、苗等民族。因山堡形似白羊群得名。聚落呈团块状。有小学、卫生室、图书室、文化广场。农业以种植蔬菜、西瓜为主。有农副产品加工业。有集贸市场。

兴隆街乡［Xīnglóngjiē Xiāng］　龙山县辖乡。在县境东北部。面积74平方千米。人口1.5万。以汉族为主，还有土家、苗、回等民族。辖12村委会，有20自然村。乡人民政府驻兴隆街村。1956年设兴隆乡。1961年改公社。1980年更名兴隆街公社。1982年改乡。因乡政府驻地得名。有中学1所，小学6所，卫生院1个，村卫生室12个。有文化站、广播站、敬老院等。有省级文物保护单位湘鄂川黔边省委旧址蒋家大屋。有民间艺术草把龙灯、安床歌、上梁歌。农业以种植水稻、蔬菜、百合，养殖生猪、牛、羊为主，盛产中药材、柑橘。工业以农产品深加工为主。恩吉高速、省道龙山—桑植线过境。

兴隆街村［Xīnglóngjiēcūn］　兴隆街乡人民政府驻地。在县政府驻地民安街道东11千米。人口2800。以土家族为主，还有汉、苗等民族。原名新寨坪，后因墟场繁荣改为今名。聚落呈团块状。有小学、卫生室、图书室、文化广场。农业以种植蔬菜、水稻为主。有农副产品加工业。服务业以旅游、餐饮为主。有集贸市场。恩吉高速、省道龙山—桑植线经此。

三元乡［Sānyuán Xiāng］　龙山县辖乡。在县境西北部。面积45平方千米。人口1.6万。以汉族为主，还有土家、苗、侗等民族。辖11村委会，有19自然村。乡人民政府驻三元村。1956年设三元乡。1958年改公社。1984年复乡。因乡政府驻地得名。酉水河流经。有中学1所，小学13所，卫生院1个，卫生室11个。有文化站、广播站、敬老院等。农业以种植水稻、蔬菜、百合，养殖生猪、淡水鱼为主，盛产柑橘、白柚。工业以农产品深加工为主。有特色工艺草编、竹编、石雕。县道民安—三元线过境。

三元村［Sānyuáncūn］　三元乡人民政府驻地。在县政府驻地民安街道西北15千米。人口3200。以土家族为主，还有汉、苗等民族。因有3圆形山堡得名三圆堡，后演为今名。聚落呈团块状。有小学、卫生室、图书室、文化广场。农业以种植蔬菜、水稻、百合为主。有农副产品加工业。有集贸市场。县道民安—三元线经此。

桶车乡［Tǒngchē Xiāng］　龙山县辖乡。在县境东北部。面积67平方千米。人口1.7万。以土家族为主，还有汉、苗、回等民族。辖15村委会，有27自然村。乡人民政府驻桶车村。1956年设桶车乡。1961年改公社。1982年复乡。因乡政府驻地得名。果利河流经。有中学1所，小学11所，卫生院1个，卫生室11个。有文化站、广播站、敬老院等。有民俗高脚马、三棒鼓。农业以种植水稻、蔬菜、百合、茶，养殖生猪、家禽为主，盛产猕猴桃、中药材。工业以农产品深加工为主。县道洗车河—石牌线过境。

桶车村［Tǒngchēcūn］　桶车乡人民政府驻地。在县政府驻地民安街道东北18千米。人口1500，其中土家族占40%。因有溪沟得名。为土家族语音译名。聚落呈团块状。有小学、卫生室、图书室、文化广场。农业以种植蔬菜、水稻为主。有农副产品加工业。有集贸市场。县道洗车河—石牌线经此。

大安乡［Dà'ān Xiāng］　龙山县辖乡。在县境北部。面积111平方千米。人口0.7万。以汉族为主，还有土家、苗、壮等民族。辖11村委会，有21自然村。乡人民政府驻大安坪村。1956年设大安乡。1958年改公社。1983年复乡。因乡政府驻地得名。有小学3所，卫生院1个，卫生室11个。有文化站、广播站、敬老院等。农业以种植水稻、蔬菜，养殖生猪、牛、羊为主，盛产药材、生漆、油茶。工业以农产品、中药材加工为主。为黑色金子林之乡。县道新场坳—乌鸦河线过境。

大安坪村［Dà'ānpíngcūn］　大安乡人民政府驻地。在县政府驻地民安街道东北42千米。人口1500。以土家族为主，还有汉、苗等民族。原因有千年楠木得名大楠坪、大烂坪，后因昔多匪患取楠、安谐音改今名。聚落呈团块状。有小学、卫生室、图书室、文化广场。农业以种植蔬菜、水稻为主。工业以农副产品、中药材加工为主。有集贸市场。县道新场坳—乌鸦河线经此。

水田坝乡［Shuǐtiánbà Xiāng］　龙山县辖乡。在县境东部。面积138平方千米。人口1.4万。以汉族为主，还有土家、苗、朝鲜等民族。辖12村委会，有17自然村。乡人民政府驻水田坝。1956年设水田乡。1958年改公社。1984年改水田坝乡。因乡政府驻地得名。有中学1所，小学14所，卫生院1个，卫生室8个。有文化站、广播站、敬老院等。有民俗三棒鼓、傩愿戏。农业以种植水稻、蔬菜，养殖生猪、牛、羊为主。工业以农产品深加工为主。省道龙山—桑植线过境。

水田坝村［Shuǐtiánbàcūn］　水田坝乡人民政府驻地。在县政府驻地民安街道东39千米。人口2100。以土家族为主，还有汉、苗等民族。聚落呈团块状。有小学、卫生室、图书室、文化广场。农业以种植蔬菜、水稻为主。工业以农副产品加工为主。服务业以餐饮、旅游为主。有集贸市场。省道龙山—桑植线经此。

乌鸦乡［Wūyā Xiāng］　龙山县辖乡。在县境北部。面积58平方千米。人口0.5万。以土家族为主，还有汉、苗、回等民族。辖6村委会，有13自然村。乡人民政府驻乌鸦河村。1956年设乌鸦乡。1961年改公社。1984年复乡。因乡政府驻地得名。有中学1所，小学2所，卫生院1个，卫生室2个。有文化站、广播站、敬老院等。有民俗土家族山歌、傩愿戏。农业以种植水稻、蔬菜，养殖生猪、牛、羊为主。工业以农产品、中药材加工为主。县道新场坳—乌鸦河线过境。

乌鸦河村［Wūyāhécūn］　乌鸦乡人民政府驻地。在县政府驻地民安街道东北49千米。人口1400。因河流周边形似乌鸦得名。聚落呈线状。有小学、卫生室、图书室、文化广场。农业以种植蔬菜、水稻为主。工业以农副产品、中药材加工为主。有集贸市场。县道新场坳—乌鸦河线经此。

猛必乡［Měngbì Xiāng］　龙山县辖乡。在县境东北部。面积52平方千米。人口0.4万。以土家族为主，还有汉、苗、回等民族。辖6村委会，有14自然村。乡人民政府驻猛必村。1956年设猛必乡。1961年改公社。1984年复乡。因乡政府驻地得名。猛必河流经。有中学1所，小学3所，卫生院1个，卫生室6个。有文化站、广播站、敬老院等。有民俗土家族山歌、三棒鼓。农业以种植水稻、蔬菜，养殖生猪、牛、羊为主。工业以农产品深加工为主。

猛必村［Měngbìcūn］　猛必乡人民政府驻地。在县政府驻地民安街道东北78千米。人口1100。以土家族为主，还有汉、苗等民族。为土家族语音译名，因多小竹子得名。聚落呈团块状。有小学、卫生室、图书室、文化广场。农业以种植蔬菜、水稻为主。有农副产品加工业。有集贸市场。

他砂乡［Tāshā Xiāng］　龙山县辖乡。在县境东南部。面积86平方千米。人口1万。以土家族为主,还有汉、苗、回等民族。辖12村委会,有25自然村。乡人民政府驻他砂村。1961年成立他砂公社。1984年改乡。因乡政府驻地得名。麻料河流经。有中学1所,小学7所,卫生院1个,卫生室12个。有文化站、广播站、敬老院等。有民俗摆手舞、打溜子、唱山歌、哭嫁歌。农业以种植水稻、蔬菜,养殖生猪、牛、羊、淡水鱼为主。工业以农产品深加工为主。县道农车—坡脚线过境。

他砂村[Tāshācūn] 他砂乡人民政府驻地。在县政府驻地民安街道东南74千米。人口1200。土家族聚居。为土家族语音译名。因处半山坡得名。聚落呈团块状。有小学、卫生室、图书室、文化广场。有明清古寨。农业以种植蔬菜、水稻为主。有农副产品加工业。有集贸市场。县道农车—坡脚线经此。

内溪乡[Nèixī Xiāng] 龙山县辖乡。在县境南部。面积93平方千米。人口1.5万。以土家族为主,还有汉、苗、壮等民族。辖14村委会,有23自然村。乡人民政府驻内溪棚村。1956年设内溪乡。1961年改公社。1984年复乡。因乡政府驻地得名。长潭河流经。有中学1所,小学13所,卫生院1个,卫生室12个。有文化站、广播站、敬老院等。有国家级非物质文化遗产梯玛歌。有民俗八宝铜铃舞、舞狮子灯。农业以种植水稻、蔬菜,养殖生猪、牛、羊、淡水鱼为主,盛产柑橘、桐油。工业以农产品深加工为主。省道龙山—花垣线过境。

内溪棚村[Nèixīpéngcūn] 内溪乡人民政府驻地。在县政府驻地民安街道南95千米。人口2200。以土家族为主,还有汉、苗等民族。传先民于溪内搭7茅棚得名内七棚,后演为今名。聚落呈团块状。有小学、卫生室、图书室、文化广场。农业以种植蔬菜为主。有农副产品加工业。有集贸市场。省道龙山—花垣线经此。

贾市乡[Jiǎshì Xiāng] 龙山县辖乡。在县境东南部。面积68平方千米。人口1.1万。以土家族为主,还有汉、苗、回等民族。辖12村委会,有31自然村。乡人民政府驻贾市村。1956年设贾市乡。1958年改公社。1983年复乡。因乡政府驻地得名。贾市河流经。有中学1所,小学7所,卫生院1个,卫生室12个。有文化站、广播站、敬老院等。有民俗摆手舞、茅古斯。农业以种植水稻、蔬菜,养殖生猪、牛、羊、淡水鱼为主,盛产柑橘、桃子。工业以农产品深加工为主。省道龙山—花垣线过境。

贾市村[Jiǎshìcūn] 贾市乡人民政府驻地。在县政府驻地民安街道西南98千米。人口2100。土家族聚居。传明代常遇春后嗣逃此改贾姓隐居,后形成集市,故名。聚落呈团块状。有小学、卫生室、图书室、文化广场。农业以种植蔬菜、水稻为主。有农副产品加工业。有集贸市场。省道龙山—花垣线经此。

街上村[Jiēshàngcūn] 在县政府驻地民安街道西南102千米。贾市乡辖自然村。人口1600。以土家族为主,还有汉、苗等民族。因处明清古街得名。聚落呈团块状。为省级历史文化名村。以明清木石结构建筑为主。农业以种植蔬菜、水稻为主。工业以农副产品加工为主。服务业以旅游、餐饮为主。

塔泥乡[Tǎní Xiāng] 龙山县辖乡。在县境东北部。面积87平方千米。人口0.7万。以土家族为主,还有汉、苗、回等民族。辖8村委会,有12自然村。乡人民政府驻塔泥村。1956年设塔泥乡。1961年改公社。1984年复乡。因乡政府驻地得名。有中学1所,小学11所,卫生院1个,卫生室7个。有文化站、广播站、敬老院等。有民俗打溜子、三棒鼓。农业以种植水稻、蔬菜、百合,养殖生猪、牛、羊为主。工业以农产品深加工为主。

塔泥村[Tǎnícūn] 塔泥乡人民政府驻地。在县政府驻地民安街道东南63千米。人口1200。以土家族为主,还有汉、苗、回、白等民族。为土家族语音译名。因处山后得名。聚落呈团块状。有小学、卫生室、图书室、文化广场。农业以种植蔬菜、水稻为主。有农副产品加工业。有集贸市场。

农车乡[Nóngchē Xiāng] 龙山县辖乡。在县境东南部。面积85平方千米。人口1.2万。以土家族为主,还有汉、苗、回等民族。辖14村委会,有33自然村。乡人民政府驻马蹄寨村。1958年成立农车公社。1984年改乡。2005年干溪乡并入。为土家族语音译名。因浑水多得名。几车河流经。有中学1所,小学8所,卫生院1个,卫生室14个。有文化站、广播站、敬老院等。有国家级非物质文化遗产土家族摆手舞。农业以种植水稻、蔬菜,养殖生猪、牛、羊、淡水鱼为主。工业以农产品深加工为主。209国道、县道农车—坡脚线过境。

马蹄寨村[Mǎtízhàicūn] 农车乡人民政府驻地。在县政府驻地民安街道东南49千米。人口1900。以土家族为主,还有汉、苗等民族。因老街上印记形似马蹄得名。聚落呈团块状。有小学、卫生室、图书室、文化广场、石板老街。农业以种植蔬菜、水稻为主。有农副产品加工业。有集贸市场。209国道、县道农车—坡脚线经此。

老兴乡[Lǎoxīng Xiāng] 龙山县辖乡。在县境南部。面积78平方千米。人口1万。以土家族为主,还有汉、苗等民族。辖10村委会,有24自然村。乡人民政府驻老兴场村。1956年设老兴乡。1958年改公社。1984年复乡。因乡政府驻地得名。湾潭河流经。有中学1所,小学6所,卫生院1个,卫生室10个。有文化站、广播站、敬老院等。有民俗吹木叶、打溜子、上梁歌。农业以种植水稻、蔬菜、百合,养殖生猪、牛、羊为主。工业以农产品深加工为主。省道龙山—花垣线过境。

老兴场村[Lǎoxīngchǎngcūn] 老兴乡人民政府驻地。在县政府驻地民安街道南70千米。人口1100。以土家族为主,还有汉、苗、回等民族。清末设圩场,取名新场,后寄寓兴旺发达改今名。聚落呈团块状。有小学、卫生室、图书室、文化广场。农业以种植蔬菜、水稻为主。有农副产品加工业。有集贸市场。省道龙山—花垣线经此。

贾坝乡[Jiǎbà Xiāng] 龙山县辖乡。在县境中部。面积61平方千米。人口1.1万。以土家族为主,还有汉、苗、回等民族。辖11村委会,有19自然村。乡人民政府驻贾家坝村。1956年设贾坝乡。1961年改公社。1980年复乡。因乡政府驻地得名。有中学1所,小学7所,卫生院1个,卫生室11个。有文化站、广播站、敬老院等。有民俗木偶戏、三棒鼓、莲花闹。农业以种植水稻、蔬菜,养殖生猪、羊为主,盛产柑橘、桃子、桐油。工业以农产品深加工为主。省道龙山—花垣线过境。

贾家坝村[Jiǎjiābàcūn] 贾坝乡人民政府驻地。在县政府驻地民安街道南55千米。人口1500。以土家族为主,还有汉、苗、回等民族。因贾姓聚居得名。聚落呈团块状。有小学、卫生室、图书室、文化广场。农业以种植蔬菜、水稻为主。工业以农副产品加工为主。服务业以餐饮、旅游为主。有集贸市场。省道龙山—花垣线经此。

咱果乡[Zánguǒ Xiāng] 龙山县辖乡。在县境西南部。面积106平方千米。人口1.1万。以土家族为主,还有汉、苗、回等民族。辖12村委会,有17自然村。乡人民政府驻咱果坪村。1956年设咱果乡。1958年改公社。1985年复乡。因乡政府驻地得名。有中学1所,小学5所,卫生院1个,卫生室12个。有文化站、广播站、敬老院等。有民俗土家族情歌、三棒鼓、民间小调。农业以种植水稻、蔬菜,养殖生猪、羊为主,盛产柑橘、桐油。工业以农产品深加工为主。省道龙山—花垣线过境。

咱果坪村[Zánguǒpíngcūn] 咱果乡人民政府驻地。在县政府驻地民安街道西南86千米。人口2100。以土家族为主,还有汉、苗等民族。为土家族语音译名。因昔多黄连木得名。聚落呈团块状。有小学、卫生室、图书室、文化广场。农业以种植蔬菜、水稻为主。有农副产品加工业。有集贸市场。省道龙山—花垣线经此。

茅坪乡[Máopíng Xiāng] 龙山县辖乡。在县境东南部。面积100平方千米。人口1.5万。以土家族为主,还有汉、苗、回等民族。辖14村委会,有31自然村。乡人民政府驻茅坪村。1956年设茅坪乡。1958年改公社。1984年复乡。因乡政府驻地得名。有中学1所,小学4所,卫生院1个,卫生室15个。有文化站、广播站、敬老院等。有民俗三棒鼓、桶子鼓。农业以种植水稻、蔬菜、百合,养殖生猪、牛、羊为主。工业以农产品深加工、建材加工为主。恩吉高速、209国道过境。

茅坪村[Máopíngcūn] 茅坪乡人民政府驻地。在县政府驻地民安街道东南22千米。人口1200。以土家族为主,还有汉、苗等民族。因坪生茅草得名。聚落呈团块状。有小学、卫生室、图书室、文化广场。农业以种植蔬菜、水稻为主。有农副产品加工业。有集贸市场。恩吉高速、209国道经此。

地域名

湘中[Xiāngzhōng] 湖南省中部地带通称。指雪峰山以东,武功山以西,阳明山以北,湘阴、益阳以南的湘江中下游一带,南岳衡山等之中部。包括益阳市、邵阳市、娄底市在内的广大地域。海拔500米以下的平岗,低丘广布,多宽阔盆地和谷地,有湘中丘陵之称。益阳市安化县是"中国黑茶之乡"。

湘东[Xiāngdōng] 湖南省东部地区通称。指株洲市区以东,罗霄山北段西麓,汨罗江、浏阳河、渌水、洣水中上游地区。东邻赣西。包括长沙、株洲、湘潭3市在内的区域。为海拔500—1000米的雁行山地,与低平宽阔的谷地相间。长沙是湖南省省会,国家级历史文化名城,湖南省政治、经济、文化中心;株洲市是长株潭城市群核心城市,中国老工业基地。湘潭市是毛泽东故乡。醴陵市陶瓷工业发达,攸县、茶陵县历以冶铁工业著称。秋收起义发生于此。茶陵县是中国第一个红色政权诞生的地方。

湘南 [Xiāngnán] 湖南省南部地区通称。指阳明山及其以南至粤、桂2省区边界的湖南省境。包括衡阳、郴州、永州3市在内的区域。山地连绵。五岭中越城、都庞、萌诸、骑田4岭逶迤于湘、桂和湘、粤边界,湘、赣间的万洋、诸广等山亦坐落其间。海拔1000—1500米,多盆地和谷地。湘江上游流贯。湘南起义发生于此,红军长征曾经过这里。

湘西 [Xiāngxī] 湖南省西部地区通称。指雪峰山以西、沅江中上游和澧水上游地区。北邻鄂西南、西界川、黔东,南临桂北。包括张家界市、怀化市、湘西土家族苗族自治州以及邵阳市西部诸县(绥宁等)在内的整个湖南西部地区。为省内土家、苗、侗、瑶多民族聚居区。主属中山、低山、丘陵区。大部分海拔1000米以上,多喀斯特地貌,有武陵源风景名胜区。矿产、森林资源丰富。桑植县是贺龙元帅故乡、红二方面军长征出发地,中央红军在通道侗族自治县转兵是实现长征伟大转折的开端,芷江侗族自治县为抗日战争胜利受降地。

湘北 [Xiāngběi] 湖南省北部地区通称。指长江中游以南,湘、资、沅、澧4水下游,洞庭湖水域及其周围地带。包括岳阳市、常德市在内的区域。北邻鄂南,东界赣西北,主属洞庭湖平原。海拔多在50米以下,港汊纵横,湖泊星罗棋布。素称鱼米之乡,为国家商品粮基地。有石油化工基地和岩盐重要矿区。平江起义发生于此,抗日战争期间中国军民于此抗击侵华日军,史称"湘北会战"。

旧地名

酃县 [Líng Xiàn] 在湖南省东南边陲,株洲市南部。宋嘉定四年(1211)析茶陵之康乐、霞阳、常平3乡置县,以汉酃县(今衡阳市区及衡南、衡东、攸县、安仁县一带)为县名。1994年因炎帝陵位于境内,更名炎陵县。

湘南行政区 [Xiāngnán Xíngzhèngqū] 在湖南省南部。1952年撤销衡阳、郴州、零陵3专区,合设湘南行政区(地级),区行政公署设衡阳市。辖原3专区所辖1市、26县,余茶陵、攸县2县划归湘潭专区。1954年撤销,恢复衡阳、郴州2专区。

大庸县 [Dàyōng Xiàn] 在湖南省西部。1914年永定县更名大庸县。1949年后先属永顺专署,后由湘西苗族自治州代管,再属湘西土家族苗族自治州。1985年改设大庸市(县级)。1988年大庸市升格为地级市。1994年更名为张家界市。

汝桂县 [Rǔguì Xiàn] 在湖南省东南部。1959年汝城、桂东2县合置汝桂县,属郴县专区。县政府驻地原汝城县城关镇。1961年恢复汝城、桂东2县建制。

蓝嘉县 [Lánjiā Xiàn] 在湖南省南部。1959年蓝山、嘉禾2县合置蓝嘉县,属郴州专区。县政府驻地设原蓝山县城关镇。1961年恢复蓝山、嘉禾2县建制。

芝山区 [Zhīshān Qū] 在湖南省南部。清咸丰三年(1853)零陵贡院曾长出灵芝草,得名芝城。1949年为零陵县城关区。1953年改名芝城镇。1966年改名东风镇。1979年零陵县析出东风镇置永州镇(县级),属零陵地区。1982年改名永州市(县级)。1995年撤零陵地区置永州市(地级),撤永州市(县级)设芝山区。2005年芝山区更名零陵区。

永明县 [Yǒngmíng Xiàn] 在湖南省南部。唐天授二年(691)营道县析置永阳县。天宝元年(742)更名永明县,以永明岭得名,县治在今白塔山附近。宋熙宁五年(1072)废县为镇,析允山、允平、文德、谢沐、永川、崇福6乡入营道县,兴化1乡入冯乘县(今江华县)。元祐元年(1086)复置永明县,县治迁今潇浦镇潇水南岸,属湖南道道州路总管府。元泰定三年(1326)县治移至潇水北岸。1956年江华县沱江区、桥头铺、大路铺区、白芒营区、沱江镇划入永明县,并取江华县的"江"、永明县的"永",更名江永县。

黔阳专区 [Qiányáng Zhuānqū] 在湖南省西南部。1954年芷江专区改称黔阳专区,辖洪江1县级市,黔阳、芷江、绥宁、靖县、会同、晃县、怀化、麻阳、辰溪、沅陵、溆浦11县和通道侗族自治县。专署驻黔阳县。1958年绥宁县划归邵阳专区,撤靖县。1961年设安江市,复设靖县。1962年撤安江市。1963年撤洪江市。1968年黔阳专区更名黔阳地区。1975年黔阳地区移治怀化县城。同年建立怀化县怀化镇(副县级)。1979年怀化镇升怀化市,同年恢复洪江市。1981年黔阳地区更名怀化地区。

黔阳县 [Qiányáng Xiàn] 在湖南省西南部。宋元丰三年(1080)置黔阳县,治今洪江市黔城。历代属沅州。1922年直属湖南省。1949年县治驻安江镇,属会同专署。1962年辖4镇、4区。1985年黔城乡(除小江村外)划归洪江市。1997年与洪江市合并设立新的洪江市。

晃县 [Huǎng Xiàn] 在湖南省西部。清嘉庆二十二年(1817)置晃州直隶厅。1913年废厅置晃县。1929年县治迁新晃城。1956年与芷江县部分地域合并设新晃侗族自治县,先后属会同专区、黔阳地区、怀化地区。1997年属怀化市。

乾城县 [Qiánchéng Xiàn] 在湖南省西部。清康熙四十三年(1704)置乾州厅,治今吉首市乾州街道。1913年废厅置乾县,辖城区及东、西、南、北4乡。因与陕西省乾县同名,1914年改名乾城县,属辰沅道。1949年属沅陵专区。1952年属湘西苗族自治区。1953年更名吉首县。

永绥县 [Yǒngsuí Xiàn] 在湖南省西部。清雍正八年(1730)设六里同知,十年(1732)改为永绥厅,治吉卫吉多坪。嘉庆二年(1797)升永绥厅为直隶厅,七年(1802)厅治迁花垣(今县城)。1913年改永绥直隶厅为永绥县,属辰沅道。1953年更名花垣县,治今花垣县花垣镇。

广东省

广东省［Guǎngdōng Shěng］ 简称粤。北纬 20°09′—25°31′，东经 109°45′—117°20′。在中国南部偏东，东邻福建省，北接江西、湖南 2 省，西连广西壮族自治区，南临南海。珠江口东西两侧分别与香港特别行政区、澳门特别行政区接壤，西南部雷州半岛隔琼州海峡与海南省相望。陆地面积 17.97 万平方千米，其中岛屿 1448 平方千米。人口 8886.88 万。以汉族为主，还有壮、瑶、畲、回、满等民族。辖广州、韶关、深圳、珠海、汕头、佛山、江门、湛江、茂名、肇庆、惠州、梅州、汕尾、河源、阳江、清远、东莞、中山、潮州、揭阳、云浮 21 地级市，共 61 市辖区、21 县级市、34 县、3 自治县。省会广州。

春秋、战国为百越地，粤同越，故简称粤。秦南海郡治番禺，余属桂林、象、长沙、九江郡。秦末汉初(前 206—前 111)岭南 3 郡自立南越国，都番禺。西汉元鼎六年(前 111)置交趾刺史部，辖南海、合浦、苍梧、儋耳、珠崖郡。东汉建安八年(203)交趾刺史部改交州。三国吴黄武五年(226)析交州东部置广州，辖南海、广兴、高凉、苍梧郡。隋初废郡，置 11 州。大业初废州复郡。唐于广州置岭南道，辖 27 州。五代为南汉国(917—971)。北宋开宝四年(971)置广南路。端拱元年(988)分东、西两路。广东系广南东路简称。元至元十五年(1278)置广东道宣慰司，隶江西行中书省，而高、化、雷州属海北海南道，隶湖广行中书省。明洪武二年(1369)改广东道宣慰司为广东等处行中书省，九年改广东承宣布政使司，清改广东省。顺治四年(1647)设 6 道、94 县。1925 年中华民国政府在广州成立，全省设广州、北江、东江、西江、南路、海南 6 行政区。1949 年广东省人民政府成立。1950 年全省解放，设汕头、湛江、韶关、佛山、江门、海口、北海 7 地级市，潮汕、兴梅、东江、珠江、西江、粤中、高雷、钦廉、北江 9 专区和海南行政区，广州为中央直辖市。1952 年钦州专区 4 县及北海市划归广西，广西怀集县划归广东。1954 年改广州市为省辖市。1955 年钦州专区 4 县及北海市划归广东。1965 年钦州专区 4 县和北海市复归广西。1988 年海南行政区析出置海南省后成今境，同年广东开始取消地区设置，另设 18 地级市(后增至 21 地级市)，全面实行地级市管县体制，沿用至今。

广东历史是土著百越族与中原汉族长期融汇、创新的过程，地名具岭南色彩，独树一格。带有涌、冲、朗、坭、坜、塝、㙟(na 去声)、滘(jiao 去声)、沥、氹(dang 去声)等字为首尾的多为粤语地名，带有厝、垵、坂或阪、墘、社、戙、汕等字的多为闽南语地名，带有嶂、埤、背、崀(lang 入声)、叙、礤等字的多为客家语地名。全省较通用的代表性地名有澳、涌、滘、圳、磜、莆、洋、寮等。澳指可泊船海岸边，有澳头、南澳等。涌指河流，读作 chōng，不读 yǒng，如广州东濠涌、三水芦苞涌等。滘、滘指水沟，在粤方言中读 gaau(广州话拼音方案)而不读 jiào(汉语拼音)，有广州新滘、东滘、顺德北滘、东莞道滘等。圳指田边小水沟，如深圳、南海梅圳等。磜指山间水滨，有磜下、小磜、白水磜等。莆与朗、浪同音同义，指沼泽地或滩涂，如中山沙莆、南莆、东莞大朗等。洋指较大的平原田地，如汕头牛田洋、阳西上洋、遂溪洋青等。寮同寮，指小草屋，有大埔湖寮、徐闻新寮等。广东西南部有不少地名是专名与通名倒置，似是古越语地名的遗留。如徐闻的迈陈、迈墩、那练、那松、六黎、禄家、调禄、南陈、南洋、包西，海康的那里、那双、调风、调错、迈进、迈港、六内、禄高、南兴、包金、纪边，湛江的调逻、罗坑、六坑等。古越语迈指木，那指田，六(禄、里)指谷，调指坡地，南指水，板(边)指村或屋，抱(包、宝、报)指聚落，洞指山间盆地，罗指山谷或山坡，古指村寨，其含义与汉语完全不同。古越人对鸟类崇拜，特别是鹤、鸡字地名不少。狗也是古越人崇拜对象，广东带狗字地名很多。古越语狗音麻或马(ma)，故广东西南部带麻或马字地名常见。广东地名还以体现湿热生态环境而有别于他省。以荔枝、龙眼、蕉、蔗、蔡、榕、藤、竹和南蛇、燕窝等植物、动物做地名者亦不少见。与水体有关的地名通名更多，有江、河、川、溪、水、涌、冲、沟、圳、沥、滘、濠、涵、湖、塘、潭、池、凼、海、洋、湾、澳、港等。与水有关的人工建筑物为地名通名的有围、桥、渡。广东地表起伏较复杂，用作山丘地名通名的有山、岭、丘、峰、岗、顶、嶂、岽、崆、尖、笔、脑、髻、崒、坪等。广东地名又是岭南千秋风雨的实录。如仁化县唐代取意"仁德感化"，南雄县南汉称雄州取意"州独雄名，盖以其控扼辟蛮，襟会两粤"，从化县明代取意"远民归化"，平远取意"平定远方"，龙门县横龙清代改"永清"、民国初改"永汉"。与历代进军岭南驻守或屯田的地名有所、堡、军、营等字，如汕头所城，湛江军堡、营仔等。西江北岸隋置的端州，北宋端王(徽宗)登基后即升为兴庆军，后赐名肇庆府，皆为发祥之地。唐置康州，也因南宋康王(高宗)登基而改为德庆府。阳江市海陵岛是宋太傅张世杰赴海死后尸骨埋于此得名。湛江硇洲岛宋皇村，是宋末帝赵昰病死之地。新会崖山则是陆秀夫负少帝赴水而结束宋朝之地。虎门之名与鸦片战争连在一起。广州三元里、花都新华镇之秀全大道、广州黄花岗、起义路、先烈路、六二三路、南澳岛的黄花山、珠海市的桂山岛等地名，都留下了广东人民为中华民族新生而斗争的史迹。中山市及以中山命名的街道、公园，是对民主革命先驱孙中山先生的怀念。解放路、人民路是中华人民共和国成立后的地名。改革开放以来，开发区、工业区、庄园为通名的地名不断出现，显示经济生机勃勃发展的景象。

广东北依南岭，南临南海，陆地似宽底边三角形。境内山丘广谷交错。山地、丘陵、台地和平原分别占全省土地总面积 33.7%、24.9%、14.2%和 21.7%，河流、湖泊等只占全省土地总面积 5.5%。地势总体北高南低，北部多山地和高丘陵，最高峰石坑崆海拔 1902 米，位于阳山、乳源与湖南省交界处；南部则为平原和台地。广东省属东亚季风区，从北向南分别为中亚热带、南亚热带和热带气候，为全国光、热、水资源较丰富地区，且雨热同季，降水主要集中在 4—9 月。全省年均气温 21.8℃，1 月平均气温 13.3℃，7 月平均气温 28.5℃。年均降水量 1789.3 毫米，分布不均，呈多中心状。年无霜期 300—355 天。境内河流众多，以珠江流域(东江、西江、北江和珠江三角洲)及独流入海的韩江流域和粤东沿海、粤西沿海诸河为主，集水面积占全省面积 99.8%，其余属长江流域的鄱阳湖和洞庭湖水系。全省流域面积在 100 平方千米以上的各级干支流有 542 条(其中集水面积在 1000 平方千米以上的有 62 条)，独流入海河流 52 条，较大的有韩江、榕江、漠阳江、鉴江、九洲江等。全省多年平均水资源总量 1830 亿立方米，其中地表水资源量 1820 亿立方米，地下水资源量 450 亿立方米。已查明资源储量的矿产有 101 种，其中能源矿产 7 种，黑色金属矿产 4 种，有色金属矿产 11 种，贵金属矿产 2 种，稀有稀土及分散元素矿产 15 种，冶金辅助原料矿产 8 种，化工原料矿产 9 种，建材及其他非金属矿产 41 种，水气矿产 4 种。保有资源储量居全国前 3 位的有 26 种，居全国第一位的有铌钽、碲、高岭土、建筑用花岗岩、水泥用粗面岩、建筑用大理岩、泥炭。全省沿海沙滩众多，红树林分布广、面积大，在大陆最南端的灯楼角有全国唯一的大陆缘型珊瑚礁。有野生植物 6135 种，其中国家一级保护野生植物有仙湖苏铁、南方红豆杉等 7 种，二级保护野生植物有桫椤、广东松、白豆杉、樟、凹叶厚朴、土沉香、丹霞梧桐等 48 种。在植被类型中有地带性植被北热带季雨林、南亚热带季风常绿阔叶林、中亚热带典型常绿阔叶林、沿海热带红树林。有陆生脊椎野生动物 774 种，其中国家一级保护野生动物有华南虎、云豹、熊猴、中华白海豚等 22 种，二级保护野生动物有金猫、水鹿、穿山甲、猕猴、白鹇(省鸟)等 95 种。有全国重点文物保护单位 98 个，省级文物保护单位 475 个。有国家级科研单位 4 个。有以深圳光启、华大基因、东阳光药业等为代表的源头性创新新型研发机构，以深圳清华大学研究院、中国科学院先进制造技术研究院、东莞华中科技大学研究院为代表的、以产学研协同创新为特色的新型研发机构。有国家重点实验室 21 个，省、部共建国家重点实验室培育基地 6 个。中国(东莞)散裂中子源、中微子实验室(二期)等大科学工程，依托中国(广州)超算中心启动建设"国家大数据科学研究中心""加速器驱动嬗变系统研究装置""强流重离子加速装置"等国家重大科技基础设施落户广东。有中山大学、华南理工大学、暨南大学、华南师范大学等高校141所(含独立学院)。有广东省博物馆、西汉南越王博物馆、深圳博物馆等国家一级博物馆4个,国家二级博物馆20个,国家三级博物馆25个。有广东省立中山图书馆、广州图书馆、深圳图书馆等国家一级公共图书馆66个,二级30个,三级27个。有广东省粤剧院、广州话剧团、广东潮剧院等全国知名艺术团体16个。有广东省人民医院、中山大学第一附属医院、南方医科大学南方医院等三级医院132个。有广州、佛山、肇庆、潮州等国家历史文化名城7座、省级历史文化名城16座,中国历史文化名镇名村37个,中国传统村落91个,省级历史文化街区16个。有世界文化遗产开平碉楼与古村落,联合国教科文组织人类非物质文化遗产粤剧、岭南派古琴、广东剪纸、陆丰皮影。有国家级非物质文化遗产粤剧、潮剧、高州木偶戏等147项,省级非物质文化遗产525项。有国家5A级旅游景区广州市长隆旅游度假区、深圳市华侨城旅游度假区、清远市连州地下河等10个,国家4A级旅游景区149个,国家3A级旅游景区97个。有主要红色旅游景区(点)92个。三次产业比例5∶46∶49。农业以水稻、番薯为主要粮食作物。北部山区为林业基地,产杉木、松香、竹子、桂皮、油茶籽。沿海平原产水稻、甘蔗、荔枝、龙眼、香蕉、柑橘、花卉、蔬菜、禽畜、鱼类。潮汕平原和珠江三角洲的桑基鱼塘、蔗基鱼塘为集约化生态农业区。雷州半岛为热带作物和糖蔗基地。香蕉、荔枝、龙眼、菠萝为岭南四大名果。广东是全国海洋水产大省。雷州半岛养殖海水珍珠产量居全国首位。家用电器、电子、服装、玩具、建材、食品、纺织和制鞋业发达。有茂名和广州石油化工厂。广东是中国综合改革试验区,有深圳、珠海、汕头3个经济特区,广州、湛江、广州南沙、惠州大亚湾、增城、珠海6个国家级经济技术开发区。深圳国家自主创新示范区为中国首个以城市为基本单元的国家自主创新示范区。有国家级高新区10个、省级高新区13个。以广州为核心的珠江三角洲是中国南方最大的商贸、金融、信息中心。中国出口商品交易会设在广州。有白金五星级酒店1家,五星级酒店118家,四星级酒店184家,三星级酒店589家。京广、广九、广三、三茂、河茂、黎湛、广梅汕铁路,105、106、107、205、206、207、321、323、324、325等国道,95条省道过境。珠江等内河通航里程1万多千米。有江门、三埠、肇庆、中山、太平、莲花山、容奇等内河港口与香港直通客货轮。黄埔、湛江等是中国主要远洋运输港口,广州远洋运输公司船舶已通航131个国家和地区的1044个港口。广州、汕头等主要港口向外轮开放。广州白云机场是中国南方著名航空港,有民航航线69条,其中国际航线13条。

广州 [Guǎngzhōu] 简称穗。古称楚庭,又"羊城、花城"。广东省省会。在广州市境中部,珠江三角洲北部。面积1035平方千米。人口556.1万。以汉族为主,还有壮、土家、苗、瑶、回等民族。三国吴黄武五年(226)孙权为了便于统治岭南,决定交广分治,广州之名由此而来。城市发展自任嚣、赵佗建筑番禺(广州)城垣开始至明代,共有5次大型修缮扩建,宫殿、寺庙、房屋建筑及园林绿化相应发展,水利建设建有六脉渠等防洪排水设施。1840年鸦片战争后,城市建设受西方影响,开始拆城墙筑马路,建设市内道路桥梁,建设制糖、机器、电力、水泥、纺织、自来水等工厂。同时建设一批融合东西方建筑艺术风格的建筑物,如中山纪念堂、中山图书馆、市府大楼、中山大学校舍等。1978年后先后兴建大北立交桥、区庄立交桥、海印大桥、人民南路人行天桥、六二三路高架路、环城高速公路、天河体育中心、江南大酒店、太阳岛水上乐园、东方乐园、白云索道、番禺洛溪大桥、大坦沙污水处理厂等一大批在国内处于领先地位的建设项目。绿化覆盖率41.5%。已形成"四线三圈,两轴一带"的现代国际大都市商业格局。以东、西、南、北4方向的地铁、轻轨和快速干道交通放射线为基础,重点建设3商业圈层:以老城区传统商业中轴线、新城区现代商业中轴线和珠江滨水带为核心,建设集文化历史、休闲娱乐、商旅互动、滨水景观等于一体的国家重要中心城市。广州中心区为复合型城市核心区域,融中央商务区、高新技术研发区于一体。中央商务区以珠江新城为核心,发展金融、保险、信息等现代服务业;高新技术研发区以广州科学城、天河软件园、南沙资讯园为中心,与南部沿海港、北部空港共同形成以电子信息、生物医药为龙头的高新技术产业群。东部为工业区,发展高新技术产业和传统制造业,聚集石化、汽车、电子、机械装备等工业产业。南部为工业、科教区,以位于番禺区的广州大学城为中心,汇聚中山大学、华南理工大学、华南师范大学、广东工业大学等高校。广州为中国历史文化名城,有全国重点文物保护单位28个。是中国对外贸易的现代重要港口城市,国际商贸中心和综合交通枢纽。广州地处三江汇合之处,濒临南海,陆海空立体交通发达。是中国南方的重要门户,华南地区最大的综合性交通枢纽。其中,白云国际机场是中国内地三大门户复合枢纽机场之一,累计开通国内、国际航线278条,其中定期国际(地区)航线128条,国内航线150条;联邦快递亚太转运中心共有货运航线18条。是全国铁路网南端的铁路枢纽,有京广、广茂、广深线,武广客运专线、广珠城际线、广深港客运专线等。也是本省公路网的中心,经过广州的高速有广深、广佛、广清、广珠、广惠、京珠、广肇线。广州地铁现已建成开通1—5号线、6号线首期、8号线、APM线及广佛线首通段等9条、260千米线路(含广佛线佛山段14.8千米),还有海珠区环岛新型有轨电车试验段7.7千米。线网总里程居全国第三、世界前十位。

广州市

广州市 [Guǎngzhōu Shì] 广东省辖副省级市。北纬22°26′—23°56′,东经112°57′—114°03′。在省境中部偏南。面积7434平方千米。户籍人口842.4万,常住人口1308.1万。以汉族为主,还有壮、土家、苗、瑶、回等民族。辖越秀、荔湾、海珠、天河、白云、黄埔、番禺、花都、南沙、从化、增城11区。市人民政府驻越秀区。三国吴黄武五年(226)析交州置广州,广州之名始此。交州治所为广信县(今梧州一带),故名。隋开皇九年(589)改广州总管府。仁寿元年(601)改番州。大业三年(607)改南海郡。唐武德七年(624)设广州都督府。南汉乾亨元年(917)改兴王府。宋开宝四年(971)复广州。元至元十六年(1297)置广州路。明洪武元年(1368)设广州府。清因之。1912年撤府。1921年设广州市。1930年1月改广州特别市,直隶中央;8月改广州市,属广东省。1947年改国民政府行政院院辖市。1949年后为中央直辖市。1954年改地级市,由广东省管辖。1984年为国家计划单列市。1993年取消单列。1994年定为副省级城市。东北为中低山区,中为丘陵盆地,南为沿海冲积平原。最高峰天堂顶海拔1210米。属南亚热带海洋性季风气候带。年均气温22.4℃,1月平均气温13℃,7月平均气温28.7℃。年均降水量1800毫米。年均无霜期355天。流溪河、白坭河、增江流经。有矿产资源花岗岩、灰岩、陶瓷土、盐矿、芒硝、霞石正长岩、萤石、大理石、矿泉水、热矿水等。森林覆盖率42%。有中央属自然科学和技术领域研究与开发机构22个,省属机构58个。有高校80所,普通中学500所,小学938所,三级医院45个,国家一级文化馆13个。有全国重点文物保护单位三元里平英团遗址、黄花岗七十二烈士墓、广州农民运动讲习所旧址、光孝寺、陈家祠堂等29个,省级文物保护单位42个。有全国爱国主义教育基地广州起义烈士陵园、三元里人民抗英斗争纪念馆、毛泽东同志主办农民运动讲习所旧址、黄花岗七十二烈士墓园、黄埔军校旧址纪念馆、中共三大会址纪念馆。有名胜古迹南海神庙、镇海楼、华林寺、三元宫、五仙观、纯阳观、都城隍庙、清真先贤古墓、黄埔古村、留耕堂、正果寺、何仙姑井、资政大夫祠等。有人类非物质文化遗产岭南古琴、粤剧,国家级非物质文化遗产牙雕等18项,省级非物质文化遗产广绣、广彩、玉雕、木雕等42项。有国家5A级旅游景区白云山。三次产业比例1∶34∶65。农业以种植水稻、玉米、番薯、大豆,养殖生猪、家禽、淡水产品为主。工业以汽车、电子产品制造为主。有国家级经济技术开发区3个。有中新广州知识城、广州空港经济区。服务业以旅游、商贸为主。有公路9219千米,高速852千米,内河航道855千米。京广、广茂、广深铁路,广珠城际铁路,广深、广佛、广清、广珠、广惠、京珠、广肇高速过境。有白云国际机场,国内航线150条,国际(地区)航线128条。

东山 [Dōngshān] 在市区中部。东临保安前街,南至新河浦涌,西邻菜园西,北邻三育路、竹丝岗。原为山丘荒地。清末民初,外国传教士、华侨、国民政府军政要员及达官贵人相继来此购地建房,办教堂、教会、学校、医院。春园、简园、逵园、明园为代表性建筑。因东山寺得名。《番禺县续志·舆地志·山脉》载,城东三里曰东山。为城区主要商业中心之一。有东山百货大楼、铁路工人文化宫、电信大厦、市第七中学、培正中学、中国共产党第三次全国代表大会会址等。有龟岗、署前路商业街。地铁1、6号线过境。通公交车、电车。

西关 [Xīguān] 在市区西部。东起人民路,南、西至珠江边,北至西华路。原为西关小平原,分上、下西关。上西关以手工业为主,下西关以商业为主。隋起历为重要码头、口岸所在。因近西城墙门得名。为岭南文化典型区。有詹天佑故居纪念馆、荔湾湖公园、锦纶会馆、海关博物馆、邮政博物馆、粤剧艺术博物馆、十三行历史博物馆、广州文化公园。有古迹陈家祠、沙面风情建筑群、华林寺、西关大屋等。有景点白鹅潭、上下九步行街。有节庆迎春花市、三月三·荔枝湾、五月五·龙船鼓、黄大仙庙会、生菜会、西关美食节等。地铁1、6、8号线过境。通公交车。

三元里［Sānyuánlǐ］ 在市区中部。东接白云山西麓，南至解放北路、三元里大道交会处，西至三元里大道、广园西路，北至矿泉游泳场。20世纪80年代以来发展成繁华市区。因明代有三元市得名，"三元"指天、地、人。商业、餐饮、旅业发达。有古村落三元里村，村北有三元古庙，以该古庙为主体的三元里平英团旧址为全国重点文物保护单位，建有三元里人民抗英斗争纪念馆、三元里人民抗英烈士纪念碑。城市主干道纵横。高速过境设出入口。地铁2号线过境。

小谷围［Xiǎogǔwéi］ 在市区中部。东接长洲岛，与琶洲岛、瀛洲生态公园隔江相望，南至珠江后航道，西邻洛溪岛，北邻广州国际生物岛。五代十国为南汉帝王狩猎场。2000年起建设广州大学城，渐成广州科教核心区。因岛四面环水，如水束箍桶得名小箍围，以谐音演为今名。有中山大学、广州中医药大学、华南理工大学、广州美术学院、广州大学、星海音乐学院、华南师范大学等高校。有岭南印象园、胜广梁公祠、红头船、天后宫等景点。经济有餐饮、零售、酒店服务业等。南沙港快速干线过境。

广园西路［Guǎngyuán Xīlù］ 在市区中部。东起广园中路，西至环市西路。与华园路、机场路等相交。长2.5千米，宽54米。混凝土路面。20世纪四五十年代建广源路，1987年改扩建。因始于广州、终于黄埔夏园得名。两侧有广州美博城、广州技术师范大学、凯达大厦等。地铁2号线经此设站。通公交车。

广园中路［Guǎngyuán Zhōnglù］ 在市区中部。东起广园东路，西至广园西路。长4千米，宽24—48米。沥青路面。原为广源路，1987年改扩建。因处广园路中段得名。两侧有三元古庙、广州中医药大学、白云山麓湖景区、白云区政府等。通公交车。

环市西路［Huánshì Xīlù］ 在市区中部。东北起解放北路，西南至东风西路。与人民北路、站前路、广园西路、西湾路、西增路等相交。长2.7千米，宽60米。沥青路面。1965年建，1970年扩建。因属环市干道西段得名。两侧有草暖公园、广州站、省汽车客运站、流花邮局、流花宾馆、华兴酒店等。通公交车。

康王北路［Kāngwáng Běilù］ 在市区中部。南起中山七路，北至西华路。与小梅大街、芦荻街、龙源新街、康王中路等相交。长0.7千米，宽35.8米。沥青路面。2000年开工，2001年建成。原名世纪南路，因临康王庙更今名。两侧有华业大厦、流花广场等。通公交车。

人民北路［Rénmín Běilù］ 在市区中部。南起人民中路，北至环市西路。与流花路、东风西路、中山六路、中山七路相交。长2.3千米，宽27米。水泥路面。原为广州西侧城墙，1929年拆建为长庚路，1966年与虎长路合称人民北路。两侧有幼儿园、快餐店等。地铁1号线经此设站。通公交车。

鹤洞路［Hèdòng Lù］ 在市区西部。南起花地大道，北至白鹤洞码头。与花地大道、芳村大道相交。长1.9千米，宽33.1米。沥青路面。原为广中公路，1991年改建城市道路。因白鹤洞片区得名。两侧有荔湾区医院、广钢医院、培英中学等。通公交车。

中山大道东［Zhōngshān Dàdào Dōng］ 在市区东部。东起莲溪桥，西至港湾路天桥。与中山大道西、车陂路、珠吉路等相交。长28千米，宽26.5米。沥青路面。1982年建成。是中山大道以东路段，故名。两侧有黄埔区教育局、瓦壶岗公园等。中山大道快速公交试验线经此。

广州地铁1号线［Guǎngzhōu Dìtiě 1 Hào Xiàn］ 在市境中部。从西塱站至广州东站。途经林和西、体育西路、杨箕、东山口等14站。长18.5千米。1993年开工，1997年建成运营。连接多个地铁线路，可完成广州至佛山各地快速换乘。

广州地铁2号线［Guǎngzhōu Dìtiě 2 Hào Xiàn］ 在市境西部。从广州南站至嘉禾望岗站。途经体育中心、黄边、江夏、萧岗等22站。长32千米。1998年开工，2002年建成，同年正式运营。

广州地铁3号线［Guǎngzhōu Dìtiě 3 Hào Xiàn］ 在市境中部。分2段，一段南北走向，从体育西路至机场北共15站。另一段东西走向，从番禺广场至天河共16站。途经岗顶、石牌桥、珠江新城、广州塔等14站。长36.9千米。2001年开工，2005年建成运营。

广州地铁4号线［Guǎngzhōu Dìtiě 4 Hào Xiàn］ 在市境东部。从南沙客运港站至黄村站。途经东涌、低涌、海傍、石碁、官桥等22站。长46.7千米。2003年开工，2005年建成运营。

广州地铁5号线［Guǎngzhōu Dìtiě 5 Hào Xiàn］ 在市境中部。从滘口站至文冲站。途经大沙东、大沙地、鱼珠、三溪等22站。长40.5千米。2004年开工，2009年建成运营。

广州地铁6号线［Guǎngzhōu Dìtiě 6 Hào Xiàn］ 在市境中部。从浔峰岗站至香雪站。途经东湖、团一大广场、北京路、海珠广场、一德路等30站。长42.1千米。2005年开工，2013年建成运营。

广州地铁8号线［Guǎngzhōu Dìtiě 8 Hào Xiàn］ 在市境中部。从滘心站至万胜围站。途经琶洲、新港东等26站。长14.8千米。1998年开工，2003年2号线晓港—琶洲段建成运营。2005年万胜围路段建成运营。2010年2号线晓港—琶洲段转为8号线。

珠江新城旅客自动输送系统［Zhūjiāng Xīnchéng Lǚkè Zìdòng Shūsòng Xìtǒng］ 在市境中部。从林和西站至广州塔站。途经海心沙、大剧院、花城大道、妇儿中心、黄埔大道、天河南、体育中心南7站。长3.9千米。2006年开工，2010年开通运营。2011年APM线一期7列全部运行。

广州有轨电车线［Guǎngzhōu Yǒuguǐ Diànchēxiàn］ 在市区中部。从广州塔站至万胜围站。途经11站。长7.7千米。2013年开工，2014年建成运营。为广州有轨电车试行线路。

广珠城际铁路［Guǎngzhū Chéngjì Tiělù］ 简称广珠城轨。为广东省境第一条轻轨，客运专线铁路，沿线设18站。由北向南依次经广州、佛山、江门、中山、珠海。广州南站—珠海站长115.7千米。2005年开工，2012年全线通车。

越秀区

越秀区［Yuèxiù Qū］ 广州市人民政府驻地。在市境中部。面积34平方千米。人口117.1万。辖18街道。区人民政府驻北京街道。1950年设越秀区。1952年改北区。1960年中区部分地域并入北区，复改越秀区。2005年东山区并入。因越秀山得名。先后改造农林下路、海珠路、府学西路、太和岗道路、大佛寺北广场，建成东山大街绿化广场、广州老字号一条街等。处白云山、瘦狗岭丘陵区与珠江三角洲过渡地带。平均海拔11.6米。东濠涌、沙河涌、新河浦涌流经。有流花湖、东山湖、麓湖等。有高校9所，电大2所，中职1所，高中13所，初中11所，小学54所，三级医院15个，二级医院4个。有全国重点文物保护单位毛泽东同志主办农民运动讲习所旧址、黄花岗七十二烈士墓等16个，省级文物保护单位20个。有国家4A级旅游景区越秀公园、中山纪念堂、黄花岗公园、西汉南越王博物馆、烈士陵园、广州动物园、广东美术馆。二、三产业比例2∶98。工业以水生产和供应、印刷为主。服务业以商贸、金融、健康医疗、文化产业为主。有流花工业品、一德、北京路等商圈。有五星级酒店5个，四星级13个。广九、京广铁路，地铁1、2、5、6号线过境。有省汽车总站。通多路公交车。

海珠广场［Hǎizhū Guǎngchǎng］ 在城区西南部。面积3.5万平方米。1951年开工，1954年建成。因处海珠桥北岸得名。北侧有广州解放纪念像。有羊城八景之珠海丹心。周边有广东贸易中心大厦、广州宾馆、华厦大酒店等。地铁2、6号线经此。通公交车。

英雄广场［Yīngxióng Guǎngchǎng］ 在城区中部。面积12500平方米。2009年开工，2011年建成。为纪念黄花岗起义革命先烈得名。栽植木棉、罗汉松、垂榕、灌木，配以平台。有自鸦片战争以来反帝反封建斗争事迹雕塑群。有石凳、健身路径、停车场等。周边有文昌宫、碑亭、广州起义烈士陵园。地铁1号线经此。通公交车。

解放北路［Jiěfàng Běilù］ 在区境中部。南起中山五路，北至三元里大道。与解放中路、环市西路、环市中路、流花路、盘福路等相交。长2.9千米，宽16—36米。沥青路面。1930年开工，同年建成。为纪念广州解放得名。两侧有越秀公园、酒店、象岗山南越王墓、迎宾馆等。地铁2号线经此设站。通公交车。

环市东路［Huánshì Dōnglù］ 在区境东北部。东起水荫路，西至麓湖路。与环市中路、天河路、先烈南路、先烈中路、建设六马路相交。长4千米，宽40米。沥青路面。1958年开工，同年建成。为环市路东段，故名。两侧有广东工业大学、广州动物园、省财政厅、酒店、世贸中心等。地铁5、6号线经此设站。通公交车。

东风东路［Dōngfēng Dōnglù］ 在区境东部。东起中山一路，西至越秀北路。与东风中路、先烈南路、梅东路、农林下路、广州大道中相交。长3.8千米，宽30米。沥青路面。原为清代天官里、二牌楼、天平街、德宣街等古街巷，1920年改建马路，统称德宣东路。1967年更名东风三路，1981年扩建。两侧有广州起义烈士陵园、广东社会科学大学、中山大学北校区、中山大学附属肿瘤医院、执信中学等。地铁5、6号线经此设站。通公交车。

东风中路［Dōngfēng Zhōnglù］ 在区境中部。东起越秀北路，西至连新路。与东风西路、小北路、解放北路、吉祥路、正南路相交。长1.5千米，宽28米。沥青路面。清代已成道路，1981年扩建。因处东风路中段得名。两侧有省政府、检察院、中山纪念堂等。地铁2号线经此设站。通公交车。

中山五路［Zhōngshān 5 Lù］ 在区境西部。东起北京路，西至解放北路。与中山六路、中山四路、解放中路、广州起义路、吉祥路等相交。长637米，宽16米。沥青路面。原为清代惠爱大街，1919年建成马路，改名惠爱中路，1948年更今名。为纪念孙中山得名。两侧有商业广场、文盛汇力大厦等。地铁1号线经此设站。

通公交车。

中山四路［Zhōngshān 4 Lù］　在区境中部。东起越秀北路，西至北京路。与中山五路、中山三路、文德路、德政北路、德政中路等相交。长1千米，宽15米。沥青路面。1918年建惠爱东路，1948年更今名。为纪念孙中山得名。两侧有广州农民运动讲习所旧址、广东实验学校、市文化局、成人教育局等。地铁1号线经此设站。通公交车。

中山二路［Zhōngshān 2 Lù］　在区境东部。东起农林下路，西至东川路。与中山三路、中山一路、东华北路相交。长960米，宽12—13.5米。沥青路面。1925年建马路，称百子路，1948年为纪念孙中山更今名。两侧有省医院、中山医科大学及其附属第一医院、省邮电局、冶金总公司、酒店等。地铁1号线经此设站。通公交车。

中山一路［Zhōngshān 1 Lù］　在区境东部。东起广州大道中，西至农林下路。与中山二路、东华北路、达道路、梅东路、黄埔大道西相交。长1.8千米，宽13米。沥青路面。1925年建中山公路，1948年改建。为纪念孙中山得名。两侧有吉林大厦、省计生委、广东供电大楼等。地铁5号线经此设站。通公交车。

中山六路［Zhōngshān 6 Lù］　在区境西部。东起解放中路，西至人民中路。与中山七路、中山五路、解放北路、六榕路、朝天路等相交。长767米，宽16米。沥青路面。原为清代惠爱西街，1919年建马路，改惠爱西路。1948年为纪念孙中山更今名。两侧有新宝利大厦、惠爱大厦、电脑城、捷泰广场、保险公司等。地铁1、2号线经此设站。通公交车。

解放中路［Jiěfàng Zhōnglù］　在区境西部。南起大德路，北至中山六路。与解放北路、解放南路、中山五路、惠福西路相交。长1.2千米，宽16米。沥青路面。1930年建马路，称中华中路。1954年为纪念广州解放更今名。两侧有中旅商业城、中曦大厦等。通公交车。

区庄立交桥［Ōuzhuāng Lìjiāoqiáo］　在城区中部。占地3.2万平方米。有4层互不交叉的不同方向的城市道路在此立体相交。最高层离地面13.5米。1982年开工，1983年建成。因处区庄得名。最大载重汽车20吨，挂车100吨。

广州站［Guǎngzhōu Zhàn］　见交通运输设施部分"广州站"条。

广东省汽车客运站［Guǎngdōng Shěng Qìchē Kèyùnzhàn］　见交通运输设施部分"广东省汽车客运站"条。

广州汽车客运站［Guǎngzhōu Qìchē Kèyùnzhàn］　见交通运输设施部分"广州汽车客运站"条。

北京街道［Běijīng Jiēdào］　越秀区人民政府驻地。在区境西南部。面积1.3平方千米。人口7.4万。1950年设永汉北街道。1968年因北京路改今名。先后建书院街、广府文化商贸旅游区、广州老字号一条街、惠福美食花街。有中学1所，小学2所，幼儿园2所，二级医院3个。有全国重点文物保护单位秦代造船遗址、南越国公署遗址、南越国木构水闸遗址。有药洲遗址、大佛寺大殿、千年古道遗址等古迹。经济以商业、旅游业为主。有老字号有亨得利、李占记、宝生园等。地铁1、2号线过境。通公交车。

洪桥街道［Hóngqiáo Jiēdào］　属越秀区。在区境西北部。面积1.6平方千米。人口4.7万。1950年设。明代有桥至贡院及越秀山麓书院，得名黉桥，简为洪桥，沿为街道名。古称书院、学院为黉。有越秀山。有东秀、南秀、北秀人工湖。有中学1所，小学1所，幼儿园5所。有全国重点文物保护单位中山纪念碑，省级文物保护单位25个。有国家4A级旅游景区越秀公园。有洪桥客家山歌。经济以商业为主。有邮币交易中心等。地铁2号线过境。通公交车。

六榕街道［Liùróng Jiēdào］　属越秀区。在区境西部。面积2平方千米。人口8.5万。1950年设六榕街道。1968年更名朝阳北街道。1985年复名。因六榕寺得名。有广州医科大学。有中学3所，小学1所，幼儿园3所，三级医院1个。有西汉南越王博物馆。有全国重点文物保护单位六榕寺花塔。经济以商业、旅游业为主。地铁2号线过境。通公交车。

流花街道［Liúhuā Jiēdào］　属越秀区。在区境西北部。面积1.8平方千米。人口1.8万。1974年设。因南汉流花古桥得名。有广州大学。有中学2所，小学1所，幼儿园1所。有广州军区陆军总医院。有省级文物保护单位清真先贤古墓等。经济以商贸业为主，有时装批发市场。有广州站。通公交车。

光塔街道［Guāngtǎ Jiēdào］　属越秀区。在区境西南部。面积1.1平方千米。人口8.8万。1953年设。因怀圣寺光塔得名。有中职2所，中学2所，小学3所，幼儿园4所，三级医院2个，卫生所1个，文化广场2个。有省人民医院惠福西门诊部等。有全国重点文物保护单位广州公社旧址、怀圣寺光塔等。经济以商贸业为主。有购物中心、数码手机城、电器城、冷冻配件市场等。地铁1、2号线过境。通公交车。

人民街道［Rénmín Jiēdào］　属越秀区。在区境西南部。面积1.5平方千米。人口7.8万。1950年设太平街道。1968年因人民路改今名。有中学2所，小学3所，幼儿园3所，三级医院2个，文化广场4个。有全国重点文物保护单位圣心大教堂。有一德路岭南特色骑楼街。经济以商品批发零售、住宿餐饮业为主。地铁2、6号线过境。通公交车。

东山街道［Dōngshān Jiēdào］　属越秀区。在区境东南部。面积2.9平方千米。人口8万。1961年设东湖街道。2010年更名东山街道。原为东山区中心，为传承东山历史文化更今名。有龟岗、松岗等。新河浦涌、杨箕涌流经。有东山湖。有中学4所，小学4所，幼儿园11所。有区图书馆。有全国重点文物保护单位中共三大会址。有欧美特色民居建筑群。服务业以旅游、商贸、商品零售、物流为主，有肉菜、农副产品市场。地铁1、5、6号线过境。通公交车。

农林街道［Nónglín Jiēdào］　属越秀区。在区境东部。面积1.1平方千米。人口5.3万。1950年设第一街道。1952年因清末省农林试验场改今名。有中山大学。有中学1所，小学1所，幼儿园4所，三级医院2个。有抗战时期侵华日军细菌试验场遗址（中山大学医学院图书馆旧楼）。经济以商贸、餐饮业为主。有商业街。地铁1、5号线过境。通公交车。

梅花村街道［Méihuācūn Jiēdào］　属越秀区。在区境东部。面积1.6平方千米。人口8.8万。1986年设。因陈济棠官邸旁曾多植梅树得名。有中学3所，小学4所，幼儿园4所，文化广场7个。有铁路文化微型博物馆、陈济棠公馆。经济以商业、金融业为主。地铁1、5号线过境。通公交车。

梅花村社区［Méihuācūn Shèqū］　属梅花村街道。在区境东部。面积0.1平方千米。人口6800。因梅花村得名。1986年成立。民居以住宅楼为主。开展平安宣传活动，组织梅花文化节活动。有中学、幼儿园。有陈济棠公馆、欧式修女院等。驻有省妇联、渔政监管局等单位。地铁1、5号线经此。通公交车。2014年被评为省级文明社区。

黄花岗街道［Huánghuāgǎng Jiēdào］　属越秀区。在区境东北部。面积3.2平方千米。人口10万。1953年设。因全国重点文物保护单位黄花岗七十二烈士墓得名。有黄花岗、三望岗、云鹤岭等。有中国科学院广州分院、省科学院。有广东工业大学。有中学2所，小学6所，幼儿园6所，三级医院1个。有国家4A级旅游景区广州动物园。经济以商贸业为主。有汽车配件、汽车维修保养专业市场。有黄花岗科技园、广州黄花岗信息园。地铁5、6号线过境。通公交车。

华乐街道［Huálè Jiēdào］　属越秀区。在区境中部。面积1.2平方千米。人口5.4万。1986年设。因华乐路得名。有玉子岗、蚬壳岗、蟠龙岗、螺岗等。有中学2所，幼儿园3所，三级医院2个。经济以商贸业、旅游业、总部经济为主。地铁5号线过境。通公交车。

大塘街道［Dàtáng Jiēdào］　属越秀区。在区境中部。面积1.1平方千米。人口5.6万。1950年设。1998年芳草街道、大东街道部分地域并入。因大塘街得名。东濠涌流经。有高校1所，中学3所，小学4所，三级医院1个，博物馆4个，文化广场4个。有全国重点文物保护单位广州农民运动讲习所旧址、国民党"一大"旧址、广东咨议局旧址，省级文物保护单位广东贡院明远楼与中山大学天文台旧址、广东省农民协会旧址、广州起义烈士陵园等。经济以商业为主。地铁1号线过境。通公交车。

珠光街道［Zhūguāng Jiēdào］　属越秀区。在区境中部偏南。面积0.9平方千米。人口6.9万。1961年设。因珠光路得名。先后建珠光仰忠精品批发市场、广信江湾新城等。有职高1所，小学5所，幼儿园5所，二级医院1个，卫生所1个，文化广场10个。有全国重点文物保护单位中华全国总工会旧址，省级文物保护单位中共广东区委员会旧址、中共两广区委军委旧址、省港罢工委员会旧址等。经济以商业为主。地铁6号线过境。通公交车。

大东街道［Dàdōng Jiēdào］　属越秀区。在区境中部偏南。面积1平方千米。人口9万。1950年设。因古广州城大东门得名。有中学4所，小学3所，幼儿园7所，三级医院1个。有民国建筑群。经济以商业为主。有英雄广场商业区。地铁1号线过境。通公交车。

白云街道［Báiyún Jiēdào］　属越秀区。在区境东南部。面积3.3平方千米。人口4.3万。1981年设红云街道。1985年因白云路更今名。有大专1所，中专1所，中学3所，小学2所，特教学校1所，幼儿园2所，三级医院1个，卫生所1个。有星海音乐厅、省华侨博物馆、广东美术馆、林则徐纪念公园。有白云楼鲁迅故居、颐养园旧址等。经济以商业为主，有体育用品、电器、数码手机、摄影器材、布艺等专业市场。地铁6号线过境。通公交车。

登峰街道［Dēngfēng Jiēdào］　属越秀区。在区境北部。面积4.7平方千米。人口4.9万。1987年设。因原登峰村得名。有长腰岭、横枝岗、飞鹅岭、横谷峰、聚龙岗等。有麓湖。有广东广电大学、省成人科大。有中学1所，小学8所，幼儿园9所，三级医院2个。有市艺术博物馆、地方志馆、儿童活动中心、广州棋院。经济以金融、商贸业为主。广九铁路过境。通公交车。

矿泉街道［Kuàngquán Jiēdào］　属越秀区。在区境西北部。面积2.8平方千米。人口3.5万。1981年设。因古井蕴藏温矿泉得名。有广铁公安学校。有中学2所，小学4所。经济以商贸业为主。有服装、皮具、钟表、鞋类等专业市场。京广铁路、地铁2号线过境。通公交车。

建设街道［Jiànshè jiēdào］ 属越秀区。在区境中部。面积0.9平方千米。人口6.6万。1986年设。因早年建成的建设新村得名。东濠涌流经。有中学2所,小学3所,幼儿园6所,卫生所2个,社区文化室9个,文化广场5个。有广东造币厂旧址、血泪洒黄华碑、清八旗兵操演所北较场遗址、乌龙岗炮台遗址等古迹。经济以商业为主。有五星级宾馆1个。地铁5号线过境。通公交车。

荔 湾 区

荔湾区［Lìwān Qū］ 广州市辖区。在市境西部。面积59平方千米。人口71万。辖22街道。区人民政府驻石围塘街道。1950年由逢源、黄沙2区合设荔湾区。1952年与长寿区、西村区部分地域合设西区。1960年改荔湾区。2002年白云区部分地域划入。2005年芳村区并入。因荔枝湾得名。北江、流溪河流经。有中学20所,小学47所,三级医院4个,二级医院5个。有沙面风情建筑群。有陈家祠、詹天佑故居、锦纶会馆、华林寺、西关大屋等古迹。有荔湾湖公园、白鹅潭、聚龙村等景点。有荔枝湾风景区。有迎春花市、三月三·荔枝湾、五月五·龙船鼓、生菜会、西关美食节等民俗节日。三次产业比例1∶23∶76。农业以花卉种植为主。有科技园花卉物流中心、种苗生产培育基地、联社花卉示范区等。工业有农副食品加工、饮料加工、钢琴生产、船舶制造等。服务业以商品批发、零售为主。广州环城、东新、广珠西线高速,地铁1、2、5、6号线过境。通多路公交车。

黄沙大道［Huángshā Dàdào］ 在区境西南部。东南起六二三路,西北至中山八路。与如意坊路、多宝路、蓬莱路、丛桂路相交。长2.2千米,宽45米。沥青路面。原为黄沙村旁干道,20世纪50年代辟为马路。因途经清代黄沙村得名。两侧有广州南站、市一中、荔湾湖公园、玩具批发中心等。通公交车。

中山七路［Zhōngshān 7 Lù］ 在区境中部偏东。东起人民北路,西至荔湾路。与光复北路相交。长1.2千米,宽39米。沥青路面。原为清代古街巷,1960年扩建,2001年建成。原名见龙里,为纪念孙中山改今名。两侧有区政府、陈家祠、抽纱大厦、荔湾大厦、省土产大厦、云南大厦、居住小区等。通公交车。

中山八路［Zhōngshān 8 Lù］ 在区境中部。东起荔湾路,西至黄沙大道。与周门街相交。长1.2千米,宽38.5米。沥青路面。原为清代古街巷,1960年扩建。为纪念孙中山得名。两侧有广州医科大学附属医院北院、区青少年宫、青年公园等。地铁5号线经此。通公交车。

荔湾路［Lìwān Lù］ 在区境中部。南起龙津路,北至东风西路。与中山路相交。长1千米,宽22米。沥青路面。原为古街巷,1950年扩建。因处荔溪首湾东得名。两侧有区体育馆等。通公交车。

芳村大道中［Fāngcūn Dàdào Zhōng］ 在区境中部偏西。东起塞坝涌桥,西至芳村大道东。与花地大道北、上市路、山村路、东滘北路、下涌直街相交。长1.9千米,宽33.8米。沥混路面。1954年开工,同年建成。1987年改扩建。因芳村得名。两侧有茶叶市场、康有为纪念小学等。通公交车。

芳村大道东［Fāngcūn Dàdào Dōng］ 在区境东部。南起鹤洞路,北至芳村大道中。与花蕾路、信义路等相交。长2.9千米,宽32米。沥混路面。1954年开工,同年建成。1987年改扩建。因芳村得名。两侧有信义会馆、协同和机械厂等。通公交车。

芳村大道南［Fāngcūn Dàdào Nán］ 在区境东南部。南起东沙大道,北至鹤洞路。与东塱大街、新爵村福禄大街、环翠北路相交。长1.9千米,宽62米。沥混路面。1954年开工,同年建成。1987年改扩建。因芳村得名。两侧有广船公司等。通公交车。

花地大道北［Huādì Dàdào Běi］ 在区境中部。南起浣花路,北至珠江隧道。与芳村大道中、花蕾路等相交。长2.1千米,宽33.5米。沥混路面。1994年开工,1994年建成。明代开荒种花得名花埭,因埭、地音近更今名。两侧有区司法局、花地城广场、百货公司、花鸟市场、家私城等。通公交车。

花地大道中［Huādì Dàdào Zhōng］ 在区境中部。南起鹤洞路,北至浣花路。与花地大道南、龙溪大道相交。长1.9千米,宽33.5米。沥混路面。1994年开工,2001年建成。明代开荒种花得名花埭,因埭、地音近更今名。两侧有芳村客运站、金昊大厦、金融大厦、居住小区。通公交车。

沿江西路［Yánjiāng Xīlù］ 在区境中部偏东。东起海珠桥,西至人民桥。与海珠南路、仁济路、人民南路相交。长1.7千米,宽11—20米。沥青路面。原为珠江河岸浅滩,1932年筑新堤修马路,名新堤大马路。1966年因沿珠江岸边改名沿江一路,1981年以方位更今名。两侧有海珠广场、爱群大厦、大同酒家、省友谊公司、沙基惨案纪念碑、塔影楼、西堤码头、沿江西路民居旧址、广州海关、广州电影院等。通公交车。

广州西站［Guǎngzhōuxī Zhàn］ 见交通运输设施部分"广州西站"条。

滘口汽车客运站［Jiàokǒu Qìchē Kèyùnzhàn］ 见交通运输设施部分"滘口汽车客运站"条。

芳村汽车客运站［Fāngcūn Qìchē Kèyùnzhàn］ 见交通运输设施部分"芳村汽车客运站"条。

金花街道［Jīnhuā Jiēdào］ 荔湾区人民政府驻地。在区境北部。面积1.1平方千米。人口5.2万。1952年设。因金花庙得名。有大专1所,中学3所,小学2所。有全国重点文物保护单位陈家祠。有浮丘石遗址、斗姥宫、西禅寺遗址、瓮城基址等古迹。地铁1号线过境。

沙面街道［Shāmiàn Jiēdào］ 属荔湾区。在区境中部。面积0.3平方千米。人口4600。1950年设。为珠江冲积沙洲,故名。有沙面公园。有全国重点文物保护单位沙面清末民初建筑群。有欧洲风格建筑150余座,百年古树154株。有沙基惨案纪念碑、镇江古炮。经济以休闲娱乐业为主。有五星级酒店1个,四星级酒店1个。通公交车。有水上巴士。

岭南街道［Lǐngnán Jiēdào］ 属荔湾区。在区境中部。面积0.8平方千米。人口3.7万。1950年设杉木栏街道。1953年改今名。因原岭南文物宫得名。有广州文化公园、十三行博物馆。有三级医院1个。有全国重点文物保护单位粤海关大楼,省级文物保护单位广东邮务管理局旧址。有史迹与特色建筑六二三沙基惨案纪念碑。经济以商贸业为主。有中药材、服装、电子通信器材等专业批发市场。地铁6号线过境。有西堤码头。通公交车。

华林街道［Huálín Jiēdào］ 属荔湾区。在区境中部偏东。面积0.7平方千米。人口4.7万。1950年设。因华林寺得名。有中学2所,小学1所。有古迹西来庵、华林寺、西来初地、五眼古井、关岳武庙、日月泉、星井泉、文澜书院等。经济以商贸业为主。有上下九步行街、华林玉器街等。有特色美食南信双皮奶、欧成记面食、伍湛记及第粥等。地铁1号线过境。通公交车。

下九路［Xiàjiǔ Lù］ 在华林街道中部。长417米,宽17米。沥青路面。原下九甫扩建马路得名下九甫路,简为今名。1966年改秀丽二路,1982年复今名。为商业步行街。两侧多商店,经营百货、服装、鞋帽、床上用品、药材等。有永安百货商店、妇幼儿童百货商店、皇上皇腊味店、广州牙膏厂等。通公交车。

多宝街道［Duōbǎo Jiēdào］ 属荔湾区。在区境中部。面积0.9平方千米。人口3.8万。1980年设新风街道。1985年更今名。因清代多宝楼得名。有小学3所,三级医院1个。有古迹探花第藏书楼泰华楼、粤剧八和会馆分堂銮舆堂。有桥梁专家詹天佑故居、黄沙铁路旧址、李小龙祖居、广州基督教十甫堂。有西关大屋集中街巷十五甫正街、宝华正中约、多宝坊等。地铁1、6号线过境。通公交车。

昌华街道［Chānghuá Jiēdào］ 属荔湾区。在区境中部。面积1.6平方千米。人口3.2万。1961年设。因曾有昌华苑得名。有三级医院1个。有古迹仁威庙、英籍华人陈廉伯公馆等。地铁5、6号线过境。通公交车。

逢源街道［Féngyuán Jiēdào］ 属荔湾区。在区境东北部。面积0.8平方千米。人口6万。1955年设。1999年文昌街道并入。因逢源路得名。有中学1所,小学5所。有革命遗址中共广东省委地下工作站等。有古迹梁氏宗祠、文塔、清代当铺大益押、观音庙等。地铁1号线过境。通公交车。

龙津街道［Lóngjīn Jiēdào］ 属荔湾区。在区境东北部。面积0.6平方千米。人口4.6万。原名龙津街道,1968年更名向阳街道。1985年复今名。因龙津石桥得名。有职业学校1所,小学2所,社区卫生服务中心1个。有西门瓮城遗址、乐行会馆旧址。有景点纶园、陶伦学社、小禺里4号民居等。地铁1号线过境。通公交车。

彩虹街道［Cǎihóng Jiēdào］ 属荔湾区。在区境北部。面积1平方千米。人口4.2万。1985年设。因原有宋代形似彩虹长桥得名。有中学3所,小学2所,幼儿园7所,二级医院1个,省特级文化站1个,图书馆1个,群众艺术团体5个。有荔湾青少年宫。有古迹彩虹桥、华光庙、白马庙、唐代戙船澳码头。地铁5号线过境。通公交车。

南源街道［Nányuán Jiēdào］ 属荔湾区。在区境北部。面积1.9平方千米。人口8.4万。1953年设。因南澳、源溪2街得名。有中学2所,小学4所,幼儿园7所。地铁5号线过境。通公交车。

西村街道［Xīcūn Jiēdào］ 属荔湾区。在区境北部。面积1.4平方千米。人口4.5万。1951年设。有中学5所,小学3所,二级医院1个。有古迹古河道增埗河、广雅书院、广州第一工业区遗迹、山长楼、冠冕楼、西村教堂、民国陈济棠将军秘书黄冠章别墅、广雅书院碑刻等。地铁5号线过境。通公交车。

站前街道［Zhànqián Jiēdào］ 属荔湾区。在区境北部。面积0.9平方千米。人口2.8万。1984年设环市西街道。1992年更今名。因邻广州站、省长途汽车站得名。有中学1所,小学1所,社区卫生服务中心1个。有流花湖公园、东汉黑山古墓。通公交车。

桥中街道［Qiáozhōng Jiēdào］ 属荔湾区。在区境西北部。面积3.5平方千米。人口1.5万。2002年设。位于大坦沙岛,珠江大桥跨岛而过,故名。有羊城新八景之双桥烟雨。有滨江亲水游乐园。地铁5、6号线过境。有客运轮渡码头。通公交车。

白鹤洞街道［Báihèdòng Jiēdào］　属荔湾区。在区境东南部。面积3.1平方千米。人口3万。1981年设。传清代白鹤筑巢栖息得名。有中学3所，小学3所，幼儿园4所，二级医院2个。有培英书院、真光书院、协和神学院旧址、美国设计师伯捷故居、亚细亚龙唛仓旧址、德士古油库旧址、汉代木椁墓。通公交车。

冲口街道［Chōngkǒu Jiēdào］　属荔湾区。在区境东南部。面积4.2平方千米。人口3.1万。1961年设。因处河流冲刷沙丘台地得名。大冲涌、沙涌流经。有广州市机电技师学院。有中学2所，小学3所，幼儿园7所。有古迹聚龙古村、毓灵桥等。经济以商贸为主。有肉菜、茶叶、汽车等专业市场。地铁1号线过境。通公交车。

花地街道［Huādì Jiēdào］　属荔湾区。在区境中部。面积1.6平方千米。人口3.1万。1956年设芳村街道。1987年更今名。明代开荒种花得名花埭，因埭、地音近更今名。珠江流经。有三级医院1个，二级医院1个，社区卫生服务中心1个。有文化站。有市郊一区农民协会旧址。有古迹醉观园、留芳园、东园、听松园、杏林庄、康园、黄大仙祠、小蓬仙馆等。地铁1号线过境。通公交车。

石围塘街道［Shíwéitáng Jiēdào］　属荔湾区。在区境中部。面积5.2平方千米。人口3.4万。1987年设。因清代抬石筑塘得名。有大专1所，初中2所，小学3所，幼儿园1所。有文化站。有广三铁路总工会旧址。有古迹五眼桥。有花卉、茶叶等专业市场。地铁5号线过境。有滘口汽车站、石围塘码头。通公交车。

茶滘街道［Chájiào Jiēdào］　属荔湾区。在区境中西部。面积4.1平方千米。人口3.1万。1992年设。因地处原茶滘村得名。“茶滘”源于当地建村以来即以经营茶叶为主。有九年一贯制学校9所，幼儿园4所，社区卫生服务中心1个，区慢性病防治中心1个，文化站1个，社区图书馆9个，羽毛球馆2个，群众艺术团体9个。有凤溪村抗日根据地旧址、广州市郊第三区农民协会所旧址。有古迹黄大仙祠。经济以商贸业为主，有花卉种植基地、花鸟鱼虫市场。地铁1号线过境。通公交车。

东漖街道［Dōngjiào Jiēdào］　属荔湾区。在区境中南部。面积4.6平方千米。人口1.9万。2001年设。因处花地河东侧（漖为水名）得名。有中学6所，小学4所，幼儿园4所，妇幼保健中心1个，社区卫生服务中心1个，社区卫生服务站1个。有裕安围革命老区纪念馆。有古迹北溪郭公祠、咏梅关公祠、五显古庙、文祐关公祠、晚兴麦公祠。有肉菜、渔具、土特产、农产品批发等市场。有广佛数字创意园区。广州环城、东新高速，地铁1号线过境。通公交车。

海龙街道［Hǎilóng Jiēdào］属荔湾区。在区境西南部。面积9.5平方千米。人口1.4万。2001年设。前身为东漖镇海龙围片区，故名。有九年一贯制学校1所，小学3所，社区卫生服务中心1个，文化站1个。有大沙河湿地公园。有端午节赛龙舟习俗。农业以种植蔬菜、花卉为主。工业有服装、棉纱化纤、金属软管、手机外壳、消防器材加工等。有农贸市场。环城高速过境。通公交车。

东沙街道［Dōngshā Jiēdào］　属荔湾区。在区境东南部。面积6.3平方千米。人口1.8万。2001年设。原东塱、沙洛2村名各取一字得名。有中学1所，小学5所，幼儿园4所，社区卫生服务中心2个。有古迹南漖门楼、武帝古庙、车歪炮台、广州市界碑、陈永泽堂水埠、世安吴公祠、吴氏大宗祠、南漖陈氏宗祠、广南船厂遗址等。有端午节赛龙船、吃龙船饭习俗。工业以设备制造为主。通公交车。

中南街道［Zhōngnán Jiēdào］　属荔湾区。在区境南部。面积6.7平方千米。人口8900。2001年设。取海中、海南2村名各1字得名。有小学2所，幼儿园1所。有景点“芙蓉菊树”牌坊石刻、郭氏宗祠等。农业以种植绿化草皮，养殖观赏鱼为主。工业有服装、玩具、装饰板、家庭用品、木制品、洗涤用品、电镀产品加工等。京广铁路、广州环城高速过境。通公交车。

海　珠　区

海珠区［Hǎizhū Qū］　广州市辖区。在市境南部。面积90平方千米。人口99.7万。以汉族为主，还有壮、蒙古、满等民族。辖18街道。区人民政府驻江海街道。1950年设河南区。1960年改海珠区。清乾隆年间范端昂《粤中见闻》载，“有贾胡持摩尼球至此，珠飞入水，浦曰沉珠，其石曰海珠”，取海上明珠意得名。先后建设工业大道、海珠湿地公园，扩建琶洲国际会展中心。有标志性建筑广州新电视塔。西、东北为工业区，北为商业服务中心和新、老居住区，中为教育科研区，东南为蔬果产区，有水乡旅游业。地势东高西低。属南亚热带海洋性季风气候。海珠涌、黄埔涌、赤沙滘流经。有海珠国家湿地公园。有中山大学等高校30所，中学33所，小学78所，三级医院9个，二级医院1个，体育场馆6个。有全国重点文物保护单位孙中山大元帅府纪念馆，省级文物保护单位琶洲塔等9个。有古迹海幢寺。有人类非物质文化遗产古琴艺术，国家级非物质文化遗产广绣、陈李济中药文化等3项，省级非物质文化遗产12项。有民间艺术粤剧、粤曲、醒狮、武术、咸水歌、书画等。有国家4A级旅游景区1个，国家3A级旅游景区10个。二、三产业比例14∶86。农业种植杨桃、荔枝、龙眼、香蕉、甜橙、番石榴、黄皮、木瓜、菠萝等。工业以医药、饮料、纺织品、建筑为主。服务业以会展经济、商贸、科技服务、文创产业为主。广州环城高速，省道京珠线，地铁2、3、4、8号线过境。有深水码头。通多路公交车。

光大花园［Guāngdà Huāyuán］　在城区西北部。人口3万。总面积51公顷。因企业得名。1998年开工，2006年建成使用。建筑总面积100.9万平方米。有高层中式建筑住宅楼123栋。有逸彩园、品香园、鸣翠园、绿谷园等园景。绿地覆盖率33.5%。有文化体育公园、森林广场、购物广场、游泳池、银行、邮政等配套设施。地铁8号线、广佛线经此。通公交车。

逸景翠园［Yìjǐng Cuìyuán］　在城区中部。人口1.6万。总面积29公顷。寓意“身安逸乐，景星庆云”得名。2001年开工，2010年建成使用。建筑总面积79万平方米。有高层中式住宅楼69栋。楼宇东西排列分布其中。绿地覆盖率31%。有中央公园、购物中心、银行、邮政等配套设施。通公交车。

工业大道［Gōngyè Dàdào］　在区境西部。东南起南洲路，西北至人民桥。与滨江西路、同福西路、宝业路、荔福路等相交。长5.6千米，宽40米。沥青路面。1952年开工，同年建成。为工业发展区主干道，故名。两侧有多处居住小区。地铁8号线经此设站。通公交车。

宝岗大道［Bǎogǎng Dàdào］　在区境西部。东南起南泰路，西北至滨江西路。与南华东路、同福中路、南田路、江南西路、昌岗中路等相交。长3.2千米，宽36米。混凝土路面。1994年开工，1997年建成。2001年扩建。因途经原宝岗街道得名。两侧有中学、李福林公馆、海幢寺、宝岗体育场、市红十字会医院、居住小区等。地铁8号线经此设站。通公交车。

东晓路［Dōngxiǎo Lù］　在区境西部。南起新港西路，北至海印大桥。与仲恺路、海联路、前进路等相交。长1.6千米，宽40米。混凝土路面。1989年开工，同年建成。以“东方拂晓，旭日东升”得名。两侧有广东警官学院、海珠体育中心、晓港公园、中交四航局、居民小区等。通公交车。

东晓南路［Dōngxiǎo Nánlù］　在区境西部。南起南洲路，北至新港西路。与新滘西路、南洲北路等相交。1983年始建。原名晓港东马路，因处东晓路南段更今名。两侧有纺织城、布艺城、中学、居民小区等。地铁2号线经此设站。通公交车。

广州大道南［Guǎngzhōu Dàdào Nán］　在区境中部。南起洛溪大桥，北至广州大桥。与艺洲路、新港西路、新滘西路、南洲路等相交。长6.5千米，宽40米。沥青路面。1985年开工，同年建成。因处广州大道南得名。两侧有区政府、广东第二师范学院、海珠国家湿地公园、交投集团、药厂、鞋业展贸中心、批发市场等。地铁8号线经此设站。通公交车。

江海大道［Jiānghǎi Dàdào］　在区境中部。南起新光快速路，北至新港中路。与石榴岗路、新滘中路相交。长1.2千米，宽40米。沥混路面。2007年开工，2008年建成。北跨珠江，南达海珠湖，故名。两侧有省第二医院、广东药科大学、海珠国家湿地公园、广东生物工程研究所、五羊表业等。通公交车。

石榴岗路［Shíliugǎng Lù］　在区境中部。东南起新滘东路，西北至新港中路。与江海大道相交。长1.1千米，宽16米。混凝土路面。1949年前建设。因石榴岗得名。两侧有省第二医院、中西医结合医院、七星岗古海岸遗址、居民小区等。通公交车。

科韵南路［Kēyùn Nánlù］　在区境东部。南起南沙港快速路，北至琶洲大桥。与新港东路、凤浦中路、新滘东路等相交。长3.4千米，宽35米。沥青路面。2005年开工，同年建成。为科韵路南段，因途经高新技术产业开发区，取“科”字；“韵”指和谐而有节奏，寓意道路畅通，故名。两侧有琶洲塔、广交会展馆、保利国际广场、琶洲国际采购中心等。地铁8号线经此设站，广州有轨电车线经此。通公交车。

新港中路［Xīngǎng Zhōnglù］　在区境北部。东起新港东路，西至广州大道南。与艺苑路、赤岗路、石榴岗路相交。长2.3千米，宽40米。沥青路面。1954年建新港路，1981年与广新公路赤岗—新州段合并。因处新港路中段得名。两侧有广东第二师范学院、赤岗塔、国家海洋局南海分局、珠江电影集团、丽影商业广场、纵横广场等。地铁3、8号线经此设站。通公交车。

艺洲路［Yìzhōu Lù］　在区境北部。东起双塔路，西至广州大道。与艺苑路、广州塔路、赤岗北路等相交。长1.8千米，宽35米。沥青路面。2002年开工，同年建成。因经园艺场得名。两侧有广州塔、赤岗塔、领事馆、省建筑机械厂等。地铁3号线经此设站，APM线、广州有轨电车线经此。通公交车。

前进路［Qiánjìn Lù］　在区境西部。东南起东晓路，西北至江南大道中路。与江湾路、万松园路等相交。长1.5千米，宽14米。沥青路面。原为旧街巷小港路，1960年扩建。因处云桂桥北更名云桂路，1967年改今名。两侧有中学、晓港公园、万绒儿童反斗城、中交四航局工程研究院、万宝集团、万银广场、万国广场等。通公交车。

土华立交桥 [Tǔhuá Lìjiāoqiáo] 在城区东南部。占地面积2000平方米。有3层互不交叉的不同方向的城市道路在此立体相交。最高层离地面26米。2004年开工,同年建成。因土华村得名。日交通流量1.2万辆,连接华南快速干线与广州环城高速交通枢纽。

仑头立交桥 [Lúntóu Lìjiāoqiáo] 在城区东部。占地面积3000平方米。有3层互不交叉的不同方向的城市道路在此立体相交。最高层离地面26米。2005年开工,同年建成。因仑头村得名。日交通流量1万辆。连接各区交通枢纽,经仑头隧道可通广州国际生物岛。

三滘立交桥 [Sānjiào Lìjiāoqiáo] 在城区南部。占地面积3000平方米。有3层互不交叉的不同方向的城市道路在此立体相交。最高层离地面26米。1996年开工,同年建成。因三滘村得名。日交通流量1.2万辆,连接各区交通枢纽。

海珠汽车客运站 [Hǎizhū Qìchē Kèyùnzhàn] 见交通运输设施部分"海珠汽车客运站"条。

江海街道 [Jiānghǎi Jiēdào] 海珠区人民政府驻地。在区境中部。面积4平方千米。人口3.5万。1999年设。因江海大道得名。先后改造新滘路、江海大道等。赤沙涌、台涌流经。有高校3所,中学3所,小学5所,卫生院1个,社区卫生服务中心和卫生服务站3个。有七星岗古蚀海岸遗址。有景点李福林庄园。经济以食品饮料加工、包装为主。有新型科技产业园区。地铁3号线过境。通公交车。

赤岗街道 [Chìgǎng Jiēdào] 属海珠区。在区境北部。面积6平方千米。人口10.9万。1981年设。以赤砂岩山岗得名。赤岗涌流经。有中国电器科学研究院。有大专4所,中学1所,小学9所,三级医院2个,卫生院1个,社区卫生服务中心和卫生服务站4个。有景点赤岗塔、广州塔。经济以餐饮、住宿、商贸业为主。105国道,地铁3、8号线过境。通公交车。

新港街道 [Xīngǎng Jiēdào] 属海珠区。在区境西北部。面积3平方千米。人口10.4万。1985年设。原属新滘区,辖晓港区片,各取一字得名。先后翻修康乐园早期建筑群,改造新港西路、攀桂街。有中国科学院南海海洋研究所、省昆虫研究所、省造纸研究所。有中山大学。有中学1所,小学4所,二级医院1个,卫生院1个,社区卫生服务中心和卫生服务站2个。有孙中山纪念铜像。有古迹马丁堂、惺亭、乙丑七进士牌坊、中大牌坊等。服务业以餐饮为主。地铁8号线过境。通公交车。

昌岗街道 [Chānggǎng Jiēdào] 属海珠区。在区境西部。面积2平方千米。人口9.5万。1998年设。因南昌岗得名。先后改造江宝路,建达镖国际商务中心大楼。有高校4所,中学2所,小学6所,三级医院2个,卫生院1个,社区卫生服务中心和卫生服务站2个。有古迹十香园、陈复烈士墓、瑶溪二十四景、利济桥、思复亭等。经济以餐饮、娱乐产业为主。地铁2、8号线过境。通公交车。

江南中街道 [Jiāngnán Zhōng Jiēdào] 属海珠区。在区境西北部。面积1平方千米。人口8.1万。1984年设。因江南新村得名。先后扩建江南西路,建成前进路天桥。海珠涌流经。有广东药科大学等高校10所,职中1所,小学3所,三级医院1个,卫生院1个,社区卫生服务中心和卫生服务站1个。有晓港公园、云桂桥。经济以商业、金融业为主。地铁2号线过境。通公交车。

滨江街道 [Bīnjiāng Jiēdào] 属海珠区。在区境北部。面积2平方千米。人口6.7万。1966年设。因处珠江之滨得名。有大专4所,中学2所,小学4所,社区卫生服务中心和卫生服务站2个。有海印公园。有全国重点文物保护单位广州大元帅府旧址,省级文物保护单位仲恺农校旧址。有省级非物质文化遗产咸水歌。有景点草芳围。经济以商品零售业为主。有茶叶、红酒批发市场。通公交车。

素社街道 [Sùshè Jiēdào] 属海珠区。在区境西北部。面积1平方千米。人口5.8万。1985年设。因民国时多个民间社团聚会吃斋得名。有中学3所,小学3所,三级医院1个,卫生院1个,社区卫生服务中心和卫生服务站1个。有海珠体育中心。有广州圣经学院旧址。经济以商业、餐饮业为主。有家具、图书批发等交易市场。通公交车。

海幢街道 [Hǎizhuàng Jiēdào] 属海珠区。在区境西北部。面积1平方千米。人口7.4万。1960年设。1998年跃龙、宝岗2街道并入。因海幢寺得名。有中学1所,小学4所,三级医院1个,卫生院1个,社区卫生服务中心和卫生服务站2个。有市第二工人文化宫、区少年宫、宝岗体育场。有省级文物保护单位第一次全国劳动大会旧址。有国民革命军将领李福林公馆、潘氏大院。经济以商业、文化娱乐产业为主。有婚纱喜庆、零售商品、饮食娱乐、欧陆风情等特色商业街。地铁2号线过境。通公交车。

判府坊 [Pànfǔ Fāng] 在海幢街道北部。长147米,宽2.7米。花岗岩条石路面。为历史文化街。清乾隆年间(1736—1795)建衙门、监狱、判处诉讼,故名。街道成曲尺状,有1—6层居民房。通公交车。

南华西街道 [Nánhuá Xī Jiēdào] 属海珠区。在区境西北部。面积1平方千米。人口4.4万。1950年设。因南华西路得名。有大专1所,中学1所,小学1所,卫生院1个,社区卫生服务中心和卫生服务站2个。有洲头咀"反租地"抗英斗争遗址、中国同盟会广州分会旧址、双清楼旧址、基督教河南堂、清代粤海关波楼与波台等。有地方特色建筑青砖大屋群、红砖洋楼、岭南旧民居街巷群、潘家大院、同福路骑楼。经济以电子商务为主。有海珠创意产业园。通公交车。

龙凤街道 [Lóngfèng Jiēdào] 属海珠区。在区境西北部。面积2平方千米。人口9.5万。1998年设。取原街道名各1字得名。海珠涌流经。有中学2所,小学4所,卫生院1个,社区卫生服务中心和卫生服务站3个。有清末爱国将领邓世昌纪念馆、海珠博物馆、区图书馆。有邓世昌族居地龙延里。有古迹邓氏宗祠、将军庙、状元井、宁隐庵等。服务业以商贸、文创产业为主。地铁8号线过境。通公交车。

沙园街道 [Shāyuán Jiēdào] 属海珠区。在区境西部。面积2平方千米。人口6.5万。1961年设。因原沙园村得名。先后建住宅区,改造沙渡路。有中学3所,小学2所,卫生院1个,社区卫生服务中心和卫生服务站1个。经济以商贸为主。地铁8号线过境。通公交车。

南石头街道 [Nánshítou Jiēdào] 属海珠区。在区境西南部。面积5平方千米。人口8.3万。1961年设。因南石头村得名。有中学2所,小学6所,三级医院1个,社区卫生服务中心和卫生服务站3个。有侵华日军华南防疫给水部遗址。有古迹阳山范公祠、斌阳范公祠、番禺县政府指令石碑、南石头炮台等。工业以轻机制造、造纸为主。服务业以商品零售批发为主。有创业产业园区、小商品批发市场等。通公交车。

凤阳街道 [Fèngyáng Jiēdào] 属海珠区。在区境中部。面积5平方千米。人口5.5万。1996年设。取凤和村、纯阳观各1字得名。先后建轻纺城,改造逸景路。有中学7所,小学8所,卫生院1个,社区卫生服务中心和卫生服务站4个。康乐涌、敦和涌流经。有古迹纯阳观、康公庙、三圣宫等。经济以纺织产业为主。有多个大型纺织品交易展览馆。为全国纺织品交易地。地铁2号线过境。通公交车。

瑞宝街道 [Ruìbǎo Jiēdào] 属海珠区。在区境西南部。面积5平方千米。人口6万。1999年设。因环水形似堡垒得名水口堡,取水堡方言谐音,寓意吉祥改今名。瑞宝涌、石溪涌、大干涌流经。有小学6所,三级医院1个,卫生院1个,社区卫生服务中心和卫生服务站4个。有少数民族之家、社区健身点。有古迹卢氏宗祠、香港恒生银行创办人之一何善衡故居等。经济以物流、仓储、印刷业为主。地铁2号线过境。通公交车。

琶洲街道 [Pázhōu Jiēdào] 属海珠区。在区境东北部。面积15平方千米。人口2.3万。2001年设。横卧江心,形似琵琶,故名。先后建广交会展馆、住宅区等。有小学5所,卫生院1个,社区卫生服务中心和卫生服务站4个。有景点黄埔古港、琶洲塔、琶洲塔公园、滨江亲水公园、会展公园、磨碟沙公园。经济以会展经济、国际贸易、信息交流、商务服务为主。有海珠科技产业园琶洲园区。地铁8号线、有轨电车线过境。有会展中心、新洲码头。通公交车。

黄埔村 [Huángpǔcūn] 在区政府驻地江海街道东8千米。属琶洲街道。人口5200。传古有凤凰至浦边饮水得名凤浦,又名凰洲,因黄姓迁此改今名。聚落呈带状。为中国传统村落、千年古村落。有黄埔古港历史陈列馆。有凤浦、凰洲牌坊、黄埔古港等遗址。有传统民俗北帝诞、龙舟竞渡等。经济以旅游业为主。广州环城高速经此。通公交车。

南洲街道 [Nánzhōu Jiēdào] 属海珠区。在区境南部。面积12平方千米。人口3.1万。2001年设。因处市南且多河涌得名。有中学4所,小学8所,社区卫生服务中心和卫生服务站6个。有海珠湖公园、上涌果树公园、潘鹤雕塑艺术园。有古迹卫国尧烈士纪念馆、卫氏大宗祠、明代大碑石、民国广州市界碑、水乡风情码头等。有端午龙舟竞渡习俗。经济以加工业、物流业、房地产业为主。105国道,地铁2、3号线过境。有海珠客运站。通公交车。

华洲街道 [Huázhōu Jiēdào] 属海珠区。在区境东南部。面积12平方千米。人口2.3万。2002年设。取土华、小洲2村名各1字得名。石榴岗河、土华涌流经。有中学1所,小学4所。有纶生白公祠、梁氏大宗祠、简氏宗祠等祠堂20余座,清代石桥4座。有景点海珠国家湿地公园、万亩果园、瀛洲生态公园等。农业盛产石硖龙眼、鸡心甜黄皮等水果。工业以制衣、皮具加工、电子为主。服务业以旅游观光、美术培训为主。广州环城高速过境。通公交车。

小洲村 [Xiǎozhōucūn] 在区政府驻地江海街道南5千米。属华洲街道。人口6600。原为珠江江心洲,称瀛洲,元朝建村更今名。聚落呈带状。为中国传统村落。有古迹简氏大宗祠、天后宫、玉虚宫、翰墨桥、瀛洲码头、蚝壳屋等。有古桥、祠堂、码头等。有端午赛龙舟习俗。盛产石硖龙眼、鸡心甜黄皮等水果。通公交车。

官洲街道 [Guānzhōu Jiēdào] 属海珠区。在区境东南部。面积12平方千米。人口2.5

万。2002年设。因官洲村得名。有大专3所，职中1所，中学1所，小学4所。有中华图腾博物馆、中华姓名博物馆。有北山公园。有古迹仑头黎氏宗祠、南溟黎公祠等。农业盛产杨桃、荔枝、番石榴等水果。服务业以汽车销售、商品批发零售、物流为主。地铁4号线过境。通公交车。

天 河 区

天河区［Tiānhé Qū］　广州市辖区。在市境中部。面积137平方千米。人口82.3万。辖21街道。区人民政府驻天园街道。1985年设。因原天河机场、天河村、天河体育中心得名。有标志性建筑省博物馆、广州图书馆、广州大剧院、市少年宫等。有高校29所，中学53所，小学73所，三级医院6个，二级医院4个。有十九路军淞沪抗日将士陵园、刘氏家庙、元代云从龙墓、革命家朱执信墓、邓世昌衣冠冢、毛泽东视察棠下农业生产合作社旧址等。有省级文物保护单位3个。有火炉山、龙眼洞森林公园。有天河、杨桃、橄榄公园。有特色文化乞巧节、龙舟竞渡、舞狮、粤曲等。二、三产业比例14∶86。工业以电力、热力、燃气及水生产和供应为主。服务业以金融、商品批发零售、房地产业为主。广州环城、广深高速，地铁1、3、4、5、6号线过境。有天河客运站、东圃汽车客运站。通多路公交车。

花城广场［Huāchéng Guǎngchǎng］　在城区西南部。面积56万平方米。2007年开工，2010年建成。因广州也称花城得名。有人造景观湖区、大型喷泉、灯光广场。有草地、花带，间植四季花卉、翠竹。有冷雾降温系统。有长木栈道、浮岛湖。周边有广州图书馆、广州大剧院、省博物馆、市第二少年宫、广州周大福金融中心、广州国际金融中心等。通公交车。

天河北路［Tiānhé Běilù］　在区境西南部。东起五山路，西至广州大道中。与体育西路、体育东路、天河东路相交。长2.6千米，宽44米。混凝土路面。1986年开工，1987年建成。因天河体育中心得名。两侧有中信广场、时代广场、光华大厦、祥龙花园、天河体育中心、金海花园等。地铁3号线经此设站。通公交车。

中山大道中［Zhōngshān Dàdào Zhōng］　在区境东南部。东起莲溪桥，西至车陂路。与高地大街、东康街、黄村西路、汇彩路相交。长2.7千米，宽48米。沥青路面。1928年开工，同年建成。1987年扩建。原为中山公路，后更今名。两侧有加悦大厦、南国嘉园苹果城、天河广场、东圃商业大厦、羊城花园等。地铁4号线经此设站。通公交车。

五山路［Wǔshān Lù］　在区境中部。南起天河路，北至岳洲路。与天河北路、广园快速路、天科路、龙口中路、龙怡路等相交。长2.2千米，宽20米。混凝土路面。1952年开工，同年建成。1987年重建。因途经五山地区得名。两侧有华晟大厦、天立大厦、尚德大厦、高科大厦、信源大厦等。通公交车。

车陂路［Chēbēi Lù］　在区境东部。南起黄埔大道，北至大观南路。与中山大道、瑞华路、泰安北路等相交。长3.3千米，宽20—36米。混凝土路面。2000年开工，2004年建成。因经车陂村得名。两侧有东宏材料装饰城、鸿发广场、花明大厦等。通公交车。

天河路［Tiānhé Lù］　在区境西部。东起五山路，西至天河立交桥。与广州大道中、体育西路、正佳大街、体育东路、天河东路等相交。长2.9千米，宽60米。混凝土路面。1986年开工，1987年建成。因原天河机场得名。两侧有南方精典大厦、中怡时尚坊、大鹏商业广场、太古汇、广州购书中心、天河电脑城等。地铁3号线经此设站。通公交车。

广州大道北［Guǎngzhōu Dàdào Běi］　在区境西部。南起广园东路，北至同泰路。与银利街、瑞兴街、范屋路、兴华路、黄猄坳街相交。长5.5千米，宽40米。沥青路面。1995年开工，2000年建成。原为沙和路、同和路，2001年更今名。两侧有广东工贸职业技术学院、居住小区等。地铁3号线经此设站。通公交车。

广州大道中［Guǎngzhōu Dàdào Zhōng］　在区境西部。南起临江大道，北至禺东西路。与花城大道、金穗路、黄埔大道西、天河路、林和西横路等相交。长4千米，宽60米。沥青路面。1995年开工，2000年建成。两侧有富力国际公寓、南天广场、华普广场、星汇云锦大厦、邦华环球广场、广州国际贸易大厦等。通公交车。

燕岭路［Yànlǐng Lù］　在区境中部。东起天源路，西至禺东西路。与粤垦路、元岗横路、长福路、元岗路、兴华路相交。长2.5千米，宽40米。混凝土路面。1996年开工，同年建成。因燕岭山得名。两侧有银龙商业广场、燕岭大厦、燕东大厦、新燕大厦、建设大厦等。地铁3、6号线经此设站。通公交车。

天源路［Tiānyuán Lù］　在区境西部。西南起燕岭路，东北至广汕一路。与长湴北路、白沙水路、兴科路、粤华路、宝翠路相交。长3.5千米，宽60米。沥青路面。1992年开工，1995年建成。因处天河区又经元岗地区，取元、源同音得名。两侧有华南植物园、居住小区、省科技职业技术学校、中学等。地铁3、6号线经此设站。通公交车。

华观路［Huáguān Lù］　在区境中部。东起大观北路，西至天源路。与凌塘南路、科韵北路、高唐路相交。长2.3千米，宽40米。混凝土路面。2004年开工，同年建成。取华南植物园、世界大观各1字得名。两侧有小学、万科云广场、商业广场等。通多路公交车。

广州东站［Guǎngzhōudōng Zhàn］　见交通运输设施部分“广州东站”条。

东圃汽车客运站［Dōngpǔ Qìchē Kèyùnzhàn］　见交通运输设施部分“东圃汽车客运站”条。

天河汽车客运站［Tiānhé Qìchē Kèyùnzhàn］　见交通运输设施部分“天河汽车客运站”条。

天园街道［Tiānyuán Jiēdào］　天河区人民政府驻地。在区境南部。面积4平方千米。人口12.2万。1999年设。因天河公园得名。有中学2所，小学2所，二级医院1个。有邓世昌衣冠冢、儒林钟氏祠堂建筑群等。有广州天河软件园等。通公交车。

五山街道［Wǔshān Jiēdào］　属天河区。在区境中部。面积10平方千米。人口11.5万。1950年设五山镇。1953年改街道。沿用原镇名。“五山”系指镇周有5山岗环绕，中间成盆地，曾有“五马饮泉”之称。有中国科学院广州地球化学研究所、能源研究所，省钢铁研究所等。有华南理工大学等高校6所，中学6所，小学8所。有中山大学石牌旧址、刘永福营盘碉堡遗址等。北环高速、地铁3号线过境。通公交车。

员村街道［Yuáncūn Jiēdào］　属天河区。在区境南部。面积5平方千米。人口13.2万。1960年设。因员村得名。有中学4所，小学6所，三级医院1个。有综合农贸市场、装饰材料商业街等。地铁5号线过境。通公交车。

车陂街道［Chēbēi Jiēdào］　属天河区。在区境中部偏南。面积6平方千米。人口13.9万。1981年设。因车陂村得名。有中学3所，小学6所，二级医院1个。有车陂、沙美公园。有民俗端午节龙舟竞渡、沙美梁氏祠堂中元节活动。有购物中心、商业城等。地铁4号线过境。通公交车。

沙河街道［Shāhé Jiēdào］　属天河区。在区境西部。面积1平方千米。人口6.7万。1950年设。因沙河大街、沙河墟、沙河涌得名。有高校2所，小学3所，二级医院1个，社区卫生服务中心1个。有省歌舞剧院、广州杂技团等。有省级文物保护单位十九路军淞沪抗日将士陵园。有革命家朱执信墓、李是男墓。有服装专业市场。地铁6号线过境。通公交车。

石牌街道［Shípái Jiēdào］　属天河区。在区境中部偏南。面积4平方千米。人口28万。1987年3月设岗顶街道，同年8月因处石牌岗顶更今名。有高校4所，中学4所，小学4所，三级医院2个。有古迹红楼别墅、玉虚宫等。经济以IT产品贸易为主，有太平洋数码广场、石牌东商业街。地铁3号线过境。通公交车。

沙东街道［Shādōng Jiēdào］　属天河区。在区境西北部。面积2平方千米。人口5.4万。1995年设。因沙东村得名。有中学1所，小学1所。有广州现代医院、沙河医院。农业特产吊丝丹竹笋。有服装批发城、装饰材料城、农贸综合市场等。环城高速、地铁6号线过境。通公交车。

天河南街道［Tiānhé Nán Jiēdào］　属天河区。在区境中部。面积3平方千米。人口9.3万。1993年设。因处天河体育中心南得名。有中学2所，小学3所，三级医院1个，二级医院1个。有文化站、天河体育中心、健身中心等。有国家4A级旅游景区正佳广场。地铁1、3号线过境。通公交车。

林和街道［Línhé Jiēdào］　属天河区。在区境中部。面积3平方千米。人口8.3万。1995年设。因林和村得名。有小学3所。有区妇幼保健院、侨怡苑医院。有省级文物保护单位刘氏家庙。经济以商业、金融业为主。地铁1、3号线过境。有广州站。通公交车。

兴华街道［Xīnghuá Jiēdào］　属天河区。在区境西北部。面积4平方千米。人口14.5万。1995年设。因兴华路得名。有高校4所，中学7所，小学5所。有兴华公园、社区文化广场、银河烈士陵园。有茶叶、汽车零配件、水果、日杂、农贸等专业市场。北环高速、地铁3号线过境。通公交车。

棠下街道［Tángxià Jiēdào］　属天河区。在区境中部偏南。面积7平方千米。人口35万。1997年设。因原棠下村得名。有省电信研究院。有高校1所，中学5所，小学8所，三级医院1个。有毛主席视察棠下纪念馆、石仁窿蓄水湖碑等。通公交车。

猎德街道［Lièdé Jiēdào］　属天河区。在区境西南部。面积4平方千米。人口5.8万。1999年设。因原猎德村得名。有标志性建筑广州周大福金融中心、广州国际金融中心。有中学2所。有省博物馆、市图书馆、市第二少年宫、海心沙公园。经济以商贸、金融业为主。地铁3、5号线过境。通公交车。

冼村街道［Xiǎncūn Jiēdào］　属天河区。在区境西南部。面积4平方千米。人口6万。1999年设。因原冼村得名。有小学2所，三级医院1个。有珠江公园。经济以商业为主。地铁3、5号线过境。通公交车。

元岗街道［Yuángǎng Jiēdào］　属天河区。在区境西北部。面积4平方千米。人口4万。2001年设。因原元岗村得名。有中学3所，小学1所,社区卫生服务中心1个。经济以汽车零件维修、装配业为主。有汽配广场、汽车市场、购物广场、商贸城。北环高速、地铁3号线过境。通公交车。

黄村街道 [Huángcūn Jiēdào] 属天河区。在区境东部。面积6平方千米。人口9万。2001年设。因原黄村得名。有中学2所,小学2所。有广东奥林匹克体育中心、省体育训练基地、国家棒球队训练基地。有古迹孑贤黄公祠、黄村开村古井等。有羊城新八景之"五环晨曦"。有广州化工城、购物中心。广深铁路、地铁4号线过境。通公交车。

凤凰街道 [Fènghuáng Jiēdào] 属天河区。在区境东北部。面积22平方千米。人口5.8万。2002年设。因凤凰山得名。有筲箕窝水库。有高校2所,中学2所,小学4所。有凤凰山、银排岭公园。有侵华日军碉堡遗址等。有古迹清初诗人陈恭尹墓、南宋官员朱澄墓。有传统民俗客家山歌、客家婚俗等。有广州高新技术产业开发区天河科技园高唐区。有牲畜、农贸、矿山机械等市场。地铁6号线过境。通公交车。

龙洞街道 [Lóngdòng Jiēdào] 属天河区。在区境北部。面积12平方千米。人口11万。2002年设。因原龙眼洞村得名。有省林业科学研究院。有高校4所,中学3所,小学2所。有古迹近现代政治人物胡汉民墓、宋代李姓入粤(今越秀区杨箕村)始祖李赖南墓、景祚樊公祠、石门禅院等。有龙眼洞森林公园。经济以工业为主。有龙洞、龙山、矮岭等工业园区。有农贸市场、商业步行街。地铁6号线过境。通公交车。

长兴街道 [Chángxīng Jiēdào] 属天河区。在区境中部偏北。面积13平方千米。人口9.2万。2002年设。因长湴村寓意兴旺得名。有省工业技术研究院、省生态环境与土壤研究所。有高校1所,中学3所,小学4所。有华南植物园。有周恩来视察岑村纪念旧址、抗日战争革命根据地长湴村旧址、清末一品夫人曹受培之母许氏墓等。北环高速、地铁6号线过境。通公交车。

前进街道 [Qiánjìn Jiēdào] 属天河区。在区境东南部。面积5平方千米。人口13万。2002年设。因原前进村得名。有中学3所,小学3所。有杨桃公园、绿筠溪馆。有传统风俗扒龙舟。农业特产宦溪杨桃、妃子笑荔枝。有购物中心、博览中心、农贸市场。环城高速、地铁5号线过境。通公交车。

珠吉街道 [Zhūjí Jiēdào] 属天河区。在区境东部。面积8平方千米。人口9万。2002年设。取珠村、吉山2村名各1字得名。有高校1所,小学3所。有龙船、橄榄、珠村公园。有古迹珠村潘氏第三世祖潘礼可夫妇合葬墓、明代郝门潘氏墓、北帝古庙、珠村民居、更楼、水浸社坛等。有民俗七夕乞巧节、端午扒龙船。通公交车。

新塘街道 [Xīntáng Jiēdào] 属天河区。在区境东北部。面积11平方千米。人口8.7万。2002年设。因新塘村得名。有高校4所,中学1所,小学3所。有南宋进士秦悦会家族墓、岑村罗氏第二世祖罗凤阳墓、岑村罗氏第三世祖罗沙亭墓等。广深、环城高速过境。通公交车。

白 云 区

白云区 [Báiyún Qū] 广州市辖区。在市境北部。面积796平方千米。人口85.8万。辖18街道、4镇。区人民政府驻景泰街道。1952年设白云区。1956年与新滘、黄埔2区合设市郊区。1987年复改白云区。因白云山得名。有广花平原。珠江、白坭河、巴江河、流溪河流经。有完全中学3所,初中51所,九年一贯制学校6所,小学181所,三级医院2个,二级医院9个。有全国重点文物保护单位三元古庙,省级文物保护单位3个。有古迹白云寺、双溪寺、能仁寺、弥勒寺、白云仙馆、百花冢、升平社学、石井桥等。有国家5A级旅游景区白云山。有景点帽峰山森林公园、云台花园、鸣春谷、雕塑公园等。三次产业比例2∶23∶75。农业以休闲农业、花卉园艺业、食用菌业为主。特产石马桃花、江村黄鸡、水沥红葱、人和霸王花、良田肉鸽、竹料马蹄等。工业以电气机械、医药、精细化工、通用设备、交通运输设备制造为主,有生物医药、新能源、新材料等新兴产业。服务业以空港经济、高端商贸、高端会展商务、文创产业为主。京广铁路,武广高铁,京珠、广惠、北环、广清高速,105、106、107、324国道,省道广花、兴泰、罗南、沙泰线,地铁2号线过境。通多路公交车。

机场路 [Jīchǎng Lù] 在区境南部。南起解放北路,北至夏花一路。与云城西路、齐富路、黄石东路、三元里大道、岗贝路等相交。长7.7千米,宽40米。沥青路面。20世纪30年代建,1950年名机场路,1986年扩建。2001年与广花五路、广花六路合称机场路。因与旧白云机场相接得名。两侧有广东音像城、兴发广场、南方航空等。通公交车。

白云大道北 [Báiyún Dàdào Běi] 在区境中部偏南。南起黄石东路,北至东平北路。与解放庄路、同泰路、黄边北路等相交。长7.2千米,宽60米。沥青路面。1994年始建。因白云山得名。两侧有广东外语外贸大学、白云公安分局、汇桥大厦、永泰绿化广场、居住小区等。通公交车。

白云大道南 [Báiyún Dàdào Nán] 在区境南部。南起广园中路,北至黄石东路。与下塘西路、富悦街、景云路、长安大街、平安大街等相交。长4.9千米,宽60米。沥青路面。1994年始建。因白云山得名。两侧有体育馆、度假村、会议中心等。通公交车。

黄石西路 [Huángshí Xīlù] 在区境南部。东起黄石立交桥,西至小坪立交桥。与石潭路、榕茵路、黄石东街、机场路等相交。长2.4千米,宽32米。沥青路面。1983年建成。原名黄石路,因处黄石立交桥西更今名。两侧有材料城、商务大厦、供电局、马务广场等。通公交车。

黄石东路 [Huángshí Dōnglù] 在区境南部。东起白云大道北,西至机场路。与金岭北街、天云街、翰云路、润云路、云城西路等相交。长2400米,宽26米。沥青路面。1980年开工,1982年建成。因处黄石立交桥东得名。两侧有电力研究所、市技师学院、白云汇广场等。通公交车。

云城东路 [Yúnchéng Dōnglù] 在区境南部。南起齐心路,北至黄石东路。与云城北一路、云城中一路、齐富路等相交。长4.8千米,宽23—40米。沥青路面。2007年开工,2008年建成。2009年扩建。因处规划建设白云新城东得名。两侧有市儿童公园、白云国际会议中心等。通公交车。

云城西路 [Yúnchéng Xīlù] 在区境南部。南起机场路,北至黄石东路。与齐富路、云城中路、云城北路相交。长5.2千米,宽32—60米。沥青路面。2007年开工,2008年建成。因处白云新城西得名。两侧有万达广场、购物广场、广东画院、市城市规划展览中心、苹果大厦等。通公交车。

广花二路 [Guǎnghuā 2 Lù] 在区境西北部。南起新石路,北至江人一路。与桃源西街、建设路、桃红西街、庙企路相交。长3.5千米,宽40米。混凝土路面。1996年开工,1997年建成。与花都区相连,以顺序得名。两侧有为盛仓库、广东建设职业技术学院、金桃园公寓、威玛大厦等。通公交车。

广花三路 [Guǎnghuā 3 Lù] 在区境西北部。南起江人一路,北至水莲路。与江府路、塘贝北路相交。长3.4千米,宽40米。混凝土路面。1996年开工,1997年建成。与花都区相连,以顺序得名。两侧有干部疗养院、好迪集团、居住小区等。通公交车。

广花四路 [Guǎnghuā 4 Lù] 在区境西北部。南起水莲路,北至夏花五路。与双岗一街相交。长2.7千米,宽40米。混凝土路面。1996年开工,1997年建成。与花都区相连,以顺序得名。两侧有东镜市场、自由人花园、镜塘木材市场、众佳商场等。通公交车。

广园汽车客运站 [Guǎngyuán Qìchē Kèyùnzhàn] 见交通运输设施部分"广园汽车客运站"条。

景泰街道 [Jǐngtài Jiēdào] 白云区人民政府驻地。在区境南部。面积6平方千米。人口11.9万。1989年设。因元代羊城八景之"景泰僧归"得名。有高校3所,初中2所,小学2所,幼儿园10所。有广州雕塑公园。有汽配产业。环城高速、105国道过境。有广园汽车客运站。通公交车。

三元里街道 [Sānyuánlǐ Jiēdào] 属白云区。在区境南部。面积5平方千米。人口4.7万。1987年设。因三元古庙、三元里人民抗英斗争纪念公园得名。有三级医院1个,二级医院1个。有全国重点文物保护单位三元里人民抗英斗争纪念馆,省级文物保护单位三元里抗英斗争纪念碑。经济以商贸业为主。有皮具、音像制品、化妆品等专业市场。地铁2号线过境。通公交车。

松洲街道 [Sōngzhōu Jiēdào] 属白云区。在区境西南部。面积9平方千米。人口11.5万。1989年设。因主要在松溪一带得名。有彭加木、螺涌五秀公园。有古迹其芳叶公祠、寅山李公祠等。经济以商贸业为主,有江南果蔬批发市场。广清、广佛、北环高速等过境。通公交车。

同德街道 [Tóngdé Jiēdào] 属白云区。在区境南部。面积4平方千米。人口15万。1994年设。因同德村得名,寓意同心同德。新市涌、井河流经。有同德文化广场、同德公园、区图书馆同德分馆等。经济以商贸业为主。环城高速过境。通公交车。

黄石街道 [Huángshí Jiēdào] 属白云区。在区境中部偏南。面积7平方千米。人口2.7万。1999年设。因黄石路得名。有敬老院4个,公园11个。有古迹宝林堂、李氏大宗祠、白云山西门等。有民俗舞狮、舞龙等。经济以文创产业、楼宇经济、商贸、餐饮、旅游为主。机场高速、地铁2号线过境。通公交车。

棠景街道 [Tángjǐng Jiēdào] 属白云区。在区境南部。面积4平方千米。人口6.9万。1999年设。因棠溪、远景2村得名。新市涌流经。有高中1所,初中2所,小学9所,幼儿园20所,社区卫生服务中心1个。有古迹梁氏大宗祠、洪圣古庙。经济以商贸、物流、旅游、房地产业为主。机场高速、地铁2号线过境。通公交车。

新市街道 [Xīnshì Jiēdào] 属白云区。在区境南部。面积4平方千米。人口12万。2000年设新景街道。2003年更今名。原名佛岭市(自然村),战毁另辟新集,故名。有二级医院1个。经济以商贸业为主。机场高速过境。通公交车。

同和街道 [Tónghé Jiēdào]　属白云区。在区境东南部。面积27平方千米。人口15万。2001年设。原有同记商铺,因增加股东改名同和。有广东机电职业技术学院、省国防科技技师学院等。有何其明公祠、赖氏祠堂、上荣黄公祠、同盟会成员古应芬墓等。有南湖、白云山。工业以制药为主。通公交车。

京溪街道 [Jīngxī Jiēdào]　属白云区。在区境东南部。面积6平方千米。人口3.6万。2001年设。因门楼题字"京溪古道"得名。有南方医科大学。有三级医院1个。有古迹百花冢、观音堂、承滨赖公祠等。经济以商贸业为主,有商品批发零售、仓储物流业等。地铁3号线过境。通公交车。

永平街道 [Yǒngpíng Jiēdào]　属白云区。在区境南部。面积15平方千米。人口12万。2001年设。因原永泰、东平2村得名。白海面涌、红路支流、永泰涌等流经。有高校1所,中专1所,中学1所,小学10所,幼儿园22所,二级医院1个。有马市岭村解放战争游击根据地旧址、东平公社旧址、日军侵华永平飞机库遗址等。有古迹捷焕徐公祠、二帝古庙、哪吒宫。地铁3号线过境。通公交车。

嘉禾街道 [Jiāhé Jiēdào]　属白云区。在区境中部。面积9平方千米。人口14万。2002年设。因禾苗茁壮得名。有广东警官学院。有古迹凤鸣古冢、长溎仙师宫等。经济以汽车修配、制衣、制鞋、化妆品加工为主。有生猪交易市场。通公交车。

均禾街道 [Jūnhé Jiēdào]　属白云区。在区境中部。面积14平方千米。人口2.3万。2002年设。因百年老墟均禾墟得名。有古迹平和大押(当铺名)、陈氏宗祠等。农业盛产石马桃花。机场高速、广花公路过境。通公交车。

石井街道 [Shíjǐng Jiēdào]　属白云区。在区境西南部。面积11平方千米。人口19.1万。2002年设。《史记》载,东吴赤乌十一年(248)陆胤指导乡民凿井,水质甘美、长汲不涸,成圩市,称石井墟,故名。石井河、潭村涌、海口涌等流经。有古迹升平社学、义勇祠、石井桥等。有皮具、服装、鞋类、布匹等专业市场。广清高速过境。通公交车。

金沙街道 [Jīnshā Jiēdào]　属白云区。在区境西南部。面积8平方千米。人口8万。2002年设。因金沙洲岛得名。有浔峰山、白云山。沙贝海、白沙河流经。有中学4所,小学7所,幼儿园9所。有古迹宋名贤陈大夫宗祠、横沙招氏大宗祠、卧云庐、大仙庙等。经济以房地产、商业为主。广佛高速过境。通公交车。

云城街道 [Yúnchéng Jiēdào]　属白云区。在区境南部。面积4平方千米。人口13.7万。2014年设。因处白云新城核心区得名。有小学2所,幼儿园7所。有岭南建筑得朋书院。有景点鸣泉居。有汽车交易市场。机场高速、地铁2号线过境。通公交车。

鹤龙街道 [Hèlóng Jiēdào]　属白云区。在区境中南部。面积6平方千米。人口1.6万。2014年设。取意"鹤立鸡群,龙腾虎跃"得名。有省药物研究所。经济以商业为主。机场高速,106国道,地铁2、3号线过境。通公交车。

白云湖街道 [Báiyúnhú Jiēdào]　属白云区。在区境中部。面积18平方千米。人口2.8万。2014年设。因白云湖公园得名。流溪河、石井河流经。有广东外语外贸大学公开学院。经济以制鞋、制衣、电子、快递仓储业为主。京广铁路过境。通公交车。

石门街道 [Shímén Jiēdào]　属白云区。在区境西南部。面积20平方千米。人口10.4万。2014年设。因羊城古八景之"石门返照"得名。珠江、流溪河流经。有景点石门贪泉。农业主产蔬菜、水果。服务业以物流为主。广清高速过境。通公交车。

人和镇 [Rénhé Zhèn]　白云区辖镇。在区境北部。面积74平方千米。人口10.2万。辖2居委会、25村委会,有101自然村。镇人民政府位于龙六路。1958年成立人和公社。1987年改镇。2002年蚌湖镇并入。因人和圩得名,寓意众人和睦。流溪河流经。有二级医院1个。有曹佑和故居、农民起义领袖甘先故居、君茂家塾、矮岗炮楼等。经济以农业为主,为市农产品生产基地,特产霸王花。地铁3号线过境。

太和镇 [Tàihé Zhèn]　白云区辖镇。在区境东北部。面积219平方千米。人口9.2万。辖2居委会、21村委会,有62自然村。镇人民政府位于朝亮南路。1932年设太和乡。1958年成立公社。1984年改区。1987年置镇。2004年龙归镇并入。以太平和睦意得名。有中学5所,小学21所,幼儿园34所,二级医院2个。有帽峰山省级森林公园。有太和乡抗战殉国同胞纪念碑等。有古迹玉虚宫。有铜锣湾景区。农业主产蔬菜、水果。有广州高新区民营科技园。京珠高速,105、106国道,沙太公路,地铁3号线过境。

钟落潭镇 [Zhōngluòtán Zhèn]　白云区辖镇。在区境东北部。面积231平方千米。人口13.2万。辖5居委会、37村委会。镇人民政府位于福龙路。1958年成立钟落潭公社。1984年改区。1985年置镇。2004年竹料、良田、九佛3镇并入。2005年析设九佛镇。宋代因溪岸樟木得名樟木潭圩,以钟鸣鼓乐之意更名钟乐潭,因谐音改今名。流溪河流经。有完全中学2所,初中7所,小学12所,二级医院1个。有金颖园农科旅游度假区。有景点寮采村、帽峰九龙涧、颐福园、钟落潭公园、周氏宗祠。经济以机电制造、轻纺、皮革、农副产品加工等业为主。京珠高速、新广从公路过境。

江高镇 [Jiānggāo Zhèn]　白云区辖镇。在区境西北部。面积96平方千米。人口17.8万。辖10居委会、35村委会。镇人民政府位于江府路。1985年设江高镇。2004年神山镇并入。取侵华日军毁江村、高塘2墟名各1字得名。有二级医院1个。有禺北民众抗日纪念亭、普惠医院旧址等。经济以农业为主,特产水沥红葱、蓼江韭菜、大田马蹄、江村黄鸡。京广铁路、武广客运专线过境。

黄埔区

黄埔区 [Huángpǔ Qū]　广州市辖区。在市境中部。面积484平方千米。人口88万。辖14街道、1镇。区人民政府驻萝岗街道。1953年设黄埔区。1962年并入广州市郊区。1973年复黄埔区。2014年萝岗区并入。因珠江河段古称黄木河得名黄木,以方言改今名。南岗河、乌涌河流经。有市玉岩中学,市第二、第八十六、第八十七中学等。有三级医院2个,二级医院3个,体育场馆2个。有全国重点文物保护单位黄埔军校旧址、南海神庙,省级文物保护单位外国人公墓。有天鹿湖森林公园。有东江纵队会址旧址、广州江防及长洲炮台群等。有羊城新八景之科城锦绣。有景点玉喦书院、横沙书香街等。有民间艺术波罗诞、扒龙舟等。二、三产业比例73∶27。农业主产水稻、蔬菜、水果等。工业以智能装备制造、平板显示、新材料、生物医药为主。服务业以电子商务、仓储邮政、信息技术服务、租赁为主。有临港、中新知识城、科学城、生物岛等经济区。有国家级产业基地和园区18个。广深铁路,107国道,地铁5、6号线过境。有黄埔港。通多路公交车。

大观北路 [Dàguān Běilù]　在区境西部。南起大观中路,北至广汕公路。与悦榕路、天慧路、天鹿南路、广汕二路、广汕三路相交。长2千米,宽50米。沥青路面。处大观路北段,1996年命名。两侧有广州天河科技园软件园、居住小区。通公交车。

开创大道 [Kāichuàng Dàdào]　在区境东南部。南起广深公路,北至广汕三、四路交接点。与北二环公路、永和大道相交。长16.5千米,宽60米。沥青路面。原为萝南公路、萝南大道,2004年合并更今名。两侧有万科城市花园、万达广场、保利罗兰花园、广州云埔工业区等。通公交车。

开泰大道 [Kāitài Dàdào]　在区境东南部。西起科翔路、科珠路,东向南折至广深高速接开发大道。与新阳东路、开达路相交。长8.6千米,宽60米。沥青路面。2004年命名。寓意"三阳开泰"得名。两侧有科学城体育公园、居住小区等。通公交车。

开源大道 [Kāiyuán Dàdào]　在区境中部偏南。南起广深高速,北向东折至开创大道。与瑞和路、开泰大道、伴河路相交。长4千米,宽60米。沥青路面。2004年命名。寓意"财源滚滚"得名。两侧有万科东荟城、广州植树公园、医疗科技公司、化工物流企业等。通公交车。

黄埔东路 [Huángpǔ Dōnglù]　在区境南部。东起南岗桥,西至港湾路。与大沙地西路、丰乐路、石化路、文船路、华坑路相交。长11千米,宽40米。沥青路面。1981年命名。因黄埔区内东延得名。两侧有区妇幼保健院、居住小区、中学、区医院等。通公交车。

黄埔客运站 [Huángpǔ Kèyùnzhàn]　见交通运输设施部分"黄埔客运站"条。

萝岗街道 [Luógǎng Jiēdào]　黄埔区人民政府驻地。在区境中部。面积80平方千米。人口3.4万。2003年设。因原萝岗镇得名。有仙人座、烧瓦窿、牛成地等。四清河、天窿河等流经。有玉岩中学、科学城中学、萝峰小学、香雪小学、利民小学、北京师范大学广州实验幼儿园。有广州国际体育演艺中心。有景点玉岩书院、香雪公园等。经济以林果业为主,兼种水稻。广深高速,广汕、萝安、萝南公路过境。通公交车。

黄埔街道 [Huángpǔ Jiēdào]　属黄埔区。在区境南部。面积7平方千米。人口5.3万。1962年设。传凤凰栖此得名凰浦,因黄姓居多,以浦、埔谐音改今名。珠江涌、三戽涌流经。有中小学、幼儿园、卫生院、门诊部、体育馆、少年宫。经济以港航服务、商贸业为主。地铁5号线过境。通公交车。

红山街道 [Hóngshān Jiēdào]　属黄埔区。在区境西南部。面积9平方千米。人口1.9万。1975年设。因境内红山得名。有螺壳岗、龙头山、金鸡顶等。庙头涌流经。有中学2所,小学5所。有古迹乌涌清官兵合葬墓、牛山炮台公园。农业以环保、生态农业为主。广深沿江高速过境。通公交车。

鱼珠街道 [Yúzhū Jiēdào]　属黄埔区。在区境西南部。面积9平方千米。人口2.7万。1986年设。因鱼山延至珠江河边得名。有马腰山、狮山、飞鹅岭等。引乌涌、深涌主涌等流经。有中学3所,小学3所,二级医院1个。有狮山公园。有九沙围水棚、蟹山炮台、鱼珠炮台等遗址。经济以工业为主,有机械谷智能产业园区。通公交车。

大沙街道［Dàshā Jiēdào］ 属黄埔区。在区境西南部。面积13平方千米。人口1.8万。2002年设。原为珠江冲积沙田，故名。先后改造城中村，扩建港湾北路、祖光路，整治河涌。有炮楼山、将军地、埗岗等。三岸涌、乌涌流经。有中小学、幼儿园、三级医院。有乌涌古战场遗迹、古墓葬群。有自然景观鹤林奇观。有羊城古八景之"东海鱼珠"，"黄埔云樯"。广深铁路、107国道过境。有黄埔港。通公交车。

文冲街道［Wénchōng Jiēdào］ 属黄埔区。在区境南部。面积10平方千米。人口2.2万。2002年设。原名乌冲，方言谐音雅为今名。先后扩建大沙东路，整治河涌。有大田山、官路山。文涌流经。有广州航海专科学校。有中小学、幼儿园、公园。地铁5号线过境。有黄埔客运站。通公交车。

穗东街道［Suìdōng Jiēdào］ 属黄埔区。在区境东南部。面积12平方千米。人口1.2万。2002年设。因处广州东，取广州简称穗得名。先后改造北防汛路、农耕路等。有正岭、飞龙岗等山。庙头涌流经。有南湾小学、夏园小学、春晖学校。有国家4A级旅游景区南海神庙。有龙头山森林公园。有波罗诞千年庙会。通公交车。

南岗街道［Nángǎng Jiēdào］ 属黄埔区。在区境东南部。面积13平方千米。人口3.1万。2002年设。因原南岗镇得名。先后建设滨江新城、灿岗山公园，改造城中村等。有南岗龟山、将军山。东滘涌、沙步沙涌流经。有二级医院1个。有中小学、幼儿园、卫生院、门诊部、卫生站。有沙步体育公园、文化图书室、星光老年之家。有扶胥古运河遗址、汉卿家塾等。农业以种植蔬菜、小麦、玉米为主。工业以化工为主。广九铁路、广深公路过境。通公交车。

荔联街道［Lìlián Jiēdào］ 属黄埔区。在区境南部。面积6平方千米。人口0.5万。2002年设。因原笔村荔枝名果、原沧联村得名。有望下山。细陂河流经。有东晖学校、东晖中英文学校、沧联小学、沧头幼儿园等。有诚联公园、北帝古庙。农业以种植蔬菜、小麦、玉米为主。广深高速、广深公路过境。通公交车。

长洲街道［Chángzhōu Jiēdào］ 属黄埔区。在区境西南部。面积11平方千米。人口2万。2002年设。因长形陆洲得名。先后改建辛亥革命纪念馆东、西、南路，金洲大道等。由长洲岛、深井岛、峨眉沙、洪圣沙、白兔沙等岛屿和沙洲组成。有升旗山、大石岗顶。江沥海、深井涌等流经。有中小学、卫生院、卫生站、门诊部。有幼儿园、文化图书室、星光老年之家、体育公园、辛亥革命纪念馆等。有全国重点文物保护单位黄埔军校旧址，省级文物保护单位外国人公墓。有古迹遗址柯拜船坞、长洲炮台、巴斯楼、巴斯教徒墓地、长洲黄埔军校史迹、宋代进士李慕陶墓、长洲金花古庙、海军广州烈士陵园。农业以种植香蕉、杨桃为主。通公交车。

夏港街道［Xiàgǎng Jiēdào］ 属黄埔区。在区境东南部。面积14平方千米。人口2.9万。1988年设。因临近夏园和黄埔港，各取一字得名。西滘涌流经。有二级医院1个。有中小学、卫生院、门诊部。有幼儿园。经济以工业为主，港口物流为辅。有煤炭交易中心、保税物流园区。有国家一类口岸3个，二类口岸5个。通公交车。

东区街道［Dōngqū Jiēdào］ 属黄埔区。在区境东南部。面积40平方千米。人口4万。2005年设。因处广州经济技术开发区东得名。先后改造旧村、休闲公园。有大岭岗、刘村大山、望海岭等。宏岗河、南岗涌流经。有中小学、幼儿园、卫生院、门诊部。有古迹钟氏古墓群、佛迹洞石刻、玄帝古庙等。有丹水坑旅游区。农业主产水果、蔬菜，养殖家禽、水产，特产糯米糍荔枝。有出口加工业。广深铁路、广深高速过境。通公交车。

联和街道［Liánhé Jiēdào］ 属黄埔区。在区境西部。面积51平方千米。人口2.5万。2005年设。因清代联和圩得名。先后建综合广场、居住小区。有牛头山、猪仔山、暹岗大山。乌涌右支流流经。有省电力设计研究院。有广州第二中学、广州一一七中学、联和小学、玉树小学、黄陂小学、暹岗小学。有三级医院1个。有天鹿湖森林公园。有古迹暹岗圣裔宗祠。有羊城新八景之"科城锦绣"。广深、广河、广惠、沈海高速，地铁6号线过境。通公交车。

永和街道［Yǒnghé Jiēdào］ 属黄埔区。在区境中部。面积33平方千米。人口1.4万。2006年设。寓意风调雨顺、永远和平得名。永和河流经。有中学1所，小学4所，幼儿园3所，社区卫生服务中心1个。有华峰寺。广深珠、广惠高速过境。通公交车。

九龙镇［Jiǔlóng Zhèn］ 黄埔区辖镇。在区境东北部。面积178平方千米。人口9.4万。辖3居委会、28村委会，有171自然村。镇人民政府驻九佛社区。2006年由九龙片区改设九龙镇。因原九佛、镇龙2片区得名。凤凰河、金坑河、平岗河、流沙河流经。有高校1所，中职1所，技校1所，中学4所，小学9所，幼儿园4所，卫生院1个，卫生所25个。有九佛革命烈士碑。有古迹贮兴陈公祠，后唐进士、赞善大夫古全望墓，宋代陈姓人粤始祖之一陈彦约墓，新塘湛氏六世祖湛怡庵墓。有龙下境、莲塘、燕塘3古村。有省级非物质文化遗产貔貅舞。有特色民俗舞春牛、客家山歌等。农业种植水稻、蔬菜、花卉，养殖牛、羊、生猪、罗非鱼等。特产白兰花、鲜切花、吊丝丹竹笋、迟菜心、紫水晶番薯、甜心萝卜。工业以电子、化工、塑料、电器、五金加工、农产品加工、人造金刚石工具制造、毛织、制药、家具为主。广河高速过境。

九佛社区［Jiǔfó Shèqū］ 九龙镇人民政府驻地。在区境北部。面积2平方千米。人口4700。因古代供奉9尊佛像得名。1999年成立。民居以多层住宅楼为主。有星光老年人之家。开展法律咨询服务、重阳节老人座谈会、社区篮球赛、中秋节猜灯谜等活动。有中小学、卫生院、九佛戏院、凤凰山公园等。通公交车。

莲塘村［Liántángcūn］ 在区政府驻地萝岗街道北17千米。九龙镇辖自然村。人口3400。因池塘形似莲藕得名。聚落呈团块状。为中国传统村落。有梳式布局传统广府民居建筑群。有古迹时四陈公祠、鸿佑家塾等。有民俗舞狮、粤剧、上灯习俗。有白玉兰公园。特产白玉兰、龙眼、黄皮、香蕉等。有乡村旅游业。通公交车。

番禺区

番禺区［Pānyú Qū］ 广州市辖区。在市境中部偏南。面积530平方千米。人口83.6万。辖11街道、5镇。区人民政府驻市桥街道。秦始皇三十三年(前214)设番禺县。隋开皇十年(590)改南海县。唐长安三年(703)复改番禺县。宋开宝五年(972)并番禺、南海2县入广州府治，皇祐三年(1051)重置。以上各时期番禺县均在广州市区内。1931年县治从广州市区迁往新造。1945年迁至市桥镇。1958年并番禺、顺德2县为番顺县，县治在大良镇。1959年复置番禺、顺德2县，县治在市桥镇。1975年番禺县改属广州市。1992年改县级番禺市。2000年改区。2005年析设南沙区。2012年部分地域划出。因番山、禺山得名。先后建广州南站，地铁2、3号线。有矿产资源花岗岩、红砂岩、玻璃砂等。有高校10所，中学59所，小学132所，三级医院5个，二级医院4个。有博物馆、图书馆。有全国重点文物保护单位余荫山房等3个，省级文物保护单位4个。有古迹宝墨园、岭南印象园、大夫山森林公园、沙湾古镇等。有国家5A级旅游景区长隆旅游度假区，国家4A级旅游景区莲花山。有特色岭南民俗舞龙、醒狮、广乐、沙涌鳌鱼舞、广绣等。三次产业比例2∶35∶63。农业以种植业、渔业、畜牧业为主。工业以通用设备、电气机械和器材、汽车、金属制品、计算机及电子设备等制造为主。服务业以商品批发零售、住宿餐饮为主。有动漫产业园、创意产业基地、节能科技园、综合商贸中心等。武广、厦深、贵广、南广高铁，东新高速，105、325、425国道，地铁2、3、4号线过境。有广州南站。通公交车。

番禺广场［Pānyú Guǎngchǎng］ 在城区南部。面积6.6万平方米。2001年开工，2003年建成。分入口区、集会区、表演区、休闲区。东、西、南分有大型音乐喷泉，南有露天舞台。有记录鸦片战争时期番禺人民抗击侵略者的主体雕塑。北面绿化广场结合中西园林精粹。为集休闲、娱乐于一体综合广场。周边有区政府、中银大厦、居住小区、酒店等。地铁3号线经此。通多路公交车。

番禺大道北［Pānyú Dàdào Běi］ 在区境中部。南起沙湾大桥，北至番禺大桥。与兴南大道、海顺路、汉溪大道东、新兴大道、亚运大道等相交。长15.1千米，宽80米。沥青路面。1988年开工，1991年建成。2007—2010年改造。因区得名。两侧有创兴贸易中心、广地花园、万博中心、番禺敏捷广场、居住小区、创业园等。通公交车。

禺山大道［Yúshān Dàdào］ 在区境中南部。东起大北路，西至西环路。与光明北路、光明南路、北桥路、西丽路、禺山西路等相交。长2.2千米，宽40米。混凝土路面。1986年开工，1987年建成。1992年延建。因禺山得名。两侧有区公安分局、盈讯大楼、商业广场、酒店、居住小区等。通公交车。

平康路［Píngkāng Lù］ 在区境中南部。东起第二大桥，西至环城中路。与德兴路、盛泰路、德胜路、坑口路、隆基大街相交。长1.4千米，宽28米。混凝土路面。1986年开工，1987年建成。寓意平安、健康得名。两侧有区政府、交通局、德胜广场、商贸大厦、居住小区、公园等。通公交车。

清河路［Qīnghé Lù］ 在区境中部偏南。东起番禺大道北，西至西提路。与环城东路、东涌路、瑞和园大街、亚运大道、德祥路等相交。长2.7千米，宽22—80米。沥混路面。1956年开工，1958年建成。1980、1987年扩建。因清河得名。两侧有区政府、番禺广场、居住小区、汇珑商业中心、东信华庭、商贸大厦、盛泰花园、酒店、区妇幼保健院、酒店、电脑城、区图书馆等。地铁3号线经此设站。通公交车。

光明北路［Guāngmíng Běilù］ 在区境中部偏南。南起禺山大道，北至银平路。与桥兴大道、富华西路、东环路、繁华路相交。长2.6千米，宽30—44米。混凝土路面。1983年开工，1984年建成，2005年北延。因吉言佳语得名。两侧有居住小区、星海广场等。地铁3号线经此设站。通公交车。

桥南路［Qiáonán Lù］ 在区境南部。南起南沙公路，北至市桥大桥。与南郊路、华荟路、南华路、福德路、汇景大道等相交。长1.2千米，宽 30 米。混凝土路面。1986 年开工，1987 年建成。因位于市桥大桥南得名。两侧有居住小区、超市、番禺农校等。通公交车。

广州南站［Guǎngzhōunán Zhàn］　见交通运输设施部分“广州南站”条。

番禺汽车客运站［Pānyú Qìchē Kèyùnzhàn］　见交通运输设施部分“番禺汽车客运站”条。

市桥街道［Shìqiáo Jiēdào］　番禺区人民政府驻地。在区境中部。面积 11 平方千米。人口 15.3 万。1993 年设。传倒读桥闸石匾刻“石桥市”且“石”字残缺，故名。先后建设地铁 3 号线、番禺广场、番禺博物馆、图书馆、中银大厦等。有中学 6 所，小学 14 所，三级医院 1 个，二级医院 1 个。有文体中心、科普中心。经济以商贸为主。地铁 3 号线过境。通公交车。

沙湾街道［Shāwān Jiēdào］　在区境西南部。面积 38 平方千米。人口 5.5 万。1993 年设。因处海湾半月形沙滩之畔得名。有中学 5 所，小学 10 所。有省级文物保护单位留耕堂。有国家级非物质文化遗产沙湾狮舞、广乐。有国家 4A 级旅游景区宝墨园、山水园林南粤苑、沙湾古镇历史街区。通公交车。

沙湾北村［Shāwānběicūn］　在区政府驻地市桥街道西南 6 千米。属沙湾街道。人口 1600。因处沙湾北得名。聚落呈团块状。为中国传统村落。有省级文物保护单位留耕堂。有古迹三稔厅、车陂街、光裕堂等。农业以林地种植、鱼塘养殖为主。工业有纸制品加工、木业、音箱制造、制衣、广告材料、电子、五金等。通公交车。

钟村街道［Zhōngcūn Jiēdào］　在区境西北部。面积 23 平方千米。人口 5.6 万。1993 年设。传钟姓较多得名钟山堡，简为今名。有中学 6 所，小学 10 所，三级医院 1 个，卫生院 1 个。有民俗醒狮。地铁 3 号线过境设站。通公交车。

大石街道［Dàshí Jiēdào］　在区境西北部。面积 19 平方千米。人口 5.7 万。1994 年设。2005 年析设大石、洛浦 2 街道。传唐末官员隐居飞鹅岭石岩中，谓其“住在大石”，故名。大石水道、三枝香水道流经。有中学 6 所，小学 7 所，二级医院 1 个。有景点香江野生动物世界、长隆欢乐世界、广州鳄鱼公园等。地铁 2、3 号线过境设站。

沙头街道［Shātóu Jiēdào］　在区境西部。面积 18 平方千米。人口 2.1 万。2001 年设。因原沙滩、林木辉映得名碧沙，分 5 坊，以沙头坊名圩集，遂更今名。有中学 2 所，小学 6 所。有番禺博物馆、大夫山森林公园。工业以珠宝、五金加工为主。通公交车。

东环街道［Dōnghuán Jiēdào］　在区境中部。面积 11 平方千米。人口 1.9 万。2001 年设。因处东环路北得名。有高校 1 所，中学 1 所，小学 6 所，三级医院 1 个，卫生所 2 个。经济以动漫游戏设备、照相器材、汽车轮胎、药品等制造业为主。有节能科技园、动漫游戏产业园等。通公交车。

桥南街道［Qiáonán Jiēdào］　在区境南部。面积 18 平方千米。人口 3.8 万。2001 年设。因处市桥河南岸得名。有中学 4 所，小学 8 所，三级医院 1 个。通公交车。

小谷围街道［Xiǎogǔwéi Jiēdào］　在区境北部。面积 20 平方千米。人口 4.9 万。2004 年设。因环水如被水箍住得名小箍围，以谐音演为今名。有广州大学城。有小学 2 所。有全国重点文物保护单位南汉德、康二陵。有景点岭南印象园。有广东科学中心、国家数字家庭应用示范产业基地。京珠高速、地铁 4 号线过境。通公交车。

洛浦街道［Luòpǔ Jiēdào］　在区境西北部。面积 25 平方千米。人口 7.5 万。2005 年设。因处洛溪、南浦 2 岛得名。有中学 4 所，小学 12 所。经济以日用品、装饰材料、水产品贸易为主。地铁 2、3 号线过境设站。通公交车。

石壁街道［Shíbì Jiēdào］　在区境西北部。面积 27 平方千米。人口 2.3 万。2005 年设。因石壁村得名。有中学 2 所，小学 3 所，卫生院 1 个，卫生所 2 个。经济以商贸服务、高新技术产业为主。有广州南站商务区。地铁 2 号线过境设站。通公交车。

大龙街道［Dàlóng Jiēdào］　在区境中南部。面积 25 平方千米。人口 5.2 万。1998 年设。因大龙村得名。有中学 6 所，小学 11 所。有省级非物质文化遗产沙涌鳌鱼文化。通公交车。

石碁镇［Shíqí Zhèn］　在区境东南部。面积 46 平方千米。人口 4.9 万。辖 2 居委会、17 村委会。镇人民政府位于岐山南路。1955 年设石碁区。1957 年分设石碁、沙圩 2 乡。1958 年改公社。1984 年改区。1987 年改石碁镇。1993 年设石碁街道。1998 年析设大龙街道，石碁街道改镇。因原有石制棋盘、棋子，以棋、碁同音同义得名。有中学 3 所，小学 12 所，二级医院 1 个。工业以电子、印刷、机械、制衣、皮具加工为主。京珠高速、地铁 4 号线过境。

南村镇［Náncūn Zhèn］　在区境北部。面积 47 平方千米。人口 6.8 万。辖 12 居委会、16 村委会。镇人民政府位于政通路。原名南山，因村南有山。清代后称南村。1955 年为南村区。1957 年分设南村、新造 2 乡。1958 年合设南村团，旋改南村公社。1961 年析设新造公社。1984 年南村公社改区。1986 年改南村镇。有高校 1 所，中学 7 所，小学 16 所，二级医院 1 个，卫生院 1 个，卫生所 19 个。有全国重点文物保护单位余荫山房。有员岗昌大堂、南村光大堂、海云寺遗址。有龙船头制作技艺。有民间艺术、诞会节庆民俗活动。工业以电线电缆、机械制造为主。市新公路过境。

新造镇［Xīnzào Zhèn］　在区境东北部。面积 14 平方千米。人口 1.6 万。辖 1 居委会、10 村委会。镇人民政府位于新广路。1957 年设新造乡。1962 年改公社。1984 年改区。1987 年置镇。2004 年析设小谷围街道。明景泰五年(1454)在河滩造地建圩，取名新造。有高校 1 所，中学 1 所，小学 1 所，卫生院 1 个，卫生所 3 个。农业种植番薯、萝卜、花生。市新公路、地铁 4 号线过境。

化龙镇［Huàlóng Zhèn］　在区境东北部。面积 54 平方千米。人口 3.3 万。辖 2 居委会、13 村委会。镇人民政府位于龙源路。1957 年为化龙乡。1959 年改公社。1984 年改区。1987 年置龙镇。传南宋黄龙建寺，死后化龙归天得名。有中学 2 所，小学 4 所，卫生院 1 所。有民间艺术飘色、乞巧、龙狮、曲艺等。经济以汽车制造，包装材料、家具、音响、医疗器械、电子产品、服装、手袋生产为主。有汽车生产基地、广州国际商品展贸城、生物医药园等。425 国道、京珠高速过境。通多路公交车。

石楼镇［Shílóu Zhèn］　在区境东部，面积 127 平方千米。人口 7.2 万。辖 3 居委会、22 村委会。镇人民政府位于莲港大道。1955 年为石楼区。1959 年改公社。1984 年复区。1987 年置镇。2002 年莲花山镇并入。因狮形巨石得名石狮头，以土音讹称今名。有中学 5 所，小学 9 所，三级医院 1 个，卫生院 1 个，卫生所 2 个。有广州亚运城综合体育馆、广州亚运历史博物馆。有全国重点文物保护单位莲花山古采石场遗址，省级文物保护单位莲花塔、莲花城。有亚运城。工业有纺织、木材加工、鞋帽制造、农副食品加工、印刷、医药、化学制品制造等。京珠高速、地铁 4 号线过境。有莲花山客运港。

大岭村［Dàlǐngcūn］　在区政府驻地市桥街道东北 11 千米。石楼镇辖自然村。人口 2500。原名菩山村，因大岭山改今名。聚落呈散点状。为中国历史文化名村、中国传统村落。有明清古桥、古塔、古祠堂。养殖鲢鱼、鳙鱼、青鱼、草鱼等。

花　都　区

花都区［Huādū Qū］　广州市辖区。在市境西北部。面积 970 平方千米。人口 54.2 万。以汉族为主，还有壮、瑶、土家、满、苗、回、侗等民族。辖 4 街道、6 镇。区人民政府驻花城街道。1959 年设花县。因处花山得名。1993 年改花都市(县级)。以美好祝愿得名。2000 年改区。先后修建国际机场、花都公园。有牙英山。流溪河、白坭河、芦苞涌、新街河等流经。有矿产资源石灰石、高岭土、陶瓷土、花岗岩、黏土、砂页岩等。有芙蓉嶂白沙田桃花水母及其生态保护区。有中国大鲩种苗繁殖基地。有芙蓉嶂、九湾潭、三坑、福源等水库。有高校 10 所，中学 75 所，小学 89 所，三级医院 2 个，二级医院 1 个。有全国重点文物保护单位洪秀全故居。有民间特色技艺中彩珐琅制作技艺、泥塑、瑞岭盆景等。有民俗花都元宵灯会、南狮、粤剧、盘古王诞、客家山歌。有国家 4A 级旅游景区九龙湖森林公园、石头记矿物园、圆玄道观，国家 3A 级旅游景区 4 个，省级旅游度假区 2 个。三次产业比例 3∶58∶39。农业以种植业、林业、牧业、渔业为主。工业以汽车产业、皮革皮具、珠宝产业、制衣为主。服务业以仓储邮政、商品批发零售、住宿餐饮、房地产业为主。京广、武广铁路，京港澳、广清、广乐、肇花高速，105、106、107 国道过境。有国家二类口岸花都港、广州白云国际机场。通公交车。

花都广场［Huādū Guǎngchǎng］　在城区中部。面积 29 万平方米。1999 年建。因区名命名。有舞台、罗马柱廊、旱地喷泉、城市雕塑、舞池等。绿地、大理石铺面，栽植木棉树、榕树、鲜花、绿篱。周边有区政府、市中西医结合医院、区民政局等。通公交车。

建设北路［Jiànshè Běilù］　在区境南部。南起云山大道，北至杨屋路。与松园路、五华直街相交。长 3.9 千米，宽 40 米。混凝土路面。1981 年建成。因改革开放加强建设得名。两侧有市政管理局、市农业局、邝维煜中学、城西派出所、胡忠医院。通公交车。

天贵路［Tiānguì Lù］　在区境南部。南起滨湖路，北至三东大道。与新华路、商业大道、紫薇路、迎宾大道、云山大道相交。长 5.1 千米，宽 40 米。沥青混凝土路面。因历史人物洪秀全之子洪天贵得名。1997 年建成。两侧有区政府、育德幼儿园、横潭公园、花都湖公园、花果山公园、人民公园。通公交车。

云山大道［Yúnshān Dàdào］　在区境南部。东起天贵路，西至云山大桥。与花城路、站前路、公园前路、交通东路、新街大道相交。长 3 千米，宽 24 米。沥青路面。1989 年建成。因太平天国将领冯云山得名。两侧有花都师范学校、小学、中西医结合医院、花都医院、区残疾人康复中心、妇幼保健院等。通公交车。

秀全大道［Xiùquán Dàdào］　在区境南部。东起新民路，西至新花街。与花城路、建设路相交。长 1.3 千米，宽 40 米。沥青路面。1977 年建成。因太平天国洪秀全得名。两侧有花都体育馆、小学、建设局、技工学校。通公交车。

商业大道［Shāngyè Dàdào］ 在区境南部。东起新华路，西至新民路。与迎宾大道、凤凰北路、福宁路、新中路、建设路等相交。长 1.1 千米，宽 40 米。混凝土路面。1977 年建成。因商业街得名。两侧有胡忠大厦、中国银行、翠景苑、名都鸿雅苑、花都湖公园。通公交车。

新华路［Xīnhuá Lù］ 在区境南部。东起商业大道，西至新民路。与建设路、花城路、天贵路、曙光大道相交。长 1 千米，宽 21 米。混凝土路面。1955 年开工，1957 年建成。2004 年改扩建。因新华镇得名。两侧有区人民医院、秀全公园、洪秀全纪念馆、培新中学。通多路公交车。

花城路［Huāchéng Lù］ 在区境南部。南起新华路，北至宝华路。与秀全大道、云山大道、商业大道相交。长 1.4 千米，宽 40 米。沥青路面。1984 年建成。因原花县也称花城得名。两侧有区税务局、小学。通多路公交车。

广州北站［Guǎngzhōuběi Zhàn］ 见交通运输设施部分"广州北站"条。

花都汽车客运站［Huādū Qìchē Kèyùnzhàn］ 见交通运输设施部分"花都汽车客运站"条。

花城街道［Huāchéng Jiēdào］ 花都区人民政府驻地。在区境中部。面积 27 平方千米。人口 13 万。2013 年设。因原花县称花城得名。有厚岭、虎岭山、长岗岭等。岗河、抗美河、窝埔河流经。有洪秀全水库。有中学 2 所，小学 1 所，幼儿园 6 所，社区服务中心 1 个。有人民公园、花都儿童公园、花都广场等。有广州万达文化旅游城。有汽车交易市场。武广、京广高铁过境。通公交车。

新华街道［Xīnhuá Jiēdào］ 属花都区。在区境南部。面积 30 平方千米。人口 30.7 万。2005 年设。因原新华市（集镇）得名。有花果山、马鞍山等。天马河、新街河等流经。有职业学校 4 所，幼儿园 42 所，三级医院 2 个，养老院 1 个。有花果山、马鞍山、秀全等公园。有洪秀全纪念馆。有资政大夫祠古建筑群。京广、武广铁路，广清高速，106、107 国道过境。有广州北站。通公交车。

新雅街道［Xīnyǎ Jiēdào］ 属花都区。在区境南部。面积 33 平方千米。人口 9.7 万。2013 年设。取新华街道、雅瑶镇各 1 字得名。有西瓜岭、青石岭、老虎岭等。新街河、青石河流经。有中学 4 所，小学 8 所，幼儿园 4 所，卫生服务中心 1 个。有国家水利风景区花都湖公园。京广铁路、武广高铁过境。通公交车。

秀全街道［Xiùquán Jiēdào］ 属花都区。在区境中部偏南。面积 54 平方千米。人口 3.5 万。以汉族为主，还有壮、满、回、朝鲜等民族。2013 年设。因洪秀全故居得名。有天狮岭、飞鹅岭、独秀岭。天马河、石陂河、金钟河流经。有中学 2 所，小学 12 所，幼儿园 15 所。有飞鹅岭公园、天狮岭公园等。有景点洪秀全纪念馆、石头记矿物园、珠宝小镇、圆玄道观等。有花都港。通公交车。

梯面镇［Tīmiàn Zhèn］ 花都区辖镇。在区境东北部。面积 91 平方千米。人口 9400。辖 1 居委会、8 村委会。镇人民政府位于金梯大道。1984 年设梯面区。1987 年改镇。因处百步梯上得名。有牙英山、王子山等。山河、梯清河、大沙河流经。有初中 1 所，小学 2 所，幼儿园 1 所，卫生院 1 个，卫生站 8 个，养老院 1 个。有国家 3A 级旅游景区红山村。有王子山森林公园、高百丈风景区等。经济以旅游业为主。广乐高速、106 国道过境。通公交车。

花山镇［Huāshān Zhèn］ 花都区辖镇。在区境东部。面积 116 平方千米。人口 11.5 万。辖 1 居委会、26 村委会。镇人民政府位于花山大道。1958 年花城、坪山 2 乡各取一字成立花山公社。1983 年改区。1987 年置镇。有菊花山、文笔岭、鸡枕山等。铜鼓坑、福源河流经。有中学 3 所，小学 11 所，幼儿园 4 所，卫生院 2 个。有山镇烈士陵园。有景点香草世界、禾雀花基地、花山小镇、福源水库等。工业有汽车配件、电子五金、机械制造、光电等。有科技工业园、日用品产业基地。广乐、肇花高速，106 国道过境。通公交车。

花东镇［Huādōng Zhèn］ 花都区辖镇。在区境东部。面积 208 平方千米。人口 14.8 万。辖 5 居委会、45 村委会。镇人民政府驻南溪村。1958 年成立花东公社。1983 年改区。1987 年置镇。2005 年花侨、北兴 2 镇并入。因位于原花县东得名。有鸡枕山。流溪河流经。有中学 6 所，小学 14 所，幼儿园 17 所，卫生院 3 个。有花东革命烈士纪念碑。有古迹八角古庙、云山宫、作宏商公祠、文孙曾公祠、云门曾公祠、云门别墅、拱日楼门楼、绍文堂、商氏墓群、福如楼等。有九龙湖旅游度假区、九龙潭森林公园。经济以临空产业、先进制造业、文化旅游业为主。京珠、街北高速过境。有广州白云国际机场。

南溪村［Nánxīcūn］ 花东镇人民政府驻地。在区政府驻地花城街道东北 12 千米。人口 1600。地处大沙河以南，故名。聚落呈团块状。有小学、幼儿园、卫生站。种植荔枝、龙眼、莲藕等。工业有制衣、食品机械等。农光公路经此。

炭步镇［Tànbù Zhèn］ 花都区辖镇。在区境西南部。面积 113 平方千米。人口 8.7 万。辖 1 居委会、27 村委会。镇人民政府位于北街路。1958 年成立炭步公社。1983 年改区。1987 年置镇。传南宋北方迁民以烧炭为生，堆积为码头，故名。有丫髻山。芦苞涌、中洞河、炭步鲤鱼涌流经。有中学 3 所，小学 5 所，幼儿园 6 所，卫生院 1 所，卫生站 27 个。有古迹汤氏家庙、太平天国将领赖汉英夫妇墓等。农业以种植水稻、蔬菜、荔枝，养殖水产为主。西二环高速、禅炭公路过境。

朗头村［Lǎngtóucūn］ 在区政府驻地花城街道西南 16 千米。炭步镇辖自然村。人口 2200。因处低塱田附近小山岗得名塱头村，后更今名。聚落呈团块状。为中国历史文化名村。有明清风格古建筑群。有古迹升平人瑞牌坊、文湛公书室、积墨楼、青云桥等。有民间艺术活动舞狮、投灯、游灯。广州一四会、巴江一广花公路经此。

赤坭镇［Chìní Zhèn］ 花都区辖镇。在区境西北部。面积 160 平方千米。人口 6.2 万。辖 2 居委会、30 村委会。镇人民政府位于沿江路。清康熙二十五年（1686）由南海县划入花县。1959 年改公社。1983 年改区，析设赤坭镇。1987 年撤赤坭区并入镇。明末建赤坭圩，圩附近岗丘风化层土壤为赤红壤，以泥土赤红之意为名。镇因赤坭圩得名。有高校 1 所，大专 1 所，中专 1 所，中学 2 所，小学 7 所，幼儿园 3 所，卫生院 1 个，卫生站 30 个，养老院 1 个。有古迹罗氏大宗祠、罗姓始祖罗康养夫妇合葬墓、和合公祠、鹤栖坊郭氏宗祠、修竹斋等。有景点田心碉楼、宝桑园、九曲河沿线景观等。农业以盆景苗木、水产养殖为主。有花都赤坭现代农业示范园区。省道广南线过境。

狮岭镇［Shīlǐng Zhèn］ 花都区辖镇。在区境北部。面积 136 平方千米。人口 5.9 万。辖 3 居委会、17 村委会。镇人民政府位于东升中路。1955 年为狮岭区。1958 年成立公社。1983 年复区。1986 年改镇。2005 年芙蓉镇并入。因清代狮岭圩得名。有矿产资源石灰石、花岗岩、高岭土、陶泥等。有高校 1 所，中学 11 所，小学 17 所，幼儿园 9 所，二级医院 1 个。有芙蓉旅游度假村、盘古王公园。经济以皮革皮具产业为主。有中国皮具文化园。京广、武广铁路，广清、肇花高速过境。

南 沙 区

南沙区［Nánshā Qū］ 广州市辖区。在市境南部。面积 803 平方千米。人口 37.6 万。辖 3 街道、6 镇。区人民政府驻黄阁镇。2005 年由番禺区析设南沙区。2012 年番禺区部分地域并入。因原番禺南部为沙田得名。有中等职业学校 1 所，完全中学 5 所，高中 1 所，初中 9 所，九年一贯制学校 6 所，小学 59 所，二级医院 2 个，疾控中心 1 个。有科技馆、图书馆等。有全国重点保护文物单位虎门炮台。有近现代作曲家冼星海故居。有古迹麦氏宗祠、大角山天后宫。有景点百万葵园、黄山鲁森林公园、湿地森林公园、十九涌渔人码头、南沙滨海公园等。三次产业比例 5∶69∶26。农业以种植水稻、甘蔗、香蕉、木瓜、莲藕，养殖塘鱼、生猪为主，产麻虾、甘薯等。工业有汽车制造、钢铁深加工、船舶制造、装备制造、精细化工、高新技术、生物医药。服务业以港口物流、电子信息技术为主。广深高铁、京珠高速、地铁 4 号线过境。通多路公交车。

丰泽东路［Fēngzé Dōnglù］ 在区境东部。东起金岭北路，西至海滨路。与环市大道相交。长 2.3 千米，宽 40 米。混凝土路面。2005 年开工，2008 年建成。寓意丰收年景、生活滋润得名。两侧有南沙中心医院、图书馆、文化馆、高中等。通公交车。

鸡谷山路［Jīgǔshān Lù］ 在区境中部。东起黄阁西路，西至黄阁东一路。与市南大道、黄阁中路、莲溪大道相交。长 3.9 千米，宽 40 米。混凝土路面。2008 年开工，同年建成。因处《黄阁史今》载鸡谷岗旁得名。两侧有黄阁城市公园、法治公园、黄阁汽车城等。通公交车。

凤凰大道［Fènghuáng Dàdào］ 在区境中部。东起蕉门水道，南至南沙大道。与连溪大道、市南大道、凤亭大道、江林北路、湾晟路等相交。长 1.1 千米，宽 60 米。混凝土路面。2010 年开工，同年建成。以凤凰居住之地传说得名。两侧有南沙体育馆、凤凰湖公园、建滔广场、广州外国语学校。通公交车。

丰泽西路［Fēngzé Xīlù］ 在区境东部。南起海滨路，北至番禺公路。与凤凰大道相交。长 2.1 千米，宽 40 米。混凝土路面。2008 年开工，同年建成。因处丰泽路西延段得名。两侧均为住宅。通公交车。

沙湾大桥［Shāwān Dàqiáo］ 在城区北部。长 1186 米，宽 20 米，最大跨度 20 米，桥下净高 10.5 米。1987 年开工，1988 年建成。因跨沙湾水道得名。为大型河道桥梁，结构型式为简支梁桥。最大载重 55 吨。通公交车。

北斗大桥［Běidǒu Dàqiáo］ 在城区北部。长 1454 米，宽 30 米，最大跨度 30 米，桥下净高 10 米。1998 年开工，2000 年建成。因起点北斗围得名。为大型河道桥梁，结构型式为连续刚构桥。最大载重 100 吨。通公交车。

南沙汽车客运站［Nánshā Qìchē Kèyùnzhàn］ 见交通运输设施部分"南沙汽车客运站"条。

南沙街道［Nánshā Jiēdào］ 属南沙区。在区境东南部。面积 84 平方千米。人口 4.5 万。1993 年设。因处古代番禺南部沙田地区得名。有中学 2 所，小学 6 所，社区卫生服务中心 1 个。有区妇幼保健院。有全国重点文物保护单位大角山炮台。有古迹天后宫、鹿颈村先秦遗址。有景点横档岛、大角山公园、黄山鲁森林公园等。经济以制造业、港口经济为主,有造船、制药保健、生物技术、高新科技、机械、电器制造、包装、印刷等。地铁4号线过境。有南沙汽车客运站、虎门渡口。通公交车。

珠江街道［Zhūjiāng Jiēdào］　属南沙区。在区境中部偏西。面积42平方千米。人口2万。2008年设。因原珠江华侨农场得名。有中学1所,小学3所,幼儿园4所,社区卫生服务中心1个,体育活动中心1个。工业有造船、电力、能源、化工、制药、生物技术、机械印刷等。灵新公路过境。通公交车。

龙穴街道［Lóngxué Jiēdào］　属南沙区。在区境东南部。面积129平方千米。人口0.2万。2011年设。因龙穴岛得名。传龙王居此,故名龙穴岛、龙穴洲。有幼儿园1所,卫生站1个。有龙穴岛旅游区。经济以水产养殖为主。有造船业。通公交车。

黄阁镇［Huánggé Zhèn］　南沙区人民政府驻地。在区境东北部。面积77平方千米。人口3.9万。辖1居委会、14村委会,有10自然村。镇人民政府位于吉祥路。1955年为黄阁乡。1958年改公社。1984年改区。1987年置镇。曾名凤凰阁,又名黄旗角,因村后有小山岗凤凰阁得名。宋代简称凰阁。南宋咸淳九年(1273)中原汉人麦氏五兄弟因战乱惧祸,携家眷200余人南迁到此定居,改凰阁为黄阁,隐喻相府台阁之意。有小虎、沙仔2岛。有中学2所,小学6所,幼儿园13所,卫生院2个。有古迹莲溪麦氏大宗祠、少山麦公祠、辅觉麦公祠等。有景点蕉门河公园、汽车产业基地观光点等。工业有汽车、化工能源、重型机械装备制造。京珠高速、地铁4号线过境。通公交车。

横沥镇［Hénglì Zhèn］　南沙区辖镇。在区境中部。面积54平方千米。人口2.8万。辖1居委会、14村委会。镇人民政府位于兆丰路。1978年成立横沥公社。1983年改区。1987年置镇。2005年番禺区灵山镇部分地域并入。因上、下横沥主河道得名。有中学1所,小学5所,幼儿园1所。有民间艺术咸水歌。有横沥女子龙舟队。农业特产甜玉米、粉葛、西芹、火龙果等。工业有食品加工、制塑、五金、皮革皮具加工、制衣、轧钢、印染等。番中公路过境。通公交车。

万顷沙镇［Wànqǐngshā Zhèn］　南沙区辖镇。在区境西南部。面积143平方千米。人口3.3万。辖1居委会、15村委会。镇人民政府位于光明路。1958年成立万顷沙公社。1983年改区。1987年置镇。2002年新垦镇并入。因万顷沙洲得名。有中学2所,小学4所,幼儿园2所,二级医院1个。有景点百万葵园、南沙湿地等。有保税港区出口加工区、南沙现代农业产业园。灵新公路过境。

东涌镇［Dōngchōng Zhèn］　南沙区辖镇。在区境东北部。面积92平方千米。人口7.7万。辖2居委会、22村委会。镇人民政府位于吉祥北路。1953年设东涌乡。1957年石排、石基2乡并入。1961年改公社。1984年改区。1987年置镇。2006年鱼窝头镇、灵山镇西樵村并入。因清代吉祥围东面河涌名东涌得名。有中学4所,小学19所,幼儿园12所,卫生院2个。有古迹三圣公庙、东涌炮楼等。有景点水乡风情街。农业以种植花卉、苗木,养殖水产为主,产水果、瓜菜。工业以钢铁深加工、精密机械设备制造、纺织服装、电子、珠宝加工为主。地铁4号线等过境。

大岗镇［Dàgǎng Zhèn］　南沙区辖镇。在区境西北部。面积90平方千米。人口8.1万。辖6居委会、25村委会,有3自然村。人民政府位于豪岗大道。1953年设大岗镇。2003年潭洲镇并入。2006年灵山镇部分域并入。因曾有大岗山、大岗圩得名。蕉门水道流经。有中学3所,小学8所,幼儿园5所,二级医院1个,卫生院1个。有十八罗汉山、塘潭古采石场遗址。农业养殖淡水鱼、虾、贝等。工业有造船、机械、家用电器、电子、家具、制衣制鞋、金银首饰加工、化工等。有广州重大装备产业制造基地。通公交车。

榄核镇［Lǎnhé Zhèn］　南沙区辖镇。在区境西北部。面积75平方千米。人口5.3万。辖1居委会、23村委会。镇人民政府位于镇南路。1957年设榄核乡。1959年改公社。1983年改区。1987年改镇。2006年灵山镇部分地域划入。传清康熙年间(1662—1722)榄核成沙垄得名。有中学2所,小学5所,幼儿园7所,卫生院1个。有冼星海故居。农业养殖四大家鱼、虾等。工业以重型装备制造及配套产业为主。东新高速过境。

从　化　区

从化区［Cónghuà Qū］　广州市辖区。在市境东北部。面积1975平方千米。人口61万。以汉族为主,还有苗、壮等民族。辖3街道、5镇。区人民政府驻街口街道。明弘治二年(1489)设从化县。1958年佛冈县并入,1961年复。1994年改从化市(县级)。2014年改区。取意远氓归化得名。最高峰天堂顶海拔1210米。流溪河、琶江河、莲麻河流经。有矿产资源钨、锡、铋等。有流溪河、石门国家森林公园。有高校10所,中学26所,小学65所,二级医院2个。有全国重点文物保护单位广裕祠,省级文物保护单位五岳殿。有古迹从化学宫大成殿、小桃园摩崖石刻等。有国家4A级旅游景区碧水湾温泉度假村,国家3A级旅游景区5个。有从化温泉风景区。有景点北回归线标志塔、温泉宣星运动谷。三次产业比例7∶47∶46。农业以种植水稻为主,兼种花生、木薯等,盛产荔枝,特产从化冬蜜、荔枝蜜。工业有化妆品、工艺品、食品、药品、建材、机械加工等。有特色美食吕田炆大肉、紫苏山坑螺、蒸炸山坑鱼等。有高技术产业园、明珠工业园。服务业有金融、商贸等。有广东动漫城。105国道过境。有从化汽车站、鳌头汽车客运站。通公交车。

从城大道［Cóngchéng Dàdào］　在区境东南部。东起环市东路,西至永鳌公路。与城鳌大道东、旺城大道相交。长1.2千米,宽54米。混凝土路面。1949年开工,同年建成。因经从化城区得名。两侧有南方医科大学第五附属医院、从化汽车站等。通公交车。

从化汽车站［Cónghuà Qìchēzhàn］　见交通运输设施部分“从化汽车站”条。

街口街道［Jiēkǒu Jiēdào］　从化区人民政府驻地。在区境中部偏南。面积55平方千米。人口10.6万。2004年设。因原县城通济街口成圩得名。先后建青云公园、金瓯广场,改造街口大桥。流溪河、黎塘河流经。有中专6所,中学3所,小学10所,幼儿园9所,二级医院1个。有古迹学宫、关帝庙。有景点云台山、风云岭、平顶山等。农业以种植蔬菜为主。工业以纺织、副食品加工为主。服务业以旅游为主。永鳌公路过境。通公交车。

城郊街道［Chéngjiāo Jiēdào］　属从化区。在区境中部。面积166平方千米。人口7.3万。2004年设。因处原城郊得名。有牛栏窝、黄泥凹山、龙潭山、三将军山、狗螂岭等。有中学1所,小学24所,幼儿园18所,二级医院1个,卫生院3个,医疗站24个。盛产荔枝。永鳌公路过境。

江埔街道［Jiāngpǔ Jiēdào］　属从化区。在区境东部。面积127平方千米。人口7.7万。2004年设。因河畔多绿洲得名。有凤凰山。小海河、凤凰河、罗洞河流经。有高校6所,中学3所,小学9所,幼儿园13所,社区卫生服务中心3个,卫生站21个,体育馆1个。有大金峰百花果公园、外婆家森林生态旅游度假区。服务业以金融业、培训产业为主。派街高速、105国道、省道从虎线过境。有从化汽车站。通公交车。

温泉镇［Wēnquán Zhèn］　从化区辖镇。在区境东北部。面积211平方千米。人口5.3万。辖3居委会、22村委会,有174自然村。镇人民政府位于温泉大道。1960年成立温泉公社。1983年改区。1986年置镇。1988年分设温泉、桃园2镇。2004年桃园、灌村2镇并入。因天然热水泉得名。有大岭山。流溪河流经。有高校1所,中学1所,小学6所,幼儿园3所,卫生站12个。有图书馆、文化站等。有石门国家森林公园、天湖旅游风景区。经济以旅游业为主。大广高速、105国道过境。

良口镇［Liángkǒu Zhèn］　从化区辖镇。在区境北部。面积531平方千米。人口3.8万。辖1居委会、27村委会,有126自然村。镇人民政府位于新街。1956年设良口乡。1957年胜塘等乡并入。1958年改公社。1983年改区。1986年置镇。2004年东明镇部分域并入。因清初开良兴铺且处2河汇流口得名。流溪河流经。森林覆盖率83%。有天堂顶,海拔1210米。有中学1所,小学3所,幼儿园2所,卫生站27个。有戚雪松幕、抗日战争石榴花山战役遗址。经济以生态旅游业为主。105国道过境。

吕田镇［Lǚtián Zhèn］　从化区辖镇。在区境东北部。面积389平方千米。人口3.1万。辖2居委会、21村委会,有103自然村。镇人民政府位于中新北路。1955年为吕田区。1958年改公社。1983年复区。1987年改镇。因宋代曾有吕田庙得名。有桂峰山。有陈禾洞省级自然保护区。有中学1所,中心小学2所,卫生站17个。有狮象遗址。农业主产松、杉。工业以建材、水电为主。特产桂峰茶、吕田豆腐。有农副林产品集散贸易。大广高速、105国道过境。

太平镇［Tàipíng Zhèn］　从化区辖镇。在区境南部。面积210平方千米。人口10.6万。辖3居委会、33村委会,有203自然村。镇人民政府位于广从北路。1955年为太平区。1958年改公社。1983年改区。1987年置镇。2004年神岗镇并入。因北宋平定岭南后太平无事建太平场得名。流溪河流经。有中学4所,小学11所。有幼儿园。有全国重点文物保护单位广裕祠。有古迹五岳殿。有钱岗古村落。有北回归线塔。农业特产荔枝。工业有纺织、皮革制造、木材加工等。京港澳高速、105国道过境。

鳌头镇［Áotóu Zhèn］　从化区辖镇。在区境西部。面积350平方千米。人口14.4万。辖4居委会、61村委会,有174自然村。镇人民政府位于新城西路。1957年设鳌头乡。1958年改公社。1983年改区。1986年置镇。2004年龙潭、棋杆、民乐3镇并入。清代乡民赛诗牛头村独占鳌头,故名。琶江河、黄龙河流经。有技术学校1所,初中4所,小学13所,幼儿园11所,卫生院2个,卫生站61个。农业种植水稻、蔬菜,养殖水产。工业有纺织、木材加工、食品加工等。有农贸市场。105、106国道,清佛公路过境。

增城区

增城区［Zēngchéng Qū］ 广州市辖区。在市境东部。面积1616平方千米。人口86.5万。以汉族为主，还有畲族。辖4街道、7镇。区人民政府驻荔城街道。公元201年始设增城县。1993年改市（县级）。2014年改区。清宣统《增城县志》载，"永乐志云：南海郡，前统县六，今增为七，故名增城。"地势北高南低。最高峰牛牯嶂海拔1084米。属南亚热带季风气候。年均降水量1921.6毫米。增江河、西福河流经。有矿产资源金、银、铁、锡、锰、钨、铌、水晶、铝土、陶土、石灰石、花岗岩等。有工业和信息化部电子第五研究所。有高校7所，中学36所，小学118所，二级医院4个，体育场馆2个。有古迹正果佛爷寺、何仙姑庙、客家围龙屋、雁塔、凤塔、万寿寺等。有民间艺术榄雕、客家山歌、舞火狗、舞春牛、舞貔貅、灰雕、剪纸等，民间节日龙舟节、起灯、打箨、畲族节庆、仙姑诞、佛爷诞等。有国家4A级旅游景区白水寨。有景点南香山、海蚀洞、小楼仙源、小楼人家、挂绿湖。三次产业比例5：57：38。农业主产水稻、花生、甘蔗、蔬菜等，特产荔枝、黑皮冬瓜、迟菜心、乌榄、红柿、腊味、凉粉草、头菜、番薯。工业以建材、轻纺、化工、机电、食品加工、牛仔服装加工、汽车制造为主。有国家级增城经济技术开发区。服务业有现代物流、信息通信、商务、住宿餐饮、金融、会展商贸等。广九、广梅汕铁路，广深高铁，107、324国道，广深、广惠、广河高速过境。有新塘港直通香港。通多路公交车。

增城广场［Zēngchéng Guǎngchǎng］ 在城区中部。面积25.9万平方米。2002年开工，同年建成。因区名得名。自北往南依次为文化广场、历史文化长廊、音乐雕塑文化广场。有红砂石装饰浮雕16根，象征时16镇街欣欣向荣。有崔与之、湛若水等历史文化名人雕塑及其他雕塑72座。历史文化长廊两侧为绿化休闲活动区。为集爱国主义教育、科普宣传、文化传播、展览演出、健身娱乐于一体综合性广场。周边有东汇城、合汇广场、万达广场等。通公交车。

荔城大道［Lìchéng Dàdào］ 在区境中部。东起新桥路，西至增城大道。与百花路、荔星大道、增派大道、荔景大道、陂吓路等相交。长5.7千米，宽65米。沥青路面。原为城西路，1994年改为城区道路，1995年扩建，2010年改建。因原荔城镇得名。两侧有居住小区、幼儿园、中小学等。通公交车。

增江大道［Zēngjiāng Dàdào］ 在区境东部。南起沿江南路，北至增正路。与增江路、美景街、工业路、元芳路、东湖路等相交。长5.8千米，宽24—60米。沥青路面。2005年始建。因增江得名。分南、中、北3段并分别命名。两侧有居住小区、文化创意园、区体育馆、增龙车站、体育馆游泳场南山客运站、中小学等。通公交车。

增城大桥［Zēngchéng Dàqiáo］ 在城区东部。长266米，宽39.5米，最大跨度100米，桥下净高4米。1956年开工，1957年建成，2012—2013年旧桥改造。以地域名得名。为大型河道桥梁，结构型式为钢筋混凝土系杆拱桥。最大载重50吨。通公交车。

二汽增城汽车客运站［Èrqì Zēngchéng Qìchē Kèyùnzhàn］ 见交通运输设施部分"二汽增城汽车客运站"条。

增城光明汽车客运站［Zēngchéng Guāngmíng Qìchē Kèyùnzhàn］ 见交通运输设施部分"增城光明汽车客运站"条。

荔城街道［Lìchéng Jiēdào］ 增城区人民政府驻地。在区境中部。面积132平方千米。人口17.4万。2004年设。因原增城县为荔枝之乡，名扬中外，故名荔城，街道名沿用。增江流经。有电视大学1所，高中2所，初中8所，小学14所，幼儿园24所，特教学校1所，二级医院2个，卫生院1个。有图书馆、博物馆、少年宫、文化馆。有增城广场、挂绿广场、增城公园、荔枝文化公园、雁塔公园、荔江公园等。有古迹万寿寺。农业种植水稻、花生、木薯、甘蔗、大豆，盛产荔枝、乌榄。服务业以商贸为主。有西城路特色商业街。广深、广惠高速，广汕公路过境。通公交车。

挂绿路［Guàlǜ Lù］ 在荔城街道东南部。长463米，宽10米。混凝土路面。因西园挂绿荔枝得名。20世纪80年代开发为特色街巷。路北为挂绿荔枝母树，围绕挂绿广场。为历史文化名街、重要商业街。两侧有挂绿广场、时代广场、荔都影剧院、大小店面、商业城。通公交车。

高贤里［Gāoxiánlǐ］ 在荔城街道东南部。长345米，宽4米。花岗岩石路面。原为元代马站和驿站。增城书院建成后大批儒家学者前来游学。明代改马站为麻石路。清代因建进士第得名高贤里。为历史文化名街。通公交车。

增江街道［Zēngjiāng Jiēdào］ 属增城区。在区境东部。面积86平方千米。人口4.6万。2004年设。因增江得名。先后改造增城大桥、人民桥、增江大道、东桥东路等。增江流经。有高校1所，职业学校2所，高中3所，初中1所，九年一贯制学校1所，小学9所，幼儿园5所，体育馆1个。有古迹南山凤塔、白湖文昌塔、南山古庙、北帝古庙、洪圣大王庙等。有民间艺术客家山歌、醒狮，传统习俗醮会、会景、吊灯、尝新米、烧丁头炮、宰老鹅等。有太子坑、蕉石岭等森林公园。有鹤之洲湿地公园。有景点曲水流杯、百湖水乡等。农业主种水稻、花生、木薯、甘蔗、大豆，特产西山乌榄、白湖迟菜心、陆村花生油、五星蜂蜜、荔枝等。工业有电器机械、汽车制造、纺织服装、金属制品、通用设备制造、纸制品加工等。有东区高科技工业园区。莞从、增从高速，广汕、增正公路过境。通公交车。

朱村街道［Zhūcūn Jiēdào］ 属增城区。在区境中部。面积94平方千米。人口3.4万。2004年设。因原多朱姓得名。先后改造广场、街路。西福河流经。有初中1所，小学5所，幼儿园5所，社区卫生服务中心1个，图书馆1个。有南宋学者崔与之、李昴英，明代学者胡庭兰等墓。有晋代葛洪白水山炼丹炉遗迹。有景点白水带森林公园、体育文化公园等。农业主产粮食，盛产荔枝。为增城丝苗米原产地保护地。工业以制罐印铁、精细化工、汽车配件、电子玩具为主。324国道过境。通公交车。

永宁街道［Yǒngníng Jiēdào］ 属增城区。在区境西南部。面积104平方千米。人口5.1万。2012年由原永和、宁西2镇合设。取原2镇各1字得名。先后改造宁西广场、新新大道、香山大道、创业大道等。有六年制中学1所，高中1所，初中1所，九年一贯制学校3所，小学9所，幼儿园21所，社区卫生服务中心3个。有省级文物保护单位明代思想家湛若水墓。有古迹丹室、石庵、莲花书院、湛子洞、宋代砖窑群遗址。农业主种水稻、荔枝等。工业有汽车零部件、摩托车、家具制造、纺织服装、房地产业等。广深、广惠高速，107国道过境。通公交车。

正果镇［Zhèngguǒ Zhèn］ 增城区辖镇。在区境东北部。面积239平方千米。人口6.1万。以汉族为主，还有畲族。辖1居委会、31村委会，有322自然村。镇人民政府驻正果社区。1958年成立正果公社。1983年改区。1987年置镇。传宋代牧童为僧于瑞山"得成证果"，后人建证果寺，简为正果寺，以寺得名。增江流经。有初中1所，小学8所，幼儿园2所，卫生院1个。有中共增龙博中心县委旧址、东纵北江机关遗址、广州抗日第一枪战场遗址、抗日纪念亭、百人墓等。有黄屋村二龙古渡、祠堂等古建筑。有兰溪濑粉传统制作技艺。有景点湖心岛、白江湖森林公园等。农业主产水稻、蔬菜、荔枝、龙眼、乌榄，有花卉、蔬菜、水果种植基地。工业有毛织、针织、自来水灌装、污水处理等。有特色美食酥醪菜、黄塘头菜、正果腊味、吓水菜干、正果豉油、正果云吞等。增从、广河高速过境。

正果社区［Zhèngguǒ Shèqū］ 正果镇人民政府驻地。在区境东北部。面积2平方千米。人口5800。因正果寺得名。1958年成立。民居以多层住宅楼为主。为群众办理各项证明，对育龄妇女开展计划生育服务，协助做好拥军优属、帮困救济、扶残助寡、整治卫生环境、维护社会治安、调解民间纠纷、帮教"归正"回籍人员、防火防盗等工作。有中心小学、卫生院、敬老院等。有特色传统建筑、古街巷。经济以旅游、商贸业为主。有美食正果云吞。通公交车。

畲族村［Shēzúcūn］ 在区政府驻地荔城街道东北20千米。正果镇辖自然村。人口400，其中畲族占78%，还有汉族。原名吓水村，因畲族聚居更今名。聚落呈带状。有小学、卫生站、老人活动中心等。有畲族民族馆、民族文化广场。有景点畲寨沟、畲族摩崖等。农业主产枇杷、荔枝、青梅、白榄。特产米酒、蜂蜜。正吓公路经此。

石滩镇［Shítān Zhèn］ 增城区辖镇。在区境南部。面积163平方千米。人口11万。辖5居委会、44村委会，有107自然村。镇人民政府驻前进社区。1958年成立石滩公社。1983年改区。1986年置镇。2004年三江镇、沙庄街道并人。因处增江下游、河床多石得名。东江、增江、县江、西福河流经。有增塘、塘头、大埔围水库。有初中9所，小学16所，幼儿园16所，卫生院1个，图书馆1座，公园2个。有金兰寺贝丘遗址。有古迹姚氏大宗祠、南池书院等。有传统活动龙舟赛、麻车舞火狗。农业主种韭菜、番茄等，养殖猪、家禽、肉牛、四大家鱼等。工业以制鞋、皮具加工、汽车制造、五金、纺织、农副产品加工为主。广深铁路，广惠、花莞、增莞高速等过境。

前进社区［Qiánjìn Shèqū］ 石滩镇人民政府驻地。在区境南部。面积3平方千米。人口3800。因前进路得名。2012年成立。民居以多层住宅楼为主。为群众办理各项证明，对开展计划生育服务，协助做好拥军优属、帮困救济、扶残助寡、整治卫生环境、维护社会治安、调解民间纠纷、帮教"归正"回籍人员、防火防盗等工作。有中小学、卫生院。有石滩市场。立新、岗田公路经此。

新塘镇［Xīntáng Zhèn］ 增城区辖镇。在区境西南部。面积85平方千米。人口12.8万。辖14居委会、32村委会，有48自然村。镇人民政府驻卫山社区。1950年设新塘镇。1955年改区。1958年改公社。1984年复镇。2004年永和、沙埔、仙村、宁西4镇并人。2012年析设永宁街道、仙村镇。原为河滩，明代砌堤围塘，故名。东江、雅瑶河、官湖河流经。有成人技校1所，高中1所，初中7所，小学15所，二级医院2个，卫生院2个，卫生所32个。有中共（增番）特委旧址。有古迹东岳庙、宁远楼、湛怀德祠、天下士祠，新塘湛氏十世祖、乡宾寿官湛横云夫妇合葬墓等。有榄核雕刻技艺。有景点古海遗踪。农业主产蔬菜、水果,特产水南白蔗、田心红木瓜、雪槐子荔枝、东洲粉葛、西洲香蕉等。工业以汽摩及零配件制造、牛仔服装加工为主,有建材、家具、造纸、食品、塑料、家电等。广惠高速,荔新、石新公路过境。

卫山社区 [Wèishān Shèqū] 新塘镇人民政府驻地。在区境西南部。面积1平方千米。人口4000。因企业得名。1995年成立。民居以楼房为主。有成人学校。幼儿园、公园。有商业街、商场。107国道、广深公路经此。

瓜岭村 [Guālǐngcūn] 在区政府驻地荔城街道西南20千米。新塘镇自然村。人口700。寓意子孙繁衍、瓜瓞绵长得名瓜洲,又名瓜岭。聚落呈团块状。为中国传统村落。有水上四角碉楼、宁远楼、明清古建筑群、中西合璧式华侨民居。

中新镇 [Zhōngxīn Zhèn] 增城区辖镇。在区境西部。面积232平方千米。人口7.9万。辖2居委会、35村委会,有257自然村。镇人民政府驻中新社区。1955年设中新乡。1958年改公社。1983年改区。1987年置镇。2004年福和、镇龙2镇并入。2005年划原镇龙镇域入萝岗区。明清以安宁幸福意称绥福都,1931年因处县西部圩场中心更今名。有大鹧鸪山。金坑河、西福河、大田河流经。有联安水库。有高校1所,完全中学1所,初中1所,小学10所,幼儿园14所,卫生站35个。有官塘侵华日军碉堡、燕岗桥侵华日军碉堡、坑贝炮楼、莲塘炮楼等遗迹。有古迹坑贝村明末清初古建筑群、崔太师祠、莲塘洪圣宫、兰毛公祠等。农业主种水稻、花生、木茨,产矮脚丝苗、荔枝、乌榄、白榄、黄皮、龙眼、冰糖橘、巨型杧等。工业有汽车摩托车配件、五金、制塑、化工等,有增城开发区中新科技园等。广汕、坪中、中福公路过境。

中新社区 [Zhōngxīn Shèqū] 中新镇人民政府驻地。在区境西南部。面积1平方千米。人口6800。因中新圩得名。2002年成立。民居以多层住宅楼为主。有社区老年活动室。有中小学、幼儿园、卫生院。有超市、服装城、建筑公司、农贸市场等。中福公路经此。

派潭镇 [Pàitán Zhèn] 增城区辖镇。在区境西北部。面积289平方千米。人口8万。辖1居委会、36村委会,有220自然村。镇人民政府驻派潭社区。1958年成立派潭公社。1983年改区。1985年置镇。因木材结排外运于河潭得名排潭,以谐音演为今名。有海拔超千米的山峰牛牯嶂、鹧鸪山等8座。有白水仙瀑布。派潭河、大封门河流经。有高滩温泉。有矿产资源石灰石。有高中1所,小学8所,初中2所,卫生院1个。有高埔村广府民居古建筑群、车洞古水车群、邓村石屋。有腊田埔熊氏宗祠、客家民居围龙屋。有国家4A级旅游景区白水寨。有民俗客家山歌、舞春牛、舞貔貅、舞鱼灯等。农业主种水稻、荔枝、龙眼、大红柿、凉粉草、粉葛等,特产红柿。服务业以旅游为主。有五星级酒店金叶子温泉度假酒店、锦秀香江温泉城。增从高速,增派、派从、派正、温南、派高公路过境。

派潭社区 [Pàitán Shèqū] 派潭镇人民政府驻地。在区境北部。面积2平方千米。人口1.1万。因派潭圩得名。1965年成立。民居以多层自建楼房为主,有多栋别墅。有居民活动中心、休闲公园等,组织篮球、乒乓球赛。有中小学、幼儿园、卫生院。有骑楼街。

小楼镇 [Xiǎolóu Zhèn] 增城区辖镇。在区境中部偏北。面积135平方千米。人口4.9万。辖1居委会、20村委会,有159自然村。镇人民政府驻小楼社区。1957年设小楼乡。1958年与腊圃、二龙2乡合设大同公社。1961年改腊圃区。1987年改小楼镇。2004年部分地域析出。传宋末有百岁人瑞临终以屋中小漏告诫后人防微杜渐,取谐音得名。有梅花顶山。二龙河、派潭河流经。有初中1所,小学6所,卫生院2个。有二龙古墟。有国家3A级旅游景区何仙姑。有二龙山旅游景区。有景点八仙湖、吉洲岛、澄溪水、小楼人家、滨江河堤公园。农业以种植水稻、荔枝、蔬菜、速生林为主,养殖鸡、鸭、鹅、四大家鱼等。有冬瓜、迟菜心种植基地。工业以制罐、服装、陶瓷加工为主。增派公路过境。

小楼社区 [Xiǎolóu Shèqū] 小楼镇人民政府驻地。在区境中部偏北。面积2平方千米。人口3600。因镇名得名。1987年成立。民居以现代自建房为主,有传统房屋。有老年活动中心、社区服务中心、休闲公园等。有中心小学、卫生院、敬老院。有何仙姑家庙、何仙姑风景区。有沙石、金属制品、家具、阀门等厂。小永、从虎公路经此。通公交车。

仙村镇 [Xiāncūn Zhèn] 增城区辖镇。在区境西南部。面积57平方千米。人口5万。辖2居委会、17村委会,有59自然村。镇人民政府驻上境村。1958年成立仙村公社。1983年改区。1984年置镇。传因晋代葛洪于此成仙得名。仙溪、东江干流、西福河流经。有完全中学1所,小学7所,幼儿园4所,卫生院18个。有图书馆、文化广场、饶宗颐学术艺术馆、天天洗衣博物馆、荔枝文化博物馆等。有古迹葛仙祠、天后宫、竹园阮氏祠堂、西南何氏宗祠等。农业主产水稻、水果、蔬菜,特产荔枝、红葱头、枸杞、黄皮、龙眼等。工业有纺织、印染、制衣、电子、精密五金等。有增城经济技术开发区仙村园区、西南工业园等。广深铁路、广惠高速、荔新公路过境。

上境村 [Shàngjìngcūn] 仙村镇人民政府驻地。在区政府驻地荔城街道西南21千米。人口3500。原仙溪上游仙村圩归此后更名上圩,演为今名。聚落呈团块状。有小学。有上境陈氏宗祠。农业主种水稻,兼种荔枝、蔬菜等。工业有玩具、手套、服装、农副产品加工等。广深铁路经此。

韶关市

韶关市 [Sháoguān Shì] 广东省辖地级市。北纬25°53′—25°31′,东经112°53′—114°35′。在省境北部。面积18385平方千米。户籍人口329.1万,常住人口290.9万。以汉族为主,还有瑶、畲等民族。辖浈江、武江、曲江3区,始兴、仁化、翁源、新丰4县,乳源瑶族自治县。代管乐昌、南雄2县级市。市人民政府驻浈江区。1949年析曲江县置韶关市。1950年升地级市。1952年属粤北行政区。1958年改为县级市,属韶关专区。1959年曲江、仁化2县并入。1961年曲江、仁化2县划出,复置县。1970年属韶关地区。1975年曲江县划入升地级市。1983年韶关地区11县并入韶关市。1988年英德、阳山、连县、连南、连山5县划入清远市,新丰县划入。地势北高南低。最高峰石坑崆海拔1902米。年均气温20.6℃,1月平均气温10.7℃,7月平均气温29.3℃。年均降水量1455.1毫米。年均无霜期310天。浈江、北江、武江、墨江等流经。有矿产资源煤炭、铅、锌、铜等。有野生植物2686种,其中有国家重点保护野生植物南方红豆杉、伯乐树、桫椤等41种。有野生动物575种,其中有国家重点保护野生动物云豹、黄腹角雉、穿山甲、猕猴等52种。有国家级自然保护区车八岭等3个,省级自然保护区12个。森林覆盖率74.4%。有高校2所,中学154所,小学184所,三级医院2个,公共图书馆9个,群众艺术馆1个,文化馆11个,博物馆9个。有全国重点文物保护单位云龙寺塔、三影塔、满堂围等9个,省级文物保护单位25个。有省级历史文化名城韶关市、南雄市。有国家级非物质文化遗产粤北采茶戏等5项,省级非物质文化遗产18项。有国家级风景名胜区丹霞山、曹溪温泉度假村、广东大峡谷等。三次产业比例13∶41∶46。农业以种植水稻、花生、油菜、芝麻、大豆为主,养殖生猪、牛等。工业以机械、制药、钢铁、电力、玩具制造、有色金属加工、电子通信设备制造、石油化工、食品加工、建材、纺织、家具制造为主。服务业以商品批发和零售业、仓储和邮政业为主。有铁路475千米,公路16048千米,高速公路453千米,内河航道386千米。京广、赣韶铁路,武广高铁,京港澳、乐广、南韶高速,106、323国道,北江、浈江、武江、锦江、滃江航道过境。有韶关机场,民航航线5条,通往北京、上海、重庆、西安、成都等城市。

韶关 [Sháoguān] 简称韶。别名韶州、桥城、韶城。韶关市聚落。在市境中部。面积3468平方千米。人口90万。先后建成韶关钢铁厂、韶关冶炼厂、韶关挖掘机厂、凡口铅锌矿、大宝山矿、曲仁煤矿企业。2000年后,韶关工业紧紧围绕"建设粤北经济强市"的目标,基本形成综合类工业城市。东部片区为产学研一体的高科技创新平台。南部片区为金融商务商贸中心、文娱体育活动中心、优质居住生活区、旅游服务区。西部片区为国家高新区、产城融合发展区。北部片区为空港经济区、生态水源地、丹霞山旅游服务区。韶关具有丰富的陆路、水路交通运输资源,交通方式以铁路、公路、水运为主。

小岛 [Xiǎodǎo] 在市区中部。东至东河,西至西河,北至帽峰公园,南至中山公园。自汉代始筑城,后梁城址西扩,清末向南、西部扩展。民国时期为粤、湘、赣三省交界繁华商贸地区,今为市行政、商业、公共活动中心。位于武江、浈江交汇处,形为半岛,故名。有标志性建筑风采楼。有中小学、幼儿园、图书馆。有古迹百年东关老街、广富新街、广州会馆等。有景点中山公园、帽峰公园、曲江园、太傅庙等。经济以餐饮业、旅游业为主。陆运、河运便利。城市道路交错,四通八达。通多路公交车。

东河 [Dōnghé] 在市区东部。北至浈江东岸老蟹山,南至韶关冶炼厂以北,西至北江东岸,东至莲花山。1936年粤汉铁路开通后发展迅速。1949年后先后兴办韶关木材厂、韶关化工厂、韶关酒厂、六一车队、汽车修理厂、农业机械厂等企业。因浈江(俗称东河)流经得名。经济以餐饮业为主。交通方式以铁路、公路为主。通多路公交车。

韶大［Sháodà］ 在市区东部。以韶关学院为中心,东至大塘镇区,南至望城岭,西至韶赣高速,北至侯山。1958年创办韶关师专,2000年更名为韶关学院。建成韶大片区教育基地、物流基地。因韶关学院得名。有韶关革命烈士陵园。有景点灵光庙、樱花公园。经济以餐饮业、绿色观光农业、生态旅游、假日休闲业为主。区片内交通方式主要以公路为主。通多路公交车。

韶关大道［Sháoguān Dàdào］ 在市境中部。北起建设路与芙蓉北路交叉口,南至京珠高速。与百旺路、南华路等相交。长9.2千米,宽100米。沥青路面。2005年开工,2006年建成。因连接韶关新旧城区得名。两侧有韶关站、韶关实验中学、韶关高级技工学校华粤分校等。通公交车。

浈江区

浈江区［Zhēnjiāng Qū］ 韶关市人民政府驻地。在市境中部。面积572平方千米。人口41万。以汉族为主,还有瑶、畲、壮、回等民族。辖3街道、5镇。区人民政府驻新韶镇。1951年设浈江区。1982年北江区并入,1984年析出。2004年北江区、原曲江县2镇并入。因浈江得名。先后建成东环线公路、东山大道等,改造"三旧"、曲仁棚户区。地势四周高中间低,以山地、丘陵、盆地为主。年均气温21.5℃,1月平均气温11.5℃,7月平均气温29.5℃。年均降水量732.3毫米。武江、浈江流经。有高校2所,中学12所,小学24所,三级医院1个,二级医院1个。有省级文物保护单位五里亭中共粤北省委旧址。有古迹韶州府学宫、风采楼、大鉴寺、太傅庙、余靖风采堂等。有景点韶关国家森林公园、莲花山、帽峰公园、中山公园、河滨公园、曲江园等。三次产业比例3∶21∶76。农业以种植水稻、蔬菜、油茶为主。工业以机械装备制造、木业家具、汽车零配件、电力、食品生产为主。服务业以旅游为主。京广、韶赣铁路,武广高铁,京港澳、韶赣、广乐高速,106、323国道,省道长新、老转线,浈江、北江航线过境。有韶关站、韶关东站、韶关汽车客运东站、五里亭汽车客运站。

南韶路［Nánsháo Lù］ 在区境西南部。东北起启明南路,西南至北江北路。与东河路、浈江南路相交。长1千米,宽40米。沥青路面。原为南雄—韶关公路,2014年改为城区道路,取两地首字得名。两侧有铁路医院、住宅小区等。通公交车。

解放路［Jiěfàng Lù］ 在区境南部。东南起曲江大桥,西北至西堤南路。与园前路、熏风路、风度南路、文化街相交。长1.2千米,宽35米。混凝土路面。1928年开工,同年建成。原名风烈路,后更今名。两侧有中小学、昇梦广场、太平洋电脑城等。通公交车。

前进路［Qiánjìn Lù］ 在区境西南部。南起升平路,北至十里亭路。与良村公路相交。长2.8千米,宽24米。沥青路面。原为韶乐公路,1970年改建城市道路。两侧有帽峰公园、第二技师学院、市七中、区教育局、地税局、五里亭水厂等。通公交车。

十里亭大桥［Shílǐtíng Dàqiáo］ 在城区西北部。长314米,宽12.5米,最大跨度243米,桥下净高17米。1971年开工,1973年建成。因十里亭镇得名。为大型河道桥梁,结构型式为拱式结构桥梁。最大载重80吨。通公交车。

武江桥［Wǔjiāng Qiáo］ 在城区西部。长392米,宽14米,最大跨度255米,桥下净高13米。1985年开工,1988年建成。因横跨武江河得名。为大型河道桥梁,结构型式为多跨简支预应力混凝土桥梁。最大载重汽车20吨,拖车100吨。通公交车。

西河桥［Xīhé Qiáo］ 在城区中部偏北。长280米,宽14米,最大跨度263米,桥下净高13米。1959年开工,1966年建成。因武江区西河片区得名。为大型河道桥梁,结构型式为悬臂式钢筋混凝土桥。通公交车。

韶关东站［Sháoguāndōng Zhàn］ 见交通运输设施部分"韶关东站"条。

韶关汽车客运东站［Sháoguān Qìchē Kèyùn Dōngzhàn］ 见交通运输设施部分"韶关汽车客运东站"条。

五里亭汽车客运站［Wǔlǐtíng Qìchē Kèyùnzhàn］ 见交通运输设施部分"五里亭汽车客运站"条。

东河街道［Dōnghé Jiēdào］ 属浈江区。在区境东南部。面积4平方千米。人口3.3万。1984年设。因处浈江河东岸得名。先后建成金色江湾、金港商贸城等。浈江流经。有中学2所,小学1所,卫生所1个。经济以商贸、旅游业为主。京广、韶赣铁路过境。通公交车。

车站街道［Chēzhàn Jiēdào］ 属浈江区。在区境东南部。面积4平方千米。人口6万。1984年设。因韶关站得名。浈江河流经。有中学2所,小学4所,幼儿园8所,二级医院1个,卫生院1个。有东升全民健身广场、车站街文化广场、铁路文化宫等。有景点韶关国家森林公园、北江河边公园、沿江雕塑长廊等。经济以物流、商贸、餐饮业为主。京广铁路过境。通公交车。

风采街道［Fēngcǎi Jiēdào］ 属浈江区。在区境东南部。面积3平方千米。人口11万。2009年设。因明代建筑风采楼得名。先后改造旧城。武江、浈江流经。有高校1所,中学3所,小学5所,三级医院1个,卫生院1个。有景点南教场中山公园、帽峰公园、河滨公园、曲江园、大鉴寺、太傅庙等。经济以餐饮、商业、金融为主。有风度名城、风度路步行街等商业圈。通公交车。

风度路步行街［Fēngdùlù Bùxíngjiē］ 在风采街道中部。长0.8千米,宽12米。混凝土路面。"风度"二字取自唐玄宗"风度得如九龄否"一句,为纪念唐代名相韶关人张九龄而得名。有冬菇街、陆羽茶庄、电器街、风度广场、服装批发中心等。通公交车。

新韶镇［Xīnsháo Zhèn］ 浈江区人民政府驻地。在区境东南部。面积106平方千米。人口2.2万。辖12村委会,有97自然村。镇人民政府驻东河村。1972年成立新韶公社。1975年曲江县陈江、石山2乡并入。1984年改办事处。1987年改乡。1993年改镇。为反映市容建设新面貌得名。浈江、武江河流经。有中学2所,小学7所,卫生院1个。有幼儿园、文化站、敬老院。有韶关烈士陵园。有古迹灵光庙。有景点莲花山、国营韶关林场等。经济以商品批发零售、住宿、餐饮、绿色观光农业、生态旅游为主。韶赣、广乐高速,323国道过境。

东河村［Dōnghécūn］ 新韶镇人民政府驻地。在镇境南部。人口400。因处浈江河东岸得名。聚落呈团块状。有小学、卫生站、文化室。农业以种植水稻、蔬菜、花生为主。有建材批发商店。323国道经此。

乐园镇［Lèyuán Zhèn］ 浈江区辖镇。在区境南部。面积30平方千米。人口3.9万。辖6村委会,有23自然村。镇人民政府驻沙梨园村。1984年设南郊乡。1993年改乐园镇。取建设美好家园之意命名。北江河流经。有中学3所,小学11所,卫生院1个。有幼儿园、文化站、敬老院。有韶关国家森林公园莲花山。农业以种植蔬菜为主,养殖塘鱼。服务业以商品批发、二手车交易为主。京广铁路、京珠高速过境。

沙梨园村［Shālíyuáncūn］ 乐园镇人民政府驻地。在区政府驻地新韶镇南6千米。人口1200。因李姓迁此种沙梨树得名。聚落呈带状。有小学、卫生站、文化室。农业以种植蔬菜,养殖塘鱼为主。工业以制造业为主。京广铁路、广韶公路经此。

花坪镇［Huāpíng Zhèn］ 浈江区辖镇。在区境北部。面积76平方千米。人口0.8万。辖5村委会,有38自然村。镇人民政府驻花坪村。1964年成立花坪公社,旋改镇。1966年更名红工镇。1981年复花坪镇。因镇政府驻地得名。有中学1所,小学1所,卫生院1个。有幼儿园、文化站、敬老院。有古迹飞龙庙、廖氏宗祠等。农业以种植水稻为主。工业以原煤开采为主。韶仁公路过境。

花坪村［Huāpíngcūn］ 花坪镇人民政府驻地。在区政府驻地新韶镇北27千米。人口700。因地形似花盆,以谐音得名。聚落呈团块状。有小学、卫生站、文化室。有古迹廖氏宗祠。农业以种植水稻、花生、玉米、板栗为主。省道长新线经此。

犁市镇［Líshì Zhèn］ 浈江区辖镇。在区境北部。面积305平方千米。人口3.8万。辖15村委会,有161自然村。镇人民政府驻犁市村。1986年设犁市镇。2001年梅村镇并入。因镇政府驻地得名。武江河流经。有中学2所,小学11所,卫生院1个。有幼儿园、文化站、敬老院。有省级文物保护单位犁市当铺。有古迹莲花寺、镇龙祠。农业以种植水稻为主。服务业以餐饮、住宿、商品零售为主。京广、武广铁路,省道老转、长新线过境。

犁市村［Líshìcūn］ 犁市镇人民政府驻地。在区政府驻地新韶镇北15千米。人口1800。因沙洲形似犁头得名犁头渡,后改今名。聚落呈团块状。有小学、文化室、卫生站。有犁市公园。农业以种植水稻、花生、蔬菜为主,养殖生猪等。省道长新、老转线经此。

十里亭镇［Shílǐtíng Zhèn］ 浈江区辖镇。在区境中部。面积56平方千米。人口5.4万。辖6村委会,有49自然村。镇人民政府驻金凤坪村。1969年成立十里亭公社。1978年更名北郊公社。1982年改区。1983年改十里亭区。1987年改镇。明崇祯年间在距韶州十里地建茶亭,渐为集市,故名。武江、浈江河流经。有中学3所,小学5所,卫生院1个。有敬老院、幼儿园、文化站。有省级文物保护单位中共广东省委粤北省委历史陈列馆。农业以种植蔬菜为主,养殖鱼、鸡、鸭、鹅等。服务业以商品批发和零售、住宿和餐饮为主。323国道,省道老转、长新线过境。通公交车。

金凤坪村［Jīnfèngpíngcūn］ 十里亭镇人民政府驻地。在区政府驻地新韶镇西北7千米。人口1800。原为荒草坪,因盛产金黄稻谷且有凤凰岭得名。聚落呈带状。有小学、卫生站、文化室。农业以种植水稻、蔬菜、甘蔗为主,养殖塘鱼。省道老转线经此。

武江区

武江区［Wǔjiāng Qū］ 韶关市辖区。在市境西部。面积 682 平方千米。人口 26.6 万。以汉族为主，还有瑶、壮、土家、苗等民族。辖 2 街道、5 镇。区人民政府驻新华街道。1975 年设武江区。1984 年市郊区并入。因武江得名。先后建成韶关站、西河全民健身广场、西河立交桥及多个居住小区。有标志性建筑韶关剧院。地势北高南低，西高东低。年均气温 20.3℃，1 月平均气温 10.0℃，7 月平均气温 29.1℃。年均降水量 1537.4 毫米。最高山大东山主峰海拔 1390 米。武江、北江、南北水、重阳河、锅溪河、沐溪水、芙蓉水、沙山水流经。有矿产资源煤、铁、铅锌、锡、钨、金、银、石灰石、高岭土、萤石等。有中学 9 所，小学 19 所，三级医院 1 个，二级医院 5 个。有省级文物保护单位张九龄家族墓、余靖墓。有古迹蓉山古刹。三次产业比例 3∶50∶47。农业以种植水稻、蔬菜、柚子、李子、枇杷、杨梅为主。特产龙龟淮山、重阳花生、重阳丝毛姜、江湾木耳、江湾香菇等。工业以玩具、机械制造为主。服务业以软件和信息技术服务、房地产业、租赁为主。武广高铁，京珠、广乐高速，323 国道过境。有韶关站。通多路公交车。

新华南路［Xīnhuá Nánlù］　在区境东部。东南起北江大桥，西北至西河立交桥。与武江南路、惠民南路、芙蓉东路相交。长 1.6 千米，宽 40.4 米。沥青路面。1992 年建，2006 年改建。因位于新华街南段，故名。两侧有西河体育中心、韶关医学会、武江公安分局、购物广场等。通公交车。

新华北路［Xīnhuá Běilù］　在区境东部。东起工业中路，西至建设路。与惠民北路、惠民南路、新建路、新兴路、工业东路相交。长 1.6 千米，宽 25.5 米。沥青路面。2002 年建。因处新华街北段得名。两侧有市环保局、科技局、市药监局、东岗学校等。通公交车。

工业西路［Gōngyè Xīlù］　在区境东部。东起工业中路，西至建设路。与沙湖路、西冲路、芙蓉北路相交。长 3 千米，宽 50.2 米。沥青路面。1992 年建。因昔日工厂密集得名。两侧有市博物馆、市法院、中国电信、韶关供电局等。通公交车。

工业中路［Gōngyè Zhōnglù］　在区境东部。东起工业东路，西至工业西路。与西冲路、幸福路、新华南路、新华北路、芙蓉北路相交。长 0.7 千米，宽 31.6 米。沥青路面。1996 年建。因昔日工厂密集得名。两侧有市水产管理局、芙蓉工商所等。通公交车。

工业东路［Gōngyè Dōnglù］　在区境东部。东起武江桥，西至西河立交桥。与惠民北路、惠民南路、新华南路、新华北路相交。长 1 千米，宽 33.6 米。混凝土路面。2001 年建。因昔日工厂密集得名。两侧有市水务局等、韶关剧院、商务酒店等。通公交车。

韶关站［Sháoguān Zhàn］　见交通运输设施部分“韶关站”条。

韶关汽车客运西站［Sháoguān Qìchē Kèyùn Xīzhàn］　见交通运输设施部分“韶关汽车客运西站”条。

新华街道［Xīnhuá Jiēdào］　武江区人民政府驻地。在区境东北部。面积 12 平方千米。人口 9.3 万。1997 年设。因新华南路得名。先后建成西河全民健身广场、粤北医院、韶关剧院等。武江流经。有中学 2 所，小学 4 所，三级医院 1 个，二级医院 3 个。工业以建材、机电制造为主。服务业以餐饮、旅游业为主。通公交车。

惠民街道［Huìmín Jiēdào］　属武江区。在区境东北部。面积 6 平方千米。人口 6.9 万。1997 年设。因惠民北路得名。先后建成南方电网韶关供电局、核工业四一九医院、沙湖公园等。武江流经。有中学 4 所，小学 4 所，二级医院 2 个，卫生院 1 个。工业以建材、机电制造为主。服务业以餐饮、旅游业为主。通公交车。

西联镇［Xīlián Zhèn］　武江区辖镇。在区境东北部。面积 69 平方千米。人口 1.8 万。辖 8 村委会，有 41 自然村。镇人民政府驻西联村。1953 年设西联乡。1965 年改公社。1969 年并入环市公社。1973 年并入新韶公社。1975 年分设芙蓉公社。1983 年改区。1986 年改街道。1987 年改镇。因镇政府驻地得名。北江流经。有中学 1 所，小学 5 所，卫生所 8 个。有省文物保护单位余靖墓。农业以种植水稻为主。工业以建材，机械、铸造为主。武广高铁、京港澳高速、323 国道、106 国道过境。

西联村［Xīliáncūn］　西联镇人民政府驻地。在区政府驻地新华街道西南 6 千米。人口 2500。因在一小河的西侧村民联合建村，故名。聚落呈团块状。有中学、卫生站。农业以种植水稻为主。

西河镇［Xīhé Zhèn］　武江区辖镇。在区境东北部。面积 63 平方千米。人口 1.7 万人。辖 14 村委会，有 47 自然村。镇人民政府驻前进村。1986 年设河西乡。1994 年改镇。因地处武江、北江河以西得名。武江、北江流经。有中学 1 所，小学 4 所，卫生所 12 个。有省级文物保护单位张九龄家族墓。有古迹津头岭村井、石狮头萧氏祠堂等。农业以种植水稻、蔬菜、花生、豆类为主。武广高铁，广乐高速，106、323 国道，武江、北江航道过境。

前进村［Qiánjìncūn］　西河镇人民政府驻地。在区政府驻地新华街道西北 2 千米。人口 1600。因新中国成立初期“前进”口号得名。聚落呈团块状。有古迹津头岭村井。农业以养殖生猪为主。323 国道经此。

重阳镇［Chóngyáng Zhèn］　武江区辖镇。在区境北部。面积 82 平方千米。人口 2 万。辖 1 居委会、8 村委会，有 61 自然村。镇人民政府驻重阳街社区。1951 年成立重阳区。1957 年改乡。1958 年并入韶北公社。1959 年由韶北公社析置重阳公社。1983 年改区。1986 年改镇。因镇政府驻地原名得名。有中学 1 所，卫生院 1 个，卫生所 7 个。有李子园炮楼、青水塘炮楼、重阳革命烈士纪念碑。农业以种植水稻、生姜、花生为主。工业以采砂、采石为主。广乐高速、县道犁市——六线过境。

重阳街社区［Chóngyángjiē Shèqū］　重阳镇人民政府驻地。在区境北部。面积 3 平方千米。人口 1100。因位于重阳镇中心得名。2002 年成立。民居以楼房为主。有社区服务中心、街坊议事堂、公共法律服务咨询平台等。有重阳中学、镇卫生院、镇财政所。通公交车。

龙归镇［Lóngguī Zhèn］　武江区辖镇。在区境中部。面积 237 平方千米。人口 3.8 万。辖 1 居委会、15 村委会，有 215 自然村。镇人民政府驻龙归街社区。1957 年设龙归乡。1958 年改公社。1983 年改区。1986 年改镇。2001 年凤田镇并入。因镇政府驻地原名得名。江湾河流经。有中学 1 所，小学 1 所，卫生院 1 个，卫生所 15 个。有古迹文武阁塔、九归禅寺、董村寺等。农业以种植水稻、蔬菜、果树为主。工业以小水电、采矿、金属加工为主。京港澳、广乐高速，323 国道过境。

龙归街社区［Lóngguījiē Shèqū］　龙归镇人民政府驻地。在区境中部。面积 1 平方千米。人口 3300。因有 5 座龙形山岭围成一圈得名。2002 年成立。民居以现代楼房为主。有综合文化服务中心、综合活动室、多功能办公室等。有龙归中心小学、镇市场监督管理所。通公交车。

江湾镇［Jiāngwān Zhèn］　武江区辖镇。在区境西南部。面积 213 平方千米。人口 0.8 万。辖 1 居委会、6 村委会，有 46 自然村。镇人民政府驻江湾社区。1961 年成立江湾公社。1964 年乳源县胡屋、石塘、洪山、梁屋等大队并入。1983 年改区。1986 年改乡。1993 年改镇。因溪多且弯曲得名。江湾河流经。有中学 1 所，小学 1 所，卫生院 1 个，卫生所 6 个。有围坪革命烈士纪念碑、胡屋烈士纪念碑。农业以种植水稻、花生、玉米、芋头为主。县道龙归—江湾线过境。

江湾社区［Jiāngwān Shèqū］　江湾镇人民政府驻地。在区境西部。面积 1 平方千米。人口 1100。因位于江湾镇中心得名。2010 年成立。民居以普通楼房为主。有平安志愿者服务队、广场舞队。有镇卫生院、江湾中学、江湾邮政所、镇财政所。通公交车。

瑶族新村［Yáozúxīncūn］　在区政府驻地新华街道西南 41 千米。江湾镇辖自然村。人口 100。2007 年建成入住，因瑶族聚居而得名。有 4 栋 3 层楼房，安置 24 户瑶族同胞搬迁出山居住。聚落呈方形。农业以种植水稻、花生、番薯为主。

曲　江　区

曲江区［Qūjiāng Qū］　韶关市辖区。在市境南部。面积 1620 平方千米。人口 31.3 万。以汉族为主，还有瑶族等。辖 1 街道、9 镇。区人民政府驻马坝镇。汉元鼎六年（前 111）置曲江县，先后属桂阳郡、始兴郡、南海郡、广州、番州、东衡州、韶州、韶州路、韶州府、广东省、南韶连道、岭南道、第二行政督察区、第三行政督察区。1949 年析置韶关市。1952 年与乳源县合设曲江乳源县。1953 年各复原制。1956 年属韶关专区。1959 年并入韶关市。1961 年复县。1970 年属韶关地区。1977 年属韶关市。2004 年改区。因江流回曲得名。先后建成汽车南站、城西市场，扩建白土工业园，改造马坝河。东部和西南部多为山岭，中部丘陵、盆地交错。年均气温 20.5℃，1 月平均气温 10.2℃，7 月平均气温 29.4℃。年均降水量 1517 毫米。北江流经。有矿产资源铁、铅、锌、铜、钨等。有罗坑省级自然保护区。森林覆盖率 68.4%。有中学 10 所，小学 18 所，二级医院 3 个。有全国重点文物保护单位南华寺。有史前期古人类马坝人遗址。有小坑国家森林公园。有曹溪假日温矿泉度假村、小坑温泉、枫湾温泉等。三次产业比例 9∶59∶32。农业以种植水稻、花生、玉米、红薯、蔬菜为主，养殖鸡、鸭、牛、羊、猪、鱼。有林业种植。工业以冶金、电力、机械、煤炭、建材为主。服务业以商品批发零售、仓储邮政、住宿餐饮、软件和信息技术服务为主。京广铁路，武广高铁，京港澳、韶赣、广乐高速过境。通多路公交车。

马坝桥［Mǎbà Qiáo］　在城区中部。长 76.4 米，宽 21.5 米，最大跨度 20 米，桥下净高 6.9 米。2002 年开工，同年建成。原名马坝新桥，2014 年因横跨马坝河更今名。为中型河道桥梁，结构型式为钢筋混凝土空心板梁桥。最大载重 30 吨。通公交车。

韶关粤运汽车客运南站［Sháoguān Yuèyùn Qìchē Kèyùn Nánzhàn］　见交通运输设施部分“韶关粤运汽车客运南站”条。

松山街道［Sōngshān Jiēdào］　属曲江区。在区境中部。面积 10 平方千米。人口 4.5 万。2014 年设立。因松山下村得名。有中学 2 所，小学 1 所，卫生院 1 个。经济以钢铁、物流为主。通公交车。

马坝镇［Mǎbà Zhèn］　曲江区人民政府驻

地。在区境北部。面积 187 平方千米。人口 16.9 万。辖 8 居委会、16 村委会，有 234 自然村。镇人民政府驻中华社区。1955 年设马坝区。1957 年改乡。1958 年改公社。1970 年析设马坝镇。1983 年公社改区。1986 年区并入镇。取马鞍山、曹溪河沙坝各 1 字得名。有中学 3 所，小学 7 所，二级医院 3 个，卫生院 1 个，卫生站 19 个。有全国重点文物保护单位南华寺。有马坝人遗址。有国家 4A 级旅游景区南华温泉、曹溪温泉。农业以种植水稻、蔬菜为主。工业以钢铁为主。京广铁路，武广高铁，京港澳、韶赣、广乐高速过境。

中华社区 [Zhōnghuá Shèqū] 马坝镇政府驻地。在区境北部。面积 0.9 平方千米。人口 1.9 万。2002 年成立。因中华路得名。民居以现代楼房为主，有少量别墅。社区养老以居家养老为主。有法律咨询服务。有幼儿园、卫生院。通公交车。

大塘镇 [Dàtáng Zhèn] 曲江区辖镇。在区境东北部。面积 175 平方千米。人口 3.4 万。辖 1 居委会、15 村委会，有 189 自然村。镇人民政府驻大塘社区。1958 成立大塘公社。1983 年改区。1986 年改镇。因有天然大水塘得名。有中学 1 所，小学 2 所，卫生院 1 个，卫生站 18 个。有省级文物保护单位仙人塔。农业以种植水稻、蔬菜、油茶、粉葛、火龙果、罗汉果为主，养殖生猪。工业以采矿加工为主。韶赣高速，韶塘、塘马、塘枫公路过境。

大塘社区 [Dàtáng Shèqū] 大塘镇政府驻地。在区境东北部。面积 0.6 平方千米。人口 2100。因处大塘镇中心得名。2000 年成立。民居以现代风格楼房为主。有中小学、幼儿园、卫生院。有活动室。社区定期开展法律讲座等。通公交车。

枫湾镇 [Fēngwān Zhèn] 曲江区辖镇。在区境东北部。面积 220 平方千米。人口 1.8 万。辖 1 居委会、9 村委会，有 126 自然村。镇人民政府驻塘口岭。1961 年成立枫湾公社。1983 年改区。1986 年改镇。因田垄遍植枫树且形似湾角得名。枫湾河流经。有中学 1 所，小学 2 所，卫生院 1 个，卫生站 4 个。有枫湾温泉度假村、枫湾小桂林风景区、茶园山瑶族风情村。农业以种植水稻、蔬菜、果树为主。服务业以旅游为主。县道枫湾—小坑、火山—枫湾、枫湾茶园山线过境。

塘口岭 [Tángkǒulǐng] 枫湾镇人民政府驻地。在区政府驻地马坝镇东北 25 千米。人口 100。因处平缓岭岗且有鱼塘得名。聚落呈团块状。有中小学。农业以种植花生、番薯为主。通乡村公路。

小坑镇 [Xiǎokēng Zhèn] 曲江区辖镇。在区境东北部。面积 151 平方千米。人口 6000。辖 1 居委会、5 村委会，有 37 自然村。镇人民政府驻小坑街。1983 年设小坑区。1986 年改镇。因地形狭窄，多小溪得名，坑即小溪之意。有小学 1 所，卫生院 1 个，卫生站 3 个。有围背红色税站、岭排红色交通站遗址。有曹角湾古村体验区、大森林温泉疗养区、龙湖生态园区、莲花池生态园区、芒冬嶂油茶种植园区、竹林观赏区、成大林业观赏区。农业以种植水稻、果树为主，养殖鸡、鱼。黄新公路过境。

小坑街 [Xiǎokēngjiē] 小坑镇人民政府驻地。在区政府驻地马坝镇东北 23 千米。人口 1100。1966 年修建小坑水库时部分村民迁此。因处小坑镇中心得名。聚落呈团块状。有小学、卫生站。农业以种植水稻、玉米、花生、茶树为主。黄新公路经此。

沙溪镇 [Shāxī Zhèn] 曲江区辖镇。在区境东南部。面积 210 平方千米。人口 1.3 万。辖 1 居委会、7 村委会，有 88 自然村。镇人民政府驻老华屋。1957 年设沙溪乡。1959 年并入乌石公社。1962 年由乌石公社析置沙溪公社。1983 年改区。1986 年改镇。因溪河流经形成沙坝得名。有中学 1 所，小学 1 所，卫生院 1 个，卫生所 2 个。有沙溪省级自然保护区。有景区百丈崖漂流。农业以种植水稻、柠檬、西瓜为主。特产酸笋、冬菇。工业以建筑用石、矿物洗选加工为主。京港澳、广乐高速过境。

老华屋 [Lǎohuáwū] 沙溪镇人民政府驻地。在区政府驻地马坝镇东南 11 千米。人口 200。因华姓历代居住得名。聚落呈团块状。农业以种植水稻为主。特产笋干、番薯干、野生蜂蜜。县道沙溪—和洞线经此。

乌石镇 [Wūshí Zhèn] 曲江区辖镇。在区境南部。面积 117 平方千米。人口 2.1 万。辖 2 居委会、6 村委会，有 90 自然村。镇人民政府驻黄屋。1959 年成立乌石公社。1962 年析设沙溪公社。1983 年改区。1986 年改镇。2006 年大坑口镇并入。因有天然黑色巨石得名。有中学 1 所，小学 2 所，卫生院 1 个，卫生所 2 个。有革命英烈梁展如故居。有床板岭遗址。农业以种植水稻为主。有韶关发电厂、中海油乌石油库等企业。京广铁路、广乐高速过境。

黄屋 [Huángwū] 乌石镇人民政府驻地。在区政府驻地马坝镇南 9 千米。人口 200。原名麻子坪，后因黄姓居多改今名。聚落呈团块状。农业以种植水稻、花生、蔬菜、红瓜子等为主，养殖淡水鱼。产毛竹。

樟市镇 [Zhāngshì Zhèn] 曲江区辖镇。在区境西南部。面积 225 平方千米。人口 2.8 万。辖 2 居委会、11 村委会，有 165 自然村。镇人民政府驻元昌。民国时期曾设樟市乡。1950 年由一区析设六区。1955 年改樟市区。1957 年设乡。1958 年改公社。1983 年改区。1986 年改镇。因原街旧址溪边有大樟树得名。有中学 1 所，小学 1 所，卫生院 1 个，卫生所 9 个。农业以种植水稻、花生、沙田柚、脐橙、芽蕉、红瓜子、黄皮为主，养殖生猪、肉牛。武广高铁、广乐高速、马坝—罗坑公路过境。

元昌 [Yuánchāng] 樟市镇人民政府驻地。在区政府驻地马坝镇西南 17 千米。人口 200。清顺治年间村民从福建上杭瓦子街搬迁至此建村并命名。“元”取意首屈一指、独占鳌头、一马当先，“昌”取意景秀前程，尽善尽美，繁荣昌盛。聚落呈带状。农业以种植水稻、柑橘、沙田柚、冬菇、木耳为主。沙溪—罗坑公路经此。

白土镇 [Báitǔ Zhèn] 曲江区辖镇。在区境西南部。面积 147 平方千米。人口 2.5 万。辖 1 居委会、11 村委会，有 172 自然村。镇人民政府驻上塘。民国时期曾设白土乡。1957 年由龙归区析设白土区。1961 年改白土公社。1983 年改区。1986 年改镇。2001 年白沙镇并入。因多白泥(高岭土)得名。有中学 1 所，小学 1 所，卫生院 1 个，卫生所 8 个。农业以种植沙田柚为主。特产腐竹、白土月饼。武广高铁，京港澳、广乐高速过境。

上塘 [Shàngtáng] 白土镇人民政府驻地。在区政府驻地马坝镇西 7 千米。人口 200。因有两个正对北边的天然水塘得名。聚落呈散状。农业以种植水稻、沙田柚、莲藕为主。特产腐竹。乌泥角—白土公路经此。

罗坑镇 [Luókēng Zhèn] 曲江区辖镇。在区境西南部。面积 219 平方千米。人口 1.1 万。辖 1 居委会、5 村委会，有 99 自然村。镇人民政府驻铁屎岗。民国时期设罗坑乡。1949 年后属樟市区(公社)。1974 年成立罗坑公社。1983 年改区，1986 年撤区建乡。1993 年改设镇。因境内四周环山，状如谷箩，中间一条小溪把“箩”分为南北两半，故得名罗(箩)坑，坑即小溪之意。樟市河流经。中学 1 所，卫生院 1 个，卫生站 4 个。有罗坑省级自然保护区。农业以种植水稻、茶树为主。工业以水电为主。沙溪—罗坑公路过境。

铁屎岗 [Tiěshǐgǎng] 罗坑镇人民政府驻地。在区政府驻地马坝镇西南 32 千米。不足 100 人。传原为堆放铁矿石渣之地，故名。聚落呈团块状。有卫生院。农业以种植水稻为主。特产罗坑红茶、冬菇、笋干、蜂蜜。沙溪—罗坑公路经此。

乐 昌 市

乐昌市 [Lèchāng Shì] 广东省辖县级市，由韶关市代管。北纬 25°08′，东经 113°21′。在韶关市境北部。面积 2419 平方千米。人口 51.9 万。以汉族为主，还有瑶族等。辖 1 街道、16 镇。市人民政府驻乐城街道。南朝梁天监七年(508)，析曲江县西北境置梁化县。天监十七年，析梁化县置平石县。隋开皇十二年(592)废平石入梁化。十八年以县境乐石山及昌石山更名乐昌，初属广州，后属南海郡。唐宋属韶州。元属韶州路。明清属韶州府。1914—1983 年间隶属岭南道、广东省第二行政督察区、第三行政督察区、北江临时行政委员会、北江专署、粤北行政公署、韶关专区、韶关地区、韶关市。1994 年设县级市。先后建成武江桥、人民路下穿京广线涵洞、乐昌峡水利枢纽、市区防洪堤。有标志性建筑武江桥。地势北高南低。平原地区平均海拔 100 多米。年均气温 19.7℃，1 月平均气温 8.6℃，7 月平均气温 28.4℃。年均降水量 1522 毫米。武江流经。有矿产资源煤、钨、锑、铅、锌、锡、铁、萤石、水晶石等。有野生植物 2279 种，其中有银杏、南方红豆杉、金毛狗等国家重点保护野生植物 45 种。有野生动物 318 种，其中有中华穿山甲、黄腹角雉、中华秋沙鸭等国家重点保护野生动物 206 种。有国家级南岭自然保护区，省级自然保护区 3 个。森林覆盖率 74.5%。有成人中专学校 1 所，中学 12 所，小学 28 所，九年一贯制学校 14 所，特殊教育学校 1 所。二级医院 3 所。有古迹坪石古街、黄圃应山石桥、广州会馆、九峰薛岳故居、庆云户昌山古村等。有景区乐昌峡九泷十八滩、杨东山十二渡水、古佛岩、西石岩、铜鼓岩、碧水洞、金鸡岭。三次产业比例 18∶29∶53。农业以种植水稻、大豆、玉米、甘蔗、花生为主。特产沿溪山白毛茶、北乡马蹄、张溪香芋、天堂姜、九峰黄金李等。工业以采矿、电力、纺织、建材加工、机械铸造、新型化工为主。服务业以商品批发和零售、仓储邮政、住宿餐饮、金融为主。京广铁路，京广高铁，京港澳、广乐高速，107 国道，省道坪乳线等过境。

乐昌站 [Lèchāng Zhàn] 见交通运输设施部分“乐昌站”条。

乐昌汽车客运站 [Lèchāng Qìchē Kèyùnzhàn] 见交通运输设施部分“乐昌汽车客运站”条。

花苑汽车客运站 [Huāyuàn Qìchē Kèyùnzhàn] 见交通运输设施部分“花苑汽车客运站”条。

乐城街道 [Lèchéng Jiēdào] 乐昌市人民政府驻地。在市境东南部。面积 188 平方千米。人口 18.6 万。2003 年设。因处乐昌市中心得名。先后建成全民健身文化广场、市区沿江景观带建设、城市天然气管道，改造旧城等。有中专 3 所，中学 8 所，小学 7 所，二级医院 2 个，卫生院 1 个，卫生站 21 个。有古迹古佛岩、西石岩、南塔、龟峰塔、官井等。农业以种植水稻、蔬菜为主，养殖水产。产马蹄、香芋、莲藕、甘蔗、花生、芝麻等。工业以纺织、制衣为主。京广铁路、京广高铁、广乐高速等过境。通公交车。

北乡镇［Běixiāng Zhèn］ 乐昌市辖镇。在市境中部偏东。面积94平方千米。人口1.6万。辖8村委会，有84自然村。镇人民政府驻上丛村。1961年设北乡公社。1983年改区。1987年改镇。因处乐昌市城区以北得名。有中学1所，卫生院1个，卫生站10个。农业以种植水稻、玉米、红薯、马铃薯为主。产马蹄、花生、柑橘。工业以木材加工、小水电为主。省道老转线过境。

上丛村［Shàngcóngcūn］ 北乡镇人民政府驻地。在市政府驻地乐城街道北6千米。人口2400。因周围山岭皆为树木丛林得名。聚落呈团块状。有卫生所。农业以种植水稻、马蹄、香芋为主。

九峰镇［Jiǔfēng Zhèn］ 乐昌市辖镇。在市境东北部。面积192平方千米。人口约2.2万。辖1居委会、12村委会，有171自然村。镇人民政府驻九峰街社区。1955年设九峰区。1957年改乡。1958年并入红旗公社。1961年析置九峰公社。1983年改区。1987年改镇。因境内有五指、向日、马蹄等9座山峰得名。有中学1所，小学1所，卫生院1个，卫生站12个。农业以种植水稻为主。产黄金柰李、油桃、柑橘、猕猴桃、水晶梨、黄连、厚朴等。有杉、松、杂木、毛竹林业资源。工业以小水电、农具制造为主。535国道、省道老转线，县道九峰—长埂子线、九峰—延寿线、茶料—浆源线经此。

九峰街社区［Jiǔfēngjiē Shèqū］ 九峰镇人民政府驻地。在市境东北部。面积1平方千米。人口1100。因处九峰街得名。2008年成立。民居以乡村风格楼房为主。有中小学。养老模式以居家养老为主。有理论宣讲服务室、图书室、体育健身广场等。省道老转线经此。

廊田镇［Lángtián Zhèn］ 乐昌市辖镇。在市境东南部。面积147平方千米。人口3.6万。辖1居委会、17村委会，有169自然村。镇人民政府驻廊田街社区。1955年设廊田区。1956年改乡。1958年改公社。1983年复改区。1987年改镇。因东北与西南为台地，中间河谷似十里长廊且多良田，故名。有中学1所，小学1所，卫生院1个，卫生站26个。有景点龙王潭、龙山温泉、龙山水库、东洛水库生态区等。农业以种植水稻、花生、甘蔗、香芋、大豆为主。工业以水力发电、采矿、矿物加工为主。省道金廊线，县道廊田—红山线、廊田—花坪线、廊田—均村线、廊田—牛岗坪线过境。

廊田街社区［Lángtiánjiē Shèqū］ 廊田镇人民政府驻地。在市境东部。面积1.2平方千米。人口2400。2002年成立。因处廊田镇中心得名。民居以乡村风格楼房为主。有九年一贯制学校、幼儿园、卫生站。有文化活动室、图书馆、老年活动中心、党群服务中心等。董乐公路经此。

长来镇［Chánglái Zhèn］ 乐昌市辖镇。在市境东南部。面积117平方千米。人口2.4万。辖1居委会、12村委会，有133自然村。镇人民政府驻长来街社区。1955年设长来区。1956年改乡。1958年并入红旗公社。1961年析置长来公社。1983年改区。1987年改镇。因沿武江东岸延伸长达数千米且土地多而得名。武江流经。有中学1所，小学1所，卫生院1个、卫生站12个。有省级文物保护单位谭氏宗祠。农业以种植水稻、花生、甘蔗、蔬菜为主。工业以水泥制造、采矿为主。广乐高速、省道老转线过境。

长来街社区［Chángláijiē Shèqū］ 长来镇人民政府驻地。在市境西南。面积1.2平方千米。人口1700。因处长来镇中心得名。2013年成立。民居以乡村风格楼房为主。有长来小学、长来卫生院。养老模式以居家养老为主。有理论宣讲服务室、图书阅览室、健身广场等。通乡村公路。

梅花镇［Méihuā Zhèn］ 乐昌市辖镇。在市境西部。面积198平方千米。人口5.8万。辖1居委会、17村委会，有230自然村。镇人民政府驻梅花街社区。1955年设梅花区。1956年改乡。1958年改公社。1983年复改区。1987年改镇。因处喀斯特小盆地且周围石灰岩残丘散布似梅花，故名。有中学2所，小学11所，卫生院1个，卫生站24个。有古迹梅花仙迹、万古金城。农业以种植水稻、玉米、花生为主。工业以建材、小水电为主。京港澳高速、省道坪乳线过境。

梅花街社区［Méihuājiē Shèqū］ 梅花镇人民政府驻地。在市境西北部。面积1.5平方千米。人口4100。因处梅花镇中心得名。2013年成立。民居以乡村风格楼房为主。有梅花中学、梅花中心小学。养老模式以居家养老为主。有理论宣讲服务室、社区学校、阅览室、志愿者服务站、妇女儿童之家、人民调解室。有社区舞蹈队等。有梅花市场管理监督所等。坪石—云岩公路、省道坪乳线经此。

三溪镇［Sānxī Zhèn］ 乐昌市辖镇。在市境西北部。面积69平方千米。人口1.2万。辖8村委会，有93自然村。镇人民政府驻三溪村。1964年成立三溪公社。1983年改区。1987年改镇。因镇政府驻地得名。武江流经。有中学1所，卫生院1个，卫生站10个。农业以种植水稻、花生、蔬菜为主。工业以小水电、建筑为主。通公交车。

三溪村［Sānxīcūn］ 三溪镇人民政府驻地。在市政府驻地乐城街道西北50千米。人口1200。因武江流经时呈之字形，如3溪穿流群山中，故名。聚落呈弓状。有中小学、卫生院、卫生站。农业以种植水稻为主。曲水圹—扁坳公路经此。

坪石镇［Píngshí Zhèn］ 乐昌市辖镇。在市境西北部。面积268平方千米。人口12.1万。辖4居委会、25村委会，有259自然村。镇人民政府驻群众路社区。1956年设坪石镇。1958年改公社。1959年析置坪石镇。2002年罗家渡镇并入。2003年老坪石镇并入。因当地回龙庙后山有一平坦之石，“纵横二丈余”（约7平方米），以此得名平石。后以“平”“坪”同音同义，故名。有中学3所，小学5所，二级医院1个，卫生院1个，卫生站25个。有景区金鸡岭、九泷十八滩等。农业以种植水稻花生、大豆、柑橘、西瓜为主。特产鲜笋罐头、辣椒酱、粉丝、面条。工业以食品加工、染织、塑料编织为主。京广铁路，京港澳、广乐高速过境。

群众路社区［Qúnzhònglù Shèqū］ 坪石镇政府驻地。在市境西北部。面积1.3平方千米。人口8700。因位于群众路得名。2002年成立。民居以现代田园风格楼房为主。养老模式为居家养老。有退役军人服务站、图书馆、电子阅览室等。中国建设银行乐昌支行、乐昌市公安局坪石分局等驻此。省道老转、坪乳线经此。

黄圃镇［Huángpǔ Zhèn］ 乐昌市辖镇。在市境北部。面积80平方千米。人口1.8万。辖1居委会、10村委会，有97自然村。镇人民政府驻塘村街社区。1955年设黄圃区。1957年改乡。1958年改公社。1983年改区。1987年改镇。因明代设黄圃司得名。有中学1所，卫生院1个，卫生站13个。有古迹广州会馆、楚南会馆、江西会馆等。有景点滴水洞。农业以种植水稻、花生、大豆为主。产松、杉等木材。工业以小水电、建材为主。535国道，县道赤溪—上坳、黄圃—两江、庆云—黄圃、坪石—桃坪线过境。

塘村街社区［Tángcūnjiē Shèqū］ 黄圃镇人民政府驻地。在市境西北部。面积约2平方千米。人口2000。因地处塘村得名。2002年成立。民居以现代风格楼房为主。有镇中心学校、卫生院等。有文化室、社区学校、青年之家等。有志愿者服务队，开展法律咨询、健康知识宣传、亲子活动、图书阅读、社区安全等活动。庆云—白石公路经此。

五山镇［Wǔshān Zhèn］ 乐昌市辖镇。在市境东部偏北。面积186平方千米。人口2万。辖11村委会，有130自然村。镇人民政府驻麻坑村。1957年设五山乡。1958年并入廊田公社。1961年析置五山公社。1983年改区。1987年改乡。1993年改镇。因有小王山、大王山等5座高山得名。有中学1所，小学1所，卫生院1个，卫生站11个。农业以种植水稻为主。产毛竹等。工业以小水电、萤石开采为主。省道金廊线过境。

麻坑村［Mákēngcūn］ 五山镇人民政府驻地。在市政府驻地乐城街道东北19.4千米。人口800。因多麻石，经山坑水冲刷呈斑点如芝麻，故名。聚落呈带状。有中小学、卫生院。农业以种植水稻、大豆为主。产毛竹等。省道金廊线经此。

两江镇［Liǎngjiāng Zhèn］ 乐昌市辖镇。在市境北部。面积133平方千米。人口1.3万。辖7村委会，有101自然村。镇人民政府驻普乐村。1956年设两江乡。1958年并入红旗公社。1978年析置两江公社。1983年改区。1987年改乡。1993年改镇。因处九峰河、三廊水汇合处得名。有中学1所，卫生院1个，卫生站8个。农业以种植水稻、油桃、柑橘、柰李等为主。产杉、松等木材。工业以小水电、萤石开采、建材为主。省道老转线过境。

普乐村［Pǔlècūn］ 两江镇人民政府驻地。在市政府驻地乐城街道北26千米。人口2900。取普天同乐之意得名。聚落呈带状。有卫生站。农业以种植果树为主。省道老转线经此。

沙坪镇［Shāpíng Zhèn］ 乐昌市辖镇。在市境西南部。面积112平方千米。人口2.3万。辖7村委会，有86自然村。镇人民政府驻沙坪村。1961年成立沙坪公社。1983年改区。1987年改乡。1993年改镇。因镇政府驻地得名。有中学1所，小学1所，卫生院1个，卫生站16个。有古迹粤湘古官道。农业以种植玉米、红薯、姜为主。工业以小水电、纺织为主。梅花—沙坪公路过境。

沙坪村［Shāpíngcūn］ 沙坪镇人民政府驻地。在市政府驻地乐城街道西南31千米。人口3900。因处山间小盆地且干燥沙尘多得名。聚落呈放射状。有中小学、卫生院、卫生站。农业以种植玉米、花生为主，养殖生猪、鸡。梅花—沙坪公路经此。

云岩镇［Yúnyán Zhèn］ 乐昌市辖镇。在市境西南部。面积68平方千米。人口1.6万。辖9村委会，有53自然村。镇人民政府驻云岩村。1961年成立云岩公社。1983年改区。1987年改乡。1993年改镇。因镇政府驻地得名。有中学1所，小学1所，卫生院1个，卫生站10个。农业以种植水稻、玉米、花生、蔬菜为主，养殖生猪。工业以小水电、钨矿开采为主。坪石—云岩公路、省道金廊线过境。

云岩村［Yúnyáncūn］ 云岩镇人民政府驻地。在市政府驻地乐城街道西25千米。人口3300。因海拔高、石峰林立，冬春云雾多，故名。聚落呈带状。有中小学、卫生院。农业以种植水稻、花生、油菜为主,养殖生猪、鸡。坪石—云岩公路经此。

秀水镇［Xiùshuǐ Zhèn］ 乐昌市辖镇。在市境西部。面积56平方千米。人口1.9万。辖10村委会,有77自然村。镇人民政府驻秀水村。1961年成立秀水公社。1983年改区。1987年改乡。1993年改镇。因镇政府驻地得名。有中学1所,卫生院1个,卫生站11个。农业以种植水稻为主。工业以铁器加工、水泥生产为主。坪梅铁路、梅花—秀水公路过境。

秀水村［Xiùshuǐcūn］ 秀水镇政府驻地。在市政府驻地乐城街道西35千米。人口3100。因河水清澈秀丽得名。聚落呈带状。有中小学、卫生院、卫生站。农业以种植水稻、柚子为主,养殖生猪、鸡、鸭。梅花—秀水公路经此。

大源镇［Dàyuán Zhèn］ 乐昌市辖镇。在市境中部。面积282平方千米。人口1万。辖9村委会,279自然村。镇人民政府位于右岸公路。1957年设大源乡。1958年并入红旗公社。1961年析置大源公社。1983年改区。1987年改乡。1993年改镇。因镇政府原驻地大源水口得名。有小学1所,卫生院1个、卫生站5个。武江流经。农业以种植冬菇、木耳为主。盛产杉木、松等。工业以小水电、木材加工为主。京广铁路过境。

庆云镇［Qìngyún Zhèn］ 乐昌市辖镇。在市境北部偏西。面积90平方千米。人口1.2万。辖8村委会,有106自然村。镇人民政府驻土佳寮村。1961年设庆云公社。1983年改区。1987年改乡。1993年改镇。因境内地势高而云雾缭绕,人在山中如入云层,有近(客家方言"近"与"庆"谐音)云之感,故名。有中学1所,小学1所,卫生院1个,卫生站11个。有古迹粤湘古道、节孝流坊、凑云仙等。农业以种植水稻、花生、红薯、板栗为主。工业以小水电、采矿为主。省道老转线过境。

土佳寮村［Tǔjiāliáocūn］ 庆云镇人民政府驻地。在市政府驻地乐城街道西北33千米。人口1900。初名杜家寮,因杜姓先居此地得名。后邓姓来此定居,将"杜"去木为土,"佳"与家同音,更今名。聚落呈带状。有中小学、卫生院、卫生站。农业以种植水稻、辣椒、花生、大豆、板栗为主,养殖生猪等。省道老转线经此。

白石镇［Báishí Zhèn］ 乐昌市辖镇。在市境北部。面积80平方千米。人口1.7万。辖9村委会,有90自然村。镇人民政府驻油甫村。1961年成立白石公社。1983年改区。1987年改乡。1993年改镇。因镇南石山上有灰白色崖壁称白面石,故名。有中学1所,卫生院1个,卫生站11个。农业以种植水稻、红薯、花生、大豆、板栗为主。产松木。工业以小水电、木材加工为主。庆云—白石公路过境。

油甫村［Yóufǔcūn］ 白石镇人民政府驻地,在市政府驻地乐城街道东北37千米。人口400。因昔有油铺,周边村民在此加工食油,故名。聚落呈带状。有中小学、卫生院。农业以种植水稻为主。县道赤溪—上坳、黄圃—两江线经此。

南雄市

南雄市［Nánxióng Shì］ 广东省辖县级市,由韶关市代管。东经114°18′,北纬25°07′。在韶关市境东北部。面积2401平方千米。人口48万。以汉族为主,还有畲、壮、土家、苗、瑶等民族。辖1街道、17镇。市人民政府驻雄州街道。南汉乾亨四年(920)置雄州。宋开宝四年(971)改称南雄州。元至元十五年(1278)改置南雄路。明洪武元年(1368)改路为府。清嘉庆十二年(1807)改府为直隶南雄州。十六年复升为府,次年又降为直隶州。1912年废南雄州置南雄县,属广东省韶关地区。1958年始兴县并入。1982年隶韶关市。1996年撤县设市(县级),由韶关市代管。明末有17条街巷,清道光年间扩充到25条。1986年南雄市区街巷有74条。地势四周高、中间低。平均海拔130米,最高峰观音峰海拔1429米。年均气温19.9℃,1月平均气温9.5℃,7月平均气温28.8℃。年均降水量1966毫米。浈江、凌江、南山水、瀑布水、新龙水等流经。有野生维管植物1119种,其中有国家重点保护植物南方红豆杉、半枫荷、闽楠、香樟、金毛狗、喜树、银杏、苏铁、水杉、福建柏、白桂木、吊皮椎等14种。有野生动物100种,其中有国家重点保护野生动物黄腹角雉、虎纹蛙、黑冠鹃隼、鸢、松雀鹰、鹊鹞、蛇雕、红隼、水鹿、白鹇、褐翅鸦鹃等21种。有矿产资源钨、萤石(氟石)、稀土等。森林覆盖率65.3%。有中等职业教育学校1所,中学20所,小学123所,二级医院2个。有全国重点文物保护单位三影塔、南粤雄关与古道。有省级文物保护单位南雄广州会馆、南雄府城正南门、珠玑石塔、里东戏台等。有古迹珠玑古巷、大雄禅寺、古城墙、大成殿等。有瑶坑省委机关旧址、水口战役纪念公园。有民间艺术采茶戏、龙船歌、舞龙舞狮、珠玑飘色。有帽子峰旅游景区、孔江国家湿地公园、坪田千年银杏林风景区。三次产业比例21∶39∶40。农业以种植水稻、蔬菜、花生、红薯、大豆、玉米为主,养殖生猪等。工业以精细化工、浆纸制造、陶瓷建材为主。服务业以餐饮、商品零售、住宿为主。赣韶铁路、323国道、韶赣公路过境。通多路公交车。

三影塔广场［Sānyǐngtǎ Guǎngchǎng］ 在市区东南部。面积2.5公顷。2002年开工,2003年建成。因三影塔得名。为古典风格与现代建筑艺术相结合城市广场。南部由标志牌楼、风土柱列、玉带水景、玻璃观景台、旱喷泉、大型花池等构成娱乐休闲空间,面积9000多平方米。中部由下沉式演艺场、大型音乐喷泉、露天歌舞台等构成集会演出空间,面积8000多平方米。北部由亭台廊榭、假山水景和建筑小品等组合成中国传统园林空间。周边有南雄市博物馆等。通公交车。

南雄站［Nánxióng Zhàn］ 见交通运输设施部分"南雄站"条。

南雄汽车站［Nánxióng Qìchēzhàn］ 见交通运输设施部分"南雄汽车站"条。

雄州街道［Xióngzhōu Jiēdào］ 南雄市人民政府驻地。在市境西南部。面积94平方千米。人口8.4万。以汉族为主,还有畲族。2005年设。因南汉乾亨四年(920)设雄州得名。浈江流经。有中学5所,小学4所,二级医院2个,卫生院1个,卫生所28个。有体育馆、图书馆、博物馆。有全国重点文物保护单位三影塔。有省级文物保护单位南雄广州会馆、南雄府城正南门、瑶坑省委机关旧址。有景点尚书里。农业以种植水稻、花生、蔬菜为主。工业以化工、塑胶、建材生产为主。服务业以商贸、餐饮为主。有成康路、三元里、三影塔、成新路步行街。赣韶铁路、323国道过境。通公交车。

青云路［Qīngyún Lù］ 在雄州街道西北部。长1.8千米,宽12米。沥青混凝土路面。取平步青云之意得名。古称河边街。明代以来广府人聚集在此经营生意,1987年取平步青云之意更今名。为历史文化名街。两侧有全国重点文物保护单位三影塔,省级文物保护单位南雄广州会馆等。通公交车。

乌迳镇［Wūjìng Zhèn］ 南雄市辖镇。在市境东北部。面积157平方千米。人口4.3万。辖1居委会、21村委会,有216自然村。镇人民政府驻水阁下。1928年设乌迳乡。1958年属跃进公社。1962年由跃进公社析设乌迳公社。1984年改区。1986年改镇。2001年孔江镇并入。因此地土地肥沃,有乌黑土壤的狭长通道,当地人称通道为迳,故名。浈江流经。有中学1所,小学15所,幼儿园4所,卫生院1个,卫生站23个。有景区乌迳古道、观音山、孔江湿地公园等。农业以种植水稻、花生为主。220国道、省道分双线、雄信公路过境。

水阁下［Shǔigéxià］ 乌迳镇人民政府驻地。在市政府驻地雄州街道东北32千米。人口200。地方方言亦称水阁俚、水阁伪。原为古代水寮,即水力磨坊。后因水小,磨坊废,成为晒场,故名。聚落呈团块状。有中小学、卫生院。农业以种植水稻、花生为主。220国道、省道分双线经此。

新田村［Xīntiáncūn］ 在市政府驻地雄州街道东北32千米。乌迳镇辖自然村。人口1600。古称新溪,系开基祖李耿命名。"新"即新开拓,"溪"为小河,新溪即为在昌水河畔新开拓的村庄之意。宋仁宗天圣元年(1023)因避讳,改新溪为新田。聚落呈椭圆形。为中国传统村落、省级历史文化名村。有唐至清代宗祠及建筑200多座。农业以种植水稻为主。220国道、省道分双线经此。

界址镇［Jièzhǐ Zhèn］ 南雄市辖镇。在市境东北部。面积58平方千米。人口1.5万。辖1居委会、8村委会,有69自然村。镇人民政府驻大坊村。1950年设界址乡。1958年并入乌迳公社。1962年析设界址公社。1980年改区。1986年改镇。因处广东、江西2省交界地带得名。有中学1所,小学8所,卫生院1个,卫生所8个。农业以种植水稻、玉米、豆类、辣椒、花生为主。323国道过境。

大坊村［Dàfāngcūn］ 界址镇人民政府驻地。在市政府驻地雄州街道东北43千米。人口2100。原名窑社口,后渐扩大,改今名。聚落呈散状。有中小学、幼儿园、卫生站。农业以种植水稻、花生为主。雄信公路经此。

坪田镇［Píngtián Zhèn］ 南雄市辖镇。在市境东部,面积142平方千米。人口2.4万。辖1居委会,14村委会,有167自然村。镇人民政府驻老龙墟。1949年设坪田乡。1957年并入南亩乡。1961年属新龙公社。1962年由新龙公社析设坪田公社。1984年改区。1986年改乡。1994年改镇。2001年新龙镇并入。因地势平坦被开垦为田,取名平田,后谐音更今名。有中学1所,小学2所,卫生院1个,卫生站16个。农业以种植水稻、花生、银杏、油茶、板栗为主。孔江—坪田公路过境。

老龙墟［Lǎolóngxū］ 坪田镇人民政府驻地。在市政府驻地雄州街道东北34千米。人口600。因抗战时期南雄县政府驻地旧址老龙庙得名。聚落呈团块状。有中小学、幼儿园、卫生院。有农贸市场。农业以种植水稻、花生为主。孔江—坪田公路经此。

黄坑镇［Huángkēng Zhèn］ 南雄市辖镇。在市境东部。面积56平方千米。人口2.4万。辖1居委会、12村委会,有82自然村。镇人民政府驻黄坑墟。1951年设黄坑乡。1962年改公社。1984年改区。1986年改镇。因镇政府驻地得名。黄坑河流经。有技校1所,中学1所,小学1所,幼儿园2所,卫生院1个,卫生站11个。农业以种植水稻、花生、大豆、蔬菜为主。工业以农副产品加工为主。雄信公路过境。

黄坑墟［Huángkēngxū］　黄坑镇人民政府驻地。在市驻地雄州街道东北23千米。人口400。因小坑水常年呈黄色得名。聚落呈团块状。有中学、幼儿园、卫生院。农业以种植水稻、花生为主。雄信公路经此。

邓坊镇［Dèngfāng Zhèn］　南雄市辖镇。在市境东北部。面积75平方千米。人口1.6万。辖1居委会、9村委会，有106自然村。镇人民政府驻邓坊墟。1952年设邓坊乡。1958年改公社。1983年改区。1986年复改乡。1994年改镇。因镇政府驻地得名。邓坊水流经。有中学1所，小学4所，幼儿园3所，卫生院1个，卫生所9个。农业以种植水稻、甜玉米、红薯、蔬菜、花生为主。角湾—许村公路过境。

邓坊墟［Dèngfāngxū］　邓坊镇人民政府驻地。在市政府驻地雄州街道东北21千米。人口900。传明末清初邓文公经营磨坊，渐成集市，故名。聚落呈团块状。有中学、幼儿园、卫生院。农业以种植水稻、花生、蔬菜为主。角湾—许村公路经此。

油山镇［Yóushān Zhèn］　南雄市辖镇。在市境东北部。面积197平方千米。人口3.2万。辖1居委会、17村委会，有228自然村。镇人民政府驻大塘墟。1951年设油山乡。1962年改公社。1980年改区。1986年复改乡。1994年改镇。2001年大塘镇并入。传石洞流出食油得名。大源水流经。有中学1所，小学1所，幼儿园2所，卫生院1个，卫生所5个。有油山革命纪念碑。有南雄恐龙化石群省级自然保护区。农业以种植水稻、玉米、大豆、蔬菜为主。特产香菇、山泉西瓜、野生白果。黎口—大兰公路过境。

大塘墟［Dàtángxū］　油山镇人民政府驻地。在市政府驻地雄州街道东北28千米。人口600。传有大塘得名。聚落呈团块状。有中学、幼儿园、卫生院。有农贸市场。农业以种植水稻、花生、蔬菜为主。黎口—大兰公路经此。

南亩镇［Nánmǔ Zhèn］　南雄市辖镇。在市境东南部。面积110平方千米。人口1.6万。辖1居委会、11村委会，有108自然村。镇人民政府驻南亩墟。1949年设南亩乡。1961年改公社。1983年改区。1986年复改乡，1994年改镇。因镇政府驻地得名。有中学1所，小学4所，卫生院1个，卫生站12个。有古村落鱼鲜村。农业以种植水稻、花生、油茶为主。工业以农副产品加工、电站、机械维修为主。雄信公路过境。

南亩墟［Nánmǔxū］　南亩镇人民政府驻地。在市政府驻地雄州街道东北25千米。人口100。因《诗经》"馌彼南亩，菽载南亩"得名。聚落呈团块状。有中学、幼儿园、卫生院。有农贸市场。农业以种植水稻、花生为主。珠玑—坳下公路经此。

水口镇［Shuǐkǒu Zhèn］　南雄市辖镇。在市境东南部。面积114平方千米。人口2.5万。辖1居委会、13村委会，有115自然村。镇人民政府驻水口圩。1949年设水平乡。1951年改乡。1962年改公社。1984年改区。1986年改镇。因镇政府驻地得名。有中学1所，小学4所，幼儿园4所，卫生院1个，卫生站15个。农业以种植水稻、花生、大豆、桃子、柑橘为主。盛产松、杉等木材。工业以林产品加工、竹制工艺为主。雄信公路过境。

水口圩［Shuǐkǒuxū］　水口镇人民政府驻地，在市政府驻地雄州街道17千米。人口1600。因形似"口"状且被水缠绕得名。聚落呈团块状。有中小学、卫生站。农业以种植水稻、花生为主。珠玑—坳下公路经此。

江头镇［Jiāngtóu Zhèn］　南雄市辖镇。在市境东南部。面积164平方千米。人口1.2万。辖1居委会，9村委会，有97自然村。镇人民政府驻江头老圩。1977年成立江头公社。1983年改区。1987年改乡，1994年改镇。因镇政府驻地得名。江头水流经。有中学1所，小学3所，卫生院1个，卫生站9个。农业以种植花生、大豆为主。产毛竹、香菇、木耳等。有金银花种植基地、花卉基地、食用菌基地。黎口—大兰公路过境。

江头老圩［Jiāngtóulǎoxū］　江头镇人民政府驻地。在市政府驻地雄州街道东北13千米。人口100。因处长尾、东溪2溪汇入浈江口，且成圩较早，故名。聚落呈团块状。有中学、幼儿园、卫生院、农贸市场。农业以种植水稻、花生为主。江头—大汉公路经此。

湖口镇［Húkǒu Zhèn］　南雄市辖镇。在市境东部。面积74平方千米。人口3.4万。辖1居委会、12村委会，有190自然村。镇人民政府驻湖口墟。1958年成立湖口公社。1983年改区。1986年改镇。因镇政府驻地得名。有中学1所，小学8所，卫生院2个。农业以种植水稻、花生为主。工业以建材、建筑为主。雄信公路过境。

湖口墟［Húkǒuxū］　湖口镇人民政府驻地。在市政府驻地雄州街道东北11千米。人口1500。为湖泊出口处且为老墟场，故名。聚落呈团块状。有小学、幼儿园、卫生院。有农贸市场。农业以种植水稻、花生为主。珠玑—坳下公路经此。

珠玑镇［Zhūjī Zhèn］　南雄市辖镇。在市境北面。面积222平方千米。人口4.3万。辖1居委会、22村委会，有257自然村。镇人民政府驻永忠村。1949年设珠玑乡。1958年并入湖口公社。1962年由湖口公社析设珠玑公社。1980年改区。1986年改镇。2005年梅岭镇并入。因千年古巷珠玑巷得名。有中学1所，小学1所，幼儿园1所，卫生院3个，卫生站28个，文化站1个。有千年珠玑古巷。有景点梅岭古道、钟鼓岩等。农业以种植优质水稻、药材、花卉、花生为主。工业以电子、木材加工为主。韶赣铁路、韶赣高速过境。

永忠村［Yǒngzhōngcūn］　珠玑镇人民政府驻地。在市政府驻地雄州街道东北10千米。人口200。原名周屋祠堂，后以吉言佳语更今名。聚落呈圆形。有中学、幼儿园。有农贸市场。有民间艺术舞龙、舞狮、飘色、唱龙船歌。农业以种植水稻、花生为主。灵潭—铺背公路经此。

主田镇［Zhǔtián Zhèn］　南雄市辖镇。在市境南部。面积187平方千米。人口1.3万。辖1居委会、8村委会，有102自然村。镇人民政府驻大坋村。1958年成立主田公社。1983年改区。1986年改乡。1994年改镇。因田似棋盘形，最高点龙埂头象征棋子帅，帅寓意为主，故名。有小学1所，幼儿园1所，卫生院1个，卫生所8个。农业以种植水稻、花生、大豆为主，有杉、松、茶油、桐油等种植。工业以钨矿开采为主。

大坋村［Dàfèncūn］　主田镇人民政府驻地。在市政府驻地雄州街道东南6千米。人口200。因面积大、良田多得名。聚落呈团块状。农业以种植水稻、花生为主。河南—主田公路经此。

古市镇［Gǔshì Zhèn］　南雄市辖镇。在市境西南部。面积100平方千米。人口2万。辖1居委会，8村委会，有102自然村。镇人民政府驻古市墟。1961年成立古市公社。1984年改区。1986年改镇。因镇政府驻地得名。浈江河流经。有中学1所，小学1所，卫生院1个，卫生站10个。农业以种植水稻、豆类、蔬菜、花生为主，有水产养殖。工业以化工为主。323国道过境。

古市墟［Gǔshìxū］　古市镇人民政府驻地。在市政府驻地雄州街道西南9千米。原名鼓落墟，后简写为古录圩，因墟场扩大得名古录集市，简为古市。聚落呈团块状。有中小学、卫生院。农业以种植水稻、蔬菜、花生为主。雄余公路经此。

全安镇［Quán'ān Zhèn］　南雄市辖镇。在市境西北部。面积191平方千米。人口2.6万。辖1居委会、13村委会，有156自然村。镇人民政府驻郭公岭。1958年成立全安公社。1959年并入城郊公社。1960年析设全安公社。1983年改区。1987年改乡。1994年改镇。取全部平安之意得名。凌江流经。有中学1所，小学9所，卫生院1个，卫生所9个。有景区苍石寨。农业以种植水稻、甘蔗、花生为主。工业以木材加工制造为主。韶赣高速过境。

郭公岭［Guōgōnglǐng］　全安镇人民政府驻地。在市政府驻地雄州街道西北5千米。人口500。因郭姓居此得名。聚落呈团块状。有幼儿园。有农贸市场。农业以种植水稻、花生、蔬菜为主。雄信公路经此。

百顺镇［Bǎishùn Zhèn］　南雄市辖镇。在市境西北部。面积187平方千米。人口1.2万。辖1居委会、9村委会，有106自然村。镇人民政府驻百顺墟。1958年成立百顺公社。1982年改区。1986年改镇。因镇政府驻地得名。有中学1所，小学9所，幼儿园1所，卫生院1个，卫生所5个。农业以种植水稻、花生、罗汉果为主。工业以水电、木材加工、造纸为主。雄信公路过境。

百顺墟［Bǎishùnxū］　百顺镇人民政府驻地。在市政府驻地雄州街道西北29千米。人口100。在方言中"百上"隐意百丈之上，喻为地势之高。"顺"为"上"的谐音。该地为百顺镇老圩场旧址，故名。聚落呈团块状。有中小学、卫生院。农业以种植水稻、花生、蔬菜为主。百顺—石溪水公路经此。

澜河镇［Lánhé Zhèn］　南雄市辖镇。在市境西北部。面积171平方千米。人口1万。辖1居委会、6村委会，有79自然村。镇人民政府驻墟上。1961年由全安公社析设白云公社。1979年改澜河公社。1983年改区。1986年改镇。因河筑坡拦水得名拦河，后谐音更今名。有中学1所，小学1所，卫生院1个，卫生站6个。农业以种植水稻、花生为主。产毛竹。雄信公路过境。

墟上［Xūshàng］　澜河镇人民政府驻地。市政府驻地雄州街道西北21千米。人口100。为赶集逢墟聚集地，故名。聚落呈团块状。有中小学、卫生院。农业以种植水稻、花生、蔬菜为主。雄信公路经此。

帽子峰镇［Màozifēng Zhèn］　南雄市辖镇。在市境西北部。面积101平方千米。人口0.9万。辖1居委会、5村委会，有56自然村。镇人民政府驻富竹墟。1960年成立帽子峰林业公社，后改帽子峰公社。1984年改区。1986年改镇。因山峰形似帽子得名。凌江河流经。有九年一贯制学校1所，幼儿园1所，卫生院1个，卫生所3个。农业以种植水稻、花生、朝天椒为主，养殖生猪、鸡、鸭、牛。220国道、省道分双线、雄信公路过境。

富竹墟［Fùzhúxū］　帽子峰镇人民政府驻地。在市政府驻地雄州街道西北15千米。人口100。原名苦竹圩，为自然集市，清道光年间（1821—1850）已建村，因盛产苦竹得名。1952年改今名，意指苦日子已过。聚落呈团块状。有中小学、卫生院、幼儿园。农业以种植水稻为主。220国道、省道分双线经此。

始兴县

始兴县［Shǐxīng Xiàn］ 韶关市辖县。北纬24°57′,东经114°04′。在市境东部。面积2174平方千米。人口25.1万。以汉族为主,还有瑶、畲等民族。辖9镇、1乡。县人民政府驻太平镇。三国吴永安六年(263)析南野县置始兴县,属桂阳郡,因始兴江得名。甘露元年(265)析置斜阶县,属始兴郡。西晋斜阶县废入。至唐武德四年(621)属广兴郡、广州、南海郡、韶州。嗣圣元年(684)析设浈昌县。先后属雄州、南雄州、南雄路、南雄府、岭南道、第二行政督察区、第三行政督察区、北江临时行政委员会、北江专区、粤北行政区、韶关专区。1959年撤县并入南雄县。1960年复县。1970年属韶关市。先后建成九龄公园、丹凤山公园、九龄广场,改造墨江市场、城东市场、排水排污管道。地势四周高中间低。最高峰观音栋海拔1428米。年均气温19.6℃,1月平均气温9.4℃,7月平均气温28.4℃。年均降水量1650毫米。浈江、墨江、澄江、罗坝河、清化河、沈所河流经。有矿产资源钨、煤、铜、锡、铁、稀土、石英石等。有野生植物2027种,国家重点保护野生植物长柄石杉、华南马尾杉、福建观音座莲等29种。有野生动物1689种,其中有国家重点保护野生动物华南虎、云豹、金猫等78种。有国家级车八岭自然保护区、省级南山自然保护区。森林覆盖率76.5%。有中学14所,小学24所,教学点30个,二级医院2个,体育场馆1个。有全国重点文物保护单位满堂围、长围村围屋。有省级文物保护单位、省级爱国主义教育基地省委机关旧址红围。有刘张家山森林公园、东湖坪客家民俗文化村、铜钟寨风景区。三次产业比例27∶30∶43。农业以种植食用菌、水稻、蔬菜、杨梅、枇杷为主。特产香菇、木耳、笋干、马蹄、始兴香梨。工业以精密机械、制笔研发、竹木精深加工、铝型材产业为主。服务业以住宿、餐饮、商业批发零售、房地产业为主。赣韶铁路、韶赣高速、323国道、省道塘青线过境。通多路公交车。

天元大桥［Tiānyuán Dàqiáo］ 在县城东南部。长259米,宽28.5米,最大跨度139米,桥下净高6.8米。2008年开工,2009年建成。因企业得名。为大型河道桥梁,结构型式为预应力钢筋混凝土空心板梁桥。最大载重20吨。通公交车。

始兴站［Shǐxīng Zhàn］ 见交通运输设施部分"始兴站"条。

始兴汽车客运站［Shǐxīng Qìchē Kèyùnzhàn］ 见交通运输设施部分"始兴汽车客运站"条。

太平镇［Tàipíng Zhèn］ 始兴县人民政府驻地。在县境西北部。面积283平方千米。人口6.5万。辖6居委会、18村委会,有140自然村。镇人民政府驻许塘。1929年设太平镇。1949年并入城关区。1953年析设太平镇。1960年改城镇公社。1964年改为红旗镇。1981年复太平镇。1989年城郊乡并入。2001年北山乡并入。2005年江口镇并入。因繁华太平之意得名。墨江河、浈江流经。有中学1所,小学2所,二级医院2个,卫生院1个,卫生站18个。工业以制造业为主。韶赣铁路、韶赣高速、323国道、省道塘青线过境。

许塘［Xǔtáng］ 太平镇人民政府驻地。在镇境中部。人口300。传许姓居此得名许堂,后更今名。聚落呈团块状。有中学。服务业以餐饮、住宿为主。323国道经此。

马市镇［Mǎshì Zhèn］ 始兴县辖镇。在县境东北部。面积277平方千米。人口3.9万。以汉族为主,还有畲族。辖1居委会、18村委会,有204自然村。镇人民政府驻马市社区。1956年设马市乡。1957年南雄县侯陂乡并入。1958年改公社。1983年改区。1987年陆源区并入。为马匹等交易之地,故名。有中学1所,小学7所,幼儿园1所,卫生院1个,卫生站18个。有文化室、图书室、农家书屋。有古迹圣公殿、马市古戏台。有景区恐龙蛋化石风景区、坪山仙景、凉伞岩。农业以种植水稻、花生、豆类为主。韶赣铁路、韶赣高速、323国道、省道塘青线过境。

马市社区［Mǎshì Shèqū］ 马市镇人民政府驻地。在县境东北部。面积2平方千米。人口2000。因镇名得名。2002年成立。民居以高层住宅楼为主。有老年人活动室。开展老年人防诈骗宣传、社工志愿服务、法律咨询等服务。有民间艺术飘色等。有中小学、幼儿园、卫生院。有综合市场。省道塘青线过境。

澄江镇［Chéngjiāng Zhèn］ 始兴县辖镇。在县境东部。面积219平方千米,人口1.7万人。以汉族为主,还有畲族。辖1居委会、7村委会,有77自然村。镇人民政府驻澄江村。1956年设澄江乡。1960年改公社。1983年改区。1987年改镇。因镇政府驻地得名。龙南水、澄江河流经。有九年一贯制学校1所,幼儿园1所,卫生院1个,卫生站7个。有文化室、图书室、农家书屋。有民间艺术澄江锣鼓、澄江青草狮、澄江山歌、澄江吹打乐。有景点南石岩、花山温泉、方洞天主堂、方洞古村落。农业以种植水稻、豆类、蔬菜为主。产杉、松、毛竹、松脂等。省道下始线过境。

澄江村［Chéngjiāngcūn］ 澄江镇人民政府驻地。在县政府驻地太平镇东南27千米。人口2900。因处澄江河畔得名。聚落呈带状。有小学、幼儿园、卫生站。有古迹古马寨、马头寨、超洞庵、古村道、将军潭石拱桥、下澄江围楼、谢屋围楼、黄坑围楼、小陂石围。有民间艺术扛月姑姊、打迷迷童子、九龙推车、舞龙、舞狮、打灯、跳秧歌。农业以种植水稻、花生、豆类为主。省道下始线经此。

顿岗镇［Dùngǎng Zhèn］ 始兴县辖镇。面积105平方千米。人口2.5万。以汉族为主,还有畲族。辖1居委会、11村委会,有90自然村。镇人民政府驻墟尾下。1955年设顿岗区。1956年改乡。1958年良源乡并入。1958年并入红旗公社。1983年改区。1987年改镇。明代为了兴修水利、整顿纲常、发展生产,故名顿纲,后谐音更今名。清化河、罗坝河流经。有中学1所,小学8所,卫生院1个,卫生站11个。有文化室、农家书屋、篮球场。有古迹酒埕寨烽火台、千家营瓦窑遗址。有民间艺术龟蚌舞、舞火龙、舞狮子、秧歌舞。农业以种植水稻、马蹄、柑橘、蔬菜为主。工业以活性炭、石英砂、木制品、粮油机械、制砖为主。省道塘青、下始、罗坝—花山线,县道顿岗—司前线过境。

墟尾下［Xūwěixià］ 顿岗镇人民政府驻地。在县政府驻地太平镇东南9千米。人口900。因处顿岗墟场尾端得名。聚落呈团块状。有小学。农业以种植水稻、花生、豆类、薯类为主。产马蹄。省道塘青、下始线经此。

罗坝镇［Luóbà Zhèn］ 始兴县辖镇。在县境东南部。面积316平方千米。人口2.1万。以汉族为主,还有瑶族。辖1居委会、12村委会,有127自然村。镇人民政府驻角田村。1956年设罗坝乡。1958年并入始兴公社。1960年析设罗坝公社。1983年改区。1987年改镇。2001年刘张家山乡并入。2005年都亨乡并入。因地貌形似箩筐得名。罗坝河流经。有中学1所,小学3所,卫生院1个,卫生站12个。有文化室、农家书屋。有古迹全国第一长围、风花雪月石头城、围楼精品白围。有民间艺术舞火龙。农业以种植水稻、桑、竹为主。县道顿岗—司前线过境。

角田村［Jiǎotiáncūn］ 罗坝镇人民政府驻地。在县政府驻地太平镇东南19千米。人口1900。因处罗坝盆地东北角且有大片良田得名。聚落呈不规则多边形。有中小学、卫生院。农业以种植水稻、花生、黄豆、柑橘为主。县道顿岗—司前公线经此。

司前镇［Sīqián Zhèn］ 始兴县辖镇。在县境南部。面积252平方千米。人口1.5万。以汉族为主,还有瑶、畲等民族。辖1居委会、9村委会,有75自然村。镇人民政府驻李屋村。1955年设司前乡。1983年改区。1987年改镇。据《始兴县地名志》载,因清化巡司署迁此得名。清化河、黄沙河、江草河流经。有九年一贯制学校1所,幼儿园1所,卫生院1个,卫生站9个。有文化站、图书室、文化室、农家书屋、篮球场。有民间艺术舞春牛、舞纸马。有景点樟树湾水电站、书堂瀑布。农业以种植水稻、木薯、玉米为主。省道塘青线、县道顿岗—司前线过境。

李屋村［Lǐwūcūn］ 司前镇人民政府驻地。在县政府驻地太平镇东南30千米。人口900。因李姓居此得名。聚落呈不规则多边形。有卫生站、文化活动中心、篮球场。有古迹下围祠堂、李氏宗祠。农业以种植水稻、花生、豆类为主。产香菇、木耳。工业以木材加工为主。县道顿岗—司前线经此。

隘子镇［Àizi Zhèn］ 始兴县辖镇。在县境南部。面积323平方千米。人口2.1万。以汉族为主,还有瑶族。辖1居委会、13村委会,有82自然村。镇人民政府驻五一村。1958年设隘子乡。1983年改区。1987年改镇。因奇峰对峙形成隘口得名。清化河、沙桥河、坪丰河、石下河流经。有中学1所,小学1所,卫生院1个,卫生站13个。有全国重点文物保护单位满堂围。有古迹丞相祠、张发奎故居、通利桥。有民间艺术舞阿妹。农业以种植水稻、蔬菜、茶树、花生为主。省道罗坝—花山线过境。

五一村［Wǔyīcūn］ 隘子镇人民政府驻地。在县政府驻地太平镇西南39千米。人口2400。原名坳围,后因五月一日成立大队改今名。聚落沿沙桥河呈带状分布。有小学、卫生院。农业以种植水稻、花生为主。隘子—太坪公路经此。

城南镇［Chéngnán Zhèn］ 始兴县辖镇。在县境中部。面积53平方千米。人口2.1万。以汉族为主,还有瑶族。辖1居委会、10村委会,有84自然村。镇人民政府驻河南村。1961年成立城南公社。1984年改区。1987年改乡。1995年改镇。因处县城墨江河之南得名。墨江、清化河流经。有中学1所,小学2所,幼儿园1所,卫生院1个,卫生站10个。有文化广场、文化室、农家书屋、篮球场。有古迹清凉山宝塔。有民间艺术采茶戏。农业以种植水稻、辣椒、花生、油茶、油桐、柑橘为主。县道司小线过境。

河南村［Hénáncūn］ 城南镇人民政府驻地。在县政府驻地太平镇东南1千米。人口2000。因处墨江河南侧得名。聚落呈矩形。有卫生站。有古迹祠堂7个,围屋2个。有特色民俗赛龙舟。有民间艺术舞火龙。农业以种植水稻、花生、豆类、薯类、蔬菜为主。省道罗坝—花山线经此。

沈所镇［Shěnsuǒ Zhèn］ 始兴县辖镇。在县境西南部。面积168平方千米。人口1.9万。以汉族为主,还有瑶族。辖1居委会、11

村委会，有103自然村。镇人民政府驻沈南村。1956年设沈所乡。1960年改公社。1983年改乡。1993年改镇。2001年花山乡并入。因沈姓迁此开基且为明代屯军卫所之一得名。沈所河、含秀河流经。有中学1所，小学1所，幼儿园1所，卫生院1个，卫生站11个。有文化室、农家书屋。有古迹品碗轩、石下村古村落、平湖山庄、阿公岩。有革命根据地铜钟寨等。有传统技艺编草席。农业以种植水稻、花生、生姜、香菇、木耳为主。韶赣铁路、韶赣高速过境。

沈南村［Shěnnáncūn］　沈所镇人民政府驻地。在县政府驻地太平镇西南3千米。人口3800。因处沈所河南得名。聚落呈带状。有小学、卫生院。有农贸市场。农业以种植水稻、花生、柑橘、豆类为主，养殖家禽。省道罗坝—花山线经此。

深渡水瑶族乡［Shēndùshuǐ Yáozú Xiāng］　始兴县辖乡。在县境中部。面积153平方千米。人口0.8万，其中瑶族占19%，还有畲族和汉族。辖4村委会，有16自然村。乡人民政府驻深渡水村。1977年由顿岗公社析设深渡水公社。1984年改区。1987年改乡。1987年改深渡水瑶族乡。因乡政府驻地得名。有民族小学1所，幼儿园1所，卫生院1个，卫生站4个。有文化站、文化广场、文化室、农家书屋。有文化活动学瑶语、唱瑶歌、跳瑶舞等。农业以种植水稻、辣椒、西瓜、花生为主。产木材。省道塘青线过境。

深渡水村［Shēndùshuǐcūn］　深渡水瑶族乡人民政府驻地。在县政府驻地太平镇东南14千米。人口400。因渡口水深数丈得名。聚落呈团块状。有小学、幼儿园、卫生站。有农家书屋、篮球场、足球场。有古迹雷氏大厅、戴氏围楼、坝心围楼。农业以种植水稻、花生、玉米、薯类、豆类为主。产香菇、木耳。省道塘青线经此。

仁　化　县

仁化县［Rénhuà Xiàn］　韶关市辖县。北纬24°49′，东经113°30′。在市境东北部。面积2223平方千米。人口23.5万。县人民政府驻丹霞街道。辖1街道、10镇。南朝齐（479—502）析曲江县地，始建仁化县，因县境原为曲江县仁化乡，因以名县，属始兴郡。梁废入曲江县。唐垂拱四年（688）复置县，属韶州。北宋开宝五年（972）并入乐昌县，咸平三年（1000）再复县，隶属韶州。民国初直属广东省，后改属广东省西北绥靖委员会、广东省第二行政督察区。1950—1956年隶属北江专区、粤北行政区、韶关专区。1958年并入韶关市。1961年复置县，属韶关专区。1983年属韶关市。地势北高南低，以山地丘陵为主。平均海拔173米。年均气温19.7℃，1月份平均气温11.4℃，7月份平均气温28.7℃。年均降水量1858.6毫米。锦江河流经。有矿产资源铅、锌、钨、铁、铜、铀、锰、锡、硅石、煤、水晶、花岗岩等。森林覆盖率80.5%。有中学8所，小学14所，教学点43所，中职学校1所，电大进修学校1所，特殊学校1所，九年一贯制学校8所，二级医院1个。有全国重点文物保护单位双峰寨、云龙寺塔、丹霞山摩崖石刻。有省级文物保护单位双水塔、华林寺塔、澌溪寺塔等。有景区丹霞山、石塘古村。有国家级丹霞源水利风景区。三次产业比例20∶46∶34。农业以种植水稻、沙田柚、贡柑、砂糖橘为主，养殖生猪。工业以建材、机械、化工、冶金、塑料为主。京广铁路支线，106、323国道过境。

仁化大桥［Rénhuà Dàqiáo］　在县城东部。长149米，宽15米，最大跨度25米，桥下净高7米。1967年开工，1969年建成。1998年扩建，1999年竣工。因仁化县得名。为大型河道桥梁，结构型式为双曲拱桥。最大载重30吨。通公交车。

丹霞山站［Dānxiáshān Zhàn］　见交通运输设施部分“丹霞山站”条。

仁化汽车客运站［Rénhuà Qìchē Kèyùnzhàn］　见交通运输设施部分“仁化汽车客运站”条。

丹霞街道［Dānxiá Jiēdào］　仁化县人民政府驻地。在县境中部偏南。面积237平方千米。人口6.1万。2006年设。因丹霞山得名。2012年建成中心小学综合大楼、街心公园。锦江流经。有中学3所，小学3所，二级医院1个，卫生院1个，卫生所18个。有全国重点文物保护单位丹霞山摩崖石刻。有景区丹霞山。有省级城南森林公园。农业以种植水稻、贡柑、蔬菜为主，养殖生猪。特产铁皮石斛、辣椒酱。106国道、省道长新线过境。

闻韶镇［Wénsháo Zhèn］　仁化县辖镇。在县境东部。面积99平方千米。人口0.6万。辖1居委会、5村委会，有40自然村。镇人民政府驻白竹村。1949年设乡。1958年改长扶公社。1961年改闻韶公社。1984年改区。1986年改乡。1993年改镇。传石子崎、白石井地下埋藏着金锣、金铙钹，每逢盛世太平丰收之年可闻喧天锣钹之乐，如韶乐齐奏，故名。有中学1所，小学1所，卫生院1个，卫生站5个。有省级文物保护单位华林寺塔。有元代下徐华林寺庙铁钟、下徐上京古道。农业以种植水稻、柑橘、蔬菜、罗汉果为主。省道分双线过境。

白竹村［Báizhúcūn］　闻韶镇人民政府驻地。在县政府驻地丹霞街道东32千米。人口700。因观音竹竹节处有白色茸毛得名。聚落呈团块状。有卫生所。有传统民俗香火龙。农业以种植水稻、花生、大豆、红薯为主。特产野生冬菇、冬笋、白毛茶。省道分双线经此。

扶溪镇［Fúxī Zhèn］　仁化县辖镇。在县境东北部。面积180平方千米。人口1.3万。辖1居委会、9村委会，有76自然村。镇政府驻紫岭村。1949年设扶溪乡。1958年并入长扶公社。1961年析设扶溪公社。1984年改区。1986年改镇。传马道坝桥头江背河、古下河汇合形似“夫”字，后改今名。有中学1所，小学1所，卫生院1个，卫生所1个。有古迹水口双水塔、南台庙、扶中石亭、黄溪水条石三拱桥等。农业以种植水稻为主。工业以水力发电为主。106国道，省道分双、长新线过境。

紫岭村［Zǐlǐngcūn］　扶溪镇人民政府驻地。在县政府驻地丹霞街道东北36千米。人口900。因石垅紫气腾绕得名。聚落呈带状。有卫生所。农业以种植水稻为主。省道分双线经此。

长江镇［Chángjiāng Zhèn］　仁化县辖镇。在县境东北部。面积313平方千米。人口2.6万。辖1居委会、16村委会，有167自然村。镇人民政府驻锦江村。1949年设长江乡。1958年并入长扶公社。1961年析设长江公社。1984年改区。1986年改镇。因长江得名。有中学1所，小学4所，卫生院1个，卫生所16个。有新石器晚期人类居住遗址覆船岭、店前村。有革命遗址云影庵。有古迹高冈庙、天显庙、东冈寺、文明峰塔、华表峰塔。有寨脚下寨、高冈寨、凌溪高坪石围等寨围。有省级非物质文化遗产玉扣纸制作。农业以种植水稻为主，养殖鸭。特产浒松腊鸭、冬笋、香菇、白糖饼等。省道长新线过境。

锦江村［Jǐnjiāngcūn］　长江镇人民政府驻地。在仁化县政府驻地丹霞街道北32千米。人口1400。因处锦江河源头得名。聚落呈团块状。有卫生所。有新石器晚期人类居住遗址覆船岭。有古迹文峰塔、高岗寨。农业以种植水稻、柑橘、山楂、葛根、芋头为主。省道长新线经此。

城口镇［Chéngkǒu Zhèn］　仁化县辖镇。在县境西北部。面积322平方千米。人口1万。辖1居委会、7村委会，有68自然村。镇人民政府驻城群村。1958年成立城口公社，同年年底属长扶公社。1959年析设城口公社。1984年改区。1986年改镇。传赵佗修筑秦城为南越北隘口，故名。有中学1所，小学1所，卫生院1个，卫生所7个。有古迹古秦城、古关隘、蒙氏家庙、世科祠、恩村古民居等。有谭甫仁将军故居、铜鼓岭阻击战纪念碑。农业以种植水稻为主，养殖生猪。产毛竹。106国道过境。

城群村［Chéngqúncūn］　城口镇人民政府驻地。在仁化县人民政府驻地丹霞街道北10千米。人口2300。初因生产队众多，成群结队，取名成群。后因地处城口镇内，改今名。聚落呈条块状。有中小学、卫生所。有谭甫仁将军旧居、红军纪念广场。有古迹古秦城等。农业以种植水稻、花生、番薯为主。

红山镇［Hóngshān Zhèn］　仁化县辖镇。在县境西北部。面积167平方千米。人口1万。辖1居委会、8村委会，有77自然村。镇人民政府驻新山村。1971年成立烟青公社。1972年改红山公社。1984年改区。1986年改乡。1993年改镇。为纪念红军长征时经过此地山地而得名。有中学1所，小学1所，卫生院1个，卫生所7个。有红军烈士纪念碑。有高坪省级自然保护区。农业以种植水稻、茶树为主。产毛竹。工业以茶叶、毛竹加工为主。省道城口—董塘线过境。

新山村［Xīnshāncūn］　红山镇人民政府驻地。在仁化县人民政府驻地丹霞街道东20千米。人口1200。1973年建村时，取新白、红山2大队名中各1字为村名。聚落呈团块状。有小学、卫生所。农业以种植水稻、番薯、花生、蔬菜为主。省道城口—董塘线经此。

石塘镇［Shítáng Zhèn］　仁化县辖镇。在县境西部。面积80平方千米。人口1.3万。辖1居委会、6村委会，有35自然村。镇人民政府驻石塘村。1958年成立丹霞公社。1959年改董塘公社。1961年改石塘公社。1984年改区。1986年改镇。因镇政府驻地得名。有中学1所，小学5所，卫生院1个，卫生所6个。有全国重点文物保护单位双峰寨。有中国历史文化名村石塘村。有省级非物质文化遗产月姐歌。农业以种植水稻、马蹄、柑橘为主。特产石塘堆花酒。有农业产业园、优质农产品基地、无公害农产品基地。省道董乐线过境。

石塘村［Shítángcūn］　石塘镇人民政府驻地。在仁化县人民政府驻地丹霞街道西南20千米。人口3300。因鱼塘底部均有石笋得名。聚落呈团块状。有卫生所。有全国重点文物保护单位双峰寨。农业以种植水稻、花生、马蹄为主。特产石塘堆花酒。省道董乐线经此。

董塘镇［Dǒngtáng Zhèn］　仁化县辖镇。在县境西部。面积193平方千米。人口4万。辖3居委会、17村委会，有116自然村。镇人民政府驻董中村。1956年设董塘区。1957年改乡。1958年并入丹霞公社。1959年析设董塘公社。1984年复改区。1985年改镇。因董姓在董塘河南岸置居并建圩场得名。有中学2所，小学2所，卫生院1个，卫生所19个。有全国重点文物保护单位云龙寺塔。有省级文物保护单位澌溪山寺塔。有古迹腾风塔、云龙寺。

农业以种植水稻、淮山、草珊瑚为主。工业以采矿、矿石加工为主。省道长新线过境。

董中村［Dǒngzhōngcūn］ 董塘镇人民政府驻地。在仁化县人民政府驻地丹霞街道西南20千米。人口2500。因处董塘镇中心得名。聚落呈团块状。有卫生所。农业以种植水稻、贡柑为主。省道长新、董乐线经此。

黄坑镇［Huángkēng Zhèn］ 仁化县辖镇。在县境东南部。面积175平方千米。人口1.4万。辖1居委会、7村委会，有77自然村。镇人民政府驻黄坑村。1960年成立黄坑公社。1983年改区。1986年改乡。1993年改镇。因镇政府驻地得名。有中学1所，小学1所，卫生院1个。有古迹东庄门楼。农业以种植水稻、花生、贡柑、茶树为主。106国道过境。

黄坑村［Huángkēngcūn］ 黄坑镇人民政府驻地。在仁化县人民政府驻地丹霞街道东北18千米。人口500。因黄坑河得名。聚落呈带状。有卫生所。有古迹东庄门楼。有南庄清代古建筑村落。农业以种植贡柑、花生、西瓜为主。

周田镇［Zhōutián Zhèn］ 仁化县辖镇。在县境南部。面积289平方千米。人口2.7万。辖1居委会、15村委会，有118自然村。镇人民政府驻平甫村。1949年设周田乡。1958年改公社。1983年改区。1986年改镇。2002年灵溪镇并入。因镇政府原驻地得名。有中学1所，小学2所，卫生院1个，卫生所10个。有古迹张子青之墓、韶石庵、文殊院。有景点韶石山、白寨、金龟岩、灵溪河森林旅游度假公园。农业以种植水稻、柑橘、西瓜、油茶为主。特产灵溪冬菇、平甫柰李、鸡龙萝卜、龙坑粉葛、麻洋红瓜子等。工业以有色金属加工为主。赣韶铁路，韶赣高速，106、323国道过境。

平甫村［Píngfǔcūn］ 周田镇人民政府驻地。在仁化县人民政府驻地丹霞街道东南20千米。人口500。唐代建村，由中原人口迁此而逐步形成。为古代传递文书、输送物资之中转站，以铺相称，村乃取名平甫村。聚落呈团块状。有卫生所。有古迹观音庙、古炮楼等。农业以种植水稻、花生、柰李、贡柑、枇杷、黄皮、桃子为主，养殖生猪、鸡、鸭。赣韶铁路，韶赣高速，106、323国道经此。

大桥镇［Dàqiáo Zhèn］ 仁化县辖镇。在县境南部。面积169平方千米。人口1.1万。辖1居委会、6村委会，有70自然村。镇人民政府驻大桥村。1949年设大桥乡。1958年并入周田公社。1961年改长坝公社。1981年改大桥公社。1983年改区。1986年改镇。因镇政府驻地得名。浈江流经。有中学1所，小学3所，卫生院1个，卫生所6个。有古迹青云寺、清代万年桥。有景区丹霞山世界地质公园。农业以种植水稻、蔬菜、沙田柚、西瓜为主。赣韶铁路，韶赣高速，106、323国道过境。

大桥村［Dàqiáocūn］ 大桥镇人民政府驻地。在仁化县人民政府驻地丹霞街道南24千米。人口2100。因河上石砌拱桥得名。聚落呈团块状。有卫生所。农业以种植蔬菜、果树为主。

翁 源 县

翁源县［Wēngyuán Xiàn］ 韶关市辖县。北纬24°21′，东经114°07′。在市境东南部。面积2175平方千米。人口40.1万。以汉族为主，还有瑶、壮、回、土家等民族。辖7镇。县人民政府驻龙仙镇。梁承圣三年(554)，析浈阳县置翁源县，属始兴郡。隋开皇九年(589)属广州总管府。唐高祖武德四年(621)隶韶州。元至元十五年(1278)翁源并入曲江，隶韶州路。大德五年(1301)，翁源复县，改属英德路。至大元年(1308)英德路降为州，翁源仍属。明洪武元年(1368)翁源县易名岑水县，不久复名，属韶州府。明清属韶州府。民国沿袭清制。1949—1956年隶属北江临时行政委员会、北江专区、粤北行政区、韶关专区。1959年新丰县及英德县东部并入，县治迁官渡。1960年新丰县和英德部分析出，县治迁回龙仙。1970年改属韶关地区。1983年属韶关市。据明《嘉靖翁源县志》记载，县境之东有名山，昔仙翁游息于此，泉水汇集成河。故山名翁山，水名翁水，县亦以此得名，意为翁水之源。年均气温20.4℃，1月平均气温21.9℃，7月平均气温21.9℃。年均降水量1346.9毫米。滃江流经。有矿产资源煤、铁、铅、锌、钨等。有野生植物1873种，其中有国家重点保护野生植物苏铁蕨、仙湖苏铁、桫椤等26种。有野生动物258种，其中有国家重点保护野生动物云豹、豹、蟒蛇等28种。有省级自然保护区1个。森林覆盖率63.1%。有中学9所，九年一贯制学校9所，完全小学11所，分教学点72所，二级医院3个。有中国传统村落南塘湖心坝村。有景点东华寺、坝仔八角庙、水龙宫、仙狮洞、书堂石、湖心坝客家群楼、蒽茅岭八卦围等。三次产业比例25∶38∶37。农业以种植水稻、蔬菜、甘蔗、花生、大豆、茶树、桃子为主。工业以电子、食品、建材、涂料化工、水电为主。有翁源经济开发区。京珠高速，106国道，省道小六、塘青、灯官线，县道新江—九曲水、松塘—南浦、江下—官渡、龙仙—六里、贵联—岩庄线过境。

翁源汽车站［Wēngyuán Qìchēzhàn］ 见交通运输设施部分“翁源汽车站”条。

龙仙客运站［Lóngxiān Kèyùnzhàn］ 见交通运输设施部分“龙仙客运站”条。

龙仙镇［Lóngxiān Zhèn］ 翁源县人民政府驻地。在县境东部。面积310平方千米。人口6.5万。以汉族为主，还有瑶族等。辖6居委会、34村委会，有395自然村。镇人民政府驻岭头村。1954年设龙仙镇。1958年改公社。1962年改城镇公社。1967年复改龙仙镇。1986年附城区并入。2001年贵联镇并入。2004年南浦、三华2镇并入。传仙翁游青云山、青龙山，山下江水似龙环抱于两山腹地，故名。有中学3所，小学4所，二级医院3个。卫生院2个，卫生所34个。有图书馆、涂志伟美术馆。有景点东华寺、冷泉滩农业生态旅游度假区、三华李观光园等。农业以种植水稻、蔬菜、甘蔗、果树为主，养殖生猪、牛、兔等。特产三华李、三华蜜桃、马牯塘莲藕、李洞椪柑等。工业以煤炭、水电、建筑、纺织为主。服务业以商品批发零售、物流、餐饮为主。塘面—青塘、忠信—官渡公路过境。

岭头村［Lǐngtóucūn］ 龙仙镇人民政府驻地。在镇境西部。人口1500。因处岭头得名。聚落呈团块状。有幼儿园，卫生所。有清代建筑蔡氏宗祠。有民俗七月半、闹灯、舞狮等。农业以种植水稻、花生为主。特产塘豌、角子。忠信—官渡、塘面—青塘公路经此。

坝仔镇［Bàzǎi Zhèn］ 翁源县辖镇。在翁源县境北部。面积390平方千米。人口4.9万人。以汉族为主，还有瑶族等。辖2居委会、22村委会，有325自然村。镇人民政府驻金星村。1958年成立坝仔公社。1983年改区。1986年改镇。2004年岩庄镇并入。因圩镇建筑在石坝上得名。有中学2所，小学7所，卫生院1个，卫生所22个。有景点坝仔花桥、八角塔、古井、得月楼、积峰塔等。农业以种植水稻、花生、玉米为主。盛产竹子。工业以水电为主。塘面—青塘、小礤—六里公路过境。

金星村［Jīnxīngcūn］ 坝仔镇人民政府驻地。在县政府驻地龙仙镇北19千米。人口3100。以国旗上的五角星命名。聚落呈团块状。有小学、卫生室、文化广场等。农业以种植水稻、花生、玉米为主。塘面—青塘、小礤—六里公路经此。

江尾镇［Jiāngwěi Zhèn］ 翁源县辖镇。在县境北部。面积340平方千米。人口4.3万。以汉族为主，还有瑶族等。辖3居委会、24村委会，有272自然村。镇人民政府驻江尾村。1950年设江尾乡。1958年改公社。1983年改区。1986年改镇。2004年红岭、仙鹤2镇并入。因镇政府驻地得名。滃江河、南塘溪经流。有中学2所，小学6所，卫生院1个，卫生所22个。有景点十里兰花长廊、九仙桃基地等。农业以种植水稻、蔬菜、兰花、桃子、铁皮石斛、金线莲、糖蔗为主。特产江尾米粉、江尾九仙桃等。工业以钨矿、小水电、建筑、纺织为主。塘面—青塘、小礤—六里公路过境。

江尾村［Jiāngwěicūn］ 江尾镇人民政府驻地。在县政府驻地龙仙镇北10千米。人口2100。因处坝仔水下游得名。聚落呈团块状。有卫生所。农业以种植水稻、蔬菜、花卉、果蔗、糖蔗为主，养殖牛、鸡、鸭、鹅等。特产江尾米粉、江尾九仙桃。塘面—青塘公路经此。

湖心坝［Húxīnbà］ 在县政府驻地龙仙镇北9千米。江尾镇辖自然村。人口2200。因四周被湖泽包围得名。聚落呈团块状。有省级文物保护单位湖心坝民居群。有古迹明清围楼。农业以种植水稻为主。通乡村公路。

官渡镇［Guāndù Zhèn］ 翁源县辖镇。在县境南部。面积240平方千米。人口4.5万。辖1居委会、19村委会，有234自然村。镇人民政府驻地官渡村。1960年成立官渡公社。1977年属六里公社。1978年复置官渡公社。1983年改区。1986年改乡。1993年改镇。2001年庙墩镇并入。2004年六里镇并入。因镇政府驻地得名。有中学1所，小学5所，卫生院1个，卫生所19个。有涂志伟美术馆、文安摄影艺术馆。农业以种植水稻、蔬菜、糖蔗为主。有官渡经济开发试验区。有农贸市场。106国道、忠信—官渡公路过境。

官渡村［Guāndùcūn］ 官渡镇人民政府驻地。在县政府驻地龙仙镇西偏南27千米。人口3100。昔有官人捐资建渡口，故名。聚落呈团块状。有中小学、幼儿园、卫生室、文化广场等。农业以种植水稻、番薯、花生、李子为主。106国道经此。

周陂镇［Zhōubēi Zhèn］ 翁源县辖镇。在县境南部。面积230平方千米。人口4.3万。辖2居委会、18村委会，有303自然村。镇人民政府驻阳东村。1937年设周陂乡。1940年改区。1948年复改乡。1958年改公社。1983年复改区。1986年改镇。2004年礤下镇并入。原称修陂街，因清初村民修陂坝得名，后谐音更今名。有中学2所，小学15所，卫生院1个，卫生所25个。有省级文物保护单位陈氏宗祠。有景点白面仙岩、周陂温泉等。农业以种植水稻、蔬菜、糖蔗、果树、花卉为主。县道江下—官渡、三华—长安线过境。

阳东村［Yángdōngcūn］ 周陂镇人民政府驻地。在县政府驻地龙仙镇西南15千米。人口2000。因地处河阳片东部得名。聚落呈团块状。有小学、幼儿园、卫生室、文化广场等。农业以种植水稻、花生为主。县道三华—长安线经此。

翁城镇［Wēngchéng Zhèn］ 翁源县辖镇。在县境西部。面积140平方千米。人口3.4万。辖1居委会、16村委会，有135自然村。

镇人民政府驻明星村。1949年设翁城镇。1958年改公社。1983年改区。1986年复改镇。明嘉靖三十六年(1557)翁源县城由细草岗迁此得名。横石河流经。有中学1所,小学11所,卫生院1个,卫生站10个。农业以种植水稻、蔬菜、果蔗为主。特产黑皮果蔗、翁城地窖酒、翁城马蹄等。有粤北农副产品批发市场。有翁城工业园。京港澳高速、106国道、翁城—清远公路过境。

明星村［Míngxīngcūn］　翁城镇人民政府驻地。在县政府驻地龙仙镇西31千米。人口2700。以原合作社名命名。聚落呈团块状。有中小学、幼儿园、卫生室、文化广场。农业以种植甘蔗、水稻、蔬菜为主。有集贸市场等。106国道经此。

新江镇［Xīnjiāng Zhèn］　翁源县辖镇。在县境西部。面积250平方千米。人口3.3万。辖1居委会、19村委会,有252自然村。镇人民政府驻新江村。1958年成立新江公社。1983年改区。1986年改镇。因镇政府驻地得名。磜空河、太坪河、小油溪流经。有中学3所,小学17所,幼儿园3所,卫生院3个,卫生站25个。有古迹眈石书院、梅岩、乔林书院等。有新江革命纪念亭。农业以种植水稻、蔬菜、花生、果蔗为主。特产香菇、木耳、桂圆、青梅、沙田柚、笋干。京港澳高速、106国道、黄磜—新江公路过境。

新江村［Xīnjiāngcūn］　新江镇人民政府驻地。在县政府驻地龙仙镇西北33千米。人口1800。取新塘铺、江镇铺首字得名。聚落呈团块状。有中小学、幼儿园、卫生室、文化广场。农业以种植水稻、甘蔗为主。有农贸市场等。106国道经此。

新丰县

新丰县［Xīnfēng Xiàn］　韶关市辖县。北纬24°03′,东经114°12′。在市境南部。面积2015平方千米。人口22.3万。以汉族为主,还有回、壮、黎等民族。辖1街道、6镇。县人民政府驻丰城街道。南朝齐永明元年(483)析龙川县置新丰县,取物产丰饶之意命名,属南海郡。隋开皇十八年(598)改休吉县,大业初并入河源县,属龙川郡。明隆庆三年(1569)析河源、翁源、英德3县地置长宁县,属惠州府。万历六年(1578)迁治长宁坡(今丰城镇)。1914年因避赣、闽重名县,复改新丰县。1914—1956年隶属潮循道、广东省第四行政督察区、第三行政督察区、北江临时行政委员会、北江专区、东江专区、粤北行政区、韶关专区。1959年并入翁源县。1960年复置新丰县,仍属韶关专区。1970年属韶关地区。1975年属广州市。1988年属韶关市。先后建成体育馆、松园桥、丰南大桥、双龙路等。有标志性建筑交通大酒店、银山大厦、百乐宫大酒店、体育馆等。平均海拔391米。年均气温20.3℃,1月平均气温10.7℃,7月平均气温27.6℃。年均降水量1923毫米。新丰江、回龙河、沙田河、遥田河流经。有矿产资源铁、锡、金、钨、稀土等。有野生植物476种,其中有国家重点保护野生植物禾雀花。有野生动物53种,其中有国家重点保护野生动物画眉、金钱豹、金猫、穿山甲、鹿、猿、麝、猴、水獭、花面狸、猫头鹰、山牛、蟒蛇、大鲵、杜鹃、喜鹊、白鹤、燕子、啄木鸟、白鹇等21种。有茯苓、白胶香、鸡血藤、岗梅根、巴戟、砂仁等药材。有省级云髻山自然保护区。为省林业重点县。森林覆盖率80.5%。有中专1所,中学9所,小学74所,二级医院3个。有省级文物保护单位雁塔。有景点白塔、新丰云天海温泉度假村。三次产业比例19∶34∶47。农业以种植水稻、大豆、花生、木薯、蔬菜、柑橘、沙梨、三华李、青梅、茶树为主。产冬菇、木耳。工业以造纸、机械、水泥、陶瓷、松香、印刷、木器为主。服务业以商品批发零售、房地产、金融为主。105国道,增马、龙始、梅岭公路过境。通多路公交车。

丰城大道［Fēngchéng Dàdào］　在县城中部。东起双镇桥,西至沙江桥。长7.7千米,宽24米。混凝土路面。与东门路、城东路、车田路、府前路、人民路等相交。1986年开工,1987年建成。1990年改建。因丰城街道得名。两侧有政府单位、学校、新丰客运站、酒店、住宅区等。通公交车。

新丰汽车客运站［Xīnfēng Qìchē Kèyùnzhàn］　见交通运输设施部分“新丰汽车客运站”条。

丰城街道［Fēngchéng Jiēdào］　新丰县人民政府驻地。在县境中部。面积359平方千米。人口6.8万。2005年设。取丰收富裕之意命名。先后建成县体育馆、松园桥、中心州度假村及居住小区。有中学3所,小学7所,特殊学校1所,二级医院3个。卫生院1个,卫生所33个。有省级文物保护单位雁塔。有省级云髻山自然保护区。有古迹进士古成之墓。有后山公园。有革命烈士纪念塔。农业以种植水稻、木薯、大豆、花生为主。特产香菇、草菇。产松、杉、樟、柯等木材。工业以水电、建材、木材加工为主。105国道、龙始公路过境。通公交车。

黄磜镇［Huángqì Zhèn］　新丰县辖镇。在县境北部。面积244平方千米。人口1.7万。辖1居委会、13村委会,有147自然村。镇人民政府驻黄磜社区。1949年为第一区。1957年改营盘乡。1958年改营盘公社。1964年改黄磜公社。1983年改区。1986年改镇。清贵都的黄茶埔约和磜头约于明清时在此合并,并取“黄”“磜”二字命名,镇以此为名。有中学1所,小学9所,卫生院1个,卫生所13个。有良坝、营盘革命烈士纪念亭。农业以种植花生、蔬菜、茶树为主。特产香菇。产松、杉、赤黎期等木材。工业以水电、铸造为主。龙始公路过境。

黄磜社区［Huángqì Shèqū］　镇人民政府驻地。在县境北部。面积0.4平方千米。人口800。因镇名得名。1989年成立。民居以普通楼房为主。有中小学、卫生站。有老年人活动室、文化广场。举办便民利民社区服务活动。有信用社、供电所、邮政局、电信局、供销社等。省道塘青线经此。

马头镇［Mǎtóu Zhèn］　新丰县辖镇。在县境东北部。面积219平方千米。人口2.8万。辖1居委会、18村委会,有238自然村。镇人民政府驻马头社区。1952年设第二区。1958年改马头公社。1983年改区。1986年改镇。因山形似马头得名。新丰江流经。有中学1所,小学14所,卫生院3个,卫生所30个。农业以种植水稻、大豆、花生、生姜、木薯为主。产杉、松、枫、柯等木材。工业以水电、硅铁为主。105国道、增马公路过境。

马头社区［Mǎtóu Shèqū］　马头镇人民政府驻地。在县境东部。面积1.5平方千米。人口2100。因镇名得名。2002年成立。民居以普通楼房为主。有卫生院。举办社区文艺演出、电影下乡、法律咨询等服务。有玻璃钢制品厂、丝绵厂等。105国道、县道田尾—马头线经此。

梅坑镇［Méikēng Zhèn］　新丰县辖镇。在县境西南部。面积191平方千米。人口2万。辖1居委会、13村委会,有149自然村。镇人民政府驻梅坑社区。1953年为第六区。1956年改梅坑乡。1958年改公社。1983年改区。1986年改镇。因梅坑河得名。有中学1所,小学20所,卫生院2个,卫生所20个。农业以种植花生、大豆、木薯、甘薯、生姜、蔬菜为主。产松、杉、赤黎期等木材。工业以水电、造纸为主。有石门水电站。105国道、梅岭公路过境。

梅坑社区［Méikēng Shèqū］　梅坑镇人民政府驻地。在县境西南部。面积0.5平方千米。人口700。因镇名得名。1999年成立。民居以普通楼房为主。举办志愿者服务、法律咨询、电影下乡活动。有中学、卫生院。有农商行、邮政局、供电所、造纸厂、模具有限公司等。省道新阳线经此。

沙田镇［Shātián Zhèn］　新丰县辖镇。在县境西南部。面积242平方千米。人口2.2万。辖1居委会、17村委会,有179自然村。镇人民政府驻沙田社区。1958年成立沙田公社。1983年改区。1986年改镇。因在河流沙堤上设拔中所旗军田粮屯田,故名。有中学1所,小学1所,卫生院1个,卫生所17个。农业以种植大豆、花生、甘薯为主。盛产巴戟、茯苓等。产松、杉、柯、樟等木材。工业以木器工艺、农机修配为主。105国道过境。

沙田社区［Shātián Shèqū］　沙田镇人民政府驻地。在县境西南部。面积3.2平方千米。人口1200。因沙田村得名。1999年成立。民居以楼房为主。有中小学、卫生院。有文化娱乐广场、老年人活动室。有信用社、供电所、邮政局、电信局、供销社等。县道仓前—下河洞线过境。通公交车。

遥田镇［Yáotián Zhèn］　新丰县辖镇。在县境西南部。面积214平方千米。人口3.1万。辖1居委会、19村委会,有248自然村。镇人民政府驻遥田社区。1961年成立遥田公社。1983年改区。1986年改镇。因明初为屯田地且距县治远,故名。有中学1所,小学6所,卫生院1个,卫生所20个。有民俗舞龙、舞狮等。农业以种植花生、大豆、木薯、甘薯为主。盛产松脂、茶叶。产松、杉、柯、樟、赤黎期等木材。工业以水电为主。梅岭公路过境。

遥田社区［Yáotián Shèqū］　遥田镇人民政府驻地。在县境西南部。面积2平方千米。人口3200。因镇名得名。2000年成立。民居以普通住宅为主,有少量别墅。有各项文化活动。有中小学。有邮政局、信用社、派出所、电信局等。县道仓前—下河洞线过境。通公交车。

回龙镇［Huílóng Zhèn］　新丰县辖镇。在县境西北部。面积161平方千米。人口1.8万。辖1居委会、17村委会,有123自然村。镇人民政府驻回龙社区。1957年设回龙乡。1958年改公社。1983年改区。1986年改镇。因回龙河得名。有中学1所,小学17所,卫生院1个,卫生所17个。农业以种植花生、大豆、薯类为主,养殖鹅等。特产沙梨、冬菇、茯苓。产松、杉等木材。工业以水电为主。省道新阳线、梅岭公路过境。

回龙社区［Huílóng Shèqū］　回龙镇人民政府驻地。在县境西北部。面积2平方千米。人口4600。因镇名得名。2002年成立。民居以普通住宅为主。有中小学、卫生院。有文化娱乐广场、老年人活动室。举办法律咨询等服务。有食品厂、机砖厂等。省道新阳线经此。

乳源瑶族自治县

乳源瑶族自治县［Rǔyuán Yáozú Zìzhìxiàn］　韶关市辖县。北纬24°46′,东经112°16′。在市

境西北部。面积2299平方千米。人口21.8万,其中瑶族占10.3%,还有汉、畲、满、回等民族。辖9镇。县人民政府驻乳城镇。南宋乾道三年(1167)划曲江西境乳源乡4里、崇信乡8里、乐昌南境新兴(依化)乡3里,共3乡15里置乳源县,治虞塘,因县北丰岭有溶洞,产钟乳石并有水流成河,故名乳源,属韶州。元属韶州路。明洪武元年(1368)属韶州府。清因之。1914—1952年隶属岭南道、广东省第二行政督察区、粤北临时行政委员会、北江专区、粤北行政区。1956年析乳源、曲江、乐昌3县部分地域置韶边瑶族自治县(驻乳源桂头),与乳源县并存,属韶关专区。1959年并入乐昌县。1963年析设乳源瑶族自治县,仍属韶关专区。1970年属韶关地区。1983年属韶关市。地势西北高东南低。平均海拔608.3米。年均气温19.9℃,1月平均气温9.9℃,7月平均气温28.2℃。年均无霜期308天。年均降水量1857.2毫米。武江、南水河、大潭河、杨溪河流经。有矿产资源煤、铁、锡、钨、稀土等。有野生植物2572种,其中有国家重点保护野生植物伯乐树、南方红豆杉、水杉等。有野生动物1500种,其中有国家一级保护野生动物云豹、蟒、黄腹角雉等,国家二级保护野生动物穿山甲、水鹿等。有省级自然保护区乳源大峡谷。森林覆盖率77.8%。有中学9所,小学15所,二级医院2个。有乳源县革命烈士碑、大桥革命烈士纪念碑。有国家级非物质文化遗产瑶族刺绣、瑶族民歌。有省级非物质文化遗产瑶族盘王节、乳源瑶族传统服饰等。有景区云门寺、云门山、南岭国家森林公园。三次产业比例11∶49∶40。农业以种植水稻、甘蔗、茶树为主。特产冬菇、灵芝、木耳、瑶山白毫茶、玫瑰茶、荷兰豆、瑶山石韭、高盛白菜等。工业以采矿、电力、纺织服装、建材、机械铸造、新型化工、食品加工为主。服务业以商品批发零售、住宿餐饮、房地产为主。京港澳、乐广高速,323国道过境。

乳源大桥 [Rǔyuán Dàqiáo] 在县城西部。长120.6米,宽12米,最大跨度16米,桥下净高4.1米。1966年开工,同年建成,2000年重修。因乳源县城得名。为中型河道桥梁,结构型式为T梁结构桥梁。最大载重20吨。通公交车。

乳源汽车站 [Rǔyuán Qìchēzhàn] 见交通运输设施部分"乳源汽车站"条

乳城镇 [Rǔchéng Zhèn] 乳源瑶族自治县人民政府驻地。在县境东南部。面积209平方千米。人口6.7万。以汉族为主,还有瑶、畲等民族。辖5居委会、13村委会,有210自然村。镇人民政府驻侯公渡。1949年为云峰镇。1958年成立幸福公社。1959年改乳源公社。1962年由乳源公社析设附城公社。1963年改城关镇公社。1976年设乳城镇。2002年附城镇并入。2005年侯公渡镇并入。因县政府驻地得名。有中学1所,小学2所,二级医院2个,卫生院1个,卫生站25个。有景区云门山、南岭国家森林公园。农业以种植花生、大豆、玉米为主。工业以铝业加工、化工为主。京港澳高速,323国道,坪乳、桂乳公路过境。

侯公渡 [Hóugōngdù] 乳城镇人民政府驻地。在镇境东南部。人口2万。昔县令侯应爵拨款重建渡口,故名。聚落呈团块状。有中小学、卫生院、卫生站、文化站、文体广场。有古迹宋田古戏台、泽桥山遗址、横石山遗址等。农业以种植水稻、西瓜、花生为主。323国道过境。

一六镇 [Yīliù Zhèn] 乳源瑶族自治县辖镇。在县境北东部。面积78平方千米。人口1.7万。以汉族为主,还有瑶、畲等民族。辖1居委会、7村委会,有64自然村。镇人民政府驻一六村。1983年设一六区。1986年改镇。因镇政府驻地得名。有中学1所,小学1所,卫生院1个,卫生站7个。有红色旅游景点乐富村。农业以种植水稻、西瓜为主。特产有机蔬菜、一六米酒。桂乳公路过境。

一六村 [Yīliùcūn] 一六镇人民政府驻地。在县政府驻地乳城镇东北13千米。人口100。因一、六为圩日得名。聚落呈团块状。有卫生站。农业以种植水稻、西瓜、花生为主。桂乳公路经此。

桂头镇 [Guìtóu Zhèn] 乳源瑶族自治县辖镇。在县境东北部。面积125平方千米。人口3.5万。以汉族为主,还有瑶、畲等民族。辖1居委会、14村委会,有81自然村。镇人民政府驻桂头社区。1949年设桂头乡。1958年改公社。1983年改区。1986年改镇。1988年析出杨溪乡。2002年杨溪乡并入。因镇政府原驻地处桂水之首得名。有中学1所,小学1所,卫生院1所,卫生站17个。农业以种植水稻、生姜、杨梅、马蹄、砂糖橘为主。京广铁路,武广高铁,乐广高速,老转、桂乳公路过境。

桂头社区 [Guìtóu Shèqū] 桂头镇人民政府驻地。在县境东北部。面积9.3平方千米。人口3700。因镇名得名。2002年成立。民居以简约风格楼房为主。有便民利民服务、社会保障服务、志愿者服务等。有中小学、卫生院、卫生所。京广铁路,武广高铁,乐广高速,老转、桂乳公路经此。

洛阳镇 [Luòyáng Zhèn] 乳源瑶族自治县辖镇。在县境西南部。面积588平方千米。人口1.2万。以汉族为主,还有瑶、畲等民族。辖1居委会、12村委会,有123自然村。镇人民政府驻黄洛洞。1957年设洛阳乡。1961年改公社。1983年改区。1986年复改乡。1993年改镇。2005年古母镇并入。原以黄洛洞、洋河各取一字得名洛洋,后更今名。有小学2所,卫生院1个,卫生站12个。农业以种植水稻、茶树、反季节蔬菜、油菜为主。特产竹笋、中药材。323国道、石大公路过境。

黄洛洞 [Huánluòdòng] 洛阳镇人民政府驻地。在县政府驻地乳城镇西南25千米。人口200。因处田洞且常有黄鹤飞落得名。聚落呈散状。农业以种植水稻为主。特产冬菇、木耳。323国道经此。

大布镇 [Dàbù Zhèn] 乳源瑶族自治县辖镇。在县境南部。面积220平方千米。人口1.4万。辖1居委会、7村委会,有84自然村。镇人民政府驻大布墟。1949年设大布乡,属二区。1962年改公社。1983年改区。1986年改镇。因镇政府驻地得名。有中学1所,小学1所,卫生院1个,卫生站7个。有国家4A级旅游景区广东乳源大峡谷。农业以种植水稻为主。特产冬菇、木耳、蜂蜜。石大公路过境。通公交车。

大布墟 [Dàbùxū] 大布镇人民政府驻地。在县政府驻地乳城镇西南30千米。人口300。因有大瀑布得名。聚落呈团块状。有中小学、卫生站。农业以种植水稻为主。石大公路经此。

大桥镇 [Dàqiáo Zhèn] 乳源瑶族自治县辖镇。在县境西北部。面积466平方千米。人口3.2万。辖1居委会、21村委会,有233自然村。镇人民政府驻大桥村。1961年设大桥公社。1983年改区。1986年改镇。2001年大坪乡并入。2005年红云镇并入。因镇政府驻地得名。有中学1所,小学2所,卫生院1个,卫生站26个。有省级文物保护单位西京古道。有南岭国家森林公园。农业以种植水稻、蔬菜为主。工业以水电为主。京港澳高速、坪乳公路过境。

大桥村 [Dàqiáocūn] 大桥镇人民政府驻地。在县政府驻地乳城镇西北27千米。人口2200。因有通济桥,人称大桥,故名。聚落呈团块状。有中小学。农业以种植水稻、蔬菜为主。坪乳公路经此。

东坪镇 [Dōngpíng Zhèn] 乳源瑶族自治县辖镇。在县境中部。面积334平方千米。人口1.3万。以汉族为主,还有瑶族。辖1居委会、10村委会,有91自然村。镇人民政府驻龙湖社区。1983年设东坪区。1986年改乡。1994年改镇。2005年龙南镇并入。取东田、坪坑、南木坪村各1字得名。有小学1所,卫生院1个,卫生站10个。农业以种植水稻、花生、西瓜为主。盛产木材、冬菇、竹笋等。323国道,石大、坪乳公路过境。

龙湖社区 [Lónghú Shèqū] 东坪镇人民政府驻地。在县境中部。面积0.02平方千米。人口500。2002年成立。因南水湖环绕得名。民居以简约楼房为主。有便民利民服务、社会保障服务、志愿者服务。有小学、卫生院。323国道过境。通公交车。

游溪镇 [Yóuxī Zhèn] 乳源瑶族自治县辖镇。在县境东北部。面积134平方千米。人口1.2万。以瑶族为主,还有汉族。辖1居委会,11村委会,有81自然村。镇人民政府驻中心社区。1962年成立游溪公社,属乐昌县。1963年属乳源瑶族自治县。1983年改区。1986年改乡。1993年改镇。2005年柳坑镇并入。传秀才刘林发现河水质量与油近似,得名油溪,后取力争上游之意更今名。有小学1所,卫生院1个,卫生站11个。有国家级非物质文化遗产瑶族刺绣。农业以种植水稻、甘蔗、花生、香芋、西瓜为主。特产山棕、冬菇、竹笋等。有水电站。桂乳公路过境。

中心社区 [Zhōngxīn Shèqū] 游溪镇人民政府驻地。在县境东部。人口400。因位于镇区中心得名。2005年成立。民居以简约风格楼房为主。有便民利民服务、社会保障服务、志愿者服务等。有小学、卫生院。有国家级非物质文化遗产瑶族刺绣。乳桂公路经此。

必背镇 [Bìbèi Zhèn] 乳源瑶族自治县辖镇。在县境北部。人口7800。以瑶族为主,还有汉族。面积147平方千米。辖1居委会、7村委会,有52自然村。镇人民政府驻必背口社区。1953年设必背乡。1962年改为必背公社。1983年改区。1986年改镇。因山似鳖背得名鳖背山,后改今名。有小学1所,卫生院1个,卫生站7个。有瑶族文化拜盘王、瑶绣、瑶药等。有必背瑶寨、桂坑尾瑶族特色村寨。特产瑶家腊肉、瑶爽酒、白毛尖茶叶、公坑辣椒等。工业以水电为主。通乡村公路。

必背口社区 [Bìbèikǒu Shèqū] 必背镇人民政府驻地。在县境北部。面积0.1平方千米。人口400。因镇名得名。民居以瑶族风格楼房为主。有便民利民服务、社会保障服务、志愿者服务等。有小学、卫生院。

深圳市

深圳市［Shēnzhèn Shì］ 广东省辖地级市。北纬22°24′—22°52′，东经113°44′—114°37′。在省境南部，珠江口东岸。陆地面积1997平方千米，海域面积1145平方千米。户籍人口332.2万，常住人口1077.8万。以汉族为主，还有壮、土家、苗、侗等民族。辖福田、罗湖、南山、宝安、龙岗、盐田6区。市人民政府驻福田区。明万历元年(1573)析东莞县置新安县。清康熙五年(1666)撤新安县复归东莞县。康熙八年(1669)后复置新安县。1914年因与河南省新安县同名，改称宝安县。先后属粤海道、广东省、广州行政委员公署、中区善后管理委员会、中区绥靖公署。1936年起隶属第一、第四、第二区行政督察专员公署。1949年宝安县属东江专署、珠江专署、粤中行政公署。1953年县政府从南头移深圳镇。1956年后属惠阳专区、佛山专区。1979年改为深圳市，直属省。1980年在市境南部划设经济特区。1981年经济特区以北地区恢复宝安县，由市直辖。1993年宝安县撤销，东部10镇设龙岗区，西部8镇设宝安区。2010年深圳经济特区范围扩大到全市，通称深圳市。据清康熙《新安县志》载，境内有深圳墩台、深圳墟、深圳河等，民国时期建深圳镇，深圳市以此命名。处珠江三角洲南部，地势东南高西北低。南部半岛为海湾地貌带，中部为海岸山脉地貌带，北部为丘陵谷地地貌带。最高山梧桐山海拔943.7米。属亚热带海洋性季风气候区，常受台风和热带风暴影响。年均气温23.2℃，1月平均气温15.7℃，7月平均气温29.0℃。年均降水量1725.5毫米。全年无霜。茅洲河、深圳河、坪山河、龙岗河、观澜河流经。深圳水库是深圳最大、最重要的饮用水源，也是香港最重要的淡水水源。有矿产资源铁、铅、锌、钨等。有野生维管植物2086种，其中有国家重点保护野生植物紫纹兜兰、仙湖苏铁、桫椤等35种。有野生动物585种，其中有国家重点保护野生动物穿山甲、小灵猫、黑脸琵鹭等93种。森林覆盖率41.5%。有国家级福田红树林自然保护区。有国家级科研单位中国科学院深圳先进技术研究院。有深圳大学、南方科技大学等高校10所，中等职校16所，普通高中325所，小学331所。有三级医院13个，二级医院28个。有国家一级图书馆8个，博物馆60个，体育场馆16个。有全国重点文物保护单位大鹏所城。有省级文物保护单位中英街界碑、南头古城垣、大万世居、鹤湖新居等11个。有古迹文武帝宫、水师提督刘起龙墓、永兴桥等。有国家级非物质文化遗产平乐郭式正骨医术、沙头角鱼灯舞、松岗七星狮舞、下沙祭祖习俗、坂田永胜堂麒麟舞等。有省级非物质文化遗产龙城舞麒麟、黄氏宗亲祭典、大船坑麒麟舞等18项。有地方特色民俗向南侯王诞祭典、开丁节、万丰粤剧等。有世界之窗、欢乐谷、锦绣中华、中国民俗文化村、海上世界等主题公园。有梧桐山风景区、莲花山公园、大亚湾滨海旅游区等。有景点南头古城、东江纵队纪念馆、大芬油画村、大运文化村等。二、三产业比例43∶57。农业以水果种植及海水养殖为主。特产沙井蚝、大鹏鲍鱼、基围虾、松岗油鸭、金钱龟、濑尿虾、龙华方柿、石岩沙梨、南山荔枝等。工业以通信设备、计算机及电子设备制造，石油和天然气开采，电气机械和器材制造，电力，热力生产和供应为主。服务业以仓储邮政、商品批发零售、住宿餐饮、房地产业为主。有铁路178千米，高铁95千米，高速420.6千米，公路1646.6千米。广深、京九、厦深铁路，机荷、梅观、水官、广深、盐坝、龙大高速，107、205国道过境。是我国重要的对外口岸之一，其中罗湖口岸是世界最繁忙口岸之一。有盐田、蛇口、赤湾等港口，集装箱吞吐量居世界第四。深圳国际机场为中国大陆四大机场之一，有民航航线126条，通往北京、上海、成都、重庆、东京、首尔等城市。

深圳［Shēnzhèn］ 别名鹏城。深圳市聚落。在市境中部。面积890平方千米。人口322.2万。以汉族为主，还有壮、土家、苗、侗等民族。1979年深圳市成立后，以原宝安县政府所在地深圳墟为起点，拉开城市建设序幕，同年1月蛇口工业区成立。1980年深圳经济特区成立。初期从香港引进的来料加工业主要集中在上步、红岭地区，并在红围、木头龙等地规划建设居住区。至1986年蛇口工业区、南油开发区、科技工业园、华侨城、莲塘工业区和盐田港城等建设全面展开，园岭、滨河、碧波、白沙岭等一大批住宅小区相继建成，深港合作兴建了一批度假村和休闲场所，包括小梅沙度假村、香蜜湖度假村、银湖度假村、东湖公园等。1989年城区向西部延展，罗湖中心区带动了龙岗片区发展，城市重心逐渐转向福田中心区建设开发，广深高速、宝安机场、大亚湾核电站等重大项目陆续兴建。1994年深南大道全线开通。1996年"三来一补"企业向宝安、龙岗转移，特区外工业化和城市化得到快速发展，深圳市高新技术产业园区成立，福田中心区陆续兴建图书馆、音乐厅、少年宫、深圳电视中心、购物公园等项目。2007年提出"四大新城"(光明新城、龙华新城、大运新城、坪山新城)建设规划，特区内外开始一体化发展。标志性建筑有国贸大厦、地王商业大厦、赛格广场。全市地域空间划分为中心城区、西部滨海分区、中部分区、东部分区、东部滨海分区。中心城区包括福田、罗湖、南山3行政区，为市行政、文化、金融、商贸与创意中心。西部滨海分区分宝安中心、西部工业、西部高新3组团，为区域生产性服务业中心、市高新技术产业和先进制造业基地。中部分区分综合、物流2组团，为城市综合服务拓展区、市客货运枢纽地区。东部分区分龙岗中心、东部工业2组团，为市先进制造业、高新技术产业基地。东部滨海分区分盐田区、东部生态2组团，为自然生态保护区，国际性滨海旅游度假区和海港物流基地。有铁路、公路、地铁、水路等多种交通运输方式。街巷密布、干支线交错，通多路公交车。

华强北［Huáqiángběi］ 在市区中部偏南。以华强北路为中心，南北930米，东西1560米，商业区总面积1.45平方千米。前身为生产电子、通信、电器产品为主的上步工业区。1982年始建，1988年形成雏形。1994年万佳百货入驻。1998年建华强电子市场。因华强北路得名。为深圳市政治、文化和商业中心。有赛格广场、华强电子世界、华强广场、桑达电子大厦、新亚洲电子商城等电子市场，汇集电子、电器、通信、钟表配套等行业。通地铁1、2、3号线和多路公交车。

车公庙［Chēgōngmiào］ 在市区中部偏南。东至香蜜湖，南至滨河大道，西至福田汽车站，北至深南大道。1985年建车公庙工业园区，西侧为泰然工业区，东侧为天安工业区。后成为新兴商务区、文化创意基地，建起相关配套设施。因车公庙得名。经济以科研、生产制造为主。有泰然天安科技园。通地铁1号线和多路公交车。

竹子林［Zhúzilín］ 在市区中部偏南。东至广深高速，西至竹子林四路，南至深南路，北至园博园公园。面积1.47平方千米。2004年开放深圳国际园林花卉博览园，开通深圳地铁1号线。2007年福田交通综合枢纽投入试运营。因原区片有大量竹林地得名。经济以金融、商业为主。通地铁1号线和多路公交车。

前海［Qiánhǎi］ 在市区西南部。东至月亮湾大道，南至妈湾大道，西至海岸线，北至双界河、宝安大道。2010年国务院批复同意成立前海深港现代服务业合作区。因前海湾得名。有创新金融、现代物流、总部经济、科技及专业服务、通信及媒体服务、商业服务六大领域。有中小学、幼儿园等。通地铁1、5号线和多路公交车。

蛇口［Shékǒu］ 在市区西南部。泛指蛇口码头、蛇口工业区和蛇口海上世界范围。1979年招商局全资开发。1987年成为蛇口工业区有限公司。后成立蛇口街道，形成精细化、常态化新型社区运行机制。因蛇口山得名。有中小学、幼儿园、人民医院、体育中心。通地铁2号线和多路公交车。

留仙大道［Liúxiān Dàdào］ 在市境中部。西起宝石路，东至梅龙路。与福龙路、致远中路等相交。长15.4千米，宽30.1米。沥青路面。2002年开工，2003年建成。2010年完成改建。因经留仙洞村得名。两侧有大学城、西丽医院、留仙小学、中兴通讯工业园等。通公交车。

深南大道［Shēnnán Dàdào］ 在市境中部。东起新秀立交，西至南头立交桥。与文锦南路、红岭南路、南海大道、南山大道等相交。长24.1千米，宽30—42米。沥青路面。1979年开工，1994年建成。2006年改建。因原深圳镇通南头得名。两侧有地王大厦、赛格大厦、市民中心、中信广场、五洲宾馆、华侨城景区、深圳科技工业园等。通公交车。

盐梅路［Yánméi Lù］ 在市境南部。西起深盐路，东至坪西路。与盐侨路、环梅路、海洋路、云水路等相交。长11.5千米，宽8—12米。沥青路面。1999年开工，1999年建成。因盐田通往梅沙得名。两侧有东部华侨城、大梅沙海滨公园、小梅沙度假村、小梅沙海洋世界、太阳广场等。通公交车。

北环大道［Běihuán Dàdào］ 在市境中部。西起月亮湾大道，东至北环上步立交桥。与香梅路、彩田路、深南大道等相交。长21.6千米，宽40米。沥青路面。原名北环路，1984年开工，1985年建成。1992年改扩建，改称北环大道。2010年再次改建。因处深圳原特区北部得名。两侧有新安职业技术学院、福田外国语学校侨香校区等。通公交车。

侨香路［Qiáoxiāng Lù］ 在市境中部。西起北环大道，东至香梅路。与泽田路、侨城东路等相交。长6.7千米，宽36—44米。沥青路面。1997年开工，1999年建成。因临近华侨城香山得名。两侧有市警察学校、花样年香年广场等。通公交车。

白石路［Báishí Lù］ 在市境中部。西北起学府路，东至广深高速。与红树林路、侨城东路、石洲中路等相交。长9.1千米，宽25—32米。沥青路面。1993年开工，1996年建成。因途经白石洲得名。两侧有香港大学深圳医院、福田汽车站、锦绣中华、世界之窗、欢乐海岸、深圳大学、海滨实验小学等。通公交车。

滨海大道［Bīnhǎi Dàdào］ 在市境南部。西起自桂庙路，东至竹子林立交桥。与前海路、南海大道、白石路等相交。长11.8千米，宽36.1米。沥青路面。1999年开工，2000年建成。因临海边得名。两侧有深圳湾体育中心、福田红树林自然保护区、华侨城湿地、南山区第二外语学校等。通公交车。

宝安大道［Bǎo'ān Dàdào］ 在市境中部。北起107国道塘下涌立交桥，南至深南大道。与西乡大道、航城大道、福洲大道等相交。长33.3千米，宽48.1米。沥青路面。2003年开工，2007年建成。因宝安区得名。两侧有坐岗大厦、禧园、益华电子城等。通公交车。

松白路［Sōngbái Lù］ 在市境西部。西北起107国道，东南至白芒海关。与松明大道、恒明路、立业路等相交。长23.1千米，宽30米。沥青路面。1995年建。2008年改建，2010年改建完成，同年松岗段改造，2013年改造完成。因松岗街道通往白芒得名。两侧有光明新区高级中学、荣达新村等。通公交车。

滨河大道［Bīnhé Dàdào］ 在市境中部。西起竹子林立交桥，东至滨河红岭立交桥。与福强路、新洲路、益田路等相交。长9.7千米，宽50米。沥青路面。2004年开工，2005年建成。因临深圳河得名。两侧有福田区体育公园、深圳会展中心。通公交车。

地铁1号线［Dìtiě 1 Hào Xiàn］ 在市境西南部。从罗湖至机场东共30站。途经国贸、老街、大剧院、科学馆等28站。长40.9千米，其中地下段37.2千米，高架段3.7千米。1998年一期工程罗湖—世界之窗始建，2004年开通。2005年二期工程世界之窗—机场东始建，2009年开通。2011年深大—机场东开通。初称地铁1号线，2008年更名为罗宝线，后复今名。不同站点基本色彩各不相同，竹子林站立柱以绿色竹子状条纹包裹，香蜜湖站立柱绘有湖光水色之绿意，大剧院站立柱采用黑白相间琴键设计。

地铁2号线［Dìtiě 2 Hào Xiàn］ 在市境南部。从赤湾至新秀共29站。途经蛇口港、海上世界、后海、世界之窗等27站。长36.1千米。2007年始建世界之窗—赤湾初期工程，2010年建成。2011年二期工程世界之窗—黄贝岭建成。初称地铁2号线，2008年更名蛇口线，后复今名。车站设置不同风格、主题艺术墙，有漫画插图、山水图案、摄影等。

地铁3号线［Dìtiě 3 Hào Xiàn］ 在市境东北部。从双龙至益田共30站。途经红岭、老街、晒布路等28站。长41.1千米，其中地下线15.3千米，高架及地面段25.8千米。2007年始建首期段。2008年始建西延段。2010年双龙—草埔段通车，2011年草埔—益田段通车。初称地铁3号线，2008年更名龙岗线，后复今名。各站点以蓝色为主色调。

地铁4号线［Dìtiě 4 Hào Xiàn］ 在市境中部。从福田口岸至清湖共15站。途经福民、会展中心、市民中心、少年宫等13站。长20.5千米，其中地下线9.6千米，高架段10.3千米。1998年一期工程开工，2004年建成。2006年始建二期工程，2011年通车。初称地铁4号线，2008年更名龙华线，后复今名。二期车站采用马赛克装饰墙身，既具有建筑美学又方便乘客辨认所处车站。

地铁5号线［Dìtiě 5 Hào Xiàn］ 在市境西南部。从前湾到黄贝岭共27站。途经临海、宝华、大学城、深圳北等25站。长39.8千米，其中高架线路3.4千米，地下线路36.4千米。2007年始建，2011年通车。初称地铁5号线，2008年更名环中线，后复今名。以"全线一景"为设计出发点，采用节能、减排技术，减少对环境污染。以色彩、照明、天花造型的差异方便乘客识别车站，并利用弧形设计突出空间完整性。

福田区

福田区［Fútián Qū］ 深圳市人民政府驻地。在市境西部。面积78平方千米。人口83.4万。以汉族为主，还有壮、苗等民族。辖10街道。区人民政府驻福保街道。1990年设福田区。先后建成电子大厦、上海宾馆、深圳博物馆等。有标志性建筑平安金融中心、卓越时代广场大厦、古代艺术馆等。南宋绍熙年间(1190—1194)上沙村黄氏迁村至松子岭南沿定居，开荒造田，块块成格，故得名"幅田"，后谐音更今名。深圳河流经。有中学35所，小学75所，三级医院6个，二级医院3个。有文化馆、图书馆。有八大特色旅游景点"莲山春早""深南溢彩""园博新园""赛格观光""鹭舞红林""梅山听泉""下沙风情""华强商海"。有国家级福田红树林自然保护区。二、三产业比例7∶93。经济以金融、信息传输计算机服务和软件、租赁和商务服务、科学研究和技术服务为主。广深港客运专线过境。通地铁1、2、4号线。有福田站。有福田口岸、皇岗口岸。

福田保税区［Fútián Bǎoshuìqū］ 在区境南部。东至皇岗口岸，西至新洲河，南至深圳河，北至广深珠高速。面积135公顷。因建在福田区境内，实行"免证、免税、保税"政策的海关特殊经济区域(俗称保税区)，故名。1991年5月经国务院正式批准建立国家级开发区，由深圳市政府管理。充分发挥毗邻香港的优势，引进资金和先进技术，发展出口工业。有1200多家企业。形成以联想国际、赛意法、日立环球为代表的电子信息技术企业，以戈尔科技、杜邦为代表的新材料生产企业，以新美亚、奥兰若为代表的光通信企业，以飞利浦为代表的研发企业构成的高科技产业群。区内交通便捷，有经落马洲大桥与香港直接连通的一号专用通道，另有二号通道、三号桥与深圳市区相连。通公交车。

市民中心广场［Shìmín Zhōngxīn Guǎngchǎng］ 在城区中部。面积27400平方米。2005年始建，2006年建成。因市民中心得名。东西两侧有绿地、乔木，其中草皮面积达10万平方米，绿化树种300余种。有太阳能显示灯、星光灯。设有4观景台。周边有市民中心、商务写字楼。通地铁1号线和公交车。

皇御苑［Huángyùyuàn］ 在区境东南部。总面积12.1公顷。人口15400。因企业得名。1999年开工。2001年A区建成使用。2003年B区建成使用。建筑总面积76.1万平方米，为现代建筑风格。有住宅楼30栋，高层30栋。绿地面积48520平方米。有花园、停车场、老人之家等配套设施。通公交车。

梅林一村［Méilín Yīcūn］ 在区境北部。总面积12.1公顷。人口2.3万。属下梅林村之且以规划序列命名。因属下梅林村之地，按规划序列列为第一，故名。1998年开工，2001年建成。建筑总面积80万平方米，为现代建筑风格。有楼房96栋。绿化面积18万平方米，绿化率46.6%。有中小学、幼儿园、游泳池、网球场、羽毛球场、篮球场、小型高尔夫练习球场等。通公交车。

华富路［Huáfù Lù］ 在区境东部。北起泥岗西路，南至深南中路。与振兴路、振华西路、华强北路等相交。长1.9千米，宽34米。沥青路面。1984年开工，同年建成。2002年改建。因途经华富街道，寓意中华富强得名。两侧有海外装饰大厦及华富村、海馨苑、华新村居民小区等。通公交车。

福强路［Fúqiáng Lù］ 在区境东部。为弧形路，东起于滨河大道，西至滨河大道。与益田路、彩田路等相交。长5.4千米，宽60米。沥青路面。1980年建成。因位于福田区，寓意兴旺强盛得名。两侧有体育公园等。通公交车。

泥岗西路［Nígǎng Xīlù］ 在区境东部。东北起清平高速，西南至华富路。与八卦路、梅岗路、泥金路、北环大道等相交。长2.4千米，宽34米。沥青路面。1980年建。因处泥岗村以西得名。两侧有市体育中心、泥岗村、深大电话有限公司等。通公交车。

红岭中路［Hónglǐng Zhōnglù］ 在区境东部。北起笋岗东路，南至深南东路。与红宝路、松园路、红桂路、红荔路等相交。长1.7千米，宽28米。沥青路面。1982年开工，1984年建成。因处原红岭路中段得名。两侧有荔枝公园、深圳大剧院、红岭中学、博爱医院等。通公交车。

新洲路［Xīnzhōu Lù］ 在区境中部。北起梅华路，南至福荣路。与福民路、莲花路、梅华路、深南大道等相交。长5.9千米，宽36米。沥青路面。1991年开工，1994年建成。因途经新洲村得名。两侧有福田外国语学校、北京大学深圳医院、商报大厦等。通公交车。

笋岗西路［Sǔngǎng Xīlù］ 在区境东部。西起莲花路，东至笋岗东路。与园岭西路、莲花路、梅岗路等相交。长3.8千米，宽32米。沥青路面。1991年开工，1994年建成。因处笋岗路西段得名。两侧有市实验学校高中部、深圳体育中心等。通公交车。

红荔路［Hónglì Lù］ 在区境中部。西起香梅路，东至红岭中路。与华富路、园岭西路、皇岗北路、华强北路等相交。长6.7千米，宽32米。沥青路面。1980年建成。1998、2004年改建。因起点靠近荔枝公园，荔枝成熟果皮呈橙红色，故名。两侧有市中心公园、莲花山公馆、荔枝公园、妇幼保健院等。通公交车。

侨城东路［Qiáochéng Dōnglù］ 在区境西部。北起侨香路，南至滨海大道。与深南大道、侨香路、云天路等相交。长2千米，宽46米。沥青路面。2004年建。因处华侨城东边得名。两侧有海滨生态公园、兴源大厦等。通公交车。

皇岗北路［Huánggǎng Běilù］ 在区境中部。北起梅观高速，南至深南中路。与笋岗西路、北环大道、红荔路等相交。长3.1千米，宽43米。沥青路面。1980年建。因皇岗村得名。两侧有市中心公园、设计之都创意产业园等。通公交车。

香梅路［Xiāngméi Lù］ 在区境中部。西北起下梅林一街，东南至深南大道。与莲花路、新闻路、深南大道等相交。长2.7千米，宽15米。沥青路面。1986年建，2012年改建。因由香蜜湖通往梅林，故名。两侧有中投国际大厦、土地房产交易大厦等。通公交车。

上步中路［Shàngbù Zhōnglù］ 在区境东部。北起上步北路，南至上步南路。与振中路、振兴路、同福路、深南中路等相交。长1.7千米，宽30米。沥青路面。1986年建，2012年改建。因上步村得名。两侧有百花园一期、百花园二期、园岭新村等住宅小区。通公交车。

深南中路［Shēnnán Zhōnglù］ 在区境东部。西起皇岗北路，东至红岭中路。与华富路、京华路、福虹路、福田路相交。长1.7千米，宽30米。沥青路面。1979年开工，1987年建成。因属原规划中深南路（深圳墟—南头）之一段，故名。两侧有地王大厦、赛格广场、深圳证券交易所等。通公交车。

彩田路［Cǎitián Lù］ 在区境中部。北起梅观高速，南至滨河大道。与梅华路、深南大道、北环大道等相交。长5.2千米，宽32米。沥青路面。1996年开工，1997年建成。因经彩田公园得名。两侧有梅华小学、市烈士陵园、彩田公园、莲花中学等。通公交车。

皇岗汽车客运站［Huánggǎng Qìchē Kèyùnzhàn］ 见交通运输设施部分“皇岗汽车客运站”条。

福田汽车客运站［Fútián Qìchē Kèyùnzhàn］ 见交通运输设施部分“福田汽车客运站”条。

沙头街道［Shātóu Jiēdào］ 福田区人民政府驻地。在区境西南部。面积14平方千米。人口6.6万。1983年设。因境南原为宽阔沙质海滩，宋代立村时取名沙头，后设立街道时沿用。先后建成上沙文化广场、下沙博物馆、福田红树林生态公园、福荣路花漾街区、新沙路街心公园、新洲路口街心花园、天安数码城等。新洲河流经。有中学4所，小学6所，社康中心15个。有国家级非物质文化遗产下沙黄氏宗亲祭祖、下沙大盆菜。服务业以物流、休闲娱乐为主。广深高速过境。通公交车。

南园街道［Nányuán Jiēdào］ 属福田区。在区境东南部。面积2平方千米。人口6.3万。1983年设。因南园新村得名。先后改造巴丁街、南园路、爱华路等，建成新城市广场、深圳国际商场、铭可达电器城、深圳乐器城以及滨河新村等多个大型住宅小区。福田河、深圳河流经。有中学1所，小学2所，三级医院2个，社康中心5个。有文体中心、图书馆等。经济以金融、电子商品批发零售为主。通公交车。

园岭街道［Yuánlǐng Jiēdào］ 属福田区。在区境东北部。面积3平方千米。人口9.7万。1983年设。因昔时有“红岭”“通心岭”“八卦岭”等多个山岭围成的圆圈内村子，故名。先后建成深圳实验小学、深圳体育馆、园岭大厦及岭尚时代等住宅小区，改造老旧小区、人行道。有中学1所，小学8所，社康中心5个。经济以商贸、装饰材料批发、软件孵化、餐饮为主。通公交车。

福田街道［Fútián Jiēdào］ 属福田区。在区境南部。面积10.8平方千米。人口30.6万。1983年设。因福田村得名。先后建成皇岗口岸、福田口岸、深圳会展中心及多个住宅小区，改造旧村区。新洲河、深圳河流经。有中学4所，小学12所，三级医院1个，二级医院1个，社康中心12个。有文化楼、文化广场等。经济以商贸业主，为深圳市中央商务区，有大型商业区和福田保税区。广深高速过境。通公交车。

香蜜湖街道［Xiāngmìhú Jiēdào］ 属福田区。在区境西部。面积10平方千米。人口13万。1989年设。昔有香茅水库和产荔枝蜂蜜的荔枝林，后改“茅”为“蜜”，故名。先后建成香蜜湖度假村、园博园、东海缤纷天地、深航大厦、时代科技大厦、财富广场及多个住宅小区。有中学6所，小学7所，社康中心8个。有香蜜湖公园、农科园、儿童乐园、园博园等。经济以高端商贸、高新产业为主。广深高速过境。通公交车。

梅林街道［Méilín Jiēdào］ 属福田区。在区境北部。面积21平方千米。人口19.4万。1983年设。因梅林村、下梅林村得名。先后建成全产业链高端要素集聚中心及梅林一村等大型住宅小区。有中学6所，小学9所，三级医院1个，社康中心12个。有文体广场、梅林生态公园、上梅林文体公园、下梅林文体公园等。经济以商贸、餐饮服务、电子商务为主。梅观高速等过境。通公交车。

莲花街道［liánhuā Jiēdào］ 属福田区。在区境中部。面积8平方千米。人口17.6万。2002年设。因莲花山得名。福田河流经。有中学7所，小学14所，三级医院1个，二级医院1个，社康中心9个。有市民中心、莲花山公园、市图书馆、音乐厅、青少年宫等。经济以金融、商贸、文化产业、高端服务业为主。107国道过境。通公交车。

华富街道［Huáfù Jiēdào］ 属福田区。在区境东北部。面积6平方千米。人口7.9万。1989年设。因中华富裕之意得名。先后建成田面创意设计产业园区、宇新浩E都、深圳国际创新中心、深业上城，改造城中村。福田河流经。有中学2所，小学5所，三级医院1个，二级医院1个，社康中心4个。经济以商贸、文化产业、高端服务业为主。通公交车。

华强北街道［Huáqiángběi Jiēdào］ 属福田区。在区境东部。面积3平方千米。人口6.3万。2009年设。因企业得名。1988年开办电子市场。1994年万佳百货、顺电等公司进驻。2006年华强北电子市场升级转型。有中学1所，小学2所。有深圳博物馆老馆、深圳艺术中心等。经济以电子商贸、餐饮为主。通公交车。

华强北路［Huáqiáng Běilù］ 在华强北街道西部。长1.7千米，宽15米。沥青路面。因处华强路北段得名。为深圳电子产品集中街巷。2008年获“中国电子第一街”称号。两侧商业密集，有赛格大厦、长城大厦、华新村、赛格科技园等。通公交车。

福保街道［Fúbǎo Jiēdào］ 属福田区。在区境南部。面积5平方千米。人口11.6万。2009年设。因福田保税区得名。有中学4所，小学10所，社康中心2个。经济以对外贸易服务为主。有福田保税区。广深高速、地铁3号线过境。通公交车。

罗湖区

罗湖区［Luóhú Qū］ 深圳市辖区。在市境中部。面积79平方千米。人口59万。以汉族为主，还有壮、苗、维吾尔等民族。辖10街道。区人民政府驻黄贝街道。1979年改宝安县为深圳市，析深圳镇和附城、福田2公社设罗湖区。因罗湖村得名。先后建成罗湖火车站、罗湖口岸。有标志性建筑国贸大厦、国际商业大厦、京基一百大厦、信兴广场等。地势东北高、西南低。深圳河、沙湾河、布吉河等流经。森林覆盖率53.1%。有高校1所，中学16所，中等职业教育学校1所，小学58所，三级医院3个，二级医院7个。有图书馆、文化馆、体育馆等。有景区梧桐山、东湖公园、洪湖公园。二、三产业比例8∶92。工业以通信设备、计算机及电子设备制造、医药制造为主。服务业以金融、商贸物流为主。广深铁路、107国道过境。通地铁1、2、3、5号线。

布心路［Bùxīn Lù］ 在区境西南部。西起泥岗东路，东至沿河北路。与立锦北路、贝丽北路、翠竹路等相交。长2.3千米，宽34米。沥青路面。1983年开工，1986年建成。因途经布心村得名。两侧有布心花园、市东湖中学、东晓花园等。通公交车。

笋岗东路［Sǔngǎng Dōnglù］ 在区境西部。西起红岭北路，东至文锦北路。与梨园路、宝安南路、宝岗路等相交。长2.1千米，宽34米。沥青路面。1982年开工，1984年建成。因途经笋岗村南，为笋岗路东段，故名。两侧有大塘龙社区公园、华佳宏花园等。通公交车。

泥岗东路［Nígǎng Dōnglù］ 在区境中部。西起清平高速，东至布吉路。与宝安北路、清水河三路、洪湖西路等相交。长2千米，宽34米。沥青路面。1980年建成。因泥岗村得名。两侧有深城公寓、红岗东村、金豪花园等。通公交车。

深南东路［Shēnnán Dōnglù］ 在区境西南部。西起红岭中路，东至沿河北路。与宝安南路、河边路、人民北路、东门中路等相交。长3.8千米，宽32米。沥青路面。1979年开工，1982年建成。1987年改建。因属原规划中深南路（深圳墟—南头）之一段，故名。两侧有平安银行大厦、文锦中路小广场、湖贝社区公园等。通公交车。

爱国路［Àiguó Lù］ 在区境中部。东北起太白路，西南至文锦中路。与华丽路、鸿业街、怡景路、太宁路等相交。长3.3千米，宽29米。沥青路面。1982年开工，同年建成。1998年改建。取热爱祖国之意得名。两侧有吉花村、园科公园、湖滨新村等。通公交车。

文锦中路［Wénjǐn ZhōngLù］ 在区境西南部。北起笋岗东路，南至深南东路。与湖贝路、东升街、翠园街等相交。长1.5千米，宽33米。沥青路面。20世纪80年代建成，2011年重铺沥青路面，人行道更换为彩色透水砖，道路中央设绿化式分隔带，更新交通标志牌。因文锦路最南端有文锦渡口岸而得名。两侧有区人民政府、文锦花园广场、外国语实验学校、儿童公园等。通公交车。

文锦北路［Wénjǐn BěiLù］ 在区境西北部。北起布心路，南至笋岗东路。与田贝一路、田贝二路、田贝三路等相交。长2千米，宽30米。沥青路面。20世纪80年代建成，2011年重铺沥青路面，人行道更换为彩色透水砖，道路中央设绿化式分隔带，更新交通标志牌。因文锦路最南端有文锦渡口岸而得名。两侧有洪湖公园、草埔地铁站等。通公交车。

东门北路［Dōngmén BěiLù］ 在区境西南部。东北起怡景路，西南至文锦中路。与沁翠路、鸿业路、翠华街等相交。长1.2千米，宽30米。沥青路面。1983年建。因处东门而得名。两侧有翠园中学、翠华社区公园、孙逸仙心血管医院等。通公交车。

芙蓉桥［Fúróng Qiáo］ 在城区西北部。长340米，宽20米，最大跨度80米，桥下净高5米。1998年开工，主桥于1999年建成，2000年全线通车。因在洪湖公园之上，似出水芙蓉，故名。为大型河道桥梁，结构型式为梁式桥。最大载重40吨。通公交车。

大望大桥［Dàwàng Dàqiáo］ 在城区东北部。长234.8米，宽9.4米，最大跨度50米，桥下净高5米。1981年开工，1983年建成。因处大望社区得名。为大型道路桥梁，结构型式为梁式桥。最大载重30吨。通公交车。

深圳站［Shēnzhèn Zhàn］ 见交通运输设施部分“深圳站”条。

深圳市侨社汽车客运站［Shēnzhèn Shì Qiáoshè Qìchē Kèyùnzhàn］ 见交通运输设施部分“深圳市侨社汽车客运站”条。

深圳汽车客运站［Shēnzhèn Qìchē Kèyùnzhàn］ 见交通运输设施部分“深圳汽车客运站”条。

黄贝街道［Huángbèi Jiēdào］ 罗湖区人民政府驻地。在区境南部。面积8平方千米。人口11.9万。1983年设。因黄贝岭村得名。先后建成深南东路、罗芳立交桥、深圳古玩城、凌阳茶都、小商品批发市场、农副产品市场、宠物市场等。深圳河流经。有中学5所,小学13所,社康中心5个。有电视台、图书馆。有景区东湖公园。经济以商贸、物流为主。罗沙公路过境。通公交车。

桂园街道 [Guìyuán Jiēdào] 属罗湖区。在区境西南部。面积2平方千米。人口8.1万。1982年设和平路街道。1983年改称今名。因桂木园村得名。先后建成深圳大剧院、地王大厦、深圳发展银行、京基一百大厦。深圳河、布吉河流经。有小学5所,中学3所,三级医院1个,二级医院1个,社康中心1个。有深圳大剧院、深圳书城罗湖城等。经济以金融、商贸、物业出租、商品零售、餐饮、文化产业为主。广深铁路过境。通公交车。

东门街道 [Dōngmén Jiēdào] 属罗湖区。在区境西南部。面积2平方千米。人口9.5万。1979年设人民路街道。1983年因处明代中期深圳墟东门改今名。先后建成深圳戏院、老街广场、风貌街,改造深圳迎宾馆。有小学2所,二级医院2个,社康中心6个。经济以商贸为主。有东门商业步行街。广深铁路过境。通公交车。

东门老街 [Dōngmén Lǎojiē] 在东门街道西南部。长500米,宽6米。沥青路面。因处东门区域得名。明中期为深圳墟,为深圳最传统、最具人气的商业区域之一,后改造为保留传统韵味的现代化商业步行街区,有女儿墙、阳台、老炮楼等岭南特色建筑。两侧有商店、休闲广场等。通公交车。

翠竹街道 [Cuìzhú Jiēdào] 属罗湖区。在区境东北部。面积3.5平方千米。人口11.9万。1983年设。因翠竹山得名。先后建成、改造水贝珠宝产业集聚基地。有中学2所,小学2所,三级医院2个,二级医院1个,社康中心3个。有翠竹公园、翠竹文化广场等。经济以珠宝加工为主。107国道过境。通公交车。

南湖街道 [Nánhú Jiēdào] 属罗湖区。在区境南部。面积2.6平方千米。人口14万。1983年设。因处罗湖区南部得名。先后建成及扩建国贸大厦、发展中心大厦、罗湖口岸、文锦渡口岸、深圳火车客运站等,改造城中村。有中学2所,小学3所,二级医院1个,社康中心3个。经济以金融、商贸为主。有五星级酒店阳光、富临、香格里拉、富苑、彭年等。广深铁路过境。通公交车。

笋岗街道 [Sǔngǎng Jiēdào] 属罗湖区。在区境西北部。面积4平方千米。人口3.7万。1983年设。因笋岗村得名。先后建成笋岗仓库、洪湖公园、田贝新村、笋岗新村、田心大厦、裕田大楼、田心庆云花园等。布吉河流经。有小学2所,社康中心4个。有省级文物保护单位元勋旧址。经济以物流、商贸为主。广深铁路、107国道过境。通公交车。

东湖街道 [Dōnghú Jiēdào] 属罗湖区。在区境东北部。面积29平方千米。人口3.9万。1997年设。因东湖水库得名。先后建成梧桐山社区文体公园、翠湖公园,改造梧桐山中心街外墙、景观河等。有中学4所,小学7所,社康中心5个。经济以餐饮、房屋出租为主。107国道、省道罗沙线过境。通公交车。

莲塘街道 [Liántáng Jiēdào] 属罗湖区。在区境东部。面积12.5平方千米。人口5.4万。1983年设。因莲塘村得名。深圳河流经。有中学2所,小学4所,社康中心6个。有景区梧桐山风景区、仙桐体育公园、仙湖植物园、弘法寺等。经济以房地产业为主。盐坝高速、省道罗沙线等过境。通公交车。

东晓街道 [Dōngxiǎo Jiēdào] 属罗湖区。在区境西北部。面积3.5平方千米。人口3.3万。2003年设。因东晓路得名。布吉河流经。有中学3所,小学6所,二级医院2个,社康中心7个。有文化站、图书馆、广场等。有景区围岭生态公园、东晓公园。经济以黄金珠宝、服装、印刷为主。有布心、草埔、翠山等工业区。通公交车。

清水河街道 [Qīngshuǐhé Jiēdào] 属罗湖区。在区境西北部。面积14平方千米。人口3.7万。2003年设。因清水河得名。先后建成深圳中学坭岗校区、插花地一中、红岗公园,改造玉龙新村。有鸡公山。布吉河、清水河、笔架山河流经。有中学6所,小学9所,社康中心4个。有社区图书馆、文体广场。经济以物流为主。有清水河物流园。广深铁路、107国道过境。通公交车。

南 山 区

南山区 [Nánshān Qū] 深圳市辖区。在市境西南部。面积187平方千米。人口71万。以汉族为主,还有壮、苗等民族。辖8街道。区人民政府驻南头街道。1953年设南山区,属宝安县。1958年改超英公社。1963年改南头公社。1979年改区。1981年并入罗湖区。1983年分设南头管理区(县级)。1984年析设蛇口管理区。1990年蛇口管理区并入南头管理区,改名南山区。因处古南头城治所之南得名。先后建成深圳市人才公园、深圳湾滨海休闲带、大沙河生态长廊、花漾街区、街心花园。有标志性建筑蛇口大厦、海王大厦、新时代广场等。地势北高南低。北部为低矮丘陵,南部为台地平原、海滩。大沙河流经。有高校3所,中学33所,小学41所,三级医院1个,二级医院2个。有图书馆、文化馆、体育馆等。有景点世界之窗、欢乐谷、中山公园、海上世界、南头古城等。三次产业比例1∶56∶43。经济以金融、物流、创意文化、旅游、信息服务为主。平南铁路,沿江、南光、广深高速过境。通地铁1、2、5号线。有深圳西站。有赤湾、东角头、深圳湾口岸。

深圳市高新技术产业园 [Shēnzhèn Shì Gāoxīn Jìshù Chǎnyèyuán] 在区境北部。东至沙河西路,西至南海大道,南至滨海大道,北至广深高速。占地1150公顷。1991年经国务院正式批准建立国家级经济开发区,由深圳市政府管理。为"国家知识产权试点园区"和"国家高新技术产业标准化示范区"。重点发展电子信息、生物工程、新材料、光机电一体化四大产业,重点扶持高新区骨干企业。清华大学、北京大学、武汉大学、中国地质大学、香港大学等名校入驻。有高新技术企业中兴、联想、长城等。通多路公交车。

星海名城 [Xīnghǎi Míngchéng] 在区境西北部。人口2.4万。总面积30公顷。寓意如星海般壮阔,故名。1999年开工,2001年至2008年分期建成并投入使用。建筑总面积841600平方米,多为9—32层现代建筑。有幼儿园、消防控制中心、人防报警室等。通公交车。

科苑北路 [Kēyuàn Běilù] 在区境北部。南起深南大道,北至宝深路。与科兴路、沐芳路、高新中四路等相交。长2.4千米,宽24米。沥青路面。1987年开工,1991年建成。因处科苑区片北部得名。两侧有深南花园、松坪山科苑新区、科技园金、区松坪第二小学等。通公交车。

后海大道 [Hòuhǎi Dàdào] 在区境南部。南起望海路,北至滨海大道。与科苑南路、蛇口蓝天路、招商东路等相交。长4.5千米,宽30米。沥青路面。1987年开工,1991年建成。因处后海西岸得名。两侧有港湾创业楼、后海小学。通公交车。

创业路 [Chuàngyè Lù] 在区境南部。西起南山大道,东至科苑南路。与南光路、南海大道、后海大道等相交。长2.9千米,宽30米。沥青路面。1988年开工,1989年建成。因寄寓深圳每处角落都闪耀着创业者身影得名。两侧有怡海广场、海王大厦等。通公交车。

科苑南路 [Kēyuàn Nánlù] 在区境南部。南起后海大道,北至深南大道。与工业八路、海德一道、白石路、科苑北路等相交。长6.5千米,宽26米。沥青路面。1987年开工,1991年建成。因处科苑区片南部得名。两侧有中地大楼、英唐大厦等。通公交车。

南山大道 [Nánshān Dàdào] 在区境西部。北起中山园路,南至东滨路。与桃园路、学府路、深南大道等相交。长10.3千米,宽21米。沥青路面。1991年开工,1992年建成。因南山区得名。两侧有南油大厦、南山中加学校等。通公交车。

东滨路 [Dōngbīn Lù] 在区境南部。东起沙河西路,西至月亮湾大道。与兴南路、沿湖路、向南路等相交。长5.2千米,宽34米。沥青路面。1999年开工,2004年建成。因东邻海滨得名。两侧有深圳东海医疗中心、后海小学等。通公交车。

后海大桥 [Hòuhǎi Dàqiáo] 在城区东南部。长236米,宽37.6米,最大跨度36米,桥下净高5米。2007年开工,2009年建成。因靠后海滨路得名。为大型河道桥梁,结构型式为梁式桥。最大载重40吨。通公交车。

深圳西站 [Shēnzhènxī Zhàn] 见交通运输设施部分"深圳西站"条。

深圳南山汽车站 [Shēnzhèn Nánshān Qìchēzhàn] 见交通运输设施部分"深圳南山汽车站"条。

蛇口汽车客运站 [Shékǒu Qìchē Kèyùnzhàn] 见交通运输设施部分"蛇口汽车客运站"条。

南头街道 [Nántóu Jiēdào] 南山区人民政府驻地。在区境西部。面积13平方千米。人口18.7万。1990年设大新街道。1991年改今名。因南头古城得名。先后建成南山文体中心、南山图书馆、荔香公园、前海中学、南光路、深南大道、南油大道、桃园路,改造仓前村旧村、田厦新村、马家龙工业区。有高校1所,中学7所,小学8所,三级医院1个,二级医院1个,社康中心10个。有景点南头古城、中山公园、荔香公园等。经济以金融、创意文化、商贸为主。有马家龙工业区、南头城工业区、田厦产业园等。平南铁路过境。通公交车。

南山街道 [Nánshān Jiēdào] 属南山区。在区境西部。面积23.9平方千米。人口10万。1990年设。因大、小南山和南山村得名。先后建成新绿岛大厦、荔秀服饰文化街区。有中学2所,小学8所,社康中心13个。特产南山荔枝、南山甜桃、南头蚝。经济以物流为主,辖区前海片区为深圳市物流中心。平南铁路过境。通公交车。

沙河街道 [Shāhé Jiēdào] 属南山区。在区境东部。面积25.2平方千米。人口14万。1991年设。因西临大沙河得名。先后建成华侨城高尔夫俱乐部、欢乐谷主题公园、华侨城湿地公园、滨海大道、深云路、侨香西路等。有高校1所,有中学3所,小学2所,社康中心8个。经济以旅游、商贸为主。有五星级酒店威尼斯、华侨城等。广深高速过境。通公交车。

蛇口街道 [Shékǒu Jiēdào] 属南山区。在区境南部。面积12.7平方千米。人口10.2万。

1991年设。因南头半岛南高宽、北低窄，似出洞的蛇头，东侧山像蛇口，故名。先后建成蛇口影剧院广场、蛇口农贸市场、蛇口大厦、海湾小学、蛇口新汽车站、蛇口广场、围仔山公园、望海路、深圳湾公路大桥、新海上世界等。有内伶仃岛、大铲岛、孖洲岛。有中学2所，小学3所，二级医院1个，社康中心9个。经济以工业制造为主，有企业2500多家。地铁2号线过境。通公交车。

蛇口老街［Shékǒu Lǎojiē］　在蛇口街道西部。长639米，宽6—7米。水泥混凝土路面。为蛇口地域最早的街道，故名。有海鲜市场，远近闻名。老街建筑泾渭分明，北侧为酒吧，南侧为大排档，从港式茶餐厅到砂锅粥店均有，有众多数十年的老字号店铺。通公交车。

南水步行街［Nánshuǐ Bùxíngjiē］　在蛇口街道西部。长1.3千米，宽11—15米。沥青路面。1989年建成，因临近南水社区得名。为深圳知名的购物地点，两边商铺门店多达90余个，行人如织，主要经营香港进口的大量日常生活用品，如香皂、遮阳伞、丝袜、电子表等，为周边居民休闲娱乐之地。通公交车。

招商街道［Zhāoshāng Jiēdào］　属南山区。在区境南部。面积15.6平方千米。人口9.2万。1993年设。因招商局蛇口工业区得名。先后建成雍景湾、雍华府等住宅区，改造赤湾村、部分小区外立面等。有中学4所，小学4所，社康中心9个。有景点赤湾天后宫、宋少帝陵等。有招商局蛇口工业区、南山开发（集团）股份公司等大企业及边检、海关、检验检疫等口岸单位。为全国改革开放最早试验地，科技高度发达，投资环境优越。新时代广场、海上世界广场、鲸山别墅、龟山别墅区等建设与管理堪称一流，为多元化旅游、度假的海滨城区。平南铁路等过境。通公交车。

粤海街道［Yuèhǎi Jiēdào］　属南山区。在区境中部。面积14.2平方千米。人口17.6万。1991年设。因粤海门村得名。先后建成平南铁路、后海大道、滨海大道及多个居住区。有高校1所，中学5所，小学4所，社康中心10个。有保利剧院、图书馆、运动场等。有古迹后海天后庙、大冲大王古庙、大冲郑氏宗祠等。经济以商贸业为主。平南铁路过境。通公交车。

桃源街道［Táoyuán Jiēdào］　属南山区。在区境东北部。面积35平方千米。人口16万。2002年设。因桃源村得名。先后建成深圳大学城西校区、丽水路等。大沙河、长岭皮河等流经。有高校5所，中学7所，小学5所，社康中心8个。有景点塘朗山、大沙河公园等。经济以高科技产业为主。有深圳高新园区。广深高速过境。通公交车。

西丽街道［Xīlì Jiēdào］　属南山区。在区境北部。面积46平方千米。人口21.6万。1990年设。源于西沥村，在塘朗山西侧，山上无数细流汇聚至此，故名。1979年西沥水库度假村建成开业，1983年廖承志、杨尚昆到深圳视察，建议将西沥水库更名西丽湖，同年西丽街道成立，故名。先后建成保障性住房、社区公园、丽康路，改造茶光工业区、牛成村、九祥岭村排水管网。大沙河流经。有高校1所，小学7所，中学4所，社康中心12个。有景点深圳野生动物园、西丽湖度假村、西丽水库、麒麟山庄等。经济以制造业为主，有中兴通讯、TCL等企业。通公交车。

宝 安 区

宝安区［Bǎo'ān Qū］　深圳市辖区。在市境西北部。面积728平方千米。人口64.8万。以汉族为主，还有壮、苗等民族。辖12街道。区人民政府驻新安街道。东晋咸和六年（331）析置宝安县、东官郡，同城治于南头。唐至德二年（757）县改东莞县。宋开宝五年（972）废入增城，次年复为东莞县地。元属广州路。明万历元年（1573）析置新安县。1914年因避免与河南省新安县重名，改宝安县，属粤海道。1936年属广东省第一行政督察区。1947年改省直辖。1949年属惠阳专区。1953年县治由南头迁至深圳墟。1970年属惠阳地区。1979年撤县并入深圳市。1981年复置宝安县。1992年分宝安县设宝安、龙岗2区。寓“得宝而安”之意得名。有标志性建筑宝安海关大厦、宝安区体育馆、西乡会堂、万福广场、沙井市民广场等。地势东北高、西南低。有羊台山、凤凰山等。茅洲河、观澜河、沙井河、西乡河等流经。有职业技术学校2所，中学98所，小学88所，三级医院2个，二级医院9个。有区文化馆、图书馆、体育运动场等。有古迹凤凰古庙、文公祠、文昌塔等。有景点海上田园、西湾红树林公园、凤凰山森林公园、羊台山森林公园等。三次产业比例1∶57∶42。农业以种植果树，养殖禽畜、水产为主。特产沙井蚝、基围虾、松岗油鸭、光明乳鸽、龙华方柿、石岩沙梨、荔枝、柑橘等。工业以通信设备、计算机及电子设备制造为主。机荷、梅观高速，107国道过境。通地铁1号线。有深圳北站。

宝安海滨广场［Bǎo'ān Hǎibīn Guǎngchǎng］　在城区南部。面积12.3公顷。2002年开工，2005年建成。因此地近宝安区珠江口海域得名。由三部分组成，第一部分为海陆广场和风雕广场，以大舞台、电子显示屏、反射池、盒子亭、螺旋山等组成休闲活动场地。第二部分为中心步道、南北水廊、绿化草地，以石板和局部花岗石铺地，配以地下灯光、喷泉，形成城市滨水独特景观。第三部分为花山、绿顶广场。为居民休闲娱乐场所。周边有区人民政府、图书馆等。通公交车。

新安广场［Xīn'ān Guǎngchǎng］　在城区东北部。面积3.6公顷。1989年开工，1992年建成。为新安街道中心区市民休闲娱乐场所，故名。有30多米高的宝安城区标志性城市雕塑“得宝而安”，主体由不锈钢材料铸成，底座由红砂岩雕刻的“迎接曙光”“祥和客家”“荔枝飘香”等壁画构成。周边有广场大厦、新安中学等。通公交车。

松岗大道［Sōnggǎng Dàdào］　在区境西北部。北起松白路，南至芙蓉大道。与沙江路、芙蓉东路、潭头东路等相交。长3.5千米，宽32米。沥青路面。2006年开工，2008年建成。因过境松岗街道得名。两侧有东方社区桂景园、中闽花园、松岗第二小学等。通公交车。

民治大道［Mínzhì Dàdào］　在区境东部。北起工业路，南至梅观高速。与民安路、民清路、民旺路等相交。长4.8千米，宽23.5米。沥青路面。1990年开工，同年建成，2010年改建。因民治街道得名。两侧有松岗第二小学等。通公交车。

东方大道［Dōngfāng Dàdào］　在区境西北部。西起松河南路，东至根玉路。与曙光路、朝阳中路、恒嘉路等相交。长4.2千米，宽32米。沥青路面。2003年开工，2004年建成。沥青路面。因过境东方社区得名。两侧有金山商务大厦、松岗中学、松岗体育中心、东方图书馆等。通公交车。

龙华和平路［Lónghuá Hépíng Lù］　在区境东部。西南起福龙路，东北至华清大道。与新区大道、民塘路、龙胜路等相交。长5.4千米，宽32米。沥青路面。2009年开工，2010年改建，2013年完工。因处龙华街道且意指和平得名。两侧有龙胜商业大厦、龙腾阁等。通公交车。

工业路［Gōngyè Lù］　在区境东部。西北起高峰东路，东南至吉华路。与梅龙大道、中华路、民治大道等相交。长5千米，宽27米。沥青路面。20世纪90年代建成。因工业区得名。两侧有辉华大厦、松和新村、宇峰苑等。通公交车。

松福大道［Sōngfú Dàdào］　在区境西部。西南起福海大道，东北至公明北环大道。与建欣路、福朗路、和秀西路、荔园路等相交。长16.5千米，宽35米。沥青路面。2008年开工，2014年建成。因连接松岗街道和福永街道得名。两侧有万丰西部工业区、思源工业区、畔山御景花园、青岛啤酒朝日公司、松岗公园、臻鼎科技公司等。通公交车。

观光路［Guānguāng Lù］　在区境西北部。西起东明大道，东至高尔夫大道。与光明大道、明浪路、荣悦路等相交。长18千米，宽32米。沥青路面。1994年开工，1995年建成。因观澜街道通往光明街道得名。两侧有洋坑水库、阿宝科技园等。通公交车。

凤塘大道［Fèngtáng Dàdào］　在区境北部。东起新田大道，西至福园二路。与大洋路、宝安大道、塘尾大道、和沙路、永福路、松福大道、福园一路等相交。长5.1千米，宽23米。沥青路面。1991年开工，1994年建成。为连接“凤凰”和“塘尾”的道路，故名。两侧有深圳广生医院、福安第三工业区等。通公交车。

前进二路［Qiánjìn 2 Lù］　在区境南部。西北起洲石路，东南至新安四路。与航城大道、高业六路、高业四路、高业三路、高业一路等相交。长5.5千米，宽40米。沥青路面。20世纪80年代建成，意指推进宝安发展，按规划排序第二，故名。两侧有中粮锦云花园、丽景城，凤凰岗村、桃源居等。通公交车。

光明大道［Guāngmíng Dàdào］　在区境中部。西南起南光高速，东北至光明大街。与南玉路、田盛路、松白路等相交。长7.6千米，宽35米。沥青路面。因处光明街道得名。两侧有东周小学、明湖城市公园等。通公交车。

梅龙大道［Méilóng Dàdào］　在区境东部。北起大和路，南至梅坂大道。与红枫路、中梅路、民安路、龙胜路、民兴路等相交。长9.6千米，宽34米。沥青路面。2009年开工，2010年建成。因连接梅林街道、龙华区，各取一字命名。两侧有星河盛世花园、白石龙二区、名卓大厦等。通公交车。

新区大道［Xīnqū Dàdào］　在区境东南部。西北起龙华和平路，东南至彩田路。与简上路、佳民路、景龙南路等相交。长8.1千米，宽38米。沥青路面。2004年开工，2012年建成。为宝安区新建区级道路，故名。两侧有深圳北站、万科金域华府、中航阳光新苑、白石龙村、简上老村等。通公交车。

牛咀大桥［Niúzuǐ Dàqiáo］　在城区东南部。长1237米，宽34.6米，最大跨度25米，桥下净高5米。2005年开工，2006年建成。因靠近牛咀水库得名。为大型河道桥梁，结构型式为梁式桥。最大载重50吨。通公交车。

深圳北站［Shēnzhènběi Zhàn］　见交通运输设施部分“深圳北站”条。

光明城站［Guāngmíngchéng Zhàn］　见交通运输设施部分“光明城站”条。

宝安汽车客运站［Bǎo'ān Qìchē Kèyùnzhàn］　见交通运输设施部分“宝安汽车客运站”条。

深圳机场汽车客运站［Shēnzhèn Jīchǎng Qìchē Kèyùnzhàn］　见交通运输设施部分“深

圳机场汽车客运站”条。

新安街道 [Xīn'ān Jiēdào] 宝安区人民政府驻地。在区境南部。面积31平方千米。人口18.9万。1994年设。“新安”为“宝安”之旧名，寓意“革故鼎新，去危为安”。先后建成地铁罗宝线、环中线、新安社区综合服务中心、海乐社区文化广场、兴东社区青工图书馆、海裕社康中心等，改造城中村、排水管网，治理多处地质灾害。新圳河流经。有高校1所，中学17所，小学14所，三级医院2个，二级医院1个，社康中心16个。有图书馆、青少年活动中心、区体育馆、体育场等。服务业以信息传输、软件和信息技术服务为主。广深高速、107国道过境。通公交车。

光明街道 [Guāngmíng Jiēdào] 属宝安区。在区境中部。面积30平方千米。人口2.3万。1999年设。因寓意前途光明得名。先后建成光明小学、光明医院、新区城市公园、圳辉路等。有中学2所，小学5所，二级医院1个，社康中心10个。有文化广场、体育场等。盛产荔枝、龙眼、杧果等。有奶制品生产、生物制药等传统优势产业。广深港铁路客运专线、龙大高速等过境。通公交车。

西乡街道 [Xīxiāng Jiēdào] 属宝安区。在区境西南部。面积106平方千米。人口12.9万。2004年设。因西乡村得名。先后建成平峦山公园、西湾公园、企龙山公园、江湾大道、尖岗山大道等。西乡河等流经。有中学16所，小学17所，二级医院1个，社康中心36个。有景点西湾公园、铁仔山、平峦山等。产基围虾、乌头鱼、鲜蚝、荔枝等。有工业企业近1400家。为宝安区四大商品出口基地之一。广深高速、107国道过境。通公交车。

福永街道 [Fúyǒng Jiēdào] 属宝安区。在区境西部。面积76平方千米。人口3.6万。2004年设。因原福永村得名。先后建成福永大道、翠岗公园、怀德翠岗公园。有景点望牛亭公园、怀德西门公园、凤凰山森林公园等。有中学8所，小学6所，二级医院1个，社康中心19个。有文化广场、图书室。农业以养殖乌头鱼、基围虾、蟹、鲜蚝为主。工业以电子、五金、机械、印刷、生物制药、塑胶、服装为主。广深高速、107国道等过境。通公交车。

沙井街道 [Shājǐng Jiēdào] 属宝安区。在区境西北部。面积63平方千米。人口4.1万。2004年设。因取水井中沙多得名。先后建成沙福路、南环路、芙蓉西路、芙蓉大道、南环路、松福大道、创新路、蚝乡路，改造沙井数码商业街、迎宾路、沙井公园、沙井中心路、沙垦新村排洪渠、万丰河。新桥河、上寮河、沙井河、东宝河流经。有高等院校1所，中学13所，小学8所，二级医院1个，卫生院2个，社康中心22个。有景点海上田园。经济以电子元件、电器、五金制造为主。广深高速、107国道过境。通公交车。

松岗街道 [Sōnggǎng Jiēdào] 属宝安区。在区境西北部。面积64平方千米。人口1.9万。2004年设。因圩场建于长满松林山岗之麓得名。先后建成江边公园、潭头公园、松岗第二小学、松岗体育中心、松福大道、松瑞路、松裕横路、艺展一路、艺展二路、东富路、岗顶路、东方大道、楼岗大道等。茅洲河、东宝河、松岗河、洋涌河等流经。有中学9所，小学6所，二级医院1个，社康中心16个。有文化馆、图书馆等。工业以电子机械、家具制造为主。服务业以物流为主。广深港铁路客运专线，广深、龙大、南光高速，107国道等过境。通公交车。

公明街道 [Gōngmíng Jiēdào] 属宝安区。在区境西北部。面积100平方千米。人口2.7万。2004年设。因公明墟得名。初称公平墟，取意“买卖公平”。1931年改名公明墟，寓意“公道光明”。先后建成松白路、公常路、公明中心区等，改造旧工业区、旧厂房。茅洲河流经。有中学3所，小学8所，二级医院1个，社康中心26个。工业以服装、模具、钟表为主。服务业以金融、文化、娱乐、休闲为主。龙大、南光高速等过境。通公交车。

石岩街道 [Shíyán Jiēdào] 属宝安区。在区境中部。面积66平方千米。人口1.7万。2004年设。清嘉庆五年(1800)建慈石古寺，古寺牌楼书“乌石岩”，旧墟因得名“乌石岩”，后改今名。先后建成石岩文化艺术中心、登山广场。有中学6所，小学5所，社康中心16个。有图书馆、运动场等。工业以电子、计算机、塑胶制品、机电、家用电器为主。南光、龙大高速，松白公路过境。通公交车。

观澜街道 [Guānlán Jiēdào] 属宝安区。在区境北部。面积90平方千米。人口4.5万。2004年设。初名“官难”，指做官者赴清湖“圩道难”，后谐音更今名。先后建成民和路、桂花路、观澜污水处理厂。有中学8所，小学10所，二级医院1个，社康中心21个。有古迹古碉楼。有观澜湖生态体育公园、观澜山水田园旅游文化园等。工业以电器制造、电子元件制造、五金制造、制衣、食品加工为主。通公交车。

龙华街道 [Lónghuá Jiēdào] 属宝安区。在区境中部。面积25平方千米。人口7.5万。2004年设。传清同治年间梅县、东莞等地客家人迁此，在龙胜堂旁建墟，取龙胜堂之“龙”与“繁华”意，故名。先后建成龙华文化艺术中心、清湖工业园区。观澜河流经。有中学7所，小学4所，二级医院1个，社康中心9个。有图书馆、龙华公园、清湖文体公园、龙华文化广场等景观。工业以电子信息、机械制造为主。平南铁路，梅观、机荷高速过境。通公交车。

大浪街道 [Dàlàng Jiēdào] 属宝安区。在区境西部。面积38平方千米。人口1.5万。2006年设。因大浪村得名。先后建成浪荣路、华盛路、同胜学校及浪口等社区居民委员会。大浪河、龙华河流经。有中学5所，小学1所，卫生院1个，社康中心8个。工业以服装、鞋类制造为主。机荷、龙大高速等过境。通公交车。

民治街道 [Mínzhì Jiēdào] 属宝安区。在区境南部。面积26平方千米。人口8万。2006年设。因“为民而治的服务宗旨”得名。先后建成深圳北站，改造整治民治河。观澜河流经。有中学4所，小学4所，卫生院1个，社康中心8个。有图书馆、文化站、文化广场等。工业以电子、五金、机械制造为主。广深港、厦深、平南铁路，梅观高速等过境。通公交车。

龙岗区

龙岗区 [Lónggǎng Qū] 深圳市辖区。在市境东北部。面积850平方千米。人口51.2万。以汉族为主，还有壮、苗、土家等民族。辖13街道。区人民政府驻龙城街道。1993年宝安县撤县，东部10镇设龙岗区。传古代有神龙从梧桐山腾飞，降于今龙岗锅笃潭浸浴，旋即再飞，又降于今龙岗圩大王坛古榕树下，化作青烟升天。百姓筑坛植榕，以为纪念，乡民相约建圩，命名“龙岗”。先后建成龙岗中心城，惠盐高速、龙城广场、大运中心、大运村、地铁3号线，改造龙潭公园。龙岗区结合空间尺度、交通联系和区域发展形势分为西龙岗(平湖、坂田、罗湖、南湾街道)和东龙岗(龙城、龙岗、横岗、坪地街道)两大片区。有标志性建筑龙城广场、龙潭公园、龙岗文化中心、大运中心、国际低碳城等。地势东南高、西北低。龙岗河、布吉河、坪山河流经。有高校3所，中学112所，小学94所，三级医院1个，二级医院5个。有图书馆、文化馆、影剧院、音乐厅、书城、展览厅等。有景点大鹏所城、大芬油画村、大运文化村。有东江纵队纪念馆、客家民俗博物馆等。二、三产业比例63∶37。工业以计算机、通信和电子设备制造为主。服务业以租赁、商务服务为主。水官、惠盐、盐排、机荷高速，深汕、横坪公路等过境。通地铁3、5号线。

龙城广场 [Lóngchéng Guǎngchǎng] 在城区西北部。面积5.6公顷。1995年开工，1997年建成。因处龙岗区中心城龙城街道得名。由北向南有市政广场、下沉式表演广场、九龙巨型雕塑三大功能区，为集文化、娱乐、集会、休闲于一体的大型文化广场。周边有龙岗区人民政府、文化中心、万科里商业中心。通公交车。

坂澜大道 [Bǎnlán Dàdào] 在区境西部。西南起吉华路，东北至机荷高速。与贝尔路、坂李大道等相交。长6.5千米，宽28米。沥青路面。2010年开工，同年建成。2013年改建。因连接坂田与观澜，各取一字命名。两侧有龙岗雪象学校、雪象医院等。通公交车。

布沙路 [Bùshā Lù] 在区境西部。西起布龙公路，东至沙湾路。与布吉东大街、黄金南路、湖东路等相交。长6.5千米，宽28米。沥青路面。20世纪90年代建成。因连接布吉与沙湾路得名。两侧有沙湾关口社区公园、黄江油画艺术广场、南湾人民医院等。通公交车。

丹梓大道 [Dānzǐ Dàdào] 在区境西部。西南起深汕公路，东北至坪山大道。与聚龙山路、金康路、禾田路、梓田二路、余生路、启宏路等相交。长13.5千米，宽28米。沥青路面。西段1997年开工，1998年建成。中段2002年开工，2002年建成，2011年丹梓大道东段改建。因途经坑梓街道丹平社区得名。两侧有万科金色缇香花园一期、深圳市大工业区体育中心、鬼窝岭、丹梓龙庭、五马峰公园等。通公交车。

爱南路 [Àinán Lù] 在区境西部。西起龙翔大道，东至兰水路。与红棉路、余岭西路、犁嘴路、龙岗大道等相交。长10.9千米，宽34米。沥青路面。2009年开工，2014年建成。因连接爱联与南联得名。两侧有深宝工业园、上井工业区、龙盛新天地等。通公交车。

吉华路 [Jíhuá Lù] 在区境西部。西北起龙峰大道，东南至粤宝路。与大发路、坂雪岗大道、南坪大道等相交。长11千米，宽24米。沥青路面。2009年开工，同年建成。因连接龙华与布吉，各取一字命名。两侧有深圳东站、坂田大厦、融合大厦、布吉医院等。通公交车。

坪西路 [Píngxī Lù] 在区境东部。西北起坪葵路，东南至海滨北路。与迭福路、金沙路、岭南路等相交。长9.3千米，宽20米。沥青路面。1999年开工，2001年建成。因连接坪山和西涌得名。两侧有观音山公园、南澳海鲜街等。通公交车。

龙城大道 [Lóngchéng Dàdào] 在区境北部。北起盐龙大道，南至爱南路。与建设路、行政路、德政路等相交。长3.2千米，宽30米。沥青路面。1999年开工，2001年建成。为龙岗中心城主干道，故名。两侧有龙岗区政府、龙城广场、世贸中心、万科广场、岁宝百货、大运中心体育馆等。通公交车。

龙翔大道 [Lóngxiáng Dàdào] 在区境西部。西南起水官高速，东北至龙城大道。与龙飞大道、盐龙大道等相交。长6.7千米，宽42米。沥青路面。1995年建，2010年改造。因寓意龙岗经济腾飞，故名。两侧有深圳信息职业技术学院、龙岗区政府、大运中心等。通公交车。

龙平东路［Lóngpíng Dōnglù］　在区境北部。西起龙城大道，东至龙岗大道。与盛平中路、碧新路、梅园路等相交。长 3.2 千米，宽 10—16 米。沥青路面。20 世纪 90 年代建成。因连接龙岗和平湖，各取首字命名。两侧有平冈中学、龙盛学校、阳光广场等。通公交车。

宝荷路［Bǎohé Lù］　在区境北部。西起爱南路，东至宝龙一路。与宝南路、沙荷路、宝弘路等相交。长 4.2 千米，宽 24 米。沥青路面。2002 年建成。因连接宝龙与荷坳，故名。两侧有深圳市肿瘤医院、华丰留学生产业园等。通公交车。

龙平西路［Lóngpíng Xīlù］　在区境西部。西起仁深高速，东至龙城大道。与盐龙大道、腾飞路、黄阁路等相交。长 4.7 千米，宽 26 米。沥青路面。20 世纪 90 年代建成。因连接龙岗和平湖，各取首字命名。两侧有清林小学、龙岗妇幼保健院等。通公交车。

龙岗大道［Lónggǎng Dàdào］　在区境东北部。西南起翠茵路，东北至 205 国道。与坪山大道、惠盐中路、松柏路、龙城大道等相交。长 36.5 千米，宽 50—78 米。沥青路面。1990 年开工，1992 年建成。因龙岗区得名。两侧有万鑫五洲风情购物中心、龙城广场站、恒田商业大厦、大芬油画村、布吉政府广场等。通公交车。

下洞特大桥［Xiàdòng Tèdàqiáo］　在城区东部。长 713.4 米，宽 26.5 米，最大跨度 30 米，桥下净高 9.5 米。2002 年开工，2003 年建成。因处葵涌街道下洞一路侧边得名。为大型河道桥梁，结构型式为装配式预应力混凝土连续箱桥。最大载重 49 吨。通公交车。

深圳东站［Shēnzhèndōng Zhàn］　见交通运输设施部分“深圳东火车站”条。

深圳坪山站［Shēnzhèn Píngshān Zhàn］　见交通运输设施部分“深圳坪山站”条。

龙岗汽车客运站［Lónggǎng Qìchē Kèyùnzhàn］　见交通运输设施部分“龙岗汽车客运站”条。

龙岗长途汽车客运站［Lónggǎng Chángtú Qìchē Kèyùnzhàn］　见交通运输设施部分“龙岗长途汽车客运站”条。

龙城街道［Lóngchéng Jiēdào］　龙岗区人民政府驻地。在区境西北部。面积 78 平方千米。人口 13.2 万。2003 年撤龙岗镇析设。因地处龙岗中心城区得名。先后建成龙城广场、龙城公园、龙岗天安数码城、深圳大运中心场馆体育场。龙岗河、爱联河、回龙河等流经。有高校 3 所，中学 19 所，小学 11 所，二级医院 1 个，社康中心 15 个。经济以商贸、高新科技、旅游观光为主。机荷、深汕、惠盐、水官高速等过境。通公交车。

坪山街道［Píngshān Jiēdào］　属龙岗区。在区境南部。面积 126 平方千米。人口 2.6 万。2004 年设。因坪山村得名。先后建成深圳市大工业区、深圳出口加工区等。坪山河流经。有中学 9 所，小学 16 所，二级医院 1 个，民营医院 2 个，社康中心 22 个。有民俗麒麟舞、客家山歌等。经济以电子信息、集成电路、装备制造、汽车制造为主。省道横坪、深汕、坪葵公路等过境。通公交车。

大万村［Dàwàncūn］　在区政府驻地龙城街道东南 10.6 千米。属坪山街道。人口 3000。清代乾隆五十六年(1791)客家先贤曾端义建大万世居，故名。聚落呈团块状。有古迹大万世居。有大万世居客家民俗文化博物馆。经济以物业租赁为主。通公交车。

坑梓街道［Kēngzǐ Jiēdào］　属龙岗区。在区境北部。面积 40 平方千米。人口 9000。2004 年设。因辖地四面环丘，中间地势平坦，犹如坑状，后演变为今名。先后建成国家新能源汽车基地、国家生物产业基地、金田风华苑广场商业区、大新百货商场、宏富百货商场，改造旧城。有中学 2 所，小学 5 所，民营医院 1 个，卫生院 1 个，社康中心 5 个。有省级文物保护单位龙田世居民俗建筑群。工业以电脑外设制造、自行车生产为主。有大水湾、金沙、沙田等大工业片区。深汕、惠盐高速等过境。通公交车。

横岗街道［Hénggǎng Jiēdào］　属龙岗区。在区境中部偏西。面积 71 平方千米。人口 3.5 万。2004 年设。因山岗横卧于往来山道得名。先后建成深惠路、志健广场、湛宝广场、横岗大厦、信义御城、128 工业区及多个住宅区。龙岗河、茂盛河、大康河等流经。有中学 17 所，小学 9 所，二级医院 1 个，卫生院 1 个，社康中心 16 个。有新世界广场、文体广场等。服务业以餐饮、旅游为主。水官、盐排、机荷、惠盐高速等过境。通公交车。

布吉街道［Bùjí Jiēdào］　属龙岗区。在区境西部。面积 31 平方千米。人口 16 万。2004 年设。因布吉站得名。2006 年析置坂田、南湾 2 街道。布吉河流经。有中学 18 所，小学 14 所，二级医院 2 个，社康中心 23 个。工业以印刷、电子、服装为主。服务业以商贸为主。广深铁路、205 国道、省道布龙线过境。地铁 3、5 号线过境。通公交车。

大芬村［Dàfēncūn］　在区政府驻地龙城街道西南 16.8 千米。属布吉街道。人口 4600。因村落北面山上春季鲜花盛开，芬香四溢，故名。聚落呈团块状。为全国最大的商品油画生产、交易基地，也是全球重要的油画交易集散地，被誉为“中国油画第一村”。有大小画廊及门店 1200 余家，知名企业 60 多家，油画从业人员约 8000 人。经济以文化产品、工艺品为主。通公交车。

葵涌街道［Kuíyǒng Jiēdào］　属龙岗区。在区境西北部。面积 104 平方千米。人口 2 万。2004 年设。因古时此地河涌交织，盛产水葵，故名。先后建成雷公山石场、知己工业园、讯宝工业园等。葵涌河、乌泥河、南澳河等流经。有中学 3 所，小学 3 所，卫生院 7 个，社康中心 9 个。有文化站、文体广场、图书馆。有土洋村东江纵队司令部旧址、东江纵队北撤纪念亭、东江纵队北撤纪念公园和陈列馆等。经济以高新技术制造业为主。盐坝高速等过境。通公交车。

土洋村［Tǔyángcūn］　在区政府驻地龙城街道东南 20.2 千米。属葵涌街道。人口 3900。原名为“屯洋”，1984 年东江纵队成立 40 周年大会，在此召开“土洋会议”，故名。聚落呈团块状。有省级文物保护单位、爱国主义教育基地东江纵队司令部旧址。有东江纵队北撤纪念亭、东江纵队北撤纪念公园和陈列馆等。经济以物业租赁为主。通公交车。

大鹏街道［Dàpéng Jiēdào］　属龙岗区。在区境中部。面积 83 平方千米。人口 900。2004 年设。传七仙女下凡游览至此，见半岛如鹏踞海，形若大鹏展翅，赐名大鹏。先后建成下沙新村、大鹏广场、大鹏文体中心，改造较场尾民宿。王母河、鹏城河、大坑河流经。有中学 2 所，小学 2 所，卫生院 9 个，社康中心 7 个。有全国重点文物保护单位大鹏所城。有省级非物质文化遗产大鹏山歌。有水贝村、王母围等古村落。有景点大鹏半岛国家地质公园、大鹏湾海岸等。工业以生物技术、新材料、软件开发等高新技术为主。有大鹏龙旗湾生态产业园。盐坝高速，省道坪西路、鹏飞路过境。通公交车。

鹏城村［Péngchéngcūn］　在区政府驻地龙城街道东南 30.8 千米。属大鹏街道。人口 1800。因大鹏所城得名。聚落呈团块状。有全国重点文物保护单位大鹏所城。经济以旅游业为主。通公交车。

南澳街道［Nán'ào Jiēdào］　属龙岗区。在区境南部。面积 115 平方千米。人口 7000。2004 年设。因三面环海，海水湛蓝，初称蓝澳(澳指海岸内凹可停船的地方)，后以地处大鹏半岛南部，更今名。先后建成大鹏半岛地质公园，改造桔钓沙、东涌、西涌民宿墙面。有中学 1 所，小学 1 所，卫生院 6 个，社康中心 6 个。有图书室、文化站等。有景点水头沙海滨浴场、七娘山风景区、月亮湾海滨风景区、杨梅坑风景区、柚柑湾度假村、东涌海滩风景区、西涌风景区等。农业以渔业养殖和捕捞为主。盛产鲍鱼、海胆、紫菜、龙虾等。服务业以旅游为主。省道南西线、坪西快速干道等过境。通公交车。

平湖街道［Pínghú Jiēdào］　属龙岗区。在区境西北部。面积 42 平方千米。人口 2.8 万。2004 年设。因昔有小湖，后填平为耕地，故名。先后建成凤凰山国家矿山公园、平湖生态园、罗山郊野公园等公园。木古河、鹅公岭河、君子布河、山厦河等流经。有中学 11 所，小学 8 所，二级医院 1 个，社康中心 15 个。有山厦革命纪念馆。工业以电子、塑料、金属、玩具、纺织、机械、印刷等行业为主。广深铁路，机荷、清平高速等过境。通公交车。

坪地街道［Píngdì Jiēdào］　属龙岗区。在区境北部。面积 53 平方千米。人口 1.5 万。2004 年设。因周围地势平坦，客家话谓地平为“坪”，故名。先后建成中心公园、后山公园、坪地新医院。龙岗河流经。有中学 5 所，小学 3 所，社康中心 7 个。工业以计算机、通信和电子设备制造为主。有六联长山工业园、高桥产业园区、扶贫奔康工业园。惠盐高速、省道龙岗线等过境。通公交车。

龙岗街道［Lónggǎng Jiēdào］　属龙岗区。在区境北部。面积 58 平方千米。人口 4.5 万。2004 年设。因八仙岭山形似龙，岭下之地称龙岗，故名。建成坪山站。龙岗河、南约河、同乐河等流经。有中学 12 所，小学 9 所，三级医院 1 个，社康中心 10 个。有图书室、文化广场等。有客家民俗博物馆、龙园公园等。有地标性建筑东方国际茶都。有龙岗老街。服务业以金融、商贸为主，为市东部区域性金融中心。有宝龙工业园。厦深铁路、惠盐高速等过境。通公交车。

坂田街道［Bǎntián Jiēdào］　属龙岗区。在区境西南部。面积 329 平方千米。人口 3.2 万。2004 年设。因昔日村民大多居于农田边上，周边都是一片一片的农田，故名。先后建成黄金山公园、下雪社区公园、上雪科技园社区体育公园及四季花城、万科城、第五园等住宅小区。岗头河、坂田河、五和河流经。有中学 7 所，小学 8 所，社康中心 16 个。有景区银湖山郊野公园。有国家级非物质文化遗产坂田永胜堂麒麟舞。经济以高新技术产业为主。有天安云谷产业园等。广深、平南铁路，机荷高速，南坪快速、布龙公路等过境。通公交车。

手造文化街［Shǒuzào Wénhuàjiē］　在坂田街道西南部。长 600 米，宽 12 米。沥青路面。因以弘扬手工文化为主得名。2010 年前后建成，集手工产品生产、销售、展示于一体，宣传中华非物质文化遗产，展示明式家具及现代设计的工艺品。两侧建筑独具民族风格，为购物、旅游、休闲街。通公交车。

南湾街道［Nánwān Jiēdào］　属龙岗区。在区境西部。面积 25 平方千米。人口 5.1 万。2006 年设。因境内有“南岭村”和“沙湾”，各取一字命名。先后改造 205 国道、盛宝路、红棉路、丹平路南湾段等。沙湾河、李朗河、简坑河流经。有中学6所,小学5所,社康中心14个。有古迹观祥古寺、南岭炮楼、俊仟学校、南岭围等。有景点水山公园、中丝园等。有中国(深圳)丝绸文化产业园、深圳182创意设计产业园、宝福李朗珠宝文化产业园等。经济以智能家电、高端物流、黄金珠宝、创意文化为主。通公交车。

盐田区

盐田区[Yántián Qū] 深圳市辖区。在市境南部。面积75平方千米。人口5.9万。以汉族为主,还有壮族。辖4街道。区人民政府驻海山街道。1997年罗湖区析出沙头角镇和梅沙、盐田2街道,成立盐田区。因古代乃产盐之地,至宋代属官富盐场,有盐田墟、盐田村、盐田径等地名,故名。地势北高南低,背山面海。沙头角河、盐田河、大梅沙河、小梅沙河等流经。先后建成盐田区行政文化中心、壹海城,改造大梅沙海滨公园,拆除鹏湾工业区。有中学4所,小学10所,二级医院1个。有图书馆、文化馆、博物馆。有古迹天后宫、中英街古塔等。有景点华侨城生态景区、梧桐山国家森林公园、海滨栈道、大梅沙海滨公园、小梅沙海滨度假村、海洋公园、明斯克航母等。有深圳八景之"梧桐烟云""梅沙踏浪"。二、三产业比例18∶82。服务业以商业、仓储为主。有华大基因研究院、国家音乐创意产业基地。盐坝、盐排高速等过境。

回归广场[Huíguī Guǎngchǎng] 在城区西南部。面积1.3公顷。1997年开工,同年建成。原名碧海广场,为庆祝香港回归而更名。有绿化面积6900平方米,设有各式健身器材,为中英街内居民休闲、娱乐之地。周边有中英街博物馆等。通公交车。

明珠大道[Míngzhū Dàdào] 在区境中部。西北起永安路,东南至二十二米大道。与深盐路、洪安路、盐田三村路、盐田路等相交。长2.9千米,宽30米。沥青路面。1994年开工,1999年建成。取意"明亮的珍珠"得名。两侧有龙眼园、永安信园社区公园等。通公交车。

深盐路[Shēnyán Lù] 在区境中部。西南起罗沙路,东北至北山道。与荔山路、下梧桐路、元墩西街等相交。长6.8千米,宽24米。沥青路面。1993年开工,1994年建成。1999年改建。因连接沙深—盐田2街路得名。两侧有海山公园、区汽车客运站、田东小学、市民广场、区文化中心等。通公交车。

盐田汽车客运站[Yántián Qìchē Kèyùnzhàn] 见交通运输设施部分"盐田汽车客运站"条。

海山街道[Hǎishān Jiēdào] 盐田区人民政府驻地。在区境中部。面积6平方千米。人口2万。2002年设。因背靠梧桐山,面临南海,处海、山之间,故名。先后建成盐田区行政文化中心、壹海城,拆除鹏湾工业区。有中学1所,小学3所,二级医院1个,社康中心3个。有景点盐田海滨栈道、梧桐山国家森林公园等。经济以黄金珠宝加工为主。盐坝高速、省道深盐线过境。通公交车。

梅沙街道[Méishā Jiēdào] 属盐田区。在区境东部。面积17平方千米。人口4000。1984年设。客家话音"梅"乃细小之意,"梅沙"即细沙,意指沙细小晶莹,故名。先后建成大梅沙海滨公园、东部华侨城、大梅沙奥特莱斯。大梅沙河、小梅沙河、成坑河等流经。有中学3所,小学1所,社康中心3个。有景点大梅沙海滨公园、小梅沙海洋世界、小梅沙度假村、东部华侨城生态旅游区等。经济以旅游业为主。盐坝高速过境。通公交车。

盐田街道[Yántián Jiēdào] 属盐田区。在区境中部。面积45平方千米。人口1.5万。1982年设。因古代属产盐之区,有盐田墟、盐田村,故名。先后建成盐田港,改造盐田三村、四村、西山吓村、小布村。盐田河流经。有中学6所,小学3所,社康中心6个。有古迹三洲田庚子首义旧址。经济以物流仓储业为主。盐坝、盐排高速等过境。有盐田港。通公交车。

盐田海鲜食街[Yántián Hǎixiān Shíjiē] 在盐田街道东南部。长600米,宽12米。沥青混凝土路面。因处盐田,以海鲜餐饮为主,故名。以海鲜美食为特色,为深圳市八大食街之一,于20世纪90年代初步形成。两侧有十几家中小型海鲜酒家,皆为沿海岸线建成的三层小楼,顶层设海景露台。通公交车。

沙头角街道[Shātóujiǎo Jiēdào] 属盐田区。在区境西南部。面积4平方千米。人口1.8万。2002年设。因"日出沙头,月悬海角"诗句得名。沙头角河流经。先后建成跨境大桥、盐田区游泳馆、中英街一号,改造东和公园。有中学1所,小学2所,社康中心3个。有中英街历史博物馆。有古迹中英街古塔、天后宫等。经济以出口加工、商贸业为主。有田心工业区。盐坝高速、罗沙公路等过境。通公交车。

中英街[Zhōngyīng Jiē] 在沙头角街道东南部。长700米,宽12.2米。沥青路面。因香港回归前,一侧属中国政府管辖,另一侧属英国政府管辖,故名。清光绪二十四年(1898)中英双方签订《展拓香港界址专条》,将桐芜墟西侧小河流划为"界河",竖立界碑。后人们在界碑两侧做生意,形成街道雏形。至20世纪30年代成为沙头角最繁盛街道,街墟内杂货布匹、油盐柴米、山货药材、店铺客栈等门类齐全。1997年中国政府收回香港,中英街又成为"一国两制"和"一街两制"的历史见证。两侧有中英街界碑、中英街历史博物馆、天后宫、古井、古塔等。通公交车。

珠海市

珠海市[Zhūhǎi Shì] 广东省辖地级市。经济特区。北纬21°48′—22°27′,东经113°03′—114°19′。在省境南部。面积7611平方千米。户籍人口112.5万,常住人口161.4万。以汉族为主,还有壮、土家、瑶、苗等民族。辖香洲、斗门、金湾3区。市人民政府驻香洲区。1952年析中山、宝安、东莞3县部分沿海地区及海岛设渔民县。1953年更名珠海县,属粤中行政区。1956年属佛山专区。1959年并入中山县。1961年复珠海县,先后属佛山专区、佛山地区。1979年改地级市。1983年斗门县并入。处珠江注入南海处,故名。位于珠江三角洲冲积平原。平均海拔4米。大陆海岸线长224.5千米。有岛屿262个。年均气温22.6℃,1月平均气温14.8℃,7月平均气温28.6℃。年均降水量2039毫米。年均无霜期365天。西江流经。有野生植物1659种,其中有国家重点保护野生植物水松、罗汉松等23种。有野生动物334种,其中有国家重点保护野生动物白腹海雕、小灵猫、黑嘴鸥、黑脸琵鹭等43种。森林覆盖率30%。有高校10所,中等专业学校7所,中学67所,小学115所,三级医院1个,图书馆3个,文化馆4个,博物馆2个,美术馆6个。有国家高水平体育后备人才基地4个,省优秀运动队后备人才训练基地6个。有全国重点文物保护单位爱国华侨陈芳家宅、三灶岛侵华日军罪行遗迹,省级文物保护单位16个。有省级爱国教育基地万人坟、千人坟纪念碑。有国家级非物质文化遗产装泥鱼、斗门水上婚嫁、三灶鹤舞等,省级非物质文化遗产6项。有古迹东澳岛铳城遗址、白沙坑沙丘遗址、杨氏大宗祠、莲花亭。有景点银坑海滩浴场、金海滩、凤凰山、白莲洞、九州岛。三次产业比例2∶50∶48。农业以种植水稻、甘蔗为主,养殖鱼、虾、海带、贝类。盛产水果、蔬菜。工业以交通装备制造、电子、家电电器、石油化工、电力能源、生物医药为主。有国家级经济技术开发区1个,省级经济技术开发区3个。服务业以旅游、商贸、住宿餐饮为主。有铁路50.6千米,高速243.1千米,公路1446.7千米,水运航线676千米。广珠城际铁路,京珠、广珠西线、江珠、西部沿海、高栏港高速,105国道,省道广珠、香珠、肇珠、麻阳线过境。有珠海机场,民航航线61条,通往北京、上海、南京、三亚等城市。有珠海港。

珠海[Zhūhǎi] 珠海市聚落。在市境东部。面积190平方千米。人口105万。以汉族为主,还有壮、土家、瑶、苗等民族。1952年有主干道1条。1983—1988年先后建设自来水厂、电站、港口、机场、旅游设施、商场商业城等,城区面积自15平方千米扩至121平方千米。2000年后建成拱北口岸新联检大楼、横琴口岸、莲花大桥、珠港大道、珠海港码头、石化码头、江珠高速、粤西沿海高速,建设国家高新技术开发区、保税区、万山海洋开发试验区、横琴经济开发区、临港工业区。有长隆国际海洋度假区、海泉湾温泉度假区、国际赛车场、日月贝歌剧院、十里莲江乡村旅游风情带。旅游商贸区位于东部海湾特色国际海岸带及吉大旅游服务中心、拱北商贸中心,有情侣路浪漫风情海岸、海湾步行道、九洲城、珠海博物馆。商务会展区位于南部南湾城区,有国际会展中心及多家酒店。行政办公区位于中部新香洲中心、南湾城区,有市体育中心、图书馆等。铁路、高速、城际轨道过境。有珠海机场、珠海港。

珠海国家高新技术产业开发区[Zhūhǎi Guójiā Gāoxīn Jìshù Chǎnyè Kāifāqū] 在市境北部。东至情侣北路,西至二线公路,南至情侣北路,北至兴北路。面积139平方千米。1992年12月经国务院正式批准建立国家级高新技术园区,由珠海市政府管理。以软件和集成电路、互联网与移动互联网、医疗器械、智能电网及文化创意、高端制造为主。有清华科技园国家级孵化器4个。有金山、格力新元电子、松下马达、飞利浦电器等规模以上工业企业131个,高新技术企业213个。高速、城际轻轨过境。

珠海大道［Zhūhǎi Dàdào］　在市境西南部。东起前山大桥，西至珠港大道。与南湾南路、湖心路、平东路等相交。长 53.4 千米，宽 100 米。沥青路面。1990 年开工，1993 年建成。两侧有南屏科技工业园、联港工业区、高栏港经济区等。通多路公交车。

广珠城际铁路珠海段［Guǎngzhū Chéngjì Tiělù Zhūhǎi Duàn］　在香洲区中部，为广州—珠海城际铁路珠海段。2005 年开工，2012 年建成通车。主线全长 115.6 千米，珠海段起于唐家湾镇珠海北站，与中山市衔接，途经明珠、前山 2 站至拱北街道珠海站，长 23 千米。

香洲区

香洲区［Xiāngzhōu Qū］　珠海市人民政府驻地。在市境东部。面积 300 平方千米。人口 58.1 万。以汉族为主，还有壮、回、满、侗、瑶等民族。辖 8 街道、6 镇。区人民政府驻梅华街道。1984 年设。因香洲埠得名。清末开埠于香山场、九洲环之间，取 2 地名各 1 字得名。西江流经。有中学 21 所，小学 52 所，二级医院 2 个。有全国重点文物保护单位陈芳家宅，省级文物保护单位杨氏大宗祠、石溪摩崖石刻群。有省级非物质文化遗产南屏沙田民歌。有传统民间艺术前山凤鸡舞。有景点竹仙洞、共乐园、圆明新园、梦幻水城、珠海渔女像。有标志性建筑珠海大剧院、珠海国际会展中心、珠海中心大厦、横琴国际网球中心、港珠澳大桥等。二、三产业比例 38∶62。农业以种植甘蔗、花生、木薯为主，养殖水产。盛产柑橘、橙、香蕉、菠萝、荔枝、龙眼等水果。工业以石化、医药、电子、电力设施制造为主，有智能制造、高端电子、新能源、新材料等新兴产业。服务业以现代物流、商务、金融为主。广珠城际铁路，广珠、粤西沿海、京珠、江珠、太澳高速，105 国道，省道广珠、香珠线过境。有珠海机场、珠海港。

华发健身广场［Huáfā Jiànshēn Guǎngchǎng］　在城区东北部。面积 4 公顷。2007 年开工，2008 年建成。因企业得名。有儿童游戏区、篮球场、健身器材、乒乓球台。为以游憩为主，兼具生态、美化、防灾等综合性场所。周边有多处居住小区。通公交车。

梅华西路［Méihuá Xīlù］　在区境中部。西起明珠北路，东至梅华东路。与创业路、红山路、蓝盾路等相交。长 4 千米，宽 44 米。混凝土路面。20 世纪 80 年代开工，1991 年建成。取“梅溪”与“华子石”首字命名。两侧有市交通局、中学、法院、公安局等。通公交车。

梅华东路［Méihuá Dōnglù］　在区境中部。东起情侣北路，西至迎宾北路。与紫荆路相交。长 4.2 千米，宽 44 米。沥青路面。20 世纪 80 年代开工，1991 年建成。取“梅溪”与“华子石”首字命名。两侧有市财贸学校、卫生防疫站、党校等。通公交车。

人民西路［Rénmín Xīlù］　在区境中部。西起翠屏路，东至迎宾北路。与红山路、三台石路等相交。长 3.2 千米，宽 40 米。水泥路面。1985 年开工，1986 年建成。因市政府得名。两侧有香洲广场、日荣大厦、新疆大厦等。通公交车。

人民东路［Rénmín Dōnglù］　在区境中部。东起海滨北路，西至迎宾北路。与兴业路、紫荆路等相交。长 2 千米，宽 25 米。沥青路面。20 世纪 80 年代初开工，1985 年建成。因市政府得名。两侧有市政府、法院、教育局、城市职业技术学院等。通公交车。

九洲大道［Jiǔzhōu Dàdào］　在区境中部。西起粤海西路，东至情侣中路。与景山路、海滨南路、迎宾南路等相交。长 6.7 千米，宽 50 米。沥青路面。1985 年开工，1991 年建成。因九洲洋得名。两侧有市国税局、居住小区等。通公交车。

迎宾北路［Yíngbīn Běilù］　在区境中部。北起梅华东路，南至迎宾南路。与人民东路、柠溪路等相交。长 3.2 千米，宽 70 米。混凝土路面。1991 年开工，1992 年建成。两侧有市收购站、结核病防治所等。通公交车。

迎宾南路［Yíngbīn Nánlù］　在区境中部。北起迎宾北路，南至拱北口岸广场。与九洲大道、粤海东路等相交。长 2.3 千米，宽 50 米。混凝土路面。1984 年开工，1991 年建成。两侧有海关大楼、迎宾广场、国际金融大厦等。通公交车。

昌盛大桥［Chāngshèng Dàqiáo］　在城区南部。长 688 米，宽 33 米，最大跨度 103 米，桥下净高 5 米。1999 年建成。因昌盛社区得名。为大型河道桥梁，结构型式为箱型梁桥。最大载重 30 吨。通公交车。

香洲长途汽车客运站［Xiāngzhōu Chángtú Qìchē Kèyùnzhàn］　见交通运输设施部分“香洲长途汽车客运站”条。

拱北通大汽车客运站［Gǒngběi Tōngdà Qìchē Kèyùnzhàn］　见交通运输设施部分“拱北通大汽车客运站”条。

梅华街道［Méihuá Jiēdào］　香洲区人民政府驻地。在区境西北部。面积 10 平方千米。人口 6.7 万。1999 年设。因梅华路得名。先后建梅华西路汽车专业市场、旺角商业广场、华达及上冲 2 工业区。有中学 8 所，小学 8 所，卫生服务中心 2 个，卫生服务站 11 个。有标志性建筑市体育中心、科技中心。工业以电子、纺织、金属、化妆品制造为主。服务业以商贸为主。通公交车。

鸿运社区［Hóngyùn Shèqū］　属梅华街道。在区境中部。面积 0.3 平方千米。人口 1.1 万。2001 年成立。因居住小区名得名。民居以现代楼房为主。有中小学、幼儿园、卫生站。为老年人、残疾人提供志愿者服务。开展体育、文化等活动。通公交车。2014 年被评为省级文明社区。

翠香街道［Cuìxiāng Jiēdào］　属香洲区。在区境中部。面积 28 平方千米。人口 12.4 万。1986 年设。因翠香路得名。先后建成妇幼保健院，改扩建人民东路、梅华西路、迎宾北路、兴业路、紫荆路等。凤凰河流经。有中等职业学校 1 所，中学 5 所，小学 6 所，卫生所 11 个。有柠溪文化广场、华发健身广场。有景点石溪公园、白帝庙等。有标志性建筑珠海电视中心、古元美术馆。工业以电子、纺织、印刷、制衣为主。有香洲工业北区。服务业以批发零售、租赁为主。通公交车。

康宁社区［Kāngníng Shèqū］　属翠香街道。在区境中部。面积 2 平方千米。人口 8900。2001 年成立。因康宁花园小区，且祈愿居民康宁得名。民居以低层楼房为主，有少量高层公寓。有中小学。开展居家养老日、中医养生等活动。通公交车。2014 年被评为省级文明社区。

前山街道［Qiánshān Jiēdào］　属香洲区。在区境西南部。面积 53 平方千米。人口 23.2 万。2001 年设。因前山寨得名。前山水道流经。先后建园艺中心、装饰城，改造多个社区。有高校 1 所，中等职业学校 2 所，中学 5 所，小学 13 所，二级医院 1 个，卫生服务中心 2 个，卫生服务站 17 个。有全国重点文物保护单位陈芳家宅，省级文物保护单位苏曼殊故居、中山纪念亭。有国家 4A 级旅游景区圆明新园、普陀寺。工业以纸业、化学制品加工、医药、设备制造为主。服务业以商贸、旅游为主。西部沿海、金港高速，105 国道过境。通公交车。

白石社区［Báishí Shèqū］　属前山街道。在区境南部。面积 0.7 平方千米。人口 5700。因白石村得名。2001 年成立。民居以楼房为主。有小学、幼儿园。有社区卫生站、文化中心、义工服务站、香洲祈康托老中心。开展社区文化节、体育节、快乐四点半等活动。通公交车。2014 年被评为省级文明社区。

吉大街道［Jídà Jiēdào］　属香洲区。在区境东南部。面积 13.8 平方千米。人口 10.5 万。1988 年设。原名吉岭，清康熙年间（1662—1722）渔民晚归提有“大吉”字样灯笼照路，被误读成“吉大”，改今名。先后改扩建情侣路、景山路、九洲大道，建成九洲城、百货广场、国贸海天城、光大国际贸易中心、假日酒店等。有中等职业学校 1 所，中学 2 所，小学 8 所，卫生服务中心 2 个，卫生服务站 9 个，文化站 1 个。有景观珠海渔女像。有标志性建筑市博物馆。工业以制衣、印刷、电子仪器制造为主。有吉大、南山工业区。服务业以金融、商贸、旅游为主。有景山路购物放心一条街。省道广珠、香珠线过境。通公交车。

海湾社区［Hǎiwān Shèqū］　属吉大街道。在区境东部。面积 1 平方千米。人口 1.3 万。1996 年成立。因海湾花园小区得名。民居以现代楼房为主，有多栋别墅。有小学、幼儿园。有社区卫生站、文化中心。开展明德讲堂、夏日亲子行、书法等活动。通公交车。2014 年被评为省级文明社区。

拱北街道［Gǒngběi Jiēdào］　属香洲区。在区境南部。毗邻澳门。面积 10 平方千米。人口 17 万。1988 年设。清代设拱北海关总管，取拱桥、北岭首字得名，意为“众星拱绕北辰”。先后建莲花路商业街、市第二医院、炮台山公园、广珠城际轨道总站、港珠澳大桥、口岸商业中心等。前山水道流经。有中等职业学校 2 所，中学 4 所，小学 5 所，卫生服务中心 2 个，卫生服务站 10 个。有省级文物保护单位愚园。有拉塔石炮台遗址、拱北关陆路缉私总部旧址、拱北莲花亭。工业以计算机、通信及电子设备制造、造纸、食品加工为主。有北岭桂花工业区、恒信工业城。服务业以商贸、金融、旅游为主。广珠铁路、省道广珠线过境。有珠海站、拱北口岸。通公交车。

香湾街道［Xiāngwān Jiēdào］　属香洲区。在区境东部。面积 14 平方千米。人口 3.7 万。1999 年设。处香洲、香炉 2 湾结合处，故名。先后建成香洲百货、湾仔沙电脑一条街。有标志性建筑珠海国际会展中心、珠海大剧院等。凤凰河流经。有中学 1 所，小学 3 所，卫生服务中心 2 个，卫生服务站 14 个。有景点珠海生态家园、野狸岛、华子石摩崖石刻、情侣路、香湾海边特景。经济以旅游、信息服务业为主。省道广珠线过境。通公交车。

狮山街道［Shīshān Jiēdào］　属香洲区。在区境中部偏东。面积 2.9 平方千米。人口 12.6 万。1986 年设。因狮山得名。先后建多个居住小区。有高校 1 所，中学 3 所，小学 4 所，卫生中心 1 个，卫生站 7 个。有图书室、文化站。有珠海烈士陵园、香山公园。经济以电子、生物科技、商贸为主。有香洲长途汽车站。通公交车。

湾仔街道［Wānzǎi Jiēdào］　属香洲区。在区境南部。面积 25 平方千米。人口 3.6 万。2002 年设。因大沙滩连接数个小沙湾得名湾仔沙，后简化为今名。先后建港珠澳大桥珠海连接线、情侣南路、珠机城际轨道、十字门中央商务区，改造湾仔、桂园、连屏等旧城。马骝洲水道流经。有中学1所，小学2所，卫生院1个，卫生所3个。有文化站。有名胜古迹竹仙洞摩崖石刻、银坑百岁坊、陈山风水石、湾仔仙人祠、湾仔革命烈士纪念碑。农业以种植水稻、花卉为主，养殖水产。有农贸市场3个。有海鲜街、步行街等。有海鲜、海味交易中心。通公交车。

唐家湾镇［Tángjiāwān Zhèn］ 香洲区辖镇。在区境北部。面积187平方千米。人口12.2万。辖16居委会，有29自然村。镇人民政府位于唐淇路。1957年设唐家乡，后改公社。1984年改唐家区。1986年改唐家镇。2002年与金鼎镇合置唐家湾镇。因地形似鱼塘得名塘家村，明嘉靖三年(1524)因唐姓居多改唐家村，后因有海湾改今名。金星门水道流经。有中学4个，小学6个，卫生院1个。有淇澳岛湿地红树林自然保护区。有省级文物保护单位东澳湾沙坵遗址、淇澳白石街抗英遗址等6个。有省级非物质文化遗产中秋对歌会。有民俗鸡山牛歌等。农业以种植水稻为主。产荔枝。工业以电子、软件、集成电路、生物制药为主。有科技创新海岸、清华(珠海)科技园、国家软件基地、省高新技术成果孵化基地。广珠城轨、广澳高速过境。

南屏镇［Nánpíng Zhèn］ 香洲区辖镇。在区境西南部。面积54平方千米。人口12.5万。辖12居委会，有30自然村。镇人民政府驻濂泉社区。1961年成立南屏公社。1984年改区。1986年改镇。因地形似竹篮、花瓶得名篮瓶，后谐音演变为今名。前山河、磨刀门水道流经。有中学3所，小学9所，二级医院1个，卫生服务中心2个，卫生站5个。有省级文物保护单位杨氏大宗祠、甄贤社学旧址、容闳故居遗址。经济以医药、化妆品加工、汽车销售为主。有南屏、香洲区科技工业园。广珠铁路，京珠、江珠高速等过境。

濂泉社区［Liánquán Shèqū］ 南屏镇人民政府驻地。在区境西南部。面积7平方千米。人口1.3万。2002年成立。因名胜濂泉洞得名。民居以楼房为主，有少量别墅。有中小学、幼儿园等。有法律咨询室、社区学校。有多支志愿服务队伍。养老模式以集中养老、居家养老为主。区国土局驻此。通公交车。

横琴镇［Héngqín Zhèn］ 香洲区辖镇。在区境南部。面积83平方千米。人口6000。辖3居委会，有11自然村。镇人民政府驻红旗村。1986年设横琴乡。1989年改镇。因地似横琴得名。有脑背山。有大横琴湾、二横琴湾、大东湾等。有中学1所，卫生院1个。有文化馆，图书馆。有十字门古战场遗址。有景点莲花大桥、三叠泉、石博园、海洋乐园等。特产薛氏杨桃、中心沟鲩鱼、石栏洲青蟹、横琴蚝。经济以旅游业为主。有自贸区横琴新区。广澳高速过境。

红旗村［Hóngqícūn］ 横琴镇人民政府驻地。在区政府驻地梅华街道西南17千米。人口500。原名马尿河，1958年因不雅改今名。聚落呈团块状。有中学、卫生院。经济以餐饮业为主。农业以种植蔬菜为主，养殖牡蛎。通公交车。

桂山镇［Guìshān Zhèn］ 香洲区辖镇。在区境东南部。陆地面积7平方千米。人口3000。辖2村委会，有2自然村。镇人民政府驻桂山村。1953年设桂山乡。1987年改镇。镇以岛名。原名垃圾尾岛，1950年桂山舰解放此岛后改今名。有岛屿中心洲、牛头岛、青洲、大小蜘洲等22个。有小学1所，卫生院1个。有坑道博物馆、文天祥广场。有桂山舰纪念公园、桂山舰烈士纪念碑。有景点桂山舰英雄登陆点、妈祖庙、神岛石等。经济以渔业为主。盛产立鱼、曹白鱼、银虾、黄花鱼、花蛤、沙蚬等。有海鲜物流供港、海产品销售基地。通过航运与陆地相通。有大西、大濠等航道。有桂山港、桂山客运码头。

桂山村［Guìshāncūn］ 桂山镇人民政府驻地。在区政府驻地梅华街道西南32千米。人口400。因岛得名。聚落呈团块状。有小学、文化中心。经济以渔业养殖为主。有航运与陆地相通。

担杆镇［Dāngān Zhèn］ 香洲区辖镇。在区境东南部。陆地面积42平方千米，海域面积2300多平方千米。人口800。辖3村委会，有3自然村。镇人民政府驻外伶仃村。1953年设担杆乡。1956年并入万山乡。1983年析设担杆区。1987年改镇。为海岛镇，因岛得名。有岛屿担杆列岛、三门列岛、佳蓬列岛等38个。有小学1所，卫生院1个，卫生所1个。有担杆岛省级猕猴保护区。有庙湾岛珊瑚保护区。有国家4A级旅游景区外伶仃岛。有民俗玄武大帝诞辰。经济以渔业、旅游业为主。特产海胆、将军帽、狗爪螺、五月茶等。有海岛绿道、驿站。通航运。

外伶仃村［Wàilíngdīngcūn］ 担杆镇人民政府驻地。在区政府驻地梅华街道东南54千米。人口200。因民族英雄文天祥《过零丁洋》得名。聚落呈弧形。有小学、卫生院。经济以商品零售、休闲渔业为主。通航运。

万山镇［Wànshān Zhèn］ 香洲区辖镇。在区境南部。面积32平方千米。人口2000。辖2村委会，有2自然村。镇人民政府驻万山村。1983年设万山区。1987年改镇。因镇政府驻地得名。为海岛镇。有小学1所，卫生院1个。有文化中心、农家书屋、文化活动中心。有铁城古堡铳城、烽火台、海关等遗址。经济以海水养殖、水产品加工、海岛旅游为主。盛产池鱼、黄花鱼、公鱼仔、将军帽、狗爪、青口。有万山渔场。通航运。

万山村［Wànshāncūn］ 万山镇人民政府驻地。在区政府驻地梅华街道东南42千米。人口500。因老万山得名。聚落呈弧形。有小学、卫生院。经济以海水养殖、水产品加工为主。通航运。

斗门区

斗门区［Dǒumén Qū］ 珠海市辖区。在市境西部。面积675平方千米。人口34万。辖1街道、5镇。区人民政府驻井岸镇。1965年析中山、新会2县部分地域置斗门县。2001年改区。三面环山，地如戽斗状，斗口面向虎跳门水道，故名。西江、螺洲河、黄杨河流经。有黄杨山、锅盖幢、竹篙岭、竹洲头岛水松林自然保护区。有职校3所，中学14所，小学43所，三级医院1个，二级医院3个。有图书馆、博物馆、文化馆。有省级文物保护单位南门菉猗堂。有古迹金台寺、斗门明清古街、南宋抗元名将张世杰墓。有国家级非物质文化遗产水上婚嫁、装泥鱼，省级非物质文化遗产乾务飘色、锣鼓柜、沙田民歌。有景点御温泉、黄杨山、接霞庄。有标志性建筑珠峰科创中心、斗门礼堂、井岸大桥。三次产业比例13∶53∶34。农业以种植水稻、甘蔗为主，养殖水产。盛产柑橘、橙子、荔枝、龙眼。特产白藤湖莲藕、粉洲菱角、黄金风鳝、五山肉蟹、虎山乌鱼、白蕉禾虫、白藤水鸭。有珠海国家农业科技园。工业以食品和饮料加工、智能制造、电子、新能源及新材料为主。有富山、新青科技2工业园。有惠普智慧、应急装备、环保等产业园。服务业以商贸、旅游、物流为主。广珠铁路，西部沿海、高栏港、江珠高速，省道肇珠、麻阳线过境。

黄杨大道［Huángyáng Dàdào］ 在区境中部。东起斗门大桥，西至南门大桥。与机场、西部沿海、高栏港高速等相交。长25千米，宽60米。混凝土路面。1992年开工，1996年建成。因黄杨山得名。两侧有中学、白蕉镇政府等。通公交车。

珠峰大道［Zhūfēng Dàdào］ 在区境西南部。东起西堤路，西至珠港大道。与珠海机场高速、乾南中路、乾湾路相交。长19.6千米，宽60米。混凝土路面。1992年开工，1994年建成。连接尖峰村与珠港大道，故名。两侧有科技工业园、尖峰山公园等。通公交车。

南门大桥［Nánmén Dàqiáo］ 在城区西部。长784米，宽12米，最大跨度110米，桥下净高9米。1991年开工，1992年建成。因原计划在南门村建设得名。为大型河道桥梁，结构型式为T型刚构桥。最大载重20吨。通公交车。

尖峰大桥［Jiānfēng Dàqiáo］ 在城区东部。长610米，宽30米，最大跨度605米，桥下净高9米。1992年开工，1993年建成。因尖峰山得名。为大型河道桥梁，结构型式为T型刚构桥。最大载重20吨。通公交车。

斗门汽车客运站［Dǒumén Qìchē Kèyùnzhàn］ 见交通运输设施部分“斗门汽车客运站”条。

白藤街道［Báiténg Jiēdào］ 属斗门区。在区境东南部。面积16平方千米。人口2.1万。2011年设。因山得名。先后建湖心路、双湖路、社会福利中心。有白藤山、白藤湖。友谊河、西江流经。有中学2所，小学2所，卫生院1个。有省皮划艇后备人才基地。有尖峰山公园。经济以旅游、水产批发、建筑业为主。省道湖心线过境。通公交车。

井岸镇［Jǐng'àn Zhèn］ 斗门区人民政府驻地。在区境南部。面积100平方千米。人口10.3万。辖9居委会、15村委会，有60自然村。镇人民政府位于井湾路。1972年设井岸镇。1984年改区。1986年复镇，泥湾区并入。处黄杨河西岸，四面环山似井，故名。有中学4所，小学11所，三级医院1个，二级医院1个，卫生院1个。有博物馆、文化中心、文化宫、文化广场。有尖峰、西堤、霞山3公园。农业以种植蔬菜、水果为主，养殖水产。工业以机械、饮料加工、纺织、制塑、电子为主。有黄杨、新青高新科技工业区。西部沿海高速，省道肇珠、麻阳线过境。

坭湾村［Níwāncūn］ 井岸镇辖自然村。在镇境中部。人口1500。海湾退潮后海泥淤积，故名。聚落呈团块状。有幼儿园、卫生服务站。有文化活动中心、文体广场。经济以物业出租为主。通乡村公路。2011年被评为全国文明村。

莲洲镇［Liánzhōu Zhèn］ 斗门区辖镇。在区境北部。面积87平方千米。人口4.3万。辖3居委会、27村委会，有63自然村。镇人民政府驻南青村。2003年由上横、莲溪2镇合置莲洲镇。因处沙洲且有莲花山得名。麻溪河、螺洲河流经。有中学1所，小学4所，卫生院1个。有水上博物馆、图书馆、文化活动中心、文化广场。有古迹康王庙。有景区珠海农游世界、北部生态园、东湾。农业以种植蔬菜为主，养殖水产。盛产花卉苗木。工业以水泥、管桩、农产品加工为主。有永利工业园区。服务业以旅游为主。江珠高速、省道肇珠线过境。

南青村［Nánqīngcūn］ 莲洲镇人民政府驻地。在区政府驻地井岸镇西北15千米。人口

1300。与横山街划分,以基为界,处南边,故名南基,后蜻蜓洲并入改今名。聚落呈块状。有卫生站。有农家书屋、老人之家。农业以种植水稻、荔枝为主,养殖四大家鱼、罗氏虾、南美白对虾等。通公交车。

斗门镇［Dǒumén Zhèn］　斗门区辖镇。在区境西北部。面积106平方千米。人口4.3万。辖1居委会、10村委会,有55自然村。镇人民政府驻南门村。1958年成立斗门公社。1984年改区。1986年改镇。三面环山,地如戽斗状,斗口面向虎跳门水道,故名。有中学2所,小学7所,卫生院1个。有文化站。为中国历史文化名镇。有省级文物保护单位菉猗堂。有古迹金台寺、龙归寺、南门霞山祖庙、斗门古街、接霞庄、南宋抗元名将张世杰墓。有欧美古典风格南方柱廊骑楼式古建筑100余栋。农业以种植水稻、糖蔗、荔枝、龙眼为主,养殖水产。盛产南美白对虾。工业以机电、小家电加工为主。有龙山工业园。西部沿海、机场高速,省道肇珠、麻阳线过境。

南门村［Nánméncūn］　斗门镇人民政府驻地。在区政府驻地井岸镇西北11千米。人口1900。因处南门河得名。聚落呈块状。有小学。有文化广场、老人之家、农家书屋。为中国传统村落。有省级文物保护单位菉猗堂。有名胜古迹毓秀古村、接霞庄。农业以种植水稻为主,养殖鱼。通公交车。

排山村［Páishāncūn］　在区政府驻地井岸镇西9千米。斗门镇辖自然村。人口400。因民居排列整齐得名。聚落呈块状。为中国传统村落。有岭南乡村古民居近100栋。有碉楼、古榕树。农业以种植水稻、花生为主。通公交车。

乾务镇［Qiánwù Zhèn］　斗门区辖镇。在区境中部偏南。面积191平方千米。人口5万。辖2居委会、16村委会,有24自然村。镇人民政府驻乾东村。1956年设乾务乡。1958年改公社。1984年改区。1986年改镇。2003年五山镇并入。因背靠乾山,雾海一片得名乾雾,以谐音改今名。鸡啼门、虎跳门、崖门等水道流经。有中学3所,小学4所,卫生院1个。有民俗文化博物馆、展览馆、图书室、文化站。有名胜古迹荔山百岁牌坊、黄氏大宗祠、莲花山古井、网山古村落。有国家级非物质文化遗产装泥鱼,省级非物质文化遗产乾务飘色、锣鼓柜。有民俗舞龙、舞狮、佛家拳。有水稻、蔬菜、香蕉、虾、蟹等种养基地19个。工业以电子、家电、临港装备制造为主。有富山工业园。高栏港、机场高速过境。

乾东村［Qiándōngcūn］　乾务镇人民政府驻地。在区政府驻地井岸镇西南9千米。人口4200。因处乾务中心东得名。有幼儿园、老人活动中心。有逵兴、清隐祠堂。农业以种植甘蔗、香蕉为主,养殖鱼、虾。机场高速经此。

马山村［Mǎshāncūn］　在区政府驻地井岸镇西南17千米。乾务镇辖自然村。人口7600。因山丘形状如马得名。聚落呈块状。有小学、图书馆、卫生站。有国家级非物质文化遗产装泥鱼。有创基张公祠、林氏祖祠。农业以种植水稻、甘蔗、荔枝为主。高栏港高速经此。

网山村［Wǎngshāncūn］　在区政府驻地井岸镇西15千米。乾务镇辖自然村。人口1400。因山丘形状如渔网得名。聚落呈块状。有卫生站、文化馆、图书室、老人活动中心。为省级传统村落。有清代及岭南特色古建筑数十间。有民俗醒狮、曲艺、锣鼓柜。农业以种植甘蔗、香蕉为主,养殖鱼、虾。高栏港高速经此。

夏村村［Xiàcūncūn］　在区政府驻地井岸镇西南15千米。乾务镇辖自然村。人口1000。处网山下,因下、夏谐音得名。聚落呈块状。有卫生服务站、图书馆、文化站、老年人活动中心。有清代及岭南特色古建筑数十间。有民俗醒狮、曲艺、锣鼓柜。农业以种植蔬菜、水果为主。高栏高速经此。2014年被评为全国文明村。

白蕉镇［Báijiāo Zhèn］　斗门区辖镇。在区境东部。面积174平方千米。人口10.8万。辖4居委会、33村委会,有184自然村。镇人民政府驻新二村。1959年成立白蕉公社。1984年改区。1986年改镇。2002年六乡镇并入。清康熙年间(1662—1722)林氏抱山蕉树漂流至白石公山定居,故名。处西江出海口咸淡水交界处。有中学2所,小学15所,二级医院2个,卫生院1个。有文化馆、图书室。有古迹大王宫二丈摩崖石刻。农业以种植水稻为主,养殖水产。盛产海鲈鱼。工业以造船、制衣、电子、食品加工为主。江珠、西部沿海高速过境。

新二村［Xīn'èrcūn］　白蕉镇人民政府驻地。在区政府驻地井岸镇东北6千米。人口1100。清光绪年间(1875—1908)围垦建第二村,故名。聚落沿河呈带状分布。有中小学、老年人活动中心、农家书屋。农业以养殖鱼、虾为主。通公交车。

金　湾　区

金湾区［Jīnwān Qū］　珠海市辖区。在市境西南。面积1600平方千米。人口14.4万。以汉族为主,还有壮、土家、满等民族。辖4镇。区人民政府驻红旗镇。2001年设。因有全市最大最优良的珠海港湾,故誉名金湾。先后建航空城规划展览馆、产业服务中心、公共文化中心、国际商务中心、市民艺术中心、航空新城小学、金山公园、中心河堤岸景观、湿地公园等。有高校5所,中学10所,小学25所,二级医院1个,文化馆3个,图书馆1个,文化广场1个。有全国重点文物保护单位宝镜湾遗址、三灶岛侵华日军罪行遗迹。有省级爱国教育基地万人坟、千人坟纪念碑。有古迹文武庙、圣母庙、华光庙、妈祖庙。有国家级非物质文化遗产三灶鹤舞。有民俗八堡歌、花袖、定家湾茶果抢花炮等。三次产业比例1∶69∶30。农业以种植玉米、番薯、水稻为主,养殖南美白对虾、青蟹、四大家鱼、蚝、贝类。产花卉、香蕉、珍珠芭乐、甜瓜、沙糖橘。工业以航空、生物医药、新能源、电子为主。有高栏港经济区、珠海航空产业园、省海洋与水产高科技园等。服务业以金融、商贸、旅游为主。广珠铁路,江珠、粤西沿海、高栏港、机场高速过境。有珠海机场、珠海高栏港。

红旗文化广场［Hóngqí Wénhuà Guǎngchǎng］　在城区东北部。面积2.2万平方米。1990年开工,同年建成,2010年重建。因红旗镇得名。广场内有乒乓球台、休闲石桌椅、儿童娱乐设施。周边有红旗镇政府、图书馆等。通公交车。

泥湾门大桥［Níwānmén Dàqiáo］　在城区北部。长765米,宽31米,最大跨度630米,桥下净高6米。1991年开工,1993年建成。因泥湾门水道得名。为特大型河道桥梁,结构型式为T型梁桥。最大载重60吨。通公交车。

鸡啼门大桥［Jītímén Dàqiáo］　在城区西部。长1004米,宽31米,最大跨度980米,桥下净高20米。1994年开工,1995年建成。因鸡啼门水道得名。为特大型河道桥梁,结构型式为T型梁桥。最大载重60吨。通公交车。

南水桥［Nánshuǐ Qiáo］　在城区西南部。长430米,宽31米,最大跨度412米,桥下净高6.5米。2003年开工,同年建成。因南水沥得名。为大型河道桥梁,结构型式为T型梁桥。最大载重60吨。通公交车。

金湾互通立交桥［Jīnwān Hùtōng Lìjiāoqiáo］　在城区北部。占地0.3平方千米。有三层互不交叉的不同方向的城市道路在此立体相交。最高层离地面8.4米。2014年开工,同年建成。因区名得名。日交通流量5万辆。

三灶汽车客运站［Sānzào Qìchē Kèyùnzhàn］　见交通运输设施部分“三灶汽车客运站”条。

红旗汽车客运站［Hóngqí Qìchē Kèyùnzhàn］　见交通运输设施部分“红旗汽车客运站”条。

红旗镇［Hóngqí Zhèn］　金湾区人民政府驻地。在区境中部。面积123平方千米。人口3.9万。辖8居委会、5村委会,有38自然村。镇人民政府驻广安社区。1990年由红旗华侨农场改红旗管理区。1999年改镇。围海造田时以“红旗”定名。磨刀门、鸡啼门水道流经。有中学3所,小学6所,卫生院2个,卫生所14个。有文化站、漂流书屋。农业以种植玉米、蔬菜、珍珠芭乐、柑橘为主。工业以生物医药、精密装备、文创产业、游艇制造为主。珠海机场高速、省道肇珠线过境。通公交车。

金海岸大道西［Jīnhǎi'àn Dàdào Xī］　在区境中部。东起机场北路,西至伟民路。与南涌路相交。长1千米,宽32米。混凝土路面。1989年开工,同年建成。因金海岸社区得名。两侧有区招商局、金海加油站、伟民纪念广场等。通公交车。

金海岸大道东［Jīnhǎi'àn Dàdào Dōng］在区境东北部。东起金湾路,西至机场北路。与金岛路、机场高速相交。长4千米,宽32米。混凝土路面。1989年开工,同年建成。因金海岸社区得名。两侧有金湾酒店等。通公交车。

金湾路［Jīnwān Lù］　在区境东部。南起珠海大道东,北至金海岸大道东。与金铭东路、金岛路相交。长9千米,宽60米。混凝土路面。1988年开工,1993年建成,2012年重修。因金湾区得名。两侧有高尔夫球场、珠海遵义医学院、住宅小区等。通公交车。

广安社区［Guǎng'ān Shèqū］　红旗镇人民政府驻地。在区境中部。面积1.7平方千米。人口1.3万。因广安路得名。2003年成立。民居以高层住宅楼为主。有小学、幼儿园、卫生站、文化广场。有社区学校、居家养老服务中心、志愿者服务站、长者饭堂等。有体育场、游泳池、休闲绿道。有区委党校。通公交车。

三灶镇［Sānzào Zhèn］　金湾区辖镇。在区境南部。面积212平方千米。人口3.9万。辖4居委会、4村委会,有28自然村。镇人民政府驻三灶。1953年设三灶区。1959年改公社。1984年复区。1986年改镇。因镇政府驻地得名。有高校2所,初中3所,小学9所,卫生院1个,卫生所7个。有文化中心。有全国重点文物保护单位三灶岛侵华日军罪行遗迹。有国家级非物质文化遗产三灶鹤舞。有景点金沙滩、银沙滩等。农业以种植水稻、玉米,养殖、捕捞水产为主。工业以医药、电器、医疗器械、精密制造为主。有三灶科技工业园、珠海航空产业园。珠海机场高速、省道肇珠线过境。有珠海机场。

三灶［Sānzào］　三灶镇人民政府驻地。在区政府驻地红旗镇南11千米。人口7000。因岛得名。岛上礁石有3凹口,状如灶坑,故名。聚落呈长条状。有中小学、幼儿园、卫生院、文化站。工业以生物医药、电子电器、精密制造为主。有三灶科技工业园。通公交车。

南水镇［Nánshuǐ Zhèn］ 金湾区辖镇。面积183平方千米。人口5.9万。辖3居委会、5村委会，有10自然村。镇人民政府驻南水。1953年设南水乡。1959年改公社。1984年改区。1986年改镇。因镇政府驻地得名。珠江流经。有高栏、南水半岛。有中学1所，小学3所，卫生院1个，卫生所6个。有文化站、图书馆、文化广场。有全国重点文物保护单位宝镜湾遗址(含摩崖石刻岩画)。有古迹文武庙、圣母庙、华光庙、妈祖庙。农业种植水稻，产虾、蟹、鱼。工业以装备制造、石油化工、清洁能源为主。有南水工业园、南水(台商)化工专区。服务业以港口物流为主。高栏港、沿海、江珠高速，省道古港线过境。

南水［Nánshuǐ］ 南水镇人民政府驻地。在区政府驻地红旗镇西南19千米。人口2600。处天然良港浪白澳之南，故名。聚落呈团块状。有中小学、幼儿园、卫生院。种植水稻，产虾、蟹、鱼等。通公交车。

平沙镇［Píngshā Zhèn］ 金湾区辖镇。在区境西北部。面积197平方千米。人口4.8万。辖11居委会，有11自然村。镇人民政府驻立新。1990年由平沙华侨农场改平沙管理区(县级)。2000年改镇。取平塘、沙美2村首字得名。有中学3所，小学7所，二级医院1个，卫生院1个，卫生服务中心13个。有图书馆、文化站。有景点海泉湾、武林源主题公园、飞沙滩、荷包岛。农业饲养生猪、罗非鱼、立鱼，种植珍珠番石榴、荔枝、龙眼。工业以电力、游艇制造、电子、珠宝加工、食品加工为主。有平沙游艇工业专区。服务业以旅游为主。西部沿海、江珠、高栏港、京珠高速，省道古港线过境。通公交车。

立新［Lìxīn］ 平沙镇人民政府驻地。在区政府驻地红旗镇西南18千米。人口1.2万。以平沙农场新成立分场得名。聚落呈团块状。有中小学、幼儿园、卫生服务中心、休闲公园、文化广场、文化中心、老年人活动中心、残疾人康复中心、农贸市场。工业有机械、制糖等。通公交车。

汕头市

汕头市［Shàntóu Shì］ 广东省辖地级市。经济特区。北纬23°03′—23°39′，东经116°15′—117°19′。在省境东部。面积2064.4平方千米。户籍人口546.6万，常住人口552.4万。辖金平、龙湖、濠江、潮阳、潮南、澄海6区，南澳县。市人民政府驻金平区。1921年成立汕头市政厅。1930年置市，属广东省。1950年设为省辖县级汕头市，旋属潮汕专区。1956年属汕头专区。1974年复省辖。1983年设为地级市，汕头地区并入。1991年析设揭阳市，饶平县析出。清康熙五十六年(1717)筑沙汕头汛炮台。因沙脊伸延入海，百姓设栅捕鱼得名沙汕，雍正年间(1723—1735)简为今名。地处韩江三角洲南端。以海滨冲积平原为主，丘陵、山地次之。海拔0—587米。年均气温22.0℃，1月平均气温14.3℃，7月平均气温28.7℃。年均降水量1618毫米。有韩江、榕江、练江流经。海岸、岛岸线289千米。有钨、锡、铝、金、银等矿产资源。有近海鱼类471种、虾类47种、贝类117种、藻类近20种。有野生动物狼、蛇等。有南澎列岛国家级自然保护区、南澳候鸟省级自然保护区等。有国家级森林公园1个。森林覆盖率32.9%。有省级科研单位6个，高校8所，中等专业学校25所，中学287所，小学750所，三级医院7个，图书馆8个。有中国跳水队汕头训练基地、国家乒乓球汕头训练基地，省级体育训练基地3个。有潮汕历史文化研究中心、广东潮剧院。有全国重点文物保护单位崎碌炮台、文光塔、国民革命军东征军总指挥部政治部旧址，省级文物保护单位17个。有清代华侨实业家陈慈黉故居。有国家级非物质文化遗产潮剧、英歌舞、蜈蚣舞、剪纸、瓶内画。有国家4A级旅游景区6个，国家3A级旅游景区1个。有礐石风景名胜区、中信高尔夫海滨度假村、南澳岛生态旅游区、莲花峰风景区、青云岩风景区、桑浦山风景区等。三次产业比例5∶50∶45。农业以种植水稻，养殖水产、猪、牛为主。盛产柑橘、菠萝、荔枝、香蕉、龙眼、茶叶。工业以纺织服装、化工塑料、食品医药、工艺玩具、机械装备、印刷包装为主。有国家级经济开发区1个，省级经济开发区6个。服务业以旅游、商贸、金融保险为主。有五星级酒店3个，四星级酒店5个，三星级酒店18个。有铁路36.1千米，高速77.8千米。广梅汕铁路，沈海、汕昆高速，206、324国道过境。有海运航线45条，通往国内外286个港口。有汕头站、汕头港。通公交车。

汕头［Shàntóu］ 简称汕、鮀。汕头市聚落。在市境中部。面积347平方千米。人口150.1万。古为滨海冲积地。清嘉庆年间(1796—1820)形成市区雏形，道路横直相交，商居有分，呈方格式布局。咸丰十年(1860)开汕头埠，时有中外商洋行、领事馆、别墅及教堂、学校、医院等西式建筑。1921年以工、商、居住、游乐等功能分区，华侨投资扩展，建中山公园。20世纪30年代以小公园为中心，拓至崎碌片区，奠定老市区放射状开放布局。20世纪50、60年代改建解放桥(榕耀桥)、回澜桥、乌桥，兴建杏花桥，开发乌桥岛、春梅里新居住区。70、80年代新建、扩建金砂路、海滨路、潮汕路、汕樟路等干道25条，建汕头侨联大厦、汕樟百货大楼、友谊宾馆、粤丰酒家，辟建金砂公园、西堤公园。90年代建海湾大桥、礐石大桥，改造旧城。2006年后改造中山公园，建成金凤路、南澳大桥，沿汕头港北岸向东扩展。商业区以小公园为中心，外马路东、西向呈弓形，有大型商店、书店、银行、影剧院。中心城区为贸易、行政、历史文化及旅游中心。北部东片区有国家锆产业、国家玩具动漫全产业链基地。南部有家居产业链基地、特色金融中心。陆运、航运皆备。多条铁路、高速、国道过境。有海运航线45条。通公交车。

汕樟路［Shànzhāng Lù］ 在市境北部。南起外马路，北至汕汾路。与中山路、长平路、金砂路、金湖路、泰山路等相交。长9.4千米，宽40米。沥青混凝土路面。1915年建。1932、1984、2009、2013年改扩建。原规划连接汕头、原澄海县樟林，故名。分南、北2段。两侧有市中心医院、侨联大厦、金砂小学、金平公安分局、汕樟中学等。通公交车。

金环路［Jīnhuán Lù］ 在市境中部。南起海滨路，北至金凤中路。与中山路、长平路、金砂路、大学路等相交。长7.2千米，宽40米。混凝土路面。1995年建成。因环绕金园区东侧，故名。两侧有无线电监测站、中小学、南墩广德陵园、食品公司、教师公寓等。通公交车。

天山路［Tiānshān Lù］ 在市境中部。南起中山路，北至金新北路。与长平路、金砂路、珠池路、长江路、黄河路等相交。长6.4千米，宽60米。沥青混凝土路面。1988年开工，同年建成。因名山天山得名。两侧有市交运局、中学、工业城、光明理工职业学校等。通公交车。

金砂路［Jīnshā Lù］ 在市境中部。东起金津大桥，西至潮汕路。与护堤路、大华路、汕樟路、金新路、东厦路等相交。长8.5千米，宽40—50米。沥青混凝土路面。1965年开工，同年建成。1986年延伸。因金砂区得名。两侧有市物资燃料总公司、华联商厦、金凤城、金砂公园、合信星湖城、酒店等。通公交车。

中山路［Zhōngshān Lù］ 在市境中部。东起中泰立交桥，西至民族路。与民权路、利安路、同益路、公园路、新兴路等相交。长8.7千米，宽40—52米。沥青混凝土路面。1926年建。1986、1995年延伸。分中山路、中山中路、中山东路3段。两侧有中学、中山公园、市水务局、东方公园、海滨花园、时代广场等。通公交车。

金平区

金平区［Jīnpíng Qū］ 汕头市人民政府驻地。在市境中部偏北。面积109平方千米。人口75.4万。辖17街道。区人民政府驻石炮台街道。2003年由金园、升平2区合设，因取2地名各1字得名。有桑浦山。韩江、榕江、练江流经。有高校2所，中等职业学校1所，中学41所，小学72所，三级医院5个，二级医院7个。有中国跳水队汕头训练基地。有全国重点文物保护单位崎碌炮台、国民革命军东征军总指挥部政治部旧址，省级文物保护单位南昌起义南下部队指挥部旧址、桂园。有古迹明代进士陈思谦墓、石油化工专家侯祥麟故居、大司马家庙、翁公书院蓬州古城。有沟南许地民俗生态旅游区。有景点北回归线标志塔、龙泉岩、中山公园、石炮台公园、人民广场、海滨长廊。三次产业比例1∶37∶62。农业以种植水稻、甘薯、花生、甘蔗为主，盛产蔬菜、水果。有汕头农业科技园。工业以印刷包装、医药化工、轻工装备、食品加工为主。特产老妈宫粽球、干面、炒糕粿、虾米笋粿、牛肉丸。服务业以商贸、物流为主。有服装、机动车等专业市场。有华侨新村步行街。汕昆高速，206、324国道过境。有汕头汽车总站。通公交车。

人民广场［Rénmín Guǎngchǎng］ 在区境南部。面积6.3万平方米。原为海滩，1956年围填建设。1959年建成。1991年扩建。因广场性质得名。有露天舞台、罗马柱廊、音乐喷泉。东、西有海螺、海蚶雕塑。集健身、娱乐、休闲于一体。周边有潮汕体育馆、市文化宫、海滨长廊。通公交车。

西港路［Xīgǎng Lù］ 在区境中部。南起礐石大桥，北至大学路。与光华路相交。长4.4

千米，宽52米。沥青路面。2002年开工，2007年建成。因处西港东得名。两侧有汕头造船厂、市粮油食品厂、粮运公司等。通公交车。

潮阳路 [Cháoyáng Lù]　在区境中部。南起金凤东路，北至澄海路。与金兴路、金环路、南澳路相交。长2.5千米，宽52米。混凝土路面。1994年开工，2014年建成。因汕头市辖区县名命名。两侧有机械、塑胶、科技、印刷等企业。通公交车。

澄海路 [Chénghǎi Lù]　在区境中部。东起潮汕路，西至月津路。与揭阳路、潮阳路、普宁路等相交。长2.2千米，宽60米。混凝土路面。1997年开工，1998年建成。因汕头市辖区县名命名。两侧有汕头光明理工职业技术学校、市中心血站等。通公交车。

大学路 [Dàxué Lù]　在区境西部。东南起潮汕路，西北至揭阳市界。与西港路、金凤路、鮀中路、鮀东路等相交。长11.2千米，宽52米。沥青路面。1959年建沙土路。1976年扩建。1980年改造。1994年改扩建。先后名社会主义大道、五七路、鮀浦路。1986年因汕头大学更今名。两侧有汕头大学、龙泉岩、桑浦山、七日红公园等。通公交车。

金凤路 [Jīnfèng Lù]　在区境中部。东起金环北路，西至安居西路。与汕樟路、东厦路、护堤路、潮汕路、大学路等相交。长12.5千米，宽60米。混凝土路面。2002年开工，2010年建成。以市花金凤花为名。两侧有东厦住宅区、下岐市场等。通公交车。

金湖路 [Jīnhú Lù]　在区境中部。东起金环南路，西至潮汕路。与潮州路、护堤路、汕樟路、东厦路等相交。长3.6千米，宽40米。混凝土路面。1991年开工，同年建成。因取金砂、龙湖2村各1字得名。两侧有中小学、市第四医院、潮汕历史文化研究中心等。通公交车。

外马路 [Wài Mǎlù]　在区境南部。东起陵海路，西至海滨路。与商平路、永平路、居平路、国平路、升平路等相交。长2.7千米，宽40米。混凝土路面。1924年开工，1928年建成。1963、1988年改造。清末为崎碌马球俱乐部铺筑，故名马路，先后改名大马路、崎碌路、外马路。两侧有国民革命军东征军总指挥部政治部旧址、广东东江各属行政委员会旧址、日本侵略者受降大楼、市政府、市第二医院、新华书店、市中心医院等。通公交车。

海滨路 [Hǎibīn Lù]　在区境南部。东起华侨公园内部道路，西至西堤路。与外马路、利安路、同益路、博爱路、新兴路等相交。长5.6千米，宽46米。沥青路面。1984年开工，1986年建成。2010年改建。因临近海湾得名。两侧有人民广场、市委、抽纱大厦、石炮台公园、汕头海关关史陈列馆、海滨长廊公园等。通公交车。

解放大桥 [Jiěfàng Dàqiáo]　在城区南部。长102米，宽14米，最大跨度20米，桥下净高3.6米。1903年建梭船活动浮桥，以投资者张榕轩、张耀轩兄弟名得名榕耀桥。1935年改建，更名火车桥。1966年改建，1967年建成定今名。2002年维修。为中型河道桥梁，结构型式为钢筋混凝土双曲拱结构桥。最大载重汽车20吨，拖车100吨。通公交车。

光华桥 [Guānghuá Qiáo]　在城区南部。长90.4米，宽30米，最大跨度66米，桥下净高4.8米。1912年建。1950、1961年重建修复。1964年改建后因连接光华片区更今名。2002年再次重建。为小型河道桥梁，结构型式为钢筋混凝土高桩承台T型梁结构桥。最大载重汽车10吨，拖车60吨。通公交车。

乌桥 [Wū Qiáo]　在城区南部。长56.6米，宽30米，最大跨度21.4米，桥下净高1.9米。1912年建内乌桥，为杉木结构。1921—1924年改建钢筋混凝土桥，更名同济内桥，后因外桥坍塌更名同济桥。1968年刷红改名红桥。1972—1973年重建，1979年复名乌桥，2001年再次重建。因初建桥身漆黑得名。为中型河道桥梁，结构型式为预应力铪T型梁、钢筋混凝土单臂悬梁桥。最大载重55吨。通公交车。

杏花桥 [Xìnghuā Qiáo]　在城区南部。长146.7米，宽32.5米，最大跨度20米，桥下净高3.98米。1965年开工。1966年建成。1985年扩建。2013年维修。原名红旗桥，1969年因杏花村改今名。为中型河道桥梁，结构型式为装配式简支梁、钢筋混凝土T型梁桥。最大载重汽车20吨，拖车100吨。通公交车。

金湖桥 [Jīnhú Qiáo]　在城区中部。长361.8米，宽30米，最大跨度23.2米，桥下净高4.5米。1991年开工，1992年建成，2013年改造。因金湖路得名。为大型河道桥梁，结构型式为装配式简支梁桥。最大载重55吨。通公交车。

西堤客运站 [Xīdī Kèyùnzhàn]　见交通运输设施部分"西堤客运站"条。

汕头汽车总站 [Shàntóu Qìchē Zǒngzhàn]　见交通运输设施部分"汕头汽车总站"条。

石炮台街道 [Shípàotái Jiēdào]　金平区人民政府驻地。在区境南部。面积3平方千米。人口6.4万。1981年设。2001年陵海街道并入。因清代海防崎碌炮台俗称得名。先后改造旧城、集贸市场，建多处居住小区，开辟步行街、美食街。有高校1所，中等职业学校1所，完全中学1所，高中1所，九年一贯制学校1所，小学4所，特教学校1所，二级医院4个。有全国重点文物保护单位崎碌炮台。有石炮台公园、金砂公园、海滨长廊。工业以冶金、印刷、食品加工、日化、机械为主。通公交车。

华侨新村路 [Huáqiáo Xīncūn Lù]　在石炮台街道西北部。长470米，宽8米。砖石路面。20世纪70年代建。2000年改造。2002年重修。因华侨新村得名。为集旅游、购物、休闲、文化于一体商业步行街。沿街商铺林立，统一架设遮阳板、广告灯箱，主要经营服饰、化妆品、旅游商品。两侧有超市、小商品市场、公园等。通公交车。

光华街道 [Guānghuá Jiēdào]　属金平区。在区境中部。面积4平方千米。人口3.8万。1968年设红建街道。1973年因光华埠更今名。2001年新华街道并入。先后改造旧城，建厦岭路、商品市场。梅溪、西港、厦岭溪流经。有完全中学1所，初中1所，小学4所，二级医院1个。有谢慧如潮剧艺术中心。有古迹厦岭妈宫。经济以化工、塑胶加工、物流业为主。有汽车总站服装批发市场。有汕头汽车总站。通公交车。

同益街道 [Tóngyì Jiēdào]　属金平区。在区境南部。面积1平方千米。人口2.7万。2001年由中山、中马2街道合设。因同益路得名。2003年改造下水道。有中等职业学校1所，完全中学2所，初中1所，小学1所，特教学校1所。有市文化馆、博物馆。有广东国民政府东江各属行政委员公署、中共潮汕中心县委、南昌起义南下部队总指挥部、广东农民协会潮梅海陆丰办事处等革命旧址。有名胜古迹老妈宫、关帝庙、中山公园等。工业以五金电器、船用配件制造、塑料橡胶加工、印刷装潢为主。有服装、布料、电器等专业市场。通公交车。

海安街道 [Hǎi'ān Jiēdào]　属金平区。在区境南部。面积1平方千米。人口3.2万。2001年由南海、万安2街道合设。因取2地名各1字得名。先后改造小公园历史文化街区、招商路等，建成汕头开埠文化陈列馆、汕头海关关史陈列馆。有完全中学1所，初中2所，小学1所，三级医院1个。工业以包装印刷、机械制造、医药化工为主。特产老妈宫粽球、爱西干面。服务业以对外贸易为主。通公交车。

新福街道 [Xīnfú Jiēdào]　属金平区。在区境南部。面积1平方千米。人口2.9万。2001年由新风、福合2街道合设。因取2地名各1字得名。有标志性建筑金凤坛。梅溪流经。有小学2所。有永安堂、大观园戏院。有特色小吃福合埕牛肉丸、福合沟无米粿、老潮兴街甜汤。工业以五金机械、汽车零件、系列电感器等制造为主。服务业以保险为主。有电器专业集散市场。324国道过境。通公交车。

永祥街道 [Yǒngxiáng Jiēdào]　属金平区。在区境南部。面积2平方千米。人口2.5万。2001年由永泰、吉祥2街道合设。因取2地名各1字得名。先后改造小公园历史文化街区，重建小公园亭。韩江、榕江、练江流经。有小学2所。工业以印刷、包装、五金电器、食品加工为主。有水果、副食品、水产、音像、电器等市场。有礐石汽车总站。通公交车。

鮀莲街道 [Tuólián Jiēdào]　属金平区。在区境西部。面积34平方千米。人口5.6万。2001年由鮀南、莲塘2街道合设。因取2地名各1字得名。鮀济河、榕江北河流经。有职业学校1所，初中1所，小学6所。有北回归线标志塔、"七二八"烈士纪念碑。有名胜古迹宋代易学研究者林巽墓、书斋洞、乾隆八年天褒节孝坊等。农业以水产养殖为主，盛产花木、蔬果。有省级莲塘农业科技园。特产鮀浦米酒、赖厝卤鹅鸭、天港番石榴、牛田洋锯缘青蟹。206国道过境。通公交车。

鮀江街道 [Tuójiāng Jiēdào]　属金平区。在区境中部偏北。面积21平方千米。人口4.6万。2001年由鮀浦、龙泉2街道合设。因古鮀江县得名。有汕头大学、广东以色列理工学院。有完全中学1所，九年一贯制学校1所，初中1所，小学14所。有狮尾山抗日碉堡。有古迹龙泉岩、鮀浦陈氏家庙、明代进士陈思谦墓、五里亭、铁林寺、清云寺、龙泉寺、华严寺。有民俗桥头赛龙舟、云露舞骆驼。有广东省传统村落2个。有七日红公园。工业以机械、纸业、印染、制塑、五金为主。206国道过境。通公交车。

乌桥街道 [Wūqiáo Jiēdào]　属金平区。在区境中部。面积1平方千米。人口2万。1955年设乌桥街道，后撤。1986年由二马、火车2街道合设。因乌桥得名。先后改造环岛堤围、岛内枋篷、危房，扩建巷道，建综合市场。回澜新溪、梅溪流经。有职业学校1所，初中1所，小学1所。有敬老院、观音阁等。工业以电控设备制造、食品加工、纺织、塑化、船舶修造为主。通公交车。

大华街道 [Dàhuá Jiēdào]　属金平区。在区境中部偏南。面积3平方千米。人口7.1万。2001年由新兴、崎碌、新梅3街道合设。因大华路得名。梅溪流经。有初中1所，小学5所，三级医院1个，二级医院1个。有画院、体育馆、跳水馆、科技馆。有全国重点文物保护单位国民革命军东征军总指挥部政治部旧址，省级文物保护单位桂园。工业以家用电器制造、印刷包装为主。通公交车。

东方街道 [Dōngfāng Jiēdào]　属金平区。在区境东南部。面积9平方千米。人口8万。2001年设。原为围海造田东方堀，故名。有完全中学1所，初中2所，小学3所，三级医院1个。有东方公园。工业以食品、冷冻、印务、机械、电器加工为主。服务业以商贸为主。通公交车。

金厦街道 [Jīnshà Jiēdào]　属金平区。在

区境东南部。面积1平方千米。人口5.6万。2001年由金龙、东厦2街道及龙厦街道2居委会合设。因取2地名各1字得名。龙湖沟流经。有高校1所,职业学校1所,完全中学1所,初中2所,小学6所。有省级居家养老服务示范中心1个。工业以服装、珠宝加工为主。服务业以商贸为主。有金园路商业一条街。有农贸市场3个。通公交车。

金砂街道［Jīnshā Jiēdào］ 属金平区。在区境中部。面积3平方千米,人口5.9万。1960年设。因原金砂乡得名。韩江流经。有职业学校1所,初中1所,九年一贯制学校2所,小学3所,二级医院1个。有区文体中心。工业以塑化、印刷包装、机械电器制造为主。有金凤城、金砂、金砂东、大窖等市场。通公交车。

东墩街道［Dōngdūn Jiēdào］ 属金平区。在区境中部。面积3平方千米。人口3.8万。1985年设。因原东墩村得名。有中专1所,初中1所,九年一贯制学校1所,小学6所。农业有蔬果种植基地,盛产菜豆。工业以五金机械、电子、速食、旅游用品、陶瓷加工为主。有宠物、蔬果等专业市场。通公交车。

广厦街道［Guǎngshà Jiēdào］ 属金平区。在区境东部。面积4平方千米。人口6.5万。1995年设。因广厦住宅区得名。梅溪流经。有汕头广播电视大学、汕头大学医学院第二附属医院、汕头国际眼科中心。有十二年一贯制学校1所,完全中学2所,九年一贯制学校3所,初中2所,小学5所,三级医院2个。有浮陇三山国王古庙。工业以建筑及包装材料、化妆品、工艺品加工为主。通公交车。

岐山街道［Qíshān Jiēdào］ 属金平区。在区境中部偏北。面积10平方千米。人口2万。1996年撤岐山镇析设。沿用原镇名。有完全中学1所,九年一贯制学校3所,小学6所。有太安堂中医药博物馆、谢慧如潮剧艺术中心。有岐山会议旧址、陈氏磐祖祠、岐山安寿寺。工业以化工原料、纸塑制品、食品、机械加工为主。服务业以商贸、物流为主。有家居、汽贸市场。有欧美城文化小镇产业园区。通公交车。

月浦街道［Yuèpǔ Jiēdào］ 属金平区。在区境北部。面积10平方千米。人口2.5万。1996年撤岐山镇析设。因原月浦乡得名。有技工学校1所,初中1所,小学5所。有市中心血站。有广东省传统村落沟南村。工业以印刷包装、机械、食品加工为主。有月华、龙兴等工业园区。汕昆高速过境。通公交车。

龙 湖 区

龙湖区［Lónghú Qū］ 汕头市辖区。在市境中部。面积103平方千米。人口42万。辖5街道、2镇。区人民政府驻金霞街道。1991年设。2003年澄海市外砂、新溪2镇,汕头高新技术产业开发区东片部分区域并入。因龙湖村得名。先后建多处居住小区、华侨公园、星湖公园。有标志性建筑林百欣国际会展中心、南国商城。有外砂河、新津河、梅溪流经。有中职学校1所,中学22所,小学67所,二级医院4个,体育场馆7个。有市图书馆、区图书馆、区文化馆。有国家乒乓球体育后备人才培训基地1个,省优秀运动队后备人才培训基地1个。有省级文物保护单位腾辉塔、蓬沙书院。有粤海关旧址、潮海关旧址、潮海关别墅旧址。有古迹妈祖庙、证果寺、名贤王公祠、辛氏大宗祠、许氏宗祠。有景点蓝水星方特主题乐园。三次产业比例3∶46∶51。工业以机械装备、纺织服装、电子电器、印刷包装、食品加工、化工医药为主。有输配电设备、光机电产业基地。服务业以商贸、物流为主。有五星级酒店3个。沈海、汕昆高速,324国道过境。有汕头站、市汽车客运中心站、珠池深水港区。通公交车。

时代广场［Shídài Guǎngchǎng］ 在区境西南部。面积17公顷,其中草坪面积11公顷。1999年开工,同年建成。广场以结缕草坪为主,有观花乔木腊肠树和火焰木、常绿乔木阴香和塔形圆柏,配置黄心榕、角花球、红绒球等灌木。中央为“三江水”喷水雕塑,象征榕江、韩江、练江3江人民大团结。为市民观光、运动、纳凉综合性场所。周边有潮汕星河大厦、市图书馆、国际会展中心。通公交车。

黄河路［Huánghé Lù］ 在区境中部。东起泰山路,西至凤凰山路。与华山路、天山路、衡山路、嵩山路、黄山路等相交。长4千米,宽48—60米。混凝土路面。1984年开工,2004年建成。因黄河得名。两侧有汕头高新技术开发区、市公安局等。通公交车。

长江路［Chángjiāng Lù］ 在区境中部。东起泰山路,西至凤凰山路。与华山路、天山路、衡山路、嵩山路、黄山路等相交。长3.8千米,宽30—48米。混凝土路面。1983年始建。因长江得名。两侧有汕头购书中心、市盐务局等。通公交车。

龙江路［Lóngjiāng Lù］ 在区境西部。东起泰山路,西至沿江北路。与嵩山路、珠峰路相交。长1.3千米,宽35米。混凝土路面。1995年建成,2002年延伸。因龙江得名。两侧有拉芳集团、超声电子公司、中博职业技术学院等。

泰星路［Tàixīng Lù］ 在区境南部。南起东海岸大道,北至中阳大道。与中阿里山路、东海岸大道等相交。长2.3千米,宽44米。混凝土路面。2010年开工,同年建成。因泰星庄得名。两侧多居住小区。通公交车。

嵩山路［Sōngshān Lù］ 在区境西部。南起中山东路,北至汕樟北路。与韩江路、长平路、金砂路、珠池路、珠江路等相交。长9.4千米,宽36米。混凝土路面。1989年开工,2008年建成。因嵩山得名。两侧有星湖公园、林百欣科技中专、珠池医院等。通公交车。

泰山路［Tàishān Lù］ 在区境中部。南起中泰立交桥,北至松江路。与韩江路、长平路、金砂路、珠池路、珠江路等相交。长14千米,宽50米。混凝土路面。1989年开工,当年建成。因泰山得名。两侧有儿童公园、市气象局、汕头站、市汽车客运中心站、万吉工业区等。通公交车。

下埔大桥［Xiàpǔ Dàqiáo］ 在区境西北部。长216米,宽12米,桥下净高3.7米。1986年开工。1988年建成。1991、1996年拓宽。因下埔村得名。为中型河道桥梁,结构型式为钢筋混凝土T型梁桥。最大载重汽车10吨,拖车60吨。通公交车。

金津大桥［Jīnjīn Dàqiáo］ 在区境东南部。长200米,宽50米,桥下净高4.5米。1986年建成。因连接金砂东路、金鸿大道,跨新津河,故名。为中型河道桥梁,结构型式为箱涵结构桥。最大载重汽车20吨,拖车100吨。通公交车。

金洲大桥［Jīnzhōu Dàqiáo］ 在区境东部。长400米,宽38米,桥下净高7.2米。2004年开工,2006年建成。因取金鸿大道、鸭母洲各1字得名。为大型河道桥梁,结构型式为钢筋混凝土T型梁桥。最大载重55吨。通公交车。

金泰立交桥［Jīntài Lìjiāoqiáo］ 在区境西南部。面积3.7万平方米。有三层互不交叉的不同方向的城市道路在此立体相交。最高层离地面6米。1995年开工,1997年建成。因跨金砂东路、泰山路,故名。日交通流量5万辆。

中泰立交桥［Zhōngtài Lìjiāoqiáo］ 在区境西南部。面积4.5万平方米。有三层互不交叉的不同方向的城市道路在此立体相交。最高层离地面8米。1995年开工,1997年建成。因跨中山东路、泰山路,故名。日交通流量5万辆。

汕头站［Shàntóu Zhàn］ 见交通运输设施部分“汕头站”条。

汕头市汽车客运中心站［Shàntóu Shì Qìchē Kèyùn Zhōngxīnzhàn］ 见交通运输设施部分“汕头市汽车客运中心站”条。

金霞街道［Jīnxiá Jiēdào］ 龙湖区人民政府驻地。在区境西南部。面积6平方千米。人口4.6万。1992年设。2001年龙湖街道并入。因取意金色霞光得名,寓意美好未来。先后建多处住宅小区、华侨公园、潮汕星河大厦、区文化馆、市图书馆等。龙湖沟流经。有小学4所,二级医院1个。有百欣国际会展中心。工业以服装、电子、汽车零部件、医药食品为主。通公交车。

龙祥街道［Lóngxiáng Jiēdào］ 属龙湖区。在区境西部。面积9平方千米。人口4.5万。1996年设。2002年龙津街道并入。以取意龙湖区吉祥如意得名。先后建垃圾压缩站,整治体育公园、龙腾熙园。有中学3所,小学7所。有文艺团体泰龙潮汕大锣鼓、周厝塭老年人潮乐等。有古迹官埭纪氏大宗祠。工业以化工、电器加工、五金、针织、汽车制造、电子为主。有龙盛工业区。有农副产品、茶叶等专业市场。有嵩山路商业街。通公交车。

鸥汀街道［Ōutīng Jiēdào］ 属龙湖区。在区境西北部。面积15平方千米。人口4.5万。1996年设。2001年渔洲街道并入。昔为沙汀、沙鸥翔集之地,故名。有中学2所,小学8所,戏曲学校1所,二级医院1个。有星光老年之家。有古迹证果寺、腾辉塔、辛氏大宗祠、许氏宗祠。工业以食品加工、制衣、印刷、机电制造为主。服务业以商贸为主,有综合、水果、农副产品等市场。汕昆高速过境。通公交车。

新津街道［Xīnjīn Jiēdào］ 属龙湖区。在区境中部。面积7平方千米。人口8.1万。1992年设。因新津河得名。有中职学校1所,中学5所,小学8所,二级医院2个。有古迹辛厝寮陈氏宗祠。工业以包装印刷为主。有珠津、龙新工业片区。有珠江路小吃一条街。广梅汕铁路过境。有汕头站、汕头汽车客运中心站。通公交车。

珠池街道［Zhūchí Jiēdào］ 属龙湖区。在区境南部。面积13平方千米。人口8.2万。1986年设。原为海甸湿地,日光照射下池塘珠光宝气,故名。先后建垃圾压缩转运站、巾帼林。有职业学校2所,中学7所,小学11所。有名胜古迹妈屿岛妈祖庙、潮海关旧址、蓝水星主题公园。工业以制塑、塑胶、汽车配件加工为主。有珠池工业区。服务业以商贸为主。沈海高速过境。通公交车。

外砂镇［Wàishā Zhèn］ 龙湖区辖镇。在区境东北部。面积29平方千米。人口8.4万。辖17村委会,有18自然村。镇人民政府驻林厝。1958年成立外砂公社。1984年改区。1986年改镇。因泥沙冲积为内、外2砂陇,故名。外砂河、新津河流经。有中学2所,小学18所,幼儿园12所,卫生院1个,卫生站17个。有省级文物保护单位蓬沙书院。有古迹富东福德祠、长寿庵、玄帝古庙、东溪村书斋群、蓬中村祠堂群。农业以种植水稻、甘薯、蔬菜、花生、甘蔗为主。有国家地理标志产品橄榄菜、贡菜。特产金狮喉西瓜、外砂咸芥菜。工业以副食品、服装加工为主。沈海、汕昆高速，324国道过境。有汕头机场。

林厝［Líncuò］ 外砂镇人民政府驻地。在区政府驻地金霞街道东北8千米。人口5700。原王姓居多，为保护林姓利益得名。聚落呈团块状。有中小学、幼儿园、卫生站。有蓬沙书院、王天性纪念馆。农业以种植水稻、花生、甘蔗为主。有狮头鹅养殖场。工业以墙纸加工为主。沈海高速、324国道经此。

新溪镇［Xīnxī Zhèn］ 龙湖区辖镇。在区境东南部。面积27平方千米。人口6.7万。辖2居委会、16村委会，有31自然村。镇人民政府位于昆仑山路。1957年设新溪乡。1958年并入外砂公社。1961年析设新溪公社。1984年改区。1986年改置。清咸丰年间(1851—1861)沟渠拓宽竣深成溪，故名。新津河、外砂河流经。有中学2所，小学15所，幼儿园15所，卫生院1个，医疗站15个。有金叶岛国际花园、文化站。农业以种植水稻、花生，养殖水产为主，盛产蔬菜、甘蔗、西瓜。有绍河珍珠养殖基地。工业以机械制造、印刷、工艺品加工、制衣为主。有饮食一条街。金鸿公路过境。通公交车。

濠 江 区

濠江区［Háojiāng Qū］ 汕头市辖区。在市境东南部。面积170平方千米。人口28.6万。以汉族为主，还有壮、黎、苗等民族。辖7街道。区人民政府驻达濠街道。2003年由达濠、河浦2区合设。三面环海，因有濠江流经，故名。有掠鸟尾山、达濠岛。有天然海滩龙虎滩、南山湾、北山湾、东湖湾等。有完全中学6所，九年一贯制学校4所，初中5所，小学39所。有古迹达濠古城、青云禅寺、凤岗古村落、宋代将领钟英墓葬、潮海关副税务司公馆等。有民俗潮乐、灯谜、楹联、英歌舞。有国家4A级旅游景区礐石、汕头高尔夫海滨度假村，国家3A级旅游景区丹樱生态园。有景点青云岩、巨峰。三次产业比例11∶64∶25。农业以种植水稻、甘薯、马铃薯、蔬菜，养殖水产为主。有海洋捕捞业。特产东湖番薯、葛洲芋头。工业以制衣、制塑、医药生物、精细化工、食品加工为主。有国家地理标志产品达濠鱼丸。服务业以旅游、商贸、物流为主。疏港铁路、沈海高速、324国道、广葵线省道过境。有汕头南站、达濠渔港、广澳港。通多路公交车。

南滨路［Nánbīn Lù］ 在区境北部。东起博美路，西至广汕路。与礐石路、海旁路相交。长9.6千米，宽33—52米。沥青路面。1996年开工，1997年建成。因临海湾南侧海滨得名。两侧有潮汕历史文化博览中心、市游泳跳水馆、天坛花园、礐石风景名胜区等。通公交车。

海旁路［Hǎipáng Lù］ 在区境中部。东南起海马地池，西北至磊广大道。与达西路、坑墘路相交。长2.2千米，宽10米。混凝土路面。1975年开工，1977年建成。因濒濠江得名。穿过商业中心。两侧有商城、酒楼、酒店、区图书馆等。通公交车。

磊口大桥［Lěikǒu Dàqiáo］ 在城区西北部。长417米，宽18米，最大跨度50米，桥下净高10.6米。1992年开工，1994年建成。因磊口社区得名。为大型河道桥梁，结构型式为混凝土拱形桥。最大载重80吨。通公交车。

濠江大桥［Háojiāng Dàqiáo］ 在城区中部。长606米，宽13米，最大跨度30米，桥下净高9.2米。1992年开工，1994年建成。因横跨濠江得名。为大型河道桥梁，结构型式为混凝土T型桥。最大载重20吨。通公交车。

达濠客运站［Dáháo Kèyùnzhàn］ 见交通运输设施部分“达濠客运站”条。

达濠街道［Dáháo Jiēdào］ 濠江区人民政府驻地。在区境中部。面积24平方千米。人口7.5万。1984年设。1986年青篮街道并入。原名踏头埠，清康熙五十六年(1717)建达濠城，改今名。先后建花汀港综合集贸市场、达埠文化广场，改造海旁路、沿江路。有中学2所，小学7所，幼儿园50所，卫生所1个。有双泉公园。有名胜古迹青云岩、达濠古城、金兰观、西山古寺、巡司埠、三圣庙、双忠庙、万人冢遗址。有历史街区苏州街、永濠街。农业以种植水稻、番薯、花生为主。有海洋捕捞业。工业以工艺制品、塑料、服装、印刷、化妆品、水产加工为主。有盐田。特产达濠鱼丸、糖葱、番石榴、杨桃。通公交车。

礐石街道［Quèshí Jiēdào］ 属濠江区。在区境北部。面积36平方千米。人口4.8万。1984年设。2001年珠园街道并入。因礐石山得名。先后改造珠浦商住楼、综合市场，整治磊广公路、南滨路。有中学2所，小学17所，卫生所2个。有市游泳跳水馆。有历史文化街区洪厝街、英等国领事馆旧址。有国家4A级旅游景区礐石。有景点巨峰、天坛花园、澳头红树林、茂洲岩、德洲岛。农业以种植水稻、番薯、花生，养殖水产为主。盛产蚶、蚝、红肉蓝蛤等。特产澳头膏蟹、红光杨桃、红星金笋。工业以医药、制塑、石材加工、纺织服装、印刷、铝合金型材加工为主。服务业以乡村旅游为主。324国道、广葵线省道过境。通公交车。

马滘街道［Mǎjiào Jiēdào］ 属濠江区。在区境中部偏南。面积7.7平方千米。人口3万。1984年设。濒临南海，沙丘四面为水，故名。先后建濠江大桥、达南路、大众路、河中路。有中学1所，小学8所，卫生所1个。有凤岗妈祭拜妈祖信俗。工业以金属易拉盖、汽膜、手袋、纸盒加工为主。有渔业、盐业。通公交车。

广澳街道［Guǎng'ào Jiēdào］ 属濠江区。在区境东南部。面积27.8平方千米。人口3.2万。1991年设广澳乡，翌年改街道。因广澳湾得名，意为海域广阔可泊船。有中学2所，小学6所，卫生所1个。农业以种植番薯、马铃薯、大蒜为主，有水产捕捞、养殖业。盛产紫菜、鲍鱼、西施舌、文蛤等海产品。工业以塑胶、印刷、电子、食品加工为主。广葵线省道过境。通公交车。

河浦街道［Hépǔ Jiēdào］ 属濠江区。在区境西部。面积24平方千米。人口4.1万。1986年设河浦镇。1994年改三河街道。2004年更今名。因地处河海冲积浦地，故名。有中学1所，小学4所，卫生院1个，卫生所1个。有南宋潮州知府陈憺墓。有景点宝峰山、叠石山、金寿茶艺园、丹樱生态园。农业以种植水稻为主，盛产果蔬，有畜牧业。工业以食品、婴童用品、纺织助剂、商品混凝土加工为主。324国道、广葵线省道过境。通公交车。

玉新街道［Yùxīn Jiēdào］ 属濠江区。在区境西南部。面积9.6平方千米。人口2.2万。1994年设。因取玉岗、新北2地名首字得名。有高中1所，初中1所，小学5所，卫生服务站5个。有古迹玄天上帝庙、赤沙渡西庵、晚清教育家陈作舟墓葬。有景点尖相石、仙人脚迹。农业以种植水稻、番薯为主，盛产赤沙蚶、益母草。工业以家具、内衣、钢化玻璃加工为主。沈海高速过境。通公交车。

滨海街道［Bīnhǎi Jiēdào］ 属濠江区。在区境西南部。面积19.9平方千米。人口3.3万。1994年设。因濒临南海得名。先后建河浦大道、河中路。有初中1所、小学6所、卫生所1个。有宋代实业家林梅轩墓、华里古盐场遗址。有国家4A级旅游景区海滨度假村。农业以种植水稻、番薯、花生为主，有海洋捕捞、水产养殖业。工业以机械、模具加工、电线束加工、纺织为主。沈海高速过境。通公交车。

潮 阳 区

潮阳区［Cháoyáng Qū］ 汕头市辖区。在市境南部。面积666平方千米。人口177.9万。辖4街道、9镇。区人民政府驻文光街道。东晋隆安元年(397)置潮阳县，属义安郡。唐永徽元年(650)并入海阳县。先天元年(712)复县，属潮州或潮阳郡。南宋绍兴二年(1132)并入海阳县，十年复置，先后属潮州路、潮州府、省都督府、东江行政区、第六行政督察区、第七行政督察区、潮汕行政区、潮汕专区、汕头专区、汕头地区。1983年属汕头市。1993年改县级市。2003年改区。南北朝沈怀远《南越志》载：“潮阳穷海之北，故曰潮阳。”有大尖山。练江、榕江流经。有中等职业学校2所、高中27所、初中60所、小学247所、幼儿园103所、二级医院4个。有潮阳博物馆。有全国重点文物保护单位文光塔，省级文物保护单位海门万人冢遗址、莲花峰摩崖石刻等5个。有古迹灵山寺、双忠行祠、后溪古渡、涵元塔、萧氏始祖祠、陈惇临御书楼。为“中国民间文化艺术之乡”。有国家级非物质文化遗产4项，省级非物质文化遗产5项。有潮阳“三瑰宝”英歌舞、笛套音乐、剪纸。有迎春、双忠、大峰慈善3文化节。有石雕、金漆木雕、贝雕、嵌瓷等工艺。有国家4A级旅游景区莲花峰，国家3A级旅游景区大峰。三次产业比例7∶65∶28。农业以种植水稻、花生、大豆为主，盛产柑橘、香蕉、橄榄、杨梅、油柑等。有国家地理标志产品金玉三捻橄榄、西胪乌酥杨梅。工业以纺织服装、音像制品加工、纸品文具加工、机电制造为主，有谷饶纺织服装、和平音像制品产业集群。服务业以物流、旅游、康养为主。厦深高铁，沈海、汕湛、揭惠、潮莞高速，324、337国道，揭海、广葵线省道过境。有潮阳站、潮阳港、关埠港。通多路公交车。

东山大道［Dōngshān Dàdào］ 在区境东部。南起城南一路，北至324国道。与城北三路、中山路、新华路相交。长3千米，宽34米。沥青路面。1960年开工。1965年建成。2013—2014年改造。原名潮海路，1989年因沿东山更今名。两侧有区教育局、水利局、公路局、供电局、体育馆、华侨学校、潮阳电视台、中国移动通信大楼、口岸综合大楼等。通公交车。

城东大道［Chéngdōng Dàdào］ 在区境东部。南起中山东路，北至城北四路。与大北岩寺路、茗园路、城北二路、城北一路相交。长10.7千米，宽44—60米。沥青混凝土路面。1989年开工，同年建成。原名环市东路，1989年因处城区东更今名。两侧有潮阳实验学校、居住小区、潮阳一中、区委党校、东山公园、凤肚公园等。通公交车。

棉新大道［Miánxīn Dàdào］ 在区境西部。南起汕南大道，北至324国道。与柳园路、石珠路、棉西路、西关路、城南一路相交。长2.3千米，宽34米。沥青路面。1989年开工，1990年建成。因地处原棉城镇西得名。两侧有区畜牧局、质监局、政务中心、国土局、金叶大厦、居住小区等。通公交车。

棉北大桥［Miánběi Dàqiáo］ 在城区北部。长120米，宽7米，最大跨度108米，桥下净高12米。1994年开工，1995年建成。因地处棉城北部得名。为中型河道桥梁，结构型式为单孔钢筋混凝土拱桥。最大载重30吨。通公交车。

潮阳站［Cháoyáng Zhàn］ 见交通运输设施部分“潮阳站”条。

潮阳汽车客运站［Cháoyáng Qìchē Kèyùnzhàn］ 见交通运输设施部分“潮阳汽车客运站”条。

文光街道［Wénguāng Jiēdào］ 潮阳区人民政府驻地。在区境东部。面积12平方千米。人口16.9万。1994年设。因全国重点文物保护单位文光塔得名。先后改造中华路、新华东路、东山大道，改扩建中山东路、中路、西路、城北四路。护城河流经。有中学5所，小学6所，二级医院2个，卫生院1个。有妇幼保健院、卫生防疫站、慢性病防治站。有名胜古迹孔安堂、西岩、小北岩、东山等。农业以种植水稻、番薯、蔬菜，养殖鸡、鸭、鹅为主。工业以纺织服装、摩托配件制造、文化用品加工为主。服务业以商贸为主。有阳柳金宝街商业综合体。324国道、揭海线省道过境。通公交车。

城南街道［Chéngnán Jiēdào］ 属潮阳区。在区境东部。面积26平方千米。人口11万。1994年设。因地处原棉城镇南得名。先后扩建新华东路、东山大道、南中路。有高中1所，初中1所，九年制学校2所，小学11所，卫生院1个。有区体育中心。有古迹四序堂石刻、孔安堂、东岩、古渡遗址隆津港口。农业以种植甘薯、水稻、蔬菜，饲养鸡、鸭、鹅、生猪为主。工业以电子、机械、制衣、印刷、五金及塑料制品加工为主。有五星级酒店1个。揭海线省道过境。通公交车。

棉北街道［Miánběi Jiēdào］ 属潮阳区。在区境东部。面积29平方千米。人口5.3万。1994年设。因地处原棉城镇北得名。先后改扩建城西大道、东山大道、城北一路、城北四路、北关路。有十二年一贯制学校1所，中学3所，小学9所，卫生院1个。有明代官员姚瑗墓、后溪古渡。有民俗英歌舞、笛套音乐。有景点大北岩、石泉岩、石洞岩。农业以种植水稻、蔬菜，饲养鸡、鸭、鹅、生猪为主。工业以机械制造、制塑、纺织服装为主。324国道、揭海线省道过境。通公交车。

金浦街道［Jīnpǔ Jiēdào］ 属潮阳区。在区境中部偏南。面积44平方千米。人口9.2万。1986年设金浦镇。1994年改街道。原因濒练江且地势低洼得名深浦，清乾隆年间(1736—1795)以寄望更名金浦。有中学2所，小学6所，卫生服务中心1个。有区职教中心。有名胜古迹曾山寺、双髻山。农业以种植番薯、蔬菜，养殖水产为主。有蔬菜种植基地。工业以纸类、薯类加工为主。324国道过境。通公交车。

海门镇［Hǎimén Zhèn］ 潮阳区辖镇。在区境东南部。面积30平方千米。人口12.4万。辖11居委会、5村委会，有5自然村。镇人民政府驻东门社区。1952年置海门镇。1959年改公社。1975年复镇。1994年改街道。1999年复镇。因其地处练江出海口，三面环海，故名。有完全中学2所，初中2所，九年制学校1所，小学13所，卫生院1个。有省级文物保护单位海门万人冢遗址、莲花峰摩崖石刻。有国家4A级旅游景区莲花峰。农业以渔业，种植水稻、甘薯、蔬菜为主。工业以制衣、贝雕工艺、造船、水产品加工为主。服务业以旅游、餐饮为主。沈海高速，揭海、广葵线省道过境。通公交车。

东门社区［Dōngmén Shèqū］ 海门镇人民政府驻地。在区境东南部。面积3平方千米。人口5400。因地处海门城东得名。1999年成立。民居以贝灰泥木结构平房为主，楼房为辅。有老年人活动中心。有九年一贯制学校、小学、幼儿园。经济以旅游、餐饮业为主，浅海捕捞为辅。通公交车。

和平镇［Hépíng Zhèn］ 潮阳区辖镇。在区境中部偏南。面积58平方千米。人口18.3万。辖19居委会、2村委会，有21自然村。镇人民政府驻中寨社区。1958年成立和平公社。1983年改区。1986年改镇。原因濒练江产蚝得名蚝墩、蚝坪。宋景炎三年(1278)文天祥有感于地气和平，题名和平里。练江流经。有完全中学4所，初中3所，小学23所，二级医院1个，卫生院1个，卫生站16个。有国家3A级旅游景区大峰。有古迹和平古桥、和平报德古堂、灵泉寺等。农业以种植水稻、柑橘为主。有淡水养殖业，盛产鲢鱼、鳙鱼、草鱼、乌鱼。工业以音像制品、服装、眼镜、内衣、文具加工为主。324国道、省道灰田线、洪和公路过境。

中寨社区［Zhōngzhài Shèqū］ 和平镇人民政府驻地。在区境中部偏南。面积3.4平方千米。人口1.1万。唐天祐年间(904—906)成村，有上、中、下3寨，因地处中寨得名。1999年成立。居民以贝灰泥木结构平房为主，楼房为辅。有植庭文化公园、植庭文化中心、廉政书屋。有中小学、卫生站、文化广场。农业以种植水稻、蔬菜为主，有淡水养殖。有商贸、建筑业。324国道、省道灰田线经此。

贵屿镇［Guìyǔ Zhèn］ 潮阳区辖镇。在区境西部。面积52平方千米。人口16.2万。辖8居委会、19村委会，有30自然村。镇人民政府驻华美社区。1958年成立上游公社。1959年改名贵屿公社。1983年改区。1986年改镇。古为海岛，雅称得名。练江、贵屿溪、北港运河流经。有初中4所，职中1所，小学27所，二级医院1个，卫生院2个。有古迹北港宋桥、贵屿桥、双忠行祠。有国家级非物质文化遗产贵屿双忠信俗。有民俗英歌舞。农业以种植水稻、小麦、甘薯为主，盛产茶、竹、橄榄、青梅、杨梅、香蕉。工业以塑料制品、鞋服、五金电器加工为主。有贵屿循环经济产业园区。汕湛、揭惠高速，省道灰田线过境。

华美社区［Huáměi Shèqū］ 贵屿镇人民政府驻地。在区境西部。面积4.6平方千米。人口2.1万。宋嘉定三年(1210)建村。因地处贵屿山麓、练江河畔而得名下尾，雅化为华美。1999年村改社区。民居以贝灰泥木结构平房为主，楼房为辅。有老年人活动中心。有中小学、幼儿园、卫生院。有国家级非物质文化遗产贵屿双忠信俗。有桂园、后山、仙源毓秀公园。农业以种植水稻、生柑、香蕉为主。工业以废旧机电产品拆解、加工为主。特产陈高合膀饼。草南、谷贵、陈贵公路经此。

铜盂镇［Tóngyú Zhèn］ 潮阳区辖镇。在区境西南部。面积42平方千米。人口13.3万。辖3居委会、25村委会，有29自然村。镇人民政府驻铜钵盂社区。1958年成立铜盂公社。1983年改区。1986年改镇。因镇政府驻地原名得名。练江、北港运河流经。有中学6所，小学28所，卫生院1个。有省级文物保护单位唐大颠祖师塔。有古迹灵山寺、明安里、铜盂孤山墓葬群。农业以种植水稻、柑橘为主，盛产茶、橄榄、青梅、杨梅、香蕉。工业以毛织、文具、服装、珠袋、塑料制品加工为主。省道灰田线、草南公路过境。

铜钵盂社区［Tóngbōyú Shèqū］ 铜盂镇人民政府驻地。在区境西部。面积1.4平方千米。人口4200。因昔有土尾潭，状似钵盂，故名。1999年成立。民居以贝灰泥木结构平房为主，楼房为辅。有老年人活动楼。有中小学、幼儿园、卫生站、铜钵盂明园。有民俗英歌舞。农业以种植水稻为主。工业以针织服装、内衣、文具、家具家私制作为主。草南公路经此。

谷饶镇［Gǔráo Zhèn］ 潮阳区辖镇。在区境西北部。面积70平方千米。人口17万。辖5居委会、22村委会，有27自然村。镇人民政府驻上堡社区。1961年成立谷饶公社。1983年改区。1986年改镇。明代因频遭旱灾而赤贫且多寮屋得名赤寮，清末修河引水更今名，意为五谷丰登。谷饶水流经。有完全中学1所，初中4所，小学27所，卫生院1个。有赤杜岭南昌起义军营地旧址。有古迹梅祖家祠、贵山书院、新坡遗址、宋大元帅墓园、赤杜岭感天大帝庙、小可楼。有民俗谷饶祭社。农业以种植水稻、甘薯、甘蔗为主，盛产冬瓜、狮头油甘、三捻橄榄、乌酥杨梅。工业以针织内衣、塑料、服装加工为主。厦深铁路，潮惠、汕普高速，省道灰田线，谷关公路过境。有潮阳站。

上堡社区［Shàngbǎo Shèqū］ 谷饶镇人民政府驻地。在区境西部。面积6.3平方千米。人口2.8万。因地处原赤寮自然村上部得名赤寮上堡，简为今名。1999年成立。民居以贝灰泥木结构平房为主，楼房为辅。有老年人联谊活动中心。有中小学、幼儿园、卫生站。农业以种植水稻，淡水养殖为主，盛产杨梅、青梅。工业以针织内衣加工为主。通公交车。

河溪镇［Héxī Zhèn］ 潮阳区辖镇。在区境中部偏北。面积55平方千米。人口8.9万。辖1居委会、11村委会，有12自然村。镇人民政府驻河溪社区。1961年由河溪农场改公社。1983年改区。1986年改镇。因镇政府驻地原名得名。榕江、潮水溪流经。有河溪水库。有汕头海岸湿地示范区和候鸟自然保护区。有中学3所，小学12所，卫生院1个。有古迹华阳珍珠庙、双忠庙、海岩寺、海棠古观。农业以种植水稻、姜薯、香芋、莲藕为主，盛产膏蟹、乌耳鳗、沙虾等水产品。工业以五金、塑料制品、电子、建材、服装加工为主。有建筑业。沈海、揭惠、潮莞高速，324国道，省道揭海线过境。

河溪社区［Héxī Shèqū］ 河溪镇人民政府驻地。在区境中部偏东。面积1.6平方千米。人口3200。因河溪汇入榕江出海口得名。1999年成立。潮水溪流经。民居以传统民房为主，有多栋潮汕民居“下山虎”、中式别墅。有医疗站、老年人文化活动中心。有小学。有十八古井、七二八烈士墓园。农业以种植水稻、甘薯为主，有浅海捕捞、海水养殖业。工业以建筑为主。省道揭海线、后金公路经此。

西胪镇［Xīlú Zhèn］ 潮阳区辖镇。在区境中部偏北。面积109平方千米。人口18.5万。辖4居委会、23村委会，有31自然村。镇人民政府驻西一社区。1961年成立西胪公社。1983年改区。1986年改镇。因地处榕江西岸，芦苇丛生，故名西芦，以谐音改今名。榕江流经。有职业学校1所，完全中学1所，高中1所，初中7所，小学25所，卫生院1个。有名胜古迹古雪岩、梅峰寺、观音山奇石公园、西凤生态园。农业以种植水稻、竹笋、莲藕、姜薯为主。有国家地理标志产品乌酥杨梅。工业以制塑、五金加工、家具制造、建筑为主。省道揭海线过境。

西一社区［Xīyī Shèqū］ 西胪镇人民政府驻地。在区境中部偏东。面积7.1平方千米。人口1.5万。由西胪村析出并以序号得名。1999年成立。民居以贝灰泥木结构平房为主，楼房为辅。有农家书屋。有职业学校、中小学、幼儿园、卫生站、农贸市场。有龙舌尾、弯肚休闲广场。农业以种植水稻、竹笋、莲藕，养殖鱼、虾为主。潮揭公路经此。

关埠镇［Guānbù Zhèn］ 潮阳区辖镇。在区境北部。面积54平方千米。人口13.6万。

辖4居委会、26村委会，有35自然村。镇人民政府驻福仓社区。1958年成立红星公社。1968年改关埠公社。1983年改区。1986年改镇。明洪武十四年(1381)村前辟关，嘉靖十一年(1532)关前设圩埠，故名关前埠，简为今名。有中学7所、小学26所、卫生院1个。有名胜古迹清代黄武贤提督府旧址、厦林居士林、石井岩。农业以种植水稻、甘薯为主，盛产柑橘、杨桃、香蕉、荔枝、龙眼。工业以塑料制品、电子、食品、建材加工为主。有抽纱、家具、皮具、藤竹等家庭手工业。厦深高铁、省道揭海线、关金公路过境。有关埠港。

福仓社区［Fúcāng Shèqū］　关埠镇人民政府驻地。在区境北部。面积2.5平方千米。人口6400。1999年成立。因粮食满仓、安乐幸福得名。民居以贝灰泥木结构平房为主，楼房为辅。有小学、幼儿园、卫生站、图书室。农业以种植水稻、竹笋、双华李为主。潮揭、谷关、关金公路经此。

金灶镇［Jīnzào Zhèn］　潮阳区辖镇。在区境西北部。面积79平方千米。人口15万。辖4居委会、42村委会，有68自然村。镇人民政府驻玉浦社区。2003年由金玉、灶浦2镇合置。因取原2镇各1字得名。榕江、潮水溪、榕南水流经。有中学6所，小学33所，卫生院1个。有徐寮红军洞、小北山革命烈士纪念碑。有古迹涵元塔、金沟麻田寺、观音神庙。农业以种植水稻、蔬菜为主，盛产杨梅、桑葚、香蕉。有国家地理标志产品金玉三捻橄榄。工业以食品、五金、水泥加工为主。特产金灶牛丸、金灶鱼丸、潮式肠粉、金灶粿品。有旅游业。省道揭海线过境。

玉浦社区［Yùpǔ Shèqū］　金灶镇人民政府驻地。在区境北部。面积3平方千米。人口7300。原因潮水溪溪面宽直得名直浦，明嘉靖三十八年(1559)雅化为玉浦。1999年成立。民居以贝灰泥木结构平房为主，楼房为辅。有老年人活动中心。有小学、幼儿园、卫生站。农业以种植水稻、生柑、甘薯、橄榄、杨梅为主。潮揭公路经此。

沟头［Gōutóu］　在区政府驻地文光街道西北29千米。金灶镇辖自然村。人口4200。宋代建村，因四面河沟环绕得名。聚落呈团块状。有小学。有清代民居端睦公祠、昭武第、宣德第。农业以种植水稻、甘薯、生柑、香蕉为主。2014年被评为省级文明村。

潮南区

潮南区［Cháonán Qū］　汕头市辖区。在市境西南部。面积596平方千米。人口139.6万。辖1街道、10镇。区人民政府驻峡山街道。2003年由潮阳市析设潮南区。因地处潮阳市南部，故名。有雷岭大山。练江流经。有高中14所，初中49所，小学232所，幼儿园166所，三级医院1个，二级医院2个。有省级文物保护单位东里寨。有大南山革命遗址、红场革命烈士纪念碑、英雄石洞、中共东江特委旧址、西南红军医院旧址、农民协会旧址。有名胜古迹仙湖、翠峰岩、祥符塔。有潮阳三瑰宝英歌舞、笛套音乐、剪纸。有民俗东沟剧鼓、大寮嵌瓷、打锡箔。三次产业比例5∶61∶34。农业以种植水稻、花生、大豆，养殖水产为主。盛产雷岭荔枝、红场青梅、鲍鱼、虾、膏蟹。工业以服装加工为主。服务业以商贸、电子商务为主。汕湛、沈海、揭惠、潮汕环线高速，324国道，省道司神线过境。通多路公交车。

峡山客运站［Xiáshān Kèyùnzhàn］　见交通运输设施部分“峡山客运站”条。

峡山街道［Xiáshān Jiēdào］　潮南区人民政府驻地。在区境北部。面积46平方千米。人口22.8万。1986年设峡山镇。2003年改街道。东有蛇山，西有龟山，因取“两山相合”得名。峡山大溪、十八湾水流经。有完全中学3所，高中1所，初中4所，九年一贯制学校4所，小学30所，幼儿园29所，三级医院1个，二级医院1个，卫生站36个。有名胜古迹祥符塔、恩波桥、周氏缵绪堂、云吟石、饮凤泉、凤泉岩、玉紫岩。农业以种植水稻、甘薯、玉米、马铃薯、芋头、大豆、花生、甘蔗、木薯为主。工业以精细化工、针织服装、文化用品加工为主，有皮塑制品、拉链线带、电子电器等传统工业。324国道过境。通公交车。

井都镇［Jǐngdū Zhèn］　潮南区辖镇。在区境东部。面积45平方千米。人口10.2万。辖4居委会、10村委会，有14自然村。镇人民政府驻神山社区。1959年成立井都公社。1983年改区。1986年改镇。为古潮州隆井盐场所在地，故名隆井都，简为今名。练江、半港河流经。濒临南海、龟头海。有初中1所，小学14所，卫生院1个，诊所13个。有福田古寺、天后圣庙。农业以海洋捕捞，种植蔬菜，养殖水产、生猪为主。盛产南美白对虾、金刚虾。工业以海产品速冻、食品加工、毛织为主。沈海高速、省道广葵线过境。通公交车。

神山社区［Shénshān Shèqū］　井都镇人民政府驻地。在区境东北部。面积9平方千米。人口1.3万。蜘蛛山有石形似眠床、脚桶，先民以为神造，故名。1997年成立。民居以贝灰泥木平房、楼房为主。以居家养老为主要养老模式。有小学、卫生站。省道灰田线经此。

陇田镇［Lǒngtián Zhèn］　潮南区辖镇。在区境东南部。面积71平方千米。人口14.8万。辖8居委会、23村委会，有31自然村。镇人民政府驻浩溪社区。2003年由沙陇、田心2镇合置。因取原2镇各1字得名。有初中3所，小学31所，卫生院1个。有古迹华古岩、东里寨。农业以种植水稻、蔬菜，养殖南美白对虾、金刚虾、鱼为主。工业以服装、袜业、电缆、塑料加工为主。省道广葵线、县道陈沙线、葵和公路过境。

浩溪社区［Hàoxī Shèqū］　陇田镇人民政府驻地。面积4.3平方千米。人口9000。因大龙溪经此浩荡得名。1999年成立。民居以潮汕下山虎建筑风格为主。有九年一贯制学校、卫生站。农业以蔬菜种植为主。工业以纺织服装、袜业、塑料编织、电线电缆为主。通公路。

东华［Dōnghuá］　在区政府驻地峡山街道东南11.8千米。陇田镇辖自然村。人口4100。因地处溪流东岸，以繁华之意得名。聚落呈块状。有小学、卫生站。农业以种植水稻，养殖水产为主。盛产蕉柑、番石榴、葡萄、樱桃番茄。有无公害农业基地4个。2005年被评为全国文明村。

成田镇［Chéngtián Zhèn］　潮南区辖镇。在区境东南部。面积57平方千米。人口9.9万。辖3居委会、12村委会，有22自然村。镇人民政府驻蓝丰村。1961年成立成田公社。1983年改区。1986年改镇。原为海滩，名城前，后开垦良田，改今名。大寮溪流经。有高中1所，初中3所，九年一贯制学校2所，小学14所，卫生院1个。有名胜古迹南山麓鸟崎洞、祯祥善堂。有传统嵌瓷工艺。农业以种植水稻、甘薯为主，盛产荔枝、青梅、桃李、龙眼。工业以织布、袜业、覆膜加工、音像制品加工为主。省道广葵线、县道陈沙线过境。

蓝丰村［Lánfēngcūn］　成田镇人民政府驻地。在区政府驻地峡山街道东南7.9千米。人口5100。旧属蓝美乡，成立村委会后沿用。聚落呈块状。有完全小学、卫生站。农业以种植水稻、甘薯为主，盛产青梅、桃李。工业以针织、服装加工为主。葵和公路经此。

简朴［Jiǎnpǔ］　在区政府驻地峡山街道东南8.9千米。成田镇辖自然村。人口1.9万。原因地处海汉得名港泊村，后以谐音改今名，寄意“民风古简朴实”。充分利用自然资源丰富，山清水秀，侨宅极具特色之优势，完善和串联起多个景点，形成旅游观光带，大力建设生态宜居宜游的美丽乡村。2014年被评为省级文明村。聚落呈块状。有九年一贯制学校、卫生站。县道陈沙线经此。

胪岗镇［Lúgǎng Zhèn］　潮南区辖镇。在区境中部。面积50平方千米。人口15.7万。辖4居委会、10村委会，有27自然村。镇人民政府驻胪岗社区。1964年成立和平柑橘公社。1968年更名胪岗公社。1983年改区。1986年改镇。因镇政府驻地原名得名。中港河流经。有完全中学1所，初中3所，九年一贯制学校1所，小学14所，幼儿园17所，二级医院1个，卫生院1个，卫生站14个。有古迹石塔寺、天后庙。农业以种植柑橘、脐橙、水稻、小麦、甘蔗为主。工业以农船、农械、织带、化妆品、文具加工为主。324、337国道，县道陈沙线，葵和公路过境。

胪岗社区［Lúgǎng Shèqū］　胪岗镇人民政府驻地。在区境中部偏北。面积3.4平方千米。人口2.3万。因芦苇丛生得名芦岗，雅化为今名。1999年成立。民居以贝灰泥木平房、楼房为主。有小学、卫生院。县道陈沙线经此。

两英镇［Liǎngyīng Zhèn］　潮南区辖镇。在区境中部。面积85平方千米。人口20.3万。辖13居委会、17村委会，有65自然村。镇人民政府驻墙新社区。1957年设两英乡。1961年成立公社。1983年改区。1986年改镇。清乾隆元年(1736)为乌鸦圩，后雅化为鹰圩，又因溪南新圩与溪北圩得名两鹰圩，谐音成今名。两英大溪流经。有初中9所，幼儿园39所，卫生院1个，卫生站31个。有胜观岩、两英革命烈士纪念碑。农业以种植水稻、薯类为主，盛产蔬菜、水果。工业以纺织、服装加工为主。省道司神线、县道陈沙线过境。

墙新社区［Qiángxīn Shèqū］　两英镇人民政府驻地。面积0.7平方千米。人口6100。清康熙十九年(1680)因周围筑墙得名墙围，后因较晚建寨得名墙新。2003年成立。民居多为砖混结构，也有潮汕传统之砖木结构。有初中、卫生站。农业以种植水稻为主，兼种甘薯、花生等。

司马浦镇［Sīmǎpǔ Zhèn］　潮南区辖镇。在区境西北部。面积30平方千米。人口13.3万。辖6居委会、13村委会，有41自然村。镇人民政府驻司上社区。1961年成立司马浦公社。1983年改区。1986年改镇。因先人曾任司马得名。练江、美仙河、中港河流经。有中学6所，小学23所，幼儿园14所，卫生院1个。有古迹西顾庵、小西洋天后古庙。农业以种植水稻为主，盛产甘薯、花生、柑橘、香蕉。工业以人造花、电器、针织、旅游用品等加工业为主。324国道、省道司神线过境。

司上社区［Sīshàng Shèqū］　司马浦镇人民政府驻地。在区境西北部。面积1.5平方千米。人口6500。以方位划分司上、司下，因居镇下部得名。1999年成立。民居以贝灰泥木平房、楼房为主。有老年人活动中心。有完全小学、卫生站。省道司神线经此。通公交车。

陈店镇［Chéndiàn Zhèn］　潮南区辖镇。在区境西北部。面积27平方千米。人口12.5

万。辖10居委会、13村委会,有35自然村。镇人民政府驻陈店社区。1956年设陈店乡,后改公社。1983年改区。1986年改镇。因镇政府驻地原名得名。练江流经。有金溪水库。有高中1所,小学23所,九年一贯制学校5所,初中1所,卫生院1个,医疗站23个。有古迹关帝庙、西天佛祖庙。农业以种植水稻为主,盛产甘薯、蔬菜、柑橘。工业以机械、食品加工、纺织、电子、小五金加工为主。324国道、县道陈沙线过境。

陈店社区 [Chéndiàn Shèqū] 陈店镇人民政府驻地。在区境西北部。面积0.9平方千米。人口8300。因清宣统三年(1911)陈姓开小食店得名。1997年成立。民居以多层楼房为主,贝灰泥木平房为辅。有社区服务中心、图书馆、活动室、卫生服务站等。有九年一贯制学校、卫生院。工业以内衣加工、电子、针织为主。通公交车。

仙城镇 [Xiānchéng Zhèn] 潮南区辖镇。在区境西部。面积54平方千米。人口12.2万。辖3居委会、9村委会,有36自然村。镇人民政府驻仙门城社区。1961年成立仙城公社。1983年改区。1986年改镇。原因为出入大南山门户得名山门城,为纪念元末明初虱母仙建城改今名。金溪流经。有完全中学1所,初中3所,小学17所,幼儿园8所,卫生院2个,卫生站8个。有名胜仙湖、翠峰岩。农业以种植水稻、甘薯、花生、甘蔗为主。工业以五金、家具、陶瓷、食品加工为主。县道陈沙线过境。

仙门城社区 [Xiānménchéng Shèqū] 仙城镇人民政府驻地。在区境西北部。面积10.8平方千米。人口3.1万。元末明初虱母仙建城,故名。2002年成立。民居以贝灰泥木平房为主,多层楼房为辅。有社区服务中心,开展一站式服务,包括民政、社保、就业、教育、卫生等方面。有中小学、卫生站。通公交车。

红场镇 [Hóngchǎng Zhèn] 潮南区辖镇。在区境西南部。面积69平方千米。人口3.6万。辖1居委会、23村委会,有31自然村。镇人民政府驻苏林社区。1958年成石船公社。1961年更名红场公社。1983年改区。1986年改镇。原因有石形似船得名石船,1961年以多革命旧址更今名。红场溪流经。有初中1所,小学14所,卫生院1个,卫生站16个。有南山临时军事委员会旧址红宫、红场广场、英雄石洞、西南红军医院旧址、东江特委办公旧址、红场革命烈士纪念碑等。经济以林业为主,盛产茶叶、薪炭林、用材林。农业以种植水稻、青梅、橄榄、李为主。红四、水潘公路过境。

苏林社区 [Sūlín Shèqū] 红场镇人民政府驻地。在区境西南部。面积4.1平方千米。人口3300。为革命苏区,以林氏为主,故名。1999年成立。民居以多层楼房为主,平房为辅。有社区服务中心,开展一站式服务,包括民政、社保、就业、教育、卫生等方面。有中小学、卫生站。水潘公路经此。

雷岭镇 [Léilǐng Zhèn] 潮南区辖镇。在区境南部。面积62平方千米。人口4.3万。辖1居委会、14村委会,有24自然村。镇人民政府驻双老社区。1961年成立雷岭公社。1983年改区。1986年改镇。因雷岭峰得名。雷岭河流经。有初中1所,小学15所,卫生院1个。有济美尖石洞、红军被服厂、红军印刷厂等革命旧址。经济以林业为主,盛产薪炭林、用材林。农业以种植水稻、甘薯、荔枝、大梨、香蕉为主。工业以服装、手袋、丝花等加工业为主。省道司神线过境。

双老社区 [Shuānglǎo Shèqū] 雷岭镇人民政府驻地。在区境南部。面积有1.5平方千米。人口2400。原因地处土陇西得名西陇,以方言谐音成今名。1993年成立。民居以多层楼房为主,平房为辅。有社区服务中心,开展一站式服务,包括民政、社保、就业、教育、卫生等方面。有中小学、幼儿园、卫生站。省道司神线经此。

澄海区

澄海区 [Chénghǎi Qū] 汕头市辖区。在市境东北部。面积345平方千米。人口76.3万。以汉族为主,还有壮、苗、布依等民族。辖3街道、8镇。区人民政府驻澄华街道。明嘉靖四十二年(1563)析海阳、揭阳、饶平3县置澄海县,属潮州府。1949年后先后属潮汕行政区、粤东行政区、汕头专区、汕头地区。1983年属汕头市。1994年改县级市。2003年改区。因"澄靖海宇"得名。先后建文冠路、德政路、区清源水质净化厂、洁源垃圾发电厂。有莲花山。有东溪、西溪、北溪流经。有中等职业学校1所,中学29所,小学105所,三级医院1个,二级医院2个。有省级文物保护单位龟山汉墓、清代实业家陈慈黉故居等4个。有古迹樟林古港遗址、莱芜炮台遗址、神山古庵。有国家级非物质文化遗产澄海灯谜、蜈蚣舞。有中国传统村落2个。有国家4A级旅游景区莲华乡村旅游区、前美古村侨文化旅游区,国家3A级旅游景区莱芜旅游度假区。有古迹澄海华侨后裔、泰国吞武里王朝开国君主郑信衣冠墓,有景点塔山、西塘庭园、红头船石雕、樟林古港纪念碑。三次产业比例9∶57∶34。农业以种植水稻、花生、柑橘为主,盛产蔬菜、水果,养殖狮头鹅。特产莱芜紫菜。工业以纺织制衣及玩具礼品、木制品、机电、塑料五金制品加工为主。服务业以旅游、金融、商贸、物流为主。沈海高速,324国道,省道凤湾、樟公、澄南线过境。有澄海长途汽车总站。

益民路 [Yìmín Lù] 在区境西南部。东起中山中路,西至324国道。与寺后街、外环西路、振兴路等相交。长1.3千米,宽22.4米。混凝土路面。1995年开工,1998年建成。寓意有益于民得名。两侧有小学、区交运局、信用联社、工行、居住小区等。通公交车。

德政路 [Dézhèng Lù] 在区境西南部。东起324国道,西至兴华路。与宁川路、玉潭路相交。长1.3千米,宽21.3米。混凝土路面。1994年开工,同年建成。1996年扩建。因地处行政片区,寓意施行德政得名。两侧有区财政局、地税局、检察院、居住小区等。通公交车。

玉潭路 [Yùtán Lù] 在区境西南部。南起澄华路,北至环翠路。与文冠路、德政路、澄江路、广益路、登峰路等相交。长4.6千米,宽30米。混凝土路面。1996年开工,1997年建成。1999年改造。因取玉窖小区、大池塘潭各1字得名。两侧有区教育局、居住小区等。通公交车。

文冠路 [Wénguàn Lù] 在区境西南部。东起324国道,西至兴华路。与宁川路、玉潭路等相交。长3.6千米,宽40.4米。混凝土路面。1994年开工,1995年建成。因取文祠西路、冠山社区各1字得名。两侧有区政府、公安局、酒店、动漫公司、居住小区等。通公交车。

凤翔路 [Fèngxiáng Lù] 在区境南部。东起海宁路,西至外环东路。与凤新一路、凤新二路、信发路、海宁路相交。长3.2千米,宽14.3米。混凝土路面。2007年开工,2008年建成。因澄城别称"凤城",取意"澄海如凤腾飞"得名。两侧有玩具厂、昆美天后庙、毛织公司等。通公交车。

登峰路 [Dēngfēng Lù] 在区境西南部。东起莲河西路,西至华东路。与324国道、中山北路、宁川路、玉潭路等相交。长4.8千米,宽18.2米。混凝土路面。2003年开工,2004年建成。因经山峰,寓意"澄海社会、经济发展步步上升"得名。两侧有美和大厦、登峰学校、区委党校等。通公交车。

广益路 [Guǎngyì Lù] 在区境西南部。东起外环西路,西至环翠路。与324国道、宁川路、玉潭路等相交。长4.1千米,宽30米。混凝土路面。原为324国道,2006年扩建。2007年建成。因地处广益街道,取意"集思广益"得名。两侧有派出所、区中医院、居住小区等。通公交车。

澄海汽车总站 [Chénghǎi Qìchē Zǒngzhàn] 见交通运输设施部分"澄海汽车总站"条。

澄华街道 [Chénghuá Jiēdào] 澄海区人民政府驻地。在区境西南部。面积13平方千米。人口6.1万。1996年设。因取原澄城、上华2镇各1字得名。有中学2所,小学9所,幼儿园21所,卫生院1个,社区卫生服务中心1个。有澄海文化广场。有许包野烈士陵园。有国家级非物质文化遗产蜈蚣舞。有景点神山、冠山书院、西门天后宫、红头船公园等。工业以毛衫、玩具加工为主。沈海高速、324国道过境。通公交车。

凤翔街道 [Fèngxiáng Jiēdào] 属澄海区。在区境南部。面积41平方千米。人口14.9万。1996年设。2001年坝头镇部分地域并入。因澄海县城古称凤城得名。先后改造旧城,建成莱美、凤新等工业区。莲阳河、外砂河流经。有中学5所,小学16所,幼儿园32所,三级医院1个,二级医院1个,卫生院2个,卫生所1个,社区卫生服务中心2个。有"英风永式"革命烈士纪念碑、史学家杜国庠墓。工业以玩具、工艺品、塑料制品、毛织服装加工为主。通公交车。

广益街道 [Guǎngyì Jiēdào] 属澄海区。在区境西部。面积16平方千米。人口4.3万。1996年设。因广益路得名。莲阳河流经。有中学2所,小学7所,二级医院1个,社区卫生服务中心1个。有澄海国际博览中心。有省级文物保护单位龟山汉墓。有古迹泰国吞武里王朝开国君主郑信衣冠墓、接龙桥。有景点文明塔、科隆千树园等。农业以种植蔬菜为主。特产乌腊蔗、龙田西洋菜、内陇菱角。工业以塑料、玩具、工艺品加工为主。有塑料城。324国道过境。有粤海交通运输服务中心、澄海汽车总站。通公交车。

东里镇 [Dōnglǐ Zhèn] 澄海区辖镇。在区境东北部。面积35平方千米。人口7.8万。以汉族为主,还有壮、苗等民族。辖3居委会、19村委会,有21自然村。镇人民政府驻东桥社区。1949年置东陇镇。1958年并入苏北社区。1961年析设东陇公社。1971年更名东里公社。1974年析置东里镇。1980年公社并入镇。因地处河东得名东陇,后易今名。有鸡笼山、象鼻山。韩江南溪、北溪流经。有中学4所,小学9所,卫生院1个,卫生站12个。有省级文物保护单位散文家秦牧故居。有名胜古迹永定楼、樟林古港、西塘庭园、樟林天后宫、南盛里古民居。有古街巷新兴街。有林沛然宅第林园。农业以种植水稻、番薯、甘蔗为主,特产樟林林檎、萝卜。工业以五金机械、凉果、塑胶、木雕竹器加工为主。324国道、省道樟公线过境。

新兴街 [Xīnxīng Jiē] 在东里镇区西南部。为樟林古港出海必经之路。长0.2千米,宽4.8米。石料路面。清嘉庆七年(1802)程洋冈蔡氏等船主在此沿水道建设栈房街，有栈房54间，供货物仓储和商业洽谈之用。后栈房街渐成樟林新兴的繁华商业街，故名。至今仍有当年所建内祠、外祠、永定楼、妈祖宫和林沛然宅第林园。

东桥社区［Dōngqiáo Shèqū］　东里镇人民政府驻地。在区境东北部。面积0.1平方千米。人口6700。因地处东里大桥东得名。2002年成立。以传统潮汕民居为主。有卫生服务站、老年活动室、便民服务站等。有机铸、五金、服装加工企业。324国道经此。

观一［Guānyī］　在区政府驻地澄华街道东北约13千米。东里镇辖自然村。人口3200。原属观平村第一生产队，故名。聚落呈团块状。有小学、广场、农贸市场。有省级文物保护单位秦牧故居。有古迹天后宫。农业以种植水稻、番薯为主。324国道经此。

盐鸿镇［Yánhóng Zhèn］　澄海区辖镇。区境东北部。面积38平方千米。人口4.9万。以汉族为主，还有壮、苗等民族。辖1居委会、8村委会，有8自然村。镇人民政府驻鸿一。1961年成立盐鸿公社。1984年改区。1986年改镇。因取盐灶、鸿沟2村首字得名。有莲花山。有中学1所，小学9所，幼儿园13所，卫生院1个，卫生站8个。有名胜古迹锯廊、拍铳桥。农业以种植水稻、番薯、甘蔗为主。有海洋捕捞、海水养殖业，盛产青蟹、牡蛎、蚝、米蛔。工业以锆制品、不锈钢制品、食品加工、化工胶辊、包装为主。324国道过境。

鸿一［Hóngyī］　盐鸿镇人民政府驻地。在区政府驻地澄华街道东北18千米。人口5200。1961年为鸿沟乡第一村委会，故名。聚落呈团块状。有小学、卫生所。农业以种植水稻、番薯为主。324国道经此。

莲华镇［Liánhuá Zhèn］　澄海区辖镇。在区境北部。面积20平方千米。人口2.8万。以汉族为主，还有壮、苗等民族。辖19村委会，有20自然村。镇人民政府驻隆南。1961年成立十五乡公社。1986年改镇。1995年因莲花山更今名。韩江北溪。有中学1所，小学3所，幼儿园12所，卫生院1个，卫生站11个。有爱国主义教育基地西浦村。有名胜古迹莲花寺、新楼古寨、莲花山温泉度假村。经济以特色农业、旅游业为主。有水果、蔬菜、水产、食用菌种养殖基地，兰花产业园区。省道樟公线过境。

隆南［Lóngnán］　莲华镇人民政府驻地。在区政府驻地澄华街道东北12千米。人口2400。因地处原隆城乡南部，故名。聚落呈团块状。有小学、卫生站。农业以种植水稻、番薯、花生为主。县道樟隆线经此。

溪南镇［Xīnán Zhèn］　澄海区辖镇。在区境东北部。面积41平方千米。人口6.9万。以汉族为主，还有壮、苗等民族。辖1居委会、21村委会，有21自然村。镇人民政府驻南社。1958年成立溪南公社。1984年改区。1986年改镇。因地处义丰溪南得名。南溪流经。有中学2所，小学12所，幼儿园14所，卫生院1个，卫生站17个，敬老院1个。有明代大儒唐伯元墓、唐伯元纪念馆。有景点资福寺、承启园。农业以种植水稻、番薯、花生、甘蔗、柑橘为主。有海洋捕捞、淡水养殖业。有万亩水稻生产基地。工业以抽纱、农副产品加工、服装、造纸、五金为主。324国道过境。

南社［Nánshè］　溪南镇人民政府驻地。在区政府驻地澄华街道北10千米。人口3700。宋建炎三年(1129)建村，名义积寨，清乾隆三十四年(1769)改名南砂寨，后分东、西、南、北4社，此村居南，故名。聚落呈团块状。有卫生所。有南砂乡文史乡贤馆、南砂池寮革命旧址。有民俗正月十五营灯、正月二十四游神。农业以种植水稻、番石榴为主。工业以塑料、玩具、工艺品加工为主。

西社［Xīshè］　在区政府驻地澄华街道东北11千米。溪南镇辖自然村。人口3600。原为南砂寨，后分4社，此处居西，故名。聚落呈团块状。有小学。有民俗正月十九日营灯、正月二十四日游神。农业以种植水稻为主，盛产水果。工业以塑料、玩具、工艺品加工为主。2011年被评为全国文明村。

隆都镇［Lóngdū Zhèn］　澄海区辖镇。在区境西北部。面积34平方千米。人口7.7万。以汉族为主，还有壮、苗等民族。辖1居委会、14村委会，有38自然村。镇人民政府驻店市社区。1958年成立隆都公社。1984年改区。1986年改镇。因龙眼城雅称隆都得名。有中学2所，小学10所，卫生院1个，卫生站15个。有省级文物保护单位旅泰华侨实业家陈慈黉故居。有古迹永宁寨、祖姑祠状元先生第、侯邦七落厝、丽泽斋、明德家塾。农业以种植水稻、花生、甘蔗为主，盛产柑橘、荔枝、橄榄。工业以服装、食品、工艺品加工为主。特产米钱、佬花、云片糕、肉皮。厦深铁路、汕海高速过境。

店市社区［Diànshì Shèqū］　隆都镇人民政府驻地。在区境西北部。面积0.7平方千米。人口5300。明代成集，名店仔头市，后扩张更名为店市。2003年成立。以传统潮汕民居为主。有老年人活动中心、社区阅览室、志愿者服务站。有中小学、卫生院、卫生站。通公交车。

前美［Qiánměi］　在区政府驻地澄华街道北11千米。隆都镇辖自然村。人口6600。由前溪陈、居美2村合并而成，故名。聚落呈团块状。有小学、幼儿园、卫生所。为中国传统村落。有省级文物保护单位陈慈黉故居。有古迹永宁寨。有民俗正月十六、十七、二十一日晚游灯。经济以旅游业为主。农业以种植水稻、花生、柑橘为主。通公交车。

莲上镇［Liánshàng Zhèn］　澄海区辖镇。在区境中部。面积29平方千米。人口5.7万。以汉族为主，还有壮、苗等民族。辖8村委会，有9自然村。镇人民政府驻涂城。1972年成立莲上公社。1984年改区。1986年改镇。原因临海且处莲花山之南得名南洋。清光绪年间(1875—1909)以谐音改名莲阳，后分上、中、下3社，此为上社，故名。有南峙山。有中学2所，小学8所，卫生院1个，卫生站7个。有里美贝丘遗址、塔山寺、报福寺、马克思主义哲学家、历史学家杜国庠故居。农业以种植水稻、番薯、甘蔗为主，盛产蔬菜、柑橘。工业以玩具、五金塑胶、南金纸、服装、食品加工为主。324国道、省道凤湾线过境。

涂城［Túchéng］　莲上镇人民政府驻地。在区政府驻地澄华街道东北7千米。人口1.6万。北宋末因福建莆田杜姓建村得名杜厝。明隆庆五年(1571)村民涂泥筑城御敌，改今名。聚落呈带状。有小学、卫生站。农业以种植蔬菜为主。工业以毛织、制衣为主。324国道经此。

莲下镇［Liánxià Zhèn］　澄海区辖镇。在区境中部。面积56平方千米。人口11.6万。以汉族为主，还有壮、苗等民族。辖30村委会，有30自然村。镇人民政府驻立德。1972年成立莲下公社。1984年改区。1986年改镇。2001年湾头镇并入。清末为莲阳地，后分上、中、下3社，此为下社，故名。南溪、莲阳河流经。有中学4所、小学16所、卫生院2个、卫生站30个。有古迹丹砂寺、延福寺、虎丘山摩崖石刻、南岐古庙、孝天公祠等。农业以种植水稻、番薯、甘蔗、柑橘为主。工业以金纸、服装、抽纱、五金、塑料加工为主。特产膀糕、膀饼、麻薄酥、吮卤鹅、生利鱼丸。324国道、省道凤湾线过境。

立德［Lìdé］　莲下镇人民政府驻地。在区政府驻地澄华街道东北4千米。人口4400。以树立道德为名。聚落呈团块状。有小学、卫生站。农业以种植水稻、蔬菜为主。工业以塑料、玩具加工业为主。324国道经此。

程洋冈［Chéngyánggāng］　在区政府驻地澄华街道北6千米。莲下镇辖自然村。人口6500。古名凤岭古港、凤鸣冈，俗称大梁冈，意为泥沙冲积成陇，状如大梁。后改称程洋冈，因取海中山冈之意。聚落呈团块状。为省级历史文化名村。有古迹虎丘摩崖石刻、丹砂古寺、杏园书屋、程洋冈卫生馆。有特色中医药品。农业以种植水稻、蔬菜、水果为主。工业以毛织、玩具加工为主。有后湖工业区。通公交车。

上华镇［Shànghuá Zhèn］　澄海区辖镇。在区境西部。面积22平方千米。人口3.7万。以汉族为主，还有壮、布依等民族。辖18村委会，有19自然村。镇人民政府驻下陈。1949年设上华区。1958年改公社。1984年复区。1986年改镇。因古属冠华、龙华、上华3乡得名。有中学1所、小学8所、卫生院1个、卫生站15个。有古迹钟伎炮楼、凤岭古庙、横陇桥。农业以种植水稻、花生为主。特产樱桃番茄、横陇荔枝、云乔菱角、下陈竹笋、岛门葡萄。工业以毛织、罐头、抽纱、刺绣、竹珠帘加工为主。汕海高速、县道澄江线过境。

下陈［Xiàchén］　上华镇人民政府驻地。在区政府驻地澄华街道西北7千米。人口5100。原名夏塘，后以陈姓为主，改名夏陈，演为今名。聚落呈团块状。有小学、卫生所。农业以种植水稻为主，特产下陈竹笋、樱桃番茄、荔枝、香蕉。工业以服装、玩具加工为主。县道澄江线经此。

南澳县

南澳县［Nán'ào Xiàn］　别名岛南、瀛南、井澳、白城。汕头市辖县。北纬23°25′，东经117°01′。在市境东北部。陆地面积114平方千米，海域面积4600平方千米。人口7.5万。辖3镇。县人民政府驻后宅镇。清雍正十年(1732)置南澳厅。1915年废厅为南澳县，属潮循道。1936年后属第五、第六行政督察区，潮汕专区。1952年改特区，属澄海市。1953年复县。1956年属汕头专区。1958年并入饶平县。1959年复南澳县。1970年属汕头地区。1983年属汕头市。南朝梁普通四年(523)因岛在瀛州南得名瀛南，隋改今名，意为瀛南泊船之地。以山地、丘陵为主。有南澳岛等岛屿23个。海岸线99.2千米。海拔0—587米。年均气温21.5℃，1月平均气温14.1℃，7月平均气温29.1℃。年均降水量1355.9毫米。以赤红壤为主。有铁、钨、锰等矿产资源。有南澎列岛国家级自然保护区。有海岛国家森林公园，省级南澳候鸟自然保护区。森林覆盖率77.7%。有职业技术学校1所，高中1所，初中4所，小学4所，幼儿园13所，二级医院1个，少年宫1个，广场3个，公园2个。有省级文物保护单位南澳城遗迹、猎屿铳城。有“南澳一号”沉船遗址。有南澳总镇府旧址。有民俗车鼓舞、深澳麒麟舞。有国家4A级旅游景区南澳岛生态旅游区。有青澳湾省级旅游度假区。有宋井风景区。有景点青澳湾、金银岛。三次产业比例26∶36∶38。农业以种植水稻、番薯为主。有渔业，盛产石斑鱼、对虾、紫菜、太平洋牡蛎、紫贻贝、龙须菜。工业以农机修造、造船、渔网编织、印刷、五金加工、制盐为主。有风电场。服务业以旅游为主。省道澄南线，长青、云深公路过境。有南澳大桥。

后宅镇［Hòuzhái Zhèn］ 南澳县人民政府驻地。在县境中部偏西。面积43.5平方千米。人口4.3万。辖3居委会、14村委会，有43自然村。镇人民政府驻永兴。1960年成立后宅公社。1965年析置后宅镇。1984年公社并入镇。因前江湾畔隆眼沙澳得名隆澳，方言亦名后汐，又因方言音读“汐”若“宅”，改今名。有海岛国家森林公园、田仔地质公园。有职校1所，高中1所，初中2所，小学1所，幼儿园1所，二级医院1个，卫生院1个，卫生站8个，广场2个，公园2个。有名胜古迹牵莱园、长山尾古炮台、石潭寺、前江关帝庙、天后宫、白雀寺。经济以海洋捕捞、海水养殖为主，盛产斑节对虾、扇贝、鲍鱼、波纹巴非蛤、龙须菜、牡蛎。农业以种植水稻、番薯、蔬菜为主，盛产茶、柑橘、龙眼、荔枝、杧果、橘红。有海盐产业。服务业以旅游、商贸为主。省道澄南线、长青公路过境。

永兴［Yǒngxīng］ 后宅镇人民政府驻地。在镇境东部。人口1500。以永远兴旺得名。聚落呈团块状。有卫生站。以海洋捕捞为主，养殖太平洋牡蛎、龙须菜、紫菜、鱼等。

云澳镇［Yún'ào Zhèn］ 南澳县辖镇。在县境东南部。面积22平方千米。人口1.9万。辖1居委会、7村委会，有24自然村。镇人民政府驻云星。1952年设云澳乡。1958年改管区。1961年改公社。1983年改区。1986年改镇。因云盖寺澳简称得名。有中学1所，小学1所，卫生院1个，卫生站2个。有古迹云盖寺、宋井、太子楼。经济以渔业、种植业为主。农业以种植水稻、番薯、花生为主，盛产鱿鱼、石斑鱼、鲍鱼等海产品。特产赤石湾金薯。工业以黄铜水龙头、五金加工为主。有云澳国家中心渔港。省道澄南线过境。

云星［Yúnxīng］ 云澳镇人民政府驻地。在县政府驻地后宅镇东9千米。人口1500。因地处云澳大坑坑头旁得名溪仔头，1958年以寄愿改今名。聚落呈团块状。有卫生站。农业以种植水稻、番薯为主。有海水养殖、捕捞业。省道澄南线经此。

深澳镇［Shēn'ào Zhèn］ 南澳县辖镇。在县境东北部。面积47平方千米。人口1.2万。辖1居委会、11村委会，有33自然村。镇人民政府驻金山。1950年设深澳乡。1958年改办事处。1961年成立公社。1980年改区。1986年改镇。以澳(指海湾)深无底得名。有中学1所，小学2所，卫生院2个，卫生站4个。有古迹总兵府旧址、雄镇关旧址、芝龙坊旧址、猎屿铳城旧址、南宋民族英雄陆秀夫墓、郑成功招兵树、城隍庙、武帝庙、天后宫。有民间艺术舞麒麟、舞鲤鱼、舞蜈蚣、舞沙斑、舞青龙、舞红龙、舞赤龙。有青澳湾海滨浴场。农业以种植水稻、番薯，养殖赤蟹、石斑鱼、鳗鱼为主。特产深澳石榴、后花园宋茶。工业以盐、海产品加工为主。省道澄南线过境。

金山［Jīnshān］ 深澳镇人民政府驻地。在县政府驻地后宅镇东北9千米。人口3000。因地处金山山脚得名。聚落呈团块状。有中小学、卫生站。农业以种植水稻、蔬菜为主，海水养殖牡蛎、龙须菜、紫菜。环岛公路经此。

佛山市

佛山市［Fóshān Shì］ 广东省辖地级市。北纬22°38′—23°34′，东经112°22′—113°23′。在省境中部偏南。面积3798平方千米。户籍人口385.6万，常住人口810.3万。以汉族为主，还有壮、土家、苗、瑶等民族。辖禅城、南海、顺德、三水、高明5区。市人民政府驻禅城区。明清为佛山镇。1949年设佛山市(县级)，属珠江专区。此后历属省、佛山专区、佛山地区。1975年改地级市。1983年佛山地区并入。1988年析设中山市。唐贞观二年(628)乡人于塔坡岗掘得铜佛像3尊，故名。地处珠江三角洲西北部。西江以西为低山丘陵，以东为西江、北江三角洲平原。北高南低，西高东低。海拔23—28米。年均气温22.5℃，1月平均气温13.9℃，7月平均气温29.2℃。年均降水量1681.2毫米。年均无霜期364天。有西江、北江流经。有银、铝、锌、岩盐、石膏等矿产资源。国家重点保护野生植物有金毛狗、黑桫椤、土沉香、格木等7种，国家重点保护野生动物有小灵猫、褐翅鸦鹃等23种。有西樵山国家森林公园，省级森林公园2个。森林覆盖率21.9%。有高校4所，成人高校6所，中职学校48所，中学193所，小学406所，三级医院19个，文化馆1个，图书馆1个，体育馆2个，博物馆4个。有黄飞鸿、李小龙纪念馆。为国家历史文化名城。有全国重点文物保护单位佛山祖庙、南丰古灶、东华里古建筑群、康有为故居等7个，省级文物保护单位50个。有西海抗日烈士陵园、吴勤烈士墓。有古迹仁寿寺、宝林寺、芦苞祖庙等。有国家级非物质文化遗产佛山剪纸、粤剧、佛山狮头、佛山彩灯、佛山秋色等15项，省级非物质文化遗产56项。有老字号岭南成药黄祥华如意油、冯了性药酒、源吉林甘和茶等。有国家5A级旅游景区长鹿旅游休博园、西樵山，国家4A级旅游景区清晖园、佛山祖庙等15个，国家3A级旅游景区逢简水乡等18个。有景点岭南天地、大旗头古村等。三次产业比例2∶62∶36。农业以花卉种植、水产养殖，养殖鸡、鸭、鹅、生猪为主。有国家地理标志产品三水黑皮冬瓜、乐平雪梨瓜、合水粉葛、石湾公仔、佛山香云纱。有蝴蝶兰、百合花种植基地。工业以家用电器、机械装备、陶瓷建材、食品饮料为主。有中德工业服务区、佛山国家高新区、广东金融高新区、南方智谷。服务业以商贸、金融、旅游为主。有大祖庙、岭南天地、千灯湖商圈。有五星级酒店11个，四星级酒店17个。有高速408.2千米，公路5230.3千米，水运航线1006千米。广湛铁路，南(贵)广高铁，地铁广佛线，广珠、佛肇城际铁路，广佛、佛开、广三、广明高速过境。有北江干流、顺德支流、甘竹溪等航道。有佛山机场，民航航线通往北京、上海等城市。有容奇港。

佛山［Fóshān］ 简称禅。佛山市聚落。在市境中部。面积154平方千米。人口61.4万。“肇迹于晋，得名于唐。”明嘉靖时移五斗口巡检司治于此，置佛山镇之一。明清时为中国四大名镇之一，尤以冶铸、制陶、织造驰名，为岭南制造业、商业中心。1930—1936年后建升平路、中山路等16条，兴建中山公园。1949年后以祖庙及市政府为中心向四周扩展，修建沙堤机场、祖庙公园，新建新堤、文沙、祖庙、富民等马路及镇北街、普君西市场，重建莲花路尾桥。1958年后建亲仁路、水巷路、锦豪西路、卫国路、松风路、建新路、秀丽湖、石湾人工湖，建华侨大厦、沙口水闸、汾江桥。1980年后开发西部、南部新区，兴建佛山影剧院、青少年文化宫、科学馆、职工大学、佛山大学、游泳中心、体育馆、佛山乐园、澜石外贸港，建成佛山大桥及汾江中路、南路、西路等主干道20多条。1990年后建设城南新区、高新技术开发区、城西工业区。2002年形成“四纵、四横、一环”交通网络，广佛地铁试验段开工。2007年后改造旧城。南北以东平河、佛山水道为纵轴，东西以季华路—魁奇路为横轴。有国家级历史文化名城核心保护区祖庙商业文化中心，有佛山、禅西新城。有标志性建筑佛山祖庙、岭南明珠体育馆等。铁路、高速、国道、干线公路、地铁过境。有澜石港、佛山新港。

平洲［Píngzhōu］ 在市区东部。东至广州市番禺区，南至顺德区陈村镇，西至禅城区石湾镇，北至南海区大沥镇。泛指平东、平南、平西等社区一带。新石器时代已有人类活动，唐代形成村、圩市。后设镇、街道。原未筑堤围而常淹，潮水涨缓退速，未成水害，遂名“平安之洲”，简为今名。宋代称白鹭洲。有南海一中、桂城中学等。有中国四大玉器市场之一平洲玉器市场。经济以工业、房地产业为主，有鞋品、玉器、红木、五金、机械、机电、家电、服装等加工业。高速、城市主干道交错，交通便利。通公交车。

黄岐［Huángqí］ 在市区东北部。东至广州市，南至东秀社区，西至洞庭社区，北至岐阳社区。泛指岐丰、岐阳等社区一带。明崇祯年间(1628—1644)始有聚落，后设镇、街道。因昔有岐阳古道得名黄竹岐，简为今名。有石门中学、黄岐中心小学等。有景观邹伯奇公园等。地处广佛交界，系“广佛同城”桥头堡，房地产业、服务业兴旺，有嘉洲广场、南方广场等多家大型商业建筑。铁路、高速、国道、城市主干道交错，交通便捷。

官山［Guānshān］ 在市区西南部。以东碧、樵园社区一带为中心。原为西樵山，唐代因产茶始建茶行街，明代名儒学士辟建书院、讲学结社，因誉理学名山。往来皆水路，船泊下街而自百步梯登山，遂名观山。后以民望官清、官清民乐之意更名官山。清道光年间(1821—1850)称官山市。有省第二荣军医院、市干部疗养院、西樵成人学校。有金典购物中心。经济以旅游、商贸为主。通公交车。

佛山大道［Fóshān Dàdào］ 在市境中部。南起一环南路，北至谢边立交桥。与佛罗路、亲仁路、人民路、卫国西路、同济路等相交。长31.5千米，宽52米。沥青混凝土路面。1983年开工，1985年建成，后多次改造延伸。因其为佛山连通他市主要干道得名。两侧有佛山站、市妇幼保健院、铁军公园、国际车城、有色金属材料市场、家居博览城、家具市场等。通公交车。

汾江路［Fénjiāng Lù］ 在市境中部偏东。南起一环南路，北至桂丹路。与佛罗路、城门头路、卫国路、魁奇路、澜石一路相交。长15千米，宽35米。沥青混凝土路面。原为过境公路，1985年改建。因横跨汾江得名。两侧有城北批发市场、市司法局、金马剧院、酒店、城门头广场、市中医院、佛山汽车站等。通公交车。

岭南大道 [Lǐngnán Dàdào] 在市境中部。南起一环南路，北至普君北路。与同济路、季华路、绿景路、魁奇路、东平路等相交。长 11 千米，宽 50 米。沥青混凝土路面。原为大桥头街、道院巷等旧街巷，1932 年拆建为大福路，后扩建南路，2004 年 2 路合并改建。因传承岭南传统文化意命名。分北、南 2 段。两侧有市政府、吴勤烈士陵园、岭南明珠体育馆、文华公园、禅城区政府、市第一医院、佛山公园、世纪莲体育中心、佛山新闻中心等。通公交车。

文华路 [Wénhuá Lù] 在市境中部。南起三乐路，北至海八西路。与海三路、佛平路、南桂路、兆祥路、同济路等相交。长 14.5 千米，宽 35 米。沥青混凝土路面。2006 年开工，2008 年建成。因文华里得名。两侧有叠滘茶基古村、南海区疾控中心、南海医院、桂园小学、粤建设计院、明珠体育馆、文华公园、亚洲艺术公园等。通公交车。

南海大道 [Nánhǎi Dàdào] 在市境中部。南起魁奇路，北至桂江立交桥。与海八路、佛平路、南桂路、同济路、季华路等相交。长 8.4 千米，宽 51 米。沥青混凝土路面。1986 年开工，1988 年建成。2006 年与华阳路合并。因横穿南海城区得名。两侧有南海体育馆、桂城地铁站、南海区政府、星星广场、镇安污水厂、鸿业城市花园等。通公交车。

桂澜路 [Guìlán Lù] 在市境东部。南起东平路，北至海八路。与海八东路、佛平路、南桂路、恒安路、同兴路等相交。长 8.9 千米，宽 40 米。沥青混凝土路面。1986 年开工，1991 年建成。1991—2001 年扩建。因连接桂城街道、澜石镇得名。两侧有万达广场、宜家家居、千灯湖地铁站、中海万锦豪园、蠕岗地铁站、蠕岗公园、万科广场等。通公交车。

禅西大道 [Chánxī Dàdào] 在市境中部。南起乐从大道，北至机场路。与桂丹路、塱沙路、张槎路、季华路、东平路等相交。长 12.4 千米，宽 32—50 米。沥青混凝土路面。2005 年开工，2013 年建成。因处禅城区西得名。两侧有城北泵站、朗丰工业园、新媒体产业园、德力公司等。通公交车。

季华路 [Jìhuá Lù] 在市境中部。东起季华东立交桥，西至顺德水道。与紫洞路、陶兴大道、东平路、禅西大道、雾岗路等相交。长 18.3 千米，宽 48 米。沥青混凝土路面。1989 年开工，2007 年建成。2014 年改造。因佛山古为季华乡得名。两侧有中国陶瓷产业总部基地、情侣公园、石湾公园、中国陶瓷城、佛山创意产业园、市燃气集团、季华园、文华公园、岭南明珠体育馆、万科广场、九鼎国际城等。通公交车。

南桂路 [Nánguì Lù] 在市境东部。东起桂平西路，西至市东下路。与文华北路、平桂街、朝安路、南海大道、桂澜路相交。长 3.3 千米，宽 30 米。沥青路面。1986 年开工，1991 年建成。因连接南海县府旧址南桂园得名。两侧有桂城花苑广场、桂城地铁站、凯德广场、南海区供电局等。通公交车。

广佛地铁 [Guǎngfó Dìtiě] 广佛地铁一期跨佛山市禅城、南海 2 区与广州市荔湾区。南起佛山市魁奇路站，向北经季华园、同济路、祖庙、普君北路、朝安、桂城、南桂路、蠕岗、千灯湖、金融高新区共 11 站，又经广州市龙溪、菊树、西塱、鹤洞、沙涌、沙园、燕岗、石溪、南洲、沥滘等 10 站，与广州地铁 3 号线相接。全线共设站 21 座，总长 32.16 千米。佛山市境内 14.8 千米。2007 年开工，2010 年建成通车佛山市魁奇路—广州市西塱段。与广州地铁 1、2、3、8 号线相交。

禅城区

禅城区 [Chánchéng Qū] 佛山市人民政府驻地。在市境中部。面积 154 平方千米。人口 61.4 万。以汉族为主，还有壮、土家、苗、瑶等民族。辖 3 街道、1 镇。区人民政府驻石湾镇街道。2002 年由佛山城区、石湾区、南海市南庄镇合设。因佛山简称禅得名。先后改造季华路，建广佛地铁。东平、佛山、吉利、顺德等水道流经。有高校 1 所，职业学校 3 所，初中 13 所，小学 58 所，特教学校 1 所，三级医院 10 个，二级医院 13 个，博物馆 3 个，文化馆 1 个，图书馆 2 个，体育馆 1 个。有全国重点文物保护单位佛山祖庙、东华里古建筑群、南风古灶，省级文物保护单位简氏别墅、河宕贝丘遗址、霍氏古祠建筑群等 6 个。有国家级非物质文化遗产石湾陶塑技艺、佛山木版年画、佛山剪纸、粤剧等 9 项，省级非物质文化遗产祖庙北帝诞、行通济等 7 项。有莲花南历史文化街区、陶醉文化街区。有名胜古迹仁寿寺、岭南天地、南庄绿岛湖。三次产业比例 2∶60∶38。农业以种植蔬菜，养殖水产为主。工业以家居、新材料、高端装备、电子、生物医药为主。服务业以金融保险、电子商务、旅游为主。有祖庙、东方广场、季华商圈。广茂铁路、广佛地铁、佛开高速、325 国道过境。有佛山西站。

江湾路 [Jiāngwān Lù] 在区境中部。东北起佛山大道，西南至镇中路。与雾岗路、榴苑路、三友北路、和平横路、三友中路等相交。长 2.8 千米，宽 24 米。沥青路面。原为广湛公路，1987 年改建为城区道路，2002 年改造。因连接汾江路、原石湾镇得名。两侧有市出入境局、佛山科学技术学院、石湾汽车客运站、陶瓷城、佛山软件园等。通公交车。

和平路 [Hépíng Lù] 在区境中部。东起江湾路，西至忠信路。与跃进路、镇中路相交。长 800 米，宽 24 米。沥青路面。1959 年开工，1961 年建成。2002 年扩建。两侧有柏林艺术馆、酒店、禅城实验高中、工人文化宫等。通公交车。

镇中路 [Zhènzhōng Lù] 在区境东南部。南起佛山大道，北至和平路。与江湾路、工农路、魁奇路、东风路、新岗路等相交。长 1.6 千米，宽 18 米。沥青路面。原为沙石路，1961 年改建沥青路面，1989 年扩宽。因处原石湾镇中部得名。两侧有区中心医院、石湾文化广场、莲峰书院、石湾变电站、家居博览城等。通公交车。

江滨路 [Jiāngbīn Lù] 在区境东南部。南起东平路，北至忠信路。与跃进横路、建国路、东风路、工农路相交。长 3.5 千米，宽 22 米。沥青路面。1970 年修建，1974、1986 年改造。两侧有江滨花园、石湾加油站、石南大桥、石湾海事处、沙岗污水处理厂等。通公交车。

凤林路 [Fènglín Lù] 在区境西部。南起青柯街，北至张槎路。与轻工路、五峰路、江沙路相交。长 1.6 千米，宽 15 米。沥青混凝土路面。1995 年建成，2001 年改扩建。原为槎湾路，后因凤林岗得名凤林路，后误写为今名。两侧有禅城高新区医院、佛山邮电技工学校、五峰公园等。通公交车。

紫洞路 [Zǐdòng Lù] 在区境西部。南起南庄大道，北至紫洞大桥。与季华路相交。长 5.4 千米，宽 45 米。沥青路面。1976 年建沙土路，1988、1995 年改扩建。因紫洞村得名。两侧有配电站、中小学、文化广场等。通公交车。

祖庙路 [Zǔmiào Lù] 在区境北部。南起卫国路，北至亲仁路。与人民路、城门头路、建新路相交。长 1.3 千米，宽 30 米。沥青路面。原为旧街巷，1958 年改建。1972、1986 年改造。因佛山祖庙得名。途经商业、文化中心。两侧有岭南天地、兴华商场、百花广场、琼花大剧院、仁寿寺、孔庙等。通公交车。

人民路 [Rénmín Lù] 在区境东部。东起福贤路，西至佛山大道。与祖庙路、汾江路相交。长 2.2 千米，宽 25 米。沥青路面。原为旧街巷，1961 年建东段，1982 年建中段，1985 年建西段。两侧有岭南天地、琼花大剧院、市开放大学、银行、省丝绸职业技术学校、市妇幼保健院、市交运局、市国税局、元甲学校等。通公交车。

军桥 [Jūn Qiáo] 在城区东部。长 110 米，宽 32 米，最大跨度 35 米，桥下净高 5 米。1940 年侵华日军强征民夫修建木桥军用，名军桥。1950 年重修。1972、1987、2002 年改扩建。为中型河道桥梁，结构型式为钢筋混凝土装配式双曲拱桥。最大载重汽车 13 吨。通公交车。

石南大桥 [Shínán Dàqiáo] 在城区中部偏南。长 802 米，宽 32 米，最大跨度 135 米，桥下净高 15 米。1988 年开工，1991 年建成。2000—2012 年扩建。因连接石湾、南庄得名。为特大型河道桥梁，结构型式为预应力砼连续刚构桥。最大载重汽车 20 吨，挂车 100 吨。通公交车。

澜石大桥 [Lánshí Dàqiáo] 在城区西部。长 605 米，宽 45 米，最大跨度 85 米。1967 年开工，1969 年建成老桥。1988 年增建新桥，1989 年建成。2002 年扩建新桥，2004 年建成。因以澜石为起点得名。为特大型河道桥梁，结构型式为钢筋混凝土刚架拱桥。最大载重汽车 20 吨，挂车 100 吨。通公交车。

汾江桥 [Fénjiāng Qiáo] 在城区北部。长 60 米，宽 12 米，最大跨度 44 米，桥下净高 6 米。1960 年开工，1961 年建成。因横跨汾江得名。结构型式为混凝土沉井基础无铰拱桥。最大载重汽车 13 吨，挂车 60 吨。通公交车。

文沙大桥 [Wénshā Dàqiáo] 在城区北部。长 518 米，宽 27 米，最大跨度 404 米，桥下净高 11.6 米。1994 年开工，1996 年建成。因文沙路得名。为大型河道桥梁，结构型式为钢筋混凝土梁式桥。最大载重汽车 20 吨，挂车 100 吨。通公交车。

江湾立交桥 [Jiāngwān Lìjiāoqiáo] 在城区北部。占地面积 24617 平方米。有三层互不交叉的不同方向的城市道路在此立交。最高层离地面 17 米。1992 年开工，1994 年建成。因江湾路得名。

佛山站 [Fóshān Zhàn] 见交通运输设施部分“佛山站”条。

佛山汽车站 [Fóshān Qìchēzhàn] 见交通运输设施部分“佛山汽车站”条。

石湾镇街道 [Shíwānzhèn Jiēdào] 禅城区人民政府驻地。在区境东南部。面积 27 平方千米。人口 15.8 万。2006 年由石湾、澜石、城南 3 街道合设。宋时南雄珠玑巷居民南迁此河湾，因礁石搁浅登岸落户，故名。先后改扩建石南大桥、江湾立交桥、澜石大桥、季华大桥、惠景书城、东肆世纪广场。有大雾岗。东平水道流经。有初中 3 所，小学 16 所，三级医院 4 个，二级医院 4 个。为“中国陶瓷之都”。有石湾陶瓷博物馆、柏林艺术馆等。有全国重点文物保护单位南风古灶。有河宕贝丘遗址。工业以陶瓷、不锈钢加工为主。有泛家居产业集群。有陶瓷、金属、家居、装饰材料等专业市场。通公交车。

祖庙街道 [Zǔmiào Jiēdào] 属禅城区。在区境东北部。面积 21 平方千米。人口 29.1 万。1984 年设。2006 年环市、普君、升平 3 街道并入。因佛山祖庙得名。先后改造旧城、季华路,建成广佛地铁一期、建岭南天地及其文化街区。汾江流经。有初中6所,小学20所,三级医院5个,二级医院6个。有市图书馆、文化馆、体育馆、中山公园、百花广场。有全国重点文物保护单位佛山祖庙、东华里古建筑群,省级文物保护单位梁园、简氏别墅、兆祥黄公祠。有古迹仁寿寺。有国家级非物质文化遗产佛山狮头、佛山彩灯、佛山秋色,省级非物质文化遗产祖庙北帝诞、佛山木雕、行通济。工业以食品调味品、塑料加工,照明电器、机械制造为主。服务业以商贸为主。有祖庙商圈。广佛线地铁过境。有佛山站。通公交车。

张槎街道[Zhāngchá Jiēdào] 属禅城区。在区境西北部。面积29平方千米。人口7.9万。1987年设张槎镇。2003年改街道。东汉末年张姓建村,因慕远祖张骞,附会其乘槎于黄河之源会仙而得名仙槎,后改今名。东平水道流经。有初中1所,小学8所,二级医院2个,卫生服务中心1个,卫生服务站12个。有古迹王借岗古火山遗址、谭仙观、仙槎书院等。农业以种植水稻、蔬菜为主。工业以针织服装为主,有陶瓷、玻璃制造、建材、制塑、电子电器等。有智慧新城、电源创科园、新媒体产业园、火炬园。有针织品、小商品贸易中心。沈海高速过境。通公交车。

南庄镇[Nánzhuāng Zhèn] 禅城区辖镇。在区境西南部。面积76平方千米。人口8.5万。辖3居委会、18村委会,有18自然村。镇人民政府驻南庄社区。1954年设南庄区。1957年改乡,后改公社。1983年复区。1986年改镇。因镇政府驻地原名得名。东平、顺德水道流经。有初中3所,小学14所,三级医院1个,二级医院1个,卫生服务中心1个,卫生服务站15个。有古迹紫洞圩大街建筑群。有绿岛湖湿地公园、罗南生态园。盛产蔬菜、水果。工业以装备制造,卫生陶瓷、铝型材、五金塑料加工为主。服务业以陶瓷技术研发、总部经济、会展营销为主。有陶瓷国际会展中心、华夏建陶研发中心、中国陶瓷产业总部基地。沈海、广明高速过境。

南庄社区[Nánzhuāng Shèqū] 南庄镇人民政府驻地。在区境西部。面积0.4平方千米。人口2300。因传明弘治十四年(1501)罗姓以竹篮载祖先灵位迁此,故名篮装,后谐音改今名。2003年成立。民居以住宅楼为主,有少量别墅。有文化中心、老年人活动中心。有中小学、禅城医院、中心公园等。通公交车。

罗南村[Luónáncūn] 在区政府驻地石湾镇街道西13千米。南庄镇辖自然村。人口3500。因处罗格围南得名。聚落呈团块状。有小学、幼儿园、文化站、球场、小公园。有古迹隆庆古官道牌坊。农业以养殖水产、生猪为主。工业以建筑陶瓷、卫生洁具、装饰板材、小家用电器、五金等加工业为主。2008年被评为全国文明村。

南海区

南海区[Nánhǎi Qū] 佛山市辖区。在市境中部。面积1074平方千米。人口126.5万。辖1街道、6镇。区人民政府驻桂城街道。隋开皇十年(590)置南海县。1951年析设佛山市。1983年属佛山市。1992年改县级市。2002年改区。秦始皇三十三年(前214)置南海郡,因地濒南海得名。先后建千灯湖景区、文翰湖公园、佛山民所金融街、三山新城、广东金融高新区等。形成东、中、西三大片区。东部片区以金融、商贸、创智、培训产业为主,有省金融高新服务区、瀚天园、三山园、大沥园。中部片区以制造基地、产业智库、交通枢纽为主,有佛山西站、一汽大众整车基地。西部片区以物流商贸、文化旅游为主。有高凹顶。西江、北江流经。有中等职业学校9所,高中18所,中学70所,小学127所,特殊教育1所,三级医院4个,二级医院14个。有图书馆、图书室、文化馆。有康有为、叶问纪念馆。有大沥革命烈士纪念碑、抗日阵亡将士暨死难同胞纪念碑。有国家5A级旅游景区西樵山,国家4A级旅游景区玉器街、梦里水乡、南海湾森林生态园。有景点南国桃园、仙湖旅游度假区等。三次产业比例2:59:39。农业以种植水稻,养殖水产为主。盛产水果、花卉、蔬菜。工业以机械装备制造、铝型材加工、纺织服装、小五金加工为主,有平板显示、新光源、新材料、生物医药等新兴产业。服务业以旅游、金融、电子商务为主。特产九江桂花鱼、大沥沙皮狗、平洲十叶龙眼、平西丝线柚、西樵大饼、西樵山云雾茶、九江双蒸米酒、平洲福肉饼。广茂铁路,武广高铁,广佛线地铁,广肇、佛开、广佛、广州绕城高速,321国道,广杏、广高、清龙、帽三、西西、连大、盐南线省道过境。有港口42个,通航河道3条。有佛山机场。

南海高新技术产业开发区[Nánhǎi Gāoxīn Jìshù Chǎnyè Kāifāqū] 在区境中部。面积7.5平方千米。2011年经省政府正式批准建立省级高新技术产业园区。由佛山市政府管理。工业以装备制造、家电家具、汽车及汽车零配件为主,发展机器人、3D打印、新材料、生物医药等新兴产业。有一汽大众、群志光电、爱信精机、丰田纺织、燕京啤酒、南方风机、东方精工等企业驻此。高速、国道、城区道路交错。园区内部交通与广佛立体交通路网相接,交通便利。

桂和路[Guìhé Lù] 在区境东部。南起桂江大桥,西至石塘村和桂工业园。长25.7千米,宽25米。沥青路面。因连接桂城、和顺得名。途经南国桃园旅游度假区。通公交车。

庆云大道[Qìngyún Dàdào] 在区境西部。南起西樵山庆云洞,北至西岸大桥。长4000米,宽50米。沥青路面。因该路直达西樵山庆云洞景区,故名。途经西岸大桥、西樵山风景名胜区。通公交车。

虹岭路[Hónglǐng Lù] 在区境东部。南起永安北路,西至三水区边界线。长10.7千米,宽40米。因途经长虹岭片区得名。沥青路面。两侧有一汽大众汽车公司佛山分公司、仙溪水库。通公交车。

桂江立交桥[Guìjiāng Lìjiāoqiáo] 在城区东北部。占地面积17万平方米。有三层互不交叉的不同方向的城市道路在此立体相交。最高层离地面30米。1996年开工,1997年建成。因桂江路得名。为19座桥梁组成苜蓿叶加定向组合式城市型完全互通立交桥。日交通流量18万辆。

南海客运站[Nánhǎi Kèyùnzhàn] 见交通运输设施部分"南海客运站"条。

桂城街道[Guìchéng Jiēdào] 南海区人民政府驻地。在区境中部偏东。面积84平方千米。人口25.8万。2004年设。因佛山为"桂园李氏"聚居地得名。先后建南海体育场、图书馆、博物馆等。有蟠岗山。东平、佛山、平洲水道流经。有初中12所,小学30所,三级医院4个,二级医院1个,卫生站22个。有南海、城市广场。有千灯湖、平湖映月、文翰湖、怡海、蟠岗等公园。有华佗古庙、娥眉坑、西坑岗汉墓群、夏东孔溪四方古亭、平洲三山三眼桥。有国家4A级旅游景区玉器街。农业以种植水稻、花卉为主。工业以装备制造、新材料为主。服务业以信息技术、金融为主。广珠西线高速、广佛线地铁过境。通公交车。

里水镇[Lǐshuǐ Zhèn] 南海区辖镇。在区境东北部。面积148平方千米。人口12.9万。辖17居委会、16村委会,有125自然村。镇人民政府驻里水社区。1957年设里水区。1961年改公社。1983年复区。1987年改镇。2005年和顺镇并入。因镇政府驻地原名得名。西南涌、白坭水道、水口水道、里水河、雅瑶水道流经。有中学5所,小学8所,二级医院2个,卫生站17个。有中共南三花工委旧址。有省级文物保护单位北涌亭。有汤南古建筑群、孔西古村落群。有古迹西华寺遗址、麻奢象林寺碑记、玲珑宝塔、汤氏宗祠、孔氏大宗祠。有民俗正月十五"跳火光"活动。有景点贤鲁岛、艺术河畔、花海流潮、花海红旗、万顷洋现代农业生态园区。农业以种植水稻、养殖水产为主,盛产水果、花卉、蔬菜。工业以家用电器、五金机械、医药化工为主。广佛、沈海、西二环高速,禅炭、省道南盐线过境。

里水社区[Lǐshuǐ Shèqū] 里水镇人民政府驻地。在区境东北部。面积9平方千米。人口1.8万。因原里水圩得名。2011年成立。民居以自建房为主。有养老、法律咨询、志愿者等服务。有中小学、二级医院、图书室、文化站。有省级文物保护单位北涌亭。有宣朗北帝庙。通公交车。

九江镇[Jiǔjiāng Zhèn] 南海区辖镇。在区境南部。面积95平方千米。人口10.6万。辖19居委会、7村委会,有117自然村。镇人民政府驻江滨社区。1949年设九江乡。1956年改区。1957年复乡。1958年改公社。1983年复区。1987年改九江镇。2005年沙头镇并入。原多涌连通西江,古以"九"表示多数,故名。西江流经。有中学3所,小学11所,二级医院1个,卫生服务中心1个,卫生服务站15个。有朱九江先生(即清代九江学派名儒朱次琦)纪念公园、九江双蒸(酒)博物馆。有省级文物保护单位崔氏大宗祠、"良二千石"牌坊、慈悲宫牌坊、吴家大院。有古迹何氏大宗祠、岑局楼、探花桥、魁星塔、旌表节孝牌坊。有烟桥烟南古村落。有景点鹭鸟天堂、海寿岛、海心沙。农业以养殖水产为主,盛产蚕丝。工业以金属制品、装备制造、新材料产业为主。为中国先进医卫用非织造产品示范基地。佛开、珠二环高速过境。有通船河道2条。

江滨社区[Jiāngbīn Shèqū] 九江镇人民政府驻地。在区境南部。面积5平方千米。人口1700。因临东平水道得名。1999年成立。民居以现代住宅楼为主。有志愿者服务、法律咨询。有中小学、卫生站、图书室、文化站。省道永安线经此。

下西[Xiàxī] 在区政府驻地桂城街道西南26千米。九江镇辖自然村。人口5800。因处九江堡西南得名。聚落呈块状。有小学、卫生站。有省级文物保护单位慈悲宫牌坊、"良二千石"牌坊、清代九江学派名儒朱次琦墓。有朱九江先生纪念公园。农业以养殖桂花鱼、加州鲈、鳗鱼为主。工业以五金加工、家电制造、制衣、印刷为主。通公交车。

丹灶镇[Dānzào Zhèn] 南海区辖镇。在区境西部。面积143平方千米。人口9.1万。辖18居委会、6村委会,有159自然村。镇人民政府驻丹灶。1957年设丹灶乡,后改公社。1983年改区。1987年改镇。2005年金沙镇并入。因镇政府驻地得名。东平水道、南沙涌、官山涌、西城涌流经。有中学2所,小学5所,二级医院1个,卫生服务中心1个,卫生服务站16个。有全国重点文物保护单位康有为故居。有古迹远思别墅、陈氏大宗祠、文才祖祠、与之祖祠、元辅祖祠、石狮巷、南英祖祠、元鼎祖祠、罗氏大宗祠、方氏家庙、澹浦陈公祠、西城村古建筑群等。有仙湖旅游度假区、南海大湿地公园。有景点葛洪炼丹钵遗迹、翰林湖公园。农业以种植水稻，养殖塘鱼为主，盛产柑橙、剑花。工业以五金、汽车配件加工为主。西二环、广明高速过境。

丹灶［Dānzào］　丹灶镇人民政府驻地。在区政府驻地桂城街道西 22 千米。人口 1400。因东晋葛洪炼丹灶遗迹得名。聚落呈团块状。有中小学、幼儿园、卫生站。有医疗器械、密码锁、机电、五金等加工业。通公交车。

苏村［Sūcūn］　在区政府驻地桂城街道西 23 千米。丹灶镇辖自然村。人口 900。因苏姓始居得名。聚落呈团块状。有全国重点文物保护单位康有为故居。有文化楼、文化公园。农业以养殖水产为主。工业以五金加工为主。通公交车。

西樵镇［Xīqiáo Zhèn］　南海区辖镇。在区境西南部。面积 177 平方千米。人口 15.5 万。辖 22 居委会、9 村委会，有 185 自然村。镇人民政府驻东碧社区。1958 年成立西樵公社。1984 年改区。1986 年改镇。1997 年西岸镇并入。因地处西樵山北麓得名。沧江河、官山涌流经。有中学 4 所，九年制学校 4 所，小学 11 所，二级医院 2 个。有黄飞鸿狮艺武术馆、近代民族企业家陈启沅纪念馆、画家黄君璧纪念馆、听音湖公园。有省级文物保护单位陈公祠、西樵山石燕岩采石遗址等 11 个。有古迹潘氏大宗祠、文武庙、陈氏大宗祠、圣堂古庙、绮亭陈公祠等。有国家 5A 级旅游景区西樵山、西岸旅游度假区。农业以种植水稻、马铃薯、甘薯、玉米、蔬菜，养殖水产为主。工业以陶瓷建材、纺织、印刷、五金、化工、塑料加工为主。广明高速，105 国道，省道清龙、西西、广高、龙高线过境。

东碧社区［Dōngbì Shèqū］　西樵镇人民政府驻地。在区境西南部。面积 16 平方千米。人口 1.2 万。位于国家 5A 级旅游景区西樵山内，因地处景点碧云洞东得名。2008 年成立。民居以现代住宅楼为主。有社区学校、社区养老中心。有志愿者服务、法律咨询等。有中小学、市第五医院、省第二荣复军人医院。通公交车。

松塘［Sōngtáng］　在区政府驻地桂城街道西南 22 千米。西樵镇辖自然村。人口 1700。明嘉靖二十八年（1549）因有水塘得名月池，后以古松参天改今名。聚落呈团状。为中国历史文化名村、中国传统村落。村居环塘倚岗而建，形成“百巷朝塘”景观。有镬耳大屋、翰林进士功名碑、明清祠堂庙宇等。有民俗中秋烧番塔。农业以种植生菜、豆瓣菜为主。工业以纺织原料加工为主。105 国道经此。

岭西［Lǐngxī］　在区政府驻桂城街道西南 22 千米。西樵镇辖自然村。人口 1.2 万。因地处西樵山西得名。聚落呈环状。有小学、幼儿园、图书室。为黄飞鸿故里。有黄飞鸿狮艺武术馆、黄君璧纪念馆。有听音湖景区。农业以养殖水产为主。工业以纺织，五金、标件加工，陶瓷抛光为主。沈海高速经此。

大沥镇［Dàlì Zhèn］　南海区辖镇。在区境东部。面积 92 平方千米。人口 25.2 万。辖 38 居委会，有 197 自然村。镇人民政府驻凤池社区。民国曾设大沥乡。1957 年设大沥区，后改公社。1983 年复区。1987 年改镇。1997 年改大沥街道。2005 年由大沥、盐步、黄岐 3 街道合置大沥镇。原名清风市，唐代宗年间出现“大历十才子”，遂更名大历。清道光年间《南海志》写为大沥。白沙河流经。有初中 7 所，小学 30 所，二级医院 3 个。有中联黄飞鸿龙狮训练基地、伯奇公园、九龙涌文化长廊。有省级文物保护单位平地黄氏大宗祠。有古迹曹氏大宗祠、龙母庙、三眼桥、荔庄吴氏祖祠、泰岭书舍、刘氏大宗祠、云隐公祠、龙山公祠、钟氏宗祠等。有传统民俗麦边舞龙、平地黄氏冬祭。工业以有色金属、铝材、内衣加工为主。农业以种植水稻，养殖鸡、鸭、鹅为主，盛产花木盆景、塘鱼。服务业以电子商务为主。广佛、佛开、广三高速，省道广云、广佛线过境。

凤池社区［Fèngchí Shèqū］　大沥镇人民政府驻地。在区境东部。面积 1 平方千米。人口 3100。因传为凤凰栖息之所，故名。2011 年成立。民居以自建房为主。养老模式以居家养老为主。有小学、幼儿园、二级医院、文化站、图书室、球场、体育馆。有凤西、凤东公园。有古迹曹氏大宗祠。有铝型材、铝业公司。省道广佛线经此。

狮山镇［Shīshān Zhèn］　南海区辖镇。在区境中部。面积 331 平方千米。人口 28.3 万。辖 38 居委会、28 村委会，有 391 自然村。镇人民政府驻狮城社区。1995 年设狮山街道。2005 年官窑、松岗、小塘 3 镇并入，改狮山镇。2013 年罗村街道并入。因山岗酷似狮头得名。东平水道、西南涌、芦苞涌流经。有中学 10 所，小学 36 所，二级医院 4 个，卫生所 35 个。有中共南海县委旧址、珠江纵队独立第三大队队部旧址。有狮山黎边古村落、石碣古海岸线遗址、璜溪古建筑群、画家黄少强故居。有景点南国桃园旅游度假区、南海影视城、南海中央公园、狮山滨水文化艺术长廊、叶问纪念馆。有民俗万石辘木马、舞青火龙。工业以汽车整车及零部件、装备制造，光电，有色金属加工为主。广茂、广珠、贵广铁路，广三高速，省道广云线过境。有佛山机场。

狮城社区［Shīchéng Shèqū］　狮山镇人民政府驻地。在区境中部。面积 8 平方千米。人口 9000。因镇得名。2003 年成立。民居以现代居住楼房为主。组织女子、青少年、老年人培训班。有女子学堂、狮城旗袍、青少年亲子共读等活动。有中学、卫生所、体育馆、公园。有南海大学城。通公交车。

顺　德　区

顺德区［Shùndé Qū］　佛山市辖区。在市境南部。面积 806 平方千米。人口 127.1 万。辖 4 街道、6 镇。区人民政府驻大良街道。明景泰三年（1452）析南海、新会 2 县地设顺德县，意为顺天威德。1914 年后先后属粤海道、第一行政督察区、珠江行政区、粤中行政区。1958 年与番禺县合设番顺县，属佛山专区。1959 年各复原制。1983 年属佛山市。1992 年改县级市，由佛山市代管。2002 年改区。先后改扩建 105 国道顺德段、高赞大桥、新涌新桥、桂洲大道跨线桥、三乐路、佛山一环顺德段、顺德新港等。有锦屏山、顺峰山。西江、平洲水道、眉蕉河、南沙河流经。有高校 2 所，中职学校 13 所，高中 22 所，初中 39 所，小学 150 所，特教学校 1 所，三级医院 3 个，二级医院 13 个。有容桂图书馆、梁銶琚图书馆、文化馆、顺德体育中心、南国丝都博物馆。有省级文物保护单位清晖园、顺德糖厂、西山庙。有古迹碧江金楼。有国家级非物质文化遗产人龙舞、龙舟说唱、香云纱染整技艺，省级非物质文化遗产广绣、双皮奶制作技艺。有民俗观音开库、龙眼点睛、赛龙舟、锣鼓柜巡游。有国家 4A 级旅游景区陈村花卉世界。有景点逢简水乡、顺峰山公园等。2014 年被联合国教科文组织认定为世界美食之都。三次产业比例 1∶53∶46。农业以种植花卉苗木，养殖水产为主。工业以家用电器制造、机械装备制造、电子、纺织服装、精细化工、家具制造、印刷包装、医药保健为主。服务业以商贸、金融、餐饮为主。珠二环、太澳、广明、东新高速，广珠城际轨道过境。有顺德港。有国家一类顺德港客运口岸。

德胜文化广场［Déshèng Wénhuà Guǎngchǎng］　在城区东南部。面积 35 万平方米，其中水域面积 1 万平方米。2000 年开工，2001 年建成。因德胜社区得名。中心为沉降式舞台。有灯光喷泉、社区体育公园、儿童游乐区、市民休憩区等。周边有区政府、政务中心、顺德演艺中心、图书馆、博物馆、艺术展览馆。通公交车。

顺德立交桥［Shùndé Lìjiāoqiáo］　在城区东南部。面积 26.7 万平方米。有三层互不交叉的不同方向的城市道路在此立体相交。最高层离地面 17.5 米。1992 年开工，1994 年建成。原名伦教立交桥，1995 年改今名。贯通顺德南北、沟通龙洲、105 国道枢纽。日交通流量 7.4 万辆。

均安汽车客运站［Jūn'ān Qìchē Kèyùnzhàn］　见交通运输设施部分“均安汽车客运站”条。

大良街道［Dàliáng Jiēdào］　顺德区人民政府驻地。在区境中部偏东。面积 80 平方千米。人口 22.8 万。1988 年设大良镇。2003 年改街道。因地处古太艮海峡得名太艮，后改今名。又名凤城。有顺峰山、锦岩山、凤山、华盖山等。桂畔海流经。有高校 1 个，中学 11 所，小学 20 所，三级医院 2 个，二级医院 3 个。有图书馆、南国丝都博物馆、区艺术发展中心、顺峰山公园。有省级文物保护单位清晖园、顺德糖厂、西山庙。有古巷名扬里。有省级非物质文化遗产广绣、双皮奶制作技艺。工业以机械、电气装备、汽配制造为主，有智能家电、电子等制造业。服务业以金融、商贸、餐饮住宿为主。有华盖路商业街区。太澳、东新高速，105 国道，广珠轻轨过境。有顺德客运总站、顺德港。通公交车。

容桂街道［Rónggui Jiēdào］　属顺德区。在区境南部。面积 80 平方千米。人口 20.8 万。2000 年设容桂镇。2003 年改街道。因原容奇、桂洲 2 镇各 1 字得名。先后改造德胜河南岸，建东部新区、文塔中央商务区、科技新城。有中学 12 所，小学 21 所，二级医院 2 个。有文化中心、图书室、体育中心。有古迹绿榕古庙、桂洲文塔、冯氏六世祖祠、容山书院等。有景点南岸公园、渔人码头、观音堂、白莲池。有民俗观音开库。农业以种植江南头菜、龙涌竹笋、黑毛节瓜为主。工业以智能家电、电子、医药保健、化工涂料、机械模具加工为主。服务业以电子商务为主。广珠西线、太澳高速，广珠城轨过境。有容奇港。通公交车。

伦教街道［Lúnjiào Jiēdào］　属顺德区。在区境东部。面积 59 平方千米。人口 8.6 万。2003 年设。原名海心沙，传明初乡判郑循斋治乡有方，受颁“伦常之教”匾额，改今名。先后改扩建世纪路、市良路、新成路。眉蕉河流经。有中学 5 所，小学 11 所，三级医院 1 个，二级医院 1 个，卫生服务中心 1 个，卫生服务站 6 个。有伦教体育中心、华普新翼广场、银钻广场、鸣石花园。有古迹卢氏大宗祠、粤剧表演艺术家千里驹故居等。有国家级非物质文化遗产香云纱染整技艺。有国家 5A 级旅游景区长鹿旅游休博园。农业以种植花卉、蔬菜，养殖塘鱼、鸡、鸭、鹅、猪为主。工业以木工机械、染整、电子、珠宝加工、玻璃加工为主。广珠西线，珠二环，东新高速，105、325 国道，广珠城际轻轨过境。

通公交车。

勒流街道［Lèliú Jiēdào］ 属顺德区。在区境中部。面积91平方千米。人口11.9万。2003年设。北江东流逆转向西，故名簕（逆）流，以谐音改今名。先后建勒流影剧院、水上乐园、勒北大桥、文塔大桥，改扩建佛山一环南延线、乐龙路、南国西路、龙冲路、新明路、龙洲路、富安路。有卧蚕岗、燕子岗、大岗、圆岗、牛岗等山。顺德水道流经。有职业学校1所，中学5所，小学17所，二级医院1个，卫生服务中心1个，卫生服务站9个。有汉富裕贝丘遗址。有省级非物质文化遗产龙眼点睛。农业以种植蔬菜、养殖水产为主。工业以重型机械、小五金、家电加工为主。有国家级滑轨、铰链、商业照明产业基地。广州绕城高速、325国道过境。通公交车。

澳心街［Àoxīn Jiē］ 在勒流街道东北部。长200米，宽2.1—9.5米。麻石路面。清光绪年间因建澳心街闸门楼，故名。为祠堂街。有藩侯祠、澳心何公祠、雪圃纪念堂遗址等。通公交车。

世显南街［Shìxiǎn Nánjiē］ 在勒流街道东部。长95米，宽2米。混凝土路面。因明清时顺德孔氏居此得名，意为世代显赫。现为居民区，有古迹孔氏祠堂、书院。通公交车。

陈村镇［Chéncūn Zhèn］ 顺德区辖镇。在区境北部。面积51平方千米。人口8万。辖8居委会、7村委会，有57自然村。镇人民政府驻锦龙社区。1958年成立陈村公社。1983年改区。1987年改镇。传东汉时曾有太尉陈临居此地，后人建陈太尉祠，名陈村。镇名源此。平洲水道、潭州水道、陈村涌流经。有中等职业学校1所，中学3所，小学14所，二级医院1个，卫生所7个。有古迹垂虹桥、紫阳学校旧址、登洲洋楼、列圣古庙、梁氏大宗祠、甘氏祠堂群等。有岳王出巡习俗。有国家4A级旅游景区陈村花卉世界。农业以种植花卉、水稻、甘蔗，养殖塘鱼为主。工业以机械装备制造为主。服务业以商贸物流、会展经济、旅游、总部经济为主。广明、广珠西线高速，广珠城际轨道过境。

锦龙社区［Jǐnlóng Shèqū］ 陈村镇人民政府驻地。在区境东北部。面积1平方千米。人口5600。因旧圩锦龙大街得名。2002年成立。民居以大型商业住宅为主。有妇女儿童之家、康养中心、社区公园、广场。有中小学、幼儿园。通公交车。

潭村［Táncūn］ 在区政府驻地大良街道西北23千米。陈村镇辖自然村。人口3200。因潭深不可测得名。聚落呈块状。有古迹学仕公祠、潭村洋楼、绣圃家塾、潭溪何公祠、三界古庙、乐潭区公祠、东园何公祠等。有国家4A级旅游景区陈村花卉世界。经济以种植花木为主。有金属加工、锻造业。通公交车。

北滘镇［Běijiào Zhèn］ 顺德区辖镇。在区境东北部。面积92平方千米。人口12.2万。辖10居委会、10村委会，有79自然村。镇人民政府驻北滘社区。1959年成立北滘公社。1983年改区。1987年改镇。因镇政府驻地原名得名。顺德、潭州、陈村水道流经。有中学6所，小学17所，二级医院1个。有省级文物保护单位报功祠、碧江金楼、尊明祠等5个。有古迹黎氏宗祠、澄碧苏公祠、何求苏公祠、郑氏大宗祠等。工业以家电、金属材料、机械制造为主。广珠西高速，省道三乐、白陈线，广珠轻轨、广佛环线轻轨，佛山地铁3号线、广州地铁7号延长线过境。有北滘港。

北滘社区［Běijiào Shèqū］ 北滘镇人民政府驻地。在区境东北部。面积6平方千米。人口2.5万。原有溪河百余条，当地俗称河为滘，故名百滘，后以谐音改今名。2000年成立。民居以现代居住楼房为主。养老模式为居家养老。有河边、蓬莱、百福、东兴等公园。有中小学、幼儿园、卫生站。有古迹简竹居牌坊、辛氏大宗祠。工业以塑料、五金电器加工为主。105国道、三乐公路、广珠城轨经此。

圩心［Xūxīn］ 在区政府驻地大良街道北13千米。北滘镇辖自然村。人口400。因处桃村圩中心得名。聚落呈块状。有省级文物保护单位报功祠、金紫名宗、黎氏三世祠、桃村水月宫。经济以水产养殖、花卉种植、家具制造、五金加工为主。通公路。

乐从镇［Lècóng Zhèn］ 顺德区辖镇。在区境西北部。面积78平方千米。人口10万。辖5居委会、19村委会，有35自然村。镇人民政府驻乐从社区。1958年成立乐从公社。1983年改区。1987年改镇。因镇政府驻地原名得名。顺德、东平、潭州水道流经。有中学5所，小学12所，二级医院1个，卫生服务中心1个，卫生服务站8个。有乐从历史博物馆。有省级文物保护单位沙滘陈家祠、沙边何氏大宗祠。有牧伯里古民居群。服务业以商贸、物流为主。有家具、钢材、塑胶专业市场。特产蚕丝、甘蔗、淡水鱼。325国道、省道西西线、县道谢乐线过境。

乐从社区［Lècóng Shèqū］ 乐从镇人民政府驻地。在区境西北部。面积4平方千米。人口4.9万。清康熙年间（1662—1722）因有6水松树建六松圩，1912年后取谐音改今名。1989年成立。民居以商品楼房为主。养老模式以居家养老为主。有中小学、二级医院、文化站、图书室。有河滨、美德公园。有家具、钢铁、塑料专业市场。广湛、三乐、乐樵公路经此。

龙江镇［Lóngjiāng Zhèn］ 顺德区辖镇。在区境西部。面积74平方千米。人口10.2万。辖10居委会、13村委会，有23自然村。镇人民政府驻文华社区。1958年成立龙江公社。1983年改区。1987年改镇。《邑志》载，有江河东西贯通，蜿蜒若游龙者名曰龙江。镇以此得名。有天湖山、大金山、锦屏山、金紫峰。西江、北江流经。有职中2所，中学4所，小学13所，二级医院1个，卫生服务中心1个，卫生服务服务站9个。为省级历史文化名镇。有省级文物保护单位贞女桥、察院陈公祠、龙江新闸。有古迹漱玉泉、石龙里33号民居、左滩见龙桥、冯立夫祖宅等。盛产塘鱼、蚕茧、糖蔗。工业以家具、塑料建材加工为主。佛开高速，325国道，省道龙洲、顺番、乐龙线过境。

文华社区［Wénhuá Shèqū］ 龙江镇人民政府驻地。在区境西部。面积0.5平方千米。人口4.5万。因取意文心华采得名。2013年成立。民居以商住楼房为主，居民自建房为辅。倡导"智爱文华，服务万家"，开展传统民俗节日活动、关爱长者行动、护苗行动等。有小学、幼儿园、卫生院。有商业广场5个。通公交车。

杏坛镇［Xìngtán Zhèn］ 顺德区辖镇。在区境西南部。面积122平方千米。人口13.3万。辖6居委会、24村委会，有36自然村。镇人民政府驻杏坛社区。1958年成立杏坛公社。1983年改区。1987年改镇。因夏、谭2姓开村得名夏谭，后以谐音改今名。有马宁山、象山、鹩哥山。东海水道流经。有中学7所，小学19所，二级医院1个。有省级文物保护单位5个。有国家级非物质文化遗产龙舟说唱、人龙舞、八音锣鼓。有民俗咏春拳、龙潭龙母诞。有淡水养殖业。工业以环保材料、纺织制衣、绿色食品加工、五金电器及汽车配件制造为主。省道杏龙、高福线过境。

杏坛社区［Xìngtán Shèqū］ 杏坛镇人民政府驻地。在区境西部。面积2平方千米。人口4300。因镇名得名。2001年成立。民居以多层住宅楼为主。有卫生服务中心、图书馆、文化中心。为老年人、儿童、残疾人、社会贫困户、优抚对象提供救助、福利。有中小学。有古迹苏氏大宗祠、南庄苏公祠、竹所罗公祠、苏氏家塾。工业以化工、制塑、打火机加工为主。良均公路经此。

逢简［Féngjiǎn］ 在区政府驻地大良街道西15千米。杏坛镇辖自然村。人口6200。因逢、简2姓始建村得名。聚落呈块状。为中国传统村落。有古祠堂70余间，古石桥30余座。有御赐金桂、金鳌桥、明远桥、巨济桥等。有民俗大良鱼灯、龙舟说唱。有景点小沙岛。工业以制鞋、制衣、皮具加工、汽车配件制造为主。特产塘鱼、香蕉、大蕉。

均安镇［Jūn'ān Zhèn］ 顺德区辖镇。在区境西南部。面积79平方千米。人口9万。辖8居委会、5村委会，有33自然村。镇人民政府驻均安社区。1958年成立均安公社。1983年改区。1987年改镇。因镇政府驻地原名得名。有龟山、棋盘山。西海、东海水道流经。有中学4所，小学8所，二级医院1个。有古迹罗家树民宅、李小龙祖居、上村李氏宗祠、豸浦胡公家庙。有省级非物质文化遗产关帝侯王出游。有景点李小龙乐园。农业以养鱼种蔗，种桑养蚕为主。工业以纺织制衣、照明灯饰制造为主。广中江、佛江高速过境。通公交车。

均安社区［Jūn'ān Shèqū］ 均安镇人民政府驻地。在区境西南部。面积6平方千米。人口6100。清宣统年间（1909—1911）仓门、三华2村同建圩市，故名。2000年成立。民居以广府元素居民楼为主。为孤寡老人、残障人士等提供服务。开展篮球比赛、象棋比赛、敬老、奖学助学等活动。有省级非物质文化遗产关帝侯王出游。有民俗龙舟竞渡、敬老晚宴。通公交车。

三 水 区

三水区［Sānshuǐ Qū］ 佛山市辖区。在市境西北部。面积827平方千米。人口40.4万。辖2街道、5镇。区人民政府驻西南街道。明嘉靖五年（1526）设三水县，先后属粤海道、省第一、第三行政督察区、珠江专区、粤中专区、佛山专区。1959年与南海县合设南三县。1960年复三水县，先后属佛山地区、佛山市。1993年改县级市。2002年改区。因西江、北江、绥江汇流得名。先后改扩建汽车客运站、三水广场、西南公园、广海大道、城区一河两岸景观等。北部以旅游、现代农业、空港经济为主。中部以新兴产业、高端服务为主。南部以先进制造、商贸物流为主。有西平岭峰。有高校1所，中学10所，小学31所，三级医院1个，二级医院1个，文化馆1个，图书馆1个，博物馆1个。有省级文物保护单位大旗头村古建筑群、芦苞祖庙、银洲贝丘遗址、清末民初政治家梁士诒墓。有古迹把门岗贝丘遗址、明代诗人梁鹤鸣墓、明代隆庆年间礼部尚书何维柏墓、清代水师提督郑绍忠墓。有省级非物质文化遗产粤曲星腔、胥江祖庙庙会。有民俗八音锣鼓、赛龙舟、广东醒狮、龙形拳。有国家4A级旅游景区三水荷花世界、三水森林公园、思贤滘。有景点三水温泉度假村。三次产业比例3：76：21。盛产蔬果、花卉、水产。工业以酿酒、饮料加工、精制茶加工、纺织、化工、汽车制造为主。服务业以商贸、金融为主。有三水广场、恒福广场商圈。广茂、广珠铁路，贵广高铁，广三、广贺、广肇、广明高速，321、324国道，广佛肇城际轨道过境。

有三水港。

广海大道［Guǎnghǎi Dàdào］ 在区境中部。东起广云路，西至321国道。与健力宝路、三达路相交。长6.1千米，宽40米。沥青路面。原为321国道，20世纪80年代改建城区道路。321国道也称广海公路，故名。两侧有西南公园、明富昌体育馆。通公交车。

健力宝路［Jiànlìbǎo Lù］ 在区境中部。南起人民三路，北至321国道立交桥。与广海大道、张边路相交。长1.9千米，宽40米。水泥路面。1986年开工，1987年建成。因企业得名。两侧有文化公园、幼儿园、酒店等。通公交车。

西青大道［Xīqīng Dàdào］ 在区境中部。东起广海大道，西至青岐大道。与北江大道相交。长7.5千米，宽40米。水泥路面。1996年广海大道—北江大道段开工并建成，2011年北江大道—御龙湾花园西侧开工并建成。御龙湾花园—青岐大道段尚未建成。因连接西南街道、青岐镇得名。两侧有新动力广场、廊桥花园等。通公交车。

明海路［Mínghǎi Lù］ 在区境中部。东起映海路，西至虹岭西路。长5.2千米，宽30米。沥青路面。2008年开工，同年建成。因地处云东海街道，取意正大光明得名。两侧有高丰公园、百旺城市场、三水实验中学、住宅小区等。通公交车。

三水大桥［Sānshuǐ Dàqiáo］ 在城区西南部。长180米，宽12米，桥下净高10米。1993年开工，1995年建成。因时为三水区较长桥梁得名。为大型河道桥梁，结构型式为混凝土斜拉桥。最大载重30吨。通公交车。

三水二桥［Sānshuǐ 2 Qiáo］ 在城区西南部。长200米，宽32米，最大跨度100米，桥下净高10米。2006年开工，2007年建成。因顺序修建得名。为大型河道桥梁，结构型式为预应力砼连续箱梁桥。最大载重20吨。通公交车。

三水站［Sānshuǐ Zhàn］ 见交通运输设施部分“三水站”条。

西南街道［Xīnán Jiēdào］ 三水区人民政府驻地。在区境西南部。面积145平方千米。人口16.9万。1994年设。因位置得名。先后建北江体育休闲公园、北江凤凰公园、三水南站等。西江、北江、绥江流经。有中学6所，小学21所，三级医院1个，二级医院1个，卫生服务中心1个。有区文化馆、图书馆、文化馆、明富昌体育馆、三水文化公园。有省级文物保护单位五显古庙。有古迹西南武庙、河口魁岗文塔、半江桥、清代海关遗址、思贤滘。有景点昆都山。工业以电子电器、食品饮料、新材料加工为主。服务业以商贸为主。有西南水都饮料（食品）基地、河口木棉工业区。广三、三茂铁路，贵广高铁，广三、广肇、广贺高速，321、324国道过境。有三水汽车站。通多路公交车。

木棉村［Mùmiáncūn］ 在区驻地西南街道境西北5千米。西南街道辖自然村。人口200。因原聚落状如木棉花得名。聚落呈团块状。有小学、幼儿园、卫生站、文化站。农业以水稻、蔬菜种植，淡水养殖为主。工业以铝材、陶瓷、电子加工为主。北黄公路经此。2011年被评为全国文明村。

江根村［Jiānggēncūn］ 在区驻地西南街道境西南4千米。西南街道辖自然村。人口700。北宋初建村。地处三江汇流东南，当地俗称江根部，故名。有小学、卫生站。有省级文物保护单位五显古庙。有景点三江汇流、昆都山、思贤滘。农业以养殖水产，种植花生、黄豆为主。县道洲抱线经此。

云东海街道［Yúndōnghǎi Jiēdào］ 属三水区。在区境中部。面积91平方千米。人口3万。2008年由西南街道析设云东海街道。因曾为古云东海得名。先后建沿湖路、月亮桥、东岸公园、虹岭西路、桃园西路、映海路、敦和路。北江流经。有云东海湖。有高校1所，中学2所，小学5所。有区博物馆、图书室、文化站。有中国早期工人运动领导人之一邓培故居。有国家4A级旅游景区三水荷花世界、三水森林公园。工业以智能装备制造、电子、汽车制造为主。服务业以商贸、旅游、休闲度假为主。广茂铁路，广三、广贺、广肇、西二环高速，321国道，广佛肇城际轨道过境。通公交车。

大塘镇［Dàtáng Zhèn］ 三水区辖镇。在区境西北部。面积98平方千米。人口4.1万。辖1居委会、7村委会，有99自然村。镇人民政府驻莲滘村。1957年设大塘乡，后改公社。1984年改区。1987年改镇。因在原大塘村建圩得名。北江流经。有中学1所，小学4所，卫生院1个。有图书室、文化站。农业以种植蔬菜，养殖鸡、鸭、鹅、塘鱼为主。特产大白菜、黑皮冬瓜。有省菜篮子生产基地2个。工业以纺织印染、精细化工、五金机械、塑料皮革加工、家具制造为主。肇花高速，省道广四线、清龙线过境。

莲滘村［Liánjiàocūn］ 大塘镇人民政府驻地。在区政府驻地西南街道东北30千米。人口7600。初名莲坳，后以莲、连，坳、滘音近改今名。聚落呈点状。有中小学、卫生院、图书室、文化站。农业以种植水稻为主。特产连滘红茶。省道广四线经此。

梅花村［Méihuācūn］ 在区政府驻地西南街道西北36千米。大塘镇辖自然村。人口400。因广种梅树得名。聚落呈梅花状。为省级传统村落。有明清古建筑2栋。农业以种植水稻，养猪、牛、羊为主。省道广四线经此。

乐平镇［Lèpíng Zhèn］ 三水区辖镇。在区境东部。面积198平方千米。人口7.7万。辖3居委会、14村委会，有158自然村。镇人民政府驻乐平社区。1957年设乐平乡。1958年改公社。1984年改区。1987年改镇。2001年范湖镇并入。2003年南边街道并入。因镇政府驻地原名得名。北江流经。有中学2所，小学9所，卫生院3个。有图书室、文化站。有中国历史文化名村大旗头村。有民俗黄塘香肉宴。经济以制造业、旅游业为主。有汽车零部件、自动化机械及设备、电子电器、医疗器械等制造业。有佛山高新区三水工业园。农业以种植水稻，养殖塘鱼为主。有国家地理标志产品乐平雪梨瓜。广珠铁路、省道盐南线过境。

乐平社区［Lèpíng Shèqū］ 乐平镇人民政府驻地。在区境东北部。面积15平方千米。人口7000。原名隆安圩，后取安乐、太平之意改今名。1996年成立。民居以住宅楼为主。有卫生服务站、老年活动室。有中小学。有佛山三水工业园区。通公交车。

大旗头村［Dàqítóucūn］ 在区政府驻地西南街道东北18千米。乐平镇辖自然村。人口1600。原名大桥头，后因远望如旗更今名。为中国历史文化名村。有省级文物保护单位大旗头村古建筑群。有古迹奉政大夫家庙、郑大夫家庙、振威将军家庙、建威第、尚书第等。有景点洗墨池、文塔。农业以种植冬瓜、雪梨瓜为主，养殖水产、生猪、肉鸡、肉鸭。乐平—范湖公路经此。

白坭镇［Báiní Zhèn］ 三水区辖镇。在区境南部。面积66平方千米。人口2.6万。辖1居委会、2村委会，有66自然村。镇人民政府驻富景社区。1957年设白坭乡，后改公社。1984年改区。1986年改镇。因白坭圩演化得名。有中学1所，小学2所。有图书室、文化站。有省级文物保护单位银洲贝丘遗址、清末民初政治家梁士诒墓。有民俗赛龙船。有龙船制造工艺。工业以食品饮料、汽车配件加工，电子电器、机械装备制造为主。广明高速、塘九公路经此。

富景社区［Fùjǐng Shèqū］ 白坭镇人民政府驻地。在区境南部。面积8平方千米。人口9700。以富裕欣荣、润泽民生愿景为名。2004年成立。民居以现代居住楼、农村自建房为主。有卫生服务站、老年活动室、便民服务站等。有中小学。有西江、江帆公园。有五金、建材、化工、家具、纺织印染等企业。通公交车。

银洲村［Yínzhōucūn］ 在区政府驻地西南街道西南16千米。白坭镇辖自然村。人口300。因传古有流银洞得名。聚落呈团块状。有省级文物保护单位银洲贝丘遗址。工业以化工、五金加工为主。省道金白线经此。

芦苞镇［Lúbāo Zhèn］ 三水区辖镇。在区境中部偏北。面积105平方千米。人口3.6万。辖1居委会、6村委会，有90自然村。镇人民政府驻芦苞社区。1955年设芦苞区。1957年改乡，后改公社。1984年复区。1986年改镇。因镇政府驻地原名得名。北江、芦苞涌流经。有中学1所，小学3所，卫生服务中心1个，卫生服务站9个。有图书室、文化站。有省级文物保护单位芦苞祖庙。有省级传统村落长岐村。有景点芦苞水闸、芦苞温泉。经济以旅游业为主。农业以种植水稻、蔬菜，养殖水产为主。珠三角环线高速过境。

芦苞社区［Lúbāo Shèqū］ 芦苞镇人民政府驻地。在区境北部。面积5平方千米。人口6900。因盛产芦荻、苞草得名。2004年成立。民居以住宅楼为主。有卫生服务站、老年活动室、便民服务站。有中小学、芦苞文化广场、龙坡公园、花海生态公园。通公交车。

长岐村［Chángqícūn］ 在区政府驻地西南街道东北25千米。芦苞镇辖自然村。人口1300。原名岐山村，清乾隆四十五年（1780）更今名，意为长住于此。聚落依山呈块状梯级分布。为省级传统村落。有钟氏、黄氏、卢氏宗祠等明清建筑百余栋。农业以种植水稻为主，有淡水养殖业。

南山镇［Nánshān Zhèn］ 三水区辖镇。在区境北部。面积124平方千米。人口2.5万。辖4居委会、1村委会，有150自然村。镇人民政府驻漫江社区。2008年由迳口华侨经济区、大塘镇六和村合置迳和镇，旋因大南山更今名。有中学1所，小学2所，卫生院1个。有图书室、文化站、南山陶文化艺术馆、杜马禅园艺术馆。有古迹居德林公祠。有景点九道谷漂流、南丹山、迳口十里水果长廊、知青会馆、龙形拳会馆、杜马禅院。农业以种植韭菜、香蕉，养殖桂花鱼、鸡为主。服务业以旅游为主。珠三角外环高速过境。

漫江社区［Mànjiāng Shèqū］ 南山镇人民政府驻地。在区境北部。面积18平方千米。人口5700。因漫水流经，故名。2010年成立。民居有现代居住楼、农村自建房。有卫生服务站、老年活动室、便民服务站。有中小学、南山文化广场、康城公园。通公交车。

高 明 区

高明区［Gāomíng Qū］ 佛山市辖区。在市境西部。面积961平方千米。人口30.1万。以汉族为主，还有壮、土家、回等民族。辖1街道、3镇。区人民政府驻荷城街道。明成化十一年(1475)析高要县置高明县,属肇庆府。1914年后历属粤海道、第三行政督察区、第一行政督察区、粤中专区。1958年与鹤山县合设高鹤县。1981年各复原制,先后属佛山地区、佛山市。1994年改县级市。2002年改区。因汉设高明寨,取意青玉岗高且明亮得名。先后改扩建沿江路、大德路、泰安路、文昌路、高明大道、荷富大道、跃华桥、怡乐桥,建华盈广场、荷城新天地、荷新创意产业园、新亨广场。有皂幕山。有高明河、西江流经。有中等专业学校2所,中学11所,小学21所,成人技校4所,三级医院1个,二级医院1个,国家二级图书馆1个。有全国重点文物保护单位古椰贝丘遗址,省级文物保护单位唐代龙窑遗址、灵龟塔。有纪念地高明县立三小旧址、文选楼、梁家祠、三谭革命事迹展览馆、粤中纵队纪念馆。有古迹文昌塔、大岗山唐代龙窑遗址。有国家4A级旅游景区皂幕山、盈香生态乐园、泰康山生态旅游度假区、西江河滩湿地公园。三次产业比例3∶78∶19。农业以种植水稻为主。盛产木薯、花生、甘蔗、生姜。特产粉葛、龙眼、黑鹅、莲藕、西瓜、话梅。工业以建材、食品加工、纺织、制塑、印刷、新材料为主。有沧江工业园。服务业以旅游、商贸、物流、跨境电商为主。广明、肇江高速,省道莲金、肇珠、高铜、广高线过境。有高明港。

世纪广场[Shìjì Guǎngchǎng] 在城区东部。面积6.7公顷。1999年开工,同年建成。因取意跨越新世纪得名。中心为集会区,两侧为休闲区,西江平台为观景区。北面有青铜雕塑骑牛孩童、推车壮汉、下棋长者,代表高明人由农业文明走向工业文明、由农村走向城市的历史进程。南面有《世纪宣言》石书雕刻、组雕、抽象形铜雕。为集休闲、集会、娱乐、观景于一体综合性广场。周边有区政府、监察局、信访局、购物广场、高明体育馆、酒店等。通公交车。

沧江路[Cāngjiāng Lù] 在区境东部。东北起沿江路,西南至高明大道。与文明路、文昌路、荷香路、泰和路等相交。长3.4千米,宽度44—56米。沥青路面。1984年开工,1985年建成。后多次扩建。因河得名。两侧荷城公园、区财政局、广电网络公司、卫计局、文化馆、邮政局、电信局等。通公交车。

跃华路[Yuèhuá Lù] 在区境东部。东北起文明路,西南至高明大道。与荷香路、泰和路、中山路、大德路、泰华路等相交。长2.8千米,宽62米。水泥混凝土路面。1996年开工,同年建成。因中华大地飞跃发展为名。两侧有店铺400多个。通公交车。

中山路[Zhōngshān Lù] 在区境东部。南起高明大道,北至跃华路。与文华路、宜家路、沧江路等相交。长1.3千米,宽80米。水泥混凝土路面。1998年开工,2001年建成。为纪念孙中山得名。两侧有区交通局、教育局、安监局、安全管理局、南方电网供电局、七星岗公园、大润发商场、区农商银行等。通公交车。

高明大桥[Gāomíng Dàqiáo] 在城区东部。长1331.3米,宽25米,最大跨度100米,桥下净高22米。2002年开工,2004年建成。因地处城区得名。为特大型河道桥梁,结构型式为大跨径中承式钢管混凝土拱桥。最大载重55吨。通公交车。

沧江桥[Cāngjiāng Qiáo] 在城区西南部。长152米,宽24米,最大跨度76米,桥下净高8.2米。原有简易木桥,1978年在上游10米处重建。因河得名。为中型河道桥梁,结构型式为5肋4波悬链线空腹双曲拱桥。通公交车。

三洲大桥[Sānzhōu Dàqiáo] 在城区中部。长648米,宽41.5米,最大跨度24米,桥下净高12米。1993年开工,2004年建成。因三洲圩得名。为大型河道桥梁,结构型式为钢筋混凝土T型梁桥。最大载重55吨。通公交车。

人和大桥[Rénhé Dàqiáo] 在城区中部。长130米,宽41.5米,最大跨度16米,桥下净高10米。1930年建。1941年拆毁。1951年重建。1971、1994年改建。2004年改造。因人和市场得名。为中型河道桥梁,结构型式为钢筋混泥土T型梁桥。最大载重55吨。通公交车。

高明汽车客运站[Gāomíng Qìchē Kèyùnzhàn] 见交通运输设施部分"高明汽车客运站"条。

荷城街道[Héchéng Jiēdào] 高明区人民政府驻地。在区境东部。面积179平方千米。人口15.1万。2005年设。因盛产莲藕得名。先后改造荷富路、文明路、高明大道等。西江流经。有中学3所,小学11所,三级医院1个,二级医院1个,卫生院1个,卫生服务中心5个,卫生站6个,卫生服务站9个。有区图书馆、文化馆、体育馆、体育中心。有荷城公园、海滨公园、灵龟园。有古迹龙窑遗址、灵龟塔、上湾贝丘遗址、阮埇八大家古民居群。有景点凌云山河村、阴岗灵湖、蚬洲等。农业以种植水稻,养殖鱼、猪为主。工业以石化、光电、食品加工、生物医药、纺织为主。广明高速过境。有高明客运站、高明港。通公交车。

榴村[Liúcūn] 在区政府驻地荷城街道北11千米。荷城街道辖自然村。人口700。宋景德元年(1004)因刘姓始居得名刘村,明代他姓迁入,以谐音改今名。聚落呈带状。有明清镬耳屋22栋,古井1口,古门楼9个。农业以种植水稻,养殖水产为主。

明城镇[Míngchéng Zhèn] 高明区辖镇。在区境中部。面积187平方千米。人口4.4万。辖1居委会、11村委会,有150自然村。镇人民政府驻明城社区。1958年成立明城公社。1983年改区。1987年改镇。因镇政府驻地原名得名。有中学2所,小学2所,卫生服务中心1个,卫生服务站8个,卫生站5个。有三谭革命事迹展览馆。有名胜泰康山。农业以种植水稻、花生,养殖水产、生猪为主。盛产荔枝、龙眼、杧果。工业以新能源、新材料为主。广明、肇江高速过境。

明城社区[Míngchéng Shèqū] 明城镇人民政府驻地。在区境中部。面积2平方千米。人口2900。因明城圩得名。1970年成立。民居以多层、高层楼房为主。有办事大厅、图书室、会议室、舞蹈室、多功能服务室、调解室等,可以更好地为居民提供政务办理、学习教育、文体活动、协商议事等各项服务。有中小学、卫生站、服装城、钢材市场。通公交车。

杨和镇[Yánghé Zhèn] 高明区辖镇。在区境中部。面积246平方千米。人口3.8万。辖3居委会、7村委会,有105自然村。镇人民政府驻圆岗。2005年由杨梅、人和2镇合置。因取原2镇名各1字得名。有丫髻顶峰。高明河、杨梅河、吉岭溪、大布溪、独洲溪流经。有中学2所,小学4所,卫生院1个,卫生站4个,卫生服务站2个。有名胜古迹皂幕山、大布罗塘金钗陂、革命先烈罗志故居。农业以养殖水产、鸡、鸭、鹅为主。特产三洲黑鹅、杨梅、金煌杧果。工业以金属加工、纺织、电器、机械、化工、印刷、家具制造为主。江肇公路过境。

圆岗[Yuángǎng] 杨和镇人民政府驻地。在区政府驻地荷城街道西南12千米。人口1100。因处圆形丘岗得名。聚落呈圆状。有中小学、卫生站。农业以种植蔬菜、水果为主。通公路。

更合镇[Gēnghé Zhèn] 高明区辖镇。在区境西部。面积365平方千米。人口6.2万。以汉族为主,还有土家、瑶、壮等民族。辖3居委会、19村委会,有166自然村。镇人民政府位于更合大道。2005年由更楼、合水2镇合置。因取原2镇名各1字得名。有鹿田桫椤自然保护区。有职业学校1所,中学1所,小学4所,卫生院1个,卫生服务中心1个,卫生服务站5个,卫生站8个。有粤中纵队革命纪念馆、合水烈士陵园、中共高明县第一次代表会议旧址。有梁氏宗祠、民主革命人士陈汝棠故居。有景点老香山、马尾水。农业以种植水稻,养殖水产、鸡、鸭、鹅为主。特产粉葛、生姜。工业以新材料、电器、五金加工为主。广明高速,省道广高、高铜、肇珠线过境。

江门市

江门市[Jiāngmén Shì] 广东省辖地级市。北纬21°27′—22°51′,东经111°59′—113°23′。在省境中部偏南。面积9504平方千米。户籍人口393.4万,常住人口391.4万。辖蓬江、江海、新会3区,代管台山、开平、鹤山、恩平4县级市。市人民政府驻蓬江区。1925年设江门市。1931年并入新会县。1951年复市,历属粤中专区、粤西行政区、粤中行政区、佛山专区、肇庆专区、佛山专区。1975年升地级市。因蓬莱、烟墩2山对峙似门得名。地处珠江三角洲西岸城市中心。西北以低山丘陵为主,西南、东西部以河谷冲积平原为主。平均海拔83.4米。有婆髻顶、皂幕山、镬盖尖、古兜山、笠帽山、凉帽顶。最高点天露山主峰海拔1250米。海岸线409千米。有海岛352个。年均气温22.5℃,1月平均气温14.5℃,7月平均气温28.6℃。年均降水量2055.4毫米。年均无霜期360天。有野生植物924种,其中国家重点保护野生植物有紫荆木、白桂木、华南杉、吊皮锥、绣球茜草等12种。有野生动物100种,其中国家重点保护野生动物有山猪、小灵猫、山蛤、龟等8种。有国家级森林公园2个,省级森林公园3个。有国家地热地质公园恩平市温泉群。森林覆盖率45.3%。有高校4所,中学180所,小学313所,三级医院4个。有世界文化遗产开平碉楼与村落,全国重点文物保护单位自力村碉楼群,省级文物保护单位立园碉楼群、江门海关旧址等25个。有中国历史文化名镇1个,中国历史文化名村2个。有省级历史文化街区2个。有省级环境教育基地小鸟天堂。三次产业比例8∶49∶43。农业以种植水稻为主。特产马冈鹅、冲蒌黑皮冬瓜、牛江马铃薯。有国家级农业园1个，省级农业园区7个。有国家级摩托车、半导体照明、电子、五金卫浴等产业基地17个。服务业以金融、电子商务、旅游为主。有高速378千米，公路1万千米，内河航线925千米。江中、江珠、江肇高速，325国道，省道麻阳、稔广、高铜、冲恩、肇珠线，广珠城际铁路江门支线过境。有西江、潭江等航道。有海运航线30多条，通往天津、大连、南京、厦门、香港等城市。有江门港。通公交车。

江门［Jiāngmén］　别名五邑。江门市聚落。在市境东北部。面积24平方千米。人口22.3万。元末明初为新会县集市。1904年辟为商埠，先后设立北街海关，建美孚石油公司分行、文昌沙造纸厂、新光发电厂等。1949年后建科学馆、五邑大学、教育学院、体育馆、东湖影剧院、江门电视台等。以蓬江区常安路一带为中心，以东西向堤东路、堤中路、和堤西路为轴。商业区位于城中、城北、城南，科教区位于城西北、城东，居住区均匀分布，政府办公区在城西，休闲区在城中、城西北。有中山公园、白沙公园、陈白沙纪念馆等。多条城市主干道交会，交通便利。

广珠城际铁路江门支线［Guǎngzhū Chéngjì Tiělù Jiāngmén Zhīxiàn］　从广珠城际铁路中山市小榄站向西进入江门市，市境共设江门、新会2站，与江湛铁路相连。境内全长约14千米。2005年开工，2011年建成通车。

蓬　江　区

蓬江区［Péngjiāng Qū］　江门市人民政府驻地。在市境东北部。面积324平方千米。人口48.2万。辖6街道、3镇。区人民政府驻环市街道。1984年设郊区。1994年因蓬江更今名。先后建成创业大厦、金桐三路、三堡六路，治理天沙河、北达河等。有标志性建筑五邑华侨广场。年均气温21.8℃。年均降水量1510毫米。有叱石山。西江、西海水道流经。有五邑大学。有中学27所，小学45所，三级医院3个，二级医院2个，体育场馆2个。有省级文物保护单位明代大儒陈白沙祠、历史学家陈垣故居、司谏进士石牌坊、周源李公祠。三次产业比例2∶52∶46。农业以种植水稻，养殖塘鱼、猪、牛、鸡、鸭、鹅为主。特产甘蔗、花生、头菜、苦瓜。工业以摩托车制造、汽车及零部件制造、五金卫浴、电子、化工、纺织制衣为主。服务业以商贸、餐饮为主。江中、江珠、江肇高速过境。有高沙港。

东湖广场［Dōnghú Guǎngchǎng］　在城区南部。面积50万平方米。1958年开工，同年建成。因临东湖公园得名。以绿色生态为主题、南国葵乡为特色。有音乐喷泉、杜鹃园、桂花园、棕榈园、玫瑰园、竹园、炮楼山。每年举办东湖迎春花会、年三十烟花晚会。为集爱国主义教育、展览演出、健身娱乐于一体的综合性广场。周边有英雄山革命烈士纪念亭、市体育场等。通公交车。

建设路［Jiànshè Lù］　在区境中部。南起胜利路，北至环市一路。与建设二路、白沙大道东相交。长5.4千米，宽31.6米。混凝土路面。1970年开工，1989年建成。两侧有中小学、江门大厦、侨联大厦、儿童公园、江门广播中心、一汇广场、五邑电脑城、环市公园、电影城等。通公交车。

胜利路［Shènglì Lù］　在区境南部。东南起堤中路，西北至迎宾大道。长2.9千米，宽25.8米。水泥路面。1920年建，1973年后多次拓建。原名新鹤路，后为纪念解放军经此进城改今名。两侧有市档案局、统计局、民宗局、邮政银行、五邑城等。通公交车。

白沙大道西［Báishā Dàdào Xī］　在区境南部。西南起龙湾路，东北至胜利路。长1.5千米，宽30米。混凝土路面。1983年开工，1986年建成。原名西区大道，2007年因地处白沙街道西改今名。两侧有市计量所、陈白沙纪念馆、白沙书画院、市口腔医院、市政府、市汽运集团、旅游局、口岸大楼等。通公交车。

江门汽车总站［Jiāngmén Qìchē Zǒngzhàn］　见交通运输设施部分“江门汽车总站”条。

环市街道［Huánshì Jiēdào］　蓬江区人民政府驻地。在区境北部。面积29平方千米。人口7.9万。1990年设环市镇。2004年改街道。先后建江门胜利大桥，改造白石汽修厂、社区公园等。有席帽山、大山顶。西海、江门水道流经。有中学4所，小学7所，二级医院2个，卫生所24个。工业以汽车零配件、摩托车整车及零部件制造为主。通公交车。

仓后街道［Cānghòu Jiēdào］　属蓬江区。在区境中部。面积5平方千米。人口6.1万。1952年设。因路得名。清道光年间（1821—1850）曾于盐埠后修巷，名盐仓后街，1927年改名仓后路。有月曲山、犁山咀。江门河流经。先后改造旧城区，改扩建社区公园。有高校2所，中学2所，小学3所，三级医院1个，卫生院1个，卫生所5个。有省级文物保护单位江门中山纪念堂。经济以纺织制衣、商贸服务为主。通公交车。

常安路［Cháng'ān Lù］　在仓后街道东南部。长700米，宽13米。混凝土路面。清康熙三年（1664）清政府曾强令内迁，后解禁而复建，因民心思安得名常安坊，1929年筑路改今名。又名常安路步行街。为历史文化名街、商业街。两侧以民国时期低层西式楼房为主，多为个体商户。有五邑图书馆等。通公交车。

白沙街道［Báishā Jiēdào］　属蓬江区。在区境西南部。面积8.2平方千米。人口9.2万。因明代大儒陈白沙得名。先后改造永盛、兴盛、迦南3城市公园，社区公园15个。蓬江流经。有中学6所，小学5所，三级医院1个，卫生院1个，卫生站1个。有省级文物保护单位陈白沙祠。工业以电子、智能装备制造、新材料、生物医药为主。服务业以商贸为主。江中、江肇、江鹤高速过境。通公交车。

堤东街道［Dīdōng Jiēdào］　属蓬江区。在区境南部。面积3.7平方千米。人口6.6万。1952年设堤东区街道，1980年改今名。因地处西江围堤东得名。先后建五邑图书馆、体育场、东湖广场、东湖公园、科学馆等。蓬江流经。有中学2所，小学3所，幼儿园14所，卫生所12个。经济以金融、商贸为主。通公交车。

北街街道［Běijiē Jiēdào］　属蓬江区。在区境东部。面积8平方千米。人口5.4万。1952年郊区设北街街道。1994年更名为蓬江区北街街道。先后建设社区公园，改造良化里道路。西江、蓬江流经。有中学2所，小学2所，三级医院1个，卫生院1个，卫生所4个。有省级文物保护单位江门海关旧址、新宁铁路北街火车站旧址。工业以涂料加工、摩托车及配套件制造、鞋服及皮制品加工为主。有白石饮食一条街。通公交车。

潮连街道［Cháolián Jiēdào］　属蓬江区。在区境东北部。面积13平方千米。人口1.3万。1986年设潮连镇。2002年改街道。因四面环水、潮汐相连得名。先后改扩建潮连、小海河湿地公园。西江环绕，为河岛。有高校1所，中学1所，小学1所，卫生院1个。工业以五金机械、制塑、印刷、手袋加工为主。通公交车。

荷塘镇［Hétáng Zhèn］　蓬江区辖镇。在区境东部。面积32平方千米。人口4.7万。辖1居委会、13村委会，有78自然村。镇人民政府驻荷塘社区。1931年设荷塘乡。1949年撤。1956年复荷塘乡。1958年并入海外公社。1961年析设荷塘公社。1983年改区。1987年改镇。因昔日低洼遍植莲藕，夏日荷花盛开，故名。有龙务岗、马山。西海水道流经。有中学5所，小学11所，卫生院1个，卫生站7个。有省级文物保护单位司谏进士石牌坊、周源李公祠。农业以种植冲菜、芥蓝为主。工业以集装箱制造、建材、化工、不锈钢制品加工、汽车零配件加工为主。佛江、广中江高速过境。

荷塘社区［Hétáng Shèqū］　荷塘镇人民政府驻地。在区境东北部。面积1.7平方千米。人口6000。因镇名得名。2002年成立。民居以楼房为主，有多栋别墅。有文明实践工作站、老年人活动室等。有小学、卫生院、禾冈公园、中心广场。有购物广场、荷塘市场。通公交车。

杜阮镇［Dùruǎn Zhèn］　蓬江区辖镇。在区境西南部。面积81平方千米。人口4.8万。辖3居委会、20村委会，有124自然村。镇人民政府驻中心社区。1955年设杜阮区。1958年改公社。1983年复区。1987年改镇。因杜、阮2姓始居得名。有大牛山、笔架山、观音帐、佛爷顶、国老杯、将军山、企坑山。阮川河流经。有中学4所，小学10所，卫生院1个，卫生站5个。农业以种植苦瓜为主。工业以五金铸造、水暖卫浴、化工建材、灯饰玩具制造为主。杜阮—叱石公路过境。

中心社区［Zhōngxīn Shèqū］　杜阮镇人民政府驻地。在区境西南部。面积1.5平方千米。人口1500。因地处圩镇中心得名。2004年成立。民居以别墅为主，有多栋楼房。有文明实践工作站、老年人活动室等。有小学、卫生院、滨江公园、杜阮中心市场。杜阮—叱石公路经此。

棠下镇［Tángxià Zhèn］　蓬江区辖镇。在区境北部。面积131平方千米。人口6.6万。辖2居委会、23村委会，有185自然村。镇人民政府驻棠下社区。1951年设棠下区。1958年改公社。1983年复区。1987年改镇。因多水塘、山塘，以塘、棠谐音得名。有大雁山、婆髻山、牛牯髀、凤凰山、大城山、三丫顶。西江流经。有中学3所，小学10所，卫生院1个，卫生站1个。有省级文物保护单位陈垣故居。工业以摩托车及配件制造、纺织服装、化工涂料加工为主。盛产水果。广中江、珠三角环线高速过境。

棠下社区［Tángxià Shèqū］　棠下镇人民政府驻地。在区境西北部。面积1.2平方千米。人口1200。因镇得名。2003年成立。民居以楼房为主。有老年人活动室。有中学、卫生院。工业以健康食品加工、电子、智能制造、激光制造为主。通公交车。

江　海　区

江海区［Jiānghǎi Qū］　江门市辖区。在市境东南部。面积110平方千米。人口16.1万。以汉族为主，还有壮、苗、瑶、土家等民族。辖5街道。区人民政府驻滘头街道。1984年置郊区。1994年改今名。因取江南街道、原外海镇各1字得名。先后建江南文化广场、东海路、五邑路、金瓯路。年均气温22.1℃。年均降水1902毫米。有牛山、鸡山。有中学9所，小学15所，二级医院2个。有中环广场。有省级文物保护单位爱国华侨陈少白故居。三次产业比例3∶63∶34。农业以种植蔬菜、休闲观光农业为主。工业以电子、机电制造、精细化工为主。服务业以餐饮住宿、批发零售、仓储物流为主。广珠城际铁路，江中、江鹤、江珠高速过境。有江门港。

江门国家高新技术产业开发区 [Jiāngmén Guójiā Gāoxīn Jìshù Chǎnyè Kāifāqū] 在区境南部。东至西江，南至江中高速，西至金星路，北至五邑路。面积1200公顷。1993年3月经广东省人民政府正式批准建立省级高新技术产业开发区。2010年11月经国务院正式批准晋升为国家级高新技术产业开发区，由江门市政府管理。以绿色光源、汽摩零配件、电子信息、机电为主。有金羚、大冶摩托车、量子高科生物等企业700多个。高速、城际轻轨过境。通公交车。

江南文化广场 [Jiāngnán Wénhuà Guǎngchǎng] 在城区中部。面积3.3万平方米。2005年开工，2006年建成。因地处江南街道得名。有舞台、健身广场、休闲步道，配置园林景观、停车场等。为集文化传播、展览演出、健身娱乐于一体的综合性广场。周边有住建大厦、中环广场。通公交车。

五邑路 [Wǔyì Lù] 在区境中部。东起江海四路，西至西环路。与永康路、江翠路、南山路、东海路等相交。长10.1千米，宽27米。沥青路面。1997年开工，2003年建成。因江门别名五邑得名。两侧有利生车城、城轨江门东站、中环广场商圈、区政府等。通公交车。

东海路 [Dōnghǎi Lù] 在区境西部。南起江珠高速，北至桥南大道。与江海一路、五邑路、金瓯路、礼东二路等相交。长7.8千米，宽30米。混凝土路面。1995年开工，同年建成。2004年改造。因寓意"福如东海，寿比南山"得名。两侧有中学、江海绿化广场、中环广场等。通公交车。

滘头街道 [Jiàotóu Jiēdào] 江海区人民政府驻地。在区境西北部。面积5平方千米。人口1.1万。1994年设。因地处滘溪河上游得名。先后建滘头东、西路。江门水道、礼乐河流经。有小学1所，卫生院1个。有区体育馆、江海绿化广场、渔山公园、滘头中心公园。工业以摩托车制造、五金加工为主。服务业以商贸为主，有中环广场、塘鱼批发市场。江珠高速，省道十水线过境。通公交车。

江南街道 [Jiāngnán Jiēdào] 属江海区。在区境西北部。面积3平方千米。人口3.1万。以汉族为主，还有壮、蒙古、回、苗等民族。1980年设。因地处蓬江南得名。有中学2所，小学3所，卫生服务中心1个。服务业以住宿、餐饮为主。江珠高速过境。通公交车。

滘北街道 [Jiàoběi Jiēdào] 属江海区。在区境北部。面积5平方千米。人口0.5万。1994年设。因取原滘头、麻北2乡各1字得名。有凤山、虎山、大华山。蓬江、西海水道流经。有小学1所，卫生院1个。有白水带风景区、釜山公园、体育公园。工业以五金、玻璃加工为主。通公交车。

外海街道 [Wàihǎi Jiēdào] 属江海区。在区境东部。面积47平方千米。人口4万。2004年设。因旧为滩涂，江面如海，故名。有鸡山、牛山、大牛山。江门、西海水道流经。有中学3所，小学6所，二级医院1个，卫生院1个，卫生站12个。有省级文物保护单位陈少白故居。农业以养殖水产为主。有观光休闲农业。工业以五金、玻璃、机电制造为主。有市高新技术开发区。服务业以住宿餐饮、仓储为主。江中高速过境。通公交车。

礼乐街道 [Lǐyuè Jiēdào] 属江海区。在区境西部。面积50平方千米。人口6.5万。2004年设。因孔子"以礼乐教民"为名。江门水道、礼乐河流经。有中学4所，小学4所，二级医院1个，卫生院1个，卫生站20个。工业以精细化工、机电制造、食品加工为主。有机电工业城。江中高速、珠三角城际轻轨过境。通公交车。

新会区

新会区 [Xīnhuì Qū] 江门市辖区。在市境南部。面积1355平方千米。人口75.5万。辖1街道、10镇。区人民政府驻会城街道。东晋元熙二年(420)置新会郡。以汉代四会县地新置郡得名。隋开皇九年(589)改县，属南海郡。唐属广州。1914年后历属粤海道、第一行政督察区、粤中专区、佛山专区、江门专区、江门市。1992年改市。2002年改区。先后改扩建多个城市公园。年均气温21.6℃，1月平均气温13.2℃，7月平均气温28.3℃。年均降水量1741毫米。有圭峰山、古兜山、牛牯岭。有潭江、西江流经。有花岗岩、石英砂、锡、钨、褐钇铌、独居石、锆英石、绿柱石等矿产资源。有国家二级重点保护野生植物紫荆木、水松，国家二级重点保护野生动物穿山甲、水獭、小灵猫。有中等职业学校4所，高中11所，初中28所，小学66所，幼儿园104所，特教学校1所，二级医院4个。有全国重点文物保护单位梁启超故居，省级文物保护单位张将军家庙、新会学宫、龙兴寺石塔、镇山宝塔、北门窑址。有国家级非物质文化遗产蔡李佛拳、新会葵艺、白沙茅龙笔制作技艺，省级非物质文化遗产新会古典家具制作技艺、崖门海战流传故事、新会陈皮制作技艺、陈梦吉故事。有民俗元宵鲤鱼灯、七月初六晚乞巧慕仙、神诞庙会舞龙、七月三十舞蕉树龙。有国家4A级旅游景区圭峰山、小鸟天堂、古兜温泉度假村。三次产业比例3∶83∶14。农业以种植水稻为主，特产甘蔗、新会柑、红茶、新会陈皮、锦壳荔枝。工业以临港装备制造、精细化工、纸业、食品加工、纺织服装、建材为主。有古典家具、香业等国家级产业基地8个。服务业以商贸、旅游为主。有美吉特城市综合体、星汇广场。广珠铁路，佛开、新台、江珠高速，广珠城际轻轨过境。有新会港。

冈州广场 [Gāngzhōu Guǎngchǎng] 在城区中部。面积2335平方米。1997年开工，1998年建成。因隋唐时曾名冈州得名。正面为主广场，中央有大型喷泉、主体雕塑。北面为下沉式文化广场。左侧围绕余庆楼石碉楼，形成城市景观。右侧为绿地广场，栽植多组葵林。为集休憩活动、文化娱乐于一体综合性广场。周边有世纪广场。通公交车。

新会大道 [Xīnhuì Dàdào] 在区境北部。东起冈州大道，西至省道新开线。与新峰路、新乐一路、江门大道、侨兴南路、文华路等相交。长9.7千米，宽28米。混凝土路面。原为省道古港线，1999年改建城市道路，名南环路，2002年更今名。两侧有新会城轨站、新会汽车总站、名人广场、会城工业园、金沙广场等。通公交车。

冈州大道 [Gāngzhōu Dàdào] 在区境北部。东起五邑路，西至省道新开线。与新会大道、新峰路、圭阳路、侨兴北路、知政路等相交。长10千米，宽60米。20世纪20年代建，名冈州马路。1949年后更名冈州路。2002年定今名。因新会古名冈州得名。两侧有江会时代城、牛雕岗、冈州广场、区供电局、葵湖公园、金沙广场等。通公交车。

新会汽车总站 [Xīnhuì Qìchē Zǒngzhàn] 见交通运输设施部分"新会汽车总站"条。

会城街道 [Huìchéng Jiēdào] 新会区人民政府驻地。在区境北部。面积128平方千米。人口27.9万。1984年设会城镇。2005年改街道。为新会城区，故名。因古属冈州治又名冈城。先后扩建冈州大道，治理水域。有圭峰山。江门水道、潭江流经。有中等职业学校4所，中学10所，小学22所，幼儿园102所，二级医院4个，卫生服务中心3个，医务室20个，卫生站165个，体育场馆2个。有全国重点文化保护单位梁启超故居，省级文物保护单位新会学宫、龙兴寺石塔、镇山宝塔、北门窑址。有国家级非物质文化遗产新会葵艺、茅龙笔制作技艺。盛产荔枝、韭黄等。有国家地理标志产品新会柑、新会陈皮。工业以食品保健品、生活用纸、古典家具加工为主。广珠铁路、广珠城轨、珠三角环线高速、新开线省道，江会公路过境。有新会港。通公交车。

大新路 [Dàxīn Lù] 在会城街道中部。长200米，宽9.2米。水泥瓷砖路面。古名东阳街，1912年以气象更新之意改名大新街，1929年定今名。为会城商业步行街之一。以骑楼建筑为主。有星汇广场、新华书店、华侨大厦。通公交车。

仁寿路 [Rénshòu Lù] 在会城街道中部。长200米，宽11.2米。水泥瓷砖路面。1929年建。因仁寿坊得名。为会城商业步行街之一。以骑楼建筑为主。有景堂图书馆、仁寿广场、清华书店。通公交车。

茶坑村 [Chákēngcūn] 在区驻地会城街道东南8千米。会城街道辖自然村。人口4900。明永乐三年(1405)梁姓建村，因遍种茶树，故名。聚落呈环状。有全国重点文物保护单位梁启超故居。农业以种植水稻、柑橘、糖蔗、荔枝，养殖塘鱼为主。有塔北工业园。通公路。

大泽镇 [Dàzé Zhèn] 新会区辖镇。在区境中部。面积79平方千米。人口4.1万。辖1居委会、14村委会，有139自然村。镇人民政府驻大泽社区。1955年设大泽区。1958年改公社。1983年复区。1987年改镇。因地处潭江下游，多沼泽，故名。有峰云峰、爬船山、上学堂山。潮透河、大泽河、沙冲河流经。有中学1所，小学3所，卫生院1个，卫生站12个。农业以种植水稻、脐橙为主。工业以五金加工、纺织为主。省道新开线过境。

大泽社区 [Dàzé Shèqū] 大泽镇人民政府驻地。在区境西北部。面积1.8平方千米。人口2400。因镇得名。2000年成立。民居以高层楼房为主。有居民服务站、文化活动中心、残疾人康复站。有中学、卫生院、滨江公园、大泽市场。省道新开线经此。

司前镇 [Sīqián Zhèn] 新会区辖镇。在区境西部。面积84平方千米。人口6.6万。辖1居委会、13村委会，有197自然村。镇人民政府驻中心社区。1955年设司前区。1958年改公社。1984年复区。1986年改镇。明清曾设牛肚湾巡检司，后在司衙前空地建村，故名。有马鞍山。潭江、石步河、天等河、沙冲河流经。有中学3个，小学8个，卫生所17个。有司前木版年画。农业以种植水稻为主，特产荸荠、苦瓜、龙眼、温蛋、夜鱼等。工业以不锈钢制品加工为主。佛开、新台高速，省道新开线过境。

中心社区 [Zhōngxīn Shèqū] 司前镇人民政府驻地。在区境西北部。面积3平方千米。人口8000。因地处圩镇中心得名。2004年成立。民居以现代民居楼为主。有学雷锋志愿服务。有小学、诊所。有服装厂、百货商店、个体店铺等。新开线省道经此。通多路公交车。

沙堆镇［Shāduī Zhèn］　新会区辖镇。在区境东南部。面积 71 平方千米。人口 3.4 万。辖 1 居委会、11 村委会，有 52 自然村。镇人民政府驻沙堆社区。1961 年成立沙堆公社。1983 年改区。1987 年改镇。原肖氏祖祠前黄沙堆积，后成集市，故名。有牛牯岭山。虎跳门水道流经。有中等职业学校 1 所，中学 1 所，九年一贯制学校 2 所，小学 1 所，卫生院 1 个，卫生所 8 个。农业以种植水稻，养殖水产为主。特产菠萝、灵芝、淡水小龙虾、柑橘、通菜、荔枝等。工业以拆船造船、纺织制衣、建材为主。西部沿海高速、新东公路过境。

沙堆社区［Shāduī Shèqū］　沙堆镇人民政府驻地。在区境东南部。面积 2 平方千米。人口 1600。因镇名得名。2000 年成立。民居以高层楼房为主，低层为辅。有老年人活动中心、残疾人康复中心。有中小学、幼儿园、卫生院、文化室。工业以铸锻、金属加工、纺织为主。新东公路经此。通公交车。

古井镇［Gǔjǐng Zhèn］　新会区辖镇。在区境东南部。面积 100 平方千米。人口 4.2 万。辖 1 居委会、15 村委会，有 59 自然村。镇人民政府驻古井社区。1958 年成立古井公社。1984 年改区。1987 年改镇。南宋祥兴年间（1278—1279）开井汲水，故名。有大岭、大壮山、柑橘山、碗碟山。三坑河流经。有银洲湖。有中学 1 所，小学 3 所，卫生院 1 个，卫生所 14 个。有省级文物保护单位崖门古炮台遗址、官冲窑址。农业以种植水稻为主。特产古井烧鹅。工业以水泥加工、拆船、造船为主。省道金门线过境。

古井社区［Gǔjǐng Shèqū］　古井镇人民政府驻地。在区境东南部。面积 3 平方千米。人口 4500。因镇名得名。2000 年成立。民居以楼房为主。开展养生保健、古井足迹、古井味道、红色古井等活动。有中小学、幼儿园、古井医院、卫生院、养老院。省道金门线经此。

三江镇［Sānjiāng Zhèn］　新会区辖镇。在区境中部。面积 69 平方千米。人口 4.9 万。辖 1 居委会、12 村委会，有 15 自然村。镇人民政府驻三江社区。1958 年成立三江公社。1983 年改区。1987 年改镇。因潭江、江门河、虎坑河经此汇入银洲湖，故名。有求雨山、脉龙山、金钟山、九龙山、烟墩山。有中学 1 所，小学 4 所，卫生院 1 个，卫生所 3 个。农业以种植水稻，养殖水产为主。特产赵氏杨桃。工业以化工、饲料加工、制塑、金属制品加工为主。省道金门线过境。

三江社区［Sānjiāng Shèqū］　三江镇人民政府驻地。在区境东南部。面积 0.4 平方千米。人口 1700。因镇名得名。2000 年成立。民居以多层楼房为主。有文化活动中心、文化公园。有中学、卫生院。省道金门线经此。

睦洲镇［Mùzhōu Zhèn］　新会区辖镇。在区境东部。面积 69 平方千米。人口 4.4 万。辖 1 居委会、14 村委会，有 14 自然村。镇人民政府驻睦洲社区。1958 年成立睦洲公社。1983 年改区。1986 年改镇。南宋宝庆年间（1225—1227）成陆，以居民和睦相处得名。有吉仔公山。西江、虎坑河、劳劳溪流经。有中学 1 所，小学 6 所，卫生院 1 个，卫生所 12 个。特产黄沙蚬、黄布莲藕。工业以造纸，金属制品、建筑型材、灯饰制品加工为主。江珠高速、省道肇珠线、新中公路过境。

睦洲社区［Mùzhōu Shèqū］　睦洲镇人民政府驻地。在区境东南部。面积 2 平方千米。人口 4500。因镇名得名。2000 年成立。民居以自建房为主。有邑家园服务中心、文化活动中心、文化公园。有中小学、幼儿园、卫生院。省道肇珠线、新中公路经此。

大鳌镇［Dà'áo Zhèn］　新会区辖镇。在区境东南部。面积 53 平方千米。人口 3.4 万。辖 1 居委会、16 村委会，有 19 自然村。镇人民政府驻大鳌社区。1964 年成立大鳌公社。1983 年改区。1987 年改镇。因岛得名。西江环绕。有大鳌岛、大屿岛。有中学 1 所，小学 4 所，卫生院 1 个，卫生所 8 个。农业以养殖南美白对虾、罗氏沼虾、桂花鱼、鲈鱼为主。特产慈姑、莲藕。工业以集装箱制造为主。新鳌、环岛、新中公路过境。

大鳌社区［Dà'áo Shèqū］　大鳌镇人民政府驻地。在区境东北部。面积 2 平方千米。人口 1600。因镇名得名。2000 年成立。中心河流经。民居以自建房为主。有居民服务站、文化活动中心、健身公园。有中小学、幼儿园、卫生院。新中公路经此。通公交车。

罗坑镇［Luókēng Zhèn］　新会区辖镇。在区境西南部。面积 114 平方千米。人口 3.6 万。辖 2 居委会、15 村委会，有 185 自然村。镇人民政府驻罗坑社区。1958 年成立罗坑公社。1984 年改区。1987 年改镇。因罗山得名。有骑龙山。有中学 1 所，小学 4 所，九年一贯制学校 1 所，卫生所 5 个。有省级文物保护单位石咀林氏家庙。农业以种植水稻，养殖水产、生猪、奶牛为主。特产红心蜜柚、金煌杧果。工业以化纤、纺织服装为主。有牛奶加工业。新台高速过境。通潭江航道。

罗坑社区［Luókēng Shèqū］　罗坑镇人民政府驻地。在区境西南部。面积 2 平方千米。人口 2000。因镇名得名。2002 年成立。有虾山、寺山。民居以多层、高层楼房为主。有居民服务站、文化活动中心、健身公园。有中学、幼儿园、卫生院。有水泥厂、针织厂。通公交车。

双水镇［Shuāngshuǐ Zhèn］　新会区辖镇。在区境中部偏南。面积 194 平方千米。人口 9.1万。辖 2 居委会、37 村委会，有 363 自然村。镇人民政府驻双水社区。1958 年成立双水公社。1983 年改区。1987 年改镇。2002 年小冈镇并入。南朝梁（502—557）张姓迁此，因临泷水河得名泷水，后因兼临银洲湖改今名。有古兜山、锅盖尖。潭江流经。有中学 6 所，小学 8 所，卫生院 1 个，卫生所 14 个。有省级文物保护单位张将军家庙。农业以种植水稻、果蔗为主。工业以制香、钢铁拆解、造纸为主。特产田心腊味。省道南门线过境。

双水社区［Shuāngshuǐ Shèqū］　双水镇人民政府驻地。在区境西南部。面积 1 平方千米。人口 2200。因镇名得名。2004 年成立。民居以多层、高层楼房为主。有居民服务站。有中小学、幼儿园、卫生院、诊所。有振兴、亿利公园。有钢铁拆解、银洲湖纸业基地。南门线省道经此。通公交车。

崖门镇［Yámén Zhèn］　新会区辖镇。在区境西南部。面积 238 平方千米。人口 4 万。辖 2 居委会、17 村委会，有 52 自然村。镇人民政府驻崖西社区。1984 年设崖门区。1987 年改镇。1992 年并入崖南镇。2002 年由崖南、崖西 2 镇合置崖门镇。因崖门水道得名。有狮子头峰。有省级古兜山自然保护区。有初中 2 所，九年一贯制学校 1 所，小学 4 所，卫生院 1 个，卫生所 11 个。有国家级非物质文化遗产蔡李佛拳。有古兜温泉。农业以种植水稻，养殖禽鸟为主。特产甜水萝卜、崖西鸡。工业以五金电镀为主。有旅游业。西部沿海高速、省道南门线过境。

崖西社区［Yáxī Shèqū］　崖门镇人民政府驻地。在区境西南部。面积 5 平方千米。人口 1400。因地处崖门水道西得名。2004 年成立。民居以自建房为主。有居民服务站、文化活动中心、健身公园。有幼儿园、卫生站。省道南门线经此。通公交车。

台　山　市

台山市［Táishān Shì］　广东省直辖县级市，由江门市代管。北纬 22°16′，东经 112°45′。在江门市境西南部。面积 3286 平方千米。人口 99 万。辖 1 街道、16 镇。市人民政府驻台城街道。明弘治十二年（1499）置新宁县。1914 年更名台山县，历属第一、第十行政督察区，粤中专区，粤西专区。1953 年赤溪县并入，先后属佛山专区、江门专区、肇庆专区。1983 年属江门市。1992 年改县级市。因三台山得名。地处珠江三角洲西南部。有广海湾、镇海湾。有海岛（礁）557 个。平均海拔 82.1 米。年均气温 22.3℃，1 月平均气温 14.2℃，7 月平均气温 28.4℃。年均降水量 2007 毫米。有北峰山国家森林公园。有省级自然保护区 2 个。森林覆盖率 47.6%。有高中 7 所，初中 30 所，小学 52 所，幼儿园 62 所，特教学校 1 所，二级医院 3 个。有文化艺术馆、青少宫、博物馆、图书馆、科学馆、书画院、体育馆。有省级文物保护单位 3 个，省级历史文化街区 2 个。有国家 4A 级旅游景区 3 个。有上下川岛旅游度假区。有景点那琴半岛、康桥温泉、梅家大院。三次产业比例 17∶50∶33。农业以种植水稻、豆类、薯类，养殖鳗鱼、青蟹、蚝为主。特产黑皮冬瓜、海宴花卉、广海咸鱼。有国家地理标志产品台山鳗鱼、台山大米、台山蚝、台山青蟹。有省级万亩优质水稻高产示范片 1 个。有沙堤、横山、广海渔港。工业以电力、纺织服装、金属新材料、汽车零部件制造为主。有广海湾工业园。服务业以旅游、餐饮为主。新台、西部沿海高速过境。有公益港。

石花文化广场［Shíhuā Wénhuà Guǎngchǎng］　在市区东北部。面积 6.6 万平方米。2000 年开工，同年建成。因石花山得名。有雕塑、画廊、凉亭、音乐喷池、九曲桥、舞台。有篮球场、排球场、羽毛球场、乒乓球台。集庆典集会、休闲、健身、旅游观光于一体。通公交车。

台山市汽车总站［Táishān Shì Qìchē Zǒngzhàn］　见交通运输设施部分“台山市汽车总站”条。

台城街道［Táichéng Jiēdào］　台山市人民政府驻地。在市境东北部。面积 157 平方千米。人口 17.6 万。2001 年设台城镇。2006 年改街道。因其为市中心城区。故名。有九年一贯制学校 2 所，小学 15 所，二级医院 3 个。有省级文物保护单位台山县政府大楼、台山县立中学旧址、台山游击干部训练班旧址。有省级历史文化街区老城中心区、西宁市街区。农业以种植水稻、蔬果为主。工业以汽车零部件、烧烤炉具制造，铝型材加工为主。深茂铁路，新台高速，高铜、稔广线省道过境。通公交车。

台西路［Táixī Lù］　在台城街道西部。长 500 米，宽 13.8 米。水泥路面。原名西门街，1923 年扩建更今名，2001 年改造。以低层中西风格骑楼建筑为主，有华侨企业家陈宜禧铜像。为侨乡历史文化风情街、步行商业街，有服装及金饰商铺、奶茶店、特色小吃店等。通公交车。

大江镇［Dàjiāng Zhèn］　台山市辖镇。在市境北部。面积 70 平方千米。人口 4.8 万。辖 3 居委会、18 村委会，有 259 自然村。镇人民政府驻大江圩社区。1961 年成立大江公社。1983 年改区。1986 年改镇。2001 年公益镇并入。因河得名。有笔架山、美女吹笛、三仙山。潭江、大江河流经。有高中1所,中学2所,小学4所,卫生院1个。农业以种植水稻,养殖塘鱼为主。特产慈姑、红茶、风鳝、软壳虾。工业以铝型材、五金家电、古典家具、文娱用具加工为主。新台高速、省道高铜线过境。有公益港。

大江圩社区 [Dàjiāngxū Shèqū] 大江镇人民政府驻地。在市境北部。面积7.5平方千米。人口3200。因镇名得名。1999年成立。潭江流经。民居以平房、楼房为主。有健身设备、篮球场、乒乓球台等。组织瑞狮表演赛、民乐表演、广场舞、青年演讲大赛等活动。有中小学、卫生院。有瑞狮民俗。新台高速、省道高铜线经此。通公交车。

水步镇 [Shuǐbù Zhèn] 台山市辖镇。在市境北部。面积115平方千米。人口5.3万。辖1居委会、20村委会,有297自然村。镇人民政府驻水步圩社区。1961年成立水步公社。1983年改区。1986年改镇。傍河而立,故名水埗头,后变字改为今名。有长坑山、公子抱孙山、酒杯顶山、矮仔影顶山。水步河、双门河流经。中学1所,小学3所,卫生院1个。农业以种植水稻、甘蔗,养殖鸡、鸭、鹅、塘鱼、生猪为主。特产粉葛、毛薯、鸡爪芋。工业以制造、机械为主。有台山园区、文华开发区。服务业以旅游为主。有特色小吃台山黄鳝饭。新台高速、省道高铜线过境。

水步圩社区 [Shuǐbùxū Shèqū] 水步镇人民政府驻地。在市境北部。面积4.5平方千米。人口5000。因镇名得名。1999年成立。民居以平房、高层楼房为主。有洋楼建筑群。有文化室、电子阅览室。组织排球赛、太极拳活动等。有中小学、卫生院。省道高铜、新水线经此。

四九镇 [Sìjiǔ Zhèn] 台山市辖镇。在市境东部。面积260平方千米。人口5.2万。辖3居委会、20村委会,有228自然村。镇人民政府驻四九圩社区。1958年成立四九公社。1983年改区。1986年改镇。农历逢四、九日为圩,故名。有北峰山国家森林公园、古兜山省级自然保护区。有中学1所,小学2所,卫生院1个。农业以种植水稻、花生、甘蔗为主。特产白云茶、鸡爪芋、双皮圆椒。工业以五金制品、玻璃工艺、木制品加工为主。新台高速过境设台城出入口。

四九圩社区 [Sìjiǔxū Shèqū] 四九镇人民政府驻地。在市境东部。面积2.9平方千米。人口3600。因镇名得名。1999年成立。民居水泥混凝土结构楼房为主。有休闲文化活动场所、农村书屋等。开展道德讲堂、电影下乡、文明用餐等活动。组织排球、乒乓球、象棋等比赛。有中小学、卫生院等。有特色民谣卖鸡歌、谣梨姑。通公交车。

白沙镇 [Báishā Zhèn] 台山市辖镇。在市境西部。面积169平方千米。人口6.6万。辖2居委会、18村委会,有460自然村。镇人民政府驻白沙圩社区。1957年设白沙乡。1958年改公社。1984年改区。1986年改镇。因镇政府驻地原名得名。有百足山、虎头山、王帝头山。白沙河流经。有中学3所,小学3所,卫生院1个,卫生分院2个。有国家4A级旅游景区康桥温泉度假区。农业以种植水稻、番薯、花生为主。特产潮境萝卜。工业以电子电器、化工、纸制品加工、建材为主。省道稔广、冲恩线,台蚬、获白公路过境。

白沙圩社区 [Báishāxū Shèqū] 白沙镇人民政府驻地。面积1平方千米。人口5000。清雍正年间(1723—1735)建圩,时为白沙滩,故名。1983年成立。民居以水泥混凝土结构楼房为主,有骑楼。有健身公园。有广场舞蹈队。开展送春联下乡、免费播放电影等服务。有太极拳、排球、老年象棋等活动。有粤曲社。有中小学、卫生院。台蚬、获白公路经此。

三合镇 [Sānhé Zhèn] 台山市辖镇。在市境西北部。面积253平方千米。人口4.6万。辖1居委会、9村委会,有379自然村。镇人民政府驻温泉圩。1957年设三合乡。1958年改公社。1984年改区。1994年改镇。因那金、黎洞、西华3河汇流得名。有马山、猪木山、牛脊山。有中学1所,小学4所,卫生院1个。农业以种植水稻为主。盛产荔枝、砂糖橘、龙眼、火龙果。工业以五金、铝材加工为主。服务业以温泉旅游为主。省道冲恩、稔广线过境。

温泉圩 [Wēnquánxū] 三合镇人民政府驻地。在市政府驻地台城街道西南3千米。人口6000。因温泉资源丰富得名,宋代成热河村,清代聚集为温泉圩。有小学、卫生站。农业以种植水稻为主,兼产瓜菜。服务业以温泉旅游为主。有多家温泉酒店。省道冲恩、稔广线经此。

冲蒌镇 [Chōnglóu Zhèn] 台山市辖镇。在市境东南部。面积125平方千米。人口3.8万。辖1居委会、16村委会,有221自然村。镇人民政府驻冲蒌圩社区。1958年成立斗山公社。1983年更名冲蒌公社。1986年改镇。因镇政府驻地原名得名。有岐山、黄蛇形山、大脑顶山。娄阳河流经。有中学1所,小学1所,卫生院1个。农业以种植水稻、马铃薯,养殖水产为主。特产黑豆、鸡爪芋、红芋、冬瓜。服务业以商贸为主。新台高速、省道高铜线过境。

冲蒌圩社区 [Chōnglóuxū Shèqū] 冲蒌镇人民政府驻地。在市境东南部。面积1平方千米。人口3000。原有冲和圩,清末迁此,因遍地蒌草得名。1999年成立。民居以水泥混凝土结构楼房为主,有骑楼。定时组织排球、篮球、足球、象棋等活动。有中小学、卫生院。盛产蔬菜、黑豆、番薯,青皮冬瓜等。省道高铜线经此。

斗山镇 [Dǒushān Zhèn] 台山市辖镇。在市境东南部。面积137平方千米。人口5.4万。辖1居委会、18村委会,有156自然村。镇人民政府驻斗山圩。1957年设斗山乡。1958年镇口乡并入,旋改公社。1983年改区。1986年改镇。因山形如斗得名。有皇帝帽山、天堂顶山、大兴峰山。斗山河流经。有初中1所,小学3所,卫生院1个。有省级文物保护单位爱国华侨陈宜禧故居。有国家级非物质文化遗产浮石飘色。农业以种植水稻、蔬菜,养殖鳗鱼为主。特产西栅西洋菜、徐龙青鳗。工业以纺织、五金电器、陶瓷加工为主。新台、西部沿海高速,省道高铜线过境。

斗山圩社区 [Dǒushānxū Shèqū] 斗山镇人民政府驻地。在市境东南部。面积3.6平方千米。人口7000。因镇得名。1997年成立。民居以水泥混凝土结构楼房为主。有南洋骑楼建筑群。有文化健身表演、文艺晚会。有乒乓球、排球等活动。定期免费播放电影。有中小学。有陈宜禧纪念广场。省道高铜线经此。

浮石村 [Fúshícūn] 在市政府驻地台城街道东南23千米。斗山镇辖自然村。人口6400。因古有石状似石雁浮湖得名。聚落呈块状。为中国历史文化名村、中国传统村落。农业以种植水稻、番薯、甘蔗为主。新台高速、省道高铜线经此。

都斛镇 [Dūhú Zhèn] 台山市辖镇。在市境东南部。面积154平方千米。人口5万。辖1居委会、17村委会,有121自然村。镇人民政府驻都斛圩社区。1957年设都斛乡,后改公社。1984年改区。1986年改镇。因镇政府驻地原名得名。有大旺山、公子抱孙山、大淮山。都斛河流经。有中学1所,小学2所,卫生院1个。农业以种植水稻、蔬菜为主。有天然海水养殖场。西部沿海高速、省道麻阳线、台赤公路过境。

都斛圩社区 [Dūhúxū Shèqū] 都斛镇人民政府驻地。在市境东南部。面积1.5平方千米。人口5000。明清为各都中最大产食区,故名。1999年成立。民居以水泥混凝土结构楼房为主,有骑楼。有农家书屋、社区学校等。有免费电影放映、道德讲堂、法律咨询等服务。组织健康舞蹈、排球赛、乒乓球赛、象棋赛等活动。有中小学、卫生院。农业以养殖青蟹、海鱼和虾等海鲜为主。省道麻阳线经此。

赤溪镇 [Chìxī Zhèn] 台山市辖镇。在市境东南部。面积254平方千米。人口3.4万。辖1居委会、10村委会,有110自然村。镇人民政府驻田头圩。1958年成立赤溪公社。1986年改镇。因溪流泥沙多赤色得名。有南峰山、蜈蚣山、冲金顶。田头河流经。有九年一贯学校2所,卫生院1个,卫生分院1个。农业以种植水稻、荔枝为主。工业以电力为主。有长安湾工业集聚地、国华台山火电厂。新台、西部沿海高速,省道高铜线过境。

田头圩 [Tiántóuxū] 赤溪镇人民政府驻地。在市政府驻地台城街道东南42千米。人口1000。因村场大而集中且居于田头得名。有中小学、卫生院。经济以海产养殖为主。通公路。

端芬镇 [Duānfēn Zhèn] 台山市辖镇。在市境中部偏南。面积300平方千米。人口5.7万。辖1居委会、16村委会,有457自然村。镇人民政府驻端芬圩社区。1957年设端芬乡。1959年改公社。1984年改区。1987年改镇。因镇政府驻地原名得名。有牙鹰咀山、和尚头山、大萌山。大隆洞河、端芬河流经。有九年一贯学校1所,小学3所,卫生院1个,卫生分院1个。有省级文物保护单位梅家大院、翁家楼、庙边学校、梅国希楼、相忠楼。农业以种植水稻、花草,养殖猪、牛、羊、鸡、鹅为主。工业以制陶制瓷、玻璃加工、化工为主。有大米加工业。有龙山、凤山2工业区。西部沿海高速,省道台海、稔广线,大井公路过境。

端芬圩社区 [Duānfēnxū Shèqū] 端芬镇人民政府驻地。在市境中部偏南。面积6.8平方千米。人口2400。明弘治十二年(1498)梅氏始祖迁此,因端山芬水得名。1999年成立。民居以平房、洋楼为主。有社区学校。有免费电影放映、志愿者、法律咨询等服务。组织排球比赛、文艺晚会、戏曲歌舞晚会、歌手擂台赛、摄影展览等活动。有中小学、卫生站。有五金家电、机械、服装等企业。省道稔广线经此。

广海镇 [Guǎnghǎi Zhèn] 台山市辖镇。在市境东南部。面积133平方千米。人口4.4万。辖2居委会、7村委会,有121自然村。镇人民政府驻广海城社区。1956设广海区。1958年改公社。1984年复区。1986年改镇。因镇政府驻地原名得名。有铁固山、马鞍山、风吹罗带山。三夹海流经。有中学1所,小学3所,卫生院1个。有省级文物保护单位紫花岗摩崖石刻、紫花岗烽火台。有古城文化区。农业以种植水稻、木薯,养殖水产为主。特产咸鱼、虾羔、芥兰。工业以机械制造、皮革加工、纺织服装为主。有大沙工业区。西部沿海高速、省道麻阳线过境。有南湾港。

广海城社区 [Guǎnghǎichéng Shèqū] 广海镇人民政府驻地。在市境东南部。面积1.5平方千米。人口1.3万。南面大海,明清时设卫城,故名。2004年成立。民居以水泥混凝土结构楼房为主,有骑楼。有图书阅览室、电子展览室、社区学校等。提供志愿者服务、法律咨询。有乒乓球社、曲艺社。有卫生院。有中小学。盛产咸鱼、虾膏海鱼、鱼制品、生活皮具等。省道麻阳线经此。

海宴镇［Hǎiyàn Zhèn］　台山市辖镇。在市境西南部。面积229平方千米。人口8.8万。辖1居委会、20村委会，有201自然村。镇人民政府驻海宴圩社区。1985年成立海宴公社。1983年改区。1985年更名海宴中区。1986年改镇。1993年改今名。因镇政府驻地原名得名。有狮子脑山、碌古径山、石人凹山。海宴河、沙边河、长庆河流经。有初中2所，小学4所，卫生院1个。农业以种植水稻、花生，养殖水产为主。特产丝苗米、莲藕、大蒜、凉瓜、荔枝。有花卉、墨西哥食用仙人掌种植基地。工业以服装加工为主。西部沿海高速、省道麻阳线过境。

海宴圩社区［Hǎiyànxū Shèqū］　海宴镇人民政府驻地。在市境西南部。面积1.3平方千米。人口3700。因海口平静，以"河清海晏"为名，后雅为今名。1992年成立。民居以水泥混凝土结构楼房为主，有骑楼。有社区学校。开设道德讲堂。提供公益电影放映、志愿者、法律咨询等服务。组织排球、乒乓球等比赛。有中小学、卫生院。有特色美食海宴生蚝、海宴牛杂等。西部沿海高速、省道麻阳线经此。

五丰村［Wǔfēngcūn］　在市政府驻地台城街道西南75千米。海宴镇辖自然村。人口1600。以五谷丰登为名。聚落呈散状。海宴河流经。有鸡笼山。为东南亚风情村。农业以种植甘蔗、水稻，养殖鱼虾为主。升海公路经此。2005年被评为全国文明村。

汶村镇［Wèncūn Zhèn］　台山市辖镇。在市境西南部。面积175平方千米。人口6.2万。辖1居委会、15村委会，有140自然村。镇人民政府驻鱼地圩社区。1985年设海宴西区。1986年改汶村镇。宋代曾有人任武官，因被贬南逃而训子嗣不任武官，故名文村，因临海边更今名。有笠帽山、将军落帽山、歪头山。七零河、黄字河、埒仔河流经。有中学1所，小学1所，卫生院1个。有民俗汶村艺术节。农业以种植蔬菜，养殖水产为主。特产莲藕、慈姑、荸荠、蚝、鳗鱼、泥虫。工业以船舶制造、海产品深加工、电力为主。西部沿海高速、省道麻阳线过境。有横山渔港、犸蝼咀码头。

鱼地圩社区［Yúdìxū Shèqū］　汶村镇人民政府驻地。在市境西南部。面积0.6平方千米。人口2400。原为海滩捕鱼之地，又属圩镇，故名。1999年成立。民居以水泥混凝土结构楼房为主，有骑楼。有社区学校。有曲艺、乒乓球协会。有卫生院。盛产汶村莲藕、海鲜码头、汶村五味鹅。省道麻阳线经此。

深井镇［Shēnjǐng Zhèn］　台山市辖镇。在市境西南部。面积340平方千米。人口6.5万。辖2居委会、16村委会，有373自然村。镇人民政府驻深井圩社区。1958年成立深井公社。1986年改镇。因镇政府驻地原名得名。有盘皇山、五指尖山、火路顶山。深井河流经。有小学3所，卫生院1个。农业以种植水稻、花生、甘蔗、西瓜为主。盛产鲜蚝、膏蟹、对虾、印鱼。工业以农产品、海产品、颜料加工为主。有深井、那扶大工业集聚地。西部沿海高速、省道百大线过境。

深井圩社区［Shēnjǐngxū Shèqū］　深井镇人民政府驻地。在市境西南部。面积1.3平方千米。人口2800。四周高山环阻，古时逢潮状似深井，故名。民居以碉楼民房为主。有文化广场、农家书屋、体育中心。提供法律咨询服务。有小学、幼儿园、卫生院。省道百大线经此。

北陡镇［Běidǒu Zhèn］　台山市辖镇。在市境西南部。面积196平方千米。人口3.4万。辖1居委会、11村委会，有105自然村。镇人民政府驻陡门圩社区。1957年设北陡乡。1958年改公社。1983年改区。1986年改镇。因取北薇、陡门2地名首字得名。有紫罗山、官山顶、三宝山。大步头河、寨门河、那琴河流经。有中学1所，小学2所，卫生院1个。农业以种植水稻、荔枝为主。盛产石斑鱼、立鱼、鳗鱼、牡蛎、对虾。特产台山玉、黄蜡石。西部沿海高速，省道麻阳、腰那线过境。

陡门圩社区［Dǒuménxū Shèqū］　北陡镇人民政府驻地。面积3.5平方千米。人口3600。因镇得名。2004年成立。民居以水泥混凝土结构楼房为主，有骑楼。有农家书屋、社区学校等。组织联谊舞会、志愿者服务、法律咨询等。有中小学、卫生院。省道麻阳、腰那线经此。

川岛镇［Chuāndǎo Zhèn］　台山市辖镇。在市境南部。面积269平方千米。人口3.6万。辖2居委会、17村委会，有108自然村。镇人民政府驻山咀村。2003年由上川、下川2镇，海宴镇山咀、大海2村，广海镇甫草村合置。因川山群岛得名。有假牛山、营盘山、大王山。北窦河、长寿河流经。有上川岛猕猴省级自然保护区。有中学2所，小学2所，卫生院2个。有省级文物保护单位方济各墓堂、大洲湾遗址。有飞沙滩、王府洲、金沙滩、银沙滩等海浴场20余个。经济以海水养殖、海洋捕捞、海产品贸易为主。盛产西瓜、香蕉、花生。服务业以旅游为主。西部沿海高速、省道麻阳线过境。

山咀村［Shānzuǐcūn］　川岛镇人民政府驻地。在市政府驻地台城街道西南46千米。人口1500。因地处山嘴得名。聚落呈块状。农业以种植水稻为主，盛产鱼、虾、蟹。西部沿海高速、省道麻阳线经此。有山咀港。

开平市

开平市［Kāipíng Shì］　广东省直辖县级市，由江门市代管。北纬22°22′，东经112°41′。在江门市境中部偏北。面积1659平方千米。人口68.5万。辖2街道、13镇。市人民政府驻长沙街道。明万历初(1573)置开平屯。清顺治六年(1649)改县，属肇庆府。1914年后历属粤海道、第一行政督察区、粤中专区、粤西专区、佛山专区、江门专区、肇庆专区。1983年属江门市。1993年改县级市。以"开通敉平"之意得名。先后建成开平大桥、义祠客运总站、市旅游购物街、益华广场、开平大道，改造市人民公园、青少宫、金山公园，重建潭江大桥。地处丘陵平原区。南北高，向中东部倾斜。河流密布。平均海拔69.8米。潭江、苍江、白沙水、蚬冈水流经。年均气温22℃，1月平均气温13.4℃，7月平均气温28.5℃。年均降水量1970毫米。有铁、锰、铜、锡、金等矿产资源。森林覆盖率42%。有高中11所，初中19所，九年一贯制学校3所，小学56所，特教学校1所，幼儿园77所，三级医院1个，二级医院3个。有世界文化遗产开平碉楼与村落。有全国爱国主义教育基地南楼纪念公园。有周文雍、陈铁军烈士陵园。有古迹开元塔、合山铁桥。有中国历史文化名镇赤坎镇，中国历史文化名村自力村。有国家4A级旅游景区立园。三次产业比例10∶49∶41。农业以种植水稻，养殖生猪、鸡、鸭、鹅为主。特产金山火蒜、马冈鹅、参皇鸡、白菜、蛹虫草、灵芝。工业以纺织服装、水暖卫浴、食品加工为主。有省产业转移工业园翠山湖新区。服务业以旅游为主。开阳高速、325国道过境。

开平大道［Kāipíng Dàdào］　在市境东部。南起梁开公路，北至三江路。与叠翠大道相交。长8千米，宽50米。水泥路面。2011年开工，2012年建成。为市中心主干道，故名。两侧有住宅小区、市气象局、中心医院等。通公交车。

东兴大道［Dōngxīng Dàdào］　在市境东部。南起东兴中路，北至金山大道。与沿江东路、东郊二巷、东郊路、升平路、星光路等相交。长2.2千米，宽50米。水泥路面。1993年开工，1994年建成。因吉言佳语得名。两侧有长沙幼儿园、金中广场、市城乡规划局、城市广场、政服中心、市政府、地税局、电视台、艺术中心、人民公园、市青少年宫等。通公交车。

开平市汽车总站［Kāipíng Shì Qìchē Zǒngzhàn］　见交通运输设施部分"开平市汽车总站"条。

开平市客运总站［Kāipíng Shì Kèyùn Zǒngzhàn］　见交通运输设施部分"开平市客运总站"条。

长沙街道［Chángshā Jiēdào］　开平市人民政府驻地。在市境中部偏东。面积67平方千米。人口7.4万。1993年设。因长沙滩得名。先后建成东兴大道、开平大道。有犁头山、梁金山、大兽岭山。潭江、苍江流经。有高中1所，初中4所，九年一贯制学校1所，小学8所，三级医院1个，卫生院1个，卫生站15个。有体育馆、图书馆、文化中心、市青少年宫。工业以纺织制衣、五金电器、食品加工为主。服务业以物流为主。325国道、省道稔广线过境。有开平市客运总站。通公交车。

购物街［Gòuwù Jiē］　在长沙街道东南部。长800米，宽21米。水泥路面。2000年开工，2001年建成。为商业街，故名。因地处幕村河涌西岸又名幕涌西路。街旁店铺林立，多以2层为主，呈欧陆风情。顶层有美国白宫、法国凯旋门、德国古堡、英国伦敦吊桥、荷兰风车等空中走廊花园。有喷水池、凉亭、汉白玉雕塑等景观。通公交车。

三埠街道［Sānbù Jiēdào］　属开平市。在市境东部。面积32平方千米。人口12.4万。1993年设。隔潭江先后建长沙、荻海、新昌3埠，故名。有狗山。潭江、新昌水流经。有高中5所，初中3所，小学13所，特教学校1所，二级医院1个，卫生院1个，卫生站9个。有省级文物保护单位宝国寺、风采堂。工业以纺织、食品加工、机械、制塑、五金建材为主。有牛仔服加工业。省道稔广线过境。有开平市汽车总站。通多路公交车。

月山镇［Yuèshān Zhèn］　开平市辖镇。在市境东北部。面积123平方千米。人口4.5万。辖2居委会、18村委会，有209自然村。镇人民政府驻月山墟社区。1960年成立月山公社。1983年改区。1986年改镇。2003年水井镇并入。因半月形山岗得名。有婆髻顶、皂幕山。新桥水流经。有中学1所，小学4所，卫生院2个，卫生站13个。有文化站、广播站。农业以养殖为主，特产金村鸡、参皇鸡。工业以医药、油墨加工、涂料加工、电镀为主。省道高铜线过境。

月山墟社区［Yuèshānxū Shèqū］　月山镇人民政府驻地。在市境中部偏北。面积0.6平方千米。人口700。因镇名得名。1986年成立。民居以自建房为主，居民楼为辅。有学雷锋社区服务站。有法律咨询服务。有幼儿园、卫生区、敬老院。省道高铜线经此。

水口镇［Shuǐkǒu Zhèn］　开平市辖镇。在市境东部。面积80平方千米。人口7万。辖5居委会、25村委会，有266自然村。镇人民政府位于大福路。1958年成立水口公社。1976年析置水口镇。1983年公社改区。1987年区并入镇。1993年沙冈划出，2005年又并入。因地处水口河出水口得名。有大观音山、起尾楼山、小歌脑顶山、飞鹅山。潭江流经。有高中1所,初中2所,小学6所,二级医院1个,卫生站30个。有民俗谭氏舞龙、龙冈宗亲谒祖、龙东龙舟赛、洋村灯会。工业以水暖卫浴、纺织、食品加工为主。特产腐乳、火蒜、白菜。佛开、开阳高速,325国道,省道高铜、十水线过境。

洋村 [Pàncūn] 在市政府驻地长沙街道东北11千米。水口镇辖自然村。人口3100。因地处潭江河畔得名。聚落呈团块状。有国家级非物质文化遗产洋村灯会。经济以旅游、种植水稻为主。省道高铜、十水线经此。

沙塘镇 [Shātáng Zhèn] 开平市辖镇。在市境中部。面积89平方千米。人口3.2万。辖1居委会、15村委会,有142自然村。镇人民政府驻沙塘墟社区。1962年成立沙塘公社。1983年改区。1986年改镇。因多沙石、鱼塘得名。有插柴山、大老脚山、凤山、古儒岭、铜鼓峰、仙人塔山。镇海水道流经。有九年一贯制学校1所,小学1所,卫生院1个,卫生站7个。农业以种植水稻,养殖鱼、鹅、猪为主。特产砂糖橘、枇杷、龙眼。开阳高速、省道稔广线过境。

沙塘墟社区 [Shātángxū Shèqū] 沙塘镇人民政府驻地。在市境中部。面积2.3平方千米。人口600。因镇名得名。1986年成立。民居以楼房为主。定期举办歌唱、读书会、健康知识讲座、急救知识宣传等活动。开展"我们在这里成长"品牌文化活动,举办公益艺术培训班。有中学、卫生院、侨联大厦、农贸市场。省道稔广线经此。

苍城镇 [Cāngchéng Zhèn] 开平市辖镇。在市境西北部。面积139平方千米。人口3.2万。辖1居委会、12村委会,有112自然村。镇人民政府驻苍城墟社区。1955年设苍城区。1958年改公社。1983年复区。1986年改镇。原名仓步,后因处要津曾临县城而改今名。有八角台、百立山、大老鼻山、牛栏山。鹅寮河、长间河、游曲河流经。有中学1所,小学1所,卫生院1个,卫生站12个。农业以种植水稻,养殖参皇鸡、地皇鸽、生猪为主。盛产蔬菜、花卉、荷兰豆、马铃薯。有国家级现代农业示范区。省道稔广线过境。

苍城墟社区 [Cāngchéngxū Shèqū] 苍城镇人民政府驻地。在市境中部偏北。面积4.3平方千米。人口2200。因镇名得名。1986年成立。民居以骑楼、联排楼房、步梯楼为主。有老年人照料中心,内设老年人娱乐室、曲艺室、休息室。围绕社区敬老院,为老年人提供日常照料、娱乐服务。有家长学校,开展家庭教育培训。有中小学、卫生院。省道稔广线经此。

龙胜镇 [Lóngshèng Zhèn] 开平市辖镇。在市境西北部。面积126平方千米。人口3.7万。辖2居委会、16村委会,有101自然村。镇人民政府驻龙胜墟社区。1961年成立龙胜公社。1983年改区。1986年改镇。因取意祥瑞、希冀之意命名。有佛仔凹、横梁顶、皇帝头、双利顶、长巷山。鹅寮河、水台河流经。有中学1所,小学3所,卫生院1个,卫生所13个。盛产番石榴、皇帝柑。工业以橡胶、五金、电子、服装、调味品加工为主。省道稔广线过境。

龙胜墟社区 [Lóngshèngxū Shèqū] 龙胜镇人民政府驻地。在市境中部偏北。面积0.6平方千米。人口200。因镇名得名。1986年成立。民居以楼房为主。有学雷锋志愿服务站、老年人活动中心、法律服务工作室、家长学校、老年人娱乐室、曲艺室、图书室。有中小学、幼儿园、卫生院。省道稔广线经此。

大沙镇 [Dàshā Zhèn] 开平市辖镇。在市境西北部。面积221平方千米。人口3.2万。辖1居委会、14村委会,有148自然村。镇人民政府驻大沙墟社区。1961年成立大沙公社。1983年改区。1987年改镇。因河得名。有天露山。大沙河、莲塘水流经。有中学1所,小学3所,卫生院1个,卫生站8个。有名胜榄坑梅花基地、天露山、双石山。农业以种植水稻、茶、青梅、皇帝柑为主。服务业以旅游为主。省道稔广线过境。

大沙墟社区 [Dàshāxū Shèqū] 大沙镇人民政府驻地。在市境中部偏北。面积0.3平方千米。人口600。因镇名得名。1986年成立。民居以民房为主,有多栋楼房。有文明实践站、志愿服务站、家长学校。提供法律咨询服务。有中小学、卫生院、敬老院。县道马稔线经此。

马冈镇 [Mǎgāng Zhèn] 开平市辖镇。在市境西北部。面积92平方千米。人口5.6万。辖2居委会、10村委会,有201自然村。镇人民政府驻马冈墟社区。1959年成立马冈公社。1983年改区。1986年改镇。因马山得名。有马头岗、东风转旗山。长间、狗山水道流经。有初中1所,小学3所,卫生院1个,卫生站22个。农业以种植水稻,养殖马冈鹅为主。盛产甘蔗、花生、木薯、花卉。特产荔枝、龙眼。工业以木材加工为主。县道马稔、大圣线过境。

马冈墟社区 [Mǎgāngxū Shèqū] 马冈镇人民政府驻地。在市境中部偏北。人口1700。因镇名得名。1986年成立。民居以楼房为主。有法律咨询、学雷锋志愿等服务。有中小学、幼儿园、卫生院。县道马稔、大圣线经此。

塘口镇 [Tángkǒu Zhèn] 开平市辖镇。在市境中部。面积74平方千米。人口3.2万。辖2居委会、16村委会,有191自然村。镇人民政府驻水边村。1960年成立塘口公社。1983年改区。1987年改镇。因地处官塘溢水口得名。有网山。镇海水道流经。有中学1所,小学3所,卫生院1个,卫生站11个。有全国重点文物保护单位自力村碉楼群,省级文物保护单位立园碉楼群。农业以种植水稻、蔬菜,养殖鸡、鸭、鱼为主。盛产荔枝、龙眼。服务业以旅游为主。赤九、交四公路过境。

水边村 [Shuǐbiāncūn] 塘口镇人民政府驻地。在市政府驻地长沙街道西8千米。人口1700。因地处苍江河边得名。聚落呈团块状。有卫生站、健身广场、水边市场。盛产韭菜花、火龙果、黄椒、小胡萝卜、山药。工业以酱油、巧克力、米面等食品加工为主。通公路。

自力村 [Zìlìcūn] 在市政府驻地长沙街道西4千米。塘口镇辖自然村。人口200。原名犂头咀,后因村民自食其力建渡头改今名。聚落呈团块状。为中国历史文化名村。有全国重点文物保护单位自力村碉楼群。经济以旅游为主。通公路。

赤坎镇 [Chìkǎn Zhèn] 开平市辖镇。在市境西南部。面积62平方千米。人口4.5万。辖2居委会、19村委会,有321自然村。镇人民政府驻石溪。1950年置赤坎镇。1960年分设赤坎、赤坎镇2公社。1983年分别改区、镇。1986年区并入镇。原因多红土得名赤墈,演为今名。有宝塔岭、三圭山。潭江流经。有中学1所,小学3所,二级医院1个,卫生院1个,卫生站14个。有省级文物保护单位三门里碉楼群。有景点开平南楼纪念公园、景辉楼、欧陆风情街、司徒氏图书馆、关族图书馆、迎龙楼、开平赤坎影视城、加拿大村。农业以种植水稻,养殖鸡、鸭、鱼为主。盛产柑橘、橙、石榴、青枣、大头菜。服务业以旅游为主。325国道、县道马稔线过境。

石溪 [Shíxī] 赤坎镇人民政府驻地。在市政府驻地长沙街道西南21千米。人口2300。因石子岗有溪得名。聚落呈团块状。有小学。农业以种植水稻为主。325国道经此。

百合镇 [Bǎihé Zhèn] 开平市辖镇。在市境西南部。面积66平方千米。人口2.6万。辖1居委会、13村委会,有158自然村。镇人民政府驻儒西。1960年成立百合公社。1983年改区。1987年改镇。潭江、锦江、赤水河交汇,以"百客往来,三水汇合"得名。有百足山、罗汉山。有中学1所,小学4所,卫生院1个,卫生站4个。有世界文化遗产马降龙碉楼群。有周文雍、陈铁军烈士陵园。农业以种植水稻,养殖鸡、鸭、鱼为主。盛产沃柑、砂糖橘、红光橙、石榴、青枣、香蕉。服务业以旅游为主。325国道过境。通潭江航道。

儒西 [Rúxī] 百合镇人民政府驻地。在市政府驻地长沙街道西南16千米。人口1600。因地处儒良乡西,故名。聚落呈散状。有卫生站。农业以种植水稻为主,盛产霸王花。百大公路经此。

蚬冈镇 [Xiǎngāng Zhèn] 开平市辖镇。在市境西南部。面积78平方千米。人口2万。辖1居委会、11村委会,有118自然村。镇人民政府驻蚬冈墟社区。1960年成立蚬冈公社。1983年改区。1987年改镇。因山似小蚬得名。有灯盏窟山、仙人塘顶山、蓑衣挂壁山、旗山。潭江流经。有中学1所,小学1所,卫生院1个,卫生站6个。有全国重点保护文物开平碉楼。有瑞石楼、升峰楼、锦江楼等150多个。农业以种植水稻,养殖猪、鸡、鹅、鸭为主。服务业以旅游为主。省道百大线过境。

蚬冈墟社区 [Xiǎngāngxū Shèqū] 蚬冈镇人民政府驻地。在市境中部偏北。面积2.3平方千米。人口900。因镇名得名。1986年成立。民居以楼房为主。提供法律咨询服务,开展法律知识讲座。有小学、卫生院、敬老院。省道百大线经此。

金鸡镇 [Jīnjī Zhèn] 开平市辖镇。在市境西南部。面积121平方千米。人口2.1万。辖1居委会、11村委会、有142自然村。镇人民政府驻金鸡墟社区。1956年设金鸡乡。1958年成立赤水公社。1960年更名金鸡公社。1983年改区。1987年改镇。因山得名。有金鸡山、磨心尖。蚬冈水流经。有初中1所,小学1所,卫生院1个,卫生站9个。工业以水泥、食品、家具、服装加工为主。特产沙葛、三黄鸡、经典黄鸡。省道冲恩、百大线过境。

金鸡墟社区 [Jīnjīxū Shèqū] 金鸡镇人民政府驻地。在市境中部偏北。面积2平方千米。人口1000。因镇名得名。1986年成立。民居以自建房为主。有文明实践站、家长学校。有中小学、幼儿园、卫生院、敬老院。省道百大线经此。

赤水镇 [Chìshuǐ Zhèn] 开平市辖镇。在市境西南部。面积301平方千米。人口4万。辖3居委会、16村委会,有292自然村。镇人民政府驻赤水墟社区。1958年成立赤水公社。1983年改区。1987年改镇。因河得名。有马腰山、耙齿岗、仰天狮山、竹仔山。赤水河流经。有温泉。有中学1所,小学3所,卫生院1个,门诊室2个,卫生站13个。农业以种植水稻、甘蔗、花生、木薯为主。省道冲恩线、蚬东公路过境。

赤水墟社区 [Chìshuǐxū Shèqū] 赤水镇人民政府驻地。在市境中部偏北。面积0.6平方千米。人口1300。因镇名得名。1986年成立。民居以骑楼楼房为主。有舞龙、舞狮、粤剧等活动。有中小学、卫生院、戏院、敬老院。省道冲恩线经此。

鹤 山 市

鹤山市 [Hèshān Shì] 广东省直辖县级市,

由江门市代管。北纬 22°46′,东经 112°57′。在江门市境北部。面积 1083 平方千米。人口 37 万。辖 1 街道、9 镇。市人民政府驻沙坪街道。清雍正十年(1732)置鹤山县,属肇庆府。1913 年后历属粤海道、粤中专区、佛山专区。1958 年与高明县合置高鹤县。1981 年各复原制,属佛山地区。1983 年属江门市。1993 年改县级市。因山状如鹤得名。处珠江三角洲西南部。东西宽,南北狭长,中部山峰绵亘,丘陵起伏。平均海拔 95.4 米。年均气温 21.4℃,1 月平均气温 14.1℃,7 月平均气温 27.5℃。年均降水量 1800 毫米。有云宿山、皂幕山、茶山、大雁山。有西江、珠江流经。有铁、铅、锌、稀土、磷等矿产资源。有野生植物 900 余种,野生动物 100 多种。有大雁山省级森林公园。森林覆盖率 47.5%。有职业技术学校 1 所,中学 15 所,小学 40 所,二级医院 2 个。有图书馆、博物馆、鹤山公园、鹤山广场。有广东人民抗日解放军司令部旧址。三次产业比例 7∶55∶38。农业以粮食、蔬菜、花卉苗木为主。工业以电子、鞋服加工、水暖卫浴、印刷、新材料为主。服务业以物流、旅游为主。广珠铁路,江鹤、佛开、江罗、江肇高速,325 国道过境。有鹤山港。

鹤山大道 [Hèshān Dàdào]　在市区东北部。东起鹤仙大道,西至人民南路。与雁前路、容章路、文华路、铁夫路、凤亭路等相交。长 8.4 千米,宽 60 米。水泥路面。1994 年开工,同年建成。原名纪元大道,1999 年更今名。两侧有新时代广场、大润发超市、市妇幼保健院、革命烈士纪念碑、维也纳酒店、市汽车总站、公安局等。通公交车。

鹤山汽车总站 [Hèshān Qìchē Zǒngzhàn]　见交通运输设施部分“鹤山汽车总站”条。

沙坪街道 [Shāpíng Jiēdào]　鹤山市人民政府驻地。在市境东北部。面积 42 平方千米。人口 19.9 万。1986 年设沙坪镇。2006 年改街道。因河得名。有大雁山等。沙坪河流经。有中学 3 所,小学 14 所,幼儿园 32 所,二级医院 2 个,卫生院 10 个。有鹤山公园。工业以制鞋、纺织、制衣、电子、五金加工为主。服务业以商贸、电子商务为主。广珠铁路,佛开、江肇高速,325 国道过境。有西江航道。通公交车。

龙口镇 [Lóngkǒu Zhèn]　鹤山市辖镇。在市境北部。面积 96 平方千米。人口 3.8 万。辖 1 居委会、15 村委会,有 114 自然村。镇人民政府驻金华社区。1957 年设龙口乡。1958 年成立公社。翌年改金岗公社。1983 年改龙口区。1986 年改镇。因龙口河流经,故名。有皂幕山。有中学 1 所,小学 3 所,卫生院 1 个,卫生站 18 个。农业以种植水稻,养殖生猪、水产为主。盛产花卉、蔬菜。工业以五金、纺织、化工、印刷、电子为主。省道江肇、古崖线过境。

金华社区 [Jīnhuá Shèqū]　龙口镇人民政府驻地。在市境北部。面积 1.2 平方千米。人口 3100。寓意富裕、繁华得名。2002 年成立。民居以楼房为主。有灯光球场、托幼中心。有老年人、残疾人协会。有小学、托幼中心、卫生站。有河滨公园、中型酒店、超市、肉菜市场、商铺等。省道古劳—珠海线经此。

雅瑶镇 [Yǎyáo Zhèn]　鹤山市辖镇。在市境东南部。面积 82 平方千米。人口 2.8 万。辖 3 居委会、10 村委会,有 115 自然村。镇人民政府驻新雅社区。1958 年成立雅瑶公社。1983 年改区。1986 年改镇。原因开砖瓦窑成圩得名瓦窑,雅称今名。有大城山、将军山。雅瑶河流经。有中学 1 所,小学 4 所,卫生院 1 个,卫生所 13 个。盛产花卉、水果。工业以制鞋、钢板加工、摩托车制造、纺织、化工、五金加工为主。佛开高速、省道江肇线过境。

新雅社区 [Xīnyǎ Shèqū]　雅瑶镇人民政府驻地。在市境东南部。面积 0.7 平方千米。人口 1100。为新成立社区,故名。2002 年成立。民居以楼房为主。有法律援助咨询、老年人体检、妇女“两癌”检查等服务。有小学、卫生站。有永叙工业区。通公交车。

古劳镇 [Gǔláo Zhèn]　鹤山市辖镇。在市境北部。面积 66 平方千米。人口 2.9 万。辖 1 居委会、12 村委会,有 126 自然村。镇人民政府驻东宁社区。1957 年设古劳乡。1958 年改公社。1983 年改区。1986 年改镇。因明初古、劳 2 姓建圩得名。有茶山、外茶山。白水海流经。有中学 1 所,小学 3 所,卫生院 1 个,卫生所 11 个。农业以种植水稻,养殖塘鱼为主。盛产花生、茶叶、香蕉、甘蔗。工业以印刷、电子、化工、五金加工为主。佛开高速、325 国道、省道肇庆—珠海线过境。

东宁社区 [Dōngníng Shèqū]　古劳镇人民政府驻地。在市境北部。面积 6.2 平方千米。人口 1100。因东宁街得名。2002 年成立。民居以楼房为主。有托幼中心、卫生站。有印刷公司。325 国道、省道肇庆—珠海线经此。

桃源镇 [Táoyuán Zhèn]　鹤山市辖镇。在市境中部。面积 54 平方千米。人口 2.2 万。辖 2 居委会、11 村委会,有 83 自然村。镇人民政府驻新圩社区。1957 年设桃源乡。1958 年改公社。1983 年改区。1986 年改镇。因圩南古庙周围多桃树得名。有高珠岗、笋坑大顶。桃源河流经。有中学 1 所,小学 2 所,卫生院 1 个,卫生站 10 个。有民俗竹朗金龙舞龙。有马山风景区、金峡水库度假村。农业有鸡苗孵化场、美德洲农场、花木基地。工业以凉茶、电子电器、新型材料、五金制伞为主。特产王老吉凉茶。服务业以旅游为主。广珠铁路,佛开、江肇高速,325 国道过境。

新圩社区 [Xīnxū Shèqū]　桃源镇人民政府驻地。在市境中部。面积 0.5 平方千米。人口 1500。为新开发集市,故名。2002 年成立。民居以楼房为主。有法律咨询服务。有小学、幼儿园、卫生站、文化广场。通公交车。

鹤城镇 [Hèchéng Zhèn]　鹤山市辖镇。在市境中部。面积 178 平方千米。人口 3.2 万。辖 1 居委会、15 村委会,有 163 自然村。镇人民政府驻昆源社区。1957 年设鹤城乡。1958 年成立公社。1983 年改区。1986 年改镇。清雍正十年(1327)为鹤山县县城,故名。有马耳山、昆仑山。来苏河、良庚河流经。有中学 2 所,小学 4 所,卫生院 1 个,卫生所 16 个。农业以养殖生猪为主。有水果示范基地。工业以纺织、制衣、家具制造、电器加工为主。有花生、腐竹加工业。广开、江鹤高速,325 国道过境。

昆源社区 [Kūnyuán Shèqū]　鹤城镇人民政府驻地。在市境中部。面积 0.4 平方千米。人口 2700。因昆源路得名。2002 年成立。民居以楼房为主。有社区服务中心。有中小学、幼儿园、卫生院。通公交车。

共和镇 [Gònghé Zhèn]　鹤山市辖镇。在市境东南部。面积 90 平方千米。人口 2.3 万。辖 2 居委会、9 村委会,有 100 自然村。镇人民政府驻共兴社区。1957 年设共和乡。1958 年改红旗公社。1983 年改共和区。1986 年改镇。因取意地利人和得名。有笔架山、仙人脚山。来苏河、良庚河流经。有中学 1 所,小学 2 所,卫生院 1 个,卫生所 15 个。有文化娱乐中心、敬老院等。农业以种植水稻、花生为主,盛产各类瓜菜。工业以灯饰、五金、打火机、电器加工,化工为主。江共公路过境。

共兴社区 [Gòngxīng Shèqū]　共和镇人民政府驻地。在市境东南部。面积 1.4 平方千米。人口 1200。寓意兴旺发达得名。2002 年成立。民居以楼房为主。有康园中心。有志愿者、法律咨询等服务。有小学、卫生院、生态公园。通公交车。

址山镇 [Zhǐshān Zhèn]　鹤山市辖镇。在市境南部。面积 98 平方千米。人口 3.2 万。辖 2 居委会、11 村委会,有 113 自然村。镇人民政府驻兴业社区。1957 年设址山乡。1958 年改公社。1983 年改区。1986 年改镇。因沙田名绅余址山之号得名。有刘王山、牛头壳山。址山河流经。有中学 1 所,小学 5 所,卫生院 1 个,卫生所 14 个。农业以种植水稻、花生,养殖塘鱼为主。工业以水暖卫浴、五金制品、电子电器、粮食深加工为主。佛开、江罗高速,325 国道过境。

兴业社区 [Xīngyè Shèqū]　址山镇人民政府驻地。在市境南部。面积 2 平方千米。人口 1500。因吉言佳语得名。2002 年成立。民居以楼房为主。有法律咨询服务。有中小学、幼儿园、卫生院、健身公园、文化广场。通公路。

宅梧镇 [Zháiwú Zhèn]　鹤山市辖镇。在市境西部。面积 205 平方千米。人口 3.5 万。辖 1 居委会、10 村委会,有 96 自然村。镇人民政府驻梧冈社区。1957 年设宅梧乡。1958 年改公社。1983 年改区。1986 年改镇。因镇区店铺、住宅处梧岗、梧岗书院之间而得名。有云宿山、皂幕山、彩虹岭、罗汉尖。宅梧河流经。有中学 1 所,小学 1 所,卫生院 1 个,卫生所 15 个。农业以种植水稻、西瓜、荔枝为主,有养猪场。工业以塑胶薄膜、淀粉、五金加工,化工为主。省道高铜线过境。

梧冈社区 [Wúgāng Shèqū]　宅梧镇人民政府驻地。在市境西部。面积 1.7 平方千米。人口 2700。因梧岗书院谐音得名。2002 年成立。民居以楼房为主。有法律咨询服务。有中小学、卫生院。有梧岗革命公园、变电站。通公交车。

双合镇 [Shuānghé Zhèn]　鹤山市辖镇。在市境西部。面积 123 平方千米。人口 2 万。辖 4 村委会,有 80 自然村。镇人民政府驻兴华社区。1957 年设双合乡。1958 年改公社。1983 年改区。1986 年改乡。1988 年改镇。2002 年合成镇并入。因取原双桥都、泗合 2 管区名各一字得名。有云宿山。双合河流经。有中学 2 所,小学 3 所,卫生院 1 个。农业以种植荔枝、龙眼等各类水果,饲养鸡、鸭、鹅为主。工业以农产品、木制品、五金加工为主。省道肇开线、双和公路过境。

兴华社区 [Xīnghuá Shèqū]　双合镇人民政府驻地。在市境西部。面积 0.4 平方千米。人口 2800。2002 年由中兴、华城社区合并成立,故名。民居以楼房为主。有小学、卫生站。有全民健身广场。通公路。

恩　平　市

恩平市 [Ēnpíng Shì]　广东省直辖县级市,由江门市代管。北纬 22°11′,东经 112°18′。在江门市境西部。面积 1698 平方千米。人口 50 万。辖 1 街道、10 镇。市人民政府驻地恩城街道。东汉建安二十五年(220)置思平县。三国吴黄武元年(222)改名海安县。南朝齐更名齐安县。隋开皇十八年(598)改名海安县。唐武德五年(622)复名齐安县。至德二年(757)改齐安县为恩平县。北宋开宝五年(976)并入阳江县。明成化十四年(1478)复县,属肇庆府。1914 年后历属粤海道、第一行政督察区、粤中专区、粤西专区、佛山专区。1959 年与开平县合置开恩县。1961 年各复原制,历属肇庆专区、佛山专区。1983 年属江门市。1994 年改县级市，由江门市代管。取名“恩平”出于当时统治者之愿望，因“恩”“思”2字形近而讹为恩平。先后建西门湿地公园、锦江公园等，改造鳌峰公园，建成恩平大道、锦江大道。西为边界山，东部潭江上游冲积平原，西南隅那龙河上游谷地，东南临镇海湾。地势西高东低。平均海拔126.5米。最高点烂头岭海拔1014米。海岸线21千米。年均气温22.2℃，1月平均气温14.2℃，7月平均气温28.1℃。年均降水量2613.1毫米。有金山、帝都、锦江、黑坭温泉。有锦江、沙湖河、倒流河、那吉河流经。有煤、金、钨、锡、铜等矿产资源。有野生植物1000多种，其中国家一级重点保护野生植物有刺桫椤，国家三级重点保护野生植物有乌核、白桂木、红春木、巴戟、圆籽荷、吊皮锥、野生茶、猪血木等。有野生动物162种，其中国家一级重点保护野生动物有蟒蛇，国家二级重点保护野生动物有穿山甲、水獭、小爪水獭、小灵猫、大灵猫等23种。有地热国家地质公园，七星坑省级自然保护区。森林覆盖率49.8%。有中学25所，小学40所，二级医院1个，福利院1个。三次产业比例15：36：49。农业以种植水稻、甘蔗、木薯、花生、豆类为主。有淡水、海水养殖业。工业以建材、纺织、制衣、电力、采煤为主。有纳米碳酸钙、麦克风产业基地。特产恩平簕菜、良西四薯、恩州奇石。服务业以商贸、旅游服务为主。沈海、高恩、中开、开春高速，325国道过境。有锦江航道。

冯如广场 [Féngrú Guǎngchǎng] 在市区东北部。面积3.3万平方米。原为恩州广场，2009年改建。为纪念“中国航天之父”冯如得名。有4.8米高冯如铜像，底座刻《冯如传略》《冯如广场记》。陈列有退役战斗机2架和儿童游乐设施等。集爱国主义教育、休闲观光、集会演出、展览于一体。周边有恩平广播电视大楼、市政务中心等。通公交车。

新平路 [Xīnpíng Lù] 在区境北部。南起广南公路，北至锦江大桥。与锦江大道中路、西门路、纺织路相交。长10.5千米，宽28米。水泥路面。1960年开工，1999年建成。路名寓意建设新恩平。两侧有平石医院、邮政储蓄所、林业局等。通公交车。

恩平汽车总站 [Ēnpíng Qìchē Zǒngzhàn] 见交通运输设施部分“恩平汽车总站”条。

恩城街道 [Ēnchéng Jiēdào] 恩平市人民政府驻地。在市境中部。面积162.5平方千米。人口19万。1983年设恩城镇。2001年改街道。古名恩平堡，历为恩平县治，故名。有鳌峰山。锦江河流经。有中学6所，小学9所，二级医院1个，卫生院2个，体育中心1个，福利院1个，敬老院1个，广场4个，公园3个。工业以建材、电子、印刷、纺织、化工为主。为省麦克风及配件专业镇。沈海高速、325国道过境。

横陂镇 [Héngbēi Zhèn] 恩平市辖镇。在市境南部。面积200平方千米。人口4.1万。辖2居委会、19村委会，有192自然村。镇人民政府驻横陂圩社区。1957年设横陂乡。1958年改公社。1984年改区。1986年改镇。原名黄陂圩，民国时有逃犯至此，乡绅恐生祸端，改黄为横更今名。有红树林。有中学1所，小学2所，幼儿园1所，卫生院1个，卫生站19个，敬老院1个。农业以种植水稻，养殖蚝苗、虾蟹为主。盛产甘蔗、豆类、薯类。工业以水泥加工、制陶制瓷、化工为主。省道腰那线过境。有恩平港。

横陂圩社区 [Héngbēixū Shèqū] 横陂镇人民政府驻地。在市境南部。面积1.8平方千米。人口1900。因镇得名。2012年成立。民居以低层、多层楼房为主。社区提供助老、助残，为妇女儿童、青少年、特定人群等服务。有中小学、幼儿园、卫生院、敬老院、集贸市场。工业以建材、化工为主。省道腰那线经此。

圣堂镇 [Shèngtáng Zhèn] 恩平市辖镇。在市境东北部。面积57平方千米。人口2.8万。辖1居委会、11村委会，有85自然村。镇人民政府驻圣堂圩镇社区。1957年设圣堂乡。1958年改公社。1984年改区。1986年改镇。原名挂钟潭，明代梁维幢因诬回乡，族人认为村名不利，因其“升堂”经历，以方言升、圣音同改今名。有米仓坑峰。锦江流经。有中学1所，小学1所，幼儿园1所，卫生院1个，卫生站13个，敬老院1个。有中国历史文化名村歇马村。农业以种植水稻为主，盛产香蕉、甘蔗、蔬菜、萝卜。工业以灯饰加工、电子、造纸、纺织为主。沈海高速、325国道过境。

圣堂圩镇社区 [Shèngtángxūzhèn Shèqū] 圣堂镇人民政府驻地。在市境中部。面积2.7平方千米。人口3200。因镇名得名。1998年成立。民居以低层、多楼房为主。社区提供助老、助残，为妇女儿童、青少年、特定人群等服务。有中小学、幼儿园、卫生院、农贸市场。325国道经此。

歇马村 [Xiēmǎcūn] 在市政府驻地恩城街道东南15.3千米。圣堂镇辖自然村。人口1500。临锦江，村如歇马饮泉状，故名。聚落呈块状。有小学、幼儿园。有老龄会、侨刊社。为中国历史文化名村。有民俗正月初九接菩萨、二月初二土主诞、龙抬头、清明祭烈女等。有恩平木鱼、功果大戏。农业以种植水稻、甘蔗为主。325国道经此。

良西镇 [Liángxī Zhèn] 恩平市辖镇。在市境西北部。面积121.8平方千米。人口2.3万。辖1居委会、8村委会，有119自然村。镇人民政府驻良西圩镇社区。1933年设良西乡，后撤。1957年复乡。1958年并入圣堂公社。1960年析良西公社。1984年改区。1986年改镇。因地处原良东乡西得名。良西河流经。有水电站5座。有温泉。有小学3所，幼儿园1所，卫生院1个，卫生站8个。农业以种植水稻为主。特产马铃薯、木薯、葛薯等。沈海高速、省道圣堂—贵子线过境。

良西圩镇社区 [Liángxīxūzhèn Shèqū] 良西镇人民政府驻地。在市境西北部。面积0.8平方千米。人口1600。因镇名得名。1998年成立。民居以低层、多层楼房为主。有文明实践站、志愿服务站、青少年活动中心、妇女儿童之家、图书馆、广场、小游园等。有中小学、卫生院、集贸市场、陶瓷厂。通公交车。

沙湖镇 [Shāhú Zhèn] 恩平市辖镇。在市境东北部。面积250平方千米。人口6.5万。辖1居委会、21村委会，有234自然村。镇人民政府驻沙湖圩镇社区。1957年设沙湖乡。1958年改公社。1983年改区。1987年改镇。清道光年间(1821—1850)于沙滩湖泊旁立圩，故名。莲塘水流经。有中学2所，小学1所，卫生院1个，卫生站21个，敬老院1个。农业以种植水稻为主，盛产甘蔗、柑、橘、橙、蕉、荔枝。工业以制陶制瓷、煤矿开采为主。沈海高速、325国道、沙湖—大沙公路过境。

沙湖圩镇社区 [Shāhúxūzhèn Shèqū] 沙湖镇人民政府驻地。在市境东北部。面积0.3平方千米。人口7800。因镇名得名。1998年成立。民居以低层、多层楼房为主。有老年人活动中心。有中小学、幼儿园、卫生院。恩平—大沙公路经此。

牛江镇 [Niújiāng Zhèn] 恩平市辖镇。在市境北部。面积91平方千米。人口2.3万。辖1居委会、12村委会，有89自然村。镇人民政府驻牛江圩镇社区。1957年设牛江乡。1961年改公社。1983年改区。1987年改镇。明代因为牛贩必经渡口得名牛冈渡，后成圩改名牛江圩，沿为镇名。牛江河流经。有水电站2座。有中学1所，小学1所，卫生院1个，卫生站12个，敬老院1个。农业以种植水稻、马铃薯、甘蔗为主。沈海高速、县道江四线过境。

牛江圩镇社区 [Niújiāngxūzhèn Shèqū] 牛江镇人民政府驻地。在市境东北部。面积1.8平方千米。人口900。因镇名得名。1998年成立。民居以低层、多层楼房为主。有文明实践站、志愿服务站、青少年活动中心、妇女儿童之家、广场、小游园等。有中学、卫生院。工业以建材、制革、制鞋、铸钢为主。恩城—沙湖公路经此。

君堂镇 [Jūntáng Zhèn] 恩平市辖镇。在市境东北部。面积102平方千米。人口4.8万。辖2居委会、18村委会，有249自然村。镇人民政府驻江洲圩社区。1957年设君堂乡。1958年改公社。1984年改区。1986年改镇。因镇政府原驻地君堂村得名。传明正德年间(1506—1521)郑姓先祖建楼“君子之堂”，故名。锦江河、太平河流经。有中学2所，小学1所，卫生院2个，卫生站18个，敬老院1个。农业以种植水稻、甘蔗为主。工业以建材、纺织制衣为主。沈海高速、325国道过境。

江洲圩社区 [Jiāngzhōuxū Shèqū] 君堂镇人民政府驻地。在市境东北部。面积2平方千米。人口3700。因江洲圩得名。1998年成立。民居以低层、多层楼房为主。有中小学、卫生院。325国道经此。

大田镇 [Dàtián Zhèn] 恩平市辖镇。在市境西北部。面积202平方千米。人口3.1万。辖2居委会、10村委会，有156自然村。镇人民政府驻大田圩社区。1958年成立大田公社。1983年改区。1987年改镇。四面环山，中有大片田地，故名。有中学1所，小学1所，卫生院1个，卫生站10个，敬老院1个。农业以种植水稻为主，盛产甘蔗、朗底慈姑、杉、松、桉树等。省道恩贵线过境。

大田圩社区 [Dàtiánxū Shèqū] 大田镇人民政府驻地。在市境西北部。面积2平方千米。人口1500。因镇得名。1998年成立。锦江河流经。民居以低层、多层楼房为主。社区提供助老、助残，为妇女儿童及家庭、青少年、特定人群等服务。有中小学、卫生院。锦田公路经此。

那吉镇 [Nàjí Zhèn] 恩平市辖镇。在市境西南部。面积260平方千米。人口2.2万。辖1居委会、7村委会，有110自然村。镇人民政府驻那吉圩社区。1957年设那吉乡。1958年改公社。1984年改区。1986年改镇。清康熙年间(1662—1722)为河名，寓意那里吉利，后成圩，沿为镇名。有钾、钠、陶瓷泥等矿产资源。有七星坑省级自然保护区。有中学1所，小学2所，幼儿园1所，卫生院1个，卫生站8个，敬老院1个。有景点金山温泉度假村、云礼石头村、牛塘山、小井岗、仙人塞海。农业以种植水稻、花生，盛产杉木、松树。特产腊鸭、百香果、番薯、芋头、山坑鱼、山坑螺。服务业以旅游为主。那田、恩城—黄角公路过境。

那吉圩社区 [Nàjíxū Shèqū] 那吉镇人民政府驻地。在市境西南部。面积1.8平方千米。人口2700。因镇名得名。1998年成立。民居以低层、多层楼房为主。有学雷锋志愿服务站、青少年活动中心、妇女儿童之家、图书馆、广场、小游园等。有小学、卫生院。通公路。

大槐镇 [Dàhuái Zhèn] 恩平市辖镇。在市境南部。面积122平方千米。人口3万。辖1居委会、12村委会，有121自然村。镇人民政府驻石及村。1954年为大槐乡。1958年改公社。1984年改区。1986年改镇。因大槐岭得名。有大人山。有中学1所、小学1所、幼儿园1所、卫生院1个、卫生站12个、敬老院1个。农业以种植水稻、豆类、茶，养殖生猪、水产为主。工业以制鞋、纺布、电器、铝材加工为主。沈海高速、325国道过境。

石及村［Shíjícūn］　大槐镇人民政府驻地。大槐镇政府驻地东南0.3千米。人口1000。因石及迳得名。聚落呈块状。农业以种植水稻、辣椒为主。325国道经此。

东成镇［Dōngchéng Zhèn］　恩平市辖镇。在市境东部。面积112.97平方千米。人口2.5万。辖1居委会、15村委会，有174自然村。镇人民政府驻东成圩社区。1961年成立东成公社。1983年改区。1987年改镇。清乾隆年间(1736—1795)于锦江河东建圩，因取意东成西就得名。锦江流经。有青南角水库。有中学1所、小学1所、幼儿园2所、卫生院1个、卫生站15个。农业以种植水稻为主，盛产水果、渔副产品。特产锦江红橙。工业以麦克风生产为主。325国道、省道冲恩线、县道恩堡线过境。

东成圩社区［Dōngchéngxū Shèqū］　东成镇人民政府驻地。在市境东部。面积0.3平方千米。人口1200。因镇名得名。1998年成立。民居以低层、多层楼房为主。有志愿服务站、青少年活动中心、妇女儿童之家、图书馆、广场、小游园等。有小学、幼儿园、卫生院。通公交车。

湛 江 市

湛江市［Zhànjiāng Shì］　广东省辖地级市。北纬20°13′—21°57′，东经109°31′—110°55′。在省境西南部。面积13225平方千米。户籍人口819万，常住人口724万。以汉族为主，还有壮、回、苗等民族。辖赤坎、霞山、坡头、麻章4区，遂溪、徐闻2县，代管廉江、雷州、吴川3县级市。市人民政府驻赤坎区。清光绪二十五年(1899)被法国强划为广州湾租借地。1943年被日本侵占。1945年抗战胜利后租借地更名湛江市，先后属第八、第十四行政督察区。1949年升省辖市。1952年设粤西行政区。1956年改湛江专区。1958年合浦专区并入，同年湛江市降县级市，属之。1965年析设广西壮族自治区钦州专区。1970年改湛江地区。1975年湛江市复地级市。1983年撤湛江地区，部分地域划入湛江市。曾属椹川县，因其亦称湛川得名。旧称广州湾，别称港城。陆地大部分由雷州半岛和岛屿组成，多为海拔100米以下的台阶地。沿海地区以滨海平原为主，部分为滨海台地。最高点双峰嶂海拔380米。有东海岛、南三岛、硇洲岛等，其中东海岛为全省最大岛屿、全国第五大岛屿。大陆与岛屿岸线总长度2023千米。年均气温23℃，1月平均气温15.5℃，7月平均气温28.9℃。年均降水量1417—1802毫米。年均无霜期364天。鉴江、九洲江、南渡河、遂溪河等流经。有矿产资源砂、石英砂、银、水晶、高岭土等。有野生植物100多种。有国家重点保护野生动物大灵猫、小灵猫、黑鹿、黑脸琵鹭等51种。有中华白海豚第二大种群区。有湛江红树林国家级自然保护区、徐闻珊瑚礁国家级自然保护区、雷州珍稀海洋生物国家级自然保护区、廉江英罗湾海洋生态自然保护区和九龙山红树林国家湿地公园。森林覆盖率29.1%。有高校7所，中等职业学校63所，十二年一贯制学校2所，完全中学65所，普通中学192所，九年一贯制学校47所，小学779所，特教学校8所，三级医院7个。有湛江跳水运动学校。有全国重点文物保护单位雷祖祠、唐氏墓群、硇洲灯塔、广州湾法国公使署旧址，省级文物保护单位33个。有国家级非物质文化遗产东海岛人龙舞、遂溪醒狮、雷州石狗等6项，省级非物质文化遗产5项。有中国唯一玛珥湖世界地质公园湖光岩和火山峡谷群。有国家4A级旅游景区2个，3A级6个。三次产业比例20：40：40。农业以水稻、蔬菜、水果、花卉种植为主，盛产菠萝、香蕉、杧果、红橙。有桉树、剑麻等热带作物种植基地。工业以石油化工、船舶制造、纺织为主。有国家级经济技术开发区1个，省级5个。服务业以商贸、金融、旅游为主。有五星级酒店2个，四星级8个。有铁路389.3千米，公路2.3万千米，高速474.8千米。黎湛、河茂、粤海、东海岛铁路，深湛高铁，兰海、沈海、湛徐、渝湛、汕湛、化廉、玉湛、湛徐、徐闻、东雷高速，207、228、325国道过境。有湛江机场，民航航线44条，通往国内外44城市。有湛江港。

湛江［Zhànjiāng］　湛江市聚落。在市境中部。面积108平方千米。人口151.9万。以汉族为主，还有壮、瑶、布依等民族。鉴江、九洲江、南渡河等流经。“一五”期间被列为国家重点建设城市之一，以“开发霞山、利用赤坎”为目标，城区以解放大道为中轴线发展。1951年后扩建西赤路(今椹川大道)，新建海滨路(今海滨大道)、和平路(工农路)、建设路、西太路(湖光路)，西赤路头段、菉塘路、外环南、外环北等道路，新建赤坎西山公园(今寸金桥公园)、北桥、霞山海滨公园、花圃。1986年主城区以人民大道为中轴线发展，建成跨越湛江湾的海湾大桥。如今湛江城区包括湛江湾西岸的主城区赤坎区、霞山区等区域和城市次中心海湾东岸海东新区，已形成一湾两岸、拥湾发展态势。湛江中心城区环湾发展，形成“一湾、三轴、六片区”的生态型海湾城市空间格局。“一湾”即环湛江湾城市核心功能区，市级公共服务设施沿海湾布局，连续的绿化休闲空间体现海湾城市特色；“三轴”即依托主要交通廊道，形成“城区—东海岛产业南拓发展轴”“城区—海东新区城市东进发展轴”“城区—西城新区城市西联发展轴”；“六片区”包括旧城片区、海东新区片区、西城新区片区、东海岛片区、南三岛片区、坡头片区。有广东海洋大学、广东医科大学、岭南师范学院等。有景点湖光岩、东海岛、特呈岛等。特产鱼、虾、螃蟹等。铁路、高速、国道交会。通多路公交车。

赤 坎 区

赤坎区［Chìkǎn Qū］　湛江市人民政府驻地。在市境中部。面积79平方千米。人口23.8万。以汉族为主，还有壮、瑶、满等民族。辖8街道。区人民政府驻南桥街道。1950年设。因处丘坎、土壤赤红得名。地势由西北向东南倾斜。平均海拔12米。年平均降水量1596毫米。北桥河、南桥河、赤坎江等流经。有高校3所，中学17所，小学14所，三级医院2个，二级医院2个。有市体育中心、赤坎体育场、赤坎游泳场。有地方特色民俗舫古龙、稻草龙、竞技龙、醒狮、舞雄鹰、草龙舞、网龙舞等。有景点寸金桥、中山老街区、金沙湾等。三次产业比例1：43：56。工业以汽车制造、水产加工、建材为主。服务业以电子商务、商贸、物流为主。黎湛、粤海铁路，广湛高速，325国道过境。有湛江东站、湛江北站、湛江汽车客运中心站。

抗法纪念广场［Kàngfǎ Jìniàn Guǎngchǎng］　在城区中部。面积80平方米。2002年开工，2003年建成。为纪念1898年遂溪人民反抗法国侵略者斗争而建，故名。中央为抗法历史大型浮雕，背刻刻文“抗法简史”及董必武、郭沫若题诗。临湖刻有寸金桥志，环湖栽植英雄树、凤凰树、紫荆树。周边有岭南师范、师范附中、市博物馆、市中心医院等。通公交车。

椹川大道北［Shènchuān Dàdào Běi］　在区境西部。南起椹川大道中，北至赤坎南桥河。与康宁路、康顺路、北站路等相交。长10千米，宽60米。沥青路面。1913年辟建土路，1950—1970年多次裁弯取直，铺设沥青。1991、2000年改扩建。原名西赤路、霞赤路，后因路段区域原属椹川县更今名。两侧有塑料包装公司、酒店、购物广场、运输集团、区政府等。通公交车。

人民大道北［Rénmín Dàdào Běi］　在区境中部。南起湛江港，北至广湛路。与康顺路、北海路、体育北路、体育南路、百姓东三路、百金路、湾北路、康强路相交。长10千米，宽14—60米。沥青路面。1955年建人民路，1984年扩建，更今名。两侧有康顺大厦、湛江体育中心、附属医院等。通公交车。

海滨大道北［Hǎibīn Dàdào Běi］　在区境东南部。南起青岛路，北至广湛路。与军民路、体育北路、体育南路等相交。长12千米，宽42米。沥青路面。1954年建柏油马路，1965年铺设沥青，1992年扩建，改铺混凝土路面，2001年拓宽。因临近海滨得名。两侧有气象学校、会展中心等。通公交车。

湛江北站［Zhànjiāngběi Zhàn］　见交通运输设施部分“湛江北站”条。

湛江海田汽车中心客运站［Zhànjiāng Hǎitián Qìchē Zhōngxīn Kèyùnzhàn］　见交通运输设施部分“湛江海田汽车中心客运站”条。

南桥街道［Nánqiáo Jiēdào］　赤坎区人民政府驻地。在区境南部。面积12平方千米。人口1.8万。1986年设。因处南桥河畔得名。先后整治赤坎水库，改造旧城、源珠路等。有中学2所，小学6所。农业以水稻、番薯、甘蔗种植为主。有百姓蔬菜生产基地。特产白菜、丝瓜等。工业有汽车配件、五金电器、玻璃加工等。服务业以住宿、餐饮为主。通公交车。

中华街道［Zhōnghuá Jiēdào］　属赤坎区。在区境西北部。面积2.6平方千米。人口3.8万。1957年设。因中华路得名。先后建成新江二横巷、荔枝园等。有中学2所，小学3所，二级医院1个。有古迹文章湾天后宫。有特色民宿舞舫古龙、稻草龙。工业有印刷、工艺品加工、塑料加工、化工等。有商业街中山路、三和街、中兴街、福建街等。通公交车。

寸金街道［Cùnjīn Jiēdào］　属赤坎区。在

区境西北部。面积 3.1 平方千米。人口 5 万。1980 年设。因寸金桥得名。先后建文化站、青少年之家,修整小街小巷等。有岭南师范学院、湛江教育学院、湛江卫生学校。有中学 2 所,小学 2 所,幼儿园 8 所,三级医院 1 个。有景点西山、寸金桥神仙泉。工业有电气、电器加工、塑料加工。服务业以商品零售、住宿、餐饮为主。通公交车。

民主街道 [Mínzhǔ Jiēdào] 属赤坎区。在区境东北部。面积 3 平方千米。人口 3.5 万。1949 年设幸福街道。1954 年因民主路改今名。有中学 2 所,三级医院 1 个。有三民古街区、城市公园。工业有印刷、家用电器制造、化工等。服务业以商业为主。325 国道过境。通公交车。

中山街道 [Zhōngshān Jiēdào] 属赤坎区。在区境中部。面积 2.4 平方千米。人口 1.5 万。以汉族为主,还有壮、布依、瑶等民族。1958 年设。因临近中山二路得名。有中学 1 所,小学 1 所,二级医院 1 个。有水仙庙庙会。经济以商业为主,有南兴街、盐埠街、大通街等商业老街。通公交车。

调顺街道 [Tiáoshùn Jiēdào] 属赤坎区。在区境东部。面积 6 平方千米。人口 0.7 万。1986 年设。因调顺岛得名。有中学 2 所,小学 2 所,幼儿园 3 所。有篮球场、文化室等。经济以火电、港口货运集散、农海产品加工出口、餐饮为主。有调顺码头。通公交车。

沙湾街道 [Shāwān Jiēdào] 属赤坎区。在区境东南部。面积 8 平方千米。人口 1.3 万。1986年设。因东临沙湾海得名。先后扩建海滨大道,建海田公园。有中学 1 所,小学 2 所。有海洋文化美食节、啤酒节。有景点金沙湾观海长廊。经济以房地产业、餐饮、旅游、商品批发、汽车销售为主。有饮料副食品、装饰材料、水果、钢材等专业市场 8 个。通公交车。

北桥街道 [Běiqiáo Jiēdào] 属赤坎区。在区境北部。面积 15 平方千米。人口 1.6 万。1986 年设。因北桥路得名。有中学 1 所,小学 4 所。有花卉、蔬菜等种植基地。有淡水鱼养殖业。工业以机械、化工、电子为主。325 国道、省道平杨线过境。通公交车。

霞 山 区

霞山区 [Xiáshān Qū] 湛江市辖区。在市境东南部。面积 117 平方千米,其中海岛面积 3.6 平方千米。人口 40 万。以汉族为主,还有壮、回、满、土家等民族。辖 12 街道。区人民政府驻东新街道。1950 年设西营区。1956 年因霞山村更今名。2014 年底形成"三纵两横"商业格局。"三纵"即南北向 3 商业带。东部为滨海生态文化旅游商业带,有渔人码头、欧陆风情街、湛江港船坞区、特呈岛生态旅游区等。中部为购物、餐饮、娱乐等综合性商业带,以人民大道南路为商业中心,有多家大型商场。西部为专业批发市场商业带,有服装、家具、钢材、建材等大型市场。"两横"即西北新城市区中心、西南临港商业和现代服务业中心,集中于乐山西路、湖光路。由陆地、海岛组成,以滨海平原为主,局部台地,间有丘陵。地势由北、西北向沿海倾斜。最高峰三岭山海拔 165 米。南柳河、菉塘河流经。有大学 3 所,中等职业学校 3 所,中学 27 所,小学 37 所,三级医院 4 个,二级医院 3 个。有省级文物保护单位法国驻广州湾公使旧址、南山上林寺。有菉塘革命烈士陵园、菉塘世基小学旧址。有古迹仙姑庙、辛罗宫。有国家 3A 级景区三岭山森林公园。有湛江八景之一湛江港湾。有景点观海长廊、海滨公园、霞湖公园等。三次产业比例 1∶58∶41。农业以水稻、番薯、甘蔗、花生种植为主,有猪、牛、鸡饲养,盛产对虾、鳘鱼、马鲛、石斑等,特产海水珍珠、鲍鱼干、鱿鱼干、湛江红橙、波罗蜜、菠萝等。工业以粮油加工、重化工、农海产品加工为主。服务业以现代物流、贸易为主。黎湛铁路,茂湛高速,207、325 国道,省道黄海线过境。有湛江站、市汽车南站、湛江机场、湛江港。

湛江经济技术开发区 [Zhànjiāng Jīngjì Jìshù Kāifāqū] 在区境北部。东邻湛江内港,南至菉塘河,西至人民大道,北至赤坎区文保河。面积 7 平方千米。1984 年 11 月经国务院批准建立国家级湛江经济技术开发区,由湛江市政府管理。以汽车制造、电子电器、通信器材、生物制品、机电产品、办公用品、包装材料、纺织服装、羽绒制品、珍珠首饰加工为支柱。有喜得利、冠豪纸业等企业。有高科技企业 12 个。境内陆运、航空、海运构成交通运输网络。通过城市主干道与主城区相连。通公交车。

椹川大道中 [Shènchuān Dàdào Zhōng] 在区境西部。南起椹川大道南,北至龙潮路。与华信路、乐山路、龙潮路等相交。长 2.9 千米,宽 26 米。沥青路面。1913 年辟建土路,1950—1970 年多次裁弯取直,铺设沥青。1991、2000 年改扩建。因隋开皇十八年(598)曾设椹川县得名。途经建材、家具重要集散地。两侧有家具城、建材广场、商贸城、中学、省地质局实验室、银帆公园、肛肠医院、岭南医院等。通公交车。

椹川大道南 [Shènchuān Dàdào Nán] 在区境中部。南起人民西五路,北至椹川大道中。与岭南路、文明中路、文霞路等相交。长 2.9 千米,宽 26 米。沥青路面。1913 年辟建土路。1950—1970 年多次裁弯取直,铺设沥青。1991、2000 年改扩建。因处椹川大道南段得名。两侧有岭南小吃街、实验中学、市化工研究所等。通公交车。

人民大道中 [Rénmín Dàdào Zhōng] 在区境北部。南起人民大道南,北至龙潮路。与绿民路、华信路、绿华路相交。长 4 千米,宽 45 米。沥青路面。1955 年建人民路,1984 年扩建。因处人民大道中段得名。两侧有湿地公园、中小学、图书文化馆等。通公交车。

人民大道南 [Rénmín Dàdào Nán] 在区境南部。南起友谊路,北至人民大道中。与人民东二路、洪屋路、解放东路、岭南路等相交。长 3.2 千米,宽 30 米。沥青路面。1955 年建人民路,1984 年扩建。因处人民大道南段得名。途经市区繁华商业区。两侧有广东医大附属医院、小学、区图书馆、市商业技术学校等。通公交车。

海滨大道中 [Hǎibīn Dàdào Zhōng] 在区境东部。南起海滨大道南,北至龙潮路。与明园路、园岭路、乐金路、广州湾大道相交。长 4 千米,宽 40 米。混凝土路面。1954 年建柏油马路,1965 年改沥青路面,1992 年扩建,2001 年拓宽。因临近海滨且处中段得名。两侧有广东海洋大学海滨校区、市特教学校、职业技术学校、小学等。通公交车。

海滨大道南 [Hǎibīn Dàdào Nán] 在区境东部。南起青岛路与汉口路交汇处,北至海滨大道中与海洋路交汇处。与延安路、解放东路、文明东路等相交。长 2.8 千米,宽 42 米。沥青路面。1954 年建柏油马路,1965 年改沥青路面,1992 年扩建,2001 年拓宽。因邻近海滨且处南段得名。两侧有海滨公园、市二医院、广东医科大学等。通公交车。

湛江站 [Zhànjiāng Zhàn] 见交通运输设施部分"湛江站"条。

湛江市汽车南站 [Zhànjiāng Shì Qìchē Nánzhàn] 见交通运输设施部分"湛江市汽车南站"条。

东新街道 [Dōngxīn Jiēdào] 霞山区人民政府驻地。在区境西部。面积 6.3 平方千米。人口 3.7 万。2003 年设。因东新路得名。有中学 1 所,小学 6 所,幼儿园 19 所,卫生服务中心 1 个,卫生服务站 5 个。有省级重点文物保护单位南山上林寺。农业以蔬菜、水稻种植为主。有大型纺织品市场。黎湛铁路过境。有湛江站、市汽车南站。通公交车。

工农街道 [Gōngnóng Jiēdào] 属霞山区。在区境西部。面积 2.5 平方千米。人口 4.4 万。1985 年设。因工农路得名。有高职院校 1 所,中等职业学校 1 所,中学 4 所,小学 2 所,幼儿园 13 所,卫生院 1 个,社区卫生站 4 个。有古迹辛罗宫庙。经济以商业为主。有大型商场 4 个,大型农贸市场 1 个,小型市场 3 个。通公交车。

解放街道 [Jiěfàng Jiēdào] 属霞山区。在区境东部。面积 1.6 平方千米。人口 4.5 万。1980 年设。因解放路得名。有大学 2 所,中学 1 所,小学 4 所,体育学校 1 所,教师进修学校 1 所,幼儿园 4 所,三级医院 1 个,卫生院 1 个,社区卫生服务中心 1 个。有省级文物保护单位广州湾法国公使署旧址。有景点群霞山天主教堂、霞山福音堂、原法资汇理银行大楼、湛江市儿童公园、霞湖公园、海头港天后宫等。经济以商业为主。有民享路商业步行街。通公交车。

民享路 [Mínxiǎng Lù] 在解放街道西部。长 1.2 千米,宽 24 米。混凝土路面。20 世纪 50 年代始建,2001—2002 年扩建为步行街。原名军民路、麻丁仔,后寄寓"道路为人民所共享"意改今名。又名霞山商业步行街,集休闲、购物、美食于一体。有南国特色凉亭 5 个,商铺 250 间。有工人电影院、日用百货商铺等。通公交车。

爱国街道 [Àiguó Jiēdào] 属霞山区。在区境东部。面积 3.6 平方千米。人口 4.1 万。1969 年设。因爱国路得名。有红树林 1000 多亩。有中等职业学校 1 所,中学 2 所,小学 4 所,幼儿园 10 所,二级医院 1 个,卫生院 1 个,社区卫生站 3 个。有省级文物保护单位法国驻广州湾公使旧址。有古迹特呈岛冼太庙。有霞湖公园。有景点特呈渔岛度假村。农业以番薯、花生种植为主,有对虾养殖。服务业以商业为主。有大型市场 5 个。通公交车。

坡尾村 [Pōwěicūn] 在区政府驻地东新街道东南 5 千米。属爱国街道。人口 1000。宋末陈姓迁此,因处山坡下得名。聚落呈块状。有公园、文化楼。经济以海洋捕捞、海水养殖为主。盛产对虾、金枪鱼等。特呈岛公路经此。2011 年被评为全国文明村。

友谊街道 [Yǒuyì Jiēdào] 在区境南部。面积 8.5 平方千米。人口 8.5 万。1987 年设。因友谊路得名。有小学 3 所,二级医院 2 个,卫生院 1 个。有文化中心。农业以水稻、花生、桉树种植为主,有猪、鸡、鸭饲养。工业以化工、炼油、粮油加工、水产品加工为主。有临港工业园。服务业以物流为主。通公交车。

新兴街道 [Xīnxīng Jiēdào] 属霞山区。在区境西北部。面积 10 平方千米。人口 4 万。1987 年设。取新村、方兴村各 1 字得名。有中学 2 所,小学 1 所,卫生院 1 个,卫生站 7 个。农业以水稻、花生、香蕉种植为主。工业以制药为主。服务业有住宿、餐饮。黎湛铁路过境。有湛江机场。通公交车。

海滨街道 [Hǎibīn Jiēdào] 属霞山区。在

区境东部。面积2.2平方千米。人口2.2万。1987年设。因处滨海地带得名。有湛江潜水运动学校。有中学1所,卫生院1个,健身广场2个。经济以住宿、餐饮、商品零售为主。通公交车。

建设街道［Jiànshè Jiēdào］　属霞山区。在区境东南部。面积6平方千米。人口4.5万。2003年设。因建设路得名。有中学3所,小学4所,三级医院3个,卫生院1个,卫生站2个。有国家3A级景区市三岭山森林公园。农业以西洋菜、青菜种植为主,有牲猪等饲养。工业有机械、工艺品加工等。通公交车。

新园街道［Xīnyuán Jiēdào］　属霞山区。在区境东部。面积3.5平方千米。人口4万。1993年设。因新园路得名。有高校1所,中专1所,中学1所,小学3所,幼儿园25所,卫生院1个,卫生站10个。有菉塘革命烈士陵园。服务业以商贸、房地产业为主。通公交车。

海头街道［Hǎitóu Jiēdào］　属霞山区。在区境西部。面积30平方千米。人口1.7万。2004年设。因邻海头圩得名。有小学8所,幼儿园6所,卫生院1个。经济以农业为主。农业以水稻、番薯、甘蔗种植为主,有猪、鸡等饲养。工业以食品加工、海洋生物、电子、新型材料、环保科技为主。通公交车。

乐华街道［Lèhuá Jiēdào］　属霞山区。在区境东北部。面积6平方千米。人口2.8万。1995年设。取意知足常乐得名。有中学6所,小学5所,卫生所2个。有景点渔港公园、菉塘湿地公园、观海长廊。工业以石油化工、特种纸业、机械电器为主。有五星级酒店2个。通公交车。

泉庄街道［Quánzhuāng Jiēdào］　属霞山区。在区境北部。面积3.6平方千米。人口2.3万。1995年设。因居住环境好,取意如山庄般舒适得名。有中小学5所,幼儿园1所,卫生所5个。有景点绿塘河湿地公园、三帆雕塑、中澳友谊花园、王祖庙等。工业有纺织、剑麻加工等。服务业有餐饮、旅游等。通公交车。

坡头区

坡头区［Pōtóu Qū］　湛江市辖区。在市境中部。面积613平方千米。人口41.6万。以汉族为主,还有壮、苗、土家、蒙古等民族。辖2街道、5镇。区人民政府驻南调街道。1984年设。因坡头镇得名。先后建成灯塔路、海湾大桥、南三大桥等。分南调路、灯塔路旧城区,海东新城区2区片。北部台地。最高点尖山岭。地势自北向南倾斜。东、西、南临海,海岸线192千米。年均气温23.1℃。年均降水量1515.3毫米。南三河、鉴西江流经。有矿产资源高岭土、石英砂、玻璃矿等。有南三沿海防风林带。有中学12所,小学122所,二级医院1个,图书馆1个。有许爱周文体馆、街心公园、灯塔公园等。有麻斜罗侯王庙、久有贞孝坊、坡头武帝庙、博立周兴书屋、抗法五烈士墓等。有湛江市八景之一南三听涛。三次产业比例6∶80∶14。农业以水稻、花生、番薯、莲藕种植为主,有虾、蚝、珍珠等养殖,盛产海参、海蜇、沙虫、海马等。工业以家电制造、新能源材料为主。服务业以商品批发、旅游为主。325国道、省道廉坡线过境。有直升机场2个,客运码头2个。通公交车。

灯塔广场［Dēngtǎ Guǎngchǎng］　在城区南部。面积2.7公顷。2006年开工,2007年建成。因灯塔公园得名。由健身广场、灯塔广场、人口广场组成。有灯塔、长廊凉亭。为市民娱乐、健身、休闲、赏海综合性场所。周边有中小学、许爱周文体馆等。通公交车。

麻贯路［Máguàn Lù］　在区境中部。南起观海郡住宅小区,北至南调路。长1.6千米,宽8.2米。沥青路面。1982年开工,1986年建成。因直通麻贯盐场得名。两侧有物业公司、海建公司、居住小区、小学、区检察院等。通公交车。

南调街道［Nántiáo Jiēdào］　坡头区人民政府驻地。在区境西部。面积40平方千米。人口5.4万。1985年设。取原南昌、调高2地名各1字得名。先后建成灯塔路,多个商住小区。海岸线19千米。有中学3所,小学7所,幼儿园7所,卫生院1个,卫生所5个。有湛江奥体中心主体育场、游泳跳水馆、综合球类馆。有许爱周文体馆、南油图书馆、灯塔公园、街心公园等。有景点海洋地质模型地宫。农业以水稻、花生种植为主,有海鱼、对虾、蟹、螺养殖。服务业以商业、餐饮为主。有直升机场2个,客运码头1个。通公交车。

麻斜街道［Máxié Jiēdào］　属坡头区。在区境南部。面积25平方千米。人口1.2万。1985年设。地形三面斜伸向海,以古越语得名,意为海边村。有中学1所,小学3所,卫生院1个,村级文化中心3个。有省级文物保护单位罗侯王庙。经济以海水养殖、禽苗孵化为主,有鱼、对虾、蟹、螺养殖。有现代化鸭苗孵化基地。县道麻坡线过境。

南三镇［Nánsān Zhèn］　坡头区辖镇。在区境南部。面积191平方千米。人口9.7万。辖1居委会、13村委会,有128自然村。镇人民政府驻白沙圩。1958年成立南三公社。1983年改区。1987年改镇。因明洪武九年(1376)属南三都得名。为海岛镇。原名鹭州岛。海岸线83千米。有中学3所,小学32所,卫生院1个。有古迹广州湾靖海宫、越王祠、灯塔、龙女庙、冼吴庙等。有湛江新八景之一"南三听涛"。有景点木麻黄林带、银沙滩。经济以农业为主。农业以种植稻谷、花生、番薯、红萝卜为主,有对虾、石斑、红鱼、青鲈等养殖。县道霞南线过境。

白沙圩［Báishāxū］　南三镇人民政府驻地。在区政府驻地南调街道东南14千米。人口7100。因自徐闻县白沙村迁此得名。聚落呈块状。有灯光球场、集贸市场。有古迹天后宫。通公交车。

坡头镇［Pōtóu Zhèn］　坡头区辖镇。在区境中部。面积92平方千米。人口7.7万。辖1居委会、11村委会,有186自然村。坡头镇人民政府驻坡头社区。1958年成立坡头公社。1983年改区。1987年改镇。因镇政府驻地原名得名。南三河流经。有中学2所,小学17所,二级医院1个,镇文化中心1个,村级文化中心15个。有抗法五烈士墓。有名胜古迹武帝庙、三甲祠堂、许氏宗祠、集成书院、四甲祖祠、贞孝坊、营盘楼、周兴书屋、博立大小宗祠等。农业以塘尾蚝、红心番薯、白萝卜种植为主。工业以混凝土、腊味食品加工为主。特产金泉腊味。省道廉坡、黄海线,海川、海东快线过境。通公交车。

坡头社区［Pōtóu Shèqū］　坡头镇人民政府驻地。在区境中部。面积3平方千米。人口7600。因坡头圩得名。2002年成立。民居旧区多低层楼房,新区多高层楼房。有志愿者、养老服务。有中小学、二级医院、文化楼、体育广场。有法国侵占时期公局楼旧址。有电子、漆业、食品等公司。省道黄海线经此。通公交车。

乾塘镇［Qiántáng Zhèn］　坡头区辖镇。在区境东部。面积53平方千米。人口4.1万。辖1居委会、6村委会,有88自然村。镇人民政府驻三合社区。1961年由坡头公社析设乾塘公社。1983年改区。1987年改镇。因古有乾塘得名。处鉴江出海口。海岸线15千米。有矿产资源石英砂、锆英砂、钛等。有中学2所,小学12所,卫生院1个,镇级文化中心1个,村级文化活动中心30个。有省级文物保护单位乾塘陈氏大宗。有古迹三窝天后宫、乾塘观音堂、梅魁抗法旧址、公局楼、广圣庙等。农业以水稻、花生、番薯种植为主,有鱼、对虾、蟹、螺等养殖,特产莲藕、沙城海蜇。县道坡乾线过境。通公交车。

三合社区［Sānhé Shèqū］　乾塘镇人民政府驻地。在区境东部。面积4平方千米。人口4900。因邻近三合窝圩得名。2002年成立。民居以低层楼房为主。有志愿者、养老服务。有中小学、卫生院等。县道坡乾线经此。通公交车。

龙头镇［Lóngtóu Zhèn］　坡头区辖镇。在区境东北部。面积116平方千米。人口6.8万。辖1居委会、11村委会,有136自然村。镇人民政府驻龙头社区。1958年成立龙头公社。1987年改镇。因北岭巨石状如龙头得名。海岸线20千米。有水库1个。有矿产资源花岗岩、高岭土等。有中学2所,小学17所,卫生院1个,镇级文化中心1个,文化楼1个,村级文化中心139个。有省级文物保护单位天后圣母庙。有古迹龙祖庙。经济以农业为主。农业以水稻、花生、甘蔗种植为主。工业以家电产业为主。325国道、省道廉坡线过境。

龙头社区［Lóngtóu Shèqū］　龙头镇人民政府驻地。在区境东北部。面积3平方千米。人口8900。因龙头圩得名。2002年成立。民居以低层居民楼、高层商住楼为主。有志愿者、养老服务。有中小学、卫生院等。有龙祖庙、天后圣母庙。325国道、省道廉坡线经此。

金鸡村［Jīnjīcūn］　在区政府驻地南调街道北11千米。龙头镇辖自然村。人口300。黄姓迁此,因地形似鸡,雅称今名。聚落呈点状。有文化楼、灯光球场、舞场等。农业以水稻、花生种植为主。2014年被评为省级文明村。

官渡镇［Guāndù Zhèn］　坡头区辖镇。在区境北部。面积95平方千米。人口6.1万。辖1居委会、12村委会,有142自然村。镇人民政府驻官渡社区。1978年由龙头公社析设官渡公社。1987年改镇。因古代官员往返雷州、琼州经此渡口得名。海岸线12千米。有笔架岭。有中学2所,小学23所,卫生院1个,镇级文化中心1个,村级文化楼9个。有中共广东南路特委旧址、笔架岭战役阵亡烈士纪念碑等。有古迹青云庵。农业以水稻、香蕉、花生种植为主,有官渡蚝养殖。工业以家电制造、饲料加工为主。沈海高速、325国道过境。通公交车。

官渡社区［Guāndù Shèqū］　官渡镇人民政府驻地。在区境北部。面积2平方千米。人口5500。因镇名得名。2002年成立。民居以低层楼房为主,有高层商住楼。有志愿者、养老服务。有中小学、卫生院。325国道经此。通公交车。

麻章区

麻章区［Mázhāng Qū］　湛江市辖区。在市境西南部。面积806平方千米。人口56.2万。以汉族为主,还有回、维吾尔、瑶等民族。辖3街道、4镇。区人民政府驻麻章镇。1956年置郊区。1958年雷东县并入,吴川、遂溪2

县部分地域划入。1961年遂溪县部分地域划入。1994年因麻章镇改今名。因多产剑麻及章鱼得名。多为台地、滨海平原。有笔架岭。海岸线264.5千米。年均气温23.8℃。年均降水量1577.9毫米。东海河、通明河、城月河、旧县河流经。有矿产资源钛铁、锆英石、玄武岩等。有国家级湛江麻章红树林自然保护区、鲍鱼保护区等。有高校2所,中专12所,中学19所,小学82所。有省级文物保护单位广济桥、麻章抗法斗争营部旧址。有地方特色民间艺术东海人龙舞、傩舞、爬刀梯等。有世界地质公园、国家4A级旅游景区、国家重点风景名胜区湖光岩风景区。有景点南亚植物园、金鹿园、东海岛、硇洲灯塔等。三次产业比例20:48:32。有花卉、水产、蔬果、畜牧、林业等农业商品基地11个。盛产鲍鱼、龙虾、石斑鱼等。工业有饲料、音像制品、手套加工等。有国家级开发区1个。服务业有商贸、旅游等。黎湛、粤海铁路,广湛、渝湛高速,325国道过境。有渔港2个。

湛江西站［Zhànjiāngxī Zhàn］ 见交通运输设施部分"湛江西站"条。

麻章汽车站［Mázhāng Qìchēzhàn］ 见交通运输设施部分"麻章汽车站"条。

东山街道［Dōngshān Jiēdào］ 属麻章区。在区境西南部。面积132平方千米。人口7.2万。2011年设。因东有山林得名。有中学2所,小学8所,卫生院1个,卫生站3个。有东海革命烈士纪念碑。有国家级非物质文化遗产人龙舞。经济以种植业、渔业、养殖业为主。有省道湖硇线、东海岛中线公路过境。通公交车。

东简街道［Dōngjiǎn Jiēdào］ 属麻章区。在区境西部。面积128平方千米。人口5.5万。2011年设。原名那简市,后以处岛东改今名。有中学2所,小学33所,卫生院1个,卫生站8个。有省级龙海天旅游度假区。农业以香蕉种植为主,有速生林,有对虾、虾苗养殖。有国家海水养殖种苗工程南方基地。工业有钢铁、炼化等。有庵里盐场。省道湖硇线过境。通公交车。

民安街道［Mín'ān Jiēdào］ 属麻章区。在区境西部。面积138平方千米。人口5.8万。2011年设。因商旅云集成圩,取安居乐业之意得名。有中学2所,小学20所,卫生院1个,卫生站8个。有文化站、体育场。农业以水稻、花生、玉米、甘蔗种植为主,有灶蟹、骨螬养殖,盛产藿香。省道湖硇线过境。通公交车。

麻章镇［Mázhāng Zhèn］ 麻章区人民政府驻地。在区境东北部。面积126平方千米。人口9万。辖6居委会、34村委会,有96自然村。镇人民政府驻福民社区。1959年由红光公社析设麻章公社。1981年改区。1987年改镇。因麻章圩得名。东海河流经。有大学1所,中专(含技校)8所,中学5所,小学21所,卫生院1个,卫生站25个。有省级文物保护单位麻章抗法团练营部旧址武帝庙。农业以水稻、甘蔗、香蕉种植为主。有花卉产销业。有水库33个。黎湛、粤海铁路,湛徐、渝湛高速,325国道过境。

福民社区［Fúmín Shèqū］ 麻章镇人民政府驻地。在区境中部。面积1.2平方千米。人口6500。因福民路得名。1997年成立。民居以低层楼房为主,有少量平房。有养老服务中心、社区律师顾问。有中学、幼儿园、卫生院、敬老院、农垦老干部科研所。有古迹武帝庙、观音阁等。通交通车。

太平镇［Tàipíng Zhèn］ 麻章区辖镇。在区境西南部。面积125平方千米。人口10.5万。辖1居委会、30村委会,有95自然村。镇人民政府驻太平社区。1959年由金星公社析设太平公社。1983年改区。1987年改镇。因镇政府驻地原名太平圩得名。城月河、通明河流经。海岸线37千米。有中学4所,小学34所,卫生院1个。有文化广场、敬老院。农业以水稻、花生、甘蔗、芋头种植为主,有鱼虾、蚝贝等养殖。工业有造纸、木片加工等。服务业以商贸为主。粤海铁路、省道塘企线过境。有通明港。

太平社区［Tàipíng Shèqū］ 太平镇人民政府驻地。在区境西南部。面积9平方千米。人口1.1万。因稠密无盗忧得名。2002年成立。民居以楼房为主。有中小学、幼儿园、卫生院等。省道塘企线经此。

湖光镇［Húguāng Zhèn］ 麻章区辖镇。在区境西南部。面积139平方千米。人口7.9万。辖2居委会、27村委会,有66自然村。镇人民政府驻铺仔社区。1949年为新鹿区。1955年改湖光区,后改公社。1983年改区。1986年改镇。因国家级湖光岩风景区得名。有玛珥湖。海岸线46千米。有中学3所,小学1所,卫生院1个,卫生站30个。有敬老院。有铁杷县城遗址。有景点南亚热带植物园、古樟神林保护区、湛江金鹿园、湛江市郊野公园等。农业以水稻、番薯、花生种植为主。有水果基地4个,花卉培育基地7个,速生林场4个。省道塘企线过境。

铺仔社区［Pùzǎi Shèqū］ 湖光镇人民政府驻地。在区境东南部。面积0.7平方千米。人口2000。原居民搭棚建铺成街圩,故名铺仔圩,沿为社区名。1987年成立。民居以楼房为主。有小学、幼儿园、卫生院、超市、市场等。经济以商品零售为主。省道黄海线经此。

旧县村［Jiùxiàncūn］ 在区政府驻地麻章镇西南15千米。湖光镇辖自然村。人口7300。为隋代铁杷县衙所在地,故名。聚落呈带状。有卫生站、敬老院、文化楼、市场等。有古迹泰山府、龙眼井、乾隆铁钟。有摊舞传承基地。农业以水稻、花生、甘蔗种植为主,有对虾、罗非鱼等养殖。省道塘企线经此。通公交车。

硇洲镇［Náozhōu Zhèn］ 麻章区辖镇。在区境西南部。面积56平方千米。人口5万。辖3居委会、5村委会,有92自然村。镇人民政府驻津前社区。1958年成立硇洲公社。1983年改区。1987年改镇。因硇洲村得名。有中学1个,小学9个,卫生院1个。有景点宋皇井、宋皇碑、硇洲灯塔、那晏石林、南波河礁群等。盛产香蕉、鲍鱼、龙虾、对虾等。通过海运与陆地相连。中线公路过境。

津前社区［Jīnqián Shèqū］ 硇洲镇人民政府驻地。面积1.4平方千米。人口5800。1998年成立。因原津前村得名。有中小学、卫生站。民居多为混凝土结构楼房。社区有综合治理、社区文化、民政、计生和环境卫生等日常管理和服务。环岛公路经此。

廉江市

廉江市［Liánjiāng Shì］ 广东省直辖县级市,由湛江市代管。北纬21°36′,东经110°17′。在湛江市境北部。面积2835平方千米。人口180万。以汉族为主,还有蒙古、壮、白等民族。辖3街道、18镇。市人民政府驻罗州街道。唐武德五年(622)置石城县,以县有石城冈,其山如城得名。天宝元年(742)因廉江河更名廉江县。北宋开宝五年(972)并入吴川县。南宋乾道三年(1167)复置石城县,属化州。明洪武八年(1375)改属高州府。1914年因避江西石城县,复名廉江县。先后属高雷道、第七行政督察区、第九行政督察区、南路专区、高雷专区、粤西行政区、湛江专区。1959年并入雷北县。1961年复廉江县。1970年属湛江地区。1983年属湛江市。1994年改县级市。西北高丘,东南部处廉江谷地。最高点双峰嶂海拔382米。年均气温22.7℃,1月平均气温15.2℃,7月平均气温28.4℃。年均降水量1758.6毫米。九州江流经。有鹤地水库。有矿产资源花岗石、石灰石、瓷土、金、银、铁、钨、水晶、铅锌等。有国家级高桥红树林保护区。有谢鞋山野生荔枝林。森林覆盖率43.5%。有中专8所,中学131所,小学385所,三级医院1个,二级医院2个。有罗州故城遗址、丰背村遗址、东坡亭遗址。有特色地方民俗游神、廉江白戏、舞雄鹰、安铺八音等。有景点龙溪山、鹤地水库公园等。三次产业比例58:28:14。农业以水稻、甘蔗、花生种植为主,有牲猪饲养,特产龙湾三黄鸡、石角猪、红江橙、河唇水晶杨桃。工业以电饭煲制造、制陶制瓷、水泥加工为主。黎湛、河茂铁路,渝湛、沈海高速,207、325国道,省道廉坡、六遂线过境。

文化广场［Wénhuà Guǎngchǎng］ 在市区中部。面积22780平方米。1993年开工,2009年改建,2010年建成。为市民休闲文化活动中心,故名。有升旗台、七彩之星、大型LED彩色显示屏、LED梦幻灯柱、音乐喷泉等。四周有市医院、人民公园、博物馆等。通公交车。

廉江大道［Liánjiāng Dàdào］ 在市境中部。南起环市南路,北至狮岭路。与和平路、人民大道、罗州大道相交。长3.2千米,宽50米。沥青路面。1993年开工,1994年建成。因纵贯廉江得名。两侧有人民公园、市二中等。通公交车。

中山路［Zhōngshān Lù］ 在市区东部。南起山寮中学,北至河唇公路。与人民大道、建设大道、罗州大道相交。长3.2千米,宽20米。沥青路面。原为省道遂六线,1987年改建城区道路。为纪念孙中山得名。两侧有工业品市场、银行、邮电局、剧院等。通公交车。

人民大道［Rénmín Dàdào］ 在市区东部。东起东环三路,西至创业北路。与新兴路、中山路、廉江大道相交。长2千米,宽30米。沥青路面。1983年开工、1983年建成。途经城区商业中心。两侧有人民公园、市医院等。通公交车。

九洲江大道［Jiǔzhōujiāng Dàdào］ 在市区西部。东南起中环路,西北至廉江经开区内部道路。与大同路、吉祥路、罗州大道相交。长8.6千米,宽16米。沥青路面。1994年始建。因直通九洲江工业开发区得名。两侧有万科苑、廉江一中等。通公交车。

廉江站［Liánjiāng Zhàn］ 见交通运输设施部分"廉江站"条。

廉江市汽车总站［Liánjiāng Shì Qìchē Zǒngzhàn］ 见交通运输设施部分"廉江市汽车总站"条。

廉江市城南汽车站［Liánjiāng Shì Chéngnán Qìchēzhàn］ 见交通运输设施部分"廉江市城南汽车站"条。

罗州街道［Luózhōu Jiēdào］ 廉江市人民政府驻地。在市境东部。面积15平方千米。人口11.5万。2004年设。为纪念古罗州得名。有中等职业学校2所,中学3所,小学7所,三级医院1个,二级医院2个,卫生院1个,卫生所32个,文化广场1个,城市公园2个。有博物馆、图书馆等。有革命烈士关泽恩故居。工业以电饭煲制造为主。有商业街10条。有廉江站。通公交车。

城北街道［Chéngběi Jiēdào］ 属廉江市。

在市境北部。面积14.6平方千米。人口2.8万。2004年设。因处城区北得名。有中学3所,小学5所,成人学校1所。有塘山岭生态公园。工业有饲料加工、电器制造等。服务业以餐饮、住宿、金融、商贸为主。通公交车。

城南街道［Chéngnán Jiēdào］ 属廉江市。在市境东部。面积31.2平方千米。人口8万。2004年设。因处城南得名。先后建成多个住宅小区。有中学2所,小学6所,卫生院1个。有体育中心。农业种植蔬菜。有商品零售业。通公交车。

石城镇［Shíchéng Zhèn］ 廉江市辖镇。在市境东南部。面积192平方千米。人口8.4万。辖17村委会,有205自然村。镇人民政府位于石城路。1963年成立附城公社。1981年为避同名,改石城公社。1983年改区。1986年改乡。1988年改镇。因盛产石灰石,借用廉江市原县名石城命名。廉江河、雷州青年运河流经。有矿产资源铁、金等。有中学4所,小学18所,幼儿园26所,卫生院1个,卫生所30个。有古迹庞氏宗祠、大铜鼓、四眼井。有谢鞋山自然保护区。农业以水稻、花生、甘蔗种植为主,盛产香蕉、龙眼。工业以建材为主。黎湛铁路,省道廉坡、遂六线过境。

新民镇［Xīnmín Zhèn］ 廉江市辖镇。在市境西南部。面积96平方千米。人口6万。辖1居委会、15村委会,有144自然村。镇人民政府驻三角山圩社区。1957年设新民乡。1958年并入红旗公社。1959年析设新民公社。1983年改区。1986年改乡。1988年改镇。因新民圩得名。雷州青年运河、九洲江流经。有青健岭、三塘2水库。有矿产资源石灰岩、磷、硫铁等。有中学2所,小学19所,卫生院1个,卫生站27个。有诚一公祠。农业以水稻、香蕉、荔枝、龙眼种植为主,特产罐腌蒜头、黄瓜。工业以建材为主,有粮油加工、制砖业。黎湛铁路,省道遂六线,县道长石、石安线过境。

三角山圩社区［Sānjiǎoshānxū Shèqū］ 新民镇人民政府驻地。面积2平方千米。人口2300。因三面有山呈三角形得名。1999年成立。民居多砖混结构房屋。有文体广场。县道石安线经此。通公交车。

吉水镇［Jíshuǐ Zhèn］ 廉江市辖镇。在市境北部。面积126平方千米。人口8.2万。辖1居委会、17村委会,有179自然村。镇人民政府驻吉水社区。1957年设吉水乡。1958年并入红旗公社。1959年析设吉水公社。1983年改区。1986年改镇。原因九洲江经此急流得名急水,清光绪年间(1875—1908)寓意吉祥如意更今名。九洲江流经。有矿产资源石灰石、高岭土、硫铁、金等。有中学3所,小学20所,卫生院1个。有栢村垌烈士纪念碑。有廉江旧八景之"文峰叠翠"、新八景之"九洲琴韵"。有荔枝观光带。农业以水稻、番薯、花生、大蒜种植为主,盛产荔枝、番石榴、杨桃、龙眼等。工业以建材、陶瓷、金属、纺织、饮料加工为主。省道遂六线过境。

吉水社区［Jíshuǐ Shèqū］ 吉水镇人民政府驻地。在市境东部。面积1平方千米。人口2500。因镇名得名。1993年成立。民居以低层楼房为主。有爱老敬老协会。以家庭养老为主。有中小学、幼儿园、卫生院。通公交车。

河唇镇［Héchún Zhèn］ 廉江市辖镇。在市境东北部。面积130平方千米。人口8.3万。辖1居委会、18村委会,有191自然村。镇人民政府驻河唇社区。1959年成立河唇公社。1983年改区。1986年改镇。因原河唇仔村得名。九洲江流经。有矿产资源花岗岩、铁等。有中学3所,小学20所,幼儿园5所,卫生院1个,卫生站19个。有省级文物保护单位罗州故城遗址。有国家3A级旅游景区鹤地银湖。有省级生态示范特色旅游景区2个。农业以水稻、番薯种植为主,有鸡、鸭、猪饲养,盛产石榴、红杨桃、番石榴、黄皮果、荔枝、龙眼等。工业有陶瓷、水泥、耐火材料加工等。黎湛、河茂铁路过境。

河唇社区［Héchún Shèqū］ 河唇镇人民政府驻地。在市境东北部。面积2.7平方千米。人口1.5万。因河唇圩得名。2003年成立。民居以低层楼房为主。有居家养老服务点、康园中心。有小学、卫生站、图书馆。县道廉石线经此。通公交车。

石角镇［Shíjiǎo Zhèn］ 廉江市辖镇。在市境东北部。面积164平方千米。人口6.8万。辖1居委会、20村委会,有205自然村。镇人民政府驻石角圩。1957年设石角乡。1958年并入火箭公社。1963年析设石角公社。1983年改区。1986年改镇。因宝传庙旁有大石得名。有矿产资源滑石、瓷土、石英、云母等。有中学3所,小学21所,卫生院1个,卫生所16个。有三合革命纪念馆、廉化陆博边革命纪念碑等。有省级非物质文化遗产廉江石角傩戏。有国家3A级旅游景区鹤地银湖。有廉江旧八景之三合竹寨温泉。盛产荔枝、龙眼、西瓜、茶叶。黎湛铁路、县道廉石线过境。

石角圩［Shíjiǎoxū］ 石角镇人民政府驻地。在市政府驻地罗州街道东北40千米。人口6500。因圩内多石得名。聚落呈放射状。有中学、卫生院。省道疏港线经此。通公交车。

良垌镇［Liángdòng Zhèn］ 廉江市辖镇。在市境东南部。面积269平方千米。人口14.9万。辖1居委会、37村委会,有323自然村。镇人民政府驻良垌圩。1951年设良垌区。1958年并入东风公社。1961年析设良垌公社。1983年改区。1986年改镇。2004年平坦、新华2镇并入。因镇政府驻地得名。良垌河、南桥河、新华河流经。有矿产资源花岗岩、石灰岩、云母、铁等。有中学5所,小学37所,卫生院2所,卫生站38个。有古迹全氏宗祠、乐武堂、苑瑶卜岭窑址、东桥迴水亭等。有国家级非物质文化遗产舞鹰雄。有景点荔香阁、陈信材纪念馆等。有广东民间艺术之乡竹园村。农业以水稻种植为主,盛产香蕉、荔枝等。工业以钢铁、纺织为主。207国道、省道廉坡线过境。

良垌圩［Liángdòngxū］ 良垌镇人民政府驻地。在市政府驻地罗州街道东南17千米。人口600。取良田沃土意命名。聚落呈放射状。有中小学、卫生院。经济以餐饮、商品零售为主。207国道、省道廉坡线经此。通公交车。

横山镇［Héngshān Zhèn］ 廉江市辖镇。在市境西南部。面积202.5平方千米。人口11.8万。辖1居委会、19村委会,有257自然村。镇人民政府驻横山圩。1957年设横山乡。1958年并入胜利公社。1959年析设横山公社。1983年改区。1986年改镇。因镇政府驻地得名。九洲江、雷州青年运河流经。有矿产资源瓷土、高岭土、水晶、花岗岩、铁等。有中学5所,小学20所,卫生所1个,卫生站20个。有古迹后溪桥。有景点横山圩缅茄树等。农业以水稻、甘蔗种植为主。有金山工业园。渝湛高速、325国道、县道石安线过境。

横山圩［Héngshānxū］ 横山镇人民政府驻地。在市政府驻地罗州街道西南31千米。人口7600。因原有山横卧得名。聚落呈团状。有中小学、幼儿园、卫生院。有缅茄树。通公交车。

安铺镇［Ānpù Zhèn］ 廉江市辖镇。在市境西南部。面积85.5平方千米。人口12.8万。辖14居委会、18村委会,有209自然村。镇人民政府驻长安社区。1961年由胜利公社析设安铺公社。1983年改区。1986年改镇。原街狭窄,店铺阴暗,故名暗铺,清嘉庆二十四年(1819)改今名。九洲江、龙潭河、黄盘河流经。海岸线3.5千米。有中学5所,小学25所,卫生院1个。有古迹文笔塔、玉枢宫、安铺骑楼、地母庙、古炮楼等。农业以水稻、甘蔗、木薯、花生种植为主,有鸡、鸭、猪、牛、对虾、罗非鱼、罗氏沼虾等养殖。工业以木制家具制造、针织服装、食品加工、造纸为主。服务业以餐饮、娱乐产业为主。渝湛高速、县道石安线过境。

长安社区［Cháng'ān Shèqū］ 安铺镇人民政府驻地。在市境西南部。面积0.6平方千米。人口5100。因吉言佳语得名。1999年成立。民居以低层自建楼房为主。有社工、志愿者队伍、社区律师。有印刷厂、贸易市场。通公路。

营仔镇［Yíngzǎi Zhèn］ 廉江市辖镇。在市境西南部。面积228.5平方千米。人口10.6万。辖1居委会、21村委会,有225自然村。镇人民政府驻营圩社区。1957年设营仔乡,后改公社。1983年改区。1986年改镇。原因士兵曾安营于此得名营仔,后成圩,改今名。海岸线17千米。有中学4所,小学23所,卫生院1个,卫生站39个。农业以水稻、番薯、木薯种植为主,有鸭、虾饲养,盛产红橙、龙眼、荔枝等。工业以食品、工艺品、陶瓷加工为主。渝湛高速、325国道过境。

营圩社区［Yíngxū Shèqū］ 营仔镇人民政府驻地。在市境西南部。面积4平方千米。人口8500。因镇名得名。2003年成立。民居以楼房为主。有法律咨询服务。有中小学、卫生院、敬老院。有民俗粤西白戏、赛龙舟。经济以商贸为主。通公交车。

青平镇［Qīngpíng Zhèn］ 廉江市辖镇。在市境西部。面积290平方千米。人口10.7万。辖1居委会、22村委会,有336自然村。镇人民政府驻青平圩。1957年设青平区,后改公社。1983年改区。1986年改镇。因镇政府驻地得名。有矿产资源花岗岩、高岭土等。有中学3所,小学25所,卫生院1个,卫生站27个。农业以甘蔗、花生种植为主,特产红橙。工业以皮革、纺织、塑料、机械、纸制品加工为主,有矿产开采、铸造等。渝湛高速、325国道过境。

青平圩［Qīngpíngxū］ 青平镇人民政府驻地。在市政府驻地罗州街道东北40千米。人口8200。原取盛世太平之意得名昇平,后改名清平,又为书写简便改今名。聚落为团状。有中小学、幼儿园、卫生院。有商品零售业。

车板镇［Chēbǎn Zhèn］ 廉江市辖镇。在市境西北部。面积111平方千米。人口5.4万。辖1居委会、13村委会,有142自然村。镇人民政府驻车板圩。1957年设车板乡。1958年并入上游公社。1959年析设车板公社。1983年改区。1986年改镇。因镇政府驻地得名。名教河、大坝河流经。海岸27千米。有中学2所,小学12所,卫生院1个,卫生站22个。有景点东坡亭、龙头沙渔港等。农业以水稻、花生、甘蔗种植为主,有虾、蟹等养殖。工业以采盐、水产加工、木材加工、建筑为主。县道白车线过境。

车板圩［Chēbǎnxū］ 车板镇人民政府驻地。在市政府驻地罗州街道西南48千米。人口3800。因原村民以牛板车载货出售得名。聚落呈带状。有小学、卫生院。经济以农产品、海产品贸易为主。县道白车线经此。

高桥镇［Gāoqiáo Zhèn］ 廉江市辖镇。在市境西部。面积87平方千米。人口3.2万。辖1居委会、8村委会,有105自然村。镇人民政府位于228国道。1966年成立高桥公社。1983年改区。1986年改乡。1988年改镇。因河上高架木桥得名。横江河、洗米河、高桥河流经。海岸线25千米。有矿产资源石灰石、花岗岩、高岭土、金、银等。有中学1所,小学13所,卫生院1个,卫生站12个。有高桥红树林保护区。农业以水稻、花生、甘蔗种植为主,盛产红橙、荔枝、龙眼。有对虾、膏蟹养殖基地。有木材加工业。渝湛高速、325国道过境。

石岭镇［Shílǐng Zhèn］ 廉江市辖镇。在市境西北部。面积179平方千米。人口11.7万。辖3居委会、24村委会,有326自然村。镇人民政府驻石岭社区。1957年置石岭乡。1958年并入卫星公社。1961年析设石岭公社。1983年改区。1986年改镇。因山岭多花岗岩得名。九洲江流经。有武陵水库。有矿产资源石灰石、瓷土、高岭土等。有中学6所,小学27所,卫生院2个,社区卫生服务站7个,村卫生站23个。有景点白云寺、龙飞古寺、武陵湖岛等。农业以水稻、甘蔗、花生种植为主,盛产红橙、荔枝、龙眼、香蕉等。工业以木材加工业为主。有工业区2个,工业走廊1个。省道遂六线,县道长石、石石线过境。

石岭社区［Shílǐng Shèqū］ 石岭镇人民政府驻地。在市境西北部。面积1.8平方千米。人口8000。因镇名得名。2009年成立。民居以混凝土结构楼房为主,砖瓦结构平房为辅。有社区服务中心、活动室。有小学、卫生站、广播站。通公交车。

雅塘镇［Yǎtáng Zhèn］ 廉江市辖镇。在市境西部。面积76平方千米。人口5万。辖2居委会、11村委会,有151自然村。镇人民政府驻雅塘圩。1961年成立雅塘公社。1983年改区。1986年改镇。因镇政府驻地得名。沙铲河、陀村河流经。有矿产资源石灰石、高岭土等。有中学2所,小学12所,卫生院1个,卫生站22个。有干水县遗址、中共南路特委机关旧址、青塘桥等。农业以水果、甘蔗、水稻、蚕桑、花生种植为主,有鸡、鸭、鹅饲养。工业有制糖、机制砖、食用酒精及木炭加工等。县道石石线过境。

雅塘圩［Yǎtángxū］ 雅塘镇人民政府驻地。在市政府驻地罗州街道西33千米。人口2100。原在瓦仔塘村旁成圩,因始卖花生豆得名瓦仔塘豆圩,后雅化今名。聚落呈带状。有中小学、卫生站。有木材加工业。325国道经此。通公交车。

石颈镇［Shíjǐng Zhèn］ 廉江市辖镇。在市境西北部。面积103.6平方千米。人口5.2万。辖1居委会、14村委会,有121自然村。镇人民政府驻石颈圩。1959年成立石颈公社。1983年改区。1986年改镇。因镇政府驻地得名。大田河、白坭河流经。有中学2所,小学22所,卫生院1个,卫生站14个。农业以茶种植为主,有牲猪、鸡、鸭、鹅等饲养。工业以花岗岩石板加工为主。服务业以餐饮为主。县道外长线过境。

石颈圩［Shíjǐngxū］ 石颈镇人民政府驻地。在市政府驻地罗州街道西北30千米。人口2900。因岭多石且形似瓶颈得名。聚落呈带状。工业以花岗岩板材、胶合板、家具加工为主。服务业以商品批零、餐饮为主。县道外长线经此。通公交车。

长山镇［Chángshān Zhèn］ 廉江市辖镇。在市境西北部。面积138平方千米。人口7.3万。辖1居委会、17村委会,有235自然村。镇人民政府驻长山圩。1957年设长山乡。1958年并入跃进公社。1961年析设长山公社。1983年改区。1986年改镇。因镇政府驻地得名。有山峰亚婆髻嶂、九峰嶂、晒谷嶂、成龙嶂等。长山河流经。有长青水库。有矿产资源花岗岩、高岭土、金银等。有中学2所,小学17所,卫生院1个,卫生站29个。有茗皇茶文化大观园风景区。农业以水稻、茶、红橙种植为主。工业以石板加工为主。县道外长、白青线过境。

长山圩［Chángshānxū］ 长山镇人民政府驻地。在市政府驻地罗州街道西北48千米。人口5800。近有山岭,聚落呈长条状,故名。有中小学、卫生院。农业以茶种植为主。有商品、农产品贸易。

塘蓬镇［Tángpéng Zhèn］ 廉江市辖镇。在市境西北部。面积160平方千米。人口10.2万。辖1居委会、23村委会,有285自然村。镇人民政府驻塘蓬社区。1957年置塘蓬乡。1958年并入跃进公社。1961年析设塘蓬公社。1983年改区。1986年改镇。原名腾龙圩,清代黄肇塘以"肇塘基业蓬勃兴旺"意改今名。有双峰嶂、仙人嶂。鸭乸河流经。有水库11座。有矿产资源花岗岩、金银、瓷土、黏土等。有中学3所,小学23所,卫生院1个,卫生站23个。有上山民族村。有清代石砌城墙遗址。盛产甘蔗。特产生炆猪肉、天然山泉水。工业有花岗岩加工、银矿开采、造纸、松香加工等。省道遂六线过境。

塘蓬社区［Tángpéng Shèqū］ 塘蓬镇人民政府驻地。在市境西北部。面积5平方千米。人口3300。因镇名得名。2009年成立。民居多混凝土结构楼房。有志愿者、法律援助服务。有中小学、幼儿园、卫生院等。经济以商品零售为主。

和寮镇［Héliáo Zhèn］ 廉江市辖镇。在市境北部。面积114.6平方千米。人口5.2万。辖1居委会、15村委会,有145自然村。镇人民政府驻和寮社区。1961年成立和寮公社。1983年改区。1986年改乡。1988年改镇。因初建时用禾草搭建寮房得名。有矿产资源花岗岩、高岭土、铅锌、硫铁等。有中学2所,小学15所,卫生院1所,卫生站15个。有和寮椎木林、蒙埇大嶂2森林公园。农业以水稻、玉米种植为主,有生猪饲养,特产炸子鸡、野生红蘑菇、椎籽米。工业以纺织、复合肥料加工、木材加工为主。横和、和文公路过境。

和寮社区［Héliáo Shèqū］ 和寮镇人民政府驻地。在市境北部。面积1.8平方千米。人口2100。因和寮圩得名。1990年成立。民居多低层楼房。有法律援助服务。有中小学、幼儿园、卫生站、图书馆。经济以商品零售为主。

雷州市

雷州市［Léizhōu Shì］ 广东省直辖县级市,由湛江市代管。北纬20°55′,东经110°05′。在湛江市境东南部。面积3532平方千米。人口180.5万。以汉族为主,还有壮、瑶、黎等民族。辖3街道、18镇。市人民政府驻雷城街道。隋开皇九年(589)置海康县。1959年分设雷南县、雷北县。1960年雷北县更名雷州县。1961年改海康县。1983年属湛江市。1994年改雷州市。因唐贞观八年(634)设雷州得名。先后改造群众大道、广朝路、西湖六横路、雷湖南路、关部前街、西湖公园、三元塔公园,新建新城大道、雷南大道、夏广路、南湖文化广场、雷祖祠文化广场等。以缓平台地为主,部分低丘。地势南高北低,东、西部沿海地区渐向海倾斜。平均海拔119米。有石茆岭、鹰峰岭、仕礼岭。年均气温23℃,1月平均气温15.6℃,7月平均气温28.5℃。年均降水量1711.6毫米。南渡河、通明河、英利河等流经。海岸线406千米。森林覆盖率21.3%。有中专1所,中学37所,小学542所,二级医院4个,体育场馆5个。有全国重点文物保护单位雷祖祠、唐氏墓群,省级文物保护单位三元塔、真武堂、南粤先贤陈瑸故居、南山石桥、莫氏宗祠等13个。有古迹海康学宫、苏公亭、古骑楼街等。有国家级非物质文化遗产雷州歌、雷州石狗,省级非物质文化遗产雷州音乐、沈塘人龙舞、乌石蜈蚣舞。为国家历史文化名城。有乌石天成台度假村、调风九龙山风景区、樟树湾茂德公古城、高山寺等。有特色美食雷州叶搭饼、嘉岭白饼、乌石甜糟、英利烧猪肉等。三次产业比例42∶15∶43。农业以水稻、甘蔗、桉树种植为主,有对虾、海蜇、海蟹、珍珠养殖,盛产菠萝、香蕉、杧果、西瓜等。有国家原产地地域保护产品覃斗杧果、流沙珍珠。有雷州湾、北部湾2渔场。工业以制糖、制盐、发电、农(海)产品加工、木材加工、菠萝罐头加工为主。服务业以通信、物流、商贸为主。粤海铁路,沈海高速、东雷高速,207国道过境。有港口18个。

西湖大道［Xīhú Dàdào］ 在市区中部。东起雷城大道,西至207国道。与群众大道、新城大道等相交。长5.1千米,宽40米。混凝土路面。1975年开工,1977年建成,1986年后多次拓建。因横穿西湖公园得名。为商业文化中心。两侧有天宁寺、市一中、博物馆、西湖公园、市医院等。通公交车。

雷州大道［Léizhōu Dàdào］ 在市区东部。北起城角桥,南至夏江路。与夏广路、西湖大道、镇中西路等相交。长2.1千米,宽30米。沥青路面。20世纪30年代修建迎秀路,1963年扩建中、北段,分别命名前进路、前进一路、前进二路。20世纪70年代合并,更名人民大道。1984年因通往雷州古城更今名。两侧有市委、市政府、外贸大厦、电器商场、城内市场、水果批发市场、伏波祠、雷城古骑楼、关部城隍庙等。通公交车。

工业大道［Gōngyè Dàdào］ 在市区北部。东起夏广路,西至207国道。与霞海路、雷潮快线相交。长7.5千米,宽66米。混凝土路面。1993年开工,1994年建成。因建设时四周拟规划为工业区得名。两侧有中学、市体育馆、雷州客运总站、市第二医院等。通公交车。

群众大道［Qúnzhòng Dàdào］ 在市区中部。南起二桥街,北至西湖大道。与雷潮中路、雷湖南路、雷南大道相交。长2.1千米,宽32米。混凝土路面。1986年开工,1987年建成。因群众集资修建得名。为商业文化中心。两侧有市医院、中小学、幼儿园、雷州电大等。通公交车。

雷州汽车总站［Léizhōu Qìchē Zǒngzhàn］ 见交通运输设施部分"雷州汽车总站"条。

雷城客运站［Léichéng Kèyùnzhàn］ 见交通运输设施部分"雷城客运站"条。

雷城街道［Léichéng Jiēdào］ 雷州市人民政府驻地。在市境东北部。面积3.6平方千米。人口10.8万。以汉族为主,还有黎、壮、苗等民族。2006年设。因处雷州古城得名。先后扩建、改造南门、马草桥2市场。有中学5所,小学6所,三级医院3个,卫生院2个,卫生所11个。有图书馆、博物馆、体育场、文化广场、城市公园等。有省级文物保护单位三元启秀塔、真武堂、夏江天后宫石刻、伏波祠碑刻等。有古迹海康学宫、三元宫、观察第、陈清端公祠、应星书室等。有景点古骑楼街、马跑泉、东坡井等。经济以商品批发、零售为主。通公交车。

新城街道［Xīnchéng Jiēdào］ 属雷州市。在市境东北部。面积5.8平方千米。人口8.4万。2006年设。因处新城区得名。有中学1所,小学5所,卫生所8个。有景点茂德古城、人民公园。经济以商品零售为主。有五星级酒店1个。207国道过境。有雷城客运站。通公交车。

西湖街道［Xīhú Jiēdào］　属雷州市。在市境东北部。面积5.6平方千米。人口7.8万。2006年设。因西湖公园得名。有中学3所,小学1所,卫生所8个。有省级文物保护单位天宁寺石刻。有古迹苏公亭、寇公祠、十贤祠、天宁寺等。工业以建材、粮食加工、制药为主。有雷州客运总站。通公交车。

附城镇［Fùchéng Zhèn］　雷州市辖镇。在市境东北部。面积140平方千米。人口10.1万。辖33村委会,有106自然村。镇人民政府位于霞海路。1961年成立附城公社。1984年改区。1987年改乡。1992年改镇。因毗邻雷州古城得名。东运河、南渡河流经。有中学2所,小学10所,卫生院1个,卫生所28个。有陈瑸纪念馆。有省级文物保护单位超海宫、陈瑸故居、雷祖古庙碑刻、南山石桥、水闸及天妃庙碑刻等。有古迹留山古戏台、靖海宫、百丈桥茶亭、雷祖诞降处、高山城堡等。农业以水稻、玉米种植为主。工业以建筑建材、农产品加工为主,有制砖、粮食加工、饮料加工等。省道塘企线过境。

南田村［Nántiáncūn］　在市政府驻地雷城街道东南6千米。附城镇辖自然村。人口6200。因村南均为田地得名。聚落呈块状。有小学、幼儿园、文化广场等。有省级文物保护单位陈瑸故居。有陈瑸纪念馆。农业以水稻种植为主,有对虾、罗非鱼等养殖。南东公路经此。

白沙镇［Báishā Zhèn］　雷州市辖镇。在市境东北部。面积182平方千米。人口9.6万。辖27村委会,有115自然村。镇人民政府位于雷南大道。1961年成立白沙公社。1984年改区。1987年改乡。1992年改镇。因原为白色沙地得名。南渡河流经。有水库3个。有中学2所,小学7所,卫生院2个,卫生所27个。有幼儿园、文化站、广播站、敬老院等。有全国重点文物保护单位雷祖祠。有省级文物保护单位莫氏宗祠、医灵堂。有古迹山里宫、雷祖公馆、麻扶姑娘歌台等。农业以水稻、花生、甘蔗种植为主,盛产西瓜、香蕉等。工业以粮食、木材加工为主。粤海铁路、沈海高速、207国道、省道塘企线过境。

邦塘村［Bāngtángcūn］　在市政府驻地雷城街道西北6千米。白沙镇辖自然村。人口3500。因处白水塘,取邻邦意得名。聚落呈块状。有小学、幼儿园、卫生站、文化公园等。为中国传统村落。有古民居100余座。盛产黄皮、荔枝、龙眼等。207国道经此。

东岭村［Dōnglǐngcūn］　在市政府驻地雷城街道西南9千米。白沙镇辖自然村。人口3900。因处东边岭得名。聚落呈块状。有小学、幼儿园、卫生站、文化广场、农贸市场等。有省级文物保护单位莫氏宗祠。有古民居20多座。农业以水稻、辣椒、玉米种植为主。沈海高速过境。

沈塘镇［Shěntáng Zhèn］　雷州市辖镇。在市境东北部。面积130平方千米。人口6.7万。辖1居委会、16村委会,有55自然村。镇人民政府位于霞海路。1957年设沈塘乡。1958年并入超美公社。1961年析设沈塘公社。1984年改区。1987年改镇。因靠近沈塘仔旧村址得名。通明河流经。有中学1所,小学4所,卫生院1个,卫生所18个。有幼儿园、文化站、广播站、敬老院等。有省级文物保护单位沈塘窑址群。有古迹大周天后宫。有中共揖花村党支部旧址。有省级非物质文化遗产沈塘人龙舞。农业以蒲草、水稻、花生、甘蔗种植为主。工业以建材、蒲草编织工艺品、粮食加工、造纸为主。粤海铁路、省道塘企线过境。

客路镇［Kèlù Zhèn］　雷州市辖镇。在市境北部。面积318平方千米。人口9.9万。以汉族为主,还有苗、壮、黎等民族。辖2居委会、28村委会,有310自然村。镇人民政府位于艺园一路。1957年设客路乡。1961年改公社。1984年改区。1987年改镇。因客路圩得名。原名发尾圩,后因客商频多改今名。雷州青年运河、南渡河流经。有中学2所,小学12,卫生院1个,卫生所30个。有幼儿园、文化站、广播站、敬老院等。有雷州歌圣黄清雅纪念馆。有景点坡正湾鹭鸟天堂。经济以餐饮、商贸为主。农业以水稻、花生、甘蔗种植为主。工业有建材、木制品、木材切片加工等。沈海高速、207国道过境。

杨家镇［Yángjiā Zhèn］　雷州市辖镇。在市境中部偏北。面积183平方千米。人口8.9万。辖25村委会,有158自然村。镇人民政府位于府前街。1957年置杨家乡。1958年并入跃进公社。1961年析设杨家公社。1984年改区。1987年改乡。1988年改镇。清嘉庆年间(1796—1820)建圩,因原有杨姓店铺得名。南渡河、杜陵河、郎武河流经。有水库11个。有中学1所,小学6所,卫生院1个,卫生所25个。有文化站、广播站、敬老院等。有海康县抗日战争联防区指挥部旧址。有古迹杨家天后宫、惠泽堂、灵岗圣庙碑刻。有特色小食杨家白粑。农业以水稻、番薯、芋头、花生种植为主。有蒲草编织、加工业。省道塘企线过境。

北劳村［Běiláocūn］　在市政府驻地雷城街道西北16千米。杨家镇辖自然村。人口2500。因居北且易涝,取谐音得名。聚落呈块状。有小学、幼儿园、卫生站、文化楼等。为中国传统村落。有古建筑群郎官第、瑞文第、武略第等。农业以水稻、花生种植为主。

唐家镇［Tángjiā Zhèn］　雷州市辖镇。在市境西部。面积199平方千米。人口6.8万。辖2居委会、14村委会,有114自然村。镇人民政府位于镇南街。1957年设唐家乡。1961年改区。1987年改镇。因唐家圩得名。杜陵河流经。有中学1所,小学7所,卫生院1个,卫生所16个。有文化站、广播站、敬老院等。有全国重点文物保护单位唐氏墓群。农业以水稻、甘蔗、西瓜种植为主。工业以制砖、酿酒、木材加工为主。服务业有餐饮、商贸等。省道塘企线过境。

纪家镇［Jìjiā Zhèn］　雷州市辖镇。在市境西北部。面积308平方千米。人口10.8万。辖2居委会、28村委会,有266自然村。镇人民政府位于国防路。1957年设纪家乡。1958年并入跃进公社。1961年析设纪家公社。1984年改区。1987年改镇。因纪姓先居得名。西运河流经。有水库2个。海岸线20千米。有中学2所,小学8所,卫生院1个,卫生所28个。有文化站、广播站、敬老院等。有古迹陈氏宗祠、公益北宋古窑遗址、房高村古墓群、锦盘清代古民居等。农业以水稻、甘蔗、花生种植为主,有白虾、斑节虾、石斑鱼养殖。工业以木材、海产品加工,制砖为主,有制糖、化肥加工、制盐等。省道白流线过境。

企水镇［Qǐshuǐ Zhèn］　雷州市辖镇。在市境西南部。面积102平方千米。人口7.6万。辖1居委会、20村委会,有123自然村。镇人民政府位于中华路。1984年设。古名急水埠,后取谐音改今名。企水河流经。有水库4个。有赤豆寮岛。有中学1所,小学8所,卫生院1个,卫生所21个。有幼儿园、文化站、广播站、敬老院等。有博袍山岗、英楼岭山岗等遗址。农业以对虾养殖为主,兼种水稻、番薯、大蒜。盛产鱿鱼、马鲛鱼。工业有水产品加工、渔业机械制造、造船等。省道塘企线过境。有企水港。

南兴镇［Nánxīng Zhèn］　雷州市辖镇。在市境西南部。面积有135平方千米。人口12.5万。辖1居委会、33村委会,有126自然村。镇人民政府位于人民大道。1957年设南兴乡。1958年并入先锋公社。1961年析设南兴公社。1984年改区。1987年改镇。因置古雷州城之南,众望其兴得名。南渡河、花桥河、松竹河流经。有水库6个。有中学2所,小学9所,卫生院2个,卫生所30个。有幼儿园、文化站、广播站、敬老院等。有革命烈士冯克纪念公园。有古迹帝帅庙、东林古民居建筑群。有民间艺术雷州傩舞。农业以水稻种植为主。工业以粮食、红砖、木材、食品加工为主。207国道、省道南前线过境。

东林村［Dōnglíncūn］　在市政府驻地雷城街道南8千米。南兴镇辖自然村。人口3500。南宋祥兴年间(1278—1279)成村。因处东西洋平原东部,且林姓世居得名。聚落呈块状。有小学、卫生站、文化广场、农贸市场。为中国传统村落。有明代居宅司马第、大夫第、藩佐第等。有青石板巷16条。农业以水稻种植为主。

松竹镇［Sōngzhú Zhèn］　雷州市辖镇。在市境中部。面积68平方千米。人口10万。辖1居委会、16村委会,有94自然村。镇人民政府位于民主路。1957年设松竹乡。1958年并入先锋公社。1979年析设松竹公社。1984年改区。1987年改镇。取松溪、根竹2村名各一字得名。南渡河、松竹河流经。有中学2所,小学9所,卫生院1个,卫生所16个。有幼儿园、文化站、广播站、敬老院等。有三山古庙。有雷州傩舞。农业以水稻种植为主,盛产辣椒、花生、西瓜等。工业以建材、粮食、木地板加工为主。粤海铁路、沈海高速、207国道过境。

调风镇［Tiáofēng Zhèn］　雷州市辖镇。在市境东南部。面积291平方千米。人口6.8万。辖2居委会、18村委会,有122自然村。镇人民政府位于观楼一横路。1957年置调风乡。1958年并入先锋公社。1974年析设调风公社。1984年改区。1987年改镇。因调风圩,取意风调雨顺命名。调风河流经。有国家级沿海红树林保护区。有水库15个。有中学1所,小学6所,卫生院1个,卫生所20个。有幼儿园、文化站、广播站、敬老院、客运站等。有古迹宝林禅寺、诚斋公祠、南天宫、林古风墓。有禄切村、调铭村古民居。有九龙山自然风景区。农业以菠萝、甘蔗、香蕉种植为主,有对虾养殖。工业以制糖、制砖、肥料加工、热带作物加工业为主。省道南前线过境。

禄切村［Lùqiēcūn］　在市政府驻地雷城街道东南27千米。调风镇辖自然村。人口3100。清顺治八年(1651)王姓建村,名六一村,后取谐音改今名。聚落呈块状。有小学、幼儿园、卫生站、文化宫。为省级传统村落。有禄切古民居、诚斋公祠。农业以甘蔗、香蕉、菠萝种植为主,有鱼、鸭、牛、羊饲养。

调铭村［Tiáomíngcūn］　在市政府驻地雷城街道东南21千米。调风镇辖自然村。人口2900。明末丁姓建村。为古越语地名,意为"沟地"。聚落呈块状。有小学、幼儿园、卫生站、公园、文化楼等。为中国传统村落。有古迹万山公祠、如显公祠、刁庵公祠、九层文笔塔等。农业以甘蔗、香蕉、菠萝种植为主。

雷高镇［Léigāo Zhèn］　雷州市辖镇。在市境东部。面积137平方千米。人口6.9万。辖2居委会,20村委会,有130自然村。镇人民政府位于雷南大道。1957年置雷高乡。1958年并入先锋公社。1979年析设雷高公社。1984年改区。1987年改镇。因雷、高2姓始居得名。雷高河、南渡河、花桥河流经。有中学1

所,小学7所,卫生院1个,卫生所20个。有幼儿园、文化站、广播站、敬老院等。有海康县扶柳村抗日革命旧址。农业以甘蔗、水稻、菠萝、香蕉、茶种植为主,有对虾、花甲螺、海蟹等养殖。工业以制糖,茶叶、农水产品加工为主。省道南前线过境。

东里镇 [Dōnglǐ Zhèn] 雷州市辖镇。在市境东部。面积136平方千米。人口9.8万。辖2居委会、20村委会,有197自然村。镇人民政府位于东华路。1957年置东里乡。1958年并入先锋公社。1961年析设东里公社。1984年改区。1987年改镇。原因与东海岛隔海相望得名东海仔,后因临近雷城,方言"里"作"近"字解,改今名。有矿产资源锆英石、金红石、钛铁等。海岸线42千米。有中学2所,小学9所,卫生院1个,卫生所21个。有幼儿园、文化站、广播站、敬老院等。有东里农会旧址。农业以番薯、水稻、甘蔗、花生、芋头种植为主,有对虾、鱿鱼、膏蟹、海蜇等养殖。工业以海产品加工、矿产采掘、风力发电为主。县道南门市场—白岭线过境。有渔港3个。

龙门镇 [Lóngmén Zhèn] 雷州市辖镇。在市境中部偏南。面积368平方千米。人口9.1万。辖4居委会、21村委会,有145自然村。镇人民政府位于人民大道。1957年设龙门乡。1961年改区。1987年改镇。清宣统元年(1909)建圩,因大溪似龙且有龙潭,拱形石桥得名。龙门河流经。有中学3所,小学14所,二级医院1个,卫生院2个,卫生所27个。有幼儿园、文化站、广播站、敬老院等。有古迹平湖天后宫、妈祖庙、清代古井、老农民茂德公故居、昌公书局、足荣大观园等。有中国传统古村落潮溪村。农业以西瓜、甘蔗、菠萝、水稻、香蕉种植为主。工业以制糖、农产品加工为主,有机械、造纸等。粤海铁路、沈海高速、207国道等过境。

潮溪村 [Cháoxīcūn] 在市政府驻地雷城街道西南22千米。龙门镇辖自然村。人口2600。因三面环溪,时潮涨潮落得名。聚落呈块状。有小学、幼儿园、卫生站、文化楼、文化广场。为中国传统村落、广东省历史文化名村。有妈祖庙、清代古民居。农业以水稻、甘蔗种植为主。粤海铁路、207国道过境。

英利镇 [Yīnglì Zhèn] 雷州市辖镇。在市境西南部。面积235平方千米。人口8.3万。以汉族为主,还有黎、苗、壮等民族。辖1居委会、28村委会,有159自然村。镇人民政府位于新建路。1957年设英利乡。1958年成立东方红公社。1974年改英利公社。1984年改区。1987年改镇。因原明英利驿城得名。英利河流经。有中学3所,小学7所,卫生院3个,卫生所31个。有文化站、广播站等。有英利博物馆。有古迹冼夫人庙、田头天后宫、李德美墓等。有英典北遗址群、兰园岭遗址、刚直公祠碉楼等。有景点古火山鹰峰岭。有特色美食英利烧猪。农业以菠萝、剑麻、水稻、甘蔗种植为主。工业以水果、剑麻加工业为主。粤海铁路、沈海高速、207国道过境。

青桐村 [Qīngtóngcūn] 在市政府驻地雷城街道东南38千米。英利镇辖自然村。人口3100。清乾隆四十年(1775)建村,因青山绵亘、桐树参差得名。聚落呈块状。有鹰峰岭。有小学、幼儿园、卫生站、文化楼等。为中国传统村落。有清代祠堂建筑群、连片古民居、石板古巷。有古迹吴氏宗祠。农业以香蕉、甘蔗种植为主。英利—青铜公路经此。

北和镇 [Běihé Zhèn] 雷州市辖镇。在市境西部。面积196平方千米。人口9.5万。辖3居委会、28村委会,有105自然村。镇人民政府位于德政路。1957年设北和乡。1961年改区。1987年改镇。取意南兴北和得名。龙门河流经。有中学1所,小学8所,卫生院1个,卫生所31个。有文化站、广播站等。有广东省包产到户第一村潭葛村。农业以甘蔗、水稻、菠萝种植为主,盛产对虾、青蟹、珍珠等。工业以制盐、建筑、木料及农副产品加工为主。省道白流线过境。

覃斗镇 [Tándǒu Zhèn] 雷州市辖镇。在市境西南部。面积111平方千米。人口6.7万。辖1居委会、19村委会,有68自然村。镇人民政府位于海珠路。1957年设覃斗乡,后改公社。1984年改区。1987年改乡。1988年改镇。因原覃斗村得名。有中学1所,小学7所,卫生院2个,卫生所20个。有文化站、广播站、敬老院等。盛产甘蔗、西瓜等。有国家原产地地域保护产品覃斗杧果、流沙珍珠。工业以珍珠、海产品加工为主。省道白流线过境。有流沙港。

流沙村 [Liúshācūn] 在市政府驻地雷城街道西南55千米。覃斗镇辖自然村。人口6200。因处流沙滩得名。聚落呈团状。有小学、幼儿园、卫生站、文化广场。为珍珠养殖专业村。有广东省最大珍珠养殖基地。省道白流线经此。

乌石镇 [Wūshí Zhèn] 雷州市辖镇。在市境西南部。面积126平方千米。人口9.2万。辖2居委会、25村委会,有196自然村。镇人民政府位于镇海街。1957年设乌石乡。1964年改镇,后改公社。1984年复镇。因多黑色岩石得名。海岸线28千米。有中学1所,小学9所,卫生院1个,卫生所27个。有文化站、广播站等。有古迹法令宫、天后宫。有省级非物质文化遗产蜈蚣舞。有传统民间艺术木偶戏。有特色美食乌石甜糟。有国家3A级旅游景区天成台度假村。经济以渔业为主。农业以水稻、尖椒种植为主,盛产红鱼、黄花鱼、石斑鱼等。工业以水产冷藏、综合加工为主。有乌石港。省道白流线过境。

吴川市

吴川市 [Wúchuān Shì] 广东省直辖县级市,由湛江市代管。北纬21°28′,东经110°46′。在湛江市境东北部。面积849平方千米。人口119万。以汉族为主,还有壮族等。辖5街道、10镇。人民政府驻梅菉街道。宋元嘉年间(424—453)置平定县。隋开皇九年(589)改吴川县。先后属罗州、辩州、化州、高州府、高雷道、第七行政督察区、第八行政督察区、南路专区、高雷专区。1952年与梅茂县合设吴梅县,属粤西行政区。1953年复吴川县。1956年属湛江专区。1959年与化县合置化州县。1961年复。1983年属湛江市。1994年撤县改市,由湛江市代管。因有吴家地,纳三川之水,故名。地势北高南低,东部台地,南部平原。平均海拔20.2米。年均气温22.9℃,1月平均气温15.1℃,7月平均气温28.6℃。年均降水量1644.5毫米。鉴江、袂花江、三丫江流经。有矿产资源钛、石墨、玻璃沙等。森林覆盖率27%。有中学44所,职中7所,九年一贯制学校4所,小学296所,特教学校1所,教师进修学校1所,幼儿园115所,二级医院3个,敬老院32个,福利院1个,光荣院1个。有国家级非物质文化遗产吴川粤剧南派艺术、吴川飘色,省级非物质文化遗产吴川泥塑。有吉兆湾省级旅游度假区。有景点极浦亭、读书楼、圣殿(学宫)、双峰塔等。三次产业比例30∶31∶39。农业以水稻、花生、甘蔗种植为主,盛产香蕉、茶叶等。工业以纺织、化工、农机制造为主。沈海、汕湛高速,325国道,省道塘企、廉坡线过境。

解放路 [Jiěfàng Lù] 在市区中部。东起杨新公路,南至马塘公路。与新建路、新城西路、人民东路等相交。长1.8千米,宽30米。混凝土路面。1949年开工,同年建成,1984年拓建,2002年改造。为庆祝吴川解放得名。两侧有吴川医院、中学、烈士陵园、汽车总站等。通公交车。

海港大道 [Hǎigǎng Dàdào] 在市区南部。南起人民东路,北至九头井村道。与人民西路、解放路等相交。长2千米,宽50米。混凝土路面。2003年开工,2004年铺建北段,2005年建成。因连接城区与博茂港得名。两侧有中小学、市法院等。通公交车。

广沿路 [Guǎngyán Lù] 在市区西部。东起沿江路,西至解放路。与人民西路相交。长0.9千米,宽30米。混凝土路面。1994年开工,1998年建成。连接旧广湛线与沿江路,故名。两侧均为商铺,有市环保局、供电所、加油站、宾馆等。通公交车。

梅东路 [Méidōng Lù] 在市区东部。南起人民路,北至祖庙路。与新城路、振兴路、人民东路相交。长2千米,宽20米。混凝土路面。1988年开工,1996年建成。因处梅菉街道东部得名。两侧有成龙小学、住宅区等。通公交车。

东风路 [Dōngfēng Lù] 在市区东部。北起山脚桥头,南至人民路。与新兴路、振兴路、新城路相交。长2千米,宽30米。混凝土路面。1962年建碎石路面,1997年扩建,1998年建成。因处城区东部,寓意一帆风顺得名。两侧有城建小学、斧头岭市场、住宅区等。通公交车。

梅菉桥 [Méilù Qiáo] 在城区北部。长90米,宽9.6米,最大跨度8米,桥下净高10米。1961年开工,1962年建成。因原梅菉镇得名。为小型河道桥梁,结构型式为钢筋混凝土拱形筒支梁桥。最大载重100吨。通公交车。

公子渡大桥 [Gōngzǐdù Dàqiáo] 在城区西南部。长407.9米,宽10米,最大跨度30米,桥下净高8米。1976年开工,1978年建成。因跨公子渡河得名。为中型河道桥梁,结构型式为钢筋混凝土桁架拱桥。最大载重20吨。

吴川汽车运输总站 [Wúchuān Qìchē Yùnshū Zǒngzhàn] 见交通运输设施部分"吴川汽车运输总站"条。

梅菉街道 [Méilù Jiēdào] 吴川市人民政府驻地。在市境中部。面积13平方千米。人口14万。2002年设。先后修建解放路、新建路、人民东路等。清末《梅菉志》载:"本梅姓、陆姓创始,故曰梅陆圩。亦曰梅禄、梅绿、梅菉,又更菉为麓。"鉴江、袂花江、梅江、三江流经。有中学5所,小学7所,二级医院3个,卫生院5个,卫生站18个。有体育馆、图书馆、文化馆等。有古迹梅菉祖庙、天后宫、育婴堂、梅菉窑业工会旧址等。农业以水稻、花生种植为主。工业有玻璃加工、酿酒、彩印等。325国道,广湛、梅化公路过境。通公交车。

塘尾街道 [Tángwěi Jiēdào] 属吴川市。在市境南部。面积22.2平方千米。人口4万。2002年设。先后改造人民西路、中心街等。因塘尾村得名。明中期建村,处大池塘尾。鉴江、塘尾分洪河流经。有中学3所,小学14个,卫生院2个,卫生站7个。农业以水稻、花生、番薯种植为主。工业以羽绒、网业、塑料加工为主。325国道、省道塘企线过境,通公交车。

大山江街道 [Dàshānjiāng Jiēdào] 属吴川市。在市境东南部。面积22.5平方千米。

人口2.7万。2002年设。先后建设中心街，绿化交通路口。因近大山江塘得名。袂花江流经。南濒南海。有中学1所，小学8所，卫生院1个，卫生站6个。有市福利院、救助站。工业以机械制造、塑料加工、制鞋为主。325国道过境。通公交车。

博铺街道［Bópù Jiēdào］　属吴川市。在市境东南部。面积8.6平方千米。人口1.5万。2002年设。原名畔博，后因方言畔、铺音近而改今名。袂花江、小东江流经。有中学1所，小学3所，卫生站6个。有古迹茂山书院、香山古庙。农业以生态农业为主，有水鱼苗孵化业。工业以塑料鞋业为主。通公交车。

海滨街道［Hǎibīn Jiēdào］　属吴川市。在市境南部。面积21平方千米。人口3.4万。1997年设。因临南海得名。袂花江分洪河、塘尾分洪河流经。有中学3所，小学7所，卫生院1个，卫生站5个。农业以蔬菜种植为主。工业以食品、羽绒服加工为主。服务业以房地产业、餐饮为主。325国道过境。通公交车。

浅水镇［Qiǎnshuǐ Zhèn］　吴川市辖镇。在市境东北部。面积78平方千米。人口3.9万。辖1居委会、7村委会，有97自然村。镇人民政府驻前进社区。1961年成立前进公社。1969年改浅水公社。1983年改区。1987年改镇。因镇政府驻地近三丫江水浅河段，故名。小东江支流流经。有中学1所，小学18所，卫生院1个，卫生站8个。有清代状元林绍棠墓、彭玉将军墓。农业以水稻、甘蔗、蔬菜种植为主。工业以红砖、皮革、藿草油加工为主。茂湛铁路、沈海高速过境。

前进社区［Qiánjìn Shèqū］　浅水镇人民政府驻地。在市境北部。面积2平方千米。人口2900。因吉言佳语得名。2001年成立。民居以低层楼房为主。有居家养老服务站、儿童之家、妇女之家、家长学校和志愿者服务队伍，并请专业律师为居民进行法律咨询。有中小学、幼儿园、卫生站。有县道横龙线经此。通公交车。

长岐镇［Chángqí Zhèn］　吴川市辖镇。在市境北部。面积60平方千米。人口8万。辖1居委会、14村委会，有80自然村。镇人民政府驻长岐圩。1958年成立长岐公社。1983年改区。1987年改镇。因镇政府驻地得名。鉴江流经。有中学3所，小学28所，卫生院1个，卫生站15个。有梧山岭贝丘遗址。农业以水稻、花生、番薯种植为主，特产番薯。工业有电珠、羽绒、麻绳加工等。茂湛铁路、蓬吴公路过境。

长岐圩［Chángqíxū］　长岐镇人民政府驻地。在市政府驻地梅菉街道北12千米。人口3000。宋淳熙年间(1174—1189)始建，因原为长岐村得名。聚落呈带状。有卫生院、便民服务站、农贸市场。农业以水稻、花生、番薯种植为主。蓬吴公路经此。

覃巴镇［Tánbā Zhèn］　吴川市辖镇。在市境东南部。面积77平方千米。人口8.5万。辖15村委会，有132自然村。镇人民政府驻覃巴圩。1959年成立覃巴公社。1983年改区。1987年改镇。因镇政府驻地得名。袂花江流经。南濒南海。有中学5所，小学25所，卫生院1个，卫生站15个。有吉兆湾省级旅游度假区。农业以西瓜、香蕉、龙眼种植为主，有龙虾、大白虾、马鲛等养殖。工业以家用电器制造、针织棉纺、酿酒为主。325国道过境。

覃巴圩［Tánbāwéi］　覃巴镇人民政府驻地。在市政府驻地梅菉街道东南9千米。人口1700。为古越语地名，意为山塘。聚落呈块状。有中小学、卫生院、文化广场、灯光篮球场。工业以电器制造、酿酒、手套加工为主。服务业以商贸为主。325国道经此。

吉兆村［Jízhàocūn］　在市政府驻地梅菉街道东南11千米。覃巴镇辖自然村。人口4000。元至正年间(1341—1367)杨姓始建，因寓征兆吉祥得名。聚落呈块状。有小学、卫生站、文化中心。有吉兆湾省级旅游度假区。农业以水稻、花生种植为主，盛产柑、橙、龙眼。工业有造纸、石材开采、胶丝加工等。通乡村道路。

王村港镇［Wángcūngǎng Zhèn］　吴川市辖镇。在市境东南部。面积26平方千米。人口2.9万。辖1居委会、5村委会，有40自然村。镇人民政府驻新港社区。1961年成立王村港公社。1983年改区。1987年改镇。明代王姓迁此设村建港，故名。有中学1所，小学3所，卫生院1个，卫生站6个。有鼎龙旅游度假村。农业以花生、番薯、甘蔗种植为主，有虾等养殖。有猪苗育种场。工业以葵制品加工为主。县道那贞—新梅、六角坎—王村港线过境。

新港社区［Xīngǎng Shèqū］　王村港镇人民政府驻地。在市境西北部。面积3平方千米。人口3900。为镇新成立社区，故名。2002年成立。民居以低层楼房为主。有居家养老服务站、儿童之家、妇女之家、家长学校和志愿者服务队伍，并请专业律师为居民进行法律咨询。有中小学、幼儿园、卫生站。县道那贞—新梅、六角坎—王村港线经此。

振文镇［Zhènwén Zhèn］　吴川市辖镇。在市境西南部。面积58平方千米。人口13.6万。辖1居委会、16村委会，有204自然村。镇人民政府驻振城社区。1958年成立灯塔公社。1961年改振文公社。1983年改区。1987年改镇。因振文圩得名。鉴江流经。有中学5所，小学36所，卫生院1个，卫生站17个。农业以水稻、番薯、花生种植为主。工业以橡胶再生、废旧金属回收、羽绒制品加工、酿酒、木器加工为主。县道梅录—塘缀线过境。

振城社区［Zhènchéng Shèqū］　振文镇人民政府驻地。在市境西部。面积1平方千米。人口4200。因处镇区得名。1999年成立。有中小学、幼儿园、卫生院、卫生站。县道梅录—塘缀线经此。

樟铺镇［Zhāngpù Zhèn］　吴川市辖镇。在市境西北部。面积53平方千米。人口6.6万。辖10村委会，有96自然村。镇人民政府驻樟铺圩。1975年成立樟铺公社。1983年改区。1987年改镇。因镇政府驻地得名。鉴江流经。有中学3所，小学23所，卫生院1个，卫生站10个。农业以水稻、花生种植为准，有猪、鱼苗等饲养。有孵化鸡苗场。工业以再生棉、羽绒加工，木制家具、建筑构件制造为主。县道沙洲村—塘口线过境。

樟铺圩［Zhāngpùxū］　樟铺镇人民政府驻地。在市政府驻地梅菉街道西北8千米。人口1700。1951年由樟木、山口2村兴建圩集，故名。聚落呈块状。有中小学、卫生院。工业有电器制造、酿酒、手套加工等。县道沙洲村—塘口线经此。

吴阳镇［Wúyáng Zhèn］　吴川市辖镇。在市境中部偏南。面积82平方千米。人口10.4万。辖4居委会、15村委会，有140自然村。镇人民政府驻街道社区。1958年成立海燕公社。1959年改吴阳公社。1983年改区。1987年改镇。因为古吴川县治，在鉴水之北，故名。鉴江流经。有中学6所，小学27所，卫生院1个，卫生站19个。有古迹极浦亭、圣殿(学宫)、双峰塔、状元坊等。为中国历史文化名镇。农业以水稻、香蕉种植为主，有对虾等养殖。有养鸡场。工业有食品、木材、网具加工。325国道过境。

街道社区［Jiēdào Shèqū］　吴阳镇人民政府驻地。在市境西南部。面积2平方千米。人口6000。因多街路得名。1999年成立。民居以低层楼房为主。有便民服务站。有中学、卫生站。有古迹中山纪念堂、学宫、极浦亭等。通公交车。

芝蔼村［Zhī'ǎicūn］　在市政府驻地梅菉街道西南12千米。吴阳镇辖自然村。人口1400。明万历年间(1573—1619)林芝蔼建村，故名。聚落呈带状。有村口牌坊、文化中心、公园。农业以种植水稻、花生、番薯为主。2002年被评为全国文明村。

塘㙍镇［Tángzhuì Zhèn］　吴川市辖镇。在市境西部。面积170平方千米。人口14.6万。辖2居委会、25村委会，有291自然村。镇人民政府驻塘溪社区。1958年成立塘㙍公社。1983年改区。1987年改镇。2003年板桥镇并入。因沿塘㙍河建房得名。有中学12所，小学86所，卫生院1个，卫生站27个。农业以水稻、花生种植为主。工业以糖酒机械设备制造为主。茂湛铁路、沈海高速、省道廉坡线过境。

塘溪社区［Tángxī Shèqū］　塘㙍镇人民政府驻地。在市境西部。面积0.5平方千米。人口6900。因原溪流、洼塘遍布得名。1992年成立。民居多为现代商住楼房。有便民服务站。有中小学、卫生院。有糖酒设备厂。通公路。

黄坡镇［Huángpō Zhèn］　吴川市辖镇。在市境西南部。面积153平方千米。人口17.4万。辖1居委会、19村委会，有239自然村。镇人民政府驻唐禄村。1958年成立黄坡公社。1983年改区。1985年改镇。因黄姓败海盗，地方安宁成集得名。鉴江流经。有中学8所，小学61所，卫生院2个，卫生站30个。有幼儿园、体育馆等。有晚清大臣、学者陈兰彬，国民政府高级官员李汉魂故居。工业以机械制造、酿酒、水泥加工、制衣、制革、工艺礼品加工为主。325国道、省道塘企线过境。

唐禄村［Tánglùcūn］　黄坡镇人民政府驻地。在市政府驻地梅菉街道西南22千米。人口4200。因唐代先人曾为官食俸禄，以谐音得名。聚落呈团状。有小学、卫生所、文化楼。农业主种水稻、番薯、花生。省道塘企线经此。

兰石镇［Lánshí Zhèn］　吴川市辖镇。在市境东北部。面积32平方千米。人口4.1万。辖7村委会，有44自然村。镇人民政府位于兰新街。1961年成立兰石公社。1983年改区。1987年改镇。因"地皆紫石，兰生其上"得名。袂花江、小东江流经。有中学2所，小学9所，卫生院1个，卫生站7个。有兰石文化公园、百官山文化中心。有古迹梁氏宗祠、杨氏宗祠。农业以淡水养殖为主，盛产鲶鱼、罗非鱼等。工业以建筑为主。省道高坡—龙田线、梅兰公路过境。

遂　溪　县

遂溪县［Suìxī Xiàn］　湛江市辖县。北纬21°23′，东经110°15′。在市境中部。面积2149平方千米。人口108万。以汉族为主，还有壮、瑶、苗等民族。辖15镇。县人民政府驻遂城镇。唐天宝元年(742)以铁杷、椹川2县改置遂溪县，以"溪水合流，民利遂之"得名。宋开宝五年(972)省入海康县。南宋绍兴十九年(1149)复置。先后属雷州路、雷州府、高雷道、第八行政督察区、第九行政督察区、南路专区、高雷专区、粤西行政区、湛江专区。1959年并入雷北县(1960年改雷州县)。1961年复置遂溪县。1983年属湛江市。南部为工业、商业区，北部为生态保护区。位于雷州半岛北部，多丘陵、低台地。平均海拔15米。有螺岗岭、笔架岭、乌蛇岭。年均气温22.8℃，1月平均气温15.1℃，7月平均气温28.5℃。年均降水量1678.4毫米。遂溪河、城月河、雷州青年运河流经。有矿产资源高岭土、泥炭土、石英石、瓷土、玄武岩等。有国家级湛江红树林自然保护区。森林覆盖率28%。有高校1所，中等职业学校5所，中学44所，小学287所，二级医院2个。有省级文物保护单位遂溪团练总部旧址、遂溪人民抗法纪念碑、南宋雷州知路庐陵周公墓。有古迹乐民珍珠城、苏二村古民居、鲤鱼墩贝丘遗址等。有地方民俗遂溪醒狮、游神赛会。三次产业比例37∶28∶35。农业以水稻、甘蔗、花生种植为主。西临北部湾，有多个渔港。特产鱼翅、鳝肚、沙虫等。工业以制糖为主，有化肥加工、水泥加工、酿酒、制陶制瓷、建材等。服务业以批发零售、旅游、房地产业为主。黎湛、粤海铁路，茂湛高速，207、325国道过境。

遂溪站［Suìxī Zhàn］ 见交通运输设施部分"遂溪站"条。

遂溪县汽车总站［Suìxī Xiàn Qìchē Zǒngzhàn］ 见交通运输设施部分"遂溪县汽车总站"条。

遂城镇［Suìchéng Zhèn］ 遂溪县人民政府驻地。在县境东北部。面积265平方千米。人口22.3万。辖14居委会、32村委会，有279自然村。镇人民政府驻城内村。1957年置遂城镇。1958年改公社。1983年复镇。2002年附城、城西2乡并入。因处遂溪古城得名。东海河流经。有高校1所，职业技术学校1所，中学14所，小学52所，幼儿园111所，二级医院2个，卫生院1个。有图书馆、文化馆、文化站。有遂城烈士公园、孔子文化城等。农业以甘蔗、水稻、花生、香蕉种植为主，特产牛大力、火龙果。工业以食品加工、制药、机械为主。服务业以批发零售、旅游、房地产业、物流为主。黎湛、粤海铁路，207、325国道过境。

建设路［Jiànshè Lù］ 在县城东部。东起遂海路，西至西城街。与新风路、人民路等相交。长1.7千米，宽8—22米。混凝土路面。1988年开工，1991年建成。分东、西2段。两侧有中小学、民政局等。通公交车。

城内村［Chéngnèicūn］ 遂城镇人民政府驻地。在镇境西部。人口3000。因古城中心得名。聚落呈块状。有小学。有古迹护国寺、三元寺。有游神习俗。经济以零售批发、物流业为主。

黄略镇［Huánglüè Zhèn］ 遂溪县辖镇。在县境东北部。面积149平方千米。人口10.9万。辖25村委会，有157自然村。镇人民政府驻塘东村。1957年置黄略乡。1958年并入钢铁公社。1959年析设黄略公社。1983年改乡。1986年改镇。因镇政府原驻地黄略村得名。遂溪河、文车河、东海河流经。有矿产资源石英、高岭土等。有中学4所，小学29所，卫生院1个，卫生所33个。有幼儿园、文化站、广播站、敬老院等。有省级文物保护单位抗法团练总部旧址、遂溪人民抗法纪念碑。有醒狮艺术团。农业以水稻、红薯、马铃薯种植为主，有虾、蟹等养殖。工业以建材、制糖、化肥加工为主。服务业以批发零售、旅游、物流为主。黎湛、粤海、茂湛铁路，沈海、兰海高速，325国道过境。有平石门头港、南坡码头。

塘东村［Tángdōngcūn］ 黄略镇人民政府驻地。在县政府驻地遂城镇东北15千米。人口500。原为塘口村，后以祠堂为界分东、西2村，此地因居东得名。聚落呈块状。有小学、文化楼。农业以水稻、花生种植为主。黎湛铁路经此。

洋青镇［Yángqīng Zhèn］ 遂溪县辖镇。在县境中部偏北。面积160平方千米。人口8.6万。辖1居委会、40村委会，有172自然村。镇人民政府驻洋青圩。1957年设洋青乡。1958年改公社。1983年改区。1986年改镇。因镇政府驻地得名。车路头河、百桔河、雷州青年运河流经。有中学3所，小学28所，卫生院2个。有文化站、广播站、戏楼、篮球场、敬老院。有古迹宋氏祖祠。农业以水稻、花生、甘蔗种植为主。工业以制糖、造纸、建材为主。服务业以批发零售为主。兰海高速，省道平杨、白流线经此。

洋青圩［Yángqīngxū］ 洋青镇人民政府驻地。在县政府驻地遂城镇西南13千米。人口2400。清康熙年间(1662—1722)成圩，初以杨姓取名杨称圩，后谐音改今名。聚落呈块状。雷州青年运河经此。有中小学、卫生院等。经济以商贸业为主。农业以水稻、甘蔗、花生种植为主。县道南洋线经此。

界炮镇［Jièpào Zhèn］ 遂溪县辖镇。在县境西北部。面积133平方千米。人口8.2万。辖1居委会、20村委会，有188自然村。镇人民政府驻界炮圩。1957年设界炮乡。1958年改东风公社。1962年更名炮界公社。1983年改区。1986年改镇。2003年北潭镇并入。因镇政府驻地得名。西海河流经。有中学2所，小学22所，卫生院1个，卫生所24个。有幼儿园、文化站、敬老院、篮球场等。有扇沙县遗址、老马村起义旧址、西北区民主政府山家新村旧址等。农业以水稻、番薯、甘蔗种植为主，盛产牡蛎。工业以水泥、农药、海肥加工为主。服务业以批发零售、旅游为主。325国道、省道白流线过境。有北潭港。

界炮圩［Jièpàoxū］ 界炮镇人民政府驻地。在县政府驻地遂城镇西北30千米。人口800。古有炮台，且处市境交界处，故名。聚落呈块状。有中小学、幼儿园、卫生院等。农业以水稻、甘蔗、花生种植为主。省道白流线经此。

杨柑镇［Yánggān Zhèn］ 遂溪县辖镇。在县境西北部。面积245平方千米。人口10.2万。辖2居委会、26村委会，有256条自然村。镇人民政府驻杨柑圩。1957年设杨柑乡。1958年并入界炮公社。1959年析设杨柑公社。1983年改区。1986年改镇。因镇政府驻地得名。有中学4所，小学27所，卫生院1个。有幼儿园、文化站、广播站等。农业以甘蔗、水稻、番薯种植为主，盛产红心火龙果。工业以制糖、家具制造、建筑为主。服务业以批发零售、旅游业为主。省道白流、平杨线过境。

杨柑圩［Yánggānxū］ 杨柑镇人民政府驻地。在县政府驻地遂城镇西北46千米。人口500。因原有杨柑林得名。聚落呈块状。有中小学、幼儿园、卫生院、集贸市场等。经济以商品零售为主。省道白流线经此。

城月镇［Chéngyuè Zhèn］ 遂溪县辖镇。在县境南部。面积237平方千米。人口12.6万。辖3居委会、22村委会，有162自然村。镇人民政府驻城月圩。1957年设城月乡。1958年改金星公社，旋更名城月公社。1961年改区。1986年改镇。因镇政府驻地得名。城月河流经。有中学3所，小学27所，文化艺术学校1所，卫生院1个，卫生站34个。有幼儿园、文化站、文化室、敬老院等。有实荣堡遗址。有景点吴村农家乐、流牛滩。农业以水稻、甘蔗种植为主，有牛、猪等养殖。工业以制糖、制衣、木制品加工为主。服务业以批发零售、物流为主。粤海铁路、沈海高速、207国道过境。

城月圩［Chéngyuèxū］ 城月镇人民政府驻地。在县政府驻地遂城镇西南28千米。人口2万。宋初商旅云集成圩，因田地似城郭弯月得名。聚落呈块状。城月河流经。有中小学、幼儿园、卫生院、集贸市场等。207国道经此。

乌塘镇［Wūtáng Zhèn］ 遂溪县辖镇。在县境中部偏南。面积73平方千米。人口2.1万。辖34村委会，有48自然村。镇人民政府驻乌塘圩。1957年设乌泥塘乡。1961年改乌塘公社。1983年改区。1986年改镇。因镇政府驻地得名。湛川溪、安贡溪流经。有中学1所，小学5所，卫生院1个，卫生站5个。有文化活动中心、敬老院等。农业以甘蔗、水稻、辣椒种植为主，盛产藿香、金钱草、穿心莲等药材。工业以南药、木薯、中药材、木材加工为主。服务业以批发零售、餐饮、物流为主。县道建石线过境。

乌塘圩［Wūtángxū］ 乌塘镇人民政府驻地。在县政府驻地遂城镇西南28千米。人口1100。原因池塘泥土乌黑得名黑坭塘圩，1961年改现名。聚落呈带状。有中小学、幼儿园、卫生院等。盛产甘蔗。县道建石线经此。

建新镇［Jiànxīn Zhèn］ 遂溪县辖镇。在县境东南部。面积51平方千米。人口2.7万。辖28村委会，有34自然村。镇人民政府驻三合棚村。1968年由建新国营农场改公社。1983年改区。1986年改镇。沿用原农场名。嘉埠河、卜巢河流经。有中学1所，小学10所，卫生院1个，卫生所5个。有文化中心、广播电视站等。有卜巢山抗日中队旧址。有古迹乌王古庙、洪周氏节孝坊牌坊等。农业以水稻、甘蔗、香蕉种植为主，盛产荔枝、蒲草。工业有环保砖、石料、粮油、电子加工等。服务业以批发零售、餐饮、物流为主。粤海铁路、沈海高速过境。

三合棚村［Sānhépéngcūn］ 建新镇人民政府驻地。在县政府驻地遂城镇东南36千米。人口1300。因3塘水汇流得名。聚落呈块状。有小学、文化广场。农业主种甘蔗、水稻。

苏二村［Sū'èrcūn］ 在县政府驻地遂城镇东南28千米。建新镇辖自然村。人口2300。原名荔枝村，后为纪念苏东坡二至此吃荔枝改今名。聚落呈块状。有小学、文化楼、篮球场。为中国传统村落、中国历史文化名村。有古民居53座。有古迹苏二拦河大宅、黄氏宗祠、灵岗庙、千年古井等。农业以水稻、甘蔗、花生种植为主。粤海铁路经此。

岭北镇［Lǐngběi Zhèn］ 遂溪县辖镇。在县境中部偏东。面积110平方千米。人口3万。辖7村委会，有50自然村。镇人民政府驻岭北圩。1957年设岭北乡。1958年并入金星公社。1961年析设岭北公社。1983年改区。1986年改镇。因镇政府驻地得名。有笔架岭、城里岭、螺岗岭。有中学1所，小学2所，卫生院1个，卫生站7个。有幼儿园、文化站等。有省级文物保护单位千年牛车路、庐陵周公墓、陈式桓烈士墓、笔架岭阵亡烈士墓等。农业以甘蔗、水稻、番薯种植为主。工业以制糖、木制品加工、包装为主。服务业以批发零售、旅游、房地产业为主。湛徐高速、207国道、省道平杨线过境。

岭北圩［Lǐngběixū］ 岭北镇人民政府驻地。在县政府驻地遂城镇西南15千米。人口900。因处城里岭北麓得名。聚落呈块状。有中小学、幼儿园、卫生院等。农业以水稻、甘蔗、花生种植为主。省道平杨线经此。

调丰村［Tiáofēngcūn］ 在县政府驻地遂城镇西南19千米。岭北镇辖自然村。人口4000。因期望风调雨顺、丰衣足食得名。始建于宋代。聚落呈块状。有小学、文化楼、图书室、文化活动中心、卫生站。为中国传统村落。有省级文物保护单位庐陵周公墓。农业以水稻、甘蔗种植为主。

北坡镇［Běipō Zhèn］ 遂溪县辖镇。在县境西南部。面积164平方千米。人口5.6万。辖2居委会、15村委会，有147自然村。镇人民政府驻北坡圩。1957年设北坡乡。1958年改红星公社。1961年更名北坡公社。1983年改区。1986年改镇。因镇政府驻地得名。三合河、南渡河、雷州青年运河流经。有中学3所，小学19所，卫生院1个，卫生站25个。有幼儿园、文化中心、广播电视站等。有游鱼风俗。农业以水稻、番薯、花生种植为主。工业以制糖、木材加工、建材为主。省道白流线、县道百石线过境。2014年被评为全国文明镇。

北坡圩［Běipōxū］ 北坡镇人民政府驻地。在县政府驻地遂城镇西南55千米。人口2200。因处白沙江河畔北面坡地得名。聚落呈块状。有中小学、幼儿园、卫生院等。有游鱼民俗。盛产甘蔗、水稻、辣椒等。省道白流线经此。

港门镇［Gǎngmén Zhèn］ 遂溪县辖镇。在县境西部。面积91平方千米。人口4.3万。辖12村委会，有106自然村。镇人民政府驻港门圩。1961年成立港门公社。1983年改区。1986年改镇。因镇政府驻地得名。枫树河流经。有中学2所，小学9所，卫生院1个，卫生所5个。有幼儿园、文化站等。有宋元古窑遗址、新洋仔窑址、港门埠炮楼等。有景点三石灯塔、下泊海滩沐场、黄屋湿地公园等。有民俗年例游神等。农业以甘蔗、花生、水稻种植为主，有海水养殖、捕捞业，特产铁皮石斛、林地鸡等。工业以珍珠、海产加工为主。服务业以批发零售、旅游为主。县道百石线过境。

港门圩［Gǎngménxū］ 港门镇人民政府驻地。在县政府驻地遂城镇东南68千米。人口900。原名长发圩，后因为港门、石角2埠汇聚门户得名。聚落呈块状。有中小学、幼儿园、卫生院等。农业以玉米、番薯种植为主。县道百石线经此。

草潭镇［Cǎotán Zhèn］ 遂溪县辖镇。在县境西部。面积108.5平方千米。人口7.6万。辖2居委会、33村委会，有149自然村。镇人民政府驻草潭圩。1957年设草潭乡。1959年改公社。1983年改区。1986年改镇。因镇政府驻地得名。天德河、埠头仔河、红坎河流经。有中学2所，小学19所，卫生院2个。有文化中心、广播电视站等。有古迹关帝庙、境圣庙。农业以水稻、番薯、花生、甘蔗种植为主，有对虾、沙虫、鱿鱼等养殖，盛产柑橙、菠萝。有奶牛养殖场。工业有冷冻、渔网加工、工艺制品加工等。服务业以批发零售、旅游、物流为主。县道龙草线过境。有草潭渔港、路塘黑山港。

草潭圩［Cǎotánxū］ 草潭镇人民政府驻地。在县政府驻地遂城镇西南69千米。人口4700。因古有清水潭得名草潭，后成圩集，改今名。聚落呈块状。有中小学、幼儿园、广播电视站等。盛产鱼、虾、蟹、螺等。

河头镇［Hétóu Zhèn］ 遂溪县辖镇。在县境西南部。面积147平方千米。人口3.8万。辖11村委会，有95自然村。镇人民政府驻河头圩。1957年设河头乡。1958年改公社。1961年改区。1986年改镇。因镇政府驻地得名。雷州青年运河流经。有中学1所，小学12所，卫生院1个，卫生所12个。有幼儿园、文化广场、广播站等。有古迹清代古民居、东坡楼、还砚亭等。农业以番薯、水稻、甘蔗种植为主。工业以制糖、建材、林业产品加工为主。服务业以物流、商贸为主。省道白流、客江线过境。

河头圩［Hétóuxū］ 河头镇人民政府驻地。在县政府驻地遂城镇西南66千米。人口4000。因为溪水源头得名。聚落呈块状。西运河流经。有中小学、幼儿园、卫生院等。农业以甘蔗、水稻、花生种植为主。省道客江线经此。

双村［Shuāngcūn］ 在县政府驻地遂城镇西南62千米。河头镇辖自然村。人口1200。原因遍种桑麻得名桑村，后取方言谐音改今名。聚落呈块状。有小学、文化楼、森林公园等。为中国传统村落。有明末古民居30余座。有古迹还砚亭、叮咚井等。农业以水稻、番薯种植为主。

油河塘村［Yóuhétángcūn］ 在县政府驻地遂城镇西南52千米。河头镇辖自然村。人口700。因有油行，以谐音命名。聚落呈块状。有文化戏楼、老年人活动中心、篮球场、风景亭园等。农业以水稻、番薯、甘蔗、花生种植为主。有速生丰产林。有明代陈氏宗祠、清代庙堂。2011年被评为全国文明村。

乐民镇［Lèmín Zhèn］ 遂溪县辖镇。在县境西南部。面积83.5平方千米。人口4.5万。辖10村委会，有75自然村。镇人民政府驻乐民圩。1957年设乐民乡。1958年改公社。1983年改区。1986年改镇。因镇政府驻地得名。乐民河、响水河、后溪流经。有中学1所，小学11所，卫生院1个，卫生所12个。有幼儿园、文化活动中心、广播站、戏楼等。有乐民民军暴动旧址、乐民所城遗址、黄学增纪念亭、文明书院、清虚道院碑刻等。农业以番薯、甘蔗、花生种植为主，有乌贼、大虾养殖。有对虾苗种生产基地。工业有制盐、建材、农副产品加工等。服务业以批发零售、餐饮、旅游、物流为主。省道白流线、县道高厚线过境。

乐民圩［Lèmínxū］ 乐民镇人民政府驻地。在县政府驻地遂城镇西南81千米。人口3000。原取明太祖御旨"永乐民安"之句命名永乐民安圩，后简为今名。聚落呈块状。有中小学、幼儿园、卫生院等。农业以水稻、番薯、花生、玉米种植为主。县道黄乐线经此。

江洪镇［Jiānghóng Zhèn］ 遂溪县辖镇。在县境西南部。面积53平方千米。人口3.5万。辖1居委会、8村委会，有75自然村。镇人民政府驻镇北村。1957年设江洪乡。1958年改镇，后改公社。1983年改区。1986年改镇。因江洪圩得名。有中学2所，小学8所，卫生院1个。江洪河流经。有文化中心、广播电视站等。有鲤鱼墩贝丘遗址。有景点仙群岛。经济以海洋经济为主。农业以水稻、花生、木薯种植为主，盛产鱿鱼、乌贼、大虾等。工业以木板、鱼粉、海产品加工，造船为主。服务业以批发零售、餐饮、旅游、物流为主。省道客江线经此。

镇北村［Zhènběicūn］ 江洪镇人民政府驻地。在县政府驻地遂城镇西南88千米。人口1900。原名北关村，后因处镇北部改今名。聚落呈块状。有幼儿园、卫生院、文化楼等。产花蟹、扇贝、大虾等。有海蜇、鱼粉等加工业。省道客江线经此。

徐闻县

徐闻县［Xúwén Xiàn］ 湛江市辖县。北纬20°19′，东经110°10′。在市境南部。面积1863平方千米。人口72.5万。以汉族为主，还有壮、黎、瑶等民族。辖1街道、12镇、2乡。县人民政府驻徐城街道。西汉元鼎六年（前111）置徐闻县，属合浦郡。为壮语名，意为高原旱地中的泉水村，为吉祥之地。南朝齐先改东康县，继改齐康县，属齐康郡。南朝梁属合州。唐代先后属南合州、东合州、雷州。北宋开宝五年(972)并入海康县。南宋乾道七年(1171)复置。此后先后属雷州路、雷州府、高雷道、第八行政督察区、高雷专区、粤西行政区、湛江专区。1959年并入雷南县。1960年复置。1983年属湛江市。处玄武岩缓坡台地，多漏斗型港湾。最高点石板岭海拔245米，最低点新寮镇后海沙海拔2.7米。三面环海。海岸线372.3千米。有海岛30多个。年均气温23.8℃，1月平均气温16.4℃，7月平均气温28.4℃。年均降水量1864.3毫米。有徐闻珊瑚礁国家级自然保护区。森林覆盖率26.8%。有中等专业学校1所，中学35所，小学73所，二级医院3个。有古迹登云塔、贵生书院、广府会馆、汉代海上丝绸之路始发港遗址等。有大汉三墩旅游区、龙泉森林保护区。有景点响水潭、白沙湾。有中国大陆最南端灯楼角、广东海上丝绸之路十大地理坐标等。三次产业比例50：10：40。农业以水稻、甘薯、甘蔗、橡胶、剑麻、胡椒种植为主，有黄牛、山羊饲养，特产菠萝、良姜，盛产白鲳、大黄鱼、对虾、青蟹、虾米、鱼翅。工业以食品加工为主，有盐业、电力等。服务业以海洋游为特色，有餐饮、住宿等。粤海铁路、沈海高速、207国道过境。

徐海路［Xúhǎi Lù］ 在县城中部偏南。西起红旗二路、健康路交界处，东至城东大道南。与下埚路、东华路、流梅南路等相交。长1.8千米，宽35米。水泥路面。1987年开工，同年建成，1992—1993年改造。为徐闻县通往海安港主要干道，故名。两侧多商铺，有南山客运站、林业局、邮政局、敬老院等。通公交车。

红旗路［Hóngqí Lù］ 在县城中部。北起广海公路，南至健康路、徐海路交界处。与北水路、东门路、庆东路等相交。长2.5千米，宽35米。混凝土路面。1959年开工，1964年建成，1992年改建。两侧有印刷厂、农业局、公路局等。通公交车。

贵生路［Guìshēng Lù］ 在县城西部。北起城墙路，南至木棉路。与西门路、文塔路、华建路、工农路等相交。长1.2千米，宽24米。混凝土路面。2000年开工，2002年建成。因景点贵生书院得名。两侧有博物馆、贵生公园、徐闻一中等。通公交车。

徐闻站［Xúwén Zhàn］ 见交通运输设施部分"徐闻站"条。

徐闻县汽车运输总站［Xúwén Xiàn Qìchē Yùnshū Zǒngzhàn］ 见交通运输设施部分"徐闻县汽车运输总站"条。

徐城街道［Xúchéng Jiēdào］ 徐闻县人民政府驻地。在县境中部偏西。面积27平方千米。人口8.3万。2006年设。因处县城得名。有中学1所，小学19所，职高1所，电大1所，幼儿园2所，卫生院3个，卫生所3个。有徐闻革命烈士陵园。有省级文物保护单位贵生书院、登云塔、广府会馆。有古迹徐闻孔庙、潮州会馆、嫘祖庙等。粤海铁路、沈海高速、207国道过境。通公交车。

迈陈镇［Màichén Zhèn］ 徐闻县辖镇。在县境西部。面积155平方千米。人口6.9万。辖2居委会、11村委会，有99自然村。镇人民政府驻迈陈圩。1957年置迈陈乡。1958年改公社。1983年改区。1986年改镇。因镇政府驻地得名。有中学2所，小学16所，卫生院1个，卫生所11个。有幼儿园、广播站、敬老院等。有海参、对虾等养殖。工业有制盐、制砖、木材加工、农用机具制造。外西公路过境。

迈陈圩［Màichénxū］ 迈陈镇人民政府驻地。在县政府驻地徐城街道西20千米。人口1万。为古壮语名，意为陈姓之村。别名蒙松。聚落呈块状。有小学、幼儿园、卫生站、文化楼等。有广州、潮州、高州、琼州、雷州等会馆。有景点西竺寺、关帝庙等。农业以水稻、大葱、番茄、洋葱种植为主。工业有糖制品、农具、竹器具、盐加工等。外西公路经此。

海安镇［Hǎi'ān Zhèn］ 徐闻县辖镇。在县境南部。面积42平方千米。人口2.5万。辖2居委会、5村委会，有35自然村。镇人民政府驻水井村。1974年成立海安公社。1983年改区。1986年改镇。明洪武年间(1368—1398)曾设海安千户所城，取"海晏河清、海疆安宁"意命名。流梅溪流经。有中学1所，小学5所，卫生院1个，卫生所5个。有幼儿园、文化站、广播站、敬老院等。有古迹水井天后庙、石莲山寺、雷皇庙、海平寺、博涨炮台遗址。有白沙湾旅游区。有景点杏磊温泉、响水潭瀑布等。207国道、沈海高速过境。有海安港。

水井村［Shuǐjǐngcūn］ 海安镇人民政府驻地。在县政府驻地徐城街道东南7千米。人口700。因多水井得名。聚落呈块状。有中小学、卫生站。有水井天后庙。经济以海鱼养殖业为主。有海安旧港。

曲界镇［Qǔjiè Zhèn］ 徐闻县辖镇。在县境东北部。面积156平方千米。人口4.7万。辖1居委会、13村委会，有94自然村。镇人民政府驻曲界圩。1957年设曲界乡。1958年改公社。1983年改区。1986年改镇。因镇政府驻地得名。有雷南火山区。有中学3所，小学14所，卫生院1个，卫生所14个。有文化楼、文化室。经济以菠萝产业为主。有7万亩连片菠萝种植园。有旅游观光业。省道南前线过境。

曲界圩［Qǔjièxū］ 曲界镇人民政府驻地。在县政府驻地徐城街道东北24千米。人口1700。清初设圩，因外地人居多得名客界，后美化为今名。聚落呈块状。有中小学、卫生院、卫生站。经济以商贸为主。南前公路经此。

前山镇［Qiánshān Zhèn］ 徐闻县辖镇。在县境东部。面积117平方千米。人口4.2万。辖2居委会、13村委会，有80自然村。镇人民政府驻前山圩。1957年设前山乡。1958年并入曲界公社。1961年析设前山公社。1983年改区。1986年改镇。因圩集前有山丘得名。有中学1所，小学18所，卫生院1个，卫生所4个。有幼儿园、文化站、广播站、敬老院等。农业以菠萝、香蕉种植为主，盛产黄花鱼、虾米。工业以制糖、食品加工、建材为主。省道南前线过境。

前山圩［Qiánshān xū］ 前山镇人民政府驻地。在县境东部。面积3.7平方千米。人口2700。因傍前山村，故名。聚落呈块状。有中小学、卫生院。农历逢一、四、七日为圩日。南前、前六、前前公路经此。

西连镇［Xīlián Zhèn］ 徐闻县辖镇。在县境西部。面积81平方千米。人口4.2万。辖1居委会、15村委会，有73自然村。镇人民政府驻西连圩。1957年成立西连乡。1958年并入迈陈公社。1961年析设西连公社。1983年改区。1986年改镇。因镇政府驻地得名。有中学1所，小学15所，卫生院1个，卫生所3个。经济以海洋渔业、养殖业为主。有对虾、海参、白蝶贝等养殖，特产海参、珍珠、海马、江蓠。有工艺品、农副产品加工业。有网箱养鱼业。外西公路过境。

西连圩［Xīliánxū］ 西连镇人民政府驻地。在县政府驻地徐城街道西北30千米。人口300。初名新圩，后取"县境最西端"意改今名。聚落呈块状。有中小学、卫生院。经济以商贸为主。外西公路经此。

下桥镇［Xiàqiáo Zhèn］ 徐闻县辖镇。在县境北部。面积152平方千米。人口4万。辖2居委会、12村委会，有117自然村。镇人民政府驻下桥圩。1957年设下桥乡。1958年改公社。1983年改区。1986年改镇。因镇政府驻地得名。在雷南火山区中部偏西。有中学2所，小学17所，卫生院1个，卫生所1个。有幼儿园、文化站、广播站、敬老院等。农业以甘蔗、蚕桑、剑麻、香蕉种植为主。工业以热带作物加工、制糖、食品加工为主。207国道过境。

下桥圩［Xiàqiáoxū］ 下桥镇人民政府驻地。在县政府驻地徐城街道西北14千米。人口1.2万。原名隆盛圩，后因公路桥下桥改今名。聚落呈带状。堰头溪流经。有中小学、卫生院、广播站、敬老院等。农业以甘蔗、剑麻、香蕉种植为主。工业以制糖、食品加工、木器加工、机械为主。沈海高速、207国道经此。

龙塘镇［Lóngtáng Zhèn］ 徐闻县辖镇。在县境东南部。面积183平方千米。人口6.5万。辖2居委会、11村委会，有162自然村。镇人民政府驻龙塘圩。1958年成立龙塘公社。1983年改区。1986年改镇。传播中有蛟龙得名。有中学3所，小学16所，卫生院1个，卫生所5个。有幼儿园、文化站、广播站、敬老院等。农业以香蕉、玉米种植为主，盛产火龙果。工业以制糖、食品加工、化工、农机制造为主。通公路。

龙塘圩［Lóngtángxū］ 龙塘镇人民政府驻地。在县境东南部。面积3.1平方千米。人口1800。因傍龙塘村，故名。聚落呈块状。有中小学、卫生院。农历逢二、五、八日为圩日。那赤公路经此。

下洋镇［Xiàyáng Zhèn］ 徐闻县辖镇。在县境东部。面积75平方千米。人口3.1万。辖1居委会、11村委会，有89自然村。镇人民政府驻下洋圩。1957年设下洋乡。1958年并入锦和公社。1961年析设下洋公社。1983年改区。1986年改镇。因镇政府驻地得名。有中学1所，小学12个，卫生院1个，卫生所3个。有文化站、广播站、敬老院等。农业以香蕉、菠萝种植为主，盛产马鲛、白鲳、黄花鱼。有菠萝罐头、骨粒加工业。省道南前线过境。

下洋圩［Xiàyángxū］ 下洋镇人民政府驻地。在县政府驻地徐城街道东北40千米。人口500。因有大田洋名下洋得名。聚落呈块状。有中小学、卫生院。经济以商贸为主。仙下公路经此。

锦和镇［Jǐnhé Zhèn］ 徐闻县辖镇。在县境东北部。面积105平方千米。人口4.2万。辖4居委会、17村委会，有95自然村。镇人民政府驻锦囊。1957年设锦和乡。1958年改公社。1983年改区。1986年改镇。原因傍锦囊所城得名锦囊，1949年后因曾与和安镇合称锦和，沿用之。有中学2所，小学18所，卫生院2个，卫生站13个。有幼儿园、敬老院、文化站、广播站等。有锦囊千户所城遗址。盛产甘蔗、菠萝。特产外罗群翅、沙虫、章鱼等。工业以海产品加工、建材、农副产品加工为主。有外罗渔港。

锦囊［Jǐnnáng］ 锦和镇人民政府驻地。在县境东部。面积1.3平方千米。人口1100。元代前原称新安村。明洪武二十七年(1394)在此兴建"锦囊卫所"后易名锦囊。聚落呈块状。有中小学、卫生院。农历逢三、六、九日为圩日。外西、南锦公路经此。

和安镇［Hé'ān Zhèn］ 徐闻县辖镇。在县境东北部。面积114平方千米。人口3.2万。辖1居委会、9村委会，有54自然村。镇人民政府驻和安社区。1957年置和安乡。1958年并入锦和公社。1961年析设和安公社。1983年改区。1986年改镇。清末曾生匪乱，后回乡重建，取"和平安乐"意命名。海岸线53.75千米。有中学1所，小学11所，卫生院1个，卫生所9所。有幼儿园、文化站、广播站、敬老院等。经济以海洋渔业为主，种植业为辅，盛产对虾、青蟹、花蟹、水稻、番薯、花生、眉豆等。工业以水产品、饲料加工为主。

和安社区［Hé'ān Shèqū］ 和安镇人民政府驻地。在县境东北部。人口900。面积2.5平方千米。取意和平安康命名。1986年成立。社区提供公共服务和其他物质、文化、生活等方面服务。有中小学、卫生院。经济以商贸为主。通公交车。

新寮镇［Xīnliáo Zhèn］ 徐闻县辖镇。在县境东北部。面积75平方千米。人口3.2万。辖10村委会，有87自然村。镇人民政府驻港六村。1958年设新寮乡，旋改公社。1983年改区。1986年改镇。明末始新建茅寮定居，故名。为海岛镇。有中学1所，小学10所，卫生院1个，卫生所10个。有幼儿园、文化站、广播站、敬老院等。盛产甘薯、花生、眉豆，特产沙虫、椰子。有对虾养殖场。工业以海洋食品加工为主。

港六村［Gǎngliùcūn］ 新寮镇人民政府驻地。在县政府驻地徐城街道东北43千米。人口700。临港分6村，按照序列得名。聚落呈块状。有中小学、幼儿园、卫生站、文化广场、市场。农业以水稻、花生、番薯种植为主，盛产白对虾、青蟹、贝类。

南山镇［Nánshān Zhèn］ 徐闻县辖镇。在县境南部。面积155平方千米。人口7万。辖16村委会，有119自然村。镇人民政府位于徐城街道木棉路。1979年成立城南公社。1984年改区。1986年改乡。2003年与五里乡合置南山镇。因处县城南郊得名。有中学2所，小学22所，二级医院3个，卫生院1个，卫生所30个。有幼儿园、文化站、广播站、敬老院等。有二桥村汉代生活遗址。农业以水稻、玉米种植为主，盛产火龙果、莲雾、杧果等。工业以制糖、农产品加工、制盐为主。粤海铁路、沈海高速、207国道过境。

二桥村［Èrqiáocūn］ 在县政府驻地徐城街道西南10千米。南山镇辖自然村。人口800。清初建村，因2小桥得名。聚落呈块状。有幼儿园、医疗站、文化中心等。西汉时为海上丝绸之路始发港。有汉代海上丝绸之路始发港遗址。有汉代生活遗址、汉墓群遗址。经济以乡村旅游业为主。农业以韭菜、辣椒种植为主。

城北乡［Chéngběi Xiāng］ 徐闻县辖乡。在县境中部。面积130平方千米。人口3.9万。辖14村委会，有96自然村。乡人民政府位于徐城街道庆东路。1957年成立城北公社。1984年改区。1986年改乡。2002年大黄乡部分地域划入。因近县城北得名。有中学2所，小学17所，卫生院1个，卫生所16个。有幼儿园、文化站、广播站、敬老院等。农业以种植蔬菜、香蕉、杧果、糖蔗、甜玉米、良姜为主，盛产青瓜、紫茄、青豆、尖椒等。工业有建筑、木器加工、制衣等。207国道过境。

角尾乡［Jiǎowěi Xiāng］ 徐闻县辖乡。在县境西南部。面积50平方千米。人口3万。辖11村委会，有38自然村。乡人民政府驻角尾圩。1957年设角尾乡。1958年并入迈陈公社。1961年析设角尾公社。1984年改区。1986年改乡。所处半岛如犄角、似尾巴，兼之半岛末端处有角尾岬，故名。有中学1所，小学7所，卫生院1个，卫生所10个。有徐闻珊瑚礁国家级自然保护区。有幼儿园、文化站、广播站、敬老院等。经济以海洋渔业为主。有对虾、石斑鱼、金枪鱼等养殖，盛产白鲳、大虾、青蟹、鲍鱼、海参。有徐闻盐场。

角尾圩［Jiǎowěixū］ 角尾乡人民政府驻地。在县政府驻地徐城街道西南24千米。人口4000。因处海岛角落尾端得名。聚落呈块状。有中小学、卫生院、卫生站。经济以商贸为主。

茂 名 市

茂名市［Màomíng Shì］　广东省辖地级市。北纬 21°22′—22°42′，东经 110°19′—111°40′。在省境西南部。面积 11458 平方千米。户籍人口 772.4 万，常住人口 604.9 万。以汉族为主，还有壮、苗、瑶、黎等民族。辖茂南、电白 2 区，代管高州、化州、信宜 3 县级市。市人民政府驻茂南区。隋大业三年(607)于高州境内置茂名县，属高凉郡。此乃茂名建制之始。唐贞观八年(634)茂名县为潘州治。宋开宝五年(972)废潘州，茂名县属高州。元大德八年(1304)高州移治茂名县(今高州镇)，辖茂名、信宜、电白 3 县。至明洪武九年(1376)茂名县属高州府。清朝建制不变。1913 年撤销高州府后属高雷道、高州善后处、南路行政公署、第七行政专员公署。1949 年后隶属南路专区、高雷专区、粤西行政区、湛江专区、湛江地区。1958 年划出原茂名县南部火箭和卫星 2 公社筹建茂名市，1959 年正式设置县级茂名市，由广东省直辖，原茂名县改高州县。1975 年升为地级市。1983 年辖信宜、高州、电白、化州 4 县。1984 年市区改置茂南区。1993—1995 年高州、化州、信宜 3 县先后改设县级市。2001 年电白县析置茂港区。2014 年茂港区和电白县合并设置电白区。至此茂名市完成现有建制设置。地势北高南低。中部以丘陵及河谷盆地、阶地为主，西南部为台地，南部为滨海冲积、沉积平原。平均海拔 198 米。最高点大田顶海拔 1704 米，为粤西最高点、广东省第二高峰。海岸线长 166.4 千米。属热带亚热带季风温和气候。年均气温 23.1℃，1 月平均气温 15.1℃，7 月平均气温 28.3℃。年均降水量 1550 毫米。年均无霜期 300 天。鉴江、北界河、曹江、罗江、袂花江流经。有矿产资源油页岩、高岭土、钛、锡等。有野生植物 1400 余种，其中有国家重点保护野生植物广东兜兰、肥荚红豆、华南锥、华南马尾杉、观音座莲等 56 种。有野生动物 371 种，其中有国家重点保护野生动物鳄蜥、白腹军舰鸟、黄嘴白鹭、彩鹳、中华穿山甲、金猫等 68 种。有省级大雾岭自然保护区。森林覆盖率 55.8%。有高等院校 3 所，中职学校 36 所，技工学校 8 所，中学 268 所，小学 1746 所，特殊教育学校 6 所，三级医院 14 个，图书馆 5 个，博物馆 6 个，文化馆 7 个。有国家 4A 级旅游景区茂名市放鸡岛海上游乐世界、茂名森林公园、茂名市电白御水古温泉度假区、浪漫海岸国际旅游度假区，国家 3A 级旅游景区 3 个。三次产业比例 16∶42∶42。农业以水稻种植为主，有罗非鱼等养殖。特产花生、甘蔗、番薯、荔枝、龙眼、香蕉、三华李等。工业以石油化工、林产化工、轻纺为主。服务业以金融、旅游为主。有五星级饭店 2 个，四星级饭店 3 个，三星级饭店 6 个。有铁路 333.6 千米，高速 85.4 千米，公路 1.7 万千米，内河航线 25 千米。洛湛铁路，广湛、茂湛高速，207、325 国道，高水、茂化公路过境。有茂名站。有茂名港。

茂名［Màomíng］　茂名市聚落。在市境南部。面积 116.1 平方千米。人口 48.9 万。据明万历《高州府志》载，西晋永嘉年间(307—313 年)今高州地内有潘茂名入山，遇道士下棋，道士传其黄精不死丹方，潘在东山采药炼丹，最后“升仙”于西山(观山)之上。后人为纪念潘氏为民灭病、除害、救灾之功绩，遂将其住过之山称作“潘山”，炼丹所在地称作“潘仙坡”，潘仙坡附近一带地方称作“茂名”。茂名县名亦由此而来。1949 年后“茂名”2 字已广为应用。1958 年在筹建茂名市初期先暂名“茂名工矿区”，最终以“茂名”2 字的知名度高和使用的连贯性，定名为茂名市。茂名城市建设与开发起于 1954 年，中央有关部门派遣地质勘测队在茂名县南部和电白县西部进行勘探，继而成立勘探石油工区。1955 年国家批准在南部地区开采石油。1987 年经国务院批准，茂名市(含郊区)及电白县、化州县先后列入沿海经济开放区。1992 年 10 月在原电白县南海镇的基础上，经省人民政府批准正式设立茂名市水东经济开发试验区；先后建成水东港区、博贺港区、博贺新港区。至 2014 年茂名境内已有滨海新区(以电白区电城镇、博贺镇为起步区)、茂名高新技术产业开发区(省级高新技术产业开发区)、水东湾新城等功能区、开发区，已形成西部为工业区，西南部为高教区，中部为住宅区、商业区、文教区，南部为工业区，北部、东部为生态区的基本格局。通多路公交车。

茂 南 区

茂南区［Màonán Qū］　茂名市辖区。在市境中部。面积 487 平方千米。人口 82.8 万。以汉族为主，还有壮、苗、瑶等民族。辖 8 街道、8 镇。区人民政府驻城南街道。1985 年设。因处原茂名县南部得名。地势西北高东南低。小东江、袂花江、梅江、白沙河流经。有职业中学 1 所，中学 19 所，小学 149 所，三级医院 6 个，二级医院 5 个。有省级文物保护单位文武帝庙、许氏宗祠。有古迹鳌头古镇、灵惠寺、林道长山古庙、陈氏宗祠、鳌头古衙门、鳌头水乡桃花岛。有国家 4A 级旅游景区茂名森林公园，国家 3A 级旅游景区南越 1959 文创街、牙象大地艺术公园。三次产业比例 9∶42∶49。农业以蔬菜种植为主，有猪、牛、鸡、鸭、肉鸽等饲养，产荔枝、龙眼、香蕉、杧果、圆椒、玉豆等。工业以石油化工、高岭土深加工、农副产品加工为主。服务业以仓储物流、金融、商贸、旅游为主。有高山物流园。洛湛铁路，207、325 国道，茂高、茂化快线过境。

人民广场［Rénmín Guǎngchǎng］　在城区东部。面积 11.1 公顷。1995 年开工，1997 年建成。2009 年命名。有花岗岩东门楼、柱廊、喷泉、景廊、儿童乐园、卵石滩、中心舞台。为市民游玩、休闲广场。周边有熹龙国际大酒店、新福花园、茂名物业管理中心、市房产管理局、市投资审核中心。通公交车。

文化广场［Wénhuà Guǎngchǎng］　在城区东部。面积 164 公顷。1998 年开工，2000 年建成。为开展文化活动场所而得名。绿化面积 8.4万平方米。有音乐喷泉、景观水池、太极广场、健身器材等。为市民休闲、健身广场。周边有市公安局、电信局、税务局、民政局、电视台、卫生健康局。通公交车。

官山路［Guānshān Lù］　在区境中部。东起小东江，西至江东中路。与江东北路、人民路、光华路、文明路等相交。长 3.5 千米，宽 40 米。沥青路面。1988 年建官山二路，1994 年建官山三路，1995 年建官山四路，2012 年建官山五路。因官山村得名。两侧有市供电局、市第十六中学、广怡酒店。通公交车。

油城路［Yóuchéng Lù］　在区境中部。西起化牛公路，东至高凉路。与人民路、红旗路、光华路相交。长 10.5 千米，宽 40 米。混凝土路面。1958 年建油城一路、二路，1984 年建油城五路，1994 年建油城七路，1995 年建油城八路、九路。为南方石油工业基地，故名。两侧有市水泥厂、机修厂、建材厂、石油工业公司、热电厂、化工二厂、火车站、市影剧院、市政府等。通公交车。

迎宾路［Yíngbīn Lù］　在区境中部。东起光华路，西至人民中路。与人民路、光华中路相交。长 1.3 千米，宽 30 米。沥青路面。1983 年开工，2006 年建成。因迎宾馆得名。两侧有新华书店、市农业局、市畜牧局、市委党校、市委招待所、市国土局、城市综合开发公司、河东大厦等。通公交车。

站前路［Zhànqián Lù］　在区境中部。南起高山路，北至高水路。与计星路、人民南路、高凉南路等相交。长 4.7 千米，宽 40 米。沥青混凝土路面。1995 年始建。因茂名站得名。两侧有市汽车客运中心等。通公交车。

红旗路［Hóngqí Lù］　在区境中部。北起环市北路东，南至高山桥头。与油城路相交。长 3.9 千米，宽 40 米。水泥路面。1958 年开工，1982 年建成，1998 年扩建。分南、中、北 3 段，1986 年命名。两侧有茂名大酒家、红旗电影院、少年宫、妇幼保健院、消防大队等。通公交车。

人民路［Rénmín Lù］　在区境中部。南起油城四、五路接合处，北至官渡路。与官山路、迎宾路、双山路相交。长 3.3 千米，宽 42 米。沥青路面。1983 年建人民中路，1985 年改建南路，1987 年改建北路。两侧有司法局、检察院、明湖商场、药材公司、新湖公园、供电局。通公交车。

光华路［Guānghuá Lù］　在区境中部。南起油城五路、六路接合处，北至大园东路。与官渡路、官山路、迎宾路、双山路相交。长 3.6 千米，宽 42 米。沥青混凝土路面。1987 年建光华南路，1991 年建光华中路，1995 年建光华北路，2013 年改造。两侧有茂名教育学院、市第十二中学、市邮电局。通公交车。

文明路［Wénmíng Lù］　在区境中部。北起官山路，南至新福路。与油城路、迎宾路、双山路、官渡路等相交。长 2.5 千米，宽 42 米。沥青混凝土路面。1993 年开工，2002 年建成。两侧有市供水局、地税局、国税局等。通公交车。

高凉路［Gāoliáng Lù］　在区境中部。东起新福五路，西至官山四路。与油城路、迎宾路、双山路、官渡路等相交。长 2 千米，宽 42 米。混凝土沥青路面。2004 年建高凉南路，2005 年建高凉中路，2013 年改扩建。因高凉郡得名。两侧有文化广场、广播电视台、保险大厦、第一中学、金墩大厦等。通公交车。

茂名站［Màomíng Zhàn］　见交通运输设施部分“茂名站”条。

茂名东站［Màomíngdōng Zhàn］　见交通运输设施部分“茂名东站”条。

茂名汽车总站［Màomíng Qìchē Zǒngzhàn］　见交通运输设施部分“茂名汽车总站”条。

茂名汽车客运站［Màomíng Qìchē

Kèyùnzhàn] 见交通运输设施部分"茂名汽车客运站"条。

城南街道 [Chéngnán Jiēdào] 茂南区人民政府驻地。在区境中部。面积10平方千米。人口1.7万。2007年设。因处茂名市城区南部得名。有中学1所,小学6所,幼儿园13所,三级医院1个,二级医院1个,社区服务中心1个,社区卫生服务站1个。农业以水稻、花生、蔬菜种植为主。工业以石油后加工、饲料生产为主。三茂铁路、茂湛高速过境。通公交车。

站前街道 [Zhànqián Jiēdào] 属茂南区。在区境中部。面积6平方千米。人口5.6万。1996年设。因站前路得名。1997年建成人民广场,搬迁车上学村、岭仔新村、求雨岭村。小东江流经。有中学3所,小学6所,三级医院2个,二级医院2个,卫生服务中心1个,卫生站10个。服务业以商贸、餐饮为主。广茂铁路过境。通公交车。

红旗街道 [Hóngqí Jiēdào] 属茂南区。在区境中部。面积5平方千米。人口3.2万。1981年设。因红旗路得名。小东江流经。有中学2所,小学2所,二级医院1个,卫生所2个。有文化站、图书馆。经济以精细化工、印刷、商贸、物流为主。通公交车。

河西街道 [Héxī Jiēdào] 属茂南区。在区境西部。面积6平方千米。人口2.9万。1981年设。因处小东江西得名。有中学2所,小学3所,卫生院2个。为茂名市区旧城区中心,有全国最大的炼油企业茂石化炼油厂。有市热电厂、河西市场、河西农贸中心市场、明湖百货超市、白银街、茂新东路成衣街等。通公交车。

河东街道 [Hédōng Jiēdào] 属茂南区。在区境中部。面积8平方千米。人口10.2万。1981年设。因处小东江东得名。小东江流经。有中学2所,小学5所,三级医院2个,卫生服务中心2个,卫生站10个。有图书馆、文化室、农家书屋、体育中心、文化广场。服务业以商贸为主。通公交车。

露天矿街道 [Lùtiānkuàng Jiēdào] 属茂南区。在区境中部。面积12平方千米。人口2万。1981年设。因设于茂石化露天矿区得名。小东江支流流经。有小学1所,幼儿园5所,文体活动中心1个。通公交车。

新华街道 [Xīnhuá Jiēdào] 属茂南区。在区境西北部。面积5平方千米。人口1.3万。1984年设。寓意城市建设始于新中国,故名。白沙河流经。有中学1所,小学1所,幼儿园5所,卫生服务中心2个。有文化馆、图书馆。工业以化工、建材、饲料加工、石化设备加工为主。河茂、广茂铁路,省道素水线,县道公镇线,茂化公路过境。通公交车。

官渡街道 [Guāndù Jiēdào] 属茂南区。在区境中部。面积10平方千米。人口15万。1987年设。传谭氏先祖任官时捐渡船搭载村民,故名。小东江流经。有高校4所,中学5所,小学6所,幼儿园22所,三级医院1个,二级医院1个,社区卫生服务站12个,卫生所8个。有文化站、博物馆。服务业以金融、餐饮、商品零售为主。广湛高速,207、325国道,高水公路过境。通公交车。

金塘镇 [Jīntáng Zhèn] 茂南区辖镇。在区境西北部。面积113平方千米。人口6.2万。辖1居委会、22村委会,有176自然村。镇人民政府驻金塘镇圩。1959年成立金塘公社。1983年改区。1987年改镇。处淦江下游,房屋、水塘常被冲崩,故名崩塘,后谐音更今名。白沙河流经。有中学3所,小学24所,幼儿园6所,卫生院1个,社区卫生站28个。有朱也赤革命烈士墓。有古迹锡塘岭仙人洞、桂山莲水庵、金塘冼太庙、茂名县旧址。农业以蔬菜、茶树、果树种植为主,有畜禽等饲养。工业以高岭土加工、农药生产、石油化工、塑料加工、食品加工为主。207国道、省道高七线过境。

金塘镇圩 [Jīntángzhènxū] 金塘镇人民政府驻地。在区政府驻地城南街道西北19千米。人口300。因镇名得名。聚落呈散状。有中小学,卫生院。经济以商贸为主。省道高七线经此。

公馆镇 [Gōngguǎn Zhèn] 茂南区辖镇。在区境西北部。面积114平方千米。人口6.2万。辖1居委会、22村委会,有179自然村。镇人民政府驻公馆社区。1959年成立公馆公社。1983年改区。1987年改镇。明末公务人员过往祭拜胡林坟而留宿,久之成公馆,故名。工业、三丫、白沙河流经。有中学3所,小学22所,幼儿园1所,卫生院1个,社区卫生服务站2个,卫生站22个。有文化站、农家书屋。有古迹灵惠寺、河清寺。农业以水稻、甜玉米、北运菜种植为主,有肉猪、山地鸡等饲养。工业以建筑建材、石油化工、农产品深加工为主。茂化、茂高、横浅、祥枫公路过境。

公馆社区 [Gōngguǎn Shèqū] 公馆镇人民政府驻地。在区境西北部。面积0.8平方千米。人口5000。1987年成立。民居以楼房为主。有青少年法律援助工作室、志愿者服务站。有中小学、卫生院。有商贸活动。茂化公路经此。

新坡镇 [Xīnpō Zhèn] 茂南区辖镇。在区境中部。面积31平方千米。人口3.7万。辖1居委会、12村委会,有144自然村。镇人民政府驻新坡村。1953年设新坡乡,后改公社。1983年改区。1987年改镇。因镇政府驻地得名。鸡公河、泗水河、小东江流经。有中学1所,小学12所,卫生院2个,卫生站2个。有省级文物保护单位许氏宗祠。有古迹谭五山境主庙、冼太夫人庙等。农业以水稻种植为主,有罗非鱼等养殖。工业以石油化工为主。服务业以商贸、物流为主。有黄塘精细化工、文冲口石油化工、车田乙烯编纺、大塘建材四大工业园区。高水公路过境。

新坡村 [Xīnpōcūn] 新坡镇人民政府驻地。在区政府驻地城南街道西北3千米。人口5100。明万历年间高州商人来此开坡,故名。聚落呈块状。农业以蔬菜种植为主,有水产养殖。通公交车。

镇盛镇 [Zhènshèng Zhèn] 茂南区辖镇。在区境西部。面积61平方千米。人口4.8万。辖1居委会、18村委会,有148自然村。镇人民政府驻竹山村。1959年成立镇盛公社。1983年改区。1987年改镇。清咸丰年间称浸剩,处梅江中游,每发洪水淹没仅剩几处山头,后谐音更今名。梅江河流经。有中学3所,小学20所,幼儿园10所,卫生院1个,卫生站21个。有文化站、文化室。有古迹乌石上社古庙、白沙云门祠、博郡冼太庙。农业以水稻、花生、番薯种植为主,有生猪、鸡、鸭、鱼饲养,特产甘蔗、龙眼、荔枝、沙田柚、柑橘。高水公路过境。

竹山村 [Zhúshāncūn] 镇盛镇人民政府驻地。在区政府驻地城南街道西南8千米。人口6300。因山遍布竹林得名。聚落呈矩形。有中小学、卫生院。农业以水稻、甜玉米、花生种植为主。镇盛—茂名公路经此。

鳌头镇 [Áotóu Zhèn] 茂南区辖镇。在区境西南部。面积56平方千米。人口6.7万。辖1居委会、25村委会,有256自然村。镇人民政府驻鳌头圩。1958年成立鳌头公社。1983年改区。1986年改镇。因镇政府驻地得名。河林河、袂花江、梅江流经。有中学4所,小学28所,幼儿园2所,卫生院1个,卫生站29个。有革命事迹展览馆、文化站、文化活动中心、木偶戏团、粤剧团、武术馆。有古迹东城门、南城门、文武帝庙、古衙门、园仔山地宫、多善堂、观音阁、泰升当铺、桃花岛。农业以水稻、番薯种植为主,有澳尼罗非鱼、小耳花母猪、三元杂肉猪、鸡饲养。广湛高速,县道铜肖、公旧线过境。

鳌头圩 [Áotóuxū] 鳌头镇人民政府驻地。在区政府驻地城南街道西南11千米。人口2700。因形状似鳌鱼得名。聚落呈团块状。有中小学、卫生院。农业以水稻种植为主,特产花生、尖椒。县道公旧线经此。

袂花镇 [Mèihuā Zhèn] 茂南区辖镇。在区境南部。面积39平方千米。人口4.7万。辖1居委会、15村委会,有144自然村。镇人民政府驻袂花社区。1959年成立袂花公社。1983年改区。1987年改镇。因镇政府驻地得名。袂花江流经。有中学2所,小学8所,卫生院1个,卫生站17个。有古迹扶提庙、三帝庙、广福庙。农业以枸杞菜、慈姑、菜心、水东芥种植为主。工业以石油化工、乙烯后续加工为主。茂水公路过境。

袂花社区 [Mèihuā Shèqū] 袂花镇人民政府驻地。在区境南部。面积1平方千米。人口4000。传纪念清乾隆年间绣花老人,取"卖花"谐音得名。1986年成立。民居以平房为主。有志愿者服务、法律咨询及社区学校各项文化活动。有中小学、卫生院。有农副产品、果、蔬菜批发市场。通公交车。

高山镇 [Gāoshān Zhèn] 茂南区辖镇。在区境中部。面积24平方千米。人口2.6万。辖1居委会、5村委会,有111自然村。镇人民政府驻高山社区。1977年成立高山公社。1983年改区。1986年改乡。1987年改镇。因镇政府驻地得名。小东江流经。有中学2所,小学6所,幼儿园9所,卫生院1个,卫生所5个。有古迹柯氏祖屋。农业以水稻、蔬菜、花生、番薯种植为主,有罗非鱼、白鸽、生猪、鸬鸭饲养。工业以建筑建材、塑化加工为主。服务业以旅游、仓储、餐饮为主。茂水、高白公路过境。

高山社区 [Gāoshān Shèqū] 高山镇人民政府驻地。在区境中部。面积1.5平方千米。人口1万。因处小东江中游台地得名。1978年成立。民居以平房为主。有中小学、诊所。有超市和商贸企业。通公交车。

山阁镇 [Shāngé Zhèn] 茂南区辖镇。在区境东北部。面积47平方千米。人口2.9万。辖1居委会、10村委会,有136自然村。镇人民政府驻烧酒村。1961年成立山阁公社。1983年改区。1987年改镇。因飞鼠岭山脉到此凸起,有如山脉长角,故名山角,后更今名。有中学2所,小学12所,幼儿园15所,卫生院1个,卫生所15个。有文化站、文化活动中心。有古迹禄村古井。农业以水稻、反季节蔬菜、甜玉米、花生种植为主,有肉鸽、肉猪饲养。工业以高岭土加工为主。省道罗水线过境。

烧酒村 [Shāojiǔcūn] 山阁镇人民政府驻地。在区政府驻地城南街道东北20千米。人口1300。因用井水蒸烧酒得名。聚落呈矩形。有小学。农业以水稻、花生种植为主,特产荔枝、龙眼、香蕉、黄皮。高水公路经此。

电白区

电白区 [Diànbái Qū] 茂名市辖区。在市境东南部。面积2229平方千米。人口204万。以汉族为主,还有苗、彝、壮等民族。辖2街道、

21镇。区人民政府驻水东镇。南北朝曾置电白郡。隋开皇九年(589)置电白县,属高州。元属高州路。1983年属茂名市。2001年析置茂港区。2014年茂港区、电白县合设电白区。因多雷电得名。地势自东北向西南倾斜。年均气温23.4℃,年均降水量为1564.1毫米。有放鸡岛、竹洲岛、南士岛、青洲岛、大洲岛、三洲岛、岭仔屿。袂花江、龙记河、龙湾河流经。有中等职业学校2所,中学46所,小学380所,幼儿园98所,三级医院2个,二级医院8个。有图书馆、博物馆、体育馆。有全国重点文物保护单位谯国夫人冼氏墓。有省级文物保护单位冼太夫人故里、电城钟鼓楼。有国家级非物质文化遗产高脚狮。有省级非物质文化遗产麒麟舞、鳌鱼舞。有民俗人龙舞、双凤朝阳舞、木偶戏、火龙舞、凤鸡舞、咸水山歌。有国家4A级旅游景区放鸡岛。有景点虎头山海滨浴场、热水温泉、浪漫海岸、浮山岭、庄山等。三次产业比例23∶39∶38。农业以水稻、番薯种植为主,有生猪、金钱龟、石龟、鳄龟等饲养,特产水东芥菜、荔枝、龙眼、花生等。工业以香精香料、水产品加工、重化工、珠宝加工为主。服务业以旅游、商贸、物流为主。广茂铁路,深茂高铁,沈海、包茂、汕湛高速,325国道过境。有水东、博贺港。

电白汽车客运站［Diànbái Qìchē Kèyùnzhàn］ 见交通运输设施部分“电白汽车客运站”条。

电白二运长途汽车客运站［Diànbái Èryùn Chángtú Qìchē Kèyùnzhàn］ 见交通运输设施部分“电白二运长途汽车客运站”条。

南海街道［Nánhǎi Jiēdào］ 属电白区。在区境南部。面积33平方千米。人口3.6万。2002年设。因濒南海得名。有中学1所,小学7所,幼儿园4所,二级医院1个,卫生站5个。有文化场所、农家书屋。有景点虎头山、童子湾、晏镜岭、海洋公园、跨海大桥。农业以海洋捕捞、海水养殖为主。特产虾、鱿鱼、马鲛鱼、鲳鱼、膏蟹、牡蛎。工业以皮鞋、电器类、香精香料、海产品加工为主。服务业以仓储、旅游为主。高水公路过境。通公交车。

高地街道［Gāodì Jiēdào］ 属电白区。在区境西北部。面积24平方千米。人口4.2万。2002年设。因处粤西沿海花岗岩台地得名。有中学2所,小学9所,幼儿园7所,卫生站8个。有文化站、图书室。有景点歌美海公园、童子湾。农业以海洋捕捞、海水养殖为主。工业以海产品加工为主。服务业以旅游为主。325国道、进港公路过境。通公交车。

水东镇［Shuǐdōng Zhèn］ 电白区人民政府驻地。在区境西南部。面积75平方千米。人口23万。辖11居委会、16村委会,有96自然村。镇人民政府驻新街社区。民国时曾设水东乡。1942年改镇。1950年复改乡。1965年复改镇。1995年陈村镇并入。海水自东而涨,又向东而退,故名。共青河流经。有中等职业学校1所,中学13所,小学31所,幼儿园23所,三级医院1个,二级医院3个,卫生院1个,卫生站19个。有体育馆、文化中心。有东湖革命烈士纪念碑。有古迹大王古庙、陈罗古庙、柯氏家族墓等。农业以鸡心芥菜种植为主,有鱼等养殖。工业以小家电制造、水产品加工、塑料加工为主。325国道过境。

新街社区［Xīnjiē Shèqū］ 水东镇人民政府驻地。在区境西部。面积1平方千米。人口5100。2012年成立。民居以平房为主。开展慰问困难户、提供医疗服务等活动。有镇中心学校、卫生站。以个体小商铺经营为主。通公交车。

羊角镇［Yángjiǎo Zhèn］ 电白区辖镇。在区境西部。面积99平方千米。人口11.2万。辖1居委会、22村委会,有344自然村。镇人民政府驻羊角圩。1957年设羊角乡,后改公社。1983年改区。1987年改镇。因镇政府驻地得名。沙琅江、潭段河、龙珠河流经。有中学4所,小学31所,卫生院1个,卫生所22个。有古迹禄段登高坡古荔枝贡园、三桥城遗址、灵王庙、五佛庙、姐弟庙、刘氏祠堂。农业以水稻、玉米、番薯、马铃薯种植为主,特产荔枝、龙眼。工业以农副产品、乙烯产品深加工、制药为主。服务业以物流为主。三茂、洛湛铁路,省道牛化线过境。

羊角圩［Yángjiǎoxū］ 羊角镇人民政府驻地。在区政府驻地水东镇北29千米。人口0.98万。因“羊角扭”树得名。聚落呈橄榄状。有中小学、卫生院(站)。经济以商贸业为主。省道牛化线、县道羊云线经此。

坡心镇［Pōxīn Zhèn］ 电白区辖镇。在区境西部。面积53平方千米。人口9.5万。辖1居委会、17村委会,有193自然村。镇人民政府驻潭阪社区。1979年成立坡心公社。1983年改区。1987年改镇。处后坡、大化坡、卖柴坡中心,故名。沙琅江、共青河流经。有中学4所,小学2所,卫生院1个,卫生所1个。有古迹宋墓葬群、敷文书院遗址、正村文塔遗址、赖若山公祠、乐群郑公祠、国师井。工业以乙烯后加工、五金机械、食品加工、高岭土加工为主。三茂铁路,沈海高速,省道茂水、七那线,高水公路过境。

潭阪社区［Tánbǎn Shèqū］ 坡心镇人民政府驻地。在区境北部。面积2平方千米。人口1100。1987年成立。地势高低不平且有深水潭,故名。民居以楼房为主。有社区志愿者服务,以居家养老模式为主。有坡心镇中心小学。有乙烯加工,五金机械生产。通公交车。

七迳镇［Qījìng Zhèn］ 电白区辖镇。在区境西南部。面积90平方千米。人口7.5万。辖3居委会、17村委会,有155自然村。镇人民政府驻七迳社区。1979年成立七迳公社。1983年改区。1987年改镇。因镇政府驻地得名。沙琅江、共青河流经。有中学2所,小学28所,二级医院1个,卫生院1个,卫生所17个。有古迹雨公山道教基地、刘氏宗祠、冯氏宗祠。农业以水稻种植为主,特产北运菜、番薯、玉米、荔枝。工业以乙烯后加工,农产品、矿产品加工,精细化工为主。服务业以物流为主。325国道,省道茂水、七那线,水林公路过境。

七迳社区［Qījìng Shèqū］ 七迳镇人民政府驻地。在区境西南部。面积0.1平方千米。人口2600。1987年成立。因七条道路交会得名。民居以平房为主。有新时代文明实践站、社会工作服务点、服务中心、老年人活动站、七迳镇文化站。有中小学、卫生院、文化站、老年人活动站。有镇退役军人服务站、食品公司等。有个体工商业。省道那水线经此。通公交车。

小良镇［Xiǎoliáng Zhèn］ 电白区辖镇。在区境西北部。面积58平方千米。人口6.5万。辖1居委会、14村委会,有129自然村。镇人民政府驻小良社区。1950年曾设肇良乡。1958年成立小良公社。1983年改区。1987年改镇。因镇政府驻地得名。沙琅江、河林河流经。有中学1所,小学22所,卫生院1个,卫生所1个,诊所14个。农业以水稻、花生种植为主,有生猪、鲮鱼、罗非鱼养殖,特产北运菜、香蕉。工业以塑料鞋、塑料桶制造为主。325国道过境。

小良社区［Xiǎoliáng Shèqū］ 小良镇人民政府驻地。在区境西南部。面积2平方千米。人口2500。1987年成立。小即大也,良同梁,意指人才辈出,故名。民居以楼房为主。有社区志愿者服务、农业知识竞赛。以居家养老模式为主。有中心学校、中学、小良法庭。生产塑料制品。通公交车。

沙院镇［Shāyuàn Zhèn］ 电白区辖镇。在区境西部。面积43平方千米。人口5.3万。辖2居委会、11村委会,有117自然村。镇人民政府驻木苏村。1957年设沙院乡,后改公社。1984年改区。1987年改镇。因镇政府原驻地得名。沙琅江、共青河流经。有中学2所,小学14所,二级医院1个,卫生院1个,卫生所1个。有古迹水福庙、黄氏大宗祠、沙院咸水温泉。农业以水稻种植为主,特产木薯、香蕉、四季豆、台湾红辣椒、西红柿、沙姜。工业以橡胶塑料、食品加工、日用化工、纺织、葵制品加工为主。325国道、省道那水线过境。

木苏村［Mùsūcūn］ 沙院镇人民政府驻地。在区政府驻地水东镇西北9千米。人口1700。因处木苏岭边得名。聚落呈团块状。有小学、卫生院。农业以水稻、花生种植为主。325国道经此。

马踏镇［Mǎtà Zhèn］ 电白区辖镇。在区境东部。面积136平方千米。人口8.4万。辖1居委会、19村委会,有237自然村。镇人民政府驻马踏社区。1951年设马踏区。1957年改乡,后改公社。1983年复改区。1987年改镇。传仙人云游,于圩边青石上留下马蹄印得名。有中学1所,小学24所,幼儿园5所,卫生院1个,卫生站20个。有古迹连江县遗址、东江石庙。农业以水稻、花生、番薯种植为主,特产北运菜、荔枝、龙眼、香蕉、杧果、橄榄。工业以制锁、花岗岩开采为主。县道范望、观马线过境。

马踏社区［Mǎtà Shèqū］ 马踏镇人民政府驻地。在区境东北部。面积2平方千米。人口1700。因镇名得名。1987年成立。民居多以欧式小洋房为主。有社区志愿者服务,以居家养老模式为主。种植花生、番薯,有个体经营小商铺。有马踏自然资源所、马踏工商所。马观、马望公路经此。

岭门镇［Lǐngmén Zhèn］ 电白区辖镇。在区境东南部。面积93平方千米。人口6.3万。辖1居委会、17村委会,有110自然村。镇人民政府驻岭门社区。1959年成立大榜公社。1973年改岭门公社。1983年改区。1987年改镇。因处四季岭南入口得名。儒洞河流经。有中学4所,小学24所,幼儿园12所,卫生院1个,社区卫生服务站5个,卫生站18个。有文化中心、文化站、曲艺团。有景点白沙漏岭、十里银滩。农业以水稻种植为主,有生猪、罗非鱼等饲养,特产甘蔗、花生、荔枝、龙眼、北运菜。工业以制锁、电子、手机电池加工为主。325国道过境。

岭门社区［Lǐngmén Shèqū］ 岭门镇人民政府驻地。在区境东部。面积1平方千米。人口6300。因镇名得名。1987年成立。民居以平房为主。有社区志愿者服务,以居家养老模式为主。有对虾养殖。通公交车。

电城镇［Diànchéng Zhèn］ 电白区辖镇。在区境东南部。面积50平方千米。人口7万。辖4居委会、28村委会,有245自然村。镇人民政府驻电光村。1957年设电城乡,后改公社。1968年改镇。2003年爵山镇并入。因明代土城神电卫城得名。有中学4所,小学40所,幼儿园13所,三级医院1个,卫生院2个,卫生所1个。有古迹冼太夫人墓、冼太夫人庙、钟鼓楼、黄十九墓庙、罗城井、严家祠、庄山岭、莲头海滩。农业以水稻、花生、莲藕种植为主,特产波浪鱼、毛虾、牡蛎、对虾、海胆。工业以海产品加工为主。服务业以商贸、物流为主。325国道过境。

电光村［Diànguāngcūn］ 电城镇人民政府驻地。在区政府驻地水东镇东29千米。人口

400。因镇名得名。聚落呈团块状。有民俗正月二十办年例。农业以水稻、花生种植为主。

树仔镇［Shùzǎi Zhèn］ 电白区辖镇。在区境南部。面积57平方千米。人口6.5万。辖1居委会、13村委会，有99自然村。镇人民政府驻树仔社区。1957年设树仔乡，后改公社。1983年改区。1987年改置。传有商人进城做生意因疲劳于树下乘凉作息，后渐成集市，故名。乌石河流经。有中学1所，小学17所，幼儿园3所，卫生院1个，卫生站13个。有古迹覆船岭、文字岭、墨花池石刻、冼夫人庙、登楼天后宫、练武石。农业以果树、北运菜种植为主，有鱼、虾、贝等饲养。工业以香精香料、鱼粉饲料、复合肥、乙烯及石化产品后续加工为主。325国道过境。

树仔社区［Shùzǎi Shèqū］ 树仔镇人民政府驻地。在区境东部。面积1平方千米。人口4300。因镇名得名。1990年成立。民居以平房为主。有社区志愿者服务，以居家养老模式为主。有中小学、卫生站。有香精香料、鱼粉饲料生产。325国道经此。

麻岗镇［Mágǎng Zhèn］ 电白区辖镇。在区境南部。面积102平方千米。人口7.4万。辖1居委会、20村委会，有177自然村。镇人民政府驻麻岗社区。1957年设麻岗乡，后改公社。1983年改区。1987年改镇。传隋朝用麻绳扛建筑材料上山岗建道观得名。麻岗河流经。有中学1所，小学21所，幼儿园5所，二级医院1个，卫生服务站1个，卫生站21个。有文化中心、农村书屋。有景点热水水库、御水古温泉。农业以水稻种植为主，有罗非鱼、白对虾养殖，特产石苟中药材、牛门沃柑、大路街早熟荔枝、坑内香芋、百田圣女果、双目乳鸽。工业以香精香料、复合肥、水产品、木材加工为主。325国道，麻宿、麻博公路过境。

麻岗社区［Mágǎng Shèqū］ 麻岗镇人民政府驻地。有区境东部。面积1平方千米。人口5100。因镇名得名。1987年成立。1999年改今名。民居以楼房为主。有志愿者服务站、法律咨询站。定期为社区讲解法律知识，提供法律咨询服务。有中小学。有个体小商铺经营。325国道经此。

旦场镇［Dànchǎng Zhèn］ 电白区辖镇。在区境中部偏南。面积81平方千米。人口7.5万。辖1居委会、15村委会，有213自然村。镇人民政府驻旦场社区。1957年设旦场乡，后改公社。1983年改区。1987年改镇。原名蛋场，卖鸭蛋成圩场，后谐音更今名。林森河流经。有中学1所，小学17所，幼儿园6所，卫生院1个，卫生站17个。有古迹唱善桥、碧秋庙。农业以水稻种植为主，特产红心鸭蛋等。工业以塑料、建材、木器、竹器、农副产品加工为主。228国道，旦松、旦青公路过境。

旦场社区［Dànchǎng Shèqū］ 旦场镇人民政府驻地。在区境西南部。面积3平方千米。人口4500。因镇名得名。1987年成立。民居以楼房为主。有社区志愿者服务、法律咨询服务。有中小学、卫生院。有个体小商铺经营。旦青公路经此。通公交车。

林头镇［Líntóu Zhèn］ 电白区辖镇。在区境西北部。面积173平方千米。人口14万。辖2居委会、33村委会，有398自然村。镇人民政府驻林头社区。1958年成立林头公社。1983年改区。1987年改镇。2003年大衙镇并入。原名榄头，圩北有大黄榄树，后谐音更今名。沙琅江流经。有中学3所，小学40所，幼儿园13所，卫生院2所，卫生站31个。有文化站、文化活动中心、民间艺社演出队。有古迹贞节牌坊遗迹、伏波帮主庙、八角楼。农业以水稻、花生种植为主，有猪、鸡、虾、龟鳖饲养，特产香蕉、荔枝、龙眼。工业以香精、电线杆、蓄电池、饲料加工为主。广湛高速、省道那水线过境。

林头社区［Líntóu Shèqū］ 林头镇人民政府驻地。在区境东北部。面积1平方千米。人口9200。因镇名得名。1987年成立。民居以平房为主。有社区志愿者服务。有环城中学、林头中学。农业以水稻、小麦种植为主。通公交车。

霞洞镇［Xiádòng Zhèn］ 电白区辖镇。在区境东北部。面积120平方千米。人口10万。辖3居委会、24村委会，有249自然村。镇人民政府驻霞洞社区。1957年设霞洞乡，后改公社。1983年改区。1987年改镇。因浮山高峰岩洞丽色如霞得名。有中学3所，小学29所，幼儿园11所，卫生院1个，社区卫生服务站5个，卫生站27个。有古迹浮山岭、荔映丹霞、古石柱。农业以荔枝种植为主，有乳鸽饲养。工业以花岗岩石料、石灰石产品、河沙、红砖、木材加工为主。三茂铁路、省道那水线过境。

霞洞社区［Xiádòng Shèqū］ 霞洞镇人民政府驻地。在区境西北部。面积2平方千米。人口1300。因镇名得名。1987年成立。民居以平房为主。有纪念冼太夫人、制作豆饼、酿米酒、包粽子等活动。有环城中学。制作加工豆制品(霞洞豆饼)。通公交车。

观珠镇［Guānzhū Zhèn］ 电白区辖镇。在区境中部。面积155平方千米。人口10.8万。辖1居委会、24村委会，有365自然村。镇人民政府驻观珠社区。1979年成立观珠公社。1983年改区。1987年改镇。因镇政府驻地原名得名。有中学2所，小学31所，幼儿园5所，卫生院1个，卫生站24个。有文化活动中心、农家书屋。有大水坡村革命烈士纪念馆。有景点磻坑仙人洞、仙人泉、锦盖山。农业以水稻、花生种植为主，有生猪、鸡、鸭、鱼饲养，特产北运菜、荔枝、龙眼、黄皮、黄榄、白木香、巴戟。省道七那线、县道观马线过境。

观珠社区［Guānzhū Shèqū］ 观珠镇人民政府驻地。在区境东北部。面积1平方千米。人口1600。传明代有夫妇扛猪到此交易，后渐成集市，故名扛猪岭，后谐音雅称今名。1958年成立。民居以平房、小洋楼为主。有沉香文化宣传、制作沉香制品等活动。有中小学、卫生院。农业以水稻、花生、沉香、巴戟种植为主。省道那水线经此。通公交车。

沙琅镇［Shāláng Zhèn］ 电白区辖镇。在区境北部。面积89平方千米。人口8.3万。辖2居委会、15村委会，有314自然村。镇人民政府驻沙琅社区。1959年成立沙琅公社。1983年改区。1987年改镇。因沙琅江得名。沙琅江、袂花江流经。有中学2所，小学1所，二级医院1个，卫生院1个，卫生所1个。有文化中心。农业以水稻种植为主，有猪、山地鸡、池塘鱼饲养，特产香蕉、荔枝、龙眼、南药、北运蔬菜。工业以中药材、香精香料、铁器、竹器加工为主。三茂铁路、省道沙沙线、县道沙分线过境。

沙琅社区［Shāláng Shèqū］ 沙琅镇人民政府驻地。在区境东北部。面积4平方千米。人口5800。因镇名得名。1987年成立。民居以小洋房、平房为主。养老模式以居家养老为主。有中小学。有金钱龟养殖，生产沙琅酱油。省道沙沙线经此。通公交车。

黄岭镇［Huánglǐng Zhèn］ 电白区辖镇。在区境北部。面积78平方千米。人口5万。辖1居委会、14村委会，有175自然村。镇人民政府驻黄岭社区。1957年设黄岭乡，后改公社。1983年改区。1987年改镇。因黄岭河、黄岭山得名。有中学1所，小学18所，幼儿园1所，卫生院1个，卫生站14个。有景点南清“三人石”山、岭岗山。农业以水稻、蔬菜种植为主，特产白沙黄皮、鸡心黄皮、南蕉。工业以石灰、电子、木材加工为主。三茂铁路过境。

黄岭社区［Huánglǐng Shèqū］ 黄岭镇人民政府驻地。在区境北部。面积1平方千米。人口1800。因镇名得名。1987年成立。民居以楼房为主。有法律咨询服务。有中小学。以粮食、蔬菜、水果、林木种植和禽畜养殖为主。通公路。

望夫镇［Wàngfū Zhèn］ 电白区辖镇。在区境东部。面积102平方千米。人口4.3万。辖1居委会、10村委会，有167自然村。镇人民政府驻望夫社区。1949年设望夫乡，后改公社。1983年改区。1987年复乡。1988年改镇。因镇政府驻地原名得名。望夫河流经。有中学1所，小学10所，卫生院1个，医疗站12个。有景点望夫山、望夫石、大发岭、尖峰岭。农业以水稻、花生、番薯种植为主，有淡水养殖，特产北运蔬菜、荔枝、龙眼、黄榄。工业以建材、木材加工为主。省道沙沙线、县道范望线过境。

望夫社区［Wàngfū Shèqū］ 望夫镇人民政府驻地。在区境东北部。面积3.2平方千米。人口1400。1987年成立。因望夫山得名。民居以平房为主。有敬老院。有志愿者服务，法律咨询服务。有中小学、幼儿园、卫生院。有建材、木材加工。通公交车。

罗坑镇［Luókēng Zhèn］ 电白区辖镇。在区境北部。面积153平方千米。人口3万。辖1居委会、15村委会，有167自然村。镇人民政府驻罗坑社区。1961年成立罗坑公社。1983年改区。1987年改镇。为纪念罗姓英雄得名。有中学1所，小学17所，幼儿园1所，卫生院1个，社区卫生服务站1个，卫生站15个。农业以荔枝、龙眼、南药、红豆杉、八角种植为主，有淡水养殖。工业以小水电、木器加工、乙烯后续加工、化工、建材为主。325国道、省道那水线、县道三架线过境。

罗坑社区［Luókēng Shèqū］ 罗坑镇人民政府驻地。在区境东北部。面积1平方千米。人口2500。因镇名得名。1987年成立。民居以楼房为主。有志愿者服务，法律咨询服务。有中小学。有小水电、竹子、木材加工。325国道经此。

那霍镇［Nèihuò Zhèn］ 电白区辖镇。在区境北部。面积147平方千米。人口7.2万。辖1居委会、15村委会，有280自然村。镇人民政府驻那霍社区。1953年设那霍区，后改公社。1983年复改区。1987年改镇。原名那藿，因种植藿香得名，后更今名。圩头、石坦、白马、大田河流经。有中学1所，小学20所，幼儿园3所，卫生院1个，卫生站15个。有文化花园、文化中心。有民俗舞狮。农业以水稻种植为主，特产荔枝、龙眼、青瓜、四季豆、油菜、辣椒等。工业以木材加工、水电、农机、建材为主。三茂铁路，省道七那、广高线过境。

那霍社区［Nèihuò Shèqū］ 那霍镇人民政府驻地。在区境北部。面积2平方千米。人口4000。因镇名得名。1987年成立。民居以楼房为主。有影剧院、图书阅览室、多功能室、少儿活动室、文体活动室、电子阅览室、老年人活动室等。有文艺、科普、法制、农技、卫生等培训。有中小学、卫生院。有市场监督管理所、茂名农商银行等。农业以水稻、番薯、藿香种植为主。通公交车。

博贺镇［Bóhè Zhèn］ 电白区辖镇。在区境南部。面积47平方千米。人口7.2万。辖5居委会、10村委会，有60自然村。镇人民政府驻解放街社区。1958年成立博贺镇公社。1965年改镇。2003年龙山镇并入。因地处河口,古越语"博"为"口","贺"为"河",故名。有中学2所,小学15所,幼儿园12所,卫生院1个,卫生站15个。有文化站、农家书屋。有国家4A级旅游景区放鸡岛。有景点龙头山浪漫海岸、月牙湾、林带公园、黄花梨公园、三八林带。农业以对虾、小青龙、石斑鱼等养殖为主,特产马鲛、石斑、龙虾、海蜇、对虾、蟹、生蚝。工业以海产品加工为主。325国道过境。

解放街社区 [Jiěfàngjiē Shèqū] 博贺镇人民政府驻地。在区境南部。面积1平方千米。人口5600。因位于解放街得名。1968年成立。民居以楼房为主。有社区党群中心、退伍军人服务站、老人服务活动站。有志愿者服务、法律咨询服务、社区家长学校等。有博贺学校。有个体经营小商铺。通公交车。

高州市

高州市 [Gāozhōu Shì] 广东省直辖县级市,由茂名市代管。北纬21°42′,东经110°36′。在茂名市境中部。面积3276平方千米。人口172.6万。辖5街道、23镇。市人民政府驻潘州街道。南朝梁大通中(528)置高州。隋大业三年(607)废。唐武德六年(623)复置高州。天宝初(742)改高州曰高凉郡,潘州曰南潘郡。宋开宝五年(972)州废,以县属高州。景德元年(1004)属窦州。三年(1006)属高州。元复属高州,大德八年(1304)徙高州路来治(茂名县)。明洪武元年(1368)设立高州府。清代沿明制。民国时撤高州府留茂名县,隶属高雷道、南路行政区、第七行政区、第十三行政区。1949年后隶属南路专区、高雷专区、粤西行政区、湛江专区。1958年11月茂名、信宜2县合置茂信县。12月更名高州县。1961年信宜县析出,属湛江专区。1983年属茂名市。1993年改市,由茂名市代管。因高凉山得名。先后改扩建茂名大道、桂园路、东方大道、站前路、光明北路。有标志性建筑孔庙、秀川图书馆。平均海拔819.4米。年均气温23.2℃,1月平均气温15.6℃,7月平均气温28.5℃。年均降水量1775.4毫米。鉴江、曹江、陵江、云潭、沙田、新垌河流经。森林覆盖率63.72%。有中学65所,小学295所,三级医院1个,二级医院4个。有国家4A级旅游景区仙人洞。有古迹冼太庙、三塔、观山、南宫庵群、南皋学舍、长坡旧城、高凉岭、平云山、关帝庙、天后宫、灵惠寺。三次产业比例22∶24∶54。农业以水稻种植为主,有罗非鱼、生猪、蛋鸡饲养,特产荔枝、龙眼、香蕉、北运菜、南药、茶花、高州香蕉。工业以农产品加工、医药健康、金属制品、轻工纺织为主。服务业以物流、商贸、旅游为主。洛湛铁路,207国道,省道罗水、高七、三马、松仙线过境。

高州站 [Gāozhōu Zhàn] 见交通运输设施部分"高州站"条。

高州城东汽车客运站 [Gāozhōu Chéngdōng Qìchē Kèyùnzhàn] 见交通运输设施部分"高州城东汽车客运站"条。

高州汽车客运站 [Gāozhōu Qìchē Kèyùnzhàn] 见交通运输设施部分"高州汽车客运站"条。

潘州街道 [Pānzhōu Jiēdào] 高州市人民政府驻地。在市境中部偏南。面积25平方千米。人口12.5万。2003年设。唐贞观八年(634)置潘州,故名。先后改扩建东方大道、桂园路,改造旧城。有中学6所,小学7所,三级医院1个,二级医院3个,卫生院1个。有古迹文笔塔、艮龙塔、冼太庙、迴水庵群等。工业以玉雕、角雕、印刷、制衣、皮革手套加工为主。服务业以商贸、物流为主。省道罗水线过境。

石仔岭街道 [Shízǐlǐng Jiēdào] 属高州市。在市境西南部。面积42平方千米。人口3.6万。1995年设。因石仔岭得名。先后建成高州中学、海关高州办事处大楼、电信大楼、金福花园别墅群,改扩建高州大道、府前路。鉴江河流经。有中学1所,小学1所,二级医院1个,卫生院1个,卫生所10个。农业以蔬菜、花卉种植为主,有鸡、鸭、鹅等饲养。工业以皮革、家具制造为主。207国道,高水、高茂公路过境。

山美街道 [Shānměi Jiēdào] 属高州市。在市境东部。面积39平方千米。人口2.1万。1995年成立。因山美村得名。有中学2所,小学6所。农业以水稻种植为主,特产荔枝、龙眼、北运菜。省道高长、高茂东、高广中、罗水线过境。

金山街道 [Jīnshān Jiēdào] 属高州市。在市境南部。面积62平方千米。人口7万。1996年设。因金山村得名。有中学1所,小学12所,卫生院1个,卫生所10个。农业以果树、蔬菜、花卉种植为主,有生猪、鸽饲养。三茂、洛湛铁路,包茂、汕湛高速,高水公路过境。

宝光街道 [Bǎoguāng Jiēdào] 属高州市。在市境西南部。面积159平方千米。人口8.5万。2003年设。因宝光塔得名。有中学2所,小学26所,卫生院1个,卫生所18个。有古迹宝光塔、缅茄树、观山寺、冼太庙。有佛子岭自然保护区。农业以水稻、花生种植为主,有生猪、鸽、鱼饲养,特产龙眼、香蕉、甜玉米。工业以保健品、耐火材料制造、高岭土精选为主。207国道,省道阳闸线,西沙、顿丁公路过境。

谢鸡镇 [Xièjī Zhèn] 高州市辖镇。在市境东南部。面积103平方千米。人口6.5万。辖1居委会、19村委会,有16自然村。镇人民政府驻谢鸡圩。1950年设谢鸡乡,后改公社。1983年改区。1986年改镇。因镇政府驻地得名。有中学2所,小学20所,卫生院1个。有古迹高升寺、坤宁寺。有谢鸡镇森林公园。农业以水稻、大豆种植为主,有生猪、白仓鱼、嘉洲鲈鱼、桂花鱼饲养,特产香蕉、荔枝、龙眼、杧果、北运菜、油茶、砂仁。工业以花岗岩板材、建材、编织为主。包茂高速、省道广高线过境。

谢鸡圩 [Xièjīwéi] 谢鸡镇人民政府驻地。在市政府驻地潘州街道东15千米。人口1万。传古时"康"姓独富,后有其他三姓联合建三鸡庙制"糠(康)",为谢"三鸡",故名。聚落呈团块状。有中学、卫生院。农业以水稻为主,特产荔枝、龙眼、香蕉、北运菜。省道广高线经此。

新垌镇 [Xīntóng Zhèn] 高州市辖镇。在市境东部。面积168平方千米。人口5.4万。辖1居委会、19村委会,有329自然村。镇人民政府驻安山村。民国时曾设新垌乡。1953年复乡,后改公社。1983年改区。1986年改镇。明代邓氏祖先开良田,称新垌,故名。有大双罗峰。有中学1所,小学27所,卫生院2个。有古迹思源亭、三官山。农业以水稻、小麦种植为主,特产香蕉、荔枝、方柿、杧果、新垌茶。工业以非金属矿采选、农副产品加工、纺织、电子为主。新高、安山—云炉公路过境。

安山村 [Ānshāncūn] 新垌镇人民政府驻地。在市政府驻地潘州街道东南25千米。人口4900。大炼钢铁且有"小鞍山"之称,故名。聚落呈团块状。有小学、卫生站。农业以水稻种植为主,特产荔枝、北运菜。省道安山线、县道新垌—长坡线经此。

云潭镇 [Yúntán Zhèn] 高州市辖镇。在市境东部。面积84平方千米。人口3.9万。辖1居委会、13村委会,有159自然村。镇人民政府驻云潭圩。1950年设云潭乡,后改公社。1983年改区。1986年改镇。因镇政府驻地得名。袂花江流经。有中学2所,小学13所,省示范性成人技校1所,幼儿园5所,卫生院1个。有古迹黄鳝坡遗址。农业以水稻种植为主,有家畜等饲养,特产北运菜、爆皮黄番薯、竹笋。工业以水电、建材、塑料加工、木材加工为主。省道广高线、高州—新兴公路过境。

云潭圩 [Yúntánwéi] 云潭镇人民政府驻地。在市政府驻地潘州街道东40千米。人口3000。传大潭每日有祥云升起,故名。聚落呈团块状。有中小学、卫生院。农业以水稻、荔枝、蔬菜种植为主。服务业以商贸为主。省道广高线经此。

分界镇 [Fēnjiè Zhèn] 高州市辖镇。在市境南部。面积84平方千米。人口4.5万。辖1居委会、12村委会,有144自然村。镇人民政府驻分界圩。1957年设分界乡,后改公社。1983年改区。1986年改镇。因镇政府驻地得名。有中学2所,小学13所,卫生院1个。农业以龙眼种植为主,有鳄鱼养殖。工业以桂圆肉加工为主。苍地—计星公路过境。

分界圩 [Fēnjièwéi] 分界镇人民政府驻地。在市政府驻地潘州街道西北20千米。人口1万。为2县分界线,故名。聚落呈团块状。有中小学、卫生院、文化活动中心。经济以果菜购销为主。苍地—计星公路经此。

根子镇 [Gēnzi Zhèn] 高州市辖镇。在市境东南部。面积86平方千米。人口6万。辖1居委会、17村委会,有297自然村。镇人民政府驻根子圩。1960年成立根子公社。1983年改区。1986年改镇。因镇政府驻地得名。有中学2所,小学18所,卫生院1个。农业以水稻种植为主,特产白糖罂、白腊荔枝。工业以农产品加工为主。服务业以旅游为主。省道广高线过境。

根子圩 [Gēnziwéi] 根子镇人民政府驻地。在市政府驻地潘州街道东南24千米。人口2900。传纪念大榕树树根护佑村民得名。聚落呈带状。有中小学、卫生院。农业以水稻种植为主,盛产荔枝。省道广高线经此。

泗水镇 [Sìshuǐ Zhèn] 高州市辖镇。在市境东南部。面积76平方千米。人口6.5万。辖1居委会、12村委会,有222自然村。镇人民政府驻泗水圩。1950年设泗水乡,后改公社。1983年改区。1986年改镇。因镇政府驻地得名。有中学2所,小学20所,卫生院1个。有古迹长岗岭遗址、隋唐生活遗址。农业以水稻、番薯、花生种植为主,有生猪、塘鱼饲养,特产荔枝、甘蔗、胡椒、蚕丝。工业以玻璃制品、果菜加工、包装、建材为主。高水公路过境。

泗水圩 [Sìshuǐwéi] 泗水镇人民政府驻地。在市政府驻地潘州街道东南14千米。人口4100。因四小河汇合于此得名。聚落呈放射状。有卫生所。有古迹长岗岭遗址、隋唐生活遗址。农业以水稻种植为主。服务业以商贸为主。高水公路经此。

石鼓镇 [Shígǔ Zhèn] 高州市辖镇。在市境南部。面积134平方千米。人口15万。辖3居委会、32村委会,有369自然村。镇人民政府驻石鼓圩。1957年设石鼓乡,后改公社。1983年改区。1986年改镇。因镇政府驻地得名。有中学5所,小学42所,卫生院2个。农业以水稻、甘蔗、花生种植为主,有淡水鱼、生猪等饲养。工业以建材、制革、造纸、塑料、饲料加工为主。207国道过境。

石鼓圩 [Shígǔwéi] 石鼓镇人民政府驻地。在市政府驻地潘州街道西南12千米。人口6600。因石鼓岭得名。聚落呈团块状。有中小学、卫生院。农业以水稻、荔枝、龙眼、辣椒种植为主。207国道经此。

镇江镇 [Zhènjiāng Zhèn] 高州市辖镇。

在市境西南部。人口3.9万。辖14村委会,有134自然村。镇人民政府驻镇江圩。1953年曾设镇罡乡。1983年改镇江区。1986年改镇。因镇政府驻地得名。有中学2所,小学14所,卫生院2个,医疗站14个。农业以水稻种植为主,有澳洲青龙虾、罗非鱼、鸡、鸭饲养,特产丝苗米、无核沃柑、圣女果、艾草、花卉、首乌。县道六连线过境。

镇江圩 [Zhènjiāngwéi] 镇江镇人民政府驻地。在市政府驻地潘州街道西北6千米。人口5200。因以"罡星"镇反乱,取名镇罡墟,后更今名。聚落呈团块状。有小学、卫生所、老人活动中心。有古迹山头岭遗址等。农业以水稻种植为主。

沙田镇 [Shātián Zhèn] 高州市辖镇。在市境西部。面积98平方千米。人口3.2万。辖1居委会、14村委会,有122自然村。镇人民政府驻沙田村。1957年设沙田乡,后改公社。1983年改区。1986年改镇。因镇政府驻地得名。有中学2所,小学14所,卫生院1个。有革命烈士纪念碑。农业以水稻、番薯、花生、甘蔗、荔枝种植为主。县道顿镇线过境。

沙田村 [Shātiáncūn] 沙田镇人民政府驻地。在市政府驻地潘州街道西14千米。人口5600。因土壤以沙质为主得名。聚落呈团块状。有小学、卫生站。有古迹文贤寺、华佗庙、长岭遗址。农业以水稻种植为主。县道顿镇线经此。

南塘镇 [Nántáng Zhèn] 高州市辖镇。在市境西部。面积144平方千米。人口5.8万。辖1居委会、14村委会,有222自然村。镇人民政府驻南塘圩。1953年设南塘区,后改公社。1983年复改区。1986年改镇。因镇政府驻地得名。有中学1所,小学1所,卫生院1个。工业以造纸、建材、家具制造为主。207国道、省道松仙线过境。

南塘圩 [Nántángwéi] 南塘镇人民政府驻地。在市政府驻地潘州街道西北20千米。人口5100。传有贫困户卖儿挖塘养鱼,后攒钱赎儿,故名男塘,后更今名。聚落呈条带状。有中小学、卫生院。有古迹关草岭遗址、南塘渡槽。农业以水稻种植为主。207国道、省道松仙线经此。

荷花镇 [Héhuā Zhèn] 高州市辖镇。在市境西北部。面积107平方千米。人口4.2万。辖1居委会、18村委会,有166自然村。镇人民政府驻荷花村。1958年成立木头塘公社。1983年改区。1986年改镇。1993年更今名。因镇政府驻地得名。有中学2所,小学20所,卫生院1个。农业以水稻种植为主,特产沉香、南蕉、莲子、油茶、黄栀子。工业以皮革手套、竹木制品、五金、制衣为主。云茂高速、359国道过境。

荷花村 [Héhuācūn] 荷花镇人民政府驻地。在市政府驻地潘州街道西北52千米。人口4.2万。因种莲子,遍地盛开莲花得名。聚落呈条带状。有小学、卫生所。有古迹讲堂庙、天后宫。农业以南蕉、沉香、橘子种植为主。白荷公路经此。

石板镇 [Shíbǎn Zhèn] 高州市辖镇。在市境西北部。面积102平方千米。人口3.1万。辖1居委会、13村委会,有209自然村。镇人民政府驻石板圩。1961年成立石板公社。1983年改区。1986年改镇。因镇政府驻地得名。有中学1所,小学20所,卫生院1个,卫生站13个。农业以水稻、番薯种植为主,有生猪、兔饲养,特产橡胶、胡椒、油茶、药材、蚕丝、柑橙。工业以农产品加工为主。省道松仙线过境。

石板圩 [Shíbǎnwéi] 石板镇人民政府驻地。在市政府驻地潘州街道西北32千米。人口2000。因有天然大石板得名。聚落呈条带状。有中小学、卫生院。农业以香蕉种植为主。工业以手套加工为主。省道松仙线经此。

东岸镇 [Dōng'àn Zhèn] 高州市辖镇。在市境北部。面积255平方千米。人口7.3万。辖2居委会、27村委会,有692自然村。镇人民政府驻东岸圩。1950年设东岸区,后改公社。1983年复改区。1986年改镇。因镇政府驻地得名。有中学1所,小学31所,卫生院1个,医疗站20个。有唐宋古窑址。农业以水稻、番薯、大豆种植为主,有中华鲟、淡水虾、生猪、山地鸡、白鸽饲养,特产甘蔗、荔枝、龙眼、香蕉。县道大泮线过境。

东岸圩 [Dōng'ànwéi] 东岸镇人民政府驻地。在市政府驻地潘州街道东北40千米。人口800。因东岸河得名。聚落呈团块状。有中小学、卫生院。农业以水稻种植为主,有中华鲟、淡水虾养殖,产荔枝、香蕉。县道大泮线经此。

大井镇 [Dàjǐng Zhèn] 高州市辖镇。在市境北部。面积124平方千米。人口5.7万。辖1居委会、14村委会,有324自然村。镇人民政府驻大井圩。1957年设大井乡,后改公社。1983年改区。1986年改镇。因镇政府驻地得名。有中学1所,小学17所,卫生院1个。农业以荔枝种植为主,有蛋鸡饲养。207国道、广海北线公路过境。

大井圩 [Dàjǐngwéi] 大井镇人民政府驻地。在市政府驻地潘州街道西南28千米。人口2万。因天然大水井得名。聚落呈团块状。有中小学、卫生院。经济以商贸为主。特产荔枝。207国道经此。

潭头镇 [Tántóu Zhèn] 高州市辖镇。在市境西北部。面积76平方千米。人口3.6万。辖1居委会、14村委会,有256自然村。镇人民政府驻潭头圩。1957年设潭头乡,后改公社。1983年改区。1986年改镇。因镇政府驻地得名。有中学2所,小学13所,省示范性成人技校1所,幼儿园5所,卫生院1个。农业以水稻、番薯种植为主,特产香蕉、胡椒、茶叶、橡胶。工业以矿产开采、板材加工、造纸、手套加工为主。207国道过境。

潭头圩 [Tántóuwéi] 潭头镇人民政府驻地。在市政府驻地潘州街道北36千米。人口4300。因处潭前得名。聚落呈条带状。有中小学、卫生院。经济以商贸为主。

长坡镇 [Chángpō Zhèn] 高州市辖镇。在市境东北部。面积214平方千米。人口9万。辖2居委会、33村委会,有418自然村。镇人民政府驻长坡圩。1958年成立长坡公社。1983年改区。1988年改镇。2003年石龙镇并入。因镇政府驻地得名。有中学1所,小学38所,幼儿园19所,卫生院1个。有省级文物保护单位古电白郡遗址。有古迹雷垌良艺冼公祠、中华元始冼太庙、千年陈仓米、古窖群、莲花古井遗址、平云山古寺、大王岭、雅口岩、金香炉。农业以香蕉、水稻种植为主。服务业以旅游为主。包茂、阳化高速,高长公路过境。

长坡圩 [Chángpōwéi] 长坡镇人民政府驻地。在市政府驻地潘州街道东北21千米。人口5700。因石狗岭长形坡地得名。聚落呈条带状。有中小学、卫生院。农业以水稻、香蕉种植为主。工业以木材加工为主。高州—大坡公路经此。

大坡镇 [Dàpō Zhèn] 高州市辖镇。在市境东北部。面积226平方千米。人口4.9万。辖1居委会、25村委会,有521自然村。镇人民政府驻大坡圩。民国时曾设朗韶乡。1953年设大坡区,后改公社。1983年复改区。1986年改镇。因镇政府驻地得名。有大桥顶峰。有中学2所,小学28所,卫生院1个,医疗站22个。农业以水稻、番薯种植为主,特产松、杉、竹、松脂、油茶、橡胶。高州—大坡公路过境。

大坡圩 [Dàpōwéi] 大坡镇人民政府驻地。在市政府驻地潘州街道东北60千米。人口5400。因大坡岭得名。聚落呈团块状。有中小学、卫生院。农业以水稻、番薯种植为主。县道长马线经此。

平山镇 [Píngshān Zhèn] 高州市辖镇。在市境东北部。面积145平方千米。人口3.4万。辖1居委会、15村委会,有243自然村。镇人民政府驻平山圩。民国时曾设黄塘乡。1959年成立平山公社。1983年改区。1986年改乡。1988年改镇。因镇政府驻地得名。有中学1所,小学15所,卫生院1个。农业以水稻、番薯、小麦种植为主,有黄塘猪饲养,产松、杉。省道罗水线、乐凤公路过境。

平山圩 [Píngshānwéi] 平山镇人民政府驻地。在市政府驻地潘州街道北40千米。人口300。因平山岭得名。聚落呈团块状。有中小学、卫生院。农业以水稻种植为主,有鸡、鸭饲养,特产荔枝、香蕉、龙眼。省道罗水线经此。

深镇镇 [Shēnzhèn Zhèn] 高州市辖镇。在市境东北部。面积104平方千米。人口2万。辖1居委会、13村委会,有246自然村。镇人民政府驻深镇圩。1956年设深镇乡,后改公社。1983年改区。1986年复改乡。1988年改镇。因镇政府驻地得名。有大雾岭。有中学1所,小学16所,卫生院1个。有古迹天河瀑、龙井深潭、古寺仙泉、石山云梯、狮牛对峙、神奇三石等。有国家4A级旅游景区仙人洞。农业以香蕉、南蕉、荔枝、龙眼种植为主。工业以小水电为主。服务业以旅游为主。县道大平线过境。

深镇圩 [Shēnzhènwéi] 深镇镇人民政府驻地。在市政府驻地潘州街道东北40千米。人口700。因处深山,如四象守护之势,故名。聚落呈长条状。有中学、卫生院。有古迹石头街。农业以香蕉、南蕉、荔枝、龙眼种植为主。县道大平线经此。

马贵镇 [Mǎguì Zhèn] 高州市辖镇。在市境北部。面积167平方千米。人口4.1万。辖1居委会、14村委会,有322自然村。镇人民政府驻马贵圩。1958年成立马贵公社。1983年改区。1986年改镇。因镇政府驻地得名。马贵河流经。有中学1所,小学13所,卫生院1个,医疗站14个。有柏川练公祠、古庙。农业以水稻、番薯种植为主,有氹仔鱼、走地鸡、肉牛、山羊饲养,特产藿香、益智南药。省道三马、罗水线,马贵—高州、阳春、信宜公路过境。

马贵圩 [Mǎguìwéi] 马贵镇人民政府驻地。在市政府驻地潘州街道北72千米。人口300。明代李姓定居前派塾师勘察,马跪于此,故名马跪,后雅称今名。聚落呈团块状。有中小学、卫生所。农业以水稻、番薯种植为主,有氹仔鱼、鸡、肉牛、山羊饲养。省道三马、罗水线经此。

古丁镇 [Gǔdīng Zhèn] 高州市辖镇。在市境东北部。面积110平方千米。人口4.9万。辖1居委会、14村委会,有278自然村。镇人民政府驻古丁圩。民国时曾设古丁乡。1958年成立古丁公社。1983年改区。1986年改镇。因镇政府驻地得名。有中学1所,小学15所,卫生院1个。有景区百花顶。农业以茶树、香蕉、荔枝、杧果种植为主,有生猪等饲养。省道锡海线过境。

古丁圩 [Gǔdīngwéi] 古丁镇人民政府驻地。在市政府驻地潘州街道北45千米。人口200。以古、丁姓氏得名。有中小学、卫生院。

农业以茶树、香蕉、荔枝、杧果种植为主，有猪、牛等饲养。省道罗水线经此。

曹江镇 [Cáojiāng Zhèn]　高州市辖镇。在市境中部。面积126平方千米。人口7.7万。辖2居委会、23村委会，有424自然村。镇人民政府驻帅堂圩。1950年设曹江乡，后改公社。1983年改区。1986年改镇。雨季江水如潮，形成槽形江水淹没地带，俗称"潮江"，后称"曹江"。有中学2所，小学23所，卫生院1个。农业以水稻、香蕉、荔枝、龙眼种植为主。有城东工业园。服务业以物流、旅游为主。高长公路过境。

帅堂圩 [Shuàitángwéi]　曹江镇人民政府驻地。在市政府驻地潘州街道南14千米。人口600。传百越民族英雄冼太夫人点将用兵于此，故名。聚落呈丁字状。有中小学、卫生院。经济以商贸为主。高三公路经此。

荷塘镇 [Hétáng Zhèn]　高州市辖镇。在市境西部。面积145平方千米。人口3.6万。辖1居委会、12村委会，有157自然村。镇人民政府驻荷塘圩。1995年析顿梭镇置荷塘镇。因镇政府驻地得名。有中学1所，小学1所，卫生院1个。农业以水稻、茶树、甘蔗、香蕉、北运菜种植为主。县道平山、南沙、高新线过境。

荷塘圩 [Hétángwéi]　荷塘镇人民政府驻地。在市政府驻地潘州街道西北15千米。人口300。因池塘长满荷叶得名。聚落呈团块状。有中小学、卫生所。农业以香蕉种植为主。工业以手套加工为主。县道南沙线经此。

化 州 市

化州市 [Huàzhōu Shì]　广东省直辖县级市，由茂名市代管。北纬21°60′，东经110°63′。在茂名市境西部。面积2357平方千米。人口169.9万。辖6街道、17镇。市人民政府驻鉴江街道。宋太平兴国五年(980)辩州改名化州。因治所西南三里石龙岗有石龙胜迹，以龙能变化，故名化州。元为化州路。明、清为化州。1912年废州改化县。1958年化县、吴川县合置化州县。1961年吴川县析出。1968年属湛江地区。1983年属茂名市。1994年改市。1994年建北京桥。1999年市政府迁今址。平均海拔300米。以丘陵为主。年均气温22.9℃，1月平均气温15.5℃，7月平均气温28.2℃。年均降水量1890毫米。鉴江、罗江、陵江流经。有野生植物1900多种。有野生动物500多种。森林覆盖率48.8%。有中学63所，小学403所，二级医院3个。有古迹圣殿、清风楼、化州孔庙等。三次产业比例20∶33∶47。农业以黄瓜、红杨桃、番石榴、香蕉种植为主，特产香油鸡、白切鸡、笪桥隔水蒸鸡、笪桥黄瓜、长岐牛杂水、官桥煎堆、簸箕炊、拖罗饼。工业以农产品、矿产品加工、建材、金属制品、生物制药为主。黎湛铁路，沈海、汕湛高速，207、325国道，省道蓬吴、牛化线过境。

北京桥 [Běijīng Qiáo]　在市区南部。长264米，宽31.7米，最大跨度250米，桥下净高20米。1994年开工，1995年建成。2000年命名。因位于鉴江，西岸为北岸社区，东岸为京介，故名。为大型河道桥梁，结构型式为预应力钢筋混凝土梁桥。最大载重40吨。通公交车。

化州站 [Huàzhōu Zhàn]　见交通运输设施部分"化州站"条。

化州汽车总站 [Huàzhōu Qìchē Zǒngzhàn]　见交通运输设施部分"化州汽车总站"条。

化州河西汽车客运站 [Huàzhōu Héxī Qìchē Kèyùnzhàn]　见交通运输设施部分"化州河西汽车客运站"条。

鉴江街道 [Jiànjiāng Jiēdào]　化州市人民政府驻地。在市境东部。面积38平方千米。人口4.9万。2007年设。因鉴江得名。有中学2所，小学8所，社区卫生服务中心1个，卫生服务站11个。有文化站、农家书屋、文化中心。农业以水稻、花生、甘蔗、花卉种植为主，有淡水鱼、羊、牛、猪饲养。工业以乙烯后续加工、农林产品加工为主。茂湛铁路、207国道、茂化公路过境。

河西街道 [Héxī Jiēdào]　属化州市。在市境东南部。面积34平方千米。人口12.4万。1994年设。因处鉴江以西得名。鉴江、罗江流经。有中学4所，小学14所，二级医院3个，卫生院1个，卫生所23个。有市文化宫、市青少年宫、市工人文化宫、市有线电视台、市广播电台。有古迹化州孔庙、鼓楼、清风楼、宋化州城墙遗址、北宋著名史学家范祖禹墓、宝山公园、橘园。农业以水稻种植为主，有淡水养殖，特产化橘红、甘蔗等。工业以农副食品、生物医药、文教体育用品加工为主。河茂铁路，207国道，省道石化、蓬吴线过境。

东山街道 [Dōngshān Jiēdào]　属化州市。在市境东南部。面积43平方千米。人口8.3万。1994年设。因东山岭得名。有中学4所，小学11所，卫生院1个，卫生所15个。农业以蔬菜、花卉、果树种植为主，有淡水鱼、生猪等饲养。工业以纺织、玻璃陶瓷制品、五金、铝材、水轮机制造、变压器制造为主。河茂铁路，广湛高速，207国道，省道蓬吴线，茂化、化梅公路过境。

下郭街道 [Xiàguō Jiēdào]　属化州市。在市境西南部。面积43平方千米。人口4.2万。1994年设。处化州城外左下方，故名下廓，后更今名。有中学1所，小学10所，卫生院1个，社区医疗服务中心1个，卫生站15个。有文化站、农家书屋、图书分馆。有古迹冼太庙、姑婆庙。有景点下郭游乐园、水上娱乐世界。农业以水稻、玉米、番薯、大豆、荔枝、龙眼种植为主。工业以家具木制品、玻璃制品、食品、塑料制品加工为主。河茂铁路、广湛高速、207国道、省道梅石线过境。

南盛街道 [Nánshèng Jiēdào]　属化州市。在市境东部。面积44平方千米。人口3.9万。2003年由南盛镇改街道。取人财农商旺盛之意得名。有中学1所，小学7所，幼儿园11所，卫生院1个，卫生站9个。有文化站、影剧院。农业以蔬菜、果树种植为主，有淡水养殖，特产南盛沙姜。工业以水产品加工、日用化工、不锈钢、塑料健身器材、饲料加工为主。河茂铁路，广湛高速，207国道，茂化、化牛、南茂公路过境。

石湾街道 [Shíwān Jiēdào]　属化州市。在市境西部。面积88平方千米。人口5.4万。2003年由石湾镇改街道。因石湾河得名。有中学2所，小学10所，幼儿园10所，卫生院1个，社区卫生服务中心1个，卫生站16个。有文化站、农家书屋。有石湾坡出醒狮团、山象醒狮团、博带粤剧团。农业以水稻、玉米种植为主，有罗非鱼、猪、鸡饲养，特产甘蔗、化橘红。工业以家具、木材加工为主。省道石化线、县道石兰线过境。

长岐镇 [Chángqí Zhèn]　化州市辖镇。在市境东南部。面积37.3平方千米。人口6.5万。辖1居委会、13村委会，有123自然村。镇人民政府驻长岐圩。1963年成立长岐公社。1983年改区。1987年改镇。因镇政府驻地得名。鉴江流经。有中学2所，小学24所，卫生院1个，卫生站16个。农业以水稻、番薯种植为主，有淡水鱼养殖，特产北运菜、藿香、黄红麻。工业以食品加工、羽绒加工、生物制品、建材为主。沈海高速、省道蓬吴线过境。

长岐圩 [Chángqíxū]　长岐镇人民政府驻地。在市政府驻地鉴江街道南18千米。人口3300。因江水常泛滥，村民搬迁上堤岸边居住，既取长堤边之义，又谐音"长期"安居之意。聚落呈团块状。有卫生院。经济以商贸为主。吴川—化州公路经此。

同庆镇 [Tóngqìng Zhèn]　化州市辖镇。在市境南部。面积60平方千米。人口7.5万。辖1居委会、17村委会，有183自然村。镇人民政府驻同庆圩。1957年设同庆乡，后改公社。1983年改区。1987年改镇。鉴江流经。有中学2所，小学23所，幼儿园18所，卫生院1个，卫生所18个。有文化站、文化室。农业以水稻、番薯、甘蔗、黄麻、花生种植为主。工业以农药、钢制品、玻璃、塑料制品、棉纺织品、防火保温材料加工为主。沈海高速、省道蓬吴线过境。

同庆圩 [Tóngqìngxū]　同庆镇人民政府驻地。在市政府驻地鉴江街道东南12千米。人口3500。意指合力御敌，同庆太平，故名。聚落呈团块状。经济以商贸、餐饮为主。特产北运菜。沈海高速、省道蓬吴线经此。

杨梅镇 [Yángméi Zhèn]　化州市辖镇。在市境南部。面积92平方千米。人口8.9万。辖1居委会、19村委会，有178自然村。镇人民政府驻杨梅圩。1957年设杨梅乡，后改公社。1983年改区。1987年改镇。因镇政府驻地得名。有中学4所，小学32所，卫生院1个，卫生站19个。有文化站、图书室。有省级文物保护单位杨氏宗祠群。有古迹诰书楼、陈氏大宗祠(含雷祠)。农业以水稻、番薯、花生种植为主，有淡水养殖，特产北运菜、水果、藿香。工业以水产品、玻璃加工为主。沈海高速、化州—杨梅公路过境。

杨梅圩 [Yángméixū]　杨梅镇人民政府驻地。在市政府驻地鉴江街道南13千米。人口4300。因建村于杨梅树旁得名。聚落呈团块状。有中小学、卫生院。经济以商贸为主。化州—杨梅公路经此。

良光镇 [Liángguāng Zhèn]　化州市辖镇。在市境西南部。面积108平方千米。人口8万。辖1居委会、17村委会，有178自然村。镇人民政府位于良光路。1931年曾设良光乡。1958年成立良光公社。1983年改区。1986年改镇。取良好时光、良好光景之意得名。有中学6所，小学27所，幼儿园12所，卫生院1个，卫生站35个。有文化站、农家书屋。农业以水稻、甘蔗、花生、黄瓜种植为主。工业以建筑建材、不锈钢、木材加工为主。河茂铁路、茂湛高速、207国道过境。

笪桥镇 [Dáqiáo Zhèn]　化州市辖镇。在市境西南部。面积95平方千米。人口5.2万。辖1居委会、13村委会，有155自然村。镇人民政府驻笪桥圩。1961年成立笪桥公社。1983年改区。1987年改镇。因镇政府驻地得名。有中学1所，小学16所，幼儿园8所，卫生院1个，卫生室15个。有文化站、文化室、农家书屋。农业以水稻、甘蔗、香蕉、黄瓜种植为主。工业以糖蔗加工为主。广湛铁路、207国道过境。

笪桥圩 [Dáqiáoxū]　笪桥镇人民政府驻地。在市政府驻地鉴江街道西南25千米。人口2500。以竹笪铺桥，故名。聚落呈团块状。有中小学、卫生院。经济以商贸为主。207国道经此。

丽岗镇 [Lìgǎng Zhèn]　化州市辖镇。在市境东部。面积79平方千米。人口5.7万。辖1

居委会、11村委会,有138自然村。镇人民政府驻丽岗圩。1953年曾设丽岗乡。1958年成立镇安公社。1983年改区。1987年改乡。1988年定今名。因镇政府驻地得名。有中学1所,小学19所,幼儿园6所,卫生院1个,卫生站18个。有文化站、农家书屋。有景点尖岗山、南山寺、通天大王庙、冼太庙、玄帝庙、蝴蝶谷、镇州石。农业以水稻、番薯、玉米种植为主,有牛、猪、鸡、鸭、鹅饲养。工业以建材、金属制品、皮革毛皮制品加工为主。特产糖蔗、化橘红、尖岗粘米、竹头红番薯、花岗岩板材。省道蓬吴线过境。

丽岗圩 [Lìgǎngxū] 丽岗镇人民政府驻地。在市政府驻地鉴江街道北9千米。人口2400。因尖岗又名丽山得名。聚落呈团块状。有中小学、卫生院。农业以水稻、番薯、糖蔗种植为主。省道蓬吴线经此。

新安镇 [Xīn'ān Zhèn] 化州市辖镇。在市境西南部。面积157平方千米。人口6.6万。辖2居委会、15村委会,有229自然村。镇人民政府驻新安圩。1957年设新安乡,后改公社。1983年改区。1987年改镇。因镇政府驻地得名。有中学2所,小学43所,卫生院1个,卫生室17个。有文化站、农家书屋。有古迹琉璃井、封诰楼。农业以水稻、番薯、花生、甘蔗种植为主,盛产橙、十月橘、黄皮、红阳桃、四季石榴、龙眼、荔枝、香蕉等。工业以建筑为主。河茂铁路,县道石兰、官大线过境。

新安圩 [Xīn'ānxū] 新安镇人民政府驻地。在市政府驻地鉴江街道西南26千米。人口2200。为新建彭氏祖先安祭场所,故名。聚落呈团块状。有中小学、卫生院。经济以商贸为主。

官桥镇 [Guānqiáo Zhèn] 化州市辖镇。在市境西北部。面积114平方千米。人口6.1万。辖1居委会、10村委会,有156自然村。镇人民政府驻官桥圩。1937年设官桥乡。1949年仍为乡,后改公社。1983年改区。1987年改镇。因镇政府驻地得名。有中学1所,小学11所,卫生院1个,卫生站14个。有景点倒流湾。农业以水稻、糖蔗、蚕桑种植为主,有肉牛、奶牛、马、山羊、生猪饲养。工业以采掘、建材、家具制造为主。梅石、化廉公路过境。

官桥圩 [Guānqiáoxū] 官桥镇人民政府驻地。在市政府驻地鉴江街道西北16千米。人口4500。因官府发起捐资造桥得名。聚落呈团块状。有中小学、卫生院。农业以水稻、果树种植为主,有禽畜饲养。服务业以商贸为主。

林尘镇 [Línchén Zhèn] 化州市辖镇。在市境北部。面积125平方千米。人口8.5万。辖1居委会、21村委会,有198自然村。镇人民政府驻林尘圩。1942年设林尘乡,后改公社。1983年改区。1987年改镇。因镇政府驻地得名。有中学2所,小学35所,卫生院1个,卫生站25个。有文化站、农家书屋。农业以水稻、花生种植为主,有淡水鱼、鸡、鸭、猪、牛饲养。工业以包装、造纸、建材、美术工艺、松香加工为主。省道化合线过境。

林尘圩 [Línchénxū] 林尘镇人民政府驻地。在市政府驻地鉴江街道北23千米。人口3500。原名林陈村,以林、陈2姓得名,后更今名。聚落呈团块状。有中小学、卫生院。经济以商贸为主。

中垌镇 [Zhōngdòng Zhèn] 化州市辖镇。在市境西北部。面积252平方千米。人口12.9万。辖1居委会、30村委会,有331自然村。镇人民政府驻中垌圩。1957年设中垌乡,后改公社。1983年改区。1987年改镇。2003年兰山镇并入。有中学3所,小学42所,卫生院2个,卫生站37个。有文化站、农家书屋。有古迹冼太庙。农业以水稻、甘蔗、黄红麻、花生、柑、橙种植为主,特产垌豆豉、中垌猪、兰山红杨桃、橡胶等。工业以建材、木材、玻璃、皮革、橡胶制品加工为主。省道石化线、县道中那线过境。

中垌圩 [Zhōngdòngxū] 中垌镇人民政府驻地。在市政府驻地鉴江街道东南44千米。人口4900。原名钟董圩,以钟、董2姓为名,后谐音更今名。聚落呈团块状。有中小学、卫生院。经济以商贸为主。

合江镇 [Héjiāng Zhèn] 化州市辖镇。在市境中部。面积176平方千米。人口10.8万。辖1居委会、23村委会,有304自然村。镇人民政府驻合江社区。1932年曾设合江乡。1957年复为合江乡,后改公社。1983年改区。1987年改镇。因处陵江、罗江汇合处得名。有中学3所,小学29所,幼儿园15所,卫生院1个,卫生站23个。有文化站、文化宫、图书室。有民俗龙舟竞渡。有景点六王山。农业以水稻种植为主,有鸡、鸭、鹅、猪、淡水鱼饲养,特产荔枝、龙眼、蚕茧。工业以缫丝、皮革、木竹加工为主。省道石化、蓬吴线过境。

合江社区 [Héjiāng Shèqū] 合江镇人民政府驻地。在市境中部。面积为0.4平方千米。人口3200。因镇名得名。1984年成立。民居为典型岭南风格。补充公共服务,定期慰问困难群众。有小学、中心学校。省道蓬吴线经此。

那务镇 [Nàwù Zhèn] 化州市辖镇。在市境北部。面积179平方千米。人口9.9万。辖1居委会、30村委会,有326自然村。镇人民政府驻那务社区。1953年设那务乡,后改公社。1983年改区。1987年改镇。因镇政府驻地得名。有中学2所,小学30所,幼儿园21所,卫生院2个,卫生所33个。有文化站、农家书屋。有景点六王嶂、宝树水库。农业以水稻、果树种植为主,有淡水养殖。工业以缫丝、皮革、建材、木材加工为主。省道梅石线过境。

那务社区 [Nàwù Shèqū] 那务镇人民政府驻地。在市境北部。面积为0.5平方千米。人口2700。古越语"那"作田解,"雾"作猪解,因此地粮畜丰盛,故名"那雾",后更今名。1999年成立。民居自建房多属岭南风格。有中小学、卫生院(所)。省道石化线,县道那岭、高新线经此。

播扬镇 [Bōyáng Zhèn] 化州市辖镇。在市境北部。面积126平方千米。人口6.1万。辖1居委会、14村委会,有220自然村。镇人民政府驻播扬圩。1958年成立播扬公社。1983年改区。1987年改镇。因镇政府驻地得名。有中学2所,小学20所,幼儿园2所,卫生院1个,卫生室22个。有文化站、农家书屋。有景点扶荫地、铁屎嶂、斋公岭。有纪念地粤桂边纵游击队革命遗址、播扬农业学校遗址。有传统工艺竹器编织。农业以水稻、番薯、花生、化橘红、药材、香蕉种植为主。工业以木竹加工、家具制造、化学制品、纺织、皮革加工为主。省道梅石线过境。

播扬圩 [Bōyángxū] 播扬镇人民政府驻地。在市政府驻地鉴江街道北51千米。人口3000。传明代老太婆开客店,称婆扬圩,后谐音更今名。聚落呈团块状。有中小学、卫生院。农业以水稻、花生种植为主。省道梅石线经此。

宝圩镇 [Bǎoxū Zhèn] 化州市辖镇。在市境北部。面积53平方千米。人口2.9万。辖1居委会、10村委会,有107自然村。镇人民政府驻宝圩社区。1957年设宝圩乡,后改公社。1983年改区。1987年改镇。因宝岭山得名。有中学1所,小学10所,幼儿园2所,卫生院1个,卫生所11个。有文化站、农家书屋。工业以皮革毛皮制品、沙石开采、木竹家具制造、水泥建材为主。盛产荔枝、香蕉。省道梅石线、北宝公路过境。

宝圩社区 [Bǎoxū Shèqū] 宝圩镇人民政府驻地。在市境北部。面积0.9平方千米。人口3100。2011年成立。以镇名为名。民居为中式楼房,外墙多为白色或米黄色。社区开展政策咨询、志愿帮扶、养老助老、居民登记和信息管理、安全维护、环境卫生管理等服务,组织开展体育运动和文化娱乐活动。有民俗文化节。有中小学、卫生院。省道石化线经此。

平定镇 [Píngdìng Zhèn] 化州市辖镇。在市境西北部。面积217平方千米。人口11.8万。辖1居委会、24村委会,有545自然村。镇人民政府位于交通路。1958年成立平定公社。1983年设区。1987年改镇。以平定瑶兵、山寇为名。有天堂嶂自然保护区。有中学3所,小学32所,幼儿园18所,卫生院1个,卫生所32个。有文化站、影剧院、农家书屋。有景点飞鹅岭、山心岭、橘红长廊、平山古榕、东岳楼、武帝庙。农业以水稻、蔬菜、果树、化橘红、沉香、南药,淡水养殖为主。工业以钛矿开采、毛纺织、中药加工、竹木加工、涂料制造为主。省道蓬吴线,平定—合江、那务、播扬、文楼、清湖公路过境。

文楼镇 [Wénlóu Zhèn] 化州市辖镇。在市境北部。面积160平方千米。人口7.8万。辖1居委会、16村委会,有289自然村。镇人民政府驻文楼圩。1957年设文楼乡,后改公社。1983年改区。1987年改镇。原名门楼坡,后成圩称门楼新圩,"文""门"谐音,更今名。有中学2所,小学16所,卫生院1个,卫生室17个。有文化中心、影剧院、农家书屋。有古迹鬼儿堂新石器时代生活遗址。农业以水稻、番薯、花生种植为主,特产淮山、化橘红、藿香、香蕉、龙眼、荔枝等。工业以白石开采、木材加工为主。有文楼、双坡工业园区。县道平山、文双线过境。

文楼圩 [Wénlóuxū] 文楼镇人民政府驻地。在市政府驻地鉴江街道北53千米。人口2000。因镇名得名。20世纪40年代在今教育东路有旧圩。后迁幸福路,1999年形成新圩。聚落呈团块状。有中小学、卫生院。农业以水稻种植为主。化州—文楼公路经此。

江湖镇 [Jiānghú Zhèn] 化州市辖镇。在市境北部。面积58平方千米。人口3.2万。辖1居委会、8村委会,有91自然村。镇人民政府驻江湖圩。1932年曾设江湖乡。1953年复江湖乡,后改公社。1983年改区。1987年复改乡。1988年改镇。因镇政府驻地得名。有中学1所,小学9所,卫生院1个,卫生站12个。有文化站、农家书屋。农业以水稻、番薯、花生种植为主,有淡水养殖。工业以建筑用砖、制衣、皮革、灯饰、手机配件制造为主。省道蓬吴线过境。

江湖圩 [Jiānghúxū] 江湖镇人民政府驻地。在市政府驻地鉴江街道北30千米。人口1700。因东有湖泊,西有罗江得名。聚落呈团块状。有中小学、卫生院。经济以商贸为主。

信宜市

信宜市 [Xìnyí Shì] 广东省直辖县级市。由茂名市代管。北纬22°21′,东经110°56′。在茂名市境北部。面积3102平方千米。人口141.7万。辖1街道、18镇。市人民政府驻东镇街道。唐武德四年(621)置信义县,取以信山、招义山各1字得名。先属南扶州,后属窦州。宋太平兴国元年(976)避太宗赵光义讳改名信宜县。明、清属高州府。1949年后历属南路专区、高雷专区、粤西区、湛江专区。1958年与茂名县合置高州县。1961年复置信宜县。1970年属湛江地区。1983年属茂名市。1995年改信宜市。先后建成机关办公大楼、梅岗路、振兴路、竹山街及大木垌等住宅小区,改造鉴江城区段。地势由北至南逐步由丘陵地带过渡到山区。平均海拔1000米。最高点大田顶海拔1704米。年均气温22.8℃,1月平均气温15.1℃,7月平均气温28.4℃。年均降水量1802.6毫米。鉴江、黄华江、罗定江流经。有矿产资源锡、金、铜、铁、钼等。有国家级云开山自然保护区。森林覆盖率68.3%。有中学55所,小学383所,幼儿园526所,二级医院8个。有图书馆、文化馆、影剧院。有省级文物保护单位大洪国王宫旧址、文明门、起凤书院、凌十八故居。有省级非物质文化遗产信宜玉雕、飘色、竹编。有国家3A级旅游景区天马山、西江温泉度假村、镇隆书香八坊。有景点石印、池洞游乐园、大雾岭、大仁山、太华山。三次产业比例22∶35∶43。农业以水稻、玉米、红薯种植为主,有水产、山地鸡、生猪、牛、羊饲养,特产荔枝、龙眼、香蕉南方碧玉、三黄鸡、氹仔鱼、三华李、山楂、镇隆鱼鼓、北界豆饼、西江柴江粉、大成豆炸等。工业以竹器编织、南玉、松香、石板材加工等为主。服务业以旅游为主。洛湛铁路,包茂、云茂高速,207国道,省道荔池、达北、松仙、圣贵、罗水线过境。

城南大桥[Chéngnán Dàqiáo] 在市区南部。长87米,宽12米,最大跨度4米,桥下净高6米。1998年开工,1999年建成。因处东镇辖区城南片得名。为中型河道桥梁,结构型式为3跨简支梁式桥。最大载重55吨。通公交车。

环北桥[Huánběi Qiáo] 在市区北部。长82米,宽11米,最大跨度5米,桥下净高6米。2007年开工,2008年建成。因处东镇辖区城北片得名。为中型河道桥梁,结构型式为3跨简支梁式桥。最大载重18.9吨。通公交车。

信宜站[Xìnyí Zhàn] 见交通运输设施部分"信宜站"条。

信宜城东汽车客运站[Xìnyí Chéngdōng Qìchē Kèyùnzhàn] 见交通运输设施部分"信宜城东汽车客运站"条。

信宜市长途汽车客运站[Xìnyí Shì Chángtú Qìchē Kèyùnzhàn] 见交通运输设施部分"信宜市长途汽车客运站"条。

东镇街道[Dōngzhèn Jiēdào] 信宜市人民政府驻地。在市境南部。面积207平方千米。人口25.2万。2005年由东镇镇改设街道。因处东江之滨得名。先后建成淘金湾大桥、教育城大桥、锦江大桥,改造南环岛、新村路、红旗路、解放路、新尚路、中兴路,改扩建人民公园、体育公园、淘金湾公园、气象公园。有大仁山、太华山。东江、六鸦、合丫、北逻、竹山河流经。有中学13所,小学34所,幼儿园70所,二级医院6个,卫生院3个,卫生所158个。有玉都公园、淘金湾文化广场。有民俗舞狮。工业以电子电热器材、竹器编织、南玉工艺、毛纺皮具、塑胶制品加工为主。洛湛铁路,包茂高速,270国道,省道达北、那水线过境。

镇隆镇[Zhènlóng Zhèn] 信宜市辖镇。在市境南部。面积75平方千米。人口6.3万。辖2居委会、20村委会,有319自然村。镇人民政府驻西塘村。1956年设镇隆区,后改公社。1983年复改区。1986年改镇。原名圳隆,《大清一统志》载,窦江东西川两源合流处窦洞,水中石头耸起,形如小船,后谐音更今名。东江、西江流经。有中学3所,小学22所,二级医院1个,卫生院1个,卫生站50个。有省级文物保护单位大洪国王宫旧址、文明门、起凤书院。有古迹藜照书院、陇西书院、超然书院、文昌宫、八角楼、古郡民俗建筑群、大洪国招贤馆遗址、登高山遗址。有省级非物质文化遗产镇隆飘色。有民俗花灯。农业以荔枝、龙眼、深薯、蘑菇、香蕉种植为主,有塘鱼、山地鸡饲养。工业以建材、粮油、电子配件、皮具手套加工为主。洛湛铁路、包茂高速、207国道过境。

西塘村[Xītángcūn] 镇隆镇人民政府驻地。在市政府驻地东镇街道南23千米。人口200。因处西塘管理区得名。聚落呈带状。有中小学、幼儿园、卫生院。有民俗西江庙年宵节。经济以商贸为主。特产荔枝、龙眼。207国道、县道镇结线经此。

水口镇[Shuǐkǒu Zhèn] 信宜市辖镇。在市境南部。面积123平方千米。人口7.7万。辖1居委会、20村委会,有276自然村。镇人民政府驻水口社区。1961年成立水口公社。1983年改区。1986年改镇。处东江河、龙山河汇合处,故名水口。东江、西江、龙山河流经。有中学3所,小学21所,卫生院1个,卫生站20个。有明万历年间阳江守备王官墓、旧县古窑址、潭峨古城址。农业以香蕉、荔枝、龙眼、花卉种植为主。工业以陶瓷、造纸、皮具、玉石加工为主。洛湛铁路、包茂高速、207国道过境。

水口社区[Shuǐkǒu Shèqū] 水口镇人民政府驻地。在市境南部。面积1.3平方千米。人口2200。因镇名得名。1994年成立。民居为普通住宅。有文化站、广播电视站、农村书屋、广场。有中小学、卫生院。207国道经此。

北界镇[Běijiè Zhèn] 信宜市辖镇。在市境西部。面积180平方千米。人口9.7万。辖2居委会、33村委会,有345自然村。镇人民政府驻北界圩。1952年设北界区。1957年改乡,后改公社。1983年复改区。1986年改镇。2003年高坡镇并入。因镇政府驻地得名。鉴江、大水、黑水、文垌、西镇河流经。有中学1所,小学32所,幼儿园15所,卫生院2个,门诊部12个,卫生站88个。有景点西江温泉、天马山、罗汉烈士故居、半月岩。农业以水稻、木薯种植为主,特产火龙果、巴西果、香蕉、荔枝、龙眼。工业以竹木编织、建材、毛织、水电等为主。省道松仙、达北线过境。

北界圩[Běijièxū] 北界镇人民政府驻地。在市政府驻地东镇街道西19千米。人口1700。唐武德四年(621)为潭峨县北部边界,故名。聚落呈团块状。农业以水稻、火龙果、百香果、荔枝种植为主,特产糯米粽、糍粑、豆饼。省道松仙、达北线经此。

丁堡镇[Dīngbǎo Zhèn] 信宜市辖镇。在市境东南部。面积83平方千米。人口4.8万。辖1居委会、12村委会,有83自然村。镇人民政府驻丁堡村。1957年设丁堡乡,后改公社。1983年改区。1986年复乡。1992年改镇。因镇政府驻地得名。小水河、丁堡河流经。有中学2所,小学14所,职业学校1所,卫生院1个,卫生站43个。农业以荔枝、龙眼、香蕉、深薯等种植为主。工业以农产品加工、竹藤编织、毛纺织、电镀、电子为主。洛湛铁路、包茂高速、县道水竹线过境。

丁堡村[Dīngbǎocūn] 丁堡镇人民政府驻地。在市政府驻地东镇街道东南7千米。人口700。清顺治年间丁氏开纸宝蜡烛店,人称丁纸宝、丁宝铺,后演为今名。聚落呈带状。有中小学、卫生院。农业以荔枝、龙眼等种植为主。县道水竹线经此。

池洞镇[Chídòng Zhèn] 信宜市辖镇。在市境北部。面积148平方千米。人口7.6万。辖1居委会、21村委会,有117自然村。镇人民政府驻池洞社区。1932年曾置池洞镇。1952年设池洞区。1957年改乡,后改公社。1983年复改区。1986年改镇。原名迟垌,因土地干旱每年插秧播种迟于周围田垌,后雅称池垌。中道、旺坡、东江、东安、石牛、铜鼓、大坡河流经。有中学2所,小学22所,幼儿园30所,卫生院1个,卫生站21个。有景点大仁山、梁德古城遗址。农业以黄榄、砂糖橘种植为主,有山地鸡、生猪、氹仔鱼、肉兔等饲养。工业以木竹藤制品、塑料制造、农副食品加工、纺织为主。洛湛铁路、包茂高速、207国道、省道荔池线过境。

池洞社区[Chídòng Shèqū] 池洞镇人民政府驻地。在市境北部。面积0.9平方千米。人口1700。因镇名得名。1994年成立。民居为普通住宅楼房。有文化室、民间电影队、狮子武术队、木偶演出队等。有中小学、卫生院(站)、广场。有饮食一条街。有竹器编织、木器加工等。包茂高速、207国道经此。

金垌镇[Jīntóng Zhèn] 信宜市辖镇。在市境西北部。面积95平方千米。人口7.8万。辖2居委会、23村委会,有81自然村。镇人民政府驻金垌社区。1932年曾设金垌乡。1952年设金垌区。1957年改乡,后改公社。1983年复改区。1986年改镇。2003年径口镇并入。因古时盛产黄金得名。金垌、西江、木威河流经。有中学2所,小学24所,卫生院1个,卫生站62个。有文化站、文化室。有景点玉川龙影。农业以油茶种植为主,有生猪、山地鸡等饲养。工业以电子、林产品、竹编、毛纺织为主。省道松仙线,县道大平、东金线过境。

金垌社区[Jīntóng Shèqū] 金垌镇人民政府驻地。在市境西北部。面积0.9平方千米。人口1000。因镇名得名。2013年成立。民居以楼房为主。有文化站、广场。养老模式以居家养老为主。有中小学、卫生院。有红木家具、商超、药店等。省道松仙线经此。

朱砂镇[Zhūshā Zhèn] 信宜市辖镇。在市境北部。面积282平方千米。人口9.7万。辖3居委会、32村委会,有268自然村。镇人民政府驻朱砂社区。1932年曾设朱砂乡。1952年设朱砂区。1957年改乡,后改公社。1983年复改区。1986年改镇。2003年旺沙、安莪2镇并入。因朱砂岭得名。朱砂河、黄华河流经。有中学3所,小学35所,卫生院3个,医疗站70个。有景点锡三公祠、敕书楼、南瓮大山、黄华江虎跳峡、石根山。农业以水稻、玉米、八角、三华李、南肉桂种植为主,有山地鸡、生猪、鱼等饲养。工业以乙烯后续加工、瓷器、竹木藤柳加工、小水电为主。服务业以旅游为主。洛湛铁路、包茂高速、207国道、省道荔池线过境。

朱砂社区[Zhūshā Shèqū] 朱砂镇人民政府驻地。在市境北部。面积0.7平方千米。人口3700。因镇名得名。2010年成立。民居以楼房为主。有市民公园、法律援助站点。养老模式以居家养老为主。有中小学、文化站、文化室、文化娱乐场所、电视广播站、卫生院。经济以粮食生产为主,有水果种植、山地鸡养殖。有建筑材料、橡胶制品、玻璃制品、竹器编织、陶瓷业,玉雕工艺等。207国道经此。

贵子镇[Guìzǐ Zhèn] 信宜市辖镇。在市境东北部。面积160平方千米。人口4.3万。辖1居委会、16村委会,有311自然村。镇人民政府驻贵子村。1940年曾设贵子乡。1952年设区。1957年复改乡,后改公社。1983年复改区。1986年改镇。因镇政府驻地得名。贵子、迴龙、中伙河流经。有中学1所,小学14所,卫生院1个,卫生站35个。有文化中心、农家书屋。有古迹函关太保庙、函关所遗址、平民铁炉遗址、鸭兜山石屋寨遗址。农业以水稻、玉米、小麦种植为主,有牛、羊、猪饲养,特产三华李、粉蕉、龙眼、肉桂。工业以采矿、造纸、纺织、玻璃制品、农副产品加工为主。省道荔池、圣贵线过境。

贵子村［Guìzǐcūn］ 贵子镇人民政府驻地。在市政府驻地东镇街道北52千米。人口4000。取人丁兴旺，早生贵子之意得名。聚落呈带状。有小学、卫生站。农业以水稻种植为主，有生猪、山地鸡、田鸭饲养，特产苦瓜。省道圣贵线经此。

怀乡镇［Huáixiāng Zhèn］ 信宜市辖镇。在市境东部。面积162平方千米。人口7.3万。辖2居委会、24村委会，有487自然村。镇人民政府驻怀乡村。1952年设怀乡区。1957年改乡，后改公社。1983年复改区。1986年改镇。因镇政府驻地得名。黄华江流经。有中学5所，小学24所，幼儿园29所，二级医院1个，卫生院1个，卫生站86个。有文化站、文化活动中心。有景点怀乡起义纪念馆、怀乡起义指挥部旧址、太保庙、大王洞瑶族斗争遗址、怀乡巡检司遗址。农业以水稻、柑橙、香蕉、砂仁、茶树种植为主，有三黄鸡等饲养。工业以竹木加工为主。省道罗水、高七线，县道大平线过境。

怀乡村［Huáixiāngcūn］ 怀乡镇人民政府驻地。在市政府驻地东镇街道东北18千米。人口6400。取怀念家乡之意得名。聚落呈带状。有中小学、卫生院。农业以水稻种植为主。工业以传统竹器编织为主。省道罗水、高七线，县道大平线经此。

茶山镇［Cháshān Zhèn］ 信宜市辖镇。在市境北部。面积110平方千米。人口2.9万。辖1居委会、11村委会，有204自然村。镇人民政府驻茶山圩。1940年曾设茶山乡。1958年复乡，后改公社。1983年改区。1986年复改乡。1992年改镇。因镇政府驻地得名。渤垌河、茶山河流经。有中学1所，小学11所，幼儿园1所，卫生院1个，卫生站28个。有文化站、文化活动中心。有古迹大岭头锡矿坑遗址。农业以三华李、大肉姜、粉蕉、黑榄、木薯种植为主，有氹仔鱼、山羊、肉兔饲养，特产小南公纯酿米酒。工业以小水电、矿产开采、纺织、皮具制造为主。省道高七线过境。

茶山圩［Cháshānxū］ 茶山镇人民政府驻地。在市政府驻地东镇街道东北46千米。人口900。因茶树漫山遍野得名。聚落呈团块状。有中小学、卫生院。农业以三华李、生姜、粉蕉种植为主。省道高七线经此。

洪冠镇［Hóngguān Zhèn］ 信宜市辖镇。在市境东北部。面积149平方千米。人口4.9万。辖14村委会，有436自然村。镇人民政府驻洪冠圩。民国时曾设大樟乡。1952年设区。1957年复乡，后改公社。1961年更名洪冠公社。1983年改区。1986年改镇。因镇政府驻地得名。锦衣河、扶龙河流经。有中学2所，小学14所，幼儿园2所，卫生院1个，卫生站32个。有文化中心、文化站。有景点龙玄峡漂流、中宫、楼垌铁炉遗址。农业以水稻、玉米、木薯、番薯、马铃薯种植为主，有氹仔鱼等养殖。工业以小水电、毛纺织、竹器编织、松脂采割、木器加工、矿产开采为主。省道高七、罗水线过境。

洪冠圩［Hóngguānxū］ 洪冠镇人民政府驻地。人口2000。原名红观圩，传樵夫不慎砍断狮子岭上长藤，藤流红水七天，染红河水，后谐音更今名。聚落在山脚呈带状分布。有中小学、卫生院（所）。农业以水稻、玉米种植为主。省道罗水线经此。

白石镇［Báishí Zhèn］ 信宜市辖镇。在市境东部。面积180平方千米。人口7.3万。辖1居委会、19村委会，有256自然村。镇人民政府驻白石社区。1952年设白石区。1957年改乡，后改公社。1983年复改区。1986年改镇。因白石岗得名。黄华江流经。有中学2所，小学22所，幼儿园21所，卫生院1个，卫生站76个。农业以红橙、粉蕉、三华李、鹰嘴桃、山楂、马铃薯等种植为主。工业以竹器编织、小水电、纺织、农副产品加工、瓷土矿开发为主。服务业以商贸为主。省道达北线过境。

白石社区［Báishí Shèqū］ 白石镇人民政府驻地。在市境东部。面积1平方千米。人口1700。因镇名得名。2013年成立。民居以5层半以下低层楼房为主。有公共服务中心、综合性文化体育服务设施。有中小学、幼儿园、卫生院、湿地公园。有电子厂、竹器工艺厂、农贸市场、超市、商贸市场等。359国道、省道达北线经此。

大成镇［Dàchéng Zhèn］ 信宜市辖镇。在市境东部。面积130平方千米。人口4.9万。辖15村委会，有410自然村。镇人民政府驻大成村。1957年设大成乡，后改公社。1983年改区。1986年改镇。因镇政府驻地得名。有中学2所，小学15所，卫生院1个，卫生站15个，卫生服务所5个。有古迹盘古庙、云朝庵。农业以水稻、玉米、山楂、甜柿、龙眼、三华李、南蕉种植为主，特产大成豆炸、大成面。工业以石料石板材、小水电、木器、果品加工为主。县道大平线过境。

大成村［Dàchéngcūn］ 大成镇人民政府驻地。在市政府驻地东镇街道东南27千米。人口4700。寓意“生意心想事成”，故名。聚落呈带状。有中小学、卫生院、卫生站。农业以龙眼、玉米种植为主。工业以石料加工为主。服务业以商贸为主。县道大平线经此。

钱排镇［Qiánpái Zhèn］ 信宜市辖镇。在市境东部。面积204平方千米。人口6.9万。辖1居委会、15村委会，有89自然村。镇人民政府驻钱排村。1952年设钱排区。1957年改乡，后改公社。1983年复改区。1986年改镇。因镇政府驻地得名。钱排河、达垌河流经。有中学2所，小学15所，卫生院1个，卫生站61个。有文化站、广播站、文化活动室。有省级文物保护单位太平天国英雄凌十八故居。有景点白马坪大草原、元珠原始森林、掘垌驿遗址。农业以三华李、反季节蔬菜种植为主，有兔饲养。工业以采矿、水电、风电为主。省道达北、罗水线过境。

钱排村［Qiánpáicūn］ 钱排镇人民政府驻地。在市政府驻地东镇街道东32千米。人口7800。因地形似古铜钱结孔成排得名。聚落呈带状。有中小学、卫生院。农业以三华李、大芥菜种植为主。省道达北、罗水线经此。

合水镇［Héshuǐ Zhèn］ 信宜市辖镇。在市境东部。面积146平方千米。人口5万。辖1居委会、16村委会，有429自然村。镇人民政府驻合水社区。1952年设合水区。1957年改乡，后改公社。1983年复改区。1986年改镇。因横水、直水2河汇入白龙河得名。横水、直水、排东河流经。有中学2所，小学17所，幼儿园3所，卫生院1个，卫生站46个。有文化站、文化室、文化书屋。有景点石硖千层梯田、排垌中坳风电场、排东谢氏抗战纪念楼、清静清凉世界。农业以水稻、玉米、番薯、木薯、柑橘种植为主，有肉猪等饲养，盛产松、杉、毛竹。工业以小水电、编织、毛纺、小五金、木材加工为主。省道罗水线、县道合水线过境。

合水社区［Héshuǐ Shèqū］ 合水镇人民政府驻地。在市境东部。面积2.5平方千米。人口3300。因镇名得名。1995年成立。民居以5层半以下低层楼房为主。有公共服务中心、综合性文化体育服务设施和群众活动中心。有中小学、幼儿园、卫生院、公园。有多家电子厂、榄核工艺厂，有农贸市场、超市及日杂百货等商贸市场。省道罗水线经此。

新宝镇［Xīnbǎo Zhèn］ 信宜市辖镇。在市境东部。面积201平方千米。人口5.1万。辖1居委会、16村委会，有428自然村。镇人民政府驻新宝村。1957年设新堡乡，后改公社。1983年改区。1987年复改乡。1990年改镇。1993年定今名。因镇政府驻地得名。白龙、石垌、上峰、沙底、横源河流经。有中学2所，小学17所，幼儿园1所，卫生院1个，卫生站16个。有文化站、农家书屋。有生猪、氹仔鱼、鸡等饲养。工业以小水电、矿产开采、木材加工、竹藤编织为主。服务业以商贸、餐饮为主。省道罗水、潭溪线过境。

新宝村［Xīnbǎocūn］ 新宝镇人民政府驻地。在市政府驻地东镇街道东1千米。人口300。传地主给孩子取名为新宝，后演变为村名。聚落呈带状。有中小学、卫生院、卫生站。农业以黑榄种植为主。省道罗水线经此。

平塘镇［Píngtáng Zhèn］ 信宜市辖镇。在市境东部。面积190平方千米。人口6.1万。辖1居委会、21村委会，有103自然村。镇人民政府驻平塘社区。1959年成立平塘公社。1983年改区。1986年改镇。古时河湾宽阔如平塘，故名。沙子、北永、罗排、罗罅河流经。有中学3所，小学18所，卫生院1个，卫生站26个。有文化站、文化活动中心。有景点石印祖庙、马安竹海、石印飞瀑。农业以水稻、玉米、三华李、南蕉、大肉姜、龙眼、毛竹、松木、杉木等种植为主。工业以瓷土、铜、铁矿开采，小水电、电热管、针织、竹木加工为主。县道合水线过境。

平塘社区［Píngtáng Shèqū］ 平塘镇人民政府驻地。在市境东部。面积1平方千米。人口1300。因镇名得名。2013年成立。民居以5层半以下低层楼房为主。有综合性文化服务设施和公共服务中心。有中小学、幼儿园、文化站、卫生院、广场。有服装手工厂、榄核工艺厂。县道合水线经此。

思贺镇［Sīhè Zhèn］ 信宜市辖镇。在市境东部。面积180平方千米。人口4.5万。辖1居委会、12村委会，有93自然村。镇人民政府驻思贺社区。民国时曾设思贺乡。1957年复思贺乡，后改公社。1983年改区。1986年改镇。传境内山峰间河水咆哮如狮吼而得名狮嚎，后方言谐音更今名。木瓜河、思贺河流经。有中学1所，小学12所，卫生院1个，医疗站1个，卫生站35个。有文化站、文化室。农业以水稻、八角、砂仁、黄榄、肉桂、油茶、松、杉、毛竹种植为主，有生猪、氹仔鱼、鸡饲养。工业以小水电、纺织、木材加工为主。县道太木线过境。

思贺社区［Sīhè Shèqū］ 思贺镇人民政府驻地。在市境东部。面积1平方千米。人口2300。因镇得名。2010年成立。民居以5层半以下低层楼房为主。有综合性文化体育场所及健身设备设施。有中小学、幼儿园、卫生院、文化站、广场。有电子、手袋、制衣、毛织等加工厂。有中心市场、超市及日杂百货等市场。县道太木线经此。

肇庆市

肇庆市［Zhàoqìng Shì］　广东省辖地级市。北纬 22°47′—24°24′，东经 111°21′—112°52′。在省境中部偏西。面积 1.5 万平方千米。户籍人口 433.7 万，常住人口 403.6 万。以汉族为主，还有壮、瑶、回、土家等民族。辖端州、鼎湖 2 区，广宁、怀集、封开、德庆 4 县，代管高要、四会 2 县级市。市人民政府驻端州区。宋政和八年(1118)置肇庆府，意为开始吉庆。元至元十六年(1279)改肇庆路。明洪武元年(1368)复肇庆府。清沿之。1912 年后撤销。1949 年设肇庆县级市。1988 年改地级市，肇庆地区并入。处珠江三角洲平原，以中低山、丘陵为主，呈山地、盆地、丘陵、冲积平原相间地貌。西北高东南低。最高点大稠顶海拔 1626 米，最低点沙浦镇海拔 9.8 米。有北岭山、鼎湖山、百册山。年均气温 21.6℃，1 月平均气温 12.7℃，7 月平均气温 28.5℃。年均降水量 1646 毫米。年均无霜期 348 天。西江、绥江、北江流经。有矿产资源金、玉石、铁、铜钼、陶瓷土等。有野生植物 3134 种，其中有国家一级保护野生植物银杏、苏铁、银杉等 51 种，国家二级保护野生植物苏铁蕨、格木、降香檀、红豆树、桫椤等 203 种。有野生动物 210 多种，其中有国家一级保护野生动物蟒、巨蜥、云豹等 8 种，国家二级保护野生动物猕猴、藏酋猴、穿山甲等 30 种。有国家级鼎湖山、黑石顶自然保护区。森林覆盖率 69.8%。有高校 5 所，中学 174 所，小学 219 所，三级医院 3 个，图书馆 9 个，档案馆 12 个，博物馆 7 个。有国家高水平体育后备人才基地 2 个，省优秀运动队后备人才训练基地 5 个。为中国历史文化名城。有全国重点文物保护单位梅庵、德庆学宫、肇庆古城墙、七星岩摩崖石刻等 6 个，省级文物保护单位阅江楼、崇禧塔、七星岩石峒古庙等 29 个。有叶挺独立团团部旧址。有国家级非物质文化遗产端砚制作技艺、悦城龙母诞、高要春社，省级非物质文化遗产 25 项。有国家 4A 级旅游景区 5 个。三次产业比例 15∶48∶37。农业以水稻种植为主，有生猪、肉牛、肉羊饲养，产蔬菜、水果、水产。工业以金属加工、电子、汽车零配件制造、生物医药、食品饮料加工、林产化工为主。有河台金矿。服务业以旅游为主。有铁路 352 千米，高速 288.3 千米，公路 1.4 万千米，内河航线 489.8 千米。广茂、益湛铁路，二广、广昆、珠三角环线高速，321、324 国道，省道石禄、肇江、莲金、江禄、新浮线过境。有西江、绥江、贺江航道。

肇庆［Zhàoqìng］　简称肇。肇庆市聚落。在市境东南部。面积 152 平方千米。人口 48.4 万。宋皇祐五年(1053)始建上城，政和三年(1113)拓为砖城墙，周长 2377 米，设 4 门，街 27 条。清末面积约 3.5 平方千米。1923 年修筑正东路、天宁路、江滨路，以大钟楼为中心扩展。1949 年后建市府大院、市第一医院、图书馆、纪念馆、艺术馆、工人文化宫、星湖游乐园、市体育中心、西江体育场、端州体育馆。20 世纪 90 年代改造旧城，改扩建金马大桥、肇庆大桥、迎宾路、端州路、西江大桥、城西车站，改造星湖牌坊西堤、龟顶山森林公园、星岩牌坊广场、七星岩、江滨堤路，建成电教中心、市广电中心、群众艺术馆、博物馆、石材市场、肇庆高新区、端州区科技工业园、亚洲铝业工业城。2011 年后建肇庆新区、奥林匹克体育中心、保利商务中心、肇庆会展中心。西江流经。分商业区、科教区、居住区、政府办公区、休闲区。商业区、政府办公区位于中部天宁路、城中路、端州路。科教区位于北部肇庆大道。居住区位于东部星湖大道、信安路。为中国历史文化名城。有名胜古迹披云楼、梅庵、学宫、崇禧塔、阅江楼、星湖、鼎湖山。铁路、国道交会。水运通航。

肇庆大道［Zhàoqìng Dàdào］　在市区北部。东起端州一路，西至星湖大道。与蓝塘北路、砚都大道、西江北路、玑东路、太和北路、端州八路相交。长 13.7 千米，宽 60 米。沥青路面。原为 321 国道，1983 年改城区道路并更今名，2004 年改造。两侧有肇庆港、城西汽车客运站、肇庆长途客运站、肇庆广场、星湖风景区、肇庆经贸学校、肇庆理工学校、广东金融学院、广东工商学院。通多路公交车。

星湖大道［Xīnghú Dàdào］　在市区东部。东起庆迎路，西至工农北路。与信安路、蓝塘中路、砚都大道、棠岗路、信安路、古塔北路相交。长 25 千米，宽 40 米。沥青路面。1994 年开工，同年建成。原为信安大道，1999 年因星湖景区更今名。两侧有七星岩东门广场、海逸广场、市第一医院等。通多路公交车。

广茂铁路［Guǎngmào Tiělù］　东起广州市荔湾区京广铁路，向西、南经佛山、肇庆、阳春至茂名市茂南区与黎湛铁路连接。跨广州、佛山、肇庆、云浮、阳江、茂名 6 地市。总长约 74.8 千米。全线共设车站 43 个，1991 年全线通车。肇庆市境内依次设大沙、依坑、永基、水坑、鼎湖、肇庆、高要、新桥镇等 8 车站。

端州区

端州区［Duānzhōu Qū］　肇庆市人民政府驻地。在市境中部。面积 152 平方千米。人口 36.4 万。以汉族为主，还有土家、壮、苗、侗等民族。辖 4 街道。区人民政府驻城东街道。1988 年设。以隋开皇九年(589)置端州得名。西江古称端水，州以水名。先后改造旧城，建端州体育馆等。西江流经。有星湖、鼎湖，三榕峡、大鼎峡、羚羊峡。有标志性建筑市体育中心、端州体育馆、西江体育场。有高校 5 所，中学 23 所，小学 40 所，三级医院 3 个，二级医院 6 个，文化馆 1 个，图书馆 1 个。有全国重点文物保护单位梅庵、肇庆古城墙、七星岩摩崖石刻，省级文物保护单位阅江楼、崇禧塔、七星岩石峒古庙、高要学宫、包公井。有古迹宋城墙遗址、崇禧塔、文明塔、元魁塔、巽峰塔、阅江楼、披云楼、丽谯楼、波海楼、绿瓦楼。有国家级非物质文化遗产端砚制作技艺，省级非物质文化遗产肇庆裹蒸制作技艺、亘家糕制作技艺。有民俗火龙、彩舞龙、旱龙。有景点七星岩、将军山、盘古山、中国端砚文化村、梅庵、肇庆府学宫。二、三产业比例 41∶59。农业以水稻种植为主，有猪饲养，盛产剑花、芡实、紫贝天葵。工业以电子、机械装备制造为主，有电子元器件产业集群。特产端砚、骨雕、檀香扇、裹蒸粽、月饼。服务业以商贸、旅游为主。有建筑、五金装饰材料、果菜批发、汽车销售等专业市场。有中巴软件园、华南智慧城。三茂铁路，广佛肇高速，321、324 国道过境。

牌坊广场［Páifāng Guǎngchǎng］　在城区中部。面积 7.6 万平方米。1984 年开工，同年建成。因七星岩牌坊得名。为中轴对称式广场，有演艺舞台、音乐喷泉、花坛、绿地、区旗、区徽。集娱乐、观赏、游憩、购物于一体。周边有星湖景区、市委市政府、酒店。通多路公交车。

七星岩东门广场［Qīxīngyán Dōngmén Guǎngchǎng］　在城区东南部。面积 12 万平方米。2010 年开工，同年建成。因七星岩景区得名。为中轴对称式广场，有舞台、廊桥、廊道、文化柱。有休闲娱乐、儿童游乐设施。集娱乐、观赏、游憩、购物于一体。周边有市国税局、环保局、酒店等。通多路公交车。

端州一路［Duānzhōu 1 Lù］　在区境南部。南起肇庆大道，北至端州二路。与星湖大道、前村路、东岗路、南田路相交。长 6.2 千米，宽 28 米。沥青路面。1979 年开工，1981 年建成。因处城区得名。两侧有市工贸学校、市第三医院等。通多路公交车。

端州二路［Duānzhōu 2 Lù］　在区境东南部。东起端州一路，西至端州三路。与河旁路、二塔路等相交。长 1.4 千米，宽 21 米。沥青路面。1979 年开工，1981 年建成。两侧有黄岗市场、砚都医院、中学等。通多路公交车。

端州三路［Duānzhōu 3 Lù］　在区境南部。东起端州二路，西至端州四路。与前进北路、景德路、景泰路相交。长 1.1 千米，宽 18—45 米。沥青路面。1979 年开工，1985 年建成。两侧有文创大厦、城东客运站等。通多路公交车。

端州四路［Duānzhōu 4 Lù］　在区境南部。东起端州三路，西至端州五路。与天宁北路、星湖大道等相交。长 1.6 千米，宽 25 米。沥青路面。1979 年开工，1981 年建成。两侧有牌坊广场、凯德广场、星湖国际广场等。通多路公交车。

端州六路［Duānzhōu 6 Lù］　在区境南部。东起端州五路，西至端州七路。与康乐中路、龙马街、八一路相交。长 1.1 千米，宽 23 米。沥青路面。1979 年开工，1982 年建成。两侧有区民政局、市中医院、康乐广场。通多路公交车。

端州七路［Duānzhōu 7 Lù］　在区境南部。东南起端州六路，西北至端州八路。与大桥路、白沙路、太和南路等相交。长 3.8 千米，宽 40 米。沥青路面。1979 年开工，1981 年建成。两侧有睦岗医院、居住小区等。通多路公交车。

端州八路［Duānzhōu 8 Lù］　在区境西南部。东南起端州七路，西北至肇庆大道。长 1.1 千米，宽 36 米。沥青路面。1979 年开工，1988 年建成。两侧有城西汽车客运站、酒店、建材市场等。通多路公交车。

信安路［Xìn'ān Lù］　在区境东北部。东起肇庆大道，西至古塔北路。与蓝塘中路、砚都大道、棠岗路、景德路、景泰路相交。长 6.6 千米，宽 70 米。沥青路面。1980 年开工，1981 年建成。原名肇庆大道，2003 年因古信安郡改今名。两侧有市第一医院、法院、政务中心等。通多路公交车。

古塔中路［Gǔtǎ Zhōnglù］　在区境南部。南起古塔北路，北至古塔南路。与友谊路、和平路等相交。长 1.2 千米，宽 38 米。沥青路面。1984 年开工，1985 年建成。因临近崇禧塔得名。两侧有区政府、教育局、公安局。通多路公交车。

砚都大道［Yàndū Dàdào］ 在区境南部。北起肇庆大道，南至肇庆大桥。与星湖大道、叠翠路、信安路、端州路相交。长4千米，宽70米。沥青路面。2008年开工，2011年建成。因临端砚文化村得名。栽植景观木紫荆、杜鹃、木棉、串钱柳等。两侧有信安市场、区地税分局、市财政局、市人社局、黄岗中学等。通多路公交车。

玑西路［Jīxī Lù］ 在区境南部。北起肇庆大道，南至端州七路。与桂园路、风华路、智慧路相交。长2.7千米，宽32米。沥青路面。1981年开工，1982年建成。处市区西侧，取北斗七星之天玑星得名。两侧有居住小区、印刷中心、批发市场等。通多路公交车。

七星岩大桥［Qīxīngyán Dàqiáo］ 在城区中部。长200米，宽12米，最大跨度10米，桥下净高6米。1987年开工，1988年建成。原名聚星桥，后以七星岩景区改今名。为中型河道桥梁，结构型式为单跨中承式钢管混凝土桥。最大载重10吨。通多路公交车。

肇庆站［Zhàoqìng Zhàn］ 见交通运输设施部分"肇庆站"条。

肇庆市汽车总站［Zhàoqìng Shì Qìchē Zǒngzhàn］ 见交通运输设施部分"肇庆市汽车总站"条。

肇庆城东粤运汽车站［Zhàoqìng Chéngdōng Yuèyùn Qìchēzhàn］ 见交通运输设施部分"肇庆城东粤运汽车站"条。

城东街道［Chéngdōng Jiēdào］ 端州区人民政府驻地。在区境东部。面积17.8平方千米。人口14.8万。2010年设。因处城东得名。先后建居住小区，改造星湖大道、工农路、古塔路、和平路。西江流经。有中心湖、仙女湖、里湖、青莲湖、波海湖。有中学4所，小学6所，三级医院1个，二级医院2个。有肇庆博物馆、青少年文化宫。有省级文物保护单位阅江楼、崇禧塔、元魁塔。有叶挺独立团团部旧址纪念馆。有名胜古迹石峒古庙、观音庙、玉屏岩、崧台书院、星湖、七星岩、肇庆府学宫。有舞龙民俗。工业以玩具、电子、机电、服装加工为主。有购物广场、商贸城楼等。有城东粤运汽车站。通多路公交车。

城西街道［Chéngxī Jiēdào］ 属端州区。在区境西部。面积11.2平方千米。人口14.1万。2010年设。因处城西得名。先后建居住小区，改扩建宋城路、西江路、人民路、康乐路。西江流经。有宝月湖、伴月湖。有高校1所，中学7所，小学7所，三级医院1个，二级医院2个，卫生所1个。有文化站、图书室、农家书屋。有省级文物保护单位包公祠、肇庆古城墙、梅庵、披云楼。有古迹清真寺、三朝遗址。工业以制鞋、电子电机、机械配件、光盘加工、配电柜制造、食品加工为主。服务业以住宿、金融、商贸为主。有城西汽车客运站。通多路公交车。

黄岗街道［Huánggǎng Jiēdào］ 属端州区。在区境东部。面积58平方千米。人口5.2万。2010年设。因黄岗圩得名。先后建居住小区，改扩建砚都大道、信安路、端州路。西江流经。有北岭山森林公园。有高校3所，中学6所，小学14所，三级医院1个，二级医院1个，卫生院1个。有文化站、图书室、农家书屋、体育场馆。有国家级非物质文化遗产端砚制作技艺。有景点将军山、东湖、羚羊峡古道。农业以蔬菜、花生种植为主，有猪、牛饲养。工业以电子电脑、纺织、精细化工、机械制造为主。有商贸游园、商贸城。广佛肇高速、广佛肇轻轨过境。有端州站。通多路公交车。

白石村［Báishícūn］ 在区人民政府驻地城东街道东北4千米。属黄岗街道。人口1500。为纪念白石堵住堤围得名。聚落呈团块状。有小学、卫生站、端砚展览馆、艺术馆。有国家级非物质文化遗产端砚制作技艺。经济以端砚制作为主。通多路公交车。

睦岗街道［Mùgǎng Jiēdào］ 属端州区。在区境西部。面积65.1平方千米。人口3.4万。2010年设。因树木茂盛，取木、睦谐音得名。先后建居住小区，改扩建宋城三路、白沙路、大鼎路、端州路。西江流经。有龟顶山森林公园。有中学6所，小学13所，二级医院1个，卫生院1个。有古迹荥阳书院、白沙龙母庙。农业以水稻、蔬菜种植为主，有生猪、鸡、鸭、鹅、鲜鱼饲养。工业以电子、机械制造、制衣、塑胶加工、化纤为主。有肇庆物流园。有城西客运站。通多路公交车。

鼎湖区

鼎湖区［Dǐnghú Qū］ 肇庆市辖区。在市境中部偏南。面积596平方千米。人口15.6万。辖3街道、4镇。区人民政府驻坑口街道。1988年设。因山得名。先后改扩建广佛肇城际轻轨、新广路、罗隐路、鼎盛路、上山路、昌贤路、华贵路、民乐大道、万福路、港口路、宝鼎路，改造莲湖公园、区人民公园、下湾湿地公园，建体育中心、商务中心、会展中心等。有烂柯山、鸡笼山。西江流经。有中学10所，小学10所，二级医院2个。有文化馆、图书馆、档案馆。有省级文物保护单位鼎湖山摩崖石刻、蚬壳洲遗址等5个。有海军马口抗日阵亡将士纪念碑。有国家4A级旅游景区鼎湖山，国家3A级旅游景区砚阳湖、砚洲岛。有景点庆云寺、包公楼、葫芦山、九龙湖、藏龙沟、黄金沟、羚羊峡。三次产业比例14∶58∶28。农业以水稻、糖蔗、茶种植为主，有猪、牛等饲养。工业以金属制品、食品饮料加工为主。服务业以旅游、金融、商贸为主。三茂、南广、贵广铁路，珠三角外环高速，321国道，广佛肇城际轻轨过境。有西江航道。有肇庆东站、鼎湖山站。

鼎湖大道［Dǐnghú Dàdào］ 在区境中部。南起同兴路，北至水坑大道。与凤凰路、新广路、创业路、莲花路、罗隐路、万福路、港口路相交。长2.1千米，宽45米。水泥混凝土路面。1983年开工，1993年建成。因鼎湖山得名。两侧有酒店、区医院等。通公交车。

莲花路［Liánhuā Lù］ 在区境南部。东起广海路，西至沿江大道。与321国道、民乐大道相交。长1.9千米，宽45米。沥青路面。1991年开工，1993年建成。因莲花山得名。两侧有纸业公司、建筑小区等。通公交车。

坑口街道［Kēngkǒu Jiēdào］ 鼎湖区人民政府驻地。在区境西南部。面积96平方千米。人口1.6万。1992年设。处天溪、云溪汇合处，故名。有中学1所，小学2所，卫生服务中心1个，卫生站15个。有图书室、农家书屋、文化站。有名胜古迹白云寺、庆云寺、飞水潭、后沥古炮台、罗隐下院、宝鼎园、羚羊峡、鼎湖公园。盛产无公害蔬菜、花卉。工业以塑胶原料制品、电子五金、食品饮料加工为主。有坑口工业园。三茂铁路、广佛肇高速、321国道、广佛肇城际轻轨过境。西江通航。

桂城街道［Guìchéng Jiēdào］ 属鼎湖区。在区境中部偏西。面积23平方千米。人口2万。1992年设。因桂岭得名。先后建桂城文体广场、体育公园、居家养老服务中心。西江流经。有高校1所，中学2所，小学3所，二级医院1个，卫生服务中心1个，卫生所1个，卫生站21个。有图书室、农家书屋、文化站。有省级文物保护单位蚬壳洲遗址。有蔬菜、花卉种植基地。工业以汽车配件、电子、机械化工、饮用水灌装、五金加工为主。服务业以商贸、物流为主。南广、三茂铁路，321国道，广佛肇城际轻轨过境。有鼎湖汽车客运站。

广利街道［Guǎnglì Jiēdào］ 属鼎湖区。在区境中部。面积28平方千米。人口2.6万。2002年设。以"地广物阜、财利亨通"为名。先后改造砚洲码头、和平路、创业路。西江、长利涌流经。有中学2所，小学4所，二级医院1个，卫生服务中心1个，卫生服务站1个，卫生站21个。有图书室、农家书屋、文化站。有古迹包公祠。农业盛产鲥鱼、鳜鱼、砚洲岛黄沙蚬。工业以林产化工、针织染整、建材、皮革加工、特种设备制造、食品加工为主。三茂铁路过境。

永安镇［Yǒng'ān Zhèn］ 鼎湖区辖镇。在区境东南部。面积78平方千米。人口3.2万。辖2居委会、18村委会，有80自然村。镇人民政府驻永安社区。1958年成立永安公社。1983年改区。1986年改镇。寄寓"百业兴旺，永远安宁"得名。有中学1所，小学5所，卫生院1个，卫生站27个。有文化站、图书室。有鲩、鲮、鳙、鲢、桂花鱼养殖，有猪、鸭饲养。南广、贵广铁路，珠外环江肇高速，321国道，广佛肇城际轻轨过境。

永安社区［Yǒng'ān Shèqū］ 永安镇人民政府驻地。在区境东部。面积3.8平方千米。人口2500。因永安圩得名。2002年成立。民居以多层楼房为主。养老模式以居家养老为主。有志愿者服务队伍。有小学、卫生院、敬老院。有民俗农历四月初八鱼王诞活动。321国道经此。

沙浦镇［Shāpǔ Zhèn］ 鼎湖区辖镇。在区境南部。面积106平方千米。人口2.3万。辖1居委会、13村委会，有65自然村。镇人民政府驻沙浦社区。1958年成立沙浦公社。1983年改区。1986年改镇。因镇政府驻地原名得名。有古塔岩、梅花岩，青花岩等砚石资源。西江、典水涌流经。有中学1所，小学5所，卫生院1个，卫生站19个。有文化站、图书室。有桃溪古村。农业以水稻、香蕉、芡实种植为主。工业以皮革制品、饮用水、农副产品、小五金加工、矿产开采为主。老坑和宋坑砚石贮量丰富，为肇庆市端砚原料主产地。珠外环、江肇高速过境。

沙浦社区［Shāpǔ Shèqū］ 沙浦镇人民政府驻地。在区境南部。面积0.3平方千米。人口300。古为水边沙草洼地，故名。2002年成立。民居以楼房为主。养老模式以居家养老为主。有志愿者服务队伍。有法律咨询服务。有小学、幼儿园、卫生院。有皮具、染整、肇实加工厂。江肇高速经此。

凤凰镇［Fènghuáng Zhèn］ 鼎湖区辖镇。在区境西北部。面积145平方千米。人口1.1万。辖1居委会、9村委会，有94自然村。镇人民政府驻凤凰社区。1993年由广利镇析设凤凰镇。因凤凰圩得名。九坑河流经。有中学1所，卫生院1个，卫生站15个。有文化站、图书室。有名胜古迹九龙湖、黄金沟、藏龙沟、明月湾、同古山居。农业以肉桂、油茶、绿化树种植为主，有鹧鸪、百日鹅饲养，盛产蜂蜜。321国道过境。

凤凰社区［Fènghuáng Shèqū］ 凤凰镇人民政府驻地。在区境西北部。面积2平方千米。人口700。因处凤凰山下得名。2002年成立。民居以楼房为主。养老模式以居家养老为主。有小学、卫生院、文化站。有陶瓷、电器企业。通公路。

莲花镇［Liánhuā Zhèn］ 鼎湖区辖镇。在区境东部。面积66平方千米。人口3.2万。

辖1居委会、13村委会,有42自然村。镇人民政府驻莲花社区。1994年由永安镇析设莲花镇。原名莲塘桃花心,后择字改今名。西江、贝水涌流经。有中学1所,小学5所,卫生院1个,卫生站30个。有文化站、图书室。有水产、黑鬃鹅饲养,产鲜蛋、芡实。有火龙果、蔬菜、花卉种植基地。有奶牛场、猪场。工业以纺织服饰、金属加工、玩具制造、电子、灯饰加工为主。三茂、南广、贵广铁路,江肇高速,321国道,广佛肇城际轻轨过境。

莲花社区 [Liánhuā Shèqū] 莲花镇人民政府驻地。在区境东部。面积1.2平方千米。人口4500。因镇名得名。1994年成立。民居以楼房为主。养老模式以居家养老为主。有小学、卫生院、文化站。有化纤纺织印染、服装、工艺品企业。321国道经此。

高要市

高要市 [Gāoyào Shì] 广东省直辖县级市,由肇庆市代管。北纬23°02′,东经112°45′。在肇庆市境南部。面积2186平方千米。人口81万。辖1街道、16镇。市人民政府驻南岸街道。西汉元鼎六年(前111)置高要县,属苍梧郡。以高要峡(今羚羊峡)居高扼要为名。先后属高要郡、端州、信安郡、肇庆府、粤海道、第三行政督察区、第四行政督察区、西江专区、粤中行政区、高要专区、江门专区、肇庆专区。1988年属肇庆市。1993年改县级市。先后建客运站、工业园区、文峰山公园、江景绿道等。北部多山地,南部多丘陵、平原。平均海拔12.4米。年均气温22℃,1月平均气温14℃,7月平均气温30℃。年均降水量1647.9毫米。大迳河、横江、双金河、西江、新兴江流经。有黄金资源。有野生植物2456种,其中有国家重点保护野生植物苏铁蕨、金毛狗、樟树、桫椤等22种。有野生动物1239种,其中有国家一级保护野生动物蟒蛇,国家二级保护野生动物虎纹蛙、猫头鹰、穿山甲等。有国家级水产种质资源保护区。有省级森林公园1个,省级自然保护区1个。森林覆盖率56.7%。有高校1所,中学20所,小学34所,二级医院1个。有文化馆、图书馆、档案馆、博物馆、体育馆。有省级文物保护单位文明塔、金利茅岗建筑遗址、金渡端石老坑洞遗址。有古迹文峰塔、巽峰塔。有河台开耕节、宋隆河茶果节。有民俗舞狮、舞龙、金利赛龙舟。有景点砚坑紫云谷、广新农业生态园、肇庆高尔夫度假村。三次产业比例17∶58∶25。农业以水稻、木薯、马铃薯、玉米种植为主,有生猪、水产、鸽子、牛、羊饲养。工业以黄金、陶瓷、油墨、小五金、铝合金压铸件加工为主。有压铸、小五金产业集群。特产端砚、花席、桂皮、桂油、红木家具。服务业以金融、餐饮为主。广茂、南广铁路,广梧、江肇高速,321、324国道,省道石禄、肇江、莲金、江禄、新浮线过境。

南兴路 [Nánxīng Lù] 在市区中部。东起沿江二路,西至324国道。与和平路、新星路、教育路、要南路、南亭路、新城路、连江路等相交。长9.4千米,宽30米。沥青路面。1984年开工,同年建成,1988年改造。取意西江南岸兴旺为名。途经商业中心。两侧有金鹏广场、实验学校、市法院等。通公交车。

府前大街 [Fǔqián Dàjiē] 在市区中部。西起要南路,东至沿江路。与南亭路、新城路、文峰路、砚清路相交。长2.2千米,宽30米。水泥路面。1984年开工,同年建成,1988、1995年改造。因处市政府前得名。途经商业中心。两侧有市政府、中医院、城综局、建行、影院等。通公交车。

南岸街道 [Nán'àn Jiēdào] 高要市人民政府驻地。在市境南部。面积60平方千米。人口6.7万。2004年设。因处西江南得名南岸围,沿为街道名。先后建成天资工业园,改造居住小区。西江、新兴江、杨梅河流经。有中学2所,小学4所,二级医院1个,卫生院2个。有文化站、图书室。有省级文物保护单位文明塔。有古迹巽峰塔。农业以水稻、花卉木苗种植为主,有生猪饲养。工业以精密压铸、制鞋、轻纺制衣、新型建材为主。广昆高速、324国道、省道肇珠线过境。

河台镇 [Hétái Zhèn] 高要市辖镇。在市境北部。面积148平方千米。人口4.2万。辖2居委会、19村委会,有183自然村。镇人民政府驻河台镇圩镇社区。1950年置河台镇,后改公社。1982年改区。1986年改镇。原名河抬,明末清初山洪冲店于此,渐成集市,改今名。河台围河、廊源围河、三围河流经。有矿产资源黄金、高岭土、花岗岩、磁铁等。有中学1所,小学2所,卫生院1个,卫生所1个。有文化站、图书室。有古迹都权梁氏宗祠、水亨赖公祠、恺元书室。有省级非物质文化遗产高要春社。有淘金游景区。农业以水稻、花生种植为主,产甘蔗、中药材、茶叶、水果、肉桂、松脂、桂皮、桂油。工业以金矿开采、制鞋、建材为主。通公路。

河台镇圩镇社区 [Hétáizhèn Xūzhèn Shèqū] 河台镇人民政府驻地。在市境西北部。面积0.3平方千米。人口1700。因镇得名。2013年成立。民居以楼房为主。有文明实践站、未成年人活动室等。有中小学、卫生院、文化站、图书室。有民俗开耕节。有河台金矿。通公交车。

乐城镇 [Lèchéng Zhèn] 高要市辖镇。在市境北部。面积95平方千米。人口3.1万。辖1居委会、14村委会,有140自然村。镇人民政府驻乐城镇圩镇社区。1958年成立乐城公社。1982年改区。1986年改镇。古为乐城县,故名。大迳河流经。有中学1所,小学1所,卫生院1个,卫生所1个。有文化站、图书室。农业以水稻、巴戟天种植为主,盛产水果、蔬菜。工业以皮革加工为主。省道石禄线过境。

乐城镇圩镇社区 [Lèchéngzhèn Xūzhèn Shèqū] 乐城镇人民政府驻地。在市境北部。面积0.1平方千米。人口1200。因镇得名。1958年成立。民居以楼房为主。养老模式以居家养老为主。有志愿者服务队伍。有小学、卫生所。经济以服务业为主。省道石禄线经此。

水南镇 [Shuǐnán Zhèn] 高要市辖镇。在市境北部。面积111平方千米。人口1.7万。辖1居委会、14村委会,有168自然村。镇人民政府驻水南镇圩镇社区。1955年设水南乡,后改公社。1983年改区。1987年改镇。因处龙源、杜坑2河口得名河口圩,为避三水县河口圩重名,取近水南村改今名。清湾河、坳兰河流经。有中学1所,小学1所,卫生院1个,卫生所1个。有文化站、图书室。有景点飞天马瀑布、七星顶。农业以油茶种植为主,有蜜蜂养殖,特产桂皮。工业以电力、木材加工、制糖为主。服务业以农家乐、客家风情游为主。汕湛高速过境。

水南镇圩镇社区 [Shuǐnánzhèn Xūzhèn Shèqū] 水南镇人民政府驻地。在市境北部。面积0.1平方千米。人口1100。因镇得名。1958年成立。民居以楼房为主。有文明实践站、未成年人活动室。有文化活动书画、乒乓球、文艺演出等。有中小学、卫生站等。农业种植水稻,养殖鱼。县道平水—宾亨、广水线经此。

禄步镇 [Lùbù Zhèn] 高要市辖镇。在市境西北部。面积251平方千米。人口7.6万。辖1居委会、25村委会,有259自然村。镇人民政府驻禄步镇圩镇社区。1952年设禄步区,后改公社。1983年复区。1986年改镇。古时肇庆府至此六铺路(30千米),以六、禄,铺、步谐音得名。大迳河、大榕涌、外坑涌流经。有中学1所,小学3所,卫生院1个,卫生所1个。有文化站、图书室。农业以柑橘、肉桂种植为主,盛产松脂。特产松香、石槁、菠萝、贡柑等。321国道、省道石禄线过境。

禄步镇圩镇社区 [Lùbùzhèn Xūzhèn Shèqū] 禄步镇人民政府驻地。在市境西北部。面积0.1平方千米。人口8000。因镇得名。1958年成立。民居以楼房为主。有文明实践站、未成年人活动室等。有文化活动春节灯谜会、书画展等。养老模式以居家养老为主。有志愿服务队。有法律咨询服务。有中小学、卫生院、文化站。经济以服务业为主。321国道、省道石禄线经此。

小湘镇 [Xiǎoxiāng Zhèn] 高要市辖镇。在市境西北部。面积200平方千米。人口3.5万。辖2居委会、18村委会,有135自然村。镇人民政府驻小湘镇圩镇社区。1957年设小湘乡,后改公社。1983年改区。1987年改镇。因小湘坑得名。西江、矮洞水流经。有中学1所,小学3所,卫生院1个,卫生所1个。有文化站、图书室。有古迹黄氏宗祠、梁氏宗祠、政安赖公祠、康乐书室。农业以水稻、玉米、薯类种植为主。南广铁路、321国道过境。

小湘镇圩镇社区 [Xiǎoxiāngzhèn Xūzhèn Shèqū] 小湘镇人民政府驻地。在市境西北部。面积0.3平方千米。人口1700。因镇得名。1989年成立。民居以楼房为主。有未成年人活动室等。有篮球、广场舞等活动。养老模式以居家养老为主。有志愿者、法律咨询等服务。有中小学、卫生院、文化站。经济以服务业为主。321国道经此。

大湾镇 [Dàwān Zhèn] 高要市辖镇。在市境中部偏西。面积102平方千米。人口4.1万。辖3居委会、14村委会,有79自然村。镇人民政府驻大湾镇圩镇社区。1959年成立大湾公社。1983年改区。1986年改镇。明洪武三十一年(1398)成立窦头圩,后因三面环山一面临江呈弯形而改今名。西江流经。有中学1所,小学1所,卫生院1个,卫生所1个。有文化站、图书室。有唐代端州牧陆训墓、大鼎寺遗址。有西江奇观龟蛇锁大江。有景点圣旨村。农业以水稻种植为主,有鱼、虾养殖,盛产水果、蔬菜。工业以红木家具加工为主。南广高铁、县道大马线过境。

大湾镇圩镇社区 [Dàwānzhèn Xūzhèn Shèqū] 大湾镇人民政府驻地。在市境中部偏西。面积0.2平方千米。人口1300。因镇得名。1983年成立。民居以楼房为主。以居家养老为主,集中养老为辅。有中小学、卫生院、文化站、敬老院。经济以服务业为主。县道大马线经此。

新桥镇 [Xīnqiáo Zhèn] 高要市辖镇。在市境西南部。面积35平方千米。人口4万。辖3居委会、10村委会,有61自然村。镇人民政府驻新桥镇圩镇社区。1955年设新桥区,后改公社。1983年复区。1986年改镇。原名棉市,因建石桥习称新桥而改今名。新兴江经此。有中学1所,小学1所,卫生院1个,卫生所1个。有文化站、图书室。有新桥竹编技艺。农业以水稻种植为主,有猪饲养,盛产水果、蔬菜。工业以工艺制品、食品、建材、服装加工为主。广茂铁路、324国道过境。

新桥镇圩镇社区 [Xīnqiáozhèn Xūzhèn Shèqū] 新桥镇人民政府驻地。在市境西南部。面积0.4平方千米。人口2600。因镇得名。1993年成立。民居以楼房为主。有文明实践站、未成年人活动室等。有书法、象棋、广场舞等活动。养老模式以居家养老为主。有志愿者、法律咨询等服务。有中小学、卫生院、文化站。经济以服务业为主。通公路。

白诸镇 [Báizhū Zhèn] 高要市辖镇。在区境西南部。面积127平方千米。人口4.2万。辖2居委会、21村委会,有98自然村。镇人民政府驻白诸镇圩镇社区。1949年设白诸乡,后改公社。1983年改区。1986年改镇。因白猪岗谐音得名。新兴江、思劳河、白诸河经此。有中学1所,小学1所,卫生院1个,卫生所2个。有文化站、图书室。有古迹布院调楼、明新书院、白马庙遗址、遗志堂碉楼、云龙观。农业以果蔬、药材种植为主。工业以纺织制衣、五金制造、石材加工为主。广茂铁路、324国道过境。

白诸镇圩镇社区 [Báizhūzhèn Xūzhèn Shèqū] 白诸镇人民政府驻地。在区境西南部。面积0.2平方千米。人口1300。因镇得名。1979年成立。民居以楼房为主。有文明实践站、未成年人活动室等。有篮球、才艺比拼等活动。以居家养老为主。有志愿者、法律咨询等服务。有中小学、卫生院。经济以服务业为主。324国道经此。

莲塘镇 [Liántáng Zhèn] 高要市辖镇。在区境东南部。面积119平方千米。人口6.4万。辖1居委会、20村委会,有87自然村。镇人民政府驻莲塘镇圩镇社区。1952年设莲塘区,后改公社。1983年复区。1986年改镇。因莲生于塘得名。新兴江流经。有大红岭山。有中学1所,小学2所,卫生院1个,卫生所1个。有文化站、图书室。有古迹神符岩、宝莲寺、赵氏祠堂、石泉梁公祠、梁氏大夫祠。有民俗活动茶果节。农业以水稻、蒲草、粉葛、莲藕种植为主,有水产养殖。工业以化工、纺织印染、五金加工、造纸为主。广昆高速,县道新蛟、江活线过境。

莲塘镇圩镇社区 [Liántángzhèn Xūzhèn Shèqū] 莲塘镇人民政府驻地。在市境东南部。面积0.1平方千米。人口1800。因镇得名。1998年成立。民居以楼房为主。有舞蹈、篮球比赛、送戏下乡等活动。养老模式以居家养老为主。有中小学、卫生院。经济以服务业为主。县道新蛟、江活线经此。

活道镇 [Huódào Zhèn] 高要市辖镇。在市境南部。面积231平方千米。人口4.8万。辖1居委会、33村委会,有137自然村。镇人民政府驻活道镇圩镇社区。1952年设活道区,后改公社。1983年复区。1986年改镇。因山名覆船岗不吉而辟新路,取名活道。新兴江流经。有中学1所,小学1所,卫生院1个,卫生所4个。有文化站、图书室。有鳌头抗日自卫队成立旧址、首届高要县人民政府成立旧址。有古迹姚村水楼、凰岗坪古井。农业以水稻种植为主,产粉葛、砂糖橘、土瓜、甘蔗、辣椒。工业以五金、塑料、矿泉水加工为主。特产横江狗肉、狗仔鸭。省道高铜线过境。

活道镇圩镇社区 [Huódàozhèn Xūzhèn Shèqū] 活道镇人民政府驻地。在市境南部。面积0.1平方千米。人口1600。因镇得名。1989年成立。民居以楼房为主。有书法、舞蹈等活动。养老模式以居家养老为主。有志愿者服务队伍。有中小学、卫生院。经济以服务业为主。省道高铜线经此。

蛟塘镇 [Jiāotáng Zhèn] 高要市辖镇。在市境东南部。面积130平方千米。人口3.3万。辖1居委会、20村委会,有71自然村。镇人民政府驻沙坪社区。1949年设蛟塘乡,后改公社。1983年改区。1986年改镇。蛟溪流经,鱼塘环绕,故名。有中学1所,小学1所,卫生院1个。有文化站、图书室。有特色民俗茶果节。农业以水稻种植为主,有肉鸭饲养,盛产蔬菜、水果、水产。省道肇江线过境。

沙坪社区 [Shāpíng Shèqū] 蛟塘镇人民政府驻地。在市境东南部。面积1.3平方千米。人口1000。原为沙草地,后成圩,故名。1998年成立。民居多为砖混结构楼房。成立志愿服务队、新时代文明实践站、未成年人活动室等,提供法律咨询服务,举办社区文化活动。养老模式以居家养老模式为主。有中小学、卫生所。省道肇江线经此。

回龙镇 [Huílóng Zhèn] 高要市辖镇。在市境东南部。面积124平方千米。人口2.7万。辖3居委会、14村委会,有35自然村。镇人民政府驻回龙镇圩镇社区。1949年设回龙区,后改公社。1983年复区。1987年改乡。1989年改镇。古有朝龙庙,庙前宋隆水流经,后建金星社取意把龙截回得名。西江流经。有中学1所,小学2所,卫生院1个,卫生所1个。有文化站、图书室。农业以蔬菜种植为主,有禽畜、水产养殖。工业以陶瓷、塑料、铝型材、五金加工为主。江肇高速、省道肇江线过境。

回龙镇圩镇社区 [Huílóngzhèn Xūzhèn Shèqū] 回龙镇人民政府驻地。在市境东南部。面积0.2平方千米。人口900。因镇得名。1987年成立。民居多为砖混结构楼房。成立志愿服务队、新时代文明实践站、未成年人活动室等,提供法律咨询服务,举办社区文化活动。养老模式以居家养老模式为主。有中小学、卫生院。有制衣、食品加工、铝型材企业。省道肇江线经此。

黎槎村 [Líchácūn] 在市政府驻地南岸街道东南21千米。回龙镇辖自然村。人口1400。原名周庄,因房屋如木筏浮水,取意为众多木筏改今名。聚落呈八卦状。为省级传统村落。有门楼、街巷仁和里、遂愿里、兴仁里、淳和里等。农业以水稻、花生种植为主,有鱼饲养。省道肇江线经此。

白土镇 [Báitǔ Zhèn] 高要市辖镇。在市境东南部。面积108平方千米。人口8.1万。辖7居委会、23村委会,有88自然村。镇人民政府驻白土镇圩镇社区。1962年成立白土公社。1986年改镇。因白色铝矾土得名。大沙河、河蛟河、宋隆河流经。有中学2所,小学7所,卫生院1个,卫生所2个。有文化站、图书室。有古迹高庙、五云书院。有特色民俗茶果节。有罗非鱼、罗氏虾养殖。工业以新型建材、服装加工、五金铸造为主。广肇、珠三角外环江肇高速,省道肇江线过境。

白土镇圩镇社区 [Báitǔzhèn Xūzhèn Shèqū] 白土镇人民政府驻地。在市境东南部。面积0.5平方千米。人口2700。因镇得名。1998年成立。民居多为砖混结构楼房。成立志愿服务队、新时代文明实践站、未成年人活动室等,提供法律咨询服务,举办社区文化活动。养老模式以居家养老模式为主。有中小学、卫生院。有制衣、五金门窗、铸造企业。省道肇江线经此。通公交车。

金渡镇 [Jīndù Zhèn] 高要市辖镇。在市境中部。面积131平方千米。人口5万。辖16居委会,有28自然村。镇人民政府驻沙头社区。1958年设金渡乡,后改公社。1983年改区。1987年改镇。古为要道,意比黄金渡口得名。有烂柯山。双金河、藕耕冲流经。有中学1所,小学3所,卫生院1个,卫生所2个。有文化站、图书室。有省级文物保护单位端石老坑洞遗址。有麻子坑、坑仔岩砚石遗址。有古迹宋隆基闸。有国家级非物质文化遗产端砚制作技艺,省级非物质文化遗产花席编织技艺。有特色民俗茶果节。农业以水稻种植为主,产水果、蔬菜、花卉。工业以精密压铸、油墨化纤、电子、新型建材、五金加工为主。广肇高速、省道肇江线过境。

沙头社区 [Shātóu Shèqū] 金渡镇人民政府驻地。在市境中部。面积9平方千米。人口3000。因处沙洲得名。1987年成立。民居多为砖混结构楼房。成立志愿服务队、新时代文明实践站、未成年人活动室等,提供法律咨询服务,举办社区文化活动。养老模式以居家养老模式为主。有中小学、卫生站。有电子、纤维材料企业。省道肇江线经此。

金利镇 [Jīnlì Zhèn] 高要市辖镇。在市境东部。面积162平方千米。人口7.2万。辖13居委会、19村委会,有142自然村。镇人民政府驻金利镇圩镇社区。1958年成立金利公社。1982年改区。1987年改镇。宋成聚落,以金、利2姓为名。金利河、西围涌、东围涌、古道海流经。有中学2所,小学1所,卫生院1个,卫生所3个。有文化站、图书室。有省级文物保护单位茅岗建筑遗址。有民俗赛龙舟。农业种植水稻、花卉。工业以金属装配、五金加工、汽车配件、环保化工为主。有金淘、金盛工业基地。广肇高速、省道莲金线过境。通西江航道。

金利镇圩镇社区 [Jīnlìzhèn Xūzhèn Shèqū] 金利镇人民政府驻地。在市境东部。面积0.3平方千米。人口4500。因镇得名。1975年成立。民居多为砖混结构楼房。成立志愿服务队、新时代文明实践站、未成年人活动室等,提供法律咨询服务,举办社区文化活动。养老模式以居家养老模式为主。有中小学、卫生院。经济以服务业为主。省道莲金线经此。通公交车。

蚬岗镇 [Xiǎngǎng Zhèn] 高要市辖镇。在市境东部。面积72平方千米。人口3.4万。辖2居委会、10村委会,有44自然村。镇人民政府驻蚬岗镇圩镇社区。1959年成立蚬岗公社。1983年改区。1987年改镇。因岗呈蚬壳状得名。双金河流经。有中学1所,小学1所,卫生院1个,卫生所1个。有文化站、图书室。有古迹芙罗李氏祠、蚬西李氏大宗祠。有特色民俗茶果节。农业以水稻、蔬菜种植为主。工业以包装材料、金属制品加工、五金电镀为主。广肇、江肇高速,省道莲金线过境。

蚬岗镇圩镇社区 [Xiǎngǎngzhèn Xūzhèn Shèqū] 蚬岗镇人民政府驻地。在市境东部。面积0.5平方千米。人口800。因镇得名。1987年成立。民居多为砖混结构楼房。成立志愿服务队、新时代文明实践站、未成年人活动室等,提供法律咨询服务,举办社区文化活动。养老模式以居家养老模式为主。有中学、卫生院。经济以服务业为主。省道莲金线经此。

四会市

四会市 [Sìhuì Shì] 广东省直辖县级市,由肇庆市代管。北纬23°32′,东经112°41′。在肇庆市境东部。面积1262平方千米。人口45万。以汉族为主,还有壮、维吾尔、瑶、苗等民族。辖3街道、10镇。市人民政府驻东城街道。秦置四会县,先后属桂林郡、南海郡、广州、端州、肇庆府、粤海道、第三行政督察区、第四行政督察区、西江专区。1952—1961年与广宁县合置广四县,又各复原制,属肇庆专区。1988年属肇庆市。1993年改县级市。因古津水、湞江、建水、泷江汇集得名。先后改扩建城区堤防、水仙路、畔台路、独岗大桥、柑乡大桥、飞鹅岭大桥、五马岗大桥，建南江工业园、海伦广场、四会广场、水上运动中心、市体育中心。商贸、休闲旅游区位于南部贞山片区。东南部有新江产业集聚区、大沙新城。中部为行政、商贸、文化区。处珠江三角洲西北边缘。北、西部山地，中部丘陵、河谷盆地，南、东部冲积平原。平均海拔70米。年均气温21.3℃，1月平均气温12.2℃，7月平均气温28.5℃。年均降水量1803.8毫米。绥江河、龙江河、漫水河、何礼河、曲水河、毒水河流经。有野生植物1049种，其中有国家重点保护野生植物蛇足石杉、福建观音座莲、金毛狗、大叶黑桫椤、桫椤等20种。有野生动物94种，其中有国家一级保护野生动物河鼋。森林覆盖率56.6%。有中学26所，小学31所，二级医院4个。有图书馆、博物馆、体育场。有省级文物保护单位江头乡农会旧址、中国农工民主党创建者之一彭泽民故居等。有省级非物质文化遗产玉雕手工工艺、贞仙诞、四会民歌。有景点六祖寺、贞山、东方水城。三次产业比例15∶45∶40。农业以水稻、蔬菜种植为主，有生猪、牛、羊饲养，盛产柑橘、龙眼、水产。工业以互感器、乐器、水泥、铝材、陶瓷加工为主。服务业以旅游、物流、金融为主。有贞山美食风情街。贵广、三茂铁路，二广、江肇主高速，321国道，省道岭莲、连大、广四线，广佛肇城际轻轨过境。

四会人民广场［Sìhuì Rénmín Guǎngchǎng］在市区东部。面积19万平方米。1993年开工，1997年建成。为市民休闲、娱乐场所，故名。有城市公园、音乐喷泉。入口有古罗马风格柱、金水桥。周边有市政府、国土局、时代广场、电视台、国际玉器城、国税局等。通多路公交车。

四会大道［Sìhuì Dàdào］在市区中部。南起省道连大线东城段，北至省道连大线石狗段。与江丽路、元兴路、清塘大道、商业大道、贵华路等相交。长13千米，宽60米。沥混路面。1990年开工，1995年建成。两侧有四会广场、国际玉器城、时代广场、中学、马田公园等。通多路公交车。

商业大道［Shāngyè Dàdào］在市区中部。南起广场北一路，北至城北大道。与四会大道、清塘大道、陶塘路、汇林路等相交。长4千米，宽40米。混凝土路面。2009年开工，2011年建成。寓意带动经济发展得名。两侧有市法院、实验学校、盈峰花园、万兴隆翡翠城、新沙田园市场、加油站、一力集团等。通多路公交车。

绥江大桥［Suíjiāng Dàqiáo］在市区西部。长356米，宽12米，最大跨度45米，桥下净高6米。1978年开工，1982年建成，2013年南侧建新桥。为大型河道桥梁，结构型式为桁架拱轻型桥。最大载重汽车15吨，挂车80吨。通多路公交车。

东城街道［Dōngchéng Jiēdào］四会市人民政府驻地。在市境东南部。面积84平方千米。人口14万。1994年设。先后建居住小区、玉器文化广场、健康产业城。龙江河流经。有中学5所，小学10所，二级医院1个，卫生所43个。有图书室、农家书屋、文化站、体育活动中心。农业以水稻种植为主，盛产塘鱼、花生、蔬菜、水果。工业以玉器、鞋服、皮革加工，化工，家具、五金机电制造为主。有玉器城、商贸广场。通多路公交车。

城中街道［Chéngzhōng Jiēdào］属四会市。在市境中部。面积47平方千米。人口8万。1994年设。因处城区中心得名。龙江河、绥江河流经。有中学5所，小学5所，二级医院3个，卫生所19个。有图书室、农家书屋、文化站。有省级文物保护单位彭泽民故居。农业以柑橘、蔬菜、花卉种植为主，有水产、禽畜饲养。工业以针织服装、皮具、食品、塑料、陶瓷、摩托车装配加工为主。有水产、禽畜、柑橘、材料装饰等专业市场。有物流中心。通多路公交车。

贞山街道［Zhēnshān Jiēdào］属四会市。在市境西南部。面积101平方千米。人口2.9万。1994年设。因山得名。先后改造贞山新城、东方水城，整治金沙海岸等。绥江河流经。有中学3所，小学2所，卫生所13个。有图书室、文化站。有名胜古迹贞山、六祖寺、宝林古寺。有省级非物质文化遗产贞仙诞、邓村古法造纸技艺。农业特产贡柑。工业以机电、五金、制鞋、印刷为主。服务业以休闲旅游为主。四莲公路过境。通多路公交车。

龙甫镇［Lóngfǔ Zhèn］四会市辖镇。在市境北部。面积103平方千米。人口1.8万。辖2居委会、7村委会，有79自然村。镇人民政府驻龙甫社区。1993年析清塘镇置龙甫镇。因镇政府驻地原名得名。龙江河流经。有九年一贯制学校1所，卫生院1个，卫生所14个。有图书室、农家书屋、文化站。工业以金属再生资源、五金电镀、化工为主。有龙甫工业园区。为市粮、油、鱼基地。二广高速、省道广四线过境。

龙甫社区［Lóngfǔ Shèqū］龙甫镇人民政府驻地。在市境北部。面积0.3平方千米。人口500。因设于龙甫村得名。2008年成立。民居以多层楼房为主。有阅览室、残疾人康园中心。有卫生院。经济以开设餐饮、商场及各类店铺为主。通公交车。

地豆镇［Dìdòu Zhèn］四会市辖镇。在市境北部。面积91平方千米。人口2.9万。辖1居委会、12村委会，有174自然村。镇人民政府驻地豆社区。1957年设地豆乡，后改公社。1983年改区。1986年改镇。原为花生市场，以花生方言称地豆得名。何礼河流经。有大坑口水库。有中学1所，小学2所，卫生院1个，卫生所15个。有图书室、农家书屋、文化站。有河赖塔遗址。农业以水稻、花生、大豆种植为主。工业以高岭土开采、陶瓷加工、制鞋、五金为主。清四公路过境。

地豆社区［Dìdòu Shèqū］地豆镇人民政府驻地。在市境北部。面积1平方千米。人口1300。因镇名得名。1988年成立。民居以低层楼房为主。有卫生院、文化广场。有制鞋、五金、羽绒加工企业。清四公路经此。

威整镇［Wēizhěng Zhèn］四会市辖镇。在市境北部。面积63平方千米。人口1.7万。辖1居委会、8村委会，有97自然村。镇人民政府驻威整社区。1932年设威整乡，后改公社。1983年改区。1987年改镇。清嘉庆二年（1797）建隆庆市，又名鹅涌新圩，因处威整河畔改今名。漫水河流经。有中学1所，小学1所，卫生院1个，卫生所10个。有图书室、农家书屋、文化站。农业以水稻、花生种植为主，盛产乌榄、塘鱼。工业以乐器、毛纺、皮革、五金、塑料加工为主。省道四莲线过境。

威整社区［Wēizhěng Shèqū］威整镇人民政府驻地。在市境北部。面积7平方千米。人口1300。因镇名得名。1988年成立。民居以低层楼房为主。社区有电教室、警务室、健身房、图书阅览室、星光老年之家、劳动保障站等服务设施。有九年一贯制学校、幼儿园、卫生院。有七七抗战建国纪念碑。有卫生香、木制品、皮件、制鞋企业。省道四莲线经此。

罗源镇［Luóyuán Zhèn］四会市辖镇。在市境北部。面积26平方千米。人口9000。辖1居委会、5村委会，有55自然村。镇人民政府驻罗源社区。1957年设罗源乡，后改公社。1983年改区。1986年改镇。为罗纳壮坑、诗坑、黄背坑、长尾坑、公谭坑5水之源，故名。有九年一贯制学校1所，卫生院1个，卫生所7个。有图书室、农家书屋、文化站。农业以水稻、花卉、花生、甘蔗种植为主，养殖塘鱼，特产乌榄。工业以电镀、石料加工、农机修理、塑料加工为主。省道四清线过境。

罗源社区［Luóyuán Shèqū］罗源镇人民政府驻地。在市境北部。面积1平方千米。人口400。1988年成立。民居以低层楼房为主。有文化活动中心。有罗源学校、幼儿园、卫生院、敬老院。工业以棉胎加工为主。省道四清线经此。

迳口镇［Jìngkǒu Zhèn］四会市辖镇。在市境东部。面积101平方千米。人口2.1万。辖2居委会、13村委会，有144自然村。镇人民政府驻迳口社区。1961年成立迳口公社。1983年改区。1986年改镇。处“石人迳”出口得名。下寮河、渔云河流经。有九年一贯制学校1所，卫生院1个，卫生所5个。有图书室、农家书屋、文化站。有南宋政治家文天祥祖墓。农业以水稻种植为主，盛产甘蔗、花生、姜、香蕉、药材、塘鱼。工业以医疗器械、五金电子、玉器加工为主。省道四清、红迳线过境。

迳口社区［Jìngkǒu Shèqū］迳口镇人民政府驻地。面积2.5平方千米。人口900。因镇名得名。1988年成立。民居以低层楼房为主。有幼儿园、卫生院。为迳口、三水华侨农场、南山镇农副产品集散地。县道经此。

大沙镇［Dàshā Zhèn］四会市辖镇。在市境南部。面积80平方千米。人口8.3万。辖3居委会、13村委会，有121自然村。镇人民政府驻大沙社区。1957年设大沙乡，后改公社。1983年改区。1986年改镇。因大片沙滩得名。西江、北江、绥江河流经。有中学3所，小学7所，卫生院1个，卫生所18个。有图书室、农家书屋、文化站。农业种植水稻，养殖水产、生猪。工业以化工、食品机械制造、建材为主。三茂铁路、江肇高速、321国道、省道四莲线、广佛城际轨过境。

大沙社区［Dàshā Shèqū］大沙镇人民政府驻地。在市境南部。面积2平方千米。人口3600。因镇名得名。1988年成立。民居以低层楼房为主。有文体广场。有小学、幼儿园、卫生院。有商贸、娱乐业。321国道经此。

石狗镇［Shígǒu Zhèn］四会市辖镇。在市境西北部。面积141平方千米。人口2.6万。辖1居委会、10村委会，有128自然村。镇人民政府驻石狗社区。1957年设石狗乡，后改公社。1983年改区。1987年改镇。因镇政府驻地原名得名。绥江河流经。有中学1所，小学1所，卫生院1个，卫生所22个。有图书室、农家书屋、文化站。农业以水稻种植为主，盛产药材、兰花、甘蔗、花生、柑、橘。工业以煤铁矿开采、会纸加工、竹木加工、塑料编织、陶瓷加工为主。贵广铁路、汕湛高速过境。

石狗社区［Shígǒu Shèqū］石狗镇人民政府驻地。在市境西北部。面积12平方千米。人口1400。因狗形石山得名。1988年成立。民居以低层楼房为主。有石狗学校、幼儿园、卫生院。农业以水稻、花生种植为主。有大型农贸市场。县道经此。

黄田镇［Huángtián Zhèn］四会市辖镇。在市境西部。面积90平方千米。人口1.6万。辖1居委会、6村委会，有111自然村。镇人民政府驻黄田社区。1959年成立黄田公社。1983年改区。1987年改镇。因原为黄姓管辖田地得名。绥江河流经。有九年一贯制学校1所，卫生院1个，卫生所12个。有图书室、农家书屋、文化站。有省级文物保护单位江头乡农会旧址。农业以水稻、蔬菜、台湾绿竹笋种植为主，有猪、羊饲养。工业以渡船、渔船维修为主。

二广高速、省道四莲线过境。

黄田社区 [Huángtián Shèqū] 黄田镇人民政府驻地。在市境西部。面积 2.2 平方千米。人口 500。因镇名得名。1998 年成立。民居以低层楼房为主。有文体广场。有九年一贯制学校、幼儿园、卫生院。经济以餐饮、小型店铺及农产品交易为主。省道四莲线经此。

江谷镇 [Jiānggǔ Zhèn] 四会市辖镇。在市境西北部。面积 132 平方千米。人口 4.1 万。辖 2 居委会、13 村委会,有 267 自然村。镇人民政府驻江谷社区。1958 年成立江谷公社。1983 年改区。1986 年改镇。原因富裕安康得名康谷,明嘉靖三十七年(1558)因河改今名。有大岭山。有中学 1 所,小学 2 所,卫生院 1 个,卫生所 21 个。有图书室、农家书屋、文化站。农业以水稻、蔬菜种植为主,有水产养殖,盛产花生、柑、橘、橙。工业以食品加工、纺织、印刷、家具制造为主。省道四清线过境。

江谷社区 [Jiānggǔ Shèqū] 江谷镇人民政府驻地。在市境西北部。面积 1.5 平方千米。人口 2300。因镇名得名。1988 年成立。民居以低层楼房为主。有文体广场。有中小学、幼儿园、卫生院。有鞋服、家具、编织、印刷企业。省道四清线经此。

下茆镇 [Xiàmáo Zhèn] 四会市辖镇。在市境中部。面积 106 平方千米。人口 3.3 万。辖 2 居委会、13 村委会,有 167 自然村。镇人民政府驻下茆社区。1957 年设下茆乡,后改公社。1983 年改区。1989 年改镇。原因茅草丛生得名茅地,后改今名。龙江河流经。有中学 2 所,小学 1 所,卫生院 1 个,卫生所 9 个。有图书室、农家书屋、文化站。农业以水稻、花生种植为主,有牛、猪、鸡、鸭、鹅饲养。工业以电子、熔铸、金属加工为主。省道四清线过境。

下茆社区 [Xiàmáo Shèqū] 下茆镇人民政府驻地。在市境中部。面积 0.6 平方千米。人口 600。因镇名得名。1988 年成立。民居以低层楼房为主。有文体广场。有小学、卫生院。经济以小型店铺及农产品交易为主。省道四清线经此。

广宁县

广宁县 [Guǎngníng Xiàn] 肇庆市辖县。北纬 23°38′,东经 112°26′。在市境中部偏西。面积 2455 平方千米。人口 57.3 万。以汉族为主,还有壮、瑶、苗等民族。辖 15 镇。县人民政府驻南街镇。明嘉靖三十八年(1559)析四会县置广宁县,意为广泛安宁,先后属肇庆府、粤海道、第三行政督察区、第四行政督察区、西江专区、粤中行政区、高要专区、江门专区。1952—1961 年与四会县合设广四县,又各复原制,属肇庆专区。1988 年属肇庆市。北部多低山、中山,西部丘陵。平均海拔 350 米。最高点螺壳山海拔 1339 米。年均气温 21℃,1 月平均气温 12.4℃,7 月平均气温 28.2℃。年均降水量 1720.2 毫米。绥江河、漫水河流经。有矿产资源玉石、花岗岩、滑石、稀土、钨、金等。有野生植物 815 种,其中有国家重点保护野生植物山荔枝、黄线球、赤椎栎等 8 种。有野生动物 74 种,其中有国家一级保护野生动物鼋、蟒蛇、白肩雕、白颈长尾雉,国家二级保护野生动物穿山甲、大灵猫、小灵猫、松鼠、苍鹰、白鹇、虎纹蛙。森林覆盖率 82.7%。有中学 23 所,小学 23 所,二级医院 2 个,图书馆 1 个,博物馆 1 个,文化馆 1 个。有县文化广场、城市中心广场、体育馆。有省级文物保护单位周其鉴烈士故居、无产阶级革命家彭湃旧居、广宁县农民协会旧址、中国人民解放军粤桂湘边纵队司令部旧址及纪念馆。有古迹龙龛古寺、会真堂、罗锅古街、北市大屋。有省级非物质文化遗产广宁玉雕。有民俗广宁武术、舞山狮。有景点竹海大观、碧翠湖、宝锭山、里仁古村。三次产业比例 24∶38∶38。农业以竹子、油茶、砂糖橘种植为主,盛产文笋、笋干、竹虫、冬菇、蜂蜜、腐竹、番薯干、山油茶、清桂茶叶。工业以山林浆纸一体化、华南再生资源、环保素材加工为主。有国家地理标志产品广宁广绿玉。服务业以旅游为主。贵广高铁,省道岭莲、连大、石禄、怀悦、珠木线过境。有广宁站。

南街镇 [Nánjiē Zhèn] 广宁县人民政府驻地。在县境中部。面积 189 平方千米。人口 11.6 万。辖 5 居委会、18 村委会,有 279 自然村。镇人民政府驻永青社区。1959 年成立南街公社。1987 年改镇。明嘉靖三十八年(1559)设县时治寺前铺,因治所南门前有条繁华街道,人称"南街",后俗成县城名至今。南街河流经。有中学 6 所,小学 5 所,二级医院 2 个,卫生院 1 个。有文化站、文化室。农业以水稻种植为主,盛产蔬菜、水果、花卉、竹、松、杉。工业以林浆纸一体化、再生资源、新型铝材、环保建材为主。贵广高铁,省道连大、珠木线过境。

永青社区 [Yǒngqīng Shèqū] 南街镇人民政府驻地。在县境中部。面积 1.5 平方千米。人口 9000。2004 年成立。取永宁、青云 2 地名首字得名。民居以楼房为主。有文化室、篮球场。有中小学、幼儿园、卫生院、文化站。农业以蔬菜种植为主。工业有粮油、牙签加工。通公路。

排沙镇 [Páishā Zhèn] 广宁县辖镇。在县境东南部。面积 155 平方千米。人口 3.4 万。辖 2 居委会、12 村委会,有 378 自然村。镇人民政府驻排沙社区。1961 年成立排沙公社。1983 年改区。1986 年改镇。排为古壮族语,意为边,因处扶罗河沙洲得名。扶罗河、春水河流经。有中学 2 所,小学 1 所,卫生院 1 个,卫生所 1 个。有文化中心、图书室。农业以水稻、玉米种植为主,产蔬菜、水果、松、杉、竹。工业以造纸、香粉加工、水电、石矿开采为主。县道春中、南街—排沙线过境。

排沙社区 [Páishā Shèqū] 排沙镇人民政府驻地。在县境东南部。面积 8.7 平方千米。人口 1400。因镇名得名。2004 年成立。民居以楼房为主,有少量别墅。有文化中心。开展心相阳光护苗成长、泼墨迎春、便民送福等活动。有小学、卫生站、图书室。农业以水稻种植为主,产花生、竹、木。春江公路经此。

潭布镇 [Tánbù Zhèn] 广宁县辖镇。在县境东部。面积 132 平方千米。人口 3.6 万。辖 1 居委会、13 村委会,有 359 自然村。镇人民政府驻潭布社区。1961 年成立潭布公社。1987 年改镇。为壮族语名,意为泉塘。有十排山、大旗山。龙江河流经。有中学 1 所,小学 1 所,卫生院 1 个,卫生所 1 个。有文化中心、图书室。农业以水稻、番薯、砂糖橘种植为主,有猪、牛饲养。工业以冶炼、电力、木器加工、造纸为主。省道珠木线过境。

潭布社区 [Tánbù Shèqū] 潭布镇人民政府驻地。在县境东部。面积 6.4 平方千米。人口 6800。因镇名得名。2004 年成立。民居以楼房为主,有少量别墅。有篮球场。以居家养老为主。有中小学、成人文化技术学院、卫生院、敬老院。有民俗炮会、舞狮、醒狮拜年。盛产桂枝、砂糖橘、黄皮、橄榄。县道春中线经此。

江屯镇 [Jiāngtún Zhèn] 广宁县辖镇。在县境东北部。面积 248 平方千米。人口 6.3 万。辖 1 居委会、18 村委会,有 579 自然村。镇人民政府驻江屯社区。1956 年设江屯乡,后改公社。1983 年改区。1986 年改镇。小山为冈,冈下聚居为屯,故名冈屯,以方言冈、江同音改今名。漫水河流经。有中学 2 所,小学 2 所,卫生院 2 个。有文化中心、图书室。农业以水稻、松、杉、竹、尾叶桉种植为主,盛产龙须菜、砂糖橘、番石榴、油菜、腐竹、番薯。省道岭莲、珠木线过境。

江屯社区 [Jiāngtún Shèqū] 江屯镇人民政府驻地。在县境东北部。面积 2.5 平方千米。人口 4100。因镇名得名。2003 年成立。民居以楼房为主。以居家养老为主。有中小学、卫生院、文化站。农业以水稻、番薯种植为主,产松、竹。地朗公路经此。

螺岗镇 [Luógǎng Zhèn] 广宁县辖镇。在县境中部偏北。面积 97 平方千米。人口 1.5 万。辖 1 居委会、5 村委会,有 102 自然村。镇人民政府驻螺岗社区。1961 年成立螺岗公社。1983 年改乡。1987 年改镇。因小山岗形似螺壳得名。螺岗河流经。有中学 1 所,小学 1 所,卫生院 1 个。有文化中心、图书室。农业以水稻、薯类种植为主,有竹鼠饲养,产蔬菜、水果、花卉、松、杉、尾叶桉。县道柯螺线过境。

螺岗社区 [Luógǎng Shèqū] 螺岗镇人民政府驻地。在县境东北部。面积 10 平方千米。人口 3900。2004 年成立。民居以楼房为主。有篮球场。以居家养老为主。有中小学、卫生院、文化站、螺岗革命烈士纪念碑。农业以水稻、花生种植为主,产松、竹。县道柯螺线经此。

北市镇 [Běishì Zhèn] 广宁县辖镇。在县境东北部。面积 230 平方千米。人口 2.3 万。辖 1 居委会、9 村委会,有 224 自然村。镇人民政府驻扶溪社区。1949 年设北市乡,后改公社。1983 年改区。1986 年改镇。为县城北部重要集市,故名。扶溪河流经。有中学 1 所,小学 1 所,卫生院 1 个。有文化中心、图书室。农业以水稻、花生种植为主,产松、杉、杂木。工业以小水电、五金制品、机床制件、木材加工为主。省道岭莲线过境。

扶溪社区 [Fúxī Shèqū] 北市镇人民政府驻地。在县境东北部。面积 15 平方千米。人口 4900。2004 年成立。因河得名。民居以楼房为主,有少量别墅。社区有驻村律师,特色文化为逢节日在江氏宗祠开展舞山狮活动。以家庭养老为主。有中小学、幼儿园、卫生院、文化站。农业以水稻种植为主,产松、杉。省道岭莲线经此。

坑口镇 [Kēngkǒu Zhèn] 广宁县辖镇。在县境西北部。面积 181 平方千米。人口 3.3 万。辖 1 居委会、1 村委会,有 318 自然村。镇人民政府驻坑口社区。1949 年为坑口乡。1959 年改上林公社。1983 年改坑口区。1986 年改镇。处坑洞河、古水河汇流处,因习称小河为坑得名。有中学 1 所,小学 1 所,卫生院 1 个,卫生所 1 个。有文化中心、图书室。农业以水稻、蔬菜种植为主,产竹、松、杉、杂木。县道南北线过境。

坑口社区 [Kēngkǒu Shèqū] 坑口镇人民政府驻地。在县境西北部。面积 24 平方千米。人口 6100。因镇名得名。2005 年成立。民居以楼房为主,有少量别墅。社区有驻村律师,有志愿者服务队。以家庭养老为主。有中小学、卫生院、文化站、图书室。农业以水稻种植为主,产茶竿竹、砂糖橘。县道南北线经此。

赤坑镇 [Chìkēng Zhèn] 广宁县辖镇。在县境西北部。面积 180 平方千米。人口 2.3 万。辖 1 居委会、9 村委会,有 159 自然村。镇人民政府驻赤坑社区。1958 年成立赤坑公社。1984 年改区。1986 年改镇。山坑水温低,方言"冻"为"赤",故名。古水河、扶溪河、两利河、旺洞河、赤坑河、合坑河流经。有中学1所，小学1所，卫生院1个，卫生所2个。有文化中心、图书室。有省级文物保护单位粤桂湖边纵队司令部旧址。农业以水稻、玉米种植为主，有生猪饲养。工业以小水电为主。县道南北线过境。

赤坑社区［Chìkēng Shèqū］ 赤坑镇人民政府驻地。在县境西北部。面积3平方千米。人口3300。因镇名得名。2004年成立。民居以楼房为主。有篮球场、休闲运动场所。有志愿者服务。有中小学、卫生院、文化站。农业以水稻种植为主，产蜂蜜、笋干、砂仁、白花茶油。县道南北线经此。

宾亨镇［Bīnhēng Zhèn］ 广宁县辖镇。在县境南部。面积129平方千米。人口3.8万。辖3居委会、13村委会，有295自然村。镇人民政府驻宾亨社区。1958年成立宾亨公社。1983年改区。1987年改镇。因山体崩裂得名崩坑，后成集市，谐音改今名。绥江河、太坑河、横迳河、陈坑河流经。有中学1所，小学1所，卫生院1个，卫生所2个。有文化中心、图书室。农业以水稻、薯类种植为主，产蔬菜、水果、竹、松、杉。二广高速、省道连大线过境。

宾亨社区［Bīnhēng Shèqū］ 宾亨镇人民政府驻地。在县境南部。面积9平方千米。人口4000。因镇名得名。2005年成立。民居以楼房为主。有醒狮队。有中小学、卫生院、文化中心。农业以水稻、花生种植为主，产竹、松、砂糖橘。有木器、土纸厂。二广高速，江禄、宾分公路经此。

五和镇［Wǔhé Zhèn］ 广宁县辖镇。在县境南部。面积117平方千米。人口2.2万。辖1居委会、6村委会，有114自然村。镇人民政府驻五和社区。1949年设五和区，后改公社。1984年复区。1986年改镇。以5乡和睦得名。大坑水流经。有中学1所，小学1所，卫生院1个。有文化中心、图书室。农业以水稻、蔬菜、花生种植为主，盛产南药。省道江禄线过境。

五和社区［Wǔhé Shèqū］ 五和镇人民政府驻地。在县境西南部。面积20平方千米。人口7000。因镇名得名。2004年成立。民居以自建楼房为主。有志愿者服务队伍。以居家养老为主，集中养老为辅。有广场舞、舞狮活动。有中小学、卫生院、文化室。农业以水稻种植为主，产竹、松、杉。有皮具、榨油厂。省道江禄线经此。

横山镇［Héngshān Zhèn］ 广宁县辖镇。在县境南部。面积136平方千米。人口4.7万。辖1居委会、10村委会，有253自然村。镇人民政府驻横山社区。1987年置。因横山得名。绥江河流经。有中学2所，小学1所，卫生院1个。有文化中心、图书室。有竹海大观景区。农业以水稻种植为主，产蔬菜、水果、竹、松、杉。工业以铝型材、非金属矿、纸业、涂料、精细化工为主。二广高速过境。

横山社区［Héngshān Shèqū］ 横山镇人民政府驻地。在县境西南部。面积8平方千米。人口9600。因镇名得名。2004年成立。民居以楼房为主，有少量别墅。有篮球场、休闲运动场所。有志愿者服务。有中小学、卫生院、文化室。农业以水稻、花生种植为主。有服装加工厂。

木格镇［Mùgé Zhèn］ 广宁县辖镇。在县境西南部。面积123平方千米。人口2.2万。辖1居委会、6村委会，有107自然村。镇人民政府驻木格社区。1958年成立木格公社。1983年改区。1987年改镇。传明成化年间(1465—1487)隔坑寨临河一带出现方格形结构店铺，称木格铺，清道光时发展为木格圩。镇以圩名。有瓷砂土、稀土、高岭土、钠石、玉石等非金属矿。木格水流经。有中学1所，小学1所，卫生院1个。有文化中心、图书室。农业以水稻种植为主，产蔬菜、水果、竹、松、杉。工业以造纸、酿酒、矿产开采、制香为主。省道珠木、怀悦线过境。

木格社区［Mùgé Shèqū］ 木格镇人民政府驻地。在县境西南部。面积27平方千米。人口900。2005年成立。民居以楼房为主。有篮球场、休闲运动场所。有志愿者服务。有中小学、卫生院、文化室。盛产砂糖橘、茶竿竹、尾叶桉。省道珠木线经此。

石咀镇［Shízuǐ Zhèn］ 广宁县辖镇。在县境西部。面积84平方千米。人口1.7万。辖1居委会、5村委会，有128自然村。镇人民政府驻石咀社区。1961年成立石咀公社。1983年改区。1986年改乡。1992年改镇。原于山咀建庙，以石铺道，故名。石咀河流经。有中学1所，小学1所，卫生院1个。有文化中心、图书室。农业以水稻种植为主，产蔬菜、水果、竹、松、杉。工业以小水电、木材加工为主。县道九云—什洞线过境。

石咀社区［Shízuǐ Shèqū］ 石咀镇人民政府驻地。在县境西部。面积10平方千米。人口2300。因镇名得名。1999年成立。民居以楼房为主。有篮球场。有法律咨询服务。有中小学、卫生院、文化室、敬老院。农业以蔬菜种植为主，盛产水果，养殖塘鱼。

古水镇［Gǔshuǐ Zhèn］ 广宁县辖镇。在县境西部。面积260平方千米。人口5万。辖1居委会、14村委会，有357自然村。镇人民政府驻古水社区。1958年成立古水公社。1983年改区。1987年改镇。传宋康定元年(1040)顾溪守乱于此，得名顾水埠，以方言演为今名。绥江河、古水河、永固河流经。有中学1所，小学2所，卫生院1个，卫生所2个。有文化中心、图书室。农业以水稻种植为主，产蔬菜、水果、竹、松、杉。工业以竹子加工、轴承制造、制衣、环保建材为主。广贺高速、省道连大线过境。设高速出入口。

古水社区［Gǔshuǐ Shèqū］ 古水镇人民政府驻地。在县境西部。面积1.6平方千米。人口7900。因镇名得名。2004年成立。民居以楼房为主。有文化广场、篮球场、羽毛球场。有志愿者服务。有中小学、卫生院、幼儿园、文化站。农业以水稻、茶种植为主，产茶竹、青竹、木材。省道连大线经此。

洲仔镇［Zhōuzǎi Zhèn］ 广宁县辖镇。在县境西部。面积153平方千米。人口2.2万。辖1居委会、6村委会，有160自然村。镇人民政府驻洲仔社区。1961年成立洲仔公社。1983年改区。1986年改镇。处金场河小沙洲上，仔意为小，故名。金场河流经。有中学1所，小学1所，卫生院1个，卫生所3个。有文化中心、图书室。农业以水稻种植为主，产蔬菜、水果、竹、松、杉，特产清桂茶、竹笋干、芋合干。工业以广绿玉加工、瓷土开采、水力发电、竹木加工为主。广贺高速、省道珠木线过境。

洲仔社区［Zhōuzǎi Shèqū］ 洲仔镇人民政府驻地。在县境西部。面积9平方千米。人口2300。因镇名得名。2004年成立。民居以自建楼房为主。有文化室，内设图书室、电子阅览室、老人活动室、少儿活动室。有中小学、幼儿园、卫生院、文化室。农业以水稻种植为主，产竹、松、杉、水果、茶叶。省道珠木线经此。

怀集县

怀集县［Huáijí Xiàn］ 肇庆市辖县。北纬23°55′，东经112°10′。在市境北部。面积3573平方千米。人口106.2万。以汉族为主，还有壮、苗等民族。辖18镇、1民族乡。县人民政府驻怀城镇。南朝宋元嘉十三年(436)置怀集县，取意绥怀聚集得名，属绥建郡。隋属南海郡。唐先后属威州、南绥州、浈州、广州，开元二年(714)永固县并入。宋开宝五年(972)洊水县并入。元属贺州。明、清属梧州府。1913年后属苍梧道、广西省平乐区。1952年后历属西江专区、粤中行政区、高要专区。1958年与开建县合设怀建县。1959年复县，属肇庆专区。1970年属肇庆地区。1988年属肇庆市。处粤西隆起带，四围环山。西部盆地平原，中、南部丘陵，东、北部山地，西南部岩溶地区。平均海拔600米。最高点大稠顶海拔1626米。有头岳、二岳、三岳等山。年均气温20.8℃，1月平均气温13.7℃，7月平均气温29.1℃。年均降水量1800毫米。绥江河、上帅河、太平水、马宁水、柑洞水、凤岗河、中洲河流经。有矿产资源铁、钨、锰、硅、金等。有野生植物1351种，其中有国家重点保护野生植物南方红豆杉、水松、桫椤等37种。有野生动物172种，其中有国家重点保护野生动物果子狸、穿山甲、金钱龟等。有大稠顶省级自然保护区。森林覆盖率73.4%。有职业技术学校1所，中学29所，小学40所，二级医院2个，图书馆2个，档案馆1个，博物馆1个。有省级文物保护单位文昌阁。有邓拔奇烈士故居、钱兴故居。有省级非物质文化遗产凤舞、龙鱼舞、贵儿戏、春牛舞、壮狮舞。有名胜古迹文昌拱桥、燕岩、燕山、世外桃源、燕峰峡温泉漂流、红霞湾。三次产业比例29∶31∶40。农业以水稻、薯类、玉米种植为主，有生猪、肉牛、石山羊、粟米鸡饲养，产糖蔗、柑橘、沙田柚、松脂、板栗等。工业以化工、板材建材、食品加工、冶金、竹木制品加工为主，有横洞、怀高、闸岗、金吴工业园区，中山大涌(怀集)产业转移园区。服务业以旅游为主。贵广铁路，广贺、昆汕、二广高速，省道凤凤、连大、怀悦、杨爱、岗旺线过境。有绥江航道。

怀城镇［Huáichéng Zhèn］ 怀集县人民政府驻地。在县境中部。面积333平方千米。人口15.1万。辖11居委会、32村委会，有502自然村。镇人民政府驻永安社区。1950年置城关镇。1955年改名怀城镇，后改公社。1983年改附城区。1986年改怀城镇。绥江河、中洲河流经。有中学4所，小学11所，二级医院2个，卫生院1个，卫生所140个。有文化中心、图书室。有古迹文昌书院、文昌塔等。农业以水稻、玉米、小麦种植为主，产松、杉、薪炭林、竹、山药、茶叶。工业以机电、建材、化工、冶金、木材加工为主。省道杨爱线过境。

工业大道［Gōngyè Dàdào］ 在县城中部。东起文昌路，西至解放中路。与国泰路、解放北路相交。长3千米，宽36米。混凝土路面。1979年开工，同年建成。因通往龙湾新工业区得名。两侧有水泥厂、铁矿公司、城东中学等。通多路公交车。

解放路［Jiěfàng Lù］ 在县城中部。南起金龙路，北至幸福路。与城北二路、城北三路、工业大道、城中路等相交。长2.8千米，宽24米。混凝土路面。1983年开工，同年建成，1994年扩建。两侧有老干部局、怀集中心客运站、派出所、消防局等。通多路公交车。

永安社区［Yǒng'ān Shèqū］ 怀城镇人民政府驻地。在县境中部。面积4平方千米。人口3800。寓意永远安宁得名。1996年成立。民居以自建房为主。有婚姻工作室、未成年人活动室。有中小学、人民医院、中医院、文化站。有梁一柱烈士故居。经济以日用品、食品、药品、快餐等零售业为主。通公路。

闸岗镇［Zhágǎng Zhèn］ 怀集县辖镇。在

县境中部偏南。面积85平方千米。人口1.8万。辖8村委会,有87自然村。镇人民政府驻陈连村。1960年成立闸岗公社。1983年改区。1986年改乡。1992年改镇。以岗岭分割遍阻得名。闸岗河流经。有中学1所,卫生院1个,卫生所14个。有文化中心、图书室。农业以水稻、甘蔗、玉米种植为主,产松、杉、竹、油茶。工业以竹木加工、农机修理、水电为主。省道怀悦线过境。

陈连村［Chénliáncūn］ 闸岗镇人民政府驻地。在县政府驻地怀城镇西南11千米。人口2400。上陈、下陈2村合并,故名。聚落呈团块状。有中小学、幼儿园、卫生院、文化中心。农业以紫心番薯种植为主。有木材加工厂。省道怀悦线经此。

坳仔镇［Àozǎi Zhèn］ 怀集县辖镇。在县境东南部。面积222平方千米。人口4.3万。辖1居委会、16村委会,有245自然村。镇人民政府驻坳仔社区。1956年设坳仔区,后改公社。1983年复区。1986年改镇。四面环山中间凹陷,故名。绥江河流经。有中学1所,小学2所,卫生院1个,卫生所51个。有文化中心、图书室。有郑作贤烈士故居。有古迹郑氏大屋六德堂。农业以水稻、玉米、小麦、花生种植为主,产茶竿竹、松、杉。工业以竹木加工为主。贵广铁路、省道四连线过境。

坳仔社区［Àozǎi Shèqū］ 坳仔镇人民政府驻地。在县境东南部。面积0.4平方千米。人口1900。因镇名得名。1999年成立。民居以自建房为主。有广场舞队。有法律咨询服务。有中小学、卫生院、文化站。有县老干部大学坳仔分校。经济以日用品、食品、药品、快餐等零售业为主,有茶竿竹加工。省道四连线经此。通公交车。

汶朗镇［Wènlǎng Zhèn］ 怀集县辖镇。在县境东北部。面积87平方千米。人口1.9万。辖5村委会,有84自然村。镇人民政府驻草朗村。1960年成立汶朗公社。1983年改区。1986年改乡。1992年改镇。取汶塘、草朗2乡各一字得名。文昌溪流经。有中学1所,卫生院1个,卫生所11个。有文化中心、图书室。农业以水稻种植为主,有生猪饲养,产汶朗蜜柚。工业以木材、水泥石灰、塑料加工,铁矿开采,水电为主。汕昆高速过境。

草朗村［Cǎolǎngcūn］ 汶朗镇人民政府驻地。在县政府驻地怀城镇东北15千米。人口3500。古时黄草、朗田连片,故名。聚落呈带状。有中小学、卫生院、文化站。农业以水稻种植为主,产松、杉、竹。

甘洒镇［Gānsǎ Zhèn］ 怀集县辖镇。在县境东部。面积132平方千米。人口3.2万。辖1居委会、16村委会,有245自然村。镇人民政府驻金龙村。1950年设甘洒乡,后改公社。1983年改区。1987年复乡。1992年改镇。为壮语译名,因有高峻山洞得名。凤岗河流经。有中学1所,小学1所,卫生院1个,卫生所34个。有文化中心、图书室。有邓拔奇烈士故居。农业以水稻、花生、大豆种植为主,产小竹绿茶、小竹笋、南洞杉。工业以电力、竹木加工、磁材、稀土金属加工为主。省道杨爱线过境。

金龙村［Jīnlóngcūn］ 甘洒镇人民政府驻地。在县政府驻地怀城镇东北17千米。人口3100。1958年取金豉寨、迴龙村各一字得名。聚落沿凤岗河呈带状分布。有小学、卫生站。农业以水稻、玉米、花生种植为主,产松、杉、竹。怀集—阳山、洽水公路经此。

凤岗镇［Fènggǎng Zhèn］ 怀集县辖镇。在县境东部。面积277平方千米。人口4.6万。辖1居委会、19村委会,有304自然村。镇人民政府驻凤岗镇圩镇社区。1961年成立凤岗公社。1983年改区。1987年改镇。圩镇环山,地形似凤,中有山岗,故名。凤岗河流经。有中学1所,小学2所,卫生院1个,卫生所28个。有文化中心、图书室。有古迹孔洞书院。有景点热水坑温泉、秀山瀑布。农业以茶竿竹、松、杉种植为主,产中药材、肉桂、白果、桐油茶,特产冷瓮茶、香菇、木耳、竹笋。工业以造纸、制鞋、木材加工为主。省道凤凤、杨爱线过境。

凤岗镇圩镇社区［Fènggǎngzhèn Xūzhèn Shèqū］ 凤岗镇人民政府驻地。在县境东北部。面积2平方千米。人口6200。因镇名得名。1999年成立。民居以自建房为主。有法律咨询服务。开展文艺汇演、重阳节慰问等活动。有中小学、卫生院、文化中心。有化工、铸造、矿泉水、制鞋、造纸企业。省道杨爱线经此。

孔洞村［Kǒngdòngcūn］ 在县政府驻地怀城镇东北32千米。凤岗镇辖自然村。人口900。原名黄石坑尾,因倡儒尊孔、恪守仁德改今名。聚落呈块状。有小学、卫生站。为中国传统村落。有古迹国选堂、裕后楼、成氏宗祠、观音阁、孔乡书院。农业以水稻种植为主,产松、杉、竹。

洽水镇［Qiàshuǐ Zhèn］ 怀集县辖镇。在县境东北部。面积538平方千米。人口3.6万。辖1居委会、21村委会,有210自然村。镇人民政府驻洽水镇圩镇社区。1958年成立钢铁公社。1960年更名洽水公社。1983年改区。1986年改镇。白水、茶岩2河相夹,方言夹、洽同音得名。有中学1所,小学1所,卫生院1个,卫生所36个。有文化中心、图书室。有民俗溪村舞龙、黄沙村叹嫁歌、罗岗村马舞、旺兰村彩鹿舞。农业以水稻种植为主,产楠木、赤黎、椰沙、格木,特产冬菇、木耳、茯苓。工业以石材、木材加工、造纸、水电为主。省道凤凤线过境。

洽水镇圩镇社区［Qiàshuǐzhèn Xūzhèn Shèqū］ 洽水镇人民政府驻地。在县境东北部。面积0.3平方千米。人口1500。因镇名得名。1999年成立。民居以自建房为主。有文化活动书画、舞蹈、醒狮等。有互助会、志愿者协会、老年协会、文化协会等。有中小学、卫生院、文化中心。农业以水稻、花生种植为主,有猪养殖。省道凤凤线经此。

梁村镇［Liángcūn Zhèn］ 怀集县辖镇。在县境西部。面积88平方千米。人口7.5万。辖1居委会、17村委会,有106自然村。镇人民政府驻梁村镇圩镇社区。1956年设梁村区,后改公社。1983年复区。1986年改镇。以姓氏得名。马宁水、蓝中河流经。有中学3所,小学4所,卫生院1个,卫生所36个。有文化中心、图书室。农业以水稻种植为主,有南德温牛饲养,产砂糖橘、谭脉西瓜、糖蔗。工业以竹料加工、发电为主。贵广铁路,二广、汕昆高速,省道杨爱线过境。

梁村镇圩镇社区［Liángcūnzhèn Xūzhèn Shèqū］ 梁村镇人民政府驻地。在县境东北部。面积0.3平方千米。人口1500。因镇名得名。1999年成立。民居以自建房为主。有文化活动舞蹈、醒狮等。有志愿者、老年、篮球等协会。有中小学、幼儿园、卫生院、文化中心。农业以水稻、砂糖橘种植为主。省道杨爱线经此。

大岗镇［Dàgǎng Zhèn］ 怀集县辖镇。在县境西南部。面积112平方千米。人口8.6万。辖1居委会、8村委会,有87自然村。镇人民政府驻大岗镇圩镇社区。1955年设大岗区,后改公社。1980年复区。1986年改镇。因山岗大得名。三八运河、党山河流经。有中学2所,小学3所,卫生院1个,卫生所55个。有文化中心、图书室、大岗公园、潭洲公园。有古迹潭洲仙庙、天后宫。农业以水稻、花生、黄豆、蔗糖、潭洲白蔗种植为主。工业以金属材料加工、节能设备制造、海洋工程、船舶制造为主。县道大琴线过境。

大岗镇圩镇社区［Dàgǎngzhèn Xūzhèn Shèqū］ 大岗镇人民政府驻地。在县境西南部。面积2.1平方千米。人口1200。因镇名得名。1999年成立。民居以自建房为主。养老模式以居家养老为主。有中学、卫生院、敬老院、文化中心。有庙社、大杨树祈福活动。农业以水稻、蔬菜种植为主。县道大琴线经此。

扶溪村［Fúxīcūn］ 在县政府驻地怀城镇西南15千米。大岗镇辖自然村。人口1500。古百越族始居,"扶溪"一名为古百越人村名。因白鹤山水流至该村,分为两溪环绕,故名。后中原人南迁,百越族人逐渐迁往他乡,但"扶溪"村名一直沿用。聚落呈块状。为中国传统村落。有武威堂明清"兵营式"民居群。有东、西、南、北、前5门楼。农业以水稻、茄瓜、黑皮冬瓜种植为主。

岗坪镇［Gǎngpíng Zhèn］ 怀集县辖镇。在县境西部。面积51平方千米。人口4.4万。辖1居委会、13村委会,有153自然村。镇人民政府驻岗坪镇圩镇社区。1983年设岗坪区。1987年改镇。因地势平坦得名。马宁水、松柏河流经。有中学1所,小学1所,卫生院1个,卫生所22个。有文化中心、图书室。农业以水稻种植为主,产甘蔗、花生、大豆、水果、竹、茶。怀阳、汕昆高速,省道杨爱线过境。

岗坪镇圩镇社区［Gǎngpíngzhèn Xūzhèn Shèqū］ 岗坪镇人民政府驻地。在县境西部。面积0.3平方千米。人口1500。因镇名得名。1999年成立。民居以自建房为主。有文化活动书画、舞蹈、醒狮等。有中小学、卫生院、文化中心。有松香、制衣、切粉等加工厂。省道杨爱线经此。

冷坑镇［Lěngkēng Zhèn］ 怀集县辖镇。在县境西北部。面积193平方千米。人口13.6万。辖1居委会、32村委会,有132自然村。镇人民政府驻冷坑镇圩镇社区。1956年设冷坑乡,后改公社。1983年改区。1993年改镇。冷坑河经此,故名。有中学4所,小学2所,卫生院1个,卫生所60个。有文化中心、图书室。农业以水稻种植为主,产水果、蔬菜、茶油、黄栀子。贵广铁路、二广高速、县道栏中线过境。

冷坑镇圩镇社区［Lěngkēngzhèn Xūzhèn Shèqū］ 冷坑镇人民政府驻地。在县境西北部。面积0.8平方千米。人口5900。1999年成立。民居以自建房为主。有文化活动书画、舞蹈、醒狮、戏曲等。有法律咨询服务。有中小学、幼儿园、卫生院、文化中心。农业以水稻、蔬菜种植为主。县道栏中线经此。

马宁镇［Mǎníng Zhèn］ 怀集县辖镇。在县境西北部。面积58平方千米。人口4.5万。辖16村委会,有87自然村。镇人民政府驻马宁村。1950年设马宁乡,后改公社。1983年改区。1987年改镇。马宁河流经。有中学1所,小学3所,卫生院1个,卫生所34个。有文化中心、图书室。农业以水稻、砂糖橘、糖蔗、桑种植为主,产凉粉草,特产威马凉粉。工业以家具制作、食品加工、蚕茧抽丝、塑料加工、铸造为主。贵广铁路、县道三峰—上帅线过境。

马宁村［Mǎníngcūn］ 马宁镇人民政府驻地。在县政府驻地怀城镇西北24千米。人口2400。古为拴马军营,故名马凝,以宁、凝谐音改今名。聚落呈块状。有中小学、卫生站。农业以水稻种植为主。县道三峰—上帅线经此。

蓝钟镇［Lánzhōng Zhèn］ 怀集县辖镇。在县境西北部。面积201平方千米。人口2.4万。辖8村委会,有167自然村。镇人民政府驻沙坪村。1983年设蓝钟区。1986年改乡。1992年改镇。取蓝塘、洞钟2地名首字得名。蓝钟河流经。有怀集三岳自然保护区。有中学1所,卫生院1个,卫生所15个。有文化中心、图书室。农业以水稻、杉、松、楠木种植为主,产红荔、茶竿竹、青竹、甜笋、黄庆笋等。工业以竹木、陶瓷加工为主。县道三峰—上帅线过境。

沙坪村 [Shāpíngcūn] 蓝钟镇人民政府驻地。在县政府驻地怀城镇西北30千米。人口4300。因多平坦沙地得名。聚落呈团块状。有中小学、卫生院。农业以水稻、甘蔗种植为主。县道三峰—上帅线经此。

永固镇 [Yǒnggù Zhèn] 怀集县辖镇。在县境南部。面积192平方千米。人口5万。辖12村委会,有173自然村。镇人民政府位于省道荔怀线。1958年成立天堂公社。1960年改永固公社。1983年改乡。1987年改镇。因有宿联、永良2坑口,易守难攻,故名。永固河流经。有中学1所,小学2所,卫生院1个,卫生所45个。有图书室、文化站。农业以水稻、玉米种植为主,产蜂蜜、茶叶、药材。工业以竹木、农机、服装、爆竹加工为主。省道荔怀线过境。

诗洞镇 [Shīdòng Zhèn] 怀集县辖镇。在县境南部。面积325平方千米。人口7.3万。辖1居委会、19村委会,有304自然村。镇人民政府驻诗洞社区。1983年设诗洞区。1986年改镇。因有于洞中对唱山歌、吟诗的习俗得名。六龙水、健丰水、六苏河流经。有中学1所,小学3所,卫生院1个,卫生所28个。有图书室、文化站。有钱兴烈士故居。农业以水稻种植为主,有生猪饲养。服务业以旅游为主。省道荔怀线过境。

诗洞社区 [Shīdòng Shèqū] 诗洞镇人民政府驻地。在县境西南部。面积0.1平方千米。人口1400。因镇名得名。1999年成立。民居以自建房为主。有文化活动广场舞、篮球、文艺演出、读书会、书画展等。有志愿者服务。有小学、卫生院、文化站。农业以水稻、蔬菜种植为主。省道荔怀线经此。

桥头镇 [Qiáotóu Zhèn] 怀集县辖镇。在县境西南部。面积213平方千米。人口6.1万。辖1居委会、13村委会,有227自然村。镇人民政府驻桥头社区。1956年设桥头区,后改公社。1983年复区。1987年改镇。因在桥头建圩得名。燕岩河、石羊降河、双敢河流经。有众多奇峰、异洞。有中学1所,小学2所,卫生院1个,卫生所38个。有图书室、文化站。有世外桃源风景区。有景点燕岩、燕山。农业以水稻、玉米种植为主,有石山羊、粟米鸡饲养,产冬菇、黄笋、黑木耳,特产金丝燕窝、金丝燕窝酒。工业以建材、水电、木材加工、米酒酿制为主。县道大琴、桥头—莲都线过境。

桥头社区 [Qiáotóu Shèqū] 桥头镇人民政府驻地。在县境西南部。面积0.1平方千米。人口1400。因镇名得名。1999年成立。民居以楼房为主。开办燕岩诗社、贵儿戏传习所、象棋协会等。有非物质文化遗产传承基地。有小学、卫生院、文化站、燕岩展览厅、攀岩场。有土特产一条街、燕窝加工场。县道大琴线经此。

中洲镇 [Zhōngzhōu Zhèn] 怀集县辖镇。在县境北部。面积256平方千米。人口5万。辖1居委会、16村委会,有203自然村。镇人民政府驻中洲社区。1956年设中洲区,后改公社。1983年复区。1987年改镇。因东有李岗坑、北有三联水、西有水下河,且地处各坑河之间,故名中洲。马岗河、李岗河、连山河流经。有矿产资源铁、金、银、铜、硼、镁、钨等。有中学2所,小学1所,卫生院1个,卫生所31个。有图书室、文化站。农业以水稻、番薯、花生种植为主。工业以木制品加工、采矿为主。省道四连线过境。

中洲社区 [Zhōngzhōu Shèqū] 中洲镇人民政府驻地。在县境北部。面积0.6平方千米。人口1400。因镇名得名。1999年成立。民居以自建房为主。有文化活动书画、舞蹈等。有志愿者、法律咨询等服务。有小学、文化站、卫生院、卫生所。农业以水稻种植为主。省道四连线经此。

邓屋村 [Dèngwūcūn] 在县政府驻地怀城镇北25千米。中洲镇辖自然村。人口900。以姓氏得名。聚落呈块状。为中国传统村落。有古迹邓氏大宗祠。有民俗探庚、土地庙祈福、舞狮。农业以水稻、花生、青皮竹种植为主。

连麦镇 [Liánmài Zhèn] 怀集县辖镇。在县境西北部。面积121平方千米。人口4.4万。辖1居委会、14村委会,有248自然村。镇人民政府驻连麦社区。1983年设连麦区。1987年改镇。因原连东、连西、麦乌3乡得名。中洲河流经。有中学1所,小学2所,卫生院1个,卫生所30个。有图书室、文化站。农业以水稻、甘蔗、花生、玉米种植为主,产松、杉、竹、茶。工业以竹木加工、农机修造、酿酒、水电、针织刺绣为主。省道四连线过境。

连麦社区 [Liánmài Shèqū] 连麦镇人民政府驻地。在县境北部。面积2.5平方千米。人口1100。因镇名得名。1999年成立。民居为砖混结构楼房。有文化活动送电影下乡、醒狮表演、广场舞蹈、采茶舞蹈、篮球、乒乓球比赛等。以居家养老为主。有中小学、卫生院。农业以水稻种植为主。省道四连线经此。

下帅壮族瑶族乡 [Xiàshuài Zhuàngzú Yáozú Xiāng] 怀集县辖乡。在县境西北部。面积77平方千米。人口1万,其中壮族占50.33%,瑶族占36.66%,还有汉族。辖5村委会,有30自然村。乡人民政府驻车福村。1959年成立下帅公社。1983年改区。1986年改今名。明末清初有上、下2帅统兵驻此,此为下帅,故名。下帅河流经。有锡、花岗岩资源。有中学1所,卫生院1个,卫生所11个。有图书室、文化站。有省级非物质文化遗产春牛舞、壮狮舞。有民俗采茶舞、舞马、山歌对唱、唱年夜歌。有景点纪霞湾。农业以瓜果种植为主,兼产山楂、八角、单丛茶、下帅大杉等。工业有水电、采矿、木材、药材加工。省道连大线、县道傅上线过境。

车福村 [Chēfúcūn] 下帅壮族瑶族乡人民政府驻地。在县政府驻地怀城镇西北35千米。人口2700。因车、福2村合并得名。聚落呈块状。有中小学、卫生站。农业以水稻种植为主,有鱼、牛、猪饲养,特产桃。

封 开 县

封开县 [Fēngkāi Xiàn] 肇庆市辖县。北纬23°25′,东经111°31′。在市境西北部。面积2723平方千米。人口50.6万。以汉族为主,还有壮、侗、瑶、满等民族。辖16镇。县人民政府驻江口镇。1952年由封川、开建2县合设封开县,各取一字得名。先属粤中行政区,后属高要专区。此后多次分合,1961年合置封开县,属肇庆专区。1988年属肇庆市。先后改造321国道,建肇庆粤桂合作特别试验区。属山地丘陵区。东部高山,西部丘陵,中间低丘、河谷盆地。平均海拔39米。最高点七星顶海拔1274米。年均气温20.7℃,1月平均气温11.2℃,7月平均气温28.4℃。年均降水量1484.3毫米。西江、贺江、谷圩河、蟠龙河、渌水河流经。有矿产资源金、银、铁、钛、铜、钨等。有野生植物2000多种,其中有国家一级保护野生植物2种,国家二级保护野生植物12种。有野生动物700多种,其中有国家重点保护野生动物云豹、蟒蛇、巨蜥、穿山甲、白鹇等。有封开国家地质公园。有省级黑石顶自然保护区、省级状元湖森林公园。森林覆盖率74.8%。有职业中学3所,中学5所,小学21所,二级医院3个,文化馆1个,图书馆1个,档案馆1个,博物馆1个。有县体育馆、体育中心。有省级文物保护单位黄岩洞遗址、塘角嘴遗址、大梁宫、泰新桥、垌中岩遗址、罗沙岩遗址、封川古城址等。有李炳辉烈士纪念馆、县革命烈士纪念碑、县第二农民协会自卫军总部旧址、黄岩洞遗址陈列馆、大旺海鹰博览中心。有省级非物质文化遗产五马巡城舞、麒麟白马舞。有景点龙山、七星顶、杏花大斑石。三次产业比例29∶33∶38。农业以水稻、甘蔗、花生、木薯种植为主,产竹木、蜂蜜、杏花鸡、麻竹笋、莲都羊,特产冬菇、猴头菇、白马茶、麒麟李、长岗油栗、贺江河鲜。工业以建材、林产化工、食品加工、造纸为主。盛产松脂。服务业以石材、木材、农副产品销售为主。广佛肇、怀阳高速,321国道,省道封怀线过境。有通航河道3条。

贺江一桥 [Hèjiāng 1 Qiáo] 在县城西北部。长257米,宽8.5米,最大跨度70米,桥下净高32米。1966年开工,1969年建成,1995年改造。为县首座跨贺江桥梁,故名。为中型河道桥梁,结构型式为钢筋混凝土双曲拱桥。最大载重60吨。通公交车。

贺江二桥 [Hèjiāng 2 Qiáo] 在县城北部。长350.5米,宽7米,最大跨度70米,桥下净高32米。1992年开工,1994年建成。因时序修建得名。为大型河道桥梁,结构型式为钢筋混凝土箱形拱桥。最大载重汽车20吨,挂车100吨。通公交车。

江口镇 [Jiāngkǒu Zhèn] 封开县人民政府驻地。在县境西南部。面积177平方千米。人口6.9万。以汉族为主,还有土家、佤、瑶等民族。辖5居委会、10村委会,有157自然村。镇人民政府驻曙光村。1956年设江口乡,后改公社。1983年设区。1987年复乡。1998年与封川镇合置江口镇。因处贺江入西江口得名。有中学2所,小学4所,二级医院2个,卫生院1个,卫生站21个。有图书室、文化站。有省级文物保护单位封川古城。农业以甘蔗、水稻种植为主,产肉桂、蔬菜、水果、麻竹。工业以石材、林木加工为主。服务业以餐饮、旅游、商品批发零售为主。321国道过境。

封州二路 [Fēngzhōu 2 Lù] 在县城东部。南起321国道,北至贺江二桥。与贺江一路、建设二路相交。长6.2千米,宽8米。混凝土路面。1994年开工,同年建成。因封川古称封州得名。两侧有县特教学校、检察院、体育中心、公安局等。通多路公交车。

曙光村 [Shǔguāngcūn] 江口镇人民政府驻地。在镇境南部。人口900。原名岭头,以吉言佳语改今名。聚落呈块状。有中小学、卫生站、文化站、图书室。农业以水稻、甘蔗种植为主,产柑橘、玉桂、松脂。321国道经此。

江川镇 [Jiāngchuān Zhèn] 封开县辖镇。在县境西南部。面积120平方千米。人口1.2万。辖1居委会、7村委会,有70自然村。镇人民政府驻豆腐坑社区。1969年成立江川公社。1983年设区。1986年改乡。1992年改镇。处贺江汇入西江口岸,故名。有中学1所,小学5所,卫生院1个,卫生所7个。有图书室、文化站。农业以花生、水稻、蔬菜种植为主。工业以木制品、建材加工为主。321国道过境。西江通航。

豆腐坑社区 [Dòufukēng Shèqū] 江川镇人

民政府驻地。在县境西南部。面积6平方千米。人口1300。因盛产豆腐得名。2013年成立。民居以砖加钢筋混凝土结构房屋为主。社区设有法律援助点,有图书室、篮球场、休闲运动场所,有志愿者,开展环境整治、节日慰问困难群众和退役军人活动。以居家养老为主。有中小学、卫生院、文化站。农业以水稻、蔬菜、高竹种植为主。县道封都线经此。通公交车。

白垢镇［Báigòu Zhèn］ 封开县辖镇。在县境中部。面积142平方千米。人口1.6万。辖1居委会、7村委会,有87自然村。镇人民政府驻白垢社区。1956年设白垢乡,后改公社。1983年设区。1986年改镇。为壮族语音译名,意为河流交汇口。贺江流经。有中学1所,小学1所,卫生院1个。有图书室、文化站。农业以水稻、玉米种植为主,产花生、木薯、甘蔗。工业以木材加工为主。省道岗旺线,县道半岗—白垢、渔涝—日光线过境。

白垢社区［Báigòu Shèqū］ 白垢镇人民政府驻地。在县境中部。面积19平方千米。人口2600。因镇名得名。1987年成立。民居以自建水泥钢筋房为主。社区设有法律援助点,有图书室、篮球场、运动设施、文体广场。有志愿者,开展环境整治、节日慰问困难群众和退役军人活动。以居家养老为主。有小学、公园、文化站。农业以佛手瓜种植为主,有鱼等养殖。通公交车。

大洲镇［Dàzhōu Zhèn］ 封开县辖镇。在县境西部。面积162平方千米。人口1.8万。辖1居委会、8村委会,有139自然村。镇人民政府驻大洲社区。1961年成立泗科公社。1980年改大洲公社。1983年设区。1986年改乡。1992年改镇。处东安江、贺江汇合处大洲得名。有中学1所,小学11所,卫生院1个,卫生所8个。有图书室、文化中心。有省级非物质文化遗产麒麟白马舞、五马巡城舞。农业以水稻、木薯、花生种植为主,有油栗、砂糖橘、甘蔗、松脂种植基地,有鸡、鸭、鹅养殖基地。工业以木材加工、造纸为主。县道江渡、上律—岐岭线过境。

大洲社区［Dàzhōu Shèqū］ 大洲镇人民政府驻地。在县境西部。面积9.1平方千米。人口2700。因镇名得名。2005年成立。民居以小洋楼为主。有法律咨询服务。有中小学、卫生院、图书室、文化中心。有名胜龙皇岛。农业以水稻种植为主,有水产养殖。县道江渡线经此。

渔涝镇［Yúlào Zhèn］ 封开县辖镇。在县境中部。面积118平方千米。人口2.2万。辖1居委会、9村委会,有181自然村。镇人民政府驻渔涝社区。1958年成立渔涝公社。1983年设区。1986年改镇。因鱼捞(渔具)谐音得名。广信河、渔涝河、贺江流经。有中学1所,小学1所,卫生院1个,卫生所15个。有文化站、图书室。有唐代状元莫宣卿故居、状元祠。有名胜千层峰。农业以水稻、油栗、花生种植为主,产麒麟李、油脉菜。工业以木材加工为主。服务业以餐饮、旅游为主。怀阳高速、省道岗旺线过境。

渔涝社区［Yúlào Shèqū］ 渔涝镇人民政府驻地。在县境中部。面积13平方千米。人口5500。因镇名得名。1987年成立。民居以水泥钢筋楼房为主。社区成立公共卫生委员会、治安保卫、人民调解委员会、红白理事会等组织。有中小学、卫生院、文化站、图书室、文化广场。农业以水稻种植为主,有水产养殖,产麒麟李。有商店、餐饮服务。省道岗旺线经此。通公交车。

河儿口镇［Hé'érkǒu Zhèn］ 封开县辖镇。在县境中部。面积368平方千米。人口2.1万。辖1居委会、15村委会,有199自然村。镇人民政府驻河儿口社区。1998年渔涝镇析置河儿口镇。因镇政府驻地得名。七星河、黄岗河流经。有石灰岩资源。有初中1所,小学1所,卫生院1个,卫生所20个。有文化站、图书室。有省级文物保护单位黄岩洞遗址。有名胜古迹龙山、状元草堂。农业以水稻种植为主,产砂糖橘、马水橘、贡柑、荔枝、龙眼。工业以矿山开采、木雕加工、小水电为主。省道水谷线过境。

河儿口社区［Hé'érkǒu Shèqū］ 河儿口镇人民政府驻地。在县境中部。面积9平方千米。人口4300。因小河交汇得名。1987年成立。民居以楼房为主。有篮球场、运动休闲场所。有志愿者、法律咨询服务。以居家养老为主。有小学、卫生站、文化站。农业以砂糖橘、贡柑、水稻、花生种植为主。省道水谷线经此。

莲都镇［Liándū Zhèn］ 封开县辖镇。在县境东部。面积256平方千米。人口3.1万。辖1居委会、11村委会,有285自然村。镇人民政府驻长罗社区。1983年设莲都区。1986年改镇。因盛产莲藕得名。莲都河流经。有中学1所,小学1所,卫生院1个,卫生所25个。有文化站、图书室、文化活动中心。有文华村古建筑群、螺髻岩遗址。有景点十里画廊。农业以水稻、玉米、薯类、花生种植为主。有石灰石生产基地。省道水谷线过境。

长罗社区［Chángluó Shèqū］ 莲都镇人民政府驻地。在县境东部。面积10平方千米。人口6300。取长塘、罗计2自然村首字得名。1987年成立。民居以楼房为主。有篮球场、运动休闲场所。以居家养老为主。有中小学、卫生院、文化站、图书室。农业以水稻种植为主,产龙潭藕。省道水谷线经此。

杏花镇［Xìnghuā Zhèn］ 封开县辖镇。在县境东南部。面积156平方千米。人口3.3万。辖1居委会、11村委会,有258自然村。镇人民政府驻杏花社区。1959年成立杏花公社。1983年设区。1986年改镇。因镇政府驻地原名得名。广信河流经。有初中1所,小学1所,卫生院1个,卫生所12个。有文化站、图书室、文化活动中心。有景点大斑石。农业以水稻种植为主,产杏花银梨、油栗、白马茶。工业以林产化工、酿酒、木器加工为主。省道水谷线过境。

杏花社区［Xìnghuā Shèqū］ 杏花镇人民政府驻地。在县境东南部。面积19平方千米。人口4700。原为壮族语名替花圩,意为水塘上漂满鲜花,后改今名。1987年成立。民居以楼房为主。有篮球场、运动休闲场所。以居家养老为主。有小学、卫生院、卫生所。农业以水稻、砂糖橘种植为主,养殖杏花鸡。省道水谷线经此。

罗董镇［Luódǒng Zhèn］ 封开县辖镇。在县境中部偏南。面积137平方千米。人口2.5万。辖1居委会、9村委会,有104自然村。镇人民政府驻罗董社区。1959年成立罗董公社。1983年设区。1986年改镇。为壮族语名,意为山野田垌中的村落。有铜佛头、担岗顶等山。罗董河流经。有中学1所,小学1所,卫生院1个,卫生所1个。有文化站、图书室、文化活动中心。有杨池古村。农业以水稻种植为主,产花生、木薯、甘蔗。工业以花岗岩矿开发为主。省道水谷线、县道寺村—六水线过境。

罗董社区［Luódǒng Shèqū］ 罗董镇人民政府驻地。在县境中部偏南。面积5.5平方千米。人口4000。因镇名得名。2002年成立。民居以楼房为主。有篮球场、乒乓球、羽毛球、健身器材、文化服务中心功能室。有法律咨询点。有中小学、卫生院、文化站、图书室。盛产柑橘、油栗、花生。省道水谷线经此。

长岗镇［Chánggǎng Zhèn］ 封开县辖镇。在县境南部。面积153平方千米。人口2.4万。辖1居委会、13村委会,有123自然村。镇人民政府驻长岗社区。1983年设长岗区。1986年改镇。因原集成于长形山岗得名。西江流经。有中学1所,小学1所,卫生院1个,卫生所14个。有文化站、图书室、文化活动中心。农业以水稻种植为主,产花生、油栗、木薯、蔬菜。工业以水泥、新材料、木材加工为主,有谷圩石材开发区。321国道过境。西江通航。

长岗社区［Chánggǎng Shèqū］ 长岗镇人民政府驻地。在县境南部。面积12平方千米。人口3600。因镇名得名。1987年成立。民居以楼房为主,有少量别墅。有篮球场、运动休闲场所。有法律咨询服务点。以居家养老为主。有中小学、卫生院、文化站、图书室。经济以商贸为主。农业以水稻种植为主,有牛蛙、鸡、鸭、猪等饲养。321国道经此。

平凤镇［Píngfèng Zhèn］ 封开县辖镇。在县境西南部。面积108平方千米。人口2.1万。辖1居委会、11村委会,有122自然村。镇人民政府驻新宁社区。1959年成立平凤公社。1983年设区。1986年改镇。取平岗、凤村2圩首字得名。蟠龙河流经。有中学1所,小学1所,卫生院1个,卫生所1个,卫生站4个。有文化站、图书室。有黄花岗七十二烈士之一李炳辉纪念馆。有景点炳辉园、泰新桥、平岗古街骑楼、农会旧址大造宫。农业以水稻种植为主,产花生、甘蔗、砂糖橘、肉桂、桉树。县道封都线过境。

新宁社区［Xīnníng Shèqū］ 平凤镇人民政府驻地。在县境西南部。面积7.6平方千米。人口4000。取意进入安宁康乐新时代得名。1987年成立。民居以楼房为主。有篮球场、运动休闲场所。有法律咨询服务点。以居家养老为主。有中小学、文化站、图书室。农业以砂糖橘、香蕉种植为主。县道封都线经此。

南丰镇［Nánfēng Zhèn］ 封开县辖镇。面积306平方千米。人口9.9万。辖2居委会、30村委会,有622自然村。镇人民政府驻南丰社区。1949年设南丰乡,后改公社。1983年设区。1987年改镇。古处郡治之南,时穗年丰,故名。贺江流经。有中学3所,小学34所,二级医院1个,卫生院1个,卫生所32个。有文化站、图书室。农业以水稻种植为主,产大白菜、芹菜、番石榴、沙田柚、粉葛、柑橘。工业以食品加工、建材、纺织服装、皮革加工为主。省道封怀线过境。

南丰社区［Nánfēng Shèqū］ 南丰镇人民政府驻地。在县境北部。面积0.9平方千米。人口2800。因镇名得名。1987年成立。民居以楼房为主,有少量别墅。有文化广场。有法律咨询点。有中小学、卫生院、文化站、图书室。农业以贡柑、砂糖橘、水稻种植为主。省道封怀线经此。

汶塘村［Wèntángcūn］ 在县政府驻地江口镇东北41千米。南丰镇辖自然村。人口4000。因汶水塘得名。聚落呈团块状。有中小学、卫生站。为省级传统村落。有合院式古建筑群士佳书室、侯文威花园等。有汶塘井。农业以水稻、甘蔗种植为主。

大玉口镇［Dàyùkǒu Zhèn］ 封开县辖镇。在县境西北部。面积130平方千米。人口1.7万。辖1居委会、9村委会,有147自然村。镇人民政府驻大玉口社区。1961年成立大玉口公社。1983年设区。1986年改乡。1992年改镇。原名龙门,后以青山碧绿如玉改今名。贺江流经。有中学1所,小学1所,卫生院1个,卫生所10个。有文化站、图书室。农业以水稻种植为主，产花生、木薯、番薯、玉米。工业以林产化工为主。县道江渡线过境。

大玉口社区 [Dàyùkǒu Shèqū]　大玉口镇人民政府驻地。在县境西北部。面积16平方千米。人口3900。因镇名得名。1987年成立。民居以楼房为主。有法律咨询点。有中小学、卫生站、文化站。农业以网箱、鱼塘养鱼，塘基养猪、鸡、鸭为主。县道江渡线经此。

都平镇 [Dūpíng Zhèn]　封开县辖镇。在县境西北部。面积130平方千米。人口1.3万。辖1居委会、7村委会，有112自然村。镇人民政府驻都平社区。1953年设都罗乡，后改公社。1983年设区。1986年改乡。1992年改镇。为壮语音译名，意为平地上的村落。贺江流经。有中学1所，小学1所，卫生院1个。有文化站、图书室。农业以水稻种植为主，产花生、木薯、番薯、玉米。工业以林产化工为主。县道江渡线过境。

都平社区 [Dūpíng Shèqū]　都平镇人民政府驻地。在县境西北部。面积20平方千米。人口2200。因镇名得名。1998年成立。民居以砖钢筋水泥混凝土楼房为主。有驻社区律师。有篮球场、羽毛球场、休闲娱乐场所，有志愿者利用节假日不定期上门服务。以居家养老为主。有小学、文化站、敬老院、卫生院。农业以水稻等种植为主。县道江渡线经此。

金装镇 [Jīnzhuāng Zhèn]　封开县辖镇。在县境北部。面积127平方千米。人口4.2万。以汉族为主，还有壮族、瑶族。辖1居委会、11村委会，有209自然村。镇人民政府驻金装社区。1958年成立金装公社。1983年设区。1986年改镇。因盛产黄金得名。金装河、党山河流经。有中学1所，小学1所，卫生院1个，卫生站16个。有文化站、图书室。农业以水稻、甘蔗、火蒜、麻竹种植为主。工业以矿产开采为主。省道水谷线过境。

金装社区 [Jīnzhuāng Shèqū]　金装镇人民政府驻地。在县境北部。面积8平方千米。人口6000。因镇名得名。1987年成立。民居以自建房为主。有篮球场、休闲步道。以居家养老为主。有中小学、卫生站、文化站。农业以水稻、花生种植为主。省道水谷线经此。

长安镇 [Cháng'ān Zhèn]　封开县辖镇。在县境北部。面积139平方千米。人口4.2万。以汉族为主，还有壮族、苗族。辖1居委会、10村委会，有261自然村。镇人民政府驻长安社区。1958年成立长安公社。1983年设区。1986年改镇。原名长丰，后因方言发音不雅，寓意长治久安改今名。长安河流经。有中学2所，小学1所，卫生院1个，卫生所10个。有文化站、图书室。农业以水稻种植为主，产花生、甘蔗。工业以水电、印花、针织、电子为主。怀阳高速、省道水谷线过境。

长安社区 [Cháng'ān Shèqū]　长安镇人民政府驻地。在县境北部。面积5平方千米。人口7600。因镇名得名。1987年成立。民居以低层楼房为主。有篮球场、羽毛球场。以居家养老为主。有中小学、文化站、卫生院、卫生所。农业以沙塘橘、油栗种植为主，特产党山云雾茶。省道水谷线经此。

德 庆 县

德庆县 [Déqìng Xiàn]　肇庆市辖县。北纬23°9′，东经111°46′。在市境西部。面积2257平方千米。人口38.8万。辖1街道、12镇。县人民政府驻德城街道。隋置端州。唐改康州。宋绍兴元年(1131)诏升为德庆府，意为以德而致庆。元改路。明、清为德庆州。1912年废州为德庆县，历属省西北区、西江专区、粤中区、高要专区。1958年与封川县合置德封县。1961年复置德庆县，属肇庆专区。1970年属肇庆地区。1988年属肇庆市。为丘陵低山及河流冲积地貌。东、西、北三面环山，南临西江。平均海拔600米。最高点巢顶海拔1049米。年均气温21.6℃，1月平均气温12.7℃，7月平均气温28.7℃。年均降水量1499.5毫米。悦城河、马圩河、绿水河、大冲河流经。有矿产资源铁、锰、钨、锡等。森林覆盖率74.8%。有中学15所，小学28所，职教中心1所，特教学校1所，二级医院3个，文化馆1个，图书馆1个，博物馆1个，体育馆2个。为省级历史文化名城。有全国重点文物保护单位德庆学宫、悦城龙母祖庙，省级文物保护单位三元塔、三洲岩摩崖石刻等8个。有国家级非物质文化遗产悦城龙母诞，省级非物质文化遗产雄鸡舞、德庆学宫祭孔活动。有国家4A级旅游景区3个。三次产业比例24∶37∶39。农业以水稻、玉米、蔬菜种植为主，有猪、牛饲养，特产皇妃贡柑。工业以林产化工、木材深加工、电子机械、水泥建材为主。服务业以旅游、餐饮为主。省道怀悦、荔池、莫河线过境。有通航河道1条。有康州港。

德庆大道 [Déqìng Dàdào]　在县城中部。东起迎宾大道，西至龙母大街。与仁寿路、登云路、文武路、端溪路相交。长2.1千米，宽30.5米。水泥路面。1993年开工，1995年建成。原名康城路，后更今名。两侧有县地税局、经信局、安监局、发改局等。通公交车。

德城街道 [Déchéng Jiēdào]　德庆县人民政府驻地。在县境西南部。面积25平方千米。人口5.7万。2005年设。因处城区得名。先后建康城大道、德庆大道、城雕公园、德城大堤、西江大桥，修复三元塔、德庆孔庙。西江流经。有香山、龙湖。有中学3所，小学4所，二级医院3个，卫生所17个。有文化站、文化活动中心、农家书屋。有城雕公园。特产蚕茧、龙眼、荔枝。工业以服装、橡胶制品、食品、藤竹工艺品加工为主。321国道、省道荔池线过境。

新圩镇 [Xīnxū Zhèn]　德庆县辖镇。在县境西南部。面积115平方千米。人口2.3万。辖1居委会、11村委会，有96自然村。镇人民政府驻新圩社区。1956年设新圩乡，后改公社。1983年设区。1987年改镇。清乾隆十五年(1750)建新圩，故名。西江、马圩河流经。有小学2所，卫生院1个，卫生所7个。有文化站、图书室。有水果、蔬菜、桑蚕、鱼塘、林业、水稻等种养基地。工业以食品加工、木制品加工、化工为主。321国道过境。

新圩社区 [Xīnxū Shèqū]　新圩镇人民政府驻地。在县境西南部。面积4平方千米。人口7200。因镇名得名。2002年成立。民居以楼房为主，有少量别墅。有卫生服务站、老年活动室、便民服务站等。以居家养老为主。有小学。有棉纺、竹木加工、橡胶制品企业。321国道经此。

回龙镇 [Huílóng Zhèn]　德庆县辖镇。在县境西部。面积158平方千米。人口2.5万。辖1居委会、9村委会，有96自然村。镇人民政府驻回龙社区。1959年成立回龙公社。1983年设区。1987年改镇。古时江边有螺旋形水涡，故名。西江流经。有中学1所，小学2所，卫生院1个，卫生所8个。有文化站、图书室。有民俗白鹤舞。农业以水稻种植为主，有生猪饲养，产蔬菜、水果。321国道过境。

回龙社区 [Huílóng Shèqū]　回龙镇人民政府驻地。在县境西部。面积2平方千米。人口1700。因镇名得名。1996年成立。民居以楼房为主。有卫生服务站、老年活动室、便民服务站。以居家养老为主。有中小学。有林产化工、竹木加工、砖瓦、陶瓷企业。321国道经此。

官圩镇 [Guānxū Zhèn]　德庆县辖镇。在县境西部。面积232平方千米。人口3.5万。辖2居委会、23村委会，有249自然村。镇人民政府驻官圩社区。1961年设官圩乡，后改公社。1983年设区。1986年改镇。由清代官府设圩场，故名。冲源河、金林河流经。有中学1所，小学2所，卫生院1个，卫生所18个。有文化站、图书室。农业以水稻种植为主，有生猪饲养，特产桂味荔枝、贡柑、砂糖橘。工业以打火机制造、酿酒、木雕、化工为主。省道荔池线过境。

官圩社区 [Guānxū Shèqū]　官圩镇人民政府驻地。在县境西部。面积1平方千米。人口1500。2001年成立。民居以楼房为主，有少量别墅。有卫生服务站、老年活动室、便民服务站。以居家养老为主。有中小学。有酿酒、木材加工、农机修理企业。通公路。

金林村 [Jīnlíncūn]　在县政府驻地德城街道东北16千米。官圩镇辖自然村。人口1700。原名鸡头村，传河中有沙金更今名。聚落呈团块状。为中国传统村落。有古城。有古迹应业谈宗祠、丽先谈宗祠、金坡谢宗祠、心亭陈公祠等。农业以水稻、花生种植为主。县道官圩—沙旁线经此。

马圩镇 [Mǎxū Zhèn]　德庆县辖镇。在县境中部。面积110平方千米。人口2.2万。辖1居委会、11村委会，有100自然村。镇人民政府驻马圩社区。1958年成立马圩公社。1983年设区。1986年改镇。清初因交易麻类得名麻圩，以谐音改今名。马圩河流经。有中学1所，小学2所，卫生院1个，卫生所9个。有文化站、图书室。农业以水稻、花生种植为主，产麻、柑橘、塘鱼。工业以木材、爆竹加工为主。省道荔池线过境。

马圩社区 [Mǎxū Shèqū]　马圩镇人民政府驻地。在县境中部。面积1平方千米。人口1100。因镇名得名。2002年成立。民居以楼房为主，有少量别墅。有篮球场。以居家养老为主。有志愿者服务。有小学、卫生院。农业以水稻、砂糖橘种植为主。省道荔池线经此。

高良镇 [Gāoliáng Zhèn]　德庆县辖镇。在县境中部。面积294平方千米。人口3.3万。辖1居委会、23村委会，有258自然村。镇人民政府驻古台村。1959年成立高良公社。1983年设区。1986年改镇。为壮语译名，意为高旷凉爽之地。云利河流经。有中学1所，小学2所，卫生院1个，卫生所17个。有文化站、图书室。农业以水稻、花生种植为主，产松、杉、玉桂、巴戟、茶。工业以林产化工、木材加工、凉果食品加工为主。省道荔池线过境。

古台村 [Gǔtáicūn]　高良镇人民政府驻地。在县政府驻地德城街道东北22千米。人口300。因原有古老石台得名。聚落呈团块状。有中小学、卫生院、农贸市场。农业以水稻、巴戟、玉桂种植为主。省道荔池线经此。

莫村镇 [Mòcūn Zhèn]　德庆县辖镇。在县境东北部。面积256平方千米。人口3.2万。辖2居委会、15村委会，有142自然村。镇人民政府驻莫村社区。1956年设莫村乡，后改公社。1983年设区。1987年改镇。2002年古有镇并入。因姓氏得名。悦城河流经。有中学1所，小学2所，卫生院1个，卫生所13个。有文化站、图书室。农业种植水稻、柑橘。工业以小水电、塑胶、铸造、木材加工、瓷砂加工为主。省道悦怀线过境。

莫村社区 [Mòcūn Shèqū]　莫村镇人民政府驻地。在县境东北部。面积2平方千米。人口2300。因镇名得名。2002年成立。民居以楼房为主，有少量别墅。有卫生服务站、老年活动室、便民服务站。以居家养老为主。有中小学。农业以水稻、花生、蚕茧、大豆种植为主。省道悦怀线经此。

永丰镇［Yǒngfēng Zhèn］　德庆县辖镇。在县境东部。面积132平方千米。人口2.4万。辖1居委会、11村委会，有81自然村。镇人民政府驻永丰社区。1953年设永丰乡，后改公社。1983年设区。1986年复乡。1987年改镇。寓意五谷永久丰登得名。悦城河流经。有中学1所，小学2所，卫生院1个，卫生所10个。有文化站、图书室。有中国传统村落古蓬村。农业以水稻、柑橘种植为主，产松脂、玉桂、西瓜。省道怀悦线过境。

永丰社区［Yǒngfēng Shèqū］　永丰镇人民政府驻地。在县境东部。面积2平方千米。人口1400。因镇名得名。2002年成立。有文化室、残疾人康复站、星光老年之家等。有中小学、卫生室。农业以水稻、西瓜种植为主，有腐竹加工业。省道怀悦线经此。

古蓬村［Gǔpéngcūn］　在县政府驻地德城街道东北44千米。永丰镇辖自然村。人口300。为壮语译名，意为河漫滩附近。聚落呈团块状。为中国传统村落。有伯甫、秀枝、文庆、铉望陈公祠等明清古建筑210余栋。农业以水稻、柑橘种植为主。

武垄镇［Wǔlǒng Zhèn］　德庆县辖镇。在县境东部。面积87平方千米。人口1.8万。辖1居委会、11村委会，有40自然村。镇人民政府驻武垄社区。1953年设武垄乡，后改公社。1983年设区。1986年复乡。1989年改镇。为壮语名，意为村落、山村。武垄河流经。有中学1所，小学2所，卫生院1个，卫生所8个。有文化站、图书室。农业以水稻、花生、柑橘种植为主，产松、杉、竹。工业以玉桂、木材加工等为主。省道悦怀线过境。

武垄社区［Wǔlǒng Shèqū］　武垄镇人民政府驻地。在县境东部。面积1平方千米。人口1000。2002年成立。民居以楼房为主，有少量别墅。有老年活动室。以居家养老为主。有中小学、卫生站。有桂油、桂皮、木制品等加工厂。省道悦怀线经此。

播植镇［Bōzhí Zhèn］　德庆县辖镇。在县境东部。面积115平方千米。人口2.3万。辖1居委会、10村委会，有73自然村。镇人民政府驻播植社区。1959年成立播植公社。1983年设区。1986年改镇。为壮语译名，意为适于耕种的山坡。悦城河流经。有中学1所，小学2所，卫生院1个，卫生所8个。有文化站、图书室。农业以水稻、花生、甘蔗种植为主，产蚕茧、香蕉、佛手、松、竹、玉桂、巴戟。省道悦怀线过境。

播植社区［Bōzhí Shèqū］　播植镇人民政府驻地。在县境东部。面积1平方千米。人口1400。2002年成立。民居以楼房为主，有少量别墅。有卫生服务站、老年活动室。以居家养老为主。有中小学、鹿鸣书院。农业以水稻、玉桂种植为主。省道悦怀线经此。

凤村镇［Fèngcūn Zhèn］　德庆县辖镇。在县境中部。面积137平方千米。人口3.2万。辖1居委会、18村委会，有177自然村。镇人民政府驻凤村社区。1953年设凤村乡，后改公社。1983年改区。1986年改镇。因镇政府驻地原名得名。九龙河流经。有中学1所，小学2所，卫生院1个，卫生所15个。有文化站、图书室。农业以水稻、花生种植为主，产松、玉桂。工业以烟花爆竹加工、竹木加工、藤织工艺、化工为主。省道悦怀线过境。

凤村社区［Fèngcūn Shèqū］　凤村镇人民政府驻地。在县境中部。面积1平方千米。人口1700。因山形似凤凰得名。2002年成立。民居以楼房为主，有少量别墅。有卫生服务站、老年活动室。以居家养老为主。有中小学。农业以水稻、玉桂、巴戟种植为主。通公路。

悦城镇［Yuèchéng Zhèn］　德庆县辖镇。在县境东南部。面积206平方千米。人口3.6万。辖1居委会、15村委会，有128自然村。镇人民政府驻悦城社区。1953年设悦城乡，后改公社。1983年改区。1986年改镇。为古悦城县治，故名。悦城河流经。有中学1所，小学2所，卫生院1个，卫生所13个。有文化站、图书室。有全国重点文物保护单位悦城龙母祖庙。有罗洪村古建筑群。有名胜五龙山。农业以砂糖橘、贡柑、蔬菜种植为主。工业以水泥、陶瓷加工为主。321国道、省道悦怀线过境。

悦城社区［Yuèchéng Shèqū］　悦城镇人民政府驻地。在县境东南部。面积3平方千米。人口5200。2000年成立。民居以楼房为主，有少量别墅。有卫生服务站、老年活动室。以居家养老为主。有中小学。有悦城龙母祖庙。农业以水稻种植为主，有出西江捕渔业。321国道、省道悦怀线经此。

九市镇［Jiǔshì Zhèn］　德庆县辖镇。在县境南部。面积155平方千米。人口3.2万。辖1居委会、14村委会，有196自然村。镇人民政府驻九市社区。1953年设九市乡，后改公社。1983年改区。1986年改镇。清康熙九年(1670)李九功开店成集市，故名。大径河流经。有小学2所，卫生院1个，卫生所12个。有文化站、图书室。农业以水稻种植为主，产水果。工业以风机、人造胶合板、石料加工为主。321国道过境。西江通航。

九市社区［Jiǔshì Shèqū］　九市镇人民政府驻地。在县境南部。面积1平方千米。人口1600。2001年成立。民居以楼房为主，有少量别墅。有卫生服务站、老年活动室。以居家养老为主。有小学、农贸市场。农业以水稻、萝卜、大头菜种植为主。321国道经此。

惠州市

惠州市［Huìzhōu Shì］　广东省辖地级市。北纬22°24′—23°57′，东经113°51′—115°28′。在省境东南部。面积11346平方千米。户籍人口357.1万，常住人口472.7万。以汉族为主，还有瑶、畲等民族。辖惠城、惠阳2区，博罗、惠东、龙门3县。市人民政府驻惠城区。隋开皇十年(590)置循州，大业初(605)改龙川郡。唐武德五年(622)复循州。天宝元年(742)改海丰郡。乾元元年(758)复名循州。五代南汉改祯州。北宋天禧五年(1021)避太子赵祯讳改名惠州，意为惠民之州。元改路。明、清改府。1912年废。1958年设惠州市(县级)。1959年降镇。1964年复惠州市(县级)。1988年升地级市。处粤东平行岭谷西南，珠江三角洲东北。东、北部以中低山、丘陵为主，中、西部以平原、台地、谷地为主。平均海拔1000米。最高点莲花山海拔1336米。南部南海，海岸线224千米。年均气温22℃，1月平均气温13.7℃，7月平均气温28.4℃。年均降水量2000毫米。年均无霜期350天。有东江、西枝江、增江、淡水、沙河、公庄河流经。有煤、锡、钨、钾长石、高岭土等矿产资源。有野生植物3000种，其中有国家重点保护野生植物金毛狗1种。有野生动物200余种，其中有国家重点保护野生动物蟒蛇、林麝、黑鹳等30种。有广东惠东港口海龟国家级自然保护区、广东大亚湾水产资源省级自然保护区等国家(省)级自然保护区2个。森林覆盖率60.4%。有高等院校5所、中等职业学校39所、中小学103所、体育场馆15个、三级以上医院10个。有省级历史文化名城1个，国家级非物质文化遗产惠东渔歌，省级非物质文化遗产5项。有民俗客家山歌、平海渔歌等。有国家4A级旅游景区惠州西湖、罗浮山。有景点永记生态园、南昆山、巽寮湾、双月湾。三次产业比例3∶33∶64。农业以种植水稻为主，饲养猪、牛、山羊，产甜玉米、马铃薯、梅菜、荔枝、龙门年橘、韭黄、番薯、大顶苦瓜、淮山粉葛、紫红茄、海水鱼、淡水鱼。工业以石化、电子、制衣为主，有镭射光头、电话机、电视机、电脑、手机、电池、音响、照相机、线路板生产基地。服务业以商贸、旅游为主。有国家级经济开发区1个。有铁路149.4千米，公路1万千米，高速454千米。京九、广梅汕、惠澳(惠州港)铁路，惠深、惠河、广河、广惠高速，324、205国道，省道增龙、金龙、龙新线过境。有东江、西枝江航道。有惠州港、东江内河港。

惠州［Huìzhōu］　别称鹅城。惠州市聚落。在市境中部。面积117平方千米。人口120万。以汉族为主，还有壮、苗、土家、瑶等民族。明洪武二十一年(1388)设卫城开7门。明清城池面积0.7平方千米，呈不规则形。1912年后拆除城墙，改建街道，拓宽水东街、万石坊，以东新桥连接府、县2城。1956年后向旧城东、南、西发展，改扩建五四路、五一路、国庆路、西枝江大桥、新开河大桥、东江大桥等。1990年建桥东水厂、下角工业大道、桥东滨江路、下角中路。2000年拓宽新开河桥、西枝江桥、东江大桥，建汽车总站立交桥、水门大桥，建下埔、江北、麦地、河南岸新区。2005年后改造塘尾街，建下角东江大桥、合生大桥、金山大桥及市科技馆、博物馆、文化艺术中心、会展中心、中心体育场。行政办公、商贸、文化区位于江北。商贸、旅游区处西湖周边老城区。科教、高新技术产业聚集区位于南部新城。工业区处下角、龙丰开发新区。居住区位于南坛新区。有飞鹅岭。东江、西枝江流经。有惠州西湖、红花湖。有丰山东江革命纪念公园、飞鹅岭东征纪念公园、孤山东坡园等。陆运、海运皆备，铁路、高速过境。有惠州站、惠州港。

惠州大道［Huìzhōu Dàdào］　在市境中部。东起北环路，西至博罗大道。与惠博大道、惠东大道等相交。长72千米，宽60米。沥青混凝土路面。2012年开工，同年建成。2014年改造。两侧有惠州站、市政府、体育馆、博物馆、科技馆、惠州会展中心。通多路公交车。

金龙大道［Jīnlóng Dàdào］　在市境中部。南起三环北路，北至迎宾大道。与东征路、东胜路、金府路、金石七路、乌石路相交。长8.7千米，宽30米。沥青路面。1998年建成。因小金口街道、龙门县得名。穿过商业中心。两侧有居住小区、小金口市监所。通多路公交车。

惠博大道［Huìbó Dàdào］ 在市境北部。北起三新北路，南至惠州大道。与北环大道、金石西二路、金石西四路、白石路、金鸡路等相交。长13.6千米，宽23米。沥青混凝土路面。1994年开工，2007年扩建，2010年建成。因联接惠城区、博罗县得名。两侧有多处住宅区。通多路公交车。

惠南大道［Huìnán Dàdào］ 在市境南部。北起演达大道，南至北环路。与三环南路、南岸路、四环南路、御和路、迎宾大道等相交。长33.4千米，宽32—60米。沥青混凝土路面。2004年开工，2008年建成。原名惠淡大道，因处市境南部改今名。两侧有惠阳区行政服务中心、大亚湾联想科技园。通多路公交车。

仲恺大道［Zhòngkǎi Dàdào］ 在市境西南部。东北起鹅岭南路，西南至仲恺五路。与畅东一路、中环一路、和畅二路、立新路、滨河东路相交。长6.9千米，宽45米。混凝土路面。原为惠樟公路，1994年改建城市道路。为纪念近代民主革命家廖仲恺得名。穿过商业中心。两侧有居住小区、科融创业大厦、恒福大厦、恒裕世纪广场。通多路公交车。

惠城区

惠城区［Huìchéng Qū］ 惠州市人民政府驻地。在市境中部。面积1501平方千米。人口84.4万。辖10街道、8镇。区人民政府驻龙丰街道。1988年设。因处惠州中心城区得名。有石牙山。东江、西枝江、秋香江、大岚河、小金河、淡水流经。有惠州学院、惠城职业技术学校。有中学41所，小学94所，三级医院7个，二级医院4个，文化馆1个，图书馆1个，博物馆1个，体育馆2个。为省级历史文化名城。有省级文物保护单位归善学宫、爱国民主人士邓演达纪念园。有广东省农民协会惠州办事处、中华全国总工会惠州办事处、惠阳县农民协会办事处等旧址。有省级历史文化街区4个。有中国传统村落墨园村。有省级非物质文化遗产小金口麒麟舞、龙形拳、李家拳。有国家4A级旅游景区惠州西湖，国家3A级旅游景区冠和博物馆。有景点汤泉、九龙潭、东坡纪念堂、东坡井、东坡亭、泗洲塔、元妙观、西新桥、中山纪念堂、东征革命遗址。有标志性建筑惠州奥林匹克体育场、惠州市体育馆、西湖大剧院、惠州慈云图书馆。三次产业比例3∶33∶64。农业以种植水稻、花生、淡水养殖为主。工业以电子、汽车配件、纺织服装、食品饮料、塑料化工为主。有仲恺、东江、惠南高新科技产业园，中国留学人才发展基地。服务业以商贸、物流为主。广梅汕、惠大铁路，惠深、惠河、广惠高速，205、324国道过境。有东江、西枝江航道。

仲恺高新技术产业开发区［Zhòngkǎi Gāoxīn Jìshù Chǎnyè Kāifāqū］ 在区境西南部。东与惠城区龙丰街道毗邻，南邻惠阳区镇隆镇，西与东莞市谢岗镇、桥头镇相连，北与博罗县龙溪镇、罗阳镇接壤。面积320平方千米。为纪念爱国民主人士廖仲恺得名。1992年经国务院正式批准成立国家级高新技术产业开发区，由惠州市人民政府管理。有仲恺、东江、惠南高新科技产业园和留学人才发展基地。以LED、移动互联网、平板显示、新能源、云计算为主。入驻企业有三星、LG、索尼、可口可乐、西门子、施耐德等2000多个。铁路、高速过境。交通便利。

惠州大桥［Huìzhōu Dàqiáo］ 在城区北部。长740米，宽40米，最大跨度124米，桥下净高7米。1986年开工，1989年建成。为大型河道桥梁，结构型式为预应钢筋混凝土箱型变截面连续梁结构桥。最大载重55吨。通多路公交车。

西枝江大桥［Xīzhījiāng Dàqiáo］ 在城区西部。长251米，宽20米，最大跨度41米，桥下净高9.8米。1994年开工，1997年建成。因跨西枝江得名。为大型河道桥梁，结构型式为钢筋混凝土双曲拱桥。最大载重55吨。通多路公交车。

金山大桥［Jīnshān Dàqiáo］ 在城区南部。长438.5米，宽40米，最大跨度40米，桥下净高6米。2007年开工，2009年建成。因金山大道得名。为特大型河道桥梁，结构型式为预应力混凝土连续箱梁桥。最大载重55吨。通多路公交车。

惠州站［Huìzhōu Zhàn］ 见交通运输设施部分“惠州站”条。

惠州汽车客运总站［Huìzhōu Qìchē Kèyùn Zǒngzhàn］ 见交通运输设施部分“惠州汽车客运总站”条。

龙丰街道［Lóngfēng Jiēdào］ 惠城区人民政府驻地。在区境西部。面积51平方千米。人口7.5万。1991年设。因背山面水地势如龙，取意吉祥命名。有飞鹅岭、红花湖。有高榜山、惠州森林公园。有中等职业学校1所，中学6所，小学8所，三级医院1个，二级医院1个，卫生院1个，卫生所2个。有东江体育场。有古迹准提寺、泗洲塔。有国家4A级旅游景区惠州西湖。工业以电子、塑料皮革加工、啤酒酿造、化工为主。有物流配送中心、商品集散中心。京九铁路，惠深、惠河高速过境。通多路公交车。

桥东街道［Qiáodōng Jiēdào］ 属惠城区。在区境中部。面积13平方千米。人口7.3万。2003年设。因处宋代东新桥东得名。东江流经。有中小学、医院。有省级文物保护单位归善学宫。有古迹嘉祐寺旧址、桃子园、瑞成楼、东坡井、东平窑址。工业以尼龙花、手袋、收音机、电容器、手表链、毛衣玩具等加工制造为主。有工业区。服务业以商贸、物流为主。福昆高速过境。通多路公交车。

桥西街道［Qiáoxī Jiēdào］ 属惠城区。在区境中部。面积6平方千米。人口17.9万。2003年设。因处宋代东新桥西得名。东江流经。有西湖。有中学3所，小学9所，三级医院1个，卫生院3个，卫生所2个。有名胜古迹望野亭、泗洲塔、中山纪念堂等。经济以楼宇物业、商贸为主。有步行街、商业街、饮食一条街等。通多路公交车。

江南街道［Jiāngnán Jiēdào］ 属惠城区。在区境西部。面积28平方千米。人口5.6万。2003年设。因处东江南得名。有菱湖。有中小学、医院等。有市文化中心。有粤军将领陈炯明墓、东江人民革命烈士纪念碑、抗日军事机要皮藏室。有景点元妙观、落霞榭。有滨水景观。农业养殖水产。工业以纺织服装、铸造电镀、钟表加工、五金电子为主。广梅汕铁路、惠河高速过境。通多路公交车。

江北街道［Jiāngběi Jiēdào］ 属惠城区。在区境中部。面积15平方千米。人口6.2万。2003年设。因处东江北得名。先后建惠州义乌小商品批发城、农产品物流配送中心、国际电子城。有中等职业学校、中小学、医院等。有市博物馆、科技馆、图书馆、体育馆、文化中心。经济以总部经济、金融、文化创意、休闲旅游为主。有五星级酒店3个。京九铁路过境。通多路公交车。

小金口街道［Xiǎojīnkǒu Jiēdào］ 属惠城区。在区境中部。面积66平方千米。人口3.7万。2006年设。处博罗县小金洞南出入口，故名。先后建污水处理厂、水质净化中心、垃圾中转站、金泽国际物流园。有象头山、麒麟山。小金河流经。有汤泉温泉。有中小学、卫生院。有省级非物质文化遗产麒麟舞、龙形拳。农业以水稻、番薯种植为主。工业以灯饰加工、线束加工、电子为主。京九铁路，广惠、惠河高速过境。通多路公交车。

惠环街道［Huìhuán Jiēdào］ 属惠城区。在区境南部。面积36平方千米。人口1.5万。2002年设。因环市区得名。马过渡河、西坑河流经。有中小学、卫生院、卫生站。有民俗抬龙轿。工业以电子、数码视听产业为主。有仲恺高新技术产业开发区。有古塘坳、惠环等工业园区。惠澳铁路，惠深、惠河高速过境。通多路公交车。

河南岸街道［Hénán'àn Jiēdào］ 属惠城区。在区境南部。面积35平方千米。人口22万。2002年设。因处西枝江南得名。先后建市体育馆、国际商贸城、社区活动中心、河桥工业区、居住小区等。西枝江流经。有惠州学院。有中小学、医院。有惠州奥林匹克体育场、金山湖游泳馆、金山湖体育馆。工业以制药、机械制造、制衣、印刷为主。服务业以商贸为主。惠澳铁路过境。通多路公交车。

陈江街道［Chénjiāng Jiēdào］ 属惠城区。在区境西南部。面积83平方千米。人口4万。1987年设陈江镇。2006年改街道。因河得名。甲子河、东阁河流经。有中学1所，九年一贯制学校4所，有小学、医院。有陈江文化广场、陈江大会堂、陈江图书馆。农业以水稻、玉米种植为主，养殖蛇鸟、梅花鹿，产荔枝、龙眼、蔬菜、花卉。工业以电子灯饰制造为主。京九铁路，惠河、惠深、惠莞、惠广高速过境。通多路公交车。

东楼村［Dōnglóucūn］ 在区政府驻地龙丰街道西南17千米。属陈江街道。人口1800。原属东江村，沿河有楼阁，故名。聚落呈带状。有小学、卫生服务站。为省级传统村落。有洪氏、袁氏、冯氏祠堂，三姓公祠，泰兴大屋等古村落建筑群。有民俗舞狮。农业以水稻种植为主。服务业以旅游为主。通公交车。

水口街道［Shuǐkǒu Jiēdào］ 属惠城区。在区境东部。面积120平方千米。人口6万。2006年设。传沟渠入东江处曾有水口井得名。先后建污水处理厂、堤围、机场路。东江、新开河流经。有中学4所，小学21所，二级医院1个，卫生院1个，卫生所29个，农家书屋20余个。农业以蔬菜、水稻、玉米、花卉等种植为主。工业以纺织、食品加工为主。服务业以商贸为主。有建材市场。有五星级酒店1个。广惠高速、省道广汕线过境。通多路公交车。

汝湖镇［Rǔhú Zhèn］ 惠城区辖镇。在区境东北部。面积153平方千米。人口5.2万。辖3居委会、23村委会，有269自然村。镇人民政府驻兴湖社区。1958年成立汝湖公社。1983年改区。1986年改镇。原因七仙女传说得名七女湖，为便于记录改今名。东江流经。有中学3所，小学9所，卫生院1个，卫生所23个。有惠州白鹭湖体育训练基地。有七女湖起义旧址。农业以甜玉米、火龙果、台湾青枣、台湾番石榴种植为主。有现代农业观光乐园。工业以照明、电子、纺织、食品加工为主。有五星级酒店1个。广惠、惠大高速过境。

兴湖社区［Xīnghú Shèqū］ 汝湖镇人民政府驻地。在区境北部。面积0.2平方千米。人口1500。因兴旺汝湖得名。1996年成立。民居以自建房为主。有老人协会，每年举办春节、重阳节茶会等。有中小学、卫生院。通多路公交车。

三栋镇 [Sāndòng Zhèn] 惠城区辖镇。在区境南部。面积 69 平方千米。人口 6.8 万。辖 1 居委会、10 村委会,有 140 自然村。镇人民政府驻新兴社区。1973 年成立三栋公社。1983 年改区。1986 年改镇。因镇区有 3 列街路且店铺皆为三进布局,当地称为条栋,故名。淡水江、田心溪流经。有中小学、卫生院、卫生所。有省级文物保护单位邓演达故居。有古迹贞寿之门牌坊、瓦窑岭窑址。农业以甘蔗、冬瓜、淮山、生姜种植为主,产三幢沙梨。工业以化工、五金、电子、玻璃工艺、灯饰加工为主。惠澳铁路、惠淡公路过境。

新兴社区 [Xīnxīng Shèqū] 三栋镇人民政府驻地。在区境南部。面积 1 平方千米。人口 2400。因吉言佳语得名。2002 年成立。民居以楼房为主。有老人协会,每年举办春节、重阳节茶会等。有中小学、卫生院。通多路公交车。

鹿颈村 [Lùjǐngcūn] 在区政府驻地龙丰街道东南 16 千米。三栋镇辖自然村。人口 2800。因村处鹿形墓墓颈上得名。聚落呈团块状。有省级爱国主义教育基地邓演达纪念园。农业种植水稻。有惠南高新技术产业园。通公交车。

沥林镇 [Lìlín Zhèn] 惠城区辖镇。在区境西南部。面积 49 平方千米。人口 2.4 万。辖 1 居委会、10 村委会,有 87 自然村。镇人民政府驻新镇社区。1960 年成立沥林公社。1983 年改区。1986 年改镇。因河边长满林木,因当地称溪河为沥林得名。有中学 1 所,小学 12 所。有古迹谢氏宗祠、罗村古井。有地方特色莫家拳、舞狮、舞麒麟。有景点潼湖湿地、石鼓水库、岩公庙、百年荔枝园。农业以甜玉米、蔬菜、红葱种植为主。工业以运动器材、自行车制造,塑胶、玩具服装、五金电子加工为主。惠莞高速、省道惠樟线过境。

新镇社区 [Xīnzhèn Shèqū] 沥林镇人民政府驻地。在区境西南部。面积 3 平方千米。人口 1500。因新成立得名。1990 年成立。民居以楼房为主。有法律咨询服务。有中小学。省道平东线经此。

潼湖镇 [Tónghú Zhèn] 惠城区辖镇。在区境西部。面积 113 平方千米。人口 4 万。辖 1 居委会、11 村委会,有 94 自然村。镇人民政府驻广和社区。1963 年成立潼湖公社。1984 年改区。1986 年改镇。因湖得名。有狮子山。东江流经。有中学 1 所,小学 13 所,卫生院 1 个。有文化站、图书室。有民俗正月十五做会。农业种植水稻,产荔枝、龙眼、香蕉、菠萝。工业以化妆品、涂料、工艺品加工为主。有永平、广和、三和工业园区。仁深高速,广陈、广永公路过境。

广和社区 [Guǎnghé Shèqū] 潼湖镇人民政府驻地。在区境西南部。面积 2 平方千米。人口 1100。以和平美满得名。1987 年成立。民居以楼房为主。有中学、卫生院。仁深高速、广下公路经此。

黄屋村 [Huángwūcūn] 在区政府驻地龙丰街道西南 21 千米。潼湖镇辖自然村。人口 1700。以姓氏得名。聚落呈块状。有幼儿园、文体广场。为省级传统村落。有敦伦书室等明清时民居 500 多间。农业种植香蕉、玉米。通公交车。

赤岗村 [Chìgǎngcūn] 在区政府驻地龙丰街道西南 22 千米。潼湖镇辖自然村。人口 3900。原名低田牛角塘,后因干旱呈品字形山岗而改今名,意为水火之地。有小学。为广东省古村落。有明清古民居群。有民俗正月十五侯王宫庙会。农业种植香蕉、玉米,养殖塘鱼。通公交车。

马安镇 [Mǎ'ān Zhèn] 惠城区辖镇。在区境东部。面积 76 平方千米。人口 3.2 万。辖 2 居委会、13 村委会,有 105 自然村。镇人民政府驻新群村。1949 年设马安乡。1961 年成立马安镇公社。1966 年成立马安公社。1983 年改区。1987 年改镇。因山岗似马鞍得名,后简写为今名。西枝江流经。有河洞水库。有东江职业技术学校。有中学 1 所,小学 6 所,卫生院 1 个,社区卫生服务站 2 个,村卫生站 13 个。有文化站、农家书屋。有省级文物保护单位 4 个。农业盛产蚕桑、水果、蔬菜、水产品。有休闲、观光农业。工业以五金机械、日用化工、陶瓷、食品加工、印刷、纺织为主。有新乐工业城、新湖工业区。惠大高速过境。

新群村 [Xīnqúncūn] 马安镇人民政府驻地。在区政府驻地龙丰街道东南 13 千米。人口约 2800。建于明末清初。后以表达群众得到解放,恍若新生的心情得名。聚落呈块状。有中小学、卫生站。有老人协会,每年举办春节、重阳节茶会等。广汕公路经此。

横沥镇 [Hénglì Zhèn] 惠城区辖镇。在区境东北部。面积 343 平方千米。人口 7.6 万。辖 3 居委会、40 村委会,有 515 自然村。镇人民政府驻梅岭社区。1958 年成立横沥公社。1983 年改区。1986 年改镇。因排沙河(当地称河为沥)横穿圩市得名。东江、大岚河、小岚河流经。有中学 3 所,小学 4 所,卫生院 3 个,卫生所 1 个。有古迹陈氏古宅、云林庵。有景点黄沙洞温泉、鹅塘洲岛、客家楼阁。农业种植反季节茄子、梅菜、春甜橘、年橘、植橙、西瓜。广汕高速、惠紫公路过境。东江通航。

梅岭社区 [Méilǐng Shèqū] 横沥镇人民政府驻地。在区境东北部。面积 3 平方千米。人口 8500。2006 年成立。因梅菜岭得名。民居以楼房为主。有老人协会,每年举办春节、重阳节茶会等。有志愿者服务。有中小学、幼儿园、卫生院、卫生所。有梅菜山公园。广下公路经此。

墨园村 [Mòyuáncūn] 在区政府驻地龙丰街道东北 25 千米。横沥镇辖自然村。人口 2200。因跑马滴墨圈定村域得名。在东江东岸,东、西、北三面环山。为中国传统村落、广东省古村落。有协天宫、大夫第、茂记大屋、二记大屋、围门楼、老书屋等古建筑 350 栋。农业种植水稻、花生、西瓜。通多路公交车。

芦洲镇 [Lúzhōu Zhèn] 惠城区辖镇。在区境东北部。面积 205 平方千米。人口 2.8 万。辖 2 居委会、19 村委会,有 277 自然村。镇人民政府驻双洲社区。1959 年成立芦洲公社。1984 年改区。1986 年改乡。1994 年改镇。因取芦岚、三洲 2 村各一字得名。下岚河、秋香江流经。有中学 2 所,小学 2 所,卫生院 1 个,卫生所 19 个。有民俗二月十三日蔡屋村南瓜节。农业种植水稻,产甘蔗、水果、蔬菜、水产。广下公路过境。

双洲社区 [Shuāngzhōu Shèqū] 芦洲镇人民政府驻地。在区境东北部。面积 0.5 平方千米。人口 900。因有 2 洲岛得名。2001 年成立。民居以楼房为主。有志愿者服务队伍。有法律咨询服务。有中小学、卫生院。通公交车。

岚派村 [Lánpàicūn] 在区政府驻地龙丰街道东北 40 千米。芦洲镇辖自然村。人口 1800。因小岚河得名。为省级传统村落。保存大量清代建筑。如许家二房大屋面积 3436 平方米,按照"九厅十八井"的客家民居建筑形式而建;岚派许家文林第面积 3027 平方米,木雕笔画跃然于廊下。还有五房糖房等。农业种植水稻。通公交车。

潼侨镇 [Tóngqiáo Zhèn] 惠城区辖镇。在区境西南部。面积 31 平方千米。人口 3 万。辖 5 居委会、3 村委会,有 27 自然村。镇人民政府驻侨冠社区。2003 年由市潼湖华侨农场改潼侨镇。因潼湖华侨农场简化得名。甲子河、金星河流经。有中学 1 所,小学 6 所。农业种植玉米、水稻,养猪、水产,产潼侨绿茶、花生。工业以电子、化工、纺织服装为主。有潼侨工业基地。广下公路过境。

侨冠社区 [Qiáoguàn Shèqū] 潼侨镇人民政府驻地。在区境东北部。面积 2 平方千米。人口 7600。1997 年成立。因企业兼取意冠首得名。民居以楼房为主。有中小学。通公交车。

惠 阳 区

惠阳区 [Huìyáng Qū] 惠州市辖区。在市境南部。面积 916 平方千米。人口 58.8 万。以汉族为主,还有蒙古、回、藏、维吾尔等民族。辖 6 街道、6 镇。区人民政府驻淡水街道。南朝宋置安怀县。齐更名怀安县。隋开皇九年(589)更名归善县。先后属循州、祯州、惠州、惠州路、惠州府。1912 年更名惠阳县,历属潮循道、第四行政督察区、第五行政督察区、东江专区、粤东行政区、惠阳专区、佛山专区、惠阳地区。1988 年属惠州市。1994 年改县级市。2003 年改区。处南海之北,且属惠州,故名。西枝江、淡水流经。先后建惠阳汽车客运总站、亚公顶森林公园、惠阳体育会展中心等。有中等职业学校 4 所,完全中学 4 所,九年一贯制学校 19 所,初中 11 所,小学 94 所,特殊教育学校 1 所,三级医院 3 个,二级医院 6 个。有全国重点文物保护单位叶挺故居,省级文物保护单位碧滟楼。有叶挺纪念馆、革命烈士邓仲元故居、清代官员邓承修故居。有古迹崇林世居、魁星阁、淡水祖庙、盘古宫。有景点沙田世外梅园、大亚湾海滩。三次产业比例 4∶52∶44。农业种植水稻、甘蔗、大豆,饲养生猪、鸡、鸭、鹅。特产荔枝、红葱。工业以电子、光学玻璃、精细化工、新能源新材料为主。服务业以商贸、旅游为主。惠澳、厦深铁路,深汕、惠深、广惠高速过境。有惠州南站、惠州港。

开城大道 [Kāichéng Dàdào] 在区境中部。南起大亚湾西区内部道路,北至白云路。与叶挺中路、莲塘东路、中山二路等相交。长 3.5千米,宽 48 米。混凝土路面。1988 年开工,同年建成。原名淡澳大道,1993 年因取意开发进取、建设城市得名。穿过商业中心。两侧有公安局、规划大厦、工商局、雅博世纪广场。通多路公交车。

金惠大道 [Jīnhuì Dàdào] 在区境西部。东北起人民四路,西南至秋湖路。与内环路、秋湖路、人民四路等相交。长 5 千米,宽 50 米。混凝土路面。1992 年开工,1999 年建成。因吉言佳语得名。两侧有区政府、市政广场、城市广场等。通多路公交车。

安惠大道 [Ānhuì Dàdào] 在区境东南部。南起滨海公园内部道路,北至中兴中路。与教育路、洗马湖路、大涌路相交。长 1.7 千米,宽 24 米。混凝土路面。1990 年开工,1993 年建成,2003 年改造。原名进港西路,因安惠大厦改今名。穿过商业中心。两侧有大亚湾开发区公安局、审计局等。通多路公交车。

惠州南站 [Huìzhōunán Zhàn] 见交通运输设施部分"惠州南站"条。

惠阳汽车客运总站 [Huìyáng Qìchē Kèyùn Zǒngzhàn] 见交通运输设施部分"惠阳汽车客运总站"条。

大亚湾汽车站 [Dàyàwān Qìchēzhàn] 见

交通运输设施部分“大亚湾汽车站”条。

淡水街道［Dànshuǐ Jiēdào］　惠阳区人民政府驻地。在区境中部。面积83平方千米。人口23万。2003年设。因河得名。先后建住宅小区、商贸广场、裕华广场等。淡水、淡澳河流经。有中学5所，小学16所，三级医院2个，二级医院4个，社区卫生服务中心2个，卫生站55个。有图书馆、市文体公园、体育会展中心、人民公园、市政广场。有邓仲元故居、邓承修故居、文昌庙、淡水祖庙。工业以食品加工、制衣、机械、电子、化工为主。服务业以餐饮、商贸、休闲娱乐为主。惠澳铁路、深汕高速过境。通多路公交车。

秋长街道［Qiūcháng Jiēdào］　属惠阳区。在区境南部。面积110平方千米。人口9.1万。1984年设秋长乡。2003年改街道。取秋溪、长兴2地首字得名。周田河流经。有鸡心石水库。有九年一贯制学校8所，中学1所，小学13所，二级医院1个，卫生院1个，卫生站21个，诊所17个，门诊部3个。有文化室、老人活动中心、农家书屋。为中国历史文化名镇。有叶挺将军故居、惠宝人民抗日游击总队旧址、叶挺将军纪念园。有中国传统村落茶园、周田村。有景点景岭山、金秋文化广场。农业种植花生、水稻、甘蔗，特产沙梨。工业以塑料、电子、藤器、珠宝加工为主。服务业以商贸、旅游为主。有伯恩光学城、金玉东方珠宝城。通多路公交车。

茶园村［Cháyuáncūn］　在区政府驻地淡水街道西北7千米。属秋长街道。人口2800。传以种茶为生得名。聚落呈散状。为中国传统村落。有清代传统建筑茶园老屋、松乔楼、嗣前新居、榴兆楼等。农业种植水稻、花生、茶。通公交车。

周田村［Zhōutiáncūn］　在区政府驻地淡水街道西北8千米。属秋长街道。人口2000。因四周皆田地得名。聚落呈散状。为中国传统村落。有全国重点文物保护单位叶挺将军故居。有叶挺将军纪念园。有碧滟楼、周田老屋、会新楼、瑞狮楼等客家围屋。农业养殖鸡、鸭、鹅、鱼。通公交车。

三和街道［Sānhé Jiēdào］　属惠阳区。在区境中部。面积65平方千米。人口3万。2014年设。因天地人三和得名。淡水、沙田河流经。有中学1所，小学3所，门诊部1个，卫生站5个。工业以电子为主。大亚湾疏港高速过境。

西区街道［Xīqū Jiēdào］　属惠阳区。在区境南部。面积89平方千米。人口3万。2003年设。因处大亚湾经济技术开发区西部得名。先后建科创园、新兴产业园、石化大道、龙海路。坪山河流经。有中学1所，小学10所，卫生院1个，卫生所10个。工业以汽车制造、电子、钢铁为主。服务业以商贸为主。夏深铁路、深汕高速过境。

澳头街道［Àotóu Jiēdào］　属惠阳区。在区境南部。面积110平方千米。人口3.3万。2003年设。原名龙船湖，古以为渔船锚泊避风处为澳，且为水路尽头，故改今名。有岛屿96个。有中学2所，小学6所，三级医院1个，二级医院1个，卫生院1个，卫生所13个。农业种植水稻，产水果、蔬菜。盛产海螺、石斑、鱿鱼、鲍鱼、螃蟹等。工业以塑胶、制衣、五金电子、制冷、日用品加工为主。服务业以金融、商务、旅游度假为主。惠澳铁路，深澳沿海、深汕高速，澳霞公路过境。

霞涌街道［Xiáchōng Jiēdào］　属惠阳区。在区境南部。面积81平方千米。人口1.7万。2003年设。因河入海成沙涌，产金钩虾而得名虾涌，后雅化为今名。涌为地方音，意为河汊。先后建南海度假区、惠深沿海高速、石化大道。有中学1所，小学4所，卫生院1个，卫生所8个。有古迹清泉古寺、烟墩烽迹。有景点海韵广场、花洲塔、熊猫金海岸、小径湾等。农业种植花生、蔬菜、桂圆、荔枝，盛产海螺、石斑、龙虾、膏蟹等。工业以机械、纺织、电子为主。服务业以旅游为主。惠深沿海高速过境。通多路公交车。

沙田镇［Shātián Zhèn］　惠阳区辖镇。在区境东南部。面积86平方千米。人口4.2万。辖1居委会、8村委会，有80自然村。镇人民政府驻集成村。1961年成立沙田公社。1983年改区。1986年改乡。1988年改镇。因沙田水库得名。淡水流经。有中学1所，小学8所，卫生院1个，卫生站8个。有老人活动中心、文化站、农家书屋。农业以蔬菜种植，养殖水产、观赏鱼为主。工业以电子、塑胶、纺织为主。有长尤岗、石塘埔、横岭、东明等工业园区。沈海高速过境。

集成村［Jíchéngcūn］　沙田镇人民政府驻地。在区政府驻地淡水街道东北方向14千米。人口1700。因多姓氏聚居得名。聚落呈散状。有中小学、卫生院、文化站。农业种植蔬菜、柑橘、韭菜、茶树菇。通乡村道路。

新圩镇［Xīnxū Zhèn］　惠阳区辖镇。在区境西南部。面积158平方千米。人口2.6万。辖1居委会、11村委会，有67自然村。镇人民政府驻新圩社区。1958年成立新圩公社。1984年改区。1986年改镇。因镇政府驻地原名得名。潼湖水流经。有中学4所，九年一贯制学校6所，小学9所，卫生院2个，卫生所11个，私立医院1个。有文化室、老人活动室、农家书屋、公园。农业以水稻、花生种植为主。工业以服装、电子、涂料、五金、塑胶、玩具加工为主。有新星、东风、高屋、红田、南部工业园。服务业以商贸、旅游、金融为主。惠盐、惠深高速，惠深、惠淡公路过境。

新圩社区［Xīnxū Shèqū］　新圩镇人民政府驻地。在区境西南部。面积1.2平方千米。人口4500。原名打禾岗圩，后集市南移成新圩，故名。1987年成立。民居以低层楼房、平房为主。以家庭养老为主。有志愿者服务。有中小学、幼儿园、卫生院。有化工、农药、饮料、建材企业。有综合市场、商业街。惠深、惠淡公路经此。

镇隆镇［Zhènlóng Zhèn］　惠阳区辖镇。在区境西南部。面积150平方千米。人口2.9万。辖1居委会、13村委会，有178自然村。镇人民政府驻镇隆社区。1959年成立镇隆公社。1984年改区。1986年改镇。因有祁龙径山，龙、隆谐音得名。潼湖水、横岭水、黄沙水流经。有中学1所，小学15所，卫生院1个，卫生站14个。有文化服务中心、文化室、图书室、农家书屋。有古迹崇林世居。有传统荔枝节。农业以水稻、花生种植为主，饲养生猪、鸡、鸭、鹅。特产荔枝、红葱。工业以新能源、新材料、电子、精密模具制造、服饰加工为主。有万兴、龙翔工业园。惠深、惠河、惠莞高速，205国道，惠深公路过境。

镇隆社区［Zhènlóng Shèqū］　镇隆镇人民政府驻地。在区境西北部。面积1平方千米。人口2300。因镇名得名。1989年成立。民居以低层楼房、平房为主。以家庭养老为主。有志愿者服务。有中学、卫生院、商业广场、农贸市场。

永湖镇［Yǒnghú Zhèn］　惠阳区辖镇。在区境北部。面积117平方千米。人口3.5万。辖1居委会、13村委会，有190自然村。镇人民政府驻永湖社区。1958年成立永湖公社。1984年改区。1986年改镇。因镇政府驻地原名得名。淡水流经。有中学1所，小学14所，卫生院1个，卫生所13个。有文化站、文化室、老人活动中心。农业以水稻、蔬菜种植为主，养殖鸡、鸭、鹅、水产，产龙眼、荔枝、慈姑。工业以电子、服装、藤器、手袋、丝花、皮革加工，制药，纺织为主。有淡塘、元岭、彩塘、天桥工业区。惠澳铁路、莞惠高速过境。

永湖社区［Yǒnghú Shèqū］　永湖镇人民政府驻地。在区境北部。面积3.1平方千米。人口4000。因湖水终年荡漾得名。1987年成立。民居以低层楼房、平房为主。以家庭养老为主。有志愿者服务。有中小学、幼儿园、卫生院。通公交车。

良井镇［Liángjǐng Zhèn］　惠阳区辖镇。在区境中部偏北。面积72平方千米。人口3.8万。辖1居委会、17村委会，有208自然村。镇人民政府驻秀峰村。1959年成立良井公社。1984年改区。1986年改镇。原名鸡卵水，因清初传井水能治百病而改今名。西枝江流经。有黄洞水库。有中学1所，小学17所，卫生院1个，卫生站17个。有文化中心、老人活动室。有古迹甘泉古寺、西华古寺、谭公庙、仓成庙。农业以水稻、火龙果、番石榴种植为主，产良井草鹅、三黄胡须鸡。工业以电子制造为主。有乌洋福、银山工业区。潮莞高速，省道平东、广汕线过境。

秀峰村［Xiùfēngcūn］　良井镇人民政府驻地。在区政府驻地淡水街道东北27千米。人口1300。取秀村、黄峰岭2村各一字得名。聚落呈散状。有小学、幼儿园、卫生站。农业种植水稻。省道平东线经此。

平潭镇［Píngtán Zhèn］　属惠阳区。在区境东北部。面积100平方千米。人口4.5万。辖1居委会、17村委会，有27自然村。镇人民政府驻平潭社区。1958年成立平潭公社。1984年改区。1986年改镇。因镇政府驻地原名得名。西枝江流经。有中学1所，小学15所，卫生院1个，门诊部1个，诊所6个，卫生服务站18个。有文化站、文化室、老人活动中心。农业以红葱、粉葛、淮山、青椒、甜玉米种植为主。工业以电子制造为主。有怡发工业园。广惠高速、324国道过境。

平潭社区［Píngtán Shèqū］　平潭镇人民政府驻地。在区境东北部。面积1.3平方千米。人口5900。因原水塘泉涌如潭，填平成圩镇，得名坪潭，演为今名。1999年成立。民居以低层楼房、平房为主。以家庭养老为主。有志愿者服务。有中小学、幼儿园、卫生院。

博 罗 县

博罗县［Bóluó Xiàn］　惠州市辖县。在市境中部偏西。面积2855平方千米。人口86万。以汉族为主，还有畲、壮、土家等民族。辖17镇。县人民政府驻罗阳镇。秦始皇三十三年(前214)设傅罗县，属南海郡。西晋太康元年(280)更名博罗县。东晋咸和六年(331)析设海丰、欣乐、怀安3县。南朝齐建元元年(479)析设新丰、罗阳2县。隋初属循州，后属龙川郡。唐贞观元年(627)罗阳县并入，属循州。其后未变，先后属祯州、惠州、惠州路、惠州府、潮循道、第四行政督察区、第五行政督察区、东江专区、粤中行政区、惠阳专区、佛山专区、惠阳地区。1988年属惠州市。传古浮山海上浮来，傅(附)于罗山，故名罗浮，后误作博罗。处粤东平行岭谷西南段。北部山地丘陵，中部丘陵台地，南部冲积平原。东北高西南低。平均海拔165米。最高点飞云顶海拔1281米。有罗浮山、象头山、丫髻山、茶山。年均气温22.1℃,1月平均气温14.9℃,7月平均气温28.5℃。年均降水量1929.1毫米。东江、沙河、公庄河流经。有铁、锡、钨、钽、铌、煤等矿产资源。有野生植物58种。国家重点保护野生动物有云豹、白鹇、水獭、山鸡、鸳鸯等10种。有国家级自然保护区1个。森林覆盖率50.2%。有中等职业技术学校3所,中学52所,小学191所,特教学校1所,二级医院2个,文化馆1个,档案馆1个,图书馆1个,博物馆1个。有省级文物保护单位横岭山古墓群、罗浮山冲虚古观、银岗窑址。有民俗龙华大鼓、福田舞春牛、公庄龙舞、横河花园大鼓等。有国家级风景名胜区罗浮山。三次产业比例10:51:39。农业以种植业、养殖业为主。有水稻、花生、甜玉米、荔枝、龙眼、黄皮、柑橘种植,有猪、牛、羊、鸡、水产养殖。工业以电力、电子、化工、鞋服加工、制药、制糖、五金机电为主。服务业以旅游为主。有京九铁路,广惠、惠河、广河高速,205、324国道,东江航道过境。

博罗汽车客运东站［Bóluó Qìchē Kèyùn Dōngzhàn］ 见交通运输设施部分“博罗汽车客运东站”条。

罗阳镇［Luóyáng Zhèn］ 博罗县人民政府驻地。在县境南部。面积251平方千米。人口14.9万。辖8居委会、29村委会,有254自然村。镇人民政府驻东区社区。1942年置罗阳镇。1959年改城镇公社。1977年复镇。因处罗浮山东得名。东江流经。有中等职业学校1所,中学3所,九年一贯制学校1所,小学12所,二级医院2个,卫生院2个,卫生所1个。有景点象头山、白水山汤泉、哈斯塔特小镇。农业以水稻、花生、甘蔗种植,鳗鱼、淡水对虾养殖为主。工业以电子为主。有小金、鸡麻地、义和、洲际、鸿达高新技术工业园。京九铁路、广惠高速、省道广梅线、惠博沿江公路过境。有罗阳码头。

东区社区［Dōngqū Shèqū］ 罗阳镇人民政府驻地。在县境南部。面积0.8平方千米。人口1.2万。因处镇东得名。1963年成立。民居以楼房为主。有卫生服务站、老年活动室。有中小学。通公交车。

石坝镇［Shíbà Zhèn］ 博罗县辖镇。在县境东部。面积178平方千米。人口4.8万。辖2居委会、22村委会,有22自然村。镇人民政府驻石坝村。1959年成立石坝公社。1983年改区。1986年改镇。因镇政府驻地得名。石坝河流经。有中学1所,小学4所,卫生院1个,卫生所22个。农业以水稻、花生、甘蔗、玉米种植为主。服务业以乡村旅游为主。京九铁路、惠河高速、205国道过境。

石坝村［Shíbàcūn］ 石坝镇人民政府驻地。在县政府驻地罗阳镇东南0.2千米。人口3900。因平坦多石得名。聚落呈团块状。有中小学、卫生院、广场。农业种植水稻、玉米、花生。通公路。

麻陂镇［Mábēi Zhèn］ 博罗县辖镇。在县境东部。面积57平方千米。人口2.6万。辖1居委会、13村委会,有137自然村。镇人民政府驻麻陂社区。1959年成立麻陂公社。1983年改区。1986年改镇。原名葵子墟,因产黄麻且有水陂改名黄麻陂,简称今名。麻陂河流经。有红女、罗坑径水库。有龙山森林公园。有中学1所,小学7所,卫生院1个,卫生所13个。有文化站、广场。农业以蔬菜、甜玉米、花生种植为主,特产三黄胡须鸡、果蔗。工业以五金、塑胶、电子、针织、鞋服加工为主。京九铁路,惠河、广河高速,205国道过境。

麻陂社区［Mábēi Shèqū］ 麻陂镇人民政府驻地。在县境东北部。面积4平方千米。人口8000。因镇得名。1989年成立。民居以楼房为主,有少量别墅。有志愿者服务。有中小学、幼儿园、卫生院、广场。205国道经此。

观音阁镇［Guānyīngé Zhèn］ 博罗县辖镇。在县境东部。面积104平方千米。人口2.8万。辖1居委会、14村委会,有14自然村。镇人民政府驻观音阁社区。1953年置观音阁镇,后改公社。1983年改区。1986年复镇。原名埠鹅,因建观音堂改今名。东江流经。有中学1所,小学7所,卫生院1个,卫生站14个。有文化广场、文化站、农家书屋。有古迹黄全记客家围屋、观音庙。有景点观音山、马鞍山。农业以水稻、甘蔗、玉米种植为主。盛产花生、红瓜子、黑糖、淮山、紫薯。有油菜花基地。服务业以旅游为主。惠深、广惠、惠河高速过境。

观音阁社区［Guānyīngé Shèqū］ 观音阁镇人民政府驻地。在县境东部。面积1平方千米。人口3700。因镇得名。1985年成立。民居以楼房为主。有预防未成年人犯罪、禁毒等宣传活动。有中小学、卫生院、敬老院、文化广场。通公交车。

公庄镇［Gōngzhuāng Zhèn］ 博罗县辖镇。在县境北部。面积205平方千米。人口5.3万。辖2居委会、22村委会,有218自然村。镇人民政府位于獭子圩大马路。1958年成立公庄公社。1983年改区。1986年改镇。传明代莫姓爷孙居此,得名莫屋。因贩鱼误回:我公装来(爷爷捞来),以装、庄谐音得名。公庄河流经。有官山森林公园。有小学12所,中学2所,卫生院1个,卫生站22个。有文化广场、文化站、农家书屋、福利院。有吉水围客家古民居、古荔枝园。有古迹四角楼、古碉楼等。有景点秋风寨等。农业以水稻、小麦、甘蔗、花生种植为主。盛产水果。工业以五金、电子为主。服务业以餐饮为主。广河高速过境。

杨村镇［Yángcūn Zhèn］ 博罗县辖镇。在县境北部。面积125平方千米。人口4.6万。辖2居委会、20村委会,有201自然村。镇人民政府驻杨村社区。1955年设杨村区,后改公社。1983年复区。1986年改镇。因镇政府驻地原名得名。东江、杨村河流经。有中学1所,小学17所,卫生院1个,卫生所16个。有文化广场、文化站、农家书屋。有朱氏祖屋、水围碉楼等客家围屋古建筑。农业以水稻、花生、甘蔗种植为主,养殖水产、鸡、鸭、鹅,产水果、蔬菜。盛产柑橘。工业以家具、五金加工为主。服务业以旅游为主。京九铁路、惠河高速、省道广梅线过境。

杨村社区［Yángcūn Shèqū］ 杨村镇人民政府驻地。在县境东北部。面积6.2平方千米。人口1.6万。因元末杨氏建村得名。1986年成立。有广场舞、乒乓球、篮球等活动。有中小学、卫生院。通公交车。

柏塘镇［Bótáng Zhèn］ 博罗县辖镇。在县境北部。面积235平方千米。人口6.1万。辖2居委会、36村委会,有343自然村。镇人民政府驻柏塘社区。1949年设柏塘乡,后改公社。1983年改区。1986年改镇。因镇政府驻地原名得名。独松河、赤水河、黄岗河流经。有中学2所,小学4所,卫生院2个,卫生所35个。有技术学校、文化广场、文化站、农家书屋。有景点宏兴茶山休闲谷、平安山、古榄园。农业以水稻、花生种植为主。工业以五金、塑胶、电子为主。省道广梅线过境。

柏塘社区［Bótáng Shèqū］ 柏塘镇人民政府驻地。在县境北部。面积2平方千米。人口4200。因原塘边有古柏得名。1986年成立。民居以自建楼房为主。有志愿者服务。有中秋花灯等活动。有小学、卫生院、文化广场、关帝庙。有民俗关帝诞。省道广梅线经此。

泰美镇［Tàiměi Zhèn］ 博罗县辖镇。在县境东部。面积162平方千米。人口4.2万。辖1居委会、20村委会,有167自然村。镇人民政府驻泰美社区。1958年成立泰美公社。1983年改区。1986年改镇。因镇政府驻地原名得名。东江、杨村河流经。有中学1所,小学9所,卫生院1个,卫生站20个。有文化站、文化广场、农家书屋。有古迹姚夫人庙、太昌炮楼、智森洋楼等。农业以水稻、花生、荔枝、甘蔗种植为主。工业以电子、线路板、磁石、针织服装、玩具、皮革、五金加工为主。京九铁路、惠河高速、205国道过境。

泰美社区［Tàiměi Shèqū］ 泰美镇人民政府驻地。在县境北部。面积1平方千米。人口5500。原因明崇祯二年(1629)成圩时摊派赋税排最后得名派尾,1912年后因兆意不佳改今名。2002年成立。民居以平房、楼房为主。有学雷锋、环境卫生志愿活动。有中小学、卫生院。通公交车。

湖镇镇［Húzhèn Zhèn］ 博罗县辖镇。在县境中部。面积236平方千米。人口5.4万。辖2居委会、35村委会,有35自然村。镇人民政府驻湖镇社区。1949年设湖镇乡,后改公社。1983年改区。1986年改镇。因湖镇村得名。沙河流经。有中学3所,小学10所,卫生院2个,卫生站35个。有文化站、文化广场、农家书屋。农业以水稻、花生、甘蔗种植为主。盛产花卉、荔枝、龙眼、柑橘、杨梅。特产冬瓜、萝卜、青枣、珍珠石榴。工业以电子基础材料加工为主。省道广梅、广汕线过境。

湖镇社区［Húzhèn Shèqū］ 湖镇镇人民政府驻地。在县境西北部。面积2平方千米。人口4000。因镇得名。2002年成立。民居以自建房为主。有唱歌、亲子活动。有志愿者服务队伍。有小学、卫生院。省道广梅线经此。通公交车。

湖镇村［Húzhèncūn］ 在县政府驻地罗阳镇西北16千米。湖镇镇辖自然村。人口2700。唐代建村,因湖水环绕俨然城镇得名。又名湖镇围。聚落呈团块状。有七圣宫、昌福宫、北帝宫等古建筑300多栋。农业种植水稻、冬瓜。省道广梅线经此。

长宁镇［Chángníng Zhèn］ 博罗县辖镇。在县境中部。面积62.4平方千米。人口3.4万。辖1居委会、14村委会,有152自然村。镇人民政府驻长宁社区。1958年成立长宁公社。1983年改区。1986年改镇。因长宁墟得名,意为长久安宁。埔筏河流经。有中学1所,小学9所,卫生院1个,卫生所11个。有文化站、文化广场、农家书屋。农业以水稻、花生、甘蔗种植为主,产花卉、荔枝、龙眼、柑橘、杨梅。工业以制药、化工、建材为主。有罗浮山药业城。服务业以旅游为主。广惠高速、省道广梅线过境。

长宁社区［Chángníng Shèqū］ 长宁镇人民政府驻地。在县境西部。面积1平方千米。人口6100。因镇得名。1986年成立。民居以楼房为主,有少量别墅。有保健操、环保教育课堂、关爱老年人等活动。有志愿者服务队伍。有中小学、卫生院。经济以商贸、农家乐、旅游为主。省道广汕线经此。

福田镇［Fútián Zhèn］ 博罗县辖镇。在县境西部。面积94平方千米。人口3.3万。辖1居委会、17村委会,有130自然村。镇人民政府驻福田社区。1961年成立福田公社。1983年改区。1986年改镇。因镇政府驻地原名得名。福田河、联和河流经。有中学1所,小学4所,卫生院1个,卫生所17个。有文化站、文化广场、农家书屋。有古迹太平寺。农业以水稻、花生、甘蔗种植为主,产福田菜心、松、杉。工业以化工、电子、五金、塑胶、鞋服、皮具加工为主。省道广梅、广汕线过境。

福田社区 [Fútián Shèqū] 福田镇人民政府驻地。在县境西部。面积1.5平方千米。人口3300。原名约场墟，1927年以地平肥沃、旱涝保收更今名。1986年成立。民居以自建房为主。有中小学、卫生院。省道广汕线经此。

龙华镇 [Lónghuá Zhèn] 博罗县辖镇。在县境中部。面积60平方千米。人口2.5万。辖1居委会、10村委会，有66自然村。镇人民政府驻龙华村。1951年设龙华乡，后改公社。1984年改区。1986年改镇。因镇政府驻地得名。沙河流经。有中学1所，小学3所，卫生院1个，卫生所10个。有农家书屋、文化广场。有省级文物保护单位陈百万古民居。有民俗龙华大鼓。农业以水稻、花生、甘蔗种植为主。有荔枝种植基地。工业以纺织服装、皮革、塑料、灯饰、电子加工为主。省道广汕线过境。

龙华村 [Lónghuácūn] 龙华镇人民政府驻地。在县政府驻地罗阳镇西北19千米。人口3800。古时圩集繁荣，取意"龙飞凤舞、风华物阜"得名。聚落呈团块状。有中小学、卫生院、购物广场。农业种植水稻、蔬菜。省道广汕线经此。

旭日村 [Xùrìcūn] 在县政府驻地罗阳镇西北18千米。龙华镇辖自然村。人口2000。因诸山环抱日出得名。聚落呈团块状。有小学、卫生站、广场。有省级文物保护单位陈百万古民居。有洛峰陈公祠、聘君陈公祠等岭南古民居600多栋。有民俗龙华大鼓。农业种植水稻、玉米、花生，养生猪、鸡、鸭、鹅。省道广汕、广梅线经此。

龙溪镇 [Lóngxī Zhèn] 博罗县辖镇。在县境南部。面积116平方千米。人口6.4万。辖3居委会、20村委会，有76自然村。镇人民政府驻龙溪社区。1958年成立龙溪公社。1983年改区。1986年改镇。因溪流弯曲似龙得名。东江流经。有中学2所，九年一贯制学校3所，小学10所，卫生院1个，卫生室7个，卫生站20个。有文化站、文化广场、农家书屋。农业以水稻、花生、甘蔗种植，养殖水产为主，特产香蕉、三华李、荔枝。工业以电子、皮革、服装、塑胶、建材加工为主。广惠高速、省道广汕线过境。

龙溪社区 [Lóngxī Shèqū] 龙溪镇人民政府驻地。在县境南部。面积8平方千米。人口1900。因镇得名。1987年成立。民居以楼房为主，有少量别墅。有志愿者服务。有中小学、市场。省道广汕线经此。

园洲镇 [Yuánzhōu Zhèn] 博罗县辖镇。在县境西南部。面积111平方千米。人口6.9万。辖2居委会、27村委会，有95自然村。镇人民政府驻刘屋村。1949年设圆洲乡，后改公社。1959年更名园洲公社。1983年改区。1986年改镇。2003年九潭镇并入。因东江、沙河环绕镇区得名。有中学2所，小学21所，卫生院2个，卫生所27个。有文化站、文化广场、农家书屋。农业以水稻、花生、玉米种植，养殖水产为主。工业以制衣、电子、印刷为主。广惠高速过境设出入口。

刘屋村 [Liúwūcūn] 园洲镇人民政府驻地。在县政府驻地罗阳镇西南34千米。人口900。因刘姓建村得名。聚落呈团块状。有小学、幼儿园、卫生院、文化广场。农业种植水稻、花生。通公交车。

石湾镇 [Shíwān Zhèn] 博罗县辖镇。在县境西部。面积82平方千米。人口5.3万。辖2居委会、12村委会，有50自然村。镇人民政府驻鸾岗村。1959年成立铁场公社。1982年更名石湾公社。1983年改区。1986年改镇。因沙河、东江汇合成湾且多鹅卵石得名。有中学1所，初中1所，小学12所，卫生院2个，卫生所14个。有文化站、文化广场、农家书屋。农业以水稻、花生种植为主，产荔枝、龙眼。工业以电子、皮革、服装、塑胶、建材加工为主。广九铁路、广惠高速过境。有红海港码头。

鸾岗村 [Luángāngcūn] 石湾镇人民政府驻地。在县政府驻地罗阳镇西北42千米。人口3400。以岭岗白鹤栖息得名。聚落呈团块状。有小学、卫生所、综合市场。农业种植蔬菜、香蕉，养殖水产。通公交车。

杨侨镇 [Yángqiáo Zhèn] 博罗县辖镇。在县境东部。面积89平方千米。人口4600。辖2居委会、12村委会，有125自然村。镇人民政府驻桥西社区。2003年由杨村华侨柑橘场改杨侨镇，故名。麻陂河、杨村河流经。有中学1所，九年一贯制学校1所，小学6所，卫生院1个，卫生所12个。有文化站、文化广场、农家书屋。农业以柑橘、龙眼、荔枝种植为主，产花卉、苗木。工业以建材、化工、电子、塑料制品加工为主。京九、广梅汕铁路，广河、惠河高速，省道广梅线过境。

桥西社区 [Qiáoxī Shèqū] 杨侨镇人民政府驻地。在县境东北。面积0.7平方千米。人口1700。因处石岗岭桥西得名。1999年成立。民居以楼房为主。有关爱长者、老少同乐、助残日等活动。有幼儿园、金钱龟生态园、惠明广场。通公交车。

横河镇 [Hénghé Zhèn] 博罗县辖镇。在县境北部。面积234平方千米。人口3万。辖1居委会、18村委会，有130自然村。镇人民政府驻横河社区。1958年成立横河公社。1983年改区。1986年改镇。2006年改街道，2009年复镇。因溪水横流得名。横河流经。有中学1所，小学2所，卫生院1个，卫生所18个。有文化站、文化广场、农家书屋。农业以水稻、花生种植为主，产青梅、枇杷、柑橘、橙。工业以矿泉水加工为主。省道广梅、广汕线过境。

横河社区 [Héngé Shèqū] 横河镇人民政府驻地。在县境西北部。面积1.5平方千米。人口2900。因镇得名。1987年成立。民居以楼房为主。有环境整治，关爱孤寡老人、特困人员、三无人员等活动。有中小学、卫生院、文化广场、综合市场。通公交车。

沙上村 [Shāshàngcūn] 在县政府驻地罗阳镇西北6千米。横河镇辖自然村。人口1300。因谭氏沿沙坝而居得名。聚落呈长条状。有小学、卫生站。为省级传统村落。有谭氏宗祠、谭氏大宗祠等古民居72栋，古巷21条。农业种植水稻。通乡村道路。

嶂背村 [Zhàngbèicūn] 在县政府驻地罗阳镇西北27千米。横河镇辖自然村。人口230。畲族聚居。因元初蓝、雷2姓迁居山嶂岭背得名。聚落呈长条状。有畲族风情园。有三月三日畲族节日。盛产无花果、柚子、蕹菜、角瓜。通乡村道路。

惠 东 县

惠东县 [Huìdōng Xiàn] 惠州市辖县。北纬22°59′，东经114°43′。在市境东部。面积3526平方千米。人口85.2万。辖1街道、13镇。县人民政府驻平山街道。1949年析惠阳县置惠东县，旋并入惠阳县。1958年又析出，翌年又并入。1965年再设惠东县，属惠阳专区。1988年属惠州市。因处惠阳县东得名。以西枝江两岸为核心城区。处南海北部粤东丘陵地带，属沿海山区县。北、东北部为山区，南部稔平半岛为沿海丘陵区，中部沿江平原、丘陵。有1000米以上山峰27座，最高点莲花山海拔1337.3米。有岛屿55个。海岸线171.8千米。年均气温21.9℃，1月平均气温13.8℃，7月平均气温28.3℃。年均降水量1859.7毫米。西枝江流经。有铁、石灰岩、硅砂、高岭土等矿产资源。有港口海龟国家级自然保护区、御景峰国家森林公园。有省级自然保护区2个。森林覆盖率70.5%。有中等职业学校1所，高中4所，九年一贯制学校23所，初中26所，小学96所，幼儿园71所，成人中专1所，特教学校1所，二级医院3个，图书馆1个，博物馆1个，文化馆1个。有粤赣湘边纵队纪念公园。有省级文物保护单位谭公庙、田坑古城、皇思扬古围村、百庆楼、平山街尾井。有国家级非物质文化遗产惠东渔歌，省级非物质文化遗产九龙峰祖庙庙会、舞凤。有民俗客家山歌、赛龙舟、吉隆舞火龙、舞凤等。有国家4A级景区巽寮金海湾国际滨海旅游度假区，国家3A级旅游景区永记生态园。有白盆湖国家级水利生态风景区。有高潭中洞、平山百坵田红色旅游区。有省级历史文化名城平海古城。有景点双月湾、九龙峰、白盆珠温泉。三次产业比例9∶46∶45。农业以种植业和养殖业为主。有水稻、花生、马铃薯、甜玉米种植，有猪、牛、羊、鸡、鹅、鸭、鲍鱼、对虾、赤岸蚝、多宝鱼、鳗鲡、甲鱼、罗非鱼养殖。有渔场7个，天然渔港6个。工业以鞋服加工、电子、化工、制药、制塑、五金机电为主。有珠三角产业转移、大岭沙梨园等工业园区。服务业以商贸、物流、电子商务、旅游为主，厦深高铁，沈海、潮莞、广惠高速，324国道过境。有碧甲码头。

惠东大道 [Huìdōng Dàdào] 在县城中部。北起三新北路，南至惠州大道。与环城北路、东进大道、人民路、新平大道、环城南路等相交。长16.4千米，宽42—60米。沥青混凝土路面。2009年开工，2011年建成。两侧有高中、大岭镇政府、飞鹅岭森林公园、南湖公园、银基商贸城等。通多路公交车。

惠东汽车客运总站 [Huìdōng Qìchē Kèyùn Zǒngzhàn] 见交通输设施部分"惠东汽车客运总站"条。

惠东城南客运站 [Huìdōng Chéngnán Kèyùnzhàn] 见交通输设施部分"惠东城南客运站"条。

平山街道 [Píngshān Jiēdào] 惠东县人民政府驻地。在县境西部。面积163平方千米。人口16.6万。1980年设平山镇。2005年改街道。因平而有山得名。先后改造老旧小区，建成城市公园、西枝江大桥。西枝江流经。有高中3所，九年一贯制学校5所，初中6所，小学18所，二级医院3个，卫生院1个，卫生所41个。有文化站、文化活动中心、图书室、农家书屋。有景点南湖公园、飞鹅岭、观音山、狮朝洞、九龙峰。工业以制鞋、制衣为主，兼有电子、五金、皮具、塑胶、建材、家具等加工业。服务业以商贸、物流为主。广惠高速、省道广汕线过境。通多路公交车。

大岭镇 [Dàlǐng Zhèn] 惠东县辖镇。在县境西部。面积160平方千米。人口5.9万。辖2居委会、12村委会，有164自然村。镇人民政府驻大岭社区。1983年设大岭区。1987年改镇。因镇政府驻地原名得名。西枝江流经。有高中1所，九年一贯制学校3所，初中1所，小学9所，卫生院1个，卫生所37个。有文化站、文化活动中心、农家书屋。有国家3A级旅游景区永记生态园。农业以水稻、蔬菜种植为主。工业以制鞋、家具制作、塑料品加工为主。广惠、潮莞高速，324国道过境。

大岭社区 [Dàlǐng Shèqū] 大岭镇人民政府驻地。在县境北部。面积7.8平方千米。人口1.3万。因大池山又名大岭得名。1988年成立。民居以低层楼房、平房为主。以家庭养老为主。为老年人、残障人士提供志愿服务。有中小学、卫生院、农贸市场。工业以制鞋为主。通多路公交车。

白花镇［Báihuā Zhèn］ 惠东县辖镇。在县境西南部。面积204平方千米。人口9.3万。辖2居委会、26村委会,有260自然村。镇人民政府驻白花社区。1958年成立白花公社。1983年改区。1986年改镇。因白花墟得名。西枝江流经。有高中1所,九年一贯制学校2所,初中2所,小学8所,卫生院1个,卫生所29个。有文化站、文化活动中心、图书室、农家书屋。农业以水稻、花生种植为主,产荔枝、龙眼、甘蔗。工业以电子、灯具、塑料制品、家用电热烤器加工为主。厦深铁路,广惠、沈海高速过境。

白花社区［Báihuā Shèqū］ 白花镇人民政府驻地。在县境西部。面积5平方千米。人口1.1万。因镇得名。1987年成立。民居以客家风格自建房为主。以家庭养老为主。有小学、幼儿园、卫生院、门诊部。有平桥祖庙、谭公祖庙。有民俗上奄节、中秋祭祖。省道平深线、白良公路经此。

梁化镇［Liánghuà Zhèn］ 惠东县辖镇。在县境西北部。面积263平方千米。人口6.1万。辖1居委会、21村委会,有238自然村。镇人民政府驻梁化社区。1958年成立梁化公社。1984年改区。1986年改镇。因镇政府驻地原名得名。梁化河流经。有初中2所,小学7所,卫生院1个,卫生所27个。有文化站、文化活动中心、图书室。农业以水稻、梅菜、大蒜、青椒种植为主。工业以农副产品加工、塑料包装、家具涂料漆加工为主。通多路公交车。

梁化社区［Liánghuà Shèqū］ 梁化镇人民政府驻地。在县境西北部。面积15平方千米。人口1.1万。因明末清初梁姓建村得名。民居以低层楼房、平房为主。有禁毒宣传活动。以家庭养老为主。有中小学、卫生院。通公交车。

稔山镇［Rěnshān Zhèn］ 惠东县辖镇。在县境中部偏南。面积192平方千米。人口7.4万。辖2居委会、17村委会,有123自然村。镇人民政府驻稔石社区。1958年成立稔山公社。1983年改区。1986年改镇。因稔山圩得名。白云河、竹园河、石桥河等河流经。有九年一贯制学校1所,初中2所,小学8所,卫生院1个,卫生所33个。有文化站、文化活动中心、农家书屋。农业以水稻、蔬菜种植,养殖水产,海洋捕捞为主。有马铃薯示范区。工业以制衣制鞋、织造、胶花加工、造纸为主。深厦铁路,广汕、深汕、广惠、惠深沿海高速,324国道,省道广汕线过境。

稔石社区［Rěnshí Shèqū］ 稔山镇人民政府驻地。在县境南部沿海。面积11平方千米。人口6000。取稔山圩、石井村首字得名。1999年成立。民居以低层楼房、平房为主。有扶贫帮困、爱心助老、医疗义诊、就业创业等服务。以家庭养老为主。有中小学、幼儿园、门诊部、农贸市场。省道广汕线经此。

范和［Fànhé］ 在县政府驻地平山街道东南22千米。稔山镇辖自然村。人口2300。南宋末年因躲避中原战乱,高、王、郭3姓先人辗转来此安家立业,形成村落。因地似饭箩得名饭箩岗,后谐音改今名。聚落呈团块状。为中国传统村落。数百年前有50多姓村民聚居共处,建筑风格、信仰、方言等融合发展为兼具客家、广府、闽南文化之古村落。其中明清时期以姓氏围建的罗冈围、吉塘围、长兴围、尚德围四大围屋及围仔、六顺围等多座小围屋,规模宏大,有“村中有围,围中有村”之感。经济以海产品贸易为主。324国道经此。有海港。

铁涌镇［Tiěchōng Zhèn］ 惠东县辖镇。在县境南部。面积117平方千米。人口4.1万。辖1居委会、19村委会,有94自然村。镇人民政府位于稔平路。1965年成立铁涌公社。1984年改区。1986年改镇。因原为河涌地带且有铁矿得名。涌为地方音,意为河汊。田洋河、溪美河、黄坑河、新寮河流经。有九年一贯制学校1所,初中1所,小学4所,卫生院1个,卫生所23个。有文化站、文化活动中心、图书室。农业以水稻、马铃薯、花生种植为主,盛产赤岸蚝、对虾、蟹、蚶。工业以女鞋、玻璃、板材加工为主。324国道、省道稔平线过境。

平海镇［Pínghǎi Zhèn］ 惠东县辖镇。在县境南部。面积239平方千米。人口7.1万。辖2居委会、22村委会,有85自然村。镇人民政府驻平海社区。1958年成立平海公社。1983年改区。1986年改镇。2006年港口镇并入。因镇政府驻地原名得名。巽寮河、赤沙河流经。有九年一贯制学校1所,初中2所,小学12所,卫生院3个,卫生所24个。有文化站、文化活动中心、图书室。有省级历史文化名城平海古城。农业以水稻、马铃薯、大顶苦瓜、萝卜种植,对虾、鲍鱼、海胆养殖为主。广惠高速过境。

平海社区［Pínghǎi Shèqū］ 平海镇人民政府驻地。在县境南部。面积0.2平方千米。人口1.4万。因南侧地面与海面同高得名。1984年成立。民居以低层楼房、平房为主。有卫生服务站。以家庭养老为主。有闹花灯、偷青、摆盘、摆戏台、赛龙舟等活动。有中小学。有省级历史文化名城平海古城。通公交车。

吉隆镇［Jílóng Zhèn］ 惠东县辖镇。在县境南部。面积128平方千米。人口3.7万。辖1居委会、7村委会,有65自然村。镇人民政府驻吉隆社区。1958年成立吉隆公社。1983年改区。1986年改镇。2008年析设黄埠、盐洲2镇。因镇政府驻地原名得名。吉隆河流经。有九年一贯制学校3所,初中1所,小学5所,卫生院1个、卫生所7个。有文化站、文化活动中心、图书室、农家书屋。农业以水稻、蔬菜种植为主,盛产东阁蚝、招贤蚶。工业以制鞋、鞋材加工为主。厦深铁路、深汕高速、324国道过境。

吉隆社区［Jílóng Shèqū］ 吉隆镇人民政府驻地。在县境南部。面积6平方千米。人口8000。取吉水沟、兴隆会馆各一字得名。2002年成立。2014年析设吉圣、吉城2社区。民居以楼房为主。以家庭养老为主。有中小学、卫生院。有舞龙闹元宵民俗。工业以女鞋加工为主。通公交车。

多祝镇［Duōzhù Zhèn］ 惠东县辖镇。在县境中部。面积575平方千米。人口10.1万。辖2居委会、40村委会,有351自然村。镇人民政府驻多祝社区。1958年成立多祝公社。1984年改区。1986年改镇。2006年增光、松坑2镇并入。因镇政府驻地原名得名。西枝江流经。有九年一贯制学校2所,初中2所,小学7所,卫生院3个,卫生所28个。有文化活动中心、图书室、农家书屋。农业以马铃薯、甜玉米、沙姜、梅菜种植为主,产蜂蜜。工业以制鞋、毛织、五金、农产品加工为主。省道高横线过境。

多祝社区［Duōzhù Shèqū］ 多祝镇人民政府驻地。在县境东部。面积2.3平方千米。人口1.1万。原为多竹圩,又因3竹树得名三棵竹、三蔸竹,寓意华封三祝改名三多祝,简为今名。2006年成立。民居以小楼房、平房为主。以家庭养老为主。有中小学、卫生院。省道高横线经此。

皇思扬村［Huángsīyángcūn］ 在县政府驻地平山街道东25千米。多祝镇辖自然村。人口2000。初名黄沙洋,后改今名,意为皇帝思念赞扬之地。聚落呈块状。有小学、卫生站。为省级传统村落。有城门、神庙、青丝观、书院、学堂等古建筑群。农业种植水稻、大豆。省道高横线经此。

安墩镇［Āndūn Zhèn］ 惠东县辖镇。在县境北部。面积479平方千米。人口6.1万。辖1居委会、22村委会,有107自然村。镇人民政府驻安墩社区。1958年成立安墩公社。1983年改区。1987年改镇。因镇政府驻地原名得名。安墩河、小沥河流经。有九年一贯制学校2所,初中1所,小学2所,卫生院1个,卫生所26个。有文化活动中心、图书室、农家书屋。有名胜热汤温泉、仙女峰。农业以花生、油茶、番薯种植,三黄鸡养殖为主,特产安墩春橘、红肉蜜柚。工业以农产品加工、小水电为主。省道蓝多线过境。

安墩社区［Āndūn Shèqū］ 安墩镇人民政府驻地。在县境北部。面积4平方千米。人口4000。明代因在墩上熏烟防盗得名烟墩,清末改今名。民居以小楼房、平房为主。以家庭养老为主。有环保讲座、亲子阅读、健康知识科普等活动。有中小学、卫生站、文化广场。通公交车。

高潭镇［Gāotán Zhèn］ 惠东县辖镇。在县境东北部。面积196平方千米。人口1.7万。辖1居委会、13村委会,有107自然村。镇人民政府驻高潭社区。1958年成立高潭公社。1983年改区。1986年改镇。因镇政府驻地原名得名。三江口河、中洞河、高潭河流经。有初中1所,小学1所,卫生院1个,卫生所11个。有文化活动中心、图书室、农家书屋。有中洞革命烈士纪念碑、中洞革命旧址、东江特委印刷厂旧址、百庆楼、红军井等。农业以水稻种植为主,产青竹、青梅、李子。工业以小水电、农副产品加工为主。特产高潭明姜、高潭米酒、山子茶、灰水粽。省道河源—汕尾线过境。

高潭社区［Gāotán Shèqū］ 高潭镇人民政府驻地。在县境东北部。面积25平方千米。人口2000。因湖水深似潭得名。1988年成立。民居以小楼房、平房为主。以家庭养老为主。有志愿者服务。有老苏区革命纪念堂、中小学、卫生院。通公交车。

宝口镇［Bǎokǒu Zhèn］ 惠东县辖镇。在县境东北部。面积329平方千米。人口3.7万。辖2居委会、12村委会,有105自然村。镇人民政府驻宝口社区。1977年成立宝口公社。1983年改区。1987年改乡。1990年改镇。2006年马山镇并入。因镇政府驻地原名得名。宝溪江流经。有初中2所,小学2所,卫生院2个,卫生所11个。有文化活动中心、图书室、农家书屋。农业以水稻、番薯、花生、玉米种植为主,产板栗、香蕉、青梅、李子、柑橘。工业以农产品、大理石材加工为主。特产仙人茶、火烧窑茶、兴家茶、惠东红花岗岩。省道平深线过境。

宝口社区［Bǎokǒu Shèqū］ 宝口镇人民政府驻地。在县境东北部。面积1平方千米。人口900。因处宝溪河口得名。2002年成立。有卫生服务站。以家庭养老为主。有中小学。农业种植水稻、甘蔗、花生,养殖鸡、鸭、生猪。省道平深线经此。

白盆珠镇［Báipénzhū Zhèn］ 惠东县辖镇。在县境东部。面积349平方千米。人口1.1万。辖1居委会、12村委会,有124自然村。镇人民政府位于南二街。1986年设白盆珠镇。2006年新庵镇并入。原因中为盆地且多雾得名白朦珠,后改今名。西枝江流经。有白盆珠水库。有九年一贯制学校1所,初中1所,小学3所,卫生院2个,卫生所13个。有文化活动中心、图书室、农家书屋。农业以水稻、蔬菜种植为主。工业以磁性材料、毛线、丝花、塑料制品、五金、化学品加工为主。省道平深线过境。

黄埠镇［Huángbù Zhèn］ 惠东县辖镇。在县境南部。面积84平方千米。人口3.9万。辖7居委会、11村委会,有57自然村。镇人民政府驻王公社区。1961年成立黄埠公社。1983年改区。1986年改镇。2006年并入吉隆镇。2008年复镇。因黄金埠简称得名。沙埔河、东沃小河流经。有九年一贯制学校2所,初中2所,小学10所,卫生院2个,卫生所23个。有文化活动中心、图书室、农家书屋。农业以种植水稻、番薯、特色蔬菜,海水养殖,海洋捕捞为主。工业以制鞋、鞋材加工为主。通公交车。

王公社区［Wánggōng Shèqū］ 黄埠镇人民政府驻地。在县境南部。面积2平方千米。人口3400。古有王爷下放至此,故名。民居以低层楼房为主。以家庭养老为主。有广场舞、棋牌等活动。有中小学、卫生院。通公交车。

龙 门 县

龙门县［Lóngmén Xiàn］ 惠州市辖县。北纬23°44′,东经114°15′。在市境北部。面积2269平方千米。人口35.2万。以汉族为主,还有瑶族等。辖1街道、8镇、1瑶族乡。县人民政府驻龙城街道。明弘治九年(1496)析增城、博罗2县置龙门县。先后属广州府、广州、粤海道、第四行政督察区、第五行政督察区、东江专区、粤中行政区、惠阳专区。1959年并入增城县。1961年复县,属佛山专区。1963年后历属惠阳专区、惠阳地区、广州市。1988年属惠州市。因原县治位于增城县(现广州市增城区)上龙门得名。处九连、罗浮2山之间。西北、西南高山,东、南部低丘盆地。平均海拔550米。最高点南昆山海拔1210米。年均气温20.4℃,1月平均气温19℃,7月平均气温34℃。年均降水量2133.6毫米。龙门河、蓝田河流经。有田尾热水锅、蓝田黄屋、赖屋、地派等温泉。有矿产资源铅、锌、铁、钨、汞等。有野生植物1500多种,其中有国家重点保护野生植物7种。有野生动物209种,其中有国家一级保护野生动物9种,国家二级保护野生动物12种。有南昆山国家森林公园。森林覆盖率73.9%。有中学22所,小学94所,二级医院3个,体育馆1个。有省级文物保护单位功武码头遗址、功武村古建筑群等4个。有省级非物质文化遗产蓝田瑶族乡舞火狗。有特色民俗龙门农民画、客家山歌、赛龙舟、舞狮、舞春牛、龙形拳。有景点龙门铁泉、蓝田瑶族风情园。三次产业比例14∶44∶42。农业以水稻种植为主,饲养猪、牛、羊、鸡、鹅、鸭,盛产龙眼、黄皮、橙、柑橘。工业以水泥加工、矿产开采、竹木加工、水电为主。服务业以旅游、商贸为主。广河高速,省道增龙、金龙、龙新线过境。

迎宾大道［Yíngbīn Dàdào］ 在县城东北部。西起龙蓝路,东至青龙路。与百乐路、塔新路、太平路、环城北路等相交。长4.1千米,宽21米。混凝土路面。1987年开工,2011年建成,后多次改造。两侧有公安局、建行、国税局、县医院东院区、反贪局、人保公司、疾控中心、汽车客运站等。通多路公交车。

龙门汽车客运站［Lóngmén Qìchē Kèyùnzhàn］ 见交通运输设施部分“龙门汽车客运站”条。

龙城街道［Lóngchéng Jiēdào］ 龙门县人民政府驻地。在县境中部偏东。面积133平方千米。人口7.9万。1983年设龙城镇。2005年改街道。沿用原镇名,因县得名。先后建龙城大桥、西林大桥。有中等专业学校3所,高中2所,初中3所,小学22所,二级医院3个,卫生院1个,卫生所24个。有塔山。增江流经。有古迹文笔塔、古城墙遗址、红四师旧址。农业以水稻、花生、黄豆种植,生猪、鸡、鸭、鹅、淡水鱼养殖为主。工业以建材、电子、水力发电、竹木加工为主。仁深高速,省道西林、增龙线过境。通多路公交车。

麻榨镇［Mázhà Zhèn］ 龙门县辖镇。在县境南部。面积241平方千米。人口2.8万。辖1居委会、18村委会,有186自然村。镇人民政府驻麻榨社区。1957年设麻榨乡,后改公社。1983年改区。1986年改镇。因镇政府驻地原名得名。龙门河过境。有中学1所,小学1所,卫生院1个,卫生所18个。有文化广场、文化室、农家书屋。农业以水稻、花生种植,水产养殖为主,盛产年橘、粉葛、药材、荔枝、青梅柑、龙眼。工业以建材、竹木、食品加工为主。惠河高速过境。

麻榨社区［Mázhà Shèqū］ 麻榨镇人民政府驻地。在县境西北部。面积2平方千米。人口5800。因多芝麻油榨坊得名。1986年成立。民居以楼房为主,有少量别墅。有老年活动室。有广场舞、棋牌等活动。有中小学、卫生院、农贸市场。通公交车。

永汉镇［Yǒnghàn Zhèn］ 龙门县辖镇。在县境南部。面积392平方千米。人口5.5万。辖7居委会、22村委会,有250自然村。镇人民政府驻城东社区。1957年设永汉乡,后改公社。1983年改区。1986年改镇。原因有山横亘得名横龙,清顺治元年(1644)改名永清,1912年改今名。永汉河流经。有南昆山国家森林公园。有中学2所,小学6所,卫生院1个,卫生所21个。有文化广场、农家书屋。农业以水稻、花生、甘蔗、玉米种植为主。工业以建材为主。服务业以温泉旅游为主。广河高速、省道增龙线过境。

城东社区［Chéngdōng Shèqū］ 永汉镇人民政府驻地。在县境西南部。面积2平方千米。人口5400。因处增龙路东侧得名。2002年成立。民居以低层楼房为主,有少量别墅。有卫生服务站、老年活动室、便民服务站等。有小学、卫生院。有服装城、商贸城。省道增龙线经此。

鹤湖围［Hèhúwéi］ 在县政府驻地龙城街道西南36千米。永汉镇辖自然村。人口550。因湖洋田常有群鹤觅食得名。聚落呈不规则块状。有省级文物保护单位龙门鹤湖围。农业种植水稻。通乡村道路。

龙华镇［Lónghuá Zhèn］ 龙门县辖镇。在县境中部。面积375平方千米。人口3.9万。辖2居委会、20村委会,有238自然村。镇人民政府驻龙华社区。1949年设龙华乡,后改公社。1983年改区。1986年改镇。因镇政府驻地原名得名。增江流经。有中学2所,小学18所,卫生院2个,卫生所20个。有文化广场、农家书屋。有文笔塔、水坑村古建筑群。农业以水果、水稻、花生、玉米种植为主。工业以水泥加工、水力发电、竹木加工为主。惠河高速、省道增龙线过境。

龙华社区［Lónghuá Shèqū］ 龙华镇人民政府驻地。在县境西南部。面积1平方千米。人口2200。古时因沙河蜿蜒如游龙且土地肥沃,取意“龙飞凤舞、风华物阜”得名。1998年成立。民居以楼房为主。有卫生服务站。有中小学。通公交车。

绳武围村［Shéngwǔwéicūn］ 在县政府驻地龙城街道西南16千米。龙华镇辖自然村。人口500。以清代城堡式建筑客家围楼绳武围为名。聚落呈不规则块状。为中国传统村落。绳武围占地15632平方米,由围墙、祠堂及周边的三合院式民居组成。内墙有跑马道,墙体有枪眼,围墙有6角楼。正门门楼上有“绳武”2字,出自《诗经·大雅·下武》之“昭兹来许,绳其祖武”。主体建筑为广府式李公祠,砖、石、木结构,外部围屋为城堡式客家围楼。具有很高文物研究价值。主产水稻。通乡村道路。

功武村［Gōngwǔcūn］ 在县政府驻地龙城街道西南23千米。龙华镇辖自然村。人口2200。为纪念先人在明洪武年间立下战功得名。聚落呈多边形块状。有省级文物保护单位功武码头遗址、功武村古建筑群。种植水稻。通乡村道路。

龙江镇［Lóngjiāng Zhèn］ 龙门县辖镇。在县境中部偏南。面积172平方千米。人口2.9万。辖2居委会、16村委会,有187自然村。镇人民政府驻龙江社区。1961年成立龙江公社。1983年改区。1986年改镇。2005年路溪镇并入。因镇政府驻地原名得名。邓背河、路溪河流经。有中学2所,小学13所,卫生院2个,卫生所4个。有文化室、农家书屋、文化广场。农业以水稻、花生、甘蔗、玉米种植为主,产水果、蔬菜。工业以水泥、石灰石、竹木加工,铅锌矿开采,水电为主。惠河高速、省道增龙线过境。

龙江社区［Lóngjiāng Shèqū］ 龙江镇人民政府驻地。在县境南部。面积1平方千米。人口2100。原因长满茅草得名茅岗,1949年后因渐丰饶改今名。2003年成立。民居以楼房为主。有卫生服务站、老年活动室、便民服务站等。有广场舞、棋牌等活动。有中小学、卫生院、农贸市场。通公交车。

平陵镇［Pínglíng Zhèn］ 龙门县辖镇。在县境东部。面积136平方千米。人口4.1万。辖1居委会、14村委会,有210自然村。镇人民政府驻平陵社区。1958年成立平陵公社。1984年改区。1986年改镇。因镇政府驻地原名得名。平陵河流经。有九年一贯制学校1所,初中1所,小学4所,幼儿园3所,成人文化技术学校1所,卫生院1个,卫生所14个。有文化室、农家书屋。农业以水稻、花生、甘蔗、玉米种植为主。工业以水泥、石灰石、竹木加工,电力为主。惠河高速、省道增龙线过境。

平陵社区［Pínglíng Shèqū］ 平陵镇人民政府驻地。在县境东部。面积3平方千米。人口8500。因处丘陵地带得名。2013年成立。民居以广式风格楼房为主。有民俗活动煮汤圆、打米饼、包粽子等。有卫生服务站、老年活动室、便民服务站等。有中学、农贸市场。通公交车。

龙田镇［Lóngtián Zhèn］ 龙门县辖镇。在县境东北部。面积174平方千米。人口2.5万。辖14村委会,有213自然村。镇人民政府位于环城北路。1986年置王坪镇。1995年析设田美镇,2002年又并入。2005年改龙田镇。因戴、龙、田3姓得名戴龙田,以谐音改名大龙田,简称龙田。白沙河流经。有中学2所,小学2所,卫生院2个,卫生站14个。有文化室、农家书屋、敬老院。农业以水稻、花生、甘蔗、玉米种植为主。工业以矿泉水灌装、水泥加工、水电、竹木加工为主。省道增龙、龙新线过境。

龙潭镇［Lóngtán Zhèn］ 龙门县辖镇。在县境西北部。面积258平方千米。人口2.6万。辖2居委会、14村委会,有249自然村。镇人民政府驻左潭社区。2005年由左潭、铁岗2镇合置龙潭镇。因有深潭、小山得名山仔潭,潭西南形成圩集,雅称龙潭圩,故名。横田河、黄沙河流经。有中学2所,小学6所,卫生院2

个，卫生站14个。有文化室、农家书屋。农业以水稻、花生、甘蔗、玉米种植为主。工业以酿酒、水力发电、竹木加工为主。省道龙塘线过境。

左潭社区 [Zuǒtán Shèqū] 龙潭镇人民政府驻地。在县境西部。面积2平方千米。人口3100。因处深潭左侧得名。1987年成立。民居以客家风格楼房为主。有卫生服务站、老年活动室、便民服务站等。有健身、乒乓球、广场舞等活动。有左潭学校、农贸市场。省道龙塘线经此。

地派镇 [Dìpài Zhèn] 龙门县辖镇。在县境西北部。面积256平方千米。人口1.9万。辖2居委会、11村委会，有135自然村。镇人民政府驻地派社区。1949年设地派乡，后改公社。1984年改区。1986年改镇。2005年天堂山镇并入。因河水改道冲溃而成多派沙洲得名。芒派河、蕉坑河流经。有中学1所，九年一贯制学校1所，小学1所，卫生院2个，卫生站11个。有文化室、农家书屋。农业以水稻、中草药、茶种植为主，盛产水果。工业以中药材加工、铅锌矿开采、水电、竹木加工为主。省道龙塘线过境。

地派社区 [Dìpài Shèqū] 地派镇人民政府驻地。在县境西北部。面积1平方千米。人口1400。因镇得名。2002年成立。民居以楼房为主。有卫生服务站、老年活动室、便民服务站等。有中小学、农贸市场。通公交车。

蓝田瑶族乡 [Lántián Yáozú Xiāng] 龙门县辖乡。在县境北部。面积169平方千米。人口1.2万，其中瑶族占83%，还有汉族。辖1居委会、7村委会，有82自然村。乡人民政府驻蓝田社区。1949年设蓝田乡，后改公社。1984年改区。1986年改瑶族乡，1988年改蓝田瑶族乡。因乡政府驻地原名得名。蓝田河流经。有中学1所，小学3所，卫生院1个，卫生所7个。有文化室、农家书屋。有省非物质文化遗产舞火狗。有民俗男女对歌。农业以水稻、花生、甘蔗、玉米种植为主，产水果、蔬菜。工业有水电、食品加工、竹木加工。省道龙新线过境。

蓝田社区 [Lántián Shèqū] 蓝田瑶族乡人民政府驻地。在县境东北部。面积0.8平方千米。人口900。因盛产蓼蓝得名。2005年成立。民居以楼房为主。有卫生服务站、老年活动室、便民服务站等。有农贸市场。通公交车。

梅 州 市

梅州市 [Méizhōu Shì] 广东省辖地级市。北纬23°23′—24°56′，东经115°18′—116°56′。在省境东北部。面积15864平方千米。户籍人口529万，常住人口432万。以汉族为主，还有畲、瑶、满、回、蒙古等民族。辖梅江、梅县2区，大埔、丰顺、五华、平远、蕉岭5县，代管兴宁市。市人民政府驻梅江区。五代后晋开运二年(945)置敬州。北宋开宝四年(971)因避赵匡胤祖父赵敬之讳改为梅州。熙宁六年(1073)废。元丰五年(1082)复置梅州。元至元十六年(1279)升梅州路，二十三年降为梅州。明洪武二年(1369)废梅州。清雍正十一年(1733)置嘉应直隶州。嘉庆十一年(1806)升嘉应府，十六年复嘉应州。宣统三年(1911)改梅州。1912年改梅县。先后属潮循道、第六行政督察区、第七行政督察区、兴梅专区、粤东行政区、汕头专区、梅县专区、梅县地区。1978年析梅县部分地域设梅州市(县级)。1983年市、县合置梅县市(县级)。1988年改梅州市(地级)，梅县地区并入。《光绪嘉应州志·山川》载："梅峰在城西门外，五峰错落，似梅花五片，故名，……梅峰、梅溪，此地山水，宋改敬州为梅州，本以山水得名。"处莲花山脉及其北部韩江中上游丘陵性河谷盆地，地势起伏大，有"八山一水一分田"之说。最高点铜鼓嶂海拔1599米。最低点大埔县高陂镇黄竹居韩江岸海拔26米。年均气温21.5℃，1月平均气温12.6℃，7月平均气温28.5℃。年均降水量1592.9毫米。年均无霜期309天。有南台山。韩江、梅江、汀江、五华河、宁江、程江、石窟河、松源河流经。有合水、长潭水库。有铁、锰、铜、铅、钴、煤、石灰石、瓷土、石膏、大理石、钾长石等矿产资源。有野生植物1084种，其中国家重点保护野生植物有南方红豆杉、伯乐树、异形玉叶金花等21种。有野生动物508种，其中国家重点保护野生动物有穿山甲、云豹等96种。有神光山国家森林公园。有省级自然保护区6个。森林覆盖率74.4%。有高校1所，中职学校29所，高中65所，初中166所，小学444所，特教学校6所，三级医院1个，图书馆10个，博物馆8个。有全国重点文物保护单位十大元帅之一叶剑英故居等5个，省级文物保护单位三河坝战役烈士纪念碑等50个。有省级非物质文化遗产松口客家山歌。有国家5A级旅游景区雁南飞茶田度假村。有五指石省级风景名胜区。三次产业比例19∶37∶44。农业以水稻、水果、茶叶、油茶种植为主。特产沙田柚、龙眼、荔枝、桃驳李、清凉山茶、西岩茶。工业以电力、建材、电子、机电制造、矿产品加工为主。有省级产业转移工业园6个。服务业以文化旅游为主。有铁路246千米，高速310.5千米，公路17567千米，内河航线830千米。漳龙、畲汕铁路，汕梅、梅河、天汕、兴畲高速，205、206国道过境。有梅江航道。有梅县机场，民航航线7条，通往广州、深圳、香港、台中等城市。

梅州 [Méizhōu] 梅州市聚落。在市境中部。面积30平方千米。人口16万。以汉族为主，还有畲、壮、瑶、满、回等民族。隋始建程乡县城。南朝汉建敬州城。北宋皇祐四年(1052)始筑土城。明洪武十四年(1381)拆西城垣，扩基筑石为址。清康熙十年(1671)修复、新辟、扩城围，方圆0.5平方千米，有东、西、北、上南、下南5门及城楼。1912年后陆续拆城扩城，城区面积超过7.2平方千米。后经多年建造成现状。以梅江分江南、江北。商业区位于江北老城区。行政区在江南新城区。陆运、水运、空运皆备。铁路、高速、国道、省道、城区道路交错。通多路公交车。

梅 江 区

梅江区 [Méijiāng Qū] 梅州市人民政府驻地。在市境中部。面积571平方千米。人口41.8万。以汉族为主，还有回、蒙古等民族。辖3街道、4镇。区人民政府驻金山街道。1988年设。2012年梅县西阳镇并入。因梅江得名。梅江河流经。有高校1所，中等职业学校1所，中学12所，小学28所，三级医院1个，二级医院1个。有院士广场、归读公园、剑英公园、百岁山公园。为中国历史文化名城。有全国重点文物保护单位人境庐和荣禄第，省级文物保护单位东山书院、千佛塔等7个。有古迹梅江桥、梅州学宫、曾井等。有地方特色民俗席狮舞、五句板、梅城山歌、舞龙舞狮、闹八音、拜"孔圣人"等。有景点中国客家博物馆、客天下旅游产业园、泮坑旅游度假村、玉水古村等。三次产业比例13∶33∶54。农业以水稻、玉米、马铃薯、花生、黄豆、沙田柚、杨桃、脐橙、龙眼、香蕉种植为主。工业有环保能源、风电、电子、机电、制药、食品加工。有梅州经济开发区。服务业以商品批零、住宿餐饮、房地产业为主。广梅汕、梅坎铁路，天汕、梅河高速，205、206国道过境。有梅县机场。通多路公交车。

广东梅州经济开发区 [Guǎngdōng Méizhōu Jīngjì Kāifāqū] 在区境东部。东至西阳龙坑村、大塘肚，南至龙坑山地，西至泮坑土路，北至梅江河。面积7.1平方千米。因梅州市得名。1992年经广东省人民政府批准建立省级经济开发区，2006年2月经国务院批准更今名，由梅州市政府管理。主要集中电子信息、机械制造、制药等产业。有嘉应制药股份有限公司、博敏电子股份有限公司、梅州国威电子厂等规模以上企业。省道大梅线过境。

院士广场 [Yuànshì Guǎngchǎng] 在城区东部。面积4.2万平方米。2005年开工，2012年建成。因纪念梅州籍院士得名。中部有西东向大理石台阶，逐级向中央下降，两侧有梅州籍院士塑像23座。南北为扇形喷水池、长方形小喷水池，以广场中心对称分布。中央矗立高15米花岗岩石楣杆3根，分别雕刻莲花、蛟龙、鲤鱼等图案，象征客家人积极向上、自强不息的拼搏精神。广场东为客家先贤石雕群像。四角为绿化园林区。为集爱国主义教育、观光、休闲为一体综合性广场。周边有亮胜客家艺术中心、广东汉剧院、市山歌剧团、市职业技术学校、梅州剑英图书馆、市艺术学校、中学等。通公交车。

梅江大道 [Méijiāng Dàdào] 在区境中部。南起丽都路，北至梅江桥。与新中路、江南路相交。长3.2千米，宽40米。沥青路面。20世纪80年代开工，1994年建成。因梅江得名。分一、二、三、四路。途经商业中心。两侧有市政府、银行、影剧院、新华书店等。通多路公交车。

彬芳大道 [Bīnfāng Dàdào] 在区境东南部。南起客都大道，北至东山桥。与江南路、梅龙东路、嘉应东路相交。长4.5千米，宽40米。沥青路面。1986年开工，1996年建成。为纪念捐修者饶耀武之父饶彬芳得名。分南、中、北3段。两侧有梅州站、电信大楼、市法院、拍卖行、政务中心等。通多路公交车。

梅州大道 [Méizhōu Dàdào] 在区境西北部。东起公园路，西至黄塘路。与中山路、梅松路相交。长1.7千米，宽40米。沥青路面。1979年开工，1980年建成。因途经梅州岗、梅州中学得名。为摩托车销售一条街。两侧有梅州中学、梅州粤运汽车总站、五洲城等。通多路公交车。

广梅路 [Guǎngméi Lù] 在区境西部。南起秋云桥，北至黄塘路。与广梅北路、教子路、嘉应西路、梅兴路相交。长1.5千米，宽40米。沥青路面。1932年开工，1933年建成，1960年改扩建。为梅州至广州通道，故名。两侧有嘉应学院附属医院、眼科医院等。通多路公交车。

梅松路［Méisōng Lù］　在区境北部。南起梅州大道，北至环市北路。与侨新路、东山大道相交。长1.6千米，宽24米。沥青路面。原为沙土路，1980年扩宽，1990年改造。旧为梅县一松口公路，故名。两侧有市中医院二院、文化公园、嘉应学院等。通多路公交车。

东山大道［Dōngshān Dàdào］　在区境东部。东起动山大桥，西至梅松路。与学院路、侨新路相交。长1千米，宽40米。沥青路面。原为沙石路，1968—1970年扩建。因原通往东山码头得名。两侧有中小学、区交通局、客家公园、客家博物馆等。通多路公交车。

学子大道［Xuézǐ Dàdào］　在区境东南部。北起东山大道，南至省道留汕线。与书山路、梅香路相交。长2.2千米，宽60米。沥青路面。2006年开工，同年建成。因途经多所学校得名。两侧有市技术职业学校、东山中学、院士广场等。通多路公交车。

嘉应路［Jiāyìng Lù］　在区境南部。东起梅水路，西至广梅路。与沿江西路、梅江大道、彬芳大道、沿江东路、学子大道相交。长3.7千米，宽32米。沥青路面。1932年建，20世纪80年代改扩建。因连接嘉应大桥得名。分东、中、西3路。两侧有桥头公园、农行、市财政局、旅游局等。通多路公交车。

东山大桥［Dōngshān Dàqiáo］　在城区东部。长383米，宽16.5米，最大跨度80米，桥下净高14米。1981年开工，1986年建成。因东山大道得名。为大型河道桥梁。结构型式为预应钢筋混凝土简支梁桥。最大载重20吨。通多路公交车。

梅州站［Méizhōu Zhàn］　见交通运输设施部分“梅州站”条。

梅州汽车总站［Méizhōu Qìchē Zǒngzhàn］　见交通运输设施部分“梅州汽车总站”条。

梅州江南汽车站［Méizhōu Jiāngnán Qìchēzhàn］　见交通运输设施部分“梅州江南汽车站”条。

金山街道［Jīnshān Jiēdào］　梅江区人民政府驻地。在区境东北部。面积41平方千米。人口9万。2002年设。因金山顶得名。先后建成客家公园、东山教育基地、黄遵宪公园。周溪河流经。有嘉应学院。有中学2所，小学6所，卫生院2个，卫生所14个，图书馆1个。有梅县博物馆、中国客家博物馆、杨家祠公园。有全国重点文物保护单位人境庐和荣禄第，省级文物保护单位东山书院、千佛塔。有古迹梅州学宫。有景点凌风东西路客家风情街区等。经济以商贸、旅游业为主。有摩托、小商品批零一条街。有农贸批发市场。205国道、省道留汕线过境。通公交车。

江南街道［Jiāngnán Jiēdào］　属梅江区。在区境南部。面积6平方千米。人口10.3万。1981年设南区街道。1988年因处梅江以南更今名。梅江流经。有中学2所，小学8所，幼儿园12所，二级医院1个，卫生院1个，文化站1个，博物馆1个。有归读公园。经济以商贸物流、金融地产、旅游、住宿餐饮为主。有五星级酒店1个，三星级酒店1个。有江南汽车客运站。通公交车。

梅南社区［Méinán Shèqū］　属江南街道。在区境中部。面积0.3平方千米。人口8600。因处梅江桥南得名。1980年成立。民居以楼房为主。有家长学校。开展科普、普法、市民教育等活动。驻有市工信局、妇联、创文办、民宗局、公路局、保密局等单位。有市妇女儿童医院。通多路公交车。2014年被评为广东省文明社区。

西郊街道［Xījiāo Jiēdào］　属梅江区。在区境东北部。面积7平方千米。人口3.6万。2003年设。因处梅州城西得名。有职中2所，中学3所，小学3所，三级医院1个，卫生院2个，卫生所5个。有景点寺庙大觉寺、太平天国司令部仁风楼、病理学家梁伯强故居、教育家梁伯聪故居、革命烈士朱云卿故居等。农业以水稻、蔬菜、水果种植为主。有染织、编织等手工业。通公交车。

红杏坊［Hóngxìngfāng］　在区政府驻地金山街道西1千米。属西郊街道。清康熙十二年(1673)建望杏坊表，故名望杏坊，演为今名。聚落呈块状。为省级传统村落。有古迹大觉寺、朝议第、都察院、振威将军第、鹤和楼等。通城市道路。

三角镇［Sānjiǎo Zhèn］　梅江区辖镇。在区境南部。面积38平方千米。人口3.7万。辖4居委会、13村委会，有96自然村。镇人民政府驻三角地。1961年由梅城公社析设梅江公社。1984年改梅江区。1987年改三角镇。因镇政府驻地得名。梅江流经。中学1所，小学6所，卫生院1个，卫生所19个。有省级文物保护单位福禄炗民居群。有景点客天下旅游产业园、泮坑旅游度假区、剑英公园等。农业以种植水稻、蔬菜、花生、沙田柚，养殖淡水鱼为主。特产梅塘杨桃、石夹龙眼。广梅汕铁路、206国道过境。有梅县机场、梅州站。

三角地［Sānjiǎodì］　三角镇人民政府驻地。在区政府驻地金山街道南5千米。人口2700。清末以老茶亭为中心，主街呈“Y”字形分布，故名。有市技师学院、小学、卫生所。农业种植水稻、玉米、花生、黄豆、番薯、蔬菜，产沙田柚、杨桃、荔枝、龙眼、香蕉等。206国道经此。

泮坑村［Pànkēngcūn］　在区政府驻地金山街道东南7千米。三角镇辖自然村。人口2200。因泮坑公王古庙得名。聚落呈团块状。有省级文物保护单位福禄炗民居群。有景点泮坑旅游度假村、泮坑水库、邓军凯纪念亭等。广梅汕铁路经此。通公交车。

长沙镇［Chángshā Zhèn］　梅江区辖镇。在区境南部。面积95平方千米。人口1.3万。辖1居委会、6村委会，有92自然村。镇人民政府驻小密村。1961年由梅南公社析设长沙公社。1983年改区。1987年改镇。因梅江淤积成沙滩，人称长沙坝得名。有鳄鱼嶂，海拔1010米。梅江流经。有中学1所，小学1所，卫生院1个，卫生所6个。有长沙革命烈士纪念园、陈公坪革命旧址。有景点小密水库、罗衣塔、佛子庵等。农业以水稻、脐橙、香蕉种植为主。工业以电子、建材为主。有小水电站。广梅汕铁路、206国道过境。

小密村［Xiǎomìcūn］　长沙镇人民政府驻地。在区政府驻地金山街道南10千米。人口2000。建于15世纪，有李、俞、江等姓先祖迁此聚居，因村庄林木茂盛而得名。聚落呈带状。有卫生站。有勤创公祠、佛祖高观音庵、三山公王庙等。农业种植水稻、茶、兰花、生姜。有果品深加工业。206国道经此。

城北镇［Chéngběi Zhèn］　梅江区辖镇。在区境北部。面积118平方千米。人口5.7万。辖5居委会、20村委会，有278自然村。镇人民政府驻五里亭。1950年设城北区。1956年改城西乡。1958年并入梅城公社。1960年析设城北公社。1983年复区。1987年改乡。1999年改镇。2002年五洲街道并入。因处梅城北得名。有中学1所，小学3所，卫生院1个，卫生所24个。有中国传统村落玉水村。有古迹西岩寺、北岩寺、妮娘亭、慈云宫、杨福寨、灵鹫寺、南华大学旧址等。有江欢成院士旧居。有景点千才水库、兰花基地、樱花基地。农业以水稻、蔬菜、脐橙、李树、枇杷、大豆、玉米、木薯、花生、甘蔗、花卉种植，生猪、家禽、淡水鱼养殖为主。有水电站。服务业有商贸、物流。天汕高速，205、206国道过境。

五里亭［Wǔlǐtíng］　城北镇人民政府驻地。在区政府驻地金山街道西北2千米。人口1600。因旧时驿站五里亭得名。聚落呈团块状。有小学、卫生院。农业以水稻、蔬菜种植为主。有汽车贸易服务业。205国道经此。通公交车。

玉水村［Yùshuǐcūn］　在区政府驻地金山街道北11千米。城北镇辖自然村。人口800。原因土地贫瘠、逢水被冲得名濁水，1949年植树造林绿化荒山，取意水清如同金玉而更今名。聚落呈带状。为中国传统村落。有古迹龙上口驿站遗址、竹园堂、崇善堂。有榕树景观。农业以水稻、三华李种植为主。通乡村道路。

西阳镇［Xīyáng Zhèn］　梅江区辖镇。在区境东南部。面积273平方千米。人口3.5万。辖3居委会、27村委会，有199自然村。镇人民政府驻莆田村。1931年设西阳乡。1949年仍为乡。1958年改西阳公社。1960年析设白宫公社。1984年改西阳区。1987年改镇。2003年白宫镇并入。据《光绪嘉应州志》载：程乡有西阳山、西阳水，因山水得名。有鳄鱼嶂、青草湖。梅江流经。有中学2所，小学1所，卫生院1个，卫生所17个。有近现代画家林风眠故居。有景点联芳楼、牛角屋、棣华居、文祠、高观音佛寺。农业以水稻、沙田柚、蔬菜、花生、茶种植为主。工业以电子为主。梅坎铁路，梅龙高速，省道隘程、大梅线过境。

莆田村［Pútiáncūn］　西阳镇人民政府驻地。在区政府驻地金山街道东10千米。由耕和、黄坊2联队组成。因梅江、西阳溪环绕全村，以“莆”赞其水草丰美，又取古老村庄古田的“田”，合称莆田村。聚落呈团块状。有中小学、卫生院。有黄和春将军故居。农业以水稻、蔬菜种植为主。梅龙高速、省道大梅线经此。

仙花村［Xiānhuācūn］　在区境东南部。西阳镇辖自然村。人口700。原因3姓建村得名三家村，1949年后以对美好生活向往取谐音改今名。为省级传统村落。有古迹联芳楼、伯公屋、大夫第、崇裕楼、花萼楼、文耀庄等。通乡村道路。

万山村［Wànshāncūn］　在区政府驻地金山街道东北16千米。西阳镇辖自然村。人口200。原名杉山里、三善里。明代李氏迁此，以先辈万山公之名改今名。聚落呈带状。为省级传统村落。有古迹万山公祠、集德楼、承裕荘、百魁居等。通乡村道路。

梅　县　区

梅县区［Méixiàn Qū］　梅州市辖区。在市境中部。面积2483平方千米。人口60.1万。以汉族为主，还有彝等民族。辖17镇。区人民政府驻程江镇。2013年设。因宋、元曾称梅州得名。以丘陵为主，有盆地、山地。有千米以上山峰9座，最高点阴那山五指峰1297米。梅江河、石窟河、程江河、松源河流经。有职业中学5所，中学26所，小学99所，特教学校1所，教师进修学校1所，二级医院1个。有省级文物保护单位南华又庐、元魁塔、灵光寺。有中国历史文化名镇松口古镇，中国历史文化名街松口古街。有中国传统村落茶山村、侨乡村、桥溪村。有国家5A级旅游景区雁南飞茶田度假村，国家4A级旅游景区叶剑英纪念园、雁鸣湖度假村、灵光寺旅游区等。三次产业比例25∶39∶36。农业以水稻、花生、沙田柚种植为主。工业以电力、电子、机械制造、建材、医药化工为主。服务业以仓储邮政、娱乐产业为主。广梅汕、梅坎铁路，梅河、汕梅、梅大、梅平高速，205、206国道，省道大梅线过境。通多路公交车。

梅州高新技术产业园区［Méizhōu Gāoxīn Jìshù Chǎnyè Yuánqū］ 在梅县区境南部。东至汕梅高速，南至罗子塘屋，西至塘尾山，北至畲江大桥。面积76.1平方千米。2003年经广东省人民政府批准设立省级高新区，2004年更名为梅州高新技术产业园区，由梅州市政府管理。有交运设备制造、通信设备计算机及其他电子设备制造、稀土深加工及稀土产品应用、制药等业。有广东赛翡蓝宝石、创新微钻、广汽强华、嘉应制药、科伦药业等企业。铁路、高铁、高速、国道过境。通多路公交车。

梅县人民广场［Méixiàn Rénmín Guǎngchǎng］ 在城区东南部。面积9公顷。2002年开工，2003年建成。因处梅县新城区得名。整体东南、西北对称。中轴线西有巨型九龙腾飞浮雕石柱。西侧有人造大瀑布。有广场舞台。有游龙石柱8根。有"与时俱进"不锈钢雕塑。为集观光、集会、娱乐、健身、休闲于一体综合性广场。周边有区博物馆、青少年活动中心、梅花山森林公园、步行街、中小学、人民体育场。通多路公交车。

秋云桥［Qiūyún Qiáo］ 在城区西北部。长242米，宽12.5米，最大跨度53.5米，桥下净高16.3米。1996年开工，1998年建成。因投资建桥者母亲"秋云"之名得名。为大型河道桥梁，结构型式为钢筋混凝土拱桥。最大载重20吨。通公交车。

德龙桥［Délóng Qiáo］ 在城区北部。长300米，宽15米，最大跨度170米，桥下净高15米。1998年开工，2000年建成。因熊德龙捐建而得名。为大型河道桥梁，结构型式为钢筋混凝土拱桥。最大载重10吨。通公交车。

梅县新城汽车客运站［Méixiàn Xīnchéng Qìchē Kèyùnzhàn］ 见交通运输设施部分"梅县新城汽车客运站"条。

梅州锭子桥汽车客运站［Méizhōu Dìngzǐqiáo Qìchē Kèyùnzhàn］ 见交通运输设施部分"梅州锭子桥汽车客运站"条。

程江镇［Chéngjiāng Zhèn］ 梅县区人民政府驻地。在区境北部。面积54平方千米。人口8.8万。辖14村委会，有208自然村。镇人民政府驻车上。1959年成立程江公社。1983年改区。1987年改乡。1993年改镇。因纪念客家先贤程旻得名。梅江、程江流经。有中学6所，小学2所，二级医院1个，卫生院2个，卫生所21个。农业主产水稻、水果，养殖猪、鸡、鸭、鹅、兔、淡水鱼。205、206国道过境。

嘉应西路［Jiāyīng Xīlù］ 在区境中部偏西。东南起嘉应大桥，西北至广梅路。与沿江路、嘉应中路等相交。长1.1千米，宽20米。沥青路面。1991年开工，1992年建成。因处嘉应大桥西得名。两侧有酒店、恒基广场、柏丽广场、成人中专等。通公交车。

剑英大道［Jiànyīng Dàdào］ 在区境中部偏西。西北起广梅南路，东南至县道梅华线。与公园北路相交。长2.6千米，宽31米。沥青路面。2011年开工，2012年建成。为纪念叶剑英元帅得名。两侧有医药产业园、住宅小区等。通多路公交车。

府前大道［Fǔqián Dàdào］ 在区境中部偏西。西北起广梅中路，东南至宪梓大道。与公园北路、人民南路相交。长2.6千米，宽21米。沥青路面。2000年开工，2001年建成。因途经区政府得名。两侧有区国土局、公安局、梅县人民广场、梅花山森林公园、居住小区等。通公交车。

宪梓大道［Xiànzǐ Dàdào］ 在区境中部偏西。东北起嘉应西路，西南至剑英大道。与梅塘西路、科技路、扶外路、新贵街相交。长4.3千米，宽21米。沥青路面。1991年开工，2012年建成。因曾宪梓捐资得名。分北、中、南3段。两侧有万秋楼、区中医院、居住小区等。通公交车。

车上［Chēshàng］ 程江镇人民政府驻地。在镇境南部。人口2000。因以水车灌田得名。聚落呈块状。有中小学、幼儿园、卫生站、图书室。农业以蔬菜、甘蔗、玉米、黄豆、花生种植为主。通公交车。

松口镇［Sōngkǒu Zhèn］ 梅县区辖镇。在区境东北部。面积329平方千米。人口7.3万。辖5居委会，有41自然村。镇人民政府驻寺坑。1950年设松口镇。1958年并入松口公社。1961年复镇。1994年松北乡并入。2004年松东、松南2镇并入。因处松源河入梅江口得名。有太阳山、鹞婆咀、寨下坜。隆文河、嵩山河、溪西河流经。有大水角湖。有中学1所，小学1所，卫生院1个，卫生所20个。为中国历史文化名镇。有省级文物保护单位元魁塔、世德堂。农业以水稻、沙田柚种植为主。省道隘程、茶平线过境。

寺坑［Sìkēng］ 松口镇人民政府驻地。在区政府驻地程江镇东北40千米。人口1500。原名上泗坑，1949年因赵屋坑、林屋坑、洋际坑、猪嫲坑合并改名泗坑，为避松北乡上泗坑同名而更今名。聚落呈带状。有卫生院。有景点大岌岗、梅江等。农业以沙田柚、水稻种植为主。省道隘程线经此。

大黄［Dàhuáng］ 在区政府驻地程江镇东北38千米。松口镇辖自然村。人口2100。原名黄沙村，因太平天国康王汪海洋屯兵而取"大王"谐音更今名。聚落呈散状。为中国传统村落。有爱国民主人士丘哲故居。农业以沙田柚、水稻种植为主。省道隘程线经此。

南下［Nánxià］ 在区政府驻地程江镇东北44千米。松口镇辖自然村。人口2700。原名溪南，因地处汉高祖屯兵扎寨的下寨，居"客家母亲河"松口镇下游的梅江南岸而改今名。聚落呈散状。为中国传统村落。有保存完整的各式客家传统民居83座及古桥梁、古私塾、桅杆、古庙宇、古神坛等不可移动文物建筑17处。古民居中有陇西堂、河南堂、颍川堂、江夏堂、百忍堂、绍德堂等，有伍氏宗祠、英创祖祠、张氏桅杆、神农庙、古井、古榕等。有800米长穿越蓬辣的石阶路。有正月十五"升灯"、"太阳生日"、端午节、七月半、八月半、春祭、秋祭等传统节日。为梅县"华侨之乡"的重点侨村。农业以沙田柚、水稻种植为主。通乡村道路。

铜琶［Tóngpá］ 在区政府驻地程江镇东北45千米。松口镇辖自然村。人口1900。取旧地名铜盘下、琵琶布各一字得名。聚落呈块状。为中国传统村落。有省级文物保护单位元魁塔。农业以水稻、果树种植为主。省道茶平线经此。

梅教［Méijiào］ 在区政府驻地程江镇东北42千米。松口镇辖自然村。人口2000。因地形似窖，遍地梅花而得名梅窖村。因方言窖、教同音改今名。为中国传统村落。多客家传统民居。有客家传统民居儒林第。有古迹云车桥、五星桥。农业以水稻、沙田柚、脐橙种植为主。省道隘程线经此。

小黄［Xiǎohuáng］ 在区政府驻地程江镇东北38千米。松口镇辖自然村。人口1300。原名小黄沙，因经黄沙坝且与大黄村相别而改今名。为中国传统村落。有客家传统民居50多座。有古私塾旧址、古桥梁。有民俗小黄村山歌。有景观企礤坑丹霞岩洞。农业以沙田柚、水稻种植为主。梅坎铁路、松梓公路经此。

城东镇［Chéngdōng Zhèn］ 梅县区辖镇。在区境中部偏北。面积79平方千米。人口2.1万。辖1居委会、12村委会，有12自然村。镇人民政府驻竹洋。1956年设城东乡。1959年改竹洋公社。1963年改城东公社。1983年改区。1987年改镇。因处梅州城东北得名。周溪河流经。有中学1所，小学1所，卫生院1个，卫生所10个。农业以水稻、沙田柚、枇杷、葡萄、蔬菜种植为主。长深高速、205国道过境。

竹洋［Zhúyáng］ 城东镇人民政府驻地。在区政府驻地程江镇东北14千米。人口2000。因多种竹且地势低洼得名。聚落呈块状。有小学、卫生院。农业主产水稻、蔬菜、水果。长深高速、205国道经此。

石扇镇［Shíshàn Zhèn］ 梅县区辖镇。在区境北部。面积91平方千米。人口2.1万。辖1居委会、12村委会，有12自然村。镇人民政府驻中和。1950年设石扇区。1956年改乡。1958年改公社，同年并入新布公社。1961年复公社。1983年改区。1987年改镇。因2石开展如扇得名。有中学1所，小学1所，幼儿园1所，卫生院1个，卫生所12个。农业以水稻、金柚、玉米、花生、生姜、黄豆种植为主。县道城新线过境。

中和［Zhōnghé］ 石扇镇人民政府驻地。在区政府驻地程江镇北20千米。人口2800。因地处镇中心中和圩得名。聚落呈散状。有小学。农业以沙田柚、蜜柚、柑橘种植为主。县道城新线经此。

梅西镇［Méixī Zhèn］ 梅县区辖镇。在区境西北部。面积93平方千米。人口2.9万。辖2居委会、17村委会，有17自然村。镇人民政府驻龙虎圩。1941年设李坑乡。1950年改梅西区。1956年复李坑乡。1958年改梅西公社。1983年改区。1987年改镇。因方位得名。琴江、石正河流经。有中学1所，小学2所，幼儿园4所，卫生院1个，卫生所20个。农业以水稻、玉米、豆类、番薯、沙田柚、红心蜜柚、脐橙、三华李、油茶等种植为主。济广高速过境。

龙虎圩［Lónghǔxū］ 梅西镇人民政府驻地。在区政府驻地程江镇西北31千米。人口900。传刘胡须曾开草鞋店，取其名谐音得名。聚落呈团块状。有中小学、卫生院。农业以水稻种植为主。县道育石线经此。

大坪镇［Dàpíng Zhèn］ 梅县区辖镇。在区境西北部。面积77平方千米。人口2.1万。辖1居委会、12村委会，有12自然村。镇人民政府驻大坪。1949年设大坪区。1958年改公社。1983年复区。1987年改镇。因镇政府驻地得名。有中学1所，小学5所，卫生院1个，卫生所9个。农业以水稻、沙田柚、三红柚、脐橙、茶种植为主。205国道过境。

大坪［Dàpíng］ 大坪镇人民政府驻地。在区政府驻地程江镇西北17千米。人口3700。因有较大草坪得名。聚落呈团块状。农业种植水稻、沙田柚等。县道育石线经此。

石坑镇［Shíkēng Zhèn］ 梅县区辖镇。在区境西北部。面积87平方千米。人口2.6万。辖1居委会、17村委会，有17自然村。镇人民政府驻礤岭。1956年设石坑乡。1958年并入梅西公社。1961年析设石坑公社。1983年改区。1987年改镇。因山坑多得名。琴江流经。有中学1所，小学3所，幼儿园1所，卫生院1个，卫生所13个。农业以水稻、沙田柚、脐橙、柰李、天草、油茶、茶等种植为主，产柿子、木薯、姜。县道大灵、程石、龙罗线过境。

礤岭［Cǎlǐng］　石坑镇人民政府驻地。在区政府驻地程江镇西北 29 千米。人口 2000。因处天然石陂下得名，当地称石陂为水礤。聚落呈团块状。有小学。农业以水稻种植为主。县道大灵、程石、龙罗线经此。

南口镇［Nánkǒu Zhèn］　梅县区辖镇。在区境西南部。面积 262 平方千米。人口 6.9 万。辖 3 居委会、46 村委会，有 46 自然村。镇人民政府驻侨乡。1950 年设南口区。1956 年分设瑶上、南口 2 乡。1958 年合设南口公社。1966 年析设瑶上公社。1983 年改区。1987 年改镇。2004 年瑶上、荷泗 2 镇并入。因处梅县至广州南出口得名。南江河、侨乡河流经。有中学 1 所，小学 4 所，幼儿园 6 所，卫生院 1 个，卫生所 36 个。有国家级文化产业园区麓湖山文化产业园区。农业以水稻、豆类、蔬菜、沙田柚种植为主。长深高速、205 国道、省道隘程线过境。

侨乡［Qiáoxiāng］　南口镇人民政府驻地。在区政府驻地程江镇西 10 千米。人口 2900。因多华侨家庭得名。聚落呈团块状。为中国传统村落。有省级文物保护单位南华又庐。农业以种植水稻、金柚为主。205 国道经此。

谢响塘村［Xièxiǎngtángcūn］　在区政府驻地程江镇西南 8 千米。南口镇辖自然村。人口 400。以祖祠楹联中字得名。又名谢长塘。聚落呈块状。为中国传统村落。有古迹树堂、爱吾庐、退思庐、棣华庐。有过年祭祖，敬奉社官、公王习俗。农业以水稻、蔬菜种植为主。长深高速、省道隘程线经此。

畲江镇［Shējiāng Zhèn］　梅县区辖镇。在区境西南部。面积 175 平方千米。人口 4.6 万。辖 2 居委会、23 村委会，有 23 自然村。镇人民政府驻红星。1950 年设畲江区。1956 年分设畲东、畲西 2 乡。1958 年合设畲江公社。1983 年改区。1987 年改镇。2003 年径义镇并入。因古有畲族且梅江流经而得名。黄牛头河、莲江河流经。有中学 1 所，小学 5 所，卫生院 4 个，卫生所 14 个。农业以水稻、柑橘、沙田柚、三华李、番薯种植为主。特产畲江菊花糕。广梅汕铁路，汕梅、梅河高速，206 国道过境。

红星［Hóngxīng］　畲江镇人民政府驻地。在区政府驻地程江镇西南 27 千米。人口 3100。因吉言佳语得名。聚落呈团散状。有中学、卫生院。农业以水稻种植为主。县道扶水、新下线经此。

水车镇［Shuǐchē Zhèn］　梅县区辖镇。在区境南部。面积 123 平方千米。人口 2.2 万。辖 1 居委会、18 村委会，有 18 自然村。镇人民政府驻水车。1956 年设水车乡。1958 年并入梅南公社。1961 年析设水车公社。1983 年改区。1987 年改镇。因镇政府驻地得名。梅江河流经。有中学 1 所，小学 2 所，卫生院 1 个，卫生所 10 个。有中国历史文化名村、中国传统村落茶山村。农业以水稻种植，淡水鱼养殖为主。有渔业示范园区。广梅汕铁路、梅揭汕高速、206 国道过境。

水车［Shuǐchē］　水车镇人民政府驻地。在区政府驻地程江镇南 20 千米。人口 2400。因原多用水车灌溉得名。聚落呈团块状。有小学。农业以水稻、沙田柚种植为主。206 国道经此。

茶山村［Cháshāncūn］　在区政府驻地程江镇南 19 千米。水车镇辖自然村。人口 900。因原有古油茶树得名。聚落呈团块状。为中国历史文化名村、中国传统村落。有传统客家民居 34 座。有古迹绍德堂、萼辉楼、创毅公祠、伯荣楼等。农业主产水稻、水果。县道扶水线经此。

梅南镇［Méinán Zhèn］　梅县区辖镇。在区境南部。面积 147 平方千米。人口 1.6 万。辖 1 居委会、16 村委会，有 16 自然村。镇人民政府驻新塘。1950 年设梅南区。1958 年改公社。1983 年改区。1987 年改镇。因方位得名。梅江流经。有中学 1 所，小学 3 所，卫生院 1 个，卫生所 8 个。农业以水稻、玉米、蔬菜、茶、柚子、西瓜种植为主，养殖鸡、中华蜜蜂。广梅汕铁路、梅揭高速、206 国道过境。

新塘［Xīntáng］　梅南镇人民政府驻地。在区政府驻地程江镇南 12 千米。人口 2500。因坐落在新塘圩得名。聚落呈团块状。有中小学。农业以水稻、沙田柚种植为主。梅龙高速、206 国道经此。

丙村镇［Bǐngcūn Zhèn］　梅县区辖镇。在区境东部。面积 171 平方千米。人口 4.6 万。辖 1 居委会、21 村委会，有 21 自然村。镇人民政府驻溪联。1950 年设丙村区。1956 年分设金盘、锦州 2 乡。1958 年合设丙村公社。1983 年改区。1987 年改镇。因镇政府原驻地丙村得名。南宋末赵昺逃此歇宿，为纪念御迹以梅县话丙、昺同音得名。梅江流经。有中学 1 所，小学 3 所，卫生院 6 个，卫生所 14 个。农业以水稻、金柚种植为主。梅大高速、省道隘程线过境。

溪联［Xīlián］　丙村镇人民政府驻地。在区政府驻地程江镇东北 24 千米。人口 2300。1958 年共和、建设、溪口 3 自然村合并，故名。聚落呈散状。有卫生院、卫生站。农业以水稻、金柚种植为主。梅龙高速经此。

雁洋镇［Yànyáng Zhèn］　梅县区辖镇。在区境东北部。面积 188 平方千米。人口 3.4 万。辖 2 居委会、27 村委会，有 27 自然村。镇人民政府驻荷树岗。1956 年设雁洋乡。1958 年并入丙村公社。1961 年析设雁洋公社。1983 年改区。1987 年改镇。2003 年三乡镇并入。传大雁常栖此得名。梅江流经。有中学 1 所，小学 8 所，卫生院 6 个，卫生所 16 个。有全国重点文物保护单位叶剑英故居，省级文物保护单位桥溪古民居建筑群、灵光寺。有国家 5A 级旅游景区雁南飞茶田、国家 4A 级旅游景区雁鸣湖度假村。农业以水稻、沙田柚、茶种植为主。梅坎铁路、梅大高速、省道隘程线过境。

荷树岗［Héshùgǎng］　雁洋镇人民政府驻地。在区政府驻地程江镇东北 35 千米。人口 600。因原多长木荷且地势高得名。聚落呈块状。有中小学。有全国重点文物保护单位叶剑英故居。有李氏春山公祠。有大观天下景区。省道隘程、城五线经此。

桥溪村［Qiáoxīcūn］　在区政府驻地程江镇东 35 千米。雁洋镇辖自然村。人口 200。原名叩头溪，因仁寿桥更今名。聚落呈团块状。为中国传统村落。有省级文物保护单位桥溪古民居建筑群。经济以旅游业、农业为主，种植茶、柚子等。通乡村道路。

石楼村［Shílóucūn］　在区政府驻地程江镇东 35 千米。雁洋镇辖自然村。人口 1200。因石径蜿蜒楼台高结得名。聚落呈团状。为中国传统村落。有大岩石屋等客家围屋古民居。农业以水稻、果树种植为主。通乡村道路。

松坪村［Sōngpíngcūn］　在区政府驻地程江镇东北 29 千米。雁洋镇辖自然村。人口 1400。因遍布巨松且地势平坦得名松树坪，简为今名。聚落呈团块状。为中国传统村落。有旧式客家民居，有 500 年历史民居 3 座，200 年历史民居 40 余座。农业以水稻、沙田柚、柑、橘、橙种植为主。省道隘程线经此。

白渡镇［Báidù Zhèn］　梅县区辖镇。在区境东北部。面积 188 平方千米。人口 2.8 万。辖 1 居委会、24 村委会，有 24 自然村。镇人民政府驻白渡。1950 年设白渡区。1956 年改白渡、嵩山 2 乡。1958 年合设白渡公社。1983 年改区。1987 年改镇。因镇政府驻地得名。石窟河流经。有中学 1 所，小学 5 所，卫生院 1 个，卫生所 12 个。农业以水稻、金柚、柑橘、橙种植，鸡、鸭、鹅养殖为主。盛产杨桃、香蕉、荔枝、龙眼、梨、蔬菜。特产白渡牛肉干。天汕高速、205 国道过境。

白渡［Báidù］　白渡镇人民政府驻地。在区政府驻地程江镇东北 28 千米。人口 2400。因宋湘修船免费设渡，客家话“免费”俗称“白”，故名。聚落呈带状。有中小学、卫生院、卫生站。农业以水稻、果树种植为主。省道茶平线经此。

松源镇［Sōngyuán Zhèn］　梅县区辖镇。在区境东北部。面积 150 平方千米。人口 4.2 万。辖 2 居委会、22 村委会，有 22 自然村。镇人民政府驻金星。1948 年设松源乡。1950 年改区。1958 年并入梅东公社。1961 年析设松源公社。1983 年改区。1987 年改镇。因原多松林且处松源河上游得名。松源河流经。有中学 1 所，小学 6 所，卫生院 4 个，卫生所 24 个。农业以水稻、金柚、蔬菜种植为主。省道隘程线过境。

金星［Jīnxīng］　松源镇人民政府驻地。在区政府驻地程江镇东北 61 千米。人口 4200。因吉言佳语得名。聚落呈块状。有小学。农业以水稻、果树种植为主。省道隘程线、县道松洪线经此。

隆文镇［Lóngwén Zhèn］　梅县区辖镇。在区境东北部。面积 114 平方千米。人口 2.5 万。辖 1 居委会、14 村委会，有 14 自然村。镇人民政府驻木寨。1950 年设隆文区。1956 年改乡。1958 年并入梅东公社。1961 年析设隆文公社。1983 年改区。1987 年改镇。原名龙牙，清嘉庆十三年(1808)因读书人多，取文化兴隆发达之意改今名。隆文河流经。有中学 1 所，小学 5 所，卫生院 4 个，卫生所 8 个。农业以水稻、沙田柚、花生、黄豆、蔬菜、山茶、罗汉松、红豆杉、香樟树、茶花等种植为主。省道隘程线过境。

木寨［Mùzhài］　隆文镇人民政府驻地。在区政府驻地程江镇东北 45 千米。人口 1900。原以木建房围寨得名。聚落呈块状。农业以水稻、金柚种植为主。省道隘程线经此。

桃尧镇［Táoyáo Zhèn］　梅县区辖镇。在区境东北部。面积 118 平方千米。人口 1.8 万。辖 1 居委会、15 村委会，有 15 自然村。镇人民政府驻尧塘社区。1956 年设桃尧乡。1958 年并入梅东公社。1961 年析设桃尧公社。1983 年改区。1987 年改镇。取桃源、尧塘各一字合得名。松源河流经。有中学 1 所，小学 5 所，卫生院 3 个，卫生所 10 个。有中国传统村落桃源村。农业以水稻、金柚种植为主。省道隘程线，县道宝大、分桃线过境。

尧塘社区［Yáotáng Shèqū］　桃尧镇人民政府驻地。在区境东北部。人口 2000。因设于元尧塘圩得名。1989 年成立。有社区服务中心、文明实践站。有民达公园、文化站、篮球场、健身器材、健康步道等活动娱乐场所。有中小学、卫生院、卫生所。农业以金柚种植为主。县道宝大、分桃线经此。

桃源村［Táoyuáncūn］　在区政府驻地程江镇东北 60 千米。桃尧镇辖自然村。人口 2700。因风景秀丽得名。聚落呈带状。为中国传统村落。处鸡冠山风景区。有桃源生态园。有围屋古建筑。农业以水稻、果树种植为主。通乡村道路。

兴宁市

兴宁市［Xīngníng Shì］ 广东省直辖县级市，由梅州市代管。北纬 24°09′，东经 115°45′。在梅州市境西部。面积 2105 平方千米。人口 118 万。以汉族为主，还有壮、苗、蒙古、回、瑶等民族。辖 3 街道、17 镇。市人民政府驻兴田街道。东晋咸和六年(331)析龙川县置兴宁县，以古兴宁江(今五华河)得名，取意兴旺安宁，属东官郡。南朝齐永明元年(483)析设齐昌县。南朝梁天监年间(502—519)齐昌县并入。隋属龙川郡。五代南汉属齐昌府。北宋开宝四年(971)齐昌府并入，属循州。熙宁四年(1071)析设长乐、永安、龙川、兴宁 4 县。此后历属惠州府、嘉应直隶州、潮循道、第六行政督察区、第七行政督察区、兴梅专区、粤东行政区、汕头专区。1959 年平远县并入，1961 年析出。1965 年属梅县专区。1970 年属梅县地区。1988 年属梅州市。1994 年改县级市，由梅州市代管。先后改造主干道、老街道、城中村、旧厂房，建成福兴大道、兴宁大道、锦绣新城、文峰新城、神光山国家森林公园等。形成"轴带生长，一核两翼"城市格局。以沿兴南、迎宾大道为轴带，为行政文化中心片、商贸物流片区。通过锦绣、新城大道两翼伸展，串接科教研发片区、旅游服务片区、滨江商住区、城东居住片区、生态旅游片区。地势四周高中间低。北部低山丘陵。海拔 100—1017 米。有阳天嶂。年均气温 20.4℃，1 月平均气温 12.0℃，7 月平均气温 28.5℃。年均降水量 1540.3 毫米。梅江、宁江河流经。有煤、磁铁、石膏、石灰岩、稀土、温泉等矿产资源。有省级自然保护区 1 个。森林覆盖率达 66.7%。有中学 35 所，九年一贯制学校 4 所，小学 205 所，二级医院 2 个。有省级文物保护单位兴宁学宫、两海会馆、磐安围、棣华围、兴城古城墙、文峰塔、善述围、玉成围、李和美屋。为中国围龙屋之乡，有围龙屋 2985 座。为中国民间文化艺术之乡、中国花灯之乡。有省级非物质文化遗产保护项目杯花舞、竹板歌、罗家通书推算法。三次产业比例 26∶22∶52。农业以水稻、柚子、龙眼、荔枝、茶、柑、橙、沙田柚种植为主。特产客家黄优质肉鸡、高山茶油、和山枇杷、黄陂姜等。工业以纺织、造纸、建材、机械为主。有省级产业转移园 1 个。服务业以商贸为主。梅河、兴畲、济广、兴汕高速，205 国道过境。通多路公交车。

明珠文化广场［Míngzhū Wénhuà Guǎngchǎng］ 在市区东部。面积 6 公顷。2000 年开工，2001 年建成。因企业得名。中央有音乐喷泉、休闲长廊、长椅石凳、绿化植被等。为集休闲娱乐、体育锻炼、游览观光、应急处置为一体综合性广场。周边有兴宁会展中心、市政务中心、岁宝百货、酒店、书城等。通公交车。

兴田路［Xīngtián Lù］ 在市区北部。北起兴合路，南至曾学路。与新盛路、新兴大道、官汕路、青眼塘路、兴江街路相交。长 2.3 千米，宽 15—25 米。混凝土路面。1954 年开工，同年建成，1990 年改建。取兴城、龙田各一字得名。分一、二路。两侧有市公路局、派出所、人民公园、客运公司、富兴市场、百货大楼、工商银行、新华书店等。通公交车。

官汕路［Guānshàn Lù］ 在市区北部。西起人民大道，东至宁新洋里十字路口。与兴田路、文峰路、高华路、沿江路、滨江路相交。长 9.5千米，宽 18—25 米。混凝土路面。1929 年开工，1935 年建成。为省道官汕线城区段，取韶关官渡、汕头各一字得名。两侧有市林业局、市医院、妇幼保健院、中医院、梅州粤运公司、市航运客运站等。通公交车。

兴南大道［Xīngnán Dàdào］ 在市区东部。北起环城南路，南至南环大道。与人民大道相交。长 2.4 千米，宽 55 米。沥青路面。1991 年开工，1993 年建成。因处市政府南得名。两侧有市环保局、兴城大厦、市国税局、幼儿园、居住小区等。通公交车。

兴宁站［Xīngníng Zhàn］ 见交通运输设施部分"兴宁站"条。

兴宁汽车客运站［Xīngníng Qìchē Kèyùnzhàn］ 见交通运输设施部分"兴宁汽车客运站"条。

搬运大楼汽车站［Bānyùndàlóu Qìchēzhàn］ 见交通运输设施部分"搬运大楼汽车站"条。

兴田街道［Xīngtián Jiēdào］ 兴宁市人民政府驻地。在市境西南部。面积 13 平方千米。人口 17.3 万。2004 年由兴城镇改设。因兴田路得名。先后建成多个居住小区。宁江河、西沟、石屐河、曾坑河流经。有中学 3 所，九年一贯制学校 1 所，小学 8 所，幼儿园 1 所，二级医院 2 个，社区卫生服务中心 1 个，卫生所 6 个。有群众文化活动中心。有省级文物保护单位两海会馆、兴宁学宫。有古民居大刘屋。工业有球阀加工、电机制造、酿酒等。通多路公交车。

福兴街道［Fúxīng Jiēdào］ 属兴宁市。在市境西南部。面积 35 平方千米。人口 3.5 万。2004 年设。原名西厢，取意人杰地灵、文明富庶之福祉改今名。宁江河、西沟、石屐河、曾坑河流经。有兴宁市技工学校。有中学 2 所，小学 5 所，社区卫生服务中心 1 个，卫生站 14 个。有神光山国家森林公园。农业以种植水稻、花卉、茶为主。服务业以物流为主。广梅汕铁路、梅河高速、205 国道、省道平远—水口线过境。通多路公交车。

宁新街道［Níngxīn Jiēdào］ 属兴宁市。在市境中部。面积 29 平方千米。人口 10.3 万。1987 年设宁新镇。2004 年改街道。2004 年宁中镇部分地域划入。原为宁中镇析设，故名。先后建成多个居住小区。有中学 4 所，小学 10 所，社区卫生服务中心 1 个，卫生站 12 个。有明珠文化、体育广场。有省级文物保护单位文峰塔。经济以家电、服装、工艺、日用品批发为主。205 国道过境。通多路公交车。

宁中镇［Níngzhōng Zhèn］ 兴宁市辖镇。在市境东北部。面积 42 平方千米。人口 3.6 万。辖 1 居委会、23 村委会，有 203 自然村。镇人民政府驻宁中社区。1952 年设宁中区。1957 年分设宁中、宁新 2 乡。1958 年合设红旗公社。1983 年改宁中区。1987 年改乡。1993 年改镇。2004 年宁塘镇并入。因处市中心得名。有水库 3 座。有中学 3 所，小学 11 所，卫生院 1 个，卫生站 17 个，老人联谊活动中心 24 个。农业以水稻、蔬菜、花卉、松树、杉树、油茶、金柚种植，奶牛、奶羊、鸡、水产品养殖为主。工业以铜器加工、传统制笔为主。特产食用菌、灵芝、灵芝孢子粉、灵芝虫草茶、红花木、兰花等。通乡村道路。

宁中社区［Níngzhōng Shèqū］ 宁中镇人民政府驻地。在市境东北部。面积 1 平方千米。人口 800。因镇得名。2014 年成立。民居以低层楼房为主。有老人活动中心、健身广场、篮球场。有中学、卫生院、卫生站。有综合市场。通乡村道路。

新陂镇［Xīnbēi Zhèn］ 兴宁市辖镇。在市境西部。面积 43 平方千米。人口 3.9 万。辖 1 居委会、13 村委会，有 76 自然村。镇人民政府驻新陂社区。1949 年设新陂区。1958 年改公社。1983 年复区。1987 年改镇。因垒筑新拦水陂得名。麻岭河、西山河、九莱口河、曾坑河、乐仙河、岳桥河流经。有小学 1 所，教学点 6 个，幼儿园 5 所，卫生院 1 个，卫生站 13 个。有文化活动中心、农家书屋。有中国传统村落长岭村。农业以水稻、玉米、甘薯、马铃薯、油茶、柑橘种植，家禽、猪、羊养殖为主。广梅汕铁路、205 国道过境。

新陂社区［Xīnbēi Shèqū］ 新陂镇人民政府驻地。在市境西部。面积 0.8 平方千米。人口 3900。因镇得名。2004 年成立。民居以低层楼房为主。有老人活动中心、健身广场、篮球场。有中小学、卫生站。有银行。通城市道路。

上长岭村［Shàngchánglǐngcūn］ 在市人民政府驻地兴田街道西北 3 千米。新陂镇辖自然村。人口 2800。原名四岭村，由长岭、侧桥岭、金岭、金子岭 4 村组成。后在并村时取其共有的"岭"字并以新成立之意的"新"字，命名为新岭乡。1981 年因有同名又以位置为上方，改名为上长岭。聚落呈块状。有小学、老人活动中心、健身广场、篮球场。为中国传统村落。现存慈恩庐、五栋楼、铁场社屋、坞坭堂等 10 座传统客家民居。民俗有"赏灯"和"三王爷爷出巡"。农业以水稻、蚕豆、雪豆、小麦、花生种植为主。通乡村道路。

刁坊镇［Diāofāng Zhèn］ 兴宁市辖镇。在市境东南部。面积 58 平方千米。人口 4.1 万。辖 1 居委会、22 村委会，有 49 自然村。镇人民政府驻刁坊社区。1951 年设刁坊区。1957 年改乡。1958 年改公社。1983 年复区。1987 年改镇。昔刁、高 2 姓开染坊、店铺，故名刁高铺，谐音改刁岗铺，因高姓外迁改今名。有水库 5 座。有中学 1 所，小学 1 所，教学点 6 个，幼儿园 1 所，成人文化技术学校 1 所，卫生院 1 个，医疗站 26 个。有文化室、老人活动中心、农家书屋、广播电视站。有省级文物保护单位棣华围。农业以水稻、蔬菜、玉米、甘蔗种植为主。特产瑶岗毛瓜、刁潭果蔗、黄沙嶂柚。工业以造纸、纺织、工艺、电力为主。广梅汕铁路，梅河高速，兴刁、兴将、兴松公路过境。

刁坊社区［Diāofāng Shèqū］ 刁坊镇人民政府驻地。在市境东南部。面积 1 平方千米。人口 1700。因镇得名。1985 年成立。民居以低层楼房为主。有老人活动中心、健身广场、篮球场。有中小学、卫生院、卫生站。有银行、供电局等。通城镇道路。

周兴村［Zhōuxīngcūn］ 在市政府驻地兴田街道东南方向 6 千米。刁坊镇辖自然村。人口 2300。取兴旺发达之意命名。聚落呈散状。有卫生站。为中国传统村落。有省级文物保护单位棣华围。农业以水稻、番薯、蔬菜种植为主。通乡村道路。

永和镇［Yǒnghé Zhèn］ 兴宁市辖镇。在市境东部。面积 109 平方千米。人口 4.7 万。辖 1 居委会、24 村委会，有 145 自然村。镇人民政府驻永和社区。1958 年成立永和公社。1983 年改区。1986 年改镇。因永和圩得名，寓意永久和气。兴江河、三枫河、七层河流经。有水库 8 座。有中学 1 所，小学 1 所，教学点 8 个，卫生院 1 个，卫生站 25 个。农业以水稻、茶种植，种鸡、蛋鸡养殖为主，产竹、杉、松木。工业以纸扇加工为主。梅河、兴畲高速，205 国道过境。

永和社区［Yǒnghé Shèqū］ 永和镇人民政府驻地。在市境东部。面积 2 平方千米。人口 4200。因镇得名。1998 年成立。民居以低层楼房为主。有中小学、卫生站。通乡村道路。

径南镇［Jìngnán Zhèn］ 兴宁市辖镇。在市境东部。面积 141 平方千米。人口 3.5 万。辖 1 居委会、24 村委会，有 99 自然村。镇人民政府驻径南社区。1961 年由径心公社析设径南公社，因处径心公社南得名。1983 年改区。

1987年改乡。1993年改镇。2004年径心镇并入。有中学1所，小学8所，卫生院1个。有国家3A级东升村月形山乡村旅游区。农业以水稻、李子、柚子、茶种植为主。有水电业。梅河高速、205国道过境。

径南社区［Jìngnán Shèqū］　径南镇人民政府驻地。在市境东部。面积2.3平方千米。人口2500。因镇得名。2006年成立。民居以低层楼房为主。有老人活动中心、健身广场、篮球场。有中小学、卫生院。有综合市场、银行等。通乡村道路。

星耀村［Xīngyàocūn］　在市政府驻地兴田街道东25千米。径南镇辖自然村。人口700。因传梦巨星光耀天地得名。聚落呈块状。有卫生站、老人活动中心、健身广场、篮球场。为中国传统村落。有传统客家围屋15座。有省级文物保护单位恒云楼。有省级非物质文化遗产火把节。农业以水稻、番薯、冬瓜、三华李、蔬菜种植为主。通乡村道路。

坭陂镇［Níbēi Zhèn］　兴宁市辖镇。在市境中部偏南。面积99平方千米。人口8.6万。辖1居委会、31村委会，有193自然村。镇人民政府驻坭陂社区。1949年设坭陂区。1951年改第九区。1957年改坭陂乡。1958年改公社。1983年复坭陂区。1989年改镇。2004年坜陂镇并入。因溪水流经、筑有泥陂得名泥陂，后简写为今名。有中学2所，小学11所，幼儿园20所，卫生院1个，卫生站37个。农业以水稻种植，禽畜养殖为主。工业以工艺品加工、纺织为主。梅河、兴畲高速，省道平远—水口线过境。

坭陂社区［Níbēi Shèqū］　坭陂镇人民政府驻地。在市境南部。面积0.2平方千米。人口4200。因镇得名。2007年成立。民居以低层楼房为主。有老人活动中心、健身广场、篮球场。有中小学、卫生院、卫生站、综合市场。通乡村道路。

新圩镇［Xīnxū Zhèn］　兴宁市辖镇。在市境南部。面积117平方千米。人口4.4万。辖1居委会、19村委会，有148自然村。镇人民政府驻新圩社区。1961年成立新圩公社。1983年改区。1987年改镇。原名斑鸠地，因渐兴成圩改今名。有中学1所，九年一贯制学校1所，小学6所，幼儿园1所，卫生院1个，卫生站19个。农业以水稻种植为主。工业以工艺品制造为主。广梅汕铁路、兴畲高速过境。

新圩社区［Xīnxū Shèqū］　新圩镇人民政府驻地。在市境南部。面积1.2平方千米。人口2400。因镇得名。1996年成立。民居以低层楼房为主。有老人活动中心、健身广场、篮球场。有中小学、卫生院、卫生站、综合市场。通乡村道路。

水口镇［Shuǐkǒu Zhèn］　兴宁市辖镇。在市境南部。面积228平方千米。人口8.1万。辖1居委会、38村委会，有270自然村。镇人民政府驻水口社区。1949年设水新乡。1951年改水口区。1955年析设宋声、下堡2乡。1958年改公社。1983年复区。1987年改镇。2004年下堡、宋声2镇并入。因镇政府原驻地位于宁江、梅江汇合处得名。琴江流经。有中学2所，九年一贯制学校1所，小学13所，卫生院1个，卫生所28个。农业以水稻、花生、黄豆、木薯、甘蔗、黄麻、蔬菜、桑蚕、紫胶、油桐、茶种植为主。有水电站。兴畲高速、省道平远—水口线过境。

水口社区［Shuǐkǒu Shèqū］　水口镇人民政府驻地。在市境南部。面积2.4平方千米。人口4300。因镇得名。1987年成立。民居以低层楼房为主。有篮球场。有中小学、卫生院、卫生站。通乡村道路。

罗浮镇［Luófú Zhèn］　兴宁市辖镇。在市境北部。面积273平方千米。人口5.4万。辖1居委会、25村委会，有171自然村。镇人民政府驻罗浮社区。1949年设罗浮区。1958年改公社。1983年复区。1987年改镇。原名鲤湖湾，仅肖姓，南宋张元模兵败至此，张、肖通婚渐盛，以客家语“装硝要箩”与“张肖要罗”谐音得名。有阳天嶂。罗浮河、信东河、信西河流经。有中学2所，小学16所，卫生院1个，卫生所22个。有敬老院。有黄毛嶂省级自然保护区。农业以水稻、油茶种植为主，产松、杉、毛竹。工业以酿酒为主。有机械化屠宰场。省道大桥头—兴宁线过境。

罗浮社区［Luófú Shèqū］　罗浮镇人民政府驻地。在市境北部。面积0.6平方千米。人口3000。因镇得名。1999年成立。民居以低层楼房为主。有中小学、幼儿园、卫生院。通乡村道路。

罗岗镇［Luógǎng Zhèn］　兴宁市辖镇。在市境北部。面积148平方千米。人口7.2万。辖1居委会、30村委会，有125自然村。镇人民政府驻罗岗社区。1949年设罗岗区。1957年分罗东、罗西2乡。1958年合设罗岗公社。1983年复区。1986年改镇。因罗、江2姓得名罗江，因客家语江、岗同音且多山岗改今名。有中学3所，小学20所，卫生院1个，卫生所30个。有老年文化活动中心、农家书屋、广播电视站。有省级文物保护单位善述围。农业以水稻、油茶、毛竹种植为主。有林果、蔬果农业基地。省道大桥头—兴宁线过境。

罗岗社区［Luógǎng Shèqū］　罗岗镇人民政府驻地。在市境北部。面积1平方千米。人口5200。因镇得名。1994年成立。民居以低层楼房为主。有老人活动中心、文化健身广场。有中小学、幼儿园、卫生院、综合市场。通乡村道路。

柿子坪村［Shìzǐpíngcūn］　在市政府驻地兴田街道北部45千米。罗岗镇辖自然村。人口2000。因高大柿树得名。聚落呈块状。有小学、卫生站、老人活动中心、健身广场、篮球场。为中国传统村落。有省级文物保护单位善述围。农业以水稻、番薯、蔬菜、柚子、龙眼、荔枝、茶、柑、橙、油茶种植为主。通乡村道路。

黄槐镇［Huánghuái Zhèn］　兴宁市辖镇。在市境北部。面积95平方千米。人口3.6万。辖1居委会、12村委会，有59自然村。镇人民政府驻黄槐社区。1978年成立黄槐公社。1983年改区。1987年改镇。因黄泥坪上有槐树得名。有中学1所，小学8所，卫生院1个，卫生所13个。有文化广场、社会福利中心。农业以水稻、玉米、番薯、木薯、油茶种植为主。有药材、种猪、娃娃鱼种养基地。工业以煤矿开采为主。省道平远—水口线过境。

黄槐社区［Huánghuái Shèqū］　黄槐镇人民政府驻地。在市境北部。面积0.04平方千米。人口1800。因镇得名。1989年成立。民居以低层楼房为主。有中学、卫生站、综合市场。通乡村道路。

黄陂镇［Huángbēi Zhèn］　兴宁市辖镇。在市境东北部。面积127平方千米。人口7万。辖1居委会、28村委会，有136自然村。镇人民政府驻黄陂社区。1958年成立黄陂公社。1983年改区。1987年改镇。2004年岗背镇并入。原名龙归洞，因逢雨河水呈黄色且流经圩镇水坝改今名。黄陂河流经。有温公水库。有中学3所，小学19所，卫生院1个，卫生所28个。有文化活动中心、文化广场、文化活动室、农家书屋。农业以种植油茶、水稻、木薯、番薯为主。工业以采煤、水泥加工、炼铁、水电为主。省道平远—水口线经此。

黄陂社区［Huángbēi Shèqū］　黄陂镇人民政府驻地。在市境东北部。面积2平方千米。人口5400。因镇得名。1999年成立。民居以低层楼房为主。有老人活动中心、健身广场、篮球场。有中小学、幼儿园、卫生院、卫生站。通乡村道路。

合水镇［Héshuǐ Zhèn］　兴宁市辖镇。在市境中部偏北。面积102平方千米。人口3.8万。辖2居委会、18村委会，有99自然村。镇人民政府驻合水社区。1958年成立水库公社。1961年分设合水公社、合水园艺场。1965年合为合水公社。1983年改区。1987年改镇。因罗岗、黄陂2河汇合得名。有合水水库。有中学1所，九年一贯制学校1所，小学5所，卫生院1个，卫生所18个。有幼儿园、农家书屋。有省级文物保护单位玉成围。农业以水稻种植为主。特产合水石硖龙眼、单枞茶、细叶绿茶。省道平远—水口、兴城—合水线，罗塘、铁山公路过境。

合水社区［Héshuǐ Shèqū］　合水镇人民政府驻地。在市境中部偏北。面积0.5平方千米。人口2500。因镇得名。1989年成立。民居以低层楼房为主。有健身广场、篮球场。有中小学、卫生院、卫生站。通乡村道路。

龙田镇［Lóngtián Zhèn］　兴宁市辖镇。在市境中部。面积46平方千米。人口4.5万。辖1居委会、16村委会，有65自然村。镇人民政府驻龙田社区。1951年设龙田区。1958年改公社。1983年复区。1987年改镇。因戴、龙、田3姓始居得名戴龙田，谐音改为大龙田，简称今名。有水库7座。有中学2所，小学9所，卫生院1个，卫生所17个。有农家书屋。农业以水稻、龙眼、金柚、花生、黄豆、番薯、木薯等种植为主。特产龙威绿柚。有农副产品交易市场。省道大桥头—兴宁线过境。

龙田社区［Lóngtián Shèqū］　龙田镇人民政府驻地。在市境中部。面积0.7平方千米。人口3700。因镇得名。2005年成立。民居以低层楼房为主。有老人活动中心、健身广场、篮球场。有小学、卫生院、卫生站、综合市场。通乡村道路。

龙盘村［Lóngpáncūn］　在市政府驻地兴田街道北9千米。龙田镇辖自然村。人口3600。取龙华、盘石2村各一字得名。聚落呈块状。有小学、卫生站、老人活动中心、健身广场、篮球场、综合市场。为中国传统村落。有传统民居客家围屋。有民俗兴宁花灯。农业以水稻、番薯、柚子、龙眼、荔枝、茶、蔬菜种植为主。通乡村道路。

鸡公桥村［Jīgōngqiáocūn］　在市政府驻地兴田街道北8千米。龙田镇辖自然村。人口1200。原名旱窝里，因建桥竣工正值鸡鸣改今名。聚落呈块状。有小学、卫生站、老人活动中心、健身广场、篮球场。为中国传统村落。有传统民居客家围屋6座。有民俗赏灯。有民间艺术杯花舞。农业以水稻、番薯、柚子、茶、蔬菜种植为主。通乡村道路。

石马镇［Shímǎ Zhèn］　兴宁市辖镇。在市境东北部。面积108平方千米。人口3.8万。辖1居委会、26村委会，有160自然村。镇人民政府驻石马社区。1952年设石马区。1956年改乡。1958年改公社。1983年复区。1987年改镇。因巨石似马得名。有中学1所，小学9所，幼儿园1所，成人文化技术学校1所，卫生院1个，卫生所20个。农业以沙田柚、油茶、水稻、蔬菜种植为主。工业以五金加工为主。服务业以餐饮、农副产品交易为主。县道瑶石、径龙线过境。

石马社区［Shímǎ Shèqū］　石马镇人民政府驻地。在市境东部。面积1.5平方千米。人口2300。因镇得名。1989年成立。民居以低层楼房为主。有老人活动中心、健身广场、篮球场。有中小学、卫生院、卫生站、综合市场。通乡村道路。

刁田村［Diāotiáncūn］ 在市政府驻地兴田街道东北28千米。石马镇辖自然村。人口2000。因原刁、田2姓居此得名。聚落呈块状。有小学、卫生站、老人活动中心、健身广场、篮球场。为中国传统村落。有石马洞藏米酒工艺。有地方特色艺术石马山歌、舞狮、接花灯等。农业以水稻、番薯、柚子、茶、柑、橙、蔬菜种植为主。通乡村道路。

大坪镇［Dàpíng Zhèn］ 兴宁市辖镇。在市境西北部。面积187平方千米。人口7.3万。辖1居委会、37村委会，有126自然村。镇人民政府驻大坪社区。1949年设大坪区。1958年改公社。1983年复区。1987年改镇。2004年坪洋镇并入。因原有坪地得名。大坪河、罗岗河流经。有中学1所，小学9所，卫生院1个，卫生所36个。有省级非物质文化遗产大坪布骆包子豆腐制作技艺。农业以水稻、油茶、沙田柚种植，肉鸽、肉鸡、竹鼠养殖为主。工业以制鞋、山泉水灌装、食品加工等为主。特产大坪豆腐、豆干、腐竹、高山茶油、黄板、米酒等。省道大桥头—兴宁线经此。

大坪社区［Dàpíng Shèqū］ 大坪镇人民政府驻地。在市境西北部。面积4.9平方千米。人口3600。因镇得名。1989年成立。民居以低层楼房为主。有老人活动中心、健身广场、篮球场。有小学、卫生院、综合市场。通乡村道路。

叶塘镇［Yètáng Zhèn］ 兴宁市辖镇。在市境中部偏西。面积166平方千米。人口8.3万。辖1居委会、41村委会，有165自然村。镇人民政府驻叶塘社区。1952年设叶塘区。1957年分设叶塘、叶南2乡。1958年合设叶塘公社。1983年改区。1987年改镇。2004年叶南镇并入。因旧有水塘盛产莲藕得名莲叶塘圩，简称今名。陂下河、麻岭河流经。有中学2所，小学11所，幼儿园2所，卫生院1个，卫生站39个。有省级文物保护单位磐安围。有民俗关帝出行。农业以水稻、玉米、豆类，产水果、茶叶、生姜种植，水产品、蜜蜂养殖为主。有农产品加工业。省道大桥头—兴宁、兴宁—大坪、叶塘—龙川石坑、兴宁—合水线过境。

叶塘社区［Yètáng Shèqū］ 叶塘镇人民政府驻地。在市境中部偏西。面积1平方千米。人口2500。因镇得名。1989年成立。民居以低层楼房为主。有退役军人联络站、公共法律服务工作室等。有健身广场、篮球场。有篮球活动、山歌、广场舞、羽毛球、乒乓球、文艺演出等。有中小学、卫生站。通乡村道路。

河西村［Héxīcūn］ 在市政府驻地兴田街道西北13千米。叶塘镇辖自然村。人口1500。因处麻岭河西得名。聚落呈长块状。有卫生站、老人活动中心、健身广场、篮球场。为中国传统村落。有省级文物保护单位磐安围。有七月初七庙会。农业以水稻、番薯、柚子、龙眼、荔枝、茶、柑、橙、油茶、蔬菜种植为主。通乡村道路。

大埔县

大埔县［Dàbù Xiàn］ 梅州市辖县。北纬24°21′，东经116°42′。在市境东部。面积2462平方千米。人口55.9万。以汉族为主，还有苗、彝、壮等民族。辖14镇。县人民政府驻湖寮镇。明嘉靖五年（1526）置大埔县，先后属潮州府、潮循道、第六行政督察区、兴梅专区、粤东行政区、汕头专区。1959年丰顺县部分区域划入，1961年析出。1965年属梅县专区。1970年属梅县地区。1988年属梅州市。清乾隆九年（1744）《大埔县志》载杨缵烈《邑名音义考》云："呼平旷高原仅宜果瓜蔬麻者曰埔。"意为宜种果瓜蔬麻的广阔旱地。先后建成工农路、文化路、文明路、人民路、虎中路、环城路、新城路、新中路、沿河东路、湖寮大桥、西湖公园等，改造虎山路、万川路、环城北路等。地势四周高中间低。平均海拔340米。海拔千米以上山峰27座。最高点银窿顶，海拔1357米。年均气温21.6℃，1月平均气温11.9℃，7月平均气温29.4℃。年均降水量1174.3毫米。韩江、汀江、梅江、梅潭河流经。有铅、锌、稀土、瓷土、陶土、钾长石、钠长石等矿产资源。国家重点保护野生植物有桫椤、伯乐树等2种。国家重点保护野生动物有松雀鹰、草原鹰、鸢等18种。有广东省级自然保护区1个。有省级森林公园2个。森林覆盖率79%。有省级科研单位1个，中等师范学校1所，电大1所，中学26所，职业中学1所，小学48所，小学教学点52个，二级医院1个，图书馆1个，博物馆1个，汉剧团1个，体育场馆1个。有全国重点文物保护单位父子进士牌坊，省级文物保护单位三河中山纪念堂、花萼楼、泰安楼等12个。有广东省爱国主义教育基地"八一"起义军三河坝战役烈士纪念碑。有古迹中翰第、拱辰楼、万翁达墓、万福寺、茶阳老街等。有国家级非物质文化遗产广东汉乐，省级非物质文化遗产大埔广东汉剧、茶阳花环龙、百侯鲤鱼灯、青溪仔狮灯、光德陶瓷烧制技艺、青溪黑蛟龙灯舞。有国家4A级旅游景区2个，国家3A级旅游景区6个。有红色旅游景区三河坝战役纪念园、青溪红色交通线、中共南方工委旧址等。有田家炳祖居景区。三次产业比例20∶44∶36。农业以水稻、玉米、茶种植，猪、牛、羊养殖为主。有林下经济。工业以陶瓷、电力、电子、矿泉水灌装、加工业为主。服务业以商品零售、餐饮、住宿等为主。梅坎铁路，梅龙高速，省道长上、大梅、城五、坑海、三平线过境。有韩江航道。

大埔站［Dàbù Zhàn］ 见交通运输设施部分"大埔站"条。

大埔汽车客运站［Dàbù Qìchē Kèyùnzhàn］ 见交通运输设施部分"大埔汽车客运站"条。

湖寮镇［Húliáo Zhèn］ 大埔县人民政府驻地。在县境中部。面积209平方千米。人口9.6万。辖4居委会、19村委会，有132自然村。镇人民政府驻城北社区。1949年设第五区。1952年更名湖寮区。1957年设乡。1958年改公社。1980年析设湖寮镇。1983年公社改区。1985年区并入镇。因汉晋时于湖边搭棚寮以居得名。又因对外来移民一视同仁而别称同仁。有五虎山、双髻山、帽山。梅潭河流经。有五虎山、双髻山省级森林公园。有中学6所，小学8所，二级医院1个，卫生院1个。有滨江、西湖、梅河、书法、长寿等公园。有省级保护文物奕世流芳木牌坊。有国家4A级泰安楼客家文化旅游产业园。农业以水稻、蜜柚种植为主。有双坑雨笠等家庭编织手工业。省道长上、大梅线过境。

大埔大道［Dàbù Dàdào］ 在县城西北部。东起白云大桥，西至西环路。与环城大道、城北路、财政路、义招路、畹香路等路相交。长3.2千米，宽40米。混凝土路面。2004年开工，2006年建成。为县城中心最长最宽道路，故名。两侧有居住小区、城北市场、银行、县民政局、田家炳实验中学等。

西环路［Xīhuán Lù］ 在县城西部。东起城北路，西至仁和大桥。与虎山路、义招路、大兴路、大埔大道、环城大道相交。长3.3千米，宽24米。混凝土路面。1986年开工，1988年建成。因环绕主城区西部得名。两侧有县住建局、农业局、卫生局、教育局、田家炳幼儿园、县医院、田家炳体育中心、西湖公园、旅游服务中心。

城北社区［Chéngběi Shèqū］ 湖寮镇人民政府驻地。在县境中部。面积1.7平方千米。人口1.5万。因处县城北得名。2002年成立。民居以楼房为主。有诊所、老年活动室、公共服务站、家政服务所等。有中小学。驻有县财政局、交通局、电信局等单位。有大埔汽车站。通公交车。

古城村［Gǔchéngcūn］ 在镇境西北部。湖寮镇辖自然村。人口1900。为东晋义熙九年（413）义招县、隋大业三年（607）万川县县治，故名。聚落呈团块状。有中学、卫生站。有祠堂50多座。通城市道路。

河头［Hétóu］ 在镇境西北部。湖寮镇辖自然村。人口600。因处梅潭河出口得名。聚落呈团块状。有卫生站。有抗日名将罗为雄中将故居。有梅峪古道。有古迹磊英阁、三义庙。有国家级非物质文化遗产广东汉乐。省道大梅线经此。

莒村［Jǔcūn］ 在镇境东北部。湖寮镇辖自然村。人口3000。因山形似骏马得名马山，又名骥山，因莒、骥谐音改今名。聚落呈团块状。有小学、医疗站、老人活动中心。有省级文物保护单位延庆堂。有历史建筑、特色民居近100座。农业以种植水稻、蔬菜、蜜柚为主。省道长上线经此。

龙岗村［Lónggǎngcūn］ 在镇境西部。湖寮镇辖自然村。人口2800。五虎山余脉横穿，如蛟龙跃岗，故名。聚落呈散状。有省级文物保护单位奕世流芳木牌坊、泰安楼。为梅峪古道起点。有古迹三义庙、中宪第、无影塔、磊英阁。有国家4A级泰安楼客家文化旅游产业园。经济以服务业为主，有房屋租赁。省道大梅线经此。

茶阳镇［Cháyáng Zhèn］ 大埔县辖镇。在县境北部。面积287平方千米。人口5.9万。辖1居委会、26村委会，有153自然村。镇人民政府驻茶阳社区。1949年为附城区。1958年成立埔城公社。1959年改镇。1963年改茶阳公社。1980年析设茶阳镇。1983年公社改区。1985年区并入镇。2004年长治镇并入。因明代建城于茶山之南得名。汀江、漳溪河、小靖河、韩江流经。有中学2所，小学6所，幼儿园4所，卫生院1个，卫生站28个。有文化站、广播站、敬老院、文化广场、灯光球场等。为中国历史文化名镇。有全国重点文物保护单位父子进士牌坊。有埔北区苏维埃政府旧址。有骑楼群、茶阳古镇老街保护区。有省级非物质文化遗产花环龙。农业以种植水稻、蜜柚为主。工业有酿酒、矿泉水灌装。特产腐竹、竹器。梅坎铁路，梅龙高速，省道三平、长上线过境。

茶阳社区［Cháyáng Shèqū］ 茶阳镇人民政府驻地。在县境北部。面积4.5平方千米。人口18700。因镇得名。2002年成立。民居以楼房为主。有文化广场、灯光球场等。有中小学、卫生院、文化站、广播站、敬老院。有全国重点文物保护单位父子进士牌坊。有骑楼群、古城墙、邹鲁故居旋庐。有五显大帝庙会、迎神赛会民俗。省道三平、长上线经此。

花窗村［Huāchuāngcūn］ 在县政府驻地湖寮镇西北30千米。茶阳镇辖自然村。人口2000。因江姓家祠均砌花窗得名花窗下，简为今名。聚落呈团块状。有中小学、卫生站。有省级文物保护单位敬爱堂。农业以种植水稻、蜜柚、茶为主。省道长上线经此。

高陂镇［Gāobēi Zhèn］　大埔县辖镇。在县境南部。面积309平方千米。人口8.7万。辖1居委会、35村委会，有207自然村。镇人民政府驻高陂社区。民国曾设高陂区。1949年为第二区。1952年改高陂区。1957年改镇。1958年改公社。1980年析设高陂镇。1983年公社改区。1985年区并入镇。2003年古埜镇并入。2004年平原镇并入。因昔韩江支流筑高大陂圳灌溉得名。明嘉靖三十六年(1557)《大埔县志》载：高陂，溉田二百亩。韩江流经。有省级科研单位1个，中学4所，小学14所，幼儿园3所，卫生院1个，分院2个，门诊部、卫生站41个。有中共大埔县委扩大会议旧址。有革命烈士李明光故居和纪念碑、抗日名将赵公武故居。有古迹拱辰楼、中翰第。有国家3A级旅游景区1个。农业主产水稻、水果、茶叶。工业以陶瓷生产为主。有广州海珠(大埔)产业转移工业园。服务业以陶瓷贸易为主。省道坑海线过境。韩江通航。有码头2个。

高陂社区［Gāobēi Shèqū］　高陂镇人民政府驻地。在县境南部。面积1.4平方千米。人口1.9万。因镇得名。2002年成立。民居以楼房为主。有中小学、卫生院等。有正月二十一迎景民俗。有陶瓷产销业。通公交车。韩江通航。

银滩村［Yíntāncūn］　在县政府驻地湖寮镇西南16千米。高陂镇辖自然村。人口1800。因处银江入韩江处，水深如潭得名银潭。以阳光照射沙滩上闪烁而更今名。聚落呈带状。有小学、卫生站。为中国传统村落。有客家古民居拱辰楼、万卷楼、敦福堂等40多座。有正月十四迎玄天上帝民俗。农业以水稻、杂粮、蔬菜种植为主。省道坑海线经此。

青溪镇［Qīngxī Zhèn］　大埔县辖镇。在县境西北部。面积166平方千米。人口2.1万。辖13村委会，有59自然村。镇人民政府驻坪沙圩。1957年设青溪乡。1958年并入埔城公社。1961年析设青溪公社。1983年改区。1986年改乡。1993年改镇。因汀江畔绿树翠竹、河水清澈得名清溪，后改今名。有鹞子岽、太阳山、阳石峰等。有九年一贯制学校1所，小学教学点5个，卫生院1个，卫生站13个。有幼儿园、文化站、敬老院。有中共华南分局五级党委旧址。有千年古刹高寺。有国家3A级旅游景区江畔人家休闲度假区。有红色景区青溪红色交通线。农业以水稻、甘蔗、西瓜、木薯种植为主。特产斯红羊肉、青溪飞鸡、青溪蜜柚、虎市蜂蜜等。省道三平线过境。

坪沙圩［Píngshāxū］　青溪镇人民政府驻地。在县政府驻地湖寮镇西北22千米。人口2200。昔有打铁店建于石上，因一端平伸店前得名坪石头。因渐成街易今名。聚落呈散状。有小学、卫生站。农业以种植水稻、蜜柚为主。通乡村道路。

三河镇［Sānhé Zhèn］　大埔县辖镇。在县境西部。面积150平方千米。人口2.2万。辖1居委会、12村委会，有132自然村。镇人民政府驻汇城村。1928年为三河区。1949年为第六区。1952年复三河区。1957年设三河乡。1958年改公社。1983年复区。1986年改镇。清乾隆年间《大埔县志》载，因大河、小河、清远河三水交汇得名。有笔架山、高莒岽。汀江、梅江、梅潭河流经。有中学1所，九年一贯制学校1所，小学2所，卫生院1个，卫生站17个。有幼儿园、文化站、敬老院。为中国历史文化名镇。有省级文物保护单位"八一"起义军三河坝战役烈士纪念碑、三河中山纪念堂。有古迹三河城、翁万达墓、余里古窑址、锦山古道、王子殿碑等。农业以水稻、蜜柚、西瓜种植为主。梅坎铁路、梅龙高速、省道大梅线过境。韩江通航。设大埔站。

汇城村［Huìchéngcūn］　三河镇人民政府驻地。在县政府驻地湖寮镇西北14千米。3水交汇，明代筑三河镇城于此，故名。聚落呈团块状。有中小学、卫生站。为中国传统村落。有省级文物保护单位三河中山纪念堂。有古迹三河城、翁万达墓、凤西塔等。农业以种植水稻、蜜柚为主。县道银高线经此。

汇东村［Huìdōngcūn］　在县政府驻地湖寮镇西北13千米。三河镇辖自然村。人口2900。因处3水交汇之东得名。聚落呈团块状。有小学、卫生院、卫生站。有省级文物保护单位"八一"起义军三河坝战役烈士纪念碑。有红色旅游经典景区三河坝战役纪念园。有水电厂。有集市。省道大梅线经此。韩江通航。

大麻镇［Dàmá Zhèn］　大埔县辖镇。在县境西部。面积233平方千米。人口4.1万。辖1居委会、22村委会，有145自然村。镇人民政府驻大麻社区。1928为大麻区。1949年为第四区。1957年改乡。1958年改公社。1961年析设银江公社。1983年改大麻区。1986年改镇。2003年英雅镇并入。因旧时广种火麻(中药材)得名。有五指峰、银坑山等。梅江、韩江流经。有中学1所，小学4所，卫生院1个，卫生站27个。有幼儿园、敬老院。有古迹万福寺。农业以水稻、茶叶、水果种植为主。特产阴那山云雾茶、岌头苦丁茶、蜜柚、文旦柚、红柿等。梅坎铁路、梅龙大高速、省道大梅线过境。韩江通航。

大麻社区［Dàmá Shèqū］　大麻镇人民政府驻地。在县境西北部。面积2.3平方千米。人口4300。因镇得名。2002年成立。民居以多层楼房为主，有少量高层楼房。有老人活动室。有中小学、幼儿园、卫生院、敬老院。有民俗正月二十四迎仙人姑婆。梅龙高速、省道大梅线经此。韩江通航。有大麻韩江码头。

银江镇［Yínjiāng Zhèn］　大埔县辖镇。在县境西部。面积210平方千米。人口2.7万。辖13村委会，有157自然村。镇人民政府驻明新村。1952年设银江区。1958年并入大麻公社。1962年分设银江公社。1984年复区。1987年改乡。1993年改镇。因山多林密，江水如银得名。有银窿顶、双髻岽等山。银江河、韩江流经。有中学1所，小学3所，卫生院1个，卫生站13个。有幼儿园、文化站、敬老院。农业以水稻、金针菜、番薯、木薯种植，生猪养殖为主。特产仙人草。省道大梅、城五、坑海线过境。

明新村［Míngxīncūn］　银江镇人民政府驻地。在县政府驻地湖寮镇西南27千米。人口1600。因有明新小学得名。聚落呈散状。有卫生院。农业以水稻、金针菜种植为主。有龙市圩，为大埔、梅县、丰顺3县集市。省道大梅线经此。

洲瑞镇［Zhōuruì Zhèn］　大埔县辖镇。在县境西南部。面积84平方千米。人口1.8万。辖9村委会，有21自然村。镇人民政府驻田背村。1952年为洲瑞区。1957年分设洲瑞、古埜2乡。1958年改洲瑞公社，古埜乡并入。1961年析设古埜公社。1983年改区。1986年改乡。1993年改镇。取洲田、百瑞2村各一字得名。有髻山。有九年一贯制学校1所，小学1所，卫生院1个，卫生站9个。有幼儿园、大坪医院、文化站、敬老院。有瑞山生态旅游度假村。农业以种植水稻为主。工业以陶瓷生产为主。有圩场。县道银高线过境。

田背村［Tiánbèicūn］　洲瑞镇人民政府驻地。在县政府驻地湖寮镇西南22千米。人口2800。因处田氏宗祠之背得名。聚落呈散状。有中小学、幼儿园、卫生院。农业以水稻、蔬菜、花生、木茨种植为主。县道银高线经此。

光德镇［Guāngdé Zhèn］　大埔县辖镇。在县境南部。面积131平方千米。人口3.3万。辖1居委会、10村委会，有51自然村。镇人民政府驻富岭村。1957年设光德乡。1958年并入高陂公社。1961年析设光德公社。1983年改区。1986年改镇。光德之名含义暂无考。丹竹水、纳漳溪、澄坑流经。有中学1所，小学6所，小学教学点3个，卫生院1个。有幼儿园、文化站、敬老院。有闽粤赣边区党委旧址、司令部旧址。有古迹乾泰楼、德昌堂。农业以水稻种植为主。工业以陶瓷生产为主。县道高建线过境。

富岭村［Fùlǐngcūn］　光德镇人民政府驻地。在县政府驻地湖寮镇南23千米。人口6000。因有乌金砂矿得名乌岭，取意"有金则富"改今名。聚落呈团块状。有中小学、幼儿园、卫生院、卫生站。有闽粤赣边纵部队司令部旧址拱辰轩。农业以水稻、番薯、栗树、木茨、玉米种植为主。有陶瓷加工业。县道高建线经此。

桃源镇［Táoyuán Zhèn］　大埔县辖镇。在县境南部。面积77平方千米。人口1.7万。辖6村委会，有30自然村。镇人民政府驻桃星村。1961年由高陂公社析设桃源公社。1983年改区。1986年改镇。因瓷土丰富质好得名泥源，取意泥、陶同质，桃、陶同音改今名。有三县岽、马腰岽等山。桃源溪流经。有中学1所，小学1所，小学教学点5个，卫生院1个，卫生站6个。有幼儿园、文化站、敬老院。有古迹敦本堂、南安寺、老虎坑古文化遗址。农业以水稻种植为主。工业以陶瓷生产为主。有背坑工业小区。省道坑海线过境。

桃星村［Táoxīngcūn］　桃源镇人民政府驻地。在县政府驻地湖寮镇西南30千米。人口4700。20世纪50年代末建桃星农业合作社，后遂为村名。聚落呈团块状。有小学、卫生站。农业以水稻种植为主。有陶瓷加工业。省道坑海线经此。

枫朗镇［Fēnglǎng Zhèn］　大埔县辖镇。在县境东南部。面积175平方千米。人口5.2万。辖23村委会，有126自然村。镇人民政府驻枫朗村。1957年设枫朗、大埔角2乡。1958年合设枫朗公社。1973、1978年析设双溪、大埔角2公社。1983年改枫朗区，大埔角公社并入。1986年改镇。2003年双溪镇并入。因镇政府驻地得名。有西岩山、下营山等。梅潭河流经。有中学2所，九年一贯制学校1所，小学6所，卫生院1个，卫生站32个。有幼儿园、文化站、广播站、敬老院。有中共南方工作委员会旧址、革命家罗明故居、教育家罗九香故居。有千年古刹西竺寺。有国家3A级西岩茶乡旅游度假区。农业以水稻、蜜柚、茶种植为主。有国家地理标志产品西岩茶。特产豆腐干。省道长上线过境。

枫朗村［Fēnglǎngcūn］　枫朗镇人民政府驻地。在县政府驻地湖寮镇东南15千米。人口2100。因枫树日光照耀"银光碧影、翠盖生辉"得名。聚落沿坑畔傍山呈散状分布。有中学、田家炳医院、卫生站、文化广场、登山公园。农业以水稻、蜜柚种植为主。省道长上线经此。

百侯镇［Bǎihóu Zhèn］　大埔县辖镇。在县境东部。面积94平方千米。人口3.1万。辖1居委会、14村委会，有181自然村。镇人民政府驻侯南村。1928年为百侯区。1949年为第三区。1952年复百侯区。1957年分设侯南、侯北2乡。1958年改百侯公社。1961年析设大东公社。1983年复百侯区。1986年改镇。古时警用烟墩俗称堠，以白石白土砌成，故名白堠，1912年后以谐音改今名。有郭山嶂、帽山、龙瓶嘴等。梅潭河流经。有中学1所，小学3

所，卫生院1个，卫生站16个。有幼儿园、文化广播站、敬老院。为中国历史文化名镇。有省级文物保护单位通议大夫第、肇庆堂。有古迹莲瑞流馨民居。有国家4A级百侯名镇旅游区。农业以水稻、香蕉、花生、玉米种植为主。特产百侯薄饼、百侯牛肉干、白罗花生。省道长上线过境。

侯南村［Hóunáncūn］ 百侯镇人民政府驻地。在县政府驻地湖寮镇东南10千米。人口5400。原因处梅潭河南岸得名溪南，因镇更今名。聚落呈团块状。有中小学、幼儿园、卫生院。为国家4A级百侯名镇旅游区主体。为中国传统村落。有省级文物保护单位通议大夫第、肇庆堂。有古迹莲瑞流馨民居、中议大夫第。有民俗五鬼弄金狮、百侯薄饼制作技艺。省道长上线经此。

南山村［Nánshāncūn］ 在县政府驻地湖寮镇东南方向14千米。百侯镇辖自然村。人口3300。因南山得名。聚落呈团块状。有卫生站。为省级传统村落。有古迹太史第。农业以蜜柚、玉米、栗树、花生、甘蔗、木荪种植为主。通乡村道路。

大东镇［Dàdōng Zhèn］ 大埔县辖镇。在县境东部。面积99平方千米。人口2.1万。辖13村委会，有116自然村。镇人民政府驻东光村。1957年设大东乡。1958年并入百侯公社。1961年析设大东公社。1983年改区。1986年复乡。1993年改镇。因处县东得名。有大燕岽、银岽、金星岽、麻摄岽等山。梅潭河流经。有九年一贯制学校1所，卫生院1个，卫生站13个。有幼儿园、文化站、敬老院。有省级文物保护单位花萼楼。有国家3A级旅游景区大东坪山千亩梯田。农业以水稻、板栗、青梅、茶、枇杷种植为主。县道北双线过境。

东光村［Dōngguāngcūn］ 大东镇人民政府驻地。在县政府驻地湖寮镇东21千米。人口1500。原名大产、大塘头，1961年因地处大东镇东北部，更名东光。聚落呈散状。有中小学、卫生院、敬老院。农业主产水稻、水果。有塘市圩。通乡村道路。

坪山村［Píngshāncūn］ 在县政府驻地湖寮镇东20千米。大东镇辖自然村。人口1900。因古有坪山拱峙塔得名。聚落呈散状。有小学、卫生站。有古迹坪山大夫第、储贤堂。有国家3A级坪山千亩梯田景区。通乡村道路。

联丰村［Liánfēngcūn］ 在县政府驻地湖寮镇东25千米。大东镇辖自然村。人口1400。取意联合丰足得名。聚落呈散状。有小学、卫生站。有省级文物保护单位花萼楼。农业以水稻、蜜柚、板栗种植为主。通乡村道路。

西河镇［Xīhé Zhèn］ 大埔县辖镇。在县境东北部。面积207平方千米。人口3.5万。辖1居委会、27村委会，有157自然村。镇人民政府驻漳溪村。1949年为第七区。1952年改西河区。1957年分设西河、岩上2乡。1958年合设西河公社。1961、1978年析设岩上、东塘2公社。1983年复西河区，东塘公社并入。1986年改镇。2004年岩上镇并入。因漳溪河流经老县城西门外得名西门河，遂以河名。有飞天马山。漳溪、合溪、横溪流经。有中学1所，九年一贯制学校1所，小学2所，卫生院1个，卫生站27个。有幼儿园、文化站、广播电视站、敬老院。有省级文物保护单位近代实业家张弼士故居光禄第。有古迹灵觉寺。农业以水稻、西瓜、蜜柚、蔬菜、甜玉米种植，鱼养殖为主。梅龙高速、省道长上线过境。

漳溪村［Zhāngxīcūn］ 西河镇人民政府驻地。在县政府驻地湖寮镇东北16千米。人口1300。因漳溪河得名。聚落呈带状。有中小学、卫生院。有弼士、耕读公园。农业以水稻、蜜柚、香蕉种植为主。有漳溪圩，逢农历一、六为圩期。县道北双线经此。

车龙村［Chēlóngcūn］ 在县政府驻地湖寮镇东北14千米。西河镇辖自然村。人口900。取车轮坪、东岸龙埔2地名各一字得名。聚落呈团块状。有卫生站。为中国传统村落。有省级文物保护单位张弼士故居光禄第。有大埔客家民俗文化村。农业以水稻、西瓜、玉米种植为主。县道北双线经此。

北塘村［Běitángcūn］ 在县政府驻地湖寮镇东北12千米。西河镇辖自然村。人口2800。明代四西、南、北环山，东南濒临漳溪河而称北塘。聚落呈团块状。有小学、卫生站。为中国传统村落。有古迹辅德堂。农业以蜜柚、水稻、花生、蔬菜种植为主。省道长上线经此。

丰顺县

丰顺县［Fēngshùn Xiàn］ 梅州市辖县。北纬23°46′，东经116°10′。在市境南部。面积2710平方千米。人口70.3万。以汉族为主，还有畲族等。辖16镇。县人民政府驻汤坑镇。清初为丰顺镇。清乾隆三年（1738）析揭阳、海阳、大埔、嘉应州部分地域置丰顺县，先后属潮州府、潮循道、第五行政督察区、第六行政督察区、兴梅专区、粤东行政区、汕头专区。1958年撤县，1961年复置。1965年属梅县专区。1970年属梅县地区。1988年属梅州市。因清顺治九年（1652）吴六奇立石印有“丰顺吴府”4字得名。处莲花山脉东麓，山地丘陵为主。有小块平原。海拔1000米以上山峰20多座。最高点铜鼓嶂海拔1559米。最低点位于汤南镇，海拔8米。年均气温21.4℃，1月平均气温13℃，7月平均气温28.4℃。年均降水量1788毫米。韩江流经。有铁、钨、铜、铅、锌、水晶、钾长石、叶蜡石、高岭土等矿产资源。有地热资源。有野生植物17种，其中国家重点保护野生植物有12种。有野生动物46种，其中国家重点保护野生动物有28种。森林覆盖率75%。有中职学校1所，初中27所，小学230所，教师进修学校1所，二级医院3个。有省级文物保护单位定昌公祠、东江第一次工农兵代表大会暨红十一军成立大会旧址等。有古迹埔河文庙、种王上围、太平寺、雁州塔、丰良文塔。有国家级非物质文化遗产埔寨火龙。有邓屋省级温泉旅游度假区。有景点龙鲸河漂流、龙归滖瀑布、揭岭飞泉。三次产业比例28∶45∶27。农业以水稻、番薯、甘蔗、木薯、花生、大豆种植为主，产水果、药材，盛产蘑菇。有杉木、竹子、水果、茶叶等基地。工业以机械、电力、冶炼、食品饮料加工为主。特产铜盘李、留隍枇杷、汤南菜脯、黄金姜糖、留隍云片糕。服务业以旅游为主。广梅汕铁路，梅汕高速，206国道，省道车丰、柏丰线过境。有丰顺站。

丰顺站［Fēngshùn Zhàn］ 见交通运输设施部分“丰顺站”条。

丰顺汽车客运站［Fēngshùn Qìchē Kèyùnzhàn］ 见交通运输设施部分“丰顺汽车客运站”条。

汤坑镇［Tāngkēng Zhèn］ 丰顺县人民政府驻地。在县境西南部。面积233平方千米。人口14.1万。辖10居委会、32村委会，有203自然村。镇人民政府驻汤泉社区。1949年设汤坑镇。1950年改附城镇。1956年复名汤坑镇。1958年省人汤坑公社。1963年复置。1979年改汤坑城镇公社。1981年改汤坑镇。1983年改区。1986年改镇。2004年附城、东联2镇并入。因温泉水溢出成湖得名。清乾隆三年（1738）称汤坑市。有中学6所，小学28所，二级医院3个，卫生院2个。有古迹埔河文庙、太平寺、蓝田书院。农业以水稻、番薯、甘蔗、蔬菜、蘑菇种植，鱼养殖为主。特产胡蒜。工业以喇叭、电子、绣品、木制品、电器加工为主。有地热试验发电站。广梅汕铁路、梅汕高速、206国道过境。

汤泉社区［Tāngquán Shèqū］ 汤坑镇人民政府驻地。在县境南部。面积1平方千米。人口1800。因镇得名。2010年成立。民居以住宅楼为主。有中小学。通公交车。

北斗镇［Běidǒu Zhèn］ 丰顺县辖镇。在县境西北部。面积91平方千米。人口1.6万。辖8村委会，有141自然村。镇人民政府驻桥头铺。1949年为斗牛乡。1950年因处县城西北改北斗乡。1958年并入汤坑公社。1961年析设北斗公社。1983年改区。1986年改乡。1993年改镇。有中学1所，小学5所，卫生院1个。农业以水稻、番薯、小麦种植为主。有林场。有小水电站。广梅汕铁路、梅汕高速、206国道过境。

桥头铺［Qiáotóupù］ 北斗镇人民政府驻地。在县政府驻地汤坑镇西北12千米。人口100。因街区店铺处桥北得名。聚落呈带状。有石板加工业。206国道经此。

汤西镇［Tāngxī Zhèn］ 丰顺县辖镇。在县境西南部。面积196平方千米。人口5.8万。辖1居委会、12村委会，有106自然村。镇人民政府驻颖川社区。1949年设汤西区。1958年并入汤坑公社。1959年析设汤西公社。1983年复区。1987年改镇。因处汤坑镇西得名。龙车溪、甲水溪、北河流经。有中学3所，小学17所，卫生院1个。有古迹将军第。有景点揭岭飞泉。农业以水稻、甜玉米、马铃薯、香芋种植为主。特产河西叶蜡石、大罗麻饼。汕梅高速、省道车丰线过境。

颍川社区［Yǐngchuān Shèqū］ 汤西镇人民政府驻地。在县境西南部。面积1.8平方千米。人口3800。因颖川中学得名。2001年成立。有中小学。通乡村道路。

汤南镇［Tāngnán Zhèn］ 丰顺县辖镇。在县境西南部。面积52平方千米。人口4.9万。辖1居委会、8村委会，有59自然村。镇人民政府驻新村。1949年设汤南区。1958年改乡，旋并入汤坑公社。1961年析设汤南公社。1983年复区。1987年改镇。因处汤坑镇南得名。北河流经。有八角塘水库。有中学1所，小学8所，卫生院1个。有古迹种王上围。农业以水稻、荔枝、龙眼、甜玉米、甘蔗、木薯种植为主。有制糖业。特产菜脯（萝卜干）、面线。广梅汕铁路、梅汕高速、206国道、省道城五线过境。

新村［Xīncūn］ 汤南镇人民政府驻地。在县政府驻地汤坑镇东南3千米。人口500。原遭洪水，因迁出另建新寨得名。聚落沿河岸分布。有罐头、食品等加工业。特产面线。有206国道经此。

龙上古寨［Lóngshànggǔzhài］ 在县政府驻地汤坑镇西南3千米。汤南镇辖自然村。人口700。元代罗氏由闽入粤，定居龙上建寨，因地似龙形得名。为中国传统村落。有3街、6巷、12祠堂、72合院。有龙上古祠。农业以龙眼、荔枝种植为主。通乡村道路。

埔寨镇［Bùzhài Zhèn］ 丰顺县辖镇。在县境西南部。面积98平方千米。人口4.5万。辖1居委会、8村委会，有46自然村。镇人民政府驻阳光。1961年由汤南公社析设埔寨公社。1983年改区。1987年改镇。原名傅谢寨，因处丘陵多旱坡地（俗称旱埔地）改今名。有中学1所，小学12所，卫生院1个。有古迹州司马第故居等。为中国民间文化艺术之乡。有国家级非物质文化遗产埔寨火龙，省级非物质文化遗产埔寨纸花技艺。农业以水稻、番薯、龙眼、荔枝、青榄、青枣、火龙果种植为主。有埔寨农场。有省级产业转移工业园1个。省道城五线过境。

阳光［Yángguāng］　埔寨镇人民政府驻地。在县政府驻地汤坑镇南12千米。人口1500。以祈祷少雨得名。聚落呈带状。农业以种植水稻为主，兼种柚子、高山油茶、火龙果、龙眼。省道城五线经此。

埔南村［Pǔnáncūn］　在县政府驻地汤坑镇南13千米。埔寨镇辖自然村。人口1.2万。因处镇南得名。聚落呈团块状。为中国传统村落。有古迹元祖公祠、质思公祠、位臣公祠、腾元公祠等。农业以水稻种植为主，产番薯、柚子、茶叶。通乡村道路。

埔北村［Pǔběicūn］　在县政府驻地汤坑镇南13千米。埔寨镇辖自然村。人口9000。因处镇北得名。聚落呈团块状。为中国传统村落。有古迹笃庆堂、葆荆围、张氏公祠等。农业以水稻种植为主，产油茶、柚子、甜枣、火龙果。省道城五线经此。

八乡山镇［Bāxiāngshān Zhèn］　丰顺县辖镇。在县境西南部。面积194平方千米。人口2.1万。辖15村委会，有73自然村。镇人民政府驻坳下岗。1958年成立八乡公社。1973年分设上八乡、下八乡2公社。1983年改区。1986年改乡。1993年改镇。2003年上八乡、下八乡2镇合为八乡山镇。因昔南、北（俗称上、下）各有4乡得名。有鸿图嶂。有中学1所，小学9所，卫生院1个。农业以水稻、甘薯种植为主。特产八乡绿茶。有铁矿场、水电站。省道车丰线过境。

坳下岗［Àoxiàgǎng］　八乡山镇人民政府驻地。在县政府驻地汤坑镇西22千米。人口600。因处山岗东侧有山坳得名。聚落呈带状。农业以种植水稻为主，产茶叶、番薯。省道车丰线经此。

丰良镇［Fēngliáng Zhèn］　丰顺县辖镇。在县境中部偏西。面积250平方千米。人口6.5万。辖1居委会、22村委会，有81自然村。镇人民政府驻谭屋寨。1950年为丰良区。1958年改公社。1983年复区。1987年改镇。2003年仙洞镇并入。原名丰城，取丰溪河、良乡圩各一字改今名。丰溪河流经。有中学3所，小学23所，卫生院2个。有古迹邹家围、普济桥、少师第、丰良文塔等。农业以水稻、甘薯种植为主。特产云片糕、米粉。206国道、省道柏丰线过境。

谭屋寨［Tánwūzhài］　丰良镇人民政府驻地。在县政府驻地汤坑镇北31千米。人口200。因清光绪年间（1874—1908）谭姓村民迁此建宅居住得名。聚落呈带状。农业以水稻、木薯、花生种植为主。有商品集散贸易。206国道、省道柏丰线经此。

邹家围［Zōujiāwéi］　在县政府驻地汤坑镇北18千米。丰良镇辖自然村。人口1600。原名上兴围，因邹氏先祖建村改今名。聚落呈块状。为中国传统村落。为整体三进二横三围龙型式古村。有民俗请年酒、潮州大锣鼓等。农业以水稻、花生种植为主。通乡村道路。

建桥镇［Jiànqiáo Zhèn］　丰顺县辖镇。在县境西北部。面积94平方千米。人口3.1万。辖10村委会，有226自然村。镇人民政府驻建桥。1957年设建桥乡。1958年并入丰良公社。1961年析设建桥公社。1984年改区。1986年复乡。1993年改镇。因镇政府驻地得名。有洋坑水库。有中学1所，小学12所，卫生院1个。有古客家民居建桥围。农业以水稻、番薯、马铃薯、小麦种植为主。206国道过境。

建桥［Jiànqiáo］　建桥镇人民政府驻地。在县政府驻地汤坑镇北21千米。人口700。因村内有建桥古围而得名。聚落呈带状。有小学。农业种植水稻、沙田柚、花生。工业有酿酒、爆竹加工、农机修理等。206国道经此。

龙岗镇［Lónggǎng Zhèn］　丰顺县辖镇。在县境北部。面积112平方千米。人口1.9万。辖11村委会，有56自然村。镇人民政府驻松江。1961年由丰良公社析设龙岗公社。1983年改区。1986年改乡。1993年改镇。因山地蜿蜒似龙得名。丰良河流经。有中学1所，小学10所，卫生院1个。有省级文物保护单位马图红四军军部旧址。有古迹得震楼。农业以水稻、茶、油茶、香蕉、沙田柚种植为主，产泥竹、杉木。有茶园基地。工业以水电为主。县道丰大线过境。

松江［Sōngjiāng］　龙岗镇人民政府驻地。在县政府驻地汤坑镇北40千米。人口2300。因多松树得名，聚落沿河岸呈带状分布。农业以水稻、番薯、油茶、橄榄种植为主。有油茶基地。有糖糕饼厂。通乡村道路。

潘田镇［Pāntián Zhèn］　丰顺县辖镇。在县境中部。面积146平方千米。人口4万。辖1居委会、13村委会，有100自然村。镇人民政府驻中心。1953年设潘田区。1958年改公社。1983年复区。1987年改镇。因潘、田2姓始居得名。有华亭水库。有中学1所，小学12所，卫生院1个。农业以水稻种植为主。省道城五、柏丰线过境。

中心［Zhōngxīn］　潘田镇人民政府驻地。在县政府驻地汤坑镇东北28千米。人口4100。因处镇中得名。聚落呈团块状。农业以水稻、玉米种植为主。工业以陶瓷加工、塑料编织、酿酒为主。省道城五、柏丰线经此。

黄金镇［Huángjīn Zhèn］　丰顺县辖镇。在县境东北部。面积154平方千米。人口4万。辖1居委会、24村委会，有128自然村。镇人民政府驻中心社区。1958年设黄金乡，旋改公社。1983年改区。1987年改镇。因镇政府原驻地黄金得名。有中学1所，小学19所，卫生院1个。有黄金革命烈士纪念碑。农业以水稻、甘蔗、木薯、花生、生姜、香橙种植为主。有竹制工艺品加工业。省道城五、县道西留线过境。

中心社区［Zhōngxīn Shèqū］　黄金镇人民政府驻地。在县境中部。面积5.2平方千米。人口4300。因处镇中心得名。1999年成立。有中小学、幼儿园。通乡村道路。

留隍镇［Liúhuáng Zhèn］　丰顺县辖镇。在县境东南部。面积428平方千米。人口9.8万。辖1居委会、36村委会，有276自然村。镇人民政府驻龙东。1949年设留隍区。1958年改公社。1983年改区。1986年改镇。2004年东留、茶背2镇并入。传宋帝南逃曾夜宿古庙，因取“万江庙小可留皇”意得名。为避嫌加偏旁“阝”。韩江流经。有中学3所，小学42所，卫生院2个。有中共东江特委旧址。有古迹万江古庙、妈宫、军塘湖、笃庆堂、太史第、惠仁圣寺等。农业以水稻、番薯、小麦种植为主，兼种青榄、龙眼、枇杷、香蕉。特产云片糕、姜糖。省道柏丰线过境。

龙东［Lóngdōng］　留隍镇人民政府驻地。在县政府驻地汤坑镇东北45千米。人口200。因山形似龙口，潮汕话称“康”，以康、东谐音得名。聚落呈带状。有古迹龙东古井、四马拖车围屋。农业以水稻、青榄、杨梅种植为主。省道柏丰线经此。

大龙华镇［Dàlónghuá Zhèn］　丰顺县辖镇。在县境北部。面积250平方千米。人口2.2万。辖16村委会，有206自然村。镇人民政府驻杯子。1930年设大龙华乡，因旧属大田、龙溪、叶华3社得名。1949年仍为乡。1958年改公社。1983年改区。1986年改乡。1993年改镇。2004年径门镇并入。有铜鼓嶂。有中学1所，小学6所，卫生院1个。农业以水稻、柚子、花生、木薯、仙人草种植为主。工业以电力、铅锌矿开采、电子配件组装、农副产品加工为主。县道西留线过境。

杯子［Bēizi］　大龙华镇人民政府驻地。在县政府驻地汤坑镇东北58千米。人口100。因地形似杯子得名。聚落呈带状。农业以水稻种植为主。有陶瓷、家具、木器等加工业。通乡村道路。

潭江镇［Tánjiāng Zhèn］　丰顺县辖镇。在县境东北部。面积271平方千米。人口1.7万。辖1居委会、18村委会，有233自然村。镇人民政府驻潭江。1950年设潭江区。1958年改公社。1983年改区。1986年改镇。2003年潭山镇并入。因镇政府驻地得名。韩江流经。有中学1所，小学7所，卫生院1个。农业以水稻、柿树种植为主。有竹、木、山货市场。盐潭、梅砂公路过境。

潭江［Tánjiāng］　潭江镇人民政府驻地。在县政府驻地汤坑镇东北74千米。人口3000。原为澳岛，有港口，故名潭澳，因临韩江改今名。聚落呈带状。有中小学、卫生院。工业有彩瓷加工、酿酒、制衣、电力等。有竹、木、山货交易市场。县道东留—潭江线经此。

小胜镇［Xiǎoshèng Zhèn］　丰顺县辖镇。在县境东北部。面积74平方千米。人口1.5万。辖11村委会，有155自然村。镇人民政府驻小胜。1961年由潭江公社析设小胜公社。1983年改区。1986年改乡。1993年改镇。因镇政府驻地得名。有马鞍山水库。有中学1所，小学11所，卫生院1个。农业以水稻种植为主。工业以陶瓷、水电、油茶加工为主。省道城五线过境。

小胜［Xiǎoshèng］　小胜镇人民政府驻地。在县政府驻地汤坑镇东北63千米。人口1100。原名大胜，因与韩江对岸大胜村重名，村民取胜利之意改今名。聚落呈带状。有中小学、卫生院。农业以水稻、木薯、龙眼、香蕉、橄榄、竹种植为主。省道城五线经此。

东叶畲［Dōngyèshē］　在县政府驻地汤坑镇东北61千米。小胜镇辖自然村。人口300。明万历年间（1572—1620）李氏祖先从福建迁至中社梨树下建居，后部分村民迁此定居，该处为一片畲地，村居建在畲地的东片，山地上遍生叶竹（制作斗笠之叶片），故名东叶畲。聚落呈散状。有省级文物保护单位妇女运动先驱李坚真故居。农业以种植水稻、木薯为主，产香蕉、橄榄、紫胶、竹。省道城五线经此。

砂田镇［Shātián Zhèn］　丰顺县辖镇。在县境北部。面积146平方千米。人口2.1万。辖1居委会，16村委会，有71自然村。镇人民政府驻科坑。1961年由潭江公社析设砂田公社。1983年改区。1986年改镇。因砂田村得名。有中学1所，小学6所，卫生院1个。农业以水稻、番薯、小麦种植为主。为县林业基地之一。工业以制瓷为主。235国道过境。

科坑［Kēkēng］　砂田镇人民政府驻地。在县政府驻地汤坑镇北80千米。人口110。因清代秀才辈出得名。聚落呈带状。有陶瓷、食品、农机等加工业。235国道经此。

五 华 县

五华县［Wǔhuá Xiàn］　梅州市辖县。北纬

23°55′,东经 115°45′。在市境南部。面积 3226 平方千米。人口 147 万。辖 16 镇。县人民政府驻水寨镇。北宋熙宁四年(1071)设长乐县,因赵佗长乐台得名,属循州。元仍之。明属惠州府。清雍正十一年(1733)改属嘉应直隶州。1914 年避福建长乐县改今名,因旧县城北五华山得名。先后属潮循道、第六行政督察区、第七行政督察区、兴梅专区、粤东行政区、属梅县专区、梅县地区。1988 年属梅州市。西南东三面群峰矗立,地势西南高东北低。中部偏东多丘陵宽谷。平均海拔 650 米。最高点七目嶂海拔 1318 米。年均气温 20.6℃,1 月平均气温 11.9℃,7 月平均气温 28.7℃。年均降水量 1498 毫米。琴江、五华河流经。有钨、锡、铋、钼、铜、铅、金、银、钾长石、石灰石、重晶石、萤石、瓷土等矿产资源。有温泉。有野生植物 1000 种,其中国家重点保护野生植物有桫椤、水松、穗花杉、三尖杉、南方红豆杉等 10 种。有野生动物 170 多种,其中国家重点保护野生动物有云豹、蟒、黄腹角雉、白颈长尾雉、穿山甲、小灵猫、大灵猫、白鹇等 10 种。有七目嶂省级自然保护区。森林覆盖率 68%。有中专 2 所,中学 55 所,小学 160 所,二级医院 2 个。三次产业比例 27∶22∶51。农业以水稻、木薯、花生、荔枝、柚子、甘蔗种植为主。工业以磁性材料、齿轮泵、汽车发电机、通信器材制造为主。服务业以旅游、商品批发零售为主。广梅汕铁路,长深、梅河、汕昆、济广高速过境。通多路公交车。

五华汽车客运站 [Wǔhuá Qìchē Kèyùnzhàn] 见交通运输设施部分"五华汽车客运站"。

水寨大桥 [Shuǐzhài Dàqiáo] 在县城东南部。长 237.7 米,宽 25 米,最大跨度 210 米,桥下净高 17 米。1959 年开工,1962 年建成。因水寨镇得名。为大型河道桥梁,结构型式为石拱桥。最大载重汽车 20 吨,挂车 60 吨。

五华大桥 [Wǔhuá Dàqiáo] 在县城西北部。长 119 米,宽 27.5 米,最大跨度 24 米,桥下净高 16 米。1994 年开工,2001 年建成。因跨五华河得名。为大型河道桥梁,结构型式为梯梁桥。最大载重 30 吨。通公交车。

水寨镇 [Shuǐzhài Zhèn] 五华县人民政府驻地。在县境西北部。面积 99 平方千米。人口 16.1 万。辖 4 居委会、23 村委会,有 138 自然村。镇人民政府驻员瑾村。1950 年设水寨镇。1958 年改公社。1981 年复镇。2004 年大坝镇并入。因四面环水得名。有中学 2 所,小学 5 所,教学点 7 个,成人文化技术学校 1 所,幼儿园 1 所,二级医院 2 个,卫生院 2 个,卫生站 23 个。农业以水稻、蔬菜、花生、黄豆、番薯、甘蔗等种植为主。工业以制药为主。县道梅华、水华、水安、水潭线过境。

员瑾村 [Yuánjǐncūn] 水寨镇人民政府驻地。在镇境东南部。人口 2200。因菜园临近住房得名园近,以谐音演为今名。聚落呈团块状。有古迹荣光楼、曾氏二世文德公祠。农业以种植水稻为主。通城市道路。

河东镇 [Hédōng Zhèn] 五华县辖镇。在县境西北部。面积 229 平方千米。人口 12.9 万。辖 3 居委会、43 村委会,有 93 自然村。镇人民政府位于向阳街。1950 年设水寨区。1957 年改乡。1958 年改公社。1983 年复区。1986 年改镇。2004 年油田、平南 2 镇并入。因处琴江东岸得名。有中学 7 所,小学 41 所,幼儿园 46 所,卫生院 3 个,卫生站 43 个。有文化室、老人活动中心。农业以水稻、番薯、粟种植为主,产花生、大豆、水果、木薯、药材。省道水双、水梅线过境。

转水镇 [Zhuǎnshuǐ Zhèn] 五华县辖镇。在县境北部。面积 158.5 平方千米。人口 6.6 万。辖 1 居委会、21 村委会,有 66 自然村。镇人民政府驻蛇塘村。1949 年设转水区。1958 年改公社。1983 年改区。1986 年改镇。因五华河经镇区转弯得名。有热矿泥浴温泉。有中学 2 所,小学 19 所,卫生院 1 个,卫生站 21 个。有国家 3A 级五华汤湖热矿泥山庄、益塘水库旅游区。农业以水稻、番薯、花生、大豆、柑橘、荔枝、三华梨种植为主。特产益塘荔枝、沙田柚。有红釉加工业。省道水华、水潭线过境。

蛇塘村 [Shétángcūn] 转水镇人民政府驻地。在县政府驻地水寨镇西北 10 千米。人口 5400。因传塘中藏蛇得名。聚落呈带状。有小学。农业以水稻、花生、大豆种植为主。通乡村道路。

华城镇 [Huáchéng Zhèn] 五华县辖镇。在县境北部。面积 217 平方千米。人口 11.7 万。辖 3 居委会、34 村委会,有 202 自然村。镇人民政府驻东山坳。1949 年设一区。1950 年改华城区。1956 年改乡。1958 年改公社。1983 年改区。1986 年改镇。2003 年新桥镇并入。原名长乐,1914 年随县易今名,喻指五华县城之意。有职业中学 1 所,中学 5 所,小学 7 所,教学点 20 个,卫生院 2 个,卫生站 56 个。有省级文物保护单位狮雄山遗址、清代武状元李威光故居。有古迹陶窑遗址、长乐学宫。农业以稻谷、番薯、荔枝、洋桃、西瓜、龙眼种植为主。广梅汕铁路、梅河高速过境。

东山坳 [Dōngshān'ào] 华城镇人民政府驻地。在县政府驻地水寨镇西北 26 千米。人口 400。因处镇东,左右为山凹得名。聚落呈团块状。农业以水稻种植为主。通乡村道路。

塔岗村 [Tǎgǎngcūn] 在县政府驻地水寨镇西北 20 千米。华城镇辖自然村。人口 6000。因明万历四十年(1612)筑古塔,得名。聚落呈团块状。有省级文物保护单位狮雄山遗址。农业以水稻、蔬菜种植为主,养殖鱼。水华、华布公路经此。

黄埔村 [Huángpǔcūn] 在县政府驻地水寨镇西北 21 千米。华城镇辖自然村。人口 4100。因旧地名黄基塘、黄拾塘、黄蜂排得名黄浦村,谐音改今名。聚落沿潭下河呈弯曲线状分布。有省级文物保护单位李威光故居。有古迹老君祠(太清宫)。农业以水稻种植为主。有酿酒业。通乡村道路。

岐岭镇 [Qílǐng Zhèn] 五华县辖镇。在县境西北部。面积 155 平方千米。人口 7.5 万。辖 2 居委会、25 村委会,有 166 自然村。镇人民政府驻荣贵村。1949 年设西楼乡。1950 年改岐岭乡。1952 年改区。1958 年改公社。1983 年复区。1987 年改镇。因山岭人此陡峭得名。岐岭河流经。有中学 3 所,小学 22 所,卫生院 2 个,诊所、医疗站 27 个。农业以水稻、小麦、黄豆、花生种植为主,产早熟蜜柚、龙眼、荔枝、无核黄皮。有酿酒业。广梅汕铁路、梅河高速过境。

荣贵村 [Róngguìcūn] 岐岭镇人民政府驻地。在县政府驻地水寨镇西北 38 千米。人口 1800。因希冀荣华富贵得名。聚落呈带状。有小学、卫生站。农业以水稻种植为主,产木薯、黄豆、花生、松、杉等。205 国道经此。

潭下镇 [Tánxià Zhèn] 五华县辖镇。在县境西北部。面积 261 平方千米。人口 5.7 万。辖 1 居委会、20 村委会,有 118 自然村。镇人民政府驻南华村。1949 年为第四区。1950 年改潭下区。1957 年改乡。1958 年改公社。1983 年与锡坪公社合设潭下区。1986 年改镇。因河道弯曲成许潭得名。潭下河流经。有中学 1 所,小学 26 所,卫生院 1 个,卫生站 20 个。农业以水稻、番薯、豆类、席草种植为主。省道华中线过境。

南华村 [Nánhuácūn] 潭下镇人民政府驻地。在县政府驻地水寨镇西 23 千米。人口 2500。原名下围,1912 年区域统改地名为"华",因处域南得名。聚落呈带状。有中学。农业以水稻、小麦、番薯、黄豆、花生种植为主。省道华中线经此。

长布镇 [Chángbù Zhèn] 五华县辖镇。在县境西部。面积 284 平方千米。人口 7.1 万。辖 2 居委会、25 村委会,有 144 自然村。镇人民政府驻红旗村。1949 年设长布乡。1950 年与大田合设长布区。1957 年分设长布、大田 2 乡。1958 年合改长布公社。1983 年改区。1986 年改镇。因蒲江河得名长蒲,演为今名。有中学 3 所,小学 23 所,卫生院 2 个,卫生所 25 个。有石马山风景区、七目嶂生态旅游区。农业以水稻、番薯种植为主。省道长池、华中线过境。

红旗村 [Hóngqícūn] 长布镇人民政府驻地。在县政府驻地水寨镇西南 45 千米。人口 5200。原名江南村,因授奖以寄愿改今名。聚落呈块状。有小学。农业以水稻、番薯、木薯、花生、黄豆种植为主。通乡村道路。

周江镇 [Zhōujiāng Zhèn] 五华县辖镇。在县境西部。面积 199 平方千米。人口 5.2 万。辖 2 居委会、22 村委会,有 118 自然村。镇人民政府驻狮潭村。1956 年设周口乡。1957 年析设中友乡。1958 年 2 乡合改周江公社。1983 年改区。1986 年改镇。因周江河得名。中兴河、九龙河流经。有中学 2 所,小学 29 所,卫生院 2 个,卫生所 22 个。农业以水稻、柑橘、黄榄、香蕉、沙田柚等种植为主。有五金加工业。省道长池线过境。

狮潭村 [Shītáncūn] 周江镇人民政府驻地。在县政府驻地水寨镇西南 28 千米。人口 1800。取狮子石、黄古潭 2 自然村名各一字得名。聚落呈团块状。有小学、卫生站。有文峰古塔。农业以水稻、茶种植为主。省道长池线经此。

横陂镇 [Héngbēi Zhèn] 五华县辖镇。在县境中部。面积 236 平方千米。人口 10.9 万。辖 3 居委会、35 村委会,有 182 自然村。镇人民政府驻红光村。1947 年为横陂区。1949 年仍为区。1957 年改乡。1958 年改公社。1983 年复区。1986 年改镇。因明末建木质横陂得名。琴江河流经。有中学 5 所,小学 41 所,卫生院 3 个,卫生站 35 个。农业以水稻、油茶、花生种植为主。省道惠水、广下线过镜。

红光村 [Hóngguāngcūn] 横陂镇人民政府驻地。在县政府水寨镇驻地西南 7 千米。人口 6200。曾名官田,因坐西向东日出即见红日改今名。聚落呈团块状。有小学、卫生站。农业种植水稻、番薯、柑橘。省道广下线经此。

夏阜村 [Xiàfùcūn] 在县政府驻地水寨镇西南 10 千米。横陂镇辖自然村。人口 5400。元代魏氏由江西迁徙,时挑鸡蛋经此破壳,遂名下孵,因谐音演为今名。有小学、卫生站。农业以水稻、小麦、番薯、花生、黄豆种植为主。省道广下线经此。

郭田镇 [Guōtián Zhèn] 五华县辖镇。在县境东部。面积 139 平方千米。人口 3.6 万。辖 1 居委会、12 村委会,有 40 自然村。镇人民政府驻郭田村。1956 年设郭田乡。1958 年并入油田公社。1972 年析设郭田公社。1983 年改区。1986 年改镇。因镇政府驻地得名。有鸿图嶂,海拔 1277.4 米。郭田河流经。有中学 1 所,小学 4 所,教学点 4 个,卫生院 1 个,卫生站 12 个。农业以水稻、番薯种植为主,产紫胶、茶叶。省道车丰线过境。

郭田村 [Guōtiáncūn] 郭田镇人民政府驻

地。在县政府驻地水寨镇东南14千米。人口5100。蕉州河西流呈三角形，得名角田，以谐音俗成今名。聚落呈团块状。有中小学、幼儿园、卫生室。农业以水稻、番薯、柑橘种植为主。省道车丰线经此。

双华镇［Shuānghuá Zhèn］　五华县辖镇。在县境西部。面积141平方千米。人口3.6万。辖1居委会、16村委会，有59自然村。镇人民政府驻双华村。1958年成立双华公社。1983年改区。1986年改镇。因镇政府驻地得名。双华河、华拔河、大径河流经。有中学1所，小学4所，卫生院2个，卫生站16个。有省级文物保护单位高山寨英烈庙。有古迹白云庵。农业以水稻、番薯、巴戟、板栗、茶种植为主。双华—水寨、双华—棉洋公路过境。

双华村［Shuānghuácūn］　双华镇人民政府驻地。在县政府驻地水寨镇东南20千米。人口4300。原名嵩头，因方言嵩、双谐音，且靠近华东、华南2村，改今名。聚落呈团块状。有小学、卫生站。农业以水稻、番薯、柑橘种植为主。通乡村道路。

安流镇［Ānliú Zhèn］　五华县辖镇。在县境中部。面积238平方千米。人口13.3万。辖4居委会、42村委会，有187自然村。镇人民政府驻福江村。1947年设安流镇。1950年改区。1956年改乡。1958年改公社。1983年复区。1986年改镇。因昔浮桥横渡琴江得名横流渡，寄寓平安过渡改今名。琴江、周江、桥江、洑溪河、利洋河流经。有中学7所，小学53所，卫生院3个，卫生站42个。农业以水稻、番薯、木薯种植为主，盛产黄竹、绿竹、麻竹。省道广下线过境。

福江村［Fújiāngcūn］　安流镇人民政府驻地。在县政府驻地水寨镇南27千米。人口5900。因福全小学建于河畔得名。聚落呈团块状。有中小学、幼儿园。农业以种植水稻为主。通乡村道路。

棉洋镇［Miányáng Zhèn］　五华县辖镇。在县境东南部。面积254平方千米。人口9.6万。辖2居委会、26村委会，有129自然村。镇人民政府驻联西村。1949年设棉洋乡。1952年改区。1958年成立公社。1983年复区。1987年改镇。因古时广种棉且处平坦开洋河谷得名。有中学3所，小学30所，卫生院2个，卫生站26个，文化站1个，广播站1个，敬老院2个。有景点天柱山、文锋塔、北斗寨天主教堂等。农业以水稻、大豆、花生、木薯、茶种植为主，产李、梨、杨桃、青梅等水果。棉双公路过境。

联西村［Liánxīcūn］　棉洋镇人民政府驻地。在县政府驻地水寨镇南45千米。人口4300。因处联新村西得名。聚落呈团块状。有小学、卫生站。农业以水稻、番薯、木薯种植为主。棉七、棉双公路经此。

梅林镇［Méilín Zhèn］　五华县辖镇。在县境南部。面积128平方千米。人口5万。辖1居委会、18村委会，有67自然村。镇人民政府驻梅林村。1949年设梅林乡。1952年改区。1957年复乡。1958年改公社。1983年复区。1987年改镇。因镇政府驻地得名。琴江河流经。有中学1所，小学3所，卫生院1个，卫生站18个。有无产阶级革命家古大存故居。农业以水稻、番薯、甘蔗种植为主，产青梅、蜜柚、花生、木薯、药材、松、杉、杂木。通乡村道路。

梅林村［Méilíncūn］　梅林镇人民政府驻地。在县政府驻地水寨镇西南45千米。人口4100。传昔杨梅成林，故名。聚落呈团块状。有中小学、幼儿园、卫生院。农业以水稻、番薯、木薯、果蔗种植为主。通乡村道路。

华阳镇［Huáyáng Zhèn］　五华县辖镇。在县境西南部。面积154平方千米。人口5万。辖1居委员、13村委会，有171自然村。镇人民政府驻华阳村。1952年由龙村区析设华阳区。1957年改乡。1958年改公社。1983年复区。1987年改镇。因镇政府驻地得名。华阳河、琴江流经。有中学1所，小学16所，卫生院1个，卫生站13个。农业以水稻、番薯、花生、木薯、大豆、火龙果种植为主。汕湛高速、省道广下线过境。

华阳村［Huáyángcūn］　华阳镇人民政府驻地。在县政府驻地水寨镇西南51千米。人口5400。原名下阳，因有华东古姓出任御史而改今名。聚落呈团块状。有小学、卫生站。农业种植水稻、番薯、木薯、果蔗。通乡村道路。

龙村镇［Lóngcūn Zhèn］　五华县辖镇。在县境南部。面积349平方千米。人口9万。辖3居委会、37村委会，有122自然村。镇人民政府驻龙村村。1950年为龙村区。1958年改公社。1983年改区。1987年改镇。因镇政府驻地得名。南琴江流经。有中学5所，小学38所，卫生院3个，卫生站37个。农业以水稻、番薯、木薯、茶、果蔗、柑橘等种植为主。产毛竹、高山茶油、铁锅等。黄陆、华龙公路过境。

龙村村［Lóngcūncūn］　龙村镇人民政府驻地。在县政府驻地水寨镇西南50千米。人口3500。因清代龙姓居多得名。聚落呈带状。有小学、卫生站。农业以水稻、番薯、木薯种植为主。金坳公路经此。

平远县

平远县［Píngyuǎn Xiàn］　梅州市辖县。北纬24°35′，东经115°54′。在市境西北部。面积1381平方千米。人口26.3万。以汉族为主，还有壮、满、苗、蒙古等民族。辖12镇。县人民政府驻大柘镇。明嘉靖四十二年（1563）置平远县，因处武平、安远2县间得名，属江西赣州府。四十三年部分地域析出，程乡、兴宁2县部分地域并入。先后属潮州府、嘉应州、潮循道、第六行政督察区、第七行政督察区、兴梅专区。1951年部分地域划出。1952年与蕉岭县合设蕉平县，属粤东行政区。1954年复县。1956年属汕头专区。1959年并入兴宁县。1961年复置平远县。1965年属梅县专区。1970年属梅县地区。1988年属梅州市。为“一心两轴四片区”城市布局，县城东北宜居综合发展新区，县城西休闲养生体验区，县城东南文体、商贸、行政综合新区，县城西南生态工业园区等。多山地丘陵。平均海拔400米。最高点项山甑海拔1529米。年均气温20.7℃，1月平均气温10.9℃，7月平均气温28.4℃。年均降水量1639.6毫米。差干河、东石河、大柘河流经。有铁、煤、稀土、石灰石等矿产资源。有广东南台山国家森林公园。森林覆盖率78.1%。有中学17所，小学18所，二级医院2个。有省级文物保护单位石正凌风塔。有五指石省级风景名胜区。三次产业比例17∶41∶42。农业以种植水稻、甜玉米、橙、南药、茶，制种为主。工业以稀土新材料、机械制造、建材、家具制造、酿酒为主。服务业以商品批发零售、金融为主。206国道，平松、平三公路过境。有平远汽车客运站。

平远汽车客运站［Píngyuǎn Qìchē Kèyùnzhàn］　见交通运输设施部分“平远汽车客运站”条。

大柘镇［Dàzhè Zhèn］　县人民政府驻地。在县境西南部。面积109平方千米。人口4.7万。辖3居委会、11村委会，有113自然村。镇人民政府驻城西城南社区。1949年设大柘区。1954年设镇。1958年改公社。1984年复区。1987年改镇。因明末附近多种柘树，别于县内小柘而得名。有中学6所，小学6所，二级医院2个，卫生院2个，卫生所28个。农业以大豆、蔬菜种植，水产养殖为主。工业以制砖、建筑、机电制造、稀土矿开采为主。服务业以商业为主。206国道，平三、平松公路过境。

城西城南社区［Chéngxīchéngnán Shèqū］　大柘镇人民政府驻地。在县境南部。面积5.3平方千米。人口8500。因处平城西南部得名。2003年成立。民居以楼房为主，有多栋别墅。有社区学校。有志愿者、法律咨询服务。有中学、二级医院、卫生所。县政府驻此。有人民广场、河滨公园、石龙寨景区等。通公交车。

石正镇［Shízhèng Zhèn］　平远县辖镇。在县境西南部。面积101平方千米。人口3.4万。辖1居委会、17村委会，有302自然村。镇人民政府位于戏院路。1956年设石正乡。1958年并入大柘公社。1983年析设石正区。1986年改镇。因镇区处南台石南，以坐北朝南为正得名。石正河流经。有中学2所，小学1所，卫生院1个，卫生所18个。农业以种植水稻、玉米、豆类、番薯、蔬菜为主，产油茶、沙田柚、枇杷、水柿、茶叶。有日用陶器加工业。省道平远—水口线经此。

东石镇［Dōngshí Zhèn］　平远县辖镇。在县境中部。面积163平方千米。人口3.4万。辖1居委会、17村委会，有341自然村。镇人民政府位于新东二街。1955年为东石区。1956年改东石乡。1958年改公社。1986年复乡。1994年改镇。传镇区处老县城东南，因多矿石、鹅卵石得名。有尖山、高山寨、双峰顶等山。有煤、石灰石、陶土等矿产资源。有中学1所，小学2所，卫生院1个，卫生所18个。农业以水稻、花生、黄豆、玉米、生姜、蔬菜、三华李、沙田柚、椪柑种植为主。特产锅叾茶。工业以矿产开发为主。省道平蕉、大仁线过境。

凉庭村［Liángtíngcūn］　在县政府驻地大柘镇东北16千米。东石镇辖自然村。人口3300。因旧时建有茶亭“良亭”得名。聚落呈不规则块状。有卫生站。为中国传统村落。有古迹客家围龙屋丰泰堂。农业以水稻、三华李、沙田柚种植为主。东泗公路经此。

仁居镇［Rénjū Zhèn］　平远县辖镇。在县境北部。面积188平方千米。人口2.4万。辖1居委会、15村委会，有417自然村。镇人民政府位于中山南街。1957年设仁居乡。1958年改公社。1983年改区。1987年改镇。清嘉庆《平远县志》载，仁居原名豪居，取“公卿大夫之居乡”意，取意“仁人之居”改今名。有武夷山。有中学1所，小学1所，幼儿园2所，卫生院1个，卫生所28个。有客家古民居德知围。农业以水稻、脐橙等种植为主。柘大公路过境。

八尺镇［Bāchǐ Zhèn］　平远县辖镇。在县境西部。面积109平方千米。人口1.5万。辖1居委会、11村委会，有278自然村。镇人民政府位于府前路。1954年为八尺区。1956年改乡。1958年改公社。1983年改区。1986年改镇。因传原老圩街宽八尺得名。有武夷山、角山嶂。有中学1所，小学1所，幼儿园1所，卫生院1个，卫生所12个。农业以水稻、生姜、西瓜、甜玉米、黄豆等种植为主。206国道、省道湍八线过境。

差干镇［Chàgàn Zhèn］　平远县辖镇。在县境北部。面积95平方千米。人口8500。辖7村委会，有143自然村。镇人民政府驻加丰村。1961年由仁居公社析设差干公社。1983年改区。1986年改乡。1995年改镇。因差干村得名。因水车灌溉得名车灌，以方言谐音为今名。有中学1所，小学1所，卫生院1个，卫生所7个。有文化站、老人活动中心。有谢李孺人古墓。有五指石省级风景名胜区。农业以水稻、生姜、甜玉米、仙人草等种植为主。工业以木材加工为主。省道湍八线过境。

加丰村［Jiāfēngcūn］ 差干镇人民政府驻地。在平远县人民政府驻地大柘镇北54千米。人口800。昔因有私塾名"家翁"得村名，以谐音俗成今名。聚落呈环状。有卫生院。有名胜古迹石林寺、国家4A级旅游风景区五指石。主产稻谷、甜玉米。盛产松、杉和杂木。通乡村道路。

河头镇［Hétóu Zhèn］ 平远县辖镇。在县境中部偏西。面积92平方千米。人口1.1万。辖9村委会，有165自然村。镇人民政府驻河头圩。1963年由八尺公社析设河头公社。1983年改区。1986年改乡。1994年改镇。因镇政府驻地得名。河头河流经。有金、银、铜、水晶石等矿产资源。有中学1所，小学1所，幼儿园3所，卫生院1个，卫生所9个。农业以水稻、玉米、黄豆、油茶、西瓜、沙田柚等种植为主。县道快黄线过境。

河头圩［Hétóuxū］ 河头镇人民政府驻地。在县政府驻地大柘镇北19千米。人口400。传原集位于寨子岃，故名寨颈铺圩，因临河改今名。聚落呈不规则块状。有中学、卫生院。逢农历二、五、八为圩期。通乡村道路。

中行镇［Zhōngkēng Zhèn］ 平远县辖镇。在县境西部。面积73平方千米。人口9100。辖6村委会，有223自然村。镇人民政府位于镇前街。1961年由八尺公社析设中行公社。1983年改区。1986年改乡。1994年改镇。因处官坑、黄坑2村得名中坑，1926年以中行邮政代办所名改名中行，寓意流通、传递。虽字改地方仍以"kēng"音。有柑子嶂。有中学1所，小学1所，卫生院1个，卫生所6个。农业以水稻、黄豆、花生、西瓜、木薯种植为主。有水电站。206国道过境。

上举镇［Shàngjǔ Zhèn］ 平远县辖镇。在县境东北部。面积99平方千米。人口7500。辖6村委会，有122自然村。镇人民政府驻上举圩。1975年成立上举公社。1983年改区。1987年改乡。1994年改镇。因镇政府驻地得名。有小学4所，幼儿园4所，卫生院1个，卫生站4个。农业以水稻、脐橙、李、柿、西瓜、生姜、甜玉米等种植为主，产杉木、毛竹。仁柘—畲湍公路过境。

上举圩［Shàngjǔxū］ 上举镇人民政府驻地。在县政府驻地大柘镇东北33千米。人口300。因下举村上游且有集市得名。聚落呈带状。有小学、卫生院。经济以商贸为主。通乡村道路。

畲脑村［Shēnǎocūn］ 在县政府驻地大柘镇东北23千米。上举镇辖自然村。人口1800。地处山岭高处，旧时有畲人聚居得名"畲脑"。聚落呈散状。有卫生站。为中国传统村落。有客家围龙屋。有省级非物质文化遗产平远船灯。农业以水稻、生姜、甜玉米种植为主。仁柘—畲湍公路经此。

泗水镇［Sìshuǐ Zhèn］ 平远县辖镇。在县境东北部。面积134平方千米。人口1.1万。辖8村委会，有292自然村。镇人民政府驻泗水村。1957年设泗水乡。1958年并入东石公社。1961年析设泗水公社。1983年改区。1987年复乡。1994年改镇。因镇政府驻地得名。有中学1所，小学1所，卫生院1个，卫生所5个。农业以水稻、番薯、玉米、黄豆、花生、茶等种植为主，产杉、松、毛竹。工业以竹木加工为主。泗塘公路过境。通公交车。

泗水村［Sìshuǐcūn］ 泗水镇人民政府驻地。在平远县政府驻地大柘镇东北23千米。人口1800。因田坑、大神坝、木联坑、斗米石4溪水汇流得名。聚落呈环状。有中小学、卫生院、卫生站。主产稻谷、西红柿、花生、玉米、黄豆。有平远长联林果场。有县道和林区公路。

长田镇［Chángtián Zhèn］ 平远县辖镇。在县境南部。面积69平方千米。人口9600。辖7村委会，有37自然村。镇人民政府位于长兴街。1941年设长田乡。1949年仍为乡。1958年成立公社。1983年改区。1986年复乡。1994年改镇。因多块长形田地得名。有中学1所，小学1所，幼儿园3所，卫生院1个，卫生所7个。农业以水稻种植为主。206国道过境。

热柘镇［Rèzhè Zhèn］ 平远县辖镇。在县境东南部。面积116平方千米。人口1.4万。辖8村委会，有49个自然村。镇人民政府位于柚树路。1921年由热水、小柘2乡合并设热柘乡，取2乡名得名。1949年为第五区。1950年为第四区。1956年改热柘乡。1958年划入大柘公社。1961年析设热柘公社。1983年改区。1987年复乡。1994年改镇。柚树河、上山河、热水等流经。有中学1所，小学1所，幼儿园1所，卫生院1个，卫生所8个。农业以水稻、番薯、花生、豆类、玉米、蔬菜种植为主。特产黄豆腐干。206国道过境。

蕉岭县

蕉岭县［Jiāolǐng Xiàn］ 梅州市辖县。北纬24°25′，东经116°01′。在市境北部。面积959平方千米。人口23.5万。以汉族为主，还有壮、苗、土家、蒙古等民族。辖8镇。县人民政府驻蕉城镇。明崇祯六年（1633）析程乡、平远2县地置镇平县，属潮州府。清代属嘉应州、嘉应府。1914年因避河南省镇平县重名，以蕉岭改今名。先后属潮循道、第六行政督察区、第七行政督察区、兴梅专区。1952年与平远县合设蕉平县，属粤东行政区。1954年复蕉岭县。1956年属汕头专区。1958年并入梅县。1961年复。1965年属梅县专区。1970年属梅县地区。1988年属梅州市。先后建成新东路、溪峰路、东一街、西一街、西二街、桂岭大道、塔牌大道、恒塔大道、新东市场、居住小区等。地势周高中低，多低山丘陵。平均海拔353米。最高峰金山笔海拔1170米。年均气温21℃，1月平均气温12.3℃，7月平均气温28.5℃。年均降水量1658.8毫米。石窟河流经。有铷、锰、铁、铝、钨、铜、铅、锌、锡、煤、石灰石、大理石、花岗岩、石英砂、稀土等矿产资源。有镇山国家森林公园。有长潭省级自然保护区。森林覆盖率79.4%。有中学15所，小学25所，二级医院2个。有全国重点文物保护单位晚清爱国诗人丘逢甲故居、抗日民族英雄谢晋元故居，省级文物保护单位爱国志士罗福生故居、黄花岗七十二烈士林修明故居、石寨土楼、南磜观察第、赖寿官夫妇墓。有国家4A级长潭旅游区。三次产业比例16∶38∶46。农业以水稻、番薯、木薯、花生、黄豆种植为主。特产红菇、灵芝、白茶、黄坑茶、单枞茶。工业以水泥加工、酿酒、电子、竹木深加工为主。服务业以商品批发零售、金融、房地产业为主。长深高速、205国道过境。有蕉岭汽车站。

蕉岭汽车站［Jiāolǐng Qìchēzhàn］ 见交通运输设施部分"蕉岭汽车站"条。

蕉城镇［Jiāochéng Zhèn］ 蕉岭县人民政府驻地。在县境中部。面积58平方千米。人口7.5万。辖4居委会、11村委会，有181自然村。镇人民政府驻城郊村。1950年设蕉城镇。1959年改公社。1981年复镇。因镇平县得名镇山楼，清代因于蕉岭建邑城改今名。有山樟坑岽，海拔1020米。石窟河流经。有电大1所，职业中学1所，中学4所，小学7所，二级医院2个，卫生院1个，卫生室33个，图书馆1个，博物馆1个。有省级文物保护单位桂岭书院。有镇山国家森林公园。农业以水稻种植，鸡、猪、牛、羊、鱼养殖为主，产名贵树木、花生、蔬菜。工业以造纸、建材为主。服务业以商品批发零售、房地产业为主。长深高速、205国道过境。

城郊村［Chéngjiāocūn］ 蕉城镇人民政府驻地。在镇境中部。人口2600。因处郊区得名。聚落呈散状。有中小学、二级医院、卫生院。有省级文物保护单位桂岭书院。农业以种植水稻、蔬菜为主。通乡村道路。

长潭镇［Chángtán Zhèn］ 蕉岭县辖镇。在县境西北部。面积97平方千米。人口1.9万。辖1居委会、11村委会，有167自然村。镇人民政府驻堑垣村。1950年设白马乡。1958年并入蕉城公社。1966年析设长潭公社。1984年改区。1986年改乡。1993年改镇。因石窟河流经成深潭得名。有牙狮嶂、大人岽等山。石窟河流经。有中学1所，小学2所，卫生院1个，卫生所9个。有省级文物保护单位赖寿官夫妇墓。有国家4A级长潭旅游区。农业以水稻、蔬菜、茶、龙眼、宁化橘、香蕉、沙田柚种植为主。工业以酿酒为主。县道荷同、金白线过境。

堑垣村［Qiànyuáncūn］ 长潭镇人民政府驻地。在县政府驻地蕉城镇西3千米。人口3000。原为河床，因筑堤防洪改今名。聚落呈点状。有卫生室。农业以水稻、沙田柚种植为主。县道荷同、金白线经此。

三圳镇［Sānzhèn Zhèn］ 蕉岭县辖镇。在县境西南部。面积92平方千米。人口1.7万。辖1居委会、9村委会、有144自然村。镇人民政府驻招福村。1949年设招福乡。1958年改三圳公社。1983年改区。1986年改镇。有3水流经得名。有铁山嶂、马头耳等山。有中学1所，小学3所，卫生院1个，卫生所13个。农业以水稻、淮山、苦瓜、茄子、黑皮冬瓜种植，养殖猪为主。工业以建材、电力为主。服务业以观光、餐饮为主。长深高速、205国道过境。

招福村［Zhāofúcūn］ 三圳镇人民政府驻地。在县政府驻地蕉城镇南9千米。人口2700。因常遭水灾而建招福寺，村以寺名。聚落呈散状。有小学、卫生院。农业以水稻、香蕉、淮山、蔬菜、小麦、花生种植，养殖淡水鱼虾为主。县道金白线经此。

新铺镇［Xīnpù Zhèn］ 蕉岭县辖镇。在县境西南部。面积185平方千米。人口4.3万。辖1居委会、21村委会，有354自然村。镇人民政府驻新铺社区。1956年设新铺区。1958年成立红旗公社。1961年改新铺公社。1984年改区。1986年改镇。2003年徐溪镇并入。原名老铺，因地势低常受水浸而新建店铺，改今名。有油坑笔山、南山嶂、狮山嶂、笔架山等。石窟河、柚树河、石扇河、徐溪河流经。有中学2所，小学6所，卫生院1个，卫生所29个。有全国重点文物保护单位谢晋元故居，省级文物保护单位林修明故居。农业以水稻、茶、蔬菜、龙眼、香蕉、蜜柚、沙田柚种植为主。工业以建材加工为主。长深高速、205国道过境。

新铺社区［Xīnpù Shèqū］ 新铺镇人民政府驻地。在县境南部。面积1平方千米。人口4800。因镇得名。1987年成立。民居以低层楼房为主。有法律咨询服务。以居家养老为主。有小学、广播电视站、邮储银行、农商银行等。205 国道经此。

文福镇［Wénfú Zhèn］ 蕉岭县辖镇。在县境北部。面积 112 平方千米。人口 2 万。辖 1 居委会、8 村委会，有 44 自然村。镇人民政府驻白湖村。1949 年为文福乡。1958 年改公社。1984 年改区。1986 年改镇。清末由丘逢甲将"文基乡"易名为文福乡，意为当地文化底蕴深厚，幸福感不断积累与扩大。有金山笔。有中学 1 所，小学 3 所，卫生院 1 个，卫生所 9 个。有全国重点文物保护单位丘逢甲故居。农业以水稻、花生、黄豆、番薯种植为主。工业以水泥加工为主。长深高速、205 国道过境。

白湖村［Báihúcūn］ 文福镇人民政府驻地。在县政府驻地蕉城镇北 10 千米。人口 3000。白、黎、胡 3 姓建村，以谐音得名白泥湖，简为今名。聚落呈散状。有中小学、卫生院。农业以水稻、花生、大豆种植为主。205 国道经此。

广福镇［Guǎngfú Zhèn］ 蕉岭县辖镇。在县境西北部。面积 107 平方千米。人口 1.5 万。辖 1 居委会、10 村委会，有 124 自然村。镇人民政府驻大坝村。1950 年设广福乡。1958 年改公社。1984 年改区。1986 年改镇。因处广东、福建交界地得镇名。有野湖顶、洪畲笔等山。石窟河、留畲河、大坝河流经。有九年一贯制学校 1 所，卫生院 1 个，卫生所 9 个。有传统民间艺术船灯舞。农业以水稻、茶、仙人草、金橘种植为主。工业以建材、电子为主。服务业以餐饮为主。长深高速、205 国道过境。

大坝村［Dàbàcūn］ 广福镇人民政府驻地。在县政府驻地蕉城镇北 19 千米。人口 2400。原为沙坝，故名。聚落呈散状。有九年一贯制学校、卫生院。农业以水稻、金橘、仙人草种植为主。特产豆干。长深高速、205 国道经此。

蓝坊镇［Lánfáng Zhèn］ 蕉岭县辖镇。在县境东部。面积 135 平方千米。人口 1.8 万。辖 1 居委会、11 村委会，有 187 自然村。镇人民政府驻峰口村。1949 年为蓝坊乡。1966 年成立东风公社。1970 年改蓝坊公社。1984 年改区。1986 年改乡。1993 年改镇。2003 年高思镇并入。北宋元祐三年（1088）蓝奎高中进士，时人立牌坊以示纪念，故名。有大峰嶂、尖峰笔等山。溪峰河、高思河流经。有中学 2 所，小学 4 所，卫生院 1 个，卫生所 15 个。有省级文物保护单位近代民主革命家罗福星故居。有古迹贞节牌坊、文奎宝塔、十二联楼。有中国传统村落大地村。有景观文峰插汉、龙潭飞瀑等。农业以水稻、柚子、李、香蕉、百香果种植为主，产松木、杉木、杂木、毛竹。特产冬笋、苦笋、红菇、蕨干、灵芝等。工业以酿酒为主。服务业以乡村旅游为主。县道蓝丰、蕉步线过境。

峰口村［Fēngkǒucūn］ 蓝坊镇人民政府驻地。在县政府驻地蕉城镇东 5 千米。人口 2200。因处隘口，以峰高路峡得名。聚落呈散状。有小学、卫生院。农业以水稻、三华李、串珠李种植为主。县道蓝丰、蕉步线经此。

大地村［Dàdìcūn］ 在县政府驻地蕉城镇东南 10 千米。蓝坊镇辖自然村。人口 2700。原名梅花村，清乾隆四十九年（1784）取"居民来自五湖四海"之意改今名。聚落呈散状。为中国传统村落。有省级文物保护单位罗福星故居。农业主产水稻。通乡村道路。

高思村［Gāosīcūn］ 在县政府驻地蕉城镇东南 13.6 千米。蓝坊镇辖自然村。人口 1600。取意饮水思源、感谢高人之意命名。聚落呈散状。为中国传统村落。有古楼、古桥、古街等。有古迹敬铭堂、笃敬楼、创修楼等。农业以香蕉、柚子种植为主，产蜂蜜。县道蓝丰线经此。

南磜镇［Nánqì Zhèn］ 蕉岭县辖镇。在县境东北部。面积 174 平方千米。人口 2.1 万。辖 16 村委会，有 205 自然村。镇人民政府驻南磜村。1949 年为南磜乡。1961 年成立公社。1983 年改区。1987 年改乡。1993 年改镇。因镇政府驻地得名。有金山笔、皇佑笔等山。南磜河、北磜河流经。有九年一贯制学校 2 所，卫生院 1 个，卫生所 17 个。有省级文物保护单位石寨土楼、南磜观察第。农业以水稻、茶、松、杉、杂木、毛竹种植为主。特产冬笋、苦笋、红菇、蕨干、灵芝等。工业以木制品加工为主。服务业以乡村旅游为主。省道隘程线、县道蕉步线过境。

南磜村［Nánqìcūn］ 南磜镇人民政府驻地。在县政府驻地蕉城镇东北 17 千米。人口 1800。因处磜头村南得名。聚落呈散状。有九年一贯制学校。为中国传统村落。有省级文物保护单位南磜观察第。农业以水稻、南药种植为主。县道蕉步线经此。

石寨村［Shízhàicūn］ 在县政府驻地蕉城镇东北 24 千米。南磜镇辖自然村。人口 2300。因河流经 2 石山得名。聚落呈散状。为中国传统村落、中国历史文化名村。有省级文物保护单位石寨土楼。农业以水稻种植为主，产松、杉。特产红菇、蕨干、灵芝、白茶等。省道隘程线经此。

汕 尾 市

汕尾市［Shànwěi Shì］ 广东省辖地级市。北纬 22°27′—23°28′，东经 114°54′—116°13′。在省境东南部。面积 5271 平方千米。户籍人口 361.9 万，常住人口 771.9 万。以汉族为主，还有壮、侗、畲、黎、土家等民族。辖城区 1 区，海丰、陆河 2 县，代管陆丰市。市人民政府驻城区。1988 年置汕尾市。因在沙滩尾部建镇得名。北部为高丘山地，中部为丘陵、台地，南部为沿海台地、平原。最高点莲花山海拔 1337.3 米。年均气温 22℃，1 月平均气温 15℃，7 月平均气温 28℃。年均降水量 2861.9 毫米。年均无霜期 358 天。有螺河、南北溪、新田水、乌坎、长山、水东河流经。有锡、花岗岩、海河砂、硫铁等矿产资源。有野生植物 1242 种，其中国家重点保护野生植物有水蕨、金毛狗、苏铁蕨、黑桫椤等 12 种。有野生动物 328 种，其中国家重点保护野生动物有黑鹳等 35 种。森林覆盖率 53.5%。有高校 1 所，特殊教育学校 3 所，中学 166 所，小学 458 所，幼儿园 186 所，三级医院 1 个，体育馆 2 个。有全国重点文物保护单位海丰红宫红场旧址区等。有国家级非物质文化遗产白字戏、正字戏、西秦戏、滚地金龙、陆丰皮影戏、汕尾渔歌、海丰麒麟舞、钱鼓舞、河田高景、陆丰甲子英歌舞。有国家 4A 级旅游景区碣石玄武山、凤山祖庙、红海湾、金厢滩等。三次产业比例 16：47：37。农业以水稻、茶树、蔬菜、果树种植，甲鱼、鲍鱼养殖为主。工业以电子信息、食品加工、纺织服装、化学制品、橡胶塑料制品为主。服务业以商贸、餐饮、旅游为主。有铁路 112 千米，高速 111 千米，公路 5482.8 千米，内河航线 152 千米。深厦铁路，沈海、甬莞高速，324 国道，省道河乌、可遮、河汕、樟公、溪金线过境。有汕尾站。

汕尾［Shànwěi］ 简称汕。别名城区、海陆丰。汕尾市聚落。在市境西南部。面积 16.4 平方千米。人口 49 万。为中国共产党领导的最早的大规模农民运动发源地，中国第一个苏维埃政权诞生地。先后建成汕尾大道、红海中路、香洲路、香城路、海滨大道、市科技文化中心、凤山妈祖文化广场、玉台山慈云公园、全民健身广场、市体育馆、市儿童福利院、市妇幼保健院，改造友谊路、城内路、新城路、奎山河、汕遮路、海汕路、金湖路、腾飞路、成业路等。有标志性建筑物汕尾站、善美广场、星光广场、凤山妈祖石雕、星河湾钟楼、观澜广场。主城区以综合服务功能和居住功能为主。城东新区为商业区。中部沿品清河两侧为商务、商贸区。城区水陆交通方便，深汕高速公路通过市区，海运四通八达。通多路公交车。

汕尾大道［Shànwěi Dàdào］ 在市境东南部。南起海滨大道，北至省道可遮线。与红海湾大道、红海大道、香洲路、香江大道等相交。长 27 千米，宽 50—70 米。沥青路面。1990 年开工，同年建成。因贯通汕尾南北得名。两侧有汕尾日报社、广播电视台、市城区职业技术学校等。通公交车。

城 区

城区［Chéng Qū］ 汕尾市人民政府驻地。在市境南部。面积 421 平方千米。人口 49 万。以汉族为主，还有壮、苗、土家、侗等民族。辖 7 街道、3 镇。区人民政府驻香洲街道。1988 年析海丰县汕尾、东涌、田墘、捷胜、遮浪、红草、马宫 7 镇置城区。为汕尾市区所在地、市辖区，故名。黄江河流经。有高校 2 所，中学 23 所，小学 105 所，三级医院 1 个，二级医院 1 个。有国家级非物质文化遗产白字戏、正字戏、西秦戏、汕尾渔歌。有景点关帝庙、黎明洞、坎下城、凤山祖庙、红海湾南澳半岛、得道庵、汕尾革命烈士纪念碑。有标志性建筑凤山妈祖石雕像。三次产业比例 15：47：38。农业以水稻、番薯、荔枝、龙眼、杧果种植，鱿鱼、石斑、马鲛鱼、鲳鱼、鲻鱼、鲈鱼等养殖为主。工业以电子信息、机械制造、海产品深加工、纺织服装、船舶修造为主。服务业以旅游、餐饮住宿为主。厦深铁路、深汕高速、海汕公路过境。有汕尾站、汕尾粤运汽车客运站。有汕尾、马宫港。

汕尾站［Shànwěi Zhàn］ 见交通运输设施部分"汕尾站"条。

汕尾粤运汽车客运站［Shànwěi Yuèyùn Qìchē Kèyùnzhàn］ 见交通运输设施部分"汕尾粤运汽车客运站"条。

香洲街道［Xiāngzhōu Jiēdào］ 城区人民政府驻地。在区境西南部。面积 19 平方千米。人口 9.7 万。1989 年设。因香洲头村得名。先后建成水产品、农副产品加工业园。有中学 7 所，小学 9 所，三级医院 1 个，卫生院 1 个，卫生所 2 个。有省级文物保护单位坎下城。有景点白鹤寺、奎山公园、大鹏山公园、埔上墩新石器遗址。农业以水稻、番薯、荔枝、龙眼、杧果种植为主。工业以针织、食品、饲料加工为主。服务业以商贸、乡村旅游为主。汕马公路过境。通多路公交车。

新港街道［Xīngǎng Jiēdào］ 属城区。在区境南部。面积 17 平方千米。人口 4.8 万。1989 年设。因新港村得名。有中学 1 所，小学 7 所，卫生院 1 个。有国家级非物质文化遗产汕尾渔歌。有景点沙舌、金龙湾、银排、鲤鱼尾。农业以番薯、蔬菜种植，鲍鱼、龙虾、石斑、鲳鱼、海胆、对虾等养殖为主。工业以海产品加工、水产品加工、船机设备安装与维修为主。服务业以旅游、商贸为主。通多路公交车。

凤山街道［Fèngshān Jiēdào］ 属城区。在区境东南部。面积 21 平方千米。人口 7.9 万。1989 年设。因凤山得名。先后改扩建滨湖路、红海东路、香洲东路、东湖东路、妈祖文化广场等。有高校 1 所，中学 5 所，小学 7 所，二级医院 1 个，卫生院 1 个。有景点鼎盖山、屿仔山、品清湖、汕尾港埠、关帝庙、凤山祖庙、革命烈士纪念碑。农业以蔬菜、果树等种植为主。工业以针织、造船为主。服务业以旅游、商贸为主。通多路公交车。

田墘街道［Tiánqián Jiēdào］ 属城区。在区境东南部。面积 53.9 平方千米。人口 5.6 万。1995 年田墘镇改街道。因田墘圩得名。有中学 2 所，小学 6 所，卫生院 1 个。有纪念地红楼、抗日英烈陵园。农业以番薯、花生等种植为主。服务业以旅游为主。省道可遮线、县道汕遮线过境。通多路公交车。

东洲街道［Dōngzhōu Jiēdào］ 属城区。在区境东南部。面积 21.6 平方千米。人口 3 万。1995 年设。"东"为"疍"方言谐音，东洲，意为疍民居住的水中小块陆地。有中学 1 所，小学 4 所，卫生院 1 个。农业以番薯、花生、果树种植，海洋捕捞、海水养殖为主。工业以发电、水产品加工为主。省道可遮线、县道汕遮线过境。通多路公交车。

遮浪街道［Zhēlàng Jiēdào］ 属城区。在区境东南部。面积 25 平方千米。人口 3.6 万。1997 年设。因遮浪圩得名。有中学 1 所，小学 9 所，卫生院 1 个。有景点红海湾、南澳半岛、遮浪岩、炮台山、城隍庙、宫前妈祖。农业以鱼、虾、螺等养殖为主。工业以水产品、海产品加工为主。服务业以旅游为主。可遮、汕遮公路过境。

马宫街道［Mǎgōng Jiēdào］ 属城区。在区境西部。面积 23 平方千米。人口 2 万。2002 年马宫镇改街道。因妈祖宫得名。大液河、黄江、龙津河流经。有中学 1 所，小学 6 所，卫生院 1 个。有古迹天妃庙、倚壁虎炮台、长沙炮台、石脚桶遗址。农业以水稻、番薯、荔枝种植，海洋捕捞为主。服务业以旅游为主。厦深铁路、深汕高速过境。通多路公交车。

红草镇［Hóngcǎo Zhèn］ 城区辖镇。在区境北部。面积 70 平方千米。人口 4.2 万。辖 1 居委会、14 村委会，有 121 自然村。镇人民政府驻埔边。1953 年设红草区。1957 年改乡，后改公社。1984 年复改区。1987 年改镇。北宋时称清草圩。1927 年成立海陆丰苏维埃政权后更今名。有中学 3 所，小学 14 所，卫生院 1 个，医疗站 20 个。农业以荔枝、龙眼、水稻、番薯、花生种植，牡蛎、虾、蟹等养殖为主。工业以电子元件、电机、食品加工为主。厦深铁路，深汕高速，边马、海汕公路过境。

埔边［Pǔbiān］ 红草镇人民政府驻地。在区政府驻地香洲街道西北 12 千米。人口 1000。因沿小山埔而建得名。聚落呈团块状。有中小学、幼儿园、卫生院。农业以水稻、荔枝种植，生蚝等养殖为主。海汕公路经此。

东涌镇［Dōngchōng Zhèn］ 城区辖镇。在区境东部。面积 104 平方千米。人口 5.7 万。辖 2 居委会、15 村委会，有 44 自然村。镇人民政府驻东涌。1953 年设东涌区。1957 年改乡，后改公社。1984 年复区。1987 年改镇。因镇政府驻地得名。有中学 2 所，小学 19 所，幼儿园 1 所，卫生院 1 个。农业以荔枝、龙眼、水稻、番薯、花生种植，生猪、鱼、虾、蟹等养殖为主。特产海盐。工业以塑料、纺织、皮革加工等为主。汕可、海汕、汕遮公路过境。

东涌［Dōngchōng］ 东涌镇人民政府驻地。在区政府驻地香洲街道东北 7 千米。人口 2 万。因处品清湖之东，海潮可达之河为涌而得名。聚落呈团块状。有中小学、幼儿园、卫生院。农业以蔬菜种植，虾、鱼等养殖为主。通乡村道路。

捷胜镇［Jiéshèng Zhèn］ 城区辖镇。在区境东南部。面积 52 平方千米。人口 5.3 万。辖 4 居委会、14 村委会，有 34 自然村。镇人民政府驻北门。1953 年设捷胜区。1957 年改乡，后改公社。1984 年复区。1986 年改镇。明洪武二十八年建捷胜城。因处古战场捷琅埔而取"捷"，加取"胜"字，故名。有中学 2 所，小学 16 所，卫生院 1 个，诊所 10 个。有景点沙坑文化遗址、黎明洞、得道庵、龟龄岛、白石庵。农业以水稻、番薯、花生种植，浅海捕捞等为主。特产鲍鱼、龙虾、海胆、紫菜等。工业以建筑为主。省道可遮线、县道龙新线过境。

北门［Běimén］ 捷胜镇人民政府驻地。在区政府驻地香洲街道东南 18 千米。人口 6500。因处捷胜城北边得名。聚落呈团块状。有中小学、幼儿园、卫生院、敬老院。农业以种植水稻、花生，浅海捕捞等为主。通乡村道路。

陆丰市

陆丰市［Lùfēng Shì］ 广东省直辖县级市，由汕尾市代管。北纬 22°92′，东经 115°64′。在汕尾市境东南部。面积 1687 平方千米。人口 167.1 万。以汉族为主，还有回、苗、壮、藏、侗、满、瑶、白、傣、黎、京、蒙、畲、珞巴等民族。辖 3 街道、17 镇。市人民政府驻东海街道。唐武德五年(622)析海丰东部地置安陆县，贞观元年(627)又省人。清雍正九年(1731)析海丰县坊廓、石帆、吉康 3 都置陆丰县，择安陆、海丰尾字得名，属惠州府。1912 年后隶属潮循道、第四、第五行政督察区、东江专署、粤东行署、惠阳专区、汕头专区、惠阳地区、汕尾市。1995 年改市。先后建成玉照公园、丰市文化中心、陆城污水处理厂，整治东河，搬迁市政府。北部以山地为主。中部、南部沿海多为丘陵、台地、平原、低洼地。最高点峨眉嶂海拔 980.3 米。年均气温 21.8℃，1 月平均气温 13.7℃，7 月平均气温 28.1℃。年均降水量 1997 毫米。流冲、八万、鳌江、溧河流经。有硫铁、锡、锆、铁、钛铁等矿产资源。森林覆盖率 40.1%。有中学 87 所，小学 20 所，二级医院 1 个。有全国重点文物保护单位碣石玄武山。有纪念地苏维埃政府旧址、县农会旧址、周恩来同志居址、金厢滩渡海处、烈士陵园、人民英雄纪念碑、革命先烈张威纪念亭。有景点观音岭、定光寺、麒麟山。有民俗正字戏、白字戏、五色狮、滚地金龙、八仙骑八兽、麒麟狮舞。三次产业比例 22∶42∶36。农业以种植水稻、小麦、大豆等为主。特产鲍鱼、龙虾、石斑鱼等。工业以电子信息、电力能源、工艺品制造、纺织为主。服务业以旅游为主。厦深铁路、沈海高速、324 国道、广汕公路过境。有碣石、甲子港。

陆丰站［Lùfēng Zhàn］ 见交通运输设施部分"陆丰站"条。

陆丰汽车客运总站［Lùfēng Qìchē Kèyùn Zǒngzhàn］ 见交通运输设施部分"陆丰汽车客运总站"条。

东海街道［Dōnghǎi Jiēdào］ 陆丰市人民政府驻地。在市境西南部。面积 56 平方千米。人口 21 万。2004 年设。因地处东河两岸，河水向东注入大海而得名。先后建成红荔花园、东海翡翠苑、陆城华庭、华辉新都等住宅区。有中学 16 所，小学 41 所，二级医院 1 个，卫生院 1 个，卫生所 36 个。有景点玉照公园、烈士陵园、革命先烈张威纪念亭。工业以纺织、陶瓷树脂、电子机械为主。有东海滨城工业园区。福泉厦高速、324 国道过境。通多路公交车。

城东街道［Chéngdōng Jiēdào］ 属陆丰市。在市境东部。面积 63 平方千米。人口 7.6 万。2004 年设。因处城区东部得名。有中学 2 所，小学 14 所，幼儿园 3 所，卫生院 1 个，卫生所 26 个。农业以种植水稻、小麦、大豆等为主。特产双山红心番薯、水墘蚝、乌耳白肚蚝等。厦深铁路、深汕高速、广汕公路过境。通多路公交车。

河西街道［Héxī Jiēdào］ 属陆丰市。在市境西部。面积 54 平方千米。人口 4.3 万。2005 年河西镇改街道。因处螺河西岸得名。有中学 1 所，小学 14 所，卫生院 1 个，卫生站 13 个。有古迹清云山定光寺、湖口紫竹观。农业以水稻、番薯、花生、大豆、果树种植为主。深汕高速、广汕公路过境。通多路公交车。

甲子镇［Jiǎzǐ Zhèn］ 陆丰市辖镇。在市境东南部。面积 15 平方千米。人口 12.6 万。辖 14 居委会、1 村委会，有 1 自然村。镇人民政府驻城西社区。1951 年设甲子镇，后改公社。1980 年复改镇。因港口有巨石六十块，符合干支字轮一周得名。有中学 7 所，小学 27 所，幼儿园 20 所，卫生院 1 个，卫生所 3 个。有景点雨亭滩、待渡山、红楼、甲秀书院。农业以海水养殖、捕捞为主。工业以纺织服装、金属制品、塑料制品加工为主。内湖—隆江公路过境。

城西社区［Chéngxī Shèqū］ 甲子镇人民政府驻地。在市境东南部。面积 3 平方千米。人口 3400。因处城区西部得名。2002 年成立。民居以平房为主，有少量楼房。有志愿者服务队伍、法律咨询点。有中小学、卫生院。有镇税务所、镇住建所等。通公交车。

碣石镇［Jiéshí Zhèn］ 陆丰市辖镇。在市境东南部。面积 109 平方千米。人口 20 万。辖 4 居委会、37 村委会，有 118 自然村。镇人民政府驻诗书社区。1941 年曾设碣石镇。1956 年复为镇，后改公社。1980 年复改镇。1996 年碣北镇并入。因四周碑石林立、嶙峋奇特得名。有中学 4 所，小学 35 所，卫生所 42 个。农业以水稻、番薯、小麦、花生、大豆种植为主。特产膏蟹、肥蚝、石斑、龙虾、马鲛、海盐。工业以工艺品加工、竹制品加工、纺织、电气机械制造等为主。服务业以旅游、商贸为主。沿海、碣博河、南碣公路过境。

诗书社区［Shīshū Shèqū］ 碣石镇人民政府驻地。在市境中部偏南。面积 4 平方千米。人口有 2.7 万。1999 年成立。因南宋时朝廷赐匾额"诗书"得名。民居以平房为主，有少量楼房。有志愿者服务大队、法律咨询点、老人活动中心。有中小学、卫生院。通公交车。

湖东镇［Húdōng Zhèn］ 陆丰市辖镇。在市境东南部。面积 54 平方千米。人口 10 万。辖 4 居委会、18 村委会，有 37 自然村。镇人民政府驻宁湖社区。1957 年设东湖乡。1958 年改公社。1984 年改镇。因处十二湖之东得名。有中学 2 所，小学 18 所，卫生院 1 个。农业以水稻、番薯、小麦、花生、大豆种植为主。特产马鲛、鲳鱼、石斑、鱿鱼、墨鱼。服务业以物流为主。通城市道路。

宁湖社区 [Nínghú Shèqū]　湖东镇人民政府驻地。在市境东南部。面积2平方千米。人口6500。寓意"安宁和谐之湖东"得名。2002年成立。民居以楼房为主,有少量别墅。有志愿者服务站、敬老院。有法律咨询服务。有中小学、卫生院。有湖东食品公司、农商银行、邮政银行、湖东电信局等。通公交车。

大安镇 [Dà'ān Zhèn]　陆丰市辖镇。在市境西北部。面积94平方千米。人口6.1万。辖1居委会、16居委会,有65自然村。镇人民政府驻大安社区。1957年设大安乡,后改公社。1984年改区。1987年改镇。因镇政府驻地得名。有中学5所,小学18所,卫生院1个。农业以水稻、甘蔗、果树、蔬菜种植,水产养殖等为主。省道河乌线,容武、南梧、陆五公路过境。

大安社区 [Dà'ān Shèqū]　大安镇人民政府驻地。在市境北部。面积6.2平方千米。人口7100。取安居乐业之意得名。2002年成立。民居以楼房为主,有少量平房。有志愿者服务站。有法律咨询服务。有卫生院。通公交车。

石寨村 [Shízhàicūn]　在市政府驻地东海街道北15千米。大安镇辖自然村。人口4000。因建石寨聚居得名。聚落呈团块状。为广东省古村落。有古迹宗祠、清代城墙。农业以水稻、花生等种植为主。特产蒜头。通公交车。

博美镇 [Bóměi Zhèn]　陆丰市辖镇。在市境东部。面积66平方千米。人口7.8万。辖1居委会、11村委会,有46自然村。镇人民政府驻鳌峰村。1957年设博美乡,后改公社。1984年改区。1987年改镇。因在内海坎边形成集市,故名坐尾市,后谐音改今名。乌坎河流经。有中学2所,小学14所,卫生院1个,卫生所11个。有景点革命烈士纪念碑、天后宫。农业以水稻、蔬菜种植,鸡、鸭、猪、羊、牛、鸽养殖为主。工业以纺织、木材、农副食品加工为主。深汕高速,广汕、碣博河公路过境。

鳌峰村 [Áofēngcūn]　博美镇人民政府驻地。在市政府驻地东海街道东北16千米。人口4700。因先祖勉励子孙独占鳌头得名。聚落呈团块状。有小学。农业以水稻种植为主。通乡村道路。

内湖镇 [Nèihú Zhèn]　陆丰市辖镇。在市境东北部。面积42平方千米。人口4万。辖9居委会、9村委会,有34自然村。镇人民政府驻内湖。1994年由博美镇析置内湖镇。因镇政府驻地得名。有中学1所,小学11所,卫生院1个。农业以水稻、玉米、荔枝、菠萝等种植为主。有皮革厂。深汕高速、324国道、内湖公路过境。

内湖 [Nèihú]　内湖镇人民政府驻地。在市政府驻地东海街道东北20千米。人口1万。明代建村,原名丽湖,后谐音改内湖。聚落呈片状。有中小学、卫生院。农业以水稻、玉米、荔枝种植为主。通乡村道路。

南塘镇 [Nántáng Zhèn]　陆丰市辖镇。在市境东南部。面积142平方千米。人口8.6万。辖5居委会、24村委会,有127自然村。镇人民政府驻南兴社区。1946年曾置南塘镇。1957年设南塘乡,后改公社。1985年改区。1991年改镇。清代张姓从旧南塘迁此经商,习称新南塘,后惯称南塘。有中学4所,小学29所,卫生院1个。有景点华山寺、环田古寺、环山石穴、虎空行、中角尖。农业以水稻、番薯种植为主。特产南塘花生、南塘草鸡等。工业以副食品加工、家具制造、化工为主。深汕高速,沿海、广汕公路过境。

南兴社区 [Nánxīng Shèqū]　南塘镇人民政府驻地。在市境东南部。面积0.53平方千米。人口1万。南宋淳熙年间(1174—1189)因战乱灾荒,闽浙一带难民向粤东迁徙,至碣石湾、南塘一带安居、繁衍生息,定居后设圩并形成村落,取名南兴。2014年成立社区。民居以楼房为主。有中小学、幼儿园、卫生院。经济以商贸为主。通公交车。

陂洋镇 [Bēiyáng Zhèn]　陆丰市辖镇。在市境东北部。面积159平方千米。人口5.4万。辖1居委会、13村委会,有74自然村。镇人民政府驻陂沟村。1961年成立陂洋公社。1984年改区。1987年改镇。取陂沟、洋口2村首字得名。陂沟河、龙潭河流经。有中学3所,小学13所,卫生院1个。农业以水稻、番薯、花生、甘蔗种植为主。特产荔枝、青梅、李子、菠萝。324国道过境。

陂沟村 [Bēigōucūn]　陂洋镇人民政府驻地。在市政府驻地东海街道东北23千米。人口6000。村民于河上游截留筑坝开沟引水,故名。聚落呈块状。有中小学、卫生院。有市级非物质文化遗产陶瓷生产工艺。农业以菠萝、荔枝、油柑种植为主。县道麻内线经此。

八万镇 [Bāwàn Zhèn]　陆丰市辖镇。在市境北部。面积126平方千米。人口3.7万。辖1居委会、11村委会,有109自然村。镇人民政府驻八万社区。1957年设八万乡,后改公社。1984年改区。1987年改镇。元末明初时有百万里社群、葫芦群祀会,故名葫芦百万,后百、八近音习称八万。八万河、大洋溪流经。有中学2所,小学13所,卫生院1个。农业以水稻、番薯、花生、大豆、甘蔗种植为主。特产陆丰菠萝、茶叶、杉松、竹、橡胶。省道碣博河线过境。

八万社区 [Bāwàn Shèqū]　八万镇人民政府驻地。在市境东北部。面积约0.5平方千米。人口2600。因镇得名。2002年成立。民居以平房为主,有少量楼房。有志愿者服务、法律咨询服务。有八万学校、卫生院、食品站。通公交车。

金厢镇 [Jīnxiāng Zhèn]　陆丰市辖镇。在市境东南部。面积48平方千米。人口5.5万。辖1居委会、12村委会,有35自然村。镇人民政府驻金厢社区。1957年设金厢乡,后改公社。1987年改镇。因后山大石似厢状得名。有中学2所,小学14所,卫生院1个,卫生站12个。有景点金厢滩。农业以水产养殖、海洋捕捞为主。特产石斑、鲍鱼、对虾、鱿鱼、膏蟹、紫菜、牡蛎等。服务业以旅游为主。陆金碣公路过境。

金厢社区 [Jīnxiāng Shèqū]　金厢镇人民政府驻地。在市境东南部。面积1.8平方千米。人口2400。因镇得名。2002年成立。民居以平房为主,有少量楼房。有新时代文明实践站、爱心食堂。有志愿服务、各种文化活动。有小学、卫生院。通公交车。

潭西镇 [Tánxī Zhèn]　陆丰市辖镇。在市境西南部。面积78平方千米。人口7.5万。辖1居委会、13村委会,有66自然村。镇人民政府驻潭圩。1961年成立潭西公社。1984年改区。1987年改镇。处县城西部,取潭冲村"潭"字得名。有中学6所,小学16所,卫生院1个。有省级非物质文化遗产大三畝舞狮夷。农业以水稻、蔬菜、番薯、花生、速生桉、甘蔗种植,甲龟养殖等为主。深汕高速、广汕公路过境。

潭圩 [Tánxū]　潭西镇人民政府驻地。在市政府驻地东海街道西12千米。人口6000。为潭西村民交易集市,故名。聚落呈团块状。有中小学、卫生院。农业以水稻、番薯种植,鱼、虾养殖为主。通公交车。

大楼村 [Dàlóucūn]　在市政府驻地东海街道西10千米。潭西镇辖自然村。人口2100。因过楼得名。聚落呈团块状。为省级历史文化名村。有市级文物保护单位5处。有省级非物质文化遗产大三畝舞狮夷。农业以水稻、番薯种植,鱼、虾养殖为主。通公交车。

甲东镇 [Jiǎdōng Zhèn]　陆丰市辖镇。在市境东部。面积75平方千米。人口5.6万。辖1居委会、15村委会,有29自然村。镇人民政府驻石清社区。1946年曾设溪东乡。1957年设甲东乡,后改公社。1984年改区。1986年改镇。因处甲子、瀛江之东得名。有中学2所,小学19所,卫生院1个。农业以水稻、番薯、淮山种植,海水养殖、捕捞为主。特产紫菜、鲍鱼、龙虾、海胆等。半坑、岱头—新兴、可湖—洋美、东林—水口公路过境。

石清社区 [Shíqīng Shèqū]　甲东镇人民政府驻地。在市境东部。面积3.65平方千米。人口4100。因江边矗立巨石且江水清澈得名。1999年成立。民居以楼房为主。有志愿者服务站、敬老院。有法律咨询服务。有中小学、卫生院。通公交车。

河东镇 [Hédōng Zhèn]　陆丰市辖镇。在市境中部。面积59.2平方千米。人口4.3万。辖9村委会,有10自然村。镇人民政府驻后坎。1999年设河东镇。因处螺河东缘得名。有中学1所,小学10所,卫生院1个。农业以水稻、荔枝、甘蔗、菠萝、龙眼、西瓜、杨桃种植为主。深汕高速、省道河乌线、陆五公路过境。

后坎 [Hòukǎn]　河东镇人民政府驻地。在市政府驻东海街道北5千米。人口9100。因村后有大坎得名。聚落呈块状。有小学。农业以水稻种植,鸡、鸭、鹅养殖为主。省道河乌线经此。

上英镇 [Shàngyīng Zhèn]　陆丰市辖镇。在市境西南部。面积57平方千米。人口3.4万。辖14村委会,有43自然村。镇人民政府驻银坑。1966年成立上英公社。1984年改区。1986年改乡。1992年改镇。因镇政府原驻地得名。有中学1所,小学4所,卫生院1个,卫生站17个。农业以水稻、地瓜、花生种植,蚝、虾、蟹养殖为主。陆英公路过境。

银坑 [Yínkēng]　上英镇人民政府驻地。在市政府驻地东海街道东北13千米。人口1900。因此地埋有金银得名。聚落呈团块状。有小学。农业以水稻种植,鱼、虾、蟹养殖为主。县道茫上线经此。

桥冲镇 [Qiáochōng Zhèn]　陆丰市辖镇。在市境中部。面积66平方千米。人口4.1万。辖10村委会,有38自然村。镇人民政府驻桥冲村。1973年成立桥冲公社。1984年改区。1987年改乡。1992年改镇。因镇政府驻地得名。乌坎河流经。有中学2所,小学9所,卫生院1个,敬老院1个。有民俗曲班、舞狮、竹马戏、戏剧弹唱。农业以水稻、番薯、甘蔗、荔枝种植,鱼、虾、膏蟹养殖为主。特产白沙乌鱼、乌石油麻。

桥冲村 [Qiáochōngcūn]　桥冲镇人民政府驻地。在市政府驻地东海街道东南20千米。人口9700。因桥通向村里,恰似冲入村内,故名。聚落呈团块状。有中小学、卫生院。农业以水稻、花生、荔枝、龙眼种植为主。通公交车。

甲西镇 [Jiǎxī Zhèn]　陆丰市辖镇。在市境东南部。面积107平方千米。人口14万。辖22村委会,有56自然村。镇人民政府驻新寨村。1957年设甲西乡。1958年改公社,后改区。1992年改镇。因处甲子镇西面得名。有中学2所,小学22所,卫生院1个。农业以水稻、荔枝种植,海水养殖为主。特产花生、甘蔗、大豆等。深汕高速、省道内隆线、广汕公路过境。

新寨村［Xīnzhàicūn］ 甲西镇人民政府驻地。在市政府驻地东海街道东南43千米。人口6900。始建于1510年，原名笼心寨，清嘉庆年间因村住房统一规划改同朝向而取名新寨村。聚落呈块状。有小学。农业以水稻种植，鱼、虾养殖为主。通公交车。

西南镇［Xīnán Zhèn］ 陆丰市辖镇。在市境西北部。面积81.5平方千米。人口3.8万。辖1居委会、11村委会，有14自然村。镇人民政府驻西南村。1974年成立西南公社。1984年改区。1987年改乡。1993年改镇。因镇政府驻地得名。有中学2所，小学11所，卫生院1个。有戏剧团、舞狮队、书画社。农业以水稻、番薯、果树、木薯、芝麻种植为主。河米公路过境。

西南村［Xīnáncūn］ 西南镇人民政府驻地。在市政府驻地东海街道北1千米。人口3500。因处西山、南山村两侧得名。聚落呈散状。有小学、卫生院。农业以荔枝、水稻种植为主。通公交车。

海丰县

海丰县［Hǎifēng Xiàn］ 汕尾市辖县。北纬22°57′，东经115°19′。在市境东部。面积1768平方千米。人口82.8万。以汉族为主，还有畲族。辖16镇。县人民政府驻海城镇。东晋咸和六年(331)置海丰县，治城夏，属东官郡。隋初属循州，后属龙川郡。唐属循州。明、清属惠州府。1914年后隶属潮循道，第四、第五行政督察区，东江专区，粤东行政区，惠阳专区，汕头专区，汕头地区，惠阳地区。1988年属汕尾市。处南海之滨，以“南海物丰”之意得名。先后建成可塘珠宝产业园、地王广场、县影剧院、县体育馆、文天祥公园，改扩建北环公路、红城大道、二环路等。地势自西北向东南倾斜。海拔50—250米。最高点莲花山1337.3米。年均气温22.1℃，1月平均气温5.5℃，7月平均气温28.4℃。年均降水量2389.5毫米。黄江、龙津、大液、赤石河流经。有锡、钨、水晶、绿柱石等矿产资源。森林覆盖率56%。有中学49所，小学195所，二级医院1个。三次产业比例15∶46∶39。农业以水稻、番薯、花生种植，海洋捕捞为主。特产莲花山绿茶、虎噉金针、带鱼、黄花鱼、马鲛、墨鱼等。工业以饮料食品、鞋服、建材、珠宝玉石加工为主。服务业以旅游、餐饮为主。有四星级酒店1个，三星级酒店4个。厦深高铁，沈海、潮惠高速，324国道过境。

海丰汽车客运总站［Hǎifēng Qìchē Kèyùn Zǒngzhàn］ 见交通运输设施部分“海丰汽车客运总站”条。

海城镇［Hǎichéng Zhèn］ 海丰县人民政府驻地。在县境中部。面积231平方千米。人口17万。辖13居委会、9村委会，有58自然村。镇人民政府驻云岭社区。1949年设海城镇，后改公社。1965年复改镇。为海丰县城，故名。龙津河、大液河流经。有大专职业学校1所，中学15所，小学13所，卫生院1个，卫生所15个。有全国重点文物保护单位红宫、红场旧址。有省级文物保护单位彭湃烈士故居、得趣书室、赤山约农会旧址。有古迹宋溪、御宴潭、宋存庵、方饭亭。有国家级非物质文化遗产白字戏、西秦戏。农业以水稻、番薯、花生种植，海洋捕捞为主。特产莲花山绿茶、虎噉金针、带鱼、黄花鱼、马鲛、墨鱼、鱿鱼等。324国道、省道汕尾—紫金线过境。

云岭社区［Yúnlǐng Shèqū］ 海城镇人民政府驻地。在县境中部。面积0.34平方千米，人口1.4万。因云岭村得名。2011年成立。民居以楼房为主。社区开展政策宣传、调解矛盾、整治环境、保障民生、发展经济、扫黑除恶、爱心关怀等服务；不定期进行慰问低保户、妇女儿童权益宣传、交通安全劝导、安全生产、敬老爱老、禁毒巡查宣传等活动。通公交车。

梅陇镇［Méilǒng Zhèn］ 海丰县辖镇。在县境西南部。面积152平方千米，人口13.5万。辖5居委会、31村委会，有179自然村。镇人民政府驻中兴社区。1955年设梅陇区。1958年改乡，后改公社。1984年复改区。1987年改镇。因沙陇形似倒地的梅树得名。有中学3所，小学29所，卫生院1个，卫生所43个，诊所20个。有景点古关隘羊蹄岭、梅陇王坐、金岗围古寨。农业以水稻、莲藕、薯菇、荷兰豆种植为主。工业以宝石、金银首饰加工为主。沈海高速、324国道过境。

中兴社区［Zhōngxīng Shèqū］ 梅陇镇人民政府驻地。在县境西南部。面积0.07平方千米。人口3800。因中兴村得名。1978年成立。民居以楼房为主。有志愿者服务、法律咨询、社区学校、社区纠正、社区卫生、纠纷调处等活动。通公交车。

小漠镇［XiǎoMò Zhèn］ 海丰县辖镇。在县境西南部。面积35平方千米。人口1.2万。辖1居委会、6村委会，有17自然村。镇人民政府驻旺官社区。1965年成立小漠公社。1987年设小漠镇。因镇政府原驻地小漠圩得名。有中学1所，小学4所，卫生院1个，卫生所10个。有景点宝华林庵、狮山深藏寺、正觉庵、南方澳度假村。农业以海洋捕捞、海水养殖为主，特产鲍鱼、南美对虾、螃蟹、生蚝、海胆、蚝、紫菜等。工业以石化、发电为主。厦深铁路、沈海高速过境。

旺官社区［Wàngguān Shèqū］ 小漠镇人民政府驻地。在县境西南部。面积12平方千米。人口3500。洪姓官员管理此地称洪官圩，以企盼日后延续兴隆旺盛更今名。2002年成立。民居以楼房为主，有少量别墅。有志愿者开展村庄清洁、下乡慰问妇女儿童、下乡普法宣传等活动。有中小学、卫生院、敬老院。通公交车。

鹅埠镇［Ébù Zhèn］ 海丰县辖镇。在县境西南部。面积101平方千米。人口2.9万。辖1居委会、10村委会，有55自然村。镇人民政府驻鹅埠社区。1948年曾置鹅埠镇。1957年改乡，后改公社。1984年改区。1987年改镇。因在鹅地山下建成商埠集圩得名。南门河、下北水流经。有中学2所，小学9所，卫生院1个，卫生所18个。有古迹狮山宝塔遗址、鹿湖鹿鸣书馆、吊牌山碗窑遗址、潭公仙圣庙。农业以番薯、果木种植为主。工业以制鞋为主。有紫云城工业区。深汕高速、324国道过境。

鹅埠社区［Ébù Shèqū］ 鹅埠镇人民政府驻地。在县境西南部。面积0.08平方千米。人口2900。因镇得名。1999年成立。民居多为石、砖、水泥混合结构或钢筋水泥结构2、3层楼房。有志愿者开展村庄清洁、下乡慰问妇女儿童、下乡普法宣传等活动。有中小学、卫生院。324国道经此。

赤石镇［Chìshí Zhèn］ 海丰县辖镇。在县境西北部。面积307平方千米。人口2.4万。辖2居委会、11村委会，有86自然村。镇人民政府驻赤石社区。1957年设赤石乡，后改公社。1984年改区。1987年改镇。因镇政府驻地得名。赤石河流经。有中学1所，小学8所，卫生院1个，卫生所11个。有景点羊蹄岭古道、龙潭瀑布、红军洞、千秋塘、新厝林、新城古寨。农业以水稻、番薯、玉米种植为主。特产西番莲、菜椒、马铃薯、山姜、葛薯。324国道，县道吉赤、赤明、赤大线过境。

赤石社区［Chìshí Shèqū］ 赤石镇人民政府驻地。在县境西南部。面积0.5平方千米。人口3600。元代末年李、洪两姓建打铁店，渐成墟市，因街道呈日字形称“日隆圩”。后村民认为“烘炉地”需赤石垒筑才兴旺，故名。2002年成立。居民以楼房为主。有志愿者服务、养老服务、法律咨询、社区学校等。定期组织志愿者开展村庄清洁活动、下乡普法宣传活动。有中小学、卫生院、敬老院。赤吉公路经此。

鲘门镇［Hòumén Zhèn］ 海丰县辖镇。在县境南部。面积35平方千米。人口1.9万。辖1居委会、7村委会，有29自然村。镇人民政府驻鲘门社区。1953年设鲘门区。1957年改乡，后改公社。1983年复改区。1987年改镇。因港口门户盛产鲘鱼得名。有中学1所，小学4所，卫生院1个，卫生所18个。有景点海丽国际高尔夫球场、百安金丽湾度假村、百安半岛、江牲岛、芒屿岛、宋存庵、壮帝居。服务业以旅游、餐饮为主。特产鲘刀鱼、马鲛等。厦深高铁、沈海高速、324国道过境。

鲘门社区［Hòumén Shèqū］ 鲘门镇人民政府驻地。在县境西南部。面积1.6平方千米。人口5300。因镇得名。2002年成立。民居以楼房为主，有少量别墅。有志愿者开展村庄清洁、下乡慰问妇女儿童、下乡普法宣传等活动。有中小学、卫生院、敬老院。厦深铁路、深汕高速、324国道经此。通公交车。

联安镇［Liánān Zhèn］ 海丰县辖镇。在县境西南部。面积51平方千米。人口3.7万。辖1居委会、16村委会，有111自然村。镇人民政府驻渡头社区。1957年设联安乡，后改公社。1984年改区。1987年改镇。为避械斗，三方约盟联合保护村民安居乐业，故名。大液河流经。有中学1所，小学11所，卫生院1个，卫生所21个。农业以水稻、蔬菜种植，对虾、膏蟹等养殖为主。324国道、县道海梅线过境。

渡头社区［Dùtóu Shèqū］ 联安镇人民政府驻地。在县境西南部。面积0.06平方千米。人口1900。因建居于渡口处得名。1987年成立。民居多为钢筋混凝土低层自建房屋。不定期开展志愿者服务活动，实行顾问制度，为居民提供法律咨询服务。有卫生院。通乡村道路。

陶河镇［Táohé Zhèn］ 海丰县辖镇。在县境中部偏南。面积64平方千米。人口3.6万。辖1居委、17村委会，有65自然村。镇人民政府驻陶塘社区。1950年曾设陶河乡。1957年复乡，后改公社。1984年改区。1987年改镇。因盛产陶瓷且贸易来往需渡河得名。黄江、东溪流经。有中学1所，小学8所，卫生院1个，卫生所22个。有古迹樑美楼。农业以水稻、果树、辣椒、茄子种植，淡水养殖为主。工业以玩具制造、毛织、首饰制造、建材为主。深汕高速、县道南大线过境。

陶塘社区［Táotáng Shèqū］ 陶河镇人民政府驻地。在县境中部偏南。面积2.6平方千米。人口4600。因镇得名。1987年成立。民居多为钢筋混凝土式自建平房。开展政策宣传、调解矛盾、整治环境、保障民生、发展经济、扫黑除恶、爱心关怀等服务。社区以居家养老为主。有中小学、卫生院、养老院。通公交车。

赤坑镇［Chìkēng Zhèn］ 海丰县辖镇。在县境东南部。面积117平方千米。人口7万。辖1居委会、20村委会，有57自然村。镇人民政府驻青坑社区。1957年设赤坑乡，后改公社。1984年改区。1987年改镇。原名青坑圩，后海丰大革命时改今名。有中学2所，小学15所，卫生院1个，卫生所25个。有古迹长庆寺、孝节寺。农业以水稻、蔬菜、果树种植，罗非鱼养殖等为主。工业以宝石加工、建材为主。可塘—遮浪、南大公路过境。

青坑社区［Qīngkēng Shèqū］　赤坑镇人民政府驻地。在县境东南部。面积3.57平方千米。人口8600。因旧时坑水清澈，闽南语意为坑水青，故名。1987年成立。民居为钢筋混凝土结构的现代式风格。开展政策宣传、调解矛盾、整治环境、保障民生、发展经济、扫黑除恶、爱心关怀等工作。有中小学、卫生院、敬老院。通公交车。

大湖镇［Dàhú Zhèn］　海丰县辖镇。在县境东南部。面积58平方千米。人口1.3万。辖1居委会、5村委会，有17自然村。镇人民政府驻石牌社区。1964年成立大湖公社。1984年改区。1987年改镇。取大德、湖仔2村首字得名。有中学1所，小学4所，卫生院1个，卫生所7个。有景点高螺湾，大德山马地峡瀑布，狮球山，海岩礁石奇观，大德妈祖庙，清苏成，苏利驻兵古遗址。农业以浅海捕捞、内河刺钓为主。特产高螺蚝、东溪虾、蟹、大湖花生、红肉柚、咸鸭蛋。南大、东山公路过境。

石牌社区［Shípái Shèqū］　大湖镇人民政府驻地。在县境东南部。面积3平方千米。人口2200。因在村路口树石碑得名。1987年成立。民居为钢筋混凝土现代式建筑。有志愿者服务队，开展慰问老人、宣传禁毒、反走私反偷渡、交通劝导和卫生清洁等服务。有驻社区律师，为居民提供法律咨询等。有中小学、卫生院、敬老院。通公交车。

可塘镇［Kětáng Zhèn］　海丰县辖镇。在县境东部。面积77平方千米。人口6.2万。辖1居委会、21村委会，有80自然村。镇人民政府驻可塘社区。1950年设可塘镇。1953年改区。1957年改乡，后改公社。1984年复改区。1987年改镇。因镇政府驻地得名。老溪、东溪流经。有中学1所，小学14所，卫生院1个，卫生所40个。有景点宋溪、宋师岭、龙牙营寨古遗址。农业以水稻、蔬菜种植，家禽、鱼养殖为主。工业以珠宝加工为主。324国道、省道可塘—遮浪线过境。

可塘社区［Kětáng Shèqū］　可塘镇人民政府驻地。在县境东部。面积3平方千米。人口1.1万。明代河道干涸，水塘无水，故名。1987年成立。民居为钢筋混凝土框架结构楼房。社区志愿服务包括扶贫济困、助老助残、公共服务、生态建设、大型活动、抢险救灾、社会管理、文化建设等。社区养老模式以居家养老为主。有中小学、卫生院。省道可塘—遮浪线经此。

公平镇［Gōngpíng Zhèn］　海丰县辖镇。在县境东北部。面积127平方千米。人口11万。辖7居委会、23村委会，有118自然村。镇人民政府驻长兴社区。1953年设公平区。1957年改乡，后改公社。1984年复改区。1987年改镇。因交易公平得名。有中学2所，小学20所，卫生院1个，卫生所45个。有古迹砍龙堀、翰林管、玉虚宫、国王庙、关爷庙、琼花庙。农业以水稻、花生、甘蔗等种植为主。工业以制衣为主。海紫、海陆公路过境。

长兴社区［Chángxīng Shèqū］　公平镇人民政府驻地。在县境北部。面积0.8平方千米。人口4200。因长兴村得名。1987年成立。民居多为钢筋混凝土现代式建筑。开展政策宣传、调解矛盾、整治环境、民生保障、发展经济、扫黑除恶、爱心关怀等工作。有小学、卫生院。通公交车。

黄羌镇［Huángqiāng Zhèn］　海丰县辖镇。在县境北部。面积138平方千米。人口3.8万。辖1居委会、22村委会，有186自然村。镇人民政府驻黄羌社区。1957年设黄羌乡，后改公社。1984年改区。1987年改镇。因盛长植物黄羌得名。有中学1所，小学14所，卫生院1个，卫生所26个。农业以水稻、薯、花生、黄豆种植，养殖牛等为主。省道海紫线、县道双屯线过境。

黄羌社区［Huángqiāng Shèqū］　黄羌镇人民政府驻地。在县境北部。面积0.2平方千米。人口2500。因镇得名。1961年成立。民居为钢筋混凝土结构的现代式风格。日常开展民政、计生、医保、综治等服务工作。以居家养老为主。有中小学、卫生院、敬老院。通公交车。

坑联村［Kēngliáncūn］　在县政府驻地海城镇东北39千米。黄羌镇辖自然村。人口1400。因地处丰田、圆潭2坑沟水汇入罗耷河之处而得名。聚落呈XX状。有小学。农业以水稻、花生、番薯、黄豆、果树等种植为主。2008年被评为全国文明村。

平东镇［Píngdōng Zhèn］　海丰县辖镇。在县境东北部。面积130平方千米。人口2.9万。辖1居委会、9村委会，有87自然村。镇人民政府驻日中社区。1957年设平东乡，后改公社。1984年改区。1987年改镇。因处公平东部得名。有中学1所，小学9所，卫生院1个，卫生所12个。有古迹南门吊涧。农业以水稻、薯、甘蔗、花生、果树等种植为主。特产生姜、芋头、藠头。海丰—陆河公路过境。

日中社区［Rìzhōng Shèqū］　平东镇人民政府驻地。在县境东北部。面积9.3平方千米。人口4300。因日中村得名。1987年成立。民居为钢筋混凝土结构的现代式风格。日常开展民政、计生、医保、综治等服务工作。有中小学、卫生院、敬老院。通公交车。

附城镇［Fùchéng Zhèn］　海丰县辖镇。在县境中部。面积69平方千米。人口6.3万。辖4居委会、14村委会，有114自然村。镇人民政府驻南湖社区。1961年成立附城公社。1963年并入海城公社。1985年改区。1987年海城区改附城乡。1993年改镇。1994年并入海城镇。2010年复设镇。因处海丰县城附近得名。丽江、黄江、大液河流经。有中学2所，小学18所，二级医院1个，卫生院1个，卫生所50个。有景点谢道山宝塔、圣井。农业以水稻、蔬菜种植，淡水养殖为主。工业以服装加工为主。有鲤鱼山、蟹地山、罗盘山、西屯山工业区。324国道，海紫、海汕公路过境。

南湖社区［Nánhú Shèqū］　附城镇人民政府驻地。在县境中部。面积0.43平方千米。人口5100。2004年成立。民居为钢筋水泥结构现代建筑。有便民驿站、健身器材等。开展养老保险、医疗保险缴费、调解矛盾、提供社会保障救助、居民安全隐患和生产安全隐患预防等服务；不定期开展道德讲堂、儿童节、妇女节、春节慰问、七一慰问等活动。有中小学。324国道、海汕公路经此。通公交车。

城东镇［Chéngdōng Zhèn］　海丰县辖镇。在县境中部。面积76平方千米。人口13.2万。辖1居委会、14村委会，有114自然村。镇人民政府驻桥东社区。1974年成立城东公社。1984年改区。1987年改乡。1993年改镇。1994年并入海城镇。2010年复设镇。因处海丰县城东面得名。黄江、丽江、龙津河流经。有中学2所，小学13所，卫生院1个，卫生所35个。有农民自卫军总部旧址。农业以水稻、果树、蔬菜种植，水产养殖等为主。工业以毛纺、电子、鞋服、金属制品加工等为主。有金园、金岸、东山、宫地山、石塘工业区。324国道、海紫公路过境。

桥东社区［Qiáodōng Shèqū］　城东镇人民政府驻地。在县境中部。面积1.34平方千米。人口3200。因桥东村得名。2004年成立。民居为钢筋混凝土结构的现代式风格。开展政策宣传、调解矛盾、整治环境、保障民生、发展经济、扫黑除恶、爱心关怀等工作。有中小学、卫生院。通公交车。

陆河县

陆河县［Lùhé Xiàn］　汕尾市辖县。北纬23°08′，东经115°24′。在市境东北部。面积1005平方千米。人口36.7万。辖8镇。县人民政府驻河田镇。1988年析陆丰县8乡镇及吉溪林场置陆河县。取陆丰县、河田镇首字得名。先后建成一洲幼儿园、县人民医院一洲门诊大楼、人民广场、陆河公园。有标志性建筑县人民医院、陆河公园。地势由北向南倾斜。最高点乌凸山海拔1232.9米。年均气温21.5℃，1月平均气温13.4℃，7月平均气温28.1℃。年均降水量1997毫米。螺河、榕江流经。有锡、钨、铜、磷、高岭土等矿产资源。有火山峰省级森林公园。有红锥林自然保护区。森林覆盖率71.7%。有中学17所，小学101所，幼儿园16所，特殊教育学校1所，二级医院1个。有景点神象山、梅花观赏园、瑞龙庄园、岳溪生态博览园，民居九厅十八井、围龙屋、商贤家庙、五星宗祠、参将府、时雍楼、尖山寺、聚云寺、南慈庵、广福寺、回龙寺、石船寺、燕子岩、白水磜瀑布等。有生宝生态农业科技示范园、绿色走廊生态旅游区、黄金坑温泉度假村、上护温泉山庄。三次产业比例22∶18∶60。农业以水稻、番薯种植，生猪、牛等养殖为主。工业以纺织、木材、食品加工、机械制造为主。服务业以旅游为主。潮惠高速，省道樟公、河乌、黄陆、河苏、碣河、河米、崩东、新吉线过境。

河田镇［Hétián Zhèn］　陆河县人民政府驻地。在县境中部。面积83平方千米。人口8.2万。辖5居委会、16村委会，有137自然村。镇人民政府驻河田圩。1957年设河田乡，后改公社。1984年改区。1986年改镇。因镇政府驻地得名。螺河流经。有中学4所，小学21所，二级医院1个，卫生院1个，卫生所18个。有烈士陵园。有古迹九厅十八井、商贤家庙。农业以水稻、番薯、青梅、荔枝种植为主。工业以电子、化工、酿酒、机械制造为主。潮惠高速、省道樟公线过境。

河田圩［Hétiánxū］　河田镇人民政府驻地。在镇境中部。人口3500。为螺河流域冲积平形成平原，故名。聚落呈团块状。有中小学、幼儿园、卫生院。有古迹商贤家庙。农业以青梅、荔枝种植，猪、牛养殖为主。服务业以商贸为主。通公交车。

水唇镇［Shuǐchún Zhèn］　陆河县辖镇。在县境东南部。面积121平方千米。人口5.2万。辖1居委会、16村委会，有121自然村。镇人民政府驻老圩。1949年曾设水唇乡。1958年改水东公社。1983年改区。1986年更今名。因处河旁得名。水东河流经。有中学2所，小学18所，卫生院1个，卫生所6个。有文化站、敬老院。有景点墩子寨围龙屋、汤排温泉、罗洞万亩青梅生态水果观赏区、观天嶂、南进磜瀑布、南跃彩霞洞。农业以水稻、花生、李子、黄榄、青榄、青梅等种植为主。工业以陶瓷制造、电子加工、食用菌加工、电力为主。潮惠高速、省道樟公线、水唇—普宁公路过境。

老圩［Lǎoxū］　水唇镇人民政府驻地。在县政府驻地河田镇东北7千米。人口7300。为旧时赶集地方，故名。聚落呈团块状。有中小学、幼儿园、卫生院。农业以水稻、番薯、蔬菜种植为主。有镇工业园区。潮惠高速，陆五、陆普公路经此。

河口镇 [Hékǒu Zhèn] 陆河县辖镇。在县境南部。面积160平方千米。人口6.6万。辖1居委会、18村委会,有59自然村。镇人民政府驻河口圩。1957年设河口镇,后改公社。1987年复改镇。因镇政府驻地得名。螺河、南溪、北溪流经。有中学2所,小学18所。有艺术家谢非故居。农业以水稻、番薯、小麦、甘蔗种植为主。工业以建筑材料、汽车制造、电子、家具制造为主。有新河工业园区。潮惠高速,省道樟公、河乌线过境。

河口圩 [Hékǒuxū] 河口镇人民政府驻地。在县政府驻地河田镇东南15千米。人口5200。为南溪、北溪汇合口,故名。聚落呈团块状。有中小学、幼儿园、卫生院、敬老院。农业以水稻、番薯、荔枝、香蕉种植为主。省道河乌线经此。

新田镇 [Xīntián Zhèn] 陆河县辖镇。在县境西南部。面积175平方千米。人口4.1万。辖1居委会、13村委会,有91自然村。镇人民政府驻新田圩。1957年设新田乡,后改公社。1983年改区。1986年改镇。因镇政府驻地得名。新田河流经。有中学1所,小学13所,卫生院1个。有幼儿园、文化站、敬老院。有爱国主义教育基地激石溪革命老区。农业以水稻、番薯、甘蔗种植为主。特产木瓜、火龙果、乌盾山茶。工业以工艺、纺织、铸造、涂料、水泥制品为主。潮惠高速、省道樟公线、县道河米线过境。

新田圩 [Xīntiánxū] 新田镇人民政府驻地。在县政府驻地河田镇西南17千米。人口3200。为新开垦田地,故名。聚落呈团块状。有中小学、幼儿园、卫生院、敬老院。农业以水稻、番薯、荔枝、龙眼种植为主。省道樟公线、县道河米线经此。

上护镇 [Shànghù Zhèn] 陆河县辖镇。在县境西南部。面积111平方千米。人口4.1万。辖1居委会、13村委会,有180自然村。镇人民政府驻下垅圩。1957年曾设护砂乡。1974年成立上护公社。1983年设区。1987年改镇。因群山环抱,出入徒步上坡,故名上埗,后谐音更今名。螺河、富梅河、樟河流经。有中学1所,小学16所,卫生院1个。有幼儿园、文化站、敬老院。有景点燕子岩。农业以水稻、番薯、香蕉、杨桃种植为主。特产火龙果、佛手。工业以农具加工、水电等为主。潮惠高速、省道樟公线、县道河米线过境。

下垅圩 [Xiàlǒngxū] 上护镇人民政府驻地。在县政府驻地河田镇西南9千米。人口300。客家人以田野中横卧山岗为垅,且垅以西为下垅,故名。聚落呈环状。有小学、幼儿园、卫生院。农业以青梅、橄榄、杨桃、香蕉种植为主。通公交车。

螺溪镇 [Luóxī Zhèn] 陆河县辖镇。在县境西北部。面积145平方千米。人口4.2万。辖1居委会、15村委会,有95自然村。镇人民政府驻日头角。1959年成立螺溪公社。1983年改区。1986年改镇。因溪中有河螺得名。有中学1所,小学14所,卫生院1个。有文化站、广播站、敬老院。有古迹五星宗祠。农业以水稻、番薯、青梅、毛竹种植为主。工业以竹木加工、水电站、电子配件制造等为主。县道黄陆线过境。

日头角 [Rìtóujiǎo] 螺溪镇人民政府驻地。在县政府驻地河田镇西北10千米。人口300。原名芋头角,此处多芋头,后谐音更今名。聚落呈散状。有小学、幼儿园、卫生院。农业以水稻、番薯、青梅种植为主。县道黄陆线经此。

东坑镇 [Dōngkēng Zhèn] 陆河县辖镇。在县境东部。面积79平方千米。人口2.8万。辖13村委会,有100自然村。镇人民政府驻大坝圩。1974年成立东坑公社。1983年改区。1987年改乡。1993年改镇。因境内河流(当地人称河为坑)向东流得名。榕江河流经。有中学1所,小学9所,卫生院1个。有幼儿园、文化站、敬老院。有省级非物质文化遗产东坑地景。农业以水稻、番薯、青梅、青柿种植为主。工业以食品加工、塑料制品、造纸、石板材加工、水力发电为主。特产青梅制品、柿饼。潮惠高速、省道樟公线、县道崩东线过境。

大坝圩 [Dàbàxū] 东坑镇人民政府驻地。在县政府驻地河田镇东5千米。人口1500。因建居于沙坝附近得名。聚落呈散状。有小学、幼儿园、卫生院、敬老院、集贸市场。农业以水稻、番薯、青梅种植为主。省道樟公线、县道崩东线经此。

南万镇 [Nánwàn Zhèn] 陆河县辖镇。在县境西北部。面积111平方千米。人口1.5万。辖14村委会,有59自然村。镇人民政府驻万全村。1957年设南万乡,后改公社。1983年改区。1986年复改乡。1993年改镇。取南告、万全2村首字得名。万全河、汀洋河流经。有红椎林省级自然保护区。有中学1所,小学2所,卫生院1个。有幼儿园、文化站、敬老院。农业以水稻、番薯、木薯、杉种植为主。特产蜂蜜、白叶单丛茶、美人芋丝、咸菜。工业以食品加工、水电等为主。省道樟公线、县道崩东线过境。

万全村 [Wànquáncūn] 南万镇人民政府驻地。在县政府驻地河田镇西北15千米。人口2300。清嘉庆年间置居并起名万耄,后为方便书写,更今名。聚落呈团块状。有中小学、幼儿园、卫生院、敬老院。有红椎林生态公园。农业以青梅种植为主。特产蜂蜜、单丛茶、美人芋丝。省道樟公线、县道崩东线经此。

河源市

河源市 [Héyuán Shì] 广东省辖地级市。北纬23°10′—24°47′,东经114°14′—115°36′。在省境东北部。面积1.58万平方千米。户籍人口365.3万,常住人口293.2万。以汉族为主,还有畲、壮、土家等民族。辖源城区,紫金、龙川、连平、和平、东源5县。市人民政府驻源城区。南朝齐永明元年(483)置河源县,先后属南海郡、循州、祯州、惠州、潮循道、第四行政专区、第六行政专区、东江行政区、粤东行政区、惠阳地区。1988年升地级市。古为连平、大埠、忠信3河之源,故名。以山地丘陵为主。北高南低。最高点黄牛石顶海拔1430米,最低点源城区海拔34米。年均气温20.7℃,1月平均气温11.6℃,7月平均气温28.0℃。年均降水量1768.9毫米。年均无霜期314天。东江、韩江、北江流经。有野生植物7055种。有野生动物829种,其中国家重点保护野生动物有中华穿山甲、蟒蛇、水鹿、白鹇、眼镜王蛇等5种。有省级自然保护区6个。有万绿湖、东江国家湿地公园,新丰江、康禾温泉国家森林公园。森林覆盖率72.8%。有高校1所,中职学校15所,中学180所,小学318所,三级医院22个。有全国重点文物保护单位龟峰塔、香港文化名人大营救指挥部旧址,省级文物保护单位28个。有国家级非物质文化遗产紫金花朝戏,省级非物质文化遗产忠信花灯。有恐龙化石地质遗迹。三次产业比例12∶43∶45。农业以水稻、油茶、茶种植,生猪、水产养殖为主,产蔬菜、水果、南药。工业以电子、机械制造、光伏为主,有五金塑胶、服装制造、食品饮料加工等。有中山(河源)、深圳福田(和平)产业转移工业园。服务业以物流、旅游、电子商务为主。有铁路228千米,公路1.6万千米,高速224.6千米。京九、广梅汕铁路,广河、惠河、粤赣高速,205、105、236、238、355、358国道,省道广下、河汕、中石、蓝多、华中线过境。有新丰江、东江航道。

河源 [Héyuán] 别称槎城。河源市聚落。在市境西南部。面积8平方千米。人口30万。南齐永明元年(483)建上城,今老城西侧。明洪武元年(1368)扩建下城,2城并峙。隆庆五年(1571)重修古城,建桥连接2城。近年扩建新城新丰江北岸。商业区位于上城。文化区处城南,有河源师范学校、河源中学、河源三中。城东有河源扶贫经济开发区。有标志性建筑市人民医院、市广电中心大楼、市体育馆、河源文化广场、茶山公园。有古迹龟峰塔。有阮啸仙烈士陵园。陆运、水运皆通。铁路、国道过境。

源城区

源城区 [Yuánchéng Qū] 河源市人民政府驻地。在市境西南部。面积361.5平方千米。人口30.6万。以汉族为主,还有畲、壮、土家等民族。辖5街道、2镇。区人民政府驻上城街道。1988年设。取意河源城得名。有梧桐山。东江、新丰江流经。有大桂山省级自然保护区。有中学7所,九年一贯制学校11所,小学43所,特教学校1所,二级医院2个。有河源烈士陵园。有古迹龟峰塔、明代官员李焘故居、望郎回摩崖石刻。有景点野趣沟、上城草行丘屋、龙源温泉度假村、太平风情街、亚洲第一高喷泉。先后建汽车城、商业中心、电子数码城、建材城,改扩建长塘路、人民路、公园东路、公园西路、双下路、化龙路、环城西路,修缮太平古街、北直街,改造太阳广场、月亮广场、鳄湖公园、湿地公园、梧桐山公园、七寨湖公园。有标志性建筑龟峰塔、河源烈士陵园、市博物馆、新丰江大坝、市体育馆。三次产业比例3∶47∶50。农业以种植、养殖业为主。工业以电子电器、建材、农副产品深加工为主。服务业以商贸、计算机服务、住宿和餐饮业为主。京九、广梅汕铁路,惠河、粤赣高速,205国道过境。

河源市高新技术开发区 [Héyuán Shì Gāoxīnjìshù Kāifāqū] 在市区南部。东至东江,南至高新七路,西至长深高速,北至迎客大道。面积40平方千米。2003年6月经国务院正式批准建立国家级经济开发区,由河源市政府管理。又名深圳(河源)产业转移工业园。以手机电子、机械制造、光伏、稀土高新材料为主。

入驻有西可、可立新、中宝等企业。通多路公交车。

文化广场［Wénhuà Guǎngchǎng］ 在城区东部。面积26万平方米。2001年开工，2002年建成。有主广场、迎宾广场、音乐广场，有百花坛、百花园、百花仙子、竹园、梅园。有景观故乡水石泉、溪涧、水车、风帆雕塑。为集旅游、休闲、体育锻炼、娱乐、文艺表演于一体的广场。周边有长鸿大厦、住建局、酒店、市体育馆。通公交车。

河紫路［Hézǐ Lù］ 在区境西部。东起东江大桥，西至公园西路。与下围路、河义路相交。长3.5千米，宽10米。混凝土路面。2000年开工，2001年建成。因联结市区与紫金县得名。两侧有中学。通公交车。

中山大道［Zhōngshān Dàdào］ 在区境东部。南起珠河桥，北至永和西路。与兴源路、红星路、建设大道相交。长3.5千米，宽35米。沥青混凝土路面。1988年开工，1990年建成。为纪念孙中山得名。两侧有酒店、华怡集团、客家文化公园等。通公交车。

河源大道［Héyuán Dàdào］ 在区境东北部。南起迎客大道，北至广梅路。与万绿湖大道、建设大道相交。长6.6千米，宽24.5米。沥青路面。1990年开工，1991年建成。两侧有电大、银发大厦、酒店、海关大楼等。通公交车。

滨江大道［Bīnjiāng Dàdào］ 在区境东北部。北起兴业大道，南至珠河大桥。与科技五、六路相接。长1.9千米，宽52米。沥青混凝土路面。1995年开工，1997年建成。因临东江得名。两侧有风光小学、香堤公园等。通公交车。

建设大道［Jiànshè Dàdào］ 在区境东部。西起站前路，东至东环路。与中山大道、文昌路、新风路相交。长5.8千米，宽40米。沥青混凝土路面。1991年开工，1992年建成。两侧有酒店、居住小区等。通公交车。

万绿湖大道［Wànlǜhú Dàdào］ 在区境西北部。南起河源大道，北至万绿湖旅游码头。与文明西路、站前路相交。长6.5千米，宽50米。沥混路面。2007年开工，2008年建成。因通往万绿湖得名。两侧有酒店、小学等。通公交车。

东江大桥［Dōngjiāng Dàqiáo］ 在城区东部。长420.1米，宽9米，最大跨度50米，桥下净高18.5米。1968年开工，1972年建成。因跨东江得名。为大型河道桥梁，结构型式为合悬砌空心横拱桥。最大载重20吨。通公交车。

珠河大桥［Zhūhé Dàqiáo］ 在城区东部。长301.6米，宽19.6米，最大跨度60米，桥下净高5米。1992年开工，1995年建成。为珠海市援建，故名。为大型河道桥梁，结构型式为预应力钢筋砼变截面连续箱梁桥。最大载重40吨。通公交车。

河源站［Héyuán Zhàn］ 见交通运输设施部分“河源站”条。

河源汽车客运站［Héyuán Qìchē Kèyùnzhàn］ 见交通运输设施部分“河源汽车客运站”条。

河源新城汽车客运站［Héyuán Xīnchéng Qìchē Kèyùnzhàn］ 见交通运输设施部分“河源新城汽车客运站”条。

上城街道［Shàngchéng Jiēdào］ 源城区人民政府驻地。在区境中部。面积4.1平方千米。人口4.5万。1997年设。因处原上城得名。先后建社区服务站，改善沿江路、环湖路、滨江大道，修缮李焘故居、草行丘屋、上城李屋。有中学2所，小学2所，二级医院1个。有文化站、市博物馆、文化体育广场、中山公园。有龟峰塔、河源革命烈士陵园。工业以电子、门窗加工为主。服务业以商贸为主。有城南农贸批发市场、水果街、旺角女人街、湖滨路服装街、化龙商业步行街。通多路公交车。

太平古街［Tàipíng Gǔjiē］ 在上城街道北部。长300米，宽4米。麻石砖路面。清代形成，2014年重修。原名叫十字街，以旧时商贸旺盛气象和平改今名。现为美食街，两侧多骑楼建筑，经营各类特色小吃。通公交车。

新江街道［Xīnjiāng Jiēdào］ 属源城区。在区境东北部。面积3.7平方千米。人口3万。1997年设。因新丰江得名。有成人技术学校1所，小学4所，幼儿园7所，二级医院1个，专科医院1个，社区卫生服务中心1个。工业以电子、模具加工为主。服务业以商贸为主。有友谊商场、好万家电器城。有滨江美食街、农副产品批发市场。有四星级酒店3个。通多路公交车。

东埔街道［Dōngpǔ Jiēdào］ 属源城区。在区境东北部。面积38平方千米。人口14万。1997年撤东埔镇析设。因处县城东面，隔江相望而得名。有成人技术学校1所，初中2所，九年一贯制学校1所，小学6所，卫生服务站3个。有市文化广场。农业以荔枝、杧果种植，鸡、鸭、鹅、生猪养殖为主。工业以建材陶瓷、轻纺服装为主。服务业以商贸为主。有永福商业步行街。通多路公交车。

源西街道［Yuánxī Jiēdào］ 属源城区。在区境西北部。面积63平方千米。人口5.6万。1997年设。因处城西得名。先后建宝源一路跨铁路桥、宝源二路、新风北路、客家文化公园西路。有中学1所，九年一贯制学校1所，小学7所，卫生站4个。有景点万绿湖、望郎回、笔架山。农业以生猪、水产养殖为主。工业以电力、机械制造、建材陶瓷为主。服务业以旅游为主。通多路公交车。

高埔岗街道［Gāopǔgǎng Jiēdào］ 属源城区。在区境南部。面积10.5平方千米。人口2.4万。2011年设。距古河源县城30里，古30里一铺，且地势高，故名。有九年一贯制学校2所。有高埔岗医院。有龙源温泉度假城风景区。工业以电子电器、医药制造为主。服务业以旅游为主。有农贸市场。通多路公交车。

源南镇［Yuánnán Zhèn］ 源城区辖镇。在区境南部。面积118.6平方千米。人口3.3万。辖2居委会、7村委会，有134自然村。镇人民政府位于沿江中路。1997年撤东埔镇析设源南镇。因处源城区南得名。东江、新丰江流经。有桂山自然保护区。有中学2所，小学8所，卫生站7个。有文化站。有名胜古迹野趣沟、阿婆庙、梧桐山。农业以水稻、玉米、大豆种植为主，产花生、花卉。工业以机械制造为主。广梅汕、京九铁路，粤赣、河深高速，205国道过境。设高速河源、城南出入口。

埔前镇［Pǔqián Zhèn］ 源城区辖镇。在区境南部。面积162平方千米。人口5.1万。辖1居委会、16村委会，有238自然村。镇人民政府驻圩镇社区。1958年成立埔前公社。1983年改区。1987年改镇。清光绪年间(1875—1908)何屋埔前设墟，故名。有观音嶂、三指顶等山。有完中1所，普中1所，小学16所，卫生院1个，卫生站16个。有文化站。农业以生猪、家禽养殖为主，产荔枝、龙眼。工业以电子零部件加工为主。服务业以旅游为主。有园中园生态园、福润天生物科技园。广梅汕、京九铁路，惠河、粤赣高速，205国道过境。

圩镇社区［Xūzhèn Shèqū］ 埔前镇人民政府驻地。在区境南部。面积2.5平方千米。人口5700。为主要集镇，故名。1988年成立。民居以自建房为主。有社区文化站，内置娱乐室、展览室、排练室、少儿活动室、老人活动室、阅览室、图书室。有羽毛球场、灯光篮球场、健身器材等。有卫生院。通多路公交车。

紫金县

紫金县［Zǐjīn Xiàn］ 河源市辖县。北纬23°38′，东经115°18′。在市境东南部。面积3627平方千米。人口83万。以汉族为主，还有白、布朗、布依等民族。辖18镇。县人民政府驻紫城镇。明隆庆三年(1569)设永安县，属惠州府。1914年更名紫金县，先后属潮循道、第四行政督察区、第二行政督察区、东江专区、粤东行政区、惠阳专区、汕头专区、惠阳地区。1988年属河源市。因紫金山得名。以山地、丘陵为主。地势东高西低。平均海拔300米。年均气温20.5℃，1月平均气温12.3℃，7月平均气温28.7℃。年均降水量1407.5毫米。东江、韩江流经。有铁、钨、锡、瓷土、石灰石等矿产资源。森林覆盖率75.3%。有中学38所，小学327所，职教学校1所，特教学校1所，幼儿园36所，二级医院3个。有紫金县革命烈士纪念碑、革命烈士刘尔崧纪念馆、中共东江特委旧址、中共东江后方特委旧址、紫金县孙中山祖籍纪念馆、苏区革命遗址群等。有古迹紫金观、南母寺、万寿寺、南岭德先楼、桂山石楼、文天祥屯兵遗址等。有御临门温泉度假村、越王山旅游风景区、河源石窟景区。有景点天子嶂、中山公园、武顿山、白溪水库等。三次产业比例24∶37∶39。农业特产蓝塘土猪、好义三黄鸡、紫金春甜橘。有临江工业园。汕湛高速，省道广下、河汕、中石、蓝多、华中线过境。

紫金汽车客运站［Zǐjīn Qìchē Kèyùnzhàn］ 见交通运输设施部分“紫金汽车客运站”条。

紫金二运汽车站［Zǐjīn Èryùn Qìchēzhàn］ 见交通运输设施部分“紫金二运汽车站”条。

紫城镇［Zǐchéng Zhèn］ 紫金县人民政府驻地。在县境中部。面积384.8平方千米。人口19.6万。辖12居委会、31村委会，有158自然村。镇人民政府位于中山路。1952年置紫城镇。1964年改城镇公社。1981年复镇。2009年附城、乌石2镇并入。为紫金县城，故名。有紫金白溪自然保护区。有中学3所，小学29所，二级医院3个，卫生院3个，卫生站55个。有景点千家寨生态公园、鸡公嶂。农业以茶、油茶种植为主。工业以五金加工、饮用水灌装、酿酒为主。服务业以商贸、物流为主。省道广下、河汕线过境。

龙窝镇［Lóngwō Zhèn］ 紫金县辖镇。在县境东南部。面积422平方千米。人口9.6万。辖1居委会、33村委会，有252自然村。镇人民政府位于龙南路。1958年成立龙窝公社。1983年改区。1987年改镇。2003年洋头、九树2镇部分地域并入。传孽龙镇于此得名。有中学4所，小学37所，卫生院2个，卫生所36个。有古迹桂岭遗址、桂山石楼、庆云楼等。有中国传统村落桂山村。服务业以旅游为主。省道合洋线过境。

桂山［Guìshān］ 在县政府驻地紫城镇西南4千米。龙窝镇辖自然村。人口3400。原名埔巷，因多桂树改今名。聚落呈长条状。为中国传统村落。有古迹桂山石楼。农业以水稻、蔬菜种植为主。通乡村道路。

九和镇［Jiǔhé Zhèn］ 紫金县辖镇。在县境中部偏南。面积254.97平方千米。人口3万。辖1居委会、13村委会。镇人民政府驻地九和圩。1957年设九和乡，后改公社。1983年改区。1987年改镇。2003年九树镇部分地域并入。因镇政府驻地得名。有中学1所，小学

15所，卫生院1个。有九和人民英雄纪念碑。有天古迹禄楼、丹竹庵、庵下庙宇。有御临门温泉度假村。省道广下线过境。

九和圩 [Jiǔhéxū] 九和镇人民政府驻地。在县政府驻地紫城镇西南28千米。人口2200。原名九墩埔，因刘和师设店开圩改今名。有中小学、卫生院。农业以水稻种植为主。服务业以餐饮为主。农历二、五、八为圩日。省道广下线经此。

上义镇 [Shàngyì Zhèn] 紫金县辖镇。在县境西南部。面积178.5平方千米。人口2.7万。辖1居委会、1村委会，有28自然村。镇人民政府驻上义圩。1957年设上义乡，后改公社。1983年改区。1987年改镇。因镇政府驻地得名。有圆墩、石岳峰等山。上义河流经。有中学1所，小学11所。农业以水稻、茶种植，三黄鸡养殖为主。特产蜂蜜、油豆腐。县道多好线过境。

上义圩 [Shàngyìxū] 上义镇人民政府驻地。在县政府驻地紫城镇东南80千米。人口2000。取关帝庙楹联"上扶汉室，义结桃园"首字得名。聚落呈长条状。有中小学、卫生院。农业以水稻种植，三黄鸡养殖为主。特产油豆腐、上义茶。县道多好线经此。

蓝塘镇 [Lántáng Zhèn] 紫金县辖镇。在县境西南部。面积299.8平方千米。人口8.1万。辖1居委会、16村委会，有152自然村。镇人民政府驻蓝塘圩。1957年设蓝塘乡，后改公社。1983年改区。1987年改镇。因镇政府驻地得名。有中学2所，小学28所，卫生院1个，卫生所36个。有政治家邓缵先故居。有古迹龙凤寺、百家祠。有景点古大王山、石牛栏洞、百牧羊。农业以水稻、番薯、花生、甘蔗种植为主。河紫高速、省道广下线过境。

蓝塘圩 [Lántángxū] 蓝塘镇人民政府驻地。在县政府驻地紫城镇西南46千米。人口1.8万。因塘边有兰树得名兰塘，以谐音演为今名。聚落呈长条状。有中小学、卫生院。有农副产品集散贸易。农历三、六、九为圩日。省道广下线经此。

凤安镇 [Fèng'ān Zhèn] 紫金县辖镇。在县境西南部。面积123.7平方千米。人口2.7万。辖1居委会、11村委会，有59自然村。镇人民政府驻凤安圩。1957年设凤安乡，后改公社。1983年改区。1987年改镇。因镇政府驻地得名。秋香江流经。有中学1所，小学11所，卫生院1个，卫生站11个。有明代钟丁先墓。有民俗舞狮。农业以水稻种植、三黄鸡养殖为主，特产春甜橘、蜂蜜、鸡骨草茶。省道广下线，县道下石—吉安、圩镇—鸡笼山线过境。

凤安圩 [Fèng'ānxū] 凤安镇人民政府驻地。在县政府驻地紫城镇西南56千米。人口1500。因凤安围龙屋得名，意为凤凰安乐栖居。聚落呈长条状。有中小学、卫生院。有农副产品集散贸易。县道下石—吉安线经此。

义容镇 [Yìróng Zhèn] 紫金县辖镇。在县境西部。面积356.2平方千米。人口5.7万。辖1居委会、24村委会，有145自然村。镇人民政府驻义容圩。1941年设义容乡。1949年为第三区。1957年复义容乡，后改公社。1983年改区。1987年改镇。2003年青溪镇并入。因镇政府驻地得名。有中学2所，小学14所，卫生院1个，卫生所36个。有咸水交通站旧址、抗征大队烈士墓。有古迹禾风角遗址、宝山冶炼遗迹、斋公庵、万寿寺、曲江第、邹氏宗祠、黄氏宗祠、严氏老屋、赖氏老屋、塘角凹石梁桥。汕湛高速、省道中石线过境。

义容圩 [Yìróngxū] 义容镇人民政府驻地。在县政府驻地紫城镇西51千米。人口1900。传圩头有2榕树得名二榕，以谐音为今名。聚落呈长条状。有中小学、卫生院。有农副产品集散贸易。特产庄子茶。省道中石线经此。

古竹镇 [Gǔzhú Zhèn] 紫金县辖镇。在县境西部。面积287.1平方千米。人口5.7万。辖1居委会、18村委会，有118自然村。镇人民政府驻古竹圩。1929年设古竹乡。1934年改镇。1949年属第三区。1957年复古竹乡，后改公社。1983年改区。1987年改镇。因镇政府驻地得名。有中学2所，小学22所，卫生院1个，卫生站18个。有中共东江特委机关办公旧址、中共东江后方特委旧址、中共东江特委第一次党代会会址。有古迹陈家祠、许氏宗祠、邹氏宗祠。省道中石线，县道下吉、高古线过境。

古竹圩 [Gǔzhúxū] 古竹镇人民政府驻地。在县政府驻地紫城镇西68千米。人口3700。因盛产苦竹得名苦竹，以谐音改今名。聚落呈条状。有中小学、卫生院。工业以眼镜、五金配件加工为主。通乡村道路。

临江镇 [Línjiāng Zhèn] 紫金县辖镇。在县境西北部。面积135平方千米。人口3.3万。辖1居委会、10村委会，有82自然村。镇人民政府驻临江圩。1945年设临江乡。1949年属第四区。1957年复临江乡，后改公社。1983年改区。1987年改镇。因镇政府驻地得名。东江流经。有中学2所，小学16所，卫生院1个，卫生站10个。有古迹七寨、七娘庙。有民俗正月十八日朝拜七娘庙。农业以荔枝种植，淡水鱼养殖为主。省道河汕线过境。

临江圩 [Línjiāngxū] 临江镇人民政府驻地。在县政府驻地紫城镇西北50千米。人口2600。因临江得名。聚落呈环状。有中小学、卫生院。农业以荔枝种植，淡水鱼养殖为主。有农副产品集散贸易。通乡村道路。

柏埔镇 [Bǎipǔ Zhèn] 紫金县辖镇。在县境西北部。面积134平方千米。人口3.5万。辖1居委会、14村委会，有82自然村。镇人民政府驻柏埔圩。1929年置柏埔镇。1949年为第四区。1958年成立柏埔公社。1983年改区。1987年改镇。因镇政府驻地得名。有中学1所，小学13所，卫生院1个，卫生所14个。有凤华寺。农业以水稻种植为主，产水果。省道河汕线过境。

柏埔圩 [Bǎipǔxū] 柏埔镇人民政府驻地。在县政府驻地紫城镇西北35千米。人口1500。因多柏树得名。聚落呈长条状。有中小学、卫生院。农历三、六、九为圩日。有农副产品集散贸易。省道河汕线经此。

黄塘镇 [Huángtáng Zhèn] 紫金县辖镇。在县境西北部。面积226平方千米。人口4.5万。辖1居委会、12村委会，有110自然村。镇人民政府驻黄塘圩。1929年设黄塘乡。1949年并入第四区。1957年复黄塘乡，后改公社。1983年改区。1987年改镇。因镇政府驻地得名。有中学1所，小学14所，卫生院1个，卫生所12个。有东汉古墓葬。省道河汕线、县道寨黄线过境。

黄塘圩 [Huángtángxū] 黄塘镇人民政府驻地。在县政府驻地紫城镇西北14千米。人口1200。因塘水黄色得名。聚落呈长条状。有中小学、卫生院、卫生所。有铁炉嶂冶铁炉遗址。农业以茶、山楂、杨梅种植为主。有农副产品集散贸易。省道河汕线经此。

敬梓镇 [Jìngzǐ Zhèn] 紫金县辖镇。在县境东北部。面积110.3平方千米。人口3.1万。辖13村委会，有53自然村。镇人民政府驻敬梓圩。1961年成立敬梓公社。1983年改区。1987年改乡。1993年改镇。因镇政府驻地得名。有中学1所，小学14所，卫生院1个，卫生所21个。有黄海龙将军祠。有古迹文昌殿、敬梓新寨宋屋、廖氏宗祠、三谷围。省道广下线过境。

敬梓圩 [Jìngzǐxū] 敬梓镇人民政府驻地。在县政府驻地紫城镇东北33千米。人口1200。因地势狭长得名径子圩，以谐音改今名。聚落呈长条状。有卫生院。农业以蜜柚种植为主。特产客家黄酒。有农副产品集散贸易。省道广下线经此。

水墩镇 [Shuǐdūn Zhèn] 紫金县辖镇。在县境东南部。面积115.4平方千米。人口2.6万。辖10村委会，有30自然村。镇人民政府驻水墩圩。1957年设水墩乡，后改公社。1983年改区。1987年改乡，1993年改镇。因镇政府驻地得名。有中学1所，小学13所，卫生院1个，卫生所10个。有杨茂总兵墓、杨鼎将军墓、碧云古洞。有群丰古民居选安楼、宝安楼、保定楼等。有群丰古石桥。县道乌石—龙窝线过境。

水墩圩 [Shuǐdūnxū] 水墩镇人民政府驻地。在县政府驻地紫城镇东南36千米。人口500。因处琴江河山墩下得名。聚落呈长条状。有卫生院。农业种植板栗、三红蜜柚。有农副产品集散贸易。县道乌石—龙窝线经此。

南岭镇 [Nánlǐng Zhèn] 紫金县辖镇。在县境东南部。面积100.2平方千米。人口2万。辖1居委会、6村委会，有29自然村。镇人民政府驻南岭圩。1929年设南岭乡。1949年并入第五区。1957年复南岭乡，后改公社。1983年改区。1987年复乡。1993年改镇。因镇政府驻地得名。有武顿山、文笔峰。有中学1所，小学10所，卫生院1个，卫生所7个。有省级文物保护单位德先楼。有古迹钟氏总祠。农业以水稻种植为主，特产香菇、山耳、蜂蜜、灵芝。省道河汕线，县道河苏、紫金—南岭线过境。

南岭圩 [Nánlǐngxū] 南岭镇人民政府驻地。在县政府驻地紫城镇东南60千米。人口2300。因处县南且多高山大岭得名。聚落呈长条状。有小学、卫生院。有农副产品集散贸易。县道河苏线经此。

苏区镇 [Sūqū Zhèn] 紫金县辖镇。在县境东南部。面积128.1平方千米。人口2.3万。辖8村委会，有37自然村。镇人民政府驻炮子圩。1957年设炮子乡。1958年改苏区公社。1983年改区。1987年改乡。1993年改镇。原名炮子，为纪念1927年紫金县苏维埃政府设此改今名。有中学1所，小学9所，卫生院1个，卫生所12个。有苏区革命旧址群，含紫金县苏维埃政府旧址、血田纪念碑等。省道河汕线、县道紫金—南岭线过境。

炮子圩 [Pàozǐxū] 苏区镇人民政府驻地。在县政府驻地紫城镇东北0.7千米。人口2800。有虎形山岭，筑土炮禳之，故名。聚落呈放射状。有小学、卫生所。有紫金县苏维埃政府旧址、血田纪念场、中国工农革命军第二师师部旧址。河尾公路经此。

瓦溪镇 [Wǎxī Zhèn] 紫金县辖镇。在县境中部。面积230平方千米。人口3.5万。辖1居委会、16村委会，有17自然村。镇人民政府驻瓦溪圩。1961年成立瓦溪公社。1983年改区。1987年改乡。1993年改镇。2003年九树镇部分地域并入。因镇政府驻地得名。有中学2所，小学8所，卫生院2个，卫生所16个。有古迹南母寺、文笔塔。经济以农林业为主。工业以小水电为主。省道广下线过境。

瓦溪圩 [Wǎxīxū] 瓦溪镇人民政府驻地。在县政府驻地紫城镇西南18千米。人口1500。本地原为小店铺汇集娱乐、社日、祭祀活动之地，又近溪流，故名瓦溪圩。"瓦"具野合易散之意。聚落呈长条状。有中小学、卫生院。有农副产品集散贸易。农历一、四、七为圩日。

省道广下线经此。

好义镇 [Hǎoyì Zhèn]　紫金县辖镇。在县境西南部。面积 89.8 平方千米。人口 1.8 万。辖 1 居委会、8 村委会，有 60 自然村。镇人民政府驻老圩坳。1929 年设好义乡。1949 年属第二区。1957 年复好义乡，后改公社。1983 年改区。1987 年复乡。1955 年改镇。清雍正年间紫金伯公坳有圩场名下义圩，后为纪念当地开明绅士急公好义精神而建新圩场，取名"好义"。秋香江流经。有中学 1 所，小学 8 所，卫生院 1 个，卫生所 3 个。经济以农林业为主。工业以水电为主。省道广下线过境。

老圩坳 [Lǎoxū'ào]　好义镇人民政府驻地。在县政府驻地紫城镇西南 51 千米。人口 500。因地势较为低凹而得名。聚落呈长条状。有中小学、卫生院。农业养殖三黄鸡。有农副产品集散贸易。农历三、六、九为圩日。省道广下线经此。

中坝镇 [Zhōngbà Zhèn]　紫金县辖镇。在县境东北部。面积 171.8 平方千米，人口 4.3 万。辖 1 居委会、13 村委会，有 76 自然村。镇人民政府驻中坝圩。1958 年成立中坝公社。1983 年改区。1987 年改镇。因镇政府驻地得名。有中学 2 所，小学 16 所，卫生院 1 个，卫生所 30 个。有孙中山纪念馆。工业以高岭土、卷板加工为主。省道广下、华中线过境。

中坝圩 [Zhōngbàxū]　中坝镇人民政府驻地。在县政府驻地紫城镇东北 23 千米。人口 1400。因处中坝盆地中央得名中心坝，简为今名。聚落呈长条状。有农副产品集散贸易。省道华中线经此。

龙　川　县

龙川县 [Lóngchuān Xiàn]　河源市辖县。北纬 24°09′，东经 115°25′。在市境北部。面积 3081 平方千米。人口 97 万。以汉族为主，还有畲等民族。辖 24 镇。县人民政府驻老隆镇。秦始皇三十三年(前 214)置龙川县。先后属南海郡、南越国、梁化郡、循州、循州路、惠州府、潮循道、东江行政区、粤东行政区、惠阳地区、韶光地区、惠阳地区。1988 年属河源市。南朝宋《南越志》载："县北有龙穴山，舜时有五色龙，乘云出入此穴"，故名。北部中低山，中部、南部丘陵。地势南北高中间低，似马鞍形。最高点七亩嶂海拔 1318 米。年均气温 20.7℃，1 月平均气温 11.3℃，7 月平均气温 27.0℃。年均降水量 1803.7 毫米。有铁、钨、锰、铜、锡等矿产资源。森林覆盖率 72%。有技工学校 1 所，职高 1 所，中学 48 所，小学 360 所，二级医院 3 个。有龙川体育场。有省级文物保护单位 10 个。有古迹鹿湖禅寺、坑子里遗址、越王井、正相塔、佗城学宫等。有省级历史文化名城佗城。有国家 3A 级旅游景区霍山。有景点枫树坝青山湖、九龙潭瀑布。三次产业比例 20∶33∶47。农业以柑橘、毛竹、油茶、李、板栗、柿树等种植为主。工业以制药、建材、制鞋、饮料加工、机械制造、农产品加工为主。有枫树坝水电站。服务业以旅游为主。京九、广梅汕铁路，梅河高速，205 国道，省道下龙线过境。

龙川站 [Lóngchuān Zhàn]　见交通运输设施部分"龙川站"条。

龙川汽车客运站 [Lóngchuān Qìchē Kèyùnzhàn]　见交通运输设施部分"龙川汽车客运站"条。

老隆镇 [Lǎolóng Zhèn]　龙川县人民政府驻地。在县境南部。面积 119.1 平方千米。人口 30 万。辖 15 居委会、14 村委会，有 53 自然村。镇人民政府位于老隆街。1949 年设老隆区，后改公社。1983 年改镇。原名老龙，清康熙二十七年(1688)因捕盗徒多龙津架舟者，遂以不祥而改今名。东江流经。有中学 3 所，小学 8 所，二级医院 3 个，卫生院 1 个，卫生所 42 个。有古迹福建会馆、古城堡。有水坑生态风景区、龙山公园。农业以水稻、花生、蔬菜种植为主。京九铁路、长深高速、205 国道、省道下龙线过境。

义都镇 [Yìdū Zhèn]　龙川县辖镇。在县境西南部。面积 106.4 平方千米。人口 2.9 万。辖 1 居委会、9 村委会，有 32 自然村。镇人民政府位于义都街。1962 年成立义都公社。1983 年改区。1986 年改乡。1994 年改镇。因义都河得名。龙潭水流经。有中学 1 所，小学 10 所，卫生院 1 个，卫生站 14 个，门诊部 2 个。有景点鳌峰、南山、龙潭飞瀑。农业以水稻、茶、油茶种植为主。工业以水电为主。通乡村道路。

佗城镇 [Tuóchéng Zhèn]　龙川县辖镇。在县境南部。面积 217.7 平方千米。人口 4.4 万。辖 1 居委会、17 村委会，有 65 自然村。镇人民政府位于中山街。1949 年置佗城镇，后改公社。1983 年改区。1986 年改镇。原名龙川城，1941 年以秦赵佗筑城设县治改今名。有中学 1 所，小学 14 所，卫生院 1 个，卫生站 22 个。有省级历史文化名城佗城。有古迹南越王庙、正相塔、城隍庙。农业以水稻种植为主，产水果、水产、蔬菜。工业以水电为主。京九、广梅汕铁路，长深高速，205 国道过境。

鹤市镇 [Hèshì Zhèn]　龙川县辖镇。在县境东南部。面积 50.1 平方千米。人口 3 万。辖 1 居委会、9 村委会，有 41 自然村。镇人民政府位于鹤市街。1949 年设鹤市区，旋改第二区。1952 年改第三区。1955 年复鹤市区。1957 年改鹤市乡，后改公社。1983 年复区。1987 年改镇。传古以捕鹤为生，成小集市，故名。有中学 1 所，小学 7 所，卫生院 1 个，文化站 1 个，图书室 11 个。农业以水稻、花生、黄豆种植为主，产秀珍菇。通乡村道路。

黄布镇 [Huángbù Zhèn]　龙川县辖镇。在县境南部。面积 54.3 平方千米。人口 3 万。辖 1 居委会、6 村委会，有 25 自然村。镇人民政府位于黄布街。1957 年设黄布乡，后改公社。1983 年改区。1987 年改镇。金鱼河因洪黄水如布，故名。有黄江水库。有初中 2 所，小学 8 所，卫生院 1 个，卫生站 10 个，文化站 1 个，文化活动中心 6 个。有古迹金兰书院。有欧江古村落。农业以水稻、油茶种植，猪养殖为主。工业以水电为主。广龙高速过境。

紫市镇 [Zǐshì Zhèn]　龙川县辖镇。在县境南部。面积 111.2 平方千米。人口 3.3 万。辖 1 居委会、9 村委会，有 30 自然村。镇人民政府驻紫市社区。1976 年置紫市镇公社。1983 年改紫市区。1987 年撤区建紫市镇。因镇政府原驻地紫市圩得名。紫市圩原名"竹头神""竹头圩"。据《民国龙川县志》载，紫市属紫石乡，"竹头神"为紫石乡之市场，故称。有铅锌矿、水晶矿、滑石矿等矿产资源。有中学 1 所，小学 7 所，幼儿园 6 所，卫生院 1 个，卫生站 16 个，门诊部 1 个，文化广场 2 个。有七峰山旅游度假村。农业以水稻种植，草猪养殖为主，产油茶、茶叶、中药材。工业以矿产开采、酿酒、木材加工为主。有水电业。通乡村道路。

紫市社区 [Zǐshì Shèqū]　紫市镇人民政府驻地。在县境南部。面积 0.5 平方千米。人口 3500。因紫市圩得名。1987 年成立。社区服务有文化站、图书室。有中心小学、卫生院。以农业为主。县道牛大线经此。

通衢镇 [Tōngqú Zhèn]　龙川县辖镇。在县境东南部。面积 100.7 平方千米。人口 3.9 万。辖 2 居委会、17 村委会，有 55 自然村。镇人民政府位于通衢街。1955 年设通衢区。1957 年改乡，后改公社。1983 年复区。1986 年改镇。2003 年锦归镇并入。古为龙川至兴宁、梅县、河源交通干道，故名。有初中 1 所，小学 3 所，幼儿园 2 所，卫生院 1 个，卫生站 21 个。有名胜古迹通衢古榕、景韩书院、旺茂知青村。农业以水稻、油茶、杂李、板栗种植为主，产水萝卜。工业以石灰石、瓷土开采为主。205 国道过境。

登云镇 [Dēngyún Zhèn]　龙川县辖镇。在县境东南部。面积 66.8 平方千米。人口 2.3 万。辖 1 居委会、7 村委会，有 26 自然村。镇人民政府位于登云新街。1978 年成立登云公社。1983 年改区。1987 年改镇。因登云寨得名。有初中 1 所，小学 1 所，幼儿园 3 所，卫生院 1 个，卫生站 13 个，文化站 1 个。有蓝关遗址。有景点玳瑁山。农业以水稻种植，猪养殖为主。长深高速、205 国道过境。

丰稔镇 [Fēngrěn Zhèn]　龙川县辖镇。在县境中部。面积 135.8 平方千米。人口 4.1 万。辖 1 居委会、15 村委会，有 65 自然村。镇人民政府位于府前路。1949 年设丰稔区。1957 年改乡，后改公社。1983 年复区。1984 年改镇。取意林茂果硕、五谷丰登得名。有初中 2 所，小学 13 所，卫生院 1 个，卫生站 15 个。有名胜古迹青龙岩、回霍庵。农业以水稻种植，猪养殖为主，产枇杷。广梅汕铁路、省道下龙线过境。

四都镇 [Sìdū Zhèn]　龙川县辖镇。在县境西南部。面积 80.5 平方千米。人口 2 万。辖 1 居委会、8 村委会，有 39 自然村。镇人民政府驻四都圩。1949 年设四都乡。1962 年成立公社。1983 年改区。1987 年改镇。因镇政府驻地得名。有初中 1 所，小学 1 所，卫生院 1 个，卫生站 9 个。有古迹鹿湖禅寺。有景点金龟山、牙沙嶂。农业以水稻种植为主，产茶油、柿饼。工业以水电为主。京九铁路过境。

四都圩 [Sìdūxū]　四都镇人民政府驻地。在县政府驻地老隆镇西北 12 千米。人口 3600。传秦末与佗城、义都、鹤市呈犄角之势，因处北以序为四都，故名。聚落呈长条状。有小学、幼儿园、卫生院、卫生所。农业以水稻种植为主。通乡村道路。

铁场镇 [Tiěchǎng Zhèn]　龙川县辖镇。在县境中部。面积 238 平方千米。人口 8.6 万。辖 3 居委会、30 村委会，有 113 自然村。镇人民政府驻铁场圩。1958 年成立铁场公社。1983 年改区。1987 年改镇。1993 年析设谷前镇。2003 年谷前、石坑 2 镇并入。因镇政府驻地得名。有霍山。有中学 1 所，初中 3 所，小学 3 所，卫生院 1 个，卫生站 34 个，门诊部 1 个。有革命烈士黄居仁故居、南越古寺。农业以水稻种植，猪、鸡养殖为主。工业以水电为主。广梅汕铁路、省道下龙线过境。

铁场圩 [Tiěchǎngxū]　铁场镇人民政府驻地。在县政府驻地老隆镇东北 26 千米。人口 4300。传古有铁厂，厂、场谐音得名。聚落呈长条状。有中小学、卫生站。农业以水稻种植为主。通乡村道路。

龙母镇 [Lóngmǔ Zhèn]　龙川县辖镇。在县境中部。面积 148.2 平方千米。人口 5.4 万。辖 1 居委会、17 村委会，有 70 自然村。镇人民政府位于府前路。1957 年设龙母乡，后改公社。1983 年改区。1987 年改镇。传龙娘娘阻退洪水，时人尊其为龙母，故名。韩江流经。有初中 2 所，职业中学 1 所，小学 20 所，幼儿园 4 所，卫生院 1 个，卫生站 20 个。农业以水稻、油茶种植，水产养殖为主，产脐橙、柑橘。工业以水电为主。省道下龙线、车田—丰顺公路过境。

田心镇［Tiánxīn Zhèn］ 龙川县辖镇。在县境中部偏东。面积86平方千米。人口4.2万。辖1居委会、16村委会，有59自然村。镇人民政府位于府前路。1977年由龙母公社析设田心公社。1983年改区。1987年改镇。因开垦稻田得名。韩江流经。有初中2所，小学17所，幼儿园1所，卫生院1个，卫生所17个，敬老院1个。有古迹霍山、下塔。农业以水稻、油茶、茶种植，猪、甲鱼养殖为主。特产八宝鱼生、霍山甜茶。通乡村道路。

黎咀镇［Lízuǐ Zhèn］ 龙川县辖镇。在县境中部偏北。面积142.1平方千米。人口3.3万。辖1居委会、18村委会，有61自然村。镇人民政府驻黎咀圩。1949年设黎咀区。1957年改乡，后改公社。1983年复区。1987年改镇。因镇政府驻地得名。有中学1所，小学1所，卫生院1个，卫生所19个。有古迹文昌塔、七圣宫、八角亭、鲎老塔。农业以水稻、油茶种植，猪、鸡、鸭、鹅养殖为主。工业以水电、矿泉水灌装为主。省道大利线过境。

黎咀圩［Lízuǐxū］ 黎咀镇人民政府驻地。在县政府驻地老隆镇北28千米。人口4300。因文昌崀状似犁头咀，以谐音得名。聚落呈长条状。有小学、幼儿园、卫生站。农业以水稻种植为主。通乡村道路。

黄石镇［Huángshí Zhèn］ 龙川县辖镇。在县境中部偏西。面积118平方千米。人口1.8万。辖1居委会、10村委会，有44自然村。镇人民政府位于黄石街。1961年成立黄石公社。1983年改区。1987年改乡。1993年改镇。传古有大横石从岸边伸入江心，得名横石，后谐音雅化为“黄石”。有东水嶂山。东江流经。有稔坑水库。有初中1所，小学1所，幼儿园1所，卫生院1个，卫生站10个，敬老院1个。有大水坑解放战争遗址。农业以水稻、油茶种植，猪、鸡、鸭、鹅养殖为主。通乡村道路。

赤光镇［Chìguāng Zhèn］ 龙川县辖镇。在县境中部。面积134.5平方千米。人口4.5万。辖1居委会、16村委会，有56自然村。镇人民政府位于赤光街。1955年设赤光区。1957年改乡，后改公社。1983年复区。1987年改镇。因不长草木得名赤岗，1955年取意吉祥改今名。东江流经。有枫树坝水库。有中学1所，小学16所，幼儿园1所，卫生院1个，医疗站16个，康复院1个。有景点羊石山、青龙湖。农业以水稻、油茶种植为主，产杨梅、青榄。工业以水电为主。省道下龙、大利线过境。

廻龙镇［Huílóng Zhèn］ 龙川县辖镇。在县境中部偏东。面积83.5平方千米。人口3.3万。辖1居委会、14村委会，有61自然村。镇人民政府位于廻龙街。1957年设廻龙乡，后改公社。1984年改区。1987年改镇。因廻龙寺庙得名。有初中2所，小学12所，卫生院1个，卫生站14个。有文化站、广播站。有古迹祥云岩寺。农业以水稻种植，猪、鸡、鸭、鹅养殖为主。有生态林场。工业以水电为主。省道大利线过境。

新田镇［Xīntián Zhèn］ 龙川县辖镇。在县境东北部。面积71.3平方千米。人口1.7万。辖6村委会，有25自然村。镇人民政府位于新田街。1957年设新田乡，后改公社。1983年改区。1986年复乡。1993年改镇。有亚鸡嶂山。有初中1所，小学5所，卫生院1个，卫生站9个。有景点祥云洞。农业以水稻种植，猪养殖为主，产水果。工业以水电为主。通乡村道路。

车田镇［Chētián Zhèn］ 龙川县辖镇。在县境北部。面积312平方千米。人口6.4万。辖2居委会、23村委会，有127自然村。镇人民政府位于南兴街。1957年设车田乡，后改公社。1983年改区。1987年改镇。2003年郑马镇及枫树坝镇部分地域并入。以水车灌溉农田得名。有中学1所，初中1所，小学21所，卫生院1个，诊所2个，卫生站31个。有文化站、广播电视站。有古迹华光庙、鸡足山古钟。农业以水稻、油茶种植为主。工业以水电为主。省道大利线过境。

岩镇镇［Yánzhèn Zhèn］ 龙川县辖镇。在县境中部偏北。面积121.6平方千米。人口2万。辖1居委会、6村委会，有33自然村。镇人民政府位于岩镇街。1957年设岩镇乡，后改公社。1983年改区。1987年复乡。1993年改镇。因处东莞寨石岩下得名。有中学1所，小学2所，卫生院1个，卫生站10个。有古迹文昌祠。有景点风吹嶂、青龙湖。农业以水稻种植，猪、鸡、鸭、鹅养殖为主，产油茶、水果。工业以水电为主。省道下龙线过境。

麻布岗镇［Mábùgǎng Zhèn］ 龙川县辖镇。在县境北部。面积179平方千米。人口4.2万。辖1居委会、15村委会，有65自然村。镇人民政府驻麻布岗圩。1957年设麻布岗乡，后改公社。1983年改区。1987年改镇。因镇政府驻地得名。东江流经。有九年一贯制学校2所，卫生院1个，卫生站15个。有古迹红叶庵。有景点龙池泰山、龙仙洞。农业以水稻、黄豆、花生种植为主。省道下龙线过境。

麻布岗圩［Mábùgǎngxū］ 麻布岗镇人民政府驻地。在县政府驻地老隆镇东北57千米。人口6500。清初名元宝圩，明末有黄、钟2姓在圩镇附近山岗交易麻布，渐成圩场，即以麻布岗为名。聚落呈长条状。有小学、卫生站。农业以水稻种植为主。通乡村道路。

贝岭镇［Bèilǐng Zhèn］ 龙川县辖镇。在县境北部。面积105平方千米。人口1.9万。辖1居委会、8村委会，有38自然村。镇人民政府驻牛神岗。清康熙五十四年(1715)兴建贝岭圩。1949年设贝岭区。1957年改乡，后改公社。1983年复区。1987年改镇。初名永安，地处江边，后迁至萝卜坝对面山地建圩，取名“黄背岭”。该地商业繁华，而“贝”为货币代称，为期生意兴隆，遂改“背”为“贝”，名“黄贝岭”，后又省为“贝岭”。东江流经。有初中1所，小学9所，卫生院1个，卫生站8个。有贝岭古道。有景点燕仙岩、铜鼓嶂。农业以水稻、水果种植，猪、鸡、鸭、鹅养殖为主。工业以铁矿开采、水电为主。通乡村道路。

牛神岗［Niúshéngǎng］ 贝岭镇人民政府驻地。在县政府驻地老隆镇东北55千米。人口5500。传农历六月初六为牛王节，正值“双夏”来临，在黄塘下山岗进行拜祭活动，得名黄塘下牛神岗。聚落呈块状。有中小学、卫生站。农业以水稻种植为主。通乡村道路。

细坳镇［Xì'ào Zhèn］ 龙川县辖镇。在县境北部。面积142.6平方千米。人口2.3万。辖1居委会、12村委会，有67自然村。镇人民政府位于细坳街。1961年成立细坳公社。1983年改区。1987年改镇。因处山坳处得名。有初中1所，小学12所，幼儿园7所，卫生院1个，诊所1个，卫生站12个。有古迹李氏宗祠。有省级传统村落小参村。农业以水稻种植，猪养殖为主。工业以水电为主。通乡村道路。

上坪镇［Shàngpíng Zhèn］ 龙川县辖镇。在县境北部。面积210.6平方千米。人口3.2万。辖1居委会、13村委会，有52自然村。镇人民政府位于上坪街。1950年设上坪乡，后改公社。1983年改区。1987年改镇。四周高山环抱，中为盆地，故名。有初中1所，小学1所，卫生院1个，医疗站16个。有古迹下新桥、茶活炮楼、青化鸳鸯坑遗址。有省级传统村落青云。农业以水稻种植为主，产金橘、柑橘。工业以水电为主。省道下龙线过境。

青云［Qīngyún］ 在县政府驻地老隆镇北5千米。上坪镇辖自然村。人口2300。因林业资源丰富得名。又因坑多得名上青坑。聚落呈长条状。为省级传统村落。明建青云古村，多客家围屋、方形屋，如老围里、围龙下、儒林第、世荣第等。传统建筑达5.3万平方米，客家民风民俗仍存。工业以木材加工、编织、造纸等为主。通乡村道路。

连平县

连平县［Liánpíng Xiàn］ 河源市辖县。北纬24°22′，东经114°29′。在市境西北部。面积2365平方千米。人口41万。以汉族为主，还有畲、壮、瑶、苗等民族。辖13镇。县人民政府驻元善镇。明崇祯七年(1634)置连平州。清宣统三年(1911)降县，属惠州府。1914年后历属潮循道、东江行政区、东江专区、韶关粤北行政区、韶关专区、惠阳地区。1988年属河源市。北、中部多中低山，西南部多丘陵，东南部多谷底盆地。平均海拔693.5米。最高点黄牛石顶海拔1430米。年均气温20.9℃，1月平均气温10.5℃，7月平均气温27.3℃。年均降水量1772.8毫米。连平河、大席河、忠信河、大湖河、陂头河、贵东河流经。有铁、钨、铅锌等矿产资源。有野生植物1368种，野生动物190种。有黄牛石省级自然保护区。森林覆盖率75%。有高中4所，职教学校1所，九年一贯制学校3所，初中17所，小学73所，特教学校1所，二级医院4个，博物馆1个，图书馆1个，体育场1个。有古迹燕岩古寺、东山古塔、水西摩崖石刻、文节书院、醒狮围龙屋、上坪水口廊桥。有景点仙塔遗踪、西山瀑布、上坪桃园、九连山原始森林度假村。有省级非物质文化遗产忠信花灯。三次产业比例9∶70∶21。农业以水稻、番薯、玉米种植为主，产鹰嘴蜜桃、香菇、木耳、灵芝、忠信花生、砂糖橘、忠信大蒜。工业以矿产采掘、绿色食品加工为主。服务业以旅游、商贸、物流为主。粤赣、大广高速，105国道，省道官汕线过境。

连平汽车客运站［Liánpíng Qìchē Kèyùnzhàn］ 见交通运输设施部分“连平汽车客运站”条。

元善镇［Yuánshàn Zhèn］ 连平县人民政府驻地。在县境中部。面积320平方千米。人口6.5万。辖5居委会、15村委会，有318自然村。镇人民政府驻南湖社区。明崇祯七年(1634)设元善镇，以首任知州牟应受又名元善得名。此后多年未变。1959年更名红十月林场。1963年复元善镇。1966年改红阳镇。1982年复元善镇。有省级黄牛石自然保护区。有高中2所，初中3所，小学19所，二级医院3个，卫生院1个，卫生站20个，图书馆1个，博物馆1个，体育中心1个。有古迹黄潭寺遗址、东山塔。有传统民间艺术舞龙、舞狮。农业以水稻、茶种植为主，产木耳、竹席、蜂蜜、三华李、山茶、香菇。大广、昆汕高速，105国道，省道官汕线过境。

南湖社区［Nánhú Shèqū］ 元善镇人民政府驻地。在县境南部。面积4.7平方千米。人口300。因处城南、河流贯穿得名。2002年成立。民居以楼房为主。有综合服务中心、图书室、电子阅览室、文体活动中心等。开展扶贫济困、爱心募捐、健康讲座、禁毒宣传等活动。有小学、卫生站。农业种植葱、洋芋、黄豆。工业有水泥、路面砖、磷肥加工。通乡村道路。

上坪镇［Shàngpíng Zhèn］ 连平县辖镇。在县境北部。面积301平方千米。人口3万。

辖1居委会、15村委会，有214自然村。镇人民政府驻上坪镇街道社区。1949年为上坪乡。1958年改公社。1983年改区。1986年改镇。因四周环山、上有坪地得名上平，以谐音演为今名。有初中1所，小学4所，幼儿园2所，卫生院1个，医疗站16个。有景点桃花山。农业以水稻、大豆、花生种植，中华鲟鱼养殖为主。特产鹰嘴蜜桃、高山茶、爽口梅、粟米酒。大广高速、105国道过境。

上坪镇街道社区［Shàngpíng Zhèn Jiēdào Shèqū］ 上坪镇人民政府驻地。在县境北部。面积1.2平方千米。人口1800。因老街得名。2007年成立。民居以楼房为主。有文体广场。开展文艺演出、歌舞比赛、广场舞等活动。有小学、卫生站。农业以水稻种植为主。特产鹰嘴水蜜桃。大广高速、105国道经此。

内莞镇［Nèiguǎn Zhèn］ 连平县辖镇。在县境东北部。面积2311平方千米。人口2万。以汉族为主，还有畲族。辖11村委会，有116自然村。镇人民政府驻莞中村。1913年设内莞乡。1949年并入惠化区。1959年析设内莞公社。1983年改区。1987年复乡。1993年改镇。2003年九连镇并入。因境内群山环抱，形成一狭长盆地，形如莞洞，故称“内莞”。有中学1所，小学4所，幼儿园1所，卫生院1个，卫生站11个。有古迹洞主庙、厅下祠堂等。有景点圣迹苍岩。农业以水稻、花生、大豆种植为主，产香菇、木耳、竹笋、茶、蜂蜜、高山油茶、砂糖橘、板栗。105国道过境。

莞中村［Guǎnzhōngcūn］ 内莞镇人民政府驻地。在县政府驻地元善镇东北11千米。人口3000。因处镇中得名。聚落呈条带状分布。有中小学、幼儿园、卫生院。农业以水稻、花生种植为主。105国道经此。

蓝洲畲族村［Lánzhōu Shēzúcūn］ 在县政府驻地元善镇东北14千米。内莞镇辖自然村。人口400。畲族聚居。以姓氏得名。聚落呈带状。农业以梅、李、板栗种植为主，产茶叶、香菇、木耳、竹笋。县道梅岭—九连线经此。

陂头镇［Bēitóu Zhèn］ 连平县辖镇。在县境西北部。面积315.8平方千米。人口3.4万。辖1居委会、16村委会，有242自然村。镇人民政府驻陂头镇街道社区。1949年设陂头区，后改公社。1983年复区。1987年改镇。2003年贵东镇并入。因墟市处水陂之首得名。有初中2所，小学8所，幼儿园3所，卫生院1个，卫生站25个，广播站1个。有燕岩古寺、客家古村落。有景点观音岩、陂头溶洞、龙岩喷雨。农业以水稻、番薯、芋头种植为主，产甘蔗、花生、冬菇、木耳、野生灵芝。工业以农产品、竹产品加工为主。昆汕高速、省道官灯线过境。

陂头镇街道社区［Bēitóu Zhèn Jiēdào Shèqū］ 陂头镇人民政府驻地。在县境西北部。面积0.3平方千米。人口200。因陂头街得名。1987年成立。民居以楼房为主。有文化广场。开展文艺演出、歌舞比赛、艺术培训等活动。农业以水稻、蔬菜种植，鸡、鸭、鹅养殖为主，产竹木、香菇、木耳。昆汕高速经此。

溪山镇［Xīshān Zhèn］ 连平县辖镇。在县境西南部。面积146.3平方千米。人口1.9万。辖9村委会，有146自然村。镇人民政府驻百高村。1976年成立溪山公社。1987年改乡。1994年改镇。取溪东、茶山2地名各一字得名。连平河流经。有中学1所，小学9所，幼儿园2所，卫生院1个，卫生站15个。有坳下村古祠堂、下塘古建筑群。农业以水稻种植为主，产红肉火龙果、高山油茶、蔬菜。大广高速、105国道过境。

百高村［Bǎigāocūn］ 溪山镇人民政府驻地。在县政府驻地元善镇西南12千米。人口2400。因有百户得名百家坳，后谐音演为今名。聚落沿105国道呈条带状分布。有小学、卫生站。农业以水稻种植为主。通乡村道路。

隆街镇［Lóngjiē Zhèn］ 连平县辖镇。在县境南部。面积274平方千米。人口4.4万。辖1居委会、20村委会，有355自然村。镇人民政府驻隆街镇街道社区。1949年设隆街区，后改公社。1983年复区。1987年改镇。2003年崧岭乡并入。清康熙年间(1622—1722)名大田街，后改龙津街、隆兴街，简称得名。连平河流经。有中学3所，小学16所，幼儿园3所，卫生院1个，卫生站27个。农业以水稻、茶种植，水产养殖为主，产甘蔗、砂糖橘、火龙果。特产百叟酱油、东坑生姜、崧岭佛手瓜。有象湖茶园。大广、粤湘高速，105国道过境。

隆街镇街道社区［Lóngjiē Zhèn Jiēdào Shèqū］ 隆街镇人民政府驻地。在县境南部。面积0.5平方千米。人口200。因古街得名。2002年成立。连平河流经。民居以楼房为主。开展母亲节感恩活动。农业以水稻种植为主。通乡村道路。

田源镇［Tiányuán Zhèn］ 连平县辖镇。在县境东南部。面积163.9平方千米。人口1.3万。辖7村委会，有103自然村。镇人民政府驻田东村。1976年设田蔗乡。1987年更名田源乡。1994年改镇。初名“甜源”，因“甜”“田”同音，故名。有初中1所，小学5所，幼儿园1所，卫生院1个，卫生站8个。有古迹水西摩崖石刻。有白沙湖千年老榕树。有景点九连山原始森林度假村、新河漂流。农业以水稻种植，生猪养殖为主，产有机蔬菜、砂糖橘。有大岗坪、河角坪农业观光区。有九连山原始森林度假村。105国道过境。

田东村［Tiándōngcūn］ 田源镇人民政府驻地。在县政府驻地元善镇西南28千米。人口2000。因处镇东得名。聚落沿县道隆街—田源线呈条带状分布。有小学、卫生站。农业种植花生、水稻。县道隆街—大席线经此。

油溪镇［Yóuxī Zhèn］ 连平县辖镇。在县境东南部。面积300平方千米。人口3.9万。辖1居委会、18村委会，有306自然村。镇人民政府驻大塘村。1977年成立油溪公社。1983年改区。1988年改乡。1994年改镇。古时森林丛生，溪流交错，并漫山遍野种植油茶，故名油溪。有铁矿石资源。有初中1所，小学5所，卫生院1个，卫生站15个。有东江华侨回乡抗日服务团龙和队队部旧址。有古迹茶壶耳围屋、彭山遗址。有十里农民街。农业以水稻种植为主，特产云雾茶。有白芽嶂林场、大顶铁矿。汕昆高速、358国道、省道灯官线过境。

大塘村［Dàtángcūn］ 油溪镇人民政府驻地。在县政府驻地元善镇东南30千米。人口2000。因大鱼塘得名。聚落沿358国道呈条带状分布。有小学、卫生站。有民俗正月十五赏灯。农业以水稻种植为主。汕昆高速、358国道经此。

忠信镇［Zhōngxìn Zhèn］ 连平县辖镇。在县境南部。面积86.3平方千米。人口6.4万。辖5居委会、12村委会，有277自然村。镇人民政府驻黄岭社区。1962年成立忠信公社。1981年析设镇。1987年忠信区并入。清雍正年间《连平州志》载，明洪武年间因忠义守信、厚道诚实，朝廷赐名忠信。俗称忠信三坰。有高中1所，初中2所，小学9所，幼儿园10所，二级医院1个，卫生院1个，卫生站17个。有黄岭医院。有省级非物质文化遗产忠信花灯。农业以水稻、大蒜、玉米种植为主。有忠信三宝火蒜、花生、客家娘酒。工业以钢铁、纺织服装、化工、塑胶加工为主。省道灯官线过境。

黄岭社区［Huánglǐng Shèqū］ 忠信镇人民政府驻地。在县境南部。面积2.5平方千米。人口200。因黄岭山得名。2000年成立。民居以楼房为主。有黄岭山公园、文化广场。有忠信花灯节、邻里文化节等活动。有小学、卫生站。县道忠信—高莞线经此。

上寮村［Shàngliáocūn］ 在县政府驻地元善镇东南31千米。忠信镇辖自然村。人口400。明代晚期祖先在此落基，搭寮居住，因位居另2田寮(中寮、下寮)之上而起名上寮。聚落呈团块状。有省级非物质文化遗产忠信花灯。特产花生、火蒜、黄酒、萝卜爽。通乡村道路。

司前寨［Sīqiánzhài］ 在县政府驻地元善镇东南40千米。忠信镇辖自然村。人口300。因明设巡检司得名。聚落呈条带状。有古迹客家围龙屋。有省级非物质文化遗产忠信花灯。农业以花生、蒜种植为主。省道灯官线经此。

高莞镇［Gāoguǎn Zhèn］ 连平县辖镇。在县境东南部。面积62.5平方千米。人口2.5万。辖10村委会，有162自然村。镇人民政府驻丁村村。1961年由高湖、中莞2乡合设高莞乡，取2乡名各一字得名。后改公社。1983年改区。1987年改乡。1994年改镇。有初中1所，小学5所，卫生院1个，卫生站10个。高莞河流经。有古迹灵州庵、灵鹫寺。农业以水稻、花生种植为主，盛产花卉。县道忠信—高莞线过境。

丁村村［Dīngcūncūn］ 高莞镇人民政府驻地。在县政府驻地元善镇东南42千米。人口2200。以姓氏得名。聚落呈条带状分布。有小学、幼儿园、卫生院(站)。农业以水稻、花生种植为主。县道忠信—高莞线经此。

大湖镇［Dàhú Zhèn］ 连平县辖镇。在县境东南部。面积78.5平方千米。人口2.2万。有1居委会、9村委会，有150自然村。镇人民政府驻油村村。1952年设大湖区，后改公社。1983年复区。1987年改镇。因天井湖得名。有初中1所，小学3所，幼儿园4所，卫生院1个，医疗站、诊所21个。有省级传统村落大湖寨。有中共连平县第一个党支部成立旧址。有古迹白云楼。农业以水稻种植为主。有马鞍塘农业综合开发基地。省道忠定线过境。

油村村［Yóucūncūn］ 大湖镇人民政府驻地。在县政府驻地元善镇东南48千米。人口3900。因榨油坊得名。聚落沿省道忠定线呈条带状分布。有小学、卫生站。有民俗正月十二、十三赏花灯。农业以水稻种植为主。省道忠定线经此。

三角镇［Sānjiǎo Zhèn］ 连平县辖镇。在县境东南部。面积45平方千米。人口1.4万。辖9村委会，有9自然村。镇人民政府驻向阳村。1995年由大湖镇析设三角镇。因辖区呈三角形得名。有初中1所，小学2所，幼儿园2所，卫生院1个，敬老院1个。有南宋文天祥二女合葬墓。农业以水稻种植，生猪、水产养殖为主，产柠檬、油茶、板栗。有县生态工业园。粤赣、汕昆高速，358国道过境。

向阳村［Xiàngyángcūn］ 三角镇人民政府驻地。在县政府驻地元善镇东南42千米。人口2100。原名苏强，以吉言佳语改今名。聚落呈条带状分布。有小学、卫生站。农业以水稻、花生种植为主。通乡村道路。

绣缎镇［Xiùduàn Zhèn］ 连平县辖镇。在县境东南部。面积78.7平方千米。人口1.7万。辖1居委会、9村委会，有94自然村。镇人民政府驻老街社区。1987年由大湖镇析设绣缎乡。1994年改镇。传曾有丝绸店得名。有初中1所，小学4所，幼儿园3所，卫生院1个。有塔岭烈士陵园。有古迹文笔塔。农业以水稻种植，三元杂交猪、温氏鸡、肉牛养殖为主，产板栗、柿子、柰李、油茶。工业以制砖、饼干加工、电子为主。粤赣高速、358国道、省道忠定线过境。

老街社区［Lǎojiē Shèqū］ 绣缎镇人民政府驻地。在县境东南部。面积0.36平方千米。人口200。因绣缎墟又称绣缎老街得名。1992年成立。民居以楼房为主。有体育场。定期举办广场舞、篮球赛等活动。有中小学、卫生院(站)。农业以水稻、油茶、花生种植为主。省道忠定线经此。

和平县

和平县［Hépíng Xiàn］ 河源市辖县。北纬24°26′，东经114°56′。在市境北部。面积2292平方千米。人口53.9万。以汉族为主，还有畲、苗等民族。辖17镇。县人民政府驻阳明镇。明正德十五年(1520)设和平县。因和平峒得名，为平定地方叛乱后新设，故名。先后属惠州府、东江专区、韶关专区、惠阳地区。1988年属河源市。处东江上游、粤赣边境九连山区。西北部山地，中、东南部丘陵地，间有峡谷平原。最高点风吹蝴蝶嶂海拔1272米，最低点浰江河峡谷平原海拔75米。年均气温19.7℃，1月平均气温10℃，7月平均气温27.5℃。年均降水量1717.1毫米。浰江流经。有石灰石、膨润土、高岭土、稀土等矿产资源。森林覆盖率71.8%。有成人学校1所，中等职业学校1所，高中4所，初中24所，小学237所，幼儿园56所，二级医院3个。有阳明博物馆。三次产业比例17∶38∶45。农业以水稻、玉米、大豆、番薯种植，猪、牛、羊、鸡、鸭、鹅养殖为主，产猕猴桃、香菇、木耳、茶叶、油茶等。工业以钟表、电子通信设备制造为主，有制药、箱包、化工产业。有省级深圳福田(和平)产业转移工业园。服务业以旅游、商贸、仓储物流、电子商务为主。京九铁路，粤赣高速，省道大利、米骆、忠定线过境。有和平站。有渡口5个。

阳明大桥［Yángmíng Dàqiáo］ 在县城中部。长132.6米，宽16米，最大跨度22米，桥下净高8米。1995年开工，同年建成。因历史名人王阳明得名。为中型河道桥梁，结构型式为钢筋混凝土T梁桥。最大载重30吨。通公交车。

和平站［Hépíng Zhàn］ 见交通运输设施部分“和平站”条。

和平县西郊汽车客运站［Hépíng Xiàn Xījiāo Qìchē Kèyùnzhàn］ 见交通运输设施部分“和平县西郊汽车客运站”条。

和平汽车客运站［Hépíng Qìchē Kèyùnzhàn］ 见交通运输设施部分“和平汽车客运站”条。

阳明镇［Yángmíng Zhèn］ 和平县人民政府驻地。在县境中部。面积186平方千米。人口10万。以汉族为主，还有苗、畲等民族。辖10居委会、22村委会，有339自然村。镇人民政府位于解放路。1941年设阳明镇。1958年并入东山公社。1963年析设阳明镇。1968年改东风镇。1980年复阳明镇。2003年附城、粮溪2镇并入。为纪念王守仁(王阳明)上疏立县之功而命名。有职业技术学校1所，中学5所，小学25所，二级医院3个，卫生院1个，卫生所22个。农业以中华猕猴桃、香菇、竹笋、灵芝种植为主。工业以食品饮料、锆产品、竹木制品加工为主。京九铁路，粤赣高速，省道忠定、和洋线过境。有县汽车总站、西郊车站。

大坝镇［Dàbà Zhèn］ 和平县辖镇。在县境中部偏北。人口4.1万。面积178平方千米。辖1居委会、15村委会，有449自然村。镇人民政府位于大坝街。1950年设大坝乡，后改公社。1987年改镇。原名大洲，因交通方便、市场兴旺改今名。有中学2所，小学16所，卫生院1个，卫生所15个。有景点五花嶂。经济以商贸为主，有农贸产品市场、步行街、美食街。特产大坝农家鹅、粤黄鸡。京九铁路、省道忠定线过境。

司背村［Sībèicūn］ 在县政府驻地阳明镇北5千米。大坝镇辖自然村。人口300。因处原县巡检司后得名。聚落呈长条状。为省级传统村落。有客家乡土建筑司背朱屋。农业以种植水稻为主，产香菇、木耳等。通乡村道路。

司前村［Sīqiáncūn］ 在县政府驻地阳明镇北4千米。大坝镇辖自然村。人口400。因古迹司前朱屋得名。聚落呈团状。为省级传统村落。农业以种植水稻为主，产香菇、木耳等。通乡村道路。

老卢屋村［Lǎolúwūcūn］ 在县政府驻地阳明镇北5千米。大坝镇辖自然村。人口400。因多姓卢得名。聚落呈团状。为省级传统村落。有古民居龙衣围屋。农业以种植水稻为主。通乡村道路。

长塘镇［Zhǎngtáng Zhèn］ 和平县辖镇。在县境东北部。面积170平方千米。人口2.3万。辖1居委会、12村委会，有195自然村。镇人民政府驻四围村。1949年设长塘乡，后改公社。1983年改区。1987年改镇。因鱼塘得名。有雪山嶂、赤石嶂、木龙嶂、鹅颈嶂山。有中学2所，小学13所，卫生院1个，卫生所12个。有古迹紫微宫。农业以猕猴桃、柑橘、白果种植为主，产松、杉、茶油、油桐。工业以水电为主。省道米骆线过境。

四围村［Sìwéicūn］ 长塘镇人民政府驻地。在县政府驻地阳明镇东北26千米。人口3400。因田地包围得名。聚落呈环状。有中小学、卫生站。农业种植水稻。通乡村道路。

下车镇［Xiàchē Zhèn］ 和平县辖镇。在县境东北部。面积134平方千米。人口2.2万。辖1居委会、11村委会，有163自然村。镇人民政府驻镇山村。1950年设下车乡，后改公社。1983年改区。1987年改镇。因有灌溉水车得名下水车，简称今名。有中学1所，小学12所，卫生院1个，卫生所11个。有省级文物保护单位民国政治家徐傅霖故居。有古迹文昌阁、文昌塔、五眼桥、白面石紫微宫。有省级传统村落兴隆村。农业以水稻种植为主，产猕猴桃、香菇、木耳、茶油、毛竹。省道米骆线过境。

镇山村［Zhènshāncūn］ 下车镇人民政府驻地。在县政府驻地阳明镇东北30千米。人口2300。因镇一、镇二2村合并得名。聚落呈长条状。有小学、卫生站。省道米骆线经此。

上陵镇［Shànglíng Zhèn］ 和平县辖镇。在县境北部。面积143平方千米。人口2.9万。以汉族为主，还有畲族。辖1居委会、17村委会，有166自然村。镇人民政府驻上陵镇街镇社区。1960年成立上陵公社。1983年改区。1987年改镇。因河穿流经丘陵分上、下陵，此地居下，故名。有中学1所，小学18所，卫生院1个，卫生所17个。有景点五指山、翠山竹海。农业以水稻种植为主，产香菇、木耳、椪柑、板栗。工业以竹木器加工为主。特产竹凉席。京九铁路、省道忠定线过境。

上陵镇街镇社区［Shànglíngzhèn Jiēzhèn Shèqū］ 上陵镇人民政府驻地。在县境东北部。面积1平方千米。人口1300。因原上陵街得名。2002年成立。有中小学、卫生站。省道忠定线经此。

优胜镇［Yōushèng Zhèn］ 和平县辖镇。在县境东北部。面积114平方千米。人口1.7万。辖1居委会、8村委会，有135自然村。镇人民政府驻优镇村。1950年设优胜乡，后改公社。1983年改区。1987年改镇。因镇政府驻地得名。有初中1所，小学10所，卫生院1个。有景点新联古村、雪山嶂。经济以林业为主，种植水稻，产高山油茶。省道米骆线过境。

优胜村［Yōushèngcūn］ 优胜镇人民政府驻地。在县政府驻地阳明镇东北18千米。人口4000。因产油竹得名油竹坝，又名油镇，以谐音演为今名。聚落呈长条状。有小学、卫生站。农业种植水稻，产林木。通乡村道路。

洗马潭村［Xǐmǎtáncūn］ 在县政府驻地阳明镇东北22千米。优胜镇辖自然村。人口1000。因在水潭洗马得名。聚落呈团状。为省级传统村落。有古建筑陈氏客家围屋。农业以种植水稻为主。省道骆米线过境。

贝墩镇［Bèidūn Zhèn］ 和平县辖镇。在县境东部。面积132平方千米。人口3.1万。辖1居委会、15村委会，有193自然村。镇人民政府驻贝墩镇街镇社区。1949年设贝墩乡。1987年改镇。因石鼓温泉、贝墩石得名沸墩，以方言沸、贝同音改今名。有中学1所，小学16所，卫生院1个，卫生所15个。有景点铁扇关门、仙人嶂、九峰嶂。农业以水稻、茶、花生、油茶种植，猪、淡水鱼养殖为主。特产贝墩米酒、牛肉干。省道大利线过境。

贝墩镇街镇社区［Bèidūnzhèn Jiēzhèn Shèqū］ 贝墩镇人民政府驻地。在县境东部。面积3平方千米。人口2600。因临街路得名。2001年成立。有中小学、卫生站。省道大利线经此。

古寨镇［Gǔzhài Zhèn］ 和平县辖镇。在县境东南部。面积65平方千米。人口1.4万。辖1居委会、7村委会，有104自然村。镇人民政府驻古寨镇街镇社区。1949年设古寨乡。1961年成立公社。1987年复乡。1995年改镇。因姓氏得名。有中学1所，小学8所，卫生院1个，卫生所7个，文化站1个，文化活动中心2个，图书室8个。农业以水稻种植，猪、家禽、淡水鱼养殖为主，产油茶、茶叶、花生。省道大利线过境。

古寨镇街镇社区［Gǔzhàizhèn Jiēzhèn Shèqū］ 古寨镇人民政府驻地。在县境东南部。面积1平方千米。人口700。因临街路得名。2002年成立。有中小学、卫生站。省道大利线经此。

彭寨镇［Péngzhài Zhèn］ 和平县辖镇。在县境东南部。面积208平方千米。人口7万。辖4居委会、27村委会，有326自然村。镇人民政府驻彭寨镇街镇社区。1941年设彭寨乡。1949年改区，后改公社。1983年复区。1987年改镇。2003年安坳镇并入。有中学3所，小学34所，幼儿园7所，卫生院1个，卫生站27个。有省级非物质文化遗产墩头蓝纺织技艺。农业以水稻种植为主，产松脂、蚕茧、香菇、油茶、茶叶、高山脐橙、板栗。京九铁路，省道米骆、大利线过境。

彭寨镇街镇社区［Péngzhàizhèn Jiēzhèn Shèqū］ 彭寨镇人民政府驻地。在县境东南部。面积2平方千米。人口3200。因临街路得名。2003年成立。有中小学、卫生站。省道米骆、大利线经此。

合水镇［Héshuǐ Zhèn］ 和平县辖镇。在县境南部。面积124平方千米。人口2.9万。辖1居委会、12村委会，有156自然村。镇人民政府驻合水镇街镇社区。1956年设合水乡，后改公社。1994年改镇。因和平、浰江2河汇流得名。有初中1所，小学12所，卫生院1个，门诊部2个。农业以水稻种植，猪养殖为主，产油茶、花生。有腐竹加工业。粤赣高速、省道忠定线过境。

合水镇街镇社区 [Héshuǐzhèn Jiēzhèn Shèqū] 合水镇人民政府驻地。在县境西南部。面积2平方千米。人口1000。因临街路得名。1994年成立。有中小学、卫生站。省道忠定线经此。

公白镇 [Gōngbái Zhèn] 和平县辖镇。在县境南部。面积61.4平方千米。人口1.3万。辖1居委会、7村委会，有99自然村。镇人民政府驻公白镇街镇社区。1931年设公白乡。1941年改公白三沙乡。1949年并入林寨区。1957年复设公白乡，后改公社。1984年改区。1993年改镇。原名羊洞约，因建公白太皇神庙改名公白神，简称今名。有初中1所，小学8所，卫生院1个，门诊部1个。农业以水稻种植为主。县道船良线过境。

公白镇街镇社区 [Gōngbáizhèn Jiēzhèn Shèqū] 公白镇人民政府驻地。在县境南部。面积1平方千米。人口500。因临街路得名。2002年成立。有中小学、卫生站。有民俗农历三、六、十赴街。县道船良线经此。

青州镇 [Qīngzhōu Zhèn] 和平县辖镇。在县境西南部。面积119.5平方千米。人口1.7万。辖1居委会、10村委会，有200自然村。镇人民政府驻青州镇街镇社区。1947年置青州镇。1949年仍为镇。1958年成立青州公社。1983年改区。1985年改乡。1992年改镇。有初中1所，小学11所，卫生院1个，门诊部1个。农业以水稻种植为主，产茶叶、水果、反季节蔬菜。有黎明林场。县道大良线过境。

青州镇街镇社区 [Qīngzhōuzhèn Jiēzhèn Shèqū] 青州镇人民政府驻地。在县境西南部。面积1.8平方千米。人口2600。因临街路得名。有中小学、卫生站。2003年成立。县道大良线经此。

浰源镇 [Lìyuán Zhèn] 和平县辖镇。在县境西北部。面积158.9平方千米。人口2.1万。辖1居委会、8村委会，有144自然村。镇人民政府驻浰源镇街镇社区。1949年设浰源乡，后改公社。1983年改区。1986年复乡。1994年改镇。为浰江源头，故名浰头，后更今名。有小学13所，卫生院1个，卫生站17个。农业以水稻种植为主。工业以小水电、矿产开发为主。省道大利线过境。

浰源镇街镇社区 [Lìyuánzhèn Jiēzhèn Shèqū] 浰源镇人民政府驻地。在县境西北部。面积0.5平方千米。人口600。因临街路得名。2002年成立。有中小学、卫生站。省道大利线经此。

热水镇 [Rèshuǐ Zhèn] 和平县辖镇。在县境西部。面积172.5平方千米。人口1.8万。辖1居委会、7村委会，有117自然村。镇人民政府驻热水镇街镇社区。民国曾设热水乡。1955年设热水区，后改公社。1983年复区。1987年改镇。因圩市有温泉得名热约都，后改今名。有初中1所，小学8所，幼儿园1所，卫生院1个，卫生站13个。农业以水稻种植为主。有矿泉水加工业。服务业以旅游为主。省道大利线过境。

热水镇街镇社区 [Rèshuǐzhèn Jiēzhèn Shèqū] 热水镇人民政府驻地。在县境西北部。面积1.5平方千米。人口600。因临街路得名。2002年成立。有中小学、卫生站。省道大利线经此。

东水镇 [Dōngshuǐ Zhèn] 和平县辖镇。在县境东南部。面积153.9平方千米。人口4.1万。辖1居委会、19村委会，有220自然村。镇人民政府驻东水镇街镇社区。1968年成立东水公社。1983年改区。1987年改镇。因河水东流得名。有初中1所，小学28所，幼儿园6所，卫生院1个，卫生站19个。农业以水稻种植为主。工业以水电为主。京九铁路、县道老林线过境。

东水镇街镇社区 [Dōngshuǐzhèn Jiēzhèn Shèqū] 东水镇人民政府驻地。在县境东南部。面积4.5平方千米。人口2700。因临街路得名。2002年成立。有中小学、卫生站。通乡村道路。

礼士镇 [Lǐshì Zhèn] 和平县辖镇。在县境南部。面积74.1平方千米。人口2.1万。辖1居委会、8村委会，有95自然村。镇人民政府驻礼士镇街镇社区。1958年成立礼士公社。1987年改镇。原名梨树下，1912年取意礼贤下士改今名。有中学1所，小学9所，卫生院1个，卫生站8个。有景点荷花池。农业以水稻种植，生猪养殖为主。特产高山茶油、柿青。省道忠定线过境。

礼士镇街镇社区 [Lǐshìzhèn Jiēzhèn Shèqū] 礼士镇人民政府驻地。在县境东南部。面积1.8平方千米。人口1000。因临街路得名。1998年成立。有中小学、卫生站。省道忠定线经此。

林寨镇 [Línzhài Zhèn] 和平县辖镇。在县境东南部。面积93.1平方千米。人口3万。辖1居委会、11村委会，有99自然村。镇人民政府驻林寨镇街镇社区。民国曾设林寨乡。1987年由浰江公社析设林寨镇。因姓氏得名。有中学1所，小学11所，卫生院1个，卫生站14个。有省级传统村落林寨村。农业以水稻、甘蔗种植，水产品养殖为主，产水果。工业以制造业为主。京九铁路、省道米骆线过境。

林寨镇街镇社区 [Línzhàizhèn Jiēzhèn Shèqū] 林寨镇人民政府驻地。在县境东南部。面积1.2平方千米。人口3200。因临街路得名。2002年成立。有中小学、卫生站。通乡村道路。

东源县

东源县 [Dōngyuán Xiàn] 河源市辖县。北纬23°47′，东经114°44′。在市境东北部。面积4070平方千米，其中水域面积370平方千米。人口58.6万。以汉族为主，还有畲族等。辖20镇、1畲族乡。县人民政府驻仙塘镇。1988年由河源县析设郊区。1993年改东源县。因处原河源县东得名。以丘陵山区为主。东西宽南北窄，北高南低。平均海拔45米。年均气温21.5℃，1月平均气温10℃，7月平均气温28℃。年均降水量1904.3毫米。有铁、稀土、萤石、石灰石等矿产资源。有野生植物800多种。有野生动物164种，其中国家二级保护野生动物有水鹿、苏门羚、白鹇等3种。有万绿湖、东江国家湿地公园，新丰江、康禾温泉国家森林公园，新港、康禾省级自然保护区。森林覆盖率74.3%。有高中4所，初中26所，小学65所，幼儿园58所，特教学校1所，二级医院7个。三次产业比例15∶52∶33。农业以板栗、茶叶、蓝莓、丝苗米四大主导产业为主。工业以先进材料、高端装备制造、电子信息产业为主。服务业以文旅、商贸为主。广梅汕、京九铁路，汕昆、河惠莞、梅河、粤赣高速，205、236国道过境。

东源大桥 [Dōngyuán Dàqiáo] 在县城西南部。长596米，宽24米，最大跨度305米。2005年底开工，2007年建成。因县得名。为特大型河道桥梁，结构型式为钢筋混凝土T梁桥。最大载重55吨。通公交车。

东源汽车客运站 [Dōngyuán Qìchē Kèyùnzhàn] 见交通运输设施部分“东源汽车客运站”条。

仙塘镇 [Xiāntáng Zhèn] 东源县人民政府驻地。在县境南部。面积164平方千米。人口4.5万。辖2居委会、13村委会，有140自然村。镇人民政府驻红光村。1986年置仙塘镇。四面环山，中如山塘，以寄愿得名。东江流经。有中学1所，小学5所，幼儿园6所，二级医院7个，卫生院4个，卫生所21个。农业以水稻种植为主，产大豆、花生、蔬菜、番薯。工业以陶瓷、竹制品、食品、硬质合金加工为主。京九铁路、205国道、河义公路过境。

红光村 [Hóngguāngcūn] 仙塘镇人民政府驻地。在镇境东部。人口1900。因吉言佳语得名。聚落呈团状。有卫生所。有南园古村景区。农业以水稻种植为主。通乡村道路。

灯塔镇 [Dēngtǎ Zhèn] 东源县辖镇。在县境北部。面积198平方千米。人口4万。辖1居委会、13村委会，有178自然村。镇人民政府位于镇西路。1958年成立灯塔公社。1983年改区。1987年改镇。原名蔡庄，因建字纸灯塔改今名。有矿产资源稀土、瓷土、铁。有初中1所，小学3所，幼儿园4所，卫生院1个，卫生所1个。工业以陶瓷、红砖、木业、矿业为主。有农副产品集市贸易。粤赣高速过境。

骆湖镇 [Luòhú Zhèn] 东源县辖镇。在县境北部。面积99平方千米。人口2.2万。辖1居委会、9村委会，有102自然村。镇人民政府驻杨坑村。1947年设骆湖乡。1949年仍为乡。1958年并入灯塔公社。1961年析设骆湖公社。1987年改镇。骆姓始居，屋前有湖，故名。有初中1所，小学5所，幼儿园1所，卫生院1个，卫生所13个。农业以水稻、茶、火蒜种植为主，产大豆、花生。工业以陶瓷、建材、食品、电力、针织为主。205国道、省道米骆线过境。

杨坑村 [Yángkēngcūn] 骆湖镇人民政府驻地。在县政府驻地仙塘镇东北39千米。人口1100。清嘉庆年间杨姓落居，故名。聚落沿公路两旁呈块状分布。有卫生所。农业以茶、柠檬、板栗种植为主。通乡村道路。

船塘镇 [Chuántáng Zhèn] 东源县辖镇。在县境北部。面积192平方千米。人口7万。辖3居委会、21村委会，有251自然村。镇人民政府位于中兴路。民国曾设船塘乡。1958年成立船塘公社。1983年改区。1987年改镇。因古有大塘呈“船”形得名。东江流经。有中学1所，中心学校2所，小学8所，卫生院3个，卫生所27个。农业以水稻、板栗种植为主，产大豆、花生。工业以砖瓦、石炭、木竹器加工为主。省道米骆线过境。

顺天镇 [Shùntiān Zhèn] 东源县辖镇。在县境北部。面积114平方千米。人口2.4万。辖1居委会、11村委会，有102自然村。镇人民政府驻顺天墟。1912年设顺天乡。1949年仍为乡。1958年并入灯塔公社。1961年析设顺天公社。1983年改区。1987年改镇。因顺天湖得名。有初中1所，小学1所，幼儿园1所，卫生院1个，卫生所11个。农业以水稻、火龙果种植为主，产大豆、花生。工业以针织为主。粤赣高速、省道灯官线过境。

顺天墟 [Shùntiānxū] 顺天镇人民政府驻地。在县政府驻地仙塘镇北32千米。人口1400。因境内有顺天湖，以湖得名。聚落沿省道呈条带状分布。有顺天中小学、卫生院、卫生站。农业主产油茶、蓝莓等。龙河高速、205国道、省道灯官线经此。

上莞镇 [Shàngguǎn Zhèn] 东源县辖镇。

在县境东北部。面积97平方千米。人口3.7万。辖1居委会、13村委会,有155自然村。镇人民政府位于镇南直街。民国曾设上莞乡。1961年成立上莞公社。1983年改区。1987年改镇。因处原河源县最北端,再北属他县管辖,故名上管,后演为今名。有初中1所,小学14所,幼儿园1所,卫生院1个,卫生所20个。农业以水稻、甘蔗、大豆、花生种植为主,特产仙湖茶、上莞茶。工业以石灰石、水泥加工为主。莞蓝、莞船、莞曾公路过境。

曾田镇 [Zēngtián Zhèn] 东源县辖镇。在县境东北部。面积140平方千米。人口2万。辖1居委会、9村委会,有86自然村。镇人民政府驻梅花村。民国曾设曾田乡。1959年成立曾田公社。1983年改区。1987年改镇。原名"山田",又名"珊田",因山高岭峻而得名。明永乐年间始改名"曾田"。有初中1所,小学4所,幼儿园2所,卫生院1个,卫生所13个。农业以水稻种植,蜜蜂养殖为主,产香菇、木耳、毛竹。工业以瓷土、松香、肥料加工为主。205国道、莞曾公路过境。

梅花村 [Méihuācūn] 曾田镇人民政府驻地。在县政府驻地仙塘镇东北56千米。人口1100。因梅树得名。聚落呈块状。有卫生所。通乡村道路。

柳城镇 [Liǔchéng Zhèn] 东源县辖镇。在县境东北部。面积99平方千米。人口2.3万。辖1居委会、9村委会,有87自然村。镇人民政府驻柳城社区。民国曾设柳城乡。1962年成立柳城公社。1983年改区。1987年改镇。因镇政府驻地原名得名。东江流经。有初中1所,小学3所,幼儿园2所,卫生院1个,卫生所12个。农业以水稻、甘蔗种植为主,产大豆、花生、番薯。工业以石英砂、硅开采为主。京九铁路,河龙、河梅高速,205国道过境。

柳城社区 [Liǔchéng Shèqū] 柳城镇人民政府驻地。在县境西北部。面积2万平方米。人口2300。因神宫寨围龙屋遍生柳树得名。1961年成立。民居为客家民居。有宣传室、文体室、篮球场、电子阅览室、图书室、妇女之家和舞蹈室等服务设施。有卫生院。通乡村道路。有渡口。

义合镇 [Yìhé Zhèn] 东源县辖镇。在县境东部。面积177平方千米。人口2.1万。辖1居委会、9村委会,有88自然村。镇人民政府驻义合村。1958年成立义合公社。1983年改区。1987年改镇。因镇政府驻地得名。东江流经。有初中1所,小学4所,幼儿园1所,卫生院1个,卫生所12个。有省级文物保护单位广东青年运动先驱阮啸仙故居。有国家4A级苏家围客家乡村旅游区。农业以水稻种植为主,产花生、甘蔗、黄豆。服务业以旅游为主。河义公路过境。

义合村 [Yìhécūn] 义合镇人民政府驻地。在县政府驻地仙塘镇东17千米。人口2900。因久社河、东江汇流得名壹合,明洪武年间(1368—1398)苏、缪、马3姓居此,以情义相投改今名。聚落沿江呈长条状分布。有中小学、卫生院、卫生所。有古迹苏家围。通乡村道路。

蓝口镇 [Lánkǒu Zhèn] 东源县辖镇。在县境东北部。面积197平方千米。人口4.3万。辖2居委会、22村委会,有168自然村。镇人民政府位于向阳路。清同治年间(1862—1874)为蓝口镇。1949年设第二区。1958年成立蓝口公社。1983年改区。1987年改镇。因处蓝溪河入东江口得名。有初中2所,小学15所,卫生院1个,卫生所22个。农业以水稻、花生、蔬菜种植为主。工业以水电为主。京九、广梅汕铁路,河梅高速,205国道过境。东江通航。

黄田镇 [Huángtián Zhèn] 东源县辖镇。在县境东部。面积245平方千米。人口2.6万。辖2居委会、17村委会,有130自然村。镇人民政府驻黄田社区。民国曾设黄田乡。1949年仍为乡,后改公社。1983年改区。1987年改镇。2002年久社镇并入。因镇政府驻地原名得名。东江流经。有初中1所,小学1所,幼儿园1所,卫生院1个,卫生所18个。农业以水稻、花生、番薯种植为主。特产黄田米酒、黄田蜂蜜。京九、广梅汕铁路,河龙高速过境。

黄田社区 [Huángtián Shèqū] 黄田镇人民政府驻地。在县境东部。面积0.06平方千米。人口1600。因寄愿丰收得名。1999年成立。设有老人活动中心、文化休闲健身广场、篮球场。有小学、卫生站。县道经此。

叶潭镇 [Yètán Zhèn] 东源县辖镇。在县境东部。面积165平方千米。人口3.7万。辖1居委会、13村委会,有156自然村。镇人民政府位于环谭路。1961年成立叶潭公社。1983年改区。1986年改镇。因逢洪水树叶盖满水潭故名树叶潭,简为今名。有初中1所,小学10所,幼儿园1所,卫生院1个,卫生所23个。农业以水稻、大豆、花生、番薯种植为主。工业以瓷土、钾纳、石英石加工为主。有腐竹加工业。县道石黄线过境。

黄村镇 [Huángcūn Zhèn] 东源县辖镇。在县境东部。面积235平方千米。人口5.6万。辖1居委会、16村委会,有140自然村。镇人民政府位于中心街。1958年成立黄村公社。1983年改区。1987年改镇。因黄姓始开店设墟得名黄村墟,简为今名。有初中1所,小学15所,幼儿园1所,卫生院1个,卫生所41个。农业以水稻、甘薯、花生种植为主。通城市道路。

康禾镇 [Kānghé Zhèn] 东源县辖镇。在县境东部。面积231平方千里。人口2.5万。辖1居委会、11村委会,有92自然村。镇人民政府驻若坝村。民国曾设康禾乡。1949年仍为乡,后改公社。1983年改区。1987年改镇。取意康乐和气得名康和,以谐音改今名。有中学1所,小学1所,幼儿园1所,卫生院1个,卫生所16个。农业以水稻、大豆、花生、番薯种植为主,特产绿茶、梅李。龙紫公路过境。

若坝村 [Ruòbàcūn] 康禾镇人民政府驻地。在县政府驻地仙塘镇东南32千米。人口5100。因产峨热竹,以俗称若叶得名。聚落呈长条状,具客家传统建筑风格。有中学、卫生所。特产康禾贡茶,脐橙、柚子、砂糖橘等特色水果。有特色温泉康养。通乡村道路。

锡场镇 [Xīchǎng Zhèn] 东源县辖镇。在县境西部。面积402平方千米。人口1.1万。辖1居委会、11村委会,有70自然村。镇人民政府驻水库村。1957年设锡场乡,后改公社。1983年改区。1987年改镇。因古有锡场得名。有新丰江水库。有初中1所,小学1所,幼儿园1所,卫生院1个,卫生所8个。农业以水稻、灵芝种植为主,产大豆、花生、番薯。工业以小水电为主。105国道过境。

水库村 [Shuǐkùcūn] 锡场镇人民政府驻地。在县政府驻地仙塘镇西北111千米。人口700。因新丰江水库得名。聚落呈散状。有卫生站。经济以传统林下种植食用菌、蜂蜜等。通乡村道路。

新港镇 [Xīngǎng Zhèn] 东源县辖镇。在县境西南部。面积308平方千米。人口1.4万。辖3居委会、9村委会,有50自然村。镇人民政府位于港中路。1987年置新港镇。原名硐楼,以新建新丰江水库港口改今名。有初中2所,小学4所,幼儿园1所,卫生院1个,卫生所9个。农业以水稻、大豆、花生种植为主。特产板栗、山楂、蜂蜜、桂花鱼。工业以木材加工、发电为主。徐斗公路过境。

双江镇 [Shuāngjiāng Zhèn] 东源县辖镇。在县境中部。面积121平方千米。人口1.6万。辖1居委会、11村委会,有102自然村。镇人民政府驻双江村。1949年设双江乡,后改公社。1983年改区。1987年复乡。1993年改镇。因镇政府驻地得名。有新丰江水库。有中学1所,小学1所,幼儿园1所,卫生院1个,卫生所10个。农业以水稻、大豆、花生种植为主。特产双江西瓜。工业以生物医药、矿产开采为主。县道灯双线过境。

双江村 [Shuāngjiāngcūn] 双江镇人民政府驻地。在县政府驻地仙塘镇西北40千米。人口14500。因2溪流经得名。聚落呈放射状。有中小学、卫生院、卫生所。以水稻、状元瓜、沃柑、砂糖橘、西施柚、葡萄种植为主。通乡村道路。

涧头镇 [Jiàntóu Zhèn] 东源县辖镇。在县境西北部。面积174平方千米。人口1.8万。辖1居委会、12村委会,有92自然村。镇人民政府驻涧头社区。1961年成立涧头公社。1983年改区。1987年改乡。1994年改镇。因简姓始居得名简头,简姓迁出、李姓迁入后改今名。有初中1所,小学2所,幼儿园1所,卫生院1个,卫生所12个。农业以水稻、大豆、花生、油茶、柠檬种植为主。特产涧头石坪茶。工业以生物医药、矿产开采为主。涧半、涧顺、涧灯公路过境。

涧头社区 [Jiàntóu Shèqū] 涧头镇人民政府驻地。在县境西北部。面积1平方千米。人口800。因镇得名。1999年成立。有小学、卫生院、卫生所、康园中心。通乡村道路。

新回龙镇 [Xīnhuílóng Zhèn] 东源县辖镇。在县境西部。面积390平方千米。人口9700。辖10村委会,有45自然村。镇人民政府驻甘背塘村。民国曾设回龙乡。因清乾隆巡此而回得名。1949年仍为乡,后改公社。1981年因重名更名新回龙公社。1983年改区。1987年改乡。1994年改镇。有九年一贯制学校1所,卫生院1个,卫生所3个。农业以水稻、大豆、花生、番薯种植为主,产竹笋、香菇、木耳、百香果。工业以水电为主。通乡村道路。

甘背塘村 [Gānbèitángcūn] 新回龙镇人民政府驻地。在县政府驻地仙塘镇西南45千米。人口200。旧产柑橘,背面有塘,故名。聚落呈长条状。有集市贸易。通乡村道路。

半江镇 [Bànjiāng Zhèn] 东源县辖镇。在县境西北部。面积253平方千米。人口9500。辖9村委会,有56自然村。镇人民政府驻横輋村。1969年成立半江公社。1983年改区。1987年改乡。1994年改镇。旧属新丰县,经新丰、连平2县城至此恰为一半水路,故名。有九年一贯制中小学1所,卫生院1个,卫生所9个。农业以水稻、大豆、花生种植为主,产茶叶、灵芝、蜂蜜。工业以水电为主。涧半公路过境。

横輋村 [Héngshēcūn] 半江镇人民政府驻地。在县政府驻地仙塘镇西北34千米。人口900。处覆船山脉横边,且有畲族,畲同輋,故名。聚落呈长条状。有卫生所。经济以渔业和林下作业为主。通乡村道路。

漳溪畲族乡 [Zhāngxī Shēzú Xiāng] 东源县辖乡。在县境东北部。面积68平方千米。人口2.1万,其中畲族占33%,还有汉族。辖1居委会、10村委会,有104自然村。乡人民政府驻漳溪社区。1949年设漳溪乡,后改公社。1983年改区。1987年复乡。1993年改镇。1999年改今名。因河得名。有初中1所,小学3所,幼儿园2所,卫生院1个,卫生所13个。有民俗四月初九畲族节、正月初三中联村客家捕鱼节。农业以水稻、大豆、花生种植为主,产板栗、柿子、五指毛桃。工业以建材为主。省道米骆线、船顺公路过境。

漳溪社区［Zhāngxī Shèqū］　漳溪畲族乡人民政府驻地。在县境东北部。面积0.3平方千米。人口800。因乡得名。2004年成立。有中小学、广播电视站、乡文化站、卫生院、卫生所。省道、县道经此。

下蓝［Xiàlán］　在县政府驻地仙塘镇东北48千米。漳溪畲族乡辖自然村。人口600。畲族聚居。因蓝氏得名，分上、下蓝2村，此地居下，故名。有传统民俗蓝大将诞。农业以五指毛桃、柿子、砂糖橘种植为主。通乡村道路。

阳江市

阳江市［Yángjiāng Shì］　广东省辖地级市。北纬21°28′—22°41′，东经111°16′—112°21′。在省境西南部。陆地面积8005平方千米，海域面积1万平方千米。户籍人口289.4万，常住人口250万。以汉族为主，还有壮、瑶、苗等民族。辖江城、阳东2区，阳西县，代管阳春县级市。市人民政府驻江城区。隋大业十三年(617)析高凉县置阳江县，因临漠阳江得名，属高州高凉郡。唐贞观二十三年(649)属恩州。大顺二年(891)恩州移治阳江。宋庆历八年(1048)恩州改称南恩州，仍治阳江。明洪武二年(1369)南恩州废，阳江县属肇庆府。清同治九年(1870)升阳江县为阳江直隶厅。光绪三十二年(1906)又升为阳江直隶州。1912年，废州复阳江县。1914—1920年间隶属高雷道。1936年后先后隶属广东省第七行政督察区、第八行政督察区、粤中专区、粤西行政区、湛江专区。1958年与阳春县合并为两阳县。1961年复置阳江县。1970年改属湛江地区。1983年属江门市。1988年升省辖市。地势北高南低。第一高峰鹅凰嶂海拔1337.6米。年均气温22.8℃，1月平均气温15.7℃，7月平均气温28.6℃。年均降水量2424.8毫米。年均无霜期365天。漠阳江流经。有煤、泥炭土、铁、铜等矿产资源。有野生植物1873种，其中国家重点保护野生植物有苏铁、伯乐树、刺桫椤等3种。有野生动物376种，其中国家重点保护野生动物有豹、金猫、云豹、白颈长尾雉等4种。森林覆盖率57.72%。有高校1所，中等职业学校和技工学校6所，中学86所，小学178所，特殊教育学校5所，三级医院3个。有文化馆、图书馆、博物馆。有国家级非物质文化遗产1项，省级非物质文化遗产8项。有景区国家海洋公园海陵岛、国家地质公园阳春凌霄岩、鹅凰嶂、东湖等。有国家5A级旅游景区广东海上丝绸之路博物馆。三次产业比例18∶50∶32。农业以水稻、荔枝、龙眼、马水橘、春砂仁、穿心莲、板蓝根、藿香种植，虾、蟹等养殖为主。特产程村蚝、锯缘青蟹。工业以电力能源、不锈钢、五金刀剪等产业为主。服务业以旅游、餐饮为主。有五星级旅游饭店3个，四星级旅游饭店2个，三星级旅游饭店16个。有铁路169千米，公路9983.5千米，高速195.2千米，内河航道里程442千米。三茂、阳阳铁路，沈海、罗阳高速，325国道过境。有阳江港。有闸坡、东平、沙扒渔港。

阳江［Yángjiāng］　阳江市聚落。在市境中部偏南。面积48平方千米。人口50万。以汉族为主，还有壮、瑶、苗等民族。宋绍圣四年(1097)，县城四周垒起土墙，阳江城即现雏形。明洪武三年(1370)改土墙为砖石墙，以南恩路为主轴，南北两片逐步建成“九街十二巷”。明末清初形成“十七坊八十七街巷”，县城面积扩大到3.2平方千米。1929年开始拆城墙，兴建骑楼式商铺。1949年后县城再度扩展，县城面积17平方千米。1988年撤县建市后开启城区建设。老城区为工商学和居民住宅的混合区。城南新区为商务办公、商贸、金融、科技、文化创意、总部经济等集聚区。三茂、阳阳铁路，沈海、罗阳高速，325国道过境。通多路公交车。

江城区

江城区［Jiāngchéng Qū］　阳江市人民政府驻地。在市境中部偏南。面积666平方千米。人口69.3万。以汉族为主，还有壮、苗等民族。辖8街道、4镇。区人民政府驻城北街道。1988年以江城镇和岗列、城西2乡合置江城区。隋代将旧土城进行改造，改建后新砖城因面临漠阳江，故名阳江城，后简称今名。先后建成创业南路、新华北路、城南新区，改造环城河覆盖工程、西平路、中心广场、人民广场、中山公园。中心城区、东城区、北城区为商贸和住宅区，城南新区为商务办公、商贸、金融、科技、文化创意、总部经济等集聚区。有标志性建筑阳江国际会展中心。地势西北高东南低。海岸线长84.9千米，岛岸线总长141.7千米。年均气温22.4℃，1月平均气温15.7℃，7月平均气温28.6℃。年均降水量2542.9毫米。漠阳江、清冲河、双捷西干渠、漠西排涝河流经。有高校1所，中学25所，小学70所，特殊教育学校2所，三级医院3个，二级医院8个。有文化艺术中心、青少年宫、工人文化宫、妇女儿童活动中心、老干部活动中心等。有国家级非物质文化遗产漆器髹饰技艺。有省级非物质文化遗产阳江风筝、阳江小刀制作技艺、豆豉酿制技艺、阳江山歌。有省级文物保护单位北山石塔、阳江学宫。有古迹北门巩桥、岗背塔、石觉寺八角亭等。有国家5A级旅游景区海陵岛闸坡大角湾、广东海上丝绸之路博物馆。有阳江金山国家森林公园。三次产业比例6∶48∶46。农业以水稻、大豆、花生种植，鱼、虾、蟹养殖为主。工业以清洁能源装备制造、电子电路、金属制品等为主。服务业以旅游、物流、金融为主。阳阳铁路，沈海、云阳高速，325国道，阳闸公路等过境。有阳江站、阳江港站，阳江汽车客运站、阳江汽车二运站，阳江港。通多路公交车。

漠江路［Mòjiāng Lù］　在区境东北部。西起漠江一桥，东至东风二路。与二环路、石湾路、西平路等相交。长3.3千米，宽50.2米。混凝土路面。1992年开工，1995年建成。2009年改建。因西至漠阳江边得名。两侧有广播电视台等。通公交车。

西平北路［Xīpíng Běilù］　在区境东北部。南起漠江路，北至塘围村道。与安宁路、新江北路、马曹路等相交。长5.5千米，宽50米。沥青路面。1992年开工，1995年建成。2012年改建。因处西平路以北得名。两侧有阳江汽车客运站、感应宫等。通公交车。

石湾北路［Shíwān Běilù］　在区境东北部。南起漠江路，北至振兴路。与安宁路、新江北路、马曹路等相交。长3.1千米，宽40米。混凝土路面。1994年开工，同年建成。2000年改建。因石湾瓷窑得名。两侧有市第二汽车客运站、市第三人民医院等。通公交车。

新江北路［Xīnjiāng Běilù］　在区境东北部。东起东风三路，西至建设一路。与创业路、马南路、西平北路等相交。长5.3千米，宽60米。混凝土路面。2000年开工，2001年建成。取建设新阳江之意得名。两侧有大明奇石馆、市体育馆、市图书馆、北湖公园等。通公交车。

创业路［Chuàngyè Lù］　在区境东北部。南起北环路，北至金山路。与新江北路、安宁路、漠江路等相交。长2.9千米，宽45米。混凝土路面。1989年开工，1990年建成。寓意艰苦创业得名。两侧有建设银行、交警大队、北湖公园等。通公交车。

安宁路［Ānníng Lù］　在区境东北部。东起漠江路，西至建设路。与创业路、马南路、西平北路等相交。长3.3千米，宽45米。沥青路面。2001年开工，2002年建成。为纪念古安宁县得名。两侧有北湖公园、市第三人民医院、市实验小学、南排小学等。通公交车。

高凉路［Gāoliáng Lù］　在区境东北部。西起二环南路，东至新江东路。与工业大道、三环路等相交。长2.5千米，宽35米。混凝土路面。1992年开工，1997年建成。为纪念古高凉县得名。两侧有髻山古墓群、市职业技术学院等。通公交车。

东门南路［Dōngmén Nánlù］　在区境东北部。南起雅白公路，北至东门路。与富康路、横一路、南浦大道等相交。长3.5千米，宽45米。混凝土路面。2005年开工，2011年建成。因处东门路以南得名。两侧有岗背塔、城南派出所等。通公交车。

东风三路［Dōngfēng 3 Lù］　在区境东北部。西起东风二路，东至东风四路。长3.4千米，宽55米。沥青路面。1955年建成。2011年改建。为东风路第三段，故名。两侧有市教育局、鸳鸯湖、阳江风筝放飞场、仁济医院等。通公交车。

康泰路［Kāngtài Lù］　在区境东北部。南起新江北路，北至振兴路。与马曹路、金山路、金郊路、沿山路等相交。长3.6千米，宽40米。混凝土路面。2011年开工，2012年建成。取意安康泰平得名。两侧有原阳江石湾瓷窑等。通公交车。

阳江汽车客运站［Yángjiāng Qìchē Kèyùnzhàn］　见交通运输设施部分“阳江汽车客运站”条。

城北街道［Chéngběi Jiēdào］　江城区人民政府驻地。在区境北部。面积24平方千米。人口11.2万。2006年设。因处城区北部得名。先后建成创业北路、马曹路及多个住宅区，改造城中村。漠阳江、大垌河、蚬壳河流经。有中学3所，小学3所，三级医院2个，二级医院4个，卫生院1个，卫生所10个。经济以房地产、餐饮等为主。沈海高速、325国道等过境。通多路公交车。

南恩街道［Nán'ēn Jiēdào］　属江城区。在区境中部。面积7平方千米。人口9.3万。1988年设。因南恩路得名。先后建成东风一路、东风二路、漠江一桥、漠江二桥、西平路及多个住宅区，改造牛角巷、电瓷厂、人民广场、中山公园等。漠阳江、马南河流经。有中学1所，小学5所，二级医院2个，卫生院1个，卫生所1个。有省级文物保护单位北山石塔、阳江学宫。有古迹东山摩崖石刻、熙春亭、北门巩桥、文昌宫、南恩慈云庵等。有景点北山文化公园等。经济以物流、金融保险、旅游等为主。通多路公交车。

南恩路［Nán'ēn Lù］ 在南恩街道南部。长1.1千米，宽14米。花岗岩路面和混凝土路面。路中段为原南恩州治所，故名。为市区商业步行街。有省级文物保护单位阳江学宫、古迹中共阳江县支部旧址。通公交车。

城南街道［Chéngnán Jiēdào］ 属江城区。在区境中部偏南。面积7平方千米。人口11.1万。1988年设。因处城区南部得名。先后建成江台路、二环南路、三环路、新华南路等，改造人民广场、东岳公园、环城河等。漠阳江流经。有高校2所，中学4所，小学5所，三级医院1个，二级医院1个，卫生院2个，卫生所19个。有古迹石觉寺、革命烈士林元熙故居、甘泉古井等。经济以五金制造为主。通多路公交车。

太傅路［Tàifù Lù］ 在城南街道西部。长0.4千米，宽15米。混凝土路面。因北端原有"张太傅祠"得名。两侧建筑为南方特色"骑楼"结构。两侧商铺林立，为市区最大的日杂批发中心。通公交车。

中洲街道［Zhōngzhōu Jiēdào］ 属江城区。在区境西部。面积24平方千米。人口约3.4万。2006年设。因处河道中心洲上得名。先后建成中洲大道、漠江二桥、麻津工业大道、和平工业大道、中洲敬老院等。漠阳江、中心洲东干渠、中心洲排涝河流经。有中学5所，小学8所，卫生院1个，卫生所16个。有阳江古八景之一"碧桥玩月"。工业以五金制造、汽车空调制造、制药为主。沈海高速、325国道过境。通多路公交车。

城东街道［Chéngdōng Jiēdào］ 属江城区。在区境东北部。面积37平方千米。人口4万。1988年设。因处城区东部得名。先后建成体育路、体育北路、阳江市体育中心、阳江市青少年宫、阳江市文化艺术中心、城东学校、阳江国际会展中心，改造鸳鸯湖景区、阳江金山植物公园、阳江金山国家森林公园等。有中学1所，小学6所，卫生所7个。经济以房地产、旅游、餐饮为主。通多路公交车。

白沙街道［Báishā Jiēdào］ 属江城区。在区境西部。面积83平方千米。人口4.7万。2003年设。因白沙圩得名。先后建成白沙大道、教育路、金沙路、银沙路、河堤路，改造白沙圩等。漠阳江、双捷西干渠、漠西排涝河流经。有中学5所，小学8所，卫生所16个。有古村落麻茶。农业以水稻种植为主。工业以纺织、五金为主。阳阳铁路，沈海、云阳高速，325国道，省道阳闸线，县道雅白线过境。通多路公交车。

岗列街道［Gǎngliè Jiēdào］ 属江城区。在区境南部。面积37平方千米。人口4.6万。1988年撤岗列乡设街道。1994年街道改镇。2003年撤镇复设街道。取岗背村、列美村各一字得名。先后建成东门南路、二环南路、富康路、江朗大道、漠阳湖公园等。有中学1所，小学6所。有古迹岗背塔。农业以水稻种植，鱼、虾、蟹养殖为主。工业以五金制造、服装制造、家具制造等为主。雅白、江台公路过境。通多路公交车。

城西街道［Chéngxī Jiēdào］ 属江城区。在区境西部。面积22平方千米。人口2.9万。1988年撤城西乡设立街道。1994年街道改置镇。2003年撤镇复设街道。因处城区西部得名。先后建成中洲大道、沿江南路等。漠阳江、中心洲干渠、中心洲排涝河流经。有中学2所，小学7所。有阳江古八景之一"顿砵云霞"。农业以水稻、莲藕、莳菇种植，虎纹蛙等养殖为主。工业以五金制造、服装制造、水产品加工为主。通多路公交车。

埠场镇［Bùchǎng Zhèn］ 江城区辖镇。在区境中部。面积59平方千米。人口4.1万。辖1居委会、9村委会，有69自然村。镇人民政府驻埠场圩社区。1961年成立埠场公社。1983年改区。1987年改乡。1993年改镇。因处埗(埠)头，聚成圩场，故名。漠阳江、埠场排涝河流经。有中学1所，小学12所，卫生院1个，卫生所15个。有文化站、文化活动中心、图书室。有国画艺术家关山月故居。农业以水稻种植，生猪、牛养殖为主。工业以电镀、电路板生产、五金加工为主。江阳公路过境。通公交车。

埠场圩社区［Bùchǎngxū Shèqū］ 埠场镇人民政府驻地。在区境中部。面积3平方千米。人口4700。因镇名得名。2002年成立。民居以楼房为主。有志愿服务站。有法律咨询和援助服务。有中小学、卫生院、卫生服务站、敬老院。江阳公路经此。通公交车。

平冈镇［Pínggāng Zhèn］ 江城区辖镇。在区境西南部。面积120平方千米。人口9.7万。辖1居委会、22村委会，有158自然村。镇人民政府驻平冈圩社区。1956年设平冈区。1957年改乡，后改公社。1983年复改区。1987年改镇。因镇政府驻地得名。双捷西干渠、漠西排涝河、九姜河流经。有中学1所，小学26所，卫生院1个，卫生站40个。农业以水稻种植，生猪、虾、蟹等养殖为主。工业以食品药品、新能源新材料、有色金属、服装鞋帽四大产业为主。阳阳铁路、云阳高速、省道阳闸线、县道江阳线过境。通公交车。

平冈圩社区［Pínggāngxū Shèqū］ 平冈镇人民政府驻地。在区境中部。面积7平方千米。人口7300。因处山冈低平处得名。2002年成立。民居以楼房为主。有法律咨询和援助服务。有中小学、卫生服务站。江阳公路经此。通公交车。

闸坡镇［Zhápō Zhèn］ 江城区辖镇。在区境南部。面积110平方千米。人口9.9万。辖5居委会、20村委会，有132自然村。镇人民政府驻白圩社区。1953年设闸坡镇，后改公社。1983年改区。1984年复改镇。2010年海陵镇并入。明代名站坡，清代在此设闸守界，更今名。有中学1所，小学21所，二级医院1个，卫生院2个，卫生站36个。有古迹古炮台、太傅墓、灵谷庙、镇海亭、北帝庙等。有景区大角湾、广东海上丝绸之路博物馆、南海放生台、红树林湿地公园等。经济以旅游为主。农业以水稻种植，卵形鲳鲹、石斑鱼、文蛤、对虾等养殖为主。特产海陵珍珠马蹄、莲藕、香芫、无核荔枝等。工业以船排厂、水产品加工为主。服务业以旅游为主。省道阳闸线、县道闸平线等过境。通公交车。

白圩社区［Báixū Shèqū］ 闸坡镇人民政府驻地。在区境南部。面积2平方千米。人口2500。明代成圩，白蒲村移此人数多，故名。1987年成立。民居以楼房为主。有山歌对唱、篮球比赛、广场舞等活动。有小学、幼儿园、卫生站、老人活动中心、敬老院、文化广场等。平闸公路经此。通公交车。

双捷镇［Shuāngjié Zhèn］ 江城区辖镇。在区境西北部。面积132平方千米。人口3.2万。辖1居委会、10村委会，有140自然村。镇人民政府驻双捷社区。1953年设双捷乡。1956年改区，后改公社。1983年复改区。1987年改镇。1994年析出麻汕镇。明代刘唐、李碟迁此定居经商，初名"唐碟"，后谐音更今名。漠阳江、清冲河、运江河等流经。有中学3所，小学10所，卫生院1个，卫生站16个。有景点阳江市冼夫人、冯盎将军文化公园。农业以水稻、甘蔗种植，生猪、罗非鱼、奥泥鱼、甲鱼养殖为主。工业以发电、水泥制品、木业制品等为主。服务业以商贸、餐饮为主。阳阳铁路，云阳、沈海高速，325国道，阳闸公路等过境。通公交车。

双捷社区［Shuāngjié Shèqū］ 双捷镇人民政府驻地。在区境西北部。面积1平方千米。人口2700。因镇名得名。1988年成立。民居以楼房为主。有法律咨询和援助服务。有中小学、敬老院、卫生服务站。有双捷信用社、供销社、水文站。县道乐双、大河线经此。通公交车。

阳东区

阳东区［Yángdōng Qū］ 阳江市辖区。在市境东部。面积1704平方千米。人口49.1万。以汉族为主，还有壮、苗等民族。辖11镇。区人民政府驻东城镇。1988年撤销阳江县，分为阳西县、阳东区、江城区。1991年撤销阳东区设立阳东县。2014年复改区。因处阳江境内东部得名。先后建成阳东二中，改造燕山湖公园、龙山公园，改建湖滨路、始兴路、广雅路、新江台大道等。地势周高中低。漠阳江流经。有职业学校1所，中学26个，小学29个，二级医院1个。有古迹吉水寺、周亨铜鼓等。有纪念地李萁烈士墓碑、新洲革命烈士纪念碑、大八革命烈士纪念碑、中共阳江区委旧址等。有民间艺术山歌剧、阳江白榄等。三次产业比例16∶58∶26。农业以水稻、花生种植为主。特产荔枝、龙眼、大八益智、凉粉草、东平鱼翅、雅韶尖山蟹。工业以五金刀剪、新能源为主。服务业以旅游为主。沈海、西部高速，325国道，省道麻阳线，县道大合、江城—珠环、北惯—三山、寿长—东平、北惯林屋—北津港、河口—田畔线等过境。

阳东汽车客运站［Yángdōng Qìchē Kèyùnzhàn］ 见交通运输设施部分"阳东汽车客运站"条。

东城镇［Dōngchéng Zhèn］ 阳东区人民政府驻地。在区境中部。面积52平方千米。人口7.2万。以汉族为主，还有壮、苗等民族。辖3居委会、8村委会，有34自然村。镇人民政府驻大令社区。1989年设东城镇。为阳东区城区所在地，故名。有中学1所，小学7所，二级医院1个，卫生院1个，卫生所6个。有幼儿园、文化站、广播站、敬老院等。有纪念地中共阳江县委员会旧址。农业以水稻种植为主。工业以小五金制造为主。沈海高速、325国道、江台公路等过境。

广雅路［Guǎngyǎ Lù］ 在城区东部。西起新江路，东至东风四路。与始兴路、振士路、福兴路等相交。长7.5千米，宽40米。沥青路面。1997年开工，1999年建成。2010年改建。因广雅学校得名。两侧有海景酒店、华科国际家居生活广场等。通公交车。

湖滨路［Húbīn Lù］ 在城区中部。北起东风四路，南至新江台大道。与永安路、福安路、广雅路相交。长3.9千米，宽40米。沥青路面。1992年开工，1993年建成。2011年改建。因临燕山湖得名。两侧有阳东汽车站、凤凰酒店等。通公交车。

始兴路［Shǐxīng Lù］ 在城区西部。北起东风三路，南至新江台大道。与德政路、永安路、广雅路相交。长3.5千米，宽40米。混凝土路面。1993年开工，1997年建成。寓意县城今后兴旺发达，故名。两侧有阳东区人民法院、人民医院等。通公交车。

大令社区［Dàlìng Shèqū］ 东城镇人民政府驻地。在区境东北部。面积8平方千米。人口1.2万。因四面山高似令箭，俗称大令，故名。1989年成立。民居以楼房为主。有志愿者交通疏导、义诊等服务。有中小学、卫生院等。通公交车。

北惯镇［Běiguàn Zhèn］ 阳东区辖镇。在区境东北部。面积113平方千米。人口4.3万。以汉族为主，还有壮、苗等民族。辖2居委会、13村委会，有152自然村。镇人民政府驻北惯社区。1956年为北惯区。1957年撤区分为北惯、那石2乡。1958年那石乡并入北惯乡，后改公社。1983年复改区。1987年改镇。南宋期间有5姓人家各派人到河之北岸习武，时称“北习”，后因“习”“惯”同义更今名。有中学1所，小学4所，卫生院1个，卫生所17个。有幼儿园、文化站、敬老院、广播站等。工业以五金制品、家具制造、食品制造、日用金属制品为主。开阳高速过境。

北惯社区［Běiguàn Shèqū］ 北惯镇人民政府驻地。在区境东北部。面积2平方千米。人口5000。因镇名得名。1991年成立。民居以楼房为主。有老人活动室、文体室、会议室等。有免费体检志愿活动、法律咨询服务。家庭养老为主、机构养老为辅。有中小学、卫生院。通公交车。

那龙镇［Nàlóng Zhèn］ 阳东区辖镇。在区境东北部。面积105平方千米。人口3.8万。以汉族为主，还有壮、苗等民族。辖2居委会、15村委会，有131自然村。镇人民政府驻那龙社区。1953年设那龙乡，后改公社。1963年并入合山公社。1983年属合山区。1987年属合山镇。1994年析置那龙镇。因处那龙河旁得名。那龙河、田畔河、周亨河流经。有九年一贯制学校2所，教学点4个，卫生院1个，卫生所15个。有幼儿园、文化站、敬老院、广播站等。有景区涛景度假村、大东湖旅游区、大水四瀑布等。农业以水稻、花生种植为主。工业以金属制品、化工、纸品制造等为主。开阳高速、325国道过境。

那龙社区［Nàlóng Shèqū］ 那龙镇人民政府驻地。在区境东北部。面积1平方千米。人口900。因镇名得名。1996年成立。民居以楼房为主。有志愿服务站、社区家长学校、文化站、文化广场。有社区法律咨询顾问等服务。沈海高速、325国道经此。通公交车。

牛根村［Niúgēncūn］ 在区政府驻地东城镇东北26千米。那龙镇辖自然村。人口600。清康熙二十五年(1686)钟姓由福建迁此建村，因村边长满粗叶榕，俗称牛奶树，故取名牛奶根村，后简称今名。聚落呈团块状。2013年被评为省级古村落。有古迹青砖大屋、炮楼。有卫生所、篮球场。农业以水稻种植为主。通乡村道路。

东平镇［Dōngpíng Zhèn］ 阳东区辖镇。在区境东南部。面积209平方千米。人口4.3万。以汉族为主，还有壮、苗等民族。辖1居委会、10村委会，有46自然村。镇人民政府驻东平社区。1950年设东平镇，后改公社。1983年改区。1984年复改镇。2003年良洞、双安、莲北3村划入。因镇政府驻地原名东平村得名。有中学1所，小学3所，卫生院1个，卫生所22个。有幼儿园、图书馆、文化站、文化活动中心、广播电视站。有中国古村落大澳渔村。有景点玉豚山海滨公园、珍珠湾海水浴场等。农业以水稻种植、海洋捕捞为主。工业以渔船修造、海产品加工为主。特产东平藕、平堤蔗、鲨翅、鱿鱼、虾酱、五香肉脯、银虾膏。江台公路、阳江核电站公路等过境。

东平社区［Dōngpíng Shèqū］ 东平镇人民政府驻地。在区境东南部。面积5平方千米。人口2.5万。由东平村改设。2002年成立。民居以楼房为主。有免费体检、防溺水宣传活动，婚姻、就业等法律咨询服务。以家庭养老为主、机构养老为辅。有中小学、幼儿园、卫生院。通公交车。

大澳渔村［Dà'àoyúcūn］ 在区政府驻地东城镇东南31千米。东平镇辖自然村。人口700。阳江沿海有6澳，因位居海岸线之东端，东为大，故名大澳村。又叫大澳埠。聚落呈弧形。2013年被评为中国古村落。有明原始渔家小屋。有古建筑清末商业街，沿街有古商会和疍家民居。有古迹大澳商会大楼、万人坟、观音庙、古炮台。有小学。经济以渔业、商贸为主。通乡村道路。

雅韶镇［Yǎsháo Zhèn］ 阳东区辖镇。在区境东南部。面积74平方千米。人口2.8万。以汉族为主，还有壮、苗等民族。辖1居委会、7村委会，有46自然村。镇人民政府驻雅韶社区。1951年设雅韶乡，后改公社。1983年改区。1987年改镇。因在烧砖瓦的宋窑遗址处建村，阳江土音“瓦窑”与“雅韶”谐音，故名。那龙河流经。有中学1所，小学6所，卫生院1个，卫生室5个。有幼儿园、文化站、广播站。有景点北津港独石洲、独石塔、石塘湾沙滩等。农业以养殖蚝、尖山蟹、南美白对虾等为主。工业以五金制造、木制品制造、塑料洁具制造、食品加工为主。西部沿海高速过境。

雅韶社区［Yǎsháo Shèqū］ 雅韶镇人民政府驻地。在区境东南部。面积2平方千米。人口2000。因镇名得名。1993年成立。民居以楼房为主，有少量别墅。有阅读室、老人活动中心。有志愿者服务、法律咨询服务。家庭养老和机构养老并行。有中小学、卫生院。通公交车。

大沟镇［Dàgōu Zhèn］ 阳东区辖镇。在区境东南部。面积116平方千米。人口4.8万。以汉族为主，还有壮、苗等民族。辖1居委会、15村委会，有135自然村。镇人民政府驻大沟社区。1956年设大沟区。1958年改乡，后改公社。1983年复改区。1987年改镇。因有深且长河沟得名。寿长河流经。有中学1所，小学9个，卫生院1个，卫生所14个。有幼儿园、文化站、敬老院、广播站。有古迹国井带、第一山寺、华洞文笔塔、海蔚城等。农业以水稻、荔枝种植，寿长蚝、三丫文蛤、对虾、青螺养殖为主。工业以制冰、风力发电等为主。麻阳高速、三北公路过境。

大沟社区［Dàgōu Shèqū］ 大沟镇人民政府驻地。在区境东南部。面积2平方千米。人口3700。因镇名得名。2000年成立。民居以楼房为主。有志愿者服务站、老人活动中心、敬老院、文化站、文化广场。有社区法律咨询顾问等服务。以分散养老为主。有中小学、幼儿园、卫生院。江台公路经此。

新洲镇［Xīnzhōu Zhèn］ 阳东区辖镇。在区境东南部。面积254平方千米。人口5.9万。以汉族为主，还有壮、苗等民族。辖1居委会、16村委会，有222自然村。镇人民政府驻新洲社区。1957年设新洲乡，后改公社。1983年改为区。1987年改镇。因建圩于荒洲上得名。北桂河流经。有中学1所，小学18所，卫生院1个，卫生所18个。有幼儿园、综合文化站、敬老院、广播站。有景点紫罗山森林公园、丹竹坑白鹤生态村、北桂河漂流等。农业以水稻、西瓜、荔枝、辣椒等种植为主。西部沿海高速，江台、热新公路等过境。通公交车。

新洲社区［Xīnzhōu Shèqū］ 新洲镇人民政府驻地。在区境东南部。面积1平方千米。人口6000。因镇名得名。1999年成立。民居以楼房为主。有棋牌室、老人活动中心、文化书屋等。有广场舞活动。有中小学、卫生院。通公交车。

合山镇［Héshān Zhèn］ 阳东区辖镇。在区境东北部。面积98平方千米。人口4.5万。以汉族为主，还有壮、苗等民族。辖1居委会、13村委会，有121自然村。镇人民政府驻合山社区。1957年设合山乡，后改公社。1983年改区。1987年改镇。传古时有两座相连神山，故名。那龙河流经。有中学1所，小学2所，卫生院1个，卫生所8所。有幼儿园、文化站、敬老院、广播站。有景点莲塘古驿站、永兴碉楼、西朝百年古树等。农业以水稻、花生、甘蔗等种植为主。工业以木制品、电子、针织机械、化工为主。开阳高速、325国道过境。

合山社区［Héshān Shèqū］ 合山镇人民政府驻地。在区境东北部。面积6平方千米。人口2.8万。因镇得名。1999年成立。民居以楼房为主。有志愿者、法律咨询服务。有中小学。通公交车。

塘坪镇［Tángpíng Zhèn］ 阳东区辖镇。在区境西北部。面积197平方千米。人口4.7万。以汉族为主，还有壮、苗等民族。辖1居委会、16村委会，有179自然村。镇人民政府驻塘坪社区。1956年设塘围乡。1958年与大八乡合置红旗公社，后改塘坪公社。1983年改区。1987年改镇。旧称“蛤塘”，后因镇政府驻塘坪圩，改今名。漠阳江流经。有中学1所，小学3所，卫生院1个，卫生所14个。有幼儿园、文化站、敬老院、广播站。农业以水稻、荔枝、柑橘、龙眼种植，生猪养殖为主。工业以木材加工、食品加工、五金制造等为主。罗阳高速，县道江城—珠环、北惯—三山线过境。

塘坪社区［Tángpíng Shèqū］ 塘坪镇人民政府驻地。在区境西北部。面积0.8平方千米。人口4200。1988年在原塘坪圩成立。民居以楼房为主。有活动室、未成年人救助保护工作点、老年人日间照料中心。有志愿者、法律咨询等服务。有中小学、卫生院。通公交车。

大八镇［Dàbā Zhèn］ 阳东区辖镇。在区境北部。面积298平方千米。人口6.4万。以汉族为主，还有壮、苗等民族。辖1居委会、21村委会，有273自然村。镇人民政府驻大八社区。1956年设大八区。1957年改乡，后改公社。1983年改区。1987年改镇。昔为第八屯(古时屯兵之地)，清代简称第八，后谐音更今名。大八河流经。有中学1所，小学11所，卫生院1个，卫生所21个。有幼儿园、文化站、敬老院、广播站。有古迹吉水寺、东岸庙等。农业以水稻、花生等种植为主。特产益智、粉草等。工业以木器加工、小水电为主。塘八、周田公路等过境。通公交车。

大八社区［Dàbā Shèqū］ 大八镇人民政府驻地。在区境北部。面积8平方千米。人口4700。因镇得名。1999年成立。民居以楼房为主。有志愿者服务、法律咨询服务。以居家养老和敬老院集中养老为主。有中小学、卫生院。塘八公路经此。通公交车。

红丰镇［Hóngfēng Zhèn］ 阳东区辖镇。在区境西北部。面积110平方千米。人口4.5万。以汉族为主，还有壮、苗等民族。辖1居委会、14村委会，有155自然村。镇人民政府驻红丰社区。1994年由双捷镇析置麻汕镇。2003年更今名。因镇政府驻地得名。漠阳江流经。有中学1所,小学18所,卫生院1个,卫生站9个。有幼儿园、文化站、敬老院、广播站。农业以水稻、马铃薯、火龙果等种植为主。工业以五金、建材、玻璃钢、木器家具等行业为主。省道江春线、春闸公路过境。

红丰社区 [Hóngfēng Shèqū] 红丰镇人民政府驻地。在区境西北部。面积1平方千米。人口1700。2005年在红丰村成立。民居以楼房为主。养老模式以居家养老为主。有中小学、卫生院。塘麻公路经此。通公交车。

阳春市

阳春市 [Yángchūn Shì] 广东省直辖县级市,由阳江市代管。北纬22°10′,东经111°47′。在阳江市境西北部。面积4037平方千米。人口117万。以汉族为主,还有瑶、壮等民族。辖1街道、15镇。市人民政府驻春城街道。南朝梁普通四年(523)废莫阳县,置阳春县。隋初阳春县属高州。宋开宝六年(973)废罗水、流南2县入阳春县;熙宁六年(1073)铜陵县并入。明洪武二年(1369)阳春县属肇庆府;万历五年(1577)阳春县划出富林及西山并入东安县。清光绪三十二年(1906)属阳江。1949年后先后隶属粤中地区专员公署、粤西行政区、湛江专区、湛江地区。1958年阳春、阳江2县合置两阳县。1961年复设阳春县。1983年属江门市。1988年属阳江市。1994年撤县,设立县级市。因处漠水之阳,四季如春,故名。先后建成阳春大道、一环路、吉祥路等。有标志性建筑中兴双子星大厦。河东旧城为行政办公、文化教育、商业金融区。河西为新区。地势自西北向东南倾斜。平均海拔260米。最高峰鹅凰嶂海拔1337.6米。年均气温22℃,1月平均气温14℃,7月平均气温28℃。年均降水量2385毫米。漠阳江、黄村河、那乌河等流经。有煤、铁、铜等矿产资源。有国家重点保护植物桫椤、猪血木、圆籽荷等23种。有野生动物139种,其中国家重点保护动物有豹、金猫、云豹等37种。森林覆盖率64.1%。有高校1所,中等职业技术学校2所,中学26所,小学318所,二级医院4个。有体育馆、文化艺术中心、青少年宫等。有古迹独石仔古人类洞穴遗址、铁屎迳铸钱遗址、通真岩摩崖石刻、崆峒岩摩崖石刻、春城文塔、凌霄岩摩崖石刻等。有国家地质公园凌霄岩,景区春湾、崆峒、春都温泉等。三次产业比例23∶45∶32。农业以水稻、玉米、花生、速生丰产林种植,生猪、牛、羊养殖为主。特产圭岗氹仔鲩鱼、马水甜橘、蟠龙春砂仁等。工业以纺织、机电、钢铁为主。服务业以通讯、物流、商贸为主。三茂、阳阳、春罗铁路,罗阳高速,省道广高线,圣贵公路过境。

南新大道 [Nánxīn Dàdào] 在市区南部。东北起234国道,西至325国道。与东湖路相交。长2千米,宽32米。混凝土路面。1985年开工,1995年建成。1998年改建。因处城区南部得名。两侧有汽车总站、金沣假日酒店等。通公交车。

城东大道 [Chéngdōng Dàdào] 在市区中部。南起南新大道,北至人民桥。与春州大道相交。长2.9千米,宽32米。混凝土路面。1994年开工,1998年建成。因处城区东部得名。两侧有广播电视大学、阳春市实验中学、北帝庙等。通公交车。

阳春大道 [Yángchūn Dàdào] 在市区东部。南起春江大道,北至省道广高线。与兴华南路、育德路、东苑路等相交。长11.9千米,宽38.5米。混凝土路面。2008年建成。因阳春市得名。两侧有东湖公园、中兴广场、阳春市职业技术学校等。通公交车。

阳春站 [Yángchūn Zhàn] 见交通运输设施部分"阳春站"条。

阳春汽车客运站 [Yángchūn Qìchē Kèyùnzhàn] 见交通运输设施部分"阳春汽车客运站"条。

春城街道 [Chūnchéng Jiēdào] 阳春市人民政府驻地。在市境中部。面积319平方千米。人口21.6万。2004年设。宋熙宁六年(1073)春州城为县治所,故名。先后建成阳春大道、兴华路南延、育德路、广场路、育才路、校前路,整治龙湾河等。漠阳江、蟠龙河、龙湾河等流经。有职业学校1所,中学6所,小学32所,二级医院4个,卫生院2个,卫生站107个。有图书馆、体育馆、文化中心等。有省级文物保护单位崆峒岩。有阳春八景之一"东湖春晓"。农业以蔬菜、玉米、南药、花卉等种植为主。特产蟠龙春砂仁、石湖葛头、香蕉、崆峒鱼仔等。工业以家具制造、针织、精钢制造等为主。服务业以商贸为主。三茂、阳阳铁路,罗阳高速,省道广高、阳闸线过境。通多路公交车。

河塱镇 [Hélǎng Zhèn] 阳春市辖镇。在市境北部。面积198平方千米。人口4.7万。辖1居委会、14村委会,有143自然村。镇人民政府驻河塱社区。1953年设六区,后称河塱区。1958年改公社。1963年成立河塱公社。1983年复改区。1986年改镇。因圩场建在河塱地上得名。甘蒌河流经。有中学1所,小学15所,卫生院1个,卫生站14个。有幼儿园、文化站、敬老院、广播站等。有国家地质公园凌霄岩,景点玉溪三洞、漠阳江源头、罗阳奇峰、矿桥古桥等。有古迹明朝石刻《留石亭记》、清朝古香书室、拔元老屋、蕖峰寺等。农业以种植水稻、茶树等为主。省道圣贵线、县道托塱线过境。通公交车。

河塱社区 [Hélǎng Shèqū] 河塱镇人民政府驻地。在市境北部。面积4平方千米。人口1200。因镇得名。1991年成立。民居以楼房为主。有老年活动室、便民服务站等。有中学、卫生服务站等。通公交车。

松柏镇 [Sōngbǎi Zhèn] 阳春市辖镇。在市境北部。面积174平方千米。人口5.1万。辖1居委会、17村委会,有271自然村。镇人民政府驻松柏社区。1953年设第五区,后改松柏区。1957年改乡,后改公社。1983年改区。1986年改镇。明代严松柏后裔在泥河东岸建严松柏公宗祠,故名。那座河流经。有中学1所,小学18所,卫生院1个,卫生站17个。有敬老院、幼儿园、文化站、广播站等。农业以水稻等种植为主。工业以造纸、木器加工等为主。罗阳高速、省道圣贵线过境。通公交车。

松柏社区 [Sōngbǎi Shèqū] 松柏镇人民政府驻地。在市境北部。面积0.4平方千米。人口5400。因镇得名。1987年成立。民居以楼房为主。有老年活动室、卫生服务站、便民服务站等。有中学、卫生院。通公交车。

石望镇 [Shíwàng Zhèn] 阳春市辖镇。在市境北部。面积109平方千米。人口4.2万。辖1居委会、10村委会,有137自然村。镇人民政府驻石望社区。1957年设石望乡,后改公社。1983年改区。1986年复改乡。1993年改镇。因周围有石山,开门便见石,故名。漠阳江、黄村河流经。有中学1所,小学11所,卫生院1个,卫生站10个。有幼儿园、文化站、敬老院、广播站等。有省级文物保护单位铁屎迳古冶炼遗址、严氏古屋。有古迹古铜陵牌坊、马腰岩洞穴。农业以水稻、玉米等种植为主。特产石望大米、石望甜玉米、石望腐竹。县道春湾—石望线过境。通公交车。

石望社区 [Shíwàng Shèqū] 石望镇人民政府驻地。在市境北部。面积1平方千米。人口3000。因镇得名。1995年成立。民居以楼房为主。有老年活动室、卫生服务站、便民服务站等。有中小学、幼儿园、卫生院等。通公交车。

春湾镇 [Chūnwān Zhèn] 阳春市辖镇。在市境北部。面积342平方千米。人口9.9万。辖3居委会、25村委会,有448自然村。镇人民政府驻青云社区。1953年为第四区,后改春湾区。1957年撤区,设春湾镇及春湾、新龙、茶园3乡。1958年并为春湾乡,后改公社。1983年改区,同年9月析置镇。1986年区、镇合并。因漠阳江上游弯大水急,至此平缓,黄泥沙沉积,故名黄泥湾,后更今名。有中学1所,小学24所,卫生院1个,卫生站61个。有幼儿园、文化站、敬老院、广播站等。有景点龙宫岩、石林、通天蜡烛、通真岩、蟾蜍石、刘三姐歌台、春湾等。农业以蔬菜、水稻、果树等种植为主。特产蟠龙春砂仁、赤小豆、香芋、大米等。工业以五金、针织、水电等为主。三茂、春罗铁路,罗阳高速,省道广高、圣贵线过境。通公交车。

青云社区 [Qīngyún Shèqū] 春湾镇人民政府驻地。在市境北部。面积2平方千米。人口5600。因处青云路商业街得名。2014年成立。民居以楼房为主。有老年活动室、卫生服务站、便民服务站等。有小学、卫生院、汽车站。通公交车。

合水镇 [Héshuǐ Zhèn] 阳春市辖镇。在市境中部。面积238平方千米。人口6.8万。辖2居委会、18村委会,有266自然村。镇人民政府驻合南社区。处漠阳江和西山河汇合之处,故名。1953年为三区,后改合水区。1957年撤区,分设合水镇和合水、塱仔、共和3乡。1958年塱仔、共和2乡并入合水乡,同年改公社,后改春城公社。1959年复改合水公社。1983年复改区。1984年析置镇。1986年区、镇合并。有中学2所,小学20所,卫生院1个,卫生站19个。有幼儿园、文化站、敬老院、广播站等。有省级非物质文化遗产"阳春高流墟"。有景点白银湖、河山瀑布、平北白石岩遗址等。农业以水稻、豆类、花生等种植为主。工业以酿酒、制糖、机电等为主。省道广高线过境。通公交车。

合南社区 [Hénán Shèqū] 合水镇人民政府驻地。在市境中部。面积2平方千米。人口1.1万。因镇得名。2008年成立。民居以楼房为主。有老年活动室、便民服务站等。有中学、卫生服务站。通公交车。

陂面镇 [Bēimiàn Zhèn] 阳春市辖镇。在市境北部。面积123平方千米。人口6.4万。辖2居委会、17村委会,有270自然村。镇人民政府驻黄牛头社区。1961年设陂面公社。1983年改区。1986年改镇。在西山河出口处筑"陂"拦水,在"陂"南面建集市,故名。有中学1所,小学17所,卫生院1个,卫生站19个。有幼儿园、文化站、敬老院、广播站等。有古迹独石仔古人类洞穴遗址,景点流南县古城遗址、重阳圩等。农业以水稻种植为主。工业以化工、建材、造纸、铸钢等为主。三茂铁路、罗阳高速、省道广高线、县道崆松线过境。通公交车。

黄牛头社区 [Huángniútóu Shèqū] 陂面镇人民政府驻地。在市境中部。面积2平方千米。人口6300。因北面山岭形似黄牛得名。1986年成立。民居以楼房为主。有老年活动室、便民服务站等。有小学、卫生服务站。财政所、派出所、林业站等驻此。通公交车。

圭岗镇 [Guīgǎng Zhèn] 阳春市辖镇。在市境西北部。面积386平方千米。人口5.9万。辖1居委会、22个村委会,有469自然村。镇人民政府驻圭岗社区。1950年设七区,后改圭岗区。1958 年改乡，后改公社。1983 年改区。1986 年改镇。因有巨石形似古代大官手持圭笏得名。有中学 1 所，小学 20 所，卫生院 1 个，卫生所 28 个。有幼儿园、文化站、敬老院、广播站等。有景点天然硫黄温泉、百涌省级自然保护区、大河水库等。农业以柑橘、香蕉、水稻种植为主。工业以编织、家具制造等为主。通公交车。

圭岗社区［Guīgǎng Shèqū］ 圭岗镇人民政府驻地。在市境西北部。面积 1 平方千米。人口 3400。因镇得名。1987 年成立。民居以楼房为主。有老年活动室、便民服务站等。有中小学、幼儿园、卫生服务站等。通公交车。

永宁镇［Yǒngníng Zhèn］ 阳春市辖镇。在市境西部。面积 365 平方千米。人口 6.2 万。以汉族为主，还有瑶等民族。辖 1 居委会、24 村委会，有 460 自然村。镇人民政府驻三岸村。1951 年设第八区，后改永宁区。1958 年改乡，后改公社。1983 年复改区。1986 年改镇。南朝冼夫人曾在云雾山南部设永宁郡，故名。有中学 1 所，小学 21 所，卫生院 1 个，卫生所 18 个。有幼儿园、文化站、敬老院、广播站等。农业以水稻、花生、柑橘、木薯、番薯种植，生猪、牛、羊等养殖为主。通公交车。

三岸村［Sān'àncūn］ 永宁镇人民政府驻地。在市政府驻地春城街道西北 40 千米。人口 0.4 万。因三河交汇得名。聚落呈分散条状。有阳春民族希望学校、卫生院。农业以水稻、蔬菜、水果、柑橘等种植为主。省道潭溪线、县道石新线经此。通公交车。

马水镇［Mǎshuǐ Zhèn］ 阳春市辖镇。在市境西南部。面积 140 平方千米。人口 4.9 万。辖 1 居委会、15 村委会，有 226 自然村。镇人民政府驻马水社区。1953 年设二区，后改马水区。1957 年改乡，后改公社。1983 年改区。1986 年复改乡。1993 年改镇。武则天曾派李千里率骑兵驻此地河边平原处，战马饮水于江边，故名。有中学 1 所，小学 16 所，卫生院 1 个，卫生所 29 个。有文化站、敬老院、广播站等。农业以水稻种植、生猪养殖为主。特产马水橘、香蕉等。三茂铁路、省道广高线过境。通公交车。

马水社区［Mǎshuǐ Shèqū］ 马水镇人民政府驻地。在市境西南部。面积 3 平方千米。人口 8100。由马水村改设。1987 年成立。民居以楼房为主。有老年活动室、卫生服务站、便民服务站等。有中学、卫生院、供电所等。通公交车。

岗美镇［Gǎngměi Zhèn］ 阳春市辖镇。在市境南部。面积 194 平方千米。人口 6.4 万。辖 1 居委会、19 村委会，有 265 自然村。镇人民政府驻岗美社区。1953 年设第十四区，后改岗美区。1958 年改岗尾公社。1961 年改岗美公社。1983 年改区。1986 年改镇。明代李姓在罗汉岗尾端建圩，后取"尾"谐音"美"，更今名。有中学 1 所，小学 19 所，卫生院 2 个，卫生所 19 个。有幼儿园、文化站、敬老院、广播站等。有古迹崧台李公祠、谢氏宗祠。农业以水稻种植、生猪养殖为主。阳阳铁路、罗阳高速、省道阳闸线、县道河田线过境。通公交车。

岗美社区［Gǎngměi Shèqū］ 岗美镇人民政府驻地。在市境南部。面积 1 平方千米。人口 3200。因镇得名。1986 年成立。民居以楼房为主。有老年活动室、卫生服务站、便民服务站等。有中小学、卫生院、派出所等。通公交车。

隆岗村［Lónggǎngcūn］ 在市政府驻地春城街道东南 16 千米。岗美镇辖自然村。人口 700。取兴隆旺盛意得名。聚落呈团块状。有古迹崧台李公祠、元帅府遗址等。有景区榜眼故园。农业以稻谷、龙眼、荔枝、香蕉种植，生猪、鱼、蚕等养殖为主。省道阳闸线、县道河田线经此。

水寨村［Shuǐzhàicūn］ 在市政府驻地春城街道南 14 千米。岗美镇辖自然村。人口 300。因被鱼塘环绕得名。聚落呈团块状。为省级传统村落。有古迹谢氏宗祠、谢仲埙故居等。农业以水稻、甘蔗、花生、土豆等种植为主。省道春江线、县道河田线经此。

河口镇［Hékǒu Zhèn］ 阳春市辖镇。在市境南部。面积 217 平方千米。人口 3.3 万。辖 1 居委会、14 村委会，有 241 自然村。镇人民政府驻河口社区。1953 年设十三区，后改河口区。1958 年改乡，后改公社。1983 年改区。1986 年改镇。因处潭水河、龙门河交汇口得名。潭水河、龙门河流经。有中学 1 所，小学 15 所，卫生院 1 个，卫生所 21 个。有幼儿园、文化站、敬老院、广播站等。农业以水稻种植、生猪养殖为主。工业以造纸、五金加工等为主。省道潭溪线、县道河田线过境。通公交车。

河口社区［Hékǒu Shèqū］ 河口镇人民政府驻地。在市境南部。面积 2 平方千米。人口 2800。因镇得名。1987 年成立。民居以楼房为主。有老年活动室、便民服务站等。有中小学、卫生服务站。派出所、财政所驻此。通公交车。

潭水镇［Tánshuǐ Zhèn］ 阳春市辖镇。在市境西南部。面积 229 平方千米。人口 8.1 万。辖 1 居委会、22 村委会，有 431 自然村。镇人民政府驻潭水社区。1953 年为十二区，后改潭水区。1957 年分设潭水乡、东湖乡、潭水镇。1958 年东湖乡、潭水镇并入潭水乡，后改公社。1983 年复改区。1984 年分设潭水区、潭水镇。1986 年区、镇合并。徙罗凤河深潭北岸建集市，故名。潭水河流经。有中学 1 所，小学 23 所，卫生院 1 个，卫生所 42 个。有幼儿园、文化站、敬老院、广播站等。有景点凤凰朝阳、石佛岩、石咀岩、燕子岩等。有古迹关帝庙、仙师庙、东华寺、西华寺等。农业以水稻种植，桂花鱼、生猪、鸡、鹅、鸭、牛养殖为主。工业以水泥、钢铁加工等为主。三茂铁路、省道广高线过境。通公交车。

潭水社区［Tánshuǐ Shèqū］ 潭水镇人民政府驻地。在市境西南部。面积 3 平方千米。人口 8.2 万。因镇得名。1987 年成立。民居以楼房为主。有老年活动室、便民服务站、卫生服务站等。有中小学、银行、派出所等。通公交车。

三甲镇［Sānjiǎ Zhèn］ 阳春市辖镇。在市境西南部。面积 309 平方千米。人口 7.8 万。辖 2 居委会、24 村委会，有 482 自然村。镇人民政府驻三甲社区。1953 年为九区，后改三甲区。1958 年改乡，后改公社。1983 年改区。1986 年改镇。明代刘姓在三甲河与庞洞河相汇处建圩场，故名。三甲河、曲江河等流经。有中学 3 所，小学 23 所，卫生院 1 个，卫生所 51 个。有幼儿园、文化站、敬老院、广播站等。农业以水稻种植、生猪养殖为主。工业以电子、食品加工、铸造等为主。三茂铁路、省道广高线、三马公路过境。通公交车。

三甲社区［Sānjiǎ Shèqū］ 三甲镇人民政府驻地。在市境西南部。面积 7 平方千米。人口 5100。因镇得名。1987 年成立。民居以楼房为主。有老年活动室、便民服务站、卫生服务站等。有中小学、财政所、司法所、工商所等。通公交车。

双滘镇［Shuāngjiào Zhèn］ 阳春市辖镇。在市境西南部。面积 273 平方千米。人口 7.6 万。辖 1 居委会、23 村委会，有 344 自然村。镇人民政府驻双滘社区。1957 年置双滘乡，后改公社。1983 年改区。1987 年改镇。清代在双坪河与双滘河汇合处沙洲上建圩场，故名。双滘河、蒲竹河等流经。有中学 2 所，小学 23 所，卫生院 1 个，卫生所 50 个。有幼儿园、文化站、敬老院、广播站等。有景点十二楞岭、蟾蜍石、阳元石、冼夫人纪念馆等。农业以水稻、沙姜、砂糖橘、马水橘、蟠龙春砂仁等种植为主。工业以针织、水电、造纸等为主。省道三马线过境。通公交车。

双滘社区［Shuāngjiào Shèqū］ 双滘镇人民政府驻地。在市境西南部。面积 1 平方千米。人口 2900。因镇得名。1987 年成立。民居以楼房为主。有老年活动室、卫生服务站、便民服务站等。有中学、卫生院、供电所等。省道三马线经此。通公交车。

八甲镇［Bājiǎ Zhèn］ 阳春市辖镇。在市境西南部。面积 419 平方千米。人口 8 万。辖 1 居委会、20 村委会，有 385 自然村。镇人民政府驻八甲社区。1953 年设十一区，后改八甲区。1958 年改乡，后改公社。1983 年改区。1986 年改镇。清代在八甲堡围墙西门外建圩场，故名。石碧河流经。有中学 2 所，小学 21 所，卫生院 1 个，卫生所 20 个。有幼儿园、文化站、敬老院、广播站等。有景点白水飘瀑、温泉、望海顶、国家地质公园鹅凰嶂等。有古迹南朝西巩县城址西城村、罗水县城旧址罗城围塘村、松园楼、福攸古寨、镇南堡等。农业以水稻、沙姜种植，生猪养殖等为主。特产脉菜。工业以木器加工、建材等为主。三茂铁路、省道新高线过境。通公交车。

八甲社区［Bājiǎ Shèqū］ 八甲镇人民政府驻地。在市境西南部。面积 3 平方千米。人口 4800。因镇得名。1987 年成立。民居以楼房为主。有老年活动室、卫生服务站、便民服务站等。有小学、卫生院、工商所等。省道三马线经此。通公交车。

阳 西 县

阳西县［Yángxī Xiàn］ 阳江市辖县。北纬 21°45′，东经 111°36′。在市境西部。面积 1452 平方千米。人口 53 万。以汉族为主，还有苗、壮、瑶等民族。辖 8 镇。县人民政府驻织篢镇。1988 年阳江撤县建市，设立阳西县。因处阳江市之西得名。平均海拔 22 米。最高山峰鹅凰嶂海拔 1337.6 米。年均气温 23℃，1 月平均气温 14.6℃，7 月平均气温 28.1℃。年均降水量 2180 毫米。丰头河、儒洞河、织篢河等流经。有稀土、硅砂、锡、钨等矿产资源。森林覆盖率 47.26%。有中学 19 所，小学 131 所，二级医院 3 个。有古迹太平驿站、七贤书院、净业寺、迴隆寺、塘口古堡等。有景区东湖咸水矿温泉度假山庄、月亮湾滨海旅游度假区、沙扒海天度假村、大垌山旅游区等。三次产业比例 30∶32∶38。农业以水稻种植为主。特产程村蚝、上洋西瓜、双肩玉荷包荔枝、溪头五彩薯等。工业以电力、建材、电子、五金刀剪等为主。深茂铁路、沈海高速、325 国道等过境。有丰头港、沙扒港、溪头港。

织篢镇［Zhīlǒng Zhèn］ 阳西县人民政府驻地。在县境中部。面积 316 平方千米。人口 12.9 万。辖 4 居委会、27 村委会，有 469 自然村。镇人民政府驻奋兴社区。1956 年置织篢区，后改公社。1983 年复改区。1986 年改镇。2003 年蒲牌镇并入。因先人常在丹江河边编织竹箱（篢）得名。织篢河流经。有中学 3 所，小学 28 所，二级医院 3 个，卫生院 1 所，卫生站 24 个。有幼儿园、文化站、敬老院等。有古迹太平驿站、大垌山净业寺、东湖咸水矿温泉、忠勇祠、七贤书院、大洲古村等。农业以水稻、番薯、花生、甘蔗、西瓜、荔枝等种植为主。工业以五金、帽袋制造等为主。深茂铁路、沈海高速、325国道等过境。

桥平路 [Qiáopíng Lù] 在县城中部。呈L型走向，分一、二、三路。桥平一路北起石桥铺桥头，南至宋康路。1981年开工，1982年建成，长2.8千米。桥平二、三路东起宋康路，西至太平桥。与迎宾大道、工业大道、人民大道等相交。桥平二路1988年开工，同年建成，长613米。桥平三路1989年开工，1990年建成，长1.1千米。沥青路面。因起于石桥铺桥与止于太平桥得名。两侧有阳西二中、水电大厦、教育大楼、阳西汽车客运站、兴华中学等。通公交车。

兴华路 [Xīnghuá Lù] 在县城中部。东起教育路，西至牛岭路口。与桥平路、人民大道等相交。长2.5千米，宽30米。混凝土路面。1990年开工，1997年建成。因经兴华中学得名。两侧有苏村市场、阳西汽车客运站、兴华中学、阳西一中、西湖公园等。通公交车。

人民大道 [Rénmín Dàdào] 在县城中部。南起桥平路，北至迎宾大道。与工业大道、明珠路、向阳路等相交。长2.8千米，宽40米。混凝土路面。1990年开工，2005年建成。2013年改造。两侧有人民医院、南大超市等。通公交车。

奋兴社区 [Fènxīng Shèqū] 织篢镇人民政府驻地。在县境南部。面积1平方千米。人口8600。因奋兴中学得名。1999年成立。民居以楼房为主。有法律咨询、消防安全教育培训等活动。有中小学、卫生院(所)。通公交车。

大洲村 [Dàzhōucūn] 在县政府驻地织篢镇东5千米。织篢镇辖自然村。人口400。沿袭何氏先祖原籍顺德伦教大洲乡名，以示念祖。聚落呈团块状。为省级古村落。有七座三间三进大屋。有古迹何氏宗祠、恬斋公书室、炮楼等。农业以种植水稻为主。通乡村道路。

鸡乸塱村 [Jīnǎlǎngcūn] 在县政府驻地织篢镇东8.8千米。织篢镇辖自然村。人口500。建在近海底洼地，形似母鸡抱窝，故名。聚落呈团块状。农业以水稻种植，海洋捕捞、水产养殖为主。为县农村建设示范村。2013年被评为全国文明村。

程村镇 [Chéngcūn Zhèn] 阳西县辖镇。在县境东部。面积196平方千米。人口6.9万。辖1居委会、21村委会，有219自然村。镇人民政府驻程村社区。1957年设程村区。1958年改乡，后改公社。1983年复置区。1986年改镇。传程姓在此建村经商，故名。丰头河、程村河流经。有中学1所，小学21所，卫生院1个，卫生站32个。有幼儿园、卫生站、文化站、敬老院等。有景点红光村红树林、新湖星岛等。农业以水稻、番薯、玉米、大豆、花生种植，鸡、鸭、鹅、猪、蚝等养殖为主。特产蚝产品、红心鸭蛋、黄鬃鹅。工业以石材加工、建材生产等为主。深茂铁路、325国道过境。

程村社区 [Chéngcūn Shèqū] 程村镇人民政府驻地。在县境东部。面积1平方千米。人口6600。因镇得名。1999年成立。民居以楼房为主。以敬老院集中养老为主。有中小学、卫生院。通公交车。

塘口镇 [Tángkǒu Zhèn] 阳西县辖镇。在县境北部。面积201平方千米。人口4.2万。辖1居委会、15村委会，有236自然村。镇人民政府驻塘口社区。1957年设塘口乡，后改公社。1983年改设区。1986年改镇。清代为防匪患挖泥筑堡，形成一口大塘，故名。有中学1所，小学14所，卫生院1个。有幼儿园、文化站、敬老院等。有古迹回隆寺、梅花地等。农业以水稻、番薯、玉米、荔枝、龙眼、黄皮等种植为主。特产红姑娘番薯、毛薯、淮山等。深茂铁路、沈海高速、潭溪公路过境。

塘口社区 [Tángkǒu Shèqū] 塘口镇人民政府驻地。在县境北部。面积2平方千米。人口2900。因镇得名。1989年成立。民居以楼房为主。有公共法律服务工作室、未成年人救助保护工作点、志愿者服务室。有中小学、幼儿园、文化广场、卫生院。通公交车。

上洋镇 [Shàngyáng Zhèn] 阳西县辖镇。在县境南部。面积172平方千米。人口4.7万。辖1居委会、18村委会，有131自然村。镇人民政府驻上洋社区。1956年设上洋区。1957年改乡，后改公社。1983年改区。1986年改镇。因在海洋北岸，三面环山，在海洋之上，故名。有中学2所，小学19所，卫生院1个，卫生站26个。有幼儿园、文化站、敬老院等。有景点河北旅游度假区、南山海旅游度假区、文笔古塔、双鱼古城等。农业以水稻、花生、番薯、玉米、大豆种植，鱼、虾等养殖为主。特产上洋海皮西瓜、上洋双肩玉荷包荔枝。织上、溪沙公路过境。

上洋社区 [Shàngyáng Shèqū] 上洋镇人民政府驻地。在县境南部。面积2平方千米。人口3600。因镇得名。1999年成立。民居以楼房为主。有妇女儿童之家、家长学校、农家书屋等。有上门为困难群体服务、法律到村服务。有宣传国家法律法规相关政策、辅导中小学生养成正确学习观等活动。以居家养老模式为主。有中学、卫生院。通公交车。

溪头镇 [Xītóu Zhèn] 阳西县辖镇。在县境东南部。面积211平方千米。人口7.5万。辖1居委会、21村委会，有184自然村。镇人民政府驻溪头社区。1956年设溪头区，后改公社。1983年复改区。1986年改镇。因处盐田河溪尽头得名。有中学2所，小学23所，卫生院1个，卫生站34个。有幼儿园、敬老院、文化站等。有景点卧龙湾海蚀地貌、鹰山新石器时代遗址、双山渔火等。农业以水稻、番薯、花生、大豆、玉米、淮山等种植为主。特产五彩薯、韭菜、香芋、鱼、虾、蚝、蚶、蟹、海蜇等。工业以电力、港口机械制造、造船、制冰、水产品加工等为主。潭溪、丰头一沙扒公路过境。

溪头社区 [Xītóu Shèqū] 溪头镇人民政府驻地。在县境东南部。面积2平方千米。人口3900。因镇得名。1999年成立。民居以楼房为主。有面向群众开展便民利民服务，面向特殊群体开展社会救助、社会福利和优抚保障服务，面向下岗失业人员开展再就业服务和社会保障服务等。有小学、卫生院。通公交车。

儒洞镇 [Rúdòng Zhèn] 阳西县辖镇。在县境西部。面积161平方千米。人口3.9万。辖1居委会、12村委会，有93自然村。镇人民政府驻儒洞社区。1957年设儒洞区，后改公社。1983年改区。1986年改镇。传古代儒姓居此，且附近为开阔大田洞，故名。儒洞河流经。有中学2所，小学12所，卫生院1个，卫生站13个。有幼儿园、文化站、敬老院等。有景区马山公园、红树林。农业以水稻、番薯、玉米种植，对虾、青蟹、金鲳鱼、海鲫鱼等养殖为主。工业以塑料制造、皮革制造、水产品加工、饲料生产等为主。325国道、沙沙公路过境。

儒洞社区 [Rúdòng Shèqū] 儒洞镇人民政府驻地。在县境西南部。面积2平方千米。人口7400。因镇得名。1999年成立。民居以楼房为主。有业务代办、法律政策咨询、政策培训、志愿者服务等。有曲艺、广场舞、太极、休闲健身等活动。有中小学、卫生院。通公交车。

新墟镇 [Xīnxū Zhèn] 阳西县辖镇。在县境西北部。面积167平方千米。人口4万。辖1居委会、13村委会，有166自然村。镇人民政府驻新墟社区。1957年设新墟乡，后改公社。1983年改区。1986年改镇。明代此地成集市称界头墟，清代改名良村渡头新墟，后简称今名。儒洞河、东干渠流经。有中学1所，小学14所，卫生院1个，卫生站15个。有幼儿园、文化站、敬老院等。农业以水稻、番薯、玉米、荔枝、龙眼、火龙果种植，生猪、羊等养殖为主。特产东水竹笋、茶叶、土纸等。工业以建材生产为主。深茂铁路、沈海高速、沙沙公路过境。

新墟社区 [Xīnxū Shèqū] 新墟镇人民政府驻地。在县境西北部。面积2平方千米。人口3300。因镇得名。1999年成立。民居以楼房为主。有法律咨询服务。有中小学、文化活动中心、卫生院。通公交车。

沙扒镇 [Shāpá Zhèn] 阳西县辖镇。在县境西南部。面积32平方千米。人口3.2万。辖1居委会、4村委会，有28自然村。镇人民政府驻沙扒社区。1956年置沙扒镇，后改公社。1984年改区。1987年改镇。2003年儒洞镇来福园、乌石头、渡头、前步4村并入。因渔民在额岭下的沙滩扒沙建港建屋得名。有中学2所，小学5所，卫生院1个，卫生站12个。有幼儿园、文化站、敬老院等。有景点月亮湾滨海旅游度假区、沙扒海天度假村、青洲岛、北额岭等。农业以水稻、番薯、玉米种植，金鲳鱼、石斑鱼、对虾等养殖为主。工业以造船制冰、水产品加工、电梯配件生产等为主。沈海高速、沙琅一沙扒公路过境。

沙扒社区 [Shāpá Shèqū] 沙扒镇人民政府驻地。在县境西南部。面积2平方千米。人口7000。因镇得名。2012年成立。民居以楼房为主，有少量别墅。有社会工作与志愿服务协会、平安志愿者、爱海益家等志愿服务团体。有免费法律咨询服务等。以居家养老为主。有中小学、卫生院。通公交车。

清远市

清远市 [Qīngyuǎn Shì] 广东省辖地级市。北纬23°26′—25°11′，东经111°55′—113°55′。在省境中部偏北。面积19000平方千米。户籍人口412.3万，常住人口382万。以汉族为主，还有瑶、壮、回等民族。辖清城、清新2区，佛冈、阳山2县，连山、连南2自治县，代管英德、连州2县级市。市人民政府驻清城区。南朝梁天监六年(507)置清远郡。隋开皇十年(590)废郡置清远县。后先后隶属南海郡、广州都督府、广南东路广州、广东道、广州府、韶关专区、韶关地区、广州市。1988年改清远市。以“清明广远”之意命名。“清”为“政治清明、社会安定”，

“远”为远离统治中心。处南岭山脉南侧与珠江三角洲交汇地区。地势西北高东南低。平均海拔352米。最高点石坑崆海拔1902米。年均气温20.5℃,1月平均气温16℃,7月平均气温30℃。年均降水量1863.4毫米。年均无霜期314.4天。北江流经。有矿产资源铁、锰、铅、锌、金、稀土等。有维管类野生植物2439种,其中国家重点保护野生植物有31种。有野生动物479种,其中国家重点保护野生动物有62种。森林覆盖率71.7%。有中学176所,小学320所,三级医院4个。有全国重点文物保护单位慧光塔,省级文物保护单位鳌头塔、正江塔、蓬莱寺塔等18个。有国家5A级旅游景区连州地下河,国家4A级旅游景区湟川三峡、南岗千年瑶寨、宝晶宫等15个。有民间艺术和民俗连南耍歌堂、英德舞火麒麟、佛冈舞被狮、阳山双凤舞、连山泼水节、连州大神会。三次产业比例15∶41∶44。农业以水稻、甘蔗、玉米、竹、花生、茶树种植为主。工业以生物医药、陶瓷建材制造、电子、食品加工为主。有特产清远麻鸡、乌鬃鹅、骆坑笋、阳山淮山、佛冈粉葛、北江河鲜、九龙豆腐、英德红茶、连州腊味。服务业以商贸为主。有铁路272千米,高速590千米,公路21700千米,内河航线347千米。京广铁路,武广高铁,京珠、广清、清连、广乐、二广高速,106、107、323国道过境。有北江水运航线。

清远［Qīngyuǎn］　别名凤城。清远市聚落。在市境南部。面积42平方千米。人口8.5万。南宋景定五年(1264)筑土城。明洪武二十二年(1389)砌砖城,天顺七年(1463)毁,成化二年(1466)重筑。传城西南有凤凰台,故又名凤城。1954年后沿北江两岸呈片状建设。1988年始建江南新城区。江北老城区有烈士纪念碑、中山公园、中山纪念堂。有南门街、学宫街、大观街、先锋路、北门街、曙光路等商业中心。有下廓、城中等农贸市场。江北新城区有市政务中心、纺织城、扶贫经济开发试验区。商业区有城市广场、赢之城商圈,清远大学城为科教区,居住区沿北江两岸分布。道路相互连接、纵横交织呈网状分布。国道、公路过境。

清城区

清城区［Qīngchéng Qū］　清远市人民政府驻地。在市境东南部。面积1296平方千米。人口67.2万。辖4街道、4镇。区人民政府驻东城街道。1988年析清远县设清城区。以北江河水清澄为名。先后建飞来峡水利枢纽、清远大桥、凤城大桥、城市广场、清远站。以北江为界,江南为新城区。江北分旧城区、东城区。有高等院校1所,中学26所,小学61所,幼儿园123所,三级医院3个,二级医院4个。有凤城文化广场、中山公园、飞来湖湿地公园。有古迹飞来寺、兴隆寺。有国家4A级旅游景区新银盏温泉、狮子湖等5个。有景点金鸡岩、天子山瀑布、大罗山、大帽山、飞霞洞、藏霞洞。三次产业比例5∶44∶51。农业以水稻、蔬菜、花生种植为主。有特产清远麻黄鸡、乌鬃鹅。有银盏林场。工业以陶瓷、铜材加工为主。有广清产业转移园、华清产业园、荷兴工业园、洲心工业园、源潭建材陶瓷工业城。服务业以旅游、商贸为主。有南门商业步行街等。京广铁路,京珠、广清高速,107国道,清三、清佛公路过境。有北江水运航线。通多路公交车。

清远高新技术产业开发区［Qīngyuǎn Gāoxīn Jìshù Chǎnyè Kāifāqū］　在区境南部。东至107国道,南至珠三角环线高速,西至广清高速,北至京广铁路。面积5.1平方千米。2011年经省政府正式批准建立省级开发区,由市级政府管理。以生物医药、化工材料、纺织服装、电子汽配、建材陶瓷制造为主。入驻有毅力、联泰、爱机汽配、圣利达、佳的美电子等企业300多个。高速、国道过境。通公交车。

凤城文化广场［Fèngchéng Wénhuà Guǎngchǎng］　在城区南部。面积1.3万平方米。2005年开工,2006年建成。因清城别名凤城得名。有灯光喷泉、拱桥、双龙戏珠雕塑。有健身区、文艺汇演区、停车场。周边有区政务中心、财政局、酒店等。通公交车。

沿江路［Yánjiāng Lù］　在区境西部。东起院南二路,西至环城三路。与御龙路、曙光路、海逸路等相交。长5.9千米,宽25米。沥青路面。2004年开工,2005年建成。因沿北江得名。两侧有区政府、居住小区、中学、商业大厦等。通公交车。

清远大道［Qīngyuǎn Dàdào］　在区境南部。东北起广清大道,西南至狮子湖大道。与永安路、厚德路、国泰路、富强南路、建设三路、横荷路等相交。长2.6千米,宽50米。混凝土路面。1992年开工,1994年建成。途经商业中心。两侧有司法所、派出所、居住小区、市委党校等。通公交车。

广清大道［Guǎngqīng Dàdào］　在区境西南部。南起清远大道,北至北江大桥。与文明路、峡山东路、峡江西路、半环北路、锦霞路等相交。长5千米,宽70米。沥青路面。1990年开工,1994年建成。2003年扩建。取广州通往清远意命名。两侧有酒店、泌尿医院、居住小区、三乌市场、向秀丽纪念馆等。通公交车。

清远大桥［Qīngyuǎn Dàqiáo］　在城区西部。长1296.3米,宽19.8米,最大跨度90米,桥下净高9米。1992年开工,1995年建成,2008年大修。以地名命名。为特大型河道桥梁,结构型式为钢筋混凝土刚架拱桥。最大载重100吨。通公交车。

北江大桥［Běijiāng Dàqiáo］　在城区中部偏西。长1058米,宽27.5米,最大跨度70米,桥下净高11.2米。1983年开工,1985年建成,2005—2007年扩建姊妹桥并加固。因北江得名。为特大型河道桥梁,结构型式为钢筋混凝土拱桥。最大载重100吨。通公交车。

凤城大桥［Fèngchéng Dàqiáo］　在城区中部偏东。长994米,宽22.5米,最大跨度26米,桥下净高16米。2002年开工,2004年建成。因清远别名凤城得名。为特大型河道桥梁,结构型式为钢筋混凝土拱桥。最大载重130吨。通公交车。

清远新城汽车客运站［Qīngyuǎn Xīnchéng Qìchē Kèyùnzhàn］　见交通运输设施部分“清远新城汽车客运站”条。

东城街道［Dōngchéng Jiēdào］　清城区人民政府驻地。在区境北部。面积102平方千米。人口6.2万。2003年设。因处中心城区东得名。先后建居住小区、省职教基地,改扩建旅游大道、黄腾峡大道、东城大道。有高等院校4所,中学3所,小学12所,卫生院2个。有兴隆古寺。有景点黄腾峡、牛鱼嘴、白庙渔村、金鸡岩。通公交车。

凤城街道［Fèngchéng Jiēdào］　属清城区。在区境西部。面积23平方千米。人口10万。2003年设。因清远别名凤城得名。先后改扩建飞来湖市政道路、汇祥路,建安置房。有中学4所,小学9所,三级医院2个,二级医院2个,卫生院1个。有飞来湖湿地公园、中山公园。有景点北江风光。经济以商贸为主。通公交车。

洲心街道［Zhōuxīn Jiēdào］　属清城区。在区境中部。面积62平方千米。人口13.1万。2003年设。因四面环河得名。有中学3所,小学12所,三级医院1个,二级医院2个,卫生院1个。有江滨公园、龙湖奇石文化产业园。有华南装饰城、义乌商贸城。通公交车。

横荷街道［Hénghé Jiēdào］　属清城区。在区境西南部。面积90平方千米。人口6.4万。2003年设。因横荷社区得名。先后扩建广清高速,改造燕湖大道。有狮子湖。有中学2所,小学5所,卫生院1个,卫生站19个,敬老院1个。农业以水稻、玉米、花生种植为主。有华南商业城。通公交车。

源潭镇［Yuántán Zhèn］　清城区辖镇。在区境东南部。面积231平方千米。人口9.3万。辖5居委会、16村委会,有510自然村。镇人民政府位于省道社银线。1958年成立源潭公社。1983年改区。1986年改镇。2003年高桥镇并入。镇以源潭圩得名。有白坭、磨谷2潭,北宋初成圩场,故名源潭圩。有中学4所,小学8所,幼儿园6所,卫生院1个,卫生站31个。农业以水稻种植,生猪、鸡、鸭、鹅、淡水鱼饲养为主。武广铁路,广乐高速,清佛、银英公路过境。

龙塘镇［Lóngtáng Zhèn］　清城区辖镇。在区境西南部。面积153平方千米。人口6.3万。辖15村委会,有215自然村。镇人民政府驻龙塘社区。1951年设龙塘乡。1958年成立八一公社。1986年龙塘区改龙塘镇。传清代山岗环抱形似池塘,山脉延伸如蛟龙入塘,故名。有中学1所,小学9所,卫生院1个。有三嘉北帝古庙。有景点新银盏温泉、神石丹霞。工业以电子、铜材、铝(钢)材、服装、化妆品加工为主。有雄兴、泰基等工业小区18个。服务业以商贸为主。京广铁路,武广、许广高速,107国道,省道清龙线过境。

龙塘社区［Lóngtáng Shèqū］　龙塘镇人民政府驻地。在区境西南部。面积3平方千米。人口6800。因龙塘圩得名。1987年成立。民居以多层住宅楼为主。有卫生服务站。有小学。通公交车。

石角镇［Shíjiǎo Zhèn］　清城区辖镇。在区境西南部。面积178平方千米。人口7.4万。辖4居委会、15村委会,有287自然村。镇人民政府驻石角社区。1958年成立石角公社。1983年改区。1986年改镇。因镇政府驻地原名得名。北江流经。有中学3所,小学11所,卫生院1个,卫生站27个,敬老院1个。有景点故乡里、马头石、九厅十八井。农业以水稻种植为主。有特产清远麻鸡、乌鬃鹅、乳鸽。工业以电子、建材、化工、陶瓷、服装、家具加工为主。107国道,省道广南、社银、清龙线过境。

石角社区［Shíjiǎo Shèqū］　石角镇人民政府驻地。在区境西南部。面积3平方千米。人口6800。因邻北江有巨石得名。1987年成立。民居以多层住宅楼为主。有小学、幼儿园、卫生院。通公交车。

飞来峡镇［Fēiláixiá Zhèn］　清城区辖镇。在区境东部。面积359平方千米。人口8.3万。辖10居委会、25村委会,有389自然村。镇人民政府驻北潦社区。2004年由江口、高田、升平3镇合置。因飞来峡水利枢纽得名。有中学1所,小学5所,卫生院3个。有景点飞来峡库湾、天子山瀑布、碧水滩漂流、飞来岛度假村。京广铁路、武广高铁、省道社银线过境。

北潦社区［Běiliáo Shèqū］　飞来峡镇人民政府驻地。在区境东北部。面积14平方千米。人口4700。处清远北部,古时多涝,故名。2004年成立。民居以多层住宅楼为主。有便民服务站。有中小学、卫生站。通公交车。

清 新 区

清新区 [Qīngxīn Qū] 清远市辖区。在市境西南部。面积 2353 平方千米。人口 70.4 万。辖 8 镇。区人民政府驻太和镇。1988 年析清远县设清郊区。1992 年改清新县。2012 年改今名。因地处清远郊区,清远建市时取清远"清"字与郊区"郊"字得名清郊区,后因城市发展建成新城市,把"郊"改为"新",故名。北江、滨江流经。有白湾省级自然保护区、太和洞省级森林公园。有职业技术学校 1 所,中学 24 所,小学 61 所,二级医院 1 个。有图书馆、文化馆。有中国传统村落凤塱村,省级传统村落城村。三次产业比例 14∶41∶45。农业以水稻种植为主。有特产清远麻鸡、笔架茶、麻竹笋。有国家地理标志产品清远乌鬃鹅、清远桂花鱼、清新冰糖橘。工业以食品饮料、纺织服装、纸制品、文教体育用品加工为主。有太和、太平工业园,广州花都(清新)产业转移工业园,佛山禅城(清新)产业园。服务业以商贸为主。有星光步行街。汕湛、汕昆、广清高速,107、355 国道,清四、清佛公路过境。有城北汽车客运站。

清新大桥 [Qīngxīn Dàqiáo] 在城区东南部。长 197 米,宽 20 米,最大跨度 16 米,桥下净高 12 米。2003 年开工,2004 年建成。因区名得名。为中型河道桥梁,结构型式为钢筋混凝土 T 梁桥。最大载重 20 吨。通公交车。

飞水大桥 [Fēishuǐ Dàqiáo] 在城区东南部。长 213 米,宽 28 米,最大跨度 16 米,桥下净高 14 米。1996 年开工,1997 年建成。因飞水村得名。为中型河道桥梁,结构型式为钢筋混凝土 T 梁桥。最大载重 30 吨。通公交车。

回澜大桥 [Huílán Dàqiáo] 在城区东南部。长 164 米,宽 28 米,最大跨度 16 米,桥下净高 14 米。1996 年开工,1997 年建成。因回澜圩得名。为中型河道桥梁,结构型式为钢筋混凝土 T 梁桥。最大载重 30 吨。通公交车。

城北汽车客运站 [Chéngběi Qìchē Kèyùnzhàn] 见交通运输设施部分"城北汽车客运站"条。

太和镇 [Tàihé Zhèn] 清新区人民政府驻地。在区境南部。面积 86 平方千米。人口 7.7 万。以汉族为主,还有壮族。辖 7 居委会、11 村委会,有 31 自然村。镇人民政府驻明霞社区。1988 年置太和镇。因太和古洞得名。滨江、北江流经。有中学 5 所,小学 12 所,二级医院 1 个,卫生院 1 个,卫生所 33 个。有省级文物保护单位鳌头塔。有景点明霞古洞。农业以水稻、蔬菜种植为主。工业以制鞋,电子、农副产品加工为主。服务业以旅游为主。广清高速、107 国道过境。

环城路 [Huánchéng Lù] 在区境南部。东起飞来路,西至太和路。与清泉路、笔架北路、玄真中路、滨江路等相交。长 1.9 千米,宽 29 米。沥青路面。2005 年开工,2013 年建成。两侧有居住小区、文化广场、观景台、松林公园、酒店等。通公交车。

明霞大道 [Míngxiá Dàdào] 在区境南部。东起飞来路,西至清新大道。与清泉路、笔架北路、玄真中路、滨江路、中山北路、建设北路相交。长 2.7 千米,宽 36 米。沥青路面。2003 年开工,2010 年建成。因明霞古洞得名。两侧有清新公园、区老干部局、水务局、社保局、小学、青少年宫、文化大楼等。通公交车。

清和大道 [Qīnghé Dàdào] 在区境南部。东起飞来路,西至 107 国道。与笔架路、中山路、清新大道等相交。长 4.5 千米,宽 40 米。沥青路面。1995 年开工,1997 年建成。因太和镇得名。两侧有中学、区工商局、市第二医院、纺织公司等。通公交车。

城西大道 [Chéngxī Dàdào] 在区境南部。南起清新大道,西至清和大道。与清西路、太和路、工业大道等相交。长 3.2 千米,宽 65 米。沥青路面。2010 年开工,2012 年建成。因处城西得名。两侧有家居广场、商务大厦、食品公司、居住小区等。通公交车。

清新大道 [Qīngxīn Dàdào] 在区境南部。南起城西大道,北至环城路。与新宁路、信用路、清和大道、星光大道等相交。长 2.5 千米,宽 45 米。沥青路面。2006 年开工,2008 年建成。以区名命名。两侧有城北汽车客运站、骏景大厦、居住小区、区财政局、清新文体中心、市第二医院、松林公园等。通公交车。

中山路 [Zhōngshān Lù] 在区境南部。南起飞来路,北至环城路。与新宁路、清和大道、东二街、星光大道等相交。长 1.6 千米,宽 24 米。沥青路面。2005 年开工,2013 年建成。为纪念孙中山得名。两侧有居住小区、购物广场、联通分公司、区图书馆、文化大楼、小学等。通公交车。

笔架路 [Bǐjià Lù] 在区境南部。南起新宁路,北至环城路。与清和大道、侨苑街、红棉街、府前路等相交。长 1.4 千米,宽 34 米。混凝土路面。2006 年开工,2007 年建成。因通往笔架林场得名。两侧有农业银行、居住小区、区政务中心、卫生监督所、美林广场、酒店等。通公交车。

明霞社区 [Míngxiá Shèqū] 太和镇人民政府驻地。在区境南部。面积 0.5 平方千米。人口 2.3 万。因明霞大道得名。2002 年成立。民居以住宅楼为主,有多栋别墅。有家长学校、志愿服务站。开展关爱空巢老人、留守及困境儿童、残疾人等活动。有小学、幼儿园、卫生所。通公交车。

太平镇 [Tàipíng Zhèn] 清新区辖镇。在区境西南部。面积 208 平方千米。人口 6.9 万。辖 1 居委会、22 村委会,有 430 自然村。镇人民政府驻太平社区。1960 年成立太平公社。1983 年改区。1986 年改镇。原名连塘圩,明嘉靖元年(1522)因地壳下沉圩场迁址,为求平安吉祥改今名。有中学 1 所,小学 5 所,卫生院 1 个,卫生所 34 个。农业种植水稻,养殖鸡、鹅、鸭、塘鱼。工业以食品饮料、纺织服装、纸制品、文教体育用品制造为主。省道良地线过境。

太平社区 [Tàipíng Shèqū] 太平镇人民政府驻地。在区境西南部。面积 2 平方千米。人口 2800。因太平圩得名。原名连塘圩,迁址重建后取吉祥寓意更今名。2002 年成立。民居以楼房为主。有志愿者服务队伍。开展关爱空巢老人、留守及困境儿童、残疾人活动。有中小学、卫生院。有冯屋、清西市场。省道良地线经此。

山塘镇 [Shāntáng Zhèn] 清新区辖镇。在区境南部。面积 87 平方千米。人口 6 万。辖 1 居委会、14 村委会,有 275 自然村。镇人民政府驻山塘社区。1960 年成立山塘公社。1983 年改区。1986 年改镇。因多山岗、池塘得名。北江流经。有中学 1 所,小学 4 所,卫生院 1 个,卫生所 21 个。有省级文物保护单位正江塔。有省级非物质文化遗产三人燕尾龙舟。农业以水稻种植,鸡、鸭、鹅、塘鱼养殖为主。有特产山塘腊味、虫草鸡。有特色布辘加工业。清四公路过境。

山塘社区 [Shāntáng Shèqū] 山塘镇人民政府驻地。在区境南部。面积 1 平方千米。人口 3900。因镇得名。2002 年成立。民居以楼房为主。开展关爱空巢老人、留守及困境儿童、残疾人等活动。有卫生院。有山塘市场。通乡村道路。

三坑镇 [Sānkēng Zhèn] 清新区辖镇。在区境西南部。面积 108 平方千米。人口 5.3 万。以汉族为主,还有瑶族。辖 1 居委会、14 村委会,有 283 自然村。镇人民政府驻三坑社区。1960 年成立三坑公社。1983 年改区。1986 年改镇。因镇政府驻地原名得名。威整河流经。有中学 1 所,小学 3 所,卫生院 1 个,卫生所 25 个。有古迹马头岗一、二号春秋墓,明孔晋墓。有温泉矿旅游度假村。农业以水稻种植,鸡、鹅、鸭、塘鱼养殖为主。工业以鞋服、建材、陶瓷加工为主。清四公路过境。

三坑社区 [Sānkēng Shèqū] 三坑镇人民政府驻地。在区境西南部。面积 0.8 平方千米。人口 3600。处旱坑、泥坑、石陂坑 3 坑汇合处,故名。2002 年成立。民居以楼房为主。开展关爱空巢老人、留守及困境儿童、残疾人活动。有中学、幼儿园、卫生院。清四公路经此。

龙颈镇 [Lóngjǐng Zhèn] 清新区辖镇。在区境中部。面积 584 平方千米。人口 11.6 万。以汉族为主,还有蒙古族。辖 5 居委会、36 村委会,有 777 自然村。镇人民政府驻龙颈社区。1961 年成立龙颈公社。1983 年改区。1986 年改镇。因镇政府驻地原名得名。有平坑顶峰。滨江流经。有中学 5 所,小学 9 所,卫生院 5 个,卫生所 57 个。有中国传统村落凤塱村。有景点清泉湾漂流、石坎望君山、中宿居历史村。农业以水稻、番薯种植为主。有特产枇杷、沙田柚、骆坑笋、黑毛节瓜。工业以陶瓷、电瓷加工为主。有佛山禅城(清新)产业转移工业园、石坎电瓷工业园。滨江西线公路过境。

龙颈社区 [Lóngjǐng Shèqū] 龙颈镇人民政府驻地。在区境中部。面积 0.8 平方千米。人口 2300。因处龙形山岭颈部得名。2002 年成立。民居以楼房为主。开展关爱空巢老人、留守及困境儿童、残疾人活动。有卫生院。有龙颈市场。通乡村道路。

凤塱村 [Fènglǎngcūn] 在区政府驻地太和镇西北 18 千米。龙颈镇辖自然村。人口 300。因斑鸠常占有花朵得名花鸠崀,雅称今名。聚落呈团块状。为中国传统村落。有凤塱围等清代建筑。农业以水稻、花生种植,鸡、鸭养殖为主。通乡村道路。

禾云镇 [Héyún Zhèn] 清新区辖镇。在区境北部。面积 431 平方千米。人口 12.3 万。以汉族为主,还有回族。辖 4 居委会、32 村委会,有 572 自然村。镇人民政府驻禾云社区。1958 年成立禾云公社。1983 年改区。1986 年改镇。因镇政府驻地原名得名。滨江流经。有中学 4 所,小学 4 所,卫生院 4 个,卫生所 55 个。有宋代王九都潘氏夫人墓、陈凤台古墓。农业以水稻种植,猪、鸡、鹅、鸭养殖为主。盛产水果、竹笋。工业以陶瓷加工、化工为主。有云龙工业园。清连高速、107 国道过境。

禾云社区 [Héyún Shèqū] 禾云镇人民政府驻地。在区境北部。面积 0.9 平方千米。人口 2200。因植禾峰、郑椅云建村,取 2 姓名各一字得名。2002 年成立。民居以楼房为主。开展空巢老人、留守及困境儿童、残疾人关爱活动。有中小学、卫生院。有综合市场。通乡村道路。

浸潭镇 [Jìntán Zhèn] 清新区辖镇。在区境北部。面积 465 平方千米。人口 12 万。以汉族为主,还有壮族。辖 2 居委会、30 村委会,有 560 自然村。镇人民政府驻浸潭社区。1955 年设浸潭区。后改公社。1983 年复区。1986 年改镇。因镇政府驻地原名得名。有大罗山、鸡罩顶、观音顶。滨江流经。有桃花湖。有中学4所,小学9所,卫生院2个,卫生所30个。有古迹普济桥。有景点燕子岩、金龙洞。农业种植水稻、玉米、蔬菜。工业以瓷泥、石材加工,水电为主。107国道过境。

浸潭社区［Jìntán Shèqū］ 浸潭镇人民政府驻地。在区境北部。面积4平方千米。人口7000。因潭中有石如狗得名浸狗潭,后雅称今名。2002年成立。民居以楼房为主。开展关爱空巢老人、留守及困境儿童、残疾人活动。有中学、卫生院。通乡村道路。

石潭镇［Shítán Zhèn］ 清新区辖镇。在区境北部。面积299平方千米。人口9.7万。辖2居委会、20村委会,有401自然村。镇人民政府驻石潭社区。1959年成立石潭公社。1983年改区。1986年改镇。因镇政府驻地原名得名。有大雾山。滨江流经。有中学3所,小学15所,卫生院1个,卫生所35个。有省级文物保护单位陈可钰将军纪念馆。有景点神圣岩。农业种植水稻、玉米。产花卉、茶叶。工业以水泥建材制造、化工为主。107国道过境。

石潭社区［Shítán Shèqū］ 石潭镇人民政府驻地。在区境北部。面积2平方千米。人口9000。因白石潭得名。2002年成立。民居以楼房为主。开展关爱空巢老人、留守及困境儿童、残疾人活动。有中小学、卫生院。有省级文物保护单位陈可钰将军纪念馆。省道广南线经此。

英德市

英德市［Yīngdé Shì］ 广东省直辖县级市,由清远市代管。北纬24°12′,东经113°23′。在清远市境东北部。面积5634平方千米。人口109.6万。以汉族为主,还有瑶、壮等民族。辖1街道、23镇。市人民政府驻英城街道。五代南汉乾亨四年(920)置英州。北宋宣和二年(1120)赐名真阳郡。南宋庆元元年(1195)升英德府,属广南东路,意为有德于此。元至元十五年(1278)改英德路,二十三年(1286)降为散州,大德五年(1301)复路,至大元年(1308)又降为州。明洪武二年(1369)降州为英德县,属韶州府。清沿明制。1914年后先后隶属岭南道、第二行政督察区、北江专区、粤北行政区、韶关专区、韶关地区、韶关市。1988年属清远市。1994年改县级市。处北江中游、英德喀斯特盆地。地势四周高中部低。最高点船底顶海拔1586米。年均气温21.1℃,1月平均气温11.1℃,7月平均气温28.9℃。年均降水量1906毫米。北江、滃江、连江流经。有矿产资源硫、铁、钨、铅、锌、锡等。有石门台国家级自然保护区、英德国家森林公园。森林覆盖率68.8%。有中等职业学校3所,中学33所,小学68所,三级医院1个,二级医院1个。有英德烈士陵园。为省级历史文化名城。有省级文物保护单位南山摩崖石刻、浛洸蓬莱寺塔、功垂捍御牌坊、云岭牛栏洞洞穴遗址等7个。有古迹文笔塔、宝晶宫。有景点碧落洞、观音岩、英西峰林走廊、仙桥地下河。三次产业比例20∶42∶38。农业种植水稻、玉米、番薯,饲养猪、牛。有特产甘蔗、英德红茶、红瓜子、蜂蜜。工业以水泥建材、硫铁矿开采、食品加工、化工为主。服务业以仓储物流、商贸为主。京广、武广铁路,京珠、乐广高速,106国道过境。有北江、连江水运航线。

英州大道［Yīngzhōu Dàdào］ 在市区中部。南起光粥路,北至光明路。与教育路、峰光路、利民路、富强路相交。长3.5千米,宽80米。沥混路面。1997年开工,2001年建成。因英德古称英州得名。两侧有市法庭、检察院、国土局、国税局等。通公交车。

金子山大道［Jīnzǐshān Dàdào］ 在市区北部。东起和平北路,西至马山公路。长4.8千米,宽60米。沥混路面。2006年开工,2011年建成。因山得名。两侧有市政府、市民广场、月桂湖广场。通公交车。

浈阳中路［Zhēnyáng Zhōnglù］ 在市区南部。东起迎宾大道,西至浈阳大桥。与茶园路、仙水路相交。长8.2千米,宽40米。沥混路面。2003年开工,2005年建成。因古县名浈阳得名。两侧有英德汽车站、酒店、英德职业技术学校等。通公交车。

浈阳大桥［Zhēnyáng Dàqiáo］ 在市区东部。长827.5米,宽23米,最大跨度93米,桥下净高10.5米。1997年开工,2002年建成。因古县名浈阳得名。为大型河道桥梁,结构型式为连续刚构桥。最大载重55吨。通公交车。

英德西站［Yīngdéxī Zhàn］ 见交通运输设施部分"英德西站"条。

英德站［Yīngdé Zhàn］ 见交通运输设施部分"英德站"条。

英德汽车站［Yīngdé Qìchēzhàn］ 见交通运输设施部分"英德汽车站"条。

英城街道［Yīngchéng Jiēdào］ 英德市人民政府驻地。在市境中部。面积165平方千米。人口12.2万。以汉族为主,还有壮、瑶等民族。2004年设。历为英德行政治所,故名。先后建金子山大道、浈阳大桥。北江流经。有矿产资源硫、铁、金、银、铜、锌、煤、花岗石、石灰石等。有中学7所,小学8所,三级医院1个,二级医院1个,卫生院1个,卫生站10个。有英德烈士陵园。有省级文物保护单位南山摩崖石刻、碧落洞摩崖石刻、观音岩摩崖石刻。有国家4A级旅游景区宝晶宫。农业种植茶、冬菇、花生、大豆、甘蔗。有特产红茶、蜂蜜。工业以化学制品、矿产采选、纺织、竹木加工为主。有英州工业园。武广高铁,京珠、乐广高速过境。有英德西站、英德港。通公交车。

沙口镇［Shākǒu Zhèn］ 英德市辖镇。在市境北部。面积316平方千米。人口4.7万。以汉族为主,还有瑶族。辖1居委会、13村委会,有226自然村。镇人民政府驻沙口社区。1949年设沙口乡。后改公社。1983年设区。1987年改镇。因镇政府驻地原名得名。有雪山嶂峰。有滑石山原始森林保护区。有中学1所,小学2所,卫生院1个,卫生所27个。农业种植花生、甘蔗。有特产红瓜子。工业以水电、水泥加工为主。京广铁路、乐广高速过境。有沙口高速出入口。北江通航。

沙口社区［Shākǒu Shèqū］ 沙口镇人民政府驻地。在市境北部。面积3平方千米。人口2700。处北江河谷,为风沙口,故名。2004年成立。民居以自建楼房为主。有志愿者服务队伍。有中小学、卫生院、卫生所。通乡村道路。

望埠镇［Wàngbù Zhèn］ 英德市辖镇。在市境中部。面积205平方千米。人口5.5万。辖3居委会、13村委会,有251自然村。镇人民政府驻望河社区。1957年设望埠乡。后改公社。1983年设区。1987年改镇。圩东有山名望夫归、望夫冈,清初因方言"夫""埠"谐音成旺埠,演为今名。有中学1所,小学4所,卫生院1个,卫生站28个。有英德革命烈士纪念碑。有奇洞温泉度假村。农业种植花生、蚕桑。有特产望埠腐竹。工业以石英石、水泥建材加工为主。京广铁路,240、358国道过境。北江通航。有龙头山、龙尾山、河头等码头。

望河社区［Wànghé Shèqū］ 望埠镇人民政府驻地。在市境中部。面积13平方千米。人口4800。因处北江边得名。2005年成立。民居以自建楼房为主。有卫生站。提供便民、社会救助、法律咨询等服务。以家庭养老为主。有景点宝墩湖、奇洞温泉度假村。京广铁路,240、358国道经此。

横石水镇［Héngshíshuǐ Zhèn］ 英德市辖镇。在市境东北部。面积118平方千米。人口3.2万。以汉族为主,还有瑶族。辖1居委会、6村委会,有156自然村。镇人民政府驻横石社区。1960年成立横石水公社。1983年设区。1987年改镇。因镇政府驻地原名得名。有中学1所,小学7所,卫生院1个,卫生所11个。农业种植蔬菜、花生、大豆、甘蔗。有特产江古山沙梨。工业以水电为主。京珠高速、省道翁源—清远线过境。

横石社区［Héngshí Shèqū］ 横石水镇人民政府驻地。在市境东北部。面积8平方千米。人口4700。与翁源县隔河相望,因河多石得名。2004年成立。民居以自建楼房为主。有中小学、卫生院。省道翁源—清远线经此。

东华镇［Dōnghuá Zhèn］ 英德市辖镇。在市境东部。面积561平方千米。人口10.6万。以汉族为主,还有瑶族。辖4居委会、24村委会,有427自然村。镇人民政府驻重新村。2004年置东华镇。原为华侨茶场,处英德东部,故名。有中学3所,小学15所,卫生院2个,卫生站40个。有鱼湾革命烈士陵园、大镇革命烈士纪念碑、宝洞革命根据地思源亭、英德宝沙革命烈士纪念碑、鱼湾苏维埃政府旧址、北江东岸抗日动员委员会旧址。农业种植蚕桑、甘蔗、花生。工业以电子、纸业、皮制品加工、纺织、化工、小五金制造为主。有清远华侨工业园区。京港澳、昆汕高速,省道青龙、翁飞线过境。有大镇、鱼湾高速出入口。

重新村［Chóngxīncūn］ 东华镇人民政府驻地。在市政府驻地英城街道东47千米。人口5200。1958年由红旗、先锋、新岭3社组合成村,故名。聚落呈椭圆形。有小学、卫生所。农业种植水稻、玉米、甘蔗,养殖鸡、鸭、鱼。京港澳、昆汕高速,省道翁飞线经此。

桥头镇［Qiáotóu Zhèn］ 英德市辖镇。在市境东部。面积145平方千米。人口3.6万。以汉族为主,还有瑶、苗等民族。辖1居委会、10村委会,有154自然村。镇人民政府驻桥头社区。1949年为新兴乡。1957年改名桥头乡。后改公社。1983年设区。1987年改镇。因圩处石桥东得名。有中学1所,小学12所,卫生院1个,卫生所11个。农业种植荷兰豆、莲藕、向日葵、杨桃、沙田柚、红葱。工业以纺织、五金制造、环保科技为主。省道青龙线过境。

桥头社区［Qiáotóu Shèqū］ 桥头镇人民政府驻地。在市境东部。面积4平方千米。人口5800。因镇得名。2005年成立。民居以自建楼房为主。有图书室、康园中心、老年活动中心。有中小学、卫生院、卫生所。省道新阳线经此。

青塘镇［Qīngtáng Zhèn］ 英德市辖镇。在市境东部。面积122平方千米。人口3.5万。以汉族为主,还有壮、黎、瑶、回等民族。辖1居委会、7村委会,有320自然村。镇人民政府驻青塘社区。1949年设青塘乡。后改公社。1983年设区。1987年改镇。因镇政府驻地原名得名。有中学1所,小学2所,卫生院1个,卫生站18个。有特产切粉。工业以能源科技、石料加工为主。106国道、省道青龙线过境。

青塘社区［Qīngtáng Shèqū］ 青塘镇人民政府驻地。在市境东部。面积6平方千米。人口3600。因圩塘水色青蓝得名。2003年成立。民居以自建楼房为主。有幸福家园。有中小学、卫生院。驻有农科所。106国道、省道青龙线经此。

白沙镇 [Báishā Zhèn] 英德市辖镇。在市境东南部。面积164平方千米。人口3.7万。以汉族为主,还有壮、侗、瑶、土家等民族。辖1居委会、10村委会,有172自然村。镇人民政府驻太平社区。1957年设白沙乡。后改公社。1983年设区。1987年置镇。因白沙河得名。有中学1所,小学2所,卫生院1个,卫生站15个。农业种植茶、沙田柚、杨梅、冬瓜。工业以精细化工、陶瓷加工为主。服务业以商贸为主。有3圩场。106国道过境。

太平社区 [Tàipíng Shèqū] 白沙镇人民政府驻地。在市境东南部。面积3平方千米。人口2400。因太平街得名。2009年成立。民居以自建楼房为主。有中小学、卫生院。有民间艺术舞狮、斗画眉。106国道经此。

大站镇 [Dàzhàn Zhèn] 英德市辖镇。在市境中部。面积261平方千米。人口4.3万。辖1居委会、11村委会,有237自然村。镇人民政府驻大站社区。1960年成立大站公社。1983年设区。1987年置镇。清末民初粤汉铁路经此设站,称火车站为大站,故名。有中学2所,小学1所,卫生院1个,卫生所23个。有景点长湖、文峰塔。农业种植砂糖橘、花生。工业以制衣,制药,电缆、机械制造为主。京广铁路、省道英佛线、英坑公路过境。北江、滃江通航。有英德站。

大站社区 [Dàzhàn Shèqū] 大站镇人民政府驻地。在市境中部。面积29平方千米。人口1.3万。因镇得名。1998年成立。民居以住宅楼为主,有少量别墅。有中小学、卫生院、卫生所。驻有市福利院、长湖水电厂。京广铁路经此。有英德站。

西牛镇 [Xīniú Zhèn] 英德市辖镇。在市境西南部。面积243平方千米。人口5.4万。辖1居委会、12村委会,有212自然村。镇人民政府驻西联村。1949年设西牛乡。1955年改区。1957年复乡。后改公社。1983年复区。1987年改镇。因犀牛潭得名犀牛,后演为今名。有中学1所,小学2所,卫生院1个,卫生站20个。农业种植麻竹。有国家地理标志产品麻竹笋肉。工业以腐乳加工、机械制造为主。省道含六线过境。连江通航。

西联村 [Xīliáncūn] 西牛镇人民政府驻地。在市政府驻地英城街道西南47千米。人口5000。因原属西联乡得名。聚落呈散状。有小学、卫生所。农业种植水稻、甘蔗,养殖鱼、猪、鸡。省道含六线经此。

九龙镇 [Jiǔlóng Zhèn] 英德市辖镇。在市境西部。面积235平方千米。人口5.9万。以汉族为主,还有瑶、蒙古、回等民族。辖1居委会、16村委会,有338自然村。镇人民政府驻九龙社区。1949年设九龙乡。1955年改区。后改公社。1983年复区。1987年改镇。传9龙居此得名。有矿产资源金、铁、钨、铅、锌、锰、钢、石灰石、稀土等。有中学1所,小学1所,卫生院1个,卫生站31个。有景点英西峰林走廊、万福桥、文昌塔。农业种植竹、油茶等。有特产竹笋。工业以陶瓷加工、采矿、水电为主。省道含六线过境。

九龙社区 [Jiǔlóng Shèqū] 九龙镇人民政府驻地。在市境西部。面积11平方千米。人口3500。因镇得名。2005年成立。民居以楼房为主,有多栋别墅。举办篮球赛等活动。有中小学、卫生院。省道含六线经此。

浛洸镇 [Hánguāng Zhèn] 英德市辖镇。在市境西部。面积241平方千米。人口7.2万。辖3居委会、14村委会,有243自然村。镇人民政府驻洭州社区。1949年置浛洸镇。1955年改区。1958年复镇。后改公社。1983年复区。1987年改镇。因洭水得名含洭,西汉高帝十一年(前196)曾置浛洭县。北宋开宝五年(972)避太祖赵匡胤讳,改名浛洸县,沿为镇名。有中学2所,小学11所,卫生院1个,卫生所17个。有省级文物保护单位蓬莱寺塔。有古迹万岁桥、广州会馆。有国家级非物质文化遗产、中华老字号徐其修凉茶。农业养蚕,种植蔬菜。有特产砂糖橘、药材。工业以服装、白糖、凉茶加工,修造船为主。省道青龙、含六线过境。连江通航。

洭州社区 [Kuāngzhōu Shèqū] 浛洸镇人民政府驻地。在市境西部。面积1平方千米。人口1.3万。隋唐时为洭州治所,故名。1999年成立。民居以楼房为主。有中小学、卫生所。有省级文物保护单位蓬莱寺塔。有古迹万岁桥、广州会馆。省道青龙线经此。

大湾镇 [Dàwān Zhèn] 英德市辖镇。在市境西北部。面积381平方千米。人口8.4万。以汉族为主,还有壮、瑶等民族。辖3居委会、15村委会,有354自然村。镇人民政府驻大湾社区。1949年设大湾乡。1955年改区。1957年复乡。后改公社。1983年复区。1987年改镇。因连江经此转弯得名。有中学1所,小学1所,卫生院1个,卫生站31个。有古迹文英书院、金山祖庙。农业种植水稻。有特产腊肠、原油豆豉。省道青龙、石新线过境。连江通航。

大湾社区 [Dàwān Shèqū] 大湾镇人民政府驻地。在市境西北部。面积4平方千米。人口4800。因镇得名。2002年成立。连江流经。民居以楼房为主。以居家养老为主。有中小学、卫生所。省道社主—银盏坳线经此。

石灰铺镇 [Shíhuīpù Zhèn] 英德市辖镇。在市境西部。面积229平方千米。人口4.2万。以汉族为主,还有瑶、壮、黎、仡佬等民族。辖1居委会、14村委会,有289自然村。镇人民政府驻石灰铺社区。1959年成立石灰铺公社。1983年设区。1987年置镇。因镇政府驻地原名得名。有中学1所,小学1所,卫生院1个,卫生所28个。有景点石景河、十二峰猴王谷漂流。农业种植水稻、茶、玉米。有特产糖蔗、麻竹笋、黑皮冬瓜。省道青龙线过境。

石灰铺社区 [Shíhuīpù Shèqū] 石灰铺镇人民政府驻地。在市境西部。面积10平方千米。人口4600。因旧产石灰得名。1989年成立。民居以楼房为主,有少量别墅。有中小学、卫生院。省道青龙线经此。

石牯塘镇 [Shígǔtáng Zhèn] 英德市辖镇。在市境西部。面积353平方千米。人口3.9万。以汉族为主,还有瑶族。辖1居委会、12村委会,有324自然村。镇人民政府驻石牯塘社区。1952年设石牯塘区。1957年改乡。后改公社。1983年复区。1987年改镇。地多鹅卵石,俗称石牯,且多鱼塘,故名。有中学1所,小学1所,卫生院1个,卫生所26个。有大成屋、鲁基山革命烈士纪念碑。有景点九州驿站旧址、英德草原、天门沟、锦潭小镇、联山瑶族村。农业种植水稻,养殖生猪、鸡、鸭。有特产冬瓜、花生、蚕桑、甘蔗、蔬菜。省道马宝、石横线过境。

石牯塘社区 [Shígǔtáng Shèqū] 石牯塘镇人民政府驻地。在市境西部。面积5平方千米。人口3900。因镇得名。1993年成立。民居以楼房为主。有老年大学、法律援助工作室。有中小学、卫生院、卫生所。通乡村道路。

下砝镇 [Xiàdài Zhèn] 英德市辖镇。在市境东南部。面积206平方千米。人口1.2万。辖1居委会、5村委会,有95自然村。镇人民政府驻下砝社区。1977年成立下砝公社。1983年设区。1987年改乡。1993年改镇。因镇政府驻地原名得名。有中学1所,小学1所,卫生院1个,卫生所9个。经济以农业为主。京珠高速、106国道、省道英佛线过境。

下砝社区 [Xiàdài Shèqū] 下砝镇人民政府驻地。在市境东南部。面积5平方千米。人口3900。因地多石山,俗称砝,东部高称上砝,西部低称下砝,故名。2004年成立。民居以楼房为主。有中小学、卫生院。通乡村道路。

黄花镇 [Huánghuā Zhèn] 英德市辖镇。在市境西部。面积202平方千米。人口5.1万。以汉族为主,还有瑶、回、黎、壮等民族。辖1居委会、11村委会,有301自然村。镇人民政府驻明迳社区。1949年设黄花乡。1955年并入九龙区。1959年成立明迳公社。1983年改区。1987年改乡。1993年改镇。2004年岩背镇并入,更今名。因秋季遍布黄色鲜花得名。有中学1所,小学3所,卫生院1个,卫生所21个。有黄花英雄纪念碑。有古迹彭家祠、永丰桥、古石寨遗址群。有景点英西峰林走廊、老虎谷暗河漂流、明迳倒影、观音谷、阳岩洞。农业种植水稻、玉米、番薯。产蚕桑、砂糖橘、花生、木薯。有特产豆腐、腐竹。省道新岩线、县道白鹤迳—观音谷线过境。

明迳社区 [Míngjìng Shèqū] 黄花镇人民政府驻地。在市境西部。面积11平方千米。人口4400。因多地下河得名暗径,后雅称今名。2004年成立。民居以楼房为主。有中小学、卫生院。有黄花英雄纪念碑。通乡村道路。

波罗镇 [Bōluó Zhèn] 英德市辖镇。在市境西北部。面积170平方米。人口1.6万。以汉族为主,还有壮、布依、侗等民族。辖9村委会,有111自然村。镇人民政府驻波罗村。1955年设波罗区。1957年改乡。后改公社。1983年复区。1987年复乡。1993年改镇。因镇政府驻地得名。有中学1所,小学1所,卫生院1个,卫生站9个。有景点大峡谷。农业以特色、绿色农产品培育为主。种植笋竹,养殖桑蚕、鸡、鸭、鱼等。工业以小水电为主。省道石大线过境。

波罗村 [Bōluócūn] 波罗镇人民政府驻地。在市政府驻地英城街道西北47千米。人口2700。圩后有石山状如菠萝,取其同音得名波罗。聚落呈团块状。有中小学、卫生院、卫生所。农业种植水稻、笋竹、玉米,养殖鸡、鸭、鱼。省道石大线经此。

横石塘镇 [Héngshítáng Zhèn] 英德市辖镇。在市境北部。面积201平方千米。人口3万。以汉族为主,还有瑶族。辖2居委会、9村委会,有291自然村。镇人民政府驻横石社区。1955年设横石塘区。1957年改乡。后改公社。1983年复区。1987年改镇。圩北有山横卧,山下有水塘,故名。有中学1所,小学1所,卫生院1个,卫生站17个。有石门台国家级自然保护区。有景点仙桥地下河、王道桥。农业种植水稻。有特产茶叶、清水鱼、大头菜、林木。服务业以旅游为主。武广铁路过境。

横石社区 [Héngshí Shèqū] 横石塘镇人民政府驻地。在市境北部。面积8平方千米。人口2300。因镇得名。2004年成立。民居以楼房为主。有中小学、卫生院。通乡村道路。

大洞镇 [Dàdòng Zhèn] 英德市辖镇。在市境西南部。面积180平方千米。人口1.9万。辖1居委会、7村委会,有183自然村。镇人民政府驻大洞社区。1949年设大洞乡。1959年成立公社。1983年设区。1987年复乡。1993年改镇。因镇政府驻地原名得名。有九年一贯制学校1所,卫生院1个,卫生所9个。农业种植砂糖橘、笋竹、茶树。有竹木加工业。107国道、省道含六线过境。

大洞社区 [Dàdòng Shèqū] 大洞镇人民政府

府驻地。在市境西南部。面积 17 平方千米。人口 3400。处山坑谷地，俗称洞，故名。2008 年成立。民居以低层、多层楼房为主。开展敬老爱老、扶贫济困等活动。有九年一贯制学校、卫生院。通乡村道路。

连江口镇［Liánjiāngkǒu Zhèn］ 英德市辖镇。在市境南部。面积 344 平方千米。人口 3.7万。辖 2 居委会、9 村委会，有 216 自然村。镇人民政府驻城樟社区。1949 年设连江口区。后改公社。1983 年复区。1987 年改镇。处连江入北江交汇处，故名。有中学 1 所，小学 2 所，卫生院 1 个，卫生站 18 个。有景点浈阳峡、大樟沙滩、野渡谷。农业种植水稻。产麻竹笋。工业以玻璃、电子加工为主。服务业以旅游为主。武广、京广铁路，省道银英线过境。连江、滃江通航。

城樟社区［Chéngzhāng Shèqū］ 连江口镇人民政府驻地。在市境南部。面积 67 平方千米。人口 4800。大樟坑河流经，故名。2004 年成立。民居以楼房为主。有小学、卫生院、卫生所。农业种植水稻、花生、玉米。省道银英线经此。

黎溪镇［Líxī Zhèn］ 英德市辖镇。在市境南部。面积 288 平方千米。人口 3.5 万。辖 1 居委会、11 村委会，有 296 自然村。镇人民政府驻黎溪社区。1949 年设黎溪乡。后改公社。1983 年设区。1987 年改镇。因镇政府驻地原名得名。有中学 1 所，小学 4 所，卫生院 1 个，卫生站 18 个。有古迹清代武官吴光亮墓、鸡坑遗址、丰盛古寺。有景点大庙峡、飞来峡漂流。农业种植水稻。产砂糖橘、黑皮冬瓜、竹笋。工业以玩具加工为主。京广、武广铁路，省道银英线过境。

黎溪社区［Líxī Shèqū］ 黎溪镇人民政府驻地。在市境南部。面积 3 平方千米。人口 3300。取圩西黎洞、圩东铁溪各一字得名。1999 年成立。民居以楼房为主。开展绘画、书法、下棋等活动。有中小学、卫生院。省道社银线经此。

水边镇［Shuǐbiān Zhèn］ 英德市辖镇。在市境西南部。面积 106 平方千米。人口 1.9 万。辖 1 居委会、6 村委会，有 169 自然村。镇人民政府驻水边社区。1955 年设水边区。后改公社。1983 年复区。1987 年改镇。因镇政府驻地原名得名。有中学 1 所，小学 1 所，卫生院 1 个，卫生站 7 个。有景点温泉、四点金围楼。农业种植水稻、粉葛、蚕桑、淮山、砂糖橘、笋竹。工业以水电、竹木加工为主。省道含六线过境。连江通航。

水边社区［Shuǐbiān Shèqū］ 水边镇人民政府驻地。在市境西南部。面积 18 平方千米。人口 3900。因水边河得名。2005 年成立。民居以楼房为主。有中小学、幼儿园、卫生院。通乡村道路。

英红镇［Yīnghóng Zhèn］ 英德市辖镇。在市境北部。面积 236 平方千米。人口 3.5 万。以汉族为主，还有壮、苗、土家等民族。辖 6 居委会、6 村委会，有 96 自然村。镇人民政府驻坑口咀社区。2003 年由英红华侨管理区改镇。因原英红华侨茶场得名。有中学 1 所，小学 1 所，卫生院 1 个，卫生站 14 个。有省级文物保护单位牛栏洞洞穴遗址。有民俗古三隅地名谣、何嬷牛的传说。农业种植茶、蔬菜。工业以食品加工为主。有广德、高新产业园。服务业以旅游、物流、商贸为主。武广铁路，乐广、昆汕高速过境。

坑口咀社区［Kēngkǒuzuǐ Shèqū］ 英红镇人民政府驻地。在市境北部。面积 7 平方千米。人口 3200。因在原英红华侨茶场坑口咀分场，故名。2003 年成立。民居追求简约风格，注重采光和通风，有大面积窗户、阳台。有老年人活动中心，体育馆，健身广场，英红公园，医疗卫生、幼教等设施。开展健康服务、文化娱乐、社会支持、环境保护、安全保障及节日庆典、志愿者公益活动。有小学、卫生所。武广铁路，广乐、昆汕高速过境。

连州市

连州市［Liánzhōu Shì］ 广东省直辖县级市，由清远市代管。北纬 24°47′，东经 112°22′。在清远市境西北部。面积 2668 平方千米。人口 54.5 万。以汉族为主，还有瑶等民族。辖 10 镇、2 瑶族乡。市人民政府驻连州镇。隋开皇十年(590)置连州，大业元年(605)撤州置熙平郡。唐武德四年(621)复连州，属江南道。天宝元年(742)改连山郡，属湖南道。乾元元年(758)复名连州。元至元十七年(1280)升连州路，十九年(1282)降为散州。明洪武二年(1369)并入连山县，十三年(1380)复置连州，属广州府。清雍正七年(1729)升直隶州。1912 年废州为连县，先属岭南道，后属省。1958 年并入连阳各族自治县。1961 年复连县，先后属北江专区、粤北行政区、韶关地区、韶关市。1988 年属清远市。1994 年改连州市。群山起伏，一水潆环，“连万山为一山，连众水为一水”，故名。西、北、东三面为山地。地势东北高西南低。平均海拔 257 米。最高点天堂岭海拔 1712 米。年均气温 19.7℃，1 月平均气温 9.3℃，7 月平均气温 28.7℃。年均降水量 1603 毫米。连江、东陂河、星子河、保安河流经。有矿产资源煤、铁、锰、铜等。有野生植物 3956 种，其中国家重点保护野生植物有水杉、报春苣苔、伯乐树、南方红豆杉等。有野生动物 500 多种，其中国家一级保护野生动物有华南虎、黄腹角雉、云豹、金钱豹、蟒蛇等。有南岭国家级自然保护区、大东山国家森林公园、田心省级森林公园。森林覆盖率 67.1%。有中学 16 所，小学 32 所，二级医院 3 个，体育馆 3 个。有全国重点文物保护单位慧光塔，省级文物保护单位巾峰山摩崖石刻、大云洞摩崖石刻、烈士冯达飞故居、惠爱医院旧址、燕喜山摩崖石刻。有市烈士陵园、梁家水革命烈士纪念碑、冯达飞烈士纪念馆、刘禹锡纪念馆。有省级非物质文化遗产瑶族高台小长鼓舞、瑶族布袋木狮舞、舞马鹿、保安大神会、沙坊洗佛节。有国家 5A 级旅游景区连州地下河，国家 4A 级旅游景区湟川三峡、福山道教古寺、大东山温泉度假村、潭岭天湖。三次产业比例 26∶22∶52。农业种植水稻、番薯、玉米，饲养猪、牛、羊。有国家地理标志产品水晶梨。工业以精细化工、食品加工为主。有特产鹰嘴桃、砂糖橘、蜜柚、白茶、溪黄草、黄精糯米酒、东陂腊味、丰阳牛肉干、沙坊粉。服务业以旅游、物流、餐饮为主。二广、清连高速，107、323、537 国道，省道星子—三水线过境。

文化广场［Wénhuà Guǎngchǎng］ 在市区东部。面积 9.5 万平方米。1997 年开工，1999 年建成。正面有音乐喷泉、梯级道水景。东、北 2 面建有舞台、演出区。东北面有山水园林游览区。东南面有健身康乐长廊、篮球场、乒乓球场。集休闲、健身、娱乐于一体。周边有文化馆、图书馆、博物馆。通公交车。

连州大桥［Liánzhōu Dàqiáo］ 在市区西部。长 214 米，宽 14 米，最大跨度 40 米，桥下净高 20 米。1959 年建连阳大桥，1994 年重建改今名。为中型河道桥梁，结构型式为钢筋混凝土桥梁。最大载重 60 吨。通多路公交车。

良江桥［Liángjiāng Qiáo］ 在市区东北部。长 164 米，宽 12 米，最大跨度 20 米，桥下净高 6 米。1997 年开工，1998 年建成。因良江村得名。为中型河道桥梁，结构型式为钢筋混凝土 U 型桥。最大载重汽车 20 吨，拖车 100 吨。通多路公交车。

城北桥［Chéngběi Qiáo］ 在市区北部。长 126 米，宽 12 米，最大跨度 30 米，桥下净高 6 米。1970 年开工，1971 年建成。因位置得名。为中型河道桥梁，结构型式为钢筋混凝土拱桥。最大载重 13 吨。通公交车。

南门大桥［Nánmén Dàqiáo］ 在市区西南部。长 350 米，宽 18 米，最大跨度 30 米，桥下净高 6 米。1999 年开工，2000 年建成。因处南门头得名。为大型河道桥梁，结构型式为肋板拱重力桥。最大载重汽车 20 吨，拖车 100 吨。通公交车。

连州汽车客运站［Liánzhōu Qìchē Kèyùnzhàn］ 见交通运输设施部分“连州汽车客运站”条。

连州镇［Liánzhōu Zhèn］ 连州市人民政府驻地。在市境中部偏南。面积 176 平方千米。人口 14.3 万。辖 9 居委会、19 村委会，有 150 自然村。镇人民政府驻北湖社区。1945 年由升德、联兴 2 镇合置联德镇。1950 年改名连州镇。1953 年并入城关区。1954 年复连州镇。后改公社。1967 年复镇。因县得名。有天子山、狮子头峰。星子河、东坡河、三江河流经。有职业中学 1 所，中学 3 所，小学 18 所，幼儿园 35 所，二级医院 3 个，卫生院 2 个，敬老院 2 个。有全国重点文物保护单位慧光塔，省级文物保护单位大云洞摩崖石刻、巾峰山摩崖石刻、惠爱医院旧址。农业种植水稻。产水果、蔬菜。工业以玩具、硅石灰、碳酸钙、电子科技材料加工为主。有巾峰科技工业走廊、城北工业园区、城南清远民族工业园。清连高速，107、323、537 国道过境。

城南大道［Chéngnán Dàdào］ 在市区南部。东起连江路，西至城南公园路。与洋湄路、红珠路、兴连大道、北紫岩路、红珠路等相交。长 1.5 千米，宽 28 米。沥青路面。1973 年开工，1988 年建成。因处连州镇南得名。两侧有市检察院、法院、中学、职业技术学校、城南小学、农产品批发市场、福利院、玩具公司。通公交车。

番禺路［Pānyú Lù］ 在市区西北部。南起慧光路，北至良江路。与吕仙路、东门中路、北荷街、车站商业街等相交。长 1.5 千米，宽 16.3 米。沥青路面。1994 年开工，同年建成。番禺市援建，故名。途经商业中心。两侧有长线局、气象局、公路局、中小学、酒店等。通多路公交车。

连州大道［Liánzhōu Dàdào］ 在市区中部。东起番禺路，西至湟川北路。与吕仙路、东门中路、北荷街、车站商业街相交。长 1.3 千米，宽 18 米。沥青路面。2005 年开工，2009 年建成。因建成时位于城市中心得名。途经商业中心。两侧有文化广场、购物广场、宝盈广场、连州大厦、邮政局、邮递公司、邮储银行等。通公交车。

北湖路［Běihú Lù］ 在市区中部。东起连州大道，西至湟川北路。与番禺路、吕仙路、莲塘路、东门北路等相交。长 1.2 千米，宽 16 米。水泥路面。1958 年开工，1989 年建成。因北湖洞得名。两侧有市不动产登记中心、住建局、汽车站、银行。通公交车。

北湖社区［Běihú Shèqū］ 连州镇人民政府驻地。在市境北部。面积 0.6 平方千米。人口 1.3 万。因北湖洞得名。2002 年成立。民居以高层住宅楼为主。有卫生服务站、老年活动室、便民服务站等。通公交车。

星子镇［Xīngzǐ Zhèn］ 连州市辖镇。在市境东北部。面积472平方千米。人口7万。以汉族为主，还有壮、瑶等民族。辖21村委会，有108自然村。镇人民政府驻星子社区。1955年设星子乡。后改公社。1983年设区。1986年改镇。因镇政府驻地原名得名。有大孔岭、白鸡山、菜地磅山。星子河流经。有潭岭水库。有南岭国家级自然保护区。有中学2所，小学2所，幼儿园2所，卫生院3个，卫生站29个。有景点潭岭天湖、沈家杨梅洞。有民间艺术舞火龙。农业种植水稻。产红葱、四方慈姑、潭岭水晶梨。工业以粗矿晶、硅灰石、粗晶石加工为主。清连高速、107国道、省道星子—三水线过境。

星子社区［Xīngzǐ Shèqū］ 星子镇人民政府驻地。在市境东北部。面积2平方千米。人口5400。因河谷下村庄星罗棋布得名。1999年成立。有中小学、卫生院。农业种植水稻。产慈姑、芋头。107国道、省道星子—三水线经此。

大路边镇［Dàlùbiān Zhèn］ 连州市辖镇。在市境东北部。面积220平方千米。人口6万。辖20村委会，有108自然村。镇人民政府驻大路边。1955年设大路边区。1957年设乡。后改公社。1983年复区。1986年改镇。2003年山塘镇并入。因镇政府驻地得名。星子河流经。有票塘水库。有中学2所，小学2所，幼儿园9所，卫生院2个，卫生站36个，文化站1个，敬老院1个。有古迹湟溪关、湟水驿道、古华寺。农业种植水稻、玉米。产百合、番薯、豆腐乳、辣椒、姜。工业以硅灰石、精晶矿开采为主。107国道、省道星子—三水线、清连公路过境。

大路边［Dàlùbiān］ 大路边镇人民政府驻地。在市政府驻地连州镇东北40千米。人口4500。元大德二年(1298)建村取名策玉，因处通衢大道旁改今名。聚落呈团块状。有中小学、卫生院。农业种植水稻、玉米、马铃薯、百合。连临公路经此。

龙坪镇［Lóngpíng Zhèn］ 连州市辖镇。在市境中南部。面积399平方千米。人口4.1万。以汉族为主，还有壮、瑶等民族。辖16村委会，有228自然村。镇人民政府驻龙坪寨。1948年设龙坪乡。1949年仍为乡。1958年成立公社。1983年设区。1986年改镇。因镇政府驻地得名。有中学1所，小学3所，卫生院3个，文化站1个。有景区和景点大东山温泉度假区、曹屋生态度假村、九耀水薰衣草世界、李屋荷花世界、水路田四季花海、黄泥塘鹰嘴桃园。农业种植水稻。产反季节蔬菜、水果。有特产孔围萝卜、紫红长茄、龙坪菜心、大东山香芋、水晶梨、脐橙、鹰嘴桃、朝天西瓜。107、323国道过境。

龙坪寨［Lóngpíngzhài］ 龙坪镇人民政府驻地。在市政府驻地连州镇东北12千米。人口1100。原名千家寨，传有龙脉，山前为坪地，改今名。聚落呈团块状。有小学、幼儿园、医疗站、广场、集贸市场。农业种植水稻、蔬菜。通乡村道路。

西岸镇［Xī'àn Zhèn］ 连州市辖镇。在市境西北部。面积219平方千米。人口5.2万。辖14村委会，有163自然村。镇人民政府驻西岸。1955年设西岸区。1957年改乡。后改公社。1983年复区。1986年改镇。2003年清水镇并入。因镇政府驻地得名。东陂河、清水河流经。有中学2所，小学1所，卫生院2个。有文化站、敬老院。有古迹古炮楼、长安亭、双桂坊、陈氏祠、进士亭、崇德坊、老屋古街、石兰古民宅、岳家军故堡。农业种植水稻、玉米、花生。产菜心、荷兰豆、长茄。二广高速、省道宁远—连州线过境。

西岸［Xī'àn］ 西岸镇人民政府驻地。在市政府驻地连州镇西北18千米。人口1900。宋代建村，因处东陂河西岸得名。聚落呈团块状。有小学、幼儿园、医疗站、文化广场、集贸市场。农业产花生、黄豆、菜心、柑橘。二广高速经此。

马带［Mǎdài］ 在市政府驻地连州镇西北18千米。西岸镇辖自然村。人口1500。因在马群吃草地建房得名。聚落呈团块状。有医疗站、健身广场。为中国传统村落。有清代建筑唐氏宗祠、曹氏门楼、马带戏台、唐元墓等古迹。农业种植水稻、蔬菜、砂糖橘。县道新龙线经此。

冲口［Chōngkǒu］ 在市政府驻地连州镇西北25千米。西岸镇辖自然村。人口3800。北宋皇祐年间(1049—1054)建村。因建在石脚坑、盐步冲、天凉坑、石马4山冲汇合处，故名。聚落呈团块状。有小学、幼儿园、医疗站、健身广场。为中国传统村落。农业种植水稻、蔬菜、砂糖橘。省道凤琪线经此。

石兰寨［Shílánzhài］ 在市政府驻地连州镇西北18千米。西岸镇辖自然村。人口1400。因石缝产兰花得名。聚落呈团块状。有医疗站、健身广场。为中国传统村落。有古迹积元首著兰桂里门楼、岳家军故堡。农业种植水稻、蔬菜。通乡村道路。

保安镇［Bǎo'ān Zhèn］ 连州市辖镇。在市境中部。面积181平方千米。人口4.3万。辖16村委会，有121自然村。镇人民政府驻保安。1958年成立保安公社。1983年设区。1986年改镇。因镇政府驻地得名。星子河、保安河流经。有中学1所，小学2所，幼儿园1所，卫生院1个。有古迹福山寺。有民俗农历九月九保安抬大神。工业以碳酸钙、硅灰石、电子加工为主。有新塘工业园。省道宁远—连州线、清连公路过境。

保安［Bǎo'ān］ 保安镇人民政府驻地。在市政府驻地连州镇北19千米。人口6500。因唐本邑诗人孟斌于得名宾于，清代以建寨保平安之意改今名。聚落呈带状。有九年一贯制学校。有古迹福山寺。有民俗农历九月九保安抬大神。农业种植水稻、砂糖橘、杨梅。县道新老线经此。

丰阳镇［Fēngyáng Zhèn］ 连州市辖镇。在市境西北部。面积170平方千米。人口3万。辖11村委会，有87自然村。镇人民政府驻丰阳。1957年设丰阳乡。1958并入瑶安瑶族乡(后并入东陂公社)。1961年由东陂公社析设丰阳公社。1983年设区。1986年改镇。因镇政府驻地得名。有高岭。大江水、湖江河、丰溪河流经。有中学1所，小学1所，幼儿园3所，卫生院2个，卫生所17个。农业种植水稻、砂糖橘、花生。有特产丰阳牛肉干。二广高速、省道宁远—连州线过境。

丰阳［Fēngyáng］ 丰阳镇人民政府驻地。在市政府驻地连州镇西北31千米。人口2800。因处凤岭之南得名凤阳，为避明太祖朱元璋家乡凤阳讳改今名。聚落呈团块状。有中小学、幼儿园、卫生院、幸福院、文化广场、集贸市场。农业种植水稻、砂糖橘。有特产丰阳牛肉干。二广高速、省道宁远—连州线经此。

东陂镇［Dōngbēi Zhèn］ 连州市辖镇。在市境西北部。面积109平方千米。人口3.2万。辖9村委会，有87自然村。镇人民政府驻东陂村。1955年设东陂区。后改公社。1983年复区。1986年改镇。因镇政府驻地得名。东陂河流经。有中学1所，小学1所，幼儿园2所，卫生院1个，卫生站12个。有烈士冯达飞故居、纪念馆。有国家5A级旅游景区连州地下河。农业种植水稻。工业以食品加工为主。有国家地理标志产品东陂腊味。服务业以旅游为主。二广高速、省道宁远—连州线过境。

东陂村［Dōngbēicūn］ 东陂镇人民政府驻地。在市政府驻地连州镇西北26千米。因东面为水陂得名。聚落呈团块状。有中小学、卫生站。有烈士冯达飞故居、纪念馆。农业种植水稻。产水果、蔬菜。有国家地理标志产品东陂腊味。通乡村道路。

九陂镇［Jiǔbēi Zhèn］ 连州市辖镇。在市境南部。面积163平方千米。人口3.2万。辖13村委会，有154自然村。镇人民政府驻新圩。1955年设九陂区。1957年改乡。后改公社。1983年复区。1986年复乡。1993年改镇。因有9石陂得名。九陂河流经。有冷水洞水库。有中学1所，小学1所，幼儿园1所，卫生院2个，卫生所17个。有国家4A级旅游景区湟川三峡，有名胜古迹镇江祠。有民间艺术唱春牛、马灯调、客家山歌。农业种植水稻、玉米、花生、黄豆、油茶。省道宁远—连州线、清连公路过境。

新圩［Xīnxū］ 九陂镇人民政府驻地。在市政府驻地连州镇东南13千米。人口4000。因建有新圩场得名。聚落呈块状。有九年一贯制学校。农业种植水稻、玉米、花生、油茶，养殖猪。通乡村道路。

西江镇［Xījiāng Zhèn］ 连州市辖镇。在市境东南部。面积185平方千米。人口1.8万。辖11村委会，有113自然村。镇人民政府驻西江。1956年设西江乡。1993年改镇。因镇政府驻地得名。有东岳山。有中学1所，卫生院2个。有幼儿园、文化站、敬老院。有东岳山宗教建筑群遗址。农业种植水稻、玉米。产水晶梨、紫心番薯。工业以大理石、碳酸钙加工为主。323国道过境。

西江［Xījiāng］ 西江镇人民政府驻地。在市政府驻地连州镇东22千米。人口800。因处西江岭下得名。聚落呈团块状。有中小学、幼儿园、卫生室、敬老院、文化广场、集贸市场。农业种植水稻、蔬菜。323国道经此。

瑶安瑶族乡［Yáo'ān Yáozú Xiāng］ 连州市辖乡。在市境北部。面积220平方千米。人口1.3万，其中瑶族占24.8%，还有汉族等。辖10村委会，有56自然村。乡人民政府驻洛阳街。1953年设瑶安瑶族自治区(乡级)。1957年改瑶族乡。后改公社。1983年改区。1986年改瑶安瑶族乡。因生活安定得名。有天堂岭、凤头山。带田水、长合水流经。有中学1所，幼儿园1所，卫生院1个，卫生站8个。有景点大坑平大峡谷、龙井大瀑布、田心竹海、磐石里。有省级非物质文化遗产瑶族高台小长鼓舞。有民俗神老节、跳盘王、坐歌堂。农业种植茶树。产瑶安油茶、冬菇、笋干、中草药。省道凤琪线过境。

洛阳街［Luòyángjiē］ 瑶安瑶族乡人民政府驻地。在市政府驻地连州镇东北26千米。人口500。原因杨姓建村于庙观旁得名杨屋观，后因瑶安、新九2河汇流渐成街集，曾立牌"洛阳街"，故名。聚落呈带状。有中小学。农业种植水稻、玉米。省道凤琪线经此。

三水瑶族乡［Sānshuǐ Yáozú Xiāng］ 连州市辖乡。在市境西北部。面积139平方千米。人口4000，其中瑶族占38.6%，还有汉族等。辖4村委会，有25自然村。镇人民政府驻云雾洞。1951年设三水乡。1953年成立三水瑶族自治区(乡级)。1957年并入瑶安瑶族乡。1987年由丰阳镇析设三水瑶族乡。因沙坪、左里、右里3河流经得名。有方山、防空哨、大罗岭。有小学1所，卫生院1个。有文化站、敬老院。有古迹挂榜风雨桥、陈家岭门楼。有省级非物质文化遗产瑶族布袋木狮舞。有瑶家习俗坐歌堂、长鼓舞、盘王节等。农业种植水稻、茶树、冬菇、木耳等。主产竹木。二广高速、省道宁远—连州线过境。

云雾洞［Yúnwùdòng］　三水瑶族乡人民政府驻地。在市政府驻地连州镇西北44千米。人口1400。因长年云雾弥漫得名。聚落呈团块状。有小学、卫生院、文化室。农业种植水稻、冬菇、玉米。工业以竹木制品、香粉制作为主。二广高速、省道宁远—连州线经此。

挂榜［Guàbǎng］　在市政府驻地连州镇西北42千米。三水瑶族乡辖自然村。人口200。因清代悬挂瑶族圣典《过山榜文》得名。聚落呈团块状。有古迹瑶族传统祠堂。有省级非物质文化遗产瑶族布袋木狮舞。有民间艺术挂榜坐歌堂、小长鼓舞。农业种植水稻。产毛竹、杉木。省道宁远—连州线经此。

佛冈县

佛冈县［Fógāng Xiàn］　清远市辖县。北纬23°39′，东经113°17′。在市境东南部。面积1295平方千米。人口33万。辖6镇。县人民政府驻石角镇。清嘉庆十八年(1813)设佛冈直隶军民厅，属广东布政使司。1914年改厅为佛冈县。1958年省人从化县。1961年复县。1963年属韶关专区。1983年属广州市。1988年属清远市。因宋代麦、沈2姓经僧人指点建村于冈田得名。处粤北山区，地形以山地、丘陵为主。东北高西南低。平均海拔300米。最高点亚婆髻海拔1218.8米。有观音山、独凰山。年均气温20.9℃，1月平均气温11.8℃，7月平均气温28.1℃。年均降水量2050毫米。潖江、烟岭河流经。有矿产资源铅、锌、褐铁、萤石等。有野生植物1177种，其中国家二级保护野生植物有穗花杉、软荚红豆、苏铁蕨、黑桫椤等23种。有野生动物164种，其中国家一级保护野生动物有云豹、蟒蛇，国家二级保护野生动物有穿山甲、小爪水獭、斑林狸、大灵猫等14种。有观音山省级自然保护区。森林覆盖率72.2%。有中学12所，小学33所，二级医院2个。有省级文物保护单位水头东坑黄氏宗祠、龙山上岳古围村。有古迹观音山王山寺。有国家4A级旅游景区聚龙湾天然温泉度假村。有景点森波拉度假森林。有省级非物质文化遗产舞被狮、社岗下村豆腐节。有民间艺术和民俗鲤鱼灯、舞春牛、龙南武术、舞鸡公狮、接三王。三次产业比例10∶47∶43。农业种植水稻、玉米、花生、大豆，养殖生猪、四大家鱼、罗非鱼。有特产竹山粉葛、潖江鸡、龙山乌鬃鹅、水头芦笋、黄花柿子、四九青梅、观音山冬菇、蜂蜜。有羊角山林场。工业以稀土开采、新能源、五金机械、化工、建材制造为主。有空调制冷、食品饮料、电子材料等产业集群。服务业以批发零售、住宿、餐饮、旅游为主。京港澳高速、106国道、省道英佛线过境。

石角镇［Shíjiǎo Zhèn］　佛冈县人民政府驻地。在县境中部。面积348平方千米。人口13.6万。辖6居委会、17村委会，有227自然村。镇人民政府驻城南社区。1951年设石角乡。后改公社。1983年设区。1987年改镇。因圩场西侧旧有石林寺，方言"侧""角"同义，故名。有中学4所，小学4所，二级医院2个，卫生院3个，卫生所30个。有古迹观音山王山寺。有景点森波拉度假森林、田野绿世界。农业产柑橘、柿子、蜂蜜。工业以电子、建材、陶瓷制造，化工，制衣为主。服务业以旅游为主。京港澳高速、106国道、省道英佛线过境。

城南社区［Chéngnán Shèqū］　石角镇人民政府驻地。在县境西北部。面积1平方千米。人口1.9万。因处县城南部得名。2002年成立。民居以自建房为主。有中小学、卫生院。驻有县水务局。通公交车。

水头镇［Shuǐtóu Zhèn］　佛冈县辖镇。在县境东部。面积146平方千米。人口3.1万。辖2居委会、10村委会，有126自然村。镇人民政府驻水头社区。1951年设水头乡。后改公社。1983年设区。1987年改镇。因处潖江源头得名。有独凰山、通天蜡烛峰。有中学1所，小学2所，卫生院1个，卫生所10个。有古迹东坑黄氏宗祠、清献崔公祠。农业种植水稻、花生、芦笋。工业以家具制造为主。有棉被加工业。106国道过境。

水头社区［Shuǐtóu Shèqū］　水头镇人民政府驻地。在县境东部。面积0.03平方千米。人口1200。以镇名命名。2002年成立。有老年活动中心。有中小学、卫生站。通乡村道路。

汤塘镇［Tāngtáng Zhèn］　佛冈县辖镇。在县境南部。面积229平方千米。人口7.2万。辖2居委会、19村委会，有139自然村。镇人民政府驻新塘村。1942年设汤塘乡。1949年仍为乡。1955年设区。后改公社。1983年复区。1987年改镇。因热水塘(即温泉)得名。潖江流经。有中学3所，小学9所，卫生院2个，卫生所29个。有国家4A级旅游景区聚龙湾天然温泉度假村。有黄花湖温泉度假区。农业养殖潖江鸡、乌鬃鹅，种植竹山粉葛。工业以绿色饮品加工、钢铁制造为主。京港澳高速、106国道过境。

新塘村［Xīntángcūn］　汤塘镇人民政府驻地。在县政府驻地石角镇南16千米。人口5000。自汤塘围迁居，故名。聚落呈散状。有卫生所。农业种植水稻。产香蕉、花生。通乡村道路。

龙山镇［Lóngshān Zhèn］　佛冈县辖镇。在县境西南部。面积160平方千米。人口4.8万。辖1居委会、14村委会，有114自然村。镇人民政府驻鹤田村。1942年设龙山乡。1949年仍为乡。1955年设区。1957年改乡。后改公社。1983年复区。1987年改镇。因龙山圩得名。潖江流经。有中学2所，小学6所，卫生院2个，卫生所18个。工业以空调冷冻设备、玩具制造，五金铸造，电子加工为主。106国道过境。

鹤田村［Hètiáncūn］　龙山镇人民政府驻地。在县政府驻地石角镇西南21千米。人口4400。因田沟有鹤群觅食得名。聚落呈团块状。有卫生所。农业种植水稻、花生。产龙眼、荔枝。工业以空调、风机、电动车制造为主。通乡村道路。

上岳村［Shàngyuècūn］　在县政府驻地石角镇西21千米。龙山镇辖自然村。人口1400。宋代建村。因上岳山得名。聚落呈团块状。有省级文物保护单位上岳古围村。农业种植水稻。产水果。通乡村道路。

高岗镇［Gāogǎng Zhèn］　佛冈县辖镇。在县境北部。面积174平方千米。人口3.1万。辖1居委会、8村委会，有104自然村。镇人民政府驻高岗村。1951年设高岗乡。1987年改镇。因镇政府驻地得名。有亚婆髻峰。烟岭河流经。有观音山省级自然保护区。有中学1所，小学4所，卫生院1个，卫生所10个。农业种植砂糖橘、李子、水稻，养殖淡水产品。工业以木材加工为主。京港澳高速、106国道过境。

高岗村［Gāogǎngcūn］　高岗镇人民政府驻地。在县政府驻地石角镇北17千米。人口5800。因位于全县海拔最高处得名。聚落呈散状。有卫生所。农业种植水稻、花生，养牛。工业有瓷泥、稀土矿开采。通乡村道路。

社岗下村［Shègǎngxiàcūn］　在县政府驻地石角镇北16千米。高岗镇辖自然村。人口1500。因房屋建于岗下得名。聚落呈团块状。有古迹庆衍九龙、司马第、社岗下林姓始祖林际安墓。有省级非物质文化遗产社岗下村豆腐节。通乡村道路。

迳头镇［Jìngtóu Zhèn］　佛冈县辖镇。在县境东北部。面积185平方千米。人口3.2万。辖1居委会、8村委会，有101自然村。镇人民政府驻大陂村。1951年设迳头乡。后改公社。1983年设区。1987年改镇。处南北山脉之首，俗称迳，故名。有独凰山。烟岭河流经。有中学1所，小学3所，卫生院2个，卫生所20个。农业种植砂糖橘、芦笋。工业以机械制造、玩具制造、纺织为主。106国道过境。

大陂村［Dàbēicūn］　迳头镇人民政府驻地。在县政府驻地石角镇东北17千米。人口4200。因大型拦河陂头得名。聚落呈团块状。有中学、卫生所。农业种植水稻、花生、黄豆。通乡村道路。

阳山县

阳山县［Yángshān Xiàn］　清远市辖县。北纬23°58′，东经112°22′。在市境中部。面积3418平方千米。人口54.7万。以汉族为主，还有瑶等民族。辖12镇、1瑶族乡。县人民政府驻阳城镇。西汉置阳山县，属桂阳郡。建安二十五年(220)省入含洭县。三国吴甘露元年(265)复置阳山县，属始兴郡。此后先后隶属连州、桂阳州、岭南道、第二行政区、北江区、粤北行政区、韶关专区。1958年并入连阳各族自治县。1960年复置阳山县，先后隶属韶关专区、韶关地区、韶关市。1988年属清远市。因秦设阳山关得名。先后改建阳城大街、府前路、学路街、陵园路、南门街、商业大道、工业大道、连江大道、阳山大道，新建连江大桥、韩愈大桥等。南北高中部低，呈船形。最高点猛坑石海拔1902米，最低点青莲峡头海拔53米。年均气温20.4℃，1月平均气温12℃，7月平均气温30℃。年均降水量1854.3毫米。连江、同冠水、庙公坑、七拱水、青莲水流经。有矿产资源大理石、硫铁、稀土、煤等。有野生植物2678种，其中国家重点保护野生植物有银杏、红豆杉、广东松、红椿、樟树等11种。有野生动物553种，其中国家重点保护野生动物有水鹿、短尾猴、白鸥、虎纹蛙等11种。森林覆盖率73.5%。有中等职业学校1所，中学26所，小学148所，幼儿园31所，二级医院2个。有省级文物保护单位贤令山摩崖石刻。有阳山县革命烈士陵园纪念碑。有名胜古迹北山古寺、神笔山、鱼水旅游风景区。三次产业比例34∶17∶49。农业种植水稻、玉米、花生、大豆，养殖猪、鸡、牛、羊、淡水鱼。产反季节蔬菜、同冠梨、梅花猪、沙田柚、板栗。有国家地理标志产品阳山淮山、阳山西洋菜、阳山鸡。有杨梅、秤架、黄坌国营林场。工业以制鞋、黑色金属冶炼、电力为主。服务业以商品批发零售为主。清连、广连、汕昆高速，107、323国道，省道岭莲、广南线过境。

县人民广场［Xiàn Rénmín Guǎngchǎng］　在县城东部。面积6.8公顷。1971年开工，1972年建成。有科普宣传、文化传播专栏。有足球场、篮球场、门球场、田径场。为集科普宣传、文化传播、展览演出、健身娱乐于一体的综合性广场。周边有县体育馆、阳山中学、人民医院、电影院。通公交车。

阳山大桥［Yángshān Dàqiáo］　在县城东

北部。长460米，宽36米，最大跨度40米，桥下净高10.4米。1968年建设，2011年重建，2012年建成。因县名得名。为大型河道桥梁，结构型式为预应力简支T梁桥。最大载重汽车20吨，拖、挂车100吨。通公交车。

连江大桥［Liánjiāng Dàqiáo］ 在县城西北部。长508.3米，宽20.5米，最大跨度35米，桥下净高7米。1993年开工，1996年建成。因跨连江得名。为大型河道桥梁，结构型式为预应力简支T梁桥。最大载重汽车20吨，拖、挂车100吨。通公交车。

韩愈大桥［Hányù Dàqiáo］ 在县城东南部。长612米，宽24.5米，最大跨度32米，桥下净高8.5米。2008年开工，2010年建成。因历史人物阳山县令韩愈得名。为大型河道桥梁，结构型式为预应力简支T梁桥。最大载重汽车20吨，拖、挂车100吨。通公交车。

阳城镇［Yángchéng Zhèn］ 阳山县人民政府驻地。在县境中部。面积304平方千米。人口11.4万。辖5居委会、21村委会，有271自然村。镇人民政府驻郑屋。1957年设阳城乡。1964年改镇。1984年附城区并入。2004年水口镇并入。唐神龙二年(706)后历为县治，故名。有贤令山、丫髻山、将军山。连江、七拱河流经。有中学6所，小学15所，二级医院2个，卫生院1个，卫生站32个。有幼儿园、文化站、敬老院。有县烈士陵园。有省级文物保护单位贤令山摩崖石刻。农业种植水稻。产蔬菜、水果。工业以制鞋、黑色金属冶炼、电力为主。服务业以商品批发零售为主。清连高速、107国道、省道广南线过境。

阳山大道［Yángshān Dàdào］ 在县城北部。南起韩愈南路，北至阳青公路。与北门路、城南大道、思贤路等相交。长2.8千米，宽36—60米。沥混路面。1970年建北段，1987年改建，名陵园路。1989年建南段，2001年改扩建，名通儒路。2004年合并更今名。以县名命名。两侧有公路局、水务局、居住小区、信用社、酒店、市场等。通公交车。

商业大道［Shāngyè Dàdào］ 在县城西部。南起韩愈西路，北至城南大道。与思贤路、星月路、工业大道等相交。长1.6千米，宽36米。沥青路面。1991年开工，1992年建成。因途经商业区得名。两侧有镇政府、气象局、国税局、工商局、广播局、地方公路站、商厦、中医院、银行、小学、移动公司、供水公司等。通公交车。

连江大道［Liánjiāng Dàdào］ 在县城西部。南起韩愈西路，北至城南大道。与思贤路、星月路、工业大道等相交。长1.2千米，宽30米。沥青路面。1993年开工，同年建成。因连江得名。两侧有交通局、卫计局、审计局、民政局、政务中心、客运站、妇幼保健院。通公交车。

郑屋［Zhèngwū］ 阳城镇人民政府驻地。在镇境北部。人口300。因姓氏得名。聚落呈团块状。有中小学、幼儿园、卫生站、农贸市场。农业种植水稻、玉米，养殖生猪、鸡。通公交车。

青莲镇［Qīnglián Zhèn］ 阳山县辖镇。在县境东部。面积213平方千米。人口3.8万。辖12村委会，有152自然村。镇人民政府驻倒流洞。1955年设青莲区。后改公社。1983年复区。1987年改镇。原名青龙，因产莲藕改今名。连江、岭背水流经。有中学2所，小学9所，卫生院2个，卫生站10个。有幼儿园、文化站、敬老院。农业种植水稻、玉米、花生。有特产青莲河鲜、蓝山笋干、大洞生姜、青莲豆豉。省道新阳线过境。

倒流洞［Dàoliúdòng］ 青莲镇人民政府驻地。在县政府驻地阳城镇东南13千米。人口300。因洞水东西倒流得名。聚落呈团块状。农业种植水稻、玉米、花生，养殖猪、牛、鸡。省道新阳线经此。

江英镇［Jiāngyīng Zhèn］ 阳山县辖镇。在县境东部。面积331平方千米。人口4.4万。辖15村委会，有279自然村。镇人民政府驻江南村。1983年设区。1986年改乡。1997年改镇。因原英阳、江口2村名得名。有中学1所，小学19所，卫生院1个，卫生站15个。有幼儿园、文化站、敬老院。农业种植水稻、玉米、花生。产反季节蔬菜、江英鸡。工业以电力为主。县道青青线过境。

江南村［Jiāngnáncūn］ 江英镇人民政府驻地。在县政府驻地阳城镇东北21千米。人口300。村南有坑，习称坑为江，故名。聚落呈带状。有中小学、卫生院、集贸市场。农业种植蔬菜，养殖鸡、猪。县道青青线经此。

杜步镇［Dùbù Zhèn］ 阳山县辖镇。在县境东南部。面积156平方千米。人口3.1万。辖8村委会，有144自然村。镇人民政府驻杜步村。1955年设杜步区。1957年改乡。后改公社。1983年复区。1986年复乡。1997年改镇。2003年东山乡并入。因镇政府驻地得名。七拱水流经。有中学1所，小学2所，卫生院1个，卫生站8个。有幼儿园、文化站、敬老院。有鱼水旅游风景区。农业种植水稻、玉米、花生。清连高速、省道岭莲线过境。

杜步村［Dùbùcūn］ 杜步镇人民政府驻地。在县政府驻地阳城镇东南15千米。人口1100。原有渡口，汇集商旅，故名杜铺，以谐音改今名。聚落呈团块状。有中小学、幼儿园、卫生院、集贸市场。农业种植水稻、玉米，养殖鸡、猪。省道岭莲线经此。

七拱镇［Qīgǒng Zhèn］ 阳山县辖镇。在县境南部。面积326平方千米。人口6.8万。辖1居委会、17村委会，有200自然村。镇人民政府位于七拱大道。1957年设七拱乡。后改公社。1983年设区。1986年改镇。因七拱大桥得名。七拱河、沙河、桂花河流经。有中学2所，小学11所，卫生院2个，卫生站18个。有幼儿园、文化站、敬老院。有古迹学发公祠、莫屋古民居、七拱粮仓。农业种植水稻。产淮山、反季节蔬菜。工业以黑色金属冶炼、电力为主。有佛山、南海(阳山)产业转移工业园。有水电站32个。清连高速，省道广南、岭莲线过境。

太平镇［Tàipíng Zhèn］ 阳山县辖镇。在县境南部。面积264平方千米。人口4.3万。辖1居委会、12村委会，有160自然村。镇人民政府驻李屋。1995年设太平区。后改公社。1983年复区。1986年改镇。2003年白莲镇并入。因地势平坦得名。有矿产资源铁、铜、铅锌、硫铁、云母、萤石、辉绿石、稀土等。有中学2所，小学11所，卫生院2个，卫生站18个。有幼儿园、文化站、敬老院。农业种植水稻、玉米、花生。产柑橘、水产、大豆、淮山。工业以矿产品加工、电力为主。省道岭莲线过境。

李屋［Lǐwū］ 太平镇人民政府驻地。在县政府驻地阳城镇西南25千米。人口400。因姓氏得名。聚落呈带状。有中学。农业种植水稻、玉米。省道岭莲线经此。

杨梅镇［Yángméi Zhèn］ 阳山县辖镇。在县境南部。面积154平方千米。人口6000。辖6村委会，有22自然村。镇人民政府位于杨梅大街。1961年成立杨梅公社。1983年设区。1987年改乡。1997年改镇。因盛产杨梅得名。有中学1所，小学3所，卫生院1个，卫生站6个。有幼儿园、文化站、敬老院。农业种植水稻、玉米、花生、大豆、砂糖橘等。工业以水电为主。省道岭莲线过境。

大崀镇［Dàlàng Zhèn］ 阳山县辖镇。在县境南部。面积150平方千米。人口1.6万。辖8村委会，有41自然村。镇人民政府驻大崀村。1957年设大崀乡。后改公社。1983年设区。1986年复乡。1997年改镇。因镇政府驻地得名。有九年一贯制学校1所，小学5所，卫生院1个，卫生站8个。有幼儿园、文化站、敬老院。农业种植水稻、玉米、花生，养殖猪、牛、鸡。产茶油、板栗、反季节蔬菜。工业以水电为主。清连高速、省道广南线过境。

大崀村［Dàlàngcūn］ 大崀镇人民政府驻地。在县政府驻地阳城镇西15千米。人口300。因有山、良田得名。聚落呈散状。有中小学、幼儿园、卫生院、集贸市场。农业种植水稻、玉米，养殖猪、鸡。县道阳洞线经此。

黎埠镇［Líbù Zhèn］ 阳山县辖镇。在县境西北部。面积295平方千米。人口6.8万。辖1居委会、18村委会，有201自然村。镇人民政府驻黎埠村。1955年设黎埠乡。后改公社。1983年设区。1986年改镇。因镇政府驻地得名。扶村洞水、寨岗水、连江流经。有矿产资源铁、铜、铅、锌、煤、滑石等。有中学2所，小学15所，卫生院1个，卫生站34个。有幼儿园、文化站、敬老院。农业种植水稻、甘蔗。产洞冠梨、宝晶梨、马蹄、黑甘蔗、西瓜。工业以矿产加工、电力为主。清连高速、107国道过境。

黎埠村［Líbùcūn］ 黎埠镇人民政府驻地。在县政府驻地阳城镇西北25千米。人口1500。因位于2河汇合处，地似犁头得名犁埠，以同音改今名。聚落呈团块状。有小学、幼儿园、卫生院、集贸市场。农业种植水稻、玉米、甘蔗，养殖鸡、鸭。县道阳洞线经此。

小江镇［Xiǎojiāng Zhèn］ 阳山县辖镇。在县境西北部。面积229平方千米。人口3.9万。辖1居委会、13村委会，有236自然村。镇人民政府驻灰沙。1955年设小江区。1957年改乡。后改公社。1983年复区。1986年改镇。2003年石螺镇并入。因圩处县西小江口得名。连江流经。有中学2所，小学16所，卫生院2个，卫生站30个。有幼儿园、文化站、敬老院。农业种植水稻、玉米、花生、大豆。产反季节蔬菜、白果、粉葛。省道广南线过境。

灰沙［Huīshā］ 小江镇人民政府驻地。在县政府驻地阳城镇西北17千米。人口100。因多灰色沙土得名。聚落呈带状。有中小学、幼儿园、卫生院、集贸市场。农业种植水稻、玉米，养殖猪、鸡、牛。省道广南线经此。

岭背镇［Lǐngbèi Zhèn］ 阳山县辖镇。在县境北部。面积227平方千米。人口4.2万。辖12村委会，有224自然村。镇人民政府驻街头。1955年设岭背区。1957年改乡。后改公社。1983年复区。1986年改镇。2004年犁头镇并入。因居山岗背面，至此须先爬坡过岭得名。青莲水、黄坌水流经。有中学2所，小学11所，卫生院2个，卫生站26个。有幼儿园、文化站、敬老院。有鱼水旅游风景区。农业种植水稻、玉米、花生、大豆。产反季节蔬菜、沙田柚、板栗。323国道、省道岭莲线过境。

街头［Jiētóu］ 岭背镇人民政府驻地。在县政府驻地阳城镇北18千米。人口200。山似鸡冠，方言“鸡”“街”同音，故名。聚落呈散状。有幼儿园、卫生院、集贸市场。农业种植水稻、玉米，养殖猪、鸭、牛。323国道、省道岭莲线经此。

黄坌镇［Huángbèn Zhèn］ 阳山县辖镇。在县境北部。面积182平方千米。人口1.6万。辖7村委会，有109自然村。镇人民政府驻黄坌村。1957年设黄坌乡。后改公社。1983年设区。1986年复乡。1997年改镇。因镇政府驻地得名。黄坌水流经。有九年一贯制学校1所，卫生院1个，卫生站7个。有幼儿园、文化站、敬老院。农业种植水稻、玉米、大豆。产反季节蔬菜。323国道过境。

黄坌村［Huángbèncūn］　黄坌镇人民政府驻地。在县政府驻地阳城镇北25千米。人口700。因集市黄土飞扬得名。聚落呈团块状。有九年一贯制学校、卫生院。农业种植水稻、玉米，养殖鸡、鸭、鱼、猪。323国道经此。

秤架瑶族乡［Chèngjià Yáozú Xiāng］　阳山县辖乡。在县境东北部。面积588平方千米。人口1.8万，其中瑶族占27%，还有汉族等。辖10村委会，有125自然村。镇人民政府驻大坪水。1957年设秤架乡。后改公社。1983年设区。1986年改镇。1991年改秤架瑶族乡。因原在榕树下架大秤设墟埠得名。有石坑崆峰。秤架河流经。有九年一贯制学校1所，卫生院1个，卫生站13个。有幼儿园、文化站、敬老院。有广东第一峰旅游风景区。农业种植水稻、大豆、生姜、反季节蔬菜。产山地鸡、松香、云雾茶、冬菇、木耳、灵芝、笋干。工业以水电为主。323国道过境。

大坪水［Dàpíngshuǐ］　秤架瑶族乡人民政府驻地。在县政府驻地阳城镇东北39千米。人口100。因地势低平，逢雨皆水得名。聚落呈团块状。有九年一贯制学校、幼儿园、卫生院、集贸市场。农业种植水稻、玉米，养殖鸡、鸭。323国道经此。

连山壮族瑶族自治县

连山壮族瑶族自治县［Liánshān Zhuàngzú Yáozú Zìzhìxiàn］　清远市辖自治县。北纬112°05′，东经24°34′。在市境西北部。面积1265平方千米。人口12.1万，其中壮族占44%、瑶族占17%，还有汉、苗、满、回等民族。辖7镇。县人民政府驻吉田镇。南朝梁天监五年(506)设广德县，属阳山郡。隋开皇十年(590)改名广泽县，属连州。仁寿元年(601)避太子杨广讳，以黄连山改名连山县。南宋绍兴六年(1136)废县为镇，十八年(1148)置程山县。元至元十五年(1278)复名连山县，属连州。明初属韶州府。清嘉庆二十一年(1816)升连山绥瑶直隶厅。1912年复县，先后隶属岭南道、第二行政督察区、北江行政区。1953年并入连南瑶族自治区。1954年复县。1958年并入连阳各族自治县。1962年置连山壮族瑶族自治县，属韶关地区。1988年属清远市。先后建广山公园、上吉桥、锦绣前程城雕、金山文化广场、茅田界观光台。处萌渚岭、九嶷山之间，属粤北山区。以低山、丘陵为主。最高点大雾山海拔1659米，最低点水下桥河床海拔117米。年均气温18.9℃，1月平均气温9.3℃，7月平均气温26.8℃。年均降水量1753.3毫米。有矿产资源铁、锰、钒、钨、铀、稀土等。有省级自然保护区1个。森林覆盖率86.2%。有中学9所，小学28所，二级医院1个。有古迹白石关、鹿鸣关、鹰扬关。有民间艺术和民俗壮族民歌、瑶族民歌、连山山歌、小长鼓舞、横鼓舞、舞龙灯、舞布龙、舞香火龙等。有国家4A级旅游景区金子山，国家3A级旅游景区欧家梯田、壮瑶山城、永梅蒙峒古村。三次产业比例24∶32∶44。农业种植水稻、大肉姜、淮山、莲藕、甜竹笋、南药，养殖连山土猪、连山麻鸭。有特产云雾茶、沙田柚、砂糖橘、春橘、杨梅。工业以小水电为主。服务业以商贸、旅游为主。二广高速、323国道、省道连大线过境。

连山壮族瑶族自治县粤运汽车站［Liánshān Zhuàngzú Yáozú Zìzhìxiàn Yuèyùn Qìchēzhàn］　见交通运输设施部分“连山壮族瑶族自治县粤运汽车站”条。

吉田镇［Jítián Zhèn］　连山壮族瑶族自治县人民政府驻地。在县境中部。面积173平方千米。人口3万。以汉族为主，还有壮、瑶、苗、蒙古、回等民族。辖2居委会、8村委会，有109自然村。镇政府驻成吉社区。1940年设吉田乡。1949年仍为乡。1961年成立吉田公社。1985年改镇。取上吉、沙田2村名各一字得名。有中学2所，小学3所，二级医院1个，卫生院1个。有佛子、甲科古村落。有景点大旭山瀑布群、福林苑。有民间艺术和民俗舞龙灯、小长鼓舞、瑶族婚礼。农业种植水稻。工业以水电、木材加工为主。服务业以商贸为主。二广高速、323国道、省道连大线过境。

广德大道［Guǎngdé Dàdào］　在县城南部。东起石古大桥，西至甲科桥。与滨江东路、上吉南路、竹山街、丽水街、永福街、爱民一巷、滨江中路、滨江西路相交。长3.2千米，宽50米。沥青路面。1989年开工，1990年建成。以古县名广德命名。两侧有县广播电视台、国税局等。通公交车。

成吉社区［Chéngjí Shèqū］　吉田镇人民政府驻地。在县境西南部。面积1平方千米。人口8100。因处县城，以谐音得名。2002年成立。民居以楼房为主。有家长学校。有志愿者服务队伍，提供法律咨询服务。有中小学。驻有县国税局、地税局、民政局等单位。通公交车。

永和镇［Yǒnghé Zhèn］　连山壮族瑶族自治县辖镇。在县境西北部。面积197平方千米。人口2.3万。以汉族为主，还有壮、瑶等民族。辖1居委会、7村委会，有95自然村。镇人民政府驻永和社区。1940年设永和乡。1949年仍为乡。1958年成立公社。1986年改镇。清道光十三年(1833)建圩于禾睦村，以和平寓意得名永和圩，沿为镇名。有犁头山、芙蓉山。有初中1所，小学3所，卫生院3个，卫生站16个。有名胜和古迹金子山、鹰扬关。农业种植水稻。产杉木。工业以水电为主。323国道过境。

永和社区［Yǒnghé Shèqū］　永和镇人民政府驻地。在县境西北部。面积0.8平方千米。人口2100。因镇得名。2002年成立。民居以楼房为主。有志愿者服务队伍。开展法律知识讲座。有中小学、卫生站。通公交车。

太保镇［Tàibǎo Zhèn］　连山壮族瑶族自治县辖镇。在县境东北部。面积147平方千米。人口1.4万。以汉族为主，还有壮、瑶等民族。辖1居委会、7村委会，有70自然村。镇人民政府驻太保圩。1958年设太保乡。1960年改公社。1986年改镇。因太保庙得名。有九年一贯制学校1所，幼儿园2所，卫生院1个，卫生站(室)11个。有旧城村古县城建筑、鹿鸣关。有民间艺术炸火狮。农业种植水稻，养殖生猪、水产。工业以水电为主。二广高速、323国道、县道黄虎线过境。

太保圩［Tàibǎoxū］　太保镇人民政府驻地。在县政府驻地吉田镇东北17千米。人口1000。因有太保庙和墟市得名。聚落呈条状。有九年一贯制学校、卫生站。经济以商贸为主。县道黄虎线经此。

禾洞镇［Hédòng Zhèn］　连山壮族瑶族自治县辖镇。在县境北部。面积127平方千米。人口8300。以汉族为主，还有壮、瑶等民族。辖4居委会，有38自然村。镇人民政府驻禾洞圩。1938年设禾洞乡。1949年仍为乡。1961年成立禾洞公社。1986年复乡。1997年改镇。因镇政府驻地得名。有九年一贯制学校1所，幼儿园2所，卫生院1个。有古迹白石关。有民间艺术唱山歌、哭嫁歌、舞香火龙、舞狮。农业种植水稻。产杉木。有特产大龙山大雾茶。工业以小水电、竹木加工为主。有禾洞农林场。县道黄虎线过境。

禾洞圩［Hédòngxū］　禾洞镇人民政府驻地。在县政府驻地吉田镇西北21千米。人口300。因可种水稻得名。聚落呈团块状。有九年一贯制学校、幼儿园、卫生院。农业种植水稻，养殖猪、牛、羊。产木材。县道黄虎线经此。

福堂镇［Fútáng Zhèn］　连山壮族瑶族自治县辖镇。在县境中部偏南。面积189平方千米。人口2万。以壮族为主，还有汉等民族。辖8村委会，有156自然村。镇人民政府驻福堂圩。1951年设福堂乡。后改公社。1986年改镇。因镇政府驻地得名。有初中1所，小学4所，卫生院1个，卫生站8所。有民间艺术壮族民歌、舞木猫狮。农业种植水稻，养殖牛、猪、羊、鸡、鸭、鹅。产杉木。工业以小水电、木材加工为主。二广高速、省道连大线过境。

福堂圩［Fútángxū］　福堂镇人民政府驻地。在县政府驻地吉田镇南18千米。人口300。原名粟塘、宿堂，民国初雅称今名。聚落呈团块状。有中小学、卫生站。农业种植水稻、玉米，养殖鸡、鸭、羊。县道福南线经此。

小三江镇［Xiǎosānjiāng Zhèn］　连山壮族瑶族自治县辖镇。在县境南部。面积280平方千米。人口2万。以壮族为主，还有瑶、汉等民族。辖9村委会，有182自然村。镇人民政府驻三联村。1949年设三江乡。1953年改小三江乡。后改公社。1986年改镇。以省洞、甘宝、文佳3水汇合称三江圩，因重名改今名。有初中2所，小学10所，卫生院2个，卫生站9个。有景点马头山、田心温泉、大风坑。有民间艺术和民俗壮族民歌、寿星公、舞龟鹿鹤、舞火蛇。农业种植水稻、玉米、番薯，养殖牛、羊。产木材。有特产东山羊、大肉姜、沙田柚、淮山、尖山茶、黄连茶。工业以水电为主。二广高速、省道连大线过境。

三联村［Sānliáncūn］　小三江镇人民政府驻地。在县政府驻地吉田镇南33千米。人口3200。由金宝冲、六雪冲口、三江圩3自然村联合组建，故名。聚落呈团块状。有中小学、卫生院。农业以种植杉树、水稻为主。通公交车。

上帅镇［Shàngshuài Zhèn］　连山壮族瑶族自治县辖镇。在县境西南部。面积102平方千米。人口5100。以壮族为主，还有汉、瑶等民族。辖4村委会，有32自然村。镇人民政府驻上帅圩。1938年设上帅乡。1949年仍为乡。1958年成立公社。1986年复乡。1997改镇。因镇政府驻地得名。有笔架山省级自然保护区。有中学1所，小学1所，卫生院1个，医疗站4个。有古兵营遗址。有民间艺术采茶戏、年晚歌、装古事、舞春牛、舞马、抢花炮。农业种植水稻、南药、佛手、油茶。产杉、松木。工业以水电为主。县道傅上线过境。

上帅圩［Shàngshuàixū］　上帅镇人民政府驻地。在县政府驻地吉田镇西南36千米。人口300。因清顺治九年(1652)设上帅汛得名。聚落呈条状。有小学、卫生站。农业种植水稻、花生，养殖猪、牛、羊。县道傅上线经此。

连南瑶族自治县

连南瑶族自治县［Liánnán Yáozú Zìzhìxiàn］　清远市辖自治县。北纬24°43′，东经112°17′。在市境西北部。面积1305平方千米。人口16.9万，其中瑶族占52.3%，还有汉、壮等民族。辖7镇。县人民政府驻三江镇。1946年由连阳安化管理局改置连南县。1953

年与连山县合置连南瑶族自治区，属粤北行政区。1954年析设连山县。1955年改名连南瑶族自治县。1958年并入连阳各族自治县。1961年复置连南瑶族自治县，属韶关地区。1988年属清远市。因处原连县南得名。北、西、南部高，东部低。以山地为主。有大龙山、大雾山、起微山。平均海拔1000米。最高点大雾山海拔1659米。年均气温19.7℃，1月平均气温9.4℃，7月平均气温28.5℃。年均降水量1635.6毫米。三江、寨岗河流经。有矿产资源铅锌、铁、铜、钼等。有野生植物1182种，其中国家重点保护野生植物有伯乐树、南方红豆杉、凹叶厚朴等12种，珍稀濒危植物20种。有野生动物581种，其中国家一级保护野生动物有4种，国家二级保护野生动物有35种。有瑶排梯田国家湿地公园、万山朝王国家石漠公园。有板洞、大鲵省级自然保护区。有甲界村南方红豆杉群落。森林覆盖率79.3%。有中等职业学校1所，中学4所，小学32所，二级医院1个，文化馆1个，图书馆1个，博物馆1个，社会福利院1个。有国家4A级旅游景区南岗千年瑶寨、瑶族博物馆，国家3A级旅游景区油岭瑶寨。有景点板洞天湖、石泉山遗址。有国家级非物质文化遗产瑶族耍歌堂、瑶族长鼓舞、八排瑶族婚俗。三次产业比例18∶29∶53。农业种植水稻、玉米、番薯，养殖猪、牛、山地鸡、鱼。产花生、黄豆、茶油、茶叶、蚕桑。工业以小水电、服装加工、矿产开采为主。有北江、金光、回龙工业园区。服务业以旅游为主。清连、二广高速，107、323国道，省道连小、凤凤线过境。

新村大桥 [Xīncūn Dàqiáo] 在县城东北部。长138.4米，宽15米，最大跨度30米，桥下净高12.3米。1997年开工，同年建成。因处新村得名。为中型河道桥梁，结构型式为钢筋混凝土板桥。最大载重汽车20吨，挂车100吨。通公交车。

民族大桥 [Mínzú Dàqiáo] 在县城北部。长86.6米，宽12米，最大跨度20米，桥下净高4.5米。2007年开工，2009年建成。为大型河道桥梁，结构型式为钢筋混凝土梁桥。最大载重13吨。通公交车。

三江桥 [Sānjiāng Qiáo] 在县城东南部。长81.5米，宽11.5米，最大跨度16米，桥下净高9.2米。1970年开工，同年建成。因跨三江河得名。为大型河道桥梁，结构型式为钢筋混凝土板桥。最大载重15吨。通公交车。

南门大桥 [Nánmén Dàqiáo] 在县城东南部。长98米，宽8.5米，最大跨度17米，桥下净高5米。1992年开工，1993年建成。因处清代三江新城南门得名。为大型河道桥梁，结构型式为钢筋混凝土板桥。最大载重13吨。通公交车。

连南汽车客运站 [Liánnán Qìchē Kèyùnzhàn] 见交通运输设施部分“连南汽车客运站”条。

三江镇 [Sānjiāng Zhèn] 连南瑶族自治县人民政府驻地。在县境东北部。面积218平方千米。人口4.4万。以汉族为主，还有瑶、壮等民族。辖1居委会、10村委会，有67自然村。镇人民政府驻联红村。1956年置三江镇。后改公社。1964年复镇。因太保、涡水、沿陂3河汇流得名。有中学1所，小学7所，二级医院1个，卫生院1个，卫生站13个。有石泉山遗址。有景观“金坑林海”“鹿鸣秋高”。农业种植水稻。产蔬菜、蚕桑、杉木。服务业以旅游为主。二广、清连高速，323国道，省道连小线过境。

团结大道 [Tuánjié Dàdào] 在县城东北部。东起清连高速，西至323国道。与民族一路、东风路、顺德大道、府前路等相交。长5.8千米，宽41米。混凝土路面。2001年开工，2003年建成。两侧有县政务中心、顺德文化广场、青少年宫、盘古王文化园、酒店。通公交车。

顺德大道 [Shùndé Dàdào] 在县城东北部。东北起金三路，西南至盘王路。与府前路、团结大道、瑶山路等相交。长1.2千米，宽33米。混凝土路面。2002年开工，2004年建成。为佛山市顺德区援建，故名。两侧有疾控中心、广播电视台、检察院、文化馆、移动公司、信用社、连南客运站等。通公交车。

沿江东路 [Yánjiāng Dōnglù] 在县城东北部。东北起三江大桥，西南至省道连小线。与黄埔东路、文明街、益民街、三星路等相交。长3千米，宽15米。混凝土路面。1991年开工，1993年建成。因三江河得名。两侧有县财政局、礼服厂、毛织厂、血浆站等。通公交车。

黄埔西路 [Huángpǔ Xīlù] 在县城东北部。西北起朝阳路，东南至南门大桥。与黄埔西一巷、上吉巷、兴隆巷、惠福巷等相交。长0.5千米，宽18米。混凝土路面。1992年开工，同年建成。为广州市黄埔区援建，故名。两侧有邮储银行、民族高中等。通公交车。

联红村 [Liánhóngcūn] 三江镇人民政府驻地。在镇境东北部。人口2600。取红星、联星2地名首字得名。聚落呈散状。有小学、卫生站。有石井、古门楼、古民居、摩崖石刻、广东省国民政府办公旧址。农业种植水稻。二广高速、323国道经此。

大麦山镇 [Dàmàishān Zhèn] 连南瑶族自治县辖镇。在县境西南部。面积208平方千米。人口2.4万。以瑶族为主，还有汉族。辖9村委会，有43自然村。镇人民政府驻大麦山村。1987年置大麦山镇。因镇政府驻地得名。有中学1所，小学5所，卫生院1个，卫生站9个。有文化站、敬老院。农业种植水稻、番薯、花生。产木薯、茶叶、竹笋、木材。省道连小线过境。

大麦山村 [Dàmàishāncūn] 大麦山镇人民政府驻地。在县政府驻地三江镇西南25千米。人口500。因山丘遍种大麦得名。聚落呈散状。有中小学。农业种植水稻、玉米，产塘鱼、茶叶、笋干。有特产糯米糍粑、瑶家米酒。省道连小线经此。

寨岗镇 [Zhàigǎng Zhèn] 连南瑶族自治县辖镇。在县境东南部。面积330平方千米。人口5万。以汉族为主，还有瑶、壮等民族。辖1居委会、23村委会，有215自然村。镇人民政府驻鸡谷坳。民国曾设寨岗乡。1949年仍为乡。1958年改寨岗镇。后改公社。1983年设区。1987年改镇。为瑶区排瑶居住冈峦地，故名寨冈，以同音改今名。有茶坑顶、鸿图顶等。中坑河、称架河、白芒河、安田河流经。有矿产资源铁、铅锌、铜、铀、煤等。有中学3所，小学21所，卫生院2个，卫生站25个。有连南革命烈士陵园、渔冲革命烈士纪念碑。有铁屎坪、迴龙冶炼遗址、石径炮楼古建筑。有连南瑶族温泉度假村。农业种植水稻、番薯、花生、玉米。产杉木、松木、毛竹。工业以采矿、食品加工为主。有北江、迴龙工业园。有水电工业。有特产大笼糍、吊尾鱼、冬笋、山茶。清连高速，省道连小、凤凤线过境。

鸡谷坳 [Jīgǔ'ào] 寨岗镇人民政府驻地。在县政府驻地三江镇南24千米。人口200。因山坳状似鸡臼，得名鸡骨臼、鸡骨坳，以方言谐音改今名。聚落呈团块状。经济以商贸为主。有农贸市场。省道连小、凤凤线经此。

三排镇 [Sānpái Zhèn] 连南瑶族自治县辖镇。在县境中部。面积163平方千米。人口2.4万。以瑶族为主，还有汉族。辖10村委会，有56自然村。镇人民政府驻山溪村。1952年成立三排公社。1983年设区。1987年改乡。1998年改镇。三瑶寨房屋依山层叠成排，故名。有中学2所，小学6所，幼儿园1所，卫生院1个，卫生站11个，敬老院1个。有国家4A级旅游景区南岗千年瑶寨，国家3A级旅游景区油岭瑶寨。有景点连水墩龙瑶寨、云海花谷、万山朝王摄影基地、大埂绿道。农业种植黄豆、花生、玉米、油茶。清连高速、107国道、省道连小线过境。

山溪村 [Shānxīcūn] 三排镇人民政府驻地。在县政府驻地三江镇东南7千米。人口800。因溪自山中流得名。聚落呈团块状。有小学、卫生所。有景点银杏基地、云海花谷。有瑶族刺绣。农业种植茶树、竹。盛产笋干。有特产糯米糍粑、瑶家米酒。省道连小线经此。

三排老排 [Sānpáilǎopái] 在县政府驻地三江镇东南9千米。三排镇辖自然村。人口200。为三排老寨，故名。聚落呈散状。为中国传统村落。有瑶族刺绣。盛产茶叶、笋干。有特产糯米糍粑、瑶家米酒。省道连小线经此。

南岗老排 [Nángǎnglǎopái] 在县政府驻地三江镇东南16千米。三排镇辖自然村。人口不足100人。宋代沈姓建村，以瑶语音译名行项，意为砍柴要砍一条留一条。1949年以处县政府南面山岗改名南岗，因成老寨改今名。别名南岗千年瑶寨。聚落呈散状。为中国历史文化名村。处国家4A级旅游景区主升浪内。为连南八排瑶之一。有瑶族刺绣。盛产茶叶、笋干。有特产糯米糍粑、瑶家米酒。通乡村道路。

油岭老排村 [Yóulǐnglǎopáicūn] 在县政府驻地三江镇东南14千米。三排镇辖自然村。人口700。瑶族聚居。因共居山岭得名游岭，以同音为油岭，后因成老寨改今名。聚落呈散状。有小学。为中国传统村落。为连南八排瑶之一。有瑶族刺绣。盛产茶叶、笋干。有特产糯米糍粑、瑶家米酒。通乡村道路。

歌堂村 [Gētángcūn] 在县政府驻地三江镇西南13千米。三排镇辖自然村。人口200。为瑶族聚居村。因村寨组织歌会堂得名。聚落呈团块状。有国家级非物质文化遗产瑶族耍歌堂。有民间艺术瑶族刺绣、长鼓。盛产茶叶、笋干。有特产糯米糍粑、瑶家米酒。通乡村道路。

庆丰村 [Qìngfēngcūn] 在县政府驻地三江镇南13千米。三排镇辖自然村。人口500。因每年稻谷丰收得名。聚落呈散状。有国家级非物质文化遗产瑶族耍歌堂。有瑶族刺绣。盛产茶叶、笋干。有特产糯米糍粑、瑶家米酒。通乡村道路。

涡水镇 [Wōshuǐ Zhèn] 连南瑶族自治县辖镇。在县境西南部。面积138平方千米。人口8000。辖6村委会，有39自然村。镇人民政府驻装鹅洞。1974年成立涡水公社。1983年改区。1986年改乡。1998年改镇。瑶龙、黄家冲2河汇流，远看似漩涡，故名。涡水河流经。有起微山原始森林。有中学1所，幼儿园1所，卫生站6个。有古迹盘王古庙、白石洞议会台。农业种植水稻、番薯。工业以水电为主。沿陂一涡水公路过境。

装鹅洞 [Zhuāng'édòng] 涡水镇人民政府驻地。在县政府驻地三江镇西南19千米。人口400。四面环山，形似鹅窝，故名。聚落呈散状。涡水河流经。有中学、卫生院。有古迹龙珠亭、盘王古庙。经济以林业为主。产杨梅、小板栗。有特产鱼干、瑶家米酒、瑶家豆腐。沿陂一涡水公路经此。

大坪镇 [Dàpíng Zhèn] 连南瑶族自治县辖镇。在县境西部。面积99平方千米。人口1.3万。以瑶族为主，还有汉族。辖5村委会，有64自然村。镇人民政府驻大坪。1974年成立大坪公社。1983年改区。1986年改乡。1998

年改镇。因镇政府驻地得名。有中学1所,小学5所,卫生院1个,卫生站4个。农业种植水稻、番薯、花生、木薯。产竹笋、树木。二广高速、323国道过境。

大坪［Dàpíng］ 大坪镇人民政府驻地。在县政府驻地三江镇西南14千米。人口4300。因面积大、地势低平得名。聚落呈团块状。有小学、幼儿园、卫生所。农业种植水稻,养殖鱼。产牛角椒。有特产瑶家米酒、焖狗肉。县道西米洞—大坪线经此。

香坪镇［Xiāngpíng Zhèn］ 连南瑶族自治县辖镇。在县境西部。面积185平方千米。人口1.2万。均为瑶族。辖6村委会,有42自然村。镇人民政府驻石古洞村。2003年由盘石、香坪2镇合置香坪镇。取香花间、大坪脚2寨各一字得名。盘石河、龙会河、香坪河流经。有大鲵省级自然保护区。有中学1所,小学6所,卫生院1个,卫生站5个。农业种植水稻、玉米。工业以木材加工为主。二广高速、323国道过境。

石古洞村［Shígǔdòngcūn］ 香坪镇人民政府驻地。在县政府驻地三江镇西南23千米。人口600。初名水牯洞,以谐音改今名。聚落呈团块状。有瑶族刺绣。农业种植水稻,养殖鱼、麻鸭、竹鼠。有特产火烟肉、糖环、角仔。二广高速、323国道经此。

东莞市

东莞市［Dōngguǎn Shì］ 广东省辖地级市。北纬22°39′—23°09′,东经113°31′—114°15′。在省境中部偏南。面积2557平方千米。户籍人口188.9万,常住人口834.3万。以汉族为主,还有壮、苗、土家等民族。辖4街道、28镇。市人民政府驻南城街道。东晋咸和六年(331)析博罗县置宝安县,先后属东官郡、东莞郡、广州、南海郡。唐至德二年(757)更名东莞县,属广州。宋开宝五年(972)废入增城县,次年复置。此后先后隶属广州、广州府、粤海道、广东省、珠江区、粤中行政区、惠阳专区、佛山专区、惠阳地区。1985年改县级东莞市。1988年升地级市。因原盛产莞草且处广州东得名。西北部处东江三角洲平原河网区,西南部为沿海平原,东北部为洼地岗丘,中部为丘陵台地,东南部为低山盆地。地势东南高西北低。最高点银瓶嘴海拔898米,最低点麻涌南洲海拔0.2米。年均气温22.5℃,1月平均气温14.6℃,7月平均气温28.8℃。年均降水量1766毫米。年均无霜期353天。东江流经。海岸线长61.4千米。有矿产资源花岗岩、盐等。有陆生野生植物1630种,其中国家重点保护野生植物有桫椤、苏铁蕨等。有野生动物82种,其中国家重点保护野生动物有穿山甲等7种。有国家森林公园1个,省级森林公园5个。森林覆盖率36%。有国家级科研单位1个,高等院校8所,中学225所,小学324所。有博物馆31个,艺术馆1个。有知名粤剧团6个,三级医院10个。有全国重点文物保护单位林则徐销烟池与虎门炮台旧址、东莞可园等7个,省级文物保护单位村头村遗址、金鳌洲塔等20个。有中国历史文化名村2个,中国传统村落6个。有国家4A级旅游景区鸦片战争博物馆、广东观音山国家森林公园、松山湖景区等。有国家级非物质文化遗产东莞千角灯、龙舟制作技艺、麒麟舞等5项,省级非物质文化遗产30项。有地方特色艺术东莞绘画。有醒狮艺术节、麒麟艺术节、荔枝节等特色活动。三次产业比例1∶46∶53。农业主种水稻、花生、木薯。产荔枝、香蕉、橙柑。工业以电子、电气机械及设备制造、服装鞋帽制造、纺织、食品饮料加工、造纸及纸制品加工为主。有石龙电子信息、常平光电、石碣电子、清溪光电通信产业集群。服务业以住宿、餐饮、租赁、商贸、仓储邮政为主。有铁路79千米,公路4827.5千米,高速251.4千米,内河航线646千米。广梅汕、京九铁路,广深高铁,广深、莞深、虎谢、龙大高速,107国道过境。有东莞站、东莞东站。有国家一类口岸虎门港。

东莞［Dōngguǎn］ 简称莞。别称莞城。东莞市聚落。在市境西北部。面积239平方千米。人口44.1万。以汉族为主,还有壮、苗、土家等民族。先后建成环城路、四环路、莞穗大道、港口大道,改造莞太路、大龙路、万道路、107国道、东城路、东纵大道,建成多个住宅小区、购物中心。形成"山水环城、一主三副、十字展开"的城市空间结构。主中心分行政文化中心、南城国际商务区,副中心有莞城、东城、万江3区。划分出商业、行政管理、商住、高新科技工业、金融贸易、文教卫娱、旅游等功能及相应区域。高速、国道、城际轨道过境。通多路公交车。

东莞大道［Dōngguǎn Dàdào］ 在市境西部。东北起旗峰路、东城中路交会处,西南至莞太路。与石鼓高速、广深高速等相交。长8千米,宽145—189米。沥青路面。2000年开工,2001年建成。2009—2012年改扩建。为市中心大道,故名。两侧有旗峰公园、会展中心等。通公交车。

裕兴路［Yùxīng Lù］ 在市境北部。东起青林路,西至黄家山欧仙路。与方正路、新城路等相交。长2千米,宽28—36米。混凝土路面。1992年开工,同年建成。因临商贸集合区,取生活富裕兴旺寓意得名。两侧有广场、住宅区、金沙湾公园等。通公交车。

东莞市汽车客运总站［Dōngguǎn Shì Qìchē Kèyùn Zǒngzhàn］ 见交通运输设施部分"东莞市汽车客运总站"条。

南城街道［Nánchéng Jiēdào］ 东莞市人民政府驻地。在市境中部偏南。面积57平方千米。人口6.2万。2001年设。因处新城中心区南部得名。先后建成107国道东莞段易线,改造莞太路、大龙路、珠三角小商品城、社区"三旧"。有标志性建筑国际会展中心、会议大厦、玉兰大剧院、市图书馆。厚街水道、鸿福河流经。有高等院校1所,职业技术学校1所,十二年一贯制学校1所,九年一贯制学校5所,中学2所,小学10所,三级医院2个。有幼儿园、文广中心、图书馆、文化广场。有蚝岗遗址博物馆、艺展工艺品中心。有景点苏氏宗祠、水濂山森林公园、度香亭公园等。农业种植荔枝、龙眼、草莓等。工业以机械、服装加工、新能源制造为主。服务业以电子商务、金融、互联网为主。广深高速过境。通公交车。

东城街道［Dōngchéng Jiēdào］ 属东莞市。在市境中部。面积110平方千米。人口8万。1987年设附城街道。2000年更今名。因处新城中心区东部得名。先后改造东纵大道、东城路,建成世博广场、同沙生态旅游区、虎英郊野公园、露天广场等。东江南支流、寒溪河、黄沙河流经。有中学9所,小学24所,三级医院4个,卫生服务中心1个,卫生站14个。有幼儿园、图书馆、文化广场。有黄旗山城市公园、虎英郊野公园、榴花公园等。有古迹资福寺、余屋进士牌坊、鳌峙塘海潮庵等。有省级非物质文化遗产3项。农业主种水稻、蔬菜、荔枝,养殖罗非鱼、鲢鱼、草鱼等。工业以制造业、加工业、水生产和供应业、纺织业为主。服务业以邮电通信、物资供销、仓储为主。广深、广深沿江、莞深高速,107国道,东莞轻轨R2线过境。通公交车。

万江街道［Wànjiāng Jiēdào］ 属东莞市。在市境西北部。面积48平方千米。人口7万。2002年设。因河流众多得名。先后建成环城路、四环路、莞穗大道、港口大道,改造万道路、107国道。东江流经。有中学4所,小学21所,三级医院1个,卫生所45个。有幼儿园、文广中心、图书馆、文化广场、体育场。有省级文物保护单位金鳌洲塔。有古迹吕洞宾庙、重光社学旧址、连步桥等。有万江龙舟文化节。农业主种水稻、花生、甘蔗,养殖淡水鱼、龟等。工业以造纸、纸制品加工、通信设备制造、电子设备制造为主。广深高速、107国道过境。有市汽车总站。通公交车。

莞城街道［Guǎnchéng Jiēdào］ 属东莞市。在市境西北部。面积11平方千米。人口15.2万。2002年设。因原属东莞县城得名。先后建成多个大型购物商场。有高等院校2所,中职学校2所,中学3所,小学9所,二级医院1个,卫生服务中心8个。有幼儿园、科学馆、博物馆、图书馆、美术馆、少年宫。有全国重点文物保护单位东莞可园、却金亭碑,省级文物保护单位近代学者容庚故居。有古迹西城楼、资福寺、金刚经、云石塔等。农业主种水稻、甘蔗。工业以汽车零配件制造、墙纸加工、电子、精密模具制造为主。服务业以文化创意产业为主。有莞城科技园、东部工业园莞城园区、天宝工业区、市创意产业中心园区等。东莞轻轨R2线过境。通公交车。

石碣镇［Shíjié Zhèn］ 东莞市辖镇。在市境东北部。面积36平方千米。人口4.5万。辖1居委会、14村委会,有75自然村。镇人民政府驻城中社区。1961年由石龙公社析设石碣公社。1983年改区。1987年改镇。因以石垒堤防洪并刻碑得名。有中职学校2所,中学2所,小学8所,卫生所2个。有文化活动中心、图书室等。有省级爱国主义教育基地袁崇焕纪念园。有景点明珠亲水公园。有民俗水南交盆会、龙舟说唱。农业种植蔬菜、黄麻、甘蔗、花生,养殖四大家鱼等。工业以电子为主。有电器、五金、时装、皮革等加工业。莞深高速,省道广下、从虎线过境。

城中社区［Chéngzhōng Shèqū］ 石碣镇人民政府驻地。在市境东北部。面积2平方千米。人口7300。因处镇中心得名。1994年成立。民居以低层楼房为主,有少量别墅。有综合服务中心。有志愿者服务队。有小学、卫生站、广场、公园等。工业以机械制造、纺织为主。通公交车。

石龙镇［Shílóng Zhèn］ 东莞市辖镇。在市境北部。面积14平方千米。人口6.8万。

辖3居委会、7村委会,有23自然村。镇人民政府驻中山东社区。1950年置石龙镇。1958年改公社。1983年复镇。因依河滩隆起石块筑堤建村,得名石隆坐,以"隆""龙"同音更今名。东江流经。有职业技术学校1所,九年一贯制学校1所,中学3所,小学5所,青少年业余体校1所,三级医院1个,二级医院1个,卫生所4个。有幼儿园、图书馆、博物馆、文化广场。为中国历史文化名镇。有省级文物保护单位石龙公园史迹。有景点仙溪福地牌坊、李文甫纪念亭、石龙古镇图等。工业以电子、医药食品制造为主。有特产麦芽糖、金燕米粉等。广深铁路、省道广下线、东莞地铁2号线过境。

中山东社区 [Zhōngshān Dōng Shèqū] 石龙镇人民政府驻地。在市境东北部。面积2平方千米。人口1.7万。因中山东路得名。2005年成立。民居以低层、高层楼房为主,有多栋别墅。有中小学、卫生服务中心、公园。开展慰问关爱残疾人、老人、困境儿童等活动。通公交车。

茶山镇 [Cháshān Zhèn] 东莞市辖镇。在市境东北部。面积45平方千米。人口4.5万。辖2居委会、16村委会,有64自然村。镇人民政府位于站前路。1959年由石龙公社析设茶山公社。1983年改区。1987年改镇。清代《茶山乡志》载,因南朝梁武帝年间(502—549)僧人沿山种茶得名。东江、寒溪河、黄沙河流经。有十二年一贯制学校1所,九年一贯制学校6所,中学1所,小学5所,卫生院1个,卫生所38个。有文化活动中心、图书馆、体育馆等。有景点南社古村落、东岳庙、麦屋古村等。有省级非物质文化遗产茶山公仔。有特色民俗茶园游会。农业种植白菜、葱、蒜,养殖鲈鱼、白鲳等。工业以食品加工、纺织服装制造为主。广深铁路、省道广下线、东莞轻轨R2线过境。

超朗村 [Chāolǎngcūn] 在市政府驻地南城街道东北18千米。茶山镇辖自然村。人口2900。取村民心胸宽阔、爽朗,能和睦相处寓意命名。聚落呈团块状。为中国传统村落。有牛过萌古村落、龙湖堤永赖桥、上围钟氏宗祠等。工业以制衣、眼镜加工、五金制造为主。广深高铁经此。

南社村 [Nánshècūn] 在市政府驻地南城街道东北17千米。茶山镇辖自然村。人口3600。南宋迁居定名南畲,因"畲""社"音近更今名。聚落呈团块状。为中国历史文化名村、中国传统村落。有全国重点文物保护单位南社村古建筑群。有古民居253间,祠堂32间。有古迹百岁坊、百岁祠、百岁翁祠、资政第。有清代建威将军谢遇奇家庙、清代进士谢汝镠故居、谢元俊故居、谢膺书书院等。工业以电子、制衣为主。通公交车。

石排镇 [Shípái Zhèn] 东莞市辖镇。在市境东北部。面积48平方千米。人口4.1万。辖1居委会、18村委会,有68自然村。镇人民政府驻埔心村。1961年由企石公社析设石排公社。1983年改区。1987年改镇。因地表石脉呈排状得名。东江流经。有九年一贯制学校4所,中学1所,小学8所。有文广电视中心、图书馆、体育场馆等。有全国重点文物保护单位塘尾明清古建筑群,省级文物保护单位红石山燕岭古采石场遗址、横山上宝潭康王庙、云岗古寺。农业主种甘蔗、花生。服务业以发展光电通信、现代物流、旅游、文创产业为主。从莞高速过境。

埔心村 [Pǔxīncūn] 石排镇人民政府驻地。在市政府驻地南城街道东北21千米。人口1600。因处空旷地坪中心得名。聚落呈团块状。有九年一贯制学校、卫生站。有省级文物保护单位云岗古寺、王氏大宗祠。工业有电子、制衣、五金制造、塑胶加工等。通公交车。

塘尾村 [Tángwěicūn] 在市政府驻地南城街道东北19千米。石排镇辖自然村。人口1100。因处池塘尾端得名。为中国历史文化名村。有全国重点文物保护单位塘尾明清古建筑群。有古民居268座,祠堂21座,书室19座,古井10眼,围门4个,炮楼28座。有景点梅菴公祠、景通公祠、李氏宗祠等。有省级非物质文化遗产康王宝诞。工业以电子、五金制造、塑胶玩具加工为主。通公交车。

企石镇 [Qǐshí Zhèn] 东莞市辖镇。在市境东北部。面积58平方千米。人口12.3万。辖1居委会、19村委会,有71自然村。镇人民政府驻宝石社区。1955年为企石区。后改公社。1983年改区。1987年改镇。传石马河边有巨石得名。东江流经。有九年一贯制学校2所,中学2所,小学9所,幼儿园14所,成人技术学校1所,二级医院1个,卫生所23个。有黄大仙公园、东江金海岸体育长廊、虾公山郊野公园、沿东江边绿道。有万福庵贝丘遗址、黄大仙古庙、江边村古建筑群等。有省级非物质文化遗产上洞舞草龙。农业以种植水稻、玉米,养殖猪、鸡、鹅、鸭为主。工业以光电产业为主。有科技、联兴、民营、兆丰等工业园区。广深、广惠、常虎高速过境。通公交车。

宝石社区 [Bǎoshí Shèqū] 企石镇人民政府驻地。在市境东部。面积3平方千米。人口5300。因山石裸露闪耀如宝石得名。2005年成立。民居以多层楼房为主。有环保、科普、卫生知识讲座。提供法律咨询与援助、心理咨询等服务。有惠民演出、书画摄影比赛等文化活动。有中小学、幼儿园、二级医院。驻有服装公司、针织厂、五金制品厂等。通公交车。

江边村 [Jiāngbiāncūn] 在市政府驻地南城街道东31千米。企石镇辖自然村。人口2900。因处东引河边得名。聚落呈团块状。为中国传统村落。有江边村古村落。有冠堂公祠、黄氏宗祠、万福庵贝丘遗址。有特产香蕉、杧果、龙眼等。县道龙四线经此。

横沥镇 [Hénglì Zhèn] 东莞市辖镇。在市境东部。面积44平方千米。人口3.5万。辖1居委会、16村委会,有46自然村。镇人民政府驻恒泉社区。1960年由常平公社析设横沥公社。1983年改区。1987年改镇。因寒溪水东西横贯得名。仁和水流经。有九年一贯制学校3所,中学1所,小学6所,卫生院1个,卫生所15个。有文化广场、体育广场、中心广场、图书室。有古迹荫堂家塾。有省级非物质文化遗产横沥牛墟。农业种植荔枝、龙眼、杨桃、黄皮、火龙果等。工业以模具制造、电子、光电为主。从莞高速过境。

恒泉社区 [Héngquán Shèqū] 横沥镇人民政府驻地。在市境东部。面积3平方千米。人口6800。因恒泉路得名。2005年成立。民居以低层楼房为主。开展暑期活动、洁净城市日活动。有小学、幼儿园、卫生院。有古街新埠正街。通公交车。

桥头镇 [Qiáotóu Zhèn] 东莞市辖镇。在市境东部。面积56平方千米。人口3.3万。辖6居委会、11村委会,有68自然村。镇人民政府驻莲城社区。1955年为桥头区。后改公社。1983年改区。1987年改镇。因镇区曾建土桥得名。东江流经。有中学5所,小学8所,幼儿园21所,二级医院1个,卫生服务中心1个,卫生站21个。有幼儿园、文化活动中心、图书馆、篮球馆、户外体育运动场。有景点松山塔楼、莲湖公园等。农业种植荔枝、龙眼、番石榴、火龙果等。工业以环保、包装为主。莞佛、潮莞、济广高速过境。通公交车。

莲城社区 [Liánchéng Shèqū] 桥头镇人民政府驻地。在市境东部。面积3平方千米。人口9000。因湖内长满莲藕得名。2005年成立。民居以低层楼房为主。有卫生服务中心。有莲湖公园、体育中心、成人教育中心等。举办荷花节、美食节。有新春赏花行、老人义诊等活动。有中小学、幼儿园、医院。有特产火龙果。通公交车。

谢岗镇 [Xiègǎng Zhèn] 东莞市辖镇。在市境东部。面积103平方千米。人口2万。辖1居委会、11村委会,有39自然村。镇人民政府驻泰园社区。1961年由樟木头公社析设谢岗公社。1983年改区。1987年改镇。因宋末谢氏定居山岗得名。谢岗涌、石鼓河流经。有中学1所,小学3所,卫生所5个。有幼儿园、图书馆、文化广场。有景点银瓶山森林公园、崖山森林公园、谭仙庙。有民间艺术粤剧、木鱼歌、客家山歌等。农业以种植水稻、荔枝,养殖鱼为主。工业以电子、五金、玩具制造为主。有高端装备制造业。有银湖工业园、振兴工业区等。广梅汕铁路、常虎高速、省道平东线过境。通公交车。

泰园社区 [Tàiyuán Shèqū] 谢岗镇人民政府驻地。在市境东部。面积3平方千米。人口1200。取居民富足安泰之意命名。1984年成立。民居以低层楼房为主。有阅览室、活动室、儿童公园等。常年开展"书香泰园——三工联动"项目,举办"亲爱伴我行""亲子乐沟通""暑假快乐营"等家庭教育活动。工业有成衣制造、制鞋等。广梅汕铁路、省道平东线经此。

东坑镇 [Dōngkēng Zhèn] 东莞市辖镇。在市境中部。面积23平方千米。人口2.9万。辖2居委会、14村委会,有47自然村。镇人民政府驻黄屋村。1951年为东马乡。1953年改东坑乡。后改公社。1983年改区。1987年改镇。当地习称河流为"坑",因处河东得名。有九年一贯制学校5所,中学1所,小学5所,卫生院1个,卫生所15个,卫生站1个,医务室2个,门诊2个。有体育休闲公园、休闲健身公园、亭岗岭文化公园、鹰岭公园等。有景点亭岗古庙、丁濂墓华表(将军柱)、谦吉堂等。有国家级非物质文化遗产岭南说唱艺术木鱼歌,省级非物质文化遗产岭南农耕古节"卖身节"。农业主种番石榴、甜玉米、香蕉、龙眼、荔枝等。工业以发展通信电子产业为主。省道平东线过境。

黄屋村 [Huángwūcūn] 东坑镇人民政府驻地。在市政府驻地南城街道东19千米。人口2000。因原籍多黄姓得名。聚落呈团块状。有小学、幼儿园、卫生所、公园、老年人活动中心等。有古迹东莞黄族一世祖黄希圣墓、希圣夫人朱氏墓等。工业以成衣制造,制鞋,五金,塑胶加工为主。通公交车。

常平镇 [Chángpíng Zhèn] 东莞市辖镇。在市境东部。面积103平方千米。人口7.5万。辖2居委会、31村委会,有126自然村。镇人民政府驻常平社区。1955年为常平区。后改公社。1983年改区。1987年改镇。因有山岭拒洪使村免灾,取意长久平安得名。寒溪水、石马河、仁和水流经。有中学11所,小学17所,二级医院1个。有体育场等。有景点隐贤山庄、银坑森林公园等。有省级非物质文化遗产横江厦村游旱龙。农业盛产荔枝。工业以毛织、制衣、玩具加工、电子、五金加工为主。服务业以物流为主。广梅汕、京九、广深铁路,甬莞高速,220国道,省道平东线过境。有东莞东站。

常平社区 [Chángpíng Shèqū] 常平镇人民政府驻地。在市境东部。面积4平方千米。人口1.2万。因镇得名。2005年成立。民居以中高层楼房为主。开展四点半学堂、冬夏令营、文艺汇演、生日会、亲子运动会等活动。有中小学。通城市道路。

寮步镇［Liáobù Zhèn］ 东莞市辖镇。在市境中部。面积71平方千米。人口7万。辖10居委会、20村委会，有68自然村。镇人民政府驻坑口社区。1955年为寮步区。后改公社。1983年改区。1987年改镇。唐贞观年间(627—649)搭茅寮而居，渐成商埠，因古称埠为步得名。有黄公岭。黄沙河、寒溪河、寮步水流经。有佛灵湖。有十二年一贯制学校1所，九年一贯制学校4所，中职学校2所，中学4所，小学16所，二级医院1个，卫生所51个。有文化活动中心、图书馆、卫生站、户外体育场、篮球场等。有中国沉香文化博物馆、佛灵湖郊野公园。有省级非物质文化遗产香市文化。农业主种甘蔗。产花生、荔枝、龙眼等。工业以电子、五金、机械、毛织、服装制造为主。珠三角环线高速、省道平东线过境。

坑口社区［Kēngkǒu Shèqū］ 寮步镇人民政府驻地。在市境东部。面积1平方千米。人口1200。因处河口得名。2006年成立。民居以低层楼房为主。有老人娱乐活动中心、中心公园、中心广场。有小学、卫生站。有桃溪古庙。工业以文教体用品、橡胶制品制造，金属加工，印刷为主。通公交车。

西溪村［Xīxīcūn］ 在市政府驻地南城街道东16千米。寮步镇辖自然村。人口4600。因处西溪边建村得名。聚落呈团块状。为中国传统村落。有西溪村古建筑群。有明清祠堂14间，书房2间，古民居193间，古井37口。有古迹尹氏宗祠。工业以五金、胶制品、模具制品加工为主。省道平东线经此。通公交车。

樟木头镇［Zhāngmùtou Zhèn］ 东莞市辖镇。在市境东南部。面积119平方千米。人口2.7万。辖10居委会，有67自然村。镇人民政府驻柏地社区。1958年成立樟木头公社。后改区。1987年改镇。因原长满樟树得名。石马河流经。有九年一贯制学校2所，中学2所，小学7所，卫生服务中心1个，卫生服务站7个。有足球、网球、游泳等体育场馆。有古迹官仓三家巷建筑群、凤山古庙等。有国家4A级旅游景区广东观音山国家森林公园，景点滨河公园、冠和博物馆等。工业以纸张印刷，塑胶、五金制造为主。服务业以商贸为主。广深、京九、广梅汕铁路，惠常、从莞高速，省道莞惠、东深线，莞惠城际轨道过境。

柏地社区［Bǎidì Shèqū］ 樟木头镇人民政府驻地。在市境东南部。面积7平方千米。人口1400。因千年古柏得名。2005年成立。民居以低层楼房为主。有卫生服务中心、卫生服务站、公园。以居家养老为主。有小学。有民间艺术麒麟舞、客家山歌等。有宏达工业区。通公交车。

大朗镇［Dàlǎng Zhèn］ 东莞市辖镇。在市境中部偏南。面积118平方千米。人口6.8万。辖28居委会，有43自然村。镇人民政府驻圣堂社区。1950年设大朗乡。后改公社。1983年改区。1987年改镇。南宋末因莨草得名大莨，清代简写为今名。大陂河、蚬壳河流经。有九年一贯制学校4所，中学7所，小学22所，卫生所50个。有图书馆、国家一级档案馆。有景点文光庙、荔香湿地公园等。工业以毛织、电子为主。服务业以商品批发零售、住宿、餐饮为主。有中国毛织商贸城。莞深、常虎高速，省道莞惠线过境。

圣堂社区［Shèngtáng Shèqū］ 大朗镇人民政府驻地。在市境东南部。面积0.9平方千米。人口1600。因曾有圣旨贴于祠堂门上得名。2005年成立。民居以低层楼房为主。提供养老服务等。有小学、幼儿园、卫生站、广场等。驻有供电公司、灯饰厂。通公交车。

黄江镇［Huángjiāng Zhèn］ 东莞市辖镇。在市境东南部。面积98平方千米。人口1.9万。辖7居委会，有33自然村。镇人民政府驻新市社区。1961年自大朗公社析设黄江公社。1983年改区。1987年改镇。因黄江河得名。有中学3所，小学9所，成人技术学校1所，二级医院1个，卫生所13个。有图书馆、文化艺术馆、文化活动中心等。有大屏障、黄牛埔森林公园。有古迹黄京坑客家古建筑群、梅塘天后古宫、鸡啼岗黄氏宗祠等。农业盛产荔枝。工业以电子为主。有裕元、田美南、龙和等工业园。莞佛、潮莞高速，莞樟、公常公路过境。通公交车。

新市社区［Xīnshì Shèqū］ 黄江镇人民政府驻地。在市境东南部。面积2平方千米。人口6500。因新开发市场得名。2005年成立。民居以低层楼房为主。提供家庭儿童服务。开展瑜伽、书法、少儿舞蹈等活动。有幼儿园、黄江公园等。驻有交运分局、供电分局、住建局等单位。通城市道路。

清溪镇［Qīngxī Zhèn］ 东莞市辖镇。在市境东南部。面积140平方千米。人口3.4万。辖1居委会、20村委会，有108自然村。镇人民政府驻清溪社区。1959年由第七区析设清溪公社。1983年改区。1987年改镇。因溪水清澈透明得名。有中学1所，小学8所，成人技术学校1所，卫生所15个。有图书馆、文化艺术馆、文化活动中心、文化广场。有篮球、足球、羽毛球、乒乓球、高尔夫球等运动场所。有景点清溪森林公园。有省级文物保护单位松岗碗窑遗址。有民间艺术麒麟舞、客家山歌。农业盛产荔枝、龙眼、木瓜、莞香等。工业以电脑制造为主。通城市道路。

清溪社区［Qīngxī Shèqū］ 清溪镇人民政府驻地。在市境东南部。面积5平方千米。人口6000。因处镇中心得名。2005年成立。民居以低层住宅楼为主，有多栋别墅。有唱山歌活动。有中小学、清溪医院、文化公园。通公交车。

塘厦镇［Tángxià Zhèn］ 东莞市辖镇。在市境东南部。面积128平方千米。人口4.7万。辖22居委会，有137自然村。镇人民政府驻四村社区。1955年为塘厦区。后改公社。1983年改区。1987年改镇。建屋于水塘边，如大厦般耸立，故名。石马河、观澜河流经。有成人技术学校1所，中职学校1所，中学5所，小学10所，卫生所7个，卫生站22个。有文化陈列馆、图书室、文化广场、体育馆等。有省级文物保护单位牛眠埔洪仁玕避难遗迹。有景点大屏嶂森林公园，文化、观光、崖山等公园。农业以种植蔬菜，养殖鸡、鹅、鸭为主。盛产荔枝。工业以电子产品、家用电器、电源产品制造为主。有特色产业高尔夫运动用品制造。莞深、从莞、龙林高速，省道东深、惠庙线过境。

四村社区［Sìcūn Shèqū］ 塘厦镇人民政府驻地。在市境东南部。面积2.5平方千米。人口1200。因由4自然村合并得名。2004年成立。民居以多层楼房为主。有四村志愿义工协会。有中小学、卫生站、公园、大型商场等。工业以灯泡、旅行袋、塑胶玩具、电子产品等加工为主。通公交车。

龙背岭村［Lóngbèilǐngcūn］ 在市政府驻地南城街道西南38千米。塘厦镇辖自然村。人口800。因龙背岭得名。聚落呈团块状。为中国传统村落。有龙背岭古村落。有民间艺术客家山歌、麒麟舞。工业以电子、电脑、五金加工为主。省道东深线经此。通公交车。

凤岗镇［Fènggǎng Zhèn］ 东莞市辖镇。在市境东南部。面积83平方千米。人口2.4万。以汉族为主，还有壮、土家等民族。辖1居委会、12村委会，有61自然村。镇人民政府驻三联村。1961年由塘厦公社析设凤岗公社。1983年改区。1987年改镇。因山似凤得名。有松窝托山、跌死猫山、凤凰山等。石马河流经。有十二年一贯制学校1所，九年一贯制学校8所，中学1所，小学14所，二级医院1个，卫生站26个。有成人技术学校、文化活动中心、博物馆、城市展览馆、体育馆等。有省级文物保护单位雁田抗英指挥部旧址。有景点圆龙山公园、龙凤山庄影视度假村、南门山森林公园、碧湖森林公园等。有民间艺术客家山歌。农业盛产荔枝、龙眼。工业有农副食品加工、纺织、制衣等。有大龙、金凤凰、龙跃、碧湖、玉泉工业园区。广深铁路、省道东深线过境。

三联村［Sānliáncūn］ 凤岗镇人民政府驻地。在市政府驻地南城街道东南49千米。人口1500。由3自然村联合组成，故名。聚落呈块状。有小学、卫生站、公园。工业以电子电器制造为主。省道东深线经此。

大岭山镇［Dàlǐngshān Zhèn］ 东莞市辖镇。在市境中部偏南。面积110平方千米。人口4.7万。辖2居委会、21村委会，有112自然村。镇人民政府驻大岭山社区。1961年成立大岭山公社。1983年改区。1987年改镇。因大岭山得名。黄沙河流经。有九年一贯制学校4所，中学2所，小学9所，成人技术学校1所，卫生所21个。有文化站、广播电视站、文化活动中心、图书室。有全国重点文物保护单位大岭山抗日根据地旧址。有马山市级自然保护区。农业主种水稻、花生、甘蔗。工业以家具制造、电子、印刷、化工为主。龙大、常虎、莞深高速过境。

大岭山社区［Dàlǐngshān Shèqū］ 大岭山镇人民政府驻地。在市境中部偏南。面积2平方千米。人口3900。因镇得名。2005年成立。民居以低层楼房为主。有老年活动中心、农技中心等。开展小区义诊、亲子绘画、环境保护宣传、老人免费体检、法律知识讲座等活动。有中小学、图书馆、体育公园、敬老院等。驻有自来水公司、兽医站。通公交车。

长安镇［Cháng'ān Zhèn］ 东莞市辖镇。在市境南部。面积98平方千米。人口4.8万。辖13居委会，有36自然村。镇人民政府驻长盛社区。1957年设沙头乡。1958年改名长安乡。后改公社。1983年改区。1987年改镇。因感念祖先发端于长安而命名新圩为长安，沿为镇名。地处珠江入海口东岸。东宝河流经。有中职学校1所，中学6所，小学23所，二级医院1个，卫生服务中心1个，卫生服务站28个。有图书馆、图书室、文化公园、广场。有古迹陈屋祠堂、蔡氏宗祠。有景区和景点莲花山风景区、莲花山郊野公园、大岭山森林公园。工业以五金模具、电子制造为主。广深、虎岗高速，107国道，省道惠庙线过境。

长盛社区［Chángshèng Shèqū］ 长安镇人民政府驻地。在市境南部。面积9平方千米。人口1.3万。寓意长久兴旺发达得名。2005年成立。民居以低层楼房为主。开展道德讲堂、文化艺术节、文化艺术周等活动。有中小学、二级医院。通公交车。

虎门镇［Hǔmén Zhèn］ 东莞市辖镇。在市境西南部。面积178平方千米。人口13万。辖30居委会，有143自然村。镇人民政府驻则徐社区。1955年为虎门区。后改公社。1983年改区。1985年与太平镇合置虎门镇。因大虎、小虎2山对峙如门得名。白坑水、芦花坑水、马尾山水流经。有中学10所，小学23所，三级医院1个，二级医院1个，卫生所24个。有文化站、广播电视站、文化活动中心、图书室、体育场馆。有全国重点文物保护单位林则徐销烟池与虎门炮台旧址，省级文物保护单位村头村遗址、爱国将领蒋光鼐故居、革命家朱执信纪念碑。农业以种植水稻为主。有特产腊味、油鸭。工业以电子线缆制造、制衣、印刷为主。服务业以电子商务为主。广深港铁路，广深珠、虎岗高速，省道从虎、惠庙线，东莞轻轨 R2 线过境。有虎门港澳码头。

则徐社区［Zéxú Shèqū］ 虎门镇人民政府驻地。在市境西南部。面积 3 平方千米。人口 1.6 万。为纪念民族英雄林则徐命名。1999 年成立。民居以多层楼房为主。有则徐志愿服务队、巾帼志愿服务队等。开展河湖保护、老人体检、爱心献血等志愿活动。有省级文物保护单位朱执信纪念碑。有中心小学、卫生服务中心、执信公园。通公交车。

厚街镇［Hòujiē Zhèn］ 东莞市辖镇。在市境南部。面积 126 平方千米。人口 10 万。辖 24 居委会，有 116 自然村。镇人民政府驻珊美社区。1955 年为厚街区。后改公社。1983 年改区。1987 年改镇。以居军铺后得名后街，后因子孙富裕更今名。东江南支流流经。有中学 12 所，小学 15 所，三级医院 1 个，卫生所 32 个。有文化广场、图书馆、体育公园。有省级文物保护单位方氏宗祠。有大岭山森林公园。农业主种番薯、玉米。工业以机电、鞋类、家具制造为主。广深高速、省道从虎线过境。

珊美社区［Shānměi Shèqū］ 厚街镇人民政府驻地。在市境南部。面积 2 平方千米。人口 2600。原名珊尾，因方言“尾”“美”同音改今名。2005 年成立。民居以多层楼房为主。开展儿童教育讲座。以居家养老为主。有小学、幼儿园、公园等。东莞轻轨 R2 线经此。通公交车。

沙田镇［Shātián Zhèn］ 东莞市辖镇。在市境西南部。面积 111 平方千米。人口 4.2 万。辖 2 居委会、16 村委会，有 52 自然村。镇人民政府驻横流社区。1955 年为沙田区。后改公社。1983 年改区。1987 年改镇。因沙洲筑围造田得名。有中学 4 所，小学 4 所，卫生服务中心 6 个，卫生站 37 个。有沙田、曙光医院。有文化站、文体广场、图书馆、水文化展览馆。有省级非物质文化遗产沙田咸水歌。农业以种植水稻、玉米、甘蔗，养殖四大家鱼、南美白对虾、笋壳鱼为主。发展临港工业为主，有纺织服装、化工材料、鞋业皮革等加工业。广深沿江高速过境。

横流社区［Hénglíu Shèqū］ 沙田镇人民政府驻地。在市境西南部。面积 2 平方千米。人口 4000。原河涌垂于东江南支流，逢潮横向流动，故名。2005 年成立。民居以低层楼房为主，有多栋别墅。有卫生服务中心。有文化活动龙舟节、水文化节等。有小学，幼儿园、邮局等。驻有鞋材、五金加工等企业。通公交车。

道滘镇［Dàojiào Zhèn］ 东莞市辖镇。在市境西部。面积 54 平方千米。人口 5.3 万。辖 1 居委会、13 村委会，有 62 自然村。镇人民政府驻闸口村。1955 年为道滘区。后改公社。1983 年改区。1987 年改镇。因在水网交错地处开基，得名到滘，取水上交通四通八达之意改今名。“滘”为广东方言，指河道相通处。有中学 2 所，小学 9 所，卫生服务中心 8 个，卫生站 48 个。有图书馆、文化广场、体育馆、游泳馆、篮球场。有省级文物保护单位道滘国殇冢、道滘大坟。有岭南名园粤晖园。有民间艺术粤剧曲艺、麒麟引凤、七夕贡案等。农业养殖南美白对虾、草鱼、罗非鱼等。工业以造纸、制衣、食品加工为主。广深高速过境。

闸口村［Zhákǒucūn］ 道滘镇人民政府驻地。在市政府驻地南城街道西南 8 千米。人口 2900。因修闸门防盗得名。聚落呈团块状。有小学、卫生所。有灯光篮球场、江滨公园、图书室、老幼之家等。有省级文物保护单位道滘国殇冢。有村史展览馆懋滋堂。经济以五金、玩具等加工为主。通公交车。

金牛［Jīnniú］ 在市政府驻地南城街道西南 8 千米。道滘镇辖自然村。人口 1100。因地形似水牛得名，寓意村庄金贵。聚落呈团块状。有省级文物保护单位道滘大坟。通公交车。

洪梅镇［Hóngméi Zhèn］ 东莞市辖镇。在市境西北部。面积 33 平方千米。人口 3.7 万。辖 1 居委会、9 村委会，有 31 自然村。镇人民政府驻黎洲角村。1981 年由道滘公社析设洪梅公社。1983 年改区。1987 年改镇。取原洪屋涡、梅沙 2 村名首字命名。有中学 1 所，小学 3 所。有文广服务中心、图书室、体育馆、游泳馆等。有古迹庭筠梁公祠。有景点洪梅海滨长廊。有岭南民间艺术和民俗花灯、醒狮、划龙舟等。农业以种植香蕉、甘蔗为主。工业以纸制品、玻璃、纺织服装加工为主。东莞轻轨 R1 线过境。

黎洲角村［Lízhōujiǎocūn］ 洪梅镇人民政府驻地。在市政府驻地南城街道西 14 千米。人口 2900。因处担干洲黎溪河岸边得名。聚落呈团块状。有小学、卫生所。工业以电子、玩具、家具制造为主。通公交车。

麻涌镇［Máchōng Zhèn］ 东莞市辖镇。在市境西北部。面积 91 平方千米。人口 7.4 万。辖 2 居委会、13 村委会，有 107 自然村。镇人民政府驻东太村。1955 年为麻涌区。后改公社。1983 年改区。1987 年改镇。因河涌密布、岸地产麻得名。“涌”用于部分广东地名，音“chōng”。东江北干流流经。有高等院校 1 所，九年一贯制学校 1 所，中学 2 所，二级医院 1 个，卫生所 2 个。有文化广场、图书馆、图书室等。有古迹蔼林萧公祠、观音祖庙。农业主种香蕉。工业以造纸、纺织制衣、粮油食品加工为主。服务业以商品批发零售、仓储、住宿、餐饮为主。广深、沿江高速，省道广下线过境。有国家一类口岸虎门港麻涌港区。

东太村［Dōngtàicūn］ 麻涌镇人民政府驻地。在市政府驻地南城街道西北 17 千米。人口 4500。因东村、太和 2 村合并，各取首字得名。聚落呈团块状。有中小学、幼儿园、麻涌医院、公园等。农业种植水稻、香蕉等。有生物制造工业。省道广下线、县道坪乳线经此。通公交车。

望牛墩镇［Wàngniúdūn Zhèn］ 东莞市辖镇。在市境西北部。面积 31 平方千米。人口 4.7 万。辖 1 居委会、21 村委会，有 43 自然村。镇人民政府驻望联村。1957 年设望牛墩乡。后改公社。1983 年改区。1987 年改镇。原为草滩，有土墩供村民放牛眺望，故名。珠江、东江流经。有中学 1 所，小学 7 所，卫生服务中心 1 个，服务站 4 个，卫生所 23 个。有体育馆、游泳馆、篮球场等。有七夕文化公园。有民俗和民间艺术龙舟竞渡、粤剧。农业养殖淡水鱼。工业以纺织、制衣、五金加工为主。广深高速、107 国道过境。

望联村［Wàngliáncūn］ 望牛墩镇人民政府驻地。在市政府驻地南城街道西北 10 千米。人口 5300。因由多村联合组成得名。聚落呈团块状。有卫生所。有古迹文阁塔等。农业种植香蕉、甘蔗。工业以手袋、金属制品加工为主。广深高速经此。通公交车。

中堂镇［Zhōngtáng Zhèn］ 东莞市辖镇。在市境西北部。面积 60 平方千米。人口 7.5 万。辖 5 居委会、15 村委会，有 52 自然村。镇人民政府驻东泊社区。1955 年为中堂区。后改公社。1983 年改区。1987 年改镇。原名春堂，因方言“春”“中”同音改今名。东江流经。为珠江三角洲咸淡水交汇地区。有九年一贯制学校 3 所，中学 3 所，小学 9 所，二级医院 1 个。有文化广场、体育馆、篮球馆、篮球场。有省级文物保护单位黎氏大宗祠及古建筑群。有东莞历史名人陈伯陶史迹陈列馆。有国家级非物质文化遗产龙舟制作技艺、中堂龙舟景。有潢涌百岁牌制作工艺。农业以种植水稻、番薯、甘蔗，养殖牛、猪、鸡为主。产荔枝、香蕉、橙。工业以纸类、电子、五金制造为主。广深高速、107 国道、北王公路过境。

东泊社区［Dōngbó Shèqū］ 中堂镇人民政府驻地。在市境西北部。面积 2 平方千米。人口3700。取原东滘湾、泊洋 2 村名首字命名。2005 年成立。民居以低层楼房为主。有志愿者服务队。有敬老活动东泊老人节。有中小学、卫生站、广场。有东泊、大新工业区。通公交车。

高埗镇［Gāobù Zhèn］ 东莞市辖镇。在市境北部。面积 35 平方千米。人口 3.8 万。辖 1 居委会、18 村委会，有 99 自然村。镇人民政府驻冼沙社区。1961 年由石碣公社析设高埗公社。1983 年改区。1987 年改镇。因有较高码头得名。有中职学校 1 所，九年一贯制学校 5 所，中学 2 所，小学 6 所，卫生所 19 个。有图书馆、图书室、体育场馆。有中国建筑陶瓷博物馆。有古迹康王庙。有民间艺术粤剧曲艺、醒狮、龙舟等。农业以种植蔬菜、养殖塘鱼为主。工业以服装制造、制鞋、电子、眼镜加工、造纸为主。省道广下线、县道石碣—万江线过境。有市汽车客运站。

冼沙社区［Xiǎnshā Shèqū］ 高埗镇人民政府驻地。在市境北部。面积 7 平方千米。人口 7300。南宋因冼姓得名冼屋沙村，明代他姓渐多，简称冼沙村，社区成立后沿用村名。1998 年成立。民居以低层自建楼房为主。有社工、护工服务站。有粤乐社、篮球队。开展志愿服务和粤剧巡演、篮球比赛等文体活动。经济以来料加工、电子制造、服装贸易为主。通公交车。

中 山 市

中山市［Zhōngshān Shì］ 广东省辖地级市。北纬 22°11′—22°46′，东经 113°09′—113°46′。在省境中部偏南。面积 1784 平方千米。户籍人口 156.1 万，常住人口 319.3 万。以汉族为主，还有壮、土家、瑶等民族。辖 6 街道、18 镇。市人民政府驻东区街道。1925 年改香山县为中山县，治所仍旧。1936年属广东省第一行政督察区。1947年由省直辖。1949年属珠江专区。1952年属粤中行政区。1952年析中山、宝安、东莞3县部分沿海地区及海岛置渔民县，翌年更名珠海县。1959年撤珠海县，并入中山县。1961年原珠海县划出复置。1970年属佛山地区。1983年撤县改中山县级市，由佛山市代管。1988年升为地级市，由省辖。古称香山，后为纪念孙中山先生改今名。地形以平原为主，中部高，四周平原自西北向东南倾斜。平均海拔11米。最高点五桂山海拔531米。年均气温21.8℃，1月平均气温13.2℃，7月平均气温28.4℃。年均降水量1747.4毫米。年均无霜期365天。西海水道、磨刀门水道、洪奇沥水道等流经。有矿产资源花岗岩、耐火黏土等。有野生植物1235种，其中国家重点保护野生植物有大叶黑桫椤、黑桫椤、金毛狗等7种。有野生动物298种，其中国家重点保护野生动物有蟒蛇、水獭、黑鸢、赤腹鹰等13种。森林覆盖率12.95%。有高等院校6所，中职10所，中学68所，小学206所，三级医院4个，二级医院11个。有体育馆、文化艺术馆、图书馆、博物馆。有全国重点文物保护单位3个，省级文物保护单位15个。有国家级非物质文化遗产中山咸水歌、小榄菊花会、沙溪凉茶，省级非物质文化遗产南朗崖口飘色、五桂山白口莲山歌、沙溪鹤舞、黄圃麒麟舞、黄圃飘色等。有景点孙中山故里、岐江公园、中山城等。三次产业比例3∶55∶42。农业以种植水稻、甘蔗、马铃薯、菠萝、龙眼、荔枝为主。有特产三月红荔枝、神湾菠萝、小榄菊花肉、中山杏仁饼、石岐乳鸽、东升脆肉鲩味等。工业以医药制造、钢铁冶炼及加工、金属制品制造为主。服务业以仓储物流为主。有公路2451.6千米，高速158.5千米，内河航线480千米。广珠城际铁路，京港澳、广珠西线、深罗高速过境。有中山站、中山北站。有中山港、小榄港、神湾港、黄圃港等。

中山［Zhōngshān］ 别名香山。中山市聚落。在市境中部。面积167平方千米。人口52万。以汉族为主，还有壮、土家、瑶等民族。南宋绍兴二十二年(1152)建县城于石岐山以东，以铁砂筑城。明洪武年间(1368—1398)建砖城。从明清至民国初期铁城作为县城中心，面积0.2平方千米。至1949年，城区面积扩展至4平方千米。1983年中山建市后，以兴中道为竖轴，建设行政、文化、体育等建筑；以中山路为横轴，建设金融和商业机构以及民居。至1993年年底，城区面积达到23平方千米。2014年建成市博览中心等。中部为商务中心、行政中心、历史文化中心、旅游服务中心。东区为商务办公、金融功能区。西区与北区为商贸区、居住区。南区为科技创新中心。北部港口片区为物流基地和商贸中心。京港澳、广珠西线、深罗高速过境。

中山火炬高技术产业开发区［Zhōngshān Huǒjù Gāojìshù Chǎnyè Kāifāqū］ 在市境东部。东临横门出海处(珠江口)，南至南朗镇，西与石岐区街道及东区街道接壤，北隔横门水道与民众镇相望。面积90平方千米。为国家火炬计划在中山的重要部分，故名。1991年3月经国务院正式批准建立国家级开发区，由中山市政府管理。有国家健康科技产业基地、中国电子中山基地、中国高新技术产品出口基地等八大国家级产业基地。有先进装备制造、高端新型电子信息、健康科技、新能源等四大新兴产业。有高新技术企业200多个，科研机构和研发中心90多个。京珠、江中、沿海高速过境，交通便利。

孙文中路［Sūnwén Zhōnglù］ 在市境中部。东北起孙文西路，西南至孙文东路。与通德街、狮子街、民生路等相交。长1.9千米，宽15米。混凝土路面。1925年建设。1985年改建。为纪念孙中山，且在中段，故名。两侧有市电大、基督教堂。通公交车。

孙文东路［Sūnwén Dōnglù］ 在市境中部。东起长江路，西至孙文中路。与中山港大道、华苑大街、康乐大街等相交。长4.1千米，宽40米。水泥混凝土路面。1925年建设。1994年扩建，1995年建成。为纪念孙中山，且在东段，故名。两侧有莲峰新村、莲柏新村、威力村等。通公交车。

中山路［Zhōngshān Lù］ 在市境中部。东起江陵西路，西至彩虹大道。由中山一路至中山六路组成。与西河东路、富华道、华柏路、库充大街等相交。长10.9千米，宽15—30米。混凝土路面。1951年开工，1953年建成。后多次改扩建。为纪念孙中山先生得名。两侧有中山市进出口检验检疫局、紫马岭公园等。通公交车。

博爱路［Bó'ài Lù］ 在市境南部。东起沙溪大道，西至逸仙路。由博爱一路至博爱七路组成。与翠景道、华光路、长江路、起湾道等相交。长15千米，宽25—80米。混凝土路面。1986年由环市路改建为城市道路。因纪念传承孙中山博爱精神得名。两侧有文卫会展广场、紫马岭公园、文化艺术中心。通公交车。

康华路［Kānghuá Lù］ 在市境中部。东起长江路，西至康华大桥。与湖滨中路、湖滨北路、青溪路相交。长3.8千米，宽40米。混凝土路面。1997年开工，同年建成。因康华社区得名。两侧有实验小学等。通公交车。

悦来路［Yuèlái Lù］ 在市境中部。南起泰安路，北至孙文中路。长0.29千米，宽15米。混凝土路面。民国初年建。民国时为烟花地，希望客似云来，故名。两侧有中山市医院悦来门诊部、中山百货等。通公交车。

岐关西路［Qíguān Xīlù］ 在市境中部偏南。南至博爱四路，北起南外环路。与中山三路、恒信街、迎阳大街等相交。长2.1千米，宽24米。混凝土路面。1936年建成。1993年改建。为中山石岐到澳门关闸要道，且在西段，故名。两侧有小学、住宅区、市场等。通公交车。

起湾道［Qǐwān Dào］ 在市境东部。南起南外环路，北至濠江西路。与博爱六路、兴文路、东裕路等相交。长8.6千米，宽42米。混凝土路面。1992年开工，1994年建成。从起湾村旁经过，贯通起湾沙，故名。两侧有紫马岭公园等。通公交车。

兴中道［Xīngzhōng Dào］ 在市境中部。南起城桂公路，北至学院路与富康路交会处。与孙文东路、中山三路、城桂路等相交。长2.4千米，宽50米。沥青路面。1994年建成。1998年改建。取建设中山、振兴中华意。两侧有中山电视台、广播电台等。通公交车。

东明大桥［Dōngmíng Dàqiáo］ 在市区中部。长865米，宽31.5米，最大跨度210米，桥下净高8米。1996年开工，1997年建成。因东明路得名。为小型河道桥梁，结构型式为钢筋混凝土V型腿连续结构桥。最大载重25吨。通公交车。

中山市汽车总站［Zhōngshān Shì Qìchē Zǒngzhàn］ 见交通运输设施部分“中山市汽车总站”条。

城南汽车客运站［Chéngnán Qìchē Kèyùnzhàn］ 见交通运输设施部分“城南汽车客运站”条。

东区街道［Dōngqū Jiēdào］ 中山市人民政府驻地。在市境中部。面积73平方千米。人口10万。1988年设。因处城区东部得名。先后建成中山路、兴中道、孙文路、博爱路、孙文公园、兴中园、长江旅游区、中山博览中心、中环商务街、国际金融中心、大东裕商务城。改造城中村、起湾道、博爱路。长江水、长命水、金钟水等流经。有高等院校1所，中学4所，小学12所，三级医院1个。有图书馆、文化馆、体育场。有古迹“中国革命空军之父”杨仙逸墓、宋代官员陈天觉夫妇墓、古香林寺等。有景点孙文公园、紫马岭公园、名树园、长江水库、长江水世界等。工业以电子为主。服务业以商务、金融为主。京珠高速过境。通公交车。

石岐街道［Shíqí Jiēdào］ 属中山市。在市境中部。面积23平方千米。人口17万。2000年设。传先民沿岐江用阜山石垒基堤，以防洪水向南北延展，基堤在此分岐，故名。先后建成和改造南下新码头、逢源商业街、华力商业街、良朋里与柏桠直街、长堤路、凤鸣路、莲塘路、安栏路、泰安路等。石岐河、港口河、狮滘口河等流经。有高等院校1所，中学5所，小学14所，三级医院1个，卫生院1个。农业以种植水稻，养殖生猪、罗氏沼虾、南美白对虾为主。工业以电机电器制造为主。服务业以商贸为主。广珠城轨铁路过境。通公交车。

孙文西路［Sūnwén Xīlù］ 在石岐街道西部。长0.53千米，宽15米。石料路面。因处孙文路西面得名。为步行街。为中山市最具历史感道路。有商业文化博物馆、思豪大酒店、泰东戏院等。两侧遍布南洋骑楼建筑，保存有精湛木雕、灰塑等。为旧城区商业中心地带，店铺林立，繁荣兴旺。通公交车。

中山港街道［Zhōngshāngǎng Jiēdào］ 属中山市。在市境东部。面积92平方千米。人口7.2万。1990年设。因境内中山港得名。先后建成得能湖公园、国际工业品展览馆、国际会议中心等。有九年一贯制学校6所，中学4所，小学8所，二级医院1个。有图书馆、文化站。有景点濠头青云桥、沙边碉楼、张家边公园、得能湖公园等。农业以种植玉米、番薯、马铃薯，养殖生猪、牛、南美白对虾为主。有特产茂生香蕉、黎村苦瓜。有先进装备制造、高端新型电子信息、健康科技、新能源工业。广珠城轨铁路，京珠、沿海、江中高速等过境。通公交车。

西区街道［Xīqū Jiēdào］ 属中山市。在市境西部。面积25平方千米。人口10.2万。1984年设。因在岐江河西岸得名。先后建成下闸新村、岐港路、长洲康体园、翠景文化艺术中心、西区文化广场、西区中学、西区医院、隆昌桥等。改造千叶厂、狮山、马山等旧城片区。磨刀门水道、小榄水道、岐江河等流经。有九年一贯制3所，中学1所，小学7所，三级医院1个，卫生院1个。有图书馆、农家书屋、文化站、体育场。有国家级非物质文化遗产醉龙文化。有景点石板街、侯王庙、醉龙馆、岐江公园、狮山公园、中山詹园、中山温泉仙沐园等。农业以种植水稻、蔬菜，养殖罗氏沼虾为主。工业以电气机械、日用化工、纸、电子及通信设备制造为主。太澳高速，105国道，广珠、江中、新岐江、小榄快线公路等过境。通公交车。

南区街道［Nánqū Jiēdào］ 属中山市。在市境南部。面积49平方千米。人口2.6万。2001年设。因处中心城区南部得名。先后建成华通行物流配载交易中心、永安新城等。石岐河、北台溪等流经。有中学2所，小学2所，卫生院1个。有文化馆、图书馆、博物馆、美术馆、体育公园。有“中国革命空军之父”杨仙逸祖居、飞行员杨官宇故居、渡头抗英纪念馆、文笔塔等。有景点詹园、文笔山、大风车、宋帝遗迹、功建铁城梁公祠、侍郎故里牌坊、下马岭茶亭等。农业以种植水稻、花生，养殖生猪、鸡、草鱼、鳙鱼为主。有特产香蕉、荔枝、龙眼。工业以电梯及装备制造、包装印刷、食品加工为主。

太澳高速、105国道过境。通公交车。

五桂山街道［Wǔguìshān Jiēdào］ 属中山市。在市境南部。面积101平方千米。人口8000。2005年由镇改设。因五桂山得名。先后建成广东理工学院、中山中专、广东药科大学等。红旗河等流经。有中学4所，卫生所4个。有文化站、农家书屋、文化体育广场。农业以种植水稻、花生、玉米、番薯，养殖生猪、牛、羊为主。工业以五金、家具、小家电制造为主。省道城桂线过境。通公交车。

小榄镇［Xiǎolǎn Zhèn］ 中山市辖镇。在市境北部。面积71平方千米。人口16.9万。辖15居委会，有15自然村。镇人民政府驻东区社区。1958年设小榄公社。1983年改区。1986年改镇。因处小榄山附近得名。金鱼沥流经。有中学7所，小学18所，三级医院1个，二级医院1个。有图书馆、博物馆、档案馆、艺术馆、水乡民俗馆。有国家级非物质文化遗产小榄菊花会，省级非物质文化遗产小榄赛龙艇。有景点舜举何公祠、仆射何公祠、双美桥、跃龙桥、小榄烈士纪念碑、水色匝、隐秀寺等。农业以发展花木园艺、蔬菜、塘鱼、观赏鱼等现代高效产业为主。工业以五金制品、电子电器、食品饮料、化工胶粘、服装、鞋制造，印刷包装为主。服务业以商贸、物流为主。中江高速、105国道等过境。

东区社区［Dōngqū Shèqū］ 小榄镇人民政府驻地。在市境北部。面积3平方千米。人口1.4万。因处旧小榄镇区之东得名。2005年成立。民居以楼房为主。有中小学、图书馆、老人活动中心、志愿者服务站等。开展暑期公益教育活动、长者学堂培训活动、志愿者服务活动。中山市公安局小榄分局、税务局小榄分局等驻此。通公交车。

黄圃镇［Huángpǔ Zhèn］ 中山市辖镇。在市境北部。面积88平方千米。人口8.8万。辖4居委会、12村委会，有54自然村。镇人民政府驻文明社区。1952年设黄圃镇，后改公社。1986年改镇。传宋代境内北面山坡逢春秋季黄菊盛开，如大花圃，得名大黄圃，后简称今名。洪奇沥水道流经。有九年一贯制学校1所，中学3所，小学12所，二级医院1个。有图书馆、文化馆。有古迹海蚀遗址、鳌山古迹群、百龄流芳牌坊等。有省级非物质文化遗产黄圃飘色、黄圃麒麟舞、黄圃腊味制作。农业以种植水稻、玉米，养殖生猪、鲩鱼为主。有特产香蕉、火龙果、番石榴。工业以家电五金制造、食品加工为主。太澳、京珠高速，105国道，省道城桂线，番中公路过境。

文明社区［Wénmíng Shèqū］ 黄圃镇人民政府驻地。在市境北部。面积2平方千米。人口6.2万。取民风纯朴且富有文化之意命名。2001年成立。民居以楼房为主，有少量别墅。有健身操队、曲艺社文化队。提供法律咨询服务。以居家养老为主。有小学、幼儿园、卫生站。通公交车。

民众镇［Mínzhòng Zhèn］ 中山市辖镇。在市境东北部。面积122平方千米。人口7.9万。辖3居委会、16村委会，有41自然村。镇人民政府驻民众社区。1934年浪网、浪鳃、三墩新涨3地合并为民众乡。1950年设区。1957年撤区复称民众乡。随即改民众公社。1958年并入张家边公社。1959年析置民众公社。后经多次变化，1984年改设民众区、浪网区。1986年改置民众镇、浪网镇。2000年2镇合并称民众镇。因黄泽生所建“民众茶室”得名。有中学2所，小学6所。有图书馆、文化馆。农业以种植水稻，养殖生猪、塘鱼为主。有特产香蕉、大蕉、柑橘等。工业以纺织服装、电子、家具制造为主。京珠、广珠东线高速过境。

民众社区［Mínzhòng Shèqū］ 民众镇人民政府驻地。在市境东北部。面积3平方千米。人口5800。因镇得名。2001年成立。民居以楼房为主，有少量别墅。有居家养老活动中心，音乐、花卉、书画、老年人等协会。提供法律咨询服务。以居家养老为主。有中小学、幼儿园、卫生站。通公交车。

东凤镇［Dōngfèng Zhèn］ 中山市辖镇。在市境北部。面积56平方千米。人口7.7万。辖4居委会、9村委会，有46自然村。镇人民政府驻伯公社区。1955年为南头区。1957年改东凤乡。后改公社。1983年改区。1986年改镇。原为东海、凤仪、凤鸣3乡，各取首字得名。鸡鸦水道、小榄水道流经。有中学3所，小学10所，九年一贯制学校2所，二级医院1个。有图书馆、文化馆。有省级非物质文化遗产五人飞艇赛。有景点和穗生态园、莺哥咀水文公园、孖水天后宫等。农业以种植薯类、大豆，养殖生猪、鱼、虾为主。有特产香蕉、龙眼等。工业以小家电、玻璃建材、装备制造，石油化工为主。太澳、江番高速，105国道，省道十水线过境。

伯公社区［Bógōng Shèqū］ 东凤镇人民政府驻地。在市境北部。面积4平方千米。人口4500。传有老翁在此划船渡海，粤语称老翁为“伯公”，故名。2005年成立。民居以楼房为主，有少量别墅。有学雷锋志愿服务站、法律服务室、图书阅览室。开展志愿帮扶活动，提供法律咨询、社区公共文化服务。有小学、幼儿园、卫生站。通公交车。

东升镇［Dōngshēng Zhèn］ 中山市辖镇。在市境北部。面积75平方千米。人口7.6万。辖8居委会、6村委会，有63自然村。镇人民政府驻裕民社区。1986年由小榄区析置鸡笼镇。1987年改东升镇。取旭日东升之意命名。有中学5所，小学17所，二级医院1个。有图书馆、文化馆。有国家级非物质文化遗产中山咸水歌。农业以种植水稻、生菜、白菜，养殖生猪、脆肉鲩、南美白对虾为主。有特产香蕉、龙眼。工业以建筑材料、家用电器、五金制品制造为主。广珠西线、中江高速，105国道，沙古公路过境。

裕民社区［Yùmín Shèqū］ 东升镇人民政府驻地。在市境北部。面积7平方千米。人口7000。取裕安围、民田界首字得名。2001年成立。民居以楼房为主，有少量别墅。有法律服务室、志愿者服务站、多功能图书阅览室。开展志愿帮扶活动，提供法律咨询、社区公共文化服务。有小学、幼儿园、卫生站等。通公交车。

古镇镇［Gǔzhèn Zhèn］ 中山市辖镇。在市境北部。面积48平方千米。人口15万。辖1居委会、12村委会，有20自然村。镇人民政府位于东兴东路。1957年设古镇乡。1958年并入小榄公社。1963年改古镇公社。1983年改区。1986年改镇。传古、镇2姓在此开族繁衍，故名。古镇水道、磨刀门水道流经。有中学4所，小学11所，二级医院1个。有图书馆、文化馆。有古迹魏家祠堂、苏家祠堂、曹步观音庙等。有景点灯都生态湿地公园、灯文化博物馆等。有国家级非物质文化遗产六坊云龙。农业以种植花卉、苗木，养殖观赏鱼、龟鳖为主。工业以塑料机械加工，灯饰灯具、建筑装饰材料制造为主。省道勒金、十水线过境。

沙溪镇［Shāxī Zhèn］ 中山市辖镇。在市境西部。面积55平方千米。人口6.3万。辖1居委会、15村委会，有41自然村。镇人民政府驻龙山村。1956年设沙溪。后改公社。1983年改区。1987年改镇。因沙溪涌得名。岐江河、狮滘河流经。有中学5所，小学12所，九年一贯制学校1所，二级医院1个，卫生院1个。有图书馆、文化馆。有景点龙瑞探花及第牌坊、文昌塔、虎逊岩石碑、圣狮期颐偕老牌坊、升平人瑞牌坊、豪吐龙山书院等。有国家级非物质文化遗产沙溪凉茶37号、38号、39号秘方。农业以种植水稻、蔬菜，养殖生猪、鸡、鸭、鸽子为主。有特产荔枝、龙眼、香蕉。工业以纺织服装制造、电子、化工为主。广珠西线高速、105国道、岐江公路过境。

龙山村［Lóngshāncūn］ 沙溪镇人民政府驻地。在市政府驻地东区街道西7千米。人口3400。因龙山中学得名。聚落呈团块状。有中小学、幼儿园、卫生站。有古迹百年老校龙山中学。农业以种植水稻、蔬菜，养殖塘鱼为主。通公交车。

坦洲镇［Tǎnzhōu Zhèn］ 中山市辖镇。在市境南部。面积129平方千米。人口7.5万。辖7居委会、7村委会，有89自然村。镇人民政府位于工业大道。1957年置坦洲乡。后改公社。1983年改区。1986年改镇。明末清初，坦洲山周围淤积成滩，故名。磨刀门水道、坦洲排灌河、坦洲大涌等流经。有中学6所，小学14所。有古迹宋月环古墓、南宋古墓、清郑启羽墓等。有国家级非物质文化遗产中山咸水歌。农业以养殖南美白对虾、巴鱼为主。有特产番石榴、木瓜、香蕉。工业以电子信息，电气机械、纺织服装、金属制品制造为主。太澳、广东西部沿海高速，省道城桂、坦神线过境。

港口镇［Gǎngkǒu Zhèn］ 中山市辖镇。在市境北部。面积71平方千米。人口6.3万。辖7居委会、2村委会，有33自然村。镇人民政府驻群众社区。1959年由平海公社析设港口公社。1983年改区。1986年改镇。清末为石岐通往广州必经的重要港口，故名。小榄水道流经。有中学1所，小学10所，九年一贯制学校1所。有幼儿园、图书馆、文化馆。农业以种植水稻、蔬菜，养殖生猪、南美白对虾为主。有特产香蕉、荔枝、龙眼、柑橘。工业以制冷、空调设备制造为主。京珠、中江高速，105国道，番中公路过境。

群众社区［Qúnzhòng Shèqū］ 港口镇人民政府驻地。在市境北部。面积88平方千米。人口6800。因群众村得名。2002年成立。民居以楼房为主。有志愿服务队，提供法律咨询服务。以居家养老为主。有小学、卫生站。通公交车。

三角镇［Sānjiǎo Zhèn］ 中山市辖镇。在市境北部。面积70平方千米。人口5.8万。辖1居委会、7村委会，有43自然村。镇人民政府位于金三大道中。1961年由卫星公社析置梅江公社。1983年改区。1987年改镇。1988年改名三角镇。因沙地初露出水面时状似三角形得名。鸡鸦水道、黄沙沥水道、洪奇沥水道流经。有中学2所，小学7所。有幼儿园、图书馆、文化馆。有民间艺术三角麒麟舞、中山咸水歌、唱龙舟等。农业以种植水稻，养殖南美白对虾、生鱼、鳗鱼为主。有特产粉蕉、大蕉、甘蔗、火龙果。工业以电子、纺织制衣、化工、五金家电制造为主。105国道、省道南三线过境。

横栏镇［Hénglán Zhèn］ 中山市辖镇。在市境西部。面积76平方千米。人口6.1万。辖1居委会、10村委会，有14自然村。镇人民政府驻西冲社区。1955年设横栏区。1957年改乡。1958年改公社，同年11月并入沙溪公社。1959年析出，复称横栏公社。1983年改区。1986年改镇。传因地形似横在海中木栏得名。有九年一贯制学校1所，中学1所，小学6所。有图书馆、文化馆。有民间艺术中山咸水歌、醒狮等。农业以种植花木、养殖南美白对虾为主。工业以灯饰、五金、电器制造为主。中江高速，岐江、古神、沙古公路过境。

西冲社区［Xīchōng Shèqū］ 横栏镇人民政府

府驻地。在市境西部。面积3平方千米。人口3800。处原横栏涌西端出口西冲口，故名。1987年成立。民居以楼房为主。有活动中心、农家书屋、健身广场、社区学校。提供志愿者服务、法律咨询服务等。有中小学、卫生站。通公交车。

南头镇 [Nántóu Zhèn] 中山市辖镇。在市境北部。面积26平方千米。人口4.7万。辖6居委会，有43自然村。镇人民政府位于南头大道中。1953年属七区。1957年设南头乡。1958年改公社。1983年改区。1986年改镇。因处坡头沙南部得名。鸡鸦水道、黄圃水道、容桂水道流经。有中学1所，小学6所。有幼儿园、图书馆、文化馆。有省级非物质文化遗产五人飞艇赛。农业以种植甘蔗、番薯、花生、蔬菜，养殖生猪、虾、黄鱼为主。工业以家电制造为主。广珠西线高速、105国道过境。

阜沙镇 [Fùshā Zhèn] 中山市辖镇。在市境北部。面积37平方千米。人口6万。辖1居委会、8村委会，有36自然村。镇人民政府驻阜圩社区。1957年设阜沙乡。1958年并入黄圃公社。1966年析置阜沙公社。1983年改区。1986年改镇。原名浮墟，因地处浮墟山南麓而名，"浮"与"阜"谐音，且境内土地为淤积的沙洲，故名。小榄水道、鸡鸦水道流经。有中学2所，小学4所，九年一贯制学校1所。有图书馆、文化馆。农业以种植水稻、甘蔗、蔬菜，养殖南美白对虾为主。特产香蕉、杧果。工业以精细化工，电子电器、五金塑料、环保建材制造为主。广珠西线高速过境。

阜圩社区 [Fùxū Shèqū] 阜沙镇人民政府驻地。在市境北部。面积4平方千米。人口3500。因镇得名。1986年成立。民居以楼房为主。提供文化教育、休闲娱乐，以及综合服务、志愿服务、居家养老服务等。有小学、卫生所、健身广场。通公交车。

南朗镇 [Nánlǎng Zhèn] 中山市辖镇。在市境东部。面积219平方千米。人口4.1万。辖2居委会、13村委会，有105自然村。镇人民政府驻南朗村。1963年成立南萌公社。1984年改区。1986年改镇。2003年更今名。因镇政府驻地得名。有中学3所，小学5所，九年一贯制学校1所，二级医院1个。有图书馆、文化馆。有全国重点文物保护单位孙中山故居。有省级文物保护单位中共早期领导人杨殷故居、陆皓东烈士故居、中山纪念中学建筑群等。有国家级非物质文化遗产南朗崖口飘色。农业以种植荔枝、龙眼、香蕉，养殖生猪、青蟹为主。工业以新能源，现代中医药，电子电器、装备制造为主。京珠高速、翠亨快线、中拱公路过境。

南朗村 [Nánlǎngcūn] 南朗镇人民政府驻地。在市政府驻地东区街道东17千米。人口3700。因在萌草丛生的丰阜湖南岸建村，得名南萌，后改今名。聚落呈散状。有小学、幼儿园、托儿所、卫生站等。有景点南朗祖庙、《孙中山传》作者程君海故居等。农业以种植蔬菜、果树为主。通公交车。

翠亨村 [Cuìhēngcūn] 在市政府驻地东区街道东南16千米。南朗镇辖自然村。人口4000。清代由蔡姓迁此建村，原名蔡坑，后以谐音更今名。聚落呈团块状。有中学、卫生所、农村书屋、灯光球场、健身场等。2012年被评为中国传统村落。有全国重点文物保护单位孙中山故居，省级文物保护单位中共早期领导人杨殷故居、陆皓东烈士故居。京珠高速、省道广珠线经此。通公交车。

三乡镇 [Sānxiāng Zhèn] 中山市辖镇。在市境南部。面积94平方千米。人口4.3万。辖4居委会、12村委会，有36自然村。镇人民政府驻圩仔社区。1957年置三乡乡。后改公社。1983年改区。1986年改镇。三乡为平岚、乌石、桥头3村合称，故名。茅湾涌、坦洲大涌流经。有中学6所，小学10所，二级医院1个。有图书馆、文化馆。有古迹文昌阁、小琅环洞摩崖石刻、沙丘遗址、"乐善好施"牌坊、政商学者郑观应故居、罗三妹庙等。有革命遗址中共中山县委员会旧址、珠江纵队医院旧址、东桂乡抗日根据地等。农业以种植水稻、花生、甘蔗，养殖生猪为主。工业以纺织，服装、皮革、鞋类制造为主。广珠公路过境。

圩仔社区 [Xūzǎi Shèqū] 三乡镇人民政府驻地。在市境南部。面积4平方千米。人口3.7万。因原为设于清道光年间的圩仔市，故名。2002年成立。民居以楼房为主。有文化中心、体育场、文化广场。有木棉红艺术团、声雅曲艺社、太极协会等社团。开展青少年夏令营、健康科普知识讲座、志愿者服务、退休人员管理与服务等活动。有中小学、幼儿园、卫生站。广珠公路经此。通公交车。

古鹤村 [Gǔhècūn] 在市政府驻地东区街道东南23千米。三乡镇辖自然村。人口1200。传古时村后青龙山林木繁盛，多白鹤，故名。聚落呈团块状。有小学、卫生站。为广东省古村落。有清光绪皇帝所赐"乐善好施"牌坊。有古迹石板街、青石巷、老榕树、旧祠堂、古门楼。农业以种植水稻为主。通公交车。

板芙镇 [Bǎnfú Zhèn] 中山市辖镇。在市境西南部。面积80平方千米。人口3.6万。辖1居委会、10村委会，有51自然村。镇人民政府驻板芙社区。1957年设北溪乡。1958年并入三乡公社。1961年析置板芙公社。1983年改区。1986年改镇。因地处板尾沙与芙蓉沙，各取2沙洲首字得名。石岐河、河西公路涌、板尾至孖涌等流经。有中学2所，小学5所，九年一贯制学校2所，二级医院1个。有图书馆、文化馆。有景点鹿鸣湖、屋形古榕、明代古墓、新石器时代沙丘遗址、清代古瓦窑等。农业以种植水稻、蔬菜，养殖生猪、南美白对虾为主。工业以家具、鞋业、服装制造为主。广珠西线高速、105国道、古神公路过境。

板芙社区 [Bǎnfú Shèqū] 板芙镇人民政府驻地。在市境西南部。面积2平方千米。人口4100。因镇得名。1999年成立。民居以楼房为主，有少量别墅。有文化艺术队、曲艺队、篮球队。提供志愿者服务。有中小学、幼儿园、卫生站。通公交车。

大涌镇 [Dàchōng Zhèn] 中山市辖镇。在市境西部。面积41平方千米。人口2.9万。辖9居委会、2村委会，有10自然村。镇人民政府位于德政路。1957年由沙溪区析置大涌乡。后改公社。1983年改区。1986年改镇。因临石岐河河涌口得名。石岐河、西江磨刀门水道流经。有中学2所，小学6所，二级医院1个。有图书馆、文化馆。有省级非物质文化遗产大涌红木雕刻技艺。有景点卓旗山森林公园、卓旗山休闲山庄、北极殿、武帝庙、大觉古寺等。农业以种植水稻，养殖生猪、鱼、虾为主。特产乌榄、荔枝、龙眼、杨桃。工业以红木家具、牛仔服装制造为主。广珠西线高速过境。

神湾镇 [Shénwān Zhèn] 中山市辖镇。在市境南部。面积61平方千米。人口1.8万。辖1居委会、5村委会，有41自然村。镇人民政府驻神湾社区。1957年设神湾乡。后改公社。1966年改新湾公社。1981年复称神湾公社。1983年改区。1986年改镇。传此地港湾有神龙保护，使海湾成避风良港，故名。西江流经。有中学1所，小学1所，九年一贯制学校2所。有图书馆、文化馆。有景点丫髻山、天然卧佛等。农业以种植菠萝、火龙果，养殖脆肉鲩、桂花鱼、南美白对虾为主。工业以纺织，服装、金属制造为主。105国道、省道麻阳线过境。

神湾社区 [Shénwān Shèqū] 神湾镇人民政府驻地。在市境西南部。面积10平方千米。人口3000。因镇得名。1975年成立。民居以楼房为主。有老年活动中心、篮球场等。有中小学、卫生站。通公交车。

潮州市

潮州市 [Cháozhōu Shì] 广东省辖地级市。北纬23°26′—24°14′，东经116°22′—117°11′。在省境东部。面积3679平方千米，其中海洋面积533平方千米。户籍人口268.8万，常住人口272万。以汉族为主，还有畲族。辖湘桥、潮安2区，饶平1县。市人民政府驻湘桥区。晋义熙九年(413)置义安郡。隋开皇十年(590)省入海阳县。翌年置潮州。大业三年(607)复义安郡。唐武德四年(621)复名潮州。天宝元年(742)为潮阳郡。乾元元年(758)为潮州。宋仍之。元至元十六年(1279)改潮州路。明洪武三年(1370)改潮州府。清因之。1912年废。1953年析潮安县城关置地级潮州市，属省。1958年改县级市，属汕头专区。1959年并入潮安县。1979年复县级潮州市，属汕头专区。1989年属省。1991年升地级市。在潮之洲，潮水往复而得名。处东南沿海闽粤交界处。地势东北高西南低。以山地、丘陵为主。最高点凤凰大髻海拔1497.8米，最低点潮安区庵埠镇海拔-1.79米。年均气温22.2℃，1月平均气温14.3℃，7月平均气温28.9℃。年均降水量1726毫米。年均无霜期363天。韩江、黄冈河、西山溪、中离溪流经。有野生植物1500种。有野生动物600多种，其中有国家一级保护野生动物云豹、蟒蛇等，国家二级保护野生动物穿山甲、虎纹蛙等。有省级自然保护区3个，省级森林公园2个，省级地质公园1个。森林覆盖率62.2%。有中等职业学校12所，高中35所，初中640所，小学104所，幼儿园698所，技工学校1所，特教学校3所，三级医院2个。有市潮剧团。为中国历史文化名城。有全国重点文物保护单位广济桥、开元寺、许驸马府等8个，省级文物保护单位葫芦山摩崖石刻、涵碧楼等11个。有国家级非物质文化遗产潮剧、潮州音乐、潮州剪纸、潮州大吴泥塑等12项。有中国历史文化名街义兴甲巷。有国家4A级旅游景区绿岛山庄、东山湖温泉度假村、淡浮院，国家3A级旅游景区韩文公祠。有景点潮州西湖、龙湖古寨。三次产业比例7∶56∶37。农业以水稻、茶种植为主。产铁皮石斛、潮州蕉柑、鹤陇红心番薯、凤凰单丛茶、沙洲韭菜白。工业以日用陶瓷、鞋服、食品、电子、五金、不锈钢加工为主。服务业以金融、会展经济、信息网络为主。有铁路80千米,高速52千米,公路5048千米,水运航线247千米。广梅汕、厦深铁路,324国道,省道凤湾、池樟、枫榴、樟公线过境。

潮州［Cháozhōu］ 别名凤城。潮州市聚落。在市境中部。面积177平方千米。人口60.2万。以汉族为主,还有畲族。始建于宋。《潮州三阳志·城池》载:"依金山为固,前俯而后仰,由南而北,绕以濠,东则溪"。端平初年(1234)增筑东城。元代拆城毁墙。明洪武三年(1370)重修。清康熙十七年(1678)筑辅城西湖山城。1912年后城西、南、北三面城墙夷平。20世纪50—60年代建潮州戏院、潮州电影院、开元电影院、灯光球场、百货大楼,80年代建韩江大桥、体育馆、谢慧如图书馆,辟建城新路、西荣路,建东湖、西新居民住宅区。1993年建新城西区、东区,建潮州大道、新洋路。2001年后修复古城墙、潮州牌坊街,建广济桥。2014年改造古城区,修复海阳县儒学宫、从熙公祠及历史文化街区。以潮州大道、潮枫路、新春南路、新春北路为骨架,呈环状加放射状格局。韩江流经。有标志性建筑广济桥、广济楼、开元寺、人民广场。旅游、商贸、行政办公区在古城区,文教区位于桥东地区,陶瓷工业区处枫溪地区,交通枢纽区处意溪地区。历为郡、州、府治。铁路、国道、省道过境。

湘 桥 区

湘桥区［Xiāngqiáo Qū］ 潮州市人民政府驻地。在市境中部偏南。面积325平方千米。人口50.9万。辖9街道、4镇。区人民政府驻凤新街道。1991年设。因全国重点文物保护单位广济桥俗称湘子桥得名。先后改扩建潮州大道、新洋路、枫春路、枫春南路、潮枫路、西河大道、绿榕路,新辟慧如公园、人民广场、滨江长廊、奎元广场,修复广济桥、古城墙、太平路牌坊街。韩江流经。有韩山师范学院。有中学19所,小学91所,幼儿园86所,三级医院2个。有区民居文化展览馆、饶宗颐学术馆、广济桥史馆、甲第巷民居文化馆。为中国历史文化名城。有全国重点文物保护单位许驸马府、开元寺等7个,省级文物保护单位葫芦山摩崖石刻、涵碧楼、海阳县儒学宫等5个。有古迹别峰古寺、淡浮院、祭鳄台、青龙古庙。有中国历史文化名街义兴甲巷。有国家级非物质文化遗产潮剧、潮州音乐、潮绣等10项。有民俗游泳泅渡、练拳竞技、舞狮、舞龙、赛龙舟、抢标、荡秋千。有国家4A级旅游景区1个。有景点潮州西湖、北阁佛灯、凤凰洲、紫莲森林度假村。三次产业比例3∶46∶51。农业以水稻、番薯、小麦、玉米种植,鸡、猪、鸭、鹅、四大家鱼养殖为主,产橄榄、金佛手、黄皮、茶叶。工业以服装、陶瓷加工为主,有塑料皮革、电子机电、印刷包装、特种工艺等。服务业以旅游、金融为主。广梅汕铁路,甬莞、汕汾高速,324国道过境。有潮州站。通多路公交车。

潮州经济开发区［Cháozhōu Jīngjì Kāifāqū］ 在区境西部。东至绿榕北路,南至潮枫路,西至潮州大道,北至绿榕北路。面积10平方千米。1992年经省政府正式批准设立省级开发区,由潮州市政府管理。以服装、电子、机电、陶瓷为主。为国际婚纱晚礼服、光盘复制生产基地。入驻企业200多个。通多路公交车。

潮州大道［Cháozhōu Dàdào］ 在区境西部。北起外环北路,南至护堤路。与凤新东路、绿榕北路、泰安路、潮枫路、枫春路等相交。长5.5千米,宽50米。混凝土路面。1992年开工,1993年建成,2003年改造。两侧有经开区国税局、市委市政府、中银大厦、潮州人民广场、时装城、包装工业城、宏天广场等。通多路公交车。

环城西路［Huánchéng Xīlù］ 在区境西部。北起西园路,南至北园路。与城新路、开元路、新桥路、西马路、西河路、中山路相交。长2.5千米,宽12米。沥混路面。1971年开工,1972年建成。因位于环古城西侧得名。因拆府城墙而筑又名城顶路。两侧有市建委、消防局、潮州中心医院、慢性病防治站、西湖公园等。通多路公交车。

环城南路［Huánchéng Nánlù］ 在区境西部。北起城新路,南至枫春南路。与太平路、南春路相交。长800米,宽13米。混凝土路面。1993年开工,1994年建成。因处原府城河南段得名。两侧有韩江大桥、凤凰洲公园、凤凰台、南桥市场、卫生学校、中学、电控厂、市保险公司、市建筑设计院等。通多路公交车。

韩江大桥［Hánjiāng Dàqiáo］ 在城区中部。长1150米,宽18米,最大跨度20米,桥下净高13米。1985年开工,1989年建成。因跨韩江而得名。为大型河道桥梁,结构型式为预应力钢筋混凝土连续变截面T型梁、跨中承式梁桥。由东、西桥及中间联络桥组成。最大载重30吨。通多路公交车。

金山大桥［Jīnshān Dàqiáo］ 在城区中部。长558米,宽28米,最大跨度20米,桥下净高13米。2004年开工,2007年建成。原名韩江北桥,因潮州八景之"金山古松"改今名。为大型河道桥梁,结构型式为跨中承式桥梁。最大载重100吨。通公交车。

潮州市长途汽车站［Cháozhōushì Chángtú Qìchēzhàn］ 见交通运输设施部分"潮州市长途汽车站"条。

凤新街道［Fèngxīn Jiēdào］ 湘桥区人民政府驻地。在区境西部。面积30平方千米。人口4.6万。1992年设。因潮州别名凤城,处潮州新城区,故名。先后建潮州大道、新洋路、潮枫路、绿榕路。有中学3所,小学14所,幼儿园14所,卫生院1个,门诊部16个,社区卫生服务站4个,卫生站24个。有古迹贝丘遗址、云梯古庙、陈桥大夫第、叩齿庵古寺普同塔、高厝塘蜈蚣珠山烽火台、花园村五娘井胜。工业以陶瓷、彩瓷、建材、塑料、服装加工为主。有凤新工业园区。有蔬菜、服装市场。通多路公交车。

湘桥街道［Xiāngqiáo Jiēdào］ 属湘桥区。在区境中部。面积0.8平方千米。人口2.7万。1992年设。因广济桥俗称湘子桥得名。先后改扩建开元路、义安路。韩江流经。有中学1所,小学1所,幼儿园2所,卫生院1个,文化站1个。有饶宗颐学术馆。有全国重点文物保护单位广济桥、开元寺等3个,省级文物保护单位2个。工业以塑料、五金、珠锈服装加工为主。有湘桥工业小区。有水平路美食街。通多路公交车。

太平路［Tàipíng Lù］ 在湘桥街道中部。长2.1千米,宽6米。混凝土路面。1922年建设为南洋风格骑楼式商业街,2006年建成历史文化街区。因掘得元致和元年(1328)"太平"石碑得名。有全国重点文物保护单位开元寺,古迹已略黄公祠、许驸马府、以甲第巷。有明清石牌坊20座。有二目井、义井、四目井等古井。有颐陶轩潮州窑博物馆、市工艺美术研究院、区工艺制绣研究中心、市纺织品大楼、太平初中。通多路公交车。

开元社区［Kāiyuán Shèqū］ 属湘桥街道。在区境中部。面积0.1平方千米。人口3800。因全国重点文物保护单位开元镇国禅寺得名。1984年成立。民居以住宅楼为主,有少量别墅。有卫生服务中心。开展四点半课堂、民族团结活动等。通城市道路。2014年被评为省级文明社区。

西湖街道［Xīhú Jiēdào］ 属湘桥区。在区境中部。面积0.7平方千米。人口2.3万。1992年设。因名胜西湖得名。改扩建柑园巷后路、宫后路、獠臂巷、国王宫巷等。有中学2所,小学2所,三级医院1个,卫生院1个,卫生服务中心1个。有市中心医院、慢性病防治站。有古迹黄尚书府、铁井、莲花井。有景点潮州西湖。工业以五金、电器、皮塑、抽纱、服装等加工为主。服务业以商贸为主。通多路公交车。

金山街道［Jīnshān Jiēdào］ 属湘桥区。在区境中部。面积1平方千米。人口1.7万。1992年设。因金山得名。有中等职业学校1所,中学2所,小学2所,幼儿园3所,卫生院1个,社区卫生服务中心1个,卫生服务中心1个。有全国重点文物保护单位许驸马府,省级文物保护单位葫芦山摩崖石刻、涵碧楼。有名胜古迹卓府、龙珠亭、忠节坊、北关古窑遗址、金山摩崖石刻、外江戏梨园公所、黄埔军校潮州分校校址、北阁佛灯、龙湫宝塔。有古街官诰巷。有抽纱、刺绣传统工艺。工业以彩瓷、服装、塑料、皮革、家用电器加工为主。通多路公交车。

太平街道［Tàipíng Jiēdào］ 属湘桥区。在区境中部。面积1平方千米。人口2.7万。1992年设。因太平路得名。有中学3所,小学3所,卫生院1个,卫生服务中心1个。有文化站、文化中心、图书馆、太平艺声潮剧团。有名胜古迹叩齿庵古寺、四目井、大夫第、吴家大宅、陈氏宗祠、许厝祠堂、全国重点文物保护单位开元寺等。有侨领庄静庵先生、书画家佃介眉故居。有古街甲第巷、下东池巷、伙巷等。工业以塑料、服装、陶瓷加工为主。通多路公交车。

南春街道［Nánchūn Jiēdào］ 属湘桥区。在区境南部。面积0.7平方千米。人口3.4万。1965年设。因南春路得名。先后改扩建南春路、南较路、振德街,新修南兴路、南华路、环城南路、城新路、趣春路,建南春老年人之家、南春图书馆。有中学1所,小学2所,卫生院1个,卫生服务中心1个,文化站1个。有南春民间弦乐队。有古迹青龙古庙、古城门城楼、古宫庙、古庵堂、古牌坊、古桥、古塔。工业以皮塑、服装、化工、电器、五金加工为主。有南桥、南较市场。通多路公交车。

振德街社区［Zhèndéjiē Shèqū］ 属南春街道。在区境南部。面积0.2平方千米。人口7200。因振德街得名。1965年成立。有居家养老中心、婚姻登记处。有法律顾问。有小学。有古迹榕荫亭、玄天上帝庙、蔡氏大宅。有南桥市场。通公交车。2014年被评为省级文明社区。

西新街道［Xīxīn Jiēdào］ 属湘桥区。在区境西部。面积1平方千米。人口4.1万。1984年设。因地处潮州古城西,且为新城区而得名。先后改扩建西河路、环城西路。有小学2所,三级医院1个,卫生院1个,文化站1个。有潮州医院、文化活动中心、图书馆。工业以服装刺绣、机电、化工、塑料加工、医药为主。有服装、旅游商业街,灰路头、西华农贸市场。通多路公交车。

桥东街道［Qiáodōng Jiēdào］ 属湘桥区。在区境西部。面积15平方千米。人口2.8万。1992年设。因处金山大桥东得名。先后改扩建东兴路、东湖西路、中兴巷,扩建桥东广场。

北溪河流经。有东丽湖。有韩山师范学院。有中学2所，小学8所，卫生院1个，卫生站10个，门诊部5个，文化站1个，社区文化室4个，农家书室5个。有古迹韩文公祠、涸溪塔、泰佛殿、凤凰塔、宋代古窑遗址。农业以水果种植为主。工业以服装、塑料、机绣、刺绣、针织制品加工为主。省道樟公线，安凤、安澄公路过境。通多路公交车。

黄金塘村［Huángjīntángcūn］ 在区政府驻地凤新街道东南7千米。属桥东街道。人口2900。传北宋烧制宝瓶可使沙土成金，有仙人以此引人建村，命名椰金塘，取谐音更今名。聚落呈团块状。有小学、幼儿园。工业以瓷粉、瓷泥加工为主。省道樟公线经此。2014年被评为省级文明村。

城西街道［Chéngxī Jiēdào］ 属湘桥区。在区境中部。面积10平方千米。人口5.9万。1987年设。因处古城西侧得名。有高校1所，中学1所，小学7所，卫生院1个，卫生站10个。有文化站、文化中心、艺术馆、图书馆、体育馆、人民广场、全民健身广场。有古迹北关古窑遗址、凤凰台、明镜古寺、七圣庙、天后宫、将军庙。农业以蔬菜种植为主，特产厦寺皇京白菜、仙洲韭菜、古美秋瓜、春光芥蓝、北关芋头、上埔竹笋。工业以服装、陶瓷、电子、皮塑加工为主。有集贸市场6个。通多路公交车。

厦二村［Xià'èrcūn］ 在区政府驻地凤新街道西南4千米。属城西街道。人口1100。1960年厦寺村分3村，此为第二，故名。聚落呈团块状。农业以蔬菜种植、水产养殖为主。服务业以商贸为主。有枫春农副产品批发市场。特产厦寺皇京白菜。通城市道路。2001、2005年被评为全国文明村。

意溪镇［Yìxī Zhèn］ 湘桥区辖镇。在区境北部。面积83平方千米。人口4.9万。辖3居委会、24村委会，有59自然村。镇人民政府驻东郊村。1946年设意溪乡。1957年改镇。后改公社。1983年改区。1987年复镇。因溪得名。韩江多鳄鱼得名恶溪，传韩愈祭文驱鳄而改名意溪。有草岚武峰。文祠水、桂坑水流经。有初中4所，小学18所，卫生院1个，诊所38个，水电站5个。有古迹鳄渡秋波亭、别峰古寺、孝禅古庵、古竺庵、开山寺、最上岩摩崖石刻、海角山遗址。农业以水稻、花生、蔬菜种植，四大家鱼、鳗鱼养殖为主。工业以建材、瓷粉、瓷器、饲料、服装加工为主。省道凤湾线，安凤、意归、意桂公路过境。

东郊村［Dōngjiāocūn］ 意溪镇人民政府驻地。在区政府驻地凤新街道东北4千米。人口3600。因处蔡家围东面水边高地得名东皋，以方言谐音改今名。聚落呈团块状。文祠水流经。有中小学、幼儿园、老人活动室。有古迹明代陆秀夫、陆竹溪墓，古竺寺。农业以水稻、蔬菜种植为主。工业以建材、粮食加工、电器制造、印刷为主。省道凤湾线经此。

磷溪镇［Línxī Zhèn］ 湘桥区辖镇。在区境东南部。面积76平方千米。人口8.4万。辖1居委会、31村委会，有31自然村。镇人民政府驻溪口三村。1957年设磷溪乡。后改公社。1983年改区。1987年改镇。因龙宫山石磷庵得名。有岗山水库。有高中1所，初中7所，小学30所，卫生院1个，卫生所10个，医疗站30个。有古迹钵仔山宋代窑址、英山农民协会旧址、陈氏宗祠、保定楼。有景点风动石、蜡石、世德寨。农业以花卉、蔬菜、优质薯种植为主。特产杨桃、香蕉、生柑。工业以瓷泥、水果加工、抽纱、刺绣为主。省道池樟线、潮莲公路过境。

溪口三村［Xīkǒusāncūn］ 磷溪镇人民政府驻地。在区政府驻地凤新街道东南8千米。人口3000。因地处北溪上游与顶溪仔汇流出口得名。聚落呈团块状。有溪口三村学校、卫生站。农业以香蕉、杨桃种植为主。通乡村公路。通公交车。

官塘镇［Guāntáng Zhèn］ 湘桥区辖镇。在区境南部。面积31平方千米。人口3.9万。辖1居委会、15村委会，有26自然村。镇人民政府位于府前路。1956设官塘乡。后改公社。1983年改区。1987年改镇。因鹳鸟成群得名鹳塘，后以谐音改今名。有初中2所，小学9所，卫生院1个，卫生所2个，卫生站15个。有古迹陈氏大宗祠、进士第、文昌祠、卫分府、松祖楼、长远楼。农业以水稻种植、牛蛙养殖为主。产番石榴、杨桃、豌豆、南瓜、释迦、青枣。汕汾高速、省道池樟线、潮莲公路过境。

铁铺镇［Tiěpù Zhèn］ 湘桥区辖镇。在区境东部。面积65平方千米。人口3.4万。辖1居委会、23村委会，有47自然村。镇人民政府位于省道池樟线。1956年设铁铺乡。后改公社。1983年改区。1987年改镇。因宋末元初有打铁铺得名。有中学2所，小学18所，幼儿园15所，卫生院1个。有围楼古建筑24座。农业以水稻、茶种植，禽畜养殖为主，盛产水果、蔬菜。工业以食品、陶瓷加工为主。沈海高速、省道池樟线过境。

潮安区

潮安区［Cháo'ān Qū］ 潮州市辖区。在市境南部。面积1064平方千米。人口107万。辖16镇。区人民政府驻庵埠镇。晋咸和六年(331)置海阳县，历属东官郡、义安郡、潮州、潮阳郡、潮洲路、潮州府。1914年因重名更名潮安县，意为风平浪静，长治久安。1953年析设潮州市。1958年省入。1980年再析潮州市。1983年潮安县省入潮州市。1991年复县。2013年改区。韩江流经。有省级凤凰山山地森林湖泊、梅林湖海蚀地貌自然保护区。有中学3所，初中15所，小学337所，幼儿园400所，二级医院1个。有古迹甘露寺、三元塔、从熙公祠、陈氏大宗祠、缵美楼。有国家4A级旅游景区东山湖温泉度假村，国家3A级旅游景区绿太阳生态旅游度假区、凤凰山天池、凤翔峡。有景点龙湖古寨、中华名茶园、白云岩、宝云岩、象埔寨。三次产业比例4∶62∶34。农业以水稻、番薯、马铃薯、甘蔗种植为主，产茶叶、水果、花卉。工业以食品加工、印刷包装、制衣、五金、陶瓷制造为主。有国家地理标志产品凤凰单枞茶。服务业以对外贸易、旅游、金融为主。广梅汕铁路，厦深高铁，汕汾、汕揭高速过境。

潮汕站［Cháoshàn Zhàn］ 见交通运输设施部分“潮汕站”条。

潮州站［Cháozhōu Zhàn］ 见交通运输设施部分“潮州站”条。

潮安长途汽车站［Cháo'ān Chángtú Qìchēzhàn］ 见交通运输设施部分“潮安长途汽车站”条。

庵埠镇［Ānbù Zhèn］ 潮安区人民政府驻地。在区境南部。面积30平方千米。人口13.2万。辖5居委会、31村委会，有27自然村。镇人民政府位于亨利北路。1958年成立庵埠公社。1983年改区。1987年改镇。因白云庵得名庵埠寨，沿为镇名。韩江东溪流经。有梅林湖海蚀崖。有中学2所，小学27所，外来务工子弟学校1所，卫生站59个。有古迹庵埠文祠、王氏大宗祠、洪氏家庙、关帝庙、妈祖庙、木坑圣王庙、福德老爷庙。工业以食品加工、印刷包装为主。广梅汕铁路，省道留汕、潮汕线过境。

潮安大道［Cháo'ān Dàdào］ 在区境南部。西南起鹳焦公路，东北至站前路。与梅林路、双龙路、安中路、华埠路、仙埠路相交。长5.5千米，宽50米。混凝土、沙土路面。1993年开工，同年建成。因区名得名。两侧有区政府、法院、行政局等。通公交车。

安南路［Ānnán Lù］ 在区境南部。西起焦山路，东至护堤公路。与金里路、庵凤路、彩文路、潮汕路等相交。长4千米，宽30米。混凝土路面。1993年开工，同年建成。因处潮安大道南侧而得名。两侧有酒店、潮安车站等。通公交车。

安北路［Ānběi Lù］ 在区境南部。西起金里路，东至护堤路。与梅林路、安中路、庵凤路、华埠路、仙埠路、站前路相交。长2.5千米，宽30米。沙土、混凝土路面。1993年开工，同年建成。因处潮安大道北侧而得名。两侧有人民公园、区电视台等。通公交车。

庵凤路［Ānfèng Lù］ 在区境南部。东南起省道潮汕线，西北至育英路。与安南路、潮安大道、安北路、龙华路、龙桥路相交。长3千米，宽14米。混凝土路面。1993年开工，同年建成。取庵埠、凤陇2地名首字得名。两侧有食品厂、刘陇教师楼、古井桥、笑咪咪集团、天后宫、新安市场。通公交车。

站前路［Zhànqián Lù］ 在区境南部。北起潮安大道，南至护堤路。与龙桥路、安北路、安南路等相交。长3.6千米，宽40米。沙土、混凝土路面。1993年开工，同年建成。因处潮安站前得名。两侧有酒店、民营企业。通公交车。

亨利路［Hēnglì Lù］ 在区境南部。西北起省道潮汕线，东南至水吼桥。与万德路、中山路，茂新路相交。长700米，宽22米。混凝土路面。1979年开工，同年建成。因亨利门得名。两侧有小学、娱乐城、烈士陵园、电影院、文化宫、广场、邮电局。通公交车。

古巷镇［Gǔxiàng Zhèn］ 潮安区辖镇。在区境西北部。面积60平方千米。人口6.6万。辖1居委会、18村委会，有16自然村。镇人民政府驻古巷二村。1956年设古巷乡，后改公社。1983年改区。1987年改镇。原为古港，因港、巷近音得名。韩江流经。有高中1所，初中3所，小学15所，幼儿园38所，卫生院1个，卫生所53个。有名胜古迹状元第、古宝庆寺、象埔寨、孚中寨、三山庵、明鸿庄园。农业以水稻、番薯种植为主，产柑橘、荔枝、龙眼、橄榄、菠萝。工业以日用瓷、工艺瓷、卫生瓷加工为主。通城市道路。

古巷二村［Gǔxiàng'èrcūn］ 古巷镇人民政府驻地。在区政府驻地庵埠镇西北30千米。人口4500。宋德祐元年(1275)建村，因天然小港得名古港，演为古巷，分5村，依次序得名。聚落呈片状。有中小学、卫生所。工业以陶瓷卫生洁具为主。省道枫榴线经此。

象埔寨［Xiàngpǔzhài］ 在区政府驻地庵埠镇西北25千米。古巷镇辖自然村。人口1800。因象岭得名。聚落团块状。为中国传统村落。有三街六巷七十二厝。有古迹陈氏家庙孝思堂、西湖公祠、松轩公祠、雍穆公祠。服务业以商贸为主。省道枫榴线经此。

登塘镇［Dēngtáng Zhèn］ 潮安区辖镇。在区境西南部。面积145平方千米。人口4万。辖2居委会、27村委会，有52自然村。镇人民政府驻登塘村。1954年设登塘乡，后改公社。1983年改区。1987年改镇。2002年田东镇并入。因镇政府驻地得名。西山溪流经。有初中2所，小学17所，幼儿园10所，卫生院2个，卫生所42个。有名胜白水岩、国家3A级旅游景区绿太阳生态旅游度假区。农业以水稻、番薯、花生种植，鹅养殖为主，产茶叶、荔枝、橄榄、龙眼、菠萝。有三鸟批发市场。省道枫榴线过境。

登塘村［Dēngtángcūn］ 登塘镇人民政府驻地。在区政府驻地庵埠镇西北29千米。人口6400。因旧时进村需经池塘得名。聚落呈团块状。有中小学、卫生站。农业以水稻种植为主，产柚子、龙眼、荔枝、茶叶。工业以陶瓷加工为主。省道枫榴线经此。

凤塘镇［Fèngtáng Zhèn］ 潮安区辖镇。在区境北部。面积42平方千米。人口8.7万。辖1居委会、30村委会，有62自然村。镇人民政府驻大埕村。1956年设凤塘乡，后改公社。1983年改区。1987年改镇。传凤落池塘得名。三利溪、玉蕉溪、彝畔溪流经。有高中1所，初中3所，小学24所，幼儿园40所，卫生院1个，卫生站72个，文化站1个，广播电视站1个。有古迹万里桥、苏氏宋墓、和宗祠、和安寨。农业以水稻、甘薯、蔬菜种植为主。工业以陶瓷、纸制品加工为主。广梅汕铁路、省道安揭线过境。

大埕村［Dàchéngcūn］ 凤塘镇人民政府驻地。在区政府驻地庵埠镇西北21千米。人口4900。取"大展宏图兴二厂，埕产硕果办五厂"两句首字得名。聚落呈团块状。有小学、卫生所、老人活动中心、休闲广场。有古迹谢氏家庙。农业以水稻、番薯种植为主。工业以陶瓷、卫生洁具、瓷釉加工为主。省道留汕线经此。

浮洋镇［Fúyáng Zhèn］ 潮安区辖镇。在区境中部。面积39平方千米。人口1万。辖4居委会、35村委会，有106自然村。镇人民政府位于潮汕路。1956年设浮洋乡，后改公社。1983年改区。1987年改镇。因古为滨海洪泛区，韩江积成浮陆之地而得名。有中等职业学校1所，中学2所，小学29所，幼儿园32所，卫生院1个，卫生所90个，敬老院1个。有华夏历史博物馆。有古迹玄帝庙、雨仙庙。有国家级非物质文化遗产潮州大吴泥塑。有特色方潮盛铜锣制作技艺。农业以水稻、芡实、蔬菜种植为主。工业以珠品、陶瓷、服装加工为主。有抽纱、竹器、角梳、打铁、木雕、泥塑等传统手工业。广梅汕铁路，省道留汕、潮汕线，护堤公路过境。

大吴村［Dàwúcūn］ 在区政府驻地庵埠镇西北12千米。浮洋镇辖自然村。人口2800。原名凤书陇，因吴姓留居更今名。聚落呈团块状。有中小学。有国家级非物质文化遗产潮州大吴泥塑。农业以水稻、蔬菜种植为主。工业以陶瓷、泥塑工艺为主。通乡村公路。

龙湖镇［Lónghú Zhèn］ 潮安区辖镇。在区境中部。面积20平方千米。人口6万。辖1居委会、15村委会，有33自然村。镇人民政府驻市头村。1956年设龙湖乡，后改公社。1983年改区。1987年改镇。韩江西溪流经。有高中1所，初中1所，小学14所，幼儿园22所，卫生院1个，诊所26个。有省级文物保护单位儒林第、院巷许厝、福茂内、方伯第、许氏宗祠、林氏宗祠等。农业以水稻、柑橘、花卉种植为主。工业以服装、陶瓷、竹器、食品加工为主。特产龙湖炖糕、龙湖酥糖、土头毛笔、阁州竹帘。广梅汕铁路、省道潮汕线过境。

市头村［Shìtóucūn］ 龙湖镇人民政府驻地。在区政府驻地庵埠镇西北11千米。人口6500。因处龙湖村首端而得名。聚落呈带状。有小学、卫生院。有古迹寨门址等。农业以水稻、番薯、蔬菜种植为主。省道潮汕线经此。

龙湖古寨［Lónghúgǔzhài］ 在区政府驻地庵埠镇西北11千米。龙湖镇辖自然村。人口12030。原名塘湖，取意龙预兆吉祥改今名。聚落呈带状。为中国传统村落。有宋明清等宗祠、府第、商宅、宫庙数百座。有民俗舞狮、舞龙、英歌舞、潮乐、游鲤鱼、赛灯笼。省道潮汕线经此。

金石镇［Jīnshí Zhèn］ 潮安区辖镇。在区境西北部。面积22平方千米。人口7.1万。辖1居委会、21村委会，有37自然村。镇人民政府位于振兴街。1956年设金石乡，后改公社。1983年改区。1987年改镇。宋淳祐八年(1248)福建人迁居此地并结社盟誓，坚如金石，因此得名。有高中1所，初中3所，小学20所，幼儿园20所，卫生院1个，卫生站49个。有古迹石尾山遗址、金石庙、林氏家庙、宝云岩寺、宗山书院坊、侍御之第、辜氏家庙、太卿第、东莆书院、三都祠、天褒节孝坊。农业以水稻、花卉、柑种植为主。工业以家具、厨房餐具、医疗器械、建筑装饰、五金配件等加工为主。省道潮汕线、鹳蕉公路过境。

沙溪镇［Shāxī Zhèn］ 潮安区辖镇。在区境中部。面积37平方千米。人口6万。辖1居委会、17村委会，有27自然村。镇人民政府驻沙溪一村。1956年设沙溪乡，后改公社。1983年改区。1987年改镇。因镇政府原驻地得名。有桑浦山。韩江、中离溪、内洋溪流经。有东山湖。有中学2所，小学17所，幼儿园27所，卫生院1个，医疗站41个。有古迹甘露寺、明代进士刘斐家庙、清总兵李芳园将军第。有国家4A级旅游景区东山湖温泉度假村，景点桑浦山岩洞、宝云岩、蟹目山、鲤鱼洞。农业以水稻、生柑、木瓜种植，水产养殖为主，产蔬菜、水果、花卉。工业以锡业、家具、陶瓷、服装加工为主。厦深高铁、汕昆高速、鹳蕉公路过境。有潮汕站。

沙溪一村［Shāxīyīcūn］ 沙溪镇人民政府驻地。在区政府驻地庵埠镇西北11千米。人口4800。因凤塘溪头官人建村得名徙溪头，俗成沙溪头，分村以顺序得名。聚落团块状。有小学。有国家4A级旅游景区东山湖温泉度假村。农业以水稻、番薯种植为主，产龙眼、荔枝、柑橙、香蕉。有养鳗场、石料加工基地。通乡村公路。

彩塘镇［Cǎitáng Zhèn］ 潮安区辖镇。在区境南部。面积45平方千米。人口11万。辖1居委会、32村委会，有53自然村。镇人民政府位于彩金路。1956年设彩塘乡，后改公社。1983年改区。1987年改镇。因姓氏得名蔡塘市，以方言演为今名。有高中1所，初中4所，小学22所，二级医院1个，卫生院1个，卫生所34个。有古迹仙济桥、从熙公祠、甘露寺、急公好义坊、玉简石刻、以成公祠石碑。有民俗弦乐、灯谜、舞龙、舞狮。农业以水稻、番薯种植为主。工业以厨具餐具、建筑装饰、医疗器械、钟表工具、汽车配件、鞋品等加工为主。广梅汕铁路、厦深高铁、汕昆高速、省道潮汕线过境。

东凤镇［Dōngfèng Zhèn］ 潮安区辖镇。在区境东北部。面积34平方千米。人口9.3万。辖1居委会、34村委会，有34自然村。镇人民政府驻东二村。1957年设东凤乡，后改公社。1983年改区。1986年改镇。取东溪、凤塘2地名首字得名。韩江西溪流经。有高中1所，初中3所，小学29所，卫生院1个，卫生所33个。有文化活动中心、图书馆、展览厅、潮州音乐社、木偶剧团。有名胜古迹觉林寺、景山居、龙章宠锡坊。农业以水稻、生柑、荔枝种植，中华雪龙鱼、脆肉鲩、罗非鱼、奥尼鱼、珍珠鱼养殖为主。特产下张芡实、鲲江荔枝、德修莲藕。广梅汕铁路、省道潮汕线过境。有潮安站。有渡口6个。

东二村［Dōng'èrcūn］ 东凤镇人民政府驻地。在区政府驻地庵埠镇北9千米。人口5800。为纪念东溪公，取其名、居住地凤塘各一字得名东凤，后分村以顺序改今名。聚落呈团块状。有小学、卫生所。农业以水稻、蔬菜、花生种植为主。工业以砖瓦加工为主。省道潮汕线经此。

江东镇［Jiāngdōng Zhèn］ 潮安区辖镇。在区境东部。面积38平方千米。人口7.6万。辖1居委会、29村委会，有44自然村。镇人民政府驻中庄村。1957年设江东乡，后改公社。1983年改区。1987年改镇。因处韩江西溪东侧而得名。有急水山、圆山。韩江东溪流经。有中学2所，小学29所，幼儿园34所，卫生院1个，卫生所58个。有文化站、纪念馆、活动中心。有古迹三元塔、吉祥寺、烽火台、魁星楼、文祠遗址、大围古村落遗址。农业以水稻、番薯、花生、甘蔗、黄红麻种植为主，产水果、江东蔬菜、江东竹笋、江东菜脯、鲤鱼虫鱼。省道潮汕线、澄江公路过境。

中庄村［Zhōngzhuāngcūn］ 江东镇人民政府驻地。在区政府驻地庵埠镇西北13千米。人口3100。旧名独树庄，宋末庄姓建村，因有一株大樟树得名。后人口增多，分居3处，称上、中、下3庄，本村居中，故名。聚落呈块状。有小学、幼儿园。农业以甘蔗、黄麻、花生、地瓜、水稻、小麦种植为主。有高科技蔬菜生产基地、果菜种植企业。有服装印染厂、服装厂、电脑绣等企业。县道中横路经此。通公交车。

归湖镇［Guīhú Zhèn］ 潮安区辖镇。在区境北部。面积158平方千米。人口3万。辖2居委会、32村委会，有110自然村。镇人民政府位于府前路。1957年设归湖乡，后改公社。1983年改区。1987年改镇。因产龟得名龟湖，以归流汇水成湖改今名。有凤凰山。韩江流经。有高中1所，初中1所，小学11所，幼儿园5所，卫生院1个，卫生所1个，卫生站32个。有名胜古迹吊王古寨、北礤冲天蜡烛、金龟背印、仙竹奇观、凤溪漂流、东山古树。农业以水稻种植、鱼类养殖为主，产橄榄、龙眼、生柑、荔枝等。工业以农副产品加工为主。归文、归意、归赤、归凤公路过境。

文祠镇［Wéncí Zhèn］ 潮安区辖镇。在区境东北部。面积71平方千米。人口1.8万。辖1居委会、22村委会，有74自然村。镇人民政府驻中社村。1956年设文祠乡。1958年并人意溪镇。1960年析设文祠公社。1983年改区。1987年改镇。因文章祠得名。有飞鹅岽、飞天燕峰等。文祠水流经。有中学1所，小学4所，卫生院1个，卫生所25个。有李工坑畲族文化博物馆。有名胜古迹三叠泉旅游驿站、永安门、婆姐岭古道、尚山普同塔、廖氏大夫第。农业以水稻、水果种植为主。有东魁杨梅、金佛手种植基地。省道凤湾线、文东公路过境。

中社村［Zhōngshècūn］ 文祠镇人民政府驻地。在区政府驻地庵埠镇北33千米。人口2800。因处原文祠公社中部得名。聚落呈带状。有中小学、卫生院。农业以水稻、蔬菜、橄榄种植为主。省道凤湾线经此。

凤凰镇［Fènghuáng Zhèn］ 潮安区辖镇。在区境东北部。面积228平方千米。人口4.2万。辖2居委会、27村委会，有252自然村。镇人民政府驻凤凰圩。1958年成立凤凰公社。1983年改区。1987年改镇。2002年大山镇并入。因镇政府驻地得名。有凤鸟髻峰。韩江、凤凰溪流经。有凤凰、凤溪水库。有中学2所，小学19所，卫生院1个，卫生所1个。有凤凰山革命纪念公园、黄秋富烈士纪念碑。有中共韩东(江)地委、中共潮汕地委潮澄饶丰澳分委机关旧址。有景点凤翔峡、凤凰天池。农业以茶种植为主。工业以茶叶加工、水电、酿酒为主。有国家地理标志产品凤凰单枞茶。服务业以旅游为主。省道柏丰、凤湾线过境。

凤凰圩［Fènghuángxū］ 凤凰镇人民政府

驻地。在区政府驻地庵埠镇东北49千米。人口1200。因处康美、凤凰2溪汇合处得名哈溪圩,清代迁今址改今名。有中小学、卫生院、卫生所。服务业以商贸为主。通乡村公路。

赤凤镇［Chìfèng Zhèn］ 潮安区辖镇。在区境西北部。面积86平方千米。人口1.4万。辖1居委会、17村委会,有30自然村。镇人民政府驻峙溪村。1956年设赤凤乡,后改公社。1983年改区。1987年改镇。因1948年凤凰山红色政权得名。韩江流经。有初中1所,小学3所,卫生院1个,卫生站17个。有文化站。有名胜古迹顺德居、白云古寺、驷马拖车古建筑、报恩亭、龙潭瀑布。农业以青梅、赤凤橄榄、香黄瓜、黄枝香茶叶种植为主。工业以水电为主。省道潭赤线、县道文赤线过境。

峙溪村［Zhìxīcūn］ 赤凤镇人民政府驻地。在区政府驻地庵埠镇西北42千米。人口2000。因雄峙韩江东岸得名。聚落呈散状。有小学、卫生院。农业以水稻种植为主,产橄榄、青梅。省道柏丰线经此。

枫溪镇［Fēngxī Zhèn］ 潮安区辖镇。在区境中部。面积25平方千米。人口11万。辖6居委会、26村委会。镇人民政府驻詹厝村。1953年设枫溪镇。1956年改乡。1960年改公社。1964年析设枫溪镇。1983年合置枫溪镇,旋分设区、镇。1987年合置枫溪镇。因溪岸多枫树得名。三利溪流经。有高中1所,初中7所,小学22所,幼儿园1所,卫生院1个,卫生站63个,诊所29个。有中国瓷都陈列馆。有名胜古迹别驾侍御宗祠、长美寨、太史第、枫溪三山国王庙、洲园侵华日军炮楼旧址、水月庵、法光寺、池湖贝丘遗址。工业以卫生洁具、工艺瓷、日用瓷加工为主。广梅汕铁路,省道潮汕、安揭、安丰线过境。有潮州站。

詹厝村［Zhāncuòcūn］ 枫溪镇人民政府驻地。在区政府驻地庵埠镇西北22千米。人口2300。因姓氏得名。聚落呈长方形。有中小学、卫生院、卫生所。通乡村公路。

饶平县

饶平县［Ráopíng Xiàn］ 潮州市辖县。北纬23°29′,东经116°41′。在市境东部。面积2227平方千米。人口105.3万。辖21镇。县人民政府驻黄冈镇。明成化十四年(1478)析海阳、揭阳2县地置饶平县,属潮州府。1914年属潮循道。1915年析设南澳县。1936年后历属第五行政督察区、第六行政督察区、潮汕专区、粤东行政区、汕头专区、汕头地区、汕头市。1991年属潮州市。以“三饶太平”得名,意为饶永不瘠,平永不乱。东、北、西三面环山,南临南海。西北为丘陵,间有空谷和盆地。东南滨海为台地、冲积平原。北高南低。平均海拔500米。最高点西岩山海拔1255米。海岸线136千米。有柘林湾。有海山岛等岛屿13个。年均气温21.7℃,1月平均气温13.4℃,7月平均气温28.1℃。年均降水量1475.9毫米。黄冈河流经。有钛、铁、锡、钨、钼、铜等矿产资源。有青岚省级地质公园。森林覆盖率63.8%。有高中12所,初中27所,小学248所,幼儿园217所,特教学校1个,二级医院3个。有全国重点文物保护单位三饶道韵楼,省级文物保护单位茂芝会议旧址、海山义勇军抗日指挥部旧址。有省级非物质文化遗产三饶彩青艺术、游旱龙。有民俗布马舞。有国家4A级旅游景区绿岛山庄,国家3A级旅游景区石壁山。三次产业比例18∶44∶38。农业以水稻种植、海产品养殖为主。工业以电力、液化气、陶瓷加工、水族机电制造、食品加工、纺织服装为主。特产铁皮石斛、岭头单丛茶、狮头鹅、高堂菜脯、盐焗鸡、柿饼、山枣糕。服务业以出口贸易、旅游为主。汕汾高速,324国道,省道长上、坑海、柏丰线过境。有潮州三百门港。

黄冈大桥［Huánggāng Dàqiáo］ 在县城西北部。长296.3米,宽23米,最大跨度20米,桥下净高11.3米。原为便桥,1959年改建,1979、1989年改扩建。因跨黄冈河得名。为中型河道桥梁,结构型式为钢筋混凝土T型空心板梁桥。最大载重20吨。通多路公交车。

饶平站［Ráopíng Zhàn］ 见交通运输设施部分“饶平站”条。

饶平长途汽车站［Ráopíng Chángtú Qìchēzhàn］ 见交通运输设施部分“饶平长途汽车站”条。

黄冈镇［Huánggāng Zhèn］ 饶平县人民政府驻地。在县境东北部。面积89平方千米。人口19.8万。辖12居委会、24村委会,有41自然村。镇人民政府位于沿河北路。1940年置黄冈镇。1949年仍镇。1959年改公社。1983年复镇。1986年仙春、碧岗2乡,凤洲区并入。因古为黄土岗得名黄岗,演为今名。黄冈河流经。有职业技术学校3所,中学11所,小学28所,幼儿园54所,二级医院3个,卫生院1个,文化站1个。有县医院、中医院、妇幼保健院。有县图书馆、文化中心、博物馆、丁未革命纪念亭。有名胜古迹石壁山、汛洲岛、漱玉泉、瑞光书院、姑嫂桥。农业以水稻、番薯、甘蔗、花生种植,水产养殖为主。有水果、蔬菜、贝类、鳗鱼、对虾等种养基地。特产叠石赤蟹、大澳珠蚶、凤洲乌耳鳗。工业以茶叶、食品、毛衫服装、塑料皮革、化工香料加工为主。服务业以商贸、旅游为主。有专业市场10个。324国道,省道坑海、柏丰线过境。

上饶镇［Shàngráo Zhèn］ 饶平县辖镇。在县境北部。面积99平方千米。人口6.5万。辖2居委会、22村委会,有226自然村。镇人民政府驻坝上社区。1958年成立上饶公社。1983年改区。1986年改镇。2004年上善镇并入。处饶平北,北为上,故名。黄冈河流经。有初中2所,小学21所,幼儿园1所,卫生院1个,医疗站23个。有省级文物保护单位镇福楼、南阳楼。有名胜古迹客家土围楼群、冲天凤寺、西岩寺、东岩寺、矮子坑。农业以火龙果、青枣种植为主。工业以日用陶瓷、工艺品、新材料、电子加工为主。特产饶平蜜柚、茂芝米粉、茂芝腊肠、黄皮豆干、康滨麦芽糖、水牛奶酪、白斩鹅、白斩鸭、斜予塘蜂蜜、上善蜜柚。省道柏丰、茶上线过境。有茂芝客运站。

坝上社区［Bàshàng Shèqū］ 上饶镇人民政府驻地。在县境北部。面积4平方千米。人口6600。因在黄冈河上游的沙坝地上,故名。1999年成立。民居以住宅楼为主。有文化广场。有广场舞、志愿者服务队伍。有法律咨询服务。有小学、幼儿园。上饶公路经此。

饶洋镇［Ráoyáng Zhèn］ 饶平县辖镇。在县境北部。面积87平方千米。人口7万。辖1居委会、25村委会,有149自然村。镇人民政府位于镇区路。1974年成立饶洋公社。1986年改镇。原属上饶区,初称洋较埔,取2地名各一字得名。黄冈河流经。有中学2所,小学14所,幼儿园2所,卫生院1个,医疗站26个。有省级文物保护单位新彩楼、泰华楼。有古迹西岩寺、八角井、听捷楼。农业以水稻、番薯、小麦、茶种植为主。工业以日用瓷、彩瓷、花纸、食品加工为主。特产奇兰、乌龙、铁观音茶。为粤闽边贸集散地。省道柏丰线过境。

新丰镇［Xīnfēng Zhèn］ 饶平县辖镇。在县境北部。面积117平方千米。人口7万。辖3居委会、14村委会,有135自然村。镇人民政府驻丰联社区。1962年成立新丰公社。1983年改区。1986年改镇。2004年九村镇并入。因镇政府驻地原名得名。黄冈河流经。有田峰水库。有丁坑山森林公园。有中等职业学校1所,初中2所,小学13所,幼儿园1所,卫生院2个,医疗站23个。有丁坑山革命烈士纪念碑、林余登仁烈士故居。有省级文物保护单位客家土楼润丰楼。有古迹桂山书院、弘法寺。农业以中草药种植为主。有铁皮石斛生态园、田峰茶场。工业以日用陶瓷、花纸、印刷包装为主。服务业以旅游为主。省道柏丰线过境。

丰联社区［Fēnglián Shèqū］ 新丰镇人民政府驻地。在县境北部。面积0.03平方千米。人口7500。因新光、丰联2村得名。2002年成立。民居以低层楼房为主。有文化广场、文化活动中心。有法律咨询服务。有职中、小学、敬老院。有省级文物保护单位客家土楼润丰楼。有民国词人詹安泰故居。服务业以商贸为主。省道柏丰线经此。

建饶镇［Jiànráo Zhèn］ 饶平县辖镇。在县境北部。面积73平方千米。人口1.7万。辖15村委会,有41自然村。镇人民政府驻麻寮村。1962年成立建饶公社。1983年改区。1986年改乡。1998年改镇。取上饶“饶”字,以新建之意命名。黄冈河流经。有山门山苏铁蕨自然保护区。有初中1所,小学10所,卫生院1个,医疗站12个。有原饶和埔诏县委工作团旧址、云和诏县委派西路工作团驻地旧址。有名胜古迹镇江塔、客家土围楼、千古榕树、车岭龙潭瀑布。农业以茶、番薯种植为主,产青梅、橄榄、石斛、李、荔枝、龙眼。省道柏丰线过境。

麻寮村［Máliáocūn］ 建饶镇人民政府驻地。在县政府驻地黄冈镇北40千米。人口900。因搭寮而居得名茅寮,以谐音改今名。聚落呈块状。有中小学。农业以水稻、番薯、花生种植为主,产茶叶、柿子、双华李。汤麻公路经此。

三饶镇［Sānráo Zhèn］ 饶平县辖镇。在县境北部。面积84平方千米。人口5.8万。辖1居委会、15村委会,有97自然村。镇人民政府驻在城村。1958年成立三饶公社。1983年改区。1986年改镇。古分上饶、中饶、下饶,故名。黄冈河流经。有中学2所,小学15所,卫生院1个,医疗站15个。有全国重点文物保护单位三饶道韵楼,省级文物保护单位三饶城隍庙。有农民自卫军训练班旧址、中共饶平支部旧址。有古迹文明塔、孔庙、里秀楼、琴峰书院等。有省级非物质文化遗产彩青习俗。农业以水稻、蔬菜、橄榄、甘蔗种植为主。工业以陶瓷加工为主。特产溪西香米、马岗大饼、跑山土鸡蛋、南新棱尖橄榄、河口菜脯、溪东青枣、燕坑橄榄、粮田蒜头。为闽粤2省5县物资集散地。省道柏丰线、闽粤公路过境。

在城村［Zàichéngcūn］ 三饶镇人民政府驻地。在县政府驻地黄冈镇西北40千米。人口5600。因位于镇的城区得名。聚落呈块状。有中小学、幼儿园。有省级文物保护单位三饶城隍庙。农业以水稻种植为主,产土豆、蔬菜、水果。有大庵口工业区、粮田洋创业园。通乡村公路。

南联村［Nánliáncūn］ 在县政府驻地黄冈镇西北39千米。三饶镇辖自然村。人口8500。处镇南,由多村组成,故名。聚落呈团块状。有小学、幼儿园、医疗站。有全国重点文物保护单位三饶道韵楼。有古迹里秀楼。农业以水稻、番薯种植,猪、牛、鱼养殖为主。省道坑海线经此。

新塘镇［Xīntáng Zhèn］ 饶平县辖镇。在县境西北部。面积80平方千米。人口2.3万。

辖14村委会，有77自然村。镇人民政府驻新楼村。1975年设新塘乡。1993年改镇。因垒石围塘建坝渐为圩集得名。黄冈河流经。有初中1所，小学8所，幼儿园3所，卫生院1个，医疗站14个。农业以水稻、番薯种植为主，产橄榄、青梅、荔枝、龙眼、茶叶。工业以陶瓷加工为主。有水电站8个。省道柏丰线过境。

新楼村［Xīnlóucūn］ 新塘镇人民政府驻地。在县政府驻地黄冈镇西北38千米。人口3700。清乾隆年间林氏从新楼到此建村。因位于田洋，近新塘圩，得名新塘洋，后由土楼、新塘洋、新塘陈、新塘圩联合组成新村，更今名。聚落呈块状。农业以水稻、茶、龙眼、橄榄种植为主。燎星一新楼公路经此。

汤溪镇［Tāngxī Zhèn］ 饶平县辖镇。在县境中部。面积81平方千米。人口1.2万。辖13村委会，有49自然村。镇人民政府驻花桥村。1962年成立汤溪公社。1983年改区。1986年改镇。因昔有温泉水温高得名烫溪，以谐音改今名。黄冈河流经。有汤溪水库。有九年一贯制学校1所，小学4所，幼儿园1所，卫生院1个，医疗站13个。有残疾人就业基地、残疾人康园中心、敬老院。农业以青梅、龙眼、橄榄、杨梅、青柑、茶种植为主。工业以微晶玻璃加工为主。省道坑海线、风桃公路过境。

花桥村［Huāqiáocūn］ 汤溪镇人民政府驻地。在县政府驻地黄冈镇西北29千米。人口1300。在库区的老村头有座清代小桥，因该桥大部分用贝灰沙石筑造，俗称灰桥，后取谐音雅字改称花桥，村以桥名。聚落呈环状。有中小学、卫生院、敬老院。农业以水稻、荔枝、青梅、龙眼、橄榄种植为主。省道坑海线经此。

浮滨镇［Fúbīn Zhèn］ 饶平县辖镇。在县境中部。面积159平方千米。人口2.7万。辖32村委会，有96自然村。镇人民政府驻桥头村。1960年成立浮滨公社。1986年改乡。1993年改镇。2002年坪溪镇并入。处黄冈河、浮滨溪汇合处，泥沙淤积成墩，故名浮墩，雅称今名。黄冈河流经。有中学1所，小学6所，卫生院1个，敬老院1个。有商周墓葬群遗址、民国思想家张竞生旧居、兴渭楼。有景点坪溪一览亭、马鞍山人工湖。工业以水电为主。特产狮头鹅、岭头单丛茶。省道坑海线过境。

桥头村［Qiáotóucūn］ 浮滨镇人民政府驻地。在县政府驻地黄冈镇西北25千米。人口400。因紧靠黄冈河，村前有二墩桥一座，故名桥头村。聚落呈块状。有小学。农业以水稻、甘蔗、荔枝、茶叶种植为主。钱东一坪溪公路经此。

浮山镇［Fúshān Zhèn］ 饶平县辖镇。在县境中部。面积70平方千米。人口3.3万。辖1居委会、18村委会，有37自然村。镇人民政府驻浮山圩。1958年成立浮山公社。1983年改区。1986年改镇。因镇政府驻地得名。黄冈河流经。有中学1所，小学11所，幼儿园3所，卫生院1个。有钟厝岭革命烈士纪念碑。有古迹东官王氏祠堂。农业以水稻、花生、甘蔗种植，鳗鱼、牛蛙养殖为主，产柑、橘、荔枝、龙眼、茶叶。工业以酿酒、水果加工、建材家具、抽纱珠绣为主。特产柿饼。甬莞、大潮高速，省道坑海线，浮东、黄三公路过境。

浮山圩［Fúshānxū］ 浮山镇人民政府驻地。在县政府驻地黄冈镇北23千米。人口700。因洪汪洋唯山浮出，故名。聚落呈团块状。有中学、卫生院。服务业以商贸为主。有综合市场。甬莞、大潮高速，省道坑海线经此。

东山镇［Dōngshān Zhèn］ 饶平县辖镇。在县境中部。面积74平方千米。人口2.2万。辖10村委会，有49自然村。镇人民政府驻东山村。1974年成立东山公社。1986年改乡。1993年改镇。因镇政府驻地得名。黄冈河流经。有中学1所，小学9所，卫生院1个，医疗站14个。农业以水稻、番薯、花生种植为主，产橄榄、青梅、荔枝、龙眼。有茶叶、黄竹、蔬菜生产基地。工业以竹艺加工为主。县道浮东线过境。

东山村［Dōngshāncūn］ 东山镇人民政府驻地。在县政府驻地黄冈镇西北27千米。人口2700。因处祖祠东面山麓得名。聚落呈梯形。有中小学、卫生院。农业以水稻、花生种植，淡水鱼、猪、鸭养殖为主。通乡村公路。

新圩镇［Xīnxū Zhèn］ 饶平县辖镇。在县境中部。面积93平方千米。人口3.7万。辖30村委会，有42自然村。镇人民政府驻长彬村。1956年设新圩乡。1958年并入浮山公社。1968年析设新圩公社。1986年改镇。2003年渔村镇并入。因新圩得名。圩址与东门圩相邻，为区分新旧命名。黄冈河流经。有水库15个。有初中2所，小学8所，幼儿园2所，卫生院1个，医疗站29个。有古迹陈吊王庙、儒林第、陈氏大宗祠、宋末陈吊王抗元根据地遗址四壁岭。农业以水稻、豌豆、苦瓜、冬瓜、吊瓜种植为主。有生柑、青梅、野山枣种植基地。特产东魁杨梅。省道坑海线、县道西渔线过境。

长彬村［Chángbīncūn］ 新圩镇人民政府驻地。在县政府驻地黄冈镇西北17千米。人口4700。因临塘得名塘边，以方言谐音改今名。聚落呈团块状。有小学、卫生院。有古迹元帅爷庙、四壁岭宋末抗元义军陈吊王驻兵处。农业以水稻、番薯种植为主，产青梅、荔枝、冬瓜。县道渔村线经此。

樟溪镇［Zhāngxī Zhèn］ 饶平县辖镇。在县境中部。面积108平方千米。人口2万。辖1居委会、20村委会，有47自然村。镇人民政府驻烈火村。1962年成立樟溪公社。1983年改区。1986年改镇。因樟溪得名，溪岸多樟树。黄冈河流经。有马山湖水库。有中学1所，小学10所，幼儿园2所，卫生院1个，医疗站20个。有省级文物保护单位紫来楼。有古冰川遗迹冰臼公园、马山湖遗址、望海岭石刻。农业以柑橘、橄榄、荔枝、青梅、香蕉、菠萝种植为主。工业以抽纱、食品加工、木材加工、制衣为主。县道钱坪线过境。

烈火村［Lièhuǒcūn］ 樟溪镇人民政府驻地。在县政府驻地黄冈镇西北14千米。人口4200。寓意如烈火般旺盛得名。聚落呈散状。有中小学、卫生院。有古迹张氏宗祠。农业以水稻、甘蔗种植为主，产榴梿、胡萝卜、酸橙。省道坑海线经此。

钱东镇［Qiándōng Zhèn］ 饶平县辖镇。在县境西南部。面积123平方千米。人口9.7万。辖3居委会、25村委会，有47自然村。镇人民政府驻上浮山村。1958年成立钱东公社。1986年改镇。因寄托"家居荣贵腾达"之意得名。黄冈河流经。有十二年一贯制学校1所，中学2所，小学21所，幼儿园12所，技工学校1所，卫生院1个，敬老院1个。有古迹林姜寺、江夏黄公墓、张夔夫妇合葬墓。有古建筑钱塘"九十九门"、径口"驷马拖车"等。有国家4A级旅游景区绿岛山庄，景点南国生态度假村。农业以水稻、番薯、花生种植，海水、淡水养殖为主，产大豆、乌龙茶、荔枝、龙眼。工业以食品加工、工艺陶瓷、铜业为主。深厦铁路、324国道、县道白塔线过境。

上浮山村［Shàngfúshāncūn］ 钱东镇人民政府驻地。在县政府驻地黄冈镇西北7千米。人口4200。为黄冈河、大小榕溪交汇地，因土地抬升得名。聚落呈块状。有小学、卫生站。农业以水稻、薯类种植为主。通乡村公路。

高堂镇［Gāotáng Zhèn］ 饶平县辖镇。在县境西北部。面积25平方千米。人口2.5万。辖12村委会，有16自然村。镇人民政府驻院前村。1977年成立高堂公社。1986年改乡。1993年改镇。因临河沟、水塘建屋得名沟塘，以谐音雅称今名。黄冈河流经。有初中1所，小学7所，幼儿园3所，卫生院1个，医疗站12个。有明清祠堂70多栋。有古迹金光寺。农业以水稻、番薯、蔬菜种植为主。工业以高堂菜脯、肉制品、金属材料加工为主。有国家地理标志产品高堂菜脯。厦深铁路、县道下军线过境。有饶平站。

院前村［Yuànqiáncūn］ 高堂镇人民政府驻地。在县政府驻地黄冈镇西北8千米。人口2600。因古有庵院，村处院前得名。聚落呈块状。有老人活动中心、文化广场。农业以萝卜、龙眼、水稻种植为主。工业以菜脯腌制为主。通乡村公路。

联饶镇［Liánráo Zhèn］ 饶平县辖镇。在县境东南部。面积86平方千米。人口3.9万。辖1居委会、24村委会，有49自然村。镇人民政府驻深涂村。1961年析联山、霞饶2乡地设联饶公社，取2地名各一字得名。1988年改镇。联饶溪流经。有初中1所，小学15所，幼儿园1所，卫生院1个，医疗站24个。有明代余文英墓、宋代林氏墓地、三王爷庙、洋东瓦厂遗址。有景点招军树、朝阳洞、下饶生态森林公园。农业以水稻、番薯、花生、玉米种植为主，产龙眼、荔枝、蔬菜。厦深高铁、沈海高速、324国道、省道坑海线过境。

深涂村［Shēntúcūn］ 联饶镇人民政府驻地。在县政府驻地黄冈镇西北8千米。人口1400。因土地肥沃、土层深厚得名。聚落呈块状。农业以卷心菜、土豆、芋头种植为主。工业以家具制造、化工为主。省道坑海线经此。

所城镇［Suǒchéng Zhèn］ 饶平县辖镇。在县境东南部。面积52平方千米。人口4.7万。辖1居委会、11村委会，有17自然村。镇人民政府驻所城社区。1984年置所城区。1986年改镇。明洪武二十七年(1394)设守御千户所，因城大得名大城所、大埕城所，演为今名。有寨山、东界尖。有初中2所，小学8所，幼儿园11所，卫生院1个，医疗站13个。有古迹高埕云峰寺、风吹岭古渡口石刻群。有景点云峰山庄、岭后蝙蝠洞、同安岩、普陀岩等。有中国传统村落大城所古城。有瞭望山生态文化旅游长廊、古建筑、古井、古戏台、城隍庙、古街道、古驿站。有省级非物质文化遗产游旱龙。农业以番薯、蔬菜种植，海水养殖，鸡、鸭、鹅养殖为主。有鲍鱼、虾养殖基地。工业以油气开发为主。服务业以商贸为主。324国道过境。

所城社区［Suǒchéng Shèqū］ 所城镇人民政府驻地。在县境东南部。面积2平方千米。人口6200。因镇得名。1999年成立。民居以楼房为主。有老人活动中心、农家书屋、残疾人康复园、所城敬老院、所城镇金银山健身文化公园。有小学、卫生站。农业以水稻、花生、番薯种植，淡水养殖为主。通乡村公路。

大埕镇［Dàchéng Zhèn］ 饶平县辖镇。在县境东南部。面积32平方千米。人口3.4万。辖7村委会，有7自然村。镇人民政府驻程南村。1986年置大埕镇。因大埕湾得名。有大幕山。濒南海。有初中1所，小学7所，幼儿园3所，卫生院1个，医疗站7个。有古迹宋代鸿程三山国王庙、黄尚书公馆、云峰院。农业以水稻种植为主，产番薯、花生、西瓜、芦笋、中药材。有海水捕捞、滩涂育苗业。有西施舌繁殖保护区。324国道、碧铁公路过境。

程南村［Chéngnáncūn］ 大埕镇人民政府驻地。在县政府驻地黄冈镇东南17千米。人口1.2万。因位于原鸿程乡分乡南端得名。有方铅石、冰长石、铁矾土、铁、石膏、褐铁等矿产资源。有中小学、卫生院。农业以水稻、番薯种植为主。通乡村公路。

柘林镇［Zhèlín Zhèn］　饶平县辖镇。在县境东南部。面积12平方千米。人口1.7万。辖3居委会、4村委会，有11自然村。镇人民政府驻柘中社区。1952年置柘林镇，后改公社。1983年改区。1986年改镇。因昔柘树成林得名。三面环海。有吊鬼山。有中学1所，小学1所，幼儿园3所，卫生院1个，医疗站4个。有省级文物保护单位镇风塔。有古迹石刻群、白雀寺、天后宫、七夕井、旗头山炮台。有景点风吹岭、金狮湾天然浴场、七夕井海底温泉、西澳岛、柘林海滨浴场。农业以海水网箱养殖为主，产石斑鱼、金鲳鱼、鲫鱼。有大唐电厂、亚太码头。324国道，县道所柘、灰井线过境。

柘中社区［Zhèzhōng Shèqū］　柘林镇人民政府驻地。在县境东南部。面积0.7平方千米。人口8700。因处镇中得名。1999年成立。有综合性文化服务中心、便民服务活动室、卫生室、文体中心、社区书屋等。农业以海水养殖为主。通乡村公路。

汫洲镇［Jǐngzhōu Zhèn］　饶平县辖镇。在县境南部。面积35平方千米。人口6万。辖8居委会、5村委会，有13自然村。镇人民政府驻汫南社区。1957年置汫洲镇，后改公社。1983年改区。1986年改镇。原名瀛洲，以2井字形海港纵横改今名。有中学2所，小学10所，幼儿园19所，卫生院1个，医疗站28个。有古迹永福寺、瀛洲大庙、石公古榕。有景点龙井甘泉、妈宫娃鱼、古山观潮。农业以水产品养殖、捕捞为主。324国道，省道坑海线，灰三、铁汫公路过境。

汫南社区［Jǐngnán Shèqū］　汫洲镇人民政府驻地。在县境西南部。面积1500平方米。人口5900。因方位得名。1986年成立。有老人活动室。有小学、幼儿园。农业以水稻、蔬菜种植，鱼、虾、蟹、蚝养殖为主。通乡村公路。

海山镇［Hǎishān Zhèn］　饶平县辖镇。在县境南部。面积51平方千米。人口8.2万。辖5居委会、12村委会，有22自然村。镇人民政府驻隆北社区。1983年设海山区。1986年改镇。因主岛小山遍布、四面环海得名。有中学4所，小学14所，幼儿园14所，卫生院1个，医疗站12个。有长征干部李沛群纪念馆、抗日指挥旧址刘氏家庙。有南宋右丞相郑清之古墓、隆福寺、朱氏宗祠、七圣庙、石壁书斋等。有万年地质海滩岩田遗迹、亿年海蚀岩“石龟”。有省级二类渔港1个，三类渔港2个。农业以渔业为主，养殖小贝类、鱼虾蟹等。特产海山紫菜。324国道、省道坑海线过境。有潮州三百门港。

隆北社区［Lóngběi Shèqū］　海山镇人民政府驻地。在县境西南部。面积3平方千米。人口5000。取镇内隆福寺之“隆”及地处镇区北部得名。1986年成立。民居以低层楼房为主。有老人活动室。有小学、卫生院。通乡村公路。

揭　阳　市

揭阳市［Jiēyáng Shì］　广东省辖地级市。北纬23°05′—23°46′，东经115°36′—116°37′。在省境东部。面积5265平方千米。户籍人口697.1万，常住人口609.4万。以汉族为主，还有回、满、苗等民族。辖榕城、揭东2区，揭西、惠来2县，代管普宁县级市。市人民政府驻榕城区。秦始皇三十三年（前214）置揭阳县，属南海郡。王莽代汉后改南海亭，属交州。东汉末复揭阳县，属南海郡。宋绍兴二年（1132）并入海阳县。八年复置揭阳县，属潮州府。至清未变。1914年属潮循道。1949年后先后隶属潮汕专区、粤东行政区、汕头专区、汕头市。1965年部分地域析出。1991年撤县设地级揭阳市，揭西县划入。因地处揭岭南，山南水北谓之阳而得名。地势北高南低，由北至南为山地、丘陵、盆地、平原。平均海拔1000米。最高峰李望嶂海拔1222米。年均气温21.4℃，1月平均气温13.3℃，7月平均气温28.2℃。年均降水量1785毫米。年均无霜期321—325天。榕江、练江、龙江流经。有锡、钨、铜等矿产资源。有野生植物1159种，其中有国家重点保护野生植物紫纹兜兰、墨兰、建兰等22种。有野生动物283种，其中有国家重点保护野生动物潮汕蝾螈、平胸龟、白鹇、豹猫等31种。有省级自然保护区1个。森林覆盖率46.9%。有高校2所，中学278所，小学1247所，三级医院4个。有全国重点文物保护单位丁氏光禄公祠，省级文物保护单位12个。有国家级非物质文化遗产普宁英歌舞、揭阳潮剧、乔林烟花舞龙、阳美翡翠玉雕技艺等9项。有揭阳学宫、双峰寺、黄岐山风景区、林则徐纪念馆等名胜古迹。三次产业比例9∶56∶35。农业以小麦、玉米种植为主。工业以五金机械、纺织服装、高端装备制造为主。服务业以商品批发零售、房地产为主。有铁路105.9千米，高速201.9千米，公路7209.7千米，内河航线469千米。广梅汕铁路，厦深高铁，深汕、普惠、揭普、梅揭、汕揭高速过境。有潮汕机场，民航航线31条，通往国内外36城市。有国家对外开放一类口岸神泉港。

揭阳［Jiēyáng］　又名榕城。揭阳市聚落。在市境东北部。面积44平方千米。人口98.3万。以汉族为主，还有回、满、苗等民族。元至正十二年（1352）始筑土城，经明天顺四年至崇祯二年（1460—1629）7次重修扩建，石砌环城墙始成，有东、西、南、北、进贤5门。1938年拆城扩城区。后扩建东部新城。综合工业区位于北、东部。港口工业区在西北部洮河畔，有客、货运码头。行政、商业、文化中心位于中部，有商业街、中专、中学。东南部有揭阳经济开发试验区。有揭阳学宫、双峰寺、岐山石塔、进贤门等名胜古迹。铁路、国道、省道过境。通多路公交车。

榕　城　区

榕城区［Róngchéng Qū］　揭阳市人民政府驻地。在市境东北部。面积340平方千米。人口97.7万。以汉族为主，还有回、满、苗等民族。辖10街道、4镇。区人民政府驻新兴街道。1991年设。2012年部分地区析出。因该地多榕树而得名。榕江南河、北河流经。有高中7所，初中24所，小学94所，幼儿园199所，成人学校2所，三级医院1个，二级医院6个，国家一级文化馆1个。有国家级非物质文化遗产青狮、乔林烟花舞龙。三次产业比例1∶60∶39。农业以荔枝、香蕉、生柑种植为主。工业以五金、不锈钢、塑料化工、电子电器为主。有仙梅民营科技园。服务业以住宿、餐饮为主。广梅汕铁路，206国道，省道揭海、揭神线过境。有揭阳站。

揭阳楼广场［Jiēyánglóu Guǎngchǎng］　在城区西南部。面积30万平方米。唐中期初建。2006年重建，2010年建成。因揭阳楼得名。整体由莲花形中央广场、外侧木棉花造型组成，以“心心相印”为主题。中央广场有巨大莲花地景，以揭阳楼为核心，外侧以宝鼎广场为花芯，呈木棉花造型。周边有望龙头古建筑群、东升中学等。通多路公交车。

榕华大道［Rónghuá Dàdào］　在区境中部。南起北河大桥，北至环市南路。与天福路、进贤门大道、榕朗路、望江北路等相交。长7千米，宽45米。沥青路面。原为池揭公路，1985年扩建城市道路。因寓意榕城区繁荣发展而得名。两侧有市汽车总站、榕江公园、中学等。通多路公交车。

黄岐山大道［Huángqíshān Dàdào］　在区境西北部。南起揭阳站，北至临江北路。与建阳路、美阳路、新阳路相交。长2.4千米，宽48米。混凝土路面。1994年开工，1995年建成。因通往黄岐山得名。两侧有电信大楼、银行等。通多路公交车。

临江北路［Línjiāng Běilù］　在区境西北部。西起淡浦路，东至临江北路。与仁义路、黄岐山大道、晓翠路、新河路、揭阳大道相交。长4.8千米，宽34米。沥青路面。1994年开工，1995年建成。因地处榕江北河北岸而得名。两侧有市政府、财政局、检察院等。通多路公交车。

进贤门大道［Jìnxiánmén Dàdào］　在区境西北部。东起环市东路，西至东环城路。与新兴北路、榕华大道、莲花大道等相交。长6.3千米，宽28—80米。沥青路面。1980年始建，2009年改建，2010年建成。2013—2014年改建。因吉言佳语得名。两侧有东风体育广场、市汽车总站、进贤门市场、榕城图书馆等。通多路公交车。

望江北路［Wàngjiāng Běilù］　在区境西部。西起西环城路，东至莲花大道。与榕华大道、东湖路等相交。长5千米，宽35.5米。沥青路面。1995年开工，1996年建成。因南临榕江南河，取望江之意而得名。两侧有青松大厦、区政府、东湖公园等。通多路公交车。

建阳路［Jiànyáng Lù］　在区境西北部。西起临江北路，东至莲花大道。与新河路、黄岐山大道、仁义路等相交。长4.2千米，宽30米。沥青路面。1996年开工，1997年建成。因吉言佳语得名。两侧有市人才管理局、妇幼保健院、体育馆等。通多路公交车。

美阳路［Měiyáng Lù］　在区境西北部。东起淡浦路，西至临江北路。与马牙路、仁义路等相交。长2.3千米，宽25.5米。沥青路面。1996年开工，1997年建成。因吉言佳语得名。两侧有市实验学校、中心血站等。通多路公交车。

西凤大桥［Xīfèng Dàqiáo］　在城区中部偏西。长307.4米，宽20米，最大跨度48米，桥下净高20米。2008年开工，同年建成。取西马、凤潮2社区名各一字而得名。为大型河道桥梁,结构型式为钢筋混凝土T梁桥。最大载重55吨。通多路公交车。

北河大桥[Běihé Dàqiáo] 在城区中部。长276米,宽10米,最大跨度30米,桥下净高7.6米。1990年开工,同年建成,2008年改建。因跨榕江北河而得名。为大型河道桥梁,结构型式为钢筋混凝土T梁桥。最大载重55吨。通多路公交车。

南河大桥[Nánhé Dàqiáo] 在城区西部。长498.5米,宽37.5米,最大跨度30米,桥下净高3.2米。1989年开工,同年建成。因跨榕江南河而得名。为大型河道桥梁,结构型式为钢筋混凝土T梁桥。最大载重55吨。通多路公交车。

梅东大桥[Méidōng Dàqiáo] 在城区中部偏东。长585米,宽32米,桥下净高26米,最大跨度55米。2005年开工,同年建成。取东畔、梅兜2村各一字而得名。为大型河道桥梁,结构型式为钢筋混凝土T梁桥。最大载重55吨。通多路公交车。

榕东大桥[Róngdōng Dàqiáo] 在城区东部。长1246.2米,宽28米,最大跨度107米,桥下净高23米。1994年开工,2000年建成。因所处位置得名。为大型河道桥梁,结构型式为钢筋混凝土板桥。最大载重55吨。通多路公交车。

揭阳站[Jiēyáng Zhàn] 见交通运输设施部分“揭阳站”条。

揭阳汽车客运总站[Jiēyáng Qìchē Kèyùn Zǒngzhàn] 见交通运输设施部分“揭阳汽车客运总站”条。

马牙汽车站[Mǎyá Qìchēzhàn] 见交通运输设施部分“马牙汽车站”条。

新兴街道[Xīnxīng Jiēdào] 榕城区人民政府驻地。在区境中部。面积3平方千米。人口5.2万。以汉族为主,还有回、满、苗等民族。1992年设。因地处市区中心,寓意新形成发展中心得名。有中学2所,小学6所,二级医院1个,卫生院1个,卫生站3个。有东湖公园、东风体育广场、望江广场等。有甲东里寨遗址、黄石公祠、娘宫观等名胜古迹。工业以五金、塑料加工、电子为主。有榕湖路药材销售专业街。通公交车。

榕华街道[Rónghuá Jiēdào] 属榕城区。在区境中部。面积2平方千米。人口6.6万。以汉族为主,还有回、满、苗等民族。1992年设。因榕华大道而得名。有中学1所,小学3所,三级医院1个,二级医院1个,卫生院1个,卫生所1个。有区图书馆。经济以工商业为主。通公交车。

中山街道[Zhōngshān Jiēdào] 属榕城区。在区境中部。面积1平方千米。人口3万。以汉族为主,还有回、满、苗等民族。1992年设。因纪念孙中山而得名。东风河流经。有中学2所,小学2所,卫生院1个。在广东省文化名城榕城古城。有揭阳学宫、双峰寺、潮汕传统民居陈泰兴、进贤门城楼、店马雷神庙等古迹。有古街巷史巷横街。有揭阳古八景之“谯楼晓角”“双峰晚钟”“南浦渔歌”“玉滘乔榕”。有特色民俗行彩桥、安仔灯。服务业以商贸为主。有进贤商业步行街、中兴园商贸街、北门市场等。

西马街道[Xīmǎ Jiēdào] 属榕城区。在区境西部。面积3平方千米。人口3.8万。以汉族为主,还有回、满、苗等民族。1992年设。因西马路而得名。榕江流经。有中学2所,小学4所,二级医院1个,卫生院1个,卫生站6个。有全国重点文物保护单位丁氏光禄公祠。有孙氏家庙、蔡氏家庙、许氏家庙、涂塔宫、石狮桥等古迹。有省级非物质文化遗产行彩桥。有揭阳古八景之“钓鳌仙迹”“玉滘乔榕”“南浦渔歌”。有景点西湖公园、民国骑楼建筑群。工业以五金制造为主。有西郊岭顶、仙滘工业区。有特色商业古街打铜街、柴街等。通公交车。

榕东街道[Róngdōng Jiēdào] 属榕城区。在区境东部。面积12平方千米。人口3.4万。以汉族为主,还有回、满、苗等民族。1993年设。因位置得名。榕江流经。有中学1所,小学6所,卫生院1个,卫生所18个。有念慈体育馆。有钟厝洋吉贝浦桥、“三点会”总部革命遗址、旧寨陈氏家庙、祠堂魏氏家庙、梅兜魏氏家庙等名胜古迹。工业以轻工业为主,有电子电器、玩具、钟表制造等。有3000吨级码头1个。通公交车。

东阳街道[Dōngyáng Jiēdào] 属榕城区。在区境北部。面积12平方千米。人口2.7万。以汉族为主,还有回、满、苗等民族。1994年设。原属东山街道,又处黄岐山南,以山南水北为阳得名。有钨、瓷土等矿产资源。有中学4所,小学9所。有省级非物质遗产新阳村芒扫制作工艺。有景点崇光岩等。农业以水稻、玉米种植为主。工业以塑料化工、不锈钢制品加工为主。服务业以商贸批发、物流为主。广梅汕铁路、206国道、省道汕樟线过境。有揭阳站。

东升街道[Dōngshēng Jiēdào] 属榕城区。在区境北部。面积10平方千米。人口4.2万。以汉族为主,还有回、满、苗等民族。1994年设。因寓意旭日东升而得名。有中学2所,小学3所,二级医院1个,卫生所7个。有黄岐山公园、青年文化广场、沿江喷泉景点等。有揭阳古八景之“黄岐夕翠”。服务业以商品零售为主。通公交车。

东兴街道[Dōngxīng Jiēdào] 属榕城区。在区境北部。面积7平方千米。人口5.3万。以汉族为主,还有回、满、苗等民族。2003年设。原名东山街道,因吉言佳语得名。榕江流经。有中学2所,小学6所,二级医院2个,卫生所12个。有景点潮州八贤纪念馆、玉浦黄氏家庙等。工业以五金、不锈钢加工为主。服务业以商贸为主。通公交车。

仙桥街道[Xiānqiáo Jiēdào] 属榕城区。在区境南部。面积46平方千米。人口12.3万。以汉族为主,还有回、满、苗等民族。2003年设。因古迹仙桥得名。有紫峰、南面山脉。仙桥河流经。有中学4所,小学14所,卫生院1个。农业以水稻、小麦种植为主。工业以轧钢、塑料制鞋、五金制品加工为主。省道揭海、揭神线过境。通公交车。

西岐村[Xīqícūn] 在区政府驻地新兴街道西南6千米。属仙桥街道。人口1.3万。宋绍兴年间(1131—1162)建村,借周文王住所“西岐城”之佳兆得名。聚落呈带状。有中小学、卫生站。为中国传统村落。有直正公祠、西岐古寨、古寨墙等古迹。农业以荔枝、杧果、香蕉种植为主。工业以轧钢、塑料加工、五金制造为主。省道揭海、揭神线经此。

梅云街道[Méiyún Jiēdào] 属榕城区。在区境南部。面积25平方千米。人口7.1万。以汉族为主,还有回、满、苗等民族。1986年设梅云镇。2003年改街道。因梅畔、云光2村得名。梅溪、涂溪流经。有中学2所,小学17所,卫生服务中心1个,卫生站29个。有紫峰寺、明宗岩、彭园等景点。农业以水稻、番薯种植,猪、鸡养殖为主,盛产荔枝、香蕉。工业以五金、不锈钢、轧钢、塑料鞋加工、化工为主。省道揭神线过境。通公交车。

渔湖镇[Yúhú Zhèn] 榕城区辖镇。在区境东部。面积44平方千米。人口11.4万。辖1居委会、36村委会,有68自然村。镇人民政府驻江夏村。1952年为渔湖区。1963年改公社。1987年改镇。古为沿海咸淡水交汇地带,水族繁盛。因渔民多在此作业而得名。有中学2所,小学6所,卫生室10个。农业以水稻、番薯种植为主,产香蕉、柑橘等。工业以模具加工、塑料化工、钟表制造、包装为主。省道揭神线过境。通公交车。

江夏村[Jiāngxiàcūn] 渔湖镇人民政府驻地。在区政府驻地新兴街道东南5千米。人口4700。因多溪汇流,寓意“江聚千壑之泉源,夏沐万木之旺盛”得名。聚落呈块状。有中小学、卫生室。有江夏会议旧址。农业以水稻种植为主,产香蕉、柑橘等。工业以服装、毛织品、五金、电器加工为主。通公交车。

地都镇[Dìdū Zhèn] 榕城区辖镇。在区境西南部。面积101平方千米。人口10.3万。辖1居委会、23村委会,有24自然村。镇人民政府驻仙埔村。1961年成立地都公社。1983年改区。1986年改镇。因山、水、平原皆有,取地美之意得名地美都,后简称今名。榕江流经。有中学7所,小学21所,卫生院1个,卫生室67个。有永乐陂水利碑、郑旻夫人贞淑高氏墓、松岩公祠、竹溪公祠、遁叟公祠、玄天上帝庙、邹氏祖祠等古迹。有祭拜牛狮爷习俗。有景点北回归线标志塔。农业以水稻、番薯种植为主。工业以石材加工、石材机械制造、重化工为主。206国道过境。

仙埔村[Xiānpǔcūn] 地都镇人民政府驻地。在区政府驻地新兴街道东南21千米。人口1200人。南宋建村,因地势平坦得名新埔,以改今名。聚落呈条状。有中学。农业以水稻种植为主,兼种番薯、蔬菜、青皮梨等。206国道经此。

砲台镇[Pàotái Zhèn] 榕城区辖镇。在区境西南部。面积54平方千米。人口12.5万。辖1居委会、11村委会,有74自然村。镇人民政府驻桃山村。1959年成立砲台公社。1984年改区。1987年改镇。因古炮台得名。有桑浦山。榕江流经。有中学7所,小学12所,卫生院1个,卫生站75个。有砲台镇老妈宫、砲台古城墙遗址、石牌古寨墙、天后宫、国王庙等古迹。有妈祖诞辰纪念日庙会。农业以水稻、番薯、杧果、火龙果、草莓种植为主。特产桃山格篮、石牌红番薯、新寨溪薤。工业以模具、石板、床上用品加工为主。206国道过境。

桃山村[Táoshāncūn] 砲台镇人民政府驻地。在区政府驻地新兴街道东21千米。人口1万。因山似桃果得名。聚落呈块状。有中小学、卫生室、老人活动中心。有桃山谢氏家庙、百岁坊等古迹。有龟泉等景点。农业以水稻、番薯、玉米、龙眼、荔枝、香蕉、竹笋种植为主。特产桃山芥蓝。工业以石板加工为主。县道砲浮线经此。通公交车。

登岗镇[Dēnggǎng Zhèn] 榕城区辖镇。在区境西部。面积32平方千米。人口8.1万。辖2居委会、12村委会,有64自然村。镇人民政府驻登岗村。1959年成立登岗公社。1984年改区。1986年改镇。因镇政府驻地得名。有虎山。枫江流经。有锡、白垩土等矿产资源。有中学3所,小学13所,卫生院1个,卫生站15个。农业以水稻、番薯、甘蔗种植为主。206国道过境。

登岗村[Dēnggǎngcūn] 登岗镇人民政府驻地。在区政府驻地新兴街道东南20千米。人口8600。因传登山方见此地而得名。聚落呈块状。有中小学。农业以水稻、番薯种植,罗非鱼、草鱼养殖为主。产柑橘、香蕉、龙眼等。县道砲浮线经此。

揭东区

揭东区[Jiēdōng Qū] 揭阳市辖区。在市境东部。面积 694 平方千米。人口 110.5 万。以汉族为主,还有壮、苗、土家等民族。辖 2 街道、11 镇。区人民政府驻曲溪街道。1991 年由揭阳县析设揭东县,属揭阳市。2012 年改区。因所处位置得名。有鹰爪石山,海拔 1180.5 米。榕江北河、枫江、新西河等流经。有水晶、锡、高岭土等矿产资源。有中学 52 所,小学 127 所,特教学校 1 所,二级医院 2 个。有区文化艺术中心。有丰化寺、双峰古寺、月城大峰祖庙、围龙屋等古迹。有国家级非物质文化遗产阳美翡翠玉雕技艺、乔林烟花舞龙,省级非物质文化遗产 3 项。有纪念地汾水战役革命烈士纪念碑。有城西打铁技艺、阳美火把节。有景点古母山。三次产业比例 7∶71∶22。农业以水稻、番薯、香蕉、柑橘、龙眼种植为主。特产新亨菜脯、邹堂梨。工业以玉石、服装、金属制品加工为主。服务业以商贸、玉石销售为主。广梅汕、厦深铁路,潮惠、汕昆高速,206 国道,省道樟公线过境。

揭东人民广场 [Jiēdōng Rénmín Guǎngchǎng] 在城区东部。面积 11.5 万平方米。2010 年开工,同年建成。有集合广场、林荫景区、工艺品展示廊、文化宣传廊。主轴两侧有丹凤朝阳石柱 8 对,石雕照壁 8 幅,展示揭东历史文化典故、民俗风情。南侧有金水玉带桥、蟠龙戏珠莲池、展演舞台、贤书棋台、健身场地、LED 电视屏幕。为市民休闲活动场所。周边有区图书馆、文广新局等。通公交车。

揭东大道 [Jiēdōng Dàdào] 在区境中部。西起新阳东路,东至枫口桥。与金新路、金凤路、金溪大道等相交。长 7.8 千米,宽 50 米。沥青混凝土路面。1986 年开工,1988 年建成。因区得名。两侧有金叶大厦、移动大楼等。通公交车。

金溪大道 [Jīnxī Dàdào] 在区境中部。西起揭东大道,东至省道池樟线。与金叶路、金山路、金城路相交。长 3 千米,宽 30 米。沥青混凝土路面。原为揭汕公路,1992 年扩建城市道路。因俗语"金曲溪,银锡场"得名。两侧有市电厂、银行、区工商局、中学等。通公交车。

人民大道 [Rénmín Dàdào] 在区境中部。西北起龙山路,东南至北环路。与丹风路、龙港路、龙翔路等相交。长 4.5 千米,宽 36—50 米。沥青混凝土路面。1993 年开工,1995 年建成。两侧有陈寮学校、揭东人民广场、龙砂文化公园等。通公交车。

枫口大桥 [Fēngkǒu Dàqiáo] 在城区东部。长 205.3 米,宽 37.5 米,最大跨度 20 米,桥下净高 4.5 米。1983 年始建,1993 年翻修,1995 年建成。因地处枫江口而得名。为大型河道桥梁,结构型式为钢筋混凝土 T 梁桥。最大载重 40 吨。通公交车。

曲溪街道 [Qǔxī Jiēdào] 揭东区人民政府驻地。在区境中部。面积 27 平方千米。人口 9.7 万。1986 年设曲溪镇。2006 年改街道。因山溪弯曲回转而得名。枫江、车田河流经。有中学 3 所,小学 9 所,二级医院 1 个,卫生院 1 个,卫生所 18 个。有图书馆、博物馆、健身广场、农民公园等。有国家级非物质文化遗产灯杆彩凤习俗。工业以制塑、纸制品加工、五金机械为主。广梅汕铁路过境。通公交车。

磐东街道 [Pándōng Jiēdào] 属揭东区。在区境西部。面积 20 平方千米。人口 6.6 万。2002年设,属榕城区。2012 年划入揭东区。因处原磐溪东而得名。榕江流经。有中学 2 所,小学 16 所,幼儿园 10 所,二级医院 1 个,卫生院 1 个,卫生站 20 个。有文化站、文化室、文化广场、广播站等。有古迹天褒节孝亭。农业以水稻、番薯、花生种植为主,产柑橘、荔枝、香蕉、龙眼等。工业以五金加工为主。服务业以商贸为主。有玉器展销中心、玉石毛料拍卖场、不锈钢市场、五金电器市场等。为翡翠加工销售集散地。有物流储运中心。通公交车。

阳美村 [Yángměicūn] 在区政府驻地曲溪街道西 13 千米。属磐东街道。人口 3600。因处揭阳西门外田洋之尾得名洋尾,后因村寨坐西向东、西朝太阳改今名。聚落呈块状。有小学、医疗站、健身广场等。有国家级非物质文化遗产阳美翡翠玉雕技艺。农业以蔬菜种植为主。有玉器加工贸易产业。通城市道路。

云路镇 [Yúnlù Zhèn] 揭东区辖镇。在区境东北部。面积 67 平方千米。人口 9 万。辖 1 居委会、20 村委会,有 49 自然村。镇人民政府驻陇上村。1957 年为云路乡。1966 年改公社。1983 年改区。1987 年改镇。传取姑娘宫联"荷神庥赫赫英灵云谒瑞,瞻望德巍巍普照路迎祥"得名,寓意子孙平步青云。老鼠寮溪、乌桥溪、瓦窑溪流经。有中学 5 所,小学 18 所,卫生院 1 个,医疗站 25 个。有文化站、文化广场。有赵埔古井。有凤隐岩、白石岩等景点。农业以水稻、番薯、花生种植,甲鱼养殖为主。产香蕉、龙眼、荔枝等。工业以陶瓷、文具、建材加工为主。广梅汕铁路、汕梅高速、206 国道过境。

陇上村 [Lǒngshàngcūn] 云路镇人民政府驻地。在区政府驻地曲溪街道东 4 千米。人口 2600。清顺治九年(1652)江氏由闽入粤,建村土坡上,得名陇上清,后简今名。聚落呈团状。有小学、医疗站、老人活动中心。农业以水稻种植为主。通乡村公路。

玉滘镇 [Yùjiào Zhèn] 揭东区辖镇。在区境东北部。面积 38 平方千米。人口 5.7 万。辖 1 居委会、10 村委会,有 32 自然村。镇人民政府驻新寨村。1950 年为玉滘镇。1956 年改乡,后改公社。1983 年改区。1986 年改镇。当地称河流为滘,因河宽得名大滘,后雅称今名。有莲花山。枫江流经。有中学 2 所,小学 10 所,幼儿园 2 所,卫生院 1 个,卫生所 33 个。有文化站、广播站。有梅岗书院、郑大进府第旧址。有腾龙寺、莲花寺、李氏宗祠、大夫第、王姑娘庙、景星古庙、李氏家庙、腾龙寺、抗元英雄谢翱庙等古迹。农业以水稻、番薯种植为主。产龙眼、柑橘、青枣等。工业以陶瓷加工为主。广梅汕铁路,汕揭、潮揭高速,省道樟公线过境。

新寨村 [Xīnzhàicūn] 玉滘镇人民政府驻地。在区政府驻地曲溪街道东 10 千米。人口 5800。因明代自官硕村分建而得名。聚落呈团状。有小学、幼儿园、老人活动中心、文化广场、篮球场。农业以水稻种植为主。省道池樟线经此。

霖磐镇 [Línpán Zhèn] 揭东区辖镇。在区境西部。面积 28 平方千米。人口 6.4 万。辖 1 居委会、11 村委会,有 56 自然村。镇人民政府驻南塘村。1961 年成立霖磐公社。1983 年改区。1987 年改镇。因取清代霖田、磐溪 2 都首字得名。有南塘山。榕江南河流经。有中学 4 所,小学 11 所,卫生院 1 个,卫生站 20 余个。有纪念地桂林革命烈士纪念碑。有桂林大宗祠、将军第、西龙天后古庙、淇澳书斋、刘三山国王庙等古迹。农业以芹菜、菠菜、白萝卜种植,鸡、鸭、猪、草鱼养殖为主。工业以食品加工、五金、服装针织为主。有霖磐工业园。有揭阳五金制品交易中心。潮惠、揭普高速,省道池樟线过境。

南塘村 [Nántángcūn] 霖磐镇人民政府驻地。在区政府驻地曲溪街道西 21 千米。人口 5900。因地处南塘山麓得名。聚落呈块状。有中小学、卫生室、老人活动中心。工业以五金、不锈钢加工为主。县道伯桂线经此。

月城镇 [Yuèchéng Zhèn] 揭东区辖镇。在区境西部。面积 17 平方千米。人口 5.2 万。辖 1 居委会、14 村委会,有 28 自然村。镇人民政府驻月城寨内村。1957 年为磐东乡。1958 年改公社。1975 年改月城公社。1983 年改区。1986 年改镇。因镇政府驻地得名。榕江南、北河流经。有锡、稀土、花岗岩等矿产资源。有中学 2 所,小学 12 所,职业学校 1 所,卫生院 1 个,卫生所 14 个。有文化站。有月城大峰祖庙、广福寺、篮头村一德堂、棉洋村郑氏家庙、林氏赓祖祠、肇武公祠、磐篮庙等古迹。有沙头风景区。农业以水稻种植为主。工业以五金、不锈钢、塑料制品、酱油加工为主。省道池樟线过境。

月城寨内村 [Yuèchéngzhàinèicūn] 月城镇人民政府驻地。在区政府驻地曲溪街道西南 17 千米。人口 4500。李姓择 7 潭建寨,围墙成圆形,形成"七星伴月"胜景,故名月城,后因地处寨内改今名。聚落呈块状。有中小学、卫生室、老人活动中心。有东川公祠、月城大峰祖庙等古迹。工业以五金、纸箱加工为主。省道池樟线经此。

白塔镇 [Báitǎ Zhèn] 揭东区辖镇。在区境西部。面积 61 平方千米。人口 9.2 万。辖 1 居委会、18 村委会,有 66 自然村。镇人民政府驻塔东村。1961 年成立白塔公社。1983 年改区。1986 年改镇。传洪氏建村,以山连成玉字形且有塔得名玉塔。后因缺水,借意"五日不雨遍地白"而改今名。榕江南河流经。有中学 6 所,小学 18 所,幼儿园 9 所,卫生院 1 个,医疗站 35 个。有文化站、文化广场。有瑞联村中共南桥二分校遗址。有丰化古寺、天后圣母庙、围龙屋等古迹。有景点望天湖。农业以龙眼种植,甲鱼、鳗鱼养殖为主。工业以食品加工、服装纺织、不锈钢为主。省道池樟线、县道马五线过境。

塔东村 [Tǎdōngcūn] 白塔镇人民政府驻地。在区政府驻地曲溪街道西 23 千米。人口 8500。因处白塔圩东得名。聚落呈块状。有小学、卫生室、老人活动中心。有玉塔古庙。农业以水稻种植为主。省道池樟线经此。

龙尾镇 [Lóngwěi Zhèn] 揭东区辖镇。在区境西部。面积 46 平方千米。人口 3.8 万。辖 1 居委会、9 村委会,有 32 自然村。镇人民政府驻龙珠村。1961 年成立龙尾公社。1983 年改区。1986 年改镇。传有远古习俗烧龙大会,龙尾居此得名。有新寮山。龙球溪流经。有锡、钨、稀土等矿产资源。有职业学校 1 所,中学 1 所,小学 10 所,幼儿园 4 所,卫生院 1 个,医疗站 30 个,文化站 1 个,文化室 10 个。有揭阳第三区委旧址、区农会旧址等。有华祖王公祠、三山国王古庙、节孝牌坊、何排岭遗址、明末义军首领刘公显旧居、镇国将军府旧址、新寮宋兵瞭望台旧址等古迹。农业以水稻、番薯种植,生猪养殖为主,产龙眼、荔枝。工业以毛织、食品加工、电子为主。省道池樟线过境。

龙珠村 [Lóngzhūcūn] 龙尾镇人民政府驻地。在区政府驻地曲溪街道西 28 千米。人口 4800。取老龙、新龙、珠坑 3 村名得名。聚落呈块状。有小学、卫生室、老人活动中心等。有石榴坷遗址。农业以水稻、红毛梨种植为主。省道池樟线、龙大公路等经此。

桂岭镇 [Guìlǐng Zhèn] 揭东区辖镇。在区境西部。面积 31 平方千米。人口 7.5 万。辖 1 居委会、16 村委会,有 38 自然村。镇人民政府驻围头村。1957 年为桂岭乡。1961 年改公社。1983 年改区。1986 年改镇。因明代刘氏移居大头岭建寨得名。有锡、稀土、花岗岩等矿产资源。有中学 2 所,小学 17 所,幼儿园 16 所,卫生院 1 个,卫生所 16 个。有文化站、农家书屋。有木偶剧团、纸影戏班、锣鼓旗标队等。

有茶魁公祠、玉莲庵、双峰寺、准提寺等古迹。有景点石母山、紫竹林。农业以水稻、柑橘、荔枝、香蕉、龙眼种植为主。工业以面制品加工为主。南柏公路过境。

围头村［Wéitóucūn］ 桂岭镇人民政府驻地。在区政府驻地曲溪街道西19千米。人口900。据"虞先亲祠"碑载，清康熙四十年（1701）以墓埔建寨场聚众而居得名围头寨，1987年改今名。聚落呈块状。有中小学、卫生院、卫生所。有围头恩德善堂、云峰祖祠等古迹。通乡村公路。

锡场镇［Xīchǎng Zhèn］ 揭东区辖镇。在区境东北部。面积49平方千米。人口21.1万。辖1居委会、12村委会，有39自然村。镇人民政府驻锡西村。1957年为锡场乡。1958年改公社。1983年改区。1986年改镇。清乾隆《潮州府志》载，因有冶炼锡矿场所得名。有鸟嘴啄、丹龙岭、松仔鞍、藤吊岭等山。榕江北河流经。有高中1所，中学5所，小学11所，幼儿园11所，卫生院1个，医疗站12个，文化站1个，文化室11个，文化广场3个，潮剧团1个。有古迹三山国王庙、莲花庵、清真寺、东仓广安寺等。有景点藤吊岭前后岩。农业以水稻种植为主。工业以食品、五金、服装加工为主。汕梅高速、206国道过境。

锡西村［Xīxīcūn］ 锡场镇人民政府驻地。在区政府驻地曲溪街道西北11千米。人口1.2万。因处锡场西部得名。聚落呈块状。有小学、卫生院、文化室、敬老院等。有藤吊岭前后岩、八卦洞、仙脚迹、古跑马道等景点。农业以水稻种植为主。工业以食品、五金加工为主。广梅汕铁路、潮惠高速、206国道经此。

新亨镇［Xīnhēng Zhèn］ 揭东区辖镇。在区境西北部。面积91平方千米。人口11.6万。辖1居委会、13村委会，有38自然村。镇人民政府驻硕联村。1950年为新亨镇。1958年改公社。1983年改区。1986年改镇。有万里通亨古道，寓意新政权亨通安泰得名。有基石山。榕江北河、龙车溪流经。有中学7所，小学13所，卫生院1个，医疗站38个。有揭阳县四区苏维埃旧址、潮揭丰边人民行政委员会旧址等。有关公石遗址、狮尾山遗址、蓝田书院、克文家塾、享世堂等古迹。有硕和村祠堂建筑群。农业以龙眼、荔枝种植，淡水鱼养殖为主。工业以五金机械、陶瓷、食品加工为主。特产五房炒茶、新亨菜脯等。广梅汕铁路、汕梅高速、206国道过境。

硕联村［Shuòliáncūn］ 新亨镇人民政府驻地。在区政府驻地曲溪街道西北16千米。人口1.6万。原名下埠村，因与牛圩、新寨2村合并，取意联合丰硕改今名。聚落呈块状。有中小学、卫生院、卫生室、文化公园、老人活动中心。工业以制衣、家具制造、珠绣为主。通乡村公路。

玉湖镇［Yùhú Zhèn］ 揭东区辖镇。在区境西北部。面积135平方千米。人口11.6万。辖1居委会、20村委会，有47自然村。镇人民政府驻吴厝村。1961年成立玉湖公社。1983年改区。1986年改镇。清光绪十四年（1888）《揭阳县志》疆域图载，因土地膏腴、民殷物阜、四周山地中间湖沼而得名产湖，后因客家话山、产同音又称山湖而改今名。有小北山脉，最高峰鹰爪石海拔1144米。有中学7所，小学20所，卫生院3个，卫生站34个，纪念馆1个，文化室22个，敬老院1个，灯光球场9个。有汾水战役旧址。有古迹大峰祖师公庙、慈林庵。有湖岗、瞭望岽、南面溜等遗址。有景点东寮紫林庵、洋边关爷石。农业以水稻、甘蔗、花生、荔枝、龙眼种植为主。特产吴厝淮山、东寮芋头、华昌蔬菜等。工业以服装、手袋、皮革加工为主。广梅汕铁路、汕梅高速、206国道过境。

吴厝村［Wúcuòcūn］ 玉湖镇人民政府驻地。在区政府驻地曲溪街道西北22千米。人口4200。因吴姓建村得名。聚落呈块状。有小学、卫生站、老人活动中心。有吴厝祠堂。农业以淮山、玉米、番薯、水稻种植为主。工业以淮山加工为主。206国道经此。

埔田镇［Pǔtián Zhèn］ 揭东区辖镇。在区境东北部。面积81平方千米。人口6.8万。辖1居委会、19村委会，有27自然村。镇人民政府驻牌边村。1961年成立埔田公社。1983年改区。1986年改镇。因镇中心位于埔田村得名。车田河流经。有埔田湖。有中学1所，小学16所，卫生院1个，卫生所32个。有埔田生态观光风景区。有景点飞凤岩。农业以香蕉种植为主，特产竹笋。工业以五金机械、建材、食品加工为主。通乡村公路。

牌边村［Páibiāncūn］ 埔田镇人民政府驻地。在区政府驻地曲溪街道西北5千米。人口8100。因处石碑旁得名。聚落呈块状。有小学、卫生室。有县中心县委旧址。有古建筑徐氏宗祠、陈氏宗祠、江氏宗祠、平江公祠、林氏祖祠等。农业以竹种植为主。工业以镜艺、纺织为主。通乡村公路。

普宁市

普宁市［Pǔníng Shì］ 广东省直辖县级市，由揭阳市代管。北纬23°17′，东经116°10′。在揭阳市境中部偏东。面积1592平方千米。人口153.2万。以汉族为主，还有壮、苗、侗等民族。辖7街道、17镇、1乡。市人民政府驻流沙北街道。明嘉靖四十三年（1564）析潮阳县地置普安县，万历十年（1582）改普宁县，属潮州府。清沿明制。此后历属潮循道、第五行政督察区、第六行政督察区、潮汕专区、粤东行政区、汕头专区。1959年惠来县大部并入，1961年析出，改属汕头地区。1983年属汕头市。1991年属揭阳市。1993年撤县设市（县级）。据清乾隆《普宁县志》载，建县时因取"普遍宁谧"之意得名。平均海拔10.5米。有峨嵋嶂。年均气温21.3℃，1月平均气温12.9℃，7月平均气温28.3℃。年均降水量2137毫米。榕江、练江流经。有锡、钛、钼等矿产资源。森林覆盖率59.8%。有中学82所，小学687所，三级医院2个，二级医院2个，国家一级文化馆、图书馆各1个。有省级文物保护单位"八一"南昌起义南下部队指挥部军事决策会议旧址、培风塔。有古迹云石岩。有国家级非物质文化遗产普宁英歌舞、普宁嵌瓷，省级非物质文化遗产普宁豆酱制作技艺、广东汉乐（普宁汉乐）、贵政山茶叶陶罐制作技艺。三次产业比例6∶67∶27。农业以水稻、番薯种植为主。工业以食品加工、文教用品、纺织、机械、化工为主。特产潮汕蕉柑、普宁豆酱。厦深铁路，揭普惠、甬莞、汕湛高速，324、238国道过境。

普宁广场［Pǔníng Guǎngchǎng］ 在市区中部。面积0.11平方千米。2013年开工，同年建成。因市名得名。有集会广场区、文艺表演区、林荫休闲区、儿童老年活动区、成人健身运动区等。为市民休闲、健身场所。周边有服装城、购物中心。通多路公交车。

普宁大道［Pǔníng Dàdào］ 在市区南部。西起324国道，东至汕头市陈沙公路。与玉华南路、大南山路、文竹南路、睦邻大道等相交。长20.9千米，宽24米。沥青混凝土路面。2008年开工，2010年建成。因市名得名。两侧有中学、市中医院、中药城等。通多路公交车。

流沙大道［Liúshā Dàdào］ 在市区东部。西起普益大道，东至东二环大道。与广南路、大南山路、新光南路、文竹南路等相交。长6.1千米，宽40米。混凝土路面。1990年开工，同年建成。因原流沙镇得名。两侧有市医院、华侨医院、普宁商品城、电信大楼、流沙人民公园等。通多路公交车。

环市北路［Huánshì Běilù］ 在市区北部。西起池尾大道，东至东埔环岛。与广达北路、赤华北路、南平路等相交。长5.7千米，宽40米。混凝土路面。2009年开工，2011年建成。因环绕市区北部得名。两侧有服装城、陈宝文学校。通多路公交车。

池尾大道［Chíwěi Dàdào］ 在市区西北部。南起城南大道，北至环市北路。与黄枝山路、贵湖路、马嘶岩路、长春路、大学路、金池路等相交。长4.8千米，宽40米。混凝土路面。1949年建砂土公路，1990—1992年改造。因池尾圩得名。两侧有加油站、综合市场、卫生院等。通多路公交车。

文竹路［Wénzhú Lù］ 在市区东南部。南起普宁大道，北至环城北路。与南芳路、城南大道、光平路、引榕东路、新美路等相交。长3.7千米，宽40米。混凝土、沥青路面。1985年开工，同年建成。取斗文、泗竹埔2村名各一字得名。两侧有安琪医院、中小学、市青少年宫等。通公交车。

普宁站［Pǔníng Zhàn］ 见交通运输设施部分"普宁站"条。

普宁市汽车客运总站［Pǔníng Shì Qìchē Kèyùn Zǒngzhàn］ 见交通运输设施部分"普宁市汽车客运总站"条。

流沙北街道［Liúshāběi Jiēdào］ 普宁市人民政府驻地。在市区北部。面积10平方千米。人口8.5万。2000年设。因地处原流沙镇北而得名。练江流经。有中学2所，小学10所，二级医院1个，卫生所（室）16个。工业以光盘科技、纺织、服装加工为主。有南园、大扬美工业园。324国道、省道揭神线过境。通多路公交车。

池尾街道［Chíwěi Jiēdào］ 在市境东部。面积43平方千米。人口7.2万。2000年设。因原池尾圩得名。流沙新河流经。有高校1所，中学4所，小学19所，卫生院1个，卫生所（室）18个。有庄世平纪念馆、十八烈士墓等。有景点唐代肇建马嘶岩。有省级非物质文化遗产贵政山茶叶陶罐制作技艺。工业以陶瓷加工、纺织、制衣、食品加工为主。潮惠高速、324国道、省道池安线过境。通多路公交车。

流沙西街道［Liúshāxī Jiēdào］ 在市境东部。面积10平方千米。人口11.5万。2000年设。因处原流沙镇西得名。有市电视大学。有中学4所，小学5所，三级医院1个，卫生所（室）15个。有图书馆、博物馆、文化馆、妇幼活动中心、流沙人民公园等。农业以水产养殖为主。工业以服装、药材加工为主。服务业以商贸为主。通多路公交车。

流沙东街道［Liúshādōng Jiēdào］ 在市境东部。面积26平方千米。人口11.5万。因处原流沙镇东得名。练江流经。有中学2所，小学15所，三级医院1个，卫生所（室）27个。有省级文物保护单位"八一"南昌起义南下部队指挥部军事决策会议旧址。工业以服装纺织为主。324国道、省道揭神线过境。通多路公交车。

新坛村［Xīntáncūn］ 在市政府驻地流沙北街道东2千米。属流沙东街道。人口14800。明弘治十年（1497）迁建，故名。聚落呈块状。有小学、老年人活动中心、健身广场、篮球场、综合市场等。农业以水稻、番薯、蔬菜种植为主。

特产流沙花猪、流沙豆干、流沙面条等。有小商品、水果、茶叶等专业市场。通乡村公路。2014年被评为省级文明村。

流沙南街道［Liúshānán Jiēdào］　在市境东南部。面积16平方千米。人口6.5万。2000年设。因处原流沙镇南得名。先后建成物流中心、庄世平博物馆。练江流经。有中学2所，小学9所，二级医院1个，卫生所(室)22个。有龟山遗址。农业以水稻、番薯种植为主。工业以纺织、服装、印染等为主。324国道、省道揭神线过境。通多路公交车。

大南山街道［Dànánshān Jiēdào］　在市境南部。面积93平方千米。人口3.7万。2013年设。因处大南山北得名。有中学1所，小学9所，卫生院1个，卫生所(室)16个。有文化广场、老年人活动中心、农家书屋等。有百二丘田旅游景区。农业以茶叶、香蕉、荔枝种植为主。工业以服装、纺织、农药加工等为主。服务业以旅游为主。省道揭神线过境。通多路公交车。

燎原街道［Liáoyuán Jiēdào］　在市境中部偏北。面积30平方千米。人口8.5万。2013年设。因毛泽东名句"星星之火可以燎原"而得名。练江支流流经。有白坑湖湿地。有职校1所，中学3所，小学8所，卫生院1个，卫生所(室)10个。有文化室、公园等。有龙田温泉。农业以水稻、番薯、花生种植为主。工业以纺织、服装、农药加工为主。特产酸梨豉、光南豆干。省道揭神线过境。通多路公交车。

赤岗镇［Chìgǎng Zhèn］　普宁市辖镇。在市境北部。面积24平方千米。人口5.9万。辖1居委会、15村委会，有22自然村。镇人民政府驻赤岗山圩。1965年成立赤岗公社。1984年改区。1986年改镇。因镇政府驻地得名。有中学1所，小学15所，卫生院1个，卫生所(室)16个。有老年人活动中心、农家书屋。农业以甜玉米、蕉柑、荔枝种植为主。工业以电线电缆、电器配件、食品加工为主。特产埔下豆干、牛奶制品等。潮惠高速、省道灰田线过境。通多路公交车。

赤岗山圩［Chìgǎngshānxū］　赤岗镇人民政府驻地。在市政府驻地流沙北街道北15千米。人口1600。因土壤赤红得名。聚落呈块状。有中小学、幼儿园等。农业以水稻、番薯种植为主。工业以抽纱、湘绣为主。省道灰田线经此。

大坝镇［Dàbà Zhèn］　普宁市辖镇。在市境东北部。面积59平方千米。人口11.1万。辖1居委会、26村委会，有85自然村。镇人民政府驻大坝圩。1958年成立大坝公社。1984年改区。1986年改镇。因镇政府驻地得名。有中学3所，小学26所，卫生院1个，卫生所(室)23个。有农家书屋。有普宁古八景之云石岩。农业以青梅种植为主。工业以水果加工、抽纱、织造为主。有英歌山工业区。潮惠高速、省道揭神线过境。

大坝圩［Dàbàxū］　大坝镇人民政府驻地。在市政府驻地流沙北街道东北8千米。人口5400。因原为沙滩而得名。聚落呈块状。有小学、幼儿园等。有集贸市场。省道揭神线经此。

洪阳镇［Hóngyáng Zhèn］　普宁市辖镇。在市境东北部。面积64平方千米。人口16.6万。辖2居委会、32村委会，有32自然村。镇人民政府驻洪阳圩。1958年成立洪阳公社。1961年改区，后改公社。1984年复区。1986年改镇。因镇政府驻地得名。有洪山、铁山。洪阳河流经。有中学6所，小学30所，卫生院1个，卫生所(室)50个。有敬老院、体育健身园。为中国历史文化名镇。有省级文物保护单位培风塔。有省级非物质文化遗产普宁豆酱制作技艺、广东汉乐。农业以花卉苗木种植为主，产蕉柑、菠萝、竹蔗等。有省级现代农业园区洪阳万花园。工业以制衣、毛织、电子为主。省道揭神、灰田线，县道马白线过境。

洪阳圩［Hóngyángxū］　洪阳镇人民政府驻地。在市政府驻地流沙北街道北16千米。人口9000。因在洪山南成圩得名。聚落呈块状。有中小学、幼儿园、卫生室、文化广场等。有特色小吃洪阳蚝烙、粿汁、猪肠胀糯米、洪阳糕粿等。省道揭神、灰田线经此。通多路公交车。

德安里［Dé'ānlǐ］　在市政府驻地流沙北街道东北16千米。洪阳镇辖自然村。人口700。取厚德载物、平安吉祥意而得名。聚落呈块状。为中国传统村落。有省级文物保护单位德安里民居群。农业以水稻、番薯种植为主。特产普宁豆酱、洪阳酥糖。省道灰田线经此。

宝镜院村［Bǎojìngyuàncūn］　在市政府驻地流沙北街道东北17千米。洪阳镇辖自然村。人口12900。因原山形似镜状得名。聚落呈圆形。有小学、卫生站、老年人活动中心、健身广场、篮球场等。农业以特色花卉木苗、水稻、番薯、蔬菜、生姜种植为主。产松、杉、青梅、青榄、油甘、香蕉、杨桃、李子等。通乡村公路。2010年被评为全国文明村。

南溪镇［Nánxī Zhèn］　普宁市辖镇。在市境东北部。面积50平方千米。人口11.9万。辖1居委会、40村委会，有40自然村。镇人民政府驻南溪村。1958年成立南溪公社。1984年改区。1986年改镇。因镇政府驻地得名。有中学3所，小学21所，卫生院1个，卫生所(室)53个。有文化室、文化广场等。有无产阶级革命家杨石魂故居。有古迹节孝坊、刺史墓。有南岩古寺玉佛国风景区。有景点洪山洞、桃花公主洞等。农业以蕉柑、淮山、生姜种植为主。工业以不锈钢、五金加工、纺织为主。有竹浦、红星场工业园。县道梅棉线过境。

南溪村［Nánxīcūn］　南溪镇人民政府驻地。在市政府驻地流沙北街道东北24千米。人口6400。因村南临溪得名。聚落呈长方形。有中小学、卫生所、老年人活动中心。农业以水稻、番薯、蕉柑种植为主。通乡村公路。

广太镇［Guǎngtài Zhèn］　普宁市辖镇。在市境东北部。面积34平方千米。人口6.3万。辖1居委会、21村委会，有21自然村。镇人民政府驻广太圩。1974年由南溪公社析设广太公社。1984年改区。1986年改镇。因镇政府驻地得名。洪阳河流经。有中学1所，小学17所，卫生院1个，卫生所(室)24个。有虎头山陶窑群遗址。农业以蕉柑、大蒜、文莱薯种植为主。工业以竹草工艺、抽纱、食品加工为主。省道揭神线过境。

广太圩［Guǎngtàixū］　广太镇人民政府驻地。在市政府驻地流沙北街道东北16千米。人口1700。原名广平圩，因人闹事而迁址太山洋，承广之首，取泰之意改今名。聚落呈块状。有小学、卫生站。农业以水稻、番薯种植为主。特产大蒜、芋头、文莱薯。省道揭神线经此。

麒麟镇［Qílín Zhèn］　普宁市辖镇。在市境东北部。面积56平方千米。人口12.5万。辖1居委会、19村委会，有19自然村。镇人民政府驻麒麟圩。1966年由南径公社析设麒麟公社。1984年改区。1986年改镇。因镇政府驻地得名。有铬、镍、磁铁、泥炭土等矿产资源。有中学2所，小学20所，卫生院1个，卫生所(室)25个。有农家书屋、老年人活动中心。有景点樟岗岩。农业以狮头油甘种植为主。工业以化工、五金、机械等为主。有水电业。省道灰田线过境。

麒麟圩［Qílínxū］　麒麟镇人民政府驻地。在市政府驻地流沙北街道东北15千米。人口600。因麒麟山得名。聚落呈块状。有中小学、幼儿园、卫生院等。农业以水稻、番薯种植为主。特产麒麟芋。省道灰田线经此。通多路公交车。

南径镇［Nánjìng Zhèn］　普宁市辖镇。在市境东北部。面积53平方千米。人口14.3万。辖1居委会、20村委会，有20自然村。镇人民政府驻南径圩。1963年由星火公社析设南径公社。1983年改区。1986年改镇。因镇政府驻地得名。练江支流流经。有中学3所，小学23所，卫生院1个，卫生所(室)38个。有文化室、老人活动室等。有古迹大春碑刻等。农业以蔬菜、番薯、甘蔗种植为主。特产南径苦瓜、南径狮头种花生。工业以塑料制品加工、塑料再生、果蔬腌制为主。南白、麒大、草南公路过境。

南径圩［Nánjìngxū］　南径镇人民政府驻地。在市政府驻地流沙北街道东北14千米。人口3700。因地处狮山、小圆山径口，青洋村之南而得名。聚落呈块状。有中小学、幼儿园、卫生院等。农业以水稻、番薯种植为主。特产南径狮头大荚花生、南径苦瓜。南白、麒大、草南公路经此。

占陇镇［Zhànlǒng Zhèn］　普宁市辖镇。在市境东部。面积51平方千米。人口18.3万。辖2居委会、37村委会，有42自然村。镇人民政府驻占陇圩。1962年由超美公社析设占陇公社。1983年改区。1986年改镇。因镇政府驻地得名。练江流经。有中学4所，小学37所，卫生院1个，卫生所(室)77个。农业以水稻、番薯、蕉柑、甘蔗种植为主。工业以纺织、制衣、印染为主。324国道、占棉公路过境。

占陇圩［Zhànlǒngxū］　占陇镇人民政府驻地。在市政府驻地流沙北街道东南10千米。人口4700。原多田垅，据垅成集，因此得名。聚落呈块状。有中小学、幼儿园、卫生院等。农业以水稻、番薯种植为主。工业以玩具加工为主。324国道经此。

军埠镇［Jūnbù Zhèn］　普宁市辖镇。在市境东南部。面积27平方千米。人口12万。辖1居委会、15村委会，有15自然村。镇人民政府驻军埠圩。1962年由超美公社析设军埠公社。1983年改区。1986年改镇。因镇政府驻地得名。练江支流流经。有中学4所，小学24所，卫生院1个，卫生所(室)39个。有文化站、老年人活动中心等。农业以水稻、番薯种植为主。工业以纺织服装、信息存储、电子器材、塑料化工为主。324国道过境。

军埠圩［Jūnbùxū］　军埠镇人民政府驻地。在市政府驻地流沙北街道东南11千米。人口4000。为纪念明代官军战倭寇且驻军，得名军埔，清代成圩改今名。聚落呈块状。有中小学、幼儿园、卫生院、健身广场等。农业以水稻、番薯种植为主。特产南糖。麒大公路经此。

下架山镇［Xiàjiàshān Zhèn］　普宁市辖镇。在市境东北部。面积83平方千米。人口8万。辖1居委会、32村委会，有44自然村。镇人民政府驻下架山圩。1973年由军埠公社析设下架山公社。1984年改区。1986年改镇。因镇政府驻地得名。有大南山、铁山。练江支流流经。有中学1所，小学17所，卫生院1个，卫生所(室)41个。有文化广场、老年人活动中心、农家书屋、健身广场、敬老院。有英歌队。农业以水稻、番薯种植为主。特产碗仔蜂蜜、和寮西洋菜。工业以服装加工、印染、医药、化纤等为主。通城市道路。通公交车。

下架山圩［Xiàjiàshānxū］　下架山镇人民政府驻地。在市政府驻地流沙北街道东南10千米。人口2万。处小山丘，形同笔架，相较笔架山一高一低，故名下架山，后因成圩市改今名。聚落呈块状。有中小学、卫生院、文化广场、敬老院等。农业以水稻、番薯种植为主。工业以制药为主。通城市道路。

高埔镇［Gāopǔ Zhèn］ 普宁市辖镇。在市境西南部。面积105平方千米。人口6.9万。辖1居委会、16村委会，有56自然村。镇人民政府驻高埔圩。1961年由南阳山公社析设高埔公社。1983年改区。1986年改镇。因镇政府驻地得名。有中学2所，小学23所，卫生院1个，卫生所(室)33个。有文化室、图书室。有景点七星洞。农业以青梅、荔枝、杨桃种植为主。工业以毛织、凉果加工为主。揭普、普惠高速，324国道过境。

高埔圩［Gāopǔxū］ 高埔镇人民政府驻地。在市政府驻地流沙北街道西南25千米。人口3600。因处较高坪地得名。聚落呈块状。有中小学、卫生院、敬老院、文化广场、健身广场等。农业以水稻、番薯种植为主。特产荔枝。工业以食品加工为主。崩东公路经此。

云落镇［Yúnluò Zhèn］ 普宁市辖镇。在市境中部。面积103平方千米。人口7万。辖1居委会、18村委会，有49自然村。镇人民政府驻云落圩。1961年由南阳山公社析设云落公社。1983年改区。1986年改镇。因镇政府驻地得名。有大南山。新圩河流经。有中学3所，小学18所，卫生院1个，卫生所(室)23个。有文化站。有盘龙阁风景名胜区。有广东南方梅园生态村。农业以水稻、橄榄、青梅、棠梨种植为主。工业以工艺品加工为主。有金美济工业区。潮惠高速、324国道过境。

云落圩［Yúnluòxū］ 云落镇人民政府驻地。在市政府驻地流沙北街道西南10千米。人口2700。宋初建隆二年(961)迁居，因山谷白云缭绕似祥云得名。聚落呈块状。有中小学、卫生院、敬老院等。农业以水稻、番薯种植为主。特产石狗坑乌梨。工业以制药、酿酒为主。通城市道路。

大坪镇［Dàpíng Zhèn］ 普宁市辖镇。在市境西南部。面积75平方千米。人口3.2万。辖1居委会、12村委会，有83自然村。镇人民政府驻大坪圩。1960年由南阳山公社析设大坪农场。1966年改公社。1983年改区。1986年改镇。因镇政府驻地得名。有矿产资源花岗岩。有中学1所，小学12所，卫生院1个，卫生所(室)12个。有龙坑村英雄纪念碑。农业以青梅、青榄、菠萝种植为主。工业以水电为主。里坪、高坪、溪坪公路过境。

大坪圩［Dàpíngxū］ 大坪镇人民政府驻地。在市政府驻地流沙北街道西南35千米。人口2600。因处平坦谷地得名。聚落呈块状。有中小学、幼儿园、卫生院、敬老院等。农业以水稻、番薯种植为主。工业以食品加工为主。里坪、高坪、溪坪公路经此。

船埔镇［Chuánbù Zhèn］ 普宁市辖镇。在市境西部。面积128平方千米。人口5.4万。辖1居委会、28村委会，有114自然村。镇人民政府驻船埔圩。1961年由南阳山公社析设船埔公社。1983年改区。1986年改镇。因镇政府驻地得名。有中学2所，小学26所，卫生院1个，卫生所(室)32个。有文化活动广场、农村书屋。有客家围龙屋建筑。农业以水稻、番薯种植为主，产青梅、青榄、菠萝。工业以青梅加工为主。船利、新大公路过境。

船埔圩［Chuánbùxū］ 船埔镇人民政府驻地。在市政府驻地流沙北街道西南29千米。人口300。原为船只停泊埠头，渐成圩集，因埔、埠同音得名。聚落呈块状。有中小学、幼儿园、卫生院、敬老院等。农业以水稻、番薯种植为主。特产菠萝、青梅。船利、新大公路经此。

梅林镇［Méilín Zhèn］ 普宁市辖镇。在市境西南部。面积148平方千米。人口7.2万。辖1居委会、36村委会，有103自然村。镇人民政府驻梅林圩。1961年由南阳山公社析设梅林公社。1983年改区。1986年改镇。因镇政府驻地得名。有中学3所，小学24所，卫生院1个，卫生所(室)36个。有古迹盘龙阁寺、西林古寺、松阳古庙。有盘龙湾温泉度假村。农业以水稻、番薯种植为主，产中药材。石云、新大、梅葵公路过境。

梅林圩［Méilínxū］ 梅林镇人民政府驻地。在市政府驻地流沙北街道西南19千米。人口4800。因地貌似梅花得名。聚落呈块状。有中小学、幼儿园、卫生站、老年人活动中心、健身广场等。农业以水稻、番薯种植为主。工业以果品加工为主。特产咸水青梅。石云、新大、梅葵公路经此。

里湖镇［Lǐhú Zhèn］ 普宁市辖镇。在市境西北部。面积85平方千米。人口11万。辖2居委会、23村委会，有124自然村。镇人民政府驻里湖圩。1961年由红旗公社析设里湖公社。1984年改区。1986年改镇。因镇政府驻地得名。榕江流经。有技术学校1所，中学4所，小学22所，卫生院1个，卫生所(室)39个。农业以鸡、鸭、鹅养殖为主。工业以电器、医药化工、钟表制造为主。省道长池线过境。

里湖圩［Lǐhúxū］ 里湖镇人民政府驻地。在市政府驻地流沙北街道西北14千米。人口1600。处石牌、火烧2溪入榕江处，雨季洪涝成湖，原有龙门桥，取意“鲤鱼跃龙门”得名鲤湖，简写为里湖，渐成圩市改今名。聚落呈块状。有中小学、幼儿园、卫生院、老年人活动中心等。农业以水稻、番薯种植为主。特产凉果、茶叶。工业以生物科技为主。省道长池线经此。

梅塘镇［Méitáng Zhèn］ 普宁市辖镇。在市境西北部。面积73平方千米。人口14万。辖1居委会、23村委会，有23自然村。镇人民政府驻梅塘圩。1960年由红旗公社析设梅塘公社。1983年改区。1986年改镇。因镇政府驻地得名。榕江流经。有中学7所，小学22所，卫生院1个，卫生所(室)27个。有古迹梅塘庵、延寿庵。有竹竿山古印纹陶和釉陶遗址。有景点白水岩、浴龙岩。农业以水稻、青榄、荔枝、龙眼种植为主。工业以制衣、纺织、美术工艺为主。省道长池线、县道梅棉线过境。

梅塘圩［Méitángxū］ 梅塘镇人民政府驻地。在市政府驻地流沙北街道西南10千米。人口4700。因曾种青梅且有水塘得名。聚落呈块状。有中小学、幼儿园、卫生院、老年人活动中心等。农业以水稻、番薯种植为主。特产石洞柿。工业以生物科技为主。省道长池线经此。

溪南村［Xīnáncūn］ 在市政府驻地流沙北街道西北12千米。梅塘镇辖自然村。人口2.6万。因处榕江南河南得名。聚落呈元宝状。有中小学、老年人活动中心、健身广场、篮球场等。为中国传统村落。有水城、方楼特色古建筑群。有古祠堂10座。农业以水稻、番薯、花生、青梅、青榄种植为主。县道梅棉线经此。

鲘溪乡［Hòuxī Xiāng］ 普宁市辖乡。在市境西北部。面积71平方千米。人口1.4万。辖6村委会，有43自然村。乡人民政府驻埔楼村。1989年由鲘溪林场改设鲘溪乡。因鲘溪滨洲得名。有峨嵋嶂。有中学1所，小学6所，卫生院1个，卫生所(室)8个。有文化站、文化室。农业以青梅、青榄种植为主。工业以水果加工为主。有水电工业。324国道、崩半公路过境。

埔楼村［Pǔlóucūn］ 鲘溪乡人民政府驻地。在市政府驻地流沙北街道西南39千米。人口2.4万。取埔仔田、上楼2村名各一字得名。聚落呈块状。有小学、老年人活动中心、健身广场等。农业以水稻、番薯、青梅、青榄、油甘、李子种植为主。通乡村公路。

揭西县

揭西县［Jiēxī Xiàn］ 揭阳市辖县。北纬23°26′，东经115°50′。在市境西北部。面积1365平方千米。人口99.4万。以汉族为主，还有壮、回、苗等民族。辖1街道、15镇、1乡。县人民政府驻河婆街道。1965年由揭阳、陆丰2县析设揭西县。因地处揭阳西得名。1975年普宁县部分地域划入。1983年属汕头市。1992年属揭阳市。地势自西北向东南倾斜，西北部重峦叠嶂，中部丘陵起伏，东南平原低洼。有海拔1000米以上山峰6座，最高点李望嶂海拔1222米，最低点海拔3米。年均气温21.5℃，1月平均气温13.4℃，7月平均气温28.2℃。年均降水量2097.4毫米。榕江、榕江北河流经。有野生植物16种，其中有国家重点保护野生植物水松、银杏、格木等7种。有野生动物53种，其中有国家重点保护野生动物潮汕蝾螈、香港瘰螈、黑斑肥螈等21种。有金、银、钨、铜等矿产资源。森林覆盖率64.4%。有中学53所，小学231所，幼儿园102所，三级医院1个，二级医院5个。有省级文物保护单位郭氏大楼、古打铁街作坊群、郭氏大夫第、三山祖庙遗址、植丰园。有省级非物质文化遗产三山国王祖庙祭典、棉湖锣鼓标旗巡游、大溪李氏宗祠祭典。有苏州式古民居郭氏大楼、灰寨新宫林，潮客风情古建筑九井十八厅。有国家4A级旅游景区京明温泉度假村、黄满磜瀑布群旅游区。三次产业比例15∶56∶29。农业以甜玉米、冬瓜、淮山、马铃薯种植为主。工业以电线电缆、电子电器、五金塑料、食品加工、生物制药为主。服务业以旅游为主。潮莞、汕湛高速，省道坪五、樟公、灰田、长池线过境。有河婆汽车客运站。通多路公交车。

河婆汽车客运站［Hépó Qìchē Kèyùnzhàn］ 见交通运输设施部分“河婆汽车客运站”条。

霖都大道［Líndū Dàdào］ 在县城中部。东北起北环一路，西南至河江大道。与温泉大道、新堤路、新安路等相交。长2.7千米，宽30米。混凝土路面。1970年开工，1971年建成。因清代霖田都得名。两侧有县妇幼保健院、电影公司、幼儿园、银行、商场等。通公交车。

北环一路［Běihuán 1 Lù］ 在县城北部。东起南霖都大道，西南至河江大道。与西堤路、新堤路、温泉大道等相交。长3.6千米，宽25米。混凝土路面。1999年开工，同年建成。为首条环县城北部公路，故名。两侧有职业技术学校、溪西小学等。

河江大道［Héjiāng Dàdào］ 在县城西部。东起河江大桥，西至235国道。与宝塔路、大庙路相交。长2千米，宽28米。混凝土路面。1992年开工，1993年建成。因处榕江河边得名。两侧有湖洋学校、张武帮中学等。通公交车。

河婆街道［Hépó Jiēdào］ 揭西县人民政府驻地。在县境西南部。面积91平方千米。人口13.9万。1986年设河婆镇。2006年改街道。因明代何姓老妪设茶寮渐成圩镇得名。横江河、榕江河流经。有中学6所，小学17所，三级医院1个，二级医院3个，卫生院1个，卫生所39个。有图书馆。有省级文物保护单位三山祖庙遗址。有广德庵风景区。有景点天竺岩。农业以水稻、番薯种植为主。工业以电子电器、汽车、机械制造为主。通公交车。

龙潭镇［Lóngtán Zhèn］　揭西县辖镇。在县境中部。面积78平方千米。人口3.9万。辖1居委会、14村委会,有90自然村。镇人民政府驻龙跃村。1961年成立龙潭公社。1983年改区。1986年改镇。因龙潭瀑布、龙潭河得名。有中学1所,小学13所,幼儿园2所,卫生院1个,卫生所17个。农业以水稻、花生、番薯种植为主。工业以变压设备制造为主。汕湛高速、省道樟公线过境。

龙跃村［Lóngyuècūn］　龙潭镇人民政府驻地。在县政府驻地河婆街道东北5千米。人口4500。因吉言佳语得名。聚落呈块状。有小学、卫生所、文化中心等。农业以水稻、番薯种植为主。产青梅、青榄、油甘等。龙关公路经此。

南山镇［Nánshān Zhèn］　揭西县辖镇。在县境中部。面积134平方千米。人口0.9万。辖1居委会、18村委会,有64自然村。镇人民政府驻南山圩。1958年成立南山公社。1983年改区。1986年改镇。因镇政府驻地得名。南山河流经。有中学2所,小学9所,卫生院1个,卫生所18个。有大北山森林公园。农业以茶种植为主。省道樟公线过境。

南山圩［Nánshānxū］　南山镇人民政府驻地。在县政府驻地河婆街道东北16千米。人口3200。因处大北山南麓得名。聚落呈块状。有中小学、卫生所。农业以水稻、花生种植为主,产青榄、青梅、李子等。省道樟公线经此。

五经富镇［Wǔjīngfù Zhèn］　揭西县辖镇。在县境东北部。面积182平方千米。人口5.9万。辖2居委会、26村委会,有97自然村。镇人民政府驻五经富圩。1956年设五经富区,后改公社。1983年复区。1986年改镇。2013年大洋乡并入。因镇政府驻地得名。五经富水流经。有中学3所,小学18所,卫生院1个,卫生所31个。有大洋风景区。农业以茶种植为主。工业以铸造、制衣为主。省道城五、樟公线过境。

五经富圩［Wǔjīngfùxū］　五经富镇人民政府驻地。在县政府驻地河婆街道东北28千米。人口4200。传元至正十六年(1356)曾氏迁此设铺5间,故名五间铺,以儒学"五经"甚富改今名。聚落呈块状。有中小学、卫生院。农业以水稻、花生、番薯种植为主,产橄榄、青梅、香蕉等。省道樟公线过境。

京溪园镇［Jīngxīyuán Zhèn］　揭西县辖镇。在县境东北部。面积73平方千米。人口5.3万。辖1居委会、13村委会,有91自然村。镇人民政府驻岭溪村。1958年为京溪园乡。1958年并入五经富公社。1965年析设京溪园公社。1983年改区。1986年改镇。因京溪园圩得名。五经富水流经。有中学2所,小学13所,二级医院1个,卫生院1个,卫生所17个。有国家4A级旅游景区京明温泉度假村、黄满磜瀑布群旅游区。有景点粗坑村。农业以水稻、番薯种植为主。工业以茶叶、饼干、罐头等农副产品加工为主。县道京梅线过境。

岭溪村［Lǐngxīcūn］　京溪园镇人民政府驻地。在县政府驻地河婆街道东北25千米。人口2500。取大岭下、京溪园2村名各一字得名。聚落呈块状。有小学、卫生院、卫生所。有健身广场、篮球场。农业以水稻、花生种植为主。工业以酿酒为主。县道京梅线经此。

灰寨镇［Huīzhài Zhèn］　揭西县辖镇。在县境中部。面积54平方千米。人口1.2万。辖1居委会、16村委会,有69自然村。镇人民政府驻灰寨圩。1962年成立灰寨公社。1986年改镇。因镇政府驻地得名。灰寨河流经。有中学1所,小学14所,幼儿园1所,卫生院1个,卫生所18个。有新宫林苏州式古建筑群、同福桥。有岚川塔风景区。农业以水稻、番薯种植为主。特产三捻榄、水粄、糯米酒等。省道灰田线过境。

灰寨圩［Huīzhàixū］　灰寨镇人民政府驻地。在县政府驻地河婆街道东北18千米。人口1200。因原多石灰三合土民居得名。聚落呈块状。有中小学、卫生院。农业以水稻、番薯、花生种植为主。产青梅、橄榄、油甘等。省道灰田线经此。

塔头镇［Tǎtóu Zhèn］　揭西县辖镇。在县境东南部。面积30平方千米。人口5.4万。辖1居委会、14村委会,有43自然村。镇人民政府山寮村。1957年为塔头乡。1958年并入棉湖公社。1961年析设塔头公社。1983年改区。1986年改镇。因临五经富水得名大头埠,以方音谐音改今名。有中学2所,小学14所,幼儿园2所,卫生院1个,卫生所20个。农业以黑皮冬瓜种植为主。工业以化肥、沙砖、服饰加工为主。县道新大线过境。

山寮村［Shānliáocūn］　塔头镇人民政府驻地。在县政府驻地河婆街道东北29千米。人口2300。因山上搭茅寮居住得名。聚落为集聚形。有小学、卫生站。农业以水稻、花生种植为主。通乡村公路。

东园镇［Dōngyuán Zhèn］　揭西县辖镇。在县境东部。面积16平方千米。人口3.9万。辖1居委会、10村委会,有43自然村。镇人民政府驻东桥园村。1957年为东园乡,后改公社。1983年改区。1986年改镇。因镇政府驻地得名。五经富水流经。有中学1所,小学6所,幼儿园2所,卫生院1个,卫生所13个。农业以水稻种植为主。工业以服装、农副产品加工为主。县道京梅线过境。

东桥园村［Dōngqiáoyuáncūn］　东园镇人民政府驻地。在县政府驻地河婆街道东30千米。人口3300。原因冬季茄子生长茂盛得名冬茄园,后以方言谐音改今名。聚落呈块状。有中小学、卫生所。农业以水稻、甘茨、甘蔗种植为主。特产黄榄、乌榄等。县道京梅线经此。

凤江镇［Fèngjiāng Zhèn］　揭西县辖镇。在县境东南部。面积34平方千米。人口8.5万。辖1居委会、15村委会,有85自然村。镇人民政府驻鸿江村。1951年由凤安区析设凤江区。1957年改乡,后改公社。1983年复区。1986年改镇。由凤湖、阳夏、鸿江3地组成,取凤湖、鸿江各一字得名。榕江流经。有中学4所,小学11所,幼儿园7所,卫生院1个,卫生所18个。农业以水稻、甘茨、小麦种植为主。工业以电线电缆、塑料、五金加工为主。省道灰田线过境。

鸿江村［Hóngjiāngcūn］　凤江镇人民政府驻地。在县政府驻地河婆街道东南37千米。人口5500。因在榕江边,地势低洼,河床高易发生洪涝,积水难退,便有"洪沟"旧称,后因文字寓意不佳,遂改名鸿江村。聚落呈放射状。有小学、卫生院、卫生所。有老人活动中心、健身广场。农业以水稻、花生种植为主。工业以竹器加工为主。凤赤公路经此。

棉湖镇［Miánhú Zhèn］　揭西县辖镇。在县境东部。面积30平方千米。人口10.5万。辖13居委会、14村委会,有21自然村。镇人民政府驻米街社区。1950年为棉湖镇。1958年与东园、凤江2乡合设棉湖公社。1961年析设凤江、东园、塔头、甲浦4公社。1972年东园公社部分地域划入。1975年普宁县(今普宁市)部分地域划入。1983年改镇。原名道江,因云湖岸木棉成林改今名。榕江流经。有中学6所,小学13所,二级医院1个,卫生院1个,卫生所30个。为省级历史文化名镇。有省级文物保护单位郭氏大楼、古打铁作坊群。有古迹兴道书院、鸿鉴兴楼等。农业以荔枝、青榄、龙眼种植为主。工业以电线电缆、高压电器、家用电器制造为主。省道灰田线过境。

米街社区［Mǐjiē Shèqū］　棉湖镇人民政府驻地。在县境东部。面积12万平方米。人口5300。因米街得名。1984年成立。民居多为1—4层钢筋结构楼房。有老人活动中心、幼儿园、健身广场。有古迹慈济古庙、古戏台等。工业以电木、纸箱、电线加工为主。通城市道路。

金和镇［Jīnhé Zhèn］　揭西县辖镇。在县境东南部。面积51平方千米。人口7.7万。辖1居委会、13村委会,有108自然村。镇人民政府驻和南村。1957年设金和乡,后改公社。1983年改区。1986年改镇。取金坑、和顺2村名各一字得名。榕江流经。有中学2所,小学16所,幼儿园3所,卫生院1个,卫生所28个。农业以甜玉米种植为主。工业以食品、凉果加工,彩印为主。省道灰田线过境。

和南村［Hénáncūn］　金和镇人民政府驻地。在县政府驻地河婆街道东南25千米。人口1.1万。因处和顺屯南得名。聚落为集聚形。有中小学、卫生院、卫生所。有老人活动中心、篮球场。有山栅工业园。通乡村公路。

大溪镇［Dàxī Zhèn］　揭西县辖镇。在县境东南部。面积35平方千米。人口2.7万。辖1居委会、16村委会,有32自然村。镇人民政府驻溪圩社区。1976年成立大溪公社。1983年改区。1986年改镇。因当地习称南河为大溪而得名。榕江南河流经。有中学1所,小学9所,幼儿园2所,卫生院1个,卫生所17个。有省级非物质文化遗产大溪李氏宗祠祭典。有古迹大溪李氏祖墓群、传统集镇大兴市旧址、凤栖楼等。有景点涂晋庵、金山清元洞等。农业以淮山、姜薯、花生种植为主。汕湛、潮莞高速过境。

溪圩社区［Xīxū Shèqū］　大溪镇人民政府驻地。在县境东南部。面积0.8平方千米。人口1600。取大溪镇、华阳圩各一字得名。1995年成立。民居以楼房为主。有文化健身广场。有爱护环境卫生活动。有志愿者服务队。有中学、卫生院。大后公路经此。

井美村［Jǐngměicūn］　在县政府驻地河婆街道东12千米。大溪镇辖自然村。人口1900。清康熙三十九年(1700)建村于井尾,因地方言尾、美同音得名。聚落呈散状。为省级历史文化名村。有省级非物质文化遗产大溪李氏宗祠祭典。县道坪石线经此。

钱坑镇［Qiánkēng Zhèn］　揭西县辖镇。在县境东南部。面积46平方千米。人口4.6万。辖1居委会、13村委会,有65自然村。镇人民政府驻老圩。1957年设钱坑乡,后改公社。1983年改区。1986年改镇。因钱氏得名钱家寨,钱姓迁出以榕江南河流经改今名。当地方言称河流为坑。榕江南河流经。有中学1所,小学12所,幼儿园1所,卫生院1个,卫生所18个。有古迹石灵寺。农业以火龙果、淮山种植为主。工业以家具制作、毛织加工、木雕加工、石材加工为主。县道坪石线过境。

老圩［Lǎoxū］　钱坑镇人民政府驻地。在县政府驻地河婆街道东南17千米。人口300。因旧时交易成圩得名。聚落呈块状。有中小学。农业以水稻、番薯、蔬菜种植为主。通乡村公路。

坪上镇［Píngshàng Zhèn］　揭西县辖镇。在县境南部。面积93平方千米。人口4.3万。辖1居委会、19村委会,有44自然村。镇人民政府驻坪上村。1961年由河婆公社析设坪上公社。1983年改区。1986年改镇。因镇政府驻地得名。榕江、石肚河流经。有中学2所，小学15所，幼儿园1所，卫生院1个，卫生所20个。有景点石内河漂流、过路塘、玉泉庵等。农业以青梅、青榄、乌榄种植为主。工业以水电为主。潮莞高速、省道长池线过境。

坪上村 [Píngshàngcūn] 坪上镇人民政府驻地。在县政府驻地河婆街道东南7千米。人口3300。因处普宁市大坪镇上方得名。聚落呈块状。有中小学、卫生所。农业以水稻、花生种植为主。产荔枝、乌榄、青榄、橄榄。省道长池线经此。

五云镇 [Wǔyún Zhèn] 揭西县辖镇。在县境南部。面积145平方千米。人口5.8万。辖1居委会、20村委会，有134自然村。镇人民政府驻下洞村。1954年设五云区。1958年成立五云公社。1983年改区。1986年改镇。境内五云河自西北向东南流入榕江南河，故名。榕江流经。有水晶石、钾长石、稀土、铁矿等矿产资源。有中学3所，小学11所，幼儿园5所，卫生院1个，卫生所31个。有古迹及旅游景点潮客风情古建筑九厅十八井、五云革命烈士纪念碑、五云彭氏宗祠及"鸡峰春色""虎岩秋风"等。农业以水稻、番薯、玉米种植为主。工业以石材、木材加工为主。潮莞高速，省道樟公、长池线过境。

下洞村 [Xiàdòngcūn] 五云镇人民政府驻地。在县政府驻地河婆街道西南7千米。人口3100。传古有5仙洞，其中五云河下游有一洞，称下洞，村由此得名。聚落呈团块状。有小学、卫生院。农业以种植水稻、花生等为主。235国道经此。通农村客运公交。

上砂镇 [Shàngshā Zhèn] 揭西县辖镇。在县境西部。面积127平方千米。人口5.9万。辖1居委会、22村委会，有221自然村。镇人民政府驻上砂圩。1957年设上砂乡，后改公社。1983年改区。1986年改镇。因镇政府驻地得名。有中学2所，小学17所，幼儿园2所，卫生院1个，卫生所22个。有景点峰子岩佛门世界、开口石生态旅游风景区。农业以水稻、番薯种植为主。特产油茶、上山茶。县道径上线过境。

上砂圩 [Shàngshāxū] 上砂镇人民政府驻地。在县政府驻地河婆街道西北15千米。人口3300。因上砂河得名。聚落呈块状。有中小学。农业以水稻、番薯、花生种植为主。郭田一五云公路经此。

良田乡 [Liángtián Xiāng] 揭西县辖乡。在县境北部。面积136平方千米。人口2.2万。辖1居委会、10村委会，有64自然村。乡人民政府驻田心。1959年由河婆公社析设良田公社。1983年改区。1986年改乡。2003年西田乡并入。原为村民交税地，故名粮田，后取谐音改今名。横江河流经。有中学1所，小学10所，幼儿园1所，卫生院1个，卫生所11个。有自然景观百丈磜瀑布、横石穿缺、铁扇关门等。农业以青梅、青榄、茶种植为主。特产苦笋、香蕉。通乡村公路。

田心 [Tiánxīn] 良田乡人民政府驻地。在县政府驻地河婆街道东北12千米。人口500。因处农田中部得名。聚落呈散状。有中小学。农业以水稻种植为主。产青梅、黄榄、油甘等。通乡村公路。

惠来县

惠来县 [Huìlái Xiàn] 揭阳市辖县。北纬22°53′，东经115°55′。在市境西南部。面积1253平方千米。人口134.4万。以汉族为主，还有土家、哈萨克、壮等民族。辖14镇。县人民政府驻惠城镇。明嘉靖三年(1524)析潮阳、海丰2县地置惠来县，因治惠来都得名。先后属潮州府、潮汕安抚使、潮州军务督办、潮梅镇守使、潮循道、潮梅善后区、东江行政区、东江善后区、东区绥靖区、第五区行政督察区、潮汕地区第七区、潮梅行政区、潮汕临时专区、潮汕专区、粤东行政区、汕头专区。1958年撤县。1961年复惠来县，属汕头地区。1983年属汕头市。1991年属揭阳市。东、西、西南部为城乡统筹发展区，南部为滨海新区，北部为生态屏障区。地势北高南低，西高东低。北部为山区，东南、西南为丘陵地带，中部偏南多平原阶地，中部偏东沿海多沙滩地，西南沿海多海、河塭地。海岸线岬角发育，曲折多湾。最高峰犁头崇海拔822.7米，最低地带神泉镇平均海拔不足3米。有大南山。年均气温22℃，1月平均气温14.9℃，7月平均气温28.3℃。年均降水量1231毫米。龙江河、盐岭河、雷岭河流经。有金、银、铜、锡等矿产资源。有野生植物500种，其中有国家重点保护野生植物樟树。有野生动物90种，其中有国家一级保护野生动物蟒蛇，国家二级野生保护动物黑鸢、褐翅鸦鹃、虎纹蛙。有珍稀鱼种鲍鱼。森林覆盖率43.3%。有中职学校2所，中学37所，小学250所，二级医院3个，图书馆1个，文化馆1个，博物馆1个，文化遗产展示馆1个。有国家高水平体育后备人才基地县羽毛球体校。有省级文物保护单位大南山革命石刻标语、靖海古城墙、澳角炮台。有古迹石碑山灯塔、靖海古城墙、澳角炮台、文昌阁塔、鳌头塔、黄光山佛光寺等。有省级非物质文化遗产7项。有景点神泉海域、海角甘泉、赤松观龙藏洞等。三次产业比例25∶52∶23。农业以水稻、花生、番薯种植，生猪、虾、蟹、四大家鱼、鲍鱼、贝类养殖为主。产荔枝、龙眼、菠萝等。工业以电力能源、服装纺织、食品饮料、机械电子为主。服务业以物流、商贸为主。深汕、普惠高速，324国道，省道葵和线过境。

惠西桥 [Huìxī Qiáo] 在县城西部。长60.4米，宽11.5米，最大跨度15米，桥下净高3.7米。1974年开工，同年建成，2008年维修。因处惠城镇西得名。为中型河道桥梁，结构型式为石拱桥。最大载重20吨。通多路公交车。

葵潭站 [Kuítán Zhàn] 见交通运输设施部分"葵潭站"条。

惠来县汽车站 [Huìlái Xiàn Qìchēzhàn] 见交通运输设施部分"惠来县汽车站"条。

惠城镇 [Huìchéng Zhèn] 惠来县人民政府驻地。在县境中部。面积178平方千米。人口18万。辖14居委会、19村委会，有28自然村。镇人民政府驻西三社区。1952年设惠城镇，后改公社。1983年改区。1986年改镇。2004年河林乡并入。历为惠来县城，故名。有珍珠帘山。雷岭河、盐岭河流经。有中职学校1所，中学6所，小学19所，二级医院3个，卫生院2个，卫生所33个，博物馆1个，文化馆1个，图书馆1个，文化广场2个，体育场2个，福利院1个。有中共惠来县委办公旧址书房仔、苏维埃政府(县)办公遗址石洞厝。有省级文物保护单位大南山革命石刻标语、靖海古城墙、澳角炮台。有明代古建筑锡衷公祠。有省级非物质文化遗产九鳄舞。有民俗打火醮、建醮棚、演潮剧等。有景点海角甘泉。工业以皮革加工、制衣为主。深汕高速、省道揭神线过境。有惠来县汽车站。

葵和大道 [Kuíhé Dàdào] 在县城中部。东起惠政桥，西至惠西桥。与惠神北路、惠神南路、南门大街等相交。长4.6千米，宽22米。混凝土路面。1952年开工，同年建成。因为省道葵和线县城段而得名。两侧商铺林立，有汽车总站、慈云中医院、慈云实验中学、广播电视大学等。通多路公交车。

西三社区 [Xīsān Shèqū] 惠城镇人民政府驻地。在县境北部。面积3平方千米。人口11200。因西门、北门等村联合得名西联，分村以顺序得名。2003年成立。民居以低层楼房为主。有志愿者、法律咨询服务。有中小学、卫生院、人民广场、戏院。通公交车。

靖海镇 [Jìnghǎi Zhèn] 惠来县辖镇。在县境东南部。面积36平方千米。人口8万。辖2居委会、21村委会，有25自然村。镇人民政府驻西锋村。1957年改靖海镇，后改公社。1983年改区。1984年改镇。因明代靖海守御千户所得名，取意"平息寇患、安定海疆"。有中学2所，小学16所，卫生院1个，卫生站21个。有幼儿园、敬老院、老人活动中心等。有省级非物质文化遗产靖海景屏。农业以水稻、番薯、红萝卜、大蒜种植，海鳗、马头鱼、鰤鱼养殖为主。工业以食品加工为主。深汕高速、县道庵泉线过境。有靖海、资深港。

西锋村 [Xīfēngcūn] 靖海镇人民政府驻地。在县政府驻地惠城镇西30千米。人口2500。因地处靖海古城西门，出门有山峰而得名。聚落呈块状。有中小学、卫生站。有古迹宋大峰祖师庙。农业以水稻、花生种植为主。特产花生、番薯、大蒜。县道庵泉线经此。

神泉镇 [Shénquán Zhèn] 惠来县辖镇。在县境东南部。面积62平方千米。人口9.9万。辖2居委会、19村委会，有28自然村。镇人民政府驻北门社区。1949年为神泉区，后改公社。1983年改区。1986年改镇。原为岛，唐代迁居，以处神庙前得名神前。因泥沙冲积与陆地相连，且海边有淡水泉井改今名。龙江、雷岭河、盐岭河流经。有中学2所，小学20所，卫生院1个，敬老院2个。有景点海角甘泉、烟墩望海、苏福祠等。农业以水稻、番薯、花生种植，海鳗、鰤鱼、鳀鱼养殖为主。省道司神、揭神线，县道庵泉线过境。有神泉港。

北门社区 [Běimén Shèqū] 神泉镇人民政府驻地。在县境南部。面积1平方千米。人口9000。因处古城北门得名。2005年成立。民居以楼房、潮汕传统"下山虎"平房为主。有志愿者服务队伍。有法律咨询服务。有中小学、卫生院等。有拉链公司。通多路公交车。

仙庵镇 [Xiān'ān Zhèn] 惠来县辖镇。在县境东部。面积83平方千米。人口9.3万。辖1居委会、20村委会，有20自然村。镇人民政府驻京陇村。1957年为仙庵乡，后改公社。1983年改区。1986年改镇。因有古庙得名。有中学1所，小学24所，卫生院1个，卫生站34个，文化站1个，敬老院2个，业余剧团1个。农业以水稻、番薯、花生种植为主。工业以服装纺织为主。深汕高速、省道广葵线、县道庵泉线过境。

京陇村 [Jīnglǒngcūn] 仙庵镇人民政府驻地。在县政府驻地惠城镇东21千米。人口1.8万。因垄地荆棘丛生得名荆山，又称荆陇，俗称埔陇。清乾隆五十一年(1786)取荆之同音、埔之近意"京"，雅称今名。聚落呈块状。有中小学、卫生所。有古建筑物四寨门八铳鼓等。农业以水稻、番薯、萝卜、芥菜种植为主。228国道经此。通公交车。

周田镇 [Zhōutián Zhèn] 惠来县辖镇。在县境东部。面积76平方千米。人口8.4万。辖1居委会、17村委会，有22自然村。镇人民政府驻东前湖村。1957年为周田乡，后改公社。1983年改区。1986年改镇。南宋末黄氏迁居，因四周皆山丘得名周山，明代辟田园改今名。有中学2所，小学17所，卫生院1个，卫生站17所。有文化站。农业以水稻、番薯、大蒜、芥菜种植为主。工业以毛织、皮革加工、珠绣为主。深汕高速、省道广葵线过境。通公交车。

东前湖村 [Dōngqiánhúcūn] 周田镇人民政府驻地。在县政府驻地惠城镇东南16千米。人口9100。因居地前有5湖得名前湖村,又因与神泉镇前湖村同名,据方位改今名。聚落呈条状。有中小学、卫生站、老年人文化活动中心。农业以水稻、番薯种植为主。通乡村公路。

华湖镇 [Huáhú Zhèn] 惠来县辖镇。在县境中部。面积56平方千米。人口6.9万。辖1居委会、17村委会,有35自然村。镇人民政府驻新地村。1956年为华湖乡,后改公社。1983年改区。1986年改镇。因龙潭湖俗称下湖,雅称今名。雷岭河流经。有中学1所,小学20所,卫生院1个,养老院1个,公园2个。有省级非物质文化遗产抛锣。农业以水稻、番薯、花生、黄豆、薏米种植为主,盛产荔枝。深汕高速,省道葵和、司神、揭神线,县道东横线过境。

新地村 [Xīndìcūn] 华湖镇人民政府驻地。在县政府驻地惠城镇东4千米。人口3600。因迁居新建得名。聚落呈条状。有小学、卫生站。农业以荔枝、水稻、花生种植为主。省道葵和、司神线经此。

前詹镇 [Qiánzhān Zhèn] 惠来县辖镇。在县境东南部。面积63平方千米。人口6万。辖1居委会、20村委会,有30自然村。镇人民政府驻前詹村。1957年为前詹乡,后改公社。1983年改区。1986年改镇。因镇政府驻地得名。有塔兜山。有中学2所,小学17所,卫生院1个。农业以荔枝种植,鲍鱼、凡纳滨对虾、蟹养殖为主。县道庵泉线过境。

前詹村 [Qiánzhāncūn] 前詹镇人民政府驻地。在县政府驻地惠城镇东南17千米。人口1万。詹姓建村,住房在他姓房屋前,因此得名。聚落呈复合状。有中小学、卫生院、敬老院。农业以海鲜、龙虾、对虾养殖为主。通乡村公路。

葵潭镇 [Kuítán Zhèn] 惠来县辖镇。在县境西部。面积156平方千米。人口11.9万。辖3居委会、23村委会,有34自然村。镇人民政府驻长春社区。1956年为葵潭镇,后改公社。1983年改区。1986年改镇。2004年青山乡并入。因古葵树、观音娘潭得名。龙江河流经。有中职学校1所,中学3所,九年一贯制学校1所,小学30所,卫生院2个。有千秋镇村遗迹、玄武山佛祖庙。有古迹青坑村资政第、大夫第、春晖草堂、儒林第等。有省级非物质文化遗产鹤舞。工业以毛织产业为主。厦深铁路,普惠高速,324国道,省道广葵、葵和线过境。有葵潭站。

长春社区 [Chángchūn Shèqū] 葵潭镇人民政府驻地。在县境西部。面积5平方千米。人口2.9万。因寨门刻“长青”2字得名。2002年成立。民居以古式平房、多层楼房为主。有小学、卫生所。通公交车。324国道经此。

隆江镇 [Lóngjiāng Zhèn] 惠来县辖镇。在县境中部偏西。面积130平方千米。人口16.2万。辖3居委会、35村委会,有65自然村。镇人民政府驻隆江村。1961年成立隆江公社。1983年改区。1986年改镇。2003年南海乡并入。2004年青山乡并入。因镇政府驻地得名。龙江河流经。有中学4所,小学44所,卫生院1个,医疗站35个,养老院1个。有省级非物质文化遗产竹溪楼日历通书。农业以水稻、番薯、芥蓝菜、油菜花、萝卜种植,猪、罗非鱼、草鱼养殖为主。特产荔枝、菠萝。深汕高速、省道广葵线过境。

隆江村 [Lóngjiāngcūn] 隆江镇人民政府驻地。在县政府驻地惠城镇西南13千米。人口5600。在龙江河旁成圩,寓兴隆意,故名。聚落呈块状。有中小学、卫生站、老人活动中心等。农业主种水稻,产荔枝、龙眼。通乡村公路。

溪西镇 [Xīxī Zhèn] 惠来县辖镇。在县境西南部。面积64平方千米。人口8.1万。辖1居委会、20村委会,有44自然村。镇人民政府驻溪二村。1961年由隆江公社析设溪西公社,1983年改区。1986年改镇。因处龙江河西岸得名。有中学1所,小学23所,幼儿园7所,卫生院1个,卫生所21个,老年人活动中心1个。农业以水稻、淮山、番薯种植为主。工业以果蔬加工、造纸、建材为主。深汕高速、省道葵和、溪金线过境。

溪二村 [Xī'èrcūn] 溪西镇人民政府驻地。在县政府驻地惠城镇西南14千米。人口3600。原为溪西村,分村后以顺序更今名。聚落呈带状。有中小学。有西来古寺。农业以水稻、番薯种植为主。省道葵和线、隆甲公路经此。

鳌江镇 [Áojiāng Zhèn] 惠来县辖镇。在县境西南部。面积59平方千米。人口5.8万。辖1居委会、16村委会,有24自然村。镇人民政府驻中澳村。1962年成立鳌江公社。1983年改区。1986年改镇。因鳌江河得名。虎堀水、三清水流经。有中学1所,小学15所,卫生院1个,卫生站16个,文化站1个,敬老院1个。农业以水稻、番薯种植,牛、猪养殖为主,特产荔枝、龙眼。深汕高速,葵甲、葵西公路过境。

中澳村 [Zhōng'àocūn] 鳌江镇人民政府驻地。在县政府驻地惠城镇西南27千米。人口3200。因村前有小澳得名澳仔,以邻澳头、澳下2村改今名。澳指海湾。聚落呈块状。有小学、卫生站、老年人活动中心。农业以水稻、冬瓜种植为主,特产荔枝。通乡村公路。

东港镇 [Dōnggǎng Zhèn] 惠来县辖镇。在县境西南部。面积49平方千米。人口3.7万。辖1居委会、15村委会,有24自然村。镇人民政府驻东港村。1973年由鳌江公社析设东港公社。1983年改区。1986年改镇。因镇政府驻地得名。有象山、狮山。虎皮溪、东港溪、西港溪流经。有中学2所,小学14所,卫生院1个,卫生站15个,纪念馆1个,文化广场2个,文化公园1个。农业以苦瓜、冬瓜、水稻种植为主,特产荔枝、龙眼。324国道,普惠、深汕高速过境。

东港村 [Dōnggǎngcūn] 东港镇人民政府驻地。在县政府驻地惠城镇西南34千米。人口3700。因东港码头得名。聚落呈块状。有小学、卫生院、文化公园、文化广场等。农业以水稻、花生种植为主。特产荔枝、龙眼等。深汕、普惠高速经此。

东陇镇 [Dōnglǒng Zhèn] 惠来县辖镇。在县境中部。面积51平方千米。人口9.9万。辖1居委会、12村委会,有31自然村。镇人民政府驻东陇村。1957年为东陇乡,后改公社。1983年改区。1986年改镇。因镇政府驻地得名。有葵岭山。有中学2所,小学11所,卫生院1个,卫生院1个,文化站1个,业余剧团1个,体育场1个。有省级非物质文化遗产高跷虎狮。农业以水稻种植,猪、鸡、鸭、虾养殖为主。工业以酿酒为主。深汕高速、省道葵和线过境。

东陇村 [Dōnglǒngcūn] 东陇镇人民政府驻地。在县政府驻地惠城镇西南2千米。人口1.8万。因处坡地东侧得名。聚落呈块状。有中小学、卫生院。农业以水稻、番薯种植,乌鱼养殖为主,产荔枝、龙眼。通乡村公路。

岐石镇 [Qíshí Zhèn] 惠来县辖镇。在县境南部。面积60平方千米。人口8.4万。辖1居委会、10村委会、有19自然村。镇人民政府驻岐石村。1961年成立岐石公社。1983年改区。1986年改镇。因镇政府驻地得名。有打石山、凤山。鳌江流经。有中学2所,小学14所,幼儿园1所,卫生院1个,卫生所10个,文化站1个,广播站1个,文化活动中心10个,养老院1个。农业以水稻种植,鸡、鸭、虾、蚝养殖为主。省道溪金线过境。

岐石村 [Qíshícūn] 岐石镇人民政府驻地。在县政府驻地惠城镇西南22千米。人口1.4万。宋景祐元年(1034)福建陈氏建村,以奇石矗立得名奇石。因地如麒麟、奇石方位似麟角改今名。聚落呈块状。有中小学、卫生站。有凤山、屿仔山石刻。农业以水稻种植、白虾养殖为主,特产龙眼、荔枝等。省道内隆线经此。

云浮市

云浮市 [Yúnfú Shì] 广东省辖地级市。北纬22°22′—23°19′,东经111°03′—112°31′。在省境中部偏西。面积7785平方千米。人口294万。以汉族为主,还有壮、瑶、侗、苗、土家等民族。辖云城、云安2区,郁南、新兴2县,代管罗定市。市人民政府驻云城区。唐开元十八年(730)置勤州,移治富林,天宝元年(742)勤州改置云浮郡,为云浮名之始。宋开宝六年(972)云浮属铜陵县,南宋属德庆府,元属德庆路,明初属德庆州。明万历四年(1576)置罗定直隶州,其余属肇庆府。1936年属第三行政督察区。1949年后隶属西江专区、肇庆市等。1994年析置地级市。1994年4月代管罗定市。2014年9月云安县撤县设区,至此云浮辖云城区、云安区、新兴县、郁南县,代管罗定市。“云浮”为古越语地名,“云”指人,延伸指村落、乡镇。“浮”指竹子。古越语为倒装结构,“云浮”指是竹子之乡。地势西南高东北低。山地面积占全市总面积的60%,主要分布在罗定市南部、西北部,郁南县中部,云安县东部,云城区西部,新兴县南部。平均海拔350米。最高峰龙须顶海拔1327米。年均气温21.7℃,1月平均气温13.0℃,7月平均气温28.2℃。年均降水量1531毫米。年均无霜期325天。西江、罗定江、新兴江、南山河等河流经。有铁、锰、钛、钨、锡、铋、铅、锌、铜、金、银、铌、钽、稀土、锆、硫铁矿、灰岩、大理岩等矿产资源。有野生植物600余种,其中有国家重点保护野生植物木沙椤、水松、格木等10种。有陆生野生脊椎动物259种,其中有国家一级保护动物1种,国家二级保护动物 40 种。森林覆盖率 61%。有高校 1 所,中学 81 所,小学 162 所,文化馆 6 个,图书馆 5 个,博物馆 5 个,三级医院 4 个,体育场馆 14 个。有省级文物保护单位国恩寺、菁莪书院、罗定学宫、龙龛摩崖石刻、邓发故居、蔡廷锴故居等 18 个。有地方特色民间艺术连滩飘色、山歌、八音、剪纸、面塑、石艺、根雕、曲艺、手指画等。有国家非物质文化遗产郁南民间禾楼舞。有省级非物质文化遗产连滩山歌、六祖诞庙会、云浮石艺等 15 项。有六祖故里、蟠龙洞省级风景名胜区。有郁南同乐大山省级森林保护区等。三次产业比例 12∶46∶42。农业以优质稻、蔬菜、果树种植,禽畜养殖为主,特产肉桂、茶叶、蚕桑、松脂、无核黄皮、砂糖橘、荔枝、蜜枣、香芒、板栗、绛柚等。工业以石材、不锈钢制品、混凝土、硫化工、电力、生物制药、新型环保节能材料等产业为主。服务业以金融业、批发零售业、住宿餐饮业、信息传输业为主。有铁路 184.6 千米,高铁 106.6 千米,公路 7587 千米,高速 300.2 千米,内河航线 409 千米。三茂铁路云浮支线、罗阳铁路,南广高铁,324 国道、234 国道、359 国道,广梧高速、江罗高速、云罗高速、阳罗高速过境。有云浮新港、都杨、都城、南江口等港口。

云浮 [Yúnfú] 别名东安、云城。云浮市聚落。在市境东北部。面积 28 平方千米。人口 13.3 万。云浮旧城和城池始建于明万历五年(1577)。明清时城池周长约 1280 米,主要建筑有县署、儒学府、社学、明伦堂、城隍庙、关帝庙、文昌庙等。1932 年起拆旧城垣,扩建街道,兴建店铺。1949 年城区进一步扩大,主要街道有中山路、石麟路、大南路、玉屏路、环城路。城区面积约 0.28 平方千米。新中国成立后,城区建设加快,范围不断扩大。1988 年城区面积约 6.8平方千米。1992 年城区面积约 12.9 平方千米。2000 年后云浮进入快速发展阶段,先后建设、翻新云浮市行政中心、云浮市人民医院、云浮市英东体育馆、凯旋国际酒店、金凯莱大酒店、雄盛大饭店、城市花园、恒大城、新世纪广场、百盛国际广场、云浮人民广场、蟠龙天湖广场、广东南山森林公园等大型建筑。2010 年至 2014 年底,西江大桥、新城快线、站前路、324 国道等工程建成,城区面积扩大到 36 平方千米,新建成街巷 61 条,城市道路 110 千米,云城蟠龙城市中心、西江新城中央商务区、云城国际石材展贸中心建成。云浮以云城区人民政府大院、中心市场周边为中心,以南北向的城南路、城中路、星岩路和东西向的兴云路为轴,以云城街道与高峰街道为主的综合服务区位于中部,包括云浮市政府、市人民医院、云浮中学等单位,云浮人民广场、南山公园等公共空间,以及城市花园、金域蓝湾等大型商业住宅区。以河口街道为主体,发展石材加工、展贸级机械制造等关联产业的工业区位于东部。以三茂铁路云浮支线云浮站为中心的交通枢纽和重工业区位于北部。南广高铁、三茂铁路云浮支线、广昆高速、324 国道等过境。有云浮站、云浮汽车客运站、云浮城西客运站、云城金山汽车客运站等。通多路公交车。

环市东路 [Huánshì Dōnglù] 在市区东部。东起 324 国道与世纪大道东交汇处,西至高峰立交桥。与兴云东路、站前路、站前一路等相交。长 4.6 千米,宽 30 米。沥青路面。1995 年开工,1999 年建成。因环绕城区而建,且位于东段而得名。两侧有加德士加油站、市人民医院、牧羊加油站等。通公交车。

环市中路 [Huánshì Zhōnglù] 在市区北部。东北起高峰立交桥,西南至南山河桥。与兴云西路、金星路、星岩西路等相交。长 4.2 千米,宽 30 米。沥青路面。1995 年开工,1999 年建成。因环绕城区而建,且位于中段而得名。两侧有中国燃气云浮分公司、云浮碧桂园山语苑、峰景苑、东方加油站、金山客运站、明珠花园、新世纪广场等。通公交车。

环市西路 [Huánshì Xīlù] 在市区西部。南起 324 国道与世纪大道西交汇处,北至南山河桥。与河滨西路等相交。长 3.7 千米,宽 32 米。沥青路面。1995 年开工,1999 年建成。因环绕城区而建,且位于西段而得名。两侧有石材机械商贸城、永通混凝土预制厂、恒大城、迳口加油站等。通公交车。

世纪大道中 [Shìjì Dàdào Zhōng] 在市区中部。东北起金丰路,西南至东山桥。与宝马路、船塘路、城南路等相交。长 3.6 千米,宽 32 米。沥青路面。2005 年开工,2006 年建成。2012 年位于市区东南部的"新世纪大道"和位于市城区西南部的"府前路"合并更名为"世纪大道",该路位于中段而得名。两侧有公路局环城养护中心、云浮市文化馆、云浮人民广场、妇女儿童活动中心、国家税务局、国土资源和城乡规划管理局等。通公交车。

云城区

云城区 [Yúnchéng Qū] 云浮市人民政府驻地。在市境东北部。面积 769 平方千米。人口 32.6 万。以汉族为主,还有壮、瑶、侗、苗等民族。辖 4 街道、4 镇。区人民政府驻云城街道。1952 年置云城镇,为云浮县驻地。1994 年改云城区。1996 年云安县析出后成今境。以对政府所在地的惯用称呼得名。自区政府成立后,市政建设主要由南北走向的城南路、城中路、星岩路和东南走向的兴云路为轴向两侧发展,先后建成云浮市行政中心、市人民医院、英东体育馆、凯旋国际酒店、金凯莱大酒店、雄盛大饭店、恒大城、臻汇园、新世纪广场、百盛国际广场、云浮人民广场、蟠龙天湖广场、广东南山森林公园等。地势西高东低。海拔 500—800 米。泽水河(南山河)、大涌河、珠川河、蟠咀河、冲坑河、思劳河、小河、安塘河流经。有中学 14 所,小学 67 所,三级医院 2 个,二级医院 2 个。有市英东体育中心、蟠龙足球场等大型体育设施。有国家 3A 级旅游景区蟠龙洞、人民广场、南山森林公园等。有省级重点文物保护单位云浮市烈士公园、革命烈士纪念馆、中国工人运动著名领袖之一邓发烈士故居等。三次产业比例 3∶82∶15。农业以蔬菜、优质稻谷、果树种植,禽畜养殖为主,特产豉油膏、南乳花生、贡柑、将军荔、云龙茶等。工业以石料建材、混凝土、服装、机械、铝型材、化工等为主。服务业以旅游和贸易为主。南广高铁、三茂铁路云浮支线、广昆高速、324 国道过境。有云浮汽车客运站、云浮城西汽车客运站、云城金山汽车客运站。通多路公交车。

云浮人民广场 [Yúnfú Rénmín Guǎngchǎng] 在城区南部。面积 12 公顷。2000 年建成。因位于云浮市人民政府正门前而得名。广场含绿化草地、人行长廊以及露天舞台、观看台、儿童游乐区、老年人活动区、羽毛球场、乒乓球场等公共服务和健身、文化娱乐设施。有记录云浮历史变迁过程、重大历史事件、人物的大型半圆石浮雕和纯天然石材制作的地球仪风水球。为广大人民群众文化娱乐、健身、休闲的重要场所。周边有云浮市行政中心、市文化馆、市妇女儿童活动中心。通公交车。

蟠龙天湖广场 [Pánlóngtiānhú Guǎngchǎng] 在城区北部。面积 27 公顷。1995 年始建。2014 年改造。因位于蟠龙洞风景区旁而得名。广场含石艺雕塑"西江渔女"、绿化草地、文体活动区、亲水平台、休闲绿道。为市民健身、娱乐、休闲的主要场所。为集商业、休闲、娱乐于一体的标志性城市景观。周边有国家 3A 级风景区云浮市蟠龙洞风景区。通公交车。

河口大道 [Hékǒu Dàdào] 在区境东部。东起 324 国道,西至云龙路口。与人民南路、人民北路等相交。长 1.2 千米,宽 42 米。混凝土路面。1999 年开工,2000 年建成。因位于河口街道而得名。两侧有顺安加油站、河口供水所、河口街道洞心村等。通公交车。

城中路 [Chéngzhōng Lù] 在区境中部。南起城南路,北至星岩二路。与兴云中路、星岩一路等相交。长 1030 米,宽 35 米。沥青路面。1982 年开工,1993 年建成。因位于城区中心而得名。两侧有市公安局云城分局、法制局、云浮影剧院、市政府行政服务中心馆、市少年宫、英东体育馆、源盛华庭、仙城酒店等。通公交车。

城南路 [Chéngnán Lù] 在区境南部。南起声屏路,北至城中路。与世纪大道中、河南中路、河南西路、育华路、锦绣路等相交。长 1.4 千米,宽 35 米。混凝土、沥青路面。2001 年开工,2003 年建成。因位于城区南部而得名。中间有绿化带相隔,此路两端分别为城雕"凤凰来仪"和"云浮之光",为市城区南北走向的主干道和繁华的商业街。两侧有市图书馆、市博物馆、市文化馆、中国人民银行云浮市中心支行、云浮人民广场、城南市场、建兴大厦等。通公交车。

兴云东路 [Xīngyún Dōnglù] 在区境东部。东起环市东路,西至建设路。与河滨东路、蟠龙路、牧羊路等相交。长 3.8 千米,宽 36 米。混凝土路面。1987 年开工,1992 年建成。取"兴旺云浮"之意,且位于东段而得名。两侧有百盛国际广场、云浮汽车客运总站、云浮中学、蟠龙天湖广场、市商务局等。通公交车。

兴云中路 [Xīngyún Zhōnglù] 在区境中部。东起建设路,西至城中路。与星岩一路、云大巷等相交。长 620 米,宽 28 米。沥青路面。1987 年开工,1992 年建成。因取"兴旺云浮"之意,且位于中段而得名。两侧有金凯莱大酒店、市粮食局、金辉大厦、中国农业银行云浮市分行、民政大厦、购物中心等。通公交车。

兴云西路 [Xīngyún Xīlù] 在区境西部。东起城中路,西至环市中路。与闻莺路、闻莺二路、金山路相交。长 1.9 千米,宽 28 米。沥青路面。1987 年开工,1992 年建成。因位于马岗山脚下,名马岗路。后因重新规划,取"兴旺云浮"之意,且位于西段而得名。两侧有田家炳中学、兴业广场、中国电信云浮分公司、市财政局、市公路局、明珠花园、帝景苑、富临花园等。通公交车。

云浮汽车客运站 [Yúnfú Qìchē Kèyùnzhàn] 见交通运输设施部分"云浮汽车客运站"条。

云浮城西客运站 [Yúnfú Chéngxī Kèyùnzhàn] 见交通运输设施部分"云浮城西客运站"条。

云城街道 [Yúnchéng Jiēdào] 云城区人民政府驻地。在区境中部。面积 101 平方千米。人口 12.9 万。1952 年置云城镇。1995 年改设街道。先后建成云浮市行政中心、云浮中学、市人民医院、英东体育馆、凯旋国际酒店、金凯莱大酒店、恒大城、新世纪广场、益华国际广场、云浮人民广场、蟠龙天湖广场等。地势西北高东南低,四面环山,中部为河谷。南山河流经。有中学 2 所,小学 9 所,三级医院 2 个,二级医院 2 个,卫生院 1 个,卫生所 24 个。有博物馆、艺术馆、图书馆、文化广场、影剧院。农业以水稻、果树、蔬菜种植,禽畜养殖为主。工业以石料、建材为主。服务业以商贸为主。三茂铁路云浮支线、324 国道过境。有云城金山汽车客运站、云浮汽车客运站、云浮城西汽车客运站。通公交车。

解放东路 [Jiěfàng Dōnglù]　在云城街道中部。长 330 米，宽 8 米。沥青路面。为庆祝和纪念解放，把云城最古老、唯一的一条街命名为解放路，且因位于东段而得名。两侧多为近百年历史的骑楼建筑商铺，为云浮市城区繁华的商业步行街。通公交车。

解放中路 [Jiěfàng Zhōnglù]　在云城街道中部。长 620 米，宽 8 米。沥青路面。为庆祝和纪念解放，把云城最古老、唯一的一条街命名为解放路，且因位于中段而得名。两侧多为近百年历史的骑楼建筑商铺，为云浮市城区繁华的商业步行街，有区政府、区财政局、区统计局、中国邮政集团云浮市分公司营业厅、中国工商银行云浮市分行城区支行等。通公交车。

解放西路 [Jiěfàng Xīlù]　在云城街道中部。长 680 米，宽 8 米。沥青路面。为庆祝和纪念解放，将云城最古老、唯一的一条街命名为解放路，且因位于西段而得名。两侧多为近百年历史的骑楼建筑商铺，为云浮市城区繁华的商业步行街，有西街市场、云浮市金属结构厂等。通公交车。

高峰街道 [Gāofēng Jiēdào]　属云城区。在区境西北部。面积 48 平方千米。人口 2.8 万。1994 年设。原为清同治年间所设岑岗堡，后因治所驻境内高峰村而得名。先后建设、重建云浮一中、区人民医院、云浮广业硫铁矿有限公司、云硫宾馆、碧桂园、高峰交通立交高架桥等大型建筑和设施。地势西高东低。高峰河、蓬远河上游支流流经。有中学 1 所，小学 3 所，卫生院 1 个，卫生所(站)14 个。农业以水稻、果树种植，生猪、肉牛养殖为主。有大台八角基地、赤黎立体种养基地、金山柑橘水果基地。工业以建材、矿业为主。三茂铁路云浮支线、广昆高速、324 国道过境。通公交车。

河口街道 [Hékǒu Jiēdào]　属云城区。在区境中部。面积 88 平方千米。人口 2.5 万。1994 年设。因位于南山河与源于云坑支流的小河交汇处而得名。先后建成云浮国际石材博览中心、初城工业园、云浮市健康医药产业园等大型园区。地势西南高东北低。有丘陵、谷地。南山河流经。有中学 1 所，小学 9 所，卫生院 1 个，卫生所 12 个。有文化广场、敬老院、体育场。农业以水稻、蔬菜、果树种植为主。工业以建材加工生产为主。三茂铁路云浮支线、广昆高速、324 国道过境。通公交车。

安塘街道 [Āntáng Jiēdào]　属云城区。在区境中部偏东。面积 85 平方千米。人口 2.4 万。1994 年设。因为丘陵、山岗之地，低洼处水塘连遍，祖辈在这水塘连遍的地方安居乐业，代代相传而得名。先后建成、重建安塘中学、区石村转移基地、银河港湾、安塘街一河两岸宜居小城镇等基础设施和建筑。地形多为丘陵、山间谷地。安塘河流经。有中学 1 所，小学 9 所，卫生院 1 个，卫生所 15 个。有文化广场、文化室、农家书屋、敬老院、体育场。农业以水稻、蔬菜、果树种植，罗非鱼养殖为主。工业以建材加工生产为主。三茂铁路云浮支线、广昆高速、324 国道过境。通公交车。

腰古镇 [Yāogǔ Zhèn]　云城区辖镇。在区境东南部。面积 105 平方千米。人口 3.3 万。辖 1 居委会、12 村委会，有 96 自然村。镇人民政府驻腰古社区。1961 年第三区析设腰古公社。1983 年改区。1986 年改镇。因镇政府驻地得名。地形西北高东南低。为丘陵、河谷地带。小河、新兴江流经。有中学 2 所，小学 12 所，卫生院 1 个，卫生所 21 个。有文化广场、文化室、农家书屋、体育场。农业以水稻、果树、蔬菜种植为主。工业以陶瓷、石材、混凝土制品等建材生产与加工为主。三茂铁路云浮支线、广昆高速、324 国道、省道腰那线过境。

腰古社区 [Yāogǔ Shèqū]　腰古镇人民政府驻地。在区境东南部。面积 4 平方千米。人口 1600。“腰古”为古越语地名，意为山村。后形成腰古圩，后改社区。1985 年成立。民居以现代混凝土楼房为主，有高层商品住宅小区。有志愿者服务岗、新时代文明实践站、社区法律顾问点。实行社区＋镇级＋区级居家养老模式。有中小学、卫生站。324 国道、省道腰那线经此。通公交车。

水东村 [Shuǐdōngcūn]　在区政府驻地云城街道东 27 千米。腰古镇辖自然村。人口 2400。因位于新兴江东岸而得名。聚落呈团块状。有小学、卫生所。为广东省古村落。现存明清时代古建筑 588 座，建筑风格独特，集广府民居与徽派建筑风格于一体。有醒狮武术表演。有农历二月初二炮会。农业以蔬菜种植为主，特产苦麦菜。通乡村公路。

思劳镇 [Sīláo Zhèn]　云城区辖镇。在区境东北部。面积 83 平方千米。人口 2.3 万。辖 1 居委会、14 村委会，有 60 自然村。镇人民政府驻江尾村。1957 年设思劳乡。1961 年改建公社。1983 年改区。1986 年改乡。1994 年改镇。因处思劳、思办两乡之间，初名再思圩。1957 年两乡合并，改今名。地形以低山丘陵为主。思劳河、冲坑河流经。有中学 1 所，小学 6 所，卫生院 1 个，卫生所 15 个。有文化室、文化广场、农家书屋、体育场。农业以水稻种植为主，兼种蔬菜、果树。工业以石料建材生产与加工为主。南广高铁、三茂铁路云浮支线、广昆高速公路、324 国道过境。

江尾村 [Jiāngwěicūn]　思劳镇人民政府驻地。在区政府驻地云城街道东 19 千米。人口 600。因位于湾岗山延伸尾部故名岗尾村，因“岗”与“江”谐音改今名。聚落呈团块状。有小学、卫生站、文化站。有醒狮队。农业以水稻种植为主。县道南黄线经此。

前锋镇 [Qiánfēng Zhèn]　云城区辖镇。在区境南部。面积 124 平方千米。人口 2.7 万。辖 1 居委会、11 村委会，有 106 自然村。镇人民政府驻前锋村。清同治年间设(石达)石堡。1926 年改堡为乡。1958 年并入料洞乡，后改公社。1986 年改乡，1989 年改料洞镇，属云安县。2000 年改名前锋镇。因镇政府驻地得名。地形以低山丘陵为主。地势南高北低。石古河、南盛河流经。有中学 1 所，小学 11 所，卫生院 1 个，卫生所 6 个。有农家书屋、体育场。农业以水稻、果树种植，生猪、肉鸡养殖为主。有林业资源松、杉、竹等。工业以碳酸钙生产为主。有石场、排粉厂、毛巾厂、塑料厂、皮革厂等。江罗高速过境。

前锋村 [Qiánfēngcūn]　前锋镇人民政府驻地。在区政府驻地云城街道东南 15 千米。人口1000。因村有小河流过，且河床有许多巨大而光滑的鹅蛋形石头，后渐成集市，而名(石达)石圩。后因成立前锋公社改今名。聚落呈团块状。有小学、卫生站、文化广场、篮球场。农业以水稻种植为主。县道坪勒线经此。

南盛镇 [Nánshèng Zhèn]　云城区辖镇。在区境东南部。面积 136 平方千米。人口 3.7 万。辖 1 居委会、15 村委会，有 166 自然村。镇人民政府驻南村。1959 年成立南盛公社。1983 年改区。1987 年改镇。原名南州，因在高州府之南，农工商兴盛，故更名南盛。为丘陵低山区。铁场河、南盛河流经。有中学 1 所，小学 12 所，卫生院 1 个，卫生站 15 个。有文化中心、图书室。农业以水稻、柑橘种植为主，兼种百香果、五叶参等。境内有优质天然矿泉天马山、石龙山 2 处。工业产品以矿泉水、白石粉、建筑石、木制品加工制造为主。江罗高速过境。

南村 [Náncūn]　南盛镇人民政府驻地。在区政府驻地云城街道东南 10.8 千米。人口 1300。因位于南盛镇政府所在地南面而得名。聚落呈团块状。有中小学、卫生院。有农历二月初二炮会。农业以水稻种植为主。县道沙官线经此。

云　安　区

云安区 [Yún'ān Qū]　云浮市辖区。在市境中部。面积 1172 平方千米。人口 33.2 万。以汉族为主，还有壮、瑶、苗、侗、土家、黎等民族。辖 7 镇。区人民政府驻六都镇。1996 年从云城区析出，置云安县。2014 年撤县建区。因设县前区境曾属东安、云浮 2 县管辖，各取一字得名“云安”。从云城区析出后先后建设、翻新东安大道、云港大道、沿江公路等主干道及云安汽车站等公共设施。有区政府大院、云安中学、区人民医院等标志性建筑。有崖鹰山公园、清风公园、文化广场等标志性景点。地势东、西、南高，北低。丘陵地带占 93%，平原占 7%。白石河、高村河流经。有中学 11 所，小学 23 所，二级医院 1 个。有文化馆 1 个，博物馆 1 个，图书馆 1 个。有省级非物质文化遗产陈璘传说、玲珑子母灯、马塘庙会、云安八音等。有杜鹃花生态观赏园、魁岩、云雾山风景区等景点。三次产业比例 24∶53∶23。农业以水稻、油料作物、蔬菜种植为主，特产南盛柑橘、白石西瓜、托洞腐竹、镇安蚕桑等。工业以混凝土、硫化工、石材产业为主。服务业以物流为主。324 国道、广梧高速、南广高铁过境。有云浮新港。

云浮东站 [Yúnfúdōng Zhàn]　见交通运输设施部分“云浮东站”条。

云安汽车客运站 [Yún'ān Qìchē Kèyùnzhàn]　见交通运输设施部分“云安汽车客运站”条。

六都镇 [Liùdū Zhèn]　云安区人民政府驻地。在区境东北部。面积 205 平方千米。人口 5.1 万。辖 1 居委会、13 村委会，有 252 自然村。镇人民政府驻六都社区。1958 年设六都乡。1961 年成立六都公社。1983 年改区。1985 年改镇。1992 年设六都经济开发试验区。1994 年改六都街道。1996 年改称六都镇。因原为明嘉靖年间德庆圳下八都的第六都，后成圩镇而得名。地势西南高东北低，中间为河谷，群山环抱。有中学 2 所，小学 4 所，二级医院 1 个，卫生院 1 个，卫生所 32 个。农业以稻谷、柑橘、竹笋种植为主，有禽畜、水产养殖和林业。工业以建材生产为主。南广高铁、321 国道、省道云古线过境。

六都社区 [Liùdū Shèqū]　六都镇人民政府驻地。在区境东北部。面积 2 平方千米。人口 3100。因设于六都圩附近而得名。2002 年成立。民居以楼房为主。建设和完善兴贤文化广场、清风生态公园，为居民群众娱乐活动场所。有中小学、幼儿园、卫生院。省道云古线经此。通公交车。

大营村 [Dàyíngcūn]　在镇境中部。六都镇辖自然村。人口 100。因原为建营驻军之地而得名。聚落呈梯形。有省级文物保护单位龙崖陈公祠。农业以水稻、玉米、番薯、花生种植为主。南乡—大庆、云六公路经此。

高村镇 [Gāocūn Zhèn]　云安区辖镇。在区境西北部。面积 189 平方千米。人口 3.6 万。辖 1 居委会、14 村委会，有 350 自然村。

镇人民政府驻高村社区。1961年成立高村公社。1983年改区。1986年改镇。因镇政府驻地原名得名。地势东南高西北低。高村河流经。有中学1所,小学3所,卫生院1个,卫生所26个。有文化广场、文化中心、体育场等。农业以松树、南药、速生丰产林、蚕桑、木薯、玉米种植为主。工业以铅锌、石材等矿业和建材生产为主。广昆高速过境。

高村社区［Gāocūn Shèqū］ 高村镇人民政府驻地。在区境东南部。面积1.4平方千米。人口4500。原名歌村,因村民爱唱山歌而得名,因"歌"与"高"谐音,后更今名。1999年成立。民居以楼房为主。有便民服务点。定期开展帮老助残、关爱幼儿和未成年人,帮助生活困难居民等社会公益活动。有小学、卫生站、幼儿园、文化广场、农贸市场、通公交车。

白石镇［Báishí Zhèn］ 云安区辖镇。在区境西北部。面积74平方千米。人口3.3万。辖1居委会、9村委会,有63自然村。镇人民政府驻白石社区。1961年成立白石公社。1983年改区。1987年改乡。1994年改镇。因镇政府驻地原名得名。地势东高西低。为喀斯特地貌。有中学1所,小学2所,卫生院1个,卫生所22个。农业以水稻、西瓜、龙眼、荔枝、木薯、蚕桑、花生、玉米、大豆种植为主。工业以石材、家具制造、木薯加工、松脂加工、水力发电、白酒酿造为主。324国道过境。

白石社区［Báishí Shèqū］ 白石镇人民政府驻地。在区境西北部。面积1.4平方千米。人口1900。因该地石山南面崖壁灰白,习称白面石,简称今名。2002年成立。民居以楼房为主。社区长期开展防范养老诈骗、各类宣传活动,以居家养老为主,志愿者定期上门服务。举办晚会、电影等文化活动。有中小学、幼儿园、敬老院、卫生院等。通公交车。

镇安镇［Zhèn'ān Zhèn］ 云安区辖镇。在区境西部。面积110平方千米。人口4.7万。辖1居委会、13村委会,有144自然村。镇人民政府驻镇安社区。1958年白石乡并入镇安乡,随即成立震西公社。1961年震西公社分设镇安、白石2公社。1983年改设区。1986年改置镇。因镇政府驻地原名得名。地形多低山丘陵。白石河、下赤永河、南安河、田料坑河流经。有中学1所,小学3所,卫生院1个,卫生所26个。有文化室、农家书屋、篮球场。农业以稻谷、木薯、黄豆、蚕桑、玉桂、青梅种植为主。有特色农业金钱龟养殖、蛇类养殖、咖啡豆种植。工业以生产环保材料,石材加工为主。324国道过境。

镇安社区［Zhèn'ān Shèqū］ 镇安镇人民政府驻地。在区境西部。面积1平方千米。人口1500。因境内镇安祠得名。2002年成立。民居以楼房为主。社区长期开展防范养老诈骗、各类宣传活动,以居家养老为主,志愿者定期上门服务。开展晚会、电影等文化活动。有便民服务点。有小学、卫生站、幼儿园、文化广场、文化公园、农贸市场。通公交车。

富林镇［Fùlín Zhèn］ 云安区辖镇。在区境南部。面积172平方千米。人口5.8万。辖1居委会、15村委会,有188自然村。镇人民政府驻富林社区。1953年设富林乡,后改公社。1983年改乡。1986年改镇。因地处茂密林区而得名。地形以低山、丘陵为主,群山环抱,中部为谷地平原。流沙河、大渡河流经。有中学1所,小学3所,卫生院1个,卫生所28个。有文化书屋、文化室、文体广场。有云利醮会、马塘庙会、太保庙炮会等民间节俗。有省级非物质文化遗产马塘庙会。农业以稻谷、木薯、花生、黄豆、龙眼、荔枝、柑橘种植,生猪养殖为主。有松、杉、竹等林业资源。工业以石料加工为主。罗春铁路、省道稔广线、县道托河线过境。通公交车。

富林社区［Fùlín Shèqū］ 富林镇人民政府驻地。在区境南部。面积13平方千米。人口2600。2002年由富林圩改设。民居以楼房为主。社区长期开展防范养老诈骗、各类宣传活动,以居家养老为主,志愿者定期上门服务。开展晚会、电影等文化活动。有便民服务点。有中小学、幼儿园、文化站、卫生院、文化广场、农贸市场。通公交车。

旧所村［Jiùsuǒcūn］ 在区政府驻地六都镇西南47.8千米。富林镇辖自然村。人口800。因是旧的郡城所在地而得名。聚落呈梯形。有小学、卫生站。有云安县革命烈士纪念公园。农业以水稻、花生、甘薯、黄豆、玉米种植为主。县道托河线经此。

石城镇［Shíchéng Zhèn］ 云安区辖镇。在区境中部。面积181平方千米。人口4.9万。辖2居委会、21村委会,有293自然村。镇人民政府驻托洞社区。1950年设托洞乡、茶洞乡。后改公社。1983年改区。1986年改托洞镇。2003年托洞、茶洞2镇合并设石城镇。因324国道两旁加工石材企业林立,为宣传支柱产业而得名。地形以丘陵、山地为主。白石河流经。有中学2所,小学4所,卫生院2个,卫生所35个。有文化书屋、文化室、文体广场。农业以水稻、木薯、黄豆、花生、柑橘、肉桂、笋竹、青梅、龙眼、荔枝种植为主。有松、杉、竹等木林资源。工业以石材加工为主。324国道、江罗高速过境。

托洞社区［Tuōdòng Shèqū］ 石城镇人民政府驻地。在区境中部。面积1平方千米。人口1300。2002年由原托洞镇政府驻地托洞圩改设社区。民居以楼房为主。长期开展防范养老诈骗、各类宣传活动,以居家养老为主,志愿者定期上门服务。开展晚会、电影等文化活动。便民服务点有中小学、幼儿园、文化站、卫生院、文化广场、农贸市场。324国道经此。通公交车。

都杨镇［Dūyáng Zhèn］ 云安区辖镇。在区境东部。面积249平方千米。人口5.2万。辖2居委会、20村委会,有160自然村。镇人民政府驻都骑社区。1958年方杨乡并入都骑乡成立太阳升公社。1963年改设都骑、杨柳乡。1992年设都骑、杨柳镇。2003年2镇合并,取2镇首字得名。地形属低山丘陵,地势东南高西北低。蟠咀河、珠川河、降水河、大涌河、西江河流经。有中学2所,小学4所,卫生院2个,卫生所32个。有中心文化站、文化室、文化广场、农家书屋。农业以稻谷、冬瓜、玉桂、柑橘种植为主。工业以复合肥生产、毛织、发电为主。南广高铁、324国道、广梧高速过境。有云浮东站。

都骑社区［Dūqí Shèqū］ 都杨镇人民政府驻地。在区境东部。面积0.01平方千米。人口900。原为明万历年间设立的都骑堡,后成镇圩而得名。2014年成立。民居以楼房为主。长期开展防范养老诈骗、各类宣传活动,以居家养老为主,志愿者定期上门服务。开展晚会、电影等文化活动。有中小学、幼儿园、卫生所。通公交车。

罗定市

罗定市［Luódìng Shì］ 广东省直辖县级市,由云浮市代管。北纬22°46′,东经111°34′。在云浮市境西部。面积2328平方千米。人口126.8万。以汉族为主,还有壮、瑶等民族。辖4街道、17镇。市人民政府驻罗城街道。明万历四年(1576)为罗定直隶州,兼领东安(今云浮)、西宁(今郁南)2县。1912年废州改称罗定县。1914年后分属粤海道、广东省第三行政督察区、第四行政督察区、西江专区、粤中行政区、高要专区。1959年与郁南县合并,名罗南县。1961年恢复罗定县。1993年撤县设市,由肇庆市代管。1994年改由云浮市代管。因明万历五年(1577)平定罗旁山区瑶民起义,取"罗旁平定设州"之意而得名。自泷州治所迁至罗城,城建历史已逾700年。元大德八年(1304)泷水县城迁至建水乡羊禄埠时,有衙署无城池。明正统十三年(1448)建土城。明景泰五年(1453)在今罗定市北区临江处建砖石城。明万历五年(1577)升直隶州后城区范围扩展至今罗定市北区全境。清代中期以后至民国期间陆续增建今中区、西区和南区。至1981年,城区总面积2.08平方千米。1988年罗城街道石围、细坑、柑园、区屋并入城区,城区总面积扩大至4.9平方千米。至2014年底城区建成面积达28.8平方千米。有标志性建筑"双龙戏珠"城雕、罗定国际酒店、罗定商业中心、龙城乐园等。环市而过的罗定江上建有3条不同风格的跨江大桥,沿江有绿道和江边走廊及护栏。西、西北、南部一带为云开大山山地,东部云雾山山地为喀斯特地貌。平均海拔220米。年均气温22.3℃,1月平均气温13.5℃,7月平均气温29.8℃。年均降水量1382毫米。罗定江、罗镜河、新榕河、连州河、泗纶河、替滨河流经。有锰、铁、锡、铜、铅、锌、金、铌、钽、锆等矿产资源。有国家重点保护野生植物桫椤、樟树格木、花榈木、厚荚红豆、土沉香、韶子、金线兰、黑桫椤、金毛狗、福建观音座莲、红椿等。有野生药材超300种。有野生动物25种,其中有松雀鹰、赤腹鹰、领角鸮、斑头鸺鹠等。森林覆盖率63.03%。有中学36所,小学362所,三级医院2个,二级医院1个,图书馆1个,博物馆2个,文化馆2个。有全国重点文物保护单位龙龛岩摩崖石刻"龙龛道场铭"。有省级文物保护单位蔡廷锴故居、罗定文塔、罗定学宫、箐莪书院、三罗民众抗日指挥部旧址、长岗坡渡槽、平南古建筑群、梁家庄园。有省级非物质文化遗产泷州歌、东山庙会、禾谷醮、罗定豆豉酿制技艺、凤阳宗祠祭典。有爱国主义教育基地蔡廷锴故居、罗定烈士陵园、罗定市博物馆。三次产业比例23∶40∶37。农业以木薯、蚕桑、花生、茶、水稻、番薯、玉米种植,生猪、家禽养殖为主。工业以高新电子、日用化工、生物制药、机械装备、纺织、服装、建材等为主。服务业以邮电通信、商业饮食、金融、保险、房地产等为主。罗定一阳春铁路,深罗、罗阳、云岑高速,324国道,省道郁罗、荔硃、圣贵线等过境。

文化广场［Wénhuà Guǎngchǎng］ 在市区中部。占地57805平方米。1998年开工,2004年建成。因位于市文化中心、市博物馆等文化类设施旁而得名。广场包括两层地下室、景观工程,有舞台、篮球场、乒乓球场、健身器材、游乐等设施。为休闲运动、文化娱乐、宣传、应急避难等功能的综合性民生广场。周边有罗定烈士陵园、龙城乐园、罗定市图书馆。省道龙华线经此。通公交车。

迎宾路［Yíngbīn Lù］ 在市区南部。北起人民南路与大岗东路交会处,东南至人民路。与龙华中路、龙华西路、富豪一横路、兴隆二横路、兴隆三横路、富豪一横路、皮鞋街相交。长3.8千米,宽50米。沥青路面。1984年开工,1992年建成。名称寓意欢迎外地宾客到罗定投资或做客。两侧有罗定市海关、罗定市广播电视转播台、同富商业中心、罗定国际酒店、鸿源大酒店、一方大厦、东晟花园、素龙商贸城、农信大厦等。通公交车。

龙华路［Lónghuá Lù］　在市区北部。西起大岗西路，东北至站前北路。与兴业一路、大新前路、文博街、兴文路、富豪东路、迎宾路相交。长7千米，宽40米。沥青混凝土路面。1993年开工，1998年建成。晋末曾设龙乡县，有"重现龙乡丰华"之意而得名。两侧有全民健身广场、文化中心、市人民法院、市海关、城雕环岛、市中医院等。通公交车。

人民路［Rénmín Lù］　在市区中部。北起沿江一路，东南至龙华中路。与道前街、泷江路、阜康路、园前路、丽久路、泷州南路、大岗东路、龙华路、大东路相交。长2.5千米，宽16—20米。沥青混凝土路面。1956年开工，1959年建成。两侧有盈富广场、市商业中心、国际酒店、同富商业中心等建筑。通公交车。

泷州路［Shuāngzhōu Lù］　在市区中部。西北起人民南路，东南至罗定二桥。与工业一路、建设路、农科三路、大岗东路、宝成路、兴盛路、宝珠路、江边路、祥发路、祥华路、柑园西路相交。长2.4千米，宽40米。沥青混凝土路面。1988年开工，1991年建成。因南朝时境内曾设泷州而得名。两侧有廷锴纪念中学、德保商业广场、市物价局、泷州客运站、供电局、市安监局等。通公交车。

罗定大桥［Luódìng Dàqiáo］　在市区中部。长162.7米，宽6.7米，最大跨度30米，桥下净高17米。1959年开工，1960年建成。因罗定江得名。为中型河道桥梁，结构型式为花岗岩石块砌筑的弧型石拱。最大载重13吨。通公交车。

罗定汽车客运站［Luódìng Qìchē Kèyùnzhàn］　见交通运输设施部分"罗定汽车客运站"条。

罗定泷州汽车客运站［Luódìng Shuāngzhōu Qìchē Kèyùnzhàn］　见交通运输设施部分"罗定汽车客运站"条。

罗城街道［Luóchéng Jiēdào］　罗定市人民政府驻地。在市境北部。面积9平方千米。人口10.3万。1993年设。因是原罗定县城所在地而得名。先后新建、扩建泷州路、迎宾路、兴华路、兴业路、大新路、凤华路、龙园东路、工业二路、工业三路、柑园路、龙华路、沿江路、环城路，新建中小学、医院、商住小区，建成服装、家具家电、建材、电子通信、日杂百货、农贸等大小专业市场。地处罗定红盆底部，为河岸低丘地貌。罗定江流经。有中学3所，小学6所，三级医院2个，二级医院1个，卫生院1个。有文化馆、博物馆、图书馆、影剧院、文化广场等。农业以水稻、蔬菜种植为主。工业以纺织、服装产业为主。324国道，省道郁罗、荔硃线过境。通公交车。

泽汇路［Zéhuì Lù］　在罗城街道中部。长483米，宽8—12米。沥青路面。原称"水街"，后以"泽汇"命名，取"水源（指财源）丰泽汇此街"之意。为城区著名古街巷。通公交车。

竹根［Zhúgēn］　属罗城街道。在街道东南部。人口500。清代中期由谭氏建村。因村旁有大勒竹树而得名。聚落呈散状。有革命烈士谭其镜故居。服务业以商贸为主。

素龙街道［Sùlóng Jiēdào］　属罗定市。在市境中部。面积101平方千米。人口12.2万。1994年设。因地形似龙，原名"瘦龙"，后雅称"素龙"。先后建成朝阳路、龙信路、桃李路、迎宾路、机场路等主要街道。为盆地低丘地区。泷江河、围底河流经。有中学6所，小学28所，卫生院1个，卫生所23个。有文化站、博物馆。有省级文物保护单位平南村古建筑群。有省级非物质文化遗产凤阳宗祠祭典。农业以水稻、大豆、花生、果树、蔬菜种植，水产品养殖为主。工业以化工、服装、玩具、电子、建材、玉石、蜡烛、五金、木制品、农产品加工等为主。324国道、省道罗水线过境。通公交车。

凤阳村［Fèngyángcūn］　在市政府驻地罗城街道东3千米。属素龙街道。人口900。因有堪舆家认为村落为"五凤朝阳"态势而得名。聚落呈矩形。有小学、卫生站等。为广东省传统古村落。现存清末民初房屋30余座。有省级非物质文化遗产凤阳宗祠祭典。有凤阳陈氏宗祠。有云浮市乡村历史文化展示馆。农业以水稻、蔬菜、果树种植为主。县道罗屏线经此。

古城角村［Gǔchéngjiǎocūn］　在市政府驻地罗城街道西南5千米。属素龙街道。人口500。原为唐代永宁县故城一角而得名。聚落呈扇形。有唐代永宁（后改建水）县故城遗址。农业以水稻种植为主，兼种花生、蔬菜。省道罗水线经此。

附城街道［Fùchéng Jiēdào］　属罗定市。在市境北部。面积192平方千米。人口6.4万。1963年设。意为"靠近罗定县城"，后沿用"附城"至今。2004年开始进行街道建设，先后建成宝龙路、向阳公园路、富强路、光明路、永盛路、宝城路、迎宾路、公园路、步行街等。新建中小学、医院、文化广场公园、花园式住宅、商住小区。地处罗定红盆与云开大山余脉过渡地带，多为丘陵区。榃滨河、泷江河流经。有中学3所，小学2所，卫生院1个，卫生所22个。有省级文物保护单位罗定文塔。农业以水稻、花生、番薯、木薯、豆类种植为主，盛产桂皮、桂油、塘鱼。工业以服装、纺织、电子、五金、建材等产业为主。罗岑铁路、深罗高速、324国道过境。通公交车。

双东街道［Shuāngdōng Jiēdào］　属罗定市。在市境东部。面积24平方千米。人口2.1万。1994年设。因地处泷江之东，初名泷东，因"泷"与"双"谐音，改今名。先后建成罗大公路、沿江路、站前路、龙华路。地处罗定红盆底部，黄土低丘密布，为河岸低丘地貌。泷江河、华石河流经。有中学1所，小学7所，卫生院1个，卫生所8个。大同村有倒流榜村古建筑群。农业以水稻、蔬菜种植，生猪养殖为主。工业以纤维单丝、纸业制品等为主。罗阳铁路、深罗高速，省道荔硃线过境。有罗定火车站。通公交车。

罗镜镇［Luójìng Zhèn］　罗定市辖镇。在市境南部。面积161平方千米。人口10万。辖1居委会、24村委会，有371自然村。镇人民政府驻罗镜社区。1961年成立罗镜公社。1983年改区。1986年改镇。因镇政府驻地得名。地处镜船盆地，南面为云开大山山地。罗定江、罗镜河、新榕河、云沙河、平塘河、帝貟河流经。有中学3所，小学32所，卫生院1个，卫生所24个。有爱国主义教育基地、省级文物保护单位蔡廷锴故居。有省级文物保护单位东山祖庙。有省级非物质文化遗产东山祖庙庙会。农业以水稻、蔬菜、豆类、小麦、粉葛种植，肉猪、塘鱼养殖为主。工业以采矿、混凝土构件、铸造、制衣等为主。省道圣贵线过境。

罗镜社区［Luójìng Shèqū］　罗镜镇人民政府驻地。在市境南部。面积3平方千米。人口3400。传宋末有罗镜在此经营小店，生意兴隆，后以其名命村。1992年成立。民居以现代岭南风格建筑为主。社区有"八段锦进社区，科学健康强体魄"医疗健身志愿服务活动，组织东山祖庙庙会，学习春牛舞、泷水民歌等。有中小学、幼儿园、卫生院。省道圣贵线经此。通公交车。

椽梓山村［Chuánzǐshāncūn］　在市政府驻地罗城街道西南29千米。罗镜镇辖自然村。人口400。因该地周围长满梓树而得名。聚落呈团块状。为传统古村落，有430年历史。有清代建筑张瑞公书院。农业以水稻、花生种植为主，兼种番薯、豆类。通乡村公路。

双轮角村［Shuānglúnjiǎocūn］　在市政府驻地罗城街道西南31千米。罗镜镇辖自然村。人口200。因群山环抱，有两山棱角接近村边而得名。聚落呈散状。有爱国主义教育基地、省级文物保护单位蔡廷锴故居。农业以水稻、花生种植为主，兼种番薯、豆类。通乡村公路。

太平镇［Tàipíng Zhèn］　罗定市辖镇。在市境南部。面积94平方千米。人口7万。辖1居委会、16村委会，有284自然村。镇人民政府驻太平圩。1950年为三区。1958年成立太平公社。1983年改区。1986年改镇。因镇政府驻地得名。地处镜船盆地中部。太平河、罗镜河流经。有中学2所，小学22所，卫生院1个，卫生所16个。农业以水稻种植为主，兼种小麦、番薯。工业以建材、生物化工、塑料、机械、服装、爆竹等加工制造为主。省道圣贵、罗水线过境。

太平圩［Tàipíngxū］　太平镇人民政府驻地。在市政府驻地罗城街道西南28千米。人口7000。村名寓意民安物泰，不受干扰。聚落呈散状。有中小学、卫生院、文化广场、影剧院。农业以水稻种植为主，兼种小麦、番薯。省道罗水线经此。

分界镇［Fēnjiè Zhèn］　罗定市辖镇。在市境西南部。面积97平方千米。人口3.3万。辖1居委会、9村委会，有181自然村。镇人民政府驻分界社区。1957年设分界乡。1958年改公社。1983年改区。1987年改镇。因镇政府驻地得名。罗镜河、分界河、新榕河、罗磨河流经。有中学1所，小学10所，卫生院1个，卫生所9个。有金垌村金福洞景区、瑶民冶铁遗址、明代制蓝工场遗址等。农业以种植水稻、玉米为主。工业以水力发电、石英砂开采、马赛克生产、造纸、食品加工等为主。省道圣贵线过境。

分界社区［Fēnjiè Shèqū］　分界镇人民政府驻地。在市境西南部。面积5平方千米。人口5300。古为茂名、电白两地分界线，后成圩镇而得名。1987年成立。民居为现代岭南风格。社区有"八段锦进社区，科学健康强体魄"医疗健身志愿服务活动，组织东山祖庙庙会，学习春牛舞、泷水民歌等。有中小学、文化室、卫生站。省道圣贵线经此。

罗平镇［Luópíng Zhèn］　罗定市辖镇。在市境南部。面积136平方千米。人口8.7万。辖1居委会、23村委会，有333自然村。镇人民政府驻罗平社区。1958年成立罗平公社。1983年改区。1986年改镇。因镇政府驻地原名得名。地处低丘平原地带。榃感河、沙河、泷江河流经。有中学2所，小学27所，卫生院1个，卫生所23个。有文化广场、文化活动室、体育场。有省级文物保护单位长岗坡引水渡槽。农业以水稻、桑树种植为主。工业以制衣、玩具制作等为主。省道罗水、圣贵线过境。

罗平社区［Luópíng Shèqū］　罗平镇人民政府驻地。在市境南部。面积2平方千米。人口2800。南朝曾于此设罗平县，后沿用"罗平"之名。1989年成立。民居为现代岭南风格。社区有"八段锦进社区，科学健康强体魄"医疗健身志愿服务活动，组织东山祖庙庙会，学习春牛舞、泷水民歌等。有中小学、文化室、卫生站。省道罗水线经此。

横垌村［Héngtóngcūn］　在市政府驻地罗城街道南23千米。罗平镇辖自然村。人口1800。因该村建在比较宽阔的垌面而得名。聚落呈矩形。有大型战国墓葬。农业以水稻、花生种植为主，兼种木薯、豆类等。通乡村公路。

船步镇［Chuánbù Zhèn］ 罗定市辖镇。在市境东南部。面积119平方千米。人口8.6万。辖1居委会、18村委会，有484自然村。镇人民政府驻船步社区。1958年成立船步公社。1983年改区。1986年改镇。因镇政府驻地原名得名。地处镜船盆地东段，东南部为云开大山山地，东北部为石灰岩地带。围底河、龙岗河、樟岗河流经。有中学1所，小学24所，卫生院1个，卫生所18个。有省级非物质文化遗产禾谷醮。农业以花生、豆类、果树种植，禽畜、塘鱼养殖为主，特产荔枝、龙眼、杧果、柑橘等。工业以化工、电子产业为主。省道圣贵线过境。

船步社区［Chuánbù Shèqū］ 船步镇人民政府驻地。在市境东南部。面积2平方千米。人口2800。因历史上该地水运发达，筑有码头，所经船均靠岸于此而得名。1999年成立。民居为现代岭南风格。社区有"八段锦进社区，科学健康强体魄"医疗健身志愿服务活动，组织学习春牛舞、禾谷醮、泷水民歌等。有中小学、文化室、卫生站。省道罗水线经此。

莨塘镇［Liǎngtáng Zhèn］ 罗定市辖镇。在市境东南部。面积84平方千米。人口4.8万。辖1居委会、12村委会，有196自然村。镇人民政府驻莨塘社区。1958年设莨塘乡，随即并入船步公社。1961年设莨塘镇。1983年建区。1986年复改镇。据《广东省今古地名词典》载："'莨'为近水而略高平之地。而镇区附近水塘甚多而得名。"围底河支流、龙吉河流经。有中学1所，小学15所，卫生院1个，卫生所12个。农业以水稻、花生、蔬菜、药材种植为主。罗阳高速、省道圣贵线过境。

莨塘社区［Liǎngtáng Shèqū］ 莨塘镇人民政府驻地。在市境东南部。面积3平方千米。人口2500。1999年由莨塘村改社区。民居为现代岭南风格。社区有"八段锦进社区，科学健康强体魄"医疗健身志愿服务活动，组织学习春牛舞、泷水民歌等。有中小学、文化室、卫生站。罗阳高速、省道圣贵线经此。

苹塘镇［Píngtáng Zhèn］ 罗定市辖镇。在市境东部。面积88平方千米。人口4.4万。辖1居委会、11村委会，有130自然村。镇人民政府驻苹塘社区。1958年成立苹塘公社。1983年改区。1986年改镇。因镇政府驻地原名得名。石滩河流经。有中学1所，小学19所，卫生院1个，卫生所11个。有全国重点文物保护单位龙龛岩摩崖石刻。有状元洞、马肚岩洞等自然景观。农业以水稻、花生、蔬菜、药材种植为主。工业以混凝土制造、大理石及花岗岩开采加工、毛织、小五金等为主。罗阳高速、深罗高速，324国道过境。

苹塘社区［Píngtáng Shèqū］ 苹塘镇人民政府驻地。在市境东南部。面积0.3平方千米。人口1700。建圩时有口大塘，长满野生浮萍而得名"萍塘"，后改为"苹塘"。1989年村改社区。民居为现代岭南风格。社区有"八段锦进社区，科学健康强体魄"医疗健身志愿服务活动等。有中小学、文化室、卫生站。324国道经此。

金鸡镇［Jīnjī Zhèn］ 罗定市辖镇。在市境东部。面积86平方千米。人口3.6万。辖1居委会、10村委会，有172自然村。镇人民政府驻金鸡社区。1961年成立金鸡公社。1983年改区。1986年撤区改镇。因镇政府驻地原名得名。为云雾大山余脉。镇安河、拱桥河流经。有中学1所，小学9所，卫生院1个，卫生所9个。有石山峰林风景区。有金鸡岭石拱桥、西岸石拱桥、大垌八角楼、水岩三座屋、挂榜司马第等。农业以水稻、花生、红麻、甘蔗、茶、沙姜、指天椒种植为主。工业以石灰石深加工为主。深罗高速、324国道过境。

金鸡社区［Jīnjī Shèqū］ 金鸡镇人民政府驻地。在市境东部。面积2平方千米。人口3500。因圩镇东南方的小河潭里有鸡形巨石，名金鸡潭而得名。1989年村改社区。民居为现代岭南风格。社区有"八段锦进社区，科学健康强体魄"医疗健身志愿服务活动，学习泷水民歌等。有中小学、文化室、卫生站。县道稔广线经此。

下新寨村［Xiàxīnzhàicūn］ 在市政府驻地罗城街道东南26千米。金鸡镇辖自然村。人口500。因新寨村吴氏兄弟分居，在新寨附近的下墩设村而得名。聚落呈矩形。有清代古建筑群。有文物保护单位广居堂。农业以水稻、花生、豆类种植为主，兼种番薯、木薯等作物。通乡村公路。

围底镇［Wéidǐ Zhèn］ 罗定市辖镇。在市境中部偏东。面积66平方千米。人口4.7万。辖1居委会、15村委会，有123自然村。镇人民政府驻围底社区。1958年成立围底公社。1983年改区。1986年改镇。因镇政府驻地原名得名。围底河流经。有中学1所，小学17所，卫生院1个，卫生所15个。有下古村刺史祠、古模陈公宗祠、邓日松大屋。农业以水稻、花生、番薯、荔枝、龙眼种植为主。工业以食品、纺织、电子为主。罗阳高速、324国道过境。

围底社区［Wéidǐ Shèqū］ 围底镇人民政府驻地。在市境东部。面积2平方千米。人口2500。因镇圩的地形而得名，"围"为村寨，"底"即位置较低之处。1989年村改社区。民居为现代岭南风格。社区有"八段锦进社区，科学健康强体魄"医疗健身志愿服务活动，学习泷水民歌等。有中小学、文化室、卫生站。罗阳高速、324国道经此。

华石镇［Huáshí Zhèn］ 罗定市辖镇。在市境东北部。面积63平方千米。人口3万。辖1居委会、10村委会，有151自然村。镇人民政府驻华石社区。1961年成立华石公社。1983年改区。1986年改乡。1989年改镇。因镇政府驻地原名得名。围底河流经。有中学1所，小学12所，卫生院1个，卫生所10个。农业以水稻、花生、番薯、荔枝、龙眼种植为主。工业以食品、纺织、电子为主。罗阳高速、324国道过境。

华石社区［Huáshí Shèqū］ 华石镇人民政府驻地。在市境东北部。面积0.5平方千米。人口1700。因区内镇圩旁路边大榕树下有几块被路人坐滑的大石，人们称为"滑石"，后谐音改今名。2008年村改社区。民居为现代岭南风格。社区有"八段锦进社区，科学健康强体魄"医疗健身志愿服务活动，学习泷水民歌等。有中小学、文化室、卫生站。省道郁罗线经此。通公交车。

替滨镇［Tánbīn Zhèn］ 罗定市辖镇。在市境西北部。面积154平方千米。人口5.1万。辖1居委会、13村委会，有404自然村。镇人民政府驻替滨社区。1950年为第六区，后改公社。1983年改区。1986年改镇。因镇政府驻地原名得名。为丘陵山区。替滨河流经。有中学1所，小学15所，卫生院1个，卫生所13个。农业以肉桂、八角、甜笋种植为主。工业以农产品、林产品加工及花岗岩、瓷土开采等为主。深罗高速、324国道过境。

替滨社区［Tánbīn Shèqū］ 替滨镇人民政府驻地。在市境西北部。面积1平方千米。人口4900。"替滨"意为"临河低平地"，因圩镇建于河旁平川地而得名。1989年村改社区。民居为现代岭南风格。社区有"八段锦进社区，科学健康强体魄"医疗健身志愿服务活动，学习泷水民歌等。有中小学、文化室、卫生站。324国道经此。通公交车。

黎少镇［Líshào Zhèn］ 罗定市辖镇。在市境中西部。面积134平方千米。人口6.2万。辖1居委会、18村委会，有388自然村。镇人民政府驻黎少社区。1958年成立黎少公社。1983年改区。1986年改镇。因镇政府驻地原名得名。地处罗定红盆西段丘陵地区。罗定江、泗纶河流经。有中学1所，小学19所，卫生院1个，卫生所18个。有省级文物保护单位梁家庄园。农业以水稻、杧果、荔枝、龙眼种植为主。工业以建材、桂皮加工、针织等为主。省道荔朱线过境。

黎少社区［Líshào Shèqū］ 黎少镇人民政府驻地。在市境西部。面积1平方千米。人口1700。黎少镇区北面黎少坑有一小溪与泗纶河汇合，原称黎少口，后简称黎少。1989年村改社区。民居为现代岭南风格。社区有"八段锦进社区，科学健康强体魄"医疗健身志愿服务活动，学习泷水民歌等。有中小学、文化室、卫生站。省道荔朱线经此。

替濮村［Tánpúcūn］ 在市政府驻地罗城街道西南8千米。黎少镇辖自然村。人口900。罗定江、泗纶河流经。明天启元年(1621)陈氏始祖诗仁公自替滨迁来白善村落户，民国后曾属替濮团、替濮乡、替濮合作社。有替濮圩。1986年设替濮村。聚落呈团块状。有小学。有省级文物保护单位"梁家庄园九座屋"建筑群。农业以水稻种植为主，兼种花生、薯类、蔬菜等。

生江镇［Shēngjiāng Zhèn］ 罗定市辖镇。在市境中部。面积62平方千米。人口4.2万。辖1居委会、11村委会，有201自然村。镇人民政府驻生江社区。1961年从第九区析置生江公社。1983年改区。1986年改镇。因镇政府驻地原名得名。罗定江(南江)河流经。有中学1所，小学14所，卫生院1个，卫生所11个。农业以荔枝、油菜种植为主。工业以针棉织业为主。县道龙五线过境。

生江社区［Shēngjiāng Shèqū］ 生江镇人民政府驻地。在市境中部。面积2平方千米。人口2600。因泷江河纵贯全境，方言"泷"与"生"近音而得名。1989年村改社区。民居为现代岭南风格。社区有"八段锦进社区，科学健康强体魄"医疗健身志愿服务活动，学习泷水民歌等。有中小学、文化室、卫生站。通公交车。

连州镇［Liánzhōu Zhèn］ 罗定市辖镇。在市境西部。面积125平方千米。人口5.8万。辖1居委会、16村委会，有243自然村。镇人民政府驻连州社区。1958年成立连州公社。1983年改区。1986年改镇。因镇政府驻地原名得名。地势东低西高。泗纶河、连州河、新榕河流经。有中学1所，小学16所，卫生院1个，卫生所16个。有连州生态茶园、解放战争连州战斗纪念地等。农业以水稻种植为主，兼种黑榄、砂糖橘、茶、龙眼、荔枝、玉桂、木薯、花生等。工业以电子、建材、汽配、针织为主。县道竹罗线过境。

连州社区［Liánzhōu Shèqū］ 连州镇人民政府驻地。在市境西部。面积7平方千米。人口4500。本地盛产莲藕，"莲"与"连"相通，故称"连州"。1989年村改社区。民居为现代岭南风格。社区有"八段锦进社区，科学健康强体魄"医疗健身志愿服务活动，学习泷水民歌等。有中小学、文化室、卫生站。县道竹罗线经此。通公交车。

泗纶镇［Sìlún Zhèn］ 罗定市辖镇。在罗定市西部。面积234平方千米。人口8.1万。辖1居委会、27村委会，有380自然村。镇人民政府驻泗纶社区。1958年成立泗纶公社。1983年改区。1986年改镇。因镇政府驻地原名得名。地处云开大山山脉，境内大部分属高丘地带。泗纶河流经。有中学2所，小学25所，卫生院1个，卫生所27个。有罗西书院、南山村刘三姑庙、分会村岩画。农业以罗竹、肉桂、八角、黄榄、大肉姜种植，山地鸡养殖为主。工业以混凝土、服装生产及农副产品加工等为主。省道荔朱线过境。

泗纶社区 [Sìlún Shèqū]　泗纶镇人民政府驻地。在市境西部。面积1平方千米。人口700。因地处都门河、章河、黄茅河、黄竹河4条河汇合处，四水归源，故清代称为"泗水"。清末更名为"泗纶"。1989年成立。民居为现代岭南风格。社区有"八段锦进社区，科学健康强体魄"医疗健身志愿服务活动，学习泷水民歌等。有中小学、文化室、卫生站。省道荔朱线经此。通公交车。

加益镇 [Jiāyì Zhèn]　罗定市辖镇。在市境西部。面积79平方千米。人口2.9万。辖1居委会、9村委会，有148自然村。镇人民政府驻加益社区。1950年为第七区，1957名加益区，1958年成立加益公社。1983年改设区。1986年区改镇。因镇政府驻地原名得名。地处云开大山山脉，四面群山环绕。加益河流经。有中学1所，小学9所，卫生院1个，卫生所9个。农业以水稻、肉桂、龙眼、马铃薯种植为主。工业以电子、建筑、纺织为主。县道合加线过境。

加益社区 [Jiāyì Shèqū]　加益镇人民政府驻地。在市境西部。面积1平方千米。人口1200。清代前为壮、瑶等少数民族居住地，因在河边沙地上建村舍，得名砂砾。汉人迁入后，渐演变为加益。1989年村改社区。民居为现代岭南风格。社区有"八段锦进社区，科学健康强体魄"医疗健身志愿服务活动，学习泷水民歌等。有中小学、文化室、卫生站。

龙湾镇 [Lóngwān Zhèn]　罗定市辖镇。在市境西部。面积126平方千米。人口3.5万。辖1居委会、11村委会，有194自然村。镇人民政府驻龙湾社区。1957年设龙湾乡。1961年析置立龙湾公社。1983年改区。1986年改镇。因镇政府驻地原名得名。南山河、回龙河流经。有中学1所，小学12所，卫生院1个，卫生所11个。有龙湾制蓝工场遗址、明清"过山瑶"村落遗址等。有国家3A级旅游景区龙湾生态旅游区。农业以黄榄、茶、龙眼、八角、三华梨种植，氹仔鱼养殖为主。工业以水力发电、铁镬制造等为主。省道荔朱线过境。

龙湾社区 [Lóngwān Shèqū]　龙湾镇人民政府驻地。在市境西部。面积2平方千米。人口1200。因镇境有龙湾生态旅游区而得名。1987年村改社区。民居为现代岭南风格。社区有"八段锦进社区，科学健康强体魄"医疗健身志愿服务活动，学习泷水民歌等。有中小学、文化室、卫生站。省道荔朱线经此。

新　兴　县

新兴县 [Xīnxīng Xiàn]　云浮市辖县。北纬22°42′，东经112°13′。在市境东南部。面积1523平方千米。人口48.1万。以汉族为主，还有壮、瑶、土家等民族。辖12镇。县人民政府驻新城镇。西汉元鼎初(前111)置临允县。东晋永和七年(351)析临允县置新兴(治今新城镇)、单牒2县，新兴县以新兴江得名，并于临允置新宁郡辖之。隋开皇九年(589)撤郡置新州，新兴县为新州治所。明洪武元年(1368)废州，新兴县属肇庆府。1914—1920年属粤海道。1936年后先后隶属广东省第三行政督察区、第四行政督察区、西江专区、粤中行政区、高要专区。1959年与云浮县合并，初称新云县，后称新兴县。1961年恢复新兴县原建制，属肇庆专区。1988年属肇庆市。1994年属云浮市。地势南高北低，西南部为山区，东部为丘陵台地，中北部为丘陵及河谷平原。平均海拔82米。最高峰天露山海拔1251米。年均气温21.6℃，1月平均气温13.2℃，7月平均气温28.2℃。年均降水量1646.2毫米。新兴江、西河、共成河、集成河、船岗河、迴龙河流经。有花岗岩、钨、锡、铜、石灰石、石英石、钾长石、高岭土等矿产资源。有野生植物140种，其中有国家重点保护野生植物半枫荷、香樟、楠木、苏铁蕨等32种。有野生动物26种，其中有国家重点保护野生动物白鹤、蟒蛇、翠鸟、白鹇、穿山甲、山鸡、啄木鸟、毛鸡、鹰等13种。森林覆盖率71.3%。有中学17所，小学131所，二级医院3个。有省级非物质文化遗产六祖诞庙会，省级重点文物保护单位国恩寺。有革命传统教育基地蕉山烈士陵园、中共新兴县委旧地等。有国家4A级旅游景区天露山旅游度假区、六祖故里旅游度假区、金水台等。三次产业比例7∶71∶22。农业以水稻、薯类种植，生猪、淡水鱼养殖为主，兼种柑橘橙、荔枝、龙眼、香蕉。工业以塑料、陶瓷、造纸、皮具、生物制药、五金机械、电子电器为主。服务业以物流、通信、旅游为主。三茂铁路，江罗、汕湛高速，省道稔广、腰那线过境。有新兴火车站。

东门大桥 [Dōngmén Dàqiáo]　在县城东部。长122.6米，宽10米，最大跨度30米，桥下净高6.5米。原宋绍兴年间建，明万历年间重修为石墩石板桥。1963年重修，1975年新建。因位于原县城东门而得名。为中型河道桥梁，结构型式为双曲拱型拱桥。最大载重40吨。通公交车。

新城镇 [Xīnchéng Zhèn]　新兴县人民政府驻地。在县境中部。面积117平方千米。人口10.3万。以汉族为主，还有壮、侗、满、瑶等民族。辖21居委会、15村委会，有51自然村。镇人民政府驻州背社区。1951年设城关镇。1959年成立城关公社。1983年改置镇。1987年改为新城镇。因是新兴县政府驻地而得名。新兴江、西河、共成河、集成河、迴龙河流经。有中学5所，小学13所，二级医院3个，卫生院2个，卫生所28个。有城隍庙、金台寺、水流庵、晚霞寺、宝觉寺等古建筑。农业以水稻、蔬菜种植为主。工业以不锈钢制品为主。三茂铁路、省道腰那线过境。

新州大道 [Xīnzhōu Dàdào]　在县城北部。南起�州路，北至新州大桥。与富民路、民安路、荔园路、国泰路相交。长1.7千米，宽78米。混凝土路面。1995年开工，2000年建成。以新兴县古称新州得名。两侧有县政府、越王湖公园等。通公交车。

州背社区 [Zhōubèi Shèqū]　新城镇人民政府驻地。在县境中部。面积1平方千米。人口2600。因原村落建于新州府背面而得名。2002年成立。民居有楼房、别墅，为现代岭南风格。设学雷锋志愿服务岗、法律咨询室，养老模式以镇敬老院集中养老为主。有小学、卫生站、幼儿园。省道稔广线经此。通公交车。

枫洞村 [Fēngdòngcūn]　新城镇辖自然村。在镇境西部。人口2900。因该村建在长满枫树的田洞而得名。聚落呈散状。为千年古村。有建于清顺治年间的顾家大屋。农业以水稻、蔬菜种植为主。省道稔广线经此。通公交车。

南外 [Nánwài]　新城镇辖自然村。在镇境南部。人口1100。因村庄位于县城南门之南而得名。聚落呈矩形。有小学、卫生站、文化广场、县体育活动中心。为千年古村。有建于唐永徽元年(650)的金台寺。有纪念抗盗英雄柯爷的尚爹庙。通公交车。

车岗镇 [Chēgǎng Zhèn]　新兴县辖镇。在县境北部。面积92平方千米。人口3万。辖1居委会、18村委会，有75自然村。镇人民政府驻夏龙社区。1961年从洞口公社析置车岗公社。1983年改区。1986年改镇。明初车头村人到鲤鱼岗开店而形成圩市，取车头的"车"和鲤鱼岗的"岗"2字为名。为丘陵地貌。新兴江流经。有中学1所，小学8所，卫生院1个，卫生所19个。农业以水稻种植为主，兼养殖肉鸡、肉猪等。工业以造纸、塑料、化工、建材、五金等产业为主。三茂铁路、省道腰那线过境。

夏龙社区 [Xiàlóng Shèqū]　车岗镇人民政府驻地。在县境北部。面积4平方千米。人口1700。因临新兴江，夏日时雨过天晴，长虹弧贯，映于村前，七彩缤纷，有如夏日彩龙十分美观而得名。1999年成立。民居楼房为现代岭南风格。社区设有学雷锋志愿服务岗、法律咨询室，养老模式以镇敬老院集中养老为主。有中小学、卫生站、幼儿园。新兴公路、省道腰那线经此。

楪村 [Diécūn]　在县政府驻地新城镇北13千米。车岗镇辖自然村。人口500。建村时村中遍布楪树而得名。聚落呈团块状。有小学、卫生站等。为建于元末的古村落，近800年历史。现存37座明末清初的楪村炮楼、镬耳屋。农业以水稻种植为主，兼种荔枝等。县道活车线经此。

水台镇 [Shuǐtái Zhèn]　新兴县辖镇。在县境东部。面积75平方千米。人口1.6万。辖1居委会、9村委会，有46自然村。镇人民政府驻六乡社区。1959年成立水台公社。1983年改区。1986年改乡。1993年改镇。原名"书台"，因地形似一张书台而得名。后因谐音改今名。为台地类型，地势比较低平，山脉多西北—东南走向。水台河流经。有中学1所，小学6所，卫生院1个，卫生所10个。有国家4A级景区金水台温泉度假区。有彭山古建筑群、龙江古寺遗址等。有杜村抗战时期的交通站、良田新高鹤人民解放军总队等革命旧址。农业以水稻种植为主，特产冬瓜、粉葛、柑橘等。工业以建材生产为主。省道双和线过境。

六乡社区 [Liùxiāng Shèqū]　水台镇人民政府驻地。在县境东部。面积6平方千米。人口2400。因由6自然村组成而得名。1999年成立。民居有楼房、别墅，为现代岭南风格。社区设有学雷锋志愿服务岗、法律咨询室，养老模式以镇敬老院集中养老为主。有中小学、卫生站、幼儿园。省道双和线经此。

稔村镇 [Rěncūn Zhèn]　新兴县辖镇。在县境东部。面积113平方千米。人口3.9万。辖1居委会、15村委会，有56自然村。镇人民政府驻稔村社区。1958年成立稔村公社。1983年改区。1986年改镇。因镇政府驻地原名得名。为半丘陵半山区地带。迴龙河流经。有中学1所，小学13所，卫生院1个，卫生所16个。有地方特色文艺舞香火龙。有清代古民宅建筑群。农业以水稻、荔枝、龙眼、香蕉种植，肉猪、肉鸡、肉鸽养殖为主。工业以陶瓷、不锈钢制品、化工、皮具、塑料、钢丝球六大龙头特色产业为主。省道稔广线过境。

稔村社区 [Rěncūn Shèqū]　稔村镇人民政府驻地。在县境东部。面积5平方千米。人口5800。因原在长满稔树的地方建村而得名。2002年村改社区。民居有楼房、别墅，为现代岭南风格。社区设有学雷锋志愿服务岗、法律咨询室，养老模式以镇敬老院集中养老为主。

有小学、卫生站、幼儿园。省道稔广线经此。通公交车。

高村［Gāocūn］ 在县政府驻地新城镇东南19千米。稔村镇辖自然村。人口1900。明初由高姓建村而得名。聚落呈团块状。有小学、卫生站。有600余年历史。有赵氏宗祠、松岭赵公祠等。农业以水稻、蔬菜、果树种植为主。县道稔村—岑村线经此。

东成镇［Dōngchéng Zhèn］ 新兴县辖镇。在县境东部。面积120平方千米。人口3万。辖1居委会、15村委会，有47自然村。镇人民政府驻古院社区。1957年设东成乡。1961年改公社。1983年改区。1987年改镇。因自卫队长刘东成在1927年率队剿匪收复迴龙圩，群众议决以刘东成名为村名。有老香山脉。迴龙河流经。有中学1所，小学18所，卫生院1个，卫生所19个。有青山绿水温泉度假区。有千年古刹龙华寺、符曼江山坡南北朝古墓、碧塘多角头山明朝彭津古墓等名胜古迹。农业以水稻种植为主，特产新马粘米、贡米、丝苗米、雍膳米等。工业以不锈钢、皮具、凉果加工为主，有中国国际（新兴）信息产业基地。江罗高速、省道稔广线过境。

古院社区［Gǔyuàn Shèqū］ 东成镇人民政府驻地。在县境东部。面积3平方千米。人口1500。元末此地曾设县城，后称古县，迁入者增至9姓，各姓建宅古院，改为九院，本地话"九"与古同音，古县、九院各取一字名村。1999年村改社区。民居有楼房、别墅，为现代岭南风格。社区设有学雷锋志愿服务岗、法律咨询室，养老模式以镇敬老院集中养老为主。有小学、卫生站、幼儿园。省道稔广线经此。

太平镇［Tàipíng Zhèn］ 新兴县辖镇。在县境东南部。面积162平方千米。人口6.5万。辖2居委会、17村委会，有129自然村。镇人民政府位于太平街。1959年成立太平公社。1983年改区。1987年撤区改镇。清末民初有商人出资设圩，取吉祥如意之意而得名"太平"。共成河流经。有中学2所，小学18所，卫生院1个，卫生所19个。有省级非物质文化遗产社圩闹元宵舞火篮。有"水源香雪""蕉山红陵"、古寺"岱山寺"等新兴八景。农业以水稻、蔬菜种植为主，特产青梅。工业以凉果加工为主。县道新共线过境。

社圩村［Shèxūcūn］ 在县政府驻地新城镇东南9千米。太平镇辖自然村。人口5100。因地形两头小，中间大，似蛇形而得名蛇圩，后改社圩。聚落呈带状。有小学、卫生站等。有宋代岱山寺遗址。有省级非物质文化遗产"舞火篮"。农业以水稻、蔬菜种植为主，特产淮山、番茄。县道新共线经此。

里洞镇［Lǐdòng Zhèn］ 新兴县辖镇。在县境南部。128平方千米。人口1.9万。辖1居委会、7村委会，有65自然村。镇人民政府驻里洞社区。1958年成立里洞公社。1983年改区。1986年改乡。1993年改镇。因镇政府驻地原名得名。地势东高西低，平均海拔380米。新兴江流经。有中学1所，小学6所，卫生院1个，卫生所8个。有国家4A级天露山旅游度假区。农业以水稻种植为主，兼种果树，特产"天露山云雾茶"。工业以小型水电站发电为主。省道新恩线过境。

里洞社区［Lǐdòng Shèqū］ 里洞镇人民政府驻地。在县境南部。面积5平方千米。人口2800。原是小盆地，当地谓之"垌"，后成圩镇，更名"里洞"。2002年成立。民居有楼房、别墅，为现代岭南风格。社区设有学雷锋志愿服务岗、法律咨询室，养老模式以镇敬老院集中养老为主。有中小学、卫生院、敬老院。省道新恩线经此。通公交车。

洛洞村［Luòdòngcūn］ 在县政府驻地新城镇南24千米。里洞镇辖自然村。人口1000。因山清水秀，似"神仙洞府"，初名"落洞"，后人改为"洛洞"。聚落呈散状。有小学、卫生站。有国家4A级景区天露山旅游度假区、禅龙峡旅游度假村。农业以水稻种植为主，兼种花生、黄豆等。通乡村公路。

大江镇［Dàjiāng Zhèn］ 新兴县辖镇。在县境西南部。面积103平方千米。人口1.1万。辖1居委会、4村委会，有46自然村。镇人民政府驻平岗社区。1961年成立合河公社。1983年改区。1986年改大江乡。1987年改镇。因当地人称四甲河上游为大江，清乾隆年间建圩于上游北岸，后成镇而得名。地形东高西低。合河流经。有小学3所，卫生院1个，卫生所5个。农业以水稻种植为主，兼种果树。县道陇河线过境。

平岗社区［Pínggǎng Shèqū］ 大江镇人民政府驻地。在县境西南部。面积4平方千米。人口1140。因在平坦山岗上建居而得名。1999年成立。民居有楼房、别墅，为现代岭南风格。设有学雷锋志愿服务岗、法律咨询室，养老模式以镇敬老院集中养老为主。有中小学、卫生院、敬老院。县道陇河线经此。

天堂镇［Tiāntáng Zhèn］ 新兴县辖镇。在县境西南部。面积132平方千米。人口6.3万。辖5居委会、17村委会，有169自然村。镇人民政府驻荣华社区。1959年成立天堂公社。1983年改区。1986年改镇。古为苦旱区，筑塘储雨水成为解决用水的主要方法。传自唐代有迁居者始，千年来挖掘水塘上千口而得名"千塘"，又因水源为天雨，改名"天塘"，后演为"天堂"。大坳河、石步河、内洞河流经。有中学2所，小学13所，卫生院1个，卫生所22个。有李耀汉大屋、花塔、内洞三庙口宝宁塔。农业以水稻、蔬菜、南药、油料作物种植为主。三茂铁路、汕湛高速、省道稔广线过境。

荣华社区［Rónghuá Shèqū］ 天堂镇人民政府驻地。在县境西南部。面积3平方千米。人口2200。境内原有荣华街，且寓意荣华富贵而得名。2002年成立。民居有楼房、别墅，为现代岭南风格。社区设有学雷锋志愿服务岗、法律咨询室，养老模式以镇敬老院集中养老为主。有中小学、卫生院、敬老院、文化站、影剧院等。通城市道路。

河头镇［Hétóu Zhèn］ 新兴县辖镇。在县境西南部。面积167平方千米。人口2.2万。辖1居委会、7村委会，有96自然村。镇人民政府驻河头社区。1949年设河八区。1961年析置河头公社。1984年改区。1987年改乡。1994年改镇。因镇政府驻地原名得名。地势南高北低。西河流经。有中学1所，小学8所，卫生院1个，卫生所8个。农业以水稻种植为主，有林果业。工业以造纸、不锈钢等产业为主。三茂铁路、省道广高线过境。

河头社区［Hétóu Shèqū］ 河头镇人民政府驻地。在县境西南部。面积20平方千米。人口4200。在新兴江（西河）上游尽头、最西端村落而得名。2002年成立。民居有楼房、别墅，为现代岭南风格。设有学雷锋志愿服务岗、法律咨询室，养老模式以镇敬老院集中养老为主。有中小学、卫生院、邮电局。三茂铁路、省道广高线经此。

簕竹镇［Lèzhú Zhèn］ 新兴县辖镇。在县境西北部。面积102平方千米。人口1.6万。辖1居委会、8村委会，有98自然村。镇人民政府驻红光社区。1957年设簕竹乡。1958年成立簕竹公社。1983年改区。1987年改镇。因圩镇河堤遍植簕竹得名。地势西南高东北低。西河经此。有中学1所，小学4所，卫生院1个，卫生所9个。农业以水稻种植，鸡、鸭、生猪养殖为主，特产笋竹。工业以饲料、农牧机械生产为主。三茂铁路、359国道过境。

红光社区［Hóngguāng Shèqū］ 簕竹镇人民政府驻地。在县境西北部。面积14平方千米。人口2900。取"红色江山"之意得名。2002年成立。民居有楼房、别墅，为现代岭南风格。设有学雷锋志愿服务岗、法律咨询室，养老模式以镇敬老院集中养老为主。有中小学、幼儿园、卫生院。359国道经此。

六祖镇［Liùzǔ Zhèn］ 新兴县辖镇。在县境南部。面积181平方千米。人口6.3万。辖2居委会、29村委会，有140自然村。镇人民政府驻雅冈社区。1958年成立集成公社。1983年改区。1986年改设集成镇。2004年因中国禅宗第六代祖师惠能诞生于此更名六祖镇。地形南高北低，三面环山。船岗河、集成河流经。有中学2所，小学19所，卫生院2个，卫生所31个。有省级文物保护单位国恩寺。农业以水稻、花卉、果树种植，肉鸡、生猪养殖为主。工业以不锈钢、纸箱制品、凉果加工、建材等为主。省道腰那线过境。

雅冈社区［Yǎgāng Shèqū］ 六祖镇人民政府驻地。在县境南部。面积3平方千米。人口4200。因修竹环翠，河水萦回，环境优雅而得名。2002年成立。民居有楼房、别墅，为现代岭南风格。设有学雷锋志愿服务岗、法律咨询室，养老模式以镇敬老院集中养老为主。有中小学、幼儿园、卫生院。省道腰那线经此。

山口村［Shānkǒucūn］ 在县政府驻地新城镇西南10千米。六祖镇辖自然村。人口1400。因坐落于二十四山出入口处而得名。聚落呈条块状。有小学、卫生站等。农业以水稻、蔬菜种植，塘鱼养殖为主，特产山口苦瓜。县道陇河线经此。2011年被评为全国文明村。

水湄村［Shuǐméicūn］ 在县政府驻地新城镇西南10千米。六祖镇辖自然村。人口2000。因南、北、西方向被船岗河包围，初称"水围"，后谐音更今名。聚落呈团块状。有叶季壮、叶肇故居。为广东省古村落。有156座古建筑，农业以水稻种植为主。县道陇河线经此。

龙山塘［Lóngshāntáng］ 在县政府驻地新城镇南15千米。六祖镇辖自然村。人口600。因村后群山似舞动的龙，村前有大塘而得名。聚落呈团块状。有小学、文化站等。有龙山、藏佛洞、温泉等风景区。农业以水稻种植，肉猪、肉牛、肉羊养殖为主。省道腰那线经此。2011—2014年先后被评为省生态文明村、旅游特色村、省宜居环境示范村，2013年获国际花园社区全球大奖。

郁南县

郁南县［Yùnán Xiàn］ 云浮市辖县。北纬23°14′，东经111°32′。在市境西部。面积1966平方千米。人口52.3万。以汉族为主，还有壮、瑶、黎等民族。辖15镇。县人民政府驻地都城镇。明万历五年（1577）析端溪县都城乡、泷水县西山大垌等地置西宁县，治建城，属罗定直隶州。1914年为避与直隶、甘肃省西宁县重名而改称郁南县。因处古郁水（今西江）之南而得名。1914—1920年属粤海道。1936年后隶属广东省第三行政督察区、第四行政督察区、西江专区、粤中行政区、高要专区。1959年与罗定县合并称罗南县。1961年复置郁南县。1988年属肇庆市。1994年属云浮市。2000年初广梧高速建成通车，2014年郁南高铁站建成通车。地势中部高、向南北倾斜，多为丘陵、山地。城区平均海拔 237.51 米以下。年均气温 21.4°C,1 月平均气温 18.8°C,7 月平均气温 22.7℃。年均降水量 1433 毫米。西江、南江、罗旁河、桂河、黑河、平台河、千官河、深步河、连滩河、宋桂河、逍遥河、宝珠河流经。有钛铁矿、硅线石、钽铌矿、白云石、花岗岩、高岭土等矿产资源。有野生植物 160 种,其中有珍贵树种广东紫薇,有全国唯一树种郁南黄杞。有野生动物 404 种,其中有国家重点保护动物 30 种。森林覆盖率 72%。有中学 24 所,小学 156 所,二级医院 2 个,文化馆、图书馆、博物馆、档案馆各 1 个。有全国重点文物保护单位大湾古民居建筑群,省级文物保护单位峻峰李公祠、诚翁李公祠、芳裕家塾、祺波大屋、锦村李公祠、拨亭李公祠、介村李公祠等。有国家级非物质文化遗产禾楼舞。有麒麟白马舞、连滩山歌、手指画等特色民俗和技艺。三次产业比例 20∶33∶47。农业以水稻种植为主,兼种木薯、玉米、番薯、大豆、花生、淮山、马尾松、肉桂等。特产无核黄皮、砂糖橘、庞寨荔枝、杧果、蜜枣、桂皮、木薯、蚕茧。工业以电池、机械、建材、林产化工、冶炼、制药、食品加工等产业为主。南广高铁,广梧、云岑高速,省道西宁大道过境。有郁南站。

郁南站［Yùnán Zhàn］　见交通运输部分"郁南站"条。

南江口站［Nánjiāngkǒu Zhàn］　见交通运输设施部分"南江口站"条。

郁南汽车站［Yùnán Qìchēzhàn］　见交通运输设施部分"郁南汽车站"条。

郁南县飞凤汽车客运站［Yùnán Xiàn Fēifèng Qìchē Kèyùnzhàn］　见交通运输设施部分"郁南县飞凤汽车客运站"条。

都城镇［Dūchéng Zhèn］　郁南县人民政府驻地。在县境西北部。面积 115 平方千米。人口 7.8 万。辖 5 居委会、11 村委会,有 126 自然村。镇人民政府驻城东社区。1950 年设都城镇。1958 年属红旗公社。1961 年复置都城镇。由都罗、武城各取一字得名。地势西北高东南低,为低山丘陵地带。西江流经。有中学 4 所,小学 5 所,二级医院 2 个,卫生所 11 个。有大王山国家森林公园,九星湖、吉祖湖风景区。农业以水稻、蔬菜、无核黄皮、砂糖橘种植,塘鱼养殖为主。工业以电池,机械、制药、冶炼、食品加工等产业为主。南广高铁、广梧高速、省道郁罗线过境。

四一八路［Sìyībā Lù］　在县城西部。南起江滨西路,北至飞凤路。与建设路、中山路、自由路、城中西路、武陵路相交。长 1.2 千米,宽 14 米。混凝土路面。1930 年集民资建成道路,名中正路。1949 年后改为四一八路。1994 年建成混凝土路。为纪念 1948 年 4 月 18 日郁南人民武装起义而更今名。两侧有光明大厦、新乐群酒店、新城商场、县特殊教育学校、县西江中学等。通公交车。

中山路［Zhōngshān Lù］　在县城东南部。长 800 米,宽 15 米。沥青路面。1930 年将原甘棠坊、锦香坊、上青云、安宁街、咸鱼街连为一体改造为骑楼街,为纪念孙中山而得名。2003 年改为步行街。两旁商店林立,为城区闹市路段。有新永光大酒店、好邻居超市、华盛大酒店、县委及县政府大院、影剧院等。通公交车。

城东社区［Chéngdōng Shèqū］　都城镇人民政府驻地。在县境北部。面积 2 平方千米。人口1.1 万。因位于县城东部而得名。2005 年成立。民居为岭南传统风格。社区组织晚会、电影等文化活动,长期开展防范养老诈骗、各类宣传活动,多数以居家养老为主,志愿者定期上门服务。有中小学、卫生院。通公交车。

平台镇［Píngtái Zhèn］　郁南县辖镇。在县境西北部。面积 140 平方千米。人口 2.8 万。辖 1 居委会、13 村委会,有 87 自然村。镇人民政府驻平台村。1961 年成立平台公社。1983 年改区。1986 年改镇。因镇政府驻地得名。平台河、黑河流经。有省级自然保护区同乐大山。有大河国家湿地公园、大河水库、平台水库。有中学 1 所,小学 1 所,卫生院 1 个,卫生所 13 个。农业以水稻、香蕉、砂糖橘种植为主,有松、杉、桂等林木。工业以建材、钢材生产为主。南广高铁、广昆高速、省道云苍线过境。有郁南站。

平台村［Píngtáicūn］　平台镇人民政府驻地。在县政府驻地都城镇西 12 千米。人口 1200。因地势中间高四周低,地形似台而得名。聚落呈团块状。有中小学、卫生站。农业以水稻种植为主,兼种肉桂、木薯、柑橘、香蕉等。省道云苍线经此。

桂圩镇［Guìxū Zhèn］　郁南县辖镇。在县境西北部。面积 167 平方千米。人口 3.8 万。辖 2 居委会、20 村委会,有 188 自然村。镇人民政府驻地桂圩村。1959 年成立桂圩公社。1983 年改区。1986 年改镇。因镇政府驻地得名。为丘陵低山区。桂河流经。有中学 2 所,小学 2 所,卫生院 1 个,卫生所 20 个。农业以水稻、果树种植为主,特产黑叶荔枝。工业以塑料、建材、制衣等产业为主。省道郁罗线过境。

桂圩村［Guìxūcūn］　桂圩镇人民政府驻地。在县政府驻地都城镇西南 12 千米。人口 800。因地处桂河西北河岸,后村成圩市而得名。聚落呈团块状。有中小学、幼儿园、桂河书院、卫生院。农业以水稻种植为主,兼种用材林、木薯等,盛产肉桂、荔枝。县道粟罗线经此。通公交车。

通门镇［Tōngmén Zhèn］　郁南县辖镇。在县境西南部。面积 179 平方千米。人口 1.8 万。辖 1 居委会、11 村委会,有 172 自然村。镇人民政府驻通门社区。1961 年成立通门公社。1983 年改区。1986 年改镇。因镇政府驻地原名得名。地势西南高东北低,以丘陵为主。通门河流经。有中学 1 所,小学 1 所,卫生院 1 个,卫生所 11 个。农业以水稻种植为主,特产茶叶、竹笋、松脂、桂皮等。工业以农产品加工为主。县道建千线过境。

通门社区［Tōngmén Shèqū］　通门镇人民政府驻地。在县境北部。面积 0.5 平方千米。人口 900。原为明代所设封门千户所,故取名封门。后取民族团结之意更名通门。2001 年成立。民居为岭南传统风格。社区组织晚会、电影等文化活动,长期开展防范养老诈骗、各类宣传活动,以居家养老为主,志愿者定期上门服务。有中小学、幼儿园、卫生院等。通公交车。

建城镇［Jiànchéng Zhèn］　郁南县辖镇。在县境中部偏北。面积 132 平方千米。人口 4.2万。辖 2 居委会、20 村委会,有 277 自然村。镇人民政府驻附城村。1961 年成立建城公社。1983 年改区。1986 年改镇。1577 年筑城池,建西宁县,此地为县治而得名。为丘陵低洼地。建城河流经。有中学 2 所,小学 2 所,卫生院 1 个,卫生所 21 个。农业以水稻种植为主,兼种木薯、蔬菜等,特产无核黄皮。工业以电线电缆、林产化工、水电三大产业为主。广昆高速、南广高铁、省道郁罗线过境。

附城村［Fùchéngcūn］　建成镇人民政府驻地。在县政府驻地都城镇南 12 千米。人口 3400。因位于建城圩旁而得名。聚落呈散状。有中小学、文化站、卫生院、卫生站。农业以无核黄皮、鸡心黄皮、荔枝、龙眼种植,生猪、三鸟养殖为主。省道郁罗线经此。

宝珠镇［Bǎozhū Zhèn］　郁南县辖镇。在县境中部。面积 97 平方千米。人口 1.5 万。辖 1 居委会、5 村委会,有 123 自然村。镇人民政府驻宝珠村。1961 年成立建城公社。1983 年改区。1986 年改镇。因镇政府驻地得名。境内四面高山环抱。连城河流经。有中学 1 所,小学 1 所,卫生院 1 个,卫生所 5 个。农业以水稻种植为主,兼种松、杉、桂,特产庞寨荔枝。省道水长线过境。

宝珠村［Bǎozhūcūn］　宝珠镇人民政府驻地。在县政府驻地都城镇南 16 千米。人口 900。因村中黄秀墩处有天然大石数块,形如珠状而得名。聚落呈团块状。有中小学、卫生站。农业以水稻种植为主,兼种肉桂、用材林、荔枝等,盛产黑叶荔枝。省道郁罗线经此。

大方镇［Dàfāng Zhèn］　郁南县辖镇。在县境中部。面积 65 平方千米。人口 1.3 万。辖 1 居委会、6 村委会,有 130 自然村。镇人民政府驻大方社区。1962 年成立大方公社。1983 年改区。1986 年改乡。1993 年改镇。因镇政府驻地得名。境内群山簇拥,山脉呈东北西南走向。大方河流经。有中学 1 所,小学 1 所,卫生院 1 个,卫生所 6 个。农业以水稻、木薯种植为主,盛产松、杉、竹、桂皮、松脂等。工业以农副产品粗加工、小水电、矿产开采为主。省道郁罗线过境。

大方社区［Dàfāng Shèqū］　大方镇人民政府驻地。在县境东南部。面积 0.5 平方千米。人口 700。此地古时多大枫树,初名大枫寨,后以方言近音,取"独踞一方"之意而名大方。1987 年成立。民居为岭南传统风格。组织晚会、电影等文化活动,长期开展防范养老诈骗、各类宣传活动。以居家养老为主,志愿者定期上门服务。有中小学、幼儿园、卫生院。省道郁罗线经此。

千官镇［Qiānguān Zhèn］　郁南县辖镇。在县境南部。面积 184 平方千米。人口 4.6 万。辖 2 居委会、19 村委会,有 311 自然村。镇人民政府驻千官村。1961 年成立千官公社。1983 年改区。1986 年改镇。因镇政府驻地得名。地处低山丘陵地带,地势西高东低。千官河流经。有中学 1 所,小学 1 所,卫生院 1 个,卫生所 19 个。农业以水稻、南药、松、杉种植为主。省道水长线过境。

千官村［Qiānguāncūn］　千官镇人民政府驻地。在县政府驻地都城镇南 41 千米。人口 2300。明代成圩,为十字形,名十官圩。清代有一翰林学者经此,见百业俱兴,繁荣昌盛而改为千官圩。2012 年正式命名为千官村。聚落呈团块状。有中小学、幼儿园、卫生站。农业以水稻种植为主,兼种肉桂、松、杉等。省道郁罗线经此。

大湾镇［Dàwān Zhèn］　郁南县辖镇。在县境南部。面积 46 平方千米。人口 2.2 万。辖 1 居委会、7 村委会,有 75 自然村。镇人民政府驻大湾社区。1961 年成立大湾公社。1983 年改区。1986 年改镇。因镇政府驻地原名得名。为低山丘陵地带。南江流经。有中学 1 所,小学 1 所,卫生院 1 个,卫生所 7 个。有省级文物保护单位大湾古民居。农业以水稻种植为主,兼种龙眼,特产草席。工业以化工陶瓷、机(家)电、商标印刷、农机(具)修造等为主。省道郁罗、荔硃线过境。

大湾社区［Dàwān Shèqū］　大湾镇人民政府驻地。在县境东南部。面积 0.2 平方千米。人口 1500。因南江河流经狮子湾和麒麟湾时形成大湾流而得名。1987 年成立。民居为岭南传统风格。社区组织晚会、电影等文化活动,长期开展防范养老诈骗、各类宣传活动。以居家养老为主,志愿者定期上门服务。有中小学、卫生院。省道郁罗线经此。

河口镇［Hékǒu Zhèn］　郁南县辖县。在县境南部。面积74平方千米。人口2.7万。辖1居委会、11村委会，有123自然村。镇人民政府驻沙田村。1957年设河口乡。1958年改公社。1984年改区。1986年改镇。因地处白石河、南江汇合口而得名。为丘陵地带。南江流经。有中学1所，小学1所，卫生院1个，卫生所11个。有省级文物保护单位磨刀山遗址。农业以水稻种植为主，兼种黄麻、蚕桑等，盛产荔枝、杧果。工业以农产品加工、建材、塑料为主。云岑高速、省道郁罗线过境。

沙田村［Shātiáncūn］ 河口镇人民政府驻地。在县政府驻地都城镇东南46千米。人口700。因村中大部分水田属沙质泥土而得名。聚落呈品字状。有中小学、卫生站。农业以水稻种植为主，兼种花生、木薯等。省道荔池线经此。通公交车。

宋桂镇［Sòngguì Zhèn］ 郁南县辖镇。在县境东南部。面积85平方千米。人口2.1万。辖1居委会、7村委会，有34自然村。镇人民政府驻宋桂社区。1961年成立宋桂公社。1983年改区。1986年改镇。因镇政府驻地原名得名。为丘陵地带。宋桂河、南江流经。有中学1所，小学1所，卫生院1个，卫生所7个。农业以水稻种植为主，兼种松、杉等木材。工业以蚕丝、电器配件、皮具生产等为主。省道荔池线过境。

宋桂社区［Sòngguì Shèqū］ 宋桂镇人民政府驻地。在县境东南部。面积0.2平方千米。人口2800。明末有宋桂之在此设摊摆卖，其名久之而广传而得名。1987年成立。民居为岭南传统风格。社区组织晚会、电影等文化活动，长期开展防范养老诈骗、各类宣传活动。以居家养老为主，志愿者定期上门服务。有中小学、卫生院。县道大镇线经此。

东坝镇［Dōngbà Zhèn］ 郁南县辖镇。在县境东南部。面积107平方千米。人口3.5万。辖1居委会、11村委会，有135自然村。镇人民政府驻滩头村。1959年成立东坝公社。1983年改区。1986年改镇。地处南江东岸，因岸边有大片沙坝地和防洪堤坝而得名。地形以丘陵为主，西部有冲积平原。南江流经。有中学2所，小学2所，卫生院1个，卫生所11个。农业以水稻种植为主，兼种豆类、蚕桑等。工业以化工、农机修理等为主。广昆高速过境。

滩头村［Tāntóucūn］ 东坝镇人民政府驻地。在县政府驻地都城镇东南41千米。人口1000。因村头位于南江河急流滩边而得名。聚落呈带状。有中小学、幼儿园、卫生站。农业以水稻种植为主，兼种甘蔗、蔬菜。县道高东线经此。

连滩镇［Liántān Zhèn］ 郁南县辖镇。在县境东南。面积91平方千米。人口8.8万。辖2居委会、10村委会，有182自然村。镇人民政府驻振兴社区。1958年成立连滩公社。1983年改区。1986年改镇。因境内南江河畔有大片沙滩相连而得名。地形多为丘陵。南江流经。有中学1所，小学4所，卫生院1个，卫生所10个。有省级文物保护单位兰寨、光二大屋。有国家级非物质文化遗产禾楼舞。有省级非物质文化遗产连滩山歌。农业以水稻种植为主，兼种花生、木薯等，特产鸡仔粉、大糠糍。工业以针织、灯具、手袋、电器、服装制造为主。省道荔池线过境。

振兴社区［Zhènxīng Shèqū］ 连滩镇人民政府驻地。在县境东南部。面积4平方千米。人口2800。寓意振兴人民而得名。2007年成立。民居为岭南传统风格。组织晚会、电影等文化活动，长期开展防范养老诈骗、各类宣传活动。以居家养老为主，志愿者定期上门服务。有中小学、卫生院。省道荔硃线经此。

兰寨村［Lánzhàicūn］ 在县政府驻地都城镇东南39千米。连滩镇辖自然村。人口1200。因地势较低，南江河水常侵袭，村前筑堤拦截洪水，故取名拦寨。后因村民种兰花，把"拦"改为"兰"而得名。聚落呈团块状。为广东省古村落，现存状元进士馆、十德文化馆、农耕典当馆、林氏宗祠、状元亭、林如堂状元碑、双桂堂古屋、安宁庙、瑞昌大屋、正己学校、进士碑、状元及第牌匾等文物古迹。农业以水稻种植为主，兼种花生、木薯。省道荔硃线经此。

历洞镇［Lìdòng Zhèn］ 郁南县辖镇。在县境南部。面积131平方千米。人口2.1万。辖1居委会、12村委会，有193自然村。镇人民政府驻历洞社区。1958年成立历洞公社。1983年改区。1986年改镇。因境内群山叠嶂，坑埇及垌埇众多，群众前往圩市全靠步行肩挑。后建村时据此取名历洞，镇以此为名。历洞河、内翰河流经。有中学1所，小学2所，卫生院1个，卫生所12个。农业以水稻、木薯种植为主，特产松香、桂皮等。工业以农产品加工为主。广梧高速过境。

历洞社区［Lìdòng Shèqū］ 历洞镇人民政府驻地。在县境东南部。面积0.01平方千米。人口500。因位于历洞圩附近而得名。1987年成立。民居为岭南传统风格。社区组织晚会、电影等文化活动，长期开展防范养老诈骗、各类宣传活动。以居家养老为主，志愿者定期上门服务。有中小学、幼儿园、图书室、文化站、卫生院。县道大镇线经此。

南江口镇［Nánjiāngkǒu Zhèn］ 郁南县辖镇。在县境东北部。面积200平方千米。人口3.9万。辖1居委会、14村委会，有258自然村。镇人民政府驻南江口社区。1958年成立南江口公社。1983年改区。1987年改镇。因镇政府驻地原名得名。南江流经。有中学1所，小学1所，卫生院1个，卫生所14个。农业以水稻、果树，兼养蚕桑种植为主，特产南江口降柚、桂味荔枝、龙窝香荔、松脂、桂皮、竹笋、黄榄、蜂蜜、木薯、松香等。工业以陶瓷、建材、混凝土、水电、林产化工等产业为主。县道云古线过境。

南江口社区［Nánjiāngkǒu Shèqū］ 南江口镇人民政府驻地。在县境东南部。面积1平方千米。人口4700。因位于南江与西江汇合处而得名。2008年成立。民居为岭南传统风格。社区组织晚会、电影等文化活动，长期开展防范养老诈骗、各类宣传活动。以居家养老为主，志愿者定期上门服务。有中小学、幼儿园、图书室、文化站、卫生院。省道云古线经此。

地域名

珠三角［Zhūsānjiǎo］ 在广东省中南部。因位于珠江三角洲得名。包括广州、深圳、珠海、佛山、江门、东莞、中山、惠州、肇庆9地级市所辖地域。交通便利，陆路、水路交通运输资源丰富。京广铁路，京广、贵广、南广高铁，京港澳、二广、深海、济广、广昆、深岑高速过境。有西江、珠江等水运航线。有广州、深圳、珠海、佛山等机场。有全国性主要港口广州港、深圳港、珠海港。是我国改革开放的先行地区，重要的经济中心区域。

粤北［Yuèběi］ 在广东省北部，指五岭以南的北部地区。因位置得名。为瑶族聚居地。包括韶关、河源、梅州、清远、云浮5地级市所辖地域。处北江流域中、上游。地形属粤北山地，多山地、丘陵，喀斯特地貌普遍，以丹霞地貌最为典型。为广东省林业重点地区。交通便利。京广、赣韶、漳龙铁路，京广、贵广、南广高铁，京港澳、二广、济广、广昆、深岑高速过境。有北江、西江等水运航线。有韶关机场。

粤东［Yuèdōng］ 在广东省东部。因位置得名。包括汕头、汕尾、潮州、揭阳4地级市所辖地域。处东江、韩江流域，地形属粤东平行岭谷(粤东山地)和粤东沿海丘陵区。交通便利。广梅汕、厦深铁路，汕昆、沈海高速过境。水运有榕江航线。有揭阳潮汕机场。有全国性主要港口汕头港。境内以韩江三角洲为中心的潮州、汕头、揭阳3地级市所辖地域为潮汕平原地区，简称"潮汕"。

粤西［Yuèxī］ 在广东省西部。因位置得名。指漠阳江、鉴江流域及雷州半岛，包括阳江市、茂名市及湛江市所辖地域。清代为高州、雷州2府及阳江州地。1912年后设置高雷道。交通便利。粤海、黎湛、洛湛铁路，沈海、兰海高速过境。有湛江机场。有全国主要港口湛江港。

旧地名

花县［Huā Xiàn］ 广州市辖区。在市境北部。清康熙二十四年(1685)置花县。1993年撤县建县级花都市。2000年改为花都区。

河南区［Hénán Qū］ 广州市辖区。在市境南部。1950年称南区。1954年改置河南区。1960年改为海珠区。

珠江区 [Zhūjiāng Qū] 广州市辖区。在市境中部。珠江北岸。1954年置珠江区。1960年撤销,属地划入越秀、东山2区。

新滘区 [Xīnjiào Qū] 广州市辖区。在市境南部。1951年新洲、沥滘2区合并为新滘区。1956年撤销,并入广州市郊区。

芳村区 [Fāngcūn Qū] 广州市辖区。在市境西南部。1950年置芳村区。1954年撤销,属地划入新滘、河南2区。1960年复设芳村区。1962年并入广州市郊区。1985年再设芳村区。2005年并入荔湾区。

江村区 [Jiāngcūn Qū] 广州市辖区。在市境西北部。1960年由广州市郊区析置。1963年复归郊区。

韶边瑶族自治县 [Sháobiān Yáozú Zìzhìxiàn] 属原韶关专区。在省境北部。1956年曲江、乳源、乐昌3县部分地域合并设立韶边瑶族自治县。1959年并入乐昌县。

北江区 [Běijiāng Qū] 韶关市辖区。在市境中部。1984年设北江区。2004年北江区全境及原曲江县犁市、花坪2镇并入浈江区。

同平区 [Tóngpíng Qū] 汕头市辖区。在市境中部。1955年第二区改称同平区。1966年更名为红阳区。1979年复名同平区。1991年与安平区合并为升平区。

安平区 [Ānpíng Qū] 汕头市辖区。在市境中部。1955年第一区改称安平区。1967年更名为红旗区。1979年复名安平区。1991年与同平区合并为升平区。

升平区 [Shēngpíng Qū] 汕头市辖区。在市境中部。1991年安平、同平2区合并设立。2003年升平、金园2区合并为金平区。

公园区 [Gōngyuán Qū] 汕头市辖区。在市境中部。1955年第三区改称公园区。1967年更名为红卫区,1979年复名公园区。1991年与金砂区合并为金园区。

金砂区 [Jīnshā Qū] 汕头市辖区。在市境中部。1980年设金砂区。1991年与公园区合并为金园区。

金园区 [Jīnyuán Qū] 汕头市辖区。在市境中部。1991年公园、金砂2区合并设立。2003年升平、金园2区合并为金平区。

汾江区 [Fénjiāng Qū] 佛山市辖区。在市境中部。1983年设汾江区。因辖区内汾江得名。1987年更名为城区。2002年撤销城区、石湾区,其所辖行政区域与原南海市南庄镇合并设置禅城区。

高鹤县 [Gāohè Xiàn] 属原佛山地区。在省境中部。1958年高明、鹤山2县合并设高鹤县。1961年属肇庆专区。1963年属佛山专区。1970年属佛山地区。1981年撤高鹤县,恢复高明、鹤山2县。

封川县 [Fēngchuān Xiàn] 属原江门专区。在省境西部。隋开皇十八年(598)改梁信县为封川县。1911年后属广东省粤海道。1923年属西江专区。1952年属粤中行政区。1956年属高要专区。1959年封川、德庆2县合并设德封县。

开建县 [Kāijiàn Xiàn] 属原江门专区。在省境西部。始建于晋孝武帝太元五年(380)。1959年并入怀集县。

雷东县 [Léidōng Xiàn] 湛江市辖县。在市境东部。因位于雷州半岛之东得名。1952年湛江市部分区域和东海、硇洲2岛合建雷东县。1953年吴川县南岛划入。县人民政府驻东海岛东山圩。1959年并入湛江市。

茂港区 [Màogǎng Qū] 茂名市辖区。在市境南部。2001年茂名市水东经济开发试验区与电白县羊角、坡心、七迳、沙院、小良5镇合置茂港区。2014年茂港区和电白县合并设电白区。

连县 [Lián Xiàn] 清远市辖县。在市境西北部。民国元年(1912)废连州改置连县。1959年撤连县、连南瑶族自治县、连山僮族瑶族自治县、阳山县,合并设立连阳各族自治县,驻连州镇,属韶关专区。1960年连阳各族自治县更名连州各族自治县。1961年撤连州各族自治县,以原连县并入连州各族自治县的行政区域复置连县。1994年改连县为县级连州市,由省直辖,清远市代管。

清郊区 [Qīngjiāo Qū] 清远市辖区。在市境西南部。1988年设置地级清远市后,原清远县分置为清城区和清郊区。1992年清郊区改为清新县。

广西壮族自治区

广西壮族自治区 [Guǎngxī Zhuàngzú Zìzhìqū] 简称桂，别名八桂。北纬 20°26′—26°23′，东经 104°26′—112°03′。在中国南部，自东至西分别与广东、湖南、贵州、云南 4 省接壤，南临南海北部湾，西南与越南社会主义共和国毗邻。陆地面积约 24 万平方千米，管辖北部湾海域面积约 4 万平方千米。人口 5475 万，其中壮族占 31.2%，为中国壮族人口最多的省份，还有汉、瑶、苗、侗、仫佬、毛南、回、京、水、彝、仡佬等世居民族。辖南宁、柳州、桂林、梧州、北海、防城港、钦州、贵港、玉林、百色、贺州、河池、来宾、崇左 14 地级市，共 36 市辖区、7 县级市、55 县、12 自治县。首府南宁。

春秋、战国为百越(粤)地，秦属桂林、象郡，以今大部为桂林郡地简称桂。汉属交州、荆州，置 3 郡。三国置 5 郡。东晋置 10 郡。隋置 6 郡。唐初属岭南道，置 8 州。咸通三年(862)属岭南西道，设邕、桂、容 3 管经略使，辖 60 州(包括 21 羁縻州)，道治邕州(今南宁)。北宋至道三年(997)置广南西路，设 18 州和 50 羁縻州，治桂州(今桂林)，广西由此简化得名。皇祐五年(1053)置邕、宜、融 3 路，改州为府，另在左、右江流域置左江道和右江道。元属湖广行中书省。至正二十三年(1363)分置广西行中书省，简称广西行省或广西省，治桂林，辖 12 路、1 司、9 州。明洪武九年(1376)改广西承宣布政使司，设 4 道、11 府、3 直隶州和众多土州。清为广西省，辖 11 府、2 直隶厅、2 直隶州。民国初相袭，省会迁南宁。1913 年废府置道，后道改区。1930 年有 12 区、94 县。1936 年省会复迁桂林。1940 年有 10 区、99 县、1 市。1949 年全境解放，临时省会驻桂林。1950 年广西省人民政府成立，驻地南宁，下设宾阳、武鸣、崇左、百色、庆远、柳州、桂林、平东、梧州、容县 10 专区和南宁、柳州、桂林、梧州 4 市。1952 年广东省钦廉专区划入，改称钦州专区，划怀集县归广东省；同年成立桂西僮族自治区。1955 年钦州专区复归广东省。1956 年改桂西僮族自治区为桂西僮族自治州，1957 年撤。1958 年撤省，成立广西僮族自治区，省级自治区名自此始。1965 年 6 月广东省合浦县、灵山县、钦州僮族自治县、东兴各族自治县、北海市划入；10 月广西僮族自治区正式更名为广西壮族自治区，改“僮”为“壮”，含意健壮、茁壮。

广西是我国古人类最早发源地之一，历为少数民族聚居地。秦以后由于汉族统治阶级的南下开辟和屯兵入驻，少数民族多被迫聚居于桂西和桂西北山区。在现有的 11 个世居少数民族中，有民族语地名的有壮、瑶、苗、毛南等民族，其中壮语地名最多，有 7.5 万多个。全区 125 个县级以上政区地名中，专名沿用 2000 年以上的 5 个，1500—2000 年的 4 个，1000—1500 年的 35 个，500—1000 年的 7 个。桂林、苍梧、荔浦、合浦、灌阳等历史最长，达 2100 多年。广西地处祖国南疆，多山水，喀斯特地貌发育，造型奇特。随着边疆的开发，民族迁徙频繁，地名丰富多彩。县级以上政区地名与山、水、泉等自然地理实体有关的有 46 个，占总数的 36.8%；以吉祥图治命名的 13 个，以物产命名的 5 个，以壮语含意得名的 9 个。专名沿用 500 年以上历史的县级以上政区地名中，以自然地理实体得名的占 45%，还有以吉祥图治命名的，以物产得名的。统计表明，与山、水、泉、洞等相关的自然地理实体地名具有明显的普遍性和稳定性，特别是以山、水得名者为多；因政区撤并而组合的地名，既有历史可循，也有其可行性；以吉祥图治命名且符合人民意愿的地名，同样具有生命力；以物产为名、反映当地特色的地名，也为民众所接受和继承。广西地名通名具有地域特征，喀斯特地区通名多为山，土山多称岭，河流一般用江、河、水，用沟、溪较少；沥、坡、坳、岜、冲、洞、峒、岩、弄、㟖、陇、畬、潭、坪、塘等通名表现了较强的地方特色。喀斯特洼地的通名，桂林地区用“崴”，都安、大化一带用“弄”或“㟖”，靖西用“陇”。沿海一般以“沥”作较小港湾的通名。居民地通名有村、屯、坡、庄、屋、铺、圩、街、堡、家、寨、塘、咀、巷等，如周村、塘岸圩、端寨、佛子塘等。以自然实体为名的居民地，通名多被隐去，常直接以自然地名出现，如清潭岩、罗家岭等。壮语地区的壮语地名，通名与专名多为倒装，如岜莱、敢斗、达洪等，既反映了壮语地名的命名特点，又体现了山河特色。地名专名各有侧重，桂西、桂西北以姓氏、传说和山形水色为多，如摩天岭、独田、龙山、红渡、板坡、仁寿等；桂东南、桂东北和桂南多吉祥、图治、人事等雅化地名，如蟠龙圩、平福、芳杰、仁义、富禄、金陵等，有较多的人文踪迹。广西地名中，少数民族语地名和双语混杂地名，约占地名总数的1/3。纯壮语地名如拉寨、岜黎、那马、百敢等。混语地名一般专名为壮语，通名为汉语，如百色市、天等镇等。专名中壮、汉语各半的地名，在壮、汉等民族杂居地或汉族地区屡有出现，反映了壮语地名的汉化现象。壮语地名多用那、岜、六、板、古、龙、陇、弄、拉、百、布、晚、敢、达、驮、塘、坛、畬、灵、楞、里、尾、怀、坡等字，一般村镇的壮语地名为音译，如那晚(那指田、晚指村)、渠荣(意为长草的池塘)等。壮语地名用字中仍有相当部分为古壮字，如㟖、峒、岜、渌、淰、岽等。改革开放后出现的反映科技进步和经济发展特点的地名，如高新技术开发区、经济开发区、保税区、商品住宅小区等，具有鲜明的时代特色。

广西地形呈盆地轮廓，周高中低，山地多，平原少。四周及中部山地约占总面积的 42%，其中海拔 1000 米以上的中山占 26%，海拔 500—800 米的低山占 8.7%，海拔 250—500 米的山丘占 7.3%。桂东南、桂南和山地边缘、河流两岸、盆地周围为海拔 250 米以下的丘陵，占 10.9%。海拔 200 米以下的台地占 8%。平原零散分布，占 14.4%。全区最高点猫儿山海拔 2141 米，亦为南岭山脉第一峰。广西是中国喀斯特分布广、发育典型的地区之一，面积占全区总面积的 51%(包括埋藏和裸露)。大陆海岸线 1595 千米，为中国海岸线最西端。沿岸有大小港湾 50 多个，海岛 651 个。北回归线横贯中部。西北和东南自然条件差异明显。全区年均气温 21℃，1 月气温 6—16℃，7 月气温 25—29℃。年均降水量 1638.8 毫米。年无霜期 288—365 天。南岭山地和桂南边缘山脉为自然地理重要分界。内流河流在中北部，大部属珠江西江水系，有西江、浔江、黔江、红水河、贺江、桂江、柳江、郁江、左江、右江等主要支流 784 条，流域面积占全区总面积的 86%。东北部局部地区属长江水系，有湘江、资江等 30 条河流。南部南流江、钦江、茅岭江、防城江、北仑河等 123 条河流独流入海，流域面积约 2.4 万平方千米。江河多险滩峡谷，水能蕴藏量达 2133 万千瓦。全区常年径流量 1978.1 亿立方米。河流汛期皆长达半年。有地下河 433 条。地下水蕴藏量约 800 亿立方米。植被区系复杂，桂北山地垂直差异明显。有野生植物 8562 种，居全国第三位。其中有金花茶、银杉、桫椤、铁皮石斛等国家一级保护植物 37 种。森林覆盖率 62%，林木蓄积量 6.8 亿立方米。有陆栖脊椎野生动物 1149 种(含亚种)，约占全国总数的 43%，其中有国家重点保护的珍稀物种 149 种，约占全国的 45%，有国家一级保护动物白头叶猴、长臂猿、华南虎、云豹、儒艮等 24 种。在已探明储量的矿产资源 97 种中，居全国前列的优势矿产有锰、锑、锡、铝、钨、铀、铅、锌、金、铟、钛、膨润土等。有“有色金属之乡”称誉。全区已建有花坪、㟖岗、猫儿山、大明山、大瑶山等 22 个国家级自然保护区，海洋山、古修、大容山、大哄豹、广西青龙山等 46 个自治区级自然保护区和良凤江、三门江等 20 个国家级森林公园，冠头岭、澄碧湖、九龙沟等 29 个自治区森林公园。有国家级和自治区级地质遗迹保护区各 4 个，有世界地质公园乐业大石围天坑群和凤山。有国家级科研机构 7 个，自治区 71 个。有广西大学、广西师范大学、广西医科大学、广西民族大学等高校 76 所。有地方剧种壮剧、桂剧、彩调剧、师公戏、木偶戏、丝弦戏、牛娘戏、邕剧、粤剧等。有国家一级图书馆 16 个，国家级博物馆 17 个，三级医院 56 个，国家级高水平体育后备人才基地 8 个，国家单项体育训练基地 2 个，自治区单项体育后备人才训练基地 28 个。有全国重点文物保护单位金田起义地址、合浦汉墓群、桂林石刻等 66 个 200 多点，自治区文物保护单位左江斜塔、镇宁炮台等 356 个。有国家级非物质文化遗产刘三姐歌谣、京族独弦琴艺术、壮族歌圩、瑶族服饰等53项，自治区级非物质文化遗产壮族嘹歌、侗族刺绣、桂林文场等483项。有国家5A级旅游景区桂林漓江风景名胜区、桂林乐满地休闲世界、桂林独秀峰—王城景区、南宁青秀山风景旅游区，国家4A级旅游景区柳侯公园、龙胜龙脊梯田景区等112个，国家级旅游度假区北海银滩。有中国历史文化名城和重要旅游城市桂林、柳州、北海。全区三次产业比例15∶47∶38。农业在桂东北主产林、粮、油、麻、果、中药材，桂东南有“广西粮仓”之称，产稻谷、蔬菜、茶叶、麻类、甘蔗、花生等，桂中以粮食、经济作物、畜牧为主，桂西北为林区，桂西为蔗粮主产区，桂西南以粮食、甘蔗、花生、麻类、猪、八角、剑麻为大宗，桂南为海洋渔业基地和橡胶生产基地。有地理标志农产品42个。工业以南宁、柳州、桂林、梧州、北海等城市为中心，有轻工、纺织、电力、煤炭、冶金、有色金属、机械、电子、化工、石油、医药、建材、森工等类门，以工程机械、甘蔗化工、水泥、水电、柴油等著名。平果铝土矿储量大、易开采，铝砖比值高，为国内罕见。宁明膨润土矿床属国内特大型。有国内知名名特产品壮锦、桂林三花酒、梧州龟苓膏、柳州螺蛳粉、合浦南珠、容县沙田柚、百色杧果等。至2014年年底已建立国家级经济开发区13个。全自治区有铁路通车里程5000多千米，其中复线3500多千米，高铁1600多千米。公路里程11.49万千米，其中高速3722千米。贵广、南广、衡柳、邕北、钦防、柳南客运专线等高铁，湘桂、焦柳、黔桂、黎湛、南昆、益湛、南防、田靖等铁路，包茂、兰海、泉南、汕昆、南友、钦东、六钦、钦防、南宁机场、南宁绕城、桂林绕城、玉林绕城等高速，207、209、210、321、322、323、324、325等国道，柳桂一级公路等过境。有内河通航里程6200千米，内河港口生产性泊位486个，沿海港口生产性泊位249个(其中万吨级以上沿海泊位74个)。有民航机场7个，航空线235条，通国内外110个城市。

南宁［Nánníng］ 简称邕。别名邕城、绿城、五象城。广西壮族自治区首府。在南宁市境西南部，邕江两岸。面积285平方千米。人口190万。有壮、汉、瑶、苗、仫佬等民族。南宁之名始于元泰定元年(1324)，取“南疆安宁”之意置南宁路得名。自东晋大兴元年(318)置晋兴县始，为历代省、路、府、道、州、郡、县治。在战乱与更朝换代中，名称变化十余次，城址几度兴废、迁移和扩缩。唐邕州府址在今青秀区植物路、凌铁、七星路一带，面积2平方千米，人口最旺时为2.3万，后称古城或唐城。宋皇祐五年(1053)唐城毁于战火，后在故城西北2千米处五花岭(今兴宁路朝阳街一带)重建新城沿称宋城。至明代万历年间城池已达3平方千米，人口达5.3万。明、清设南宁道和南宁府，城址主要在今青秀、兴宁区城区内，有断续壕塘环绕，东、南、北面分别置门在外，西面置西门、镇江、安塞3门，面积约4平方千米。清代后期南宁城内已出现许多专业化经营街道，如山货街、盐行街、棉花街、竹木街、打铁街等多达55个市场街区，其经济功能分区面积超过原有行政功能分区面积。1906年辟为对外开放商埠，城区沿江向北扩展。1912年为广西省省会。1949年城区面积仅4.5平方千米，有“直城三里七，横城七里三”之说。后逐步向周边及江南发展。20世纪80年代后城区向东、西方向扩展，新阳路、江南路、北湖路、虎丘、南湖路等居住区相继建成。20世纪90年代依据城市总体规划对城市中心、分中心重新进行布局，将行政中心从传统商贸区向城东转移，开发建设以民族大道为轴线、南湖为核心的埌东新区。21世纪初南宁新政务中心迁至埌东新区南湖片区。2001、2006年开始分别开发建设凤岭片区和五象新区。自1949年以来南宁城区面积增加63倍，逐步形成一轴两带多中心城市布局。邕江两岸为南北城市发展带，邕江北岸以综合服务、教育研发、高新技术产业、旅游休闲等城市功能为主，邕江南岸以产业服务、工业及物流等产业功能为主，分为朝阳、埌东—凤岭、五象新区3个功能各有侧重的城市中心，其中朝阳是南宁旧城所在地，是传统的行政办公区、商业中心区、居住区；东面埌东—凤岭是21世纪后逐渐发展成熟的以行政办公、金融、商贸会展现代服务为主的城市中心；邕江南岸五象新区则是建设中以自治区级文化中心、体育中心、区域交通枢纽与物流中心、花园式居住新城和城市绿核为主要功能的新中心。中心城区人口已由1949年的12万增至190万。有街巷710条，城市道路919.9千米。邕江两岸有防洪大堤。城区新增绿地483.36公顷，建成区绿化覆盖率达42.89%。朝阳路、民生路、兴宁路、新华路一带等为朝阳商业中心，是南宁传统商业中心区。会展航洋城、华润万象城、青秀万达、中国—东盟商品交易中心等为新建的城市商业综合体，为新兴商圈。中国—东盟电子商务产业园落户五象新区。已成为北部湾经济区核心城市，中国—东盟博览会永久举办地。有南宁国际会展中心、广西博物馆、广西民族博物馆、广西科技馆、广西体育中心、广西人民会堂、地王大厦等地标建筑。有顶狮山贝丘遗址、邓颖超纪念馆、共青团南宁地委旧址、雷屋坡中共广西省委第二次代表大会旧址等纪念地及青秀山风景名胜区、良凤江国家森林公园、南宁动物园、人民公园、南湖公园、石门森林公园、滨江公园、广西药用植物园等景区或城市公园。有五星级广西沃顿国际大酒店、广西红林大酒店，四星级南宁明园饭店、南宁凤凰宾馆等宾馆和涉外饭店9个。特产南宁香蕉。有南宁老友粉、高峰柠檬鸭、蒲庙生榨米粉、酸嘢等特色小吃。20世纪80年代后随着沿边、沿海、沿江的对外开放，已成为我国西南重要交通枢纽之一，亦为大西南出口要道。有国家级开发区南宁高新技术产业开发区、南宁经济技术开发区、广西—东盟经济技术开发区。南广客运专线、柳南客运专线，南昆、湘桂、南防、邕北铁路，广昆、兰海、南宁绕城、南友高速，210、322、324国道等在南宁交会。有铁路南宁站、南宁东站、南宁南站。南宁吴圩国际机场有136条航线，通国内外79个城市。

南 宁 市

南宁市［Nánníng Shì］ 广西壮族自治区辖地级市。北纬22°13′—23°32′，东经107°45′—108°51′。在自治区境西南部。面积22099平方千米。户籍人口729.7万，常住人口724.4万。以壮族为主，还有汉、瑶、苗、仫佬、侗、回、满、毛南、土家、布依、水等民族。辖青秀、兴宁、江南、西乡塘、良庆、邕宁6区，武鸣、隆安、马山、上林、宾阳、横县6县。市人民政府驻青秀区。唐武德四年(621)以宣化县等地设南晋州，与河北晋州对应得名。贞观六年(632)改邕州。天宝元年(742)改朗宁郡。乾元元年(758)复邕州。五代十国邕州先归楚，后晋天福七年(942)改诚州，后周广顺元年(951)复邕州。宋改永宁郡。元至元十六年(1279)改邕州路。泰定元年(1324)寓南疆安宁之意改南宁路，属湖广行中书省。至正二十三年(1363)属广西行中书省。明洪武元年(1368)改南宁府，属广西布政使司。清沿之，属广西省。1912年直属广西军政府，为省会所在地。1913年改南宁县，属邕南道。1914年避云南省南宁县改邕宁县，属南宁道。1926年南宁道废，直隶广西省。1949年仍邕宁县。1950年析邕宁县城和城郊设立南宁市，为省会所在城市。1958年为广西壮族自治区首府所在城市。1959年降县级市，属南宁专区。1961年由自治区直辖。1983年南宁地区邕宁、武鸣2县并入。2002年撤南宁地区，原辖隆安、马山、上林、宾阳、横县5县并入。地势西北高东南低。地貌呈向东开口盆地形态，北、西、南山地丘陵围绕，中央河流汇聚，武鸣、上林、马山、隆安多喀斯特地形。海拔300—1000米。年均气温22℃，1月平均气温11.5℃，7月平均气温30℃。年均降水量1375毫米。年均无霜期340天。邕江、左江、右江、郁江、武鸣河等流经。土壤以赤红壤为主。有矿产资源钨、银、钒、铜、金、锰、铝、铅、锌、石灰石、花岗岩、耐火黏土、滑石、水晶、石英砂岩、煤、高岭土、泥炭等。有野生植物3988种，其中有国家一级保护野生植物石山苏铁、水松、伯乐树，国家二级保护野生植物亨利原始莲座蕨、蒜头果、金毛狗脊等27种。有野生动物725种，其中有国家一级保护野生动物鼋、圆鼻巨蜥、蚺、中华秋沙鸭、黑叶猴、林麝，国家二级保护野生动物三线闭壳龟、猕猴、红脚隼等72种。有国家级自然保护区1个，省级自然保护区6个。森林覆盖率47.5%。有广西大学、广西医科大学、广西民族大学等高校37所，中学342所，小学1451所，三级医院18个。为中国—东盟博览会永久举办地。有南宁国际民歌艺术节、南宁国际学生用品交易会。有景观扬美古风、青山塔影、明山锦绣、望仙怀古等。三次产业比例11∶40∶49。农业以水稻、玉米、菠萝、龙眼、黄皮、枇杷、甘蔗、木薯、豆类等种植为主，特产柑橙、香蕉、茉莉花、苦丁茶等。工业以制糖、轻纺、机械为主。有国家级开发区3个。服务业以金融、房地产、餐饮为主。为大西南出海通道枢纽。有铁路675千米，公路1.2万千米，高速649千米，内河航线1111千米。南昆、湘桂、京广铁路，泉南、柳南高速，322、324国道，省道南横、扶里线过境。有南宁吴圩国际机场，民航航线136条，通往国内外北京、上海、沈阳、郑州、广州、重庆、成都、昆明、海口、新加坡、吉隆坡、曼谷、雅加达等城市。

民族大道［Mínzú Dàdào］ 在市区中部偏东。西起江北大道，东至泉南高速。与朝阳路、古城路、园湖路、滨湖路、双拥路、竹溪大道、青秀路等相交。长11.8千米，宽60—80米。沥青路面。1978年建七一路，以中国共产党成立日命名。1987年扩建，因具民族特色改今名。1992、1994、2002年分别扩建，2003年全线建成。形成“邕城故事”“南国锦绣”“金湖耀城”“海丝彩韵”“绿城欢颜”景观带。两侧有金融大厦、电信大楼、市二中、广西博物馆、广西科技馆、民族广场、广西人民大会堂、民族宫、新兴大厦、酒店、银行、市国税局、广西投资大厦、广西发展银行、金湖广场、南宁人民会堂、南宁国际会展中心、航洋国际城、埌东汽车站等。通多路公交车。

厢竹大道［Xiāngzhú Dàdào］ 在市区中部。南起民族大道，北至邕宾立交桥接秀厢大道。与云景路、长湖路、东葛路、凤岭北路等相交。长2千米，宽60米。混凝土路面。2000年开工，2001年建成。因秀厢村、竹排冲得名。途经建材、灯饰集中区，两侧有天赐良园、建材广场、国际灯饰城等。通多路公交车。

民主路［Mínzhǔ Lù］ 在市区中部。东起长堽路，西至人民路。与望州南路、园湖路、古城路、新民路、友爱路等相交。长约2.7千米，宽50米。沥青路面。1952年建设原始路段，1958年扩建，2003、2005年分别拓宽。两侧有电力大厦、航洋大厦、中小学、广西展览馆、广西日报社、邕州饭店、市工人文化宫、民族商场等。通多路公交车。

玉洞大道［Yùdòng Dàdào］ 在市境南部。西起机场第二高速，东至八鲤路。与银海大道、平乐大道、延庆路、阳峰路等相交。长约20千米，宽120米。沥青混凝土路面。2009年开工，2014年建成。因玉洞村得名。两侧有瑞和购物公园、五象湖公园等。通多路公交车。

青 秀 区

青秀区［Qīngxiù Qū］ 南宁市人民政府驻地。在市境东南部。面积872平方千米。人口67.3万。以汉族为主，还有壮、瑶、苗、侗等民族。辖5街道、4镇。区人民政府驻长塘镇。1958年设江宁区。1960年改公社。1979年改新城区。2004年更名青秀区。因青秀山得名。先后建中国—东盟国际商务区道路，扩建竹排冲旧泵站，建设百花岭路、青竹立交桥、市科技馆、回建小区等，建成枫林路、滨水公园、凤岭南路、月湾路、凤岭南路，安装街巷路灯等。有标志性建筑南宁国际会展中心。西部为行政区，东部为商业区，南部为文教区。东部为低山丘陵，西部为盆地平原。海拔74—79米。最高海拔535.6米，最低海拔66米。邕江流经。有矿产资源煤、石英砂、重晶石等。有高校6所，中等职业学校24所，中学23所，小学84所，三级医院9个，二级医院4个。有广西博物馆、广西民族博物馆、广西科技馆等。有南湖、金花茶公园，金湖、民族广场。有青秀山风景区。有名胜古迹民歌湖、洋关码头、沱江漂流、南宁孔庙、刘圩斑峰书院等。三次产业比例3∶13∶84。农业以水稻、甘蔗种植为主，特产香芋、蘑菇、竹笋、葡萄、火龙果、龙眼、荔枝、杧果等。工业形成农副产品加工、粮食加工、化工建材、制糖、药品加工等六大产业。有伶俐工业园、二塘工业园、仙葫经济开发区。服务业以商贸为主。湘桂铁路，广昆、泉南高速，省道南横线过境。有南宁东站、埌东客运站等。通多路公交车。邕江通航。

东葛路［Dōnggě Lù］ 在区境西部。西起民生路，东至佛子岭路。与新民路、古城路、思贤路、园湖路、葛村路等相交。长4.5千米，宽30米。沥青混凝土路面。1955年建旧城区东门至东郊葛麻岭道路，名东葛路。1965年改东风路，1975年复名，1990、2000、2003年分别扩建。两侧有城乡规划院、广西国际商会、市审计局、广西教育学院、广西机电工业学校、中学、广西中医药大学一附院、酒楼酒店、飞凤市场、荣和中央公园等。通多路公交车。

桃源路［Táoyuán Lù］ 在区境西部。西起江北大道与中山路交接处，东至双拥路。与新民路、植物路、天桃路、教育路相交。长2.1千米，宽50米。混凝土路面。1932年即建，1966年改名延安路，1978年复名，2002年改建。因连通桃源坊且路旁有桃果园得名。为旧城区重要商业街。两侧有自治区财政厅、卫生厅、商贸厅、自治区医院、银行、南宁海关、市体育局、广西卫生职业技术学院、民族中学、酒店、百货商城等。通多路公交车。

建政路［Jiànzhèng Lù］ 在区境西部。东起葛村路，西至古城路。与园湖路、思贤路等相交。长1.6千米，宽22—30米。沥青路面。原为菜地土路，1956年改建市政道路，命名建政路。1963年扩建，1966年更名红卫路，1973年复名，2003年东扩，2014年铺设沥青。两侧有自治区地矿局、测绘局、水利厅、文联、市房管局、广西教育学院、中学、广西戏剧院、广西石化总公司、粮食大厦、二轻大厦、实验电影院等。通多路公交车。

古城路［Gǔchéng Lù］ 在区境西部。北起民主路，南至教育路、七星路、星湖路、天桃路交叉口。与建政路、东葛路、民族大道相交。长1.9千米，宽30米。混凝土路面。1974年开工，1980年建成。原名跃进路，1981年因邕州古城址更今名。两侧有广西日报社、中医药研究所、地震局、博物馆、民族文物苑、市化工研究院、政和大厦、银宇大厦、外贸大厦、居住小区、购物中心、飞凤市场、星湖电影院等。每逢中秋节为月饼一条街。通多路公交车。

中山路［Zhōngshān Lù］ 在区境西部。北起朝阳路、民权路、民族大道交叉口，南至桃源路。与南环路、南国街、保爱路相交。长900米，宽20米。混凝土路面。1932年马草、南门正2街合并，名中山路，1952年改建。以纪念孙中山得名。两侧有小学、天主堂、中山印刷厂、基督教礼拜堂、南国书店、商住大厦等。北段为夜市美食一条街，南段通多路公交车。

七星路［Qīxīng Lù］ 在区境西部。东起古城路，西至南环路。与新民路、康乐路、南国街相交。长1.4千米，宽12米。沥青路面。1932年新胜街、七星桥合并，名七胜街。1953年更名七星路，1966年改红星路，1978年复七星路。为市名牌服饰商业一条街。两侧有区农业厅、老干部局、自治区林业局、水产畜牧局、广电局、市第一医院、小学、外贸大厦、永嘉大厦、金外滩商务大厦、居住小区、百货商城等。通多路公交车。

南湖大桥［Nánhú Dàqiáo］ 在城区西部。长283.8米，宽45米，最大跨度35米，桥下净高5米。1992年开工，1993年建成。为跨南湖最大桥梁，故名。为中型河道桥梁，结构型式为后张法预应力T型钢筋混凝土简支梁桥。桥上路灯为铜鼓底座单柱7灯，中灯为仿壮族绣球灯，富有民族特色。最大载重汽车20吨，挂车120吨。通多路公交车。

竹溪立交桥［Zhúxī Lìjiāoqiáo］ 在城区中部。占地9万平方米。有3层互不交叉的不同方向城市道路在此立体相交。最高层离地面8.1米。2004年开工，同年建成。因处竹排冲（古称邕溪水）右侧，故名。日交通流量1万辆。

新竹街道［Xīnzhú Jiēdào］ 属青秀区。在区境西部。面积9平方千米。人口19.7万。以汉族为主，还有壮、瑶、苗等民族。1991年设。1994年纬武街道并入。因新竹路得名。先后改造园湖路东、西一里等道路人行道，续建纬武路，安装街巷路灯，改造铁路涵洞。有高校3所，中等职业学校2所，中学5所，小学9所，三级医院2个，二级医院2个。有广西科技馆、广西博物馆、广西民族文物苑等。有星湖北一里酒吧夜宵一条街、新竹路服饰精品一条街、七星路名牌服饰一条街等。通多路公交车。

中山街道［Zhōngshān Jiēdào］ 属青秀区。在区境西部。面积10.8平方千米。人口13.1万。以汉族为主，还有壮、瑶等民族。1953年设。1996年南环街道并入。因中山路得名。先后建成桃源大桥、凌铁大桥、英华大桥、葫芦鼎大桥、南宁大桥等。有广西医科大学。有中学4所，小学8所，九年一贯制学校3所，三级医院7个。有省级文物保护单位中共广西一大旧址、雷经天烈士故居、教育思想家雷沛鸿故居等。有荔滨公园、冬泳亭、洋关码头广场等。经济以商贸、餐饮、旅游为主，有教育路文体产品一条街、中山路美食一条街、桃源路休闲一条街、七星路服饰一条街。通多路公交车。

建政街道［Jiànzhèng Jiēdào］ 属青秀区。在区境西部。面积10平方千米。人口10.3万。以汉族为主，还有壮、瑶、苗等民族。1992年设。1996年长堽街道并入。因建政路得名。有高校2所，中等职业学校2所，小学4所，中学5所，二级医院1个。经济以商贸、餐饮为主，有餐饮娱乐商业街。湘桂铁路过境。通多路公交车。

南湖街道［Nánhú Jiēdào］ 属青秀区。在区境西部。面积36平方千米。人口5.7万。以汉族为主，还有壮、瑶、苗等民族。2002年设。因原辖区多在南湖周边得名。先后建成多座立交桥、南宁东站、百花岭路，扩建枫林路，改造城中村。有高校3所，中学5所，小学7所，二级医院1个。有金湖、滨湖广场。经济以服务业为主，有多栋高层楼宇。通多路公交车。

津头街道［Jīntóu Jiēdào］ 属青秀区。在区境西部。面积65平方千米。人口11.8万。以汉族为主，还有壮、瑶、苗等民族。1984年设津头乡。2005年改街道。原为邕江河畔渡口，故名。先后建成青竹立交桥等。有高校1所，中学3所，小学9所，卫生院3个。有南湖名树博览园、自治区民族博物馆、南湖公园、南湖广场、南宁国际会展中心。有古迹南宁孔庙。有国家5A级旅游景区青秀山。有石门森林公园、民歌湖等。经济以商业、旅游业为主。有东南亚美食城、民歌湖酒吧一条街等。环城高速过境。通多路公交车。邕江通航。

长塘镇［Chángtáng Zhèn］ 青秀区人民政府驻地。在区境中部。面积190平方千米。人口3万。以壮族为主，还有汉、瑶、苗等民族。辖7居委会、8村委会，有116自然村。镇人民政府驻长塘圩。1933年设长塘乡，属邕宁县。1987年由伶俐乡析设长塘乡。2000年改镇。2005年属青秀区。因镇政府驻地得名。有矿产资源石英砂、重晶石等。有中学1所，小学8所，卫生院1个。有省级文物保护单位青龙江、天窝石器时代遗址，省级非物质文化遗产壮族原生态芭蕉香火龙、斗竹马、军山庙会、麒麟舞。农业以水稻、甘蔗、花生种植为主，特产葡萄、西瓜、香瓜、杧果、竹笋。湘桂铁路、泉南高速、蒲庙—伶俐公路过境。邕江通航。

长塘圩［Chángtángxū］ 长塘镇人民政府驻地。在镇境东部。人口2700。以壮族为主，还有汉族等。传明洪武年间（1368—1398）建圩，位于邕江南岸，望之如长形山塘，故名。聚落呈散状。有中小学、卫生院。有省级非物质文化遗产斗竹马、军山庙会。为区中部主要农贸集市，逢2、5、8日为圩日。湘桂铁路、柳南高速经此。邕江通航。

刘圩镇［Liúxū Zhèn］ 青秀区辖镇。在区境东南部。面积158平方千米。人口5.5万。以壮族为主，还有汉、瑶、苗等民族。辖1居委会、14村委会，有51自然村。镇人民政府驻刘圩。1950年为邕宁县第五区。1955年改刘圩区。1958年改乡，旋与南阳乡合称东方红公社。1959年析设刘圩公社。1984年改乡。1994年改镇。2005年属青秀区。因镇政府驻地得名。有矿产资源铜、铁、石膏等。有中学1所，小学15所，卫生院1个，卫生所13个。有民间文艺八音、山歌对唱、舞狮、舞龙、粤剧、抢花炮等。有景点斑峰书院、斑山等。农业以水稻、甘蔗种植为主。省道南横线过境。

刘圩 [Liúxū]　刘圩镇人民政府驻地。在区政府驻地长塘镇东南17千米。人口2200。以壮族为主，还有汉族等。传刘姓始居设铺，因聚成圩得名。聚落呈线状。有中小学、卫生院。有名胜古迹斑山、斑峰书院。工业有淀粉加工、化工、农具制造等。服务业有农贸交易、农机修理等。逢1、4、7日为圩日。省道南横线经此。

南阳镇 [Nányáng Zhèn]　青秀区辖镇。在区境东南部。面积97平方千米。人口3.1万。以壮族为主，还有汉族等。辖1居委会、7村委会，有45自然村。镇人民政府驻南阳圩。民国设南里、凤阳2乡，后合称南阳乡，取2乡名各一字得名，属永淳县。1952年改横县第九区。1953年改邕宁县南阳区。1958年改乡，旋与刘圩乡合称东方红公社。1959年析设南阳公社。1984年改乡。1994年改镇。2005年属青秀区。有中学1所，小学8所，卫生院1个，卫生所1个。农业以水稻、甘蔗种植为主，有瘦肉型猪饲养。省道南横线过境。

南阳圩 [Nányángxū]　南阳镇人民政府驻地。在区政府驻地长塘镇东31千米。人口1200。壮族聚居。传清康熙十九年(1680)广东南海黎姓始居，名小黎圩，民国因为南阳乡驻地改今名。聚落呈线状。有中小学、卫生院。工业有酿酒，食品、木器加工，农机制造等。有农贸交易，逢3、6、9日为圩日。省道南横线经此。

伶俐镇 [Línglì Zhèn]　青秀区辖镇。在区境东部。面积264平方千米。人口3.6万。以壮族为主，还有汉族等。辖1居委会、8村委会，有64自然村。镇人民政府驻伶俐圩。1950年为邕宁县第二区。1955年设伶俐区。1958年改乡，旋与长塘乡合设卫星公社。1962年复区。1968年改公社。1984年改乡。1987年析设长塘乡。1994年改镇。因镇政府驻地得名。有矿产资源硅、重晶石、大理石、石灰石、砂金等。森林覆盖率51.5%。有中学1所，小学10所，卫生院1个，卫生所2个。有景点沱江漂流等。经济以农林业为主，特产竹笋、柑橙、甜瓜等。特色养殖三元杂猪、野猪、黑山羊等。工业以制糖、造纸、木片加工业为主。有伶俐工业集中区。服务业以旅游为主。湘桂铁路、泉南高速过境。邕江通航。有伶俐车渡、横渡。

伶俐圩 [Línglìxū]　伶俐镇人民政府驻地。在区政府驻地长塘镇东北29千米。人口4100。以壮族为主，还有汉族等。原名涡朗，传明代横县沙江人迁建。清代成圩，光绪年间(1875—1908)遭劫烧毁，重建后更今名，祈望后人更聪明伶俐。聚落呈线状。有中心小学、卫生院。工业以制糖、水泥加工为主。为区东部主要农贸集市，逢2、5、8日为圩日。有储木场。湘桂铁路、伶俐—南阳公路经此。

兴宁区

兴宁区 [Xīngníng Qū]　南宁市辖区。在市境中部偏南。面积751平方千米。人口32.7万。以汉族为主，还有壮、苗、瑶、侗、回、蒙古、满等民族。辖3街道、3镇。区人民政府驻兴东街道。1958年置兴宁区。1979年改朝阳区。1980年复名。因兴宁镇得名，寓意振兴南宁。先后扩建长堽路，建设泸田路、兴工北路等，建成人行天桥2座。西南为南宁盆地，东北为低山丘陵朝阳溪、三塘江、四塘江、西云江、沙江等流经。有省级科研单位3个，大专8所，十二年一贯制学校1所，初中14所，小学46所，三级医院3个，二级医院4个。有工人文化宫等。有人民、狮山公园。有全国重点文物保护单位昆仑关战役旧址，省级文物保护单位共青团南宁市委旧址等5个。有景区景点那考河湿地公园、昆仑关旅游风景区、广西药用植物园、九曲湾温泉度假村、南宁乡村大世界、嘉和城温泉谷、十里花卉长廊等。三次产业比例3∶20∶77。农业以水稻、甘蔗等种植为主，特产苦瓜、甜竹笋、山地鸡等。工业以建材为主。有三塘工业区。服务业有商品零售批发、电子商务等。有朝阳商圈。有农产品物流中心、物流园。湘桂铁路，环城高速，322、324国道过境。有南宁民航总站、金桥汽车客运站。通多路公交车。

朝阳广场 [Cháoyáng Guǎngchǎng]　在城区西南部。占地18800平方米。1949年前为垃圾场，1964—1965年改建为人民广场。1968年改七三广场。1971年因朝阳路更今名。1980年改建为园林式花园，称朝阳花园。1998年改建，复名朝阳广场。寓意朝气蓬勃，阳光灿烂。分南、北广场。南广场连接地下商场。北广场内有"腾飞"雕塑。为集文艺会演、法制宣传、市民健身于一体休闲娱乐场所、市商贸中心地带。周边有南宁百货大楼、钻石广场、悦荟商业广场等。通多路公交车。

朝阳路 [Cháoyáng Lù]　在区境西南部。西北起中华路，东南至民族大道。与华东路、济南路、人民路、新华路、民生路相交。长1.5千米，宽40米。混凝土路面。1951年开工，1966年建成。原名和平路，1964年改朝阳路，取意"人民心中朝向红太阳"。途经市商贸活动中心。两侧有悦荟广场、西南商都、南宁百货大楼、钻石广场、建工集团、宾馆酒店、银河大厦、饭店、朝阳广场等。通多路公交车。

民生路 [Mínshēng Lù]　在区境西南部。东起新民路，西至当阳街。与友爱南路、南环路、共和路、朝阳路、兴宁路相交。长1.1千米，宽18—27米。混凝土路面。1928年铺设当阳街—兴宁路段，1931年扩建至南环路，1952年扩建至现状。1952年命名民生路，以三民主义"民生"命名。1967年更名灭资路，1978年复民生路。两侧有南宁饭店、悦荟广场、新朝阳商业广场、向阳商场、南宁书城等。西段为步行街，东段通公交车。

兴东街道 [Xīngdōng Jiēdào]　兴宁区人民政府驻地。在区境西南部。面积10平方千米。人口5.6万。以汉族为主，还有壮、瑶等民族。2012年由朝阳街道析设。因兴东路得名。沙江河流经。有高校1所，中学1所，小学5所，二级医院1个。有狮山公园、那考河湿地公园、广西药用植物园。经济以房地产业、建材、汽车等零售业为主。有农贸市场。环城高速过境。通公交车。

朝阳街道 [Cháoyáng Jiēdào]　属兴宁区。在区境西南部。面积6平方千米。人口18万。以汉族为主，还有壮、瑶等民族。1989年设。1992年析设公园、邕武2街道，1996年邕武街道并入。2001年原郊区部分地域并入。2004年路西村划出。2012年析设兴东街道。因朝阳路得名。先后建成清厢快速路、置地广场，扩建市妇幼保健院。朝阳溪流经。有高校3所，中学1所，小学4所，三级医院2个，二级医院1个。服务业以旅游、餐饮住宿、商品批发零售为主。通公交车。

民生街道 [Mínshēng Jiēdào]　属兴宁区。在区境西南部。面积8平方千米。人口11万。以汉族为主，还有壮、瑶等民族。1989年设。因民生路得名。朝阳溪流经。有高校2所，中学1所，小学5所，三级医院1个，二级医院3个。有省级文物保护单位革命烈士纪念碑、共青团南宁市委旧址、新会书院、镇宁炮台、广西高等法院办公楼旧址。有名胜古迹新华街水塔、望火楼、西关路铁桥、邕州知州苏缄殉难遗址、南宁商会旧址、两湖会馆、安徽会馆、董达庭商住楼、金狮巷民居群、南宁会议旧址、邓颖超纪念馆、人民公园等。工业以钢管加工、饲料加工、印刷为主。服务业以商品零售为主。有南方骑楼特色步行街。有打金名巷金狮巷。通公交车。

三塘镇 [Sāntáng Zhèn]　兴宁区辖镇。在区境西部。面积209平方千米。人口4.1万。以壮族为主，还有汉、瑶等民族。辖5居委会、13村委会，有81自然村。镇人民政府驻三塘街。1961年由长堽公社析设三塘公社。1984年改三塘乡。1995年改镇。2005年四塘镇并入。因镇政府驻地得名。三塘江、四塘江流经。有中学2所，小学11所，卫生院2个，卫生所11个。有那考河湿地公园。有景区景点南宁乡村大世界、九曲湾温泉度假村、南宁凤凰谷景区、嘉和城温泉谷等。农业以水稻、甘蔗、水果、蔬菜、花卉等种植为主，有鸡、鸭、鱼饲养。工业以建材加工为主。环城高速，322、324国道过境。有金桥汽车客运站。

三塘街 [Sāntángjiē]　三塘镇人民政府驻地。在区政府驻地兴东街道东北6千米。人口1600。以壮族为主，还有汉、瑶等民族。明清时为驻军警驿站，古时10里为一塘，因距南宁城约30里得名。聚落呈带状。有中小学、卫生所。有景区南宁乡村大世界。农业以水稻、蔬菜等种植为主，特产花生。工业以罐头、饲料加工为主。有区工业园。322、324国道经此。

五塘镇 [Wǔtáng Zhèn]　兴宁区辖镇。在区境中部。面积280平方千米。人口6.2万。以壮族为主，还有汉、瑶、侗等民族。辖1居委会、13村委会，有124自然村。镇人民政府驻五塘圩。清光绪三年(1877)始设五塘乡。1950年为邕宁县第二区。1955年改五塘区。1958年成立红旗公社。1959年改五塘公社。1984年改镇。2005年划入兴宁区。因镇政府驻地得名。西云江、沙江流经。有矿产资源煤、河沙等。有中学1所，小学17所，卫生院1个，卫生所13个。有历史名人滕甫墓、五塘耕读大学旧址。有西云江水库风景区。农业以水稻、甘蔗、蔬菜种植为主，特产苦瓜。工业以肉鸭、页岩砖、木材加工为主。322、324国道过境。

五塘圩 [Wǔtángxū]　五塘镇人民政府驻地。在区政府驻地兴东街道东北22千米。人口1.2万。以壮族为主，还有汉、瑶等民族。原为明清警备驿站，因距南宁城约50里得名。聚落沿南梧公路呈带状分布。有中小学、卫生院。农业以水稻、蔬菜种植为主，特产西瓜、苦瓜。322、324国道经此。

昆仑镇 [Kūnlún Zhèn]　兴宁区辖镇。在区境东北部。面积133平方千米。人口2.7万。以壮族为主，还有汉、瑶、苗等民族。辖1居委会、8村委会，有128自然村。镇人民政府驻九塘圩。1958年设九塘乡。1959年并入八塘公社。1963年析设九塘区。1971年改公社。1979年复乡。1994年改昆仑镇。因昆仑关得名。有中学1所，小学9所，卫生院1个，卫生所1个。有全国重点文物保护单位昆仑关战役旧址。有国家3A级旅游景区昆仑关。农业以水稻、甘蔗、木薯、花生等种植为主，特产竹笋。有竹笋生产基地。322、324国道过境。

九塘圩 [Jiǔtángxū]　昆仑镇人民政府驻

地。在区政府驻地兴东街道北 40 千米。人口 1000。以壮族为主，还有汉族等。明清时为警备驿站，因距南宁城约 90 里得名。有中小学、卫生院。农业以水稻、花生种植为主。有九塘市场、瓜菜交易中心。322、324 国道经此。

江南区

江南区 [Jiāngnán Qū] 南宁市辖区。在市境西南部。面积 1154 平方千米。人口 77.9 万。以汉族为主，还有壮、瑶等民族。辖 5 街道、4 镇。区人民政府驻江南街道。1979 年设。2001、2004 年原郊区、原邕宁县部分地域划入。因处邕江南岸得名。先后建成葫芦鼎大桥、白沙亭江立交桥、沙壮锦立交桥、白沙星光立交桥、凌铁大桥等。城区以星光大道为主轴，沿邕江南岸向西拓展。平原丘陵地貌。良凤江流经。有矿产资源铁、锰、锌、铜、煤、石灰石等。有广西理工学院、广西职业技术学院等。有完全中学 2 所，九年一贯制学校 19 所，初中 3 所，小学 83 所，幼儿园 77 所，三级医院 1 个，二级医院 1 个。有南宁剧场、市图书馆、群众艺术馆、体育馆。有省级文物保护单位南宁魁星楼、广西省土改工作团第二团团部旧址、历史名人梁烈亚故居、三江坡汉城遗址。有中国传统村落扬美、三江坡、慕村坡。有省级非物质文化遗产晋家婚礼、壮族春牛舞等 7 项。有国家 3A 级旅游景区杨美古镇、华南城东盟国家产品体验馆。有广西三星级乡村旅游区 8 个。三次产业比例 5∶71∶24。农业以甘蔗、玉米、水稻、蔬菜、水果等种植为主。工业以铝加工、电子为主。有国家级南宁经济技术开发区。有南宁江南工业园。服务业以商贸、快递为主。有农产品国际物流中心。湘桂、黔桂、南防铁路，桂柳、南友高速过境。有南宁南站、江南客运站。邕江通航。

星光大道 [Xīngguāng Dàdào] 在区境东部。南起南宁—北海公路，北至邕江大桥。与白沙大道、亭洪路、五一路等相交。长 5.3 千米，宽 80 米。沥青路面。1934 年建设原始路段。2002 年扩建，2003 年改造。先后名河南工业大道、东方红大道、江南路，2005 年因两侧市容特点更今名。两侧有广西体育馆、南宁剧场、广西体育局、江南宾馆、建设银行、南宁供电局、商城、南宁经开区、江南客运站等。通多路公交车。

壮锦大道 [Zhuàngjǐn Dàdào] 在区境东北部。北起中兴大桥，南至机场高速。与五一路、白沙大道、那洪大道等相交。长 6.9 千米，宽 100 米。混凝土路面。2000 年开工，2003 年建成。原名为富宁路，后因壮锦更今名。两侧有玻璃公司、南宁发电设备总厂、区政府、海吉星物流中心等。通多路公交车。

沙井大道 [Shājǐng Dàdào] 在区境东北部。南起南站路，北至清川大桥。与五一路、南站大道等相交。长 5 千米，宽 60 米。混凝土路面。1999 年开工，2002 年建成。因沙井街道得名。两侧有南宁华南城、中学等。通多路公交车。

五一路 [Wǔyī Lù] 在区境东北部。东起星光大道，西至沙井大道。与南建路、壮锦大道等相交。长 5.6 千米，宽 40 米。沥青路面。1959 年开工，1974 年扩建，1988 年建成。原名福建路，后改用旧五一路名。两侧有百货商城、南宁技术交流站、市五一路学校、淡村商贸城、市车管所、区地税局等。通多路公交车。

中兴大桥 [ZhōngXīng Dàqiáo] 在城区北部。长 945 米，宽 22 米，最大跨度 85.5 米，桥下净高 17.2 米。1984 年开工，1988 年建成。因中兴村得名。为特大型河道桥梁，结构型式为上承式拱桥。最大载重汽车 20 吨，挂车 120 吨。通多路公交车。

清川大桥 [Qīngchuān Dàqiáo] 在城区西北部。长 920 米，宽 38.5 米，最大跨度 90 米，桥下净高 10 米。1994 年开工，1997 年建成。因附近邕江河段清澈而得名。为大型河道桥梁。结构型式为预应力混凝土连续刚构梁桥。最大载重 55 吨。通多路公交车。

北大桥 [Běi Dàqiáo] 在城区东北部。长 376 米，宽 40 米，最大跨度 120 米，桥下通航净高 8 米。2003 年开工，2008 年建成。因北大路得名。为大型河道桥梁，结构型式为预应力混凝土连续梁桥。最大载重 55 吨。通多路公交车。

桃源桥 [Táoyuán Qiáo] 在城区东北部。长 372 米，宽 29 米，最大跨度 120 米，桥下净高 10 米。2003 年开工，2008 年建成。因桃源路得名。为特大型河道桥梁，结构型式为预应力混凝土连续梁桥。最大载重 55 吨。通多路公交车。

葫芦鼎大桥 [Húludǐng Dàqiáo] 在城区东部。长 480 米，宽 41 米，最大跨度 230 米，桥下通航净高 10 米。2003 年开工，2007 年建成。因附近地形似葫芦底部而得名。为大型河道桥梁，结构型式为预应力混凝土连续刚构梁桥。最大载重 55 吨。通多路公交车。

水塘江大桥 [Shuǐtángjiāng Dàqiáo] 在城区东南部。长 125 米，宽 34 米，最大跨度 25 米，桥下净高 21.3 米。1966 年开工，1968 年建成，2005 年扩建。因跨水塘江得名水塘江桥，后更今名。为大型河道桥梁，结构型式为先简支后连续梁桥。最大载重 30 吨。通公交车。

南宁南站 [Nánníngnán Zhàn] 见交通运输设施部分“南宁南站”条。

江南客运站 [Jiāngnán Kèyùnzhàn] 见交通运输设施部分“江南客运站”条。

江南街道 [Jiāngnán Jiēdào] 江南区人民政府驻地。在区境东北部。面积 25 平方千米。人口10.2 万。以汉族为主，还有壮族等。1992 年设。1996 年五一街道并入。因处邕江南岸得名。先后建设居住小区，改造五一路、壮锦大道。有广西理工职业技术学校。有中学 3 所，小学 15 所，二级医院 1 个。有江南公园。工业以设备制造、玻璃加工为主。服务业以商贸、商品批发为主。有商贸城、农贸市场、物流中心、批发市场等。云桂高铁过境。通多路公交车。

福建园街道 [Fújiànyuán Jiēdào] 属江南区。在区境东北部。面积 17 平方千米。人口 20 万。以汉族为主，还有壮、瑶、苗等民族。1992 年设。1996 年水上街道并入。因福建园小区得名。先后建成江南大道、亭洪路商业街、淡村商贸城、市金砖茶城。有中学 5 所，小学 19 所，三级医院 1 个，卫生服务中心 5 个，卫生院 1 个，卫生所 4 个。有广西体育馆、市图书馆、群众艺术馆等。有滨江休闲广场、滨江公园。有开国将领莫文骅故居。有邕州老街。经济以商业为主。通多路公交车。

沙井街道 [Shājǐng Jiēdào] 属江南区。在区境北部。面积 46 平方千米。人口 4.4 万。以汉族为主，还有壮族。1995 年设沙井镇。2003 年改街道。因圩边井中有沙得名。有矿产资源煤、铁、锰等。有中学 3 所，小学 11 所，幼儿园 12 所，卫生院 1 个。有沙井平话山歌剧团等。有古迹千人坟。经济以制造业、商业、物流业为主。为中国—东盟商品交易中心、轻工展举办地。南防、湘桂、南昆铁路，云桂高铁，环城、南坛高速，省道南扶线过境。通多路公交车。

那洪街道 [Nàhóng Jiēdào] 属江南区。在区境东北部。面积 63 平方千米。人口 10 万。以壮族为主，还有汉族等。1996 年设那洪镇。2005 年改街道。2012 年析设金凯街道。为壮族语音译名，“那”指田地，“洪”指土质瘦红，即田瘦土红。有中学 7 所，小学 13 所，卫生院 4 个，卫生所 4 个。有景点大王庙等。农业以大棚蔬菜、水稻、玉米、甘蔗等种植为主。工业以食品加工、造纸、电缆制造为主。有银凯工业园、北部湾科技园。南防铁路、323 国道过境。通多路公交车。

金凯街道 [Jīnkǎi Jiēdào] 属江南区。在区境东北部。面积 30 平方千米。人口 6 万。以壮族为主，还有汉族等。2012 年设。因金凯路得名。2013 年扩建快速环道。良凤江流经。有那勤、那寻、鹧鸪井 3 水库。有中学 2 所，小学 8 所，卫生院 1 个，卫生所 4 个。农业以玉米、水稻、甘蔗、草莓、西瓜等种植为主，有猪、鸡、鸭、鱼等饲养。工业以食品加工、家具制造、体育用品生产、五金加工为主。服务业以商贸为主。城市外环高速过境。

吴圩镇 [Wúxū Zhèn] 江南区辖镇。在区境中部。面积 394 平方千米。人口 13 万。以壮族为主，还有汉族等。辖 2 居委会、10 村委会，有 132 自然村。镇人民政府驻吴圩。1950 年设邕宁县七区。1951 年为第十二区。1955 年更名吴圩区。1958 年改名东风公社，属郊区。1960 年改吴圩公社，属邕宁县。1984 年改镇。2005 年划入江南区。因镇政府驻地得名。良凤江流经。有矿产资源铁、锰、锌、铜、泥煤。有中学 4 所，小学 8 所，卫生院 2 个，卫生所 11 个。有幼儿园、文化站、广播站等。农业以水稻、甘蔗、西瓜、龙眼、荔枝种植为主。工业以制糖、水泥、化肥、建材为主。服务业以商贸为主，有农贸市场。有南宁—东盟花卉博览园、广西花卉产业示范基地。为自治区西瓜集散地，西瓜苗培育、销售基地。南防铁路，322 国道，邕友、邕水、邕硕公路过境。

吴圩 [Wúxū] 吴圩镇人民政府驻地。在区政府驻地江南街道南 25 千米。人口 9800。壮族聚居。因姓氏得名。聚落呈线状。有中小学、卫生院。农业以水稻、甘蔗、龙眼、荔枝等种植为主，特产西瓜。工业有饲料、水泥加工。南防铁路，322 国道，邕友、邕水、邕硕公路经此。

苏圩镇 [Sūxū Zhèn] 江南区辖镇。在区境西南部。面积 223 平方千米。人口 6.9 万。以壮族为主，还有汉族等。辖 1 居委会、15 村委会，有 120 自然村。镇人民政府驻苏圩。1960 年成立苏圩公社，属邕宁县。1984 年改镇。1987 年析设延安乡。2005 年划入江南区。因镇政府驻地得名。有中学 2 所，小学 16 所，卫生院 1 个，卫生所 16 个。有文化站、公共文化中心、图书室、篮球场。有省级非物质文化遗产春牛舞。有景点岜博山、天坑群等。农业以甘蔗、西瓜、水稻等种植为主。南友高速、322 国道过境。

苏圩 [Sūxū] 苏圩镇人民政府驻地。在区政府驻地江南街道西南 40 千米。人口 1.2 万。以壮族为主，还有汉族等。明洪武元年(1368)因苏姓始居始建苏圩街，又称迁龙圩、苏彝镇，民国改今名。聚落呈线状。有中小学、卫生院。农业以甘蔗、西瓜、蔬菜种植为主。三日一圩，为区重要圩场之一，素有“上苏下芦”之说。南友高速，322 国道，苏圩—扶绥、苏圩—延安、苏圩—上思公路经此。

延安镇 [Yán'ān Zhèn] 江南区辖镇。在区境西南部。面积 32 平方千米。人口 2.8 万。以壮族为主，还有汉族等。辖 1 居委会、5 村委会，有 69 自然村。镇人民政府驻延安圩。

1957年设五塘乡。1958年改延安乡。1959年并入苏圩东风公社。1987年复乡。2000年改镇。因镇政府驻地得名。有中学1所,小学6所,卫生院1个,卫生所6个。有图书馆、文体中心、科技动中心、青少年中心。有民间文艺师公戏、粤剧、采茶戏等。农业以水稻、甘蔗、西瓜种植为主。省道南北线过境。

延安圩 [Yán'ānxū]　延安镇人民政府驻地。在区政府驻地江南街道南50千米。人口2100。以壮族为主,还有汉族等。因5鱼塘得名五塘村,渐为圩市,避邕宁县五塘圩同名,因延安改今名。聚落呈线状。有中小学、卫生院。农业以甘蔗、西瓜、蔬菜等种植为主。三日一圩。防城—凭祥、钦州—凭祥公路经此。

江西镇 [Jiāngxī Zhèn]　江南区辖镇。在区境西北部。面积215平方千米。人口4.6万。以壮族为主,还有汉族等。辖1居委会、10村委会,有94自然村。镇人民政府驻江西圩。1958年设江西乡,旋改群英公社。1968年改江西公社。1984年设乡。1998年改镇。因处邕江西岸得名。左江、邕江流经。有中学1所,小学10所,卫生院1个,卫生所10个。有幼儿园、文化站、敬老院等。有省级文物保护单位魁星楼、北伐时期军政官员梁烈亚故居,省级非物质文化遗产龙舟上水节。有名胜古迹五叠堂、明清民居等。有景点扬美古镇、麻子畲、三江坡、木村坡、雷寨坡农家乐等。农业以水稻、甘蔗、玉米、百香果等种植为主。工业以矿泉水生产为支柱产业。特产"扬美三宝"(豆豉、梅菜、沙糕)。湘桂、南凭铁路,云桂高铁,省道南扶线过境。

江西圩 [Jiāngxīxū]　江西镇人民政府驻地。在区政府驻地江南街道西20千米。人口2600。以壮族为主,还有汉族等。因镇得名。聚落呈线状。有中小学、卫生院。经济以商业为主,三日一圩。农业以蔬菜、玉米种植为主。湘桂铁路、南宁—扬美公路过境。

扬美村 [Yángměicūn]　在区政府驻地江南街道西22千米。江西镇辖自然村。人口5400。以汉族为主,还有壮族等。北宋初因荆棘丛生,白花满地,名白花村。皇祐年间(1049—1056)因清溪(今左江)环绕,扬波逐流,更名扬溪圩。取美好寓意更今名。聚落呈条状。为中国历史文化名村、中国传统村落。有省级文物保护单位魁星楼、梁烈亚故居、省级非物质文化遗产豆豉、沙糕制作技艺。有扬美古镇。有明清古建筑200多栋,古码头9个。有景点魁星楼、明清民居、五叠堂、举人屋、黄氏庄园等。有龙舟上水节。有扬美梅菜制作技艺。农业以水稻、香蕉种植为主,特产酸菜、梅菜、豆豉、沙糕等。有影视拍摄基地。南昆铁路经此。

木村坡 [Mùcūnpō]　在区政府驻地江南街道西南15千米。江西镇辖自然村。人口1100。明代山东人迁建,因村中古庙供有神石而得名石村,后以随处可见百年以上珍稀树种改今名。聚落呈块状。有农民广场。为中国传统村落。由3座石砌小寨构成。以"一石三古"驰名。"一石"指石板,有大闸石板、龙祭石板、三角石板巷、石板塘等。"三古"为古庙、古民居、古树,其中见血封喉树为国家二级重点保护植物。有460年古树"鸳鸯"樟。农业以水稻、甘蔗、瓜果、蔬菜种植为主。有农业观光园。

三江坡 [Sānjiāngpō]　在区政府驻地江南街道西18千米。江西镇辖自然村。人口1300。明初宋姓始居,称合江宋村、三江口宋村。因左江、右江、邕江围成半岛改今名。聚落呈块状。为中国传统村落。有镇江楼遗址、那城汉代建筑遗址、皇姑坟、小鼓岭汉墓、宋烽火台遗址。有较完整古建筑45处69栋。有宋氏酿米酒技术。为市香葱发源地、生产基地。种植香葱已有500多年历史。有山林植被、农田、滨水、湿地等景观。通村水路靠渡船出入。

雷寨坡 [Léizhàipō]　在区政府驻地江南街道西北30千米。江西镇辖自然村。人口500。原名墙寨。墙字壮语"诺"同音,丘陵、山岭之意,即意"在山岭下建立村寨"。2001年发现字典、电脑均未有"墙"字记载,遂改今名。聚落呈块状。有古建筑南、北闸门。农业以花草苗木种植为主。有草苗木专业合作社。有商品草皮、苗圃、风景树种植基地。2009年被评为全国文明村。

西乡塘区

西乡塘区 [Xīxiāngtáng Qū]　南宁市辖区。在市境西部。面积1298平方千米。人口76.7万。以汉族为主,还有壮、瑶、苗、回、侗、仫佬等民族。辖10街道、3镇。区人民政府驻衡阳街道。2005年由城北、永新2区合置西乡塘区。明洪武十四年(1381)宣化县设西乡,有驿站,明代称为铺,清初改为塘,遂称"西乡塘"。2011年改扩建客运站、南武城市大道、北湖北路、可利大道、324国道,改造旧城区,建设垃圾中转站。盆地平原地貌。邕江、左江、右江流经。有香山、牛角山、金沙阙、相思湖、壶天岛等。有矿产资源褐煤、高岭土、石英砂、钒、汞、钴、石灰岩等。有省级科研单位4个,中学25所,九年一贯制学校23所,小学94所,三级医院5个,二级医院5个。有市动物园、民生广场、陈东傩文化展示点、唐人文化园、新秀公园。有古迹黄氏家族民居、粤东会馆、安徽会馆、董达庭商住楼、铜鼓陂水利、罗文村韦氏祖屋、四联村林氏祖屋、南宁市育才学校旧址等。有百年老街"水街"。有省级非物质文化遗产南宁傩舞。有美丽南方景区、龙门水都文化生态旅游区、南宁三江口风景名胜区、下楞民俗文化村、那学坡古宅。三次产业比例3∶58∶39。农业以水稻、玉米、甘蔗、香蕉种植为主,特产香蕉、西瓜、杧果、龙眼、荔枝、板栗等。工业以酿酒、棉纺织、机械制造、橡胶、家电生产为主。有南宁高新技术产业开发区。服务业以商贸、餐饮为主。有五里亭蔬菜批发市场、虎邱城北钢材市场。南昆、湘桂铁路,广昆、兰海、环城高速,325国道,省道扶里线过境。有南宁站、南宁安吉客运站、西乡塘客运站、北大码头、上尧码头。通多路公交车。

民生广场 [Mínshēng Guǎngchǎng]　在城区东南部。占地9万平方米。2002年开工,2003年建成。因民生码头得名。广场与防洪堤顶齐平,分高架平台、滩涂公园。高架平台约3万平方米。有音乐喷泉,绿化面积近5000平方米,配置欢乐柱、慧眼、张拉膜等工艺品12根。有明代古邕州炒田螺、老友面、酸嘢、五色糯米饭等主题雕塑。滩涂公园约6万平方米,有宽40米、高6.3米大型"戏水"浮雕,高8米、宽40米人工瀑布。有老人健身设施、儿童游乐设施。安设轮廓灯、照射灯、星光灯,有高30米太阳灯4个。四周有黄氏家族民居、粤东会馆、安徽会馆、董达庭商住楼、两湖会馆等。通多路公交车。

大学路 [Dàxué Lù]　在区境中部。东起北大北路,西至外环高速。与石埠路、罗文大道、新村大道、秀厢大道、清川大道等相交。长22千米,宽90米。水泥、沥青路面。1928年为城乡公路,1964年扩建,1972年建成,1995、2003、2005年分别扩建。1952年名西乡塘路,2001年因沿线特色改今名。以新村大道为界分东、西路。两侧有广西大学、中学、广西农机研究院、广西金融职业技术学院、广西机电职业技术学院、广西民族大学、广西交通运输学校、南宁职业技术学院、市动物园、相思湖、金沙湖等。通多路公交车。

衡阳路 [Héngyáng Lù]　在区境东南部。东起皂角路,西至北大北路。与北湖南路、衡秀里、友爱南路、秀灵路、地洞口路相交。长3.5千米,宽30米。沥青路面。1951年开工,1954年建成,1972—1974年改扩建。因衡阳市得名。以友爱南路为界分东、西路。两侧有居住小区、一建大厦、糖业大厦、区政府、小学、区民政局、白苍岭市场、区法院等。通多路公交车。

安吉大道 [Ānjí Dàdào]　在区境东南部。南起友爱北立交桥,北至南武城市大道。与友爱路、秀厢大道、安园西路相交。长6千米,宽80米。沥青路面。1965年开工,1966年建成,1972年扩建,1993年硬化路面,2002年扩建,铺设沥青。因安吉乡得名安吉路,2002年改今名。两侧有中学、桂林工学院南宁分院、广西机电工程学校、区农机鉴定站、广西水电工程局、家具市场、南宁安吉客运站等。通多路公交车。

江北大道 [Jiāngběi Dàdào]　在区境东南部。东起民生路,西至大学西路。与民族大道、永宁街、永和路、罗文大道、石埠路、邕隆路等相交。长18千米,宽60米。沥混路面。1987年开工,1988年建成,名江滨路。同年扩建原永新区路段。2002年合称江北大道。因位于邕江北岸得名。两侧有民生广场、广西经管干部学院、水街、相思湖公园等。通多路公交车。

明秀路 [Míngxiù Lù]　在区境东南部。东起南梧路,西至中兴大桥。与秀东路、北湖路、友爱路、大学东路、新阳路等相交。长6.5千米,宽40米。沥青路面。1952年开工,1953年建成,1964、1982、1988年分别扩建。2004年以友爱南路为界分东、西路。因原明秀公社得名。两侧有居住小区、广西师范学院、广西中医学院、广西民族医院、市青少年活动中心、小学、市第八医院、广西财经学院、蔬菜批发市场、市福利院、新秀公园。通多路公交车。

鲁班路 [Lǔbān Lù]　在区境东南部。南起新阳路,北至秀厢大道。与科德路、大学东路相交。长4千米,宽7—50米。水泥路面。1962年开工,1963年建成,1964年扩建北段。原有木工厂及建筑公司,故名。分南、北2段。两侧有武警广西总队医院、广西大学、西乡塘公安分局、居住小区、市文华学校等。通多路公交车。

南宁站 [Nánníng Zhàn]　见交通运输设施部分"南宁站"条。

安吉客运站 [Ānjí Kèyùnzhàn]　见交通运输设施部分"安吉客运站"条。

西乡塘客运站 [Xīxiāngtáng Kèyùnzhàn]　见交通运输设施部分"西乡塘客运站"条。

衡阳街道 [Héngyáng Jiēdào]　西乡塘区人民政府驻地。在区境东南部。面积8平方千米。人口15.4万。以汉族为主,还有壮、苗、瑶等民族。1993年设。因衡阳路得名。有中学4所,小学7所,二级医院2个,社区卫生服务中心2个。工业以建筑、机械制造为主。服务业以商品零售为主,有大型专业市场2个,农贸市场6个。湘桂、南昆、南防铁路,湘桂、南广高铁,南昆客专过境。通多路公交车。

北湖街道 [Běihú Jiēdào]　属西乡塘区。在区境东部。面积15平方千米。人口14万。以汉族为主,还有壮、苗、瑶、仫佬等民族。1993年设。1996年唐山街道并入。因北湖片区得名。2009建成唐人文化园。朝阳溪流经。有中等职业学校6所,中学1所,小学13所,三级医院2个。有唐人文化园。工业以纺织、金属制品加工为主。服务业以商品零售为主。有农贸市场、商业街、花鸟市场等。湘桂、南昆、南防铁路,湘桂、南广高铁,南昆客专过境。通多路公交车。

西乡塘街道 [Xīxiāngtáng Jiēdào] 属西乡塘区。在区境东南部。面积70平方千米。人口20万。以汉族为主,还有壮、苗、瑶、仫佬等民族。1993年设五里亭街道,1996年因西乡塘大道改今名。心圩江、可利江流经。有相思湖。有广西科学院、广西农科院、广西化工研究院。有广西大学、广西民族大学等。有中学6所,小学5所,三级医院1个,卫生院1个。有市动物园、八桂田园等。工业以机械制造为主。服务业以商品零售为主,有汽车、建材、医药、农贸、机电等大型专业市场。有全国果菜十大批发市场之一五里亭蔬菜批发市场。通多路公交车。

安吉街道 [Ānjí Jiēdào] 属西乡塘区。在区境东部。面积16平方千米。人口10.1万。以汉族为主,还有壮、苗、瑶等民族。1996年设安吉镇。2003年改街道。寓意平安吉祥得名。先后扩建可利大道,改造广西工业器材城。有中学3所,小学15所,三级医院1个,卫生院1个。有市花卉公园。有古迹五龙古桥、铜鼓陂水利。经济以物流业为主,兼有商业。有家具、饲料、禽苗等大型专业市场。广昆、兰海、环城高速过境。通多路公交车。

华强街道 [Huáqiáng Jiēdào] 属西乡塘区。在区境东南部。面积2平方千米。人口4.3万。以汉族为主,还有壮、苗、瑶等民族。1955年设。1996年永宁街道并入。因华强路得名。邕江、朝阳溪流经。有中等职业学院1所,中学2所,小学3所,二级医院1个。有古街巷水街、龙胜街。有古迹安徽会馆、粤东会馆、两湖会馆、黄氏家族民居等。经济以商品零售业为主。通多路公交车。

新阳街道 [Xīnyáng Jiēdào] 属西乡塘区。在区境东南部。面积4平方千米。人口10.3万。以汉族为主,还有壮、苗、瑶、回等民族。1957年设。1996年边阳街道并入。2001年原郊区部分地域划入。2002年部分地域划出。因新阳路得名。邕江流经。有技工学校2所,中学4所,小学5所,三级医院1个,二级医院2个。有景点五通庙、新秀公园、堤路园等。经济以商品零售业为主,工业为辅。有建材、机械、电器、粮油食品、医药、农产品批发市场。为传统工业基地。南昆、湘桂铁路过境。通多路公交车。

上尧街道 [Shàngyáo Jiēdào] 属西乡塘区。在区境东南部。面积6平方千米。人口10万。以汉族为主,还有壮、苗、瑶、回等民族。1984年设上尧乡。2002年改街道。1949年前多瓦窑,尧、窑谐音,且处邕江上游,故名。可利江、心圩江、邕江流经。有大专6所,中专4所,中学1所,小学3所。有堤路园交通景观带、相思湖公园、心圩江休闲公园、陈东村傩文化展示点、古村落等。经济以商品零售业为主,肉类、食品加工业为辅。有农贸市场9个。通多路公交车。

安宁街道 [Ānníng Jiēdào] 属西乡塘区。在区境东南部。面积80平方千米。人口1.8万。以汉族为主,还有壮、苗、瑶等民族。2003年由安吉镇析设。因安吉镇、永宁村得名。有邕江大学、广西中医学校。有中学5所,小学12所,卫生服务中心2个。有路西生态旅游示范村。农业以蔬菜种植为主。有园林花木生产基地。工业以食品加工为主。服务业以物流、商业为主。兰海、环城高速,邕武公路过境。通多路公交车。

石埠街道 [Shíbù Jiēdào] 属西乡塘区。在区境东部。面积148平方千米。人口10.2万。以汉族为主,还有壮族等。1998年设石埠镇。2005年改街道。因石砌码头得名。邕江流经。有金沙湖。有中学1所,小学7所,卫生院1个。有广西南宁(国际)水上休闲运动培训基地。有古迹双忠庙。有美丽南方景区、龙门水都文化生态旅游区。有景点太阳岛、金沙湖等。农业以蔬菜、草莓等种植为主。服务业以餐饮、住宿、商品零售为主。广昆、环城高速,324国道,县道石坛线过境。通多路公交车。

心圩街道 [Xīnxū Jiēdào] 属西乡塘区。在区境东南部。面积30平方千米。人口10.7万。以汉族为主,还有壮、苗、瑶等民族。1995年设心圩镇。2005年改街道。因圩场位于各村中心得名。心圩江、可利江流经。有中学6所,小学11所,卫生院1个。有林氏祖屋、市育才学校旧址等。工业以食品、饮料加工为主。服务业以商品零售、商贸、餐饮为主。快环高速过境。通多路公交车。

金陵镇 [Jīnlíng Zhèn] 西乡塘区辖镇。在区境中部。面积196平方千米。人口7.2万。以壮族为主,还有汉族等。辖2居委会、14村委会,有82自然村。镇人民政府驻金城社区。1912年曾设金陵乡。1987年由那龙乡析设金陵镇。2005年那龙镇并入。2014年兴贤村并入。传明代金陵(今南京)商人到此定居建圩,故名。邕江、右江流经。有中学2所,小学16所,幼儿园23所,卫生院2个。有文体活动中心、图书馆、文化室、农家书屋、村级服务中心。农业以水稻、甘蔗种植为主,特产香蕉、荔枝、龙眼、西瓜、香瓜。工业以基础材料生产为主。服务业以商品零售为主。南昆铁路、广昆高速、324国道、省道扶里线过境。

金城社区 [Jīnchéng Shèqū] 金陵镇人民政府驻地。在区境中部。人口3900。因镇得名。2004年成立。民居以楼房为主。有文体活动中心、科技活动室、图书馆。在传统节日、建镇日举办文艺会演、体育活动。有中学、卫生院。农业以水稻、甘蔗、香蕉、荔枝、龙眼等种植为主,有猪、鸡、黄沙鳖、蛇等饲养。工业以竹编,河沙、河石、生物有机肥、木片加工为主。有餐饮业。324国道经此。

双定镇 [Shuāngdìng Zhèn] 西乡塘区辖镇。在区境西北部。面积188平方千米。人口3.1万。以壮族为主,还有汉、瑶等民族。辖6村委会,有33自然村。镇人民政府驻兴隆街。1912年设襄定乡。1950年属邕宁县第六区。1987年由那龙公社析设双定乡,因襄、双方言同音得名。2000年改镇。喀斯特地貌。有中学1所,小学6所,卫生院1个,卫生室8个,文化室7个,图书室1个,农家书屋6个。有景点义梅水库、新科葡缘。农业以水稻、香蕉种植为主,有猪、鸡、鸽子等饲养。工业以化学品制造、基础材料生产为主。服务业以商品零售为主。省道扶里线,县道双定—那龙、甘圩—双定线过境。

兴隆街 [Xìnglóngjiē] 双定镇人民政府驻地。在区政府驻地衡阳街道西北40千米。人口1700。以壮族为主,还有汉、瑶等民族。传杨姓始居,北宋皇祐六年(1054)建村,渐成圩,明代称兴隆圩,后改名陇圩。1950年改今名,寓意生意兴隆。聚落呈带状。有中小学、卫生院。经济以商贸、种植业为主。农业以水稻、香蕉、甘蔗、木薯等种植为主。省道扶里线,县道双定—那龙、甘圩—双定线经此。

坛洛镇 [Tánluò Zhèn] 西乡塘区辖镇。在区境西部。面积345平方千米。人口10万。以壮族为主,还有汉族等。辖19村委会,有165自然村。镇人民政府驻坛洛圩。清光绪三年(1877)设坛洛乡。1949年仍乡。1955年改区。1958年改老口办事处,旋与富庶、下楞2乡合设友谊公社。1959年改坛洛公社。1984年改乡。1987年析设富庶乡。1996年改镇。2005年富庶乡并入。因镇政府驻地得名。邕江、右江流经。有中学3所,小学21所,卫生院3个。有农家书屋、乡村大戏台。有传统节日"四月八"农具节。有古迹坛洛财神砖拱桥、金坛卧佛、那学坡古宅群、坛洛村老民宅等。有景点下楞民俗文化村、金满园、依智高屯兵洞、定顿象鼻山溶洞。农业以香蕉、水稻、甘蔗、玉米、木薯、花生等种植为主,特产香蕉、板栗、红瓜子。工业以食品加工为主。服务业以商品零售为主。南昆铁路、南昆客专、广昆高速、324国道、省道富太线、县道石坛线过境。

坛洛圩 [Tánluòxū] 坛洛镇人民政府驻地。在区政府驻地衡阳街道西北35千米。人口7300。以壮族为主,还有汉族等。为壮族语音译名。"坛"指水塘,"洛"指水干。因原水塘秋后干涸得名。聚落呈团块状。有农家书屋、乡村大戏台。有坛洛财神砖拱桥、石板路旧街。有传统节日"四月八"农具节。农业以水稻、甘蔗种植为主,特产香蕉、瓜菜。324国道、省道富太线经此。

良庆区

良庆区 [Liángqìng Qū] 南宁市辖区。在市境南部。1379平方千米。人口24.2万。以壮族为主,还有汉族等。辖2街道、5镇。区人民政府驻大沙田街道。2005年设。"良庆"方言指臭屁虫,即椿象,因曾发生椿象虫灾得名。先后建成五象大道、堤园路、南宁大桥、五象大桥、五象壮锦立交桥等,改造大塘东干渠、325国道,拓宽银海大道。城区东、北部为商业区、行政区、文教区,南部为工业区,西部为旅游度假区。八尺江、凤亭河、思灵江流经。有矿产资源铁、铅、锌、铜、钛、重晶石、花岗岩、石灰石等。有五象岭森林公园。有大王滩等水库。有完全中学2所,初中13所,小学67所,二级医院3个。有南宁博物馆、市民中心、市图书馆、广西美术馆、广西文化艺术中心、广西体育中心。有省级非物质文化遗产壮族嘹啰山歌、壮族香火球、香火龙舞。有大王滩国家水利风景区。有景点五象湖公园、绿都水温泉、竹泉岛等。三次产业比例17∶59∶24。农业以稻谷、甘蔗、荔枝、龙眼、西瓜、蔬菜等种植为主,有九大产业化基地,特产火龙果、菠萝、柑橘、大青枣、淮山、柠檬、甜玉米、南晓土鸡、大塘麻鸭等。工业以制糖、金属制品加工、有色金属冶炼及加工、设备制造、农副产品加工、木材加工等为主。有大塘工业区。服务业以商贸、物流、房地产、文化旅游等为主。湘桂、南防铁路,南北、兰海、环城高速,325国道过境。有大沙田汽车客运中心。通多路公交车。

银海大道 [Yínhǎi Dàdào] 在区境西部。东起凤凰路,西至玉环路。与那历路相交。长17千米,40米。水泥路面。2006年开工,2010年建成。以寓意沿海城市兴旺发达而得名。两侧有鑫利华商厦、广西水电医院、自治区交通警察培训学校、备灾中心、玉洞医院、中学、玉洞物流园区等。通多路公交车。

南宁大桥 [Nánníng Dàqiáo] 在城区北部。长734.5米,宽35米。最大跨度300米。桥下净高10米。2004年开工,2009年建成。以南宁市命名。为大型河道桥梁,结构型式为跨径曲线梁非对称性外倾拱桥。最大载重55吨。通多路公交车。

大沙田客运站 [Dàshātián Kèyùnzhàn] 见交通运输设施部分"大沙田客运站"条。

大沙田街道 [Dàshātián Jiēdào] 良庆区

人民政府驻地。在区境西部。面积63平方千米。人口4.6万。以壮族为主,还有汉、瑶、侗等民族。2008年由良庆镇析设。因田地多沙质土壤得名。先后建成堤园路、银海大道、东风南路、五象大桥等,改造325国道,新建、改建小区道路。有中学3所,小学8所,二级医院3个,社区卫生服务中心4个。工业以金属制品、有色金属冶炼及加工,专业设备制造,农副食品加工,林木加工等为主。通多路公交车。

玉洞街道 [Yùdòng Jiēdào] 属良庆区。在区境北部。面积28平方千米。人口4.6万。以壮族为主,还有汉、瑶、侗等民族。2013年由大沙田街道析设。因街道办事处位于玉洞得名。有高中1所,小学5所,社区卫生服务中心1个,卫生室3个。工业以金属制品、有色金属冶炼及加工、专业设备制造、农副产品、木材加工为主。南防铁路、环城高速、325国道过境。通多路公交车。

良庆镇 [Liángqìng Zhèn] 良庆区辖镇。在区境东北部。面积87平方千米。人口5万。以壮族为主,还有汉、瑶、侗等民族。辖1居委会、6村委会,有49自然村。镇人民政府驻良庆圩。1955年设那马区。1957年改良庆区。1958年改五星公社。1959年分设良庆、那马2公社。1984年良庆公社改乡。1996年改镇。因镇政府驻地得名。有五象岭森林公园。有完全中学2所,初中2所,小学7所,卫生院1个,卫生室7个。有广西体育中心、南宁规划馆、南宁博物馆、东盟塔等。有五象湖、邕江河边公园。有五圣宫庙、新丁抗日英雄纪念碑。农业以水稻、瓜果、蔬菜等种植为主。兰海高速过境。邕江通航。

良庆圩 [Liángqìngxū] 良庆镇人民政府驻地。在区政府驻地大沙田街道东北12千米。人口3100。以壮族为主,还有汉、瑶、侗等民族。因多野生杏果得名良杏,成圩后因方言同音改今名。聚落沿邕江呈带状分布。有中小学、幼儿园、卫生院、卫生室、银行、信用社等。有古迹五圣宫庙。农业以水稻、辣椒、甜玉米、莴笋等种植为主。有商铺、菜市、农贸市场等。通多路公交车。

那马镇 [Nàmǎ Zhèn] 良庆区辖镇。在区境北部。面积168平方千米。人口2.6万。以壮族为主,还有汉、瑶、侗等民族。辖1居委会、7村委会,有72自然村。镇人民政府驻那马街。1951年为十一区。1955年改那马区。1957年并入良庆区。1959年成立那马公社。1984年改乡。1995年改镇。因镇政府驻地得名。八尺江、思灵江流经。有矿产资源朱砂、白泥等。有中学1所,小学8所,卫生院1个,卫生室8个。有民间传统文艺赛马、舞狮、唱嘹啰山歌。有景点竹泉岛、龙泉湾山庄、凤凰绿都观光园、凤凰湖等。农业以水稻、蔬菜等种植为主。服务业以乡村旅游为主。南防铁路、兰海高速、325国道过境。

那马街 [Nàmǎjiē] 那马镇人民政府驻地。在区政府驻地大沙田街道东南17千米。人口6800。以壮族为主,还有汉、瑶、侗等民族。为壮语"Nazmax"音译,"那naz"指田,"马max"指马匹。传清光绪年间(1875—1908)土司指派当地人种田、养马,得名那马圩,后改今名。聚落呈带状。有中小学、卫生院、银行。农业种植水稻、花生、甘蔗。有农贸市场。兰海高速、325国道经此。

那陈镇 [Nàchén Zhèn] 良庆区辖镇。在区境西南部。面积297平方千米。人口3.5万。以壮族为主,还有汉、瑶、侗等民族。辖1居委会、15村委会,有105自然村。镇人民政府驻那陈圩。1933年设那陈乡。1949年仍乡。1955年改区。1958年改乡,旋与下敏、太安、大塘、南晓4公社合为红山公社。1959年分设那陈、下敏2公社。1960年下敏公社并入。1984年改乡。1995年改镇。因镇政府驻地得名。有水晶矿、大王滩水库。八尺江流经。有小学13所,卫生院1个,卫生室16个。有蕾中冒岭晚清石刻。农业以水稻、甘蔗、芭蕉、火龙果种植为主。县道邕钦线过境。

那陈圩 [Nàchénxū] 那陈镇人民政府。在区政府驻地大沙田街道西南34千米。人口1400。以壮族为主,还有汉、瑶、侗等民族。清顺治二年(1645)陈姓造宅开圩,取名那陈圩,"那"壮语指田。聚落呈带状。有中小学、幼儿园、卫生院、邮电所、超市、农贸市场。农业以水稻、甘蔗等种植为主。县道邕钦线经此。

大塘镇 [Dàtáng Zhèn] 良庆区辖镇。在区境中部偏南。面积498平方千米。人口4.8万。以壮族为主,还有汉、瑶、侗等民族。辖1居委会、13村委会,有111自然村。镇人民政府驻大塘圩。清光绪三年(1877)设三官镇。1933年改大塘乡。1939年仍乡。1950年为邕宁县第四区,旋为钦县第十四区。1955年设大塘区,属邕宁县。1958年改乡。1960年改公社。1984年改乡。1994年改镇。因镇政府驻地得名。有崇尖山、狮子岭、花甲山。凤亭河、滑石江流经。有凤亭河、屯六水库。有矿产资源铁、石灰石等。有中学1所,小学12所,卫生院1个,卫生室14个。有花甲山景区。农业以水稻、西瓜、荔枝种植为主,特产塘角鱼、青头鸭。工业有钢铁、铝塑、木材加工等。有耕牛交易市场。南防铁路、兰海高速、325国道过境。

大塘圩 [Dàtángxū] 大塘镇人民政府驻地。在区政府驻地大沙田街道东南46千米。人口3100。以壮族为主,还有汉、瑶、侗等民族。传清崇德六年(1642)六马雷姓创圩,因有较大鱼塘得名。聚落呈带状。有中小学、幼儿园、卫生院、文体活动中心、敬老院、银行、邮电所。服务业以商业为主。有农贸市场、耕牛交易市场。325国道、县道邕钦线经此。

南晓镇 [Nánxiǎo Zhèn] 良庆区辖镇。在区境东南部。面积294平方千米。人口4.4万。辖1居委会、13村委会,有110自然村。镇人民政府驻南晓街。1933年设南晓乡。1950年为钦县十四区。1955年改邕宁县十九区,旋并入大塘区,又析设南晓区。1958年改红山公社,翌年改南晓公社。1984年改乡。1996年改镇。因镇政府驻地得名。有矿产资源重晶石、萤石、铅、锌等。有千岛湖、那兰白鹭保护区。有初中1所,小学14所,幼儿园6所,卫生院1个,卫生室14个。农业以水稻、木菇、西瓜、黑皮冬瓜等种植为主,特产南晓鸡。南防铁路、兰海高速、325国道过境。

南晓街 [Nánxiǎojiē] 南晓镇人民政府驻地。在区政府驻地大沙田街道东南56千米。人口2200。传清嘉庆三年(1798)成圩,后迁今茂钦新村,因交通不便再搬今址,取名那晓。又以处原邕宁县南部改今名。聚落呈团块状。有中小学、幼儿园、卫生院、邮电所。农业以水稻、甘蔗、蔬菜种植为主,特产南晓鸡。有蔬菜瓜果农业产业化示范带。工业有松香脂、木材加工。有农贸、水果市场。兰海高速、325国道经此。

邕宁区

邕宁区 [Yōngníng Qū] 南宁市辖区。在市境东南部。面积1295平方千米。人口35万。以壮族为主,还有汉、瑶、苗、仫佬、侗等民族。辖4镇、1乡。区人民政府驻蒲庙镇。东晋大兴元年(318)设晋兴县。隋开皇十八年(598)改宣化县。明洪武元年(1368)设置南宁府。1913年南宁府改南宁县,属邕南道。1914年因与云南省南宁县重名,取原邕州府、南宁县各一字改名邕宁县,属邕南道(同年改南宁道)。1926年属南宁区。1952年属邕宁专区。1953年属桂西僮族自治区。1958年属南宁专区。1983年属南宁市。2005年改区。邕江、八尺江、新江河、青龙江流经。有矿产资源石灰石、白云石、方解石等。先后建成五象大道及沿街建筑、工业园区等。有大专2所,高中4所,初中12所,小学72所,二级医院3个。有古迹顶蛳山贝丘古人类遗址、五圣宫、三圣宫、那莲北帝庙、古戏台、百济陆氏古宅。有景点蒲津公园、清水泉、北帝岩等。有邕宁壮族八音文化旅游节、花婆节、那莲庙会、二月二抢花炮等。三次产业比例35∶23∶42。农业以水稻、玉米、木薯、甘薯、马铃薯、芋头、豆类种植为主,有芝麻鸭、温氏鸡、鹅、野猪、牛、山羊、兔子等饲养。有林产火龙果、荔枝、龙眼、香瓜、淮山、绿化苗木、百香果、桑蚕等。工业以造纸、化工、建材等为支柱。服务业以商贸、商品批发零售、餐饮服务等传统行业,通信、保险、房地产、信息服务等新兴行业为主。湘桂铁路、环城高速、省道南横线过境。

蒲庙大桥 [Púmiào Dàqiáo] 在城区北部。长458.4米,宽18.9米,最大跨度312米,桥下净高10米。1993年开工,1996年建成。因邕江、邕宁县得名邕宁邕江大桥,2005年因蒲庙镇更今名。又因桥形似彩虹,别名彩虹桥。为大型河道桥梁,结构型式为中承式钢骨拱桥。最大载重120吨。通公交车。

蒲庙镇 [Púmiào Zhèn] 邕宁区人民政府驻地。在区境西北部。面积245平方千米。人口12.2万。以壮族为主,还有汉族等。辖4居委会、17村委会,有179自然村。镇人民政府驻蒲庙街。清光绪三年(1877)设蒲津乡。1933年改镇。1950年复乡。1955年改蒲庙区。1958年成立星火公社。1959年改蒲庙公社。1980年分设蒲庙镇、蒲庙公社。1984年蒲庙公社改乡。1987年撤乡人镇。因镇政府驻地得名。邕江、八尺江、新江河、青龙江流经。有中学6所,小学21所,二级医院3个,卫生院1个,卫生所17个,图书馆2个,文化馆1个。有古迹顶蛳山贝丘古人类遗址、五圣宫、三圣宫、那莲北帝庙、古戏台。有景点蒲津公园、清水泉、北帝岩等。有传统节庆花婆节、那莲庙会等。农业以水稻、玉米、甘蔗、花生种植为主,兼种桑养蚕。湘桂铁路、环城高速、省道南横线过境。

龙岗大道 [Lónggǎng Dàdào] 在区境西北部。北起龙岗大桥,南至玉洞大道。与那造路、龙华路、五象大道、38号路、邕大北路、邕大南路等相交。长4千米,宽40米。沥青混凝土路面。原为邕宁—蒲北公路,2009年扩建,2010年建成。因龙岗村得名。两侧有居住小区、宝能城市广场、邕宁高中等。通公交车。

蒲庙街 [Púmiàojiē] 蒲庙镇人民政府驻地。在镇境西北部。人口4.3万。以壮族为主,还有汉族等。因五圣宫史称花婆庙,简称婆庙,以方言谐音得名。聚落呈长条状。有中小学、二级医院、卫生院、图书馆、文化馆。有蒲津公园。有传统节庆壮族八音文化旅游节、花婆节、二月二抢花炮等。经济以食品、农副产品加工业为主。特产蒲庙榨粉、月饼等。邕宁—蒲北公路经此。通公交车。

那楼镇 [Nàlóu Zhèn] 邕宁区辖镇。在区境东南部。面积354平方千米。人口8.9万。以壮族为主,还有汉族。辖1居委会、20村委会,有108自然村。镇人民政府驻那楼圩。1949年设那楼乡。1958年与镇龙乡合设跃进公社。1959年分设那楼、镇龙2公社。1960年镇龙公社并入。1984年改乡。1987年分那楼、镇龙2乡。1995年那楼乡改镇。2005年镇龙乡并入。因镇政府驻地得名。有中学2所,小学21所,卫生院2个,卫生所22个,图书馆1个。有古迹雷婆岭摩崖石刻、团河营遗址等。有景点帽子岭。农业以水稻、甘蔗、桑树种植为主,特产淮山。邕灵公路过境。

那楼圩［Nàlóuxū］ 那楼镇人民政府驻地。在区政府驻地蒲庙镇东南27千米。人口4500。均为壮族。“那楼”为壮语“Nazlaeuz”音译,意为“我们的水田”。聚落呈半圆状。有中小学、卫生院、图书馆。农业以淮山、桑树、甘蔗、百香果、火龙果、中药材种植为主,有温氏鸡饲养。三日一圩,有农产品交易市场。邕灵公路经此。

新江镇［Xīnjiāng Zhèn］ 邕宁区辖镇。在区境西部。面积165平方千米。人口3.2万。以壮族为主,还有汉族。辖1居委会、8村委会,有61自然村。镇人民政府驻新江圩。1949年设新江乡。1958年改星火公社。1959年更名新江公社。1984年改乡。2000年改镇。因镇政府驻地得名。有中学1所,小学8所,卫生院1个,卫生所9个,图书馆1个。有徐汉林烈士陵园。有古迹皇赐桥。有景点英雄水库。农业以水稻、甘蔗、花生、南瓜、木瓜等种植为主。邕钦公路过境。

新江圩［Xīnjiāngxū］ 新江镇人民政府驻地。在区政府驻地蒲庙镇南15千米。人口1200。以壮族为主,还有汉族等。清光绪十一年(1885)香频村人建圩市,先后名福圩、新圩,清宣统二年(1910)因与灵山县新圩重名且地处江边改今名。聚落呈半圆状。有中小学、卫生院、图书馆。有古迹皇赐桥。农业以水稻、甘蔗、花生、南瓜、木瓜、木薯等种植为主,特色种植韭菜、西瓜、辣椒等,特产酸笋。三日一圩,有农产品交易市场。邕钦、新江—那马公路经此。

百济镇［Bǎijì Zhèn］ 邕宁区辖镇。在区境南部。面积307.4平方千米。人口4.8万。以壮族为主,还有汉族等。辖1居委会、13村委会,有134自然村。镇人民政府驻百济圩。1949年设百济乡。1958年改红星公社。1969年改百济公社。1984年改乡。2013年改镇。因镇政府驻地得名。有中学2所,小学14个,卫生院1个,卫生所14个,图书馆1个。有陆氏古宅等。农业以水稻、甘蔗、花生、荔枝等种植为主。邕钦公路过境。

百济圩［Bǎijìxū］ 百济镇人民政府驻地。在区政府驻地蒲庙镇南39千米。人口1000。以壮族为主,还有汉族。“百济”为壮语“Bakcae”音译,指犁头口。因地形似耕地所用犁头口得名。聚落呈长条状。有中小学、卫生院、图书馆。经济以甘蔗种植为支柱,产稻谷、水果、蚕茧、松脂等。三日一圩,有农产品交易市场。邕钦公路经此。

中和乡［Zhōnghé Xiāng］ 邕宁区辖乡。在区境东部。面积176平方千米。人口3.5万。以壮族为主,还有汉族。辖1居委会、7村委会,有46自然村。乡人民政府驻中和圩。1955年为中和区。1958年并入胜利公社。1960年析设中和公社。1984年改乡。因乡政府驻地得名。有中学1所,小学8所,卫生院1个,卫生所8个,图书馆1个。农业以甘蔗种植为主,兼种水稻、花生等。邕宁—浦北公路过境。

中和圩［Zhōnghéxū］ 中和乡人民政府驻地。在区政府驻地蒲庙镇东15千米。人口1300。均为壮族。“中和”为壮语“Cunghhoz”音译名,“中”指中团,“和”指茅草。民国成圩,时属永淳县中团,多为茅草房,故名。聚落呈方块状。有中小学、卫生院、图书馆。农业以水稻、玉米种植为主。有优质柑橘示范基地。三日一圩,有农产品交易市场。邕宁—浦北公路经此。

武鸣县

武鸣县［Wǔmíng Xiàn］ 南宁市辖县。在市境中部偏北。东经107°49′,北纬22°55′。面积3378平方千米。人口70万。以壮族为主,还有汉、苗等民族。辖13镇。县人民政府驻城厢镇。隋开皇元年(581年)置武缘县,属缘州。此后至清未变。1912年县废,陆荣廷取“以武而鸣于天下”意改武鸣府。翌年改武鸣县。1958年并入武隆县。1959年复武鸣县。期间上属多次改变,1983年属南宁市。先后改造农坛路景观,建成定罗湖东岸休闲公园。地处丘陵。平均海拔118米。有桂中最高峰龙头山,海拔1760米。年均气温21.7℃,1月平均气温12.8℃,7月平均气温28.6℃。年均降水量1300毫米。有武鸣盆地。武鸣河、香山河等流经。有矿产资源铜、锰、钨、金、铁、铅、锌、煤、磷等。森林覆盖率47.2%。有广西壮文学校。有技校1所,中学20所,小学105所,幼儿园80所,二级医院4个。有文化馆、图书馆、文化广场、工人文化宫、体育馆、广西体育训练基地。有古迹文江塔、葛阳文昌阁等。为中国壮乡文化研究保护基地。有省级非物质文化遗产武鸣“三月三歌圩”、壮族五色糯米饭制作技艺、壮族师公舞。有国家4A级旅游景区3个。有景点明秀园、春霞园、黄道山、起凤山、明秀园。三次产业比例26∶52∶22。农业以水稻、玉米种植为主,产柑橘、香蕉、西瓜等。工业以制糖、淀粉加工、建材、造纸、制药等为主。有伊岭工业集中区。服务业以通信、物流、商贸为主。兰海高速,210国道,省道扶里、武平线过境。通多路公交车。

香山桥［Xiāngshān Dàqiáo］ 在县城中部。长85.6米,宽60米,最大跨径14.9米,桥下净高7.8米。1975年开工,1976年建成。因香山大道、香山河得名。为中型河道桥梁,结构型式为梁式桥。最大载重20吨。通公交车。

武鸣县客运中心［Wǔmíng Xiàn Kèyùnzhōngxīn］ 见交通运输设施部分“武鸣县客运中心”条。

城厢镇［Chéngxiāng Zhèn］ 武鸣县人民政府驻地。在县境中部。面积245平方千米。人口17.8万。以壮族为主,还有汉族等。辖8居委会、21村委会,有21自然村。镇人民政府驻新兴社区。1934年设武城镇。1944年改城厢镇。1949年改第一区。1962年改城厢区。1962年分设城厢镇、城厢2公社。1981年城厢镇公社改城厢镇。1984年城厢公社改乡,1994年改城东镇。2005年城东镇并入。因集镇由城内延伸到城外而得名。香山河、西江河流经。有广西壮文学校、广西民族中等专业学校。有中学3所,小学26所,二级医院3个,卫生院1个,卫生所21个。有图书馆、文化馆、工人文化广场、体育场。有香山河公园、狮山公园。有景点灵水、明秀园、春霞园、黄道山、起凤山、文江塔、大皇后康家乐农庄等。农业以水稻、玉米、甘蔗、水果种植为主,有淡水鱼、水奶牛养殖,特产龙眼、香蕉、西瓜、菠萝、杧果、木薯等。工业以制糖、淀粉生产、桑蚕加工、建材、造纸、化工、农机制造、饲料加工为主。服务业以商贸、物流、餐饮为主。有农产品批发、家具、建材装饰等专业市场。兰海高速,210国道,省道扶里、武平线过境。通多路公交车。

香山大道［Xiāngshān Dàdào］ 在县城东部。南起定罗路,北至府城路。与红岭大道、兴武大道、江滨路、标营路相交。长4千米,宽60米。水泥混凝土路面。原为武鸣—南宁公路,2000年后辟为县城道路。2004年因香山、香山河定今名。两侧有香山河公园、酒店、供水大厦、县人大、教师新村小区等。通多路公交车。

兴武大道［Xīngwǔ Dàdào］ 在县城中部。西起解放路,东至香山大道。与东鸣路、农坛路相交。长1.8千米,宽15—60米。水泥混凝土路面。1992年开工,1993年建成,1994年延建,2006年改建。以振兴武鸣之意得名。两侧有县政府、工人文化广场、电信大厦、电力大厦、国土大厦、财政大楼、交通大厦、供水大厦、酒店、福祥公寓等。通多路公交车。

和平街［Hépíng Jiē］ 在县城北部。东起东门桥,西至明秀路。与建设路、小东街相交。长5.5千米,宽8米。水泥路面。1950年开工,1951年建成。旧时取紫气东来之意得名紫来街,1949年后改今名,取意和平发展。两侧有武鸣中学、和平市场、供销联社、招待所、公安局、法院、商铺等。通多路公交车。

新兴社区［Xīnxīng Shèqù］ 城厢镇人民政府驻地。在县境中部。面积1.8平方千米。人口3000。以壮族为主,还有汉族。取“新兴城区”之意得名。2001年成立。民居多为现代多层楼房。有集政务、文化、党群于一体的社区服务中心,为群众提供一站式社区公共服务。成立社区山歌协会、太极拳辅导站、彩霞艺术团、城东草坪健身站等,开展各类文体活动。设有谈心室、爱心超市等。有小学、幼儿园、卫生院。有供水大厦、金盾大厦、供电大厦等。通多路公交车。

大皇后村［Dàhuánghòucūn］ 在镇境西南部。城厢镇辖自然村。人口1700。以壮族为主,还有汉族。传明代有人被选为皇妃,死后追封皇后,故名。聚落呈块状。有进村特色大门、戏台、篮球场、阅览室、老年人协会活动室。有陆荣廷墓。有传统文化活动“三月三歌圩”“灵水之秋”壮民族风俗表演等。经济以畜牧养殖为主。有淡水鱼虾、水奶牛养殖基地。工业以木材加工、陶瓷制造、造纸、制药为主。有皇后工业园区。兰海高速经此。通公交车。2013年被评为全国文明村。

太平镇［Tàipíng Zhèn］ 武鸣县辖镇。在县境东南部。面积365平方千米。人口3.9万。以壮族为主,还有汉族。辖1居委会、12村委会,有168自然村。镇人民政府驻林圩。1950年为第二区。1956年以“平安太平”意改太平区。1966年改公社。1979年改林江公社。1984年改太平乡。1987年析设上江乡。1994年改镇。2005年上江乡并入。有中学1所,小学8所,幼儿园4所,卫生院1个,卫生所12个,文化站1个,敬老院1个,图书室13个。有葛阳文昌阁、刘定逌故居。农业以水稻、玉米、甘蔗、木薯种植为主,特产龙眼、柑橘、香蕉。为县林业基地,主产速生桉。工业以淀粉、酒精加工为主。服务业以服装销售、餐饮、商业为主。有集贸市场2个。县道宾隆线过境。

林圩［Línxū］ 太平镇人民政府驻地。在县政府驻地城厢镇东南18千米。人口800。以壮族为主,还有汉族等。原为文林村,因设集市改今名。聚落呈块状。有中小学、幼儿园、卫生院、文化站、灯光球场、敬老院。特产龙眼、柑橘、香蕉、葡萄。服务业以服装销售、餐饮、商业等为主。县道宾隆线经此。

双桥镇［Shuāngqiáo Zhèn］ 武鸣县辖镇。在县境南部。面积204平方千米。人口5.5万。以壮族为主,还有汉族等。辖1居委会、15村委会,有135自然村。镇人民政府驻双桥圩。1950年为三区。1956年改双桥区。1958

年改天井公社。1959年复双桥公社。1984年改乡。1987年析设甘圩乡。1994年改镇。因镇政府驻地得名。有中等职业学校1所,中学2所,小学14所,幼儿园5所,卫生院1个,文化站1所,图书室16个,灯光球场8个,戏台6个,敬老院1个。有国家4A级旅游景区伊岭岩。有景点花花大世界、甲泉、大伍屯壮家古宅等。农业以水稻、蔬菜种植为主,有生猪饲养,特产龙眼、杧果、火龙果、砂糖橘、茂谷柑、沃柑、柚子。工业以饲料、农药、化肥、石粉加工为主。有伊岭工业园区。服务业以服装销售、餐饮、商业、电子商务为主。兰海高速、210国道过境。通多路公交车。

双桥圩 [Shuāngqiáoxū] 双桥镇人民政府驻地。在县政府驻地城厢镇南6千米。人口4900。以壮族为主,还有汉族等。明嘉靖二十九年(1550)建大路圩,因圩场南北分别有桥改今名。聚落呈块状。有中等职业学校、中小学、卫生院、文化站、灯光球场、幼儿园。特产龙眼、柑橘、杧果、火龙果、柚子等。工业有饲料、农药、化肥、石粉加工。服务业有服装销售、餐饮、商业等。210国道经此。通多路公交车。

下渌村 [Xiàlùcūn] 在县政府驻地城厢镇东南3千米。双桥镇辖自然村。人口900。均为壮族。"下渌"为壮语"lajlueg"音译,"下laj"指下面,"渌lueg"指山谷、坡谷。因处天井岭脚得名。聚落呈块状。有卫生室、阅览室、电脑室、娱乐室、文化宣传长廊、灯光球场、戏台等。特产龙眼、柑橘、杧果、火龙果、柚子等。服务业有服装销售、餐饮、商业等。有农家乐山庄3个。通乡村道路。2005年被评为全国文明村。

宁武镇 [Níngwǔ Zhèn] 武鸣县辖镇。在县境西南部。面积232平方千米。人口3.9万。以壮族为主,还有汉族等。辖1居委会、13村委会,有13自然村。镇人民政府驻总管圩。1949年为宁武乡。1950年为第四区。1956年改宁武区。1958年成立红一公社。1959年改宁武公社。1984年改乡。1994年改镇。因1912年民国政治人物陆荣廷受封宁武将军得名。有广西三十六弄一陇均省级自然保护区。有中学1所,小学7所,幼儿园4所,卫生院1个,卫生所13个,文化站1个,图书室14个,敬老院1个。农业以水稻、玉米、甘蔗、木薯、瓜菜等种植为主,特产香蕉、龙眼、西瓜、柑果类等。工业以淀粉加工、水泥生产为主。服务业以餐饮、商业、电子商务为主。兰海高速、省道扶里线、县道宾隆线过境。通公交车。

总管圩 [Zǒngguǎngxū] 宁武镇人民政府驻地。在县政府驻地城厢镇西南9千米。人口2100。以壮族为主,还有汉族等。因圩内有一土名"总管"之大树而得名。聚落呈块状。有中小学、幼儿园、卫生院、文化站、戏台、灯光球场。农业以柑橘、香蕉、南瓜等种植为主。工业以淀粉、酒精、甲醛、碎石加工为主。服务业以服装销售、餐饮、商业为主。省道扶里线、县道宾隆线经此。通公交车。

锣圩镇 [Luóxū Zhèn] 武鸣县辖镇。在县境西部。面积337平方千米。人口6.6万。以壮族为主,还有汉族等。辖1居委会、25村委会,有25自然村。镇人民政府驻锣圩。1950年为第五区。1956年改锣圩区。1958年成立幸福公社。1959年改锣圩公社。1966年部分地域析出。1984年改镇。因镇政府驻地得名。有广西三十六弄一陇均省级自然保护区。有中学3所,小学24所,幼儿园6个,卫生院1个,卫生所25个,文化站1个,图书室26个,敬老院1个。有岜勋贝丘遗址。农业以水稻、玉米、甘蔗、木薯种植为主,产柑橙、香蕉、龙眼,特产蜜本南瓜、黑山羊。工业以淀粉、酒精、麻竹笋、石材、机砖加工为主。服务业以餐饮、商业、电子商务为主。省道武平线、县道丁锣线过境。通城乡班车。

锣圩 [Luóxū] 锣圩镇人民政府驻地。在县政府驻地城厢镇西北30千米。人口7100。以壮族为主,还有汉族等。传明洪武元年(1368)赵村人娶亲伏锣村,因铜锣掉入泉井久转不沉,村民以为吉祥而得名。1927年迁今址,继用原名,旧址称旧圩。聚落呈块状。有中小学、幼儿园、卫生院、文化站、敬老院。农业以柑橘、香蕉、南瓜、黄豆、黑豆等种植为主。工业以食品加工、建材为主。服务业以餐饮、商业为主。省道武平线、县道丁锣线经此。

仙湖镇 [Xiānhú Zhèn] 武鸣县辖镇。在县境西北部。面积203平方千米。人口4万。壮族聚居。辖1居委会、10村委会,有10自然村。镇人民政府驻仙湖圩。民国曾设仙湖乡。1966年成立仙湖公社。1984年改乡。1994年改镇。因镇政府驻地得名。有国家大型仙湖水库。有中学1所,小学10所,幼儿园5个。有林产速生桉、竹。工业以建材、淀粉加工为主。服务业以餐饮、商业为主。省道武平线、县道里仙线过境。通城乡班车。

仙湖圩 [Xiānhúxū] 仙湖镇人民政府驻地。在县政府驻地城厢镇西北29千米。人口1500。壮族聚居。传有仙女入湖得名。聚落呈块状。有中小学、幼儿园、卫生院、文化站、敬老院。农业以龙眼、柑橘、荔枝等种植为主。工业以建材、淀粉加工为主。服务业以餐饮、商业为主。县道里仙线经此。

府城镇 [Fǔchéng Zhèn] 武鸣县辖镇。在县境北部。面积265平方千米。人口5.7万。以壮族为主,还有汉族。辖1居委会、23村委会,有23自然村。镇人民政府驻府城圩。1950年为府城区。1958年改八一公社。1959年改府城公社。1984年改乡。1994年改镇。因镇政府驻地得名。有高中1所,初中2所,小学17所,幼儿园5所,卫生院1个,卫生所24个,文化站1个,图书室24个,敬老院1个。有思恩府石碑遗址。农业以水稻、玉米、甘蔗种植为主,特产龙眼、香蕉、竹笋、红糖。工业以页岩砖生产、剑麻加工为主。服务业以餐饮、商业为主。兰海高速、县道仙府线过境。

府城圩 [Fǔchéngxū] 府城镇人民政府驻地。在县政府驻地城厢镇北32千米。人口2700。以壮族为主,还有汉族等。明嘉靖六年(1527)为思恩府治所,故名。聚落呈块状。有中小学、幼儿园、卫生院、文化站、敬老院。农业以水稻、玉米、花生、甘蔗、黄豆、龙眼、柑橘、香蕉等种植为主。工业以页岩砖生产、剑麻加工为主。服务业以餐饮、商业等为主。兰海高速、县道仙府线经此。

陆斡镇 [Lùwò Zhèn] 武鸣县辖镇。在县境东北部。面积246平方千米。人口6.4万。以壮族为主,还有汉族等。辖1居委会、23村委会,有23自然村。镇人民政府驻陆斡圩。1950年为陆斡区。1958年改先锋公社。1959年改陆斡公社。1984年改镇。因镇政府驻地得名。有中学2所,小学19所,幼儿园6所,卫生院1个,卫生所23个,文化站1个,图书室24个,敬老院1个。有古迹谢桐戏台。农业以水稻、玉米、木薯、西瓜、龙眼、香蕉等种植为主,特产香米。工业以建筑、淀粉、酒精、麻绳、红砖加工为主。服务业以商业为主。210国道、县道府陆线过境。

陆斡圩 [Lùwòxū] 陆斡镇人民政府驻地。在县政府驻地城厢镇东北21千米。人口5100。壮族聚居。1927年建桥吉圩,1937年因取代近邻陆圩而改今名。聚落呈块状。有中小学、幼儿园、卫生院、文化站、敬老院。农业以香蕉、龙眼、杧果、李子种植为主,特产香米。工业有淀粉、麻绳、酒精、红砖加工。服务业以餐饮、商业等为主。县道府陆线经此。

两江镇 [Liǎngjiāng Zhèn] 武鸣县辖镇。在县境东北部。面积193平方千米。人口3.9万。以壮族为主,还有汉族等。辖1居委会、14村委会,有14自然村。镇人民政府驻两江圩。1950年为白云区。1956年改两江区。1958年改卫星公社。1962年改两江公社。1984年改乡。1994年改镇。因镇政府驻地得名。有大明山国家级自然保护区。有中学1所,小学3所,幼儿园10所,卫生院1个,卫生所14所,文化站1个,图书室15个,敬老院1个。农业以水稻、玉米、甘蔗、花生、黄豆、木薯、甘薯、林果等种植为主,有猪、牛、鸡、鸭等饲养,特产香菇、苦马菜、花心甘薯、指天椒等。有林产八角、麻竹笋。工业以矿产、食品、水产品加工为主。服务业以餐饮、商业为主。210国道过境。

两江圩 [Liǎngjiāngxū] 两江镇人民政府驻地。在县政府驻地城厢镇东北41千米。人口2900。以壮族为主,还有汉族等。因剑江、赵江得名。聚落呈块状。有中小学、幼儿园、卫生院、卫生所、文化站、敬老院。特产八角、香菇、苦马菜、麻竹笋、花心甘薯、指天椒等。工业以水产品加工为主。服务业以餐饮、商业百货为主。210国道经此。

罗波镇 [Luóbō Zhèn] 武鸣县辖镇。在县境东部。面积161平方千米。人口3.8万。以壮族为主,还有汉族。辖1居委会、13村委会,有13自然村。镇人民政府驻罗波街。1959年成立罗波公社。1966年析设马头公社。1984年改乡。1994年改镇。因镇政府驻地得名。有中学1所,小学13所,幼儿园3所,卫生院1个,卫生所13个,文化站1个,图书室14个。有三月三、四月初八壮族歌圩节。有景点罗波潭。农业种植水稻、玉米、甘蔗、木薯、水果、经济林等。特产龙眼、香蕉。工业以淀粉加工、制砖、机制包装纸为主。服务业以餐饮、商业为主。210国道、县道宾隆线过境。

罗波街 [Luóbōjiē] 罗波镇人民政府驻地。在县政府驻地城厢镇东北21千米。人口4000。壮族聚居。传清光绪二十五年(1899)壮民在罗波潭畔建"姆老波"庙祭祀龙母,故名。有中小学、幼儿园、卫生院、文化站、敬老院。有三月三、四月初八壮族歌圩节。农业以水稻、玉米、甘蔗、木薯、柑橘等种植为主。服务业以餐饮、商业为主。县道宾隆线经此。

灵马镇 [Língmǎ Zhèn] 武鸣县辖镇。在县境西北部。面积195平方千米。人口5.2万。以汉族为主,还有壮、瑶等民族。辖1居委会、13村委会,有13自然村。镇人民政府驻灵马圩。1956年设灵马区。1958年改东风公社。1959年改灵马公社。1984年改乡。2002年改镇。因镇政府驻地得名。有中学2所,小学14所,幼儿园5所,卫生院1个,卫生所13个,文化站1个,图书室14个,敬老院1个。农业以水稻、玉米、甘蔗、木薯种植为主,特产龙眼、大肉姜、葛头、草席、旱藕粉。工业以淀粉加工为主。服务业以餐饮、商业为主。有壮家名菜灵马鲇鱼。省道武平线、县道马灵线过境。

灵马圩 [Língmǎxū] 灵马镇人民政府驻地。在县政府驻地城厢镇西北50千米。人口4400。以汉族为主,还有壮、瑶等民族。因灵塘、马山得名。聚落呈团状。有中小学、幼儿园、卫生院、文化站、敬老院。农业以大肉姜、旱藕、果蔗等种植为主。工业以淀粉加工为主。服务业以餐饮、商业为主。省道武平线、县道马灵线经此。

甘圩镇 [Gānxū Zhèn] 武鸣县辖镇。在县境南部。面积93平方千米。人口2.4万。以壮族为主,还有汉族等。辖1居委会、4村委会,有4自然村。镇人民政府驻甘圩。1987年由双桥乡析设甘圩乡。2000年改镇。因镇政府驻地得名。北部有喀斯特地貌石山。有中学1所,小学5所,幼儿园8所,卫生院1个,卫生所4个,文化站1个,图书馆1个,图书室5个,敬老院1个。农业以水稻、玉米、甘蔗、木薯、龙眼、香蕉、西瓜等种植为主。工业以石材加工、建材为主。有甘圩工贸区。服务业以餐饮、商业为主,兰海高速、县道西甘线过境。

甘圩 [Gānxū] 甘圩镇人民政府驻地。在县政府驻地城厢镇西南22千米。人口2100。壮族聚居。传甘姓建圩得名。聚落呈带状。有中小学、幼儿园、卫生院、卫生所、文化站、图书馆、图书室、敬老院。特产龙眼、香蕉、西瓜等。工业有无机盐制造、石灰石、塑料颗粒加工等。服务业有餐饮、商业为主。县道西甘线经此。

马头镇 [Mǎtóu Zhèn] 武鸣县辖镇。在县境东部。面积161平方千米。人口2.4万。以壮族为主,还有汉族。辖1居委会、12村委会,有12自然村。镇人民政府驻马头圩。1956年设马头区。1958年改红旗公社。1959年改马头公社。1966年两江公社部分地域划入。1984年改乡。2000年改镇。因镇政府驻地得名。有桂中南最高峰大明山主峰龙头山,海拔1760米。有中学1所,小学3所,幼儿园4所,卫生院1个,卫生所4个,文化站1个,图书馆1个,图书室5个,敬老院1个。有西周古墓葬群、明清镆铘巡检寨石城遗址、骆越古国中府大王遗址。农业以水稻、玉米、木薯种植为主,特产西瓜、苦丁茶、八角。工业以松香、有色金属矿产品加工为主。服务业以餐饮、商业为主。县道上马线过境。

马头圩 [Mǎtóuxū] 马头镇人民政府驻地。在县政府驻地城厢镇东北37千米。人口1100。壮族聚居。因地形似马头得名。聚落呈块状。有中小学、幼儿园、卫生院、文化站。有社区广场,内有戏台、文化长廊、游泳池等。有四月四壮民传统活动。特产西瓜、苦丁茶、八角等。工业以松香、有色金属矿产品加工为主。服务业以餐饮、商业为主。县道上马线经此。

隆安县

隆安县 [Lóng'ān Xiàn] 南宁市辖县。北纬23°10′,东经107°41′。在市境西部。面积2277平方千米。人口41.3万。以壮族为主,还有汉、瑶等民族。辖6镇、4乡。县人民政府驻城厢镇。明嘉靖十二年(1533)析宣化、武缘2县地置隆安县,以兴隆安宁意取名。先后属南宁府、邕南道、南宁道、第六民团区、南宁民团区、南宁行政监督区、第九行政督察区、第四行政督察区、第十一行政督察区、武鸣专区、崇左专区、桂西僮族自治区、桂西僮族自治州、邕宁专区、南宁专区、南宁地区。2003年属南宁市。先后建成城东、城北新区及江堤路、隆南大道等,新建、改建道路30多条。地势东西高中部低,两边向中部倾斜。最高点大明山海拔1071米。海拔80—150米。年均气温21.7℃,1月平均气温12.9℃,7月平均气温28.3℃。年均降水量1286毫米。右江、丁当河、罗兴河、渌水江等流经。有矿产资源银、金、锑、铁、褐煤、铝土、大理石等。有野生植物4507种,其中有国家一级保护野生植物石山苏铁、望天树,国家二级保护野生植物金毛狗、油樟等8种。有野生动物19种,其中有国家一级保护野生动物黑叶猴、冠斑犀鸟、林麝,国家二级保护野生动物猕猴、熊猴等10种。有国家特级保护风景树毛瓣金花茶、西畴丹珍贵品种锯叶竹。森林覆盖率28.1%。有中等职业学校1所,高中3所,初中13所,小学140所,特教学校1所,二级医院3个,图书馆1个,文化馆1个。有古迹大龙潭遗址、惠迪公祠、榜山文塔。有省级非物质文化遗产壮族九莲灯、红良打铁技艺、壮族亥日、那桐农具节、壮族芒那节、隆安壮族排歌。有国家4A级旅游景区龙虎山。有布泉河自然风景区。有景点更望湖、挂榜山等。三次产业比例39∶29∶32。农业以水稻、玉米、黄豆、甘蔗、香蕉、板栗、荔枝、龙眼、八角种植为主。工业以制糖、水泥加工、化肥生产、制砖、制药为主。有宝塔医药产业园。特产马蹄糕、都结豆腐、柠檬鸭、丁当鸡、豉油王等。服务业以商品批发零售、旅游为主。南昆铁路、云桂高铁、广昆高速、324国道、省道古靖线过境。有隆安站。通右江航道。

蝶城广场 [Diéchéng Guǎngchǎng] 在县城南部。占地2.4万平方米。2001年开工,2003年建成。因隆安古称蝶城得名。有升旗台、各类健身器材、健步道、乒乓球台等,两边有绿化带,栽植各类观赏植物及榕树,中为空旷广场。铺设地砖9800平方米,绿化面积5700平方米,安装灯饰190盏(套)。为集科普宣传、文化传播、展览演出、健身娱乐于一体综合性广场。周边有商住区、县政府大礼堂、县政府等。通多路公交车。

隆安汽车客运服务站 [Lóng'ān Qìchē Kèyùn Fúwùzhàn] 见交通运输设施部分"隆安汽车客运服务站"条。

城厢镇 [Chéngxiāng Zhèn] 隆安县人民政府驻地。在县境北部。面积386平方千米。人口6.9万。以壮族为主,还有汉族。辖3居委会、14村委会,有185自然村。镇人民政府驻隆安圩。1950年为解放乡。1952年改城厢乡。1959年改公社。1962年改镇。1965年复乡。1980年改镇。2002年小林乡并入。2005年敏阳乡并入。因县城所在地得名。右江流经。有中学4所,小学17所,二级医院3个,卫生院1个,图书馆1个,文化馆1个。有蝶城广场、江滨公园。有古迹榜山文塔。有传统节庆冯圣诞、稻神祭。有鹅山风景区。有景点白鹤岩等。有震东扶贫生态移民区。农业以水稻、玉米、甘蔗、何首乌、鸦胆子种植为主。工业以制药为主,有宝塔医药产业园。服务业以产品批发零售为主。南昆铁路、广昆高速、324国道过境。右江通航。

蝶城路 [Diéchéng Lù] 在县城西部。西北起城北立交桥,东南至隆南大道。与金蝶路、金龙街、白云街、民健街、城西路等相交。长4.2千米,宽35米。沥混路面。1991年开工,1992年建成。1994年东延,2008年西延。因隆安古称蝶城得名。分东、中、西3段。两侧有银行、汽车总站、酒店、二级医院、百货超市、幼儿园和部分政府单位。通多路公交车。

隆安圩 [Lóng'ānxū] 城厢镇人民政府驻地。在镇境南部。人口3.9万。壮族聚居。因县城得名。有中等职业学校、中学、特教学校、二级医院、卫生院、图书馆、文化馆。有蝶城广场、江滨公园。有传统节庆冯圣诞、稻神祭。工业以制药为主,有宝塔医药产业园。服务业以住宿、餐饮、商品批发零售为主。南昆铁路、324国道经此。通多路公交车。右江通航。

南圩镇 [Nánxū Zhèn] 隆安县辖镇。在县境中部。面积311平方千米。人口6.5万。壮族聚居。辖2居委会、18村委会,有185自然村。镇人民政府驻南圩。1944年设南圩乡。1951年改区。1958年改红旗公社。1959年改南圩公社。1984年改乡。1996年改镇。2005年杨湾乡并入。因镇政府驻地得名。右江流经。有中学2所,小学20所,卫生院2个。有省级文物保护单位惠迪公祠,省级非物质文化遗产壮族"亥日"。农业以水稻、玉米、甘蔗、香蕉、蔬菜种植为主,特产黑皮果蔗、西贡蕉。工业以制糖、水泥加工为主。南昆铁路、324国道过境。右江通航。

南圩 [Nánxū] 南圩镇人民政府驻地。在县政府驻地城厢镇西南6千米。人口1200。均为壮族。因圩集热闹得名。"南"壮语指热闹。聚落沿省道平隆线呈带状分布。有中小学、卫生院。有省级非物质文化遗产壮族"亥日"。农业以水稻、玉米、甘蔗、香蕉、蔬菜种植为主。工业有制糖、水泥加工。服务业以餐饮、商品批发零售为主。坛洛—联隆公路经此。

雁江镇 [Yànjiāng Zhèn] 隆安县辖镇。在县境北部。面积128平方千米。人口2.8万。以壮族为主,还有汉族。辖1居委会、9村委会,有86自然村。镇人民政府驻雁江圩。1936年设雁江区。1952年改第二区。1958年改红旗公社。1959年改雁江公社。1984年改镇。因镇政府驻地得名。右江流经。有中学1所,小学10所,卫生院1个。有省级非物质文化遗产红良打铁技艺。有广西打铁第一村那瓜屯。有雁江古镇、文武庙、潭宏孔明井等。农业以水稻、玉米、黄豆、甘蔗等种植为主。工业以制砖、农具制造为主。有驮玉水电站。南昆铁路、云桂高铁、324国道过境。右江通航。

雁江圩 [Yànjiāngxū] 雁江镇人民政府驻地。在县政府驻地城厢镇西北11千米。人口1700。壮族聚居。原名下颜,因地形似鸿雁、紧靠右江而改今名。聚落呈块状。有中小学、卫生院。有景点雁江古镇、邕游岩等。农业以水稻、玉米、甘蔗种植为主。服务业以餐饮、商品批发零售为主。有美术工艺商铺、打铁铺等。右江通航。

那桐镇 [Nàtóng Zhèn] 隆安县辖镇。在县境东南部。面积187平方千米。人口5.3万。以壮族为主,还有汉族。辖1居委会、11村委会,有137自然村。镇人民政府驻那桐圩。1949年为那桐乡。1950年为古潭区。1955年改那桐区。1958年改乡,旋并入东风公社。1959年析设那桐公社。1984年改镇。因镇政府驻地得名。右江流经。有中学2所,小学14所,卫生院2个。有省级非物质文化遗产那桐农具节。农业以水稻、玉米、香蕉、木薯、葡萄、火龙果、大青枣种植为主,有生猪、家禽饲养。有现代农业园、花木园。工业以制糖、化肥加工、淀粉加工、陶粒生产为主。为南宁西部工业基地。有华侨经济区。有定江村观光基地、九龙岛葡萄园。南昆铁路、云桂高铁、324国道、省道古靖线过境。右江通航。

那桐圩 [Nàtóngxū] 那桐镇人民政府驻地。在县政府驻地城厢镇东南24千米。人口1200。壮族聚居。"那桐"为壮语"Nazdongz"音译,"那naz"指田,"桐dongz"指桐油果树。因圩场建于田边长有桐油果树的土坡得名。聚落呈带状。有中小学、卫生院。有老式瓦楼建筑。有省级非物质文化遗产那桐农具节。农业以水稻、火龙果种植为主。工业以制糖、氮肥加工为主。服务业以餐饮、商品批发零售为主。324、358国道、省道古靖线经此。

乔建镇 [Qiáojiàn Zhèn] 隆安县辖镇。在县境中部。面积217平方千米。人口4.2万。壮族聚居。辖1居委会、14村委会,有83自然村。镇人民政府驻乔建圩。1949年为乔建乡。1950年改第三区。1951年改乔建区。1958年改乡,旋并入东风公社。1959年析设乔建公社。1984年改镇,析设古潭乡。因镇政府驻地得名。右江、罗兴江、渌水江流经。有珍稀植物毛瓣金花茶。有龙虎山自然保护区。有中学1

所,小学15所,卫生院1个。有大龙潭遗址。为世界那文化起源地。有省级非物质文化遗产壮族芒那节。有三月三抢花炮活动、七月十三"降洪节"。有景点挂榜山。农业以水稻、玉米、甘蔗、木薯、香蕉、花生等种植为主,特产蜜本南瓜、果园鸡。为广西商品粮基地。南昆铁路、云桂高铁、324国道过境。右江通航。

乔建圩［Qiáojiànxū］　乔建镇人民政府驻地。在县政府驻地城厢镇南13千米。人口1700。壮族聚居。"乔建"为壮语"Giuzbenq"音译名,即木板桥。因原有木板桥得名。聚落沿省道平隆线呈带状分布。有中小学、卫生院。有省级非物质文化遗产壮族芒那节。有三月三抢花炮活动、七月十三"降洪节"。农业以水稻、香蕉种植为主。服务业以餐饮、商品批发零售为主。坛洛—联隆公路经此。

丁当镇［Dīngdāng Zhèn］　隆安县辖镇。在县境东部。面积269平方千米。人口3.5万。以壮族为主,还有汉、瑶等民族。辖1居委会、10村委会,有105自然村。镇人民政府驻丁当圩。1949年为丁当乡。1953年改区。1958年复乡,旋并入先锋公社。1959年析设丁当公社。1984年改乡。1996年改镇。因镇政府驻地得名。右江、丁当河流经。有中学1所,小学11所,卫生院1个。有传统节庆红阳"三月三"、花婆会等。农业以甘蔗、香蕉、柑橘、西瓜、蜜本南瓜、花生等种植为主,特产丁当鸡、红瓜子。罗圩—乔建公路过境。右江通航。

丁当圩［Dīngdāngxū］　丁当镇人民政府驻地。在县政府驻地城厢镇东29千米。人口3100。壮族聚居。传清乾隆五年(1740)劳登昌摆摊设店成集得名登昌圩,因庙内大钟叮当作响改今名。聚落沿358国道呈带状分布。有中小学、卫生院。有节庆四月十七花婆会、"五·五文体节"。农业以水稻、香蕉、火龙果、柑橘种植为主,特产丁当鸡、红瓜子。服务业以餐饮、商品批发零售为主。罗圩—乔建公路经此。

古潭乡［Gǔtán Xiāng］　隆安县辖乡。在县境南部。面积108平方千米。人口2.6万。壮族聚居。辖1居委会、6村委会,有64自然村。乡人民政府驻古潭圩。1959年成立古潭公社。1984年改乡。因乡政府驻地得名。有中学1所,小学9所,卫生院1个。有省级非物质文化遗产古潭邕剧。有传统节庆二月十五民俗节、水果节。农业以水稻、玉米、甘薯、香蕉、板栗、荔枝、龙眼等种植为主。有凤凰山银矿。省道古靖线、坛洛—联隆公路过境。

古潭圩［Gǔtánxū］　古潭乡人民政府驻地。在县政府驻地城厢镇南24千米。人口1100。壮族聚居。因有泉潭得名。聚落沿省道平隆线呈带状分布。有中小学、卫生院。有省级非物质文化遗产古潭邕剧。有传统节庆二月十五民俗节、水果节。农业以水稻、火龙果、香蕉、板栗、荔枝种植为主。服务业以餐饮、商品批发零售为主。有水果批发市场。坛洛—联隆公路经此。

都结乡［Dūjié Xiāng］　隆安县辖乡。在县境西北部。面积215平方千米。人口4万。壮族聚居。辖1居委会、19村委会,有199自然村。乡人民政府驻都结圩。1953年设都结区。1958年改卫星公社。1959年改都结公社。1984年改乡。因乡政府驻地得名。有中学1所,小学21所,卫生院1个。有都结土司故址。农业以玉米、黄豆、指天椒、栀子、铁皮石斛种植为主,特产黑山羊、龙须菜、都结豆腐。杨湾—龙茗公路过境。

都结圩［Dūjiéxū］　都结乡人民政府驻地。在县政府驻地城厢镇西面23千米。人口1100。壮族聚居。"都结"为壮语"Dujgiet"音译名,意为宗族聚居的山间平地。传南宋宝祐五年(1257)农姓都结土州官将州署从旧州(今天等县进结镇)迁此建圩,故名。聚落呈块状。有中小学、卫生院。有都结土司故址。农业以水稻、玉米种植为主。服务业以餐饮、商品批发零售为主。杨湾—龙茗公路经此。

布泉乡［Bùquán Xiāng］　隆安县辖乡。在县境西部。面积174平方千米。人口2.4万。壮族聚居。辖1居委会、8村委会,有112自然村。乡人民政府驻布泉圩。民国曾设龙咘乡,属万承县(今大新县)。1959年划归隆安县,改布泉公社。1984年改乡。因乡政府驻地得名。布泉河流经。有中学1所,小学11所,卫生院1个。有布泉天王庙会。有景点布泉河、天坑、溶洞、更望湖等。农业以水稻、玉米、栀子种植为主,有黑山羊、生猪、牛、家禽饲养。罗兴—布泉、杨湾—仕民公路过境。

布泉圩［Bùquánxū］　布泉乡人民政府驻地。在县政府驻地城厢镇西26千米。人口1900。壮族聚居。"布泉"为壮语"Mboqcenz"音译名,"布mboq"即泉,"泉"为借汉增词。因有泉得名。聚落呈块状。有中小学、卫生院。有布泉天王庙会。有布泉河源头风景区。农业以水稻、玉米种植为主。服务业以餐饮、商品批发零售为主。罗兴—布泉、杨湾—仕民公路经此。

屏山乡［Píngshān Xiāng］　隆安县辖乡。在县境西南部。面积324平方千米。人口1.8万。壮族聚居。辖1居委会、9村委会,有100自然村。乡人民政府驻屏山圩。民国曾设屏维乡。1949年仍乡。1959年改屏山公社。1984年改乡。因乡政府驻地得名。有矿产资源金、红锑、黄铁、水晶、大理石等。有西大明山。有龙虎山自然保护区。有中学1所,小学10所,卫生院1个。有传统歌圩节。有仙缘谷景区。有景点渌水江漂流。农业以水稻、玉米、八角、砂仁、铁皮石斛种植为主,有黑山羊、龙宝猪、鹌鹑、家禽饲养。工业以八角加工为主。省道古靖线过境。

屏山圩［Píngshānxū］　屏山乡人民政府驻地。在县政府驻地城厢镇西南27千米。人口600。壮族聚居。因圩北有山似屏风得名。聚落呈块状。有中小学、卫生院。有传统歌圩节。农业以水稻、玉米、木薯种植为主。服务业以餐饮、商品批发零售为主。省道古靖线经此。

马　山　县

马山县［Mǎshān Xiàn］　南宁市辖县。北纬23°24′,东经107°43′。在市境北部。面积2345平方千米。人口54.2万。以壮族为主,还有汉、瑶等民族。辖7镇、4乡。县人民政府驻白山镇。1951年由那马、隆山2县合设马山县。1987年部分地域划出。先后属宾阳专区、邕宁专区、桂西僮族自治州、邕宁专区、南宁专区、南宁地区。2003年属南宁市。先后拓建金伦大道、银丰大道、威马大道、南蛇岭路。最高山峰牛头岭海拔876米,最低点乔利谷地海拔100米。年均气温21.3℃,1月平均气温12.2℃,7月平均气温28.2℃。年均降水量1667毫米。红水河流经。有矿产资源煤、锰、铜、铅、水晶、铁、钨等。森林覆盖率9.4%。有职业中学1所,中学14所,小学150所,二级医院3个,图书馆7个,文化馆1个。有坡鉴革命烈士陵园。有国家级非物质文化遗产马山壮族三声部民歌,省级非物质文化遗产壮族会鼓。有中国弄拉旅游区、水锦顺庄旅游区、小都百乡村旅游区、三甲村旅游区。有景点古郎瑶乡金银花公园、红水河百掌沙滩、永州河、金伦洞、金钗石林。三次产业比例48∶25∶27。农业以水稻、玉米、大豆、花生、甘蔗、旱藕种植为主,有鲢、鳙、草鱼、罗非、鲤、鲇等鱼类养殖。工业以水泥加工、制糖、采矿、建筑为主。特产黑山羊、里当鸡、旱藕粉、金银花、永州米酒。服务业以通信、物流、商品批发零售为主。兰海、来马、马平高速过境。

会鼓广场［Huìgǔ Guǎngchǎng］　在县城南部。占地15000平方米。2003年开工,2005年建成,2012年改建。原为"民族体育活动中心广场",因县举办会鼓及各种文化活动改今名。有壮族三声部舞台、马山会鼓铜像。南北两侧绿树成荫,树下有花圃凉亭。东面有会鼓石雕面向姑娘江。每年举办黑山羊美食节。为县文化交流广场。周围有马山体育馆。通公交车。

马山汽车客运服务站［Mǎshān Qìchē Kèyùn Fúwùzhàn］　见交通运输设施部分"马山汽车客运服务站"条。

白山镇［Báishān Zhèn］　马山县人民政府驻地。在县境中部。面积223平方千米。人口8.1万。以壮族为主,还有瑶、汉等民族。辖8居委会、13村委会,有247自然村。镇人民政府驻合群社区。1915年设城厢镇。1950年改区。1952年改第一区。1958年改红旗公社。1959年改城厢公社。1980年分城厢公社、城厢镇。1982年城厢镇改白山镇。1984年城厢公社改合群乡。2003年合群乡并入。明嘉靖七年(1528)白山土司治此,故名。姑娘江流经。有新汉、六朝水库。有中学5所,小学20所,二级医院3个,卫生院1个,卫生所15个。特产黑山羊、苦丁茶。工业有水泥加工、制糖等。来马高速、210国道、马山—百林公路过境。

中学路［Zhōngxué Lù］　在县城中部。东起南三巷,西至金伦大道。与西华路、镇北路、江滨东路、江滨西路相交。长1.1千米,宽13.5—30.5米。沥青路面。1997年开工,1999年建成。因马山中学得名。两侧有超市、文具店、药店、商场、家电城等。通公交车。

合群社区［Héqún Shèqū］　白山镇人民政府驻地。在县境南部。面积9平方千米。人口5500。以壮族为主,还有汉、瑶等民族。因原六合乡旧址得名。2013年成立。民居多为现代多层楼房。有老年人活动中心、综合文体场所、小广场。有中小学。有马山民族医院。驻有县政务中心、工商局、防控中心、粮食局、教育局等单位。农业以水稻、玉米种植为主。服务业以商品零售为主,通公交车。

百龙滩镇［Bǎilóngtān Zhèn］　马山县辖镇。在县境北部。面积88平方千米。人口2.2万。以壮族为主,还有瑶、汉等民族。辖1居委会、5村委会,有99自然村。镇人民政府驻百龙滩街。1988年由合群乡析设勉圩乡,驻勉圩。1994年改百龙滩镇,移驻百龙滩街。因百龙滩电站得名。红水河流经。有中学1所,小学6所,卫生院1个,卫生所6个。有红水河百龙滩风景区。农业以水稻、甘蔗、花生种植为主,有黑山羊饲养。工业以煤矿开采、水力发电为主。210国道过境。

百龙滩街［Bǎilóngtānjiē］　百龙滩镇人民政府驻地。在县政府驻地白山镇北14千米。人口1500。以壮族为主,还有汉族。因百龙滩水电站得名。聚落呈带状。红水河流经。有中小学、卫生院。服务业以商品零售为主。210国道经此。

林圩镇［Línxū Zhèn］　马山县辖镇。在县境南部。面积338平方千米。人口9.1万。以壮族为主,还有瑶、汉等民族。辖1居委会、18村委会,有245自然村。镇人民政府驻林圩街。1950年由南屏、兴隆2乡合设南屏区。1952年改林圩区。1958年改公社。1984年改乡。

1999年改镇。2005年片联乡并入。因镇政府驻地得名。林圩河流经。有初中3所,小学18所,卫生院2个,卫生所17个。农业以水稻、玉米、花生种植为主。林业发达。兰海、来马高速,武鸣—乐圩公路过境。

林圩街[Línxūjiē] 林圩镇人民政府驻地。在县政府驻地白山镇南21千米。人口1000。以汉族为主,还有壮族等。传清雍正十年(1732)林姓搭棚卖粥,渐成圩市,故名。聚落呈带状。有中小学、卫生院。服务业以商贸、餐饮为主。武鸣—乐圩公路经此。

古零镇[Gǔlíng Zhèn] 马山县辖镇。在县境东南部。面积223平方千米。人口5.7万。以壮族为主,还有瑶、汉等民族。辖1居委会、13村委会,有188自然村。镇人民政府驻古零街。1928年为尚贤乡。1950年改杨圩区。1958年改古零公社。1984年改乡。1996年改镇。因镇政府驻地得名。有矿产资源铁、滑石、高岭土、大理石等。有初中1所,小学14所,卫生院1个。有弄拉生态风景区。有景点金伦洞、攀岩小镇等。农业以水稻、甘蔗种植为主,特产金银花、苦丁茶、黑山羊。来马高速、马山—宾阳公路过境。

古零街[Gǔlíngjiē] 古零镇人民政府驻地。在县政府驻地白山镇东南17千米。人口4100。以壮族为主,还有汉、瑶等民族。传零姓始居得名。聚落呈带状。有中小学、卫生院。服务业以商贸、餐饮为主。马山—宾阳公路经此。

金钗镇[Jīnchāi Zhèn] 马山县辖镇。在县境东北部。面积126平方千米。人口3.1万。以壮族为主,还有瑶、汉等民族。辖1居委会、7村委会,有189自然村。镇人民政府驻金钗街。1922年设金钗乡。1950年改区。1952年改第六区。1958年改金钗公社。1984年改乡。1997年改镇。传明隆庆年间(1567—1572)莫家居此,嫁女须用金钗陪嫁,故名。有初中1所,小学7所,卫生院1个,卫生所6个。有红水河、金钗石林风景区。农业以水稻、玉米种植为主,兼种桑养蚕,特产金银花。工业以煤矿开采为主。有金钗煤矿、乐滩水电站。大化—忻城公路过境。

金钗街[Jīnchāijiē] 金钗镇人民政府驻地。在县政府驻地白山镇东北43千米。人口1300。以壮族为主,还有汉、瑶等民族。因夷江河得名夷江街,1922年因乡改今名。聚落呈团状。有中小学、卫生院。工业以农产品加工为主。服务业以商贸为主。大化—忻城公路经此。

周鹿镇[Zhōulù Zhèn] 马山县辖镇。在县境西南部。面积336平方千米。人口9.2万。以壮族为主,还有瑶、汉等民族。辖1居委会、18村委会,有222自然村。镇人民政府驻周鹿街。1921年由周鹿区团改乡。1950年设周鹿区。1958年改公社。1984年改镇,析设片联乡。2005年双联乡并入。因镇政府驻地得名。有矿产资源锰、水晶。有高中1所,初中1所,小学20所,卫生院1个,卫生所18个。经济以农林业为主,产甘蔗、生姜。来马、马平高速,大化—灵马公路过境。

周鹿街[Zhōulùjiē] 周鹿镇人民政府驻地。在县政府驻地白山镇西南24千米。人口3400。以壮族为主,还有汉族等。传明代岑瑛围猎狩鹿于此,得名狩鹿,以谐音改今名。聚落呈块状。有中小学、卫生院。有独秀山,山顶有革命烈士纪念塔。服务业以商品零售为主。有牛市。马平高速、大化—灵马公路经此。

永州镇[Yǒngzhōu Zhèn] 马山县辖镇。在县境西南部。面积214平方千米。人口5.6万。以壮族为主,还有瑶、汉等民族。辖1居委会、17村委会,有174自然村。镇人民政府驻永固街。1938年由永固、州圩2乡合设永州乡,2乡名各取一字得名。1952年改区。1958年改公社。1969年析设州圩公社。1984年改乡。1998年改镇。2005年州圩乡并入。有初中1所,小学18所,卫生院1个,卫生所18个。有天鹅寨右江地委会议旧址、中共那马中心县委旧址。有永州、坡鉴革命烈士陵园。有玄河风景区。经济以种植水稻、林业生产为主。周鹿—凤梧公路过境。

永固街[Yǒnggùjiē] 永州镇人民政府驻地。在县政府驻地白山镇西南40千米。人口1500。以壮族为主,还有汉族。清宣统三年(1911)建圩,取永远固定不迁之意得名。聚落呈块状。有中小学、卫生院。有龙怀、中学革命岩遗址。服务业以商品零售为主。周鹿—凤梧公路经此。

乔利乡[Qiáolì Xiāng] 马山县辖乡。在县境中部。面积173平方千米。人口4.1万。以壮族为主,还有瑶、汉等民族。辖1居委会、9村委会,有118自然村。乡人民政府驻地乔利街。1933年由卫良团改乡。1947年与兴隆乡合设卫隆乡。1949年复卫良乡。1950年改民治区。1952年改第二区。1958年改乔利公社。1984年改乡。因乡政府驻地得名。有初中1所,小学10所,卫生院1个,卫生所8个。有思恩府故城遗址。有红水河百掌沙滩风景区。农业以水稻、玉米、花生种植为主。工业以木材加工为主。有锰矿。兰海、来马高速,355国道,马山—百林、武鸣—乐圩公路过境。

乔利街[Qiáolìjiē] 乔利乡人民政府驻地。在县政府驻地白山镇西南11千米。人口1100。以汉族为主,还有壮族。传有金华桥便于群众赶圩,故名桥利圩,后简写为乔利圩,渐成今名。聚落呈块状。有中小学、卫生院。有思恩府故城遗址。服务业以商品零售为主。武鸣—乐圩公路经此。

加方乡[Jiāfāng Xiāng] 马山县辖乡。在县境东部。面积705平方千米。人口3.1万。以壮族为主,还有瑶、汉等民族。辖1居委会、16村委会,有445自然村。乡人民政府驻加方街。1933年由嘉芳团改乡。1947年与福补乡合设嘉福乡。1950年改区。1952年为第五区。1958年复嘉芳乡。1962年改嘉芳区,后简写为加方区。1969年改公社。1984年改乡。因乡政府驻地得名。有初中1所,小学17所,卫生院1个,卫生所16个。有民间传统艺术壮族扁担舞。经济以农业为主,特产竹子、金银花、黑山羊。有竹材加工业。乔老—加方公路过境。

加方街[Jiāfāngjiē] 加方乡人民政府驻地。在县政府驻地白山镇东27.3千米。人口300。以壮族为主,还有汉、瑶等民族。因处低地常年水灾,环境荒凉得名拉荒,为壮语"Lajsoeg"半音半义译名,"拉 laj"指下面,"荒 soeg"指荒凉。清光绪四年(1878)因成圩改名拉荒圩。1921年以谐音,反其义改名嘉芳圩。1962年后简为加方圩,渐改今名。聚落呈带状。有中小学、卫生院。有民间传统艺术壮族扁担舞。服务业以商品零售为主。乔老—加方公路经此。

古寨瑶族乡[Gǔzhài Yáozú Xiāng] 马山县辖乡。在县境东部。面积133平方千米。人口2.1万,其中瑶族占33%,还有壮、汉等民族。辖1居委会、8村委会,有279自然村。乡人民政府驻古寨街。1960年由金钗公社析设古寨公社。1984年改古寨瑶族乡。因乡政府驻地得名。有初中1所,小学9所,卫生院1个,卫生所8个。农业以玉米种植为主,特产黑山羊、金银花,盛产竹子。乔老—加方公路过境。

古寨街[Gǔzhàijiē] 古寨瑶族乡人民政府驻地。在县政府驻地白山镇东14千米。人口900。以壮族为主,还有汉、瑶等民族。传明初蓝姓迁此建寨,称拉寨,为壮语"lajzai"音译名。"拉 laj"指下面,"寨 zai"即村寨。1935年改名古寨圩,后改今名。"古"为当地村名词头用语。聚落呈带状。有中小学、卫生院。服务业以商品零售为主。乔老—加方公路经此。

里当瑶族乡[Lǐdāng Yáozú Xiāng] 马山县辖乡。在县境东北部。面积14.6平方千米。人口2.1万,其中瑶族占39%,还有壮、汉等民族。辖1居委会、9村委会,有370自然村。乡人民政府驻里当街。1926年为里当乡,1950年撤销。1958年重设里当乡,旋并入金钗公社。1984年由金钗公社析设里当乡。1996年改瑶族乡。因乡政府驻地得名。有初中1所,小学10所,卫生院1个,卫生所9个。农业以玉米、黄豆种植为主,特产黑山羊、金银花、里当鸡。下局州—里往公路过境。

里当街[Lǐdāngjiē] 里当瑶族乡人民政府驻地。在县政府驻地白山镇东北25千米。人口500。以壮族为主,还有瑶族等。"里当"为壮语"Rijdangj"音译名,"里 rij"指小溪,"当 dangj"即阻挡。溪水北流,被山阻挡而入地下,故名。聚落呈团状。有中小学、卫生院。服务业以商品零售为主,明正德年间(1506—1521)成圩市。下局州—里往公路经此。

上林县

上林县[Shànglín Xiàn] 南宁市辖县。北纬23°26′,东经108°36′。在市境北部。面积1890平方千米。人口49.2万。以壮族为主,还有汉、瑶等民族。辖7镇、4乡。县人民政府驻大丰镇。唐武德四年(621)析领方县地置上林县,治今澄泰乡古城村,属澄州。因上林洞口得名。"上林"为壮语"Congzraemz"译名,意为有泉水的洞口。宋开宝五年(972)止戈、无虞、贺水3县并入,治平四年(1067)原止戈县地入武缘县(今武鸣县)。明洪武年间(1368—1398)移治今址。清咸丰七年(1857)改澄江县,同治元年(1862)复名上林。1958年并入宾林县,1959年复置。先后属澄州、宾州、柳州府、思恩府、武鸣专区、南宁专区、宾阳专区、桂西僮族自治区、桂西僮族自治州、邕宁专区、南宁地区。2003年属南宁市。西北多山,东南为丘陵、平地。地势西北高东南低。平均海拔1200米。最高峰龙头山海拔1760米。年均气温20.9℃,1月平均气温12.5℃,7月平均气温27.8℃。年均降水量1789.2毫米。清水河、橄榄河、澄江、兰干河等流经。有矿产资源煤、石煤、沙金、滑石、水晶石、铁、锰、钒等。有野生植物1137种,其中有国家重点保护野生植物金毛狗、桫椤等7种。有野生动物252种,其中有国家一级保护野生动物熊猴、黑叶猴、金钱豹、蟒蛇、林麝,国家二级保护野生动物猕猴、短尾猴、穿山甲、黑熊等35种。有龙山省级自然保护区。森林覆盖率52.7%。有中学17所,小学111所,二级医院2个,图书馆1个。有全国重点文物保护单位智城城址。有景点大明山、大龙湖、三里洋渡、金莲湖、不孤村等。有瑶族排玖节。三次产业比例41∶22∶37。农业以水稻、玉米、甘蔗、茶、八角、桑种植为主。有经济林木油茶、油桐、柑橙、龙眼等。工业以制糖、建筑、冶金、矿业、电力为主。特产优质米、大红八角、大明山茶、白砂糖等。服务业以商品批发零售、住宿、餐饮为主。省道忻宾线、宾阳—马山公路过境。

上林县汽车总站[Shànglín Xiàn Qìchē Zǒngzhàn] 见交通运输设施部分"上林县汽

车总站”条。

大丰镇［Dàfēng Zhèn］ 上林县人民政府驻地。在县境西部。面积161平方千米。人口6.3万。以壮族为主,还有汉、瑶、苗、侗、彝、土家等民族。辖4居委会、9村委会,有67自然村。镇人民政府驻大丰圩。1943年设大丰乡。1958年改公社。1979年分设大丰镇、大丰公社。1984年合设镇,析设明亮乡。因镇政府驻地得名。清水河、澄江等流经。有矿产资源锰、石煤、黄金等。有小学10所,二级医院2个,卫生院1个,卫生室9个,图书馆1个。有景点大明山、东春下水源避暑山庄、上林天然游泳池、金莲湖、云里湖等。农业以水稻、桑、甘蔗、玉米等种植为主,特产八角、茶叶。为大红八角主产地。工业有缫丝业。宾阳—马山公路过境。

大丰圩［Dàfēngxū］ 大丰镇人民政府驻地。在镇境东北部。人口2.8万。清嘉庆二十五年(1820)建校场圩,光绪五年(1875)改教场圩,因大明山改大峰圩。1933年改今名,寓意“大明山下资源丰富”。聚落呈块状。有中小学、二级医院、卫生院、图书馆。农业以水稻、蔬菜种植为主,有马、牛、猪、淡水鱼、鸡、鸭、鹅、石龟、黄沙鳖、鹰嘴龟等饲养。宾阳—马山公路经此。

明亮镇［Míngliàng Zhèn］ 上林县辖镇。在县境西南部。面积173平方千米。人口3.1万。以壮族为主,还有汉、瑶等民族。辖1居委会、8村委会,有72自然村。镇人民政府驻亭亮圩。1984年由大丰公社分设亭亮乡,旋改名明亮乡。1998年改镇。原名亭亮乡,因与宁明县亭亮乡重名,赋予“有光明前途”新意改今名。有矿产资源黄金、锰、矾、铅、铁、锌、黄锑等。有龙山省级自然保护区大明山片。有初中1所,小学9所,卫生院1个,卫生室9个。有上林八景之“古洞灵泉水吐烟、镆铘剑光冲斗看”。农业以水稻、玉米、甘蔗种植为主,有牛、猪、淡水鱼、鸡、鸭、鹅等饲养,特产八角、云雾绿茶。宾阳—马山公路过境。

亭亮圩［Tíngliàngxū］ 明亮镇人民政府驻地。在县政府驻地大丰镇南7千米。人口3900。以壮族为主,还有汉、瑶等民族。“亭亮”为壮语“Dingjliengj”音译名,“亭 dingj”指亭子,“亮 liengj”指伞。传清乾隆年间(1736—1795)杨姓迁建,因撑伞作亭得名。聚落呈块状。有中小学、卫生院。农业以水稻、玉米、花生、八角、茶等种植为主,有猪、鸡等饲养。工业以制茶、机器加工为主。服务业以餐饮、商品批发零售为主。宾阳—马山公路经此。

巷贤镇［Xiàngxián Zhèn］ 上林县辖镇。在县境南部。面积161平方千米。人口4.5万。以壮族为主,还有汉、瑶等民族。辖1居委会、12村委会,有92自然村。镇人民政府驻巷贤圩。1952年为二区。1953年改万嘉区。1958年改巷贤公社。1984年改镇。因镇政府驻地得名。有省级自然保护区龙山大明山片。有中学1所,小学11所,卫生院1个,卫生室13个。有大庙山风景区。农业以水稻、花生、甘蔗种植为主,特产八角、蚕丝。有金矿。宾阳—马山公路过境。

巷贤圩［Xiàngxiánxū］ 巷贤镇人民政府驻地。在县政府驻地大丰镇东南21千米。人口2000。以壮族为主,还有汉、瑶等民族。原名圩地,传清乾隆年间(1736—1795)有圣人盛赞“民风礼正,巷有贤人”,后人立圣谕亭,改今名。聚落呈块状。有中学、卫生院。有明清青砖建筑群。农业以水稻种植为主,特产八角。宾阳—马山公路经此。

白圩镇［Báixū Zhèn］ 上林县辖镇。在县境东南部。面积221平方千米。人口9.1万。以汉族为主,还有壮、苗、瑶等民族。辖2居委会、17村委会,有198自然村。镇人民政府驻白圩。1949年为第三区。1953年改白圩区。1958年改公社。1969年析设澄泰公社。1984年分设白圩镇、覃排乡。2005年覃排乡并入。因镇政府驻地得名。有中学3所,小学19所,卫生院1个,卫生室18个。有全国重点文物保护单位智城城址。有毛塘湿地、不孤村人文景观等。农业种植水稻、甘蔗等。工业以制糖为主。省道忻宾线过境。

白圩［Báixū］ 白圩镇人民政府驻地。在县政府驻地大丰镇东16千米。人口3200。以汉族为主,还有壮、瑶、侗等民族。传为纪念清雍正元年(1723)宾阳县白姓医者得名。聚落呈块状。有中学、卫生院。农业以水稻、玉米、花生、甘蔗等种植为主,有鱼、牛、猪、羊等饲养。工业以汽车修配、制糖、制瓷、农机制造为主。省道忻宾线过境。

不孤村［Bùgūcūn］ 在县政府驻地大丰镇东18千米。白圩镇辖自然村。人口600。均为壮族。传明嘉靖年间(1522—1566)八姑建村得名八姑,初人少孤单后渐多,遂谐音改今名。聚落呈块状。为岭南状元村。有鼓岩书院遗址、陈列馆。有油葵文化旅游节。农业以水稻、油葵种植为主。2005年被评为全国文明村。

三里镇［Sānlǐ Zhèn］ 上林县辖镇。在县境东部。面积180平方千米。人口5.5万。以壮族为主,还有汉、瑶、苗等民族。辖1居委会、14村委会,有160自然村。镇人民政府驻三里圩。1949年设三里区。1958年改公社。1984年改镇。因镇政府驻地得名。有中学1所,小学15所,卫生院1个,卫生室14个。有“三月三歌圩”。有三里洋渡风景区。农业以水稻、玉米、花生等种植为主。省道忻宾线过境。

三里圩［Sānlǐxū］ 三里镇人民政府驻地。在县政府驻地大丰镇东北16千米。人口4700。以壮族为主,还有汉、瑶、苗等民族。明八寨农民起义地之一,败后郭应聘筑3里城墙镇守,称三里城,因建圩场改今名。聚落呈块状。有中小学、卫生院。农业以优质稻、玉米、花生、黄豆、木薯、甘薯、甘蔗等种植为主,有鱼、牛、猪、石龟、黄沙鳖、鹰嘴龟等饲养。工业以制砖、花生油加工为主。服务业以餐饮、商品批发零售为主。省道忻宾线经此。

乔贤镇［Qiáoxián Zhèn］ 上林县辖镇。在县境东北部。面积128平方千米。人口3.8万。以壮族为主,还有汉、瑶等民族。辖1居委会、7村委会,有115自然村。镇人民政府驻乔贤圩。1949年为第五区。1953年改桥贤区。1958年改公社。1984年改乡。1987年析设木山乡。1998年改镇。因镇政府驻地得名。有矿产资源煤、铅、锌等。有中学1所,小学11所,卫生院1个,卫生室7个。农业以水稻、玉米、甘蔗种植为主,特产糯玉米。省道忻宾线过境。

乔贤圩［Qiáoxiánxū］ 乔贤镇人民政府驻地。在县政府驻地大丰镇东北28千米。人口2300。以壮族为主,还有汉族等。传明嘉靖元年(1522)建圩架桥通贤山,称桥贤圩,简为今名。聚落呈块状。有中小学、卫生院。农业以优质稻、玉米、花生、木薯、甘蔗、松、杉、速生桉种植为主,有鱼、牛、猪等饲养。服务业以餐饮、商品批发零售为主。省道忻宾线经此。

西燕镇［Xīyàn Zhèn］ 上林县辖镇。在县境西部。面积274平方千米。人口4.4万。以壮族为主,还有瑶、汉、苗等民族。辖1居委会、10村委会,有127自然村。镇人民政府驻西燕圩。1949年为西燕乡。1958年改公社。1984年复乡。1998年改镇。因镇政府驻地得名。有中学1所,小学9所,卫生院1个,卫生室11个。有古迹莲音寺。有景点大明山麓女河峡谷、大龙湖、金莲湖等。农业以水稻、玉米、甘蔗种植为主,特产八角、茶叶。宾阳—马山公路过境。

西燕圩［Xīyànxū］ 西燕镇人民政府驻地。在县政府驻地大丰镇西北15千米。人口2000。以壮族为主,还有瑶、汉、苗等民族。因六燕洞得名六燕(壮语音译,即燕子),以在其西侧形成圩场改今名。聚落呈块状。有中小学、卫生院。农业以水稻、玉米、花生、黄豆、甘蔗、油菜、桑树等种植为主,有鱼、牛、猪、石龟、黄沙鳖、鹰嘴龟等饲养,特产八角、桑蚕、茶叶。工业以矿泉水加工为主。服务业以餐饮、商品批发零售为主。宾阳—马山公路经此。

澄泰乡［Chéngtài Xiāng］ 上林县辖乡。在县境东部。面积112平方千米。人口4.1万。以壮族为主,还有瑶、汉、侗等民族。辖1居委会、10村委会,有126自然村。乡人民政府驻澄泰圩。唐永淳元年(682)设清泰乡。此后未变。1935年改澄泰乡。1958年改公社。1984年改乡。因乡政府驻地得名。有省级自然保护区龙山东红片。有中学1所,小学12所,卫生院1个,卫生室11个。有全国重点文物保护单位圣书大庙。有三里洋渡风景区。农业以水稻、甘蔗、蔬菜、松、杉等种植为主。工业以水泥、铝锭、蚕丝加工为主。省道忻宾线过境。

澄泰圩［Chéngtàixū］ 澄泰乡人民政府驻地。在县政府驻地大丰镇东7千米。人口1500。原名清泰圩,清嘉庆年间(1796—1820)因盛产青菜又名青菜圩。1931年截澄江引灌后改今名。聚落呈块状。有中小学、卫生院。农业以水稻、甘蔗、蔬菜种植为主,林产松、杉、速生桉等,有鱼、牛、猪等饲养。工业以制砖、缫丝为主。服务业以餐饮、商品批发零售为主。宾上公路经此。

木山乡［Mùshān Xiāng］ 上林县辖乡。在县境东北部。面积140平方千米。人口2万。以壮族为主,还有瑶、汉、侗等民族。辖1居委会、6村委会,有71自然村。乡人民政府驻新圩。1987年由乔贤乡析设木山乡。因乡政府驻地原名得名。有中学1所,小学14所,卫生院1个,卫生室6个。农业以水稻、玉米、黄豆、花生、甘蔗种植为主。有木山煤矿。县道乔古线过境。

新圩［Xīnxū］ 木山乡人民政府驻地。在县政府驻地大丰镇东北30千米。人口500。以壮族为主,还有瑶、汉、侗等民族。因树木满山得名木山。1913年盗贼猖獗,赶圩不便,遂设新场改今名。聚落呈块状。有中小学、卫生院。农业以甘蔗、玉米、花生、水稻种植为主。县道乔古线经此。

塘红乡［Tánghóng Xiāng］ 上林县辖乡。在县境北部。面积245平方千米。人口4.2万。以壮族为主,还有瑶、汉、苗、仫佬等民族。辖2居委会、10村委会,有224自然村。乡人民政府驻塘红圩。1933年设塘红乡。1952年为第六区。1953年改塘红区。1958年分设塘红、中可2公社。1961年合设塘红区。1969年改公社。1984年改乡。1987年析设中可乡。2005年中可乡并入。因乡政府驻地得名。有中学1所,小学7所,卫生院1个,卫生室11个。有明农民起义营寨之一石门村、山洞老屋等。为珠江流域壮族龙母文化源头,广西传统节日“三月三”发祥地。农业以水稻、玉米、甘蔗种植为主,兼种桑养蚕。三里—中可公路过境。

塘红圩［Tánghóngxū］ 塘红乡人民政府驻地。在县政府驻地大丰镇北27千米。人口1600。以壮族为主,还有瑶、汉、苗、仫佬等民族。“塘红”为壮语“daemzhoengz”音译名,指红色水塘。传明天启四年(1624)建村,取土成塘,水红色,故名。聚落呈块状。有中小学、卫生院。农业以水稻、玉米、甘蔗种植为主，兼种桑养蚕，特产蚕茧、黑豆等。工业以香火加工、家具制作为主。服务业以餐饮、商品批发零售为主。三里—中可公路经此。

镇圩瑶族乡［Zhènxū Yáozú Xiāng］ 上林县辖乡。在县境西北部。面积105平方千米。人口2.3万，其中瑶族占46%，还有壮、汉等民族。辖1居委会、10村委会，有153自然村。乡人民政府驻镇圩。1958年成立镇圩公社。1962年并入西燕区。1969年析设镇圩公社。1984年改镇圩瑶族乡。因乡政府驻地得名。有中学1所，小学8所，卫生院1个，卫生室10个。有排玖节。农业以水稻、玉米、油茶种植为主，特产黑山羊、金银花、八角。有滑石矿。县道三里线过境。

镇圩［Zhènxū］ 镇圩瑶族乡人民政府驻地。在县政府驻地大丰镇西北28千米。人口1500。以壮族为主，还有瑶族等。传为明代三畔镇圩场，故名。聚落呈块状。有中小学、卫生院。农业以水稻、玉米、甘蔗、花生种植为主，特产土鸡、土猪、黑豆等。工业以滑石开采、金银花加工为主。服务业以餐饮、商品批发零售为主。佛子—镇圩、局仲—镇圩、里民—镇圩公路经此。

宾阳县

宾阳县［Bīnyáng Xiàn］ 南宁市辖县。北纬23°13′，东经108°48′。在市境东部。面积2298平方千米。人口104.4万。以汉族为主，还有壮、瑶等民族。辖16镇。县人民政府驻宾州镇。唐贞观五年(631)置宾州，因宾水得名。天宝元年(742)改安城郡。至德二年(757)改岭方郡。乾元元年(758)复宾州。五代十国(907—960)沿唐制。宋开宝五年(972)废宾州。次年复宾州，旋移治今新宾。元太祖初年(1215)升宾州路。惠宗至正十六年(1356)复宾州。明洪武二年(1369)岭方县并入。清雍正三年(1725)升直隶州，十二年(1734)降散州。1911年改宾县，属思恩府。1912年改宾阳县，因宾水之北得名。1958年并入宾林县。1959年复。自1912年起先后属邕南道、南宁道、第六民团区、南宁民团区、南宁行政监督区、武鸣行政监督区、第八行政督察区、第四行政督察区、南宁专区、宾阳专区、桂西僮族自治区、桂西僮族自治州、南宁地区。2003年属南宁市。地势南高北低，四面为山，中部平原。最高点镇龙山海拔1140.3米，最低点平岭山脚海拔64.8米。年均气温20.8℃，1月平均气温11.4℃，7月平均气温28.2℃。年均降水量1595毫米。清水河、狮螺江、沙江、大桥江、东斑江等流经。有矿产资源石灰石、钨等。有野生植物1700多种，其中有国家重点保护野生植物金毛狗等10多种。有野生动物60余种，其中有国家重点保护野生动物黄胸鹀、海南鳽、朱鹮、猕猴、豹猫等60多种。森林覆盖率41.7%。有中专2所，中学41所，小学203所，二级医院4个，图书馆1个，文化馆1个，体育馆3个。有全国重点文物保护单位昆仑关抗日战役遗址、昆仑关战役白岩前线指挥部旧址，省级文物保护单位思恩府科试院、南桥。有国家级非物质文化遗产宾阳炮龙节，省级非物质文化遗产游彩架、宾阳酸粉制作技艺等9项。有昆仑关旅游风景区、蔡氏书香古宅群景区等。三次产业比例27∶37∶36。农业以水稻、糖蔗、桑、蔬菜、松树、速生桉、油茶、竹子等种植为主，有肉猪、肉牛、鱼类、鸡、鸭等饲养，缅甸陆龟、白鸽、蝗虫、罗氏沼虾、牛蛙、豚鼠等特种养殖。产沃柑、砂糖橘、柚子、龙眼、三华李等水果，特产桑蚕、莲藕、香米、酸梅等。工业有水泥加工、陶瓷制造、制糖等。有黎塘、芦圩工业集中区。有壮锦、竹编、瓷器等小商品制造业。服务业以房地产、商贸物流、文化旅游为主。湘桂、黎湛、黎钦铁路，南广高铁，柳南客专，泉南高速，322、324国道过境。有黎塘站。

宾阳客运站［Bīnyáng Kèyùnzhàn］ 见交通运输设施部分“宾阳客运站”条。

宾州镇［Bīnzhōu Zhèn］ 宾阳县人民政府驻地。在县境西部。面积234平方千米。人口22.5万。以汉族为主，还有壮族等。辖15居委会、33村委会，有267自然村。镇人民政府驻芦圩。1958年设芦圩乡，旋改公社。1984年复乡。1993年改芦圩镇。2003年宾州、新宾2镇并入。2005年河田乡并入。2009年因宾州改今名。沙江流经。有中学12所，小学42所，二级医院3个，卫生院3个，卫生所28个，公园2个，广场2个。有县文化馆、图书馆。有双层骑楼古建筑、炮龙老庙。农业以水稻、糖蔗种植为主。工业以传统手工业为主，有缫丝、纸品加工、粮油食品加工业。特产鱼苗、皮革、竹编等。服务业以商贸为主。322、324国道，省道欧勒线过境。

芦圩［Lúxū］ 宾州镇人民政府驻地。在镇境南部。人口4.8万。早年卢姓建圩得名卢圩，后因人多，千家百姓，以加“艹”字头更适合为由，将“卢”改成“芦”，故名。聚落呈团块状。为广西四大古镇之一。有中小学、二级医院、卫生院。有国家级非物质文化遗产宾阳炮龙节。经济以家电、服装、建材、小五金等商品贸易为主。322、324国道经此。通多路公交车。

黎塘镇［Lítáng Zhèn］ 宾阳县辖镇。在县境东部。面积220平方千米。人口12.2万。以汉族为主，还有壮族等。辖9居委会、14村委会，有78自然村。镇人民政府驻黎塘圩。1954年设黎塘镇。1958年并入东风公社。1959年析设黎塘公社。1960年分设黎塘镇、黎塘公社。1984年合设黎塘镇，后析设黎明乡。1994年黎明乡改镇。2003年黎明镇并入。因镇政府驻地得名。有镇龙山。新埠江流经。有中专2所，高中1所，初中6所，小学16所，二级医院1个，卫生院3个，卫生所13个。有体育馆、公园。农业以水稻、玉米、糖蔗、莲藕、蔬菜等种植为主，特产胡萝卜、淮山、苦瓜。有国家地理标志产品黎塘莲藕。工业以建材、水泥、建筑机械制造为主。为广西工业重镇。服务业以商贸、商品批发为主。有莲藕专业批发市场。湘桂、黎湛、黎钦铁路，南广高铁，柳南客专，泉南高速，324国道过境。

黎塘圩［Lítángxū］ 黎塘镇人民政府驻地。在县政府驻地宾州镇东33千米。人口4.6万。以汉族为主，还有壮族等。传黎姓在塘边建圩得名。有400多年历史。聚落呈团块状。有中专、中小学、二级医院、卫生院、体育馆、公园。农业以水稻、糖蔗、蔬菜等种植为主，特产莲藕、萝卜、淮山、苦瓜等。工业以水泥加工、制瓷、食品加工、纺织为主。服务业以农产品销售为主。湘桂、黎湛铁路经此。通多路公交车。

甘棠镇［Gāntáng Zhèn］ 宾阳县辖镇。在县境东南部。面积192平方千米。人口5.4万。以壮族为主，还有汉族等。辖1居委会、14村委会，有96自然村。镇人民政府驻甘棠圩。1950年为永淳县甘棠区。1952年为宾阳县第十二区，后改第十一区。1958年改燎原公社。1959年改甘棠公社。1984年改镇，析设露圩乡。因镇政府驻地得名。东斑江流经。有中学1所，小学31所，卫生院1个，卫生所15个。农业以水稻、玉米、糖蔗、桑蚕、木薯、松、杉、速生桉等种植为主，有鸡、生猪饲养。湘桂铁路、泉南高速、露圩—石塘公路过境。

甘棠圩［Gāntángxū］ 甘棠镇人民政府驻地。在县政府驻地宾州镇东南33千米。人口5400。以壮族为主，还有汉族。原有干涸池塘得名干塘圩，雅化为今名。聚落呈团块状。有中小学、卫生院。建圩400余年，有四月初八圩逢节。经济以农产品贸易为主。特产粉利、大粽、扣肉、芝麻饼、蕉叶糍。露圩—石塘公路经此。

思陇镇［Sīlǒng Zhèn］ 宾阳县辖镇。在县境西部。面积174平方千米。人口6.2万。以汉族为主，还有壮族等。辖2居委会、15村委会，有240自然村。镇人民政府驻思陇圩。1959年成立思陇公社。1984年改乡。1994年改镇。2005年太守乡并入。因镇政府驻地得名。回头江流经。有中学1所，小学19所，卫生院1个，卫生所16个。有昆仑关国家3A级旅游景区。农业以水稻、木薯、松树、杉树、速生桉等种植为主，特产花心甘薯、生姜、竹笋、八角、酸梅。工业以竹编、造纸为主。322、324国道，县道五新、思罗、巷新、东陈线过境。

思陇圩［Sīlǒngxū］ 思陇镇人民政府驻地。在县政府驻地宾州镇西南18千米。人口2400。“思陇”为壮语“Seiqrungh”音译名，“思seiq”指数字四，“陇rungh”指山间平地，意为四面高山围成的山间平地。明代设思陇驿，沿为圩名。聚落呈团块状。有中小学、卫生院。农业以水稻、甘薯、木薯、沃柑等种植为主，特产花心甘薯、姜、竹笋、八角、百香果等。县道思罗、五新线经此。通公交车。

新桥镇［Xīnqiáo Zhèn］ 宾阳县辖镇。在县境西部。面积108平方千米。人口8.4万。辖1居委会、15村委会，有138自然村。镇人民政府驻新桥圩。1958年设新桥乡，旋改公社。1984年改乡。1991年改镇。因镇政府驻地得名。沙江流经。有中学4所，小学16所，卫生院1个，卫生所16个。有景点清平水库、葛翁岩。农业以水稻种植为主，特产香蕉、皇帝柑。工业以造纸、小五金加工、鞭炮生产等。322、324国道过境。

新桥圩［Xīnqiáoxū］ 新桥镇人民政府驻地。在县政府驻地宾州镇西6千米。人口1900。明万历十三年(1585)建圩于横跨丁字形河流桥旁，得名丁桥圩，亦名桥丁圩。1927年新建桥梁，更今名。聚落呈团块状。有中小学、卫生院。农业以优质稻种植为主，兼种三华李、龙眼、油茶、甘蔗、砂糖橘、百香果、鸡骨草等，有生猪、蛇、竹鼠、牛蛙、豚鼠等饲养。工业以手工业为主，有纸制品加工、酿酒、小五金加工、竹编等。县道五新线经此。通公交车。

新圩镇［Xīnxū Zhèn］ 宾阳县辖镇。在县境西北部。面积66平方千米。人口3万。辖1居委会、6村委会，有56自然村。镇人民政府驻四镇圩。1984年设四镇乡。1996年改新圩镇。为避免专名与通名“镇”字重复并取意“新的圩镇”得名。狮螺江流经。有中学2所，小学6所，卫生院1个，卫生所7个。农业以水稻、糖蔗、花生、玉米、黄豆种植为主，有猪、家禽、鱼饲养，特产西瓜。工业以制砖、滑石粉加工为主。省道欧勒线过境。

四镇圩［Sìzhènxū］ 新圩镇人民政府驻地。在县政府驻地宾州镇西北13千米。人口2300。清代建镇北街，因自宾阳至上林“五圩”中排行第四而改名。聚落呈团块状。有中小学、卫生院。经济以农副土特产集散为主，特产花生油、红砖糖。省道欧勒线经此。通公交车。

邹圩镇［Zōuxū Zhèn］ 宾阳县辖镇。在县境北部。面积144平方千米。人口4.9万。以汉族为主，还有壮、瑶等民族。辖1居委会、14村委会，有117自然村。镇人民政府驻邹圩。1933年设邹圩乡。1950年为第九区。1958年改英雄公社。1959年改邹圩公社。1984年改乡。1993年改镇。因镇政府驻地得名。清水河、沙江、狮螺江流经。有中学1所，小学13所，卫生院1个，卫生所15个。有省级非物质文化遗产宾阳邹圩陶器制作技艺。农业以水稻、糖蔗种植为主。有红心火龙果种植基地。有特色网箱养鱼。工业以石灰石、矿泉水开采，制砖为主。322国道过境。

邹圩［Zōuxū］　邹圩镇人民政府驻地。在县政府驻地宾州镇东北19千米。人口1900。以壮族为主，还有汉族等。因和姓始居得名和圩，后邹姓迁入，和姓迁走，改今名。聚落呈团块状。有中小学、卫生院、文化广场。农业以甘蔗种植为主，特产清水河鱼。322国道经此。通公交车。

大桥镇［Dàqiáo Zhèn］　宾阳县辖镇。在县境中部。面积115平方千米。人口7.8万。辖1居委会、16村委会，有127自然村。镇人民政府驻大桥圩。1948年设大桥乡。1950年为第二区。1958年改团结公社。1959年改大桥公社。1984年改乡。1992年改镇。因镇政府驻地得名。南江流经。有中学2所，小学20所，卫生院1个，卫生所16个。农业以水稻、糖蔗种植为主。工业以制糖、造纸为主。324国道过境。通公交车。

大桥圩［Dàqiáoxū］　大桥镇人民政府驻地。在县政府驻地宾州镇东12千米。人口700。时在最大、最长石桥旁建圩，故名。聚落呈团块状。有中小学、卫生院。有建筑业。服务业以商贸、餐饮为主。324国道经此。

武陵镇［Wǔlíng Zhèn］　宾阳县辖镇。在县境中部。面积158平方千米。人口6.3万。以汉族为主，还有壮族等。辖1居委会、13村委会，有116自然村。镇人民政府驻武陵圩。1943年设武陵乡。1950年为第四区。1958年改卫星公社。1959年改武陵公社。1984年改乡，析设中华乡。1993年改镇。因镇政府驻地得名。大桥江、六丁江流经。有中学3所，小学19所，卫生院1个，卫生所13个。有国家3A级旅游景区白鹤观。农业以水稻、蔬菜种植为主，特产香米。南广高铁、柳南客专、宾阳—莲塘公路过境。通公交车。

武陵圩［Wǔlíngxū］　武陵镇人民政府驻地。在县政府驻地宾州镇东南14千米。人口2200。因在武官陵墓旁建圩得名。聚落呈团块状。有小学、卫生院。农业以水稻种植为主，有鱼、生猪、牛等饲养。工业以木材加工为主。服务业以商贸为主，有农贸市场。宾阳—莲塘公路经此。

中华镇［Zhōnghuá Zhèn］　宾阳县辖镇。在县境中部。面积77平方千米。人口3.7万。辖1居委会、5村委会，有84自然村。镇人民政府驻中华圩。1984年由武陵乡析设中华乡。1995年改镇。因镇政府驻地得名。有中学1所，小学14所，卫生院1个，卫生所6个。有中国好人韦曰坚纪念馆。农业以水稻种植为主，特产小番茄。南广高铁、柳南客专、宾阳—莲塘公路过境。

中华圩［Zhōnghuáxū］　中华镇人民政府驻地。在县政府驻地宾州镇东南17千米。人口1700。清雍正十年(1732)在老卢村下卢屯(今中华屯)建圩，得名下卢圩。因方言下卢与下流同音不雅，以处附近村庄中心点，圩日热闹繁华改名中华圩。1935年搬至今址。聚落呈团块状。有中小学、卫生院。农业以水稻种植为主。宾阳—莲塘、谷塘—中华公路经此。

古辣镇［Gǔlà Zhèn］　宾阳县辖镇。在县境东南部。面积114平方千米。人口5.3万。以汉族为主，还有壮族等。辖2居委会、9村委会，有82自然村。镇人民政府驻古辣圩。1958年成立红旗公社。1959年改古辣公社。1984年改乡。1993年改镇。因镇政府驻地得名。石狗江、罗料江流经。有中学1所，小学10所，卫生院1个，卫生所9个。有国家3A级旅游景区蔡氏书香古宅群。农业以水稻、桑树等种植为主。工业有缫丝等。有国家地理标志产品古辣香米。特产蚕茧。湘桂铁路、南广高铁、柳南客专、泉南高速、宾阳—莲塘公路过境。

古辣圩［Gǔlàxū］　古辣镇人民政府驻地。在县政府驻地宾州镇东南21千米。人口2300。南宋淳熙二年(1175)前已成圩场。传自古城圩迁此建立，圩南有辣泉，各取一字得名。辣泉因以泉水酿酒性辛辣得名。聚落呈团块状。有中小学、卫生院。服务业以商贸、餐饮为主。特产香米。宾阳—莲塘公路经此。通公交车。

露圩镇［Lùxū Zhèn］　宾阳县辖镇。在县境东南部。面积125平方千米。人口3.9万。以壮族为主，还有汉族等。辖1居委会、5村委会，有46自然村。镇人民政府驻露圩。1958年设露圩乡，旋并入红旗公社。1984年由甘棠镇析设露圩乡。1995年改镇。因镇政府驻地得名。东斑江、罗料江流经。有中学1所，小学31所，卫生院1个，卫生所15个，广场1个。农业以水稻、甜玉米、辣椒、桑种植为主，兼种松树、速生桉，有猪、鸡等饲养，特产蚕茧、生姜。工业以缫丝、制砖为主。湘桂铁路，泉南高速，宾阳—莲塘、露圩—石塘公路过境。

露圩［Lùxū］　露圩镇人民政府驻地。在县政府驻地宾州镇东南32千米。不足100人。以壮族为主，还有汉族等。因雷露庙得名露圩。"雷露"为壮语"Ndoiloh"音译名，"雷ndoi"指岭坡，"露loh"指路。聚落呈团块状。有中小学、卫生院、广场。有"三月三"壮族祭祖扫墓节、四月初八"圩逢节"。逢节有舞仙马、舞彩凤等民俗风情节目。有特色美食荷叶黑糯米饭、灰水糍粑、壮粽等。服务业以农产品交易为主。特产生姜。宾阳—莲塘、露圩—石塘公路经此。

王灵镇［Wánglíng Zhèn］　宾阳县辖镇。在县境中部。面积161平方千米。人口4.3万。以汉族为主，还有壮族等。辖1居委会、9村委会，有74自然村。镇人民政府驻王灵圩。1958年设王灵乡，旋并入黎塘公社。1987年复乡。1999年改镇。2005年双桥乡并入。因镇政府驻地得名。南江、石狗江流经。有中学1所，小学10所，卫生院2个，卫生所10个。农业以水稻、糖蔗、蔬菜、木薯等种植为主，有生猪、鸡等饲养，特产胡萝卜、凉薯、西瓜。工业以门业、缫丝、制米、淀粉加工为主。湘桂铁路、南广高铁、柳南客专、泉南高速、324国道过境。

王灵圩［Wánglíngxū］　王灵镇人民政府驻地。在县政府驻地宾州镇东20千米。人口1300。"王灵"为壮语"Vuengzraengz"音译名，"王vuengz"同指同类中居首位，"灵raengz"指深水潭。因潭比周边潭大而深得名。聚落呈团块状。有中小学、卫生院。农业以花生、西瓜、夏阳大白菜、胡萝卜等种植为主。324国道经此。

和吉镇［Héjí Zhèn］　宾阳县辖镇。在县境东北部。面积120平方千米。人口4.3万。以汉族为主，还有壮族等。辖1居委会、8村委会，有53自然村。镇人民政府驻和吉圩。1961年成立和吉公社。1962年洋桥公社并入。1984年析设洋桥乡，改乡。1995年改镇。因镇政府驻地得名。驼山江流经。有中学1所，小学16所，卫生院1个，卫生所11个。农业以水稻、糖蔗、玉米、花生、蔬菜等种植为主，有猪、牛、鸡、鸭、鱼等饲养，特产葡萄、砂糖橘、小番茄、百香果、火龙果。湘桂铁路，南广高铁，柳南客专，泉南高速，王观岭—陶邓、惠良—和吉公路过境。

和吉圩［Héjíxū］　和吉镇人民政府驻地。在县政府驻地宾州镇东33千米。人口900。以汉族为主，还有壮族等。因和吉火车站得名，取自和义、吉兴2村名。聚落呈团块状。有中小学、卫生院。服务业以商贸为主。惠良—和吉公路经此。

洋桥镇［Yángqiáo Zhèn］　宾阳县辖镇。在县境北部。面积138平方千米。人口3.5万。以汉族为主，还有壮族。辖1居委会、8村委会，有91自然村。镇人民政府驻洋桥圩。1959年成立洋桥公社。1962年并入和吉区。1984年由和吉公社析设洋桥乡。1994年改镇。因镇政府驻地得名。清水河、南江、鹧鸪江流经。有中学1所，小学14所，卫生院1个，卫生所9个。农业以糖蔗、水稻等种植为主，有生猪饲养。有生态农业园。特产火龙果、百香果、柑橘。工业以制糖为主。泉南高速，王观岭—陶邓、大桥—茂凌公路过境。

洋桥圩［Yángqiáoxū］　洋桥镇人民政府驻地。在县政府驻地宾州镇东北24千米。人口1000。因圩北有桥得名阳桥圩，以桥用"洋灰"(水泥旧称)改建易今名。聚落呈团块状。有中小学、卫生院。农业以桉树、桑、荔枝、竹等种植为主，有肉牛、肉猪、家禽、鱼类饲养。服务业以农产品贸易为主。王观岭—陶邓公路经此。

陈平镇［Chénpíng Zhèn］　宾阳县辖镇。在县境西南部。面积155平方千米。人口2.6万。以汉族为主，还有壮族等。辖2居委会、8村委会，有134自然村。镇人民政府驻陈平圩。1950年为第六区。1958年改红星公社。1959年改陈平公社。1962年并入高田区。1984年由高田乡析设陈平乡。2005年高田乡并入。2013年改镇。因镇政府驻地得名。陈平江流经。有小学10所，卫生院2个，卫生所10个。农业以水稻、松树、杉树、速生桉等种植为主，特产酸梅、甜竹笋。南广高铁、柳南客专、东江桥—陈平公路过境。

陈平圩［Chénpíngxū］　陈平镇人民政府驻地。在县政府驻地宾州镇南21千米。人口400。为纪念古代官员陈平而修陈平庙，庙旁成圩，故名。聚落呈团块状。有小学、卫生院。服务业以农产品贸易为主。东江桥—陈平公路经此。

横　县

横县［Héng Xiàn］　南宁市辖县。北纬22°41′，东经109°15′。在市境东南部。面积3448平方千米。人口124.5万。以汉族为主，还有壮族等。辖14镇、3乡。县人民政府驻横州镇。隋开皇中置简州。唐贞观八年(634)改横州。传东晋董京泛舟郁江，见仙人横泊江浦，故名。宋元因之。明洪武二年(1369)宁浦县并入，十年(1377)降为横县，十四年(1381)复升州。先后属浔州府、南宁府。清属南宁府。1912年改横县。此后建制稍有变化，先后属邕南道、南宁道、第五民团区、南宁民团区、南宁行政监督区、第九行政督察区、第四行政督察区、南宁专区、宾阳专区、桂西僮族自治区。1952年永淳县并入，直属桂西僮族自治区。1956年后属桂西僮族自治州、邕宁专区、南宁专区、南宁地区。2003年属南宁市。最高点大圣山海拔1140.5米。年均气温21.4℃，1月平均气温12℃，7月平均气温28.5℃。年均降水量1415毫米。郁江流经。有矿产资源钛、金、铅、芒硝、膨润土、石灰石、三水铝等。有野生植物195种，其中有国家重点保护野生植物枫荷桂、格木等6种。有野生动物424种,其中有国家重点保护野生动物中华秋沙鸭、林麝、虎纹蛙等60种。森林覆盖率48.6%。有中等职业学校1所,中学43所,小学272所,特教学校1所,二级医院2个,文化馆1个,图书馆1个,体育馆1个。有古迹宝华山应天寺、伏波庙、海棠亭、淮海祠、怀古亭、笔山花屋、李锷楼、承露塔。有景点九龙瀑布森林公园、西津湿地公园。有六景霞义山泥盆纪标准地质剖面。三次产业比例25∶49∶26。农业以水稻、甜玉米、桑、甘蔗、花生、蔬菜等种植为主,盛产西瓜、荔枝、龙眼、香蕉、葡萄、肉芥菜、柑橙。工业以水电、制糖、制茶、制药、缫丝、水泥、食品加工等为主,特产茉莉花茶、南山白毛茶、横州六堡茶、黑皮果蔗、大头菜、鱼生、大粽、木瓜丁等。有西津水电站。服务业以物流、商贸、旅游为主。湘桂、黎钦铁路,广昆、泉南、六钦高速,209国道,省道南横线过境。郁江通航。有南宁港六景港区。

横县汽车总站 [Héng Xiàn Qìchē Zǒngzhàn] 见交通运输设施部分"横县汽车总站"条。

横州镇 [Héngzhōu Zhèn] 横县人民政府驻地。在县境东南部。面积182平方千米。人口17万。以汉族为主,还有壮族等。辖11居委会、21村委会,有159自然村。镇人民政府驻横州街。1933年设城内、附郭2镇。1941年合称槎城镇。1949年为第一区。1958年改槎江镇,旋改槎江红星公社。1959年改乡。1961年改横州镇。2002年附城镇并入。因镇政府驻地得名。郁江流经。有职业技术学校1所,中学4所,小学25所,体育学校1所,特教学校1所,二级医院2个,卫生院1个,卫生所20个,图书馆1个,文化馆1个,广场1个。有古建筑海棠桥、龙母庙、施家大屋等。有景点西津湖、横州公园、海棠公园、娘山慈感庙等。农业以水稻、茉莉花、大头菜、甘蔗种植为主。工业以建材、皮革、花茶加工为主。特产茉莉花茶、木瓜丁。服务业以商贸为主。有茶城、花茶交易市场等。有步行古街巷洪德路。209国道,省道南横、芦横线过境。通公交车。

茉莉花大道 [Mòlìhuā Dàdào] 在县城北部。东起江滨东路,西至省道南横线。与长安大道、中山路、茶城路、龙首路、江北大道等相交。长4.3千米,宽80米。沥青混凝土路面。原为省道南横线一段,1997年改建,名新州路。2006年因特产茉莉花更今名。有绿化隔离带。两侧有茉莉花广场、国泰会议中心、横县第二客运中心、酒店、县国税局、农业局、职业技术学校等。通公交车。

城司路 [Chéngsī Lù] 在县城中部。南起槎江路,北至茉莉花大道。与魁星路、宝华中路、教育路、环城西路等相交。长1.8千米,宽30米。沥青混凝土路面。清代为城守、分司2街,后合称城司街。1997年与维新街合建城司路。分南、北2路。两侧有县图书馆、体育中心、体校、小学等。通公交车。

横州街 [Héngzhōujiē] 横州镇人民政府驻地。在镇境南部。人口8.3万。唐为横州治,故名。聚落呈团块状。有职业技术学校、体育学校、中小学、二级医院、卫生院、保健院、图书馆、文化馆、体育场馆、休闲广场。有横州、海棠等公园。有古迹海棠桥、施家大屋等。经济以皮革、花茶加工,商业贸易为主。有茶城、花茶交易市场、商贸城等。特产茉莉花茶、大粽。省道南横、芦横线经此。通公交车。

笔木脚村 [Bǐmùjiǎocūn] 在镇境北部。横州镇辖自然村。人口200。因树木果实可作笔毛而得名。聚落呈长方形。村内房屋井然、环境整洁。有农家小院,为生态文明村典范。农业以茉莉花、水稻种植为主。县道横宾线经此。2005年被评为全国文明村。

百合镇 [Bǎihé Zhèn] 横县辖镇。在县境东部。面积184平方千米。人口10.9万。辖1居委会、27村委会,有138自然村。镇人民政府驻百合圩。1958年设百合乡。1961年改区。1968年改公社。1984年改镇。因镇政府驻地得名。有中学3所,小学28所,卫生院1个,卫生所27个。有民间粤剧团。有传统节庆葛麻十六炮会。农业以水稻、甘蔗、茉莉花种植为主,特产黑皮甘蔗。有圩场4个。横县—浦北公路过境。郁江通航。

百合圩 [Bǎihéxū] 百合镇人民政府驻地。在县政府驻地横州镇东21千米。人口8800。传明洪武年间(1368—1398)建圩,原址在圩背村西,后搬现址。原称博合,后谐音改今名。聚落呈团块状。有中小学、卫生院。服务业以餐饮、住宿为主。有大型超市、农贸市场。横县—浦北公路经此。

那阳镇 [Nàyáng Zhèn] 横县辖镇。在县境东南部。面积140平方千米。人口6.5万。辖1居委会、15村委会,有96自然村。镇人民政府驻那市铺。1912年设那阳乡。1949年仍乡。1958年成立金星公社。1959年改那阳乡。1968年复公社。1984年改乡。1994年改镇。因镇政府驻地得名。有中学1所,小学16所,卫生院1个,卫生所15个。有宝华山应天寺。农业以水稻、茉莉花、茶、葡萄、木薯种植为主,特产南山白毛茶。工业以建材、茶叶加工为主,兼有制砖、水泥加工等。209国道过境。郁江通航。

那市铺 [Nàshìpù] 那阳镇人民政府驻地。在县政府驻地横州镇东7千米。人口6300。1913年始有集市,因圩期不定而称市或铺,简称那市,又称那阳铺。聚落呈带状。有中小学、卫生院。农业以水稻、蔬菜种植为主,有猪、鸡、鱼饲养,产茉莉花、沃柑。工业以水泥加工、冶金为主。209国道经此。

南乡镇 [Nánxiāng Zhèn] 横县辖镇。在县境南部。面积342平方千米。人口9.7万。以汉族为主,还有壮族等。辖2居委会、18村委会,有181自然村。镇人民政府驻板路圩。1912年设南乡镇。1958年改南乡乡,旋改南乡红星公社。1984年分设南乡镇、板路乡。2005年板路乡并入。因处县城南得名。郁江流经。有中学1所,小学20所,卫生院1个,卫生所19个。有西津湖风景区。农业以水稻、茶、木薯种植为主,特产大头菜。209国道、邕灵公路过境。

板路圩 [Bǎnlùxū] 南乡镇人民政府驻地。在县政府驻地横州镇南19千米。人口2500。因在板路村南定居建圩得名。聚落呈带状。有中小学、卫生院。经济以农业为主,盛产板栗、荔枝、龙眼、土鸡、土鸭。

新福镇 [Xīnfú Zhèn] 横县辖镇。在县境西南部。面积348平方千米。人口5.7万。以壮族为主,还有汉族。辖2居委会、16村委会,有149自然村。镇人民政府驻新圩。1955年设飞龙区。1958年改飞跃公社。1962年复区。1969年改公社。1984年分设飞龙、新福2乡。1995年新福乡改镇。2005年飞龙乡并入。因原五福村、新圩得名。有中学2所,小学16所,卫生院1个,卫生所16个。经济以林业为主,种植速生桉、松树、果树、茶树等,特产红椎菌。工业以制砖、茶叶加工,松脂、板材加工为主。黎钦铁路、邕灵公路过境。郁江通航。

新圩 [Xīnxū] 新福镇人民政府驻地。在县政府驻地横州镇西南36千米。人口4100。传清乾隆年间(1736—1795)建圩,因沙坪河东岸已有圩市(今灵山县沙坪镇旧圩),此圩后建,故名。聚落呈带状。有中小学、卫生院。农业种植澳洲坚果、莪术、葡萄等,养殖鹌鹑、生猪等。黎钦铁路、邕灵公路经此。

莲塘镇 [Liántáng Zhèn] 横县辖镇。在县境中部偏南。面积154平方千米。人口4.4万。以汉族为主,还有壮族等。辖1居委会、11村委会,有49自然村。镇人民政府驻莲塘圩。1912年设莲塘区。1952年为第七区。1958年改莲塘东风公社。1959年改莲塘乡。1968年改公社。1984年改乡。1994年改镇。因镇政府驻地得名。有中学1所,小学12所,卫生院1个,卫生所10个。经济以农业为主,为西津库区镇,养殖淡水鱼,种植甘蔗、茉莉花、玉兰花、水果等。工业以制砖为主。特产茶叶。省道南横线过境。郁江通航。

莲塘圩 [Liántángxū] 莲塘镇人民政府驻地。在县政府驻地横州镇西12千米。人口3700。传明天顺八年(1464)建圩,因处莲叶形山丘且水塘终年不旱得名。聚落呈团块状。有中小学、卫生院。农业以茶种植为主,有淡水鱼养殖。工业以制茶、陶瓷加工为主。省道南横线经此。

平马镇 [Píngmǎ Zhèn] 横县辖镇。在县境中部偏西。面积144平方千米。人口3.8万。以壮族为主,还有汉族。辖1居委会、8村委会,有55自然村。镇人民政府驻平马圩。1933年设平马乡。1942年改龙平乡。1952年改七区。1958年设良水乡,旋并入莲塘东风公社。1969年析设平马公社。1984年改乡。1996年改镇。因镇政府驻地得名。有中学1所,小学9所,卫生所1个,卫生所9个。农业以水稻、甘蔗、西瓜、肉芥菜、木薯种植为主。省道南横线过境。郁江通航。

平马圩 [Píngmǎxū] 平马镇人民政府驻地。在县政府驻地横州镇西23千米。人口5600。以壮族为主,还有汉族。因处麓马岭较平坡地得名。聚落呈带状。有中小学、卫生院。农业以水稻、甘蔗、玉米、木薯、花生、荔枝、龙眼等种植为主。有畜牧水产养殖。通乡村道路。

峦城镇 [Luánchéng Zhèn] 横县辖镇。在县境西部。面积78平方千米。人口5.9万。以汉族为主,还有壮族等。辖1居委会、15村委会,有46自然村。镇人民政府驻峦城街。1950年为永淳县一区。1952年为九区。1958年改上游公社。1961年改峦城公社。1969年析设六景公社。1984年改镇。因曾为峦州治得名。唐顺宗永贞元年(805)设峦州,以山峦众多命名。有中学1所,小学14所,卫生院1个,卫生所15个。有古迹承露塔。农业以水稻、甘蔗、甘薯种植为主。工业以制糖、木器加工为主。六钦高速、省道南横线过境。郁江通航。

峦城街 [Luánchéngjiē] 峦城镇人民政府驻地。在县政府驻地横州镇西北37千米。人口9500。因镇得名。聚落呈团块状。有中小学、卫生院。农业以甘薯种植为主。工业以制糖、木器加工、食品加工为主。省道南横线经此。郁江通航。

六景镇 [Liùjǐng Zhèn] 横县辖镇。在县境西北部。面积360平方千米。人口10.4万。以壮族为主,还有汉族。辖2居委会、27村委会,有105自然村。镇人民政府驻六景圩。1950年为永淳县六景区。1952年为横县九区。1956年并入峦城区。1969年析设六景公社。1984年改镇。2005年良圻镇并入。因镇政府驻地得名。有中学3所,小学30所,卫生院2个,卫生所27个。有省级自然保护单位霞义山泥盆纪标准地质剖面,为世界著名地质剖面之一。农业以水稻、甘蔗、花生、玉米、甘薯种植为主,特产荔枝。工业以制糖、食品加工为主。有六景工业园区。湘桂、黎钦铁路,泉南、广昆、六钦高速过境。郁江通航。有南宁港六景作业区。

六景圩［Liùjǐngxū］ 六景镇人民政府驻地。在县政府驻地横州镇西北45千米。人口5800。传清雍正年间(1723—1735)建圩，因6风景点得名。聚落呈团块状。有中小学、卫生院。工业以造纸、水泥加工、制砖、农业机械制造为主。湘桂铁路，广昆、泉南高速经此。

石塘镇［Shítáng Zhèn］ 横县辖镇。在县境北部。面积222平方千米。人口7.6万。以壮族为主，还有汉族。辖2居委会、15村委会，有88自然村。镇人民政府驻石塘圩。1952年为十二区。1955年改十一区。1958年分设石塘、灵竹2乡，旋合设红光公社。1959年分设芦村、灵竹2公社。1962年合为芦村区。1968年改石塘公社。1984年分设石塘、灵竹2乡。1994年石塘乡改镇。1996年灵竹乡改镇。2005年灵竹镇并入。因镇政府驻地得名。有中学2所，小学15所，卫生院1个，卫生所15个。有沙江民族风情节。农业以水稻、甘蔗、甜玉米、花生、葡萄等种植为主，特产西瓜、黑糯米。湘桂、黎钦铁路，广昆、泉南高速，省道芦横线过境。

石塘圩［Shítángxū］ 石塘镇人民政府驻地。在县政府驻地横州镇西北29千米。人口6700。传清乾隆年间(1736—1795)郑姓迁此成圩，因塘边多石得名。聚落呈团块状。有中小学、卫生院。农业以甜玉米、芥菜、甜豆、西兰花等种植为主。工业以制糖、木材加工、蚕丝加工为主。省道芦横线经此。

陶圩镇［Táoxū Zhèn］ 横县辖镇。在县境中部。面积184平方千米。人口9.2万。以汉族为主，还有壮族等。辖1居委会、18村委会，有126自然村。镇人民政府驻陶圩。1958年成立陶圩公社。1984年改乡。1994年改镇。因镇政府驻地得名。有中学1所，小学12所，卫生院1个，卫生所18个。有省级爱国主义教育基地中共广西省工委横县会议旧址。农业以水稻、甘蔗、玉米种植为主。省道芦横线过境。

陶圩［Táoxū］ 陶圩镇人民政府驻地。在县政府驻地横州镇西北21千米。人口8000。因陶姓居多得名。聚落呈团块状。有中小学、卫生院。农业以水稻、甜玉米、糖蔗种植为主，有牲畜、家禽饲养。有滑石矿。省道芦横线经此。

校椅镇［Jiàoyǐ Zhèn］ 横县辖镇。在县境中部。面积249平方千米。人口10.6万。以汉族为主，还有壮族等。辖1居委会、21村委会，有129自然村。镇人民政府驻校椅圩。1955年设校椅区。1958年改先锋公社。1962年复校椅区。1984年改乡。1989年改镇。因镇政府驻地得名。有中学3所，小学19所，卫生院1个，卫生所21个。农业以水稻、茉莉花、桑、甜玉米、甘蔗、蔬菜等种植为主。有中华茉莉园。工业以茉莉花茶加工为主。有茉莉花茶产业园。广昆高速、省道芦横线过境。

校椅圩［Jiàoyǐxū］ 校椅镇人民政府驻地。在县政府驻地横州镇北17千米。人口8600。“校椅”即交椅，因圩地形似仙人坐椅得名。虽字改，当地仍读“交”音。聚落呈团块状。有中小学、卫生院。农业以水稻、茉莉花等种植为主。工业以建筑、花茶加工、农机制造、水泥、羽毛加工等为主。服务业以商贸为主，农产品营销为辅。

龙省村［Lóngxǐngcūn］ 在县政府驻地横州镇北20千米。校椅镇辖自然村。人口1600。“龙”指山峦，传山峦自瞻顾山蜿蜒而至，群山起伏，来龙生动醒目，“醒”“省”谐音得名。聚落呈带状。有小学。有“三月三”节风俗。有灯光球场、游泳池、凉亭、文化广场。为生态文明旅游村。农业以茉莉花、魔芋等种植为主。广昆高速经此。2011年被评为全国文明村。

云表镇［Yúnbiǎo Zhèn］ 横县辖镇。在县境东北部。面积255平方千米。人口8.3万。以壮族为主，还有汉族。辖1居委会、13村委会，有118自然村。镇人民政府驻云表圩。1958年成立云表公社。1984年改乡。1993年改镇。因镇政府驻地得名。东南喀斯特峰林。云表江流经。有中学2所，小学16所，卫生院1个，卫生所13个。有全国重点文物保护单位伏波庙。有景点乌蛮积翠。农业以水稻、西瓜、桑树、玉米、甘蔗、香蕉种植为主。有特色种桑养蚕产业。209国道、广昆高速过境。

云表圩［Yúnbiǎoxū］ 云表镇人民政府驻地。在县政府驻地横州镇东北27千米。人口7400。以壮族为主，还有汉族。传明末建圩，原址在今贵港市五里镇云表村。因群众云集村尾成圩得名。“表”方言为末端之意。后因恶霸闹市迁至现址。聚落呈团块状。有中小学、卫生院。农业形成桑蚕、蘑菇、茉莉花、风景树、糖料蔗、优质稻六大支柱产业。为横县与贵港市边贸集市。209国道经此。

马岭镇［Mǎlǐng Zhèn］ 横县辖镇。在县境中部偏东。面积84平方千米。人口3.1万。以汉族为主，还有壮族等。辖1居委会、12村委会，有32自然村。镇人民政府驻马岭圩。1970年成立东方红公社。1980年改马岭公社。1984年改乡。1995年改镇。因马岭山得名。有中学1所，小学10所，卫生院1个，卫生所12个。农业以水稻、茉莉花、桑树、甘蔗、香蕉、花生、木薯、芥菜种植为主。广昆高速、209国道、校椅—谢圩公路过境。

马岭圩［Mǎlǐngxū］ 马岭镇人民政府驻地，在县政府驻地横州镇东北16千米。人口2100。因马岭农场得名。聚落呈团块状。有中小学、卫生院。农业以水稻、桑蚕、茉莉花、甘蔗、蔬菜、西瓜、玉兰花等种植为主。工业以板材加工、缫丝为主。校椅—谢圩公路经此。

马山乡［Mǎshān Xiāng］ 横县辖乡。在县境东南部。面积130平方千米。人口6.4万。辖1居委会、16村委会，有131自然村。乡人民政府驻地马山圩。1952年设二区。1958年改马山公社。1984年改乡。因乡政府驻地得名。有中学2所，小学17所，卫生院1个，卫生所15个。农业以水稻、甘蔗、茶种植为主，特产马山沙梨。工业以芒编、竹编手工业为主。横县—浦北公路过境。

马山圩［Mǎshānxū］ 马山乡人民政府驻地。在县政府驻地横州镇东26千米。人口3100。因明崇祯年间有马山庙得名。聚落呈团块状。有中小学、卫生院。农业以水稻、玉米种植为主。工业以竹艺编织、果脯加工为主。服务业以农副产品销售为主。横县—浦北公路经此。

平朗乡［Pínglǎng Xiāng］ 横县辖乡。在县境西部。面积126平方千米。人口3万。以汉族为主，还有壮族等。辖1居委会、13村委会，有52自然村。乡人民政府驻平朗圩。1952年设八区。1958年改胜利公社。1961年改平朗公社。1984年改乡。因乡政府驻地得名。有中学1所，小学4所，卫生院1个，卫生所13个。有古迹笔山花屋、长街屯。农业以水稻、甘蔗、木薯种植为主。郁江通航。

平朗圩［Pínglǎngxū］ 平朗乡人民政府驻地。在县政府驻地横州镇西36千米。人口2800。传清乾隆三十六年(1781)在平坦朗塘垌旁建圩，故名。1964年因西津水库淹没迁今地重建。聚落呈团块状。有中小学、卫生院。农业以水稻、糖蔗、花生、经济林等种植为主，有淡水鱼养殖。郁江通航。

笔山村［Bǐshāncūn］ 在县政府驻地横州镇西42千米。平朗乡辖自然村。人口1400。因租种施屋人田地得名施屋，雅化为诗屋山村。1922年古济温建笔山小学，后以学校名改今名。为中国传统村落。有石板古驿道、明清笔山驿遗址。有清代、民国时期传统建筑20多座。有古井、抗日阻击战遗址等。有省级非物质文化遗产笔山人生礼仪。农业以水稻、玉米、花生、甘薯种植为主。

镇龙乡［Zhènlóng Xiāng］ 横县辖乡。在县境北部。面积266平方千米。人口2万。均为壮族。辖1居委会、10村委会，有83自然村。乡人民政府驻那州圩。1952年设镇龙特区。1953年改十七区。1955年改镇龙区。1984年改乡。因处镇龙山区得名。有矿产资源铅、锌、锑、银、铜等。有中学1所，小学7所，卫生院1个，卫生所11个。有九龙瀑布群森林公园。经济以林业为支柱，种植速生桉、杉树、八角及其他经济林木。特产柠檬、青梅、甜竹笋、蜂蜜。东圩—镇龙公路过境。

那州圩［Nàzhōuxū］ 镇龙乡人民政府驻地。在县政府驻地横州镇北38千米。人口2600。均为壮族。传明初韦特圻王府在此立州府，田地归州府所有，得名那州。因成圩市改今名。“那”壮语指田。聚落呈带状。有矿产资源铅锌、铜等。有中小学、卫生院。农业以林木、柠檬等种植为主，特产竹笋、生姜。工业以木材加工、酿酒为主。东圩—镇龙公路经此。

柳州市

柳州市［Liǔzhōu Shì］ 广西壮族自治区辖地级市。北纬23°54′—26°03′，东经108°35′—110°10′。在自治区境中部偏北。面积1.86万平方千米。户籍人口377.9万，常住人口388.6万。以汉族为主，还有壮、苗、瑶、侗等民族。辖柳北、城中、鱼峰、柳南4区，柳江、柳城、鹿寨、融安4县，融水苗族、三江侗族2自治县。市人民政府驻柳北区。唐武德四年(621)设昆州，同年改南昆州。贞观八年(634)改为柳州，因柳江得名。天宝元年(742)改称龙城郡，故柳州又名龙城。乾元元年(758)复名柳州。五代后唐天成二年(927)隶楚国。北宋延称柳州。南宋咸淳元年(1265)治所迁柳城县龙江。元至元十三年(1276)属柳州安抚司，十六年属柳州路总管府。明洪武元年(1368)改柳州路为柳州府，府治迁马平县。清沿之。1912年撤马平县入柳州府。1913年裁柳州府。1931年改称柳州县。1937年改称柳江县。1949年设柳州专区。同年析柳江县城和县郊部分乡村置县级柳州市，为柳州专署驻地。1950年起先后属广西省、柳州专区、广西僮族自治区。1961年由自治区直辖，升为地级市。1983年柳江县、柳城县划入。2002年增辖鹿寨县、融安县、融水苗族自治县、三江侗族自治县。地势北高南低，以山地丘陵为主，岩溶地貌广布。处桂北山地、桂中盆地。平均海拔91米。年均气温20.5℃，1月平均气温12℃，7月平均气温31℃。年均降水量1489.1毫米。年均无霜期332天。融江、柳江、洛清江流经。有矿产资源铁、锡、铅锌、锰、石灰石等。有国家一级保护野生植物元宝山冷杉、南方红豆杉、合柱金莲木等10多种，二级保护野生植物华南五针松、南方铁杉、红花木莲、闽楠、梳帽卷瓣兰等200多种。有野生动物590多种，其中国家一级保护野生动物有蟒，二级保护野生动物有大鲵、山瑞鳖、原鸡、红腹角雉、白鹇、毛冠鹿、苏门羚、短尾猴等。有国家级自然保护区元宝山、九万山，省级自然保护区拉沟鸟类、泗涧山大鲵。森林覆盖率59.7%。有高校5所，中学169所，小学947所，三级医院8个。有龙潭、柳侯、鱼峰公园。为中国历史文化名城。有全国重点文物保护单位程阳永济桥、鲤鱼嘴遗址、柳侯祠碑刻、马胖鼓楼、柳州旧机场及城防工事群旧址等11个，自治区级文物保护单位东门城楼、新安古墓群、丹洲古城等21个。有古迹柳侯祠、荔子碑等。有国家级非物质文化遗产侗族大歌、侗族木构建筑营造技艺、苗族系列坡会。有自治区级非物质文化遗产柳州山歌、高沙锣鼓、侗戏、侗族器乐、侗族刺绣、柳州螺蛳粉手工制作技艺等28项。有自治区级苗族文化(融水)、侗族文化(三江)生态保护区。有鹭鸶洲生态农业旅游区、都乐岩风景区、石门风景区。有景点白莲洞—通天岩柳江人遗址、融水老君洞、元宝山、鹿寨香桥岩、白象岩、贝江风光、融安泗维河风光等。三次产业比例5∶59∶36。农业以种植业、林业为主。工业以汽车、机械、冶金、造纸印刷、日用化工为主。有国家级经济开发区1个，省级经济开发区4个。服务业以仓储、租赁、商贸为主。有铁路870千米，高铁170千米，公路8091千米，高速240千米，内河航线696千米。贵广、衡柳、柳南铁路，泉南、汕昆高速，209、322、323国道过境。有白莲机场，民航航线10条，通往国内广州、北京、海口、西安、上海等城市。

柳州 [Liǔzhōu] 简称柳。别名龙城、壶城。柳州市聚落。在市境东部。面积221平方千米。人口221.9万。以汉族为主，还有壮、苗、瑶、侗等民族。柳州城自2100年前始筑。唐以前城址几经变迁，或在柳北今鹧鸪江附近，或在柳南驾鹤山一带，或在柳江北岸，均为土城。唐代柳州城仍为土城，城址在今城中区南部。明洪武十二年(1379)筑砖城为内城，内城北面筑外城，并置东、北、西3樵楼，后除内城均毁于明末。清末内城仍保存完好，呈椭圆形，东西长1350米，南北宽750米，平均高8米。原置东、南、西、北4门，后在南面增开小南、正南2门。1949年城区面积3平方千米。1950—1957年修复、翻新原有市政基础设施，修复铁路桥，修建屏山大道，兴建职工住宅楼49万平方米。1958—1965年拉直飞鹅路，兴建飞鹅桥，修建跃进路、五一路、八一路，拓宽龙城路。1966—1976年新建城市道路11千米。1968年建成柳州大桥。1984—1990年建成人民医院、柳州商场、保险公司、供电大楼、邮电微波大楼、工商银行大楼、教育大厦等。1991—1995年扩建广场，建成文化艺术中心、体育中心、图书馆、广播电视中心等。有景点柳侯公园、窑埠古镇、文庙、鱼峰山、马鞍山、蟠龙山、箭盘山等。城区中部为商业服务业、市直属党政机关、事业单位以及文化体育场所聚集区。东南部以商贸业为主，有汽车研发、生产、销售基地，同时为柳州旅游景点最多区域。鱼峰山下群众自发聚集唱山歌活动，是柳州一大文化特色。南部为柳州主要交通运输通道，工商贸集散和蔬菜生产基地。北部为柳州工业及物流、金融部门集中区。铁路、公路、水路、民用航空构成交通运输网络。通多路公交车。

东环大道 [Dōnghuán Dàdào] 在市区东部。南起西江路、燎原路、屏山大道交会处，北至鹧鸪江大桥。与华润路、桂柳路、柳东路、文昌路相交。长2.3千米，宽50米。沥青路面。1978年开工，1998年建成。2010年改扩建。为环城路，处市区东部，初名东环路，1998年更今名。两侧有居住小区、商场等。通多路公交车。

银桐路 [Yíntóng Lù] 在市区南部。东起白云路，西至航银路。与荣军路、柳石路相交。长3千米，宽41米。沥青路面。2002年开工，2004年建成。取道路所穿银仔山、桐油山各一字命名。两侧有假肢康复中心、中学、居住小区、批发市场等。通多路公交车。

柳北区

柳北区 [Liǔběi Qū] 柳州市人民政府驻地。在市境南部。面积306平方千米。人口44.5万。以汉族为主，还有壮、瑶、侗、仫佬、苗、回等民族。辖8街道、3镇。区人民政府驻雀儿山街道。1958年设柳北区。1960年撤。1979年析解放、雀儿山2公社复设柳北区。因初建区时地处市区北部得名。先后改造旧城，建成白沙客运站、居住小区、胜利立交桥、地王财富中心。年均气温20.6℃。年均降水量1793毫米。柳江、沙埔河、大帽河、丘歪河、沙塘河、鹧鸪江流经。有高校3所，中职6所，中学14所，小学44所，三级医院1个，二级医院3个。有国家3A级旅游景区花果山、君武森林公园。三次产业比例2∶72∶26。农业以种植蔬菜、甘蔗，养殖猪、鸡、鸭、鱼为主。工业以制造、钢铁、化工、发电、制糖为主。服务业以仓储物流、商贸服务为主。湘桂铁路、汕昆高速、209国道过境。有柳州北站、鹧鸪江站，白沙客运站。有柳江水路国家一级口岸鹧鸪江码头。通多路公交车。

北雀路 [Běiquè Lù] 在区境南部。南起雅儒路，北至鹧鸪江路。与庆丰路、红碑路、桃源路、胜利东路等相交。长6千米，宽34米。水泥混凝土路面。1927年始建。1958年后多次扩宽。因雀儿山得名。两侧多企业。通多路公交车。

跃进路 [Yuèjìn Lù] 在区境南部。南起八一路，北至鹧鸪江路。与三中路、庆丰路、锦绣路、长风路等相交。长6.1千米，宽40米。水泥混凝土路面。1958年开工，同年建成。因吉言佳语得名。两侧有中学、白沙客运站、企业、政府机关等。通多路公交车。

北外环路 [Běiwàihuán Lù] 在区境北部。东起鹧鸪江大桥，西至白露大桥。与园艺路、志诚路、香兰大道、柳长路相交。长8.7千米，宽70米。水泥混凝土、沥青路面。2009年开工，2012年建成。因环城北得名。两侧有新工业园区。通公交车。

柳长路 [Liǔcháng Lù] 在区境中部。南起跃进路、北雀路、鹧鸪江路交会处，北至沙塘镇沙塘街。与香兰大道、北外环相交。长10.4千米，宽40米。水泥混凝土路面。原为柳州—融安长安镇公路，2005年扩建为城市道路，故名。两侧有大型工厂、居民小区、专科学校、科研所等。通公交车。

河东大桥 [Hédōng Dàqiáo] 在城区东部。长820米，宽20米，最大跨度60米，桥下净高8.3米。1980年开工，1984年建成。因河东村得名。为大型河道桥梁，结构型式为预应力钢筋混凝土箱形连续梁桥。最大载重汽车20吨，挂车100吨。通多路公交车。

壶东大桥 [Húdōng Dàqiáo] 在城区东南部。长544.8米，宽22米，最大跨度95米，桥下净高6.1米。1988年开工，1989年建成。因处柳州壶状地形东部得名。为大型河道桥梁，结构型式为钢筋混凝土箱型拱桥。最大载重汽车20吨，挂车120吨。通多路公交车。

胜利立交桥 [Shènglì Lìjiāoqiáo] 在城区中部。面积8.6万平方米。有3层互不交叉的不同方向的城市道路在此立体相交。最高层离地面16米。2004年开工，同年建成。因胜利路得名。日交通流量2.8万辆次。通多路公交车。

鹧鸪江站 [Zhègūjiāng Zhàn] 见交通运输设施部分"鹧鸪江站"条。

白沙客运站 [Báishā Kèyùnzhàn] 见交通运输设施部分"白沙客运站"条。

雀儿山街道 [Què'érshān Jiēdào] 柳北区人民政府驻地。在区境南部。面积10平方千米。人口6万。1984年设。因雀儿山得名。先后扩建、修整雀儿山公园，建成胜利立交桥、多个居住小区。柳江流经。有高校1所，中学1所，小学2所，卫生所14个。工业以化工、电力、冶金、机械制造为主。服务业以商贸为主。有白沙客运站。通多路公交车。

解放街道 [Jiěfàng Jiēdào] 属柳北区。在区境南部。面积3平方千米。人口5万。1983年设。因原解放公社得名。有标志性建筑地王国际财富中心。柳江流经。有中学1所，小学2所，卫生所24个，图书馆1个。经济以商贸业为主。通多路公交车。

雅儒街道 [Yǎrú Jiēdào] 属柳北区。在区境南部。面积3平方千米。人口4万。1985年设黄村街道。2000年因雅儒路改今名。先后建成多个居住小区。柳江流经。有中学1所，小学2所，二级医院2个，卫生所7个。经济以商贸业为主。通多路公交车。

胜利街道 [Shènglì Jiēdào] 属柳北区。在区境中部。面积5平方千米。人口6.9万。1985年设。因胜利路得名。先后建成多个居住小区，新建建材、钢材市场，改造胜利小区，修建胜利立交桥。柳江流经。有中学4所，小学6所，三级医院1个，卫生所21个。经济以商贸业为主。通多路公交车。

钢城街道 [Gāngchéng Jiēdào] 属柳北区。在区境南部。面积4平方千米。人口3.9万。2005年设。因广西柳州钢铁集团得名。先后扩建住宅区，修整市政道路。有中学1所，小学3所，二级医院1个，卫生所6个。有柳钢文化广场。工业以钢铁为主。服务业以商贸为主。通多路公交车。

柳长街道 [Liǔcháng Jiēdào] 属柳北区。在区境南部。面积4平方千米。人口4.1万。2005年设。2008年与钢城街道办事处合署办公。取意"柳州长虹"得名。有中学1所，小学5所，卫生院1个，卫生所1个。经济以商贸业为主。湘桂铁路过境。通多路公交车。

锦绣街道 [Jǐnxiù Jiēdào] 属柳北区。在区境南部。面积3平方千米。人口7.3万。2005年设。因锦绣路得名。先后建成多个居住小区。柳江流经。有中学1所，小学5所，卫生院1个，卫生所1个。有长林公园。经济以商贸业为主。通多路公交车。

白露街道［Báilù Jiēdào］　属柳北区。在区境西南部。面积28平方千米。人口1.8万。以汉族为主，还有壮、苗、仫佬等民族。1984年设白露乡。2005年改街道。原白杨环绕，远望房屋时隐时露，故名。先后建成白露工业园区、北外环路等。柳江流经。有中学1所，小学5所，卫生院1个，卫生所7个。农业以种植蔬菜、甘蔗，养殖猪、鸡、兔、鱼等为主。通公交车。

石碑坪镇［Shíbēipíng Zhèn］　柳北区辖镇。在区境北部。面积89平方千米。人口2万。以汉族为主，还有壮、苗、瑶、布依、仫佬等民族。辖1居委会、10村委会，有54自然村。镇人民政府驻石碑坪街。1983年成立石碑坪公社。1984年改乡。1996年置镇。因镇政府驻地得名。柳江、丘歪河、大帽河、沙埔河流经。有中学1所，小学5所，卫生院1个，卫生所10个。农业以种植水稻、甘蔗为主，养殖猪、鸡、鸭、鱼等。工业以电器制造为主。209国道过境。

石碑坪街［Shíbēipíngjiē］　石碑坪镇人民政府驻地。在区政府驻地雀儿山街道西北17千米。人口7300。地势平坦，靠近石碑村，故名。聚落呈团块状。有中学、卫生所。经济以商贸、住宿、餐饮业为主。209国道经此。

沙塘镇［Shātáng Zhèn］　柳北区辖镇。在区境北部。面积88平方千米。人口3万。以汉族为主，还有壮、瑶、苗、仫佬等民族。辖3居委会、10村委会，有45自然村。镇人民政府驻沙塘街。1961年成立沙塘公社。1984年改镇。因镇政府驻地得名。柳江、沙塘河流经。有高校2所，中职2所，中学1所，小学5所，卫生院1个，卫生所10个。有柳州陶瓷刻工艺馆、君武民俗博物馆等。有国家3A级旅游景区花果山、君武森林公园。农业以种植水稻、玉米、蔬菜为主，养殖猪、鸡、鸭、鱼等。工业以汽车配件加工、机械制造、化工、木材加工为主。湘桂铁路、209国道、沙塘—西安公路过境。通公交车。

沙塘街［Shātángjiē］　沙塘镇人民政府驻地。在区政府驻地雀儿山街道北8千米。人口9000。因靠近沙塘村得名。原有方水塘，底部细沙厚实，故名沙塘。聚落呈团块状。有高校、中小学、卫生院。经济以商贸、物流业为主。209国道经此。

江湾村［Jiāngwāncūn］　在区政府驻地雀儿山街道西北10千米。沙塘镇辖自然村。人口1600。以汉族为主，还有壮、瑶、仫佬等民族。因弯曲小河得名。聚落呈团块状。有朝碑屯碑。有国家3A级旅游景区花果山。农业以种植水稻、玉米、蔬菜为主，养殖猪、鸡、鱼等。服务业以生态旅游为主。209国道经此。2011年被评为全国文明村。

长塘镇［Chángtáng Zhèn］　柳北区辖镇。在区境中部。面积76平方千米。人口4万。以汉族为主，还有壮族。辖3居委会、8村委会，有51自然村。镇人民政府驻鹧鸪江村。1949年为长塘乡。1950年分设长塘、北岸、鹧鸪、梳妆4乡，后合设长塘公社。1984年改乡。1990年析设洛埠镇。2000年置镇。因曾有狭长水塘得名。柳江、鹧鸪江流经。有中学2所，小学8所，卫生院1个，卫生所7个。农业以种植百香果、甘蔗、玉米、花生、茶为主，养殖生猪、土鸡等。工业以木材加工、矿渣加工、汽车及零部件制造为主。服务业以商贸、物流为主。湘桂铁路、汕昆高速、209国道过境。有鹧鸪江站。通多路公交车。

鹧鸪江村［Zhègūjiāngcūn］　长塘镇人民政府驻地。在区政府驻地雀儿山街道东北2千米。人口3800。因江口土堆形似鹧鸪得名。聚落呈团块状。有小学。农业主产蔬菜、水稻等。

城中区

城中区［Chéngzhōng Qū］　柳州市辖区。在市境南部。面积78平方千米。人口16.1万。以汉族为主，还有壮、苗、瑶、侗等民族。辖6街道。区人民政府驻城中街道。1979年设。因处市区中心得名。有标志性建筑柳州广电中心、柳江明珠水上大舞台、市体育中心等。柳江流经。有高校2所，中学5所，小学4所，三级医院2个，二级医院2个，博物馆2个。有全国重点文物保护单位柳侯祠碑刻，自治区级文物保护单位东门城楼、廖磊公馆。有柳州解放纪念碑、中共柳州地下党革命遗址。有古迹西来寺、李文茂王府等。有自治区级非物质文化遗产柳州螺蛳粉手工制作技艺。有国家4A级旅游景区柳侯公园、马鹿山奇石博览园。二、三产业比例35∶65。农业以种植龙眼、芭蕉，养殖鸡、鸭为主。工业以建材、机械配件、日化行业为主。有国家级柳州高新技术产业开发区。服务业以商贸服务业为主。209、322、323国道过境。通多路公交车。

人民广场［Rénmín Guǎngchǎng］　在城区西南部。面积8.4公顷。1951年开工，1952年建成。1986—1988、2003—2004年扩建。中央有大型音乐喷泉、百家姓铜铸台。有绿地3.35万平方米。为集爱国主义教育、科普宣传、艺术交流、健身娱乐于一体综合性广场。周边有艺术中心、博物馆、商场等。通多路公交车。

文惠桥［Wénhuì Qiáo］　在城区南部。长587.4米，宽16米，最大跨度108米，桥下净高7.9米。1992年开工，1994年建成。2010年改造。因柳州刺史柳宗元谥号"文惠"得名。为大型河道桥梁，结构型式为中承式钢管混凝土拱桥。最大载重15吨。通多路公交车。

城中街道［Chéngzhōng Jiēdào］　城中区人民政府驻地。在区境西南部。面积1平方千米。人口0.9万。1960年成立城中公社。1985年改街道。因处城区中心得名。先后修建五一路、八一路，拓宽龙城路，建成柳州大桥、柳州工贸大厦，改造柳江河堤。柳江流经。有小学2所，幼儿园2所，卫生服务中心1个。有市人民广场、博物馆等。有自治区级文物保护单位东门城楼。服务业以金融、教育培训、文化娱乐、租赁为主。通多路公交车。

公园街道［Gōngyuán Jiēdào］　属城中区。在区境西南部。面积0.2平方千米。人口1.7万。1960年成立公园公社。1985年改街道。因国家4A级旅游景区柳侯公园得名。先后拓宽公园路、文惠路。柳江流经。有中学1所，小学2所，三级医院1个，二级医院1个。有全国重点文物保护单位柳侯祠碑刻，自治区级文物保护单位廖磊公馆。服务业以商贸、金融、教育培训、租赁为主。通多路公交车。

中南街道［Zhōngnán Jiēdào］　属城中区。在区境西南部。面积1平方千米。人口2.3万。1955年设。后改公社。1985年复街道。因处城区中心偏南得名。先后改建锦业城市广场，建成锦业小区。柳江流经。有中学1所，小学3所，体校1所。有古迹西来寺等。工业以印刷、服装制造为主。服务业以商贸为主。通多路公交车。

潭中街道［Tánzhōng Jiēdào］　属城中区。在区境西南部。面积10平方千米。人口5.9万。2000年设。因潭中东路得名。先后建成文昌综合楼、城中万达广场等。柳江流经。有高校2所，中学2所，小学2所，三级医院1个，二级医院1个，卫生服务中心1个。有国家4A级旅游景区马鹿山奇石博览园。工业以化工、铸造、机械加工、制塑、建材加工为主。服务业以商贸为主。通多路公交车。

河东街道［Hédōng Jiēdào］　属城中区。在区境北部。面积26平方千米。人口3.8万。2005年设。因在柳江之东得名。柳江流经。有中学3所，小学2所。工业以日用化工为主。服务业以商品零售、房地产业为主。通多路公交车。

静兰街道［Jìnglán Jiēdào］　属城中区。在区境东部。面积41平方千米。人口1.4万。2005年设。因静兰村得名。先后扩建桂柳路，建成三门江、静兰大桥。有国家级森林公园三门江。有中学2所，小学2所，卫生院1个。有水上运动中心。农业以种植蔬菜、甘蔗、油料作物等为主。服务业以农产品销售为主。通多路公交车。

鱼峰区

鱼峰区［Yúfēng Qū］　柳州市辖区。在市境东南部。面积474平方千米。人口33.5万。以汉族为主，还有壮、仫佬等民族。辖8街道、2镇。区人民政府驻麒麟街道。1979年设。因鱼峰山得名。先后建成东环大道、南环路、阳和大道、古亭大道、银桐路、静兰路、文昌路等，拓宽柳石路、驾鹤路、荣军路，建成文惠桥、静兰大桥、文昌大桥、阳和大桥，建成鱼峰山商业城、驾鹤小桃源公园、江滨公园、江南新天地步行街、驾鹤商业街，扩宽鱼峰公园等。有马鞍山、驾鹤山、东台山、羊角山、古亭山。年均气温21℃。有高校6所，中职6所，中学8所，小学22所，三级医院4个，二级医院1个。有全国重点文物保护单位白莲洞遗址、鲤鱼嘴遗址，自治区级文物保护单位马鞍山石刻、鱼峰山石刻、九头山汉墓、清代台湾知府杨廷理及其家族墓群。有自治区级非物质文化遗产鱼峰歌圩。有国家4A级旅游景区6个，国家3A级旅游景区1个。二、三产业比例56∶44。农业以种植蔬菜为主。工业以汽车制造、机械加工、电器制造为主。服务业以农业观光、住宿餐饮、房地产为主。湘桂铁路，泉南、汕昆高速，209、322国道过境。有雒容站、洛埠站、柳州港阳和码头、莲花汽车客运站。通多路公交车。

屏山大道［Píngshān Dàdào］　在区境西北部。东起西江路、燎原路、东环大道交会处，西至鱼峰路、飞鹅路交会处。与白云路、箭盘路、天山路、荣军路相交。长3.2千米，宽40米。沥青路面。1946年建原始路段。1956、1960、1964年改扩建。曾名天马路、东风路，1975年分东风东路、东风中路，1982年合并称今名。因正对屏山得名。两侧有中小学、技校、公园。通多路公交车。

柳石路［Liǔshí Lù］　在区境南部。南起泉南高速，北至文笔路、鱼峰路、谷埠路交会处。与乐群路、柳邕路、龙潭路、蝴蝶山路等相交。长11.7千米，宽50米。沥青路面。1926年始建。后多次改建，2004年拓宽。原为柳州—石龙公路，故名。1966年改必江路，1975年复今名。两侧有中小学、市工人医院、龙潭公园、莲花客运站、白莲洞遗迹等。通多路公交车。

荣军路［Róngjūn Lù］　在区境西北部。南起鸡喇路、柳石路、燎原路交会处，北至文惠桥。与荣新路、蝴蝶山路、银桐路、岩村路等相交。长3.8千米，宽40米。沥青路面。1945年前为自然形成小路。1957、1964、1992、2012年拓宽延伸。因通往荣军医院得名。两侧有柳州城市职业学院南校区、中学、广西假肢康复中心等。

通多路公交车。

燎原路［Liáoyuán Lù］ 在区境中部。南起鸡喇路、柳石路、荣军路交会处，北至西江路、屏山大道、东环大道交会处。与蝴蝶山路、九头山路、白云路相交。长2.7千米，宽40米。沥青路面。1974年开工，1979年建成。1998年改造。寓意“星星之火可以燎原”得名。两侧有居住小区、市技工学校、广西脑科医院等。通多路公交车。

麒麟街道［Qílín Jiēdào］ 鱼峰区人民政府驻地。在区境中部。面积12平方千米。人口5.5万。2005年设。因麒麟山得名。先后建成文昌路、华润路、德润路、德润小学、凯旋门大型居住小区。有高校1所，中学1所，技校1所，社区卫生服务中心1个。经济以商贸、住宿、餐饮、房地产业为主。通多路公交车。

天马街道［Tiānmǎ Jiēdào］ 属鱼峰区。在区境中部。面积5平方千米。人口3.1万。1955年设天马街道。后改公社。1985年复设。因天马山得名。先后建成鱼峰山商业城、鱼峰山—马鞍山空中观光索道，扩建鱼峰公园，新建居住小区。有鱼峰山、马鞍山等。有大龙潭、小龙潭湖泊。有中学1所，小学2所，三级医院1个，卫生院1个，卫生所4个。有青少年宫。有古迹灵泉寺等。有自治区级非物质文化遗产鱼峰歌圩。有国家4A级旅游景区龙潭、立鱼峰。服务业以商贸、住宿餐饮、租赁为主。通多路公交车。

驾鹤街道［Jiàhè Jiēdào］ 属鱼峰区。在区境中部。面积3平方千米。人口3.1万。1955年设。后改公社。1985年复设。1992年析置荣军街道。因驾鹤山得名。相继建成驾鹤小桃源公园、江滨公园、江南新天地步行街、驾鹤商业街。有箭盘山、驾鹤山、天山、蟠龙山。有中学1所，小学2所，卫生院1个。有国家4A级旅游景区柳州文庙。有公园4个。经济以商贸、住宿餐饮、房地产业为主。通多路公交车。

箭盘山街道［Jiànpánshān Jiēdào］ 属鱼峰区。在区境北部。面积3平方千米。人口3.5万。1985年设。因箭盘山得名。先后建成多个居住小区，新建柳州书市、窑埠古镇等商业体。有中学3所，小学4所，三级医院1个，卫生院3个，卫生所6个。有国家4A级旅游景区柳州工业博物馆。服务业以商贸、住宿餐饮、房地产业为主。通多路公交车。

五里亭街道［Wǔlǐtíng Jiēdào］ 属鱼峰区。在区境中部偏南。面积7平方千米。人口5万。1989年设。因五里亭地片命名。先后建成多个居住小区，九头山物流中心。柳江流经。有中学3所，小学4所，三级医院2个，卫生院3个，卫生所6个。工业以机械制造为主。服务业以商贸、房地产业为主。通多路公交车。

荣军街道［Róngjūn Jiēdào］ 属鱼峰区。在区境西南部。面积4平方千米。人口7万。1992年设。因荣军路得名。先后建成多个居住小区，拓宽荣军路。有蚂拐岩、桐油山。有高校1所，中专1所，中学1所，小学5所，卫生所2个，卫生服务站4个。服务业以商贸、住宿餐饮为主。通多路公交车。

白莲街道［Báilián Jiēdào］ 属鱼峰区。在区境南部。面积39平方千米。人口4.4万。以汉族为主，还有壮族。2005年设。因白莲洞得名。柳江、都乐河、龙珠河流经。有高校1所，中专2所，中学2所，小学3所，二级医院1个，卫生院1个，卫生所3个。有全国重点文物保护单位白莲洞遗址。有国家4A级旅游景区都乐岩、国家3A级旅游景区万聚乐休闲农庄。工业以农副食品加工、医药制造为主。有洛维工业集中区。服务业以观光农业为主。有莲花客运站。通多路公交车。

阳和街道［Yánghé Jiēdào］ 属鱼峰区。在区境东南部。面积56平方千米。人口5万。以汉族为主，还有壮、仫佬等民族。2002年设。因阳和村得名。先后建成阳和大桥、阳和大道、阳和立交桥、三门江大桥、居住小区。柳江流经。有中学1所，小学5所，社区卫生服务中心1个。有景点古亭山森林公园、鼓山公园等。工业以汽车配件、工程机械及零配件制造为主。服务业以商贸为主。泉南高速过境。有阳和码头。通多路公交车。

洛埠镇［Luòbù Zhèn］ 鱼峰区辖镇。在区境北部。面积15平方千米。人口0.8万。以汉族为主，还有壮、瑶、侗等民族。辖2居委会、2村委会，有7自然村。镇人民政府驻洛埠街。1989年由长塘乡析设。2002年属柳北区。2011年属鱼峰区。因镇政府驻地得名。柳江流经。有中学1所，小学2所，卫生院1个。有景点洛埠古井等。农业以种植水稻、甘蔗为主。工业以造纸为主。湘桂铁路、柳州—洛埠公路过境。柳江通航。通公交车。

洛埠街［Luòbùjiē］ 洛埠镇人民政府驻地。在区政府驻地麒麟街道东北15千米。人口5500。传宋代杨八姐失足跌落山沟，故名落沟。明代以谐音演为洛垢，因成商埠更今名。聚落呈团块状。柳江流经。有小学、卫生院。有景点洛埠古井。工业以塑料制品、纸制品、农副产品加工业为主。服务业以商贸、餐饮为主。湘桂铁路，柳州—洛埠公路经此。

雒容镇［Luòróng Zhèn］ 鱼峰区辖镇。在区境东部。面积381平方千米。人口8.8万。以汉族为主，还有壮、瑶、侗等民族。辖1居委会、13村委会，有127自然村。镇人民政府驻雒容街。1958年成立雒容公社，后改区、公社、复改区。1984年设乡。1987年置镇。因镇政府驻地得名。柳江、洛清江流经。有中学3所，小学11所，卫生院1个，卫生所1个。有古迹城隍庙、关帝庙、高岩寺明清朝代石刻等。有景点雒容正鑫生态公园、镇人民英雄革命烈士纪念碑。农业主产甘蔗、水果等。工业以纸业、化工、制糖为主。湘桂铁路、泉南高速、322国道过境。柳江、洛清江通航。通多路公交车。

雒容街［Luòróngjiē］ 雒容镇人民政府驻地。在区政府驻地麒麟街道东北18千米。人口9000。唐贞观年间曾设洛容县，县治处洛清江岸，景色秀美，被认为山水容貌之代表，故名洛容。明光宗朱常洛即位后，为避帝名讳，改“洛”为“雒”，故名。聚落呈团块状。洛清江流经。有中小学、卫生院。有明清建筑关帝庙。工业以制砖、建筑、农副产品加工为主。湘桂铁路，泉南高速，322、323国道经此。

柳 南 区

柳南区［Liǔnán Qū］ 柳州市辖区。在市境南部。面积164平方千米。人口45.9万。以汉族为主，还有壮、瑶、苗、侗、仫佬、回等民族。辖8街道、1镇。区人民政府驻潭西街道。1979年设。因处市区南部得名。先后建成飞鹅市场、商贸城、居住小区、龙屯立交桥，扩宽南环路等。西部为农业、农业观光区。东部为商业区、居民区、工业区。年均气温21℃。年均降水量1508.8毫米。柳江、竹鹅溪、太阳河、门头河流经。有中职2所，中学17所，小学27所，幼儿园9所，三级医院1个，二级医院1个。有图书馆、文化馆等。有全国重点文物保护单位柳州旧机场及城防工事群旧址、越南无产阶级革命家胡志明旧居，自治区级文物保护单位刘賁墓。有遗迹飞虎队抗日飞行大队遗址、旧飞机场指挥塔楼、张公岭军事工事、小鹅山军事工事等。有自治区级非物质文化遗产西鹅村高沙锣鼓。有景点鹅山公园、市动物园、文笔山等。二、三产业比例76∶24。农业以种植韭菜为主。工业以汽车、工程机械制造为主。服务业以商贸、餐饮住宿、物流为主。湘桂、黔桂、焦柳铁路，汕昆高速，322、323国道过境。有柳州站、柳州东站、柳州汽车客运服务站、柳州汽车南站。通多路公交车。

柳太路［Liǔtài Lù］ 在区境中部。南起和平路、柳工大道交会处，北至螃蟹岭西折至汕昆高速。与百饭路、河西路、潭中西路相交。长15.6千米，宽45米。沥青路面。1958年开工，同年建成。2005年扩建。原为柳太公路，因改建为城市道路改今名。两侧有柳工集团、柳州肉联厂、河西苗圃、冶建公司、水泥公司、居民小区。通多路公交车。

西环路［Xīhuán Lù］ 在区境东部。南起磨滩路、鹅山路、和平路交会处，北至双冲桥。与河西路、潭中西路相交。长3千米，宽41米。沥青路面。1958年建简易公路。1978、2004年扩建。因环市区西部得名。两侧有汽车公司、中铁物流、建材市场、居住小区等。通多路公交车。

潭中西路［Tánzhōng Xīlù］ 在区境东部。东起壶西大桥，西至欣悦路。与磨滩路、柳西路、西环路、柳太路、瑞龙路相交。长3.5千米，宽50米。沥青路面。1992年开工，1994年建成。因柳州古称潭中县得名。两侧有工业园、政府机关、中学、居住小区等。通多路公交车。

城站路［Chéngzhàn Lù］ 在区境东南部。东起柳邕路、航银路交会处，西至南站路。与文笔路、红东路、红光路、城柳路相交。长2.2千米，宽30米。沥青路面。1937年建公路，1950年起改建城市道路。因柳州东站得名。两侧有农贸市场、建材市场、中学、政府机关等。通多路公交车。

飞鹅路［Fēi'é Lù］ 在区境东部。东起鱼峰路、屏山大道交会处，西至南站路。与谷埠路、飞鹅二路、红光路、鹅山路相交。长2.1千米，宽40米。沥青路面。原为自然小路，1946年扩建，1982年与东风西路合并，1984年改造。先后名南站路、延安路、延安西路，因飞鹅山更今名。两侧有商场、酒店、宾馆、文化宫等。通多路公交车。

飞鹅桥［Fēi'é Qiáo］ 在城区中部。长66米，宽18.5米，最大跨度25米，桥下净高11.7米。1963年开工，同年建成。因飞鹅路得名。为小型河道桥梁，结构型式为连拱钢筋混凝土桥。最大载重18吨。通多路公交车。

壶西大桥［Húxī Dàqiáo］ 在城区东部。长517米，斜拉桥部分宽26米，其余22米，最大跨度120米，桥下净高10米。1991年开工，1994年建成。因处柳州壶状地形西部得名。为大型河道桥梁，结构型式为独塔双索面预应力混凝土斜拉桥。最大载重汽车20吨，挂车120吨。通多路公交车。

双冲大桥［Shuāngchōng Dàqiáo］ 在城区东北部。长415米，宽32.9米，最大跨度95米，桥下净高10米。2002年开工，2004年建成。因双冲屯得名。为大型河道桥梁，结构型式为连续梁桥。最大载重70吨。通多路公交车。

红光大桥［Hóngguāng Dàqiáo］ 在城区东部。长380米，宽32.9米，最大跨度380米，桥下净高10米。2002年开工，2004年建成。因红光路得名。为大型河道桥梁，结构型式为单跨双铰式悬索桥。最大载重55吨。通多路公交车。

飞鹅立交桥 [Fēi'é Lìjiāoqiáo] 在城区东南部。面积4万平方米。有4层互不交叉的不同方向的城市道路在此立体相交。最高层离地面16米。2002年开工,2004年建成。2012年增建下穿通道。因飞鹅路得名。日交通流量2.3万辆次。

柳州东站 [Liǔzhōudōng Zhàn] 见交通运输设施部分"柳州东站"条。

柳州站 [Liǔzhōu Zhàn] 见交通运输设施部分"柳州站"条。

柳州汽车客运服务站 [Liǔzhōu Qìchē Kèyùn Fúwùzhàn] 见交通运输设施部分"柳州汽车客运服务站"条。

柳州汽车南站 [Liǔzhōu Qìchē Nánzhàn] 见交通运输设施部分"柳州汽车南站"条。

潭西街道 [Tánxī Jiēdào] 柳南区人民政府驻地。在区境东北部。面积12平方千米。人口6.9万。以汉族为主,还有仫佬、壮、水、布依、侗等民族。2005年设。因潭中西路得名。柳江流经。有中学3所,小学3所,卫生院1个,卫生所2个。有市烈士陵园。有新圩贮木场、河西苗圃公园。服务业以商品零售、餐饮、租赁为主。黔桂铁路过境。通多路公交车。

河西街道 [Héxī Jiēdào] 属柳南区。在区境中部。面积8平方千米。人口7.4万。1984年设。因河西地片得名。有中职2所,中学1所,小学3所,特教学校1所,卫生服务中心1个,卫生所2个。工业以机械、汽车制造为主。服务业以商贸、住宿餐饮、物流为主。通多路公交车。

柳南街道 [Liǔnán Jiēdào] 属柳南区。在区境东南部。面积1平方千米。人口2.8万。1984年设。因处市区南部得名。先后建成柳州温州商贸城、批发零售市场、新鹅市场、谷埠街国际商城。柳江流经。有中学3所,小学3所,卫生服务中心2个,卫生所2个。经济以商贸、住宿、餐饮业为主。有柳州汽车南站。通多路公交车。

柳石街道 [Liǔshí Jiēdào] 属柳南区。在区境东部。面积3平方千米。人口5.3万。1984年设。1999年析设旧机场街道。因原柳石公社得名。竹鹅溪流经。有中学1所,小学3所,卫生所2个。有全国重点文物保护单位胡志明旧居。经济以商贸业为主。有柳州东站、柳州汽车客运服务站。通多路公交车。

南站街道 [Nánzhàn Jiēdào] 属柳南区。在区境东部。面积3平方千米。人口6.2万。以汉族为主,还有壮、苗、瑶、侗、回等民族。1984年设。因柳州站旧称南站得名。先后改造鹅山立交桥,改扩建柳州站、站前广场、西广场等。柳江、竹鹅溪流经。有中学1所,小学3所,三级医院1个,卫生服务中心2个。有柳州铁路工人文化宫。经济以商贸业为主。有柳州站。通多路公交车。

鹅山街道 [Éshān Jiēdào] 属柳南区。在区境东南部。面积5平方千米。人口5.4万。以汉族为主,还有壮、苗、瑶、侗、回等民族。1984年设。因小鹅山得名。2003年建龙屯立交桥。有中学3所,小学2所,二级医院1个,卫生服务中心2个,卫生所2个。有全国重点文物保护单位小鹅山防御工事群。经济以商贸业为主。通多路公交车。

银山街道 [Yínshān Jiēdào] 属柳南区。在区境东南部。面积4平方千米。人口6.4万。1999年由柳石街道析设旧机场街道。2002年因在银仔山下更今名。有中学2所,小学2所,卫生服务中心1个,卫生所1个。经济以商贸、物流业为主。通多路公交车。

南环街道 [Nánhuán Jiēdào] 属柳南区。在区境东南部。面积12平方千米。人口8.6万。以汉族为主,还有壮族等。2005年设。因南环路得名。先后建成居民小区、市动物园、市救助管理站等,扩宽南环路。竹鹅溪、都乐河流经。有中学2所,小学1所,卫生服务中心1个,卫生所3个。有市儿童福利院、市航星敬老中心。有美国飞行队飞虎队、旧机场指挥塔楼等遗址。农业主产蔬菜、水果。服务业以商贸为主。通多路公交车。

太阳村镇 [Tàiyángcūn Zhèn] 柳南区辖镇。在区境西部。面积115平方千米。人口4.2万。辖1居委会、13村委会,有85自然村。镇人民政府驻太阳圩。1958年成立新圩公社。1972年改太阳村公社。1984年改镇。因镇政府驻地得名。柳江、竹鹅溪、太阳河流经。有中学1所,小学7所,卫生院2个,卫生所10个。有自治区级非物质文化遗产太阳村高沙锣鼓。农业主产蔬菜,特产韭黄。工业以汽车配件制造、采石为主。服务业以商贸为主。黔桂铁路、汕昆高速过境。通公交车。

太阳圩 [Tàiyángxū] 太阳村镇人民政府驻地。在区政府驻地潭西街道西北11千米。人口1100。以汉族为主,还有壮族。因水塘形似太阳得名。聚落呈团块状。有中小学、卫生院。经济以商贸业为主。黔桂铁路、汕昆高速经此。

柳江县

柳江县 [Liǔjiāng Xiàn] 柳州市辖县。北纬24°15′,东经109°19′。在市境南部。面积2539平方千米。人口59.1万。以壮族为主,还有汉、瑶、苗、侗、仫佬、毛南、京等民族。辖12镇。县人民政府驻拉堡镇。西汉元鼎六年(前111)设潭中县。隋开皇十一年(591)改桂林县,旋改马平县,历唐、宋、元、明、清5代不变。1912年撤马平县,次年复置,直属广西省。1931年改柳州县。1938年改柳江县,县治柳州。1949年析设柳州市(县级),属柳州专区。1952年后隶属宜山专区、柳州地区。1983年属柳州市。因江得名。因水流湍急得名溜江,谐音演为今名。先后建设柳江大道、兴柳路、拉堡二小过街天桥等,改造柳堡路,开发建设柳江新城。有大仁山、中百山、莫千山、垌阳山、旗山、三伯岭、五指山、大伍山、伦桃山。最高点大仁山主峰海拔712米,最低点柳江河谷海拔55米。年均气温21.2℃,1月平均气温12.7℃,7月平均气温29.1℃。年均降水量154.5毫米。柳江、龙江、逢吉河、大桥河、凤山河、王眉河、里雍河、大渡河、拉仁河流经。有矿产资源锰、铁、石灰岩、方解石、砖瓦用页岩、硅土等。有野生动物26种,其中有国家重点保护野生动物20种。森林覆盖率46%。有中职1所,中学19所,小学122所,二级医院2个。有文化宫广场、柳东公园。有自治区级文物保护单位新安古墓群、隆盛九厅十八井、"柳江人"遗址。有自治区级非物质文化遗产柳江客家上花灯、壮族抢花炮、壮族师公舞。有龙怀水库风景区、凤凰河景区。有景点酒壶山、乐迷岩、卧龙岩等。三次产业比例19∶50∶31。农业以种植水稻、甘蔗、蔬菜、花卉苗木等,养殖猪、牛、羊、鸡、鸭、鹅、淡水鱼、泥鳅、黄鳝、光倒刺鲃为主。特产莲藕、葡萄、生姜、金柿子、三华李、沙田柚、青花梨等。工业以汽配、制糖、制药、电力、建材、化工、机械制造、农产品加工为主。有红花水电站。服务业以物流、商贸、旅游、房地产、金融保险、住宿餐饮为主。湘桂、黔桂、焦柳铁路,泉南、汕昆高速,209、322国道过境。有柳江站。有柳州白莲机场。通多路公交车。

文化宫广场 [Wénhuàgōng Guǎngchǎng] 在县城中部。面积3.3公顷。1958年开工,1961年建成。2002年改造,2005年完工。2007—2008年改扩建。因处县文化宫前得名。为典型苏式风格建筑。广场中心建有圆形音乐喷泉。两条主轴将广场分为跌水流星、旧文化宫前入口、浮雕景观柱、登歌台4主题区域。浮雕景观柱反映人民奋进创业、锐意进取、团结和谐。中心喷泉、两条主轴、登歌台以花岗岩铺装为主,其他部分以青石板、普通花岗岩石铺装为主。绿地1.3公顷,种植小叶榕、小叶榕桩景、木棉、老人葵40余株。为市民交流、游览、活动场所。周边有政府机关、酒楼、企业、银行等。通多路公交车。

拉堡镇 [Lābǎo Zhèn] 柳江县人民政府驻地。在县境中部偏北。面积40平方千米。人口20.6万。以汉族为主,还有壮、苗、瑶、仫佬等民族。辖10居委会、6村委会,有44自然村。镇人民政府驻拉堡街。1958年设拉堡乡。后改公社。1980年置镇。因镇政府驻地得名。有中学5所,小学15所,二级医院2个,卫生院1个,卫生所15个,图书馆1个,文化馆1个。有文化宫广场、柳东公园、农贸小公园。农业以种植水稻、甘蔗、蔬菜为主。工业以汽车制造、汽车零部件生产为主。焦柳、湘桂铁路,宜柳高速,322国道过境。通多路公交车。

拉堡街 [Lābǎojiē] 拉堡镇人民政府驻地。在镇境中部。人口8000。"拉堡"为壮语"Lajbuj"音译名,"laj"即下方,"buj"为山岭、土坡。因处土坡东南下方得名。聚落呈集聚状。有中小学、卫生院、卫生所、图书馆、文化馆等。经济以商贸为主。湘桂、焦柳、黔桂铁路,322国道经此。

三都镇 [Sāndū Zhèn] 柳江县辖镇。在县境中部偏西。面积128平方千米。人口3.8万。以壮族为主,还有汉、侗、布依、仫佬、瑶等民族。辖1居委会、9村委会,有90自然村。镇人民政府驻三都街。1955年为三都区。1958年设三都乡、里高乡。同年并人工农友谊公社。1959年分设三都公社。1962年复置三都区。1968年改公社。1984年复乡。1987年析置里高乡。1996年置镇。因镇政府驻地得名。有中学1所,小学9所,卫生院1个,卫生所2个。有革命烈士纪念碑。农业以种植水稻、蔬菜、花卉苗木为主。服务业以餐饮、商品批发零售、金融为主。322国道过境。

三都街 [Sāndūjiē] 三都镇人民政府驻地。在县政府驻地拉堡镇西19千米。人口4300。清乾隆年间自柳江向南有6都,此为第三都,故名。聚落呈集聚状。有中小学、卫生院。有革命烈士纪念碑。经济以餐饮、商贸、金融业为主。322国道经此。

百朋镇 [Bǎipéng Zhèn] 柳江县辖镇。在县境南部。面积337平方千米。人口6.8万。以壮族为主,还有汉、苗、侗、仫佬等民族。辖1居委会、15村委会,有149自然村。镇人民政府驻百朋街。清雍正二年(1724)设鸡公镇。1931年改百朋乡。1950年改第二区。1955年改百朋区。1958年复乡。后改公社。1984年复乡。1996年置镇。因镇政府驻地得名。有中学1所,小学11所,卫生院1所,卫生所3个。有凉山革命烈士陵园。有下伦屯荷花风景区。有景点酒壶山。农业主产莲藕、水稻、甘蔗。特产莲藕、糖蔗、生姜等。工业以建材、石材加工为主。有特色产业鸟笼编织、竹筐编织等。湘桂铁路、柳州—来宾公路过境。

百朋街 [Bǎipéngjiē] 百朋镇人民政府驻地。在县政府驻地拉堡镇东41千米。人口3400。以壮族为主,还有汉、苗、侗、仫佬等民族。"百朋"为壮语"Bakbyongz"音译名,"bak"

即口，"byongz"指鱼窝小潭。因处有鱼窝深水潭口得名。聚落呈团块状。有中小学、卫生院。有百朋革命烈士陵园。农业以种植水稻、莲藕、甘蔗、水果、桉树为主。有特色产业鸟笼编织。湘桂铁路、柳州—来宾公路经此。

进德镇［Jìndé Zhèn］ 柳江县辖镇。在县境中部偏北。面积123平方千米。人口5.7万。以壮族为主，还有汉、仫佬、瑶、苗、侗、毛南、布依等民族。辖1居委会、11村委会，有107自然村。镇人民政府驻进德街。1931年设进德乡。1955年改区。1958年复乡。后改公社。1980年析置拉堡镇。1984年复乡。1996年置镇。因镇政府驻地得名。有中职1所，中学2所，小学10所，卫生院1个，卫生所12个。有自治区级文物保护单位隆盛九厅十八井古代建筑群。农业以种植水稻、蔬菜、甘蔗、柑橘、葡萄、火龙果，养殖鸡、鸭、鱼为主。工业以汽配、冶金、建材加工为主。特产一都米。湘桂铁路、汕昆高速、拉堡—进德公路过境。有柳州白莲机场。

进德街［Jìndéjiē］ 进德镇人民政府驻地。在县政府驻地拉堡镇南5千米。人口3500。以汉族为主，还有壮、仫佬、瑶、苗、布依等民族。因由小、大桥头村民迁建得名双桥，后以"君子进德修业"改今名。聚落呈团块状。有中小学、卫生院。农业主产蔬菜、柑橘。湘桂铁路、拉堡—进德公路经此。

穿山镇［Chuānshān Zhèn］ 柳江县辖镇。在县境西南部。面积465平方千米。人口6.6万。以壮族为主，还有汉、仫佬、瑶、侗、彝、京、毛南等民族。辖1居委会、14村委会，有87自然村。镇人民政府驻穿山街。1931年设穿山乡。1950年改第七区。1955年改穿山区。1958年复乡。后改公社。1984年复乡。1996年置镇。因镇政府驻地得名。有中学3所，小学19所，卫生院1个，卫生所25个。有"柳江人"遗址。有景点穿山岩、乐迷岩等。农业以种植水稻、糖蔗为主。特产红瓜子。服务业以商贸、餐饮、邮电通信为主。泉南高速、209国道过境。

穿山街［Chuānshānjiē］ 穿山镇人民政府驻地。在县政府驻地拉堡镇西南38千米。人口4100。以壮族为主，还有汉、仫佬、苗等民族。传侬智高与狄青部队先锋杨文广交战，杨文广一箭穿此圆月形高山，故名。聚落呈带状。有中小学、卫生院。有革命烈士纪念碑。农业以种植水稻、甘蔗、百香果等为主。有商贸业。209国道经此。

成团镇［Chéngtuán Zhèn］ 柳江县辖镇。在县境中部。面积134平方千米。人口5.7万。以壮族为主，还有汉、侗、苗、土家、瑶、水、回等民族。辖2居委会、13村委会，有118自然村。镇人民政府驻成团街。1931年设成团乡。1938年改第二区。1950年改第三区。1955年改成团区。1958年复乡，旋改公社。1984年复乡。1997年置镇。因镇政府驻地得名。八仙河流经。有中学2所，小学13所，卫生院1个，卫生所4个。有清代石刻行门岩。有"成团会议"旧址、北弓水库。有白露滚水坝、平头山风景区。农业主产水稻。特产莲藕、葡萄、慈姑。工业以建材加工为主。枝柳铁路、宜柳高速、322国道过境。

成团街［Chéngtuánjiē］ 成团镇人民政府驻地。在县政府驻地拉堡镇西11千米。人口3200。以壮族为主，还有汉、苗等民族。"成团"为壮语"Cimzduenz"音译名"覃团"，"覃"指覃姓，"团"方言指此地。传覃家首居得名，以谐音改今名。聚落呈散点状。有中小学、卫生院。有成团革命烈士陵园。农业以种植水稻、葡萄、草莓为主。流山—渡村公路经此。

洛满镇［Luòmǎn Zhèn］ 柳江县辖镇。在县境西北部。面积232平方千米。人口3.7万。以壮族为主，还有汉、苗、瑶等民族。辖1居委会、12村委会，有103自然村。镇人民政府驻洛满街。1931年设洛满乡。1950年改第四区。1955年改洛满区。1958年改乡，旋改公社。1984年复乡。1987年析设流山乡。1998年置镇。因镇政府驻地得名。有中学1所，小学8所，卫生院1个，卫生所12个。有景点百里柳江凤凰河温泉、高兴滩泉瀑布、观音禅寺等。农业主产稻谷、甘蔗。工业以汽配加工为主。焦柳、黔桂铁路，汕昆、三柳高速过境。

洛满街［Luòmǎnjiē］ 洛满镇人民政府驻地。在县政府驻地拉堡镇西北22千米。人口2200。以汉族为主，还有壮、苗、水等民族。"洛满"为壮语"Luegmuenz"音译名，"lueg"为山谷，"muenz"为隐蔽。因原有隐蔽山谷得名。聚落呈团块状。有中小学、卫生院。有观音禅寺。农业主产稻谷、甘蔗、经济林木。特产洛满水油堆。有商贸业。新柳、洛柳公路经此。

里高镇［Lǐgāo Zhèn］ 柳江县辖镇。在县境西南部。面积141平方千米。人口2.8万。以壮族为主，还有汉族。辖1居委会、8村委会，有77自然村。镇人民政府驻里高街。1958年设里高乡。后改公社。1962年并入三都区(后改乡)。1987年由三都乡析设乡。1997年置镇。因镇政府驻地得名。有矿产资源石灰岩、大理石、方解石、锰、铁等。有中学1所，小学9所，卫生院1个，卫生所7个。有景点卧龙岩、牛岩、观音山、抗日战役地点"百子坳"等。农业以水稻种植、种桑养蚕为主。特产青花梨。工业以石材加工为主。322、323国道过境。

里高街［Lǐgāojiē］ 里高镇人民政府驻地。在县政府驻地拉堡镇西南36千米。人口3000。因地势南低北高，南面唐代始建房，向北发展，南称外，北称里，故名。聚落呈长条状。有中小学、卫生院。有景点观音山、观音岩等。农业主产稻谷、桑蚕。有商贸服务业。322、323国道经此。

里雍镇［Lǐyōng Zhèn］ 柳江县辖镇。在县境东部。面积236平方千米。人口3.3万。以壮族为主，还有汉、苗、瑶、仫佬等民族。辖1居委会、10村委会，有101自然村。镇人民政府驻里雍街。1931年设里雍乡。后改公社。1984年复乡。1987年析设白沙乡。1999年置镇。因镇政府驻地得名。柳江流经。有中学1所，小学12所，卫生院1个，卫生所11个。有宋、明代烧制陶瓷土窑遗址。有红花水电站。农业主产稻谷、甘蔗。特产里雍头菜。服务业以商贸为主。里雍—柳州、穿山—里雍公路过境。

里雍街［Lǐyōngjiē］ 里雍镇人民政府驻地。在县政府驻地拉堡镇东41千米。人口700。以壮族为主，还有汉、苗、瑶、仫佬等民族。原名黑雍，为壮语"HaKyongj"音译名，"黑"(HaK)即官，"雍"(yongj)意为勇。因清雍正年间官兵驻扎得名，后讹为今名。聚落呈放射状。柳江流经。有中小学、卫生院。农业以种植水稻、甘蔗、经济林木为主。特产里雍头菜。里雍—柳州、里雍—穿山公路经此。

土博镇［Tǔbó Zhèn］ 柳江县辖镇。在县境西部。面积406平方千米。人口4.5万。以壮族为主，还有汉、仫佬等民族。辖1居委会、16村委会，有174自然村。镇人民政府驻土博街。1955年设土博区。1958年改土博乡、水源乡。后合设土博公社。1984年改乡。1999年置镇。因镇政府驻地得名。有中学1所，小学14所，卫生院1个，卫生所2个。农业以种植水稻、玉米、黄豆、花生、甘蔗、生姜、三华李、蜜橘等为主。土博—流山、土博—屏南、土博—板江公路过境。

土博街［Tǔbójiē］ 土博镇人民政府驻地。在县政府驻地拉堡镇西北46千米。人口3200。"土博"为壮语"Duqbuek"音译名，"土"(duq)即泥土，"博"(buek)同薄，指土地不肥沃。土地贫瘠，物产不丰，雅化为今名。聚落呈带状。有小学，卫生院。农业特产三华李、蜜橘等。服务业以商贸为主。土博—流山、土博—屏南、土博—板江公路经此。

流山镇［Liúshān Zhèn］ 柳江县辖镇。在县境西北部。面积149平方千米。人口2.1万。以壮族为主，还有汉族。辖1居委会、7村委会，有78自然村。镇人民政府驻流山街。1987年由洛满乡析设流山乡。1999年置镇。因镇政府驻地得名。新隆河、正兰河、逢吉河、龙江流经。有中学1所，小学1所，卫生院1个，卫生所1个。有流山古城址、石拱桥、千年古榕树等。农业以种植食用菌，养殖桑蚕、青竹鱼、山羊等为主。黔桂、焦柳铁路，汕昆高速过境。

流山街［Liúshānjiē］ 流山镇人民政府驻地。在县政府驻地拉堡镇西北45千米。人口900。因旧时土博镇至柳州山路、水路均在此流转得名。聚落呈带状。有中小学、卫生院。有千年古榕树。农业主产稻谷、甘蔗、桑蚕、竹笋、木耳、水果、田螺等。有商贸业。流山—三岔、流山—洛满公路经此。

白沙镇［Báishā Zhèn］ 柳江县辖镇。在县境东部。面积151平方千米。人口1.9万。以汉族为主，还有壮、瑶、苗等民族。辖1居委会、6村委会，有72自然村。镇人民政府驻白沙街。1987年由里雍乡析置白沙乡。2014年改镇。因镇政府驻地得名。柳江流经。有小学5所，卫生院1个，卫生所6个。有自治区级文物保护单位新安古墓群。有景点猪头山、挂榜山、破额山、马朝屯等。农业主产稻谷、甘蔗。柳梧高速、里雍—白沙公路过境。

白沙街［Báishājiē］ 白沙镇人民政府驻地。在县政府驻地拉堡镇东52千米。人口1300。以汉族为主，还有壮、瑶、苗等民族。因白色沙洲得名。聚落呈带状。柳江流经。有小学、卫生院。农业以种植甘蔗、水稻、花生等，养殖猪、牛、羊、鸡、鸭、淡水鱼为主。工业以食品加工为主。服务业以商贸、餐饮、旅游为主。里雍—白沙公路经此。

柳 城 县

柳城县［Liǔchéng Xiàn］ 柳州市辖县。北纬24°39′，东经109°14′。在市境北部。面积2109平方千米。人口41万。以汉族为主，还有壮、苗、瑶、仫佬等民族。辖9镇、2乡、1民族乡。县人民政府驻大埔镇。南朝梁大同三年(537)设龙城县。唐贞观七年(633)柳岭县并入，属南昆州。八年属柳州。北宋景德三年(1006)改柳城县，取柳岭、龙城2县各一字得名，属柳州。先后属柳州府、柳江道、第三民团区、柳州民团区、柳州行政监督区、第四行政督察区、第二行政督察区、柳州专区、宜州专区、柳州地区。1983年属柳州市。先后改造旧城，建成白阳广场、白阳岭公园，改造东泉、凤山农贸市场等。以丘陵地貌为主。平均海拔145米。年均气温20.2℃，1月平均气温10℃，7月平均气温28.6℃。年均降水量1344毫米。融江、柳江、龙江流经。有矿产资源镁、硅、煤、大理石、白云石、锰等。有野生植物23种，其中国家重点保护野生植物有3种。有野生动物15种，其中国家重点保护野生动物有4种。森林覆盖率

42.9%。有中学17所，小学158所，二级医院2个。有图书馆。有全国重点文物保护单位柳城县巨猿洞，自治区级文物保护单位柳城窑址、巨猿化石出土地点、古廨古建筑群、覃村石拱桥。有自治区级非物质文化遗产柳州山歌、柳城云片糕制作技艺。有国家4A级旅游景区知青城，国家3A级旅游景区红马山、古砦仫佬族乡民俗风情旅游区。有景点金洞河原始森林、龙寨水岩、凉水山林区等。三次产业比例33∶35∶32。农业以种植水稻、甘蔗、蜜橘、茶，养殖桑蚕为主。工业以制糖、机械制造、制药、化工、丝绸、电力为主。特产云片糕、蜜橘、淮山、果蔗、牛腊巴等。服务业以旅游、商品批发零售、住宿餐饮、房地产业为主。焦柳、黔桂、湘桂、岔罗、屯秋铁路，汕昆、三北高速，209、323国道过境。

白阳广场［Báiyáng Guǎngchǎng］　在县城中部。面积4.2公顷。2001年开工，2003年建成。因白阳中路得名。中部为圆形音乐喷泉，有景点小桥流水。东西立有奇石坛，中华石柱8根。有舞台、休闲亭阁、健身器材等。为大型活动、娱乐、休闲场所。周边有市场、酒店、政府机关等。通多路公交车。

柳城汽车站［Liǔchéng Qìchēzhàn］　见交通运输设施部分“柳城汽车站”条。

大埔镇［Dàbù Zhèn］　柳城县人民政府驻地。在县境中部。面积233平方千米。人口8万。以汉族为主，还有壮、苗、瑶、仫佬等民族。辖3居委会、18村委会，有116自然村。镇人民政府驻大埔街。1950年设大埔区。1958年改大埔镇、乡，旋合改东方红公社。1961年分设大埔镇、大埔2公社。1962年2公社与龙头公社合为大埔区。1968年改公社。1984年改镇，析设龙头乡。2005年洛崖乡并入。因镇政府驻地得名。融江、南村河、杨柳河、保大河流经。有中学3所，小学21所，二级医院2个，卫生院2个，卫生所21个。有自治区级文物保护单位柳城窑址。有国家4A级旅游景区知青城。农业以种植水稻、甘蔗、蜜橘、脐橙、山楂、蔬菜为主。工业以制糖、建材、制药、缫丝为主。三北高速、县道沙埔—六塘线过境。通多路公交车。

河东大道［Hédōng Dàdào］　在县城东北部。东起河东大道南路，西至柳城大桥。与文昌路、白阳路、柳糖路、盘龙路相交。长2千米，宽50米。水泥路面。1990年开工，1991年建成。1998、2003年改扩建。因处融江东得名。两侧有酒店、政府机关、商场等。通多路公交车。

大埔街［Dàbùjiē］　大埔镇人民政府驻地。在镇境中部。人口4000。唐贞观元年(627)因融江东岸大埠头得名大埠，清末形成圩市，以谐音更今名。聚落呈团块状。融江流经。有中小学、二级医院、卫生院。农业主产稻谷、甘蔗。县道沙埔—六塘、和睦—西场线经此。

龙头镇［Lóngtóu Zhèn］　柳城县辖镇。在县境北部。面积96平方千米。人口1.7万。以汉族为主，还有壮、苗等民族。辖1居委会、8村委会，有54自然村。镇人民政府驻龙头街。1958年为龙头乡，旋改卫星公社。1961年改龙头公社。1962年并入大埔区。1984年由大埔公社析设龙头乡。1999年改镇。因镇政府驻地得名。融江流经。有中学1所，小学8所，卫生院1个，卫生所6个。有景点大宾岩、白崖山等。农业以种植水稻、甘蔗、水果、花生、茶树为主。特产蜜橘、花生油、茶叶等。工业以农副产品加工为主。大埔—和睦公路过境。

龙头街［Lóngtóujiē］　龙头镇人民政府驻地。在县政府驻地大埔镇北17千米。人口800。山脉蜿蜒似龙向古砦延伸，起点形似龙头，故名。聚落呈团块状。有中小学、卫生院。工业以农副产品加工为主。服务业以餐饮、商品零售为主。县道大埔—龙头线经此。

太平镇［Tàipíng Zhèn］　柳城县辖镇。在县境东北部。面积315平方千米。人口4.1万。以壮族为主，还有汉、苗、仫佬等民族。辖1居委会、14村委会，有115自然村。镇人民政府驻太平街。1951年为太平区。1958年分设太平、江头2乡，后合为太平公社。1984年改乡。1997年置镇。因镇政府驻地得名。金洞河流经。有中学1所，小学15所，卫生院1个，卫生所15个。有景点安乐湖、安乐寺、龙寨水岩、金洞河等。农业主产稻谷、甘蔗、柑橘。特产牛腊巴。三北高速、209国道、大埔—太平公路过境。

太平街［Tàipíngjiē］　太平镇人民政府驻地。在县政府驻地大埔镇东北16千米。人口1300。清乾隆元年(1736)覃、莫2姓始居成圩，因处周边最大平地，以“大”“太”谐音得名。聚落呈团块状。有中小学、卫生院。经济以商贸、餐饮业为主。特产牛腊巴。209国道经此。

沙埔镇［Shāpǔ Zhèn］　柳城县辖镇。在县境东南部。面积150平方千米。人口3.7万。辖2居委会、7村委会，有111自然村。镇人民政府驻沙埔街。1951年为沙埔、沙塘2区。1958年改跃进、红星2公社。1961年更名沙埔、上雷2公社。1962年合为沙埔区。1968年改公社。1984年设乡。1997年置镇。因镇政府驻地得名。沙埔河流经。有中学1所，小学14所，卫生院1个，卫生所7个，图书馆1个。有景点景泉农庄、碧云谷、洲尾农庄等。农业主产水稻、甘蔗、水果、蔬菜。工业以铸造、机械加工、造纸、茧丝绸加工、建材为主。209国道过境。

沙埔街［Shāpǔjiē］　沙埔镇人民政府驻地。在县政府驻地大埔镇东南12千米。人口900。以多产沙石得名沙埠，因人口增加成为圩场改今名。聚落呈团块状。有中小学、卫生院、图书馆。农业以种植水稻、甘蔗为主。服务业以商贸、餐饮为主。209国道经此。

碑田村［Bēitiáncūn］　在县政府驻地大埔镇东南28千米。沙埔镇辖自然村。人口2200。广东梅县碑角村黄姓迁此，与当地土家发生纠纷，取“碑角”“田地”各一字得名。聚落呈团块状。农业以种植水稻、甘蔗、水果为主。县道瑞金—清水河线经此。2011年被评为全国文明村。

东泉镇［Dōngquán Zhèn］　柳城县辖镇。在县境东南部。面积282平方千米。人口6.3万。以汉族为主，还有壮、苗、瑶、侗、仫佬等民族。辖2居委会、19村委会，有149自然村。镇人民政府驻东泉街。1950年设东泉区。1958年分设东泉、西安2乡。后合改公社。1984年分设东泉镇、西安乡。2005年西安乡并入。因镇政府驻地得名。潘龙河流经。有中学2所，小学20所，卫生院2个，卫生所16个。有景点文岩寺。农业主产稻谷、甘蔗、水果。特产蜜橘。屯秋铁路，县道瑞金—清水河、上雷—屯秋线过境。

东泉街［Dōngquánjiē］　东泉镇人民政府驻地。在县政府驻地大埔镇东南36千米。人口5100。因东面八卦岭岭脚多泉水得名。聚落呈团块状。有中小学、卫生院。服务业以商贸、餐饮为主。县道上雷—屯秋线经此。

凤山镇［Fèngshān Zhèn］　柳城县辖镇。在县境南部。面积122平方千米。人口2.2万。以汉族为主，还有壮、苗等民族。辖1居委会、9村委会，有56自然村。镇人民政府驻凤山街。1958年设凤山乡。同年改超美公社。1961年改凤山公社。1962年与社冲公社合并为凤山区。1968年改凤山公社。1984年置镇。因镇政府驻地得名。融江、柳江、龙江流经。有中学1所，小学10所，卫生院1个，卫生所10个。有古迹开山寺、南丹古城遗址。有景点凤山八景、龟山、睡美人山等。农业以种植水稻、甘蔗、蔬菜等，养殖桑蚕为主。特产云片糕。工业以制糖为主。三北高速过境。

凤山街［Fèngshānjiē］　凤山镇人民政府驻地。在县政府驻地大埔镇南18千米。人口3000。因凤凰岭、乌鸾山得名。聚落呈团块状。有中小学、卫生院。服务业以商贸、餐饮为主。三北高速经此。

六塘镇［Liùtáng Zhèn］　柳城县辖镇。在县境西南部。面积160平方千米。人口2.8万。以壮族为主，还有汉、苗、瑶、水等民族。辖1居委会、7村委会，有61自然村。镇人民政府驻六塘街。1950年为六塘区。1958年改乡，旋改前进公社。1961年分设六塘、拉燕2公社。1962年与马山、冲脉2公社合改六塘区。1968年析设六塘公社。1984年改乡，析设冲脉乡。1985年置镇。因镇政府驻地得名。龙江流经。有矿产资源煤、彩霞石等。有中学1所，小学7所，卫生院1个，卫生所8个。农业主产稻谷、甘蔗、水果。工业以制糖、化工为主。黔桂铁路、汕昆高速过境。

六塘街［Liùtángjiē］　六塘镇人民政府驻地。在县政府驻地大埔镇西南36千米。人口3200。以壮族为主，还有汉、苗、瑶、水等民族。“塘”指古驿道沿途所设塘埔驿站点，以15里路为一塘。从凤山镇头塘至六塘镇查岩村共7塘，此地排第六，故名。聚落呈团块状。有中小学、卫生院。服务业以商贸、餐饮为主。汕昆高速、县道沙埔—六塘线经此。

冲脉镇［Chōngmài Zhèn］　柳城县辖镇。在县境西部。面积88平方千米。人口1.8万。以壮族为主，还有汉、仫佬等民族。辖1居委会、5村委会，有39自然村。镇人民政府驻冲脉街。1951年为冲脉区。1958年改乡。后改公社。1962年并入六塘区(后改公社)。1984年由六塘公社析设冲脉乡。1999年改镇。因镇政府驻地得名。有中学1所，小学6所，卫生院1个，卫生所5个。农业以种植水稻、甘蔗、桑蚕、食用菌等为主。县道沙埔—六塘线过境。

冲脉街［Chōngmàijiē］　冲脉镇人民政府驻地。在县政府驻地大埔镇西28千米。人口3000。以壮族为主，还有汉、仫佬等民族。因处交通中枢脉搏得名中脉，误为今名。聚落呈团块状。有中小学、卫生院。农业主产甘蔗、水稻、水果。服务业以商贸、餐饮为主。县道沙埔—六塘线经此。

寨隆镇［Zhàilóng Zhèn］　柳城县辖镇。在县境西部。面积83平方千米。人口1.6万。以壮族为主，还有汉、仫佬等民族。辖1居委会、6村委会，有36自然村。镇人民政府驻寨隆街。1961年成立寨隆公社，后撤销。1984年由洛崖公社析设寨隆乡。2000年改镇。因镇政府驻地得名。有中学1所，小学7所，卫生院1个，卫生所4个。农业以种植水稻、甘蔗等，养殖桑蚕等为主。焦柳铁路、县道沙埔—六塘线过境。

寨隆街［Zhàilóngjiē］　寨隆镇人民政府驻地。在县政府驻地大埔镇西15千米。人口2300。以壮族为主，还有汉、仫佬等民族。因原寨梧、隆大2村得名。聚落呈团块状。有中小学、卫生院。服务业以商贸、餐饮为主。焦柳铁路、县道沙埔—六塘线经此。

古砦仫佬族乡［Gǔzhài Mùlǎozú Xiāng］　柳城县辖乡。在县境西北部。面积247平方千米。人口3.6万，其中仫佬族占30%，还有汉、壮等民族。辖1居委会、13村委会，有136自然村。乡人民政府驻龙美街。1950年为古砦区。1958年改古砦、龙美2乡。后合改古砦公社。1984年改乡。1999年改古砦仫佬族乡。古砦原名古豈,意为有官吏管辖之地,后改今名。有中学2所,小学14所,卫生院1个,卫生所12个。有自治区级文物保护单位古廨古建筑群、覃村石拱桥。农业以种植水稻、甘蔗等为主。焦柳铁路、大埔—古砦公路过境。

龙美街[Lóngměijiē] 古砦仫佬族乡人民政府驻地。在县政府驻地大埔镇西北25千米。人口1100。龙美山脉延伸至宜山山脉,宜山似龙头,龙美山似龙尾,故名龙尾。因方言"尾"不雅而改今名。聚落呈团块状。有中小学、卫生院。服务业以商贸、餐饮为主。县道洛崖—龙美线经此。

马山乡[Mǎshān Xiāng] 柳城县辖乡。在县境西南部。面积177平方千米。人口2.9万。以壮族为主,还有汉、苗、瑶等民族。辖1居委会、8村委会,有64自然村。乡人民政府驻马山街。1950年为马山乡。后改公社。1984年复乡。因乡政府驻地得名。龙江流经。有中学1所,小学7所,卫生院1个,卫生所7个。有景点刘三姐影视城、龙江河。农业以种植水稻、甘蔗等为主。黔桂、焦柳铁路,汕昆高速过境。

马山街[Mǎshānjiē] 马山乡人民政府驻地。在县政府驻地大埔镇西南20千米。人口1800。原为土坡,乡人赶圩经此放马,故名。聚落呈团块状。有中小学、卫生院。服务业以商贸为主。汕昆高速经此。

社冲乡[Shèchōng Xiāng] 柳城县辖乡。在县境南部。面积127平方千米。人口1.6万。以壮族为主,还有汉、仫佬等民族。辖1居委会、7村委会,有45自然村。乡人民政府驻社冲社区。1958年设社冲乡。后改公社。1962年省人凤山区。1984年析置社冲乡。因乡政府驻地得名。柳江流经。有中学1所,小学8所,卫生院1个,卫生所7个。有自治区级文物保护单位巨猿化石出土地点。农业以种植水稻、甘蔗等为主。县道大埔—社冲线过境。

社冲社区[Shèchōng Shèqū] 社冲乡人民政府驻地。在县境南部。面积0.1平方千米。人口500。"社冲"为壮语"拉冲"(Lajcoengz)意译名,"拉"意为下面,此指末端,"冲"即山间平地。因处山洪冲积平地末端得名拉冲,意译改今名。2005年成立。民居以多层住宅楼为主。有文明实践站、文艺舞台。有中小学、卫生院。县道大埔—社冲线经此。

鹿寨县

鹿寨县[Lùzhài Xiàn] 柳州市辖县。北纬24°28′,东经109°44′。在市境东北部。面积2975平方千米。人口41.4万。以汉族为主,还有壮、瑶等民族。辖6镇、3乡。县人民政府驻鹿寨镇。1952年由雒容、榴江、中渡3县及修仁县第二区合设鹿寨县,属柳州专区。先后属桂林专区、柳州地区。2002年属柳州市。因县政府驻地得名。先后建成飞鹿立交桥、建中路、交通街、广场路灯。处丘陵地带,地势自东北向西南倾斜。平均海拔1150米。年均气温20.4℃,1月平均气温10℃,7月平均气温28.5℃。年均降水量1505.9毫米。洛清江、柳江流经。有矿产资源铁、锰、铜、重晶石、炭质页岩、煤、大理石等。有野生植物1078种,其中国家重点保护野生植物有29种。有野生动物276种,其中国家重点保护野生动物有55种。森林覆盖率70.8%。有中学10所,小学68所,二级医院2个,体育馆1个,图书馆1个,文化馆10个,文化艺术中心1个。有自治区级文物保护单位高岩山摩崖石刻。有自治区级非物质文化遗产平山山歌。有民俗抬龙阁、过街溜、舞龙、舞狮等。有国家4A级旅游景区香桥岩,国家3A级旅游景区月岛湖。三次产业比例21∶48∶31。农业以种植甘蔗、林果,养殖桑蚕为主。工业以化工、建材、制糖、缫丝、铸造机械加工为主。服务业以文化旅游、餐饮、商贸为主。湘桂铁路,衡柳高铁,泉南高速,322、323国道过境。有鹿寨站。通多路公交车。

鹿寨站[Lùzhài Zhàn] 见交通运输设施部分"鹿寨站"条。

鹿寨汽车总站[Lùzhài Qìchē Zǒngzhàn] 见交通运输设施部分"鹿寨汽车总站"条。

鹿寨镇[Lùzhài Zhèn] 鹿寨县人民政府驻地。在县境中部。面积440平方千米。人口12.7万。以汉族为主,还有壮、瑶、苗、回等民族。辖5居委会、17村委会,有136自然村。镇人民政府驻鹿寨街。1951年设鹿寨镇。1958年与龙城乡合为红旗公社。1959年分城关、城镇2公社。1962年城镇公社改鹿寨镇。后改公社。1980年置镇。2002年城关乡并入。因镇政府驻地得名。洛清江、石榴河流经。有中学4所,小学13所,二级医院2个,卫生所17个。有景点鹿寨山、长牯岭、狮子山、巴敢岩等。农业主产甘蔗、水果、蔬菜。工业以建材、化工、包装、食品加工为主。桂湘铁路,泉南高速,322、323国道过境。通多路公交车。

飞鹿大道[Fēilù Dàdào] 在县城中部。东起建中东路,西至新柳大道。与元宝路、龙田路相交。长12.8千米,宽60米。水泥路面。2002年开工,2005年建成。寓意经济建设似飞鹿腾飞得名。两侧有政府机关、开发区等。通多路公交车。

鹿寨街[Lùzhàijiē] 鹿寨镇人民政府驻地。在镇境中部。人口1.2万。因鹿寨山得名。鹿寨山初名六寨山,因山有6峰耸峙,后因峰如鹿角且当地"六"与"鹿"同音,更名鹿寨山。聚落呈团块状。有中小学、职教中心、二级医院、卫生院、图书馆、文化馆、体育馆。工业以化工、建材、制糖、缫丝、铸造、机械加工为主。通多路公交车。

中渡镇[Zhōngdù Zhèn] 鹿寨县辖镇。在县境西北部。面积392平方千米。人口4.9万。以壮族为主,还有汉、瑶、苗、侗等民族。辖1居委会、14村委会,有161自然村。镇人民政府驻中渡街。1952年为二区。1955年改鹰山区。1956年改中渡区。1958年设英山乡。后改公社。1983年改区。1987年置镇。因镇政府驻地得名。洛江流经。有矿产资源铁、煤、大理石等。有中学1所,小学15所,卫生院1个,卫生所14个。有国家4A级旅游景区香桥岩。有景点武庙、铜盆山摩崖、明朝参将记功碑等。农业主产柚子、板栗。工业以建材加工为主。特产红瓜子、甘蔗等。衡柳高铁、323国道过境。通公交车。

中渡街[Zhōngdùjiē] 中渡镇人民政府驻地。在县政府驻地鹿寨镇西北28千米。人口4700。处洛江之畔,上、中、下有旧县、平乐镇、新县3横水渡,故名。聚落呈团块状。有小学、卫生院。有景点武庙。农业主产柚子、板栗。工业以建材加工为主。323国道经此。

寨沙镇[Zhàishā Zhèn] 鹿寨县辖镇。在县境东部。面积476平方千米。人口6.8万。以汉族为主,还有壮、瑶、苗、侗等民族。辖1居委会、22村委会,有214自然村。镇人民政府驻寨沙街。1951年为第九区。1955年改寨沙区。后改公社。1983年复区。1987年置镇。2005年龙江乡并入。因镇政府驻地得名。石榴河流经。有中学1所,小学23所,卫生院2个,卫生所22个。有景点六往古炮楼、廖家大院、怀英书院、古木村料旺屯进士堂。农业主产林果、头菜、慈姑、马蹄、淮山。工业以农产品、建材加工为主。323国道过境。通公交车。

寨沙街[Zhàishājiē] 寨沙镇人民政府驻地。在县政府驻地鹿寨镇东30千米。人口5700。前有沙洲,后靠山寨,故名。聚落呈带状。有小学、卫生院、公园。农业以种植头菜、慈姑、马蹄、淮山等为主。323国道经此。

平山镇[Píngshān Zhèn] 鹿寨县辖镇。在县境西北部。面积296平方千米。人口4.2万。以汉族为主,还有壮、瑶、苗、侗等民族。辖1居委会、10村委会,有118自然村。镇人民政府驻平山街。1951年为第三区。1955年改平山区。1958年设乡。后与屯秋乡合为平山公社。1983年改区。1987年设乡。1995年置镇。因镇政府驻地得名。有小学10所,卫生院1个,卫生所10个。有述旧碑记。农业主产稻谷、甘蔗、蔬菜、水果。特产蜜橘、油桃、芥菜等。工业以建材加工为主。拉洞铁路、衡柳高铁、323国道过境。通公交车。

平山街[Píngshānjiē] 平山镇人民政府驻地。在县政府驻地鹿寨镇西北42千米。人口1600。因石山平地拔起得名。聚落呈带状。有小学、卫生院。农业主产甘蔗、蔬菜。特产蜜橘、芥菜等。323国道经此。

黄冕镇[Huángmiǎn Zhèn] 鹿寨县辖镇。在县境东北部。面积447平方千米。人口3.6万。以壮族为主,还有汉、瑶等民族。辖11村委会,有130自然村。镇人民政府驻黄冕新区。1949年为榴江县黄冕区。1951年为鹿寨县一区。1955年改黄冕区。后改公社。1983年复区。1987年设乡。2014年置镇。因镇政府驻地得名。清江、洛江流经。有中学1所,小学13所,卫生院1个,卫生所11个。农业以种植罗汉果、养蚕为主。工业以缫丝、木材加工、松脂加工为主。湘桂铁路、泉南高速、322国道过境。通公交车。

黄冕新区[Huángmiǎnxīnqū] 黄冕镇人民政府驻地。在县政府驻地鹿寨镇东北30千米。人口1200。传宋名将杨文广打仗时帽子跌此,故名黄冕。因搬迁更今名。聚落呈团块状。有小学、卫生院。农业主产蚕桑。服务业以商贸、物流为主。湘桂铁路、泉南高速、322国道经此。

四排镇[Sìpái Zhèn] 鹿寨县辖镇。在县境东南部。面积361平方千米。人口4.3万。以汉族为主,还有壮、瑶、苗、侗等民族。辖16村委会,有117自然村。镇人民政府驻四排街。1950年为修仁县第二区。1951年为鹿寨县第十区。1955年为四排区。1958年设乡。后改公社。1983年改区。1987年复乡。2013年置镇。因镇政府驻地得名。石榴河流经。有小学18所,卫生院1个,卫生所16个,文体中心1个。有里坦汉墓群。农业主产稻谷、甘蔗、砂糖橘、铁木。工业以农产品加工、铸造为主。323国道过境。通公交车。

四排街[Sìpáijiē] 四排镇人民政府驻地。在县政府驻地鹿寨镇东南35千米。人口3000。清同治元年(1862)修仁县分各村为10排,此地为第四排,故名。聚落呈带状。有小学、卫生院、文化中心。有里坦汉墓群。农业以种植水稻、果树为主。特产椪柑、无核蜜橙等。工业以农产品加工为主。323国道经此。

江口乡[Jiāngkǒu Xiāng] 鹿寨县辖乡。在县境西南部。面积120平方千米。人口1.9万。以汉族为主,还有壮、瑶、苗、侗等民族。辖

6村委会，有57自然村。乡人民政府驻江口街。民国时曾设江口乡，属雒容县。1951年划归鹿寨县，后与导江、运江2乡合为第七区。1955年改江口区。1958年改乡。后改公社。1983年复区。1987年复乡，析设导江乡。因乡政府驻地得名。柳江、洛清江流经。有小学1所，卫生院1个，卫生所6个。农业主产稻谷、甘蔗、蔬菜。工业以造船、造纸、农产品加工为主。江口—柳州公路过境。通公交车。

江口街［Jiāngkǒujiē］　江口乡人民政府驻地。在县政府驻地鹿寨镇西南50千米。人口1500。因处洛清江、柳江汇合处得名。聚落呈团块状。有小学、卫生院。农业主产甘蔗、沙田柚、柑橘、木材。特产竹笋。工业有造船、农产品加工。江口—柳州公路经此。通公交车。

导江乡［Dǎojiāng Xiāng］　鹿寨县辖乡。在县境西南部。面积189平方千米。人口1.8万。以壮族为主，还有汉、瑶、苗、侗等民族。辖7村委会，有69自然村。乡人民政府驻导江新区。1987年由江口乡析设。因乡政府驻地得名。柳江流经。有小学1所，卫生院1个，卫生所7个。农业主产稻谷、甘蔗、水果、油茶、林木。工业以建材加工为主。鹿寨—都连、雒容—导江公路过境。通公交车。

导江新区［Dǎojiāngxīnqū］　导江乡人民政府驻地。在县政府驻地鹿寨镇西南28千米。人口3500。因江水回湾倒流得名倒江，以谐音演为导江。因搬迁改今名。聚落呈带状。有小学、卫生院、文体活动中心、文化站。农业以种植业为主。特产茶油、板栗、大果山楂等。工业以建材加工为主。鹿寨—都连、雒容—导江公路经此。

拉沟乡［Lāgōu Xiāng］　鹿寨县辖乡。在县境东北部。面积254平方千米。人口1.2万。以汉族为主，还有壮、瑶等民族。辖7村委会，有60自然村。乡人民政府驻拉沟屯。1950年设拉沟乡。1958年改拉钩乡。同年改公社。1962年并入寨沙区。1966年析置拉沟公社。1983年改区。1987年设乡。因乡政府驻地得名。有古报尾，海拔1241米。有小学1所，卫生院1个，卫生所7个。农业以种植水稻为主，兼种桑养蚕。盛产香菇、灵芝、竹笋、八角等。拉沟—寨沙公路过境。通公交车。

拉沟屯［Lāgōutún］　拉沟乡人民政府驻地。在县政府驻地鹿寨镇东北45千米。人口300。地处山麓，沟溪环绕，故名拉沟。“拉沟”壮语，“拉”即“下”之意，“沟”同汉意。聚落呈散点状。有小学、卫生院。农业以种植水稻、玉米为主。拉沟—寨沙公路经此。

融　安　县

融安县［Róng'ān Xiàn］　柳州市辖县。北纬25°13′，东经109°23′。在市境北部。面积2900平方千米。人口33万。以汉族为主，有壮、侗、苗、瑶等民族。辖6镇、6乡。县人民政府驻长安镇。1952年由融县析设融安县。先后属宜山专区、柳州专区、柳州地区。2002年属柳州市。取融县、长安镇各一字得名。先后建成长安大桥、农贸市场、长安广场、综合批发市场，新建桔香路、融江路、融州路、红卫路、东兴路等，改造大桥东路等。地势由东北向西南倾斜，东北为山地、丘陵，东南为岩溶峰林洼地和谷地，西南多为岩溶峰平原，西北为融江河谷小平原。平均海拔250米。年均气温19℃，1月平均气温8.5℃，7月平均气温27.8℃。年平均降水量1932.8毫米。融江、浪溪江、南江河、石门河、泗维河流经。有矿产资源铅锌、铁、硅石、石灰岩、河沙等。有野生植物500多种，其中国家重点保护野生植物有21种。有野生动物100多种，其中国家重点保护野生动物有40种。有红茶沟国家森林公园。森林覆盖率76.3%。有中学15所，小学67所，二级医院2个。有自治区级文物保护单位南朝古墓群。有国家级非物质文化遗产彩调，自治区级非物质文化遗产长安文场、长安滤粉制作技艺、融安传统龙舟制作技艺。有民间艺术山歌、钱牌、舞狮、根雕、盆景、腰鼓、抢花炮等。有传统文化节“三月三”“芒蒿节”、金橘文化艺术节、龙舟节等。有国家4A级旅游景区石门仙湖。有大洲生态农业旅游区、鹭鹚洲生态农业旅游区、大坡乡岗作犀洲岛景区、西古坡生态景区、石岩生态旅游区、铜板风景区。有景点长安骑楼街、大潭生态园等。三次产业比例22∶38∶40。农业主种水稻、甘蔗、蔬菜、中药材等。工业以制糖、医药制造、丝绸加工、矿产开采、非金属矿物制品加工、建材、农副产品加工、竹木加工为主。特产茶油、桐油、金橘、柚子、柑橘、罗汉果、板栗、香菇、木耳、冬笋、淮山、小洲头菜、余家寨酸菜、竹凉席、杉木等。服务业以通信、物流、商贸为主。焦柳铁路，209国道，省道浮石—两江、浮石—宜州线过境。有融江航道。

长安广场［Cháng'ān Guǎngchǎng］　在县城东北部。面积8公顷。2001年开工，2003年建成。因长安镇得名。中部为音乐喷泉，四周有亭廊、仿西欧罗马柱、雕塑、花草树木、健身器材、儿童游乐园等。东门有升旗台、大型地标雕塑、小广场。周边有政府机关、商业综合体。通多路公交车。

长安大桥［Cháng'ān Dàqiáo］　在县城中部。长409米，宽12米，最大跨度47米，桥下净高8米。1985年开工，1987年建成。因长安镇得名。为大型河道桥梁，结构型式为混凝土公路桥。最大载重30吨。通多路公交车。

融安站［Róng'ān Zhàn］　见交通运输设施部分“融安站”条。

融安汽车总站［Róng'ān Qìchē Zǒngzhàn］　见交通运输设施部分“融安汽车总站”条。

长安镇［Cháng'ān Zhèn］　融安县人民政府驻地。在县境西部。面积333平方千米。人口9.8万。辖5居委会、24村委会，有132自然村。镇人民政府驻长安街。清乾隆二十九年（1764）设长安镇。2005年城东、大巷2乡并入。因镇政府驻地得名。融江流经。有红茶沟国家森林公园。有中学4所，小学17所，二级医院2个，卫生院1个，卫生所1个，图书馆1个，文化馆1个。有古迹镇安寺、牛爬塘南朝古墓群、安宁南朝古墓群、吊马岩化石遗址、鸡仔崖惨案遗址等。有国家级非物质文化遗产彩调，自治区级非物质文化遗产长安文场、长安滤粉制作技艺。有民间艺术山歌、舞龙、舞狮等。有大洲生态农业旅游区。有景点长安骑楼街、长安广场等。农业主产杉木、稻谷。特产淮山、小洲头菜、长安酸菜、板栗。工业以制药、锌品冶炼、木材加工为主。有特色小吃融安芙蓉酥、长安滤粉、长安烧炙等。服务业以商贸、住宿、餐饮为主。焦柳铁路、209国道过境。

融江路［Róngjiāng Lù］　在县城中部。南起红卫路，北至通和路。与桔香南路、融乐街、汇融街、东兴路相交。长2.7千米，宽30米。水泥路面。1999年开工，2000年建成。因临融江得名。两侧有居住小区、商贸城、小学、银行、批发市场、酒店、政府机关等。通多路公交车。

桔香路［Júxiāng Lù］　县城中部。南起红卫路，北至长安南路。与融江南路、融乐路、民乐街、融汇路相交。长1.8千米，宽24米。水泥路面。1987年开工，1988年建成。1998年改扩建，2000年建成。原名河东大道，因融安盛产金橘，“橘”俗作“桔”取金橘飘香之意改今名。两侧有中小学、邮政局、书店、银行、二级医院、政府机关等。通多路公交车。

长安街［Cháng'ānjiē］　长安镇人民政府驻地。在镇境中部。人口1.3万。因旧有长安酒庄得名。聚落呈团块状。融江流经。有中小学、卫生院、卫生所。有自治区级非物质文化遗产长安文场、长安滤粉制作工艺。有民俗舞龙、舞狮、旱龙船、秧歌、腰鼓等。有景点长安骑楼街。农业种植金橘、油茶、罗汉果、香菇、板栗、淮山等。工业以建筑为主。特产长安酸菜、黄片糖等。服务业以商贸、住宿餐饮为主。209国道经此。

浮石镇［Fúshí Zhèn］　融安县辖镇。在县境南部。面积245平方千米。人口3.2万。以汉族为主，还有壮、瑶、苗、侗等民族。辖1居委会、12村委会，有134自然村。镇人民政府驻浮石街。1953年为第五区（东江区）。后改公社。1969年析设东起公社。1984年置浮石镇。因镇政府驻地得名。融江流经。有中学1所，小学8所，幼儿园1所，卫生院1个，卫生所1个。有鹭鹚洲生态农业旅游区。农业主产木薯、花生、甘薯、辣椒、西红柿、桃子、黄皮果等。工业以木材加工、制糖为主。有牛崖水电站。焦柳铁路、209国道过境。

浮石街［Fúshíjiē］　浮石镇人民政府驻地。在县政府驻地长安镇南12千米。人口3200。传融江中有巨石，从未被淹没，如浮河上，故名。聚落呈带状。融江流经。有中小学、幼儿园、卫生院。农业主产茶油、淮山、辣椒、西红柿、黄皮果。服务业以农副产品交易为主。209国道经此。

泗顶镇［Sìdǐng Zhèn］　融安县辖镇。在县境东南部。面积283平方千米。人口2.2万。以汉族为主，有壮、瑶、苗、侗等民族。辖1居委会、9村委会，有95自然村。镇人民政府驻泗顶街。1953年为泗顶区。后改公社。1984年置镇。因镇政府驻地得名。有铅锌资源。有中学1所，小学4所，卫生院1个，卫生所1个。有景点思美瀑布。农业主种水稻、玉米、西红柿等。特产丰水梨。省道浮石—两江线过境。

泗顶街［Sìdǐngjiē］　泗顶镇人民政府驻地。在县政府驻地长安镇东南42千米。人口1300。以汉族为主，还有壮、侗、苗、瑶等民族。因处马鞍、白面、腊竹、元宝4山间，取“四”“泗”同音得名。聚落呈团块状。有中小学、卫生所。特产玉米、西红柿、葡萄、丰水梨等。县道泗顶—桥板线经此。

板榄镇［Bǎnlǎn Zhèn］　融安县辖镇。在县境东北部。面积429平方千米。人口2.4万。辖1居委会、17村委会，有137自然村。镇人民政府驻板榄街。1936年设安江乡。1953年改板榄区。后改公社。1984年改乡。2001年置镇。因镇政府驻地得名。浪溪江流经。有中学1所，小学4所，卫生院1个，卫生所1个。有民俗三月初三抢花炮等。农业主种水稻、竹林、油茶。特产罗汉果、香菇、金橘、茶叶等。工业以木器加工、制茶为主。县道长安—板榄、板榄—和平线过境。

板榄街［Bǎnlǎnjiē］　板榄镇人民政府驻地。在县政府驻地长安镇东北42千米。人口2200。以汉族为主，还有壮、侗、苗、瑶等民族。原为木板房，排成直线，一览无余，故名板览，误写为今名。聚落呈带状。浪溪江流经。有中小学、卫生院。农业主种杉木、楠竹、水稻。特产茶油、罗汉果、金橘等。服务业以商贸为主。县道长安—板榄、板榄—和平线经此。

大将镇［Dàjiàng Zhèn］　融安县辖镇。在县境北部。面积253平方千米。人口2.6万。辖1居委会、14村委会，有170自然村。镇人民政府驻大将街。1953年为龙妙区。1958年改大将、龙妙2公社。1962年合为大将区。1966年改公社。1984年设乡。2000年置镇。因镇政府驻地得名。浪溪江流经。有中学1所,小学7所,卫生院1个,卫生所1个。有大潭生态园。农业主种水稻。特产金橘、油茶树、罗汉果等。县道长安—板榄线过境。

大将街［Dàjiàngjiē］ 大将镇人民政府驻地。在县政府驻地长安镇东北21千米。人口1900。以汉族为主,还有壮、侗、苗、瑶等民族。因当地流传风水先生曾断言此地风水好,定出大将军,故名。聚落呈团块状。浪溪江流经。有中小学、卫生院。农业主种杉木、楠竹、水稻。特产茶油、罗汉果、金橘等。服务业以商贸为主。县道长安—板榄线经此。

大良镇［Dàliáng Zhèn］ 融安县辖镇。在县境南部。面积211平方千米。人口2.6万。以汉族为主,还有壮、苗、侗等民族。辖1居委会、12村委会,有72自然村。镇人民政府驻大良街。1936年设和良乡。1953年改大良区。后改公社。1984年设乡。1995年置镇。因镇政府驻地得名。石门河流经。有中学1所,小学6所,卫生院1个,卫生所1个。有国家4A级旅游景区石门仙湖。农业主种水稻、甘蔗。特产果蔗、葡萄、大果枇杷、柑橘、马蹄等。工业以铁矿开采、建材加工为主。209国道过境。

大良街［Dàliángjiē］ 大良镇人民政府驻地。在县政府驻地长安镇南48千米。人口2800。因四季凉爽泉水得名大凉,以同音改今名。聚落呈团块状。有中小学、卫生院。农业主种水稻。209国道经此。

雅瑶乡［Yǎyáo Xiāng］ 融安县辖乡。在县境东北部。面积247平方千米。人口1.6万。以汉族为主,还有壮、瑶、苗、侗等民族。辖8村委会,有108自然村。乡人民政府驻雅瑶街。1912年设雅瑶乡。1950年改区。1958年与黄金乡合为雅瑶公社。1984年改乡。因乡政府驻地得名。雅瑶河流经。有小学5所,卫生院1个,卫生所1个。有西古坡生态旅游区。经济以林业为支柱。特产油茶、八角、竹笋、罗汉果、香菇、茶叶等。工业以竹木制品加工为主。福田—古营公路过境。

雅瑶街［Yǎyáojiē］ 雅瑶乡人民政府驻地。在县政府驻地长安镇东北40千米。人口1000。因旧时烧砖窑建立圩场得名瓦窑,以谐音改今名。聚落呈团块状。雅瑶河流经。有小学、卫生院。农业主种杉木、楠竹、水稻。特产茶油、罗汉果、金橘等。服务业以商贸为主。县道古营—百寿线经此。

大坡乡［Dàpō Xiāng］ 融安县辖乡。在县境东部。面积211平方千米。人口1.5万。辖9村委会,有156自然村。乡人民政府驻大坡街。1936年设镇东乡。1953年改大坡区。1956年分设岗伟、大坡2乡。后合改大坡公社。1984年设乡。因乡政府驻地得名。禄局河流经。有三锁鸟类自然保护区。有小学5所,卫生院1个,卫生所1个。有岗伟犀洲岛景区。农业主种水稻、玉米、木薯、甘薯、杉树、毛竹等。特产板栗、油茶树、沙田柚等。县道长安—大坡线过境。

大坡街［Dàpōjiē］ 大坡乡人民政府驻地。在县政府驻地长安镇东20千米。人口1800。以汉族为主,还有壮、瑶、苗、侗、仫佬等民族。因处大土山平坡得名。聚落呈团块状。禄局河流经。有小学、卫生所。农业主种杉木、楠竹、水稻。特产茶油、罗汉果、金橘等。服务业以商贸为主。县道长安—大坡线经此。

东起乡［Dōngqǐ Xiāng］ 融安县辖乡。在县境东南部。面积119平方千米。人口1万。以汉族为主,还有壮、侗等民族。辖5村委会,有39自然村。乡人民政府驻东起街。1936年设东起乡。1958年改公社。1962年与东江、浮石2公社合为浮石区。1966年属浮石公社。1969年析置东起公社。1984年复乡。因东乡、起西2村得名。有中学1所,小学4所,卫生院1个,卫生所1个。有古村落乐岗石头寨。有铜板李花风景区。农业以种植水稻、甘蔗等为主。特产板栗、李子、葡萄等。县道沙坪—东起线过境。

东起街［Dōngqǐjiē］ 东起乡人民政府驻地。在县政府驻地长安镇东南31千米。人口800。因东起圩场得名。聚落呈团块状。有中小学、卫生院。农业主种水稻、甘蔗。特产李子、葡萄等。服务业以商贸为主。县道沙坪—东起线经此。

沙子乡［Shāzi Xiāng］ 融安县辖乡。在县境东南部。面积161平方千米。人口1.4万。以汉族为主,还有壮、苗、侗等民族。辖6村委会,有48自然村。乡人民政府驻沙子街。1935年为大平联乡。1936年改永清乡。后改公社。1984年改沙子乡。因乡政府驻地得名。有硫铁资源。有中学1所,小学2所,卫生院1个,卫生所1个。有石岩生态旅游区。农业以种植水稻、甘蔗、柑橘、玉米、黄豆、花生为主。县道三坡—沙子线过境。

沙子街［Shāzijiē］ 沙子乡人民政府驻地。在县政府驻地长安镇东南50千米。人口800。以汉族为主,还有壮、苗、侗等民族。因多石多沙得名。聚落呈团块状。有中小学、卫生院。农业主种水稻、甘蔗。特产柑橘、葡萄等。县道三坡—沙子线经此。

桥板乡［Qiáobǎn Xiāng］ 融安县辖乡。在县境东南部。面积233平方千米。人口2万。壮族聚居。辖10村委会,有114自然村。乡人民政府驻桥板街。1949年设桥板乡,旋鹿寨县良老、中村、古板等乡划入。1958年分设桥板、良老2公社。1962年并为桥板区。1966年复公社。1984年改乡。因乡政府驻地得名。有铅锌资源。有中学1所,小学3所,卫生院1个,卫生所1个。有拉境岩洞景区。农业以种植水稻、玉米、黄豆、花生、甘蔗、柑橘、西红柿等为主。县道泗顶—桥板线过境。

桥板街［Qiáobǎnjiē］ 桥板乡人民政府驻地。在县政府驻地长安镇东南63千米。人口400。壮族聚居。因有木板桥得名。聚落呈带状。有中小学、卫生院。农业主种水稻、甘蔗。特产玉米、西红柿等。服务业以商贸为主。县道泗顶—桥板线经此。

潭头乡［Tántóu Xiāng］ 融安县辖乡。在县境西南部。面积178平方千米。人口2.4万。以汉族为主,还有壮、苗、侗等民族。辖11村委会,有71自然村。乡人民政府驻潭头屯。1935年设潭头乡。1936年分设潭头、东岭2乡。1953年并入大良区。1958年析设红岭、潭头2公社。1962年复入大良区。1966年析设潭头公社。1984年改乡。因乡政府驻地得名。石门河流经。有中学1所,小学8所,卫生院1个,卫生所1个。农业主种水稻、玉米、甘蔗等。县道大良—巷口线过境。

潭头屯［Tántóutún］ 潭头乡人民政府驻地。在县政府驻地长安镇西南55千米。人口400。因处杨晚潭前头得名。聚落呈团块状。石门河流经。有中小学、卫生院。农业主种水稻、玉米、甘蔗等。服务业以商贸为主。县道大良—巷口线经此。

融水苗族自治县

融水苗族自治县［Róngshuǐ Miáozú Zìzhìxiàn］ 柳州市辖自治县。北纬25°04′,东经109°14′。在市境西北部。面积4639平方千米。人口51.6万,其中苗族占42.1%,还有汉、瑶、侗、壮、水、仫佬、土家等民族。辖6镇、12乡、2民族乡。县人民政府驻融水镇。1952年设大苗山苗族自治区,属宜山专区。1955年改大苗山苗族自治县。1958年属柳州专区。1966年改融水苗族自治县。1971年属柳州地区。2002年属柳州市。因唐代融水县得名。先后改造香山路,建设城市规划展示馆,改扩建斗马场、民族体育公园等。地势中部高四周低。最高点元宝山海拔2081.3米,最低点县内平原区海拔约195米。年均气温19.9℃,1月平均气温9.1℃,7月平均气温28.2℃。年均降水量1841.5毫米。贝江、融江流经。有矿产资源锡、铜、铅、锌、镍、铁等。有野生植物3278种,其中国家一级保护野生植物有伯乐树、南方红豆杉、合柱金莲木等,国家二级保护野生植物有粗齿桫椤、福建柏、华南五针松、马尾松等。有野生动物345种,其中国家一级保护野生动物有鼋、蟒蛇、熊猴、林麝、金钱豹,国家二级保护野生动物有猕猴、藏酋猴、穿山甲等。有国家级九万大山自然保护区。森林覆盖率79%。有中学25所,小学217所,二级医院2个,图书馆1个,文化馆1个,综合体育馆1个。有自治区级文物保护单位真仙岩石刻。有国家级非物质文化遗产融水苗族系列坡会,自治区级非物质文化遗产苗族芦笙制作技艺、苗族亮布制作技艺、苗族古歌、苗族蜡染手工技艺、苗族传统医药。有国家4A级旅游景区贝江、元宝山龙女沟,国家3A级旅游景区老子山、雨卜苗寨、田头苗寨。三次产业比例23∶48∶29。农业主种水稻、甘蔗、杉木。特产柚子、木耳、灵芝、香糯、香菇、香鸭、香猪等。工业以制糖、建材、竹木加工为主。服务业以通信、物流、商贸为主。焦柳铁路、357国道、省道融水—金城江线过境。通多路公交车。

融水大桥［Róngshuǐ Dàqiáo］ 在县城中部。长519米,宽16米,最大跨度85米,桥下净高5.5米。2001年开工,2003年建成。为县城第一座跨融江大桥,故名。为大型河道桥梁,结构型式为预应钢筋结构装配式轻型公路桥。最大载重30吨。通多路公交车。

融水站［Róngshuǐ Zhàn］ 见交通运输设施部分“融水站”条。

融水汽车站［Róngshuǐ Qìchēzhàn］ 见交通运输设施部分“融水汽车站”条。

融水镇［Róngshuǐ Zhèn］ 融水苗族自治县人民政府驻地。在县境东南部。面积312平方千米。人口12万。以汉族为主,还有苗、瑶、侗、壮等民族。辖4居委会、15村委会,有187自然村。镇人民政府驻融水街。1952年设融水镇。1958年并入东风公社。1968年析设融水镇公社。1981年融水公社部分地域并入。1984年改镇。2002年融水乡并入。因县得名。贝江、融江流经。有中职1所,中学6所,小学19所,二级医院2个,卫生院1个,卫生所1个。有图书馆、文化馆、民族博物馆、广场等。有国家3A级旅游景区老子山。农业主种水稻、甘蔗,产糯米柚、蚕茧、药材等。工业以木材、建材加工为主。焦柳铁路,357国道,省道浮石—宜州、浮石—金城江线过境。

寿星路［Shòuxīng Lù］ 在县城中部。南起苗都大道,北至民族路。与朝阳路、秀峰北路、细鱼路相交。长3千米,宽24米。水泥路面。1985年改造,1995年建成。因老子山寿星岩得名。两侧有新华书店、县医院、中学、信用联社、银行、政府机关、广场、中医院、民族卫校等。通多路公交车。

民族大道［Mínzú Dàdào］ 在县城中部。

东起水东村内道路，西至寿星中路。与义熙大道相交。长3.4千米，宽40米。沥青路面。2000年开工，2003年建成。为经苗族迎宾门进入县城主干道，故名。两侧有政府机关、中学等。通多路公交车。

融水街［Róngshuǐjiē］ 融水镇人民政府驻地。在镇境中部。人口1.6万。因地处融水镇中心，故名。聚落呈十字交叉状。融江、贝江流经。有中小学、幼儿园、图书馆、文化馆、体育馆等。有国家3A级旅游景区老子山。农业主种水稻、甘蔗，产糯米柚、蚕茧、药材等。工业以木材、建材加工为主。服务业以商贸为主。焦柳铁路，357国道，省道浮石—宜州、浮石—金城江线经此。

和睦镇［Hémù Zhèn］ 融水苗族自治县辖镇。在县境南部。面积162平方千米。人口2.8万。以汉族为主，还有壮、苗、仫佬等民族。辖1居委会、9村委会，有76自然村。镇人民政府驻和睦街。1933年设和睦乡，属融县和睦区。1952年划属融安县。1953年和睦、永乐2乡划归大苗山苗族自治区，合并置和睦区。1955年属大苗山苗族自治县。1958年与融水区、融水镇合并称东风公社。1959年撤东风公社析置和睦公社。1962年改和睦区。1966年属融水苗族自治县。1968年复改和睦公社。1984年改镇。因镇政府驻地得名。融江流经。有中学1所，小学9所，卫生院1个，卫生所1个。有古迹南评庙。农业主种水稻、甘蔗。焦柳铁路、省道浮石—宜州线过境。通公交车。

和睦街［Hémùjiē］ 和睦镇人民政府驻地。在县政府驻地融水镇南24千米。人口5000。因居民和睦相处得名。聚落呈团块状。融江流经。有中小学、卫生院。农业主产甘蔗、水稻、桑蚕。工业以制糖、水力发电为主。服务业以商贸为主。省道浮石—宜州线经此。

三防镇［Sānfáng Zhèn］ 融水苗族自治县辖镇。在县境西南部。面积287平方千米。人口2.4万。以壮族为主，还有汉、侗、苗、瑶、仫佬等民族。辖1居委会、10村委会，有161自然村。镇人民政府驻三防街。1952年为三防壮族自治区。后改三防公社。1984年改镇。因镇政府驻地得名。贝江流经。有九万山国家级自然保护区。有中学1所，小学6所，幼儿园4所，卫生院1个，卫生所20个，敬老院1个。有“三月三”传统歌节。农业以种植水稻、玉米、黄豆为主。省道浮石—金城江线过境。

三防街［Sānfángjiē］ 三防镇人民政府驻地。在县政府驻地融水镇西南42千米。人口6000。以壮族为主，还有汉、侗、苗、瑶、仫佬等民族。传明正德六年(1511)柳州府借那地州俍兵镇压农民起义后，将“有功”之兵韦重昌3房兄弟委为土舍(土司官名)，住通道镇中心地带河边，该河因此得名“三房河”。后在三房河边设防塘卡，遂改称“三防塘”。聚落呈带状。贝江流经。有中小学、卫生院。有中国工农红军第七军纪念亭。农业主种水稻、玉米、黄豆。特产香鸭、香猪、香糯、香菇等。服务业以商贸为主。省道浮石—金城江线经此。

怀宝镇［Huáibǎo Zhèn］ 融水苗族自治县辖镇。在县境中部。面积317平方千米。人口1.6万。以汉族为主，还有苗、瑶、侗、壮等民族。辖1居委会、10村委会，有107自然村。镇人民政府驻中寨街。1933年设怀宝乡。1952年改中寨区。后改公社。1984年改怀宝乡。1997年置镇。山环水抱，盛产“三宝”木材、香菇、木耳，故名。贝江流经。有广西大鲵自然保护区。有中学1所，小学10所，幼儿园3所，卫生院1个，卫生所1个，敬老院1个。农业主种水稻、杉树。特产灵芝、香菇、木耳、罗汉果。工业以竹木加工为主。省道浮石—金城江线过境。

中寨街［Zhōngzhàijiē］ 怀宝镇人民政府驻地。在县政府驻地融水镇西南30千米。人口3000。以汉族为主，还有苗、壮等民族。因中心村得名。聚落呈散点状。贝江流经。有小学、卫生院。农业主种水稻、杉树。工业以农产品加工为主。有商贸服务业。省道浮石—金城江线经此。

洞头镇［Dòngtóu Zhèn］ 融水苗族自治县辖镇。在县境中部偏北。面积211平方千米。人口2万。以苗族为主，还有侗、瑶等民族。辖7村委会，有67自然村。镇人民政府驻洞头街。1959年成立洞头公社。1962年与甲朵公社合改洞头区。1968年改公社。1984年设乡。2014年置镇。因镇政府驻地得名。有中学1所，小学7所，幼儿园4所，卫生院1个，卫生所1个，敬老院1个。有二月二传统花炮节。有景点三岔石柱、响水洞瀑布等。农业主种水稻、杉树。田头—洞头公路过境。

洞头街［Dòngtóujiē］ 洞头镇人民政府驻地。在县政府驻地融水镇北75千米。人口7000。以苗族为主，还有侗、瑶等民族。古时侗族居住地通称“峒”或“溪洞”。因居其中一峒上头得头。聚落呈团块状。有小学、卫生院。农业以种植水稻、杉树为主。养殖生猪、鸡、鸭。有商贸服务业。田头—洞头公路经此。

大浪镇［Dàlàng Zhèn］ 融水苗族自治县辖镇。在县境东北部。面积214平方千米。人口2.2万。以壮族为主，还有苗、瑶、侗、汉等民族。辖1居委会、10村委会，有86自然村。镇人民政府驻河口街。1952年为大浪区。后改公社。1984年设乡。2014年置镇。因民国时期乡公所初位于大浪塘边得名。田寨河、融江流经。有中学1所，小学8所，卫生院1个，卫生所1个。农业主种水稻、杉树、竹子、八角。特产茶油、茶叶。工业以电力、硅加工、选矿为主。服务业以商贸为主。焦柳铁路、丹洲—大年公路过境。

河口街［Hékǒujiē］ 大浪镇人民政府驻地。在县政府驻地融水镇东北45千米。人口3000。以壮族为主，还有苗、瑶、侗、汉等民族。因处田寨河、融江交汇处得名。聚落呈带状。有小学、卫生院。农业以养鱼为主。服务业以商贸为主。焦柳铁路、丹洲—大年公路经此。

永乐乡［Yǒnglè Xiāng］ 融水苗族自治县辖乡。在县境南部。面积221平方千米。人口3万。以汉族为主，还有壮、仫佬、苗、侗、瑶、水等民族。辖8村委会，有99自然村。乡人民政府驻永乐街。1951年为永乐区。1953年并入和睦区。1959年析置永乐公社。1962年改区。1968年改公社。1984年设乡。因乡政府驻地得名。有中学1所，小学7所，幼儿园4所，卫生院1个，卫生所1个，敬老院1个。有中共融县工委遗址、柳北游击总队司令部旧址、西寨突围旧址、柳北烈士纪念塔等。农业以种植水稻、甘蔗，养殖桑蚕为主。焦柳铁路、357国道过境。通公交车。

永乐街［Yǒnglèjiē］ 永乐乡人民政府驻地。在县政府驻地融水镇西南12千米。人口3000。旧时无瘴疠之害，被视为乐土，故名。聚落呈带状。有小学、卫生院。有柳北革命纪念园。农业主产水稻、甘蔗、水果、蔬菜等。服务业以餐饮、商贸为主。357国道经此。

四荣乡［Sìróng Xiāng］ 融水苗族自治县辖乡。在县境南部。面积286平方千米。人口2.9万。以汉族为主，还有苗、侗、壮等民族。辖10村委会，有113自然村。乡人民政府驻江门街。1947年由四安、荣安2乡合设，各取一字得名。后改公社。1984年复乡，析置香粉乡。贝江流经。有中学1所，小学11所，幼儿园2所，卫生院1个，卫生所1个，敬老院1个。有国家4A级旅游景区贝江、元宝山龙女沟，国家3A级旅游景区田头苗寨。农业主种杉树、竹子、水稻。特产香鸭、竹笋。有竹木加工业。小荣—怀宝公路过境。

江门街［Jiāngménjiē］ 四荣乡人民政府驻地。在县政府驻地融水镇北16千米。人口3000。因位于都朗河、六甲河(香粉河)、贝江交汇处，得名三江门，现简化为江门街。贝江流经。聚落呈带状。有小学、卫生院。经济以竹木加工、旅游业为主。农业主种水稻、杉树、楠竹。小荣—中寨公路经此。

东田村［Dōngtiáncūn］ 在县政府驻地融水镇北23千米。四荣乡辖自然村。人口2000。以苗族为主，还有侗、壮等民族。因小东江、田头2自然村得名。聚落呈团块状。都郎河流经。为中国传统村落。有苗族传统木质结构吊脚楼。有国家3A级旅游景区田头苗寨。经济以旅游、商贸业为主。242国道经此。

荣地村［Róngdìcūn］ 在县政府驻地融水镇北28千米。四荣乡辖自然村。人口500。以侗族为主，还有壮族等。明成化年间潘姓迁此搭小茅棚居住，侗语“茅棚”汉译为“荣地”，故名。聚落呈团块状。为中国传统村落。有保存完好的传统结构民居建筑。有国家4A级旅游景区元宝山龙女沟。农业主种水稻。242国道经此。

香粉乡［Xiāngfěn Xiāng］ 融水苗族自治县辖乡。在县境东部。面积151平方千米。人口1.3万。以苗族为主，还有瑶、侗、壮、汉等民族。辖8村委会，有91自然村。乡人民政府驻香粉街。1959年由山鹰公社析置香粉公社。后省入四荣公社。1984年析置香粉乡。因乡政府驻地得名。香粉河流经。有矿产资源花岗岩、锡等。有小学1所，幼儿园3所，卫生院1个，卫生所1个，敬老院1个。有民俗正月十六、八月十六坡会。有国家3A级旅游景区雨卜苗寨。农业主种水稻、杉树、竹子。工业以竹木加工为主。四荣—安陲公路过境。

香粉街［Xiāngfěnjiē］ 香粉乡人民政府驻地。在县政府驻地融水镇北21千米。人口4000。以汉族为主，还有苗、侗、瑶等民族。因旧时以香树皮制作祭祀用香粉得名。聚落呈带状。香粉河流经。有小学、卫生院。有民俗坡会。农业主种水稻、竹子。特产竹笋、玉兰片。四荣—安陲公路经此。

安太乡［Āntài Xiāng］ 融水苗族自治县辖乡。在县境中部。面积293平方千米。人口2.3万。以苗族为主，还有瑶、侗、壮、汉等民族。辖13村委会，有97自然村。乡人民政府驻寨怀村。1951年设安太乡。后改公社。1984年复乡。因吉言佳语得名安泰乡，简为今名。有元宝山国家森林公园。有中学1所，小学13所，幼儿园3所，卫生院1个，卫生所1个，敬老院1个。有民俗正月十三坡苗族芦笙节、斗马坡会。农业主种水稻、杉树、竹子、玉米、小米等。田头口—洞头公路过境。

寨怀村［Zhàihuáicūn］ 安太乡人民政府驻地。在县政府驻地融水镇北36千米。人口4000。以侗族为主，还有苗族。传隋开皇年间石姓迁居林洞村外，因当地语“怀”“外”近音得名。聚落呈团块状。有小学、卫生院。有传统吊脚楼、寨怀侗族风雨桥。有民俗苗族芦笙坡会。农业主种水稻、杉树。田头口—洞头公路经此。

汪洞乡［Wāngdòng Xiāng］ 融水苗族自治县辖乡。在县境西部。面积303平方千米。人口2.8万。以壮族为主，还有汉、瑶、侗等民族。辖9村委会，有113自然村。乡人民政府驻汪洞街。1959年成立汪洞公社。1984年设乡。

因乡政府驻地得名。贝江流经。有中学1所，小学9所，卫生院1个，卫生所1个。有民俗正月初十龙狮节。有景点廖洞屯。农业主产水稻、杉树、竹子。特产香糯、香鸭、香菇、香猪、香草、八角、竹笋等。工业以竹木加工为主。省道浮石—金城江线过境。

汪洞街［Wāngdòngjiē］ 汪洞乡人民政府驻地。在县政府驻地融水镇西南47千米。人口5000。以壮族为主，还有侗族、瑶族。为壮族语名，“汪”指宽广，“洞”同垌，指田垌。因处宽广田垌旁得名。聚落呈团块状。有小学、卫生院。有民俗龙狮节。农业主种水稻、蔬菜、杉树。特产香猪、牛腊巴。省道浮石—金城江线经此。

同练瑶族乡［Tóngliàn Yáozú Xiāng］ 融水苗族自治县辖乡。在县境西部。面积207平方千米。人口1.8万，其中瑶族占46.9%，还有苗、侗、壮、汉、水等民族。辖6村委会，有96自然村。乡人民政府驻同练街。1987年由汪洞、杆洞2乡析设同练瑶族乡。因乡政府驻地得名。有中学1所，小学6所，幼儿园2所，卫生院1个，卫生所1个，敬老院1个。农业主种水稻、杉树、竹子等。特产八角、棕皮、毛椎、药材等。产儒—英洞公路过境。

同练街［Tóngliànjiē］ 同练瑶族乡人民政府驻地。在县政府驻地融水镇西北56千米。人口3000。以瑶族为主，还有壮族。明成化十六年(1480)盘、赵、李3姓开荒定居，同心协力炼山开垦，取炼、练同音得名。聚落呈带状。有小学、卫生院。农业主种水稻、杉树、竹子。服务业以商贸为主。产儒—英洞公路经此。

滚贝侗族乡［Gǔnbèi Dòngzú Xiāng］ 融水苗族自治县辖乡。在县境中部偏西。面积292平方千米。人口2.8万，其中侗族占50.1%，还有苗、瑶、壮、汉、水等民族。辖11村委会，有91自然村。乡人民政府驻大云街。1952年为滚贝区。后改公社。1984年设滚贝侗族乡。传清雍正二年(1724)分培迁居，以人名为村名，苗族语“分培”与汉语“滚贝”谐音，故名。滚贝河流经。有平龙冲、滚贝老山自然保护区。有中学1所，小学11所，幼儿园2所，卫生院1个，卫生所1个，敬老院1个。有民俗农历正月十一热伴坡会。农业主种水稻、杉树、竹子。特产香菇、香猪、竹笋、厚朴等。兴洞口—杆洞公路过境。

大云街［Dàyúnjiē］ 滚贝侗族乡人民政府驻地。在县政府驻地融水镇西北47千米。人口5000。以侗族为主，还有苗族。清代兵营驻扎，因营、云近音得名。聚落呈团块状。滚贝河流经。有小学、卫生院。有民俗热伴坡会。农业主种水稻、竹子、杉树。服务业以商贸为主。兴洞口—杆洞公路经此。

杆洞乡［Gǎndòng Xiāng］ 融水苗族自治县辖乡。在县境西北部。面积312平方千米。人口2.7万。以苗族为主，还有瑶、侗等民族。辖12村委会，有77自然村。乡人民政府驻杆洞村。1935年设杆洞乡。后改公社。1984年复乡。因乡政府驻地得名。杆洞河流经。有矿产资源锡、铜等。有中学1所，小学12所，幼儿园3所，卫生院1个，卫生所1个，敬老院1个。有国家级非物质文化遗产融水苗族系列坡会。农业主种水稻、杉树、竹子。特产香菇、木耳、辣椒、竹笋、茶叶、厚朴、杜仲、金银花等。兴洞—杆洞公路过境。

杆洞村［Gǎndòngcūn］ 杆洞乡人民政府驻地。在县政府驻地融水镇西北75千米。人口6000。以苗族为主，还有瑶、侗、壮等民族。宋代为苗语音译名“古就”，“古”指侗族，“就”指竹鼠。南宋嘉定十五年(1222)贵州人本务、务道迁至两山间较平之小山包上建村，因山多竹鼠得名“古就”。清宣统二年(1910)以汉语改称“杆洞”。聚落呈团块状。杆洞河流经。有小学、卫生院。有国家级非物质文化遗产融水苗族系列坡会。农业主种水稻。兴洞—杆洞公路经此。

安陲乡［Ānchuí Xiāng］ 融水苗族自治县辖乡。在县境东部。面积296平方千米。人口2.6万。以苗族为主，还有瑶、侗、壮、汉等民族。辖13村委会，有117自然村。乡人民政府驻江门街。1933年设安陲乡。1952年为安陲区。1958年改公社。1962年与大田公社并为安陲区。1968年改公社。1984年复乡。旧时东侧为融安县，取意安定边界得名。泗维河流经。有中学1所，小学13所，幼儿园2所，卫生院1个，卫生所1个，敬老院1个。有民俗正月十七芒蒿坡会。农业主种水稻、杉树、竹子。特产香菇、木耳、玉兰片、茶叶、重阳笋。四荣—安陲公路过境。

江门街［Jiāngménjiē］ 安陲乡人民政府驻地。在县政府驻地融水镇东北28千米。人口4000。以汉族为主，还有苗、瑶、侗、壮等民族。因处大田、曹口2河交汇处得名。聚落呈环状。有中学、卫生院。有民俗芒蒿节。农业主种水稻。四荣—安陲公路经此。

白云乡［Báiyún Xiāng］ 融水苗族自治县辖乡。在县境东北部。面积253平方千米。人口3.2万。以苗族为主，还有瑶、侗、壮等民族。辖13村委会，有82自然村。乡人民政府驻瑶口屯。1935年设白云乡。1952年改区。1958年改公社。1962年与大湾公社并为白云区。1968年改公社。1984年复乡。秋时河水蒸发雾气如白云环绕，故名。大湾河流经。有矿产资源铜、锡等。有中学1所，小学13所，幼儿园2所，卫生院1个，卫生所1个，敬老院1个。农业主种水稻、杉树、竹子。特产火烧笋、茶油、茶叶。工业以竹木加工为主。板江—大年公路过境。

瑶口屯［Yáokǒutún］ 白云乡人民政府驻地。在县政府驻地融水镇北35千米。人口4000。以瑶族为主，还有苗族等。因瑶族居于河口得名。大湾河流经。聚落呈散点状。有中小学、卫生院。农业以种植水稻、杉木，养殖猪、牛、羊为主。板江—大年公路经此。

红水乡［Hóngshuǐ Xiāng］ 融水苗族自治县辖乡。在县境东北部。面积136平方千米。人口2.3万。以苗族为主，还有瑶、侗等民族。辖8村委会，有35自然村。乡人民政府驻红水村。1984年由拱洞公社析置红水乡。因乡政府驻地得名。红水河、良友河流经。有矿产资源铜、云母、石棉、砷砂等。有中学1所，小学10所，幼儿园1所，卫生院1个，卫生所1个，敬老院1个。有民俗红水二月春社、良双六月初六闹鱼节等。农业主产水稻、杉树、茶叶。特产香菇、木耳、桐油、棕皮、芒芯藤、香草、药材等。工业以茶叶、木材加工为主。板江—大年、红水—安太公路过境。

红水村［Hóngshuǐcūn］ 红水乡人民政府驻地。在县政府驻地融水镇北48千米。人口3000。以苗族为主，还有侗族。为苗族语“乌兴”意译名，意为红水。聚落呈团块状。红水河流经。有中小学、卫生院。有传统节日芦笙节、芦笙坡会、春社节等。农业主产水稻、杉树。工业以农产品加工为主。板江—大年公路经此。

拱洞乡［Gǒngdòng Xiāng］ 融水苗族自治县辖乡。在县境北部。面积151平方千米。人口2.8万。以苗族为主，还有侗、瑶、汉等民族。辖11村委会，有57自然村。乡人民政府驻拱洞村。1952年为拱洞区。1953年洋乌乡并入。后改公社。1984年设乡，部分地域划归红水乡。因乡政府驻地得名。拱洞河流经。有中学1所，小学11所，幼儿园1所，卫生院1个，卫生所1个，敬老院1个。农业主产水稻、杉树、竹子等。工业以木材、茶叶加工为主。板江—大年公路过境。

拱洞村［Gǒngdòngcūn］ 拱洞乡人民政府驻地。在县政府驻地融水镇北59千米。人口4000。以侗族为主，还有苗族。苗语称“古洞”为拱洞，“古”指侗族，“洞”指河，意为侗族居于河边。聚落呈团块状。拱洞河流经。有中小学、卫生院。农业主种水稻、杉树、茶树。板江—大年公路经此。

平卯村［Píngmǎocūn］ 在县政府驻地融水镇北59千米。拱洞乡辖自然村。人口2000。以侗族为主，还有苗族。“平卯”为侗语译名，“平”指地片，“卯”指猫，意指沿河坪地多野猫出没。聚落呈团块状。拱洞河流经。为中国传统村落。有廖氏古墓群、平卯炮楼群遗址。有民俗祭祀“寨婆”(寨祖)、平卯坡会等。农业以种植水稻、玉米、蔬菜、杉、竹、茶树，养殖猪、牛为主。板江—大年公路经此。

良寨乡［Liángzhài Xiāng］ 融水苗族自治县辖乡。在县境北部。面积129平方千米。人口2.3万。以苗族为主，还有侗、汉、壮、瑶等民族。辖7村委会，有73自然村。乡人民政府驻彩路屯。1961年由大年、洞头、林洞3公社析设良寨公社。1962年撤。1987年由大年、洞头、安太3乡析设良寨乡。因良安、大寨2村得名。大年河流经。有中学1所，小学7所，幼儿园1所，卫生院1个，卫生所1个，敬老院1个。有民俗良寨砍旗节、苗坪引横芦笙坡会、大里村唱芦笙坡会等。农业主产水稻、杉树、竹子。工业以木材加工、水力发电为主。大年—良寨公路过境。

彩路屯［Cǎilùtún］ 良寨乡人民政府驻地。在县政府驻地融水镇北52千米。人口3000。以侗族为主，还有汉族、苗族。“彩路”为侗语名，指高桥，意为彩虹。因有高桥得名。聚落呈团块状。大年河流经。有小学、卫生院。有民俗彩路庙会等。农业主种水稻、杉树、毛竹。特产油茶、桐油、药材等。大年—良寨公路经此。

大年乡［Dànián Xiāng］ 融水苗族自治县辖乡。在县境北部。面积102平方千米。人口1.7万。以苗族为主，还有侗族。辖8村委会，有39自然村。乡人民政府驻大年村。1953年为大年区。1958年改公社。1962年良寨公社并入复区。1968年改公社。1984年改乡。1987年部分地域划归良寨乡。因乡政府驻地得名。大年河流经。有中学1所，小学8所，幼儿园2所，卫生院1个，卫生所1个。有传统侗家鼓楼。有民俗姑娘节等。农业主产水稻、杉树、果树、茶叶。工业以木材加工为主。板江—大年公路过境。

大年村［Dàniáncūn］ 大年乡人民政府驻地。在县政府驻地融水镇北64千米。人口4000。以侗族为主，还有苗族。“大年”原为侗语名“真年”，指有大片金樱子，结合汉语音意译为今名。聚落呈环状。大年河流经。有中小学、卫生院。有侗寨鼓楼。有民俗正月初三姑娘节等。农业以种植水稻、杉树为主。特产糯米、椪柑、大年酸菜等。板江—大年公路经此。

三江侗族自治县

三江侗族自治县［Sānjiāng Dòngzú Zìzhìxiàn］ 柳州市辖自治县。北纬25°47′，东经109°36′。在市境北部。面积2454平方千米。人口37.7万，其中侗族占58%，还有汉、苗、瑶、壮等民族。辖5镇、7乡、3民族乡。县人民政府驻古宜镇。宋崇宁四年(1105)设怀远军,旋改平州。后废州置怀远县。明洪武八年(1375)改三江镇巡检司。十三年复置怀远县,属柳州府。清因之。1914年改三江县,因浔江、溶江、融江汇流得名。先后属柳州行政监督区、第四行政督察区、第二行政督察区、柳州专区。1952年改三江侗族自治区。1953年属宜山专区。1955年改三江侗族自治县。2002年属柳州市。先后新建居住小区,改造博物馆广场,建成河东鼓楼坪步道等。地势北高南低。最高点白云山脉山峰海拔1441.7米,最低点丹洲镇丹洲村融江水面海拔114米。年均气温18.3℃,1月平均气温7.2℃,7月平均气温27.5℃。年均降水量1557.3毫米。浔江、溶江(都柳江)、融江流经。有野生植物259种,其中国家重点保护野生植物有79种,包括国家一级野生植物南方红豆杉,国家二级保护野生植物桫椤、金毛狗、楠木、闽南胡黄连、丰都车前。有野生动物366种,其中国家重点保护野生动物有67种,包括国家一级保护野生动物穿山甲、小灵猫,二级保护野生动物大鲵、红腹锦鸡、红脚隼、赤腹鹰、细痣疣螈等13种。森林覆盖率78%。有中学16所,小学247所,二级医院2个。有全国重点文物保护单位程阳永济桥、岜团桥、马胖鼓楼、和里三王宫,自治区级文物保护单位丹洲古城。有古迹明怀远县丹洲古城、清丹洲书院。有国家级非物质文化遗产侗族大歌、侗族木构建筑营造技艺,自治区级非物质文化遗产侗戏、侗族器乐、侗族刺绣、侗族花炮节等10项。有民俗三月三传统花炮节、四月八情人坡会等。有国家4A级旅游景区程阳八寨、丹州、大侗寨,国家3A级旅游景区石门冲、三江冠洞、甜水寨。有全国农业旅游示范点冠洞村百家宴、丹洲岛。有景点千亩规模特色观光茶园、观光竹林园、休闲生态漂流、特色奇石观赏园等。三次产业比例47∶8∶45。农业主种水稻、玉米、甘薯、糯米、茶等。工业以水力发电为主。服务业以旅游、餐饮为主。焦柳铁路,贵广高铁,209、321国道过境。有三江南站,河东汽车客运站、河西汽车客运站。

古宜大桥［Gǔyí Dàqiáo］　在县城中部。长290米,宽10米,最大跨度259米,距水面高18米。1981年开工,1983年建成。为古宜镇第一座大桥,故名。为大型河道桥梁,结构型式为钢筋混凝土拱桥。最大载重50吨。通公交车。

三江南站［Sānjiāngnán Zhàn］　见交通运输设施部分"三江南站"条。

三江县站［Sānjiāng Xiàn Zhàn］　见交通运输设施部分"三江县站"条。

河东汽车客运站［Hédōng Qìchē Kèyùnzhàn］　见交通运输设施部分"河东汽车客运站"条。

河西汽车客运站［Héxī Qìchē Kèyùnzhàn］　见交通运输设施部分"河西汽车客运站"条。

古宜镇［Gǔyí Zhèn］　三江侗族自治县人民政府驻地。在县境中部。面积205平方千米。人口6.3万。以汉族为主,还有侗、苗、壮等民族。辖2居委会、13村委会,有63自然村。镇人民政府驻河西社区。清乾隆四十三年(1778)设宜良镇。1914年改古宜乡。1953年为古宜区。后改公社。1961年设镇。1962年改区。1966年复改公社。1980年复镇。2005年周坪乡并入。因先民迁此挖浔江建居得名古泥,取近音改今名。浔江流经。有中学2所,小学12所,二级医院2个,卫生院1个,卫生所53个。有景点三江风雨桥、福禄寺、香林寺等。有民俗三月三传统花炮节。农业主产水稻。工业以水力发电为主。焦柳铁路,贵广高铁,209、321国道过境。有三江南站、三江县站,河东汽车客运站、河西汽车客运站。

侗乡大道［Dòngxiāng Dàdào］　在县城东南部。东起雅柳路,西至西尤路。与雅谷路、芙蓉大道、福桥东路相交。长2.5千米,宽8米。水泥路面。2002年开工,2003年建成。为县城主干道,故名。两侧有酒店、银行、政府机关、广场、宾馆等。通公交车。

河西社区［Héxī Shèqū］　古宜镇人民政府驻地。在县境中部。面积4平方千米。人口2万。以汉族为主,还有侗、壮、瑶等民族。因处浔江西岸得名。2005年成立。民居以砖混结构加盖木质屋顶为主。有电影院、健身馆、体育馆、街心公园、三江风雨桥、鼓楼。在中国传统节日、县庆等节日期间举办文艺汇演和体育活动。有中小学、二级医院等。有景点二圣侯王庙。通公交车。

丹洲镇［Dānzhōu Zhèn］　三江侗族自治县辖镇。在县境南部。面积229平方千米。人口1.7万。以汉族为主,还有壮、侗、瑶等民族。辖1居委会、8村委会,有58自然村。镇人民政府驻板江社区。1912年为丹洲乡。1949年仍乡。1953年改区。后改公社。1984年复乡。1995年置镇。因丹洲岛得名。融江、西坡河流经。有小学11所,卫生院1个,卫生所20个。有自治区级文物保护单位丹洲古城。有国家4A级旅游景区丹洲。农业主种水稻、杉树。盛产丹洲沙田柚。焦柳铁路、三柳高速、209国道过境。

板江社区［Bǎnjiāng Shèqū］　丹洲镇人民政府驻地。在县境南部。面积14平方千米。人口3400。因原盛产板树、樟树得名。2006年成立。民居以砖混结构加盖木质屋顶为主。有戏台、敬老院、篮球场等。在中国传统节日、建镇日等节日期间举办文艺汇演和体育活动。有中小学、卫生院、卫生所。焦柳铁路、柳州—石龙公路经此。

丹洲村［Dānzhōucūn］　在县政府驻地古宜镇南51千米。丹洲镇辖自然村。人口1100。处融江沙洲,曾枫树遍布,秋季红彤一片,故名。聚落呈团块状。为中国传统村落。有国家4A级旅游景区丹洲。有景点福建会馆、古城墙、古书院、古县衙门、城隍庙、古民居建筑等。有柚子节。特产沙田柚。三北高速经此。通板江—丹洲渡船。

斗江镇［Dǒujiāng Zhèn］　三江侗族自治县辖镇。在县境东部。面积265平方千米。人口2.4万。以壮族为主,还有汉、侗、瑶等民族。辖1居委会、9村委会,有95自然村。镇人民政府驻斗江。1953年为斗江区。后改公社。1984年改乡,析置高基瑶族乡。1997年置镇。因镇政府驻地得名。浔江、斗江流经。有中学1所,小学13所,卫生院1个,卫生所11个。有国家3A级旅游景区三江甜水寨。农业主种水稻、杉树、竹子。特产茶油、板栗、冬笋等。工业以竹木、农具加工为主。209、321国道过境。

斗江［Dǒujiāng］　斗江镇人民政府驻地。在县政府驻地古宜镇东12千米。人口3900。以汉族为主,还有侗、瑶等民族。因斗江、浔江汇合得名。"斗"当地方言意为合。聚落呈团块状。有中小学、卫生院、卫生所。农业以种植水稻、油茶、玉米等为主。有奇石产业。209、321国道经此。

林溪镇［Línxī Zhèn］　三江侗族自治县辖镇。在县境北部。面积144平方千米。人口3.1万。以侗族为主,还有苗、汉、壮等民族。辖1居委会、14村委会,有65自然村。镇人民政府驻林溪街。1953年为林溪区。后改公社。1984年设乡。2014年置镇。因镇政府驻地得名。有中学1所,小学15所,卫生院1个,卫生所26个。有全国重点文物保护单位程阳永济桥。有国家4A级旅游景区大侗寨、程阳八寨,国家3A级旅游景区三江冠洞。农业主种水稻、杉树。特产茶叶、茶油。焦柳铁路过境。

林溪街［Línxījiē］　林溪镇人民政府驻地。在县政府驻地古宜镇北31千米。人口1200。街临近西边,以谐音得名临溪,因种树更今名。聚落呈团块状。有小学、卫生院、卫生所。文化广播站。服务业以商贸、餐饮为主。林溪—古宜公路经此。

高友村［Gāoyǒucūn］　在县政府驻地古宜镇北38千米。林溪镇辖自然村。人口1900。以侗族为主,还有汉、壮等民族。处高山,与湖南省交界,寓意睦邻友好得名。聚落呈团块状。有小学、卫生所。为中国传统村落。为侗族原乡生活体验旅游度假村。有景点鼓楼、飞山宫等。农业主种水稻、油茶、杉树。特产韭菜。

平岩村［Píngyáncūn］　在县政府驻地古宜镇北21千米。林溪镇辖自然村。人口3900。以侗族为主,还有苗、瑶、土家等民族。因平寨、岩寨得名。聚落呈团块状。有小学、卫生所。为中国传统村落。有全国重点文物保护单位程阳永济桥。农业主产水稻、油茶、杉树。特产茶叶。县道古宜—林溪线经此。

八江镇［Bājiāng Zhèn］　三江侗族自治县辖镇。在县境北部。面积169平方千米。人口3.7万,以侗族为主,还有苗、汉、壮等民族。辖14村委会,有70自然村。镇人民政府驻八江村。1953年为八江区。后改公社。1984年设乡。2014年置镇。因镇政府驻地得名。八江河流经。有中学1所,小学26所,卫生院1个,卫生所31个。有全国重点文物保护单位马胖鼓楼。农业主种水稻、杉树。特产茶叶、油茶。工业以茶叶、皮革、宝石加工为主。焦柳铁路过境。

八江村［Bājiāngcūn］　八江镇人民政府驻地。在县政府驻地古宜镇北17千米。人口2300。以侗族为主,还有汉、壮等民族。"八"为侗语音译,意为口。因处平江溪口得名。聚落呈团块状。有中小学、卫生院、卫生所。农业主种水稻、油茶。桂三高速经此。

程村乡［Chéngcūn Xiāng］　三江侗族自治县辖乡。在县境中部。面积66平方千米。人口8000。辖3村委会,有13自然村。乡人民政府驻头坪村。1984年由古宜公社析置程村乡。因乡政府驻地为程姓首居得名。浔江流经。有小学3所,卫生院1个,卫生所5个。农业主产水稻、油茶、茶叶。特产沙田柚、脐橙等。焦柳、贵广铁路,三柳高速,321国道过境。

头坪村［Tóupíngcūn］　程村乡人民政府驻地。在县政府驻地古宜镇西南13千米。人口2300。原为荒草坪,故名草头坪,简为今名。聚落呈团块状。浔江流经。有中小学、卫生院、卫生所。农业主产水稻、杉树、楠竹。特产沙田柚、柑橘。有草头坪水电站。焦柳铁路、321国道经此。

和平乡［Hépíng Xiāng］　三江侗族自治县辖乡。在县境南部。面积108平方千米。人口8000。以壮族为主,还有瑶、汉等民族。辖5村委会,有42自然村。乡人民政府驻和平村。1987年由丹洲、斗江2乡析设和平乡。因乡政府驻地得名。有小学4所,卫生院1个,卫生所5个。有大明山生态漂流景区。农业主产水稻、杉木、毛竹。特产罗汉果、冬笋、香菇、茶叶。县道古宜—和平线过境。

和平村［Hépíngcūn］　和平乡人民政府驻地。在县政府驻地古宜镇南39千米。人口2100。以壮族为主,还有汉、瑶等民族。原名牙岗,以和睦平安之意改今名。聚落呈团块状。有中小学、卫生院、卫生所。农业以种植水稻、竹子、杉树、油茶、茶为主。特产冬笋、香菇。县道古宜—和平线经此。

老堡乡［Lǎobǎo Xiāng］ 三江侗族自治县辖乡。在县境西南部。面积169平方千米。人口1.7万。以汉族为主，还有侗、瑶、苗等民族。辖1居委会、10村委会，有41自然村。乡人民政府驻老堡街。1959年为老堡公社。1984年改乡。因乡政府驻地得名。浔江、溶江、融江流经。有中学1所，小学19所，卫生院1个，卫生所22个。有宋平洲古堡遗址。有民俗正月十三斗鸟、赛芦笙、五月十三龙舟赛等。农业主种水稻。盛产杉树、竹子。特产茶叶、罗汉果、竹笋、椪柑。焦柳铁路、三柳高速过境。

老堡街［Lǎobǎojiē］ 老堡乡人民政府驻地。在县政府驻地古宜镇南20千米。人口600。宋时为怀远县治，属老县城堡，故名。聚落呈团块状。浔江、溶江、融江流经。有中小学、卫生院、卫生所。农业以渔业为主。服务业以商贸业为主。焦柳铁路经此。通河口—老堡客船。

高基瑶族乡［Gāojī Yáozú Xiāng］ 三江侗族自治县辖乡。在县境东南部。面积168平方千米。人口7700，其中瑶族占32%，还有壮族等。辖8村委会，有60自然村。乡人民政府驻高基村。1935年设高基乡。1966年并入斗江公社。1984年析设高基瑶族乡。因乡政府驻地得名。有小学13所，卫生院1个，卫生所9个。有高基龙塘生态旅游景区。农业主种水稻、杉树、竹子。特产罗汉果、竹笋。工业有竹木加工。贵广高铁、县道古宜—高基线过境。

高基村［Gāojīcūn］ 高基瑶族乡人民政府驻地。在县政府驻地古宜镇南26千米。人口1200。以壮族为主，还有瑶、侗等民族。因处高山坡得名。聚落呈团块状。斗江流经。有中小学、卫生院、卫生所。农业以种植水稻、甘薯、竹子、油茶等为主。贵广高铁、县道古宜—高基线经此。

良口乡［Liángkǒu Xiāng］ 三江侗族自治县辖乡。在县境西南部。面积169平方千米。人口3.2万。以侗族为主，还有苗、汉等民族。辖15村委会，有63自然村。乡人民政府驻良口村。1953年为良口区。后改公社。1984年设乡。因乡政府驻地得名。溶江、孟江、晒江流经。有中学1所，小学26所，卫生院1个，卫生所33个。有全国重点文物保护单位和里三王宫。有产口石门自然景区。农业主种水稻、杉树、油茶。特产晒江禾花鲤鱼、八角、茶叶。321国道过境。

良口村［Liángkǒucūn］ 良口乡人民政府驻地。在县政府驻地古宜镇西南35千米。人口4300。以侗族为主，还有汉、苗等民族。处良河、溶江交汇处，位于孟江河口上游，故名。聚落呈团块状。有中小学、卫生院、卫生所。农业以种植水稻、油茶等为主。特产八角。321国道经此。

洋溪乡［Yángxī Xiāng］ 三江侗族自治县辖乡。在县境西部。面积117平方千米。人口2.1万。以侗族为主，还有苗、汉等民族。辖9村委会，有55自然村。乡人民政府驻旧寨。1959年成立洋溪公社。1984年改乡。因乡政府原驻地洋溪村得名。溶江、归能河流经。有中学1所，小学19所，卫生院1个，卫生所18个。农业主种水稻、杉树。特产加雷茶叶。321国道过境。

旧寨［Jiùzhài］ 洋溪乡人民政府驻地。在县政府驻地古宜镇西41千米。人口400。以侗族为主，还有汉、苗等民族。因先民最早入住寨得名。聚落呈团块状。有中小学、卫生院、卫生所。农业主种水稻、油茶等。特产糯米。321国道经此。

富禄苗族乡［Fùlù Miáozú Xiāng］ 三江侗族自治县辖乡。在县境西部。面积168平方千米。人口3.4万，其中苗族占52%，还有侗族等。辖1居委会、14村委会，有39自然村。乡人民政府驻富禄街。1934年为富禄区。1953年仍区。1959年改公社。1961年高安公社并入富禄公社，析设匡里公社。1962年富禄、梅林2公社合为富禄区。1966年改公社。1984年改富禄苗族乡。因乡政府驻地得名。溶江流经。有中学1所，小学25所，卫生院1个，卫生所21个。有国家级非物质文化遗产富禄三月三花炮节。农业主种水稻、茶、辣椒等。特产大顺糯米、岑峒辣椒、花生。321国道过境。

富禄街［Fùlùjiē］ 富禄苗族乡人民政府驻地。在县政府驻地古宜镇西64千米。人口1100。以汉族为主，还有苗、侗等民族。为繁华商埠，以“一生荣华富贵”之意命名。聚落呈团块状。有中小学、卫生院、卫生所。经济以商业为主。321国道经此。

梅林乡［Méilín Xiāng］ 三江侗族自治县辖乡。在县境西部。面积80平方千米。人口1.4万。以侗族为主，还有苗、汉等民族。辖4村委会，有17自然村。乡人民政府驻梅林村。1949年设梅林乡。后并入富禄公社。1984年析置梅林乡。因乡政府驻地得名。溶江流经。有中学1所，小学7所，卫生院1个，卫生所14个。有国家级非物质文化遗产侗族大歌。农业主种水稻、杉树。特产花生、茶油、香糯、夏橙等。有梅林水电站。321国道过境。

梅林村［Méilíncūn］ 梅林乡人民政府驻地。在县政府驻地古宜镇西65千米。人口4500。以侗族为主，还有苗、汉等民族。因古时多杨梅树得名。聚落呈团块状。有中小学、卫生院、卫生所。农业以种植水稻、杉树、油茶为主。特产黄皮果、椪柑、夏橙。321国道经此。

独峒乡［Dúdòng Xiāng］ 三江侗族自治县辖乡。在县境西北部。面积177平方千米。人口5.1万。以侗族为主，还有苗、汉等民族。辖15村委会，有39自然村。乡人民政府驻独峒村。1953年为独峒区。后改公社。1984年改乡。因乡政府驻地得名。有中学2所，小学27所，卫生院1个，卫生所55个。有全国重点文物保护单位巴团桥。有大塘坳景区。工业以宝石加工为主。服务业以商贸为主。县道古宜—独峒线过境。

独峒村［Dúdòngcūn］ 独峒乡人民政府驻地。在县政府驻地古宜镇西北48千米。人口3100。以侗族为主，还有苗、汉等民族。侗语“独”与汉语“独”音近，“峒”为清代基层行政建制名称，故名。聚落呈团块状。有中小学、卫生院、卫生所。农业以种植水稻、茶、油茶等为主。县道古宜—独峒线经此。

高定村［Gāodìngcūn］ 在县政府驻地古宜镇西北52千米。独峒乡辖自然村。人口2400。侗族聚居。因居高陡山坡得名。聚落呈团块状。有小学、卫生所。为中国传统村落。有侗族鼓楼群9个。农业以种植水稻、茶、油茶等为主。

同乐苗族乡［Tónglè Miáozú Xiāng］ 三江侗族自治县辖乡。在县境西部。面积179平方千米。人口4.6万，其中苗族占45%，还有侗族等。辖19村委会，有82自然村。1949年为同乐乡。1958年改跃进公社。1984年改同乐苗族乡。因乡政府驻地得名。孟江流经。有中学1所，小学27所，卫生院1个，卫生所43个。有国家级非物质文化遗产侗族刺绣。农业以种植水稻、杉树为主。特产茶叶、茶油。有归纳水库、同乐电站。县道古宜—同乐线过境。

同乐村［Tónglècūn］ 同乐苗族乡人民政府驻地。在县政府驻地古宜镇西43千米。人口4300。以侗族为主，还有苗、汉等民族。传先辈迁居时以铜锣召集民众，取谐音得名。聚落呈团块状。有中小学、卫生院、卫生所。农业以种植水稻、油茶等为主。特产茶油、茶叶。县道古宜—同乐线经此。

桂林市

桂林市［Guìlín Shì］ 广西壮族自治区辖地级市。北纬24°15′—26°23′，东经109°37′—111°29′。在自治区境东北部。面积27809平方千米。户籍人口526.5万，常住人口491.9万。以汉族为主，还有壮、苗、瑶、侗、回、京、彝、水等民族。辖临桂、秀峰、叠彩、象山、七星、雁山6区，阳朔、灵川、全州、兴安、永福、灌阳、资源、平乐、荔浦9县，龙胜各族、恭城瑶族2自治县。市人民政府驻临桂区。秦始皇三十三年(前214)统一岭南后，设桂林郡，郡治在今贵港、桂平2市交界处，因当地桂树成林，故名。西汉元鼎六年(前111)桂林郡改名郁林郡。三国吴甘露元年(265)析零陵郡西南部置始安郡。南朝宋泰初改始安郡为始建国。南朝齐复始建国为始安郡。唐武德四年(621)改始安郡为桂州。天宝元年(742)改桂州为始安郡。至德二年(757)改始安郡为建陵郡。乾元元年(758)改建陵郡为桂州。北宋乾德初废溥州入桂州。北宋至道三年(997)桂州为广南西路治。南宋绍兴三年(1133)改桂州为静江府。元至元十五年(1278)改静江府为静江路。明洪武五年(1372)改静江路为桂林府。九年(1376)省全州府为全州，属桂林府。清为广西省治。1913年为漓江道。1914年为桂林道。1930年为第一、二民团区。1932年为桂林民团区。1934年为桂林、平乐2行政监督区。1936年省府从南宁迁回桂林。1939年于临桂县城区置省辖桂林市，桂林行政监督区治徙兴安县。1940年改称第一、二行政督察区。1942年原第一行政督察区改由省直辖，原第二行政督察区改为第一行政督察区。1944年增设第八行政督察区，治兴安县。1950年桂林市为省辖市。1949年设桂林专区，治桂林。1951年平乐专区专员公署迁至平乐县。1953年原柳州专区鹿寨县划入。1958年撤平乐专区，平乐、恭城、荔浦3县入桂林专区。1960年桂林专区与桂林市合署办公。1961年桂林专区与桂林市分设，桂林市改由自治区直辖。1971年桂林专区改称桂林地区。1981年阳朔县划归桂林市。1983年临桂县划归桂林市。1998年桂林市、桂林地区合并后成今境。据《旧唐书·地理志》载，桂林以“江源多桂，不生杂木”而得名。地处南岭山系西南部，地势北高南低。中、南部喀斯特广布，峰林、溶洞、地下河发育典型。有猫儿山、越城岭、都庞岭、海洋山等。最高点兴安县猫儿山海拔 2141.5 米。平均海拔 150 米。年均气温 19.1℃，1 月平均气温 8.1℃，7 月平均气温 28.2℃。年均降水量 1886.8 毫米。年均无霜期 309 天。桂江、洛清江、漓江、良丰江、洛清江、相思江、古桂柳运河流经。有矿产资源煤、铁、锰、铅、锌、钨、锡、金、萤石、钾长石、滑石、大理岩、花岗岩、硅灰石、白云岩、石灰岩、高岭土等 50 多种。有国家一级保护植物银杉、南方红豆杉、银杏、资源冷杉、桫椤，国家二级保护植物福建柏、黄枝油杉、长苞铁杉、白豆杉、观光木、马尾松、榉木、楠木、水青冈、厚林、小叶红豆等。有国家重点保护动物 69 种，其中国家一级保护动物有黄腹角雉、白颈长尾雉、金雕、蟒蛇、豹、云豹、林麝。有花坪国家级自然保护区。森林覆盖率 69.55%。有国家级科研单位 4 个，省级科研单位 2 个。有高校 8 所，中职 42 所，中学 219 所，小学 1138 所，公共图书馆（室）13 个，博物馆 14 个，文化馆 18 个，三级医院 8 个，公共体育场（馆）38 个，国家高水平体育后备人才基地 3 个。有全国重点文物保护单位八路军桂林办事处旧址、甑皮岩遗址、桂林石刻等 11 个，省级文物保护单位 72 个。为首批国家风景游览城市、中国历史文化名城。有国家级非物质文化遗产桂林渔鼓、桂剧、桂林文场。有桂林市歌舞团、桂林市桂剧团、桂林市彩调团、桂林市曲艺团、桂林市杂技团等文化艺术团体。有民间艺术彩调、零零落等。有国家 5A 级旅游景区 2 个，国家 4A 级旅游景区 23 个，国家 3A 级旅游景区 13 个。三次产业比例 18：47：35。农业以种植水稻、玉米、经济林木、水果，养殖生猪、家禽、淡水鱼为主。特产桂林米粉、辣椒酱、桂林系列三花酒、全州禾花鱼、荔浦芋、麻鸭、永福罗汉果、阳朔金橘等。工业以食品饮料、机械电器、汽车及零部件、电子信息、医药、生物制品为主。服务业以旅游为主。有国家级高新技术开发区 1 个。有铁路 697.5 千米，高铁 435 千米，公路 13859 千米，高速 402 千米，内河航道 175 千米。湘桂铁路，贵广高铁，泉南、桂海高速，321、322、323 国道，省道全沙、白梅、百石、阳二线过境。有桂林两江国际机场，民航航线 84 条，通往北京、上海、广州、杭州、成都等城市及日本、韩国、泰国、菲律宾等国家。

桂林［Guìlín］ 简称桂。别名榕城。桂林市聚落。在市境中部偏南。面积 71 平方千米。人口 76.7 万。以汉族为主，还有壮、苗、瑶、侗、回、京、彝、水等民族。西汉始筑始安城。隋后沿今漓江西岸向南、北、西 3 面扩展，建外城，并在城外重要山隘、渡口修筑城堡。到唐代光启年间在子城东北面增筑夹城，为当时商业中心。至此形成“前朝后市”的城市格局。东西横贯子城的街道（今解放路）与南北直穿外城的街道（今中山街）呈十字相交。宋末城池向西、北扩建，加宽南、西护城河，并有浮桥与漓江东岸相连，扩展至东江一带，城区在今叠彩山、王城景区一带，面积 2 平方千米，成为当时岭南政治、军事和文化中心之一，有“西南会府”之誉。明代城区主要向南扩展至今南门桥。清代向南、北继续扩大。1949 年为保持古城风貌，结合风景文物分布，城区往北扩大至今叠彩区鹦鹉山，往南至象山区民主路，面积增加 10 多倍，人口增至 40 多万。现有街道近 200 条，沟通漓江东西的公路桥梁有 4 座，基本保持了古桂林风景游览的带状格局。建成区沿漓江西岸南北展布，大致呈矩形。主要干道与漓江平行，南北延伸。1998 年建成区面积 52.5 平方千米。2013 年临桂区并入，建成区面积增至 71 平方千米。以中心广场、三里店为中心，以中山中路、中山南路、三里店路为轴向外发展。桂林市人民政府驻地和市直机关单位及住宅区在西部。桂林文化娱乐中心在中部老中心城，其中明代桂林城满园是历史文化名城核心保护区，有王城、独秀峰、象鼻山等景点。教育科研、文化娱乐、商业居住为主的功能区在东部七星区，1988 年创建桂林国家高新技术产业开发区，有高新技术企业百余家，有广西师范大学、桂林电子科技大学、桂林激光研究所等高等学校和单位。工业及仓储用地在北部叠彩区，以休闲旅游、商贸、居住为主，有桂林北站、桂林汽车客运北站、小麻雀物流中心、沃尔玛百货等。科教、居住、旅游为主的功能区在南部雁山区，有桂林园博园。桂林已构筑航空、铁路、公路、水运等复合式、立体化交通网络。通多路公交车。

中山中路［Zhōngshān Zhōnglù］ 在市区中部。南起中山南路，北至中山北路。与文明路、五美路、解放东路、解放西路等相交。长 2.1 千米，宽 50 米。混凝土路面。原为清代街路。1936 年合改中南路。1946 年更今名。因纪念孙中山曾来桂林督军得名。两侧有微笑堂、八桂大厦、电信局等。通多路公交车。

滨江路［Bīnjiāng Lù］ 在市区中部。南起文明路，北至凤北路。与杉湖北路、依仁路、解放东路等相交。长 2.2 千米，宽 30.3 米。混凝土路面。原为清代街路。1965 年杉湖入漓江处至解放桥路段称滨江路。因在漓江之滨得名。两侧有金象大酒店、市文化局、漓江剧院、伏波山大酒店、伏波山公园等。通多路公交车。

芦笛路［Lúdí Lù］ 在市区北部。东起中山北路，西至丽江路。与桃花江路、九华路、环城北一路等相交。长 3.7 千米，宽 8 米。沥青路面。民国时期修建，东段称观音阁，1966 年称大庆路。1985 年向西延伸至芦笛岩，更今名。两侧有芦笛公园、桂林百货批发站、桂林水泵等。通多路公交车。

翠竹路［Cuìzhú Lù］ 在市区西南部。东起上海路，西至鲁山路。与琴潭道、红岭路等相交。长 5.9 千米，宽 60 米。混凝土路面。1984 年开工，1986 年建成。因路东段原为苗圃竹林得名。两侧有广西航空有限公司、航天电子有限公司、燕京啤酒股份公司、航天大酒店、桂响饭店等。通多路公交车。

东二环路［Dōng'èrhuán Lù］ 在市区东部。南起七星路，北至北辰路。与育才路、滨北路等相交。长 9.5 千米，宽 56 米。沥青路面。2004 年开工，2008 年建成。为桂林市第二条环城路且位于东侧，故名。两侧有中国电子科技集团第三十四研究所、桂林国家高新区信息产业园等。通多路公交车。

解放桥［Jiěfàng Qiáo］ 在市区中部。长 281.4 米，宽 45 米，最大跨度 34.9 米，桥下净高 4.4 米。宋代以若干船只横列江面连贯而成，称东江桥。明重修更名永济桥。清顺治十七年（1660）重修称浮桥。同治年间再重修。1939 年改建为刚架桥。1951 年重建为钢木合桁架桥。1972 年改建为钢筋混凝土双曲拱桥。1999 年桥面拓宽至 45 米。因纪念桂林解放得名。为大型河道桥梁，结构型式为空腹式箱型连拱桥。最大载重汽车 20 吨，拖车 100 吨。通多路公交车。

虞山桥［Yúshān Qiáo］ 在市区中部。长 309.9 米，宽 20.5 米，最大跨度 40 米，桥下净高 4.5 米。1986 年开工，1988 年建成。因在虞山东北得名。为大型河道桥梁，结构型式为截面呈 T 形断面预应力简支梁连续公路桥。最大载重 30 吨。通多路公交车。

临　桂　区

临桂区［Língùi Qū］ 桂林市人民政府驻地。在市境西部。面积 2202 平方千米。人口 49.2 万。以汉族为主，还有壮、瑶、回、苗等民族。辖 8 镇、1 乡、2 民族乡。区人民政府驻临桂镇。唐至德二年（757）始安县附廓桂州改名临桂县。因邻近桂州城得名。1949 年属桂林专区。1952 年废义宁县人临桂县。1971 年属桂林地区。1983 年属桂林市。2013 年撤县设区。同年创业大厦、一院两馆、桂林医学院临桂新校区等一批重点项目建成使用，建设大厦、广电大厦、投资大厦、传媒中心等多栋标志性建筑建成。核心区路网、湖塘水系基本成型。完成虎山路延长线、新龙路延长线等城市道路工程和盘山园林景观、青狮潭水库西干渠景观、金山路绿化改造等项目，秦塘村、旸谷岭村等城中村改造稳步推进。地势自西北向东南倾斜。义江、潦塘河（桃花江）、相思江、大江、黄沙河流经。年均气温 19℃，1 月平均气温 8.4℃，7 月平均气温 27.2℃。年均降水量 257.6 毫米。有高校 2 所，中学 19 所，小学 77 所，图书馆 2 个，二级医院 2 个，体育馆 1 个。有全国重点文物保护单位李宗仁故居。有自治区级非物质文化遗产板凳龙、桂林牌灯、麻布制作工艺、桂林豆腐乳制作工艺、临桂草龙舞、彩调、临桂回族板鸭制作技艺等。有国家 4A 级旅游景区义江缘、桂林罗山湖玛雅水上乐园，国家 3A 级旅游景区临桂十二滩漂流。三次产业比例 17：65：18。农业以种植水稻为主，特产丝苗米、罗汉果、豆腐乳、灵香草等。工业以食品饮料、汽车机械、化工建材、电子技术、医药生物行业为主。服务业以交通运输、文化旅游、商贸物流为主。湘桂铁路，贵广高铁，桂梧、桂柳高速，321 国道，省道桂浮线过境。有桂林两江国际机场。

金山广场［Jīnshān Guǎngchǎng］ 在城区东北部。面积 1.1 万平方米。1999 年开工，2001 年建成。在金山社区，故名。有花木、花草、草皮，各类灯杆。广场后山建有烈士纪念碑。为市民休闲娱乐、举行大型活动的场所。周边有金山市场、金山立交桥、临桂汽车站、西城医院等。通多路公交车。

临桂镇［Língùi Zhèn］ 临桂区人民政府驻地。在区境东部。面积 213 平方千米。人口 10.5 万。以汉族为主，还有壮、苗、回、瑶等民族。辖 4 居委会、16 村委会，有 146 自然村。镇人民政府驻庙头街。1983 年由庙头公社析置临桂镇。2001 年庙岭镇并入。以临桂县名命镇名。有高校 2 所，中学 4 所，小学 19 所，二级医院 2 个，卫生院 2 个，卫生所 16 个。有店头、古坪等古村落。有侯山古道、秧塘机场遗址、大岩洞古人类遗址等景点。工业以新能源、生物医药、电子信息、先进装备制造业为主。湘桂铁路，贵广高铁，321 国道，桂柳、两江国际机场高速，省道桂浮线过境。

人民路［Rénmín Lù］ 在区境东南部。南起万福西路，北至金山路。与临政路、新龙路、建设路相交。长 3 千米，宽 50 米。沥青路面。1979 年开工，同年建成。2005 年改建。两侧有桂林三金药业公司、桂林医学院附属第二医院等。通多路公交车。

世纪东路［Shìjì Dōnglù］ 在区境东部。东起人民路，西至世纪西路。与虎山路、环湖路、西城大道等相交。2000 年开工，同年建成。2005 年改建。长 3.3 千米，宽 55 米。沥青路面。因建路时间及方位得名。两侧有工商银行、中国银行、居住小区等。通多路公交车。

兴临路［Xīnglín Lù］ 在区境东部。东起区第一中学，西至临政路。与金山路相交。长 530 米，宽 20 米。混凝土路面。2009 年开工，同年建成。2013 年改建。“兴”指兴旺发达，“临”指福祉来到，以临桂人民的美好愿望得名。两侧有区环卫站、区公安局、区人民政府、区第一中学等。通多路公交车。

秧塘路［Yāngtáng Lù］ 在区境东南部。南起瑞宁路,北至三中路。与致远路、泰安路、飞虎路、崇文路等相交。长5千米,宽30米。沥青路面。2010年开工,2011年建成。因经秧塘工业园得名。两侧有福达集团有限公司、万顺实业公司、临桂第三中学等。通多路公交车。

庙头街［Miàotóu Jiē］ 临桂镇人民政府驻地。在镇境中部。人口200。位于庙前,故名。聚落呈带状。有中小学、卫生院。有古庙遗址。经济以农副产品交易为主。321国道经此。

秧塘村［Yāngtángcūn］ 在镇境西南部。临桂镇辖自然村。人口900。春耕插田时人们常在村边一水塘里洗秧,故名。聚落呈散点状。有小学。有桂林飞虎队遗址公园。桂(林)柳(州)高速、省道桂林—融安浮石线、两江国际机场路经此。

六塘镇［Liùtáng Zhèn］ 临桂区辖镇。在区境南部。面积108平方千米。人口4.6万。以汉族为主,还有回、壮等民族。辖1居委会、15村委会,有111自然村。镇人民政府驻六塘街。1950年为第十区。1958年改六塘公社。1984年置镇。因镇政府驻地得名。大江河流经。有中学1所,小学14所,卫生院1个,卫生所15个。有自治区级文物保护单位六塘清真寺。有犀牛泉等景点。农业以种植水稻、蔬菜为主,特产腐竹、手工麻布等。工业以石材开采加工为主。桂梧高速过境。

六塘街［Liùtángjiē］ 六塘镇人民政府驻地。在区政府驻地临桂镇东南29千米。人口1500。以汉族为主,还有壮、回等民族。距桂林城60华里,旧时10华里为一塘,故名。聚落呈带状。有中小学、卫生院、图书馆。有六塘清真寺、湖南会馆、江西会馆等景点。经济以农副产品交易为主。桂梧高速、桂(林)阳(朔)公路经此。

会仙镇［Huìxiān Zhèn］ 临桂区辖镇。在区境南部。面积169平方千米。人口5.5万。以汉族为主,还有回、壮、瑶等民族。辖16村委会,有147自然村。镇人民政府驻会仙村。1950年为第八区。1958年改公社。1984年改乡。1998年置镇。因镇政府驻地得名。相思江、桂柳运河流经。有中学1所,小学22所,卫生院1个,卫生所16个,图书馆1个。有白崇禧故居、旧村清真寺、桂柳运河、会仙湿地等景点。农业以种植水稻、蔬菜为主,特产板鸭。工业以钢构、彩印、玻璃、农副食品加工业为主。桂梧高速过境。

会仙村［Huìxiāncūn］ 会仙镇人民政府驻地。在区政府驻地临桂镇东南20千米。人口700。以汉族为主,还有回族。宋周去非著《岭外代答》记:“旧有群仙于此,缁穆羽驾,编于碧空,竟日而去,里人聚观壮闻,因名会仙里。”聚落呈团块状。有中小学。农业以种植水稻为主。服务业以商贸为主。县道良永线经此。

旧村［Jiùcūn］ 在区政府驻地临桂镇东南18千米。会仙镇辖自然村。人口300。回族村。明代由江西省旧村人迁来,为纪念原籍,故名。聚落呈团块状。为中国传统村落。有明代清真寺。有板鸭制作工艺。县道良永线经此。

两江镇［Liǎngjiāng Zhèn］ 临桂区辖镇。在区境西南部。面积263平方千米。人口7.8万。以汉族为主,还有壮、回、瑶等民族。辖1居委会、26村委会,有210自然村。镇人民政府驻两江街。1958年成立两江公社。1984年改镇。2005年渡头乡并入。因镇政府驻地得名。义江、丹桥河流经。有中学3所,小学18所,卫生院2个,卫生所26个,图书室122个。有李宗仁故居、广西省立桂林师范学校旧址、两江古城遗址等景点。农业以种植水稻为主。工业以新能源、竹木制品为主。两江国际机场高速、省道桂浮线过境。有桂林两江国际机场。

两江街［Liǎngjiāngjiē］ 两江镇人民政府驻地。在区政府驻地临桂镇西南16千米。人口2100。义江、北江在附近汇合,故名。聚落呈团块状。有中小学、图书室、卫生院。经济以农副产品交易为主,特产两江米粉酒、马蹄糕等。省道桂浮线经此。

五通镇［Wǔtōng Zhèn］ 临桂区辖镇。在区境北部。面积264平方千米。人口6.1万。以汉族为主,还有壮、回、瑶、苗等民族。辖1居委会、22村委会,有139自然村。镇人民政府驻五通街。1958年成立五通公社。1984年改镇。因镇政府驻地得名。义江流经。有中学2所,小学22所,图书馆1个,卫生院1个,卫生所22个。有清真寺、湖南会馆、桐山风雨桥、塘边村百岁坊、义江缘等景点。农业以种植果蔬、苗木等为主,特产生姜、茶叶等。服务业以农民画贸易为主。贵广高铁、321国道过境。

五通街［Wǔtōngjiē］ 五通镇人民政府驻地。在区政府驻地临桂镇西北19千米。人口9500。以汉族为主,还有壮、回、瑶等民族。古时街前有五通庙,故名。聚落呈团块状。有中小学、卫生院、举重训练基地。有清真寺、湖南会馆、白鸽桥等景点。有农民画等民间文艺。经济以农民画和农副产品交易为主。贵广高铁、321国道经此。

四塘镇［Sìtáng Zhèn］ 临桂区辖镇。在区境东南部。面积167平方千米。人口4.7万。以汉族为主,还有回族。辖15村委会,有107自然村。镇人民政府驻四塘村。1950年为第七区。1954年为第六区。1958年成立四塘公社。1984年改乡。2013年置镇。因镇政府驻地得名。相思江流经。有中学1所,小学8所,卫生院1个,卫生所15个。有田心、岩口、横山等古村落。有古城墙、古桥等遗址。农业以种植水稻为主,特产马蹄、豆腐乳等。有衣架配件、制砖、腐乳、钢化玻璃等企业。湘桂铁路,桂柳、桂梧高速,省道桂浮线过境。

四塘村［Sìtángcūn］ 四塘镇人民政府驻地。在区政府驻地临桂镇西南9千米。人口300。距桂林城40华里,古时10华里为一塘,故名。聚落呈团块状。有中小学、卫生院。有相思江古渡口等。农业以种植水稻为主,特产马蹄、凉薯。县道飞南线经此。

横山村［Héngshāncūn］ 在区政府驻地临桂镇西南8千米。四塘镇辖自然村。人口1000。村前上马山、村后狮子山均向村横卧,故名。聚落呈团块状。为中国传统村落。有陈氏宗祠、碑刻、牌匾等古迹。农业以种植水稻为主,特产葡萄、西瓜、豆腐乳。湘桂铁路、桂梧高速经此。

南边山镇［Nánbiānshān Zhèn］ 临桂区辖镇。在区境南部。面积160平方千米。人口3.2万。以汉族为主,还有壮、回、瑶等民族。辖13村委会,有139自然村。镇人民政府驻狮子口村。1950年为第十一区。1959年成立南边山公社。1984年改乡。2014年置镇。因在狮子山南面得名。有中学1所,小学11所,图书室14个,卫生院1个,卫生所13个。有朗村、富汴等古村落。有双凤桥、秦家大院等古迹。农业以种植毛竹、杉木为主。工业以竹业制品、电子企业为主。桂梧高速过境。

狮子口村［Shīzikǒucūn］ 南边山镇人民政府驻地。在区政府驻地临桂镇东南33千米。人口900。以汉族为主,还有壮、回等民族。因在狮子山口前得名。聚落呈团块状。有中小学、卫生院。有经家大院等景点。农业以种植水稻为主。有竹木加工企业。县道六利路经此。

中庸镇［Zhōngyōng Zhèn］ 临桂区辖镇。在区境北部。面积60平方千米。人口2.1万。以汉族为主,还有壮、回、瑶等民族。辖7村委会,有50自然村。镇人民政府驻中庸村。1984年析五通公社置中庸乡。2014年改镇。因镇政府驻地得名。义江流经。有中学1所,小学7所,图书室7个,卫生院1个,卫生所7个。有王家山、下峰山、泗林等古村落。有于公桥、桐木石板桥、王者坪惜字塔等古建筑。有红溪、莲花岛等景区。农业以种植水稻为主,特产砂糖橘等。有水电站、皮具厂、自来水厂等企业。321国道过境。

中庸村［Zhōngyōngcūn］ 中庸镇人民政府驻地。在区政府驻地临桂镇西北27千米。人口1100。以汉族为主,还有壮、回等民族。村名出自《中庸》,取不偏不倚之道,故名。聚落呈带状。有中小学、卫生院。有财神庙遗址、古井和永安石拱桥等古迹。农业以种植绿化苗木为主。有皮具厂、胶合板厂等企业。321国道经此。

茶洞乡［Chádòng Xiāng］ 临桂区辖乡。在区境西部。面积220平方千米。人口2.2万。以汉族为主,还有壮、瑶等民族。辖11村委会,有102自然村。乡人民政府驻茶洞街。1950年为第四区。1958年成立两江公社。1962年改茶洞区。1965年改公社。1984年改乡。因乡政府驻地得名。茶洞河流经。有中学1所,小学12所,图书馆1个,卫生院1个,卫生所11个。有褚村、花岭等古村落。有褚村明代寨墙等古迹。农业以种植罗汉果为主。工业以重晶石矿场、采石场为主。茶洞—两江、江洲—仁义公路过境。

茶洞街［Chádòngjiē］ 茶洞乡人民政府驻地。在区政府驻地临桂镇西22千米。人口400。以汉族为主,还有壮族。在盛产茶叶的田洞间,故名。聚落呈团块状。有中小学、卫生院。有清代商铺。农业以种植水稻为主。有商贸业。县道两茶线经此。

宛田瑶族乡［Wǎntián Yáozú Xiāng］ 临桂区辖民族乡。在区境北部。面积342平方千米。人口2.3万,其中瑶族占50%,还有汉、壮、苗等民族。辖15村委会,有138自然村。乡人民政府驻宛田村。1958年成立宛田公社。1984年改乡。因乡政府驻地得名。义江河流经。有中学1所,小学14所,卫生院1个,卫生所15个。有东宅江瑶寨古民居等古迹。有十二滩漂流、蝴蝶谷、望情谷旅游景点。有正月二十禁风节等民俗。农业以种植猕猴桃为主,特产中药材等。有竹木制品公司、水业公司等。321国道、宛黄公路过境。

宛田村［Wǎntiáncūn］ 宛田瑶族乡人民政府驻地。在区政府驻地临桂镇西北36千米。人口1100。以瑶族为主,还有汉、壮、苗等民族。村前有块田似碗,故名,后简化为宛田。聚落呈带状。有中小学、卫生院。经济以农副产品交易为主。有竹木加工企业。321国道经此。

黄沙瑶族乡［Huángshā Yáozú Xiāng］ 临桂区辖民族乡。在区境北部。面积229平方千米。人口5000。以瑶族为主,还有汉、壮、苗等民族。辖5村委会,有68自然村。乡人民政府驻棕树湾村。1962年从宛田公社析置黄沙公社。1984年改黄沙瑶族乡。因黄沙河得名。黄沙河流经。有中学1所,小学1所,图书室5个,卫生院1个,卫生所5个。有瑶族民居、广福庙遗址。有九滩瀑布、安江坪等景点。农业以种植林木为主,特产香菇、棕皮、灵香草等。棕树湾水电站、竹木加工厂等。宛黄公路过境。

棕树湾村［Zōngshùwāncūn］ 黄沙瑶族乡人民政府驻地。在区政府驻地临桂镇西北38

千米。人口500。以瑶族为主,还有汉、壮等民族。村种植棕树多且居于黄沙河一弯道处,故名。聚落呈带状。有小学、卫生院。有瑶寨吊脚楼100多座。经济以种植杉木、松木为主。有农贸市场。县道宛黄线经此。

秀峰区

秀峰区 [Xiùfēng Qū]　桂林市辖区。在市境中部。面积54平方千米。人口11.1万。以汉族为主,还有壮、瑶等民族。辖3街道。区人民政府驻丽君街道。1979年红星、红旗、向阳3公社合设秀峰区。1996年桂林市郊区甲山乡并入。因独秀峰得名。正阳路东、西巷改造,逍遥楼重建为桂林标志性建筑。靖江王府景区、榕湖、杉湖景区周边立面湖改造、桃花湾生态休闲旅游景区、芦笛"三村"风貌改造及滨江生态广场秀峰区建成为集旅游、文化、商贸、餐饮、休闲、娱乐为一体的城区。福利路、西二环道、中隐路延长线等项目完工,打造老城区与新区东西连接、南通北畅的快速通道。年均气温18.5℃,1月平均气温5.8℃,7月平均气温为28℃。年均降水量1949.5毫米。有侯山、西山、芳莲岭。有榕湖、丽泽湖、宝贤湖、西湖。漓江、桃花江、南溪河、芦笛岩地下伏流流经。有国家级工程技术研究中心4个。有高校3所,中学8所,小学11所,剧院(场)4个,电影院1个,文化馆(站)1个,公共图书馆1个,三级医院1个,二级医院3个。有全国重点文物保护单位靖江王府、独秀峰石刻、府学文庙石刻、骝马山摩崖造像等10个,自治区级文物保护单位4个。有国家级风景名胜区靖江王府、芦笛、两江四湖、刘三姐景观园等。有民间艺术彩调、傩舞、龙船调等。有文化艺术团体桂剧团、歌舞团、曲艺团等。有五星级饭店2家,四星级1家,三星级7家。三次产业比例1∶14∶85。农业以种植水稻、花卉、柑橘、葡萄、桃子,养殖生猪为主。工业以高端零件制造、造纸、纸制品、食品添加剂泡打粉、乳胶、橡胶制品为主。服务业以商贸、旅游、住宿餐饮、金融为主。湘桂铁路、贵广高铁、321国道过境。通多路公交车。

中心广场 [Zhōngxīn Guǎngchǎng]　在城区东部。面积5公顷。1999年开工,同年建成。因地理位置处于市中心得名。广场东侧为露天大舞台,南北两侧为草地和绿荫休息带,中有石桌、石凳及工艺铸铁双人凳,四周有电子大屏幕、环绕立体音响,有射灯、霓虹灯、草坪灯等装饰灯。地面由花岗岩地砖铺成一幅巨大的世界地图。广场分上下两层,下层为地下商业城和停车场。为桂林市商贸、餐饮、休闲、娱乐中心。周边有市体育馆等。通多路公交车。

桃花江路 [Táohuājiāng Lù]　在区境西北部。南起西山路,北至芦笛路。与甲山路、巫山路相交。长3千米,宽40米。沥青路面。20世纪60年代初开发芦笛岩景区而辟路。2001年改扩建。因在桃花江东岸得名。两侧有刘三姐景观园、大佛岩、桃江宾馆、李宗仁公馆、鲁家村等。通多路公交车。

中隐路 [Zhōngyǐn Lù]　在区境西南部。东北起胜利桥,西至西二环路。与巾山路、中隐路相交。长2.3千米,宽50米。沥青路面。1960年开工,同年建成。2005年改建。因中隐山得名。两侧有区政府、公安分局、居住小区等。通多路公交车。

观漪桥 [Guānyī Qiáo]　在城区东部。长115米,宽43.8米,最大跨度110米,桥下净高5米。1967年开工,1995年重建,2000年扩建。因是观赏丽泽湖、宝贤湖澄漪碧涟的绝佳之处而得名。又名五一桥,因桥西有五一织布厂。为大型河道桥梁,桥型采用3拱桥外形,3个连续桥拱桥梁结构。最大载重20吨。通公交车。

丽泽桥 [Lìzé Qiáo]　在城区东部。长120米,宽26米,最大跨度70米,桥下净高5.5米。2000年开工,2002年建成。因横跨丽泽湖得名。有两座高17米主塔。为大型河道桥梁,结构型式为自锚式柔性钢桁梁悬索桥。最大载重20吨。通多路公交车。

丽君街道 [Lìjūn Jiēdào]　秀峰区人民政府驻地。在区境中部。面积5平方千米。人口3.9万。以汉族为主,还有壮、回、瑶等民族。1997年设。因丽君路得名。相继重建观漪桥、丽泽桥,开建榕湖船闸钢桥,改造桂湖,扩建中隐路。有西湖。有高校1所,中学2所,小学3所,文化艺术团体14个,二级医院1个,社区卫生服务中心1个,社区卫生服务站1个,门诊部2个,诊所26个。有全国重点文物保护单位西山摩崖造像及石刻。有佛光岩、能仁禅寺、法藏禅寺等景点。工业以食品添加剂、泡打粉、乳胶、橡胶制品为主。服务业以批发零售、旅游业、住宿和餐饮为主。湘桂铁路过境。

秀峰街道 [Xiùfēng Jiēdào]　属秀峰区。在区境东部。面积2平方千米。人口3.5万。以汉族为主,还有壮、回、瑶等民族。1997年设。因独秀峰得名。1999年建桂林市中心广场及中心广场地下商业街。2001年重建解放桥。2002年改造榕杉湖。2013年以来正阳路东巷改造,逍遥楼重建,靖江王府周边立面改造。2014年滨江生态广场完工。有榕湖、丽泽湖、宝贤湖、西湖等。有高校2所,中学4所,小学3所,三级医院1所,二级医院1个,社区卫生服务中心1个,社区卫生服务站1个,诊所13个。有桂剧团、歌舞团、曲艺团。有国家5A级旅游景区独秀峰·王城。有独秀峰、漓江、榕湖等景点。有中山纪念塔、民国开国元勋蒋翊武先生就义处、《救亡日报》社旧址等。经济以商贸、旅游、住宿餐饮为主。321国道过境。通公交车。

正阳路步行街 [Zhèngyáng Lù Bùxíng Jiē]　在秀峰街道东北部。长0.7千米,宽13米。青石路面。旧时为做衣行、纸扎铺、戏服行、铁器行、梳篦行较集中的街巷。为桂林市区最古老街,以中式仿古风格为主,有钟楼、塔楼、牌楼、喷泉、雕刻及骑楼式建筑,有商铺300多间。通多路公交车。

正阳路东巷 [Zhèngyáng Lù Dōngxiàng]　在秀峰街道东部。长0.2千米,宽2.5米。青石板路面。明清时期盛极一时。因处王城正阳门以东,称东巷。1978年更今名。为桂林市区古巷,多为砖木结构平房和钢混结构楼房,现已成为市区新的旅游、休闲、历史文化传承商业街区。有逍遥楼。有商铺200多间。通多路公交车。

正阳路西巷 [Zhèngyáng Lù Xīxiàng]　在秀峰街道东部。长0.3千米,东段宽2.5米,西段宽10米。混凝土、土石路面。因处王城正阳门以西得名。西段称义学巷,东段称西巷。1966年西巷东段改称红旗一巷,西段义学巷改称红旗二巷。1978年两段合并统称正阳路西巷。为桂林市区古巷之一。巷中段及南侧有清真寺、天主教教堂等。通多路公交车。

甲山街道 [Jiǎshān Jiēdào]　属秀峰区。在区境西部。面积42平方千米。人口3.6万。以汉族为主,还有壮、回、瑶等民族。2005年设。因境内甲山得名。2013年桃花湾生态休闲旅游三期芦笛"三村"风貌改造项目启动。2013完成两江四湖(二期)工程桃花江改造,南溪河环境综合治理项目。2014年福利路、西二环道项目完工。有侯山、芳莲岭。桃花江、南溪河、芦笛岩地下伏流流经。有中学2所,小学5所,二级医院1个,社区卫生服务中心1个,社区卫生服务站2个。有全国重点文物保护单位摩崖石刻等4个。有国家4A级旅游景区芦笛、刘三姐大观园。有圣母池、狮子山河伯石塔、筌塘村河伯石塔等古迹。有民间艺术彩调、傩舞、龙船调等。农业以种植水稻、甘薯、大豆为主,特产莲藕等。工业以高端零件制造、造纸、纸制品为主。服务业以客运、商贸、住宿餐饮为主。通公交车。

叠彩区

叠彩区 [Diécǎi Qū]　桂林市辖区。在市境中部。面积52平方千米。人口18.5万。以汉族为主,还有壮、瑶、回、苗、侗等民族。辖2街道、1乡。区人民政府驻北门街道。1979年东风、胜利2公社合置叠彩区。1996年郊区大河乡、七星区穿山乡清风村划入。因叠彩山得名。1933年起扩建、改造、新建次干道,至1940年形成以黄泥碎石路面为主的道路网。1966年陆续改造旧民居。1985年开始房地产开发,以居住、商住一体的开发模式为主,1986年起实施旧城改造。1995年实施大规模城市改造与建设。2006年城区主干道和主要次干道两侧旧房改造基本完成。有尧山、叠彩山、伏波山、虞山。有清狮潭水库东干渠、西清湖、木龙湖、铁佛塘、八角塘、白石潭等。漓江、灵剑溪、董家河、清风河流经。有中学5所,小学9所,文化馆1个,三级医院2个。有全国重点文物保护单位、自治区级爱国主义教育基地八路军桂林办事处旧址。有省级文物保护单位黄旭初公馆旧址、李济深公馆旧址。有民间艺术牌灯、傩戏、彩调等。三次产业比例2∶26∶72。农业以种植花卉、蔬菜为主。工业以机械制造、冶金、农产品加工为主。服务业以商贸物流为主。湘桂铁路、322国道过境。

环城北一路 [Huánchéng Běi 1 Lù]　在区境西部。南起环城西二路,北至环城北二路。与芦笛路、新码路、抗战路相交。长3.1千米,宽29米。混凝土路面。1985年开工,1991年建成。为市区北部第一条环城路,故名。两侧有建材批发市场、桂林市第五中学、居住小区等。通多路公交车。

中山北路 [Zhōngshān Běilù]　在区境中部。南起中山中路,北至北辰路。与芳华路、气象路等相交。长4.7千米,宽30米。混凝土路面。原为清代街路。1966年将原中山北路向北延伸至桂林气象站,统称中山北路。1986年北段从气象站向北延伸与北辰路南端相连。因纪念孙中山得名。两侧有中北市场、五交机电综合批发市场、桂林市气象局等。通多路公交车。

南洲大桥 [Nánzhōu Dàqiáo]　在城区北部。长328米,宽45米,最大跨度60米,桥下净高5米。2004年开工,2007年建成。因在南洲村附近得名。为大型河道桥梁,结构型式为曲线形独塔双索面对称斜拉桥。最大载重30吨。通多路公交车。

桂林北站 [Guìlínběi Zhàn]　见交通运输设施部分"桂林北站"条。

桂林汽车客运北站 [Guìlín Qìchē Kèyùn Běizhàn]　见交通运输设施部分"桂林汽车客运北站"条。

北门街道 [Běimén Jiēdào]　叠彩区人民政府驻地。在区境北部。面积6平方千米。人口7.8万。1997年设。因原北门楼得名。1995

年实施大规模城市改造与建设。2004年改造15条小街小巷,2005年改造24条街巷。2006年完成清风小区小街小巷整体改造。有凤凰山、水塔山。有中学2所,小学5所,文化馆1个,社区卫生服务站2个。经济以仓储房地产、商贸物流为主。湘桂铁路、桂黄公路过境。有桂林北新客站、桂林汽车客运北站。通多路公交车。

叠彩街道［Diécǎi Jiēdào］ 属叠彩区。在区境东南部。面积7平方千米。人口7.4万。因叠彩山得名。1997年设。2000年后开始公共设施、道路、小区等建设和改造。2006年完成鹦鹉山南侧区域小街小巷整体改造,主干道和主要次干道两侧旧房改造基本完成。有叠彩山、老人山、虞山。有木龙湖、西清湖等。有中学3所,小学4所,三级医院2个,社区卫生服务站4个。有全国重点文物保护单位八路军桂林办事处旧址、桂林石刻(风洞摩崖造像、伏波山摩崖石刻)。有自治区级文物保护单位东镇门、宋城墙、木龙石塔。有李宗仁原配夫人李秀文故居、仰止堂等。有国家4A级旅游景区尧山、叠彩伏波。经济以商贸业为主。322国道过境。通多路公交车。

大河乡［Dàhé Xiāng］ 叠彩区辖乡。在区境东北部。面积39平方千米。人口2.6万。辖15村委会,有42自然村。乡人民政府驻乌石街。1961年三皇公社析置大河公社。1984年改乡。因辖域在漓江两岸得名。漓江、灵剑溪、董家河流经。有中学1所,小学4所,卫生院2个,卫生所18个。有全国重点文物保护单位靖江王府及王陵中的靖江王墓群、靖江宪定王陵。有窑里村窑址、《救亡日报》印刷厂旧址等。农业以种植无公害蔬菜、水果、花卉为主。湘桂铁路、桂林绕城高速、322国道、桂林—灵田公路等过境。

乌石街［Wūshí Jiē］ 大河乡人民政府驻地。在区政府驻地北门街道北0.1千米。人口700。因街圩南边土坡旁有黑石得名。聚落呈团块状。有小学、卫生院。经济以商贸服务为主。通多路公交车。

象山区

象山区［Xiàngshān Qū］ 桂林市辖区。在市境中部。面积88平方千米。人口28万。以汉族为主,还有壮、瑶、苗、维吾尔等民族。辖3街道、1乡。区人民政府驻南门街道。1950年设陪义区,同年与西郊区合置第二区。1955年撤区析设阳桥、南门2街道。1958年分别改公社。1979年改象山区。因象鼻山得名。2003年"两江四湖"一期工程及南溪河瓦窑冲防洪排涝工程、市区游船码头、雉山路整治、城市夜景灯光工程等相继投入使用。2009年完成中山路、信义路、上海路立面改造。2010年雉山桥、黑山路等建成通车,漓江桥整修完工。地处南岭南缘,地势西高东低。年均气温18.9℃,1月平均气温7.9℃,7月平均气温28.0℃。年均降水量1640毫米。宁远河、佛殿河、漓江、南湾河、桃花江、相思江流经。有省级工程技术研究中心2个。有中学13所,小学30所,三级医院4个,二级医院1个。有全国重点文物保护单位甑皮岩国家考古遗址公园、李宗仁官邸、摩崖石刻。有自治区级文物保护单位开元寺舍利塔、象鼻山顶普贤塔。有圣母池、虹桥、云峰寺、崇善路清真寺、周元纪念塔、秦霖纪念碑。有国家4A级旅游景区象山、南溪山。有桂林国家森林公园。有黑山植物园、斗鸡山、净瓶山、南门桥等景点。三次产业比例10∶25∶65。农业以种植水稻为主,特产三花酒、辣椒酱、豆腐乳、马蹄、桂花糕、荷花鱼、腐竹等。工业以纺织服装为主。服务业以现代物流、电子商务、产品批发、旅游业为主。湘桂铁路,桂林绕城高速,321国道,广州—成都、四合、红光公路过境。有桂林站。

上海路［Shànghǎi Lù］ 在区境南部。东起漓江桥,西至安新北路。与雉山路、中山南路相交。长1.7千米,宽50米。水泥路面。1964年开工,1966年建成。因上海企业内迁支援桂林工业得名。两侧有建设银行、南方电网、居住小区等。通多路公交车。

中山南路［Zhōngshān Nánlù］ 在区境东部。南起八一桥,北至南门桥。与银锭路、雉山路、上海路相交。长2.2千米,宽50米。沥青路面。原为清代街路。1958年往南拓建。1978年以孙中山名及方位命名。两侧有南溪公园、桂青垃圾台、天鹅塘车站等。通多路公交车。

漓江桥［Líjiāng Qiáo］ 在城区南部。长263.5米,宽18.5米,最大跨度300米,桥下净高15米。1985年开工,1988年建成。因建在漓江之上得名。为大型河道桥梁,结构型式为V型刚构桥。最大载重20吨。通多路公交车。

南门街道［Nánmén Jiēdào］ 象山区人民政府驻地。在区境中部。面积8平方千米。人口10万。以汉族为主,还有壮、瑶、苗、维吾尔等民族。1997年设。因南门桥得名。2003年整治雉山路。2009年改造上海路等城市主干道。2010年建成雉山桥、黑山路。有南溪山、黑山、雉山。宁远河、桃花江流经。有中学3所,小学7所。有南溪山公园、桃花江、园林植物园等景点。工业以酿酒、电子、医药为主。服务业以餐饮为主。湘桂铁路过境。有桂林站。通多路公交车。

象山街道［Xiàngshān Jiēdào］ 属象山区。在区境东北部。面积2平方千米。人口4.3万。以汉族为主,还有苗族。1997年设。因象鼻山得名。2003年完成"两江四湖"一期工程改造。2009年完成中山路、信义路改造。2010年漓江桥整修完成。宁远河、漓江、桃花江流经。有中学2所,小学3所,三级医院3个。有两江四湖、象山等景点。工业以白酒、啤酒、腐乳、腐竹、米粉制作为主。特产辣椒酱、豆腐乳、三花酒、桂花糕等。通多路公交车。

平山街道［Píngshān Jiēdào］ 属象山区。在区境南部。面积14平方千米。人口12万。以汉族为主,还有壮、瑶、苗等民族。1997年设。因境内平山得名。2003年建成南溪河瓦窑冲防洪排涝工程。2006年万福路、城市生活垃圾处理系统工程、城市管道燃气工程等建成或在建。有净瓶山、罗汉山等。漓江流经。有中学7所,小学14所,三级医院1个,二级医院1个。有桂林甑皮岩遗址博物馆、桂林国家森林公园等景点。经济以娱乐服务、教育服务、商贸金融、通信、运输为主。湘桂铁路过境。通多路公交车。

二塘乡［Èrtáng Xiāng］ 象山区辖乡。在区境南部。面积63平方千米。人口1.7万。以汉族为主,还有壮、瑶等民族。辖6村委会,有30自然村。乡人民政府驻二塘村。1954年为二塘乡。后改公社。1984年复乡。因乡政府驻地得名。有仁头山、大山、白虎山、白口岩等。佛殿河、南湾河、相思江流经。有中学1所,小学6所,卫生院1个。农业以种植谷物为主。有混凝土企业。321国道过境。通多路公交车。

二塘村［Èrtángcūn］ 二塘乡人民政府驻地。在区政府驻地南门街道南10千米。人口500。塘为古驿站,10华里为一塘,此地距临桂区20华里,故名。聚落呈团块状。有中小学、卫生院。农业以种植水稻为主。321国道经此。通多路公交车。

七 星 区

七星区［Qīxīng Qū］ 桂林市辖区。在市境中部。面积97平方千米。人口28万。以汉族为主,还有壮、瑶、回、苗、侗等民族。辖4街道、1乡。区人民政府驻漓东街道。1949年为东江区。1950年改第四区。1954年改第三区。1955年分设东江、漓江2街道。1958年合置东江公社。1979年改七星区。1996年郊区穿山、朝阳2乡并入。因辖区内七星山得名。2003年"两江四湖"一期工程、大学生公寓城、穿山小街改造完成。2004年高新技术开发区建设全面展开,苏桥、铁山、信息产业园区等基础设施开工。2009年穿山桥、雉山桥、胜利桥、机场路城市段、六合路、中隐路二期、东二环路、西环路三期、黑山路、育才路等建成通车,漓江桥整修完工,城市交通路网结构改善。年均气温19.1℃,1月平均气温8.1℃,7月平均气温27.9℃。年均降水量1977.4毫米。有七星山、普陀山、月牙山、尧山等。漓江、小东江、灵剑溪流经。有国家级科研单位2个,自治区级科研单位12个。有高校4所,中学10所,小学28所,图书馆18个,三级医院1个。有全国重点文物保护单位靖江王陵博物馆。有自治区级文物保护单位桂海碑林博物馆。有国家4A级旅游景区七星、穿山,国家3A级旅游景区会仙岩、漓江民俗风情园。有尧山索道、訾洲公园等景点。三次产业比例18∶48∶34。农业以种植水稻、蔬菜为主。工业以电子信息、生物医药、光机电一体化、新材料、环保产业为主。服务业以旅游业为主。湘桂铁路过境。有桂林东站。

甲天下广场［Jiǎtiānxià Guǎngchǎng］ 在城区西北部。面积8公顷。2000年开工,2001年建成。取"桂林山水甲天下"得名。为桂林国际会展中心展馆配套设施,除会议、展览使用外,还作为群众集会、休闲、锻炼、往来游客观光的重要活动场所。为爱国主义教育、科普宣传、文化传播、展览演出、健身娱乐为一体的综合性广场。周边有超市、酒店等。通多路公交车。

漓江路［Líjiāng Lù］ 在区境西部。东起普陀路,西至上海路。与施家园路、穿山东路、辅星路相交。长1.9千米,宽50米。沥青路面。1987年开工,1988年建成。2000年改建,2001年完成。因位于漓江之东得名。两侧有雁山区人民检察院、桂林出入境检验检疫局、桂林国际会展中心等。通多路公交车。

育才路［Yùcái Lù］ 在区境东北部。东起东二环路,西至普陀路。长1.4千米,宽14米。沥青路面。1965年开工,同年建成。2010年后多次改造。原名漓江东路,1985年更今名。路北侧有广西师范大学,学校是培育人才的地方,故名。两侧有广西师范大学(育才校区)、育才小学、中国银行监督管理委员会等。通多路公交车。

五里店路［Wǔlǐdiàn Lù］ 在区境南部。东起七星路,西至樟木村村道。与穿山东路相交。长2千米,宽22米。东段为沥青路面,西段为水泥混凝土路面。1993年开工,1994年建成。路东端临近原五里店地片,故名。两侧有桂林高级技工学校等。通多路公交车。

环城北二路［Huánchéng Běi 2 Lù］ 在区境西北部。南起六合路,北至虞山桥。与建干路等相交。长2.8千米,宽50米。快车道为混凝土路面，非机动车道为沥青路面。1983年开工，1985年建成。为环城路北段，以序号命名。两侧有桂林医学院、市蔬菜科研所、市公安局东江派出所等。通多路公交车。

龙隐桥 [Lóngyǐn Qiáo]　在城区北部。长73.2米，宽35米，最大跨度40米，桥下净高10米。1940年为木桥。1964、2001年重建。因靠近龙隐岩得名。为中型河道桥梁，结构型式为预应力钢筋砼箱型结构桥。最大载重100吨。通多路公交车。

漓东街道 [Lídōng Jiēdào]　七星区人民政府驻地。在区境西南部。面积16平方千米。人口6.4万。以汉族为主，还有回、壮、瑶、仫佬等民族。2010年设。在漓江东岸，故名。2004年苏桥、铁山、信息产业园等基础设施建设开工。为喀斯特地貌。有雷劈山。有技校1所，中学4所，小学4所。工业以电子信息、生物医药、光机电一体化、环保产业为主。通多路公交车。

东江街道 [Dōngjiāng Jiēdào]　属七星区。在区境西北部。面积8平方千米。人口9.7万。以汉族为主，还有回族、壮族。1997年设。在漓江之东，漓江在宋代称东江，故名。2009年老城改造，重点实施"三桥十路"等市政交通基础设施建设。"两江四湖"二期工程—桃花江、南溪河、小东江综合整治工程、山口垃圾填埋场、临桂新区及东区污水处理厂工程启动建设。为喀斯特地貌。漓江、小东江、灵剑溪流经。有国家级科研单位电科所、激光所。有自治区级科研单位柑橘研究所、茶科所。有高校3所，中学2所，小学4所，卫生服务站4个。有国家4A级旅游景区七星公园。工业以电子、光通、通信、环保等高新产业为主。通多路公交车。

穿山街道 [Chuānshān Jiēdào]　属七星区。在区境东南部。面积15平方千米。人口2.6万。以汉族为主，还有回、壮、瑶、仫佬等民族。2005年设。因穿山得名。2003年以"两江四湖"一期工程、大学生公寓城、穿山小街改造完工。为喀斯特地貌。漓江、小东江流经。有中学2所，小学12所，卫生所22个。有穿山公园。工业以化工、铸造、机械加工、塑料制品、建筑材料为主。桂海铁路、桂磨公路过境。通多路公交车。

七星街道 [Qīxīng Jiēdào]　属七星区。在区境东北部。面积10平方千米。人口4.8万。以汉族为主，还有壮、瑶、回等民族。1955年设漓江街道，属桂林市。1979年改隶七星区。1997年更今名。2010年析出漓东街道。因七星公园得名。2003年"两江四湖"一期工程、大学生公寓城、穿山小街改造完工。有吊罗山。有中学2所，小学4所，三级医院1个，卫生院1个，卫生服务站4个。有国家4A级旅游景区穿山公园。工业以化工、铸造、机械加工、塑料制品、建筑材料为主。桂海铁路、桂磨公路过境。通多路公交车。

古莲文化街 [Gǔlián Wénhuà Jiē]　在七星街道西部。长2.1千米，宽11米。沥青路面。2010年开工，2012年建成。路两旁有清代桂林当地官员清廉事迹展示，并取诗句"出淤泥而不染，濯清涟而不妖"之意名古莲。为一条展现古时桂林当地官员清廉事迹的文化步行街，街道左侧有采用仿清代民间桂北建筑风格的壁画。通公交车。

朝阳乡 [Cháoyáng Xiāng]　七星区辖乡。在区境东北部。面积48平方千米。人口1.6万。以汉族为主，还有壮、回、侗等民族。辖8村委会，有39自然村。乡人民政府驻欧家村。1961年析秀峰公社置朝阳公社。1984年改乡。因朝阳山得名。为喀斯特地貌。漓江流经。有小学5所，卫生院1个，卫生所10个。有尧山、明靖江王陵等景点。农业以种植茭白、柑子、橘子、丰水梨、枸杞，养殖鸽子、鸭、鸡、猪、牛、羊为主。桂林绕城高速、灵朝公路过境。

欧家村 [Ōujiācūn]　朝阳乡人民政府驻地。在区驻地漓东街道东北2千米。人口500。因姓氏得名。聚落呈团块状。有小学、卫生所。农业以种植水稻为主。有渔业养殖。通公交车。

雁山区

雁山区 [Yànshān Qū]　桂林市辖区。在市境中部。面积288平方千米。人口6.8万。以汉族为主，还有瑶、回、壮等民族。辖2镇、2乡。区人民政府驻雁山镇。1996年郊区雁山镇、柘木镇、大埠乡、草坪回族乡合置雁山区。以区政府驻地镇得名。1996年后建成枫林路、雁兴路、周家路等道路。2008年起修筑雁山城区中心环线8千米，新建创业服务中心。2011年建成市民广场。主城区以321国道雁山段为中心块聚式布局为主。雁中路南为科教区。雁中路北为商住区。有创业大厦、广西师范大学雁山校区、桂林旅游学院雁山校区、桂林理工大学雁山校区、愚自乐园、园博园、玉圭园、龙门大桥等标志性建筑。为喀斯特地貌。漓江、相思江(良丰河)、古桂柳运河流经。年均气温19℃，1月平均气温8.1℃，7月平均气温28.1℃。有自治区级科研机构1个。有高校9所，中学2所，小学9所。有自治区级文物保护单位马君武墓。有唐氏庄园、唐民三故居、雁山公园、桂林窑遗址、竹园汉墓群、瓮里石寨墙、李四光科学馆。有国家4A级旅游景区冠岩、愚自乐园、神龙水世界。有潜经清真寺、寿崴古寨、雁崴寨门群、竹园汉墓群及明代官员张同敞、晚清词人王半塘墓及庙岩洞穴、父子岩洞穴等古迹。有漓江风光、神龙水世界、玉圭园、雁山园、园博园等景点。三次产业比例20∶25∶55。农业以种植水稻、蔬菜为主。工业以汽车零配件、农产品加工、建筑材料为主。服务业以批发零售、旅游观光为主。桂林绕城高速、321国道过境。

雁山镇 [Yànshān Zhèn]　雁山区人民政府驻地。在区境西部。面积96平方千米。人口2.2万。以汉族为主，还有瑶、回等民族。辖2居委会、15村委会，有56自然村。镇人民政府驻雁山圩。1958年为雁山公社。1984年设镇。因镇政府驻地得名。为喀斯特地貌。良丰河流经。有高校4所，中学1所，小学4所，卫生院1个，卫生所14个。有雁山公园、马君武墓、李四光科学馆、竹园汉墓群。农业以种植水稻、玉米、马铃薯、蔬菜、柑橘，养殖生猪、牛、鸡、鸭、鱼为主。321国道、桂林绕城高速过境。

雁山圩 [Yànshānxū]　雁山镇人民政府驻地。在镇境南部。人口1300。以汉族为主，还有瑶、回等民族。境内金山和水源岭构成一只展翅的大雁，故名。聚落呈团块状。有中小学、幼儿园。经济以餐饮、批发零售为主。321国道经此。通公交车。

柘木镇 [Zhèmù Zhèn]　雁山区辖镇。在区境北部。面积64平方千米。人口2.3万。以汉族为主，还有壮、瑶等民族。辖1居委会、10村委会，有41自然村。镇人民政府驻柘木街。1955年为柘木乡。1958年改奇峰乡。1961年成立柘木公社。1984年改镇。因镇政府驻地得名。为喀斯特地貌。漓江、相思江流经。有白竹境水库。有中学1所，小学2所，卫生院1个，卫生所7个。有瓮里古寨、桂州窑遗址。有新石器遗址洞穴父子岩。农业以种植果蔬，养殖生猪、四大家鱼(草、鲤、鲢、鳙)为主。桂竹公路过境。通公交车。

柘木街 [Zhèmùjiē]　柘木镇人民政府驻地。在区政府驻地雁山镇东北12千米。人口500。建圩时此地有一棵大柘树，故名。聚落呈团块状。有卫生院。有湖南会馆、桂林天主教柘木分堂。农业以种植水稻为主。通公交车。

上窑村 [Shàngyáocūn]　在区政府驻地雁山镇东北13千米。柘木镇辖自然村。人口2200。上窑原称窑头，古代村民以烧窑制作瓷器谋生，故名。聚落呈团块状。有桂州窑遗址。有农历十月二十一纪念杨家将、杨继业的"令公节"民俗。经济以种植果树和养殖业为主。桂竹公路经此。

大埠乡 [Dàbù Xiāng]　雁山区辖乡。在区境东南部。面积96平方千米。人口1.5万。以汉族为主，还有壮、侗、苗等民族。辖11村委会，有54自然村。乡人民政府位于桂阳公路西侧大埠路口。1957年为大埠乡。1958年并入雁山公社。1962年析置大埠公社。1984年复乡。因乡政府原驻地得名。为喀斯特地貌。大埠河流经。有小学1所，卫生院1个，卫生所1个。有国家4A级旅游景区愚自乐园、金银寨、唐氏庄园、黎家古道等。农业以种植果蔬为主。321国道过境。

草坪回族乡 [Cǎopíng Huízú Xiāng]　雁山区辖乡。在区境东南部。面积33平方千米。人口5000，其中回族占36%，还有汉族等。辖1居委会、3村委会，有14自然村。乡人民政府驻草坪街。1981年成立草坪公社。1984年改草坪回族乡。因乡政府驻地得名。为喀斯特地貌。漓江流经。有小学2所，卫生院1个，卫生室1个。有国家4A级旅游景区冠岩、神龙水世界。有潜经清真寺、白氏宗祠。农业以种植月柿、无核黄皮果、甜竹为主。大草公路、兴阳公路过境。

草坪街 [Cǎopíngjiē]　草坪回族乡人民政府驻地。在区政府驻地雁山镇东南17千米。人口100。昔为荒草杂生的坪地，故名。聚落呈团块状。有小学、卫生院。有冠岩景区。经济以商贸、旅游为主。大草公路经此。

潜经村 [Qiánjīngcūn]　在区政府驻地雁山镇东14千米。草坪回族乡辖自然村。人口1000。以回族为主，还有汉、瑶、壮等民族。元至元元年(1335)始祖文登从河南省洛阳县迁来，因其信仰回教，带有全部回教经书，故名"全经村"。后因村民唯恐经书丢失，将其藏于村后挑水岩中，"藏"与"潜"意同，改今名。聚落呈团块状。有小学、卫生室。有建于清雍正十三年(1735)的潜经清真寺、清乾隆六十年(1795)的白氏宗祠。大草公路经过。

阳朔县

阳朔县 [Yángshuò Xiàn]　桂林市辖县。北纬24°46′，东经110°29′。在市境南部。面积1437平方千米。人口31.8万。以汉族为主，还有壮、瑶、回等民族。辖6镇、3乡。县人民政府驻阳朔镇。隋开皇十年(590)置阳朔县，治今阳朔镇；县衙处羊角山下，以"羊角"谐音"阳朔"为名。贞观元年(627)省归义县入阳朔县。1913年后属漓江道、桂林道、第一民团区、桂林民团区、桂林行政监督区、第一行政督察区、第八行政督察区、桂林专区、桂林地区。1981年属桂林市。1949年前有县前街、西街、水南街、莲峰巷四条街，面积1.5平方千米。1949年后城区面积扩大4.5平方千米。先后新建榕荫路、桂花路、城中路、城北路、滨江路、芙蓉路、蟠桃路、龙岳路、宝泉路、叠翠路、清泉路、荆凤路、响水路、将军路、玉溪路、画山路，新建漓江大桥、汽车客运站、阳朔饭店等标志性建筑。为岩溶峰林地貌，以石山、丘陵为主。最高峰嵩坪龙海拔1701米。年均气温19.0℃，1月平均气温8.3℃，7月平均气温28.3℃。年均降水量1640毫米。漓江、遇龙河、金宝河流经。有矿产资源铅、锌、铜、沙石、黏土等。有国家重点保护野生植物南方红豆杉、伯乐树、钟萼木、香果树、金毛狗、华南五针松、闽楠、喜树、花榈木、伞花木、红椿、半枫荷、翅荚木、任豆、庐山厚朴等19种。有国家重点保护野生动物黄腹角雉、白颈长尾雉、金鹏、云豹、林麝、大灵猫、河麂、白鹇、燕隼、蛇雕等15种。森林覆盖率65.4%。有中职1所，中学14所，小学92所，图书馆1个，文化馆1个，二级医院3个，体育馆1个。有自治区级文物保护单位4个。有国家5A级旅游景区漓江，国家4A级旅游景区桂林阳朔县蝴蝶泉，国家3A级旅游景区桂林阳朔文化古迹山水园、阳朔鉴山寺、阳朔九马画山。有遇龙河、印象·刘三姐、十里画廊、百里新村生态旅游观光等景点。三次产业比例24∶36∶40。农业以种植水稻为主，特产金橘、板栗、砂糖橘。工业以矿产品开采、石材开采加工、混凝土加工为主。服务业以旅游业为主。贵广高铁、321国道过境。有阳朔站。

阳朔站 [Yángshuò Zhàn] 见交通运输设施部分“阳朔站”条。

阳朔县汽车总站 [Yángshuò Xiàn Qìchē Zǒngzhàn] 见交通运输设施部分“阳朔县汽车总站”条。

阳朔镇 [Yángshuò Zhèn] 阳朔县人民政府驻地。在县境南部。面积76平方千米。人口4.7万。以汉族为主，还有壮、瑶、苗等民族。辖6居委会、5村委会，有51自然村。镇人民政府驻屏风山社区。1950年为城关镇。1966年改阳朔镇。1968年为阳朔镇公社、城关公社。1984年分别改称阳朔镇、城关乡。1999年城关乡并入阳朔镇。有碧莲峰、西郎山、书童山。漓江、遇龙河流经。有中学5所，小学8所，二级医院3个，卫生院1个，卫生室11个。有印象·刘三姐、徐悲鸿故居等景点。经济以旅游业为主。321国道过境。

蟠桃路 [Pántáo Lù] 在县城中部。东起抗战路，西至龙岳路。与西街、叠翠路、碧莲巷、乌藤巷相交。长1.2千米，宽25米。柏油路面。1926年建成。路南侧有蟠桃山，故名。两侧有县工商银行、县邮政局、县农贸市场、县妇幼保健院等。通多路公交车。

荆凤路 [Jīngfèng Lù] 在县城西部。南起抗战路，北至城西路。与响水路、龙岳路相交。长1.5千米，宽30米。水泥路面。1988年修建321国道绕城段，后扩宽而成。经过荆柴垭小区，连通凤鸣社区，故名。两侧有加油站、农村合作银行、县交通局、县公安局交警大队。通多路公交车。

西街 [Xī Jiē] 在阳朔镇城中部。长680米，宽8米。石板路面。原路段在十字街西面，故名。建于北宋。1937年将西街和十字街扩建为西马路，亦称西街。1967年更名东风路。1982年复名西街。2001年西街往西延伸，形成现在规模。为步行街。为历史街区。民居保持清代风貌。1980年以后为外国旅客餐饮休憩主要区域，是阳朔旅游商品一条街。通多路公交车。

屏风山社区 [Píngfēngshān Shèqū] 阳朔镇人民政府驻地。在县境西北部。面积9平方千米。人口3900。因屏风山得名。2002年成立。建筑风格为小青瓦、白粉墙桂北传统风格。有小学、二级医院、卫生院、文化体育场馆、老年人大学。有阳朔公园、碧莲洞等景点。有政府机关、银行等驻地单位。通多路公交车。

白沙镇 [Báishā Zhèn] 阳朔县辖镇。在县境中部。面积154平方千米。人口4.7万。以汉族为主，还有壮、瑶、苗等民族。辖1居委会、15村委会，有133自然村。镇人民政府驻白沙圩。1950年为第一区。1958年改白沙公社。1962年改区。1968年复改公社。1984年改镇。因镇政府驻地得名。遇龙河流经。有中学1所，小学13所，卫生院1个，卫生室16个。有遇龙河景区。有遇龙桥、仙桂桥、富里桥等景点。农业以种植金橘、柿子为主。工业以大理石开采加工为主。包茂高速、321国道过境。

白沙圩 [Báishāxū] 白沙镇人民政府驻地。在县政府驻地阳朔镇西北9千米。人口6200。以汉族为主，还有壮族。始建于宋代(960—1279)，原位于白沙镇西1千米，街道呈十字形，名十字圩。清道光初年(1821)，以其东南侧近白沙堡村，改今名。聚落呈带状。有中小学、卫生院。经济以商贸、餐饮为主。321国道经此。

旧县村 [Jiùxiàncūn] 在县政府驻地阳朔镇西北6千米。白沙镇辖自然村。人口3300。村北有唐代归义县城旧址，故名。聚落呈带状。遇龙河流经。有自治区级文物保护单位仙桂桥。为中国传统村落。有古民居群、唐初归义县城遗址。农业以种植柑橘、黄皮果为主。服务业以旅游业为主。

古板村 [Gǔbǎncūn] 在县政府驻地阳朔镇北10千米。白沙镇辖自然村。人口700。建村时该地有古代石刻榜文，当地“榜”与“板”同音，后更今名。聚落呈带状。农业以种植金橘为主。阳朔—白沙公路经此。2011年被评为全国文明村。

福利镇 [Fúlì Zhèn] 阳朔县辖镇。在县境东部。面积233平方千米。人口4.9万。以汉族为主，还有壮、瑶、苗等民族。辖1居委会、16村委会，有139自然村。镇人民政府驻福利圩。1950年为第二区。1958年改福利公社。1962年改区。1968年复公社。1984年置镇。因镇政府驻地得名。漓江流经。有中学2所，小学17所，卫生院1个，卫生室17个。有福利古街。有大光亭、奎星楼、东郎山、乐洲古城遗址等景点。农业以种植水稻、甘蔗为主。资平公路过境。

福利圩 [Fúlìxū] 福利镇人民政府驻地。在县政府驻地阳朔镇东7千米。人口4900。唐称伏荔村，因村舍隐伏于荔枝林中得名。清代建圩。1926年谐音改今名。聚落呈团块状。有中小学、卫生院。有大光亭、奎星楼、南门码头等景点。农业以种植水稻、黑皮甘蔗、柑橘为主。资平公路经此。

兴坪镇 [Xīngpíng Zhèn] 阳朔县辖镇。在县境东北部。面积314平方千米。人口4.5万。以汉族为主，还有壮、瑶、苗等民族。辖2居委会、14村委会，有178自然村。镇人民政府驻兴坪圩。1950年为第三区。1958年改兴坪公社。1962年改区。1968年复公社。1984年置镇。因镇政府驻地得名。有九马画山、相公山。漓江、大源河、龙颈河流经。有中学1所，小学11所，卫生院1个，卫生所16个。有贰拾圆人民币背景图、黄布倒影、九马画山等景点。农业以种植砂糖橘、夏橙为主。经济以旅游业为主。贵广高铁、资平公路过境。有阳朔站。

兴坪圩 [Xīngpíngxū] 兴坪镇人民政府驻地。在县政府驻地阳朔镇北17千米。人口3500。西晋为熙平县治，“兴坪”与“熙平”近音，后更今名。聚落呈团块状。有小学、卫生院等。有兴坪老街、老寨山等景点。农业以种植水稻、沙田柚为主。有旅游业。资平公路经此。

渔村 [Yúcūn] 在县政府驻地阳朔镇北16千米。兴坪镇辖自然村。人口600。村中有一大鱼塘，村前有大沙洲，取名鱼塘洲。后将“鱼”更为“渔”，故名。聚落呈带状。漓江流经。为中国传统村落。有面积1.5公顷古建筑群、48座古民居。

葡萄镇 [Pútáo Zhèn] 阳朔县辖镇。在县境西北部。面积132平方千米。人口3.5万。辖1居委会、11村委会，有82自然村。镇人民政府驻福旺街。1954年为葡萄区。1984年改乡。2000年置镇。因葡萄圩得名。圩后山有株山葡萄，茎大如盆，故名。乌龟河流经。有中学1所，小学11所，卫生院1个，卫生室12个。有观音岩、古石城等景点。农业以种植水稻、花生为主。321国道、葡金公路过境。

福旺街 [Fúwàngjiē] 葡萄镇人民政府驻地。在县政府驻地阳朔镇西北20千米。人口200。清光绪年间葡萄老村宾氏建葡萄圩，该圩当时分万福、兴旺两街，各取一字得今名。聚落呈团块状。有中小学、卫生院。有观音岩等景点。农业以种植水稻为主。有商贸业。葡金公路经此。

高田镇 [Gāotián Zhèn] 阳朔县辖镇。在县境南部。面积157平方千米。人口3.6万。以壮族为主，还有汉、瑶等民族。辖1居委会、11村委会，有123自然村。镇人民政府驻高田圩。1950年为第六区。1954年改高田区。1958年改公社。1984年改乡。1999年置镇。因镇政府驻地得名。金宝河、遇龙河流经。有中学1所，小学11所，卫生院1个，卫生室12个。有月亮山、大榕树、聚龙潭、鉴山寺等景点。农业以种植水稻、马蹄、慈姑、木薯为主。有旅游业。包茂高速、321国道过境。

高田圩 [Gāotiánxū] 高田镇人民政府驻地。在县政府驻地阳朔镇南8千米。人口3800。明初桂林右卫军在今高田村一带屯田，时称杨焕屯，俗称军屯，后形成圩场，名军屯圩。清代中期圩场迁往今高田榕荫路，以“军屯”二字土语谐音改“高田”。聚落呈带状。有中小学、卫生院。农业以种植水稻为主。有商贸业。321国道经此。

朗梓村 [Lǎngzǐcūn] 在县政府驻地阳朔镇西南12千米。高田镇辖自然村。人口500。因有橄榄树，初名榄子村。后村中数人读书成名，为光耀桑梓，改名朗梓，取明朗乡梓意。聚落呈团块状。为中国传统村落。有7000多平方米、63座明清桂北风格的朗梓古民居。农业以种植水稻、木薯为主。

龙潭村 [Lóngtáncūn] 在县政府驻地阳朔镇西南6千米。高田镇辖自然村。人口500。村后山形似龙头，山脚有一深潭，故名。聚落呈团块状。为中国传统村落。有龙口庙遗址、46座古民居群。农业以种植水稻为主。

金宝乡 [Jīnbǎo Xiāng] 阳朔县辖乡。在县境西部。面积201平方千米。人口3.3万。以汉族为主，还有壮、瑶、苗等民族。辖1居委会、12村委会，有175自然村。乡人民政府驻金宝圩。1931年为金宝乡。1950年为第五区。1954年改金宝区。1958年改公社。1984年置乡。因乡政府驻地得名。遇龙河、金宝河流经。有中学1所，小学13所，卫生院1个，卫生室13个。有风雨桥、紫竹林庵、南峰寺等景点。农业以种植毛竹、砂糖橘为主。包茂高速，葡高、白金公路过境。

金宝圩 [Jīnbǎoxū] 金宝乡人民政府驻地。在县政府驻地阳朔镇西16千米。人口2000。当地产金竹，寓意“永保安宁”，得名金保，后演为今名。聚落呈团块状。有中小学、卫生院。经济以商贸为主。葡高公路经此。

普益乡 [Pǔyì Xiāng]　阳朔县辖乡。在县境东南部。面积70平方千米。人口1.2万。以汉族为主,还有壮、瑶、苗等民族。辖1居委会、8村委会,有56自然村。乡人民政府驻普益圩。1957年为普益乡。1958年并入高田公社。1961年析置普益公社。1984年复乡。因乡政府驻地得名。漓江流经。有中学1所,小学4所,卫生院1个,卫生室8个。有留公三色潭、古乐三台庙等景点。农业以种植水稻、砂糖橘、花生,养殖生猪、鸡为主,特产板栗、柿子等。桂梧高速、阳普公路过境。

普益圩 [Pǔyìxū]　普益乡人民政府驻地。在县政府驻地阳朔镇东南16千米。人口800。取普天得益之意命名。聚落呈团块状。有中小学、卫生院。有长约200米的古街。农业以种植水稻为主。有商贸业。阳普公路经此。

留公村 [Liúgōngcūn]　在县政府驻地阳朔镇东南10千米。普益乡辖自然村。人口800。以传说"留公不留婆,打马转回头"得名。聚落呈团块状。为中国传统村落。有20座明清桂北风格的古民居。有三色潭、得月楼等景点。农业以种植水稻为主。

杨堤乡 [Yángdī Xiāng]　阳朔县辖乡。在县境北部。面积103平方千米。人口1.2万。以汉族为主,还有壮、瑶、苗等民族。辖1居委会、7村委会,有43自然村。乡人民政府驻杨堤圩。1931年为杨堤乡。1950年分属第三、第四区。1957年改忠南乡。1985年成立杨堤公社。1984年改乡。因乡政府驻地得名。漓江流经。有中学1所,小学4所,卫生院1个,卫生室8个。有"鲤鱼挂壁""下龙风光""漓江精华""半边奇渡"等景点。农业以种植稻谷、玉米、蔬菜为主。八队—杨堤公路过境。

杨堤圩 [Yángdīxū]　杨堤乡人民政府驻地。在县政府驻地阳朔镇北25千米。人口400。原称羊蹄,因圩后山形似羊蹄得名。1936年谐音更今名。聚落呈团块状。有卫生院。经济以商贸、旅游为主。八队—杨堤公路经此。

灵川县

灵川县 [Língchuān Xiàn]　桂林市辖县。北纬25°24′,东经110°19′。在市境中部。面积2305平方千米。人口35万。以汉族为主,还有瑶、壮、回等民族。辖7镇、3乡、2瑶族乡。县人民政府驻灵川镇。唐龙朔二年(662)置灵川县,治今三街镇,传以灵渠得名。1913年后分属漓江道、桂林道、第一民团区、桂林民团区、桂林行政监督区、第一行政督察区、第八行政督察区、桂林专区。1950年义宁县五通、仁和、宛田3区并入灵川县。1954年撤灵川县入临桂县。1962年复灵川县,原属临桂的大圩、潮田、海洋划归灵川,原属灵川的五通、仁和、宛田划归临桂。1991年改造322国道灵川县城段和其他主要街道两侧。1997年新建灵川商贸城。2001年灵川县体育馆建成。2000年滨江广场竣工。2003年灵川县桂北民俗博物馆开馆。以桂黄公路为主要的城镇经济发展轴,东、西两区城镇为两翼,构建"一轴两翼"的城镇发展布局。越城岭余脉于西,都庞岭海洋山余脉于东,形成以漓江源河谷平原为中轴,东西两厢展开"V"形结构。最高点锅底塘顶海拔1722.4米。年均气温19.1℃,1月平均气温7.8℃,7月平均气温27.8℃。年均降水量1992.6毫米。漓江、小溶江、白云江、潞江、甘棠江流经。有青狮潭水库。有矿产资源褐铁、赤铁、硫铁、铜、铅锌、重晶石、方解石、泥炭、砖瓦页岩等。有野生植物1415种,其中国家重点保护野生植物有银杏、香花木、闽楠等20余种。有野生动物230种,其中国家重点保护野生动物有穿山甲、林麝、水獭等18种。森林覆盖率70.8%。有高校1所,中学20所,小学50所,二级医院2个。有文化馆、公共图书馆、博物馆等。有全国重点文物保护单位江头洲古民居、三月岭盐马古道(含长岗岭村)。有国家4A级旅游景区逍遥湖、古东,国家3A级旅游景区大野神境、龙门瀑布。三次产业比例25∶49∶26。农业以种植稻谷、黄豆、花生、毛竹,养殖生猪、家禽、草鱼、鲤鱼为主。工业以机械制造铁合金、结晶硅、水泥、页岩砖、冶炼、烧制为主。服务业以旅游、餐饮为主。有八里街工业园。湘桂铁路,贵广高铁,桂柳、桂兴高速,322国道过境。有桂林西站。

甘棠大桥 [Gāntáng Dàqiáo]　在县城中部。长136.8米,宽29.4米,最大跨度25米,桥下净高7.5米。1965年开工,1966年建成。1976、2006年扩建。因在甘棠江上得名。为大型河道桥梁,结构型式为钢筋混凝土T型梁桥。最大载重20吨。通多路公交车。

甘棠三桥 [Gāntáng 3 Qiáo]　在县城中部。长195米,宽30米,最大跨度38米,桥下净高7米。2012年开工,2013年建成。为横跨甘棠江第三座公路交通桥,故名。为大型河道桥梁,结构型式为变截面预应力混凝土现浇箱梁桥。最大载重50吨。通多路公交车。

桂林西站 [Guìlínxī Zhàn]　见交通运输设施部分"桂林西站"条。

灵川站 [Língchuān Zhàn]　见交通运输设施部分"灵川站"条。

灵川汽车站 [Língchuān Qìchēzhàn]　见交通运输设施部分"灵川汽车站"条。

灵川镇 [Língchuān Zhèn]　灵川县人民政府驻地。在县境中部。面积114平方千米。人口7.5万。辖9居委会、12村委会,有122自然村。镇人民政府驻灵川街。1950年为甘棠区。1958年并入定江公社。1959年析设大面公社。1966年改甘棠公社。1975年改镇。后改城关镇。1982年更今名。1984年甘棠公社并入。因镇政府驻地得名。甘棠江、漓江流经。有中学8所,小学12所,二级医院2个,卫生院1个,卫生所12个。有宋狄青平南粮寨奇峰寨、盘古庙遗址等景点。农业以种植水稻、果蔬为主。湘桂铁路、桂兴高速、桂黄公路过境。有灵川站。

灵川街 [Língchuānjiē]　灵川镇人民政府驻地。在镇境中部。人口5000。以县、镇名命名。聚落呈十字状。有老年大学、小学、幼儿园、中医院、体育馆。经济以商贸为主。湘桂铁路、桂兴高速、桂黄公路经此。

大圩镇 [Dàxū Zhèn]　灵川县辖镇。在县境东南部。面积210平方千米。人口5.8万。以汉族为主,还有回、瑶、壮等民族。辖1居委会、17村委会,有141自然村。镇人民政府驻大圩街。1957年为临桂县大圩乡。1958年改公社。1962年划入灵川县。1981年所辖潜经、草坪划归桂林。1984年改镇。因镇政府驻地得名。漓江、黄沙河、潮田河流经。有中学1所,小学5所,卫生院1个,卫生所17个。有医疗机构、文化室等。为中国历史文化名镇。有万寿桥、高祖庙、抗日阵亡将士暨死难同胞纪念碑等。有古东瀑布、毛洲岛、雄村古圩等景点。农业以种植水稻为主,特产提子、草莓等。桂广高铁,桂磨、桂兴公路过境。

大圩街 [Dàxūjiē]　大圩镇人民政府驻地。在县政府驻地灵川镇东34千米。人口800。以汉族为主,还有壮、瑶、回等民族。集市庞大,故名。聚落呈团块状。有中小学、卫生院。有万寿桥、汉王庙、高祖庙、虎岩等景点。经济以手工加工、食品加工等为主。有商贸业。桂兴、大熊、大草公路经此。

雄村 [Xióngcūn]　在县政府驻地灵川镇东南24千米。大圩镇辖自然村。人口2000。熊姓居多,得名熊村,后演为今名。聚落呈团块状。为中国传统村落。有中兴街等6条街巷,杨家井、鼓楼井等9井等景点。有杨家巷等古巷。农业以种植稻谷为主。大圩—灵田公路经此。

上桥村 [Shàngqiáocūn]　在县政府驻地灵川镇东南24千米。大圩镇辖自然村。人口800。村西、南各有一座石桥,入村必上石桥,故名。聚落呈团块状。为中国传统村落。有双孔石拱桥、教本寺、文庙、武庙、千年古樟等古迹。农业以种植稻谷、蔬菜、桂花梨为主。熊大公路经此。

毛村 [Máocūn]　在县政府驻地灵川镇东南24千米。大圩镇辖自然村。人口700。因在一片茅草地中,得名茅村,后更今名。聚落呈团块状。为中国传统村落。有粤式明清建筑。有一塘、二井、四溪、十八桥遗迹。有石拱砌门楼、圣母宫等景点。农业以种植稻谷、蔬菜、花生为主。

定江镇 [Dìngjiāng Zhèn]　灵川县辖镇。在县境西南部。面积85平方千米。人口2.6万。以汉族为主,还有瑶、壮等民族。辖2居委会、7村委会,有61自然村。镇人民政府驻定江圩。1954年属临桂县十二区。1957年析置定江乡。1958年改公社。1962年划入灵川县。1963年并入大面区。1966年析置定江公社。1984年改乡。1992年置镇。因镇政府驻地得名。桃花江、汀江河、青狮潭西干渠流经。有中学1所,小学7所,卫生院1个,卫生所7个。有八路军路莫村物资转运站旧址、国际泥盆—石炭系界线辅助层剖面南边村剖面景点。农业以种植稻谷、果蔬为主。贵广高铁、湘桂铁路、桂黄公路过境。2005年被评为全国文明村镇。

定江圩 [Dìngjiāngxū]　定江镇人民政府驻地。在县政府驻地灵川镇西南9千米。人口200。因在汀江河旁得名,后谐音改今名。聚落呈团块状。有中小学、卫生院。农业以种植水稻为主。八定、西二环公路经此。

路西村 [Lùxīcūn]　在县政府驻地灵川镇西南9千米。定江镇辖自然村。人口1200。在古驿道西面,故名。聚落呈团块状。为中国传统村落。有全国重点文物保护单位八路军路莫村物资转运站。为国家30条全国红色旅游精品线和红色旅游景点之一。农业以种植稻谷、蔬菜为主。桂黄公路经此。

三街镇 [Sānjiē Zhèn]　灵川县辖镇。在县境北部。面积181平方千米。人口2万。以汉族为主,还有瑶、壮、苗、回等民族。辖1居委会、11村委会,有82自然村。镇人民政府驻三街圩。1950年为灵川县一区。1958年为灵川公社。1962年改区。1966年复公社。1984年改镇。因镇政府驻地得名。漓江、白云江、潞江流经。有中职1所,中学1所,小学2所,卫生院1个,卫生所10个。有神岭瀑布、古民居群等景点。农业以种植水稻,果树为主。有钢铁、水泥等企业。湘桂铁路、桂兴高速、桂黄公路过境。

三街圩 [Sānjiēxū]　三街镇人民政府驻地。在县政府驻地灵川镇北9千米。人口800。因有东、南、北三条街得名。聚落呈带状。有小学、卫生院。有文庙、天妃庙等景点。经济以农副特产品贸易为主。桂黄公路经此。

溶流上村 [Róngliúshàngcūn]　在县政府驻地灵川镇东北16千米。三街镇辖自然村。人口400。位于南流村上方,且大溶江流经,故名。聚落呈带状。为中国传统村落。有青砖、青瓦民居，卵石道路，千年古樟等景点。清代建筑约占80%，其中保存完好仍在使用的约占40%。有古树12株。有古墓、古碑、古桥、古石刻等古迹。农业以种植稻谷、水果为主。湘桂铁路、322国道经此。

潭下镇 [Tánxià Zhèn] 灵川县辖镇。在县城西北部。面积147平方千米。人口3.8万。以汉族为主，还有壮、瑶、苗等民族。辖1居委会、14村委会，有116自然村。镇人民政府驻潭下圩。1950年为潭下区。1951年为第三区。1958年改潭下公社。1962年复区。1966年复改公社。1984年置镇。因镇政府驻地得名。甘棠江，绿宝河，青狮潭东、西干渠流经。有中学1所，小学4所，卫生院1个，卫生所14个。有山口四方灵泉、东岭长寿坊、金山院遗址等景点。农业以种植稻谷、水果为主。有轻质碳酸钙、牙膏摩擦剂企业。灵青、潭定、潭九公路过境。

潭下圩 [Tánxiàxū] 潭下镇人民政府驻地。在县政府驻地灵川镇西北7千米。人口3200。因甘棠江中有一深潭得名。聚落呈带状。有小学、文化站、广播站、卫生院。有紫竹庵、关帝庙、牛王庙等景点。农业以种植水稻为主。灵青公路经此。

九屋镇 [Jiǔwū Zhèn] 灵川县辖镇。在县境西北部。面积311平方千米。人口3.1万。以汉族为主，还有瑶、壮、回等民族。辖1居委会、15村委会，有129自然村。镇人民政府驻九屋街。1950年为九屋区。1951年为第五区。1958年改公社。1984年设乡。1999年改镇。2005年与青狮潭、公平2乡合置青狮潭镇。2013年更今名。因镇政府驻地得名。甘棠江、东江、湾江、社江、胆江流经。有中学2所，小学6所，卫生院1个，卫生所14个。有龙岩、金山院、江头古民居、龙门瀑布等景点。农业以种植水稻、竹木、柑橘、百香果为主。灵川—两合、兰田公路过境。

九屋街 [Jiǔwūjiē] 九屋镇人民政府驻地。在县政府驻地灵川镇西北14千米。人口400。以汉族为主，还有壮、苗等民族。因始建时有9座房屋得名。聚落呈带状。有中学、卫生院等。农业以种植水稻、杉树、竹子为主。文兰公路经此。

老寨村 [Lǎozhàicūn] 在县政府驻地灵川镇西北39千米。九屋镇辖自然村。人口200。瑶族聚居。原名瑶寨，后部分村民搬出另建新村，更今名。聚落呈团块状。为中国传统村落。有明清建筑30余座。有“六月六”等民俗。有红色标语石刻、老寨梯田等景点。农业以种植稻谷、毛竹、杉木为主，特产香菇、木耳等。簸箕塘—背潭公路经此。

江头洲村 [Jiāngtóuzhōucūn] 在县政府驻地灵川镇西北14千米。九屋镇辖自然村。人口700。在护龙河沙洲之上，故名。聚落呈团块状。为中国传统村落。有全国重点文物保护单位江头村古建筑群。现存古民居建筑180余座。有自治区级非物质文化遗产爱莲文化。有姑娘节风俗。农业以种植水稻、柑橘为主。文兰公路经此。

新寨村 [Xīnzhàicūn] 在县政府驻地灵川镇西北41千米。九屋镇辖自然村。人口200。瑶族聚居。从老寨迁出另立新村，故名。聚落呈团块状。为中国传统村落。村落风俗、服饰、生活习惯具有浓郁瑶族特色。有盘王庙、风雨桥等古迹。有“六月六”草龙节等民俗。有红军桥景点。农业以种植稻谷、毛竹、杉木为主，特产竹笋、香菇、茶叶等。文兰公路经此。

灵田镇 [Língtián Zhèn] 灵川县辖镇。在县境东部。面积268平方千米。人口6万。以汉族为主，还有壮、瑶、苗等民族。辖1居委会、10村委会，有123自然村。镇人民政府驻灵田街上村。1949年为灵田区。1952年为第六区。1954年为临桂县第十六区。1957年设灵田乡。1958年改公社。1984年复乡。2013年改镇。因镇政府驻地得名。有高校1所，中学1所，小学4所，卫生院1个，卫生所10个。有桂北游击队灵田起义纪念亭。有迪塘、长岗岭古民居、三月岭古道等景点。农业以种植水稻、松脂、毛竹、柑橘为主。桂兴公路过境。

灵田街 [Língtiánjiē] 灵田镇人民政府驻地。在县政府驻地灵川镇东南17千米。人口500。传一对石狮在庙前田中打滚儿显灵，故名。聚落呈团块状。有中小学、文化站、卫生院。有桂北游击队灵田起义纪念亭。有迪塘、长岗岭古民居。农业以种植稻谷、水果为主。灵大、灵川—灵田、桂兴公路经此。

长岗岭村 [Chánggǎnglǐngcūn] 在县政府驻地灵川镇东20千米。灵田镇辖自然村。人口400。在山岗之间，南北进村均需翻越长岭，故名。聚落呈团块状。古称瑶山岭。湘桂古商道穿村而过。有三月岭盐马古道、长岗古民居等景区。为中国传统村落。有明清建筑60余座。农业以种植稻谷等为主，特产松脂、银杏、茶叶等。省道双灵线经此。

迪塘村 [Dítángcūn] 在县政府驻地灵川镇东12千米。灵田镇辖自然村。人口600。村前有迪金山，村后有水塘，故名。聚落呈带状。为中国传统村落。有绣花楼、毓水培风门楼等明代建筑。农业以种植稻谷、蔬菜为主，特产荷包豆。四正公路经此。

西岸村 [Xī'àncūn] 在县政府驻地灵川镇东南15千米。灵田镇辖自然村。人口900。在秋陂江西岸，故名。聚落呈团块状。有桂林电子科技大学。有完整的明清建筑。农业以种植稻谷为主。灵潮、力水—东田公路经此。

潮田乡 [Cháotián Xiāng] 灵川县辖乡。在县境东南部。面积220平方千米。人口2.7万。以汉族为主，还有壮、回、瑶等民族。辖1居委会、10村委会，有113自然村。乡人民政府驻潮田街。1950年为潮田区。1954年为第二区。1957年复改潮田区。后改公社。1984年置乡。因乡政府驻地得名。潮田河、大境河流经。有中学1所，小学4所，卫生院1个，卫生所10个。有盘古庙景点。农业以种植水稻、花生、柑橘、沙田柚、板栗为主。贵广高铁，桂兴、潮大、潮坪公路过境。

潮田街 [Cháotiánjiē] 潮田乡人民政府驻地。在县政府驻地灵川镇东南30千米。人口400。地势较低，常年较潮，故名。聚落呈团块状。有中小学、卫生院。经济以商贸为主。潮大、潮海公路经此。

太平村 [Tàipíngcūn] 在县政府驻地灵川镇东南29千米。潮田乡辖自然村。人口700。先民望后代远离战火，过上太平生活，故名。聚落呈团块状。为中国传统村落。有古碑、古祠堂、古戏台、千年古樟、百年银杏等。农业以种植柑橘为主，特产使君子。潮大公路经此。

大境瑶族乡 [Dàjìng Yáozú Xiāng] 灵川县辖乡。在县境东南部。面积266平方千米。人口1.2万，其中瑶族占35%，还有汉、壮等民族。辖8村委会，有275自然村。乡人民政府驻大境村。1963年从潮田区析置大境公社。1984年改乡。1993年改大境瑶族乡。因乡政府驻地得名。大江源、小江源、松江、澄江、黄泥江流经。有中学1所，小学2所，卫生院1个，卫生所8个。农业以种植水稻、玉米、甘薯、蔬菜、柑橘为主。洞井—大境公路过境。

大境村 [Dàjìngcūn] 大境瑶族乡人民政府驻地。在县政府驻地灵川镇东南36千米。人口500。村西北有山腰岩洞，通透如镜，得名大镜村，后更今名。聚落呈团块状。有中小学、卫生院。有镜子山、香炉山等景点。经济以商贸为主。潮田—毛林洲、毛林洲—踏板石、毛林洲—宝塔山、洞大公路经此。

海洋乡 [Hǎiyáng Xiāng] 灵川县辖乡。在县境东部。面积219平方千米。人口2.4万。以汉族为主，还有瑶、回等民族。辖1居委会、13村委会，有169自然村。乡人民政府驻海洋街。1950年为临桂县海洋区。1954年为第十七区。1961年成立海洋公社。1962年改海洋区，同年划入灵川县。1984年改乡。因乡政府驻地得名。小平乐河、国清河流经。有中学1所，小学2所，卫生院1个，卫生所10个。有银杏风景区。有龙母山、灵泽庙、明心寺等景点。农业以种植稻谷、果蔬为主，盛产银杏。桂兴公路过境。

海洋街 [Hǎiyángjiē] 海洋乡人民政府驻地。在县政府驻地灵川镇东南27千米。人口1900。因地势高，高温如海，称海阳坪，后更今名。聚落呈带状。有小学、卫生院。有灵泽庙、龙母山等景点。农业以种植果蔬，养殖牲畜为主。桂兴公路经此。

大桐木湾村 [Dàtóngmùwāncūn] 在县政府驻地灵川镇东南28千米。海洋乡辖自然村。人口300。在山湾中，周围多桐木，故名。聚落呈团块状。为中国传统村落。有银杏树100万株，形成以银杏为主的风景区。农业以种植稻谷、柑橘、桃、银杏为主。

兰田瑶族乡 [Lántián Yáozú Xiāng] 灵川县辖乡。在县境西北部。面积125平方千米。人口0.6万，其中瑶族占34%，还有壮、汉等民族。辖1居委会、3村委会，有86自然村。乡人民政府驻兰田堡村。1950年为九屋区。1957年改兰田乡。1958年并入九屋公社。1959年析置兰田公社。1962年改区。1966年并入青狮潭公社。1986年析置兰田瑶族乡。兰田河、小东江流经。有中学1所，小学2所，卫生院1个，卫生所3个。有盘古庙、楼公祠遗址、西江度假山庄、黄板梯田、江洲坪大草坪、二十四禁蛊碑等景点。农业以种植毛竹、罗汉果为主。有竹制品企业。灵兰公路过境。

兰田堡村 [Lántiánbǎocūn] 兰田瑶族乡人民政府驻地。在县政府驻地灵川镇西北25千米。人口500。以瑶族为主，还有壮、汉、回等民族。有兰姓种田，康熙末年清廷平定廖三之乱后设堡驻守，故名。聚落呈团块状。有小学、卫生院、卫生所。有春节舞龙、农历“六月六”尝薪节等民俗。农业以种植毛竹为主。有竹木加工业。文兰、兰田—两合公路经此。

公平乡 [Gōngpíng Xiāng] 灵川县辖乡。在县境西北部。面积151平方千米。人口1.3万。有汉、壮等民族。辖1居委会、9村委会，有131自然村。镇人民政府驻公平街。1949年为公平乡。1950年为公平区。1951年为第七区。1984年改乡。2005年与青狮潭乡、九屋镇合设青狮潭镇。2013年析出复乡。因乡政府驻地得名。有中学1所，小学2所，卫生院1个，卫生所9个。有青狮潭水库公平湖度假区。有象鼻山、小满江瀑布等景点。农业以种植稻谷、竹木为主。潭五公路过境。

公平街 [Gōngpíngjiē] 公平乡人民政府驻地。在县政府驻地灵川镇西北19千米。人口200。以汉族为主，还有壮、瑶、回等民族。有“买卖公平，童叟无欺”的市场公约，故名。聚落呈团块状。有小学、卫生院。农业以种植水稻为主。有商贸业。青狮潭—公平公路经此。

全州县

全州县 [Quánzhōu Xiàn] 桂林市辖县。

北纬 25°56′，东经 110°04′。在市境东北部。面积 4021 平方千米。人口 86.6 万。以汉族为主，还有瑶、壮、回等民族。辖 14 镇、4 乡。县人民政府驻全州镇。后晋天福二年(937)为纪念湘山寺佛刹始祖寿佛爷(号"全真")，藩王南楚君主马希范(即文昭王)奏请更湘川县为清湘县，并升县为州，命名"全州"。周显德三年(956)县治徙今址，属全州。元属全州路。明洪武元年(1368)改全州路为全州府。九年降府为州，废清湘县入全州，属永州府。1912 年改全州为全县。1913 年后分属漓江道、桂林道、第一民团区、桂林民团区、桂林行政监督区、第一行政督察区、第八行政督察区、桂林专区。1959 年改全州县。1971 年属桂林地区。1998 年属桂林市。地势由西南向东北倾斜，以山地丘陵为主。平均海拔 188 米。年均气温 17.9℃，1 月平均气温 6.5℃，7 月平均气温 28.5℃。年均降水量 1534 毫米。湘江、漠川江、建江、宜湘河、万乡河、咸水流经。有矿产资源煤、银、铜、铁、锡、锰、大理石、花岗石等。有野生植物 796 种，其中国家一级重点保护野生植物有南方红豆杉、伯乐树，国家二级保护野生植物有金毛狗、华南五针松、樟、花榈木、半枫荷、伞花木。有陆生野生脊椎动物 230 种，其中国家一级保护野生动物有白颈长尾雉、云豹、林麝，国家二级保护野生动物有 26 种。森林覆盖率 68.2%。有中职 1 所，中学 33 所，小学 253 所，特殊教育学校 1 所，二级医院 3 个。有全国重点文物保护单位燕窝楼、湘江战役旧址，自治区级文物保护单位 4 个。有国家 3A 级旅游景区香山寺。三次产业比例 30∶33∶37。农业以种植大米、玉米、柑橘、葡萄、食用菌，养殖生猪、牛、鲤鱼、草鱼、鲢鱼为主。工业以小水电、铁合金冶炼、食品加工、机械加工、建材、木材加工、制药、采矿等为主。服务业以医养结合的养老服务为主。有天湖水电站。湘桂铁路、衡柳高铁、泉南高速、322 国道过境。

全州南站［Quánzhōunán Zhàn］　见交通运输设施部分"全州南站"条。

全州汽车站［Quánzhōu Qìchēzhàn］　见交通运输设施部分"全州汽车站"条。

全州镇［Quánzhōu Zhèn］　全州县人民政府驻地。在县境中部。面积 169 平方千米。人口 11.4 万。以汉族为主，还有壮族、瑶族。辖 6 居委会、13 村委会，有 221 自然村。镇人民政府驻李家村。后周显德三年(956)为清湘县治，随后历为路、府、县治所。1933 年改清湘镇，属全县。1950 年改城关镇。1958 年改公社。1959 年属全州县。1968 年改全州镇。1999 年城郊乡并入。有中学 7 所，小学 18 所，图书馆 1 个，二级医院 3 个，卫生院 3 个，卫生所 13 个。有湘山寺、镇湘塔、雷公塔、红七军会址、三江口风光等景点。农业以种植蔬菜、金槐为主。有冶金、食品、机械制造企业。湘桂铁路、衡昆高速、322 国道、省道全沙线过境。有全州南站。

桂黄路［Guìhuáng Lù］　在县城中部。东起绕城路，西至湘源路。与寺门前路、环城路、凤凰西路等相交。长 6 千米，宽 62 米。柏油路面。1988 年开工，1989 年建成。起于桂林市区，终于黄沙河镇，故名。两侧有县政府、人民医院、全州高中、湘山寺等。通多路公交车。

建设路［Jiànshè Lù］　在县城东南部。东起李家园巷，西至中心路。与三江路、小南路、大南路等相交。长 2 千米，宽 12 米。柏油路面。1937 年开工，1952 年建成。后逐年改建。取建设社会主义之意命名。两侧有县法院、公安局、百货大楼等。通多路公交车。

李家村［Lǐjiācūn］　全州镇人民政府驻地。在镇境中部。人口 200。聚落呈团块状。有卫生室。农业以种植稻谷、蔬菜为主。有手工业和商贸业。全石公路经此。

黄沙河镇［Huángshāhé Zhèn］　全州县辖镇。在县境东北部。面积 112 平方千米。人口 2.5 万。以汉族为主。辖 1 居委会、9 村委会，有 102 自然村。镇人民政府驻西岸街。1949 年设黄沙河区。1958 年并入庙头公社。1984 年析置黄沙河镇。东有黄土山，西有湘江河沙洲，故名。湘江流经。有中学 1 所，小学 7 所，文化馆 1 个，卫生院 1 个，卫生所 9 个。农业以种植水稻，养殖黑凤鸡、豚鼠、花面狸、鸵鸟、孔雀为主。有大米加工企业。湘桂铁路、衡柳高铁、衡昆高速、322 国道过境。

西岸街［Xī'ànjiē］　黄沙河镇人民政府驻地。在县政府驻地全州镇东北 26 千米。人口 1000。在湘江西岸，故名。聚落呈带状。有中小学、卫生室。农业以种植稻谷、蔬菜为主。322 国道经此。

庙头镇［Miàotóu Zhèn］　全州县辖镇。在县境东北部。面积 125 平方千米。人口 3.5 万。以汉族为主。辖 12 村委会，有 125 自然村。镇人民政府驻庙头新街。1950 年设庙头区。1952 年改第十区。1955 年复改庙头区。1957 年分设庙头、黄沙河 2 乡。1958 年成立庙头公社。1984 年改镇。因镇政府驻地得名。湘江、宜湘河流经。有中学 1 所，小学 13 所，卫生院 1 个，卫生所 12 个，文化站 1 个。有歌陂石刻、湾山风雨亭、兆村茶花谷等古迹。农业以种植水稻、油菜、柑橘、莲藕为主。湘桂铁路，湘桂高铁，黄阳、庙紫公路过境。

庙头新街［Miàotóuxīnjiē］　庙头镇人民政府驻地。在县政府驻地全州镇东北 36 千米。人口 1300。古有庙宇，后渐成商贾聚集大镇，故名。聚落呈带状。有小学、卫生院。为历史古街。经济以商贸、农具制作为主。黄阳公路经此。

文桥镇［Wénqiáo Zhèn］　全州县辖镇。在县境北部。面积 284 平方千米。人口 6 万。以汉族为主。辖 18 村委会，有 278 自然村。镇人民政府驻文家村。1950 年设文桥区。1952 年改第九区。1957 年分设文桥、江头、栗水 3 乡。1958 年成立文桥公社。1984 年改乡。1994 年置镇。因镇政府驻地得名。有中学 1 所，小学 19 所，文化站 1 个，卫生院 1 个，卫生所 18 个。有甑山庵、石观音等景点。农业以种植稻谷、金槐为主，特产文桥醋血鸭、腊制胆肝、小粒花生、谏禄豆腐等。黄紫公路过境。

文家村［Wénjiācūn］　文桥镇人民政府驻地。在县政府驻地全州镇北 33 千米。人口 1000。因由文姓建村得名。聚落呈团块状。有小学、卫生室。农业以种植稻谷、柑橘，养殖小脚鸭为主。黄阳公路经此。

大西江镇［Dàxījiāng Zhèn］　全州县辖镇。在县境北部。面积 337 平方千米。人口 3.7 万。以汉族为主。辖 15 村委会，有 160 自然村。镇人民政府驻大石江村。1952 年为第八区。1957 年改乡。1958 年与龙水乡并为龙水公社。1959 年析置大西江公社。1962 年复置大西江区。1968 年复改公社。1984 年改乡。1994 年置镇。因镇政府驻地得名。有中学 1 所，小学 14 所，文化站 1 个，卫生院 1 个，卫生所 15 个。有炎井温泉、玫瑰岩、精忠祠等景点。农业以种植茶、水稻为主。全大公路过境。

大石江村［Dàshíjiāngcūn］　大西江镇人民政府驻地。在县政府驻地全州镇西北 30 千米。人口 1700。明洪武元年(1368)由永岁石岗人迁建，原住城门口，后迁老屋桥，因有一巨石，故名。聚落呈带状。有小学、卫生室。农业以种植稻谷、甘薯、茶等为主。全大公路经此。

龙水镇［Lóngshuǐ Zhèn］　全州县辖镇。在县境北部。面积 278 平方千米。人口 5.3 万。以汉族为主。辖 19 村委会，有 183 自然村。镇人民政府驻龙水村。1949 年设龙水区。1952 年为第八区。1957 年分设桥渡、龙水、大西江 3 乡。1958 年成立龙水公社。1962 年改区。1968 年复公社。1984 年改乡。1994 年置镇。因镇政府驻地得名。有中学 2 所，小学 19 所，卫生院 1 个，卫生所 19 个。有贡陂堰、清代虹饮桥、龙洞清溪、舞狮岩、大仙水库等景点。农业以种植水稻，养殖乌鲤、禾花鱼为主。全大公路过境。

龙水村［Lóngshuǐcūn］　龙水镇人民政府驻地。在县政府驻地全州镇西北 17 千米。人口 1900。村前带罗江左似龙蹲，右似虎踞，隔溪对峙，故名。聚落呈团块状。有小学、卫生院。有清代绣花楼、状元路、虹饮桥等古迹。农业以种植稻谷、柑橘，养殖禾花鱼为主。全大公路经此。

才湾镇［Cáiwān Zhèn］　全州县辖镇。在县境西部。面积 359 平方千米。人口 6.2 万。以汉族为主，还有瑶族。辖 1 居委会、16 村委会，有 284 自然村。镇人民政府驻才湾村。1952 年为第七区。1958 年成立才湾公社。1984 年改乡。1994 年置镇。因镇政府驻地得名。有职业技术学校 1 所，中学 2 所，小学 18 所，卫生院 1 个，卫生所 18 个。有天湖景区。有全州县抗日战争纪念园、全州解放纪念碑、脚山铺阻击战旧址等纪念地。农业以种植稻谷、葡萄、提子、柑橘为主。湘桂铁路、322 国道过境。

才湾村［Cáiwāncūn］　才湾镇人民政府驻地。在县政府驻地全州镇西 11 千米。人口 1100。地处山弯，比较富裕，财主多，后演为今名。聚落呈团块状。有小学、卫生所。有大泉井(糠头井)、皇帝岭等古迹。农业以种植稻谷、柑橘为主。322 国道经此。

绍水镇［Shàoshuǐ Zhèn］　全州县辖镇。在县境西部。面积 250 平方千米。人口 5.4 万。以汉族为主，还有瑶族、壮族。辖 1 居委会、17 村委会，有 272 自然村。镇人民政府驻塘口村。1957 年设绍水乡。1958 年属咸水公社。1968 年改绍水公社。1984 年改镇。原名小水，因缺少水源，易受干旱得名，后村民为摆脱干旱，1931 年修谱时将"小"改为"绍"，故名。有中学 1 所，小学 18 所，卫生院 1 个，卫生所 18 个。有鸡公鸡婆石、清水江桥、梅池八角亭等景点。有南石祠(内保存匾额楹联 18 处)、湘江战役遗址、塘口红军前敌指挥部等古迹或遗址。农业以种植稻谷、柑橘、茶籽、食用菌等为主。湘桂铁路、322 国道过境。

塘口村［Tángkǒucūn］　绍水镇人民政府驻地。在县政府驻地全州镇西 26 千米。人口 900。在水塘出水口处，故名。聚落呈团块状。有小学、卫生室。农业以种植稻谷、柑橘、食用菌等为主。322 国道经此。

石塘镇［Shítáng Zhèn］　全州县辖镇。在县境南部。面积 271 平方千米。人口 8.7 万。以汉族为主，还有瑶族。辖 1 居委会、31 村委会，有 264 自然村。镇人民政府驻铁炉村。1949 年为石塘区。1952 年改第三区。1955 年复石塘区。1957 年设石塘、朝南 2 乡。1958 年成立石塘公社。1968 年析出朝南公社。1984 年改镇。2005 年朝南乡并入。原名"三江口"，后因多姓迁来，东南有岩石岭，马路桥边有瑶家塘，故名。有中学 2 所，小学 35 所，卫生院 1 个，卫生所 31 个。有大清塘、沛田古村、清泉古寺、读书岩、石脚盆天坑群、大塘富烈士纪念塔等景点。农业以种植稻谷、甘薯、生姜、淮山、槟榔芋、金槐、葡萄、花生为主。灌凤高速，百灌、全石公路过境。

铁炉村［Tiělúcūn］ 石塘镇人民政府驻地。在县政府驻地全州镇南26千米。人口1600。先祖以打铁为生，建村时设有铁炉打铁，故名。聚落呈团块状。有小学、卫生室。农业以种植稻谷、玉米、生姜为主。百石公路经此。

安和镇［Ānhé Zhèn］ 全州县辖镇。在县境南部。面积162平方千米。人口4.1万。以汉族为主，还有瑶族。辖14村委会，有157自然村。镇人民政府驻石山脚村。1950年置鳌鱼洲区。1952年改第四区。1958年成立安和公社。1984年改乡。2013年置镇。取安乐、永和2村名各一字命名。有中学1所，小学16所，卫生院1个，卫生所16个。有黄毛岭新石器时期遗址、湘江战役文塘遗址。农业以种植稻谷、甘薯、生姜、辣椒、银杏、槟榔芋、淮山为主。石安、麻蕉公路过境。

石山脚村［Shíshānjiǎocūn］ 安和镇人民政府驻地。在县政府驻地全州镇南43千米。安和镇辖自然村。人口600。明崇祯年间由平岗头肖氏迁建在石山脚下，故名。聚落呈带状。有小学、卫生院、卫生室。农业以种植稻谷、芋头、淮山为主。麻上公路经此。

两河镇［Liǎnghé Zhèn］ 全州县辖镇。在县境南部。面积154平方千米。人口4.2万。以汉族为主。辖16村委会，有163自然村。镇人民政府驻蒋家村。1949年设两河区。1953年分设两河、白宝2区。1968年成立两河公社。1984年改乡。2013年置镇。在灌江与新富江汇合处，故名。灌江、新富江流经。有中学1所，小学18所，卫生院1个，卫生所18个。农业以种植水稻、甘薯、辣椒、红瓜子、花生、金槐、布朗李，养殖巴马香猪、甲鱼、黑山羊、樱桃鸭为主。百灌公路、夏蓉高速过境。

蒋家村［Jiǎngjiācūn］ 两河镇人民政府驻地。在县政府驻地全州镇南35千米。人口200。因由蒋姓人建村得名。聚落呈团块状。有小学、卫生室。农业以种植稻谷、小麦、油菜、红花草为主。百灌公路经此。

凤凰镇［Fènghuáng Zhèn］ 全州县辖镇。在县境西南部。面积183平方千米。人口6.2万。以汉族为主。辖20村委会，有202自然村。镇人民政府驻左家坪村。1949年为石塘区。1952年为第五区。1955年改凤凰区。1957年分设凤凰、麻市2乡。1958年成立凤凰公社。1961年分为凤凰、麻市、大坪3公社。1962年复设凤凰区。1968年复改公社。1974年驻地迁至左家坪。1984年改乡。2013年置镇。因境内凤凰嘴得名。湘江、建江流经。有中学1所，小学20所，卫生院1个，卫生所20个。有建安巡检司遗址、左家坪汉代古墓群、湘江战役旧址、天子岭风景区等景点。农业以种植稻谷、金槐、优质梨、脆皮金橘、葡萄、西瓜为主。衡昆、夏蓉高速，省道百石线，麻万、绍麻公路过境。

左家坪村［Zuǒjiāpíngcūn］ 凤凰镇人民政府驻地。在县政府驻地全州镇西南39千米。人口400。地势平坦宽阔，原有左姓居住，故名。聚落呈团块状。有小学、卫生院、卫生室。农业以种植稻谷、麦类、豆类为主。省道百石线经此。

咸水镇［Xiánshuǐ Zhèn］ 全州县辖镇。在县境西南部。面积242平方千米。人口3.6万。以汉族为主，还有瑶族。辖12村委会，有137自然村。镇人民政府驻白竹塘村。1950年为咸水区。1952年为第六区。1955年复咸水区。1957年分为咸水、鲁塘2乡。1958年成立咸水公社。1984年改乡。2013年置镇。该地历为陆路官道，传村东古老树下有一咸水井，故名。有中学1所，小学12所，卫生院1个，卫生所12个。有山口瀑布，梅子坳汉晋古墓群，古留、焦川、五星山三大关口等景点。农业以种植稻谷、柑橘为主。湘桂铁路、322国道、资百公路过境。

白竹塘村［Báizhútángcūn］ 咸水镇人民政府驻地。在县政府驻地全州镇西南30千米。人口700。盛产野生白竹，且有一大塘，故名。聚落呈团块状。有小学、卫生室。农业以种植水稻为主。322国道经此。

枧塘镇［Jiǎntáng Zhèn］ 全州县辖镇。在县境南部。面积230平方千米。人口3.4万。以汉族为主。辖12村委会，有132自然村。镇人民政府驻石冲门村。1950年设枧头区。1952年改第二区。1961年属屏山公社、枧塘公社。1962年设枧塘区。1968年改公社。1984年改乡。2014年置镇。以枧头、芳塘2村各取一字得名。有中学1所，小学14所，卫生院1个，卫生所14个。有思源民俗博物馆、金山寺、斜塔、屏山渡、语录山等景点。农业以种植稻谷、玉米，养殖甲鱼、贵妃鸡为主。全兴高速、省道全沙线过境。

石冲门村［Shíchōngméncūn］ 枧塘镇人民政府驻地。在县政府驻地全州镇南7千米。人口200。建村时以大青石块铺筑门前路，故名。聚落呈带状。有小学、卫生院、卫生室。农业以种植稻谷、香瓜为主。全石公路经此。

永岁乡［Yǒngsuì Xiāng］ 全州县辖乡。在县境东北部。面积182平方千米。人口4.2万。以汉族为主。辖17村委会，有166自然村。乡人民政府驻湖塘村。1952年为第一区。1968年改公社。1984年改乡。取永远和平之意命名。有中学1所，小学17所，卫生院1个，卫生所17个。有燕窝楼、改洲汉洮阳遗址、江凹里的宋窑遗址等古迹。农业以种植稻谷、柑橘、甘薯为主。湘桂铁路、全黄高速、322国道过境。

湖塘村［Hútángcūn］ 永岁乡人民政府驻地。在县政府驻地全州镇东北14千米。永岁乡辖自然村。人口300。村前有水塘似葫芦，得名葫塘，后以“湖”代“葫”，故名。聚落呈带状。有小学、卫生室。农业以种植稻谷、水果为主。有斗笠制作等手工业。有商贸业。322国道经此。

蕉江瑶族乡［Jiāojiāng Yáozú Xiāng］ 全州县辖乡。在县境南部。面积230平方千米。人口1.6万，其中瑶族占16%，还有汉族等。辖8村委会，有75自然村。乡人民政府驻万板桥村。1984年由安和乡析置。以山谷蕉江源命名。有中学1所，小学18所，卫生院1个，卫生所8个。有火酒、打制油茶等民间技艺。有冲鼓舞、座花、对山歌民间文艺。有磨盘水库、宝盖山草场、百年银杏林等景点。农业以种植稻谷、甘薯、玉米、银杏、红提、罗汉果、砂糖橘为主。麻川公路过境。

万板桥村［Wànbǎnqiáocūn］ 蕉江瑶族乡人民政府驻地。在县政府驻地全州镇南47千米。人口1200。因建村时三面环水渠，桥多且失修，得名烂板桥，后更今名。聚落呈带状。有小学、卫生室。农业以种植水稻、红提、白果为主。麻上公路经此。

白宝乡［Báibǎo Xiāng］ 全州县辖乡。在县境东南部。面积161平方千米。人口2万。以汉族为主。辖9村委会，有107自然村。乡人民政府驻百宝岭村。1952年设白宝区。1957年改乡。1958年改公社。1962年复区。1968年复改公社。1984年置乡。因乡政府驻地得名。有中学1所，小学9所，卫生院1个，卫生所9个。农业以种植稻谷、玉米、甘薯、红辣椒、西瓜、金槐为主。全七公路过境。

白宝岭村［Báibǎolǐngcūn］ 白宝乡人民政府驻地。在县政府驻地全州镇东南12千米。人口600，其中瑶族占65%。传牧童白宝于岭下安家，繁衍成村，故名。聚落呈带状。有小学、卫生院、卫生室。农业以种植稻谷、辣椒、西瓜、金槐为主。全七公路经此。

东山瑶族乡［Dōngshān Yáozú Xiāng］ 全州县辖乡。在县境东部。面积420平方千米。人口3.5万，其中瑶族占86.2%，还有壮、回等民族。辖16村委会，有177自然村。乡人民政府驻清水村。1951年由道县白岭、黄腊洞，灌阳县古木、斜水等瑶民聚居区合设东山瑶族自治区。1958年改公社。1961年改东山区。1968年复改公社。1984年改东山瑶族乡。处全州县东部山区，历称东山瑶，故名。有中学1所，小学33所，卫生院1个，卫生所16个。有瑶族服饰、民俗、山歌、师公文化等民间文化。有三月三山歌节、画眉鸟竞技大赛、盘王节等民俗。有仙人桥、九狮岭庙、清水关等古迹。农业以种植辣椒、云雾茶、西瓜、金槐，养殖东山猪为主。全七公路过境。

清水村［Qīngshuǐcūn］ 东山瑶族乡人民政府驻地。在县政府驻地全州镇东南26千米。人口800。以汉族为主，还有瑶、壮、回等民族。有一水井，井水清澈见底，故名。聚落呈带状。有中小学、卫生院、卫生室。农业以种植稻谷、玉米为主。全七公路经此。

兴 安 县

兴安县［Xīng'ān Xiàn］ 桂林市辖县。北纬25°37′，东经110°40′。在市境东北部。面积2340平方千米。人口38.3万。以汉族为主，还有瑶、壮、苗、回等民族。辖6镇、3乡、1民族乡。县人民政府驻兴安镇。唐武德四年(621)置临源县。大历三年(768)改全义县。五代后晋开运三年(946)改德昌县。北宋乾德元年(963)复改全义县。太平兴国二年(977)因避太宗赵光义名讳，改兴安县，取兴旺安定意命名，先属桂州，后属静江府。元属静江路。明清属桂林府。1913年后属漓江道、桂林道、第一民团区、桂林民团区、桂林行政监督区、第一行政督察区。1942年由广西省直辖。1944年属第八行政督察区。1949年属桂林专区。1971年属桂林地区。1998年属桂林市。1949年前县城仅7条街路，城区面积0.7平方千米。1949年后县城面积逐步扩大到10.5平方千米。1990年灵湖开发工程启动。1992年桂黄公路改扩建。1993年秦皇路开发。1996年旧城改造和新区建设。2003年志玲路、迎宾路及街区改造。2005年启动商业步行街、圣龙山庄等重点工程，开发双灵、朝阳、秦皇3新城区。2013年建成以兴桂路、三台路、北大街、秦皇路、双灵路、志玲路为中心街道，迎宾路、双拥路、西环路、湘江路为主要街道的县城布局。新建乐满地景区、城南公路立交桥、城北公路铁路立交涵、湘江大桥、秦始皇及三将军城雕、红军长征突破湘江烈士纪念碑园、银杏广场、县体育馆、兴安县广播电视中心大楼、兴龙购物城、水街、临源阁、秦文流觞(又名秦皇宫、秦城)等标志性建筑。地势东南、西北高，东北、西南低。最高点猫儿山海拔2141.5米，最低点溶江镇河口海拔175米。年均气温17.8℃，1月平均气温6.6℃，7月平均气温27.6℃。年均降水量1829毫米。湘江、海洋河、漠川河、漓江、大溶江、灵渠流经。有矿产资源赤铁、锰、铅锌、锑、钨、金、重晶石、大理石等22种。有野生植物2484种，其中国家一级保护野生植物有钟萼木、南方红豆杉、银杏、红豆杉、香果树，二级保护野生植物有鹅掌楸、长苞铁杉、福建柏、观光木、榉木等

19种，三级保护野生植物有南方铁杉、八角莲、银钟树等8种。有野生动物345种，其中国家一级保护野生动物有黄腹角雉、白颈长尾雉、金钱豹、云豹、林麝，二级保护野生动物有红腹角雉、大灵猫、大鲵、短尾猴、黑熊等32种。有广西猫儿山国家级自然保护区。森林覆盖率62.2%。有中学14所，小学93所，特殊教育学校1所，文化艺术团体9个，剧院（场）61个，文化馆（站）11个，公共图书馆（室）118个，档案馆1个，博物馆1个，二级医院5个，体育馆1个。有全国重点文物保护单位灵渠、秦城遗址、湘江战役旧址，自治区级文物保护单位8个。有自治区级非物质文化遗产贺郎歌。为历史文化名县。有国家5A级旅游景区乐满地，国家4A级旅游景区灵渠、龙潭江、十里大峡谷、世纪冰川灵佛洞、马头山等。有古严关、乳洞岩、马坪古墓群、严关古窑址、猫儿山、光华铺阻击战遗址、红军长征突破湘江纪念公园等景点。有民间艺术马仔调、彩调等。三次产业比例21：54：25。农业以种植稻谷、柑橘、白果、油茶、油桐、茶为主。工业以新能源、新材料、建材、机械加工、农产品加工、锰品加工为主。服务业以旅游为主。湘桂铁路、湘桂高铁、衡柳高速、322国道、龙永公路过境。有兴安北站。

银杏广场［Yínxìng Guǎngchǎng］ 在县城南部。面积3公顷。2000年开工，2001年建成。因广场内移栽百年银杏树12棵，故名。广场南高北低、呈阶梯状延伸。有喷泉、露天舞台、儿童游乐场、景观喷泉等设施。为集科普宣传、文化传播、展览演出、健身娱乐于一体的综合性广场。周边有南城百货、政务服务中心及文化新城住宅区。通多路公交车。

兴安北站［Xīng'ānběi Zhàn］ 见交通运输设施部分“兴安北站”条。

兴安县汽车总站［Xīng'ān Xiàn Qìchē Zǒngzhàn］ 见交通运输设施部分“兴安县汽车总站”条。

兴安镇［Xīng'ān Zhèn］ 兴安县人民政府驻地。在县境中部。面积219平方千米。人口8.9万。以汉族为主，还有壮、瑶等民族。辖7居委会、15村委会，有203自然村。镇人民政府驻灵湖社区。1950年设城关镇。1966年改兴安镇。1995年护城乡并入。镇以县名，寓意“兴旺安定”。双女井溪、灵渠流经。有中学6所，小学18所，特殊教育学校1所，二级医院4个，卫生院1个，卫生室15个。有灵渠人字坝、四贤祠、粟家桥、万里桥、娘娘桥、乳洞岩等景点。农业以种植水稻、柑橘为主。工业以塑料、电石、建筑、印刷、食品、电子等行业为主。湘桂铁路、湘桂高铁、泉南高速、322国道过境。

灵湖社区［Línghú Shèqū］ 兴安镇人民政府驻地。在县境中部。面积1平方千米。人口4000。因境内有灵湖得名。2003年成立。民居以现代简约商品房为主。有志愿者服务队。有社区服务、卫生、治安、计生、文明建设等工作与服务。有中学、体育馆。有政府机关、青少年科技活动中心等单位。通多路公交车。

湘漓镇［Xiānglí Zhèn］ 兴安县辖镇。在县境东北部。面积165平方千米。人口5.3万。以汉族为主，还有瑶族。辖14村委会，有243自然村。镇人民政府驻花桥村。1950年设湘漓区。1959年析置湘漓公社。1984年改乡。1999年置镇。因位于湘江、漓江分水处得名。湘江、漠川河、灵渠北渠流经。有中学1所，小学12所，卫生院1个，卫生室15个。有全国重点文物保护单位灵渠北渠、北陡门。有南北朝及东汉古墓群、新石器时代原始人遗址等。有五里峡、状元峰等景点。农业以种植水稻、葡萄、柑橘为主。工业以农产品加工为主。泉南高速，县道兴界、兴庄线过境。

花桥村［Huāqiáocūn］ 湘漓镇人民政府驻地。在县政府驻地兴安镇东北1千米。人口200。清代村旁北渠建3孔石拱桥，河中倒映，形如花环，故名。聚落呈三角形。有中小学、卫生所。有灵渠北渠、禾家陡、渡头江桥等景点。农业以种植水稻为主。有食品企业。兴安—漠川公路经此。

界首镇［Jièshǒu Zhèn］ 兴安县辖镇。在县境东北部。面积170平方千米。人口4万。以汉族为主，还有瑶族。辖1居委会、11村委会，有152自然村。镇人民政府驻界首街。1950年设界首镇。1959年析置界首公社。1984年改镇。因镇政府驻地得名。湘江流经。有中学1所，小学11所，二级医院1个，卫生院1个，卫生室11个。有全国重点文物保护单位湘江战役遗址。有自治区级文物保护单位汉代古墓群、汉代零陵城遗址、汉窑遗址。有明清时期骑楼商铺街、湖南会馆。农业以种植水稻、西瓜、柑橘等为主。工业以农副产品加工、罐头、酿酒、大理石加工为主。有商贸业。湘桂铁路、322国道过境。有百里站。

界首街［Jièshǒujiē］ 界首镇人民政府驻地。在县政府驻地兴安镇西北20千米。人口4600。历史上曾是湘桂两省交界之处，明洪武二十七年（1394）后为兴安、全州两县交界处，故名。别名红军街，因1934年底红军长征经此得名。聚落呈团块状。有中小学、卫生所。有全国重点文物保护单位湘江战役遗址，自治区级文物保护单位红军突破湘江指挥部遗址三官堂。经济以农副产品加工为主。322国道、省道百灌线经此。

高尚镇［Gāoshàng Zhèn］ 兴安县辖镇。在县境西南部。面积296平方千米。人口4.8万。有汉、瑶等民族。辖16村委会，有255自然村。镇人民政府驻高尚田街。1950年设高尚区。1958年属东方红公社。1959年析置高尚公社。1984年改乡。1999年置镇。因镇政府驻地得名。海阳河、西波江、东河（又名白石河）流经。有中学1所，小学10所，卫生院1个，卫生室16个。有湘江源漂流、千年古银杏树林、大宜洞唐介墓等景点。工业以食品罐头、松脂、酿酒、石灰、农机修理为主。有商贸业。特产南丰蜜橘、甜玉米、桃等。桂兴公路过境。

高尚田街［Gāoshàngtiánjiē］ 高尚镇人民政府驻地。在县政府驻地兴安镇西南23千米。人口1400。明清时即为圩镇。因处地势较高之田地间，原名“高田街”，后称“高上田街”，以谐音称今名。聚落呈团块状，有中小学、卫生所。有秀峰山新石器时代人类居住洞穴、抗日英雄蒋盛祜墓等。有食品加工、化工、建材企业。特产南丰蜜橘、甜玉米、桃等。桂兴公路经此。

严关镇［Yánguān Zhèn］ 兴安县辖镇。在县境西部。面积129平方千米。人口2.1万。以汉族为主，还有壮、瑶等民族。辖6村委会，有87自然村。镇人民政府驻永兴街。1950年设严关区。1961年析置严关公社。1984年改乡。1999年置镇。因辖区内古迹古严关得名。有摩天岭、秦岭。大溶江河、灵河流经。有中学1所，小学6所，卫生院1个，卫生室6个。有自治区级文物保护单位古严关。有宋代窑址、仙人岩等古迹。农业以种植水稻、大豆、葡萄、柑橘为主。工业以双灰粉、灰钙粉、竹木加工为主。湘桂铁路、322国道过境。

永兴街［Yǒngxīngjiē］ 严关镇人民政府驻地。在县政府驻地兴安镇西11千米。人口700。清代建街，寓意永远兴旺而得名。聚落呈带状。有中小学、卫生所。有唐至明代瓷器窑遗址数座。农业以种植水稻为主，特产柑橘、草莓、葡萄等。衡柳高速、322国道经此。

马头山村［Mǎtóushāncūn］ 在县政府驻地兴安镇南11千米。严关镇辖自然村。人口100。因村旁有石山似马头得名。有清代灵渠牯牛陡遗址、马头山等景点。聚落呈团块状。农业以种植水稻、草莓、葡萄为主。322国道、桂黄公路经此。2013年被评为全国文明村。

溶江镇［Róngjiāng Zhèn］ 兴安县辖镇。在县境西部。面积250平方千米。人口4.8万。以汉族为主，还有瑶、回、苗等民族。辖1居委会、17村委会，有200自然村。镇人民政府驻溶江街。1949年设西安、两金2区。1959年改溶江、金石2公社。1984年改溶江镇、金石乡。2005年金石乡并入溶江镇。因镇政府驻地得名。溶江流经。有中学1所，小学15所，卫生院2个，卫生室17个。有自治区级文物保护单位秦城遗址、石马坪古墓群。有黄城遗址、清代廖家村门头、古盐铺码头等古迹。农业以种植水稻、葡萄，养殖三元杂瘦肉型猪为主，特产溶江原香型米酒。工业以竹木、食品加工为主。湘桂铁路、衡柳高铁、衡柳高速、322国道过境。

溶江街［Róngjiāngjiē］ 溶江镇人民政府驻地。在县政府驻地兴安镇西南24千米。人口6500。因溶江得名。聚落呈团块状。有中小学、文化站、图书室、卫生院。农业以种植葡萄、水稻为主。湘桂铁路、322国道经此。

漠川乡［Mòchuān Xiāng］ 兴安县辖乡。在县境东南部。面积310平方千米。人口2.7万。以汉族为主，还有瑶、苗等民族。辖13村委会，有277自然村。乡人民政府驻榜上村。1949年设漠川乡。1950年改高源区。1958年改高峰公社。1959年改漠川公社。1984年复乡。因漠川河得名。湘江、漠川河流经。有中学1所，小学7所，卫生院1个，卫生室13个。有自治区级文物保护单位榜上古村、榜上古墓、千年古樟树。有化龙桥、古代石牌坊、长洲古街、观音洞等景点。农业以种植水稻、杉木为主，特产葡萄、银杏、甘薯酒、协兴腊肉等。工业以矿产开采加工、林产品加工为主。县道兴安—庄子、麻市—崔家乡上塘线过境。

榜上村［Bǎngshàngcūn］ 漠川乡人民政府驻地。在县政府驻地兴安镇东南25千米。人口700。原名金崎村，后因村中陈姓几代出过官员，希望后代金榜题名而更今名。聚落呈团块状。有小学、卫生所。为中国传统村落。有自治区级文物保护单位榜上古村、榜上古墓、千年古樟树。农业以种植水稻、葡萄、白果、柑橘为主。冠长线经此。

白石乡［Báishí Xiāng］ 兴安县辖乡。在县境东南部。面积87平方千米。人口1.3万。以汉族为主，还有瑶族等。辖6村委会，有70自然村。乡人民政府驻鳌头村。1950年设高源区。1958年属高峰公社。1959年改属漠川公社。1961年析置白石公社。1984年改乡。因盛产白色石灰岩得名。白石河流经。有中学1所，小学6所，卫生院1个，卫生室6个。有“喊水井”、矮岩、天生桥、湘江源、秦家大院等景点。农业以种植水稻、松、杉等为主，特产白果、松脂等。兴漠公路过境。

鳌头村［Áotóucūn］ 白石乡人民政府驻地。在县政府驻地兴安镇东南19千米。人口600。因境内有一块石头像鳌鱼头得名。聚落呈带状。有小学、文化室、卫生院等。农业以种植玉米、水稻为主，特产白果、葡萄。兴安—白石公路经此。

水源头村［Shuǐyuántóucūn］ 在县政府驻地兴安镇东南25千米。白石乡辖自然村。人口400。因湘江发源地得名。聚落呈团块状。为中国传统村落。有明清古民居秦家大院。农业以种植水稻、玉米为主。有旅游业。麻上公路经此。

崔家乡［Cuījiā Xiāng］ 兴安县辖乡。在县境东南部。面积 96 平方千米。人口 2.3 万。以汉族为主，还有瑶族等。辖 8 村委会，有 109 自然村。乡人民政府驻上塘村。1950 年为倖义区。1966 年析置崔家公社。1984 年改乡。海阳河流经。有中学 1 所，小学 2 所，卫生院 1 个，卫生室 8 个。有崔家大村古民居、马路凌井、仙人墩等景点。农业以种植水稻、柑橘、白果、松脂、辣椒为主。省道兴阳线过境。

上塘村［Shàngtángcūn］ 崔家乡人民政府驻地。在县政府驻地兴安镇东北 15 千米。人口 100。原名相堂村，因村中文姓始祖名相堂得名，后谐音更今名。聚落呈三角形。有中学、卫生院。农业以种植水稻、葡萄为主。省道兴阳线经此。

华江瑶族乡［Huájiāng Yáozú Xiāng］ 兴安县辖民族乡。在县境西北部。面积 422 平方千米。人口 1.7 万，其中瑶族占 21.8%，还有汉、苗、壮等民族。辖 9 村委会，有 175 自然村。乡人民政府驻千家寺村。1950 年设西安区。1959 年成立华江公社。1984 年改乡。1985 年改华江瑶族乡。因境内有华江得名。川江河、六峒河、华江流经。有中学 1 所，小学 9 所，卫生院 1 个，卫生室 9 个。有猫儿山、十里大峡谷、忘忧谷、千家寺红军标语楼、红军纪念塔、红军墓、红军长征翻越老山界故道等景点。农业以种植水稻为主，特产香菇、茶叶等。有农副产品加工企业。

千家寺村［Qiānjiāsìcūn］ 华江瑶族乡人民政府驻地。在县政府驻地兴安镇西北 41 千米。人口 700。有千家合建的庙堂，故名。聚落呈团块状。有中小学、文化站、卫生院、卫生所。有红军标语楼、纪念塔等红色旅游景点。农业以种植水稻、杉木、毛竹为主，特产香菇、竹制品等。升高公路经此。

同仁村［Tóngréncūn］ 在县政府驻地兴安镇西北 2 千米。华江瑶族乡辖自然村。人口 2100。以汉族为主，还有瑶、苗等民族。因寓意对人友爱、有同情心得名。聚落呈团块状。有小学、文化站等。有忘忧谷、瑶苑、小红军墓、红军桥等景点。农业以种植杉木、毛竹、水稻为主。兴安—高寨公路经此。2009—2011 年被评为全国文明村。

永 福 县

永福县［Yǒngfú Xiàn］ 桂林市辖县。北纬 24°39′，东经 109°36′。在市境西南部。面积 2806 平方千米。人口 28.3 万。以汉族为主，还有壮、瑶、回、苗等民族。辖 6 镇、3 乡。县人民政府驻永福镇。唐武德四年(621)析始安县永福乡置永福县，以境内永福山为名。明正统五年(1440)理定县并入永福县，属桂林府。1923 年析永福县黄冕、鹿寨、寨沙 3 区合置榴江县。1932 年后属桂林民团区、桂林行政监督区、柳州行政监督区、第一行政督察区。1952 年撤百寿县入永福县。1971 年属桂林地区。1998 年属桂林市。1949 年前县城 0.54 平方千米，有建新、解放、东江 3 小街。1949 年后县城逐步扩大到 15 平方千米，先后建成凤城路、凤阁路、凤翔路、西滨路、东滨路、连江路、永兴大道、向阳路、迎宾路等道路。新建茅江大桥、西河大桥、客运汽车站、高铁动车站、体育馆、宣传文化中心广场、永福博物馆等标志性建筑。以山地、丘陵为主。平均海拔 566.7 米，最高海拔 1246.9 米。年均气温 18.8℃，1 月平均气温 8.2℃，7 月平均气温 27.8℃。年均降水量 1937 毫米。洛清江、西河流经。有矿产资源重晶石、铁、方解石等 29 种。有野生植物 5 种，其中国家重点保护野生植物有山苍树、乌桕树等 4 种。有野生动物 19 种，其中国家重点保护野生动物有大灵猫、穿山甲、蟒蛇、猕猴等 6 种。森林覆盖率 76.2%。有中学 17 所，小学 106 所，图书馆 1 个，二级医院 4 个。有自治区级文物保护单位百寿岩、永宁州城、窑田岭窑址等。有国家级非物质文化遗产永福彩调。有国家 4A 级旅游景区金钟山。有凤山、月山、板峡湖、九滩瀑布等景点。有福寿节等民俗。有四星级宾馆 1 家，三星级宾馆 2 家。三次产业比例 22∶62∶16。农业以种植罗汉果、砂糖橘、优质谷为主，特产香菇、木耳、优质米、竹笋等。工业以矿产、制药、建材、化工、农副产品加工为主。服务业以商贸、饮食、旅游为主。湘桂高铁、桂柳高速过境。

茅江大桥［Máojiāng Dàqiáo］ 在县城东部。长 500 米，宽 10 米，最大跨度 178 米，桥下净高 12 米。1974 年开工，1975 年建成，2010 年改建。因在茅江河上得名。为大型河道桥梁，结构型式为空腹式钢筋混凝土双曲拱桥。最大载重 40 吨。通多路公交车。

永福南站［Yǒngfúnán Zhàn］ 见交通运输设施部分“永福南站”条。

永福汽车站［Yǒngfú Qìchēzhàn］ 见交通运输设施部分“永福汽车站”条。

永福镇［Yǒngfú Zhèn］ 永福县人民政府驻地。在县境中部。面积 275 平方千米。人口 6.4 万。以汉族为主，还有壮、瑶、回等民族。辖 3 居委会、11 村委会，有 154 自然村。镇人民政府驻李家寨屯。1950 年设城关镇。1952 年为第一区。1958 年改城关公社。1961 年分永福镇、城关 2 公社。1982 年城关公社改桃城公社。1984 年永福镇公社改镇，桃城公社改乡。2005 年桃城乡并入永福镇。有凤山。洛清江、西江、茅江流经。有中学 2 所，小学 14 所，二级医院 4 个，卫生院 1 个，卫生所 11 个。有体育馆、博物馆等。有凤山公园、凤山石刻、凤山澄心寺等景点。农业以种植水稻为主，特产香菇、罗汉果等。工业以制药、木制品、农产品加工为主。湘桂铁路，桂柳高速，永良、苏鹿公路过境。有永福南站、永福站、永福汽车站。

凤城路［Fèngchéng Lù］ 在县城东南部。西起至凤阁路，北至盛祥路。与连江路相交。长 1.5 千米，宽 20 米。水泥路面。2000 年开工，2002 年建成。在凤山脚下，故名。两侧有县人民政府、县水利局、凤山公园、博物馆等。通多路公交车。

迎宾路［Yíngbīn Lù］ 在县城中部。东南起向阳路，西北至连江路。与永兴大道、茶岭街相交。长 2.5 千米，宽 30 米。柏油路面。2001 年开工，2002 年建成。是出入县城必经之路，寓意“欢迎四方宾客”，故名。两侧有永福镇人民政府、县人民法院、县环保局、县农业局、县人民医院、永福南站等。通公交车。

连江路［Liánjiāng Lù］ 在县城中部。东南起向阳路，西北至滨江路。与永兴大道、龙福路相交。长 0.8 千米，宽 25 米。柏油路面。2000 年开工，2002 年建成。因连接东江与西江得名。两侧有永福人民银行、永福中心市场、阳光购物中心、福寿广场等。通公交车。

李家寨屯［Lǐjiāzhàitún］ 永福镇人民政府驻地。在镇境北部。人口 900。明初李氏建村，故名。聚落呈带状。有小学。农业以种植水稻、柑橘、罗汉果为主。永福—会仙、永福—两江公路经此。

罗锦镇［Luójǐn Zhèn］ 永福县辖镇。在县境东部。面积 240 平方千米。人口 4 万。以汉族为主，还有壮、回、瑶、苗等民族。辖 1 居委会、12 村委会，有 240 自然村。镇人民政府驻罗锦圩。1949 年为罗锦乡。1952 年为第二区。1958 年改罗锦公社。1961 年分罗锦、江月 2 公社。1962 年 2 公社合并为罗锦区。1964 年复改公社。1984 年改乡。1998 年置镇。因镇政府驻地得名。金鸡河、大同河流经。有中学 2 所，小学 14 所，卫生院 1 个，卫生所 14 个。有民间文艺彩调。有国家 4A 级旅游景区金钟山。有崇山民居、麒麟岩、月山烈士碑等景点。农业以种植水稻、松、杉为主。永良公路过境。

罗锦圩［Luójǐnxū］ 罗锦镇人民政府驻地。在县政府驻地永福镇东 12 千米。人口 3500。以汉族为主，还有汉、壮、回等民族。原称罗景，因罗姓“景”字辈的人希望人丁旺盛、前程似锦，以谐音更今名。聚落呈团块状。有小学、卫生所。有国家 4A 级旅游景区金钟山。经济以商贸为主。永良公路经此。

苏桥镇［Sūqiáo Zhèn］ 永福县辖镇。在县境东北部。面积 120 平方千米。人口 2.9 万。以汉族为主，还有壮、回、侗、瑶、满等民族。辖 1 居委会、8 村委会，有 76 自然村。镇人民政府驻苏桥街。1949 年为临桂县苏桥乡。1951 年改属永福县。1955 年设苏桥区。1957 年改乡。1958 年改公社。1962 年复区。1964 年复改公社。1984 年复乡。2000 年置镇。因镇政府驻地得名。洛清江、相思江流经。有中学 2 所，小学 9 所，卫生院 1 个，卫生所 8 个。有西登山寺、波村汉墓群等古迹。农业以种植水稻、蔬菜为主。工业以柑橘、罗汉果加工、造纸、制药等为主。湘桂铁路、桂柳高速过境。

苏桥街［Sūqiáojiē］ 苏桥镇人民政府驻地。在县政府驻地永福镇东北 15 千米。人口 1600。以汉族为主，还有壮、回等民族。因纪念元代一苏姓郎中在街北小河修一石拱桥得名。聚落呈带状。有中小学、卫生院。农业以种植水稻为主。有个体商贸业。湘桂铁路、桂柳高速经此。通多路公交车。

百寿镇［Bǎishòu Zhèn］ 永福县辖镇。在县境西北部。面积 410 平方千米。人口 3.7 万。以汉族为主，还有壮、回、侗、苗等民族。辖 1 居委会、11 村委会，有 219 自然村。镇人民政府驻百寿圩。1949 年为百寿县。1950 年改城关区。1955 年改寿城公社。1984 年改乡。1989 年置镇。因镇政府驻地得名。百寿河、拉考河、茫洞河流经。有中学 2 所，小学 12 所，卫生院 1 个，卫生所 12 个。有永宁州古城、百寿岩石刻等古迹。农业以种植香菇、木耳、竹笋等为主。工业以农副产品加工为主。桂浮公路过境。

百寿圩［Bǎishòuxū］ 百寿镇人民政府驻地。在县政府驻地永福镇西北 29 千米。人口 2300。以汉族为主，还有壮、苗、回等民族。境内有寿字岩，石刻 100 个不同写法的“寿”字组成一大寿字，取百年长寿之意，故名。聚落呈团块状。有小学、卫生院等。有古迹永宁州古城、百寿岩石刻。农业以种植水稻为主。桂河高速、桂浮公路经此。

堡里镇［Bǎolǐ Zhèn］ 永福县辖镇。在县境东南部。面积 390 平方千米。人口 2.7 万。以汉族为主，还有壮、回、瑶、侗等民族。辖 12 村委会，有 158 自然村。镇人民政府驻吉隆街。1949 年设堡里乡。1950 年为永福县第三区。1958 年改公社。1984 年复乡。原址在三多村四里屯，后迁板峡屯北面的陂角堡，取四里、陂角堡各一字得名。九槽河、茅江、罗岗河、拉攸河、龙窝河流经。有中学 1 所，小学 12 所，卫生院 1 个，卫生所 12 个。有板峡湖、飞龙桥、杨梅岩等景点。农业以种植砂糖橘、罗汉果、香菇、木耳等为主。有竹凉席、茶叶加工企业。永福—堡里公路过境。

吉隆街［Jílóngjiē］　堡里镇人民政府驻地。在县政府驻地永福镇东南18千米。人口900。以汉族为主，还有壮、瑶、回等民族。寓意街上所有商铺生意吉隆昌盛、万事顺意得名。聚落呈团块状。有中学、卫生院等。农业以种植水稻为主。有个体商贸业。永福—堡里公路经此。

三皇镇［Sānhuáng Zhèn］　永福县辖镇。在县境西南部。面积201平方千米。人口2.5万。以汉族为主，还有壮、回、瑶、侗等民族。辖11村委会，有131自然村。镇人民政府驻三皇圩。1950年为百寿县三皇区。1952年为永福县第七区。1955年改三皇区。1958年改公社。1984年改乡。因镇政府驻地得名。桐木河流经。有中学1所，小学11所，卫生院1个，卫生所11个。农业以种植砂糖橘、西红柿、甘蔗为主。桂河高速过境。

三皇圩［Sānhuángxū］　三皇镇人民政府驻地。在县政府驻地永福镇西南34千米。人口2000。以汉族为主，还有壮、回等民族。有三王庙，后"三王"演为"三皇"，故名。聚落呈团块状。有中小学、卫生院。农业以种植水稻为主。有商贸业。百寿—鹿寨公路经此。

广福乡［Guǎngfú Xiāng］　永福县辖乡。在县境南部。面积450平方米。人口2.3万。以汉族为主，还有壮、瑶、回、侗等民族。辖8村委会，有170自然村。乡人民政府驻鸡石街。1949年设广福乡。1952年为永福县第二区。1957年改乡。1958年改公社。1961年分广福、矮岭2公社。1962年2公社合设广福区。1968年复公社。1984年复乡。传隋代有广福王帮助当地居民，居民为感谢其贡献，建广福庙，故名。洛清江、大邦河、矮岭河、马陂河流经。有中学2所，小学10所，卫生院1个，卫生所8个。农业以种植砂糖橘、罗汉果为主。湘桂铁路、桂柳高速、322国道过境。

鸡石街［Jīshíjiē］　广福乡人民政府驻地。在县政府驻地永福镇南8千米。人口700。以汉族为主，还有壮、回等民族。位于洛清江江湾，湾内水中有一大石似鸡，故名。聚落呈团块状。农业以种植水稻为主。有个体商贸业。永福—广福公路经此。

永安乡［Yǒng'ān Xiāng］　永福县辖乡。在县境西南部。面积350平方千米。人口2.7万。以汉族为主，还有壮、瑶、回、苗、侗等民族。辖9村委会，有185自然村。乡人民政府驻永安街。1949年为百寿县古底区。1952年为永福县第八区。1955年改古底区。1956年更名和平区。1982年改永安公社。1984年改乡。因镇政府驻地得名。大邦河、凤凰河、龙江河、喇嗒河流经。有中学2所，小学9所，卫生院1个，卫生所9个。农业以种植水稻为主，特产香菇、木耳、竹笋等。工业以矿产开发为主。湘桂铁路，永福—永安、百寿—鹿寨公路过境。

永安街［Yǒng'ānjiē］　永安乡人民政府驻地。在县政府驻地永福镇西22千米。人口1900。以汉族为主，还有壮族。因寓意永远安宁得名。聚落呈团块状。有中小学、卫生院。农业以种植水稻为主，兼种甘薯、玉米、黄豆、蔬菜等。百寿—鹿寨公路经此。

龙江乡［Lóngjiāng Xiāng］　永福县辖乡。在县境北部。面积376平方千米。人口2.5万。以汉族为主，还有壮、回、瑶、仫佬、侗等民族。辖10村委会，有150自然村。乡人民政府驻龙山屯。1949年为百寿县龙江乡。1952年改永福县第九区。1955年改龙江区。1958年改公社。1962年复区。1968年复公社。1984年改乡。驻地被江水环绕且有龙山岭，故各取一字得名。西河流经。有中学2所，小学10所，卫生院1个，卫生所10个。农业以种植罗汉果、香菇、木耳、冬笋等为主。永福—龙隐公路过境。

龙山屯［Lóngshāntún］　龙江乡人民政府驻地。在县政府驻地永福镇北32千米。人口800。位于一似龙的山前，故名。聚落呈团块状。有中学、卫生院。农业以种植罗汉果为主，特产香菇、冬笋、佛手等。永福—龙隐公路经此。

灌阳县

灌阳县［Guànyáng Xiàn］　别名观阳县。桂林市辖县。北纬25°29′，东经111°09′。在市境东部。面积1837平方千米。人口29.3万。以汉族为主，还有瑶、壮等民族。辖5镇、4乡。县人民政府驻灌阳镇。西汉文帝十二年（前168）置观阳县。隋大业末年（618）析置灌阳县，处灌江岸边，故名。唐武德七年（624）废入湘源县。上元二年（675）复置，后徙治今灌阳镇，属永州。清属桂林府。1913年后属漓江道、桂林道、第一民团区、桂林民团区、桂林行政监督区、第一行政督察区、第八行政督察区、桂林专区、桂林地区。1998年属桂林市。隋大业十三年（617）修建县学。同年建孔庙。明洪武二十八年（1395）县城筑土城，高5米，周长1566.7米，串房500余间，城门4座，西北凿壕。1933年改建县政府。1991年后开展江西老城区续建，扩建龙里、三里桥、学洲等商住小区，修建水岸家园、幼儿园、小学、初中、高中体育场。标志性建筑有灌阳汽车总站、红豆杉国际大酒店、观澜购物超市等。县城中部灌江上已修建2座公路大桥和2座风雨桥，城东、城西连成一体。地势自西南向东北倾斜。最高点都庞岭主峰韭菜岭海拔2009.3米，最低点文市镇上马屯海拔180米。年均气温17.9℃，1月平均气温6.8℃，7月平均气温27.7℃。年均降水量1552毫米。灌江流经。有矿产资源萤石、钨、煤、锡、重晶石、钟长石、水晶石、铅、锌、锑等30余种。有野生植物33种，其中国家重点保护野生植物有红豆杉、钟萼木等21种。有野生脊椎动物241种，其中国家一级保护野生动物有黄腹角雉、林麝、白颈长尾雉等6种，二级保护野生动物有水鹿、藏酋猴、毛冠鹿、白鹇、红腹锦鸡、斑林狸等42种。有国家级自然保护区千家洞，省级自然保护区海洋山水源林。森林覆盖率35.1%。有中学12所，小学141所，文化馆1个，图书馆1个，博物馆1个，桂剧团1个，二级医院1个。有自治区级文物保护单位古城岗古墓群、果子园古墓群、丁塘口古墓群、白沙古墓群、金盆形古墓群、大岭头古墓群、孝义可风牌坊。有黑岩、千家洞、太子山等景点。三次产业比例25∶49∶26。农业以种植稻谷、甘薯、苎麻、豆类为主，特产雪梨、黑李、红枣、甘薯粉条等。工业以锰业循环经济、选矿机械制造、石材加工、木材加工为主。服务业以餐饮、旅游为主。夏蓉高速，省道全沙、白永线过境。

一桥［1 Qiáo］　在县城东南部。长118米，宽8米，最大跨度96米，桥下净高22米。1958年开工，1960年建成，1972年改建。为1949年以来县城内修建的第一座横跨灌江桥梁，故名。为大型河道桥梁，结构型式为双曲拱桥。最大载重汽车13吨。通公交车。

灌阳汽车站［Guànyáng Qìchēzhàn］　见交通运输设施部分"灌阳汽车站"条。

灌阳镇［Guànyáng Zhèn］　灌阳县人民政府驻地。在县境中部。面积398平方千米。人口7.3万。以汉族为主，还有瑶族。辖3居委会、26村委会，有382自然村。镇人民政府驻接官亭村。清康熙四十七年（1708）建龙岗镇。1949年改城关镇。1950年设城厢区。1958年属红旗公社。1968年析置城关公社。1980年改城关镇。1982年更今名。镇以县名。灌江、秀江、獬江、杉罗源江、大源江流经。有中学3所，小学26所，文化馆1个，图书馆1个，二级医院1个，卫生院1个，卫生室26个，体育场1个。有孔庙（文庙）、武庙、王楼晚渡等景点。农业以种植水稻、水果、西瓜为主。工业以小水电、建材、冶炼、农副产品加工、机械加工为主。夏蓉高速、省道全沙线过境。

滨江西路［Bīnjiāng Xīlù］　在县城东南部。南起解放桥，北至二桥。与共和路、胜利路相交。长1.2千米，宽20米。沥青路面。2001年开工，2005年建成。因在灌江西岸得名。两侧有县供水公司水厂、滨江花园等。通多路公交车。

接官亭村［Jiēguāngtíngcūn］　灌阳镇人民政府驻地。在镇境中部。人口200。村旁有凉亭，在此亭接送官员，故名。聚落呈带状。有小学、卫生室。有古凉亭遗址。农业以种植水稻为主。省道全沙线经此。通公交车。

孔家村［Kǒngjiācūn］　在镇境东部。灌阳镇辖自然村。人口400。孔子五十五世孙孔克善于明朝洪武初年居于此地，故名。聚落呈带状。为中国传统村落。民居样式和布局按山东孔子故里古民居设计修建。有古门（大门、中门、小门）、炮楼、天佑楼等古迹。农业以种植水稻、杉木为主。灌秀、胡沙公路经此。

唐家屯［Tángjiātún］　在镇境西部。灌阳镇辖自然村。人口600。先祖唐世宾于明代从灌阳昭仪唐家迁徙至仁义蚌泥窝建房定居，故名。聚落呈散点状。为中国传统村落。民居具徽派建筑特征，有单体四合院和复合四合院。有祠堂、庙宇、古井、古民居等古迹。农业以种植水稻、经济林木为主。仁合公路经此。

黄关镇［Huángguān Zhèn］　灌阳县辖镇。在县境西南部。面积206平方千米。人口4.5万。以汉族为主，还有瑶族。辖15村委会，有254自然村。镇人民政府驻黄关村。1949年设黄牛市区。1952年为第二区。1957年改黄关公社。1962年改区。1984年改乡，同年置镇。因镇政府驻地得名。灌江流经。有中学1所，小学17所，卫生院1个，卫生室15个，敬老院5个。有自治区级文物保护单位白沙古墓（汉墓）群。有云台寺、俊山等古迹。农业以种植水稻、杉、松、竹、油桐为主。工业以瓷器、食品加工、农具、农机修理为主。省道全沙线、江东公路过境。

黄关村［Huángguāncūn］　黄关镇人民政府驻地。在县驻地灌阳镇西南20千米。人口900。因地形如黄牛得名。聚落呈团块状。有中小学、卫生院。农业以种植水稻、甘薯、雪梨为主。省道全沙线、江东公路经此。

文市镇［Wénshì Zhèn］　灌阳县辖镇。在县境北部。面积140平方千米。人口3.8万。以汉族为主。辖21村委会，有115自然村。镇人民政府驻文市村。1949年设文市镇。1950年改区。1957年改乡。1958年改公社。1984年复乡，同年置镇。因镇政府驻地得名。灌江流经。有中学1所，小学21所，卫生院1个，卫生室21个。有自治区级文物保护单位孝义可风牌坊。有唐代柳宗元诗刻、明代石刻、催官塔、红军亭等古迹。有月岭古民居、文市石林等景点。农业以种植水稻为主，特产奈李、黑李、红瓜子等。工业以石材加工、冶炼为主。厦蓉高速、龙永公路过境。

文市村［Wénshìcūn］　文市镇人民政府驻地。在县政府驻地灌阳镇北21千米。人口800。旧名文村，后形成集市后更今名。聚落呈团块状。有卫生院。有全国重点文物保护单位红军亭。有明代石刻赤。农业以种植水稻为主。有商贸业。龙永公路经此。

达溪村 [Dàxīcūn] 在县政府驻地灌阳镇北23千米。文市镇辖自然村。人口2400。原名达石,后因村前有溪更今名。聚落呈团块状。有小学、卫生室。为中国传统村落。有聚德堂、蒋柄大院、达人亭、达溪渡亭、达溪义渡、占鳌桥等景点。农业以种植水稻、玉米为主,特产奈李、雪梨等。白梅公路经此。

岩口村 [Yánkǒucūn] 在县政府驻地灌阳镇东北23千米。文市镇辖自然村。人口500。村居岩石出口处,故名。聚落呈带状。有卫生室。为中国传统村落。有文氏祠堂及古民居、古亭、古井、红色遗址等。农业以种植水稻、奈李、黑李为主。白梅公路经此。

月岭屯 [Yuèlǐngtún] 在县政府驻地灌阳镇东北19千米。文市镇辖自然村。人口1700。村前石山如月亮,初名望月岭,后更今名。聚落呈团块状。有小学、卫生室。为中国历史文化名村、中国传统村落。有自治区级文物保护单位孝义可风牌坊。有文昌阁、石寨古炮台、白竹岩、文峰塔、将军庙等景点。农业以种植水稻、甘薯为主。文水公路经此。

新街镇 [Xīnjiē Zhèn] 灌阳县辖镇。在县境西南部。面积167平方千米。人口4.5万。以汉族为主,还有瑶、回等民族。辖21村委会,有232自然村。镇人民政府驻新街。1958年成立新街公社。1962年改区。1968年复公社。1984年改乡。2014年置镇。因镇政府驻地得名。灌江流经。有中学1所,小学21所,卫生院1个,卫生室21个。有古城岗、古墓群、九龙岩等古迹。农业以种植水稻、甘薯为主,特产黑李、雪梨、百香果、甘薯粉条等。工业以木材加工、石材加工、机械制造为主。省道全沙线过境。

新街 [Xīnjiē] 新街镇人民政府驻地。在县政府驻地灌阳镇西南11千米。人口700。因1949年新建街圩得名。聚落呈带状。有中小学、卫生院。有唐景崧、唐景崇、唐景崶同胞兄弟三翰林塑像。农业以种植水稻为主。省道全沙线、江东公路经此。

江口村 [Jiāngkǒucūn] 在县政府驻地灌阳镇南11千米。新街镇辖自然村。人口1400。因在两条小江汇入灌江处得名,俗称三江口。聚落呈带状。为中国传统村落。有晚清台湾巡抚、爱国将领唐景崧故居。有元、明、清风貌老街,青砖碧瓦马头墙,商铺鳞次栉比。农业以种植水稻、林木为主,特产雪梨、黑李等。省道全沙线经此。

青箱村 [Qīngxiāngcūn] 在县政府驻地灌阳镇西南9千米。新街镇辖自然村。人口2000。因村中山清水秀、古朴古香而名"清香",后谐音更今名。聚落呈团块状。有小学。为中国传统村落。有古宅。有大祠堂、秉表公祠堂、花祠堂等10多座祠堂。农业以种植水稻为主,特产雪梨、奈李、甘薯粉条等。省道全沙线经此。

新圩镇 [Xīnxū Zhèn] 灌阳县辖镇。在县境北部。面积191平方千米。人口2.5万。以汉族为主,还有瑶族。辖16村委会,有119自然村。镇人民政府驻新圩街。1950年设新圩区。1958年改公社。1984年改乡。2014年置镇。因镇政府驻地得名。有中学1所,小学16所,卫生院1个,卫生室16个。有全国重点文物保护单位红五师指挥所、下立湾救护所、酒海井纪念园。农业以种植甘薯、小麦、枣为主。厦蓉高速、省道全沙线过境。

新圩街 [Xīnxūjiē] 新圩镇人民政府驻地。在县政府驻地灌阳镇北12千米。人口1700。为新建街圩,且附近村民均来此赶圩,故名。聚落呈带状。有中小学、卫生院。农业以种植水稻、辣椒为主。省道全沙线经此。

洞井瑶族乡 [Dòngjǐng Yáozú Xiāng] 灌阳县辖民族乡。在县境西南部。面积208平方千米。人口0.9万,其中瑶族占39%,还有汉、壮等民族。辖9村委会,有140自然村。乡人民政府驻洞井村。原属观音阁乡,1984年析置洞井瑶族乡。因乡政府驻地得名。牛湾河、秀江、大源江、牛江河、澥江流经。为灌江发源地。有中学1所,小学9所,卫生院1个,卫生室9个。农业以种植水稻、脐橙、辣椒为主,特产油茶、油桐。工业以竹、杉木加工为主。洞大、洞小公路过境。

洞井村 [DòngJǐngcūn] 洞井瑶族乡人民政府驻地。在县政府驻地灌阳镇西南41千米。人口600。因村中田洞在月光照射下风景优秀而得名月洞,后因村中多田洞水井更今名。聚落呈团块状。有中小学、卫生院、卫生室。为中国传统村落。有明清两代房屋、宗祠。有唐氏宗祠等古迹。农业以种植水稻、脐橙为主。洞大公路经此。

观音阁乡 [Guānyīngé Xiāng] 灌阳县辖乡。在县境西南部。面积131平方千米。人口0.9万。以汉族为主,还有瑶族。辖6村委会,有99自然村。乡人民政府驻文明村。1950年设观音区。1952年改第三区。1958年改观音阁公社。1967年改卫东区。1973年复改观音阁公社。1984年改乡。境内各村均有观音阁,故名。有中学1所,小学6所,卫生院1个,卫生室6个。有农历九月初一观音阁婆婆庙会民俗。有蒋进士读书岩、观音阁遗址、莲花山等景点。农业以种植水稻为主,特产红砂橘、百香果等。省道全沙线过境。

文明村 [Wénmíngcūn] 观音阁乡人民政府驻地。在县政府驻地灌阳镇西南37千米。人口2900。旧时读书人较多,比较文明,故名。聚落呈团块状。有中小学、卫生院。有观音阁遗址。农业以种植水稻、玉米为主,特产食用菌、马蹄。省道全沙线经此。

西山瑶族乡 [Xīshān Yáozú Xiāng] 灌阳县辖民族乡。在县境西南部。面积188平方千米。人口1.3万,其中瑶族占40%,还有汉、壮等民族。辖10村委会,有216自然村。乡人民政府驻李家桥村。1958年成立西山公社。1962年改区。1980年复改公社。1984年改瑶族乡。处县城西部山区,故名。有中学1所,小学10所,卫生院1个,卫生室10个。有高草禅林寺、五龙庙等景点。农业以种植木材、毛竹为主,特产罗汉果、山苍子、桐油、茶油等。黄西公路过境。

李家桥村 [Lǐjiāqiáocūn] 西山瑶族乡人民政府驻地。在县政府驻地灌阳镇西南22千米。人口300。江上有李家桥,故名。聚落呈团块状。农业以种植松、杉、毛竹为主。黄西、李陶公路经此。

水车乡 [Shuǐchē Xiāng] 灌阳县辖乡。在县境东北部。面积213平方千米。人口3.2万。以汉族为主,还有瑶、壮、回、苗等民族。辖14村委会,有156自然村。乡人民政府驻水车村。1949年为文市区水车乡。1950年设水车区。1952年改第五区。1954年改水车区。1958年改公社。1984年置乡。因乡政府驻地得名。灌江流经。有中学1所,小学14所,卫生院1个,卫生室14个。有全国重点文物保护单位红三军团指挥部。有国家级自然保护区千家洞(部分)。有月岩、东方红水库大坝等景点。农业以种植水稻为主,特产柑橙、枣、梨等。水车—新圩公路过境。

水车村 [Shuǐchēcūn] 水车乡人民政府驻地。在县政府驻地灌阳镇东北16千米。人口1200。因用架筒车引水灌田得名。聚落呈团块状。有中小学、卫生室。农业以种植水稻、甘薯为主。有大理石加工企业。文水公路经此。

官庄村 [Guānzhuāngcūn] 在县政府驻地灌阳镇北16千米。水车乡辖自然村。人口2800。村内建筑似古代官府庭院,故名。聚落呈团块状。有小学、卫生室。为中国传统村落。有50余座桂北风格古民宅。有官庄上炮楼、下炮楼、挂榜石刻等景点。农业以种植水稻为主,特产红瓜子。长水公路经此。

伍家湾村 [Wǔjiāwāncūn] 在县政府驻地灌阳镇东北16千米。水车乡辖自然村。人口2300。原名恩溪,后因伍姓人口居多更今名。聚落呈团块状。为中国传统村落。有明洪武二年建湘桂古民居风格建筑。有良田公祠、石笔等古迹。农业以种植水稻为主。

下云屯 [Xiàyúntún] 在县政府驻地灌阳镇东北15千米。水车乡辖自然村。人口1800。原名下营,因明洪武初年此村在明军营地下方得名。后谐音更名夏云,又因国家汉字简化更今名。聚落呈团块状。为中国传统古村落。有清代建筑。有文家祠堂、古商业街等古迹。农业以种植水稻为主。

资源县

资源县 [Zīyuán Xiàn] 桂林市辖县。北纬25°46′,东经110°16′。在市境北部。面积1941平方千米。人口17.7万。以汉族为主,还有瑶、苗、壮、回等民族。辖3镇、4乡。县人民政府驻资源镇。1935年析全县及兴安部分地置资源县,以处资江之源得名。1940年属第一行政督察区。1942年由省直辖。1944年属第八行政督察区。1949年属桂林专区。1952年撤资源县,五排区入兴安县,余归全县。1954年复置资源县,属桂林专区。1971年属桂林地区。1954年复县后,对县城原有街道进行改扩建。1962年资江大桥竣工。1990年建成镇中路、城中路、西延路、河西路等10条道路,共长近15千米。县城总面积2.4平方千米。1994年开发城南商业住宅区。1999年旧城区改造。2001年始丹霞城建设。2003年建设城北新区。2005年县城总面积3.4平方千米。新建河西西路、河西北巷等12条街巷,建成城中资江大桥、资江风雨桥、资江东西两岸滨水步道、滨江路西延文化长廊、城南滨江公园、城中中心广场、宣传文化广场。2014年底建成城西15056平方米廉租住房、城北二期限价商品房,经济适用房竣工120套。城中区为商贸集中区,城北区为旅游文化集中区,城南区为综合产业功能区。地势西高东低,南高北低。平均海拔800米。最高点兴安、资源2县交界处猫儿山主峰海拔2141.5米,最低点随滩村塔子寨海拔313米。年均气温16.4℃,1月平均气温4℃,7月平均气温28℃。年均降水量1761.1毫米。资江、五排河、黄柏江、双岔河、小地河流经。有矿产资源铁、锰、钛、萤石、长石、石英等。有野生植物1122种,其中国家重点保护野生植物有冷杉、南方红豆杉、伯乐树、鹅掌楸、长苞铁杉、福建柏、檫木、观光木、三尖杉、榉木等29种。有野生动物40多种,其中国家重点保护野生动物有金钱豹、麝、穿山甲、鹇鸡、锦鸡等11种。有国家级自然保护区银竹老山。森林覆盖率93%。有中学8所,小学115所,图书馆1个,博物馆1个,二级医院1个,体育馆1个。有全国重点文物保护单位晓锦新石器时代遗址。有国家级非物质文化遗产七月半河灯歌节。有省级非物质文化遗产苗族山歌调、瑶族山歌调等。有自治区风景名胜区八角寨、资江、天门山生态园。有唐代大璋墓、清代高仙桥、空大桥、瑶族团规石碑等古迹。有国家森林公园、国家地质公园八角寨丹霞地貌景区。有宝鼎瀑布、五排河、丹霞温泉、车田湾温泉、资源雪景、高山草场、老山界红军长征路等景点。有彩调剧、渔鼓、山歌调、盘王舞等民间艺术。三次产业比例 35∶18∶47。农业以种植西红柿、红提、辣椒等为主。工业以矿业为主。服务业以旅游开发、房地产开发为主。省道白梅线过境。

资中桥［Zīzhōng Qiáo］ 在县城北部。长106米，宽16.5米，最大跨度102米，桥下净高15米。1998年开工，2000年建成。因在资源中学旧门口得名。为大型河道桥梁，结构型式为钢筋混凝土斜交现浇连续板桥。最大载重15吨。通公交车。

资源县汽车总站［Zīyuán Xiàn Qìchē Zǒngzhàn］ 见交通运输设施部分"资源县汽车总站"条。

资源镇［Zīyuán Zhèn］ 资源县人民政府驻地。在县境中部。面积325平方千米，人口4.6万。以汉族为主，还有苗、瑶、壮、回等民族。辖2居委会、14村委会，有282自然村。镇人民政府驻大埠街。1962年设城关镇。1982年改大合镇。2005年延东乡并入合置资源镇。资江、石溪河、同禾河、天门河、修睦河流经。有中学5所，小学20所，二级医院1个，卫生院1个，卫生所11个，体育馆1个。有国家3A级旅游景区天门山。有资江漂流、宝鼎瀑布、仙人谷生态文化公园、曹家冲旅游度假山庄、民族文化风情园等景点。有晓锦文化遗址。经济以毛竹加工业为主。资梅、资百、资五公路过境。

大埠街［Dàbùjiē］ 资源镇人民政府驻地。在镇境南部。人口500。因所建码头较多得名大埠头，1935年更今名。聚落呈带状。有小学、卫生院。有商贸业。资龙公路经此。

梅溪镇［Méixī Zhèn］ 资源县辖镇。在县境东北部。面积376平方千米。人口3万。以汉族为主，还有苗、瑶等民族。辖1居委会、13村委会，有614自然村。镇人民政府驻梅溪街。1949年为梅溪乡。1950年与瓜里乡合设梅瓜区。1952年为全县（现全州县）第十四区。1954年为资源县梅溪区。1958年改公社。1984年改乡。2014年置镇。因镇政府驻地得名。咸水洞河、铜座河、瓜里河、茶坪河流经。有中学1所，小学19所，卫生院1个，卫生所13个。有国家森林公园、国家地质公园八角寨丹霞地貌景区。农业以种植水稻，养殖生猪、羊、家禽为主，特产茶叶、桐油、茶油、松脂、生漆、天麻、田七、山苍子等。省道白梅线过境。

梅溪街［Méixījiē］ 梅溪镇人民政府驻地。在县政府驻地资源镇东北21千米。人口1000。传明初为长有竹子和梅花树沙洲，前临溪水，故名。聚落呈团块状。有中小学、卫生院。有清代单拱石桥空大桥。农业以种植薇菜、蕨菜、竹笋等为主。有商贸业。省道白梅线经此。

中峰镇［Zhōngfēng Zhèn］ 资源县辖镇。在县境东南部。面积306平方千米，人口2.9万。以汉族为主，还有瑶、苗、壮等民族。辖10村委会，有256自然村。镇人民政府驻油榨坪村。1933年为中峰乡。1940年枫木乡并入。1950年设中峰区。1952年为十二区。1954年复设中峰区。1968年改公社。1984年复乡。2014年置镇。该镇在庠水斗、刺木凹、地母殿3山峰中间地母殿附近，故名。大源河、冷源河、龙溪河、菜园里河流经。有中学1所，小学12所，卫生院1个，卫生所9个。有朝天岩化石遗址、清乾隆年锦头古民居建筑群等古迹。农业以种植水稻、毛竹为主。省道白梅线过境。

油榨坪村［Yóuzhàpíngcūn］ 中峰镇人民政府驻地。在县政府驻地资源镇南13千米。中峰镇辖自然村。人口800。宋代由湖南省新宁县人迁建，因以前为大沙坪洲，后有人在河边开榨油店而得名。聚落呈带状。有小学、卫生院。农业以种植红提为主。省道白梅线、资源到桂林公路经此。

瓜里乡［Guālǐ Xiāng］ 资源县辖乡。在县境西北部。面积240平方千米。人口2.2万。以汉族为主，还有苗、瑶等民族。辖11村委会，有233自然村。乡人民政府驻瓜里街。1949年为瓜里乡。1950年与梅溪乡合设梅瓜区。1954年析建瓜里区。1957年改乡。1958年改公社。1984年复乡。周围山高，中间田垌形似葫芦瓜，故名。瓜里河、白竹河流经。有中学1所，小学20所，卫生院1个，卫生所10个。有清代高仙桥。农业以种植药材（杜仲、黄柏、厚朴），养殖竹鼠为主。林业有松、杉。有采矿企业。梅溪—车田公路过境。

瓜里街［Guālǐjiē］ 瓜里乡人民政府驻地。在县政府驻地资源镇北38千米。人口500。明末何姓在此居住并经营店铺，得名何家街，后为瓜里乡驻地，更名瓜里街。聚落呈团块状。有小学、幼儿园、卫生院。有凤凰风雨桥。经济以商贸为主。梅溪—车田公路经此。

车田苗族乡［Chētián Miáozú Xiāng］ 资源县辖乡。在县境西部。面积311平方千米。人口2.4万，其中苗族占55.6%，还有瑶族等。辖12村委会，有490自然村。乡人民政府驻芋头田村。1933年为兴安县车田乡。1935年为资源县车田乡。1940年五排乡并入。1950年与浔源乡合设五排区。1952年为兴安县第十区。1953年改五排苗族自治区，划出塘垌、江口、猴背、冲坪4乡归两金瑶族自治区。1954年复归资源县。1955年兴安县两金瑶族自治区猴背乡并入。1961年成立车田、大水岭2公社，析出两水、河口2公社。1962年车田、大水岭2公社合设车田区。1968年改公社。1984年改车田苗族乡。因古代以筒车车水灌田得名。五排河流经。有中学1所，小学25所，卫生院1个，卫生所10个。有对山歌、七月半河灯歌节等民俗。有田头水古戏台、老山界、五排河漂流等景点。农业以种植西红柿、辣椒为主。有农产品贸易。资龙公路过境。

芋头田村［Yùtoutiáncūn］ 车田苗族乡人民政府驻地。在县政府驻地资源镇西南19千米。人口400。以苗族为主。因地势低，雨时水田易被淹，村民修建防水圩（堤坝）得名圩头田，后谐音更今名。聚落呈团块状。有小学、卫生院。经济以商贸为主。资龙公路经此。

两水苗族乡［Liǎngshuǐ Miáozú Xiāng］ 资源县辖乡。在县境西南部。面积133平方千米。人口1.1万，其中苗族占52.4%，还有瑶、彝等民族。辖6村委会，有207自然村。乡人民政府驻双凤桥村。1911年为兴安县西外区。1933年为浔源乡。1935年改隶资源县。1950年与车田乡合设五排区。1952年为兴安县第十区。1955年猴背乡划入。1961年析五排苗族自治区部分辖域和兴安县两金公社塘垌大队置两水公社。1962年与河口公社并为两水区。1968年改两水公社。1984年改两水苗族乡，析葱坪、高山等5村入河口瑶族乡。因乡政府驻地在凤水、社水2村交界处得名。古牛河、五排河流经。有小学7所，幼儿园1所，卫生院1个，卫生所6个。有老山界赵氏宗祠、大屋古宅等景点。农业以种植西红柿、辣椒为主。资龙公路过境。

双凤桥村［Shuāngfèngqiáocūn］ 两水苗族乡人民政府驻地。在县政府驻地资源镇西南6千米。人口200。以汉族为主，还有苗、瑶等民族。村左右两山形如凤凰，清代在小凤水河上建小桥，故名。聚落呈团块状。有小学。农业以种植玉米、甘薯为主。资龙公路经此。

河口瑶族乡［Hékǒu Yáozú Xiāng］ 资源县辖乡。在县境西南部。面积110平方千米。人口0.5万，其中瑶族占26%，还有汉、苗等民族。辖5村委会，有136自然村。乡人民政府驻河口街。1984年由两水公社高山、立寨坪、大弯、葱坪、猴背5大队，和平村上大瓢、下大瓢、松树坪3村民小组合设河口瑶族乡。因乡政府驻地得名。有小学6所，卫生院1个，卫生所5个。有清咸丰年间瑶族团规石碑。农业以种植水稻、玉米、甘薯、百合为主，特产香菇、木耳、天麻、竹笋、薇菜、蕨菜等。有木材加工业。资龙公路过境。

河口街［Hékǒujiē］ 河口瑶族乡人民政府驻地，在县政府驻地资源镇西南33千米。人口200。以汉族为主，还有苗、瑶等民族。位于两水河、五排河交汇处，故名。聚落呈团块状。有小学、卫生院。有瑶语、盘瓠神灵崇奉、农历九月十六盘王节、招郎入赘等民俗。经济以个体商贸业为主。资龙公路经此。

平乐县

平乐县［Pínglè Xiàn］ 桂林市辖县。北纬24°38′，东经110°38′。在市境东南部。面积1920平方千米。人口45.1万。以汉族为主，还有壮、瑶、回、苗等民族。辖6镇、4乡。县人民政府驻平乐镇。三国吴甘露元年（265）置平乐县，以境内平乐溪（乐水）得名，治今城厢乡糖榨村，属始安郡。唐贞观七年（633）废沙亭县入平乐县。北宋开宝五年（972）废永平县入平乐县。1912年废县入平乐府。1913年废府复置平乐县。1914年后属桂林道、第二民团区、桂林民团区、平乐民团区、平乐行政监督区、第二行政督察区、第一行政督察区、平乐专区、桂林专区、桂林地区。1998年属桂林市。1991年拓宽下关街、大拱冲、东泉街和改直多处路段。1995年后对县城主要街道重新铺设混凝土路面并改建中山公园。2004年建成马河体育馆。地势东南高西北低。最高点石榴界主峰海拔1372.1米，最低点大发瑶族乡黄龙村滩底村附近河面海拔72米。年均气温20℃，1月平均气温9.6℃，7月平均气温28.6℃。年均降水量1400.7毫米。桂江、茶江、漓江、荔江流经。有矿产资源煤、锰、铁、花岗岩、硅灰石、方解石、大理石等。森林覆盖率73.77%。有中学19所，小学135所，图书馆1个，文化馆1个，二级医院3个，体育馆1个。有自治区级文物保护单位阳安古墓群、粤东会馆、二塘古墓群、张家古墓群。有民间艺术唢呐、渔鼓、彩调、桂剧、秧歌、腰鼓、调牌灯、瑶族长鼓舞、传统舞狮舞龙、斗鸡斗鸟等。有瑶族盘王节、二月二农具节等民俗。有桂江、源头仙家温泉、冷水石林、榕津千年古榕群等景点。三次产业比例38∶36∶26。农业以种植水稻、玉米、甘薯，养殖生猪、淡水鱼为主。工业以水力发电、冶炼、非金属矿物加工、农药制作、农副食品加工为主。服务业以旅游为主。有四星级酒店1个。包茂高速，323国道，省道阳二、全沙线过境。

桂江二桥［Guìjiāng 2 Qiáo］ 在县城西北部。长425.6米，宽23米，最大跨度108米，桥下净高20米。2007年开工，2009年建成。为平乐县城在桂江上修建的第二座桥，故名。为大型河道桥梁，结构型式为中承式箱型肋拱桥。最大载重40吨。通公交车。

茶江大桥 [Chájiāng Dàqiáo] 在县城东北部。长310.5米,宽12米,最大跨度40米,桥下净高16米。1993年开工,1997年建成。建在茶江上,故名。为大型河道桥梁,结构型式为钢拱架桥。最大载重20吨。通公交车。

平乐县汽车站 [Pínglè Xiàn Qìchēzhàn] 见交通运输设施部分"平乐县汽车站"条。

平乐镇 [Pínglè Zhèn] 平乐县人民政府驻地。在县境西北部。面积313平方千米。人口9.8万。以汉族为主,还有壮、瑶、苗等民族。辖4居委会、29村委会,有349自然村。镇人民政府驻上关街。1950年设城厢镇。1951年改第十区。1952年改平乐镇。1958年改公社。1962年改区。1969年复改公社。1984年置镇。1996年附城乡并入。2005年福兴、长滩2乡并入。为县政府驻地,镇以县名。桂江、茶江、漓江、荔江流经。有中学3所,小学18所,二级医院3个,卫生院1个,卫生所29个。有自治区级文物保护单位粤东会馆。农业以种植水稻、玉米、蔬菜为主。有乳胶涂料企业。包茂高速、323国道过境。

正北街 [Zhèngběi Jiē] 在县城中部。南起中华街,北至水源公路。与正西街、黄埔街相交。长2千米,宽12米。沥青路面。清末民初始建,名一段,1923年更今名。因在县城北面得名。两侧有县第一小学、县住建局、县医院等。通公交车。

黄埔街 [Huángpǔ Jiē] 在县城中部。东起东泉街大园盘,西至正北街大园盘。与新兴街相交。长3千米,宽8米。车道为沥青路面,人行道为大理石路面。1949年前建,宽3米。1995年扩建。因原黄埔军校分校在此驻扎得名。为商业街。两侧有商店、酒店、司法局、妇幼保健院等。通公交车。

新安街 [Xīn'ān Jiē] 在县城中部。东起月城街,西至东泉街。与滨江路、安良街相交。长2.6千米,宽20米。车道为沥青路面,人行道为大理石路面。原名甘泉街,1958年更今名。为县城最繁华街道。两侧有商店、酒店、交通局、汽车站、林业局等。通公交车。

上关街 [Shàngguānjiē] 平乐镇人民政府驻地。在镇境中部。人口11000。清代因下关轮渡口附近设有关卡得名。后以桂江河分上、中、下三段,此地处上游,故名。聚落呈带状。有小学。有自治区级文物保护单位粤东会馆。经济以商贸、手工艺为主。通公交车。

二塘镇 [Èrtáng Zhèn] 平乐县辖镇。在县境北部。面积226平方千米。人口7.4万。以汉族为主,还有壮、瑶、侗、回、满等民族。辖1居委会、18村委会,有271自然村。镇人民政府驻二塘街。1950年为东屏区,同年改第三区。1958年改二塘公社。1962年改区。1969年复改公社。1984年置镇。因镇政府驻地得名。周塘河流经。有中学2所,小学19所,卫生院1个,卫生所18个。农业以种植水稻、玉米、蔬菜为主,特产沙田柚、月柿等。工业以食品加工为主。包茂高速、323国道、省道阳二线过境。

二塘街 [Èrtángjiē] 二塘镇人民政府驻地。在县政府驻地平乐镇东北14千米。人口6100。距县城20华里,旧时10华里为1塘,故名。聚落呈带状。有中小学、卫生院等。经济以商贸、农副产品加工为主。包茂高速、323国道、省道阳二线经此。

沙子镇 [Shāzǐ Zhèn] 平乐县辖镇。在县境西北部。面积193平方千米。人口4.3万。以汉族为主,还有壮、瑶、苗、布依、侗、回等民族。辖1居委会、10村委会,有136自然村。镇人民政府驻沙子街。1950年设沙子区,同年改第二区。1958年改乡,同年改公社。1984年置镇。因镇政府驻地得名。茶江流经。有中学1所,小学11所,卫生院1个,卫生所10个。有清光绪年开设的沙子当铺、沙子古街等景点。农业以种植水稻、玉米、蔬菜为主,特产沙田柚、大山楂。省道全沙、阳二线,平沙公路过境。

沙子街 [Shāzǐjiē] 沙子镇人民政府驻地。在县政府驻地平乐镇北30千米。人口4300。因天妃庙前有沙石路得名。聚落呈带状。有中小学、卫生院等。为中国传统村落。有清光绪年开设的沙子当铺、沙子古街等景点。经济以商贸为主。省道全沙、阳二线,平沙公路经此。

同安镇 [Tóng'ān Zhèn] 平乐县辖镇。在县境西南部。面积137平方千米。人口5万。以汉族为主,还有壮、瑶、苗等民族。辖1居委会、12村委会,有117自然村。镇人民政府驻同安街。1950年为第六区。1958年改公社。1962年改区。1969年复改公社。1984年置镇。因镇政府驻地得名。同安河流经。有中学2所,小学17所,卫生院1个,卫生所12个。有华山妈祖庙。农业以种植水稻、玉米、蔬菜为主,特产大水李、鹅梨等。工业以石材加工为主。包茂高速、323国道、同莲公路过境。

同安街 [Tóng'ānjiē] 同安镇人民政府驻地。在县政府驻地平乐镇东33千米。人口4300。取共同安居乐业之意得名。聚落呈带状。有中小学、卫生院。经济以商贸为主。包茂高速、323国道、同莲公路经此。

华山村 [Huáshāncūn] 在县政府驻地平乐镇东30千米。同安镇辖自然村。人口400。背靠大山,面对榕津河,古时水陆交通方便,商业繁华,故名。聚落呈团块状。有小学。有妈祖庙、粤东会馆、清朝三甲进士李炳文故居等景点。农业以种植水稻为主,特产月柿。包茂高速、323国道经此。

张家镇 [Zhāngjiā Zhèn] 平乐县辖镇。在县境东部。面积117平方千米。人口4.7万。以汉族为主,还有壮、瑶等民族。辖2居委会、12村委会,有93自然村。镇人民政府驻张家街。1950年为第五区。1958年改张家乡,同年改公社。1984年置镇。因镇政府驻地得名。榕津河流经。有中学2所,小学11所,卫生院1个,卫生所12个。有榕津千年古榕、榕津妈祖庙等景点。农业以种植水稻、玉米、蔬菜为主,特产梅子、沙田柚等。有榕津鞭炮厂。包茂高速、323国道、平榕公路过境。

张家街 [Zhāngjiājiē] 张家镇人民政府驻地。在县政府驻地平乐镇东27千米。人口1800。最初张姓居此做生意,后又有多户湖南人迁入,逐渐成圩,故名。聚落呈带状。有小学、卫生院。经济以商贸为主。平榕公路经此。

榕津村 [Róngjīncūn] 在县政府驻地平乐镇东20千米。张家镇辖自然村。人口1400。因古有10榕9井13塘得名。聚落呈团块状。有中小学。为中国传统村落。有榕津千年古榕群、榕津古街、榕津妈祖庙等景点。经济以手工业生产为主。323国道、平榕公路经此。

源头镇 [Yuántóu Zhèn] 平乐县辖镇。在县境东南部。面积307平方千米。人口5.1万。以汉族为主,还有壮、瑶等民族。辖1居委会、17村委会,有153自然村。镇人民政府驻源头街。1950年为第七区。1955年改源头区。1958年改公社。1962年复区。1969年复改公社。1984年置镇。因镇政府驻地得名。玄武河流经。有中学1所,小学15所,卫生院1个,卫生所17个。有仙家温泉、源头冷水石林等景点。工业以农产品加工、木材加工、食品为主。特产石崖茶。323国道过境。

源头街 [Yuántóujiē] 源头镇人民政府驻地。在县政府驻地平乐镇东南50千米。人口4000。原称猿猴圩,因山里要猴人多得名。后因名不雅,以方言谐音"源头"代替。聚落呈带状。有小学、卫生院。经济以商贸为主。323国道经此。

阳安乡 [Yáng'ān Xiāng] 平乐县辖乡。在县境东南部。面积73平方千米。人口2.6万。以汉族为主,还有壮、瑶等民族。辖10村委会,有44自然村。乡人民政府驻阳安街。1951年设第八区。1958年改阳安乡,同年改公社。1984年复乡。因乡政府驻地得名。东江河流经。有平口水库。有中学1所,小学12所,卫生院1个,卫生所10个。农业以种植水稻为主,特产三华李。平榕公路过境。

阳安街 [Yáng'ānjiē] 阳安乡人民政府驻地。在县政府驻地平乐镇东南39千米。人口900。原名羊眼寨,传该地有棵大樟树,树有2洞似羊眼得名。清光绪元年(1875)建成乐安街后,以新旧地名各取一字得名。聚落呈带状。有中小学、卫生院。经济以商贸为主。平榕公路经此。

青龙乡 [Qīnglóng Xiāng] 平乐县辖乡。在县境南部。面积83平方千米。人口2.4万。以汉族为主,还有壮、瑶、苗等民族。辖8村委会,有55自然村。乡人民政府驻青龙街。1962年设青龙区。1969年改公社。1984年改乡。因乡政府驻地得名。大刚河流经。有中学1所,小学8所,卫生院1个,卫生所8个。农业以种植水稻为主,特产野生石崖茶。平榕公路过境。

青龙街 [Qīnglóngjiē] 青龙乡人民政府驻地。在县政府驻地平乐镇东南37千米。人口400。因青龙山得名。聚落呈带状。有中小学、卫生院。经济以商贸为主。平榕公路经此。

桥亭乡 [Qiáotíng Xiāng] 平乐县辖乡。在县境南部。面积108平方千米。人口1.8万。以汉族为主,还有壮、瑶等民族。辖1居委会、8村委会,有98自然村。乡人民政府驻桥亭街。1958年成立桥亭公社。1962年改区。1969年复公社。1984年改乡。因乡政府驻地得名。桥亭河流经。有中学1个,小学7所,卫生院1个,卫生所8个。工业以食品加工、碎石开采为主。特产月柿。平榕公路过境。

桥亭街 [Qiáotíngjiē] 桥亭乡人民政府驻地。在县政府驻地平乐镇东南19千米。人口800。因桥前有凉亭得名。聚落呈带状。有小学、卫生院。经济以商贸为主。平榕公路经此。

大发瑶族乡 [Dàfā Yáozú Xiāng] 平乐县辖乡。在县境西南部。面积358平方千米。人口1.9万,其中瑶族占49.5%,还有壮、汉等民族。辖10村委会,有181自然村。乡人民政府驻大发街。1951年为第九区。1958年改公社。1962年复区。1969年复改公社。1984年改瑶族乡。1997年改大发瑶族乡。寓意瑶乡大发展、发家致富得名。桂江流经。有中学1所,小学9所,卫生院1个,卫生所10个。有长鼓舞、抢花炮等民间文艺。有农历正月十五瑶族盘王节等民俗。经济以农林产品加工为主,特产甜茶叶、沙田柚、茶油等。龙窝—大发公路过境。

大发街 [Dàfājiē] 大发瑶族乡人民政府驻地。在县政府驻地平乐镇西南18千米。人口700。原名大扒街,以山形似耙(谐音)得名。1997年大扒瑶族乡更名大发瑶族乡,街以此更名。聚落呈带状。有中小学、卫生院。经济以商贸为主。龙窝—大发公路经此。

荔浦县

荔浦县 [Lìpǔ Xiàn] 桂林市辖县。北纬24°29′,东经110°23′。在市境南部。面积1796

平方千米。人口38.5万。以汉族为主,还有壮、瑶、侗等民族。辖10镇、2乡、1民族乡。县人民政府驻荔城镇。西汉元鼎六年(111)置荔浦县,因处荔水边,故名。唐贞观十二年(638)废武龙、崇仁2县入荔浦县,属桂州。北宋熙宁四年(1071)省修仁、永宁2县入荔浦县。元丰元年(1078)复置修仁县。1913年后属漓江道、桂林道、第二民团区、桂林民团区、平乐民团区、平乐行政监督、第二行政督察区、第一行政督察区、平乐专区。1952年撤修仁县入荔浦县。1958年属桂林专区。1971年属桂林地区。1998年属桂林市。1991年扩宽荔浦大桥,改造中山街、城中路(原柴火行)、中园路。1992年后先后开发龙口工业区、五里工业区和永华工业区,新建荔塔路、荔松路、新城路、中园南路。新建客运汽车站、金凤凰大酒店、中山公园、县体育馆等标志性建筑。为丘陵地貌。地势由西南向东北倾斜。最高点新坪镇长滩村猪头山海拔1355.7米,最低点东昌镇思贡村思贡河谷海拔102.3米。年均气温19.7℃,1月平均气温9.1℃,7月平均气温30.8℃。年均降水量1396.3毫米。荔浦河、马岭河流经。有矿产资源锰、铜、铝、锌、铁、铁硫、重晶石、方解石、石灰石等。森林覆盖率69.8%。有中等师范学校1所,中学14所,小学99所,二级医院2个,体育场2个,国家高水平体育后备人才基地1个。有自治区级重点保护文物荔浦塔、马岭古墓群。有清贵州安义镇总兵陈嘉墓、古寨民居银龙古寨。有国家4A级旅游景区丰鱼岩田园、荔江湾、银子岩,国家3A级旅游景区天河瀑布。三次产业比例22∶48∶30。农业以种植花卉苗木、蔬菜、砂糖橘、荔浦芋、马蹄,养殖生猪为主。工业以生产木制品、食品、五金为主。服务业以旅游为主。321、323国道,柳梧、桂梧、桂玉公路过境。

荔浦大桥［Lìpǔ Dàqiáo］　在县城北部。长143.6米,宽20米,最大跨度30.5米,桥下净高10米。1933年建成,2001年改建。因县得名。为大型河道桥梁,结构型式为双曲拱桥。最大载重20吨。通多路公交车。

中园桥［Zhōngyuán Qiáo］　在县城北部。长187.4米,宽14.5米,最大跨度16米,桥下净高4米。1993年开工,1994年建成,2014年扩建。因在中园路上得名。为大型河道桥梁,结构型式为预应力混凝土连续梁桥。最大载重20吨。通多路公交车。

荔浦县汽车站［Lìpǔ Xiàn Qìchēzhàn］　见交通运输设施部分"荔浦县汽车站"条。

荔城镇［Lìchéng Zhèn］　荔浦县人民政府驻地。在县境中部。面积95平方千米。人口8万。以汉族为主,还有壮、瑶、苗、侗等民族。辖10居委会、10村委会,有99自然村。镇人民政府驻沙街社区。1954年设荔城镇。1958年改公社。1962年复镇。1963年改城关区。1968年分设城关公社、荔城镇。1984年城关公社并入荔城镇。因镇政府驻地得名。荔浦河流经。有中学2所,小学11所,文化馆1个,二级医院2个,卫生院1个,卫生所10个,体育馆1个,民间桂剧团1个。有自治区级文物保护单位荔浦文塔。农业以种植水稻为主,特产荔浦芋、夏橙等。工业以小五金、衣架、食品加工为主。321、323国道过境。

荔柳路［Lìliǔ Lù］　在县城北部。东起荔平路,西至荔塔路。与中山路、广财巷、沙洞路等相交。长2.5千米,宽30米。沥青路面。1927年建成。1976、1990、2014年改扩建。为荔浦县城通往柳州方向的道路,故名。两侧有中国工商银行荔浦支行、中共荔浦县委、县国家税务局、县第二中学、荔浦林场、荔浦宾馆等。通公交车。

荔桂路［Lìguì Lù］　在县城北部。南起中山路,北至321国道。与鸟排冲巷、樟树井巷相交。长2千米,宽30米。混凝土路面。1930年开工,1933年建成。1972年重建。因为荔浦通往桂林路段得名。两侧有县交通运输局、县中医院、荔城镇第一小学、荔城中学、中山公园、居住小区等。通公交车。

中园路［Zhōngyuán Lù］　在县城东南部。南起荔塔路,北至中山路。与滨江路相交。长3千米,宽40米。水泥路面。1910年建成。1990年扩建。南段2000年竣工。因接连中山路与沙园路得名。两侧有县公安局、县武装部、荔城二小等。通公交车。

沙街社区［Shājiē Shèqū］　荔城镇人民政府驻地。在县境中部。面积4.7平方千米。人口3500。处河边沙洲,形成圩市,故名。2009年成立。民居以3—4层砖混结构自建房为主。有卫生服务站。321、323国道在此交会。通公交车。

东昌镇［Dōngchāng Zhèn］　荔浦县辖镇。在县境东部。面积147平方千米。人口2.5万。以汉族为主,还有瑶、壮等民族。辖1居委会、11村委会,有109自然村。镇人民政府驻栗木街。1951年为第一区。1955年改栗木区。1957年分设东阳、栗木2乡。后合建公社。1982年因与恭城县栗木公社重名,改东昌镇公社。1984年改乡。1994年置镇。地处荔浦县东部,取"繁荣昌盛"之意,故名。东昌河流经。有中学1所,小学9所,卫生院1个,卫生所11个。农业以种植杨梅、草莓、砂糖橘为主。工业以化工、竹木制品、塑料制品、蚊香、建筑材料为主。323国道过境。通公交车。

栗木街［Lìmùjiē］　东昌镇人民政府驻地。在县政府驻地荔城镇东北14千米。人口1200。因过去长有栗木得名。聚落呈带状。有中学、卫生院。经济以商贸为主。323国道经此。

新坪镇［Xīnpíng Zhèn］　荔浦县辖镇。在县境东南部。面积251平方千米。人口3万。以汉族为主,还有壮、瑶等民族。辖1居委会、13村委会,有164自然村。镇人民政府驻新坪街。1952年为第七区。1954年改第十一区。1955年为兴坪区。1957年分兴坪、汉田2乡。1958年成立兴坪公社。1982年改新坪公社。1984年改乡。1994年置镇。因镇政府驻地得名。有中学1所,小学11所,卫生院1个,卫生所14个。农业以种植荔浦芋、马蹄、夏橙为主。工业以竹木制品、食品、石灰炼制、制砖为主。323国道过境。

新坪街［Xīngpíngjiē］　新坪镇人民政府驻地。在县驻地荔城镇东南6千米。人口900。原名"兴坪",清康熙年间(1662—1722)民户散居在一大荒坪上,取兴旺之意得名,后以谐音改今名。聚落呈团块状。有师范学校、中学、卫生院等。工业以食品、竹木加工为主。有商贸业。新坪—荔浦公路经此。通公交车。

杜莫镇［Dùmò Zhèn］　荔浦县辖镇。在县境东南部。面积123平方千米。人口2.5万。以汉族为主,还有壮、瑶等民族。辖1居委会、10村委会,有138自然村。镇人民政府驻杜莫街。1950年为蒙山县第五区。1953年划入荔浦县。1955年改杜莫区。1957年分设杜莫、张村2乡。1958年2乡合设杜莫公社。1984年改乡。1994年置镇。因镇政府驻地得名。有中学1所,小学11所,卫生院1个,卫生所11个。农业以种植荔浦芋、马蹄、生姜等为主。工业以衣架、采石、红砖为主。321国道过境。通公交车。

杜莫街［Dùmòjiē］　杜莫镇人民政府驻地。在县政府驻地荔城镇南9千米。人口2000。传建于宋末,因杜、莫二姓首先迁入建寨,故名。聚落呈团块状。有中学、卫生院。经济以商贸为主。321国道经此。

青山镇［Qīngshān Zhèn］　荔浦县辖镇。在县境西南部。面积72平方千米。人口3.5万。有汉、壮等民族。辖1居委会、10村委会,有110自然村。镇人民政府驻青山街。1950年为青山区。1951年设镇西乡。1953年分设青山、松林、永镇、荔青等乡。1955年复青山区。1957年分青山、松林2乡。1968年合建公社。1984年改乡。1994年置镇。因镇政府驻地得名。有中学1所,小学11所,特殊教育学校1所,卫生院1个,卫生所11个。有国家4A级旅游景区荔江湾。工业以竹木制品、食品、电子产品为主。323国道过境。通多路公交车。

青山街［Qīngshānjiē］　青山镇人民政府驻地。在县政府驻地荔城镇西南9千米。人口2300。街圩旁鹞鹰山上树木四季常青,故名。聚落呈团块状。有中学、卫生院。有国家4A级旅游景区荔江湾。经济以商贸为主。荔浦—龙怀公路经此。

修仁镇［Xiūrén Zhèn］　荔浦县辖镇。在县境西南部。面积2平方千米。人口3.8万。以汉族为主,还有壮、瑶等民族。辖1居委会、9村委会,有119自然村。镇人民政府驻修仁街。1951年为第八区。1955年改修仁区。1957年改乡。1968年改公社。1984年置镇。因镇政府驻地得名。修仁河、长滩河流经。有中学1所,小学10所,卫生院1个,卫生所10个。有两棵千年古榕。农业以种植砂糖橘、马蹄、荔浦芋等为主。工业以竹木衣架制造、松脂加工、五金包装为主。323国道过境。

修仁街［Xiūrénjiē］　修仁镇人民政府驻地。在县政府驻地荔城镇西南17千米。人口6700。该地原为建陵镇,有长滩河绕城而过,称修水,河旁有石山称之仁山,故名。聚落呈团块状。有中学、卫生院。有两棵千年古榕。经济以商贸为主。323国道经此。

大塘镇［Dàtáng Zhèn］　荔浦县辖镇。在县境西北部。面积104平方千米。人口2.3万。以汉族为主,还有壮族。辖1居委会、11村委会,有115自然村。镇人民政府驻大塘街。1949年前为镇北乡。1952年为第二区。1954年为第五区。1955年改大塘区。1957年改乡。1958年改公社。1962年复区。1968年复改公社。1984年复乡。1996年置镇。因镇政府驻地得名。大塘河、应家河、苏结河流经。有中学1所,小学12所,卫生院1个,卫生所12个。有壮族三月三习俗。农业以种植马蹄、沙田柚、大肉枇杷、荔浦芋等为主。工业以竹木衣架制造、松脂加工、五金包装为主。通公交车。

大塘街［Dàtángjiē］　大塘镇人民政府驻地。在县政府驻地荔城镇西北13千米。人口600。清乾隆五十七年(1792)在大塘庙旁成街,故名。聚落呈带状。有中学、卫生院。经济以商贸为主。龙口—大塘公路经此。

花篢镇［Huālǒng Zhèn］　荔浦县辖镇。在县境西北部。面积140平方千米。人口2.5万。以汉族为主,还有壮、瑶等民族。辖1居委会、8村委会,有88自然村。镇人民政府驻花篢街。1955年设花篢区。1957年改乡。1963年并入两江区。1968年成立花篢公社。1984年复乡。1994年改镇。因镇政府驻地得名。大江河流经。有小学9所,幼儿园2所,卫生院1个,卫生所9个。有自治区级文物保护单位马岭古墓群。农业以种植香菇、荔浦芋、马蹄、柑橙等为主。工业以家具、木衣架生产为主。通公交车。

花篢街［Huālǒngjiē］　花篢镇人民政府驻地。在县政府驻地荔城镇西北16千米。人口

1000。四周有小山,似花围绕,故名。聚落呈团块状。有中学、卫生院。经济以商贸为主。龙口—花篢公路经此。

双江镇［Shuāngjiāng Zhèn］ 荔浦县辖镇。在县境北部。面积145平方千米。人口0.5万。以汉族为主,还有壮族。辖1居委会、10村委会,有151自然村。镇人民政府驻两江街。1958年成立两江公社。1982年改双江公社。1984年改乡。1994年置镇。因镇政府驻地得名。龙坪河、江埠河流经。有中学1所,小学11所,卫生院1个,卫生所11个。农业以种植马蹄、荔浦芋、香菇等为主。有衣架厂、爆竹厂、采矿厂、家具厂等企业。荔浦—龙坪公路过境。

两江街［Liǎngjiāngjiē］ 双江镇人民政府驻地。在县政府驻地荔城镇北14千米。人口700。在大江、龙坪两河汇合处,故名。聚落呈带状。有中学、卫生院。经济以商贸为主。荔浦—龙坪公路经此。

马岭镇［Mǎlǐng Zhèn］ 荔浦县辖镇。在县境东北部。面积143平方千米。人口4.5万。以汉族为主,还有瑶族。辖1居委会、14村委会,有133自然村。镇人民政府驻马岭街。1952年设第四区。1955年改马岭区。1957年分马岭、德安、永新3乡。1968年3乡合并成立公社。1984年改镇。因镇政府驻地得名。马岭河流经。有中学1所,小学13所,卫生院1个,卫生所15个。有自治区级文物保护单位马岭古墓群。有国家4A级旅游景区银子岩。农业以种植荔浦芋、砂糖橘、西瓜、香瓜等为主。工业以竹木制品、小五金、农副产品深加工为主。321国道过境。

马岭街［Mǎlǐngjiē］ 马岭镇人民政府驻地。在县政府驻地荔城镇东北14千米。人口3000。东北石山与土岭相连处形如马,故名。聚落呈团块状。有中等职业技术学校、中学、卫生院。经济以商贸为主。321国道经此。

小青山村［Xiǎoqīngshāncūn］ 在县政府驻地荔浦镇东北16千米。马岭镇辖自然村。人口1000。清代建村,村中耸立一座小山,山中林木青葱,故名。聚落呈团块状。为中国传统村落。有国家4A级旅游景区银子岩。有银龙古寨景点。农业以种植花卉苗木为主,特产荔浦芋。321国道经此。

龙怀乡［Lónghuái Xiāng］ 荔浦县辖乡。在县境西南部。面积87平方千米。人口1万。以汉族为主,还有壮、瑶等民族。辖1居委会、4村委会,有42自然村。乡人民政府驻三河街。1951年为三河乡。1961年成立三河公社。1984年复乡。2004年改龙怀乡。原名三河乡,为纪念2004年"中国·桂林·荔浦龙怀世界华商国际投资论坛"永久会址的修建,更今名。三河、东坪河、冲口河、交椅河流经。有小学5所,卫生院1个,卫生所5个。有国家4A级旅游景区丰鱼岩。农业以种植生姜、马蹄、荔浦芋、夏橙等为主。县道岐龙线过境。通公交车。

三河街［Sānhéjiē］ 龙怀乡人民政府驻地。在县政府驻地荔城镇西南15千米。人口400。1930年名江边厂,后因在交椅、冲口、东坪3河汇合处,更今名。聚落呈带状。有小学、卫生院。有国家4A级旅游景区丰鱼岩。经济以商贸为主。双堆—龙怀公路经此。

茶城乡［Cháchéng Xiāng］ 荔浦县辖乡。在县境西部。面积97平方千米。人口1.1万。以汉族为主,还有壮、瑶等民族。辖1居委会、5村委会,有49自然村。乡人民政府驻茶香街。1957年设茶城乡。1961年分茶城、蒲芦2公社。1962年改茶城区。1984年复乡。1952年定西乡所辖利城片村与茶香合并,各取一字得名。文德河流经。有小学8所,卫生院1个,卫生所6个。农业以种植荔浦芋、马蹄等为主。工业以制作家具、衣架、空心砖、爆竹为主。县道堡长线过境。通多路公交车。

茶香街［Cháxiāngjiē］ 茶城乡人民政府驻地。在县政府驻地荔城镇西15千米。人口600。当地盛产茶叶,故名。聚落呈团块状。有小学、卫生院。经济以商贸为主。荔江—蒲芦公路经此。

蒲芦瑶族乡［Púlú Yáozú Xiāng］ 荔浦县辖乡。在县境西北部。面积164平方千米。人口1.1万,其中瑶族占39%,还有壮、汉等民族。辖1居委会、8村委会,有79自然村。乡人民政府驻蒲芦街。1950年为蒲芦乡。1951年属第六区。1955年属蒲芦区。1958年属茶城公社。1968年析置蒲芦公社。1984年改蒲芦瑶族乡。因乡政府驻地得名。蒲芦河、纳兑河流经。有小学2所,卫生院1个,卫生所9个。有天河瀑布等景点。农业以种植香菇、木耳、松脂、罗汉果、八角等为主。工业以制作竹木衣架、家具为主。昆汕高速、堡里—长乐公路过境。

蒲芦街［Púlújiē］ 蒲芦瑶族乡人民政府驻地。在县政府驻地荔城镇西北17千米。人口300。因地形似葫芦得名。聚落呈团块状。有小学、卫生院。经济以商贸为主。荔江—蒲芦公路经过。

龙胜各族自治县

龙胜各族自治县［Lóngshèng Gèzú Zìzhìxiàn］ 桂林市辖自治县。北纬25°48′,东经110°00′。在市境西北部。面积2538平方千米。人口18万。以侗族为主,还有苗、瑶、壮、汉等民族。辖5镇、5乡。县人民政府驻龙胜镇。清乾隆六年(1741)改桑江司为龙胜理苗分府。八年改为龙胜厅,属桂林府。1912年废厅置龙胜县。1913年属漓江道、桂林道、第一民团区、桂林民团区、桂林行政监督区、第一行政督察区、第八行政督察区、桂林专区。1951年撤县置龙胜各族联合自治区(县级)。1953年改龙胜各族联合自治县。1955年改龙胜各族自治县,属桂林地区。1971年属桂林地区。1998年属桂林市。据《龙胜厅志》(清道光二十六年版)载:龙胜境原称桑江,以境内干流桑江得名。清乾隆六年(1741)置龙胜理苗分府,以龙胜寨得名。清乾隆八年(1743)修龙胜厅城,四周有城墙,设东、南、西、北4门。1949年后县城面积逐年沿桑江两岸及和平河两岸扩大。城市以老城区为中心,向两河沿岸拓展。有银杉宾馆、览胜楼、毕业超市大楼、县委政府办公大楼、宏运大厦、工会大厦等标志性建筑。地势东、南、北三面高,西部低。平均海拔700米,最高点大南山海拔1940米,最低点石门塘海拔163米。年均气温18.1℃,1月平均气温7.8℃,7月平均气温26.7℃。年均降水量1500毫米。桑江、和平河、三门河、平等河、平野河、芙蓉河、伟江河流经。有矿产资源滑石、黄金、花岗石、红碧玉(鸡血石)等60多种。有野生植物113种,其中国家一级保护野生植物有银杉、伯乐树,国家二级保护野生植物有桫椤、福建柏、白豆杉、篦子三尖杉、鹅掌楸、观光木、马尾树、木瓜红、五针松、半边枫、闽楠等15种。有野生动物172种,其中国家一级保护野生动物有华南虎、云豹、白颈长尾雉,国家二级保护野生动物有麋、麝、豺狼、黄猿、猪獾、花面狸、豪猪、灵猫、猕猴、短尾猴、水獭、林麝、水鹿、苏门羚、大鲵、黄腹角雉、鹰、锦鸡、环颈雉等。有国家级自然保护区2个。森林覆盖率82.5%。有中学3所,小学11所,图书馆1个,二级医院3个,卫生院10个,体育馆1个。有全国重点文物保护单位2个,省级文物保护单位7个。有国家级非物质文化遗产瑶族服饰,自治区级非物质文化遗产12项。有国家4A级旅游景区龙脊梯田、桂林龙胜温泉。有白面、金车、排坊、银水侗寨等少数民族村寨。有红瑶长发村、岩门峡天桥、红滩瀑布、温泉岩门峡漂流、龙脊河漂流等景点。有侗族琵琶歌、侗族大歌、芦笙歌舞等民间文艺。有龙脊梯田文化旅游节、红衣节等民俗。三次产业比例19∶55∶26。农业以种植水稻、柑橘、罗汉果、百香果为主,特产茶叶、猕猴桃、香菇、龙脊辣椒等。工业以矿产、水电资源开发为主。服务业以旅游开发为主。贵广高铁、桂三高速、321国道过境。

龙胜大桥［Lóngshèng Dàqiáo］ 在县城中部。长122.8米,宽12.4米,最大跨度90米,桥下净高9.5米。1966年开工,1967年建成。1990、2002、2006年改扩建。桥以县名。为大型河道桥梁,结构型式为钢筋混凝土双曲拱桥。最大载重13吨。通多路公交车。

龙胜汽车总站［Lóngshèng Qìchē Zǒngzhàn］ 见交通运输设施部分"龙胜汽车总站"条。

龙胜镇［lóngshèng Zhèn］ 龙胜各族自治县人民政府驻地。在县境南部。面积320平方千米。人口3.9万。以汉族为主,还有苗、瑶、壮、汉等民族。辖4居委会、14村委会,有119自然村。镇人民政府驻龙胜街。1952年为第一区。1958年改日新镇公社。1963年改城关镇。1969年改龙胜镇公社。1984年改镇。因镇政府驻地得名。桑江(浔江)、和平河流经。有中学3所,小学2所,幼儿园21所,二级医院3个,卫生院1个,卫生所10个。农业以种植水稻、杂粮为主,特产罗汉果、蓝莓、百香果等。桂三高速,321国道,龙胜—城步、龙胜—资源公路过境。

兴龙路［Xīnglóng Lù］ 在县城中部。南起原兴龙南路,北至兴龙中路。与古龙街相交。长7.3千米,宽12米。水泥路面。1998年开工,1999年建成。清乾隆八年建龙胜石城,分东、南、西、北4门,称北门街。1994年改兴龙路。寓意振兴龙胜。两侧有商场、酒店、药店等,为县城商业中心。通公交车。

龙胜街［Lóngshèngjiē］ 龙胜镇人民政府驻地。在镇境中部偏东。人口1万。以汉族为主,还有侗、苗、壮、瑶等民族。县政府驻此,故名。聚落呈带状。有中小学、卫生所。有楚南会馆。有农历三月三传统会期。工业以竹木加工、矿产品加工为主。服务业以饮食、日用商品、药品经营为主。321国道、龙胜—资源公路经此。

瓢里镇［Piáolǐ Zhèn］ 龙胜各族自治县辖镇。在县境北部。面积210平方千米。人口1.6万。以汉族为主,还有壮、苗、侗、瑶等民族。辖1居委会、10村委会,有133自然村。镇人民政府驻瓢里街。1958年成立瓢里公社。1984年改乡。1987年析出乐江乡。1994年置镇。因镇政府驻地得名。桑江河、三门河流经。有小学1所,卫生院1个,卫生所9个。有湖南会馆、鄂东会馆等。农业以种植水稻、杉木、毛竹为主,特产茶油、柑橘等。工业以矿产、电力、木材加工为主。桂三高速、321国道过境。

瓢里街［Piáolǐjiē］ 瓢里镇人民政府驻地。在县政府驻地龙胜镇西17千米。人口2600。以汉族为主,还有侗、壮、苗、瑶等民族。地形四面高中间低,形似水瓢,有聚财之意,故名。聚落呈带状。有小学、卫生院、卫生所。有湖南会馆、鄂东会馆等。有农历三月二十三传统会期、鱼宴节等民俗。工业以矿产、滑石加工、木材加工为主。有个体商贸业。321国道经此。

三门镇［Sānmén Zhèn］　龙胜各族自治县辖镇。在县境西南部。面积328平方千米。人口1.5万。以汉族为主，还有壮、苗、侗、瑶等民族。辖1居委会、13村委会，有212自然村。镇人民政府驻三门街。1949年为三门乡。1952年改第六区。1958年为三门公社。1984年复乡。1994年置镇。因镇政府驻地得名。大罗河、大地河流经。有小学1所，卫生院1个，卫生所13个。农业以种植水稻、玉米、蔬菜为主。工业以滑石开采、加工为主。贵广高铁、321国道过境。

三门街［Sānménjiē］　三门镇人民政府驻地。在县政府驻地龙胜镇西南47千米。人口1200。以汉族为主，还有壮、苗、侗、瑶等民族。有3方向进出路口，称金门、银门、幸福门，故名。聚落呈带状。有小学、幼儿园、卫生院。工业以矿产加工为主。321国道经此。

平等镇［Píngděng Zhèn］　龙胜各族自治县辖镇。在县境西北部。面积349平方千米。人口3万。以侗族为主，还有苗、汉、瑶、壮等民族。辖21村委会，有314自然村。镇人民政府驻平等街。1952年设第四区。1958年改平等公社。1984年改乡。2014年置镇。因镇政府驻地得名。小江河、蒙洞河、桑江流经。有小学1所，卫生院1个，卫生所20个。有侗族琵琶歌、侗族大歌、芦笙歌舞等民间文艺。有侗家“三宝”美食。有萨神崇拜、男女情歌坐夜等民俗。有平等侗寨、广南侗寨、吊脚楼民居群、鼓楼群、风雨桥群、石板街等景点。有红军楼、审敌堂等革命遗址。农业以种植昌背茶、南山西红柿、反季节蔬菜为主。工业以水力发电为主。瓢平公路过境。

平等街［Píngděngjiē］　平等镇人民政府驻地。在县政府驻地龙胜镇西北29千米。人口2100。以侗族为主，还有汉、壮、苗、瑶等民族。因古为野果坪，侗语称“坪邓”，后取近音为“平等”。聚落呈带状。有小学、幼儿园、卫生室等。有自治区级文物保护单位孟滩风雨桥，有石板街。农业以种植红糯米、反季节蔬菜、茶，养殖猪、牛、羊、鱼类等为主。有竹木加工企业。瓢平公路经此。

广南屯［Guǎngnántún］　在县政府驻地龙胜镇北28千米。平等镇辖自然村。人口200。侗族聚居。建在宽广楠木林，得名广楠，后简为今名。聚落呈团块状。有福音堂。有自治区级非物质文化遗产广南草龙、草狮。有广南侗族鼓楼、广南兴隆桥等景点。有侗戏、彩调、岩坪调（花灯调）等民间文艺。农业以种植水稻、玉米、柑橘为主，特产罗汉果、茶油等。瓢平公路经此。

龙脊镇［Lóngjǐ Zhèn］　龙胜各族自治县辖镇。在县境东南部。面积237平方千米。人口1.6万。以壮族为主，还有汉、苗、瑶、侗等民族。辖1居委会、15村委会，有193自然村。镇人民政府驻和平街。1958年成立和平公社。1984年改乡。2014年改龙脊镇。因著名龙脊梯田景区得名。金江河、白水河流经。有小学1所，卫生院1个，卫生所14个。有国家4A级旅游景区龙脊梯田、和平国际旅游小镇。有龙脊古壮寨、平安壮寨、大寨瑶寨等景点。农业以种植龙脊茶、龙脊辣椒、罗汉果等为主。工业以竹木产品加工、茶叶加工为主。有以龙脊梯田景区为依托的旅游业。321国道过境。

和平街［Hépíngjiē］　龙脊镇人民政府驻地。在县政府驻地龙胜镇东南12千米。人口400。以汉族为主，还有壮、苗、瑶、侗等民族。原称“官衙”，1953年改称“和平”，意为各族群众和睦、平等。聚落呈团块状。有小学、幼儿园、卫生院、卫生所。有革命烈士纪念碑。经济以商贸、旅游为主。特产龙脊辣椒。321国道经此。

龙脊屯［Lóngjǐtún］　在县政府驻地龙胜镇东南16千米。龙脊镇辖自然村。人口800。以壮族为主，还有瑶、侗等民族。居地山势蜿蜒如龙脊，故名。聚落呈团块状。为中国传统村落。有开耕节、四月八等民俗。有莫一大王石像、石刻绣球图和石寨门、百年古屋、龙脊壮族生态博物馆、古石井、三鱼共首图古雕刻图案等。农业以种植水稻为主，特产龙脊辣椒、龙脊酒等。有旅游业。

泗水乡［Sìshuǐ Xiāng］　龙胜各族自治县辖乡。在县境东北部。面积167平方千米。人口1.4万。以瑶族为主，还有苗、汉、壮、侗等民族。辖9居委会，有153自然村。乡人民政府驻泗水街。1949年为泗水乡。1952年为第一区。1955年属日新区。1969年析置泗水公社。1984年改乡。因乡政府驻地得名。桑江流经。有小学1所，卫生院1个，卫生所9个。有潘内、白面瑶寨等景点。有盘王节、红衣节、打旗公、红瑶梳长发、长鼓舞、蓑衣舞、山歌对唱等民俗文化。有红军岩（光明岩）、红军河口游击战战场遗址。有沂潭革命烈士陵园等纪念地。农业有谷物、水果、药材、木材等生产。工业以水电和林木加工业为主。有旅游服务业。龙城公路过境。

泗水街［Sìshuǐjiē］　泗水乡人民政府驻地。在县政府驻地龙胜镇东北10千米。泗水乡辖自然村。人口2200。以汉族为主，还有瑶、苗、侗、壮等民族。有4条溪流在此注入桑江，故名。聚落呈带状。有小学、幼儿园、卫生院、敬老院。有农历三月十五传统会期、红衣节等民俗。经济以商贸为主。龙城公路经此。

白面瑶寨［Báimiànyáozhài］　在县政府驻地龙胜镇北21千米。泗水乡辖自然村。人口200。以瑶族为主，还有苗、汉等民族。传清嘉庆元年（1796）由黄氏迁建，原称“北面”，也称“八面”，后方言谐音更今名。聚落呈团块状。为全国少数民族特色村寨。有国家级非物质文化遗产红瑶服饰。有红军岩、白面红瑶博物馆、瑶族吊脚楼群等景点。农业以种植水稻、玉米、罗汉果为主，特产菊花。有旅游服务业。

江底乡［Jiāngdǐ Xiāng］　龙胜各族自治县辖乡。在县境东部。面积251平方千米。人口1万。以苗族为主，还有瑶、汉、侗、壮等民族。辖8村委会，有184自然村。乡人民政府驻江底街。1949年为江底乡。1952年属第三区。1958年并入马堤公社。1961年析置江底公社。1963年改区。1969年复改公社。1984年改乡。因乡政府驻地得名。桑江流经。有小学3所，卫生院1个，卫生所8个。有国家4A级旅游景区龙胜温泉（矮岭温泉）、龙胜温泉国家森林公园。有瑶族盘王节、红瑶祭狗节、六月六尝新节等民俗。有大唐湾民族风情苑、江底村梨子根屯等景点。农业以种植经济林，养殖山羊、兔子、翠鸭等为主，特产茶叶、蜂蜜等。有旅游业。龙城公路过境。

江底街［Jiāngdǐjiē］　江底乡人民政府驻地。在县政府驻地龙胜镇东北28千米。人口1500。以瑶族为主，还有苗、侗、壮等民族。在河段下游，故名。聚落呈带状。有小学、幼儿园、卫生院。农业以种植水稻、猕猴桃为主。龙资公路经此。

马堤乡［Mǎdī Xiāng］　龙胜各族自治县辖乡。在县境东北部。面积141平方千米。人口1.2万。以苗族为主，还有汉、侗、壮、瑶等民族。辖8村委会，有184自然村。乡人民政府驻马堤街。1949年为马堤乡。1952年属第三区。1958年改公社。1963年改区。1969年复改公社。1984年改乡。因乡政府驻地得名。芙蓉河、马堤河流经。有大白山、彭子坪自然保护区。有小学3所，卫生院1个，卫生所8个。有四月八会期、五月十五大端午苗歌节等民俗。有红军烈士纪念碑2座。农业以种植茶、哈密瓜、反季节蔬菜，养殖中华鲟为主。工业以食品加工为主。龙胜—城步公路过境。

马堤街［Mǎdījiē］　马堤乡人民政府驻地。在县政府驻地龙胜镇东北18千米。人口2100。以汉族为主，还有苗、瑶、侗、壮等民族。因居住地河边曾有个类似马蹄印石头，故称马蹄。后因“蹄”字不雅，更为马堤。有小学、卫生院。有瑶族、苗族服饰、饮食、歌舞及传统习俗等。经济以个体商贸为主。龙城公路经此。

伟江乡［Wěijiāng Xiāng］　龙胜各族自治县辖乡。在县境北部。面积150平方千米。人口1万。以苗族为主，还有瑶、壮、汉等民族。辖8村委会，有102自然村。乡人民政府驻伟江街。1961年成立伟江公社。1963年并入马堤区。1987年析置伟江乡。因乡政府驻地得名。伟江河流经。有小学1所，幼儿园1所，卫生院1个，卫生所8个。有自治区级文物保护单位红军桥。有红军烈士墓纪念地。有甘甲小南山奇景、洋湾七层岩等景点。农业以种植水稻、西红柿为主，特产高山无公害西红柿、南山萝卜等。工业以大理石开采为主。龙胜—南山公路过境。

伟江街［Wěijiāngjiē］　伟江乡人民政府驻地。在县政府驻地龙胜镇北25千米。人口1100。以苗族为主，还有瑶、侗、壮、汉等民族。原称“尾江”，后因河流蓄水量大，落差高，气势磅礴，更今名。有小学、卫生院。有苗族传统礼仪习俗、民族节庆等。有苗族特色风雨桥等景点。农业以种植水稻为主。有个体商贸业。龙胜—里木公路经此。

乐江乡［Lèjiāng Xiāng］　龙胜各族自治县辖乡。在县境西北部。面积228平方千米。人口2万。以侗族为主，还有苗、瑶、壮、汉等民族。辖13村委会，有159自然村。乡人民政府驻东江屯。1987年从瓢里乡析置乐江乡。取乐土、东江2屯各一字得名。有南山、传素山。平等河流经。有小学1所，文化馆1个，卫生院1个，卫生所13个。有自治区级非物质文化遗产祭萨节、百家宴。有侗族建筑工艺、民族美食、民族服饰、民族歌舞、传歌节等民俗。经济以农业为主，特产柑橘、罗汉果、红糯米等。有木材加工。瓢平公路过境。

东江屯［Dōngjiāngtún］　乐江乡人民政府驻地。在县政府驻地龙胜镇西北19千米。人口300。以侗族为主，还有壮、汉、苗等民族。在河东岸，故名。聚落呈团块状。有小学、卫生院。有农历五月十三日、十二月八日传统会期。农业以种植水稻、柑橘、罗汉果、百香果、百合等为主。

恭城瑶族自治县

恭城瑶族自治县［Gōngchéng Yáozú Zìzhìxiàn］　桂林市辖自治县。北纬24°50′，东经110°49′。在市境东南部。面积2139平方千米。人口30万，其中瑶族占63%，还有汉、壮等民族。辖4镇、5乡。县人民政府驻恭城镇。隋义宁二年（618）始置茶城县，治今茶江东南岸江贝老县垌，属始安郡。唐武德四年（621）改恭城县，先后属乐州和昭州。因“茶”字形似“恭”字，传前茶税苛重，减免茶税后更名恭城。北宋太平兴国元年（976）治迁北乡龙渚市（今栗木镇上宅村大源头）。南宋景定五年（1264）县治迁回原址。元大德五年（1301）属平乐府。明成化十三年（1477）县治徙今址。明清属平乐府。

1913年后属漓江道、桂林道、第二民团区、桂林民团区、平乐民团区、平乐行政监督区、第二行政督察区、第一行政督察区、平乐专区、桂林专区、桂林地区。1990年撤恭城县，成立恭城瑶族自治县。1998年属桂林市。1949年前县城仅有拱辰、太平、吉祥、兴隆、太和5条小街，面积1.5平方千米。1949年后县城扩大到13平方千米，先后建成以十字街为中心，以城中西路、拱辰路、文武路、滨江路、迎宾路、印山北路、印山南路、民乐路、燕新路、茶西路、茶北路、茶东路、茶南路等为主街的县城格局，新建燕岩大桥、白马大桥，有民族体育馆、客运汽车站、信合大厦、千钧大酒店、世纪鑫城大酒店、天和广场、文武广场等标志性建筑。为喀斯特地貌。最高点银殿山主峰海拔1883米，最低点恭城镇古城村岭尾海拔130米。年均气温19.7℃，1月平均气温9.2℃，7月平均气温28.6℃。年均降水量1439毫米。茶江流经。有矿产资源锡、钨、铅、朱砂、花岗岩、大理石、水晶石、煤等。有国家一级保护野生植物红豆杉、银杏，二级保护野生植物福建柏、华南五针松、柔毛油杉、黄枝油杉、楠木、香樟、喜树、红豆。有国家一级保护陆生野生动物蟒蛇、黄腹角雉、白颈长尾雉，二级保护陆生野生动物穿山甲、红腹锦鸡、红腹角雉、大灵猫、小灵猫、大鲵、虎纹蛙。森林覆盖率82%。有中学14所，小学104所，图书馆1个，文化馆1个，二级医院2个，卫生院9个，体育馆1个。有自治区级非物质文化遗产瑶族吹笙挞鼓舞、瑶族羊角舞、恭城瑶族八音、恭城关帝庙会节、瑶族盘王节、瑶族婚礼。有孔庙、武庙、湖南会馆戏台、巨塘古墓群、金堆桥青铜器遗址、犀牛岩等古迹。有烈士陵园、红岩、矮寨、横山景点。有瑶族吹笙挞鼓舞、瑶族羊角舞、唱山歌、民间唢呐吹奏等民间文艺。三次产业比例30∶47∶23。农业以种植稻谷、月柿、椪柑、沙田柚，养殖生猪、牛、竹鼠为主，特产月柿、沙田柚等。工业以矿产品开采冶炼、石材开采加工、水泥生产、农产品加工为主。服务业以旅游、餐饮、农产品销售为主。贵广高铁、323国道、省道全沙线过境。

茶江大桥［Chájiāng Dàqiáo］ 在县城东北部。长148.8米，宽19米，最大跨度52米，桥下净高16米。1959年开工，1964年建成。1988、2014年改扩建。在茶江河上，故名。为大型河道桥梁，结构型式为料石台墩双孔悬链空腹式无铰料拱桥。最大载重汽车20吨，挂车100吨。通公交车。

燕岩大桥［Yànyán Dàqiáo］ 在县城南部。长267.8米，宽12米，最大跨度120米，桥下净高6.7米。1993年开工，1995年建成。在燕岩村附近，故名。为大型河道桥梁，结构型式为钢筋砼刚架拱桥。最大载重汽车20吨，挂车100吨。通公交车。

恭城镇［Gōngchéng Zhèn］ 恭城瑶族自治县人民政府驻地。在县境西南部。面积93平方千米。人口5.6万。以瑶族为主，还有壮、汉等民族。辖5居委会、14村委会，有49自然村。镇人民政府位于燕新路。1950年为城厢镇。1959年改茶江镇公社。1962年复城厢镇。1980年因该镇为县政府驻地而改为恭城镇。1990年城厢乡并人。1998年驻地由兴隆街迁往燕新路。茶江河流经。有中学1所，小学14所，二级医院2个，卫生院1个，卫生所7个，民族体育馆1个。有文庙、武庙、周渭祠、湖南会馆、盘王阁等景点。有烈士陵园。农业以种植月柿、桃子为主。贵广高铁、323国道、省道全沙线过境。

茶南路［Chánán Lù］ 在县城中部。南起拱辰街，北至茶北路。与城中西路、十字街等相交。长4千米，宽24米。混凝土路面。1960年开工，1962年建成。1969年扩建。恭城又称茶城，该路由北向南，故名。两侧有电影院、人民会堂、中心广场、县委部门办公楼、百货公司、酒店。通多路公交车。

滨江西路［Bīnjiāng Xīlù］ 在县城西南面。东起太平路，西至拱辰西路。与民乐路等相交。长0.8千米，宽24米。混凝土路面。2001年开工，2002年建成。在滨江苑西边，故名。为县城最繁华的街道。两侧有酒楼、菜市场、码头等。通多路公交车。

乐湾村［Lèwāncūn］ 恭城镇辖村。在镇境西南部。人口2700。以汉族为主，还有瑶、壮等民族。原名"锣湾"，因地处锣形地、依山傍水得名。民初人们以"安居乐业"之愿望更今名。聚落呈团块状。有小学。为中国传统村落。有清代乐湾大屋，祠堂、古炮楼、古民居等。有古樟林等景点。农业以种植柿子、桃李等为主。

栗木镇［Lìmù Zhèn］ 恭城瑶族自治县辖镇。在县境北部。面积276平方千米。人口5万。以瑶族为主，还有汉、壮、苗等民族。辖2居委会、17村委会，有171自然村。镇人民政府驻栗木街。1950年设栗木乡。1958年改公社。1984年改镇。因镇政府驻地得名。栗木河(观音河)流经。有中学3所，小学18所，卫生院1个，卫生所13个。有武进士欧阳豹古代墓葬等古迹。农业以种植水稻、柑橘、沙田柚，养殖生猪、牛、家禽为主。工业以开采锡钨矿为主。省道全沙线过境。

栗木街［Lìmùjiē］ 栗木镇人民政府驻地。在县政府驻地恭城镇东北35千米。人口2500。该地原为栗木园，后群众在此聚集经商，形成街圩，故名。聚落呈团块状。有中小学、卫生所、图书馆等。农业以种植柑橙、沙田柚等为主。有农产品贸易市场。恭城—灌阳公路经此。

常家屯［Chángjiātún］ 在县政府驻地恭城镇东北26千米。栗木镇辖自然村。人口900。原名大立村，朱、熊、刘3姓聚居地。明正统年间(1436—1449)常茂春后裔由大合村迁此，因常姓人丁兴旺，人口超其他姓氏，清初改名常家村。聚落呈团块状。为中国传统村落。有清代建筑2万平方米。有清代水寨祠堂、文举屋、武举屋及传统古民居等。农业以种植柑橙为主。

大合屯［Dàhétún］ 在县政府驻地恭城镇东北32千米。栗木镇辖自然村。人口1300。因由江西省大合村人迁建，为纪念祖地而得名。聚落呈带状。为中国传统村落。有乐山堂、祠堂、古神亭、古炮楼等古建筑。有古民居2万平方米。农业以种植沙田柚为主。栗木—龙虎公路经此。

石头屯［Shítoutún］ 在县政府驻地恭城镇东北38千米。栗木镇辖自然村。人口1000。因原芦岸洲四周芦苇绝迹后显露石头得名。聚落呈带状。为中国传统村落。有清至民国古民居2万平方米。有古炮楼、古神亭等古建筑。农业以种植砂糖橘为主。栗木—观音公路经此。

莲花镇［Liánhuā Zhèn］ 恭城瑶族自治县辖镇。在县境南部。面积322平方千米。人口5.2万。以瑶族为主，还有壮、汉等民族。辖1居委会、23村委会，有188自然村。镇人民政府驻莲花街。1949年为莲花乡。1952年改第三区。1958年成立莲花公社。1984年改瑶族乡。1994年改镇。因镇政府驻地得名。有中学3所，小学23所，卫生院1个，卫生所5个。有国家级非物质文化遗产长鼓舞。农业以种植水稻、月柿为主。工业以石材开采加工为主。服务业以物流为主。贵广铁路、莲同公路过境。

莲花街［Liánhuājiē］ 莲花镇人民政府驻地。在县政府驻地恭城镇东南12千米。人口1300。因种植莲藕得名。又名新圩。聚落呈带状。有小学、卫生院。有老戏台等。经济以物流、商贸为主。莲花—同安公路经此。

凤岩屯［Fèngyántún］ 在县政府驻地恭城镇东南13千米。莲花镇辖自然村。人口1600。以瑶族为主，还有汉族。因村后小山形似凤凰且有一口岩得名。聚落呈团块状。为中国传统村落。有清代古民居1.5万平方米，保存较好的有8座。农业以种植月柿为主。恭城—钟山公路经此。

朗山屯［Lǎngshāntún］ 在县政府驻地恭城镇东南17千米。莲花镇辖自然村。人口800。以瑶族为主，还有汉、壮等民族。因村后长山盛长朗树得名。聚落呈带状。为中国传统村落。有清光绪八年(1882)始建的朗山古民居景点。现有保存较好的清代古民宅6座。农业以种植月柿为主。莲花—平乐公路经此。

高桂屯［Gāoguìtún］ 在县政府驻地恭城镇东南18千米。莲花镇辖自然村。人口1100。以壮族为主，还有汉、瑶等民族。村头有一株高大的桂花树，故名。聚落呈带状。为中国传统村落。有清代古民宅9200平方米，保存较好的有22座。产柿子。经济以商贸为主。莲花—平乐公路经此。

嘉会镇［Jiāhuì Zhèn］ 恭城瑶族自治县辖镇。在县境北部。面积249平方千米。人口2.6万。以瑶族为主，还有汉族。辖1居委会、13村委会，有95自然村。镇人民政府驻嘉会街。1949年为嘉会乡。1950年改第四区。1958年成立嘉会公社。1984年改乡。2014年置镇。因乡政府驻地得名。有中学1所，小学12所，卫生院1个，卫生所12个。有九板桥婆王节等民俗。农业以种植水稻、月柿、柑橘、沙田柚、桃李等为主，特产红瓜子、黄笋等。工业以甜酒、水电、风电为主。省道全沙线、恭城—龙虎公路过境。

嘉会街［Jiāhuìjiē］ 嘉会镇人民政府驻地。在县政府驻地恭城镇东北18千米。人口1300。取"欢迎各方嘉宾好友汇集"之意命名。聚落呈带状。有小学、卫生院。经济以个体商贸为主。特产黄片糖、红瓜子等。省道全沙线、恭城—龙虎公路经此。

平安乡［Píng'ān Xiāng］ 恭城瑶族自治县辖乡。在县境东部。面积243平方千米。人口3.8万。以瑶族为主，还有汉族。辖15村委会，有66自然村。乡人民政府驻桥头村。1950年设第二区。1955年改和平区。1958年改公社。1982年更名平安公社。1984年改乡。因乡政府原驻地得名。路口河、北洞源河流经。有中学1所，小学13所，卫生院1个，卫生所15个。有黄岭村、社山村、邓扒村等生态新村旅游景点。农业以种植砂糖柑为主。工业以有色金属冶炼为主。贵广高铁过境。有恭城站。

桥头村［Qiáotóucūn］ 平安乡人民政府驻地。在县政府驻地恭城镇东3千米。人口700。以瑶族为主，还有汉、壮等民族。村头小河上建有一座桥，故名。聚落呈团块状。有小学、卫生院。农业以种植柑橘、月柿为主。恭城—平乐、恭城—龙虎公路经此。

北洞源村［Běidòngyuáncūn］ 在县政府驻地恭城镇东9千米。平安乡辖自然村。人口300。该村田洞之水来源于北面，故名。聚落呈团块状。为生态新村旅游点之一。农业以种植柚子为主。平安—大江公路经此。2012年被评为全国文明村。

三江乡［Sānjiāng Xiāng］ 恭城瑶族自治县辖乡。在县境东南部。面积324平方千米。人口1.5万。以瑶族为主，还有汉族。辖10村委会，有80自然村。乡人民政府驻三江街。1958年成立三江公社。1984年改三江瑶族乡。

1990年改三江乡。因乡政府驻地得名。有中学1所,小学4所,卫生院1个,卫生所9个。有正月十四花炮节等民俗。农业以种植月柿、槟榔芋、灵芝为主。工业以竹木加工、铅锌矿开采为主。贵广高铁、恭城—富川公路过境。

三江街[Sānjiāngjiē] 三江乡人民政府驻地。在县政府驻地恭城镇东南29千米。人口600。以瑶族为主,还有汉、壮等民族。桃溪河、南江源河、安冲河在此汇合,故名。聚落呈三角形。有小学、卫生院。农业以种植水稻、玉米、柿子为主,特产野蜂蜜、冬菇、芦笋干、田鼠、柿子等。贵广高铁、恭城—富川公路经此。

西岭乡[Xīlǐng Xiāng] 恭城瑶族自治县辖镇。在县境西北部。面积425平方千米。人口3.8万。以瑶族为主,还有汉族。辖1居委会、17村委会,有156自然村。乡人民政府驻圩市街。1934年设西岭乡。1950年属第五区。1955年为西岭区。1958年设西岭乡,同年与杨溪、新合2乡合并成立西岭公社。1963年澄江区并入。1984年改乡,同年改西岭瑶族乡。1990年复名西岭乡。因乡政府原驻地得名。龟山河、西岭河流经。有中学1所,小学13所,卫生院1个,卫生所9个。有青年渡槽、瑶族刺绣、十里桃花长廊、大岭山、潮水岩、峻山明珠、挖沟银河等景点。农业以种植月柿、马蹄为主。工业以铅锌矿开采加工为主。贵广高铁、省道全沙线过境。

圩市街[Xūshìjiē] 西岭乡人民政府驻地。在县政府驻地恭城镇西北14千米。人口700。原称西岭圩,西岭原名西里,即西边的乡里,因居县境西部得名。后以县境西部群山重岭,改名西岭。又因位于原街圩周围,更今名。聚落呈带状。有小学、卫生院等。有清代古炮楼、"峻山明珠"等景点。农业以种植水稻、月柿、马蹄为主。西岭—峻山、嘉会—平乐公路经此。

费村[Fèicūn] 在县政府驻地恭城镇西北11千米。西岭乡辖自然村。人口1000。原名燕窝村,由陈、陆、费3姓村民居住,清初陈、陆2姓迁出,更今名。聚落呈团块状。为中国传统村落。有古民宅50座,大小炮楼2500平方米。有犀牛渡景观。农业以种植月柿为主。恭城—西岭公路经此。

杨溪屯[Yángxītún] 在县政府驻地恭城镇西北16千米。西岭乡辖自然村。人口900。以瑶族为主,还有汉、壮等民族。原名杨家洲,1950年与双溪寨合并,改杨溪屯。聚落呈团块状。为中国传统村落。有古民居15800平方米、王氏宗祠600平方米、古牌坊102平方米。农业以种植马蹄、芋头为主。西岭—朝川公路经此。

观音乡[Guānyīn Xiāng] 恭城瑶族自治县辖乡。在县境东北部。面积133平方千米。人口1万。以瑶族为主,还有汉族。辖4村委会,有30自然村。乡人民政府驻大兴里村。1934年设观音乡。1950年属第六区(栗木)。1958年复乡,同年改公社。1984年设观音乡,同年改观音瑶族乡。1990年改观音乡。附近有石山形似观音,故名。观音河流经。有小学5所,卫生院1个,卫生所4个。有观音山、焦山村、水滨村等景点。有国家级非物质文化遗产梅山图、吹笙挞鼓舞。农业以种植药菊罗汉果、养殖竹鼠为主。恭城—灌阳公路过境。

大兴里村[Dàxīnglǐcūn] 观音乡人民政府驻地。在县政府驻地恭城镇东北41千米。人口300。瑶族聚居。明初建村于山坡下,地势较低,周围较高,取名大坑底,后谐音雅为今名。聚落呈带状。有小学、卫生院。农业以种植水稻、沙田柚、柑橙等为主。

焦山屯[Jiāoshāntún] 在县政府驻地恭城镇东北45千米。观音乡辖自然村。人口400。以瑶族为主,还有汉族。传遇大旱后山上百草树木枯死,远看像被大火烧焦的石山,故名。聚落呈环带状。为中国传统村落。有保存较好的古民居40座、13800平方米。有托圣亭、塘边亭、焦山亭3古凉亭。农业以养殖竹鼠、黄牛为主。

水滨村[Shuǐbīncūn] 在县政府驻地恭城镇东北48千米。观音乡辖自然村。人口300。瑶族聚居。因在河道边得名。聚落呈团块状。为中国传统村落。有清代月崖庵、白马寺、周家祠堂等古迹。农业以种植辣椒、槟榔芋、药菊等为主。

龙虎乡[Lónghǔ Xiāng] 恭城瑶族自治县辖乡。在县境东北部。面积74平方千米。人口1.3万。以瑶族为主,还有汉族。辖4村委会,有20自然村。乡人民政府驻龙虎街。1958年1月设龙虎乡,9月并入嘉会公社。1961年析置龙虎公社。1962年复并入嘉会区。1989年析嘉会乡龙虎、狮子及栗木镇龙岭、源头4村置龙虎乡。因乡政府驻地得名。马林源河流经。中学1所,小学5所,卫生院1个,卫生所4个。有龙虎关、明清古战场遗址、实乐古村落等景点。农业以种植沙田柚,养殖生猪、牛、家禽为主。恭城—龙虎公路过境。

龙虎街[Lónghǔjiē] 龙虎乡人民政府驻地。在县政府驻地恭城镇东北30千米。人口700。因南有龙头岭,北有虎头岭,龙虎相对而得名。聚落呈带状。有小学、卫生院等。有龙虎关等古迹。经济以商业、小食品加工为主。恭城—龙虎公路经此。

实乐屯[Shílètún] 在县政府驻地恭城镇东北30千米。龙虎乡辖自然村。人口800。以瑶族为主,还有汉、壮等民族。原称石螺。因古时村头一土丘像螺丝得名。1949年前全村新起门楼3处,以"新起门楼,实在快乐"之意改今名。聚落呈带状。为中国传统村落。有清代古民居20多座。有瞭望台、休闲亭,休闲亭石墩、木柱等保留完好。农业以种植沙田柚、柑橙为主。栗龙公路经此。

梧州市

梧州市[Wúzhōu Shì] 广西壮族自治区辖地级市。北纬22°37′—24°18′,东经110°18′—111°40′。在自治区境东部。面积12572平方千米。户籍人口340.3万,常住人口339.9万。以汉族为主,还有瑶、壮等民族。辖长洲、万秀、龙圩3区,苍梧、藤县、蒙山3县,代管岑溪县级市。市人民政府驻长洲区。1927年由苍梧县析设梧州市,直属省。1930年属苍梧民团区。1932年并入苍梧县。1949年设县级梧州市,属梧州专区。1950年升地级市,属广西省。1958年降县级市,属梧州专区。1961年升地级市,属广西僮族自治区。1965年属广西壮族自治区。1984年苍梧县并入。1997年藤县、蒙山县并入,代管岑溪市。因唐武德四年(621)苍梧郡得名。地势由南北向中部倾斜。平均海拔24米。年均气温21.2℃,1月平均气温12.8℃,7月平均气温28.6℃。年均降水量1453毫米。年均无霜期360天。浔江、西江、桂江、蒙江等流经。有矿产资源铜、铁、猛、重晶石等。有野生植物2000种,其中国家重点保护野生植物有桫椤、金毛狗、格木、闽楠、罗汉松等11种。有野生动物1000多种,其中国家一级保护野生动物有金钱豹、黑叶猴、中华鲟等6种,国家二级保护野生动物有猕猴、小灵猫、苏门羚、麝、水獭等17种。森林覆盖率75.9%。有高校3所,中职15所,中学127所,小学894所,九年一贯制学校6所,三级医院7个,图书馆5个,博物馆1个。有全国重点文物保护单位梧州中山纪念堂、太平天国永安活动旧址、梧州近代建筑群等5个,自治区级文物保护单位中共梧州地委·广西特委旧址、粤东会馆、邓公庙等7个。有国家级非物质文化遗产藤县狮舞、苍梧六堡茶制作技艺,自治区级非物质文化遗产岑溪牛娘戏、梧州粤剧等17项。有民俗蒙山山歌、木偶戏等。有国家4A级旅游景区2个,国家3A级旅游景区6个。有景点鸳鸯江、元丰钱鉴遗址、南汉铜钟、粤东会馆等。三次产业比例11∶61∶28。农业以种植水稻、玉米为主。工业以建材、化工、机械、有色金属加工、食品加工、医药、纺织服装、人造宝石加工为主。特产六堡茶、砂糖橘、荔枝、龙眼、西瓜、香芋、粉葛等。服务业以住宿餐饮、房地产、旅游等为主。有铁路153千米,高铁80千米,公路5984.7千米,高速218.5千米,内河航线170千米。洛湛铁路,南广高铁,包茂、广昆、梧柳、贵梧、桂梧高速,207、321、324国道过境。有梧州站、岑溪站、藤县站、梧州南站。有梧州长洲岛机场,民航航线2条,通往国内重庆、贵阳、福州、义乌等城市。有梧州港。

梧州[Wúzhōu] 简称梧。梧州市聚落。在市境东部。面积54平方千米。人口47.1万。以汉族为主,还有瑶、壮、苗、侗、仫佬、毛南等民族。唐武德四年(621)梧州城位于西江北岸、桂江东岸、白云山南麓间。宋代建立钱监。明末建成水上都市。清光绪年间始为通商口岸。1949年后沿西江北岸东部、桂江两岸扩展城区,面积增加近10倍。2013年中心城区向西江南岸扩展,建成区面积拓展到54平方千米。商业区位于中部。水陆交通中心、外贸出口基地位于东部。工业区位于西部。连片经济开发区、对外加工区位于大塘一带。铁路、公路、水路、民用航空构成交通运输网络。通多路公交车。

新兴一路[Xīnxīng 1 Lù] 在市区中部。东起文澜路,西至新兴二路。与新华路、日化路、工厂二路相交。长1.8千米,宽24米。混凝土路面。1965年开工,同年建成。1974、1982、1993年拓宽重建。取鼎新兴盛意得名。两侧有市红十字会医院、书店、设计院、邮政局、青少年宫、政府单位、广场、公园等。通多路公交车。

西堤路[Xīdī Lù] 在市区中部。东起鸳江路,西至西江汉河大桥。与文澜路、新华路、日化路、吉祥路、古塘路相交。长5千米,宽22—36米。混凝土路面。1982年开工,2005年建成。因处河西防洪堤得名。分西堤一、二、三路。两侧有政府单位、码头、公园景区、市红十字会医院、大厦、酒楼、酒店、居住小区等。通多路公交车。

西环路[Xīhuán Lù] 在市区中部。东起富民一路，西至新兴二路。与枣冲路、下三云路、上三云路、广东路、步埠路相交。长4.5千米，宽24—30米。混凝土路面。1987年开工，1988年建成。1998、1999、2003、2004年拓宽改建。时为市河西片环城公路，故名。两侧有中学、政府单位、市区中部医院、企业、事业单位、酒店、居住小区等。通多路公交车。

舜帝大道 [Shùndì Dàdào] 在市区中部。东起西江三路与西江四路交接处，西至三龙大道与桂梧路交接处。与钱鉴路、富民三路、龙腾路相交。长11.5千米，宽46米。混凝土路面。2009年开工，2013年建成。2014年扩建。因纪念舜帝"崩于苍梧之野"得名。两侧有龙船冲客运中心、云龙公园、白云山、梧州学院、毅德物流城、钱鉴码头、桂江医院等。通多路公交车。

长 洲 区

长洲区 [Chángzhōu Qū] 梧州市人民政府驻地。在市境东部。面积373平方千米。人口16.7万。以汉族为主，还有壮、瑶等民族。辖2街道、2镇。区人民政府驻大塘街道。1976年置郊区。1979年撤。1984年复郊区。2003年改长洲区。因长洲岛得名。有标志性建筑物龙鱼雕塑。年均气温21.1℃。年均降水量1503.6毫米。浔江、桂江流经。有中学8所，小学29所，幼儿园31所，三级医院1个，体育馆1个。有自治区级非物质文化遗产泗洲村下俚歌。有景点玫瑰湖公园、东华山等。三次产业比例3∶43∶54。农业以种植水稻、蔬菜为主。特产蜜枣、沙田柚等。工业以不锈钢制品加工为主。服务业以商贸为主。洛湛铁路，包茂、梧柳高速，321国道过境。有梧州机场。有梧州站、梧州汽车站。

新兴二路 [Xīnxīng 2 Lù] 在区境东部。东起新兴一路，西至新龙路。与吉祥路、奥奇丽路、新兴三路、西环路、新闻路相交。长3.1千米，宽36—45米。混凝土路面。1965年始建，后多次改扩建，1992年成现状。因吉言佳语得名。两侧有政府单位、中学、市中医院、报社、酒店、居住小区、批发市场。通多路公交车。

新兴三路 [Xīnxīng 3 Lù] 在区境东部。东起新兴二路，西至三龙大道。与冬湖路、秋湖路、春湖路、新湖一路相交。长2.8千米，宽45米。混凝土路面。1993年开工，同年建成。因吉言佳语得名。两侧有政府单位、汽车站、大酒店、购物广场、居住小区等。通多路公交车。

红岭路 [Hónglǐng Lù] 在区境东部。南起新兴二路，北至龙腾路。与新兴三路、三龙大道、兴业路、兴梧路、兴龙路相交。长2.3千米，宽30—46米。水泥路面。1959年开工，1961年建成。1982年扩建。因途经红岭果场得名。两侧有中学、政府单位、酒店、居住小区等。通多路公交车。

梧州站 [Wúzhōu Zhàn] 见交通运输设施部分"梧州站"条。

梧州汽车站 [Wúzhōu Qìchēzhàn] 见交通运输设施部分"梧州汽车站"条。

大塘街道 [Dàtáng Jiēdào] 长洲区人民政府驻地。在区境东部。面积5平方千米。人口5.2万。1995年设。因原有大池塘得名。浔江流经。有中学3所，小学3所，三级医院1个，卫生服务中心1个。经济以商贸、金融业为主。通多路公交车。

兴龙街道 [Xīnglóng Jiēdào] 属长洲区。在区境中部。面积49平方千米。人口2.5万。2003年设。取新兴、龙新2村各一字得名。浔江、桂江流经。有中职2所，中学2所，小学2所。有景点玫瑰湖公园等。农业主产水稻。服务业以商贸为主。有梧州站、梧州汽车站。通多路公交车。

长洲镇 [Chángzhōu Zhèn] 长洲区辖镇。在区境南部。面积54平方千米。人口4.9万。辖2居委会、6村委会，有60自然村。镇人民政府驻竹湾村。1958年设长洲乡。后改公社。1984年复乡。1993年置镇。因长洲岛得名。浔江流经。有中学2所，小学7所，卫生院2个，卫生所7个。有自治区级非物质文化遗产泗洲村下俚歌。农业以种植蔬菜，养殖牛蛙、青鱼、草鱼、鲢鱼、鳙鱼为主。特产蜜枣。洛湛铁路、包茂高速、321国道过境。有梧州机场。

竹湾村 [Zhúwāncūn] 长洲镇人民政府驻地。在区政府驻地大塘街道西南3千米。人口1200。清代称湾肚，1936年因盛产竹子、竹器改今名。聚落呈带状。有小学、卫生院。有古迹铜古岭遗址、华严寺等。农业主产蔬菜。207国道经此。2009年被评为全国文明村。

倒水镇 [Dàoshuǐ Zhèn] 长洲区辖镇。在区境西北部。面积270平方千米。人口4.2万。辖1居委会、17村委会，有255自然村。镇人民政府驻倒水街。1955年由第七区改倒水区。后改公社。1984年设乡。1988年置镇。因镇政府驻地得名。桂江流经。有中学1所，小学16所，卫生院1个，卫生所15个。有古迹达坡汉晋古墓群、百兵坟、龙岩寺。农业以种植水稻、蔬菜为主。工业以松脂、木材加工为主。包茂、梧柳高速，梧州—迁江公路过境。

倒水街 [Dàoshuǐjiē] 倒水镇人民政府驻地。在区政府驻地大塘街道西北17千米。人口2100。因桂江水至此涡旋倒流得名。聚落呈带状。有中小学、卫生院。有龙岩寺。经济以商贸业为主。包茂高速、梧州—迁江公路经此。

万 秀 区

万秀区 [Wànxiù Qū] 梧州市辖区。在市境东部。面积439平方千米。人口31.3万。以汉族为主，还有壮、瑶等民族。辖7街道、3镇。区人民政府驻城东街道。1979年设万秀区。2013年蝶山区并入。因万寿宫"寿"字谐音得名。先后建成舜帝大道、星泰路等。有高校1所，中学11所，小学43所，三级医院4个，二级医院3个。有全国重点文物保护单位梧州中山纪念堂、梧州近代建筑群（由梧州海关旧址、美孚石油公司旧址、英领事署旧址、思达医院旧址、梧州邮局旧址、新西酒店、天主教教堂组成），自治区级文物保护单位白鹤观、中共梧州地委、广西特委旧址。有中共广西农村党支部纪念馆。有国家4A级旅游景区梧州骑楼城—龙母庙，国家3A级旅游景区中山公园、珠山。有景点四恩寺、西竺园、白云山、河滨公园、允升塔、太和花园、云龙公园等。三次产业比例3∶44∶53。农业以种植水稻、砂糖橘为主。工业以林化、纺织印染、食品医药、造船、轻化工为主。特产蛋白肠衣、龟苓膏、豆浆晶、动植物酒、松香、松脂、八角、蜜枣等。服务业以房地产、物流、住宿、餐饮、商贸为主。洛湛铁路，梧柳高速，207、321国道过境。

中山路 [Zhōngshān Lù] 在区境中部。南起西江一、二路交接处，北至文化路、东正路交叉口。与居仁路、大南路、大东路、南环路、阜民路相交。长0.4千米，宽20米。混凝土路面。原为沟渠。1949、1958年改扩建。为纪念孙中山取道梧州北伐得名。两侧有艺术剧院、小学、酒店、新中山商厦、国泰广场、海俱大厦等。通多路公交车。

文澜路 [Wénlán Lù] 在区境中部。南起西堤一路，北至富民一路。与新兴一路、大学路、蝶山一路相交。长1.3千米，宽30米。沥混路面。原为泥土路。2005年完成改造扩建。因处文澜冲得名。两侧有政府单位、市红十字会医院、中学、高校、酒店、大厦、公园等。通多路公交车。

西江路 [Xījiāng Lù] 在区境中部。东起思扶路，西至桂江二路。与舜帝大道、石鼓路、阜民路、大同路、中山路相交。长12.3千米，宽19—24米。沥混路面。分西江一、二、三、四路。20世纪20年代建设。1953、1980、1990年改扩建。因处西江河畔得名。两侧有政府单位、桂东医院、酒店、大厦、防洪堤、公园等。通多路公交车。

钱鉴路 [Qiánjiàn Lù] 在区境中部。南起桂林路，北至大湾口岔路。与舜帝大道相交。长3.8千米，宽15米。混凝土路面。原为梧贺公路。1978年改造成城市道路。因钱鉴村得名。两侧有钱鉴公园、白云山、梧州汽车总站保养场、桂江船厂、华机厂、钱鉴码头等。通多路公交车。

大学路 [Dàxué Lù] 在区境中部。东南起桂江大桥，西北至蝶山一路。与鸳江路、文澜路相交。长1千米，宽20米。沥混路面。1927年建。1970、1978、1982年改扩建。因建原广西大学时筑路得名。两侧有政府单位、银行、中学、高校、商场、公园等。通多路公交车。

富民路 [Fùmín Lù] 在区境中部。南起文澜路，北至莲花山路。与太和路、舜帝大道相交。长4.4千米，宽30米。沥混路面。1958年始建。1979、2004年改扩建。因富民坊得名。分富民一、二、三路。两侧有中学、工厂、社会福利院、市中西医结合医院、高校等。通多路公交车。

鸳江大桥 [Yuānjiāng Dàqiáo] 在城区中部。长255米，宽25.6米，最大跨度175米，桥下净高33米。1998年开工，2000年建成。2013年扩建。处桂江、浔江交汇口，因2河一清一浊俗称鸳鸯江得名。为大型河道桥梁，结构型式为三孔自锚中承式钢管混凝土系杆拱桥。最大载重50吨。通多路公交车。

云龙大桥 [Yúnlóng Dàqiáo] 在城区南部。长781.3米，宽16米，最大跨度92米，桥下净高37.4米。1996年开工，1998年建成。2005、2009年维修、改建。因云龙公园得名。为大型河道桥梁，结构型式为单塔双柱斜拉索大桥。最大载重80吨。通多路公交车。

城东街道 [Chéngdōng Jiēdào] 万秀区人民政府驻地。在区境中部。面积2平方千米。人口2.4万。1993年设。因处河东老城区东部得名。有中学1所，小学1所，卫生所4个。有黑叶猴珍稀动物繁殖中心。有景点云龙公园、梧州骑楼城等。经济以商贸业为主。通多路公交车。

城南街道 [Chéngnán Jiēdào] 属万秀区。在区境中部。面积2平方千米。人口1.5万。1992年设。因处河东老城区南部得名。桂江、西江流经。有小学1所，三级医院2个，卫生所2个。有景点梧州骑楼城、梧州历史文化长廊等。经济以商贸业为主。通多路公交车。

城中街道 [Chéngzhōng Jiēdào] 属万秀区。在区境中部。面积1平方千米。人口1.6万。1992年设。因在河东老城区中部得名。桂江流经。有中学1所，小学2所，卫生所3个。有幼儿园、市图书馆等。有梧州中山纪念堂、中共梧州地委广西特委旧址陈列馆、中共广西特委旧址纪念馆等。经济以商贸业为主。通多路公交车。

维新里［Wéixīnlǐ］　在城中街道南部。长0.2千米，宽6米。混凝土、石板路面。原为合益街，1936年取弃旧图新意改维新街。1953年改维新里。两侧多岭南特色居民楼。有全国重点文物保护单位梧州近代建筑群之天主教教堂旧址，自治区级文物保护单位中共广西特委旧址。通多路公交车。

金龙巷［Jīnlóngxiàng］　在城中街道中部。长0.3千米，宽3米。石板路面。清代梧州府副将朱武英建官邸，后成规模住宅群，以其子朱金龙名命名金龙社。清末改金龙巷，也称金龙街。有保存较完整明清风貌古民居建筑群。通公交车。

城北街道［Chéngběi Jiēdào］　属万秀区。在区境中部。面积11平方千米。人口1.8万。1992年设。因处河东老城区北得名。桂江流经。有中学1所，小学2所，三级医院1个，卫生所4个。有古迹龙母庙、四恩寺。有白云山风景区。有景点梧州历史文化长廊、西竺园。经济以商贸业为主。通多路公交车。

角嘴街道［Jiǎozuǐ Jiēdào］　属万秀区。在区境西部。面积6平方千米。人口4.1万。1992年设。因处桂江、浔江、西江汇合处三角形半岛得名。桂江、浔江、西江流经。有中学1所，小学3所，幼儿园2所，三级医院1个，卫生院1个，卫生所7个。有景点河滨公园、潘塘公园、白鹤观、火山文笔塔、鸳江春泛等。经济以商贸业为主。通多路公交车。

珠山社区［Zhūshān Shèqū］　属角嘴街道。龙湖镇人民政府驻地。在区境西部。面积1平方千米。人口5100。因珠山得名。2002年成立。现代民居。开展老年文体活动、社会保障服务，兴办福利院，宣传安全防范。有小学、梧州民族医院。市水利局、区政府河西办公区驻此。有景点市博物馆、河滨公园、白鹤观、英国领事署旧址等。经济以商贸业为主。

东兴街道［Dōngxīng Jiēdào］　属万秀区。在区境西部。面积9平方千米。人口5.4万。1992年设。因原苍梧县东兴乡得名。有中学1所，小学3所，卫生所10个。经济以商贸业为主。通多路公交车。

富民街道［Fùmín Jiēdào］　属万秀区。在区境西部。面积13平方千米。人口7.5万。1992年设。因富民路得名。有高校1所，中学3所，小学4所，幼儿园2所，二级医院1个，卫生所11个，体育馆1个。有汉代古墓、景点太和公园、傍山公园等。经济以商贸业为主。通多路公交车。

城东镇［Chéngdōng Zhèn］　万秀区辖镇。在区境东部。面积125平方千米。人口1.8万。辖5村委会，有93自然村。镇人民政府驻扶典口村。1947年设扶典乡。后改公社。1984年复乡。1993年改城东镇。因在城区东部得名。桂江、思良江流经。有小学5所，二级医院1个，卫生院1个，卫生所5个。有区茶花生态园、粤桂新城旅游开发区。农业主产水稻、蔬菜、水果。工业以林化、造纸、食品加工为主。服务业以商贸为主。梧柳高速，207、321国道过境。

扶典口村［Fúdiǎnkǒucūn］　城东镇人民政府驻地。在区政府驻地城东街道东6千米。人口300。因处扶典冲口得名。聚落呈带状。有小学、卫生院。农业主产蔬菜、水稻。321国道经此。

龙湖镇［Lónghú Zhèn］　万秀区辖镇。在区境南部。面积67平方千米。人口1.2万。辖4村委会，有61自然村。镇人民政府驻角嘴街道珠山社区。1958年成立红旗公社。1979年析设长洲、扶典2公社。1984年改乡。1993年改龙湖镇。取龙新村、玫瑰湖各一字得名。旺步河、太和冲河、横石冲河、塘源河流经。有小学4所，二级医院1个，卫生院1个，卫生所1个。有景点允升塔、圣文公园等。农业主产水稻、蔬菜、肉桂。工业以机电、化工、造船为主。有市莲花山、塘源工业园区。服务业以物流为主。207、321国道过境。

夏郢镇［Xiàyǐng Zhèn］　万秀区辖镇。在区境北部。面积227平方千米。人口5.1万。辖1居委会、22村委会，有183自然村。镇人民政府驻夏郢圩。1950年为第二区。1955年改夏郢区。1958年改公社。1984年设乡。1988年置镇。因镇政府驻地得名。桂江、思良江、多贤河、浔阳河流经。有中学3所，小学19所，卫生院1个，卫生所23个。有仙人湖景区、思良江农业休闲旅游区。农业主产水稻。洛湛铁路、梧柳高速过境。

夏郢圩［Xiàyǐngxū］　夏郢镇人民政府驻地。在区政府驻地城东街道北17千米。人口2700。因处洼地形似杆秤得名下秤，后迁至河西，以方言谐音雅化为今名。聚落呈团块状。有中小学、卫生院。经济以商贸业为主。旺狮公路经此。

龙圩区

龙圩区［Lóngxū Qū］　梧州市辖区。在市境东部。面积971平方千米。人口31万。以汉族为主，还有壮、苗、回、瑶等民族。辖4镇。区人民政府驻龙圩镇。2013年设。原为戎城，宋废戎城县后改名戎圩，以谐音更今名。有标志性建筑炳蔚塔、粤东会馆。中部为行政、商务、历史文化、旅游服务中心。东部为商贸、居住、旅游区。南部为工业区。西部为居住区。北部为商贸、运输中心。年均气温21.2℃。年均降水量1500毫米。有大平山、尖峰顶。浔江、上小河、下小河流经。有中职1所，中学11所，小学69所，幼儿园66所，三级医院1个，二级医院2个。有全国重点文物保护单位李济深故居，自治区级文物保护单位粤东会馆。有自治区级非物质文化遗产鹿儿戏。有民间艺术牛娘戏、火碗舞、龙圩八音、舞龙舞狮等。有景点青岭公园、苍海湖、隋歌罗城遗址、清代炳蔚塔等。三次产业比例7∶55∶38。农业以种植荔枝、八角为主。工业以再生资源加工、有色金属冶炼、建材、机械制造、林产品化工、电子设备制造为主。服务业以房地产、物流、住宿、餐饮、商贸等为主。南广高铁，广昆、包茂、贵梧高速，207国道，梧州—迁江公路过境。有西江航道。有梧州南站、梧州港。

世纪广场［Shìjì Guǎngchǎng］　在城区中部。面积2万平方米。1998年开工，2002年建成。因跨世纪兴建得名。有大型舞台、下沉封闭式篮球馆、露天篮球场、罗马柱、九龙喷泉池等。绿化率约40%。为大型集会、文艺体育活动、休闲娱乐场所。周边有商厦、居住小区、政府单位等。通多路公交车。

梧州南站［Wúzhōunán Zhàn］　见交通运输设施部分“梧州南站”条。

苍梧汽车站［Cāngwú Qìchēzhàn］　见交通运输设施部分“苍梧汽车站”条。

龙圩镇［Lóngxū Zhèn］　龙圩区人民政府驻地。在区境北部。面积183平方千米。人口9.1万。辖4居委会、12村委会，有78自然村。镇人民政府驻龙圩。1949年设戎圩镇。1950年改龙圩镇。后改公社。1960年复镇。1966年改东升镇。1972年复龙圩镇。1995年林水镇并入。因镇政府驻地得名。浔江流经。有中学3所，小学15所，幼儿园27所，三级医院1个，二级医院2个，卫生院1个，卫生所12个。有自治区级文物保护单位粤东会馆。有炳蔚塔。农业主产稻谷、松脂、八角、水果。工业以再生铜、铝、不锈钢、塑料、棉业为主。南广高铁，广昆、包茂高速，207国道过境。有梧州南站。

龙城路［Lóngchéng Lù］　在区境北部。南起西南大道，北至峡顶街。与城南大道、龙兴路、花园路相交。长1.4千米，宽36米。混凝土路面。原为207国道旧线。1992年扩建改城市道路。因原龙圩得名。两侧有政府单位、区中医院、企业、银行、大厦等。通多路公交车。

西南大道［Xīnán Dàdào］　在区境北部。南起207国新地收费站，北至大转盘321国道。与龙城路相交。长12.6千米，宽41米。沥青路面。原为207国道一段。2002年改建城区主干道。原名工业大道，因处城区西南更今名。两侧有区政务中心、苍梧工业园、苍梧汽车城、药业公司、拖拉机制造公司、硬质合金制造公司、玻璃公司、汽车4S店、居住小区等。通多路公交车。

苍梧大道［Cāngwú Dàdào］　在区境北部。东起207国道，西至广信路。与政贤路、城东路、银兴一路相交。长800米，宽40米。混凝土路面。1996年开工，2003年建成。昔为苍梧县城东西向最宽街路，故名。两侧有世纪商厦、世纪广场、酒店、商住区等。通多路公交车。

龙圩［Lóngxū］　龙圩镇人民政府驻地。在镇境北部。人口1.5万。始为戎城，后改戎圩，以谐音改今名。聚落呈带状。有自治区级文物保护单位粤东会馆。有大园塘、河堤市场等。207国道、沿江公路经此。

新地镇［Xīndì Zhèn］　龙圩区辖镇。在区境西南部。面积238平方千米。人口7.5万。辖1居委会、20村委会，有144自然村。镇人民政府驻新地圩。1949年为新利乡。1950年改第五区。1955年改新地区。1958年改公社。1984年设乡。1988年置镇。因镇政府驻地得名。上小河流经。有中学3所，小学18所，幼儿园3所，卫生院1个，卫生所20个。有民间文艺诗词会、新安醒狮等。农业主产稻谷、木材、松脂、三黄鸡。工业以钛铁、再生铜、铝、不锈钢加工及棉业为主。有梧州进口再生资源加工园区。广昆、包茂、贵梧高速，207国道过境。

新地圩［Xīndìxū］　新地镇人民政府驻地。在区政府驻地龙圩镇西南27千米。人口2600。因圩场南迁今址得名。曾为新利乡驻地，故亦称新利圩。聚落呈带状。农业以种植业、养殖家禽等为主。服务业以轻工产品交易为主。207国道经此。

广平镇［Guǎngpíng Zhèn］　龙圩区辖镇。在区境南部。面积295平方千米。人口7.4万。以汉族为主，还有壮族。辖1居委会、20村委会，有193自然村。镇人民政府驻广平圩。1950年为第六区。1955年改广平区。后改公社。1984年设乡。1988年置镇。因镇政府驻地得名。下小河流经。有中学2所，小学19所，幼儿园3所，卫生院1个，卫生所20个。农业主产水稻。特产肉桂、八角、松脂等。工业以铅锌矿开采为主。龙圩—广平公路过境。

广平圩［Guǎngpíngxū］　广平镇人民政府驻地。在区政府驻地龙圩镇南50千米。人口2400。原为太平圩，后因迁至宽广平地新建改广平圩。聚落呈带状。有卫生所。有广平镇革命烈士纪念碑。经济以农副、轻工产品贸易为主。龙圩—广平公路经此。

大坡镇［Dàpō Zhèn］　龙圩区辖镇。在区境东南部。面积234平方千米。人口6.1万。辖1居委会、18村委会，有163自然村。镇人民政府驻大坡圩。1950年为第三区。1955年改大坡区。后改公社。1984年设乡。1988年置镇。因镇政府驻地得名。下小河流经。有中学2所，小学17所，幼儿园7所，卫生院1个，卫生所18个。有全国重点文物保护单位李济深故居。有自治区级非物质文化遗产鹿儿戏。农业主产砂糖橘、蜜丝枣、火龙果、百香果、油茶、桂花梨等。南广高铁、广昆高速、龙圩—广平公路过境。

大坡圩［Dàpōxū］ 大坡镇人民政府驻地。在区政府驻地龙圩镇东南17千米。人口1600。因处较大山坡得名。聚落呈带状。有卫生院。服务业以商贸、餐饮、旅游、物流为主。龙圩—广平公路经此。

料神村［Liàoshéncūn］ 在区政府驻地龙圩镇东南16千米。大坡镇辖自然村。人口500。因期望子孙后代聪明灵智、料事如神得名。聚落呈团块状。有全国重点文物保护单位李济深故居。育民—料神专线公路经此。

岑溪市

岑溪市［Cénxī Shì］ 广西壮族自治区直辖县级市，由梧州市代管。北纬22°55′，东经110°59′。在梧州市境南部。面积2770平方千米。人口93.4万。以汉族为主，还有壮、瑶等民族。辖14镇。市人民政府驻岑城镇。唐武德五年(622)设龙城县，隶南义州。至德二年(757)改岑溪县。因治地山小而高，溪多水长流得名。后隶属义州、窦州。宋太平兴国年间连城、永业2县并入。后隶属藤州、梧州府、郁江道、苍梧道、广西省、郁林民团区、梧州民团区、梧州行政监督区、第三行政督察区、梧州专区、容县专区、梧州地区。1995年改岑溪市。1997年直属自治区，由梧州市代管。先后建成义洲大道、怡景路、东风路、东山公园、滨江健身公园等。地势东南高西北低。平均海拔200米。年均气温21.4℃，1月平均气温14℃，7月平均气温29℃。年均降水量1451.8毫米。黄华河、义昌河流经。有矿产资源金、银、钛铁、花岗石、大理石等。有野生植物1326种。有野生动物170多种，其中国家一级保护野生动物有蟒蛇、白颈长尾雉，国家二级保护野生动物有11种。有国家级森林公园天龙顶。森林覆盖率73%。有中职2所，中学34所，小学445所，幼儿园103所，教师进修学校1所，三级医院1个，二级医院2个，图书馆1个，文化馆1个，体育中心1个。有自治区级文物保护单位南渡邓公庙、“五世衍祥”牌坊、花果山战国古墓群、抗日英烈陈济桓故居。有自治区级非物质文化遗产岑溪牛娘戏、抢花炮、竹芒编织手工技艺。有景点吉太白霜涧漂流、水汶石庙等。三次产业比例20∶40∶40。农业以种植水稻、花生、木薯为主。特产三黄鸡、龙眼、肉桂、八角、松脂等。工业以陶瓷、石材加工、矿产品选冶、家电电子制造、五金制品加工、纺织服装、竹芒编织为主。服务业以旅游、商贸、物流等为主。洛湛铁路，广昆、包茂、岑罗高速，207、324国道过境。有岑溪站。

岑溪市人民广场［Cénxī Shì Rénmín Guǎngchǎng］ 在市区中部。面积1.3万平方米。1994年开工，1996年建成。地面由花岗岩板铺设。有舞台、假山、金鱼池、喷泉、门球场、200多年历史大榕树。绿化面积1300平方米。中间部分为大型空地。为举行重大庆典、各类活动场所。周边有城南派出所、商贸中心等。通多路公交车。

岑溪大桥［Cénxī Dàqiáo］ 在市区西北部。长117米，宽23.6米，最大跨度20米，桥下净高9米。1927年建木桥。1968—1970年改建。为市区最早建最大桥，故名。为大型河道桥梁，结构型式为钢筋混凝土梁桥、拱桥。最大载重100吨。通公交车。

义洲大桥［Yìzhōu Dàqiáo］ 在市区西南部。长130米，宽27.1米，最大跨度20米，桥下净高10米。1994年开工，1996年建成。因义洲大道得名。为大型河道桥梁，结构型式为钢筋混凝土梁桥。最大载重100吨。通公交车。

岑溪站［Cénxī Zhàn］ 见交通运输设施部分“岑溪站”条。

岑溪汽车站［Cénxī Qìchēzhàn］ 见交通运输设施部分“岑溪汽车站”条。

岑城镇［Cénchéng Zhèn］ 岑溪市人民政府驻地。在市境中部。面积239平方千米。人口17.8万。以汉族为主，还有壮、瑶等民族。辖11居委会、14村委会，有250自然村。镇人民政府驻岑溪圩。1965年由樟木公社析置岑城镇。2005年樟木镇并入。以县名镇。义昌江流经。有中学3所，小学36所，三级医院1个，二级医院2个，卫生院1个，卫生所26个。有李家大宅祐和隆、福安堂、邓公庙、樟木大井等遗迹。农业主产水稻。特产八角、荔枝、龙眼、三黄鸡等。工业以不锈钢加工、服装纺织、电子、石材加工为主。有探花开发区、紫坭工业园区。洛湛铁路，广昆、包茂、岑罗高速，207、324国道过境。

玉梧大道［Yùwú Dàdào］ 在市区西北部。东起324国道，西至207国道。与站前大道、义洲大道、滨江二路、北环大道等相交。长7.2千米，宽46米。混凝土路面。1993年开工，1995年建成。因由玉林—梧州公路改建得名。两侧有岑溪站、政府单位、城北派出所、中小学等。通多路公交车。

北环大道［Běihuán Dàdào］ 在市区北部。南起玉梧大道，北至324国道。与解放大道、新兴二路、城东路、工农路、义洲大道相交。长3.1千米，宽36米。混凝土路面。1989年开工，1991年建成。因处城区北得名。两侧有政府单位、中学、华侨开发区、探花开发区等。通多路公交车。

义洲大道［Yìzhōu Dàdào］ 在市区中部。东南起玉梧大道，西北至324国道。与永安路、沿江三路、滨江三路、解放大道、城东路相交。长2.5千米，宽36米。混凝土路面。1995年开工，2005年建成。因岑溪古称义州得名。两侧有政府单位、汽车站、开发区、商场、广场等。通多路公交车。

解放大道［Jiěfàng Dàdào］ 在市区中部。南起城郡村道，北至北环大道。与大中路、工农路、富民路、义洲大道相交。长1.9千米，宽30米。混凝土路面。1936年建泥沙路。后经多次改建。为纪念岑溪解放得名。两侧有政府单位、卫生院、酒店、银行、市场、购物广场等。通多路公交车。

岑溪圩［Cénxīxū］ 岑城镇人民政府驻地。在镇境中部。人口3.5万。因县得名。聚落呈团块状。有小学、卫生所。经济以商贸业为主。通多路公交车。

马路镇［Mǎlù Zhèn］ 岑溪市辖镇。在市境西南部。面积235平方千米。人口7.5万。辖2居委会、18村委会，有347自然村。镇人民政府驻马路圩。1951年设马路乡。后改公社。1984年复乡。1989年置镇。2005年昙容镇并入。因镇政府驻地得名。有中学2所，小学43所，卫生院2个，卫生所20个。有古迹罗斗坡村唐家大屋等。农业主产水稻。特产松脂、八角、肉桂、荔枝、龙眼、砂糖橘、三黄鸡等。工业以龙眼、石材加工为主。洛湛铁路，广昆高速，207、324国道过境。有岑溪站。

马路圩［Mǎlùxū］ 马路镇人民政府驻地。在市政府驻地岑城镇西南9千米。人口1200。为清代骑马射箭、举行武考场地，故名。聚落呈带状。有中小学、卫生院。经济以商贸业为主。207国道经此。

南渡镇［Nándù Zhèn］ 岑溪市辖镇。在市境西南部。面积245平方千米。人口9万。辖2居委会、24村委会，有453自然村。镇人民政府驻南渡街。1950年为第一区。1951年改第二区。1958年成立东方红公社。1959年改南渡公社。1969年析设吉太公社。1984年改镇。2005年吉太乡并入。因镇政府驻地得名。黄华河、吉太河、圣塘河流经。有中学3所，小学50所，卫生院2个，卫生所29个。有自治区级非物质文化遗产岑溪牛娘戏、竹芒编制手工技艺。有景点白霜涧漂流、邓公庙、天龙顶等。农业主产水稻，玉米、蔬菜。工业以建材加工、服装、毛织、竹芒编织为主。洛湛铁路、207国道、岑溪—陆川公路过境。

南渡街［Nándùjiē］ 南渡镇人民政府驻地。在市政府驻地岑城镇西南19千米。人口8000。原名南仪圩，因原州治西南为黄华河渡口更名南仪渡，简为今名。聚落呈带状。有中小学、卫生院。有自治区级文物保护单位清代邓公庙。工业以工艺编织为主。服务业以商贸为主。207国道、岑溪—陆川公路经此。

水汶镇［Shuǐwèn Zhèn］ 岑溪市辖镇。在市境南部。面积215平方千米。人口6万。辖1居委会、22村委会，有392自然村。镇人民政府驻水汶圩。1949年设水汶乡。1950年改第二区。1951年改第三区。1958年成立跃进公社。1959年改水汶公社。1984年复乡。1989年置镇。因镇政府驻地得名。黄华河流经。有中学1所，小学30所，卫生院1个，卫生所23个。有自治区级文物保护单位“五世衍祥”牌坊。农业主产水稻。工业以松香、皮具、毛织、花艺制品加工，电子制造为主。包茂高速、207国道、南渡—水汶公路过境。

水汶圩［Shuǐwènxū］ 水汶镇人民政府驻地。在市政府驻地岑城镇南25千米。人口1000。因水汶泉得名。聚落呈带状。有中小学、卫生院。经济以商贸业为主。207国道经此。

石村［Shícūn］ 在市政府驻地岑城镇西南27千米。水汶镇辖自然村。人口1300。因有石岗得名。聚落呈团块状。有自治区级文物保护单位“五世衍祥”牌坊。农业主产马水橘、砂糖橘、甘蔗。

大隆镇［Dàlóng Zhèn］ 岑溪市辖镇。在市境南部。面积136平方千米。人口3.8万。辖1居委会、14村委会，有271自然村。镇人民政府驻大隆圩。1942年由大垌、华隆2乡合设大隆乡。取2乡各一字得名。1950年撤。1962年设大隆区。1968年改公社。1984年复乡。1994年置镇。有矿产资源沸石、珍珠岩、石灰石、高岭土、金、银等。有中学1所，小学18所，卫生院1个，卫生所15个。农业主产水稻。特产肉桂、八角、松脂等。工业以竹木加工、纸制品加工、建筑石料开采、高岭土开发为主。包茂高速、207国道过境。

大隆圩［Dàlóngxū］ 大隆镇人民政府驻地。在市政府驻地岑城镇南17千米。人口800。因原大隆乡名得名。聚落呈带状。有小学、卫生院。农业主产水稻。特产肉桂、八角等。207国道经此。

梨木镇［Límù Zhèn］ 岑溪市辖镇。在市境东南部。面积200平方千米。人口5.3万。辖1居委会、16村委会，有394自然村。镇人民政府驻梨木圩。1957年设梨木乡。1958年改红旗公社。1968年改梨木公社。1984年复乡。

1994年置镇。因镇政府驻地得名。义昌江、平田河流经。有矿产资源花岗岩、硫铁矿脉金、沙金等。有中学2所,小学23所,卫生院1个,卫生所20个,图书馆1个,文化站1个。有太白队革命烈士墓。农业主产水稻。特产肉桂、八角、胶粉、松脂等。县道岑梨线过境。

梨木圩［Límùxū］ 梨木镇人民政府驻地。在市政府驻地岑城镇东南29千米。人口1700。因街口种植高大梨木(椎木)得名。聚落呈团块状。有中小学、卫生院。有太白队革命烈士碑。农业主产水稻、花生、木薯、松脂。工业以肉桂、松脂加工为主。县道岑梨线经此。

大业镇［Dàyè Zhèn］ 岑溪市辖镇。在市境东部。面积149平方千米。人口5.4万。以汉族为主,还有壮、瑶等民族。辖1居委会、14村委会,有288自然村。镇人民政府驻大业街。1958年成立卫星公社。1959年改大溎公社。1984年改乡。1994年改大业镇。取原名大溎、唐宋永业郡各一字得名。义昌江流经。有中学2所,小学26所,卫生院1个,卫生所15个,文化站1个,广播电视站1个。有清末进士陈树勋旧居。农业主产水稻。产肉桂、八角、松脂、砂糖橘、百香果。工业以化工、铸造、制陶制瓷为主。岑罗高速、324国道过境。

大业街［Dàyèjiē］ 大业镇人民政府驻地。在市政府驻地岑城镇东21千米。人口2600。因镇得名。聚落呈带状。有中学、卫生院。农业主产水稻。产肉桂、八角、砂糖橘。大业—诚谏公路经此。

筋竹镇［Jīnzhú Zhèn］ 岑溪市辖镇。在市境东部。面积194平方千米。人口5.1万。辖1居委会、17村委会,有252自然村。镇人民政府驻筋竹街。1958年成立幸福之路公社。1959年改筋竹公社。1984年设乡。1989年置镇。因镇政府驻地得名。有中学1所,小学20所,幼儿园3所,卫生院1个,卫生所18个。有古迹陈三吉祠、云龙古建筑群等。农业主产水稻。产肉桂、八角、胶粉、松脂、砂糖橘。工业以电子、制造、矿业为主。有新联陶瓷工业园区。岑罗高速、324国道过境。

筋竹街［Jīnzhújiē］ 筋竹镇人民政府驻地。在市政府驻地岑城镇东30千米。人口3800。因古时筋竹遍布得名。聚落呈带状。有中学、卫生院。有清光绪年间陈三吉祠。农业主产水稻。产肉桂、八角、砂糖橘。324国道经此。

诚谏镇［Chéngjiàn Zhèn］ 岑溪市辖镇。在市境东北部。面积194平方千米。人口5.2万。辖1居委会、19村委会,有314自然村。镇人民政府驻诚谏街。1958年成立红十月公社。1959年改诚谏公社。1984年设乡。1989年置镇。因镇政府驻地得名。诚谏河、乾厢河流经。有中学2所,小学27所,卫生院1个,卫生所19个。有景点天堂村。有民间文艺牛娘戏等。农业主产水稻。产砂糖橘、油茶、八角、肉桂。工业以矿业为主。大业—广平公路过境。

诚谏街［Chéngjiànjiē］ 诚谏镇人民政府驻地。在市政府驻地岑城镇东北27千米。人口2200。传明洪武八年(1373)瑶族民众、官府划河为界谈和,故名成间,雅称今名。聚落呈团块状。有中小学、卫生院。农业主产水稻。产肉桂、八角、砂糖橘、百香果。大业—广平公路经此。

归义镇［Guīyì Zhèn］ 岑溪市辖镇。在市境东部。面积176平方千米。人口8.2万。辖1居委会、22村委会,有293自然村。镇人民政府驻新圩街。1950年为第三区。1951年改第七区。1958年成立飞跃公社。1959年改新圩公社。1982年改归义公社。1984年置镇。因明清时期归义乡得名。义昌江流经。有矿产资源石灰石、高岭土等。有中学2所,小学33所,卫生院1个,卫生所23个。有清乾隆年间建高大夫庙。有高致嵩将军故居。农业以种植水稻,养殖猪、鸡、鸭为主。工业以矿产冶炼,石材、陶瓷、烟花爆竹加工为主。岑罗高速、324国道过境。

新圩街［Xīnxūjiē］ 归义镇人民政府驻地。在市政府驻地岑城镇东11千米。人口1900。原名罗太圩,后新建圩场更名归义新圩,简为今名。聚落呈带状。有中小学、卫生院。农业以种植水稻为主,兼种火龙果、砂糖橘。324国道经此。

荔枝村［Lìzhīcūn］ 在市政府驻地岑城镇东南14千米。归义镇辖自然村。人口5500。因遍植荔枝得名。聚落呈团块状。农业主产水稻。特产火龙果、坚果苗、三黄鸡等。工业以爆竹、纸筒加工为主。324国道经此。2012年被评为全国文明村。

糯垌镇［Nuòdòng Zhèn］ 岑溪市辖镇。在市境北部。面积186平方千米。人口7.9万。辖1居委会、20村委会,有198自然村。镇人民政府驻大坡脚村。1958年成立太阳公社。1959年改糯垌公社。1969年析设太平公社。1984年置镇。因唐代产优质糯米得名。黄堂河、石马河、龙樟河流经。有中学2所,小学22所,卫生院1个,卫生所22个。有古迹龙母庙、花果山战国古墓群等。农业主产水稻,养殖三黄鸡、生猪。产花生、龙眼、荔枝、水蜜桃、坚果。工业以花岗岩为主。有米粉加工业。洛湛铁路、包茂高速、207国道、玉林—梧州公路过境。

大坡脚村［Dàpōjiǎocūn］ 糯垌镇人民政府驻地。在市政府驻地岑城镇北15千米。人口300。因处大山坡脚得名。聚落呈团块状。有中学。有自治区级文物保护单位花果山战国古墓群。农业主产水稻。产砂糖橘。

安平镇［Ānpíng Zhèn］ 岑溪市辖镇。在市境北部。面积158平方千米。人口3.3万。辖1居委会、16村委会,有131自然村。镇人民政府驻太平街。1969年由糯垌公社析设太平公社。1984年设乡。1995年置镇。因镇政府驻地得名。三水河流经。有中学1所,小学16所,幼儿园3所,卫生院1个,卫生所17个。农业以种植蔬菜、养殖三黄鸡为主。工业以铅锌矿开采、建材、木材加工为主。洛湛铁路,广昆、包茂高速,207国道过境。

太平街［Tàipíngjiē］ 安平镇人民政府驻地。在市政府驻地岑城镇东北23千米。人口700。原名松木街,因西接太平庄改今名。聚落呈带状。有中小学、卫生院。有民间艺术牛娘戏。经济以商贸业为主。207国道经此。

三堡镇［Sānbǎo Zhèn］ 岑溪市辖镇。在市境北部。面积318平方千米。人口6.9万。辖1居委会、24村委会,有320自然村。镇人民政府驻三堡街。1933年成立三堡区。1953年改第九区。1958年成立上游公社。1959年改三堡公社。1984年设乡。1989年置镇。因镇政府驻地得名。黄华河、义昌江、糯垌河流经。有中学2所,小学27所,卫生院1个,卫生所43个。农业主产水稻。产木薯、松脂、肉桂、八角等。工业以石材、木材加工为主。特产三堡米粉。糯垌—三堡、波塘—三堡、三堡—同心公路过境。

三堡街［Sānbǎojiē］ 三堡镇人民政府驻地。在市政府驻地岑城镇西北23千米。人口2600。有3山形似碉堡得名三眼堡,简为今名。聚落呈带状。有中小学、卫生院。有古迹龙母庙。农业主产水稻。产肉桂、八角、桉树。糯垌—三堡、波塘—三堡、三堡—同心公路经此。

波塘镇［Bōtáng Zhèn］ 岑溪市辖镇。在市境西北部。面积208平方千米。人口3.9万。辖1居委会、16村委会,有232自然村。镇人民政府驻波塘街。1949年设波塘乡。后改公社。1984年设乡。1989年置镇。因镇政府驻地得名。有中学1所,小学17所,卫生院1个,卫生所17个。有六肥生态旅游区。有景点百里黄华河风光、合水黄氏宗祠、合水霍家祠堂、双门六尹庙等。农业以种植水稻,养殖猪、鸡、鱼为主。思英—浪水、波塘—三堡公路过境。

波塘街［Bōtángjiē］ 波塘镇人民政府驻地。在市政府驻地岑城镇西北18千米。人口3600。有3鱼塘相连,水波涟涟,故名。聚落呈带状。有中小学、卫生院。农业主产水稻。产柑橘、肉桂。思英—浪水、波塘—三堡、波塘—大公公路经此。

苍梧县

苍梧县［Cāngwú Xiàn］ 梧州市辖县。北纬23°52′,东经111°32′。在市境北部。面积2837平方千米。人口40.2万。以汉族为主,还有壮、瑶、苗、侗、仫佬等民族。辖9镇。县人民政府驻石桥镇。西汉元鼎六年(前111)南越国析置苍梧郡。元封五年(前106)由广信县析置猛陵县。隋开皇三年(583)改苍梧县,因苍梧郡得名。大业三年(607)宁新县并入。唐代先后属藤州、梧州、苍梧郡、桂州。北宋开宝五年(972)孟陵县并入。熙宁四年(1071)戎城县并入。元属梧州路。明、清属梧州府。1912年撤县入梧州府。1913年复置苍梧县,属郁江道。1914年属苍梧道。1927年析置梧州市。1930年属第七民团区。1932年梧州市复入,属梧州民团区。1934年属梧州行政监督区。1940年属第三行政督察区。1949年属梧州专区。1950年析置梧州市。1951年属容县专区。1958年属梧州专区。1971年属梧州地区。1984年属梧州市。2013年析设龙圩区。因古代部落得名。古时百越部落称仓吾人,地称仓吾国,后称苍梧。先后建成安平路、临江路、沿江路等。地势西北、东南高,中部低。平均海拔580米,最高峰亚燕顶海拔1046米。年均气温21.2℃,1月平均气温13.5℃,7月平均气温29.6℃。年均降水量1506.9毫米。浔江、桂江、东安江、安平河、龙江河、六堡河流经。有矿产资源铁、钛、铅锌、石灰岩、花岗石等。有野生动物近百种,其中国家二级重点保护野生动物有穿山甲、水獭、猫头鹰、白鹇、锦鸡、大鲵等。有国家级森林公园飞龙湖。森林覆盖率78.7%。有中学17所,小学131所,二级医院1个,图书馆1个。有孟陵古城遗址、石桥中共地下党支部旧址、长发革命烈士纪念碑、京南革命烈士纪念碑、古石桥、培中清代古建筑群等。有民间文艺采茶戏、鹿儿戏、牛娘戏、木犀舞、鲤鱼舞等。有大爽河生态旅游景区、龙岩风景区、六堡茶船古道景区、六堡镇生态旅游区、梨埠仙迹桃花岛乡村旅游区等。三次产业比例39∶36∶25。农业主产粮食、蔬菜、水果、香料。工业以林产化工、医药、食品加工、宝石加工为主。特产六堡茶、沙头迟熟荔枝、砂糖橘、八角、桂皮、松脂、京南米粉等。服务业以旅游等为主。洛湛铁路,包茂、梧柳高速,207国道过境。有浔江、桂江航道。有石桥北站。

石桥镇［Shíqiáo Zhèn］ 苍梧县人民政府驻地。在县境北部。面积249平方千米。人口6.9万。辖1居委会、13村委会,有338自然村。镇人民政府驻石桥圩。1949年为石桥乡。1950年改第十区。1955年改石桥区。后改公社。1984年复乡。1988年置镇。因镇政府驻地得名。东安江流经。有中学3所,小学13

所，二级医院1个，卫生院1个，卫生所14个。有培中历史文化公园。有明代石拱桥、培中清代古建筑群等。有民俗龙岩炮会等。有龙岩风景区。农业主产花生、砂糖橘、蔬菜，养殖猪、山羊、家禽。工业以木材、建材加工为主。洛湛铁路、207国道过境。有石桥北站。

石桥圩［Shíqiáoxū］ 石桥镇人民政府驻地。在镇境中部。人口8600。因有石桥得名。聚落呈带状。东安江流经。有中小学、卫生院。有明代石拱桥、天后宫古建筑、石桥中共地下党支部旧址等。有龙岩风景区。农业以养殖业为主。工业以宝石加工、建筑为主。特产地瓜榨、大肉甜笋等。服务业以商贸为主。洛湛铁路、207国道经此。

岭脚镇［Lǐngjiǎo Zhèn］ 苍梧县辖镇。在县境西部。面积457平方千米。人口6.4万。辖2居委会、22村委会，有296自然村。镇人民政府驻岭脚圩。1950年设第八区。1955年改人和区。后改公社。1984年析设岭脚乡。1993年置镇。2005年人和镇并入。因镇政府驻地得名。浔江、安平河流经。有矿产资源铅锌、钨钼、稀土等。有中学2所，小学22所，卫生院2个，卫生所22个。有汉猛陵县旧址。有民间艺术采茶戏、牛娘戏、罗汉狮舞等。农业主产水稻，产速丰桉、马尾松。梧州—迁江公路过境。

岭脚圩［Lǐngjiǎoxū］ 岭脚镇人民政府驻地。在县政府驻地石桥镇西南63千米。人口2400。因处大岭山脚得名。聚落呈带状。有中小学、卫生院。有民间艺术采茶戏、牛娘戏、罗汉狮舞等。农业以渔业为主。服务业以商贸为主。梧州—迁江公路经此。

京南镇［Jīngnán Zhèn］ 苍梧县辖镇。在县境西北部。面积398平方千米。人口4.5万。辖2居委会、21村委会，有381自然村。镇人民政府驻京南圩。1949年为京南、长发2乡。1950年与狮寨乡合设第七区。1952年改第九区。1955年改长发区。1958年改公社。1960年析设倒水、狮寨2公社。1961年分设长发、京南2公社。1984年2公社改乡。1993年京南乡改镇。2005年长发镇并入。因镇政府驻地得名。桂江、龙江河流经。有矿产资源黄金、重晶石。有中学2所，小学20所，卫生院2个，卫生所21个。有纪念地长发革命烈士纪念碑、京南革命烈士纪念碑等。有汉桓帝时日南太守士燮(字威彦)先生故里遗迹。农业主产水稻、砂糖橘，产速丰桉、马尾松、松脂、杉木、油茶、八角、蒿竹、杂木。包茂高速，倒水—木格、旺甫—狮寨公路过境。

京南圩［Jīngnánxū］ 京南镇人民政府驻地。在县政府驻地石桥镇西南47千米。人口1800。传以堪舆家言可建都得名南京。因其又言妇人3子已死，建都无望，改今名。聚落呈带状。有中小学、卫生院。有遗迹汉士威彦先生故里。有京南革命烈士纪念碑等。农业主产鱼。服务业以商贸为主。倒水—昭平公路经此。

狮寨镇［Shīzhài Zhèn］ 苍梧县辖镇。在县境西北部。面积284平方千米。人口1.9万。辖1居委会、12村委会，有340自然村。镇人民政府驻狮寨圩。1960年成立狮寨公社。1984年设乡。1992年置镇。因镇政府驻地得名。龙江河流经。有中学1所，小学10所，卫生院1个，卫生所12个。有文艺团体狮寨诗社、采茶戏剧团等。农业主产八角、黄榄、六堡茶、酸梅、山楂、茶油、香菇、蜂蜜、竹笋、马尾松、杉木。包茂高速、旺甫—狮寨公路过境。

狮寨圩［Shīzhàixū］ 狮寨镇人民政府驻地。在县政府驻地石桥镇西42千米。人口900。因地形似狮得名。聚落呈带状。有中小学、卫生院。农业主产茶。特产高山木耳、蜂蜜、野生笋干、红菌等。旺甫—狮寨公路经此。

六堡镇［Liùbǎo Zhèn］ 苍梧县辖镇。在县境北部。面积300平方千米。人口2.7万。以汉族为主，还有瑶族。辖1居委会、16村委会，有282自然村。镇人民政府驻六堡圩。1949年为六堡乡。1950年并入第九区。1952年析设第十区。1955年改六堡区。后改公社。1984年设乡。1993年置镇。因清代属多贤乡二图第六堡得名。六堡河流经。有矿产资源金、铅锌。有中学1所，小学15所，卫生院1个，卫生所16个。有高寨石坳石刻、底屋陈氏宗祠、大屋韦氏宗祠。有茶船古道景区、六堡生态旅游区。农业主产六堡茶、水稻、八角、茶油、蜂蜜、竹笋、砂糖橘、松木、杉林、杂木、松脂。山心—六堡、六堡—水口公路过境。

六堡圩［Liùbǎoxū］ 六堡镇人民政府驻地。在县政府驻地石桥镇西18千米。人口1100。原为合口街，因镇改今名。聚落呈带状。有中小学、卫生院。有茶船古道景区。农业主产茶。山心—六堡公路经此。

梨埠镇［Líbù Zhèn］ 苍梧县辖镇。在县境东北部。面积253平方千米。人口3.8万。以汉族为主，还有瑶族。辖1居委会、12村委会，有171自然村。镇人民政府驻梨埠圩。1947年设梨埠乡。1950年改第九区。1952年改第十一区。1955年改梨埠区。后改公社。1984年设乡。1993年置镇。因镇政府驻地得名。大平河、六堡河、东安河流经。有中学1所，小学12所，卫生院1个，卫生室12个，广播电视站1个。有古迹大塘潘氏宗祠、沙地梁氏宗祠等。有仙迹桃花岛乡村旅游区、大爽河生态旅游景区。农业主种竹。工业有竹木加工。服务业以商贸为主。洛湛铁路、207国道过境。

梨埠圩［Líbùxū］ 梨埠镇人民政府驻地。在县政府驻地石桥镇南9千米。人口3300。因大梨树得名梨木根村，渐成商埠改今名。聚落呈带状。有中小学、卫生院。工业有竹木加工。服务业以商贸为主。207国道经此。

木双镇［Mùshuāng Zhèn］ 苍梧县辖镇。在县境东北部。面积146平方千米。人口1.7万。辖1居委会、7村委会，有155自然村。镇人民政府驻木双圩。1933年设东治乡。1947年改木双乡。1950年并入第九区。1957年复木双乡。1958年并入梨埠公社。1984年复乡。1993年置镇。因镇政府驻地得名。东安江流经。有中学1所，小学7所，卫生院1个，卫生所7个，广播电视站1个。农业主产水稻，产松、杉、竹。工业以酿酒，制塑，竹木、宝石加工业为主。木双—广东崎岭、木双—梨埠公路过境。

木双圩［Mùshuāngxū］ 木双镇人民政府驻地。在县政府驻地石桥镇南22千米。人口1200。传明代有分2杈柯木得名。聚落呈带状。有中小学、卫生院。农业产红菌、山药等。工业以竹、工艺品加工为主。服务业以农副产品贸易为主。木双—广东崎岭、木双—梨埠公路经此。

沙头镇［Shātóu Zhèn］ 苍梧县辖镇。在县境东北部。面积417平方千米。人口7.4万。辖1居委会、20村委会，有398自然村。镇人民政府驻沙头圩。1955年为第十三区，同年改沙头区。1958年并入东安公社。1960年析置沙头公社。1984年设乡。1988年置镇。因镇政府驻地得名。东安江流经。有中学2所，小学20所，卫生院1个，卫生所20个，广播电视站1个。有古迹沙头旧街天后宫、大寨纪念黄巢义军碑刻。农业主产水稻、龙眼、大果山楂、砂糖橘，产杉木、松木、松脂。特产迟熟荔枝。洛湛铁路、207国道过境。

沙头圩［Shātóuxū］ 沙头镇人民政府驻地。在县政府驻地石桥镇北10千米。人口3000。原名永安圩，因迁至积沙地头改今名。聚落呈带状。有中小学、卫生院。特产迟熟荔枝。有蔬菜、水果加工。207国道经此。

旺甫镇［Wàngfǔ Zhèn］ 苍梧县辖镇。在县境南部。面积280平方千米。人口4.9万。辖1居委会、11村委会，有251自然村。镇人民政府驻旺甫圩。1933年为旺甫乡。1950年改第四区。1955年改旺甫区。后改公社。1984年设乡。1993年置镇。因镇政府驻地得名。思良江、浔阳河流经。有中学2所，小学11所，卫生院1个，卫生所11个，广播电视站1个。农业主产水稻。工业以林产化工、医药、食品加工、宝石加工为主。洛湛铁路、207国道、旺甫—狮寨公路过境。

旺甫圩［Wàngfǔxū］ 旺甫镇人民政府驻地。在县政府驻地石桥镇南37千米。人口4100。原为乘船码头，渐成圩，得名旺铺圩，喻生意兴旺。以谐音简为今名。聚落呈带状。有中小学、卫生院。特产肉桂、黄榄。服务业以商贸为主。207国道、旺甫—狮寨公路经此。

藤　县

藤县［Téng Xiàn］ 梧州市辖县。北纬38°39′，东经104°04′。在市境西部。面积3946平方千米。人口107.1万。以汉族为主，还有壮、瑶等民族。辖15镇、2乡。县人民政府驻藤州镇。南朝梁析广州永平郡置石州。隋开皇九年(589)改藤州。十年戎城县并入。大业三年(607)改永平郡。唐武德四年(621)复藤州。天宝元年(742)改感义郡。乾元元年(758)复藤州。明洪武二年(1369)镡津县并入，隶梧州府。十年改藤县。1913年后历属郁江道、苍梧道、广西省、第七民团区、梧州民团区、梧州行政监督区、第三行政督察区、梧州专区、容县专区、梧州地区。1948年樟树乡划归蒙山县。1951年后糯垌、三堡2区划归岑溪县。1997年属梧州市。因多产白藤且有藤江得名。先后建成绣江路、致远路、政贤路、藤州大道、藤州文化广场、挂榜岭公园等。城区呈三角形，东部为教育城开发区，西部为杉木冲开发区，北部为津北开发区。地势南北高中间低。平均海拔438.9米。年均气温21.6℃，1月平均气温12.5℃，7月平均气温29.5℃。年均降水量1473.3毫米。浔江、蒙江、北流河流经。有矿产资源钛铁、黄金、重晶石、高岭土等。有野生植物1000多种，其中国家重点保护野生植物有66种。有野生动物200多种，其中国家重点保护野生动物有7种。有国家级森林公园太平狮山，自治区级森林公园小娘山。森林覆盖率79.5%。有中职1所，中学39所，小学270所，幼儿园76所，二级医院4个。有全国重点文物保护单位中和窑址。有古迹四王亭、龙母庙等。有国家级非物质文化遗产藤县狮舞。有民间艺术牛歌戏、木偶戏、采茶歌、水上民歌等。有国家4A级旅游景区石表山。有景点蝴蝶谷、塘步裥洲岛、明督师袁崇焕故里纪念碑等。三次产业比例23∶59∶18。农业以种植水稻、甘薯、小麦、玉米、大豆，养殖牛、猪、鸡、鸭为主。工业以制陶制瓷、钛白粉加工、造船、林产化工、电器制造为主。服务业以旅游、物流、住宿、餐饮、商贸等为主。洛湛铁路，南广高铁，贵梧、梧柳高速，321国道过境。有浔江、西江航道。有藤县站、梧州港。有西江机场。

藤州大桥［Téngzhōu Dàqiáo］ 在县城西部。长366.2米，宽12米，最大跨度65米，桥下净高35米。1982年开工，1984年建成。因藤县古称藤州得名。为大型河道桥梁，结构型式为钢筋水泥箱形拱桥。最大载重汽20吨，挂100吨。通多路公交车。

藤县站［Téng Xiàn Zhàn］ 见交通运输设施部分“藤县站”条。

藤县汽车站［Téng Xiàn Qìchēzhàn］ 见交通运输设施部分“藤县汽车站”条。

藤州镇［Téngzhōu Zhèn］ 藤县人民政府驻地。在县境中部。面积370平方千米。人口15.7万。辖6居委会、27村委会，有351自然村。镇人民政府驻白沙村。2005年由藤城、潭东、津北3镇合设藤州镇。因古藤州得名。浔江、北流河流经。有中学5所，小学31所，二级医院3个，卫生院2个，卫生所39个。有龙母公园。有全国重点文物保护单位中和窑址。有古迹冯京亭、访苏亭、四王亭、菊魁亭等。农业主产水稻、果蔗、蔬菜、蘑菇、龙眼、西瓜、香瓜、蚕茧。工业以制陶制瓷、钛白粉加工、造船、林产化工、电器制造为主。南广高铁，贵梧高速，南梧、藤容、藤岑、太潭等公路过境。有藤县站。

藤州大道［Téngzhōu Dàdào］ 在县城中部。东起贵梧高速，西至藤州大桥。与津南大道、政贤路、民安路、泰和路相交。长9千米，宽40米。混凝土路面。1993年开工，1994年建成。1995年扩建。因连接藤州大桥得名。两侧有银行、政府部门、邮局、公司、县医院、广场等。通多路公交车。

津南大道［Jīnnán Dàdào］ 在县城中部。南起南梧公路，北至西江大桥。与三元路、东山路、藤州大道、挂榜路、田寮大道相交。长4.1千米，宽40米。混凝土路面。1993年开工，1994年建成。1995、2004年扩建。因处原津北村南得名。两侧有政府单位、县汽车站、县皮防医院、金叶市场、酒店等。通多路公交车。

西江路［Xījiāng Lù］ 在县城西北部。东起绣江路，西至志宏路。与登俊路、人民路相交。长2.3千米，宽12米。混凝土路面。20世纪50年代铺设，1956年建成。原名大东街，因处西江边改今名。两侧有银行、公司、政府单位、邮局等。通多路公交车。

白沙村［Báishācūn］ 藤州镇人民政府驻地。在镇境中部。人口1900。因处浔江北畔白沙滩得名。聚落沿浔江呈带状分布。有中小学、卫生院。农业主产水稻、甘蔗。321国道经此。

塘步镇［Tángbù Zhèn］ 藤县辖镇。在县境东部。面积238平方千米。人口7.7万。辖2居委会、16村委会，有215自然村。镇人民政府驻塘步街。2002年由南安镇、赤水乡合设塘步镇。因镇政府驻地得名。浔江、下陆河、白石河、上小河流经。有矿产资源金、银、钛、稀土、石英、高岭土等。有中学3所，小学17所，卫生院1个，卫生所16个。有民间艺术赛龙舟、武术等。有景点“赤峡晴岚”等。农业主产水稻。特产龙眼、荔枝、西瓜。工业以矿产、石材开采为主。洛湛铁路，南广高铁，贵梧高速，321国道，南梧、藤新公路过境。

塘步街［Tángbùjiē］ 塘步镇人民政府驻地。在县政府驻地藤州镇东南14千米。人口1300。塘步村为古村落。2002年设镇时征用塘步村山地建成塘步街。聚落呈带状。有中小学、卫生院。服务业以商贸为主。321国道、南梧公路经此。

埌南镇［Làngnán Zhèn］ 藤县辖镇。在县境东南部。面积201平方千米。人口5.7万。辖13村委会，有146自然村。镇人民政府驻埌南街。1942年设埌南乡。1951年改第三区。1955年改埌南区。后改公社。1969年析设同心公社。1984年复乡。1990年置镇。因镇政府驻地得名。白石河、龙溪河流经。有中学2所，小学13所，卫生院1个，卫生所13个。有景点白石水库、墨观石、双底石子滩、蝴蝶谷等。农业主产水稻。产肉桂、八角、荔枝、龙眼、西瓜、小南瓜、佛手瓜等。工业以钛矿开工，高岭土、木材、松脂加工为主。洛湛铁路、藤岑公路过境。

埌南街［Làngnánjiē］ 埌南镇人民政府驻地。在县政府驻地藤州镇东南23千米。人口3300。因处埌南村坡岭下得名。聚落呈带状。有卫生院、卫生所。经济以商贸业为主。藤新公路经此。

同心镇［Tóngxīn Zhèn］ 藤县辖镇。在县境东南部。面积135平方千米。人口2.9万。辖1居委会、9村委会，有107自然村。镇人民政府驻同心街。1949年为同心乡。后属第三区、埌南区、埌南公社。1960年析设同心公社。1984年改乡。1996年置镇。因镇政府驻地得名。真胜河、深塘河流经。有中学1所，小学9所，卫生院1个，卫生所9个。农业主产水稻、马尾松。产八角、花生、黄豆、西瓜、同心米粉。埌南—同心、藤新公路过境。

同心街［Tóngxīnjiē］ 同心镇人民政府驻地。在县政府驻地藤州镇东南23千米。人口1100。因处田垌中心得名垌心，以谐音更今名。聚落呈川字形。有中小学、卫生院、卫生所。经济以商贸业为主。

金鸡镇［Jīnjī Zhèn］ 藤县辖镇。在县境南部。面积250平方千米。人口7.2万。辖1居委会、20村委会，有273自然村。镇人民政府驻金鸡圩。1949年为金鸡乡。1951年改第七区。1955年改金鸡区。后改公社。1969年析设新庆公社。1984年改乡。1990年置镇。因镇政府驻地得名。北流河、义昌河、黄华河流经。有自治区级森林公园小娘山。有中学1所，小学20所，卫生院1个，卫生所21个。农业主产水稻。工业以制砖、制茶、木材加工为主。贵梧高速、藤容公路过境。

金鸡圩［Jīnjīxū］ 金鸡镇人民政府驻地。在县政府驻地藤州镇西南21千米。人口2.5万。传常有金鸡啼鸣，故名。聚落呈丁字形。有中小学、卫生院、卫生所。经济以商贸业为主。特产茶叶、松脂、桂皮、无子西瓜等。藤容公路经此。北流河通航。

新庆镇［Xīnqìng Zhèn］ 藤县辖镇。在县境西南部。面积137平方千米。人口4.5万。辖1居委会、11村委会，有142自然村。镇人民政府驻大路圩。1958年由金鸡区析设新庆乡。后改公社。1984年设乡。1999年置镇。取意庆贺新村得名。黄沙河流经。有中学1所，小学11所，卫生院1个，卫生所12个。有景点山花、同敏水库等。农业主产水稻。产大米、肉桂、八角、松脂、柚子、龙眼。贵梧高速过境。

大路圩［Dàlùxū］ 新庆镇人民政府驻地。在县政府驻地藤州镇西南23千米。人口2000。因处大路旁得名。聚落呈团块状。有中小学、卫生院、卫生所。经济以农副产品贸易为主。贵梧高速经此。

象棋镇［Xiàngqí Zhèn］ 藤县辖镇。在县境南部。面积183平方千米。人口4.8万。辖1居委会、15村委会，有221自然村。镇人民政府驻象棋圩。1949年为象棋乡。1950年改第四区。1951年改第六区。1955年改象棋区。后改公社。1960年析设岭景公社。1984年设乡。1989年置镇。因镇政府驻地得名。北流河流经。有中学1所，小学16所，卫生院1个，卫生所16个。有国家4A级旅游景区石表山。农业主产水稻、松树、簕竹。产花生、木薯、甘薯。特产象棋红菌。藤容公路过境。

象棋圩［Xiàngqíxū］ 象棋镇人民政府驻地。在县政府驻地藤州镇西南31千米。人口2000。因地形似象棋得名。聚落呈带状。有中小学、卫生院。经济以商贸业为主。

道家村［Dàojiācūn］ 在县政府驻地藤州镇西南39千米。象棋镇辖自然村。人口1100。因窦姓始居得名窦家，以方言同音改今名。聚落呈团块状。有国家4A级旅游景区石表山。农业主产水稻、木薯、花生、肉桂。藤容公路经此。

岭景镇［Lǐngjǐng Zhèn］ 藤县辖镇。在县境西南部。面积190平方千米。人口4.5万。辖1居委会、14村委会，有190自然村。镇人民政府驻岭景圩。1958年由象棋区析设岭景乡。后改公社。1984年设乡。1999年置镇。因镇政府驻地得名。泗罗河流经。有矿产资源花岗岩、砂页岩、钛矿石等。有中学1所，小学14所，卫生院1个，卫生所15个。有粤剧团。农业主产水稻。盛产松脂、桂皮、柚子、簕竹。藤容公路过境。

岭景圩［Lǐngjǐngxū］ 岭景镇人民政府驻地。在县政府驻地藤州镇西南40千米。人口5000。处2岭狭处，故名岭颈，以方言同音改今名。聚落沿泗罗河呈扇形分布。有中小学、卫生院、卫生所。经济以商贸业为主。藤容公路经此。

天平镇［Tiānpíng Zhèn］ 藤县辖镇。在县境西部。面积348平方千米。人口8.3万。辖1居委会、20村委会，有301自然村。镇人民政府驻天平圩。1949年为天平乡。1951年改第八区。1955年改天平区。后改公社。1984年设乡。1989年置镇。因镇政府驻地得名。浔江、天平河流经。有中学3所，小学21所，卫生院1个，卫生所21个。有明督师袁崇焕纪念碑。有民间艺术牛娘戏、木偶戏等。有景点罗漫山、石马山等。农业主产水稻。特产松脂、肉桂、簕竹、甜竹、西瓜、八角。盛产荔枝、葡萄、龙眼、杧果、沙田柚。工业以电子产品制造、食品加工、建材为主。南广高铁、南梧公路过境。

天平圩［Tiānpíngxū］ 天平镇人民政府驻地。在县政府驻地藤州镇西21千米。人口3500。取天厚、大沙坪2村各一字得名。聚落呈扇形。有中小学、卫生院、卫生所。经济以商贸业为主。南梧公路经此。

濛江镇［Méngjiāng Zhèn］ 藤县辖镇。在县境中部。面积296平方千米。人口8.6万。辖2居委会、21村委会，有268自然村。镇人民政府驻濛江圩。1949年为濛江乡。1950年改第五区。1951年改第九区。1955年改濛江区。后改公社。1984年置镇。因镇政府驻地得名。浔江、蒙江流经。有中学3所，小学22所，卫生院1个，卫生所21个。有民俗划龙舟等。农业主产水稻。工业以钛白粉加工、制船、砂砖加工、制陶制瓷为主。特产濛江米粉、恒丰面条、濛江大头菜、濛江黑叶荔枝等。321国道、潭太公路过境。

濛江圩［Méngjiāngxū］ 濛江镇人民政府驻地。在县政府驻地藤州镇西北19千米。人口2.2万。传宋代为安城村，以蒙江谐音改今名。聚落呈工字形。有中小学、卫生院。经济以商贸业为主。特产黑叶荔枝、大头菜、沙金等。潭太、濛和公路经此。

和平镇［Hépíng Zhèn］ 藤县辖镇。在县境中部偏西。面积173平方千米。人口8.2万。辖1居委会、17村委会，有184自然村。镇人民政府驻和平圩。民国时期曾设和平乡。1958年成立和平公社。1984年改乡。1989年置镇。因镇政府驻地得名。蒙江流经。有中学2所，小学18所，卫生院1个，卫生所18个。有文笔塔、和平烈士陵墓。农业主产水稻。特产粉葛、龙眼、荔枝、西瓜、香芋、生姜等。梧柳高速、梧州—迁江公路过境。

和平圩［Hépíngxū］　和平镇人民政府驻地。在县政府驻地藤州镇西北32千米。人口8000。取永远和平意得名。聚落呈块状。有中小学、卫生院。经济以农副产品贸易为主。特产粉葛、香芋、无子西瓜。濛和公路经此。

太平镇［Tàipíng Zhèn］　藤县辖镇。在县境中部偏北。面积279平方千米。人口11万。辖5居委会、20村委会，有257自然村。镇人民政府驻太平圩。1949年为太平乡。1951年设第十区。1955年改太平区。后改公社。1980年析设太平镇。1986年太平乡并入。因镇政府驻地得名。大流江、大壬河、勒竹河、大同江流经。有中学5所，小学24所，二级医院1个，卫生所21个。有景点狮山、东养古民居群、二帝庙、大壬水库等。农业主产稻谷、木材、松脂、八角、肉桂。特产无子西瓜、荔枝、龙眼、咸酸菜、无公害蔬菜等。工业以林化工为主。有南蛇塘工业集中区。321国道、梧州—迁江公路过境。

太平圩［Tàipíngxū］　太平镇人民政府驻地。在县政府驻地藤州镇西北37千米。人口4.7万。取意国泰民安、繁华安定得名。有中小学、二级医院。农业主产水稻、无子西瓜。工业以林产品加工为主。特产江口荔枝、太平咸酸菜、大楼萝卜等。321国道、梧州—迁江公路经此。

古龙镇［Gǔlóng Zhèn］　藤县辖镇。在县境东北部。面积187平方千米。人口4.6万。辖1居委会、10村委会，有132自然村。镇人民政府驻古龙圩。1953年为第四区。1955年改大坡区。1958年改红星公社。1959年改古龙公社。1984年改乡。1989年置镇。因镇政府驻地得名。大冲、木河流经。有中学2所，小学10所，卫生院1个，卫生所11个。有自治区级文物保护单位授三公祠。农业主产水稻。特产八角、西瓜、松、杉、木薯等。梧州—迁江公路过境。

古龙圩［Gǔlóngxū］　古龙镇人民政府驻地。在县政府驻地藤州镇北29千米。人口2200。处古盆地，地形似龙，故名。聚落呈扇形。有中小学、卫生院。有民俗农历三月三"北帝出游"、七月十六日"舞豹节"等。经济以林产品交易为主。梧州—迁江公路经此。

东荣镇［Dōngróng Zhèn］　藤县辖镇。在县境北部。面积204平方千米。人口4万。辖1居委会、13村委会，有221自然村。镇人民政府驻东荣街。1960年成立坡头公社。1962年改东荣区。后改公社。1984年设乡。1997年置镇。因镇政府驻地得名。大同江、蒙江流经。有中学2所，小学12所，卫生院1个，卫生所14个。有思排、护安古民居。有景点上峡三角湾、坡头爽头瀑布等。农业主产水稻。产西瓜、香瓜、八角、椪柑、木薯、竹笋、石垌茶叶等。321国道过境。

东荣街［Dōngróngjiē］　东荣镇人民政府驻地。在县政府驻地藤州镇西北50千米。人口1200。明景泰元年(1450)在蒙江旁建东荣坪村，因村东有大地坪且草木繁荣而得名。后蒙江对岸人口聚集而形成街圩，取名东荣街，镇政府位此。聚落沿蒙山河呈带状分布。有中小学、卫生院。经济以商贸业为主。321国道、县道东荣—大黎线、佛子—燕滩公路经此。

大黎镇［Dàlí Zhèn］　藤县辖镇。在县境西北部。面积305平方千米。人口4.4万。以汉族为主，还有壮、瑶等民族。辖1居委会、18村委会，有307自然村。镇人民政府驻大黎圩。1949年为大黎乡。1951年后改第十二区、第五区、大黎区。后改公社。1960年析设坡头公社。1969年析设宁康公社。1984年改大黎乡。1989年置镇。2005年宁康乡并入。2012年析设宁康乡。因镇政府驻地得名。大黎河、古常河流经。有矿产资源石英、铅、锌、钼、硫、钛、砷等。有中学1所，小学19所，卫生院1个，卫生所19个。有古迹太平天国四王故居等。农业主产水稻。盛产木薯、甘薯、木耳、猴头菇、茯苓、竹笋、八角、松脂、灵芝、木材。工业以采选矿，木薯、木材加工为主。县道东荣—大黎线过境。

大黎圩［Dàlíxū］　大黎镇人民政府驻地。在县政府驻地藤州镇西北68千米。人口2100。因多大犁树(即榉树)得名大犁，以谐音更今名。聚落呈带状。有中小学、卫生院。经济以商贸业为主。县道东荣—大黎线经过。

平福乡［Píngfú Xiāng］　藤县辖乡。在县境东北部。面积322平方千米。人口3.5万。辖1居委会、14村委会，有299自然村。乡人民政府驻平福街。1958年成立英雄公社。1961年改平福公社。1984年改乡。因乡政府驻地得名。沙街河、莫泗河、民安河流经。有中学1所，小学14所，卫生院1个，卫生所15个。农业主产水稻。盛产木材、八角、肉桂、松脂。县道太平—平福线过境。

平福街［Píngfújiē］　平福乡人民政府驻地。在县政府驻地藤州镇西北47千米。人口1100。原称天池，清光绪十六年(1890)建成平福村，寓太平、幸福。1953年乡政府位此后发展成街圩，因与平福村毗邻得今名。聚落呈丁字形。有中学、卫生院。农业主产水稻、木薯。有农副产品商贸业。县道太平—平福线经此。

宁康乡［Níngkāng Xiāng］　藤县辖乡。在县境西北部。面积126平方千米。人口2万。以汉族为主，还有瑶族。辖1居委会、8村委会，有146自然村。乡人民政府驻宁康街。1969年由大黎公社析设宁康公社。1984年改乡。2005年并入大黎镇。2012年复置宁康乡。因乡政府驻地得名。有中学1所，小学8所，卫生院1个，卫生所9个。农业主产水稻。盛产松、杉、松脂。特产八角、木耳、茶叶、竹笋、药材等。县道东荣—宁康线过境。

宁康街［Níngkāngjiē］　宁康乡人民政府驻地。在县政府驻地藤州镇西北76千米。人口1200。因原属宁康村得名。聚落呈散点状。有中学、卫生院。经济以农副产品贸易为主。县道东荣—宁康线经此。

蒙山县

蒙山县［Méngshān Xiàn］　梧州市辖县。北纬24°11′，东经110°31′。在市境西北部。面积1279平方千米。人口22万。以汉族为主，还有瑶、壮等民族。辖6镇、1乡、2民族乡。县人民政府驻蒙山镇。南朝梁、陈置蒙山县，后废。明成化十三年(1477)设永安州。弘治三年(1490)改永安长官司。五年复永安州。清因之。1912年改永安县。1914年改蒙山县，属桂林道。1927年后历属广西省、第二民团区、桂林民团区、平乐民团区、平乐行政监督区、第二行政督察区、第一行政督察区、第十四行政督察区、平乐专区、梧州专区、梧州地区。1997年属梧州市。因山岭常蒙于雾中得名。先后建成鳌山路、洲头路、滨江路、西炮台公园、梁羽生公园等。地势东北高西南低。最高点位于蒙山、荔浦交界处六笛冲顶，海拔1156米。最低点陈塘镇陈塘村独峰口湄江流出县界处，海拔63米。年均气温19.7℃，1月平均气温11℃，7月平均气温27.9℃。年均降水量1738毫米。湄江、夏宜河、忠良河、茶山河、百合河、文圩河流经。有矿产资源重晶石、铁、铜、锰、金等。森林覆盖率77.6%。有中职1所，中学13所，小学73所，二级医院4个，公共图书馆1个。有全国重点文物保护单位太平天国永安活动旧址。有民间文艺蒙山话山歌，蒙山瑶歌，舞狮、舞龙等。有民俗端午草药节、八月夏宜瑶族歌节、长坪瑶族修路节等。有景点哥谷岭汉墓群、孟冲、茶山湖、水秀古战场、古苏冲古战场、西炮台、武庙公园等。三次产业比例17∶50∶33。农业以种植水稻、玉米、花生、木薯，养殖猪、牛、羊、兔、鸡、鸭为主。工业以丝绸加工、水泥、电力、制药、针织、矿产开采为主。服务业以餐饮、商品零售、住宿、旅游等为主。241、321国道过境。有蒙山汽车站。

蒙山汽车站［Méngshān Qìchēzhàn］　见交通运输设施部分"蒙山汽车站"条。

蒙山镇［Méngshān Zhèn］　蒙山县人民政府驻地。在县境中部。面积83平方千米。人口4.2万。辖5居委会、8村委会，有118自然村。镇人民政府驻蒙山街。1962年设城厢镇。1968年改蒙山镇公社。1981年改蒙山镇。1984年原西河公社部分地域并入。因县得名。湄江河流经。有中学4所，小学9所，二级医院4个，卫生院1个，卫生所11个，图书馆1个，体育馆1个。有全国重点文物保护单位太平天国永安活动旧址。有古迹长寿桥、长寿阁等。农业主产水稻、玉米、蔬菜、桑。工业以建材为主。321国道过境。

永安街［Yǒng'ān Jiē］　在县城北部。东起蒙长公路，西至湄江路。与东江路、滨江路、民主街相交。长1.8千米，宽20米。水泥路面。1974年开工，1975年建成。1996年扩建。因穿越原永安州城得名。两侧有太平天国建国封王遗址、中学、县妇幼保健院、政府单位、图书馆等。通多路公交车。

五福路［Wǔfú Lù］　在县城南部。东起通文街，西至湄江路。与东江路、滨江路相交。长1.4千米，宽20米。水泥路面。2003年开工，2005年建成。因五福桥得名。两侧有政府单位、银行等。通多路公交车。

蒙山街［Méngshānjiē］　蒙山镇人民政府驻地。在镇境中部。人口2.1万。因唐代蒙山郡得名。聚落呈带状。有中小学、卫生院、公共图书馆、青少年活动中心、体育馆。有全国重点文物保护单位永安古城。有景点长寿桥、长寿阁等。经济以商贸业为主。321国道经此。

湄江南社区［Méijiāngnán Shèqū］　属蒙山镇。在县境中部。为西河镇人民政府驻地。面积0.8平方千米。人口4800。因位于湄江畔，且在原湄江社区南部而得名。2008年成立。民居多为独栋多层混凝土住宅。有医养结合的养老服务机构。有中小学、卫生室。321国道经此。

西河镇［Xīhé Zhèn］　蒙山县辖镇。在县境中部。面积216平方千米。人口3.4万。辖13村委会，有209自然村。镇人民政府驻蒙山镇湄江南社区。1950年设西河乡。1952年为第一区。1955年改西河区。后改公社。1984年复乡，部分区域划入蒙山镇。1995年置镇。因处湄江河西得名。湄江河、夏宜河等流经。有中学1所，小学13所，卫生院1个，卫生所13个。有太平军西炮台、西浮岭营盘、古苏冲口太平军战场、永安教案等遗址。农业主产水稻、桑、八角。321国道过境。

新圩镇［Xīnxū Zhèn］　蒙山县辖镇。在县境西北部。面积144平方千米。人口2.3万。辖9村委会，有167自然村。镇人民政府驻新圩。1950年设新圩乡。1952年改第五区。

1955年改新圩区。后改公社。1984年设乡。1993年置镇。因镇政府驻地得名。忠良河、六桂河流经。有中学1所，小学8所，卫生院1个，卫生所8个。有汉晋古墓群。农业主产水稻。产松脂、姜、柿子、椪柑、脐橙、甲鱼、山猪、果蔗。321国道过境。

新圩 [Xīnxū] 新圩镇人民政府驻地。在县政府驻地蒙山镇西北12千米。人口600。以汉族为主，还有壮族。传清乾隆年间（1736—1796）新开辟圩市，故名。聚落呈带状。有卫生院、卫生所。农业主产桑蚕、水稻、蔬菜、柑橘。321国道、金秀—新圩公路经此。

文圩镇 [Wénxū Zhèn] 蒙山县辖镇。在县境中部偏西。面积144平方千米。人口3.5万。辖12村委会，有195自然村。镇人民政府驻文圩。1950年设文圩乡。1952年与上鉴乡合设第四区。1955年改文圩区。后改公社。1984年设乡。1989年置镇。因镇政府驻地得名。夏宜河流经。有中学1所，小学12所，卫生院1个，卫生所12个。有作家梁羽生故居、道义民居等。农业主产水稻、玉米、甘蔗、蔬菜、砂糖橘。工业以加工业、建材为主。服务业以餐饮等为主。蒙山—平南公路过境。

文圩 [Wénxū] 文圩镇人民政府驻地。在县政府驻地蒙山镇西南9千米。人口400。原名温村、温富村。清康熙四十六年（1707）瘟疫后以同音改文富村。因建圩市得名文富圩，简为今名。聚落呈团块状。有中小学。农业主产水稻、柑橘。服务业以商贸为主。蒙山—平南公路经此。

黄村镇 [Huángcūn Zhèn] 蒙山县辖镇。在县境中部偏南。面积240平方千米。人口2.2万。辖10村委会，有324自然村。镇人民政府驻旧圩。1950年为第二区。1955年改黄村区。后改公社。1984年设乡。1994年置镇。因黄村得名。湄江流经。有中学1所，小学10所，卫生院1个，卫生所10个。农业主产水稻、砂糖橘。盛产松木、杉木、荷木等。工业以建材为主。服务业以餐饮、商贸为主。241、321国道过境。

旧圩 [Jiùxū] 黄村镇人民政府驻地。在县政府驻地蒙山镇东南16千米。人口100。原为黄村圩，因圩市迁建改今名。聚落呈带状。有黄村起义纪念碑。农业主产水稻、砂糖橘。241国道经此。

陈塘镇 [Chéntáng Zhèn] 蒙山县辖镇。在县境南部。面积152平方千米。人口2.3万。辖1居委会、9村委会，有264自然村。镇人民政府驻陈塘街。1950年为第三区。1955年改陈塘区。后改公社。1984年置镇，析设汉豪乡。因镇政府驻地得名。湄江河流经。有矿产资源黄金、铅锌、重晶石等。有中学1所，小学9所，卫生院1个，卫生所9个。农业主产水稻，盛产水果。工业以矿产开采为主。321国道过境。

陈塘街 [Chéntángjiē] 陈塘镇人民政府驻地。在县政府驻地蒙山镇东南38千米。人口2000。清于陈村设驿站（旧称塘），因成集市得名陈村塘圩，简称陈塘圩，亦称今名。聚落呈带状。有小学、卫生院、卫生所。经济以商贸业为主。321国道经此。

汉豪乡 [Hànháo Xiāng] 蒙山县辖乡。在县境南部。面积106平方千米。人口1.3万。辖6村委会，有185自然村。乡人民政府驻大塘村。1957年由陈塘区析设汉豪乡。后并入陈塘公社。1984年析置汉豪乡。为纪念因公遇害税务员梁汉豪得名。湄江流经。有小学6所，卫生院1个，卫生所6个。农业主产水稻、桑、百香果。321国道过境。

大塘村 [Dàtángcūn] 汉豪乡人民政府驻地。在县政府驻地蒙山镇东南28千米。人口400。因大水塘得名。聚落呈带状。有小学、卫生所。农业主产水稻、柑橘。321国道经此。

长坪瑶族乡 [Chángpíng Yáozú Xiāng] 蒙山县辖乡。在县境东北部。面积132平方千米。人口0.3万，其中瑶族占86.9%，还有汉、壮等民族。辖5村委会，有46自然村。乡人民政府驻平垌村。1957年由长坪、南垌2乡合设长坪瑶族乡。1958年并入超美公社。1959年属永安公社。1961年析设东护公社。1962年并入西河区。1963年复长坪瑶族乡。1969年改长坪公社。1984年改长坪瑶族乡。取长滩河、平垌村（旧写坪垌）各一字得名。长滩河、南垌江流经。有小学1所，卫生院1个，卫生所5个。有景点茶山水库、三妹崖瀑布等。农业主产松、杉、油茶、八角、毛竹。长坪公路过境。

平垌村 [Píngdòngcūn] 长坪瑶族乡人民政府驻地。在县政府驻地蒙山镇东北11千米。人口300。以瑶族为主，还有汉族。因处平坦田垌得名。聚落呈带状。有小学、卫生院、卫生所。农业主产水稻、油茶、松、杉。长坪公路经此。

夏宜瑶族乡 [Xiàyí Yáozú Xiāng] 蒙山县辖乡。在县境西部。面积118平方千米。人口0.7万，其中瑶族占86%，还有汉族等。辖6村委会，有114自然村。乡人民政府驻榕树村。1961年由东风公社析置夏宜公社。1984年改夏宜瑶族乡。因夏宜河得名。盘龙江流经。有小学6所，卫生院1个，卫生所6个。有民俗农历八月初四放赦节等。农业主产水稻、杉、松、八角。特产夏宜黑土猪。蒙山—平南公路过境。

榕树村 [Róngshùcūn] 夏宜瑶族乡人民政府驻地。在县政府驻地蒙山镇西南17千米。人口200。以瑶族为主，还有汉族。因有古榕树得名。聚落呈带状。农业主产水稻、八角、松、杉、生姜、桑。蒙山—平南公路经此。

北 海 市

北海市 [Běihǎi Shì] 广西壮族自治区辖地级市。北纬21°54′—21°55′，东经108°50′—109°46′。在自治区境南部。面积3380平方千米。户籍人口169.3万，常住人口160.4万。以汉族为主，还有苗、壮、土家、蒙古等民族。辖海城、银海、铁山港3区，合浦1县。市人民政府驻海城区。1950年析合浦县部分地域置北海市，属广东省。1952年属广西省。1955年复属广东省。1956年降县级市，属合浦专区。1959年改北海镇（县级），属湛江专区。1964年复置北海市（县级）。1965年后属钦州专区、钦州地区。1983年升地级市。1987年合浦县并入。因清康熙元年（1662）北海镇得名。海拔10—15米。年均气温22.9℃，1月平均气温14.7℃，7月平均气温29.1℃。年均降水量1670毫米。年均无霜期365天。有矿产资源高岭土、石油、钛铁矿石、石英砂等。海岸线长500多千米。有野生植物858种。有野生动物371种，其中国家一级重点保护野生动物有黑鹳、中华秋沙鸭，二级重点保护野生动物有青头潜鸭、黑脸琵鹭、小青脚鹬等27种。森林覆盖率31.1%。有省级科研单位2个，有高等院校4所，中职1所，中学84所，小学394所。有图书馆3个，文化馆3个。有三级医院1个。有全国重点文物保护单位北海老街、德国领事馆旧址、大清邮政北海分局旧址等7个，省级文物保护单位白龙珍珠城遗址。有国家4A级旅游景区银滩、海底世界、海洋之窗，国家3A级旅游景区大冠沙金海湾红树林等。三次产业比例18∶53∶29。农业以种植水稻、花生、黄豆、木薯、番薯、马铃薯、甘蔗、水果为主。盛产珍珠、海参、鱼、虾、蟹、沙虫（方格星虫）、盐、贝类。工业以能源、电子、石化、海产品加工为主。服务业以商贸、餐饮、住宿、旅游为主。有国家级工业产业基地北海工业园区、北海出口加工区、北海高新技术产业开发区。有铁路105.5千米，公路2713千米，高速153千米。钦北铁路，兰海高速，203、325国道过境。有国家一级口岸北海港。有北海福成机场，民航航线20多条，通往北京、上海、广州等城市。

北海 [Běihǎi] 别名珠城。北海市聚落。在市境南部。面积73.07平方千米。人口65万。以汉族为主，还有苗、壮、土家、蒙古等民族。清康熙六年（1667）埠民渐迁北湾。因北湾北部为海故称北海村。北海地名始现。道光年间渐成商港。光绪二年（1876）辟北海通商口岸。先后建成西靖街、民生路、升平路、沙脊街、中山路、珠海路。1949年城区面积0.8平方千米。先后扩建解路放、和平路、文明路等。2014年年底形成以西南大道、广东路为中心形成六纵六横的方格状布局。中部为市政机关办公区、服务业区。西部为港口作业、水产加工和保税区。南部为滨海旅游度假、华侨投资开发区。北、东北部为开发区。北部湾大道、广东路、北京路等为商业中心。有国家4A级旅游景区银滩、国家3A级旅游景区大冠沙金海湾红树林等。有北部湾广场、中山公园、长青公园、海滨公园、北海园博园等。有普度祠、普度震宫、武帝庙、神农庙、冠头岭廉阳古洞、英国领事馆、法国领事馆、德国领事馆、德国森宝洋行、普仁医院双孖楼、清末骑楼等遗址。工业以生物制药、食品和电子机械制造为主。有北海市出口加工区、银河科技园、北海高新技术产业开发区等。形成铁路、公路、水路、民航交通运输网络，交通便利。

南珠大道 [Nánzhū Dàdào] 在市境东部。南起南珠广场，北至209国道。与北海大道、迎宾大道相交。长3.5千米，宽80米。混凝土路面。1990年开工，1991年建成。2008年改造。北海盛产珍珠，古称“南珠”。因位于南珠广场旁得名。两侧有市青少年宫、桂林电子科技大学、市第四医院、南珠汽车站、南珠广场、盛荟天地广场等。通公交车。

上海路 [Shànghǎi Lù] 在市境东部。南起西南大道，北至茶亭路。与北海大道、北部湾东路相交。长3.2千米，宽40米。混凝土路面。1995年开工，2003年建成。以城市名命名。两侧有小学、银行、居住小区、蓝天大厦等。通公交车。

广东路［Guǎngdōng Lù］ 在市境中部。南起银滩大道，北至滨海路。与北部湾中路、长青东路、北海大道、重庆路、西南大道相交。长3.8千米，宽80米。混凝土路面。1993年开工，同年建成。两侧有恒昌广场、中国银行、北海博大医院、南珠市场、中学、居住小区等。通公交车。

四川路［Sìchuān Lù］ 在市境中部。南起北海大道，北至外沙桥。与北部湾中路、海角路、中山路、珠海西路、滨海路相交。长3.8千米，宽40米。混凝土路面。1992年开工，1993年建成。两侧有红沙海鲜批发市场、文明市场、市中医院、中小学、物资大厦、万家兴大厦、购物广场、宝谊商场、银行、酒店等。通公交车。

海城区

海城区［Hǎichéng Qū］ 北海市人民政府驻地。在市境西南部。面积140平方千米。人口28.8万。以汉族为主，还有苗、瑶、壮等民族。辖7街道、1镇。区人民政府驻中街街道。1984年设立。为滨海城市，故名。先后建成北海大道、西南大道、湖南路、上海路、北京路等。有标志性建筑“南珠魂”。中山、解放2路一带为商业中心。西部为港口作业、海产加工区。东部为工业区。海岸线长57.2千米，有浅海、滩涂6700平方千米。有矿产资源钛铁沙、褐铁、石英砂、高岭土、石油、天然气等。有中学10所，小学31所，三级医院1个，二级医院3个。有北海南珠博物馆、北海贝雕博物馆。有全国重点文物保护单位北海老街、德国领事馆旧址、大清邮政北海分局旧址。有国家4A级旅游景区4个。有省级非物质文化遗产5项。三次产业比例6∶57∶37。农业以蔬菜、瓜果种植，海洋捕捞为主。工业以生物制药、食品加工、电子机械制造、海产品深加工为主。有市工业园区、市出品加工区、银河科技园、北生科技园。服务业以旅游、商贸为主。兰海高速过境。通多路公交车。

北海市工业园区［Běihǎi Shì Gōngyè Yuánqū］ 在区境东北部。东至吉林路，南至澳门路，西至南珠大道，北至台湾路。面积19.4平方千米。2005年12月经国家发展改革委批准为省级开发区，由北海市政府管理。有传统工业区、高新科技区、科研设计区、特色资源加工基地等。有工业企业70个。发展电子信息、生物制药、食品加工、机械制造业等。东接出入北海高速公路，西濒北部湾。通公交车。

北部湾广场［Běibùwān Guǎngchǎng］ 在城区中部。面积48208平方米。1985年开工，1986年建成。1996—1997年扩建。因北部湾路得名。广场中心为南珠魂雕塑，四周有水池、喷泉、雕塑群。为游人休闲、观赏场所。周边有和安商都、和安商港、新力百货、新力购物广场等。通公交车。

北部湾路［Běibùwān Lù］ 在区境中部。东起南珠大道，西至成都路。与广东路、深圳路、湖南路等相交。长10千米，宽60米。水泥沥青路面。1975年开工，1992年建成。因北海原为北部湾畔重镇得名。两侧有政府单位、中小学、新华书店、北海客运中心、中山公园、和安商港、商场、酒店、广场等。通公交车。

北海大道［Běihǎi Dàdào］ 在区境中部。东起铁山港大道，西至金海岸大道。与西藏路、云南路、贵州路等相交。长23千米，宽80米。水泥沥青路面。1992年开工，2007年建成。因北海得名。两侧有北海市工业园区、政府单位、银行、图书馆、南珠汽车站、东盟自由贸易城、商厦、广场等。通公交车。

西南大道［Xīnán Dàdào］ 在区境南部。东起南珠大道，西至西藏路。与广东南路、四川南路、贵州南路、云南南路相交。长8.1千米，宽120米。混凝土路面。1994年开工，同年建成。2008年扩建。原名疏港大道，因道路起讫点改今名。两侧有市急救中心、振星大厦、人才大厦、居住小区、东盟国际城等。通公交车。

高德大桥［Gāodé Dàqiáo］ 在城区东北部。长99米，宽32.6米，最大跨度99米，桥下净高7米。2008年开工，2010年建成。因高德港得名，又名高德港大桥。为大型河道桥梁，结构型式为提篮式系杆拱桥。最大载重40吨。通公交车。

北海站［Běihǎi Zhàn］ 见交通运输设施部分“北海站”条。

北海南珠汽车站［Běihǎi Nánzhū Qìchēzhàn］ 见交通运输设施部分“北海南珠汽车站”条。

中街街道［Zhōngjiē Jiēdào］ 海城区人民政府驻地。在区境中部。面积5平方千米。人口9.5万。1973年设。先后建成休闲健身广场，改造海堤街、北部湾广场。有中学2所，小学4所，三级医院1个，二级医院1个，卫生院1个。有景点中山公园、长青公园、老街等。有大清邮政北海分局旧址，英、法、德各国领事馆旧址，德国森宝洋行旧址。有贞德女校、八角楼、舍吏长楼、医生楼、洋关楼、天主堂等遗址。经济以商贸业为主。通公交车。

珠海路［Zhūhǎi Lù］ 在中街街道北部。长1.4千米，宽9米。花岗石砖路面。昔濒北海港，北海港外古称珠母海（珠池），故名。1883年建，为百年老街。有中西合璧骑楼式建筑，英、法、德各国领事馆旧址，德国森宝洋行旧址，天主教堂、女修院旧址等。通公交车。

东街街道［Dōngjiē Jiēdào］ 属海城区。在区境东部。面积7.5平方千米。人口5.9万。1981年设。因处市中心东侧得名。有高等院校1所，中学1所，小学4所，二级医院2个。有景点海底世界、海滨公园等。有茶亭旧址、普度震宫旧址。经济以旅游、商贸业为主。通公交车。

西街街道［Xījiē Jiēdào］ 属海城区。在区境西部。面积3平方千米。人口4.1万。1981年设。因处旧城区西得名。2013年建设四川路、大庆路。有小学1所。经济以商贸业为主。通公交车。

海角街道［Hǎijiǎo Jiēdào］ 属海城区。在区境北部。面积4.7平方千米。人口5万。1981年设。因海角路得名。有中学1所，小学4所，卫生院2个。农业以海洋捕捞为主。工业以制冰、海产品加工、塑料网具加工、造船、螺旋桨制造为主。有商贸业。通公交车。

地角街道［Dìjiǎo Jiēdào］ 属海城区。在区境西北部。面积为9.5平方千米。人口2.1万。1953年设地角镇。1956年改街道。因地形呈尖角凸入海中得名。有中学1所，小学2所，卫生院1个。有地角岭炮台遗址。农业以浅海捕捞为主。有北海出口加工区。通公交车。

高德街道［Gāodé Jiēdào］ 属海城区。在区境东北部。面积60平方千米。人口3.2万。2005年设。原为风流墩，取道德高尚之意改今名。有中学1所，小学9所，卫生院1个。海岸线7千米。有浅海、滩涂14平方千米。农业以种植水稻、甘蔗、西瓜为主。产大蚝、对虾。有北海市工业园区、区民营工业园、北海汽车交易中心。通公交车。

驿马街道［Yìmǎ Jiēdào］ 属海城区。在区境南部。面积18.5平方千米。人口6.3万。1998年设驿马镇。2005年改街道。因驿马村得名。先后建成湖南南路、重庆路、贵州南路。有高校1所，中学3所，小学3所，卫生院1个。经济以商贸业为主。有花卉基地。通公交车。

驿马村［Yìmǎcūn］ 在区政府驻地中街街道东南6千米。属驿马街道。人口3100。旧时为官员传递文书饮马歇息驿站，故名。聚落呈块状。农业以种植水稻、蔬菜、花卉、西瓜，养殖猪、鸭、鱼、虾为主。通公交车。2014年被评为全国文明村。

涠洲镇［Wéizhōu Zhèn］ 海城区辖镇。在区境南部。面积27平方千米。人口1.6万。辖2居委会、9村委会，有54自然村。镇人民政府驻盛塘村。1950年设涠洲乡。1959年改公社。1984年置镇。因岛得名。海岸线长24.6千米。有中学1所，小学4所，卫生院1个，卫生所2个。有涠洲岛候鸟保护区。有景点猪仔岭、“滴水丹屏”、五彩滩、鳄鱼山、三婆庙、天主堂、圣母堂等。有海岸景观带。农业以甘蔗、香蕉、花生种植，浅海捕捞、刺钓为主。养殖扇贝、鲍鱼、石斑鱼等。环岛公路过境。有南湾港。

盛塘村［Shèngtángcūn］ 涠洲镇人民政府驻地。在区政府驻地中街街道南48千米。人口1700。原为天主堂村，后改圣堂村，取同音改今名。聚落呈梭形。有小学、卫生所。农业主种花生、木薯、香蕉、甘蔗。通乡村公路。

银海区

银海区［Yínhǎi Qū］ 北海市辖区。在市境中部偏南。面积475平方千米。人口15.1万。以汉族为主，还有壮、瑶、蒙古、回、藏、苗等民族。辖4镇。区人民政府驻银滩镇。1986年置郊区。1994年原合浦县福成镇并入，涠洲镇划归海城区，改银海区。取北海银滩之意命名。有标志性建筑北海银滩“潮”雕。年均气温22℃。冯家江、福成江、三合口江流经。海岸线长94千米。有矿产资源石英砂、陶土、高岭土等。有冠头岭国家森林公园。森林覆盖率22.7%。有中学10所，小学39所。有古迹廉阳古洞、汉代古墓群、武帝庙、神农庙、福成两圣宫等。有国家4A级旅游景区北海银滩、国家3A级旅游景区大冠沙金海湾红树林。有景点北海园林园艺博览园、海洋之窗、海滩公园、大江埠民族风情园等。三次产业比例33∶27∶40。农业以水稻、豆类、薯类、花生、甘蔗、蔬菜种植，海洋捕捞为主。盛产鳖、鱼、虾、蟹、沙虫、珍珠、贝类。工业以制糖、建材制造、饲料加工、水泥加工、生物制药、海产品加工为主。服务业以旅游业为主。钦北铁路、南北高速过境。有福成机场、北海国际客运码头。通多路公交车。

银滩大道［Yíntān Dàdào］ 在区境中部偏南。东北起北海—铁山港公路，西南至银滩海岸。与天津路、南珠大道、上海路等相交。长14千米，宽80米。沥青路面。2001年开工，2003年建成。2014年改扩建。为外地人北海银滩主要道路，故名。两侧有市体育活动中心、市卫生学校、北海园博园等。通公交车。

银滩镇［Yíntān Zhèn］ 银海区人民政府驻地。在区境西南部。面积80平方千米。人口3.1万。辖4居委会、11村委会，有53自然村。镇人民政府驻沙虫寮。2005年由西圹、咸田2镇合设银滩镇。因北海银滩旅游区得名。地势西高东低。有矿产资源石英砂。有中学2所，小学11所，卫生院2个，卫生所12个。有国家

3A级旅游景区大冠沙金海湾红树林。农业盛产鱼、虾、蟹、文蛤、沙虫等。服务业以旅游业为主。钦北铁路、南北高速过境。有北海国际客运港。

沙虫寮［Shāchóngliáo］　银滩镇人民政府驻地。在镇境南部。人口700。因港湾盛产沙虫得名。聚落呈团块状。有国家4A级旅游景区北海银滩。农业有传统渔业。服务业以旅游业为主。

福成镇［Fúchéng Zhèn］　银海区辖镇。在区境东部。面积293.8平方千米。人口8万。辖1居委会、21村委会，有224自然村。镇人民政府驻福成圩。1950年设福成乡。后改公社。1984年改乡。1993年置镇。因镇政府驻地得名。福成江、三合口江流经。海岸线长26.4千米，有浅海、滩涂5733公顷。有中学3所，小学22所，卫生院1个，卫生所21个。有省级文物保护单位宋代下窑村窑址。有明代上窑村窑址。农业种植甘蔗、水稻、木薯、西瓜、花生、马铃薯等。盛产鱼、虾、蟹、文蛤、沙虫等。有无公害大棚蔬菜示范基地。工业以烟花爆竹加工、制糖、制盐、农产品加工为主。228国道，高德—南康、福成—合浦公路过境。有北海福成机场。通公交车。

福成圩［Fúchéngxū］　福成镇人民政府驻地。在区政府驻地东北24千米。人口6200。明初成圩，后南迁，因屡遭倭寇、海盗劫掠迁回旧址，故名复成圩，后取天官赐福意改今名。聚落呈团块状。有中学、卫生院。有古迹两圣宫、基督教教堂。农业产水果、蛋。有水产、生猪养殖业。

平阳镇［Píngyáng Zhèn］　银海区辖镇。在区境中部偏北。面积64平方千米。人口1.2万。辖7村委会，有41自然村。镇人民政府驻平阳村。1984年置高德乡。1987年改镇。2005年改平阳镇。因镇政府驻地得名。有中学2所，小学6所，卫生院1个。有景点牛尾岭水库、草花岭、平阳怡林园林花卉基地等。农业种植水稻、玉米、番薯、芋头、花卉，养殖猪、牛、羊、鸭、鹅、虾、蟹、大蚝、草鱼、罗非鱼、中华鳖等。钦北铁路、南北高速过境。

平阳村［Píngyángcūn］　平阳镇人民政府驻地。在区政府驻地银滩镇东北11千米。人口2800。传由廉州平阳人迁建，且场地平坦，故名。聚落呈团块状。有小学、卫生所。有景点怡林园林花卉基地、三合口农场。农业主产水稻、花生、甘蔗、花卉。服务业以商贸业为主。钦北铁路经此。

侨港镇［Qiáogǎng Zhèn］　银海区辖镇。在区境南部。面积1平方千米。人口1.7万。辖3居委会、1村委会，有2自然村。镇人民政府驻侨港街。1984年置新港镇。1987年改侨港镇。因镇政府驻地得名。有中学1所，小学1所。有景点侨港海滨浴场、侨港风情街等。农业以渔业为主。有渔港码头3个，有渔业生产基地。工业以建筑、海产品加工业为主。通公交车。

侨港街［Qiáogǎngjiē］　侨港镇人民政府驻地。在区政府驻地银滩镇西4千米。人口1.5万。因居民系归侨且临港口得名。取归侨建港之意。聚落呈团块状。有侨港风情街。工业以海产品加工为主。特产华侨鸡丝粉、煎堆、春卷、蟹仔粉等。服务业以旅游为主。有侨港市场。通公交车。

亚平村［Yàpíngcūn］　在区政府驻地银滩镇西北3.7千米。侨港镇辖自然村。人口700。传清道光年间（1821—1850）渔民张亚平、张亚联两兄弟定居，沿俗以兄名命名。聚落呈团块状。有侨港海滨浴场。工业以海产品加工为主。服务业以商贸、旅游为主。通公交车。

2005年被评为全国文明村。

铁山港区

铁山港区［Tiěshāngǎng Qū］　北海市辖区。在市境东部。面积395平方千米（其中海域面积12万平方千米）。人口17万。以汉族为主，还有壮、瑶、毛南、仫佬等民族。辖3镇。区人民政府驻南康镇。1994年由合浦县析置铁山港区。因铁山港得名。年均气温23.3℃。年均降水量1800毫米。南康江、能村江流经。有浅海、滩涂11666公顷。有矿产资源高岭土、石灰石、石英砂、无烟煤。有中职1所，中学6所，小学47所，二级医院1个。有省级文物保护单位白龙珍珠城遗址。有古迹纪功碑、太监亭、太监坟、南城门等。三次产业比例12∶79∶9。农业以种植水稻、甘蔗、木薯、番薯、豆类，养殖珍珠、牡蛎、对虾、文蛤、青蟹为主。工业以石化加工、制糖、食品加工、矿产品加工为主。有船舶修造业。服务业以商贸为主。合浦—河唇铁路，玉铁高速，北铁、石康—营盘公路过境。有铁山港客货运输服务站。

南康镇［Nánkāng Zhèn］　铁山港区人民政府驻地。在区境西北部。面积176平方千米。人口6.4万。辖1居委会、15村委会，有184自然村。镇人民政府驻南康街。1950年设南康镇。1958年改公社，后改区。1984年复镇。因镇政府驻地得名。南康江流经。有中学3所，小学19所，二级医院1个，卫生院2个，卫生所15个。有幼儿园、文化站、福利院等。有古迹骑楼街、将军楼、三帝庙、三婆庙、冼太庙、天波府等。农业以种植水稻、甘蔗为主。产西瓜、花生、玉米、黄红麻等。工业以制糖、农机制造、染织、印刷、食品加工、陶器加工为主。玉铁高速、北铁公路过境。有铁山港客货运输服务站。

南康街［Nánkāngjiē］　南康镇人民政府驻地。在镇境中部。人口1.7万。取意物阜民康得名。聚落呈带状。有中小学、幼儿园、卫生院等。有南康骑楼街。农业种植甘蔗、木薯、西瓜、花生、玉米等。工业以制饼、制糖为主。服务业以商贸为主。北铁公路经此。

营盘镇［Yíngpán Zhèn］　铁山港区辖镇。在区境南部。面积99平方千米。人口5.8万。辖2居委会、10村委会，有113自然村。镇人民政府驻营盘村。1959年由南康公社析设营盘公社。1961年并入南康区。1963年复营盘公社。1984年改乡。1993年改镇。因镇政府驻地得名。能村江流经。有中学2所，小学15所，卫生院1个，卫生所12个。有幼儿园、文化站、广播电视站等。有省级文物保护单位白龙珍珠城遗址。农业主种水稻、甘蔗、木薯等。工业以天然气开采为主，有食品加工业。石营、合浦—营盘公路过境。

营盘村［Yíngpáncūn］　营盘镇人民政府驻地。在区政府驻地南康镇南15千米。人口1300。明清为右营把总专防地，故名。聚落呈散状。有中小学、卫生院。农业主产木薯，有海洋捕捞业。营盘—闸口公路经此。

兴港镇［Xīnggǎng Zhèn］　铁山港区辖镇。在区境东部。面积121平方千米。人口4.8万。辖2居委会、12村委会，有121自然村。镇人民政府驻石头埠。1996年设兴港镇。取兴旺港区之意。有矿产资源高岭土、石英砂等。有中学1所，小学13所，幼儿园7所，卫生院1个，卫生所15个。农业以种植水稻、甘蔗、木薯为主。工业以电力、炼油、冶金、电子、制陶、制砖为主。玉铁铁路、玉铁高速、北铁公路过境。

石头埠［Shítoubù］　兴港镇人民政府驻地。在区政府驻地南康镇东9千米。人口600。旧时村民拾石垒码头，故名。聚落呈散状。有小学、卫生所。农业以海洋捕捞为主。服务业以商贸为主。北铁公路经此。

合浦县

合浦县［Hépǔ Xiàn］　北海市辖县。北纬21°39′，东经109°12′。在市境北部。面积2672平方千米。人口106万。以汉族为主，还有壮、瑶等民族。辖13镇、2乡。县人民政府驻廉州镇。西汉元鼎六年（前111）置合浦县，属合浦郡。因江河汇集于海得名。隋唐先后属越州、禄州。唐贞观十二年（638）安昌、珠池2县并入。北宋太平兴国八年（983）省入石康县。咸平元年（998）复置合浦县，属廉州。元属廉州路。明成化八年（1472）石康县并入。清因之。此后未变，先后隶属广东省钦廉绥靖处、钦廉道、广东省、南区绥靖公署、第八行政督察区、南路专区。1950年析设北海市，属钦廉专区。1951年属广西省钦州专区。1952年析设浦北县。1955年属广东省合浦专区。1956年浦北县并入。1958年北海市并入，属广东省湛江专区。1964年析设北海市。1965年析设浦北县，属广西壮族自治区钦州专区。1971年属钦州地区。1987年属北海市。地势北高南低。年均气温24.3℃，1月平均气温14.3℃，7月平均气温29.6℃。年均降水量1951.2毫米。南流江流经。海岸线长308千米。有浅海、滩涂约5.7万公顷。有矿产资源石油、钛铁、高岭土、石灰石、石膏、金晶石、金、硫铁等。有儒艮国家级自然保护区、山口红树林生态国家级自然保护区。森林覆盖率95%。有中学48所，小学285所，二级医院5个，图书馆1个，文化馆1个，文体中心1个。有全国重点文物保护单位合浦汉墓群、大士阁、惠爱桥、草鞋村遗址、大浪古城遗址。有省级非物质文化遗产老杨公、美人鱼传说、北海耍花楼、合浦公馆木鱼等。有国家4A级旅游景区汉墓文化博物馆（含汉闾）。有南国星岛湖旅游度假区。三次产业比例39∶29∶32。农业以种植水稻、玉米、甘蔗，养殖牛、羊、猪、家禽为主。盛产龙眼、荔枝、菠萝、香蕉、柑橘、豇豆、绿叶菜。特产合浦南珠、文蛤、大蚝、对虾、鱿鱼、弹涂鱼等。工业以制造业、电子、果汁加工、水产品加工、保健食品加工为主。服务业以旅游、餐饮为主。钦北、玉铁铁路，南北高铁，兰海、玉铁高速，209、325国道过境。有沙田、官井、盐田港口。

合浦站［Hépǔ Zhàn］　见交通运输设施部分“合浦站”条。

合浦汽车总站［Hépǔ Qìchē Zǒngzhàn］　见交通运输设施部分“合浦汽车总站”条。

廉州镇［Liánzhōu Zhèn］　合浦县人民政府驻地。在县境南部。面积206平方千米。人口19.6万。辖14居委会、16村委会，有208自然村。镇人民政府驻廉州街。1950年为廉州镇。1958年改公社。1959年改廉城公社。1960年复廉州公社。1961年分设廉州镇、廉州公社。1964年合置廉州镇。1994年环城镇并入。因唐代廉州得名。有矿产资源钛铁、花岗岩、高岭土等。有中学12所，小学26所，二级医院5个，卫生院7个，卫生所42个。有全国重点文物保护单位合浦汉墓群、草鞋村遗址、惠爱桥，省级文物保护单位海角亭、文昌塔、东坡亭。有古迹东山寺、孔庙等。有海上丝绸之路始发港之一乾体港。有国家4A级旅游景区汉墓文化博物馆。农业以种植水稻、豇豆、蔬菜，养殖大蚝、文蛤、对虾、淡水鱼为主。工业以轻工、资源加工、机械制造、烟花爆竹加工、农副产品加工为主。服务业以旅游为主。钦北铁路,南北高铁,桂海高速,209、325国道过境。有合浦站。

廉东大道[Liándōng Dàdào] 在县城中部。东起廉州大道,西至城基东路。与延安路、明园路、廉州大道西路相交。长2千米,宽40米。混凝土路面。原为合浦—福城公路。1994年改建为城市道路。因廉东社区得名。两侧有东政府单位、园饭店、昌和大酒店、廉州广场等。通公交车。

廉州大道[Liánzhōu Dàdào] 在县城中部。南起还珠南路、还珠中路交会处,北至325国道。与公园路、廉东大道、迎宾大道、东较场路相交。长4千米,宽60米。混凝土路面。1993年开工,2009年建成。为改革开放后廉州最早开发大道,故名。两侧有浦金大厦、红林大酒店、居住小区、廉州广场、香江建材市场等。通公交车。

廉阳大道[Liányáng Dàdào] 在县城东部。南起还珠南路,北至325国道。与还珠东路、公园路、迎宾大道、东较场路相交。长6千米,宽40米。混凝土路面。2003年开工,同年建成。东有大廉山,取"日出东方,阳光灿烂"之意,故名。两侧有政府单位、居住小区、职高等。通公交车。

还珠大道[Huánzhū Dàdào] 在县城南部。南起定海北路,西至城西路。与车沟底路、丁头坡路等相交。长6千米,宽30米。混凝土路面。1980年开工,1982年建成。1986年扩建。因还珠合浦雕塑得名。两侧有金融机构、政府单位、企业等。通公交车。

廉州街[Liánzhōujiē] 廉州镇人民政府驻地。在镇境西南部。人口12.5万。为唐代廉州治所,故名。聚落呈团块状。有中小学、卫生院。有全国重点文物保护单位草鞋村遗址、惠爱桥。有省级非物质文化遗产老杨公。有民间曲艺西海歌等。有国家4A级旅游景区汉墓文化博物馆。工业以酿酒、月饼加工、烟花生产为主。有特色小吃蔡记牛巴、米散鸡蛋糖水。服务业以旅游为主。南北高铁,209、325国道经此。有合浦站。

烟楼村[Yānlóucūn] 在镇境西南部。人口1100。旧时修土楼防海盗,遇匪情点火发出浓烟报警,故名。聚落呈带状。农业以养殖蚝、对虾为主。合浦—水儿公路经此。2009年被评为全国文明村。

党江镇[Dǎngjiāng Zhèn] 合浦县辖镇。在县境西南部。面积84平方千米。人口5.2万。辖1居委会、17村委会,有169自然村。镇人民政府驻党江街。1950年为党江乡。后改公社。1984年改乡。1993年置镇。因镇政府驻地得名。南流江流经。有滩涂4179公顷。有中学2所,小学17所,卫生院1个,卫生所42个。农业以种植水稻、玉米为主。有渔业。有超级水稻、海鸭蛋基地。工业以化工、造船、水产品加工为主。钦北铁路、南北高铁、合浦—党江公路过境。

党江街[Dǎngjiāngjiē] 党江镇人民政府驻地。在县政府驻地廉州镇西南8千米。人口1500。清初党姓开铺,三面环江,故名。聚落呈带状。有中小学、卫生院。农业以种植水稻、养殖对虾为主。工业以造船、海产品加工为主。合浦—党江公路经此。

西场镇[Xīchǎng Zhèn] 合浦县辖镇。在县境西部。面积184平方千米。人口9.8万。辖1居委会、26村委会,有282自然村。镇人民政府驻西场圩。1957年为西场乡。1958年与沙岗乡合设西场公社。1961年改区。1963年改公社,析设沙岗公社。1984年置镇。因镇政府驻地得名。有浅海、滩涂8900公顷。有钛铁资源。有中学4所,小学23所,卫生院1个,卫生所26个。有灯光球场。有西场烈士纪念碑、清代东炮台遗址。农业以种植水稻、甘蔗,养殖虾、牡蛎、文蛤等为主。工业以制糖、烟花爆竹加工为主。特产桂圆干。228国道过境。

西场圩[Xīchǎngxū] 西场镇人民政府驻地。在县政府驻地廉州镇西南25千米。人口1万。因西部盐场得名。聚落呈带状。有小学、卫生院。农业以种植甘蔗为主。服务业以农副、手工产品贸易为主。农历三、六、九日为圩期。228国道经此。

沙岗镇[Shāgǎng Zhèn] 合浦县辖镇。在县境西部。面积108平方千米。人口4万。辖1居委会、15村委会,有139自然村。镇人民政府驻沙岗圩。1950年为沙岗乡。后改公社。1984年设乡。1993年置镇。因镇政府驻地得名。有矿产资源高岭土、钛铁、砂石等。有中学1所,小学14所,卫生院1个,卫生所15个。农业以种植水稻、甘蔗、木薯,养殖文蛤、虾、弹涂鱼为主。工业以烟花爆竹、木薯加工为主。钦北铁路、南北高铁过境。

沙岗圩[Shāgǎngxū] 沙岗镇人民政府驻地。在县政府驻地廉州镇西15.9千米。人口800。因居沙岗得名。聚落呈带状。有中小学、卫生院。农业以种植水稻、养殖淡水产品为主。特产合浦鹅。服务业以农副产品贸易为主。农历一、四、七日为圩期。通乡村公路。

乌家镇[Wūjiā Zhèn] 合浦县辖镇。在县境西北部。面积160平方千米。人口1.6万。辖1居委会、6村委会,有79自然村。镇人民政府驻乌家圩。1950年为乌家乡。后改公社。1984年设乡。1993年置镇。因镇政府驻地得名。有矿产资源高岭土、石膏、花岗岩。有中学1所,小学6所,卫生院1个,卫生所8个。农业以种植水稻、甘蔗、林果,养殖猪、牛、羊、家禽为主。工业以木材加工为主。钦北铁路、南北高铁、兰海高速、325国道过境。

乌家圩[Wūjiāxū] 乌家镇人民政府驻地。在县政府驻地廉州镇西北21千米。人口900。因榕树有乌鸦栖宿,得名乌鸦坪,后以方言谐音改今名。聚落呈带状。有中小学、卫生院。有古迹四帝庙。农业以种植甘蔗为主。特产荔枝、龙眼、乌榄等。工业以农副产品加工为主。农历二、五、八日为圩期。325国道经此。

闸口镇[Zhákǒu Zhèn] 合浦县辖镇。在县境东南部。面积107平方千米。人口4.5万。辖1居委会、17村委会,有173自然村。镇人民政府驻闸口圩。1950年为闸口乡。后改公社。1984年设乡。1993年置镇。因镇政府驻地得名。有浅海、滩涂1667公顷。有矿产资源石灰石、高岭土、煤等。有中学1所,小学19所,卫生院1个,卫生所14个。有景点普云庵、石桥仙艇。农业以种植水稻、荔枝、龙眼,养殖虾、沙虫、螃蟹为主。玉铁铁路,兰海、玉铁高速,325国道过境。

闸口圩[Zhákǒuxū] 闸口镇人民政府驻地。在县政府驻地廉州镇东北30千米。人口3900。因清乾隆年间筑闸蓄水灌田得名。聚落呈带状。有中小学、卫生院。有古迹普云庵。农业以种植水稻为主。特产荔枝、龙眼、杧果。服务业以农副产品贸易为主。农历二、五、八日为圩期。325国道经此。

公馆镇[Gōngguǎn Zhèn] 合浦县辖镇。在县境东部。面积178平方千米。人口13.8万。辖1居委会、23村委会,有365自然村。镇人民政府驻公馆圩。1950年为公馆镇。后改公社。1984年复镇。因镇政府驻地得名。海岸线长37千米。有矿产资源石灰石、硫铁、金晶石、金矿石等。有中学5所,小学38所,卫生院1个。有省级非物质文化遗产公馆木鱼。有古迹公馆中学文治书院。农业以种植水稻、花生、柑橙、鸡嘴荔枝为主。工业以烟花爆竹加工、水泥建材制造、纸盒包装为主。玉铁高速、325国道过境。

公馆圩[Gōngguǎnxū] 公馆镇人民政府驻地。在县政府驻地廉州镇东北44千米。人口7200。原名白石翼,因设馆招待官员改今名。聚落呈带状。有中小学、卫生院。有省级非物质文化遗产公馆木鱼。有古迹公馆中学文治书院。农业以种植水稻为主。工业以烟花爆竹加工为主。服务业以农副产品贸易为主。农历三、六、九日为圩期。325国道经此。

白沙镇[Báishā Zhèn] 合浦县辖镇。在县境东部。面积244平方千米。人口11.7万。辖1居委会、23村委会,有319自然村。镇人民政府驻白沙圩。1951年设白沙区。1958年改公社。1984年设乡。1993年置镇。因镇政府驻地得名。有浅海、滩涂4200公顷。有矿产资源高岭土、石英砂、石灰石。有中学3所,小学33所,卫生院1个。有中共合浦中心县委机关旧址、白沙革命纪念馆、龙江革命烈士纪念碑。农业以种植水稻、甘蔗,养殖大蚝、青蟹、沙虫为主。工业以制糖、烟花爆竹加工、制塑为主。玉铁高速、325国道过境。

白沙圩[Báishāxū] 白沙镇人民政府驻地。在县政府驻地廉州镇东北51千米。人口3200。因处白沙河边得名。聚落呈带状。有中小学、卫生院。有白沙革命纪念馆。农业以种植水稻为主。工业以制糖、爆竹生产、制塑为主。服务业以农副产品贸易为主。农历二、五、八日为圩期。325国道经此。

山口镇[Shānkǒu Zhèn] 合浦县辖镇。在县境东南部。面积130平方千米。人口8.2万。辖1居委会、15村委会,有207自然村。镇人民政府驻山口圩。1950年为山口镇。后改公社。1984年复镇。因镇政府驻地得名。有矿产资源高岭土、火山灰。有山口红树林生态国家级自然保护区。有中学3所,小学27所,卫生院1个,卫生所40个。有全国重点文物保护单位大士阁。农业以种植水稻、花生、木薯,养殖海产品为主。工业以烟花爆竹加工为主。兰海高速、325国道过境。

山口圩[Shānkǒuxū] 山口镇人民政府驻地。在县政府驻地廉州镇东北55千米。人口4400。因旧处广东省入廉州府第一出入口得名。聚落呈带状。有中小学、卫生院。农业以种植甘蔗、番薯为主。服务业以农副产品贸易为主。农历三、六、九日为圩期。325国道经此。

永安村[Yǒng'āncūn] 在县政府驻地廉州镇东南52千米。山口镇辖自然村。人口5900。北宋建隆年间建村。旧时海盗猖獗,以渴望永久安宁得名。聚落呈带状。有全国重点文物保护单位大士阁。有永安古城遗址。农业主产水稻、木薯、花生。有海洋捕捞业。

沙田镇[Shātián Zhèn] 合浦县辖镇。在县境东南部。面积28平方千米。人口2万。辖6村委会,有39自然村。镇人民政府驻沙田圩。1958年设第八区。1959年改沙田公社。1984年设乡。1993年改镇。因镇政府驻地得名。海岸线长11.8千米。有矿产资源玻璃砂石、高岭土等。有儒艮国家级自然保护区。有中学1所,小学7所,卫生院1个,卫生所11个。有山岗遗址。农业以海洋捕捞为主。特产沙虫。工业以烟花爆竹加工、造船、海产品加工为主。241国道过境。

沙田圩[Shātiánxū] 沙田镇人民政府驻地。在县政府驻地廉州镇东南51千米。人口5000。因沙田庙得名。聚落呈带状。有中小学、卫生院。有山岗遗址。农业以海洋捕捞为主。兰海高速经此。

石湾镇［Shíwān Zhèn］　合浦县辖镇。在县境中部偏北。面积227平方千米。人口5.1万。辖1居委会、16村委会，有189自然村。镇人民政府驻石湾圩。1949年为石湾乡。1958年并入廉州公社。1963年设石湾公社。1984年改乡。1993年置镇。因镇政府驻地得名。南流江流经。有中学2所，小学17所，卫生院1个，卫生所39个。有全国重点文物保护单位大浪古城遗址。农业主产水稻、花生、黄麻、蔬菜。特产豇豆。兰海高速、合浦—灵山公路过境。

石湾圩［Shíwānxū］　石湾镇人民政府驻地。在县政府驻地廉州镇东北12千米。人口2000。因建于南流江干流转弯处，湾中多卵石得名。聚落呈带状。有中小学、卫生院。农业以种植水稻、玉米为主。服务业以农副产品贸易为主。三日一圩。合浦—灵山公路经此。

石康镇［Shíkāng Zhèn］　合浦县辖镇。在县境中部。面积191平方千米。人口7.9万。辖3居委会、23村委会，有271自然村。镇人民政府驻石康圩。1950年为石康镇。1958年改公社。1961年改区。1963年复公社。1984年复镇。因镇政府驻地得名。南流江流经。有矿产资源高岭土。有中职1所，中学4所，小学24所，卫生院2个，卫生所23个。有古迹石康唐城遗址、顺塔遗址、罗公祠等。农业以种植水稻、花生、蔬菜为主。工业以矿业、制陶、制瓷为主。兰海高速，209、325国道过境。

石康圩［Shíkāngxū］　石康镇人民政府驻地。在县政府驻地廉州镇东北17千米。人口1.3万。因宋代设石康县得名，取意"经久长存，令民安乐"。聚落呈带状。有中小学、卫生院。有古迹罗公祠。有省级非物质文化遗产老杨公。农业以种植业为主。特产米粉饺子、粟米糖糕、桂香饼等。服务业以农副产品贸易为主。设三日一圩。209国道经此。

常乐镇［Chánglè Zhèn］　合浦县辖镇。在县境北部。面积258平方千米。人口8.6万。辖2居委会、22村委会，有307自然村。镇人民政府驻常乐圩。1950年为常乐乡。后改公社。1963年西城公社并入。1984年置镇。因镇政府驻地得名。有矿产资源高岭土等。南流江流经。有中学2所，小学25所，卫生院1个，卫生所24个。农业以种植水稻、花生、木薯、蔬菜为主。产蚕茧。有丝绸工业园。209国道过境。

常乐圩［Chánglèxū］　常乐镇人民政府驻地。在县政府驻地廉州镇东北30千米。人口6900。原名泥沟圩，因建成长形街道，以"长""常"同音改今名。聚落呈带状。有中小学、卫生院。农业以种植水稻为主。服务业以农副产品贸易为主。设三日一圩。209国道经此。

曲樟乡［Qǔzhāng Xiāng］　合浦县辖乡。在县境东北部。面积127平方千米。人口2.7万。辖11村委会，有138自然村。乡人民政府驻曲木村。1961年由公馆公社析设曲樟公社。1984年改乡。取曲木、樟木2村首字得名。南流江流经。有中学1所，小学14所，卫生院1个。有曲木客家土围屋。有抗日名将陈铭枢故居、灵隐寺。农业主产水稻、水果、竹。特产荔枝。玉铁铁路过境。

曲木村［Qǔmùcūn］　曲樟乡人民政府驻地。在县政府驻地廉州镇东北44千米。人口700。原为犁园，取意弯曲之木改今名。聚落呈带状。有小学、卫生所。农业以种植水稻、玉米为主。产林果、木薯。有曲樟圩集。县道百牛坡—曲樟线经此。

星岛湖乡［Xīngdǎohú Xiāng］　合浦县辖乡。在县境西北部。面积188平方千米。人口2.8万。辖9村委会，有112自然村。乡人民政府驻上洋圩。1994年设星岛湖乡。因星岛湖得名。南流江流经。有矿产资源高岭土、石膏等。有中学1所，小学9所，卫生院1个，卫生所12个。有星岛湖旅游度假区。农业主产水稻、甘蔗、木薯、荔枝、龙眼。钦北铁路、南北高铁、兰海高速、325国道过境。

上洋圩［Shàngyángxū］　星岛湖乡人民政府驻地。在县政府驻地廉州镇西北16千米。人口800。传古为海洋，后冲积成陆地，故名。聚落呈带状。南流江流经。有中小学、卫生院。农业主产水稻、甘蔗、蔬菜。服务业以农副产品贸易为主。农历三、六、九日为圩期。325国道经此。

防城港市

防城港市［Fángchénggǎng Shì］　广西壮族自治区辖地级市。北纬21°36′—22°22′，东经107°28′—108°36′。在自治区境西南部。面积6181平方千米。户籍人口90.8万，常住人口94.2万。以汉族为主，还有壮、瑶、京等民族。辖港口、防城2区，上思县，代管东兴县级市。市人民政府驻港口区。防城一带与越南接壤，先民为防御交趾侵扰，在村庄竖木为栅，称为闸寨。宋太祖开宝五年(972)改称"闸寨"为"防城"，意为防备之城。1888年设防城县。1958年更名东兴各族自治县。1965年因援越抗美在防城公社渔万岛建303码头，1968年始称防城港。1978年东兴各族自治县更名防城各族自治县。1980年在渔万岛设防城港镇，1985年改设防城港管理区。1993年撤防城各族自治县及防城港管理区，与上思县合置防城港地级市。1996年代管东兴市。地势中间高四周低。平均海拔250米，最高峰薯良岭海拔1462米。北部为上思盆地，中部为十万大山，东南部多为低山、丘陵、平原、台地。大陆海岸线长537.6千米，岛屿海岸线长166.1千米。陆地边境线长100.9千米。年均气温22.4℃，1月平均气温14.1℃，7月平均气温28.2℃。年均降水量2478毫米。年均无霜期360天。防城江、江平江、北仑河、明江等流经。有矿产资源煤、锰、铁、锡、锌、石灰岩、砖瓦用页岩、建筑用砂岩、玻璃用石英砂、花岗岩、萤石、叶蜡石等48种。有野生植物2247种，其中国家一级保护野生植物有金花茶、狭叶坡垒、十万大山苏铁，国家二级保护野生植物有金毛狗蕨、粗齿桫椤等13种。有野生动物412种，其中国家一级保护野生动物有云豹、巨蜥、蟒蛇等6种，国家二级保护野生动物有黄嘴白鹭、虎纹蛙、海南虎斑鳽等59种。有国家级自然保护区防城金花茶、北仑河口、十万大山等3个。森林覆盖率58.2%。有省级科研单位2个。有高等院校4所，中学14所，小学262所。公共图书馆4个，博物馆(文物管理所)4个。有三级医院1个，体育馆1个。有省级文物保护单位潭蓬运河、白龙炮台、怀较山遗址、社山遗址。有国家级非物质文化遗产京族哈节、京族独弦琴艺术。有省级非物质文化遗产防城采茶戏、瑶族阿宝节、上思虫蕾等11项。三次产业比例12∶58∶30。农业产蔗糖、肉桂、八角、金花茶、大蚝、对虾、青蟹、梭子蟹等。工业以钢铁、能源、化工、粮油加工为主。为全国磷酸加工出口基地和粮油加工基地。服务业以旅游、外贸为主。有国家级经济开发区1个，省级经济开发区2个。有铁路165千米，高铁30千米，公路3385千米，高速142千米，内河航线59千米。南防铁路，南防高铁，钦东、靖那、钦防高速过境。有万吨级以上深水泊位35个，与全球190多个国家和地区通航通商。

防城港［Fángchénggǎng］　防城港市聚落。在市境东南部。面积61平方千米。人口20.9万。1968年建港，以防城江出海港湾得名。1974年始建万吨级泊位，同年扩建为对外开放贸易港口。成立防城港镇后兴建望海路、建港路、友谊大道等。1985年成立防城港管理区。1993年成立地级防城港市，撤防城港镇成立港口区。2007年随市行政中心向北迁移，城区向北扩展。2009年港口新城区与防城老城区连成一体，城市建成区面积达42平方千米。新建北部湾大道、金花茶大道、东湾大道、西湾大道、迎宾街等。港城相依，喻"城在海中，海在城中"。初步形成"一核两湾"的城市格局，即以行政、文娱、信息中心组成的沙潭江核心区，以生活居住、休闲旅游为主的西湾和以港口、临海工业为主的东湾。防城港与全球190多个国家或地区通商通航。通多路公交车。

金花茶大道［Jīnhuāchá Dàdào］　在市境西北部。南起红树林街，北至群星大道。与西湾大道、迎宾街、灵秀街等相交。长6千米，宽80米。混凝土路面。1996年开工，2009年建成。以防城港市市花金花茶得名。两侧有德城酒店、供电大厦、逢时大厦、地王大厦等。通公交车。

北部湾大道［Běibùwān Dàdào］　在市境东南部。南起兴港大道，北至钦防高速公路。与凯乐路、拥军路、桃源街等相交。长16千米，宽100米。沥青混凝土路面。1995年开工，1997年建成。因北部湾经济合作区得名。两侧有仙人山公园、桃花湾广场、伏波文化园、白鹭公园等。通公交车。

港口区

港口区［Gǎngkǒu Qū］　防城港市人民政府驻地。在市境南部。面积401平方千米。人口16.7万。以汉族为主，还有壮、瑶、京、苗、侗等民族。辖2街道、2镇。区人民政府驻渔洲坪街道。1993年成立防城港市时，划原防城港区防城港镇和原防城各族自治县企沙镇、光坡乡以及附城乡部分地域合置港口区。因境内"大港口"得名。根据"还岛于港"城区建设方向，在修建旧城区的基础上，先后开发建设了渔洲城、桃花湾片区、市中心区等城区。1995年开始建设渔洲城，1997年建政路、渔洲路、龙山南路、龙凤路等干道建成。2003年建成桃花湾广场。2007年市中心区的北部湾广场(现为北部湾海洋文化公园)铺装完成,迎宾街、和谐街、金花茶大道等路网建成。地处滨海丘陵地带,多为低丘,三面环海。年均气温 22℃。年均降水量 2600 毫米。有成人教育学校 2 所,中学 7 所,小学 33 所,特殊教育学校 1 所,二级医院 1 个,体育馆 1 个。有磷化工工程技术研究中心、红土镍矿研究中心、广西盛隆新材料研究中心等省级科研单位 6 家。有企沙石龟头炮台遗址、杨瑞山墓、三光企革命武装起义纪念碑。有国家 4A 级旅游景区西湾。有红沙群岛、北部湾海洋文化公园、簕山古渔村等。三次产业比例 4∶68∶28。农业以种植水稻、玉米、番薯、花生,养殖虾、蟹、蚝为主。工业以电力、钢铁冶金、粮油制造、精细化工为主。有企沙工业区、防城港大西南临港工业园。服务业以通信、物流、商贸为主。钦防高速公路、江山—东兴一级公路过境。有防城港站。有西部第一大港防城港。

龙马明珠广场［Lóngmǎ Míngzhū Guǎngchǎng］ 在城区西部。面积 4.6 公顷。2003 年开工,2005 年建成。2012 年改扩建。因建有白龙马和边陲明珠雕塑得名。分为龙马广场和明珠广场两部分。南面为龙马广场,呈半圆形造型,主雕塑白龙马高 19.93 米,寓意防城港 1993 年建市。北面为明珠广场,明珠雕塑直径 9 米,高 12.8 米,由 236 块优质花岗岩组成球体,球体上双龙飞腾,被誉为“边陲明珠”。为群众旅游、休闲观光的主要场所。四面环海,处在西湾旅游景区的中心位置,与仙人山公园、防城港码头、月亮岛隔海相望。东与北部湾大道相通,西与滨海公路相接。通公交车。

桃花湾广场［Táohuāwān Guǎngchǎng］ 在城区西部。面积 16.7 公顷。1998 年开工,2000 年建成。原为海湾,种有桃花,故名。中部为圆形露天广场,铺设大理石地砖,周围矗立由 12 条大理石雕刻的 12 生肖石柱。露天广场东面建设桃花湾体育馆、露天篮球场、排球场、羽毛球场,西面设有各类体育活动器材和儿童游乐园,西南面有避雨长廊和儿童游乐园。为广大群众旅游、休闲、健身的主要场所。周边有老干部活动中心、越秀大厦、海悦华府等。通公交车。

企沙大道［Qǐshā Dàdào］ 在区境东北部。西起江山大道,北至板寮路。与滨港大道、锦和大道、沙港大道等相交。长 24 千米,宽 24.5 米。混凝土路面。2004 年开工,2006 年建成。因终点位于企沙镇得名。两侧有桂海商贸城,悦中混凝土、中一重工等企业。通公交车。

倒水坳大桥［Dàoshuǐ'ào Dàqiáo］ 在城区西部。长 366 米,宽 64.5 米,最大跨度 15 米,桥下净高 13 米。1996 年开工,1998 年建成,2008 年改扩建。因位于倒水坳得名。为大型河道桥梁,结构型式为飞鸟式异形桥。最大载重汽 20 吨,挂 100 吨。通公交车。

渔洲坪街道［Yúzhōupíng Jiēdào］ 港口区人民政府驻地。在区境中部。面积 36.5 平方千米。人口 2.4 万。以汉族为主,还有壮、苗、瑶、京等民族。1993 年撤防城镇析置。清康熙末年渔民麦文瑞来此建村,因四周环海,地势平坦得名。有中学 1 所,小学 4 所,特殊教育学校 1 所。有东湾红树林生态园、桃花湖公园、桃花湾广场。经济以渔业捕捞和海水养殖为主。产沙虫、对虾、青蟹、文蛤、大蚝等。有磷化工、塑料包装、有机玻璃家具厂等企业。南防铁路过境。有防城港站。通公交车。

白沙沥街道［Báishāwàn Jiēdào］ 属港口区。在区境西南部。面积 17.9 平方千米。人口 2.3 万。以汉族为主,还有壮、苗、瑶、京等民族。1993 年撤防城镇析置。因小海湾多白色沙滩得名。先后建成兴港立交桥和东湾立交桥,完成渔沥路、兴港大道改造,富裕路改为商业步行街。有中学 2 所,小学 2 所。有西湾旅游景区、仙人山公园。经济以工业和港口物流为主,商业外贸为辅。通公交车。

企沙镇［Qǐshā Zhèn］ 港口区辖镇。在区境南部。面积 87 平方千米。人口 3.6 万。以汉族为主,还有壮、苗、瑶、京等民族。辖 4 居委会、11 村委会,有 88 自然村。镇人民政府驻企沙街。1949 年为企沙乡。1952 年设第二区。1955 年设企沙区。1958 年改公社。1959 年析出光坡公社。1984 年复改乡。1987 年改镇。因镇政府驻地得名。有中学 1 所,小学 11 所,幼儿园 1 所,卫生院 1 个,卫生所 10 个。有企沙旧炮楼、簕山古渔村、天堂滩等。为北部湾著名渔货集散地,有省级第二大渔港企沙渔港。工业以钢铁、有色金属加工,电力,化工为主。有防城港钢铁基地、有色金属原料加工园、防城港电厂等。南防铁路企沙支线过境。通公交车。

企沙街［Qǐshājiē］ 企沙镇人民政府驻地。在区政府驻地渔洲坪街道东 13 千米。人口 2.5 万。明代广东商人吴冲最早在此定居,始称吴冲港,清代成圩。因海滩较多,当地人以地貌取名沙岗,又名沙江。1933 年后更名企沙,“企”在粤语中意为站立,企沙意为站在沙堆上。聚落呈团块状。有中小学、卫生院。有企沙旧炮楼。经济以海产品加工和贸易为主。盛产墨鱼、红鱼、石斑鱼、沙虫、海蜇、对虾、青蟹等。通公交车。

簕山古渔村［Lèshāngǔyúcūn］ 在区政府驻地渔洲坪街道东南 16 千米。企沙镇辖自然村。人口 300。因山上生长较多簕树,名为簕山。2009 年以古村、古树、古渔猎特色开发旅游,更今名。聚落呈团块状。有邀月台、云海亭、车辕古树林、相思泉、观潮广场等景点。经济以渔业为主。盛产鱼、虾、蟹、沙虫、海螺等。为广西沿海现存较完整的古渔村之一。大涟—簕山公路经此。

光坡镇［Guāngpō Zhèn］ 港口区辖镇。在区境中部偏东。面积 144 平方千米。人口 2.8 万。辖 2 居委会、9 村委会,有 163 自然村。镇人民政府驻光坡街。1949 年为光坡乡。1959 年析置光坡公社。1984 年复改乡。1993 年改镇。因镇政府驻地得名。地处滨海丘陵地带,东、西两面临海。有中学 1 所,小学 11 所,幼儿园 1 所,二级医院 1 个,卫生院 1 个,卫生所 8 个。有景点万亩蚝排、火山岛、渔鹭园、小八黑生态园等。经济以农业为主。盛产光坡三黄鸡、沙虫等。为企沙工业区组成部分。有红沙核电站。南防铁路沙企支线过境。通公交车。

光坡街［Guāngpōjiē］ 光坡镇人民政府驻地。在区政府驻地渔洲坪街道东南 13.3 千米。人口 2300。因当地丘陵土层较薄,植被稀疏,居民常年砍伐导致山坡光秃,故名。聚落呈带状。有中小学、卫生院。经济以农业为主。盛产光坡三黄鸡、沙虫、虾、蟹等。通公交车。

防 城 区

防城区［Fángchéng Qū］ 防城港市辖区。在市境中部。面积 2427 平方千米。人口 43 万。以汉族为主,还有壮、瑶、京等民族。辖 3 街道、7 镇、3 乡。区人民政府驻珠河街道。1993 年撤防城各族自治县置防城区。1996 年析置县级东兴市。古时为防御外来入侵,竖木为栅,筑土为城得名。地势西北高东南低。西北部以山地为主,东南部以丘陵、海湾滩涂为主。海岸线长 210.7 千米。陆地边境线长 138 千米。防城江、茅岭江、滩营江、北仑河流经。有矿产资源花岗岩、锰、钛、萤石等 20 多种。有高等院校 1 所,中学 21 所,小学 167 所。有艺术团体 7 个,三级医院 1 个,二级医院 2 个,博物馆 1 个,图书馆 1 个,文化馆 1 个。有省级文物保护单位潭蓬运河、白龙炮台、怀较山遗址。有纪念地镇夏岭烈士陵园、城北烈士陵园、爱国将士刘永福故居。有景点那良古镇、九龙潭漂流、北仑河源头景区漂流、峒中温泉等。有国家 4A 级旅游景区江山半岛旅游度假区。有省级非物质文化遗产瑶族阿宝节、防城采茶戏、瑶族服饰。三次产业比例 22∶45∶33。农业以种植业、渔业为主。产水稻、玉米、番薯等,有樟、楠、金花茶、八角、肉桂等经济林。渔业以海产捕捞及虾蟹养殖为主,特产白龙珍珠、对虾、大蚝等。工业以采掘、制造、建筑业为主。服务业以邮电通信、商贸、饮食、旅游为主。南防铁路,南防高铁,钦防高速,钦州—东兴、钦州南间—防城、广西沿边公路过境。有防城站、防城港北站。

防东路［Fángdōng Lù］ 在区境中部。东起防邕路,西至钦东公路。与防北路相交。长 3.4 千米,宽 9 米。混凝土路面。1980 年开工,1982 年建成。因起讫点防城、东兴得名。两侧有市实验高级中学、防城第一市场等。通公交车。

防钦路［Fángqīn Lù］ 在区境东部。东北起防城收费站,西南至人民路。与防城环城路相交。长 4.5 千米,宽 30 米。混凝土路面。1992 年开工,同年建成。因起讫点防城、钦州得名。两侧有扫把岭小学、市人民医院、市疾病预防控制中心等。通公交车。

灵峰大道［Língfēng Dàdào］ 在区境南部。东北起江滨路,西南至文昌大桥。与滨江路、沙埠街、古城街、南门街相交。长 5.1 千米,宽 60 米。混凝土路面。2010 年开工,2013 年建成。因灵峰山得名。两侧有市第一公路客运站、灵峰寺等。通公交车。

人民路［Rénmín Lù］ 在区境中部。东北起防钦路,西南至防东路。与防北路、教育路、镇夏路、群乐路相交。长 1.3 千米,宽 26.3 米。混凝土路面。1981 年开工,1984 年建成。因此路为群众义务劳动修建而成得名。两侧有影剧院、区第二小学、区人民医院、邮电局、防城第一市场、中国移动营业大厅、中国联通营业大厅、边城百货、百家惠商场等。通公交车。

防城一桥［Fángchéng 1 Qiáo］ 在城区南部。长 139.3 米,宽 12 米,最大跨度 17 米,桥下净高 18 米。1978 年开工,1979 年建成。为防城区第一座大桥,故名。为大型河道桥梁,结构型式为混凝土单跨拱桥。最大载重汽 15 吨,挂 80 吨。通公交车。

防城二桥［Fángchéng 2 Qiáo］ 在城区西北部。长 312.5 米,宽 17.5 米,最大跨度 90 米,桥下净高 15 米。1993 年开工,1995 年建成。为防城区第二座大桥,故名。为大型河道桥梁,结构型式为混凝土单跨拱桥。最大载重汽 20 吨,挂 80 吨。通公交车。

防城港北站［Fángchénggǎng Běizhàn］ 见交通运输设施部分“防城港北站”条。

防城港市第一公路客运站［Fángchénggǎng Shì Dì-1 Gōnglù Kèyùnzhàn］ 见交通运输设施部分“防城港市第一公路客运站”条。

珠河街道［Zhūhé Jiēdào］ 防城区人民政府驻地。在区境北部。面积 55.4 平方千米。人口 5.7 万。以壮族为主,还有汉、瑶、京等民族。2014 年设。因昔人经河洗猪出售,得名洗猪河,后雅为今名。防城江流经。有中学 1 所,小学 5 所,二级医院 1 个,卫生院 1 个,卫生所 4 个,文体中心 1 个。有爱国主义教育基地镇夏岭烈士陵园、城北烈士陵园。有蜈蚣岭森林公园、三官游乐场等。工业以石材开采、金花茶加工、啤酒酿造为主。服务业以商贸、物流为主。有建材市场、东盟农产品国际采购物流园。南防高铁,钦防、防东高速过境。通公交车。

水营街道 [Shuǐyíng Jiēdào]　属防城区。在区境东部。面积 64 平方千米。人口 2.7 万。以壮族为主,还有汉、瑶、京等民族。2014 年设。东汉建武十六年(40)马伏波将军南征时率领水军在此安营扎寨,故名。南面沿海有浅海滩涂。有中学 1 所,小学 5 所,卫生院 1 个,卫生所 5 个。有景点灵峰寺、鲤鱼江万鹤山、大王江淋潭水库、广桦山庄等。工业以制药、制糖、造纸、海产品加工、金花茶加工为主。服务业以商贸为主,有建材、竹木、粮食、水果批发等市场。防城—江山、西湾环海公路过境。通公交车。

文昌街道 [Wénchāng Jiēdào]　属防城区。在区境东部。面积 71 平方千米。人口 6.2 万。以壮族为主,还有汉、瑶、京等民族。2014 年设。因辖区规划为教育中心、文化娱乐中心,希望文化繁荣昌盛,故名。防城江流经。有中学 2 所,小学 4 所,三级医院 1 个,二级医院 1 个,卫生院 1 个,卫生所 4 个。经济以服务业为主,有中心市场、民族商场、防城第一市场等。南防铁路过境。有防城港北站、防城站。通公交车。

大菉镇 [Dàlù Zhèn]　防城区辖镇。在区境北部。面积 326 平方千米。人口 5.4 万。以壮族为主,还有汉、瑶等民族。辖 1 居委会、16 村委会,有 292 自然村。镇人民政府驻地大菉街。1949 年为大菉镇。1958 年改公社。1984 年复改镇。因镇政府驻地得名。地势西南高东北低。大菉江流经。有中学 1 所,小学 23 所,卫生院 1 个,卫生所 16 个,文化广播电视站 1 个,文化活动中心 16 个,图书室 11 个。有大菉革命烈士纪念碑。农业以种植水稻、玉米为主。特产八角、肉桂、金花茶。工业以采矿、小水电、石材开发、制砖为主。有集贸市场。垌美—那垌公路过境。

大菉街 [Dàlùjiē]　大菉镇人民政府驻地。在区政府驻地珠河街道西北 27 千米。人口 4300。传古村民常用白布画上大"符箓"以驱赶妖魔鬼怪,故名大箓,后谐音改为大菉。聚落呈带状。有中小学、卫生院。有大菉革命烈士纪念碑。经济以建材加工、商贸为主。特产肉桂、八角。垌美—那垌公路经此。

华石镇 [Huáshí Zhèn]　防城区辖镇。在区境中部。面积 91 平方千米。人口 1.6 万。以汉族为主,还有壮、瑶、京等民族。辖 7 村委会,有 105 自然村。镇人民政府驻华石圩。1949 年为滑石镇。1951 年改华石乡。1958 年并入那梭公社。1959 年析置华石公社。1984 年复改乡。1990 年改镇。因镇政府驻地得名。南北部为山区,中部为丘陵。黄江流经。有中学 1 所,小学 8 所,卫生院 1 个,卫生所 7 个,文化站 1 个,图书室 7 个。农业以种植水稻为主。特产金花茶、莲雾、火龙果。工业以农产品加工为主。有集贸市场。钦东高速过境。

华石圩 [Huáshíxū]　华石镇人民政府驻地。在区政府驻地珠河街道西 12 千米。人口 3200。以汉族为主,还有壮族。因圩街曾用河卵石铺砌,雨天湿滑,故名滑石,后谐音改为华石。聚落呈团块状。有中小学、卫生院、文化站、集贸市场。工业以红砖、胶合板、碎石等建材加工及农产品加工为主。服务业以商贸为主。防城—东兴公路经此。

那梭镇 [Nàsuō Zhèn]　防城区辖镇。在区境中部。面积 205 平方千米。人口 2.9 万。以壮族为主,还有汉、瑶等民族。辖 1 居委会、9 村委会,有 216 自然村。镇人民政府驻那梭圩。1949 年为那梭镇。1958 年改公社。1959 年析出华石公社。1984 年改乡。1990 年改镇。因镇政府驻地得名。那梭江、滩浪江、稔稳江流经。有中学 1 所,小学 10 所,卫生院 1 个,卫生所 9 个。有那富烈士纪念碑、清代古炮台遗址、防城县人民政府旧址。有景点冲皇沟瀑布浴池、南山风光、天然金花茶园、那山子等。农业以种植水稻、玉米为主。特产金花茶、八角、肉桂。工业以香精香料加工、芒编、花岗岩板材加工、松脂生产为主。有集贸市场。钦东高速、防城—东兴公路过境。

那梭圩 [Nàsuōxū]　那梭镇人民政府驻地。在区政府驻地珠河街道西 25 千米。人口 3200。以壮族为主,还有汉、瑶等民族。壮语中"那"指田,"梭"指织梭,因建在田旁的圩街两头窄中间宽,形似梭子得名。聚落呈团块状。有中小学、卫生院、文化站。工业以香精香料加工、芒编、花岗岩板材加工、松脂生产为主。服务业以商贸为主。有集贸市场。钦东高速、防城—东兴公路经此。

平木村 [Píngmùcūn]　在区政府驻地珠河街道西 26 千米。那梭镇辖自然村。人口 3800。以汉族为主,还有壮族。平木旧址原有两棵古榕树,两树间有粗大的根连接,看似与地面平行,故名。聚落呈带状。农业以种植水稻、玉米、甘蔗为主。那勤—那梭公路经此。2009 被评为全国文明村。

那良镇 [Nàliáng Zhèn]　防城区辖镇。在区境西部。面积 402 平方千米。人口 5.7 万。以壮族为主,还有汉、瑶等民族。辖 2 居委会、25 村委会,有 319 自然村。镇人民政府驻那良圩。1949 年为那良镇。1952 年并入第五区。1958 年改公社。1959 年析出文义、滩散 2 公社。1961 年析出那桐公社。1984 年改镇。2005 年那垌乡并入。因镇政府驻地得名。那良江、北仑河流经。有中学 2 所,小学 27 所,卫生院 1 个,生所 25 个,文化广播电视站 1 个。有古迹那良古街、军事家刘永福故居、凿字岭等。有九龙潭漂流、北仑河源头漂流、野人谷漂流、九界河等景区。农业以种植水稻、玉米为主。特产八角、肉桂。工业以香料加工为主。服务业以商贸、旅游为主。有滩散、里火等边境贸易口岸,有集贸市场。钦东高速,防城—垌中、垌美—那垌、东兴—那坡公路过境。

那良圩 [Nàliángxū]　那良镇人民政府驻地。在区政府驻地珠河街道西 57 千米。人口 4400。壮语中"那"指田,"良"指好,那良即良田。因田地肥沃,粮食产量高得名。聚落呈团块状。有中小学、卫生院、文化站。有粉街、担水街、官街、法式街等古巷。工业以香料加工为主。特产肉桂、八角、米粉。服务业以商贸为主。有商贸市场。钦东高速,防城—垌中、垌美—那垌、东兴—那坡公路经此。

坑怀 [Kēnghuái]　为边境村。在区政府驻地珠河街道西 77 千米。那良镇辖自然村。人口 200。瑶族聚居。方言中"坑"指低洼的地方,"环"与"怀"谐音,指环绕。因村庄四面环山,位于低洼处得名。聚落呈团块状。农业以种植水稻、玉米、番薯为主,特产肉桂、八角。通乡村公路。

大垌田 [Dàtóngtián]　为边境村。在区政府驻地珠河街道西 72 千米。那良镇辖自然村。人口 200。以壮族为主,还有汉族。"垌田"指开垦的水田。该地原为大片较平山地,后开垦成田,故名。聚落呈带状。农业以种植水稻、玉米、番薯为主。特产肉桂、八角。服务业以边境贸易为主。东兴—那坡沿边公路经此。

高蒙 [Gāoměng]　为边境村。在区政府驻地珠河街道西 72 千米。那良镇辖自然村。人口 200。以壮族为主,还有汉族。"高"指地势高,"蒙"与"朦"同音,指模糊。该村地势高,经常云雾遮盖,朦朦胧胧,故名。聚落呈带状。农业以种植水稻、玉米、番薯为主。特产肉桂、八角。服务业以边境贸易为主。东兴—那坡沿边公路经此。

北架 [Běijià]　为边境村。在区政府驻地珠河街道西 74 千米。那良镇辖自然村。人口 200。以壮族为主,还有汉、瑶等民族。"北"指北面,"架"指架设。因村庄北面架设水车得名。聚落呈团块状。农业以种植水稻、玉米、番薯为主。特产肉桂、八角。服务业以边境贸易为主。东兴—那坡沿边公路经此。

滩散 [Tānsǎn]　为边境村。在区政府驻地珠河街道西 67 千米。那良镇辖自然村。人口 200。以汉族为主,还有瑶族。"滩"指河滩,"散"指分散。因地处北仑河上游,河滩石多,水流分散得名。聚落呈团块状。农业以种植水稻、玉米、番薯为主。特产肉桂、八角。服务业以边境贸易为主。有滩散边贸口岸。东兴—那坡沿边公路经此。

吒管坡 [Zhàguǎnpō]　为边境村。在区政府驻地珠河街道西 69 千米。那良镇辖自然村。人口 200。以汉族为主,还有壮族。方言中"吒管"指玉米秆。因村庄建在晒玉米秆的坡上得名。聚落呈带状。农业以种植水稻、玉米、番薯为主。特产肉桂、八角。服务业以边境贸易为主。东兴—那坡沿边公路经此。

百坎 [Bǎikǎn]　为边境村。在区政府驻地珠河街道西 69 千米。那良镇辖自然村。人口 400。以壮族为主,还有汉族。壮语中"百"指口,"坎"指地势高低不平。因村口田地高低不平得名。聚落呈带状。农业以种植水稻、玉米、番薯为主。特产肉桂、八角。那垌—滩散公路经此。

加隆 [Jiālóng]　为边境村。在区政府驻地珠河街道西 65 千米。那良镇辖自然村。人口 300。"加"与"家"同音,指村庄,"隆"指田地分界高起的田埂。因村庄建在田埂旁得名。聚落呈团块状。农业以种植水稻、玉米、番薯为主。特产肉桂、八角。东兴—那坡沿边公路经此。

大河 [Dàhé]　为边境村。在区政府驻地珠河街道西 62 千米。那良镇辖自然村。人口 200。因嘉隆河在此汇入北仑河,河面变宽,流量增大,故名。聚落呈带状。农业以种植水稻、玉米、番薯为主。特产肉桂、八角。东兴—那坡沿边公路经此。

李屋 [Lǐwū]　为边境村。在区政府驻地珠河街道西 62 千米。那良镇辖自然村。人口 200。壮族聚居。以姓氏命名。聚落呈带状。农业以种植水稻、玉米、番薯为主。特产肉桂、八角。东兴—那坡沿边公路经此。

沈屋 [Shěnwū]　为边境村。在区政府驻地珠河街道西 63 千米。那良镇辖自然村。人口 200。以姓氏命名。聚落呈圆形。农业以种植水稻、玉米、番薯为主。特产肉桂、八角。东兴—那坡沿边公路经此。

峒中镇 [Dòngzhōng Zhèn]　防城区辖镇。在区境西部。面积 289 平方千米。人口 3.1 万。以壮族为主,还有汉、瑶等民族。辖 1 居委会、19 村委会,有 200 自然村。镇人民政府驻板典街。1949 年为峒中乡。1952 并入滩散区。1959 年 2 月析置文义公社,4 月改峒中公社。1984 年改乡。1990 年改镇。2005 年板八乡并入。因镇政府原驻地峒中得名。西北部为高山,东南部为平坝。最高点久宝山海拔 1448 米。披捞河流经。有中学 2 所,小学 24 所,卫生院 1 个,卫生所 19 个,文化广播电视站 1 个。有景区瑶山大峡谷、峒中温泉。农业以种植水稻、玉米为主。特产肉桂、八角。工业以松香、香料加工为主。服务业以商贸为主。有国家级二类口岸峒中口岸。东兴—那坡沿边、马路—峒中公路过境。

板典街 [Bǎndiǎnjiē] 峒中镇人民政府驻地。在区政府驻地珠河街道西124千米。人口300。以壮族为主,还有汉族。壮语中"板典"指小村。因此村人少地少得名。聚落呈带状。有中小学、卫生院。有峒中温泉旅游景点。经济以商贸为主。特产肉桂、八角、松脂等。马路—峒中、东兴—那坡沿边公路经此。

峒中 [Dòngzhōng] 为边境村。在区政府驻地珠河街道西128千米。峒中镇辖自然村。人口300。以壮族为主,还有汉、瑶等民族。"峒"与"垌"谐音,指田地,"中"指中部。因圩场坐落于田垌中部得名垌中,后因四周为山,改"垌"为"峒"。聚落呈带状。有农历三月初三、农历四月初八等节庆。经济以商贸为主。有峒中边贸口岸。马路—峒中公路经此。

那棒 [Nàbàng] 为边境村。在区政府驻地珠河街道西128千米。峒中镇辖自然村。人口300。瑶族聚居。壮语在"那"指田,"棒"指烂泥。因村前有块烂泥田得名。聚落呈圆形。农业以种植水稻、玉米为主。特产肉桂、八角。东兴—那坡沿边公路经此。

洞沙 [Dòngshā] 为边境村。在区政府驻地珠河街道西126.5千米。峒中镇辖自然村。人口400。壮族聚居。壮语中"洞"指田垌,"沙"意为贫瘠。因田地较贫瘠得名。聚落呈团块状。农业以种植水稻、玉米、花生为主。特产肉桂、八角。通乡村公路。

平棍 [Pínggùn] 为边境村。在区政府驻地珠河街道西127千米。峒中镇辖自然村。人口200。壮族聚居。壮语中"平"指平坦,"棍"指军队。因地表平坦,清兵在此驻扎训练得名。聚落呈团块状。农业以种植水稻、玉米为主。特产肉桂、八角。通乡村公路。

那沙 [Nàshā] 为边境村。在区政府驻地珠河街道西128千米。峒中镇村辖自然村。人口300。壮族聚居。壮语中"那"为"田","沙"为贫瘠。因田地贫瘠得名。聚落呈带状。农业以种植水稻、玉米、花生为主。特产肉桂、八角。峒中—口岸公路经此。

大村 [Dàcūn] 为边境村。在区政府驻地珠河街道西121千米。峒中镇辖自然村。人口700。以汉族为主,还有壮族。因村庄大、人口多得名。聚落呈带状。农业以种植水稻、玉米、番薯为主。特产肉桂、八角。通乡村公路。

那隐 [Nàjiē] 为边境村。在区政府驻地珠河街道西120千米。峒中镇辖自然村。人口200。以汉族为主,还有壮族。壮语中"那"指田,"隐"指谷粒不饱满。该村周围田地贫瘠,种植的谷粒不饱满,水稻产量不高,故名。聚落呈团块状。农业以种植水稻、玉米、番薯为主。特产肉桂、八角。通乡村公路。

那心 [Nàxīn] 为边境村。在区政府驻地珠河街道西121千米。峒中镇辖自然村。人口200。以汉族为主,还有壮族。壮语中"那"指田,"心"指中间。因村庄坐落于田中间得名。聚落呈团块状。农业以种植水稻、玉米、番薯为主。特产肉桂、八角。通乡村公路。

大坑 [Dàkēng] 边境村。在区政府驻地珠河街道西105千米。峒中镇辖自然村。人口200。瑶族聚居。因村前有一较长较宽坑沟得名。聚落呈带状。农业以种植水稻、玉米为主。特产八角、肉桂。通乡村公路。

茅岭镇 [Máolǐng Zhèn] 防城区辖镇。在区境东部。面积123平方千米。人口2.3万。以汉族为主,还有壮、瑶等民族。辖9村委会,有151自然村。镇人民政府驻茅岭街。1949年为茅岭乡。1958年并入防城公社。1962年析置茅岭公社。1984年复改乡。2014年改镇。因镇政府驻地得名。境内多丘陵,地势西南高东北低。茅岭江、小陶江、冲仑江流经。有中学1所,小学11所,卫生院1个,卫生室9个。有省级文物保护单位怀较山遗址。有省级非物质文化遗产采茶戏。农业以种植水稻、玉米为主,有海水养殖、蚝苗培育、浅海捕捞。特产海鸭蛋、鲈鱼、江蚬、螃蟹。工业以水泥制造、选矿、造纸、轧钢为主。有茅岭工业园。南防铁路、南防高铁、钦东高速、钦州—东兴公路过境。有茅岭火车站。有茅岭码头。

茅岭街 [Máolǐngjiē] 茅岭镇人民政府驻地。在区政府驻地珠河街道东北15千米。人口4000。以汉族为主,还有壮族。"茅"指茅草,"岭"指山岭。村周边的茅岭江中多沙洲且长满营草,退潮时看似茅草岭,故名。聚落呈带状。有中小学、卫生院。农业特产海鸭蛋、鲈鱼、江蚬、螃蟹。工业有水泥制造、选矿、造纸、轧钢。有茅岭工业园区,有液化气库。有集贸市场。南防高铁、南防铁路、钦防高速、钦州—东兴公路经此。有茅岭火车站。有茅岭码头。

江山镇 [Jiāngshān Zhèn] 防城区辖镇。在区境南部。面积191平方千米。人口2.1万。以汉族为主,还有壮、瑶等民族。辖11村委会,有115自然村。镇人民政府驻长径。1949年为江山乡。1958年并入东兴公社。1959年析置江山公社。1984年复改乡。2014年改镇。因镇政府原驻地江山得名。地处高中丘地带,东、南、西三面临海,间有小块平原。新绿江、冲沙江流经。有北仑河口国家级自然保护区。有高校1所,中学1所,小学9所,卫生院1个,卫生室11个,文化广播电视站1个。有省级旅游度假区江山半岛。有省级文物保护单位潭蓬运河、白龙炮台。农业以浅海捕捞及海水养殖为主。特产白龙珍珠、海蜇、东方对虾、青蟹、文蛤等。服务业以旅游、商贸为主。有江山边地贸口岸。防城—东兴、江山—白龙、环岛、防城港—东兴滨海公路过境。

长径 [Chángjìng] 江山镇人民政府驻地。在区政府驻地珠河街道南16千米。人口200。以汉族为主,还有壮族。方言中"径"指水沟。因村旁有条直通大海的长水沟得名。聚落呈带状。有中小学、卫生院、文化广播电视站。农业以种植水稻和海产捕捞为主。产海蜇、东方对虾、青蟹、文蛤等。防东公路经此。

扶隆乡 [Fúlóng Xiāng] 防城区辖乡。在区境西北部。面积312平方千米。人口3.9万。以汉族为主,还有壮、瑶等民族。辖2居委会、15村委会,有244自然村。乡人民政府驻扶隆圩。1961年由那勤公社析置扶隆公社。1984年改乡。2005年那勤乡并入。因乡政府驻地得名。处十万大山南麓,地势北高南低。扶隆江流经。有中学2所,小学26所,卫生院1个,卫生室15个。有平龙山瀑布、马射尿瀑布、扶隆大峡谷、南山峡等景点。农业以种植水稻为主。特产肉桂、八角、金花茶等。工业以香料加工和水力发电为主。有3水力发电站。垌美—扶隆、扶隆—那垌公路过境。

扶隆圩 [Fúlóngxū] 扶隆乡人民政府驻地。在区政府驻地珠河街道西北45千米。人口1700。以壮族为主,还有汉、瑶等民族。"扶"指扶助,"隆"指山脉。因圩靠平龙山,有龙脉扶助,得名扶龙,后以谐音更今名。聚落呈带状。有中小学、卫生院。经济以商贸、香料加工为主。产桂油、茴油。有集贸市场。垌美—扶隆、扶隆—那垌公路经此。

滩营乡 [Tānyíng Xiāng] 防城区辖乡。在区境东北部。面积251平方千米。人口4.2万。以汉族为主,还有壮族。辖16村委会,有245自然村。乡人民政府驻唐屋。1950年为滩营乡。1959年成立滩营公社。1961年析出平旺公社。1984年复改乡。2005年平旺乡并入。因乡政府原驻地滩营村得名。地处丘陵地区,地势南高北低。滩营江流经。有中学2所,小学15所,卫生院2个,卫生室16个。有平旺革命烈士纪念碑。有薄竹塘岭英雄石、三曲水库等景点。农业以种植水稻、甘蔗、茶、柑橘为主。特产垌美茶、那屋背酸菜。工业以矿产开发及粗加工为主。南间—防城港、垌美—那垌公路过境。

唐屋 [Tángwū] 滩营乡人民政府驻地。在区政府驻地珠河街道东北12千米。人口100。以壮族为主,还有汉、瑶等民族。因姓氏得名。聚落呈带状。有中小学、卫生院。经济以商贸为主。农业产茶叶。有滩营集贸市场。南间—防城港公路经此。

十万山瑶族乡 [Shíwànshān Yáozú Xiāng] 防城区辖乡。在区境北部。面积99平方千米。人口1.2万,其中瑶族占40.5%,还有壮、汉等民族。辖1居委会、5村委会,有52自然村。乡人民政府驻波茶。1980年成立广西十万山华侨林场。2013年改十万山瑶族乡。因位于十万大山南麓腹地得名。地势西北高东南低。四方岭江、正木龙流经。有小学5所,卫生院1个,卫生室5个。有十万山七星顶生态旅游综合度假区。农业种植水稻、玉米和松树、茶树、速生桉等树木。产八角、肉桂。有集贸市场。那德—十万山公路过境。

波茶 [Bōchá] 十万山瑶族乡人民政府驻地。在区政府驻地珠河街道西北20千米。人口100。以瑶族为主,还有汉、壮等民族。当地朱氏常用山茶煲水供过往行人饮用解渴,得名煲茶。后因客家话"波"与"煲"近音,改名波茶。有小学、卫生院。经济以茶叶加工为主。有集贸市场。那德—十万山公路经此。

东兴市

东兴市 [Dōngxīng Shì] 广西壮族自治区直辖县级市,由防城港市代管。北纬21°33′,东经107°58′。在防城港市境南部。面积588.9平方千米。人口14.1万。以汉族为主,还有壮、瑶、京等民族。辖3镇。市人民政府驻东兴镇。1992年设防城各族自治县东兴开发区。1996年划出防城区东兴、江平、马路3镇设立县级东兴市。因市政府驻地得名。1994年北仑大道全线通车,城市框架初步形成。1999年拓宽新华路。2001年扩建东兴口岸通道。地势西北高东南低。最高峰大锅头山海拔924米。年均气温22.6℃,1月平均气温15.1℃,7月平均气温28.0℃。年均降水量2685毫米。有北仑河、江平江、黄竹江流经。有矿产资源花岗岩、黏土、锰等7种。有野生植物570种,其中国家一级保护野生植物有金花茶、漆柄木、坡垒(万年木)等3种,国家二级保护保护野生植物有格木、紫荆木、香花木等5种。有野生动物437种。其中国家一级保护野生动物有白头叶猴、黑叶猴、熊猴等10种,2级保护野生动物4种。有北仑河口、万鹤山国家级自然保护区。有中学7所,小学35所,二级医院1个,体育馆1个。有省级文物保护单位社山遗址、罗浮恒望天主教堂。有国家4A级旅游景区京岛风景名胜区、屏峰雨林公园。有景点胡志明亭、北仑河大桥等。有非物质文化遗产京族哈节、京族独弦琴艺术、京族民歌、京族鱼露、京族服饰制作技艺。有民俗拉大网、高跷捕鱼、踢沙等。三次产业比例15∶45∶40。农业以种植水稻、番薯、柑橘为主。渔业有虾、蚝养殖。工业以器械制造、化工、建材制造、竹木加工、水产品加工、酿酒为主。服务业以物流、外贸为主。防东高速、防东公路过境。有竹山港口、京岛港口、潭吉港口。

北仑河大桥［Běilúnhé Dàqiáo］　在市区南部。长124.8米，宽10米，最大跨度22.2米，桥下净高4米。1992年开工，1994年建成。因横跨北仑河得名。为中型河道桥梁，结构型式为钢筋混凝土T型梁结构桥。最大载重49吨。

东兴汽车客运站［Dōngxīng Qìchē Kèyùnzhàn］　见交通运输设施部分“东兴汽车客运站”条。

东兴镇［Dōngxīng Zhèn］　东兴市人民政府驻地。在市境南部。面积133平方千米。人口11.9万。以汉族为主，还有苗、瑶、京、壮等民族。辖7居委会、8村委会，有32自然村。镇人民政府驻中山社区。1949年为东兴镇。1952年并入第十区。1958年改公社。1972年成立东兴镇公社。1984年改东兴镇。1991年松柏乡并入。1996年属东兴市。在北仑河之东，为新兴镇，故名。东南部为平原，西北部为丘陵。罗浮江、竹排江流经。海岸线长21千米。陆地边境线长39.064千米。有中学1所，小学13所，二级医院1个，卫生院1个，卫生所8个。有省级文物保护单位罗浮恒望天主教堂。有景区东兴口岸、中越人民友谊公园、外滩公园、古榕部落、意景园、北仑河口等。农业以种植番薯和渔业为主。产对虾、青蟹、大蚝等。工业以农产品加工、红木工艺制成品加工、机械及电子产品制造为主。有国家一类口岸东兴口岸。有互市贸易区、海产品交易市场、国际服装批发市场等。防东高速、防东公路过境。

东盟大道［Dōngméng Dàdào］　在市区北部。东起罗浮江四桥，西至边贸大道。与高兴大道、民族路、新华路、河洲路相交。长4.5千米，宽62米。沥青路面。2000年开工，2005年建成。因通往东兴口岸，为连接东盟的“桥头堡”得名。两侧有市人民政府、市人民武装部、市工商局等政府机关，市实验学校，市第二中学，建设银行东兴支行等。通公交车。

北仑大道［Běilún Dàdào］　在市区中部。东起罗浮江新桥，西至东中路。与友谊路、和谐路、石子岭路等相交。长4.1千米，宽56米。混凝土路面。1994年开工，1999年建成。因北仑河得名。两侧有国际辉达广场、国贸市场、义乌红木商城等。有东兴汽车客运站。通公交车。

新华路［Xīnhuá Lù］　在市区西部。南起河堤路，北至天河路。与电线路、中山路、解放路、建设路等相交。长4.7千米，宽56米。沥青路面。清光绪十二年(1886)始建，原名松坡街，石板路面，后改造为水泥路面，宽5米。1992年续建至教育路口，改沥青路面，宽20米。2000年全路段改造为沥青路面，并续建至兴东路口。2001年完成新华路北段(兴东路口—东盟大道)扩建，双向4车道。寓意一切属于新中华，故名。是通往东兴口岸国门的主要干道。两侧有市人民会堂、东兴口岸办公大楼、环球大厦、万众国际服装批发市场、市水果交易市场、国门大酒店、银海大酒店、中越人民友谊公园等。通公交车。

中山社区［Zhōngshān Shèqū］　东兴镇人民政府驻地。在市境西南部。面积1.5平方千米。人口8000。因中山路得名。2002年成立。民居以现代砖混楼房为主。有社区青年志愿者服务队、妇女志愿服务队、社区巡逻队和文艺队。有市第一小学、市幼儿园、新华书店、镇卫生院等。有旅游商品一条街、工艺品商业街、解放路步行街、风情饮食街、东兴口岸、北仑河大桥等。有市总工会、市水利局、市交通局等政府机关。通公交车。

江平镇［Jiāngpíng Zhèn］　东兴市辖镇。在市境东部。面积257.1平方千米。人口5.7万。以汉族为主，还有壮族、京族、瑶族。辖2居委会、15村委会，有46自然村。镇人民政府驻江平街。1949年为江平乡。1952为第四区。1958年并入东兴公社。1959年析置江平公社。1984年改镇。因镇政府驻地得名。地势西北高东南低。有九年一贯制学校1所，中学1所，小学18所，卫生院1个，卫生所15个。有省级文物保护单位社山遗址。有非物质文化遗产京族哈节、京族独弦琴艺术、京族民歌、京族鱼露、京族服饰制作技艺。有国家4A级旅游景区京岛风景名胜区。农业以水稻、松、竹、桉树、柑橘种植，海产捕捞，蚝、虾养殖为主。工业以酿酒和海产品、农产品、木材加工为主。防东高速、防东公路过境。

江平街［Jiāngpíngjiē］　江平镇人民政府驻地。在市政府驻地东兴镇东北18千米。人口6500。以汉族为主，还有京、壮、瑶等民族。为临江草坪，取名江坪，后以谐音更今名。聚落呈团块状。有中小学、卫生院。经济以边境贸易、商务、货运、餐饮为主。防东公路经此。

沥尾村［Wànwěicūn］　在市政府驻地东兴镇东17千米。江平镇辖自然村。人口5200。京族聚居。“沥”指海湾，因三面环海，处珍珠湾最西端得名。聚落呈带状。有国家级非物质文化遗产京族哈节、京族独弦琴艺术。有京族生态博物馆。有国家4A级旅游景区京岛风景名胜区。经济以海水养殖、浅海捕捞、旅游为主。盛产海蜇、对虾。江平—金滩公路经此。

交东村［Jiāodōngcūn］　在市政府驻地东兴镇东北25千米。江平镇辖自然村。人口1800。以汉族为主，还有壮、京等民族。明永历末年有广东吴川张姓兄弟来此砍树造船。至清嘉庆元年(1796)，众多外地村民到此居住或以渡船为业，形成江平与防城之间交通要地，村名“交通”。1815年一巡抚经此，改“交通”为“交东”。聚落呈团块状。有省级文物保护单位社山遗址。有红树林保护区。防东公路经此。2014年被评为全国文明村。

马路镇［Mǎlù Zhèn］　东兴市辖镇。在市境东北部。面积165.5平方千米。人口1.8万。以汉族为主，还有瑶、壮等民族。辖1居委会、8村委会，有31自然村。镇人民政府驻马路圩。1951年为马路乡。1958年成立公社。1984年复改乡。1990年改镇。1996年属东兴市。因镇政府驻地得名。地势东北高西南低。有中学1个，小学7所，卫生院1个，卫生所8个。有国家4A级旅游景区屏峰雨林公园。农业以种植水稻、蔬菜为主。特产肉桂、柑橙、橡胶。有电子、制鞋、生化、塑料等企业。防东高速，乐民—峒中、上思—东兴公路过境。

马路圩［Mǎlùxū］　马路镇人民政府驻地。在市政府驻地东兴镇北18千米。人口2000。以汉族为主，还有壮、京等民族。因昔时有人在街上学习跑马得名。聚落呈团块状。有中小学、卫生院。经济以商业为主。有集贸市场。乐民—峒中、上思—东兴公路经此。

上　思　县

上思县［Shàngsī Xiàn］　防城港市辖县。北纬22°09′，东经107°58′。在市境西北部。面积2816平方千米。人口24.5万。以壮族为主，还有汉、瑶等民族。辖4镇、4乡。县人民政府驻思阳镇。唐天宝初置羁縻上思州(治今县境东南部)，属邕州。清光绪十二年(1886)属太平府。十八年(1892)改上思州为上思直隶厅。1912年改上思府。1913年改上思县，属邕南道。1914年后隶属南宁道、第五民团区、南宁民团区、南宁行政监督区、第九行政督察区、第四行政督察区、崇左专区、桂西僮族自治区崇左专区、桂西僮族自治州、邕宁专区、南宁专区、钦州专区、钦州地区。1993年属防城港市。壮语中“思”意为溪，“上”为“瀼”之转音，“上思”为瀼水之意。因明江(古称瀼水)得名。多山地、谷地。最高峰薯良岭海拔1462米。先后建成北湖路、永兴大道、永福路等。2006年建成明江广场。城市呈东西长、南北窄的集中式布局。年均气温21.7℃，1月平均气温13.2℃，7月平均气温27.8℃。年均降水量1217.3毫米。明江、平福河、公安河等28条河流经。有野生植物1458种，其中国家重点保护野生植物有金花茶、格木、万年木、紫荆木、红椎、香子含笑、壳菜果、鸡毛松等。有野生动物等260种，其中国家重点保护野生动物有黑叶猴、小爪水獭、金猫、大灵猫、林麝、白鹇、原鸡等35种。森林覆盖率61%。有矿产资源褐煤、焦煤、磷、石灰岩、石油、黄金、石膏、锰、镁、汞等。有中学12所，小学61所，二级医院1个，体育馆1个。有景点十万大山国家森林公园、皇袍山公园、百鸟乐园等。有省级非物质文化遗产上思虽蕾、上思舞鹿。三次产业比例26∶48∶26。农业以种植水稻、甘蔗、桉树为主。工业以制糖、制药、水泥制造、林化、水电为主。服务业以通信、商贸、旅游为主。靖那高速、石南公路过境。

上思汽车站［Shàngsī Qìchēzhàn］　见交通运输设施部分“上思汽车站”条。

思阳镇［Sīyáng Zhèn］　上思县人民政府驻地。在县境中部。面积308平方千米。人口8.2万。以壮族为主，还有汉、瑶等民族。辖4居委会、12村委会，有151自然村。镇人民政府驻思阳街。1949年为思阳镇。1958年改思阳公社。1962年改区。1980年析置思阳镇。2002年思阳乡并入。因镇政府驻地得名。地形以平原为主，北、东部为山地、丘陵。明江流经。有中学1所，小学12所，二级医院1个，卫生院1个，卫生室12个。有雄峰塔、龙江半岛公园。农业以种植水稻、甘蔗为主。特产香菇、香糯、蜂蜜。有糖厂、水泥厂、发电厂等。靖那高速、石南公路过境。

中华路［Zhōnghuá Lù］　在县城西部。南起明江北路，北至团结西路。与民政路、仁甫路、环城西路等相交。长2千米，宽22米。混凝土路面。1991年开工，1992年建成。因起讫点为上思二中和三华桥得名。两侧有民族中学、思阳镇小学、明江中医院、民族中学、居住小区。通公交车。

思阳街［Sīyángjiē］　思阳镇人民政府驻地。在镇境南部。人口1.4万。壮族聚居。处思山南面，故名。聚落呈团块状。有中小学、卫生院、图书馆、幼儿园、街心公园、龙江半岛公园。经济以服务业为主。有集贸市场、百货大楼。通公交车。

高加村［Gāojiācūn］　在镇境南部。思阳镇辖自然村。人口4600。壮族聚居。取高峰村、万加村各一字得名。聚落呈散状。农业以种植水稻、甘蔗为主。靖那高速、石南公路经此。通公交车。2005年被评为全国文明村。

在妙镇［Zàimiào Zhèn］　上思县辖镇。在县境西北部。面积324平方千米。人口3.5万。以壮族为主，还有汉、瑶等民族。辖11村委会，有136自然村。镇人民政府驻在妙圩。1949年为在妙乡。1960年成立妙公社。1984年复置乡。1987年析出七门乡。1994年改镇。2006年七门乡并入。因镇政府驻地得名。地处丘陵，北靠四方山脉，南、西面沿河。明江流经。有中学 1 所,小学 6 所,卫生院 1 个,卫生室 11 个。有文化广场、敬老院。农业以种植水稻、甘蔗为主。靖那高速、石南公路过境。

在妙圩 [Zàimiàoxū] 在妙镇人民政府驻地。在县政府驻地思阳镇西北 35 千米。人口 6400。壮族聚居。因靠近明江河,时常遭水淹,村民立庙建寨,得名"寨庙",后以谐音更今名。聚落呈团块状。有中小学、卫生院、敬老院、文化广场、集贸市场等。农业以种植水稻、甘蔗为主。靖那高速、石南公路经此。

华兰镇 [Huálán Zhèn] 上思县辖镇。在县境南部。面积 147 平方千米。人口 1.2 万。壮族聚居。辖 6 村委会,有 72 自然村。镇人民政府驻华兰圩。1949 年为华兰乡。1958 年并入平福公社。1959 年析置华兰公社,1962 年并入平福区。1987 年由平福乡析置华兰乡。2014 年改镇。因镇政府驻地得名。地处丘陵,南面为高山,北面沿河。明江流经。有中学 1 所,小学 6 所,卫生院 1 个,卫生室 6 个。有敬老院、文化站等。农业以种植水稻、甘蔗为主。特产蜂蜜、香菇等。华扶公路过境。

华兰圩 [Huálánxū] 华兰镇人民政府驻地。在县政府驻地思阳镇西南 27 千米,人口 3500。壮族聚居。原名"那兰",壮语意为贫瘠之田,因田地贫瘠得名,后以谐音更今名。聚落呈团块状。有中小学、卫生院、敬老院、集贸市场等。农业以种植水稻、甘蔗为主。华扶公路经此。

叫安镇 [Jiào'ān Zhèn] 上思县辖镇。在县境南部。面积 585 平方千米。人口 4.2 万。壮族聚居。辖 17 村委会,有 290 自然村。镇人民政府驻叫丁。1950 年为第四区。1958 年分设那当、凤凰、板细 3 公社。1962 年合并成立百包区。1966 年改公社。1984 年改乡。2014 年改叫安镇。取所辖叫丁、安利各一字得名。东、南、北三面环山,西面沿河,中部有凤凰山。明江流经。有初中 1 所,小学 8 所,卫生院 2 所,卫生室 17 个。有敬老院、文化站等。有十万大山国家森林公园、皇袍山公园、百鸟乐园、十万大山金花茶观赏园。农业以种植水稻、甘蔗为主。特产香糯、黑皮蔗。有集贸市场。上扶公路过境。

叫丁 [Jiàodīng] 叫安镇人民政府驻地。在县政府驻地思阳镇南 6 千米。人口 400。壮族聚居。壮语中"叫丁"意为红土坡,因村建在红土坡上得名。聚落呈散状。有中小学、幼儿园、敬老院、卫生院等。农业以种植水稻、甘蔗为主。有集贸市场。上扶公路经此。

南屏瑶族乡 [Nánpíng Yáozú Xiāng] 上思县辖乡。在县境西南部。面积 512 平方千米。人口 1.6 万,其中瑶族占 43%,还有壮族。辖 9 村委会,有 66 自然村。乡人民政府驻渠坤圩。1950 年为第三区。1958 年改团结公社。1962 年改南屏区。1966 年复改公社。1984 年改今名。因南部十万大山为上思县天然屏障,故名。最高峰薯良岭海拔 1462 米。有初中 1 所,小学 5 所,卫生院 1 个,卫生室 9 个。农业以种植八角、肉桂、桉树为主。特产蜂蜜、香菇。上思—南屏公路过境。

渠坤圩 [Qúkūnxū] 南屏瑶族乡人民政府驻地。在县政府驻地思阳镇南 32 千米。人口 2600。壮族聚居。壮语中"渠"指池塘,"坤"指席草。因村中池塘长有席草得名。聚落呈团块状。有中小学、卫生院、文化站等。农业以种植甘蔗、水稻为主。有集贸市场。上思—南屏公路经此。

平福乡 [Píngfú Xiāng] 上思县辖乡。在县境西部。面积 280 平方千米。人口 2.3 万。以壮族为主,还有汉族。辖 9 村委会,有 88 自然村。乡人民政府驻平福圩。1949 年为平福乡。1962 年并入平福区。1966 年改平福公社。1984 年复改平福乡。1987 年析出华兰乡。因乡政府驻地得名。地处丘陵,东、南、北三面环山,西面沿河。公安河、平福河流经。有初中 1 所,小学 6 所,卫生院 1 个,卫生室 9 个。有军事家刘永福故居遗址、粤东书院。农业以种植水稻、甘蔗为主。特产竹笋、萝卜干。上思—平福、在妙—平福公路过境。

平福圩 [Píngfúxū] 平福乡人民政府驻地。在县政府驻地思阳镇西 47 千米。人口 4100。壮族聚居。清咸丰年间群众曾在此击退贼寇,门楼刻碑"心平福至",寓意平安幸福,故名。聚落呈团块状。有中小学、卫生院等。有军事家刘永福故居、粤东书院。农业以种植水稻、甘蔗为主。有集贸市场。上思—平福、在妙—平福公路经此。

那琴乡 [Nèiqín Xiāng] 上思县辖乡。在县境东北部。面积 308 平方千米。人口 2.1 万。壮族聚居。辖 9 村委会,有 109 自然村。乡人民政府驻那琴圩。1949 年为那琴乡。1950 年并入第六区。1956 年设那琴区。1958 年并入东方红公社。1959 年析置那琴公社。1984 年改乡。因乡政府驻地得名。地处丘陵,四面环山。有中学 1 所,小学 5 所,卫生院 1 个,卫生室 9 个。有敬老院等。农业以种植水稻、甘蔗、花生、玉米为主。有优质稻谷产区、龙楼村"香鸭"生产基地、龙楼村奶牛基地。有集贸市场。上邕公路过境。

那琴圩 [Nèiqínxū] 那琴乡人民政府驻地。在县政府驻地思阳镇东北 15 千米。人口 2700。壮族聚居。壮语中"那禁"指禁区边的水田,因该村曾为汉代马援平南时屯兵禁区得名,后以谐音更今名。聚落呈团块状。有中小学、卫生院、敬老院等。农业以种植水稻、甘蔗、玉米为主。有集贸市场。上邕公路经此。

公正乡 [Gōngzhèng Xiāng] 上思县辖乡。在县境东部。面积 336.4 平方千米。人口 1.7 万。壮族聚居。辖 10 村委会,有 93 自然村。乡人民政府驻公正圩。1952 年为第五区。1958 年并入东方红公社。1959 年改公正公社。1984 年改乡。1987 年析出东屏乡。2005 年东屏乡并入。因镇政府驻地得名。地处山区,四面环山。有凤亭水库。有中学 1 所,小学 5 所,卫生院 1 个,卫生室 10 个。有敬老院等。有革命烈士纪念碑、上思武装起义纪念碑。农业以种植水稻、甘蔗为主。有集贸市场。靖那高速、石南公路过境。

公正圩 [Gōngzhèngxū] 公正乡人民政府驻地。在县政府驻地思阳镇东 30 千米。人口 4400。壮族聚居。原有旧圩、那美圩 2 圩场,因位置常有纠纷,后经公正合理调解得名。聚落呈团块状。有中小学、卫生院。农业以种植水稻为主。有集贸市场。靖那高速、石南公路经此。

钦州市

钦州市 [Qīnzhōu Shì] 广西壮族自治区辖地级市。北纬 21°37′—22°42′,东经 108°11′—109°51′。在自治区境南部。面积 10855 平方千米。户籍人口 402.1 万,常住人口 318 万。以汉族为主,还有壮、瑶、苗、京、仫佬等民族。辖钦北、钦南 2 区,灵山、浦北 2 县。市人民政府驻钦北区。南朝梁置安州。隋开皇十八年(598)改钦州,取意钦顺得名。大业三年(607)改宁越郡。唐武德四年(621)复钦州。天宝元年(742)复宁越郡。乾元元年(758)复钦州。元至元十七年(1280)改钦州路。明洪武二年(1369)改府。七年复州。九年改县,属廉州府。清初置钦州(为散州)。光绪十四年(1888)为直隶州,属广东省。1912 年属广东钦廉绥靖处。1914 年改钦廉道。1920 年属广东省。1930 年改南区绥靖公署。1936 年改第八行政督察区。1949 年改南路专区。1950 年改钦廉专员公署。1951 年改钦州专区。1952 年属广西省。1955 年划称合浦专区,属广东省。1959 年并入湛江专区。1965 年复钦州专区,属广西壮族自治区。1971 年改钦州地区。1983 年析设北海市。1987 年划合浦县归北海市。1993 年析出防城各族自治县、上思县。1994 年改钦州市。地势北高南低,平均海拔 250 米。有六万山、罗阳山、十万大山。年均气温 22℃,1 月平均气温 14.5℃,7 月平均气温 28.8℃。年均降水量 2173.9 毫米。年均无霜期 350 天。武利江、钦江、茅岭江、南流江、大风江等流经。海岸线长 562 千米。浅海滩涂面积 4 万公顷。有矿产资源锰、钛铁、铜、铁、铅、锌、石英砂、石膏、煤、陶土等。有野生植物 787 种,其中国家重点保护野生植物有桫椤、马蹄参、格木、福建柏、观光木等。有野生动物山蛙、眼镜蛇、画眉、鹧鸪、野猪等 271 种。有茅尾海红树林省级自然保护区。森林覆盖率 54.4%。有高等院校 2 所,中学 121 所,小学 1080 所,三级医院 4 个。有爱国将领刘永福故居、爱国人士冯子材故居。有国家 4A 级旅游景区三娘湾、八寨沟、五皇山等,国家 3A 级旅游景区六峰山、七十二泾(含龙门群岛)、钦州坭兴陶艺术馆、大朗书院等。有钦州新八景"王岗春色""六峰缀秀""龙泾环珠""刘冯宝第""灵东浴日""麻蓝仙岛""越州天湖""椎林叠翠"。有国家级非物质文化遗产傩戏(当地称跳岭头)、坭兴陶艺。有传统文化艺术采茶戏、粤剧等。三次产业比例 24∶37∶39。农业以种植荔枝、龙眼、香蕉、菠萝、三华李、椪柑,养殖对虾、青蟹、石斑鱼为主。产大蚝、海鸭蛋、八角、肉桂。工业以石化、能源、造纸、粮油加工为主。服务业以商品零售和批发、住宿、餐饮、旅游、物流为主。有钦州港经济技术开发区、中国—马来西亚钦州产业园区等国家级经济技术开发区 2 个。有铁路 457 千米,高铁 108 千米,公路 6195.7 千米,高速 228.8 千米。南钦、黎钦、钦北、钦防、钦港铁路,南钦、钦防、钦北高铁,兰海、六钦、钦防、钦崇高速,325 国道过境。有国家一类口岸钦州港。

钦州 [Qīnzhōu] 钦州市聚落。在市境西南部。面积 90.5 平方千米。人口 36 万。以汉族为主,还有壮、瑶、苗、京等民族。宋天圣元年(1023)于钦江西岸建砖土城墙,设东、南、西、北 4 门。明城郭扩展,建宜兴街等。清城墙毁,向外拓宽街巷,建成旧米巷、新盛街、攀桂街等。1950 年后向北、西北扩展。20 世纪 90 年代后向钦江东岸以及沿海地区拓展。2010年先后建成北部湾大道、和谐塔、蚝情宴舞广场、白石湖公园、安置小区、钦州学院新校区等。2014年年底初步形成"四横六纵"网格街区格局。西部为商业中心。东部有市政单位、河东工业园。北部有皇马工业园。南部为沿海新城区。有钦州港经济技术开发区、钦州保税港区。南钦、钦北、钦防高铁过境。有钦州东站。

永福大街 [Yǒngfú Dàjiē] 在市境北部。东起北环东路,西至西环北路。与钦州湾大道、扬帆大道、蓬莱大道相交。长5.2千米,宽66米。混凝土路面。1986年开工,1995年建成。2002年改扩建。为纪念晚清抗法民族英雄刘永福命名永福大道,2008年改今名。以钦江为界分东、西大街。两侧有银行、钦州湾广场、梦园广场、酒店、商业广场、超市、钦州东站等。通公交车。

子材大街 [Zǐcái Dàjiē] 在市境中部。东起南北公路,西至双拥路。与北部湾大道、文峰北路、钦州湾大道、扬帆大道、蓬莱大道相交。长8.7千米,宽36米。混凝土路面。1997年开工,同年建成。2012年扩建。原为板岭路,为纪念晚清抗法名将冯子材更今名。以钦江为界分东、西大街。两侧有居住小区。通公交车。

北部湾大道 [Běibùwān Dàdào] 在市境西部。南起钦州港大道,北至西环北路。与南珠大街、金海湾大街、扬帆大道相交。长20.1千米,宽60米。沥青路面。1999年开工,2000年建成。2009—2013年改扩建。因钦州位于北部湾畔得名。以金海湾大街为界分南、北大道。两侧有多家酒店、汽车销售服务店。通公交车。

钦州湾大道 [Qīnzhōuwān Dàdào] 在市境中部偏北。南起南珠西大街,北至325国道。与北环西路、永福西大街、子材西大街相交。长4.5千米,宽46米。混凝土路面。1988年开工,1997年建成。因环钦州湾地区得名。两侧有钦州汽车总站、联达百货、超市、购物中心、商业广场、酒店等。通公交车。

扬帆大道 [Yángfān Dàdào] 在市境中部偏东。南起北环路,北至东升街。与永福东大街、子材东大街、南珠东大街、金海湾东大街等相交。长29.1千米,宽80米。沥青路面。2003年开工,2007年建成。2009—2013年改扩建。取"扬帆起航"之意命名。两侧有中小学、居住小区等。通公交车。

蓬莱大道 [Pénglái Dàdào] 在市境东部。南起南山街,北至北环东路。与永福东大街、子材东大街、南珠东大街、金海湾东大街相交。长8千米,宽60米。混凝土路面。2004年开工,2014年建成。因钦州七十二泾有"南国蓬莱"之称得名。以南珠东大街为界分南、北大道。两侧有市体育馆、乒乓球训练基地、居住小区等。通公交车。

钦北区

钦北区 [Qīnběi Qū] 钦州市人民政府驻地。在市境西北部。面积2560平方千米。人口83.8万。以壮族为主,还有汉族。辖3街道、11镇。区人民政府驻长田街道。1994年设区。因处原钦州市北部得名。有十万大山余脉。年均气温22℃,1月平均气温13.2℃,7月平均气温28.4℃。钦江、大寺江、小董江流经。有大马鞍、石梯等水库。有矿产资源锰、钛铁、煤、石膏等。有中学20所,小学202所,二级医院1个,体育中心1个。有冯子材故居。有教育家冯敏昌墓、爱国名将黄明堂墓、小董铜鱼书院、大寺北帝庙、新月塘古建筑群等。有国家4A级旅游景区八寨沟。有景点林湖森林公园、江滨公园等。有省级农业旅游示范点2个。有国家级非物质文化遗产傩戏。有民间艺术八音、采茶戏等。三次产业比例28∶47∶25。农业以种植水稻、甘蔗、花生、薯类、油茶、油桐、荔枝、龙眼,养殖塘角鱼、鲶鱼、黄鳝、淡水虾为主。工业以电子、林木加工、钢材加工、食品加工、建材和新材料制造为主。服务业以物流、商贸、旅游、房地产业为主。南防、南北铁路,南北高铁,兰海、合那高速,325国道,省道南宁—钦州、钦州—灵山、钦州—上思、上思—大寺、南间—防城线过境。有钦州东站、钦州西站、城北汽车站。通多路公交车。

子材大桥 [Zǐcái Dàqiáo] 在城区中部偏南。长488米,宽35.5米,最大跨度158米,桥下净高9.6米。2008年开工,2011年建成。因连接子材东、西大街得名。为中型河道桥梁,结构型式为三跨双塔自锚式悬索桥。最大载重55吨。通公交车。

钦州东站 [Qīnzhōudōng Zhàn] 见交通运输设施部分"钦州东站"条。

长田街道 [Chángtián Jiēdào] 钦北区人民政府驻地。在区境北部。面积34平方千米。人口3.6万。2008年设。因办公地有狭长水田得名。先后改造西环北路、钦州湾大道,建设钦北大道、林湖森林公园、皇马工业园区和多个住宅区。绿化主要交通路口。钦江流经。有中学1所,小学2所,二级医院1个。工业以制药,服装、木器、塑胶加工为主。服务业以商贸、物流为主。南防、黎钦铁路,南北高铁,325国道过境。通公交车。

鸿亭街道 [Hóngtíng Jiēdào] 属钦北区。在区境东部。面积6平方千米。人口3.2万。2012年设。因鸿亭街得名。先后改造扬帆大道、兴桂路、富民路、永福东大街、子材东大街。有小学2所,老年大学1所,体育中心1个。有市文化活动中心、同心圆广场、梦圆广场。经济以商贸业为主。南北铁路、南北高铁、325国道过境。有钦州东站。通公交车。

子材街道 [Zǐcái Jiēdào] 属钦北区。在区境中部偏北。面积10平方千米。人口5.3万。2012年设。因冯子材故居得名。有中学2所,小学4所。有钦州湾广场、江滨公园等。经济以商贸、金融、旅游业为主。南防铁路过境。有钦州西站。通公交车。

大垌镇 [Dàdòng Zhèn] 钦北区辖镇。在区境南部。面积125平方千米。人口4.1万。以汉族为主,还有壮族。辖2居委会、9村委会,有61自然村。镇人民政府驻大垌圩。1957年为大垌乡。1958年并入小董公社。1959年析置大垌公社。1984年复乡。1993年置镇。因镇政府驻地得名。有中学2所,小学16所,卫生院1个,卫生所11个。有幼儿园、文化站、敬老院等。农业种植水稻、玉米、甘蔗、蔬菜。工业以矿产品深加工、农产品加工为主。黎钦、南防铁路,南北高铁,325国道,省道南宁—钦州、钦州—灵山线过境。

大垌圩 [Dàdòngxū] 大垌镇人民政府驻地。在区政府驻地长田街道东北11千米。人口2200。因处大片田垌得名。聚落呈团块状。有中小学、幼儿园、卫生院、幸福院、文化广场等。有百年古榕树。特产黄瓜、香蕉。有集贸市场等。325国道,省道南宁—钦州、钦州—灵山线经此。

平吉镇 [Píngjí Zhèn] 钦北区辖镇。在区境东南部。面积294平方千米。人口9.6万。辖1居委会、19村委会,有229自然村。镇人民政府驻平吉圩。1955年为平吉区。1957年改乡。1958年改公社。1984年复乡。1989年置镇。因镇政府驻地得名。钦江流经。有中学2所,小学27所,卫生院1个,卫生所19个。有幼儿园、文化站、敬老院等。有南北朝宋寿县古城遗址,清代古建筑高岭、花屋等。农业产大米、甘蔗、薯类、蔬菜。特产黄皮、火龙果。工业以化工、食品加工业为主。黎钦铁路,六钦高速,省道钦州—陆屋、钦州—灵山线过境。

平吉圩 [Píngjíxū] 平吉镇人民政府驻地。在区政府驻地长田街道东北23千米。人口3700。原名吉平,因从未遭盗匪,取平安吉祥之意改今名。钦江流经。聚落呈团块状。有中小学、幼儿园、卫生院、幸福院、文化广场等。特产黄皮、火龙果。工业以化工、选矿为主。有集贸市场。黎钦铁路、省道钦州—灵山线经此。

青塘镇 [Qīngtáng Zhèn] 钦北区辖镇。在区境东部。面积130平方千米。人口5.4万。辖1居委会、13村委会,有149自然村。镇人民政府驻青塘圩。1950年为青塘乡。1958年并入平吉公社。1959年析置青塘公社。1984年复乡。1993年置镇。因镇政府驻地得名。钦江流经。有矿产资源石膏、钛铁、花岗岩。有中学2所,小学15所,卫生院1个,卫生所13个。有幼儿园、文化站、敬老院等。有古建筑龙凤塘等。农业主产水稻、甘蔗、薯类。黎钦铁路、六钦高速、省道钦州—灵山线过境。

青塘圩 [Qīngtángxū] 青塘镇人民政府驻地,在区政府驻地长田街道东北35千米。人口3000。因水塘常年水清如镜得名清塘,以同音改今名。聚落呈带状。有中小学、幼儿园、卫生院、幸福院、文化广场等。有古建筑利氏宗祠。特产番薯、木薯。有集贸市场。省道钦州—灵山线经此。

小董镇 [Xiǎodǒng Zhèn] 钦北区辖镇。在区境东北部。面积152平方千米。人口9.9万。以汉族为主,还有壮、瑶等民族。辖1居委会、16村委会,有161自然村。镇人民政府驻小董圩。1949年为小董乡。1958年改公社。1984年改镇。因镇政府驻地得名。小董江流经。有中学1所,小学24所,卫生院1个,卫生所16个。有幼儿园、文化站、休闲文化广场、敬老院等。有小董革命烈士纪念碑、小董福音堂、铜鱼书院、伏波庙等。农业以种植水稻、玉米、甘蔗、薯类、花卉为主。有特色小吃小董麻通。工业以钢铁铸造,羽绒、水泥建材、烟花爆竹、农副产品、木材加工为主。服务业以商贸为主。南防铁路,南北高铁,省道小董—百济、小董—南晓、小董—大垌线过境。

小董圩 [Xiǎodǒngxū] 小董镇人民政府驻地。在区政府驻地长田街道东北25千米。人口1.2万。明万历十九年(1591)董茂兰、董茂熙兄弟倡议建圩,知州董廷钦赐名"小董"。聚落呈团块状。小董江流经。有中小学、幼儿园、卫生院、幸福院、休闲文化广场等。有小董革命烈士纪念碑、小董福音堂、铜鱼书院、伏波庙等。有民俗舞龙、舞狮等。特产小董麻通、杨梅等。工业以钢铁铸造、羽绒加工为主。有集贸市场。省道小董—百济、小董—南晓、小董—大垌线经此。

那学村 [Nàxuécūn] 在区政府驻地长田街道北21千米。小董镇辖自然村。人口2500。因田垌形似白鹤得名那鹤。方言中"那"指田,"鹤"与"学"谐音,后改今名。聚落呈团块状。有小学、卫生室、村民文体活动服务中心。农业主产水稻、薯类等。有禽畜养殖场。工业以塑料加工为主。特产雪蜜枣。南防铁路、南北高铁、省道南宁—钦州线经此。2014年被评为全国文明村。

板城镇 [Bǎnchéng Zhèn] 钦北区辖镇。在区境东北部。面积180平方千米。人口10.1万。以汉族为主,还有壮、瑶等民族。辖2居委会、19村委会,有197自然村。镇人民政府驻板城圩。1949年为第一区。1955年改板城区。1958年改公社，旋并入小董公社。1959年析置板城公社。1984年改乡，析设那香乡。1993年置镇。2005年那香镇并入。因镇政府驻地得名。有古道岭。板城江流经。有中学3所，小学21所，卫生院2个，卫生所19个。有幼儿园、文化站、敬老院等。有景点碗窑梨花谷。农业以种植水稻、玉米、甘蔗、薯类为主。特产荔枝、青皮沙梨、细米。工业以林产品、花岗岩加工为主。省道钦州—灵山线过境。

板城圩［Bǎnchéngxū］ 板城镇人民政府驻地。在区政府驻地长田街道东北34千米。人口2800。旧为沼泽，铺设木板行走，日久板沉，以方言"寻""沉"同音得名板寻。后又因地下埋木板层叠如围城，改今名。聚落呈团块状。有中小学、幼儿园、卫生院、幸福院、文化广场等。特产荔枝、青皮沙梨、细米。有集贸市场。省道钦州—灵山线经此。

那蒙镇［Nàméng Zhèn］ 钦北区辖镇。在区境中部。面积136平方千米。人口5.8万。以壮族为主，还有汉、瑶、侗、布依、苗、仫佬等民族。辖1居委会、13村委会，有131自然村。镇人民政府驻那蒙圩。1950年设那蒙乡。1958年并入小董公社。1959年析置那蒙公社。1984年复乡。1993年置镇。因镇政府驻地得名。那蒙江流经。有中学1所，小学22所，卫生院1个，卫生所13个。有幼儿园、文化站、敬老院等。有竹山村古建筑群、那蒙圩大王庙等。有民间艺术八音、采茶戏、傩戏。农业以种植水稻、香蕉、甘蔗、薯类为主。工业以管桩加工、制砖、采石、木片加工为主。325国道、省道钦州—大寺线过境。

那蒙圩［Nàméngxū］ 那蒙镇人民政府驻地。在区政府驻地长田街道北20千米。人口2300。原址在那桂村美我坪自然村附近，称"替当圩"，因遭贼劫于清康熙二年(1663)迁现址。时有盐贩和罗姓老妇于罗蒙树下摆摊，渐成圩场，得名罗蒙圩。1924年绘制地图时，将罗蒙圩写为那蒙圩，故名。聚落呈团块状。有中小学、幼儿园、卫生院、幸福院、文化广场等。有竹山古建筑群、那蒙圩大王庙。有习俗八月节跳岭头。农业盛产陂角大头菜。工业以管桩加工为主。有集贸市场。325国道，省道钦州—大寺线经此。

长滩镇［Chángtān Zhèn］ 钦北区辖镇。在区境东北部。面积117平方千米。人口5.5万。以汉族为主，还有壮、瑶、侗等民族。辖1居委会、14村委会，有96自然村。镇人民政府驻长滩圩。1950年设长滩乡。1957年分设长滩、上汶2乡。1958年先入大寺公社，后入小董公社。1959年析设长滩公社。1984年复乡。1993年置镇。因镇政府驻地得名。长滩江流经。有中学1所，小学15所，卫生院1个，卫生所15个。有幼儿园、文化站、敬老院等。有长滩革命烈士纪念碑、清代古建筑新月塘。农业主产水稻、香蕉、甘蔗，兼种桑养蚕。南防铁路、省道南宁—钦州线过境。

长滩圩［Chángtānxū］ 长滩镇人民政府驻地。在区政府驻地长田街道东北35千米。人口2200。因寄望永世安居乐业名永安，后以圩边长沙质河滩更今名。聚落呈带状。有中小学、幼儿园、卫生院、敬老院。有长滩革命烈士纪念碑。农业盛产荔枝、蚕茧。有集贸市场。省道南宁—钦州线经此。

新棠镇［Xīntáng Zhèn］ 钦北区辖镇。在区境东北部。面积113平方千米。人口5.1万。以壮族为主，还有汉、瑶等民族。辖1居委会、8村委会，有52自然村。镇人民政府驻新棠圩。1957年设新棠乡。1958年并入小董公社。1959年析设新棠公社。1984年复乡。1993年置镇。因镇政府驻地得名。南忠江流经。有中学2所，小学13所，卫生院1个，卫生所25个。有幼儿园、文化站、敬老院等。农业主产水稻、甘蔗，兼种桑养蚕。特产黑叶荔枝、淮山。工业以木材、松脂加工为主。省道南宁—钦州线过境。

新棠圩［Xīntángxū］ 新棠镇人民政府驻地。在区政府驻地长田街道东北45千米。人口4200。因择吉日于辛日建圩，且圩有水塘得名辛塘圩。后盗贼横行圩市多次崩散，更名崩塘圩。复市后以谐音改今名。聚落呈团块状。有中小学、幼儿园、卫生院、敬老院等。特产荔枝、淮山。有集贸市场。省道南宁—钦州线经此。

大直镇［Dàzhí Zhèn］ 钦北区辖镇。在区境西南部。面积416平方千米。人口9.8万。以壮族为主，还有汉、苗等民族。辖1居委会、22村委会，有412自然村。镇人民政府驻大直圩。1955年为大直区。1957年分设大直、那天、王岗山3乡。1958年并入大寺公社。1959年析设大直、王岗山2公社。1960年合为大直公社。1984年置镇。因镇政府驻地得名。大直江流经。有矿产资源锰。有中学2所，小学26所，卫生院1个，卫生所22个。有幼儿园、文化站、敬老院。有大直革命烈士纪念碑。农业以种植水稻、香蕉、甘蔗、薯类为主。盛产松脂。工业以木材加工、化工为主。合那高速，省道大直—上思、南间—防城线过境。

大直圩［Dàzhíxū］ 大直镇人民政府驻地。在区政府驻地长田街道西28千米。人口3800。因泊船码头北历埠得名北历圩，以房屋笔直排列更今名。聚落呈团块状。有中小学、幼儿园、卫生院、敬老院等。有大直革命烈士纪念碑。特产杨梅、蜂蜜、竹笋。工业以木材加工、化工为主。有集贸市场。省道大直—上思、南间—防城线经此。

大寺镇［Dàsì Zhèn］ 钦北区辖镇。在区境西北部。面积275平方千米。人口9.5万。以壮族为主，还有瑶族等。辖1居委会、18村委会，有231自然村。镇人民政府驻大寺圩。1950年设大寺乡。1951年改第三区。1955年改大寺区。1957年分设大寺镇和大寺、附城、屯强、南间4乡。1958年合改大寺公社。1984年置镇。因镇政府驻地得名。大寺江流经。有中学2所，小学28所，卫生院1个，卫生所19个。有幼儿园、文化广场、敬老院等。有古迹北帝庙、教育家冯敏昌墓、爱国名将黄明堂墓。农业以种植水稻、香蕉、甘蔗、薯类为主。产龙眼、杨梅、香蕉、沙姜。工业有电子制造、农副产品和木材加工等。有农贸市场。325国道，兰海高速，省道上思—大寺、大寺—小董线过境。

大寺圩［Dàsìxū］ 大寺镇人民政府驻地。在区政府驻地长田街道西北24千米。人口8400。传明万历八年(1580)和尚建寺庙成圩，故名。聚落呈团块状。有中小学、幼儿园、卫生院、文化广场、敬老院。有古迹北帝庙。农业产龙眼、香蕉、沙姜。有大寺工业园。有集贸市场。兰海高速，省道上思—大寺、南间—防城线经此。

贵台镇［Guìtái Zhèn］ 钦北区辖镇。在区境西北部。面积229平方千米。人口3.9万。以壮族为主，还有汉、侗、瑶、苗等民族。辖1居委会、10村委会，有123自然村。镇人民政府驻贵台圩。1950年设贵洞乡。1955年改贵台区。1957年分设贵台、洞利2乡。1958年并入大寺公社。1959年析设贵台公社。1984年复乡。1993年置镇。因镇政府驻地得名。有马督山、南宁山、尖峰岭、高床坳。贵台江流经。有中学1所，小学10所，卫生院1个，卫生所10个。有幼儿园、文化站、敬老院。有贵台革命烈士纪念碑、王仙湾大王庙。有国家4A级旅游景区八寨沟。农业以种植水稻、甘蔗、薯类为主。产松脂、蜂蜜、竹笋。工业以松香、木器加工为主。合那高速，省道上思—大寺、上思—防城线过境。

贵台圩［Guìtáixū］ 贵台镇人民政府驻地。在区政府驻地长田街道西北38千米。人口2100。原为贵平圩，因商人趁机哄抬物价，寓意与"平"不符，乡人戏称"贵抬"。取"抬""台"同音改今名。聚落呈带状。有中小学、幼儿园、卫生院、文化站。有贵台革命烈士纪念碑、王仙湾大王庙等。有农贸市场。省道上思—大寺线经此。

钦南区

钦南区［Qīnnán Qū］ 钦州市辖区。在市境西南部。面积2305平方千米。人口60.8万。以汉族为主，还有壮、瑶、苗、京等民族。辖4街道、11镇。区人民政府驻水东街道。1994年设。因处原钦州市南部得名。以钦江为界分东、西城区。西城区以新兴街、南珠西大街等为商业中心。东部新城区有河东工业园。有百龙岭、那雾岭、西鸦大岭、笔架山等。有钦江三角洲。茅岭江、钦江、大风江流经。年均气温22℃，1月平均气温13.4℃，7月平均气温28.3℃。年均降水量2104毫米。有矿产资源煤、锰、钛、石英砂、花岗岩、陶土。有茅尾海红树林省级自然保护区。有中学17所，小学153所，三级医院4个，二级医院2个，体育场馆2个。有刘永福故居。有古迹独料遗址、安州故址、天涯亭、广州会馆、绥丰书院、久隆古墓群、刘永福墓、冯子材墓等。有国家级非物质文化遗产傩戏、坭兴陶艺。有民间艺术采茶戏、粤剧、舞龙、舞狮、打陀螺、八音、赛龙舟等。有国家4A级旅游景区三娘湾、国家3A级旅游景区七十二泾(含龙门群岛)。三次产业比例30∶25∶45。农业以种植水稻、甘蔗、玉米、花生、薯类为主。产油茶、桑、柑橙、荔枝、龙眼、菠萝蜜、香蕉等。工业以石化、能源、造纸、粮油加工为主。特产青蟹、对虾、大蚝、石斑鱼、海鸭蛋、黄瓜皮、坭兴陶等。服务业以国际贸易为主。有钦州港经济技术开发区、中国—马来西亚钦州产业园区等国家级经济技术开发区2个。有钦州保税港区。南北、南防、钦港铁路，南北、南防高铁，兰海、六钦、钦防、钦崇高速，325国道，省道钦州—上思、钦州—灵山、钦州—防城、钦州—犀牛脚线过境。有国家一类口岸钦州港。有钦州汽车南站。通多路公交车。

金海湾大街［Jīnhǎiwān Dàjiē］ 在区境东南部。东起钦州港大道，西至兰海高速。与北部湾大道、文峰南路、人民路等相交。长13.9千米，宽80米。混凝土路面。1995年开工，1997年建成。2001年扩建。因钦州湾富饶得名，意为黄金海湾。以金海湾大桥为界分东、西大街。两侧有钦州汽车南站、和谐塔、白石湖公园、钦州园博园、居住小区等。通公交车。

人民路［Rénmín Lù］ 在区境南部。南起金海湾西大街，北至钦州湾大道。与一、二、三马路等相交。长2.5千米，宽30米。混凝土路面。1922年开工，1926年建成。1981年扩建。原名大南路、中正路，取意"人民当家作主"更今名。以一马路为界分南、北路。两侧有三鸟市场、沙园市场、钦州商业大厦、酒店、中学、东风市场、居住小区等。通公交车。

安州大道［Ānzhōu Dàdào］ 在区境南部。南起兰海高速，北至南珠东大街。与金海湾东大街、滨湖路、扬州街相交。长 5.1 千米，宽 80 米。混凝土路面。1998 年开工，2002 年建成。2007 年扩建。因钦州原名安州得名。两侧有和谐塔、和谐公园、白石湖公园、市妇幼保健院、居住小区等。通公交车。

金海湾大桥 [Jīnhǎiwān Dàqiáo] 在城区南部。长 718 米，宽 35.5 米，最大跨度 208 米，桥下净高 10 米。2003 年开工，2007 年建成。因金海湾得名。为大型河道桥梁，结构型式为双跨预应力混凝土 T 型连续刚构拱桥。最大载重 20 吨。通公交车。

钦州汽车客运总站 [Qīnzhōu Qìchē Kèyùn Zǒngzhàn] 见交通运输设施部分"钦州汽车客运总站"条。

水东街道 [Shuǐdōng Jiēdào] 钦南区人民政府驻地。在区境东部。面积 12 平方千米。人口 2 万。1996 年设。因水东居民点得名。传明嘉靖十九年(1540)建村，因处钦江东岸得名。先后扩建安州大道、蓬莱大道、扬帆大道、金海湾东大街、子材东大街等。有中学 3 所，小学 3 所，三级医院 1 个，二级医院 1 个。有民间艺术、民俗采茶戏、舞龙、舞狮、赛龙舟等。有景点白石湖公园、和谐塔等。服务业以商贸、金融、餐饮为主。特产钦州坭兴陶、火龙果。通公交车。

沙埠社区 [Shābù Shèqū] 属水东街道。在区境东部。为沙埠镇人民政府驻地。面积 16 平方千米。人口 5600。传因山洪冲积成沙滩得名。2010 年成立。民居以自建平顶楼房为主。有小学、卫生所。

向阳街道 [Xiàngyáng Jiēdào] 属钦南区。在区境北部。面积 4 平方千米。人口 2.8 万。1996 年设。因向阳街得名。先后扩建钦州湾大道、新兴街、新华路、滨江南路、向阳街等。有中学 1 所，小学 3 所，三级医院 1 个，二级医院 1 个，卫生所 1 个。有江滨公园。有民间艺术、民俗采茶戏、舞龙、舞狮、赛龙舟等。服务业以商贸、餐饮、住宿为主。通公交车。

文峰街道 [Wénfēng Jiēdào] 属钦南区。在区境西南部。面积 7 平方千米。人口 4.7 万。1996 年设。因文峰路得名。先后扩建金海湾西大街、南珠西大街、北部湾大道、人民路、文峰南路等。钦江流经。有中学 1 所，小学 3 所，三级医院 2 个，卫生院 1 个。有全国爱国主义教育示范基地、国家 4A 级旅游景区刘永福故居。有古城门、古井、古码头、广州会馆等。有文昌阁小董起义革命烈士墓。有民间艺术采茶戏、粤曲等。有景点尖山、中山公园、永福广场、江滨公园等。服务业以商贸、金融、餐饮、住宿为主。通公交车。

南珠街道 [Nánzhū Jiēdào] 属钦南区。在区境西部。面积 11 平方千米。人口 3.8 万。1996 年设。因南珠大街得名。先后扩建子材西大街、南珠西大街、北部湾大道、文峰南路、新兴街等。有高等院校 2 所，中学 2 所，小学 6 所，卫生院 1 个。有民间艺术采茶戏、粤曲等。服务业以商贸、金融、餐饮、住宿为主。南防铁路过境。有钦州汽车客运总站。通公交车。

沙埠镇 [Shābù Zhèn] 钦南区辖镇。在区境中部。面积 145 平方千米。人口 4.4 万。辖 2 居委会、13 村委会，有 169 自然村。镇人民政府驻水东街道沙埠社区。1966 年成立沙埠公社。1984 年改乡。1993 年置镇。1996 年部分地域划出。因镇政府驻地原名得名。钦江、大风江流经。有中学 1 所，小学 14 所，卫生院 1 个，卫生所 15 个。有幼儿园、文化站、广播站、休闲文化广场、敬老院等。有冯子材墓、刘永福墓。有民俗傩戏、采茶戏、打陀螺、舞龙、舞狮、赛龙舟等。农业主种水稻、甘蔗、辣椒。特产火龙果。工业有制药、饲料加工、针织等。服务业有旅游等。南北、钦北、钦港铁路，南北高铁，兰海、六钦高速，325 国道，省道钦州—灵山线，县道钦州—那思、钦州—深坪线过境。

康熙岭镇 [Kāngxīlǐng Zhèn] 钦南区辖镇。在区境西部。面积 89 平方千米。人口 4.5 万。辖 12 村委会，有 166 自然村。镇人民政府驻康熙岭圩。1959 年由钦州公社析设康熙岭公社。1961 年并入附城区。1966 年析置康熙岭公社。1984 年改乡。1989 年析设尖山乡。1993 年置镇。因镇政府驻地得名。茅岭江、大榄江流经。有中学 1 所，小学 14 所，卫生院 1 个，卫生所 12 个。有幼儿园、文化站、广播站、休闲文化广场、敬老院等。有民俗采茶戏、舞狮等。有景点康熙湖、康熙岭观光海堤、长墩岛。农业以种植水稻、薯类、蔬菜，养殖对虾、大蚝、青蟹、鲈鱼为主。特产海鸭蛋。工业有制药、木材加工、编织等。服务业有旅游等。钦防铁路、钦防高铁、兰海高速、省道钦州—防城线过境。

康熙岭圩 [Kāngxīlǐngxū] 康熙岭镇人民政府驻地。在区政府驻地水东街道西南 15 千米。人口 5700。传曾立康熙公牌位于山岭得名。聚落呈团块状。有中小学、幼儿园、卫生院、文化广场、敬老院等。有民俗采茶戏、舞狮等。农业产海鸭蛋、对虾、大蚝、青蟹、鲈鱼等。有商贸业。省道钦州—防城线经此。

高沙村 [Gāoshācūn] 在区政府驻地水东街道西 7 千米。康熙岭镇辖自然村。人口 2600。传原有较高沙墩得名。聚落呈团块状。大榄江流经。有小学、卫生所、健身广场、便民服务点等。农业主产水稻、薯类、蔬菜、对虾、大蚝、青蟹、鲈鱼等。特产海鸭蛋。服务业以旅游为主。有农贸市场。兰海高速经此。2011 年被评为全国文明村。

黄屋屯镇 [Huángwūtún Zhèn] 钦南区辖镇。在区境西北部。面积 226 平方千米。人口 5.9 万。以壮族为主，还有汉、瑶等民族。辖 1 居委会、16 村委会，有 233 自然村。镇人民政府驻黄屋屯圩。1930 年设黄屋屯镇。1941 年改乡。1958 年改公社。1984 年改乡。1989 年置镇。因镇政府驻地得名。茅岭江流经。有矿产资源锰、钛铁。有中学 1 所，小学 22 所，卫生院 1 个，卫生所 16 个。有幼儿园、文化站、广播站、休闲文化广场、敬老院等。有黄植生旧居、冯母黄太夫人墓、黄屋屯革命烈士纪念碑等。有民间艺术采茶戏、傩戏、舞狮、八音等。农业以植种水稻、甘蔗、玉米、薯类、花生、大豆为主。工业有矿产品、饲料、木材、建材加工等。服务业有旅游等。钦防铁路，钦防高铁，兰海、钦崇、钦防高速，省道钦州—上思线过境。有康熙港。

黄屋屯圩 [Huángwūtúnxū] 黄屋屯镇人民政府驻地。在区政府驻地水东街道西北 14 千米。人口 4400。传黄姓始建得名。聚落呈团块状。茅岭江流经。有中小学、幼儿园、卫生院、敬老院、文化广场等。有民间艺术采茶戏、傩戏、舞狮、八音等。服务业以餐饮、商贸为主。省道钦州—上思线经此。

大番坡镇 [Dàfānpō Zhèn] 钦南区辖镇。在区境南部。面积 134 平方千米。人口 2.6 万。以汉族为主，还有壮、瑶、苗等民族。辖 3 居委会、9 村委会，有 116 自然村。镇人民政府驻大番坡村。1957 年设大番坡乡。1958 年并入附城公社。1959 年析置大番坡公社。1961 年并入附城区。1963 年复大番坡公社。1984 年改乡。1993 年置镇。因镇政府驻地得名。有中学 1 所，小学 9 所，卫生院 1 个。有幼儿园、文化站、广播站、敬老院等。有景点仙岛公园。有民间艺术采茶戏、傩戏、舞狮等。农业以种植水稻、甘蔗、薯类为主。产对虾、大蚝、石斑鱼、青蟹等。特产海鸭蛋。工业以农产品、海产品加工，造船，制冰为主。有钦州港经济技术开发区。服务业以旅游为主。钦港铁路，兰海、六钦高速，省道钦州—犀牛脚线，县道钦州—深坪线过境。有钦州港。

大番坡村 [Dàfānpōcūn] 大番坡镇人民政府驻地。在区政府驻地水东街道南 10 千米。人口 2800。传有老者逝世，村民为其举行隆重葬礼，俗称"打大幡"，村名故名"大幡坡"，后以同音改今名。聚落呈团块状。有中小学、幼儿园、卫生院、敬老院、文化广场等。有民间艺术采茶戏、傩戏、舞狮等。农业主产水稻、甘蔗、薯类。有集贸市场。县道钦州—深坪线经此。

龙门港镇 [Lóngméngǎng Zhèn] 钦南区辖镇。在区境西南部。面积 37 平方千米。人口 1.3 万。以汉族为主，还有壮、瑶、京等民族。辖 1 居委会、4 村委会，有 16 自然村。镇人民政府驻东村。1957 年设龙门乡。后改公社。1984 年改乡。1993 年改龙门港镇。山脉蜿蜒似龙，屏山相对如门，故名"龙门"。因与浦北县龙门乡同名，遂更今名。有龙门岛。有中学 1 所，小学 1 所，卫生院 1 个，卫生所 2 个。有幼儿园、文化站、广播站、敬老院等。有景点七十二泾、"玉井流香"、亚公山、鹰岭炮台遗址。有民间艺术采茶戏、舞狮等。农业以海洋捕捞、海水养殖为主。主产对虾、大蚝、石斑鱼等。工业有海产品加工、造船、制冰等。服务业有旅游等。县道茅岭—龙门港线过境。有龙门港。

东村 [Dōngcūn] 龙门港镇人民政府驻地。在区政府驻地水东街道西南 25 千米。人口 3100。处龙门岛中部偏东得名。聚落呈团块状。有中小学、幼儿园、卫生院、敬老院、文化广场等。有民间艺术采茶戏、舞狮等。农业以渔业为主。产对虾、大蚝、石斑鱼、青蟹等。有集贸市场。县道茅岭—龙门港线经此。

犀牛脚镇 [Xīniújiǎo Zhèn] 钦南区辖镇。在区境南部。面积 254 平方千米。人口 6.8 万。以汉族为主，还有壮、瑶等民族。辖 2 居委会、20 村委会，有 141 自然村。镇人民政府驻犀牛脚圩。1955 年成立犀牛脚区。1957 年改犀牛脚乡。后改公社。1984 年改乡。1993 年置镇。因镇政府驻地得名。大风江、金鼓江、鹿耳环江流经。有中学 2 所，小学 20 所，卫生院 1 个，卫生所 21 个。有幼儿园、文化站、广播站、敬老院等。有古迹乌雷炮台遗址、芭蕉墩贝丘遗址。有民间艺术采茶戏、舞狮等。有国家 4A 级旅游景区三娘湾。有乌雷度假村、麻篮岛度假村、大环滨海度假区。有景点月亮湾。农业主产水稻、甘蔗、番薯、海鸭蛋等。盛产对虾、大蚝、石斑鱼、青蟹、海蜇等。工业以海产品加工、制糖、造船、晒盐、制冰、建材制造为主。服务业以旅游为主。有钦州保税港区。省道钦州—犀牛脚线、县道那丽—犀牛脚线过境。

犀牛脚圩 [Xīniújiǎoxū] 犀牛脚镇人民政府驻地。在区政府驻地水东街道东南 35 千米。人口 7700。因处形似犀牛的山岭脚下得名。聚落呈团块状。有中小学、幼儿园、卫生院、敬老院、文化广场等。有民间艺术采茶戏、舞狮等。农业以种植水稻为主，有浅海滩涂养殖。特产番薯、海鸭蛋、对虾、大蚝、海蜇。有集贸市场。省道钦州—犀牛脚线、县道那丽—犀牛脚线经此。

三娘湾村 [Sānniángwāncūn] 在区政府驻地水东街道东南 43 千米。犀牛脚镇辖自然村。有人口 1800。有三石耸立，传为仙女化身，且村前为海湾，故名。聚落呈团块状。有小学、健身广场、便民服务点等。有国家 4A 级旅游景区三娘湾。农业以浅海滩涂养殖为主。服务业以旅游为主。省道钦州—犀牛脚线经此。

久隆镇 [Jiǔlóng Zhèn] 钦南区辖镇。在区境北部。面积 223 平方千米。人口 4.7 万。以汉族为主，还有壮、瑶等民族。辖 1 居委会、

17村委会，有221自然村。镇人民政府驻久隆圩。1957年设久隆乡。1958年并入平吉公社。1966年析设久隆公社。1984年改乡。1993年置镇。因镇政府驻地得名。钦江流经。有中学1所，小学18所，卫生院1个，卫生所17个。有幼儿园、文化站、广播站、敬老院等。有省级文物保护单位隋唐古墓群、安州古城遗址。有民间艺术采茶戏、傩戏、舞狮等。农业以种植水稻、甘蔗、黄瓜为主。特产火龙果、竹笋。工业以农副产品、木材加工为主。服务业以旅游为主。六钦高速、省道钦州—灵山线、县道那彭—新圩线过境。

久隆圩 [Jiǔlóngxū] 久隆镇人民政府驻地。在区政府驻地水东街道东北15千米。人口2000。因九山如九龙会聚得名"九龙"。因方言"九龙"与狗笼同音，更名"十街"。后以"永久兴隆"意更今名。聚落呈团块状。有中小学、幼儿园、卫生院、敬老院、文化广场等。有民间艺术采茶戏、傩戏、舞狮等。农业主产水稻、甘蔗、木薯等。有集贸市场。省道钦州—灵山线经此。

东场镇 [Dōngchǎng Zhèn] 钦南区辖镇。在区境南部。面积178平方千米。人口2.1万。以汉族为主，还有壮、瑶等民族。辖7村委会，有94自然村。镇人民政府驻东场圩。1957年设东场乡。1958年并入那丽公社。1984年析置东场乡。1993年改镇。因镇政府驻地得名。大风江流经。有中学1所，小学14所，卫生院1个，卫生所7个。有幼儿园、文化站、广播站、敬老院等。农业以种植水稻、甘蔗、薯类为主。产对虾、大蚝、石斑鱼、青蟹等。工业以农副产品、木材、建材加工为主。兰海高速、325国道、县道那丽—犀牛脚线过境。

东场圩 [Dōngchǎngxū] 东场镇人民政府驻地。在区政府驻地水东街道东南18千米。人口3300。原名东村，因与合浦县西场镇西场圩相应而改今名。聚落呈团块状。大风江流经。有中小学、幼儿园、卫生院、敬老院、文化广场等。有民间艺术采茶戏、傩戏、舞狮等。农业主产水稻、甘蔗、辣椒、木薯、黄瓜等。特产对虾、大蚝、石斑鱼、青蟹等。有集贸市场。县道那丽—犀牛脚线经此。

那丽镇 [Nàlì Zhèn] 钦南区辖镇。在区境东南部。面积366平方千米。人口5.1万。以汉族为主，还有壮、瑶等民族。辖1居委会、10村委会，有191自然村。镇人民政府驻那丽圩。1957年设那丽乡。1958年与东场乡合设那丽公社，旋并入三那公社。1959年析置那丽公社。1984年改镇，析设东场乡。因镇政府驻地得名。大风江流经。有中学2所，小学15所，卫生院2个，卫生所13个。有幼儿园、文化站、广播站、敬老院等。有独料遗址。有民间艺术采茶戏、傩戏、舞狮等。有那雾岭旅游风景区。农业以种植水稻、木薯、黄瓜、甘蔗、辣椒、百香果为主。特产黄瓜皮、辣椒、三华李、大蚝、对虾。工业有农副产品、松香、皮革、木材加工、针织等。南北铁路，南北高铁，兰海高速，325国道，县道钦州—那思、那丽—犀牛脚线过境。

那丽圩 [Nàlìxū] 那丽镇人民政府驻地。在区政府驻地水东街道东南26千米。人口7000。圩址原处望圩坳，传明朝官员曾言"不如搬到那里(今圩址)"，因"那里"与粤语"那丽"谐音更今名。聚落呈团块状。有中小学、幼儿园、卫生院、敬老院、文化广场等。有民间艺术采茶戏、傩戏、舞狮等。农业主产水稻、甘蔗、辣椒、木薯、黄瓜等。特产黄瓜皮。有集贸市场。县道钦州—那思线经此。

土地田村 [Tǔdìtiáncūn] 在区政府驻地水东街道东南36千米。那丽镇辖自然村。人口3000。因田坡地多肥沃得名。聚落呈团块状。大风江流经。有小学、医疗站、健身广场、便民服务点等。有民间艺术采茶戏、傩戏、舞狮等。农业主产水稻、甘蔗、木薯。有海产养殖业。有农贸市场。南北铁路、南北高铁、兰海高速、325国道过境。2014年被评为全国文明村。

那彭镇 [Nàpéng Zhèn] 钦南区辖镇。在区境东北部。面积291平方千米。人口4.4万。以汉族为主，还有壮、瑶等民族。辖1居委会、13村委会，有211自然村。镇人民政府驻那彭圩。1930年设那彭乡。1941年分设那彭、凤凰、泰安3乡。1951年改第十区。1955年改那彭区。1957年改乡。后改公社。1984年改乡。1989年改镇。因镇政府驻地得名。大风江流经。有中学1所，小学17所，卫生院1个，卫生所16个。有幼儿园、文化站、广播站、敬老院等。有民间艺术采茶戏、傩戏、舞狮等。农业以种植水稻、甘蔗、辣椒、木薯、黄瓜为主。特产黄榄、竹笋、鸡骨草等。工业以制糖，建材、农副产品加工等为主。县道钦州—那思、那彭—新圩线过境。

那彭圩 [Nàpéngxū] 那彭镇人民政府驻地。在区政府驻地水东街道东北30千米。人口5400。因诗句"那建奇形堪细柳，彭川社稷是甘棠"得名。聚落呈团块状。有中小学、幼儿园、卫生院、文化广场等。有民间艺术采茶戏、傩戏、舞狮等。农业主产水稻、甘蔗、辣椒、木薯、黄瓜等。有集贸市场。县道钦州—那思、那彭—新圩线经此。

那思镇 [Nàsī Zhèn] 钦南区辖镇。在区境东部。面积244平方千米。人口2.9万。以汉族为主，还有壮、瑶等民族。辖10村委会，有196自然村。镇人民政府驻那思圩。1951年为第九区。1955年改那思区。1957年分设那思、茶蓝垌2乡。1958年成立那思公社。1961年并入那彭区。1963年复那思公社。1984年改乡。1993年置镇。因镇政府驻地得名。有中学1所，小学11所，卫生院1个，卫生所10个。有幼儿园、文化站、广播站、敬老院等。有那思革命烈士纪念碑。有民间艺术采茶戏、傩戏、舞狮等。农业以种植水稻、甘蔗、辣椒、木薯、黄瓜为主。特产红椎木、红椎菌、楠木、黄榄、竹笋、鸡骨草等。工业以木材、石材、农副产品加工，建筑业为主。县道钦州—那思、伯劳—乌家线过境。

那思圩 [Nàsīxū] 那思镇人民政府驻地。在区政府驻地水东街道东40千米。人口4300。为壮语音译名，意为多长小蕨草的田地。聚落呈团块状。有中小学、幼儿园、卫生院、文化广场等。有那思革命烈士纪念碑。有民间艺术采茶戏、傩戏、舞狮等。农业主产水稻、甘蔗、辣椒、木薯、黄瓜等。有集贸市场。县道钦州—那思、伯劳—乌家线经此。

灵山县

灵山县 [Língshān Xiàn] 钦州市辖县。北纬22°25′，东经109°17′。在市境北部。面积3550平方千米。人口163万。以汉族为主，还有壮、苗、瑶等民族。辖18镇。县人民政府驻灵城镇。隋开皇十八年(598)置南宾县，属钦州。唐贞元十年(794)因西灵山(今称六峰山)改今名。其后未变，先后属广东省廉州府、广东省钦廉绥靖处、钦廉道、广东省、南区绥靖专区、第八行政督察区、南路专区、钦廉专区、广西省钦州专区、广东省合浦专区、湛江专区、广西壮族自治区钦州专区、钦州地区。1994年属钦州市。有东山、尖峰山、石头岭等。钦江流经。年均气温21.7℃，1月平均气温18.1℃，7月平均气温33.2℃。年均降水量1658毫米。有矿产资源铁、铜、铝、石膏、花岗岩、石灰石、大理石等。有国家重点保护野生植物10种。有野生动物522种，其中国家重点保护野生动物有76种。森林覆盖率55.9%。有中职5所，中学44所，小学410所，幼儿园14所，二级医院3个，体育场馆4个。有"灵山人"遗址、钦州古城遗址。有景点六峰山、三海岩、仙女潭、灵东水库。有省级非物质文化遗产灵山县烟墩大鼓。三次产业比例32∶29∶39。农业以种植水稻、茶、甘蔗、荔枝、龙眼、杧果为主。工业以建材、烟花爆竹生产，纺织，印刷，农产品加工为主。服务业以旅游、娱乐、餐饮、物流为主。黎钦铁路，六钦高速，209国道，省道兴业—灵山、檀圩—大峒线过境。

丰江桥 [Fēngjiāng Qiáo] 在县城中部。长105米，宽15.5米，最大跨度90米，桥下净高8米。1988年开工，1991年建成。因丰江市场得名。为小型河道桥梁，结构为钢筋混凝土平板桥。最大载重50吨。通公交车。

环秀桥 [Huánxiù Qiáo] 在县城中部。长97米，宽12米，最大跨度8.8米，桥下净高6.1米。清雍正十三年(1735)始建。乾隆二十二年(1757)改建，后三崩三建。1976年扩建。因纪念乐善好施渔家女环秀得名。为小型河道桥梁，结构型式为石拱桥。最大载重15吨。通公交车。

丰收桥 [Fēngshōu Qiáo] 在县城中部。长57米，宽8米，最大跨度30米，桥下净高9米。原为石桥，1971年洪水冲塌，1975年重建。因祈望五谷丰收得名谷行桥，后更今名。为小型河道桥梁，结构型式为弯曲拱桥。最大载重15吨。通公交车。

灵山汽车站 [Língshān Qìchēzhàn] 见交通运输设施部分"灵山汽车站"条。

灵城镇 [Língchéng Zhèn] 灵山县人民政府驻地。在县境东北部。面积178平方千米。人口17.4万。辖5居委会、22村委会，有192自然村。镇人民政府驻六峰社区。1958年成立六峰山公社。1961年改灵城公社。1980年改镇。2005年三海镇并入。因处县城得名。玉麓江、大潮江、落马江、钦江流经。有中职4所，中学8所，小学29所，二级医院3个，卫生院5个，卫生所27个，图书馆1个，博物馆1个，文化馆1个，体育馆1个，足球场1个。有省级文物保护单位"灵山人"遗址、三海岩摩岩石刻、蔡廷锴石刻题词、龙武山遗址。有景点六峰山、中山公园、六峰公园、双鹤公园、江滨公园等。有民间艺术唱茶戏、采茶戏、傩戏、舞春牛、舞龙、舞狮等。农业以种植贡柑、果树苗木、蔬菜为主。工业以建材制造、化工、食品加工、制药为主。特产荔枝、龙眼、灵山大粽子等。服务业以商贸为主。209国道，省道檀圩—大垌、兴业—灵山线过境。通公交车。

江南路 [Jiāngnán Lù] 在县城中部。东起南进路，西至大江桥。与新兴路、丰收路、中山路、燕山路等相交。长10千米，宽40米。混凝土路面。1989年开工，1991年建成。因处钦江南岸得名。两侧有政府单位、银行、金山大厦、华源大厦、中职学校、十里工业区等。通公交车。

六峰路 [Liùfēng Lù] 在县城中部。东起燕山路，西至江北路。与钟秀路、广场路、环秀路相交。长1.5千米，宽24米。混凝土路面。1950年开工，1952年建成。因六峰山得名。两侧有邮政营业厅、银行、步行街、图书馆、中学等。通多路公交车。

丰收路 [Fēngshōu Lù] 在县城中部。南起丰收桥，北至新光路。与江南路、司马路相交。长2千米，宽20米。混凝土路面。1978年开工,1984年建成。因丰收桥得名。两侧有银行、机电厂、农机厂、百货公司仓库、水厂、建材城等。通公交车。

燕山路 [Yànshān Lù] 在县城中部。南起友谊路,北至罗阳街。与向阳路、东门街、六峰路等相交。长1.5千米,宽36米。水泥沥青路面。1954年开工,1963年建成。因燕子岭得名。两侧有灵山汽车站、人民会场、财富广场、工商大厦、居住小区等。通公交车。

六峰社区 [Liùfēng Shèqū] 灵城镇人民政府驻地。在县境东北部。面积1平方千米。人口5600。因境内六峰山得名。2002年成立。民居以现代多层楼房为主。有小学、卫生院。经济以手工业、商贸为主。有地方特产灵山大粽子、粉利、"金银引"。209国道,绕城北环,县道灵城一丰塘、灵山一平南线经此。

三海村 [Sānhǎicūn] 在镇境西南部。灵城镇辖自然村。人口6400。因三海岩得名。溶洞中有月、龟、钱3岩,称"三海风云",故名。聚落呈团块状。钦江流经。农业主产果树苗木、茉莉花。服务业以商贸为主。209国道经此。2011年被评为全国文明村。

新圩镇 [Xīnxū Zhèn] 灵山县辖镇。在县境南部。面积172平方千米。人口11.4万。辖1居委会、31村委会,有274自然村。镇人民政府驻新圩。1952年设新圩乡。1955年改区。1957年析设新圩、容家2乡。1958年改新圩公社。1984年复乡。1994年置镇。因镇政府驻地得名。有中学4所,小学31所,卫生院1个,卫生所32个。农业种植水稻、木薯、茶、甘蔗、龙眼、竹笋、冬菜等。养殖灵山香鸡、中华鳖。特产灵山香荔。工业以制茶、制丝、化肥加工、制砖、木器加工为主。邕浦、灵山一浦北公路过境。

新圩 [Xīnxū] 新圩镇人民政府驻地。在县政府驻地灵城镇南5千米。人口3000。因多摆卖竹笋得名笋圩,以方言谐称今名。聚落呈带状。有中小学、卫生所。有古迹文笔塔。有庙会、傩戏、春茶戏。特产灵山香荔、酸笋。工业以茶叶、蔬菜加工为主。服务业以商贸为主。三日一圩。邕浦、灵山一浦北公路经此。

萍塘村 [Píngtángcūn] 在县政府驻地灵城镇西南6千米。新圩镇辖自然村。人口2000。因水塘常漂浮萍草得名。聚落呈团块状。为中国传统村落。有四进式清代庭院德恭堂、推举堂、敬诚堂等5座。农业以种植水稻、荔枝、龙眼、三华李为主。

丰塘镇 [Fēngtáng Zhèn] 灵山县辖镇。在县境东北部。面积128平方千米。人口5万。辖1居委会、18村委会,有96自然村。镇人民政府驻丰塘圩。1949年设丰塘乡。1955年改区。1957年复乡。1958年改公社。1984年复乡。1994年改镇。因镇政府驻地得名。有中学1所,小学18所,卫生院1个,卫生所19个。有傩戏、庙会、采茶戏、舞狮、舞龙等。农业主种水稻、木薯、茶叶。盛产荔枝、龙眼等。工业以茶叶加工为主。特产红粹茶叶、丰塘三黄鸡。209国道过境。

丰塘圩 [Fēngtángxu] 丰塘镇人民政府驻地。在县政府驻地灵城镇东北19千米。人口3100。因物产丰富、多池塘得名。聚落沿丰塘江呈弓状分布。有中小学、卫生院。有炮期、傩戏、庙会、采茶戏、舞狮、舞龙等。农业主产水稻。服务业以商品零售、餐饮为主。209国道经此。

平山镇 [Píngshān Zhèn] 灵山县辖镇。在县境东北部。面积144平方千米。人口5.3万。辖1居委会、17村委会,有122自然村。镇人民政府驻平山圩。1949年设平山乡。1958年改东风公社。1963年改平山公社。1984年改乡。1994年置镇。因镇政府驻地得名。有中学2所,小学2所,卫生院1个,卫生所18个。有景点"罗阳观日"、灵东水库。农业主产稻谷、木薯、茶叶、荔枝、龙眼、三华李、酸梅、八角等。省道兴业一灵山线、钦玉公路过境。

平山圩 [Píngshānxū] 平山镇人民政府驻地。在县政府驻地灵城镇东北24千米。人口4000。原处高山腹地得名平山肚。因经商不便迁于平坦处后改今名。聚落呈团块状。有中小学、卫生院等。有景点灵东水库、"罗阳观日"。农业以种植水稻为主。服务业以商品零售、餐饮为主。钦玉公路经此。

石塘镇 [Shítáng Zhèn] 灵山县辖镇。在县境东北部。面积113平方千米。人口5.7万。辖1居委会、17村委会,有106自然村。镇人民政府驻石塘圩。1949年设石塘乡。后并入平山公社。1963年析设石塘公社。1984年改乡。1994年置镇。因镇政府驻地得名。有中学2所,小学15所,卫生院1个,卫生所18个。农业以种植水稻、木薯为主。产荔枝、龙眼、杨梅、八角等。特产甘蔗、萝卜、茶叶。省道兴业一灵山线、钦玉公路过境。

石塘圩 [Shítángxū] 石塘镇人民政府驻地。在县政府驻地灵城镇东北33千米。人口3000。因有石山、池塘得名。聚落呈团块状。有中小学、卫生院。农业以种植水稻为主。工业以农产品加工为主。服务业以商品零售、餐饮为主。省道兴业一灵山线、钦玉公路经此。

苏村 [Sūcūn] 在县政府驻地灵城镇东北31千米。石塘镇辖自然村。人口4000。传苏姓始建,故名。聚落呈团块状。有中学。为省级传统村落。有明清建筑群落15座。农业以种植水稻为主。盛产甘蔗、砂糖橘。省道兴业一灵山线经此。

佛子镇 [Fózǐ Zhèn] 灵山县辖镇。在县境东部。面积162平方千米。人口7.1万。辖1居委会、17村委会,有179自然村。镇人民政府驻佛子圩。1952年设佛子乡。1955年改区。1957年分设佛子、龙渊2乡。1958年改佛子公社。1984年复乡。1994年置镇。因镇政府驻地得名。有中学2所,小学17所,卫生院1个,卫生所18个。有大芦民族风情旅游区。有庙会、傩戏、采茶戏等。农业以种植水稻、木薯为主。产甘蔗、荔枝、龙眼、大蒜、蔬菜等。特产贡柑、茶叶、滑鼠蛇。省道兴业一灵山线、钦玉公路过境。

佛子圩 [Fózǐxū] 佛子镇人民政府驻地。在县政府驻地灵城镇东11千米。人口2000。传旧时因迷信常丢石子儿,久而成堆,遂建庙祭祀,故名。聚落呈团块状。有中小学、卫生院。农业以种植水稻为主。工业以食品加工为主。服务业以商品零售、餐饮为主。省道兴业一灵山线、钦玉公路经此。

大芦村 [Dàlúcūn] 在县政府驻地灵城镇东7千米。佛子镇辖自然村。人口5300。因原有大片芦竹得名。聚落呈团块状。为中国历史文化名村。有古宅建筑群9座,大型宅院15座。农业以种植水稻、木薯为主。特产三月红荔枝。

平南镇 [Píngnán Zhèn] 灵山县辖镇。在县境西北部。面积111平方千米。人口6.8万。辖1居委会、19村委会,有206自然村。镇人民政府驻平南圩。1949年设平南乡。1955年改区。1957年改乡。1958年改公社。1961年改区。1984年复乡。1994年置镇。因镇政府驻地得名。有中学1所,小学19所,卫生院1个,卫生所20个。农业以种植水稻、木薯、番薯为主。产荔枝、龙眼、柑橙、柿子等。特产板栗、茶叶。209国道、邕浦公路过境。

平南圩 [Píngnánxū] 平南镇人民政府驻地。在县政府驻地灵城镇西北16千米。人口2600。因圩市迁至原址南边平地得名。聚落呈团块状。有中小学、卫生院。农业以种植水稻为主。特产板栗、茶叶。服务业以商品零售、餐饮为主。县道灵山一沙坪线经此。

烟墩镇 [Yāndūn Zhèn] 灵山县辖镇。在县境西部。面积146平方千米。人口8.7万。辖1居委会、20村委会,有360自然村。镇人民政府驻烟墩圩。1957年设烟墩乡。1958年并入平南、沙坪2公社。1963年析设烟墩公社。1984年复乡。1994年置镇。因镇政府驻地得名。有中学3所,小学21所,卫生院1个,卫生所21个。有省级非物质文化遗产烟墩大鼓。农业以种植水稻、木薯为主。产荔枝、龙眼、香蕉、竹木等。特产茶叶。邕浦公路过境。

烟墩圩 [Yāndūnxū] 烟墩镇人民政府驻地。在县政府驻地灵城镇西北37千米。人口3000。传清代设烽火台传递信号,故名。聚落呈团块状。有中小学、卫生院。农业以种植水稻为主。特产茶叶、香荔。工业以竹编为主。服务业以商品零售、餐饮为主。邕浦公路经此。

檀圩镇 [Tánxū Zhèn] 灵山县辖镇。在县境中部。面积147平方千米。人口11.6万。辖1居委会、23村委会,有346自然村。镇人民政府驻檀圩。1949年设檀圩乡。1955年改区。1957年复乡。1958年改红旗公社。1963年改檀圩公社。1984年置镇。因镇政府驻地得名。有中学3所,小学24所,卫生院1个,卫生所24个。农业主种水稻、茶、香蕉、甘蔗、荔枝、龙眼、大蒜、凉薯、莲藕等。特产龟苓膏。工业以电子、化工、烟花爆竹制造、食品加工为主。209国道、省道兴业一灵山线过境。

檀圩 [Tánxū] 檀圩镇人民政府驻地。在县政府驻地灵城镇西南13千米。人口5300。传旧时檀姓定居开铺得名。聚落呈团块状。有中小学、卫生院。农业以种植水稻为主。工业以电子、食品加工为主。服务业以商品零售、餐饮为主。三日一圩。209国道、省道兴业一灵山线、灵山一陆屋公路经此。

那隆镇 [Nàlóng Zhèn] 灵山县辖镇。在县境中部。面积249平方千米。人口12.6万。辖1居委会、30村委会,有468自然村。镇人民政府驻那隆圩。1949年设那隆乡。1955年改区。1957年分设那隆、大平2乡。1958年改那隆公社。1984年复乡。1994年置镇。因镇政府驻地得名。有中学2所,小学2所,卫生院1个,卫生所31个。农业以种植水稻、木薯为主。产茶叶、甘蔗、龙眼等。特产无子西瓜、无核荔枝。省道檀圩一大垌线过境。

那隆圩 [Nàlóngxū] 那隆镇人民政府驻地。在县政府驻地灵城镇西南25千米。人口3500。旧时人称"那里集市兴隆",故名。聚落呈块状。有中小学、卫生院。农业以种植水稻为主。服务业以商品零售、餐饮为主。三日一圩。省道檀圩一大垌线经此。

三隆镇 [Sānlóng Zhèn] 灵山县辖镇。在县境中部。面积137平方千米。人口7.6万。辖1居委会、17村委会,有357个自然村。镇人民政府驻三隆圩。1949年设三隆乡。1955年改区。1957年复乡。1958年改公社。1984年复乡。1994年置镇。因镇政府驻地得名。有中学1所,小学17所,卫生院1个,卫生所18个。农业以种植水稻、玉米、番薯为主,产花生、香蕉、甘蔗、荔枝、龙眼等。特产紫色甘薯、番石榴。工业以农产品加工、铝业为主。省道檀圩一大垌线、县道江北线过境。

三隆圩 [Sānlóngxū] 三隆镇人民政府驻地。在县政府驻地灵城镇西南36千米。人口3600。明末清初建3屋,供商人歇宿,成集而生意兴隆,故名。聚落呈团块状。有中小学、卫生院。农业以种植水稻为主。特产紫色甘薯、番石榴。服务业以商品零售、餐饮为主。三日一圩。省道檀圩—大垌线经此。

陆屋镇［Lùwū Zhèn］ 灵山县辖镇。在县境西南部。面积315平方千米。人口11.2万。辖1居委会、29村委会，有445自然村。镇人民政府驻陆屋圩。1949年设陆屋乡。1955年改区。1957年分设陆屋、广隆2乡。1958年改陆屋公社。1984年置镇。因镇政府驻地得名。有中学2所，小学3所，卫生院1个，卫生所30个。农业以种植水稻、木薯、番薯为主。产花生、香蕉、甘蔗、龙眼等。特产茶叶、蚕茧、桂味荔枝。有特色桂味荔枝生态园。黎钦铁路，六景—钦州港高速，省道檀圩—大垌线，钦陆、钦浦公路过境。

陆屋圩［Lùwūxū］ 陆屋镇人民政府驻地。在县政府驻地灵城镇西南47千米。人口10800。因陆姓建村成集得名。聚落呈团块状。钦江流经。有中小学、卫生院。农业以种植水稻为主。工业以制糖、皮革加工为主。服务业以商品零售、餐饮为主。三日一圩。钦陆、江北公路经此。

旧州镇［Jiùzhōu Zhèn］ 灵山县辖镇。在县境西部。面积218平方千米。人口11.6万。辖1居委会、29村委会，有505自然村。镇人民政府驻旧州圩。1951年设旧州镇。1955年改区。1957年分设旧州、上井2乡。1958年合为上游公社。1963年改旧州公社。1984年复乡。1994年置镇。因镇政府驻地得名。有中学3所，小学29所，卫生院1个，卫生所30个。有钦州故城遗址。农业以种植水稻、木薯为主。产甘蔗、荔枝、龙眼、香蕉等。特产双凤茶叶、沙梨、青松瓜皮。工业以松香加工、制砖为主。黎钦铁路、六景—钦州港高速、陆屋—沙坪公路过境。

旧州圩［Jiùzhōuxū］ 旧州镇人民政府驻地。在县政府驻地灵城镇西61千米。人口3300。曾为唐代钦州治，故名。聚落呈团块状。有中小学、卫生院。有钦州故城遗址。农业以种植水稻为主。特产双凤茶叶、沙梨、青松瓜皮。服务业以商品零售、餐饮为主。陆屋—沙坪公路经此。

太平镇［Tàipíng Zhèn］ 灵山县辖镇。在县境西部。面积278平方千米。人口13.2万。辖1居委会、29村委会，有376自然村。镇人民政府驻太平圩。1949年设太平乡。1955年改区。1957年分设太平、宋太、西华3乡。1958年改太平公社。1984年置镇。因镇政府驻地得名。有中学4所，小学38所，卫生院1个，卫生所30个。有连科坪古建筑群、四峡坳抗日烈士墓。有景点仙女潭瀑布。农业以种植水稻、木薯为主。产柑橙、荔枝、龙眼、桑蚕等。特产九冬杨梅、浸棠梨。太平—邕宁、太平—灵山公路过境。

太平圩［Tàipíngxū］ 太平镇人民政府驻地。在县政府驻地灵城镇西87千米。人口4400。原名木梢圩，旧时常有盗贼出没，为求太平无事更今名。聚落呈团块状。有中小学、卫生院。农业以种植水稻为主。特产杨梅、酸梅、浸棠梨。服务业以商品零售、餐饮为主。三日一圩。太平—邕宁、太平—灵山公路经此。

沙坪镇［Shāpíng Zhèn］ 灵山县辖镇。在县境西北部。面积118平方千米。人口6.1万。辖1居委会、14村委会，有297自然村。镇人民政府驻沙坪圩。1949年设沙坪乡。1955年改区。1957年复乡。1958年改公社。1984年复乡。1994年置镇。因镇政府驻地得名。有中学1所，小学14所，卫生院1个，卫生所15个。农业以种植水稻、木薯、茶、甘蔗、荔枝、龙眼为主。特产芝麻烧饼、月饼。黎钦铁路、六景—钦州港高速、邕浦公路过境。有沙坪港。

沙坪圩［Shāpíngxū］ 沙坪镇人民政府驻地。在县政府驻地灵城镇西北57千米。人口4500。原建村地点为沙滩地，故名。聚落呈扇形。有中小学、卫生院。农业以种植水稻为主。特产芝麻烧饼、月饼。服务业以商品零售、餐饮为主。三日一圩。黎钦铁路、六景—钦州港高速、邕浦公路经此。有沙坪港。

武利镇［Wǔlì Zhèn］ 灵山县辖镇。在县境南部。面积188平方千米。人口8.3万。辖1居委会、19村委会，有370自然村。镇人民政府驻武利圩。1952年设武利镇。1955年改区。1957年改乡。1958年改公社。1984年置镇。因镇政府驻地得名。有中学2所，小学19所，卫生院1个，卫生所20个。农业以种植水稻、木薯为主。产香蕉、甘蔗、荔枝、龙眼、杧果等。特产牛巴、腊味、黄瓜皮。209国道、钦浦公路过境。

武利圩［Wǔlìxū］ 武利镇人民政府驻地。在县政府驻地灵城镇南36千米。人口7300。为纪念文武双全的将军莫武建文武庙，常有人祭拜，祈求大吉大利，故名。聚落呈团块状。有中小学、卫生院。工业以制糖，茶叶、蔬菜、牛巴加工为主。特产牛巴、腊味、黄瓜皮。有农贸市场。三日一圩。209国道、钦浦公路经此。

文利镇［Wénlì Zhèn］ 灵山县辖镇。在县境南部。面积365平方千米。人口3.9万。辖1居委会、15村委会，有299自然村。镇人民政府驻文利圩。1949年为文利乡。1955年改区。1957年分设文利、升平2乡。1958年改文利公社。1961年改区。1984年改乡。1994年置镇。因镇政府驻地得名。有中学1所，小学15所，卫生院1个，卫生所16个。有星岛湖旅游区。农业以种植水稻、木薯为主。产香蕉、甘蔗、荔枝、龙眼、扁柑等。特产水牛奶。209国道过境。

文利圩［Wénlìxū］ 文利镇人民政府驻地。在县政府驻地灵城镇南58千米。人口1800。因原有文武庙得名。聚落呈散状。有中小学、卫生院。农业以种植水稻为主。特产水牛奶、牛大力。服务业以商品零售、餐饮为主。三日一圩。209国道经此。

伯劳镇［Bóláo Zhèn］ 灵山县辖镇。在县境南部。面积383平方千米。人口9.8万。辖1居委会、21村委会，有489自然村。镇人民政府驻伯劳圩。1949年设伯劳乡。1955年改区。1957年分设伯劳、平心2乡。1958年改伯劳公社。1984年复乡。1994年置镇。因镇政府驻地得名。有中学1所，小学23所，卫生院1个，卫生所22个。农业以种植水稻、木薯为主。产香蕉、甘蔗、荔枝、龙眼、柑橙。特产玉兰花、百香果、牛大力。钦浦公路过境。

伯劳圩［Bóláoxū］ 伯劳镇人民政府驻地。在县政府驻地灵城镇南54千米。人口3900。因清康熙年间常有百箩露天堆置，得名百箩，以谐音改今名。聚落呈团块状。有中小学、卫生院。农业以种植水稻、木薯为主。产香蕉、甘蔗、荔枝、龙眼、柑橙。特产玉兰花、百香果、牛大力。工业以陶瓷加工为主。有农贸市场。三日一圩。钦浦公路经此。

浦 北 县

浦北县［Pǔběi Xiàn］ 钦州市辖县。北纬22°16′，东经109°31′。在市境东部。面积2521平方千米。人口91万。以汉族为主，还有壮、瑶、苗等民族。辖16镇。县人民政府驻小江镇。1952年由合浦县析置浦北县。因处合浦县北得名。后属钦州专区、合浦专区。1959并入合浦县。1965年复浦北县。后属钦州地区。1994年属钦州市。先后改造解放北路、解放南路、东风路、六一路、文化路、立新街、环城路等。地势中部高南北低。平均海拔151米。有罗阳山、西竹岭、独竹坪。年均气温21.5℃，1月平均气温14℃，7月平均气温28.7℃。年均降水量1763毫米。南流江、小江、张黄江、武利江等流经。有矿产资源铅、锌、银、石灰石、花岗岩等。有野生植物103种，其中国家重点保护野生植物有桫椤、观光木、木沉香、海红豆、半枫荷、金毛狗蕨、见血封喉、蝴蝶果、锯叶竹节树、风吹楠等15种。有野生动物113种，其中国家重点保护野生动物有花面狸、松鼠、鹧鸪、斑鸠、鹩哥、画眉、斑星鱼、斑鱼、金环蛇、草花蛇、黑肉蛇、山龟等22种。森林覆盖率64.7%。有中职1所，中学27所，小学309所，二级医院3个。有博物馆、体育馆。有越州古城遗址、旧州唐城遗址、古立新石器时期山岗遗址、大朗书院等。有景点人民公园、文昌公园、公猪脊森林公园。有民间艺术舞火龙等。三次产业比例25∶47∶28。农业以种植水稻、玉米为主。特产香蕉、荔枝、龙眼、柑橘、黄榄、八角、红菇等。工业以制陶、制瓷、制药、制糖、酿酒、建材制造、工艺编织、缫丝、烟花爆竹加工为主。服务业以零售、仓储为主。贵合高速，209国道，省道寨圩—张黄公、兴业—灵山线过境。

东风桥［Dōngfēng Qiáo］ 在县城中部。长66.8米，宽15.5米，最大跨度16米，桥下净高6米。20世纪60年代建设。2004—2005年重建。因东风街得名。为中型河道桥梁，结构型式为上承式钢筋混凝土梁桥。最大载重15吨。通公交车。

浦北县汽车站［Pǔběi Xiàn Qìchēzhàn］ 见交通运输设施部分"浦北县汽车站"条。

小江镇［Xiǎojiāng Zhèn］ 浦北县人民政府驻地。在县境中部。面积281平方千米，人口12.4万。辖9居委会、25村委会，有891自然村。镇人民政府驻环城社区。1930年设小江乡。1937年改镇。1950年为第九区。1952年改第一区。1957年分设小江镇，小江、茅坡2乡。1958年并入红旗公社。1959年析设小江公社。1961年改区。1965年改镇，析设小江公社。2005年江城镇并入。2006年龙门镇部分地划入。该地原有一江环绕，江面细小且窄，镇以江名。有中学3所，小学17所，二级医院3个，卫生院1个。有景点浦北客家文化村、平马大朗书院、龙吟六图、越州天湖、长田余屋镬儿楼、文昌公园、人民公园、公猪脊森林公园等。有民间艺术麒麟舞、唱鹩、采茶戏、舞春牛、粤剧等。经济以工业为主。农业主种水稻、马铃薯等。产荔枝、龙眼、香蕉等水果。有编织、药品、电子、陶瓷、建材等行业。209国道，省道寨圩—张黄、石南—灵山线过境。

环城社区［Huánchéng Shèqū］ 小江镇人民政府驻地。在县境中部。面积约5平方千米。人口1.4万。因所在地有环城路环绕浦北县城，故名。2002年成立。民居以现代多层楼房为主。有中小学、县妇幼保健院。有浦北神蜉酒制作技艺、钦州贝雕画、泉水圆蹄制作技艺、泉水白糍粑制作技艺、平睦石磨粉制作技艺等。有许福节。经济以工业、服务业为主。工业以制瓷、编织、酿酒、制鞋为主。特产浦北红椎菌、浦北黄皮、浦北黑猪、浦北香蕉、官垌草鱼、旺充官垌鱼等。省道寨圩—张黄线经此。

平马村［Píngmǎcūn］ 在镇境东北部。小江镇辖自然村。人口6000。地势平坦，村人常牧马，故名。为中国传统村落。有省级文物保护单位大朗书院、宋氏伯玉公祠。农业主种水稻、荔枝、龙眼。通乡村公路。

泉水镇［Quánshuǐ Zhèn］ 浦北县辖镇。在县境南部。面积100平方千米。人口2.8万。辖1居委会、7村委会，有138自然村。镇人民政府驻泉水圩。1957年设泉水乡。1958年与大成、张黄等乡合设东方红公社。1959年析设泉水公社。1981年析设安石公社。1984年改乡。1987年析设石埇乡。1993年改镇。因镇政府驻地得名。南流江流经。有中学1所，小学10所，卫生院1个，卫生所7个。农业以种植水稻、花生为主，种桑养蚕。产淮山、剑麻、甘蔗等。工业以烟花、丝绸、陶瓷、皮件、木器加工为主。209国道过境。

泉水圩［Quánshuǐxū］ 泉水镇人民政府驻地。在县政府驻地小江镇南41.6千米。人口2700。因有泉水不涸得名。聚落呈带状。有中小学、幼儿园、卫生院等。农业主产水稻、花生、甘蔗、淮山。工业以烟花、丝绸、陶瓷、皮件、木器加工为主。有集贸市场。209国道经此。

石埇镇［Shíyǒng Zhèn］ 浦北县辖镇。在县境南部。面积48平方千米。人口2万。辖1居委会、7村委会，有92自然村。镇人民政府驻石埇圩。1961年由泉水公社析设石埇公社。1963年并入泉水公社。1987年析设石埇乡。1993年置镇。因镇政府驻地得名。南流江流经。有中学1所，小学7所，卫生院1个，卫生所7个。有全国重点文物保护单位越州古城遗址。有国民党军将领香翰屏故居。有景点越州天湖。有民间艺术傩戏、舞青龙、老杨公等。农业以种植水稻、花生、甘蔗为主，养殖中华毛鳖。产香蕉、荔枝、龙眼、菠萝、蚕桑等。工业以烟花爆竹生产、木材加工、造纸为主。县道张黄—石埇、旧州—文昌线过境。

石埇圩［Shíyǒngxū］ 石埇镇人民政府驻地。在县政府驻地小江镇南36千米。人口1700。传仙人冲石筑城，鸡鸣拂晓后弃石返天，石堆于滩间，故名。“埇”当地读作chōng。聚落呈带状。有中小学、幼儿园、卫生院。农业主产甘蔗、水稻、香蕉、玉米。有集贸市场。县道张黄—石埇线经此。

安石镇［Ānshí Zhèn］ 浦北县辖镇。在县境南部。面积107平方千米。人口3.6万。辖11村委会，有301自然村。镇人民政府驻安石圩。1957年设安石乡。1959年并入泉水公社。1981年析设安石公社。1984年复乡。1994年置镇。因镇政府驻地得名。有中学1所，小学15所，卫生院1个，卫生所11个。农业主种水稻、马铃薯、番薯、香蕉、花生。产柑橙、杨梅、荔枝、龙眼。工业以烟花生产、编织、复粉加工为主。县道张黄—石埇、长田—安石线过境。

安石圩［Ānshíxū］ 安石镇人民政府驻地。在县政府驻地小江镇南33千米。人口5500。传仙人立大石于小石上，寓意安详大吉，故名。聚落呈团块状。有中小学、幼儿园、卫生院等。农业主种水稻、马铃薯、番薯、香蕉、花生。产柑橙、杨梅、荔枝、龙眼。工业以烟花生产、编织、复粉加工为主。有集贸市场。县道张黄—石埇线经此。

张黄镇［Zhānghuáng Zhèn］ 浦北县辖镇。在县境南部。面积213平方千米。人口8.5万。辖1居委会、23村委会，有710自然村。镇人民政府驻张黄圩。1957年设张黄镇、张黄乡。1958年与泉水、大成等乡合设东方红公社。1959年析设张黄公社。1963年江平公社并入。1984年置镇。因镇政府驻地得名。有中学2所，小学28所，卫生院1个，卫生所23个。农业以种植水稻、千葛、淮山、柑橙为主。工业以烟花爆竹加工、制糖、造纸、工艺编织、凉果加工为主。贵合高速、209国道、省道寨圩—张黄线、县道张黄—石埇线过境。

张黄圩［Zhānghuángxū］ 张黄镇人民政府驻地。在县政府驻地小江镇西南31千米。人口8000。因黄姓始居、张姓后至得名。聚落呈团块状。有中小学、幼儿园、卫生院等。农业主种水稻、香蕉、千葛、淮山。工业以制糖、工艺编织为主。有集贸市场。贵合高速、209国道、省道寨圩—张黄线、县道张黄—石埇线经此。

大成镇［Dàchéng Zhèn］ 浦北县辖镇。在县境西南部。面积162平方千米。人口3.4万。辖1居委会、15村委会，有452自然村。镇人民政府驻大成圩。1957年由白石水乡析设大成乡。1958年与白石水、张黄、泉水等乡合设东方红公社。1959年并入白石水公社。1961年析设大成公社。1984年改乡。1993年置镇。因镇政府驻地得名。有中学1所，小学15所，卫生院1个，卫生所15个。农业主种水稻。盛产香蕉、甘蔗、荔枝、龙眼等。工业有烟花爆竹、木材、食品加工，铁锅铸造等。209国道，县道到耽—黄恙坪、大成—罗城线过境。

大成圩［Dàchéngxū］ 大成镇人民政府驻地。在县政府驻地小江镇西南36千米。人口1400。因对联“大来大去成大圩，成来成去成大市”得名。聚落呈团块状。有中小学、幼儿园、卫生院等。农业主种水稻、香蕉。有集贸市场。县道大成—罗城线经此。

白石水镇［Báishíshuǐ Zhèn］ 浦北县辖镇。在县境西南部。面积86平方千米。人口4.1万。辖1居委会、12村委会，有227自然村。镇人民政府驻白石水圩。1952年设白石水乡。1958年与张黄、大成、泉水等乡合设东方红公社。1959年析设白石水公社。1961年析设大成公社。1984年复乡。1993年置镇。因镇政府驻地得名。武利江流经。有中学1所，小学13所，卫生院1个，卫生所12个。有古迹百年官桥、伏波将军纪念堂等。农业主种水稻。产香蕉、甘蔗、荔枝、龙眼、番石榴。工业以食品、烟花爆竹、菱镁瓦加工为主。209国道、县道白石水—福旺线、钦浦公路过境。

白石水圩［Báishíshuǐxū］ 白石水镇人民政府驻地。在县政府驻地小江镇西南34千米。人口2900。清顺治二年(1645)于今新圩村设圩，因知县言“那里白石塞水口可以成圩”而迁此，故名。聚落呈带状。有中小学、幼儿园、卫生院等。农业主种水稻。盛产荔枝、龙眼、甘蔗等。工业以食品加工、菱镁瓦制造为主。有集贸市场。209国道经此。

北通镇［Běitōng Zhèn］ 浦北县辖镇。在县境西南部。面积110平方千米。人口6.7万。辖1居委会、14村委会，有432自然村。镇人民政府驻北通圩。1957年设北通乡。1958年与龙门、三合2乡合设北龙公社。1959年析设北通公社。1965年三合、博学2公社并入。1984年复乡，析设三合乡。1994年置镇。因镇政府驻地得名。武利江流经。有中学2所，小学19所，卫生院1个，卫生所14个。有景点五皇山国家地质公园。农业主种水稻。盛产荔枝、龙眼、香蕉。有福多堂塘生态农业观光园。工业以烟花爆竹加工、工艺编织为主。县道白石水—福旺、三多竹—龙门线，钦浦公路过境。

北通圩［Běitōngxū］ 北通镇人民政府驻地。在县政府驻地小江镇西南24千米。人口3000。因大石横于江堵塞北上航道得名北塞，以塞字不吉更今名。聚落呈团块状。武利江流经。有中小学、幼儿园、卫生院、文化宫等。农业主种水稻、荔枝、龙眼。工业以工艺编织为主。有集贸市场。钦浦公路经此。

福多堂村［Fúduōtángcūn］ 在县政府驻地小江镇西南27千米。北通镇辖自然村。人口400。因建村于池塘边，取“富贵多福”寓意得名福多塘，后以同音更今名。聚落呈带状。有小学、幼儿园、卫生室、文化广场等。农业主种水稻、龙眼。特产荔枝。有福多堂塘生态农业观光园。钦浦公路经此。2005年被评为全国文明村。

三合镇［Sānhé Zhèn］ 浦北县辖镇。在县境西部。面积72平方千米。人口3.8万。辖9村委会，有301自然村。镇人民政府驻三合圩。1957年设三合乡。1958年与北通、龙门2乡合设北龙公社。1959年并入北通公社。1984年析设三合乡。1993年置镇。因镇政府驻地得名。武利江流经。有中学1所，小学12所，卫生院1个，卫生所9个。农业主种水稻。盛产香蕉、荔枝、福云茶、砂糖橘等。工业以烟花爆竹、红砖、玩具加工，工艺编织，针织为主。邕浦公路过境。

三合圩［Sānhéxū］ 三合镇人民政府驻地。在县政府驻地小江镇西北15千米。人口1300。明代3姓始建，又处3江交汇处，故名。聚落呈带状。有中小学、幼儿园、卫生院、敬老院等。农业主产香蕉、荔枝、砂糖橘。工业以工艺纺织、玩具加工为主。邕浦公路经此。

龙门镇［Lóngmén Zhèn］ 浦北县辖镇。在县境南部。面积260平方千米。人口9.7万。辖1居委会、27村委会，有1035自然村。镇人民政府驻龙门圩。1957年设龙门乡。1958年马栏乡并入，旋与北通、三合2乡合设北龙公社。1959年析设龙门公社。1981年部分地域划出。1982年改龙镇公社。1984年复乡。1993年改镇。2005年樟家乡并入。2006年部分地划归小江镇。因镇政府驻地得名。有仙女岭、牛栏岭、十二坎岭、五黄岭。有连片红椎林7586.7公顷。有中学2所，小学32所，卫生院2个，卫生所27个。有民间艺术舞狮、舞龙、舞春牛、唱采茶等。有国家4A级旅游景区五皇山。农业主种水稻。产柑橙、香蕉、甘蔗、荔枝、龙眼。特产红椎菌。工业以烟花爆竹、木材加工，工艺编织为主。贵合高速、省道寨圩—张黄线、县道三多竹—龙门线过境。

龙门圩［Lóngménxū］ 龙门镇人民政府驻地。在县政府驻地小江镇西南14千米。人口6200。龙姓始居，两侧山岭对峙如门，故名。聚落呈散状。有中小学、幼儿园、卫生院、敬老院等。农业主产香蕉、柑橘。工业以工艺编织为主。有集贸市场。省道寨圩—张黄线、邕浦公路经此。

福旺镇［Fúwàng Zhèn］ 浦北县辖镇。在县境北部。面积228平方千米。人口8.2万。辖1居委会、25村委会，有742自然村。镇人民政府驻福旺圩。1957年设福旺乡。1958年古立、镇脚2乡并入，旋与小江乡、附城镇合设红旗公社。1959年析设福旺公社。1984年复乡。1994年置镇。因镇政府驻地得名。有四洲山。武利江流经。有中学1所，小学29所，卫生院2个，卫生所25个。农业主种水稻、玉米。产椪柑、香蕉、八角等。特产苦丁茶、坡心茶、云雾茶等。工业有烟花爆竹加工、制茶等。省道寨圩—张黄线、县道白石水—福旺线过境。

福旺圩［Fúwàngxū］ 福旺镇人民政府驻地。在县政府驻地小江镇北15千米。人口4800。原名石儿湾圩，明末清初福建迁居，祈望促进经济、文化繁荣兴旺，故名。聚落呈团块状。有中小学、幼儿园、卫生院等。农业主产香蕉、柑橘。有集贸市场。贵合高速、省道寨圩—张黄线经此。

寨圩镇［Zhàixū Zhèn］ 浦北县辖镇。在县境北部。面积175平方千米。人口7.7万。辖1居委会、21村委会，有300自然村。镇人民政府驻寨圩。1957年设寨圩乡。1958年乌石、土东2乡并入，旋与乐民、官垌2乡并为寨圩公社。1959年析设官垌公社。1984年置镇。因镇政府驻地得名。有庄岭、圣山、石榴山。土东江流经。有矿产资源锰、铅、锌、钛、铜、铁、石灰石等。有中学1所,小学25所,卫生院1个,卫生所21个。农业主种水稻、玉米、木薯。产荔枝、龙眼、八角等。盛产速生桉、松树、玉桂等。工业以松香加工、制糖、磷矿开采、烟花爆竹加工、建材制造、化工、皮革加工为主。贵合高速,省道寨圩—张黄、兴业—灵山线,县道寨圩—官垌、兰门—六硍线过境。

寨圩 [Zhàixū] 寨圩镇人民政府驻地。在县政府驻地小江镇东北34千米。人口7100。因旧时盗寇占山为寨得名。聚落呈团块状。有中小学、幼儿园、卫生院、敬老院等。农业主种水稻、玉米、木薯。产荔枝、龙眼等。工业以制糖、建材制造、皮革加工为主。有集贸市场。省道寨圩—张黄、兴业—灵山线经此。

乐民镇 [Lèmín Zhèn] 浦北县辖镇。在县境西北部。面积84平方千米。人口4.6万。辖1居委会、12村委会,有93自然村。镇人民政府驻乐民圩。1957年设乐民乡。1958年并入寨圩公社。1963年析设乐民公社。1984年复乡。1994年置镇。因镇政府驻地得名。马朗江、石魁江流经。有中学1所,小学13所,卫生院1个,卫生所12个。有民间艺术舞龙。农业主种水稻、木薯、玉米。产荔枝、龙眼、甘蔗、八角。工业以水泥、塑管、轻钙、双飞粉、泥子粉、石米、烟花爆竹加工为主。省道兴业—灵山线、县道横县—乐民线过境。

乐民圩 [Lèmínxū] 乐民镇人民政府驻地。在县政府驻地小江镇西北36千米。人口32500。有对歌习俗,人民其乐融融,故名。聚落呈团块状。有幼儿园、中小学、卫生院等。农业主种水稻。产荔枝、龙眼、甘蔗等。工业以水泥、塑管、轻钙、双飞粉、泥子粉、石米、烟花爆竹加工为主。有集贸市场。省道兴业—灵山线经此。

六硍镇 [Liùyín Zhèn] 浦北县辖镇。在县境东北部。面积193平方千米。人口4.9万。辖18村委会,有352自然村。镇人民政府驻六硍圩。民国时期曾设六硍乡。1949年与横岭乡合设六横乡。1951年改二十一区。1957年析设六硍乡。1958年与横岭乡合设六横乡,旋与平睦乡合设六万山公社。1961年析设六硍公社。1963年并入六万山公社。1984年析设六硍乡。1993年改镇。因镇政府驻地得名。有葵扇顶,海拔1118米。横岭河、大江口河流经。有矿产资源铅锌、石英。有中学2所,小学18所,卫生院1个,卫生所18个。农业主种水稻、木薯。产八角、酸梅、竹笋、茶叶。工业以电力,皮革、木器、工艺芒竹、木薯淀粉加工为主。县道兰门—六硍、城隍—佛子颈线过境。

六硍圩 [Liùyínxū] 六硍镇人民政府驻地。在县政府驻地小江镇东北34千米。人口7700。传宋代官吏为逃抄家,将6缸银子埋于石下,故名。"硍"意为银埋石下。聚落呈带状。有中小学、幼儿园、卫生院等。农业主种水稻、木薯。产八角、酸梅、竹笋、茶叶。工业以电力,皮革、木器、工艺芒竹、木薯淀粉加工为主。有集贸市场。县道兰门—六硍、城隍—佛子颈线经此。

平睦镇 [Píngmù Zhèn] 浦北县辖镇。在县境东北部。面积114平方千米。人口3万。辖11村委会,有291自然村。镇人民政府驻平睦圩。1957年由新睦乡析设平睦乡。1958年与横山乡合设六万山公社。1984年析设平睦乡。1993年置镇。因镇政府驻地得名。有中学1所,小学14所,卫生院1个,卫生所11个。有景点文德书院、五峰毓秀、白云天湖等。农业主种水稻、玉米、木薯。产八角、柑橙。盛产松、杉、椎、柯等。工业有工艺芒编、草垫、刺绣等。县道兰门—六硍、城隍—佛子颈线过境。

平睦圩 [Píngmùxū] 平睦镇人民政府驻地。在县政府驻地小江镇东北27千米。人口3900。因交易公平、和睦共处得名。聚落呈带状。有中小学、幼儿园、卫生院等。农业主种水稻、玉米、木薯。产八角、柑橙等。工业以工艺芒编、草垫、刺绣为主。有集贸市场。县道平睦—浪平、城隍—佛子颈线经此。

官垌镇 [Guāndòng Zhèn] 浦北县辖镇。在县境东北部。面积201平方千米。人口4.5万。辖17村委会,有835自然村。镇人民政府驻官垌圩。民国时期曾设官垌乡。1950年与历山乡合为博白县第四区。1953年改浦北县第十一区。1958年与寨圩、乐民2乡合设寨圩公社。1959年析置官垌公社。1963年历山、垌口2公社并入。1967年改红山公社。1984年改官垌乡。1993年置镇。因镇政府驻地得名。石梯江流经。有中学1所,小学22所,卫生院1个,卫生所17个。有李秀成部队"百二火灶"遗址、官垌革命烈士纪念碑。有景点旺牛滩瀑布等。农业以水稻、木薯、玉米种植为主。产八角、草鱼等。工业以制茶、淀粉制造、食品加工为主。县道寨圩—官垌线过境。

官垌圩 [Guāndòngxū] 官垌镇人民政府驻地。在县政府驻地小江镇东北22千米。人口3700。因明代官垌庙得名。聚落呈团块状。有中小学、幼儿园、卫生院等。农业主种水稻、玉米、木薯。盛产八角等。工业以制茶、淀粉制造、食品加工为主。有集贸市场。县道寨圩—官垌线经此。

贵港市

贵港市 [Guìgǎng Shì] 广西壮族自治区辖地级市。北纬22°39′—24°02′,东经109°11′—110°39′。在自治区境东南部。面积10606平方千米。户籍人口503.3万,常住人口543万。以汉族为主,还有壮、瑶等民族。辖港北、港南、覃塘3区,平南县,代管桂平市(县级)。市人民政府驻港北区。南朝梁普通四年(523)置定州,后更名南定州。隋开皇九年(589)改尹州。大业二年(606)更名郁州,次年改郁林郡。唐武德四年(621)复置南尹州。贞观九年(635)更名贵州,因今平天山古称宜贵山得名。天宝元年(742)改怀泽郡。乾元元年(758)复贵州。宋、元因之。明洪武二年(1369)降为贵县,属浔州府。清因之。1949年后历属郁林专区、南宁专区、容县专区、玉林专区、玉林地区。1988年改贵港市(县级)。因贵县兼取港口城市之意命名。1995年升地级市,桂平市(县级)、平南县并入。地势西北高东南低。最高点平婆揽孙峰海拔1581米,最低点平南县丹竹镇白马村浔江出境点海拔15米。有大平天山、莲花山、葵山、镇龙峰。年均气温21.8℃,1月平均气温12.4℃,7月平均气温28.6℃。年均降水量1450.6毫米。年均无霜期352天。浔江、黔江、郁江流经。有达开、六陈、平龙、武思江水库。有矿产资源铝、锰、铋、金、铜、石灰岩等。有野生植物1039种,其中有国家一级保护野生植物桫椤树,国家二级保护野生植物圆籽荷、格木、紫荆木、观光木。有野生动物113种,其中有国家一级保护野生动物鳄蜥、蟒、林麝,国家二级保护野生动物猕猴、穿山甲、白鹇、蛤蚧、虎纹蛙。有国家级平天山、龙潭森林公园。森林覆盖率47%。有中职12所,中学226所,小学1139所,三级医院2个,图书馆6个,博物馆3个。有全国重点文物保护单位金田起义地址,省级文物保护单位中共广西省第一次代表大会旧址、南山寺摩崖石刻、大安古建筑群、桂平东塔等10个。有自治区爱国主义教育基地4个。有省级非物质文化遗产桂平杖头木偶戏、桂平八音、壮族哭嫁歌、龙凤麒麟舞、平南牛歌戏等11项。有国家4A级旅游景区13个,国家3A级旅游景区35个。三次产业比例20∶40∶40。农业以水稻、玉米、花生、木薯、甘蔗种植,生猪、淡水鱼、黄沙鳖养殖为主。有国家地理标志产品东津细米、桂平黄沙鳖、桂平西山茶、覃塘毛尖。工业以建材、冶金、化工、农产品加工、纺织服装为主。特产麻垌荔枝、石峡龙眼、金田淮山、罗秀米粉、木格白玉蔗、大玉余甘果、乳泉酒。有国家级经济园区1个,省级工业园区4个。服务业以旅游、商贸、物流为主。有四星级酒店5个,三星级酒店5个。有铁路179.6千米,公路6899千米,高速32.4千米,内河航线171千米。黎湛铁路,南广高铁,广昆、贵梧、桂来、梧柳、三北、贵隆高速,209、324国道,省道藤容、玉桂、南梧线过境。有西江、郁江、黔江、浔江航道。有贵港站、贵港港。

贵港 [Guìgǎng] 别名荷城。贵港市聚落。在市境西部。面积69平方千米。人口26.1万。以汉族为主,还有壮、瑶等民族。2008年后改造老城区街路,开发东湖景区,建设郁江堤路园等。有标志性建筑市体育中心、新世纪广场。有景点东湖、市民族、马草江、南山公园。形成铁路、公路、水路交通运输网络。有贵港站、贵港汽车总站、贵港港。

中山路 [Zhōngshān Lù] 在市区中部。南起江南大道,北至北环路。与廉石路、人民路、江北大道、金港大道、南苑街等相交。长11千米,宽29—53米。混凝土路面。1980年开工,1981年建成。两侧有政府单位、市医院、市中医院、唐人街、南宁百货、梦之岛百货、南湖商业广场、新世纪广场、民族文化公园等。通多路公交车。

港北区

港北区 [Gǎngběi Qū] 贵港市人民政府驻地。在市境西部。面积1097平方千米。人口68.7万。以汉族为主,还有壮、瑶、苗等民族。辖1街道、4镇、3乡。区人民政府驻贵城街道。1995年撤县级贵港市分置港北区。2003年析设覃塘区。因处郁江北岸、原贵港市(县级)北部得名。年均气温21.8℃,年均降水量1450.6毫米。郁江、鲤鱼江、必祝江、六红河流经。有金、锌、铜、三水铝、高岭土等矿产资源。有国家级平天山森林公园。有高校1所，中学21所，小学132所，特教学校1所，三级医院2个，图书馆1个，博物馆1个，群众艺术馆1个，体育中心1个。有省级文物保护单位中共广西特委扩大会议旧址、汉晋古墓群。有省级非物质文化遗产壮族哭嫁歌。有民俗壮族山歌、舞狮。有景点龙岩、南门城楼、翼王亭、中秋起义纪念碑园、东湖、民族文化公园、马草江生态公园等。三次产业比例12：32：56。农业以水稻、玉米种植，生猪、奶牛养殖为主，产甘蔗、荔枝、龙眼、兰花。工业以冶金、混凝土加工、电力、农副产品加工为主。服务业以商贸、物流、通信为主。黎湛铁路，南广高铁，贵隆、三北高速，324国道，省道南梧线过境。有西江航道。有贵港站、贵港汽车总站、贵港港。

新世纪广场［Xīnshìjì Guǎngchǎng］　在城区南部。面积40公顷。1998年开工，2002年建成。有大舞台、音乐喷泉、雕塑群、健身器材。绿化面积18.6平方米。为集文化传播、健身娱乐、展览演出、科普宣传于一体综合性场所。周边有政府单位、宏桂城市广场、梦之岛购物中心、酒店等。通多路公交车。

迎宾大道［Yíngbīn Dàdào］　在区境西部。南起西环路，北至桂林路。与建设路、新华路、金港大道、荷城路、布山大道等相交。长6.4千米，宽44.5米。沥青路面。2004年开工，2006年建成。两侧有西江钢材专业市场、居住小区、市体育中心等。通多路公交车。

金港大道［Jīngǎng Dàdào］　在区境西部。东起登龙桥路，西至西环路。与旧营建路、民主路、中山路、安吉街、金田路等相交。长9.7千米，宽46米。沥青路面。原为省道南梧线。1990年改建城市道路。2003年扩建。因吉言佳语得名。两侧有中学、政府单位、酒店、中银大厦、马草江公园、贵港汽车东站等。通多路公交车。

荷城路［Héchéng Lù］　在区境中部。东起民主路，西至平安路。与中山路、民生路、丽江街、达开路、迎宾大道等相交。长4.6千米，宽38米。沥青路面。2005年开工，2006年建成。因贵港别称荷城得名。两侧有政府单位、新世纪广场、酒店、市体育中心、市红房子妇产医院等。通多路公交车。

江北路［Jiāngběi Lù］　在区境中部。东起登龙桥路，西至仙衣路。与东湖西路、解放路、港宝街、中山路、石羊塘路等相交。长7.4千米，宽35米。沥青路面。1992年开工，1993年建成。因处郁江北得名。两侧有小学、东湖公园、贵港汽车总站、贵港站、金龙大厦、政府单位等。通多路公交车。

小江桥［Xiǎojiāng Qiáo］　在城区南部。长74.1米，宽11.8米，最大跨度13米，桥下净高9.2米。1956年开工，1958年建成。1992年扩建。因跨鲤鱼江得名。为中型河道桥梁，结构型式为拱桥。最大载重55吨。通公交车。

贵港站［Guìgǎng Zhàn］　见交通运输设施部分“贵港站”条。

贵港汽车总站［Guìgǎng Qìchē Zǒngzhàn］　见交通运输设施部分“贵港汽车总站”条。

贵城街道［Guìchéng Jiēdào］　港北区人民政府驻地。在区境南部。面积39平方千米。人口21.2万。2005年设。原为贵县县城，故名。郁江流经。有高校1所，中学6所，小学22所，三级医院2个。有市体育中心、新世纪广场、东湖公园、民族公园、马草江公园。有省级文物保护单位中共广西特委扩大会议旧址。有古迹大南门城楼、下街李氏祖祠、东湖登龙桥、翼王亭、永明节孝牌坊。工业以钢铁、电缆制造、饲料加工、制糖为主。服务业以商贸为主。黎湛铁路，南广高铁，209、324国道，省道南梧线过境。有贵港站、贵港汽车总站、贵港港。通多路公交车。

港宁社区［Gǎngníng Shèqū］　属贵城街道。在区境南部。为港城镇人民政府驻地。面积3.5平方千米。人口1.2万。因港宁花园小区得名。2011年成立。民居为多层楼房和高层住宅楼房。办理居民公共事务和公益事业，调解民间纠纷，协助维护社会治安，开展公共卫生、计划生育、优抚救济、青少年教育等各项服务。有小学。

港城镇［Gǎngchéng Zhèn］　港北区辖镇。在区境南部。面积137平方千米。人口7.5万。以汉族为主，还有壮族。辖14村委会，有89自然村。镇人民政府驻贵城街道港宁社区。1958年成立附城公社。1984年改乡。1995年改港城镇。因处贵港城郊得名。郁江流经。有镁、铝、石灰石等矿产资源。有中学2所，小学12所，卫生所14个。有幼儿园、文化站、广播站、壮族民俗文化馆。有省级非物质文化遗产壮族哭嫁歌。农业以水稻、玉米、花生、甘蔗、花卉种植为主。工业以饲料、混凝土、化肥、植物香料、食品、木制品、建材加工、化工等为主。服务业以商贸、旅游、仓储物流为主。黎湛铁路，南广高铁，209、324国道，省道南梧线过境。

大圩镇［Dàxū Zhèn］　港北区辖镇。在区境东部。面积159平方千米。人口10.9万。以汉族为主，还有壮族。辖1居委会、18村委会，有147自然村。镇人民政府驻大圩街。1949年设大圩区。后改公社。1984年改镇。因镇政府驻地得名。有中学4所，小学18所，卫生院1个，卫生所19个，文化站1个。有名胜古迹龙岩明清石刻、龙岩洞、龙涡瀑布。有金碑水库旅游度假村。农业以水稻、花生、甘蔗种植，生猪、三黄鸡、罗非鱼养殖为主，产荔枝、龙眼、葛根、百香果。工业以大米加工、劳保产品、木制品、家具加工为主。南广高铁，贵梧、三北、贵隆高速，省道南梧线过境。

大圩街［Dàxūjiē］　大圩镇人民政府驻地。在区政府驻地贵城街道东北10千米。人口1.3万。明代为平碣圩，清代列贵县四大圩镇之首，遂更今名。聚落呈带状。有中小学、幼儿园、卫生院。有景点龙岩洞。农业以甘蔗、水稻、番石榴种植为主。服务业以商贸为主。省道南梧线经此。

庆丰镇［Qìngfēng Zhèn］　港北区辖镇。在区境东部。面积142平方千米。人口9.9万。以汉族为主，还有壮族。辖23村委会，有159自然村。镇人民政府驻新圩。1950年设庆丰乡。后改公社。1984年复乡。1995年置镇。因土肥水富农事富饶，取庆祝丰收之意命名。有中学3所，小学24所，卫生院1个，卫生所23个，文化站1个。有古迹太平天国天王洪秀全早期革命活动遗址、曾氏三省祠。农业以水稻、玉米、花生、甘蔗、蔬菜种植，生猪、家禽养殖为主。工业以大米加工为主。贵隆高速、省道南梧线、庆奇公路过境。

新圩［Xīnxū］　庆丰镇人民政府驻地。在区政府驻地贵城街道东北24千米。人口1300。原为长岭圩，因扩大新建更今名。聚落呈带状。有中小学、幼儿园、卫生院。有古迹太平天国天王洪秀全早期革命活动遗址、曾氏三省祠。工业以谷物加工为主。服务业以商贸为主。省道南梧线经此。

根竹镇［Gēnzhú Zhèn］　港北区辖镇。在区境西部。面积117平方千米。人口3.2万。以汉族为主，还有壮族。辖8村委会，有67自然村。镇人民政府驻根竹圩。1987年由覃塘镇析设根竹乡。2014年改镇。因镇政府驻地得名。鲤鱼江流经。有国家级平天山森林公园。有中学1所，小学8所，卫生院1个，卫生所8个。农业以水稻、玉米种植，生猪、牛、家禽养殖为主。工业以建材、化工、木制品加工、镁制品加工、金矿开采为主。服务业以物流为主。黎湛铁路、南广高铁、贵隆高速、324国道过境。

根竹圩［Gēnzhúxū］　根竹镇人民政府驻地。在区政府驻地贵城街道西8千米。人口1100。因昔根竹(即小琴丝竹)丛生得名。聚落呈带状。有中小学、幼儿园、卫生院、青少年活动中心。工业以饮料、镁制品加工为主。服务业以商贸为主。324国道经此。

奇石乡［Qíshí Xiāng］　港北区辖乡。在区境北部。面积146平方千米。人口3.4万。以壮族为主，还有汉族等。辖11村委会，有67自然村。乡人民政府驻奇石圩。1969年由龙山公社析设奇石公社。1984年设乡。因乡政府驻地得名。马来河流经。有达开水库。有中学1所，小学12所，卫生院1个，卫生所11个。有太平天国名将石达开故居、中秋起义纪念公园。农业以水稻、甘蔗、杉树、松树、桉树种植为主，产竹笋、茶油、松脂。县道贵奇线过境。

奇石圩［Qíshíxū］　奇石乡人民政府驻地。在区政府驻地贵城街道东北23千米。人口1000。以壮族为主，还有汉族等。因古庙前有状似老妇直立巨石得名。聚落呈散状。有中小学、幼儿园、卫生院。服务业以商贸为主。县道贵奇线经此。

中里乡［Zhōnglǐ Xiāng］　港北区辖乡。在区境西北部。面积192平方千米。人口8.2万。以壮族为主，还有汉族等。辖23村委会，有133自然村。乡人民政府驻中里圩。1950年为第七区。1958年改龙山公社。1969年析设奇石公社。1984年改乡。因乡政府驻地得名。马来江流经。有白沙、六架、六深水库。有中学3所，小学25所，卫生院1个，卫生所23个。有壮族三月三歌圩。农业以水稻、玉米、甘蔗种植为主，产梅子、竹笋、茶叶。县道贵奇线过境。

中里圩［Zhōnglǐxū］　中里乡人民政府驻地。在区政府驻地贵城街道北22千米。人口1200。壮族聚居。因处北山里中段得名。聚落呈条状。有中小学、幼儿园、卫生院。农业以水稻、玉米种植为主。有集贸市场。县道贵奇线经此。

武乐乡［Wǔlè Xiāng］　港北区辖乡。在区境南部。面积99平方千米。人口3.9万。辖8村委会，有90自然村。乡人民政府驻武乐圩。1987年由东津乡析设。因乡政府驻地得名。郁江流经。有中学1所，小学11所，卫生所8个，卫生院1个。农业以水稻、玉米、甘蔗、花生种植为主，产荔枝、龙眼、蜂蜜。有贵港电厂。贵梧、三北高速过境。

武乐圩［Wǔlèxū］　武乐乡人民政府驻地。在区政府驻地贵城街道东23千米。人口400。曾名三平圩，因春节舞龙舞狮改名舞乐，谐音成今名。聚落呈带状。有中小学、幼儿园、卫生院。农业以水稻、玉米种植为主。服务业以商贸为主。通乡村公路。

港南区

港南区［Gǎngnán Qū］　贵港市辖区。在市境南部。面积1089平方千米。人口68.5万。以汉族为主，还有壮、苗、瑶、仫佬等民族。辖1街道、7镇、1乡。区人民政府驻江南街道。1995年撤县级贵港市分置港南区。因处郁江南岸、原贵港市(县级)南部得名。先后建成滨江大道、江南大道、港南路、廉石路等。年均降水量1510毫米。有三宝山。郁江流经。有中学16所,小学183所,二级医院2个,文化馆1个。有省级文物保护单位南山寺石刻及宋代铜钟、南江古码头遗址、漪澜塔、君子垌客家围屋群。有名胜古迹布山遗址、秦汉驰道、南江旧大街和古民居、亚魁牌坊、安澜塔、木格客家围屋。有省级非物质文化遗产龙凤麒麟舞、木格彩灯、木格客家山歌。有民俗湛江八音、八塘师剧。三次产业比例27∶38∶35。农业以水稻、玉米、甘蔗、蔬菜种植,生猪、家禽养殖为主。工业以木业、羽绒制品加工为主,有塑编、化工、建材、饲料加工、电子、农产品加工等。特产东津细米、木格白玉蔗、草席、龙眼、荔枝、中药材、肉鸽等。有自治区江南工业园区。服务业以商贸、物流、旅游、餐饮为主。黎湛铁路,广昆、贵梧、三北高速,324国道过境。有贵港汽车南站。

江南大道[Jiāngnán Dàdào] 在区境北部。东起中山路,西至郁江二桥。与港南路、成贤路、新塘路、大松石路相交。长10千米,宽60米。混凝土路面。1981年开工,1983年建成。因处郁江南岸得名。两侧有银行、政府单位、中学等。通多路公交车。

廉石路[Liánshí Lù] 在区境北部。东起中山路,西至南环路。与港南路相交。长600米,宽40米。混凝土路面。2001年开工,2005年建成。原名江一路,为纪念东汉玉林郡太守陆绩清正廉洁得名。两侧有中国银行、政府单位、农村信用社、幼儿园、居住小区等。

港南路[Gǎngnán Lù] 在区境北部。南起江南大道,北至滨江公园。与廉石路相交。长1千米,宽40米。混凝土路面。1995年开工,2004年建成。原为江二路、南二路,因通往区政府改今名。两侧有政府单位、小学、银行、港南行政中心、老年活动中心、居住小区等。通公交车。

贵港汽车南站[Guìgǎng Qìchē Nánzhàn] 见交通运输设施部分"贵港汽车南站"条。

江南街道[Jiāngnán Jiēdào] 港南区人民政府驻地。在区境北部。面积20平方千米。人口4.1万。2001年设。因处郁江南岸得名。有橘井湖。有中学2所,小学7所,二级医院1个,卫生服务中心3个,卫生所4个。有区文化广场。有省级文物保护单位南山寺、安澜塔、南江古码头。有名胜古迹布山遗址、秦汉驰道、南江旧大街和古民居、亚魁牌坊、怀橘井、黄氏祖祠。工业以羽绒加工为主。服务业以商贸、旅游、餐饮为主。梧贵、贵合高速,木格—水鸣公路过境。有贵港汽车南站。通多路公交车。

桥圩镇[Qiáoxū Zhèn] 港南区辖镇。在区境中部。面积122平方千米。人口11.4万。辖1居委会、25村委会,有178自然村。镇人民政府驻桥圩街。1958年成立桥圩公社。1984年改镇。因镇政府驻地得名。猪獗江、黎村江流经。有中学4所,小学26所,二级医院1个,卫生院1个,卫生所72个。有永梧天主教堂。农业以水稻、中药材、蔬菜、蚕桑、马蹄、甘蔗种植,生猪养殖为主。工业以羽绒加工、塑编、化工、建材、精米加工、木业、中药材加工、针织为主。黎湛铁路,贵梧、三北高速,324国道过境。

桥圩街[Qiáoxūjiē] 桥圩镇人民政府驻地。在区政府驻地江南街道东南22千米。人口4000。原名桥头圩,简称桥圩,"街"为街圩通名。聚落呈团块状。有中小学、幼儿园、卫生院。工业以羽绒加工、塑编为主。服务业以商贸为主。贵港—木梓、贵港—湛江公路经此。

木格镇[Mùgé Zhèn] 港南区辖镇。在区境东南部。面积188平方千米。人口11.2万。辖26村委会,有100自然村。镇人民政府驻木格圩。1958年成立木格公社。1984年置镇。1987年析设平悦乡。2005年平悦乡并入。因镇政府驻地得名。木格河流经。有中学3所,小学25所,卫生院2个,卫生室25个。有省级文物保护单位云垌客家围屋群。有桂东南抗日游击区办事处旧址、万固桥、平坡邱氏祖祠。有省级非物质文化遗产龙凤麒麟舞、木格彩灯、客家山歌。农业以水稻、甘蔗种植为主,产草席、荔枝、龙眼、三华李。工业以大米加工、电子玩具制造、化工、制衣为主。广昆、三北高速过境。

木格圩[Mùgéxū] 木格镇人民政府驻地。在区政府驻地江南街道南30千米。人口2000。因盛产格木得名。聚落呈团块状。有中小学、卫生院。农业以水稻、甘蔗种植为主。服务业以商贸为主。木梓—贵港公路经此。

木梓镇[Mùzǐ Zhèn] 港南区辖镇。在区境南部。面积163平方千米。人口6.4万。辖17村委会,有96自然村。镇人民政府驻木梓圩。1958年成立木梓公社。1984年设乡。1990年置镇。因镇政府驻地得名。武思江流经。有武思江水库。有花岗岩、铜、铅锌、铁、河沙等矿产资源。有中学1所,小学33所,卫生院1个,卫生所52个,文化站1个。有名胜古迹武思村围城、三里庙石刻、抗日烈士纪念碑、桂东南起义烈士纪念亭。农业以水稻、玉米种植为主,产木薯、甜竹笋、茶叶、黄榄、龙眼、荔枝、木材。三北高速过境。

木梓圩[Mùzǐxū] 木梓镇人民政府驻地。在区政府驻地江南街道南33千米。人口1500。因产梓木得名。聚落呈团块状。有中小学、幼儿园、卫生院、文化站。农业以木薯、茶种植为主。服务业以商贸为主。贵港—木梓公路经此。

湛江镇[Zhànjiāng Zhèn] 港南区辖镇。在区境东部。面积81平方千米。人口7.4万。辖14村委会,有67自然村。镇人民政府驻湛江圩。1958年成立湛江公社。1984年设乡。1990年置镇。因镇政府驻地得名。湛江河、良泗河流经。有中学2所,小学14所,卫生院1个,卫生所60个,文化站1个,农家书屋13个。有郁平县古遗址、湛江革命烈士纪念碑。有民俗民间师剧、乡村八音。农业以水稻、玉米、甘蔗、蔬菜种植为主,产中药材。工业以建材、电子、木地板加工、食品加工、造纸、塑编、羽绒加工为主。黎湛铁路、广昆高速、324国道过境。

湛江圩[Zhànjiāngxū] 湛江镇人民政府驻地。在区政府驻地江南街道东南28千米。人口4900。因江水清澈湛蓝得名。聚落呈带状。有中小学、幼儿园、卫生院、文化站。工业以米粉、精米加工,针织为主。服务业以商贸为主。贵港—湛江公路经此。

东津镇[Dōngjīn Zhèn] 港南区辖镇。在区境东北部。面积110平方千米。人口8万。辖18村委会,有165自然村。镇人民政府驻东津圩。1958年成立东津公社。1984年设乡。1987年析设武乐乡。1990年置镇。因镇政府驻地得名。郁江、画眉江流经。有中学2所,小学22所,卫生院1个,卫生所50个,文化站1个,敬老院1个。农业以水稻、甘蔗种植为主,产荔枝、龙眼。工业以大米加工、木业、建材为主。特产东津细米。服务业以商贸为主。贵梧、三北高速,东津—贵港公路过境。

东津圩[Dōngjīnxū] 东津镇人民政府驻地。在区政府驻地江南街道东22千米。人口700。原为下埠圩。因处东部水路交通要津得名。聚落呈团块状。有中小学、幼儿园、卫生院、文化站。工业以大米、木材加工为主。服务业以商贸为主。东津—贵港公路经此。

八塘镇[Bātáng Zhèn] 港南区辖镇。在区境北部。面积124平方千米。人口7.9万。辖22村委会,有172自然村。镇人民政府驻八塘圩。1958年成立八塘公社。1984年设乡。1987年析设横岭乡。1996年置镇。2005年横岭乡并入。因镇政府驻地得名。郁江流经。有中学1所,小学24所,卫生院2个,卫生所75个,文化站1个。农业以水稻、玉米种植为主,产荔枝、龙眼、甘蔗、西瓜、贡柑、砂糖橘。工业以木材加工、化工、建材、电子、制鞋、羽绒加工为主。有省级江南工业园。服务业以商贸、物流、餐饮为主。黎湛铁路、贵梧高速、324国道过境。

八塘圩[Bātángxū] 八塘镇人民政府驻地。在区政府驻地江南街道东南10千米。人口7700。古时10里为1塘,因此距县城8塘路而得名。聚落呈团块状。有中小学、幼儿园、卫生院、文化站。服务业以商贸为主。324国道经此。

新塘镇[Xīntáng Zhèn] 港南区辖镇。在区境西北部。面积106平方千米。人口6.1万。辖19村委会,有89自然村。镇人民政府驻新塘圩。1958年成立新塘公社。1984年设乡。2014年置镇。因镇政府驻地得名。郁江流经。有岭蒙水库。有中学2所,小学22所,卫生院1个,卫生所72个,文化站1个。有南山公园。有千年古寺南山寺。农业以水稻、甘蔗、蔬菜、花生种植,鸡、生猪、鸽子养殖为主。有红龙果种植基地。工业以造船,木材、食品加工为主。324国道、县道贵新线过境。西江通航。

新塘圩[Xīntángxū] 新塘镇人民政府驻地。在区政府驻地江南街道南10千米。人口900。古称驿站为塘,因明末清初新建渡口,后成圩而得名。聚落呈团块状。有中小学、幼儿园、卫生院。服务业以商贸为主。县道贵新线经此。有新塘圩渡口。

瓦塘乡[Wǎtáng Xiāng] 港南区辖乡。在区境西部。面积164平方千米。人口6.4万。辖20村委会,有137自然村。乡人民政府驻瓦塘圩。1969年成立瓦塘公社。1984年设乡。2005年思怀乡并入。因乡政府驻地得名。郁江、武思江流经。有长明塘、茶山水库。有中学2所,小学35所,卫生院2个,卫生所52个。有亚计山森林公园。有民俗赛龙舟。农业以水稻、玉米、甘蔗种植为主,产龙眼、荔枝。广昆、贵梧、三北高速过境。西江通航。有香江、瓦塘、思怀码头。

瓦塘圩[Wǎtángxū] 瓦塘乡人民政府驻地。在区政府驻地江南街道南19千米。人口1300。因烧制瓦片得名。古称驿站为塘。聚落呈团块状。有中小学、幼儿园、卫生院。服务业以商贸为主。木格—贵港、香江—贵港公路经此。西江通航。

覃塘区

覃塘区[Qíntáng Qū] 贵港市辖区。在市境西北部。面积1351平方千米。人口56.4万。以壮族为主,还有汉、瑶等民族。辖6镇、4乡。区人民政府驻覃塘镇。2003年由港北区析设。因区政府驻地得名。年均气温21.5℃。年均降水量1400毫米。有镇龙山、莲花山、平天山。郁江、鲤鱼江、义渡江等流经。有中学24所,小学184所,二级医院1个,图书馆1个。有中共广西省第三次代表大会旧址、陈培仁烈士墓。有古迹福寿寺门楼、大岭镇安庙、黄练潘氏祖祠。有省级非物质文化遗产东龙彩灯、壮族师公戏。有民俗三月三壮歌擂台赛、元宵花灯节、师剧、山歌剧、杖头木偶戏、粤曲、舞狮、麒麟舞。有国家4A级旅游景区荷美覃塘。有景点九凌湖、平天山、七星山凤凰林场、平龙水库等。三次产业比例24∶42∶34。农业以水稻、玉米、甘蔗种植,生猪、家禽养殖为主。特产西瓜、蘑菇、茶叶、香葱、荸荠。有国家地理标志产品覃塘莲藕。工业以混凝土建材、农林产品加工、冶金化工为主。有省级产业园区1个。服务业以商贸、通信、物流为主。黎湛铁路,南广高铁,广昆高速,209、324国道过境。有西江航道。有覃塘站。

覃塘镇［Qíntáng Zhèn］　覃塘区人民政府驻地。在区境中部。面积136平方千米。人口8.5万。以汉族为主,还有壮族。辖1居委会、14村委会,有131自然村。镇人民政府驻覃塘圩。1958年成立覃塘公社。1984年置镇。1987年析设根竹乡。因镇政府驻地得名。鲤鱼江流经。有石灰石、三水铝等矿产资源。有中学3所,小学19所,二级医院1个,卫生院1个,卫生所15个,卫生室39个。有幼儿园、文化站、广播站、敬老院。有陈培仁烈士墓。有民俗师剧、粤剧、白话剧、舞龙、舞狮、武术表演。有国家4A级旅游景区荷美覃塘。有名胜古迹粤东会馆、福寿寺、双鸡山、岐山寨、平天寨遗迹。农业以水稻、花生、甘蔗种植,生猪、家禽养殖为主。工业以建材、农产品加工为主。特产毛尖茶、莲藕、香葱、马蹄、荔枝、龙眼等。服务业以商贸、餐饮为主。黎湛铁路,南广高铁,209、324国道,省道南梧线过境。有覃塘站。

覃塘圩［Qíntángxū］　覃塘镇人民政府驻地。在镇境中部。人口2100。以汉族为主,还有壮族。明末覃姓始居,周围多水塘,故名。聚落呈团块状。有中小学、幼儿园、卫生院、敬老院。有古迹福寿寺门楼、粤东会馆。服务业以商贸为主。特产茶叶、莲藕。209、324国道经此。

东龙镇［Dōnglóng Zhèn］　覃塘区辖镇。在区境东北部。面积123平方千米。人口6.9万。以壮族为主,还有汉族。辖1居委会、15村委会,有81自然村。镇人民政府驻东龙圩。1953年为第十七区。1958年改石龙公社。1984年改东龙镇。1987年析设山北乡。原名石龙,因石山林立,东、西两侧石山匍匐似石龙飞舞故名。1984年为避与桂平县石龙镇重名,以旧名"山东""石龙"各取一字改今名。六凤江流经。有中学2所,小学19所,卫生院1个,卫生所16个,卫生室37个。有幼儿园、文化站、民族文化广场、广播站、敬老院。有省级非物质文化遗产东龙彩灯、壮族师公戏。农业以水稻、玉米、豆类、花生、甘蔗、蔬菜、松树、杉木、速丰桉种植为主。工业以木材、建材加工为主。特产东龙酸粉。209国道过境。

东龙圩［Dōnglóngxū］　东龙镇人民政府驻地。在区政府驻地覃塘镇北19千米。人口3500。原名石龙圩,随镇改今名。聚落呈团块状。有中小学、幼儿园、卫生院、民族文化广场。农业以水稻、甘蔗、蔬菜种植为主。工业以木材加工为主。服务业以商贸为主。209国道经此。有东龙客运站。

三里镇［Sānlǐ Zhèn］　覃塘区辖镇。在区境中部。面积128平方千米。人口6.3万。以汉族为主,还有壮族。辖1居委会、10村委会,有75自然村。镇人民政府驻三里圩。1933年设三里乡。1958年改三里公社。1984年置镇。1987年析设五里乡。因镇政府驻地得名。义渡江流经。有中学2所,小学12所,卫生院1个,卫生所11个,卫生室22个。有幼儿园、文化站、敬老院、广播站。有中共广西省代表大会遗址、三里镇革命烈士纪念碑。有古迹回澜庙、大泽庙。农业以水稻、甘蔗种植为主,产荔枝、龙眼、中草药。有莲藕、桑蚕、淮山、甜竹笋、蔬菜、蘑菇、林果。工业以造纸、建材、食品加工、制衣为主。209国道过境。

三里圩［Sānlǐxū］　三里镇人民政府驻地。在区政府驻地覃塘镇西南10千米。人口8200。因距中元旧圩3华里得名。聚落呈团块状。义渡江流经。有中小学、幼儿园、卫生院、敬老院。有革命烈士纪念碑。农业特产甜竹笋、黑果蔗、甜玉米、食用菌等。工业以造纸、建材、食品加工、制衣为主。服务业以商贸为主。209国道经此。

黄练镇［Huángliàn Zhèn］　覃塘区辖镇。在区境中部。面积138平方千米。人口5.2万。以壮族为主,还有汉族等。辖1居委会、15村委会,有51自然村。镇人民政府驻黄练圩。1949年设黄练乡。后改公社。1984年复乡。1990年置镇。因镇政府驻地得名。有镇龙山。贡昌河流经。有石灰石、石英石、白云石、金、银、铜等矿产资源。有中学3所,小学21所,卫生院1个,卫生所16个,卫生室10个,广播站1个,敬老院1个。有六瓮桥革命烈士纪念碑、潘氏祖祠。农业以水稻、玉米、甘蔗种植为主,盛产桑蚕、茶叶、玉兰花。工业以木材、建材加工为主。黎湛铁路、南广高铁、324国道过境。

黄练圩［Huángliànxū］　黄练镇人民政府驻地。在区政府驻地覃塘镇西北14千米。人口9700。黄姓始居,以操练护村闻名,故名。聚落呈带状。有中小学、幼儿园、卫生院、敬老院。服务业以商贸为主。黎湛铁路、南广高铁、324国道经此。

石卡镇［Shíkǎ Zhèn］　覃塘区辖镇。在区境东南部。面积248平方千米。人口8.2万。以汉族为主,还有壮族。辖1居委会、18村委会,有106自然村。镇人民政府驻石卡圩。1949年设石卡乡。后改公社。1984年复乡。1990年置镇。因镇政府驻地得名。郁江流经。有中学3所,小学19所,卫生院1个,卫生所19个,卫生室67个,图书馆1个,农家书屋15个。有粤剧团、曲艺团。有西山革命烈士纪念碑。有景点七星山、九凌湖、九龙洞。农业以甘蔗、水稻、玉米、蔬菜、食用菌、中草药种植,水产、蚕养殖为主。工业以混凝土、建材加工为主。有省级广西贵港(台湾)产业园。广昆高速贵港联线,贵大、横贵公路过境。西江通航。

石卡圩［Shíkǎxū］　石卡镇人民政府驻地。在区政府驻地覃塘镇东南21千米。人口9300。因石砌街路多罅隙得名石罅,为便书写改今名。聚落呈团块状。有中小学、幼儿园、卫生院、图书馆。农业以甘蔗、水稻种植为主。服务业以商贸为主。广昆高速贵港联线经此。

五里镇［Wǔlǐ Zhèn］　覃塘区辖镇。在区境西南部。面积101平方千米。人口4.4万。以汉族为主,还有壮、瑶等民族。辖1居委会、7村委会,有50自然村。镇人民政府驻五里圩。1949年设五里乡。1950年撤。1987年由三里镇析设五里乡。1995年改镇。因镇政府驻地得名。东流江、狗尾江流经。有中学2所,小学8所,卫生院1个,卫生所8个,卫生室20个。有幼儿园、广播站、敬老院等。农业以水稻、甘蔗、桑、玉米、大豆、花生种植为主,产蘑菇、葡萄、莲藕、茶叶、龙眼、松脂、速丰桉。工业以木材、建材加工为主。209国道过境。

五里圩［Wǔlǐxū］　五里镇人民政府驻地。在区政府驻地覃塘镇南20千米。人口9000。因距六贡村5华里得名。聚落呈团块状。有中小学、幼儿园、卫生院。农业以水稻、玉米、蔬菜种植为主。服务业以商贸为主。209国道经此。

山北乡［Shānběi Xiāng］　覃塘区辖乡。在区境北部。面积87平方千米。人口4.4万。以壮族为主,还有汉族等。辖11村委会,有52自然村。乡人民政府驻山北屯。1949年设山北乡。1953年撤。1987年由东龙镇析设山北乡。因乡政府驻地得名。六凤江流经。有矿产资源煤、石灰石。有中学1所,小学14所,卫生院1个,卫生所11个,卫生室31个。有幼儿园、广播站、敬老院。有古迹尚龙寺。农业以水稻、花生、甘蔗、速丰桉种植为主。工业以木材、建材加工为主。209国道过境。

山北屯［Shānběitún］　山北乡人民政府驻地。在区政府驻地覃塘镇北19千米。人口200。以壮族为主,还有汉族等。聚落呈带状。有中小学、幼儿园、卫生院、敬老院。农业以水稻、花生、玉米种植为主。服务业以商贸为主。省道石龙—邹圩线经此。

樟木乡［Zhāngmù Xiāng］　覃塘区辖乡。在区境西北部。面积249平方千米。人口8.7万。以壮族为主,还有汉族等。辖25村委会,有135自然村。乡人民政府驻樟木街。1949年设樟木乡。1950年改第五区。1958年改樟木公社。1984年改古樟乡。1987年分设古樟、振南2乡。2004年合设樟木乡。因乡政府驻地得名。有中学5所,小学27所,卫生院1个,卫生所25个,卫生室30个。有幼儿园、广播站、敬老院。有民俗三月三歌圩、顶竹杠、抛绣球等。有景点北帝庙、古风岩、封侯岩。农业以水稻种植为主,产甘蔗、木薯、荔枝、龙眼、黄皮、蔬菜、中药材。工业以木材、耐火砖加工为主。县道樟木—荣颜线过境。

樟木街［Zhāngmùjiē］　樟木乡人民政府驻地。在区政府驻地覃塘镇西北26千米。人口3400。传明代中叶建村,因大樟树下有摊位买卖渐成圩而得名。聚落呈团块状。有中小学、幼儿园、卫生院、文化广场、敬老院。有景点北帝庙。工业以竹篮编织为主。服务业以商贸为主。县道樟木—荣颜线经此。

蒙公乡［Měnggōng Xiāng］　覃塘区辖乡。在区境东北部。面积117平方千米。人口4.5万。以壮族为主,还有汉族等。辖14村委会,有65自然村。乡人民政府驻蒙公圩。1949年设蒙公乡。后改公社。1984年复乡。因乡政府驻地得名。有中学2所,小学22所,卫生院1个,卫生所14个,卫生室18个。有幼儿园、广播站、敬老院。有景点情人岛、状元坟、灵龟宝山、平龙水库。农业以水稻、甘蔗、玉米、木薯、花生、果树种植为主。工业以木材、建材加工为主。特产蒙公烧鸭。服务业以餐饮为主。贵隆高速、209国道过境。

蒙公圩［Měnggōngxū］　蒙公乡人民政府驻地。在区政府驻地覃塘镇北14千米。人口2700。为纪念蒙姓老人得名。聚落呈团块状。有中小学、幼儿园、卫生院、敬老院。有景点情人岛、平龙水库。农业以甘蔗、水稻、玉米、龙眼种植为主。服务业以商贸为主。209国道经此。

大岭乡［Dàlǐng Xiāng］　覃塘区辖乡。在区境南部。面积85平方千米。人口3.3万。辖10村委会,有60自然村。乡人民政府驻大岭圩。1961年成立大岭公社。1984年设乡。1987年析设思怀乡。因乡政府驻地得名。有水库4个。有中学1所,小学12所,卫生院1个,卫生所10个,卫生室18个。有幼儿园、文化站、敬老院。农业以水稻、甘蔗、速丰桉种植为主。有桑蚕示范基地。工业以木材、建材加工为主。广昆高速、县道石卡—木梓线过境。郁江通航。有江兴码头。

大岭圩［Dàlǐngxū］　大岭乡人民政府驻地。在区政府驻地覃塘镇东南29千米。人口4300。因处平坦大土岭得名。聚落呈带状。有中小学、幼儿园、卫生院、敬老院。农业以水稻、甘蔗、桑树种植为主。服务业以商贸为主。县道石卡—木梓线经此。

桂平市

桂平市［Guìpíng Shì］ 广西壮族自治区直辖县级市，由贵港市代管。北纬23°23′，东经110°04′。在贵港市境中部。面积4075平方千米。人口200.1万。以汉族为主，还有壮、瑶等民族。辖21镇、5乡。市人民政府驻西山镇。南朝梁、陈置桂平县，属广州。处桂江滨，平坦辽阔，盛产肉桂，故名。隋大业二年(606)皇化县并入。唐贞观七年(633)析设皇化县。十二年陵江县并入，属浔州、绣州。五代后梁开平元年(907)大宾县并入。宋开宝五年(972)皇化、罗绣、常林、阿林等县并入，属浔州。元属浔州路。明属浔州府。清咸丰四年(1854)改永秀县。同治五年(1866)复桂平县，属浔州府。1913年后历属郁江道、苍梧道、广西省、苍梧民团区、梧州民团区、梧州行政监督区、浔州行政监督区、第五行政督察区、第三行政督察区、第十三行政督察区、梧州专区、容县专区、玉林专区、玉林地区。1994年改市(县级)，由玉林地区代管。1995年由贵港市代管。先后建城南、江东、江北、马骝滩、长安新区及产业园区，形成“一山控两心、三江带六片”组团结构。最高点紫荆镇元安村洪水顶海拔1326.2米，最低点木圭镇上冲村河边海拔20.2米。年均气温21.7℃，1月平均气温12.3℃，7月平均气温28.6℃。年均降水量1703毫米。黔江、郁江、浔江流经。有矿产资源锰、锡、铅、锌等。有野生植物1039种，其中有国家重点保护野生植物11种。有野生动物200种，其中有国家重点保护野生动物16种。有大平山自然保护区。森林覆盖率47.5%。有中职1所，中学72所，小学430所，二级医院2个，档案馆1个，博物馆1个。有全国重点文物保护单位太平天国金田起义地址，省级文物保护单位太平军前军指挥所三界庙。有广西爱国主义教育基地2个。有古迹桂平窑址、东塔、寿圣寺、上塔村遗址、大塘城遗址等。有省级非物质文化遗产杖头木偶戏、紫荆瑶族婚礼八音、西山佛教音乐、罗秀米粉制作工艺。有民俗舞春牛、舞狮、舞龙、粤剧。有国家4A级旅游景区2个。有景点北回归线标志公园、大藤峡、白石山、罗丛岩等。三次产业比例20∶50∶30。农业以水稻、玉米、豆类、马铃薯、松树、杉树、速生丰产林种植，生猪、肉鸡、肉鸭、四大家鱼养殖为主。有国家地理标志产品桂平黄沙鳖。工业以建材、酿酒、酒精加工、机械制造、矿产品深加工、针织服装、制药、农林产品深加工为主。特产罗秀米粉、麻垌荔枝、金田淮山、社坡腐竹。服务业以通信、旅游、商贸、物流、餐饮为主。有四星级酒店2个，三星级酒店2个。南广高铁，贵梧、桂来高速过境。有浔江、黔江、郁江水航道。有桂平站。

运河大桥［Yùnhé Dàqiáo］ 在市区东部。长476米，宽16.5米，最大跨度100米，桥下净高13.8米。1984年开工，1986年建成。2007—2009年改建。因跨运河得名。为大型河道桥梁，结构型式为预应力连续箱形梁桥。最大载重55吨。通多路公交车。

桂平站［Guìpíng Zhàn］ 见交通运输设施部分“桂平站”条。

桂平汽车总站［Guìpíng Qìchē Zǒngzhàn］见交通运输设施部分“桂平汽车总站”条。

桂平客运中心［Guìpíng Kèyùn Zhōngxīn］见交通运输设施部分“桂平客运中心”条。

西山镇［Xīshān Zhèn］ 桂平市人民政府驻地。在市境西部。面积291平方千米。人口15.2万。以汉族为主，还有壮、瑶等民族。辖9居委会、13村委会，有185自然村。镇人民政府驻县府社区。1958年成立西山公社。1984年设乡。1993年置西山镇。2005年桂平镇并入。因西山得名。黔江、郁江流经。有中职1所，中学2所，小学12所，二级医院2个，卫生院1个，卫生所13个。有古迹大成国王府遗址、桂平窑址、天主教堂、基督教会礼拜堂。有国家4A级旅游景区西山。农业以水稻、甘蔗、蔬菜、花生、玉米种植，猪、鸡、鸭、牛、鱼养殖为主。工业以医药、针织等为主。服务业以商贸、餐饮、旅游等为主。南广高铁、贵梧高速、省道南梧线过境。有桂平站。

桂贵路［Guìguì Lù］ 在市区中部。南起西山路，北至人民路。与沙岗街、双拥街、光明街、禄棠街、郁江路等相交。长4.5千米，宽32—60米。沥青路面。1993年开工，1994年建成。后多次改扩建。取桂平、贵港首字得名。两侧有政府单位、农贸市场、银行、酒店、广佰汇超市、居住小区等。通多路公交车。

桂南路［Guìnán Lù］ 在市区中部。南起桂贵路，北至黔江南岸。与沙岗街、光明街、朝阳街、永和街、县府街等相交。长2.6千米，宽24—32米。沥青路面。1984年开工，1988年建成。1994年及其后多次扩建。因处县政府南得名。两侧有政府单位、居住小区、宾馆、酒店、超市、商店、农贸市场等。通多路公交车。

县府社区［Xiànfǔ Shèqū］ 西山镇人民政府驻地。在市境中部。面积0.4平方千米。人口5300。因县府街得名。2002年成立。民居以低层住宅楼为主。有文化室、图书室、老年活动中心。有小学、幼儿园。市教育局、水利局驻此。有大成国王府遗址。通公交车。

木乐镇［Mùlè Zhèn］ 桂平市辖镇。在市境东部。面积87平方千米。人口6.4万。辖1居委会、12村委会，有185自然村。镇人民政府驻木乐圩。1958年成立木乐公社。1984年置镇。因镇政府驻地得名。有罗贤水库。有中学2所，小学12所，卫生院1个，卫生所12个。有幼儿园、文化站、广播电视站、图书室。农业以水稻、玉米种植，生猪、牛、黄沙鳖养殖为主。工业以服装加工为主。服务业以商贸、物流、餐饮为主。南广高铁、省道南梧线过境。

木乐圩［Mùlèxū］ 木乐镇人民政府驻地。在市政府驻地西山镇东28千米。人口1.6万。传暴风吹落松树得名木落，以谐音改为穆乐，简为今名。聚落呈团块状。有中小学、幼儿园、卫生院、文化站。农业以水稻、玉米种植为主。服务业以商贸、餐饮、物流为主。省道南梧线经此。

木圭镇［Mùguī Zhèn］ 桂平市辖镇。在市境东北部。面积110平方千米。人口7.5万。辖12村委会，有147自然村。镇人民政府驻木圭圩。1961年成立木圭公社。1984年设乡。1990年置镇。因镇政府驻地得名。浔江流经。有锰、铁、铜、磷、重晶石等矿产资源。有中学2所，小学12所，卫生院1个，卫生所12个。有幼儿园、文化站、广播电视站、图书室。农业以水稻、花生、玉米、黄豆、果树种植为主。工业以矿产开采为主。服务业以商贸、餐饮、物流为主。省道南梧线过境。

木圭圩［Mùguīxū］ 木圭镇人民政府驻地。在市政府驻地西山镇东北28千米。人口8500。以拆桂平之“桂”字得名。聚落呈团块状。有中小学、幼儿园、卫生院、文化站、广播电视站。农业以水稻、花生种植为主，兼种甘薯、黄豆、玉米。服务业以餐饮、物流为主。省道南梧线经此。

石咀镇［Shízuǐ Zhèn］ 桂平市辖镇。在市境东北部。面积72平方千米。人口5.8万。辖1居委会、11村委会，有113自然村。镇人民政府驻石咀圩。1950年置石咀区。1958年改公社。1984年置镇。1987年析设马皮乡。因镇政府驻地得名。浔江流经。有中学3所，小学12所，卫生院1个，卫生所11个。有幼儿园、文化站、广播电视站、图书室。有北回归线标志公园。农业以水稻、甘蔗、花生种植为主，兼种果树、蔬菜。工业以船舶制造，生物质颗粒燃料、腐竹、肉鸭冷冻、木材加工为主。服务业以商贸、餐饮、物流为主。省道南梧线过境。

石咀圩［Shízuǐxū］ 石咀镇人民政府驻地。在市政府驻地西山镇东北12千米。人口7100。浔江边岩石伸向江心，方言称末端为“嘴”，因此得名。聚落呈团块状。浔江流经。有中小学、幼儿园、卫生院、文化站、广播电视站。农业以水稻、花生种植为主，兼种玉米、蔬菜。服务业以餐饮、物流为主。省道南梧线经此。

油麻镇［Yóumá Zhèn］ 桂平市辖镇。在市境东部。面积166平方千米。人口5.2万。以汉族为主，还有壮、瑶等民族。辖18村委会，有254自然村。镇人民政府驻油麻圩。1958年成立油麻公社。1984年设乡。1987年析设理端乡。1993年置镇。因镇政府驻地得名。有中学2所，小学18所，卫生院1个，卫生所18个。有幼儿园、文化站、广播电视站、图书室。有民俗理村采茶戏。农业以水稻、玉米种植为主，产黄麻、荔枝、龙眼、肉桂、榄角、油茶。工业以林产品加工、食品加工、纺织、建材为主。服务业以商贸、餐饮、物流为主。县道桂平—油麻线过境。

油麻圩［Yóumáxū］ 油麻镇人民政府驻地。在市政府驻地西山镇东南22千米。人口6800。因产芝麻(俗称油麻)得名。聚落呈团块状。社坡河流经。有中小学、幼儿园、卫生院、文化站、广播电视站。农业以水稻、大豆、甘蔗、玉米、花生种植为主。服务业以商贸、餐饮、物流为主。县道桂平—油麻线经此。

社坡镇［Shèpō Zhèn］ 桂平市辖镇。在市境东部。面积161平方千米。人口7.9万。辖20村委会，有314自然村。镇人民政府驻社坡圩。1958年成立社坡公社。1984年设乡。1993年置镇。2005年理瑞乡并入。因镇政府驻地得名。社坡河流经。有社坡河水库。有中学4所，小学19所，卫生院1个，卫生所16个。有幼儿园、文化站、广播电视站、图书室、农家书屋。有古迹云卿杨公祠。农业以水稻、玉米、马铃薯种植为主。工业以铸造、机械加工、制塑、发动机零部件制造为主。特产腐竹、荔枝。服务业以商贸、餐饮、物流为主。南广高铁、贵梧高速过境。

社坡圩［Shèpōxū］ 社坡镇人民政府驻地。在市政府驻地西山镇东南14千米。人口7700。因处三帝庙社坛坡地得名。聚落呈团块状。社坡河流经。有中小学、幼儿园、卫生院、文化站、广播电视站。农业以水稻、蔬菜种植为主。特产腐竹。服务业以餐饮、物流为主。南广高铁、贵梧高速经此。

罗秀镇［Luóxiù Zhèn］ 桂平市辖镇。在市境东南部。面积185平方千米。人口7.5万。辖21村委会，有362自然村。镇人民政府驻罗秀圩。1958年成立罗秀公社。1984年设乡。1993年置镇。因镇政府驻地得名。有牛运岭、平天岭、香炉岭、藤雪岭、大泽岭。万年河、木盖河流经。有中学3所，小学21所，卫生院1个，卫生所21个。有幼儿园、文化站、广播电视站、图书室等。有省级非物质文化遗产罗秀米粉制作技艺。有名胜古迹罗秀镇革命烈士纪念碑、洞心寺、宝镇寺、宁福寺、新垌铁屎寨遗址、宁武桥、万年桥、罗秀当铺楼、罗秀佛堂、植棠清代古建筑群、忠西村大渡槽等。农业以水稻、玉米种植为主。工业以米粉、木器、针织、植物香料加工为主。特产罗秀米粉、肉桂。服务业以商贸、餐饮、物流为主。桂平—罗秀公路过境。

罗秀圩［Luóxiùxū］　罗秀镇人民政府驻地。在市政府驻地西山镇东南42千米。人口1.1万。因种桑养蚕、织绣锦罗得名罗绣，简写为今名。聚落呈团块状。有中小学、幼儿园、卫生院、文化站、广播电视站。农业以水稻种植为主，兼种玉米、花生。特产罗秀米粉。服务业以商贸、餐饮、物流为主。桂平—罗秀公路经此。

麻垌镇［Mádòng Zhèn］　桂平市辖镇。在市境南部。面积208平方千米。人口10.1万。辖27村委会，有311自然村。镇人民政府驻麻垌圩。1950年置麻垌区。1958年改公社。1984年置镇。因镇政府驻地得名。白沙江、旺里河、宁江流经。有中学4所，小学26所，卫生院1个，卫生所27个。有幼儿园、文化站、广播电视站、图书室。有麻垌革命烈士纪念碑。有景点道白石洞天、麻垌当铺。农业以水稻、玉米种植为主。特产茶叶、荔枝。有果场、林场。工业以针织、玩具制造、罐头加工、保健品加工、制砖、石灰加工为主。服务业以商贸、餐饮、物流为主。省道玉桂线过境。

麻垌圩［Mádòngxū］　麻垌镇人民政府驻地。在市政府驻地西山镇南28千米。人口7500。传田垌曾种苎麻，故名。麻垌河流经。聚落呈团块状。有中小学、幼儿园、卫生院、文化站、广播电视站。有麻垌当铺楼。农业以水稻、玉米种植为主，产荔枝、龙眼。服务业以商贸、餐饮、物流为主。通乡村公路。

社步镇［Shèbù Zhèn］　桂平市辖镇。在市境南部。面积126平方千米。人口6.3万。辖1居委会、15村委会，有151自然村。镇人民政府驻社步圩。1958年成立社步公社。1984年设乡。1990年置镇。因镇政府驻地得名。郁江流经。有白石水库。有中学2所，小学16所，卫生院1个，卫生所15个。有幼儿园、文化站、广播电视站、图书室。有习俗四月初八清石、良北抢花炮。农业以水稻、玉米、木薯种植为主，产荔枝、龙眼、三华李、柠檬、簕竹等。工业以造船、建材为主。服务业以商贸、餐饮、物流为主。贵梧高速、省道玉桂线过境。

社步圩［Shèbùxū］　社步镇人民政府驻地。在市政府驻地西山镇南15千米。人口5200。因埠头有社坛得名社埗，简写为今名。郁江流经。聚落呈团块状。有中小学、幼儿园、卫生院、文化站、广播电视站。农业以水稻、玉米、花生种植为主。服务业以商贸、餐饮、物流为主。通乡村公路。

下湾镇［Xiàwān Zhèn］　桂平市辖镇。在市境南部。面积155平方千米。人口7.7万。辖1居委会、14村委会，有187自然村。镇人民政府驻下湾圩。1958年成立下湾公社。1984年设乡。1990年改镇。因镇政府驻地得名。郁江、大洋河流经。有中学2所，小学14所，卫生院1个，卫生所14个。有幼儿园、文化站、广播电视站、图书室。有岭营嘴遗址。农业以水稻、玉米、甘蔗、木薯、花生种植为主。特产芹菜。服务业以商贸、餐饮、物流为主。省道玉桂线过境。

下湾圩［Xiàwānxū］　下湾镇人民政府驻地。在市政府驻地西山镇西南18千米。人口7500。清乾隆年间以界庙对联联尾嵌"厦湾"2字得名厦湾。因处郁江南改今名。聚落呈团块状。有中小学、幼儿园、卫生院、文化站、广播电视站。农业以水稻、玉米、花生种植为主，兼种木薯。服务业以商贸、餐饮、物流为主。省道玉桂线经此。

木根镇［Mùgēn Zhèn］　桂平市辖镇。在市境南部。面积110平方千米。人口6.6万。辖17村委会，有173自然村。镇人民政府驻木根圩。1987年由罗播乡析设木根乡。1993年改镇。因镇政府驻地得名。木根河流经。有金珠山、银盒岭、狮子岭等。有中学1所，小学18所，卫生院1个，卫生所17个。有幼儿园、文化站、广播电视站、图书室。农业以水稻种植为主，产荔枝、龙眼、肉桂、八角。有果场、林场。工业以针织、制砖、石灰加工为主。服务业以商贸、餐饮、物流为主。省道玉桂线过境。

木根圩［Mùgēnxū］　木根镇人民政府驻地。在市政府驻地西山镇南36千米。人口8600。因沿大榕树根周围成圩得名。聚落呈团块状。有中小学、幼儿园、卫生院、文化站、广播电视站。农业以水稻、果树种植为主。服务业以商贸、餐饮、物流为主。省道玉桂线经此。

中沙镇［Zhōngshā Zhèn］　桂平市辖镇。在市境南部。面积206平方千米。人口6.2万。辖23村委会，有304自然村。镇人民政府驻沙坡圩。1958年成立沙坡公社。1982年改沙和公社。1983年改中沙公社。1984年设乡。1987年析设中和乡。1993年置镇。2005年中和镇并入。取中和、沙坡2村首字得名。沙坡河、新安河、谷塘河流经。有中学2所，小学23所，卫生院2个，卫生所23个。有幼儿园、文化站、广播电视站、图书室。有古迹尚德堂。农业以水稻、果树种植为主，产茶叶、八角、肉桂。工业以医药、制塑、印刷、化肥农药加工、农产品加工等为主。服务业以商贸、餐饮、物流为主。县道桂平—中沙线过境。

沙坡圩［Shāpōxū］　中沙镇人民政府驻地。在市政府驻地西山镇南51千米。人口7600。因沙坡河得名。聚落呈团块状。有中小学、幼儿园、卫生院、文化站、广播电视站。农业以水稻种植为主。服务业以商贸、餐饮、物流为主。县道桂平—中沙线经此。

大洋镇［Dàyáng Zhèn］　桂平市辖镇。在市境南部。面积122平方千米。人口8.3万。辖15村委会，有295自然村。镇人民政府驻大洋圩。1958年成立大洋公社。1984年设乡。1990年置镇。因镇政府驻地得名。有黄京山。大洋河流经。有大洋河水库。有中学3所，小学15所，卫生院1个，卫生所15个。有幼儿园、文化站、广播电视站、图书室。有木偶戏团、曲艺队。有古迹大洋桥、三湾御寇殉难义民合葬墓冢、寻欧福兴寺。农业以水稻、玉米种植为主，产荔枝、龙眼、肉桂、西瓜。工业以建材、木材加工、铸造为主。服务业以商贸、餐饮、物流为主。省道玉桂线过境。

大洋圩［Dàyángxū］　大洋镇人民政府驻地。在市政府驻地西山镇西南43千米。人口9400。因大洋河得名。聚落呈团块状。有中小学、幼儿园、卫生院、文化站、广播电视站。有古迹大洋桥。农业以水稻、玉米、花生种植为主。服务业以商贸、餐饮、物流为主。省道玉桂线经此。

大湾镇［Dàwān Zhèn］　桂平市辖镇。在市境西南部。面积134平方千米。人口9.6万。辖1居委会、17村委会，有239自然村。镇人民政府驻大湾圩。1968年成立大湾公社。1984年设乡。1993年置镇。因镇政府驻地得名。郁江流经。有中学2所，小学19所，卫生院1个，卫生所18个。有幼儿园、文化站、广播电视站、图书室。有古迹牛骨坑贝丘遗址、榄冲平遗址、天堂十二山头御寇义勇墓。农业以水稻、甘蔗、果树种植为主。工业以建材为主。服务业以商贸、餐饮、物流为主。桂平—大湾公路过境。

大湾圩［Dàwānxū］　大湾镇人民政府驻地。在市政府驻地西山镇西南36千米。人口7200。郁江经此有大湾，故名。聚落呈团块状。有中小学、幼儿园、卫生院、文化站、广播电视站。农业以水稻种植为主，兼种花生、玉米。服务业以商贸、餐饮、物流为主。桂平—大湾公路经此。

白沙镇［Báishā Zhèn］　桂平市辖镇。在市境西部。面积160平方千米。人口7.9万。辖14村委会，有171自然村。镇人民政府驻白沙圩。1958年成立白沙公社。1984年置镇。1987年析设厚禄乡。因镇政府驻地得名。郁江流经。有中学3所，小学12所，卫生院1个，卫生所14个。有幼儿园、文化站、广播电视站、图书室。有古迹罗丛岩洞穴遗址、屈氏太后墓。农业以水稻、甘蔗、玉米种植为主。工业以陶瓷、建材加工为主。服务业以商贸、餐饮、物流为主。南广高铁过境。

白沙圩［Báishāxū］　白沙镇人民政府驻地。在市政府驻地西山镇西南26千米。人口8700。曾名福隆、回原、中圩。因郁江岸白沙滩改今名。聚落呈团块状。有中小学、幼儿园、卫生院、文化站、广播电视站。农业以水稻种植为主，兼种花生、玉米。服务业以商贸、餐饮、物流为主。桂平—白沙公路经此。

石龙镇［Shílóng Zhèn］　桂平市辖镇。在市境西部。面积284平方千米。人口8.8万。以壮族为主，还有汉族。辖1居委会、20村委会，有209自然村。镇人民政府驻石龙圩。1958年成立石龙公社。1984年设乡。1990年置镇。因镇政府驻地得名。黔江流经。有达开水库。有铅锌、页岩等矿产资源。有中学3所，小学19所，卫生院1个，卫生所20个。有幼儿园、文化站、广播电视站、图书室。有民俗壮族春牛舞、蝴蝶舞。农业以水稻、甘蔗、花生、油茶等种植为主。工业以矿产开采、轧钢、建材、针织、药材加工为主。服务业以商贸、餐饮、物流为主。桂来、贵梧高速，省道南梧线过境。

石龙圩［Shílóngxū］　石龙镇人民政府驻地。在市政府驻地西山镇西30千米。人口8400。以壮族为主，还有汉族等。处龙山东麓石嘴口，故名。聚落呈团块状。有中小学、幼儿园、卫生院、文化站、广播电视站。农业以水稻种植为主。服务业以商贸、餐饮、物流为主。省道南梧线经此。

蒙圩镇［Měngxū Zhèn］　桂平市辖镇。在市境西部。面积239平方千米。人口8.7万。以汉族为主，还有壮族。辖1居委会、15村委会，有149自然村。镇人民政府驻蒙圩。1958年成立蒙圩公社。1984年置镇。因镇政府驻地得名。郁江、独流江流经。有石灰石、大理石、花岗岩、麦饭石、白石等矿产资源。有中学2所，小学16所，卫生院1个，卫生所15个。有幼儿园、文化站、广播电视站、图书室。有古迹流澜清代摩崖石刻、窑岭宋代窑址。农业以水稻、玉米种植为主，兼种大豆、花生、果树。工业以建材、食品加工、采矿、纸制品加工为主。有龙门工业园区。服务业以商贸、餐饮、物流为主。南广高铁、贵梧高速、省道南梧线过境。

蒙圩［Měngxū］　蒙圩镇人民政府驻地。在市政府驻地西山镇西南13千米。人口6600。因蒙姓先居开店得名。聚落呈团块状。有中小学、幼儿园、卫生院、文化站、广播电视站。农业以水稻种植为主。服务业以商贸、餐饮、物流为主。省道南梧线经此。

紫荆镇［Zǐjīng Zhèn］　桂平市辖镇。在市境北部。面积265平方千米。人口2.7万。以汉族为主，还有壮、瑶等民族。辖1居委会、15村委会，有164自然村。镇人民政府驻三江圩。1958年成立紫荆公社。1984年设乡。1993置镇。因山多紫荆树而得名。有洪水顶峰。元安水、大广水、田心水、田泗水、木山水流经。有自治区大平山自然保护区。有中学1所，小学15所，卫生院1个，卫生所14个。有幼儿园、文化站、广播电视站、图书室。有太平军总部紫荆茶地、蓝江冲蓝缸、风门坳太平天国金田起义古战场、大藤峡瑶民起义军营盘、冯云山执教书塾等遗址。有民俗瑶族盘王节。有景点天王谷、十八河漂流等。农业以水稻种植为主。工业以木材、农副产品加工为主。产竹笋、石岩茶、沙姜、香蕈、木耳、凉粉草、茶叶、灵芝、香菇等。服务业以商贸、餐饮为主。平南—武宣公路过境。

三江圩［Sānjiāngxū］ 紫荆镇人民政府驻地。在市政府驻地西山镇西北28千米。人口3600。因处3河汇流处得名。聚落呈团块状。有中小学、幼儿园、卫生院、文化站、广播电视站。农业以水稻种植为主，兼种沙姜、竹笋。服务业以商贸、餐饮、物流为主。平南—武宣公路经此。

南木镇［Nánmù Zhèn］ 桂平市辖镇。在市境北部。面积221平方千米。人口12.8万。辖28村委会，有359自然村。镇人民政府驻南木圩。1951年为第十三区。1958年改南渌公社。1966年改南木公社。1984年设乡。1990年置镇。2005年思宜乡并入。因镇政府驻地得名。有大平山、大塘顶、方台岭、纸条岭。浔江、黔江、南木江流经。有国家级龙潭森林公园。有中学4所，小学28所，卫生院1个，卫生所28个。有幼儿园、文化站、广播电视站、图书室。有古迹宾山寺、江倪口遗址、甘王庙、大藤峡敕赐永通峡石刻、弩滩明代巡检司城址等。有南木镇革命烈士纪念碑。有景点大藤峡。农业以水稻、玉米、淮山、果树、蔬菜种植为主。工业以化工、木材加工、食品加工、建材为主。服务业以商贸、餐饮、物流为主。桂柳公路过境。

南木圩［Nánmùxū］ 南木镇人民政府驻地。在市政府驻地西山镇北11千米。人口7600。因河水由西转南流经得名南渌，以方言谐音简为今名。聚落呈团块状。有中小学、幼儿园、卫生院、文化站、广播电视站。农业以水稻种植为主。服务业以商贸、餐饮、物流为主。桂平—金田公路经此。

江口镇［Jiāngkǒu Zhèn］ 桂平市辖镇。在市境东北部。面积143平方千米。人口12.2万。辖2居委会、20村委会，有211自然村。镇人民政府驻江口圩。1958年成立江口公社。1980年析置江口镇。1984年江口公社并入。因镇政府驻地得名。浔江、大湟江、罗宜水、南木江流经。有中学4所，小学21所，卫生院1个，卫生室20个。有幼儿园、文化站、广播电视站、图书室。有江口镇革命烈士纪念碑。有石头脚太平军行营指挥部遗址、龙门滩新石器遗址、安贞堂。农业以水稻、花生、大豆、蔬菜、竹种植为主。工业以五金加工、造船、制鞋、木器加工、食品加工、针织、藤器编织为主。服务业以商贸、餐饮、物流为主。武宣—平南公路过境。

江口圩［Jiāngkǒuxū］ 江口镇人民政府驻地。在市政府驻地西山镇东北25千米。人口1.2万。以处大湟江入浔江出口处得名大湟江口，简为今名。聚落呈团块状。有中小学、幼儿园、卫生院、文化站、广播电视站。农业以水稻、花生种植为主。服务业以商贸、餐饮、物流为主。武宣—平南公路经此。

金田镇［Jīntián Zhèn］ 桂平市辖镇。在市境北部。面积153平方千米。人口8.5万。以汉族为主，还有壮、瑶等民族。辖1居委会、18村委会，有175自然村。镇人民政府驻金田圩。1958年成立金田公社。1984年置镇。因镇政府驻地得名。有下横顶、大其岭、马河顶。浔江、大湟江、紫荆河流经。有中学4所，小学19所，卫生院1个，卫生所18个。有幼儿园、文化站、广播电视站、图书室。有全国重点文物保护单位金田起义地址之金田营盘，省级文物保护单位太平军前军指挥所旧址三界庙。有古迹莫村太平军总部旧址、武靖州城址、吴巽亭公祠、蔡村江冼氏牌坊、风门坳太平天国金田起义古战场遗址、武平贵三县农军指挥部旧址等。农业以水稻、甘蔗、玉米、花生种植为主，兼种茶。特产金田淮山、黄沙鳖。工业以食品加工、针织、机械加工、建材为主。服务业以商贸、餐饮、物流为主。武宣—平南、桂平—金田公路过境。

金田圩［Jīntiánxū］ 金田镇人民政府驻地。在市政府驻地西山镇北22千米。人口8700。土肥水足，田贵如油，故名。聚落呈团块状。有中小学、幼儿园、卫生院、文化站、广播电视站。有全国重点文物保护单位金田起义地址之金田营盘。农业以水稻、花生种植为主。特产金田淮山、黄沙鳖。服务业以商贸、餐饮、物流为主。武宣—平南、桂平—金田公路经此。

马皮乡［Mǎpí Xiāng］ 桂平市辖乡。在市境东北部。面积63平方千米。人口5.1万。辖8村委会，有97自然村。乡人民政府驻马皮圩。1987年由石咀镇析设马皮乡。因乡政府驻地得名。鱼良河、雅岭河流经。有马皮水库。有中学1所，小学8所，卫生院1个，卫生所8个。有幼儿园、文化站、广播电视站、图书室。有古迹万安寨、关帝庙、五仙桥、思明堂。农业以水稻、甘蔗、花生、玉米种植为主，产龙眼、荔枝、茶叶。工业以锰矿开采、机械、纺织、建材为主。服务业以商贸、餐饮、物流为主。省道南梧线过境。

马皮圩［Mǎpíxū］ 马皮乡人民政府驻地。在市政府驻地西山镇东北17千米。人口6400。因旧时加工马皮得名。聚落呈团块状。有中小学、幼儿园、卫生院、文化站、广播电视站。农业以水稻、花生、玉米种植为主。服务业以商贸、餐饮、物流为主。省道南梧线经此。

垌心乡［Dòngxīn Xiāng］ 桂平市辖乡。在市境北部。面积112平方千米。人口2.8万。辖7村委会，有102自然村。乡人民政府驻垌心圩。1987年由金田镇析设垌心乡。因乡政府驻地得名。有王举水库。罗宜水流经。有中学1所，小学7所，卫生院1个，卫生所7个。有幼儿园、文化站、广播电视站、图书室。农业以水稻、玉米种植为主，产茶叶、水果、淮山、沙姜。工业以针织、木材加工、水电为主。特产谷山粉。服务业以商贸、餐饮、物流为主。柳梧高速、金田—蒙山公路过境。

垌心圩［Dòngxīnxū］ 垌心乡人民政府驻地。在市政府驻地西山镇北28千米。人口7700。因处田垌中心得名。聚落呈团块状。有中小学、幼儿园、卫生院、文化站、广播电视站。农业以水稻、玉米种植为主，产水果。服务业以商贸、餐饮、物流为主。金田—蒙山公路经此。

寻旺乡［Xúnwàng Xiāng］ 桂平市辖乡。在市境中部。面积108平方千米。人口6.3万。辖13村委会，有155自然村。乡人民政府驻寻旺圩。1951年为第四区。1958年改先锋公社。1966年改寻旺公社。1984年改乡。因乡政府驻地得名。浔江、郁江流经。有中学2所，小学12所，卫生院1个，卫生所13个。有幼儿园、文化站、广播电视站、图书室。有省级文物保护单位东塔。有大塘城遗址。农业以水稻、玉米、甘蔗、花生种植为主，产水果、蔬菜。工业以生物化工、建材、机械制造、服装针织、木材加工、农副产品深加工、沙石开采等为主。服务业以商贸、餐饮、物流为主。南广高铁、贵梧高速、358国道、省道南梧线过境。

寻旺圩［Xúnwàngxū］ 寻旺乡人民政府驻地。在市政府驻地西山镇东6千米。人口5100。原名巷口圩，因迁寻放岭改名寻放圩，取兴旺发达之意改今名。聚落呈团块状。有中小学、幼儿园、卫生院、文化站、广播电视站。农业以水稻、玉米种植为主，产水果。服务业以商贸、餐饮、物流为主。358国道经此。

罗播乡［Luóbō Xiāng］ 桂平市辖乡。在市境南部。面积108平方千米。人口5万。辖11村委会，有154自然村。乡人民政府驻罗播圩。1958年成立罗播公社。1984年设乡。1987年析设木根乡。因乡政府驻地得名。大洋河流经。有中学1所，小学11所，卫生院1个，卫生所11个。有幼儿园、文化站、广播电视站、图书室。有宋窑遗址。农业以水稻种植为主，产肉桂、荔枝。工业以建材、木材加工为主。服务业以商贸、餐饮、物流为主。省道玉桂线过境。

罗播圩［Luóbōxū］ 罗播乡人民政府驻地。在市政府驻地西山镇南42千米。人口4300。取意管子“四维不张，国乃灭亡”得名。聚落呈团块状。有中小学、幼儿园、卫生院、文化站、广播电视站。农业以水稻种植为主，产水果。服务业以商贸、餐饮、物流为主。省道玉桂线经此。

厚禄乡［Hòulù Xiāng］ 桂平市辖乡。在市境西部。面积88平方千米。人口5.8万。辖7村委会，有106自然村。乡人民政府驻厚禄圩。1987年由白沙镇析设厚禄乡。因乡政府驻地得名。白马小河流经。有重晶石、石灰石等矿产资源。有中学2所，小学14所，卫生院1个，卫生所8个。有幼儿园、文化站、广播电视站、图书室。农业以水稻、甘蔗、玉米、花生、黄豆种植为主。工业以采选矿、建材为主。服务业以商贸、餐饮、物流为主。南广高铁、贵梧高速过境。

厚禄圩［Hòulùxū］ 厚禄乡人民政府驻地。在市政府驻地西山镇西南28千米。人口6700。以汉族为主，还有壮族。取侯、陆2姓方言同音并寓意“福禄敦厚”得名。聚落呈团块状。有中小学、幼儿园、卫生院、文化站、广播电视站。农业以水稻种植为主，兼种甘蔗、玉米、花生。服务业以商贸、餐饮、物流为主。桂平—厚禄公路经此。

平 南 县

平南县［Píngnán Xiàn］ 贵港市辖县。北纬23°31′，东经110°23′。在市境东北部。面积2988平方千米。人口149.3万。以汉族为主，还有瑶、壮等民族。辖17镇、2乡、2民族乡。县人民政府驻平南镇。唐贞观七年(633)析武林县地置南平县，后改平南县，属龚州。宋开宝五年(972)武林、阳川、隋建、大同4县省入。嘉祐二年(1057)废武郎县人。此后未变，先后属浔州、浔州路、浔州府、郁江道、苍梧道、苍梧民团区、梧州民团区、梧州行政监督区、第三行政督察区、第十三行政督察区、梧州专区、容县专区、玉林专区、玉林地区。1995年属贵港市。处永平郡南，故名。先后建成二环大道、中心购物广场、西街—中心广场步行街、江北大道、迎宾大道、拥军路，改造防洪堤。地势南北高中间低。最高点亚婆揽孙峰海拔1581米，最低点丹竹镇白马村浔江出境点海拔15米。年均气温21.6℃，1月平均气温12.7℃，7月平均气温28.9℃。年均降水量1556.5毫米。浔江、思旺江、乌江、白沙江等流经。有矿产资源锰、铜、铅、锌、金等。有野生植物570多种，其中有国家二级保护野生植物紫荆木、格木、金毛狗、华南五针松。有野生动物70余种，其中有国家一级保护野生动物瑶山鳄蜥，国家二级保护野生动物虎纹蛙、穿山甲、大鲵、白鹭。森林覆盖率60.6%。有中职2所，中学55所，小学279所，幼儿园283所，二级医院4个，图书馆1个，文化馆1个，博物馆1个。有省级文物保护单位平南殉国烈士纪念碑、登塘西汉炼铁遗址等4个。有黄花岗五烈士纪念碑。有省级非物质文化遗产三利小刀锻制工艺、大安校水柜习俗等5项。有民俗平南山歌、思廻石山望、采茶调等。有国家4A级旅游景区5个，国家3A级旅游景区9个。有景点花洲腾龙、正觉寺、新隆丰碑、鹏山、金桂园、龚州生态园、大王余甘果生态园、石硖龙眼母本园等。三次产业比例28：31：41。农业以水稻、甘薯、玉米、大豆种植，生猪、家禽、淡水鱼、龟鳖养殖为主。特产水果、中药材、茶叶。工业以新型建材、保健食品加工、电子、制衣、医疗器械制造为主。服务业以物流、商贸为主。有四星级宾馆1个，三星级宾馆2个。有武林港现代物流园。南广高铁，贵梧、梧柳高速过境。有浔江航道。有平南南站。

平南大桥［Píngnán Dàqiáo］　在县城中部。长925.3米，宽14米，最大跨度96米，桥下净高10米。1988年开工，1992年建成。以县为名。为大型河道桥梁，结构型式为双曲拱桥。最大载重20吨。通公交车。

平南南站［Píngnánnán Zhàn］　见交通运输设施部分“平南南站”条。

平南汽车总站［Píngnán Qìchē Zǒngzhàn］见交通运输设施部分“平南汽车总站”条。

平南镇［Píngnán Zhèn］　平南县人民政府驻地。在县境中部。面积112平方千米。人口23.8万。辖10居委会、8村委会，有81自然村。镇人民政府驻大将社区。1949年设城厢乡。1958年改公社。1961年改镇。1966年更今名。2005年环城镇并入。因县得名。浔江、乌江、谏岭河、大岭河流经。有中学8所，小学17所，二级医院3个，卫生所9个。有省级文物保护单位平南殉国烈士纪念碑。有名胜古迹龚州生态公园、浔江游鱼洲、明诰命尚书张廷纶墓、太平天国林绍璋故居遗址、平南县革命烈士纪念碑等。农业以水稻、玉米、大豆种植，生猪、鸡、鸭、牛、鱼、蛇养殖为主。特产石硖龙眼、荔枝。容县—平南、武宣—平南、金秀—平南公路过境。通公交车。

环城路［Huánchéng Lù］　在县城中部。东南起瑞雁大道，西北至三环大道。与城湖路、西山路、平安路相交。长7千米，宽44米。沥混路面。1993年开工，1998年建成。因环城得名。两侧有中学、大将客运中心等。通多路公交车。

朝阳路［Cháoyáng Lù］　在县城中部。东南起平南二桥，西北至三环大道。与桥北路、仙湖街、朝东三街、城湖路、兴平路等相交。长12千米，宽50米。沥青路面。1986年开工，1992年建成。两侧有政府单位、钢铁市场、同安骨伤医院、中心商业广场、博大医院等。通多路公交车。

城湖路［Chénghú Lù］　在县城中部。西南起城顶街，东北至龚州公园内部道路。与八达街、朝阳路、环城路相交。长4千米，宽30米。混凝土路面。1992年开工，同年建成。地处城区，途经原燕湖（现中心广场），故名。两侧有幼儿园、政府单位、红十字会医院、妇幼保健院、博物馆等。通多路公交车。

大将社区［Dàjiàng Shèqū］　平南镇人民政府驻地。在县境中部。面积3平方千米。人口1万。传洪水时有人得大船桨获救，取桨、将方言同音得名。2008年成立。民居以楼房为主。有志愿服务队。有中小学、平南客运中心。通多路公交车。

平山镇［Píngshān Zhèn］　平南县辖镇。在县境南部。面积115平方千米。人口5.3万。辖1居委会、14村委会，有288自然村。镇人民政府驻平山圩。1949年设平山乡。后改公社。1984年复乡。1992年置镇。因镇政府驻地得名。有望桑岭。泗罗江、桂榄河、黄姜河、木头河、秀新河流经。有中职1所，中学2所，小学15所，卫生院1个，卫生所13个，敬老院1个。有景点金桂园、翰冲隧道。农业以水稻种植，生猪、鸡养殖为主，产龙眼、荔枝、沙田柚、柑橙、茶叶、肉桂。工业以竹木编织、毛织、制衣为主。省道容太、平容线过境。

平山圩［Píngshānxū］　平山镇人民政府驻地。在县政府驻地平南镇南54千米。人口7000。传原产玉桂得名桂堆圩，再建后以处群山环绕平地改今名。聚落呈半环状。有中职、中小学、幼儿园、卫生院、敬老院。农业以毛尖茶、肉桂种植为主。工业以工艺品编织为主。服务业以商贸为主。省道平容线经此。

寺面镇［Sìmiàn Zhèn］　平南县辖镇。在县境南部。面积115平方千米。人口4.5万。辖1居委会、11村委会，有254自然村。镇人民政府驻寺面圩。1949年设寺面乡。1962年改区。后改公社。1984年复乡。1994年改镇。因镇政府驻地得名。寺面河流经。有中学1所，小学12所，卫生院1个，卫生所12个，文化站1个，敬老院1个。有劳五暴动四烈士殉难处纪念碑、新隆劳五暴动烈士墓及纪念碑、新隆边区苏维埃政府旧址。有民俗采茶戏、舞狮。有景点司马第、宝福寺、百树堂、皇宫岭、新隆丰碑、千年古榕等。农业以水稻、玉米种植为主，产荔枝、石硖龙眼、沙田柚、肉桂、茶叶。工业以传统工艺品编织、毛织为主。县道动界—平山线过境。

寺面圩［Sìmiànxū］　寺面镇人民政府驻地。在县政府驻地平南镇南43千米。人口3800。因处寺前成圩得名。聚落呈团块状。有中小学、幼儿园、卫生院、敬老院。有景点千年古榕、新隆丰碑。工业以工艺品编织为主。服务业以商贸为主。县道动界—平山线经此。

六陈镇［Liùchén Zhèn］　平南县辖镇。在县境西南部。面积233平方千米。人口7.4万。辖1居委会、18村委会，有650自然村。镇人民政府驻六陈圩。1958年成立六陈公社。1984年置镇。因镇政府驻地得名。有六陈水库。有中学3所，小学19所，卫生院1个，卫生所16个，文化站1个，敬老院1个。有省级文物保护单位登塘西汉炼铁遗址。有古迹登塘民居、袁醴庭墓。农业以水稻、甘蔗种植为主，产桂花、金茶花、玉桂、百香果、富硒有机茶、铁皮石斛。工业以玉桂、灯饰、机电加工，毛织为主。省道平容线过境。

六陈圩［Liùchénxū］　六陈镇人民政府驻地。在县政府驻地平南镇南39千米。人口7400。因陆、陈氏始建得名陆陈。以方言同音改今名。聚落呈团块状。周隆河、白沙江流经。有中小学、幼儿园、卫生院、敬老院。工业以凉果、桂油、松香加工、电机制造、针织为主。服务业以商贸为主。容武公路经此。

大新镇［Dàxīn Zhèn］　平南县辖镇。在县境南部。面积125平方千米。人口9.7万。辖13村委会，有231自然村。镇人民政府驻大新圩。1958年成立大新公社。1984年改乡。1992年改镇。因镇政府驻地得名。白沙江、石狗河、其陵河、石人河、四冲河等流经。有中学3所，小学19所，卫生院1个，卫生所11个，文化站1个，敬老院1个。有景点金桂园。农业以水稻、甘蔗种植为主，产葛薯、节瓜、香芋、大头菜、黑叶白菜、石硖龙眼。工业以建材、陶瓷、农副产品加工为主。贵梧高速、省道平容线过境。

大新圩［Dàxīnxū］　大新镇人民政府驻地。在县政府驻地平南镇南27千米。人口1100。原名三棵竹，因新建集市渐扩大改今名。聚落呈带状。有中小学、幼儿园、卫生院、敬老院。服务业以商贸为主。容武公路经此。

大黎村［Dàlícūn］　在县政府驻地平南镇南25千米。大新镇辖自然村。人口1.1万。因黎氏始建而得名。聚落呈散状。有小学、卫生室、文化室、露天舞台、篮球场等。农业以水稻、雪里红、山药、莲藕、苦瓜种植为主。有农贸市场。容武公路经此。2011年被评为全国文明村。

大安镇［Dà'ān Zhèn］　平南县辖镇。在县境东部。面积124平方千米。人口10.3万。辖5居委会、20村委会，有169自然村。镇人民政府驻大安圩。1958年成立大安公社。1984年置镇。因镇政府驻地得名。白沙江、上寺河流经。有中学7所，小学20所，二级医院1个，卫生院1个，卫生所19个，文化站1个，敬老院1个。有省级文物保护单位大安古建筑群。有古迹粤东会馆、惠福祠、大安桥、大安古码头、列圣宫。有省级非物质文化遗产牛歌戏、校水柜。有民俗春游、粤曲。农业以水稻、木薯、花生、石硖龙眼、荔枝、马蹄、荔浦芋、生姜种植为主。工业以电子、鞋服、塑料制品加工为主。服务业以商贸、旅游、物流为主。南广高铁、贵梧高速、省道南梧线、容武公路过境。

大安圩［Dà'ānxū］　大安镇人民政府驻地。在县政府驻地平南镇东南22千米。人口1.8万。原名大乌圩，雅称今名。聚落呈团块状。白沙江流经。有中小学、幼儿园、二级医院、卫生院、敬老院。有省级文物保护单位大安古建筑群大王庙。工业以建材、食品加工、化工、制衣为主。服务业以商贸、旅游为主。容武公路经此。

武林镇［Wǔlín Zhèn］　平南县辖镇。在县境东部。面积43平方千米。人口3万。辖1居委会、6村委会，有63自然村。镇人民政府驻武林街。1984年置武林镇。因南宋曾置武林县得名。浔江、白沙江流经。有中学1所，小学8所，卫生院1个，文化中心1个。有佛子公墓。有民俗粤剧、舞狮、正月抢花炮、端午划龙舟。农业以水稻、花生、香芋、生姜种植，生猪、鱼、蚕养殖为主。工业以造船、建材为主。有武林港物流园。南广高铁、容武公路过境。浔江通航。有武林港口。

武林街［Wǔlínjiē］　武林镇人民政府驻地。在县政府驻地平南镇东南20千米。人口6200。聚落呈团块状。浔江流经。有中小学、幼儿园、卫生院。有古迹武林三界庙、镇龙庙等。工业以造船、塑编为主。服务业以商贸为主。容武公路经此。

大坡镇［Dàpō Zhèn］　平南县辖镇。在县境东南部。面积111平方千米。人口3.9万。辖1居委会、11村委会，有227自然村。镇人民政府驻大坡圩。1949年设大坡乡。后改公社。1984年复乡。1994年置镇。因镇政府驻地得名。有猪母岭、大雾岭。大坡河、石狗河流经。有中学2所，小学12所，卫生院1个，卫生所11个，文化站1个，敬老院1个。有民俗舞狮。农业以水稻、玉米、花生、肉桂、茶叶、松脂、油茶、黑榄种植为主。工业以木材加工、制砖、编织、毛织为主。县道大洲—寺面线过境。

大坡圩［Dàpōxū］　大坡镇人民政府驻地。在县政府驻地平南镇东南40千米。人口3700。原名永安街，因处大山坡下改今名。聚落呈团块状。大坡河流经。有中小学、幼儿园、卫生院、敬老院。有大坡人民英雄纪念碑。工业以木材加工、针织、工艺品加工、食品加工为主。服务业以商贸为主。县道大洲—寺面线经此。

大洲镇 [Dàzhōu Zhèn] 平南县辖镇。在县境东部。面积118平方千米。人口4.3万。辖1居委会、13村委会,有258自然村。镇人民政府驻大洲圩。1949年设大洲乡。1951年并入第五区。1984年复乡。1994年置镇。因镇政府驻地得名。有沙灵、分界塘、狂塘等水库。上寺河流经。有中学3所,小学14所,卫生院1个,卫生所12个,文化站1个,敬老院1个。农业以水稻、玉米、木薯、木材、篙竹、松脂、蘑菇、荔枝、龙眼种植为主。有茶场、林场。工业以木竹加工为主。贵梧高速过境。

大洲圩 [Dàzhōuxū] 大洲镇人民政府驻地。在县政府驻地平南镇东南37千米。人口5800。因处洲渚边得名。聚落呈团块状。上寺河流经。有中小学、幼儿园、卫生院、敬老院。农业以松脂、木薯、蘑菇种植为主。工业以木竹制品加工为主。服务业以商贸为主。平南—大坡公路经此。

镇隆镇 [Zhènlóng Zhèn] 平南县辖镇。在县境西部。面积179平方千米。人口8.8万。以汉族为主,还有壮族。辖1居委会、19村委会,有148自然村。镇人民政府驻镇隆圩。1949年设镇隆乡。后改公社。1984年复乡。1986年析设富藏乡。1994年置镇。2005年富藏乡并入。因镇政府驻地得名。有大王岭、白面崖。石古河、天竺河、西河流经。有石灰石、赤砂岩、红砂岩、铝土、锰等矿产资源。有中学4所,小学20所,卫生院2个,卫生所20个,文化站1个,老年活动中心1个。有古迹中团谢氏民居。有民俗木偶戏。农业以水稻种植,猪、三黄鸡、黄沙鳖养殖为主,产石硖龙眼、荔枝、甘蔗、蚕桑、甜笋。工业以建材、采矿、木材加工、服装纺织为主。有临江工业园区。南广高铁,贵梧高速,省道南梧、平容线过境。有平南南站。

镇隆圩 [Zhènlóngxū] 镇隆镇人民政府驻地。在县政府驻地平南镇南15千米。人口6000。传清乾隆年间有"龙"至此被"神仙"镇住,故取名"镇龙圩"。后人以"龙""隆"同音更名"镇隆圩"。有矿产资源赤砂岩。聚落呈团块状。有中小学、幼儿园、卫生院。农业以石硖龙眼、荔枝种植为主。服务业以商贸为主。省道南梧、平容线经此。

上渡镇 [Shàngdù Zhèn] 平南县辖镇。在县境中部。面积96平方千米。人口8.5万。辖1居委会、10村委会,有116自然村。镇人民政府驻下渡头。1987年由环城乡析设上渡乡。1992年置镇。2005年大成乡并入。因镇政府原驻地处浔江平南县城段上游渡口得名。浔江、黄京冲、渭河、芳岭河、河口河流经。有中学3所,小学21所,卫生院2个,卫生所11个。有古迹郭县古城遗址、渌水灵渊古泉、新埠赞绪公祠、大乙岭抗日阵亡官兵墓。有省级非物质文化遗产三利小刀锻制工艺。农业以水稻种植,蚕、瘦肉型猪、三黄鸡养殖为主,产石硖龙眼、荔枝、甘蔗。有新桥农场。工业以建材、电子、服装、皮具、农产品加工为主。省道平容线过境。

下渡头 [Xiàdùtóu] 上渡镇人民政府驻地。在县政府驻地平南镇南3千米。人口4700。处浔江平南县城段下游,北有渡口,故名。聚落呈带状。有中小学、幼儿园、卫生院。有大乙岭抗日阵亡官兵墓。农业以石硖龙眼、荔枝种植,蚕茧养殖为主。服务业以商贸为主。省道平容线经此。

安怀镇 [Ānhuái Zhèn] 平南县辖镇。在县境中部。面积209平方千米。人口6.8万。辖12村委会,有178自然村。镇人民政府驻安怀圩。1958年成立安怀公社。1984年设乡。1992年置镇。因镇政府驻地得名。秦川河流经。有中学3所,小学12所,卫生院1个,卫生所12个,文化站1个,敬老院1个。有古迹上巷古火葬场、都坡塔、大峡口救国阵亡烈士义冢等。有民俗牛歌戏。有景点大桂山、大佛子山庄、旺山冲休闲观光园。农业以水稻、花生、甘蔗种植为主,产团罗茶、罗平椪柑、旺官大米、肉桂、莲藕、半夏、石硖龙眼。工业以医药、建材、皮具、农产品深加工为主。梧柳高速过境。

安怀圩 [Ānhuáixū] 安怀镇人民政府驻地。在县政府驻地平南镇北8千米。人口4500。原名长安,因建新圩取意"老安少怀"改今名。聚落呈团块状。有中小学、幼儿园、卫生院。服务业以商贸为主。平南—同和公路经此。

丹竹镇 [Dānzhú Zhèn] 平南县辖镇。在县境东部。面积159平方千米。人口11万。以汉族为主,还有壮、瑶等民族。辖1居委会、11村委会,有154自然村。镇人民政府驻丹竹圩。1958年成立丹竹公社。1984年置镇。1986年析设东华、赤马2乡。2005年赤马乡并入。因镇政府驻地得名。浔江、秦川河、状元河流经。有中学7所,小学12所,卫生院2个,卫生所12个,文化站1个,敬老院1个。有古迹白马状元庙遗址、袁崇焕故居遗址、三边总制坊、溪头坤德石桥。农业以水稻、花生种植为主,产石硖龙眼、葛薯、大青枣、木薯、大玉余甘果。工业以建材、冶炼为主。有丹竹工业园。梧柳高速,平太、容太公路过境。

丹竹圩 [Dānzhúxū] 丹竹镇人民政府驻地。在县政府驻地平南镇东南16千米。人口3400。因曾有丹竹得名。聚落呈团块状。有中小学、幼儿园、卫生院、天主堂。农业以青枣、西瓜、沙梨种植为主。服务业以商贸为主。平太公路经此。

官成镇 [Guānchéng Zhèn] 平南县辖镇。在县境中部偏北。面积203平方千米。人口10.2万。辖1居委会、16村委会,有221自然村。镇人民政府驻官成圩。1958年成立官成公社。1984年置镇。因镇政府驻地得名。乌江、八垌河流经。有官成、马颈水库。有中学5所,小学17所,卫生院1个,卫生所17个,文化站1个,老年活动中心1个,敬老院1个。有省级文物保护单位畅岩石山二程夫子读书遗址。有古迹畅岩石山九重门古文化遗址、太平天国豫王胡以晃罗文村旧居、飞鼠岩古文化遗产、六公岩古文化遗址、苏村汉墓群。有景点三宝山、乌龙冲、大旺石山。农业以水稻种植,鳖、生猪养殖为主,产荔枝、龙眼、火龙果。工业以建材、非金属矿开采、农副食品加工为主。梧柳高速过境。

官成圩 [Guānchéngxū] 官成镇人民政府驻地。在县政府驻地平南镇西北13千米。人口5800。清末官村与自然村合并成圩,故名。聚落呈团块状。乌江流经。有中小学、幼儿园、卫生院、敬老院、老年活动中心。有官成烈士纪念碑、太平天国官村大捷遗址。农业以龙眼、荔枝种植为主。服务业以商贸为主。平南—金秀公路经此。

思旺镇 [Sīwàng Zhèn] 平南县辖镇。在县境西部。面积173平方千米。人口9.8万。辖1居委会、16村委会,有153自然村。镇人民政府驻思旺圩。1958年成立思旺公社。1984年置镇。1986年析设思界乡。因镇政府驻地得名。思旺河流经。有中学4所,小学18所,卫生院1个,卫生所17个,文化站1个,敬老院1个。有名胜古迹永隆桥、上宋民居、桃花山、阳川县古城址、营盘黄氏民居、大王庙、太平天国迎主之战遗址。农业以水稻、淮山、粉葛、沙姜、荔枝、龙眼种植为主。工业以蔬菜、水果深加工,编织为主。梧柳高速、平南—金田公路过境。

思旺圩 [Sīwàngxū] 思旺镇人民政府驻地。在县政府驻地平南镇西北18千米。人口4500。唐永隆二年(681)建永隆市,清乾隆年间迁东岸重建后更今名,取意希望兴旺。聚落呈团块状。有中小学、幼儿园、卫生院、敬老院。有思旺永隆迎主之战遗址。工业以农产品加工、编织为主。服务业以商贸为主。通乡村公路。

大鹏镇 [Dàpéng Zhèn] 平南县辖镇。在县境西北部。面积222平方千米。人口4.6万。以瑶族为主,还有壮、汉等民族。辖1居委会、15村委会,有179自然村。镇人民政府驻大鹏圩。1958年成立大鹏公社。1984年设乡。1992年置镇。因镇政府驻地得名。有将军山、阆石山等。大鹏河、花王河、农福河流经。有中学1所,小学18所,卫生院1个,卫生所15个,文化站1个,敬老院1个。有古迹南汉梁嵩故居、太平天国赞王蒙得恩故居、太平军上帝坪团营及打武器遗址、新塱状元庙。有民俗茶剧、木偶、八音、牛歌戏。有景点北帝山漂流、亚婆揽孙山。农业以水稻、玉米、木薯种植为主,产八角、肉桂、茶叶、麻竹笋、中药材。工业以纺织、水电、木材家具加工为主。梧柳高速、平南—金秀公路过境。

大鹏圩 [Dàpéngxū] 大鹏镇人民政府驻地。在县政府驻地平南镇西北32千米。人口3700。处鹏化山区,故名。聚落呈带状。大鹏河流经。有中小学、幼儿园、卫生院、敬老院。农业以茶叶、八角、生姜、肉桂、麻竹笋种植为主。服务业以商贸为主。通乡村公路。

同和镇 [Tónghé Zhèn] 平南县辖镇。在县境东北部。面积196平方千米。人口5.4万。辖14村委会,有278自然村。镇人民政府驻大旺圩。民国曾设同和乡。1958年成立同和公社。1984年复乡。1992年改镇。取意"大同和谐"得名。大同江流经。有中学2所,小学22所,卫生院1个,卫生所14个,文化站1个,敬老院1个。有大同县古城遗址、天王洪秀全大旺圩码头发诏令地址、古楼村汉墓群。农业以水稻种植,生猪、三黄鸡养殖为主,产木薯、淮山、椪柑、茶叶、中草药。工业以化工、机械制造为主。平南—金秀公路过境。

大旺圩 [Dàwàngxū] 同和镇人民政府驻地。在县政府驻地平南镇北30千米。人口3000。因大王庙得名大王圩,以谐音改今名。聚落呈带状。大同江流经。有中小学、幼儿园、卫生院、敬老院。有花枝岭烈士纪念陵园。服务业以商贸为主。特产同和扣肉。平南—金秀公路经此。

东华乡 [Dōnghuá Xiāng] 平南县辖乡。在县境东部。面积83平方千米。人口4.5万。辖1居委会、5村委会,有51自然村。乡人民政府驻东平埌。1986年由丹竹镇析设东华乡。取东平、兴华2村各一字得名。秦川河流经。有东平水库。有中学1所,小学5所,卫生院1个,卫生所6个。有黄花岗烈士纪念公园。有周村汉墓群、东平村古民居建筑群。农业以水稻种植为主,产龙眼、莲藕、花生、板栗。梧柳高速过境。

东平埌 [Dōngpínglàng] 东华乡人民政府驻地。在县政府驻地平南镇东15千米。人口1.5万。因地处县城东,为平地小圩场,俗称"埌"而得名。聚落呈团块状。有中小学、幼儿园、卫生院。农业以莲藕、花生、板栗种植为主。服务业以商贸为主。丹竹—东平公路经此。

思界乡 [Sījiè Xiāng] 平南县辖乡。在县境西部。面积45平方千米。人口3.8万。辖6村委会,有38自然村。乡人民政府驻思界圩。1987年由思旺镇析设思界乡。因乡政府驻地得名。浔江流经。有中学1所，小学6所，卫生院1个，卫生所7个。有相思洲遗址、阳川县古城址。农业以水稻种植为主，产花生、黄豆、荔浦芋、石硖龙眼、荔枝。工业以编织、制砖为主。平南—武宣公路过境。

思界圩［Sījièxū］　思界乡人民政府驻地。在县政府驻地平南镇西北10千米。人口800。处思旺边陲，与桂平县隔江为界，故名。聚落呈团块状。浔江流经。有中小学、幼儿园、卫生院。服务业以商贸为主。平南—武宣公路经此。

国安瑶族乡［Guó'ān Yáozú Xiāng］　平南县辖乡。在县境北部。面积110平方千米。人口2.4万，其中瑶族占83%，还有汉族。辖1居委会、9村委会，有79自然村。乡人民政府驻国安圩。1984年设国安乡。1993年改今名。因乡政府驻地得名。思旺河流经。有田贵水库。有中学1所，小学8所，卫生院1个，卫生所7个。有洪秀全、冯云山组织拜上帝会，发出会师金田团营令，花洲首义等旧址。有景点花洲村、北帝山、加山瀑布、细坳瑶鹰嘴。农业以竹木、茶叶、药材、八角、凉粉草种植为主。工业以纺织、水电、木材家具加工为主。梧柳高速过境。

国安圩［Guó'ānxū］　国安瑶族乡人民政府驻地。在县政府驻地平南镇北24千米。人口3000。以瑶族为主，还有汉、壮等民族。取意国泰民安得名。聚落呈团块状。有中小学、幼儿园、卫生院。服务业以商贸为主。甘雅—国安公路经此。

马练瑶族乡［Mǎliàn Yáozú Xiāng］　平南县辖乡。在县境北部。面积236平方千米。人口4.6万，其中瑶族占65%，还有汉、壮等民族。辖12村委会，有234自然村。乡人民政府驻马练圩。1958年成立马练公社。1984年改马练瑶族乡。因乡政府驻地得名。大同江流经。有中学2所，小学12所，卫生院1个。有古迹天王洪秀全山人村住地遗址、武郎县古城址、郭家祠堂。农业以木材、肉桂、竹笋、香菇、茶叶、油茶、中草药种植为主。工业以木材加工为主。平南—金秀公路过境。

马练圩［Mǎliànxū］　马练瑶族乡人民政府驻地。在县政府驻地平南镇北43千米。人口4100。以瑶族为主，还有汉、壮等民族。传因人马易滚下山沟得名。聚落呈团块状。有中小学、幼儿园、卫生院。服务业以商贸、餐饮为主。平南—金秀公路经此。

玉林市

玉林市［Yùlín Shì］　广西壮族自治区辖地级市。北纬21°37′—23°07′，东经109°32′—110°53′。在自治区境东南部。面积12828平方千米。户籍人口722.2万，常住人口576万。以汉族为主，还有壮、瑶、侗、苗等民族。辖玉州、福绵2区，容县、陆川、博白、兴业4县，代管北流县级市。市人民政府驻玉州区。秦置桂林郡。西汉元鼎六年(前111)改桂林郡为鬱林郡(“鬱”已简化为“郁”)，因草木葱郁而得名。唐乾封元年(666)鬱林郡改名鬱林州，治今玉林市境。宋开宝七年(974)废牢、党、岩3州入鬱林州。政和元年(1111)废白州入鬱林州。清雍正三年(1725)改鬱林州为鬱林直隶州。1913年为鬱江道。1914年改苍梧道。1932年改梧州民团区，1934年改梧州行政监督区。1936年分梧州行政监督区置浔州行政监督区(治今桂平)和鬱林行政监督区(治今玉林)。1949年12月设鬱林专区，1951年改置容县专区。1956年更改地名生僻字，改“鬱林”为“玉林”。1958年撤容县专区，置玉林专区，治今玉林。1971年改玉林地区。1983年撤玉林县改设县级玉林市。1997年撤玉林地区和县级玉林市，设地级玉林市。处桂东南丘陵地。最高点大容山主峰莲花顶海拔1275.6米，最低点博白县龙潭镇茅坡村西井屯海拔8米。有玉林盆地，南流江、九洲江谷地。年均气温22.3℃，1月平均气温22℃，7月平均气温30.5℃。年均降水量1385.2毫米。年均无霜期346天。黔江、郁江、南流江、九洲江流经。有矿产资源锰、锡、金、银、钛铁、锆英石等。有野生植物246种，其中有国家重点保护野生植物树厥、紫荆木、香花木、格木、猪血木等。有野生动物368种，其中有国家重点保护野生动物白颈长尾雉、蟒、豹、黑鹳、中华秋沙鸭、短尾猴、猕猴、穿山甲、豺、水獭、斑林狸等45种。森林覆盖率62.4%。有高校1所，中学235所、小学1475所，三级医院5个，体育场馆7个。有省级文物保护单位高山村古建筑群、铜州书院、俞家舍等。有古迹经略台真武阁、鬼门关、谢鲁山庄。有纪念地太平天国金田起义旧址、太平军前线指挥所三界庙遗址、中共广西省第一次代表大会旧址。有国家级非物质文化遗产博白采茶戏、广西八音。有国家4A级旅游景区都桥山、云天民俗文化城、大容山森林公园等。三次产业比例19∶44∶37。农业以水稻种植，生猪、三黄鸡养殖等为主。特产沙田柚、玉林八角、兴业茶、陆川猪等。工业以内燃机、日用陶瓷、混凝土建材、皮革服装、食品加工等为主。服务业以旅游、商贸、物流为主。有铁路542.5千米，高速253.5千米，公路1万千米，内河航线255千米。黎湛、益湛、洛湛、玉铁铁路，324国道，广昆、资铁高速，省道来宾—玉林、北流—宝圩、岑溪南渡—陆川线过境。

玉林［Yùlín］　玉林市聚落。在市境中部。面积68平方千米。人口55.7万。以汉族为主，还有壮、瑶、侗、苗等民族。先后建成玉林国际会展中心、龟山公园、清湾江公园、南流江公园，建清湾江三桥、人民西路下穿式立交桥、友贤桥、云香桥，改扩建二环路、金牛路、江南大道、五里桥路、庆丰路、江滨路等。有标志性建筑云天宫、体育馆。行政办公区以玉东为中心，中心城区以居住生活区为主，综合服务区及商业商务设施镶嵌其中，绿地休闲区呈现“大分散小集中”的格局，工业发展区分布在城区南侧及西北侧，呈组团式布局，物流仓储区随工业发展区点状分布。有多种交通运输方式，干支线交错、街巷密布。

玉福路［Yùfú Lù］　在市区西部。北起新雨善桥，南至罗万福路。与双拥路、东福路、兴福路、天河路相交。长3.13千米，宽12米。混凝土路面。1999年开工，同年建成。取玉林、福绵2区首字得名。两侧有福绵区妇幼保健院、福绵区交通运输局等。通公交车。

玉　州　区

玉州区［Yùzhōu Qū］　玉林市人民政府驻地。在市境中部。面积464平方千米。人口64.8万。以汉族为主，还有苗、瑶、满等民族。辖5街道、4镇。区人民政府驻玉城街道。1997年由县级玉林市析设玉州区。取玉林县、古鬱林州各一字得名。先后建成大府园燕赵商城、凯旋世纪。城市东部为行政办公、文化娱乐、教育科研等公共服务设施。城市中部为商业文化中心。南部为工业区。南流江、清湾江流经。有高校4所，中学19所，小学91所，特殊教育学校1所，三级医院5个，二级医院5个，体育馆2个。有省级文物保护单位高山村古建筑群。有景点云天文化城、鬼门关、佛子山、龟山、狮山、五彩田园、园博园。三次产业比例5∶37∶58。农业以水稻、玉米、甘蔗、花生种植为主。工业以机械动力、食品制药、混凝土、服装皮革制造等为主。服务业以商贸、物流、旅游为主。黎湛、洛湛、玉铁铁路，广昆、资铁高速，324国道，玉桂公路过境。有玉林站。

市政广场［Shìzhèng Guǎngchǎng］　在城区东部。面积8公顷。2008年开工，2010年建成。因处市政府办公大楼前得名。有喷泉、景观柱、广场庭院、绿地庭院等。有地埋灯、火种华灯。绿化面积51301平方米。为市重大庆典举办地和市民休闲活动主要场所。周边有市文化艺术中心。通公交车。

文化广场［Wénhuà Guǎngchǎng］　在城区中部。面积5公顷。1998年开工，2000年建成。因用于各类文化活动得名。广场中心地面为铜鼓造型，南侧有语言学家王力雕像，有水池、花坛、绿化植物花卉等，绿化面积约2公顷。为市民休闲、娱乐场所。周边有玉林电视台、市邮政局。通公交车。

人民路［Rénmín Lù］　在区境中部。东起秀水路，西至玉博大道。与文体路、二环路、金玉路等相交。长10千米，宽30米。混凝土路面。1993年开工，2001年建成。两侧有市教育局、市三中、玉林晚报社、市中医院等。通公交车。

民主路［Mínzhǔ Lù］　在区境中部。南起二环南路，北至二环北路。与苗园路、新民路、会展路等相交。长7.5千米，宽30米。混凝土路面。1988年开工，1989年建成。2006年扩建。两侧有市理工学校、市南方职业学校、安宁医院等。通公交车。

教育路［Jiàoyù Lù］　在区境中部。东起龟山大道，西至一环西路。与金玉路、一环东路、一环北路、民主中路、清宁路等相交。长13千米，宽30米。混凝土路面。1983年开工，同年建成。2001年改建，2006年建成。因沿线学校多得名。两侧有农贸市场、市道路交通指挥中心、市师范学院等。通公交车。

一环路［Yīhuán Lù］　在区境中部。东起民主路，西至永安桥。与人民路、教育路、新民路相交。长9.8千米，宽60米。混凝土路面。1983年开工，1986年建成。2007年改建。两侧有市第二人民医院、市艺术文化城、花园国际大酒店等。通公交车。

二环路［Èrhuán Lù］　在区境中部。南起玉博大道，北至玉兴大道。与324国道、民主路、教育路、人民路相交。长22千米，宽80米。混凝土路面。1996年开工,2011年建成。两侧有市政广场、市博物馆等。通公交车。

广场东路［Guǎngchǎng Dōnglù］ 在区境中部。东北起二环东路与玉东大道相接,南至江滨路。与金玉路、人民路相交。长3千米,宽30米。混凝土路面。2000年开工,2003年建成。因在文化广场东得名。两侧有文化广场、运美旅游汽车站。通公交车。

玉东大道［Yùdōng Dàdào］ 在区境东部。西起二环北路,东至龟山路。与广场东路、文体路相交。长4.8千米,宽60米。混凝土路面。2007年开工,2011年建成。因地处玉林城区东边而得名。两侧有市公安局、玉东小学等。通公交车。

永安桥［Yǒng'ān Qiáo］ 在城区西部。长165米,宽24米,最大跨度150米,桥下净高8米。1988年开工,1989年建成。取永保平安之意。为中型河道桥梁,结构型式为梁式桥。最大载重20吨。通公交车。

南江桥［Nánjiāng Qiáo］ 在城区中部。长100米,宽30米,最大跨度80米,桥下净高8米。原为木桥,建于1956年。1961年改建,2009年重建。因跨南流江得名。为小型河道桥梁,结构型式为钢筋混凝土T型梁桥。最大载重30吨。通公交车。

排埠桥［Páibù Qiáo］ 在城区中部。长100米,宽30米,最大跨度60米,桥下净高7米。1967年建。2002年重建,2003年建成。以桥所在地得名。古代以竹排过渡人城谓之“排埠”。为小型河道桥梁,结构型式为梁式桥。最大载重20吨。通公交车。

玉林站［Yùlín Zhàn］ 见交通运输设施部分“玉林站”条。

玉林客运中心［Yùlín Kèyùn Zhōngxīn］ 见交通运输设施部分“玉林客运中心”条。

玉林运美汽车总站［Yùlín Yùnměi Qìchē Zǒngzhàn］ 见交通运输设施部分“玉林运美汽车总站”条。

玉城街道［Yùchéng Jiēdào］ 玉州区人民政府驻地。在区境中部。面积11平方千米。人口15.3万。2003年玉林镇改置玉城街道。处玉州区城区中心而得名。先后建成美林步行街、东门广场,改造解放路、玉州路、内环路骑楼街。南流江、清湾江流经。有中专2所,中学5所,小学21所,三级医院5个,二级医院3个,卫生服务中心1个,卫生室92个。有古迹大成殿、云龙桥。有景点人民公园、云天文化城。工业以彩印包装、电线电缆、汽车配件、机械铸造、食品制药、服装为主。黎湛铁路过境。通公交车。

南江街道［Nánjiāng Jiēdào］ 属玉州区。在区境南部。面积83平方千米。人口13万。2005年由南江镇改设。因南流江得名。先后建成银丰中药港及盛世江南等商住小区,改扩建民主南路、江南大道、金港大道、新民路、苗园路、万良路。南流江流经。有中学10所,小学26所,二级医院2个,卫生服务中心1个,卫生室59个。有体育馆、公园、会展中心。有古迹云龙桥。农业以水稻、蔬菜、果树、花卉种植,猪、牛、淡水鱼养殖为主。黎湛、益湛铁路过境。通公交车。

城西街道［Chéngxī Jiēdào］ 属玉州区。在区境西部。面积28平方千米。人口4.6万。2005年由城西镇改设。因位置得名。南流江、清湾江流经。有中学6所,小学14所,卫生服务中心1个,卫生室32个。农业以水稻、甘蔗、香蕉种植为主。工业以印刷、铸造、服装制造、电子为主。服务业以物流为主。黎湛铁路、324国道过境。通公交车。

城北街道［Chéngběi Jiēdào］ 属玉州区。在区境北部。面积64平方千米。人口5.1万。2005年由城北镇改设。因位置得名。清湾江、大梁江流经。有中学2所,小学17所,卫生服务中心1个,卫生室13个。有省级文物保护单位高山村古建筑群。农业以水稻、番石榴、香蕉种植为主。工业以食品加工、铝材加工、五金制造、汽车配件、纺织为主。岑兴高速、324国道、玉桂公路过境。通公交车。

高山村［Gāoshāncūn］ 在区政府驻地玉城街道北5千米。属城北街道。人口4100。因北靠山岭,地势较高得名。聚落呈团块状。为中国历史文化名村。有省级文物保护单位高山村古建筑群。明代后期至清末共有进士4名,举人21名,秀才234名。农业以水稻、花生种植为主。玉桂公路经此。

名山街道［Míngshān Jiēdào］ 属玉州区。在区境东部。面积34平方千米。人口12万。2005年由名山镇改设。以名士题诗“宝藏之名山”得名。南流江、清湾江流经。有中学7所,小学13所,卫生服务中心1个,卫生室8个。有体育馆、图书馆、博物馆。服务业以商贸、餐饮、物流为主。324国道过境。通公交车。

茂林镇［Màolín Zhèn］ 玉州区辖镇。在区境东部。面积84平方千米。人口8.1万。辖16居委会、22村委会,有149自然村。镇人民政府驻茂林圩。1961年成立茂林公社。1984年改乡。1995年改镇。因镇政府驻地得名。南流江流经。有中学2所,小学22所,卫生院1个,卫生所22个。有景点湿地公园、五彩田园景区。农业以水稻、甘薯、甘蔗种植为主。工业以化工、铸造、五金制造为主。益湛铁路、玉林绕城高速、324国道过境。

茂林圩［Màolínxū］ 茂林镇人民政府驻地。在区政府驻地玉城街道东北10千米。人口800。因森林茂密得名。聚落呈团块状。有小学、卫生院。农业以荔枝、龙眼、番薯种植为主。特产茂林豆腐。服务业以商贸为主。324国道经此。

仁东镇［Réndōng Zhèn］ 玉州区辖镇。在区境北部。面积65平方千米。人口5.9万。辖1居委会、12村委会,有52自然村。镇人民政府驻仁东圩。1949年设仁东乡。1955年改区,后改公社。1984年复改乡。1990年改镇。因镇政府驻地得名。三山江流经。有中学2所,小学13所,卫生院1个,卫生室30个。农业以水稻、香蒜、番薯、花生种植为主。黎湛铁路、广昆高速、324国道过境。

仁东圩［Réndōngxū］ 仁东镇人民政府驻地。在区政府驻地玉城街道东北7千米。人口900。因处原仁厚乡东部得名。聚落呈带状。有中小学、卫生院。服务业以商贸为主。特产香蒜。324国道经此。

仁厚镇［Rénhòu Zhèn］ 玉州区辖镇。在区境东部。面积36平方千米。人口3.1万。辖9村委会,有38自然村。镇人民政府驻仁厚圩。1949年曾设仁厚乡。1955年属仁东区。1987年由仁东乡析设仁厚乡。2000年改镇。因镇政府驻地得名。有中学1所,小学10所,卫生院1个,卫生室8个。农业以水稻、香蒜、花生、甘薯种植为主。黎湛铁路、324国道过境。

仁厚圩［Rénhòuxū］ 仁厚镇人民政府驻地。在区政府驻地玉城街道东11千米。人口900。明代蔡氏建村,以“仁义忠厚”为名。聚落呈团块状。有中小学、卫生院。服务业以商贸为主。特产甘薯。通公交车。

大塘镇［Dàtáng Zhèn］ 玉州区辖镇。在区境北部。面积33平方千米。人口2.4万。辖5村委会,有35自然村。镇人民政府驻大塘圩。1952年设大塘乡,后改公社。1990年城北乡2村、卖酒乡2村、小平山乡1村并入。2001年改镇。因镇政府驻地得名。大梁江流经。有中学1所,小学5所,卫生院1个,卫生室4个。农业以水稻、荔枝、八角种植为主。工业以烟花爆竹、食品加工、机械配件制造为主。广昆高速、玉石公路过境。

大塘圩［Dàtángxū］ 大塘镇人民政府驻地。在区政府驻地玉城街道北10千米。人口1100。因圩边有大水塘得名。聚落呈带状。有中小学、卫生院。服务业以商贸为主。特产酥肉、米粉、八角。通乡村公路。

福 绵 区

福绵区［Fúmián Qū］ 玉林市辖区。在市境西南部。面积829平方千米。人口42万。以汉族为主,还有壮、苗、瑶、布依等民族。辖6镇。区人民政府驻福绵镇。1997年设福绵管理区。2013年设立福绵区。传该地盛长木棉树,民众受益甚多,福祉延绵之意而得名。南流江、清湾江、车陂江流经。有中学14所,小学107所。有国家4A级旅游景区六万山森林公园。有景点梦幻水乡、长和农业生态园、六龙村。三次产业比例36∶40∶24。农业以水稻、玉米、甘蔗、花生种植为主。工业以纺织服装、机械制造为主。服务业以旅游、物流、电子商务为主。玉铁铁路、资铁高速、241国道、省道来宾—玉林线过境。

福绵镇［Fúmián Zhèn］ 福绵区人民政府驻地。在区境东北部。面积73平方千米。人口8.6万。辖6居委会、19村委会,有153自然村。镇人民政府驻福绵圩。民国时曾设福绵乡。1955年设福绵区。1957年改乡,后改公社。1965年属玉林县。1984年改镇。1997年属玉州区。2013年属福绵区。因镇政府驻地得名。南流江、车陂江流经。有中学3所,小学21所,卫生院1个,卫生所58个。有景点万济桥、长和农业生态园。农业以水稻、蔬菜种植为主。工业以服装加工为主。省道来宾—玉林线过境。

福绵圩［Fúmiánxū］ 福绵镇人民政府驻地。在镇境西南部。人口3000。因多木棉树,民众受益甚多,取“福泽绵长”之意。聚落呈团块状。有小学、卫生室、文化站、万济桥。农业以水稻、蔬菜种植为主。工业以服装加工为主。福绵—新桥、福绵—石南公路经此。

成均镇［Chéngjūn Zhèn］ 福绵区辖镇。在区境西北部。面积218平方千米。人口7.7万。辖1居委会、22村委会,有201自然村。镇人民政府驻成均圩。民国时曾设成均乡。1955年设成均区。1957年改乡,后改公社。1984年复改乡。1995年改镇。1997年属玉州区。2013年属福绵区。因镇政府驻地得名。有中学2所,小学24所,卫生院1个,卫生所47个。有景点江口水库“梦幻水乡”、六万山森林公园。农业以水稻、香蕉、八角、杉树、松树、桉树种植为主。省道来宾—玉林线过境。

成均圩［Chéngjūnxū］ 成均镇人民政府驻地。在区政府驻地福绵镇西北7千米。人口1000。传此地有守护郁林城的驻军而得名“城军”,后更今名。聚落呈带状。有小学、卫生室、革命烈士纪念碑。工业以制衣、木材加工等为主。服务业以商贸、餐饮、旅游等为主。玉林—六万林场公路经此。

樟木镇［Zhāngmù Zhèn］ 福绵区辖镇。在区境西南部。面积210平方千米。人口8万。辖1居委会、25村委会,有254自然村。镇人民政府驻樟木圩。1955年设樟木区。1957年改乡，后改公社。1984 年复改乡。1990 年改镇。1997 年属玉州区。2013 年属福绵区。因镇政府驻地得名。南流江流经。有中学 2 所，小学 21 所，卫生院 1 个，卫生所 57 个。农业以水稻、甘蔗、木薯种植为主，盛产荔枝、龙眼、八角、松树、杉树。大岭—樟木、樟木—罗田水库、樟木—忠东林场公路等过境。

樟木圩 [Zhāngmùxū]　樟木镇人民政府驻地。在区政府驻地福绵镇西南 9 千米。人口 3600。因多樟木得名。聚落呈带状。有中学、卫生院、卫生所。农业以蔬菜、水稻种植为主。特产樟木豉油膏。樟木—大岭、樟木—罗田水库、樟木—忠东林场公路经此。

新桥镇 [Xīnqiáo Zhèn]　福绵区辖镇。在区境东部。面积 83 平方千米。人口 5.5 万。辖 1 居委会、16 村委会，有 195 自然村。镇人民政府驻新桥圩。民国时曾设新桥乡。1955 年设新桥区，属郁林县。1957 年改乡，后改公社。1965 年属玉林县。1984 年复改乡。1990 年改镇。1997 年属玉州区。2013 年属福绵区。因镇政府驻地得名。丽江流经。有中学 3 所，小学 16 所，卫生院 1 个，卫生所 17 个。有古迹大楼村宗祠。农业以水稻、甘蔗、荔枝、龙眼种植为主。工业以服装制造、造纸、造砖等为主。玉铁铁路、资铁高速、241 国道、省道来宾—玉林线过境。

新桥圩 [Xīnqiáoxū]　新桥镇人民政府驻地。在区政府驻地福绵镇东南 9 千米。人口 2400。因圩内有丽江，原名桥丽江，又称新桥江而得名。聚落呈带状。有小学、幼儿园、卫生院、文化站。服务业以零售、餐饮为主。特产甘蔗、荔枝。玉林—博白、福绵—新桥公路经此。

沙田镇 [Shātián Zhèn]　福绵区辖镇。在区境南部。面积 160 平方千米。人口 5.9 万。辖 1 居委会、14 村委会，有 201 自然村。镇人民政府驻沙田圩。民国时曾设沙田镇。1957 年设沙田乡，属郁林县。后改公社，属玉林县。1984 年复改乡，1997 年改镇，属玉州区。2013 年属福绵区。因镇政府驻地得名。南流江流经。有中学 2 所，小学 15 所，卫生院 1 个，卫生所 21 个。农业以水稻、荔枝、龙眼种植为主。工业以纺织、食品加工等为主。玉铁铁路、资铁高速、241 国道过境。

沙田圩 [Shātiánxū]　沙田镇人民政府驻地。在区政府驻地福绵镇南 23 千米。人口 2900。处沙田江北岸而得名。聚落呈团块状。有小学、卫生院、文化站。服务业以零售、餐饮为主。玉林—博白、玉林—沙田公路经此。

石和镇 [Shíhé Zhèn]　福绵区辖镇。在区境南部。面积 83 平方千米。人口 2.9 万。辖 1 居委会、9 村委会，有 130 自然村。镇人民政府驻石和圩。1957 年新桥区析设石和乡，属郁林县。1958 年新桥、石和 2 乡合设红旗公社，后改新桥公社。1984 年改新桥乡。1987 年由新桥乡析设石和乡，1997 年属玉州区。2001 年改镇。2013 年属福绵区。因镇政府驻地得名。有中学 1 所，小学 10 所，卫生院 1 个，卫生所 10 个。农业以水稻、剑麻、甘蔗种植为主。特产荔枝、龙眼、香蕉、茶叶。工业以造纸、纺织等为主。玉铁铁路、资铁高速、241 国道过境。

石和圩 [Shíhéxū]　石和镇人民政府驻地。在区政府驻地福绵镇东南 0.6 千米。人口 600。取石梨、鹤村首字谐音得名。聚落呈团块状。有幼儿园、卫生院、文化站。服务业以零售、餐饮为主。玉林—博白公路经此。

北　流　市

北流市 [Běiliú Shì]　广西壮族自治区直辖县级市，由玉林市代管。北纬 22°42′，东经 110°20′。在玉林市境东南部。面积 2457 平方千米。人口 137.3 万。以汉族为主，还有壮、苗、瑶等民族。辖 3 街道、22 镇。市人民政府驻陵城街道。南朝齐永明六年（488）置北流郡，属越州。梁改郡为县，属合浦郡。隋大业二年（606）废陆川县人北流县。唐贞观十一年（637）废豪石、新安（治今容县西北）2 县人北流县。宋开宝五年（972）废峨石、罗辩、扶莱、陵城 4 县人北流县。元至元十六年（1279）后至清，先后隶属容州路、容州、郁林州、郁林直隶州。1913 年后隶属郁江道、苍梧道、广西省、郁林民团区、梧州民团区，梧州、浔州、郁林行政监督区，第六、第三、第九行政督察区。1949 年后北流县改属郁林专区、容县专区、玉林专区、玉林地区。1994 年改县级市。1998 年由玉林市代管。因圭江由南向北流得名。先后建成永丰广场、城西公园、客运南站、国际陶瓷展贸城，改扩建城东路、城西路、城南路、城北路，改造大板塘、金龟岭、荔枝、城西公园等。有标志性建筑铜州大厦、广播电视大厦、永丰广场、红云酒店、北流国际陶瓷展贸城。城东为滨江风情商住新区，城西为生态休闲新区，城南为城市风貌和文化教育展示新区，城北为物流商贸会展新区。地势南北高中间低。以山地、丘陵、平原谷地为主。平均海拔 250 米。最高点莲花顶海拔 1275.6 米。年均气温 21.8℃，1 月平均气温 12.9℃，7 月平均气温 28.4℃。年均降水量 1629 毫米。圭江、南流江流经。有矿产资源铁、铜、石灰石、高岭土等。有野生植物 989 种，其中有国家重点保护野生植物油樟、桫椤、楠木、格木。有野生动物 200 种，其中有国家重点保护野生动物蟒蛇、穿山甲、猕猴、蛤蚧、虎纹蛙、原鸡等。有大容山国家森林公园。森林覆盖率 61%。有中等职业技校 1 所，特殊教育学校 1 所，中学 51 所，小学 298 所，二级医院 3 个。有体育场、图书馆、文化馆、博物馆。有省级文物保护单位广西省委机关旧址黎家庄、勾漏洞石刻、铜州书院、俞家舍等。有地方民俗粤剧、北流铜鼓、北流陶瓷、北流年例。有景点登龙桥、大成殿、景苏楼、粤东会馆、勾漏洞、铜石岭、白云岩。三次产业比例 16∶54∶30。农业以水稻、甘薯种植，生猪、淡水鱼养殖为主。特产茶叶、荔枝、甘蔗、龙眼、油茶、柑橙、鸭塘鱼。工业以采矿、陶瓷、家具、混凝土制造为主。服务业以批发零售、旅游、物流为主。洛湛铁路，广昆、资铁高速，241、324 国道，玉容、北宝公路过境。

喷泉广场 [Pēnquán Guǎngchǎng]　在市区中部。面积 6273 平方米。1996 年开工，1997 年建成。因音乐喷泉得名。有欧式长廊、半圆形回廊、升旗台、音乐喷泉。有“旋律”不锈钢主题雕塑。绿化以大王椰子树为骨干树，配置花坛、草坪及大量色彩植物。为集旅游、文化宣传、健身娱乐、展览演出于一体广场。周边有红云酒店、北流国际大酒店等。通公交车。

一环路 [Yīhuán Lù]　在市区西南部。从一环南路与沿江南路交会处起，至一环北路与城北一路交会处止。与玉容公路、城南一路、桂南路等相交。长 3.7 千米，宽 35 米。混凝土路面。1990 年开工，1991 年建成一环南路、一环西路。1994 年开工，1995 年建成一环北路。因为环绕北流市第一主干道而得名。两侧有桂塘市场、松花小学等。通公交车。

城东二路 [Chéngdōng 2 Lù]　在市区东部。东起城东一路，北至二环北路。与龙桥路、龙桥北路等相交。长 2 千米，宽 30 米。混凝土路面。1994 年开工，1995 年建成。因为北流市城东主干道第二段而得名。两侧有市博物馆、市卫生监督局等。通公交车。

城西一路 [Chéngxī 1 Lù]　在市区西部。北起城西二路，东至城东一路。与二环北路、二环西路等相交。长 1.5 千米，宽 30 米。混凝土路面。1991 年开工，1993 年建成。因为北流市城西主干道第一段而得名。两侧有市消防大队、市农村信用社等。通公交车。

城北路 [Chéngběi Lù]　在市区北部。南起城南路，北至二环北路。与城西一路、城东一路、城南一路、西河中路、城北一路相交。长 1.6 千米，宽 30 米。混凝土路面。1990 年开工，1992 年建成。两侧有喷泉广场、红云大酒店、北流国际大酒店、市人民体育场、城北小学。通公交车。

城南路 [Chéngnán Lù]　在市区南部。北起城北路，南至育才路。与城南二路、二环西路、二环南路、月塘路、莲石路、一环西路、一环南路、城南一路、松木岭路等相交。长 5.1 千米，宽 30 米。混凝土路面。1996 年开工，1997 年建成城南一路，2014 年建成城南二路。两侧有凯达商厦、铜州市场等。通公交车。

永安路 [Yǒng'ān Lù]　在市区西南部。西起永安西路，北至陵宁路。与二环西路、广丰路、莲石路等相交。长 2.1 千米，宽 18 米。混凝土路面。1987 年开工，1988 年建成。1992 年扩建。因坐落永丰与东门之间，取吉祥之意而得名。两侧有市工商局、市人民医院第二门诊部等。通公交车。

北流汽车总站 [Běiliú Qìchē Zǒngzhàn]　见交通运输设施部分“北流汽车总站”条。

北流市客运中心 [Běiliú Shì Kèyùn Zhōngxīn]　见交通运输设施部分“北流市客运中心”条。

陵城街道 [Língchéng Jiēdào]　北流市人民政府驻地。在市境东南部。面积 6 平方千米。人口 5 万。2002 年由原陵城镇析置。保留原专名。2007 年改建陵宁路步行街。圭江流经。有中学 4 所，小学 3 所，卫生院 1 个。有省级文物保护单位铜州书院、俞家舍。有古迹登龙桥、大成殿、景苏楼、粤东会馆。服务业以商贸、餐饮为主。324 国道过境。通公交车。

城南街道 [Chéngnán Jiēdào]　属北流市。在市境西南部。面积 4 平方千米。人口 3.61 万。2002 年由北流镇析置。因处市区南部得名。有中学 1 所，小学 3 所，卫生院 1 个。有公共休闲场所永丰广场、荔枝公园、永丰公园。服务业以批发零售为主。324 国道过境。通公交车。

城北街道 [Chéngběi Jiēdào]　属北流市。在市境北部。面积 10 平方千米。人口 2.3 万。2002 年由北流镇析置。因处市区北部得名。有中学 3 所，小学 2 所，特殊教育学校 1 所。有李明瑞、俞作豫烈士纪念馆。有省级文物保护单位海相泥盆纪地质标准剖面。有景点花果山、大阪塘公园。工业以化工、混凝土制造等为主。服务业以商贸为主。洛湛铁路过境。通公交车。

百花社区 [Bǎihuā Shèqū]　属城北街道。在市境中部偏北。北流镇人民政府驻地。面积 2 平方千米。人口 1.48 万。因辖域属原百花塘片村而得名。2003 年成立。西河流经。民居以多层和高层现代楼房为主。有中小学、花果山文化广场。服务业以商贸为主。通公交车。

北流镇 [Běiliú Zhèn]　北流市辖镇。在市境北部。面积 117 平方千米。人口 9.4 万。辖 20 村委会，有 101 自然村。镇人民政府驻城北街道百花社区。1996 年松花、陵城 2 镇合置北流镇。2002 年陵城、城南、城北 3 街道析出。因圭江由南向北流得名。圭江流经。有中学 4 所，小学 21 所，二级医院 3 个，卫生院 1 个，卫生所 20 个。有省级文物保护单位广西省委机关旧址黎家庄、勾漏洞石刻。有古迹碧虚亭、葛仙祠、天门关。有国家3A级旅游景区勾漏洞。农业以水稻、玉米、甘薯种植为主。特产萝卜、咸菜、鸭塘鱼。洛湛铁路、324国道、北流—新圩公路过境。

鸭埌村［Yālàngcūn］ 在市政府驻地陵城街道西北3千米。北流镇辖自然村。人口2500。传鸭埌在风水上属“宝鸭地”，周围是旱坡埌，因此得名。聚落呈带状。有小学、东平梁祠、文化广场。农业以水稻、花生种植为主。洛湛铁路等经此。2005年被评为全国文明村。

新荣镇［Xīnróng Zhèn］ 北流市辖镇。在市境东部。面积92平方千米。人口3.9万。辖7村委会，有102自然村。镇人民政府驻新荣圩。1958年设新荣乡。1959年并入民安公社。1984年属民安乡。1987年由民安乡析设新荣乡。1994年改镇。因镇政府驻地得名。六华、新荣、田冲河流经。有中学2所，小学7所，卫生院1个，卫生所7个。有省级非物质文化遗产永平石拱桥、社山陈良图公祠。有古迹梁庄园。农业以水稻、荔枝、龙眼、百香果、砂糖橘种植为主。北宝、十字铺—六荫公路过境。

新荣圩［Xīnróngxū］ 新荣镇人民政府驻地。在市政府驻地陵城街道东11千米。人口800。取新安、大荣2村各一字得名。聚落呈带状。有中小学、卫生院。农业以水稻种植为主。民安—新荣公路经此。

民安镇［Mín'ān Zhèn］ 北流市辖镇。在市境东部。面积73平方千米。人口4.1万。辖7村委会，有132自然村。镇人民政府驻民安圩。1955年设民安区。1958年改乡，后改公社。1984年复改乡。1987年析置新荣乡。1990年改镇。因镇政府驻地得名。圭江流经。有中学1所，小学8所，卫生院1个，卫生所7个。有景点铜石岭。农业以水稻、花生种植为主。特产荔枝、龙眼、番石榴。洛湛铁路、广昆高速、324国道过境。

民安圩［Mín'ānxū］ 民安镇人民政府驻地。在市政府驻地陵城街道东北9千米。人口700。以民众安居乐业为名。聚落呈带状。有中小学、卫生院。有古迹官员府邸司马第。农业以水稻种植为主。民安—灵山公路经此。

罗政村［Luózhèngcūn］ 在市政府驻地陵城街道北10千米。民乐镇辖自然村。人口2100。罗姓建村，因处此地正中央，“正”“政”同音而得名。有小学、卫生所、石山公园。有中共地下党员蒋萍石故居、叔任登科祠堂、四聚堂。经济以乡村旅游为主。广昆高速、民乐—山围公路经此。2009年被评为全国文明村。

山围镇［Shānwéi Zhèn］ 北流市辖镇。在市境东北部。面积96平方千米。人口3.6万。辖7村委会，有120自然村。镇人民政府驻铁炉圩。1932年曾设山围乡。1945年改都陇乡。1950年并入第二区。1955年属民乐区。1958年2月析置山围乡，9月与民乐乡合设北京公社。1966年属民乐公社。1984年属民乐镇。1987年析置山围乡。1994年改置镇，同年更名兴龙镇。1997年复名山围镇。因四面大山包围而得名。丰垌、甘竹、都宫、山围河流经。有中学1所，小学7所，卫生院1个，卫生室7个，文化广播站1个。有白云岩生态旅游景区。农业以水稻、甘薯种植为主。特产火龙果、番石榴、沃柑、八角、松脂、食用菌。洛湛铁路、广昆高速、民乐—山围公路过境。

铁炉圩［Tiělúxū］ 山围镇人民政府驻地。在市政府驻地陵城街道东北14千米。人口1500。传明末清初建炉铸铁，开设店铺而得名。聚落呈带状。丰垌河流经。有中小学、卫生院、文化站。服务业以商贸为主。铁炉—山围公路经此。

民乐镇［Mínlè Zhèn］ 北流市辖镇。在市境北部。面积151平方千米。人口7.3万。辖17村委会，有129自然村。镇人民政府驻民乐圩。1955年设民乐区。1958年改乡，后改公社。1959年改民乐公社。1984年改镇。1987年山围乡析出。因镇政府驻地得名。民乐河流经。有中学2所，小学17所，卫生院1个，卫生所29个。农业以水稻、甘薯、玉米种植为主。特产龙眼、荔枝、番石榴、火龙果、肉桂、八角。服务业以旅游为主。洛湛铁路，广昆、泉南高速，民乐—山围、北流—大容山公路过境。

民乐圩［Mínlèxū］ 民乐镇人民政府驻地。在市政府驻地陵城街道北9千米。人口2200。以期望安居乐业得名。聚落呈团块状。有中小学、卫生院。有古迹游天府。服务业以商贸为主。罗秀—清湾、北流—新圩、民乐—山围公路经此。

萝村［Luócūn］ 在市政府驻地陵城街道北12千米。民乐镇辖自然村。人口2900。地似箩筐，故名箩村，后更今名。聚落呈散状。有小学。为中国传统村落。有古屋、古巷、古戏台。农业以水稻、荔枝、花生种植为主。广昆、泉南高速，北流—大容山公路经此。

西埌镇［Xīlàng Zhèn］ 北流市辖镇。在市境北部。面积77平方千米。人口5.9万。辖14村委会，有145自然村。镇人民政府驻西埌圩。1958年设西埌乡，后改公社。1984年复改乡。1990年改镇。因镇政府驻地得名。六洋河流经。有中学2所，小学14所，卫生院1个，卫生所14个。有古迹三星堂。农业以水稻、甘薯、花生种植为主。特产柑橘、肉桂、八角。广昆、资铁高速，岑溪—玉林、北流—新圩公路过境。

西埌圩［Xīlàngxū］ 西埌镇人民政府驻地。在市政府驻地陵城街道西北10千米。人口1000。因处土华山西面而得名。聚落呈团块状。有中小学、卫生院。工业以皮革制品、玩具生产为主。通乡村公路。

新圩镇［Xīnxū Zhèn］ 北流市辖镇。在市境西北部。面积84平方千米。人口6.6万。辖13村委会，有125自然村。镇人民政府驻新圩。1955年置新圩区。1958年改乡，后改公社。1984年改镇。1987年大里乡析出。因镇政府驻地得名。六洋河、白鸠江流经。有中学3所，小学14所，卫生院1个，卫生所14个。有新圩镇革命烈士陵园、玉圩宫。农业以水稻、甘薯、甘蔗、花生种植为主。特产番石榴、柑橘、甘蔗、百香果、八角、松脂。广昆、资铁高速，岑溪—玉林公路过境。

新圩［Xīnxū］ 新圩镇人民政府驻地。在市政府驻地陵城街道西北12千米。人口4200。因原名木根圩，明清年间新建而得名。聚落呈带状。有中学、卫生院。有新圩镇革命烈士陵园、玉圩宫。服务业以商贸为主。新圩—大里公路经此。

镬耳楼村［Huò'ěrlóucūn］ 在市政府驻地陵城街道西北14千米。新圩镇辖自然村。人口300。因赵氏宗祠镬耳楼得名。聚落呈团块状。为中国传统古村落。有镬耳楼、司马第宗祠等明清岭南特色民居百余幢。农业以水稻种植为主。新圩—沙塘公路经此。

大里镇［Dàlǐ Zhèn］ 北流市辖镇。在市境西北部。面积84平方千米。人口5.3万。辖16村委会，有81自然村。镇人民政府驻大里村。1987年由新圩镇析设大里乡。1994年改镇。因镇政府驻地得名。清湾江流经。有中学2所，小学16所，卫生院1个，卫生所16个。农业以水稻、甘薯、大豆种植为主。特产甘蔗、香蕉、砂糖橘。广昆高速、大里—马寨公路过境。

大里村［Dàlǐcūn］ 大里镇人民政府驻地。在市政府驻地陵城街道西北25千米。人口700。距大塘圩1华里，当地“一”“大”通称而得名。聚落呈带状。清湾江流经。有小学、卫生院。农业以水稻、花生种植为主。大里—马寨公路经此。

塘岸镇［Táng'àn Zhèn］ 北流市辖镇。在市境西部。面积89平方千米。人口5.5万。辖11村委会，有147自然村。镇人民政府驻塘岸圩。1945年曾设塘岸乡。1955年改塘岸区。1958年复设乡，后改公社。1984年复改乡。1990年改镇。因镇政府驻地得名。圭江流经。有中学2所，小学11所，卫生院1个，卫生所11个。农业以水稻、木薯、花生种植为主。特产甘蔗、荔枝、龙眼、沙梨、沃柑、砂糖橘。资铁高速、241国道过境。

塘岸圩［Táng'ànxū］ 塘岸镇人民政府驻地。在市政府驻地陵城街道西南15千米。人口5000。传水塘岸边建有小铺，后渐成街圩而得名。聚落呈团块状。有中小学、卫生院。服务业以商贸为主。241国道、塘岸—北流公路经此。

清水口镇［Qīngshuǐkǒu Zhèn］ 北流市辖镇。在市境中部。面积129平方千米。人口4.8万。辖10村委会，有130自然村。镇人民政府驻清水口圩。1987年析隆盛镇3村、塘岸乡6村、大坡外乡1村合设清水口乡。1994年改镇。因镇政府驻地得名。圭江、香塘河流经。有中学2所，小学10所，卫生院1个，卫生所10个。农业以水稻种植为主。特产百香果、网箱鱼、山地鸡。丛义—宝圩、北宝公路过境。

清水口圩［Qīngshuǐkǒuxū］ 清水口镇人民政府驻地。在市政府驻地陵城街道东南13千米。人口3500。因处河水清澈的香塘江与圭江汇合口附近得名。聚落呈块状。有中小学、卫生院。服务业以商贸为主。北宝公路经此。

隆盛镇［Lóngshèng Zhèn］ 北流市辖镇。在市境中部。面积177平方千米。人口8万。辖16村委会，有234自然村。镇人民政府驻隆盛圩。1955年置隆盛区。1958年改乡，后改公社。1984年改镇。因镇政府驻地得名。圭江流经。有中学3所，小学17所，卫生院1个。有景点龙虎寨、天堂山。农业以水稻、木薯种植为主。特产荔枝、茶叶、蚕桑、松脂、八角、三和里木芋粉、河鱼、豆腐饼。北宝、岑陆公路过境。

隆盛圩［Lóngshèngxū］ 隆盛镇人民政府驻地。在市政府驻地陵城街道东南25千米。人口4900。取此地生意兴隆、人丁繁盛得名。聚落呈团块状。有小学、幼儿园、卫生院。服务业以商贸为主。岑陆公路经此。

大坡外镇［Dàpōwài Zhèn］ 北流市辖镇。在市境东部。面积126平方千米。人口4.6万。辖11村委会，有120自然村。镇人民政府驻大坡外圩。1958年设大坡外乡，后改公社。1984年复改乡。1994年改镇。因镇政府驻地得名。有中学1所，小学11所，卫生院1个，卫生所11个。农业以水稻、木薯、甘薯种植为主。特产茶叶、荔枝、龙眼、八角、松脂。北宝、岑陆、大灵公路过境。

大坡外圩［Dàpōwàixū］ 大坡外镇人民政府驻地。在市政府驻地陵城街道东南20千米。人口2800。处大坡坪外侧而得名。聚落呈带状。有中学、卫生院。服务业以商贸为主。北宝、岑陆、大灵公路经此。

六麻镇［Liùmá Zhèn］ 北流市辖镇。在市境西部。面积197平方千米。人口8.2万。辖19村委会，有266自然村。镇人民政府驻六麻圩。1945年曾设六麻乡。1955年改六麻区，后改公社。1984年复改乡。1994年改镇。因镇政府驻地得名。六麻河流经。有中学2所，小学20所，卫生院1个，卫生室19个。农业以水稻、甘薯、木薯种植为主。特产茶叶、龙眼、荔枝、百香果、砂糖橘、松脂、八角。丛义—宝圩公路过境。

六麻圩 [Liùmáxū] 六麻镇人民政府驻地。在市政府驻地陵城街道东南30千米。人口2000。原名辘麻，多黄麻，常受野兽践踏（当地称之为“辘”），后谐音更今名。聚落呈带状。六麻河流经。有中小学、卫生院。服务业以商贸为主。通乡村公路。

新丰镇 [Xīnfēng Zhèn] 北流市辖镇。在市境东部。面积97平方千米。人口5万。辖9村委会，有151自然村。镇人民政府驻新丰圩。1945年曾设新丰乡。1955年改新丰区。1958年复设乡，后改公社。1984年复改乡。1987年沙垌、金汀、六琢、三江、上安、秀塘、雷冲、丹花8村析出。1990年改镇。因镇政府驻地得名。圭江流经。有中学2所，小学9所，卫生院1个，卫生所9个。农业以水稻、甘薯、大豆、木薯种植为主。特产八角、荔枝、番石榴、沃柑、龙眼、百香果。北宝公路过境。

新丰圩 [Xīnfēngxū] 新丰镇人民政府驻地。在市政府驻地陵城街道东南34千米。人口6300。为新兴街圩，物产丰富而得名。聚落呈带状。新丰河流经。有中学、卫生院。服务业以商贸为主。通乡村公路。

沙垌镇 [Shādòng Zhèn] 北流市辖镇。在市境东部。面积85平方千米。人口3.4万。辖9村委会，有144自然村。镇人民政府驻沙垌圩。1945年曾设沙垌乡，后改公社。1984年属新丰乡。1987年析新丰乡8村设沙垌乡。1994年改镇。因镇政府驻地得名。沙垌河流经。有中学1所，小学12所，卫生院1个，卫生所19个。有景点石鼓岭、石牛岭、龙湾瀑布、石城猫、石窿寨、秀峰顶、天堂山。农业以水稻、甘薯、大豆、木薯种植为主。特产茶叶、八角、土纸。石碗嘴—高坡界公路过境。

沙垌圩 [Shādòngxū] 沙垌镇人民政府驻地。在市政府驻地陵城街道东南42千米。人口400。处河湾大沙洲，后开垦为田垌而得名。聚落呈带状。沙垌河流经。有中小学、卫生院。服务业以商贸为主。石碗嘴—高坡界公路经此。

平政镇 [Píngzhèng Zhèn] 北流市辖镇。在市境南部。面积164平方千米。人口7.8万。辖18村委会，有236自然村。镇人民政府驻平政圩。1945年曾设平政乡。1955年改平政区。1958年复设乡，后改公社。1984年复改乡。1990年改镇。因镇政府驻地得名。圭江、平政河流经。有中学4所，小学18所，卫生院1个，卫生所1个。有省级文物保护单位岭垌窑址。有景点万丈洒瀑布。农业以水稻、甘薯、大豆、木薯种植为主。特产荔枝、龙眼、八角、万金纸。北宝、平政—大伦公路过境。

平政圩 [Píngzhèngxū] 平政镇人民政府驻地。在市政府驻地陵城街道东南42千米。人口4800。原名公道圩，后以货真价实（当地俗称“又平又正”），后谐音更今名。聚落呈团块状。有中小学、幼儿园、卫生院。服务业以商贸为主。平政—大伦公路经此。

白马镇 [Báimǎ Zhèn] 北流市辖镇。在市境东南部。面积67平方千米。人口5.3万。辖9村委会，有163自然村。镇人民政府驻白马圩。1958年设白马乡，后改公社。1984年复改乡。1987年更名扶来乡并析置扶新乡。1990年改扶来镇。1991年改白马镇。1996年析出大伦镇。因镇政府驻地得名。白马河流经。有中学1所，小学10所，卫生院1个，卫生所9个。有革命纪念地豆豉河。有古迹扶阳书院。农业以水稻、甘薯、木薯、大豆种植为主。平政—大伦公路过境。

白马圩 [Báimǎxū] 白马镇人民政府驻地。在市政府驻地陵城街道东南54千米。人口3000。传因古时有白姓商人骑白马到此设店经营而得名。聚落呈团块状。白马河流经。有中小学、卫生院、扶阳书院。服务业以商贸为主。平政—大伦公路经此。

大伦镇 [Dàlún Zhèn] 北流市辖镇。在市境南部。面积82平方千米。人口4.4万。辖9村委会，有130自然村。镇人民政府驻大伦圩。1945年曾设大伦乡。1950年与扶阳乡、扶新乡合设北流县第十一区（后改扶来区）。1958年析置大伦乡，后改公社。1961年析置大伦公社。1991年属白马镇。1996年析置大伦镇。因镇政府驻地得名。白马河流经。有中学1所，小学9所，卫生院1个，卫生所9个。农业以水稻、花生种植为主。特产松脂、八角。平政—大伦、扶新—大伦公路过境。

大伦圩 [Dàlúnxū] 大伦镇人民政府驻地。在市政府驻地陵城街道东南60千米。人口1500。因纪念名为“大伦”的人得名。聚落呈团块状。白马河流经。有初中、幼儿园、卫生院、三圣庙。服务业以商贸为主。平政—大伦、大伦—北界公路经此。

扶新镇 [Fúxīn Zhèn] 北流市辖镇。在市境东南部。面积63平方千米。人口2.9万。辖6村委会，有89自然村。镇人民政府驻扶新圩。1945年曾设扶新乡。1950年与扶阳乡、大伦乡合设北流县第十一区（后改扶来区）。1958年析置扶新乡，后改公社。1961年析置扶新公社。1984年属白马乡。1987年析置扶新乡。1994年改镇。因镇政府驻地得名。扶新河流经。有中学1所，小学7所，卫生院1个，卫生所6个。有景点猫头山、仙人洞、天马山、佰仁。农业以水稻种植为主。特产松脂。扶新—大伦、石碗嘴—高坡界公路过境。

扶新圩 [Fúxīnxū] 扶新镇人民政府驻地。在市政府驻地陵城街道东南48千米。人口1200。原名扶来新圩，因福建人迁建，更名福来新圩，后以“福”“扶”同音，简称今名。聚落呈带状。扶新河流经。有中小学、卫生院。服务业以商贸为主。通乡村公路。

六靖镇 [Liùjìng Zhèn] 北流市辖镇。在市境南部。面积118平方千米。人口7.8万。辖15村委会，有217自然村。镇人民政府驻六靖圩。1945年曾设六靖乡。1955年改六靖区。1958年复设六靖乡，后改公社。1959年改六靖公社。1984年改镇。因镇政府驻地得名。六靖河流经。有中学2所，小学17所，卫生院1个，卫生所16个。有民俗年例（年宵）。农业以水稻、花生种植为主。北流—华东、六靖—浦北、石窝、文成公路过境。

六靖圩 [Liùjìngxū] 六靖镇人民政府驻地。在市政府驻地陵城街道南54千米。人口3万。原名六净圩，因六畜上市必能卖干净得名，后谐音更今名。聚落呈团块状。有小学、幼儿园、卫生院。有景点铜鼓岭、洗太庙。服务业以商贸为主。通乡村公路。

石窝镇 [Shíwō Zhèn] 北流市辖镇。在市境西南部。面积158平方千米。人口6.8万。辖20村委会，有180自然村。镇人民政府驻石窝圩。1955年置石窝区。1958年改乡，后改公社。1984年复改乡。1987年华东乡析出。1994年改镇。2005年华东镇并入。因镇政府驻地得名。有中学3所，小学20所，卫生院2个，卫生所21个。农业以种植水稻、花生为主。特产八角。359国道、浦宝公路过境。

石窝圩 [Shíwōxū] 石窝镇人民政府驻地。在市政府驻地陵城街道南52千米。人口4000。境内有水深面积大且石头多的大窝而得名。聚落呈带状。有中小学、卫生院。服务业以商贸为主。359国道、浦宝公路经此。

清湾镇 [Qīngwān Zhèn] 北流市辖镇。在市境南部。面积112平方千米。人口7万。辖15村委会，有157自然村。镇人民政府驻清湾圩。1958年设清湾乡，后改公社。1959年改清湾公社。1984年复改乡。1990年改镇。因镇政府驻地得名。有中学2所，小学17所，卫生院1个，卫生所15个。有古迹冼太庙、革命烈士李明瑞故居。农业以水稻、花生种植为主。359国道，丛义—宝圩、北宝、六靖—文成公路过境。

清湾圩 [Qīngwānxū] 清湾镇人民政府驻地。在市政府驻地陵城街道东南60千米。人口6000。传清代此地有大河湾，水深又清而得名。聚落呈带状。有中小学、卫生院。有古迹冼太庙。服务业以商贸为主。359国道经此。

容县

容县 [Róng Xiàn] 玉林市辖县。北纬22°51′，东经110°33′。在市境东南部。面积2257平方千米。人口85万。辖15镇。县人民政府驻容州镇。明洪武十年（1377）设容县，属梧州府。清因之。1913年后隶属郁江道、苍梧道、第八民团区、梧州民团区、梧州行政监督区、第三行政督察区、梧州专区、容县专区、玉林专区、玉林地区。1997年属玉林市。以大容山为名。先后建成河堤街、城北商住新区、侨乡广场、绣江公园、城南客运站、人民会堂、站前大道、登高路、绣江大桥，改造容城街道、城南大道、东大街等。有标志性建筑县邮电大楼、县汽车总站。地势东、西、南三面高，东南、东北部低。平均海拔133.3米。有天堂山、都峤山、大容山。最高点三唛尖海拔1263.2米。年均气温21℃，1月平均气温13.2℃，7月平均气温27.5℃。年均降水量1519.9毫米。绣江、泗罗江、杨梅江流经。有矿产资源金、铁、铜、锡、萤石等。有野生植物520多种，其中有国家重点保护野生植物桫椤、樟树、楠木、紫荆木、格木等。有野生动物300多种，其中有国家重点保护野生动物蟒、黄腹角雉、白颈长尾雉等。有都峤山森林公园。森林覆盖率69.2%。有中学34所，小学373所，二级医院4个。有抗日烈士纪念馆。有景点天堂湖温泉度假山庄、容州古城、经略台真武阁、西山冶铜遗址、杨贵妃遗址、城关窑遗址等。三次产业比例21∶50∶29。农业以水稻种植为主。特产松脂、肉桂、荔枝、龙眼、八角、红菇、沙田柚、都峤山铁皮石斛、霞烟鸡。工业以健康食品、板材家具、农业机械、印刷包装为主。服务业以旅游为主。洛湛铁路，广昆高速，324国道，玉容、容岑、容信、容藤公路过境。有容县站。

容县站 [Róng Xiàn Zhàn] 见交通运输设施部分“容县站”条。

容县汽车总站 [Róng Xiàn Qìchē Zǒngzhàn]见交通运输设施部分“容县汽车总站”条。

容县城南客运站 [Róng Xiàn Chéngnán Kèyùnzhàn] 见交通运输设施部分“容县城南客运站”条。

容州镇 [Róngzhōu Zhèn] 容县人民政府驻地。在县境中部。面积178平方千米。人口15.6万。辖12居委会、16村委会，有355自然村。镇人民政府驻北门社区。2005年容城、容厢2镇合置容州镇。容为容纳之意，取自大容山山名，州为古代建制单位，因此得名。绣江流经。有中学8所，小学31所，二级医院4个，卫生院2个，卫生所20个。有幼儿园、福利院、图书馆、文化馆。有全国重点文物保护单位经略台真武阁,省级文物保护单位城关窑址、经略台真武阁附属碑刻。农业以水稻、花生种植为主。特产沙田柚、肉桂。洛湛铁路,广昆高速,容平、容藤、容信公路过境。

育才路[Yùcái Lù] 在县城中部。西起北大街,东北至杨湾桥。与双拥路、城东路、东门街相交。长2千米,宽20米。沥青路面。为县教育局所在地,作为教育人才的摇篮而得名。两侧有镇中心小学、县少年宫、容县中学、侨乡小学等。通公交车。

北门街[Běimén Jiē] 在县城中部。东起城东路,西至北大街。与太爷巷、双拥路相交。长400米,宽15米。沥青路面。旧时县城分东西南北4城门,以位置得名。1968年曾更名光明路。1977年复今名。两侧有县工商局、县幼儿园等。通公交车。

北门社区[Běimén Shèqū] 容州镇人民政府驻地。在县境中部。面积0.3平方千米。人口4900。因位置得名。2003年成立。民居为现代多层楼房。有社区公共服务中心,包括"一站式"办事大厅、综合调解室(法律顾问室)、卫生计生服务室、活动室、图书阅览室、多功能会议室、警务室、老年人日间照料中心、学生服务中心。有舞台、篮球场、健身设施等。有中小学、卫生所。通多路公交车。

杨梅镇[Yángméi Zhèn] 容县辖镇。在县境南部。面积145平方千米。人口5.9万。辖1居委会、19村委会,有285自然村。镇人民政府驻新塘村。1950年设杨梅区,后改公社。1984年改镇。因旧时圩市旁有几株杨梅树得名。杨梅江、珊萃河、灵山河流经。有中学3所,小学18所,卫生院1个,卫生所21个。有全国重点文物保护单位苏祖馨别墅。农业以水稻种植,鸡、猪、鸭养殖为主。特产淮山、木薯。容县—信宜公路过境。

新塘村[Xīntángcūn] 杨梅镇人民政府驻地。在县政府驻地容州镇东南20千米。人口700。传清代此地因建房挖土做瓦形成新水塘而得名。聚落呈团块状。有中学、卫生院。有全国重点文物保护单位苏祖馨别墅。农业以水稻种植为主。绿荫—十字铺公路经此。

灵山镇[Língshān Zhèn] 容县辖镇。在县境南部。面积132平方千米。人口4.6万。辖14村委会,有219自然村。镇人民政府驻灵山圩。1960年成立灵山公社。1984年改乡。1996年改镇。因镇政府驻地得名。灵山河、珊萃河、红石河、石城河流经。有中学1所,小学18所,卫生院1个,卫生所14个。农业以水稻种植,鱼、猪、鸡、牛养殖为主。特产清香蜜橘、春糖蜜橘。绿荫—十字铺公路过境。

灵山圩[Língshānxū] 灵山镇人民政府驻地。在县政府驻地容州镇南23千米。人口900。原名一里堪头圩,传清代容县知县赵兴周到"一里龙坟湾"求雨灵应,认为此地人杰山灵而得名。聚落呈团块状。有小学、卫生院。农业以水稻种植为主。灵山—天堂、灵山—当中公路经此。

六王镇[Liùwáng Zhèn] 容县辖镇。在县境东部。面积184平方千米。人口6.8万。辖18村委会,有384自然村。镇人民政府驻湴塘村。1958年成立超英公社。1959年更名六王公社。1984年改乡。1995年改镇。地处龙脉,传后代会出6个王而得名。浊水河、东峡河、六青河流经。有中学2所,小学19所,卫生院1个,卫生所18个。农业以水稻种植为主。特产松脂、六槐米酒、沙田柚。洛湛铁路、广昆高速、岑溪—玉林公路过境。

湴塘村[Bàntángcūn] 六王镇人民政府驻地。在县政府驻地容州镇东南21千米。人口300。水塘塘底泥稀烂且深,方言为"湴"而得名。聚落呈散状。有中小学、卫生院。农业以水稻种植为主。岑溪—玉林公路经此。

黎村镇[Lícūn Zhèn] 容县辖镇。在县境南部。面积196平方千米。人口9.4万。辖24村委会,有360自然村。镇人民政府驻黎村圩。1958年成立黎村公社。1984年置镇。因镇政府驻地得名。黎村河、珊萃河、六吟河流经。有中学2所,小学24所,卫生院1个,卫生所24个。有全国重点文物保护单位黄绍竑故居。农业以水稻种植为主。特产三黄鸡。容县—信宜公路过境。

黎村圩[Lícūnxū] 黎村镇人民政府驻地。在县政府驻地容州镇南36千米。人口4200。清代满垌黎氏建村而得名。聚落呈团块状。有中小学、卫生院。农业以水稻种植为主。容县—信宜公路经此。

杨村镇[Yángcūn Zhèn] 容县辖镇。在县境东南部。面积205平方千米。人口6.6万。辖14村委会,有267自然村。镇人民政府驻六居村。1958年成立杨村公社。1984年改乡。1996年改镇。杨村河、龙河、杨梅江、黎村河流经。有中学2所,小学18所,卫生院1个,卫生所14个。有全国重点文物保护单位国民政府官员黄旭初故居。农业以水稻种植为主。特产松脂、三黄鸡、八角。容县—信宜公路过境。

六居村[Liùjūcūn] 杨村镇人民政府驻地。在县政府驻地容州镇东南37千米。人口1100。清代筑有6城堡而得名。聚落呈团块状。有小学、卫生院。农业以水稻种植为主。水汶—杨村、马良—双底公路经此。

县底镇[Xiàndǐ Zhèn] 容县辖镇。在县境北部。面积195平方千米。人口6.1万。辖20村委会,有423自然村。镇人民政府驻县底圩。1958年成立上游公社。1959年更名县底公社。1984年改乡。1995年改镇。因镇政府驻地得名。道知河流经。有中学2所,小学19所,卫生院1个,卫生所20个。农业以水稻种植为主。特产肉桂、沙田柚。容县—藤县公路过境。

县底圩[Xiàndǐxū] 县底镇人民政府驻地。在县政府驻地容州镇北13千米。人口500。原名园底圩,该集市处县城下游,方言称下游为底,"县""园"同音而得名。聚落呈团块状。有中小学、卫生院。农业以水稻种植为主。容县—藤县公路经此。

自良镇[Zìliáng Zhèn] 容县辖镇。在县境北部。面积107平方千米。人口4万。辖12村委会,有169自然村。镇人民政府驻自良圩。1958年成立自良公社。1984年改镇。因镇政府驻地得名。道知河流经。有中学1所,小学16所,卫生院1个,卫生所12个。有景区沙田柚王国。农业以水稻种植为主。特产肉桂、沙田柚、松脂、野生红菇。容县—藤县公路过境。

自良圩[Zìliángxū] 自良镇人民政府驻地。在县政府驻地容州镇东北25千米。人口2500。传有人家三代在此卖米,均由买米者交钱后自己量取,故名自量,后更今名。聚落呈团块状。有小学、卫生院。农业以水稻种植为主。容县—藤县公路经此。

松山镇[Sōngshān Zhèn] 容县辖镇。在县境西北部。面积134平方千米。人口4.6万。辖13村委会,有342自然村。镇人民政府驻大山口村。1958年成立卫星公社。1959年更名松山公社。1984年改乡。1996年改镇。因松山圩得名。松山河、杨湾河流经。有中学1所,小学14所,卫生院1个,卫生所16个。农业以水稻种植为主。特产沙田柚、番石榴。容县—平南公路过境。

大山口村[Dàshānkǒucūn] 松山镇人民政府驻地。在县政府驻地容州镇西北17千米。人口200。建村于山隘出口处而得名。聚落呈团块状。有中小学、卫生院。农业以水稻种植为主。容县—平南公路经此。

罗江镇[Luójiāng Zhèn] 容县辖镇。在县境西北部。面积78平方千米。人口2.8万。辖7村委会,有111自然村。镇人民政府驻新圩。1950年曾设罗江乡。1958年改黎木乡。1961年改黎木公社。1962年并入松山区。1987年由松山乡析设黎木乡。1994年更名罗江乡。1995年改镇。因泗罗河(当地亦称泗罗江)得名。泗罗河流经。有中学1所,小学11所,卫生院1个,卫生所7个。农业以水稻种植为主。特产肉桂、八角、霞烟鸡、松脂。容县—太平公路过境。

新圩[Xīnxū] 罗江镇人民政府驻地。在县政府驻地容州镇西北24千米。人口500。为新建圩而得名。聚落呈团块状。有中小学、卫生院。农业以水稻种植为主。容县—太平公路经此。

石头镇[Shítou Zhèn] 容县辖镇。在县境西北部。面积211平方千米。人口6.6万。辖19村委会,有365自然村。镇人民政府驻石头圩。1958年成立石头公社。1984年设乡。1995年改镇。因镇政府驻地得名。泗罗江、大良河、务底河、榕木河、六余河流经。有中学3所,小学19所,卫生院1个,卫生室20个。农业以水稻种植为主。特产八角、肉桂。松山—罗秀公路过境。

石头圩[Shítouxū] 石头镇人民政府驻地。在县政府驻地容州镇西北26千米。人口800。传此地曾有石脉,当地人称"石岗头",且东面泗罗江两岸巨石遍地,因此得名。聚落呈团块状。有中小学、卫生院。农业以水稻种植为主。松山—罗秀公路经此。

石寨镇[Shízhài Zhèn] 容县辖镇。在县境中部偏南。面积148平方千米。人口3.9万。辖12村委会,有213自然村。镇人民政府驻石寨圩。1958年成立红旗公社。1959年更名石寨公社。1984年改乡。2002年改镇。因镇政府驻地得名。古兆河、石城河、浊水河流经。有中学1所,小学14所,卫生院2个,卫生所11个。有国家4A级旅游景区都峤山。农业以水稻种植为主。特产霞烟鸡、麻竹。324国道、容县—信宜公路过境。

石寨圩[Shízhàixū] 石寨镇人民政府驻地。在县政府驻地容州镇南8千米。人口700。因防卫,在南山垒石建寨而得名。聚落呈团块状。有中小学、卫生院。农业以水稻种植为主。324国道、容县—信宜公路经此。

十里镇[Shílǐ Zhèn] 容县辖镇。在县境中部偏东。面积144平方千米。人口4.2万。辖12村委会,有289自然村。镇人民政府驻黎读桥村。1959年成立十里公社。1984年改乡。2013年改置镇。因十里圩得名,"十里"指圩距离县城10里,因此得名。绣江、杨外河、江口河、杨湾河流经。有中学2所,小学12所,卫生院2个,卫生室12个。农业以水稻种植为主。特产沙田柚、龙眼、杨梅。洛湛铁路,广昆高速,容县—岑溪、容县—藤县公路过境。

黎读桥村[Lídúqiáocūn] 十里镇人民政府驻地。在县政府驻地容州镇东北5千米。人口600。明末刘天祥从岑溪迁此,为怀念祖先鼓励后代,取典故之意命村名为藜读,写作黎读。又因镇政府门前黎读河上有桥而得名。聚落呈团块状。有小学、卫生院。农业以水稻种植为主。容城—自良公路经此。

容西镇[Róngxī Zhèn] 容县辖镇。在县境西部。面积46平方千米。人口0.6万。辖5村委会,有74自然村。镇人民政府驻西山圩。1987年由容厢乡析设容西乡。2012年改镇。

处容城西部而得名。有中学1所,小学5所,卫生院1个,卫生所4个。农业以水稻种植为主。特产荔枝、龙眼。洛湛铁路、广昆高速、324国道、玉林—容县公路过境。

西山圩［Xīshānxū］ 容西镇人民政府驻地。在县政府驻地容州镇西13千米。人口300。因处容城西部,且山较多而得名。聚落呈团块状。有中小学、卫生院。农业以水稻种植为主。洛湛铁路、324国道经此。

浪水镇［Làngshuǐ Zhèn］ 容县辖镇。在县境东北部。面积126平方千米。人口2.3万。辖8村委会,有188自然村。镇人民政府驻新村。1987年由自良镇析设长河乡。1989年更名浪水乡。2012年改镇。因地处绣江河畔,波浪滔滔而得名。绣江流经。有中学1所,小学8所,卫生院1个,卫生所8个。农业以水稻种植为主。特产肉桂、沙田柚、竹子、野生红菇。容县—自良公路过境。

新村［Xīncūn］ 浪水镇人民政府驻地。在县政府驻地容州镇东北20千米。人口100。因建村时间晚于附近村庄而得名。聚落呈团块状。有中小学、卫生院。农业以水稻种植为主。浪水—佛子公路经此。

陆川县

陆川县［Lùchuān Xiàn］ 玉林市辖县。北纬22°33′,东经110°27′。在市境南部。面积1551平方千米。人口109万。以汉族为主,还有壮、瑶等民族。辖14镇。县人民政府驻温泉镇。南朝齐置陆川郡。梁陈废郡为县,属合浦郡。隋大业初省入北流县。唐武德四年(621)复置陆川县。宋开宝五年(972)省温水、南河、龙豪、龙化4县入陆川县。淳化五年(994)治迁今陆城镇,属容州。元至民国先后属容州路、梧州府、郁林直隶州、郁江道、苍梧道、第八民团区、梧州民团区、郁林行政监督区、第六行政督察区、第三行政督察区、第九行政督察区。1949年后隶属郁林专区、容县专区、玉林专区、玉林地区。1997年属玉林市。传境内有"陆水"(6条河)得名。先后建成三中、三小、三幼、九洲江大桥、陆川公园、温泉之乡文化广场、九洲江景观大道、三峰桥、谢仙嶂民俗文化生态旅游风景区,改扩建峨眉街、陆兴路、温泉路。有标志性建筑世客城塔楼、会堂大楼。地势东西两侧低山,中部河谷地,东北部为喀斯特山岩溶地貌。平均海拔630米。最高点谢仙嶂海拔792米。年均气温21.7℃,1月平均气温13℃,7月平均气温28.2℃。年均降水量1700毫米。九洲江、米马河、低阳河、榕江河、清湖河、沙湖河流经。有矿产资源滑石、磁铁、铅、钛铁、硫铁、锌等。有东山、西山水源保护区。森林覆盖率58%。有中学33所,小学168所,二级医院3个。有图书馆、文化馆、广西总工会温泉疗养院。有省级爱国主义教育纪念地桂东南革命纪念碑。有民俗唱木偶、客家山歌、木鱼、采茶。有国家4A级旅游景区谢鲁山庄、龙珠湖。有景点九龙温泉度假山庄、龙颈瀑布。三次产业比例13∶47∶40。农业以水稻、甘蔗种植,生猪、鸡、淡水鱼养殖为主。特产陆川猪、乌石酱油。工业以机械制造、纺织服装、厨具制造、健康食品加工为主。服务业以通信、物流、商贸为主。黎湛、玉铁铁路,玉湛、浦清高速,马盘、浦宝公路过境。

陆川站［Lùchuān Zhàn］ 见交通运输设施部分"陆川站"条。

陆川县汽车总站［Lùchuān Xiàn Qìchē Zǒngzhàn］ 见交通运输设施部分"陆川县汽车总站"条。

温泉镇［Wēnquán Zhèn］ 陆川县人民政府驻地。在县境中部。面积128平方千米。人口15.7万。辖6居委会、14村委会,有364自然村。镇人民政府驻镇安南街。1958年成立城厢公社。1982年更名温泉公社。1984年改乡。1992年改镇。2005年陆城镇并入。因有温泉得名。九洲江流经。有中学8所,小学19所,二级医院3个,卫生院2个,卫生所14个。有广西总工会温泉疗养院、敬老院、光荣院、图书馆。有景点九龙山庄、龙颈瀑布。农业以水稻种植,生猪养殖为主。工业以厨具制造、塑料制品制造为主。黎湛铁路,玉湛高速,马盘、浦宝公路过境。

温泉大道［Wēnquán Dàdào］ 在县城中部。北起沙坡路口,南至瓷厂门口。与向阳路、公园路、温汤路等相交。长1.6千米,宽40米。混凝土路面。1990年开工,1991年建成。1997年扩建。因经温泉村得名。两侧有温泉之乡广场、县质监局、县检察院反贪局、县法院等。通公交车。

陆兴路［Lùxīng Lù］ 在县城西部。北起温泉大道,南至原县瓷厂南端。与向阳路、通政路、温汤路等相交。长3千米,宽30米。柏油路面。1983年建,1986年改建,1989年建成。以陆川兴旺发达之意命名。两侧有县财政局、县环保局等。通公交车。

镇安南街［Zhèn'ānnánjiē］ 温泉镇人民政府驻地。在镇境南部。人口400。因位于镇人民政府门前南边,出入人车多,希望过往人员安全而得名。聚落呈带状。有卫生院。服务业以商贸为主。黎湛铁路、马盘公路经此。

米场镇［Mǐchǎng Zhèn］ 陆川县辖镇。在县境北部。面积87平方千米。人口6.3万。辖9村委会,有298自然村。镇人民政府驻米场街。1958年成立米场公社。1984年改乡。1992年改镇。因昔为水稻产区,远近闻名而得名。米马河流经。有中学2所,小学10所,卫生院1个,卫生所9个。农业以水稻、柑橘种植,生猪养殖为主。工业以金属制品、玻璃制造等为主。黎湛铁路、马盘公路过境。

米场街［Mǐchǎngjiē］ 米场镇人民政府驻地。在县政府驻地温泉镇北11千米。人口7100。因镇得名。聚落呈带状。有卫生院。工业以轴承、厨具制造为主。黎湛铁路、马盘公路经此。

马坡镇［Mǎpō Zhèn］ 陆川县辖镇。在县境北部。面积145平方千米。人口10.5万。辖1居委会、13村委会,有473自然村。镇人民政府驻马坡街。1958年成立马坡公社。1984年改镇。因镇政府驻地得名。米马河流经。有中学2所,小学10所,卫生院1个,卫生所9个。农业以水稻、橘红、玉米种植为主。工业以建材为主。黎湛、玉铁铁路,马盘公路过境。

马坡街［Mǎpōjiē］ 马坡镇人民政府驻地。在县政府驻地温泉镇北21千米。人口2.2万。昔有马姓老人居此,人称马婆,后方言演为今名。聚落呈团块状。有中学、卫生院。服务业以商贸、手工编织、餐饮为主。马盘公路经此。

珊罗镇［Shānluó Zhèn］ 陆川县辖镇。在县境北部。面积53平方千米。人口6.1万。辖7村委会,有207自然村。镇人民政府驻珊罗街。1987年由平乐乡析设山罗乡。1992年改镇。1993年更今名。因镇政府驻地得名。有中学2所,小学7所,卫生院1个,卫生所6个。有龙珠湖龙岩风景区。农业以水稻、甘蔗、木薯、花生种植为主,瓜果蔬菜为辅。241国道过境。

珊罗街［Shānluójiē］ 珊罗镇人民政府驻地。在县政府驻地温泉镇北41千米。人口1400。因珊瑚岩石山罗列得名。聚落呈散状。有中小学、卫生院、卫生所。有龙珠湖龙岩风景区。农业以水稻种植为主。有混凝土厂,红砖厂。特产米酒。独竹—珠砂公路经此。

平乐镇［Pínglè Zhèn］ 陆川县辖镇。在县境北部。面积67平方千米。人口5.6万。辖7村委会,有227自然村。镇人民政府驻平乐村。1958年成立平乐公社。1984年改乡。1992年改镇。因镇政府驻地得名。有中学2所,小学8所,卫生院1个,卫生所7个。农业以水稻、玉米、甘薯种植,小龙虾养殖为主。特产黄榄、黑榄、甜竹笋、杨梅、龙眼。工业以红砖、混凝土、石灰制造为主。县道马坡—凉亭线过境。

平乐村［Pínglècūn］ 平乐镇人民政府驻地。在县政府驻地温泉镇北43千米。人口1.4万。宋淳化五年(994)广西平乐县李氏迁此,因纪念旧地而得名。聚落呈团块状。有小学、卫生院。农业以水稻种植,鸡、鸭养殖为主。县道马坡—凉亭线经此。

沙坡镇［Shāpō Zhèn］ 陆川县辖镇。在县境东部。面积146平方千米。人口8.3万。辖13村委会,有339自然村。镇人民政府驻沙坡街。1958年成立沙坡公社。1984年改乡。1992年改镇。因镇政府驻地得名。榕江流经。有中学3所,小学13所,卫生院1个,卫生所12个。有革命英雄纪念碑。有景点谢仙嶂。农业以水稻、砂糖橘种植,三皇鸡、生猪养殖为主。工业以电子、采砂为主。浦宝公路过境。

沙坡街［Shāpōjiē］ 沙坡镇人民政府驻地。在县政府驻地温泉镇东16千米。人口8300。处榕江河畔,常年水流沉积大片沙坡而得名。聚落呈团块状。有中小学、中心医院、集市。农业以水稻种植为主。浦宝公路经此。

大桥镇［Dàqiáo Zhèn］ 陆川县辖镇。在县境南部。面积102平方千米。人口5.9万。辖11村委会,有290自然村。镇人民政府驻大桥街。1958年成立大桥公社。1984年改乡。1992年改镇。因镇政府驻地得名。有中学2所,小学11所,卫生院1个,卫生所11个。农业以水稻种植,生猪养殖为主。工业以建材、厨具制造为主。黎湛铁路、马盘公路过境。

大桥街［Dàqiáojiē］ 大桥镇人民政府驻地。在县政府驻地温泉镇南9千米。人口2700。处九州江畔,涨水时只露出岸坝,远看如大桥而得名。聚落呈团块状。有中小学、卫生院。农业以水稻种植,生猪养殖为主。黎湛铁路、马盘公路经此。

乌石镇［Wūshí Zhèn］ 陆川县辖镇。在县境东南部。面积209平方千米。人口13.4万。辖1居委会、23村委会,有593自然村。镇人民政府驻乌石街。1958年成立乌石公社。1984年改镇。因镇政府驻地得名。低阳河流经。有中学4所,小学24所,卫生院2个,卫生所24个。有国家4A级旅游景区谢鲁山庄。农业以水稻种植为主。特产乌石酱油、山药。黎湛铁路、马盘公路过境。

乌石街［Wūshíjiē］ 乌石镇人民政府驻地。在县政府驻地温泉镇东南20千米。人口12000。因有黑色石脉(岗)纵贯村前而得名。聚落呈团块状。有中小学、中心医院、文化广场。服务业以商贸为主。产乌石酱油、乌石山药。黎湛铁路、马盘公路经此。

良田镇［Liángtián Zhèn］ 陆川县辖镇。在县境南部。面积136平方千米。人口9.8万。辖1居委会、13村委会,有361自然村。镇人民政府驻良田街。1958年成立良田公社。1984年改镇。因镇政府驻地得名。有中学2所,小学14所,卫生院1个,卫生所13个。农业以水稻、甘蔗、香蕉种植为主。特产龙眼、陆川猪、桂圆、丁香荔枝、木波罗、淮山、乌石酱油。工业以造纸、刀具制造等为主。黎湛铁路、马盘公路过境。

良田街［Liángtiánjiē］ 良田镇人民政府驻地。在县政府驻地温泉镇南35千米。人口2.1万。处九洲江下游河畔，有大片上等良田而得名。聚落呈团块状。有中小学、卫生院、广场。服务业以商贸为主。黎湛铁路、马盘公路经此。

清湖镇［Qīnghú Zhèn］ 陆川县辖镇。在县境东南部。面积114平方千米。人口7.8万。辖1居委会、12村委会，有354自然村。镇人民政府驻清湖街。1958年成立清湖公社。1984年改乡。1992年改镇。因镇政府驻地得名。清湖河流经。有中学1所，小学13所，卫生院1个，卫生所13个。有清湖纪念馆、廖磊将军旧址纪念馆。农业以水稻、甘蔗、葡萄种植，陆川猪、温氏鸡养殖为主。县道清湖—科甲、良田—平定界线过境。

清湖街［Qīnghújiē］ 清湖镇人民政府驻地。在县政府驻地温泉镇东南49千米。人口2.5万。处旺山河与陆坡河的汇合处，形成一潭清澈透明湖水而得名。聚落呈团块状。有中小学、卫生院、农场。工业以刀具制造、钛铁矿加工等为主。服务业以商贸为主。县道石垌—清湖、良田—清湖线经此。

古城镇［Gǔchéng Zhèn］ 陆川县辖镇。在县境南部。面积118平方千米。人口8万。辖10村委会，有233自然村。镇人民政府驻古城街。1961年成立古城公社。1984年改乡。1992年改镇。因镇政府驻地得名。有中学1所，小学12所，卫生院1个，卫生所10个。有省级文物保护单位桂东南起义纪念碑。农业以水稻、花生种植，蚕、鱼养殖为主。特产黄榄、荔枝、龙眼、菠萝。县道清古线、马盘公路过境。

古城街［Gǔchéngjiē］ 古城镇人民政府驻地。在县政府驻地温泉镇南61千米。人口8100。有古南河县遗址，有古城墙而得名。聚落呈团块状。有中小学、卫生院、卫生所、广场。有古迹南河县古城墙遗址。农业以蚕、鱼养殖为主。县道清古线、马盘公路经此。

横山镇［Héngshān Zhèn］ 陆川县辖镇。在县境西南部。面积102平方千米。人口5.1万。辖11村委会，有286自然村。镇人民政府驻横山街。1987年由大桥乡析设横山乡。1992年改镇。因镇政府驻地得名。有中学1所，小学11所，卫生院1个，卫生所11个。农业以水稻、淮山种植，蚕养殖为主。特产八角、肉桂、黄榄。工业以铅锌矿开采为主。玉湛高速、县道大桥—横山线过境。

横山街［Héngshānjiē］ 横山镇人民政府驻地。在县政府驻地温泉镇西南21千米。人口7200。山如屏障横列而得名。聚落呈团块状。有中小学、卫生院、集市。农业以八角种植为主。县道大桥—横山线经此。

滩面镇［Tānmiàn Zhèn］ 陆川县辖镇。在县境南部。面积63平方千米。人口3.7万。辖6村委会，有162自然村。镇人民政府驻滩面街。1987年设滩面乡，2013年改镇。因镇政府驻地得名。九洲江流经。有中学1所，小学6所，卫生院1个，卫生所6个。农业以水稻、食用菌种植，陆川猪、狮头鹅、三黄鸡养殖为主。工业以河沙矿开发为主。黎湛铁路、玉湛高速、马盘公路过境。

滩面街［Tānmiànjiē］ 滩面镇人民政府驻地。在县政府驻地温泉镇南25千米。人口9000。因处九洲江伏波滩滩头上游而得名。聚落呈团块状。有中小学、卫生院、卫生所。有民俗庙会。农业以水稻种植，淡水养殖为主。黎湛铁路、玉湛高速、马盘公路经此。

沙湖镇［Shāhú Zhèn］ 陆川县辖镇。在县境西北部。面积70平方千米。人口3.1万。辖5村委会，有140自然村。镇人民政府驻沙湖街。1987年由米场乡析设沙湖乡。2013年改镇。因镇政府驻地得名。沙湖河流经。有中学1所，小学6所，卫生院1个，卫生所5个。农业以水稻、花生种植为主。特产茶油、蜜梨。工业以纺织、建材、铝制品加工为主。浦宝公路过境。

沙湖街［Shāhújiē］ 沙湖镇人民政府驻地。在县政府驻地温泉镇西北23千米。人口8800。群山环绕呈湖状，且多沙子而得名。聚落呈团块状。有中小学、卫生院、卫生所、水文勘测站。农业以水稻种植为主。特产茶油、蜜梨。浦宝公路经此。

博 白 县

博白县［Bóbái Xiàn］ 玉林市辖县。北纬22°16′，东经109°58′。在市境南部。面积3836平方千米。人口186万。以汉族为主，还有壮、瑶、苗、仫佬等民族。辖28镇。县人民政府驻博白镇。唐武德四年(621)置博白县，历属南州、白州、南岩州、南昌郡、龙池郡。宋开宝五年(972)废南昌、建宁、周罗3县入博白县。至民国，先后属廉州、郁林州、梧州路、梧州府、郁林直隶州、郁江道、苍梧道、第八民团区、梧州民团区、梧州、浔州、郁林行政监督区、第六行政督察区、第三行政督察区、第九行政督察区。1949年后隶属郁林专区、容县专区、钦州专区、玉林专区、玉林地区。1997年属玉林市。因博白江得名。先后建成城东大道、白州大道、江滨大道、东风路、锦绣西路、绿珠大道、法制文化广场等。处桂东南丘陵区。西北、东北较高，中部偏南处隆起。最高点六塘颈海拔929米，最低点龙潭镇茅坡村西井屯海拔8米。年均气温22.1℃，1月平均气温13.7℃，7月平均气温28.2℃。年均降水量1798.8毫米。南流江、九洲江、那交河流经。有矿产资源瓷土、银、钨钼、铅锌、硫铁等。有中学77所，小学346所，成人中等专业学校2所，二级医院3个。有省级文物保护单位宴石山摩崖造像、朱锡昂烈士故居遗址。有国家级非物质文化遗产桂南采茶戏。有民俗绿珠传说、傀儡戏、客家山歌、喃嘟管。有国家3A级旅游景区宴石山。有景点字祖庙、教育家王力故居、温罗温泉、绿珠祠、云飞嶂。三次产业比例35∶37∶28。农业以水稻、玉米、马铃薯、甘薯、甘蔗、竹笋种植为主。工业以有色金属冶炼及矿产加工、林产化工、食品加工、编织工艺等为主。服务业以商贸、旅游为主。玉铁铁路，资铁高速，玉山、浦宝公路过境。

博白站［Bóbái Zhàn］ 见交通运输设施部分“博白站”条。

博白县汽车总站［Bóbái Xiàn Qìchē Zǒngzhàn］ 见交通运输设施部分“博白县汽车总站”条。

博白镇［Bóbái Zhèn］ 博白县人民政府驻地。在县境北部。面积144平方千米。人口22.4万。辖10居委会、23村委会，有441自然村。镇人民政府位于兴隆东路。1950年设城厢镇。1957年改城关镇。1958年属城厢公社。1966年析置博白镇。2002年与城厢镇合并组成新的博白镇，2005年绿珠镇并入。以县名得名。南流江流经。有茶根水库。有中学14所，小学32所，二级医院3个，卫生院2个。有教育家王力故居、字祖庙、水楼。农业以水稻、空心菜种植为主。工业以工艺品、编织工艺、瓷器制造等为主。玉铁铁路、资铁高速过境。有博白火车站。

锦绣东路［Jǐnxiù Dōnglù］ 在县城中部。东起玉铁高速，西至人民中路。与玉山公路、建政路、民主路、南城路、南城南路相交。长1.5千米，宽60米。混凝土路面。2004年开工，2006年建成。以锦绣家园在此路段得名。两侧有金地家园、中国工商银行等。通公交车。

绿珠大道［Lùzhū Dàdào］ 在县城南部。东起玉山公路，西至绿珠江桥。与玉山公路、民主路、农贸二路等相交。长10千米，宽60米。混凝土路面。1995年开工，1996年建成。2007年扩建，2013年改建。为西晋太康年间美女绿珠故乡而得名。两侧有交警大队、土地局、博白镇国土所等。通公交车。

径口镇［Jìngkǒu Zhèn］ 博白县辖镇。在县境东北部。面积166平方千米。人口5.8万。辖2居委会、10村委会，有249自然村。镇人民政府驻径口圩。1950年曾设径口乡。1987年复设乡。2005年与三育镇合置径口镇。因镇政府驻地得名。沙田河、沙洞河、涉江、小白江流经。有中学2所，小学12所，卫生院2个。有村级文化活动中心。农业以甘蔗、花生、甘薯种植为主。产八角。工业以食品加工、铸造等为主。玉铁铁路、资铁高速、浦宝公路过境。

径口圩［Jìngkǒuxū］ 径口镇人民政府驻地。在县政府驻地博白镇东9千米。人口6000。处长径山口而得名。聚落呈团块状。有中小学、卫生院。工业以食品加工、铸造、石材加工等为主。服务业以零售、餐饮为主。浦宝公路经此。

双凤镇［Shuāngfèng Zhèn］ 博白县辖镇。在县境西北部。面积99平方千米。人口2.9万。辖1居委会、9村委会，有188自然村。镇人民政府驻双凤圩。1949年曾设双凤乡。1950年并入浪平乡。1959年改为浪平公社。1986年复设乡。1998年改镇。因镇政府驻地得名。绿珠江、六司江、车埇河流经。有小学7所，中学1所，卫生院1个。有古迹双凤石拱桥、凤鸣书院、绿珠纪念馆。农业以水稻、玉米、花生种植，生猪、鱼养殖为主。产八角、玉桂、龙宝猪，有网箱养鱼等。工业以竹木加工、水力发电等为主。博双、双凤—福绵、双凤—平睦公路过境。

双凤圩［Shuāngfèngxū］ 双凤镇人民政府驻地。在县政府驻地博白镇西25千米。人口700。地形似一对金鸡而得名。聚落呈团块状。有中小学、卫生院。有古迹凤鸣书院。农业以水稻种植，生猪养殖为主。特产八角、玉桂。博双公路经此。

顿谷镇［Dùngǔ Zhèn］ 博白县辖镇。在县境西南部。面积139平方千米。人口5万。辖1居委会、10村委会，有276自然村。镇人民政府驻顿谷圩。1933年曾设顿谷乡。1950年并入沙河区。后改公社，1969年设顿谷公社。1984年复改顿谷乡。1993年改镇。因镇政府驻地得名。南流江、沙坡河、蒙元河流经。有中学1所，小学9所，卫生院1个。有村级文化活动中心、图书室。有省级文物保护单位宴石山摩崖造像。有宴石寺、伏波祠、唐初边塞将军庞孝泰墓。农业以水稻、玉米种植为主。工业以竹编、竹木加工为主。玉铁铁路，柯木—沙河公路过境。

顿谷圩［Dùngǔxū］ 顿谷镇人民政府驻地。在县政府驻地博白镇西南27千米。人口600。清同治年间建有仓库囤粮，方言“囤粮”“顿谷”音同而得名。聚落呈团块状。有中小学、卫生院。工业以工艺品加工为主。柯木—沙河公路经此。

水鸣镇［Shuǐmíng Zhèn］ 博白县辖镇。在

县境西部。面积163平方千米。人口6.5万。辖2居委会、16村委会,有320自然村。镇人民政府驻水鸣圩。清置水鸣堡。1912年曾设水鸣乡。1950年设水鸣区。1958年改公社。1985年改水鸣镇。2005年大利镇并入。因镇政府驻地得名。南流江、水鸣河流经。有中学2所,小学18所,卫生院2个。有村级文化活动中心、图书室。农业以水稻、甘蔗种植为主。工业以竹编、木器加工为主。浦宝、水英公路过境。

水鸣圩［Shuǐmíngxū］ 水鸣镇人民政府驻地。在县政府驻地博白镇西17千米。人口1200。因有泷底江(今水鸣江),水似瀑布式冲下,发出轰鸣声,后人在此建居,渐成街圩而得名。聚落呈团块状。有中小学、卫生院。农业以水稻种植,生猪养殖为主。浦宝公路经此。

那林镇［Nàlín Zhèn］ 博白县辖镇。在县境西部。面积202平方千米。人口5.1万。辖1居委会、12村委会,有456自然村。镇人民政府驻那林圩。清代称为那裸堡,1912年改为那裸乡。1933年那裸乡与林村乡合并,各取一字称为那林乡,属沙河区。1950年并入江宁设区,1958年复设那林乡,1962年称那林区,1969年改称那林公社,1984年复称那林乡,1987年改为那林镇。那林江、金阵江、江宁河、道根河流经。有中学1所,小学12所,卫生院1个,村级文化活动中心12处,图书室12个。农业以水稻、花生、果蔗、木薯种植为主。特产那林草鱼。工业以竹编工艺、木材加工为主。浦宝公路过境。

那林圩［Nàlínxū］ 那林镇人民政府驻地。在县政府驻地博白镇西40千米。人口1200。建于那裸堡与林村交界处而得名。聚落呈团块状。有中小学、卫生院。工业以芒编制品加工为主。特产那林草鱼。浦宝公路经此。

江宁镇［Jiāngníng Zhèn］ 博白县辖镇。在县境西部。面积156平方千米。人口5.5万。辖1居委会、11村委会,有315自然村。镇人民政府驻江宁圩。1953年置江宁区。1958年改江宁等4乡,后改公社。1969年称江宁公社。1984年复设江宁乡。1993年改镇。因镇政府驻地得名。江宁河、道根江、龙颈江、下街江流经。有中学1所,小学8所,卫生院1个。农业以水稻、玉米种植为主。工业以竹编加工为主。江宁—博白、江宁—道根、江宁—芳屋、江宁—四联公路过境。

江宁圩［Jiāngníngxū］ 江宁镇人民政府驻地。在县政府驻地博白镇西54千米。人口1000。传当年3小江汇合处常出事故,清光绪年间建镇江庙,自此三江汇合处安宁无事,后聚集成街而得名。聚落呈团块状。有中小学、卫生院。工业以芒编工艺品加工为主。江宁—博白公路经此。

三滩镇［Sāntān Zhèn］ 博白县辖镇。在县境东北部。面积99平方千米。人口7.2万。辖1居委会、10村委会,有287自然村。镇人民政府驻三滩圩。1958年成立三滩公社。1984年改乡。1987年改镇。因镇政府驻地得名。三滩江、小白江流经。有中学2所,小学10所,卫生院1个,村级文化活动中心10处,图书室10个。农业以水稻、甘蔗、莲藕、法国豆、大白菜、芦笋、淮山种植为主。特产桂圆肉。工业以矿业、陶瓷、饲料加工为主。玉铁铁路,资铁高速,三滩—黄凌、博沙公路过境。

三滩圩［Sāntānxū］ 三滩镇人民政府驻地。在县政府驻地博白镇南15千米。人口1100。以小河河床有蚧母滩、吊滩、七仙滩3滩得名。聚落呈团块状。有中小学、卫生院。农业以水稻种植,生猪养殖为主。特产桂圆肉。三滩—黄凌公路经此。

黄凌镇［Huánglíng Zhèn］ 博白县辖镇。在县境东部。面积102平方千米。人口2.8万。辖1居委会、5村委会,有153自然村。镇人民政府驻黄凌圩。1912年曾设黄凌乡。1950年与民治乡合并建三滩区。1958年复设黄凌乡,后改公社。1961年设黄凌公社,1987年改乡。1993年改镇。因镇政府驻地得名。里鸡河、凌清河、社角河、白流河流经。有中学1所,小学5所,卫生院1个,图书室5个。农业以水稻、玉米、淮山种植为主。博陆公路过境。

黄凌圩［Huánglíngxū］ 黄凌镇人民政府驻地。在县政府驻地博白镇东南27公里。人口400。取黄池垌、凌清2村首字得名。聚落呈团块状。有中小学、卫生院。服务业以商贸为主。博陆公路经此。

亚山镇［Yàshān Zhèn］ 博白县辖镇。在县境中部偏北。面积133平方千米。人口7.9万。辖1居委会、14村委会,有386自然村。镇人民政府驻亚山圩。1949年为鸦山区。1959年成立鸦山公社。1984年改鸦山乡,1989年改称亚山镇。因镇政府驻地得名。南流江、亚山江、清湖江、白花河流经。有中学3所,小学17所,卫生院1个,图书室1个。农业以水稻、甘蔗种植为主。产黑皮冬瓜、淮山。工业以胶合板、纤维板、木地板加工为主。玉铁铁路,资铁高速,博龙、玉林—白沙公路过境。

亚山圩［Yàshānxū］ 亚山镇人民政府驻地。在县政府驻地博白镇南10千米。人口1100。因地形似乌鸦,故名鸦山,渐成集市,后以本地方言"亚""鸦"同音,更今名。聚落呈团块状。有中小学、卫生院。工业以人造板、陶瓷制造等为主。玉林—白沙公路经此。

旺茂镇［Wàngmào Zhèn］ 博白县辖镇。在县境中部。面积121平方千米。人口7.3万。辖1居委会、10村委会,有360自然村。镇人民政府驻旺茂圩。1933年曾设大旺乡。1958年成立旺茂公社。1984年改乡。1987年改镇。因镇政府驻地得名。大寿河、白龙河、合江流经。有中学2所,小学10所,卫生院1个,村级文化活动中心10处,图书室11个。有鸡母石景区。农业以水稻种植为主。产糖蔗、荔枝、龙眼。资铁高速,博龙、水英公路过境。

旺茂圩［Wàngmàoxū］ 旺茂镇人民政府驻地。在县政府驻地博白镇西南18千米。人口1500。清乾隆年间建圩,以生意兴旺、茂盛得名。聚落呈团块状。有中小学、卫生院。农业以水稻种植,生猪养殖为主。工业以造纸、刨板、建材等为主。博龙、水英公路经此。

东平镇［Dōngpíng Zhèn］ 博白县辖镇。在县境中部。面积271平方千米。人口13.9万。辖2居委会、23村委会,有626自然村。镇人民政府驻东平圩。1933年曾设东平乡。1950年改区,1958年成立公社。1984年改镇。1987年合江乡析出。2005年合江镇并入。因镇政府驻地得名。东平河、火甲河、绿荣河流经。有鹿吊水库、火甲水库。有中学4所,小学23所,卫生院2个,村级文化活动中心24处,图书室68个。有永福堂纪念地。农业以水稻种植为主。产果蔗、香蕉、荔枝、龙眼。工业以石材加工为主。玉铁铁路、资铁高速、博龙公路过境。

东平圩［Dōngpíngxū］ 东平镇人民政府驻地。在县政府驻地博白镇西南38千米。人口2700。清乾隆六年(1741)建圩,因处河东平地得名。聚落呈团块状。有中小学、卫生院。农业以水稻种植,生猪养殖为主。工业以建材加工等为主。博龙公路经此。

沙河镇［Shāhé Zhèn］ 博白县辖镇。在县境西南部。面积178平方千米。人口8.1万。辖1居委会、16村委会,有326自然村。镇人民政府驻沙河街。1922年设沙河区。1961年成立沙河公社。1984年改镇。1986年菱角乡析出。因镇政府驻地得名。南流江流经。有中学3所,小学17所,卫生院1个,村级文化活动中心5处,图书室5个。有省级文物保护单位革命烈士朱锡昂故居遗址。农业以水稻种植为主。特产糖蔗、香蕉。玉铁铁路、博沙公路过境。

沙河街［Shāhéjiē］ 沙河镇人民政府驻地。在县政府驻地博白镇西南53千米。人口1400。因处南流江畔,江底全为细沙而得名。聚落呈团块状。有中小学、卫生院。农业以水稻种植,三黄鸡、生猪养殖为主。工业以水电、化工肥料制造等为主。博沙公路经此。

菱角镇［Língjiǎo Zhèn］ 博白县辖镇。在县境西南部。面积160平方千米。人口5.1万。辖1居委会、11村委会,有143自然村。镇人民政府驻菱角圩。1912年曾设菱角乡。后属沙河公社。1986年由沙河镇析设菱角乡。1993年改镇。因镇政府驻地得名。南流江、旺盛江、马江流经。有中学2所,小学10所,卫生院1个,村级文化活动中心11处,图书室11个。有博白县民主抗日自卫军沙菱支队旧址(三帝庙、文昌阁)。农业以水稻种植为主。产香蕉、甘蔗、毛尖茶。工业以林产化工、皮革制品、编制为主。玉铁铁路、博白—菱角公路过境。

菱角圩［Língjiǎoxū］ 菱角镇人民政府驻地。在县政府驻地博白镇西南62千米。人口1400。此地多种菱角而得名。聚落呈团块状。有中小学、卫生院。有博白县民主抗日自卫军沙菱支队旧址(三帝庙、文昌阁)。农业以水稻、玉米种植为主。工业以林产化工、皮革制品、编制为主。博白—菱角公路经此。

新田镇［Xīntián Zhèn］ 博白县辖镇。在县境东南部。面积119平方千米。人口5.8万。辖1居委会、12村委会,有280自然村。镇人民政府驻新塘圩。1958年设新塘乡,后改公社。1968年由凤山区析置新塘公社。1984年改新田乡。1993年改镇。因镇政府驻地得名。合江、跃河、莲塘河流经。有中学1所,小学13所,卫生院1个,村级文化活动中心12处,图书室12个。农业以水稻、甘蔗、中药材种植为主。工业以碾米机制造、木板加工、建筑材料为主。凤山—大垌公路过境。

新塘圩［Xīntángxū］ 新田镇人民政府驻地。在县政府驻地博白镇南54千米。人口1500。明末始建。清光绪年间迁至塘边建新圩而得名。聚落呈团块状。有中小学、卫生院。农业以水稻种植,生猪养殖为主。工业以碾米机制造、建材加工等为主。凤山—大垌公路经此。

凤山镇［Fèngshān Zhèn］ 博白县辖镇。在县境东部。面积154平方千米。人口9.1万。辖1居委会、16村委会,有556自然村。镇人民政府驻凤山圩。1949年设凤山乡。1955年改区。1958年复设乡,后改公社。1984年改镇。因镇政府驻地得名。温罗河、合江、凤山河流经。有中学4所,小学16所,卫生院1个,村级文化活动中心16处,图书室17个。农业以水稻种植为主,产橘红、杨梅、砂糖橘。工业以造砖、电子、食品加工等为主。水英、凤新公路过境。

凤山圩［Fèngshānxū］ 凤山镇人民政府驻地。在县政府驻地博白镇东南38千米。人口2300。1620年建村,因建居时挖出一对凤凰而得名。聚落呈团块状。有中小学、卫生院。农业以生猪、三黄鸡、狮头鹅养殖为主。工业以芒竹编制品、花岗岩、木材加工等为主。水英、凤新公路经此。

宁潭镇［Níngtán Zhèn］ 博白县辖镇。在县境东部。面积137平方千米。人口8万。辖1居委会、9村委会，有280自然村。镇人民政府驻宁潭圩。1933年设林柑乡，1949年改宁潭乡。1955年改区，后改公社。1958年成立宁潭公社。1984年改乡。1988年改镇。因镇政府驻地得名。宁潭河流经。有杨旗水库。有中学2所，小学11所，卫生院1个，村级文化活动中心2处，图书室9个。农业以水稻、花生、甘蔗种植为主。博白—文地公路过境。

宁潭圩［Níngtánxū］ 宁潭镇人民政府驻地。在县政府驻地博白镇东南50千米。人口1200。初名冷潭，因圩北有鹤木潭水温低冷得名，后因"冷"字蕴意不佳改今名。聚落呈团块状。有中小学、卫生院。农业以水稻种植，生猪养殖为主。工业以造纸、建材、木材加工为主。博白—文地公路经此。

文地镇［Wéndì Zhèn］ 博白县辖镇。在县境东南部。面积178平方千米。人口10.5万。辖2居委会、17村委会，有278自然村。镇人民政府驻文地圩。1958年宁潭区析设文地乡，后改公社。1984年改镇。2005年三江乡并入。因镇政府驻地得名。黄洛河、中苏河、龟地河、九洲江流经。有中学4所，小学19所，卫生院3个，村级文化活动中心2处，图书室17个。农业以水稻、玉米种植为主。工业以铅锌矿开采、化工、五金、建材为主。黎湛铁路、博白—文地公路过境。

文地圩［Wéndìxū］ 文地镇人民政府驻地。在县政府驻地博白镇东南65千米。人口3700。原名"东门坡圩"，1956年迁坟地坡建新圩，改称坟地坡圩，后雅称文地圩。聚落呈团块状。有中学、卫生院。农业以水稻、玉米种植为主。黎湛铁路、博白—文地公路经此。

英桥镇［Yīngqiáo Zhèn］ 博白县辖镇。在县境东南部。面积126平方千米。人口8.1万。辖1居委会、14村委会，有253自然村。镇人民政府驻英桥街。1950年设英桥区，1958年成立英桥公社。1984年改乡。1987年改镇。1989年中苏乡析出。因镇政府驻地得名。英桥河、六务河流经。有中学2所，小学15所，卫生院2个。农业以水稻、玉米种植，生猪养殖为主。工业以银矿开采、胶合板、烟花爆竹加工为主。水英公路过境。

英桥街［Yīngqiáojiē］ 英桥镇人民政府驻地。在县政府驻地博白镇东南54千米。人口1800。明代称阴桥，清末以"阴""英"音近，改名"英桥"。聚落呈团块状。有中小学、卫生院。农业以水稻种植为主。工业以银矿开采、胶合板、烟花爆竹加工为主。水英公路经此。

那卜镇［Nàbǔ Zhèn］ 博白县辖镇。在县境南部。面积63平方千米。人口2.5万。辖1居委会、4村委会，有94自然村。镇人民政府驻那卜圩。1949年为那卜区。1958年改乡，后改公社。1984年复乡。1986年沙陂乡析出。1989年大垌乡析出。1993年改镇。因镇政府驻地得名。那卜河、双竹河流经。有老虎头水库。有中学1所，小学4所，卫生院1个，村级文化活动中心4处，图书室8个。农业以水稻、玉米、甘薯、甘蔗、蔬菜种植，生猪养殖为主。工业以陶瓷加工为主。博白—那卜公路过境。

那卜圩［Nàbǔxū］ 那卜镇人民政府驻地。在县政府驻地博白镇南74千米。人口2900。壮语"那"指田，"卜"指岭丘，因村周均为水田、小岭丘而得名。聚落呈团块状。有中小学、卫生院。农业以水稻、玉米种植为主。工业以陶瓷加工为主。博白—那卜公路经此。

大垌镇［Dàdòng Zhèn］ 博白县辖镇。在县境南部。面积73平方千米。人口3.6万。辖1居委会、5村委会，有160自然村。镇人民政府驻大垌圩。1989年那卜乡析设大垌乡。1992年改镇。因镇政府驻地得名。石龙河、挪交河流经。有中学1所，小学5所，卫生院1个，村级文化活动中心7处，图书室10个。农业以水稻、花生、玉米种植为主。工业以胶杯、建材、日用陶瓷、木材加工为主。大垌—英桥、那卜、新田、松旺公路过境。

大垌圩［Dàdòngxū］ 大垌镇人民政府驻地。在县政府驻地博白镇南63千米。人口1200。地处大田垌上而得名。聚落呈团块状。有中小学、卫生院。农业以水稻、玉米种植为主。工业以陶瓷加工、木材加工、建材为主。大垌—英桥、那卜、新田、松旺公路经此。

沙陂镇［Shābēi Zhèn］ 博白县辖镇。在县境南部。面积105平方千米。人口4.6万。辖1居委会、8村委会，有138自然村。镇人民政府驻沙陂圩。1986年由那卜乡析设沙陂乡。1989年改镇。因镇政府驻地得名。沙陂河流经。有中学1所，小学8所，卫生院1个，村级文化活动中心6处，图书室1个。农业以水稻、玉米种植，生猪、牛、鱼养殖为主。工业以陶瓷生产、烟花爆竹、玻璃制品等为主。沙博公路过境。

沙陂圩［Shābēixū］ 沙陂镇人民政府驻地。在县政府驻地博白镇南96千米。人口2200。因此处有水陂，陂边为大沙坝，起风时飞沙弥漫而得名。聚落呈团块状。有中小学、卫生院。农业以水稻、玉米种植，生猪养殖为主。工业以陶瓷生产、烟花爆竹、林产品加工等为主。沙博公路经此。

双旺镇［Shuāngwàng Zhèn］ 博白县辖镇。在县境南部。面积111平方千米。人口4.5万。辖1居委会、7村委会，有144自然村。镇人民政府驻双旺圩。1933年曾设双旺乡，后并入区。1958年设双旺乡，同年与松山乡合并成立松山公社。1984年设松山乡。1986年松山乡析设双旺乡。1996年改镇。因镇政府驻地得名。那青河、双旺河流经。有中学1所，小学7所，卫生院1个，村级文化活动中心1处，图书室1个。有山水锡矿城。农业以水稻、玉米、小麦、大豆种植为主。工业以矿产开采、林产品加工为主。沙博公路过境。

双旺圩［Shuāngwàngxū］ 双旺镇人民政府驻地。在县政府驻地博白镇南70千米。人口1500。取旺泥塘、周旺2村各一字得名。聚落呈团块状。有中小学、卫生院。农业以水稻、蔬菜种植为主。沙博公路经此。

松旺镇［Sōngwàng Zhèn］ 博白县辖镇。在县境南部。面积184平方千米。人口4.7万。辖1居委会、11村委会，有174自然村。镇人民政府驻松旺街。1949年初设十三区，后设乡、公社，1984年改名松旺乡，1988年改设松旺镇。因镇政府驻地得名。射广河、横水河、草塘河流经。有中学1所，小学12所，卫生院1个，村级文化活动中心2处，图书室4个。有古迹松旺文昌阁、抗日将领朱为鈖故居。农业以水稻、玉米、花生种植为主。工业以采石、农机维修、木制品生产为主。资铁高速、博龙公路过境。

松旺街［Sōngwàngjiē］ 松旺镇人民政府驻地。在县政府驻地博白镇南50千米。人口1200。取松山兴旺之意得名。聚落呈团块状。有中小学、卫生院。农业以水稻、蔬菜种植为主。博龙公路经此。

松茂村［Sōngmàocūn］ 在县政府驻地博白镇西南50千米。松旺镇辖自然村。人口2800。取松山、茂山2村首字得名。聚落呈团块状。为中国传统村落、历史文化名村。有茂山村客家围屋。有抗日将领朱为鈖故居。农业以水稻、玉米种植为主。博龙公路经此。

龙潭镇［Lóngtán Zhèn］ 博白县辖镇。在县境南部。面积160平方千米。人口10.5万。辖1居委会、13村委会，有299自然村。镇人民政府驻龙潭圩。清道光十二年(1832)设龙潭堡。1912年改龙潭区。1949年设龙潭等6乡，后改公社。1959年成立龙潭公社。1984年改镇。因镇政府驻地得名。龙潭河、潭莲河流经。有中学2所，小学12所，卫生院1个，村级文化活动中心14处，图书室16个。有凤章客家采茶艺术团。有景点伏波庙、文龙书院、城区公园。农业以水稻种植为主，产药材。工业以建材、塑料、食品加工为主。资铁高速、博龙公路过境。

龙潭圩［Lóngtánxū］ 龙潭镇人民政府驻地。在县政府驻地博白镇西南69千米。人口2800。成圩已有350多年历史。村东双巴岭脚下有深潭，传为"龙上天"之洞而得名。聚落呈团块状。有中小学、卫生院。有古迹伏波庙、文龙书院。农业以水稻种植，生猪养殖为主。工业以塑料制品、印刷为主。博龙公路经此。

大坝镇［Dàbà Zhèn］ 博白县辖镇。在县境南部。面积81平方千米。人口3.5万。辖1居委会、6村委会，有108自然村。镇人民政府驻大坝圩。1986年由龙潭镇析设大坝乡。1993年改镇。因镇政府驻地得名。那交河、大坝河流经。有中学2所，小学7所，卫生院1个，村级文化活动中心6处，图书室6个。农业以水稻、花生、甘蔗种植，生猪养殖为主。工业以造砖、烟花爆竹加工为主。大坝—沙陂、大坝—龙潭公路过境。

大坝圩［Dàbàxū］ 大坝镇人民政府驻地。在县政府驻地博白镇西南88千米。人口800。因建在大草坝上得名。聚落呈团块状。有中小学、卫生院。农业以水稻种植，生猪养殖为主。工业以木材深加工为主。大坝—沙陂、大坝—龙潭公路经此。

永安镇［Yǒng'ān Zhèn］ 博白县辖镇。在县境西北部。面积108平方千米。人口3.5万。辖1居委会、9村委会，有290自然村。镇人民政府驻永安圩。1933年曾设永安乡。1949年属区。1958年析出永安乡，随即成立公社。1987年由水鸣镇析设永安乡。2000年改镇。因镇政府驻地得名。永安河流经。有中学1所，小学9所，卫生院1个，村级文化活动中心6处，图书室12个。农业以水稻种植为主。产杉木、桉树、八角。工业以木材、芒竹编制品为主。博白—永安、浦宝公路过境。

永安圩［Yǒng'ānxū］ 永安镇人民政府驻地。在县政府驻地博白镇西29千米。人口500。以永远安居乐业为名。聚落呈团块状。有中小学、卫生院。农业以水稻种植，生猪养殖为主。博白—永安公路经此。

浪平镇［Làngpíng Zhèn］ 博白县辖镇。在县境北部。面积111平方千米。人口2.8万。辖1居委会、10村委会，有175自然村。镇人民政府驻浪平圩。1933年设浪平乡。1950年改区，后改公社。1986年析设浪平乡。2014年改镇。因镇政府驻地得名。茶河、六口江、牛轭麓江、和睦江、石桥江流经。有充粟水库。有中学1所，小学7所，卫生院1个，村级文化活动中心1处，图书室6个。农业以水稻、玉米种植为主。工业以芒编制品、花岗岩、木材加工为主。博双公路过境。

浪平圩［Làngpíngxū］ 浪平镇人民政府驻地。在县政府驻地博白镇西北8千米。人口500。因处两河交汇平坦田野而得名。聚落呈团块状。有中小学、卫生院。农业以水稻种植为主。特产麻竹。博双公路经此。

兴业县

兴业县［Xīngyè Xiàn］ 玉林市辖县。北纬22°07′，东经109°87′。在市境西北部。面积1468平方千米。人口76.5万。以汉族为主，还有壮、布依、瑶等民族。辖13镇。县人民政府驻石南镇。唐麟德二年（665）析石南县置兴业县，治今县城北部，属鬱州。元至民国隶属鬱林州、梧州府、鬱林直隶州、郁江道、苍梧道、郁林民团区、梧州民团区、梧州、郁林行政监督区、第八行政督察区、第九行政督察区、容县专区。1953年撤县。1997年复设兴业县，属玉林市。以农耕环境得天独厚，各业兴旺发达，取“百业俱兴”之意得名。先后改扩建蒲安路、城环路、祥兴路、思贤路。有标志性建筑物县人民广场。以丘陵山地为主，河谷盆地相间。有藤梨岭、葵山、佛香山。平均海拔113米。年均气温22.3℃，1月平均气温13.6℃，7月平均气温28.5℃。年均降水量1734毫米。定川江流经。有矿产资源铅锌、钛铁、花岗岩、萤石等。有东龙森林公园。森林覆盖率51.9%。有中等职业技术学校1所，中学30所，小学201所，二级医院1个，有公共图书馆1个，文化馆1个，综合体育场馆2处。有国家4A级旅游景区鹿峰山。有景点燕山湖、龙安寒山度假中心、凤凰山、明代官员何以尚故居、龙泉洞、大西村、庞村清代民居群、石嶷文塔。三次产业比例30∶43∶27。农业以水稻种植，生猪、三黄鸡养殖为主。特产荔枝、龙眼、柑、黄金橘、手编竹箩。工业以建材、机械、轻化、食品加工为主。服务业以通信、物流、商贸为主。黎湛铁路，广昆高速，222、324国道，省道糯—六景、荔浦—廉江、贵港—英桥线过境。

兴业站［Xīngyè Zhàn］ 见交通运输设施部分“兴业站”条。

兴业客运站［Xīngyè Kèyùnzhàn］ 见交通运输设施部分“兴业客运站”条。

兴业汽车总站［Xīngyè Qìchē Zǒngzhàn］ 见交通运输设施部分“兴业汽车总站”条。

石南镇［Shínán Zhèn］ 兴业县人民政府驻地。在县境中部。面积138平方千米。人口8.3万。辖4居委会、17村委会，有196自然村。镇人民政府位于环西路。历代均为兴业县治所。1958年成立石南公社。1984年改镇。因古县名石南得名。有中学3所，小学24所，二级医院1个，卫生院1个，卫生所22个。有文化站、图书室、老人休闲活动中心、敬老院、文化休闲广场。有古迹石嶷文塔、石南文庙、庞村清代民居古建筑群。农业以水稻、玉米、花生种植，温氏三黄鸡、丰沐鲜鸡养殖为主。特产手编竹箩、石南小刀、石南酒椒。黎湛铁路、324国道过境。

兴业大道［Xīngyè Dàdào］ 在县城南部。东起玉桂路，西至环西路。与文昌路、广场东路、凤凰路相交。长2.4千米，宽20米。早年即有混凝土硬化路面，2010年重新硬化。因为县城最大的路而得名。两侧有政府部门、广场等。通公交车。

大平山镇［Dàpíngshān Zhèn］ 兴业县辖镇。在县境东南部。面积102平方千米。人口5.3万。辖2居委会、19村委会，有56自然村。镇人民政府驻大平山圩。1964年成立大平山公社。1984年改乡。1990年改镇。因镇政府驻地得名。有中学1所，小学20所，卫生院1个，卫生所37个。农业以水稻、玉米种植，生猪、三黄鸡养殖为主。产荔枝、龙眼、柑橙、果蔗、手工编织草席。有三黄鸡养殖场。工业以食品加工为主。黎湛铁路，324国道，龙安—陈村、大平山—双凤公路过境。

大平山圩［Dàpíngshānxū］ 大平山镇人民政府驻地。在县政府驻地石南镇东南11千米。人口1400。清乾隆年间成圩。因处平山村附近，故名平山圩，后为与小平山圩取对称地名而得名。聚落呈团块状。有中小学、卫生院。农业以水稻、玉米种植，生猪、鸡养殖为主。特产手工草席、芒编织品。大平山—玉林公路经此。

陈村［Chéncūn］ 在县政府驻地石南镇东北2千米。大平山镇辖自然村。人口4100。明末始建，因陈氏人口居多得名。聚落呈带状。有广场、公园。农业以水稻、玉米、荔枝、龙眼种植，种鸡、三黄鸡、三元杂交商品猪养殖为主。黎湛铁路、324国道经此。2014年被评为全国文明村。

葵阳镇［Kuíyáng Zhèn］ 兴业县辖镇。在县境西南部。面积166平方千米。人口8.1万。辖1居委会、16村委会，有101自然村。镇人民政府驻葵阳圩。1958年成立葵阳公社。1984年改乡。1990年改镇。2005年铁联乡并入。因镇政府驻地得名。有中学2所，小学15所，卫生院1个，卫生所16个。有桂东南起义革命烈士纪念碑、唐代兴德县城遗存。农业以水稻种植，生猪、鸡、鱼养殖为主。特产荔枝、龙眼、蜜柑、果蔗、萝卜、白菜、旧县鱼料。工业以混凝土制造为主。石大公路过境。

葵阳圩［Kuíyángxū］ 葵阳镇人民政府驻地。在县政府驻地石南镇西南5千米。人口1700。处葵山南麓而得名。聚落呈团块状。有中小学、卫生院。服务业以商贸为主。特产萝卜、白菜、旧县鱼料。石大公路经此。

城隍镇［Chénghuáng Zhèn］ 兴业县辖镇。在县境西南部。面积159平方千米。人口6.3万。辖1居委会、18村委会，有124自然村。镇人民政府驻城隍圩。1958年成立城隍公社。1984年改镇。因镇政府驻地得名。有中学2所，小学18所，卫生院1个，卫生所17个。有景点桂东南抗日武装起义革命根据地、李宗仁屯兵遗址、龙华寺、马坡水库生态森林。有国家4A级风景区鹿峰山。农业以水稻、荔枝、龙眼、柑橙、果蔗种植为主。名产城隍酸料、城隍菜刀、大红八角。省道石南—大江口线、县道六横线过境。

城隍圩［Chénghuángxū］ 城隍镇人民政府驻地。在县政府驻地石南镇西南21千米。人口5300。清乾隆年间成圩。因处城隍庙附近得名。聚落呈团块状。有中小学、卫生院。服务业以商贸为主。有农贸市场。特产城隍菜刀、城隍配料。省道石南—大江口线经此。

大西村［Dàxīcūn］ 在县政府驻地石南镇西南0.5千米。城隍镇辖村。人口7700。始建于元。以大里、西村2自然村各取一字得名。聚落呈团块状。为广西历史文化名村。有梁氏宗祠、钟氏宗祠，古民居大夫第（石砖大屋）、西村大屋、梁绍赞宅、梁宗瑶宅、黄家庄等清代古建筑。存留有古庙、古井、古坟、古巷、古石碑、古钟、古牌匾、古藤盾等。农业以水稻种植为主。特产蜜柑、牛石岭肚果蔗。石大公路经此。

山心镇［Shānxīn Zhèn］ 兴业县辖镇。在县境西北部。面积184平方千米。人口8.7万。辖1居委会、22村委会，有246自然村。镇人民政府驻山心圩。1958年成立山心公社。1984年改乡。1990年改镇。2005年博爱乡并入。因镇政府驻地得名。有中学2所，小学22所，卫生院1个，卫生所23个。有图书馆。农业以木薯、甘蔗、穿心莲、荔枝、龙眼、贡柑、沃柑、酸柠檬、丰水橘种植，鸡、生猪养殖为主。工业以建材、五金铸造、纺织、茶叶加工为主。特产毛尖茶、绿茶、红茶、铁锅。黎湛铁路，南梧高速，222、324国道，省道桂平—铁山港线过境。

山心圩［Shānxīnxū］ 山心镇人民政府驻地。在县政府驻地石南镇西北9千米。人口4600。因处马鞍岭、葵山、大王岭、翻车隘等群山环绕之中而得名。聚落呈椭圆状。有中小学、卫生院、贸易市场。服务业以商贸为主。特产山心绿茶、红茶、山心铁锅、手工编织草席。黎湛铁路、南梧高速、324国道经此。

沙塘镇［Shātáng Zhèn］ 兴业县辖镇。在县境西北部。面积83平方千米。人口7万。辖1居委会、17村委会，有241自然村。镇人民政府驻沙塘圩。1958年成立沙塘公社。1984年改乡。1990年改镇。因镇政府驻地得名。有中学3所，小学17所，卫生院1个，卫生所17个。有文化站、图书室、老人休闲活动中心。农业以水稻、玉米、木薯、蚕桑、黄麻、马蹄、药材种植为主。水果主产荔枝、龙眼等。名产沙塘香米。沙塘—湛江、高峰公路过境。

沙塘圩［Shātángxū］ 沙塘镇人民政府驻地。在县政府驻地石南镇西北20千米。人口2600。清乾隆年间成圩。因土壤母质多为紫色页岩、沙页岩和粉砂岩，土层浅薄，水土流失严重，干旱缺水，先民多筑塘储水抗旱，故名沙塘。聚落呈五角星状。农业以水稻、马蹄、荔枝种植为主。名产沙塘香米。沙塘—湛江、高峰公路经此。

蒲塘镇［Pútáng Zhèn］ 兴业县辖镇。在县境东北部。面积100平方千米。人口6万。辖1居委会、16村委会，有127自然村。镇人民政府驻蒲塘圩。1958年成立蒲塘公社。1984年改镇。因镇政府驻地得名。有中学2所，小学15所，卫生院1个，卫生所16个。农业以水稻种植，生猪、鸡、鱼养殖为主。特产木材、荔枝、龙眼、柑橙、果蔗、蒲塘米粉、手工竹蒲编织品。玉林—大洋公路过境。

蒲塘圩［Pútángxū］ 蒲塘镇人民政府驻地。在县政府驻地石南镇东北21千米。人口1300。境内大塘长满香蒲而得名。聚落呈带状。有中小学、卫生院、农贸市场。服务业以商贸为主。卖酒—蒲塘、山心—大洋、蒲塘—高峰公路经此。

北市镇［Běishì Zhèn］ 兴业县辖镇。在县境东北部。面积132平方千米。人口6.6万。辖13村委会，有172自然村。镇人民政府驻北市圩。1958年成立北市公社。1986年改乡。1994年改镇。因镇政府驻地得名。有中学3所，小学13所，卫生院1个，卫生室13个。有文化站、图书馆。农业以水稻、荔枝、龙眼种植为主。名产萤石、苗岭酒、五彩椒。工业以采矿、食品加工为主。省道玉桂线过境。

北市圩［Běishìxū］ 北市镇人民政府驻地。在县政府驻地石南镇东北31千米。人口4600。明代成圩，因处北底江畔得名，意为北底江畔的集市。聚落呈日字状。有中小学、卫生院、农贸市场。农业以水稻种植为主。产竹芒编织品、实木家具、苗岭酒。省道玉桂线、北市—沙坡公路经此。

龙安镇［Lóng'ān Zhèn］ 兴业县辖镇。在县境东部。面积94平方千米。人口4.5万。辖15村委会，有57自然村。镇人民政府驻龙安圩。1950年设龙安乡，后改公社。1964年成立龙安公社。1984年改乡。2002年改镇。因镇政府驻地得名。有中学1所，小学15所，卫生院1个，卫生所15个。有文化站、图书馆。有明代冶炼遗址。农业以水稻、荔枝、龙眼种植，生猪、三黄鸡养殖为主。名产龙安参皇鸡、淮山、龙安西瓜、反季节萝卜。龙安—玉林、龙安—兴业公路过境。

龙安圩［Lóng'ānxū］ 龙安镇人民政府驻地。在县政府驻地石南镇东部16千米。人口700。明代成圩，因境内山峦起伏似祥龙，先民认此为安居宝地得名。聚落呈井字状。有中小学、卫生院、文化站等。农业以水稻、龙眼种植为主。龙安—陈村、龙安—玉林、龙安—枫背公路经此。

高峰镇［Gāofēng Zhèn］ 兴业县辖镇。在县境北部。面积84平方千米。人口5.4万。辖19村委会，有245自然村。镇人民政府驻高峰圩。1958年成立高峰公社。1984年改乡。2002年改镇。因镇政府驻地得名。有中学2所，小学16所，卫生院1个，卫生所18个。农业以水稻种植，生猪、三黄鸡、鱼养殖为主。产荔枝、龙眼、剑麻、黄麻、中药材。高峰—蒲塘、高峰—桥圩、高峰—东津、高峰—大洋公路过境。

高峰圩［Gāofēngxū］ 高峰镇人民政府驻地。在县政府驻地石南镇北26千米。人口1700。因境内地势较高，小山包起伏分布，遂取高步头、张峰2村各一字得名。聚落呈团块状。有中小学、卫生院、农贸市场。农业以水稻、玉米种植为主。产荔枝、黄麻。山心—高峰、高峰—蒲塘、高峰—大洋、高峰—东津公路经此。

小平山镇［Xiǎopíngshān Zhèn］ 兴业县辖镇。在县境东北部。面积108平方千米。人口4.2万。辖13村委会，有108自然村。镇人民政府驻小平山圩。1949年设小平山乡，后改公社。1984年复乡。2002年改镇。因镇政府驻地得名。有中学1所，小学15所，卫生院1个，卫生所15个。有文化站、图书室。农业以水稻种植，生猪、鸡养殖为主。产荔枝、龙眼、木薯、竹编产品、木制家具。玉林—桂平公路过境。

小平山圩［Xiǎopíngshānxū］ 小平山镇人民政府驻地。在县政府驻地石南镇东北20千米。人口2400。明代成圩，宅舍坐落在广阔平坦山坡上，故称平山。后为区别于大平山，遂称小平山圩。聚落呈井字状。有中小学、卫生院。服务业以商贸为主。玉林—桂平、小平山—大坡公路经此。

卖酒镇［Màijiǔ Zhèn］ 兴业县辖镇。在县境东南部。面积53平方千米。人口3.4万。辖1居委会、9村委会，有56自然村。镇人民政府驻卖酒街。1949年曾设卖酒乡。1958年改公社。1987年由小平山乡析设卖酒乡。2005年改镇。因镇政府驻地得名。有中学1所，小学11所，卫生院1个，卫生所13个。农业以水稻种植为主。产荔枝、龙眼、杧果、枣子。岑兴高速、玉林—桂平公路过境。

卖酒街［Màijiǔjiē］ 卖酒镇人民政府驻地。在县政府驻地石南镇东南21千米。人口4300。明代成圩，居民多以蒸酒为业而得名。聚落呈8字状。有中小学、卫生院、农贸市场。农业以种植水稻、荔枝为主。玉林—桂平公路经此。

洛阳镇［Luòyáng Zhèn］ 兴业县辖镇。在县境东北部。面积55平方千米。人口3.1万。辖8村委会，有86自然村。镇人民政府驻洛阳圩。1949年曾设洛阳乡。后改公社。1987年由蒲塘镇析设洛阳乡。2007年改镇。因镇政府驻地得名。有中学1所，小学8所，卫生院1个，卫生所8个。有文化站、图书馆。农业以水稻、花生种植，生猪、三黄鸭、白鸽养殖为主。产荔枝、龙眼、果蔗、中药材。名产手工竹编织品、洛阳扎粉。卖酒—蒲塘公路过境。

洛阳圩［Luòyángxū］ 洛阳镇人民政府驻地。在县政府驻地石南镇东北18千米。人口1600。清康熙年间成圩。因处洛阳江之东得名。聚落呈井字状。有中小学、卫生院、农贸市场。农业以水稻种植为主。名产洛阳扎粉、竹编产品。卖酒—蒲塘公路经此。

百色市

百色市［Bǎisè Shì］ 广西壮族自治区辖地级市。北纬22°51′—25°06′，东经104°27′—107°53′。在自治区境西部。面积36252平方千米。户籍人口412.2万，常住人口356.9万。以壮族为主，还有汉、瑶、苗、彝、仡佬、回等民族。辖右江区，田阳、田东、平果、德保、靖西、那坡、凌云、乐业、田林、西林10县，隆林各族自治县。市人民政府驻右江区。清雍正七年(1729)析田州等地置百色厅，属思恩府。光绪二年(1876)属广西省。1913年废厅为县。1930年置百色民团区，后改百色行政监督区、第十行政督察区、第五行政督察区。1949年设百色专区，属桂西壮族自治区。1956年改地区，属桂西壮族自治州。1957年复置百色专区。1971年复改地区。2002年改地级市。百色，因壮语“博涩寨”得名，意为地势复杂的山川塞口。处云贵高原、南岭丘陵过渡地带。地势南北高中间低。平均海拔748.2米。年均气温22.3℃，1月平均气温13.5℃，7月平均气温28.5℃。年均降水量1104.3毫米。年均无霜期364.4天。右江流经。有矿产资源铝土、水晶、黄金、煤、铜等。有野生植物2568种，其中有国家重点保护野生植物蚬木、任豆树、香樟等71种。有野生动物553种，其中有国家一级保护野生动物黑叶猴、鹧鸪、蟒蛇、蜂猴等19种，国家二级保护野生动物猕猴、穿山甲等74种。有国家级自然保护区4个，省级自然保护区8个。有世界地质公园乐业大石围天坑群。森林覆盖率67%。有高校6所，中职20所，中学188所，小学1278所，特教学校11所，幼儿园1182所，三级医院2个。有图书馆、文化馆、博物馆、体育馆。有全国重点文物保护单位西林岑氏家族建筑群、那坡感驮岩遗址、那坡弄平炮台等8个，省级文物保护单位丹桂塔、弄良明墓等15个。有全国爱国主义教育示范基地中国工农红军第七军军部旧址、百色起义纪念馆、右江工农民主政府旧址、乐业县红七军和红八军会师地旧址。有国家级非物质文化遗产布洛陀、那坡壮族民歌、壮族织锦技艺、田林瑶族铜鼓舞等8项，省级非物质文化遗产右江麽乜、右江壮族岑王庙会、壮族巫辞、平果壮族踩花灯、平果壮族丧歌等66项。有民俗田阳敢壮山布洛陀歌圩、靖西端午药市、隆林苗族跳坡节。有国家5A级旅游景区百色起义纪念园，国家4A级旅游景区吉星岩、茶山金字塔等11个，国家3A级旅游景区水源洞、纳灵洞等7个。有景点宋代南天国遗址、南宋横山寨古城遗址、茶马古道、土司遗址、明代壮族抗倭女英雄瓦氏夫人墓、大王岭、通灵大峡谷。三次产业比例17∶53∶30。农业以水稻、秋冬菜、茶叶、中药材、亚热带水果种植，生猪、肉牛、羊养殖为主。工业以有色金属铝、煤炭、石化、建材、农林产品深加工为主。服务业以口岸商贸、旅游、金融等为主。有铁路386.1千米，高速549.6千米，公路1.6万千米，内河航线703.5千米。南昆、田德、德靖铁路，汕昆、广昆、百色绕城高速，323、324国道过境。有右江、红水、南盘江、驮娘江内河航线。有百色机场，民航航线3条，通往广州、重庆、桂林等城市。

百色［Bǎisè］ 别名鹅城。百色市聚落。在市境中部。面积41平方千米。人口23.5万。以壮族为主，还有汉、瑶、苗、彝、仡佬等民族。清雍正八年(1730)建城，面积0.25平方千米。1949年城区面积1.23平方千米。1950年后向西、南扩建。2002年向东、南扩建。2008年建鹅江南岸龙景片区，建成东合桥、那毕桥、竹洲桥等。2014年百色城建成区面积41平方千米。老城区以教育、医疗、科研、商业生活为主要功能。龙景片区以教育、商贸、生活为主要功能。迎龙片以交通运输、商贸、生活居住为主要功能。有标志性建筑百色起义烈士纪念碑园、粤东会馆、铜鼓楼、百色起义纪念馆。交通便捷，干支线交错，形成铁路、公路、水运相结合综合运输体系。

右江区

右江区［Yòujiāng Qū］ 百色市人民政府驻地。在市境中部。面积3717平方千米。人口35.9万。以壮族为主，还有汉、回、瑶、苗等民族。辖2街道，4镇，2乡，1瑶族乡。区人民政府驻百城街道。清雍正七年(1729)析田州等地置百色厅。1913年改百色县。1983年改百色市(县级)。2002年改右江区。因右江得名。先后建成站前大道、龙景东路、逻索路、大旺路、百色体育中心、彩虹湾沙滩公园、江滨公园、迎龙山公园等。城北为行政办公区，城西为文教区，城东为商贸区。平均海拔300米。最高峰维那山海拔1573米。右江、澄碧河、乐里河、福禄河、磺桑江流经。有中学19所，小学103所，三级医院2个，二级医院4个，图书馆1个，文化馆1个。有体育馆、体育综合中心。有全国重点文物保护单位3个，省级文物保护单位1个。有省级非物质文化遗产右江麽乜、右江壮族岑王庙会、壮族巫辞、右江瑶族歌堂习俗、右江瑶族服饰制作技艺、右江壮族排歌。有景区景点澄碧河水库、大王岭、福禄河风。三次产业比例14∶51∶35。农业以水果、蔬菜种植为主。有土特产茶叶、桐油、八角、茴油、松脂、杧果、荔枝。工业以铝业、林化、冶金、制糖为主。服务业以金融、商贸、旅游为主。为滇、黔、桂3省边境物资集散地。南昆铁路，广昆高速，323、324国道过境。有右江水运航线。

森林广场［Sēnlín Guǎngchǎng］ 在城区西部。面积23公顷。1974年开工，1977年建成。因树木茂盛得名。绿化面积达73.5%。有喷水池、健身活动设施、凉亭、草坪、花圃、儿童乐园、园林景点等。为集文化宣传、展览演出、健身娱乐休闲于一体广场。周边有长乐商厦、工商银行等。通公交车。

向阳路［Xiàngyáng Lù］ 在区境西北部。南起中山一路，北至城北一路。与和平街、崇信巷相交。长1100米，宽30米。沥青路面。1969年开工，1982年建成。因吉言佳语得名。两侧有多家政府单位。通公交车。

中山一路［Zhōngshān 1 Lù］ 在区境西部。东起中山大桥，西至新兴路。与解放街、共和街、太平街、向阳路相交。长2.7千米,宽10米。沥青路面。清代已建。1983年扩建。旧名镇龙街,为纪念孙中山更今名。为商业文化中心。两侧有政府单位、右江日报社、百色饭店、百色中学。通公交车。

那毕大道［Nàbì Dàdào］　在区境中部。东起拉域大桥,西起那毕大桥。与环岛一路、锦绣路、龙景东路、前程路、环岛二路等相交。长1.3千米,宽20米。沥青路面。2004年开工,2011年建成。因那毕屯得名。两侧有地产公司、交通银行、百货商场等。通公交车。

东州大道［Dōngzhōu Dàdào］　在区境中部。东起竹洲大桥,西至东合大桥。与锦绣路、前程路相交。长3.5千米,宽20米。沥青路面。2009年开工,2012年建成。取东合、竹洲2大桥各一字而得名。两侧有园博园、百色体育中心、中学等。通公交车。

中山大桥［Zhōngshān Dàqiáo］　在城区北部。长102米,宽12米,最大跨度70米,桥下净高10米。1989年开工,同年建成。因连接中山一路而得名。为中型河道桥梁,结构型式为箱型拱桥。最大载重20吨。通公交车。

百林大桥［Bǎilín Dàqiáo］　在城区西南部。长142米,宽34米,最大跨度138米,桥下净高10米。1968年建,2010年重建,2012年建成。因地处百林渡口而得名。为中型河道桥梁,结构型式为钢筋混凝土系杆拱组合桥。最大载重55吨。通公交车。

东合大桥［Dōnghé Dàqiáo］　在城区西南部。长296米,宽34米,最大跨度210米,桥下净高10米。2009年开工,2012年建成。因东合一路得名。为大型河道桥梁,结构型式为预应力混凝土独塔双索面斜拉桥。最大载重55吨。通公交车。

那毕大桥［Nàbì Dàqiáo］　在城区中部偏西。长330米,宽20米,最大跨度75米,桥下净高10米。1990年开工,2002年建成。因连接那毕大道得名。为大型河道桥梁,结构型式为多跨预应力混凝土连续箱梁桥。最大载重55吨。通公交车。

拉域大桥［Lāyù Dàqiáo］　在城区中部偏东。长400米,宽25.6米,最大跨度140米,桥下净高10米。2007年开工,2008年建成。因拉域村得名。为大型河道桥梁,结构型式为连续箱梁大桥。最大载重70吨。通公交车。

竹洲大桥［Zhúzhōu Dàqiáo］　在城区东南部。长280米,宽42米,最大跨度130米,桥下净高10米。2009年开工,2010年建成。因竹洲屯得名。为大型河道桥梁,结构型式为梁拱组合连续刚构桥梁。最大载重55吨。通公交车。

龙旺大桥［Lóngwàng Dàqiáo］　在城区东南部。长343米,宽42米,最大跨度128.5米,桥下净高12.4米。2009年开工,2012年建成。因取龙景新区、大旺村各一字得名。为大型河道桥梁,结构型式为钢混连续箱梁结构。最大载重55吨。通公交车。

百色站［Bǎisè Zhàn］　见交通运输设施部分“百色站”条。

城东客运中心［Chéngdōng Kèyùn Zhōngxīn］　见交通运输设施部分“城东客运中心”条。

百城街道［Bǎichéng Jiēdào］　右江区人民政府驻地。在区境北部。面积58平方千米。人口14.5万。以壮族为主,还有回、瑶、苗等民族。1961年设百色镇。2005年改街道。为百色城中心而得名。先后改造城中村、背街小巷。剥隘河、澄碧河、右江流经。有中学1所,九年一贯制学校2所,小学15所,三级医院2个,二级医院3个,卫生院4个,卫生所1个。有图书馆、文化馆、体育馆。有红七军军部旧址粤东会馆、红七军政治部旧址清风楼、百色起义烈士纪念碑园、百色起义纪念馆、百色世纪铜鼓楼。工业以机械制造、采煤、纺织、制革、食品加工为主。服务业以旅游为主。通公交车。

龙景街道［Lóngjǐng Jiēdào］　属右江区。在区境南部。面积313平方千米。人口9.9万。以壮族为主,还有汉族。1984年设那毕乡。2005年改街道。因斩龙颈水库谐音得名。右江、福禄河流经。有中学4所,小学15所,二级医院1个,卫生院1个,卫生所10个。农业以蔬菜种植为主。盛产香蕉、龙眼、荔枝、柑橙。工业以建材、农副产品加工为主。南昆铁路,汕昆、南昆高速,323、324国道过境。通公交车。

阳圩镇［Yángxū Zhèn］　右江区辖镇。在区境西部。面积709平方千米。人口2.9万。壮族聚居。辖18村委会,有106自然村。镇人民政府驻阳圩村。1955年置阳圩区,后改公社。1984年改乡。1998年改镇。因镇政府驻地得名。有中学1所,小学16所,幼儿园8所,卫生院1个,卫生所11个。有民俗布林调、山歌、壮剧、织锦。有景点平圩民族村。农业以水稻、玉米、甘蔗、八角种植为主。广昆高铁、广昆高速、323国道过境。

阳圩村［Yángxūcūn］　阳圩镇人民政府驻地。在区政府驻地百城街道西17千米。人口2700。壮族聚居。因壮语地名谐音得名。古为山弄人赶集之地而得名。聚落呈团块状。有中小学、幼儿园、卫生院。有古迹阳圩汉墓群。有民俗山歌、壮锦等。农业以水稻、玉米、甘蔗种植,网箱养鱼为主。323国道经此。

四塘镇［Sìtáng Zhèn］　右江区辖镇。在区境东南部。面积363平方千米。人口3.2万。以壮族为主,还有汉、瑶等民族。辖13村委会,有97自然村。镇人民政府驻社马村。1958年成立四塘公社。1984年改乡。1994年改镇。2005年百兰乡并人。古时10里为1塘,田阳至此40里而得名。右江、濑江流经。有中学1所,小学3所,卫生院2个,卫生室15个。有省级非物质文化遗产壮族巫辞。农业以甘蔗、杧果、荔枝、龙眼、菠萝、蔬菜种植为主。南昆铁路,南昆高速,323、324国道,百兰、公篓公路过境。

社马村［Shèmǎcūn］　四塘镇人民政府驻地。在区政府驻地百城街道东南14千米。人口1100。壮族聚居。壮语“社马”意为丢下马匹。传劫匪丢马于此而得名。聚落呈带状。有中小学、幼儿园、卫生院。有省级非物质文化遗产壮族巫辞。农业以杧果、甘蔗、龙眼种植为主。南昆铁路,323、324国道,邕昆公路经此。

龙川镇［Lóngchuān Zhèn］　右江区辖镇。在区境东北部。面积404平方千米。人口3.5万。以壮族为主,还有汉、瑶等民族。辖16村委会,有148自然村。镇人民政府驻龙川街。1935年设龙川乡。1951年改第八区。1958年成立龙川公社。1984年改乡。1994年改镇。因镇政府驻地得名。有中学1所,小学16所,卫生院1个,卫生室15个。有古迹仙竹洞“鱼跃鹰飞”壁画、“海”字巨书。农业以水稻、玉米种植为主。有经济作物甘蔗、油茶、八角、杉木。县道百色—逊家坳线过境。

龙川街［Lóngchuānjiē］　龙川镇人民政府驻地。在区政府驻地百城街道西北69千米。人口3900。壮族聚居。壮语“龙”指神龙,“川”指仙人。因河流弯曲如龙,传仙人居此而得名。聚落呈团块状。有中小学、幼儿园、卫生院。有古迹仙竹洞“鱼跃鹰飞”壁画、仙竹洞碑刻。有景点三宝山。有民俗壮族卜乐调。农业以甘蔗、油茶种植为主。通乡村公路。

永乐镇［Yǒnglè Zhèn］　右江区辖镇。在区境北部。面积426平方千米。人口2.1万。以壮族为主,还有汉、瑶等民族。辖1居委会、8村委会,有67自然村。镇人民政府驻那闷屯。1935年设永乐乡。1950年改第二区。1958年成立永乐公社。1984年复乡。2014年改镇。取永远安乐之意得名。有中学1所,小学5所,幼儿园5所,卫生院1个,卫生所7个。有景点华润希望小镇。农业以水稻、杧果、玉米、蔬菜种植为主。特产皈乐鹅、平塘瑶家土鸡、那务山羊、澄碧湖兰刀鱼。服务业以旅游为主。南昆铁路、汕昆高速、百乐公路过境。

那闷屯［Nàmèntún］　永乐镇人民政府驻地。在区政府驻地百城街道西北12千米。人口3900。壮族聚居。“那闷”壮语意为望天田。该屯位于山坡上,有一片旱田,雨后才能耕种而得名。聚落呈团块状。农业以生姜、柑橘种植为主。特产濑浩小番茄、大翁草莓、那荷猪。南昆铁路、324国道经此。

汪甸瑶族乡［Wāngdiàn Yáozú Xiāng］　右江区辖乡。在区境西北部。面积550平方千米。人口3.3万,其中瑶族占12.7%,还有壮、汉等民族。辖13村委会,有113自然村。乡人民政府驻汪甸街。1958年成立汪甸公社。1984年改瑶族乡。因乡政府驻地得名。乐里河流经。有中学1所,小学12所,幼儿园7所,卫生院1个,卫生所13个。有古迹那旁古桥、百寨遗址、长寨遗址。有省级非物质文化遗产右江瑶族歌堂习俗、右江瑶族服饰制作技艺。农业以水稻、玉米、甘蔗种植为主,产油茶、八角、杧果。南昆铁路、汕昆高速、324国道过境。

汪甸街［Wāngdiànjiē］　汪甸瑶族乡人民政府驻地。在区政府驻地百城街道西北52千米。人口3100。以壮族为主,还有汉、瑶等民族。为壮语音译名,意为荒地。因荒地开垦成田得名。聚落呈团块状。有中小学、幼儿园、卫生院、卫生所。有省级非物质文化遗产右江瑶族歌堂习俗、右江瑶族服饰制作技艺。农业以香蕉、甘蔗、生姜、八角、板栗、油茶种植为主。服务业以商贸为主。南昆铁路、汕昆高速、324国道经此。

大楞乡［Dàléng Xiāng］　右江区辖乡。在区境西南部。面积655平方千米。人口2.6万。壮族聚居。辖15村委会,有127自然村。乡人民政府驻大楞街。1958年成立大楞公社。1984年改乡。1987年析设龙和乡。2005年龙和乡并人。因乡政府驻地得名。安模河、宝石河流经。有中学1所,小学14所,幼儿园2所,卫生院1个,卫生所9个。有省级非物质文化遗产右江壮族岑王祭奠。农业以甘蔗、八角、田七、木耳种植为主,特产木材、中草药、金银花。323国道、百洋公路过境。

大楞街［Dàléngjiē］　大楞乡人民政府驻地。在区政府驻地百城街道西南62千米。人口3700。壮族聚居。为壮语音译名。因处盆地得名。聚落呈团块状。有中小学、卫生院。有省级非物质文化遗产右江壮族岑王祭奠。农业以八角种植为主。323国道、县道瑞清线经此。

泮水乡［Pànshuǐ Xiāng］　右江区辖乡。在区境西南部。面积245平方千米。人口1.1万。以壮族为主,还有瑶族等。辖9村委会,有71自然村。乡人民政府驻和平街。1935年设泮水乡。1951年改第九区。1958年成立泮水公社。1984年改乡。取水楞、平泮2村各一字得名。三峡河流经。有中学1所,小学7所,幼儿园2所,卫生院1个,卫生所3个。有民俗泮水歌圩节。农业以八角、板栗、木耳种植为主,产桐油、茶油。323国道过境。

和平街［Hépíngjiē］　泮水乡人民政府驻地。在区政府驻地百城街道西南56千米。人口1700。以壮族为主，还有瑶、汉等民族。取平泮、合墓2村各一字谐音得名。聚落呈团块状。有中小学、幼儿园、卫生院。农业以水稻、玉米种植为主，产八角、甘蔗。323国道经此。

田阳县

田阳县［Tiányáng Xiàn］ 百色市辖县。北纬23°44′，东经106°54′。在市境东部。面积2394平方千米。人口35.6万。以壮族为主，还有汉、苗、瑶等民族。辖8镇、2乡。县人民政府驻田州镇。唐开元元年(713)始置田州。天宝元年(742)改横山郡。乾元元年(758)复置田州。宋皇祐五年(1053)分设田州、奉议州。元改田州路、来安路。明洪武二年(1369)均改府。七年(1374)废来安府入田州府，复置奉议州。嘉靖七年(1528)田州府改田宁府，八年(1529)改田州土州。清乾隆七年(1742)分设田州土州、奉议州、阳万土州。光绪元年(1875)田州土州划入奉议州。二年(1876)阳万土州改恩阳州。1912、1913年改奉议、恩阳2县。1914年后隶属田南道、第十二民团区、百色民团区、天保民团区、天保行政监督区。1935年2县合置田阳县，先后属百色行政监督区、第六行政督察区、百色专区、百色地区。2002年属百色市。取原田州、恩阳县各一字得名。以平原台地、丘陵、山地为主。平均海拔675.4米。年均气温23℃，1月平均气温14.2℃，7月平均气温29.1℃。年均降水量1185.8毫米。右江、百东河流经。有铝土、石油、煤、高岭土等矿产资源。有野生植物88种，其中有国家重点保护野生植物6种。有野生动物218种，其中有国家二级保护野生动物猕猴、穿山甲等。森林覆盖率39.12%。有中学10所，小学75所，二级医院2个。有文化馆、体育馆。有全国重点文物保护单位那赖遗址，省级文物保护单位明代壮族抗倭女英雄瓦氏夫人墓、粤东会馆。有田阳烈士纪念碑、二都暴动纪念碑。有国家级非物质文化遗产布洛陀、田阳壮族狮舞，省级非物质文化遗产田州壮族山歌。有民俗敢壮山壮族歌圩、花炮节、田阳抢花炮。有景点田州古城、聚之乐生态观光园、敢壮山壮族始祖布洛陀文化遗址、莲花山寺。三次产业比例19∶60∶21。农业以玉米、水稻、蔬菜种植，山羊、香猪养殖为主，产甘蔗、杧果、香蕉、龙眼、山茶油等。工业以制糖、造纸、煤电、建材为主。服务业以通信、物流、商贸为主。南昆铁路，广昆高速，323、324国道过境。有右江航道。有田阳站。

田州大桥［Tiánzhōu Dàqiáo］ 在县城东部。长149.9米，宽18米，最大跨度10米，桥下净高14.7米。原为木桥。1958、2007年改扩建。因田州镇得名。为中型河道桥梁，结构型式为U型墩刚架桥。最大载重汽20吨，挂100吨。通公交车。

田阳站［Tiányáng Zhàn］ 见交通运输设施部分“田阳站”条。

田阳县汽车总站［Tiányáng Xiàn Qìchē Zǒngzhàn］ 见交通运输设施部分“田阳县汽车总站”条。

田州镇［Tiánzhōu Zhèn］ 田阳县人民政府驻地。在县境中部。面积113平方千米。人口11.6万。以壮族为主，还有汉族。辖4居委会、10村委会，有53自然村。镇人民政府驻田州街。1949年置田州镇，1968年改公社。1984年复镇。因清代为北区田州团而得名。右江、百东河流经。有中学2所，小学11所，二级医院2个，卫生院1个，卫生所20个。有幼儿园、文化站、敬老院、广播站。有狮子山人民纪念碑公园。有景点隆平东慕岛、田州古城、瓦氏夫人墓、三雷土司城。农业以水稻种植为主，盛产田阳香芒、圣女果西红柿、甘蔗、香蕉。工业以化工、建材、锰业、制糖为主。南昆铁路，广昆高速，323、324国道过境。

解放大道［Jiěfàng Dàdào］ 在县城中部。东起敢壮大道东端，西至百色大道。与布洛陀大道相交。长4.7千米，宽40米。沥青路面。原为324国道。2001年改城区道路。为东、中、西3路合称。两侧有城西客运站、中山医院等。通公交车。

布洛陀大道［Bùluòtuó Dàdào］ 在县城东南部。南起江滨路，北至百东路。与解放大道、荣鑫路相交。长1.5千米，宽20米。沥青路面。2011年开工，2014年建成。为纪念壮族始祖“布洛陀”得名。两侧有田州古城、小学等。通公交车。

敢壮大道［Gǎnzhuàng Dàdào］ 在县城西北部。南起324国道，北至广昆高速。与金狮路、荣鑫路相交。长8.6千米，宽40米。沥青路面。2009年开工，2012年建成。以壮族始祖“布洛陀”居住地“敢壮山”命名。两侧有三雷林场、县汽车总站、政府单位等。通公交车。

田州街［Tiánzhōujiē］ 田州镇人民政府驻地。在镇境西部。人口6.9万。以壮族为主，还有汉族。因镇得名。聚落呈团块状。有中小学、特殊学校、幼儿园、卫生院、敬老院。农业以水稻、西红柿、杧果种植为主。南昆铁路，广昆高速，323、324国道经此。

那坡镇［Nàpō Zhèn］ 田阳县辖镇。在县境中部偏南。面积254平方千米。人口4.1万。以壮族为主，还有汉族。辖21村委会，有186自然村。镇人民政府驻平朴新屯。1949年置那坡镇，后改公社。1984年改镇。2005年百峰乡并入。为壮语音译名，“那”为田，“坡”为泉。右江、扁村河流经。有中学1所，小学9所，卫生院2个，卫生所17个。有幼儿园、文化站、广播站、敬老院。有景区那音水库。农业以水稻、玉米、蔬菜、杧果种植为主。工业以混凝土、红砖、石灰、石材加工为主。广昆、百靖高速过境。右江通航。

平朴新屯［Píngpòxīntún］ 那坡镇人民政府驻地。在县政府驻地田州镇西9千米。人口500。以壮族为主，还有汉族。为壮语音译名，“平”为平坦，“朴”为柚子。处平地且长有柚子树而得名。因区域渐大，为与旧屯区别改今名。聚落呈团块状。有中小学、幼儿园。农业以水稻、玉米种植为主，特产西红柿、杧果。县道田阳—德保线经此。

坡洪镇［Pōhóng Zhèn］ 田阳县辖镇。在县境西南部。面积303平方千米。人口3.9万。以壮族为主，还有汉族。辖24村委会，有257自然村。镇人民政府驻坡洪街。1949年设坡洪乡，后改公社。1984年改镇。2005年琴华乡并入。因镇政府驻地得名。有中学1所，小学9所，卫生院2个，卫生所19个。有幼儿园、文化站、广播站、敬老院。有民俗农历二月初二抢花炮节、三月初五古美歌圩节。有景点坡洪河、睡美人山、莲花山。农业以水稻、玉米种植为主，特产茭菰。百靖高速过境。

坡洪街［Pōhóngjiē］ 坡洪镇人民政府驻地。在县政府驻地田州镇西南24千米。人口1200。均为壮族。为壮语音译名。因处红土坡得名。聚落呈团块状。有中小学、幼儿园、卫生院、农贸市场。农业以水稻、玉米种植为主。百靖高速、县道田阳—德保线经此。

那满镇［Nàmǎn Zhèn］ 田阳县辖镇。在县境东南部。面积138平方千米。人口2.3万。以壮族为主，还有汉族。辖13村委会，有136自然村。镇人民政府驻那满街。1949年设那满乡，后改公社。1984年改镇。因镇政府驻地得名。右江、驮烈、响水河流经。有中学1所，小学8所，卫生院1个，卫生所15个。有幼儿园、文化站、广播站。农业以水稻、玉米、西红柿、杧果、香蕉种植为主。广昆高速、田州—那满公路过境。右江通航。

那满街［Nàmǎnjiē］ 那满镇人民政府驻地。在县政府驻地田州镇东南15千米。人口1300。以壮族为主，还有汉族。为壮语音译名，“那”为田，“满”为村庄。因处广阔田地得名。聚落呈团块状。有中小学、幼儿园、卫生院、农贸市场。农业以玉米、水稻、杧果种植为主。那坡—那满公路经此。

百育镇［Bǎiyù Zhèn］ 田阳县辖镇。在县境东南部。面积132平方千米。人口2.8万。以壮族为主，还有汉族。辖1居委会、6村委会，有62自然村。镇人民政府驻百育新街。1949年设百育乡，后改公社。1984年改乡。1995年改镇。因镇政府驻地得名。右江流经。有中学1所，小学6所，卫生院1个，卫生所21个。有幼儿园、文化站、广播站、敬老院。有民俗农历三月初八敢壮山歌圩。有景点敢壮山、聚之乐生态观光园。农业以水稻、玉米种植为主，特产西红柿、西瓜、杧果、甘蔗、香蕉、秋冬菜。工业以农产品加工为主。南昆铁路、324国道过境。右江通航。

百育新街［Bǎiyùxīnjiē］ 百育镇人民政府驻地。在县政府驻地田州镇东13千米。人口1300。以壮族为主，还有汉族。为壮语音译名。因处2溪汇合处得名百育，为与旧街区别改今名。聚落呈团块状。有小学、幼儿园、卫生院、农贸市场。农业以秋冬菜、西瓜、杧果、香蕉种植为主。服务业以商贸为主。324国道经此。

玉凤镇［Yùfèng Zhèn］ 田阳县辖镇。在县境东北部。面积583平方千米。人口3.8万。以壮族为主，还有汉族。辖17村委会，有148自然村。镇人民政府驻那么街。1949年设玉凤乡，后改公社。1984年改乡。1997年改镇。2005年坤平乡并入。因镇政府驻地原名得名。有中学1所，小学10所，卫生院2个，卫生所18个。有幼儿园、文化站、广播站、敬老院。有景点玉凤山里人度假山庄。农业以水稻、玉米种植为主，特产茶油、甘蔗、水蜜桃、甜竹、杧果、酸梅。323国道过境。

那么街［Nàmōjiē］ 玉凤镇人民政府驻地。在县政府驻地田州镇东北40千米。人口1500。均为壮族。原名玉凤街，因曾请道公于庙堂做法事求丰收改今名。“那”壮语为田，“么”为道公之意。聚落呈团块状。有中小学、幼儿园、卫生院、农贸市场。农业以水稻种植为主，产杧果、茶油。323国道经此。

头塘镇［Tóutáng Zhèn］ 田阳县辖镇。在县境西部。面积149平方千米。人口2.6万。以壮族为主，还有汉族。辖8村委会，有48自然村。镇人民政府驻头塘街。1949年设头塘乡，后改公社。1995年改镇。因镇政府驻地得名。右江流经。有中学1所，小学8所，卫生院1个，卫生所7个。有幼儿园、文化站、广播站、敬老院。农业以水稻、甘蔗、香蕉种植为主，特产西葫芦、杧果、西红柿。南昆铁路、324国道过境。右江通航。

头塘街［Tóutángjiē］ 头塘镇人民政府驻地。在县政府驻地田州镇西8千米。人口3500。以壮族为主，还有汉族。因古时田阳县城至百色市有7塘，此为第一塘而得名。聚落呈带状。有小学、幼儿园、卫生院、农贸市场。农业以水稻、西红柿、杧果种植为主。324国道经此。

五村镇［Wǔcūn Zhèn］ 田阳县辖镇。在县境南部。面积200平方千米。人口2.8万。以壮族为主，还有汉、瑶等民族。辖20村委会，有166自然村。镇人民政府驻五村街。1949年设五村乡，后改公社。1984年改乡。2005年雷圩乡并入。2013年改镇。因镇政府驻地得名。有中学1所，小学6所，卫生院2个，卫生所19个。有幼儿园、文化站、广播站、敬老院。有民俗端午歌圩节。有惠洞水库景区。农业以玉米、水稻、甘蔗种植为主，盛产葡萄。县道田阳—德保线过境。

五村街［Wǔcūnjiē］　五村镇人民政府驻地。在县政府驻地田州镇南22千米。人口2100。始建于1931年，1998年由加旺、圩上、那门、大沙、农岗5村组成而得名。聚落呈团块状。有中小学、幼儿园、卫生院、农贸市场。农业以水稻、玉米种植为主。县道田阳—德保线经此。

洞靖乡［Dòngjìng Xiāng］　田阳县辖乡。在县境西南部。面积314平方千米。人口3.5万。以壮族为主，还有汉、瑶等民族。辖20村委会，有203自然村。乡人民政府驻洞靖街。1949年设洞靖乡，后改公社。1984年改乡。2005年桥业乡并入。因乡政府驻地得名。活旺河、福禄河流经。有中学1所，小学3所，卫生院2个，卫生所24个。有幼儿园、文化站、广播站、敬老院。农业以水稻、玉米、甘蔗种植为主。百靖高速、县道田阳—德保线过境。

洞靖街［Dòngjìngjiē］　洞靖乡人民政府驻地。在县政府驻地田州镇西南50千米。人口2000。均为壮族。为壮语音译名。传先人曾争夺田垌地盘于此而得名。聚落呈带状。有中小学、幼儿园、卫生院、农贸市场。农业以玉米、水稻、甘蔗种植为主。坡洪—桥业公路经此。

巴别乡［Bābié Xiāng］　田阳县辖乡。在县境西南部。面积178平方千米。人口1.9万。均为壮族。辖13村委会，有141自然村。乡人民政府驻巴别圩。1949年设老坡乡。1958年改巴别公社。1984年改乡。因乡政府驻地得名。有小学5所，卫生院1个，卫生所5个。有幼儿园、文化站、广播站、敬老院。有民俗四月初八歌圩节、麦秆花篮传统手工艺。农业以玉米、甘蔗种植为主。百靖高速、坡洪—德保公路过境。

巴别圩［Bābiéxū］　巴别乡人民政府驻地。在县政府驻地田州镇西南44千米。人口500。均为壮族。为壮语音译转写名。聚落呈散状。有小学、幼儿园、卫生所、集贸市场。农业以玉米、甘蔗种植为主。田阳—巴头公路经此。

田东县

田东县［Tiándōng Xiàn］　百色市辖县。北纬23°35′，东经107°07′。在市境东部。面积2816平方千米。人口43万。以壮族为主，还有汉、瑶等民族。辖9镇、1瑶族乡。县人民政府驻平马镇。1934年析恩隆、思林、奉议3县部分地置田东县。先后属天保行政监督区、百色行政监督区、第六行政督察区、百色专区、百色地区。2002年属百色市。因县治位于古田州治东得名。平均海拔637米。中部右江河一线为平原，南部石山为喀斯特地貌，北部为土石山坡。年均气温21.9℃，1月平均气温13.6℃，7月平均气温28.8℃。年均降水量1153.3毫米。右江、龙须、古溶江、响水、灵岐河流经。有矿产资源煤、石油、膨润土、铝土等。有野生植物11种，其中有国家重点保护野生植物8种。有野生动物41种，其中有国家重点保护野生动物27种。森林覆盖率61.3%。有中职1所，中学20所，九年一贯制学校2所，小学151所，特教学校1所，二级医院2个。有全国重点文物保护单位右江工农民主政府旧址、高岭坡遗址、布兵盆地洞穴遗址群，省级文物保护单位江城八仙山摩崖造像、广西省田南道农民运动办事处旧址、恩隆县农民运动讲习所。有国家级非物质文化遗产瑶族金锣舞，省级非物质文化遗产田东壮族唐皇等。有民俗三月三壮族歌圩。有景点敢养岩洞、龙须河、江城八仙山、棋盘滩、响水古营盘、十里莲塘。三次产业比例20∶57∶23。农业以水稻、玉米种植，生猪、山羊、鸡、鸭养殖为主。工业以石化、煤炭加工、电力、制糖、建材为主。特产七里香猪、甘蔗、香蕉、茶油、糯香酒。服务业以旅游、物流、商贸为主。南昆、田德铁路，广昆高速，324国道，省道田东—德保线过境。有右江航道。有田东站、田东汽车客运站。

人民广场［Rénmín Guǎngchǎng］　在县城东部。面积6.6公顷。1999年开工，2000年建成。因为田东市民娱乐休闲活动场所而得名。有戏水池、云台瀑布。绿化面积1.5万平方米。周边有多个居住小区。通公交车。

田东大桥［Tiándōng Dàqiáo］　在县城南部。长351米，宽9米，最大跨度60米，桥下净高8.5米。1985年开工，1987年建成。因为右江田东河段建造第一座桥梁而得名。为大型河道桥梁，结构型式为悬链线薄箱型拉杆。最大载重汽—20吨，挂—100吨。通公交车。

田东站［Tiándōng Zhàn］　见交通运输设施部分“田东站”条。

田东汽车客运站［Tiándōng Qìchē Kèyùnzhàn］　见交通运输设施部分“田东汽车客运站”条。

平马镇［Píngmǎ Zhèn］　田东县人民政府驻地。在县境中部偏西。面积218平方千米。人口7.9万。以壮族为主，还有汉、瑶等民族。辖5居委会、17村委会，有131自然村。镇人民政府驻平马街。1949年置平马镇。1950年并入第一区。1951年复镇。因镇政府驻地得名。右江流经。有中职1所，中学5所，九年一贯制学校2所，小学17所，二级医院2个，卫生院1个，卫生所17个。有图书馆、文化馆。有全国重点文物保护单位右江工农民主政府旧址，省级文物保护单位田南道农民运动办事处、恩隆县农民运动讲习所旧址。有百谷红军村、红军码头、红军亭、红军学校。有景点关帝庙、文庙、龙须河瀑布。农业以水稻种植为主，产香芒、香蕉、蔬菜、甘蔗、大青枣。工业以化工、建材、制糖为主。南昆、田德铁路，广昆高速过境。

东宁大道［Dōngníng Dàdào］　在县城中部。东起横山大道东，西至横山大道西。与南糖路、金芒大道、祥宁路、恩隆大道、油城路等相交。长8.6千米，宽20米。混凝土路面。1929年开工，1933年建成。为田东通往南宁主路段而得名。两侧有东风建材市场、田东中学等。通公交车。

人民路［Rénmín Lù］　在县城中部。南起庆平路，北至横山大道。与东宁大道、东恒路、上法街相交。长2.2千米，宽20米。混凝土路面。1999年开工，同年建成。2013年改建。因起点于县人民政府驻地附近的庆平路而得名。两侧有政府单位、上法农贸市场等。通公交车。

庆平路［Qìngpíng Lù］　在县城中部。南起田东大桥，北至东宁大道。与合恒路、人民路、朝阳路相交。长2.8千米，宽20米。混凝土路面。1999年开工，同年建成。2013年改建。因为原庆平街一部分而得名。两侧有县医院、政府单位等。通公交车。

平马街［Píngmǎjiē］　平马镇人民政府驻地。在镇境西南部。人口3.9万。以壮族为主，还有汉、瑶等民族。宋绍兴三年(1133)置司市马于横山砦，专业评马师兴起，后谐音更今名。聚落呈团块状。有中职、中小学、二级医院、卫生院、图书馆、文化馆。有省级文物保护单位田南道农民运动办事处、恩隆县农民运动讲习所旧址。有红军码头、红军亭、红军学校、革命烈士纪念碑。有民俗粤剧。服务业以商贸为主。324国道经此。

上法村［Shàngfǎcūn］　在镇境北部。平马镇辖自然村。人口2400。以壮族为主，还有汉族。因壮语谐音得名，意为史上该村铁匠较多。聚落呈团块状。有中小学、幼儿园、卫生所、革命烈士纪念碑。农业以水稻种植为主，特产杧果。服务业以物流为主。南昆铁路、324国道经此。2009年被评为全国文明村。

祥周镇［Xiángzhōu Zhèn］　田东县辖镇。在县境西部。面积263平方千米。人口6.7万。以壮族为主，还有汉、瑶等民族。辖21村委会，有213自然村。镇人民政府驻祥周圩。1956年置祥周区，后改公社。1984年改乡。1996年改镇。2005年布兵镇并入。因镇政府驻地得名。右江流经。有中学1所，小学13所，卫生院2个，卫生所4个。有名胜古迹十里莲塘、鸳鸯瀑布、母娘洞、观音岩、横山古寨遗址。农业以蔬菜、香蕉、西瓜、杧果、香米、甘蔗种植为主。南昆、田德铁路，广昆高速，324国道，省道田东—德保线过境。

祥周圩［Xiángzhōuxū］　祥周镇人民政府驻地。在县政府驻地平马镇西8千米。人口1600。以壮族为主，还有汉、瑶等民族。曾为田州治所，因寓意繁荣吉祥而得名。聚落呈团块状。有中小学、幼儿园、卫生院。农业以水稻种植为主。特产甘蔗、香蕉。324国道经此。

林逢镇［Línféng Zhèn］　田东县辖镇。在县境东部。面积375平方千米。人口5.5万。以壮族为主，还有汉、瑶等民族。辖21村委会，有182自然村。镇人民政府驻林逢圩。1956年置林逢区，后改公社。1984年改乡。1996年改镇。2005年祷午镇并入。因镇政府驻地得名。右江流经。有矿产资源煤、膨润土、磷、铁等。有中学1所，小学17所，卫生院2个，卫生所23个。有省级非物质文化遗产田东壮族唐皇。农业以水稻、玉米、黄豆、甘蔗、杧果、香蕉种植为主。工业以制糖、采矿为主。南昆铁路、广昆高速、324国道过境。

林逢圩［Línféngxū］　林逢镇人民政府驻地。在县政府驻地平马镇东9千米。人口1500。以壮族为主，还有汉族。因壮语谐音得名，意为一户只能建一间房屋。聚落呈团块状。有中小学、幼儿园、卫生院。有省级非物质文化遗产田东壮族唐皇。农业以水稻、杧果种植为主。324国道经此。

思林镇［Sīlín Zhèn］　田东县辖镇。在县境东南部。面积456平方千米。人口6.3万。以壮族为主，还有汉、瑶等民族。辖1居委会、29村委会，有229自然村。镇人民政府驻思林街。1956年置思林区，后改公社。1984年改镇。2005年坡塘乡并入。因镇政府驻地得名。右江流经。有中学2所，小学19所，卫生院2个，卫生所2个。有思林革命烈士纪念碑。农业以水稻、甘蔗、杧果、火龙果种植为主。南昆铁路、广昆高速、324国道过境。右江通航。

思林街［Sīlínjiē］　思林镇人民政府驻地。在县政府驻地平马镇东南25千米。人口2500。以壮族为主，还有汉族。原名驮榕圩、上林圩，因原思林县改今名。聚落呈团块状。有中小学、幼儿园、卫生院。服务业以商贸为主。南昆铁路、广昆高速、324国道经此。右江通航。

印茶镇［Yìnchá Zhèn］　田东县辖镇。在县境南部。面积212平方千米。人口2.7万。壮族聚居。辖9村委会，有79自然村。镇人民政府驻义圩屯。1956年置印茶区,后改公社。1984年改乡。2001年改镇。取检印、甘茶2村各一字得名。达寒江流经。有中学1所,小学9所,卫生院1个,卫生所1个。有镇革命烈士纪念碑。农业以玉米、水稻、甘蔗种植为主。省道田东—德保线过境。

义圩屯 [Yìxūtún] 印茶镇人民政府驻地。在县政府驻地平马镇南26千米。人口600。壮族聚居。因壮语谐音得名,意为屯前溪水较浓,屯中设圩场。聚落呈团块状。有中小学、幼儿园、卫生院、镇革命烈士纪念碑。服务业以商贸为主。省道田东—德保线经此。

江城镇 [Jiāngchéng Zhèn] 田东县辖镇。在县境南部。面积142平方千米。人口2.5万。均为壮族。辖8村委会,有80自然村。镇人民政府驻江圩屯。民国曾设江城乡。1949年属右龙区,后改公社。1984年撤印茶公社分设江城乡。1998年改镇。因镇政府驻地得名。古榕江流经。有中学1所,小学8所,卫生院1个,卫生所1个。有省级文物保护单位八仙山摩崖造像。农业以水稻、玉米、甘蔗种植为主。省道田东—德保线过境。

江圩屯 [Jiāngxūtún] 江城镇人民政府驻地。在县政府驻地平马镇南40千米。人口500。均为壮族。古榕江流经而得名。聚落呈团块状。有中小学、幼儿园、卫生院。农业以水稻、甘蔗种植为主。省道田东—德保线经此。

朔良镇 [Shuòliáng Zhèn] 田东县辖镇。在县境北部。面积392平方千米。人口3.5万。以壮族为主,还有瑶、汉等民族。辖16村委会,有163自然村。镇人民政府驻朔良街。1956年置朔良区,1966年成立朔良公社。1984年改乡。1998年改镇。因镇政府驻地得名。灵岐河流经。有中学1所,小学16所,卫生院2个,卫生所1个。农业以水稻、玉米、甘蔗种植为主。特产酸梅、板栗、油茶、八角。通公交车。

朔良街 [Shuòliángjiē] 朔良镇人民政府驻地。在县政府驻地平马镇北42千米。人口1000。均为壮族。因壮语谐音得名,意为第一码头。因处灵岐河岸边,为多种经营优良码头而得名。后更今名,含义不变。聚落呈团块状。有中小学、幼儿园、卫生院。服务业以商贸为主。特产茶油、板栗。通乡村公路。

义圩镇 [Yìxū Zhèn] 田东县辖镇。在县境北部。面积187平方千米。人口2.6万。以壮族为主,还有汉、瑶等民族。辖11村委会,有98自然村。镇人民政府驻义圩街。1956年置那拔区。1963年改义圩区,1966年改公社。1984年改乡。2002年改镇。因镇政府驻地得名。燕洞河流经。有中学1所,小学10所,卫生院1个,卫生所1个。有民俗"七里彩调"节。农业以水稻、甘蔗、玉米种植为主。特产山茶油、七里香猪。田东—巴马公路过境。

义圩街 [Yìxūjiē] 义圩镇人民政府驻地。在县政府驻地平马镇北48千米。人口800。壮族聚居。因靠近野屯得名野圩,后野屯改称义屯,野圩也随改义圩。聚落呈带状。有中小学、幼儿园、卫生院。经济以商贸为主。特产七里香猪、茶油、板栗。田东—巴马公路经此。

那拔镇 [Nàbá Zhèn] 田东县辖镇。在县境北部。面积200平方千米。人口1.6万。壮族聚居。辖8村委会,有63自然村。镇人民政府驻那吉屯。1956年置那拔区。1959年改那拔公社。1966年并入义圩公社。1984年析设那拔乡。2002年改镇。因镇政府原驻地那拔村得名。灵岐河流经。有矿产资源锰、铁、黄金、滑石、辉绿岩等。有中学1所,小学7所,卫生院1个,卫生所1个。有景点莲花山、棋盘滩、纵情谷。农业以甘蔗、水稻种植为主。特产生姜、山茶油、香鸭、七里香猪。田东—巴马公路过境。

那吉屯 [Nàjítún] 那拔镇人民政府驻地。在县政府驻地平马镇北38千米。人口300。壮族聚居。壮语"那"为田,"吉"为榆树。屯边有榆树,下有田而得名。聚落呈团块状。有中小学、幼儿园、卫生院。农业以甘蔗、水稻种植为主。通乡村公路。

作登瑶族乡 [Zuòdēng Yáozú Xiāng] 田东县辖乡。在县境南部。人口3.9万,其中瑶族占30.7%,还有壮族等。辖21村委会,有218自然村。乡人民政府驻作登街。1956年置作登区,后改公社。1959年改作登公社。1984年改作登瑶族乡。因乡政府驻地得名。龙须河流经。有中学2所,小学20所,卫生院1个。农业以甘蔗、水稻种植为主。县道平马—足荣线过境。

作登街 [Zuòdēngjiē] 作登瑶族乡人民政府驻地。在县政府驻地平马镇西南18千米。人口600。以壮族为主,还有瑶族。因壮语谐音得名,意为山区交通枢纽,商旅皆歇脚停留之地。聚落呈块状。有小学、卫生院。服务业以商贸为主。县道田东—德保线经此。

平果县

平果县 [Píngguǒ Xiàn] 百色市辖县。北纬23°19′,东经107°35′。在市境东南部。面积2485平方千米。人口51万。以壮族为主,还有汉、瑶等民族。辖9镇、3乡。县人民政府驻马头镇。1952年由平治、果德2县合置平果县,各取一字得名,属百色专区。1956年属百色地区。2002年属百色市。地势西北高东南低。平均海拔506.3米。年均气温21.5℃,1月平均气温12.4℃,7月平均气温28.2℃。年均降水量1359毫米。右江、平治河流经。有矿产资源铝、锰、铁、钒等。有野生植物593种,其中有国家重点保护野生植物蚬木、任豆树、香樟。有野生动物227种,其中有国家一级保护野生动物黑叶猴、鹧鸪、蟒蛇,国家二级保护野生动物穿山甲等10种。有国家级芦仙湖湿地公园。森林覆盖率54.5%。有高校3所,中职1所,中学15所,小学188所,幼儿园185所,二级医院4个。有图书馆、文化馆、体育城。有省级文物保护单位弄良明墓。有国家级非物质文化遗产壮族嘹歌,省级非物质文化遗产壮族打砻(榔)舞、平果壮族踩花灯、平果壮族丧歌、平果壮族歌圩等6项。有国家4A级旅游景区黎明通天河。有景点鸳鸯滩漂流、布镜湖、观音山、三层岗。三次产业比例10∶71∶19。农业以水稻、玉米、糖蔗种植,生猪、牛、羊、鸡、水产养殖为主。特产桑蚕、葡萄、砂糖橘、龙眼、荔枝、霸王花、珍珠黄豆、腐竹、芭蕉芋粉、没六鱼。工业以铝业、门业、制糖、建材、化工为主。服务业以商贸为主。南昆铁路,广昆、平果—武宣高速,324国道,省道巴马—爱店、坡造—南宁线过境。有右江航道。有平果站、平果汽车客运站。

平果铝大桥 [Píngguǒlǚ Dàqiáo] 在县城西北部。长192米,宽12米,最大跨度150米,桥下净高18米。1985年开工,1987年建成。因企业得名。为中型河道桥梁,结构型式为桁架拱桥。最大载重40吨。通公交车。

雷感大桥 [Léigǎn Dàqiáo] 在县城西部。长271米,宽15.1米,最大跨度144米,桥下净高22.8米。1996年开工,1997年建成。因地处雷感社区而得名。为大型河道桥梁,结构型式为桁架拱桥。最大载重20吨。通公交车。

平果站 [Píngguǒ Zhàn] 见交通运输设施部分"平果站"条。

平果汽车客运站 [Píngguǒ Qìchē Kèyùnzhàn] 见交通运输设施部分"平果汽车客运站"条。

马头镇 [Mǎtóu Zhèn] 平果县人民政府驻地。在县境南部。面积228平方千米。人口13.6万。以壮族为主,还有汉、瑶等民族。辖8居委会、11村委会,有130自然村。镇人民政府驻马头街。1915年设马头乡。1929年改区。1949年撤。1984年置马头镇。2005年城关乡并入。因马头山得名。右江流经。有高校3所,中学11所,小学17所,二级医院4个,卫生院1个,卫生所11个。有图书馆、文化馆、少年文化活动中心、体育馆、体育场、县革命烈士陵园等。有景点平果文化公园、江滨公园、马头山公园、邓公山、平果鸳鸯滩漂流度假区。有芦仙湖国家湿地公园。农业以水稻、玉米种植,水产、牛、羊、生猪养殖为主。特产火龙果、葡萄、龙眼、没六鱼。工业以铝矿开采、制糖、化工为主。南昆铁路,广昆、平果—武宣高速,324国道,省道巴马—爱店线过境。右江通航。

铝城大道 [Lǚchéng Dàdào] 在县城北部。东起巴马—爱店公路,西至感桑屯路。与新安路、教育路、兴平路、体育西路、体育南路等相交。长15千米,宽60米。沥混路面。1997年开工,2000年建成。由铝业公司直通城区而得名。两侧有铝业公司、平果汽车客运站等。通公交车。

教育路 [Jiàoyù Lù] 在县城中部。东起新兴路,西至铝城大道。与二中路、富强路、体育南路、迎宾大道、礼宾路等相交。长3.5千米,宽18米。混凝土路面。2001年开工,2003年建成。因途经多所中学得名。两侧有平果第二高中、平果高中、平果文化公园。通公交车。

人民路 [Rénmín Lù] 在县城中部。南起迎宾大道,北至体育北路。与铝城大道、城龙路、建民路、新港路等相交。长3.5千米,宽18米。混凝土路面。1988年开工,2013年建成。两侧有县体育场、政府单位等。通公交车。

马头街 [Mǎtóujiē] 马头镇人民政府驻地。在镇境南部。人口5.6万。以壮族为主,还有汉、瑶等民族。因镇得名。聚落呈带状。有中小学、卫生院、图书馆、文化馆、少年文化活动中心、平果文化公园、农贸市场。有芦仙湖国家湿地公园、鸳鸯滩漂流度假区。农业以蔬菜种植,生猪、鸡、鸭养殖为主。服务业以商贸为主。南昆铁路,广昆、平果—武宣高速,324国道,省道巴马—爱店线经此。通多路公交车。

新安镇 [Xīn'ān Zhèn] 平果县辖镇。在县境西南部。面积242平方千米。人口5.3万。以壮族为主,还有汉族。辖18村委会,有145自然村。镇人民政府驻光圩街。1955年置新安区。1958年改新安公社。1984年改乡。1995年改镇。因吉言佳语得名。右江流经。有中学1所,小学19所,卫生院1个,卫生所18个。农业以水稻、甘蔗、玉米、蔬菜、火龙果种植为主。工业以铝业、门业为主。南昆铁路,324国道,广昆、平果—武宣高速,新安—果化公路过境。右江通航。通多路公交车。

光圩街 [Guāngxūjiē] 新安镇人民政府驻地。在县政府驻地马头镇东北6千米。人口700。以壮族为主,还有汉族。1927年由板凶村民迁建。因壮语地名谐音得名。1984年因土坡原有梁玉光墓,改称"光圩"。聚落呈带状。有中学、小学、幼儿园、卫生院、广场、农贸市场。农业以种植玉米、水稻为主。服务业以商贸为主。324国道经此。通公交车。

果化镇 [Guǒhuà Zhèn] 平果县辖镇。在县境西南部。面积232平方千米。人口5.4

万。以壮族为主，还有汉族。辖1居委会，18村委会，有130自然村。镇人民政府驻布海街。1915年设果化乡。1949年改区，后改公社。1958年成立果化公社。1984年改镇。为壮语“Gova”音译名，意为花树。旧时赵氏土官种玉兰于衙前，乡人不识，以果化称之。右江流经。有矿产资源铝、煤、铁等。有小学26所，卫生院1个，卫生所18个。有红七军伏击战纪念碑、三层岗革命旧址。有景点都督庙、关岳庙、独石滩。农业以水稻、甘蔗种植，鸡、羊、蚕、牛、水产养殖为主，特产葡萄、火龙果。工业以铝业、门业、矿业开采等为主。南昆铁路，广昆、平果—武宣高速，324国道，新安—果化、果化—进结公路过境。右江通航。

布海街［Bùhǎijiē］　果化镇人民政府驻地。在县政府驻地马头镇西北20千米。人口300。以壮族为主，还有汉族。1955年始建。因布海泉得名。聚落呈带状。农业以种植水稻、玉米、火龙果为主。服务业以商业为主。果化—进结公路经此。

太平镇［Tàipíng Zhèn］　平果县辖镇。在县境中部。面积434平方千米。人口7.7万。以壮族为主，还有汉、瑶等民族。辖20村委会，有243自然村。镇人民政府驻太平街。1958年成立太平公社。1984年改乡。1996年改镇。因镇政府驻地得名。新圩河流经。有小学17所，卫生院2个，卫生所20个。农业以蔬菜、玉米、水稻、甘蔗种植，鸡、羊、蚕、牛养殖为主。特产火龙果、百香果。县道旧城—太平线过境。

太平街［Tàipíngjiē］　太平镇人民政府驻地。在县政府驻地马头镇北19千米。人口1700。以壮族为主，还有汉、瑶等民族。宋代几经战乱，以渴望安平得名。聚落呈带状。有小学、幼儿园、卫生院。农业以玉米、水稻种植为主。服务业以商贸为主。县道旧城—太平线经此。

坡造镇［Pōzào Zhèn］　平果县辖镇。在县境东南部。面积122平方千米。人口2.3万。以壮族为主，还有汉、瑶等民族。辖10村委会，有88自然村。镇人民政府驻龙马街。1955年置坡造区，1958年成立坡造公社。1984年分设坡造乡。1996年改镇。1935年武鸣县四坡乡在此土坡新造街圩，取名“坡造街”，为镇政府原驻地而得名。龙马河流经。有小学6所，卫生院1个，卫生所10个。农业以玉米、水稻种植，鸡、羊、牛养殖为主。特产火龙果、葡萄、大青枣。平果—武宣高速，省道巴马—爱店、坡造—南宁线过境。

龙马街［Lóngmǎjiē］　坡造镇人民政府驻地。在县政府驻地马头镇东北17千米。人口700。以壮族为主，还有汉族。取古龙、邑马2屯各一字得名。聚落呈带状。有小学、卫生院。农业以玉米、水稻种植为主，特产火龙果、柑橘。服务业以商贸为主。省道巴马—爱店线经此。

四塘镇［Sìtáng Zhèn］　平果县辖镇。在县境东南部。面积170平方千米。人口2.2万。以壮族为主，还有汉、瑶等民族。辖12村委会，有107自然村。镇人民政府驻四塘街。1984年由坡造公社析设四塘乡。1996年改镇。因镇政府驻地得名。濑江河、驮好河流经。有小学7所，卫生院2个，卫生所12个。农业以甘蔗、水稻、玉米种植，鸡、羊养殖为主。特产火龙果、葡萄、大青枣、砂糖橘、茶叶。平果—武宣高速、坡造—南宁公路过境。

四塘街［Sìtángjiē］　四塘镇人民政府驻地。在县政府驻地马头镇东23千米。人口400。以壮族为主，还有汉、瑶等民族。旧为南宁—田州第四驿站，旧时称驿站为塘而得名。聚落呈带状。有小学、幼儿园、卫生院、农贸市场。农业以玉米、水稻种植为主，特产葡萄、火龙果。服务业以商贸为主。坡造—南宁公路经此。

旧城镇［Jiùchéng Zhèn］　平果县辖镇。在县境中部。面积255平方千米。人口4.5万。以壮族为主，还有汉、瑶等民族。辖19村委会，有226自然村。镇人民政府驻兴宁街。1934年设旧城乡。1949年撤。1955年设旧城区，1958年改公社。1984年改乡。1996年改镇。唐开元二年(714)为思恩州治，明嘉靖年间曾置旧城土司而得名。达赛河流经。有小学10所，卫生院2个，卫生所19个。有省级文物保护单位明代岑瑛家族墓地。有古旧城遗址。农业以水稻、黄豆、玉米、剑麻种植，蚕养殖为主。特产霸王花。省道巴马—爱店线、县道旧城—太平线过境。

兴宁街［Xīngníngjiē］　旧城镇人民政府驻地。在县政府驻地马头镇东北28千米。人口1300。以壮族为主，还有汉、瑶等民族。因明宣德五年(1430)思恩州知州岑瑛修筑山城，在八峰山山崖壁刻“兴宁”两字，取名“兴宁寨”。1920年在八峰山前建街而得名。聚落呈带状。有小学、幼儿园、卫生院、农贸市场。农业以玉米、水稻种植为主。服务业以商贸为主。省道巴马—爱店线、县道旧城—太平线经此。

榜圩镇［Bǎngxū Zhèn］　平果县辖镇。在县境北部。面积151平方千米。人口4万。以壮族为主，还有汉、瑶等民族。辖1居委会、13村委会，有185自然村。镇人民政府驻新胜街。1955年置榜圩区，1958年改榜圩公社。1984年改镇。因清初至同治年间在州府外围立棚为圩，后迁至坡敦为固定圩场，常在圩场张贴榜文，故改称“榜圩”。圩平治、福吉河流经。有小学11所，卫生院1个，卫生所13个。农业以水稻、甘蔗、玉米种植为主。特产红糖。服务业以商贸为主。省道巴马—爱店线过境。

新胜街［Xīnshèngjiē］　榜圩镇人民政府驻地。在县政府驻地马头镇北47千米。人口500。以壮族为主，还有汉、瑶等民族。1958年新兴、融华、永宁3街合并，以寄寓生意兴旺胜过旧街命名。聚落呈带状。有小学、幼儿园、卫生院、农贸市场。农业以玉米、水稻种植为主。服务业以商贸为主。省道巴马—爱店线经此。

凤梧镇［Fèngwú Zhèn］　平果县辖镇。在县境东北部。面积216平方千米。人口3.7万。以壮族为主，还有汉、瑶等民族。辖18村委会，有221自然村。镇人民政府驻梧圩街。1934年设凤梧乡。1949年设区，1958年改公社。1984年改乡。2013年改镇。1935年以诗句“人在江湖心在汉，鹤在云霄凤在梧”得名。平治河流经。有小学18所，卫生院2个，卫生所18个。农业以水稻、甘蔗、玉米种植，蚕、牛、羊养殖为主。特产火龙果。省道巴马—爱店线、周鹿—凤梧公路过境。

梧圩街［Wúxūjiē］　凤梧镇人民政府驻地。在县政府驻地马头镇东北44千米。人口800。以壮族为主，还有汉、瑶等民族。最初在梧桐树下搭棚为圩而得名。聚落呈带状。有小学、幼儿园、卫生院、农贸市场。农业以玉米、水稻种植为主。服务业以商贸为主。省道巴马—爱店线、周鹿—凤梧公路经此。

海城乡［Hǎichéng Xiāng］　平果县辖乡。在县境中部。面积229平方千米。人口3.2万。以壮族为主，还有汉、瑶等民族。辖16村委会，有172自然村。乡人民政府驻新街。1934年设海城乡。1949年改区，1958年成立海城公社。1984年改乡。地势平坦，田畴宽阔，壮语称那海。因清初设司治衙门，垒墙筑城而得名。达赛河流经。有小学17所，卫生院1个，卫生所16个。农业以甘蔗、剑麻种植为主。工业以方解石加工为主。县道海城—黎明线过境。

新街［Xīnjiē］　海城乡人民政府驻地。在县政府驻地马头镇北37千米。人口300。壮族聚居。因清天聪年间新建街路连接圩场得名。以壮族为主，还有汉、瑶等民族。有小学、卫生院。农业以水稻、玉米种植为主。服务业以商贸为主。县道平果—耶圩—海城线经此。

黎明乡［Límíng Xiāng］　平果县辖乡。在县境北部。面积110平方千米。人口1.4万。以壮族为主，还有汉族。辖7村委会，有74自然村。乡人民政府驻黎明街。1955年置黎明区，1958年成立黎明公社。1984年分设黎明乡。因乡政府驻地得名。黎明河流经。有小学3所，卫生院1个，卫生所7个。有景点通天河。农业以水稻、甘蔗、板栗种植为主，特产芭蕉芋粉、油茶。省道巴马—爱店线、县道海城—黎明线过境。

黎明街［Límíngjiē］　黎明乡人民政府驻地。在县政府驻地马头镇北55千米。人口1200。以壮族为主，还有汉、瑶等民族。传1842年始建，因盛产板栗(壮语与“黎”同音)买卖，故名黎圩。1929年因黎明时分即开街交易而更今名。聚落呈团块状。有小学、幼儿园、卫生院、农贸市场。农业以玉米、水稻种植为主。特产板栗、芭蕉芋粉。服务业以商贸为主。省道巴马—爱店线、县道海城—黎明线经此。

同老乡［Tónglǎo Xiāng］　平果县辖乡。在县境西北部。面积128平方千米。人口1.4万。以壮族为主，还有汉族。辖9村委会，有82自然村。乡人民政府驻同老街。1984年由黎明公社析设同老乡。因乡政府驻地得名。达洪江流经。有小学7所，卫生院1个，卫生所9个。农业以水稻、玉米、甘蔗种植为主。特产砂糖橘、李果。县道海城—黎明线过境。

同老街［Tónglǎojiē］　同老乡人民政府驻地。在县政府驻地马头镇北51千米。人口700。壮族聚居。壮语“同”意为田垌，“老”意为大、宽阔。因处宽阔田垌得名。聚落呈带状。有小学、幼儿园、卫生院、农贸市场。农业以玉米、水稻种植为主，特产李果、砂糖橘。服务业以商贸为主。县道海城—黎明线经此。

德保县

德保县［Débǎo Xiàn］　百色市辖县。北纬23°20′，东经106°33′。在市境南部。面积2575平方千米。人口36.7万。以壮族为主，还有汉、瑶等民族。辖6镇、6乡。县人民政府驻城关镇。1951年由敬德、天保2县合置德保县，取2县各一字得名。先属百色专区，后属百色地区。2002年属百色市。地势西高东低。最高点黄连山主峰海拔1616米，最低点荣华乡大坤村坡房屯鉴河出口处海拔190米。年均气温19.5℃，1月平均气温11.1℃，7月平均气温25.7℃。年均降水量1492毫米。鉴河流经。有矿产资源铜、铝土、锡、锰、铁、铅等。有野生植物197种，其中有国家重点保护野生植物15种。有野生动物269种，其中有国家重点保护野生动物29种。有古龙山、黄连山水源林自然保护区。森林覆盖率20.7%。有中学14所，小学200所，二级医院1个。有图书馆、文化馆、体育馆。有省级文物保护单位八仙宫。有省级非物质文化遗产德保山歌、德保南路壮剧、德保马骨胡、德保麦秆花篮。有景点云山、吉星岩、红叶森林公园、曼贝依小西湖、芳山公园。三次产业比例13∶63∶24。农业以水稻、玉米、甘蔗种植为主。产茶叶、八角、茴油，特产德保矮马。工业以铝铜冶炼、矿产加工、保健酒酿造、化工为主。服务业以商贸、物流、旅游为主。

田靖铁路、百靖高速过境。有德保站。

德保站［Débǎo Zhàn］ 见交通运输设施部分“德保站”条。

德保汽车总站［Débǎo Qìchē Zǒngzhàn］ 见交通运输设施部分“德保汽车总站”条。

城关镇［Chéngguān Zhèn］ 德保县人民政府驻地。在县境东部。面积163平方千米。人口5.3万。壮族聚居。辖5居委会、10村委会，有85自然村。镇人民政府驻城东社区。1975年设城关镇。2005年东关乡并入。鉴河流经。有中职1所，中学4所，小学2所，二级医院1个，卫生院1个。有景点云山、红叶森林公园、曼贝依小西湖、芳山公园、那温瀑布。农业以水稻、玉米、甘蔗种植为主。有土特产八角、茴油。田靖铁路，百靖高速，省道祥龙线、德保—天公路过境。

莲城路［Liánchéng Lù］ 在县城西北部。东起兴安街，西至响水路。与腾蛟路、南隆路相交。长1.7千米，宽20米。沥青路面。2004年开工，2014年建成。因古城址似莲瓣得名。两侧有云山广场、云山八仙宫、秀阳书院等。通公交车。

德盛路［Déshèng Lù］ 在县城中部。东起城东大道，西至吉星路。与南隆路、中兴路相交。长1.9千米，宽35米。沥青路面。2009年开工，2013年建成。德保、百盛2地各取一字而得名。两侧有芳山文体广场、峒奇街等。通公交车。

城东社区［Chéngdōng Shèqū］ 城关镇人民政府驻地。在县境东部。面积2.5平方千米。人口5200。壮族聚居。因地处县城东部得名。2002年成立。民居为现代化多层楼房。开展社区公共事务、公益事业、民生方面工作，有文化体育活动场所。有高中、县特殊教育学校、幼儿园、德保县人民医院。多家县直机关、企事业单位驻此。有芳山公园。通多路公交车。

隆桑镇［Lóngsāng Zhèn］ 德保县辖镇。在县境北部。面积107平方千米。人口2万。壮族聚居。辖11村委会，有125自然村。镇人民政府驻隆桑圩。1984年由足荣公社析设隆桑镇。因壮语音译名得名，意为土石山区缝隙特多。有中学1所，小学1所，卫生院1个。农业以水稻、玉米、甘蔗种植为主。有土特产蛤蚧、茴油、八角。田德铁路、省道祥龙线过境。

隆桑圩［Lóngsāngxū］ 隆桑镇人民政府驻地。在县政府驻地城关镇北28千米。人口700。壮族聚居。因镇得名。聚落呈团块状。有中小学、幼儿园、卫生院。农业以玉米、水稻种植为主。德保—田阳公路经此。

敬德镇［Jìngdé Zhèn］ 德保县辖镇。在县境西部。面积256平方千米。人口3.3万。壮族聚居。辖20村委会，有250自然村。镇人民政府驻多敬圩。1933年设敬德县，以多敬、赖德2乡末字命名。1951年敬德、天保二县合并后称第八区。1958年改多敬公社。1984年改敬德镇。有中学1所，小学2所，卫生院1个。农业以水稻、玉米、甘蔗种植为主。有土特产茴油、八角、山楂、蛤蚧、苏铁。德保—敬德公路过境。

多敬圩［Duōjìngxū］ 敬德镇人民政府驻地。在县政府驻地城关镇西33千米。人口400。壮族聚居。因壮语音译名得名，意指圩址遭地震倾斜不平。聚落呈团块状。有中小学、幼儿园、卫生院。有省级非物质文化遗产德保山歌、德保南路壮剧。有民俗农历三月十八日小孩歌圩节、四月初二日青年歌圩节。农业以玉米种植为主。德保—敬德公路经此。

足荣镇［Zúróng Zhèn］ 德保县辖镇。在县境中部偏东。面积160平方千米。人口2.2万。壮族聚居。辖10村委会，有85自然村。镇人民政府驻足荣圩。1933年设足荣乡。1951年属第八区。1958年成立足荣公社。1984年改乡。2002年改镇。因镇政府驻地得名。有中学1所，小学1所，卫生院1个。有省级非物质文化遗产德保南路壮剧。农业以水稻、玉米、甘蔗种植为主。产茴油、八角、蛤蚧。田德铁路、省道祥龙线过境。

足荣圩［Zúróngxū］ 足荣镇人民政府驻地。在县政府驻地城关镇东北16千米。人口1200。壮族聚居。因壮语音译名得名，意为古时多竹林、风景优美。聚落呈团块状。有中小学、幼儿园、卫生院。有省级非物质文化遗产德保南路壮剧。每月二、五、八为圩日。有2交易市场。农业以玉米、水稻种植为主。田德铁路、省道祥龙线经此。

马隘镇［Mǎ'ài Zhèn］ 德保县辖镇。在县境中部。面积203平方千米。人口4.1万。壮族聚居。辖21村委会，有229自然村。镇人民政府驻马隘圩。1933年设马隘乡。1951年并入第二区。1958年成立马隘公社。1984年改乡。2005年古寿乡并入。2007年改镇。因镇政府驻地得名。有中学1所，小学2所，卫生院2个。有古迹明代官员岑天保墓冢、天保庙。有省级非物质文化遗产德保山歌、德保南路壮剧。农业以水稻、玉米、甘蔗种植为主。有土特产蛤蚧、矮马、茴油。田德铁路，德保—敬德、德保—东凌公路过境。

马隘圩［Mǎ'àixū］ 马隘镇人民政府驻地。在县政府驻地城关镇东8千米。人口600。壮族聚居。因圩址原为土坡，马匹喜爱在此吃草，得名“马爱”，后土坡四周砌石墙围栏并设隘口置关卡，遂将爱改隘。聚落呈团块状。有中小学、幼儿园、卫生院。有省级非物质文化遗产德保山歌、德保南路壮剧。农历中秋节为歌圩节。农业以水稻、玉米、甘蔗种植为主。每月二、五、八为圩日。德保—敬德、德保—东凌公路经此。

东凌镇［Dōnglíng Zhèn］ 德保县辖镇。在县境西北部。面积320平方千米。人口3.6万。壮族聚居。辖19村委会，有331自然村。镇人民政府驻东凌圩。1934年前已设东凌乡。1951年并入十一区。1958年成立东凌公社。1984年改乡。2014年改镇。因镇政府驻地得名。有中学1所，小学1所，卫生院1个，文化站1个。农业以水稻、玉米、甘蔗种植为主。有土特产蛤蚧、八角、茴油、矮马。德保—东凌、东凌—百色、东凌—田阳公路过境。

东凌圩［Dōnglíngxū］ 东凌镇人民政府驻地。在县政府驻地城关镇西北43千米。人口300。壮族聚居。因壮语音译名得名，因山体崩石埋村，后人为祭祀亡灵而得名。聚落呈团块状。有中小学、卫生院、卫生所。农业以八角种植为主。产茴油、矮马。德保—东凌、东凌—百色公路经此。

都安乡［Dū'ān Xiāng］ 德保县辖乡。在县境中部。面积135.5平方千米。人口1.9万。壮族聚居。辖10村委会，有81自然村。乡人民政府驻都安圩。1933年前设都安乡。1951年并入第一区。后改公社。1962年置都安区，1970年改都安公社。1984年改乡。因乡政府驻地得名。有中学1所，小学1所，卫生院1个，文化站1个。有景点窑庄文昌塔、老虎洞。农业以水稻、玉米、甘蔗种植为主。有土特产八角、茴油、蛤蚧、柑橙。德靖铁路、省道祥龙线过境。

都安圩［Dū'ānxū］ 都安乡人民政府驻地。在县政府驻地城关镇西14千米。人口1200。壮族聚居。因壮语谐音得名，意为圩址位于顺安州下。聚落呈团块状。有中小学、卫生院、文化站。有景点观音庙。农业以八角种植为主。产茴油、柑橙。德靖铁路、省道祥龙线经此。

那甲乡［Nàjiǎ Xiāng］ 德保县辖乡。在县境北部。面积179平方千米。人口2.8万。壮族聚居。辖17村委会，有127自然村。乡人民政府驻那甲圩。1933年设那甲乡。1951年并入第三区。1958年成立那甲公社。1984年改乡。因乡政府驻地得名。有中学1所，小学1所，卫生院1个，文化站1个。有古迹文昌塔、艾屯孔庙。农业以水稻、玉米、甘蔗种植为主。有土特产八角、茴油。田德铁路、百靖高速、省道祥龙线过境。

那甲圩［Nàjiǎxū］ 那甲乡人民政府驻地。在县政府驻地城关镇北15千米。人口1000。壮族聚居。因壮语谐音得名，意为四周被水田围住。聚落呈团块状。有中小学、幼儿园、卫生院。有古迹文昌塔。农业以水稻、玉米种植为主。德保—那甲公路经此。

荣华乡［Rónghuá Xiāng］ 德保县辖乡。在县境东部。面积218平方千米。人口2万。壮族聚居。辖10村委会，有81自然村。乡人民政府驻荣华圩。1958年成立荣华公社。1984年改乡。因乡政府驻地得名。鉴河流经。有中学1所，小学1所，卫生院1个，文化站1个。有古迹明代官员岑永玉夫人墓。农业以水稻、玉米、甘蔗种植为主。有土特产八角、茴油。德保—荣华公路过境。

荣华圩［Rónghuáxū］ 荣华乡人民政府驻地。在县政府驻地城关镇东28千米。人口1200。壮族聚居。原名那华圩，后因荣华富贵之意改名荣华圩。聚落呈团块状。有中小学、幼儿园、卫生院。有古迹岑永玉夫人墓。农业以水稻、玉米种植为主。德保—荣华公路经此。

燕峒乡［Yàndòng Xiāng］ 德保县辖乡。在县境东南部。面积301平方千米。人口3.3万。壮族聚居。辖19村委会，有195自然村。乡人民政府驻燕峒圩。1933年设燕峒乡。1948年改钦燕乡。1949年复燕峒乡。1958年改公社。1984年改乡。因乡政府驻地得名。有中学1所，小学1所，卫生院1个，文化站1个。有古迹旺峒乡公所旧址、兴旺桥。有国家4A级旅游景区吉星岩。农业以水稻、玉米种植为主。有土特产茴油、八角、蛤蚧。百靖高速，德保—天等、燕峒—钦甲公路过境。

燕峒圩［Yàndòngxū］ 燕峒乡人民政府驻地。在县政府驻地城关镇南18千米。人口700。壮族聚居。因地形似砚盒得名砚洞，1963年以壮语“燕”同“砚”，指砚盒，“峒”同“洞”，指田垌而更今名。聚落呈团块状。有中小学、幼儿园、卫生院、卫生室。农业以水稻、玉米种植为主。产八角、茴油、蛤蚧。德保—天等公路经此。

龙光乡［Lóngguāng Xiāng］ 德保县辖乡。在县境南部。面积246平方千米。人口3.6万。壮族聚居。辖19村委会，有150自然村。乡人民政府驻龙光圩。1933年设龙光乡。1948年改称光怀乡。1951年并入第五区。1958年成立龙光公社。1984年分设龙光乡。2005年大旺乡并入。因乡政府驻地得名。有中学2所，小学2所，卫生院1个，文化站1个。有民俗马鹿舞、鲤鱼舞、三月十五日歌圩节。农业以水稻、玉米、甘蔗种植为主。有土特产蛤蚧、茴油、八角。德保—天等公路过境。

龙光圩［Lóngguāngxū］ 龙光乡人民政府驻地。在县政府驻地城关镇南27千米。人口900。壮族聚居。1903年前在邕考建立圩场，取名邕考圩。1903年后该圩迁至垌广内地，取名龙光圩。壮语“龙”指隆，意为大垌、兴隆，“光”意为宽大、广阔。因地域广阔、集市兴隆得名。聚落呈团块状。有中小学、幼儿园、卫生院、卫生所。农业以水稻、玉米种植为主。德保—天等公路经此。

巴头乡［Bātóu Xiāng］　德保县辖乡。在县境东北部。面积178平方千米。人口1.9万。壮族聚居。辖14村委会，有176自然村。乡人民政府驻巴头圩。1933年设巴头乡。1949年改百寿乡。1951年并入第八区。1958年成立巴头公社。1984年改乡。因乡政府驻地得名。有中学1所，小学1所，卫生院1个，文化站1个。有景点文昌塔、陇必红枫、沈公庙等。农业以玉米、水稻、甘蔗种植为主。有土特产矮马、蛤蚧。德保—东凌公路过境。

巴头圩［Bātóuxū］　巴头乡人民政府驻地。在县政府驻地城关镇西北23千米。人口700。壮族聚居。因壮语谐音得名，意为地处谷地首端。聚落呈团块状。有中小学、幼儿园、卫生院。有古迹文昌塔、美腾沈公庙等。农业以水稻、玉米种植为主。德保—东凌公路经此。

靖　西　县

靖西县［Jìngxī Xiàn］　百色市辖县。北纬23°08′，东经106°24′。在市境南部。面积3331平方千米。人口63.8万。以壮族为主，还有汉、回、苗等民族。辖10镇、9乡。县人民政府驻新靖镇。宋开宝四年(971)置温弄州。熙宁六年(1073)改归化州。景炎二年(1277)更名顺安峒。元初改归顺州。明弘治九年(1496)安德州并入。清光绪十二年(1886)升直隶州。1912年改府。1913年改靖西县，以治所旧名靖城及处广西西部得名，属镇南道。此后未变，先后属第十民团区、龙州民团区、天保民团区、天保行政监督区、第六行政督察区、龙州专区、百色专区、百色地区。2002年属百色市。处中越边境，国境线长152.5千米。地势由西北向东南呈阶梯状倾斜。以溶蚀高原地貌为主。平均海拔852.5米。年均气温20.2℃，1月平均气温12.4℃，7月平均气温25.7℃。年均降水量1634.2毫米。那多河、芭蒙河、兰康河等流经。有矿产资源锰、铝土、铜、硫铁等。有野生植物4503种，其中有国家重点保护野生植物1种。有国家重点保护野生动物68种。有省级自然保护区2个。森林覆盖率65.7%。有中学29所，小学309所，二级医院3个。有图书馆、文化馆、体育馆。有全国重点文物保护单位靖西烈士陵园，省级文物保护单位十二道门古炮台。有国家级非物质文化遗产壮族织锦技艺，省级非物质文化遗产靖西壮族端午药市、壮族提线木偶戏、壮族末伦等。有国家4A级旅游景区通灵大峡谷、古龙山大峡谷。有景点旧州古镇、民族英雄张天宗陵墓、岑氏土司墓、南天国、龙潭湿地公园、旧州、三牙山。三次产业比例12∶65∶23。农业以水稻、玉米种植，牛、山羊养殖为主。有特产靖西香糯、田七、茶叶、大果山楂、壮锦、大麻鸭、蛤蚧、八角。工业以铝业、锰业、制糖为主。服务业以商贸、旅游为主。德靖铁路，百靖、崇靖、靖那、靖龙高速，省道祥龙、新富、古西线过境。有靖西站、靖西汽车客运站。有龙邦、岳圩口岸。

三元桥［Sānyuán Qiáo］　在县城东部。长74米，宽24米，最大跨度10米，桥下净高4米。1963年开工，1966年建成，2014年重建。为中型河道桥梁，结构型式为双拱桥。最大载重30吨。通公交车。

靖西县汽车总站［Jìngxī Xiàn Qìchē Zǒngzhàn］　见交通运输设施部分“靖西县汽车总站”条。

新靖镇［Xīnjìng Zhèn］　靖西县人民政府驻地。在县境中部。面积204.1平方千米。人口8.8万。以壮族为主，还有汉、回等民族。辖9居委会、21村委会，有166自然村。镇人民政府驻中山社区。1933年置城厢镇。1938年分设城东、城西2镇。1941年合置新靖镇，以建设新靖西为名。1950年与城郊合并为城关区。1953年复镇。1960年成立新靖公社。1981年复新靖镇。龙潭河、庞凌河、鹅泉河流经。有中学4所，小学25所，二级医院3个，卫生院1个。有景点龙潭湿地公园、旧州、三牙山。农业以水稻、玉米、黄豆、甘蔗、蔬菜、水果种植为主。工业以磷肥、锰、铁合金加工为主。有土特产绣球、酸野食品。百靖、崇靖、靖那、靖龙高速，省道祥龙、古西线过境。

绣球大道［Xiùqiú Dàdào］　在县城中部。东南起排沙路，西北至德爱大道。与幸福路、壮锦大道、三元路、双拥路、坡珠街等相交。长7千米，宽50米。沥混路面。1990年开工，2004年建成。因盛产绣球花得名。两侧多居住小区。通公交车。

壮锦大道［Zhuàngjǐn Dàdào］　在县城中部。东起三元路，西至太极路。与凤凰路、靖边路、绣球大道、龙潭路等相交。长3千米，宽30米。沥混路面。1994年开工，2003年建成。因盛产壮锦得名。两侧多居住小区。通公交车。

中山社区［Zhōngshān Shèqū］　新靖镇人民政府驻地。在县境西南部。面积0.9平方千米。人口5400。以壮族为主，还有汉族。因中山公园得名。2002年成立。民居以自建房为主。有社区服务中心，实现一站式便民利民服务。对优抚、下岗失业等特殊群体开展社会救助、社会福利、再就业等社会保障服务。有宣传栏。有小学、图书馆、文化馆、壮族博物馆、壮剧团等。县气象局、文体局驻此。有农贸市场。通公交车。

化峒镇［Huàdòng Zhèn］　靖西县辖镇。在县境东南部。面积94平方千米。人口2.2万。以壮族为主，还有汉族。辖10村委会，有78自然村。镇人民政府驻化峒圩。1958年成立化峒公社。1984年析置镇。因镇政府驻地得名。有中学1所，小学10所，卫生院1个。有景点爱布瀑布群、十九渡桥。农业以水稻、玉米种植为主。特产靖西香糯、百香果、葡萄凉薯、麻鸭。崇靖高速、省道古西线过境。

化峒圩［Huàdòngxū］　化峒镇人民政府驻地。在县政府驻地新靖镇东南13千米。人口2300。壮族聚居。据《归顺直隶州志》载，元至元二十八年(1291)顺安峒官命村名为华峒。清为华峒团、马峒团地。1920年后简写作化峒。聚落呈团块状。有中小学、卫生院。农业以水稻、玉米种植为主。崇靖高速、省道古西线经此。

湖润镇［Húrùn Zhèn］　靖西县辖镇。在县境东南部。面积191平方千米。人口1.9万。以壮族为主，还有汉族。辖14村委会，有97自然村。镇人民政府驻湖润圩。明万历年间为湖润寨。1912年为湖润团。1932年撤团为乡。1958年成立公社。1984年改镇。因镇政府驻地得名。念祥河、逻水河流经。有中学1所，小学14所，卫生院1个。有景点通灵大峡谷、古龙山、三叠岭瀑布。有坡州一、二级，峒牌，三叠岭，念祥等电站。有锰、铜、磷、硫黄等矿产资源。农业以水稻、玉米、果蔗种植为主。有农机厂、锰矿、林场等。崇靖高速、省道古靖线过境。

湖润圩［Húrùnxū］　湖润镇人民政府驻地。在县政府驻地新靖镇东南35千米。人口1500。壮族聚居。俗名弄满，壮语“弄”为低矮山丘，“满”为到处都有。因此地丘陵起伏、土岭连绵得名。宋为温弄州。明称河润州、温润寨，万历年间(1573—1620)改名湖润寨。聚落呈团块状。有中小学、卫生院。农业以水稻、玉米、果蔗种植为主。崇靖高速、省道古靖线经此。

岳圩镇［Yuèxū Zhèn］　靖西县辖镇。在县境东南部。面积99平方千米。人口1.4万。壮族聚居。辖1居委会、6村委会，有7自然村。镇人民政府驻岳圩。1958年成立岳圩公社。1984年改乡。1992年改镇。因镇政府驻地得名。有中学1所，小学7所，卫生院1个。海关岳圩支关、岳圩水文站位此。农业以水稻、玉米、黄豆、花生、甘蔗、田七种植为主。省道沿边线过境。

岳圩［Yuèxū］　岳圩镇人民政府驻地。在县政府驻地新靖镇东南24千米。人口700。壮族聚居。为壮语音译名。“岳”原意为杂草丛生。因此圩原多丛生杂草而得名。聚落呈团块状。有中小学、卫生院。有海关岳圩支关、岳圩水文站。农业以水稻、玉米种植为主。省道沿边线经此。

龙邦镇［Lóngbāng Zhèn］　靖西县辖镇。在县境南部。面积112平方千米。人口2.1万。以壮族为主，还有汉、苗等民族。辖1居委会、11村委会，有76自然村。镇人民政府驻龙邦圩。1932年前即设龙邦乡。1952年改第五区。1958年成立龙邦公社。1984年分设龙邦乡。1992年改镇。因镇政府驻地得名。有中学1所，小学11所，卫生院1个。有景点十二道门、金鸡山炮台。农业以水稻、玉米、黄豆、花生、甘蔗、田七种植为主。靖龙高速、省道祥龙线过境。有龙邦口岸。

龙邦圩［Lóngbāngxū］　龙邦镇人民政府驻地。在县政府驻地新靖镇西南39千米。人口800。壮族聚居。原壮语音译名为“隆邦”，“隆”即山弄，“邦”为光榔树。因光榔树广植于山弄得名，后谐音改今名。聚落呈块状。有中小学、卫生院。农业以水稻、玉米、黄豆、甘薯、花生、甘蔗、田七种植为主。高速靖龙、省道祥龙线经此。

安德镇［Āndé Zhèn］　靖西县辖镇。在县境西部。面积212平方千米。人口4.1万。壮族聚居。辖2居委会、12村委会，有156自然村。镇人民政府驻安德圩。据《归顺直隶州志》载，唐贞元十二年(796)置安德州。1932年设安德乡。1952年改区。1958年成立安德公社。1984年分设安德镇、三合乡。2005年复并为安德镇。因镇政府驻地得名。照阳河流经。有中学2所，小学20所，卫生院2个。农业以水稻、玉米、黄豆种植为主。有土特产糖梨、田七。靖那高速、省道新富线过境。

安德圩［Āndéxū］　安德镇人民政府驻地。在县政府驻地新靖镇西北45千米。人口1500。壮族聚居。先民居无定所，迁此后因感皇恩始能安居得名。聚落呈块状。有中小学、卫生院。农业以水稻、玉米种植为主。有土特产糖梨、田七。靖那高速、省道新富线经此。

龙临镇［Lónglín Zhèn］　靖西县辖镇。在县境西北部。面积149平方千米。人口3.4万。以壮族为主，还有汉、苗等民族。辖1居委会、13村委会，有107自然村。镇人民政府驻龙临圩。1932年已设龙临乡。1950年并入第八区。1952年改第十区。1958年成立龙临公社。1984年析设龙临镇。因镇政府驻地得名。有中学1所，小学14所，卫生院1个。农业以水稻、玉米、黄豆种植为主。省道新富线过境。

龙临圩［Lónglínxū］　龙临镇人民政府驻地。在县政府驻地新靖镇西北28千米。人口1300。壮族聚居。明成化十六年(1480)建圩。“龙临”壮语意为黑暗溶洞。因水源缺乏，饮用水需至一既深且暗的溶洞挑取而得名。聚落呈带状。有中小学、卫生院。农业以水稻、玉米、黄豆种植为主。省道新富线经此。

渠洋镇［Qúyáng Zhèn］　靖西县辖镇。在

县境北部。面积240平方千米。人口3.9万。以壮族为主，还有汉族。辖3居委会、19村委会，有153自然村。镇人民政府驻渠洋圩。1932年已设渠洋乡。1934年划归敬德县。1951年并入德保县第九区。1958年成立渠洋红旗公社。1959年划归靖西县辖。1984年改渠洋镇。1986年析设岜蒙、大道2乡。2005年岜蒙乡并入。因镇政府驻地得名。有中学2所，小学19所，卫生院2个。有景点渠洋湖、胡志明洞。农业以水稻、玉米、黄豆种植为主。省道祥龙线，县道塘麻—魁圩、渠洋—大甲、新力—敬德线过境。

渠洋圩［Qúyángxū］ 渠洋镇人民政府驻地。在县政府驻地新靖镇西北25千米。人口700。壮族聚居。壮语“渠”为水塘，“洋”为搁住。传因渠洋圩旧址有大岩溶漏斗，乡人以木头、蕨草封住漏斗底部，存水成塘而得名。聚落呈块状。有中小学、卫生院。有景点渠洋湖。农业以水稻、玉米种植为主。县道塘麻—魁圩、渠洋—大甲线经此。

武平镇［Wǔpíng Zhèn］ 靖西县辖镇。在县境东部。面积262平方千米。人口2.5万。以壮族为主，还有汉族。辖2居委会、20村委会，有185自然村。镇人民政府驻武平圩。1932年曾设武平乡。1950年设区。1958年成立和平公社。1960年改武平公社。1984年分设武平、大道2乡，2005年合并为武平乡。2014年撤乡改镇。因镇政府驻地得名。有中学2所，小学20所，卫生院2个。农业以水稻、玉米、黄豆种植为主。德靖铁路、百靖高速、省道祥龙线过境。

武平圩［Wǔpíngxū］ 武平镇人民政府驻地。在县政府驻地新靖镇东北10千米。人口500。壮族聚居。1350年建圩，俗名郎家。壮语“郎”即圩，“家”是乌鸦，因圩旁小石山乌鸦云集，名“岜家”即乌鸦山之意，圩以山名。宋将狄青以武力平定侬志高于此，意为武力平定而得名。聚落呈团块状。有中小学、卫生院。农业以种植水稻、玉米、黄豆为主。百靖高速，县道新靖—兴旺、三联—同德、武平—大道、新靖—兴旺线经此。

禄峒镇［Lùdòng Zhèn］ 靖西县辖镇。在县境中部偏西。面积302平方千米。人口2.5万。以壮族为主，还有汉族。辖23村委会，有236自然村。镇人民政府驻禄峒圩。1932年曾设禄峒乡。1950年设区。1958年成立禄峒公社。1984年分设禄峒、荣劳2乡，2005年合并为禄峒乡。2014年撤乡改镇。因镇政府驻地得名。有中学2所，小学23所，卫生院2个。农业以水稻、玉米、黄豆种植为主。靖那高速过境。

禄峒圩［Lùdòngxū］ 禄峒镇人民政府驻地。在县政府驻地新靖镇西13千米。人口1500。壮族聚居。俗名“禄圩”，壮语“禄”即沟，“峒”为旧时行政组织。因旧圩系填沟而成得名。聚落呈团块状。有中小学、卫生院。农业以水稻、玉米、黄豆种植为主。靖那高速经此。

同德乡［Tóngdé Xiāng］ 靖西县辖乡。在县境东南部。面积155平方千米。人口2.7万。以壮族为主，还有汉族。辖11村委，有122自然村。乡人民政府驻同德圩。1932年为同德街。1962年成立同德公社。1984年改乡。因乡政府驻地得名。有中学1所，小学11所，卫生院1个。农业以水稻、玉米、黄豆种植为主。县道三联—同德、化峒—同德线过境。

同德圩［Tóngdéxū］ 同德乡人民政府驻地。在县政府驻地新靖镇东南18千米。人口1000。壮族聚居。取同心同德之意得名。聚落呈团块状。有中小学、卫生院。农业以水稻、玉米种植为主。县道三联—同德、化峒—同德线经此。

壬庄乡［Rénzhuāng Xiāng］ 靖西县辖乡。在县境南部。面积116平方千米。人口2.3万。以壮族为主，还有汉族。辖12村委会，有96自然村。乡人民政府驻壬庄圩。1932年曾设壬庄乡。1950年设区。后设公社。1984年由岳圩公社析设壬庄乡。因乡政府驻地得名。地处山区，多岩溶峰丛谷地。有中学1所，小学12所，卫生院1个。农业以水稻、玉米、黄豆种植为主。省道沿边线，县道旧州—壬庄、地州—壬庄线过境。

壬庄圩［Rénzhuāngxū］ 壬庄乡人民政府驻地。在县政府驻地新靖镇南21千米。人口1100。壮族聚居。为壮语音译名，意为低洼湿润地。聚落呈团块状。有中小学、卫生院。农业以水稻、玉米种植为主。省道沿边线，县道旧州—壬庄、地州—壬庄线经此。

安宁乡［Ānníng Xiāng］ 靖西县辖乡。在县境南部。面积119平方千米。人口1.6万。壮族聚居。辖1居委会、9村委会，有72自然村。乡人民政府驻安宁圩。1932年曾设安宁乡。1950年改区。1961年成立安宁公社。1984年由龙邦公社析设安宁乡。因乡政府驻地得名。龙邦河流经。有中学1所，小学10所，卫生院1个。农业以水稻、玉米、黄豆、田七、茶、油茶、油桐、山楂、柑、橙种植为主。省道沿边线、县道吕平—安宁线过境。

安宁圩［Ānníngxū］ 安宁乡人民政府驻地。在县政府驻地新靖镇西南23千米。人口500。壮族聚居。俗名念宁，壮语“念”为水，“宁”为红色。因地表水源缺乏，水塘积水呈红色得名，清代后以方言谐音雅化为今名。聚落呈带状。有中小学、卫生院。农业以水稻、玉米种植为主。县道吕平—安宁线经此。

地州乡［Dìzhōu Xiāng］ 靖西县辖乡。在县境南部。面积190平方千米。人口3.1万。以壮族为主，还有汉族。辖15村委会，有229自然村。乡人民政府驻地州圩。1958年成立地州公社。1984年改乡。因乡政府驻地得名。坡豆河、鲁利河流经。有中学1所，小学15所，卫生院1个。农业以水稻种植为主。产中草药、蔬菜。靖龙高速、省道祥龙线、县道地州—壬庄线过境。

地州圩［Dìzhōuxū］ 地州乡人民政府驻地。在县政府驻地新靖镇南15千米。人口600。壮族聚居。为壮语音译名。“地”为这个地方之意，“州”指归顺州。以这个地方为土州官所有而得名。聚落呈团块状。有中小学、卫生院。农业以水稻、玉米种植为主。靖龙高速、省道祥龙线、县道地州—壬庄线经此。

吞盘乡［Tūnpán Xiāng］ 靖西县辖乡。在县境西南部。面积139平方千米。人口1.9万。以壮族为主，还有汉族。辖9村委会，有76自然村。乡人民政府驻吞盘圩。1984年设吞盘乡。因乡政府驻地得名。有中学1所，小学9所，卫生院1个。有古迹葛麻炮台。农业以水稻、玉米种植为主。省道沿边线、县道新靖—吞盘线过境。

吞盘圩［Tūnpánxū］ 吞盘乡人民政府驻地。在县政府驻地新靖镇西南31千米。人口400。壮族聚居。为壮语音译名，意为磨刀石。因此地冲沟里多可做磨刀石之石头而得名。聚落呈团块状。有中小学、卫生院。有古迹葛麻炮台。农业以种植水稻、玉米为主。县道新靖—吞盘线经此。

南坡乡［Nánpō Xiāng］ 靖西县辖乡。在县境西部。面积187平方千米。人口2.9万。以壮族为主，还有汉族。辖12村委会，有110自然村。乡人民政府驻南坡圩。1932年曾设南坡乡。1952年设区。1958年成立南坡公社。1984年析设南坡乡。因乡政府驻地得名。有中学1所，小学12所，卫生院1个。农业以水稻、玉米、果树种植为主。县道三合—南坡线过境。

南坡圩［Nánpōxū］ 南坡乡人民政府驻地。在县政府驻地新靖镇西39千米。人口1400。壮族聚居。清乾隆十五年(1750)建圩。“南坡”壮语意为泉水。因圩边有一小泉，人畜赖以饮用而得名。聚落呈团块状。有中小学、卫生院。农业以玉米、水稻种植为主。县道三合—南坡线经此。

果乐乡［Guǒlè Xiāng］ 靖西县辖乡。在县境西北部。面积132平方千米。人口2.6万。以壮族为主，还有汉族。辖13村委会，有120自然村。乡人民政府驻果乐圩。1932年曾设果乐乡。1950年设区。1958年属龙临公社。1984年果乐乡。因乡政府驻地得名。有中学1所，小学13所，卫生院1个。农业以水稻、玉米种植为主。县道龙临—果乐、果乐—魁圩线过境。

果乐圩［Guǒlèxū］ 果乐乡人民政府驻地。在县政府驻地新靖镇西北37千米。人口900。壮族聚居。壮语“果”指此地，“乐”指人多兴隆。因此地为赶圩之处而得名。聚落呈带状。有中小学、卫生院。农业以水稻、玉米种植为主。县道龙临—果乐、果乐—魁圩线经此。

新甲乡［Xīnjiǎ Xiāng］ 靖西县辖乡。在县境中部偏北。面积193平方千米。人口4.2万。以壮族为主，还有汉族。辖19村委会，有155自然村。乡人民政府驻大甲圩。2005年由新圩、大甲2乡合设新甲乡。取2乡名各一字得名。有中学2所，小学19所，卫生院2个。农业以水稻、玉米种植为主。省道新富线、县道新圩—大甲线过境。

大甲圩［Dàjiǎxū］ 新甲乡人民政府驻地。在县政府驻地新靖镇西北22千米。人口500。壮族聚居。“甲”旧指组织建制，“大甲”意指其面积大于其他甲。聚落呈团块状。有中小学、卫生院。农业以玉米、水稻种植为主。县道新圩—大甲线经此。

魁圩乡［Kuíxū Xiāng］ 靖西县辖乡。在县境西北部。面积201平方千米。人口4.4万。以壮族为主，还有汉族。辖16村委会，有194自然村。乡人民政府驻魁圩。1958年成立魁圩公社。1959年由德保划归靖西县。1966年恢复魁圩公社。1984年改乡。因乡政府驻地得名。有中学1所，小学16所，卫生院1个。农业以玉米、水稻种植为主。县道塘麻—魁圩、魁圩—坡荷、魁圩—泮水、果乐—魁圩线过境。

魁圩［Kuíxū］ 魁圩乡人民政府驻地。在县政府驻地新靖镇西北43千米。人口1100。壮族聚居。原名“三班”，因建文魁庙后改名“峒魁”。壮语“峒”意为这一片，“峒魁”意指这一片地方有文魁庙。后开圩设集，遂名“魁圩”。聚落呈三角形。有中小学、卫生院。农业以玉米种植为主。县道塘麻—魁圩、魁圩—坡荷、魁圩—泮水、果乐—魁圩线经此。

那坡县

那坡县［Nàpō Xiàn］ 百色市辖县。北纬23°24′，东经105°50′。在市境西南部。面积2231平方千米。人口21.4万。以壮族为主，还有汉、苗、瑶、彝等民族。辖2镇、7乡。县人民政府驻城厢镇。宋皇祐五年(1053)置镇安峒。政和四年(1114)改镇安州。元至元二十九年(1292)改路。明永乐年间置镇安土州。清乾隆八年(1743)改巡检司，三十一年改小镇安厅。

光绪十二年(1886)改镇边县。1953年改睦边县。1956年属百色地区。1965年改那坡县。2002年属百色市。"那坡"壮语意为坡上田。"那"指田,"坡"指山坡,因在山坡脚下造田建村而得名。地势北高南低。北部喀斯特地貌岩溶广布。南部为土山地区。平均海拔1000米。最高点规弄山海拔1681米。年均气温18.7℃,1月平均气温10.7℃,7月平均气温24.4℃。年均降水量1422毫米。百都河、百合河、下华河、上荣河流经。有矿产资源金、铁、锰、铝土等。有野生植物1467种,其中有国家重点保护野生植物旱杉、蚬木、广西青梅、擎天树、红豆杉、香樟木。有野生动物283种,其中有国家一级保护野生动物黑叶猴、熊猴等8种,国家二级保护野生动物野猪、原猫等8种。有省级老虎跳自然保护区,省级地质公园那坡杭状玄岩群。森林覆盖率57.3%。有中学11所,小学138所,二级医院1个。有图书馆、文化馆、体育馆。有全国重点文物保护单位感驮岩遗址、弄平炮台,省级文物保护单位丹桂塔。有省级爱国主义教育基地那坡烈士陵园。有国家级非物质文化遗产那坡壮族民歌,省级非物质文化遗产五月五花炮节。有景点黑衣壮民族风情园、老虎跳大峡谷。三次产业比例29∶25∶46。农业以水稻、玉米、板蓝根种植,生猪、牛、鸡、鱼养殖为主。特产山茶油、茴油、大红八角、杉木、桂皮、桐油、茶叶、黄牛、蚕丝、糖梨、蚬木、蛤蚧、矮马。工业以食品加工、金矿开采、蚕丝加工为主。服务业以商贸、旅游为主。合那高速、省道新富线过境。有平孟口岸。

那坡汽车客运站[Nàpō Qìchē Kèyùnzhàn] 见交通运输设施部分"那坡汽车客运站"条。

城厢镇[Chéngxiāng Zhèn] 那坡县人民政府驻地。在县境北部。面积368平方千米。人口5.3万。以壮族为主,还有汉、彝等民族。辖3居委会、26村委会,有276自然村。镇人民政府驻镇玉街。1932年设城厢乡。1950年仍为乡。1958年改公社。1980年析设城厢镇。1984年城厢公社并入镇。因镇政府驻地得名。有矿产资源铝、金、石灰石和辉绿岩等。劳水河流经。有田万、莫屯水库。有省级地质公园那坡杭状玄岩群。有中学3所,小学31所,幼儿园2所,二级医院1个,卫生院1个,卫生所26个。有螃蟹山烈士陵园。有民俗达腊彝族跳弓、龙华黑衣壮民族风情。有全国重点文物保护单位感驮岩遗址,景点皇观洞、金龙岩。农业以水稻、玉米种植,黄牛、生猪、土鸡、鸭养殖为主。有土特产大红八角、玉桂油、茴油、桐油、茶油、茶叶。有林场。工业以冶炼、蚕丝、陶瓷生产为主。合那高速、省道新富线过境。

睦边大道[Mùbiān Dàdào] 在县城南部。南起百马桥,北至军民路。与康乐街相交。长3千米,宽32米。混凝土路面。1998年开工,2002年建成。因古睦边县得名。两侧有小学、文化广场、酒店等。通公交车。

百马路[Bǎimǎ Lù] 在县城东部。南起睦边大道南端,北至南街桥。与镇玉街、那中路相交。长3.5千米,宽8米。混凝土路面。1955年开工,1957年建成。因百马屯得名。两侧有政府单位、那马林场等。通公交车。

镇玉街[Zhènyùjiē] 城厢镇人民政府驻地。在镇境中部。人口1.2万。壮族聚居。取镇阳、玉城2街首字得名。聚落呈带状。有中小学、幼儿园、二级医院、卫生院、图书馆、文化馆。有全国重点文物保护单位感驮岩遗址,省级文物保护单位丹桂塔,景点石洞龙泉。有土特产百合、小山楂果、香草、魔芋、万寿藤等。服务业以餐饮、商贸、物流为主。通公交车。

达腊屯[Dálàtún] 在镇境西南部。城厢镇辖自然村。人口300。彝族聚居。"达腊"为彝语音译名,意为四通八达。因处岔路口得名。聚落呈团块状。有小学、卫生室、图书室。为中国传统村落。住宅结构属"干栏式"。每年农历四月初九至十一为"跳弓节",跳弓舞。农业以水稻、玉米种植为主。县城—百都公路经此。

平孟镇[Píngmèng Zhèn] 那坡县辖镇。在县境东南部。面积224平方千米。人口1.5万。以壮族为主,还有汉、瑶等民族。辖10村委会,有121自然村。镇人民政府驻平孟街。1931年设平孟乡。1951年为第四区。1956年改平孟区。1958年成立平孟公社。1984年改乡。1992年改镇。因镇政府驻地得名。有白云山原始森林。有九年一贯制学校1所,小学9所,卫生院2个,卫生所10个。有全国重点文物保护单位弄平炮台。农业以水稻、玉米种植,黄牛、土鸡养殖为主。产果蔗、茴油、大红八角、杉木、蚬木、肉桂。百大—平孟公路过境。

平孟街[Píngmèngjiē] 平孟镇人民政府驻地。在县政府驻地城厢镇东南78千米。人口800。壮族聚居。为壮语音译名。"平"指平坦,"孟"指田垌,即原为一片平坦的田垌。聚落呈带状。有九年一贯制学校、幼儿园、卫生院、图书室、文化站。农业以水稻、甘蔗种植为主。为越南边民及附近乡村群众赶集之地,有土特产品交易。百大—平孟公路经此。

念井屯[Niànjǐngtún] 在县政府驻地城厢镇东南78千米。平孟镇辖自然村。人口400。壮族聚居。为壮语音译名。"念"指水,"井"指水井。因有水井得名。1830年建村。聚落呈团块状。位于边境线附近。有小学、幼儿园、卫生室、图书室。农业以水稻、玉米种植为主。东那沿边公路经此。

弄体屯[Nòngtǐtún] 在县政府驻地城厢镇东南81千米。平孟镇辖自然村。人口200。壮族聚居。为壮语音译名。"弄"指山弄,"体"即梯子。因坐落山崖上,出入艰难如爬梯而得名。聚落呈散状。位于边境线附近。农业以板蓝根、玉米种植为主。通乡村公路。

坡荷乡[Pōhé Xiāng] 那坡县辖乡。在县境东北部。面积131平方千米。人口1.5万。以壮族为主,还有汉、瑶等民族。辖13村委会,有85自然村。乡人民政府驻坡荷街。1961年成立坡荷公社,次年并入德隆区。1969年复设坡荷公社。1984年改乡。因乡政府驻地得名。有中学1所,小学13所,卫生院1个,卫生所3个。有古迹照阳关。农业以玉米、水稻种植,养殖黄牛、土鸡、生猪为主。产山茶油、八角、茴油、桐油。合那高速、佛山—富宁公路过境。

坡荷街[Pōhéjiē] 坡荷乡人民政府驻地。在县政府驻地城厢镇东南17千米。人口300。以壮族为主,还有汉族。为壮语音译名,"坡"指山泉,"荷"指茅草。因建于形似山泉的土坡上,且多茅草而得名。聚落呈带状。有中小学、卫生院、农贸市场。农业以水稻、玉米种植,生猪、牛、羊、鸡养殖为主。合那高速、佛山—富宁公路经此。

龙合乡[Lónghé Xiāng] 那坡县辖乡。在县境东北部。面积271平方千米。人口3.6万。以壮族为主,还有汉、瑶等民族。辖19村委会,有246自然村。乡人民政府驻龙合街。1931年曾设龙合乡。1951年设区。1958年成立龙合公社。1984年分设龙合、定业2乡。2005年合并为龙合乡。因乡政府驻地得名。定业河流经。有中学2所,小学19所,卫生院2个,卫生所19个。有共合达文黑衣壮民族生态博物馆。有省级非物质文化遗产五月五花炮节。有景点小照阳关、燕子洞。农业以玉米、小麦、杂粮种植,黄牛、土鸡、生猪养殖为主。产林产品桐籽、香樟木。那坡—百色公路过境。

龙合街[Lónghéjiē] 龙合乡人民政府驻地。在县政府驻地城厢镇东北30千米。人口1300。壮族聚居。1280年建村,原名弄牙,为壮语"茅草弄"音译名。因后居者渐多,发现山脚下有泉水,认定"有水必有龙",遂改名龙合,渐成街而得名。聚落呈团块状。有中小学、幼儿园、卫生院、图书馆、文化馆。农业以水稻、玉米种植为主。服务业以商贸为主。那坡—百色公路经此。

德隆乡[Délóng Xiāng] 那坡县辖乡。在县境中部。面积246平方千米。人口1.8万。以壮族为主,还有汉、瑶等民族。辖13村委会,有114自然村。乡人民政府驻德隆街。1958年成立德隆公社。1984年改乡。因乡政府驻地得名。德隆河流经。有省级德孚自然保护区。有中学1所,小学13所,卫生院1个,卫生所13个。有景点牛郎坡田园风光。农业以水稻、玉米种植,黄牛、水牛、土鸡养殖为主。产香蕉、柑、橙、肉桂、山茶油、茴油、大红八角。百大—平孟、德隆—百省公路过境。

德隆街[Délóngjiē] 德隆乡人民政府驻地。在县政府驻地城厢镇南17千米。人口500。壮族聚居。原名壮语"德窝",即低洼之意。后因赶街人多、场面隆重改今名。聚落呈带状。有中小学、卫生院、农贸市场。农业以水稻、玉米种植,生猪、鸡养殖为主。平北公路经此。

百合乡[Bǎihé Xiāng] 那坡县辖乡。在县境中部偏南。面积268平方千米。人口1.5万。以壮族为主,还有汉、瑶等民族。辖10村委会,有127自然村。乡人民政府驻百合街。1958年成立百合公社。1984年析置百南乡,后改百合乡。因乡政府驻地得名。百合河流经。有中学1所,小学10所,卫生院1个,卫生所10个。农业以水稻、果蔗种植,黄牛、水牛、鸡、鸭养殖为主。产木薯、茶叶、蚕茧、大红八角、茴油、肉桂、杉木。工业以淀粉加工为主。百大—平孟、百合—弄合公路过境。

百合街[Bǎihéjiē] 百合乡人民政府驻地。在县政府驻地城厢镇南47千米。人口600。壮族聚居。1590年有广东南海等地人迁此,设街于行甲,广东语"甲"为联合之意。清乾隆八年(1743)建圩。1946年行甲地盘扩大,街圩迁至那垌(现百合圩),取名"百甲",壮语亦为联合之意,后更名百合。聚落呈带状。有中小学、卫生院、农贸市场。农业以水稻、玉米、八角种植为主。百大—平孟、百合—弄合公路经此。

百南乡[Bǎinán Xiāng] 那坡县辖乡。在县境南部。面积135平方千米。人口9000。以壮族为主,还有汉、瑶、苗等民族。辖8村委会,有116自然村。乡人民政府驻百南街。1931年曾设百南特别行政区。1961年成立百合公社。1984年析设百南乡。因乡政府驻地得名。百南河流经。有中学1所,小学8所,卫生院1个,卫生所8个。有景点老虎跳跨国大峡谷、百南河异国漂流。农业以水稻、玉米种植,黄牛、水牛、鸡养殖为主。产热带水果、木薯、竹笋、茶叶、蚕茧、茴油、桂皮。东兴—那坡沿边公路过境。

百南街[Bǎinánjiē] 百南乡人民政府驻地。在县政府驻地城厢镇南59千米。人口500。壮族聚居。原名剥念街,1953年雅改今名。"百南"为壮语音译名,意为百川汇流。聚落呈带状。有中小学、卫生院。农业以水稻、玉米种植为主。有土特产木耳、砂仁、竹笋。东兴—那坡沿边公路经此。

下弄卜屯[Xiàlòngbǔtún] 在县政府驻地城厢镇南68千米。百南乡辖自然村。人口200。原为壮语音译名"弄卜","弄"指山弄,"卜"指竹子,因村庄位于山弄内,盛长竹子而得名。清末因分村以相对位置更今名。聚落呈团块状。位于边境线附近。农业以水稻、玉米、八角、杉木、菠萝、荔枝、西贡蕉、牛角蕉种植为主。盛产笋干、酸笋丝。通乡村公路。

百省乡［Bǎishěng Xiāng］ 那坡县辖乡。在县境西南部。面积328平方千米。人口1.6万。以壮族为主,还有汉、苗、瑶等民族。辖13村委会,有137自然村。乡人民政府驻百省街。1984年由下华公社析设百省、下华2乡。2005年下华乡并入百省乡。因乡政府驻地得名。那孟河流经。有中学2所,小学13所,卫生院2个,卫生所13个。有景点妖皇山。农业以水稻、玉米种植,黄牛、水牛养殖为主。产甘蔗、木薯、茶叶、热带水果、反季节蔬菜、蚕茧。219国道、东兴—那坡沿边公路过境。

百省街［Bǎishěngjiē］ 百省乡人民政府驻地。在县政府驻地城厢镇西南63千米。人口300。壮族聚居。"百省"为壮语音译名,意为达省河口旁。聚落呈团块状。有九年一贯制学校、卫生院。农业以水稻、玉米种植为主。服务业以餐饮、商贸为主。有农贸市场。219国道经此。

那孟屯［Nàmèngtún］ 在县政府驻地城厢镇西南70千米。百省乡辖自然村。人口300。壮族聚居。为壮语音译名。"那"指田,"孟"为"猛"近音转写。因村处水势凶猛溪河旁,有稻田而得名。聚落呈散状。位于边境线附近。有小学、卫生所、图书室。农业以水稻、玉米种植为主。东兴—那坡沿边公路经此。

面良屯［Miànliángtún］ 在县政府驻地城厢镇西南75千米。百省乡辖自然村。人口200。壮族聚居。为壮语音译名。"面"即对面山梁之意,"良"与"梁"同音用字。因处山梁对面得名。1740年建村。聚落呈散状。位于边境线附近。有小学、卫生所。农业以水稻、玉米种植为主。通乡村公路。

那布屯［Nàbùtún］ 在县政府驻地城厢镇西南70千米。百省乡辖自然村。人口300。壮族聚居。为壮语音译名,"那"指田,"布"指泉水。因地下水上冒田间而得名。聚落呈带状。位于边境线附近。有小学、卫生所、图书室。农业以水稻、玉米、杉木、八角、油茶种植为主。通乡村公路。

百都乡［Bǎidū Xiāng］ 那坡县辖乡。在县境西部。面积276平方千米。人口2.2万。以壮族为主,还有汉、瑶、彝等民族。辖15村委会,有149自然村。乡人民政府驻百都街。1958年成立百都公社。1984年分设百都、那隆2乡。2005年那隆乡并入百都乡。因乡政府驻地得名。百都河流经。有省级庚盆山森林保护区。有中学2所,小学15所,卫生院2个,卫生所15个。农业以水稻、玉米种植,牛、羊、鸡、鸭,养殖为主。产大红八角、茴油、山茶油、杉木、肉桂。坡洪—弄陇公路过境。

百都街［Bǎidūjiē］ 百都乡人民政府驻地。在县政府驻地城厢镇西南52千米。人口200。壮族聚居。"百都"壮语意为门口。以百都村得名。清雍正九年(1731)广东南海人迁此建村,因在白云山脚下,为上山必经之道,有"山门口"之称而得名。聚落呈带状。有中小学、卫生院、农贸市场。农业以水稻、玉米种植为主。坡洪—弄陇公路经此。

弄化屯［Nònghuàtún］ 在县政府驻地城厢镇西南69千米。百都乡辖自然村。人口300。壮族聚居。为壮语音译名,"弄"指山弄,"化"意为合作好。因原壮、彝族同胞聚居而得名。聚落呈散状。位于边境线附近。有小学、卫生所。农业以水稻、玉米、杉木、八角种植为主。坡洪—弄陇公路经此。

凌 云 县

凌云县［Língyún Xiàn］ 百色市辖县。北纬106°33′,东经24°21′。在市境中部偏北。面积2053平方千米。人口22.2万。以壮族为主,还有汉、瑶等民族。辖3镇、1乡、4瑶族乡。县人民政府驻泗城镇。清乾隆五年(1740)设凌云县。1912年废县入泗城府,次年废府复县。1952年并入凌乐县。1962年复凌云县。历属田南道、广西省、百色民团区、百色行政督察区、第十行政督察区、第五行政督察区、百色专区、百色地区。2002年属百色市。因凌霄、五指、迎晖3山凌驾云霄得名。西北为土山,中、东南为喀斯特峰林,多溶洞、伏流。平均海拔800米。最高点岑王老山海拔2062米。年均气温21.3℃,1月平均气温13℃,7月平均气温29℃。年均降水量1235毫米。布柳河、八里河、澄碧河、朝里河流经。有矿产资源煤、铜、铁、水晶、锑等。有野生植物150种,其中有国家重点保护野生植物15种。有野生动物110种,其中有国家重点保护野生动物长尾叶猴、金丝猕猴、黑筋鸡、白腹鸡、穿山甲。有岑王老山自然保护区。森林覆盖率62%。有中学10所,九年一贯制学校2所,小学133所,二级医院1个。有文化馆、图书馆、体育场。有国家级非物质文化遗产凌云壮族七十二巫调,省级非物质文化遗产凌云瑶族长号艺术、瑶族龙凤舞、火纸制作技艺、泗城壮族夜婚习俗等。有民俗朝里那巴吼敢歌圩、金保"二月二"民俗文化节。有国家4A级旅游景区茶山金字塔、浩坤湖、泗城州府,国家3A级旅游景区水源洞、纳灵洞。三次产业比例25∶41∶34。农业以水稻、玉米种植,生猪、牛、羊养殖为主。产茶叶、八角、水果。工业以水电、混凝土加工、制药、蚕丝加工为主。服务业以商贸、餐饮等为主。212国道过境。

凌云汽车总站［Língyún Qìchē Zǒngzhàn］ 见交通运输设施部分"凌云汽车总站"条。

泗城镇［Sìchéng Zhèn］ 凌云县人民政府驻地。在县境中部。面积261平方千米。人口5.4万。以壮族为主,还有汉、瑶等民族。辖5居委会、18村委会,有269自然村。镇人民政府驻解放社区。民国初年置城厢镇。1950年改区。1968年改称城厢公社。1984年城区部分街道合建城厢镇,同年改设泗城镇。因泗水河流经得名。有中学1所,小学23所,二级医院1个,卫生院1个,卫生所18个。有广播站、文化站。有国家3A级旅游景区水源洞、纳灵洞。有蝶城、行政广场和中山公园、云台公园绿地。农业以水稻、玉米、黄豆种植,生猪、牛、羊养殖为主。特产八角、油茶、牛心李。212国道过境。

凌霄路［Língxiāo Lù］ 在县城东部。南起凌云—凤山公路,北至迎晖路。与纳光路、河东路、上吉路等相交。长2.5千米,宽7米。混凝土路面。2001年开工,2002年建成。因凌霄山得名。两侧有县第一小学、县人民法院等。通公交车。

解放社区［Jiěfàng Shèqū］ 泗城镇人民政府驻地。在县境东部。面积2.4平方千米。人口2600。因解放街得名。2000年成立。民居以楼房为主。养老模式以家庭养老为主。有法律援助站。有小学。县法院、公安局等单位驻此。通公交车。

逻楼镇［Luólóu Zhèn］ 凌云县辖镇。在县境东部。面积337平方千米。人口4.1万。以汉族为主,还有壮、瑶等民族。辖20村委会,有528自然村。镇人民政府驻山逻街。清代曾设逻楼乡。1950年置逻楼区。1958年改逻楼公社。1984年改镇。壮语"逻"意为下面。因赶集人皆过楼下得名。有黄金、煤、铁、铜等矿产资源。有中学1所,小学29所,卫生院2个,卫生所20个。有西山办事处遗址。农业以水稻、玉米、黄豆种植,生猪、牛、羊养殖为主。特产八角、油茶、白毫茶、牛心李。凌云—凤山公路过境。

山逻街［Shānluójiē］ 逻楼镇人民政府驻地。在县政府驻地泗城镇东30千米。人口500,其中壮族占86%。取柳山、逻楼2地名各一字得名。聚落呈团块状。有中小学、卫生院、文化站。农业以玉米种植为主。特产八角、油茶。凌云—凤山公路经此。

加尤镇［Jiāyóu Zhèn］ 凌云县辖镇。在县政府驻地泗城镇东北25千米。面积275平方千米。人口2.9万。以壮族为主,还有汉、瑶等民族。辖12村委会,有660自然村。镇人民政府驻场坝屯。清代建嘉尤乡。1958年成立加尤公社。1984年改乡。2001年改镇。因镇政府驻地原名得名。有中学1所,小学16所,卫生院1个,卫生所8个,文化站1个。有国家4A级旅游景区茶山金字塔。农业以水稻、玉米种植为主。特产油茶、白毫茶、柑、橙、黑桃、八角。212国道过境。

场坝屯［Chǎngbàtún］ 加尤镇人民政府驻地。在县政府驻地泗城镇东北25千米。人口500。壮族聚居。原名加尤屯,瑶族杂居。因处集市场坝改今名。聚落呈团块状。有中小学、卫生院、文化站。农业以水稻、玉米种植为主。特产油茶、白毫茶、八角。212国道经此。

下甲乡［Xiàjiǎ Xiāng］ 凌云县辖乡。在县境中部偏南。面积181平方千米。人口2.1万。以壮族为主,还有汉、瑶等民族。辖10村委会,有173自然村。乡人民政府驻分州屯。清乾隆五年(1740)置下甲乡。1952年改区,后改公社。1984年改乡。因处县城南部闸门下得名下闸,后因谐音改今名。泗水河、朝里河流经。有中学1所,小学13所,卫生院1个,卫生所10个,文化站1个。有古迹泗城州府钓鱼台遗址。农业以水稻、玉米种植为主。特产油茶、柑、橙、八角、桑蚕丝。212国道过境。

分州屯［Fēnzhōutún］ 下甲乡人民政府驻地。在县政府驻地泗城镇东南8千米。人口400。壮族聚居。宋皇祐年间(1053)为泗城州府驻地。因州府驻地迁址,清代1737年改设分州府而得名。壮语又称"板欢竖","欢"指旧址痕迹,"竖"指署衙。聚落呈带状。澄碧河流经。有中小学、卫生院、文化站。有古迹泗城州府钓鱼台遗址。农业以水稻、玉米种植为主。212国道经此。

伶站瑶族乡［Língzhàn Yáozú Xiāng］ 凌云县辖民族乡。在县境南部。面积256平方千米。人口1.9万,其中瑶族占33%,还有壮、汉等民族。辖9村委会,有100自然村。乡人民政府驻伶兴屯。初名麟山,因清代曾在此设驿站,得名麟栈,后人惯称僯站。民国曾设僯站乡。1950年置僯站区。1954年改僯为伶。1958年改公社。1984年改名伶站瑶族乡。泗水河流经。有中学1所,小学13所,卫生院1个,卫生所9个,文化站1个。有国家4A级旅游景区浩坤湖。农业以水稻、玉米种植为主。特产油茶、柑、橙、芭蕉。212国道过境。

伶兴屯［Língxīngtún］ 伶站瑶族乡人民政府驻地。在县政府驻地泗城镇南25千米。人口500。壮族聚居。传为龙麟宝地,村人希冀兴旺发达得名麟兴,后简今名。聚落呈团块状。有中小学、卫生院、文化站。农业以玉米、水稻种植为主。特产红薯粉。212国道经此。

朝里瑶族乡［Cháolǐ Yáozú Xiāng］　凌云县辖民族乡。在县境西南部。面积149平方千米。人口0.8万，其中瑶族占50%，还有壮族。辖6村委会，有48自然村。乡人民政府驻六作屯。1952年将宜朝村(现百朝村)和作里村(现六作村)合并为乡，取2村各一字得名朝里乡。1958年并入伶站社区。1962年析设朝里公社。1984年改朝里瑶族乡。朝里河流经。有九年一贯制学校1所，小学6所，卫生院1个，卫生所6个，文化站1个。农业以水稻、玉米种植，生猪、牛、羊养殖为主。特产八角、柑、橙。357国道过境。

六作屯［Liùzuòtún］　朝里瑶族乡人民政府驻地。在县政府驻地泗城镇西南30千米。人口700。壮族聚居。壮语"六"指偏僻山弄，"作"指民间聚集洗衣、洗菜河边，类似码头。因处山弄沟口码头得名。聚落呈带状。有中小学、卫生院、文化站。农业以水稻、玉米种植为主。特产八角、油茶。357国道经此。

沙里瑶族乡［Shālǐ Yáozú Xiāng］　凌云县辖民族乡。在县境东南部。面积221平方千米。人口2.5万，其中瑶族占40%，还有壮、汉等民族。辖12村委会，有204自然村。乡人民政府驻沙里屯。民国曾设沙里乡。1952年置沙里区。1958年成立沙里公社。1984年改沙里瑶族乡。因乡政府驻地得名。有中学1所，小学15所，卫生院1个，卫生所11个，文化站1个。农业以水稻、玉米种植，生猪、牛、羊养殖为主。特产八角、白毫茶、油茶、牛心李、板栗。通乡村公路。

沙里屯［Shālǐtún］　沙里瑶族乡人民政府驻地。在县政府驻地泗城镇东南30千米。人口1100。以壮族为主，还有瑶、汉等民族。宋嘉祐七年(1062)建村。壮语俗称"板沙里"，意为溪水沙土屯。因人多成大寨，又名沙里寨。聚落呈散状。有中小学、卫生院、文化站。农业以水稻种植，生猪、牛养殖为主。通乡村公路。

玉洪瑶族乡［Yùhóng Yáozú Xiāng］　凌云县辖民族乡。在县境西北部。面积312平方千米。人口2.5万，其中瑶族占32%，还有壮、汉等民族。辖18村委会，有209自然村。乡人民政府驻玉里屯。民国曾设玉洪乡。取明代玉里、那洪2乡名各一字得名。1952年置玉洪区。1960年分为玉洪、力洪2公社。1968年合为玉洪公社。1984年设玉洪瑶族乡，原力洪公社分出。2005年力洪瑶族乡并入。有九年一贯制学校1所，小学17所，卫生院2个，卫生所17个，文化站1个。农业以水稻、玉米种植，生猪、牛、羊养殖为主。特产八角、白毫茶、油茶、牛心李、板栗。田林—乐业公路过境。

玉里屯［Yùlǐtún］　玉洪瑶族乡人民政府驻地。在县政府驻地泗城镇北48千米。人口700。以壮族为主，还有汉族等。始建于明代，因地貌如鲤鱼得名鲤鱼，清代中期兴盛时称"玉里亭"，民国改称玉里村。1984年设立瑶族乡后称玉里屯。聚落呈散状。有中小学、卫生院、文化站、广播站。农业以水稻、玉米种植为主。特产白毫茶、柑、橙、八角、黑桃。田林—乐业公路经此。

乐　业　县

乐业县［Lèyè Xiàn］　百色市辖县。北纬24°48′，东经106°35′。在市境西北部。面积2633平方千米。人口17.4万。以壮族为主，还有汉、苗、瑶、布依等民族。辖4镇、4乡。县人民政府驻同乐镇。1935年由凌云县析设乐业县，历属百色行政监督区、第五行政督察区、第十二行政督察区。1951年并入凌乐县。1961年复乐业县。先后属百色专区、百色地区。2002年属百色市。古称逻耶、拉叶，清同治七年(1868)平地方匪霸作乱后，取"安居乐业"之意改今名。地势由西南向东、西、北倾斜。平均海拔800米。年均气温16.3℃，1月平均气温7.4℃，7月平均气温23.4℃。年均降水量1011毫米。红水河、布柳河、中里河、逻西河等流经。有矿产资源白云岩、石灰岩、煤等。有野生植物186种，其中有国家重点保护野生植物3种。有野生动物17种，其中有国家重点保护野生动物林麝、红脸猴、金丝猴、穿山甲等。有国家级雅长野生兰科植物自然保护区。有黄猄洞天坑国家森林公园。森林覆盖率77.4%。有中学13所，小学71所，二级医院1个。有图书馆、文化馆、体育场。有省级文物保护单位中国工农红军第七军、红八军会师旧址。有省级非物质文化遗产乐业唱灯、把吉造纸技艺、乐业壮族古歌、乐业壮族龙灯舞。有民俗逻沙唱灯戏、甘田舞龙、新化壮族"卜隆古歌"节。有景点乐业—凤山地质公园、大石围天坑群、布柳河、仙人桥、母里屯、火卖民俗生态村等。三次产业比例36∶24∶40。农业以水稻、玉米种植，生猪、牛、羊养殖为主。产有机茶、猕猴桃、刺梨、核桃、板栗。工业以水电、冶金、农产品加工为主。服务业以旅游为主。省道乐业—天峨线过境。

文化广场［Wénhuà Guǎngchǎng］　在县城南部。面积2万平方米。2007年开工，2008年建成。因广场属性得名。中心有喷水池，四周有健身活动设施、凉亭，栽植草坪、花圃、风景树。为市民体育运动、休闲娱乐场所。周边有县文化艺术中心、体育活动中心等。通公交车。

同乐镇［Tónglè Zhèn］　乐业县人民政府驻地。在县境中部。面积355平方千米。人口4.5万。以汉族为主，还有壮、瑶等民族。辖4居委会、15村委会，有330自然村。镇人民政府驻三乐街。1951年设同乐乡，后改公社。1984年改镇。以乐山、乐水、乐业，万民同乐之意得名。有国际岩溶与洞穴探险科考基地、青少年科学考察探险基地。有中学1所，小学12所，二级医院1个，卫生院2个，卫生所1个。有省级文物保护单位中国工农红军第七军、红八军会师旧址。有民族歌舞戏剧、舞狮。有景点大石围天坑群、罗妹莲花洞。农业以水稻、玉米种植为主。特产竹木手工制品。乐新、乐幼、乐雅、乐色公路过境。

同乐路［Tónglè Lù］　在县城东北部。南起迎宾大道，北至三乐路。与乐天路、振乐街相交。长3千米，宽16米。混凝土路面。2008年开工，2009年建成。取共同创建幸福快乐之路得名。两侧有乐业旧车站、乐业饭店旧址等。通公交车。

乐天路［Lètiān Lù］　在县城东部。东起兴乐路，西至三乐路。与同乐南路相交。长0.8千米，宽12米。混凝土路面。2005年开工，2008年建成。取天天快乐之意得名。两侧有居住小区、民族中学等。通公交车。

兴乐路［Xīnglè Lù］　在县城东南部。南起迎宾大道，北至永乐路。与英华路、天乐路、嘉乐路相交。长1.2千米，宽28米。混凝土路面。2000年开工，2004年建成。取"振兴乐业"之意得名。两侧有城南农贸市场、政府单位等。通公交车。

三乐街［Sānlèjiē］　同乐镇人民政府驻地。在镇境中部。人口5200。以汉族为主，还有壮、瑶等民族。以乐山、乐水、乐业为名。聚落呈团块状。有中小学、幼儿园、卫生院。有省级文物保护单位中国工农红军第七军、红八军会师旧址。服务业以商贸、金融为主。通公交车。

甘田镇［Gāntián Zhèn］　乐业县辖镇。在县境南部。127平方千米。人口1.7万。以汉族为主，还有壮、瑶等民族。辖8村委会，有216自然村。镇人民政府驻甘田街。清嘉庆年间名甘田。1912年设甘田乡。1952年并入第八区。1958年设甘田区。1962年改公社。1984年改镇。因镇政府驻地得名。有中学1所，小学7所，卫生院1个，卫生所1个。有古迹文昌阁。有民俗舞龙灯。农业以水稻、玉米种植为主。产猕猴桃、核桃、八角、油茶、白毫茶、苦丁茶、壮族花格土布。乐业—田林公路过境。

甘田街［Gāntiánjiē］　甘田镇人民政府驻地。在县政府驻地同乐镇南30千米。人口3800。以汉族为主，还有壮族等。因此地山高水低，田少石多，雨多则涝，雨少则旱，故名干田，后以谐音寄寓希望改今名。聚落呈带状。有中小学、卫生院。有古迹文昌阁、岜阳石拱桥。有民俗舞龙灯。农业以水稻、玉米种植为主。有名优产品顾氏茶叶、八角、猕猴桃。乐业—田林公路经此。

新化镇［Xīnhuà Zhèn］　乐业县辖镇。在县境东南部。面积374平方千米。人口2.5万。以壮族为主，还有汉、瑶等民族。辖14村委会，有343自然村。镇人民政府驻甲里街。1912年设皈篆乡。1935年改新化乡。1949年后谐布乡并入。后改公社。1984年改乡。2002年改镇。取意新划定乡镇得名。有中学1所，小学10所，卫生院1个，卫生所1个。有景点仙人桥、布柳河。农业以种植水稻、柑果、茶叶为主。乐色公路过境。

甲里街［Jiǎlǐjiē］　新化镇人民政府驻地。在县政府驻地同乐镇东南30千米。人口3000。以壮族为主，还有汉、瑶等民族。因地处2河相夹处址陆地而得名。聚落呈团块状。有中小学、卫生院。农业以种植水稻、玉米为主。产茶叶、柑果。乐色公路经此。

花坪镇［Huāpíng Zhèn］　乐业县辖镇。在县境西北部。面积335平方千米。人口1.7万。以汉族为主，还有壮、瑶等民族。辖7村委会，有150自然村。镇人民政府驻花坪街。1987年由雅长乡析设花坪乡。2002年改镇。因镇政府驻地得名。有中学1所，小学7所，卫生院2个，卫生所2个。农业以水稻、玉米种植，生猪、山羊、牛养殖为主。产白凤桃、油茶、核桃。乐业—花坪公路过境。

花坪街［Huāpíngjiē］　花坪镇人民政府驻地。在县政府驻地同乐镇西32千米。人口2200。以汉族为主，还有壮、瑶等民族。原名茅草坪，以野花盛开改今名。聚落呈团块状。有中小学、卫生院。农业以玉米种植为主。产核桃、铁皮石斛、岜岩香米酒。乐业—望谟公路经此。

逻沙乡［Luóshā Xiāng］　乐业县辖乡。在县境西南部。面积233平方千米。人口1.9万。辖11村委会，有259自然村。乡人民政府驻逻沙街。民国曾设逻沙乡。1949年后设甘田区、乡、公社。1984年由甘田镇析设逻沙乡。"逻沙"为壮语音译，意指街圩旁田地下均为沙质土。地处高峰岩溶山地，最高峰盘古王山海拔1979米。有中学1所，小学11所，卫生院1个，卫生所1个。有省级非物质文化遗产乐业唱灯。农业以水稻、核桃、板栗种植为主。特产红蜡烛、银饰品。乐业—逻沙公路过境。

逻沙街［Luóshājiē］　逻沙乡人民政府驻地。在县政府驻地同乐镇西南27千米。人口3500。以汉族为主，还有壮、瑶等民族。"逻沙"为壮语音译名，意为沙质土。因田地下为沙质土得名。聚落呈团块状。有中小学、卫生院。有古迹天龙山大庙遗址。农业以水稻、玉米、核桃、板栗种植为主。乐业—逻沙公路经此。

逻西乡 [Luóxī Xiāng] 乐业县辖乡。在县境东北部。面积471平方千米。人口2.1万,以壮族为主,还有汉族等。辖13村委会,有204自然村。乡人民政府驻逻西街。1935年设西马乡,旋改逻西区。1958年成立公社。1984年分设逻西、马庄2乡。2005年马庄乡并入逻西乡。因乡政府驻地得名。有中学2所,小学8所,卫生院1个,卫生所2个。有景点母里屯"亚母系氏族"民俗文化村、人头山、鱼里原始森林大峡谷。农业以水稻、玉米、桐果、板栗、八角种植为主。特产香菇、云木耳。省道乐业—天峨线过境。

逻西街 [Luóxījiē] 逻西乡人民政府驻地。在县政府驻地同乐镇东北52千米。人口1500。以壮族为主,还有汉、瑶等民族。"逻西"为壮语音译名,意指街圩水田里有田螺之意。聚落呈团块状。有中小学、卫生院。农业以水稻、玉米种植为主。有土特产板栗、八角、云木耳。省道乐业—天峨线经此。

幼平乡 [Yòupíng Xiāng] 乐业县辖乡。在县境北部。面积413平方千米。人口2.1万。以壮族为主,还有汉族。辖11村委会,有189自然村。乡人民政府驻幼平街。1949年后曾设幼平区、乡。1958年成立幼平公社。1963年改区。1969年复公社。1984年改乡。因乡政府驻地得名。有中学1所,小学9所,卫生院1个,卫生所1个。有景点幼里坝石孔桥、五台山、百朗大峡谷。农业以水稻、玉米、甘蔗、芭蕉种植为主。特产桐果、云木耳、香菇。工业以食品加工、混凝土制品、木器加工为主。乐业—逻西公路过境。

幼平街 [Yòupíngjiē] 幼平乡人民政府驻地。在县政府驻地同乐镇北27千米。人口2000。以壮族为主,还有汉、瑶等民族。"幼平"为壮语音译名,意为衣食不愁的富裕之地。有矿产资源黄金、冰洲石、锑等。聚落呈团块状。有中小学、卫生院。有古迹五拱青石板桥。农业以水稻、玉米、板栗、八角种植为主。乐幼公路经此。

雅长乡 [Yǎzhǎng Xiāng] 乐业县辖乡。在县境西北部。面积298平方千米。人口0.9万。以壮族为主,还有汉、布依等民族。辖5村委会,有44自然村。乡人民政府驻丁书圩。1935年设雅长乡。1955年设雅长区。1958年改公社。1984年改乡。取雅一亭、长隘三亭2地名首字得名。境内最高海拔1971.2米。南盘江流经。有中学1所,小学3所,卫生院1个,卫生所1个。有景点龙盘天池。农业以水稻、玉米种植,网箱养鱼为主。产甘蔗、西瓜。乐雅公路过境。

丁书圩 [Dīngshūwéi] 雅长乡人民政府驻地。在县政府驻地同乐镇西54千米。人口2000。以壮族为主,还有汉、布依等民族。"丁书"为壮语地名,"丁"指水塘,"书"指糯米。因圩址原为可种植旱谷糯米之坡田而得名。聚落呈团块状。有中小学、卫生院。有景点龙盘天池。农业以水稻、玉米种植,网箱养鱼为主。产香蕉、龙眼。乐雅公路经此。

田林县

田林县 [Tiánlín Xiàn] 百色市辖县。北纬24°17′,东经106°13′。在市境北部。面积5577平方千米。人口26万。以壮族为主,还有汉、瑶、苗等民族。辖4镇、6乡、4瑶族乡。县人民政府驻乐里镇。1951年田西县及西林县4乡合并设田林县,取田西、西林2县名各一字得名,属百色专区。1953年后历属桂西壮族自治区、百色地区。2002年属百色市。平均海拔900米。有青龙山、金钟山、六韶山。最高点岑王老山海拔2062.5米。年均气温20.6℃,1月平均气温12.1℃,7月平均气温27℃。年均降水量1211.8毫米。南盘江、驮娘江、西洋江等流经。有煤、金、银、铜、铅等矿产资源。有野生植物1562种,其中有国家重点保护野生植物91种。有野生动物142种,其中有国家重点保护野生动物穿山甲、猕猴、白鹇等。有国家级岑王老山自然保护区。森林覆盖率81%。有中职1所,中学19所,小学22所,二级医院1个。有国家级非物质文化遗产北路壮剧、田林瑶族铜鼓舞,省级非物质文化遗产壮族祭瑶娘、北路壮剧、田林瑶族盘王舞、壮族祭瑶王、瑶族抛绣包。有景点西林教案遗址、三穿洞等。三次产业比例68∶18∶14。农业以水稻、玉米种植,生猪、牛、羊养殖为主。有油桐、板栗、核桃。特产八渡笋、灵芝、山茶油、香菇、云耳等。工业以造纸、水电为主。服务业以商贸、餐饮为主。南昆铁路、汕昆高速、324国道、省道平吉—西林线过境。

田林站 [Tiánlín Zhàn] 见交通运输设施部分"田林站"条。

田林汽车站 [Tiánlín Qìchēzhàn] 见交通运输设施部分"田林汽车站"条。

乐里镇 [Lèlǐ Zhèn] 田林县人民政府驻地。在县境东南部。面积306平方千米。人口3.9万。以壮族为主,还有汉、瑶、苗等民族。辖3居委会、12村委会,有78自然村。镇人民政府驻乐里圩。宋代利州在此设土司,以"逻"为名,称逻里。1935年设乐里乡。1951年置乐里区。1958年改公社。1980年改镇。因镇政府驻地得名。乐里河流经。有中学2所,小学3所,二级医院1个,卫生院1个。有景点万鸡山公园。农业以水稻、玉米种植为主。产甘蔗、木薯、油桐、油茶、八角、杉木、南竹等。南昆铁路、隆百高速、324国道过境。有田林火车站。

乐里圩 [Lèlǐxū] 乐里镇人民政府驻地。在镇境西部。人口4500。以壮族为主,还有汉、瑶、苗等民族。取安居乐业之意得名。聚落呈团块状。有中小学、卫生院。农业以水稻、玉米种植为主。服务业以商贸为主。南昆铁路、隆百高速、324国道经此。

旧州镇 [Jiùzhōu Zhèn] 田林县辖镇。在县境西北部。面积497平方千米。人口2.1万。以壮族为主,还有汉、苗等民族。辖14村委会,有71自然村。镇人民政府驻旧州圩。1935年设旧州乡。1951年设旧州区。1958年改公社。1984年改镇。因镇政府驻地得名。南盘江流经。有中学1所,小学1所,卫生院1个,卫生所1个。有景点梅花山、老鹰洞。农业以水稻、玉米、甘蔗、木薯、油桐、油茶种植为主。有土特产山楂糕。南昆铁路、隆百高速、324国道过境。

旧州圩 [Jiùzhōuxū] 旧州镇人民政府驻地。在县政府驻地乐里镇西北68千米。人口1500。以壮族为主,还有汉族等。壮语原名"内龙",意为"龙圩"。元、明为安隆州治,清为西隆州治。雍正七年(1729)西隆州治移扁牙,后迁新州(今隆林县城),内龙遂更名旧州。聚落呈团块状。有中小学、卫生院。农业以水稻、玉米种植为主。服务业以商贸为主。隆百高速、324国道经此。

定安镇 [Dìng'ān Zhèn] 田林县辖镇。在县境西部。面积299平方千米。人口1.4万。以壮族为主,还有汉、瑶、苗等民族。辖8村委会,有62自然村。镇人民政府驻定安圩。1951年置定安区。1958年改定安公社。1984年改镇。因镇政府驻地得名。驮娘江流经。有中学1所,小学9所,卫生院1个,卫生所1个。有全国重点文物保护单位西林教案遗址,古迹常井教堂、岑氏宗祠。农业以水稻、玉米、油茶种植为主。工业以农产品加工为主。有土特产豆腐乳。省道平吉—西林线过境。

定安圩 [Dìng'ānxū] 定安镇人民政府驻地。在县政府驻地乐里镇西99千米。人口2000。以壮族为主,还有汉族等。"定安"壮语原名"者角",意为多青蛙之地。后因不雅,以诗句"定安万世"得名。1931年建圩。聚落呈团块状。有中小学、卫生院、文化站。农业以水稻、玉米种植为主。服务业以农副产品交易为主。省道平吉—西林线经此。

六隆镇 [Liùlóng Zhèn] 田林县辖镇。在县境东南部。面积415平方千米。人口2.2万。以壮族为主,还有汉、瑶等民族。辖18村委会,有112自然村。镇人民政府驻供央圩。1984年由八桂公社析置能良乡。1998年改设六隆镇。2005年洞弄乡并入。"六隆"当地壮语称"六龙",为镇属一自然村名。意为该村地处形似龙的山沟边。镇以村名。剥隘河流经。有中学1所,小学5所,卫生院2个,卫生所1个。农业以水稻、八渡笋、玉米、甘蔗、木薯、油桐、油茶、八角种植为主。县道田林—六隆线过境。

供央圩 [Gōngyāngxū] 六隆镇人民政府驻地。在县政府驻地乐里镇南30千米。人口2000。以壮族为主,还有汉、瑶、苗等民族。"供央"为壮语音译名,意为处山中宽阔地。1999年建圩。聚落呈团块状。有中小学、卫生院、文化站。农业以水稻、八渡笋、八角种植为主。县道田林—六隆线经此。

潞城瑶族乡 [Lùchéng Yáozú Xiāng] 田林县辖乡。在县境中部偏北。面积777平方千米。人口2.7万,其中瑶族占18%,还有壮、苗等民族。辖19村委会,有111自然村。乡人民政府驻潞城圩。1951年置潞城区。1958年改公社。1984年改镇。2005年板桃乡并入。因乡政府驻地得名。南盘江流经。有中学1所,小学3所,卫生院2个,卫生所1个。有景点古营盘、灯草塘。农业以水稻、玉米、甘蔗、木薯、油桐、油茶、八渡笋、八角种植为主。南昆铁路、324国道过境。

潞城圩 [Lùchéngxū] 潞城瑶族乡人民政府驻地。在县政府驻地乐里镇西北23千米。人口3000。以壮族为主,还有汉、瑶、苗等民族。原名潞源,传宋代狄青部曾在此筑城,后改今名,意为潞源城镇。1935年建圩。聚落呈团块状。有中小学、卫生院、文化站。服务业以农副产品交易为主。324国道经此。

利周瑶族乡 [Lìzhōu Yáozú Xiāng] 田林县辖乡。在县境东部。面积262平方千米。人口1.8万,其中瑶族占29%,还有壮、汉等民族。辖9村委会,有75自然村。乡人民政府驻百达圩。1935年曾为利周乡。1961年成立利周公社。1962年并入乐里区。1981年复置利周公社。1984年改利周瑶族乡。"利周"壮语意为畬地多的地方。宋代名利州。清康熙年间改"州"为"周"。利周河流经。有中学1所,小学9所,卫生院1个,卫生所1个。农业以稻米、玉米、蔬菜、水果、木薯、八角、油茶、油桐种植为主。县道田林—浪平线过境。

百达圩 [Bǎidáwéi] 利周瑶族乡人民政府驻地。在县政府驻地乐里镇东22千米。人口3000。以壮族为主,还有汉、瑶、苗等民族。"百达"壮语意为河口。1965年建圩。聚落呈团块状。有中小学、卫生院、文化站。服务业以农副产品交易为主。县道田林—浪平线经此。

平塘乡 [Píngtáng Xiāng] 田林县辖乡。在县境西北部。面积194平方千米。人口1.3

万。以汉族为主，还有壮、苗等民族。辖10村委会，有88自然村。乡人民政府驻平塘圩。1961年成立平塘公社。1984年改乡。因乡政府驻地得名。龙谭河、同祥河流经。有中学1所，小学7所，卫生院1个，卫生所1个。有景点龙猛岩洞、天主教堂。农业以水稻、玉米、蔬菜、水果、木薯、八角、油茶、油桐种植为主。有土特产核桃、板栗。县道田林—平塘线过境。

平塘圩 [Píngtángwéi]　平塘乡人民政府驻地。在县政府驻地乐里镇西北98千米。人口3000。"平"是平坦，"塘"是水塘。因该地原有水塘，村庄建在塘边平地上而得名。1939年建圩。聚落呈团块状。有中小学、卫生院、文化站。服务业以农副产品交易为主。县道田林—平塘线经此。

浪平乡 [Làngpíng Xiāng]　田林县辖乡。在县境东北部。面积459平方千米。人口3.3万。以汉族为主，还有壮、瑶等民族。辖20村委会，有351自然村。乡人民政府驻浪平圩。1935年设浪平乡。1951年浪平、香维2乡合置浪平区。1958年改公社。1984年改乡。2005年平山乡并入。因乡政府驻地得名。有中学2所，小学20所，卫生院2个，卫生所1个。多为岩溶石山区。有国家级岑王老山自然保护区。农业以水稻、玉米、油桐、油茶、八角种植为主。有土特产核桃、板栗。县道田林—浪平线过境。

浪平圩 [Làngpíngwéi]　浪平乡人民政府驻地。在县政府驻地乐里镇西北71千米。人口4000。以汉族为主，还有壮、瑶等民族。清时设椤平亭，壮语"椤"意为"筛子"，因地形似筛子而得名。后取谐音为浪平。聚落呈团块状。有中小学、卫生院、文化站。服务业以农副产品交易为主。县道田林—浪平线经此。

八桂瑶族乡 [Bāguì Yáozú Xiāng]　田林县辖乡。在县境中部偏南。面积382平方千米。人口1.5万，其中瑶族占22%，还有壮、苗、汉等民族。辖12村委会，有87自然村。乡人民政府驻八桂圩。1935年置八桂乡、供央乡。1951年2乡合并为八桂区。1958年改称八桂公社。1984年改八桂瑶族乡。2005年洞弄乡并入。因乡政府驻地得名。为丘陵地区。驮娘江流经。有中学1所，小学12所，卫生院2个，卫生所1个。有古迹八六坡遗址。农业以水稻、玉米、油桐、油茶、八角种植为主。县道田林—那比线过境。

八桂圩 [Bāguìwéi]　八桂瑶族乡人民政府驻地。在县政府驻地乐里镇西南24千米。人口3000。以壮族为主，还有汉、瑶、苗等民族。"八桂"壮语意为常被洪水冲刮之地。"八"指口，"桂"意为刮。因该地处于几条小河沟交汇口，常被洪水冲刮而得名。1938年建圩。聚落呈团块状。有中小学、卫生院、文化站。服务业以农副产品交易为主。县道田林—那比线经此。

八渡瑶族乡 [Bādù Yáozú Xiāng]　田林县辖乡。在县境西南部。面积701平方千米。人口2.2万，其中瑶族占22%，还有壮、汉、苗等民族。辖17村委会，有112自然村。乡人民政府驻福达圩。1935年设八渡乡。1951年改区。1958年改公社。1984年改八渡瑶族乡。2005年福达瑶族乡并入，乡政府驻地由八渡圩迁至现址。"八渡"壮语意为渡口。因地处驮娘江边，圩东北有渡口而得名。有中学1所，小学17所，卫生院2个，卫生所1个。农业以水稻、玉米、蔬菜、水果、油桐、油茶、八角种植为主。有土特产八渡笋。省道平吉—西林线过境。

福达圩 [Fúdáxū]　八渡瑶族乡人民政府驻地。在县政府驻地乐里镇西北64千米。人口3500。以壮族为主，还有汉、瑶、苗等民族。原名八达，壮语"Bakdah"意为河口，"八"指口，"达"指河，因地处八桃河与驮娘江汇合口得名。1950年后改福达。聚落呈团块状。有中小学、卫生院、文化站。服务业以农副产品交易为主。省道平吉—西林线经此。

那比乡 [Nàbǐ Xiāng]　田林县辖乡。在县境西南部。面积236平方千米。人口0.9万。以壮族为主，还有汉、瑶等民族。辖5村委会，有45自然村。乡人民政府驻那比圩。1951年置那比区。1965年称公社。1984年改那比乡。因乡政府驻地得名。西洋江流经。有九年一贯制学校1所，小学4所，卫生院1个，卫生所1个。农业以水稻、玉米、油桐、油茶、八角种植为主。县道田林—那比线过境。

那比圩 [Nàbǐxū]　那比乡人民政府驻地。在县政府驻地乐里镇西南95千米。人口2500。以壮族为主，还有汉、瑶、苗等民族。"那比"为壮语。"那"指田，"比"指兄长。传兄弟分田，此属兄长而得名。1956年建圩。聚落呈团块状。有九年一贯制学校、卫生院、文化站。服务业以农副产品交易为主。县道田林—那比线经此。

高龙乡 [Gāolóng Xiāng]　田林县辖乡。在县境西南部。面积266平方千米。人口0.9万。以汉族为主，还有壮、瑶、苗等民族。辖7村委会，有49自然村。乡人民政府驻高龙圩。1984年由那比乡析设高龙乡。因乡政府驻地得名。西洋江流经。有中学1所，小学7所，卫生院1个，卫生所1个。农业以水稻、玉米、蔬菜、水果、油桐、油茶、八角种植为主。县道田林—高龙线过境。

高龙圩 [Gāolóngxū]　高龙乡人民政府驻地。在县政府驻地乐里镇西114千米。人口2000。以汉族为主，还有壮、苗等民族。"高龙"壮语意为高山上的一条龙。因高海拔山脉环抱，形似龙廓而得名。1985年建圩。聚落呈团块状。有中小学、卫生院、文化站。服务业以农副产品交易为主。县道田林—高龙线经此。

百乐乡 [Bǎilè Xiāng]　田林县辖乡。在县境东北部。面积532平方千米。人口1.3万。以壮族为主，还有汉、瑶等族。辖7村委会，有60自然村。乡人民政府驻百乐圩。1951年置百乐区。1958年改公社。1984年改乡。2005年龙车乡并入。因乡政府驻地得名。南盘江流经。有中学2所，小学7所，卫生院2个，卫生所1个。农业以水稻、玉米、蔬菜、水果、油桐、油茶、甘蔗种植为主。有土制红片糖。县道田林—百乐线过境。

百乐圩 [Bǎilèxū]　百乐乡人民政府驻地。在县政府驻地乐里镇北98千米。人口3000。以壮族为主，还有汉、瑶等民族。原名首寨，因商贩云集，取"百家乐和"之意改今名。1936年建圩。聚落呈团块状。有中小学、卫生院、文化站。服务业以农副产品交易为主。县道田林—百乐线经此。

者苗乡 [Zhěmiáo Xiāng]　田林县辖乡。在县境西部。面积263平方千米。人口1.1万。以壮族为主，还有汉、瑶等民族。辖7村委会，有37自然村。乡人民政府驻者苗圩。1935年曾设者苗乡。1961年成立者苗公社。1984年改乡。因乡政府驻地得名。八中河流经。有小学7所，卫生院1个，卫生所1个。农业以水稻、玉米、蔬菜、水果、油桐、甘蔗种植为主。有土特产油茶、云木耳。县道田林—者苗线过境。

者苗圩 [Zhěmiáoxū]　者苗乡人民政府驻地。在县政府驻地乐里镇西北88千米。人口2500。以壮族为主，还有汉、瑶等民族。"者苗"为壮语音译名，"者"指有社神的山岭，"苗"指庙堂，意为"有神庙的地方"。因位于社神庙山脚而得名。1961年建圩。聚落呈团块状。有小学、卫生院、文化站。服务业以农副产品交易为主。县道田林—者苗线经此。

西　林　县

西林县 [Xīlín Xiàn]　百色市辖县。北纬24°30′，东经105°05′。在市境西北部。面积3020平方千米。人口15.8万。以壮族为主，还有汉、苗、回、彝等民族。辖3镇、5乡。县人民政府驻八达镇。宋皇祐四年(1052)置上林峒。明永乐七年(1409)改上林长官司。清康熙四年(1665)改西林县，取"林"字和位置极西得名，属泗城府。1914年后隶属田南道、第十一民团区、百色民团区、百色行政监督区、第五行政督察区。1951年撤西林县，分别并入隆林、田林2县。1963年析隆林各族自治县原西林县地复置西林县，属百色专区。1971年属百色地区。2002年属百色市。平均海拔890米。最高点王子山海拔1883.3米。年均气温19℃，1月平均气温10.2℃，7月平均气温25.3℃。年均降水量1102毫米。北盘江、驮娘江流经。有万峰湖。有矿产资源辉锑、水晶、磷、金等。有野生植物1755种，其中有国家重点保护野生植物18种。有野生动物398种，其中有国家重点保护野生动物58种。有省级自然保护区2个。森林覆盖率76.2%。有中学8所，小学62所，二级医院1个，体育场1个。有全国重点文物保护单位岑氏家族建筑群。有省级非物质文化遗产壮族春牛舞、那劳山歌调、西林壮族欧贵婚俗、西林那劳土戏。有民俗壮族三月三歌节、苗族跳坡节、瑶族盘王节、彝族火把节。有名胜古迹三江口、周帮洞群、平别古寨、坝锁弄石林、八行水源洞、那岩木楼建筑群、洞坚营盘、八达州城墙遗址、周帮寨、达下古埠。三次产业比例44∶19∶37。农业以水稻、玉米种植，生猪、西林水牛、鱼养殖为主。工业以电力、建材、食品加工为主。有土特产西林麻鸭、八大河牛干巴、古障芭蕉芋粉、白毫茶、砂糖橘、烤姜、桐油、茶油、薏米、茶叶、黑木耳、板栗、香菇、灵芝、山药、何首乌、土茯苓等。服务业以商贸、旅游为主。省道平吉—八大河线过境。

民族广场 [Mínzú Guǎngchǎng]　在县城北部。面积约2000平方米。2007年建。有句町大舞台、文化长廊、金鲤像、栖息长亭等。有广场露天屏幕、健身步道、排球场地、健身器材等。绿化面积1000平方米。为群众休闲娱乐、节日活动的综合性场所。周边有县文化中心大楼等。

西林县汽车客运站 [Xīlín Xiàn Qìchē Kèyùnzhàn]　见交通运输设施部分"西林县汽车客运站"条。

八达镇 [Bādá Zhèn]　西林县人民政府驻地。在县境中部。面积371平方千米。人口3.7万。以汉族为主，还有壮、苗、瑶、彝等民族。辖3居委会，有13自然村。镇人民政府驻八达街。1963年设八达区。1968年改公社，旋析设八达镇。1984年公社并入镇。"八达"为壮语音译名，意为河口。因处花贡河入驮娘江处而得名。别称"鲤城"。有中学3所，小学16所，二级医院1个，卫生院1个，卫生所12个，文化站1个。有古迹八达州城墙遗址。农业以水稻、玉米种植为主。有杉木、马尾松。特产砂糖橘。省道平吉—八大河线，百西、潞八公路过境。

新兴路 [Xīnxīng Lù]　在县城东部。南起县人民医院，北至振兴路口。与古城路、新西路相交。长1.3千米，宽22米。混凝土路面。1981年开工，1982年建成，2007年扩建。为新兴建之主街而得名。两侧有农行、农村信用社等。

八达街［Bādájiē］ 八达镇人民政府驻地。在镇境中部。人口2.1万。因镇名得名。聚落呈带状。有中小学、卫生院。有县烈士陵园。服务业以商贸、物流为主。省道平吉—八大河线经此。

古障镇［Gǔzhàng Zhèn］ 西林县辖镇。在县境西部。面积628平方千米。人口3.5万。壮族聚居。辖18村委会，有18自然村。镇人民政府驻牛街。1929年曾设古障乡。1950年设区。1958年成立清水江公社。1963年更名古障公社。1984年改镇。2005年者夯乡并入。“古障”为壮语谐音。“古”指抗拒，“障”即秤，代指税捐。因当地曾发起抗粮抗税运动而得名。地属山区，山峦起伏，县最高点王子山位此。有中学1所，小学11所，卫生院1个，卫生所17个，文化站1个，广播站1个。农业以茶、水果、生姜、桐油、八角种植，麻鸭养殖为主。省道平吉—八大河线过境。

牛街［Niújiē］ 古障镇人民政府驻地。在县政府驻地八达镇西39千米。人口280。因逢农历牛日赶集得名。聚落呈带状。有小学。农业以杉树种植为主。有土特产芭蕉芋粉。服务业以商贸为主。潞八公路经此。

那劳镇［Nàláo Zhèn］ 西林县辖镇。在县境东部。面积约226平方千米。人口8900。壮族聚居。辖6村委会，有36自然村。镇人民政府驻那劳屯。1922年曾设那劳乡。1961年由维新公社析设那劳公社。1984年改乡。2014年改镇。因镇政府驻地得名。有中学1所，小学5所，幼儿园1所，卫生院1个，卫生所5个，文化站1个，广播站1个。有全国重点文物保护单位岑氏家族建筑群。有省级非物质文化遗产那劳山歌调、西林那劳土戏。农业以砂糖橘、贡柑种植为主。潞八公路过境。

那劳屯［Nàláotún］ 那劳镇人民政府驻地。在县政府驻地八达镇东39千米。人口900。壮族聚居。“那劳”为壮语谐音。“那”为田之意，“劳”指大。“那劳”即指村前有一块大田。地处山区，地势西高东低。聚落呈带状。有中小学、卫生所、农贸市场等。农业以贡柑、水稻、玉米种植为主。潞八公路经此。

马蚌乡［Mǎbàng Xiāng］ 西林县辖乡。在县境西北部。面积368平方千米。人口1.7万。壮族聚居。辖13村委会，有69自然村。乡人民政府驻清水江屯。1929年设马蚌乡。1963年成立马蚌公社。1984年改乡。2005年八大河乡并入。“马蚌”为壮语谐音，“马”指果子，“蚌”指野山楂。因当地山上曾多野山楂果而得名。南盘江、清水江流经。有中学1所，小学3所，卫生院2个，卫生所11个。有幼儿园、文化站、广播站、敬老院。有壮族建筑群那岩木楼。农业以水稻、玉米种植，网箱养鱼为主。有杉、松、红椿芳。有土特产油桐、油茶、云耳。潞八公路过境。

清水江屯［Qīngshuǐjiāngtún］ 马蚌乡人民政府驻地。在县政府驻地八达镇西北64千米。人口400。壮族聚居。因处清水江口而得名。聚落呈带状。有中小学、卫生所、农贸市场。农业以油桐、生姜、桃李种植，网箱养鱼为主。潞八公路经此。

那岩屯［Nàyántún］ 在县政府驻地八达镇西北56千米。马蚌乡辖自然村。人口600。壮语“那”指田，“岩”指垭口。因处山垭口且有田地得名。聚落呈团块状。有中小学、卫生所。为中国传统村落。有壮族建筑群那岩木楼。农业以茶、砂糖橘种植为主。潞八公路经此。

普合苗族乡［Pǔhé Miáozú Xiāng］ 西林县辖乡。在县境中部。面积195平方千米。人口1.1万，其中苗族占46%，还有壮、瑶、彝等民族。辖7村委会，有46自然村。乡人民政府驻普驮屯。1984年以原八达公社普合、岩腊、文雅、大河4大队设普合苗族乡。取普陀、那合2村名各一字得名。地处山区。有小学5所，幼儿园1所，卫生院1个，卫生所6个，文化站1个，敬老院1个。有古迹句町祭祀坛、三棵树百墓场、八行水源岩遗址。农业以葡萄、铁皮石斛、砂糖橘、贡柑种植为主。省道平吉—八大河线过境。

普驮屯［Pǔtuótún］ 普合苗族乡人民政府驻地。在县政府驻地八达镇东南12千米。人口900。壮族聚居。“普驮”为壮语音译名，意为用秤砣来分肉。传旧历六月初六，百姓在此宰牛分肉过节，各村都得到了肉，而剩下的碎肉留给该村，因而得名“普驮”。聚落呈团块状。有小学、卫生院。农业以砂糖橘、草莓种植为主。省道平吉—八大河线经此。

西平乡［Xīpíng Xiāng］ 西林县辖乡。在县境南部。面积287平方千米。人口1.4万。壮族聚居。辖12村委会，有50自然村。乡人民政府驻西平村。晋永嘉五年(311)设西平郡，后废。1933年设西平乡。1952年划入第九区。1963年成立西平公社。1984年改乡。因乡政府驻地得名。地处山区。有中学1所，小学2所，卫生院1个，卫生所11个。有幼儿园、文化站、广播站、敬老院。农业以水稻、玉米种植为主。有杉木、油茶等。县道八达—那佐线过境。

西平村［Xīpíngcūn］ 西平乡人民政府驻地。在县政府驻地八达镇东南30千米。人口2400。以壮族为主，还有汉、苗等民族。“西平”为壮语谐音，因取西利、平寨2屯首字得名。聚落呈团块状。有中小学、卫生院。农业以砂糖橘、甘蔗、水稻、玉米种植为主。通乡村公路。

那佐苗族乡［Nàzuǒ Miáozú Xiāng］ 西林县辖乡。在县境东南部。面积600平方千米。人口2.7万，其中苗族占22%，还有瑶、壮等民族。辖18村委会，有111自然村。乡人民政府驻那平屯。清康熙年间(约1665)设那佐里。1929年曾设那佐乡。1951年设区。1961年改公社。1963年撤并为那佐区。1968年改称那佐公社。1984年改设那佐苗族乡。“那佐”为壮语谐音，意为砍伐森林，开荒造田。有中学1所，小学14所，卫生院1个，卫生所16个，文化站1个。农业以砂糖橘种植，生猪、牛、马养殖为主。县道八达—那佐线过境。

那平屯［Nàpíngtún］ 那佐苗族乡人民政府驻地。在县政府驻地八达镇东南47千米。人口300。壮族聚居。原名“那诏”为壮语谐音。“那平”意为田地较平坦。聚落呈带状。有中小学、卫生院。农业以水稻、玉米种植为主。通乡村公路。

足别瑶族苗族乡［Zúbié Yáozú Miáozú Xiāng］ 西林县辖乡。在县境东部。面积280平方千米。人口9400，其中瑶族占23%，苗族占27%，还有壮族。辖6村委会，有44自然村。乡人民政府驻南灰屯。1984年由维新公社析设足别瑶族苗族乡。“足别”为壮语谐音，意为村所在地曾是人们经常放鸭群的地方。有小学6所，卫生院1个，卫生所5个，文化站1个。农业以茶、桐油树、油茶树种植为主。县道那劳—足别线过境。

南灰屯［Nánhuītún］ 足别瑶族苗族乡人民政府驻地。在县政府驻地八达镇东南44千米。人口600。以壮族为主，还有苗、瑶、彝、仡佬等民族。为壮语谐音，意为山坡常有人烧石灰得名。聚落呈带状。有中小学、卫生所、农贸市场。农业以水稻、玉米种植为主。县道那劳—足别线经此。

隆林各族自治县

隆林各族自治县［Lónglín Gèzú Zìzhìxiàn］ 百色市辖县。北纬22°22′，东经104°47′。在市境西北部。面积3551平方千米。人口42万。以苗族为主，还有汉、彝、仡佬、壮等民族。辖5镇、11乡。县人民政府驻新州镇。宋宝祐元年(1253)为安隆峒。元致和元年(1328)改安隆州。明建文四年(1402)改长官司。清康熙五年(1666)改西隆州。1912年降县。1951年西林县部分地域并入，更名隆林县。取西隆、西林2县名尾字得名。1953年改隆林各族联合自治区。1955年定今名。1949年后历属百色专区、百色地区。2002年属百色市。处云贵高原边缘。地势南高北低。平均海拔1165米。最高点斗烘坡海拔1950.8米。年均气温19.1℃，1月平均气温10.2℃，7月平均气温25.5℃。年均降水量1195毫米。南盘江流经。有金、锑、石灰岩等矿产资源。有野生植物593种，其中有国家重点保护野生植物67种。有野生动物500多种，其中有国家一级保护野生动物黑叶猴、熊猴等，国家二级保护野生动物猕猴、短尾猴、大灵猫等。有国家级金钟山黑颈长尾雉自然保护区，省级大哄豹自然保护区。森林覆盖率53.6%。有中职1所，中学20所，小学4所，二级医院1个。有省级非物质文化遗产德峨苗族跳坡节、隆林仡佬族拜树节、隆林壮族歌会习俗。有民俗彝族火把节。有天生桥风景区。三次产业比例21∶44∶35。农业以水稻、玉米、小麦种植，猪、牛、羊、家禽、鲤鱼、草鱼、罗非鱼养殖为主。产油桐、油茶。工业以铝、锑、混凝土加工等为主。汕昆高速、324国道、省道委乐—天生桥线过境。

隆林客运中心［Lónglín Kèyùn Zhōngxīn］ 见交通运输设施部分“隆林客运中心”条。

隆林汽车总站［Lónglín Qìchē Zǒngzhàn］ 见交通运输设施部分“隆林汽车总站”条。

新州镇［Xīnzhōu Zhèn］ 隆林各族自治县人民政府驻地。在县境北部。面积195平方千米。人口5.5万。辖4居委会、13村委会，有153自然村。镇人民政府驻新兴社区。民国曾设新州自治乡。1958年改公社。1961年设新州镇。1962年属者浪区。1964年恢复镇建置。2005年者隘乡并入。清雍正七年(1729)西隆州署自龙圩迁此，因其与原州城相对而得名。冷水河、新州河流经。有中学4所，小学21所，二级医院1个，卫生院1个，卫生所11个。有者隘壮剧团、颠罗颠罗那合唱团。农业以水稻、玉米、豆类、薯类种植为主。工业以金属硅冶炼、茶叶加工等为主。百西公路过境。

迎宾路［Yíngbīn Lù］ 在县城东北部。东起西林路，西至者保岔路口。与龙山路、兴隆路、新兴路相交。长4.3千米，宽30米。混凝土路面。2003年开工，2004年建成。两侧有城东广场、民族中学等。通公交车。

兴隆路［Xīnglóng Lù］ 在县城中部。南起民权路，北至迎宾路。与新兴路三巷、龙山路、民权二路相交。长1250米，宽20米。混凝土路面。1992年开工，1994年建成。以振兴隆林得名。两侧有商业银行、农行等。通公交车。

民权路［Mínquán Lù］ 在县城中部。东起民族路，西至民生路。与兴隆路相交。长250米，宽15米。混凝土路面。1953年始建，原名民权街，以三民主义之“民权”得名。2002年改为民权路。为县商业核心区。两侧有教育局、武装部、县人民政府、昌达超市、大众超市、邮政局、文广局等单位。通公交车。

新兴社区［Xīnxīng Shèqū］ 新州镇人民政府驻地。在县境西北部。面积0.5平方千米。人口1700。因镇名得名。为安置原天生桥、革步、金钟山3乡镇移民而建。2002年成立。民居以3层楼房为主。有娱乐活动室。有中小学、卫生院。有超市、服装店、餐饮店等。通公交车。

桠杈镇［Yāchà Zhèn］ 隆林各族自治县辖镇。在县境北部。面积96.9平方千米。人口1.4万。辖7村委会，有96自然村。镇人民政府驻桠杈街。1984年由者保公社析设桠杈镇。因镇政府驻地得名。为喀斯特地形地貌。南盘江流经。有矿产资源铁等。有中学1所，小学22所，卫生所1个，卫生所7个。农业以水稻、玉米、豌蚕豆、蔬菜种植为主。工业以农产品、建材加工、采石场为主。桠杈—天生桥公路过境。

桠杈街［Yāchàjiē］ 桠杈镇人民政府驻地。在县政府驻地新州镇西北59千米。人口200。以壮族为主，还有汉族。因处垭口，人们常在此赶圩而得名。聚落呈带状。有中小学、卫生院。农业以水稻、玉米种植为主。特产油菜、油桐。桠杈—天生桥公路经此。

天生桥镇［Tiānshēngqiáo Zhèn］ 隆林各族自治县辖镇。在县境西北部。面积184平方千米。人口2.6万。辖10村委会，有92自然村。镇人民政府驻马窝屯。1962年成立祥播公社。1982年改祥播乡。1994年改天生桥镇。因天生桥水电站得名。境内多为石山和丘陵。有中学1所，小学11所，卫生院1个，卫生所7个。有国家水利工程天生桥风景区。农业以水稻、玉米、甘薯种植为主。产杉木、油桐、油茶、板栗、金银花、花椒等。工业以化工、农产品加工、建材、制塑、水电等为主。省道委乐—天生桥线过境。

马窝屯［Mǎwōtún］ 天生桥镇人民政府驻地。在县政府驻地新州镇西北37千米。人口700。壮族聚居。因处马鞍形山窝得名。1851年建屯。聚落呈环状。有中小学、卫生院。农业以水稻、玉米种植，鱼、虾养殖为主。省道委乐—天生桥线经此。

平班镇［Píngbān Zhèn］ 隆林各族自治县辖镇。在县境东北部。面积216平方千米。人口3.3万。辖17村委会，有197自然村。镇人民政府驻平班屯。2006年由委乐、扁牙2乡合置平班镇。因镇政府驻地得名。南盘江、新州河流经。有中学1所，小学33所，卫生院1个，卫生所15个。农业以水稻、玉米、油茶、板栗、果蔗、反季节蔬菜种植为主。工业以木材加工、水电为主。汕昆高速、324国道过境。

平班屯［Píngbāntún］ 平班镇人民政府驻地。在县政府驻地新州镇东北35千米。人口200。壮族聚居。因壮语谐音得名，意为地形有平地、斜坡。1782年建屯。聚落呈团块状。有中小学、卫生院。农业以水稻、玉米种植为主。324国道经此。

德峨镇［Dé'é Zhèn］ 隆林各族自治县辖镇。在县境西南部。面积317平方千米。人口3.7万。以苗族为主，还有壮、彝、仡佬等民族。辖15村委会，有283自然村。镇人民政府驻德峨街。民国6年（1917）设德峨区。1938年改德峨乡。1951年与长发、克长2乡合设德峨区。1955年为隆林各族自治县德峨区。1959年改德峨公社。1984年改乡并析出猪场、常么2乡。2005年常么乡并回。2013年改镇。因镇政府驻地得名。有中学2所，小学22所，幼儿园1所，卫生院1个，卫生所14个。有省级非物质文化遗产苗族跳坡节，民俗苗族芦笙舞，彝族火把节、抹黑脸，仡佬族偿新节。有张家寨、龙洞苗寨苗族风情景点。被联合国教科文组织专家誉为中国"活的少数民族博物馆"。农业以玉米种植为主。县道西隆线过境。

德峨街［Dé'éjiē］ 德峨镇人民政府驻地。在县政府驻地新州镇西南26千米。人口500。以彝族为主，还有壮、汉、苗等民族。传有老人在此挖得一对"金鹅"，初名得鹅，后同音演变为今名。建于1630年。聚落呈散状。有中小学、幼儿园、卫生院。农业以玉米、水稻种植为主。有土特产糖梨、蜂糖、黑山羊、黄牛、六白猪、菜花鸡、葵花、核桃等。县道西隆线经此。

隆或乡［Lónghuò Xiāng］ 隆林各族自治县辖乡。在县境东南部。面积143平方千米。人口3.1万。以汉族为主，还有苗、壮等民族。辖15村委会，有175自然村。乡人民政府驻隆或街。民国曾设隆或乡。1950年设隆或乡。1958年改隆或公社。1984年改乡。因乡政府驻地得名。有中学1所，小学21所，幼儿园1所，卫生院1个，卫生所14个。农业以玉米、核桃、油茶种植为主。工业以酚醛树脂加工生产及出口为主。沙隆、隆介公路过境。

隆或街［Lónghuòjiē］ 隆或乡人民政府驻地。在县政府驻地新州镇东南60千米。人口700。以汉族为主，还有苗、壮、彝等民族。传大河有龙得名龙河，以谐音改今名。聚落呈团块状。有中学、卫生院、文化站。农业以水稻、玉米、小麦种植为主。隆介公路经此。

沙梨乡［Shālí Xiāng］ 隆林各族自治县辖乡。在县境东部。面积135平方千米。人口1.6万。以壮族为主，还有苗、汉等民族。辖7村委会，有119自然村。乡人民政府驻沙梨街。1951年置沙梨区。1958年称沙梨公社。1984年改乡。因乡政府驻地得名。有中学1所，小学11所，卫生院1个，卫生所6个，文化站1个。农业以水稻、玉米、板栗种植为主。有茶油、菜油、木材加工等民办作坊。汕昆高速、324国道过境。

沙梨街［Shālíjiē］ 沙梨乡人民政府驻地。在县政府驻地新州镇东南58千米。人口不足100。以壮族为主，还有汉、苗等民族。传大鹰因桐油粘住双翅而被擒杀，后得到整架龙骨者迁此。因"龙骨"壮语音译为"沙梨"而得名。建于1912年。聚落呈散状。有中小学、幼儿园、卫生院。农业以水稻、玉米种植为主。特产油茶、板栗。324国道经此。

者保乡［Zhěbǎo Xiāng］ 隆林各族自治县辖乡。在县境北部。面积193平方千米。人口3万。以壮族为主，还有汉、苗等民族。辖13村委会，有208自然村。乡人民政府驻那领屯。民国设者保乡。1951年称者保区。1958年改公社。1984年改乡。"者保"壮语意为长有竹林的高坡。有金、铝土、硫土等矿产资源。有中学1所，小学21所，卫生院1个，卫生所12个，文化广播电视站1个。有平班水电站库区。同福村鱼洞为旧西隆八景之一。农业以水稻、玉米、油茶、油桐、甘蔗、香蕉种植为主。324国道过境。

那领屯［Nàlǐngtún］ 者保乡人民政府驻地。在县政府驻地新州镇北25千米。人口300。壮族聚居。"那领"为壮语译音，"那"近音，意为田，"领"近音，意为干旱。因地处干旱缺水的田垌边得名。聚落呈散状。有中小学、幼儿园、卫生院。有土特产红糖、冰脆李。通乡村公路。

者浪乡［Zhělàng Xiāng］ 隆林各族自治县辖乡。在县境中部偏北。面积151平方千米。人口1万。以壮族为主，还有苗、彝、仡佬等民族。辖11村委会，有129自然村。乡人民政府驻塘房屯。1951年置者浪区。1958年改公社。1984年改乡。"者浪"壮语意为"周围很宽大"。境内多泥山。那隆河、播立河流经。有小学15所，卫生院1个，卫生所10个，文化馆1个。农业以水稻、玉米、大豆、甘薯、蔬菜、油茶、甘蔗种植为主。省道委乐—天生桥线过境。

塘房屯［Tángfángtún］ 者浪乡人民政府驻地。在县政府驻地新州镇西9千米。人口200。壮族聚居。因处水塘旁得名。1910年建屯。聚落呈散状。有小学、幼儿园、卫生院。农业以水稻、玉米种植为主。有者浪爆竹厂。省道委乐—天生桥线经此。

革步乡［Gébù Xiāng］ 隆林各族自治县辖乡。在县境西部。面积285平方千米。人口2万。以壮族为主，还有汉、苗等民族。辖15村委会，有122自然村。乡人民政府驻革步屯。1951年置革步区。1958年成立革步公社。1984年改乡。因乡政府驻地得名。境内多为黄土高坡。南盘江流经。有中学1所，小学17所，卫生院1个，卫生所14个，文化站1个。农业以水稻、玉米、蔬菜种植为主。县道者浪—革步线过境。

革步屯［Gébùtún］ 革步乡人民政府驻地。在县政府驻地新州镇西68千米。人口400。壮族聚居。因与贵州省仅一步之隔，以革、隔谐音得名。1782年建屯。聚落呈带状。有中小学、幼儿园、卫生院。农业以水稻、玉米种植，鲤鱼、草鱼、罗非鱼养殖为主。县道者浪—革步线经此。

金钟山乡［Jīnzhōngshān Xiāng］ 隆林各族自治县辖乡。在县境西部。面积309平方千米。人口1.4万。以壮族为主，还有苗、汉、仡佬等民族。辖6村委会，有69自然村。乡人民政府驻坡安屯。1961年由革步公社析设金钟山公社。1984年改乡。传乌冲山顶有金钟而得名。有国家级金钟山黑颈长尾雉自然保护区。有中学1所，小学9所，卫生院1个，卫生所6个。农业以玉米、水稻种植为主。特产金钟山炮台酒。蒙金、猪场—金钟山公路过境。

坡安屯［Pō'āntún］ 金钟山乡人民政府驻地。在县政府驻地新州镇西南98千米。人口500。壮族聚居。壮语"安"意为鞍。因处鞍形山坡得名。1881年建屯。聚落呈散状。有中小学、幼儿园、卫生院。农业以水稻种植为主。蒙金、猪场—金钟山公路经此。

平流屯［Píngliútún］ 在县政府驻地新州镇西南100千米。金钟山乡辖自然村。人口500。壮族聚居。壮语原名"平六流"，"流"指木炭。因于山腰平地烧炭得名，迁址后简化为今名。1881年建屯。聚落呈团块状。为中国传统村落。全寨坐落山腰，木楼依山而建，层层叠叠，错落有致。为"猫耳"式木楼民居，高3层。古壮族民风民俗保存完好，有省级非物质文化遗产隆林壮族歌会习俗。农业以水稻、玉米、油桐、茶油种植为主。通乡村公路。

猪场乡［Zhūchǎng Xiāng］ 隆林各族自治县辖乡。在县境西南部。面积229平方千米。人口2.2万。以苗族为主，还有壮、苗、彝等民族。辖8村委会，有100自然村。乡人民政府驻猪场屯。1984年由德峨乡析设猪场乡。因乡政府驻地得名。有中学1所，小学8所，卫生院1个，卫生所7个，文化站1个。农业以水稻、玉米、蚕豆、小麦、油菜、生姜种植为主。县道西隆线过境。

猪场屯［Zhūchǎngtún］ 猪场乡人民政府驻地。在县政府驻地新州镇西南31千米。人口700。苗族聚居。因原为猪场而得名。1966年建屯。聚落呈带状。有中小学、幼儿园、卫生院。农业以玉米、水稻、油桐、油茶种植为主。县道西隆线经此。

蛇场乡［Shéchǎng Xiāng］ 隆林各族自治县辖乡。在县境南部。面积273平方千米。人口1.7万。以壮族为主，还有汉、苗等民族。辖8村委会，有102自然村。乡人民政府驻蛇场屯。1969年由克长公社析设蛇场公社。1984年改乡。因乡政府驻地得名。地处云贵高原边缘，地势较高，多为泥山、石山。有中学1所，小学9所，卫生院1个，卫生所7个，文化广播电视站1个。农业以水稻、玉米、板栗、核桃、油桐、酸梅、杉木种植为主。通乡村公路。

蛇场屯 [Shéchǎngtún] 蛇场乡人民政府驻地。在县政府驻地新州镇南71千米。人口300。因逢农历蛇日赶集得名。建于1622年。聚落呈带状。有中小学、幼儿园、卫生院。农业以玉米、水稻种植,黄牛、黑山羊养殖为主。有土特产云木耳、茶辣、蜂蜜、板栗、核桃。通乡村公路。

克长乡 [Kècháng Xiāng] 隆林各族自治县辖乡。在县境中部偏南。面积288平方千米。人口2.9万。以壮族为主,还有汉、苗等民族。辖13村委会,有154自然村。乡人民政府驻海长屯。民国二十二年(1933)为克长乡。1955年改克长区。1959年改克长公社。1969年析设蛇场公社。1984年改克长乡并析出长发乡。2005年长发乡并入。"克长"壮语意为"开发宽长的荒坝"。因此地原为宽长荒坝,建村后垦荒造田,改变荒坝面貌而得名。属泥石交错高寒山区。有卡达水库。有中学1所,小学13所,卫生院1个,卫生所7个,文化站1个。农业以水稻、玉米种植为主。通乡村公路。

海长屯 [Hǎichángtún] 克长乡人民政府驻地。在县政府驻地新州镇南43千米。人口400。因水塘终年不干且面积大,俗称海子大水塘,村民居于长坝而得名。建于1985年。聚落呈环状。有中小学、幼儿园、卫生院。主要种植玉米、水稻。通乡村公路。

岩茶乡 [Yánchá Xiāng] 隆林各族自治县辖乡。在县境东南部。面积277平方千米。人口2.2万。以壮族为主,还有汉、苗等民族。辖9村委会,有117自然村。乡人民政府驻龙滩屯。1955年设岩茶区。1959年为岩茶公社。1962年改区。1968年复改公社。1984年改乡。因盛产茶油得名。地处云贵高原中低部,平均海拔1150米。有锑、黄金、水晶、硅石等矿产资源。有中学1所,小学8所,卫生院1个,卫生所7个。有民间艺术卡白村山歌、冷独村壮剧。农业以水稻、玉米、豌蚕豆、小麦、油菜种植为主。多油茶树。通乡村公路。

龙滩屯 [Lóngtāntún] 岩茶乡人民政府驻地。在县政府驻地新州镇东南63千米。人口200。因地处隆起平台,以隆、龙别写得名。清咸丰二年(1852)建村。聚落呈团块状。有小学、卫生院。主要种植水稻、玉米。通乡村公路。

介廷乡 [Jiètíng Xiāng] 隆林各族自治县辖乡。在县境东南部。面积208平方千米。人口1.4万。以壮族为主,还有汉族、苗族。辖8村委会,有96自然村。乡人民政府驻弄烟屯。1962年成立介廷公社,后撤。1969年由岩茶公社析设介廷公社。1984年改乡。为壮语音译名。清代曾设行政机构,后分于他村。有中学1所,小学6所,卫生院1个,卫生所7个。农业以水稻、玉米、油菜、油茶、香菇、木耳种植为主。通乡村公路。

弄烟屯 [Nòngyāntún] 介廷乡人民政府驻地。在县政府驻地新州镇东南76千米。人口400。壮族聚居。为壮语音译名,意为古时种过大烟的地方。1682年建村。聚落呈团块状。有中小学、卫生院。农业以水稻、玉米种植为主。有土特产香菇、云木耳、木材、油桐、茶油等。通乡村公路。

贺 州 市

贺州市 [Hèzhōu Shì] 广西壮族自治区辖地级市。北纬23°39′—25°09′,东经110°34′—112°04′。在自治区境东北部。面积11855平方千米。户籍人口238.1万,常住人口201.3万。以汉族为主,还有瑶、壮、苗等民族。辖八步区,昭平、钟山2县,富川瑶族自治县。市人民政府驻八步区。隋开皇九年(589)置贺州。隋炀帝时期废。唐武德四年(621)复置贺州,天宝元年(742)改临贺郡,乾元元年(758)改贺州。宋属广南东路、广南西路。元属广西行省。明洪武十年(1377)撤州。1958年设梧州专区。1971年改梧州地区。1997年更名贺州地区。2002年改地级市。因贺江得名。处湘、粤、桂3省交界地,桂东南丘陵区。平均海拔800米。地势北高南低,周高中低。北有姑婆山,西北有都庞岭,南有大桂山。有八步、信都平原。最高点北卡顶海拔1875米。年均气温20℃,1月平均气温9.3℃,7月平均气温28.8℃。年均降水量1600.1毫米。年均无霜期304天。有桂江、贺江、大宁河、思勤江、富群河流经。有矿产资源大理岩、花岗岩、铁、钨、锡、铅、锌等。有野生植物1400种,其中国家重点保护野生植物有树蕨、桫椤、大果木五加、花香木、兴安楠等17种。有野生动物290种,其中国家一级重点保护野生动物有黄腹角雉、巨蜥、蟒蛇、林麝、鳄蜥等11种,国家二级重点保护野生动物有大鲵、穿山甲、大灵猫等76种。有大桂山鳄蜥、七冲国家级自然保护区,姑婆山、滑水冲、西岭山省级自然保护区。森林覆盖率72.9%。有高校1所,中等职业学校17所,中学107所,小学692所,三级医院1个,图书馆4个,文化馆6个,艺术馆1个,博物馆1个,体育场馆8个。有全国重点文物保护单位临贺故城、福溪马殷庙、富川瑶族风雨桥群,省级文物保护单位开宁寺、中共广西省委黄姚旧址等31个。有国家级非物质文化遗产瑶族盘王节、瑶族服饰、瑶族蝴蝶歌、瑶族长鼓舞,省级非物质文化遗产客家山歌剧、黄姚放灯节、瑶族盘王大歌、壮族舞火猫等27项。有民俗瑶族打油茶、苗族芦笙踏堂舞。有国家4A级旅游景区姑婆山国家森林公园、黄姚古镇等4个。三次产业比例22∶40∶38。农业以种植水稻、玉米、甘薯、木薯,饲养生猪、牛、鸡、鸭为主。盛产沙田柚、柑、脐橙、青梅、甘蔗、茶叶、红瓜子、香菇、木耳、竹笋。工业以矿产开采、建材、电子、农林产品加工、制药为主。服务业以旅游、商贸为主。有铁路243千米,高铁113千米,公路4790.8千米,内河航线322千米。洛湛铁路,贵广高铁,汕昆、包茂高速,207、323国道过境。有桂江、贺江航道。

八步 [Bābù] 贺州市聚落。在市境中部。面积36平方千米。人口20万。以汉族为主,还有壮、瑶、苗等民族。清咸丰初年(1851)粤商于临江北岸建8商铺,故名八铺,以谐音改今名。至1925年有街道7条。1952年拓宽路面。1968年建八步大桥。1977—1998年改扩建新兴街、新宁街、人民路、体育路、建设中路、建设东路、建设西路、灵峰南路、灵峰北路,建穗丰大厦、建灵大厦、百货大楼、贺州广场。2002年后新建、扩建街路近200条。有标志性建筑邮政大厦、中行大厦、工行大厦、远东国贸大厦。有名胜古迹灵峰山、马鞍山、大钟山、一景桥、太白湖湿地公园。商业区位于中部老城区,有灵峰广场商业街区。行政办公区处灵峰、贺州2广场一带。居住区位于东部新城。旅游区在南部,有紫云洞景区、贺州园博园。科教区位于西部,有贺州电子科技生态产业园、贺州学院、贺州职业技术学院。交通、物流区在北部。有果蔬批发物流中心。有贺州站,铁路、高铁、高速、国道过境,交通便利。

八 步 区

八步区 [Bābù Qū] 贺州市人民政府驻地。在市境中部。面积5916平方千米。人口114.6万。以汉族为主,还有壮、瑶、苗等民族。辖4街道、19镇、2瑶族乡。区人民政府驻八步街道。明洪武十年(1377)降贺州为贺县,治今贺街镇,属平乐府。清因之。1913年后历属漓江道、桂林道、第二民团区、桂林民团区、平乐民团区、平乐行政监督区、第二行政督察区、第一行政督察区。1949年属平乐专区。1952年信都县省人,治迁今址。1958年属梧州专区。1971年属梧州地区。1997年设县级市,属贺州地区。2002年改八步区,属贺州市。因八铺谐音得名。有天堂顶、长冲顶、马鞍山。贺江流经。有大桂山鳄蜥国家级自然保护区,姑婆山、大桂山国家森林公园。有高校1所,中学24所,小学240所,三级医院1个,二级医院5个,文化馆1个,博物馆1个,文艺团体2个,体育场馆2个。有滨江公园、大钟山公园、太白湖湿地公园。有全国重点文物保护单位临贺故城,省级文物保护单位开宁寺、铁屎岭铸钱遗址、桂岭古墓群等8个。有省级非物质文化遗产客家山歌剧、瑶族盘王大歌、壮族舞火猫等14项。有名胜浮山、玉石林、十八水原。有中国历史文化名镇贺街镇。三次产业比例18∶48∶34。农业以种植水稻、玉米,饲养生猪、三黄鸡、水产品为主,盛产红瓜子、青梅、白毛茶、茶叶、沙田柚。工业以建材、电力、木材加工为主。有省级旺高工业区。服务业以旅游、商贸为主。洛湛铁路,贵广高铁,包茂、汕昆高速,207、323国道过境。有通航河道3条。有贺州站、贺州汽车客运总站。

旺高工业区 [Wànggāo Gōngyèqū] 在区境西北部。东、南至黄田镇,西至钟山县,北至富川县。面积26平方千米。因地处望高镇境内,望、旺同音得名。2002年5月经自治区政府正式批准建立省级开发区,由贺州市政府管理。经济以生产石材碳酸钙、稀土新材料为主。有生物科技园、新材料产业园、食品加工产业园。驻有中色平桂飞碟、雨润食品、金源稀土、大锰电池等规模以上企业61个。洛湛铁路、贵广高铁、207国道过境。通公交车。

灵峰广场 [Língfēng Guǎngchǎng] 在城区中部。面积12.5公顷。1994年开工,1995年建成,2001年改建。原名贺州广场,因灵峰山改今名。有音乐喷泉、儿童游乐区、露天剧场、健身区。有乔木、灌木、草坪。为集会、节庆、运动、娱乐、休闲场所。周边有远东商贸区、盛隆商业区、灵峰湖、贺州大会堂、步行街、区政府等。通公交车。

贺州大道［Hèzhōu Dàdào］ 在区境东部。南起潇贺大道，北至新风街。与江北路、平安路、鞍山路、太白路、建设路等相交。长4.5千米，宽40米。沥青混凝土路面。1998年开工，2002年建成。原名东环路，2004年更今名。有黄蜡石景观。两侧有市政府、公安局、检察局等多个政府部门。通公交车。

建设路［Jiànshè Lù］ 在区境北部。东起贺州大道，西至潇贺大道。与星光路、龙山路、平安路、灵峰路、新宁街等相交。长6千米，宽40米。沥青混凝土路面。1992年开工，2002年建成。途经商业中心。两侧有金融大厦、邮政大楼、穗丰酒店等。通公交车。

八达路［Bādá Lù］ 在区境北部。东起贺州大道，西至潇贺大道。与星光路、龙山路、平安路、灵峰路、新兴路等相交。长11千米，宽40米。混凝土路面。1992年开工，2002年建成。因取四通八达之意得名。两侧有建材、水果、饲料、农药、日用百货、物流等交易中心。通公交车。

太白西路［Tàibái Xīlù］ 在区境东北部。东起桂粤湘大道，西至建设东路。与星光路、贺州大道、灵凤路、凤鹅塘路相交。长2.5千米，宽40米。混凝土路面。1995年建西段，2010年建东段，2014年建成。因太白湖湿地公园得名。两侧有市文化中心、居住小区。通公交车。

新兴南路［Xīnxīng Nánlù］ 在区境西南部。南起鱼峰街，北至八步大桥。与曾屋路相交。长2千米，宽40米。混凝土路面。1992年开工，1998年建成。途经商业中心。两侧有区法院、教育局、光荣院、大钟山公园、高中等。通公交车。

贺州站［Hèzhōu Zhàn］ 见交通运输设施部分"贺州站"条。

钟山站［Zhōngshān Zhàn］ 见交通运输设施部分"钟山站"条。

贺州汽车客运总站［Hèzhōu Qìchē Kèyùn Zǒngzhàn］见交通运输设施部分"贺州汽车客运总站"条。

八步街道［Bābù Jiēdào］ 八步区人民政府驻地。在区境西部。面积7.6平方千米。人口6.1万。1984年设八步镇。2005年改街道。因八铺谐音得名。旧有"锡都"之称。有灵峰、马鞍山、大钟山、将军山等。贺江流经。有贺州学院、贺州职业技术教育中心。有中学1所，小学4所，二级医院3个，社区卫生服务中心1个，卫生室11个。有灵峰广场、古钟走廊、贺州博物馆。有西约古街。服务业以商贸为主。有摩托、建材、百货、蔬菜、水果、饲料批发等市场。昆汕高速，207、323国道过境。通多路公交车。

城东街道［Chéngdōng Jiēdào］ 属八步区。在区境西部。面积8.1平方千米。人口4.6万。2010年由八步街道析设。因地处城东得名。先后建太白东路、贺州文化中心、太白湖湿地公园。临江流经。有中学1所，小学4所，三级医院1个，社区卫生服务中心1个，卫生室14个。有文化中心广场、北提公园。服务业以商贸、物流为主。通多路公交车。

江南街道［Jiāngnán Jiēdào］ 属八步区。在区境西部。面积8.7平方千米。人口1.6万。2010年由八步街道析设。因地处临江南岸得名。有中学1所，小学1所，卫生室2个。有大钟山公园。有古迹点灯山古遗址、狮子头山岩动物化石、观音岩摩崖。服务业以商贸为主。有贺州汽车客运总站。通多路公交车。

西湾街道［Xīwān Jiēdào］ 属八步区。在区境西北部。面积27平方千米。人口2.7万。1984年设西湾镇。2005年改街道。因富江向西折流得名。先后建平桂大道、西湾大道。有中学3所，小学4所，二级医院1个，卫生院1个，卫生所5个。有古迹盘古大王庙、东门庙、兰江庙、紫竹庙、西湾宝塔。有民俗农历十月十大王庙庙会。有景点飞马、石梯两村的樟树林。农业以种植油茶为主。工业以粉体、板材、大理石加工、化工为主。有西湾工业区、碳酸钙产业示范基地。贵广高铁，207、323国道过境。通公交车。

贺街镇［Hèjiē Zhèn］ 八步区辖镇。在区境中部。面积377平方千米。人口7.1万。以汉族为主，还有瑶、壮、苗等民族。辖3居委会、24村委会，有178自然村。镇人民政府驻贺街。1954年置贺街镇。1958年并入贺城公社。1962年复镇。1987年贺城乡并入。因镇政府驻地得名。有瑞云山。贺江、临江、大宁河流经。有中学2所，小学29所，卫生院1个，卫生室33个，图书馆1个。为中国历史文化名镇。有全国重点文物保护单位临贺故城，省级文物保护单位桂花井、贺街宗祠群、清代官员刘宗标故居。有景点玉印浮山、龙洞。农业以种植水稻、玉米、花生，养殖生猪为主，盛产淮山、马蹄。工业以农副产品、林产品、塑料制品、建材加工为主。洛湛铁路、贵广高铁、昆汕高速、207国道过境。贺江通航。

贺街［Hèjiē］ 贺街镇人民政府驻地。在区政府驻地八步街道东南20千米。人口1.1万。因临江南流，左合贺江，故名。聚落呈团块状。有中小学、卫生院、卫生所。汉代起历为郡、州、县治。有全国重点文物保护单位临贺故城，省级文物保护单位桂花井、贺街宗祠群、清光绪年间官员刘宗标故居。有民俗农历四月二十六浮山炮期、五月十九浮山歌节。服务业以商贸为主。通多路公交车。

步头镇［Bùtóu Zhèn］ 八步区辖镇。在区境中部偏南。面积534平方千米。人口3.5万。以汉族为主，还有瑶、壮、苗等民族。辖16村委会，有200自然村。镇人民政府驻梅花街。1958年成立步头公社。1984年改乡。1989年改镇。因地处贺江航道埠头，以谐音得名。有大桂山国家森林公园、大桂山鳄蜥国家级自然保护区。有中学1所，小学25所，卫生院1个，卫生室17个。有景点盘王桫椤谷、金鸡坪。有国家级非物质文化遗产瑶族服饰、瑶族刺绣、瑶族长鼓舞、上刀梯。农业以种植水稻、玉米、花生，养殖生猪、牛为主。有大桂山林场。工业以电力、木材加工、建材为主。洛湛铁路、贵广高铁、昆汕高速、207国道过境。贺江通航。

梅花街［Méihuājiē］ 步头镇人民政府驻地。在区政府驻地八步街道东南35千米。人口8000。因山似花瓣、状如梅花得名。聚落呈团块状。有中小学、卫生院、卫生所。有国家级非物质文化遗产瑶绣。特产瑶族手工艺品。服务业以商贸为主。207国道经此。

莲塘镇［Liántáng Zhèn］ 八步区辖镇。在区境中部。面积253平方千米。人口8.6万。辖19村委会，有80自然村。镇人民政府驻莲塘圩。1958年成立莲塘公社。1984年改乡。1989年改镇。因镇政府驻地得名。贺江、马尾河流经。有中学3所，小学21所，卫生院1个，卫生所20个。有古建筑江氏客家围屋。农业以种植蔬菜、香芋、凤凰梅为主。洛湛铁路，贵广高铁，207、323国道过境。

莲塘圩［Liántángxū］ 莲塘镇人民政府驻地。在区政府驻地八步街道东10千米。人口6000。清乾隆四十七年(1782)建圩，因传塘有莲藕得名。聚落呈团块状。有中小学、卫生院、幸福院。有民俗客家山歌。服务业以商贸为主。有集贸市场。通多路公交车。

仁化村［Rénhuàcūn］ 在区政府驻地八步街道东11千米。莲塘镇辖自然村。人口2900。因仁者爱人，忠恕为仁感化得名。聚落呈带状。为中国传统村落。有古建筑江氏客家围屋。有民俗客家山歌、采茶戏。农业以种植水稻为主，特产莲塘香芋。通公交车。

大宁镇［Dàníng Zhèn］ 八步区辖镇。在区境东北部。面积360平方千米。人口4.6万。以汉族为主，还有瑶、壮等民族。辖12村委会，有222自然村。镇人民政府驻大宁街。1958年成立大宁公社。1984年改乡。1989年改镇。因镇政府驻地得名。有中学2所，小学14所，卫生院1个，卫生室2个。农业以种植水稻为主。323国道过境。

大宁街［Dàníngjiē］ 大宁镇人民政府驻地。在区政府驻地八步街道东北50千米。人口6000。因司马府第门楣石刻"大宁通津"得名。聚落呈团块状。有中小学、卫生院、卫生所。有农民诗社、农民书法摄影协会。服务业以商贸为主。通多路公交车。

南乡镇［Nánxiāng Zhèn］ 八步区辖镇。在区境东部。面积250平方千米。人口2.2万。以壮族为主，还有汉族等。辖8村委会，有115自然村。镇人民政府驻南乡圩。1960年成立南乡公社。1984年改乡。1989年改镇。因镇政府驻地得名。有金、银、铅、锌、锡、硫等矿产资源。有滑水冲水源林保护区。有中学1所，小学11所，卫生院1个，卫生室9个。有南乡革命烈士纪念碑、墓。有名胜古迹西溪温泉、金鸡山、开乡落籍纪念堂、旺村寨。有省级非物质文化遗产壮族舞火猫。有壮族文化艺术装皇、对歌等。工业以矿产开采为主。有龙水金矿。特产南乡麻鸭、松脂、厘竹、冬菇、笋干。服务业以旅游为主。都江口—福堂公路过境。

南乡圩［Nánxiāngxū］ 南乡镇人民政府驻地。在区政府驻地八步街道东南85千米。人口4000。以壮族为主，还有汉族等。明嘉靖十一年(1532)自南京珠玑巷迁此，为怀念故土得名。聚落呈团块状。有中小学、卫生院。有壮族特色文化舞火猫、舞狮、装皇、织壮锦等。服务业以商贸、旅游为主。都江口—福堂公路经此。

桂岭镇［Guìlǐng Zhèn］ 八步区辖镇。在区境东北部。面积616平方千米。人口9.2万。辖1居委会、24村委会，有285自然村。镇人民政府驻桂岭圩。1958年成立桂岭公社。1984年改镇。因镇政府驻地得名。有马塘顶等。桂岭河、莲花河流经。有中学2所，小学31所，卫生院1个，卫生室23个。有省级文物保护单位红七军整编遗址、明孝穆皇太后先茔。有古迹通楚古道、鹰扬关、将军岭古战场遗址、善华明清古民居群、凤凰塘明清古民居群。农业以种植水稻为主，盛产马蹄、香芋、果蔗、桂岭大肉姜、板栗。323国道过境。

桂岭圩［Guìlǐngxū］ 桂岭镇人民政府驻地。在区政府驻地八步街道东北75千米。人口1.3万。旧为桂岭县治，故名。聚落呈团块状。有中小学、卫生院。有省级文物保护单位红七军整编遗址、明孝穆皇太后先茔。服务业以商贸为主。赖村—开山公路经此。

开山镇［Kāishān Zhèn］ 八步区辖镇。在区境北部。面积163平方千米。人口1.6万。辖7村委会，有56自然村。镇人民政府驻壕界圩。1952年设三立乡。1958年改开山公社。1960年并入桂岭公社。1984年析设开山乡。1997年改镇。因传先民开山造田得名。桂岭河、大宁河流经。有中学1所，小学6所，卫生院1个，卫生室8个。有古迹桂岭古道之百步梯、开宁寺。有景点大黎洪明革命老区、上莫寨、宝井寨、白鹤岩、雷劈山。农业以种植水稻、玉米为主，盛产白毛茶、红薯粉、蛤蚧、松脂、毛竹。赖村—开山公路过境。

壕界圩［Háojièxū］ 开山镇人民政府驻地。

在区政府驻地八步街道北95千米。人口5000。因与湖南江华县筑壕为界得名。聚落呈带状。有中小学、卫生院、卫生所。有古迹开宁寺。特产开山白毛茶。服务业以商贸为主。赖村—开山公路经此。

上莫寨［Shàngmòzhài］ 在区政府驻地八步街道东北95千米。开山镇辖自然村。人口1000。因莫姓得名。聚落呈团块状。为中国传统村落。有名胜古迹五螺朝天、大宁河发源之泉、螺山古村落。赖村—开山公路经此。

里松镇［Lǐsōng Zhèn］ 八步区辖镇。在区境西北部。面积142平方千米。人口3.1万。以汉族为主，还有瑶族。辖6村委会，有103自然村。镇人民政府驻里松街。1952年设里松乡。1958年改公社。1960年并入黄田公社。1984年析设里松乡。1989年改镇。因镇政府驻地得名。有石英石、钾长石、花岗岩、稀土、黄蜡石等矿产资源。有姑婆山国家森林公园。有中学1所，小学9所，卫生院1个，卫生室6个。有民俗长鼓舞。有景点里松温泉、斧头山、新华深潭大桶。农业以林业、种植蔬菜为主。工业以矿产开采为主。特产蕨粉。八步—里松公路过境。

里松街［Lǐsōngjiē］ 里松镇人民政府驻地。在区政府驻地八步街道西北34千米。人口3000。以汉族为主，还有瑶族。因传旧有1里长松林地得名。聚落呈带状。有中小学、卫生院、瑶族文化园。服务业以商贸为主。八步—里松公路经此。

信都镇［Xìndū Zhèn］ 八步区辖镇。在区境南部。面积237平方千米。人口5.2万。辖3居委会、15村委会，有141自然村。镇人民政府驻信都圩。1958年成立信都公社。1980年析置信都镇公社。1984年分别改乡、镇。1987年乡并入镇。因镇政府驻地得名。有中学2所，小学26所，卫生院1个，卫生室16个。有古迹狮岭迴澜、狮中寨古道、祉洞古建筑群。有民俗端午赛龙舟、过年舞狮龙、七月七饮银河水。农业以种植水稻为主，盛产甘蔗、龙眼、红瓜子。有信都工业区。洛湛铁路、汕昆高速、207国道过境。贺江通航。

信都圩［Xìndūxū］ 信都镇人民政府驻地。在区政府驻地八步街道东南70千米。人口6500。原名官潭，属三都，因信赖新政改今名。聚落呈团块状。有中小学、卫生院。有信都人民英雄纪念碑。有狮中寨古道、祉洞古建筑群。有端午赛龙舟民俗。服务业以商贸为主。洛湛铁路、汕昆高速、207国道、灵峰—信都公路经此。

祉洞寨［Zhǐdòngzhài］ 在区政府驻地八步街道东南75千米。信都镇辖自然村。人口2000。因诗经《烈文》“锡兹祉福”取名“祉”。洞，方言指开阔谷地。聚落呈团块状。为中国传统村落。有祉洞古建筑群。灵峰—信都公路经此。

灵峰镇［Língfēng Zhèn］ 八步区辖镇。在区境南部。面积204平方千米。人口0.8万。辖3村委会，有60自然村。镇人民政府驻松柏街。1984年设灵峰乡。1997年改镇。因灵丰祠得名。有中学1所，小学3所，卫生院1个，卫生室6个。农业以种植水稻、玉米为主。昆汕高速过境。

松柏街［Sōngbǎijiē］ 灵峰镇人民政府驻地。在区政府驻地八步街道东南90千米。人口1500。因喜种松柏得名。聚落呈带状。有中小学、卫生院。服务业以商贸为主。灵峰—信都公路经此。

仁义镇［Rényì Zhèn］ 八步区辖镇。在区境南部。面积308平方千米。人口6.2万。辖19村委会，有199自然村。镇人民政府驻仁义圩。1951年设仁义乡。1958年改红旗公社。1960年改仁义公社。1984年复乡。1989年改镇。因取仁礼、信义2村名各一字得名。有中学2所，小学28所，卫生院1个，卫生室19个。有名胜古迹陶家大院、江影渔村、莲花庵。农业以种植水稻、花生、甘蔗为主，盛产红瓜子、三黄鸡。洛湛铁路、207国道过境。

仁义圩［Rényìxū］ 仁义镇人民政府驻地。在区政府驻地八步街道南55千米。人口3000。因乡得名。聚落呈团块状。有中小学、卫生院、卫生所。有名胜古迹陶家大院、江影渔村、莲花庵。服务业以商贸为主。洛湛铁路、207国道经此。

铺门镇［Pùmén Zhèn］ 八步区辖镇。在区境南部。面积154平方千米。人口6.9万。辖1居委会、24村委会，有83自然村。镇人民政府驻铺门圩。1956年设铺门区。1958年并入信都公社。1959年析设铺门公社。1984年改乡。1989年改镇。因镇政府驻地得名。有三山顶。有中学2所，小学26所，卫生院1个，卫生室25个。有古迹黎家大院、梵安古寺、云台庵。有景点中华石城、浪水庄园、千年凤尾草公园等。农业以种植水稻、玉米、甘蔗为主。207国道、信丰公路过境。

铺门圩［Pùménxū］ 铺门镇人民政府驻地。在区政府驻地八步街道东南70千米。人口2000。因旧用木门摆摊成圩得名。聚落呈团块状。有中小学、卫生院。有古迹梵安古寺、云台庵。有景点中华石城、浪水庄园。服务业以旅游、商贸为主。207国道、信丰公路经此。

黄田镇［Huángtián Zhèn］ 八步区辖镇。在区境北部。面积308平方千米。人口7.7万。以汉族为主，还有壮、苗等民族。辖1居委会、14村委会，有99自然村。镇人民政府驻黄田街。1958年成立黄田公社。1984年改镇。因镇政府驻地得名。里松河、贺江流经。有中学3所，小学14所，二级医院1个，卫生院1个，卫生所15个，文化站1个。有国家4A级旅游景区姑婆山国家森林公园。有景点路花温泉、玉石林、十八水。农业以种植水稻、玉米、花生为主。工业以建材、五金工具加工为主。服务业以旅游为主。洛湛铁路，贵广高铁，207、323国道过境。有贺州站。

黄田街［Huángtiánjiē］ 黄田镇人民政府驻地。在区政府驻地八步街道北3千米。人口2600。因多黄土田地得名。聚落呈环状。有中小学、卫生院、卫生所。有古迹肖公馆、湖南会馆、黄田古戏台、文武庙、三王庙。服务业以商贸为主。洛湛铁路、贵广高铁经此。

鹅塘镇［Étáng Zhèn］ 八步区辖镇。在区境南部。面积205平方千米。人口5.4万。以汉族为主，还有瑶、壮等民族。辖17村委会，有64自然村。镇人民政府驻鹅塘圩。1960年成立鹅塘公社。1984年改乡。1989年改镇。因镇政府驻地得名。盘谷河流经。有中学4所，小学17所，卫生院1个，卫生所17个，文化站1个，图书室36个。有名胜古迹紫云洞、恒温湖、紫金庵。有民俗瑶族长鼓舞、盘王节、长桌宴。农业以种植马蹄、莲藕为主。特产油黏米、生姜、酸梅。汕昆高速、207国道过境。设高速出入口。

鹅塘圩［Étángxū］ 鹅塘镇人民政府驻地。在区政府驻地八步街道南6千米。人口1300。以壮族为主，还有瑶族、汉族。因塘旁有鹅形小山得名。聚落呈团块状。有中小学、卫生院。农业以种植马蹄、莲藕等为主。服务业以商贸为主。八步—鹅塘公路经此。

芦岗村［Lúgǎngcūn］ 在区政府驻地八步街道南9千米。鹅塘镇辖自然村。人口2000。壮族聚居。因溪多芦苇得名芦苇江，以谐音改今名。聚落呈带状。为中国传统村落。有名胜古迹壮族门楼、回龙观、夫妻榕。有民俗农历十月初七韦氏祠堂小祭、三年一大祭。农业以种植马蹄为主。鹅塘—盘谷公路经此。

沙田镇［Shātián Zhèn］ 八步区辖镇。在区境西南部。面积476平方千米。人口10.6万。以汉族为主，还有瑶族。辖25村委会，有108自然村。镇人民政府驻沙田圩。1958年成立沙田公社。1984年改乡。1989年改镇。因镇政府驻地得名。沙田河流经。有中学3所，小学26所，卫生院2个，卫生所25个，图书室53个。有沙田河青铜文化中心。有名胜古迹龙井泉、马峰五桂桥、石牌古庵、田厂狮子岩、龙井寨古建筑群。农业以种植马蹄、甘蔗、柑橘为主。工业以马蹄加工为主。贵广高铁、汕昆高速、八达—昭平线省道、八步—西坪公路过境。

沙田圩［Shātiánxū］ 沙田镇人民政府驻地。在区政府驻地八步街道西南14千米。人口1.3万。以壮族为主，还有瑶族、汉族。因传以沙、田2姓得名。聚落呈带状。有中小学、卫生院。农业以种植马蹄、甘蔗、柑橘、慈姑为主。省道八达—昭平线经此。

公会镇［Gōnghuì Zhèn］ 八步区辖镇。在区境西南部。面积300平方千米。人口8.1万。以汉族为主，还有瑶、壮等民族。辖1居委会、24村委会，有251自然村。镇人民政府驻公会圩。1955年置公会区。1958年改公社。1984年改镇。因镇政府驻地得名。新寨河流经。有中学2所，小学22所，卫生院1个，卫生所24个，图书室18个。农业以种植莲藕、青梅、水稻为主。八步—西坪公路过境。

公会圩［Gōnghuìxū］ 公会镇人民政府驻地。在区政府驻地八步街道西南29千米。人口3300。因传旧为公众集会之地，故名。聚落呈井字形。有中小学、卫生院。农业盛产青梅。特产公会牛肠酸。服务业以商贸为主。省道八达—昭平线经此。

水口镇［Shuǐkǒu Zhèn］ 八步区辖镇。在区境西南部。面积167平方千米。人口1.4万。以瑶族为主，还有汉、壮等民族。辖6村委会，有67自然村。镇人民政府驻水口圩。1984年设水口乡。1997年改镇。因镇政府驻地得名。大、小水河流经。有中学1所，小学7所，卫生院1个，卫生所6个。有文化站、图书室。有省级非物质文化遗产水口麒麟马。农业以种植水稻、花生、玉米为主。工业以茶叶加工为主。八步—水口公路过境。

水口圩［Shuǐkǒuxū］ 水口镇人民政府驻地。在区政府驻地八步街道西南57千米。人口900。因地处2河交汇处得名。聚落呈带状。有中小学、卫生院。农业盛产冬菇、茶、笋干、蜂蜜、八角。服务业以商贸为主。八步—水口公路经此。

望高镇［Wànggāo Zhèn］ 八步区辖镇。在区境北部。面积184平方千米。人口3.9万。辖1居委会、12村委会，有56自然村。镇人民政府驻望高街。1958年成立东风公社。1960年改名望高公社。1984年改乡。1989年改镇。因镇政府驻地得名。白沙河、望高河流经。有中学1所，小学10所，卫生院1个，卫生所12个，图书室14个。农业以种植水稻、玉米、花生为主。工业以粉体、大理石加工为主。有旺高工业区。特产红瓜子、茶子油、花生油。洛湛铁路，贵广高铁，207、323国道过境。有钟山站。

望高街［Wànggāojiē］ 望高镇人民政府驻地。在区政府驻地八步街道西北22千米。人口2600。因传村民仰望山顶怀念得名。聚落呈带状。有中小学、卫生院。有旺高工业区。服务业以商贸为主。207、323国道经此。

立头村［Lìtóucūn］ 在区政府驻地八步街

道西北 15 千米。望高镇辖自然村。人口 1800。清乾隆四十五年(1780)红花立头村人迁此,袭原籍村名。聚落呈犁头状。有民俗农历十月十六龙王庙会。农业以种植水稻、玉米为主。洛湛铁路、207 国道经此。2011 年被评为全国文明村。

羊头镇 [Yángtóu Zhèn] 八步区辖镇。在区境西北部。面积 160 平方千米。人口 4.3 万。以汉族为主,还有瑶族。辖 12 村委会,有 68 自然村。镇人民政府驻羊头街。1960 年成立羊头公社。1984 年改乡。1993 年改镇。因镇政府驻地得名。富江流经。有中学 1 所,小学 13 所,卫生院 1 个,卫生所 12 个。农业以种植水稻、莲藕、木薯为主。工业以煤炭加工、造纸、电力为主。贵广高铁、323 国道过境。

羊头街 [Yángtóujiē] 羊头镇人民政府驻地。在区政府驻地八步街道西北 16 千米。人口 1600。因江中岩石状似羊头得名。聚落呈"十"字形。有中小学、卫生院。服务业以商贸为主。323 国道经此。

黄洞瑶族乡 [Huángdòng Yáozú Xiāng] 八步区辖乡。在区境中部。面积 190 平方千米。人口 0.7 万。其中瑶族占 75%,还有汉、壮等民族。辖 4 村委会,有 67 自然村。乡人民政府驻黄洞口。1985 年由莲塘镇析设黄洞瑶族乡。因乡政府驻地得名。有狗耳山。有中学 1 所,小学 2 所,卫生院 1 个,卫生室 4 个。有国家级非物质文化遗产瑶族服饰、瑶族盘王节。农业以种植水稻、玉米、花生为主。工业以水电、木材加工、农副食品加工、制塑为主。323 国道过境。

黄洞口 [Huángdòngkǒu] 黄洞瑶族乡人民政府驻地。在区政府驻地八步街道东北 26 千米。人口 2000。因地多黄红土壤得名。聚落呈团块状。有中小学、卫生院。有国家级非物质文化遗产瑶族服饰、瑶族盘王节。服务业以商贸为主。323 国道经此。

大平瑶族乡 [Dàpíng Yáozú Xiāng] 八步区辖乡。在区境西南部。面积 217 平方千米。人口 1.4 万。其中瑶族占 30%,还有汉、壮等民族。辖 6 村委会,有 136 自然村。乡人民政府驻大平圩。1958 年成立大平公社。1984 年改大平瑶族乡。因乡政府驻地得名。大平河流经。有中学 1 所,小学 4 所,卫生院 1 个,卫生所 5 个,文化站 1 个,图书室 8 个。有民俗农历十月十六瑶族盘王节。农业以种植水稻、花生、甘薯为主,盛产杉树。八步—水口公路过境。

大平圩 [Dàpíngxū] 大平瑶族乡人民政府驻地。在区政府驻地八步街道西南 48 千米。人口 800。清雍正八年(1730)建村,因地处平坦地带得名大圩,演为今名。聚落呈块状。有中小学、卫生院。工业以腐竹、八角等加工为主。服务业以商贸为主。八步—水口公路经此。

昭　平　县

昭平县 [Zhāopíng Xiàn] 贺州市辖县。北纬 24°10′,东经 110°48′。在市境西南部。面积 3273 平方千米。人口 44.2 万。以汉族为主,还有壮、瑶等民族。辖 8 镇、3 乡、1 瑶族乡。县人民政府驻昭平镇。南朝梁普通五年(524)置龙平县,属静州。宋宣和六年(1124)改名昭平县,因取昭州、龙平各一字得名,意为招抚平定,属昭州。南宋淳熙六年(1179)复名龙平县,属昭州。元属平乐府。明洪武十八年(1385)省入平乐县。万历四年(1576)复置昭平县,属平乐府。清因之。1913 年后历属漓江道、桂林道、第二民团区、桂林民团区、平乐民团区、平乐行政监督区、第二行政督察区、第一行政督察区、平乐专区、梧州专区、梧州地区、贺州地区。2002 年属贺州市。地势西北高东南低。以山地为主。东北角有部分喀斯特石山区,西北部有昭平盆地。最高点仙殿顶海拔 1223.4 米,最低点桂江木格乡大洲海拔 23.7 米。年均气温 19.9℃,1 月平均气温 10.4℃,7 月平均气温 28℃。年均降水量 2011.9 毫米。有桂江、文竹河、思勤江、富群河、桂花江流经。有矿产资源金、银、铅、锌、大理石等。有野生植物 1700 多种,其中国家重点保护野生植物有金毛狗蕨、小叶红豆、伯乐树等 39 种。有野生动物 650 多种,其中国家重点保护野生动物有豹猫、鳄蜥、蛇雕、斑头鸺鹠等 20 种。有国家级七冲自然保护区。森林覆盖率 80%。有高中 2 所,初中 17 所,小学 149 所,特教学校 1 所,幼儿园 61 所,二级医院 3 个,体育场馆 2 个。有省级爱国主义教育基地中共广西省工委旧址纪念馆。有省级文物保护单位中共广西省委黄姚旧址、黄姚文明阁、黄姚戏台、北陀古墓群。有省级非物质文化遗产黄姚豆豉加工技艺、黄姚放灯节、仙回瑶族调马。有国家 4A 级旅游景区黄姚古镇。有名胜古迹桂江、南山茶海、故乡茶博园、黄花山温泉、马三家瀑布、凌霄塔。三次产业比例 32∶33∶35。农业以种植水稻,饲养生猪、牛为主,盛产八角、蜂蜜、松香、沙田柚。有林场 130 个。工业以电力、建材、食品、林产品加工为主。特产昭平三宝茶叶、黄姚豆豉、竹针、卫生筷、木衣夹。服务业以旅游、商贸为主。包茂高速,省道八步—西坪线、白沙井—黄村线过境。桂江通航。

昭平大桥 [Zhāopíng Dàqiáo] 在县城东部。长 311 米,宽 12 米,最大跨度 80 米,桥下净高 20 米。1985 年开工,1988 年建成。为大型河道桥梁,结构型式为钢筋混凝土组合箱型无铰拱桥。最大载重 50 吨。通公交车。

昭平县汽车总站 [Zhāopíng Xiàn Qìchē Zǒngzhàn] 见交通运输设施部分"昭平县汽车总站"条。

昭平镇 [Zhāopíng Zhèn] 昭平县人民政府驻地。在县境西北部。面积 539 平方千米。人口 8.3 万。以汉族为主,还有壮、瑶等民族。辖 4 居委会、14 村委会,有 405 自然村。镇人民政府驻昭平街。1950 年置城厢镇。1958 年改上游公社。1959 年改城厢公社。1966 年改龙坪公社。1984 年分设昭平镇、富裕乡。2005 年富裕乡并入。因县得名。桂江、思勤江流经。有同古、古站、上垌水库。有中学 5 所,小学 31 所,二级医院 3 个,卫生所 19 个。有古迹文笔塔。有景点榕园、马三家瀑布、五叠泉瀑布。有民俗农历五月十三关岳会期。农业以种植水稻,养蚕、猪、牛为主。工业以茶叶、林板、建材加工为主。特产八角、将军峰茶叶、大脑山茶叶。省道白沙井—黄村线过境。

昭平街 [Zhāopíngjiē] 昭平镇人民政府驻地。在镇境西北部。人口 3.9 万。以汉族为主,还有壮、瑶等民族。因县得名。聚落呈团块状。有中小学、幼儿园、二级医院、文化广场。有景点榕园、孙中山讲演处、县革命烈士陵园、凌霄塔。服务业以商贸、物流为主。有集贸市场。省道白沙井—黄村线经此。

文竹镇 [Wénzhú Zhèn] 昭平县辖镇。在县境西北部。面积 286 平方千米。人口 1.1 万。以汉族为主,还有壮、瑶等民族。辖 5 村委会,有 105 自然村。镇人民政府驻文竹坪屯。1959 年成立文竹公社。1984 年改乡。1992 年改镇。因镇政府驻地得名。文竹河流经。有国家级七冲自然保护区。有中学 1 所,小学 7 所,卫生院 1 个。农业盛产水果、茶叶、茶油、沙田柚。为县毛楠竹生产基地。工业以水电为主。昭平—仙回公路过境。

文竹坪屯 [Wénzhúpíngtún] 文竹镇人民政府驻地。在县政府驻地昭平镇西北 9 千米。人口 100。因产文竹得名。聚落呈团块状。有小学、卫生所。农业以种植茶、竹为主,盛产沙田柚、香菇、木耳。工业以木材加工为主。昭平—仙回公路经此。

黄姚镇 [Huángyáo Zhèn] 昭平县辖镇。在县境东北部。面积 218 平方千米。人口 6.3 万。以汉族为主,还有壮、瑶、苗等民族。辖 19 村委会,有 553 自然村。镇人民政府驻巩桥街。1958 年成立东方红公社。1960 年改黄姚公社。1984 年改镇。2005 年巩桥乡并入。因黄、姚 2 姓得名。黄姚河流经。有中学 2 所,小学 16 所,卫生院 1 个,卫生所 19 个。有中共广西省工委旧址纪念馆、钱兴烈士塑像、广西艺术馆旧址。有古迹文明阁、宝珠观、古戏台。有省级非物质文化遗产黄姚豆豉加工技艺。有国家 4A 级旅游景区黄姚古镇。有景点花海、东潭岭。农业以种植水稻、玉米为主,盛产黄花梨、柑橘、三华李、杨梅、青梅等。特产黄姚豆豉。工业以建材、塑料制品加工为主。服务业以旅游为主。包茂高速、省道八步—西坪线过境。

巩桥街 [Gǒngqiáojiē] 黄姚镇人民政府驻地。在县政府驻地昭平镇东北 40 千米。人口 1600。以汉族为主,还有壮族。因三拱桥简称巩桥得名。聚落呈团块状。有中小学、幼儿园、卫生院。服务业以商贸、住宿、餐饮为主。有集贸市场。巩桥—黄姚、巩桥—笔头、巩桥—坡寨公路经此。

富罗镇 [Fùluó Zhèn] 昭平县辖镇。在县境东南部。面积 336 平方千米。人口 2.9 万。以汉族为主,还有瑶、壮等民族。辖 13 村委会,有 252 自然村。镇人民政府驻富罗街。1958 年成立富罗公社。1984 年改乡。1992 年改镇。因镇政府驻地得名。富群河、九龙河流经。有富强、砂子、百花滩水电站。有中学 1 所,小学 13 所,卫生院 1 个,卫生所 13 个,敬老院 1 个。有黄花山温泉。农业以种植水稻为主,盛产笋干、香菇、木耳、沙梨果、柚子。包茂高速,庇江—富罗、潮江—马江公路过境。

富罗街 [Fùluójiē] 富罗镇人民政府驻地。在县政府驻地昭平镇东南 38 千米。人口 600。以汉族为主,还有瑶族。因地处螺山脚下、富强冲口,各取首字谐音得名。聚落呈团块状。有中小学、卫生院、敬老院。服务业以商贸为主。潮江—马江公路经此。

北陀镇 [Běituó Zhèn] 昭平县辖镇。在县境中部。面积 268 平方千米。人口 3.9 万。以汉族为主,还有壮、瑶等民族。辖 13 村委会,有 431 自然村。镇人民政府驻北陀圩。1933 年设北陀乡。1950 年并入第三区。1958 年成立北陀公社。1984 年复乡。1992 年改镇。2005 年九龙乡并入。因镇政府驻地得名。九龙河、北陀河流经。有中学 2 所,小学 13 所,卫生院 1 个,卫生所 14 个,文化广播站 1 个。有省级文物保护单位风清汉墓群。有北陀城古城墙。农业以种植水稻为主,盛产茶叶、木耳、笋干、香菇。河口—马江、庇江—富罗公路过境。

北陀圩 [Běituóxū] 北陀镇人民政府驻地。在县政府驻地昭平镇东南 29 千米。人口 800。以汉族为主,还有壮、瑶等民族。因地处桂江北岸,状似陀螺,故名。聚落呈团块状。有中小学、幼儿园、卫生院。服务业以商贸为主。有集贸市场。河口—马江公路经此。

马江镇 [Mǎjiāng Zhèn] 昭平县辖镇。在县境西南部。面积 313 平方千米。人口 3.9 万。以汉族为主,还有壮、瑶等民族。辖 2 居委会、14 村委会,有 251 自然村。镇人民政府驻马江街。1950年设马江乡。1958年改东风公社。1959年改马江公社。1984年改镇。2005年古袍镇并入。因镇政府驻地得名。桂江、富群河流经。有旺坪、金牛坪水电站。有中学2所,小学19所,卫生院1个,卫生所14个,敬老院1个,文化广播站1个。农业以种植水稻为主。为县重点林区。特产马江米粉、茯苓、笋干、蜂蜜、茶叶。富裕—木格、潮江—马江、河口—马江公路过境。

马江街 [Mǎjiāngjiē] 马江镇人民政府驻地。在县政府驻地昭平镇东南40千米。人口1700。以汉族为主,还有壮、瑶等民族。旧为开江县治,唐长庆二年(822)为志东汉马援开发之功改今名。聚落呈团块状。有中小学、幼儿园、卫生院、卫生所。服务业以商贸为主。潮江—马江、河口—马江公路经此。

五将镇 [Wǔjiàng Zhèn] 昭平县辖镇。在县境西部。面积510平方千米。人口3.6万。以汉族为主,还有壮族。辖19村委会,有349自然村。镇人民政府驻五将街。1950年设五将乡。1958年并入超美公社。1960年析设五将公社。1984年复乡。1992年改镇。宋开禧元年(1205)建五将庙,故名。桂江流经。有中学1所,小学20所,卫生院1个,卫生所19个,文化广播站1个。盛产木竹、玉桂、八角、茶油、茶叶、沙田柚、柑橙。富裕—木格、五将—古袍公路过境。

五将街 [Wǔjiàngjiē] 五将镇人民政府驻地。在县政府驻地昭平镇东南19千米。人口1700。以汉族为主,还有壮族。因镇得名。聚落呈团块状。有中小学、幼儿园、卫生院。服务业以商贸为主。有农贸市场。富裕—木格公路经此。

走马镇 [Zǒumǎ Zhèn] 昭平县辖镇。在县境北部。面积393平方千米。人口3万。以汉族为主,还有壮、瑶等民族。辖12村委会,有263自然村。镇人民政府驻走马圩。1960年成立走马公社。1984年改乡。2005年庇江乡并入。2014年改镇。因镇政府驻地得名。思勤江流经。有中学2所,小学14所,卫生院2个,卫生所12个,文化广播站1个,水电站5个。有罗旭屯岭南特色古建筑群。农业以种植水稻、玉米,养殖生猪、牛为主。盛产笋干、八角、茶叶、茶油。工业以林木、化工、建材、茶叶加工为主。省道八步—西坪线、白沙井—黄村线过境。

走马圩 [Zǒumǎxū] 走马镇人民政府驻地。在县政府驻地昭平镇东北19千米。人口700。以汉族为主,还有壮、瑶等民族。因传清代有状元跑马于此得名。聚落呈团块状。有小学、卫生院、广播站。服务业以商贸为主。省道白沙井—黄村线经此。

仙回瑶族乡 [Xiānhuí Yáozú Xiāng] 昭平县辖乡。在县境西北部。面积169平方千米。人口1.5万。其中瑶族占55.6%,还有汉、壮等民族。辖6村委会,有122自然村。乡人民政府驻古庄田屯。1984年设仙回乡。1995年改瑶族乡。因传古有神仙巡游得名。茅坪河、古存河、六这河流经。有中学1所,小学6所,卫生院1个,卫生所6所。有古迹古眉寨土司城、文笔塔、三冲古战场遗迹。有省级非物质文化遗产马威屯调马民俗。农业以种植水稻、油茶、香菇、茶、毛楠竹为主,盛产八角、生姜、沙田柚等。有水稻制种基地。昭平—仙回公路过境。

古庄田屯 [Gǔzhuāngtiántún] 仙回瑶族乡人民政府驻地。在县政府驻地昭平镇西北17千米。人口100。以瑶族为主,还有汉族。原为森林,因开辟成田,故名。聚落呈团块状。服务业以商贸为主。有农贸市场。昭平—仙回公路经此。

樟木林乡 [Zhāngmùlín Xiāng] 昭平县辖乡。在县境东部。面积138平方千米。人口4.2万。以汉族为主,还有壮、瑶、苗等民族。辖14村委会,有352自然村。乡人民政府驻樟木街。1960年成立樟木公社。1982年更名樟木林公社。1984年改乡。因乡政府驻地得名。招贤河流经。有中学1所,小学15所,卫生院1个,卫生所15个。有石城寨岭南风格古建筑群。有古迹樟木林叶氏宗祠、山根古石寨。有景点九如溶洞、读书岩、潮江风窟。农业以种植水稻,养殖生猪为主,盛产香芋、青梅、柿子等。工业以建材、塑料制品加工为主。包茂高速,省道八步—西坪线过境。设高速出入口。

樟木街 [Zhāngmùjiē] 樟木林乡人民政府驻地。在县政府驻地昭平镇东南47千米。人口700。因原有樟树林得名。聚落呈团块状。有中小学、幼儿园、卫生院。服务业以商贸为主。有农贸市场。省道八步—西坪线经此。

凤凰乡 [Fènghuáng Xiāng] 昭平县辖乡。在县境东北部。面积67平方千米。人口3万。以汉族为主,还有壮族。辖12村委会,有301自然村。乡人民政府驻凤凰街。1984年设凤凰乡。因乡政府驻地得名。招贤河流经。有中学1所,小学12所,卫生院1个,卫生所12个。农业以种植水稻、甘薯、马蹄,饲养生猪为主,盛产青梅。工业以零部件、宝石加工为主。樟木—东录、公会—篁竹公路过境。

凤凰街 [Fènghuángjiē] 凤凰乡人民政府驻地。在县政府驻地昭平镇东北50千米。人口300。以汉族为主,还有壮族。因土岭状似凤凰得名。聚落呈团块状。有中小学、卫生院、农技推广站。服务业以商贸为主。有集贸市场。樟木—东录、河口—马江公路经此。

木格乡 [Mùgé Xiāng] 昭平县辖乡。在县境东南部。面积236平方千米。人口2.2万。以汉族为主,还有壮、瑶等民族。辖11村委会,有222自然村。乡人民政府驻大界寨。1959年成立木格公社。1984年改乡。旧有大樟树、格木,因取樟木老而有格、格木坚硬之意得名。桂江流经。有中学1所,小学12所,卫生院1个,卫生所12个。农业以种植水稻、玉米,饲养生猪、羊为主,盛产八角、茶油、皇帝柑、龙眼、西瓜。工业以竹木加工为主。富裕—木格公路过境。

大界寨 [Dàjièzhài] 木格乡人民政府驻地。在县政府驻地昭平镇东南45千米。人口200。因地处较大山坡得名。当地俗称坡为界。聚落呈团块状。有中小学、幼儿园、卫生院、广播站。服务业以商贸为主。有农贸市场。富裕—木格公路经此。

钟山县

钟山县 [Zhōngshān Xiàn] 贺州市辖县。北纬24°31′,东经111°17′。在市境西部。面积1472平方千米。人口42万。以汉族为主,还有壮、瑶等民族。辖10镇、2瑶族乡。县人民政府驻钟山镇。1916年析富川、昭平2县地置钟山县,属桂林道。1930年后属第二民团区、桂林民团区、平乐民团区、平乐行政监督区、第二行政督察区、第一行政督察区、平乐专区。1953年与富川县合置富钟县。1962年复置钟山县,属梧州专区。1971年属梧州地区。1997年属贺州地区。2002年属贺州市。因山上有石,叩之如钟,故名。地处萌渚岭、都庞岭余脉西南。以平原为主,山地、丘陵次之。最高点大桶山海拔1528.0米。最低点榕木洲海拔120.5米。年均气温19.8℃,1月平均气温9.9℃,7月平均气温28.5℃。年均降水量1570毫米。富江、思勤江、珊瑚河流经。有汤水温泉。有矿产资源大理石、花岗岩、锡、钨、铁、高岭土等。有野生植物1141种,其中国家一级重点保护野生植物有红豆杉、伯乐树,国家二级重点保护野生植物有福建柏、香樟、闽楠、花榈木、榉树等130种。有陆生脊椎动物165种,其中国家一级重点保护野生动物有黄腹角雉、林麝,国家二级重点保护野生动物有大鲵、虎纹蛙等26种。森林覆盖率60.2%。有职业中学1所,中学22所,小学83所,二级医院3个,图书馆1个,文化馆1个,博物馆1个,体育馆1个。有省级文物保护单位英家起义地址、大田戏台、恩荣牌坊、莲花戏台、石龙古桥等9个。有国家级非物质文化遗产瑶族羊角长鼓舞、钟山瑶族蝴蝶歌,省级非物质文化遗产瑶族门咪歌。有国家4A级旅游景区百里水墨画廊、中共广西省工委纪念园。有名胜古迹大爽遗址、水碧岩、小钟山、碧云岩。三次产业比例20∶46∶34。农业以种植水稻,饲养生猪、牛、羊为主,盛产沙田柚、贡柑红、砂糖橘、红瓜子、话梅、红花油茶。有国家地理标志产品英家大头菜。工业以有色金属、机械制造、食品加工、建筑建材为主。服务业以旅游、商贸为主。贵广高铁,汕昆、包茂高速,323国道过境。有钟山西站。

新世纪广场 [Xīnshìjì Guǎngchǎng] 在县城中部。面积2100平方米。2002年开工,2003年建成。因吉言佳语得名。有方鼎1座。有舞台、座椅、健身器材、照明设施、树木、草坪等。为集会、娱乐、休闲场所,举办各类文艺演出、文化活动和公共庆典等。周边有步行街、万客隆购物广场、县政府、邮政公司。通公交车。

钟山西站 [Zhōngshānxī Zhàn] 见交通运输设施部分“钟山西站”条。

钟山县汽车总站 [Zhōngshān Xiàn Qìchē Zǒngzhàn] 见交通运输设施部分“钟山县汽车总站”条。

钟山镇 [Zhōngshān Zhèn] 钟山县人民政府驻地。在县境西北部。面积234平方千米。人口9.5万。以汉族为主,还有壮、瑶等民族。辖3居委会、21村委会,有157自然村。镇人民政府驻钟山街。1950年设附城区。1958年改卫星公社。1960年改钟山镇公社。1960年改钟山镇。2005年城厢镇并入。因镇政府驻地得名。富江流经。有中学8所,小学12所,二级医院3个,卫生院1个,卫生所2个。有文化馆、图书馆、博物馆、体育馆。有名胜古迹碧云岩、钟山钟楼。农业以种植水稻、玉米、花生、木薯为主。贵广高铁、323国道过境。有钟山西站。

钟山街 [Zhōngshānjiē] 钟山镇人民政府驻地。在镇境西南部。人口4.1万。因钟山得名。聚落呈团块状。有中小学、卫生所、文化馆、图书馆、博物馆、体育馆。农业以种植水稻为主,盛产荸荠、香芋、甜玉米。服务业以商贸为主。通多路公交车。

回龙镇 [Huílóng Zhèn] 钟山县辖镇。在县境南部。面积86平方千米。人口4.4万。以汉族为主,还有壮、瑶等民族。辖10村委会,有83自然村。镇人民政府驻回龙街。1950年设回龙乡。1958年并入东方红公社。1960年析设回龙公社。1984年复乡。1992年改镇。因镇政府驻地得名。有中学1所,小学9所,卫生院1个,卫生所1个,文化楼2个。有大猛岭烈士纪念碑。农业以种植水稻、甘蔗、柑橘、莲藕为主。工业以红砖、石灰加工等为主。汕昆高速过境。

回龙街 [Huílóngjiē] 回龙镇人民政府驻地。在县政府驻地钟山镇南10千米。人口1500。因山岭延绵如群龙回舞得名。聚落呈团状。有小学、卫生院、卫生所、大猛岭烈士纪念碑。农业以种植水稻、甘蔗、柑橘为主。通公交车。

龙道村［Lóngdàocūn］　在县政府驻地钟山镇南10千米。回龙镇辖自然村。人口1500。因传山岭有龙路得名。聚落呈团块状。有小学。为中国传统村落。有青瓦房古建筑群。农业以种植水稻、木薯为主。回龙—公安公路经此。

石龙镇［Shílóng Zhèn］　钟山县辖镇。在县境南部。面积62平方千米。人口3.2万。以汉族为主，还有壮、瑶等民族。辖5村委会，有64自然村。镇人民政府驻石龙街。1950年设石龙乡。1958年改东方红公社。1960年并入凤翔公社。1968年析设石龙公社。1984年复乡。1992年改镇。因镇政府驻地得名。珊瑚河流经。有中学1所，小学4所，卫生院1个，卫生所1个。有省级文物保护单位石龙古桥。有名胜古迹石龙古戏台、飞龙岩、鸳鸯岩、松桂寨。农业以种植水稻，养蚕为主。汕昆高速过境。

石龙街［Shílóngjiē］　石龙镇人民政府驻地。在县政府驻地钟山镇南12千米。人口900。因岸石如双龙戏珠得名石龙，明末成街改今名。聚落呈团状。有小学、卫生院。有省级文物保护单位石龙古桥。农业以种植水稻为主，盛产红瓜子。有农贸市场。石龙—大广公路经此。

松桂寨［Sōngguìzhài］　在县政府驻地钟山镇南13千米。石龙镇辖自然村。人口1000。因先祖名潘雄桂得名，雄、松谐音。聚落呈团块状。为中国传统村落。有青瓦房古建筑群。有景点飞龙岩、松桂寨公园。农业以种植水稻为主。石龙—松桂公路经此。

凤翔镇［Fèngxiáng Zhèn］　钟山县辖镇。在县境南部。面积74平方千米。人口3万。以汉族为主，还有瑶、壮等民族。辖6村委会，有44自然村。镇人民政府驻凤翔街。1950年设凤翔乡。1958年并入东方红公社。1960年析设凤翔公社。1984年复乡。1992年改镇。因镇政府驻地得名。珊瑚河流经。有中学1所，小学6所，卫生院1个，卫生所1个。有景点底村生态园、江亚红枫林。农业以种植水稻为主，盛产蚕茧。汕昆高速过境。

凤翔街［Fèngxiángjiē］　凤翔镇人民政府驻地。在县政府驻地钟山镇南18千米。人口1500。以汉族为主，还有瑶、壮等民族。因地形状如凤凰展翅得名。聚落呈团块状。有小学、卫生院、公园。农业以种植水稻、玉米为主。有农贸市场。汕昆高速经此。

珊瑚镇［Shānhú Zhèn］　钟山县辖镇。在县境南部。面积43平方千米。人口2万。以汉族为主，还有瑶、壮等民族。辖4村委会，有31自然村。镇人民政府驻珊瑚街。1984年由凤翔公社析设珊瑚镇。因镇政府驻地得名。珊瑚河流经。有中学1所，小学4所，卫生院1个，卫生所1个，广场2个。有名胜古迹龙泉酒窖、龙岩生态旅游村、龙岩攀岩基地。农业以种植水稻为主，盛产油茶、松、杉树。富川—梧州公路过境。

珊瑚街［Shānhújiē］　珊瑚镇人民政府驻地。在县政府驻地钟山镇南23千米。人口700。因建村先祖子嗣敏珊、敏瑚各一字得名。聚落呈团块状。有中小学、卫生院。农业以种植水稻、玉米、花生为主。富川—梧州公路经此。

同古镇［Tónggǔ Zhèn］　钟山县辖镇。在县境南部。面积117平方千米。人口2.8万。以汉族为主，还有壮、瑶等民族。辖9村委会，有82自然村。镇人民政府驻同古街。1950年设同古乡。1958年并入东方红公社。1960年析设同古公社。1984年复乡。1993年改镇。因镇政府驻地得名。同古河、珊瑚河流经。有中学1所，小学6所，卫生院1个，卫生所1个，文化广场2个。农业以种植水稻为主，盛产柿子、梅子、柑橘、茶叶。包茂高速过境。

同古街［Tónggǔjiē］　同古镇人民政府驻地。在县政府驻地钟山镇西南21千米。人口900。以汉族为主，还有壮、瑶等民族。因岭似铜鼓简写得名。聚落呈团块状。有中小学、幼儿园、卫生院。农业以种植水稻、木薯、柑橘、茶为主。包茂高速经此。

公安镇［Gōng'ān Zhèn］　钟山县辖镇。在县境西南部。面积136平方千米。人口5.5万。以汉族为主，还有壮、瑶等民族。辖15村委会，有86自然村。镇人民政府驻公安街。1950年设公安乡。1958年并入上游公社。1960年析设公安公社。1984年复乡。1989年改镇。因镇政府驻地得名。珊瑚河、思勤江流经。有中学3所，小学14所，卫生院1个，卫生所1个，文化楼1个。有省级文物保护单位大田戏台。有古迹牛庙、里太古墓群。有十里画廊风景区。农业以种植水稻、花生为主。323国道过境。

公安街［Gōng'ānjiē］　公安镇人民政府驻地。在县政府驻地钟山镇西南15千米。人口1600。因取公众安居乐业为名。聚落呈团块状。有中小学、卫生院。农业以种植水稻、柑橘为主。有农贸市场。323国道经此。

清塘镇［Qīngtáng Zhèn］　钟山县辖镇。在县境西南部。面积184平方千米。人口5.7万。以汉族为主，还有壮、瑶等民族。辖17村委会，有168自然村。镇人民政府驻清塘街。1960年成立清塘公社。1984年改乡。1992年改镇。2005年英家镇并入。因镇政府驻地得名。地平河流经。有中学2所，小学8所，卫生院1个，卫生所1个，文化楼1个，文化中心4个。有省级文物保护单位英家中共广西工委旧址。有白竹新寨古建筑群。有英家革命烈士纪念碑。有古迹英家粤东会馆、英家古墓群。农业以种植水稻为主，盛产英家大头菜、雷电茶、香芋。汕昆高速、323国道过境。

清塘街［Qīngtángjiē］　清塘镇人民政府驻地。在县政府驻地钟山镇西南31千米。人口2700。因清水池塘得名。聚落呈团块状。有小学、文化中心、卫生院。农业以种植水稻为主，盛产沙田柚、大头菜。服务业以商贸为主。有农贸市场。省道白沙井—黄村线经此。

英家街［Yīngjiājiē］　在县政府驻地钟山镇西南26千米。清塘镇辖自然村。人口1200。因山水环抱形似雄鹰得名鹰家，以谐音简为英家，明洪武年间（1368—1398）成街改今名。聚落呈团块状。为中国传统村落。有省级文物保护单位英家中共广西工委旧址。有古迹英家古墓群、英家粤东会馆。农业以种植水稻为主，盛产柑橘、三华李、青梅。白沙井—英家公路经此。

燕塘镇［Yàntáng Zhèn］　钟山县辖镇。在县境西南部。面积114平方千米。人口2.7万。以汉族为主，还有壮、瑶、苗、侗等民族。辖7村委会，有68自然村。镇人民政府驻张屋村。1950年设燕塘乡。1958年并入五星公社。1960年析设燕塘公社。1984年复乡。1993年改镇。因有旱塘专做印砖得名印塘，雅化为今名。有中学1所，小学6所，卫生所1个。有省工委机关旧址纪念亭、革命故址牛峒。有省级文物保护单位恩荣牌坊。农业以种植水稻、甘薯为主，盛产花生、莲藕、柚子。包茂高速、323国道过境。

张屋村［Zhāngwūcūn］　燕塘镇人民政府驻地。在县政府驻地钟山镇西南20千米。人口1000。因张姓始居得名。聚落呈团块状。有小学、卫生院。有革命故址牛峒。农业以种植水稻、花生为主。323国道经此。

玉坡村［Yùpōcūn］　在县政府驻地钟山镇西26千米。燕塘镇辖自然村。人口3300。因巨石光滑如玉得名。聚落呈团块状。为中国传统村落。有省级文物保护单位恩荣牌坊。有青瓦房古建筑群。农业以种植水稻、玉米为主。包茂高速经此。

红花镇［Hónghuā Zhèn］　钟山县辖镇。在县境西北部。面积94平方千米。人口2.3万。以汉族为主，还有壮、瑶等民族。辖7村委会，有33自然村。镇人民政府驻红花街。1950年设红花乡。1958年并入上游公社。1960年析设红花公社。1984年复乡。1993年改镇。因镇政府驻地得名。思勤江流经。有中学1所，小学5所，卫生院1个，卫生所1个，文化楼4个。有镇革命烈士纪念碑、汤公温泉。农业以种植水稻、甘薯为主。特产腐竹、茶叶。贵广高铁、黄岭—莲花公路过境。

红花街［Hónghuājiē］　红花镇人民政府驻地。在县政府驻地钟山镇西北16千米。人口1800。因夏秋荷花粉红得名。聚落呈团块状。有小学、卫生院、文化楼、戏台。有景点汤公温泉。农业以种植水稻、甘薯为主。有农贸市场。黄岭—莲花公路经此。

花山瑶族乡［Huāshān Yáozú Xiāng］　钟山县辖乡。在县境西部。面积188平方千米。人口0.8万。其中瑶族占68%，还有壮、汉等民族。辖6村委会，有49自然村。乡人民政府位于花山路。1984年设花山瑶族乡。花山河流经。有中学1所，小学4所，卫生院1个，卫生所1个。有戏台、花山瑶族乡纪念亭。经济以林业为主，盛产松、杉、毛竹。有农贸市场。板冠—宝鹿公路过境。

两安瑶族乡［Liǎng'ān Yáozú Xiāng］　钟山县辖乡。在县境西北部。面积144平方千米。人口1.7万。其中瑶族占95.3%，还有汉、壮等民族。辖6村委会，有43自然村。乡人民政府驻两安街。1984年设两安瑶族乡。因乡政府驻地得名。思勤江流经。有中学1所，小学6所，卫生院1个，卫生所1个，戏楼1个。有省级文物保护单位莲花戏台，国家级非物质文化遗产瑶族羊角长鼓舞、省级非物质文化遗产瑶族门哝歌。有星寨古民居群。农业以种植水稻、玉米、甘薯为主。工业以木材加工、水电为主。贵广高铁过境。

两安街［Liǎng'ānjiē］　两安瑶族乡人民政府驻地。在县政府驻地钟山镇西北21千米。人口400。瑶族聚居。因取安乐、保安2民团中"安"字得名。聚落呈团块状。有中小学、卫生院、文化楼、戏台、敬老院。农业以种植水稻、甘薯为主。有农贸市场。贵广高铁经此。

富川瑶族自治县

富川瑶族自治县［Fùchuān Yáozú Zìzhìxiàn］　贺州市辖县。北纬24°48′，东经111°17′。在市境北部。面积1572平方千米。人口33.2万。其中瑶族占54.6%，还有汉、壮等民族。辖9镇、3乡。县人民政府驻富阳镇。汉元鼎六年（前111）置富川县，属苍梧郡。三国时期属临贺郡。南朝梁普通元年（520）属乐梁郡。隋开皇九年（589）属富州。开皇十九年（599）临贺、绥越、荡山等县划入，更名贺川县，属永平郡。唐天宝二年（743）更名富水县，乾元元年（758）复名富川县。宋开宝四年（971）废冯乘县部分地域入富川县。元因之。明属平乐府。清因之。1913年属漓江道。1914年属桂林道。1916年析置钟山县。此后历属第二民团区、桂林民团区、平乐民团区、平乐行政监督区、第二行政督察区、第一行政督察区、平乐专区。1953年省入富钟县。1962年复县。1971年属梧州地区。1983年改富川瑶族自治县。1997年属贺州地区。2002年属贺州市。因富江得名。地处都庞岭、萌渚岭余脉峡槽之间，有"大风走廊"之称。多低山丘陵、喀斯特石山，中部为富阳盆地。最高点北卡顶峰海拔1857米，最低点龟石水库海拔140米。年均气温19.1℃，1月平均气温8.5℃，7月平均气温28.3℃。年均降水量1667毫米。有矿产资源钨、锡、铜、铝、锌等。有野生植物1411种，其中国家一级重点保护野生植物有红豆杉、伯乐树，国家二级重点保护野生植物有华南五针松、福建柏、香樟、闽楠、花榈木、榉树。有野生动物165种，其中国家一级重点保护野生动物有黄腹角雉、林麝，国家二级重点保护野生动物有大鲵、穿山甲、苏门羚等21种。有龟石国家湿地公园、省级西岭山自然保护区。森林覆盖率53%。有高中2所，初中10所，小学158所，二级医院3个。有图书馆、瑶族博物馆、科技馆、体育馆。有全国重点文物保护单位马殷庙、富川瑶族风雨桥群，省级文物保护单位富川旧城、百柱庙、凤溪古建筑群等。有省级爱国主义教育基地古城起义烈士陵园。有国家级非物质文化遗产瑶族蝴蝶歌、瑶族长鼓舞，省级非物质文化遗产瑶族溜喉歌、富川上灯炸龙节。有名胜古迹鲤鱼山、狗公山遗址、秀水状元村、神仙湖、福溪宋寨、慈云寺。三次产业比例32：40：28。农业以种植水稻、玉米，养殖生猪、牛、鸡、鸭为主，盛产柑橘、油茶、香菇、竹笋。有国家地理标志产品富川脐橙。工业以电力、食品加工、建材为主。服务业以旅游、物流、商贸为主。洛湛铁路、207国道过境。富江通航。

富江大桥［Fùjiāng Dàqiáo］ 在县城西北部。长91米，宽11米，最大跨度31米，桥下净高8.2米。原为木板桥。1971年改建，2014年改造。因跨富江得名。为小型河道桥梁，结构型式为钢筋混凝土箱形拱桥。最大载重30吨。通公交车。

富川瑶族自治县汽车总站［Fùchuān Yáozú Zìzhìxiàn Qìchē Zǒngzhàn］ 见交通运输设施部分"富川瑶族自治县汽车总站"条。

富阳镇［Fùyáng Zhèn］ 富川瑶族自治县人民政府驻地。在县境西部。面积201平方千米。人口7万。以瑶族为主，还有汉、苗、壮等民族。辖7居委会、18村委会，有129自然村。镇人民政府驻富阳街。1958年成立红旗公社。1960年更名富阳公社。1969年析设富阳镇。1984年富阳公社改富阳乡。1996年乡并入镇。因地处富江之南得名。有龟石国家湿地公园、省级西岭山自然保护区。有高中2所，初中4所，小学20所，二级医院3个，卫生院3个。有县图书馆、瑶族博物馆、科技馆、青少年活动中心。有名胜古迹凤凰山、马鞍山、瑞光园、明城楼、瑞光塔、慈云寺、明城楼。农业以种植水稻、玉米、脐橙为主。工业以建材、化工、食品加工为主。服务业以商贸、物流为主。白沙—麦岭、富阳—朝路、富阳—柳家、富阳—福利公路过境。

凤凰路［Fènghuáng Lù］ 在县城中部。东起迎宾大道，西至新永路。与富洲路、富麦路、真龙路、真龙北路、民族路等相交。长2.2千米，宽35米。沥青路面。1975年开工，同年建成。1991年扩建。因凤凰山得名。两侧有民族广场、疾控中心、皮肤病医院、凤凰山公园、国土局、文体局、交通局、马鞍山公园、大钟楼。通公交车。

富阳街［Fùyángjiē］ 富阳镇人民政府驻地。在镇境中部。人口2.3万。以瑶族为主，还有汉族等。因镇得名。聚落呈带状。有中小学、二级医院。有省级文物保护单位明富川旧城、慈云寺、瑞光塔。服务业以商贸、物流为主。通公交车。

白沙镇［Báishā Zhèn］ 富川瑶族自治县辖镇。在县境东南部。面积98平方千米。人口1.4万。以瑶族为主，还有汉、苗、壮等民族。辖1居委会、6村委会，有35自然村。镇人民政府驻白沙街。1950年设白沙乡。1958年并入东风公社。1961年析设白沙公社。1984年复乡。1996年改镇。因镇政府驻地得名。有矿产资源铁、锡、高岭土等。有小学9所，卫生院1个，卫生所6个。有文化广播站、敬老院。有木江传统民居群。农业以种植水稻、玉米为主，盛产柑橘。工业以水泥建材、水电、化工、采选矿等为主。有白沙工业园区。洛湛铁路、207国道过境。

白沙街［Báishājiē］ 白沙镇人民政府驻地。在县政府驻地富阳镇东南23千米。人口1700。以瑶族为主，还有汉族等。因白沙河得名。聚落呈带状。有中小学、幼儿园、卫生院、敬老院。工业以食品加工为主。服务业以商贸为主。207国道、白沙—麦岭公路经此。

莲山镇［Liánshān Zhèn］ 富川瑶族自治县辖镇。在县境东南部。面积89平方千米。人口2.9万。以瑶族为主，还有汉、苗、壮等民族。辖1居委会、11村委会，有45自然村。镇人民政府驻莲山街。1987年由古城乡析设莲山乡。1996年改镇。因镇政府驻地得名。有中学1所，小学9所，卫生院1个，卫生所11个。有幼儿园、文化广播站、敬老院。有名胜古迹黎家大屋、大莲塘古民居建筑群、潜德岩摩崖石刻、深井遗址。农业以种植水稻、玉米、花生为主，盛产蜜梨、脐橙。有天堂岭林场。工业以水泥建材、食品加工为主。有华润循环经济产业示范区。洛湛铁路，白沙—麦岭、莲山—新华公路过境。

莲山街［Liánshānjiē］ 莲山镇人民政府驻地。在县政府驻地富阳镇东南10千米。人口1100。以瑶族为主，还有汉族等。因取大莲塘、下坝山2村各一字得名。聚落呈带状。有中小学、幼儿园、卫生院、敬老院。有古迹潜德岩摩崖石刻。服务业以商贸为主。白沙—麦岭公路经此。

大莲塘村［Dàliántángcūn］ 在县政府驻地富阳镇东南11千米。莲山镇辖自然村。人口2400。以瑶族为主，还有汉族等。因地处莲塘洞得名。聚落呈团块状。有小学、卫生室、图书室。为中国传统村落。有大莲塘古民居建筑群。农业以种植水稻、花生为主。洛湛铁路、莲山—大莲塘公路经此。

古城镇［Gǔchéng Zhèn］ 富川瑶族自治县辖镇。在县境南部。面积45平方千米。人口2.6万。以瑶族为主，还有汉族等。辖1居委会、9村委会，有35自然村。镇人民政府驻横山街。1958年成立英雄公社。1960年更名古城公社。1984年改乡。1987年析设莲山乡。1996年改镇。唐为南河县治，故名。有职业技术学校1所，小学12所，卫生院1个，卫生所9个。有幼儿园、文化广播站、敬老院。有抗日将领胡天乐旧居。有石脚寨传统民居群、荆竹山遗址、大岭古墓群。有景点白水源瀑布、横山。农业以种植水稻，养殖生猪为主，盛产蔬菜、水果。工业以建材、纸箱、饲料加工等为主。洛湛铁路、白沙—麦岭公路过境。

横山街［Héngshānjiē］ 古城镇人民政府驻地。在县政府驻地富阳镇东南5千米。人口1600。以瑶族为主，还有汉族等。因横山得名。聚落呈带状。有职业技术学校、小学、幼儿园、卫生院、敬老院。有横山遗址。工业以建材、纸箱、饲料加工为主。服务业以商贸为主。白沙—麦岭公路经此。

福利镇［Fúlì Zhèn］ 富川瑶族自治县辖镇。在县境东部。面积90平方千米。人口2.7万。以瑶族为主，还有汉、苗、壮等民族。辖1居委会、10村委会，有65自然村。镇人民政府驻福利街。1960年成立福利公社。1984年改乡。1996年改镇。因镇政府驻地得名。有横塘水库。有中学1所，小学13所，卫生院1个，卫生所10个。有幼儿园、文化广播站、敬老院、集贸市场。有毛家传统古民居建筑群、红岩古建筑群。有古迹恭城寺、马山岩摩崖石刻。有神仙湖瑶族生态旅游区。有景点书坪花海。农业以种植水稻、蔬菜为主，盛产脐橙、丰水梨。工业以建材、食品加工为主。洛湛铁路，富石、福新公路过境。

福利街［Fúlìjiē］ 福利镇人民政府驻地。在县政府驻地富阳镇东北11千米。人口2000。以瑶族为主，还有汉族等。因寓意"得福获利"得名。聚落呈团块状。有中小学、卫生院、幼儿园、敬老院。工业以食品加工为主。服务业以商贸为主。有集贸市场。富石、福新公路经此。

麦岭镇［Màilǐng Zhèn］ 富川瑶族自治县辖镇。在县境北部。面积207平方千米。人口2.4万。以瑶族为主，还有汉、苗、壮等民族。辖1居委会、13村委会，有93自然村。镇人民政府驻麦岭街。1950年设麦岭乡。1958年并入超美公社。1959年析设麦岭公社。1984年复乡。1996年改镇。因镇政府驻地得名。有中学1所，小学12所，卫生院1个，卫生所13个。有幼儿园、文化广播站、敬老院、集贸市场。有古迹高桥、黄候泉风雨桥、穿石岩摩崖石刻、平乐麦岭分府遗址等。农业以种植水稻、玉米，养殖生猪为主，盛产野生油茶、野竹笋。工业以风电、食品加工等为主。白沙—麦岭公路过境。

麦岭街［Màilǐngjiē］ 麦岭镇人民政府驻地。在县政府驻地富阳镇北21千米。人口1100。以瑶族为主，还有汉族等。因盛产小麦得名。聚落呈团块状。有中小学、幼儿园、卫生院、敬老院。有古迹麦岭营、平乐麦岭分府遗址。工业以食品加工为主。服务业以商贸为主。白沙—麦岭、麦岭—朝东、麦岭—石家公路经此。

葛坡镇［Gěpō Zhèn］ 富川瑶族自治县辖镇。在县境中部。面积95平方千米。人口2.2万。以瑶族为主，还有汉、苗、壮等民族。辖1居委会、12村委会，有67自然村。镇人民政府驻葛坡街。1984年设葛坡乡。1996年改镇。因镇政府驻地得名。有小学15所，卫生院1个，卫生所12个。有幼儿园、文化广播站、敬老院。有古迹潇贺古道、谷母井秦汉古道遗址、社公山摩崖石刻、罗家本炮楼、义族石板桥。农业以种植水稻、蔬菜为主。工业以建材、食品加工为主。白沙—富麦公路过境。

葛坡街［Gěpōjiē］ 葛坡镇人民政府驻地。在县政府驻地富阳镇北11千米。人口1100。瑶族聚居。因传土坡巨石上爬满葛藤得名。别名青山口。有小学、幼儿园、卫生院、文化广播站。有古迹青山脚神仙桥。工业以建材、食品加工为主。服务业以商贸为主。白沙—麦岭、葛坡—城北、葛坡—石家公路经此。

深坡村［Shēnpōcūn］ 在县政府驻地富阳镇北12千米。葛坡镇辖自然村。人口800。以汉族为主，还有瑶族等。北宋建村，因山坡长得名。聚落呈团块状。有卫生室、文化书屋。为中国传统村落。有先秦古道遗址、明清古建筑群、社公山摩崖石刻、《深坡街恕堂书屋记》碑。农业以种植水稻、玉米为主。白沙—麦岭公路经此。

城北镇［Chéngběi Zhèn］　富川瑶族自治县辖镇。在县境西部。面积129平方千米。人口2.4万。以瑶族为主，还有汉、苗、壮等民族。辖1居委会、11村委会，有81自然村。镇人民政府驻城北街。1949年设城北乡。1958年并入朝东公社。1969年析设城北公社。1984年复乡。1996年改镇。因镇政府驻地得名。有北卡顶峰。有省级西岭山自然保护区。有小学14所，卫生院1个，卫生所11个。有幼儿园、文化广播站、敬老院。有古迹凤溪古建筑群、福寿风雨桥、神亭戏台、川岩摩崖石刻、朝阳古墓群。有景点凤溪瑶寨。农业以种植水稻为主，盛产脐橙、美国黑布朗李、枇杷。工业以建材、食品加工、水电、机械制造为主。富阳—朝东、葛坡—城北公路过境。

城北街［Chéngběijiē］　城北镇人民政府驻地。在县政府驻地富阳镇西北11千米。人口2600。瑶族聚居。因地处县城北部得名。以处河边沙洲，别称沙子坪。聚落呈带状。有小学、卫生院、文广站。服务业以商贸为主。富阳—朝东、葛坡—城北公路经此。

朝东镇［Cháodōng Zhèn］　富川瑶族自治县辖镇。在县境西北部。面积216平方千米。人口3.6万。以瑶族为主，还有汉、苗、壮等民族。辖1居委会、22村委会，有113自然村。镇人民政府驻朝东街。1958年成立超英公社。1960年更名朝东公社。1984年改镇。2005年油沐乡并入。因镇政府驻地得名。有中学1所，小学13所，卫生院1个，卫生所21个。有幼儿园、文化广播站、敬老院。有全国重点文物保护单位福溪马殷庙、油沐回澜风雨桥。有古迹状元楼、青龙风雨桥、子见岭古墓群、湘桂秦古道要隘、江东书院遗址、栖真子摩崖石刻。农业以种植水稻、玉米为主，盛产果蔗、茶油、竹笋。工业以建材、食品加工为主。服务业以旅游为主。富阳—朝东、朝东—麦岭公路过境。

朝东街［Cháodōngjiē］　朝东镇人民政府驻地。在县政府驻地富阳镇西北24千米。人口4700。瑶族聚居。因纪念镇驻地自东水村迁此而得名。聚落呈团块状。有中小学、幼儿园、卫生院。工业以建材、食品加工为主。服务业以商贸为主。富阳—朝东、朝东—麦岭公路经此。

秀水村［Xiùshuǐcūn］　在县政府驻地富阳镇西北26千米。朝东镇辖自然村。人口2800。以瑶族为主，还有汉族等。唐开元十三年(725)建村。原名秀峰，因秀水河更今名。聚落呈圆形。为中国历史文化名村。有岭南特色明清古民居建筑群。有古迹状元楼、古戏台、古门楼、东江石拱桥、登瀛桥遗址等。农业以种植水稻为主，盛产茶油、果蔗、芋头。服务业以农家乐旅游为主。朝东—桃川公路经此。

福溪村［Fúxīcūn］　在县政府驻地富阳镇西北28千米。朝东镇辖自然村。人口1600。以瑶族为主，还有汉族等。唐末宋初建村。因梯形地形且有溪水得名托溪，“托”当地指“层”之意。以人才旺盛寓意有福改今名。聚落呈团块状。为中国历史文化名村。有古迹福溪马殷庙、福溪碑刻、钟灵风雨桥、景福亭。农业以种植水稻，养殖牛、羊为主。服务业以旅游为主。朝东—福溪公路经此。

新华乡［Xīnhuá Xiāng］　富川瑶族自治县辖乡。在县境东部。面积105平方千米。人口2.3万。以瑶族为主，还有汉、苗、壮等民族。辖1居委会、10村委会，有61自然村。乡人民政府驻新华街。1949年设新华乡。1960年并入福利公社。1984年析设新华乡。因乡政府驻地得名。有小学12所，卫生院1个，卫生所11个。有幼儿园、文化广播站、敬老院。有古迹狗公山遗址、三源书院、湘桂古道要隘、知米石刻。有民俗芦笙长鼓舞、二月初一鸟仔节、十月十六盘王节。农业以种植水稻，玉米、花生、黄豆为主。工业以建材、塑料、食品加工为主。洛湛铁路，莲山—新华、福利—新华公路过境。

新华街［Xīnhuájiē］　新华乡人民政府驻地。在县政府驻地富阳镇东17千米。人口2200。瑶族聚居。因祖先唐新华得名。聚落呈团块状。有小学、卫生院。服务业以商贸为主。莲山—新华、福利—新华公路经此。

虎马岭村［Hǔmǎlǐngcūn］　在县政府驻地富阳镇东16千米。新华乡辖自然村。人口500。瑶族聚居。因山形似虎得名。聚落呈团块状。为中国传统村落。有明清古建筑群。有岭南瑶族传统习俗。农业以种植水稻、玉米为主，盛产脐橙、野竹笋。新华—江华公路经此。

石家乡［Shíjiā Xiāng］　富川瑶族自治县辖乡。在县境东北部。面积91平方千米。人口1.7万。以瑶族为主，还有汉、苗、壮等民族。辖1居委会、7村委会，有50自然村。乡人民政府驻石家街。1984年设石家乡。因乡政府驻地得名。有小学10所，卫生院1个，卫生所7个。有幼儿园、文化广播站、敬老院。有古迹金荣岗古墓群、龙湾风雨桥、龙湾传统民居、城上村清代古建筑群、林氏宗祠、林家大屋、石枧炮楼等。农业以种植水稻、玉米，养殖生猪、羊、牛为主，盛产野生茶油、脐橙。富石公路过境。

石家街［Shíjiājiē］　石家乡人民政府驻地。在县政府驻地富阳镇东北20千米。人口900。瑶族聚居。因取石枧、世家2村各一字得名。聚落呈带状。有小学、幼儿园、卫生院、敬老院。有古迹莫氏宗祠、金荣岗古墓群。服务业以商贸为主。富石公路经此。

柳家乡［Liǔjiā Xiāng］　富川瑶族自治县辖乡。在县境西南部。面积109平方千米。人口2万。以瑶族为主，还有汉、苗、壮等民族。辖1居委会、9村委会，有74自然村。乡人民政府驻柳家街。1969年成立柳家公社。1984年改乡。因乡政府驻地得名。有铁、稀土等矿产资源。有龟石国家湿地公园、省级西岭山自然保护区。有小学1所，卫生院1个，卫生所9个。有幼儿园、文化广播站、敬老院。有古迹红岩山遗址、枫树坳秦汉古道、七星庙、茅刀源宗祠。有景点茅樟农民公园、下湾新瑶村。农业以种植水稻、玉米为主。工业以水电、风电、矿产开采等为主。富阳—柳家公路过境。

柳家街［Liǔjiājiē］　柳家乡人民政府驻地。在县政府驻地富阳镇西南10千米。人口900。瑶族聚居。因柳姓先居得名。聚落呈团块状。有小学、幼儿园、卫生院。服务业以商贸为主。富阳—柳家公路经此。

河池市

河池市［Héchí Shì］　广西壮族自治区辖地级市。北纬23°33′—25°36′，东经106°34′—109°09′。在自治区境西北部。面积33500平方千米。户籍人口419.9万，常住人口345.2万。以壮族为主，还有汉、瑶、仫佬、毛南、苗、水、侗等民族。辖金城江区，南丹、天峨、凤山、东兰4县，罗城仫佬族、环江毛南族、巴马瑶族、都安瑶族、大化瑶族5自治县，代管宜州县级市。市人民政府驻金城江区。1965年设河池专区。1971年改地区。2002年改地级河池市。澜江秋冬断流成潭(当地称池)，有大雨成河、小雨成池之民谣，故名。地势西北高东南低。有凤凰山、都阳山、青龙山等。平均海拔195米。年均气温20.2℃，1月平均气温21.3℃，7月平均气温27.8℃。年均降水量1596.2毫米。年均无霜期314天。有红水河、龙江、刁江、环江、下枧河、布柳河、盘阳河流经。有矿产资源锡、锌、锑、铟、铜、铁、金、银、锰、砷等。有野生植物908种，其中国家重点保护野生植物有40种。有野生动物400种，其中国家重点保护野生动物有50种。有木论、九万山国家级自然保护区，三匹虎、龙滩省级自然保护区。森林覆盖率68.2%。有高校2所，中等职业学校16所，中学197所，小学1370所，特教学校8所，三级医院2个，公共图书馆12个，文化馆12个，体育场馆12个。有全国重点文物保护单位2个，省级文物保护单位15个。有国家级爱国主义教育基地1个，自治区爱国主义教育基地15个。有国家级非物质文化遗产壮族铜鼓习俗、密洛陀、仫佬族依饭节等8项，省级非物质文化遗产壮族蚂拐舞等42项。有省级风景名胜区4个。有景点宜州刘三姐故乡、南丹白裤瑶风情、东兰铜鼓文化之乡、巴马长寿之乡等。三次产业比例23∶34∶43。农业以种植水稻、玉米、桑树、木薯、旱藕、菌类为主，盛产蚕茧、糖蔗、木材、油桐、油茶、板栗、山葡萄等。特产糯玉米。工业以有色金属加工为主。服务业以商贸、旅游为主。有铁路353千米，高速323千米，公路12645千米，内河航线1001千米。黔桂、金红、岔罗铁路，兰海高速，210、323国道过境。有河池金城江机场，民航航线1条，通往重庆、海口。

河池［Héchí］　河池市聚落。在市境中部。面积18平方千米。人口22万。以壮族为主，还有汉、瑶、苗、毛南、仫佬、侗等民族。城区四周高山，呈东西方向带状分布，聚集龙江河两岸。有铜鼓广场、金城江公园等。城东片区为市行政中心。城西片区为科教区。城中片区以步行街为中心，有中心广场、文化广场和居民住宅区，为市经济商贸中心。有景点珍珠岩、六甲小三峡、流水岩、壮王湖。铁路、高速、国道过境。

金城江区

金城江区［Jīnchéngjiāng Qū］　河池市人民政府驻地。在市境东部。面积2346平方千米。人口33.8万。以壮族为主，还有汉、瑶、苗、仫佬、毛南、水等民族。辖1街道、7镇、4乡。区人民政府驻金城江街道。宋初置河池县，先后属庆远府、羁縻金城州。大观元年(1107)改怀德县，四年(1110)复河池县，属庆远府。元属庆远路。明天顺六年(1462)改庭州，后复河池县，属庆远府。弘治十七年(1504)改河池州。清袭明制，属右江道庆远府。1912年复县，属庆远府。1949年属庆远专区。1950年属宜山专区。1953年宜山、环江、南丹3县部分地域划入。先后属柳州专区、河池专区、河池地区。1983年撤县设河池市(县级)。2002年改金城江区，属河池市(地级)。传因宋代金、陈2商得名金陈圩，以陈、城近音且处江边改今名。先后建成金城江公园、铜鼓广场、民族公园，改造商业步行街。龙江、刁江、环江河流经。有高校2所，中学15所，小学71所，特教学校1所，三级医院1个，二级医院1个。有省级文物保护单位红七军河池宿营地旧址、红七军红八军阅兵广场。有古迹明代土司覃炮墓、河池文庙等。有民俗风情龙狮舞、壮族"三月三"扁担节等。有景点六甲小三峡、珍珠岩、壮王湖、英洞瀑布、敢羊瀑布、凉风洞、收水岩、流水岩、东仁乐园等。三次产业比例9：53：38。农业以种植甘蔗、水稻、核桃及种桑养蚕为主。有林产杉木、松木等。盛产野生甜茶、茶油、八角、桐油、沙田柚、椪柑、砂糖橘等。特产糖蔗、桑蚕、蔬菜、生姜。工业以有色金属、建材、电力、制丝为主。服务业以商贸为主。黔桂铁路，兰海、汕昆高速，210、323国道过境。有河池金城江机场、金城江站、城西汽车站。

文化广场［Wénhuà Guǎngchǎng］ 在城区西部。面积13923平方米。2001年开工，2002年建成。2003—2004年扩建。中部为多功能活动场所，周围建有广告屏、健身器材等。为市民休闲娱乐场所。周边有文化宫、小学、市妇幼保健院、医院等。通公交车。

金城中路［Jīnchéng Zhōnglù］ 在区境中部。东起南桥，西至上任桥。与九龙大道、富民路、民族路、颐园路、翠玉路相交。长3.6千米，宽22米。沥青路面。1951年开工。1965年改建。原名新建路，2014年因处城区中心更今名。两侧有居住小区、区疾病防疫中心、市医院、中小学、商厦、酒店等。通公交车。

龙江桥［Lóngjiāng Qiáo］ 在城区中部偏东。长188.8米，宽18.5米，最大跨度100米，桥下净高28.9米。1939年建木桥。1941年改建。1943年被破坏。1947—1955年复建。1970年改建。原名龙江大桥、龙江一桥，因跨龙江河更今名。为大型河道桥梁，结构型式为钢筋混凝土双曲拱桥。最大载重汽15吨，挂80吨。通公交车。

金城江站［Jīnchéngjiāng Zhàn］ 见交通运输设施部分"金城江站"条。

城西汽车站［Chéngxī Qìchēzhàn］ 见交通运输设施部分"城西汽车站"条。

金城江街道［Jīnchéngjiāng Jiēdào］ 金城江区人民政府驻地。在区境中部。面积26平方千米。人口17.7万。以壮族为主，还有汉、苗、瑶、毛南、仫佬等民族。1975年设金城江镇。2005年改街道。沿用原镇名。先后建设城区巷道30条，建成社区老年活动中心、休闲山庄，改建春园市场。有大专1所，中学8所，小学14所，特教学校1所，三级医院1个，二级医院1个，卫生院2个，卫生所4个。有金城江公园。农业以种植甘蔗、蔬菜，种桑养蚕为主。工业以机械、轻纺、食品加工、建材为主。黔桂铁路、323国道、省道融水—金城江线过境。通多路公交车。

东江镇［Dōngjiāng Zhèn］ 金城江区辖镇。在区境东部。面积193平方千米。人口3.2万。以壮族为主，还有汉族。辖4居委会、7村委会，有135自然村。镇人民政府驻永康社区。1942年为东江乡。1950年并入德胜区。1953年析设东江区。1958年改公社。1962年改区。1984年改乡。1996年改镇。因大环江流经东部得名。龙江河流经。有里仁原始森林。有中学2所，小学9所，卫生院1个，卫生所11个。有景点东仁乐园。农业以种植水稻、蔬菜、甘蔗为主。黔桂铁路、323国道、金环公路过境。

永康社区［Yǒngkāng Shèqū］ 东江镇人民政府驻地。在区境东部。面积21.8平方千米。人口2400。原为牛洞村，因取意永远康乐改今名。2002年村改社区。有中小学、卫生院、卫生所。农业以种植水稻、甘蔗、桑树为主。工业以金属冶炼、制肥、制糖等为主。汕昆高速经此。

六圩镇［Liùxū Zhèn］ 金城江区辖镇。在区境西部。面积228平方千米。人口2.4万。以壮族为主，还有汉、瑶等民族。辖2居委会、12村委会，有131自然村。镇人民政府驻六圩街。1933年为六圩镇。1948年改乡。1953年改区。1958年改公社。1962年与六甲公社并设六圩区。1972年析设六甲镇。1984年改乡，部分地域划出。1996年改镇。因镇政府驻地得名。有中学1所，小学6所，卫生院1个，卫生所14个。有民族公园。农业以种植甘蔗、蔬菜，种桑养蚕等为主。工业以煤矿开采、木材加工等为主。黔桂铁路、323国道过境。

六圩街［Liùxūjiē］ 六圩镇人民政府驻地。在区政府驻地金城江街道西南4千米。人口1100。以壮族为主，还有汉族。传汉初韩天贞逃此得名韩天贡，因后代分居6圩改今名。聚落呈带状。有中小学、卫生院等。农业以种植水稻、蔬菜为主。金水公路经此。

六甲镇［Liùjiǎ Zhèn］ 金城江区辖镇。在区境西北部。面积21平方千米。人口1.5万。以壮族为主，还有汉、毛南、瑶、仫佬等民族。辖2居委会、5村委会，有41自然村。镇人民政府驻六甲街。1933年为六甲乡。1950年为第二区。1953年并入六圩区。1958年析设六甲公社。1968年并入六圩区。1972年析设六甲镇。1984年六圩公社部分地域划入。因镇政府驻地得名。有小学1所，卫生院1个，卫生室6个。有景点六甲小三峡、珍珠岩等。农业以种植水稻、甘蔗，养殖牲畜、水产品为主。工业以化工、电力为主。黔桂铁路，金城江—六甲、河池—六甲公路过境。

六甲街［Liùjiǎjiē］ 六甲镇人民政府驻地。在区政府驻地金城江街道西北13千米。人口600。以壮族为主，还有汉、毛南、水等民族。因传明共组6甲得名。甲指保甲制度。聚落呈带状。有中小学、卫生院。农业以种植水稻、蔬菜等为主。服务业以商贸等为主。河池—六甲公路经此。

河池镇［Héchí Zhèn］ 金城江区辖镇。在区境中部。面积326平方千米。人口2.7万。以壮族为主，还有汉、瑶等民族。辖2居委会、14村委会，有196自然村。镇人民政府驻河池街。1912年为河池镇。1933年为城区镇。1950年改河池城区。1958年改河池公社。1962年改区。1984年改镇，析设五圩、下考2乡。2005年下考乡并入。因镇政府驻地得名。有中学1所，小学6所，卫生院2个，卫生所16个。有省级文物保护单位红七军河池宿营地旧址、红七军红八军阅兵广场。有景点流水岩瀑布、壮王湖、敢羊瀑布、马娘山、英洞瀑布、刁江等。农业以林业为主，种植水稻、玉米、甘蔗，盛产杉木、核桃、油茶。特产脐橙、砂糖橘。工业以木材、红砖加工为主。兰海高速、210国道过境。

河池街［Héchíjiē］ 河池镇人民政府驻地。在区政府驻地金城江街道西21千米。人口2700。以壮族为主，还有汉族。因河水断流成潭(当地称池)，有"大雨成河，小雨成池"之民谣，故名。聚落呈带状。有中小学、卫生院。有古迹黄官桥、文庙、古城墙、文庙、观音庙。有景点鹦鹆山、流水岩、红七军标语楼、红七军红八军阅兵广场等。农业以种植水稻、玉米、蔬菜、甘蔗为主。工业以制砖等为主。兰海高速、210国道经此。

拔贡镇［Bágòng Zhèn］ 金城江区辖镇。在区境西北部。面积200平方千米。人口1.6万。以壮族为主，还有汉、瑶、毛南等民族。辖1居委会、9村委会，有136自然村。镇人民政府驻拔贡街。1950年为第五区。1953年改北香区，旋南丹县枫木乡划入。1958年改拔贡公社。1962年改区。1966年枫木大队划出。1984年改乡。1993年析设侧岭乡。1996年改镇。因镇政府驻地得名。有中心小学1所，幼儿园4所，卫生院1个，卫生室10个。有景点梦古寨、拔贡电厂自然风光。农业以种植水稻、玉米、蔬菜、甘蔗为主。特产拔贡河鱼。工业以水电、矿灯制造等为主。六甲—拔贡、大山塘—拔贡公路过境。

拔贡街［Bágòngjiē］ 拔贡镇人民政府驻地。在区政府驻地金城江街道西北25千米。人口600。以壮族为主，还有汉、毛南等民族。传清康熙十年(1671)有拔贡生得名。因拔贡站设于坡脚下，也名坡老街。聚落呈块状。有小学、幼儿园、卫生院等。农业以种植蔬菜、水稻为主。六甲—拔贡、大山塘—拔贡公路经此。

九圩镇［Jiǔxū Zhèn］ 金城江区辖镇。在区境西南部。面积423平方千米。人口3万。以壮族为主，还有汉、瑶等民族。辖2居委会、23村委会，有307自然村。镇人民政府驻九圩街。1933年为九圩乡。1953年改区。1958年改公社，析设三旺公社。1984年改乡，析设保平乡。1996年改镇。2005年三旺乡并入。因镇政府驻地得名。刁江、九圩河流经。有中学1所，小学14所，卫生院2个，卫生所25个。有明代土司覃炮墓。农业以种植甘蔗、水稻、玉米为主，兼种桑养蚕，盛产豆类、薯类、生姜、指天椒、蓖麻、柑、柚、李等。工业以木材、蚕丝加工等为主。323国道、花香—九圩公路过境。

九圩街［Jiǔxūjiē］ 九圩镇人民政府驻地。在区政府驻地金城江街道西南35千米。人口500。以壮族为主，还有汉、瑶等民族。为壮语意译转写名，九指岜九山，以逢九赶圩之意得名。聚落呈多边形块状。农业以种植水稻、甘蔗，饲养家禽为主，兼种桑养蚕，盛产玉米、黄豆、杉木。323国道、南丹—九圩公路经此。

五圩镇［Wǔxū Zhèn］ 金城江区辖镇。在区境西南部。面积169平方千米。人口1.3万。以壮族为主，还有汉、瑶、毛南、仫佬等民族。辖1居委会、9村委会，有97自然村。镇人民政府驻五圩街。1933年为五圩乡。1953年并入河池区(后改公社)。1984年析设五圩乡。2000年改镇。因镇政府驻地得名。有小学3所，卫生院1个，卫生室10个。农业以种植水稻、甘蔗、玉米、果树为主，兼种桑养蚕。特产五圩椪柑、冰糖橙、沙田柚等。工业以有色金属矿开采为主。210、323国道过境。

五圩街［Wǔxūjiē］ 五圩镇人民政府驻地。在区政府驻地金城江街道西南23千米。人口800。以壮族为主，还有汉、瑶、苗、毛南等民族。因逢五赶集得名。聚落呈块状。有中心小学、卫生院。农业以种植水稻、甘蔗、玉米、水果为主，养桑蚕。210国道经此。

白土乡［Báitǔ Xiāng］ 金城江区辖乡。在区境东部。面积179平方千米。人口1.9万。以壮族为主，还有汉、瑶等民族。辖1居委会、10村委会，有114自然村。乡人民政府驻白土街。1933年为白土乡。1953年并入东江区。1958年析设白土公社。1984年改乡。因乡政府驻地得名。龙江河流经。有小学9所，卫生院1个，卫生室11个。农业以种植甘蔗、西瓜为主。工业以煤矿开采、木材加工为主。三拉公路过境。

白土街［Báitǔjiē］　白土乡人民政府驻地。在区政府驻地金城江街道东南35千米。人口900。以壮族为主，还有汉、瑶、水、苗等民族。传古荒无人烟，清代迁居，因取意在空白土地开荒得名。聚落呈带状。有小学、卫生院。三白公路经此。

侧岭乡［Cèlǐng Xiāng］　金城江区辖乡。在区境西北部。面积167平方千米。人口1.1万。以壮族为主，还有汉、苗、瑶、毛南、仫佬、高山、布依等民族。辖1居委会、5村委会，有100自然村。乡人民政府驻侧岭街。1951年为侧岭乡。1961年并入拔贡区(后改乡)。1993年析设侧岭乡。因乡政府驻地得名。有小学2所，卫生院1个，卫生室6个。有景点洞情桃花园、凤凰寺。农业以种植水稻、甘蔗为主，盛产优质红心猕猴桃。有薰衣草特色农业观光区。工业以硅石开采加工为主。兰海高速过境。

侧岭街［Cèlǐngjiē］　侧岭乡人民政府驻地。在区政府驻地金城江街道西北32千米。人口700。以壮族为主，还有汉族。因侧岭山得名。聚落呈正方形。有小学、卫生所。农业以种植水稻、玉米、甘蔗、蔬菜为主。更棒—拉电公路经此。

保平乡［Bǎopíng Xiāng］　金城江区辖乡。在区境西南部。面积161平方千米。人口1.2万。以壮族为主，还有汉、苗、瑶、仫佬、毛南等民族。辖1居委会、7村委会，有102自然村。乡人民政府驻保平街。1933年为保平乡。1953年并入九圩区。1984年析设保平乡。因乡政府驻地得名。有矿产资源锰、方解石等。有小学1所，卫生院1个，卫生所8个。有保平革命烈士纪念园。有壮族"三月三"扁担节。农业以种植水稻、玉米、甘蔗、指天椒、生姜、桑树、果树为主。工业以采矿、林材加工为主。210国道过境。

保平街［Bǎopíngjiē］　保平乡人民政府驻地。在区政府驻地金城江街道西南36千米。人口900。以壮族为主，还有汉、瑶等民族。为壮族语名，"保"指小坡，"平"同汉音义，因原址位于小坡平顶上得名。聚落呈带状。有中小学、卫生所。有保平革命烈士纪念园。农业以种植水稻、甘蔗为主，盛产水果。九圩—保平公路经此。

长老乡［Zhǎnglǎo Xiāng］　金城江区辖乡。在区境西部。面积190平方千米。人口1.6万。以壮族为主，还有汉、瑶、仫佬等民族。辖1居委会、10村委会，有118自然村。乡人民政府驻长老街。1933年为长老乡。1955年改区。1958年改公社。1984年改乡，析设三旺乡。因乡政府驻地得名。有中学1所，小学3所，卫生院1个，卫生所11个。农业以种植水稻、甘蔗、果树、杉树为主，兼种桑养蚕。工业以木材加工、锡矿开采为主。南丹—九圩公路过境。

长老街［Zhǎnglǎojiē］　长老乡人民政府驻地。在区政府驻地金城江街道西46千米。人口200。以壮族为主，还有汉、瑶等民族。原名长脑，壮语"脑"指山坡腰部，以谐音改为今名。聚落呈带状。有中小学、卫生院。农业以种植水稻、玉米为主，兼种桑养蚕，特产柑橘。有林业。南丹—九圩公路经此。

宜州市

宜州市［Yízhōu Shì］　广西壮族自治区直辖县级市，由河池市代管。北纬24°29′，东经108°37′。在河池市境东南部。面积3864平方千米。人口65.5万。以壮族为主，还有汉、瑶等民族。辖9镇、7乡。市人民政府驻庆远镇。唐贞观四年(630)置粤州，乾封年间(666—668)更名宜州。宋宣和元年(1119)改宜山县，琳州及多梅、多奉、古桂、温泉、都伊、蕃水等县并入宜山县，属庆远府。元废温泉州、蕃州入宜山县，属庆远路。明属庆远府。清因之。1912年省宜山县入庆远府。1913年复宜山县，属柳江道。1927年废永顺、永定2土司入宜山县。先后属第四民团区、柳州民团区、柳州行政监督区、庆远行政监督区、第七行政督察区、第二行政督察区、第十行政督察区、庆远专区、宜山专区、宜山地区、柳州专区、河池专区、河池地区。1993年改宜州市(县级)。因唐属宜州得名，意为适宜居住之地。现域城东老城为商业区，城南为市政中心，城北为文化教育区，城西为工业区。地势西高东低。平均海拔457.8米。年均气温20.5℃，1月平均气温10.2℃，7月平均气温28.4℃。年均降水量1350毫米。龙江、下枧河、中洲河流经。有矿产资源煤、锰、褐铁、磷等。国家二级重点保护野生植物有金毛狗蕨、柔毛油杉、樟、任豆。有野生动物233种，其中国家一级重点保护野生动物有林麝、蟒，国家二级重点保护野生动物有水獭、小灵猫、中华鬣羚、穿山甲等14种。森林覆盖率56%。有高校1所，中等职业学校1所，中学29所，小学195所，特教学校1所，三级医院1个，二级医院4个，图书馆1个，文化馆1个，博物馆1个，综合体育场(馆)2个。有古迹铁城遗址、河池守御千户所遗址、宋黄庭坚衣冠冢、山谷祠、四牌楼、太平天国翼王府故址、浙江大学抗日战争时期西迁宜山办学旧址等。有国家级非物质文化遗产刘三姐歌谣，省级非物质文化遗产宜州渔鼓、德胜红兰酒传统酿造技艺。有国家4A级旅游景区3个，国家3A级旅游景区5个。有水上石林国家地质公园、下枧河流域刘三姐歌谣文化生态保护区、白龙洞游览区。三次产业比例34∶24∶42。农业以种植优质粮、蔗桑、蔬菜为主，兼产林(竹)果、药材。特产怀远糯玉米、香瓜等。工业以制糖、茧丝、水电为主，有食品加工、化工、缫丝、菌业、农业装备制造等。服务业以物流、商贸为主。黔桂铁路，汕昆、兰海高速，323国道，省道浮石—宜州线过境。有宜州站。

市政中心广场［Shìzhèng Zhōngxīn Guǎngchǎng］　在市区中部。面积7.7公顷。2010年开工，同年建成。东、西两侧栽植景观树木。有电影《刘三姐》主题雕塑。中轴线北端有露天舞台，两侧有大型LED屏幕。东南面立巨大花岗岩石。为市民休闲娱乐、举行刘三姐文化旅游节活动的场所。周边有市政中心大楼、公安局、居住小区。通公交车。

宜州站［Yízhōu Zhàn］　见交通运输设施部分"宜州站"条。

宜州市汽车总站［Yízhōu Shì Qìchē Zǒngzhàn］　见交通运输设施部分"宜州市汽车总站"条。

庆远镇［Qìngyuǎn Zhèn］　宜州市人民政府驻地。在市境中部。面积322平方千米。人口15万。以壮族为主，还有汉、瑶、苗、仫佬等民族。辖12居委会、16村委会，有287自然村。镇人民政府位于县前街。1950年合永庆、威远2镇为城关区。1953年改庆远镇。2005年怀远镇，太平、矮山、三合3乡部分地域并入。因唐为庆远军驻地得名。龙江流经。有高校1所，职业学校1所，中学10所，小学25所，三级医院1个，二级医院4个，卫生院2个，图书馆1个，博物馆1个，综合体育场(馆)2个。有中国村民自治展示中心。有古迹四牌楼、浙江大学抗日战争时期西迁宜山办学旧址。有景点桂鱼街、白龙洞等。农业以种植甘蔗、桑树、蔬菜为主。特产果蔗、葡萄等。工业以机械、化工、茧丝绸加工等为主。服务业以商贸、物流为主。黔桂铁路、汕昆高速、323国道、省道浮石—宜州线过境。有宜州站。

刘三姐大道［Liúsānjiě Dàdào］　在市境东南部。南起中山大道，北至323国道。与解放路、共和路相交。长1.1千米，宽60米。混凝土路面。1992年开工，1995年建成。因宜州为刘三姐故乡得名。两侧有高家堡葡萄园、气象局等。通公交车。

中山大道［Zhōngshān Dàdào］　在市境南部。东起刘三姐大道，西至迎宾大道。与福龙路、九龙路、南山路、黄莺路相交。长3.4千米，宽60米。混凝土路面。2004年开工，2006年建成。为纪念孙中山得名。两侧有汽车总站、中医院、广场、居住小区等。通公交车。

三岔镇［Sānchà Zhèn］　宜州市辖镇。在市境东部。面积128.1平方千米。人口2万。以壮族为主，还有瑶、仫佬等民族。辖1居委会、8村委会，有65自然村。镇人民政府驻三岔街。1933年为三岔乡。1950年改区。1958年改公社。1966年析设洛东公社。1984年改镇。1987年析设屏南乡。因镇政府驻地得名。龙江流经。有中学2所，小学10所，卫生院1个。有文化站等。农业以种植桑树、甘蔗、水稻、玉米为主。县道沙欧线过境。

三岔街［Sānchàjiē］　三岔镇人民政府驻地。在市政府驻地庆远镇东33千米。人口2500。以壮族为主，还有瑶、汉等民族。原名盐埠，因多贩盐者得名，后因地处宜山、柳城、柳江3地岔路口更今名。聚落沿龙江河呈带状分布。有中小学、卫生院等。农业以种植桑树、甘蔗为主。有集贸市场。县道沙欧线经此。

洛西镇［Luòxī Zhèn］　宜州市辖镇。在市境东部。面积128.9平方千米。人口3万。以壮族为主，还有汉、瑶等民族。辖1居委会、8村委会，有82自然村。镇人民政府驻洛西街。1933年为洛西乡。1958年改公社。1966年并入洛东公社(后改乡)。1987年析设洛西镇。因镇政府驻地得名。龙江流经。有中学1所，小学10所，卫生院1个。有文化站等。农业以种植水稻、甘蔗、桑树为主。特产甜酒、荸荠。黔桂铁路、宜柳高速过境。

洛西街［Luòxījiē］　洛西镇人民政府驻地。在市政府驻地庆远镇东14千米。人口1200。以壮族为主，还有汉、瑶、回等民族。"洛西"为壮语"luegse"音译名，因地处山谷西得名。聚落呈团块状。有中小学、卫生院。农业以种植桑树为主，盛产甘蔗、水果。有集贸市场。汕昆高速经此。

怀远镇［Huáiyuǎn Zhèn］　宜州市辖镇。在市境中部偏西北。面积233平方千米。人口3.5万。辖1居委会、10村委会，有283自然村。镇人民政府驻怀远街。1912年设怀远镇，后更名怀阳镇，1945年复名怀远镇。1958年改公社。1972年析设怀远镇。1984年怀远公社部分地域并入。因唐、宋怀远军驻此得名。有中学1所，小学13所，卫生院1个。有文化站等。农业以种植水稻、玉米、桑树、甘蔗、果蔬为主，特产青椒、香瓜、糯玉米。工业以制糖、氮肥加工、风炉制造等为主。黔桂铁路、汕昆高速、323国道过境。

怀远街［Huáiyuǎnjiē］　怀远镇人民政府驻地。在市政府驻地庆远镇西北19千米。人口1600。以壮族为主，还有汉、瑶等民族。因张怀远曾开茶水铺得名。聚落呈块状。有中小学、卫生院、文化站等。有古迹古街、古商贸会馆、渡运码头、寺庙等。有民俗山歌、彩调、桂剧、渔鼓。每年八月十五举行万人祭月活动。特产怀远八宝饭、马打滚、怀远风炉。经济以商贸业为主。有集贸市场。323国道、县道宜州—安马线经此。

德胜镇［Déshèng Zhèn］ 宜州市辖镇。在市境西北部。面积345平方千米。人口4.7万。以壮族为主，还有汉、瑶等民族。辖1居委会、18村委会，有184自然村。镇人民政府驻德胜街。1933年为德胜区。1934年改乡。1943年复区。1945年复乡。1957年析设围道乡。1958年改公社。1984年改镇。因镇政府驻地得名。龙江流经。有中学1所，小学17所，卫生院1个。有省级非物质文化遗产德胜红兰酒传统酿造技艺。农业以种植水稻、桑树、甘蔗为主，特产食用菌、柑橘。工业以酿酒、煤矿开采为主。有集贸市场等。黔桂铁路、汕昆高速、323国道过境。

德胜街［Déshèngjiē］ 德胜镇人民政府驻地。在市政府驻地庆远镇西北44千米。人口8000。以壮族为主，还有瑶、汉、毛南等民族。据《太子庙碑》载，唐龙纪元年(889)名古阳村，宋代因平蛮得胜建寨改名德胜，意为以道德取胜。聚落呈块状。有中小学、幼儿园、卫生院。有省级非物质文化遗产德胜红兰酒传统酿造技艺。工业以酿酒为主。特产红兰酒、炒年糕。有集贸市场。黔桂铁路、323国道、环江—都安公路经此。

石别镇［Shíbié Zhèn］ 宜州市辖镇。在市境南部。面积206.5平方千米。人口3.6万。以壮族为主，还有汉、瑶、苗、仫佬、水、回等民族。辖1居委会、10村委会，有107自然村。镇人民政府驻石别街。1942年为石别乡。1950年改区。1958年分设石别、北山、清潭3公社。1962年合设石别区。1984年改乡。1987年析设北山乡。1998年改镇。因镇政府驻地得名。有中学1所，小学11所，卫生院1个。有文化站等。有明永定长官司司署遗址。农业以种植甘蔗、桑树、水果为主。工业以制糖为主。323国道过境。

石别街［Shíbiéjiē］ 石别镇人民政府驻地。在市政府驻地庆远镇南20千米。人口2300。以壮族为主，还有汉、瑶、苗等民族。因街北有石似鳖得名，方言鳖、别同音。聚落呈带状。有中小学、卫生院。农业以种植桑树、甘蔗为主。有集贸市场。县道宜忻线经此。

北山镇［Běishān Zhèn］ 宜州市辖镇。在市境南部。面积157.8平方千米。人口3.4万。以壮族为主，还有瑶、汉等民族。辖1居委会、8村委会，有92自然村。镇人民政府驻北山街。1958年成立跃进公社。1962年并入石别区(后改乡)。1987年析设北山乡。1998年改镇。2005年原太平乡建安村划入。因镇政府驻地得名。有中学1所，小学9所，卫生院1个。有文化站等。农业以种植甘蔗、桑树为主。都宜公路过境。

北山街［Běishānjiē］ 北山镇人民政府驻地。在市政府驻地庆远镇西南25千米。人口2900。以壮族为主，还有瑶、汉等民族。因山壁白色得名，方言北、白同音。聚落呈块状。有中小学、卫生院。农业以种植甘蔗、桑树、柑橘为主。有集贸市场。都宜公路经此。

洛东镇［Luòdōng Zhèn］ 宜州市辖镇。在市境东部。面积105.5平方千米。人口2.5万。以壮族为主，还有瑶、汉等民族。辖1居委会、5村委会，有50自然村。镇人民政府驻洛东街。清末为洛东里。1912年为第三区。1933年改洛东区。1942年改乡。1950年并入三岔区。1958年析设洛东公社。1984年改乡。1987年析设洛西镇。2014年改镇。因镇政府驻地得名。龙江流经。有中学1所，小学6所，卫生院1个。有敬老院等。有民俗彩调。农业以种植桑树、甘蔗、水稻为主。工业以化工、建材、机械、机电等为主。黔桂铁路、汕昆高速过境。

洛东街［Luòdōngjiē］ 洛东镇人民政府驻地。在市政府驻地庆远镇东21千米。人口1600。以壮族为主，还有汉、瑶等民族。“洛东”为壮语“luegdoeng”音译名，因地处山谷东边得名。聚落呈块状。有中小学、卫生院。农业以种植水稻、桑树、油菜为主。有集贸市场。汕昆高速、宜州—屏南公路经此。

刘三姐镇［Liúsānjiě Zhèn］ 宜州市辖镇。在市境东北部。面积369.9平方千米。人口4.1万。以壮族为主，还有汉、瑶、仫佬、水、苗等民族。辖2居委会、16村委会，有204自然村。镇人民政府驻中枧屯。1933年为小龙乡。1949年仍乡。1956年改区。1958年改公社，析设天桥、白崖2公社。1962年改区。1966年改流河公社。1984年改乡，同时析设三合乡。2004年更名刘三姐乡。2005年三合乡并入，马安村划出。2014年改镇。因传下枧村为唐代壮族歌仙刘三姐故乡，故名。有中学1所，小学16所，卫生院1个。有文化站等。有国家4A级旅游景区刘三姐故里。有景点下枧河、龙洲岛。经济以农业、旅游业为主，种植桑树、甘蔗等。省道浮石—宜州线、县道宜州—柳城线过境。

中枧屯［Zhōngjiǎntún］ 刘三姐镇人民政府驻地。在市政府驻地庆远镇北6千米。人口500。以壮族为主，还有仫佬族。龙江支流似水涧，3村沿龙江支流而建，此地居中，以涧、枧转写得名。聚落呈块状。有中小学、卫生院。经济以种植业、旅游业为主。省道浮石—宜州线、县道宜州—柳城线经此。

下枧屯［Xiàjiǎntún］ 在市人民政府驻地庆远镇北5千米。刘三姐镇辖自然村。人口200。壮族聚居。龙江支流似水涧，3村沿龙江支流而建，此地居下，因涧、枧转写得名。传为壮族歌仙刘三姐故乡。有国家4A级旅游景区刘三姐故里。经济以农业、旅游业为主。农业以种植桑树、甘蔗为主。省道浮石—宜州线经此。

祥贝乡［Xiángbèi Xiāng］ 宜州市辖乡。在市境北部。面积211.3平方千米。人口2万。以壮族为主，还有汉、仫佬等民族。辖1居委会、14村委会，有296自然村。乡人民政府驻祥贝街。1934年为天河县祥贝乡。1952年并入罗城县下里区。1958年析设祥贝公社。1962年划入宜山县。1984年改乡。因乡政府驻地得名。有中学1所，小学9所，卫生院1个。有景点古龙河漂流、易水湾、珍珠洞、荔枝洞、大水车等。农业以种植水稻、玉米、桑树为主。县道宜州—祥贝线过境。

祥贝街［Xiángbèijiē］ 祥贝乡人民政府驻地。在市政府驻地庆远镇西北20千米。人口1000。以壮族为主，还有汉、仫佬等民族。石墙围街成圩，墙外为耕地，墙内为住地，故名墙背，雅化为今名。聚落沿临江河呈带状分布。有中小学、卫生院。有景点易水湾。农业以种植水稻、桑树为主。有集贸市场。祥贝—罗城东安公路经此。

屏南乡［Píngnán Xiāng］ 宜州市辖乡。在市境东南部。面积146.9平方千米。人口2.8万。以壮族为主，还有汉、瑶等民族。辖1居委会、6村委会，有77自然村。乡人民政府驻屏南街。1933年设屏南乡。1950年并入第三区(后改三岔镇)。1987年析设屏南乡。因乡政府驻地得名。有中学1所，小学6所，卫生院1个。有文化站等。农业以种植水稻、甘蔗、桑树为主。县道沙欧线过境。

屏南街［Píngnánjiē］ 屏南乡人民政府驻地。在市政府驻地庆远镇东南28千米。人口900。以壮族为主，还有汉、瑶等民族。因地处宋洛曹县驻地大曹南部得名，意为南部屏障，别称南乡。聚落呈块状。有中小学、卫生院等。农业以种植桑树、水稻、玉米为主。有集贸市场。县道沙欧线经此。

福龙瑶族乡［Fúlóng Yáozú Xiāng］ 宜州市辖乡。在市境南部。面积400.1平方千米。人口3.9万。其中瑶族占31%，还有壮、仫佬、汉等民族。辖1居委会、14村委会，有283自然村。乡人民政府驻福龙街。1955年为都安瑶族自治县福龙区。1958年并入东方红公社。1959年析设福龙公社。1984年改乡。1988年并入宜山县。1990年改福龙瑶族乡。因乡政府驻地得名。有中学1所，小学15所，卫生院1个。有文化站等。农业以种植玉米、桑树、甘蔗为主。323国道、县道宜忻线过境。

福龙街［Fúlóngjiē］ 福龙瑶族乡人民政府驻地。在市政府驻地庆远镇南33千米。人口500。以壮族为主，还有瑶、汉等民族。“福龙”为壮语“Fagrungh”音译名，因旧时政府所在地设于烽火屯旁，附近村民到屯对面岸场建房居住、经商，渐成圩场，故名。聚落呈块状。有中小学、卫生院、敬老院等。农业以种植桑树、水稻为主。有集贸市场。县道宜忻线经此。

北牙瑶族乡［Běiyá Yáozú Xiāng］ 宜州市辖乡。在市境西南部。面积370.2平方千米。人口6.1万。其中瑶族占26%，还有壮、汉等民族。辖2居委会、17村委会，有186自然村。乡人民政府驻北牙街。1933年设北牙乡。1949年改区。1950年改第四区。1958年分设北牙、同德、拉利3公社。1962年复合北牙区。1966年改公社。1984年改乡，析设拉利乡。1986年改北牙瑶族乡。1987年析设同德乡。2005年拉利乡并入。因乡政府驻地得名。有中学2所，小学24所，卫生院1个。有民族习俗瑶族狮子上刀山、抢花炮。农业以种植桑树、甘蔗为主。县道宜州—北牙线过境。

北牙街［Běiyájiē］ 北牙瑶族乡人民政府驻地。在市政府驻地庆远镇西南28千米。人口3600。以壮族为主，还有汉、瑶等民族。因北部有山形似人牙得名。聚落呈带状。有中小学、卫生院等。农业以种植桑树、甘蔗、玉米为主。有集贸市场。宜州—龙头公路经此。

同德乡［Tóngdé Xiāng］ 宜州市辖乡。在市境西南部。面积162.7平方千米。人口2.3万。以壮族为主，还有汉、瑶、仫佬等民族。辖1居委会、7村委会，有72自然村。乡人民政府驻同德街。1958年成立同德红星公社。1987年改同德乡。因乡政府驻地得名。有中学1所，小学11所，卫生院1个。有文化站等。农业以种植甘蔗、桑树、水稻为主。特产柑橘、蜜柚。县道宜州—同德线过境。

同德街［Tóngdéjiē］ 同德乡人民政府驻地。在市政府驻地庆远镇西南24千米。人口1100。以壮族为主，还有汉、瑶、仫佬等民族。因地处山路拐角上方得名上角村，建同德锰矿改今名。聚落呈块状。有中小学、卫生院等。农业以种植甘蔗、桑树、水稻、玉米为主。有集贸市场。县道宜州—同德线经此。

安马乡［Ānmǎ Xiāng］ 宜州市辖乡。在市境北部。面积288平方千米。人口2.1万。以壮族为主，还有仫佬、瑶、水、苗等民族。辖1居委会、11村委会，有169自然村。乡人民政府驻安马街。1949年为安马乡。1950年改第七区。1958年改安马公社。1984年改乡，部分地域划出。因乡政府驻地得名。中洲河流经。有中学1所，小学10所，卫生院1个。有文化站等。农业以种植玉米、桑树、甘蔗为主。县道宜州—安马线过境。

安马街［Ānmǎjiē］ 安马乡人民政府驻地。在市政府驻地庆远镇西北29千米。人口400。

以壮族为主，还有仫佬、瑶等民族。“安马”为壮语“anmax”音译名，因地处马鞍山下得名。聚落呈“丁”字形。有中小学、卫生院等。农业以种植桑树、甘蔗、玉米为主。县道宜州—安马线经此。

龙头乡［Lóngtóu Xiāng］ 宜州市辖乡。在市境西部。面积300.8平方千米。人口4.2万。以壮族为主，还有汉、水等民族。辖2居委会、12村委会，有200自然村。乡人民政府驻龙头街。1933年为龙头区。1942年改乡。1950年改区。1957年改第九区。1958年改龙头公社。1984年改乡，析设拉浪乡。2005年拉浪乡并入。因乡政府驻地得名。龙江流经。有中学2所，小学13所，卫生院2个。有文化站等。农业以种植甘蔗、桑树、玉米为主。有锰矿。兰海高速过境。

龙头街［Lóngtóujiē］ 龙头乡人民政府驻地。在市政府驻地庆远镇西55千米。人口1300。以壮族为主，还有汉、瑶、苗、仫佬等民族。因传为龙脉龙头所在，故名。聚落呈块状。有中小学、卫生院、文化站等。农业以种植桑树、甘蔗、玉米为主。有集贸市场。县道宜州—龙头线经此。

南丹县

南丹县［Nándān Xiàn］ 河池市辖县。北纬24°58′，东经107°32′。在市境西北部。面积3916平方千米。人口31.5万。以壮族为主，还有瑶、苗、仫佬、毛南、水等民族。辖7镇、4乡。县人民政府驻城关镇。宋开宝七年(974)设南丹州。大观元年(1107)改观州，四年(1110)复南丹州。元至元三十一年(1294)改南丹安抚司。明初改南丹土州，属庆远府。洪武二十八年(1395)改南丹卫，次年改南丹军民指挥使司，后复南丹卫。永乐二年(1404)复南丹土州。1917年改南丹县，属柳江道。1927年后属广西省，宜山民团区、柳州民团区、柳州行政监督区。1935年部分地域划归天峨县。1936年属庆远行政监督区。1950年属宜山专区。1953年部分地域划出。1955年天峨县月里区划入。1956年后属宜山地区、柳州专区、河池专区、河池地区。2002年属河池市。因地处南方且盛产朱砂(又称丹砂)得名。先后扩建民生街、民治街、民行街，建成河东路、河西路、虎形桥、龙滩大道、金叶街、祥宁街，改造旧城区等。地势由东北向西南倾斜。最高点罗富镇罗屯村三匹虎次峰海拔1321米，最低点吾隘镇独田村拉仁河口海拔205米。年均气温17℃，1月平均气温9.4℃，7月平均气温25.4℃。年均降水量1257毫米。纳力河、打狗河、红水河、清水河流经。有矿产资源锡、铅、锌、金、锑、钨、汞、水晶、煤等。有野生植物634种，其中国家重点保护野生植物有27种。有野生动物187种。森林覆盖率65.8%。有中学16所，小学175所，二级医院4个。有瑶族生态博物馆、文化馆、图书馆等。有国家级非物质文化遗产瑶族服饰、铜鼓舞(勤泽格拉)，省级非物质文化遗产苗族服饰制作技艺、壮族板鞋舞、白裤瑶打陀螺、丹泉酒酿造技艺、南丹壮族服饰。有民间艺术白裤瑶吹牛角、竹鼓舞。有白裤瑶服饰。有景点子华公园、班老峡谷、古榕鸳鸯桥、界牌友谊亭、云阳关、甘河、盘龙谷、三匹虎原始森林等。三次产业比例10∶68∶22。农业以种植水稻、玉米，养殖猪、牛、羊、鸡为主。有淡水养殖。特产长角辣椒、板栗、八步椪柑、罗富黄蜡李、六龙茶、瑶山鸡、中堡黄牛等。工业以有色金属加工、酿酒、建材、电力为主。服务业以商贸、旅游为主。黔桂铁路、省道南丹—乐业线过境。

南丹站［Nándān Zhàn］ 见交通运输设施部分“南丹站”条。

南丹县汽车客运站［Nándān Xiàn Qìchē Kèyùnzhàn］ 见交通运输设施部分“南丹县汽车客运站”条。

城关镇［Chéngguān Zhèn］ 南丹县人民政府驻地。在县境北部。面积277平方千米。人口6.4万。以壮族为主，还有苗、瑶等民族。辖8居委会、12村委会，有234自然村。镇人民政府驻小场。1949年为城关乡。1957年改镇。1958年改公社。1984年复镇。因处县城得名。有中学3所，小学25所，二级医院3个，卫生院1个，卫生所1个。有文化馆、图书馆、档案馆等。农业以种植水稻，养殖猪、牛、鸡为主。有山口林场。工业以酿酒为主。服务业以商贸、旅游为主。有建材市场。黔桂铁路过境。有南丹站、南丹汽车总站。

民行路［Mínxíng Lù］ 在县城北部。南起锡都路，北至丹泉路。与教育路相交。长4.9千米，宽30米。沥青路面。1985年开工，1986年建成。分南、中、北3路。因纪念三民主义得名。两侧有党政单位、中小学、二级医院、步行街、酒店等。通公交车。

丹东路［Dāndōng Lù］ 在县城中部。东起丹东立交桥，西至民行中路。与锡都路相交。长1.4千米，宽20米。沥青路面。1990年开工，同年完成。因处县城东得名。两侧有党政单位、中小学、酒店、农贸市场、汽车站。通公交车。

小场［Xiǎochǎng］ 城关镇人民政府驻地。在镇境东部。人口2100。以壮族为主，还有汉、瑶等民族。因小于县圩场得名。聚落呈块状。有中小学、卫生所。农业以种植水稻、玉米为主。有服装城、建材市场、集贸市场。通公交车。

大厂镇［Dàchǎng Zhèn］ 南丹县辖镇。在县境西南部。面积273平方千米。人口2.6万。以壮族为主，还有瑶、仫佬等民族。辖4居委会、7村委会，有103自然村。镇人民政府驻同车江社区。1957年设大厂乡。1958年并入车河公社。1962年属新洲区。1968年复属车河公社。1984年析设大厂镇。因镇政府原驻地大厂街得名。明为丹池矿区，因银锡厂汇聚，故名。刁江河、龙更河、玉龙河、铜坑河流经。有矿产资源锡等。有中学1所，小学10所，二级医院1个，卫生院1个。有高峰、铜坑等矿。有红岩电站。210国道过境。

同车江社区［Tóngchējiāng Shèqū］ 大厂镇人民政府驻地。在县境西南部。面积3平方千米。人口3700。因在同车江街得名。2002年成立。民居以自建平顶楼房为主。有中小学、卫生院。经济以商贸、服务业为主。通多路公交车。

车河镇［Chēhé Zhèn］ 南丹县辖镇。在县境南部。面积160平方千米。人口1.7万。以壮族为主，还有汉、瑶、苗等民族。辖2居委会、7村委会，有123自然村。镇人民政府驻车河街。1949年为车河乡。1950年并入第一区。1951年析设车河区。1962年改新洲区。1984年改车河镇，析设大厂镇。原山林野猪成群得名野猪林，因修路建桥能通车过河改今名。有矿产资源锡、铅、锌、金、银、铜等。有中学1所，小学9所，卫生院1个，卫生所1个。工业以冶炼、矿产开采为主。有茶山、铜坑等矿。黔桂铁路、210国道过境。

车河街［Chēhéjiē］ 车河镇人民政府驻地。在县政府驻地城关镇东南18千米。人口4100。以壮族为主，还有苗、瑶等民族。因镇得名。聚落呈团块状。有中小学、卫生所。服务业以商贸为主。有建材市场、集市。省道融安—下老线经此。

芒场镇［Mángchǎng Zhèn］ 南丹县辖镇。在县境北部。面积387平方千米。人口2.9万。以壮族为主，还有苗、瑶、布依等民族。辖1居委会、12村委会，有171自然村。镇人民政府驻芒场街。1953年为芒场区。1958年改公社。1984年改乡。1995年改镇。因镇政府驻地得名。有中学1所，小学16所，卫生院2个。有巴平万亩梯田风景区。盛产水稻、瑶山鸡、长角辣椒等。黔桂铁路、兰海高速、210国道过境。

芒场街［Mángchǎngjiē］ 芒场镇人民政府驻地。在县政府驻地城关镇西北15千米。人口2900。以壮族为主，还有苗、瑶等民族。曾为芭芒草地，因开矿成集得名。聚落呈块状。有中小学、卫生所。盛产长角辣椒、瑶山鸡等。服务业以商贸为主。210国道经此。通公交车。

六寨镇［Liùzhài Zhèn］ 南丹县辖镇。在县境北部。面积625平方千米。人口4.6万。以壮族为主，还有苗、水等民族。辖2居委会、17村委会，有267自然村。镇人民政府驻六寨街。1958年成立六寨公社。1984年改六寨镇。因镇政府驻地得名。有中学2所，小学33所，卫生院3个。有莫树杰将军故居、子华公园。农业以种植水稻、玉米为主。特产茶叶、长角辣椒。黔桂铁路、兰海高速、210国道过境。

六寨街［Liùzhàijiē］ 六寨镇人民政府驻地。在县政府驻地城关镇西北35千米。人口2100。以壮族为主，还有苗、水等民族。因有6寨得名。聚落呈团块状。有中小学、卫生所。有莫树杰将军办公楼旧址。农业以种植长角辣椒等为主。服务业以商贸为主。有集市。通公交车。

月里镇［Yuèlǐ Zhèn］ 南丹县辖镇。在县境北部。面积305平方千米。人口2.6万。以壮族为主，还有苗、水等民族。辖1居委会、9村委会，有147自然村。镇人民政府驻月里街。1949年为月里乡。1958年改公社。1984年改乡。1995年改镇。因镇政府驻地得名。纳力河流经。有中学1所，小学13所，卫生院1个。有古迹云阳关。农业以种植水稻、玉米为主，盛产水果。特产珍珠香李。六寨—月里公路过境。

月里街［Yuèlǐjiē］ 月里镇人民政府驻地。在县政府驻地城关镇西北60千米。人口4500。以壮族为主，还有苗、水等民族。因地处月形田坝，如在月中得名。聚落呈块状。有中小学、卫生所。农业以种植珍珠香李等为主。服务业以商贸为主。通公交车。

吾隘镇［Wú'ài Zhèn］ 南丹县辖镇。在县境西南部。面积261平方千米。人口1.9万。以壮族为主，还有苗、瑶等民族。辖1居委会、12村委会，有146自然村。镇人民政府驻吾隘街。1950年为吾隘乡。1951年并入罗富区。1984年析设吾隘乡。1999年改镇。因镇政府驻地得名。红水河、清水河流经。有中学1所，小学1所，卫生院1个。农业以种植水稻、玉米为主。服务业以商贸为主。省道融安—下老线过境。

吾隘街［Wú'àijiē］ 吾隘镇人民政府驻地。在县政府驻地城关镇西南32千米。人口1200。以壮族为主，还有苗、瑶等民族。因地处清水、红水2河交汇隘口得名。聚落呈块状。有中小学、卫生所。经济以商贸业为主。盛产河鱼、瑶山鸡等。通公交车。

罗富乡［Luófù Xiāng］ 南丹县辖乡。在县境西部。面积480平方千米。人口2.8万。以壮族为主，还有苗、瑶、仫佬等民族。辖1居委会、17村委会，有243自然村。乡人民政府驻罗富街。1918年设罗富区。1935年改乡。1949年为第三区，后改罗富区。1958年改公社。1984年改乡。因乡政府驻地得名。有中学1所，小学20所，卫生院1个，卫生所2个。有盘龙谷风景区、三匹虎原始森林。农业以种植水稻、玉米为主。特产黄蜡李。工业以汞矿为主。省道南丹—乐业线过境。

罗富街 [Luófùjiē] 罗富乡人民政府驻地。在县政府驻地城关镇西南19千米。人口1700。以壮族为主，还有苗、瑶等民族。原名拉布，为壮语"Lajmboq"音译，因下方有泉得名。后受汉语影响，谐音雅化为罗富。聚落呈块状。有中小学、卫生所。经济以商贸业为主。盛产黄蜡李。通公交车。

中堡苗族乡 [Zhōngbǎo Miáozú Xiāng] 南丹县辖乡。在县境西北部。面积165平方千米。人口0.8万。其中苗族占46%，还有壮、汉等民族。辖1居委会、5村委会，有56自然村。乡人民政府驻中堡街。1984年由月里公社析设中堡乡。1985年改苗族乡。因乡政府驻地得名。曹渡河流经。有中学1所，小学6所，卫生院1个。农业以种植水稻、玉米为主。特产中堡黄牛、梅花山猪、核桃等。月里—中堡公路过境。

中堡街 [Zhōngbǎojiē] 中堡苗族乡人民政府驻地。在县政府驻地城关镇西北70千米。人口1600。以苗族为主，还有壮、瑶等民族。"中堡"为苗语"格波"音译名，因传仙人曾从该地的石块中取走宝鱼而得名。有中小学、卫生所。盛产中堡黄牛、核桃等。逢5、10日为街圩赶集日。有便民候车亭。

八圩瑶族乡 [Bāxū Yáozú Xiāng] 南丹县辖乡。在县境东部。面积496平方千米。人口2.7万。其中瑶族占51.5%，还有壮、汉、苗等民族。辖1居委会、15村委会，有359自然村。乡人民政府驻八圩街。1950年为二区。1954年改瑶寨区，后改瑶族公社。1982年改八圩瑶族公社。1984年改瑶族乡。因乡政府驻地得名。打狗河流经。有中学1所，小学19所，卫生院1个。农业以种植水稻、玉米为主。特产瑶山糖梨、瑶山蜂蜜、瑶山鸡等。兰海高速、更棒—拉店公路过境。

八圩街 [Bāxūjiē] 八圩瑶族乡人民政府驻地。在县政府驻地城关镇东南19千米。人口4400。以瑶族为主，还有壮、苗等民族。曾有10圩场，此地排第八，故名。聚落呈块状。有中小学、卫生所。经济以商贸业为主。盛产瑶山鸡、瑶山蜂蜜等。通公交车。

里湖瑶族乡 [Lǐhú Yáozú Xiāng] 南丹县辖乡。在县境东北部。面积363平方千米。人口2.5万。其中瑶族占84.1%，还有壮、汉、苗等民族。辖1居委会、12村委会，有194自然村。乡人民政府驻里湖街。1953年成立大瑶寨自治区。1959年改里湖公社。1981年改瑶族公社。1984年改瑶族乡。因乡政府驻地得名。打狗河流经。有中学1所，小学12所，卫生院1个。有瑶族生态博物馆。有蛮降屯寨门寨墙遗址、把哈屯明代古道等。有甘河旅游景区。农业以种植水稻、玉米为主。小场—贵江公路过境。

里湖街 [Lǐhújiē] 里湖瑶族乡人民政府驻地。在县政府驻地城关镇东北12千米。人口1100。以瑶族为主，还有壮、苗等民族。曾有长流泉水，而今仅雨后涌出，遂以为有暗湖，故名。聚落呈团块状。有中小学、卫生所。农业以养殖瑶山鸡等为主。服务业以商贸为主。通公交车。

天 峨 县

天峨县 [Tiān'é Xiàn] 河池市辖县。北纬24°53′，东经107°11′。在市境西部。面积3192平方千米。人口17.7万。以汉族为主，还有壮、瑶、苗等民族。辖2镇、7乡。县人民政府驻六排镇。1935年置天峨县。先后属百色行政监督区、庆远行政监督区、宜山专区、柳州专区、河池专区、河池地区。2002年属河池市。因天峨街传农夫忽见天鹅得名。地势西北高东南低。平均海拔720米。年均气温20℃，1月平均气温11.3℃，7月平均气温27.2℃。年均降水量1370毫米。红水河流经。有野生植物桫椤、金花茶、红豆杉、榉木、罗汉松、野生兰花等。有野生动物果子狸、猴、熊、穿山甲、黄羚、野猪、竹鼠等。有龙滩大峡谷国家级森林公园。森林覆盖率83.8%。先后建成云林路、兴宁街、龙珠公园、城中广场、城雕广场、全家湾广场等。有中学11所，小学105所。有省级非物质文化遗产壮族蚂拐舞、天峨壮族八仙。有民间文艺山歌对唱、跳师公舞、拍毽子、吹唢呐等。三次产业比例16∶54∶30。农业以种植粮食、甘蔗、果蔬为主，盛产油桐、金花茶、六画山鸡、红水河鱼、灵芝、竹荪、珍珠李等。有经济林沙田柚、油茶、油桐、板栗、毛竹等。工业以电力、木材采运加工、食品加工、建材为主。有水电产业。服务业以商贸、旅游为主。省道广西—贵州线过境。

天峨大桥 [Tiān'é Dàqiáo] 在县城北部。长204米，宽10米，最大跨度126米。1987年开工，1990年建成。因县得名。为中型河道桥梁，结构型式为钢筋混凝土箱形肋拱等截面悬链线形混凝土桥。最大载重20吨。通公交车。

天峨县汽车站 [Tiān'é Xiàn Qìchēzhàn] 见交通运输设施部分"天峨县汽车站"条。

六排镇 [Liùpái Zhèn] 天峨县人民政府驻地。在县境东部。面积341平方千米。人口4.8万。以汉族为主，还有壮、瑶、毛南、苗、布依等民族。辖3居委会、10村委会，有226自然村。镇人民政府驻兴宁街。1935年为南丹县六排乡。1955年改纳州区。1958年分设六排镇、纳州红星公社(旋改六排公社)。1984年合设六排镇，部分地域划出。因船只停泊6石柱成排得名。红水河流经。有民族中等职业学校1所，中学3所，小学15所，卫生院1个，卫生所12个。有龙滩大峡谷国家级森林公园、龙滩自然保护区。有县革命纪念塔。农业以种植粮食、甘蔗、果蔬为主，特产云耳、香菇、石榴、桃、李、月柿、板栗、核桃、竹笋、黑木耳、桑树等。省道广西—贵州线过境。

兴宁街 [Xīngníngjiē] 六排镇人民政府驻地。在镇境南部。人口5900。以汉族为主，还有壮、苗、布依等民族。因兴旺无患得名。聚落呈带状。有幼儿园、图书馆、文化广场。服务业以餐饮为主。通公交车。

向阳镇 [Xiàngyáng Zhèn] 天峨县辖镇。在县境西部。面积700平方千米。人口2.9万。以汉族为主，还有壮、布依等民族。辖15村委会，有255自然村。镇人民政府驻向阳街。1935年为天峨乡。1935年改城治乡。1955年改向阳区，析设下老区。1956年析设八腊区。1958年改公社。1984年改镇，部分地域划出。因镇政府驻地得名。有中学1所，小学10所，卫生院2个，卫生所13个。农业以种植水稻、玉米、果蔬为主，特产香菇、木耳、板栗、山楂等。工业以水电等为主。省道广西—贵州线过境。

向阳街 [Xiàngyángjiē] 向阳镇人民政府驻地。在县政府驻地六排镇西33千米。人口1100。以汉族为主，还有壮、苗、布依等民族。因为地势开阔平坦且朝阳得名。聚落呈块状。有小学、卫生院。农业以种植水稻、果蔬、林木为主。省道广西—贵州线经此。

岜暮乡 [Bāmù Xiāng] 天峨县辖乡。在县境南部。面积257平方千米。人口1.4万。以汉族为主，还有壮族等。辖14村委会，有181自然村。乡人民政府驻板么街。1950年为第三区。1958年改板么公社。1984年改岜暮乡。因乡政府驻地壮语意译得名。有中学1所、小学14所、卫生院1个、卫生所13个。农业以种植水稻、玉米等为主，特产香菇、生漆、核桃等。天峨—东兰公路过境。

板么街 [Bǎnmōjiē] 岜暮乡人民政府驻地。在县政府驻地六排镇南19千米。人口1400。以汉族为主，还有壮族等。为壮语音译名，意为新村。聚落呈带状。有中小学、卫生院。农业以种植水稻、玉米为主，特产香菇、生漆、核桃等。天峨—东兰公路经此。

八腊瑶族乡 [Bālà Yáozú Xiāng] 天峨县辖乡。在县境西南部。面积388平方千米。人口2.3万。以瑶族为主，还有壮、汉等民族。辖9村委会，有305自然村。乡人民政府驻八腊街。1983年为八腊公社。1984年分设八腊瑶族乡、老鹏乡。2005年老鹏乡并入。因乡政府驻地得名。有中学3所，小学9所，卫生院3个，卫生所13个。有县点龙滩大峡谷珍稀植物园。农业以种植玉米、甘薯为主，盛产果蔬。天凤公路过境。

八腊街 [Bālàjiē] 八腊瑶族乡人民政府驻地。在县政府驻地六排镇西南21千米。人口3000。以瑶族为主，还有壮、汉等民族。"八腊"为壮语名，意为田坝上边。聚落呈带状。有中小学、卫生院。农业以种植玉米、甘薯等为主，盛产果蔬。天凤公路经此。

纳直乡 [Nàzhí Xiāng] 天峨县辖乡。在县境西南部。面积170平方千米。人口0.7万。以汉族为主，还有壮族等。辖5村委会，有71自然村。乡人民政府驻纳直村。1984年由更新公社析设纳直乡。因乡政府驻地得名。有中学1所，小学5所，卫生院1个，卫生所5个。农业以种植水稻、玉米、油菜、食用菌为主。盛产水果，特产香菇、木耳、油茶等。纳直—当里公路过境。

纳直村 [Nàzhícūn] 纳直乡人民政府驻地。在县政府驻地六排镇西南59千米。人口1200。以汉族为主，还有壮族等。为壮族语名，意为新田。聚落呈带状。有中小学、卫生院。农业以种植水稻、玉米为主，盛产果木。纳直—当里公路经此。

更新乡 [Gēngxīn Xiāng] 天峨县辖乡。在县境南部。面积341平方千米。人口1.7万。以汉族为主，还有壮族等。辖12村委会，有184自然村。乡人民政府驻更新街。1950年为更新区。1958年改公社。1984年改乡。因巴更、新林2村得名。有中学1所，小学12所，卫生院1个，卫生所11个。农业以种植水稻、玉米、油茶、食用菌为主，盛产水果。特产桐油。更新—纳特、更新—上景公路过境。

更新街 [Gēngxīnjiē] 更新乡人民政府驻地。在县政府驻地六排镇南108千米。人口1600。以汉族为主，还有壮族等。因乡得名。聚落呈长条状。有中小学、卫生院。农业以种植水稻、玉米、油茶、食用菌为主。更新—纳特、更新—上景公路经此。

下老乡 [Xiàlǎo Xiāng] 天峨县辖乡。在县境西部。面积357平方千米。人口1.7万。以汉族为主，还有壮族等。辖8村委会，有115

自然村。乡人民政府驻下老街。1955 年为下老区。1958 年改公社。1962 年复区。1984 年改乡。因乡政府驻地得名。有中学 1 所，小学 8 所，卫生院 1 个，卫生所 7 个。农业以种植水稻、玉米、食用菌为主，盛产果蔬。特产黑木耳、蓝靛果、山楂等。省道广西—贵州线过境。

下老街 [Xiàlǎojiē]　下老乡人民政府驻地。在县政府驻地六排镇西 80 千米。人口 1600。以汉族为主，还有壮族等。“下老”为壮语名，意为下面大寨子。聚落呈带状。有中小学、卫生院。农业以种植水稻、玉米、食用菌为主。省道广西—贵州线经此。

坡结乡 [Pōjié Xiāng]　天峨县辖乡。在县境北部。面积 382 平方千米。人口 1.3 万。以汉族为主，还有壮族等。辖 10 村委会，有 131 自然村。乡人民政府驻坡结街。1984 年由三堡公社设坡结乡。因乡政府驻地得名。有中学 1 所，小学 10 所，卫生院 1 个，卫生所 9 个。农业以种植水稻、玉米、蔬菜、食用菌、油桐为主。六排—三堡公路过境。

坡结街 [Pōjiéjiē]　坡结乡人民政府驻地。在县政府驻地六排镇北 38 千米。人口 2200。以汉族为主，还有壮族等。“坡结”为壮语名，意为坡上集市。聚落呈块状。有中小学、卫生院。农业以种植水稻、玉米、食用菌、油桐等为主。六排—三堡公路经此。

三堡乡 [Sānbǎo Xiāng]　天峨县辖乡。在县境北部。面积 257 平方千米。人口 1.6 万。以汉族为主，还有壮族等。辖 8 村委会，有 148 自然村。乡人民政府驻三堡街。1951 年为第四区。1955 年改三堡区。1958 年改公社。1984 年改三堡乡。因乡政府驻地得名。有中学 1 所，小学 8 所，卫生院 1 个，卫生所 7 个。农业以种植水稻、玉米、油桐为主。盛产水果。六排—三堡公路过境。

三堡街 [Sānbǎojiē]　三堡乡人民政府驻地。在县政府驻地六排镇北 76 千米。人口 2200。以汉族为主，还有壮族等。因柳夜、马鞍、苗田 3 坡围绕得名。聚落呈块状。有中小学、卫生院等。农业以种植水稻、玉米、油桐为主。六排—三堡公路经此。

凤 山 县

凤山县 [Fèngshān Xiàn]　河池市辖县。北纬 24°32′，东经 107°02′。在市境西部。面积 1738 平方千米。人口 20.6 万。以壮族为主，还有汉、瑶、苗等民族。辖 3 镇、6 乡、3 民族乡。县人民政府驻凤城镇。清雍正八年(1730)析东兰土州置凤山土分州，属庆远府。1913 年属田南道。1919 年改凤山县。先后属第十一民团区、百色民团区、百色行政监督区、第十行政督察区、第五行政督察区、百色专区、百色地区、河池专区、河池地区。2002 年属河池市。因县城“环山似凤，环凤皆山”得名。先后建成公园路、朝阳大道、阳关大道。地势自西北向中部偏南，东南向东北偏斜。最高点长洲镇板伦村拉旧屯海拔 1318 米，最低点海拔 262 米。有青龙山、都阳山、东风岭。年均气温 20.1℃，1 月平均气温 10.7℃，7 月平均气温 26℃。年均降水量 1564 毫米。坡心河、砦牙河、乔音河流经。有矿产资源黄铁、褐铁、黄金、煤、方解石、结晶石、大理石、石灰石、锑等。有野生植物云南苏铁、银杏、掌叶木等。有野生动物鼋、蟒、黄腹角雉、细痣疣螈、虎纹蛙、地龟、猕猴等。有凤山猕猴繁殖保护区。森林覆盖率 81.2%。有中学 14 所，小学 138 所，体育馆 1 个。有凤山国家地质公园博物馆。有省级文物保护单位凤山恒里红军岩、凤山红七军二十一师秘密指挥所旧址、凤山红七军二十一师兵工厂旧址。有海亭惨案纪念碑。有宋代巴岗古寨。有省级非物质文化遗产凤山瑶族服饰。有景点穿龙岩国家地质公园、鸳鸯洞、鸳鸯湖、云峰洞、江洲仙人桥等。三次产业比例 31∶24∶45。农业以种植水稻、玉米、大豆、木薯、火麻为主。特产油茶、大红八角、核桃等。工业以水泥加工、农机制造、酿酒、印刷等为主。服务业以商贸、旅游为主。凤山—金城江、凤山—都阳公路过境。

凤山县汽车总站 [Fèngshān Xiàn Qìchē Zǒngzhàn]　见交通运输设施部分“凤山县汽车总站”条。

凤城镇 [Fèngchéng Zhèn]　凤山县人民政府驻地。在县境中部。面积 304 平方千米。人口 4.4 万。以壮族为主，还有汉、瑶等民族。辖 3 居委会、13 村委会，有 356 自然村。镇人民政府驻凤阳社区。1961 年由城厢公社析设凤城镇，后撤。1972 年复凤城镇。1984 年凤阳公社并入。因县得名。观音河、九曲河、巴旁河流经。有中学 3 所，小学 20 所，卫生院 1 个，卫生室 13 个。有体育场。有穿龙岩国家地质公园。有景点内龙瀑布、鸳鸯洞、鸳鸯湖、红军岩(恒里岩)等。农业以种植水稻、果蔬为主。工业以制药、木材加工为主。凤凌、凤乐公路过境。

朝阳大道 [Cháoyáng Dàdào]　在县城西南部。东起那马桥，西至凤凌桥。与民安路、阳光大道、观音路、中山路、西环路相交。长 1 千米，宽 35 米。混凝土路面。2003 年开工，2007 年建成。两侧有党政单位、邮储银行、疾控中心、市场等。通公交车。

凤阳社区 [Fèngyáng Shèqū]　凤城镇人民政府驻地。在县境中部。面积 2.5 平方千米。人口 1.3 万。因取意凤似朝阳得名。2002 年成立。民居以住宅楼为主。有社区学校、文化馆、图书室、娱乐室。有文化广场、鸳鸯泉体育公园。有中小学、幼儿园、卫生院、卫生室。县工商局驻此。通公交车。

长洲镇 [Chángzhōu Zhèn]　凤山县辖镇。在县境东部。面积 191 平方千米。人口 2.4 万。以壮族为主，还有汉、瑶等民族。辖 12 村委会，有 260 自然村。镇人民政府驻长洲村。1962 年由砦牙公社析设长洲区。1984 年改乡。2014 年改镇。因镇政府驻地得名。大拉河流经。有中学 2 所，小学 12 所，卫生院 1 个，卫生所 1 个。有红军革命先烈廖源芳故居。有巴岗古寨遗址。有八龙烈士纪念园、百乐坳风景区。农业以种植水稻、果蔬为主。省道东兰—凌云线过境。

长洲村 [Chángzhōucūn]　长洲镇人民政府驻地。在县政府驻地凤城镇东北 33 千米。人口 2600。以壮族为主，还有汉、瑶、黎等民族。因地形宽长且曾为东兰州辖地得名。聚落呈散状。有小学、卫生所。有八龙烈士纪念园。农业以种植水稻为主，盛产黄豆、玉米、木薯、茶油、八角、桑蚕。省道东兰—凌云线经此。

三门海镇 [Sānménhǎi Zhèn]　凤山县辖镇。在县境南部。面积 122 平方千米。人口 1.5 万。以壮族为主，还有汉、瑶等民族。辖 7 村委会，有 145 自然村。镇人民政府驻月里村。1984 年由凤阳公社析设袍里乡。2014 年设镇。因三门海国家地质公园得名。有金、铁、煤等矿产资源。坡心河流经。有中学 1 所，小学 6 所，卫生院 1 个，卫生室 6 个。有国家 4A 级旅游景区、国家地质公园三门海天窗。农业以种植玉米、水稻为主，盛产小麦、黄豆、甘薯等。工业以矿产开采为主。坡心—林佑公路过境。

月里村 [Yuèlǐcūn]　三门海镇人民政府驻地。在县政府驻地凤城镇南 27 千米。人口 2000。以壮族为主，还有瑶、汉等民族。“月里”为壮语“Mbanjyaeb”音译名，因地形狭窄，行人经此似一晃而过得名。里为古代基层单位。聚落呈散状。有小学、卫生所。农业以种植水稻、玉米、黄豆为主。有良湾水电站。省道凤山—都阳线经此。

砦牙乡 [Zhàiyá Xiāng]　凤山县辖乡。在县境东北部。面积 176 平方千米。人口 1.8 万。以壮族为主，还有汉、瑶等民族。辖 11 村委会，有 291 自然村。乡人民政府驻砦牙村。1958 年成立砦牙公社。1984 年改乡。因乡政府驻地得名。巴英河流经。有中学 1 所，小学 11 所，卫生院 1 个，卫生室 10 个。农业以种植玉米、水稻为主，盛产小麦、黄豆、甘薯等。有经济林果树、油茶、油桐、八角、核桃、杉木等。长洲—砦牙、砦牙—金谷、砦牙—长江公路过境。

砦牙村 [Zhàiyácūn]　砦牙乡人民政府驻地。在县政府驻地凤城镇西北 44 千米。人口 2300。以壮族为主，还有汉、瑶等民族。“砦牙”为壮语“Cehngaz”音译名。因山陡如牙得名。聚落呈散状。有小学、幼儿园、卫生所、老人活动中心。农业以种植水稻、玉米为主，兼种桑养蚕。特产核桃。通公路。

乔音乡 [Qiáoyīn Xiāng]　凤山县辖乡。在县境北部。面积 333 平方千米。人口 3.3 万。以壮族为主，还有汉、瑶等民族。辖 16 村委会，有 430 自然村。乡人民政府驻那王村。1949 年为乔音乡。1950 年改第三区。1958 年改公社。1984 年改乡，析设林峒乡。2005 年林峒乡并入。“乔音”为壮语“Giuzrin”音译名，因原乡政府驻地架有石板桥得名。乔音河、久加河流经。有乔音水库。有巴腊天然生态林猕猴繁殖保护区。有中学 2 所，小学 17 所，卫生所 2 个，卫生室 5 个。农业以种植粮食、果蔬为主。特产油茶。省道东兰—凌云线过境。

那王村 [Nàwángcūn]　乔音乡人民政府驻地。在县政府驻地凤城镇北 19 千米。人口 3000。以壮族为主，还有汉、瑶等民族。“那王”为壮语“Nazvangz”音译名，因田地大得名。聚落呈散状。有小学、幼儿园、卫生所。农业以种植玉米、水稻、小麦、黄豆为主。通公路。

金牙瑶族乡 [Jīnyá Yáozú Xiāng]　凤山县辖乡。在县境西部。面积 231 平方千米。人口 2.8 万。其中瑶族占 15%，还有壮、汉等民族。辖 12 村委会，有 355 自然村。乡人民政府驻上牙村。1958 年成立金牙公社。1984 年改金牙瑶族乡，析设中亭、更沙 2 乡。2005 年更沙乡并入。因取金沙场、牙里 2 地名各一字得名。牙里河流经。有中学 2 所，小学 26 所，卫生院 1 个，卫生所 2 个，卫生室 12 个。有姜茂生将军故居。有景点石马湖。农业以种植玉米、水稻为主，盛产小麦、黄豆、甘薯等。有林业。长洲—砦牙公路过境。

上牙村 [Shàngyácūn]　金牙瑶族乡人民政府驻地。在县政府驻地凤城镇北 14 千米。人口 3200。壮族聚居。因处牙里河上游得名。聚落呈散状。有石马湖。有中小学、幼儿园、卫生所、老人活动中心。农业以种植水稻、玉米、八角，养殖鱼为主，兼种桑养蚕。有金、雄黄等矿。凤山—乐业公路经此。

中亭乡 [Zhōngtíng Xiāng]　凤山县辖乡。在县境西南部。面积 110 千米。人口 1.5 万。以汉族为主，还有壮、瑶等民族。辖 7 村委会，有 171 自然村。乡人民政府驻中亭村。1984 年由金牙公社析设中亭乡。因乡政府驻地得名。有中学 1 所，小学 7 所，幼儿园 2 所，卫生院 1 个，卫生室 7 个，老人活动中心 1 个。有中亭革命烈士墓。有景点那龙花海。农业以种植水稻为主，盛产果蔬、八角、油茶、油桐、杉木等。省道东兰—凌云线过境。

中亭村 [Zhōngtíngcūn]　中亭乡人民政府

驻地。在县政府驻地凤城镇西南19千米。人口1700。以壮族为主,还有汉族等。因处上亭、下亭之间得名。聚落呈团块状。有中小学、卫生室。有中亭革命烈士墓。农业以种植玉米、水稻为主,盛产八角、核桃、油茶。省道东兰—凌云线经此。

平乐瑶族乡[Pínglè Yáozú Xiāng] 凤山县辖乡。在县境西南部。面积175平方千米。人口2.5万。其中瑶族占37%,还有汉、壮等民族。辖10村委会,有220自然村。乡人民政府驻力那村。1949年为平乐乡。1950年并入第四区。1958年析设平乐公社。1984年改平乐瑶族乡,析设江洲瑶族乡。"平乐"为壮语"Biengzlag"译名,因地形平坦宽广得名。平旺河流经。有中学1所,小学10所,幼儿园1个,卫生院1个,卫生室10个,老人活动中心1个。有海亭惨案纪念碑。有景点瑶寨风情园。农业以种植玉米、水稻为主,盛产小麦、黄豆、甘薯等。有林业。平乐—江洲、三门海—平乐、凤山—平乐、凤山—乐业公路过境。

力那村[Lìnàcūn] 平乐瑶族乡人民政府驻地。在县政府驻地凤城镇东北11千米。人口1500。以壮族为主,还有汉族等。因洪力、那弄2村得名。聚落呈散状。有中小学、卫生院、幼儿园、老人活动中心。有平乐烈士陵园。农业以种植水稻、玉米为主,兼种油茶、杉木、核桃、板栗等。通公路。

江洲瑶族乡[Jiāngzhōu Yáozú Xiāng] 凤山县辖乡。在县境南部。面积107平方千米。人口1.3万。其中瑶族占31.7%,还有壮、汉等民族。辖7村委会,有117自然村。乡人民政府驻江洲村。1984年设江洲瑶族乡。因乡政府驻地得名。江洲河流经。有中学1所,小学8所,卫生院1个,卫生所1个,卫生室5个。有景点江洲仙人桥、阴阳山、鹰王山、地下长廊、虎头山等。农业以种植玉米、水稻为主,盛产小麦、黄豆、甘薯等。有经济林果树、油茶、油桐、八角、核桃、杉木等。凤山—江洲、巴马—江洲公路过境。

江洲村[Jiāngzhōucūn] 江洲瑶族乡人民政府驻地。在县政府驻地凤城镇西南47千米。人口1500。以壮族为主,还有汉、瑶等民族。"江洲"为壮语"Gyangcou"译名,因传清代曾计划设州府得名。聚落呈散状。有中小学、卫生院。有景点虎头山、江洲仙人桥、江洲地下长廊、阴阳山等。农业以种植水稻、玉米、核桃、油茶、甘蔗、八角为主。平乐—江洲公路经此。

东兰县

东兰县[Dōnglán Xiàn] 河池市辖县。北纬24°30′,东经107°22′。在市境西部。面积2415平方千米。人口30.5万。以壮族为主,还有瑶、毛南等民族。辖6镇、8乡。县人民政府驻东兰镇。北宋大观元年(1107)由兰州、文州合设文兰州。元至元八年(1271)分设东兰、西兰2州,旋并东兰州,后废。明洪武十二年(1379)复置东兰州,二十四年(1391)降为东兰土州,属庆远府。清雍正七年(1729)改东兰州,属庆远府。1912年改东兰县。先后属田南道、第十一民团区、柳州民团区、柳州行政监督区、庆远行政监督区、第七行政督察区、第二行政督察区、庆远专区、百色专区、百色地区、河池专区、河池地区。2002年属河池市。宋代因木兰峒得名兰州,元代以方位分东兰、西兰2州,简称今名。先后建成纳坪路、西园路、曲江路等。地势北高南低。北部多土山,南部多喀斯特石山。平均海拔510米。年均气温20.1℃,1月平均气温11℃,7月平均气温27.3℃。年均降水量1587.9毫米。红水河流经。有矿产资源煤、褐铁、铜、铝土、辰砂、锑、水晶、黄铁等。有野生植物22种,其中国家重点保护野生植物有7种。有野生动物16种,其中国家二级重点保护野生动物有紫色金线鲃。森林覆盖率73%。有中学11所,小学46所,二级医院1个,图书馆1个,文化馆1个,体育场馆1个。有东兰革命烈士陵园、广西农民运动讲习所旧址列宁岩、中国工农红军第七军前委办公楼旧址魁星楼。有百色起义领导人之一韦拔群故居、韦拔群纪念馆。有省级非物质文化遗产壮族春槲舞、瑶族猴鼓舞、壮族铜鼓舞、东兰壮族长排山歌。有国家4A级旅游景区东兰红色旅游区。有景点壮乡英才园、红水河第一弯、江平田园风光等。三次产业比例26∶10∶64。农业以种植水稻、玉米为主,兼种棉花、木薯、甘蔗,盛产黄豆、旱谷、甘薯、芋头、水果、瓜菜、药材等。特产板栗、三乌鸡等。工业以水泥、人造板、生丝加工为主。服务业以商贸、旅游为主。323国道过境。

东兰县汽车客运总站[Dōnglán Xiàn Qìchē Kèyùn Zǒngzhàn] 见交通运输设施部分"东兰县汽车客运总站"条。

东兰镇[Dōnglán Zhèn] 东兰县人民政府驻地。在县境东部。面积270平方千米。人口5.3万。以壮族为主,还有汉族。辖2居委会、17村委会,有317自然村。镇人民政府驻东兰街。1950年为城厢区。1958年改公社。1972年析置城关镇。1984年城厢公社改东兰镇。因镇政府驻地得名。九曲河、巴拉河流经。有中学3所,小学17所,二级医院1个,卫生院1个。有东兰革命烈士陵园、韦拔群纪念馆、韦杰中将故居。有明代益寿桥。有马鞍山景区。农业以种植水稻、玉米为主。323国道过境。

曲江路[Qǔjiāng Lù] 在县城中部。东北起纳坪路,西南至新城路。与龙头街、虎头街、新民路相交。长2.4千米,宽10米。混凝土路面。1954年为砂石路。1973年铺设混凝土路。原名朝阳街,1982年因九曲江改名曲江路。1998—1999年又扩建延伸。两侧有党政单位、文化广场、益寿桥、东兰革命烈士陵园、韦拔群纪念馆等。通公交车。

东兰街[Dōnglánjiē] 东兰镇人民政府驻地。在镇境中部。人口3万。以壮族为主,还有汉、侗、瑶、苗等民族。因县得名。聚落沿九曲河呈带状分布。有中小学、二级医院。有东兰革命烈士陵园、韦拔群纪念馆、民间铜鼓收藏馆。特产板栗、八角、腊月橙、油茶等。服务业以商贸为主。323国道经此。

隘洞镇[Àidòng Zhèn] 东兰县辖镇。在县境东北部。面积315平方千米。人口4.6万。以壮族为主,还有汉、侗、瑶、苗等民族。辖21村委会,有369自然村。镇人民政府驻隘洞街。1958年成立隘洞公社。1984年改乡。2002年改镇。因镇政府驻地得名。板老河、坡拉河、纳乐河流经。有中学1所,小学18所,卫生院1个。有民俗蚂拐节。农业以种植板栗、油桐、油茶为主,盛产水稻、玉米、甘薯、黄豆、旱谷等。323国道过境。

隘洞街[Àidòngjiē] 隘洞镇人民政府驻地。在县政府驻地东兰镇东北9千米。人口4900。以壮族为主,还有汉、侗、瑶、苗等民族。"隘洞"为壮语"坡峒"音译,因街路狭隘得名。聚落呈带状。有中小学、卫生院。农业以种植油茶,养殖三乌鸡为主。特产板栗。323国道、东九公路经此。

纳坤村[Nàkūncūn] 在县政府驻地东兰镇北24千米。隘洞镇辖自然村。人口1400。壮族聚居。"纳坤"为壮语音译名,因田边杂草丛生得名。聚落呈带状。有小学、将军故居广场。有韦祖珍将军故居。农业以种植水稻、玉米、板栗、油茶为主。通公路。

长乐镇[Chánglè Zhèn] 东兰县辖镇。在县境东南部。面积169平方千米。人口2.1万。以壮族为主,还有汉、瑶等民族。辖10村委会,有237自然村。镇人民政府驻长乐街。1949年为长乐乡。1950年并入大同区。1952年析设长乐区。1958年改公社。1984年改乡。1997年改镇。因镇政府驻地得名。有中学1所、小学10所、卫生院1个。有坡豪湖国家湿地公园。有景点长乐宫。农业以种植水稻、玉米为主,有生态水产养殖。特产板栗、粳米、墨米、甜竹、酸梅等。河池九圩—百色凌云公路过境。

长乐街[Chánglèjiē] 长乐镇人民政府驻地。在县政府驻地东兰镇东南20千米。人口1600。以壮族为主,还有汉、瑶等民族。"长乐"为壮语"Lajndod"音译名,因地处多生小叶牛奶藤的低凹地得名。聚落呈带状。有中小学、卫生院等。农业以种植板栗、水稻等为主。特产粳米、墨米、甜竹、酸梅等。河池九圩—百色凌云公路经此。

三石镇[Sānshí Zhèn] 东兰县辖镇。在县境南部。面积308平方千米。人口2.6万。以壮族为主,还有汉、瑶等民族。辖13村委会,有356自然村。镇人民政府驻三石街。1933年为三石区。1949年仍区。1958年改公社。1984年分设太平乡、四合乡、五联瑶族乡。1994年合设太平乡。1998年改三石镇。因镇政府驻地得名。有中学1所,小学13所,卫生院1个。有壮乡英才园、武夷侯公园。有革命家韦国清、覃应机、陆秀轩故居。有明代东兰牧守韦正宝及其子武夷侯韦虎臣墓葬。农业以种植水稻、玉米、甘蔗、桑树为主。特产八角、板栗等。323国道过境。

三石街[Sānshíjiē] 三石镇人民政府驻地。在县政府驻地东兰镇南23千米。人口4600。以壮族为主,还有汉、瑶等民族。由玩石(纳合村)、块石(公平村)、劳石(新烟村)3村组成得名。"石"为壮族语中区划单位,比村稍大。聚落呈带状。有中小学、卫生院。农业以种植水稻、糖蔗、桑树为主。特产八角、板栗等。东巴公路经此。

武篆镇[Wǔzhuàn Zhèn] 东兰县辖镇。在县境西南部。面积371平方千米。人口2.7万。以壮族为主,还有汉、瑶等民族。辖15村委会,有234自然村。镇人民政府驻魁星街。1958年成立中和公社。1961年改武篆公社。1984年改乡。1989年析设中山瑶族乡、兰木乡。2002年中山瑶族乡、原弄占乡部分地域并入。因明代武夷侯韦虎臣得名。篆指官印。东平河流经。有中学1所、小学13所、卫生院1个、体育馆1个。有省级文物保护单位列宁岩、韦拔群故居、魁星楼。农业以种植水稻、玉米、黄豆为主,盛产木薯、甘蔗、旱藕、八角、板栗等。服务业以旅游、养老产业为主。东兰—巴马公路过境。

魁星街[Kuíxīngjiē] 武篆镇人民政府驻地。在县政府驻地东兰镇南20千米。人口3000。以壮族为主,还有汉、瑶等民族。因魁星楼得名。聚落呈"丁"字形。有中小学、卫生院。有韦拔群、陈洪涛烈士雕像。农业以种植水稻、玉米、黄豆为主。特产旱藕粉。东兰—巴马、武篆—泗孟公路经此。

长江镇[Chángjiāng Zhèn] 东兰县辖镇。在县境西北部。面积147平方千米。人口2.8万。以壮族为主,还有汉、瑶等民族。辖10村委会,有292自然村。镇人民政府驻长江街。1958年成立大畴公社。1959年改长江公社。

1984年改乡。2002年兰阳乡并入。2014年改镇。因镇政府驻地得名。有小学8所，卫生院1个。农业以种植板栗、八角、黄皮甘蔗，养殖三乌鸡、鹅等为主。盛产白米椎、红米椎、杉木等。东天公路过境。

长江街［Chángjiāngjiē］　长江镇人民政府驻地。在县政府驻地东兰镇西北18千米。人口1300。以壮族为主，还有汉族。"长江"为壮语"砦港"谐音得名。聚落呈带状。有中心小学、卫生院。有民俗蚂拐节、唱山歌、舞铜鼓。农业以种植水稻、玉米、甘薯、木薯、旱谷为主，特产板栗、八角、黄皮甘蔗等。东天公路经此。

泗孟乡［Sìmèng Xiāng］　东兰县辖乡。在县境西南部。面积123平方千米。人口1.5万。以壮族为主，还有汉、瑶等民族。辖6村委会，有170自然村。乡人民政府驻钦能街。1961年由城厢公社析设泗孟公社。1984年改泗孟乡。"泗孟"为壮语"Seiqmboengh"音译名，因乡政府驻地处环山谷地中，故名。有中学1所，小学6所，幼儿园1所，卫生院1个。农业以种植玉米、水稻、大豆为主，盛产何首乌、黄精、水槟榔等。特产八角、油菜、油桐、板栗等。东凤公路过境。

钦能街［Qīnnéngjiē］　泗孟乡人民政府驻地。在县政府驻地东兰镇西南10千米。人口1700。以壮族为主，还有汉、瑶等民族。"钦能"为壮语译音地名。因乱石缝丛远望如人蹲坐得名。聚落呈团块状。有中小学、幼儿园、卫生院。农业以种植八角、油菜、油桐、板栗为主。东凤公路经此。

兰木乡［Lánmù Xiāng］　东兰县辖乡。在县境西南部。面积255平方千米。人口1.8万。以壮族为主，还有汉、瑶等民族。辖11村委会，有244自然村。乡人民政府驻兰木街。1989年由武篆镇析设兰木乡。2002年弄占乡并入。因乡政府驻地得名。有小学8所，卫生院1个。农业以种植水稻为主。特产兰木粳米、王里红米、黑乳猪、土鸡、黑山羊等。泗孟—武篆公路过境。

兰木街［Lánmùjiē］　兰木乡人民政府驻地。在县政府驻地东兰镇西南14千米。人口3000。以壮族为主，还有汉族、瑶族。传仙人金牛至此，牛不愿离而变石山，乡人称为"栏"中之牛。因渐分"栏"字得名。聚落呈带状。有小学、卫生院等。农业以种植玉米、水稻为主。特产兰木粳米、王里红米等。泗孟—武篆公路经此。

巴畴乡［Bāchóu Xiāng］　东兰县辖乡。在县境西北部。面积215平方千米。人口1.5万。以壮族为主，还有汉族。辖8村委会，有168自然村。乡人民政府驻巴畴街。1993年由长江乡析设巴畴乡。2002年堂房乡并入。因乡政府驻地得名。巴英河、红水河流经。有小学8所，卫生院1个。有民俗蚂拐节、舞铜鼓等。农业以种植水稻、板栗、八角、腊月橙，养殖生猪、鸡、鸭、牛、羊、芝麻剑鱼、油鱼等为主。盛产木材。东天公路过境。

巴畴街［Bāchóujiē］　巴畴乡人民政府驻地。在县政府驻地东兰镇西北50千米。人口1600。以壮族为主，还有汉族等。原为壮语名拉吉，意为乱石山下。因地处大田垌尾端改今名。聚落呈带状。有小学、卫生院。有民俗舞铜鼓。有蓝衣壮传统服饰。农业以养殖芝麻剑鱼、油鱼、辣椎鱼、麻鸭等为主。东天公路经此。

金谷乡［Jīngǔ Xiāng］　东兰县辖乡。在县境西北部。面积129平方千米。人口1.2万。以壮族为主，还有汉、瑶等民族。辖8村委会，有219自然村。乡人民政府驻金谷街。1959年由长江公社析设金谷公社。1984年改乡。因乡政府驻地得名。有小学8所，卫生院1个。有民俗蚂拐歌会、三月三歌节、舞铜鼓等。农业以种植水稻，养殖黑香猪、三黄鸡、黑山羊等为主。特产金谷玉米酒。天东公路过境。

金谷街［Jīngǔjiē］　金谷乡人民政府驻地。在县政府驻地东兰镇西北70千米。人口1200。以壮族为主，还有汉、瑶等民族。为壮语金虎谐音。因2山形似金虎张开嘴巴得名。聚落呈团块状。有小学、卫生院。有民俗蚂拐歌会。农业以种植水稻、火麻，养殖黑香猪、三黄鸡、黑山羊等为主。天东公路经此。

三弄瑶族乡［Sānnòng Yáozú Xiāng］　东兰县辖乡。在县境西南部。面积89平方千米。人口0.6万。以瑶族为主，还有壮、汉等民族。辖5村委会，有129自然村。乡人民政府驻三弄街。1984年由长乐公社析设三弄瑶族乡。因乡政府驻地得名。有小学5所，卫生院1个。有民俗布努瑶祝著节。有红水河旅游文化廊。农业以种植玉米、水稻、大豆为主。特产山羊、瑶山土鸡等。东兰—三弄公路过境。

三弄街［Sānnòngjiē］　三弄瑶族乡人民政府驻地。在县政府驻地东兰镇西南18千米。人口800。以瑶族为主，还有壮族等。因瑶族多居全洞、三合、深洞3深山弄场得名。聚落呈带状。有小学、卫生院。有民俗布努瑶祝著节。有红水河旅游文化廊。农业以种植玉米为主。特产山羊、瑶山土鸡等。东兰—三弄公路经此。

大同乡［Dàtóng Xiāng］　东兰县辖乡。在县境东南部。面积152平方千米。人口1.6万。以壮族为主，还有汉、瑶等民族。辖7村委会，有139自然村。乡人民政府驻大同街。1959年成立大同公社。1984年改乡。因乡政府驻地得名。有中学1所，小学7所，卫生院1个。有覃健将军故居。农业以种植水稻、玉米、大蒜、黄豆为主。特产板栗、三华李等。长乐—百都公路过境。

大同街［Dàtóngjiē］　大同乡人民政府驻地。在县政府驻地东兰镇东南48千米。人口4800。以壮族为主，还有汉、瑶等民族。"大同"为壮语"台同"译名。因有较大田峒得名。聚落呈带状。有中小学、卫生院。农业以种植水稻、玉米、大蒜、黄豆为主。特产板栗、三华李等。有集贸市场。长乐—百都公路经此。

花香乡［Huāxiāng Xiāng］　东兰县辖乡。在县境东部。面积210平方千米。人口2.1万。以壮族为主，还有汉、瑶等民族。辖11村委会，有255自然村。乡人民政府驻花香街。2002年设花香乡。因乡政府驻地得名。有小学10所，卫生院1个。农业以种植水稻、玉米、黄豆、甘薯为主，盛产板栗、李果、桐果、八角、五月李等。河池九圩—百色凌云公路过境。

花香街［Huāxiāngjiē］　花香乡人民政府驻地。在县政府驻地东兰镇东50千米。人口4400。以壮族为主，还有汉、瑶等民族。原名达央，壮语意为香河。因桂花盛开改今名。聚落呈团块状。有小学、卫生院。盛产板栗、李果、桐果、八角、五月李等。有集贸市场。河池九圩—百色凌云公路经此。

切学乡［Qièxué Xiāng］　东兰县辖乡。在县境东北部。面积84平方千米。人口0.9万。壮族聚居。辖5村委会，有108自然村。乡人民政府驻切学街。1984年由隘洞镇析设切学乡。因乡政府驻地得名。有小学4所，卫生院1个。农业以种植水稻、玉米、黄豆为主。特产板栗、八角、油桐、油茶等。东兰—切学公路过境。

切学街［Qièxuéjiē］　切学乡人民政府驻地。在县政府驻地东兰镇东北25千米。人口3600。壮族聚居。"切学"为壮语译名，"切"为浸水田，"学"为脚趾瘙痒病名。因村民长期浸水下田脚趾易瘙痒得名。聚落呈带状。有小学、卫生院。有千年古树。有传统歌圩。盛产板栗、八角、桐果、油茶等。有集贸市场。东兰—切学公路经此。

罗城仫佬族自治县

罗城仫佬族自治县［Luóchéng Mùlǎozú Zìzhìxiàn］　河池市辖自治县。北纬24°46′，东经108°54′。在市境东部。面积2640平方千米。人口38万。其中仫佬族占31.2%，还有汉、瑶、苗、侗、毛南等民族。辖7镇、4乡。县人民政府驻东门镇。宋开宝五年(972)析武阳、融水等县地置罗城县。熙宁七年(1074)废入融水县。明洪武二年(1369)重置罗城县。清因之。1953年天河县并入。先后属宜山专区、宜山地区、柳州专区、河池专区、河池地区。1983年改罗城仫佬族自治县。2002年属河池市。因群峰环绕罗列如城得名。地势北高南低，中部拱起，向东西倾斜。最高点雨平山海拔1469米，最低点牛鼻河口海拔75米。有雨平山。年均气温18.9℃，1月平均气温9.3℃，7月平均气温28℃。年均降水量1561.9毫米。武阳江、宝坛河、小龙江流经。有矿产资源煤、锡、铁、硫、铝、锌、钨等。有野生植物小叶红豆、金丝李、银鹊树、花间木、红椿等。有野生动物娃娃鱼、山瑞、金钱龟、鹰嘴龟等。有九万山国家自然保护区。森林覆盖率71.4%。有中学13所，小学164所，二级医院3个，文化馆1个，体育馆1个。有国家级非物质文化保护遗产仫佬族依饭节，省级非物质文化遗产仫佬族古歌、仫佬族刺绣技艺等6项。有仫佬族煤砂罐、地炉等制作技艺。有景点崖宜风光、剑江风光、水上相思林、才龙瀑布、睡美人山等。三次产业比例35∶23∶42。农业以种植水稻、玉米、黄豆、糖蔗为主。工业以制造业、电力为主，有制糖、酿酒、木业等。有城东工业园区。特产香菇、木耳、生姜、茶叶、野生毛葡萄、山野葡萄酒。服务业以住宿餐饮、批发零售、租赁、金融保险为主。焦柳铁路、省道浮石—宜州线过境。

罗城县汽车总站［Luóchéng Xiàn Qìchē Zǒngzhàn］　见交通运输设施部分"罗城县汽车总站"条。

东门镇［Dōngmén Zhèn］　罗城仫佬族自治县人民政府驻地。在县境东南部。面积384平方千米。人口10万。以仫佬族为主，还有汉、壮、瑶、苗、侗、毛南等民族。辖5居委会、19村委会，有258自然村。镇人民政府驻东门街。1958年成立东门公社。1962年改区，旋另置东门镇，桥头、榕木、大福、三家4公社并入。1968年镇、区合改东门公社。1971年复置东门镇。1984年东门公社改乡。1985年由东门乡析设桥头乡。1991年东门乡并入东门镇。2005年桥头镇并入。因镇政府驻地得名。有中学1所，小学37所，二级医院3个，卫生院1个，体育馆1个。有民族文化广场。有省级文物保护单位乐登桥。农业以种植水稻、玉米、甘蔗为主。省道浮石—宜州线，罗城—柳城公路过境。有罗城县汽车总站。

朝阳路［Cháoyáng Lù］　在县城南部。东起城东工业园区道路，西至葫芦山水库坝头。与长春路、天宝路、一平路、德山路、沿江路相交。长4.4千米，宽26米。混凝土路面。原为浮石—宜州线省道，1993年扩建为环城路。因东西走向朝向得名。两侧有汽车总站、党政单位、广播电视局、酒店、银行、保险公司等。通公交车。

东门街［Dōngménjiē］　东门镇人民政府驻

地。在镇境中部。人口2.2万。以汉族为主，还有仫佬、壮等民族。因地处西门河东得名。聚落呈带状。有中学、二级医院、文化馆、体育馆、民族文化广场等。有于成龙廉政文化展示馆。有罗城、成龙湖公园。工业有酿酒、木业、肥料加工、制丝等。有城东工业园区。服务业以商贸为主。罗城—柳城公路经此。有罗城县汽车总站。

龙岸镇 [Lóng'àn Zhèn] 罗城仫佬族自治县辖镇。在县境东北部。面积372平方千米。人口5.4万。以汉族为主，还有壮、仫佬、瑶、苗、侗等民族。辖1居委会、16村委会，有171自然村。镇人民政府驻平安街。1935年为龙岸乡。1950年改第四区。1953年改第九区。1958年分设龙岸、物华2公社。1962年并为龙岸区，旋析设龙岸镇。1968年镇、区合为龙岸公社。1984年改乡。1993年改镇。因山形似游龙自龙江上岸得名。有中学1所，小学10所，卫生院1个。有平安节习俗。农业以种植水稻、玉米、甘蔗等为主。特产荸荠、慈姑、莲藕、沙田柚。罗龙公路过境。

平安街 [Píng'ānjiē] 龙岸镇人民政府驻地。在县政府驻地东门镇东北35千米。人口2300。因期盼平定安康得名。聚落呈块状。有中学、卫生院等。农业以种植水稻、甘蔗为主。特产龙岸大头粉。罗龙公路经此。

黄金镇 [Huángjīn Zhèn] 罗城仫佬族自治县辖镇。在县境北部。面积179平方千米。人口2.5万。以仫佬族为主，还有汉、壮、瑶、苗等民族。辖1居委会、7村委会，有84自然村。镇人民政府驻黄金街。1935年为黄金乡。1958年分设黄金、寺门、四堡3公社。1962年合为黄金区。1968年改公社。1984年改乡。1985年析设宝坛乡。1994年改镇。因镇政府驻地得名。有中学1所，小学18所，卫生院1个。农业以种植水稻、玉米、甘蔗为主。罗龙公路过境。

黄金街 [Huángjīnjiē] 黄金镇人民政府驻地。在县政府驻地东门镇北28千米。人口3600。以仫佬族为主，还有汉、壮等民族。因九漕河滩曾产黄金得名。聚落呈长方形。有中小学、卫生院等。农业以种植水稻、玉米、糖蔗为主。特产黄金滤粉。黄金—寺门公路经此。

小长安镇 [Xiǎocháng'ān Zhèn] 罗城仫佬族自治县辖镇。在县境东部。面积249平方千米。人口3.9万。以汉族为主，还有仫佬、壮、瑶等民族。辖1居委会、11村委会，有134自然村。镇人民政府驻小长安街。1935年为小长安乡。1950年改第一区，旋改小长安区。1958年改公社。1984年改乡。1993年改镇。因镇政府驻地得名。有中学1所，小学10所，卫生院1个。有景点崖宜风光、水上相思林等。农业以种植甘蔗、水稻、玉米为主，特产沙田柚。焦柳铁路、省道浮石—宜州线过境。有罗城站。

小长安街 [Xiǎocháng'ānjiē] 小长安镇人民政府驻地。在县政府驻地东门镇东22千米。人口2400。因地形狭长适宜长居久安得名长安街，为与融县长安街区别而改今名。聚落呈块状。有中小学、卫生院等。农业以种植水稻、玉米、甘蔗为主，兼种桑养蚕。省道浮石—宜州线经此。

四把镇 [Sìbǎ Zhèn] 罗城仫佬族自治县辖镇。在县境南部。面积287平方千米。人口5.6万。以仫佬族为主，还有壮、汉等民族。辖2居委会、21村委会，有248自然村。镇人民政府驻四把街。1950年为第二区。1962年改四把区。1968年改公社。1984年改乡。1987年析设下里乡。1992年改镇。2005年下里乡并入。因镇政府驻地得名。有中学1所，小学19所，卫生院1个。有红七军战斗遗址。有景点睡美人山、"龙潭晚照"等。农业以种植水稻、玉米、甘蔗、毛葡萄为主。省道浮石—宜州线、罗城—环江公路过境。

四把街 [Sìbǎjiē] 四把镇人民政府驻地。在县政府驻地东门镇西南11千米。人口1500。以仫佬族为主，还有壮、汉等民族。"四把"为仫佬族语地名，因地处4交通干道交叉口得名。聚落呈线状。有中小学、卫生院等。农业以种植水稻、玉米为主。工业以煤矿为主。罗城—环江公路经此。

天河镇 [Tiānhé Zhèn] 罗城仫佬族自治县辖镇。在县境西南部。面积198平方千米。人口2.3万。以壮族为主，还有汉、仫佬等民族。辖1居委会、14村委会，有226自然村。镇人民政府驻天河街。1953年为天河区。1958年分设天河、华张、白任、集环4公社。1962年合设天河区，旋增置天河镇。1968年镇、区合改天河公社。1984年改乡。1992年改镇。因镇政府驻地得名。有中学1所，小学12所，卫生院1个。有榜山题名石刻遗址。有景点含乐岩、雅乐仙洞等。农业以种植水稻、玉米、黄豆为主。工业以竹加工为主。特产凉席、竹椅、竹箩等。罗城—环江公路过境。

天河街 [Tiānhéjiē] 天河镇人民政府驻地。在县政府驻地东门镇西30千米。人口2000。以壮族为主，还有汉、仫佬等民族。唐贞观四年(630)为天河县治，因故城有瀑布飞落如银河得名。聚落呈块状。有中小学、卫生院等。农业以种植水稻、玉米、黄豆为主。罗城—环江公路经此。

怀群镇 [Huáiqún Zhèn] 罗城仫佬族自治县辖镇。在县境西部。面积163平方千米。人口2.3万。以壮族为主，还有汉、仫佬等民族。辖1居委会、9村委会，有164自然村。镇人民政府驻怀群街。1934年为怀群乡。1950年改怀群区。1953年改第五区。1958年分设怀群、兼爱2公社。1962年合改怀群区，部分地域划出。1968年改公社。1984年改乡。1985年析设兼爱乡。1988年兼爱乡部分地域划入。1995年改镇。因镇政府驻地得名。有中学1所，小学10所，卫生院1个。有元蒙穿岩、剑江等风景区。农业以种植水稻、玉米、黄豆为主。罗城—环江公路过境。

怀群街 [Huáiqúnjiē] 怀群镇人民政府驻地。在县政府驻地东门镇西50千米。人口800。以壮族为主，还有汉、仫佬等民族。"怀群"为壮语"Faizginz"译名，传原瑶族人引水灌田筑坝，壮族人见坝如围裙，遂命今名。聚落呈块状。有中小学、卫生院等。农业以种植水稻、玉米、黄豆为主。罗城—环江公路经此。

宝坛乡 [Bǎotán Xiāng] 罗城仫佬族自治县辖乡。在县境北部。面积294平方千米。人口2.1万。以壮族为主，还有汉、仫佬、苗、瑶等民族。辖1居委会、7村委会，有78自然村。乡人民政府驻宝坛街。1958年成立宝坛公社。1962年并入黄金区(后改公社)。1984年析设宝坛乡。因乡政府驻地得名。有平英、鱼西省级林地保护区。有中学1所，小学7所，卫生院1个。有野马滩风景区。农业以种植水稻、玉米为主。特产杉木、香菇、木耳、茶叶等。有锡矿。天河—四堡公路过境。

宝坛街 [Bǎotánjiē] 宝坛乡人民政府驻地。在县政府驻地东门镇北61千米。人口100。以壮族为主，还有汉、仫佬、苗、瑶等民族。"宝坛"为壮语"Bakdamz"译名，因地形似坛口得名。聚落呈块状。有中小学、卫生院等。农业以种植水稻、玉米为主。天河—四堡公路经此。

乔善乡 [Qiáoshàn Xiāng] 罗城仫佬族自治县辖乡。在县境西部。面积145平方千米。人口2.1万。以壮族为主，还有汉、仫佬等民族。辖1居委会、6村委会，有114自然村。乡人民政府驻乔善街。1934年为乔善乡。1950年改区。1953年改第六区。1962年复乔善区。1968年改公社。1984年改乡。1985年析设纳翁乡。因乡政府驻地得名。有中学1所，小学10所，卫生院1个。农业以种植水稻、玉米为主。天河—四堡公路过境。

乔善街 [Qiáoshànjiē] 乔善乡人民政府驻地。在县政府驻地东门镇西北40千米。人口300。以壮族为主，还有仫佬、汉等民族。"乔善"为壮语"Giuzcienz"译名，因由毛洞、丘坝、长红3村捐资修桥得名。聚落呈块状。有中小学、卫生院等。农业以种植水稻、玉米为主。天河—四堡公路经此。

纳翁乡 [Nàwēng Xiāng] 罗城仫佬族自治县辖乡。在县境西北部。面积169平方千米。人口0.7万。以壮族为主，还有汉、瑶等民族。辖1居委会、5村委会，有56自然村。乡人民政府驻纳翁街。1985年由乔善乡析设纳翁乡。因乡政府驻地得名。有小学5所，卫生院1个。农业以种植水稻、玉米为主。特产杉木、香菇、木耳。乔善—纳翁公路过境。

纳翁街 [Nàwēngjiē] 纳翁乡人民政府驻地。在县政府驻地东门镇西北55千米。人口不足100。以壮族为主，还有汉、瑶等民族。"纳翁"为壮语"Nazoeng"译名，因原有烂泥田得名。聚落呈团块状。有小学、卫生院等。服务业以商贸为主。乔善—纳翁公路经此。

兼爱乡 [Jiān'ài Xiāng] 罗城仫佬族自治县辖乡。在县境西部。面积202平方千米。人口1.5万。以壮族为主，还有汉族等。辖1居委会、10村委会，有107自然村。乡人民政府驻兼爱街。1985年由怀群乡析设兼爱乡。1988年部分地域划出。因乡政府驻地得名。有中学1所，小学11所，卫生院1个。农业以种植水稻、玉米为主。特产茶油、香粳糯米。工业以铁矿为主。罗城—环江公路过境。

兼爱街 [Jiān'àijiē] 兼爱乡人民政府驻地。在县政府驻地东门镇西62千米。人口200。以壮族为主，还有汉族等。因兼顾、喜爱之意得名。聚落呈块状。有中小学、卫生院。服务业以商贸为主。罗城—环江公路经此。

环江毛南族自治县

环江毛南族自治县 [Huánjiāng Máonánzú Zìzhìxiàn] 河池市辖自治县。北纬24°49′，东经108°15′。在市境东北部。面积4553平方千米。人口38万。其中毛南族占16.9%，还有壮、汉、苗等民族。辖6镇、6乡。县人民政府驻思恩镇。1951年由思恩、宜北2县合设环江县。因县城江水绕流得名。1952年后属宜山专区、宜山地区、柳州专区、河池专区、河池地区。1986年改环江毛南族自治县。2003年属河池市。先后建成环江大桥、阳光大厦、民族文化广场。四周山岭绵延，中部偏南为丘陵，西与西北部多为石山。平均海拔470米。年均气温19.9℃，1月平均气温11.7℃，7月平均气温27℃。年均降水量1566.9毫米。大环江、中洲河、打狗河流经。有矿产资源煤、铁、铅、锌、滑石等。有野生植物1735种，其中国家重点保护野生植物有68种。有野生动物367种，其中国家重点保护野生动物有黑叶猴、猕猴、熊猴、短尾猴、大灵猫、林麝等15种。有木论国家级自然保护区、九万山国家级自然保护区。有环江喀斯特地形地貌世界自然遗产。森林覆盖率

72.9%。有中等专业学校1所，中学15所，小学107所，二级医院2个。有博物馆、文化馆、民族体育馆。有省级文物保护单位凤腾山古墓群、北宋牌坊。有国家级非物质文化遗产毛南族肥套、毛南傩舞、毛南族花竹帽编织技艺，省级非物质文化遗产毛南族分龙节、木雕技艺、石刻技艺。有国家3A级旅游景区牛角寨。有景点文雅天坑、朝阁万亩草甸、中洲河、杨梅坳九万山等。三次产业比例43：24：33。农业以种植水稻、玉米为主，兼种桑养蚕。盛产沃柑、砂糖橘等。特产香牛、香猪、香米、香鸭、香菇等。工业以矿产开采为主。服务业以商贸为主。省道德胜—大沙坡线过境。

环江汽车总站［Huánjiāng Qìchē Zǒngzhàn］　见交通运输设施部分“环江汽车总站”条。

思恩镇［Sī'ēn Zhèn］　环江毛南族自治县人民政府驻地。在县境南部。面积278平方千米。人口4.8万。以壮族为主，还有汉、苗、瑶、毛南、仫佬、布依等民族。辖2居委会、12村委会，有189自然村。镇人民政府位于贵中路。1950年为一区。1958年改红旗公社。1959年改城管公社。1962年改区。1972年改城关镇。1984年更今名。因旧思恩县治地得名，意为“常怀感恩之心，常思感恩之情”。大环江河流经。有中学5所，小学5所，二级医院2个，卫生院2个，卫生所1个，图书馆1个，文化馆1个。农业以种植水稻、桑树、糖蔗为主。309、357国道，省道德胜—大沙坡线过境。

桥东路［Qiáodōng Lù］　在县城中部。南起环江大桥，北至德环公路。与凯丰路、新建路、新安路等相交。长2.6千米，宽20米。混凝土路面。1980年开工，1986年建成。因处环江大桥东得名。两侧有民族文化广场、环江汽车总站、党政单位、居住小区、县医院等。通公交车。

水源镇［Shuǐyuán Zhèn］　环江毛南族自治县辖镇。在县境西南部。面积355平方千米。人口4.2万。以壮族为主，还有汉、瑶、毛南等民族。辖2居委会、11村委会，有250自然村。镇人民政府驻水源街。1958年成立红日公社。1959年改水源公社。1962年改区。1984年改乡。1995年改镇。2005年上南乡并入。因镇政府驻地得名。有中学1所，小学12所，卫生院1个。农业以种植水稻、玉米、甘蔗为主，兼种桑养蚕。盛产水果。工业以木材、水泥、砖加工为主。金红铁路、省道金城江—荔波线过境。

水源街［Shuǐyuánjiē］　水源镇人民政府驻地。在县政府驻地思恩镇北20千米。人口800。以壮族为主，还有汉、瑶、毛南等民族。因地处下滩、岩龙2溪发源地得名。聚落呈不规则块状。有中小学、卫生院。农业以种植水稻、玉米为主，兼种桑养蚕。服务业以土特产销售为主。省道金城江—荔波线经此。

洛阳镇［Luòyáng Zhèn］　环江毛南族自治县辖镇。在县境中部。面积468平方千米。人口4万。以壮族为主，还有汉、瑶、毛南、布依等民族。辖1居委会、12村委会，有227自然村。镇人民政府驻洛阳街。1959年由红星公社析设洛阳公社。1962年改区。1984年改乡。因镇政府驻地得名。大环江河流经。有矿产资源铅、锌、锑、铁、煤等。有中学1所，小学22所，卫生院1个。农业以种植水稻、玉米、桑树、甘蔗为主。盛产水果。工业以矿产品、木材加工等为主。金红铁路、省道环江—荔波线过境。

洛阳街［Luòyángjiē］　洛阳镇人民政府驻地。在县政府驻地思恩镇北17千米。人口400。以壮族为主，还有汉、瑶、毛南等民族。因背靠八仙山，夕阳依山降落得名落降，雅化为今名。聚落呈不规则块状。有中小学、卫生院。农业以种植水稻、玉米为主，盛产沃柑、砂糖橘等。有农贸市场。省道荔波—金城江线、荔波—环江公路经此。

川山镇［Chuānshān Zhèn］　环江毛南族自治县辖镇。在县境西部。面积432平方千米。人口4.9万。以壮族为主，还有汉、毛南等民族。辖2居委会、18村委会，有361自然村。镇人民政府驻由动街。1950年为第三区。1955年改川山区。1958年改红星公社。1959年分设大干、川山、洛阳3公社。1962年川山、大干公社合设川山区。1984年改乡。1997年改镇。2005年木论乡并入。因6峰并列形似“川山”字样得名。有木论国家级自然保护区。有中学1所，小学18所，卫生院3个，卫生室17个。有古迹汉代古道、社村魁星楼、都川葫芦塔。有景点古滨河漂流、瑞良洞等。农业以种植甘蔗、水稻、桑树为主。盛产水果。省道金城江—荔波线过境。

由动街［Yóudòngjiē］　川山镇人民政府驻地。在县政府驻地思恩镇西北29千米。人口900。以壮族为主，还有汉、瑶、毛南、布依、水等民族。以买卖牛得名牛峒街，因流动人口至此更名流动街，后更今名。聚落呈不规则块状。有中小学、卫生院。农业以种植水稻、玉米为主，兼种桑养蚕，盛产沃柑、砂糖橘。工业以手工食品加工为主。特产豆粑。县道环江—下南线经此。

明伦镇［Mínglún Zhèn］　环江毛南族自治县辖镇。在县境北部。面积458平方千米。人口4.1万。以壮族为主，还有汉、瑶、毛南、布依等民族。辖1居委会、15村委会，有232自然村。镇人民政府驻明伦街。1958年成立先锋公社。1959年改明伦公社。1962年改区。1984年改乡。1995年改镇。因镇政府驻地得名。明伦河流经。有中学1所，小学9所，卫生院1个。有古迹北宋牌坊。有景点牛角寨瀑布。农业以种植水稻、桑树、甘蔗、玉米为主。特产“五香”（香猪、香牛、香鱼、香鸭、香米）。有国家级环江香猪原种保种场。省道环江—融水线过境。

明伦街［Mínglúnjiē］　明伦镇人民政府驻地。在县政府驻地思恩镇北45千米。人口600。以壮族为主，还有汉、瑶、毛南、布依等民族。“明伦”壮语译名建峒，意为田峒有坳口。清末以寄希望于明天更名明伦。聚落呈不规则块状。有中小学、卫生院。农业以种植水稻、玉米为主。特产香猪、香米、香鸭。环江—明伦公路经此。

东兴镇［Dōngxīng Zhèn］　环江毛南族自治县辖镇。在县境东北部。面积431平方千米。人口2.3万。以壮族为主，还有汉、瑶、毛南、布依、仫佬、水、侗等民族。辖1居委会、10村委会，有190自然村。镇人民政府驻东兴街。1926年为中兴乡。1947年改崇兴乡。1949年仍乡。1958年改火箭公社。1959年改东兴公社。1962年改区。1984年改乡。2000年改镇。因镇政府驻地得名。有中学1所，小学12所，卫生院1个。有古迹汉马伏波石刻、思恩中州碑记。农业以种植水稻、玉米、甘蔗、桑树为主。东兴—融水公路过境。

东兴街［Dōngxīngjiē］　东兴镇人民政府驻地。在县政府驻地思恩镇东北47千米。人口700。以壮族为主，还有汉、瑶、毛南、布依等民族。“东兴”为壮语音译名。因田地常被洪水淹没得名。聚落呈不规则块状。有中小学、卫生院。农业以种植水稻、玉米为主，兼种桑养蚕。有集市。东兴—融水公路经此。

大才乡［Dàcái Xiāng］　环江毛南族自治县辖乡。在县境东南部。面积128平方千米。人口1.3万。以壮族为主，还有汉、瑶、毛南、仫佬、布依等民族。辖1居委会、6村委会，有70自然村。乡人民政府驻大才街。1984年由城管公社析设大才乡。因乡政府驻地得名。大才河流经。有小学7所，卫生院1个。农业以种植桑树、红心柚、柑橘为主。省道德胜—大沙坡线过境。

大才街［Dàcáijiē］　大才乡人民政府驻地。在县政府驻地思恩镇东南14千米。人口400。以壮族为主，还有汉、瑶、毛南、布依等民族。因取大同、三才2村名各一字得名。聚落呈不规则块状。有小学、卫生院。农业以种植水稻、玉米为主，盛产沃柑、砂糖橘。有种桑养蚕。环江—大才公路经此。

下南乡［Xiànán Xiāng］　环江毛南族自治县辖乡。在县境西南部。面积254平方千米。人口1.9万。以毛南族为主，还有壮、汉等民族。辖1居委会、10村委会，有210自然村。乡人民政府驻下南街。1958年成立和平公社。1959年改下南公社。1962年改区。1984年改乡。1984年改下南毛南族乡。1987年改下南乡。因乡政府驻地得名。有中学1所，小学4所，卫生院1个。有古迹凤腾山古墓群、谭家世谱碑、毛南族发祥地耀桑屯等。农业以种植水稻、玉米、甘薯为主。特产下南菜牛、手工艺品花竹帽。通公路。

下南街［Xiànánjiē］　下南乡人民政府驻地。在县政府驻地思恩镇西北30千米。人口500。毛南族聚居。以地势分上、中、下3片区，因居下得名。聚落呈不规则块状。有中小学、卫生院。农业以种植水稻、玉米为主，兼种桑养蚕。特产下南菜牛。通公路。

大安乡［Dà'ān Xiāng］　环江毛南族自治县辖乡。在县境南部。面积221平方千米。人口2万。以壮族为主，还有汉、毛南、瑶等民族。辖1居委会、6村委会，有155自然村。乡人民政府驻九圩。1958年成立卫星公社。1959年改大安公社。1962年改区。1984年改乡。寓意极为安宁得名。环江河流经。有中学1所，小学10所，卫生院1个。农业以种植水稻、玉米、桑树、甘蔗为主。盛产水果。环江—罗城、环江—东兴公路过境。

九圩［Jiǔxū］　大安乡人民政府驻地。在县政府驻地思恩镇北12千米。不足100人。以壮族为主，还有汉、毛南、布依、仫佬等民族。因逢九赶圩得名。聚落呈不规则块状。有中小学、卫生院。农业以种植水稻、玉米为主，兼种桑养蚕。环江—罗城、环江—东兴公路经此。

长美乡［Chángměi Xiāng］　环江毛南族自治县辖乡。在县境东南部。面积250平方千米。人口1.5万。以壮族为主，还有瑶、汉等民族。辖1居委会、5村委会，有102自然村。乡人民政府驻拉门屯。1953年设长美乡。1958年并入卫星公社。1959年析设长美公社。1984年改乡。因寓意永远美好得名。中洲河流经。有中学1所，小学6所，卫生院1个。农业以种植水稻、玉米、甘蔗、桑树为主。环江—罗城公路过境。

拉门屯［Lāméntún］　长美乡人民政府驻地。在县政府驻地思恩镇东北25千米。人口400。以汉族为主，还有壮族。“拉门”为壮语译名，“拉”指下面，“门”指门户。屯下为河，两岸山如门户，故名。聚落沿河呈带状分布。有中小学、卫生院。农业以种植水稻、玉米为主，兼种桑养蚕。环江—罗城公路经此。

龙岩乡［Lóngyán Xiāng］　环江毛南族自治县辖乡。在县境北部。面积407平方千米。人口2.2万。以壮族为主，还有汉、瑶等民族。辖1居委会、12村委会，有155自然村。乡人民政府驻龙岩街。1958年成立火箭公社。1959年改龙岩公社。1962年改区。1984年改乡。因乡政府驻地得名。中洲河流经。有中学1所，小学13所，卫生院1个。农业以种植水稻、玉米、桑树为主。县道环江—龙岩线过境。

龙岩街 [Lóngyánjiē] 龙岩乡人民政府驻地。在县政府驻地思恩镇北54千米。人口400。以壮族为主，还有汉、毛南、布依、侗、水等民族。因龙形山脚岩洞名龙岩得名。聚落呈不规则块状。有中小学、卫生院。农业以种植水稻、玉米为主，兼种桑养蚕。特产香菌、香菇、香猪等。县道环江—龙岩线经此。

驯乐苗族乡 [Xùnlè Miáozú Xiāng] 环江毛南族自治县辖乡。在县境北部。面积594平方千米。人口3.3万。其中苗族占11%，还有壮、汉等民族。辖2居委会、10村委会，有171自然村。乡人民政府驻驯乐街。1958年成立上游公社。1959年改驯乐公社。1962年改区。1984年改乡。2005年上朝镇并入。因乡政府驻地得名。有中学1所，小学5所，卫生院1个。农业以种植水稻、玉米、桑树为主。特产香猪、长北香粳米、香糯米、香菇。工业以煤、铁、铅、锌矿开采为主。县道环江—驯乐线过境。

驯乐街 [Xùnlèjiē] 驯乐苗族乡人民政府驻地。在县政府驻地思恩镇北62千米。人口600。以壮族为主，还有汉、布依、苗、侗、水等民族。聚落呈不规则块状。有中小学、卫生院。农业以种植玉米、水稻、桑树为主。县道环江—驯乐线经此。

巴马瑶族自治县

巴马瑶族自治县 [Bāmǎ Yáozú Zìzhìxiàn] 河池市辖自治县。北纬23°49′，东经106°51′。在市境西南部。面积1971平方千米。人口29.9万。其中瑶族占17.5%，还有壮、毛南、仫佬、苗等民族。辖1镇、9乡。县人民政府驻巴马镇。1956年设巴马瑶族自治县。1965年部分地域划归东兰县。1987年部分地域划归大化瑶族自治县。先后属百色专区、河池专区、河池地区。2002年属河池市。因县政府驻地得名。地势西北高东南低。平均海拔1216米。年均气温20.7℃，1月平均气温12℃，7月平均气温28℃。年均降水量1535.3毫米。盘阳河、灵岐河、龙洪河、百东河流经。有钛、蛙石、水晶、大理石、石灰石、辉绿岩、矿泉水等矿产资源。有野生植物擎天树、金丝李、枧木、黄连木、蝴蝶果等。有野生动物猴、果子狸、猫头鹰、鹧鸪、蛇等。森林覆盖率70.9%。有中学12所，小学219所，二级医院3个，体育馆5个。有文化馆、图书馆、长寿博物馆。有红七军第二十一师部、中国工农红军独立第三师部、中共右江区特委右江区革命委员会、盘阳起义、燕洞会议等旧址。有韦拔群烈士牺牲地香刷洞。有瑶族祝著节、壮族补粮习俗等。有国家4A级旅游景区百鸟岩。有自然岩溶景观长寿水晶宫。有景点百魔洞、天坑石林群、盘阳河、命河、儒礼桃花源、赐福湖、巴盘长寿村等。为中国长寿之乡。三次产业比例35∶28∶37。农业以种植水稻、玉米、黄豆、薯类、火麻为主，养殖牛、马、淡水鱼等。特产黑山羊、油鱼。有国家地理标志产品巴马香猪。有经济林。工业以矿泉水灌装、食品加工、石材加工等为主。服务业以旅游为主。323国道、省道都阳—凤山线过境。

赐福大桥 [Cìfú Dàqiáo] 在县城东部。长425.2米，宽10米，最大跨度410米，桥下净高45米。1990年开工，1992年建成。因赐福湖得名。为中型河道桥梁，结构型式为钢筋混凝土双曲拱桥。最大载重20吨。通公交车。

巴马汽车总站 [Bāmǎ Qìchē Zǒngzhàn] 见交通运输设施部分“巴马汽车总站”条。

巴马镇 [Bāmǎ Zhèn] 巴马瑶族自治县人民政府驻地。在县境中部。面积271.8平方千米。人口7.6万。以壮族为主，还有瑶、毛南、仫佬、苗等民族。辖4居委会、14村委会，有205自然村。镇人民政府驻巴马街。1972年由城关公社析设巴马镇。1984年城关公社部分地域并入。因镇政府驻地得名。盘阳河、龙洪河流经。有中学3所，小学39所(含教学点)，二级医院3个，卫生院1个，图书馆3个，文化馆1个。有景点赐福湖、龙洪河、盘阳河、梦巴马。农业以种植水稻、玉米、黄豆为主。工业以钛矿、辉绿岩矿开采，矿泉水灌装，食品加工为主。特产香猪、山羊、山茶油。省道都阳—凤山线过境。

寿乡大道 [Shòuxiāng Dàdào] 在县城中部。东起城东桥，西至沪昆高速连接线。与东环路、古城路、寿福路、寿宁路、民族路相交。长6.8千米，宽44米。沥青路面。1996年开工，2002年建成。因巴马为长寿之乡得名。两侧有酒店、百货大楼、商厦、体育馆等。通公交车。

新建路 [Xīnjiàn Lù] 在县城中部。南起323国道，北至那塘桥。与南环路、民族路、寿乡大道、文化路、城东路相交。长3.6千米，宽20米。沥青路面。1956年开工，1958年建成。2005年扩建。两侧有林场、银行、保险公司、党政单位、县医院、酒店等。

巴马街 [Bāmǎjiē] 巴马镇人民政府驻地。在镇境北部。人口1.9万。以壮族为主，还有瑶、汉等民族。“巴马”为壮语“Banmai”音译名，因山形似马得名。聚落呈带状。盘阳河流经。有中小学、县民族医院、长寿博物馆等。有母鸡山公园。经济以商贸业为主。323国道、省道都阳—凤山线经此。

甲篆乡 [Jiǎzhuàn Xiāng] 巴马瑶族自治县辖乡。在县境西北部。面积156.2平方千米。人口3.1万。以壮族为主，还有瑶、毛南等民族。辖11村委会，有176自然村。乡人民政府驻甲篆街。1935年设月篆乡。1956年改甲篆区。1958年改五星公社。1969年改甲篆公社。1984年改乡，析设那社乡。因乡政府驻地得名。盘阳河流经。有中学1所，小学18所(含教学点)，卫生院1个。有文化馆、文化站等。有景点百魔洞、百鸟岩、巴盘长寿村等。农业以种植水稻、玉米、黄豆、薯类为主。特产香猪、山羊、油鱼、火麻。省道都阳—凤山线过境。

甲篆街 [Jiǎzhuànjiē] 甲篆乡人民政府驻地。在县政府驻地巴马镇西北16千米。人口1400。以壮族为主，还有瑶、毛南等民族。清光绪十七年(1891)成立篆圩，1935年改月篆圩，1956年更今名。甲指第一，篆指物美价廉。聚落呈带状。有中小学、卫生院。农业以种植水稻、玉米、黄豆、薯类为主。特产油鱼、富硒稻米等。有农产品贸易市场。省道都阳—凤山线经此。

燕洞乡 [Yàndòng Xiāng] 巴马瑶族自治县辖乡。在县境西南部。面积227平方千米。人口2.9万。以壮族为主，还有瑶族等。辖12村委会，有114自然村。乡人民政府驻燕洞街。1934年为燕乐乡。1949年仍乡。1958年并人红旗公社。1959年析设燕洞公社。1962年并人城关区(后改公社)。1984年析设燕洞乡。因乡政府驻地得名。灵岐河流经。有中学2所，小学21所(含教学点)，卫生院1个。有文化馆、文化站等。农业以种植水稻、玉米、黄豆、薯类为主。特产香猪、山茶油、龙骨花。323国道过境。

燕洞街 [Yàndòngjiē] 燕洞乡人民政府驻地。在县政府驻地巴马镇西南22千米。人口1300。以壮族为主，还有瑶族等。北宋崇宁五年(1106)成立燕乐圩，1956年更今名。“燕洞”为壮语“Doengheng”音译名，因地形似燕子窝且有田垌得名。聚落呈带状。有中小学、卫生院。有燕洞会议旧址。农业以种植水稻、玉米、黄豆、薯类为主。有农产品贸易市场。燕洞—龙田公路经此。

所略乡 [Suǒlüè Xiāng] 巴马瑶族自治县辖乡。在县境西部。面积344.4平方千米。人口4.1万。以壮族为主，还有瑶族等。辖18村委会，有230自然村。乡人民政府驻坡帮街。1935年为所略乡。1949年仍乡。1956年改区。1958年改红星公社。1962年复区。1984年改乡，析设局桑乡。2005年局桑乡并人。因取所圩街、甲略村2名各一字得名。灵岐河、册巴河、百东河流经。有中学1所，小学35所，卫生院2个。有文化馆、文化站等。农业以种植水稻、玉米、黄豆、薯类为主。特产香猪、黑山羊、油菜、火麻、木耳。巴马—局桑公路过境。

坡帮街 [Pōbāngjiē] 所略乡人民政府驻地。在县政府驻地巴马镇西38千米。人口1000。以壮族为主，还有瑶族等。“坡帮”为壮语音译名。因村民互助灌田得名。聚落呈带状。有中小学、卫生院。特产香猪、马、山茶油、马肉粉。有农产品贸易市场。巴马—局桑公路经此。

西山乡 [Xīshān Xiāng] 巴马瑶族自治县辖乡。在县境西北部。面积254平方千米。人口2.2万。以瑶族为主，还有壮族等。辖16村委会，有377自然村。乡人民政府驻福厚街。1952年为第八区。1953年改西山瑶族自治区。1956年改西山区。1984年改乡，析设平洞乡。2005年平洞乡并人。因处都阳山西得名。龙洪河流经。有中学1所，小学25所(含教学点)，卫生院1个。有文化馆、文化站等。有红七军第二十一师部旧址弄索峒、韦拔群烈士牺牲地香刷洞、万冈起义指挥部旧址弄甲峒。农业以种植玉米、水稻、黄豆、薯类为主。特产香猪、山羊、瑶山鸡、珍珠黄玉米、火麻。练乡—弄英公路过境。

福厚街 [Fúhòujiē] 西山乡人民政府驻地。在县政府驻地巴马镇西北20千米。人口1000。以壮族为主，还有瑶族等。“福厚”为壮语“Guknaen”译名，因传老虎被水牛顶死腐烂得名。聚落呈带状。有中小学、卫生院。有八角楼革命纪念馆。特产香猪、山羊、火麻。有农产品贸易市场。练乡—弄英、西山—弄京公路经此。

弄索峒 [Nòngsuǒdòng] 在县政府驻地巴马镇西北31千米。西山乡辖自然村。人口不足100。瑶族聚居。“弄索”为壮语“Runghsog”音译名，因弄场原生泡桐得名。聚落呈团块状。有省级文物保护单位红七军第二十一师部旧址。农业以种植玉米、黄豆、薯类为主。特产香猪、山羊、火麻。通公路。

东山乡 [Dōngshān Xiāng] 巴马瑶族自治县辖乡。在县境东部。面积121平方千米。人口1.4万。以瑶族为主，还有壮、毛南等民族。辖8村委会，有235自然村。乡人民政府驻东山街。1957年由凤凰区析设东山区。1958年改公社。1960年凤凰公社部分地域划人。1984年改乡，析设板兰乡。因乡政府驻地得名。有小学11所(含教学点)，卫生院1个。有文化馆、文化站等。有景点巴根铜鼓楼、巴优民族风情休闲园。农业以种植玉米、黄豆、薯类为主。特产香猪、山羊、瑶山鸡、珍珠黄玉米、山鸽。江洲—板兰公路过境。

东山街 [Dōngshānjiē] 东山乡人民政府驻地。在县政府驻地巴马镇东47千米。人口900。以瑶族为主，还有壮族等。因地处都阳山东得名。聚落呈带状。有小学、卫生院。农业以种植玉米、黄豆、薯类为主。特产香猪、黑山羊、火麻。有农产品贸易市场。江洲—板兰公路经此。

凤凰乡 [Fènghuáng Xiāng]　巴马瑶族自治县辖乡。在县境东部。面积 89 平方千米。人口 1.2 万。以壮族为主，还有瑶、毛南等民族。辖 4 村委会，有 78 自然村。乡人民政府驻凤凰街。1935 年为凤凰乡。1956 年改凤凰区，同年纳合乡划入。1957 年析设东山区。1958 年改公社。1960、1965 年部分地域划出。1984 年改乡。1987 年部分地域划出。因乡政府驻地得名。有中学 1 所，小学 12 所(含教学点)，卫生院 1 个。有文化馆、文化站等。农业以种植水稻、玉米、黄豆、薯类为主。特产香猪、山羊、火麻。323 国道、都阳—江平公路过境。

凤凰街 [Fènghuángjiē]　凤凰乡人民政府驻地。在县政府驻地巴马镇东 26 千米。人口 680。以壮族为主，还有瑶族等。因山形似凤凰得名。聚落呈团状。有中小学、卫生院。特产香猪、火麻。有农产品贸易市场。323 国道、都阳—江平公路经此。

那桃乡 [Nàtáo Xiāng]　巴马瑶族自治县辖乡。在县境南部。面积 226 平方千米。人口 3.5 万。以壮族为主，还有瑶族等。辖 8 村委会，有 130 自然村。乡人民政府驻那桃街。1956 年为那桃区。1958 年改上游公社。1962 年改那桃区。1984 年改乡。1988 年部分地域划出。因乡政府驻地得名。灵岐河流经。有中学 1 所，小学 29 所(含教学点)，卫生院 1 个。有文化馆、文化站等。有景点仁寿山庄、儒礼桃花源等。农业以种植水稻、玉米为主。特产香猪、板栗、油茶。工业以矿泉水灌装为主。省道巴马—大化线、都阳—凤山线过境。

那桃街 [Nàtáojiē]　那桃乡人民政府驻地。在县政府驻地巴马镇南 19 千米。人口 800。以壮族为主，还有瑶族等。“那桃”为壮语“HawNazdauz”译名，因原栽植桃树得名。聚落呈团块状。有中小学、卫生院。特产香猪、油茶、板栗。有农产品贸易市场。省道都阳—凤山线经此。

那社乡 [Nàshè Xiāng]　巴马瑶族自治县辖乡。在县境西北部。面积 174 平方千米。人口 1.8 万。以壮族为主，还有瑶族等。辖 7 村委会，有 99 自然村。乡人民政府驻那社街。1984 年由甲篆公社析设那社乡。因乡政府驻地得名。灵岐河流经。有中学 1 所，小学 20 所(含教学点)，卫生院 1 个。有文化站。有景点水晶宫、命河。农业以种植水稻、玉米、黄豆、薯类为主。特产香猪、山羊、茶油、八角、火麻。巴马—江洲公路过境。

那社街 [Nàshèjiē]　那社乡人民政府驻地。在县政府驻地巴马镇西北 28 千米。人口 500。以壮族为主，还有瑶族。“那社”为壮语“Nazcwh”译名，因田边原有庙堂得名。聚落呈带状。有中小学、卫生院。有景点命河。农业以种植水稻、玉米、黄豆、薯类为主。特产山茶油、香猪、山羊。有农产品贸易市场。巴马—江洲公路经此。

百林乡 [Bǎilín Xiāng]　巴马瑶族自治县辖乡。在县境南部。面积 120 平方千米。人口 1.9 万。以壮族为主，还有瑶、苗等民族。辖 5 村委会，有 72 自然村。乡人民政府驻百林街。1988 年设置百林乡。“百林”为壮语译名。因地处 2 河汇合口得名。灵岐河流经。有中学 1 所，小学 9 所(含教学点)，卫生院 1 个。有文化馆、文化站等。农业以种植水稻、玉米为主。特产香猪、油茶、板栗。省道都阳—凤山线、马山—百林公路过境。

百林街 [Bǎilínjiē]　百林乡人民政府驻地。在县政府驻地巴马镇南 40 千米。人口 800。以壮族为主，还有瑶族等。因乡得名。聚落呈带状。有中小学、卫生院。农业以种植水稻、玉米为主，饲养家禽。特产山茶油、香猪、板栗。有农产品贸易市场。省道都阳—凤山线经此。

都安瑶族自治县

都安瑶族自治县 [Dū'ān Yáozú Zìzhìxiàn]　河池市辖自治县。北纬 23°56′，东经 108°06′。在市境南部。面积 4088 平方千米。人口 69.9 万。其中瑶族占 22%，还有壮、苗、毛南、水等民族。辖 8 镇、11 乡。县人民政府驻安阳镇。1916 年置都安县。1955 年改都安瑶族自治县。1958 年后属邕宁专区、南宁专区、河池地区。1987 年部分地域划出。2002 年属河池市。因取明代安定、都阳 2 土司名得名。地势西北高东南低。平均海拔 735.6 米。年均气温 21.5℃，1 月平均气温 12.4℃，7 月平均气温 28℃。年均降水量 1723.8 毫米。红水河、刁江、澄江流经。有煤、铜、锑、汞、铁、锰、金、银、萤石等矿产资源。有野生植物 800 余种。有野生动物 1400 余种，其中国家一级重点保护野生动物有黑麂，国家二级重点保护野生动物有猕猴、穿山甲、鸳鸯。森林覆盖率 13.67%。有中学 27 所，小学 317 所，二级医院 2 个，图书馆 1 个，文化馆 1 个，体育馆 1 个。有省级文物保护单位九渡乡九如汉墓群。有国家级非物质文化遗产密洛陀，省级非物质文化遗产瑶族分架等。三次产业比例 63∶15∶22。农业以种植玉米、水稻为主，盛产豆类、红茹、甘蔗等。工业以电力、建材、酿酒、轻纺、造纸、铸造、机械、食品加工为主。服务业以旅游、商贸为主。兰海高速、210 国道过境。

澄江大桥 [Chéngjiāng Dàqiáo]　在县城东部。长 96 米，宽 19 米，最大跨度 30 米，桥下净高 14.5 米。1971 年开工，1973 年建成。2009 年扩建。因跨澄江河得名。为中型河道桥梁，结构型式为拱桥。最大载重 55 吨。通公交车。

都安汽车总站 [Dū'ān Qìchē Zǒngzhàn]　见交通运输设施部分“都安汽车总站”条。

安阳镇 [Ānyáng Zhèn]　都安瑶族自治县人民政府驻地。在县境中部。面积 62 平方千米。人口 5.9 万。以壮族为主，还有瑶、汉、毛南、仫佬、苗、回等民族。辖 7 居委会，有 114 自然村。镇人民政府位于新屏路。1932 年设安阳镇。1949 年仍为镇。1960 年改安阳公社。1962 年并入城厢区。1965 年复安阳镇。1980 年改公社。1984 年改镇。因处百才山口得名百才圩、才圩，以安定平阳之意更今名。澄江河流经。有中学 5 所，小学 8 所，二级医院 2 个，卫生院 1 个，卫生所 4 个，图书馆 2 个。有景点翠屏公园、七星山、福寿重岩等。工业以竹藤草芒纺织、电子、服装饰品、手表表链加工等为主。210 国道过境。

屏山路 [Píngshān Lù]　在县城中部。南起安阳大道，北至安定大道。与达兴街、文体路、屏山中路、沿江路、迎晖街相交。长 5 千米，宽 25 米。混凝土路面。1932 年开工，1933 年建成。因翠屏山得名。两侧多私人建筑。通公交车。

安阳大道 [Ānyáng Dàdào]　在县城南部。东起都港大道，西至百才路。与新屏路、五里桥街相交。长 3 千米，宽 60 米。混凝土路面。2013 年开工，2014 年建成。因平安之意得名。两侧多居民小区。通公交车。

大桥路 [Dàqiáo Lù]　在县城中部。东起澄江大桥，西至屏山路。与新屏路、沿江路相交。长 1.2 千米，宽 28 米。混凝土路面。1989 年开工，1992 年建成。2007 年改扩建。因永济、澄江 2 桥得名。两侧有党政单位、超市、酒店等。通公交车。

高岭镇 [Gāolǐng Zhèn]　都安瑶族自治县辖镇。在县境中部。面积 287 平方千米。人口 8.3 万。以壮族为主，还有瑶、毛南、汉、仫佬、苗、黎等民族。辖 1 居委会、21 村委会，有 734 自然村。镇人民政府驻高岭街。1955 年为高岭区。1958 年改高兴公社。1959 年改高岭公社。1984 年改乡。1990 年改镇。因镇政府驻地得名。澄江河流经。有中学 2 所，小学 22 所，卫生院 1 个，卫生所 21 个，文化站 1 个。有景点三合响水关、神仙洞等。农业以种植粮食、蔬菜为主。工业以食品、纱纸加工为主。特产高岭酒饼。210 国道过境。

高岭街 [Gāolǐngjiē]　高岭镇人民政府驻地。在县政府驻地安阳镇北 15 千米。人口 4700。以壮族为主，还有瑶、毛南等民族。因地处 72 岭中最高岭得名。聚落呈团块状。有中小学、卫生院。特产高岭酒饼。有农产品贸易市场。九圩—都安公路经此。

地苏镇 [Dìsū Zhèn]　都安瑶族自治县辖镇。在县境西部。面积 263 平方千米。人口 7.2 万。以壮族为主，还有汉、瑶等民族。辖 1 居委会、18 村委会，有 538 自然村。镇人民政府驻地苏街。1949 年为地苏乡。1955 年改区。1958 年并入红星公社。1959 年析设地苏公社。1984 年改乡。2012 年改镇。因镇政府驻地得名。红水河、地苏河流经。有中学 2 所，小学 18 所，卫生院 2 个，卫生所 17 个。有古迹安福寺、关帝庙、司马桥等。有景点八仙古洞、古松晚幢。农业以种植水稻、玉米为主。工业以竹藤编织手工业为主。百都、都大、地雅公路过境。

地苏街 [Dìsūjiē]　地苏镇人民政府驻地。在县政府驻地安阳镇西南 9 千米。人口 1200。以壮族为主，还有汉、瑶等民族。因苏氏先居得名。聚落呈带状。有中小学、卫生院。有古迹安福寺、司马桥等。工业以竹藤草芒加工为主。有农产品贸易市场。通公交车。

大定村 [Dàdìngcūn]　在县政府驻地安阳镇西 13 千米。地苏镇辖自然村。人口 4700。以壮族为主，还有瑶族。“大定”为壮语“Dahdingh”译名，因河流水位固定不变得名。聚落呈散状。工业以竹藤编织手工业为主。通公路。2009 年被评为全国文明村。

下坳镇 [Xià'ào Zhèn]　都安瑶族自治县辖镇。在县境北部。面积 374 平方千米。人口 4.1 万。以壮族为主，还有瑶、汉、苗、回、毛南等民族。辖 1 居委会、19 村委会，有 457 自然村。镇人民政府驻下坳街。1949 年为下坳乡。1953 年改下坳瑶族自治区。1955 年改下坳区。1958 年改公社。1984 年改乡。2012 年改镇。因镇政府驻地得名。有中学 1 所，小学 19 所，卫生院 1 个，卫生所 20 个。有景点光隆岩、戈槐岩、革命岩。农业以种植玉米、黄豆、水稻、桑树、杉木、甘蔗、竹笋、甘薯、牧草，养殖猪、黄牛、水牛、鸡、都安山羊等为主。210 国道过境。

下坳街 [Xià'àojiē]　下坳镇人民政府驻地。在县政府驻地安阳镇北 50 千米。人口 800。以壮族为主，还有瑶、汉、苗、回等民族。因地处李子坳下方得名。聚落呈带状。有中小学、卫生院、卫生所。农业以种植玉米、黄豆、水稻，养殖猪、黄牛、水牛、鸡、都安山羊等为主。有农产品贸易市场。210 国道经此。

拉烈镇 [Lāliè Zhèn]　都安瑶族自治县辖镇。在县境北部。面积 320 平方千米。人口 3.9 万。以壮族为主，还有瑶、汉、毛南等民族。辖 1 居委会、19 村委会，有 717 自然村。镇人民政府驻拉烈街。1959年成立拉烈公社。1984年改乡。2012年改镇。因镇政府驻地得名。有中学1所,小学19所,卫生院1个,卫生所19个。农业以种植玉米、黄豆、水稻、桑树、杉木、甘蔗、竹笋、甘薯、牧草,养殖猪、黄牛、水牛、鸡、都安山羊等为主。工业以木材加工和食品加工等为主。都环、红宜公路过境。

拉烈街［Lālièjiē］ 拉烈镇人民政府驻地。在县政府驻地安阳镇北48千米。人口1400。以壮族为主,还有瑶、汉、毛南等民族。"拉烈"为壮语音译名,因河沙堆积得名。聚落呈团块状。有中小学、卫生院、卫生所。农业以种植玉米、黄豆、水稻,养殖猪、黄牛、水牛、鸡、都安山羊等为主。有农产品贸易市场。通公路。

百旺镇［Bǎiwàng Zhèn］ 都安瑶族自治县辖镇。在县境东部。面积230平方千米。人口3.2万。以壮族为主,还有瑶、汉等民族。辖1居委会、9村委会,有394自然村。镇人民政府驻百旺街。1952年为百旺区。1959年改公社。1984年改乡。2012年改镇。因镇政府驻地得名。红水河、刁江流经。有中学1所,小学54所,卫生院1个,卫生所10个。有都宜忻游击队纪念碑。农业以种植玉米、黄豆、水稻、桑树、杉木、甘蔗、竹笋、甘薯、牧草,养殖猪、黄牛、水牛、鸡、都安山羊等为主。工业以木材加工和食品加工为主。拉烈—百旺公路过境。

百旺街［Bǎiwàngjiē］ 百旺镇人民政府驻地。在县政府驻地安阳镇东65千米。人口2600。以壮族为主,还有瑶族。因经营百货、集市兴旺得名。聚落呈带状。有中小学、卫生院、卫生所。农业以种植玉米、黄豆、水稻、桑树、杉木、甘蔗、竹笋、甘薯、牧草,养殖猪、黄牛、水牛、鸡、都安山羊等为主。有农产品贸易市场。拉烈—百旺公路经此。

澄江镇［Chéngjiāng Zhèn］ 都安瑶族自治县辖镇。在县境东南部。面积206平方千米。人口5.9万。以壮族为主,还有汉、瑶等民族。辖1居委会、13村委会,有548自然村。镇人民政府驻八仙街。1955年为城厢区。1959年改公社。1984年改澄江乡。2014年改镇。因地处澄江下游得名。有中学3所,小学14所,卫生院1个,卫生所14个。农业以种植水稻、玉米、甘蔗、蔬菜,养殖猪、牛、羊、家禽为主。工业以酿酒、编织、电子、水泥加工等为主。210国道过境。

八仙街［Bāxiānjiē］ 澄江镇人民政府驻地。在县政府驻地安阳镇东南5千米。人口7600。以壮族为主,还有汉、瑶等民族。因八仙山得名。聚落呈带状。有小学、卫生所。工业以制糖、编织等为主。服务业以商贸为主。通公交车。

大兴镇［Dàxīng Zhèn］ 都安瑶族自治县辖镇。在县境西北部。面积1667平方千米。人口3万。以壮族为主,还有瑶、苗等民族。辖13村委会,有383自然村。镇人民政府驻九顿街。1946年为大兴乡。1955年改区。1958年并入高兴公社。1959年析设大兴公社。1984年改乡。2014年改镇。原名大寮,后取意大家兴盛更今名。有中学1所,小学13所,卫生院1个,卫生所12个。农业以种植玉米、黄豆、水稻、桑树、甘蔗、甘薯、核桃,养殖猪、黄牛、水牛、鸡、都安山羊等为主。210国道过境。

九顿街［Jiǔdùnjiē］ 大兴镇人民政府驻地。在县政府驻地安阳镇西北30千米。人口1200。壮族聚居。"九顿"为壮语"Gyaeujdaenh"译名,因遭祸致集市停顿得名。聚落呈带状。有中小学、卫生院。农业以种植玉米、黄豆、水稻、桑树、甘蔗、甘薯,养殖猪、黄牛、水牛、鸡、都安山羊等为主。工业以表链、儿童玩具加工等为主。有农产品贸易市场。210国道经此。

东庙乡［Dōngmiào Xiāng］ 都安瑶族自治县辖乡。在县境西北部。面积157平方千米。人口2.8万。以壮族为主,还有瑶、汉等民族。辖12村委会,有424自然村。乡人民政府驻东庙街。1961年由地苏公社析设东庙公社。1984年改乡。2005年永平村并入。因乡政府驻地得名。有中学1所,小学11所,卫生院1个,卫生所12个。农业以种植玉米、水稻为主。特产旱藕粉丝。县道都安—雅龙线过境。

东庙街［Dōngmiàojiē］ 东庙乡人民政府驻地。在县政府驻地安阳镇西北17千米。人口1400。以壮族为主,还有瑶、汉等民族。"东庙"为壮语"Ndoengmiuh"译名,因林中有庙宇得名。聚落呈带状。有中小学、卫生院、卫生所。农业以种植玉米、黄豆、水稻、桑树、甘蔗、甘薯,养殖猪、黄牛、水牛、鸡、都安山羊等为主。有农产品贸易市场。县道都安—雅龙线经此。

隆福乡［Lóngfú Xiāng］ 都安瑶族自治县辖乡。在县境西北部。面积145平方千米。人口1.9万。以瑶族为主,还有壮、汉等民族。辖9村委会,有308自然村。乡人民政府驻隆福。1961年由下坳公社析设隆福公社。1984年改乡。因乡政府驻地得名。有中学1所,小学9所,卫生院1个,卫生所9个。农业以种植玉米为主。特产隆福土鸡、野花蜜。通公路。

隆福［Lóngfú］ 隆福乡人民政府驻地。在县政府驻地安阳镇西北53千米。人口600。以瑶族为主,还有壮、汉等民族。"隆福"为壮语音译名。因地势平坦,传居此多福气得名。聚落呈散状。有中小学、卫生院、卫生所。农业以种植玉米、黄豆、水稻、桑树、甘蔗、甘薯,养殖猪、黄牛、水牛、鸡、都安山羊等为主。有农产品贸易市场。通公路。

保安乡［Bǎo'ān Xiāng］ 都安瑶族自治县辖乡。在县境西北部。面积236平方千米。人口2.9万。以壮族为主,还有瑶族。辖11村委会,有432自然村。乡人民政府驻保安街。1925年为保安乡。1954年改区。1958年改公社。1962年复区。1984年改乡。因乡政府驻地得名。有中学1所,小学11所,卫生院1个,卫生所11个。农业以种植玉米为主。县道百都线过境。

保安街［Bǎo'ānjiē］ 保安乡人民政府驻地。在县政府驻地安阳镇西北36千米。人口800。以壮族为主,还有瑶族。因地处山区易守难攻相对安全得名。聚落呈带状。有中小学、卫生院、卫生所。农业以种植玉米、黄豆、水稻、桑树、甘蔗、甘薯,养殖猪、黄牛、水牛、鸡、都安山羊等为主。有农产品贸易市场。县道百都线经此。

板岭乡［Bǎnlǐng Xiāng］ 都安瑶族自治县辖乡。在县境北部。面积285平方千米。人口3.5万。以壮族为主,还有瑶、汉、毛南、水等民族。辖13村委会,有351自然村。乡人民政府驻板岭街。1955年为板岭区。1958年并入刁江公社。1959年析设板岭公社。1984年改乡,析设永安乡。因乡政府驻地得名。刁江、带河流经。有中学1所,小学18所,卫生院1个,卫生所13个。农业以种植玉米、水稻为主。特产竹笋、茶油、甘薯粉、七彩山鸡。县道下丁线、高带线、拉板线过境。

板岭街［Bǎnlǐngjiē］ 板岭乡人民政府驻地。在县政府驻地安阳镇北70千米。人口1000。壮族聚居。"板"为壮语"mbanj",因地处北胎、百弄屯2村间得名。聚落呈散状。有中小学、卫生院、卫生所。农业以种植玉米、黄豆、水稻、桑树、甘蔗、甘薯,养殖猪、黄牛、水牛、鸡、都安山羊等为主。有农产品贸易市场。县道下丁线经此。

永安乡［Yǒng'ān Xiāng］ 都安瑶族自治县辖乡。在县境北部。面积220平方千米。人口2.4万。以壮族为主,还有瑶、苗等民族。辖13村委会,有380自然村。乡人民政府驻永安街。民国曾设永安乡。1959年由刁江公社析设永安公社。1962年并入板岭区(后改公社)。1984年析设永安乡。因乡政府驻地得名。有中学1所,小学13所,卫生院1个,卫生所13个。农业以种植玉米、水稻,养殖黑山羊、瑶家三毛鸡等为主。特产构树皮、芸香竹、芭芸杆。县道高带线过境。

永安街［Yǒng'ānjiē］ 永安乡人民政府驻地。在县政府驻地安阳镇北50千米。人口800。以壮族为主,还有苗、瑶等民族。因取意永远安定得名。聚落呈带状。有中小学、卫生院、卫生所。农业以种植玉米、黄豆、水稻、桑树、甘蔗、甘薯,养殖猪、黄牛、水牛、鸡、都安山羊等为主。有农产品贸易市场。县道高带线经此。

三只羊乡［Sānzhīyáng Xiāng］ 都安瑶族自治县辖乡。在县境北部。面积262平方千米。人口1.8万。以瑶族为主,还有壮、汉、苗、毛南等民族。辖14村委会,有206自然村。乡人民政府驻龙英街。1952年为三只羊瑶族自治区。1955年改三只羊区。1959年改公社。1984年改乡。因清代土司强迫辖区上段、中段、下段3村每年各缴山羊得名。有中学1所,小学20所,卫生院1个,卫生所14个。农业以种植玉米为主。县道下丁线过境。

龙英街［Lóngyīngjiē］ 三只羊乡人民政府驻地。在县政府驻地安阳镇北50千米。人口200。以壮族为主,还有瑶、毛南、汉等民族。原弄场常有鹰盘旋,以谐音得名。聚落呈带状。有中小学、卫生院、卫生所。农业以种植玉米为主。有农产品贸易市场。县道下丁线经此。

龙湾乡［Lóngwān Xiāng］ 都安瑶族自治县辖乡。在县境东南部。面积154平方千米。人口1.5万。以壮族为主,还有瑶、汉等民族。辖11村委会,有510自然村。乡人民政府驻龙湾街。1933年设龙湾乡。1950年为金钗区。1955年改龙湾区。1958年改红旗公社。1968年改龙湾公社。1984年改乡。因乡政府驻地得名。有中学1所,小学11所,卫生院1个,卫生所11个。农业以种植玉米为主。特产桐果、沙皮、竹席。红渡—宜山公路过境。

龙湾街［Lóngwānjiē］ 龙湾乡人民政府驻地。在县政府驻地安阳镇东南26千米。人口500。以壮族为主,还有瑶族等。地处红水河湾南岸,河床如游龙,故名。聚落呈散状。有中小学、卫生院、卫生所。服务业以商贸为主。有农产品贸易市场。红渡—宜山公路经此。

菁盛乡［Jīngshèng Xiāng］ 都安瑶族自治县辖乡。在县境东部。面积171平方千米。人口2.3万。以壮族为主,还有瑶、汉、苗、毛南、仫佬、侗等民族。辖13村委会,有412自然村。乡人民政府驻菁盛街。1955年为文华区。1958年改公社。1962年改区。1968年改菁盛公社。1984年改乡。因乡政府驻地得名。红水河流经。有中学1所,小学14所,卫生所13个,卫生院1个。农业以种植玉米、山葡萄为主。忻城—大化公路过境。

菁盛街［Jīngshèngjiē］ 菁盛乡人民政府驻地。在县政府驻地安阳镇东南48千米。人口300。以壮族为主,还有汉族等。因清水潭得名清水街,取意繁荣昌盛以谐音更今名。聚落呈带状。有中小学、卫生院、卫生所。农业以种植玉米为主,盛产豆类、薯类。有农产品贸易市场。忻城—大化公路经此。

加贵乡［Jiāguì Xiāng］ 都安瑶族自治县辖乡。在县境东部。面积163平方千米。人口

2.1万。以壮族为主,还有瑶、汉、仫佬等民族。辖11村委会,有273自然村。乡人民政府驻加贵街。1955年为加贵区。1959年改公社。1984年改乡。因乡政府驻地得名。有中学1所,小学11所,卫生院1个,卫生所11个。农业以种植玉米、水稻、甘蔗、桑树为主。通公路。

加贵街［Jiāguìjiē］　加贵乡人民政府驻地。在县政府驻地安阳镇东48千米。人口600。以壮族为主,还有瑶族。因取意平安富贵得名。聚落呈带状。有中小学、卫生院、卫生所。农业以种植玉米为主。有农产品贸易市场。通公路。

拉仁乡［Lārén Xiāng］　都安瑶族自治县辖乡。在县境东北部。面积185平方千米。人口2.9万。以壮族为主,还有瑶、汉、仫佬、毛南等民族。辖9村委会,有368自然村。乡人民政府驻拉仁街。1949年为拉仁乡。1955年改区。1958年改公社。1984年改乡。因乡政府驻地得名。九楞河、刁江流经。有中学1所,小学10所,卫生院1个,卫生所9个。农业以种植玉米、水稻为主。都安—环江公路过境。

拉仁街［Lārénjiē］　拉仁乡人民政府驻地。在县政府驻地安阳镇东北109千米。人口900。以壮族为主,还有瑶、汉、仫佬等民族。"拉仁"为壮语译名,"拉"指抢夺、掠夺,"仁"指赢得。因传明代土地被土司收为己有得名。聚落呈团块状。有中小学、卫生院、卫生所。工业以建材等为主。有农产品贸易市场。都安—环江公路经此。

九渡乡［Jiǔdù Xiāng］　都安瑶族自治县辖乡。在县境东北部。面积174平方千米。人口2.1万。以壮族为主,还有瑶、汉、水、毛南等民族。辖9村委会,有225自然村。乡人民政府驻九渡街。1984年由拉仁公社析设九渡乡。因乡政府驻地得名。有中学1所,小学22所,卫生院1个,卫生所9个。有省级文物保护单位九渡乡九如汉墓群。农业以种植玉米为主。都安—环江公路过境。

九渡街［Jiǔdùjiē］　九渡乡人民政府驻地。在县政府驻地安阳镇东北63千米。人口1300。以壮族为主,还有汉、瑶、水等民族。因有9渡口得名。聚落呈散状。有中小学、卫生院、卫生所。经济以商贸业为主。有农产品贸易市场。都安—环江公路经此。

大化瑶族自治县

大化瑶族自治县［Dàhuà Yáozú Zìzhìxiàn］　河池市辖自治县。北纬23°44′,东经107°58′。在市境南部。面积2749平方千米。人口46.6万。以壮族为主,还有瑶、汉、毛南、苗等民族。辖4镇、12乡。县人民政府驻大化镇。1987年设大化瑶族自治县,属河池地区。2002年属河池市。因县政府驻地得名。地势自西北向东南倾斜。平均海拔900米。年均气温20.8℃,1月平均气温12.2℃,7月平均气温27.5℃。年均降水量1743.3毫米。红水河流经。有矿产资源石灰岩、辉绿岩、钛铁、方解石、硅石矿、大理岩等。有野生植物擎天树、金丝李、松、杉、任豆、香椿、苦楝等。有野生动物野猪、黄猄、野山羊、猴子、山鸡、毛鸡等。森林覆盖率23%。有高中2所,中学20所,小学150所,特教学校1所,二级医院2个,文化馆1个,体育馆1个。有大化烈士陵园、古河革命纪念馆。有广西爱国主义教育基地红七军第二十一师成立庆典遗址、红七军第二十一师六翁兵工厂旧址。有省级非物质文化遗产贡川纱纸制作工艺。有地方特色大化瑶族铜鼓。有红水河—七百弄省级名胜风景区。三次产业比例17∶45∶38。农业以种植水稻、玉米为主。工业以水电为主。服务业以旅游为主。省道马山—百林线过境。红水河通航。有大化汽车总站。

大化一桥［Dàhuà 1 Qiáo］　在县城中部。长380米,宽9米,最大跨度75米,桥下净高40米。1977年开工,1978年建成。因其为县内首座跨红水河桥梁,故名。为大型河道桥梁,结构型式为水泥混凝土石拱桥。最大载重50吨。通公交车。

大化汽车总站［Dàhuà Qìchē Zǒngzhàn］　见交通运输设施部分"大化汽车总站"条。

大化镇［Dàhuà Zhèn］　大化瑶族自治县人民政府驻地。在县境东南部。面积267平方千米。人口9.9万。以壮族为主,还有汉、瑶等民族。辖3居委会、17村委会,有301自然村。镇人民政府位于城北西路。1925年为大化区。1933年改都兴区。1949年改西南区。1955年复大化区。1959年改公社。1984年改乡。1987年改镇。传明正统十二年(1447)因设圩得名圩于岭,清晚期圩场搬迁,因简陋仅有茅草亭而改名化圩,雅化为今名。红水河流经。有中学6所,小学20所,特教学校1所,二级医院2个,卫生院1个。有幼儿园、文化站、敬老院等。农业以种植水稻、玉米、蔬菜为主。工业以食品加工、化工、建材等为主。省道马山—百林线、县道大化—都安线过境。

红河路［Hónghé Lù］　在县城中部。南起古肖路,北至城北路。与文昌路、新化路、花锦路相交。长4千米,宽40米。沥青混凝土路面。1990年开工,1992年建成。因红水河得名。两侧有汽车总站、汽车维修中心、民生宁医院、银行、小学等。通公交车。

建丰路［Jiànfēng Lù］　在县城东部。南起建丰桥,北至大化—忻城公路。与城北路、文昌路、新化路、江滨路相交。长1.6千米,宽30米。沥青混凝土路面。1993年开工,1995年建成。因新建以及寓意丰收得名。两侧有党政单位、小学等。通公交车。

都阳镇［Dūyáng Zhèn］　大化瑶族自治县辖镇。在县境中部。面积178平方千米。人口2.6万。以壮族为主,还有汉、瑶等民族。辖7村委会,有130自然村。镇人民政府驻都阳街。1925年为都阳区。1933年改乡。1950年改第五区。1954年复都阳区。1958年并入红阳公社。1959年析设都阳公社。1984年改乡。1987年析设棉山乡。1988年改镇。因镇政府驻地得名。野马河、满江河流经。有中学1所,小学7所,卫生院1个。有幼儿园、文化站等。有都阳苏维埃政府旧址、都阳土司衙门旧址。有七百弄国家地质公园八里九弯景区。有景点莲花山等。农业以种植玉米、水稻为主。工业以木材加工为主。省道马山—百林线过境。

都阳街［Dūyángjiē］　都阳镇人民政府驻地。在县政府驻地大化镇西北44千米。人口1100。壮族聚居。因地处都阳山南、红水河北得名。聚落呈带状。有中小学、卫生院。有古迹都阳苏维埃政府旧址、都阳土司衙门旧址。工业以木材加工为主。有农产品贸易市场。省道马山—百林线经此。

岩滩镇［Yántān Zhèn］　大化瑶族自治县辖镇。在县境西北部。面积185平方千米。人口3.1万。以壮族为主,还有汉、瑶等民族。辖8村委会,有168自然村。镇人民政府驻协合街。1988年设岩滩镇。因岩滩水电站得名。红水河流经。有中学1所,小学9所,卫生院1个。有幼儿园、文化站、敬老院等。有景点三星岛、睡美人山等。农业以种植水稻、玉米为主。特产岩滩彩玉石、北景鱼。省道马山—百林线过境。

协合街［Xiéhéjiē］　岩滩镇人民政府驻地。在县政府驻地大化镇西北57千米。人口600。以壮族为主,还有汉、瑶等民族。因协用、九合2村名得名。聚落呈块状。有小学。服务业以商贸为主。有农产品贸易市场。省道马山—百林线经此。

北景镇［Běijǐng Zhèn］　大化瑶族自治县辖镇。在县境北部。面积227平方千米。人口3万。以壮族为主,还有汉、瑶等民族。辖10村委会,有235自然村。镇人民政府驻平台屯。1987年由凤凰乡析设北景乡。2005年板兰乡并入。2013年改镇。因镇政府驻地原名谐音得名。有中学1所,小学10所,卫生院1个。有幼儿园、文化站、敬老院等。有景点红水河。经济以渔业为主,特产北景鱼。县道都阳—凤凰线过境。

平台屯［Píngtáitún］　北景镇人民政府驻地。在县政府驻地大化镇西北69.5千米。人口3900。以壮族为主,还有汉、瑶等民族。原名六庆屯,因建岩滩水电站而推平新建,得名北景平台,简为今名。聚落团块状。有中小学、幼儿园、卫生院。农业以种植玉米为主。服务业以商贸为主。有集贸市场。县道都阳—凤凰线经此。

共和乡［Gònghé Xiāng］　大化瑶族自治县辖乡。在县境西南部。面积114平方千米。人口2.3万。以壮族为主,还有汉、瑶等民族。辖10村委会,有126自然村。乡人民政府驻香林屯。民国曾设共和乡。1988年由永州乡析设共和乡。因取意共同和平相处得名。有中学1所,小学9所,卫生院1个。有幼儿园、文化站、敬老院等。农业以种植玉米、水稻为主。县道大化—共和线过境。

香林屯［Xiānglíntún］　共和乡人民政府驻地。在县政府驻地大化镇西南26千米。人口1000。壮族聚居。因哥来树(榕树壮语音译名)成林,春季开花散发香味得名。聚落呈团块状。有中小学、幼儿园、卫生院。农业以种植水稻、玉米为主。有集贸市场。凤梧—周鹿公路经此。

贡川乡［Gòngchuān Xiāng］　大化瑶族自治县辖乡。在县境南部。面积110平方千米。人口1.8万。以壮族为主,还有瑶族。辖8村委会,有132自然村。乡人民政府驻贡川街。1933年设贡川乡。1942什陇乡部分地域并入。1949年分设双联、龙口、贡川3乡。1950年合设贡川区。1958年改公社。1984年改乡。因乡政府驻地得名。有小学9所,卫生院1个。有幼儿园、文化站、敬老院等。有景点情人湾。有省级非物质文化遗产贡川纱纸制作工艺。农业以种植玉米,养殖猪等为主。工业以贡川纱纸加工为主。县道大化—共和线过境。

贡川街［Gòngchuānjiē］　贡川乡人民政府驻地。在县政府驻地大化镇西南13千米。人口500。壮族聚居。"贡川"为壮语"gyong"音译名,因红水河声如擂鼓得名贡村,渐成街圩,更名贡圩,后以为山川水贡之地更今名。聚落呈团块状。有小学、卫生院。农业以种植玉米,养殖猪等为主。工业以纱纸加工为主。有农产品贸易市场。大化—古文公路经此。

百马乡［Bǎimǎ Xiāng］　大化瑶族自治县辖乡。在县境中部偏南。面积126平方千米。人口2.2万。以壮族为主,还有瑶、汉等民族。辖10村委会,有173自然村。乡人民政府驻百马街。1959年由红阳公社析设百马公社。1984年改乡。1988年析设古文乡。1989年析设古河乡。因乡政府驻地得名。有中学1所,小学10所,卫生院1个。有幼儿园、文化站、敬老院等。有景点红水河。农业以种植玉米、水稻为主。大化—古文公路过境。

百马街［Bǎimǎjiē］ 百马乡人民政府驻地。在县政府驻地大化镇西北30千米。人口800。以壮族为主,还有汉、瑶等民族。因白马庙得名白马村,以谐音更今名。聚落呈团块状。有中小学、卫生院。农业以种植玉米为主。有农产品贸易市场。大化—古文公路经此。

古河乡［Gǔhé Xiāng］ 大化瑶族自治县辖乡。在县境中部。面积53.4平方千米。人口0.8万。以壮族为主,还有汉、瑶等民族。辖6村委会,有67自然村。乡人民政府驻古河街。民国曾设古河乡。1989年由百马乡析设古河乡。因乡政府驻地得名。有中学1所,小学6所,卫生院1个。有幼儿园、文化站、敬老院等。有中共右江地方委员会及其干校旧址、中国人民解放军滇黔桂边纵队桂西区指挥部旧址。农业以种植水稻、玉米、黄豆为主。省道马山—百林线、县道大化—岩滩线过境。

古河街［Gǔhéjiē］ 古河乡人民政府驻地。在县政府驻地大化镇西北30千米。人口1100。壮族聚居。"古河"为壮语"Gavax"译名。聚落呈带状。有中小学、卫生院。有中共右江地方委员会及其干校旧址、中国人民解放军滇黔桂边纵队桂西区指挥部旧址。农业以种植水稻、玉米、甘蔗为主。有农产品贸易市场。省道马山—百林线经此。

古文乡［Gǔwén Xiāng］ 大化瑶族自治县辖乡。在县境西南部。面积90平方千米。人口1.3万。以壮族为主,还有瑶族。辖8村委会,有151自然村。乡人民政府驻刁林屯。1988年由百马乡析设古文乡。"古文"为壮语"Gonaz"译名演化得名。因泉水长流可造田得名古那,取意文明更今名。有中学1所,小学8所,卫生院1个。有幼儿园、文化站、敬老院等。农业以种植玉米、黄豆为主。大化—古文公路过境。

刁林屯［Diāolíntún］ 古文乡人民政府驻地。在县政府驻地大化镇西南34千米。人口300。以壮族为主,还有瑶族。"刁林"为壮语译名,因处坳口必经之路得名。聚落呈散状。有中学、卫生院。农业以种植玉米为主。有农产品贸易市场。古文—百马公路经此。

江南乡［Jiāngnán Xiāng］ 大化瑶族自治县辖乡。在县境西部。面积165平方千米。人口2.9万。以壮族为主,还有汉、瑶等民族。辖13村委会,有250自然村。乡人民政府驻江洲街。民国曾设江南乡。1959年由红阳公社析设江南公社。1984年改乡。因处红水河南岸得名。有中学1所,小学13所,卫生院1个。有幼儿园、文化站、敬老院等。有中共右江地委革命干校旧址、达墨红军岩革命纪念地。有景点月亮山。农业以种植玉米、水稻为主。县道都阳—黎明线过境。

江洲街［Jiāngzhōujiē］ 江南乡人民政府驻地。在县政府驻地大化镇西北45千米。人口1300。壮族聚居。为壮族语音译名,因峒场中心状如船得名。聚落呈带状。有中小学、卫生院。有中共右江地委革命干校旧址、达墨红军岩革命纪念地。有景点月亮山。农业以种植玉米、甘蔗、水稻为主。有农产品贸易市场。县道都阳—黎明线经此。

羌圩乡［Qiāngxū Xiāng］ 大化瑶族自治县辖乡。在县境西北部。面积132平方千米。人口2.2万。以壮族为主,还有汉、瑶等民族。辖6村委,有116自然村。乡人民政府驻羌圩街。1934年为羌桂乡。1956年改羌圩区。1958年改公社。1984年改乡。1987年部分地域析出。因乡政府驻地得名。有中学1所,小学6所,卫生院1个。有幼儿园、文化站、敬老院等。农业以种植水稻、玉米为主。省道马山—百林线、县道大化—巴马线过境。

羌圩街［Qiāngxūjiē］ 羌圩乡人民政府驻地。在县政府驻地大化镇西北60千米。人口1500。壮族聚居。"羌圩"为壮语音译名。原为火绳木林后辟圩场,故名。聚落呈散状。有小学、卫生院。农业以种植水稻、玉米为主。有农产品贸易市场。县道大化—巴马线经此。

乙圩乡［Yǐxū Xiāng］ 大化瑶族自治县辖乡。在县境西北部。面积110平方千米。人口1.8万。以壮族为主,还有汉、瑶等民族。辖5村委会,有85自然村。乡人民政府驻乙圩街。1987年设乙圩乡。2009年部分地域划出。因乡政府驻地得名。有中学1所,小学5所,卫生院1个。有幼儿园、文化站、敬老院等。有红七军第二十一师成立庆典遗址、红七军第二十一师六翁兵工厂旧址。有乡革命烈士陵园。盛产大头鱼、鲢鱼、鲇鱼、鲤鱼等。特产北景鱼。岩滩—乙圩公路过境。

乙圩街［Yǐxūjiē］ 乙圩乡人民政府驻地。在县政府驻地大化镇西北66千米。人口300。壮族聚居。"乙"为壮族语译名,指芭茅。因传原圩址多芭茅草,搬新址后仍沿之。聚落呈带状。有中小学、卫生院。农业以种植玉米、水稻为主。有渔业。有农产品贸易市场。岩滩—乙圩公路经此。

板升乡［Bǎnshēng Xiāng］ 大化瑶族自治县辖乡。在县境东北部。面积299.7平方千米。人口2.9万。以瑶族为主,还有汉、壮等民族。辖13村委会,有291自然村。乡人民政府驻板升街。1933年为板升乡。1955年改区。1958年改公社。1964年部分地域划出。1984年改乡。因乡政府驻地得名。有中学1所,小学13所,卫生院1个。有幼儿园、文化站、敬老院等。农业以种植水稻、玉米为主。百都—板升公路过境。

板升街［Bǎnshēngjiē］ 板升乡人民政府驻地。在县政府驻地大化镇北71千米。人口900。壮族聚居。"板升"为壮语"Mbanjhwng"译名,因韦拔群带领兴起革命得名。聚落呈带状。有中小学、卫生院。农业以种植玉米为主。有农产品贸易市场。百都—板升公路经此。

弄立村二队［Nònglìcūn 2 Duì］ 在县政府驻地大化镇北84千米。板升乡辖自然村。人口100。瑶族聚居。"弄立"为壮语音译名。弄即峒场,立为梨子。此为第二小队,故名。聚落呈散状。为中国传统村落。有古墓碑、古树、古石墙、瞭望台、瑶寨遗址。有布努瑶服饰、瑶族铜鼓艺术。农业以种植玉米,养殖山羊、草鸡、肉鸽为主,盛产甘薯、黄豆、火麻等。工业以酿酒为主。板升—弄立公路经此。

七百弄乡［Qībǎinòng Xiāng］ 大化瑶族自治县辖乡。在县境东北部。面积203平方千米。人口1.8万。以瑶族为主,还有壮、汉等民族。辖10村委会,有222自然村。乡人民政府驻弄合屯。1946年为七百弄乡。1954年改七百瑶族自治区。1958年改火星公社。1959年改七百弄公社。1984年改乡。1988年部分地域划出。原名七百弄。因清末有约700弄场得名七百弄,后简化为今名。有中学1所,小学10所,卫生院1个。有幼儿园、文化站、敬老院等。有景点八里九弯、天下第一弄、龙卷地等。农业以种植玉米为主。县道都阳—七百弄线、都安—双福公路过境。

弄合屯［Nònghétún］ 七百弄乡人民政府驻地。在县政府驻地大化镇西北53千米。人口200。瑶族聚居。"弄合"为壮语"Runghhaz"音译名,因原建于茅草丛生的弄场中得名。聚落呈带状。有中小学、卫生院。农业以种植玉米为主。有农产品贸易市场。县道都阳—七百弄线、都安—双福公路经此。

雅龙乡［Yǎlóng Xiāng］ 大化瑶族自治县辖乡。在县境东部。面积249平方千米。人口3.5万。以瑶族为主,还有壮、汉等民族。辖13村委会,有525自然村。乡人民政府驻弄雅屯。1953年为十三区。1954年改雅龙区。1958年改五星公社。1959年改雅龙公社。1984年改乡。1988年部分地域析出。2005年镇西乡并入。因壮语地名"弄雅屯"按汉语语法表达方式应为"雅龙",故名。有中学2所,小学13所,卫生院1个。有幼儿园、文化站、敬老院等。农业以种植玉米为主。特产旱藕粉。县道地苏—雅龙线、六也—雅龙线过境。

弄雅屯［Nòngyǎtún］ 雅龙乡人民政府驻地。在县政府驻地大化镇西北32千米。人口100。瑶族聚居。"弄雅"为壮语"Rungh'a"音译名,因地处弄场,曾多乌鸦,以谐音得名。聚落呈带状。有中小学、卫生院。农业以种植玉米为主。有农产品贸易市场。县道地苏—雅龙线经此。

六也乡［Liùyě Xiāng］ 大化瑶族自治县辖乡。在县境东部。面积244平方千米。人口3.1万。以壮族为主,还有瑶族等。辖11村委会,有254自然村。乡人民政府驻豆也街。1946年为六也乡。1949年仍乡。1958年并入红专公社。1959年析设六也公社。1984年改乡。因民国时期乡政府驻地豆也街有"高明、悠久、厚博"6字之称,故取名六也。红水河流经。有中学1所,小学11所,卫生院1个。有幼儿园、文化站、敬老院等。农业以种植水稻、玉米为主。省道马山—百林线过境。

豆也街［Dòuyějiē］ 六也乡人民政府驻地。在县政府驻地大化镇东南20千米。人口300。壮族聚居。传清代于"古也"(壮语楸树树名)下成圩得名古也圩。因壮语称"古也"为"蔸也",兼以谐音改名"逗也",简写为今名。聚落呈团块状。有中小学、卫生院。农业以种植玉米、水稻为主。有农产品贸易市场。县道六也—雅龙线经此。

来宾市

来宾市［Láibīn Shì］ 广西壮族自治区辖地级市。北纬23°16′—24°28′,东经108°24′—110°27′。在自治区境东北部。面积13411平方千米。户籍人口266.4万,常住人口216.4万。以壮族为主,还有汉、瑶等民族。辖兴宾区,忻城、象州、武宣3县,金秀瑶族自治县,代管合山市(县级)。市人民政府驻兴宾区。唐乾封元年(666)置来宾县,以来宾水得名。北宋开宝五年(972)废归化、怀义、循德等县入来宾县,属象州。庆历年间废吉陵县人。清代属柳州府。1913年后隶属柳江道、第三民团区、柳州、南宁民团区、南宁行政监督区、第九行政督察区、第四行政督察区、柳州专区。1953年迁江县并入,属宜山专区。后属宜山地区、柳州地区。2002年撤来宾县,设地级来宾市。同年忻城、象州、武宣3县,金秀瑶族自治县并入。地处桂中盆地中部。地势北高南低,周高中低。周山环绕。有大瑶山山脉。平均海拔200米。年均气温20.1℃,1月平均气温11.4℃,7月平均气温33.6℃。年均降水量1360毫米。年均无霜期310天。有黔江、红水河、柳江流经。有矿产资源煤、锰、重晶石、铁、磷、大理石、水晶石、土红、滑石、冰洲石、黄铁等。有野生植物2409种,其中国家重点保护野生植物有红椿、纹瓣兰、白及、天竺桂、水杉等。有陆生野生脊椎动物513种,其中国家重点保护野生动物有金斑喙凤蝶、金雕、白颈长尾雉、云豹、大鲵,细痣疣螈、虎纹蛙、瑶山鳄蜥等39种。森林覆盖率51.2%。有高校1所,中职2所,中学33所,小学251所,三级医院2个。有国家4A级旅游景区3个,省级风景名胜区3个。三次产业比例24∶41∶35。农业以种植水稻、甘蔗、八角,养殖生猪、牛、家禽,淡水养殖等为主。工业以制糖、电力、冶金为主。特产来宾奇石,金秀大瑶山灵香草、绞股蓝,武宣三华李、龙眼,象州粉葛、大米,忻城乳鸽酒、珍珠糯玉米、金银花等。有省级高新技术产业开发区1个。服务业以旅游、商贸为主。有五星级饭店1家。有铁路253.8千米,其中高铁85.8千米,路网总里程6450.3千米,其中高速130.4千米,内河航线341千米。湘桂铁路,湘桂高铁,泉南高速,209、322、323国道过境。有红水河航道。

来宾[Láibīn] 来宾市聚落。在市境中部。面积37平方千米。人口27.5万。以壮族为主,还有瑶、汉等民族。明洪武年间始筑土城。永乐十三年(1415)改筑砖城,置东安、西清、镇南、迎恩4门。清光绪八年(1882)筑环城土垣。1937年于迎恩门设接龙圩,面积0.7平方千米。1953年城区向周边及沿河向西拓展。1990年末城区面积为5.7平方千米。2002年建成区面积增至37平方千米。以桂中水城为中心,以红水河、泉南高速为轴向外发展。城区北部为市政府办公区及住宅区。南部为工业区。西部以商业、科教区为主。东部为老中心城区。铁路、高铁、高速、国道、水运航道皆备,交通便利。

兴宾区

兴宾区[Xīngbīn Qū] 来宾市人民政府驻地。在市境中部。面积4403平方千米。人口112.3万。以壮族为主,还有汉、瑶、苗等民族。辖3街道、10镇、10乡。区人民政府驻城东街道。2002年设。因取振兴来宾之意得名。年均气温20.1℃,1月平均气温11.4℃,7月平均气温33.6℃。年均降水量1360毫米。红水河流经。有高校1所,中职2所,中学33所,小学251所,三级医院2个,二级医院1个,图书馆1个,文化馆1个,体育馆1个,城市公园3个。有民间传统壮师戏、山歌等。三次产业比例24∶34∶42。农业以种植水稻、玉米、甘蔗、花生为主。工业以制糖、冶炼、火电等为主。服务业以商贸、旅游为主。湘桂铁路,湘桂高铁,泉南、桂来、来马高速,322国道过境。有来宾站、来宾北站。有红水河航道。

迎宾广场[Yíngbīn Guǎngchǎng] 在城区南部。面积1.43平方千米。2000年开工,同年建成。2009、2011年改扩建。有升旗台、音乐喷泉池、文化宣传长廊、长椅、户外电子广告屏等。地面铺设青石板、大理石、花岗岩,东西两侧设草坪。为集爱国主义教育、科普宣传、文化传播、展览演出、健身娱乐于一体综合性广场。周边有商业步行街、区大礼堂、地下商场等。通公交车。

桂中大道[Guìzhōng Dàdào] 在区境中部。东起维林大道,西至西环路。与祥和路、政和路、红水河大道、绿源路、华侨大道相交。长6.8千米,宽100米。混凝土路面。2003年开工,2005年建成。2010年改造。因来宾地处桂中得名。两侧有购物中心、商场、电视台、中学等。通公交车。

维林大道[Wéilín Dàdào] 在区境中部。南起北二路,北至盘古大道。与维欢路、新兴北路、桂中大道、古三路、文辉路相交。长1.6千米,宽50米。混凝土路面。2005年开工,2006年建成。因途经维都林场得名。两侧有相思园、商业街、金融投资大厦等。通公交车。

红水河大道[Hóngshuǐhé Dàdào] 在区境中部。南起红水河大桥,北至麒麟路。与桂中大道、文辉路、盘古大道、人民路、翠屏路相交。长3千米,宽50米。混凝土路面。2006年开工,2010年建成。因红水河大桥得名。两侧有电视台、市政府等。通公交车。

盘古大道[Pángǔ Dàdào] 在区境中部。东起柳来路,西至泉南高速。与维林大道、政和路、红水河大道、迎宾路相交。长3.3千米,宽60米。混凝土路面。2007年开工,2009年建成。因来宾为盘古文化发祥地之一,故名。两侧有市医院、政府单位、桂中水城景点等。通公交车。

华侨大道[Huáqiáo Dàdào] 在区境西部。南起来华大桥,北至水韵路。与桂中大道、新桥路、阳华路、星城路、铁北路相交。长4.7千米,宽100米。混凝土路面。2008年开工,2010年建成。因途经来宾华侨农场得名。两侧有中学、广西蓝天航天职业学院、广西科技师范学院、体育馆等。通公交车。

来宾大桥[Láibīn Dàqiáo] 在城区中部。长377.5米,宽14米,最大跨度105米,桥下净高5.8米。1977年开工。1978年建成。2009年大修。因其为来宾市区第一座横跨红水河桥梁,故名。为中型河道桥梁,结构型式为悬链线等截面钢筋混凝土薄壁箱型拱桥。最大载重80吨。通公交车。

新龙大桥[Xīnlóng Dàqiáo] 在城区南部。长938.6米,宽34米,最大跨度170米,桥下净高10米。2009年开工,2013年建成。因连接城厢镇新龙村得名。为大型河道桥梁,结构型式为双塔单索面预应力混凝土矮塔斜拉桥。最大载重250吨。通公交车。

来宾站[Láibīn Zhàn] 见交通运输设施部分"来宾站"条。

来宾北站[Láibīnběi Zhàn] 见交通运输设施部分"来宾北站"条。

来宾公路客运站[Láibīn Gōnglù Kèyùnzhàn] 见交通运输设施部分"来宾公路客运站"条。

城东街道[Chéngdōng Jiēdào] 兴宾区人民政府驻地。在区境中部。面积8平方千米。人口8.9万。以壮族为主,还有汉、瑶、苗等民族。2005年撤来宾镇析设。因位于城区东部得名。先后建设迎宾广场、时代广场、人民公园、居住小区。有中学4所,小学5所,三级医院1个,卫生院1个。服务业以商贸为主。湘桂铁路过境。有来宾站。通公交车。

城北街道[Chéngběi Jiēdào] 属兴宾区。在区境中部。面积47平方千米。人口6.5万。以壮族为主,还有汉、瑶等民族。2005年撤来宾镇析设。因位于城区北部得名。先后建成华侨大道、红水河大道、维林大道、盘古大道、迎宾路等。有高校2所,中学3所,小学4所,三级医院1个,卫生院1个。有景点桂中水城、翠屏山公园、盘古公园等。农业以种植甘蔗、水稻、蔬菜、瓜果为主。有华侨工业园区。泉南高速过境。有来宾北站。通公交车。

河西街道[Héxī Jiēdào] 属兴宾区。在区境中部。面积21平方千米。人口10.2万。以壮族为主,还有汉、苗、瑶等民族。2005年撤来宾镇析设。因位于城区西部,红水河流经,故名。有中学5所,小学5所,卫生院1个。有景点金海公园等。工业以冶炼、电力等为主。通公交车。

凤凰镇[Fènghuáng Zhèn] 兴宾区辖镇。在区境北部。面积364平方千米。人口9.5万。以壮族为主,还有汉、瑶、仫佬、苗等民族。辖5居委会、18村委会,有114自然村。镇人民政府驻凤凰街。1950年设凤凰区。1958年改乡,旋改公社。后复区,改公社。1984年改镇。因镇政府驻地得名。有中学2所,小学3所,二级医院1个,卫生院3个,卫生所23个。有凤凰烈士纪念碑、东汉塘百人坟纪念地。农业以种植甘蔗、水果、花卉为主。工业以钢铁、轻化工为主。湘桂铁路、泉南高速、来宾—柳州公路过境。

凤凰街[Fènghuángjiē] 凤凰镇人民政府驻地。在区政府驻地城东街道东北22千米。人口2500。以壮族为主,还有汉、瑶、仫佬、苗、侗等民族。因毗邻凤凰村得名。聚落呈带状。有中小学、卫生院。经济以手工业、商贸业为主。县道伏龙—凤凰线、凤凰—穿山线经此。

良江镇[Liángjiāng Zhèn] 兴宾区辖镇。在区境中部。面积190平方千米。人口5.3万。以壮族为主,还有汉族等。辖1居委会、12村委会,有78自然村。镇人民政府驻良江街。1950年设良江区。1951年改第五区。1955年复良江区。1958年改乡,旋改公社。1984年改乡。1997年改镇。因镇政府驻地得名。有中学2所,小学13所,卫生院1个,卫生所13个。有良江革命烈士纪念碑。有景点龙洞山。农业以种植水稻、甘蔗、玉米、花生为主。特产青椒、香瓜。湘桂铁路,泉南、桂平—来宾高速过境。

良江街[Liángjiāngjiē] 良江镇人民政府驻地。在区政府驻地城东街道西南11千米。人口4900。以壮族为主。因溶洞涌水冬暖夏凉得名凉江,以同音改今名。聚落呈带状。有中小学、卫生院。农业以种植水稻、甘蔗、蔬菜为主。服务业以商贸为主。泉南高速经此。

小平阳镇[Xiǎopíngyáng Zhèn] 兴宾区辖镇。在区境西南部。面积215平方千米。人口6.3万。以壮族为主,还有汉、瑶、侗、苗等民族。辖2居委会、10村委会,有108自然村。镇人民政府驻小平阳街。1953年为第十五区。1955年改青岭区。1968年改公社。1984年改称小平阳乡。1995年改镇。因镇政府驻地得名。有中学2所,小学12所,卫生院1个,卫生所11个。农业以种植水稻、甘蔗、玉米、黄豆、花生、木薯等为主。湘桂铁路、泉南高速过境。

小平阳街[Xiǎopíngyángjiē] 小平阳镇人民政府驻地。在区政府驻地城东街道西南36千米。人口3500。地势平坦,看似小平原,故名平阳。因重名改今名。聚落呈带状。有中小学、卫生院。农业以种植甘蔗、水稻、玉米等为主。泉南高速经此。

迁江镇[Qiānjiāng Zhèn] 兴宾区辖镇。在区境西部。面积339平方千米。人口7.2万。以壮族为主,还有汉、瑶、苗等民族。辖1居委会、19村委会,有78自然村。镇人民政府驻迁江街。唐贞观五年(631)设古佳镇。北宋天禧四年(1020)改迁江镇。清光绪十七年(1891)为城厢团。1933年改古莲乡。1948年改携印乡。1949年改迁江乡。1955年改区。1968年改公社。1984年改镇,析设大里乡。2005年大里乡并入。因镇政府驻地得名。红水河流经。有中学2所,小学21所,卫生院2个,卫生所18个。有景点文辉塔、傍山石刻。有昆仑关战役指挥所旧址等。经济以蔗糖产业为主。322国道过境。

迁江街[Qiānjiāngjiē] 迁江镇人民政府驻地。在区政府驻地城东街道西30千米。人口8300。因治所于江边屡屡迁徙得名。聚落呈带状。有中小学、卫生院。农业以种植甘蔗、水稻,养殖生猪为主。服务业以商贸等为主。322国道经此。

石陵镇[Shílíng Zhèn] 兴宾区辖镇。在区境西南部。面积144平方千米。人口3.8万。以壮族为主,还有汉、瑶、苗等民族。辖1居委会、11村委会,有85自然村。镇人民政府驻石陵街。1933年设石陵乡。1949年仍乡。1958年成立公社。后改区、公社。1984年改乡。2000年改镇。因镇政府驻地得名。有中学1所,小学12所,卫生院1个,卫生所12个。农业以种植水稻、甘蔗、玉米、花生等为主。322国道过境。

石陵街[Shílíngjiē] 石陵镇人民政府驻地。在区政府驻地城东街道西南40千米。人口2300。以壮族为主,还有汉、瑶、苗、仫佬等民族。"陵"原为"凌",壮语意为深水塘。因水塘多石得名。聚落呈带状。有中小学、卫生院。农业以种植甘蔗、水稻、玉米、花生、黄豆等为主。322国道经此。

平阳镇[Píngyáng Zhèn] 兴宾区辖镇。在区境西部。面积303平方千米。人口5.8万。以壮族为主,还有汉、瑶、苗等民族。辖1居委会、21村委会,有109自然村。镇人民政府驻平阳街。1933年设三寨乡。1952年改第十二区。1958年改平阳公社。后改区、公社。1984年改乡。1995年改镇。因镇政府驻地得名。红水河流经。有中学1所,小学10所,卫生院2个,卫生所21个。农业以种植水稻、玉米、甘蔗等为主。工业以煤炭加工为主。县道迁江—溯社线过境。

平阳街[Píngyángjiē] 平阳镇人民政府驻地。在区政府驻地城东街道西38千米。人口3100。因地开阔平坦得名。聚落呈带状。有中小学、卫生院。农业以林业、种植业为主。服务业以商贸等为主。县道迁江—溯社线经此。

蒙村镇[Měngcūn Zhèn] 兴宾区辖镇。在区境东南部。面积238平方千米。人口6.5万。以壮族为主,还有汉族等。辖2居委会、13村委会,有116自然村。镇人民政府驻蒙村街。1953年设蒙村区。1958年改公社。后改区、公社。1984年改乡。2013年改镇。因镇政府驻地得名。有中学1所,小学15所,卫生院1个,卫生所14个。有景点沙江弄、幸福里庄园。农业以种植水稻、玉米、甘蔗、花生等为主。来宾—武宣公路过境。

蒙村街[Měngcūnjiē] 蒙村镇人民政府驻地。在区政府驻地城东街道东南20千米。人口5700。明景泰年间蒙氏始建,故名。聚落呈带状。有中小学、卫生院。农业以种植水稻、甘蔗为主。来宾—武宣公路经此。

大湾镇[Dàwān Zhèn] 兴宾区辖镇。在区境东北部。面积182平方千米。人口4.6万。以壮族为主,还有汉、瑶等民族。辖1居委会、8村委会,有64自然村。镇人民政府驻大湾街。1951年为第二区。1955年改大湾区。1958年改公社。1962年与大安公社并为大湾区。1968年改公社。1984年改乡。2014年改镇。因镇政府驻地得名。红水河、凤凰河流经。有中学1所,小学8所,卫生院1个,卫生所8个。有中共广西省工委大湾交通站旧址。农业以种植水稻、玉米、甘蔗、花生等为主。凤凰—大利公路过境。红水河通航。

大湾街[Dàwānjiē] 大湾镇人民政府驻地。在区政府驻地城东街道东北24千米。人口1900。因处红水河较大河湾得名。聚落呈带状。有中小学、卫生院。农业以种植水稻、玉米、甘蔗等为主。特产大湾米粉。服务业以商贸为主。县道伏龙—凤凰线经此。

桥巩镇[Qiáogǒng Zhèn] 兴宾区辖镇。在区境西部。面积196平方千米。人口4.3万。以壮族为主,还有汉、苗、瑶等民族。辖11村委会,有65自然村。镇人民政府驻桥巩街。1950年设桥巩乡。1958年改公社。后改区、公社。1984年改乡。2014年改镇。因镇政府驻地得名。红水河、清水河流经。有中学1所,小学12所,卫生院1个,卫生所11个。有省级文物保护单位麒麟山人古遗址。农业以种植水稻、甘蔗等为主。来合铁路,柳合、迁来公路过境。

桥巩街[Qiáogǒngjiē] 桥巩镇人民政府驻地。在区政府驻地城东街道西14千米。人口1600。有古石孔桥,壮语称"孔桥"为"桥孔",因取孔、巩近音得名。聚落呈团块状。有中小学、卫生院。农业以种植水稻、玉米、甘蔗、花生、黄豆等为主。省道梧州—迁江线经此。

寺山镇[Sìshān Zhèn] 兴宾区辖镇。在区境东南部。面积195平方千米。人口7.6万。以壮族为主,还有汉、瑶、布依、毛南等民族。辖17村委会,有93自然村。镇人民政府驻寺山街。1950年为寺脚区。1952年改第八区。1958年改寺山公社。后改区、公社。1984年改乡。2014年改镇。因镇政府驻地得名。河敏河流经。有中学1所,小学17所,卫生院1个,卫生所16个。有景点鳌山庙、金峰寺等。农业以种植水稻、甘蔗、玉米、花生等为主。桂马高速、来宾—武宣公路过境。

寺山街[Sìshānjiē] 寺山镇人民政府驻地。在区政府驻地城东街道东南28千米。人口3800。因金峰山岩洞有寺庙得名寺脚,后更今名。聚落呈团块状。有小学、卫生院。有景点金峰寺。农业以种植甘蔗、水稻、玉米、花生等为主。来宾—武宣公路经此。

城厢乡[Chéngxiāng Xiāng] 兴宾区辖乡。在区境中部。面积175平方千米。人口3.9万。以汉族为主,还有壮、瑶等民族。辖11村委会,有66自然村。乡人民政府驻泗贯村。1937年为中山乡。1949年改中北乡。1951年改第一区。1955年改城厢区。1958年改公社。1984年改乡。因乡政府原驻地城厢村得名。红水河流经。有中学2所,小学11所,卫生院1个,卫生所11个。农业以种植水稻、玉米、甘蔗、花生、黄豆等为主。工业以制糖、建材等为主。湘桂铁路、来宾—武宣公路过境。

泗贯村[Sìguàncūn] 城厢乡人民政府驻地。在区政府驻地城东街道东1千米。人口1400。原由4村合并,故名四贯。因田肥水好改今名。聚落呈团块状。有小学、卫生院。农业以种植水稻、玉米等为主。县道来宾—大利线经此。

三五乡[Sānwǔ Xiāng] 兴宾区辖乡。在区境南部。面积240平方千米。人口6.7万。以壮族为主,还有汉、瑶、苗等民族。辖15村委会,有111自然村。镇人民政府驻三五街。1933年设三五乡。1952年改第六区。1955年改三五区。1958年改公社。1984年改乡。因乡政府驻地得名。有中学1所,小学15所,卫生院1个,卫生所15个。有八仙山马尿风景区。农业以种植水稻、甘蔗等为主。特产蜜柚、荔枝、龙眼、柑子等。湘桂铁路,泉南、桂来高速过境。

三五街[Sānwǔjiē] 三五乡人民政府驻地。在区政府驻地城东街道南20千米。人口1000。以壮族为主,还有汉族等。因春节前3—5天赶集得名。聚落呈带状。有中小学、卫生院。农业以种植甘蔗、水稻、玉米、花生、黄豆等为主。省道和睦—西场线经此。

五山乡[Wǔshān Xiāng] 兴宾区辖乡。在区境南部。面积134平方千米。人口3.5万。以壮族为主,还有汉族等。辖9村委会,有66自然村。乡人民政府驻五山街。1952年为五山乡。1953年改施村乡。1958年改五山公社。1984年改乡。因乡政府驻地得名。有中学1所,小学9所,卫生院1个,卫生所9个。有景点古伦庙、大官庙等。农业以种植水稻、甘蔗、玉米、花生等为主。省道石龙—邹圩线过境。

五山街[Wǔshānjiē] 五山乡人民政府驻地。在区政府驻地城东街道南37千米。人口400。壮族聚居。因境内有狮子、龙船、雾茫、牙山、大甲5山得名。聚落呈带状。有中小学、卫生院。农业以种植水稻、玉米等为主。省道石龙—邹圩线经此。

陶邓乡[Táodèng Xiāng] 兴宾区辖乡。在区境西南部。面积212平方千米。人口4.5万。以壮族为主,还有汉族。辖13村委会,有85自然村。乡人民政府驻陶邓街。1953年为十四区。1955年改陶邓区。1959年改公社。后改区、公社。1984年改乡。因乡政府驻地得名。清水河、三洲河流经。有中学1所,小学13所,卫生院1个,卫生所12个。有陶邓、韦里革命烈士纪念碑。有景点纱帽山石刻、三洲仙女泉。农业以种植水稻、玉米、花生、甘蔗等为主。泉南高速、来宾—黎塘公路过境。

陶邓街[Táodèngjiē] 陶邓乡人民政府驻地。在区政府驻地城东街道南45千米。人口1300。因陶、邓2氏迁建得名。聚落呈带状。有中小学、卫生院。农业以种植甘蔗、水稻、玉米、花生等为主。省道来宾—武陵线经此。

良塘乡[Liángtáng Xiāng] 兴宾区辖乡。在区境西北部。面积240平方千米。人口3.9万。以壮族为主,还有汉、苗、瑶等民族。辖10村委会,有80自然村。乡人民政府驻良塘街。1949年为良塘乡。1952年改第十区,旋改良塘区。1958年改公社。后改区、公社。1984年改乡。因乡政府驻地得名。有中学1所,小学9所,卫生院1个,卫生所10个。有盘古文化生态旅游景区。农业以种植水稻、甘蔗等为主。特产果蔗、四季豆等。来宾—七洞公路过境。

良塘街[Liángtángjiē] 良塘乡人民政府驻地。在区政府驻地城东街道西北19千米。人口4100。地势较低,终年积水为塘,壮语称"水塘"为"浪",故名浪塘。因垦为良田改今名。聚落呈带状。有中小学、卫生院。农业以种植水稻为主。来宾—七洞公路经此。

七洞乡[Qīdòng Xiāng] 兴宾区辖乡。在区境北部。面积138平方千米。人口2.4万。以壮族为主,还有汉族等。辖8村委会,有58自然村。乡人民政府驻七洞街。1953年为七洞乡。1958年改公社。1962年并入良塘区。1984年析设七洞乡。因乡政府驻地得名。有小学7所,卫生院1个,卫生所8个。农业以种植水稻、甘蔗等为主。来宾—七洞公路过境。

七洞街[Qīdòngjiē] 七洞乡人民政府驻地。在区政府驻地城东街道北34千米。人口700。以汉族为主,还有壮族。因有甘潮等7岩洞得名。聚落呈团块状。有小学、卫生院、卫生所。农业以种植水稻、甘蔗,种桑养蚕为主。来宾—七洞公路经此。

石牙乡［Shíyá Xiāng］　兴宾区辖乡。在区境东南部。面积135平方千米。人口4.2万。以壮族为主，还有汉、瑶等民族。辖1居委会、10村委会，有39自然村。乡人民政府驻石牙街。1949年为石牙乡。1955年改区。1958年改公社。后区、公社多变。1984年改乡。因乡政府驻地得名。有中学1所，小学9所，卫生院1个，卫生所9个。农业以种植水稻、甘蔗、玉米、花生、黄豆等为主。来宾—武宣公路过境。

石牙街［Shíyájiē］　石牙乡人民政府驻地。在区政府驻地城东街道东南37千米。人口3100。壮族聚居。因石山形似犬牙得名。聚落呈团块状。有中小学、卫生院。农业以种植水稻、甘蔗等为主。来宾—武宣公路经此。

南泗乡［Nánsì Xiāng］　兴宾区辖乡。在区境东部。面积196平方千米。人口3.9万。以壮族为主，还有汉、瑶等民族。辖10村委会，有41自然村。乡人民政府驻南泗街。1951年为第九区。1958年改南泗公社。1962年改区。1968年复公社。1984年改乡。因乡政府驻地得名。黔江、南泗河流经。有中学1所，小学10所，卫生院1个，卫生所10个。农业以种植水稻、玉米、甘蔗、黄豆、花生等为主。县道蒙村—禄新线过境。

南泗街［Nánsìjiē］　南泗乡人民政府驻地。在区政府驻地城东街道东29千米。人口4500。因南边有小河而得名。聚落呈团块状。有中小学、卫生院。农业以种植水稻、甘蔗、玉米为主。县道蒙村—禄新线经此。

高安乡［Gāo'ān Xiāng］　兴宾区辖乡。在区境东部。面积86平方千米。人口1.9万。以汉族为主，还有壮、瑶、毛南等民族。辖7村委会，有21自然村。乡人民政府驻高安街。1984年由南泗公社析设高安乡。因乡政府驻地得名。红水河、黔江、南泗河流经。有中学1所，小学6所，卫生院1个，卫生所7个。农业以种植甘蔗、水稻、玉米、黄豆、花生等为主。县道来宾—石龙线过境。

高安街［Gāo'ānjiē］　高安乡人民政府驻地。在区政府驻地城东街道东25千米。人口700。清晚期红水河成灾，村民迁居高地而安，故名。聚落呈团块状。有中小学、卫生院。农业以种植甘蔗、水稻、玉米、黄豆、花生为主。县道来宾—石龙线经此。

正龙乡［Zhènglóng Xiāng］　兴宾区辖乡。在区境东部。面积102平方千米。人口2.8万。以壮族为主，还有汉族等。辖6村委会，有44自然村。乡人民政府驻正龙街。1984年由大湾公社析设正龙乡。因乡政府驻地得名。红水河流经。有中学1所，小学3所，卫生院1个，卫生所7个。有景点白沙洲、陈相府庙等。农业以种植水稻、甘蔗等为主。来宾—象州公路过境。

正龙街［Zhènglóngjiē］　正龙乡人民政府驻地。在区政府驻地城东街道东14千米。人口1100。因传龙脉自扇山至此过江，时认其为"正龙脉"，故名。聚落呈团块状。有中小学、卫生院、卫生所。农业以种植甘蔗、水稻、玉米、花生等为主。县道正龙—大湾线经此。

合山市

合山市［Héshān Shì］　广西壮族自治区直辖县级市，由来宾市代管。北纬23°48′，东经108°52′。在来宾市境东部。面积350平方千米。人口14万。以壮族为主，还有汉、蒙古、彝、回等民族。辖3镇。市人民政府驻岭南镇。1982年析来宾县西北部地置合山市（县级），由柳州地区代管。2002年由来宾市代管。因合岭山煤矿得名。地势自东北向西南倾斜。平均海拔332.9米。年均气温21.5℃，1月平均气温11.7℃，7月平均气温29.1℃。年均降水量93.7毫米。有红水河流经。有矿产资源煤、大理石、石灰石等。有野生植物6种，野生动物7种。森林覆盖率56.72%。有中职1所，中学2所，小学6所，二级医院1个，体育馆1个。有市人民公园革命烈士纪念碑、北泗革命烈士纪念碑。有景点寨山遗址、怀集水库、玉屏山、八仙岩、司烟山瑶族遗址、四月八岭等。有国家地质矿山公园。三次产业比例13∶39∶48。农业以种植水稻、玉米、甘蔗，饲养生猪、羊、牛、家禽为主。特产澳洲坚果、小番茄、芦笋、麒麟西瓜。工业以煤炭加工、火电、铁合金冶炼、建材、制糖、制药为主。服务业以旅游、商贸为主。来合铁路、322国道、南柳公路过境。有合山站、合山港。

岭南镇［Lǐngnán Zhèn］　合山市人民政府驻地。在市境西部。面积98平方千米。人口4.5万。以壮族为主，还有汉、蒙古、彝、回、苗等民族。辖2居委会、8村委会，有48自然村。镇人民政府驻城中社区。1984年由北泗公社析置岭南镇。因处大岭南面得名。红水河、柳花岭河流经。有中学1所，小学1所，二级医院1个，卫生院1个。有景点矿山公园、合山广场公园、江滨公园。农业以种植水稻、甘蔗、芦笋、玉米、花生为主，盛产坚果、芦笋。工业以电力、煤炭加工、水泥加工为主。有集贸市场5个。来合铁路、322国道过境。有合山站。

城中社区［Chéngzhōng Shèqū］　岭南镇人民政府驻地。在市境中部。面积3.2平方千米。人口1.9万。因处城区中心得名。2001年成立。民居以楼房为主，有多栋自建房。有社区学校。有志愿者、法律咨询等服务。有中小学、二级医院。有市奇石馆、广场公园等。来合铁路、322国道经此。有合山站。通公交车。

北泗镇［Běisì Zhèn］　合山市辖镇。在市境中部偏东。面积98平方千米。人口3.3万。以壮族为主，还有汉、回、苗、瑶、满、侗、水等民族。辖11村委会，有57自然村。镇人民政府驻北泗街。1949年为北泗乡。1950年与溯河、河里2乡并为第二区。1953年改北泗区。1958年改公社。1981年属合山市。1984年公社析设岭南镇、河里乡后改北泗乡。2014年改镇。因镇政府驻地得名。东亭河流经。有小学1所，卫生院1个。有北泗烈士墓等。有景点玉屏山、八仙岩、四月八岭、灵台瀑布等。农业以种植水稻、甘蔗、蔬菜为主。工业以煤炭加工、机械制造、石灰石开采为主。有农贸市场。来合铁路、322国道过境。

北泗街［Běisìjiē］　北泗镇人民政府驻地。在市政府驻地岭南镇东6千米。人口1600。壮族聚居。为壮语音译名，指洪水泛滥。因逢汛期常遭水淹得名。聚落呈带状。有小学、卫生院。有古迹司烟山瑶族遗址。有北泗烈士墓。有景点八仙岩、玉屏山等。农业以种植水稻、甘蔗、玉米为主。有集市，三日一圩。龙南—秀龙公路经此。通公交车。

河里镇［Hélǐ Zhèn］　合山市辖镇。在市境东南部。面积128平方千米。人口3.2万。以壮族为主，还有汉、满、侗、水等民族。辖10村委会，有45自然村。镇人民政府驻河里新街。民国曾设河里乡。1950年并入第二区（后改北泗区）。1984年析设河里乡。2014年改镇。因原河里街得名。明万历三十六年（1608）始建街圩，因东峒河曲折流经，远看似被围困在河里，故名。红水河流经。有小学1所，卫生院1个。有传统民俗舞狮、对山歌等。有景点怀集水库、白虎山石刻、灵岩洞等。农业以种植水稻、甘蔗为主。盛产麒麟瓜、龙眼、圣女果、草莓、葡萄。工业以煤矿开采、建材、木材加工为主。有农贸市场。来合铁路、322国道、南柳公路过境。有合山港。

河里新街［Hélǐxīnjiē］　河里镇人民政府驻地。在市政府驻地岭南镇东南18千米。人口1100。以壮族为主，还有汉族等。原属河里街，1965年新建街圩，镇政府驻地迁此，得名新街。聚落呈带状。有小学、卫生院。农业以种植水稻、甘蔗为主。盛产麒麟瓜、龙眼、小番茄、草莓、葡萄。有农贸市场。来合铁路、322国道经此。

忻城县

忻城县［Xīnchéng Xiàn］　来宾市辖县。北纬24°06′，东经108°40′。在市境西北部。面积2541平方千米。人口41.3万。以壮族为主，还有汉、瑶、苗、仫佬等民族。辖5镇、7乡。县人民政府驻城关镇。唐初置忻城县。北宋庆历三年（1043）縻归思州、纡州、芝州及其领县并入。明弘治九年（1496）改忻城土县。清雍正七年（1729）析置理苗分县，后废。1913年属柳江道。1928年改忻城县。1930年后隶属第四民团区、柳州民团区、柳州行政监督区、庆远行政监督区、第七行政督察区、第二行政督察区、属武鸣专区、宜山专区、宜山地区、柳州专区、柳州地区。2002年属来宾市。为壮语音译名，意为石头城。因原境内石峰林立、群山环抱得名。县城呈"一轴两心两区"空间结构。"一轴"指芝州二路至鞍山路南北向空间连轴，"两心"指行政商贸、旅游中心，"两区"即老城区、城南新区。地处山陵地带，属喀斯特地貌。平均海拔362.6米。有红水河流经。年均气温21.0℃，1月平均气温12.6℃，7月平均气温28.6℃。年均降水量1486.4毫米。有矿产资源煤、锰、铁、磷、铝土、石灰岩、白云岩、方解石等。有国家二级重点保护野生植物红椿、纹瓣兰、白及。有国家重点保护野生动物豹猫、黑翅鸢、松雀鹰、红隼、褐翅鸦鹃、领角鸮、虎纹蛙、花鳗鲡、斑鳠等14种。森林覆盖率57.9%。有中学7所，小学129所，特教学校1所，二级医院3个。有全国重点文物保护单位莫土司衙署，省级文物保护单位白虎山摩崖石刻。有省级非物质文化遗产壮锦织锦艺术、壮族悲歌。有地方民间艺术山歌对唱、壮师戏、彩调剧等。有三界庙、红水河乐滩等景区。有景点翠屏山公园、思练镇鸳鸯湖、盘鹤岭森林公园、通天寺、北更壮族杆栏式民居等。三次产业比例33∶30∶37。农业以种植水稻、玉米、黄豆、甘蔗为主。工业以制糖、制药、缫丝、化工冶炼、新型建材、矿产资源开发、农副产品加工为主。特产蚕茧、金银花、佛手瓜、珍珠玉米、乳鸽酒等。服务业以旅游为主。322、323国道过境。有红水河航道。

红渡大桥［Hóngdù Dàqiáo］　在城区南部。长404.6米，宽10米，最大跨度96米，桥下净高42米。1981年开工，1982年建成。因位于红渡街北得名。为大型河道桥梁，结构型式为钢筋混凝土悬链线箱型拱桥。最大载重汽15吨，挂80吨。通公交车。

忻城县汽车总站［Xīnchéng Xiàn Qìchē Zǒngzhàn］　见交通运输设施部分"忻城县汽车总站"条。

城关镇［Chéngguān Zhèn］　忻城县人民政府驻地。在县境西部。面积419平方千米。人口8.4万。以壮族为主，还有汉、苗、瑶、仫佬等民族。辖3居委会、21村委会，有256自然村。镇人民政府驻忻城街。1950年为第二区。

1958年改城关公社。1980年析设城关镇。2005年宁江乡并入。为忻城县城，故名。红水河流经。有中学1所，小学23所，二级医院3个，卫生院1个，卫生所24个。有古迹莫氏土司衙署。有傩戏民俗活动。有景点忻城薰衣草庄园等。农业以种植玉米、金银花等为主，兼种桑养蚕，养殖家禽。工业以制糖、缫丝等为主。242国道、省道欧洞—勒马线、忻合线过境。

忻城街 [Xīnchéngjiē] 城关镇人民政府驻地。在镇境东部。人口2.1万。以壮族为主，还有汉、苗、瑶、仫佬等民族。因县得名。聚落呈团块状。有中小学、卫生院、图书馆、文化馆。有景点盘鹤岭森林公园、翠屏公园、三界庙、通天寺、风雨桥等。农业以种植珍珠糯玉米、金银花等为主。服务业以商贸为主。三日一圩。通公路。

大塘镇 [Dàtáng Zhèn] 忻城县辖镇。在县境东北部。面积313平方千米。人口5万。以壮族为主，还有苗、瑶、仫佬、汉等民族。辖1居委会、12村委会，有167自然村。镇人民政府驻大塘圩。1932年设大塘乡。1949年仍乡。1960年改公社。1962年与木罗、三寨2公社合设大塘区。1968年改公社。1984年改大塘镇。因镇政府驻地得名。有中学1所，小学13所，卫生院1个，卫生所13个。有素仙革命纪念广场。农业以种植水稻、玉米、甘蔗等为主。盛产佛手瓜、荞麦、甘薯等。322、323国道过境。

大塘圩 [Dàtángxū] 大塘镇人民政府驻地。在县政府驻地城关镇东北50千米。人口4600。以壮族为主，还有苗、瑶、仫佬、汉等民族。原有大水塘，故名。聚落呈团块状。有中小学、卫生院。有素仙革命纪念广场。盛产佛手瓜、玉米等。服务业以商贸等为主。322、323国道经此。

思练镇 [Sīliàn Zhèn] 忻城县辖镇。在县境东部。面积378平方千米。人口5.2万。以壮族为主，还有汉、瑶、苗、侗、仫佬等民族。辖1居委会、15村委会，有195自然村。镇人民政府驻思练街。1932年为卜佑乡。1951年改第三区。1958年改思练公社。1984年改镇，析设安东乡。因镇政府驻地得名。有中学2所，小学15所，卫生院1个，卫生所17个。有景点梅山烟雨、美女梳妆、鸳鸯湖等。农业以种植水稻、玉米、黄豆等为主，养殖家禽。工业以制糖、大理石加工等为主。322国道、柳邕公路过境。

思练街 [Sīliànjiē] 思练镇人民政府驻地。在县政府驻地城关镇东36千米。人口3200。以壮族为主，还有瑶、苗、白族、仫佬等民族。因位于思锦、练江2河交汇处得名。聚落呈团块状。有中小学、卫生院。农业以种植玉米、桑树为主。三日一圩。省道来宾—下坳线经此。

红渡镇 [Hóngdù Zhèn] 忻城县辖镇。在县境南部。面积221平方千米。人口3.9万。以壮族为主，还有汉、瑶等民族。辖1居委会、11村委会，有156自然村。镇人民政府驻红渡街。1953年为第十区。1956年改红渡区。1968年改公社。1984年改镇。因地处红水河南岸，街北有渡口，故名。有小学12所，卫生院1个，卫生所12个。农业以种植水稻、玉米、黄豆、甘薯为主，兼种桑养蚕。工业以化工、建材为主。特产蚕丝被等。有红渡工业园区。有乐滩水电站。忻城—南宁、忻城—上林公路过境。

红渡街 [Hóngdùjiē] 红渡镇人民政府驻地。在县政府驻地城关镇东南20千米。人口700。壮族聚居。街以镇名。聚落呈团块状。有小学、卫生院。农业以种植玉米、大豆，种桑养蚕为主。服务业以商贸为主。242国道经此。通公交车。

古蓬镇 [Gǔpéng Zhèn] 忻城县辖镇。在县境西南部。面积146平方千米。人口3.8万。以壮族为主，还有汉、瑶等民族。辖1居委会、11村委会，有132自然村。镇人民政府驻板毫。1952年为第八区。1955年改古蓬区。1958年分设古蓬、周安2乡，旋合为先锋公社。1984年改古蓬镇。因镇政府原驻地古蓬街得名。原名棵棚，为壮语"Gobungz"意译，即在那棵树下搭棚之意。滂江河流经。有煤、铁、铝土等矿产资源。有小学12所，卫生院1个。有古迹白虎山卧仙岩摩崖石刻、永吉桥。农业以种植玉米、水稻、甘蔗，种桑养蚕为主。工业以宝石、木材、石材加工为主。忻城—南宁公路过境。

板毫 [Bǎnháo] 古蓬镇人民政府驻地。在县政府驻地城关镇西南28千米。人口2700。壮族聚居。清康熙年间(1662—1722)从东兰迁此建村。"板毫"壮语为"Mbanjhauz"，因传初建村时村中富人多、银毫多，故名。聚落呈散状。农业以种植水稻、玉米、黄豆、甘蔗、果树，种桑养蚕为主。服务业以商贸为主。县道金钗—加北线经此。

马泗乡 [Mǎsì Xiāng] 忻城县辖乡。在县境西北部。面积235平方千米。人口1.9万。以壮族为主，还有汉、瑶、苗、仫佬等民族。辖6村委会，有112自然村。乡人民政府驻马泗村。1955年为马泗区。1958年改红旗公社。1960年改马泗公社。1962年改区。1968年改公社。1984年改乡，析设欧洞乡。因乡政府驻地得名。有中学1所，小学1所，卫生院1个，卫生所3个。有马泗红色革命广场。农业以种植玉米、水稻、甘蔗为主，兼种桑养蚕。忻县—柳江公路过境。

马泗村 [Mǎsìcūn] 马泗乡人民政府驻地。在县政府驻地城关镇东北19千米。人口900。以壮族为主，还有汉、瑶、苗、仫佬等民族。因河边有4座马形山得名。聚落呈散状。有小学、卫生所。农业以种植水稻、甘蔗、玉米、大豆、花生、甘薯为主。特产蚕茧、哈密瓜等。服务业以商贸为主。三日一圩。省道忻城—勒马线经此。

欧洞乡 [Ōudòng Xiāng] 忻城县辖乡。在县境东北部。面积134平方千米。人口1.5万。以壮族为主，还有汉、苗、瑶、仫佬等民族。辖4村委会，有57自然村。乡人民政府驻欧洞街。1984年由马泗公社析设欧洞乡。因乡政府驻地得名。有小学5所，卫生院1个，卫生所3个。有景点望夫石、金鸡洞等。农业以种植玉米、水稻为主，兼种桑养蚕，养殖家禽。工业以矿产开采、民族工艺制品加工为主。323国道过境。

欧洞街 [Ōudòngjiē] 欧洞乡人民政府驻地。在县政府驻地城关镇东北37千米。人口1000。壮族聚居。原名欧肯，壮语"Gwnzauj"，传明成化年间(1465—1487)有周、李、雷氏在此经营小商品，因地处山坳拐弯处上方得名欧肯。后因三岔口拐弯处的洞场形成圩场，改称欧洞街。聚落呈团块状。有小学、卫生院。有景点龙都佛寺、坡贯雄性古樟等。农业以种植玉米、水稻为主，兼种桑养蚕，养殖家禽。省道来宾—下坳线经此。

安东乡 [Āndōng Xiāng] 忻城县辖乡。在县境东部。面积120平方千米。人口1.9万。以壮族为主，还有汉、毛南、仫佬、侗等民族。辖5村委会，有47自然村。乡人民政府驻北荡。1932年设北荡乡。1934年改安东乡。1951年并入第三区(后改思练区)。1984年析设安东乡。因寄望成为县东安定富足之地得名。有小学5所，卫生院1个，卫生所5个。农业以种植玉米、水稻、甘蔗等为主。忻城—来宾公路过境。

北荡 [Běidàng] 安东乡人民政府驻地。在县政府驻地城关镇东46千米。人口1000。壮族聚居。"北荡"为壮语音译名，因可堂山白石壁如石灰粉刷过得名。聚落呈团块状。农业以种植玉米、水稻、大豆等为主。省道来宾—下坳线经此。

果遂乡 [Guǒsuì Xiāng] 忻城县辖乡。在县境南部。面积148平方千米。人口3.1万。以壮族为主，还有汉、苗、布依、侗、瑶等民族。辖8村委会，有105自然村。乡人民政府驻果遂街。1932年设果遂乡。1950年并入第三区。1962年设果遂区。1984年改乡。1987年析设新圩乡。因乡政府驻地得名。红水河流经。有小学9所，卫生院1个，卫生所7个。农业以种植水稻、玉米、甘蔗为主。工业以木材、石粉加工，制砖为主。省道忻合线过境。

果遂街 [Guǒsuìjiē] 果遂乡人民政府驻地。在县政府驻地城关镇东南37千米。人口2600。壮族聚居。"果遂"为壮语音译名，因逢年过节村民喜聚欢度，熙攘拥挤，故名。聚落呈团块状。有小学、卫生院。农业以种植玉米、水稻、甘蔗、花生、大豆等为主。省道忻合线经此。

新圩乡 [Xīnxū Xiāng] 忻城县辖乡。在县境西南部。面积65平方千米。人口1.6万。以壮族为主，还有仫佬、汉、瑶、苗等民族。辖4村委会，有58自然村。乡人民政府驻新圩街。1933年设新圩乡。1950年并入第三区。1958年析设红星公社。1959年改新圩公社。1962年并入果遂区。1987年析设新圩乡。因乡政府驻地得名。红水河流经。有小学4所，卫生院1个，卫生所4个。农业以种植玉米、水稻、甘蔗、黄豆为主。工业以矿产开采为主。省道忻合线过境。

新圩街 [Xīnxūjiē] 新圩乡人民政府驻地。在县政府驻地城关镇南20千米。人口600。壮族聚居。因新建集市得名。聚落呈团块状。有小学、卫生院。农业以种植玉米、水稻等为主，兼种桑养蚕。省道忻合线经此。

遂意乡 [Suìyì Xiāng] 忻城县辖乡。在县境西南部。面积158平方千米。人口2.6万。以壮族为主，还有汉、瑶等民族。辖12村委会，有263自然村。乡人民政府驻遂意街。1952年为第九区。1958年改遂意公社。1984年改乡。因乡政府驻地得名。红水河流经。有小学12所，卫生院1个，卫生所12个。有景点神秘湖。农业以种植玉米、金银花、水稻为主，兼种桑养蚕。工业以铸造、机械加工、宝石加工、蚕茧加工、建材为主。省道遂意—金钗线、忻城—大化公路过境。

遂意街 [Suìyìjiē] 遂意乡人民政府驻地。在县政府驻地城关镇西南23千米。人口400。壮族聚居。清末村人占地经商，生意得心应手，故名。聚落呈团块状。有小学、卫生院。农业以种植玉米、水稻、黄豆为主，兼种桑养蚕。特产金银花。服务业以商贸为主。省道遂意—金钗线经此。

北更乡 [Běigēng Xiāng] 忻城县辖乡。在县境西南部。面积196平方千米。人口2.8万。以壮族为主，还有瑶族。辖14村委会，有394自然村。乡人民政府驻北更街。1933年为北更乡。1958年改公社。1984年改乡。因乡政府驻地得名。有小学14所，卫生院1个，卫生所14个。有壮族杆栏式特色民居。农业以种植玉米、黄豆、金银花等为主，兼种桑养蚕。有桑园示范基地。工业以农产品加工为主。县道忻城—马山线过境。

北更街 [Běigēngjiē] 北更乡人民政府驻地。在县政府驻地城关镇西南42千米。人口600。壮族聚居。为壮语音译名，因街头有光亮山坳口得名。聚落呈团块状。有小学、卫生院。有壮族杆栏式特色民居。农业以种植玉米、桑树为主。有桑园示范基地。工业以农产品加工为主。县道忻城—马山线经此。

象州县

象州县 [Xiàngzhōu Xiàn]　别名象县。来宾市辖县。北纬23°58′,东经109°42′。在市境中部偏东。面积1898平方千米。人口36.7万。以壮族为主,还有仫佬、瑶、苗、侗等民族。辖8镇、3乡。县人民政府驻象州镇。隋开皇十二年(592)置象州。唐、宋、元未变。明洪武二年(1369)废阳寿县入象州。清咸丰六年(1856)改相州,十一年复象州。1912年改象县,后历属柳州府、柳江道、第三民团区、柳州民团区、梧州行政监督区、浔州行政监督区、第五行政督察区、第三行政督察区、柳州专区。1953年撤象县置石龙县,属宜山专区。1960年改象州县。1962年析设武宣县。1971年属柳州地区。2002年属来宾市。因象山得名。地处大瑶山西麓、桂中盆地东部边缘。地势东高西低。平均海拔525米。年均气温22℃,1月平均气温12℃,7月平均气温29℃。年均降水量1367.7毫米。有柳江、运江、红水河流经。有矿产资源铜、铅、锌、金、银、锰、铁、磷、重晶石、石膏、石灰岩、黏土等。有野生植物257种,其中国家重点保护野生植物有天竺桂、水杉等21种。有野生动物200多种,其中国家重点保护野生动物有穿山甲、娃娃鱼、豪猪、貉、豹猫等30多种。森林覆盖率42.4%。有中学8所,小学19所,二级医院3个。有桥头公园、文化广场等。有省级文物保护单位南山湾贝丘遗址、娘娘村丘遗址、岭南汉墓群。有国家4A级旅游景区象州温泉。有景点古象温泉、古海底迷宫、大梭生态峡谷、中平古榕群、妙皇河湖区等。三次产业比例29∶49∶22。农业以种植水稻、甘蔗为主,兼种桑养蚕。工业以制糖、采矿、矿石加工、蚕丝加工、大米加工等为主。服务业以旅游为主。柳武、梧柳高速,209国道过境。

象州县汽车总站 [Xiàngzhōu Xiàn Qìchē Zǒngzhàn]　见交通运输设施部分“象州县汽车总站”条。

象州镇 [Xiàngzhōu Zhèn]　象州县人民政府驻地。在县境中部偏南。面积179平方千米。人口4.6万。以壮族为主,还有汉、瑶、仫佬、苗、侗等民族。辖4居委会、9村委会,有66自然村。镇人民政府驻象州街。1949年设城厢区。1951年改象州镇。1984年象州公社并入。因镇政府驻地得名。柳江流经。有中学1所,小学10所,二级医院3个,卫生院1个。有南山湾贝丘遗址、象台书院、象州孔庙等。农业以种植水稻、甘蔗为主,兼种桑养蚕。工业以化工、木材加工、鲜茧加工、机械加工、建材为主。盛产优质米、蚕丝、牛腊巴、百合粉、柿子、甜柚等。柳武高速、省道头排—穿山线过境。

象州街 [Xiàngzhōujiē]　象州镇人民政府驻地。在镇境西部。人口1.8万。以壮族为主,还有汉、瑶等民族。因境内有象山,隋开皇十二年(592)置象州,故名。聚落呈团块状。有中学。服务业以商品零售为主。355国道经此。

石龙镇 [Shílóng Zhèn]　象州县辖镇。在县境西南部。面积128平方千米。人口2.6万。以壮族为主,还有汉、苗等民族。辖1居委会、7村委会,有43自然村。镇人民政府驻石龙街。1950年成立石龙区。1958年改公社。1962年复区。1966年改公社。1984年改镇。因镇政府驻地得名。柳江、红水河、黔江流经。有中学1所,小学8所,卫生院1个。有象州贝丘遗址。有三江口风景区。农业以种植水稻、甘蔗为主。工业以棉纺、冶炼、造船、矿业为主。盛产茧丝、花生、黄豆、红瓜子等。209国道过境。有石龙港码头。

石龙街 [Shílóngjiē]　石龙镇人民政府驻地。在县政府驻地象州镇西南21千米。人口2500。壮族聚居。因地处柳江旁,对岸石灰石岩层连缀似龙,故名。聚落呈不规则椭圆状。有中小学、卫生院。工业以造纸、制糖为主。209国道经此。

运江镇 [Yùnjiāng Zhèn]　象州县辖镇。在县境西北部。面积237平方千米。以壮族为主,还有汉、瑶、苗、仫佬等民族。人口4.4万。辖1居委会、17村委会,有117自然村。镇人民政府驻运江街。1956年设运江区。1958年改红太阳公社。1962年改运江区。1966年改公社。1984年改镇。因镇政府驻地得名。柳江、罗秀河、水晶河流经。有中学1所,小学11所,卫生院1个,卫生所1个。有古迹瓦厂村汉—宋代窑址。农业以种植水稻、甘蔗为主。盛产蚕丝、粉葛、红瓜子等。梧柳高速、县道桐木—水晶线过境。

运江街 [Yùnjiāngjiē]　运江镇人民政府驻地。在县政府驻地象州镇北20千米。人口2700。江水河流经,运输便利,故名。聚落呈带状。有中小学、卫生所。有运江古镇古建筑群。服务业以农产品销售为主。特产运江粉葛、百合粉。县道桐木—水晶线经此。

寺村镇 [Sìcūn Zhèn]　象州县辖镇。在县境中部。面积219平方千米。人口4.9万。以壮族为主,还有苗、侗等民族。辖1居委会、14村委会,有112自然村。镇人民政府驻寺村街。1950年设寺村区。1958年改公社。1984年改乡。1995年改镇。因镇政府驻地得名。有中学1所,小学12所,卫生院1个,卫生所1个。有名胜古迹古象温泉度假村、蕉林凉泉、教育家郑小谷故居、大黎清代古建筑群等。农业以种植水稻、甘蔗为主,兼种桑养蚕。工业以矿产开采、农产品加工、建材等为主。梧柳高速、省道头排—穿山线过境。

寺村街 [Sìcūnjiē]　寺村镇人民政府驻地。在县政府驻地象州镇东19千米。人口3100。壮族聚居。因原有崇福寺得名。聚落呈团块状。有小学、卫生院。工业以重晶石矿业为主。特产牛腊巴、牛仔肉、白石米饼。服务业以农副产品贸易为主。省道头排—穿山线经此。

中平镇 [Zhōngpíng Zhèn]　象州县辖镇。在县境东部。面积97平方千米。人口3.4万。辖1居委会、8村委会,有71自然村。镇人民政府驻中平街。1950年设中平区。1958年改公社。1962年复区。1966年改公社。1984年改乡。1999年改镇。因镇政府驻地得名。有小学7所,卫生院1个。有古迹汉代古墓群等。有景点大冲瀑布、罗汉岩风光、仁义河漂流、壮乡七星古榕群等。农业以种植水稻、甘蔗为主,兼种桑养蚕。工业以大米、建材加工等为主。县道寺村—大樟线过境。

中平街 [Zhōngpíngjiē]　中平镇人民政府驻地。在县政府驻地象州镇东28千米。人口2100。以壮族为主,还有苗、仫佬等民族。因地势平坦,位于各村中心,故名。聚落呈团块状。有中小学、卫生院。有景点中平古镇。盛产生姜、大米。县道寺村—大樟线经此。

罗秀镇 [Luóxiù Zhèn]　象州县辖镇。在县境东北部。面积124平方千米。人口3.1万。以壮族为主,还有瑶、苗等民族。辖1居委会、9个村委会,有80自然村。镇人民政府驻罗秀街。1950年成立罗秀乡。1958年改公社。1984年复乡。1999年改镇。因镇政府驻地得名。罗秀河流经。有中学1所,小学8所,卫生院1个。有古迹太平天国独崖山战场遗址、明代朱元璋后裔古建筑群、军田马鞍山化石等。农业以种植水稻、甘蔗为主,兼种桑养蚕。工业以采矿、木材加工为主。省道头排—穿山线过境。

罗秀街 [Luóxiùjiē]　罗秀镇人民政府驻地。在县政府驻地象州镇东北25千米。人口2200。因罗姓居多,建于河边,风景秀丽,故名。聚落呈团块状。有中小学、卫生院。农业以种植水稻、甘蔗为主,兼种桑养蚕。工业以采矿、木材加工等为主。省道头排—穿山线经此。

纳禄村 [Nàlùcūn]　在县政府驻地象州镇东北20千米。罗秀镇辖自然村。人口900。传火烧棘丛而惊鹿,村民齐心拿鹿,故名拿鹿村。因乡人在外做官,纳取俸禄,更今名。聚落呈团块状。为中国传统村落。有纳禄古建筑群。省道头排—穿山线经此。

大乐镇 [Dàlè Zhèn]　象州县辖镇。在县境东北部。面积118平方千米。人口2.9万。以壮族为主,还有瑶、汉等民族。辖1居委会、10村委会,有52自然村。镇人民政府驻大乐街。1949年成立大乐区。1959年改公社。1962年复区。1966年改公社。1984年改乡。2000年改镇。因镇政府驻地得名。落脉河流经。有中学1所,小学10所,卫生院1个,卫生所1个。有省级文物保护单位象州泥盆纪露层。有名胜古迹岭南汉代古墓群、龙女岩等。农业以种植水稻、甘蔗、西瓜为主,兼种桑养蚕。省道头排—穿山线过境。

大乐街 [Dàlèjiē]　大乐镇人民政府驻地。在县政府驻地象州镇东北35千米。人口3900。壮族聚居。因靠山近水、土肥人安得名。聚落呈带状。有中小学、卫生院。农业以种植甘蔗为主。盛产香草鱼。省道头排—穿山线经此。

马坪镇 [Mǎpíng Zhèn]　象州县辖镇。在县境西部。面积211平方千米。人口3.8万。以壮族为主,还有汉、瑶、苗等民族。辖1居委会、10村委会,有61自然村。镇人民政府驻马坪街。1958年成立马坪公社。1962年并入石龙区。1966年复马坪公社。1984年改乡。2014年改镇。因镇政府驻地得名。有中学1所,小学11所,卫生院1个,卫生所1个。有景点万春山、九子洞庙会、大曹龙堂岩、龙岩二厘岩等。农业以种植水稻、甘蔗、玉米、桑树为主。服务业以旅游为主。省道头排—穿山线过境。

马坪街 [Mǎpíngjiē]　马坪镇人民政府驻地。在县政府驻地象州镇西北14千米。人口1700。壮族聚居。因常于草坪放马得名。聚落呈带状。有中小学、卫生院。农业以种植水稻、甘蔗为主。省道头排—穿山线经此。

妙皇乡 [Miàohuáng Xiāng]　象州县辖乡。在县境南部。面积170平方千米。人口2.6万。以壮族为主,还有汉、瑶、苗等民族。辖12村委会,有61自然村。乡人民政府驻妙皇街。1956年为妙皇区。1958年改跃进公社。1959年改妙皇公社。1962年复区。1966年改公社。1984年改乡。因乡政府驻地得名。有中学1所,小学12所,卫生院1个,卫生所1个。有景点大梭生态峡谷群、天盖晴岚等。农业以种植水稻、甘蔗、桑树、茶等为主。省道象州—河马线过境。

妙皇街 [Miàohuángjiē]　妙皇乡人民政府驻地。在县政府驻地象州镇东南13千米。人口900。壮族聚居。因显应公、陈文公大庙堂得名庙王。因吉言佳语改今名。聚落呈带状。有小学、卫生院。农业以种植茶、甘蔗、水稻为主。省道象州—河马线经此。

百丈乡 [Bǎizhàng Xiāng]　象州县辖乡。在县境东南部。面积76平方千米。人口2万。

以壮族为主，还有汉、瑶、苗、仫佬等民族。辖7村委会，有43自然村。乡人民政府驻百丈街。1958年成立百丈公社。1962年并入中平区。1966年复百丈公社。1984年改乡。因乡政府驻地得名。百丈河流经。有小学8所，卫生院1个。有景点马蹄岩、六外汉墓群、雷山禅寺等。农业以种植水稻、甘蔗为主，兼种桑养蚕。县道寺村—大樟线过境。

百丈街［Bǎizhàngjiē］ 百丈乡人民政府驻地。在县政府驻地象州镇东24千米。人口600。壮族聚居。原名白江圩，因洪冲毁，迁至西面距旧址百丈处重建，故名。聚落呈半圆状。有小学、卫生院。农业以种植甘蔗、水稻为主。盛产米酒、米粉。县道寺村—大樟线经此。

水晶乡［Shuǐjīng Xiāng］ 象州县辖乡。在县境北部。面积138平方千米。人口2.3万。以壮族为主，还有瑶、苗、仫佬、侗等民族。辖8村委会，有61自然村。乡人民政府驻水晶街。1949年为水晶乡。1958年改公社，旋并入东方红公社。1959年复水晶公社。后改区、公社。1984年改乡。因乡政府驻地得名。水晶河流经。有小学5所，卫生院1个，卫生所1个。农业以种植水稻、甘蔗为主，兼种桑养蚕。县道桐木—水晶线过境。

水晶街［Shuǐjīngjiē］ 水晶乡人民政府驻地。在县政府驻地象州镇东北33千米。人口2200。壮族聚居。原有4门楼得名门楼圩。因河水流入更名水浸，以谐音更今名。聚落呈带状。有中小学、卫生院。农业以种植水稻、甘蔗为主。服务业以农产品贸易为主。县道桐木—水晶线经此。

武 宣 县

武宣县［Wǔxuān Xiàn］ 别名武仙。来宾市辖县。北纬23°35′，东经109°39′。在市境东南部。面积1739.5平方千米。人口46.5万。以壮族为主，还有汉、苗、瑶、侗、黎等民族。辖8镇、2乡。县人民政府驻武宣镇。唐武德四年(621)析桂林县置武仙县，属象州。宋、元因之。明宣德六年(1431)因仙、宣近音改今名，属柳州府。清咸丰六年(1856)改文兴县，十一年改武宣县，属浔州府。1913年后历属郁江道、苍梧道、第七民团区、梧州民团区、梧州行政监督区、浔州行政监督区、第五行政督察区、第三行政督察区、柳州专区。1953年废入石龙县，属宜山专区。1962年复置武宣县。1971年属柳州地区。2002年属来宾市。取唐代武德年号“武德”之“武”、县西10里仙山之“仙”命名。以“仙”“宣”近音改今名。先后改造旧城区，建设新区，建成商业城、居住小区、文体广场、体育场等，新建、改建城北路、朝阳路、书生路、七星大道等。地处桂中盆地东南部，地势向中间倾斜。最高点东乡镇与桂平市交界处双髻山海拔1300.4米，最低点三里镇黔江河泗孤洲海拔41.5米。年均气温21.5℃，1月平均气温11.9℃，7月平均气温28.5℃。年均降水量1217.8毫米。有黔江、石祥河、大琳河、三里河、东乡河、马来河流经。有矿产资源铅、锌、锰、白云石、重晶石、大理石等。有野生植物290余种，其中国家重点保护野生植物有桫椤、膝柄木、狭叶坡垒、紫荆木、马尾树、蚬木、普通野生稻、药用野生稻等。有野生动物66种。森林覆盖率45.2%。有中职1所，中学13所，小学106所，特教学校1所，二级医院2个。有古迹勒马汉代古墓群、武宣文庙、仙城书院等。有刘家祠堂、潘家楼等抗日遗址。有国家3A级旅游景区百崖槽。有景点大藤峡、犀牛岩、八仙天池、五马拦江等。三次产业比例26：40：34。农业以种植水稻、玉米，养殖猪、牛、家禽为主。工业以制糖、建材、矿产开采、冶炼为主。服务业以物流、商贸为主。三北、平梧高速，209国道，省道梧州—迁江线过境。有黔江航道。

武宣县汽车总站［Wǔxuān Xiàn Qìchē Zǒngzhàn］ 见交通运输设施部分“武宣县汽车总站”条。

武宣镇［Wǔxuān Zhèn］ 武宣县人民政府驻地。在县境中部。面积312平方千米。人口8.6万。以壮族为主，还有汉、苗、瑶、侗等民族。辖6居委会、17村委会，有55自然村。镇人民政府驻武宣街。1950年设武宣镇。2005年马步乡并入。因镇政府驻地得名。黔江、濛江、新江河流经。有中学1所，小学11所，二级医院2个，卫生院1个，卫生所23个。有古迹武宣文庙、县城北楼等。有武宣革命烈士纪念碑。有景点马鞍山公园、八仙寨、五马拦江、文笔峰、双狮山等。农业以种植水稻、甘蔗、玉米为主。特产食用菌、油葵。三北、平梧高速，209国道，省道梧州—迁江线过境。有独山码头、古迹滩港口。

武宣街［Wǔxuānjiē］ 武宣镇人民政府驻地。在镇境中部。人口5.2万。以汉族为主，还有壮、苗、瑶、侗等民族。因县得名。聚落呈带状。有中小学、卫生院。有古迹武宣文庙、县城北楼等。服务业以商贸为主。特产月饼。通公交车。

桐岭镇［Tónglǐng Zhèn］ 武宣县辖镇。在县境南部。面积187平方千米。人口5.9万。以壮族为主，还有汉、苗、瑶、侗等民族。辖16村委会，有72自然村。镇人民政府驻桐岭街。1949年为桐岭乡。1956年改区。1959年改公社。1962年新龙公社并入，改桐岭区。1966年改公社。1984年改乡。1987年析设新龙乡。1996年改镇。2003年新龙乡并入。因镇政府驻地得名。武赖河、马来河、濛江流经。有中学1所，小学13所，卫生院2个，卫生所16个。有景点郭松年庄园。农业以种植水稻、玉米、花生、甘蔗为主。工业以水泥加工、铅锌矿开采、重晶石加工为主。209国道过境。

桐岭街［Tónglǐngjiē］ 桐岭镇人民政府驻地。在县政府驻地武宣镇南18千米。人口1800。因四面山岭皆种梧桐树得名。聚落呈带状。有中小学、卫生院、卫生所。农业以种植玉米、桑树为主。三日一圩。241国道经此。

通挽镇［Tōngwǎn Zhèn］ 武宣县辖镇。在县境西南部。面积87平方千米。人口4.4万。以壮族为主，还有汉、苗、瑶、侗等民族。辖11村委会，有37自然村。镇人民政府驻通挽街。1949年为通挽乡。1956年改区。1958年改公社。1962年思灵公社并入，改区。1966年改公社。1984年改乡。1996年改镇。因镇政府驻地得名。三江河流经。有中学1所，小学13所，卫生院1个，卫生所11个。农业以种植水稻、花生、玉米、甘蔗为主。盛产茶叶。209国道过境。

通挽街［Tōngwǎnjiē］ 通挽镇人民政府驻地。在县政府驻地武宣镇西南34千米。人口800。壮族聚居。原处花颜村东，交通不便，成圩较晚，故名东晚。后交通发展圩时提早，以谐音更今名。聚落呈带状。有中小学、卫生院。农业以种植水稻、花生、玉米、尾叶桉，养殖生猪、鸡为主。241国道经此。

东乡镇［Dōngxiāng Zhèn］ 武宣县辖镇。在县境东部。面积225平方千米。人口6.5万。以汉族为主，还有壮、苗、瑶、侗等民族。辖24村委会，有117自然村。镇人民政府驻东乡街。1950年设东乡乡。1958年改公社。1984年复乡，析设河马乡。1996年改镇。2005年河马乡并入。因镇政府驻地得名。有中学1所，小学13所，卫生院1个，卫生所24个。有特色文化名村下莲塘村。有百崖大峡谷省级旅游区。农业以种植水稻、甘蔗为主。特产茶叶、生姜、八角、淮山等。省道梧州—迁江线、武宣—百崖槽公路过境。

东乡街［Dōngxiāngjiē］ 东乡镇人民政府驻地。在县政府驻地武宣镇东25千米。人口1200。以汉族为主，还有壮、苗、瑶、侗等民族。原住户多自广东迁来，故名。聚落呈带状。有中小学、卫生院、卫生所。农业以种植水稻、玉米、花生为主。省道梧州—迁江线经此。

三里镇［Sānlǐ Zhèn］ 武宣县辖镇。面积205平方千米。人口4.2万。以汉族为主，还有壮、苗、瑶、侗等民族。辖15村委会，有82自然村。镇人民政府驻三里街。1949年为三里乡。1956年改区。1966年改公社。1984年改乡。1996年改镇。因镇政府驻地得名。有铅、锌、锰、铁、石灰石、硫铁石、重晶石等矿产资源。有中学1所，小学14所，卫生院1个，卫生所15个。农业以种植水稻、甘蔗为主。盛产胭脂李。工业以锰锌矿开采为主。三北高速、省道梧州—迁江线过境。

三里街［Sānlǐjiē］ 三里镇人民政府驻地。在县政府驻地武宣镇东南11千米。人口2100。以汉族为主，还有壮、苗、瑶、侗等民族。初3姓迁此，地形似鲤鱼，为便书写，以“里”代“鲤”得名。聚落呈带状。有中小学、卫生院、卫生所。有古迹旧城街、古戏台、古庙。农业以种植甘蔗、水稻为主。特产三里米饼、三里鱼圆。省道梧州—迁江线经此。

二塘镇［Èrtáng Zhèn］ 武宣县辖镇。在县境北部。面积260平方千米。人口5.1万。以壮族为主，还有汉、苗、瑶、侗等民族。辖22村委会，有52自然村。镇人民政府驻二塘街。1934年为二塘乡。1956年改区。1966年改公社。1984年改乡。1995年改镇。因镇政府驻地得名。黔江、新江河流经。有中学1所，小学14所，卫生院1个，卫生所22个。有景点黄肇熙庄园。盛产水稻、甘蔗、水果、林木。三北高速、209国道过境。

二塘街［Èrtángjiē］ 二塘镇人民政府驻地。在县政府驻地武宣镇北10千米。人口1000。原距县城2塘路得名。古时聚落呈带状。有中小学、卫生院、卫生所。农业以种植甘蔗、水稻为主。特产谢华面条。241国道经此。

黄茆镇［Huángmáo Zhèn］ 武宣县辖镇。在县境北部。面积128平方千米。人口2.8万。以壮族为主，还有汉、苗、瑶、侗、黎等民族。辖8村委会，有24自然村。镇人民政府驻黄茆街。1949年为黄茆乡。1958年成立红旗公社。1959年改黄茆公社。1962年金鸡公社并入，改黄茆区。1966年改公社。1984年改乡，析设金鸡乡。1997年改镇。因镇政府驻地得名。黔江、陈康河、石祥河流经。有中学1所，小学7所，卫生院1个，卫生所8个。有景点八仙岭、仙鱼岩、大龙洞等。农业以种植水稻、甘蔗、林木为主。有黔江种畜场。三北高速、209国道过境。

黄茆街［Huángmáojiē］ 黄茆镇人民政府驻地。在县政府驻地武宣镇北20千米。人口1900。以汉族为主，还有壮、苗、瑶、侗、黎等民族。原冬季缺水干旱茅草枯黄，故名。聚落呈带状。有中小学、卫生院、卫生所。农业以种植生姜为主。三日一圩。241国道经此。

禄新镇［Lùxīn Zhèn］ 武宣县辖镇。在县境西南部。面积125.2平方千米。人口4.3万。以壮族为主，还有汉、苗、瑶、侗等民族。辖12村委会，有33自然村。镇人民政府驻禄村新街。1949年为禄新乡。1956年改区。1959年改公社。1962年复区。1966年改公社。1984年改乡，析设思灵乡。2014年改镇。因镇政府驻地原名得名。濠江流经。有中学1所，小学11所，卫生院1个，卫生所12个，图书馆1个。有景点犀牛岩、波浪泉。农业以种植水稻、甘蔗等为主。武宣—来宾公路过境。

禄村新街［Lùcūnxīnjiē］　禄新镇人民政府驻地。在县政府驻地武宣镇西南18千米。人口2200。以壮族为主，还有汉、苗、瑶、侗等民族。原有6村得名六村圩，以新建集市更今名。聚落呈团块状。有中小学、卫生院、卫生所。农业以种植水稻、甘蔗等为主。省道梧州—迁江线经此。

思灵乡［Sīlíng Xiāng］　武宣县辖乡。在县境西南部。面积85.1平方千米。人口2.7万。以壮族为主，还有汉、苗、瑶、侗等民族。辖9村委会，有27自然村。乡人民政府驻思灵街。1984年由禄新公社析设思灵乡。因乡政府驻地得名。有中学1所，小学13所，卫生院1个，卫生所9个。农业以种植水稻、玉米、甘蔗、花生、木薯、黄豆等为主。武宣—思灵公路过境。

思灵街［Sīlíngjiē］　思灵乡人民政府驻地。在县政府驻地武宣镇西南30千米。人口1000。以壮族为主，还有汉、苗、瑶、侗等民族。因取思劳、灵池2村首字得名。聚落呈散状。有中小学、卫生院、卫生所。农业以种植水稻、玉米、甘蔗、花生、木薯、黄豆为主。武宣—思灵公路经此。

金鸡乡［Jīnjī Xiāng］　武宣县辖乡。在县境北部。面积154.9平方千米。人口2万。以汉族为主，还有壮、苗、瑶、侗等民族。辖8村委会，有41自然村。乡人民政府驻金鸡街。1950年设金鸡乡。1958年改公社。1962年并入黄茆区。1984年复金鸡乡。因乡政府驻地得名。黔江、柳江、石祥河流经。有小学6所，卫生院1个，卫生所8个。农业以种植水稻、玉米、甘蔗、尾叶桉等为主。三北高速、209国道过境。

金鸡街［Jīnjījiē］　金鸡乡人民政府驻地。在县政府驻地武宣镇北34千米。人口700。以汉族为主，还有壮、苗、瑶、侗等民族。因东有山似母鸡，西有山似公鸡，人们称"一对金鸡"，故名。聚落呈带状。有小学、卫生院、卫生所。农业以种植水稻、玉米、甘蔗为主。241国道经此。

金秀瑶族自治县

金秀瑶族自治县［Jīnxiù Yáozú Zìzhìxiàn］来宾市辖自治县。北纬23°41′，东经109°48′。在市境东北部。面积2470平方千米。人口15.4万。其中瑶族人口占34%，还有汉、壮族。辖3镇、7乡。县人民政府驻金秀镇。1940年置金秀警备区，属第二行政督察区。1942年改金秀设治局，属第一行政督察区。1947年撤。1953年置大瑶山瑶族自治区(县级)，属平乐专区。1955年改大瑶山瑶族自治县。1958年属柳州专区。1966年改金秀瑶族自治县。1971年属柳州地区。2002年属来宾市。瑶语音译名为拉秀，指河流源头或上游，故又名上秀。因处大瑶山腹地、物产丰富，有"金上秀"之说，遂更今名。平均海拔800米。年均气温17℃，1月平均气温8℃，7月平均气温24℃。年均降水量1824毫米。有滴水河、长滩河、大樟河流经。有铁、铜、铅、锌、重晶石、大理石、花岗石等矿产资源。大瑶山自然保护区有野生植物2232种，其中国家一级重点保护野生植物有银杉、南方红豆杉、伯乐树、瑶山苣苔、异形玉叶金花、合柱金莲木。瑶山苣苔为大瑶山独有。国家二级保护植物有福建柏、广东松、紫荆木等16种。有野生动物2177种，其中国家一级重点保护野生动物有鼋、鳄蜥、云豹、林麝、小灵猫、大灵猫、海南鳽、黄腹角雉、金斑喙凤蝶，国家二级保护野生动物有蟒蛇、大鲵、虎纹蛙、细痣瑶螈等58种。森林覆盖率87.3%。有中学7所，小学68所，二级医院1个。有瑶族艺术中心、瑶族博物馆等。有古迹明代壁画、明清古村落等。有大凳花蓝瑶民俗观光、农历十月十六瑶族盘王节等。有景点圣堂山、莲花山、罗汉山、五指山、天堂岭、功德桥等。三次产业比例26∶21∶53。农业以种植杉、松、八角、毛竹、甘蔗、水稻为主。盛产灵香草、绞股蓝、八角、香菇、木耳、黄笋、茶叶。工业以竹木加工、制糖、化工、水泥加工、重晶石加工等为主。服务业以旅游为主。323国道、柳金公路过境。

金秀县汽车总站［Jīnxiù Xiàn Qìchē Zǒngzhàn］　见交通运输设施部分"金秀县汽车总站"条。

金秀镇［Jīnxiù Zhèn］　金秀瑶族自治县人民政府驻地。在县境中部。面积299平方千米。人口1.8万。以瑶族为主，还有壮、汉等民族。辖2居委会、7村委会，有54自然村。镇人民政府驻荣兴社区。1953年设金秀区。1958年改卫星公社。1962年改区。1969年复公社。1980年析设金秀镇公社。1984年分设金秀乡、金秀镇。1987年合为金秀镇。因金秀村得名。有中学2所，小学9所，二级医院1个，卫生院1个，卫生所9个。有景点莲花山、罗汉山。农业以种植水稻、玉米、杉、八角为主。盛产灵香草、绞股蓝、香菇、木耳、甜笋。服务业以旅游为主。323国道，省道仁里—头排线，金桐、金平公路过境。

荣兴社区［Róngxīng Shèqū］　金秀镇人民政府驻地。在县境中部。面积80平方千米。人口7000。因荣兴路得名。2002年成立。民居以楼房、别墅为主。有社区学校。有志愿者、法律咨询服务。有非物质文化遗产盘王节、功德节、瑶族医药、瑶族织绣技艺、瑶族服饰制作、瑶族石牌习俗、瑶族鲊肉制作技艺、竹编、根雕技艺、酿酒技艺等。有中小学、卫生所。通公交车。

桐木镇［Tóngmù Zhèn］　金秀瑶族自治县辖镇。在县境西部。面积201平方千米。人口5.2万。以壮族为主，还有汉族。辖1居委会、14村委会，有87自然村。镇人民政府驻桐木街。1959年由卫星公社析设桐木公社。1962年改区。1966年复公社。1984年改镇。因镇政府驻地得名。有中学1所，小学18所，卫生院1个。农业以种植水稻、甘蔗为主。盛产西瓜、枇杷、辣椒、葡萄等。金桐、柳金公路过境。

桐木街［Tóngmùjiē］　桐木镇人民政府驻地。在县政府驻地金秀镇西北31千米。人口4800。以壮族为主，还有汉族。传明成化十六年(1480)吴姓自广东迁此，因有3棵桐树得名。聚落呈块状。有中小学、卫生院。农业以种植水稻、玉米、辣椒、糖蔗、果蔗、桑蚕、柑橘、西瓜，饲养生猪、牛、家禽、鱼为主。服务业以商贸为主。省道头排—象州线经此。

头排镇［Tóupái Zhèn］　金秀瑶族自治县辖镇。在县境西北部。面积106.9平方千米。人口2.1万。以壮族为主，还有汉族。辖1居委会、4村委会，有33自然村。镇人民政府驻头排新街。1955年由第九区析设头排区。1958年改公社。1984年改区。1987年改乡。1995年改镇。因镇政府驻地原名得名。有中学1所，小学6所，卫生院1个。有景点月皇岭、甘皇庙。农业以种植水稻、甘蔗、蔬菜为主。工业以制糖、制砖、爆竹生产、木材加工、选矿等为主。323国道、桂柳公路过境。

头排新街［Tóupáixīnjiē］　头排镇人民政府驻地。在县政府驻地金秀镇西北26千米。人口4100。以壮族为主，还有汉族。清代各村编制10排，此为第一排，故名头排。因街圩扩建更今名。聚落呈带状。有中小学、卫生院。农业以种植水稻、蔬菜、砂糖橘、甘蔗、西瓜、马蹄，饲养生猪、家禽、鱼为主。二日一圩。323国道、省道头排—穿山线经此。

三角乡［Sānjiǎo Xiāng］　金秀瑶族自治县辖乡。在县境北部。面积190平方千米。人口5500。以瑶族为主，还有壮、汉等民族。辖6村委会，有42自然村。乡人民政府驻三角村。1953年设三角区。1958年改公社。1984年改乡。因乡政府驻地得名。三角河、盘王河、六定河、六眼河流经。有小学6所，卫生院1个。有国家3A级旅游景区莲花山。经济以林业为主，盛产八角、杉木等。通公路。

三角村［Sānjiǎocūn］　三角乡人民政府驻地。在县政府驻地金秀镇西北4千米。人口1300。瑶族聚居。因有3座形似三角形小山坡得名。聚落呈散状。有习俗嫁郎、渡戒、长桌宴等。盛产八角、杉木。通公路。

忠良乡［Zhōngliáng Xiāng］　金秀瑶族自治县辖乡。在县境东部。面积336平方千米。人口1.1万。以瑶族为主，还有壮族。辖11村委会，有99自然村。乡人民政府驻忠山村。1952年设忠良区。1958年改公社。1984年改乡。传有名为"忠宏"的人分谷种于村民，粮食连年丰收，后人为纪念其功取名忠粮。以谐音演为今名。忠良河、六干河、长滩河流经。有中学1所，小学4所，卫生院1个。有天堂岭、下全河谷等丹霞峰林风景区。农业以种植水稻、玉米、毛竹、八角为主。工业以竹木、茶叶加工，小水电开发为主。355国道过境。

忠山村［Zhōngshāncūn］　忠良乡人民政府驻地。在县政府驻地金秀镇东19千米。人口1900。以瑶族为主，还有壮族。因取忠良、三山各一字得名。聚落呈散状。有中小学、卫生院。盛产八角、林木、竹、茶叶。通公路。

罗香乡［Luóxiāng Xiāng］　金秀瑶族自治县辖乡。在县境东南部。面积294平方千米。人口1.3万。以瑶族为主，还有汉族。辖9村委会，有94自然村。乡人民政府驻公也屯。1953年为罗香区。1958年改公社。1962年复区。1969年改公社。1984年改乡。地形似螺蛳，且有桂树，盛时满山飘香，取"螺"同音字"罗"得名。有国家一级保护野生动物鳄蜥。有中学1所，小学7所，卫生院1个。农业以种植杉、八角、竹、茶为主。工业以竹木制品加工、水电、矿产开采、茶叶加工为主。省道金平线过境。

公也屯［Gōngyětún］　罗香乡人民政府驻地。在县政府驻地金秀镇东南24千米。人口200。以瑶族为主，还有汉族。因传清初瑶族阿也公居此，故名。聚落呈散状。有中小学、卫生院。农业以种植水稻、木薯为主。盛产八角、黄笋、杉木等。省道金平线经此。

长垌乡［Chángtóng Xiāng］　金秀瑶族自治县辖乡。在县境西部。人口6400。以瑶族为主，还有汉族。辖7村委会，有55自然村。乡人民政府驻长垌屯。1952年设长垌区。1958年改公社。1984年改乡。因乡政府驻地得名。滴水河、金秀河流经。有花岗岩、铁等矿产资源。有小学4所，卫生院1个。有景点圣堂山、圣堂湖、古占民俗风情村等。农业以种植水稻、杉、八角、竹、茶为主。工业以木材加工、矿产开采为主。省道金平线过境。

长垌屯［Chángtóngtún］　长垌乡人民政府驻地。在县政府驻地金秀镇西南3千米。人口200。瑶族聚居。因屯址旁长约1千米田垌得名。聚落呈散状。有小学、卫生院。农业以种植八角、水稻、杉、松、毛竹为主。省道金平线经此。

大樟乡［Dàzhāng Xiāng］ 金秀瑶族自治县辖乡。在县境西南部。面积369平方千米。人口1.2万。以壮族为主，还有瑶、汉等民族。辖8村委会，有73自然村。乡人民政府驻大樟街。1952年设第六区，后更名新合区。1954年改大樟区。1958年改公社。1984年改乡。因乡政府驻地得名。大樟河、瓦厂河、三江河流经。有中学1所，小学7所，卫生院1个。有民俗甘王庙会。农业以种植水稻为主，盛产糖蔗、桑蚕、食用菌、茶叶、油茶、生姜、八角、竹笋、板栗等。工业以茶叶、木材等加工为主。县道寺村—大樟线过境。

大樟街［Dàzhāngjiē］ 大樟乡人民政府驻地。在县政府驻地金秀镇西南10千米。人口1100。以壮族为主，还有瑶、汉等民族。因原有2棵大樟树得名。聚落呈块状。有中小学、卫生院。盛产八角、笋干、果蔗、瓜菜等。县道寺村—大樟线经此。

六巷乡［Liùxiàng Xiāng］ 金秀瑶族自治县辖乡。在县境南部。面积261平方千米。人口5500。以瑶族为主，还有汉、壮等民族。辖5村委会，有50自然村。乡人民政府驻六巷屯。清宣统元年(1909)为六巷瑶团。1942年属金秀设治局。1953年析置六巷区(第七区)。1958年改六巷红星公社。1962年复六巷区。1966年属金秀瑶族自治县。1969年改公社。1984年改乡。因乡政府驻地得名。有小学2所，卫生院1个。有景点费孝通妻子王同惠纪念亭、青山瀑布、圣堂山、五指山等。农业以种植水稻、八角、杉为主。盛产生姜、药材、木薯、甜茶叶、柿子。金象公路过境。

六巷屯［Liùxiàngtún］ 六巷乡人民政府驻地。在县政府驻地金秀镇西南7千米。人口200。瑶族聚居。原有60户，每10户1巷道，故名。聚落呈渔网状。有小学、卫生院。农业以种植八角、杉为主，盛产甜茶叶、野生中草药等。县道中平—瓦厂线经此。

下古陈村［Xiàgǔchéncūn］ 在县政府驻地金秀镇西南7千米。六巷乡辖自然村。人口200。瑶族聚居。自桂平县古陈村迁入，沿原籍名。聚落呈块状。有坳瑶族生态博物馆，为我国乃至世界瑶族研究的重要基地。有国家非物质文化遗产黄泥鼓舞。以林业为主，以种植八角、杉木为主，盛产甜茶叶、野生中草药等。县道中平—瓦厂线经此。

三江乡［Sānjāng Xiāng］ 金秀瑶族自治县辖乡。在县境北部。面积209平方千米。人口1.1万。以壮族为主，还有瑶、汉等民族。辖6村委会，有49自然村。乡人民政府驻三江街。1987年由头排区析设三江乡。因乡政府驻地得名。三江河、古范河流经。有小学6所，卫生院1个。农业以种植林木、八角、果树等为主。323国道、金桂公路过境。

三江街［Sānjiāngjiē］ 三江乡人民政府驻地。在县政府驻地金秀镇西北32千米。人口1200。以壮族为主，还有瑶、汉等民族。因壬子、稻香、炉村3河在此汇聚得名。聚落呈带状。有小学、卫生院。农业以种植橙柑类水果为主。323国道经此。

崇左市

崇左市［Chóngzuǒ Shì］ 广西壮族自治区辖地级市。北纬21°36′—23°22′，东经106°33′—108°06′。在区境西南部。面积17332平方千米。户籍人口250.5万，常住人口206.9万。以壮族为主，还有汉、瑶、苗、侗、京、土家、仫佬、布依、黎、毛南等民族。辖江州区，扶绥、宁明、龙州、大新、天等5县，代管凭祥县级市。市人民政府驻江州区。1930年设龙州民团区。1934年改龙州行政监督区。1940年改第十二行政督察区。1949年改龙州专区，属广西省。1952年改崇左专区。1953年与宾阳专区合设邕宁专区，属桂西僮族自治区。1958年改南宁专区。1971年改南宁地区。2002年改地级崇左市。因市政府驻地原名取崇善县、左县各一字得名。地势由西北向东南倾斜。最高点宁明县浦龙山、公母山海拔1358米，最低点扶绥县龙头乡那塘附近左江河谷海拔79.4米。年均气温21.7℃，1月平均气温13.8℃，7月平均气温28.1℃。年均降水量1279毫米。年均无霜期330天。左江流经。有矿产资源锰、膨润土、重晶石、锌、金、银、稀土、石灰石等。有野生植物3071种，其中国家重点保护野生植物有望天树、叉叶苏铁、水杉、石山苏铁、桫椤等5种。有野生动物696种，其中国家重点保护野生动物有白头叶猴、黑叶猴、熊猴、林麝、云豹、蟒蛇、梅花鹿、穿山甲、冠斑犀鸟等9种。有崇左白头叶猴、弄岗、恩城国家级自然保护区3个。森林覆盖率54.7%。有国家级科研单位1个，省级科研单位1个。有高校3所，中学83所，小学705所，三级医院3个，图书馆7个，文化馆8个，博物馆1个，体育训练馆1个。有全国重点文物保护单位花山岩画、连城要塞遗址和友谊关、越南共产党驻龙州秘密机关旧址，省级文物保护单位江西岸遗址等27个。有全国爱国主义教育示范基地龙州县红八军军部旧址(红八军纪念馆)，省级爱国主义教育示范基地崇左壮族博物馆、宁明烈士陵园等9个。有省级非物质文化遗产左州金山花炮节、大新壮族高腔山歌、壮族天琴艺术、壮族打砻(榔)舞等14项。有民间艺术壮族天琴艺术、左江山歌等。有国家4A级旅游景区4个。有景点大小连城、边关古炮台、红八军纪念馆等。三次产业比例23∶43∶34。农业以甘蔗、水稻、玉米、红薯、马铃薯、果蔬、木薯种植为主。产红江橙、乌龙茶。有国家地理标志产品指天椒、苦丁茶。特产果蔗、腊鸭、红糖、沙糕、红衣花生油、酸菜等。工业以制糖、锰矿石加工、电力、水泥制造、化学原料加工、化学品制造为主。服务业以旅游、商贸为主。有铁路188.8千米，公路7015.7千米，高速317千米，内河航线583.5千米。湘桂铁路，南友、合浦—那坡高速，322国道过境。有左江航道。有国家一类口岸3个，二类口岸4个，边民互市贸易点14个。

崇左［Chóngzuǒ］ 崇左市聚落。在市境中部。面积2917平方千米。人口38.8万。以壮族为主，还有汉、瑶、苗、侗、京、土家、仫佬、布依等民族。1969年建成崇左公路大桥(今称一桥)。1985年改筑镇北、新街、壶兴、江南、丽江、沿山等街路楼房。20世纪90年代后向南拓展，形成以江南为主行政、商业中心。有西南向东北沿左江延伸城市空间轴、由北向南城市旅游景观轴。城市空间轴西端为城西工业组团，有中泰崇左产业园、生活配套区、城市山林公园。东北端为城市居住区、商业区。城市旅游景观轴东侧以友谊大道为界分为行政区、科教区、居住新区。2014年荣获“广西园林城市”称号。有标志性建筑物左江归龙斜塔。有石景林、园博园景区。有崇左烈士陵园。有四月初十壮族歌圩日。有土特产果蔗、腊鸭、红糖、沙糕、红衣花生油、酸菜等。铁路、高速、国道、城市道路交错，交通便利。有崇左站。通多路公交车。

江州区

江州区［Jiāngzhōu Qū］ 崇左市人民政府驻地。在市境中部。面积2918平方千米。人口37.1万。以壮族为主，还有汉、瑶、苗、回、侗等民族。辖3街道、6镇、2乡。区人民政府驻江南街道。1952年由崇善县、左县合置崇左县。1958年与扶绥县合置左江县。1959年复崇左县。2002年改江州区。因北宋曾置江州得名。先后建成友谊大道、东盟大道、骆越大道等。最高峰大明山，海拔1071.2米。有小明山。左江流经。有高校3所，中学10所，小学55所，九年一贯制学校1所，特教学校1所，三级医院2个，二级医院2个，图书馆1个，文化馆1个，体育馆1个。有省级文物保护单位左江归龙斜塔、板麦石塔、太平府古城墙垣等。有省级非物质文化遗产左州金山花炮节、江州席制作工艺、驮卢端午龙舟赛等。有民俗赶歌圩、抢花炮、赛龙舟等。每年农历四月初十为壮族歌圩日。有景点弄官生态公园、左江石景林公园、园博园、白云洞、岜等岩、黄巢城、水口湖等。有旧太平府城八景山寺僧灯、青莲叠翠、石门渔唱、陇口樵归、绿树神鳅、白云仙洞、鳌峰耸立、笔架晴岚。三次产业比例17∶44∶39。农业以甘蔗、水稻、玉米、花生、豆类种植，猪、牛、羊、家禽养殖为主。工业以蔗糖产业为主，有建材、锰矿石、淀粉、松香、纸制品等加工。服务业以物流为主。湘桂铁路，南友、合浦—那坡高速，322国道过境。有崇左站。

胜利广场［ShèngLì Guǎngchǎng］ 在城区西南部。面积35.7公顷。2003年开工，2006年建成。因崇左成功建市得名。有湖景景观、九牛文化长廊、“九牛爬坡”雕塑，从南到北分两排各矗立6根巨型锥体火炬雕塑，两侧设花坛或绿化带。为市民休闲、娱乐场所。周边有壮族博物馆、文化艺术中心、行政中心等。通公交车。

友谊大道［Yǒuyì Dàdào］ 在区境中部。南起南友高速，北至平阳路。与佛子路、环山路、新城路、石景林路相交。长10千米，宽68米。沥青路面。2001年开工，2003年建成。原名石林大道，2005年更今名。两侧有中石化公司、居住小区、广场、酒店、会展中心等。通多路公交车。

崇左站［Chóngzuǒ Zhàn］ 见交通运输设施部分“崇左站”条。

崇左国际客运中心［Chóngzuǒ Guójì Kèyùn Zhōngxīn］ 见交通运输设施部分“崇左国际客运中心”条。

江南街道 [Jiāngnán Jiēdào] 江州区人民政府驻地。在区境西南部。面积68.6平方千米。人口3.9万。以壮族为主,还有汉、瑶、苗、侗、回等民族。2012年设。因处左江南得名。有中学2所,小学3所,二级医院1个,卫生院1个,卫生所7个。有图书馆,青少年活动中心。有景点石景林、文羊洞、水口湖等。农业以甘蔗、水稻、玉米、花生、豆类种植为主。服务业以商贸为主。通多路公交车。

太平街道 [Tàipíng Jiēdào] 属江州区。在区境中部偏西。面积337平方千米。人口3.9万。以壮族为主,还有汉、瑶、苗、回、侗等民族。2012年设。因古太平寨得名。左江流经。有矿产资源铁、铜、锰、稀土等。有中学2所,小学1所,卫生院1个,卫生所11个。有景点左江归龙斜塔、雨花石、碧云洞等。工业有制糖、采矿、冶金、木材加工、建材、水电、医药等。崇左—大新、崇左—龙州、崇左—左州公路过境。通多路公交车。

石景林街道 [Shíjǐnglín Jiēdào] 属江州区。在区境西部偏南。面积50.3平方千米。人口0.9万。以壮族为主,还有汉、瑶、苗、侗、回等民族。2012年设。因石景林风景区得名。有高校4所,中学1所,小学2所,三级医院2个,卫生院1个,卫生所4个。有壮族博物馆、文化艺术中心等。有景点园博园、人工龙腾湖等。服务业以商贸、金融、物流为主。南友、合浦—那坡高速过境。通多路公交车。

新和镇 [Xīnhé Zhèn] 江州区辖镇。在区境西部。面积265平方千米。人口2.4万。以壮族为主,还有汉、苗、瑶等民族。辖1居委会、8村委会,有73自然村。镇人民政府驻新和街。1950年为新和乡。后改公社。1984年复乡。1987年置镇。因镇政府驻地得名。黑水河流经。有中学1所,小学2所,幼儿园1所,卫生院1个,卫生所9个。有古迹元朝泰定石碑、古崇山县遗址。有习俗农历三月三祭祖扫墓。有景点黑水河水上石林。农业以水稻、玉米、甘蔗等种植为主。工业以制糖为主。服务业有商贸、旅游。崇左—大新公路过境。

新和街 [Xīnhéjiē] 新和镇人民政府驻地。在区政府驻地江南街道西21千米。人口3100。壮族聚居。原名土地圩,因期永久和平、过上新生活更今名。聚落呈块状。有中小学、卫生院。有古迹元朝泰定石碑、古崇山县遗址。有习俗农历三月三祭祖扫墓。有景点黑水河水上石林。农业以甘蔗、水稻、玉米、花生种植为主。有新和农场。工业以制糖为主。有湘桂产业园。有新和圩场。德保—板利公路经此。

濑湍镇 [Làituān Zhèn] 江州区辖镇。在区境东部。面积175平方千米。人口2.7万。以壮族为主,还有汉、瑶、苗、侗等民族。辖1居委会、10村委会,有81自然村。镇人民政府驻濑湍街。1933年设濑湍乡。1973年改公社。1984年复改乡。1995年改镇。因镇政府驻地得名。左江流经。有铁、稀土、砂金、铝土、石灰石等矿产资源。有中学1所,小学1所,幼儿园1所,卫生院1个,卫生所11个。有习俗农历三月三祭祖扫墓。农业以甘蔗、玉米、水稻种植为主。工业以制糖为主。有濑湍圩场。湘桂铁路、崇左—濑湍公路过境。

濑湍街 [Làituānjiē] 濑湍镇人民政府驻地。在区政府驻地江南街道东16千米。人口2900。壮族聚居。为壮语音译名,意为有棕红色马卵石沙滩。因处棕红色马卵石沙滩附近得名。聚落呈块状。有中小学、幼儿园、卫生院。有习俗农历三月三祭祖扫墓。农业以甘蔗、水稻、玉米、花生、豆类种植为主。服务业以商贸为主。有濑湍圩场。湘桂铁路经此。

江州镇 [Jiāngzhōu Zhèn] 江州区辖镇。在区境南部。面积279.1平方千米。人口4.9万。以壮族为主,还有汉、瑶、苗、回、侗等民族。辖1居委会、11村委会,有140自然村。镇人民政府驻江州街。1950年设江洲乡。后改公社。1984年复乡。1994年改镇。因镇政府驻地得名。板崇河、水口河流经。有铁、稀土、大理石、花岗岩等矿产资源。有中学1所,小学9所,二级医院1个,卫生院1个,卫生所12个。有习俗农历三月三祭祖扫墓。有景点岜等岩。农业以甘蔗、水稻、玉米、花生、木薯、黄黑豆种植为主。有江州圩场。崇左—上思公路过境。

江州街 [Jiāngzhōujiē] 江州镇人民政府驻地。在区政府驻地江南街道南10千米。人口9500。壮族聚居。北宋皇祐五年(1053)建村。原为江夏土司封地江阳,授知州后更名江州。聚落呈带状。有中小学、幼儿园、二级医院、卫生院。农业以甘蔗、水稻、玉米、花生、豆类种植为主。服务业以商贸、餐饮住宿、旅游等为主。有江州圩场。德保—板利公路经此。

左州镇 [Zuǒzhōu Zhèn] 江州区辖镇。在区境西北部。面积388平方千米。人口4万。以壮族为主,还有汉、苗、瑶等民族。辖1居委会、12村委会,有101自然村。镇人民政府驻左州街。1951年为三区。1958年改左州公社。1962年改区。1968年复公社。1984年改乡。1992年置镇。因镇政府驻地得名。那玛河流经。有矿产资源锰、磷、铁、煤等。有中学1所,小学9所,卫生院1个,卫生所13个。有左州革命烈士纪念塔、美国援华抗日飞虎队机场遗址。有民俗金山传统花炮节。农业以甘蔗、水稻、玉米、花生、豆类等种植为主。有左州圩场。崇左—左州、靖西—大新公路过境。

左州街 [Zuǒzhōujiē] 左州镇人民政府驻地。在区政府驻地江南街道西北35千米。人口6100。壮族聚居。古名左阳,踞左江要冲,授知州后更名左州。聚落呈块状。有中小学、卫生院。农业以甘蔗、水稻、玉米、花生、豆类等种植为主。服务业以商贸、旅游、餐饮住宿等为主。有左州圩场。南宁—大新公路经此。

那隆镇 [Nàlóng Zhèn] 江州区辖镇。在区境北部。面积367.4平方千米。人口3.9万。以壮族为主,还有汉、苗、瑶等民族。辖1居委会、14村委会,有149自然村。镇人民政府驻那隆街。1950年为那隆乡。1959年改公社。1962年改区。1969年复公社。1984年复乡。1994年置镇。因镇政府驻地得名。永济河、那球河流经。有矿产资源磷、大理石、花岗岩等。有中学1所,小学9所,卫生院1个,卫生所15个。有那隆革命烈士墓。有农历四月初三歌圩日。农业以甘蔗、水稻、玉米、木薯、花生种植为主,产红瓜子、黄黑豆等。特产腊鸭。有那隆圩场。驮卢—那隆、左州—那隆公路过境。

那隆街 [Nàlóngjiē] 那隆镇人民政府驻地。在区政府驻地江南街道北44千米。人口6600。壮族聚居。为壮语音译名,意为榕树田。因田旁有榕树得名。聚落呈块状。有中小学、卫生院。农业以甘蔗、水稻、玉米、木薯、花生种植为主。特产腊鸭。服务业以商贸、餐饮住宿、旅游等为主。有那隆圩场。南宁—大新公路经此。

驮卢镇 [Tuólú Zhèn] 江州区辖镇。在区境北部。面积443.1平方千米。人口6.3万。以壮族为主,还有汉、苗、瑶、回、侗等民族。辖3居委会、17村委会,有111自然村。镇人民政府驻新兴社区。1950年设驮卢乡。后改公社。1984年改镇,析设雷州乡。2003年雷州乡并入。为壮语音译名,意为渡口。因处左江渡口得名。左江、横龙河流经。有矿产资源石灰岩。有中学1所,小学4所,卫生院1个,卫生所20个。有景点桃花岛、万人峒岩画。农业以甘蔗、水稻、玉米、木薯、花生、黑豆等种植为主。特产沙糕、月饼。工业以制糖为主。有驮卢圩场。水口—南宁、靖西—大江新公路过境。

新兴社区 [Xīnxīng Shèqū] 驮卢镇人民政府驻地。在区境东北部。面积0.6平方千米。人口3400。因新兴街得名。2002年成立。民居以楼房为主。有幸福院、文化广场。有留守老人、儿童志愿服务。有赛龙舟、赛山歌等。有中学、幼儿园、卫生院。有习俗农历三月三祭祖扫墓。有集贸市场。通公交车。

罗白乡 [Luóbái Xiāng] 江州区辖乡。在区境东南部。面积158.4平方千米。人口2.8万。以壮族为主,还有汉、回、侗等民族。辖1居委会、8村委会,有64自然村。乡人民政府驻罗白街。1951年为五区。1959年改罗白公社。1962年改区。1969年复公社。1984年改乡。因乡政府驻地得名。罗白河、天真河、打铁江流经。有中学1所,小学2所,幼儿园1所,卫生院1个,卫生所9个。有习俗农历三月三祭祖扫墓。农业以甘蔗、水稻、玉米、黄黑豆种植为主。有罗白圩场。崇左—上思公路过境。

罗白街 [Luóbáijiē] 罗白乡人民政府驻地。在区政府驻地江南街道东南20千米。人口5500。壮族聚居。原名那高街,因当地盛产萝卜,方言读音为"罗白",故名。聚落呈块状。有中小学、幼儿园、卫生院。有习俗农历三月三祭祖扫墓。农业以甘蔗、水稻、玉米、豆类种植为主。服务业以餐饮住宿、旅游等为主。有罗白圩场。崇左—上思公路经此。

板利乡 [Bǎnlì Xiāng] 江州区辖乡。在区境东南部。面积104.2平方千米。人口1.5万。以壮族为主,还有汉、苗、侗、回等民族。辖1居委会、5村委会,有41自然村。乡人民政府驻板利街。1950年设板利乡。后并入罗白公社。1984年析设板利乡。因乡政府驻地得名。汪厘河、灵角河、浦拉河流经。有铁、金等矿产资源。有中学1所,小学1所,卫生院1个,卫生所6个。有文化广场。有弄官白头叶猴生态公园。有习俗农历三月三祭祖扫墓。农业以甘蔗、玉米、水稻、豆类种植为主。有集贸市场。322国道、崇左—上思公路过境。

板利街 [Bǎnlìjiē] 板利乡人民政府驻地。在区人民政府驻地江南街道东南20千米。人口3400。壮族聚居。为壮语音译名,意为蛋形村。传有2泉眼形如蛋,故名。聚落呈块状。有中小学、幼儿园、卫生院。有习俗农历三月三祭祖扫墓。农业以种植甘蔗、玉米、水稻、豆类为主。服务业以商贸、餐饮住宿、旅游等为主。有板利圩场。崇左—钦州公路经此。

凭祥市

凭祥市 [Píngxiáng Shì] 广西壮族自治区直辖县级市,由崇左市代管。北纬22°10′,东经107°38′。在崇左市境东南部。面积645平方千米。人口11.1万。以壮族为主,还有汉、瑶、苗、京、回、侗、水、傣、畲、布依、蒙古等民族。辖4镇。市人民政府驻凭祥镇。北宋皇祐五年(1053)置凭祥土峒,属邕州左江道太平寨。壮语"凭"意为集市,"祥"意为床。因百姓赶集在此设床过夜得名。元属思明路。明洪武十八年(1385)改凭祥镇。永乐二年(1404)改升县。成化十八年(1482)改凭祥州,属思明府。清顺治十一年(1654)改凭祥土州。光绪二十八年(1902)改凭祥弹压,属明江厅。宣统二年(1910)改凭祥厅。1912年改凭祥县。1913年属镇南道。1927年下石西州废入。1930年后属第九民团区、龙州民团区、龙州行政监督区、第十二行政督察区、第七行政督察区、龙州专区、崇左专区。1952年撤凭祥、明江、宁明3县合置镇南县。1953年并入宁明县,1955年宁明县析置凭祥镇(县级)。1956年改凭祥市(县级),属桂西僮族自治州。1957年属邕宁专区。1958年凭祥、宁明、龙津3县合置睦南县。1959年撤睦南县,凭祥县划入宁明县。1961年复设凭祥市(县级),属南宁专区。1971年属南宁地区。2003年由崇左市代管。1949年前凭祥县城在十字街一带,面积仅0.6平方千米。至1985年市区扩大8倍。先后开辟凭祥河西岸新区,新筑凭祥河堤,改造老城,建成市区新农贸市场、市区休闲中心等。地势自西南向东北倾斜。地貌以低山及岩溶石山为主。平均海拔300米。有金鸡山、凤尾山、小青山、法卡山等。年均气温20.5℃,1月平均气温15℃,7月平均气温29.5℃。年均降水量376.5毫米。平而河、凭祥河、板灵河、浦门河、浦东河、三联河流经。有矿产资源大理石、稀土、花岗岩、辉绿岩、石灰石等。有野生植物3071种,其中国家重点保护野生植物有42种。有野生动物347种,其中国家重点保护野生动物有20种。森林覆盖率27%。有中学2所,小学1所,图书馆1个,文化馆1个,博物馆1个,二级医院3个。有省级文物保护单位睦南关(中法战争纪念地址)金鸡山三炮台、镇南关起义地址右辅三山炮台、大连城、平公岭炮台。有省级爱国主义教育基地法卡山英雄纪念碑园、凭祥匠止烈士陵园。有省级非物质文化遗产上石北帝宫庙会、大连城武圣庙会、壮族天琴艺术。有国家4A级旅游景区凭祥红木文博城。三次产业比例9∶29∶62。农业以甘蔗、水稻种植为主。工业以外贸出口加工为主。有土特产八角、龙眼、荔枝、姜葱酒、牛腊巴、边寨圣酒等。有国家农产品地理标志产品凭祥石龟。服务业以物流、边境贸易为主。湘桂铁路、南友高速、322国道过境。有国家一类口岸凭祥、友谊关,国家二类口岸平而关。

凭祥站[Píngxiáng Zhàn] 见交通运输设施部分"凭祥站"条。

凭祥汽车站[Píngxiáng Qìchēzhàn] 见交通运输设施部分"凭祥汽车站"条。

凭祥镇[Píngxiáng Zhèn] 凭祥市人民政府驻地。在市境西南部。面积42.8平方千米。人口5.2万。以壮族为主,还有汉、瑶、苗、京、回等民族。辖5居委会、5村委会,有40自然村。镇人民政府驻新华社区。1955年设县级凭祥镇,1956年改凭祥市,1958年设街道。1961年恢复凭祥市建制(县级),1996年改设凭祥镇。2003年白云镇并入。因市得名。凭祥河流经。有矿产资源铁、锰、煤、磷、硫铁、砂金、水晶、石灰石、大理石、花岗岩、稀土等。有中学2所,小学9所,二级医院3个,卫生院1个,卫生室10个,文化馆1个。有习俗农历三月三祭祖扫墓。有景点大连城武圣宫、白玉洞、大青山亚热带珍稀石山树木园。农业以水稻、玉米种植为主。服务业以边境贸易、物流为主。有中国东盟凭祥红木国际商城。湘桂铁路、南友高速、322国道过境。有国家一类口岸凭祥口岸,为通往越南及东南亚最大和最便捷的陆路通道。

友谊关大道[Yǒuyìguān Dàdào] 在市区东南部。南起南友高速,北至田心路。与322国道相交。长1.5千米,宽32米。沥青路面。2005年开工,2006年建成。原名白云景观大道,为纪念中越友谊更今名。为商业文化行政中心。两侧多商铺。通多路公交车。

新华社区[Xīnhuá Shèqū] 凭祥镇人民政府驻地。在市境东南部。面积16平方千米。人口8800。因新华路得名。1993年成立。民居以住宅楼为主。有青少年文化活动中心。有小学、卫生所。有市博物馆。有新华夜市美食街。湘桂铁路经此。通公交车。

二山街[Èrshānjiē] 凭祥镇辖自然村。在镇境东部。为友谊镇人民政府驻地。人口400。壮族聚居。因清光绪十一年(1885)清将苏元春于蓄粮抗法得名粮台。成街后更名二板山街,因与板山屯重名,更今名。聚落呈块状。有卫生所、南山烈士陵园。有每年农历二月初二壮族歌圩节。工业有红木加工。服务业以商贸为主。湘桂铁路、南友高速、322国道经此。

那艾屯[Nà'àitún] 在镇境西南部。凭祥镇辖自然村。人口300。壮族聚居。"那"壮语为水田,"艾"意为容易、方便。因吃住方便得名。聚落呈块状。位于国境线附近。工业以红木加工为主。服务业以边贸为主。有物流中转站、红木文化城。湘桂铁路、322国道经此。

上均屯[Shàngjūntún] 在镇境西南部。凭祥镇辖自然村。人口100。壮族聚居。"均"壮语意为白均果。因处白均果树山坡得名。聚落呈带状。位于国境线附近。有习俗农历三月三祭祖扫墓。农业以水稻、玉米种植为主。有外贸业。322国道经此。

友谊镇[Yǒuyì Zhèn] 凭祥市辖镇。在市境西南部。面积105.5平方千米。人口1.8万。以壮族为主,还有汉族等。辖9村委会,有62自然村。镇人民政府驻凭祥镇二山街。1957年设隘口乡。1958年改睦南公社。1966年改友谊公社。1984年改乡。1989年置镇。因友谊关得名。平而河流经。有矿产资源铁、稀土、石灰岩、建筑用砂、泥岩。有小学10所,卫生院1个,卫生所9个。有南山烈士陵园。有古迹友谊关、万人坟、平岗岭地下长城等。有农历二月二土地公庙会、赶歌圩。有景点金鸡山。农业以水稻、玉米种植为主。有经济林八角、松树、桉树。服务业以边境贸易为主。有弄怀、浦寨、平而、叫隘4边民互市点。湘桂铁路、南友高速、322国道过境。

浦寨[Pǔzhài] 在市政府驻地凭祥镇西南12千米。友谊镇辖自然村。人口200。以壮族为主,还有汉族等。为壮语音译名,意为建寨山岭中。聚落呈块状。有小学。位于国境线附近。有国门大厦。有习俗农历三月三祭祖扫墓。服务业有商贸、物流。有边境商贸城(边民互市贸易区)。为东南亚水果、红木家具交易集散地。与新清越南互市口岸相接。通公交车。

平而街[Píng'érjiē] 在市政府驻地凭祥镇西北27千米。友谊镇辖自然村。人口300。以壮族为主,还有汉族等。为壮语音译名,意为安居乐业之地。聚落呈带状。为中国通往越南口岸之一。有卫生所。有平而中越大桥。服务业有商贸业。有国家级二类口岸平而关。通乡村公路。水路通往越南。

上石镇[Shàngshí Zhèn] 凭祥市辖镇。在市境中部。面积120平方千米。人口2万。以壮族为主,还有汉、瑶、侗、苗等民族。辖1居委会、8村委会,有67自然村。镇人民政府驻上石街。1984年由夏石公社析设上石乡。1993年改镇。因镇政府驻地得名。板灵河流经。有小学9所,卫生院1个,卫生所9个,文化馆1个。有法卡山烈士陵园。有农历正月十四北帝庙会。有习俗农历三月三祭祖扫墓。有景点法卡山、伏坡山。农业以甘蔗、水稻、玉米、八角、柑橘、美人椒等种植为主。湘桂铁路、南友高速、322国道过境。

上石街[Shàngshíjiē] 上石镇人民政府驻地。在市政府驻地凭祥镇东北20千米。人口2700。壮族聚居。因上石社区得名。聚落呈带状。有中小学、卫生院、文化站、图书馆。有清代民宅建筑。有农历二月初二庙会、三月三壮族歌坡节。农业以甘蔗、水稻种植为主。工业有木材加工。服务业有商贸。上石街—板旺公路经此。

廖行屯[Liàoxíngtún] 在市政府驻地凭祥镇东北14千米。上石镇辖自然村。人口200。以壮族为主,还有汉、瑶、侗等民族。因廖姓建街得名。方言"行"指街。聚落呈带状。位于国境线附近。有习俗农历三月三祭祖扫墓。农业以甘蔗、水稻、八角种植为主。东兴—那坡沿边公路经此。

叫册屯[Jiàocètún] 在市政府驻地凭祥镇东南14千米。上石镇辖自然村。人口200。壮族聚居。因方言得名。"叫"指山坳口,"册"指篱笆。因山坳围绕如篱笆得名。聚落呈带状。有边境居民互市贸易口岸。有习俗农历三月三祭祖扫墓。农业以甘蔗、水稻种植为主。产八角。东兴—那坡沿边公路经此。

夏石镇[Xiàshí Zhèn] 凭祥市辖镇。在市境东部。面积193.3平方千米。人口2.8万。以壮族为主,还有汉、侗等民族。辖1居委会、9村委会,有97自然村。镇人民政府驻夏石街。1951年为区。1958年改群英公社。1965年改夏石公社。1984年改乡。1993年置镇。因镇政府驻地得名。板灵河流经。有中学1所,小学11所,卫生院1个,卫生所10个,图书馆1个,文化站1个。有法卡山烈士陵园。有习俗农历三月三祭祖扫墓。农业以水稻、玉米、甘蔗、柑橘种植为主。湘桂铁路、322国道过境。

夏石街[Xiàshíjiē] 夏石镇人民政府驻地。在市政府驻地凭祥镇东北22千米。人口3600。以壮族为主,还有汉族等。宋嘉祐年间设下石西羁縻州,以同音更今名。聚落呈带状。有中小学、卫生院、图书馆、文化站、敬老院。有习俗农历三月三祭祖扫墓。农业以甘蔗、水稻种植为主。夏石镇—绿稠公路经此。

板小屯[Bǎnxiǎotún] 在市政府驻地凭祥镇东北16千米。夏石镇辖自然村。人口400。以壮族为主,还有汉族等。因原人少且偏僻得名。聚落呈带状。位于国境线附近。有小学。有习俗农历三月三祭祖扫墓。有板小风情度假村。农业以甘蔗、水稻种植为主,养殖水产。服务业有旅游。南友高速经此。

扶绥县

扶绥县[Fúsuí Xiàn] 崇左市辖县。北纬22°38′,东经107°54′。在市境东部。面积2841平方千米。人口45.9万。以壮族为主,还有瑶、苗等民族。辖8镇、3乡。县人民政府驻新宁镇。1952年扶南、同正、绥渌3县合置扶绥县,取扶南、绥渌各一字得名,属崇左专区。1953年后隶属桂西僮族自治区、桂西僮族自治州。1958年并入左江县。1959年复县。1960年并入崇左县。1962年复扶绥县。1971年属南宁地区。2003年属崇左市。先后建成东宁路、同正大道、兴东大道等。有标志性建筑物中山纪念堂。多为丘陵。有西大明山。最高点四方岭主峰雷烟泰海拔834.5米,最低点龙头乡那塘附近左江河谷海拔79.4米。年均气温22.3℃,1月平均气温5℃,7月平均气温28℃。年均降水量1206.3毫米。左江流经。有煤、铝、铁、金、重晶石、高岭土等矿产资源。有野生植物1100多种,其中有国家一级保护野生植物叉孢苏铁,国家二级保护野生植物七指蕨、枧木、樟木等。有野生动物350多种,其中有国家一级保护野生动物白头叶猴、黑叶猴、云豹、林麝、蟒蛇等30种。森林覆盖率40%。有高校3所,中学15所,小学97所,二级医院3个,体育馆1个。有省级文物保护单位江西岸贝丘遗址、敢造贝丘遗址、同正石铲遗址。有省级非物质文化遗产扶绥壮族酸粥、扶绥壮族舞雀、扶绥壮族采茶剧。有景点龙谷湾恐龙公园、犀牛洞、金鸡岩、左江崖画等。三次产业比例 30∶40∶30。农业以水稻、甘蔗、玉米、木薯、黄红麻、剑麻种植,生猪、家禽养殖为主。产龙眼、荔枝、香蕉、板栗、西瓜、杧果。工业以制糖、水泥、剑麻加工、有色金属加工、食品加工、装备制造为主。服务业以物流、旅游、商贸为主。有中国—东盟青年产业园、中国—东盟南宁空港扶绥经济区。湘桂铁路、南友高速、322国道过境。有左江航道。有扶绥港。

长沙大桥 [Chángshā Dàqiáo] 在县城北部。长333米,宽10米,最大跨度80米,桥下净高30米。1987年开工,1988年建成。因长沙村得名。为中型河道桥梁,结构型式为箱型混凝土拱桥。最大载重55吨。通公交车。

扶绥站 [Fúsuí Zhàn] 见交通运输设施部分"扶绥站"条。

扶绥汽车总站 [Fúsuí Qìchē Zǒngzhàn] 见交通运输设施部分"扶绥汽车总站"条。

新宁镇 [Xīnníng Zhèn] 扶绥县人民政府驻地。在县境中部。面积111.8平方千米。人口10.9万。以壮族为主,还有汉族等。辖5居委会、8村委会,有29自然村。镇人民政府驻城厢屯。1950年为城厢乡。1968年改扶南公社。1980年改镇。1984年改新宁镇。2002年扶南乡并入。为唐代新宁州驻地,故名。左江、汪庄河、那密河流经。有矿产资源黏土矿等。有中学3所,小学14所,二级医院3个,卫生院1个,卫生所13个,文化广播站1个,文化活动中心13个,体育馆1个。有松根岭革命烈士纪念塔。有编译专家张报故居等。有景点笔架山、独秀峰、金鸡岩等。农业以水稻、甘蔗、蔬菜种植为主。工业以制糖、建材、食品加工、化工为主。湘桂铁路、南友高速、南宁—扶绥公路过境。

扶绥大道 [Tóngsuí Dàdào] 在县城中部。南起南密路,北至南友高速。与东环路、空港大道、龙乐大道等相交。长5.1千米,宽60米。混凝土路面。2004年开工,同年建成。两侧有广西城市职业学院、党政部门、居住小区。通多路公交车。

城厢屯 [Chéngxiāngtún] 新宁镇人民政府驻地。在镇境中部。人口6700。以汉族为主,还有壮族等。因地处原新宁州州城边而得名城厢。聚落呈块状。有小学、卫生所。有景点金鸡岩、独秀峰。有民俗重阳节游艺。农业以水稻、玉米、花生种植为主。服务业有商贸。通公交车。

渠黎镇 [Qúlí Zhèn] 扶绥县辖镇。在县境中部。面积364平方千米。人口5.7万。以壮族为主,还有汉族等。辖1居委会、16村委会,有48自然村。镇人民政府驻渠黎圩。1950年为三区。1958年改超美公社。1968年成立渠黎公社。1984年改镇。因镇政府驻地得名。左江、汪庄河流经。有中学1所,小学17所,卫生院1个,卫生所17个,文化广播站1个。有景点汪庄水库、碧计水库、白龙潭、犀牛洞等。农业以甘蔗、木薯、西瓜种植为主。工业以水电、化工、铸造、配件加工、建材为主。有圩场。湘桂铁路,南友高速,西长—大新、扶南—渠黎公路过境。

渠黎圩 [Qúlíxū] 渠黎镇人民政府驻地。在县政府驻地新宁镇西南15千米。人口1700。为壮语音译名。因有活水池塘得名。聚落呈块状。有中小学、卫生室。农业以甘蔗、木薯、花生种植为主。服务业以商贸为主。有三日一圩。渠黎—驮卢公路经此。

渠旧镇 [Qújiù Zhèn] 扶绥县辖镇。在县境西南部。面积164平方千米。人口2.9万。以壮族为主,还有汉族等。辖1居委会、10村委会,有31自然村。镇人民政府驻渠旧屯。1950年为四区。1958年改渠旧公社。1984年改乡。1992年改镇。因镇政府驻地得名。左江流经。有中学1所,小学11所,卫生院1个,卫生所11个,有幼儿园、文化站、广播站、敬老院。有革命家甘苦故居、渠旧街骑楼群。有民俗驮弄村白鹭鸟舞。有农历四月初三传统歌坡节。农业以甘蔗、玉米、水稻、花生、木薯、速丰桉、龙眼等种植为主。湘桂铁路,南友高速,东罗—雷州、厚寨—渠旧公路过境。

渠旧屯 [Qújiùtún] 渠旧镇人民政府驻地。在县政府驻地新宁镇西南55千米。人口2200。以壮族为主,还有汉族等。为壮语音译名,"渠"即池塘,"旧"即大。因处大池塘附近得名。聚落呈块状。有小学、幼儿园、卫生所。有古迹甘苦故居、渠旧街骑楼群、渠旧古码头。有每年八月山歌歌坡。农业以甘蔗、玉米、木薯、蔬菜、香蕉等种植为主。产水果。东罗—雷州公路经此。

柳桥镇 [Liǔqiáo Zhèn] 扶绥县辖镇。在县境西南部。面积299.6平方千米。人口3.6万。以壮族为主,还有汉、瑶等民族。辖1居委会、12村委会,有89自然村。镇人民政府驻柳桥屯。1950年为四区。1958年改火箭公社。1960年改柳桥公社。1984年置镇。因镇政府驻地得名。柳桥河、那大河流经。有中学2所,小学7所,卫生室2个,卫生所13个。有古迹陈家宗祠。有农历三月三歌坡会。农业以水稻、甘蔗、剑麻种植为主。有农贸市场2个。合浦—那坡高速、322国道过境。

柳桥屯 [Liǔqiáotún] 柳桥镇人民政府驻地。在县政府驻地新宁镇西南72千米。人口5000。以壮族为主,还有汉族等。为壮语音译名。因处桥头得名。聚落呈带状。有小学、卫生所。有习俗农历三月三祭祖扫墓。农业以水稻、甘蔗、玉米、木薯种植为主。有渔业捕捞、海水养殖。322国道经此。

东门镇 [Dōngmén Zhèn] 扶绥县辖镇。在县境南部。面积378.2平方千米。人口4.5万。以壮族为主,还有汉、瑶等民族。辖1居委会、15村委会,有188自然村。镇人民政府驻东门街。1950年为东门区。后改公社。1984年改镇。因镇政府驻地得名。渠荣河、银河流经。有矿产资源石灰石、铝土、铁。有中学2所,小学6所,卫生院1个,卫生所16个,文化活动中心16个。有中山纪念堂、旧城土忠州衙署遗址。农业以甘蔗、茶、糯米种植为主。有速丰桉育苗基地东门林场。工业以制糖、生物肥料加工、林化为主。合浦—那坡高速、322国道过境。

东门街 [DōngménJiē] 东门镇人民政府驻地。在县政府驻地新宁镇南56千米。人口4500。以壮族为主,还有汉族等。因处原绥渌县城东门得名。聚落呈带状。有中小学、幼儿园、卫生院、文化站、广播站、敬老院。有习俗农历三月三祭祖扫墓。农业以甘蔗、水稻种植为主。322国道经此。

山圩镇 [Shānxū Zhèn] 扶绥县辖镇。在县境东南部。面积283平方千米。人口3.2万。以壮族为主,还有汉、苗等民族。辖1居委会、10村委会,有108自然村。镇人民政府驻山圩。1950年为七区。1961年改山圩公社。后改区、公社。1984年改乡。1987年改镇。因镇政府驻地得名。大栏河流经。有矿产资源煤、石灰石、铝土、方解石、页岩。有世界珍稀野生植物金花茶。有中学1所,小学11所,幼儿园1所,卫生院1个,卫生所12个,文化站1个,广播站1个,敬老院1个。有山圩抗战阵亡烈士纪念塔。有习俗农历三月三祭祖扫墓。有景点大栏河风光、六傍恐龙化石挖掘遗址。农业以甘蔗、水稻、剑麻、西瓜等种植为主。工业以剑麻、林产、建材加工为主。322国道、南宁—上思公路过境。

山圩 [Shānxū] 山圩镇人民政府驻地。在县政府驻地新宁镇东南35千米。人口4280。以壮族为主,还有汉族等。因处山坡得名。聚落呈块状。有中小学、幼儿园、文化站、广播站。有习俗农历三月三祭祖扫墓。农业以水稻、甘蔗、西瓜种植为主。服务业以商贸为主。322国道经此。

中东镇 [Zhōngdōng Zhèn] 扶绥县辖镇。在县境北部。面积422平方千米。人口3.9万。以壮族为主,还有汉、瑶等民族。辖1居委会、14村委会,有104自然村。镇人民政府驻中东圩。1951年设九区。1958年改五星公社。1959年改中东公社。后改区、公社。1984年置镇。因镇政府驻地得名。绿瓮河流经。有中学1所,小学15所,卫生院1个,卫生所15个。有古迹中东大成殿、观音岩石刻、罗阳土司衙署遗址、革命家谢鹤筹故居。有景点清暑洞、岩和洞、连理古榕、新安水库等。农业以甘蔗、香蕉、黑皮冬瓜、南瓜种植为主。中楞—中东、富庶—太平、苏圩—罗阳公路过境。

中东圩 [Zhōngdōngxū] 中东镇人民政府驻地。在县政府驻地新宁镇北27千米。人口3800。以壮族为主,还有汉族。因中山、东关2街得名。聚落呈块状。有中小学、卫生院、敬老院。有同正县革命烈士纪念塔、同正石铲遗址。有古迹大成殿、石板路、明清古屋等。有习俗农历三月三祭祖扫墓。农业以甘蔗、水稻、玉米、南瓜种植为主。富庶—太平公路经此。

东罗镇 [Dōngluó Zhèn] 扶绥县辖镇。在县境西南部。面积225平方千米。人口2.4万。以壮族为主,还有汉族等。辖9村委会,有40自然村。镇人民政府驻东罗屯。1984年由渠黎、柳桥2公社析设东罗镇。因镇政府驻地得名。有矿产资源煤、铝土、赤铁矿、大理石。有客兰水库。有中学1所,小学12所,卫生院9个,卫生室2个。有古迹渌息韦氏民居、坝敏防御工事遗址。有习俗农历三月三祭祖扫墓。农业以水稻、甘蔗种植为主。工业以采掘、冶炼、水泥加工为主。东罗—雷州公路过境。

东罗屯 [Dōngluótún] 东罗镇人民政府驻地。在县政府驻地新宁镇西南48千米。人口2700。壮族聚居。为壮语音译名。因弄场形似铜锣得名。聚落呈块状。有中小学、卫生院。有习俗农历三月三祭祖扫墓。农业以甘蔗、玉米、西瓜、水稻、林木等种植为主。西长—大新公路经此。

龙头乡 [Lóngtóu Xiāng] 扶绥县辖乡。在县境东北部。面积179.8平方千米。人口3.3万。以壮族为主,还有汉族等。辖1居委会、8村委会,有56自然村。乡人民政府驻龙头圩。1950年为第一区。1958年改龙头公社。1962年改区。1968年复公社。1984年设乡。因乡政府驻地得名。左江流经。有矿产资源高岭土、锰、铁等。有中学1所,小学9所,幼儿园10所,卫生院1个,卫生所9个。有龙头革命烈士纪念塔。有古建筑兴龙圩建筑群、岭顶街民居群。有端午节龙舟比赛。农业以水稻、甘蔗、西瓜、蔬菜种植为主。特产酸菜、豆豉、黑榄角。工业以建材加工为主。湘桂铁路、南宁—扶绥公路过境。

龙头圩 [Lóngtóuxū] 龙头乡人民政府驻地。在县政府驻地新宁镇东北9千米。人口6200。因地形似龙头得名。聚落呈块状。有中小学、幼儿园、卫生院。有龙头革命烈士纪念塔。有古建筑兴龙圩建筑群、岭顶街民居群。农业以水稻、花生、玉米、豆角、肉芥菜种植为主。特产酸菜、豆豉。有农贸集市，三日一圩。南宁—扶绥公路经此。

岜盆乡［Bāpén Xiāng］ 扶绥县辖乡。在县境南部。面积 157.6 平方千米。人口 2.9 万。以壮族为主，还有汉族等。辖 8 村委会，有 41 自然村。乡人民政府驻岜盆圩。1950 年为二区。1958 年并入幸福公社。1961 年析设岜盆公社。1984 年改乡。因乡政府驻地得名。汪庄河、大栏河流经。有矿产资源石灰石、白泥、页岩等。有国家一级保护野生动物白头叶猴、黑叶猴。有九重山自然保护区。有中学 1 所，小学 1 所，卫生院 1 个，卫生所 8 个。有古建筑岜堪凌家宅。有习俗农历三月三祭祖扫墓。有景点龙谷湾恐龙公园、汪投山崖壁画。农业以水稻、甘蔗、蔬菜等种植为主。南友高速、大塘—叫印公路过境。

岜盆圩［Bāpénxū］ 岜盆乡人民政府驻地。在县政府驻地新宁镇南 16 千米。人口 4100。以壮族为主，还有汉族等。为壮语音译名，意为山边圩场。因处斜坡边得名。聚落呈块状。有中小学、幼儿园、卫生院。有习俗农历三月三祭祖扫墓。农业以水稻、玉米、花生、甘蔗、木薯等种植为主。有农贸集市。

昌平乡［Chāngpíng Xiāng］ 扶绥县辖乡。在县境北部。面积 196 平方千米。人口 2.7 万。以壮族为主，还有汉、瑶等民族。辖 1 居委会、8 村委会，有 41 自然村。乡人民政府驻伏良屯。1949 年为昌平乡，属同正县。1952 年并入扶绥县第二区。1958 年成立昌平公社。1962 年改区。1968 年复改公社。1984 年改乡。因乡政府原驻地昌平圩得名。昌平圩于清康熙年间（1662—1722）开设，时称伏良圩、垌圩、江那圩等。1937 年又修建圩铺，建设圩亭，立街成圩，取名昌平圩，意为永世昌盛，太平贸易。左江、罗阳河流经。有矿产资源钙酸盐、方解石、铁、磷、油页岩等。有中学 1 所，小学 92 所，卫生院 1 个，卫生所 9 个。有古迹罗阳土司墓群、卢家宗祠、木民三坡禁约碑。有习俗农历三月三祭祖扫墓。有景点归龙水潭。农业以甘蔗、水稻、玉米、花生、木薯种植为主。产坚果、黑皮冬瓜、甜南瓜、风景苗木等。工业以石灰石、高岭土开采加工为主。苏圩—东罗公路过境。

伏良屯［Fúliángtún］ 昌平乡人民政府驻地。在县政府驻地新宁镇北 9 千米。人口 2400。壮族聚居。为壮语音译名。因有伞状桃树得名。聚落呈块状。有小学、卫生室。有习俗农历三月三祭祖扫墓。农业以水稻、甘蔗、玉米、花生种植为主。苏圩—东罗公路经此。

宁明县

宁明县［Níngmíng Xiàn］ 崇左市辖县。北纬 21°35′，东经 106°54′。在市境西南部。面积 3695 平方千米。人口 44 万。以壮族为主，还有汉、瑶、京、回等民族。辖 7 镇、6 乡。县人民政府驻城中镇。清雍正九年（1731）置思州。十年改宁明州。以安宁思明意得名。1912 年改县。1913 年后历属镇南道、第九民团区、龙州民团区、龙州行政监督区、第十二行政督察区、第七行政督察区、龙州专区、崇左专区。1952 年与明江、凭祥 2 县合置镇南县，属崇左专区。1953 年复宁明县，先后属桂西僮族自治区、桂西僮族自治州、邕宁专区。1958 年并入睦南县。1959 年复宁明县。1971 年属南宁地区。2003 年属崇左市。先后改造东麟街、兴远街、中华街、德华街、南华街、福仁街、荷城街等，建成江滨路、新宁路、新明路。城区以百宁片区为主居住区，以德华片区为主商贸区，以驮龙片区为主工业区。地势由东南向西北倾斜。最高点桐棉乡境内浦龙山海拔 1358 米，最低点明江河谷平原海拔 109.3 米。年均气温 22.2℃，1 月平均气温 14.2℃，7 月平均气温 27.9℃。年均降水量 1177.2 毫米。明江流经。有矿产资源煤、磷、金、银、铅、锌、金红石、水晶等。有野生植物 1282种，其中国家重点保护野生植物有枧木、金丝李、椎木和金花茶等 10 多种。有野生动物 117 种，其中国家重点保护野生动物有白头叶猴等。有国家级陇瑞自然保护区。森林覆盖率 58.5%。有中学 12 所，小学 147 所，二级医院 3 个。有文化馆、图书馆。有全国重点文物保护单位花山岸壁画，省级文物保护单位镇宁炮台、北宋永平寨（今宁明一带）首任土官黄善璋墓。有省级爱国主义教育基地宁明烈士陵园。有古迹蓉峰塔、林俊廷洋楼。有壮族师公舞、瑶族服饰工艺、左江壮族民间染织工艺等。有民俗农历三月三祭祀骆越先祖活动、壮族花炮节。有国家 4A 级花山景区。有派阳山、狮子山森林公园。有景点明江风光、洞廊独木成林、爱店金牛潭等。三次产业比例 40∶50∶10。农业以水稻、甘蔗、玉米、薯类、豆类等种植，猪、牛、羊养殖为主。工业以制糖、建材、电力、林化业为主。有土特产八角香鸡、宁明八角、蜜蜂糖、玉桂皮、宁明松香、桐棉松、皮丝等。服务业以物流、边境贸易为主。有国家一类口岸爱店，边民互市点爱店、板烂、北山。湘桂铁路、南友高速、322 国道过境。

宁明站［Níngmíng Zhàn］ 见交通运输设施部分“宁明站”条。

宁明县汽车站［Níngmíng Xiàn Qìchēzhàn］ 见交通运输设施部分“宁明县汽车站”条。

城中镇［Chéngzhōng Zhèn］ 宁明县人民政府驻地。在县境西部。面积 245 平方千米。人口 7.9 万。以壮族为主，还有瑶、苗等民族。辖 7 居委会、11 村委会，有 78 自然村。镇人民政府驻城中街。1950 年为城中镇。1958 年改公社。1961 年复改镇。1966 年并入驮龙公社。1979 年复镇。2005 年驮龙乡并入。因处县城得名。明江河流经。有国家级陇瑞自然保护区。有中学 8 所，小学 7 所，二级医院 3 个，卫生院 1 个，卫生所 14 个，图书馆 1 个。有全国重点文物保护单位花山岸壁画。有古迹蓉峰塔。农业以香蕉、甘蔗、龙眼、柑果、荔枝种植为主。工业以制糖、林产品加工为主。湘桂铁路、南友高速、322 国道过境。

城中街［Chéngzhōngjiē］ 城中镇人民政府驻地。在镇境东南部。人口 3400。以壮族为主，还有汉族等。因于城中设街得名。聚落呈团块状。有中小学、卫生院。有古迹蓉峰塔。有农历二月二庙会、农历三月三骆越王节、壮族山歌节等。有景点东湖等。农业以水稻、玉米、蔬菜种植为主。服务业以集市贸易为主。农历二、五、八为圩日。322 国道经此。

爱店镇［Àidiàn Zhèn］ 宁明县辖镇。在县境东南部。面积 65.8 平方千米。人口 0.9 万。以壮族为主，还有汉、瑶等民族。辖 1 居委会、2 村委会，有 20 自然村。镇人民政府驻爱店街。1992 年由峙浪乡析设爱店镇。因镇政府驻地得名。爱店河流经。有矿产资源黄金、锰、煤、铝、锌等。有中学 1 所，小学 3 所，卫生院 1 个，卫生所 2 个。有古迹爱店起义纪念碑、旧战事遗址、白马坟等。有景点金牛潭。农业以水稻、玉米种植，猪、鸡养殖为主。服务业以边境贸易为主。东兴—那坡沿边公路过境。

爱店街［Àidiànjiē］ 爱店镇人民政府驻地。在县政府驻地城中镇西南 4 千米。人口 2500。以壮族为主，还有汉等民族。“爱店”壮语“Aiqdiemq”，“爱 aiq”指关隘，“店 diemq”指店铺。清雍正九年（1731）已有此街，后为关隘，隘口上因有几家粥铺，得名隘店，后雅化为爱店。聚落呈团块状。有中小学、卫生院。有民俗农历二月二关帝庙会。有景点跨国公母山、白马坟、金牛潭。为药材边境贸易点。产八角、佛手果、砂仁、茶叶等。东兴—靖西沿边公路经此。

那隆屯［Nàlóngtún］ 在县政府驻地城中镇西南 36 千米。爱店镇辖自然村。人口 300。均为壮族。“那”壮语意为田，“隆”意为大。因有大田得名。聚落呈块状。位于国境线附近。有农历三月三歌圩节。农业以水稻、玉米、花生、木薯种植为主。东兴—靖西沿边公路经此。

禄葛屯［Lùgětún］ 在县政府驻地城中镇西南 35 千米。爱店镇辖自然村。人口 300。均为壮族。“禄”壮语意为山麓，“葛”为蕨草。因山麓长满蕨草得名。聚落呈带状。位于国境线附近。有民俗农历三月三歌圩节。农业以水稻、玉米、花生、木薯种植为主。东兴—靖西沿边公路经此。

明江镇［Míngjiāng Zhèn］ 宁明县辖镇。在县境东部。面积 188 平方千米。人口 4 万。以壮族为主，还有汉族等。辖 1 居委会、12 村委会，有 68 自然村。镇人民政府驻明江街。1951 年设五区。1958 年改三联公社。1959 年改明江公社。1962 年改区。1966 年复改公社。1984 年置镇。因镇政府驻地得名。明江河流经。有中学 1 所，小学 13 所，卫生院 1 个。农业以蔬菜、水果、玉米、水稻等种植为主。湘桂铁路、322 国道、崇左—宁明公路过境。

明江街［Míngjiāngjiē］ 明江镇人民政府驻地。在县政府驻地城中镇东南 6 千米。人口 2600。以壮族为主，还有汉族等。因于明江河附近建街得名。聚落呈块状。有中小学、卫生院。有思明府遗址。有民俗农历二月二庙会、农历三月三壮族山歌节等。为县蔬菜集散地。特产明江烤猪、沙糕、蒸糕等。322 国道经此。

海渊镇［Hǎiyuān Zhèn］ 宁明县辖镇。在县境东部。面积 224 平方千米。人口 4.6 万。以壮族为主，还有汉、侗、瑶等民族。辖 2 居委会、15 村委会，有 142 自然村。镇人民政府驻海渊街。1952 年设七区。1958 年改红光公社。1959 年改海渊公社。1962 年改区。1966 年复公社。1984 年置镇。2003 年思乐乡并入。因镇政府驻地得名。明江河流经。有中学 1 所，小学 14 所，卫生院 1 个，卫生所 1 个。农业以水稻、玉米、甘蔗、桑、蔬菜、花生等种植为主。服务业以商贸为主。宁明—上思公路过境。

海渊街［Hǎiyuānjiē］ 海渊镇人民政府驻地。在县政府驻地城中镇东 38 千米。人口 3700。以汉族为主，还有壮族等。因有深潭得名。聚落呈带状。有中小学、卫生院。有民俗农历二月二庙会、三月三壮族山歌节等。农业以水稻、甘蔗种植，猪、鸡养殖为主。服务业以商贸为主。宁明—那堪公路经此。

那堪镇［Nàkān Zhèn］ 宁明县辖镇。在县境东部。面积 291 平方千米。人口 4.2 万。以壮族为主，还有汉族等。辖 1 居委会、17 村委会，有 119 自然村。镇人民政府驻那堪街。1950 年设那堪乡。1958 年改公社。1984 年复乡。2014 年改镇。因镇政府驻地得名。公安河、木闸河流经。有中学 1 所，小学 17 所，卫生院 1 个，卫生所 17 个。有古迹迁隆署遗址、迁隆书院。农业以水稻、甘蔗、花生等种植为主。产红心橙、萝卜干、豆豉、大头菜等。宁明—上思、那堪—南庆、崇左—防城公路过境。

那堪街［Nàkānjiē］ 那堪镇人民政府驻地。在县政府驻地城中镇东南 54 千米。人口

2900。以壮族为主，还有汉族等。为壮语音译名，“那”为水田，“堪”为牛柑果。传原多牛柑果树得名。聚落呈带状。有中小学、卫生院。有民俗农历二月二庙会、三月三壮族山歌节等。特产大头菜、米酒、沙糕等。有农贸市场。宁明—那堪公路经此。

桐棉镇［Tóngmián Zhèn］　宁明县辖镇。在县境东南部。面积664平方千米。人口4.1万。以壮族为主，还有瑶、苗等民族。辖1居委会、16村委会，有153自然村。镇人民政府驻桐棉街。1950年为琴清乡。1958年改桐棉乡。后改区、公社。1984年改乡。2014年改镇。因镇政府驻地得名。桐棉河、板烂河、那却河等流经。有中学1所，小学18所，卫生院1个，卫生所16个。农业以玉米、水稻、绿豆、花生等种植为主。特产八角、松香等。北江—板烂、东兴—那坡沿边公路过境。

桐棉街［Tóngmiánjiē］　桐棉镇人民政府驻地。在县政府驻地城中镇东南43千米。人口2500。以壮族为主，还有汉、瑶等民族。因有桐树、木棉树得名。聚落呈带状。有中小学、卫生院。有民俗农历二月二庙会、三月三壮族山歌节等。工业有加工业。特产松脂、八角、桐棉松等。服务业以商贸为主。北江—板烂公路经此。

板棉屯［Bǎnmiántún］　在县政府驻地城中镇东南43千米。桐棉镇辖自然村。人口200。以壮族为主，还有汉族等。因多木棉树得名。聚落呈团块状。位于国境线附近。有农历三月三歌圩节。经济以林业为主。盛产八角、松脂、木材。通乡村公路。

板拉屯［Bǎnlātún］　在县政府驻地城中镇东南43千米。桐棉镇辖自然村。人口300。壮族聚居。为壮语音译名，“板”为村屯，“拉”指田中杂草，因田多杂草得名。聚落呈带状。位于国境线附近。有民俗农历三月三歌圩节。经济以林业为主。盛产八角、松脂、木材。东兴—靖西沿边公路经此。

亭亮镇［Tíngliàng Zhèn］　宁明县辖镇。在县境北部。面积390平方千米。人口3.6万。以壮族为主，还有汉、瑶等民族。辖1居委会、12村委会，有100自然村。镇人民政府驻亭亮街。1950年为北宁乡。1959年改亭亮公社。1960年改三联公社。1962年改驮龙区。1965年复亭亮公社。1984年改乡。2014年改镇。因镇政府驻地得名。有矿产资源煤、铅锌等。有中学1所，小学17所，卫生院1个，卫生所13个。有民俗农历三月三壮族山歌节。农业以甘蔗、木薯、西瓜、山黄皮、菠萝等种植为主。湘桂铁路、南友高速、宁崇公路过境。

亭亮街［Tíngliàngjiē］　亭亮镇人民政府驻地。在县政府驻地城中镇西北15千米。人口2700。以壮族为主，还有汉族等。为壮语音译名，“亭”指上，“亮”指伞。因山坡形似雨伞得名。聚落呈带状。有中小学、卫生院。有民俗农历二月二庙会、三月三壮族山歌节等。农业主产甘蔗。特产鸡皮果。宁崇公路经此。

寨安乡［Zhài'ān Xiāng］　宁明县辖乡。在县境南部。面积236平方千米。人口2.4万。以壮族为主，还有汉族等。辖1居委会、13村委会，有51自然村。乡人民政府驻顺宁屯。1950年为寨安乡。1958年改跃进公社。1960年改寨安公社。1984年复乡。意指村寨安宁得名。派连河流经。有中学1所，小学17所，卫生院1个，卫生所14个。有古迹牛头山古炮台。有民俗农历三月三壮族山歌节。农业以水稻、甘蔗、蔬菜等种植为主。有国家三级口岸北山边贸点。宁明—北山公路过境。

顺宁屯［shùnníngtún］　寨安乡人民政府驻地。在县政府驻地城中镇西南5千米。人口1200。以壮族为主，还有汉族等。取意顺利安宁得名。聚落呈块状。有中小学、卫生院。有民俗农历二月二庙会、三月三壮族山歌节、壮族彩调等。农业以水稻、蔬菜种植为主。宁明—爱店公路经此。

上店屯［Shàngdiàntún］　在县政府驻地城中镇西南19千米。寨安乡辖自然村。人口300。以壮族为主，还有汉族等。因古时处粥店上方得名。聚落呈块状。位于国境线附近。有民俗农历三月三歌圩节。农业以甘蔗、水稻、玉米、花生种植为主。东兴—那坡沿边公路经此。

峙浪乡［Zhìlàng Xiāng］　宁明县辖乡。在县境南部。面积210平方千米。人口2.5万。以壮族为主，还有汉、瑶等民族。辖1居委会、8村委会，有66自然村。乡人民政府驻峙浪街。1949年为峙浪乡。1951年改第六区。1958年改公母山公社。1959年改峙浪公社。1962年改区。1966年改公社。1984年改乡。因乡政府驻地得名。爱店河流经。有中学1所，小学9所，卫生院1个，卫生所9个。有古迹宝盖山炮台。农业主产甘蔗、木材、松脂、八角、药材、食用菌等。东兴—那坡沿边、宁明—爱店公路过境。

峙浪街［Zhìlàngjiē］　峙浪乡人民政府驻地。在县政府驻地城中镇东南27千米。人口2200。以壮族为主，还有汉族等。因水浪翻滚，2岭隔河对峙而得名。聚落呈块状。有中小学、卫生院。有民俗农历二月二庙会、三月三壮族山歌节等。农业产甘蔗、松脂、八角、砂仁等。服务业以集市贸易为主。省道宁明—峙浪线经此。

戈龙屯［Gēlóngtún］　在县政府驻地城中镇南24千米。峙浪乡辖自然村。人口300。以壮族为主，还有汉族等。为壮语音译名，意为榕树。因有大榕树得名。聚落呈块状。位于国境线附近。有民俗农历三月三歌圩节。农业以水稻、甘蔗、玉米、花生等种植为主。东兴—靖西沿边公路经此。

旧洞屯［Jiùdòngtún］　在县政府驻地城中镇东南26千米。峙浪乡辖自然村。人口1000。以壮族为主，还有汉族等。因处田垌下方得名。聚落呈带状。位于国境线附近。有民俗农历三月三歌圩节。农业以水稻、甘蔗、玉米、花生等种植为主。宁明—爱店公路经此。

东安乡［Dōng'ān Xiāng］　宁明县辖乡。在县境中部。面积108平方千米。人口2万。以壮族为主，还有汉族等。辖1居委会、7村委会，有45自然村。乡人民政府驻东安街。1984年由明江公社析设东安乡。因乡政府驻地得名。明江河流经。有小学13所，卫生院1个，卫生所8个。农业以水稻、甘蔗、水果、八角等种植为主。特产菠萝蜜、龙眼等。322国道过境。

东安街［Dōng'ānjiē］　东安乡人民政府驻地。在县政府驻地城中镇东南13千米。人口1300。以壮族为主，还有汉族等。取东方安定之意得名。聚落呈带状。有中小学、卫生院。有民俗农历二月二庙会、三月三壮族山歌节等。农业以水稻、玉米、花生等种植为主。盛产木菠萝。服务业以集市贸易为主。东安—板棍公路经此。

板棍乡［Bǎngùn Xiāng］　宁明县辖乡。在县境中部。面积237平方千米。人口2.3万。以壮族为主，还有汉族等。辖1居委会、7村委会，有62自然村。乡人民政府驻板棍街。1950年设板棍乡。1958年改公社。1984年复乡。因乡政府驻地得名。有小学13所，卫生院1个，卫生所8个。农业以水稻、甘蔗等种植为主。特产八角、酸檬、酸笋。产木材、松脂、八角、药材。322国道过境。

板棍街［Bǎngùnjiē］　板棍乡人民政府驻地。在县政府驻地城中镇东南29千米。人口1600。以壮族为主，还有汉族等。为壮语音译名，“板”为村庄，“棍”为蓝靛。因多蓝靛草得名。聚落呈块状。有中小学、卫生院。有民俗农历二月二庙会、三月三壮族山歌节等。农业以水稻、甘蔗、玉米、花生等种植为主。特产板遂茶、酸笋等。服务业以集市贸易为主。东安—板棍公路经此。

北江乡［Běijiāng Xiāng］　宁明县辖乡。在县境东部。面积174平方千米。人口2.4万。以壮族为主，还有汉族。辖1居委会、10村委会，有77自然村。乡人民政府驻北江新街。1984年由板棍乡析设北江乡。因乡政府驻地得名。明江流经。有小学13所，卫生院1个，卫生所11个。农业以甘蔗、水稻、红薯、玉米、果蔬等种植为主。322国道过境。

北江新街［Běijiāngxīnjiē］　北江乡人民政府驻地。在县政府驻地城中镇东南32千米。人口1300。以壮族为主，还有汉族等。为壮语音译名。因靠近江口得名。聚落呈带状。有中小学、卫生院。有抗法英雄黄守忠故居。有民俗农历二月二庙会、三月三壮族山歌节等。农业以水稻、甘蔗、玉米、花生等种植为主。特产腌黄瓜皮。服务业以集市贸易为主。322国道经此。

那楠乡［Nànán Xiāng］　宁明县辖乡。在县境东南部。面积554平方千米。人口2.5万。以壮族为主，还有汉、瑶等民族。辖1居委会、12村委会，有114自然村。乡人民政府驻那楠街。1950年设那陶乡。1958年改红旗公社。1959年改那楠公社。1984年改乡。因乡政府驻地得名。驮英河、北六散河流经。有小学10所，卫生院1个，卫生所13个。农业以水稻、玉米、果蔬、食用菌等种植为主。盛产松树、杉树等。北江—板烂公路过境。

那楠街［Nànánjiē］　那楠乡人民政府驻地。在县政府驻地城中镇东南44千米。人口1500。以壮族为主，还有汉族等。为壮语音译名，“那”为水田，“楠”为稔果(学名桃金娘)。因在生长稔果的田边建街得名。聚落呈带状。有小学、卫生院。有民俗农历二月二庙会、三月三壮族山歌节等。农业以水稻、玉米、花生等种植为主。特产松脂、八角、桐棉松、茯苓、灵芝等。服务业以集市贸易为主。北江—板烂公路经此。

龙州县

龙州县［Lóngzhōu Xiàn］　崇左市辖县。北纬22°21′，东经106°51′。在市境西南部。面积2317平方千米。人口26.8万。以壮族为主，还有汉等民族。辖5镇、7乡。县人民政府驻龙州镇。唐置羁縻金龙州，武德四年(621)置羁縻龙州，因境内龙江得名。北宋废金龙州。元大德中改龙州为龙州万户府，明洪武二年(1369)改龙州万户府为龙州，属太平府。清雍正三年(1725)废龙州，分置上龙土司(治今上龙，后废)、下龙土司(治今龙州镇)。乾隆十六年(1751)下龙土司复改为龙州，五十六年改龙州为龙州厅。1912年改厅为府。1913年改府为县，属镇南道。1927年上下冻州废，入龙州县。1937年改龙州县为龙津县。1940年后历属第十二、第七行政督察区，龙州专区，崇左专区。1952年由龙津、上金2县合置丽江县。1953年改龙津县，直属桂西僮族自治区。1958年龙津、宁明、凭祥3县并入睦南县，1959年复置龙津县。1961年改龙州县,属南宁专区。1971年属南宁地区。2003年属崇左市。先后建成污水处理厂、垃圾填埋场等,建设丽江西路、明清风格步行街等。城区呈“三纵三横”城市框架。地势西北高东南低。平均海拔200米。有大青山、公母山、独山、弄炼山。年均气温21℃,1月平均气温19℃,7月平均气温23.7℃。年均降水量1344毫米。左江、黑水河、平而河、明江、水口河流经。有野生植物1282种,其中国家重点保护野生植物有凹脉金花茶、擎天树、金丝李、格木、香梓楠、云南苏铁、见血封喉、肥牛树等11种。有野生动物620种,其中国家重点保护野生动物有白头叶猴、黑叶猴、红腹角雉、林麝、冠斑犀鸟、灰鹊、红腹锦鸡、猕猴、蟒(南蛇)、白鹇、大灵猫等16种。有弄岗国家级自然保护区。森林覆盖率57.19%。有广西南亚热带农业科学研究所、橡胶茶叶研究所。有中学6所,小学70所,文化馆1个,图书馆1个,二级医院3个,天琴艺术传承中心1个。有全国重点文物保护单位红八军军部旧址、连城要塞遗址,省级文物保护单位胡志明展览馆、陈嘉(勇烈)祠、法国驻龙州领事馆旧址等。有全国爱国主义教育示范基地红八军纪念馆。有古迹伏波庙、天主教堂、文笔塔。有省级非物质文化遗产5项。有民俗农历三月初三扫墓、四月十三歌圩节。有景点龙州起义纪念馆、中山公园、崖悬棺、美女村、左江风光、响水瀑布、紫霞洞、水口边关等。三次产业比例26∶40∶34。农业以水稻、玉米、甘蔗、花生、木薯、香蕉、八角种植,牛、羊、猪、鸡、鸭养殖为主。工业以农副产品加工、冶炼、电力、制药、建材为主。有土特产地菠萝、红瓜子、大红八角、山黄皮果、乌龙茶、八桂红橘、桄榔粉。服务业以物流、边贸为主。有边民互市点5个。东兴—那坡沿边、崇左—水口、夏石—龙州、那堪—龙州公路过境。

龙州一桥 [Lóngzhōu 1 Qiáo] 在县城中部。长240米,宽7.6米。最大跨度200米。桥下净高34米。1963年开工,1965年建成。跨丽江河。为中型河道桥梁。结构型式为浆砌料石双曲拱桥。最大载重10吨。通公交车。

龙州汽车站 [Lóngzhōu Qìchēzhàn] 见交通运输设施部分“龙州汽车站”条。

龙州镇 [Lóngzhōu Zhèn] 龙州县人民政府驻地。在县境中部。面积301平方千米。人口5.7万。以壮族为主,还有汉、苗、回等民族。辖7居委会、10村委会,有103自然村。镇人民政府驻岭南村。1950年为一区。1958年改龙州公社。1980年改镇。2004年霞秀乡并入。因唐代羁縻龙州得名。左江、水口河、平而河流经。有中学4所,小学1所,二级医院3个,卫生院1个,卫生所17个。有中山公园。有中国工农红军第八军军部旧址、龙州起义纪念馆、红八军纪念馆、胡志明展览馆。有古迹凌云塔。有农历三月初三扫墓习俗、四月十三歌圩节。农业以甘蔗、水稻、玉米、蔬菜种植为主。工业以制糖、食品、制药、建材业为主。特产山黄皮果、枧木砧板、桄榔粉等。崇左—水口、夏石—龙州、那堪—龙州公路过境。

独山路 [Dúshān Lù] 在县城东部。东起崇左—水口公路,西至城北路。与白沙街相交。长3.5千米,宽43米。混凝土路面。1997年开工,1998年建成。因独山得名。两侧有党政部门、宣传文化中心等。通公交车。

岭南村 [Lǐngnáncūn] 龙州镇人民政府驻地。在镇境南部。人口2900。壮族聚居。因处土岭南得名。聚落呈块状。有卫生所。有习俗农历三月初三扫墓。农业种植甘蔗、水稻。服务业以集市贸易为主。南友高速支线经此。

下冻镇 [Xiàdòng Zhèn] 龙州县辖镇。在县境西部。面积114平方千米。人口1.5万。以壮族为主,还有汉、苗、回等民族。辖1居委会、9村委会,有97自然村。镇人民政府驻下冻街。1951年设下冻乡。1958年改五星公社。1959年改下冻公社。1984年复乡。1992年置镇。因镇政府驻地得名。水口河流经。有小学2所,卫生院1个,卫生所10个。农业以甘蔗、水稻种植为主。产花生、凉薯、黄瓜、鸡皮果、乌龙茶等。有那花、布局2边贸互市点。东兴—那坡沿边、下冻—驮奔、布局—垌埠公路过境。

下冻街 [Xiàdòngjiē] 下冻镇人民政府驻地。在县政府驻地龙州镇西23千米。人口800。因元代下冻土州得名。聚落呈带状。有小学、卫生院。有农历三月初三扫墓习俗。农业主种甘蔗、水稻、玉米、花生等。工业有农副产品加工。服务业以集市贸易、餐饮为主。东兴—那坡沿边公路经此。

江巷屯 [Jiāngxiàngtún] 在县政府驻地龙州镇西43千米。下冻镇辖自然村。人口200。壮族聚居。因清代建布局关城门得名布局街。以壮语译音更今名,意为集市中村屯。聚落呈块状。位于国境线附近。有习俗农历三月初三扫墓。农业以甘蔗、玉米、水稻、花生种植为主。东兴—那坡沿边公路经此。

水口镇 [Shuǐkǒu Zhèn] 龙州县辖镇。在县境西部。面积183平方千米。人口2.1万。以壮族为主,还有汉、苗、回等民族。辖1居委会、10村委会,有120自然村。镇人民政府驻水口街。1950年为水口区。1958年改公社。1984年设乡。1992年置镇。因镇政府驻地得名。水口河流经。有中学7所,小学1所,卫生院1个,卫生所11个。有习俗农历三月初三扫墓。农业以甘蔗、水稻、玉米、花生、水果等种植为主。特产桄榔粉、乌榄果、木菠萝、山黄皮果等。服务业以边境贸易为主。东兴—那坡沿边、崇左—水口公路过境。有国家一类水口口岸。通多路公交车。

水口街 [Shuǐkǒujiē] 水口镇人民政府驻地。在县政府驻地龙州镇西56千米。人口1200。壮族聚居。因处河流汇合点得名。聚落呈带状。有小学、卫生院、敬老院、粮所、边防检查站、海关等。有习俗农历三月初三扫墓。农业以甘蔗、水稻、玉米、花生种植为主。服务业以边境互市贸易为主。东兴—那坡沿边公路经此。

那荷屯 [Nàhétún] 在县政府驻地龙州镇西北58千米。水口镇辖自然村。人口500。壮族聚居。“那”壮语指田,“荷”壮语意为茅草。因长满茅草得名。聚落呈块状。位于国境线附近。有习俗农历三月初三扫墓。农业以甘蔗、水稻、玉米、花生等种植为主。东兴—那坡沿边公路经此。

板力屯 [Bǎnlìtún] 在县政府驻地龙州镇西北58千米。水口镇辖自然村。人口500。壮族聚居。“板”壮语意为村,力与栗同音,指石栗树。因多石栗树得名。聚落呈带状。位于国境线附近。有习俗农历三月初三扫墓。农业以水稻、甘蔗、玉米等种植为主。东兴—那坡沿边公路经此。

金龙镇 [Jīnlóng Zhèn] 龙州县辖镇。在县境北部。面积197平方千米。人口2.9万。以壮族为主,还有汉、苗、回等民族。辖15村委会,有128自然村。镇人民政府驻金龙街。1950年为金龙乡。1958年改原子公社。1959年改金龙公社。1984年复改乡。1992年置镇。因镇政府驻地得名。有中学1所,小学1所,卫生院1个,卫生所15个。有省级非物质文化遗产金龙花凤舞。有侬垌节、建街节、歌圩节、昆那节。有习俗农历三月初三扫墓。有景点金龙美女村。农业以甘蔗、水稻、玉米、豆类等种植为主。工业有制糖、制药、食品加工等。东兴—那坡沿边、芦山—龙州公路过境。

金龙街 [Jīnlóngjiē] 金龙镇人民政府驻地。在县政府驻地龙州镇北55千米。人口1200。壮族聚居。因民宅弯曲如龙得名。聚落呈带状。有中小学、卫生院、兽医站。有习俗农历三月初三扫墓。农业以甘蔗、水稻、玉米、豆类种植为主。工业有铝矿石加工、建筑等。服务业有商品批发零售、餐饮、旅游。三日一圩。县道芦山—龙州线经此。

响水镇 [Xiǎngshuǐ Zhèn] 龙州县辖镇。在县境东北部。面积206平方千米。人口1.4万。壮族聚居。辖1居委会、9村委会,有53自然村。镇人民政府驻响水街。1950年为响水乡。1962年并入上金区(后改上金公社)。1969年析设响水公社。1984年改乡。1992年置镇。因镇政府驻地得名。黑水河、左江河流经。有国家级弄岗自然保护区。有中学1所,小学1所,卫生院1个,卫生所10个。有景点响水瀑布、红山瀑布、棉江花山崖壁画等。有习俗农历三月初三扫墓。农业以玉米、水稻、甘蔗、豆类等种植为主。崇左—水口公路过境。

响水街 [Xiǎngshuǐjiē] 响水镇人民政府驻地。在县政府驻地龙州镇东北38千米。人口500。壮族聚居。因瀑布“咚咚”响声得名。聚落呈带状。有中小学、卫生院。有习俗农历三月初三扫墓祭祖。农业以甘蔗、水稻、玉米种植为主。服务业以集市贸易为主。农历逢五、八为圩。崇左—水口公路经此。

八角乡 [Bājiǎo Xiāng] 龙州县辖乡。在县境南部。面积84平方千米。人口1.1万。壮族聚居。辖7村委会,有47自然村。乡人民政府驻四平街。1950年为八角乡。1958年改河南公社。1960年改八角公社。后改四平区。1965年复八角公社。1984年设乡。因盛产八角得名。有小学1所,卫生院1个,卫生所7个。有习俗农历三月初三扫墓祭祖。农业以水稻、玉米、豆类、木薯种植为主。特产甘蔗、八角、山黄皮果等。工业有食品加工等。龙州—夏石公路过境。

四平街 [Sìpíngjiē] 八角乡人民政府驻地。在县政府驻地龙州镇南18千米。人口600。壮族聚居。“四平”为四方形平地之意,此村因建于四方形大片石山间平地上,故名。聚落呈带状。有中心小学、卫生院。有习俗农历三月初三扫墓祭祖。农业以甘蔗、玉米种植为主。产茶叶。服务业以集市贸易为主。农历逢三、六、九为圩。南友高速支线经此。

上降乡 [Shàngjiàng Xiāng] 龙州县辖乡。在县境南部。面积73平方千米。人口1.2万。以壮族为主,还有汉、苗、回等民族。辖8村委会,有46自然村。乡人民政府驻上降街。1984年由八角公社析设。因乡政府驻地得名。平而河流经。有小学1所,卫生院1个,卫生所8个。有习俗农历三月初三扫墓。农业以水稻、玉米、豆类、木薯、八角、杉木种植为主。有农场、林场。工业有淀粉加工。那堪—龙州公路过境。

上降街 [Shàngjiàngjiē] 上降乡人民政府驻地。在县政府驻地龙州镇南20千米。人口1200。壮族聚居。“上降”壮语 Sienghgyangq,“上 siengh”指上面,“降 gyangq”指壮山。因建街于名为“壮”的山上而得名。聚落呈带状。有小学、卫生院。有习俗农历三月初三扫墓。农业以玉米、水稻、甘蔗种植为主。服务业以集市贸易为主。通乡村公路。

彬桥乡 [Bīnqiáo Xiāng] 龙州县辖乡。在县境西南部。面积121平方千米。人口1.8万。以壮族为主,还有汉、苗、回等民族。辖12村委会,有81自然村。乡人民政府驻彬桥街。1950年为第三区。1958年改五星公社。1959

年改彬桥公社。1984年设乡。因乡政府驻地得名。平而河流经。有广西橡胶茶叶研究所。有中学1所，小学1所，卫生院1个，卫生所12所。有援越抗法烈士公墓。有习俗农历三月初三扫墓。农业以甘蔗、水稻、花生、木薯等种植为主。工业有食品加工等。东兴—那坡沿边、下冻—驮奔、龙北—塘波公路过境。

彬桥街［Bīnqiáojiē］　彬桥乡人民政府驻地。在县政府驻地龙州镇西南12千米。人口400。壮族聚居。传因旧时木桥崩断得名崩桥，后以谐音改今名。聚落呈带状。有中小学、卫生院。有习俗农历三月初三扫墓。农业以水稻、甘蔗、玉米、花生、豆类种植为主。服务业以集市贸易为主，有餐饮、旅游等。农历三、六、九为圩期。县道龙北—塘波线经此。

上龙乡［Shànglóng Xiāng］　龙州县辖乡。在县境西北部。面积173平方千米。人口1.8万。以壮族为主，还有汉、苗、回等民族。辖8村委会，有70自然村。乡人民政府驻上龙街。1987年由霞秀乡析设。因乡政府驻地得名。有小学6所，卫生院1个，卫生所8个。有习俗农历三月初三扫墓。农业以甘蔗、水稻、玉米、花生、豆类种植为主。工业有食品加工。芦山—龙州、板化—宝圩公路过境。

上龙街［Shànglóngjiē］　上龙乡人民政府驻地。在县政府驻地龙州镇西北8千米。人口100。壮族聚居。因处龙州县城上方得名。聚落呈带状。有小学、卫生院。有习俗农历三月初三扫墓。农业以甘蔗、水稻、玉米、花生、豆类种植为主。服务业以集市贸易为主。崇左—水口公路经此。

荒田村［Huāngtiáncūn］　在县政府驻地龙州镇西北10千米。上龙乡辖自然村。人口200。因田地干旱得名。"荒"为壮语音译。聚落呈块状。有习俗农历三月初三扫墓。有民族风情游。农业以甘蔗、水稻、玉米、花生、豆类种植为主。有香蕉树、火龙果园。崇左—水口公路经此。2002年被评为全国文明村。

武德乡［Wǔdé Xiāng］　龙州县辖乡。在县境北部。面积204平方千米。人口2万。以壮族为主，还有汉、苗、回等民族。辖8村委会，有71自然村。乡人民政府驻科甲街。1951年设第五区。1958年改武德公社。1984年设乡。因武德隘得名。有小学1所，卫生院1个，卫生所8个。农业以甘蔗、水稻、玉米、花生、豆类种植为主。工业以食品加工为主。东兴—那坡沿边、芦山—龙州公路过境。

科甲街［Kējiǎjiē］　武德乡人民政府驻地。在县政府驻地龙州镇北25千米。人口700。壮族聚居。传祈愿子孙科甲及第得名。聚落呈带状。有小学、卫生院。有习俗农历三月初三扫墓。工业有铝矿石加工。服务业以集市贸易为主。农历逢二、五、八为圩。东兴—那坡沿边公路经此。

板新屯［Bǎnxīntún］　在县政府驻地龙州镇北25千米。武德乡辖自然村。人口300。壮族聚居。为壮语音译名。"板"指村屯。因新建村得名。聚落呈带状。位于国境线附近。有习俗农历三月初三扫墓。农业以水稻、玉米、甘蔗、花生、豆类种植为主。通乡村公路。

布岜屯［Bùbātún］　在县政府驻地龙州镇北25千米。武德乡辖自然村。人口300。壮族聚居。为壮语音译名，意为于山脚泉水旁建村。聚落呈带状。位于国境线附近。有习俗农历三月初三扫墓。农业以水稻、玉米、甘蔗、花生、豆类种植为主。东兴—那坡沿边公路经此。

逐卜乡［Zhúbǔ Xiāng］　龙州县辖乡。在县境东北部。面积221平方千米。人口1.8万。以壮族为主，还有汉、苗、回等民族。辖11村委会，有56自然村。乡人民政府驻逐卜街。1951年设逐卜乡。1958年改公社。1984年复改乡。因乡政府驻地得名。有小学1所，卫生院1个，卫生所11个。有习俗农历三月初三扫墓。农业以甘蔗、水稻、玉米等种植为主。有土特产山李果、山黄皮果等。工业以食品加工为主。板化—宝圩、逐卜—民建公路过境。

逐卜街［Zhúbǔjiē］　逐卜乡人民政府驻地。在县政府驻地龙州镇东北40千米。人口400。壮族聚居。为壮语音译名，意为粥铺。因石坡原有粥铺得名。聚落呈带状。有小学、卫生院。有习俗农历三月初三扫墓。农业以甘蔗、水稻、玉米种植为主。服务业以集市贸易为主。每三天为一圩日。县道逐卜—民建线经此。

上金乡［Shàngjīn Xiāng］　龙州县辖乡。在县境东南部。面积216平方千米。人口2.1万。以壮族为主，还有汉、苗、回等民族。辖10村委会，有86自然村。乡人民政府驻上金街。1951年设第七区。1958年改上金公社。1962年改区。1966年复改公社。1984年设乡。因乡政府驻地得名。左江、明江流经。有弄岗国家级自然保护区。有中学1所，中心小学1所，卫生院1个，卫生所10个。有古迹紫霞洞庙堂、洪山花山壁画等。有习俗农历三月初三扫墓。农业以甘蔗、水稻、玉米等种植为主。工业以食品加工为主。龙州—联甲、崇左—水口公路过境。

上金街［Shàngjīnjiē］　上金乡人民政府驻地。在县政府驻地龙州镇东南18千米。人口200。壮族聚居。为壮语"Sangginh"音译名。"Sang"指上等，"ginh"指黄金。寓意人杰地灵得名。聚落沿明江呈带状分布。有小学、卫生院。有习俗农历三月初三扫墓。农业以甘蔗、水稻、玉米种植为主。服务业以集市贸易为主。农历二、五、八为圩期。南友高速支线经此。

大　新　县

大新县［Dàxīn Xiàn］　崇左市辖县。北纬22°29′，东经106°39′。在市境北部。面积2747平方千米。人口37.8万。以壮族为主，还有汉、瑶、苗等民族。辖5镇、9乡。县人民政府驻桃城镇。1952年由雷平、养利、万承3县合置大新县，属崇左专区。因大岭、宝新2乡得名。1953年后历属桂西僮族自治区、桂西僮族自治州、邕宁专区。1958年并入新英县。1959年复大新县。1971年属南宁地区。2003年属崇左市。先后建成交易场大楼、农贸市场、文化广场、德天广场、城北客运站等。地势北高南低。平均海拔210米。年均气温21.5℃，1月平均气温13℃，7月平均气温27.7℃。年均降水量1342.3毫米。黑水河、归春河、桃城河、龙门河等流经。有矿产资源锰、磷、铅土、高岭土、赤铁、红锑、石煤、钾等。有国家重点保护野生植物39种。有国家重点保护野生动物52种。有恩城国家级自然保护区。森林覆盖率64.9%。有中职1所，中学2所，小学145所，二级医院3个，图书馆1个，文化馆1个。有省级文物保护单位穷斗山摩崖造像、靖边城炮台、岜字山摩崖石刻、歌寿岩遗址、正隆巨猿化石出土地点、养利州古城门楼及城墙。有古迹桃城古城垣、崖壁画。有省级非物质文化遗产大新宝圩侬侗节、大新壮族高腔山歌。有民俗风情中国崇左(德天)边关国际文化旅游节。有国家4A级旅游景区大新德天瀑布。有景点十八洞、明仕田园、会仙岩、宝贤石林。三次产业比例20∶51∶29。农业以甘蔗、水稻、玉米种植，猪、家禽养殖为主。特产龙眼、苦丁茶、黑皮果蔗、酸梅、腊月柑、八角、蛤蚧等。工业以锰矿石加工、制糖、化工、电力为主。服务业以物流、边境贸易为主。合浦—那坡高速，德保—崇左、隆安—靖西、东兴—那坡沿边公路过境。有国家二类口岸硕龙，边贸互市点岩应、硕龙、德天。

大新县客运站［Dàxīn Xiàn Kèyùnzhàn］　见交通运输设施部分"大新县客运站"条。

桃城镇［Táochéng Zhèn］　大新县人民政府驻地。在县境中部。面积254平方千米。人口7.6万。以壮族为主，还有汉、瑶、苗等民族。辖3居委会、11村委会，有136自然村。镇人民政府位于养利北路。1953年设桃城乡。1958年改火箭公社。1960年改桃城公社。1965年改桃城镇。1969年改公社。1980年复镇。1994年新振乡并入。因古城墙形似桃果得名。桃城河、龙门河流经。有中学1所，小学12所，二级医院3个，卫生院2个，卫生所14个。有古迹养利古城、万礼宋代贝岩石刻、明代益天洞摩崖石刻造像、清代利江石拱桥、八万桥。有农历正月十五庙会。农业以水稻、甘蔗种植为主。特产龙眼、花生等。工业以采矿、蔗糖加工为主。德保—崇左、隆安—靖西公过境。

民生街［Mínshēngjiē］　在县城中部。南起迎宾大道，北至养利北路。与德天大道、养利路、桃源路、伦理路、中山街相交。长1.8千米，宽25米。沥青混凝土路面。1921年建设。因三民主义得名。两侧有县医院、政府单位、新华书店、银行、中学等。通多路公交车。

全茗镇［Quánmíng Zhèn］　大新县辖镇。在县境北部。面积187平方千米。人口2.8万。以壮族为主，还有汉族。辖1居委会、7村委会，有108自然村。镇人民政府驻全茗街。1952年设十区。1959年改全茗公社。1984年设乡。1987年置镇。宋为全茗土州治，故名。向水河、上湖河流经。有中学1所，小学7所，卫生院1个，卫生所8个。有明代穷斗山摩崖造像、宋代政教崖壁画。有农历正月十一传统歌圩节。农业以水稻、甘蔗种植为主。产龙眼、八角、指天椒。德保—崇左利、全茗—龙茗公路过境。

全茗街［Quánmíngjiē］　全茗镇人民政府驻地。在县政府驻地桃城镇北7千米。人口2700。壮族聚居。因盛产香茗得名。聚落呈团块状。有中小学、卫生院。有习俗农历三月三祭祖扫墓。农业以水稻、甘蔗种植为主。产龙眼、指天椒。服务业以商贸为主。德保—崇左、全茗—龙茗公路经此。

雷平镇［Léipíng Zhèn］　大新县辖镇。在县境南部。面积381平方千米。人口5.4万。以壮族为主，还有汉、瑶、苗等民族。辖1居委会、22村委会，有202自然村。镇人民政府驻太平街。1951年设七区。1958年改先锋公社。1962年改太平区。1968年改公社。1984年置雷平镇。2002年振兴乡并入。旧为雷平县治，故名。怀阳河、黑水河、堪圩河流经。有中学1所，小学23所，卫生院1个，卫生所23个。有古迹宋代太平窑址、清代安平城隍庙、清代雷平邓铜梦岩崖巢、民国雷平玉泉石刻。有传统节日农历二月初二观音诞。农业以甘蔗、水稻、玉米种植为主。特产龙眼、花生。工业以化工、蔗糖加工为主。合浦—靖西高速、德保—崇左公路过境。

太平街［Tàipíngjiē］　雷平镇人民政府驻地。在县政府驻地桃城镇西南22千米。人口3100。以壮族为主，还有汉族。因地势平坦宽阔得名。聚落呈块状。有小学、卫生院。有习俗农历三月三祭祖扫墓。农业以甘蔗、水稻、玉米种植为主。特产龙眼。服务业以商贸为主。崇左—靖西、大新—龙州公路经此。

硕龙镇［Shuòlóng Zhèn］　大新县辖镇。在县境西部。面积169平方千米。人口1.3万。

以壮族为主，还有汉、瑶、苗等民族。辖1居委会、9村委会，有72自然村。镇人民政府驻硕龙街。1951年设硕龙乡。1959年改公社。1984年复乡。1992年置镇。因镇政府驻地得名。黑水河、归春河流经。有中学1所，小学11所，卫生院1个，卫生所10个。有古迹清末靖边城炮台群、德天银盘山炮台、念斗炮台山炮台、念斗沙岗卡炮台、德天53号界碑、岩应炮台山炮台、岩应炮楼、岩应边境隘城。有习俗农历三月三祭祖扫墓。农业以甘蔗、水稻种植为主。特产龙眼、苦丁茶。有边贸互市点岩应、硕龙、德天。东兴—那坡沿边、隆安那桐—靖西公路过境。

硕龙街［Shuòlóngjiē］ 硕龙镇人民政府驻地。在县政府驻地桃城镇西39千米。人口900。以壮族为主，还有汉族。因石山如龙板硕大得名。聚落呈团块状。有中小学、卫生院。有德天旅游景区。有习俗农历三月三祭祖扫墓。农业以水稻、玉米种植为主。服务业以商贸为主。为边境圩场，逢二、五、八日为圩日。东兴—那坡沿边公路经此。

沙屯［Shātún］ 在县政府驻地桃城镇西南36千米。硕龙镇辖自然村。人口200。以壮族为主，还有汉族。“沙”为壮语音译，意为沙树，学名构树。因处沙树山岭得名。聚落呈块状。位于国境线附近。有习俗农历三月三祭祖扫墓。农业以水稻、玉米种植为主。特产龙眼。东兴—那坡沿边公路经此。

骨屯［Gǔtún］ 在县政府驻地桃城镇西南40千米。硕龙镇辖自然村。人口300。以壮族为主，还有苗族等。“骨”为壮语音译，意为蕨草。因蕨草丛生得名。聚落呈条状。位于国境线附近。有习俗农历三月三祭祖扫墓。农业以水稻、玉米种植为主。特产龙眼。服务业以商贸为主。东兴—那坡沿边公路经此。

下雷镇［Xiàléi Zhèn］ 大新县辖镇。在县境西北部。面积253平方千米。人口2.7万。以壮族为主，还有汉、瑶、苗等民族。辖2居委会、12村委会，有120自然村。镇人民政府驻下雷街。1951年设下雷区。1958年改卫星公社。1962年改下雷区。1968年改公社。1984年改乡。1988年改镇。2005年土湖乡并入。因镇政府驻地得名。黑水河、下雷河、三湖河流经。有中学1所，小学13所，卫生院1个，卫生所14个。有古迹更新世龙骨岩古生物化石发现地、青龙山亘墙遗址、敏扬山崖洞葬等。有习俗农历三月三祭祖扫墓。农业以甘蔗、水稻、玉米种植为主。特产龙眼、八角、苦荞、酸梨、腊月柑。工业以锰矿开采为主。合浦—那坡高速，隆安那桐—靖西、江兴—那坡沿边公路过境。

下雷街［Xiàléijiē］ 下雷镇人民政府驻地。在县政府驻地桃城镇西北46千米。人口1400。以壮族为主，还有汉族。因多雷雨得名。聚落呈带状。有中小学、卫生院。农业以甘蔗、水稻、玉米种植为主。服务业以商贸为主。每3天为圩日。隆安—靖西公路经此。

陇益屯［Lǒngyìtún］ 在县政府驻地桃城镇西北47千米。下雷镇辖自然村。人口200。以壮族为主，还有汉族。为壮语音译名，“陇”指山弄，“益”指长。因山弄较长得名。聚落呈块状。位于国境线附近。农业以水稻、玉米种植为主。特产龙眼。通乡村公路。

五山乡［Wǔshān Xiāng］ 大新县辖乡。在县境东北部。面积144平方千米。人口2.1万。以壮族为主，还有汉、瑶、苗等民族。辖1居委会、8村委会，有54自然村。乡人民政府驻度灵屯。1957年设五山乡。1959年并入昌明公社。1969年析设五山公社。1984年复乡。因其山、罗山、联山、盆山、营山5村得名。有小学9所，卫生院1个，卫生所9个。有古迹樟山崖洞葬。有习俗农历三月三祭祖扫墓。农业以甘蔗、玉米种植为主。特产龙眼、八角。天等—宾阳公路过境。

度灵屯［Dùlíngtún］ 五山乡人民政府驻地。在县政府驻地桃城镇东北20千米。人口1000。以壮族为主，还有汉族。因逐度、邑灵2屯得名。聚落呈块状。有中小学、卫生院。农业以玉米种植为主。特产龙眼、八角。天等—宾阳公路经此。

龙门乡［Lóngmén Xiāng］ 大新县辖乡。在县境东北部。面积150平方千米。人口1.9万。以壮族为主，还有汉、瑶、苗等民族。辖1居委会、8村委会，有61自然村。乡人民政府驻龙门街。1952年设二区。1958年并入万能公社。1959年析设龙门公社。1962年改区。1968年改公社。1984年设乡。因乡政府驻地得名。龙门河流经。有小学7所，卫生院1个，卫生所8个。有清代万承土官许嘉镇妻岑氏墓。有习俗农历三月三祭祖扫墓。农业以甘蔗、水稻、玉米种植为主。特产龙眼、苦丁茶。隆安—靖西公路过境。

龙门街［Lóngménjiē］ 龙门乡人民政府驻地。在县政府驻地桃城镇东北16千米。人口400。以壮族为主，还有汉族。旧名万承，因河穿山间隧道如龙游闸门更今名。聚落呈喇叭状。有中小学、卫生院。农业以甘蔗、水稻、玉米种植为主。特产苦丁茶。服务业以商贸为主。逢农历三、六、九日为圩期。358国道、隆安—靖西公路经此。

昌明乡［Chāngmíng Xiāng］ 大新县辖乡。在县境东北部。面积137平方千米。人口2万。以壮族为主，还有汉、瑶、苗等民族。辖1居委会、7村委会，有54自然村。乡人民政府驻昌明街。1952年设昌明乡。1958年并入万能公社。1959年析设昌明公社。1962年改区。1968年改公社。1984年改乡。因乡政府驻地得名。平良河流经。有中学1所，小学8所，卫生院1个，卫生所8个。有习俗农历三月三祭祖扫墓。农业以甘蔗、水稻、玉米种植为主。特产龙眼、苦丁茶。隆安—靖西公路过境。

昌明街［Chāngmíngjiē］ 昌明乡人民政府驻地。在县政府驻地桃城镇东北22千米。人口800。以壮族为主，还有汉族。原名古建，以昌盛文明意改今名。聚落呈块状。有中小学、卫生院。有农历四月初六传统歌圩节。农业以甘蔗、水稻、玉米种植为主。特产龙眼、苦丁茶。服务业以商贸为主。隆安—靖西公路经此。

福隆乡［Fúlóng Xiāng］ 大新县辖乡。在县境东北部。面积144平方千米。人口1.7万。以壮族为主，还有汉、瑶、苗等民族。辖1居委会、5村委会，有64自然村。乡人民政府驻福隆街。1952年设福隆区。1958年并入万能公社。1959年析设福隆公社。1962年改区。1968年改公社。1984年设乡。因乡政府驻地得名。平良河流经。有小学6所，卫生院1个，卫生所6个。有古迹庙山崖洞葬。有农历习俗三月三祭祖扫墓。农业以甘蔗、玉米种植为主。特产龙眼、苦丁茶、八角。隆安—靖西公路过境。

福隆街［Fúlóngjiē］ 福隆乡人民政府驻地。在县政府驻地桃城镇东北29千米。人口1300。以壮族为主，还有汉族。因生意兴隆得名。聚落呈带状。有中小学、卫生院。农业以甘蔗、玉米种植为主。特产苦丁茶。服务业以商贸为主。三日一圩。通乡村公路。

那岭乡［Nàlǐng Xiāng］ 大新县辖乡。在县境西北部。面积180平方千米。人口1.7万。以壮族为主，还有汉、瑶、苗等民族。辖1居委会、10村委会，有98自然村。乡人民政府驻那岭街。1951年设那岭乡。1959年改公社。1962年改区。1969年改公社。1984年复乡。因乡政府驻地得名。那岭河流经。有小学10所，卫生院1个，卫生所10个。有古迹好胜崖洞葬。有习俗农历三月三祭祖扫墓。有景点龙宫洞。农业以甘蔗、水稻、玉米种植为主。特产龙眼、八角、三华李。合浦—那坡高速，隆安—靖西公路过境。

那岭街［Nàlǐngjiē］ 那岭乡人民政府驻地。在县政府驻地桃城镇西北15千米。人口600。以壮族为主，还有汉族。为壮、汉语混合地名，“那”壮语意为田。因田处岭上得名。聚落呈块状。有中小学、卫生院。有习俗农历三月三祭祖扫墓。农业以甘蔗、水稻、玉米种植为主。特产龙眼、八角。服务业以集市贸易为主。隆安—靖西公路经此。

恩城乡［Ēnchéng Xiāng］ 大新县辖乡。在县境西南部。面积146平方千米。人口1.6万。以壮族为主，还有汉、瑶、苗等民族。辖1居委会、7村委会，有65自然村。乡人民政府驻恩城街。1951年设五区。1958年并入先锋公社。1959年析设恩城公社。1962年改区。1968年改公社。1984年改乡。因乡政府驻地得名。响水河、黑水河流经。有恩城国家级自然保护区。有小学7所，卫生院1个，卫生所8个。有古迹邑字山摩崖石刻、画山崖壁画、仰山崖洞葬、聚仙岩摩崖石刻、恩城邑字摩崖石刻。有习俗农历三月三祭祖扫墓。农业以甘蔗、水稻、玉米种植为主。特产龙眼、三华李。服务业以旅游为主。合浦—那坡高速过境。

恩城街［Ēnchéngjiē］ 恩城乡人民政府驻地。在县政府驻地桃城镇西南15千米。人口600。以壮族为主，还有汉族。宋代将军避此，遂名思情、思诚，取思念该城之意，后更今名。聚落呈块状。有中小学、卫生院。农业以甘蔗、水稻、玉米种植为主。特产龙眼。服务业以商贸、旅游为主。县道大新—恩城线经此。

榄圩乡［Lǎnxū Xiāng］ 大新县辖乡。在县境东南部。面积362平方千米。人口3万。以壮族为主，还有汉、瑶、苗等民族。辖1居委会、14村委会，有121自然村。乡人民政府驻榄圩街。1952年设六区。1958年改东风公社。1959年改榄圩公社。1962年改区。1968年改公社。1984年设乡。因乡政府驻地得名。榄圩河、先明河流经。有中学1所，小学14所，卫生院1个，卫生所15个。有古迹正隆巨猿化石出土遗址、歌寿岩遗址、新坡崖洞葬。有习俗农历三月三祭祖扫墓。农业以甘蔗、水稻、玉米种植为主。特产龙眼、三华李、酸梅。西长—大新公路过境。

榄圩街［Lǎnxūjiē］ 榄圩乡人民政府驻地。在县政府驻地桃城镇东南19千米。人口2100。以壮族为主，还有汉族。因地形似橄榄得名。聚落呈带状。有中小学、卫生院。农业以甘蔗、水稻、玉米种植为主。特产龙眼。服务业以商贸为主。西长—大新公路经此。

宝圩乡［Bǎoxū Xiāng］ 大新县辖乡。在县境西南部。面积113平方千米。人口1.9万。以壮族为主，还有汉、瑶、苗等民族。辖1居委会、5村委会，有75自然村。乡人民政府驻宝圩街。1951年设八区。1958年改光辉公社。1959年改宝圩公社。1962年改区。1968年改公社。1984年设乡。1987年析设堪圩乡。因乡政府驻地得名。明仕河流经。有中学1所，小学6所，卫生院1个，卫生所6个。有景点上甲民族风情、金花茶谷、碧云洞等。有农历二月十九传统歌圩节。农业以甘蔗、水稻、玉米种植为主。芦山—龙州公路过境。

宝圩街［Bǎoxūjiē］ 宝圩乡人民政府驻地。在县政府驻地桃城镇西南35千米。人口1800。以壮族为主，还有汉族。因常下冰雹得名霞圩，以谐音更今名。聚落呈带状。有中小学、卫生院。有习俗农历三月三祭祖扫墓。农业以甘蔗、水稻、玉米种植为主。特产酸菜、云片糕、龙眼。服务业以集市贸易为主。逢农历三、六、九日为圩期。芦山—龙州公路经此。

堪圩乡［Kānxū Xiāng］　大新县辖乡。在县境西南部。面积128平方千米。人口1.8万。以壮族为主，还有汉、侗、彝、布依等民族。辖1居委会、6村委会，有110自然村。乡人民政府驻堪圩街。1987年由宝圩乡析设堪圩乡。因乡政府驻地得名。明仕河流经。有小学1所，卫生院1个，卫生所7个。有古迹清末苏元春巡边大道、巡边谨汤石板桥，那角崖壁画。有习俗农历三月三祭祖扫墓。有国家4A级旅游风景区明仕田园风光。农业以甘蔗、水稻、玉米种植为主。特产黑皮果蔗、龙眼、珍珠鸭、香米。服务业有集市贸易、旅游等。三日一圩。崇左—靖西公路过境。

堪圩街［Kānxūjiē］　堪圩乡人民政府驻地。在县政府驻地桃城镇西南29千米。人口800。以壮族为主，还有汉族。壮语称多长牛甘果树为"麦堪"，以树名圩。聚落呈带状。有中小学、卫生院。农业以甘蔗、水稻、玉米、花生种植为主。特产龙眼、珍珠鸭、香米。服务业以集市贸易为主。有乡村旅游业。三日一圩。崇左—靖西公路经此。

天等县

天等县［Tiānděng Xiàn］　崇左市辖县。北纬23°05′，东经107°08′。在市境西北部。面积2159平方千米。人口45.1万。以壮族为主，还有瑶、汉、苗、仡佬、布依、侗等民族。辖5镇、8乡。县人民政府驻天等镇。1951年由镇结、向都2县合设镇向县，旋与龙茗县合置镇都县。1959年更名天等县，属南宁专区。1971年属南宁地区。2003年属崇左市。因县政府驻地得名。地势西南高东北低。平均海拔454.1米。有四城岭、九十九峰。年均气温22.6℃，1月平均气温12.1℃，7月平均气温26.9℃。年均降水量1554毫米。太平河、汉洞河、天等河、都康河、进结河等流经。有矿产资源锰、磷、金、重晶石等。有野生植物688种，其中国家重点保护野生植物有蚬木、肥牛树、任豆树。有野生动物56种。森林覆盖率60%。有中职1所，中学16所，小学181所，幼儿园29所，二级医院3个，文化馆1个，图书馆1个，博物馆1个。有古迹向都镇万福寺、都军依智高将军庙。有国家级非物质文化遗产壮族霜降节。有景点天等镇龙蟠山。三次产业比例26∶36∶38。农业以水稻、玉米、甘蔗、黄豆、生姜、甘薯、木薯、花生种植，猪、牛、羊、鸡、鸭、罗非鱼养殖为主。有土特产指天椒、苦丁茶、荞头、果蔗、西瓜、龙眼、三华李、葡萄等。工业以锰矿石、糖加工为主。服务业有通信、物流等。243国道，崇左—靖西、天等—隆安等公路过境。

天等县汽车总站［Tiānděng Xiàn Qìchē Zǒngzhàn］　见交通运输设施部分"天等县汽车总站"条。

天等镇［Tiānděng Zhèn］　天等县人民政府驻地。在县境东南部。面积211平方千米。人口5.7万。以壮族为主，还有瑶、汉、苗等民族。辖3居委会、12村委会，有106自然村。镇人民政府驻仕民村。1950年为添等镇。1957年改天等镇。1958年并入天等公社。1965年析置天等镇。1970年复并入天等公社。1980年又置天等镇。2005年华隆乡并入。为壮语"denhdengj"音译名，为石头竖立之意。因镇政府驻地旁有巨石直立得名。丽川河、棵模河流经。有中职1所，中学4所，小学7所，二级医院3个，卫生院1个，卫生所15个，博物馆1个，文化馆1个，图书馆1个，体育馆1个。有古迹那砚崖画、清音洞、龙蟠山等。有民俗农历二月初二庙会、农历三月初三扫墓祭祖节。有景点丽川独秀峰、龙蟠山、百灵安宁洞、龙角天池、派替湖、稻香逐卜喊泉。农业以水稻、玉米、指天椒、甘蔗种植为主。特产指天椒。243国道，崇左—靖西、天等—隆安、小山—德保、天等—黎亮公路过境。

天福路［Tiānfú Lù］　在县城东北部。西南起和平路，东北至丽川路。与天宝北路相交。长1千米，宽20米。混凝土路面。2000年开工，2006年建成。处天等县城，因吉言佳语得名。两侧有招待所、中医院、宾馆等。通公交车。

仕民村［Shìmíncūn］　天等镇人民政府驻地。在镇境西南部。人口5500。以壮族为主，还有汉族等。因士林、教民2村得名士民，取仕、士同音改今名。聚落呈散状。有中职、小学、卫生所、体育馆。有舞狮队。有民俗农历二月初二庙会、农历三月初三扫墓祭祖。有景点龙角天池、派替湖。农业以水稻、玉米、指天椒、甘蔗种植为主。服务业有商品零售。天等—大新、天等—黎亮公路过境。有天等汽车总站。

龙茗镇［Lóngmíng Zhèn］　天等县辖镇。在县境南部。面积118平方千米。人口2.4万。以壮族为主，还有汉族等。辖1居委会、6村委会，有103自然村。镇人民政府驻龙英街。1952年设龙茗区。1958年改公社。1961年改区。1969年复公社。1984年置镇。因宋代龙茗土州得名。龙茗河流经。有中学1所，小学7所，卫生院1个，卫生所7个。有古迹龙英八仙山摩崖题碑、岚光洞避乱碑记、进宁更必达甫桥碑记、益山呈屯岜龙山崖葬。有民俗农历二月初二庙会、农历三月初三扫墓祭祖节。有景点八仙山、观音山。农业以水稻、玉米、甘蔗种植为主。特产生姜、八角、茴油、指天椒、苦丁茶。小山—德保、天等—黎亮公路过境。

龙英街［Lóngyīngjiē］　龙茗镇人民政府驻地。在县政府驻地天等镇西南19千米。人口1700。壮族聚居。青山起伏，秀水盘旋，因吉言佳语得名。聚落呈团块状。有中小学、卫生院。有民俗农历二月初二庙会、三月初三扫墓祭祖节。农业以水稻、玉米种植为主。特产生姜、果蔗、面条、酸菜。全茗—龙茗公路经此。

进结镇［Jìnjié Zhèn］　天等县辖镇。在县境东北部。面积217平方千米。人口4.3万。以壮族为主，还有汉族等。辖1居委会、12村委会，有103自然村。镇人民政府驻进结街。1916年镇远、结安、佶伦、都结4土州合并为县，取镇远、结安各一字得名镇结。1951年设镇结区。1958年成立公社时，因"镇"具"镇压"之意，遂更名"进结"。1962年复区。1969年改公社。1984年改镇。进结河流经。有中学1所，小学13所，卫生院1个，卫生所13个。有古迹结安州张家祠堂碑、佶伦州土官冯太勋墓碑。有民俗农历二月初二庙会、三月初三扫墓祭祖节。农业以水稻、玉米、黄豆、桑树种植为主。特产指天椒、黑豆。天等—隆安、天等—平果公路过境。

进结街［Jìnjiéjiē］　进结镇人民政府驻地。在县政府驻地天等镇东北23千米。人口2600。以壮族为主，还有汉族。因镇得名。聚落呈带状。有中小学、卫生院。有民俗农历二月初二庙会、三月初三扫墓祭祖节。农业以水稻、玉米种植为主。特产指天椒。杨湾—龙茗公路经此。

向都镇［Xiàngdū Zhèn］　天等县辖镇。在县境西北部。面积230平方千米。人口5.2万。以壮族为主，还有汉、瑶等民族。辖1居委会、13村委会，有123自然村。镇人民政府驻中和街。1950年为向都镇。1958年改公社。1962年改区。1970年复公社。1984年置镇。1987年析设金洞乡。2005年金洞乡并入。因原向都县得名。取意向武、都康得名。太平河、汉洞河流经。有中学1所，小学14所，卫生院1个，卫生所14个。有古迹万福寺碑、清风岩题字、向都州土官黄植桂墓碑等。有民俗农历二月初二庙会、三月初三扫墓祭祖节。有景点万福山、清风洞、百感岩等。农业以水稻、玉米、甘蔗种植为主。特产生姜、莴头、八角、指天椒、苦丁茶。进结—那样公路过境。

中和街［Zhōnghéjiē］　向都镇人民政府驻地。在县政府驻地天等镇西北42千米。人口3300。以壮族为主，还有瑶、汉等民族。处镇中心且为旧向都县城，故名。聚落呈块状。有中小学、卫生院。有古迹万福寺碑、清风岩题字。有民俗农历二月初二庙会、三月初三扫墓祭祖节、霜降民歌节。有景点九连塘、万福山、清风岩。农业以种植水稻、玉米为主。特产指天椒、莴头。进结—那样公路经此。

东平镇［Dōngpíng Zhèn］　天等县辖镇。在县境北部。面积133平方米。人口2.7万。壮族聚居。辖1居委会、7村委会，有62自然村。镇人民政府驻东平街。1952年设东平乡。1958年改公社。1962年改区。1969年复公社。1984年复乡。2012年改镇。因镇政府驻地得名。那造河、东平河流经。有中学1所，小学7所，卫生院1个，卫生所8个。有古迹江龙村江梅崖葬。有民俗农历二月初二庙会、三月初三扫墓祭祖节。农业以水稻、玉米、甘蔗种植为主。特产指天椒、铁皮石斛。工业有锰矿石加工。243国道、进结—那样公路过境。

东平街［Dōngpíngjiē］　东平镇人民政府驻地。在县政府驻地天等镇北36千米。人口700。壮族聚居。"东平"壮语"Doenghbingz"，"东doengh"指田垌，"平bingz"指平地。明代中期广东南海县陈家庄人迁居岜沙屯。清后期又迁此地定居设圩，始称洞平街，因地处平坦田垌中得名。后因"洞"字含义欠佳，"东"与"洞""垌"谐音，始祖又是从广东迁来，故改名"东平街"。聚落呈块状。有中小学、卫生院。有民俗农历二月初二庙会、三月初三扫墓祭祖节。农业以水稻、玉米、甘蔗种植为主。特产指天椒。进结—那样公路经此。

都康乡［Dūkāng Xiāng］　天等县辖乡。在县境中部。面积133平方千米。人口3.3万。壮族聚居。辖10村委会，有110自然村。乡人民政府驻都康街。1950年为都康区。1958年改公社。1962年复区。1968年改公社。1984年改乡。因乡政府驻地得名。都康河流经。有中学1所，小学11所，卫生院1个，卫生所10个。有民俗农历二月初二庙会、三月初三扫墓祭祖节。有景点龙合观景台、安保潭、岩林庄（清风岩）。农业以水稻、玉米、甘蔗种植为主。特产指天椒、苦丁茶、都康香米、八角。天等—仙桥公路过境。

都康街［Dūkāngjiē］　都康乡人民政府驻地。在县政府驻地天等镇西北6千米。人口400。壮族聚居。寓意生活繁荣兴旺、康泰得名。聚落呈块状。有中小学、卫生院。有民俗农历二月初二庙会、三月初三扫墓祭祖节。农业以玉米、水稻种植为主。荣华—都康公路经此。

宁干乡［Nínggān Xiāng］　天等县辖乡。在县境中部。面积93平方千米。人口2.3万。以壮族为主，还有瑶、汉、苗、仡佬、布依、侗等民族。辖6村委会，有49自然村。乡人民政府驻宁干街。1984年由都康公社析设宁干乡。因乡政府驻地得名。宁江河流经。有中学1所,小学6所,卫生院1个,卫生所6个。有民俗农历二月初二庙会、三月初三扫墓祭祖节。有景点狮山银湖。农业以水稻、玉米种植为主。特产指天椒、甘蔗。243国道过境。

宁干街［Nínggānjiē］ 宁干乡人民政府驻地。在县政府驻地天等镇西北18千米。人口1200。壮族聚居。宋代末年广东人迁此定居建屯,原名"凝干街",意为居民注重团结,凝聚力强,说干就干。后为书写简便,更为"宁干街"。聚落呈块状。有中小学、卫生院。有民俗农历二月初二庙会、三月初三扫墓祭祖节。农业以水稻、玉米种植为主。特产指天椒、甘蔗。服务业有商贸等。乐久—宁干公路经此。

驮堪乡［Tuókān Xiāng］ 天等县辖乡。在县境东北部。面积273平方千米。人口4.1万。以壮族为主,还有汉族等。辖11村委会,有112自然村。乡人民政府驻驮堪街。1950年为驮堪区。1958年改公社。1962年复区。1969年复公社。1984年改乡。因乡政府驻地得名。有中学1所,小学11所,卫生院1个,卫生所11个。古迹有贤民村曰屯"遵奉州主定例"碑。有民俗农历二月初二庙会、三月初三扫墓祭祖节。有景点那孟潭。农业以水稻、玉米、甘蔗种植为主。特产指天椒、山羊。天等—隆安、独山—南岭公路过境。

驮堪街［Tuókānjiē］ 驮堪乡人民政府驻地。在县政府驻地天等镇东北19千米。人口1200。壮族聚居。为壮语音译名。因跨越小河进村得名。聚落呈带状。有中小学、卫生院。有民俗农历二月初二庙会、三月初三扫墓祭祖节。农业以水稻、玉米、甘蔗种植为主。特产指天椒。独山—南岭公路经此。

福新乡［Fúxīn Xiāng］ 天等县辖乡。在县境西南部。面积278平方千米。人口3.4万。以壮族为主,还有汉族等。辖13村委会,有228自然村。乡人民政府驻挂榜街。1951年设福隆区。1958年改福新公社。1962年改区。1970年改公社。1984年改乡。因人民幸福、万象更新得名。那力河、电力河流经。有中学1所,小学12所,卫生院1个,卫生所13个。有古迹江岸"永禁石碑"、龙念山崖葬。有民俗农历二月初二庙会、三月初三扫墓祭祖节。有景点四城岭、北教森林。农业以水稻、玉米、八角种植为主。特产八角、茴油、田七、蚬木、杉木。天等—黎亮公路过境。

挂榜街［Guàbǎngjiē］ 福新乡人民政府驻地。在县政府驻地天等镇西南31千米。人口300。壮族聚居。明洪武十八年(1385)福龙(隆)籍黄敬中中进士,皇榜曾张挂于此,后凡迁居者皆挂榜公布,故名。聚落呈带状。有中小学、卫生院。有民俗正月初八、初十龙垌节,农历二月初二庙会、三月初三扫墓祭祖节。农业以水稻、玉米种植为主。洞良—福新公路经此。

进远乡［Jìnyuǎn Xiāng］ 天等县辖乡。在县境东北部。面积61平方千米。人口1.3万。以壮族为主,还有汉族等。辖4村委会,有24自然村。乡人民政府驻进远街。1984年由进结公社析设进远乡。因乡政府驻地得名。进远河、上稔河流经。有中学1所,小学4所,卫生院1个,卫生所4个。有民俗农历二月初二庙会、三月初三扫墓祭祖节。农业以水稻、玉米、甘蔗种植为主。特产指天椒。进结—那样公路过境。

进远街［Jìnyuǎnjiē］ 进远乡人民政府驻地。在县政府驻地天等镇东北33千米。人口400。壮族聚居。因距旧县治镇结镇较远得名。聚落呈带状。有中小学、卫生院。有古迹广西省立南宁女子中学"邕管重光"碑记。有民俗农历二月初二庙会、三月初三扫墓祭祖节。农业以水稻、玉米种植为主。特产指天椒。进结—那样公路经此。

上映乡［Shàngyìng Xiāng］ 天等县辖乡。在县境西部。面积170平方千米。人口3.4万。以壮族为主,还有汉、苗、瑶等民族。辖10村委会,有121自然村。乡人民政府驻上映街。1951年设上映区。1958年改公社。1962年复区。1970年改公社。1984年改乡。因乡政府驻地得名。派江河、桃连广河流经。有中学1所,小学10所,卫生院1个,卫生所10个。有民俗农历二月初二庙会、三月初三扫墓祭祖节。有景点仙桥。农业以水稻、玉米、指天椒种植为主。特产葡萄、柑橘、生姜、田七。小山—德保公路过境。

上映街［Shàngyìngjiē］ 上映乡人民政府驻地。在县政府驻地天等镇西36千米。人口2000。壮族聚居。处高地,太阳早射,故名。聚落呈块状。有中小学、卫生院。有民俗农历二月初二庙会、三月初三扫墓祭祖节。农业以水稻、玉米种植为主。特产葡萄、柑橘、指天椒。上映—下雷公路经此。

把荷乡［Bǎhé Xiāng］ 天等县辖乡。在县境西部。面积143平方千米。人口2.9万。以壮族为主,还有汉族等。辖8村委会,有89自然村。乡人民政府驻把荷街。1958年由上映公社析设把荷公社。1962年改区。1970年复公社。1984年改乡。因乡政府驻地得名。巴龙河流经。有中学1所,小学9所,卫生院1个,卫生所8个。有民俗农历二月初二庙会、三月初三扫墓祭祖节。有景点若兰水库、观音山。农业以水稻、玉米、芋头种植为主。特产西瓜、田七、生姜、蒜头、芋头、指天椒。小山—德保、进结—那坡公路过境。

把荷街［Bǎhéjiē］ 把荷乡人民政府驻地。在县政府驻地天等镇西45千米。人口1100。壮族聚居。为壮语音译名。因昔多茅草屋得名。聚落呈带状。有中小学、卫生院。有民俗农历二月初二庙会、三月初三扫墓祭祖节、三月二十日民歌节。农业以种植水稻、玉米、芋头为主。特产西瓜、芋头、指天椒。宾阳—德保公路经此。

小山乡［Xiǎoshān Xiāng］ 天等县辖乡。在县境南部。面积97平方千米。人口1.5万。壮族聚居。辖5村委会,有60自然村。乡人民政府驻小山街。1987年由龙茗镇析设小山乡。因乡政府驻地得名。龙哨河流经。有中学1所,小学5所,卫生院1个,卫生所5个。有古迹龙桥瑞屯荣华堂。有民俗农历二月初二庙会、三月初三扫墓祭祖节。农业以水稻、玉米、甘蔗、苦丁茶、指天椒种植为主。天等—大新、小山—德保公路过境。

小山街［Xiǎoshānjiē］ 小山乡人民政府驻地。在县政府驻地天等镇南23千米。人口1500。壮族聚居。因有独立小山峰得名。聚落呈团块状。有中小学、卫生院。有民俗农历二月初二庙会、三月初三扫墓祭祖节。农业以水稻、玉米、甘蔗种植为主。宾阳—德保公路经此。

地 域 名

桂中［Guìzhōng］ 在广西壮族自治区中部。指驾桥岭、大瑶山以西,莲花山、镇龙山以北,大明山以东,桂北山地以南的红水河、龙江、柳江、洛清江等中下游地区,跨鹿寨、柳城、柳江、象州、武宣、忻城、宾阳、上林等县,宜州、合山2县级市,都安、大化2瑶族自治县和柳州、来宾2市市辖区。因位居广西中部,广西简称"桂",故名。多为海拔200米左右的平岗、低丘,间有低山、丘陵。地表多为溶蚀平原和喀斯特石山,有桂中盆地之称。有广西最大的工业中心和铁路枢纽柳州市,来宾市有"世界瑶都""盘古文化之都"之美称。是中国古人类"柳江人"发祥地。衡柳、柳南城际、南广高铁,湘桂、黔桂、焦柳、屯秋、来合铁路,泉南、汕昆、兰海、三北、武平高速,209、210、322、323、324国道及多条省道过境。柳江、红水河流经,可通航。有柳州白莲机场。

桂东北［Guìdōngběi］ 在广西壮族自治区东北部。居南岭山地西段。跨全州、灌阳、钟山、昭平、蒙山、平乐、荔浦、阳朔、灵川、兴安、资源等县,恭城、富川2瑶族自治县和龙胜各族自治县,桂林、贺州2市市辖区,至湘、粤2省边界的自治区境。因处广西东北部,广西简称"桂",故名。山岭连绵,五岭中的越城、都庞、萌渚3岭,逶迤于桂、湘和桂、粤边界,海洋山坐落区域中部,海拔多在1000—1500米。猫儿山海拔2141米,为广西最高,亦为华南地区第一峰。间有著名的湘桂走廊和萧贺谷地。区域内喀斯特地貌广布,有桂林漓江风景名胜区。衡柳、贵广高铁,湘桂、洛湛铁路,包茂、泉南、厦蓉、汕昆、桂林绕城高速,207、321、322、323国道及多条省道过境。桂江、漓江流经,可通航。有桂林两江国际机场。

桂东［Guìdōng］ 在广西壮族自治区东部。指梧州市及其所辖苍梧县、藤县、岑溪市及贺州市南部、玉林市北部部分区域。因位居广西东部,广西简称"桂",故名。多山地少平地。山地多为800米以下低山,有不少海拔超过1000米的山峰。平地主要为山间盆地、冲积平原。有广西最古老的城市之一梧州市,也是广西通往粤、港、澳的咽喉。南广高铁,益湛铁路,广昆、包茂高速,207、321国道等过境。郁江、桂江、西江流经,可通航。有梧州长洲岛机场。

桂东南［Guìdōngnán］ 在广西壮族自治区东南部。包括云开大山、勾漏山、大容山的玉林、贵港2市及其所辖各县(市)。因位居广西东南部,广西简称"桂",故名。低山、盆地、谷地相间,海拔300米左右。有广西最大的冲积平原浔江平原。为广西农业发达地区。南广高铁,黎湛铁路,广昆、资铁高速,209、324国道及多条省道过境。浔江、郁江、绣江流经,可通航。

桂南［Guìnán］ 在广西壮族自治区南部。南起北部湾畔,北至罗阳山北侧,东始六万大山,西止十万大山。包括北海市、钦州市及除上思县外的防城港市。为广西沿海地区,因位居广西南部,广西简称"桂",故名。为广西主要热带作物产区。邕北、南防、钦防、钦北、钦港铁路，兰海、钦东、六钦、资铁高速，209、325 国道及多条省道过境。有防城港、钦州港、北海港等港口。

桂西南 [Guìxīnán] 在广西壮族自治区西南部。南起十万大山北麓，北至西大明山、大明山，东始横县东缘山地，西止中越边境。包括南宁、崇左 2 市大部分县（市、区）及防城港市上思县。因位居广西西南部，广西简称“桂”，故名。东段以海拔 200 米以下的丘陵台地、盆地、河谷平原为主，有横县平原、邕宁丘陵台地、南宁盆地、武鸣盆地及高峰岭山地等；西段以 500 米以下低山、峰林石山及 200 米以下喀斯特谷地为主。南广、柳南城际高铁，邕北、南防、邕南、湘桂、南昆铁路，广昆、兰海、泉南、南友、合那、南宁绕城高速，209、210、322、324 国道及多条省道过境。左江、邕江、郁江流经，可通航。有南宁吴圩国际机场。

桂西 [Guìxī] 在广西壮族自治区西部。包括百色市右江区和田阳、田东、平果、德保、靖西、那坡、崇左市天等县。因位居广西西部，广西简称“桂”，故名。自然类型可分为右江河谷和喀斯特山原。右江河谷为盆地地形，地势较低，多在海拔 100—200 米。喀斯特山原地貌类型复杂多样，地势较高，槽谷海拔一般在 500—800 米，峰丛多在 900—1000 米。山原植被多种多样。有广西西部工业、经济、文化、交通中心百色市。平果县为我国重要铝工业基地。南昆、田靖铁路，广昆、汕昆、武平、合那高速，323、324 国道及多条省道过境。有百色巴马机场。

桂西北 [Guìxīběi] 在广西壮族自治区西北部。包括百色市西林、田林、凌云、乐业 4 县和隆林各族自治县，河池市凤山县等。因位居广西西北部，广西简称“桂”，故名。处云桂高原东南边缘地带，山岭连绵，海拔一般在 1000—1300 米，地表起伏大，河谷狭窄，气候垂直差异明显。森林资源丰富，为广西最大栎林及云南松林区和宜牧区。有世界罕见的地质奇观区乐业天坑群。南昆铁路、汕昆高速、324 国道及多条省道过境。

桂北 [Guìběi] 在广西壮族自治区北部。包括柳州市三江侗族自治县、融安县、融水苗族自治县，河池市金城江区和罗城仫佬族自治县、环江毛南族自治县、南丹县、天峨县等地。因位居广西北部，广西简称“桂”，故名。是壮、侗、苗、仫佬、毛南等民族聚居地，有多个民族自治县。山地连绵，东北—西南走向的大南山、天平山、大苗山和西北—东南走向的凤凰山、九万大山等坐落其间。海拔多在 1000—1300 米。大苗山主峰元宝山，海拔 2101 米，为广西第三高峰。桂北是广西主要林区之一，有国家级自然保护区元宝山、九万山、木论，自治区水源林自然保护区三匹虎、龙滩。黔桂、焦柳、洛茂、三罗、金红铁路，汕昆、兰海、三北高速，209、210、321、323 国道及多条省道过境。

旧 地 名

桂西僮族自治区 [Guìxī Zhuàngzú Zìzhìqū] 在原广西省西部和西南部。1952 年设置。区人民政府驻地南宁市。辖百色、宜山、柳州、宾阳、崇左 5 专区。1956 年更名桂西壮族自治州。

那马县 [Nàmǎ Xiàn] 在原广西省中部。1912 年由那马厅和定罗土司合并设置。1952 年与隆山县合置马山县。

隆山县 [Lóngshān Xiàn] 在原广西省中部。1915 年由白山、古零、兴隆 3 土司合并设置。1952 年与那马县合置马山县。

永淳县 [Yǒngchún Xiàn] 在原广西省中部偏南。北宋元祐三年（1088）由永定县更名。1953 年撤，分别划入横县、宾阳、邕宁 3 县。

雒容县 [Luòróng Xiàn] 在原广西省中部。唐贞观中叶（627—649）有象县析置洛容县。《明史》载，为避讳明光宗朱常洛尊讳，洛容县改称雒容县。1952 年与中渡、榴江 2 县及修仁县第二区合置鹿寨县。

榴江县 [Liújiāng Xiàn] 在原广西省中部。1924 年析永福县鹿寨、黄冕、寨沙 3 区置榴江县。1952 年与雒容、中渡 2 县及修仁县第二区合置鹿寨县。

中渡县 [Zhōngdù Xiàn] 在原广西省中部。1912 年由中渡厅改置。1952 年与雒容、榴江 2 县及修仁县第二区合置鹿寨县。

融县 [Róng Xiàn] 在原广西省东北部。明洪武十年（1377）降融州为县。1953 年更名融安县。

大苗山苗族自治县 [Dàmiáoshān Miáozú Zìzhìxiàn] 在广西壮族自治区北部。1955 年由大苗山苗族自治区（县级）改置。1966 年更名融水苗族自治县。

义宁县 [Yìníng Xiàn] 在原广西省东北部。五代后晋天福八年（943）置。宋开宝五年（972）撤，次年复置。1952 年撤，分别划入龙胜、灵川 2 县。

修仁县 [Xiūrén Xiàn] 在原广西省中部。三国吴甘露元年（265）置建陵县。唐长庆元年（821）因讳肃宗李亨陵号，以治地修仁乡为县名，称修仁县。1952 年撤，分别划入荔浦、鹿寨 2 县。

郁林县 [Yùlín Xiàn] 在原广西省东南部。1913 年由郁林府改置。1955 年更名玉林县。

万冈县 [Wàngāng Xiàn] 在原广西省西部。1934 年置。1952 年撤，划入田东、田阳、东兰、凤山 4 县。

平治县 [Píngzhì Xiàn] 在原广西省中部。1934 年由思林县更名。1952 年与果德县合置平果县。

果德县 [Guǒdé Xiàn] 在原广西省中部。1915 年由果化、归德 2 土州合置。1952 年与平治县合置平果县。

敬德县 [Jìngdé Xiàn] 在原广西省西部。1935 年析恩阳、靖西、天保 3 县部分乡村置。1952 年与天保县合置德保县。

天保县 [Tiānbǎo Xiàn] 在原广西省西部。清乾隆四年（1739）置县。1952 年与敬德县合置德保县。

镇边县 [Zhènbiān Xiàn] 在原广西省西端。清光绪十二年（1886）有小镇安厅改置。1953 年更名睦边县。

睦边县 [Mùbiān Xiàn] 在原广西僮族自治区西端。1953 年由镇边县更名。1965 年更名那坡县。

田西县 [Tiánxī Xiàn] 在原广西省西北部。1935 年由西林、西隆、凌云 3 县中的 8 乡合置。1952 年与西林县东部合并，改置田林县。

西隆县 [Xīlóng Xiàn] 在原广西省西北部。1912 年由西隆州改置。1952 年与西林县部分地域合置隆林各族自治区（县级）。

凌乐县 [Línglè Xiàn] 在原广西僮族自治区西北部。1952 年由凌云、乐业 2 县合置。1962 年撤，恢复凌云、乐业 2 县。

信都县 [Xìndū Xiàn] 在原广西省东北部。1912 年由信都厅改置县。1952 年并入贺县。

富钟县 [Fùzhōng Xiàn] 在原广西僮族自治区东部。1953 年由富川、钟山 2 县合置。1962 年撤，恢复富川、钟山 2 县。

宜山县 [Yíshān Xiàn] 在广西壮族自治区中部偏北。宋宣和元年（119）改龙水县为宜山县。1993 年撤，改设宜州市（县级）。

天河县 [Tiānhé Xiàn] 在原广西省北部。唐贞观四年（630）置。1953 年并入罗城县。

宜北县 [Yíběi Xiàn] 在原广西省北部。1914 年由安化县更名。1952 年与思恩县合置环江县。

思恩县 [Sī'ēn Xiàn] 在原广西省北部。唐贞观十二年（638）置。1952 年与宜北县合置环江县。

迁江县 [Qiānjiāng Xiàn] 在原广西省中部。北宋天禧四年（1020）改思刚州置县。1953 年并入来宾县。

石龙县 [Shílóng Xiàn] 在原广西僮族自治区中部。1953 年由象县、武宣 2 县合置。1960 年更名象州县。

大瑶山瑶族自治县 [Dàyáoshān Yáozú Zìzhìxiàn] 在广西壮族自治区中部偏东。1955 年由大瑶山瑶族自治区（县级）改置。1966 年更名金秀瑶族自治县。

崇善县 [Chóngshàn Xiàn] 在原广西省西南部。北宋皇祐五年（1053）置。1952 年与左县合置崇左县。

左县 [Zuǒ Xiàn] 在原广西省西南部。1912 年由左州改置。1952 年与崇善县合置崇左县。

扶南县 [Fúnán Xiàn] 在原广西省西南部。1912 年新宁州改置新宁县。1914 年为避与四川、湖南、广东 3 省之新宁县同名改称扶南县。1952 年与同正、绥渌 2 县合置扶绥县。

绥渌县 [Suílù Xiàn] 在原广西省西南部。1912 年忠州土州改土归流为忠县。因与四川省忠县同名，1916 年以山溪多（壮语称溪为“渌”）改称绥渌县。1952 年与扶南、同正 2 县合置扶绥县。

同正县 [Tóngzhèng Xiàn] 在原广西省西南部。1912 年置永康县。1914 年因避与浙江省永康县同名改同正县。1952 年与扶南、绥渌 2 县合置扶绥县。

明江县 [Míngjiāng Xiàn] 在原广西省西南部。1912 年由明江厅改置。1952 年与凭祥、宁明 2 县合置镇南县。

思乐县 [Sīlè Xiàn] 在原广西省西南部。1916 年由土思、思陵 2 州合并改置。1953 年与镇南县合置宁明县。

上金县 [Shàngjīn Xiàn] 在原广西省西南部。1928 年由上龙土司、金龙峒辖地改置。1951 年与龙津县合置丽江县。

龙津县 [Lóngjīn Xiàn] 在原广西省西南部。1937 年由龙州县更名。1951 年与上金县合置丽江县。1953 年丽江县更名龙津县。1961 年龙津县再更名龙州县。

养利县［Yǎnglì Xiàn］ 在原广西省西南部。1912年由养利州改置。1952年与万承、雷平2县合置大新县。

雷平县［Léipíng Xiàn］ 在原广西省西南部。1928年由太平、下雷、安平3土州合置。1952年与养利、万承2县合置大新县。

万承县［Wànchéng Xiàn］ 在原广西省西南部。1929年从养利县析原万承土州地置万承县。1952年与养利、雷平2县合置大新县。

镇结县［Zhènjié Xiàn］ 在原广西省西部。1916年由结伦土州改置。1952年与向都、龙茗2县合置镇都县。

向都县［Xiàngdū Xiàn］ 在原广西省西部。1917年由向都、都康、上映3土州合并设置。1952年与镇结、龙茗2县合置镇都县。

龙茗县［Lóngmíng Xiàn］ 在原广西省西部。1916年由龙英、全茗、茗盈3土州合并设置。1952年与镇结、向都2县合置镇都县。

镇都县［Zhèndū Xiàn］ 在原广西省西部。1952年由镇结、向都、龙茗3县合置。1957年更名天等县。

海 南 省

海南省［Hǎinán Shěng］ 简称琼。北纬 3°58′—20°10′，东经 108°37′—117°50′。在中国南端南海海域。包括海南岛和西沙、南沙、中沙群岛等岛礁及其海域。海南岛位于北纬 18°10′—20°10′，东经 108°37′—111°03′。北隔琼州海峡与广东省雷州半岛相望，西临北部湾与越南为邻，东和南在南海中与菲律宾、文莱、印度尼西亚、马来西亚为邻。陆地面积 3.5 万平方千米，海洋面积 200 万平方千米，海岸线长 1823 千米。人口 916.3 万。以汉族为主，还有黎、苗、壮、回等民族。有黎族 15 万，占全省总人口的 16.5%。辖海口、三亚、三沙 3 地级市，五指山、琼海、儋州、文昌、万宁、东方、定安、屯昌、澄迈、临高、白沙、昌江、乐东、陵水、保亭、琼中 16 省直辖县级行政单位。共 8 市辖区、6 县级市、4 县、6 自治县。省会海口。

秦处象郡边缘区域，秦汉之交属南越国。西汉岛上设珠崖、儋耳 2 郡，合 16 县。始元五年（前 82）废儋耳郡并入珠崖郡。初元三年（前 46）罢珠崖郡设朱卢县，属合浦郡。至南朝梁武帝初，珠崖郡或置或废，海南仅置 1 县。梁大同年间（535—545）置崖州，统于广州都督府。隋大业三年（607）改崖州为珠崖郡。六年析珠崖置儋耳、临振 2 郡，均督于扬州刺史部。唐武德五年（622）改郡为州。贞观元年（627）设崖州都督府总辖崖、儋、振 3 州，隶广州中都督。五年析崖州置琼州，龙朔二年（662）析崖州、振州置万安州。贞元五年（789）废崖州都督府设琼州都督府，领琼州、崖州、儋州、振州、万安州 5 州 23 县。“琼州”一词指称海南始此。咸通五年（864）置忠州，十一年（870）撤销。唐末全岛共 5 州 22 县。南汉废 8 县。北宋开宝五年（972）废崖州，以其地入琼州，改振州为崖州。熙宁六年（1073）以琼州为琼管安抚司，改儋、崖、万安 3 州为昌化、朱崖、万安 3 军，其后昌化军改为南宁，朱崖军改为吉阳军。宣和年间（1119—1125）改琼管安抚司为琼管安抚都监，加管辖“万里石塘”（今南海诸岛）。此后全岛先后统于琼管转运司和琼管安抚司，先后隶广南路和广南西路。元至元年间（1264—1294）改为琼州路安抚司，隶湖广行中书省；省吉阳县增置定安、会同 2 县。天历二年（1329）改琼州路安抚司为乾宁安抚司，升定安县为南建州。至正（1341—1368）末改隶广西行中书省。明洪武改乾宁安抚司为琼州府，复军为州，降南建州为定安县，改隶广东行中书省。正统四年（1439）裁省崖、儋、万 3 州附郭宁远、宜伦、万宁 3 县，琼州府领 3 州 10 县。清先后督于海南道、雷琼道和琼崖道，光绪年间曾升崖州为直隶州。民国废州府，初辖 13 县，1935 年增设白沙、保亭、乐安（后改称乐东）3 县。1948 年成立海南特别行政区，直隶中央行政院，次年复析琼山县置海口市。1950 年 5 月 1 日海南岛解放后成立海南军政委员会，次年成立海南行政区公署，为广东省派出机关。1952 年析乐东等 3 县置东方县，析保亭等 5 县置琼中县，全岛 1 市 18 县。其后在民族地区设海南黎族苗族自治区（后改海南黎族苗族自治州），初辖 5 县后扩大至 7 县。1981 年设西沙群岛、南沙群岛、中沙群岛办事处。1984 年崖县撤县建三亚市，1986 年析保亭等 3 县设通什市。1987 年撤销海南黎族苗族自治州，所辖县改为自治县，三亚市升格为地级市。1988 年从广东省划出建海南省。建省后琼海、儋县、琼山、文昌、万宁、东方 6 县先后撤县建市（县级），2002 年琼山市又并入海口市。2012 年撤西沙群岛、南沙群岛、中沙群岛办事处建三沙市，至此全省政区建制基本完成。

海南为移民省。现有居民在不同历史时期从不同地方迁徙而来，或慕其静谧而来避乱，或利其山水而来开垦，或因征戍、流寓而在此定居，或因经商、为官而落籍。来源多途，带来语言各异，地名丰富多彩。晚明前入迁的黎人、临高人、回人、闽南人、儋州人、苗人，以及落籍后从事农、渔、盐、手工各业和屯田守军者，在地名中都留下或明或隐之印记。现今全省 19 个市县名中，使用时间 1300 年以上者 5 个，800—1000 年者 2 个，100 年以下者 11 个。市县名和山、水、海、岛等自然地理实体有关的 9 个，占市县总数的 47%。文昌、万宁等 5 县市名希冀安定昌乐；儋州、保亭等 3 县市名以古部落和黎语命名；琼中等 2 县市以地理方位命名。海南地名特点，一为临海地名多与山水相关，二为符合民众求安定、图昌乐之愿望，三为民族地区地名以民族象征物和民族语言相结合。现今全省地名约 3.7 万个，自然村地名最多，约占总数的 60%，基本上为汉、黎、临高三大语族群地名，其中黎语地名约 2400 个，临高语地名约 2600 个，各占全省自然村地名总数的 12% 和 13%。海南三大语族群来源各异，自然村地名族群特征鲜明。汉语地名以共同语为多，有海南闽语色彩的也不少，主要是含仔、姆、埔（昌）、朗（崀）、墩（堆）、圮等方言特征词地名，还有与共同语称谓迥异的物产类地名，如榕树、山茶、棉花、芝麻、鹧鸪、八哥，海南闽语地名分别写作常树、山柚、加半、油麻、雀枯、加料等。黎语和临高语族群地名通名均置于词首，与汉语置于词尾完全不同。如汉语通名“村”，黎语依不同方言有保（抱、报、布）和方、番、芬之异，临高语族群则多写作武、抚、扶；汉语通名“田”，黎语有什（打、扎）、那、祖之别，临高语旧志书多写作那，今临高县境内则多、和互现；同样汉语“新村”，黎族地区书面语不同方言有保班、保办、抱板、抱班、报板、方板、番办，临高语有武闹、扶闹等不同写法。从语义看，海南自然村地名通名以田园最多，有 3500 多个，几乎占全省自然村总数的 20%。其次通名为地貌地势者，包括山、岭、塘、溪、沟、湖及墩、坑、穴等。山岭类黎语有空（孔、控）、好（豪、头、后）、俄（峨、鹅、娥）、贺（陀、托），临高语有社（谢）、仓（昌）。塘沟类临高语为潭（谭）；墩坑类海南闽语有埔（昌）、朗（崀）、窟、墩（堆），临高语为昆（坤、群）、锦（金）等，此类地名也占全省自然村总数的 20% 左右。以姓氏命名者有近 600 个，占全省自然村总数的 3%。居民点通名多隐去而以自然地名出现，如五指山、打铁岭等。民族语自然村专名口语形式双音节为多，单音节、三音节、四音节都有出现；书面形式一般为全音译，半音译、半意译也有，如临高语的兰秦（意为秦家村）、黎语的保苗（意为苗村）。还有书写与口语完全不同的，如临高语“nahan”，汉意为坛前的村子，书面却写作青龙。作为我国唯一的热带海洋省，荔枝、龙眼、槟榔、芭蕉等热带水果，花梨、青梅、鸡针等珍稀植物和以岛、礁、港、湾等为通名的地名的成批量出现，标示其热带海洋之特色。南海诸岛中以人名命名的岛屿礁滩，还显示出相当高的历史素养和对南海的主权意识。如永乐群岛为纪念明成祖派郑和下西洋，道乾群岛为纪念明神宗时林道乾率水兵破西班牙海军于菲律宾近海处，宣德群岛为纪念明宣宗续派郑和下西洋，赵述岛为纪念明太祖使赵述至南洋。1950 年后近 10 万大军上岛垦荒种植橡胶，垦殖农场中的居民点名称里，增加了胜利、长征、先锋、红旗、前进、新风等一批具有历史意义的地名。改革开放以后，又增加了开发区、科技园、工业区和大道、广场、花园等反映科技进步和经济发展，具有时代特点的多音节通名。

海南省地处南海之中，地理概貌分为大陆型岛屿的海南岛片、海洋岛礁型的西沙群岛片和南沙群岛片，以及以水下珊瑚礁为主的中沙群岛片三种类型。海南岛地势中部高四周低，从里向外由山地、丘陵、台地、阶地和平原构成三大环带，中南部山地为第一环带，丘陵为第二环带，台地、阶地和平原为第三环带。最高峰五指山主峰海拔 1867.1 米。年均气温 24.4℃，1 月平均气温 18.8℃，7 月平均气温 28.2℃。年均日照时数 2035.6 小时，年均降水量 1819.1 毫米。海岛河流为独立水系，由中部山区丘陵向四周以辐射状流入海，河短坡陡。全岛独流入海的河流 154 条，其中集水面积 100 平方千米以上的干、支流 89 条，主要河流有南渡江、昌化江、万泉河，三大河流域面积占全岛面积的 46%。最大河流为南渡江。集水面积在 500—2000 平方千米的有陵水河、宁远河、珠碧江、望楼河、文澜江等 10 条。地下水资源量 75 亿立方米，淡水总面积 13.7 万公顷。水库面积 5.6 万公顷，其中大广坝、松涛和牛路岭等大型水库 7 个，集水总面积 7208 平方千米。森林资源丰富，活立木蓄积量 1.25 万亿立方米，森林面积 208.04 万公顷，森林覆盖率 60.5%，红树林面积 0.39 万公顷。有野生植物 4600 多种，其中特有珍稀名贵树种 45 种，药用植物 2500 多种，占全国乔灌植物种类的 28.6%。特类木材有海南黄花梨、坡垒、子京、荔枝、母生，一类材34种，二类材48种，三类材119种。有野生动物577种，23种为海南岛特有，其中海南坡鹿、海南长臂猿、云豹、孔雀雉等14种为国家一级重点保护动物，国家二级重点保护动物100种。有自然保护区50个，其中有东寨港红树林、霸王岭、尖峰岭等国家级自然保护区9个，省级自然保护区22个，热带原始森林区4个。有霸王岭、尖峰岭、吊罗山等国家森林公园7处。有矿产资源88种，储量位于全国前列的有石油、天然气、玻璃用砂、钛铁砂矿、锆英砂矿、宝石、富铁矿、铝土矿（三水型）、饰面用花岗岩、饮用天然矿泉水、热矿水等。有中国南海研究院、中国热带农业科学院热带生物技术研究所、中国热带农业科学院橡胶研究所等国家级科研机构10个，海南省农业科学院等省级科研机构20个。有海南大学、海南师范大学、海南医学院、海口经济学院等高校17所，国家级图书馆6个，国家级文化馆6个，国家级博物馆1个，知名文艺团体有海南省美术家协会、海南省戏剧家协会以及海南省舞蹈家协会等28个，三级医院24个，大型体育场馆3个。有东坡书院、中共琼崖第一次代表大会旧址、五公祠、海瑞墓等全国重点文物保护单位14个，省级文物保护单位108个。有陵水苏维埃政府旧址、解放海南岛战役烈士陵园、侵华日军侵琼八所死难劳工旧址等重要纪念地16个，琼崖红军云龙改编旧址、红色娘子军纪念园、母瑞山革命根据地纪念园等全国爱国主义教育基地5个，科普教育基地5个。有国家级非物质文化遗产崖州民歌、儋州调声、黎族打柴舞、临高人偶戏、昌江黎族泥条盘筑法制陶技艺、黎族传统纺染织绣技艺等18项。有国家5A级旅游景区4个，国家4A级旅游景区17个，国家3A级旅游景区27个。有国家级风景名胜区海南热带野生动植物园、海口火山群世界地质公园、假日海滩旅游区、五公祠、海瑞墓、南山等31个；省级风景名胜区25个。有国家历史文化名城海口市，省级历史文化名镇4个，中国历史文化名村4个。三次产业比例23∶25∶52。主要热带作物有橡胶、椰子、咖啡、槟榔、腰果、剑麻、胡椒等，橡胶、椰子等产量均居全国首位，是国家重要的天然橡胶、南繁育种、冬季瓜菜、无疫区热带水果生产基地。有北部湾、南沙等5个优良渔场，面积近30万平方千米，可供养殖的沿海滩涂面积2.57万公顷，海洋水产800种以上，其中鱼类600多种，主要的海洋经济鱼类40多种。有国家级经济开发区洋浦经济开发区、海口综合保税区等5个，省级经济开发区6个。是石油、天然气重要的工业生产基地，初步形成了以油气加工、浆纸及制品、汽车和装备制造、矿产资源加工、新材料和新能源、制药、电子信息、食品和热带农产品加工为主的工业体系。有五星级饭店26家，四星级42家，三星级72家。有海南东环铁路308千米，东线、西线、海口绕城、三亚绕城组成的环岛高速及海文高速共664千米，223、224、225等3条国道共1045千米，37条省道共1784千米。有海口、洋浦、八所三大港口可通航省内外，航程共575海里，有4条航线，八所港、洋浦港为主要货运港口。有海口美兰国际机场，航线95条，通航56个城市；三亚凤凰机场，航线106条，通航63个城市。

海口［Hǎikǒu］ 别名椰城。海南省省会。在海口市境北部。面积151平方千米。人口111万。以汉族为主，还有黎、苗、回、满、瑶、蒙古等民族。原为琼山县北部濒临琼州海峡、北部湾的海边滩涂，因位于南渡江入海口得名。始建于宋开宝五年（972）开设的海口浦，历代又有海口港、海口都、海口所、海口所城、琼州口之称。明洪武年间建海口都，后设海口守御所城，渐有城市雏形。1926年后渐成海南政区的政治、经济、文化中心，促成商贾云集，工商业兴起，人口日增，街区向外扩展。1950、1980年后城区规模有较大发展。1988年海南建省成为省会后，按新的城市规划进行大规模建设，发展迅速。今建成区面积比建省前增加8倍多。现有城区主次干道1662条，主干道路布局疏密有致，呈网格状。空气质量常年位居全国重点区域和74个城市之首，绿化覆盖率达43.5%，被世界卫生组织选定为中国第一个“世界健康城市”试点地。境内有五公祠、海瑞墓、丘濬墓、丘濬故居等纪念地。有万绿园、人民公园、世纪公园、金牛岭公园等游乐场所。城区中部为商业、住宅区，商业中心在海秀东路、解放西路一带，有望海国际广场、明珠广场、东方广场、吾悦广场等大型购物中心，还有博爱路食品批发市场、迎宾路五金批发市场、府城水果批发市场、椰海大道粮油批发市场等传统农贸市场。文化区无明显区域性，高校与大型文化体育设施各有分布。有海南大学、海南师范大学、海南医学院、海南琼台学院等12所高校。省博物院、省图书馆、省歌舞剧院、省档案馆、省史志馆坐落于国兴大道。省体育馆、省会展中心坐落于滨海大道。西部为工业区和经济开发区，有国家级经济开发区海口保税区、省级港澳国际工业开发区及长流新区、永桂工业区、狮子岭工业园、“海口药谷”核心区等工业园区。城区南部有海口国家高新技术产业开发区。北部沿海的滨海大道、海甸岛、新埠岛为中高档宾馆、饭店集中地带，有五星级酒店海南文华大酒店、香格里拉大酒店、喜来登度假酒店等7家，四星级酒店黄金海景大酒店、宝华海景大酒店、海口市燕泰国际大酒店3家。城区东部有海口美兰国际机场。城区西北部有粤海铁路南港、海口火车站，为沟通省外的重要通道。海口港（秀英港）及新海港有通往国内、国际的水运航线。

海 口 市

海口市［Hǎikǒu Shì］ 海南省辖地级市。北纬19°31′—20°05′，东经110°07′—110°42′。在省境东北部。面积3135平方千米，其中海域面积830平方千米。户籍人口165.3万，常住人口217.11万。以汉族为主，还有黎、苗、回、满、瑶、蒙古、朝鲜、土家、布依、傣、侗、壮等民族。辖秀英、龙华、琼山、美兰4区。市人民政府驻秀英区。宋开宝五年（972）设海口浦，遂有“海口”地名之称。熙宁四年（1071）至元代属琼山县。明洪武三年（1370）设海口都。洪武七年（1374）设海口守御所。清光绪三十一年（1905）属琼崖道琼山县。1912年称海口镇（亦称海口所城）。1926年析琼山县设海口市。1931年撤海口市，称海口镇，复属琼山县。1949年重设海口市。1958年琼山县并入海口市。1959年琼山县恢复析出。1967年为海南行政区直辖市。1975年升为广东省直辖市。1983年降为海南行政区直辖市。1986年复升为广东省直辖市。1988年设立海南省，海口市为省辖地级市。因地处南渡江入海口得名，简称“海”。因市区遍植椰树，别称“椰城”。地貌略呈裁尖枫叶形，地势平缓。绝大部分为低海拔台地和平原，分为北部滨海平原区，中部沿江阶地区，东部、南部台地区，西部熔岩台地区。平均海拔40米。属热带季风海洋性气候，年均气温24℃，1月平均气温18℃，7月平均气温29℃。年均降水量1697毫米。年均无霜期346天。有南渡江、美舍河、美涯河、五源河、那甲水、荣山河等流经。有石油、天然气、铝土矿、钴土矿、褐铁矿、高岭土、建筑用玄武岩、矿泉水、热矿水等矿产资源。有野生植物1980种，其中国家重点保护野生植物有苏铁、坡垒、海南黄花梨、黄檀、粗榧、土沉香、见血封喉等12种。有野生陆栖脊椎动物199种，其中国家重点保护野生动物有红胸角雉、山鹧鸪、海南虎鳽、蟒蛇、唐鱼、海南山鹧鸪等13种。海岸线长约136千米。浅海、滩涂面积约上百平方千米。海洋资源丰富，鱼、虾、蟹、贝品类齐全，海洋捕捞及海水养殖业发达，盛产马鲛、黄花、石斑、海鳗、对虾、青蟹、花蟹、梭子蟹、泥蚶、牡蛎、鲍鱼、海蜇、沙虫、海马等。海洋植物资源主要有海藻类、江蓠和红树林等。有国家级自然保护区2个。森林覆盖率42%。有中科院声呐研究所、中国科学院香蕉研究所、中国海南改革发展研究室等国家级科研单位4个，省级科研单位15个，国家地方联合工程研究中心2个，省级工程技术研发中心30个。有高等院校13所，中学97所，小学349所，省级图书馆1个，博物馆1个，档案馆1个。有省琼剧院、省歌舞团、海口市琼剧团、市艺术团等知名文艺团体。有海南省人民医院、海南医学院附属医院、海南省中医院等三级医院13个。有全国重点文物保护单位海瑞墓、五公祠、丘濬墓、丘濬故居、秀英炮台、李硕勋烈士纪念亭、中共琼崖第一次代表大会旧址、珠崖岭城址、琼海关旧址，省级文物保护单位16个。有全国爱国主义教育基地琼崖红军云龙改编旧址、李硕勋烈士纪念亭、国家级抗战纪念遗址琼崖红军云龙改编旧址纪念地，省级爱国主义教育基地12个、纪念地8个。为国家历史文化名城，有国家历史文化名镇美兰区演丰镇、龙华区新坡镇。有省级历史文化名镇4个，名村4个。有中国传统村落秀英区石山镇三卿村、琼山区国兴街道上丹村、龙华区遵谭镇东谭村、龙华区新坡镇文山村4个。有国家级非物质文化遗产琼剧、海南椰雕、海南八音器乐、三江公仔戏、海南斋戏，省级非物质文化遗产琼剧、琼侨歌谣、海南八音器乐、海南公仔戏、海南龙塘雕刻艺术、海南府城镇元宵换花节、海南军坡节、土法制糖工艺。有国家级风景名胜区东寨港国家级自然保护区、海口石山火山群国家地质公园。有国家4A级旅游景区6个、国家3A级旅游景区4个。三次产业比例5∶20∶75。农业以粮食、经济作物、牧渔为主。工业以机械制造、生物制药、生物工程、软件工程、电子信息和食品加工为主。服务业以商贸、餐饮、旅宿、交通、体检保健、休闲度假为主。工业涉及机械电器设备、通信设备制造、交通运输设备、汽车制造、电气机械及器材、机电及化工橡胶、金属制品、电子、化学和生物制药、化学原料及制品、化学纤维、专用设备制造、饮料食品、烟酒制造、农副食品加工、纺织化纤、服装、制糖、建材、工艺美术品等30多个门类，形成汽车制造、机电制造、食品饮料、生物医药、化工纺织五大优势行业集群。有国家级开发区海口保税区，省级开发区3个。重要水运航线有海口至海安、湛江、广州、北海、深圳、日本、马来西亚、新加坡、泰国、科威特、沙特阿拉伯等。有海口美兰国际机场，民航航线304条，通往国内外北京、上海、广州、东京、新加坡、吉隆坡、曼谷等城市。有海南环岛高铁，海南环岛高速，223、224、225国道，快速干道、海港线、府城立交—中国城龙昆南路、海文连接线、灵文加线、云文线省道过境。

滨海大道［Bīnhǎi Dàdào］　在市境北部。东起长堤路，西至澄迈盈滨路。与龙昆路、明珠路、疏港路、丽晶路、海港路相交。长23千米，宽60米。沥青路面。1965年开工，1981年建成。因滨海西路和滨海东路合并得名。沿线绿树成荫，海天相映。两侧有滨海公园、万绿园、西海岸带状公园、海口港、秀英港、珠江广场、企事业单位、银行、科研所、宾馆酒店等，主要建筑有中石化大厦、海口人民大会堂、海口市会展中心、海口体育馆、黄金海景大酒店、宝华海景大酒店、海口海关、天邑国际大厦、希尔顿国际大酒店、滨海汽车交易广场、海口市邮政局、秀英汽车客运站等。通公交车。

海秀路［Hǎixiù Lù］　在市境北部。东起海府大道，西至秀英大道。与博爱南路、机场东路、机场西路、大同路、龙昆路等相交。长7.6千米，宽20米。混凝土路面。1924年开工，原为泥土公路。1941年建成海口公园西门—秀英混凝土道。1994年全线建成。因起迄点得名。地处繁华地段，两旁绿树成荫。两侧有海口人民公园、金牛岭公园、望海国际大酒店、DC电脑城、明珠广场、龙泉花园酒店、海口市九中、海航发展大厦、海南华侨中学、金牛岭、海南汽车制配厂、海口汽车西站等。为224、225国道进入城区通道。有长途汽车站。通公交车。

国兴大道［Guóxīng Dàdào］　在市境北部。东起琼州大桥，西至龙昆南路。与滨江路、美苑路、海府路相交。长2.1千米，宽60米。沥青路面。2005年建成。因纪念海南黎族英雄、白沙起义总指挥王国兴，且寓意期盼国家兴盛繁荣得名。道路笔直，沿途绿树成荫，视野开阔。两侧有省政府办公区、省博物馆、省图书馆、省迎宾馆、新海航大厦、海南大厦、国兴城等。为海文、东线高速，223国道进入海口市必经之道。通公交车。

南海大道［Nánhǎi Dàdào］　在市境北部。东起龙昆南路，西至粤海大道。与丘海大道、秀英大道、海榆中线相交。长16千米，宽60米。混凝土路面。1995年开工，原名工业大道。1997年扩建西段，命名南海大道。2004年全线建成。因连接龙昆南路至澄迈县老城(海榆西线)，以地理位置各取一字得名。两侧有金盘开发区、市保税区、市电信公司等。为环岛高速路西线、225国道进入海口市区必经之路。有长途汽车站。通公交车。

凤翔路［Fèngxiáng Lù］　在市境北部。东起滨江路，西至龙昆南路。与东线高速、新大洲大道相交。长4.4千米，宽80米。沥青路面。2003年开工，2005年建成。两侧有琼山区公安局、琼山华侨中学、省司法厅等。有海口火车东站。通公交车。

椰海大道［Yēhǎi Dàdào］　在市境北部。东起滨江路，西至西环路。与新大洲大道、琼州大道、迎宾大道、海榆中线相交。长23.6千米，宽24—30米。沥青路面。2005年开工，2006年建成。原名货运大道，2002年取海口别名“椰城”之“椰”，因道路临近海边，更名为椰海大道。为繁忙的货运通道。两侧有天艺东环大酒店、海口火车东站、吾悦广场、海南医学院、市卫生局、省农垦总医院、碧桂园剑桥郡小区等。为224国道进入海口市区必经之路。通公交车。

丘海大道［Qiūhǎi Dàdào］　在市境北部。南起椰海大道，北至滨海大道。与南海大道、海秀路相交。长6.4千米，宽60米。沥青路面。1992年开工。1994年建成，原称“疏港大道”。2004年扩建延长后，因近靠丘濬墓又止于滨海大道而更今名。两侧有丘濬墓、海瑞墓、水果批发市场等。通公交车。

龙昆路［Lóngkūn Lù］　在市境北部。南起迎宾大道，北至滨海大道。与龙华路、海秀路、南海大道、凤翔路相交。以海秀东路与海秀中路为分界点，北段名龙昆北路，南段名龙昆南路。长6千米，龙昆南路宽100米，龙昆北路宽50米。沥青路面。1986年开工，1988年建成。因沿龙昆沟旁，且贯穿龙昆上村与龙昆下村得名。两侧有龙珠大厦、市老干部活动中心、省税务局、椰树集团、南大立交桥、省第五人民医院、南航大厦、省妇幼保健院、海南师范大学、省高级人民法院等。有海口火车东站。通公交车。

海府路［Hǎifǔ Lù］　在市境北部。南起红城湖路，北至海秀东路。与国兴大道、蓝天路、和平南路相交。长4.2千米，宽47米。沥青路面。1917年琼崖道开通府城至海口马路。1919年扩建为公路，长约3.5千米，时称琼海路，为全岛最早的公路。1935年日军侵琼，因建飞机场而改道。1965年铺沥青路面。1992年改造后称海府大道。2001年再改造整治后全线建成，改称海府路。因起点为海口，经行政区、省政府办公中心，通往原琼州府府城得名。两侧有五公祠、伏波庙、省科技厅、省卫生厅、省琼剧院、老省委、省政府等。有海口汽车东站。通公交车。

滨江路［Bīnjiāng Lù］　在市境北部。南起琼山大道，北至长堤路。与白龙南路、国兴大道、红城湖路、凤翔路、椰海大道相交。长21.2千米，宽60米。沥青路面。2004年开工，2008年建成。因濒临南渡江西侧，曾名滨江西路，2002年改为滨江路。沿途椰树成行，中间有绿化带。两侧有海南广场、省博物馆、华侨商贸学校等。通公交车。

秀英区

秀英区［Xiùyīng Qū］　海口市人民政府驻地。在市境西部。面积512平方千米。人口36.7万。以汉族为主，还有黎、壮、苗、土家等民族。辖2街道、6镇。区人民政府驻秀英街道。1967年置上游区。1982年改为秀英区。2002年随琼山并入海口市。原称小英，与大英村并称“二英”。清光绪十三年(1887)两广总督张之洞以“小英”意乏典雅，遂以粤语近音更为今名。地势平缓，海拔较低，最高点马鞍岭海拔222.8米。中部较高，多为熔岩台地；北部较低，多为滨海阶地和海积平原；南部多为河积平原和波状台地。有南渡江、五源河、昌旺河、龙州河、美党溪、那甲水等流经。有海南省技术职业学院，初中5所，九年一贯制学校10所，小学51所，三级医院4个。有全国重点文物保护单位丘濬墓，省级文物保护单位4个，省级爱国主义教育基地2个，省级历史文化名村1个，中国传统村落石山镇三卿村。有省级非物质文化遗产海南军坡节。有国家4A级旅游景区4个，国家3A级旅游景区2个，省级风景名胜区1个。秀英区为海南岛中、西主干公路必经之地，也是海口港所在地，宋元时期已成集市，但长期以来环境面貌、市政设施落后，道路窄小，人车拥塞。海南建省并设立海南特区后，定位为新开辟的工业性城镇，逐步建起门类多样的工业生产基地。稳步推进城区道路、商业网点、市场改造、功能性设施等综合性建设，建成由高铁、高速路、国道、省道、城区干道及多条街巷组成的城区交通网。有海南国际会展中心及多家综合性大厦、宾馆酒店。三次产业比例10∶42∶48。农业以种植粮食、蔬果、油料作物、经济作物，养殖畜牧、海淡水渔业为主。产水稻、番薯、瓜类、椒类、豆类、花生、芝麻、波罗蜜、荔枝、黄皮、各类鱼虾。工业以高新技术产业、电子信息、电气机械、生物制药、食品、饮料、电子、化纤纺织、制鞋、服装、彩印、玻璃为主。服务业以商贸、餐饮、旅宿、装卸、物流、会展、仓储为主。有省级开发区海口国家高新技术产业开发区、港澳国际工业开发区及长流新区、永桂工业区、狮子岭工业园、“海口药谷”核心区等工业园区。海口港(秀英港)是省重要的客货集散地和对外通商口岸，开通往海安、北海、湛江、深圳、广州的汽车、旅客滚装轮航班，并与日本、新加坡、泰国、科威特、沙特阿拉伯等20多个国家和地区有贸易运输往来。粤海铁路，海南环岛高铁，海南环岛、海口市绕城高速，224、225国道过境。有海峡南港、海口火车站、长流火车站、海口汽车西站。通多路公交车。

海口国家高新技术产业开发区［Hǎikǒu Guójiā Gāoxīn Jìshù Chǎnyè Kāifāqū］　在区境北部。东至永万路，西至药谷一路，南至南海大道，北至海盛路。面积85.42平方千米。1991年8月经国务院正式批准建立国家级开发区，由海口市政府管理。包括美安生态科技新城、药谷工业园、狮子岭工业园、海马工业园、云龙产业园、海口观澜湖旅游园区、西海岸总部经济区7个园区。是海南自贸港唯一涵盖“旅游业、现代服务业、高新技术产业”三大主导产业的重点园区，入驻企业超2000家，代表企业有中国电信、大唐集团、晖致、艾昆玮、修正药业、华熙生物、深圳裕同、大胜达、海兴电力、佛山照明、光明雨帆、粮全其美等。与市区中心有干线公路相连通。通公交车。

秀英大道［Xiùyīng Dàdào］　在区境北部。南起南海大道，北至海秀西路。与椰海大道等路相交。长2千米，宽60米。沥青路面。1926年开工。经多次扩建，2003年建成。原称秀英小街，因位于秀英区境，更名为秀英大道。两侧有省商贸学校、人民政府等。通公交车。

海口站［Hǎikǒu Zhàn］　见交通运输设施部分“海口站”条。

秀英站［Xiùyīng Zhàn］　见交通运输设施部分“秀英站”条。

秀英街道［Xiùyīng Jiēdào］　秀英区人民政府驻地。在区境北部。面积16平方千米。人口1.7万。以汉族为主，还有黎、苗、壮等民族。1989年设。因地处原秀英旧街区得名。有中学3所，小学4所，三级医院1个，卫生院1个，卫生所18个。有全国重点文物保护单位秀英炮台。农业以种植蔬菜为主，工业以制药、机电、化工化纤制造业为主，服务业以商贸、餐饮、旅宿为主。有省级开发区2个。为典型的城乡接合区域。通多路公交车。

海秀街道［Hǎixiù Jiēdào］　属秀英区。在区境北部。面积4平方千米。人口1.9万。1989年设。因海秀西路得名。有中学3所，小学2所，4所卫生院，3所卫生所。城镇化率78%，为海口市新城区的新开发工业区、高级居住区、新型商贸区。工业以制药、机电、化工化纤制造业为主，服务业以商贸、餐饮、旅宿为主。

海秀路、长秀大道、滨海大道西段、海港路等街路组成网络，成为琼北地区海、陆交通枢纽和物流集散中心。有海南汽车西站、海口港客运站、海口港轮渡码头。通多路公交车。

长流镇［Chángliú Zhèn］ 秀英区辖镇。在区境北部。面积49平方千米。人口3.8万。以汉族为主，还有黎、苗等民族。辖2居委会、12村委会，有33自然村。镇人民政府驻长流墟社区。1945年改烈楼乡为那流乡。1947年那流乡改为长流乡。1953年设长流镇。1982年改为长流区。1986年恢复长流镇。因镇政府驻地得名。五源河、荣山河流经。有中学2所，小学7所，三级医院1个，卫生院1所。有省级文物保护单位1个。有国家4A级旅游景区假日海滩。经济以农业为主，有水稻、蔬菜、花生、瓜果、花卉种植，海水捕捞、养殖及畜牧业。服务业以商贸、餐饮为主。西线高速，223、225国道，海口—老城快速干道等过境。

长流墟社区［Chángliúxū Shèqū］ 长流镇人民政府驻地。在区境北部。人口5000。传汉元鼎六年(前111)伏波将军路博德和楼船将军杨仆率军南征百越，一部渡海在今镇海村后海角登琼。为求交战胜利，楼船将军今焚毁登陆楼船，以背水一战。汉军获胜后，将焚楼船处取名烈楼。1945年改烈楼为那流。1947年以五源河经此长流不息，改那流为长流。有中小学、卫生院、农业科技服务站、农机站。经济以商业贸易为主，销售农副产品、蔬菜等。225国道经此。

新民村［Xīnmíncūn］ 在区政府驻地秀英街道南3千米。长流镇辖自然村。人口1400。原名那秫村，"那秫"，临高语汉语译词，意为"古远的良田优谷"。1951年改为新民村，寓"万象更新"之意。聚落呈集聚状。建村历史逾千年，为古烈楼地区古老的村庄之一。有"五里九井七庙塘"之说，以火山石干垒石墙，有古规制民居及内容考究、工艺精湛的牌坊题字、碑文。通乡村公路。

西秀镇［Xīxiù Zhèn］ 秀英区辖镇。在区境北部。面积42平方千米。人口4万。辖2居委会、10村委会，有20自然村。镇人民政府驻荣山村。2002年先后由荣山、丰南、新海3乡合并而成。因近海口西海岸，风光秀丽，故名。有中学4所，小学9所，三级医院1个，卫生院1个，卫生所10个。有荣山冼夫人庙、西秀海滩等休闲旅宿景点。经济以农业为主，种植蔬菜、水果，有牲畜及海水养殖、海洋捕捞业，为国家级无公害蔬菜基地。服务业以商贸为主。粤海轮渡铁路连接广东徐闻县并通往全国各省市，海南环岛高铁、225国道过境。有粤海铁路南港、海口火车站。

荣山村［Róngshāncūn］ 西秀镇人民政府驻地。在区政府驻地秀英街道西15千米。人口7500。唐代建村，历称荣山。因村前有山水，村后靠大海，山清水秀得名。聚落呈集聚状。有小学、卫生院所。产蔬菜，有采石料、捕鱼、养殖江离菜和对虾等工副业。225国道经此。

海秀镇［Hǎixiù Zhèn］ 秀英区辖镇。在区境北部。面积20平方千米。人口1.3万。辖2居委会，6村委会，有7自然村。镇人民政府驻海榆社区。1958年成立海秀公社。1983年撤社改为海秀区。1986年撤区设立海秀乡。2002年撤乡设镇。因位于海口市区至秀英城乡接合部之间得名。有小学5所，三级医院1个，卫生所2个。南部多沼泽地，中部为台地，北部为临海低洼地。有多处温泉。经济以农业为主，种植水稻、蔬菜，有禽畜及淡水养殖。工业以制药为主。服务业以商贸为主。224、225国道过境。

海榆社区［Hǎiyú Shèqū］ 海秀镇人民政府驻地。在区境北部。面积13平方千米。人口1.1万。因靠近海榆中线得名。1997年成立。聚落呈集聚状。有老人活动场所、篮球场、排球场、足球场。有小学。224国道经此。通公交车。

石山镇［Shíshān Zhèn］ 秀英区辖镇。在区境中部偏西。面积121平方千米。人口4.1万。以汉族为主，还有黎、苗等民族。辖1居委会、11村委会，有78自然村。镇人民政府驻石山墟。1957年设石山大乡。1958年并入长风公社。1959年成立石山公社。1983年撤社设石山区。1987年撤区设石山镇。2001年美安镇并入。2002年划入秀英区。因镇政府驻地得名。地处岛北台状地区，中部有马鞍岭。美党溪流经。有中学2所，小学5所，卫生院1个，卫生所2个。有水果研究会。有八音、盅盘舞等民间文艺队伍。有省级文物保护单位儒符石塔。有省级历史文化名村1个，省级著名古村落1个。有雷琼海口火山群世界地质公园。农业以种植热带水果、经济作物，养殖畜牧为主，产水稻、甘蔗、荔枝、番荔枝、龙眼、柑橘、香蕉、菠萝、石榴、杨桃、椰子等。服务业以商贸、餐饮为主。海南环岛高铁、海口绕城高速、224国道、浮美线省道过境。

石山墟［Shíshānxū］ 石山镇人民政府驻地。在区政府驻地秀英街道西南15千米。人口3600。1948年王成佐、王如伦、陈继尧在迈贯村路口搭茅棚摆摊买卖，后建墟市，建房开街。因地处海口羊山火山喷发区，遍地火山石，故名。聚落呈长条状。有中小学、卫生院、农业科技服务站、农机站。为石山地区土特产集散地。海口绕城高速经此。

典读村［Diǎndúcūn］ 在区政府驻地秀英街道西南7千米。石山镇辖自然村。人口200。宋代建村，原称显屋村，后改称典读村，以彰肯道教南宗五祖白玉蟾"典衣供读"、不懈求道的精神。聚落呈集聚状。村中存留多处古遗址，有白玉蟾庙。经济以种植业为主。通公路。

三卿村［Sānqīngcūn］ 在区政府驻地秀英街道西北3千米。石山镇辖自然村。人口400。因取对联"三才道义宗仪府，卿相经纶祖素王"的上下联首字命名。聚落呈十字状。村庄建在天然火山熔岩流台地上，所有建筑物、生产生活用具均用火山岩石制成。有民国年间碉楼"安华楼"。经济以种植玉米、黑豆、蔬菜、花生为主。通公路。

儒豪村［Rúháocūn］ 在区政府驻地秀英街道西北4千米。石山镇辖自然村。人口300。因取"儒雅杰出、具有才能的人才"之意得名。以"儒"字领头是海口西南部乡村地名的明显特征。聚落呈集聚状。儒豪村有400多年历史，为保存较好的海南古村落。村中墙垣、房舍、村道以火山石铺砌；碓磨、盆碗等家居用品用火山石制成。其形制简单古朴，堪称"火山石世界"。经济以种植黑豆、玉米为主，有饲养业，建筑业为副业。通公路。

美社村［Měishècūn］ 在区政府驻地秀英街道东南3千米。石山镇辖自然村。人口800。原名福兴村，1954年更今名，因取美丽的居住环境之意。聚落呈集聚状。位于马鞍岭火山口南麓，生态良好，景色优美。村中石屋、石庙、石门、石井古韵盎然。有上百年古碉楼、私塾遗址及百年历史的篆刻石匾。果园庭院遍植珍贵林木，有"花梨村"之称。盛产荔枝、龙眼、波罗蜜、黄皮、石榴等水果及粮食、甘蔗、油料作物。通公路。

永兴镇［Yǒngxīng Zhèn］ 秀英区辖镇。在区境南部。面积108平方千米。人口3.1万。辖1居委会、8村委会，有76自然村。镇人民政府驻永兴墟。1959年成立永兴公社。1983年更名永兴区。1987年设镇。因镇政府驻地得名。地处雷琼世界地质公园海口园区保护区中，多为黑色火山石砾土。有初中1所，小学12所，文化站1个，卫生院1个，卫生所1个。有文化广场。有火山文化古村落、宋代的唐震古墓、清代的三台书舍、近代孙中山亲笔题字"耆年硕德"石碑坊等遗迹。农业以粮食、水果种植，畜牧及养蜂为主，为海南著名的"水果之乡"。盛产荔枝、黄皮、波罗蜜、番石榴、柑橘、杨桃、人心果、香蕉、木瓜等多种热带水果。野生无核丁香荔枝、蜂蜜尤负盛名。工业以农副食品加工、采矿为主。服务业以商贸、餐饮为主。海口绕城高速、224国道过境。

永兴墟［Yǒngxīngxū］ 永兴镇人民政府驻地。在区政府驻地秀英街道南15千米。人口4000。清乾隆年间为永都西堡村民购地建市，初称永都市，又称雷虎新市。道光年间为寄托"永远兴旺"的愿望，改名永兴。聚落呈集聚状。有中小学、卫生院、农业科技服务站、农机站。经济有个体加工、个体运输及服务餐饮、水果种植等行业。海南绕城高速、224国道经此。

美孝村［Měixiàocūn］ 在区政府驻地秀英街道南16千米。永兴镇辖自然村。人口800。明嘉靖年间建村，为典型火山遗址村落。因以祝愿世代美好，对长者有孝顺美德之意，取名美孝村。聚落呈集聚状。村内房屋、围墙均以火山石垒砌成，外墙布满苔藓、爬满蔓藤，人称"石头世界"。有神仙井、孔子学堂、书馆、抗日墙等文物古迹。经济以种养、培育果树苗及传统盆景栽培、根雕艺术产业为主。家家种植黄花梨。特产黄皮、黄皮酒、黄皮鸡及盆景、根雕工艺品。荔香公路经此。

美梅村［Měiméicūn］ 在区政府驻地秀英街道南21千米。永兴镇辖自然村。人口600。始建于元明，古称美眉村，寓意该村美丽如眉。清代村中乡贤因仰慕梅花高洁而更今名。聚落呈放射状。村史悠久，石景古木遍布，有火山石村门、火山石炮楼、石匾牌坊、石官道、石马道、石古庙、一列九进石屋大宅及百年以上古树等。因近临古琼州官道，被称为"官道上的古村"。有孙中山亲笔题之"耆年硕德"石牌坊，立于1922年，为海南仅存、保存最完整的民国时期石牌坊。盛产佛手瓜、冬季瓜菜、香蕉、荔枝、黄皮等。通公路。

东山镇［Dōngshān Zhèn］ 秀英区辖镇。在区境南部。面积131平方千米。人口7.2万。辖2居委会、21村委会，有302自然村。镇人民政府驻东山墟。1939—1950年为东山乡。1958年属东新公社。1959年析出成立东山公社。1983年改为区。1987年改镇。2002年属秀英区。因镇政府驻地得名。地势西高东低，西部多半丘陵地，西北至东北部为儒万山，系死火山岩石砾地。南渡江、龙州河流经。有中学1所，小学12所，卫生院1个，卫生所30个。有省级文物保护单位高田村进士邦伯坊、许氏宗祠，国家4A级旅游景区海南热带野生动植物园。古迹有东山"镜井"、钟驸马墓等。农业以粮食、蔬菜、畜牧、养蜂业为主，盛产优质水稻、椒类、大蒜、莴头、青皮冬瓜、丝瓜、苦瓜、豆角、生猪、羊、家禽等。是全省最大的桑葚生产基地。工业以农机、采矿、淀粉加工、服装加工、石料加工、草编织为主。服务业以商贸、餐饮为主。224国道，县道碧东、美东线过境。

东山墟［Dōngshānxū］ 东山镇人民政府驻地。在区政府驻地秀英街道南34千米。人口8万。明末先有苏、林、黄、周、傅等5姓居此，后迁来者渐多，建店铺、街道成墟市。原称老市群，因地处东山镇墟得名。聚落呈集聚状。有中小学、卫生院、农业科技服务站、农机站。

经济以农业生产为主，有瓜菜、水稻种植等。县道碧东、美东、东新线经此。

大坡村［Dàpōcūn］　在区政府驻地秀英街道南36千米。东山镇辖自然村。人口2000。因初为平阔坡地得名。聚落呈集聚状。有建于明天启甲子年（1624）的三进院落式许氏宗祠。祠内保存多类风格门匾及浮雕、壁画，为研究明代建筑风格及雕刻技术水平提供了实物资料。特产芋头、番薯。通公路。

龙　华　区

龙华区［Lónghuá Qū］　海口市辖区。在市境中部。面积301平方千米。人口64万。以汉族为主，还有黎、苗、瑶、回、土家、满等民族。辖6街道、5镇。区人民政府驻滨海街道。2002年新华区与原琼山市城西、龙桥、龙泉、新坡、遵谭5镇合并成立龙华区。传区内一深潭中有神龙护佑，风调雨顺，百姓安居乐业，周边村落为祈求吉祥，多以龙命名。因取“龙气华光”之意命名。1988年建省后，城建速度加快，仅2007年就完成道路改造29条，并陆续建起龙昆路、丘海大道、南海大道、海秀大道、滨海大道、南沙路、玉沙路、金海路、国贸路、金贸路、滨涯路等组成的道路网。2010年底，区内共计有道路760条，总长132.2千米。有现代花园、耀江花园、紫荆花园、四季花庭、京江花园等住宅小区，海南华侨宾馆、文华大酒店、宝华海景大酒店、黄金海景大酒店等一批高级宾馆酒店，万绿园、海口人民公园、金牛岭公园、滨海公园等大公园8个。2010年全区绿化覆盖率71.4%，人均公共绿地面积16.7平方米。地处台地和平原，绝大部分地区海拔在100米以下，地形略呈长心形，地势西部、东南部较高，中部、北部低平。火山岩和松散沉积物大面积分布，滨海以滨海台阶式地貌为主，西部以典型的火山地貌为主。沿岸低平，北部多为沿海小块平原。南渡江、美舍河、南大河、新旧沟、昌旺溪流经。为典型热带海洋性气候，长夏无冬，昼热夜凉。年均气温24℃，1月平均气温18℃，7月平均气温27℃。年均降水量1639毫米。夏秋季有暴雨、台风。有高校4所，中学11所，小学76所，三级医院3个，二级医院1个，体育场馆1个。有全国重点文物保护单位中共琼崖第一次代表大会旧址、琼海关旧址、海瑞墓、秀英炮台，省级文物保护单位7个，省级爱国主义教育基地5个，省级历史文化名村1个，中国传统村落遵谭镇东谭村、新坡镇文山村。有国家级非物质文化遗产海南斋戏，省级非物质文化遗产海南军坡节、土法制糖工艺。有国家4A级旅游景区1个、国家3A级旅游景区1个。三次产业比例2∶28∶70。农业以种植粮食、蔬果、油料作物，以及林牧渔业为主，盛产水稻、番薯、青瓜、冬瓜、香蕉、龙眼、荔枝、波罗蜜、黄皮、花生、芝麻、槟榔、鱼虾螺蟹类等水产品。工业以汽车制造、医疗、制药、金属制品、电气机械、器材制造业、食品饮料业为主。服务业以商贸、批发、餐饮、旅宿为主。有国家级开发区1个，省级开发区1个。海南环岛高铁，海南环岛、海口绕城高速，224、225国道，省道海港线过境。有海口东站、海口汽车客运总站。通多路公交车。

世纪大桥［Shìjì Dàqiáo］　在市区东北部。长636.6米，宽29.8米，最大跨度340米，桥下净高24米。1998年开工，2003年建成。因建设时间跨越20世纪和21世纪得名。为中型河道桥梁，结构型式为双塔双索面三跨连续预应力混凝土边主梁斜拉桥。最大载重30吨。两边桥头有绿地公园。为海口市重要旅宿景观和城市标志性建筑。通公交车。

南大立交桥［Nándà Lìjiāoqiáo］　在市区东部。占地面积170000平方米。有3层互不交叉的不同方向的城市道路在此立体相交。最高层离地面9米。1993年开工，1994年建成。因靠近当年的南方大学得名。为钢筋混凝土预应力空心板梁桥。日交通流量为10000辆次，在城市交通中起到连通作用。

海口东站［Hǎikǒudōng Zhàn］　见交通运输设施部分“海口东站”条。

城西站［Chéngxī Zhàn］　见交通运输设施部分“城西站”条。

海口汽车南站［Hǎikǒu Qìchē Nánzhàn］　见交通运输设施部分“海口汽车南站”条。

滨海街道［Bīnhǎi Jiēdào］　龙华区人民政府驻地。在区境北部。面积5平方千米。人口7.6万。1989年设。原为琼州海峡浅海，后填平建成街道。因靠滨海路得名。有高校1所，中学2所，小学3所，卫生服务中心2个。有省级文物保护单位镇琼炮台遗址。有地标性建筑世纪大桥。有4条绿化示范小巷，庭院绿化率50%以上。八灶路为饮食一条街。有水产码头批发市场。有五星级酒家1个，四星级酒家3个。通多路公交车。

中山街道［Zhōngshān Jiēdào］　属龙华区。在区境北部。面积3平方千米。人口3.9万。1989年设。有中学1所，小学6所，卫生服务站2个，门诊部1个，市疾控中心1个。有市总工会、海口海关、市房管局、市新华书店、海南中旅社、东方广场、海南金棕榈集团。有地标性建筑物椰树门广场、华侨大厦、中山纪念堂、海口钟楼等。有全国重点文物保护单位中共琼崖第一次代表大会旧址、琼海关旧址，省级文物保护单位4个。有中山路、新华路、博爱路、得胜沙路等骑楼景观步行街。有国家历史文化名街骑楼老街。经济以手工艺术和印刷工业为主，商贸业发达。有美都、信兴、宏洲电器商城等大中型企业。通多路公交车。

得胜沙路［Déshèngshā Lù］　在中山街道北部。长0.5千米，宽24米。花岗岩路面。建于1849年。旧因“海口外缠一片平沙”而称“外沙”。清道光二十九年（1849）海寇侵城，军民顽强抵抗，终将贼寇驱出外沙，而后改名“得胜沙”。为南洋建筑风格特色老街。“五层楼”又称“海口大厦”，为民国时期海口市最高的楼房。旧海口海关、航运局、洋务局、琼崖电话总局、外国领事馆坐落于此，洋行、旅宿、货栈、商店林立，曾为海口港的主要客运码头。清光绪二十七年（1901）法国天主教会设中法医院（今海口市人民医院）。清光绪三十一年（1905）设邮政局。民国三年（1914）设中国银行海口办事处，为海南设立新式银行的始肇地。其骑楼为欧陆与东南亚地域特点相结合的一种建筑形式，基本属于“巴洛克”风格。现为海口市服装批发商贸步行街。

中山路［Zhōngshān Lù］　在中山街道北部。长0.3千米，宽12米。始建于1662年（清康熙年代）。原名“还海坊”，后名北门外路，再后改称大街。传旧时路边有一凉亭，孙中山先生来海南时曾在此歇息。民国十三年（1924）为纪念孙中山先生改名中山路。为海口老城区最早的商贸街，两侧多为骑楼式建筑。现为骑楼景观步行街。

解放路［Jiěfàng Lù］　在中山街道东部。长1千米，宽18—20米。混凝土路面。分东西两段，东路最早名“永乐街”，1953年重建后改名解放路，后向西延伸建成解放西路。两侧均为南洋风格骑楼。西路有百货大楼、邮电大楼、新华书店、工人文化宫、工人影剧院及各类商铺，为海口文化及商贸中心。为中共琼崖第一次代表大会旧址所在地。通公交车。

新华南路［Xīnhuá Nánlù］　在中山街道中部。长0.5千米，宽10米。混凝土路面。1924年建成。1965年新华路以解放东路为界分为南、北两段。为海口市传统商贸老城区，现为海口市电器一条街。通公交车。

金贸街道［Jīnmào Jiēdào］　属龙华区。在区境北部。面积6平方千米。人口6.5万。2001年设。因位于金融贸易中心得名。有中学1所，小学1所，社区卫生服务站9个，市体育馆1个。有海口市会展中心。有独具热带海滨和生态风景园林特色的万绿园及生生百货、宜欣广场等大型购物餐饮、文化运动、休闲娱乐场所。是市区内最繁华的商贸中心，金融网点占全市的1/3。通多路公交车。

金龙路［Jīnlóng Lù］　在金贸街道东南部。长1.7千米，宽40米。沥青路面。因系由龙华路进入金融贸易区的主要通道得名。为餐饮一条街，沿途有椰岛大厦、金龙市场、怡和花园及多间各地风味的饭店餐厅。通公交车。

大同街道［Dàtóng Jiēdào］　属龙华区。在区境东北部。面积3平方千米。人口5.9万。1989年设。因大同路得名。有高校1所，中学2所，小学2所，三级医院1个，卫生院2个，社区卫生服务站10个。地处海口市中心城区，商贸繁华，大型民营企业众多。有国际商贸大厦、金融大厦、海口香港城、万国大都会、乐普生商厦、民航大厦、泰龙商城、大同货仓、海口骑楼小吃街、友谊广场等商贸楼宇和机构。

海垦街道［Hǎikěn Jiēdào］　属龙华区。在区境北部。面积11平方千米。人口10.8万。2002年设。因境内多海南农垦单位并有海垦路得名。有高校海南技术职业学院。有中学2所，小学2所，卫生服务站7个，门诊部5个，博物馆1个。有金牛岭公园。有全国重点文物保护单位海瑞墓、秀英炮台，省级文物保护单位2个。有省农垦总局、市农机监理所等单位。有奥林匹克花园小区、金山小区、华侨新村、金牛新村、滨涯花园新村、金牛生态小区。有金盘工业开发区、海口市保税区、滨海金融贸易区。有金垦餐饮美食一条街，琼菜王美食村位此。有南海大道汽车销售一条街。通多路公交车。

金宇街道［Jīnyǔ Jiēdào］　属龙华区。在区境北部。面积4平方千米。人口7万。2001年设。因金宇路得名。有中学2所，小学6所，三级医院1个，卫生服务站7个。有省地矿局、省公路设计院、省药监局、省电视台、市交通局、海口日报社、区公安分局、中国石油、先声药业等单位。有现代花园、正大豪庭、昌茂澳洲园、都市森林、耀江花园、锦绣京江花园、亚洲豪苑、和信广场等中高档商住小区。经济以印刷、制药、汽车维修为主。有海口汽车南站、海口火车东站。海南环岛高铁过境。通多路公交车。

城西镇［Chéngxī Zhèn］　龙华区辖镇。在区境北部。面积43平方千米。人口7.6万。辖6居委会、9村委会，有58自然村。镇人民政府驻仁里南社区。1933年称环城乡。1958年成立公社。1991年置城西乡。2002年改置城西镇。因位于古琼州府城西得名。有海南大学城西校区、海南医学院、海南农业学校。有中学2所，小学8所，三级医院1个，二级医院1个，卫生院1个，卫生所2个，卫生服务站9个。有海南日报社、海口电视台、海南农垦总局。经济以农业为主。种植粮食、蔬果，饲养禽畜，盛产蔬菜、甘蔗、花卉和热带水果。工业以汽车制造、制药、轧钢、蔬菜加工、石材加工、制作砖瓦为主。服务业以商贸、餐饮、运输、娱乐为主。有海口保税区、金盘工业区、美国工业村、海南化纤厂、海马汽车制造厂、海南亚太啤酒厂等产业园区和大中型企业。有南海大道海鲜、城西路建材和南航西路商业一条街。海南环岛高铁，海口绕城高速，224国道，县道涤永、府那线过境。通公交车。

仁里南社区［Rénlǐnán Shèqū］ 城西镇人民政府驻地。在区境北部。面积0.45平方千米。人口7000。2007年成立。由仁里南村改置。有住宅小区9个，民居建筑约46栋。设置劳动保障、城市低保、计划生育、卫生等便民服务站点。有青少年服务中心等活动场所。有小学、三级医院。有陶瓷市场、多个店铺。通公交车。

苍东村［Cāngdōngcūn］ 在区政府驻地滨海街道西南13千米。城西镇辖自然村。人口400。因位于古苍峄村东得名。聚落呈集聚状。地处火山岩地区，经济以种植甘蔗为主，盛产水稻、蔬菜、豆类、西瓜、木薯、花卉等。为海南省沼气第一村。建有生态艺术长廊、生态文化墙。通公交车。2011年被评为全国文明村。

龙桥镇［Lóngqiáo Zhèn］ 龙华区辖镇。在区境中部。面积50平方千米。人口2.5万。辖8村委会，有41自然村。镇人民政府驻龙桥墟。1958年成立龙桥公社。1983年改设龙桥区。1987年改置龙桥镇。因镇政府驻地得名。地处丘陵区，多山多石，西部尤甚。有中学1所，小学10所，镇级卫生院1所，卫生所7个，农业科技服务站1家，农机站1家。经济以水果种植、禽畜养殖为主，盛产黑豆、芝麻、木薯、荔枝、龙眼、波罗蜜、黄皮、柑橘、石榴等。工业以传统手工铁器、木器、椰雕、编织为主，有塑料制品、电镀、油漆等行业。服务业以商贸、餐饮为主。东线、海口绕城高速过境。

龙桥墟［Lóngqiáoxū］ 龙桥镇人民政府驻地。在区政府驻地滨海街道南14千米。人口1万。建于明代，因墟北有石桥，常年干枯，原称乾桥墟，新中国成立后改称今名，"龙桥"有"取道升天"之意。聚落呈丁字形。有中小学、卫生院、农业科技服务站、农机站。地下水资源丰富，水质优良。有大量碹状火山熔岩块及原始荔枝林、火山湖遗迹。盛产甘蔗、黑豆、芝麻、木薯和荔枝、龙眼、波罗蜜等水果。有高尔夫产业、旅游休闲农业、影视观光产业、旅游总部经济等旅游休闲产业。海南环岛、海口绕城高速经此。

道贡村［Dàogòngcūn］ 在区政府驻地滨海街道南24千米。龙桥镇辖自然村。人口1300。一千多年前唐代户部尚书、海南吴氏渡琼，始祖吴贤秀从福建迁此建村。清廷称其曰"培贡生之道"，意为朝廷培养优秀人才之道路，特此赐其村名为"道贡"。聚落呈大分散小集聚状。火山石屋历时几百年完整保存，皆为排列整齐的三进式建筑。吴氏宗祠年代古老。有村史馆以本村人事风情、羊山民居、民间工艺、书法画作等形式展示悠久文脉。馆前地面铺装行楷、草书、隶书、小篆、大篆等不同字体的"道"字，以历史文化展示村名。通公路。

新坡镇［Xīnpō Zhèn］ 龙华区辖镇。在区境南部。面积54平方千米。人口3.5万。辖13村委会，有55自然村。镇人民政府驻新坡墟。宋代以来即有建制。1946年称新坡乡。1950年初成立东桥乡，12月复称新坡乡。1958年成立新坡公社。1983年撤公社设区。1987年撤区建新坡镇。因镇政府驻地得名。地势西北高东南低。8—10月份有台风暴雨。南渡江、昌旺溪流经。有中学1所，小学13所，卫生院1个。有中国传统村落文山村，省级非物质文化遗产海南军坡节。明代在此建梁沙婆（冼夫人）庙，现今有模仿冼夫人的挥师操演、出征仪式的"军坡节"，为海南最大的军坡节活动地。农业以粮食、蔬菜、经济作物种植和禽畜、淡水养殖为主，盛产水稻、番薯、瓜菜、牛、羊、鸡、鸭、鹅、淡水鱼、椰子、咖啡、草皮、花卉。工业以建筑、石料加工、酿酒、家具制作为主。服务业以商贸、餐饮为主。有石场、沙场、家具厂、建筑队。海南环岛高速，县道铁新、东新线过境。

新坡墟［Xīnpōxū］ 新坡镇人民政府驻地。在区政府驻地滨海街道南33千米。人口100。1942年因新坡村外荒坡地集市成墟得名。聚落呈集聚状。有中小学、卫生院、农业科技服务站、农机站。有冼夫人文化节。县道铁新、东新线经此。

文山村［Wénshāncūn］ 在区政府驻地滨海街道南41千米。新坡镇辖自然村。人口1900。南宋理宗年间建村，历750余年，明代名员山里，因嘉靖初巡抚谈公到此巡视，见"里中士大夫冠盖相见者不下十百""人文若此其楚楚"后称赞道："员之文士接踵，官员济济。"事后更名文山村。聚落呈间隔式集聚带条状。有小学。为中国传统村落。素有社学，代代子弟"焚膏继晷，秉烛夜读"，成就学业。先后出多名进士、举人、贡生，闻名琼州。有明代所立进士牌坊、举人牌坊。有明代进士、礼部尚书王弘海和后世文人题写的清幽雅致的"文山八景"：村成莲花、水环玉带、仙洞聚奇、山城拥障、娥案围光、鱼桥钓月、五井饮和、三元镇口。通公路。

梁沙村［Liángshācūn］ 在区政府驻地滨海街道南32千米。新坡镇辖自然村。人口2700。为海南梁氏肇源地。宋初开宝年间(971)梁氏迁琼始祖、进士梁肱因秉忠直谏玛瑙事触怒朝廷奸佞，被谪任珠崖郡（今琼山区旧州镇）太守。公喜美丽幽雅山川，遂率妻儿卜居至南渡江西岸沙洲，并迁居于此。因梁姓居沙地之故，名梁沙村。聚落呈集聚状。有冼夫人庙遗址、梁肱公墓、"世家进士"牌坊遗迹、海南梁氏合族宗祠等古迹。为海南最大军坡节肇源地。通公路。

遵谭镇［Zūntán Zhèn］ 龙华区辖镇。在区境西南部。面积56平方千米。人口2.8万。辖7村委会，有87自然村。镇人民政府驻遵谭墟。1952年置遵谭区。1957年置遵谭乡。1958年属龙塘公社。1983年改置区。1987年改置遵谭镇。原名万铺镇，后因镇政府驻地得名。地势西北高，多山峦，东南低。东有卜创山，其西边属红壤田土，其余均是石砾土，多石，土层薄瘠，地表缺水。有中学1所，小学6所，幼儿园3所，文化站1个，卫生院1个，卫生所5个。有中国传统村落东谭村，国家级非物质文化遗产海南斋戏，省级非物质文化遗产土法制糖工艺。有火山遗址罗经盘，古迹珠崖古庙、丹友古井、革命烈士纪念碑。农业以种植甘蔗、热带水果、大豆、油料等经济作物为主，盛产甘蔗、香蕉、波罗蜜、荔枝、龙眼、芝麻、黑豆、木薯、番薯等。工业以综合加工、石料加工、建筑、电子制造为主。服务业以商贸、餐饮为主。海南环岛高速、223国道，县道美东、烈谭线过境。

遵谭墟［Zūntánxū］ 遵谭镇人民政府驻地。在区政府驻地滨海街道西南32千米。人口1700。20世纪30年代渐成集市，旧称美万铺，后因设遵谭乡，墟市随之改称遵谭墟。聚落呈无规则集聚状。有中小学、卫生院、农业科技服务站、农机站。主要种植甘蔗、瓜菜，有蔗糖厂。县道美东、烈谭线经此。

东谭村［Dōngtáncūn］ 在区政府驻地滨海街道南30千米。遵谭镇辖自然村。人口4100。西汉时建村，有2000多年历史。因地处遵谭镇东部得名。聚落呈无规则式小集聚状。为中国传统村落，海南珠崖郡治遗址旧地。有珠崖郡古城墙、珠崖庙、五神庙、宋代官道、更鼓楼、古墓群、古宅，明、清两代11座古牌坊等古迹。有郡内、乐官、东堡等13个古村落。盛产水稻、甘蔗、黑豆、瓜菜、荔枝、龙眼、杨桃、波罗蜜、黄牛、山羊。有石料加工场。通公路。

龙泉镇［Lóngquán Zhèn］ 龙华区辖镇。在区境中南部。面积73平方千米。人口5.3万。辖17村委会，有120自然村。镇人民政府驻十字路墟。2002年由十字路镇和美仁坡乡合并置龙泉镇。因地表水奇缺，常年干旱，村民期盼有龙有泉，水流不断，以解用水之难，故取镇名"龙泉"。地势偏高，高低不平，有小山、石堆、石窟等。一般海拔为30米左右。南渡江流经。有中学1所，小学17所，卫生院1个，卫生服务站13个。有省级文物保护单位韦执谊墓，韦四公、韦九公墓，吴氏古墓群，唐胄墓。海南花梨木资源丰富，乡村房前屋后庭院广植。为全省民间花梨木雕刻、加工和交易地区。农业以粮食、蔬果、油料作物、林牧为主，盛产甘蔗、黑豆、芝麻、木薯、柑橘、荔枝、龙眼、波罗蜜、黄皮、花梨树、橄榄、猪、牛、羊、鸡、鸭、鹅等。工业以食品、服装加工为主。服务业以商贸、餐饮、运输为主。海南环岛高速，县道府那、铁新线过境。

十字路墟［Shízìlùxū］ 龙泉镇人民政府驻地。在区政府驻地滨海街道南24千米。人口1.3万。俗称大路市，清乾隆年间（1736—1795)渐成集市。因建墟初期只有两条呈十字形交叉的街路而得名。聚落呈集聚状。有中小学、卫生院、农业科技服务站、农机站。墟上有长约500米的西街，两侧店铺门前都种植花梨树，数量近200棵，被称为"花梨街"。经济以种植橄榄、瓜菜为主。海南环岛高速、县道府那线经此。

琼山区

琼山区［Qióngshān Qū］ 海口市辖区。在市境中部。面积940平方千米，其中陆地811平方千米，水域129平方千米。人口49.4万。以汉族为主，还有黎、苗、壮、回等民族。辖4街道、7镇。区人民政府驻府城街道。唐贞观元年(627)设琼山县。因境内有山，泥石洁润如琼玉而得名。1958年并入海口市。1959年复县。1994年撤县设市。2002年并入海口市，改设琼山区。2003年起改造府城老街，扩建城区主要道路，至2008年共计完成小街小巷硬板道路改造287条。2010年新建了椰海大道、滨江西路、滨江横路、文坛路和美舍河观光路，完善城区主要路网建设。2006年起对棚户区进行改造，并兴建安置房，建设城中公园，大力种植景观树木和花卉，铺植草皮，进行园林式绿化美化。境内地势平缓。热带海洋气候，春季温暖少雨多旱，夏季高温多雨，秋季台风暴雨频繁，冬季干冷转湿冷。年均气温24℃，1月平均气温12℃，7月平均气温28℃。年均降水量1676毫米。南渡江、那央溪、那城溪、美舍河流经。有省农业科学研究院、省教育研究培训院等省级科研单位4个。有高校3所，中学11所，小学44所，省级图书馆1个，博物馆1个，史志馆1个，三级医院3个，二级医院3个。有省歌剧院、省歌舞团、琼山琼剧团等知名文艺团体。有全国重点文物保护单位五公祠、丘濬故居、李硕勋烈士纪念亭。有省级文物保护单位14个。有全国爱国主义教育基地2个，省级爱国主义教育基地4个。有国家历史文化名城琼州府城，国家历史文化名村国兴街道上丹村。有中国传统村落国兴街道上丹村。有国家4A级旅游景区海南省博物馆。有民间文化海南府城镇元宵换花节、海南龙塘雕刻艺术。龙塘镇被文化部命名为"中国民间文化艺术之乡"。三次产业比例19∶30∶51。农业以粮食、蔬果、经济作物种植，禽畜养殖为主，盛产水稻、香蕉、荔枝、龙眼、橡胶、胡椒、槟榔、瓜菜、山药、花卉、猪、羊、牛、家禽、罗非鱼。名优特农产品有牧榕文昌鸡、曾氏乳鸽、甲子凤琴野鸭、海南优质牛羊排、山药等。工业有饲料、包装、食品、选矿、服装加工等支柱产业。服务业以商贸、餐饮、旅宿(乡村生态旅游)、房地产为主。海南环岛高铁,海南环岛高速,223国道,府城立交一中国城龙昆南路、海文连接线、灵文加线、云文线省道过境。有海口火车东站、海口客运汽车总站、海口汽车东站。通公交车。

红城湖路[Hóngchénghú Lù] 在区境西北部。东起海府路和琼州大道连接处,西至龙昆南路。与朱云路相交。长2千米,宽50米。混凝土路面。1995年开工。琼州大道—龙昆南路路段2004年建成。琼州大道—滨江路路段2014年建成。因旁经红城湖得名。两侧有海南省委党校、海南新华印刷厂、琼山农业银行、琼山中巴站等。通公交车。

凤翔西路[Fèngxiáng Xīlù] 在区境西北部。东起中山南路,西至龙昆南路与迎宾大道连接处。与大园路等相交。长1.1千米,宽64米。混凝土路面。2004年开工,2005年建成。原名凤翔路,因凤翔山庄得名。后因该路铺通东延线,名凤翔东路,本段遂改今名。两侧有琼山华侨中学、丽华大酒店、府城镇政府等单位。通公交车。

海口汽车东站[Hǎikǒu Qìchē Dōngzhàn] 见交通运输设施部分"海口汽车东站"条。

府城街道[Fǔchéng Jiēdào] 琼山区人民政府驻地。在区境西北部。面积7平方千米。人口10.6万。以汉族为主,还有黎、苗、壮等民族。2013年设。明洪武三年(1370)设琼州府,琼州城古称琼州府城,街道因沿袭古称得名。为原国家历史文化名城琼山市的核心区,海南政治、经济、文化中心,素称"琼台福地"。有高校2所,中学4所,小学5所,知名文艺团体1个,三级医院1个,二级医院3个,卫生服务站5个。有区妇幼保健院、市第三人民医院、市第四人民医院(老院区)、现代妇女儿童医院。有全国重点文物保护单位丘濬故居、海瑞故居,省级文物保护单位7个,省级爱国主义教育基地2个,省级非物质文化遗产元宵换花文化节。有培龙等3个农贸市场,中山北路、忠介路、文庄路、大路街等特色商业街区,多小商店、小餐饮店。通多路公交车。

忠介路[Zhōngjiè Lù] 在府城街道中部。长0.7千米,宽10米。混凝土路面。建于明代。原称镇台前街,后为纪念明代清官海瑞(谥忠介),取其谥号改名忠介路。1925、1967年曾两度改称解放路。1982年复称忠介路。2002年打造成步行街,为府城镇最繁华的商贸街。通公交车。

文庄路[Wénzhuāng Lù] 在府城街道中部。长0.7千米,宽23米。沥青路面。前称道前街,为纪念明代政治家、思想家、学者、著作家丘濬(谥文庄),改名文庄路。沿街有琼山中学、琼山学宫(文庙)等单位与古迹。通公交车。

中山路[Zhōngshān Lù] 在府城街道中部。长1.9千米,宽16米。沥青路面。明代始建,旧称丁字街。民国时为纪念孙中山先生来琼改称中山路。沿街有毋忘"九一八"国耻纪念碑、琼台书院、南北水果市场。通公交车。

金花村[Jīnhuācūn] 在区政府驻地府城街道西部。府城街道辖自然村。人口1万。古称下田村,后因丘濬《下田村》诗中"有人问我家居处,朱橘金花满下田"句而改名"金花村"。聚落呈集聚状。因有丘濬故居和海瑞故居而成为历史名村。现存残墙一面,上书"海瑞故居"。2003年新建一仿古建筑群代之以留纪念。今村已实现城镇化。通公交车。

国兴街道[Guóxīng Jiēdào] 属琼山区。在区境北部。面积5平方千米。人口2.6万。2003年设。因国兴大道得名。南渡江、美舍河流经。有省农业科学院、省教育研究培训院等省级科研单位4个。有高校1所,中学1所,小学2所,省级图书馆1个,博物馆1个,史志馆1个,知名文艺团体2个,三级医院1个,社区卫生服务站5个,体育场馆1个。有全国重点文物保护单位五公祠及陈列馆、李硕勋烈士纪念亭,省级文物保护单位2个。有全国爱国主义教育基地李硕勋烈士纪念亭,省级爱国主义教育基地3个。有中国传统村落上丹村。有国家4A级旅游景区海南省博物馆。工业以铸造、机械加工、塑料制品、建筑材料为主。服务业以商贸、餐饮、旅游、文化娱乐、房地产为主。通多路公交车。

上丹村[Shàngdāncūn] 在区政府驻地府城街道东2千米。国兴街道辖自然村。人口4500。原属国家历史文化名村攀丹村。后攀丹分为上丹、头丹、中丹、尾丹4独立村。聚落呈集聚状。为中国传统村落。村中唐氏家族为海南历史上著名的书香门第,历代子孙重教兴学,培养人才,传播文化,族中累朝名人辈出,对海南文化发展贡献重大,丘濬、海瑞、王佐、郑廷鹄等海南名贤,都是上丹唐氏门人。通公交车。

滨江街道[Bīnjiāng Jiēdào] 属琼山区。在区境北部。面积13平方千米。人口5.1万。2013年设。因近依南渡江,并有"滨江路"得名。沿江为新开发住宅区,江边建有景观带状公园。有中学2所,小学6所,卫生服务中心1个,卫生院4个。境内有绿色家园等高档楼房小区。滨江路、琼州大道、椰海大道、凤翔路在此汇集。有商业街区,多小商店、小餐饮店。通多路公交车。

凤翔街道[Fèngxiáng Jiēdào] 属琼山区。在区境北部。面积13平方千米。人口5.1万。2013年设。因凤翔路得名。有大专院校2所,中学5所,小学7所,三级医院1个,卫生所5个。为典型城乡接合部。经济以商业服务、房地产开发、餐饮业等为主。有海南规模最大的海口南北水果批发市场、南北蔬菜批发市场。琼州大道、椰海大道、凤翔路、龙昆路在此汇集。有海口火车东站。通多路公交车。

龙塘镇[Lóngtáng Zhèn] 琼山区辖镇。在区境西南部。面积39平方千米。人口3.5万。辖10村委会,有70自然村。镇人民政府驻龙塘墟。1957年置龙塘乡。1958年成立龙塘公社。1983年置区。1987年置镇。因镇政府驻地得名。地势西高东低,南渡江沿岸低平。有初中1所,小学10所,文化站1个,广播电视站1个,卫生院1个。农业以种植水稻、蔬菜、热带水果为主,盛产甘蔗、黑豆、芝麻、木薯等,还有黄花梨等名贵树木。工业以建筑、雕刻、陶瓷、服装加工等传统工艺为主,为海南著名的民间木雕、泥雕、石刻艺术之乡。服务业以商贸、餐饮为主。铁新线省道过境。

龙塘墟[Lóngtángxū] 龙塘镇人民政府驻地。在区政府驻地府城街道南15千米。人口6800。西晋初已形成集市。因街道弯曲似龙,旁有洼地似塘得名。聚落沿南渡江西岸呈A形集聚分布。有中小学、卫生院、农业科技服务站、农机站。有民间石木雕刻、服装加工厂场多家。铁新线省道经此。

云龙镇[Yúnlóng Zhèn] 琼山区辖镇。在区境东北部。面积83平方千米。人口2.2万。辖7村委会,有99自然村。镇人民政府驻云龙墟。民国时称云龙乡。1937年改为云龙墟。1958年成立云龙公社,1964年岭脚公社并入。1983年改置区。1987年置镇。因镇政府驻地得名。丘陵面积约占80%。南渡江流经。有初中1所,小学7所,幼儿园7所,卫生院1个,卫生所8个,文化站1处。有区革命烈士纪念碑、中国工农红军改编旧址。长泰村有冯白驹同志旧居及纪念文物。农业以粮食、蔬果、花卉和经济作物为主,盛产水稻、橡胶、山药、甘蔗、胡椒、咖啡等。工业以木材加工为主。服务业以商贸、餐饮为主。223国道、云文线省道过境。

云龙墟[Yúnlóngxū] 云龙镇人民政府驻地。在区政府驻地府城街道东南16千米。人口1.9万。传本地两村有村民互殴,突现狂风,乌云如群龙翻舞,暴雨狂泻。后有人在此开店成集市,遂取名"云龙赢"市,简称云龙市。聚落呈集聚带放射状。有中小学、卫生院、农业科技服务站、农机站。有云龙产业园,以花卉产业为主。223国道、云文线省道经此。

红旗镇[Hóngqí Zhèn] 琼山区辖镇。在区境中东部。面积112平方千米。人口2.5万。辖1居委会、10村委会,有37自然村。镇人民政府驻土桥墟。1968年成立红旗公社。1983年改称红旗区。1987年置红旗镇。因沿用毛泽东推荐过的"红旗农业生产合作社"专称得名。三十六曲溪流经。有初中1所,小学5所,镇卫生院1个。农业以种植粮食、蔬果、花木,养殖禽畜为主,盛产水稻、瓜菜、香蕉、龙眼、荔枝、橡胶、花木等。工业以小型橡胶、木材加工为主。服务业以商贸、餐饮为主。223国道过境。2005年被评为全国文明镇。

土桥墟[Tǔqiáoxū] 红旗镇人民政府驻地。在区政府驻地府城街道南34千米。人口6700。1941年渐成集市。因此地有两个低坡,两坡之间有一条高而狭小如桥状的土路,两旁是低水田,故称土桥。聚落呈分散形小集聚状。有中小学、卫生院、农业科技服务站、农机站。经济多为个体经营。223国道、县道土眼线经此。

泮边村[Pànbiāncūn] 在区政府驻地府城街道东南24千米。红旗镇辖自然村。人口100。因四周都是大大小小的湖与吴仲田水库得名。聚落呈曲尺状。有"琼州第一将"陈得平将军故居。盛产水稻、香蕉、鸭、鱼、猪、橡胶等。通公路。

三门坡镇[Sānménpō Zhèn] 琼山区辖镇。在区境东南部。面积117平方千米。人口2.3万。辖1居委会、11村委会,有111自然村。镇人民政府驻三门坡墟。1958年成立三门坡公社。1983年置区。1987年设镇。2002年谭文镇并入。因镇政府驻地得名。有中学3所,小学28所,幼儿园16所,卫生院3个,村卫生室10个。经济以粮食、蔬果、经济作物为主,盛产水稻、蔬菜、热带水果、橡胶、胡椒等。有国营红明农场。工业以木材加工、橡胶初级加工、槟榔产品加工为主。服务业以商贸为主。223国道过境。2008年被评为全国文明镇。

三门坡墟[Sānménpōxū] 三门坡镇人民政府驻地。在区政府驻地府城街道东南39千米。人口3200。因地处通往海口、三亚、文昌三岔口高坡顶端得名。聚落呈集聚状。有中小学、卫生院、农业科技服务站、农机站。经济以种植荔枝为主。223国道经此。

大水村[Dàshuǐcūn] 在区政府驻地府城街道东南38千米。三门坡镇辖自然村。人口300。因村前有由福湖、昌新湖、东湖三条水道汇集形成的大水河而得名。聚落呈间隔式集聚状。有大水革命烈士陵园。经济以种植橡胶、香蕉、荔枝、槟榔、胡椒等为主。通公路。

龙鳞村[Lónglíncūn] 在区政府驻地府城街道东南35千米。三门坡镇辖自然村。人口200。曾名龙连村。因传龙王外孙龙鳞游历到此并安居,故名。聚落呈集聚状。为海南著名文明生态村、旅宿景点村。有湖面泛舟、垂钓、劳动体验、自行车骑行等旅宿项目。经济以种植橡胶、胡椒、香蕉、槟榔为主。通公路。2011年被评为全国文明村。

大坡镇［Dàpō Zhèn］ 琼山区辖镇。在区境南部。面积65平方千米。人口9900。辖5村委会，有76自然村。镇人民政府驻大坡墟。1957年置大坡乡。1959年成立大坡公社。1983年置大坡区。1987年置大坡镇。因镇政府驻地得名。多海拔140米左右的小山岭。演州河、白石溪流经。有中学2所，小学5所，幼儿园6所，卫生院1个。经济以种植水稻、热带水果和热带经济作物为主，盛产水稻、荔枝、香蕉、柑橘、菠萝、番石榴、橡胶、胡椒等。工业以橡胶加工为主。服务业以商贸为主。223国道过境。2014被评为全国文明村镇。

大坡墟［Dàpōxū］ 大坡镇人民政府驻地。在区政府驻地府城街道南48千米。人口100。清乾隆六年(1741)成集。因地处大坡岭下得名。1983年另选址建设大坡新墟。聚落呈集聚状。有中小学、卫生院、农业科技服务站、农机站、农贸市场。经济以种植胡椒、橡胶、青金橘、槟榔、竹子、柠檬、石榴、红肉蜜柚等经济作物为主。223国道经此。

马宛大村［Mǎwǎndàcūn］ 在区政府驻地府城街道南57千米。大坡镇辖自然村。人口200。因该村地貌倾斜，状如大碗，且大部分居民姓马，故名。聚落呈集聚状。经济以种植橡胶、胡椒、竹林，以及发展竹器加工为主。生态环境优良，民居崭新整洁，村风文明。通公交车。2014被评为全国文明村。

甲子镇［Jiǎzǐ Zhèn］ 琼山区辖镇。在区境南部。面积152平方千米。人口2.8万。辖14村委会，有154自然村。镇人民政府驻甲子墟。1959年成立甲子公社。1983年改置区。1987年置镇。因镇政府驻地得名。多丘陵。有白沙沟、雅龙沟、山口沟、龙井洋排沟、下牛坡沟、新安沟、龙殿沟、排坡沟等20条溪沟流经。有初中1所，小学18所，幼儿园6所，卫生院2个，卫生所16个，镇文化站1处，镇农业技术站2个。经济以热带水果、蔬菜、淡水养殖为主，盛产橡胶、胡椒、香蕉、荔枝、龙眼等。工业以螺旋藻养殖、螺旋藻干粉生产、椰壳活性炭加工、制糖为主。服务业以商贸、餐饮为主。省道文长、长甲、长道线过境。

甲子墟［Jiǎzǐxū］ 甲子镇人民政府驻地。在区政府驻地府城街道南47千米。人口2100。清乾隆九年(1744)形成墟市，因时值农历甲子年得名。聚落呈集聚状。有中小学、卫生院、农业科技服务站、农机站。农业以种植橡胶、金橘、槟榔、胡椒、荔枝、山茶树和冬季瓜菜等为主。通公交车。

旧州镇［Jiùzhōu Zhèn］ 琼山区辖镇。在区境西南部。面积126平方千米。人口2.6万。辖10村委会，有98自然村。镇人民政府驻旧州墟。唐贞观五年(631)设琼州府，府治旧州村。宋开宝四年(971)府治迁至今府城，原村、墟、乡、镇仍沿用旧州名。1950年为第一区旧州乡。1958年成立太阳升公社。1959年改称旧州区。1987年改设旧州镇。因镇政府驻地得名。地势东北、东南部高，西与西北部南渡江沿岸低平。有初中1所，小学6所，幼儿园7所，镇卫生院1个，镇文化站1处，镇农业技术站1个，畜牧兽医站1个。农业以粮食、蔬菜、水果、经济作物种植，畜牧、淡水养殖为主，盛产水稻、蔬菜、荔枝、槟榔。工业以农产品加工为主。服务业以商贸、餐饮为主。省道云文线过境。

旧州墟［Jiùzhōuxū］ 旧州镇人民政府驻地。在区政府驻地府城街道南28千米。人口4200。沿用原琼州府治名。聚落呈集聚状。有中小学、卫生院。种植橡胶、金橘、槟榔、胡椒、荔枝、山茶树和冬季瓜菜等。省道云文线经此。

美兰区

美兰区［Měilán Qū］ 海口市辖区。在市境东部。面积553平方千米。人口67.08万。以汉族为主，还有黎、苗、回、满、瑶、蒙古等民族。辖9街道、4镇。区人民政府驻白龙街道。1990年博爱区并入振东区。2002年振东区与原琼山市灵山镇、美兰镇(演丰镇)、三江镇、大致坡镇合并设立美兰区。因境内有美兰国际机场，以机场名为区名。2007年建成和平桥、人民桥、海南广场周边路网、海府一国兴立交桥，并完成57条街巷改造。2009年建成海新大桥、福海大道，完成海甸五东路贯通工程、蓝天路与五指山路交叉路口拓宽工程。改造小街小巷26条，安装路灯553盏，不断完善城市基础设施。全面完成国兴大道、人民大道、白龙路等11条街道542栋建(构)筑物的街景立面改造。2010年完善中心城区海甸溪北岸、海南广场周边、大英山片区和中心街区的市政设施。2011年完成和平南路、文明东路贯通，海南环岛高铁、滨江西路、海甸环岛路、海新大桥等建设。2012年完成省政府周边路网、海南环岛高铁、绕城高速公路、滨江西路、海甸岛环岛路、海新大桥等重点路桥项目。2013年完成大英路、大东路等5条区管市政道路改造，建成海口希尔顿逸林酒店、东新大道、大英山路网。海甸三东路、五西路、国兴大润发周边形成集餐饮、休闲娱乐、购物为一体的新商圈。2014年建成九鼎水郡一期、海口希尔顿酒店，望海国际、名门广场、大润发、家乐福和华润万家等大型卖场等投入使用，海甸岛、新埠岛、盛达景都片区和琼山大道沿线逐步呈现商圈亮点，并新建7条、硬化12条街巷，新安装路灯156盏，完成主城区3条路段排水设施改造，海甸环岛路通车。城市污水处理率达90%，城区绿化覆盖率达42%。地势平缓开阔，南高北低，海拔多在10米以下。有由珊瑚礁发育和红树林沙滩形成的生物海岸，有海甸岛2.47平方千米的人造平原。年均气温24℃，1月平均气温21℃，7月平均气温28℃。年均降水量1639毫米。南渡江、美藤河、美舍河、演丰河、演丰东河、演丰西河、罗雅河、芙蓉河流经。有玄武岩石材、建筑砖瓦黏土、河沙等矿产资源。有苏铁、海南黄花梨、黄檀、土沉香、见血封喉等野生植物。有蟒蛇、唐鱼、海南山鹧鸪、黄嘴白鹭、黑脸琵鹭、白琵鹭、黑嘴鸥、海南虎斑和小苇鳽等野生动物。有东寨港国家级红树林自然保护区。森林覆盖率42.4%。有省水产研究所、省气象科学研究所。有海南大学、海南师范大学北校区等高校4所，中学11所，小学71所，三级医院3个。有省琼剧院。有国家历史文化名镇演丰镇，省级历史文化名镇1个，省级文化名村1个。有国家级非物质文化遗产三江公仔戏，省级非物质文化遗产海南八音器乐、海南公仔戏。有国家级风景名胜区琼州大地震遗址(海底村庄)。三次产业比例6∶14∶80。农业以粮食、蔬果种植，畜牧、海洋捕捞、海淡水养殖为主。盛产水稻、瓜菜、荔枝、龙眼、菠萝、莲雾、波罗蜜、香蕉、猪、鸡、鹅、鸭、花卉、橡胶、槟榔。工业以制药、农副产品加工为主。服务业以商贸、餐饮、旅宿为主。商埠历史悠久，北宋时白沙门已成海南岛对外贸易商品集散地，白沙街为最早的商业街。海南环岛高铁，海文高速，223国道，灵文加线、隆三线省道过境。有美兰国际机场、美兰站。

长堤路［Chángdī Lù］ 在区境北部。东起滨江路，西至滨海大道。与新华北路、博爱北路、和平北路相交。长2.5千米，宽12米。混凝土路面。1925年开工，后几经改扩建。1985年新建人民桥一和平北路路段，1986年续建和平北路一新埠桥路段。因该路较长又紧靠海甸河堤得名。一边是海甸河，一边为海口骑楼街景街。通公交车。

世纪大道［Shìjì Dàdào］ 在区境北部。南起海甸五东路，北至美丽沙路。与碧海大道、万新路、万美街相交。长2.2千米，宽17米。混凝土路面。2004年开工，2005年建成。因位于世纪大桥附近得名。两侧有美丽沙花园、中海海盛、旺佳旺超市、世纪海岸、鸿天阁、市美丽沙幼儿园、兆南绿岛家园、世纪美术馆、伊甸家园、南方明珠、红泥月亮湾、世纪明珠小游园、天悦湾等。通公交车。

海新大桥［Hǎixīn Dàqiáo］ 在市区北部。长715米，宽34.5米，最大跨度110米，桥下净高5米。2007年开工，2009年建成。因连接海甸岛与新埠岛得名。为中型河道桥梁，结构型式为钢筋混凝土桥。最大载重30吨。通公交车。

新埠桥［Xīnbù Qiáo］ 在市区北部。长264米，宽16米，最大跨度18.7米，桥下净高4.5米。1985年开工，1986年建成。因连接新埠岛得名。为中型河道桥梁，结构型式为钢筋混凝土桥。最大载重10吨。通公交车。

和平桥［Hépíng Qiáo］ 在市区北部。长742.3米，宽24米，最大跨度289米，桥下净高5米。1989年开工，1990年建成。因连接和平北路与和平大道得名。为中型河道桥梁，结构型式为钢筋混凝土桥。最大载重20吨。通公交车。

人民桥［Rénmín Qiáo］ 在市区北部。长3544米，宽22米，最大跨度437米，桥下净高5米。1969年开工，1970年建成，1986、2000、2007年扩建。因坐落于人民路得名。为大型河道桥梁，结构型式为钢筋混凝土桥。最大载重20吨。通公交车。

美兰站［Měilán Zhàn］ 见交通运输设施部分“美兰站”条。

白龙街道［Báilóng Jiēdào］ 美兰区人民政府驻地。在区境西北部。面积7平方千米。人口5万。2001年设。因处白龙南路得名。有小学4所。有海南广场。有省人大、省政协、省公安厅、省安全厅、省人口局、省测绘局等单位。通多路公交车。

海府街道［Hǎifǔ Jiēdào］ 属美兰区。在区境西北部。面积9平方千米。人口5.3万。1989年设。因海府大道得名。有中学1所，小学2所。有省卫生厅、省社保局、省粮食局、省邮电管理局、省石油总公司、海南电网公司、省旅宿总公司等单位。有南亚广场、明珠广场，望海国际大酒店、鑫源温泉酒店等企业。通多路公交车。

蓝天街道［Lántiān Jiēdào］ 属美兰区。在区境西北部。面积5平方千米。人口4.7万。2001年设。因位于蓝天路得名。有小学1所。有省政府、省气象局、省林业局、省水务局等单位。有金银岛大酒店、白龙大厦、名门广场等商贸企业。通多路公交车。

博爱街道［Bó'ài Jiēdào］ 属美兰区。在区境西北部。面积2平方千米。人口4.9万。2001年设。地处海口旧城区，因博爱路得名。有小学5所，三级医院1个。为海口中心重要商贸区。有博爱南商贸街、东门市场、东门综合市场、市第一市场、服装商场、服装辅料市场等。有晶宇大酒店、创新大酒楼、六合大厦等旅宿宾馆酒店。通多路公交车。

博爱路［Bó'ài Lù］ 在博爱街道西部。长1.3千米，宽9米。沥青路面。原称城内大街。为纪念孙中山先生倡导的"博爱"精神而改名。为老城区最早街道，距今有600多年历史。街道南侧建筑以骑楼为主。为海口市老城区最繁华的商贸街，两旁店铺林立，主要经营文具、灯具、布艺、节日用品等商品。还有海口海产品主要市场东门市场。通公交车。

海甸街道［Hǎidiàn Jiēdào］ 属美兰区。在区境西北部。面积10平方千米。人口5万。1989年设。因海甸村得名。地处海甸岛东部，三面临江傍海。有中学1所、小学1所、五星级宾馆1个、四星级宾馆1个。通多路公交车。

人民路街道［Rénmínlù Jiēdào］ 属美兰区。在区境西北部。面积8平方千米。人口6.5万。1989年设。因人民路得名。有海南大学、海口市实验中学、华兴学校。有中学1所，小学1所，三级医院1个，卫生院1个。有白沙门公园。有世纪大桥。通多路公交车。

和平南街道［Hépíngnán Jiēdào］ 属美兰区。在区境北部。面积3平方千米。人口3.2万。1989年设。因和平南路得名。有中学1所，小学1所。有省琼剧院、省机关幼儿园、省委、省政府、省政法机关大院、省科技厅、省商务厅、省民政厅、省建设厅、省农业厅等单位。有海南大酒店、琼苑宾馆、海鲜第一家。通多路公交车。

白沙街道［Báishā Jiēdào］ 属美兰区。在区境西北部。面积3平方千米。人口3.7万。1989年设。因原白沙村得名。有省艺术学校。有中学1所，小学1所，三级医院1个。通多路公交车。

板桥路［Bǎnqiáo Lù］ 在白沙街道西部。长0.2千米，宽20米。沥青路面。1989年建成。因在板桥溪东侧得名。为海口海鲜一条街，有高层住宅区和多家海鲜加工大排档。通公交车。

新埠街道［Xīnbù Jiēdào］ 属美兰区。在区境西北部。面积6平方千米。人口1.3万。2004年设。因1996年建镇时为新开辟的埠头得名。有中学1所，小学2所，卫生院1个。经济以海洋捕捞业、种养业、建筑业、木材家具加工业等为主。有新埠岛开发建设总公司、新世界康居发展有限公司、海鲜大世界、金水门海鲜食街等。通多路公交车。

灵山镇［Língshān Zhèn］ 美兰区辖镇。在区境西北部。面积112平方千米。人口7.3万。辖22村委会，有230自然村。镇人民政府驻灵山墟。1958年成立灵山公社。1983年改置灵山区。1987年置灵山镇。2002年与东营镇合并，仍称灵山镇。因镇政府驻地得名。北部沿江靠海，为海河沉积平原，地势低平；南部为半丘陵台地。南渡江流经。有中学2所，小学22所，卫生院2个。农业以粮食、蔬果、花木种植，禽畜饲养，海洋捕捞、海淡水养殖为主，盛产水稻、瓜菜、花卉、椰子、橡胶、香茅、胡椒、咖啡、南药、槟榔、海鲜、河鲜等。服务业以商贸、餐饮、旅宿为主。海南环岛高铁，海文、绕城高速，223国道，省道灵文嘉线过境。有美兰国际机场、美兰站。南渡江大桥、琼州大桥等5座大桥横跨南渡江与海口市中心城区连接。

灵山墟［Língshānxū］ 灵山镇人民政府驻地。在区政府驻地白龙街道南6千米。人口7800。旧名黑山，传当地百姓在此建六神庙，因求应灵验，遂将"黑山"更名为"灵山"。聚落呈集聚状。有中小学、卫生院、农业科技服务站、农机站。经济以现代物流业、汽车销售、制药、食品加工、农副产品加工、饲料加工和产品包装加工为主。223国道、省道灵文嘉线经此。通公交车。

演丰镇［Yǎnfēng Zhèn］ 美兰区辖镇。在区境东南部。面积104平方千米。人口2.5万。辖1居委会、13村委会，有208自然村。镇人民政府驻演丰墟。民国二十二年(1933)演顺、丰华2乡合并设镇，因取2乡名首字得名。1957年新置演丰乡。1958年美蓝、塔市2乡并入后成立演丰公社。1983年改设演丰区。1984年塔市区并入。1987年改置演丰镇。2002年与演海镇合并设美兰镇。2003年更名为演丰镇。因镇政府驻地得名。属沿海红壤土地区，有独特的海边滩涂森林景观东寨港红树林保护区。演丰东河、演丰西河流经。有中学1所，小学5所，幼儿园5所，卫生院1个，门诊所3个。经济以农业为主，种植粮食作物、蔬菜、经济作物及花卉，饲养禽畜等，盛产水稻、辣椒、南瓜、香蕉、生猪、橡胶、槟榔、椰子。渔业以海淡水捕捞、养殖为主。盛产鱼、虾、蟹、螺、蚝。工业以农机、渔具加工，矿泉水、饮料生产为主。服务业以商贸为主。海南环岛高铁、海文高速公路、省道灵文嘉线过境。

演丰墟［Yǎnfēngxū］ 演丰镇人民政府驻地。在区政府驻地白龙街道东南22千米。人口4500。清道光年间(1821—1850)名豆藤市，以摆卖货铺的棚顶盖有豆藤而得名。清末调龙郡驻此。民国时演顺、丰合2地连片合并，各取第一个字命名演丰，后称演丰墟。聚落呈集聚状。有中小学、卫生院、农业科技服务站、农机站。有以休闲观光等服务业为主的"金色产业"，主要分布在演丰墟、美兰国际机场和红树林风景旅游区。通公交车。

道头村［Dàotóucūn］ 在区政府驻地白龙街道东部21千米。演丰镇辖自然村。人口600。因村靠近码头得名。聚落呈集聚状。为明万历三十三年(1605)琼北大地震后形成的孤岛上最大的村庄。有天然的红树林湿地公园，是白鹭、海鸥等鸟类集散地。有曲口渔村、红树林、海底村庄等自然及人文特色景观。有特产花卉、水果、瓜菜、咸水鸭等。通公交车。

三江镇［Sānjiāng Zhèn］ 美兰区辖镇。在区境东南部。面积127平方千米。人口2.7万。辖1居委会、8村委会，有102自然村。镇人民政府驻三江墟。1957年设三江乡。1958年成立东方红公社，同年改为三江公社。1983年置三江区。1987年改设三江镇。因镇政府驻地得名。大部分地区属红壤土，质黏而肥沃。美敏溪、罗牛溪、红化溪流经。有中学1所，小学3所，幼儿园3所，卫生院2个。有国家级非物质文化遗产三江公仔戏，省级非物质文化遗产海南公仔戏。有三江冼夫人纪念馆、红树林湿地公园。经济以农业为主，盛产水稻、辣椒、南瓜、香蕉、生猪、橡胶、槟榔、椰子。渔业以海淡水捕捞、养殖为主，有海鲜产品鱼、虾、蟹、螺、蚝。服务业以商贸为主。海南环岛高铁，海文高速，省道灵文嘉、三隆线过境。

三江墟［Sānjiāngxū］ 三江镇人民政府驻地。在区政府驻地白龙街道南31千米。人口5500。因有3条溪流注入东寨港得名。聚落呈集聚状。有中小学、卫生院、农业科技服务站、农机站。经济以种植稻谷、橡胶和养鱼为主。省道灵文嘉、三隆线经此。

罗梧村［Luówúcūn］ 在区政府驻地白龙街道东南36千米。三江镇辖自然村。人口300。宋朝建村。有一小河从西坡流入口路塘，河水潺潺，四时不绝，人们称此村为水源村。因河水响似银，人们称锣误，后人改为罗梧。聚落呈集聚状。为纪念民族英雄冼夫人而组建的舞虎队已传承三百多年。特产橡胶、荔枝、香蕉等。通公路。

大致坡镇［Dàzhìpō Zhèn］ 美兰区辖镇。在区境东南部。面积114平方千米。人口3.9万。辖3居委会、10村委会，有210自然村。镇人民政府驻大致坡墟。1957年设大致坡乡。1958年成立东方红公社，又改称三江公社。1961年成立大致坡公社。1983年改置大致坡区。1987年改置大致坡镇。因镇政府驻地得名。有中学2所，小学3所，幼儿园7所，卫生院1个。有中国戏剧活动家基地1处。农业以粮食作物、蔬菜、经济作物及花卉种植，禽畜饲养为主，还有海淡水捕捞和养殖。盛产水稻、蔬菜、香蕉、生猪、椰子、橡胶、槟榔、咖啡、胡椒、泥蚶、鳗鳝、罗非鱼、牛蛙。有特产文昌鸡。工业以角雕、塑料工艺为主。服务业以商贸为主。海南环岛高铁、海文高速、省道灵文嘉线过境。

大致坡墟［Dàzhìpōxū］ 大致坡镇人民政府驻地。在区政府驻地白龙街道南49千米。人口1.2万。原名约亭墟，传明代邱浚与邢宥在此约会，后人建纪念亭，取名约亭。亭旁有一坡，坡上渐成集墟，遂改今名。聚落呈放射状集聚带。有中小学、卫生院、农业科技服务站、农机站。海南环岛高铁、海文高速、省道灵文嘉线经此。

三 亚 市

三亚市［Sānyà Shì］ 海南省辖地级市。北纬18°09′—18°37′，东经108°56′—109°48′。在海南岛南部。面积1922平方千米。户籍人口63.4万，常住人口78.3万。以汉族为主，还有黎、回、苗、壮等民族。辖吉阳、海棠、天涯、崖州4区。市人民政府驻吉阳区。隋大业三年(607)析珠崖郡置临振郡。隋大业六年(610)于今境置宁远县，属临振郡。唐武德五年(622)改临振郡为振州，治宁远县，即今崖城。宋开宝五年(972)振州改崖州。熙宁年间(1068—1077)崖州改珠崖军。政和七年(1117)再改吉阳军。明洪武元年(1368)复称崖州。1920年改置崖县，治今崖城镇。1954年崖县人民政府徙至三亚。1984年撤崖县改置三亚市(县级)。1987年升地级市。1988年海南建省，升为省辖市。因贯穿市区的三亚河呈丫字形得名。北靠高山，南临大海，地势自北向南倾斜。平均海拔188米。年均气温26.7℃，1月平均气温21.6℃，7月平均气温28.8℃。年均降水量1392毫米。全年无霜。宁远河、藤桥河、三亚河、大茅水流经。有大隆、赤田、汤他等水库。有矿产资源油气、水晶、花岗岩、石灰石、大理石和钛、磷、铁、金矿等。有野生植物1144种，其中国家重点保护野生植物有花梨、子京、母生等27种。有野生动物93种，其中国家重点保护野生动物有坡鹿、海龟玳瑁、海南山鹧鸪等31种，省重点保护野生动物62种。有三亚珊瑚礁国家级自然保护区，甘什岭省级自然保护区。森林覆盖率70.1%。有高等院校6所，中学44所，小学116所。有各类表演团体、地方特色民间艺术团(崖州民歌、疍民“南海渔歌”、黎族打柴舞等)40个。有三级医院4个，体育场馆2个。有全国重点文物保护单位2处，省级文物保护单位9处，省级爱国主义教育基地仲田烈士陵园、崖城革命烈士纪念园，纪念地18处。有中国历史文化名镇1个，中国千年古镇1个，中国历史文化名村1个，中国传统村落1个。有省级非物质文化遗产4项。有国家5A级旅游景区2个，国家4A级旅游景区6个，省级风景名胜区3个。三次产业比例14：21：65。农业以种植水稻、冬季瓜菜(苦瓜、青瓜、茄子、豇豆)、热带水果(杧果、香蕉、波罗蜜、木瓜、哈密瓜等)为主。工业以农副产品加工、旅游工艺品制造为主。服务业发展旅游、动漫、科技产品研发。有铁路86千米，公路329千米，高速94千米，三亚港航线3500千米。海南环岛高铁，海南环岛高速、绕城高速，223、224、225国道，省道天新线过境。有亚龙湾、三亚、崖城高铁站，三亚、海棠湾、吉阳、天涯、崖城汽车站。有凤凰国际机场，民航航线106条，通往北京、上海、广州、哈尔滨等城市。

三亚［Sānyà］ 别名鹿城。三亚市聚落。在市境南部。面积1921.5平方千米。人口74.2万。以汉族为主，还有黎、回、壮等民族。因贯穿市区的三亚河呈丫字形得名。1984年前县城主要在三亚河西的南面。撤县建市后城建从建桥开始。1986年在三亚河上游新建新风、月川2桥。1989—1990年建成鹿回头公园、榆亚路。1991—2000年沿三亚河上游新建临春、金鸡岭2桥，扩建月川桥，新建三亚河西路、三亚河东路、临春河路、三亚湾路等干道。进入21世纪后，新建临春河步行桥、三亚河步行桥和丰兴隆大桥，扩建新风桥。新建迎宾路、荔枝沟路等主干道和鹿回头半岛上的鹿回头、南边海等近10条配套道路。新建白鹭公园和金鸡岭公园。现今西部三亚河西为主要商业区，老城区在三亚港区周围；东北部主要为政府办公区；北部为科教区；东、东南和西部沿海为旅游开发区；中部主要为居住区；南部为港口作业区。已形成由铁路、公路、水路、航空构成的交通运输网络。通多路公交车。

荔枝沟路［Lìzhīgōu Lù］ 在市境南部。东起迎宾路，西至凤凰路。与抱坡路、落笔洞路、学院路等相交。长4.5千米，宽22.5米。沥青路面。2007年开工，2010年建成。因贯穿荔枝沟社区得名。两侧有市第一中学、南新农场、市救助管理站等。通公交车。

迎宾路［Yíngbīn Lù］ 在市境南部。东起吉阳转盘，西至三亚湾路。与凤凰路、三亚河东路、解放路等相交。长11.1千米，宽24米。沥青路面。2007年开工，2010年建成。为进出三亚市区重要交通要道，有迎接八方宾客之意，故名。两侧有市财政局、市公安局、吉阳区人民政府等。通公交车。

新风街［Xīnfēng Jiē］ 在市境南部。东起凤凰路，西至三亚湾路。与临春河路、三亚河东路、解放路、胜利路相交。长2.1千米，宽16米。沥青路面。1983年开工，1984年建成。路名寓意改革新风吹满三亚大地。两侧有市政府、第一幼儿园、市图书馆等。通公交车。

凤凰路［Fènghuáng Lù］ 在市境南部。东起榆亚路，西至鹿城大道。与新风街、迎宾路、金鸡岭街、三亚河东路相交。长14千米，宽24米。沥青路面。1995年开工，1996年建成。因沿街多凤凰树得名。两侧有市图书馆、市消防局、天涯区人民政府等。通公交车。

新风桥［Xīnfēng Qiáo］ 在市区中部。长224米，宽15米，最大跨度30米，桥下净高10米。1985年开工，1986年建成，2010年扩建，2012年完成。因位于新风街得名。为大型河道桥梁，结构型式为11孔T型桥梁。最大载重100吨。通公交车。

三亚大桥［Sānyà Dàqiáo］ 在市区南部。长250米，宽30米，最大跨度50米，桥下净高10米。1939年日军侵占时建，为木结构桥。1966年改建为灌柱基础、金字桥梁。1992年扩建，1993年建成。2002年重建。因跨三亚河得名。为大型河道桥梁，结构型式为简支梁桥。最大载重100吨。通公交车。连接河东片区与河西片区。

吉阳区

吉阳区［Jíyáng Qū］ 三亚市人民政府驻地。在市境东部。面积372平方千米。人口15.9万。以汉族为主，还有黎、壮、满等民族。辖1居委会、18社区、19村委会，有106自然村。区人民政府驻岭仔村。原名“田独镇”，2010年更名为吉阳镇。因唐代曾建吉阳县，取吉祥朝阳寓意命名。2014年三亚市撤并区镇，将原2区6镇划分为4区。吉阳镇与河东区合并，沿用吉阳旧名称吉阳区。地势北高南低，北部峰峦连绵，西部为中低山环绕，中部为冲积平原，南部以低丘为主，有山间小盆地。大茅水和三亚河流经。有榆林港、三亚港，半岭、颂和水库。2014年设区后，建成市人民医院内科楼、农垦三亚医院外科综合楼，基本建成红树林度假会展酒店、三亚国际友好中医疗养院。南部沿海为旅游开发区，亚龙湾和大、小东海沿海地带有三亚最完善、最庞大、最高端的酒店群；西南部为商业区；中部为高校区。有国家级科研单位2个，高等院校5所，中学17所，小学27所，三级医院1个，二级医院1个。有三亚市体育中心、三亚国际体育产业园。有全国重点文物保护单位落笔洞，省级文物保护单位田独“万人坑”。有纪念地西沙海战烈士陵园。有国家4A级旅游景区亚龙湾、大东海、鹿回头公园，省级风景名胜区1个。农业由传统种植型转为以花木和蔬菜基地建设为主。工业以新能源、石材加工、混凝土配送、船舶维修、制药为主。有荔枝沟技工贸产业园。服务业以旅游为主，且向国际化、精品化发展。海南环岛高铁，海南环岛高速、绕城高速，223、224、225国道过境。有亚龙湾、三亚高铁站，三亚汽车站、三亚汽车西站。通多路公交车。

亚龙湾中心广场［Yàlóngwān Zhōngxīn Guǎngchǎng］ 在城区东南部。面积7公顷。1995年开工，同年建成。因近亚龙湾得名。广场以东方远古神秘文化为主题，核心建筑是图腾柱，周围有三圈石阵和二十四节气雕塑。图腾柱高26.8米，由200多块巨大的花岗石和直径2.5米的铝合金柱组成，柱上雕刻龙、凤、太阳鸟、鱼以及风、雨、雷、电四神图案。广场外围有五组白色风帆式的尖顶帐篷及大型彩色喷泉，给具有古老文化意蕴的雕塑增添了现代气息。该工程荣获中国建设工程鲁班奖。周边有亚龙湾海底世界、滨海公园、亚龙湾爱立方滨海乐园。通公交车。

榆亚路［Yúyà Lù］ 在区境中部偏南。东起吉阳大转盘，西至三亚大桥。与凤凰路、临春河路等相交。长7.1千米，宽24米。沥青路面。1989年开工，1990年建成。以原榆亚镇名命名。两侧有三亚市委、大东海旅游区等。通公交车。

吉阳大道［Jíyáng Dàdào］ 在区境南部。东起东线高速引道入口，西至吉阳大转盘。与迎宾路、榆亚路、亚龙湾路相交。长5.8千米，宽24米。沥混路面。2008年开工，2009年建成。以唐代吉阳县名命名。两侧有省动漫基地、东环铁路亚龙湾站等。通公交车。连接东线高速和三亚市区。

鹿回头路［Lùhuítóu Lù］ 在区境东南部。南起马鞍岭，北至南边海路。与鹿鸣路相交。长4.4千米，宽15米。水泥混凝土、沥混路面。2005年开工，2010年建成。因通鹿回头公园得名。两侧有鹿回头国宾馆、半山半岛帆船港、三亚国际学校等。通公交车。

三亚河东路［Sānyàhé Dōnglù］ 在区境西南部。南起榆亚路，北至凤凰路。与新风街、迎宾路、金鸡岭街等相交。长5.4千米，宽12米。沥青路面。1991年开工，同年建成。因处三亚河东岸得名。两侧有市教育局、海南中学三亚学校、市第五中学等。通公交车。

临春河路［Línchūnhé Lù］ 在区境西南部。南起榆亚路，北至三亚河东路。与新风街、榕根路等相交。长2.8千米，宽25米。钢筋混凝土路面。1993年开工，1994年建成。原名东河东路。因处临春河边，2003年更今名。两侧有中心皇冠假日酒店、金鼎公寓、市第五中学等。通公交车。

丰兴隆大桥［Fēngxīnglóng Dàqiáo］ 在城区东部。长520米，宽16米，最大跨度85米，桥下净高10米。2005年开工，同年建成。因位于丰兴隆小区附近得名。为大型河道桥梁，结构型式为钢筋水泥桥。最大载重100吨。通公交车。

临春桥［Línchūn Qiáo］ 在城区东部。长170米，宽28.5米，最大跨度100米，桥下净高10米。1993年开工，1995年建成。因跨临春河得名。为大型河道桥梁，结构型式为钢筋混凝土连续梁桥。最大载重100吨。通公交车。

潮见桥［Cháojiàn Qiáo］ 在城区东部。长152.4米，宽30米，最大跨度60米，桥下净高3米。原为1939年日军侵占时建水泥桥。1966年重建。2003年重修，同年建成。因处临春河入海口，可见潮起潮落得名。为大型河道桥梁，结构型式为钢筋混凝土结构桥。最大载重100吨。通公交车。

三亚站［Sānyà Zhàn］ 见交通运输设施部分“三亚站”条。

亚龙湾高铁站［Yàlóngwān Gāotiězhàn］ 见交通运输设施部分“亚龙湾高铁站”条。

港门村社区［Gǎngméncūn Shèqū］ 属吉阳区。在区境南部。面积1.8平方千米。人口12100。因原处三亚港口得名。1981年成立。有居民自建的钢筋混凝土结构公寓楼10余栋。有治安联防队、调解委员会。有中小学、幼儿园、功能文化室、休闲广场。有多家宾馆、酒店。地处区商业繁华地段，交通便利。2014年被评为全国文明单位。

岭仔村［Lǐngzǎicūn］ 吉阳区人民政府驻地。在区境中部。人口400。为黎族聚居村。原名岭子村，为黎族古村峒名，意为很小的村庄。后当地百姓以同音称岭仔村。聚落呈梯形。种植经济作物、花卉。服务业以旅游为主。有家庭旅馆。通公交车。

田独村［Tiándúcūn］ 在区政府驻地岭仔村西6千米。吉阳区辖自然村。人口1000。为黎族聚居村。传前此处只有此一村，故名。聚落呈梯形。有省级文物保护单位日军侵琼田独死难矿工遗址。有逸夫中学和田独小学。有便民服务站。主产水稻、槟榔、热带水果，有家禽养殖业。亚龙湾公路经此。

海棠区

海棠区［Hǎitáng Qū］ 三亚市辖区。在市境东北部。面积384平方千米。人口5.9万。以汉族为主，还有黎族。辖3社区、19村委会，有78自然村。区人民政府驻永宁社区。2001年藤桥、林旺2镇合并成立海棠湾镇。2014年更名海棠区。因有国家海岸海棠湾得名。有海棠南路、海棠北路、海岸大道等三纵五横区域干道网。沿海地带有风情小镇。有蜈支洲岛乐园、南田温泉、现代服务业产业园、海棠湾免税购物中心、海棠湾国际购物中心。地势西北高东南低。藤桥河流经。有三亚中瑞酒店管理职业学院。有中学4所，小学19所，三级医院1个。有全国重点文物保护单位藤桥阿拉伯伊斯兰教徒古墓群。有省级爱国主义教育基地仲田烈士陵园。有国家4A级旅游景区蜈支洲岛。农业以种植热带水果和冬季瓜菜为主，有海洋捕捞和海水养殖业。发展旅游服务业。海南环岛高铁、海南环岛高速、223国道、藤加公路过境。有海棠湾汽车站。

藤桥东大桥［Téngqiáo Dōng Dàqiáo］ 在城区东部。长157米，宽12.5米，最大跨度13米，桥下净高4.2米。2006年开工，2010年建成。因横跨藤桥东河得名。为小型河道桥梁，结构型式为钢筋混凝土桥。最大载重60吨。通公交车。

藤桥西大桥［Téngqiáo Xī Dàqiáo］ 在城区东部。长127.3米，宽12.5米，最大跨度30米，桥下净高4米。2008年开工，2009年建成。因横跨藤桥西河得名。为中型河道桥梁，结构型式为钢筋水泥桥。最大载重60吨。通公交车。

永宁社区［Yǒngníng Shèqū］ 海棠区人民政府驻地。在区境东部。面积4平方千米。人口4700。因清代设永宁乡得名。2011年成立。有现代民居2—3层小洋楼。有中小学、卫生院、便民服务站。海南环岛高速、223国道经此。通公交车。

东溪村［Dōngxīcūn］ 在区政府驻地永宁社区东北2千米。海棠区属村。人口2600。因处藤桥东河东岸得名。聚落呈三角形状。有中小学。村东有阿拉伯伊斯兰教徒古墓群，目前存有墓碑的墓有42座。223国道经此。

天涯区

天涯区［Tiānyá Qū］ 三亚市辖区。在市境中部。面积942平方千米。人口20.3万。以黎族为主，还有汉族。辖24社区、20村委会，有163自然村。区人民政府驻羊栏村。2014年原河西区和凤凰、天涯、育才3镇合并为天涯区。因天涯海角景点得名。有三亚河西路、解放路、三亚湾路、迎宾路、新风街等30多条道路街巷，形成三亚市主要购物区。沿三亚湾16千米长的黄金海岸线旅游宾馆、酒店、度假村密布。有五星级酒店4家，四星级酒店7家。有家庭旅馆200多家。景点有三亚湾椰梦长廊、南天生态观光园、兰花大世界、日出观光高尔夫球场、红塘湾高尔夫球场。地势北高南低，西高东低。宁远河、三亚河流经。有三亚航空旅游职业学院。有中学16所，小学45所，三级医院2个，二级医院2个。有全国重点文物保护单位1处。有国家级非物质文化遗产“三亚疍歌”。有国家4A级旅游景区天涯海角游览区、西岛海洋文化旅游区，省级风景名胜区3个。经济主要由渔业经济、旅游经济、街道经济三部分构成。海南环岛高铁，海南环岛高速、绕城高速，225国道，省道天新线过境。有机场高铁站、三亚汽车总站、天涯汽车站。有凤凰国际机场。三亚港为集客运、货运、渔港、旅游等于一体的综合性港口。凤凰岛国际邮轮港开通数条经停三亚的航线，可接待多个国家的国际邮轮。

金鸡岭街［Jīnjīlǐng Jiē］ 在区境东南部。东起凤凰路，西至三亚湾路。与三亚河东路、解放路、和顺路相交。长2.8千米，宽12米。水泥路面。1994年开工，同年建成。因邻近金鸡岭得名。两侧有金鸡岭水厂、市中级人民法院、友谊派出所、金鸡岭农贸市场等。通公交车。

三亚河西路［Sānyàhé Xīlù］ 在区境东南部。南起三亚大桥，西至解放路。与新建街、和平街、新风街等相交。长3千米，宽12米。沥青路面。因处三亚河西岸得名。1990年开工，1992年建成。两侧有河西中心学校、第一集贸市场、春园海鲜广场等。通公交车。

解放路［Jiěfàng Lù］ 在区境东南部。南起三亚大桥，北至回新路。与新建街、和平街、新风街、迎宾路街等相交。长5千米，宽40米。沥青混凝土路面。1947年开工，1949年建成。以建成时期命名。两侧有解放路步行街、人民医院、明珠广场、农垦医院等。通公交车。

三亚湾路［Sānyàwān Lù］ 在区境南部。东起光明街凤凰岛路口，西至御海路。与新风街、迎宾路等相交。长17.8千米，宽16米。水泥混凝土路面。1999年开工，2000年建成。因处三亚湾东岸得名。两侧有三亚海关、四二五医院、海月广场等。通公交车。

解放路步行街［Jiěfànglù Bùxíngjiē］ 在区境东南部。长220米，宽18米。大理石路面。位于三亚最繁华的解放路段。南面有4座六层楼，北面有3座六层楼，3座双层天桥将南、北向楼群连接起来。与邻近的三亚汽车总站、旺豪超市、解放路小吃街、创新大厦、天成货仓等构成集旅游、购物、休闲于一体的中心商业区。通公交车。

三亚湾大桥［Sānyàwān Dàqiáo］ 在城区南部。长391.4米，宽17米，最大跨度11米，桥下净高8米。2003年开工，2004年建成。因位于三亚湾得名。为小型河道桥梁，结构型式为钢筋混凝土桥。最大载重100吨。通公交车。

三亚汽车总站［Sānyà Qìchē Zǒngzhàn］ 见交通运输设施部分“三亚汽车总站”条。

羊栏村［Yángláncūn］ 天涯区人民政府驻地。在区境南部。人口4000。传原为几户人家放羊建栏之地，故名。聚落呈矩形。有小学、社区卫生服务中心、便民服务中心。以特色农业为主，产冬季瓜菜，进行南繁育种。有家庭旅馆。海南环岛高速、225国道经此。通公交车。

儋州村社区［Dānzhōucūn Shèqū］ 属天涯区。在区境南部。面积0.7平方千米。人口7200。因原居民来自儋州得名。2001年成立。多层民自建钢筋混凝土结构楼房。有社区综合办公室、社区便民服务中心、社区综治信访服务中心。有中小学、幼儿园、民营医院、诊所。通公交车。2014年被评为全国文明单位。

回新村［Huíxīncūn］ 在区政府驻地羊栏村东北4千米。天涯区辖自然村。人口4700。为回族聚居村。因村民多为回族得名。聚落呈三角形。有回新逸夫小学、三亚广慈医院。有南开清真寺和清真南寺。民居具阿拉伯特色风格。有回食特色一条街。经济以商贸为主。225国道经此。通公交车。

崖州区

崖州区［Yázhōu Qū］ 三亚市辖区。在市境西部。面积347平方千米。人口9.9万。以汉族为主，还有黎族。辖7社区、24村委会，有78自然村。区人民政府驻水南一村。因古崖州得名。宋开宝五年(972)改振州为崖州，“崖州”一名始此。2001年崖城镇、保港镇、梅山镇、雅亮乡合并设立崖城镇。2006年雅亮乡析出。2014年崖城镇更名崖州区。先后改造解放、文明、东门、河堤等老路，新建创意新城路和兴滨路，创意产业园基础设施和配套服务进一步完善。地势北高南低，北部山高岭峻，南部为平原海岸。宁远河流经。有中学7所，小学25所。有全国重点文物保护单位崖城学宫，省级文物保护单位11个。有省级爱国主义教育基地1个，纪念地5个。有中国历史文化名镇1个，中国千年古镇1个，中国历史文化名村1个，中国传统村落1个，省著名古村落1个。有国家5A级旅游景区南山和大、小洞天。有国家级非物质文化遗产“崖州民歌”“黎族打柴舞”。经济以农业和旅游业为主。农业以水稻、瓜菜种植和畜牧为主，是中国最重要的反季节瓜菜、热带水果生产基地和最大的南繁育种基地。有海洋捕捞和海水养殖业。海南环岛高铁、海南环岛高速、225国道过境。有崖州高铁站，崖城、保港汽车站。

盐灶大桥［Yánzào Dàqiáo］ 在城区南部。长105.6米，宽12.5米，最大跨度20米，桥下净高3米。2008年开工，2009年建成。因位于盐灶村得名。为中型河道桥梁，结构型式为钢筋混凝土桥。最大载重60吨。通公交车。

崖城大桥［Yáchéng Dàqiáo］ 在城区南部。长227米，宽7.8米，最大跨度20米，桥下净高15米。1972年开工，1973年建成。因通过崖城得名。为中型河道桥梁，结构型式为钢筋混凝土桥。最大载重90吨。通公交车。

崖城站［Yáchéng Zhàn］ 见交通运输设施部分“崖城站”条。

水南一村［Shuǐnányīcūn］ 崖州区人民政府驻地。在区境南部。人口1600。因处宁远河南岸，为水南4村中立村最早者得名。聚落呈团块状。有小学、崖城卫生院。为海南省著名古村落。有卢多逊纪念馆。有古民居多间。主产水稻、槟榔、果蔬。225国道经此。通公交车。

保平村［Bǎopíngcūn］ 在区政府驻地水南一村西4千米。崖州区辖自然村。人口3300。始建于唐代。古称毕兰村，后村民迁居村北高地，取名保平村，寓意保世代平安。聚落呈三角形。有小学。为中国历史文化名村、中国传统村落。有保存完好的明清古宅。为国家级非物质文化遗产“崖州民歌”主要发源地。225国道经此。通公交车。

高山村［Gāoshāncūn］ 在区政府驻地水南一村南2千米。崖州区辖自然村。人口600。为黎族聚居村。为古村名，原住村民为汉族，后村民搬迁至水南一村，1950年后有乐东一带黎族同胞迁此。聚落呈梯形。种植水稻、瓜菜、槟榔、杧果，有养殖业。225国道经此。通公交车。

三沙市

三沙市［Sānshā Shì］　海南省辖地级市。北纬3°00′—23°37′，东经99°10′—122°10′。位于中国南海，北靠三亚市，东临菲律宾，南接印度尼西亚、文莱等国，西邻越南，由280多个岛、沙洲、暗礁、暗沙和暗礁滩及其海域组成。陆地面积13平方千米，海域面积约200万平方千米。户籍人口300，常住人口3000。以汉族为主，还有土家、黎等民族。辖9居委会。市人民政府驻西沙群岛永兴岛。秦始皇三十三年（前214）在广东岭南首设南海、桂林、象郡3郡，对海南岛和南海诸岛部分岛屿实行行政管辖。西汉王朝则以地图形式把南海诸岛划入中国版图，隶属珠崖郡。三国时期南海诸岛属吴国管辖，自此直至南北朝，中央政权常派水军（古称"水师"或"舟师"）巡视南海及其群岛。隋唐属振州、岭南节度使。元属广东道、海南道。明先后属广东省琼州府、崖州。清属广东省琼州府。民国时期属广东省。1959年成立西南中沙群岛办事处，隶属广东省，委托海南行政区领导。1988年正式更名为"海南省西沙群岛、南沙群岛、中沙群岛办事处"（简称西南中沙群岛办事处），为海南省政府的派出行政机构（县级）。2012年国务院批准撤销海南省西沙群岛、南沙群岛、中沙群岛办事处，设立三沙市（地级），管辖西沙、中沙、南沙3群岛岛礁及其海域。因辖西沙、中沙、南沙3群岛，故名。三沙市战略位置十分重要，地处太平洋与印度洋之间的"咽喉"，素有"世界第三黄金水道"之誉，是古代"海上丝绸之路"的必经之地，历来是中国人民开展贸易和生产活动的重要场所。年均气温27℃，1月平均气温24.9℃，7月平均气温29.7℃。年降水量1730.1毫米。每年7—10月为台风旺季，年均6—7次。每年12月一次年5月为少雨期，6—11月为多雨期。海洋生物资源丰富，渔业资源有鱼、贝、藻类等。能源资源蕴藏量巨大。有矿产资源石油、天然气、铜、铁、钴、镍、铅、锌、锰结核等。有永兴学校、三沙市人民医院、永兴岛体育馆。有全国重点文物保护单位甘泉岛唐宋居住遗址，有省级重点文物保护单位4个。域内有得天独厚的热带海洋海岛自然景观。三沙市政府驻地永兴岛已建成北京路、宣德路、永乐路和永兴路，环岛路已基本通行。永兴岛有港口2个，可停靠5000吨级船只。

省直辖县级行政单位

五指山市

五指山市［Wǔzhǐshān Shì］　海南省直辖县级市。北纬19°16′，东经109°37′。在海南岛中部，五指山西南麓。面积1169平方千米。人口11.2万。以黎族为主，还有苗、汉、壮等民族。辖4镇、3乡。市人民政府驻通什镇。1962年海南黎族自治区（后改自治州）置通什镇为首府。1987年设通什市（县级），属海南省。2001年更名五指山市。因境内有五指山主峰得名。1953年前市区只有茅草屋。1954年始建海榆中线公路。至20世纪70年代，沿通什河（南圣河）地带和中心地区相继兴建政府办公楼、通什旅社、杏花楼及多所中小学。80年代建成自治州政府办公大楼、民族博物馆、工商银行大楼等3标志性建筑。1988年海南建省后，进行老城区改造，改造和新建道路，兴建城区学校教学楼、商场、医院、宾馆、厂房等。2000年城区公共建筑面积达358万平方米。至今市区道路总长超过23千米，建筑物总面积达1007.9万平方米。桥梁、路灯、供电、供水、排水等民生公共设施，环境卫生、绿化美化等得到完善与优化。地处五指山脉西、南支脉谷地，地势起伏，平均海拔316米。有海拔1000米以上山峰44座。五指山海拔1876米，为全岛最高峰。年均气温22.4℃，1月平均气温17.5℃，7月平均气温25.7℃。年均降水量1683.1毫米。通什河、毛阳河、保国河、牙益河、草头河流经。有矿产资源高岭土、大理石、花岗岩、石墨矿、矿泉水等。森林覆盖率90%。有野生植物1400多种，其中国家重点保护野生植物有花梨、沉香、降香、青梅、绿楠、陆均松、鸡毛松、野生水满茶、五指山兰花等500多种。有野生动物150多种，其中国家重点保护野生动物有黑冠长臂猿、海南熊、孔雀雉等24种。有海南省民族研究所。有高等院校2所，中学1所，小学10所。有博物馆1个，体育场馆1个。有二级医院2个。有黎族、苗族民间艺术团体6个。有省级文物保护单位5个，省级爱国主义教育基地1个，纪念地2个。有国家级非物质文化遗产黎族传统纺染织绣技艺、黎族竹木器乐、黎族三月三节。有省级非物质文化遗产黎族传统棉纺织工艺、黎族传统器乐、苗族招龙舞、黎族共同舞等8项。有国家级自然保护区五指山热带雨林风景区，国家3A级旅游景区五指山风景区。三次产业比例24∶22∶54。农业以种植粮食作物、蔬菜、热带水果、经济作物为主。盛产热带花卉、高山蔬菜、灵芝、茶叶等。有特产椰子、野黄牛、五脚猪、五指山鳗鲡、五指山蚂蚁鸡、五指山红茶、水满野生茶、苦丁茶、山兰酒、灵芝酒、黎家百草酒、竹筒饭、鱼茶等。工业以机电，食品加工，制药，家具、建材制造为主。服务业以商贸、旅游、餐饮为主。224国道、省道毛九线过境。

三月三广场［Sānyuèsān Guǎngchǎng］　在市区中部。面积9000平方米。20世纪50年代为活跃群众生活与体育交流，将海南黎族苗族自治州政府大楼前空地改建为人民广场。1987年更名为通什市人民广场。2003年更今名。以黎族、苗族传统节日三月三得名。2011年改造修建，当年完工。广场中央矗立花岗岩海南黎族文化吉祥柱，柱身以黎族五大方言区传统图腾图案为主，将黎族婚礼、鹿回头、甘工鸟传说、打柴舞、舂米舞等图样及祥龙、祥凤、大力神等图案融为一体，充分彰显黎、苗民族特色。为本市地标性建筑物。为公众活动的重要场所，省、市的三月三节庆活动和其他一些重要活动的举行地。周边有市政府、市工会、市卫生局、市人民检察院、市广电网络公司、市幼儿园、五指山宾馆。通公交车。

五指山汽车站［Wǔzhǐshān Qìchēzhàn］　见交通运输设施部分"五指山汽车站"条。

五指山大桥［Wǔzhǐshān Dàqiáo］　在市区中部。长129.1米，宽20.1米，最大跨度14米。1954年开工，1985年建成。1987年更名为通什大桥。2001年更今名。为大型河道桥梁，结构型式为刚架桥。通公交车。

通什镇［Tōngzá Zhèn］　五指山市人民政府驻地。在市境中部偏南。面积325平方千米。人口5.1万。以汉族为主，还有黎、苗、壮、回等民族。辖4居委会、16村委会，有72自然村。镇人民政府位于河北农垦路。民国二十四年（1935）置通什乡。1956年置通什镇。1958年成立红旗公社。1964年撤公社置通什镇。1966年更名红旗镇。1982年复名通什镇。1987年更名冲山街道。1993年改称冲山镇。2012年冲山镇复名通什镇。以海南闽语音译黎语词，因地貌特点得名。"通"意为"树下"，"什"意为"田地"，海南闽语与"杂"同音。"通什"意为高山下由许多古树包围着一片田地。四面环山，地处低谷。通什河（南圣河）流经。有中学1所，小学12所，二级医院2个，镇卫生院2个，社区卫生服务站3个，村卫生所5个。农业以种植蔬菜、热带水果、经济作物和养殖禽畜为主。番茅村黎族织锦工艺闻名。224国道、省道通毛线过境。

沿河北路［Yánhé Běilù］　在市区中部。东起红河路，西至通畅路。与南水路相交。长4千米，宽18米。混凝土路面。2005年建成。因沿通什河北岸得名。两侧有省民族研究所、市电信局、镇政府、国旅宾馆、琼州学院东校区等。通公交车。

沿河南路［Yánhé Nánlù］　在市区中部。东起福安大桥，西至环市西路。与解放路、奥雅路、三月三大道相交。长3.5千米，宽18米。混凝土路面。2005年建成。因沿通什河南岸得名。两侧有银都宾馆、五指山市第一小学、琼州学院南校区、酒店等。通公交车。

国兴路［Guóxīng Lù］　在市区中部。东起三月三大道，西至奥雅路。长100米，宽18米。混凝土路面。20世纪70—80年代建成。因纪念海南黎族英雄、白沙起义总指挥王国兴，且取期盼国家兴盛繁荣之意命名。两侧有五指山市政府。通公交车。

越丰路［Yuèfēng Lù］　在市区南部。东起三月三大道，西至理文路。与奥雅路相交。长620米，宽24米。混凝土路面。2004年建成，2005年命名。因表达社会越趋发展，生活越趋丰足的愿望得名。两侧有省第二卫生学校、三月三广场。通公交车。

解放路［Jiěfàng Lù］　在市区西北部。南起越丰路，北至沿河南路。与奥雅路、山兰路相交。长 490 米，宽 16 米。混凝土路面。1986 年建成并命名。两侧有市农村信用社、农行支行、超市、商贸城等。通公交车。

奥雅路 [Àoyǎ Lù] 在市区西部。南起越丰路，北至沿河南路。与解放路、国兴路相交。长 820 米，宽 14 米。混凝土路面。2005 年开工，同年建成。“奥雅”黎语意为对本地德高望重、有威望长者的尊称。两侧有三月三广场、市人民检察院、五指山宾馆等。通公交车。

三月三大道 [Sānyuèsān Dàdào] 在市区东部。南起福安桥，北至逸清路。为 224 国道的一段。长 4 千米，宽 30 米。混凝土路面。因传统节日三月三得名。2005 年开工，同年建成。两侧有市汽车站、平山医院、通什灯光球场、海南第二中学、酒店等。通公交车。

雅蓄路 [Yǎxù Lù] 在市区北部。南起翡翠大道，北至三月三大道。长 878 米，宽 30 米。混凝土路面。2005 年开工，同年建成。因途经雅蓄村得名。两侧有雅蓄村卫生院、翡翠佳苑、酒店等。通公交车。

番茅村 [Fānmáocūn] 在镇境北部。人口 100。为黎族村。村名黎语意为“建在小山丘上的村子”，以海南闽语音译为“番茅”。聚落呈团块状。为市民族风情观光点。以黎族织锦业著名，有黎族织锦经济合作社五指山黎锦坊。有特产橡胶、槟榔。县道通毛线经此。

福关村 [Fúguāncūn] 在镇境北部。人口 500。为黎族村。“福关”为人名，村名因人名而得。聚落呈团块状。为黎族村代表，入选“中国少数民族村落调查”课题项目。农业以种植粮食、经济作物，发展淡水养殖为主。产水稻、橡胶、紫珠草、芭蕉、槟榔等。通乡村公路。

南圣镇 [Nánshèng Zhèn] 五指山市辖镇。在市境东南部。面积 148 平方千米。人口 1.5 万。以黎族为主，还有苗、汉等民族。辖 6 村委会，有 40 自然村。镇人民政府驻市队村。1935 年设南圣乡。1948 年改称文化乡。1950 年文化乡析设南圣乡。1958 年南圣乡并入红旗公社。1961 年析出南圣公社。1987 年改置南圣镇。因境内通什河又名南圣河得名。“南圣”黎语意为“水源丰富”。地处五指山区。有小学 9 所，幼儿园 2 所，卫生院 1 个，卫生所 1 个。农业以种植粮食作物、经济作物为主。县道南水、畅铜线过境。

市队村 [Shìduìcūn] 南圣镇人民政府驻地。在市政府驻地通什镇东南 11 千米。人口 200。海南话称墟为“市”，曾设生产队，故名。聚落呈团块状。有小学、卫生院。种植蔬菜、瓜果等。通乡村公路。

牙南村 [Yánáncūn] 在市政府驻地通什镇东南 14 千米。南圣镇辖自然村。人口 1700。为南圣镇最大的苗族聚居地。“牙南”系黎语“水源”的汉字译写。因当地水源丰富得名。地处梯形山区，山清水秀，气候宜人，环境优美。聚落呈三角形。种植粮食作物、经济作物，养殖禽畜、蜜蜂。盛产水稻、玉米、蜂蜜、槟榔、橡胶、南药、红藤、白藤及木棉。通乡村公路。

毛阳镇 [Máoyáng Zhèn] 五指山市辖镇。在市境北部。面积 230 平方千米。人口 1.4 万。以黎族为主，还有苗、汉等民族。辖 13 村委会，有 71 自然村。镇人民政府驻空联村。1961 年五指山公社析设毛阳公社。1987 年改置毛阳镇。因近毛阳河得名。西南多山，东北平缓。有中学 1 所，小学 6 所，卫生院 1 个，卫生所 1 个。纪念地有琼崖纵队司令部旧址、刘秋菊烈士墓。景点有牙胡梯田。农业以粮食作物、蔬菜、热带水果种植，禽畜养殖为主。盛产水稻、荔枝、香蕉、龙眼、杧果、橡胶、槟榔、青瓜、猪、牛。工业以建筑材料制造为主。服务业以商贸为主。有大江南水泥厂和淀粉厂。224 国道过境。

空联村 [Kōngliáncūn] 毛阳镇人民政府驻地。在市政府驻地通什镇北 14 千米。人口 1200。为黎族村。“空联”黎语意为“竹子”。因原村址遍长竹子得名。聚落呈长条状。有小学。养殖家禽，种植经济作物。产空联鹅、苦瓜、槟榔、益智、橡胶。通乡村公路。

毛贵村 [Máoguìcūn] 在市政府驻地通什镇北 18 千米。毛阳镇辖自然村。人口 1000。为黎族村。为琼崖红色革命圣地，有海南“西柏坡”之誉。村名黎语意为“不倒的革命老区”。聚落呈条带状。有五指山革命根据地纪念园、纪念馆。种植橡胶、瓜菜。通乡村公路。

唐干村 [Tánggàncūn] 在市政府驻地通什镇北 22 千米。毛阳镇辖自然村。人口 300。为黎族村。村名黎语意为“田地边的村子”，因村头到村尾靠近一片田地得名。聚落呈放射状。为五指山革命根据地的大本营、琼崖区党委等机关驻地。有五指山革命根据地纪念园。全村统一规划建成钢筋水泥平顶房，水泥路通各家各户。种植橡胶、瓜菜。2014 年被评为全国文明村。

牙胡村 [Yáhúcūn] 在市政府驻地通什镇北 3 千米。毛阳镇辖自然村。人口 200。为黎族村。因位于南湖河旁得名。黎语“牙”意为“水流交汇处”。聚落沿河呈带状分布。以五指山梯田闻名。种植粮食、经济作物。产水稻、香蕉、橡胶、槟榔、花梨木。通乡村公路。

番阳镇 [Fānyáng Zhèn] 五指山市辖镇。在市境西北部。面积 123 平方千米。人口 0.8 万。以黎族为主，还有苗、汉等民族。辖 5 村委会，有 30 自然村。镇人民政府驻开示村。1987 年置番阳镇。名称据当地黎语音直译。“番阳”黎语意为“一片黄土地”。历史上该村附近大面积开垦农田，眼望尽是一片黄土地，故名。地处五指山区。昌化江、通什河流经。有小学 1 所，卫生院 1 个，卫生所 5 个。有抗日战争时期琼崖公学旧址。有清光绪九年（1883）建基督教堂。农业以种植粮食、经济作物为主。工业以橡胶加工为主。服务业以商贸为主。为市西北部农副产品集散地。省道毛九线过境。

开示村 [Kāishìcūn] 番阳镇人民政府驻地。在市政府驻地通什镇西北 41 千米。人口 400。“开示”黎语意为因瘟疫死去的人。在很久以前本村曾发生瘟疫，造成人口大量死亡，为悼念死去的同胞而命名。聚落呈团块状。有卫生所。种植橡胶、槟榔等。省道毛九线经此。

毛组村 [Máozǔcūn] 在市政府驻地通什镇西北 40 千米。番阳镇辖自然村。人口 300。为黎族村。原名苏什，地处昌化江上游。因黎语“毛组”意为“昌化江上游”，1940 年改今名，聚落沿昌化江呈带状分布。有清光绪九年（1883）建基督教堂。村北有原始森林及草地。盛产红藤、白藤及珍贵木材。通乡村公路。

畅好乡 [Chànghǎo Xiāng] 五指山市辖乡。在市境西南部。面积 159 平方千米。人口 0.4 万。以黎族为主，还有苗、汉等民族。辖 10 村委会，有 43 自然村。乡人民政府驻志毛村。1961 年成立畅好公社。1987 年改乡。因畅好村得名，为海南闽语音译黎语词。黎语“畅”意为田，“好”意为平缓宽广，村名意为平缓宽广的田地之村。地处五指山低平地带。通什河流经。有小学 1 所，幼儿园 1 所，卫生院 1 个。农业以种植粮食、经济作物为主。工业以建筑为主。服务业以餐饮为主。通乡村公路。

志毛村 [Zhìmáocūn] 畅好乡人民政府驻地。在市政府驻地通什镇西南 8 千米。人口 200。为黎族村。黎语“志”意为地方，“茅”意指茅草，村名意为多茅草的地方。以物产特征得名。聚落呈条带状。产水稻、瓜菜、橡胶、槟榔。县道通水线经此。

毛道乡 [Máodào Xiāng] 五指山市辖乡。在市境西部。面积 103 平方千米。人口 0.5 万。以黎族为主，还有苗、汉等民族。辖 4 村委会，有 27 自然村。乡人民政府驻毛枝村。1949 年为毛道乡，后改公社。1987 年复设乡。古称毛道峒，意为砍山栏园的地方。因当地村民在此开荒生产得名。地处五指山区。通什河流经。有中学 1 所，小学 5 所，幼儿园 1 所，卫生院 1 个，卫生所 5 个。农业以种植粮食、经济作物为主。县道通毛线过境。

毛枝村 [Máozhīcūn] 毛道乡人民政府驻地。在县政府驻地通什镇西 16 千米。人口 1400。多为黎族。村名黎语意为“河汊”，因村落建于通什河的支流边得名。聚落呈团块状。产木棉和沉香、益智、砂仁等中药材。县道通毛线经此。

水满乡 [Shuǐmǎn Xiāng] 五指山市辖乡。在市境东北部。面积 109 平方千米。人口 0.4 万。以黎族为主，还有苗、汉等民族。辖 5 村委会，有 23 自然村。乡人民政府驻方龙村。民国初期前称水满峒。后设水满乡。1958 年为五指山公社。1986 年改设五指山乡。2002 年复名水满乡。因水满峒村得名。“水满”海南话音“牙南”，系黎语“水源”意。因当地水源丰富得名。地处五指山峰西侧，为海南省海拔最高的乡镇。水满河流经。有小学 2 所，卫生院 1 个，卫生所 5 个。雅宾森林保护区于 1988 年被联合国定为国际级旅游区。农业以种植业、林业、牧业为主。服务业以旅游、餐饮为主。有特产黄牛肉、五脚猪、水满茶、兰花、优质米、珍贵木材、南药。省道中五线、县道南水线过境。

方龙村 [Fānglóngcūn] 水满乡人民政府驻地。在市政府驻地通什镇东北 58 千米。人口 1500。为黎族聚居大村。“方”黎语意为“村”，“方龙”意为“大村”。聚落呈团块状。特产水满茶、水满香猪、南药等。发展特色经济和旅游业。有水满园酒店、五指山椰仙茶场科技有限公司，研培生态茶种植和香猪饲养技术。县道中五线经此。

水满村 [Shuǐmǎncūn] 在市政府驻地通什镇东北 58 千米。水满乡辖自然村。人口 900。以黎族为主。黎语“水”意为“源头”“上边”，“满”意为“古老的家园”，传为海南黎峒治理中心。聚落呈散状。村处五指山中，为海南省海拔最高的自然村。山腰有瀑布云桥，山清水秀。村中有潭水、古村，梯田层叠。村旁河水蜿蜒，古榕葱郁，树下河中巨石状若千年寿龟。村后有七仙女洞。有树龄逾百年的野生茶树，为著名水满茶产地。通乡村公路。

琼海市

琼海市 [Qiónghǎi Shì] 海南省直辖县级市。北纬 19°14′，东经 110°27′。在省境东部。面积 1710 平方千米。人口 51 万。以汉族为主，还有黎、苗等民族。辖 12 镇。市人民政府驻嘉积镇。1958 年琼东、乐会、万宁 3 县合并为琼海县，治所设于嘉积镇。1959 年万宁县析出。1992 年撤县置市（县级）。因地处琼州东部沿海得名。撤县设市后，城区向四周扩展，相继建起金海、银海、富海、德海、兴海、爱华、善集、双拥等城区主干道 8 条和街巷数十条。2014 年城区总面积超过 15 平方千米，高楼林立，生态环境优美。地势自西向东倾斜，西南部为山地及丘陵，中、东部为台地及平原。海岸线长 46 千米。平均海拔 66 米。最高海拔白石岭

1264米。万泉河、文曲河、九曲江流经。年均气温24℃，1月平均气温18℃，7月平均气温28℃。年均降水量2072毫米。夏、秋台风影响较大。有钛、钾钨、金、石墨、高岭土、玻璃砂等矿产资源14种。有野生动物130多种，野生植物250多种。有海洋动植物资源鱼虾螺蟹类30多种，贝类10多种，藻类20多种。有省级自然保护区2个。森林覆盖率51.2％。有高校1所，技工、职业中学2所，中学56所，小学29所，二级医院3个，图书馆1个。有全国重点文物保护单位博鳌镇留客村蔡家宅，省级文物保护单位10个。有全国爱国主义教育示范基地红色娘子军纪念园，省级爱国主义教育示范基地、纪念地5个。有中国历史文化名镇博鳌镇。有国家级非物质文化遗产南海更路经，省级非物质文化遗产东坡笠。有省级风景名胜区2个。有白石岭旅游风景区、万泉河水上人家、博鳌亚洲论坛成立会址、博鳌亚洲论坛永久会址、玉带滩、博鳌博物馆、多河文化谷旅游区等特色景观。三次产业比例36：13：51。农业以粮食作物、蔬菜、热带水果、经济作物种植，禽畜、水产捕捞养殖为主。工业以非金属矿物制造、食品、电力、热力生产、化工、电子装配、石料加工为主。服务业以商贸、旅游、餐饮为主。是海南省主要粮食作物和热带经济作物产区之一，盛产水稻、蔬菜、禽畜、橡胶、胡椒、椰子、甘蔗、莲雾、番石榴、橡胶、益智等。有特产番石榴、嘉积鸭、火龙果、琼脂、马鲛鱼、石斑鱼、龙虾、麒麟菜。有四大名菜嘉积鸭、上埇鸡、温泉鹅、白石羊。万泉河下游常年通航，有潭门、博鳌、青葛等港口。海南环岛高铁、海南环岛高速、223国道过境。

嘉积大桥［Jiājī Dàqiáo］ 在市区西南部。长537米，宽24米，最大跨度530米，桥下净高10.7米。混凝土桥面。1953年开工，1956年建成。2007年重建，2009年建成。因横跨万泉河，建于嘉积镇而得名。为中型河道桥梁，结构型式为钢筋水泥T型梁桥。最大载重55吨。

海南环岛高铁琼海站［Hǎinán Huándǎo Gāotiě Qiónghǎizhàn］ 见交通运输设施部分“海南环岛高铁琼海站”条。

琼海汽车客运站［Qiónghǎi Qìchē Kèyùnzhàn］ 见交通运输设施部分“琼海汽车客运站”条。

嘉积镇［Jiājī Zhèn］ 琼海市人民政府驻地。在市境中部。面积196平方千米。人口19.8万。以汉族为主，还有苗、黎、壮、回等民族。辖14居委会、33村委会，有447自然村。镇人民政府位于爱华东路。因明嘉靖年间属会同县积善都，遂取嘉靖年号及积善都首字合称“嘉积”而得名。1915年置镇。1992年琼海撤县设市后，改为嘉积办事处。2002年复设嘉积镇。1927年起改造13条大街小巷，并以嘉祥、积庆、新民、纪纲、元亨重新命名五条主要街道，五街名首字组合为“嘉积新纪元”，道路两旁南洋风格的骑楼式店铺齐列。1952年修建嘉积大桥。1973年强台风袭击受损极其严重。经数年重建，街容墟貌焕然一新，面积规模增大，成为海南屈指可数的大集镇。有万泉河流经。有省级文物保护单位3个，有全国爱国主义教育示范基地红色娘子军纪念园，省级爱国主义教育基地5个。有中学8所、小学27所，幼儿园25所，二级医院3个，卫生院4个，卫生所1个。农业以粮食、蔬菜、水果、经济作物种植，禽畜、淡水养殖为主。盛产水稻、番薯、蔬菜、花生、甘蔗、胡椒、橡胶。工业以铸造、机械加工、建筑材料制造为主。服务业以商贸、旅游、餐饮、房地产为主。有五星级宾馆2个，四星级宾馆1个。特产嘉积鸭。水路沿万泉河可上溯至石壁，下通博鳌港出海。海南环岛高铁、223国道过境。

银海路［Yínhǎi Lù］ 在市区北部。东起富海路，西至海南环岛高速。与兴海路、金海路、振海路相交。长4.2千米，宽37米。沥青路面。1993年开工，1994年建成。因寄望琼海富有昌盛而得名。两侧有中原瑞君酒店、文华海粤酒店、维嘉国际大酒店、金银岛大酒店。通公交车。

德海路［Déhǎi Lù］ 在市区北部。东起兴海北路，西至登仙岭街。与金海路、富海路相交。长1.5千米，宽14米。混凝土路面。2003年开工，2004年建成。因寓意“德兴琼海”而得名。两侧有银海度假中心、昌隆大酒店。通公交车。

善集路［Shànjí Lù］ 在市区西部。东起富海路，西至沿河北路。与东风路、万泉河路相交。长1千米，宽24米。混凝土路面。1993年开工，1994年建成。因纪念琼崖中共党政军和红色根据地主要创始人杨善集而得名。两侧有万泉河广场、皇家骑士度假酒店、华丽大厦。通公交车。

富海路［Fùhǎi Lù］ 在市区北部。东起银海路口，西至金海路。与兴海路、双拥路相交。长1.7千米，宽16米。混凝土路面。1993年开工，1994年建成。因寓意“富裕琼海”美好愿望而得名。两侧有琼海软件技术学院、市人民医院、泰和大酒店、国太宾馆、华丽大厦、友谊东升大厦、东华大厦。通公交车。

爱华东路［Àihuá Dōnglù］ 在市区南部。西起嘉积大桥，东至兴海中路和兴海南路交接路口。长1.7千米，宽22米。混凝土路面。1993年开工，1994年建成。因热爱祖国、爱我中华之意而得名。两侧有嘉积镇政府、玉椰大厦、世纪大厦、超群商厦、凌通宾馆等多个宾馆酒店。通公交车。

振海路［Zhènhǎi Lù］ 在市区北部。南起德海路，北至外环北路。与银海路相交。长1千米，宽10米。混凝土路面。1993年开工，1994年建成。因“振兴琼海”寓意而得名。两侧有酸菜王饭店、北方郁小区、椰林湾小区等。通公交车。

金海路［Jīnhǎi Lù］ 在市区北部。南起善集路，北至外环北路。与银海路相交。长2.2千米，宽39米。混凝土路面。1993年开工，1994年建成。因“遍地黄金，琼海富裕”寓意而得名。两侧有龙湾国际大酒店、海桂学校、宇峰宾馆、豪隆宾馆、金海酒店、人寿保险公司、惠达酒店。通公交车。

东风路［Dōngfēng Lù］ 在市区西南部。南起爱华东路，北至富海路。与人民路、善集路、金海路相交。长1.5千米，宽24米。混凝土路面。1993年开工，1994年建成。因借取“东风压倒西风”，寓“春风遍染，生意盎然”之意而得名。两侧有市总工会、市中医院、中心市场、文明园、市老干部局、嘉积中学、文源大厦、金日大酒店、华田酒店。通公交车。

人民路［Rénmín Lù］ 在市区南部。南起万泉河路，北至东风路。与豪华路、爱华东路相交。长2.6千米，宽24米。混凝土路面。1993年开工，1994年建成。两侧有嘉积小学、琼海海事处、市司法鉴定中心、中国农业银行琼海支行、市卫生局。通公交车。

兴海路［Xīnghǎi Lù］ 在市区东部。南起爱华东路，北至外环北路。与福海路相交。长2.3千米，宽16米。沥青柏油路面。1993年开工，1994年建成。因“兴旺琼海”寓意而得名。两侧有东煌宾馆、新天地阳光城、金贸大酒店、新天嘉博园、华丰花园、市政广场、市人民政府。通公交车。

不偏村［Bùpiāncūn］ 在市政府驻地嘉积镇东南5千米。嘉积镇辖自然村。人口1400。因位于原乐会县城之北，旧称北偏村，后改今名。聚落呈团块状。为著名侨乡。有农民文化宫。以瓜菜、槟榔、杨桃等种植，鹅等家禽养殖为主。有特产椰子、水果。通乡村公路。

万泉镇［Wànquán Zhèn］ 琼海市辖镇。在市境西部。面积161平方千米。人口3.2万。辖1居委会、16村委会，有240自然村。镇人民政府驻文曲墟。1958年成立万泉公社。1987年改设万泉镇。因镇政府位于万泉河畔得名。地处万泉河、文曲河、沐皇河3河交汇处，沿岸自然生态良好，排水排污管网、道路和路灯等公共基础设施齐全，传统民居古朴优雅，花格挑檐、雕花窗棂，文曲桥边水榭楼台高低错落。已建成万泉水乡风情小镇。有中学2所，小学10所，卫生院2个。有省美丽乡村示范村4个。农业以粮食、蔬菜、热带水果、经济作物种植为主。工业以建筑材料、橡胶加工为主。服务业以商贸、餐饮、旅游为主。省道嘉龙线过境。

文曲墟［Wénqǔxū］ 万泉镇人民政府驻地。在市政府驻地嘉积镇西南6千米。人口600。因墟街弯曲，俗称牛轭市，后雅称今名。聚落呈条带状。有中小学、卫生院、农业科技服务站。服务业以商贸、餐饮为主，有农贸市场。省道嘉龙线经此。

石壁镇［Shíbì Zhèn］ 琼海市辖镇。在市境西南部。面积240.3平方千米。人口1.7万。以汉族为主，还有苗族。辖7村委会，有77自然村。镇人民政府驻石壁墟。1955年属琼东县。1958年设石壁乡，后改公社。1959年改属琼海县。1983年改称石壁区。1987年撤区置石壁镇。因镇政府驻地得名。地处万泉河中游山区，多丘峦、沟壑、水库，植被丰茂。有万泉河流经。有中学1所，小学8所，卫生院1个。农业以粮食作物、蔬菜、热带水果、经济作物种植，禽畜、淡水养殖为主。产橡胶、槟榔等。工业以橡胶、槟榔、砖瓦、木材、建筑材料加工为主。服务业以商贸为主。县道大南线过境。

石壁墟［Shíbìxū］ 石壁镇人民政府驻地。在市政府驻地嘉积镇西28千米。人口200。明代已成墟市。因此地原有一巨石，状似墙壁而得名。聚落呈曲展形集聚状。有中小学、卫生院。有槟榔、木材加工厂，农贸市场。每月1、15日有集市。县道大南线经此。

中原镇［Zhōngyuán Zhèn］ 琼海市辖镇。在市境东南部。面积131.6平方千米。人口3万。辖22村委会，有224自然村。镇人民政府驻中原墟。1957年置镇。1958年改称乐会公社。1984年改设区。1986年改为中原镇。2002年九曲江乡部分村域并入。因镇政府驻地得名。地势平坦，水源丰富。有九曲江流经。为主要侨乡。有中学2所，小学8所，幼儿园3所，卫生院1个，乡村卫生站11个。有省级文物保护单位燕岭坡殉难民众公墓。农业以粮食作物、蔬菜、热带水果、经济作物种植，禽畜养殖为主。盛产水稻、甘蔗、西瓜、胡椒、橡胶等。工业以食品、化肥、印刷、建材、轻工业、建筑材料生产为主。服务业以商贸、餐饮、旅游为主。有民营大中型企业30余家。海南环岛高铁，海南环岛高速，223国道，省道博鳌出口路，县道乌狗、中峻线过境。

中原墟［Zhōngyuánxū］ 中原镇人民政府驻地。在市政府驻地嘉积镇东南15千米。人口9500。传明清时期中原地区移民于此经商，地名鹧鸪，称鹧鸪铺子，后成集镇，因纪念中原而取名。聚落呈条带状。有中小学、卫生院、农业科技服务站、农机站。有椰子、石材加工产业及农贸市场。海南环岛高速、223国道经此。

博鳌镇［Bó'áo Zhèn］　琼海市辖镇。在市境东南部。面积86平方千米。人口3.1万。辖17村委会，有173自然村。镇人民政府驻博鳌墟。1955年置博鳌乡。1961年成立公社。1983年改区。1987年改镇。因镇政府驻地得名。境内山岭起伏、植被茂盛，聚江、河、湖、海、山、岭、泉、岛屿八大地貌为一体，椰林、沙滩、奇石、温泉、田园资源精华于一身，自然风光优美，是万泉河、太阳河、龙滚水三川出海的汇合处。海洋水产，沿海钛矿、红树林资源丰富。有"世界自然景观保持最完美的出海口"和享有世界吉尼斯纪录的自然奇观"玉带滩"。是国际会议博鳌亚洲论坛永久会址所在地。有中学2所，小学6所，幼儿园8所，卫生院2个。有全国重点文物保护单位留客村蔡家宅，有省级文物保护单位3个，省级风景名胜区1个。有博鳌亚洲论坛永久会址、博鳌东方文化苑、玉带滩、博鳌海洋馆、博鳌禅寺等旅游景点。为著名华侨之乡。2006年被环境保护部评为全国环境优美乡镇，2011年被评为全国文明镇，2014年被评为全国重点镇。为海南省十大文化名镇之一。农业以粮食作物、蔬菜、瓜果、水果种植，海水捕捞养殖为主。产椰子、槟榔、胡椒等。服务业以商贸、运输、旅游、旅馆、餐饮、租赁业为主。有五星级酒店2家，四星级酒店3家，三星级酒店2家。有特产龙虾、马鲛鱼、石斑鱼，热带休闲小食椰奶鸡矢藤粄仔、椰奶清补凉、椰子冻等。海南环岛高铁、海南环岛高速、223国道、省道博鳌出口路过境。有海南环岛高铁博鳌站。

博鳌墟［Bó'áoxū］　博鳌镇人民政府驻地。在市政府驻地嘉积镇东南16千米。人口6500。原为海港，因博鳌港得名。聚落呈条状。早年博鳌墟有十字形街路，聚居百户人家。后经多年扩建，建成博鳌滨海公园风情酒吧街、镇区景观照明设施，博爱街、鳌旺街等，突出青砖绿瓦、南洋骑楼、渔农文化地方特色，形成传统与时尚风貌、本土与国际元素、鲜花与绿道景观、竹楼与村田邻伴的热带海滨风韵小城新形象。有中小学、卫生院、农业科技服务站、农机站。有亚洲论坛永久会址、博鳌东方文化苑、玉带滩、博鳌禅寺等旅游景点。服务业以商贸、运输、旅游、旅馆、餐饮、租赁业为主。有商铺，农贸市场。省道博鳌出口路，县道嘉博、龙南线经此。

阳江镇［Yángjiāng Zhèn］　琼海市辖镇。在市境西南部。面积126平方千米。人口2.7万。以汉族为主，还有苗族。辖15村委会，有126自然村。镇人民政府驻阳江墟。1949年成立阳江公社。1990年改阳江镇。2002年文市乡并入。因镇政府驻地得名。地处丘陵半山区。森林覆盖率93%。有中学2所，小学9所，幼儿园15所，卫生院2个，乡村卫生站20个。有阳江镇革命烈士纪念园、红色娘子军成立旧址、红色娘子军练操场、王文明烈士故居、白水磉琼崖特委第一次扩大会议旧址、琼崖列宁高级学校等纪念地。农业以果蔬、热带经济作物种植为主。盛产荔枝、菠萝、香蕉、番石榴、火龙果。服务业以商贸、餐饮为主。县道中峻线过境。2011年被评为全国文明村镇。

阳江墟［Yángjiāngxū］　阳江镇人民政府驻地。在市政府驻地嘉积镇西南22千米。人口5000。因传宋代有一阳江县铁匠迁此打铁铸刀，并在铁器上铸"阳江"2字，后人便以阳江为此地名，后渐成集市。聚落呈集聚状。有中小学、卫生院、农业科技服务站。有爱国主义教育基地红色娘子军群雕像。省道万阳线，县道中峻、中阳线经此。

上科村［Shàngkēcūn］　在市政府驻地嘉积镇西南25千米。阳江镇辖村。人口1800。聚落呈集聚状。村有井字形街道、文化活动中心广场、灯光球场、宣传文化室、影剧场、电影队、艺术团、健身队。农业以胡椒、橡胶、槟榔、荔枝种植为主。通乡村公路。2011年被评为全国文明村。

龙江镇［Lóngjiāng Zhèn］　琼海市辖镇。在市境西南部。面积63平方千米。人口2.3万。以汉族为主，还有苗族。辖9村委会，有134自然村。镇人民政府驻龙江墟。1957年设龙江乡。1958年改东平公社。1961年成立龙江公社。1987年改龙江镇。因镇政府驻地得名。地处万泉河中游南岸丘陵地带。万泉河流经。有中学1所，小学8所，卫生院1个。农业以粮食作物、蔬菜、热带水果、经济作物种植，禽畜养殖为主。盛产稻米、牛、羊、猪、鸡、菠萝、香蕉、荔枝、石榴、龙眼、槟榔、橡胶、胡椒。服务业以商贸、餐饮为主。县道万阳线过境。

龙江墟［Lóngjiāngxū］　龙江镇人民政府驻地。在市政府驻地嘉积镇西南20千米。人口2500。因境内万泉河段酷似龙身，流如龙行而得名。聚落呈条带状。有中小学、卫生院、农业科技服务站、农机站。工业以粿、槟榔、橡胶加工为主。服务业以餐饮、商贸为主。有农贸市场。县道万阳线经此。

双举岭村［Shuāngjǔlǐngcūn］　在市政府驻地嘉积镇西南22千米。龙江镇辖自然村。人口100。传古时村中有2人同时考中举人，又因村建于山岭下而得名。聚落呈条带状。农业以瓜菜、槟榔、椰子、橡胶种植，生猪养殖为主。通乡村公路。2005年被评为全国文明村。

潭门镇［Tánmén Zhèn］　琼海市辖镇。在市境东部沿海。面积89.5平方千米。人口2.9万。辖14村委会，有220自然村。镇人民政府驻旧县村。1973年原公社毁于台风后迁今址。1987年置镇。因港湾出海港门水深似潭而得名。2002年福田镇并入。地势平坦，海岸线总长18千米，有天然深水良港，港池可停泊1000艘渔船，为国家一级渔港，也是西沙、南沙、中沙、东沙群岛渔场后勤的给养基地。有中学2所，小学9所，卫生院2个。有国家级非物质文化遗产南海航道更路经、祭祀兄弟公出海仪式，省级非物质文化遗产鲤鱼灯等。农业以粮食作物、蔬菜、热带水果、经济作物种植，水产捕捞养殖为主。盛产水稻、反季节瓜菜、菠萝、荔枝、椰子、胡椒、槟榔、螺贝、海参、对虾、鲍鱼、东风螺、石斑、罗非鱼、罗氏沼虾。工业以渔船修造、海产品加工、海贝工艺品加工为主。服务业以商贸、餐饮为主。有商行、餐饮等商铺1300余家，玉珠工艺厂、雕刻厂、石材加工厂等93个，农贸市场1个。县道潭嘉、长潭线过境。2014年被评为全国文明镇。

旧县村［Jiùxiàncūn］　潭门镇人民政府驻地。在市政府驻地嘉积镇东南14千米。人口600。因会同县曾在此奠基建造县衙，后迁往端山（今塔洋镇）而得名。聚落呈集聚状。有中小学、卫生院、农业科技服务站、农机站。工业以渔船修造、海产品加工、海贝工艺品加工为主。服务业以商贸、餐饮为主。县道潭嘉、长潭线经此。

善集村［Shànjícūn］　在市政府驻地嘉积镇东部17千米。潭门镇辖自然村。人口近100。原名井堪村，因村庄陡磡边有一老井得名。后为纪念中共琼崖党政军创始人杨善集改今名。聚落呈条带状。有省级文物保护单位杨善集旧居。特产椰子、槟榔、辣椒。通乡村公路。

塔洋镇［Tǎyáng Zhèn］　琼海市辖镇。在市境东北部。面积69平方千米。人口3万。辖15村委会，有243自然村。镇人民政府驻塔洋墟。1958年成立塔洋公社。1986年改镇。因镇政府驻地得名。地势平缓，田地辽阔。有塔洋河流经。有中学2所，小学3所，幼儿园3所，卫生院1个。有省级文物保护单位聚奎塔。有"琼东八景"中的端山耸翠、赵水凝香、奎塔凌霄等风景名胜。农业以粮食作物、蔬菜、热带水果、经济作物种植，禽畜、水产养殖为主。盛产香蕉、瓜菜、猪、羊、淡水鱼、胡椒、荔枝、槟榔、石榴、甘蔗。为琼海市绿色无公害农特产品生产基地和北调瓜果菜集散地。工业以制衣、汽车修配、建材生产、食品加工、木材加工为主。服务业以商贸、餐饮为主。海南环岛高铁、省道灵文嘉线、县道大塔线过境。

塔洋墟［Tǎyángxū］　塔洋镇人民政府驻地。在市政府驻地嘉积镇东北5千米。人口3000。因境内有田洋百里和地标性建筑聚奎塔，塔在洋中而得名。聚落呈条带状。有中小学、卫生院、农业科技服务站。餐饮业发达，有工业企业2家，批零贸易业3家。有农贸市场。省道灵文嘉线、县道大塔线经此。

长坡镇［Chángpō Zhèn］　琼海市辖镇。在市境东北部。面积197平方千米。人口5.2万。辖21村委会，有364自然村。镇人民政府驻长坡墟。1950年设长坡乡。1958年成立公社。1986年改镇。因镇政府驻地得名。地势平缓，田地辽阔。沙荖河流经。有琼海市农科所。有中学2所，小学18所，幼儿园26所，卫生院2个。农业以粮食作物、蔬菜、热带水果、经济作物种植，禽畜、水产养殖为主。盛产水稻、荔枝、石榴、香蕉、菠萝、橡胶、胡椒、椰子、槟榔、琼脂、海参。工业以农产品、水产品加工，采矿业为主。有沙荖钛矿。服务业以商贸、餐饮、商品运输为主。有彬村山华侨农场、上海大众公司琼海养殖场、海南水产研究所水产种苗培育基地、台商李文源养殖场、台商华光观光农场。海南环岛高铁，省道灵文加线，县道烟长、长潭、山福线过境。2005被评为全国文明镇。

长坡墟［Chángpōxū］　长坡镇人民政府驻地。在市政府驻地嘉积镇东北13千米。人口4500。明初渐成集市，旧称镇安市，因其地形狭长改今名。聚落呈集聚带放射状。有中小学、卫生院、农业科技服务站。工业以石材、石料、木材加工为主。服务业以餐饮、商贸为主。有农贸市场。省道灵文加线，县道烟长、长潭线经此。

文屯村［Wéntúncūn］　在市政府驻地嘉积镇东北20千米。长坡镇辖自然村。人口400。原名五所屯村。因清代该村人才辈出而得名，寓意文人屯集之地。聚落呈集聚状。已有400多年历史，人文底蕴厚实。现存有200多年的民宅及一批明清古物。村中屋舍青砖白瓦，错落于椰子、槟榔树林之中，三两栋缀连成院，整洁有序。庭院花木葱茏，环境清幽。民风淳朴，向来日不掩门，夜不闭户。为著名华侨村，有旅外侨胞600多人。农业以蔬菜、热带经济作物种植为主。特产瓜菜、胡椒、槟榔、椰子。通乡村公路。2005年被评为全国文明村。

大路镇［Dàlù Zhèn］　琼海市辖镇。在市境北部。面积139平方千米。人口4万。以汉族为主，还有苗族。辖15村委会，有147自然村。镇人民政府驻大路墟。1950年设大路区。1958年成立大路公社。1987年改镇。因镇政府驻地得名。地势平缓，气候暖和，田野辽阔，山塘水库多，土地肥沃。有白寨河流经。有中学1所，小学8所，幼儿园9所，市医院大路分院，卫生室7个。农业以粮食作物、蔬菜、热带水果、经济作物种植，禽畜、水产养殖为主。盛产水稻、精米、荔枝、石榴、香蕉、菠萝、淡水鱼、橡胶、胡椒、椰子、槟榔。工业以生物制药，农产品加工，木材、石料加工，化肥工业为主。服务业以商贸、餐饮为主。有名优产品大路精米、黑珍珠莲雾、珍珠番石榴。为琼海市农业大镇、工业走廊重镇。233国道、县道大塔线过境。

大路墟［Dàlùxū］ 大路镇人民政府驻地。在市政府驻地嘉积镇北14千米。人口9000。清代在此设永安都，墟市渐兴，因道路出口为大路口而得名。聚落呈放射状。有中小学、卫生院、农机站。有木材加工、石材加工、制药厂等。主要有饭店、超市、服饰零售等服务业。有农贸市场，每日集市，有生鲜水果、干鲜调味品、熟食、豆制品等。233国道、县道大塔线经此。

会山镇［Huìshān Zhèn］ 琼海市辖镇。在市境西南部。面积291平方千米。人口3.2万。以苗族为主，还有汉族等。为海南最大苗族聚居区。辖9村委会，有32自然村（其中民族村18个）。镇人民政府驻会山墟。1959年成立粉车公社，后因多山林，取"群山会集"之意改今名。1986年设会山苗族乡。2002年撤乡设镇。因镇政府驻地得名。万泉河流经。有苗族中学1所，小学3所，卫生院1个。有民族节日"三月三"。农业以粮食作物、蔬菜、热带水果、经济作物种植，禽畜、水产养殖为主。产橡胶、槟榔、水果、胡椒、椰子、猪、牛、羊、鸡、鸭、鹅。有名产大甲珍珠柚。工业以化工、塑料制品、橡胶、槟榔加工为主。服务业以商贸、餐饮为主。环岛高速公路、县道中峻线过境。

会山墟［Huìshānxū］ 会山镇人民政府驻地。在市政府驻地嘉积镇西南30千米。人口400。因地处琼海边远山区，海南话为"远山"，以谐音得名。聚落呈条带状。有中小学、卫生院、农机站。有商店、饭店、茶店等商铺。县道中峻线经此。

黎伍村［Líwǔcūn］ 在市政府驻地嘉积镇西南39千米。会山镇辖自然村。人口600。原名三角园村，黎、苗族合居。传清代村中有黎族5兄弟，为纪念老五英勇作战不幸牺牲，建黎伍侯王（峒主）庙而得名。聚落呈集聚状。有碾米加工厂。通乡村公路。

儋州市

儋州市［Dānzhōu Shì］ 海南省直辖县级市。北纬19°11′，东经108°56′。在海南岛西北部，西、北濒临北部湾。面积3400平方千米。人口104.8万。以汉族为主，还有黎、壮、苗、回等民族。辖17镇。市人民政府驻那大镇。唐宋即有州级建制儋州，治所位于今中和镇。清光绪三十一年（1905）始为县级建制。民国元年（1912）改儋州为儋县，治所几度迁徙。1956年析那大、大成2区成立海南行政公署那大办事处。1957年临高县和庆区划入，另置那大县。1958年儋县、那大2县合并，沿称儋县，县人民政府迁那大镇，隶属海南行政区。1993年撤儋县建儋州市（县级），直属海南省。儋州之名由"儋耳"而来，据《正德琼台志》引《异物志》，因其民戴下垂至肩的耳环命名为部落名，后变为聚居地名。儋州撤县建市后，加快城市建设。1993—1995年建成中兴大街、园地路（后改为伏波路）、文化路，城区规划为新、老城区两部。1996—2000年城西建成工业大道（后改为云月路），城北新区建市文化广场。2000年后先后建成儋耳路、国盛路、交通路（后改为龙门路）、北部湾大道等主要干道。2010年新建、改造兰洋北路、中兴大街等一批市政道路。2012年建成、改造了中兴大街西延线等15条市政道路及3个城区排水工程。至此，那大城区基本形成城南老城区以商贸为主、城东北以娱乐为主、郊区以政府机关为主的城市布局。地势由东南向西北逐渐倾斜，平均海拔105米。有纱帽岭等山。年均气温23.5℃，1月平均气温17.3℃，7月平均气温27.8℃。年均降水量1834.7毫米。有褐煤、油页岩、石英砂、重晶石和花岗石等矿产资源。有大型蓄水工程松涛水库。南渡江、文澜江、珠碧江、北门江、春江、杨桥江、排浦江、山鸡江流经。有国家重点保护野生植物青梅、坡垒、油楠、胭脂等20余种。有野生动物140多种，其中国家重点保护野生动物有水鹿、猕猴、穿山甲、蟒蛇，省级保护野生动物有果子狸、野猪等。森林覆盖率54.5%。有华南热带作物科学研究院。有高校1所，中学48所，小学276所。知名文艺团体4个，三级医院2个，二级医院3个，体育场馆1个。有国家级重点文物保护单位东坡书院、儋州古城，省级文物保护单位5个，省级爱国主义教育基地1个。有纪念地6个，中国历史文化名镇1个、中国千年古镇1个。有国家级非物质文化遗产儋州调声、洋浦盐田晒盐技艺，省级非物质文化遗产3项。国家3A级风景名胜区松涛天湖、东坡书院、海南热带植物园，省级风景名胜区2个。有地方特色民间艺术客家山歌、军话歌、舞龙舞狮、放天灯等。三次产业比例23∶39∶38。农业以粮食作物水稻、番薯、大豆、木薯等，经济作物蔬菜、花生、地瓜、波罗蜜、凤梨等种植为主。工业以制糖，建材生产，畜牧产品、水产品加工为主。服务业以旅游为主。有国家级洋浦经济开发区，八一、西联、西培、蓝洋农场。海南西环铁路，海南环岛高铁，海南环岛高速，225国道，省道波浩、乌那、美洋、白洋线过境。有银滩、白马井、海头高铁站，儋州市汽车站。通多路公交车。

洋浦经济开发区［Yángpǔ Jīngjì Kāifāqū］ 在市境西北部。北至峨蔓镇，南至白马井镇，东至木棠镇，西至北部湾海。1992年3月经国务院正式批准建立国家级经济开发区，由海南省政府管理。原区内面积30平方千米，区外规划用地70平方千米。2012年国务院批复同意将区外石化功能区纳入开发区范围内。因洋浦港得名。经20多年建设，已形成港航、石化、油气储备、林浆纸四大一体化产业基地，主要项目为800万吨炼油厂和100万吨纸浆厂。洋浦港已建成码头泊位25个，其中万吨级以上泊位14个，最大泊位为30万吨级。2014年港口吞吐量3525万吨。省道美洋线、洋浦大桥接省道美洋线从东、西两个方向通往225国道。

儋州市文化广场［Dānzhōu Shì Wénhuà Guǎngchǎng］ 在市区北部。占地8.6公顷。2008年开工，2009年建成。原名儋州市民文化广场，因取为市民提供休闲娱乐及文化活动场所而得名。广场内有大型石雕像及文化遗产刻录，有十二根文化柱，有大舞台、凉亭、喷泉、草地、树木，绿化率高达50%。是市民活动休闲娱乐的好去处，政府组织各种大型活动的举办地。周边为兰洋北路、中兴大道、文化北路和恒大名都、世茂天成、西城国际、望海国际、阳光棕榈等小区及福朋喜来登酒店。通多路公交车。

儋州市汽车站［Dānzhōu Shì Qìchēzhàn］ 见交通运输设施部分"儋州市汽车站"条。

那大镇［Nàdà Zhèn］ 儋州市人民政府驻地。在市境东南部。面积259平方千米。人口17万。以汉族为主，还有黎族。辖10居委会、21村委会，128自然村。镇人民政府驻东干社区。1958年成立那大公社。1981年改那大镇。1993年改为那大办事处。2002年恢复那大镇，洛基镇并入。该地原有那恁、大同2村，清顺治年间（1644—1661）知州王师旦取两村首字命名。丘陵地貌。有沙河水库。北门江流经。有中学24所，小学57所。三级医院2个，二级医院2个，体育场馆1个。有省级文物保护单位西联胶园，省级风景名胜区海南热带植物园。农业以水稻、地瓜、蔬菜、花生、波罗蜜、橡胶等种植为主。有西联农场。工业以化工、乳胶加工、木材加工、环保砖制造为主。海南西环铁路、海南环岛高速、225国道，省道乌那、波浩、美洋线过境。通多路公交车。2005年被评为全国文明镇。

伏波路［Fúbō Lù］ 在市区北部。东起北部湾大道，西至云月路。与兰洋北路、文化路、龙门路等相交。长4.5千米，宽30米。混凝土路面。1993年开工，1994年建成。原名园地路，为纪念伏波将军于2007年改今名。以东坡路和龙门路为界，分为伏波东、伏波中、伏波西3段。两侧有市粮食局、中国电信等。通公交车。

中兴大街［Zhōngxīng Dàjiē］ 在市区中部。东起225国道和人民路交会处，西至云月路。与兰洋路、文化路、龙门路等相交。长6.5千米，宽60米。混凝土、沥青路面。1992年开工，次年建成。1994年因"中华振兴"之意得名。两侧有市政府、荣兴酒店、市汽车站、东坡学校等。有儋州市汽车站。通公交车。

人民路［Rénmín Lù］ 在市区中部偏南。东起文化路，西至云月路。与兰洋路等相交。长1.5千米，宽15米。混凝土路面。1949年前已建成，曾是那大城区政治、经济、文化中心地带。1980年扩建，1983年完工。以文化路、解放路为界，分为东、中、西3段。两侧有工商银行、市二中、第一人民医院、大勇商业广场等。通公交车。

云月路［Yúnyuè Lù］ 在市区西部。南起人民路，北至中兴大街。与宝岛路、伏波西路、先锋西路、立业路、牙拉路、牙拉河南一路等相交。长2.1千米，宽40米。混凝土路面。1995年开工，1996年建成。原名工业大道，因通往云月湖于2007年改今名。两侧有诚信橡胶公司、那大镇政府等。通公交车。

龙门路［Lóngmén Lù］ 在市区西部。南起人民路，北至伏波路。与宝岛路、北部湾路、中兴大街等相交。长1.5千米，宽15米。沥青、混凝土路面。2006年开工，2007年建成。原名为交通路，为提高儋州八景之一"龙门激浪"知名度而改今名。两侧有东坡学校等。通公交车。

解放路［Jiěfàng Lù］ 在市区中部。南起东风路，北至中兴大街。与人民路相交。长1500米，宽30米。混凝土、沥青路面。1950年为七、八、九街，是主要的商贸集散地。1956年改造，1959年建成。以人民路为界，分南、北2段。两侧有农业银行、荣兴大酒店、那大第一小学等。通公交车。

文化路［Wénhuà Lù］ 在市区中部偏东。南起南十八巷，北至国盛路。与人民路、中兴大街、伏波路等相交。长6.5千米，宽60米。混凝土、沥青路面。1993年开工，1994年建成。因途经多所学校得名。以人民路、中兴大街为界，分为南、中、北3段。两侧有群英小学、市进修学校、市二中、市民族中学等。通公交车。

兰洋北路［Lányáng Běilù］ 在市区北部。南起中兴大街，北至北部湾大道。与伏波路、华盛路等相交。长1.3千米，宽30米。沥青、混凝土路面。1993年开工，同年建成。2009年扩建，2010建成。因位于兰洋路北而得名。通往中部各市县。两侧有中兴邮政所、市文化广场等。通公交车。

大勇商业步行街［Dàyǒng Shāngyè Bùxíngjiē］ 在市区中心地段。东起人民中路，西至解放南路。长200米，宽40米。混凝土路面。2007年开工，2008年建成。为集商贸、旅游、休闲、娱乐、购物于一体的一站式休闲购物街。有乐卖特超市、才子服装、群豪服装、啄木鸟服装、李宁体育、苏宁电器等商店。通公交车。

东干社区［Dōnggàn Shèqū］ 那大镇人民政府驻地。在市境中部。面积0.9平方千米。

人口 7700。因其处松涛东干渠那大段而得名。1990 年成立。有 3 住宅小区。有老年人服务活动中心、社区卫生服务站、居民生活服务市场、社区文化学校等。有中小学。服务业以房地产业、汽车维修、零售业、餐饮等为主。通公交车。

屋基村 [Wūjīcūn]　那大镇辖自然村。在镇境北部。人口 1000。明代朝廷封符那宽、符南进二人为嘉应将军、威武将军。二人认为村基好，取名屋基村并于此立村，因而得名。聚落呈梯形状。农业以水稻、甘蔗种植为主。有著名旅游景点鹭鸶天堂。通乡村公路。

和庆镇 [Héqìng Zhèn]　儋州市辖镇。在市境东南部。面积 189 平方千米。人口 4.15 万。以汉族为主，还有黎、壮等民族。辖 1 居委会、10 村委会，有 84 自然村。镇人民政府驻和庆墟。1957 年为和庆区。1958 年成立上游公社，次年改和庆公社。1986 年改镇。2002 年美扶村划入那大镇。因镇政府驻地得名。属丘陵地貌。有美万水库。文澜河流经。有中学 1 所，小学 11 所。卫生院 2 个。农业以水稻、橡胶、甘蔗、瓜菜种植为主。有西流农场。工业以橡胶、农具、陶器加工，锯木，酿酒等为主。海南西环铁路、225 国道过境。通公交车。

和庆墟 [Héqìngxū]　和庆镇人民政府驻地。在市政府驻地那大镇东北 7 千米。人口 900。始建于清光绪初年(1875)，原名桥墟，光绪四年(1878)辖境发生土客之争，和解后取庆祝和解之意改今名。聚落呈鸟头状。有中小学、卫生院、文化站。农业以水稻、橡胶种植为主。工业以橡胶加工为主。225 国道经此。

南丰镇 [Nánfēng Zhèn]　儋州市辖镇。在市境南部，松涛水库北侧。为进入黎区门户，有“黎汉通衢”之称。面积 400 平方千米。人口 3.1 万。以黎族为主，占 72.1%，还有汉族、苗族。辖 1 居委会、10 村委会，有 85 自然村。镇人民政府驻南丰墟。1953 年设南丰乡。1958 年改南丰公社。1987 年改镇。因镇政府驻地得名。有松涛水库。有中学 1 所，小学 10 所，卫生院 1 个。有省级文物保护单位中共琼崖特委琼崖纵队旧址。有国家 3A 级风景名胜区松涛天湖。农业以橡胶、水稻、甘蔗、香蕉种植为主。县道那南线过境。

南丰墟 [Nánfēngxū]　南丰镇人民政府驻地。在市政府驻地那大镇西南 14 千米。人口 3500，黎族占 68.7%。清顺治年间黎、苗同胞在此设铺，接待南部五指山腹地客商，民国初称南丰墟，意为南部丰腴之地。聚落主体沿街路分布。有小学、卫生院、文化站。农业以橡胶、槟榔、瓜菜种植为主。工业以铁具、木材加工为主。县道那南线经此。通公交车。

红山村 [Hóngshāncūn]　在市政府驻地那大镇北 9 千米。南丰镇辖自然村。人口 200。为黎族村。原名刺竹头村，为纪念琼崖纵队在此战斗改今名。聚落呈团块状。农业以水稻、水果、橡胶种植，水牛、黄牛、咸水鸭养殖为主。县道那南线经此。2011 年被评为全国文明村。

大成镇 [Dàchéng Zhèn]　儋州市辖镇。在市境南部。面积 430 平方千米。人口 8.9 万。以汉族为主，还有黎、壮族。辖 2 居委会、19 村委会，有 140 自然村。镇人民政府驻大成墟。1957 年设大成乡。1958 年与西培、西庆、西华 3 农场合并成立东风公社，次年场社分开改为大成公社。1986 年改镇。因镇政府驻地得名。有沙河水库。北门江流经。有中学 4 所，小学 27 所，卫生院 4 个。农业以水稻、玉米、橡胶、甘蔗等种植为主。有西培农场。海南西环铁路、225 国道、省道白洋线过境。

大成墟 [Dàchéngxū]　大成镇人民政府驻地。在市政府驻地那大镇西南 19 千米。人口 2200。清末今大成墟西部有老市场，民国十五年于今址建市，始称新市，后取“大成大就”改今名。聚落沿街路呈伞状分布。有中小学、卫生院、文化站。农业以橡胶种植为主。有橡胶、铁具等加工厂。省道白洋线经此。

雅星镇 [Yǎxīng Zhèn]　儋州市辖镇。在市境西南部。面积 558 平方千米。人口 8.1 万。以汉族为主，还有黎、壮、苗等民族。辖 2 居委会、20 村委会，128 自然村。镇人民政府驻雅星墟。1958 年成立八一公社。1986 年改雅星镇。因镇政府驻地得名。2002 年富克镇划入。2006 年西培农场陀骂村划入。2008 年八一农场 7 个队划入。有春江等水库。珠碧江流经。有中学 1 所，小学 27 所，二级医院 1 个，卫生院 3 个。有国家 4A 级风景名胜区八一石花水洞。农业以水稻、番薯、木薯、橡胶、甘蔗、蔬菜种植为主。有八一农场总场。海南西环铁路、海南环岛高速、225 国道过境。

雅星墟 [Yǎxīngxū]　雅星镇人民政府驻地。在市政府驻地那大镇西南 35 千米。人口 1400。明末移民取《诗经》中的“大雅”“小雅”之“雅”字，期望子孙世代读诗，村庄兴旺发达、见到星光，因此得名。聚落沿 225 国道呈带状分布。有小学、卫生院、文化站。农业以橡胶种植为主。有橡胶、木材等加工厂。225 国道、海南西环铁路经此。

兰洋镇 [Lányáng Zhèn]　儋州市辖镇。在市境东南部。分南北 2 片，南丰镇从中间隔开。面积 430. 7 平方千米。人口 3.2 万。以黎族为主，占 56.1%，还有汉、苗等民族。辖 1 居委会、14 村委会，有 70 自然村。镇人民政府驻兰洋墟。1949 年后为兰洋乡。1958 年成立上游公社。1960 年改兰洋公社。1986 年改镇。2002 年番加乡划入。因镇政府驻地得名。有松涛、美万等水库。南渡江流经。有中学 1 所，小学 21 所，卫生院 2 个。有省级风景名胜区兰洋温泉国家森林公园。农业以水稻、橡胶种植为主。有蓝洋农场。省道乌那线过境。

兰洋墟 [Lányángxū]　兰洋镇人民政府驻地。在市政府驻地那大镇东南 14 千米。人口 900。清光绪初年(1876)临高县在此设墟。兰洋为临高话地名音译，意为“杨家(村)”。聚落沿两条叉开的道路呈伞状分布。有小学、卫生院、文化站。农业以橡胶种植为主。有橡胶加工厂。省道乌那线经此。

光村镇 [Guāngcūn Zhèn]　儋州市辖镇。在市境北部。面积 171 平方千米。人口 5.5 万。辖 2 居委会、10 村委会，有 63 自然村。镇人民政府驻永昌墟。1958 年成立东光公社。1959 年析出成立公社。1987 年改光村镇。2002 年松林乡划入。因清末重建集市，位于近光村而得名。有黑墩沟水库。有中学 1 所，小学 13 所，卫生院 1 个。有省级文物保护单位光村墓群。有光村银滩度假村。农业以水稻、地瓜、甘蔗、香蕉、橡胶等种植，沿海捕捞和养殖为主。光村沙虫享有盛名。有新盈农场。县道东都、波抱线过境。有银滩高铁站。

永昌墟 [Yǒngchāngxū]　光村镇人民政府驻地。在市政府驻地那大镇北 40 千米。人口 1700。原名玉成墟。清同治九年(1870)改名永昌墟，寓“永远昌盛”之意。聚落呈三角形。有小学、卫生院、文化站。农业以水稻、甘蔗种植为主。有农机、竹木厂。县道东都线经此。

木棠镇 [Mùtáng Zhèn]　儋州市辖镇。在市境西北部。面积 173 平方千米。人口 7.1 万。辖 25 村委会，有 201 自然村。镇人民政府驻木棠墟。1957 年设木棠乡。1958 年改公社。1986 年改镇。2002 年松林、兰训 2 乡划入。因镇政府驻地得名。有火烧坡水库。有中学 1 所，小学 13 所，卫生院 1 个。农业以水稻、甘蔗种植为主。有水产养殖业。为儋州市北部各乡镇通那大镇必经之地。省道白羊线过境。

木棠墟 [Mùtángxū]　木棠镇人民政府驻地。在市政府驻地那大镇西北 43 千米。人口 3900。因遍植海棠树得名。聚落呈平行四边形。有小学、卫生院、文化站。农业以水稻、甘蔗种植为主。为市北部农产品集散中心。县道那干、东都线经此。

铁匠村 [Tiějiàngcūn]　在市政府驻地那大镇西北 48 千米。木棠镇辖自然村。人口 2200。因旧时土地贫瘠，靠打铁技艺谋生而得名。聚落呈团块状。有小学、卫生室、文化站。工业以花梨木、贝壳、椰雕等工艺品加工为主，全村有近 300 户作坊。县道东都线经此。2014 年被评为全国文明村。

海头镇 [Hǎitóu Zhèn]　儋州市辖镇。在市境西部边陲。北和西北滨北部湾。面积 198 平方千米。人口 5.3 万。辖 4 居委会、10 村委会，有 46 自然村。镇人民政府驻那历村。1957 年设海头乡。1958 年成立海头公社。1987 年改镇。因居昌江黎族自治县海尾镇上头得名。有红洋水库。有小学 1 所，卫生院 1 所，文化站 1 个。属半渔半农经济区。农业以水稻、甘蔗、橡胶、瓜菜种植为主。海域为儋州市重要渔场。工业以制糖、农机生产、水产品加工为主。海南环岛高铁过境。有海头高铁站。海头港可通海南岛沿海各港口。

那历村 [Nàlìcūn]　海头镇人民政府驻地。在市政府驻地那大镇西南 80 千米。人口 3700。北宋元祐二年(1087)建村。临高话水田叫“那”，疏落参差的小田洋叫“历”，因而得名。聚落呈梯形状。有小学、卫生院、文化站。农业以水牛、黄牛、鸭养殖为主。县道雅海线经此。

峨蔓镇 [Émàn Zhèn]　儋州市辖镇。在市境西北部。面积 77 平方千米。人口 3.1 万。辖 13 村委会，有 110 自然村。镇人民政府驻峨蔓墟。1957 年设峨蔓乡。1958 年改公社。1961 年析设峨蔓公社。1987 年改镇。因镇政府驻地得名。有中学 1 所，小学 2 所，卫生院 5 个。有古“儋州八景”的龙门激浪和笔架笼烟。农业以水稻、番薯、甘蔗、花生种植为主。有浅海捕捞业。特产龙门火山羊。县道东都线过境。

峨蔓墟 [Émànxū]　峨蔓镇人民政府驻地。在市政府驻地那大镇西北 50 千米。人口 800。因处峨蔓岭下，山势高峻且到处生长草本植物得名。聚落呈丁字形散状。有小学、卫生院、文化站。农业以水稻、甘蔗、番薯种植为主。有渔具等加工厂。县道东都线经此。

三都镇 [Sāndū Zhèn]　儋州市辖镇。在市境西北部。北临北部湾，毗邻洋浦经济开发区。面积 83 平方千米。人口 3.6 万。辖 9 村委会，有 92 自然村。镇人民政府驻三都墟。1959 年由木棠公社析出成立三都公社。1987 年改镇。因镇政府驻地得名。有黎屋水库。有中学 1 所，小学 7 所，卫生院 1 个。为国家级非物质文化遗产洋浦盐田晒盐技艺发生地和儋州调声发源地。有省级文物保护单位千年古盐田。农业以水稻、番薯、芝麻、甘蔗、花生、豆类种植为主。省道美洋线过境。

三都墟 [Sāndūxū]　三都镇人民政府驻地。在市政府驻地那大镇西北 49 千米。人口 2600。因古代曾设高麻、曾刘、薛官 3 都而得名。聚落呈矩形。有小学、卫生院、文化站。农业以水稻、番薯种植为主。县道东都线经此。

盐田村 [Yántiáncūn]　在市政府驻地那大镇西北 46 千米。三都镇辖自然村。人口 600。因宋代先祖从福建莆田迁此建村，以制盐为业得名。三面环海，聚落呈矩形。为省级文物保护单位千年古盐田、国家级非物质文化遗产洋浦盐田晒盐技艺发生地。古盐田距今已1200余年，总面积750亩，有7300多个形态各异的砚式盐槽。省道美洋线经此。

王五镇 [Wángwǔ Zhèn] 儋州市辖镇。在市境西北部。面积144平方千米。人口3万。辖1居委会、8村委会，有85自然村。镇人民政府驻王五墟。1961年由新州公社析出成立王五公社。1986年改镇。2002年白马井镇新地村并入。因镇政府驻地得名。有春江、石马岭水库。有中学1所，小学6所，卫生院1个。农业以水稻、番薯、甘蔗、橡胶种植为主。有淡水养殖业。海南环岛高速、省道白洋线过境。

王五墟 [Wángwǔxū] 王五镇人民政府驻地。在市政府驻地那大镇西北45千米。人口6200。传明嘉靖年间有王、黄、伍3姓在此定居谋生，后成墟集，当地方言黄、王同音，因此得名。聚落呈菱形。有小学、卫生院、文化站。农业以水稻、甘蔗种植为主。省道白洋线经此。

白马井镇 [Báimǎjǐng Zhèn] 儋州市辖镇。在市境西北部。西临北部湾，与洋浦港一水之隔。面积164.8千米。人口6.9万。辖5居委会、15村委会，有60自然村。镇人民政府驻寨基村。1957年置白马井镇。1958年与新英镇合并成立白马井公社。1961年新英镇析出。1981年复改马井镇。2002年松鸣乡(除新地村外)划入。传西汉伏波将军南征到此，天热兵马饥渴，将军白马以蹄刨沙涌出清泉，后人于此挖井，因名"白马井"。有中学1所，小学14所，卫生院1个。农业以渔业为主。白马井港为进出口装卸港。省海洋渔业总公司设此。有白马井高铁站。海南环岛高速、海南环岛高铁、省道白洋线过境。

寨基村 [Zhàijīcūn] 白马井镇人民政府驻地。在市政府驻地那大镇西北62千米。人口2200。传东汉马援将军率兵南下平叛时曾在此安营扎寨，称此地为扎基，后改今名。聚落呈梯形。有小学、卫生院、文化站。农业以水稻、番薯种植为主。省道白洋线经此。

中和镇 [Zhōnghé Zhèn] 儋州市辖镇。在市境西北部。面积62平方千米。人口5.1万。辖1居委会、11村委会，有43自然村。镇人民政府驻中和墟。唐至清末历为州、军治，民国为儋县县治。1957年成立中和镇。1958年划属新州公社。1964年析设中和公社。1987年改镇。因镇政府驻地得名。北门江流经。有中学1所，小学12所，卫生院1个。为国家历史文化名镇。有全国重点文物保护单位东坡书院和儋州古城，省级文物保护单位东坡井。有国家3A级风景名胜区东坡书院。有槟榔庵、宁济庵等古迹。部分建筑保持明代特色。农业以水稻、蔬菜种植为主。海南环岛高铁、省道美洋线过境。

中和墟 [Zhōnghéxū] 中和镇人民政府驻地。在市政府驻地那大镇西45千米。人口1.2万。原称高坡，梁置崖州治所。清嘉庆二十四年(1820)取中庸公正、和谐之意改名中和。聚落呈团块状。有东坡书院、槟榔庵、东坡井、宁济庵等古迹。有小学、卫生院、文化站。有土特产品东坡饼。农业以水稻、甘蔗种植为主。为市北部交通和农贸中心。县道新木线经此。

排浦镇 [Páipǔ Zhèn] 儋州市辖镇。在市境西北部。北、西北和东北濒北部湾。面积109平方千米。人口2.1万。辖1居委会、7村委会，有33自然村。镇人民政府驻排浦墟。1949年后为排浦乡。1958年与富克、龙山农场合并成立龙山公社。1959年场社分置，设排浦公社。1987年改镇。因镇政府驻地得名。平均海拔36米。有小江水库。有小学1所，卫生院1个，文化站1个。农业以橡胶、水稻种植为主。有龙山农场。有海水养殖捕捞业。工业以造船、修造、水产品加工为主。海南环岛高速、海南环岛高铁过境。

排浦墟 [Páipǔxū] 排浦镇人民政府驻地。在市政府驻地那大镇西南60千米。人口3900。村民以舢板捕鱼，"排浦"意为舢板停泊的水边，因此得名。聚落呈梯形。有中小学、卫生院、文化站、体育场。农业以海水养殖捕捞为主。县道新海线经此。

东成镇 [Dōngchéng Zhèn] 儋州市辖镇。在市境东北部。面积227平方千米。人口6.7万。辖1居委会、19村委会，有108自然村。镇人民政府驻东成墟。1981年由长坡公社析出设东成公社。1987年改乡。2002年改设东成镇，长坡镇并入。因镇政府驻地得名。地处丘陵地带，平均海拔54米。北门江流经。有中学1所，小学18所，卫生院1个。有省级文物保护单位碗窑村窑址。农业以水稻、甘蔗、橡胶、蔬菜种植为主。海南环岛高速，省道美洋、波洛线过境。

东成墟 [Dōngchéngxū] 东成镇人民政府驻地。在市政府驻地那大镇西北26千米。人口2600。1924年焚毁，1930年重建。因地处长坡墟东，期望建成后兴旺而得名。聚落呈矩形状。有小学、卫生院、文化站。农业以水稻、甘蔗、橡胶、蔬菜种植为主。省道美洋线经此。

新州镇 [Xīnzhōu Zhèn] 儋州市辖镇。在市境西北部，西滨北部湾。面积79平方千米。人口8.5万。辖11居委会、19村委会，有50自然村。镇人民政府驻新州墟。1958年成立新州公社。1984年改镇。2002年新英镇并入。因镇政府驻地得名。地处海滨平原，平均海拔16米。有中学1所，小学24所，卫生院1个。农业以稻谷、番薯、绿豆种植，畜牧、水产养殖为主。有土特产品红鱼粽。为市北部水陆交通中心。海南环岛高速、省道白洋线过境。

新州墟 [Xīnzhōuxū] 新州镇人民政府驻地。在市政府驻地那大镇西北42千米。人口4.7万。民国九年(1920)旧城(今中和镇)被焚毁，后县署从旧州移来此地而得名。聚落呈钥匙状。有小学、卫生院、文化站。农业以水稻、甘蔗、橡胶、蔬菜种植为主。县道东王、新新线经此。

文 昌 市

文昌市 [Wénchāng Shì] 海南省直辖县级市。北纬19°32′，东经110°47′。在海南岛东北部。面积2488平方千米。人口59.9万。辖17镇。市人民政府驻文城镇。隋大业三年(607)置武德县，属临振郡。唐武德五年(622)置平昌县，属崖州；贞观元年(627)改名文昌县，意寓"偃武修文，昌明教化"。宋开宝五年(972)属琼州。元属乾宁军民安抚司。明、清属琼州府。清初海南属广东省，文昌随之。民国元年(1912)属琼崖镇守府。1949年属海南特别区。1951年属海南行政公署。1984年属海南行政区。1988年属海南省。1998年置文昌市。东、南临南海，北靠琼州海峡。西南属丘陵地带，东北为平原台地，地势自西南向东北倾斜。境内最高峰铜鼓岭海拔338米，平均海拔42.55米。沿海有宽广的沙堤、沙地、滩涂，是中国红树林主要分布地之一。海岸线长278.5千米，大多较平直，有海湾和岬角，有大小港、湾40个，有岛屿七洲列岛等。年均气温23.9℃，1月平均气温17.5℃，7月平均气温28.2℃。年均降水量1721毫米。夏、秋季受台风影响。文教河、珠溪河、文昌江、石壁河和宝陵河流经。有钛、锆、石英砂、高岭土、红(蓝)宝石、独居石等矿产资源。有野生植物近千种，有野生动物130多种。有海洋动物鱼类近百种，贝类30多种，虾、蟹类各10多种。有国家级自然保护区1个，省级自然保护区2个。森林覆盖率50%。有高校1所，中学24所，九年一贯制学校5所，小学130所，图书馆1个，档案馆1个，文艺团体1个，二级医院4个，体育场馆19个。有全国重点文物保护单位明斗柄塔、明文昌学宫(文庙)、韩家宅，省级文物保护单位10个，省级爱国主义教育基地3个。有中国历史文化名镇铺前镇，中国历史文化名村会文镇十八行村。有省级中国传统村落1个、省级十大文化名镇1个，省级十大文化名村1个。有国家级非物质文化遗产海南公仔戏、南海更路经，省级非物质文化遗产文昌盅盘舞、海南椰雕等4项。有省级风景名胜区2个。三次产业比例40∶25∶35。农业以粮食作物、经济作物、渔业为主。盛产水稻、番薯、西瓜、辣椒、青皮冬瓜、白粉冬瓜、南瓜、椰子、花生、荔枝、菠萝、香蕉、石榴、龙眼、咖啡、橡胶、胡椒、鸡、猪、牛、羊、马友鱼、马鲛鱼、章雄鱼、海鳗鱼、墨鱼、龙虾、对虾、螃蟹、沙虫、贝类、鲍鱼。工业以电材、食品、建材生产加工为主。服务业以商贸、餐饮、旅游、房地产为主。有特产文昌鸡、抱罗粉、龙楼"四宝"(海胆、鲍鱼、龙虾和蚬白)、东阁对虾、东阁粄子(擦尖)、锦山牛肉干、东郊椰子食品与椰雕工艺品。海南环岛高铁、海文高速，省道灵文加、铺文、铺龙线过境。公路实现全市村村通。清澜、铺前港可泊千吨级船只。

清澜大桥 [Qīnglán Dàqiáo] 在市区东南部。长1828米，宽34米，最大跨度548.4米，桥下净高25米。2010年开工，2012年建成。因跨越清澜港得名。为特大型港道桥梁，结构型式为双塔双索面结合梁斜拉桥。钻石型混凝土索塔高106米。最大载重50吨。桥头辟建景观公园。通公交车。

海南环岛高铁文昌站 [Hǎinán Huándǎo Gāotiě Wénchāngzhàn] 见交通运输设施部分"海南环岛高铁文昌站"条。

文昌汽车站 [Wénchāng Qìchēzhàn] 见交通运输设施部分"文昌汽车站"条。

文城镇 [Wénchéng Zhèn] 文昌市人民政府驻地。在市境中部偏东。面积315平方千米。人口12.7万。辖14居委会、41村委会，有521自然村。镇人民政府驻文岭里。又名便民市。唐代以来历为文昌县城，得名文城。1950年设便民乡。1957年置文城镇。1958年与城郊乡合置红城公社。1961年复置文城镇。1974年成立文城镇公社。1975年再复文城镇。2002年南阳、迈号、清澜、头苑并入。地势西高东低，有缓坡台地、溪流、港汊及海岸滩涂。有红树林8万多亩，为世界海拔最低的森林。沿岸有数十里椰乡，为全国著名的热带滨海椰林景观。文昌江流经。有文昌中学、文昌华侨中学等中学9所，小学26所，二级医院4个，卫生院25个。有宋庆龄图书馆。有全国重点文物保护单位明文昌学宫(文庙)，省级文物保护单位4个。有省级爱国主义教育基地1个。有孔庙，古街道，古县衙，林文英墓，过朝塘，明海南卫青蓝守御所城(后)，骑楼街，张云逸、祝嘉故居等文化遗址。农业以粮食、蔬菜、水果种植，禽畜、鱼类养殖为主。盛产水稻、番薯、蔬菜、香蕉、荔枝、莲雾、蜜枣、胡椒、橡胶、文昌鸡。产石斑鱼、马鲛鱼、罗非鱼。工业以食品、家具、电材、建材、木材、橡胶加工为主。服务业以商贸、餐饮为主。海南环岛高铁，海文高速，省道灵文加、铺文线过境。有海南环岛高铁文昌站、文昌市汽车站。镇东南清澜港为海南第二大渔港。

迎宾路 [Yíngbīn Lù] 在镇区北部。东起新风路，北至海文高速路口转盘。与海琼高速、文昌大道相交。长2440米，宽16米。沥青路面。2003年开工，同年建成。为外来宾客从海文高速进入文昌市区第一条道路，因"迎接国内外宾客"之意得名。两侧有文昌市职业学校等。通公交车。

椰乡路［Yēxiāng Lù］　在镇区中部。东起新风路、文新路、沿江西路交叉处，西至文昌大道。与椰乡一横路、椰乡二横路、椰乡三横路相交。长1100米，宽16米。沥青路面。2003年开工，同年建成。因文昌是著名椰子之乡得名。两侧有椰乡广场等。通公交车。

文昌大道［Wénchāng Dàdào］　在镇区西部。北起迎宾路，南至文蔚路、文清大道、文建路交叉处。与椰乡路、昌平路、昌盛路、和平北路、和平南路、大潭路、文建三横路、文建四横路、文建五横路、文建六横路、谷鸿路相交。长5.2千米，宽22米。沥青路面。因寓意"文化昌明，大道畅通"，袭千年古县"文昌"之称得名。1995年开工，同年建成。初名"文明路"，2004年改称"文西路"，2008年改今名。两侧有海天花园酒家、市演艺会议中心、市老年人活动中心、市排球馆。通公交车。

文清大道［Wénqīng Dàdào］　在镇区南部。北起文建路、文昌大道、文蔚路交叉处，东至清澜新港。与军城路、文临高速、航天大道、永福路、文冠路、永乐路、文清北横路、福城路、文府路、北二环路、文清南四横路、文清南三横路、文清南一横路、文清南二横路、清澜路、白金路、新港路、旅游大道、疏港路相交。长10.8千米，宽30米。沥青路面。1993年开工，同年建成。因其由文城通往清澜，路面宽阔得名。两侧有市政府服务中心、市人民医院、市光荣院、市法院、市公安局、市档案局、椰子研究所、椰子大观园、财政局、市检察院、市供电局、市国税局。通公交车。

文建路［Wénjiàn Lù］　在镇区中部。北起东风路、和平南路交叉处，南至文昌大道、文蔚路、文清大道交叉处。与城新里、文南里、和平北路、东方路、文建一横路、文建二横路、文中路、文建三横路、文建四横路、文中一里、文建五横路、文建六横路、谷鸿路、云逸路、文建七横路、文建里相交。长2.9千米，宽16米。沥青路面。1986年开工，1987年建成。因是当时文城镇区内一条新建且宽度最大的道路得名。两侧有中国农业银行文昌支行、市第二市场、市林业局、文昌中学、市旅文委、宋庆龄图书馆、张云逸纪念馆、中国建设银行文昌支行、维嘉国际大酒店、市地税局。通公交车。

新风路［Xīnfēng Lù］　在镇区北部。北起灵文嘉线，南至文新路、沿江西路、椰乡路交叉处。与文东路、迎宾路、新风西里相交。长1.5千米，宽16米。沥青路面。1984年始建。因寓意"讲文明，树新风"得名。两侧有田家炳中学、市长途汽车站、市交通运输局、市畜牧局、市人民医院。通公交车。

庆龄路［Qìnglíng Lù］　在镇区东北部。北起横山渡桥，南至文新路、沿江东路交叉处。与文东路、庆龄西横路、铺文线相交。长1.6千米，宽16米。沥青路面。1988年建成。原为文新路一段，2008年改今名。因途经文昌市庆龄妇幼保健院并通往宋庆龄故居得名。两侧有市水务局。通公交车。

惠民路［Huìmín Lù］　在镇区东南部。东起白金路，西至昌海南路。长2千米，宽16米。沥青路面。2003年开工，2004年建成。因通往文昌市政府，寓"人民政府惠福于民"之意而得名。两侧有文昌市委、市政府办公大院。通公交车。

文府路［Wénfǔ Lù］　在镇区东南部。北起文清大道，南至海滩。与文府东横路、惠民路、疏港路、高隆路、高隆大道相交。弧形路。长2.8千米，宽16米。沥青路面。1995年开工，同年建成。初名南二环路，2008年更名文府路。因通往市政府大院得名。两侧有文昌市委、市政府办公大院。通公交车。

文岭里［Wénlǐnglǐ］　文城镇人民政府驻地。在镇境中部。人口2.1万。原为文昌县、市人民政府驻地。1996年市政府迁往清澜后，1997年文城镇人民政府迁此。因地处文昌市紫贝岭居民区得名。聚落呈集聚状。有市第二小学、市机关幼儿园。有社区卫生服务站。市教育局、市环卫局、市档案局、市粮食作物局、市供销社、市地震局驻此。有服装、餐饮和零售业。通公交车。

上僚村［Shàngliáocūn］　在市政府驻地文城镇东北2千米。文城镇辖自然村。人口200。南宋时建村，传先祖在朝廷任幕僚之职，为纪念先祖取名上僚村。聚落呈集聚状。盛产椰子、胡椒。有张云逸故居。通乡村公路。

横山渡村［Héngshāndùcūn］　文城镇辖自然村。人口100。明代建村，因文昌江从村边流入八门湾，使村民与外界往来必赖船渡，村以渡口名得名。聚落呈集聚状。清代著名琴学家云志高故里，有云志高捐建的承先桥遗址。盛产海贝、鱼、虾、沙虫及螃蟹等海产品。有旅游景点八门湾绿道，红树林和田园风光。省道铺文线经此。

世坑村［Shìkēngcūn］　文城镇辖自然村。人口100。明代建村。因村在田坑（低洼田地）边缘得名。聚落呈带状。"海南辛亥革命第一人"林文英烈士故里，有孙中山先生题写碑文的"烈士林文英之墓"。农业以水稻和反季节蔬菜种植为主。通乡村公路。

重兴镇［Chóngxīng Zhèn］　文昌市辖镇。在市境南部。面积119平方千米。人口3.2万。辖1居委会、13村委会，有219自然村。镇人民政府驻重兴墟。1950年置文昌县第四区（重兴区）。1957年撤区并乡时称重兴乡。1958年设立重兴生产管理区。1958年改为重兴分社。1959年改重兴公社。后经多次变化，1987年改置重兴镇。因镇政府驻地得名。重兴河、文集溪流经。有八角水库。有小学8所，中学1所，卫生院1个。农业以粮食、蔬菜、水果、经济作物种植，禽畜饲养为主。为文昌粮食作物主产区和热带作物生产基地，盛产水稻、蔬菜、禽畜。工业以食品、木材、石料、椰丝加工为主。服务业以商贸、餐饮为主。有特产猪肉干、波罗蜜、胡椒等。省道灵文加、文蓬线过境。

重兴墟［Chóngxīngxū］　重兴镇人民政府驻地。在市政府驻地文城镇南41千米。人口2400。清初建墟于三角庭，因缺水两度迁址。后因日军侵琼破坏毁废，再迁现址重新兴建，取寓意"重新兴旺"得名。聚落呈集聚形。有中小学、卫生院。经济以农具、农产品、杂货、理发、餐饮、茶、维修、国营粮店、废旧物资回收、饰品等小型服务为主。有旅店、农贸市场。省道烟长线经此。

昌文村［Chāngwéncūn］　在市政府驻地文城镇南53千米。重兴镇辖自然村。人口300。明代建村，先名昌尾村。19世纪60年代改为昌文村，寓"文化昌盛，人才辈出"之意。聚落呈曲尺状。村东有纪念地"百人墓"，系1941年侵华日军将村民236人关人祠堂并纵火虐杀，后合葬于此。省道灵文加线经此。

蓬莱镇［Pénglái Zhèn］　文昌市辖镇。在市境西南部。面积121平方千米。人口1.9万。辖1居委会、11村委会，有138自然村。镇人民政府驻蓬莱墟。民国时已置蓬莱乡、石壁乡。1958年两乡合并成立蓬莱公社。1986年改置镇。因镇政府驻地得名。有中学1所，小学6所，卫生院1个。农业以粮食、蔬菜、热带水果、经济作物种植，禽畜养殖为主。盛产水稻、番薯、菠萝、荔枝、波罗蜜、香蕉、杨桃、青橄榄、莲雾、蜜枣、文昌鸡、胡椒、橡胶、竹子。工业以橡胶、竹器、磨料磨具加工为主。服务业以商贸、餐饮为主。223国道、省道文蓬线过境。

蓬莱墟［Péngláixū］　蓬莱镇人民政府驻地。在市政府驻地文城镇西南31千米。人口1300。古称"狐猍（狐狸）"，取意于"山深林密，狐狸出没之地"。清光绪期间乡贤、工部主事黄远谟取雅意改名"蓬莱"，意寓"仙居胜境，风水宝地"。聚落呈集聚状。有中小学、卫生院。经济以农具，农产品、杂货、理发、餐饮、茶、维修、国营粮店、废旧物资回收、饰品等小型服务行业为主。有旅店、农贸市场。为市西农副产品集散中心。223国道、省道文蓬线经此。

会文镇［Huìwén Zhèn］　文昌市辖镇。在市境南部。面积140平方千米。人口3.1万。辖1居委会、16村委会，149自然村。镇人民政府驻会文墟。民国二十八年（1939）有会文乡、毓英乡。民国三十六年（1947）合并为会英乡。1957年设白延、会文乡。1958年两乡合并成立白延公社。1987年改置会文镇。因镇政府驻地得名。钛矿蕴藏丰富。石壁河、白延河流经。有小学7所，中学1所，卫生院1个。有中国历史文化名村、中国传统村落十八行村，侨乡白延骑楼风情街，陈策故居等文化史迹。农业以地瓜、花生、玉米、椰子、胡椒、咖啡、菠萝种植，禽畜养殖、海水养殖捕捞为主。为省粮食作物产区和县热带作物生产基地，鱼、虾、蟹等海产集散地。工业以加工业为主。服务业以商贸为主。为著名侨乡，侨资企业发达。有特产凤会糖贡。海南环岛高铁、省道灵文加线过境。

会文墟［Huìwénxū］　会文镇人民政府驻地。在市政府驻地文城镇南22千米。人口2900。清嘉庆十二年（1807）建墟，初名"新市"，后因时任琼州府道台称其为"人文汇集"之地改今名。聚落呈集聚状。有中小学、卫生院。经济以农具，农产品、杂货、理发、餐饮、茶、维修、国营粮店、废旧物资回收、饰品等小型服务行业为主。有农贸市场、佛珠市、旅店。省道灵文加线经此。

十八行村［Shíbāhángcūn］　在市政府驻地文城镇东南28千米。会文镇辖自然村。人口200。明代林姓先祖从福建迁此建村，为氏族聚居的椰乡村落。因村中建有十八行多进式扇形海南风格老宅得名。聚落呈扇形放射状。为中国历史文化名村、中国传统村落。盛产胡椒、橡胶等。通乡村公路。

东路镇［Dōnglù Zhèn］　文昌市辖镇。在市境西北部。面积约86平方千米。人口2.1万。辖10村委会，有115自然村。镇人民政府驻约亭墟。1951年置冯平乡。1983年改东路区。1986年由潭牛公社析置东路镇。因早期乡、镇人民政府驻地位于东路墟而得名。地处市境西部低矮台地，多山塘水库。有小学7所，九年一贯制学校1所，卫生院1个。有省级文物保护单位冯平故居，约亭，省级爱国主义教育基地冯平同志纪念馆及旧居。农业以水稻、蔬菜、热带水果、橡胶种植，禽畜养殖为主。有特产文昌鸡、荔枝、辣椒、南瓜、青皮瓜。工业以橡胶、木材、瓜果保鲜加工为主。服务业以商贸、餐饮、旅游为主。海南环岛高铁、海文高速、省道灵文加线、县道大中线过境。

约亭墟［Yuētíngxū］　东路镇人民政府驻地。在市政府驻地文城镇西北20千米。人口1400。因有纪念明代海南名臣邢宥和邱浚送别之"约亭"（又名邢邱饯别亭）得名。聚落呈集聚状。有小学、卫生院。经济以农具、农产品、杂货、理发、餐饮、茶、维修、国营粮店、废旧物资回收、饰品等小型服务为主。有农贸市场、旅店。海南环岛高铁、海文高速、省道灵文加线经此。

葫芦村［Húlucūn］ 在市政府驻地文城镇西北18千米。东路镇辖自然村。人口1000。宋末，邢氏村民先祖迁此建村。因村中历史上广植葫芦得名。聚落呈环绕分布。有龙泉乡园休闲度假村。海文高速、省道灵文加线经此。2014年被评为全国文明村。

潭牛镇［Tánniú Zhèn］ 文昌市辖镇。在市境中部。面积141平方千米。人口3.4万。辖2居委会、15村委会，有202自然村。镇人民政府驻潭牛墟。1957年设潭牛乡。1958年改公社。1986年改镇。因镇政府驻地得名。地处平原和低丘陵地带。文教河主支流白溪流经。有中学2所，小学7所，幼儿园8所，镇卫生院1个，涉农科技部门3个。农业以粮食作物、蔬菜、水果、经济作物种植，禽畜、淡水养殖为主。盛产水稻、番薯、蔬菜、荔枝、咖啡、胡椒、橡胶。有特产文昌鸡。工业以饲料加工、饮料加工制作、冰制氧为主。服务业以商贸、餐饮、房地产为主。有文昌最大的罗非鱼养殖基地，是省东部较大的饲料集散地。海南环岛高铁、海文高速、省道灵文加线过境。

潭牛墟［Tánniúxū］ 潭牛镇人民政府驻地。在市政府驻地文城镇西北11千米。人口1100。因明代有潭牛村人率先在此地搭棚营商，渐成墟市而得名。有中小学、卫生院。经济以农具、农产品、杂货、理发、餐饮、茶、维修、国营粮店、废旧物资回收、饰品等小型服务为主。有旅店、农贸市场。海文高速、省道灵文加线经此。

天赐村［Tiāncìcūn］ 在市政府驻地文城镇东北16千米。潭牛镇辖自然村。人口300。侨乡。清初建村，先名"新厝"，后改今名。聚落呈放射状。村中多榕树，榕籽富含蛋白，为优质肉鸡天然饲料。为特产文昌鸡正宗产地。通乡村公路。

东阁镇［Dōnggé Zhèn］ 文昌市辖镇。在市境中南部。面积110平方千米。人口2.5万。辖2居委会、18村委会，有145自然村。镇人民政府驻东阁墟。清道光年间东阁村人于东瓜(今美德)村坡地建墟，取名东瓜坡市。1942年被毁，后于堆头坡今址重建，取名东阁墟。民国置东阁乡。1957年置侠夫乡。1958年成立东阁公社。1986年改镇。因镇政府驻地得名。有中学1所，小学6所，九年一贯制学校1所，卫生院2个。有民国上将郑介民故居，清琼邑进士、琼台书院掌教谢宝执教本村时主持挖掘的"善泉井"。农业以粮食作物、蔬菜、热带水果、经济作物种植，禽畜养殖、水产捕捞为主。盛产水稻、番薯、蔬菜、甘蔗、胡椒、对虾、鲻鱼、沙虫、螺蚶。工业以传统产业铁器加工为主。服务业以商贸、餐饮为主。为县东部交通要冲和海产、蔬菜集散地。有风味小吃东阁粄子(擦尖)。省道铺文线过境。

东阁墟［Dōnggéxū］ 东阁镇人民政府驻地。在市政府驻地文城镇东北12千米。人口1400。俗称东瓜坡市。因地处文城之东，寓仙境楼阁之意得名东阁。聚落呈集聚状。有中小学、卫生院。经济以农具，农产品、杂货、理发、餐饮、茶、维修、国营粮店、废旧物资回收、饰品等小型服务为主。有旅店、农贸市场。有小食粄子(擦尖)、小海鲻鱼。省道铺文线经此。

排港村［Páigǎngcūn］ 在市政府驻地文城镇东北8千米。东阁镇辖自然村。人口300。宋代建村，因地处清澜港八门港之风景地，宅建港畔，排列有序而得名。聚落呈集聚状。为海南省级最美丽乡村，有旅游景点八门湾绿道、红树林和田园风光。农业以水稻、地瓜、花生、玉米种植，牛、猪、鸡、鸭养殖，近海捕捞为主。服务业以旅游为主。盛产各种海贝、鱼、虾、沙虫及螃蟹等海产品。通乡村公路。2011年被评为全国文明村。

文教镇［Wénjiào Zhèn］ 文昌市辖镇。在市境东部。面积77平方千米。人口2.4万。辖1居委会、16村委会，有84自然村。镇人民政府驻文教墟。民国时置文教乡。1958年成立文教公社。1987年改文教镇。因镇政府驻地得名。有中学1所，小学4所，卫生院1个。有明代邢宥故居及邢宥陵墓、宗儒战役烈士纪念亭。农业以粮食作物、蔬菜、热带水果种植，禽畜养殖为主。渔业以海水养殖为主。盛产水稻、番薯、蔬菜、西瓜、对虾、福寿鱼。工业以加工为主，有农机、榨油、制冰厂。服务业以商贸为主。省道铺文线过境。

文教墟［Wénjiàoxū］ 文教镇人民政府驻地。在市政府驻地文城镇东北20千米。人口2500。旧名崎磡，后为寄托"文治教化"愿望，雅称今名。聚落呈集聚状。有中小学、卫生院。经济以农具，农产品、杂货、理发、餐饮、茶、维修、国营粮店、废旧物资回收、饰品等小型服务为主。有旅店、农贸市场。省道铺文线经此。

美竹村［Měizhúcūn］ 在市政府驻地文城镇东北27千米。文教镇辖自然村。人口400。明代建村。因土地宽阔，环境优美，林密竹多得名。聚落呈放射状。农业以冬季蔬菜种植，渔业养殖为主。通乡村公路。2005年被评为全国文明村。

东郊镇［Dōngjiāo Zhèn］ 文昌市辖镇。在市境东南部。面积101平方千米。人口5万。辖1居委会、15村委会，有111自然村。镇人民政府驻东郊墟。民国时置东郊乡。1957年东郊、良田、中山、中南4乡、东郊墟2办事处合并置东郊乡。1958年成立东郊公社。1986年改镇。因镇政府驻地得名。地处海积平原，东、南、西三面环海，海产丰富。有中学1所，小学12所，幼儿园4所，镇卫生院1个，农业科技部门2个。有元镇国上将军参知政事、海北海南道宣慰使司都元帅陈谦亨墓，明海南卫青蓝守御所城(前)，清港门炮台、文笔塔、水尾圣娘庙等古迹遗址。椰林湾为全国著名热带滨海椰林风景名胜区。农业以粮食作物、蔬菜、椰子种植，海水捕捞养殖为主。盛产石斑鱼、鲻鱼、青甘鱼、带鱼、虾、蟹、螺、贝。椰子产量占全市总量一半，素誉"椰乡""椰海"。工业以椰子产品加工为主。服务业以商贸、餐饮、旅游为主。有特产椰子茸、椰子汁、椰子糖、椰子粉、椰香酥卷、开心椰球及椰雕工艺品。县道龙东线、航天大道过境。水路通文城及省内外港口。

东郊墟［Dōngjiāoxū］ 东郊镇人民政府驻地。在市政府驻地文城镇东15千米。人口800。明洪武年间在清澜港东岸建青澜守御千户所城，因在城外东野得名东郊，后于此地建墟市称东郊墟，镇名习沿旧称。聚落呈集聚状。有中小学、卫生院。经济以农具、农产品、杂货、理发、餐饮、茶、维修、国营粮店、废旧物资回收、饰品等小型服务为主。有旅店、农贸市场。县道龙东线、航天大道经此。

邦塘村［Bāngtángcūn］ 在市政府驻地文城镇东21千米。东郊镇辖自然村。人口300。明代黄氏先祖在此建村。因村有水塘，围塘而建房舍，人居近塘之地得名"邦塘村"。聚落呈集聚兼带状。村南有椰林半抱海湾，即今全国著名热带滨海椰林风景名胜区椰林湾。盛产椰子，产业以椰子加工、海水养殖和捕捞渔业为主。通乡村公路。

城内村［Chéngnèicūn］ 在市政府驻地文城镇南14千米。东郊镇辖自然村。人口500。因在明代海南卫清澜守御千户所城之内而得名。又称"青头城"或"码头城"，明洪武二十四年(1391)建成，是乡、镇名"东郊"的得名依据。聚落呈集聚状。曾为抗击海寇最前线。濒临清澜港，少田地，村民世代以捕鱼、摆渡为业，今兼海水养殖。特产石斑鱼、对虾、基围虾及小海海鲜。存留城垣、饲马槽、拴马桩等古城遗址和文物。县道龙东线、航天大道经此。通乡村公路。

龙楼镇［Lónglóu Zhèn］ 文昌市辖镇。在市境东部。面积105平方千米。人口2.6万。辖1居委会、9村委会，有78自然村。镇人民政府驻龙楼墟。民国时已置龙楼乡。1961年成立龙楼公社。1987年改龙楼镇。因镇政府驻地得名。东、南、北三面环海，海岸线长22千米，沙地辽阔。有石英砂、钛矿等矿产资源。北水溪流经。有中学1所，小学9所，幼儿园4所，镇卫生院1个，涉农科技部门2个。有国家级自然保护区、省级风景名胜区铜鼓岭旅游区。是中国第四个航天城所在地。有石头公园、月亮湾、文昌航天主题公园等旅游景点。农业以粮食作物、蔬菜、热带水果、油料作物种植，禽畜养殖，水产捕捞养殖为主。盛产蔬菜、地瓜、花生。特产"海味四宝"(海胆、鲍鱼、龙虾、紫菜)。工业以建材、铸造加工为主。服务业以商贸、餐饮、旅游为主。省道铺文、铺龙线，县道铜宝线过境。

龙楼墟［Lónglóuxū］ 龙楼镇人民政府驻地。在市政府驻地文城镇东北33千米。人口4000。传清同治年间粤客过海遭台风，脱险客人将圆木雕为神像，命名"龙流公"立庙拜祭。后人在庙周边搭棚开店，渐成墟市，称"龙流市"。因海南话"流""楼"2字同音，后遂改书"龙楼"。聚落呈集聚状。有中小学、卫生院。经济以农具、农产品、杂货、理发、餐饮、茶、维修、国营粮店、废旧物资回收、饰品等小型服务为主。有五星级酒店、农贸市场。县道铜宝线经此。

昌洒镇［Chāngsǎ Zhèn］ 文昌市辖镇。在市境东部。面积193平方千米。人口1.9万。辖1居委会、12村委会，有154自然村。镇人民政府驻昌洒墟。1957年设昌洒乡。1958年成立昌洒公社。1986年改昌洒镇。因镇政府驻地得名。北水溪流经。有小学6所，中学1所，卫生院1个。为国家名誉主席宋庆龄、宋氏家族祖居所在地。有凤鸣村新石器遗址，华侨回国(抗日)服务团团长符克纪念园，省文化名村长春村。农业以蔬菜、热带水果、油料作物种植，禽畜养殖，海水捕捞养殖为主。盛产花生、西瓜、荔枝、龙眼、冬瓜、南瓜及辣椒。工业有榨油、锯木、家具等厂。服务业以商贸、餐饮为主。为省四大蔬菜集散地之一。省道铺文、铺龙线过境。

昌洒墟［Chāngsǎxū］ 昌洒镇人民政府驻地。在市政府驻地文城镇东北32千米。人口1900。明代建上市于今旧市村，清代昌述、昌吉2村村民建"下市"。因周边众多自然村村名均含"昌"字，素有"三十六昌"之说，得名"昌洒"。聚落呈集聚状。有中小学、卫生院。经济以农具、农产品、杂货、理发、餐饮、茶、维修、国营粮店、废旧物资回收、饰品等小型服务为主。有旅店、农贸市场。省道铺文线经此。

长春村［Chángchūncūn］ 在市政府驻地文城镇东北28千米。昌洒镇辖自然村。人口300。明代韩姓从本县罗豆乌坡村迁此建村，意期青春永驻，长生不老，得名长春村。又名牛路园。聚落呈集聚状。为省文化名村。为国家前名誉主席宋庆龄父宋耀如出生地。有著名旅游景点宋氏祖居、宋庆龄生平陈列馆。通乡村公路。

翁田镇［Wēngtián Zhèn］ 文昌市辖镇。在市境东北部。面积277平方千米。人口3.4

万。辖2居委会、14村委会，有228自然村。镇人民政府驻翁田墟。1957年设翁田乡。1958年改公社。1986年改镇。2002年龙马乡并入。因镇政府驻地得名。东、北两面临海，海岸线长，石英砂、钛锆矿资源丰富。有中学1所，小学10所，卫生院2个。农业以粮食作物、蔬菜、水果、经济作物种植，禽畜养殖，海水捕捞养殖为主。盛产胡椒、咖啡、椰子、香蕉、文昌鸡、鲍鱼、龙虾、海参、海蛇等。沿海有人工造林4000多公顷。工业以石英砂粗加工为主。服务业以商贸、餐饮为主。县道抱湖、宝排线过境。

翁田墟 [Wēngtiánxū]　翁田镇人民政府驻地。在市政府驻地文城镇北53千米。人口2600。又名田尾市。清初始建，因街路建设自然构成"田"字形，取名"翁田"。聚落呈集聚状。有中小学、卫生院。经济以农具、农产品、杂货、理发、餐饮、茶、维修、国营粮店、废旧物资回收、饰品等小型服务为主。有旅店、农贸市场。县道抱湖线经此。

抱罗镇 [Bàoluó Zhèn]　文昌市辖镇。在市境北部。面积123平方千米。人口1.8万。辖1居委会、11村委会，有137自然村。镇人民政府驻抱罗墟。1957年设抱罗乡。1958年改公社。1986年改镇。因镇政府驻地得名。地势四周低中间高，处平原和缓坡丘陵地带。有小学4所，中学1所，卫生院1个。侨乡。清光绪甲申年(1884)设罗峰书院于此，1908年改为罗峰高等小学堂。为我国从私塾教育向学校教育转型的最早期学校之一。农业以粮食作物、蔬菜、水果、经济作物种植，禽畜、淡水养殖为主。盛产水稻、番薯、花生、蔬菜、莲雾、蜜枣、文昌鸡、罗非鱼、淡水白虾。工业以高岭土开采及加工为主。服务业以商贸、餐饮为主。有传统名食抱罗汤粉、烤乳猪。省道铺文线，县道后湖、大抱线过境。

抱罗墟 [Bàoluóxū]　抱罗镇人民政府驻地。在市政府驻地文城镇北32千米。人口1900。"抱罗"系黎语以文昌话音译，意为"大村"。聚落呈集聚状。有中小学、卫生院。经济以农具店、农产品店、杂货店、理发店、餐饮店、茶店、维修店、国营粮店、废旧物资回收店、饰品店等小型服务行业为主。有旅店、农贸市场。省道铺文线经此。

冯坡镇 [Féngpō Zhèn]　文昌市辖镇。在市境北部。面积97平方千米。人口1.4万。辖1居委会、10村委会，有77自然村。镇人民政府驻冯坡墟。1957年设抱罗乡。1958年改公社。1986年由翁田、抱罗、锦山3公社析置冯坡镇。因镇政府驻地得名。五龙溪流经。有中学1所，小学3所，卫生院1个。五龙港东有海南韩氏进琼始祖南宋韩显卿古墓。农业以粮食作物、蔬菜、热带水果、油料作物种植，禽畜养殖，水产养殖为主。主产水稻、辣椒、南瓜、冬瓜、花生、罗非鱼等。工业以农产品加工为主。服务业以商贸为主。县道冯大线过境。

冯坡墟 [Féngpōxū]　冯坡镇人民政府驻地。在市政府驻地文城镇北50千米。人口1600。清代冯淑岗迁此定居，称冯厝坡，后发展成墟市得名。聚落呈集聚状。有中小学、卫生院。经济以农具店、农产品店、杂货店、理发店、餐饮店、茶店、维修店、国营粮店、废旧物资回收店、饰品店等小型服务行业为主。有旅店、农贸市场。隔日一集。县道抱湖线经此。

锦山镇 [Jǐnshān Zhèn]　文昌市辖镇。在市境北部。面积180平方千米。人口3.9万。辖2居委会、27村委会，有258自然村。镇人民政府驻锦山墟。1957年设锦山乡。1958年改锦山公社。1986年改镇。因镇政府驻地得名。珠溪河流经。有小学11所，中学3所，卫生院2个。农业以粮食作物、蔬菜、热带水果种植为主。有禽畜养殖，海水捕捞养殖。工业以饲料、矿产、木材加工为主。服务业以商贸为主。特产骰子牛肉干、煎馅(麻团)。省道铺文、铺龙线过境。

锦山墟 [Jǐnshānxū]　锦山镇人民政府驻地。在市政府驻地文城镇北53千米处。人口5100。明崇祯年间始建于排港溪与珠溪河交汇处，初名三合流市，后取"锦绣河山"之意称今名。聚落呈集聚状。有中小学、卫生院。经济以农具店、农产品店、杂货店、理发店、餐饮店、茶店、维修店、国营粮店、废旧物资回收店、饰品店等小型服务行业为主。有旅店、农贸市场。有风味小吃骰子牛肉干、煎馅(麻团)、糟粕醋石葱(藠头)。省道铺文线经此。

铺前镇 [Pùqián Zhèn]　文昌市辖镇。在市境北部。面积144平方千米。人口4.3万。辖1居委会、11村委会，有153自然村。镇人民政府驻铺前墟。1957年设铺前乡。1958年改公社。1986年改镇。因镇政府驻地得名。钛矿、锆英沙、石英砂蕴量丰富。珠溪河流经。有中学1所，小学8所，卫生院1个。为中国历史文化名镇。著名侨乡。有省级文物保护单位明斗柄塔、溪北书院。有明代北山伏波祠、琼北海底村庄遗址、东寨港红树林保护区、七星岭自然保护区等名胜古迹。有潮水流速亚洲最大、素称"海上鬼门关"的海南角急水门，世界第二、亚洲最高的木兰湾航标灯塔。农业以粮食作物、蔬菜、热带水果种植，禽畜养殖，海水捕捞养殖为主。工业以矿产粗加工、制冰、饲料加工、海产品加工为主，有渔船修造、粮食作物加工等厂。服务业以商贸为主。有特产罗同西瓜、铺前马鲛鱼、马友鱼、泥蚶、糟粕醋。为市北部进出口商品贸易地。省道铺文、铺龙线过境。

铺前墟 [Pùqiánxū]　铺前镇人民政府驻地。在市政府驻地文城镇北72千米。人口4500。因居民自福建莆田县迁新埠(属海口)海岸建墟，以莆田谐音命名。明万历三十三年(1605)琼北大地震后迁今址，清光绪年间形成墟市。聚落呈集聚状。有中小学、卫生院。经济以农具店、农产品店、杂货店、理发店、餐饮店、茶店、维修店、国营粮店、废旧物资回收店、饰品店等小型服务行业为主。有旅店、农贸市场。省道铺文线终点。

港头村 [Gǎngtóucūn]　在市政府驻地文城镇北67千米。铺前镇辖自然村。人口200。明代，先祖从福建省迁此建村。因位于海港之首得名。聚落呈放射状。有保留完整的海南古代书法家潘存墓葬遗址。农业以反季节蔬菜种植为主。通乡村公路。

公坡镇 [Gōngpō Zhèn]　文昌市辖镇。在市境东北部。面积83平方千米。人口1.3万。辖1居委会、6村委会，有95自然村。镇人民政府驻公坡墟。1942年迁发山坝，取名发山市。1949年后复今名。1949—1958年区划数次分合，仍多以"公坡乡"为主地名。1958年成立公坡公社。1987年改置镇。2002年并入抱罗镇。2007年复置公坡镇。因镇政府驻地得名。有小学2所，九年一贯制学校1所，卫生院1个。盛产花生、薯类。为海南特产"文昌鸡"正宗产地之一。省道铺文线过境。

公坡墟 [Gōngpōxū]　公坡镇人民政府驻地。在市政府驻地文城镇北28千米。人口1100。明代末年墟市附近5村村民因争占土地而告状，官府裁断坡地为公众之地，得名"公坡市"。聚落呈集聚状。有中小学、卫生院。经济以农具店、农产品店、杂货店、理发店、餐饮店、茶店、维修店、国营粮店、废旧物资回收店、饰品店等小型服务行业为主。有旅店、农贸市场。省道铺文线经此。

万　宁　市

万宁市 [Wànníng Shì]　海南省直辖县级市。北纬18°35′，东经110°01′。在海南岛东南部。面积1883平方千米。人口64.4万。以汉族为主，还有黎、苗、壮等民族。辖12镇。市人民政府驻万城镇。《太平寰宇记》载，宋太平兴国(976—984)万安州领万宁、陵水2县。"万宁"一名始此。北宋熙宁六年(1073)，改万安州为万安军，隶琼管安抚司。大观年(1107—1110)以后，治所移至万安县水口(现今万城镇后朗村)。南宋绍兴六年(1136)，废万安军为万宁县，隶琼州；十三年(1143)复县为万安军，县亦复名万安。元因之。明洪武二年(1369)万安军改为万州，仍领2县，隶琼州府，万安县复名万宁。清光绪三十一年(1905)降万州为万县，隶崖州直隶州。民国三年(1914)复名万宁县。1949年后属海南行政区。1958年与琼东、乐会3县合并为琼海县。1959年从琼海县析出复名万宁县。1959—1961年陵水、保亭、琼中3县部分地域先后划入。海南建省后直属海南省。1996年撤县建市。1992—1994年新建改造了万安大道、建设路等20余条街路。建市后城区向东、北扩展，新建人民东、纵一东、纵一西和环市一、环市二、环市三等道路及市人民广场、市文化公园、万宁文化商业广场、新车站等，还改造了万州大道、光明南路等。地处五指山东南余脉外围，西、西南、西北部群山连绵，地势自西向东倾斜，有中山、低山、高丘、低丘、台地和阶地平原等六种地貌。平均海拔123米。年均气温24.4℃，1月平均气温19.5℃，7月平均气温28.8℃。年均降水量2102.6毫米。太阳河、龙尾湾河、龙头湾河、龙滚河流经。有矿产资源钛、硫铁矿、金矿等，其中钛矿占海南总储量的70%，占全国总储量的30%。有野生植物5种，其中国家重点保护野生植物有青皮、母生、坡垒、竹柏、花梨。有野生动物18种，其中国家重点保护动物有原鸡、老鹰、白鹭、坡鹿、水鹿、猕猴、蟒蛇、海龟、金钱龟。有大洲岛海洋生态国家级自然保护区，省级自然保护区1个。森林覆盖率66.1%。有国家级科研单位2个，中学27所，小学92所，知名文艺团体7个，三级医院1个，二级医院1个，大型体育场馆1个。有全国重点文物保护单位1个，省级文物保护单位3个。有国家级爱国主义教育基地1个，省级爱国主义教育基地2个，纪念地16个。有省级非物质文化遗产3项。有国家4A级旅游景区兴隆热带植物园、东山岭风景名胜区等5个，省级风景名胜区3个。地方特色文化有放文灯、放风筝、舞龙、军坡节等。三次产业比例30∶23∶47。农业以粮食作物水稻、番薯，经济作物胡椒、槟榔、咖啡、橡胶、花生、瓜菜种植为主。工业以制药、槟榔加工为主。服务业以旅游服务为主。有新中、东兴、东和3国营农场和兴隆华侨农场。海南环岛高铁、海南环岛高速、223国道、省道牛营线过境。有万宁汽车站、长丰汽车站。

万宁市人民广场 [Wànníng Shì Rénmín Guǎngchǎng]　在市区北部。面积68亩。2004年开工，2005年建成。因服务于市民健身活动得名。广场内建有书法长廊、书法展厅、健身广场、演艺舞台、健康步道、休闲亭、绿化地等。为集园林、文化、爱国主义教育、休闲娱乐等于一体的公共活动场所。周边有万利隆花园、市多功能活动中心。通公交车。

万宁站 [Wànníng Zhàn]　见交通运输设施部分"万宁站"条。

万宁汽车站［Wànníng Qìchēzhàn］ 见交通运输设施部分“万宁汽车站”条。

万城镇［Wànchéng Zhèn］ 万宁市人民政府驻地。在市境中部。面积109平方千米。人口16万。辖10居委会、32村委会，有191自然村。镇人民政府位于万昌街。1950年成立万城镇。1957年并入万城乡。1960年复设万城镇。1962年并入环城公社。1965年析设万城镇。1969年再次并入环城公社。1979年复析出。1987年环城区并入。2002年北坡镇及大茂、长丰2镇部分地域并入。因宋大观年间(1107—1110)后城区为州治和县城得名。东依南海，山地约占一半，丘陵和平原各占四分之一。有中学2所，小学22所，三级医院1个，二级医院1个，卫生院1个。有全国重点文物保护单位1个，省级文物保护单位3个，省级爱国主义教育基地1个，省级非物质文化遗产2个，国家4A级旅游景区东山岭。农业以粮食作物水稻、番薯，经济作物胡椒、槟榔、花生、瓜菜种植为主，有渔业捕捞养殖。工业以车工制造、铸造为主。海南环岛高铁、海南环岛高速、223国道过境。有万宁高铁站、万宁汽车站。通公交车。

人民东路［Rénmín Dōnglù］ 在市区中部。西起文明北路，东至环市一东路。与万海路相交。长1千米，宽30米。水泥路面。2011年开工，同年建成。因处人民路东段得名。两侧有后朗小学等。通公交车。

红专西路［Hóngzhuān Xīlù］ 在市区南部。东起建设南路，西至万安大道。与丰南南街相交。长1.3千米，宽30米。水泥路面。1982年开工，同年建成。因处红专路西段，1996年命名。“红专”寓政治思想觉悟和专业知识技能俱佳之意。两侧有万城道班等。通公交车。

红专中路［Hóngzhuān Zhōnglù］ 在市区南部。东起文明路交叉路口，西至建设南路。长550米，宽30米。水泥路面。1950年开工，同年建成。1982年扩建。因处红专路中段得名。两侧有万都酒店、琼州国际酒店等。通公交车。

红专东路［Hóngzhuān Dōnglù］ 在市区南部。东起仙河路，西至文明南路。与万昌街相交。长950米，宽20米。水泥路面。1950年开工，同年建成。1982年扩建。因处红专路东段得名。两侧有万宁老车站、市人民医院急救中心等。通公交车。

解放路［Jiěfàng Lù］ 在市区东部。东起迎宾路，西至仙河路。与朝阳街、仙河南街相交。长900米，宽20米。水泥路面。始建于20世纪50年代，80年代扩建。两侧有镇卫生院、第一市场等。通公交车。

万州大道［Wànzhōu Dàdào］ 在市区北部。南起五里桥，北至望海大道。与环市二东路相交。长2.5千米，宽50米。水泥路面。1986年开工，同年建成。因万宁古称万州得名。两侧有格林联盟酒店、仙泉时代广场、人民广场等。通公交车。

文明北路［Wénmíng Běilù］ 在市区中部。南起人民中路，北至万州大道。与人民东路相交。长1千米，宽30米。水泥路面。1978年开工，同年建成。因处文明路北段，1996年命名。“文明”寓意人类走向更高的精神追求。两侧有市广播电视局、万宁酒店等。通公交车。

文明中路［Wénmíng Zhōnglù］ 在市区中部。南起红专中路，北至人民中路。长550米，宽30米。水泥路面。1971年开工，同年建成。因处文明路中段得名。两侧有万宁中学、万隆大厦等。通公交车。

龙滚镇［Lónggǔn Zhèn］ 万宁市辖镇。在市境东北部。面积152平方千米。人口2.5万。以汉族为主，还有苗族。辖17村委会，有153自然村。镇人民政府驻龙滚墟。1957年设龙滚乡。1958年改公社。1959年成立龙滚公社。1987年改镇。因镇政府驻地得名。西部为山地丘陵，东部属河积、海积陆地平原，中部属台地。有加坦水库。龙滚河流经。有中学1所，小学5所，卫生院1个。东部沿海以深海捕捞业为主，中部以种植反季节瓜菜为主，西部以经济作物槟榔、菠萝、胡椒、橡胶为主。海南环岛高铁、海南环岛高速、223国道过境。2005年被评为全国文明镇。

龙滚墟［Lónggǔnxū］ 龙滚镇人民政府驻地。在市政府驻地万城镇东北47千米。人口2200。因位于龙滚河北岸得名。为“华侨之乡”，聚落呈伞状。有中小学、卫生院、文化站、体育场。以农业为主，为菠萝种植主产基地。223国道经此。

福塘村［Fútángcūn］ 在市政府驻地万城镇东北44千米。龙滚镇辖自然村。人口1100。村中水塘旧时有许多鱼和莲藕，村民以“天赐之福”取名福塘村。聚落呈矩形。主产水稻、橡胶，有海洋捕捞及海水养殖业。有庭院经济。223国道经此。2011年被评为全国文明村。

和乐镇［Hélè Zhèn］ 万宁市辖镇。在市境东北部。面积80平方千米。人口6.5万。辖22村委会，有92自然村。镇人民政府驻和乐墟。1957年设和乐乡。1958年改公社。1959年成立和乐公社。1987年改镇。2002年港北镇划入。因镇政府驻地得名。依山傍海，为台地、平原地貌。有红色水库。龙头湾河流经。有中学1所，小学16所，卫生院2个。有国家级爱国主义教育基地六连岭革命根据地。北部丘陵和中部平原地区主产胡椒、橡胶、甘蔗、槟榔。南部沿海以海水养殖、捕捞为主。有名产和乐蟹、港北对虾。海南环岛高铁、海南环岛高速、223国道过境。有和乐高铁站。

和乐墟［Hélèxū］ 和乐镇人民政府驻地。在市政府驻地万城镇东北25千米。人口2500。前身系正堂街，明初遭劫，街路毁废，乃迁至今址，取“和睦快乐”之意命名。聚落呈散状。有中小学、卫生院、文化站、体育场。主要种植槟榔、胡椒、橡胶等。县道三港线经此。

后安镇［Hòu'ān Zhèn］ 万宁市辖镇。在市境东北部。面积81平方千米。人口5.6万。以汉族为主，还有黎族、苗族。辖23村委会，有231自然村。镇人民政府驻后安墟。1957年设后安乡。1958年改公社。1960年析设后安公社。1987年改镇。2002年乐来镇划入。因镇政府驻地得名。地处沿海地带，为台地、平原地貌。有水声水库。龙尾湾河流经。有中学1所，小学21所，卫生院2个。有省级非物质文化遗产1项。农业以经济作物槟榔、菠萝、胡椒、橡胶，近海捕捞为主。海南环岛高铁、海南环岛高速、223国道过境。

后安墟［Hòu'ānxū］ 后安镇人民政府驻地。在市政府驻地万城镇东北23千米。人口3400。清道光年间已成集市。原名后疍，意为疍家人的后方。后以陈学礼率众赶走江湖烂仔，渔民在此安居乐业而改今名。聚落呈散状。有中小学、卫生院、文化站、体育场。有省级非物质文化遗产后安刀锻造手工艺。农业以水稻、番薯种植为主。有海水养殖和近海捕捞。县道大后线经此。

大茂镇［Dàmào Zhèn］ 万宁市辖镇。在市境东北部。面积52平方千米。人口3万。辖11村委会，有173自然村。镇人民政府驻大茂墟。1959年由万宁公社析设大茂公社。1987年改镇。2002年划出3村归万城镇。因镇政府驻地得名。东南部为平原，西部为山区，北部为丘陵地。有袁水水库。龙尾河流经。有中学1所，小学4所，卫生院1个。农业以粮食作物水稻、番薯，经济作物胡椒、花生、槟榔、蔬菜种植为主。工业以农产品加工为主。海南环岛高铁、海南环岛高速、223国道过境。

大茂墟［Dàmàoxū］ 大茂镇人民政府驻地。在市政府驻地万城镇北7千米，人口2700。明末仅有几间茅铺，清末渐成集市，县北民间产品多经此运往万城镇销售，交易日盛，因称大茂。聚落呈三角形。有中小学、卫生院、文化站、体育场。农业以粮食作物水稻、番薯，经济作物胡椒、花生、槟榔、蔬菜种植为主。工业以摩托车装配、轮胎加工等为主。223国道经此。

东澳镇［Dōng'ào Zhèn］ 万宁市辖镇。在市境南部。东临南海。面积82平方千米。人口4.9万。辖19村委会，有63自然村。镇人民政府驻东澳墟。1957年设东澳乡。1958年改公社。1959年析设东澳公社。1987年改镇。因镇政府驻地得名。地势自东向西渐高，以丘陵平原、沙滩为主。太阳河流经。有中学1所，小学10所，卫生院1个。有国家级自然保护区大洲岛。农业以经济作物椰子、槟榔、蔬菜种植，海洋养殖为主。特产金丝燕窝。县道万东线过境。

东澳墟［Dōng'àoxū］ 东澳镇人民政府驻地。在市政府驻地万城镇东南9千米。人口3200。清代置，最早叫盐灰村，以其民从事食盐和石灰生产得名。建墟后因近东渥村取名东渥市。民国因处东部海边弯曲之地改今名。聚落呈散状。有中小学、卫生院、文化站、体育场。农业主要以粮食作物水稻、番薯，经济作物槟榔、反季节瓜菜等种植为主。县道万东、万神线经此。

礼纪镇［Lǐjì Zhèn］ 万宁市辖镇。在市境南部。面积176平方千米。人口4.5万。以汉族为主，还有黎族、苗族。辖15村委会，有155自然村。镇人民政府驻礼纪墟。1957年设礼纪乡。1958年改公社。1959年析设礼纪公社，陵水县贡举、石梅、田新3乡划入。1987年改镇。2002年新梅黎族苗族乡划入。因镇政府驻地得名。南濒南海，地处丘陵地区。有碑头水库。太阳河流经。有中学2所，小学9所，卫生院2个。有省级自然保护区1个，国家3A级旅游景区日月湾，省级风景名胜区2个。有石梅湾、日月湾、南燕湾三大休闲度假海湾。农业以粮食作物水稻，经济作物胡椒、槟榔、蔬菜种植为主。服务业以旅游为主。海南环岛高铁、海南环岛高速、223国道过境。有礼纪高铁站。

礼纪墟［Lǐjìxū］ 礼纪镇人民政府驻地。在市政府驻地万城镇东南15千米。人口3600。传元末成集市。原名黎圮，意为黎区旁边(“圮”为海南闽方言字，旁侧之意)，后因方言谐音改今名。聚落呈矩形。有中小学、卫生院、文化站、体育场。农业主要以水稻、槟榔、胡椒、反季节瓜菜等种植为主。223国道经此。

长丰镇［Chángfēng Zhèn］ 万宁市辖镇。在市境西南部。面积218平方千米。人口7.8万。以汉族为主，还有黎、苗、壮等民族。辖12村委会，有183自然村。镇人民政府驻长丰墟。1957年成立长安乡。1958年改公社。1959年析设长安公社。1980年改名长丰公社。1987年改镇。因镇政府驻地得名。地势西北高东南低，西、北部为山岭丘陵，南部为台地。有全省第三大水库万宁水库。太阳河流经。有中学1所，小学10所，卫生院2个。有国家4A级旅游风景区兴隆热带植物园等3个，省级风景名胜区1个。农业以热作、畜牧、淡水养殖和反季节瓜菜生产为主。有兴隆华侨农场和国营东和农场。工业以制糖、选钛、木材加工为主。服务业以旅游服务为主。有土特产兴隆咖啡。223国道、省道牛营线过境。

长丰墟［Chángfēngxū］　长丰镇人民政府驻地。在市政府驻地万城镇西南7千米。人口2400。清代设置。原名长坡市，又名长安墟，意为长治久安。聚落呈三角形。有中小学、卫生院、文化站、体育场。农业以槟榔、胡椒、橡胶等种植为主。223国道经此。

文通村［Wéntōngcūn］　在市政府驻地万城镇南17千米。长丰镇辖自然村。人口400。为黎族村。传村中有秀才，识文断句、理通文达，常帮村民撰写家书，得名文通村。聚落呈散状。有小学。农业以水稻、橡胶、槟榔等种植为主，有淡水养殖业。集休闲养生、垂钓娱乐、旅游观光为一体。有家庭旅馆。2014年被评为全国文明村。

山根镇［Shāngēn Zhèn］　万宁市辖镇。在市境东北部。面积60平方千米。人口1.5万。以汉族为主，还有黎族。辖9村委会，有64自然村。镇人民政府驻山根墟。1957年设山根乡。1958年改公社。1960年析设山根公社。1987年复置乡。2002年改镇。因镇政府驻地得名。地处丘陵，地势由西向东倾斜。有香车水库。有中学1所，小学5所，卫生院1个。农业以热带经济作物、反季节瓜菜为主。工业以建筑业为主。海南环岛高铁、海南环岛高速、223国道过境。

山根墟［Shāngēnxū］　山根镇人民政府驻地。在市政府驻地万城镇东北40千米。人口2400。原名"三斤"，也称官栈。因与外地人打赌赢三斤牛肉，被戏称为"三斤"。后当地人认为立意不光彩，以谐音改今名。聚落呈散状。有中小学、卫生院、文化站、体育场。农业以水稻、胡椒、槟榔、橡胶种植为主。有木材综合加工厂。东环铁路、东线高速、223国道经此。

北大镇［Běidà Zhèn］　万宁市辖镇。在市境西北部。面积276平方千米。人口5.6万。以汉族为主，还有黎族、苗族。辖19村委会，有194自然村。镇人民政府驻北大墟。1961年成立北大公社。1966年并入东兴农场。1970年成立东兴公社。1980年更名北大公社。1987年改黎族苗族乡。2002年与禄马苗族乡合并设置北大镇。因镇政府驻地得名。属山地丘陵地貌。有军田水库。龙滚河流经。有中学1所，小学19所，卫生院2个。农业以水稻、番薯、橡胶、胡椒、槟榔、蔬菜种植为主。有东兴农场。县道乐红线过境。

北大墟［Běidàxū］　北大镇人民政府驻地。在市政府驻地万城镇西北30千米。人口2700。因位于市北且区域面积较大而得名。聚落呈带状。有中小学、卫生院、文化站、体育场。农业以槟榔、橡胶等种植为主。有木材综合加工厂。县道乐红线经此。

南桥镇［Nánqiáo Zhèn］　万宁市辖镇。在市境西南部。面积330平方千米。人口3.4万。以汉族为主，还有黎族、苗族。辖7村委会，有66自然村。镇人民政府驻南桥墟。原属陵水县。1959划归万宁县并成立南桥公社。1961—1966年两度并入南林农场。1971年成立南林公社。1980年更名南桥公社。1987年改黎族苗族乡。2002年改镇。因镇政府驻地得名。地处山区。有小南平水库。太阳河流经。有中学1所，小学3所，卫生院11个。农业以粮食作物水稻、番薯，经济作物橡胶、槟榔、蔬菜种植为主。工业以槟榔加工、木材加工、砖瓦厂为主。223国道过境。

南桥墟［Nánqiáoxū］　南桥镇人民政府驻地。在市政府驻地万城镇南43千米。人口1500。黎族占39%。因镇区南部原有一桥得名。聚落呈散状。有中小学、卫生院、文化站、体育场。为县西南部农副产品及南药集散地。农业以槟榔、橡胶等种植为主。有特产山兰酒。223国道经此。

三更罗镇［Sāngēngluó Zhèn］　万宁市辖镇。在市境西部。面积267平方千米。人口3万。以汉族为主，还有黎族、苗族。辖11村委会，有51自然村。镇人民政府驻三更罗墟。原属琼中县。1961年划归万宁并由北大公社析设三更罗公社。1987年改设三更罗黎族苗族乡。2002年改镇。因镇政府驻地得名。地处海南岛内陆山区，境内山脉峰峦起伏，连绵不断。有牛路岭水库。万泉河流经。有中学1所，小学4所，卫生院1个。有苗族风情三色饭等。农业以粮食作物水稻、番薯，经济作物橡胶、槟榔、蔬菜种植为主。有国营新中农场。省道牛营线过境。

三更罗墟［Sāngēngluóxū］　三更罗镇人民政府驻地。在市政府驻地万城镇西30千米。人口2300。因"三更"乃黎语"一块小田"的音译得名。聚落呈散状。有中小学、卫生院、文化站、体育场。农业以水稻、槟榔、橡胶等种植为主。省道牛营线经此。

东方市

东方市［Dōngfāng Shì］　海南省直辖县级市。北纬18°43′，东经108°36′。在海南岛西南部。面积2272平方千米。人口46万。以汉族为主，还有黎、苗、壮等民族。辖8镇、2乡。市人民政府驻八所镇。1952年白沙县四区和乐东县五区、六区合并组建东方县。因县政府驻地东方村得名，属海南黎族苗族自治区。1958年与昌感县、白沙县合并为东方大县，县政府迁叉河。1959年底迁驻八所镇。1961年3县析出复置，县政府驻八所镇至今。1987年更名东方黎族自治县。1997年撤县设市，直属海南省。1966年前市区主要在八所港区，街巷几为土路。20世纪80年代进行改建扩建。1987年东海路、解放西路、友谊北路、友谊南路、人民北路、人民南路等10条主要街道建成水泥路面。第二次改造是在1997—2009年市区二环路、工业大道一期、滨海大道一期、永安东路、东风路、人民北路、新火车站出口路等市政道路竣工通车，完成解放东路、康明路、东港路、富港路、疏港二横路、丰收路、东安路等市政道路建设以及53条小街小巷改造工程，基本完成污水处理厂、垃二处理场建设。2010—2014年完成22千米长的小街小巷硬化改造、中心街道人行道改造、东港路跨线桥改造等工程，疏港大道、国道过城快车道、滨海南路一期等工程建成通车，"三月三"文化生态园、市民休闲广场已投入使用或基本落成投入使用，旧城区供水管网改造基本完成。地处昌化江下游、北部湾西部。地势东高西低，由东南向西北倾斜。东南部为山地、丘陵，西北部为平原、台地。平均海拔159米。年均气温25.2℃，1月平均气温19.2℃，7月平均气温29.5℃。年均降水量949.7毫米。有海南省第一大水库大广坝水库。昌化江、感恩河、北黎河、罗带河、通天河、南港河、东方河、南尧河等流经。海岸线蜿蜒曲折，形成八港七湾。有矿产资源金、银、石油、天然气等。其中黄金储量大，品位高，是省主要黄金产地之一。天然气储量丰富，东方1-1天然气田是中国第三大气田。有野生植物近千种，其中国家一级保护植物有苏铁、子京、母生、坡垒、海南黄花梨等，国家二级保护植物有黄檀、海南沉香、见血封喉等10多种。有野生动物188种，其中国家一级重点保护动物有海南坡鹿、黑冠长臂猿等12种，国家二级重点保护动物有13种。有国家级自然保护区大田坡鹿自然保护区。森林覆盖率53.4%。有中学18所，小学61所，市艺术(歌舞)团1个，二级医院2个，体育场馆1个。有省级文物保护单位6个。有国家级非物质文化遗产黎族船形屋营造技术。三次产业比例26∶48∶26。农业以粮食作物水稻、旱稻、番薯、木薯，经济作物橡胶、甘蔗、槟榔、椰子等种植为主。有红泉、公爱、广坝、华侨4个国营农场和国营岛西林场。工业以油气化工、精细化工为主。服务业以旅游服务为主。海南西环铁路、海南环岛高铁、海南环岛高速、225国道，省道英八、小八线过境。有东方、感城高铁站，东方汽车站。通多路公交车。

八所镇［Bāsuǒ Zhèn］　东方市人民政府驻地。在市境西部。面积299平方千米。人口16.8万。辖11居委会、34村委会，有37自然村。镇人民政府位于永安东路。1958年已成立八所公社。后经多次变化，1983年八所公社改镇。2002年新街、墩头2镇和罗带乡划入成今境。临北部湾，台地平原地貌。有高坡岭水库。罗带河流经。有中学5所，小学17所，二级医院2个，卫生院4个。有省级文物保护单位1个。农业以粮食作物种植为主。有国营岛西林场。工业以天然化肥、精细化工、甲醇制烯烃、能源、生物能源为主。海南西环铁路、海南环岛高铁、海南环岛高速、225国道、省道小八线过境。八所港为海南岛西部进出口港。有东方高铁站、东方汽车站。通公交车。

解放西路［Jiěfàng Xīlù］　在市区西部。东起东府路，西至边贸城。与疏港大道相交。长3.3千米，宽45米。水泥路面。1961年开工，同年建成。1987年扩建。因在解放路西段得名。两侧有八所海事局、市一小等。通公交车。

解放东路［Jiěfàng Dōnglù］　在市区西部。东起火车站，西至东海路。与225国道、二环路等相交。长3.3千米，宽40米。水泥路面。2010年开工，2011年建成。因在解放路东段得名。两侧有海之南学校、天然气管道公司等。通公交车。

东海路［Dōnghǎi Lù］　在市区西部。北起东方大道，南至解放西路。长2.4千米，宽45米。水泥路面。1961年开工，同年建成。2003年改造，2012年扩建。为东方出海之道，故名。两侧有东方宾馆、市交通局等。通公交车。

疏港大道［Shūgǎng Dàdào］　在市区西南部。南起园区九西路，北至解放西路。与二环南路、工业大道等相交。长2千米，宽50米。水泥路面。1996年开工，同年建成。因疏通工业园区至八所港得名。两侧有月亮湾边防派出所、东方化工有限公司等。通公交车。

东方大道［Dōngfāng Dàdào］　在市区北部。东起东方大道，西至东海路。与二环路、225国道相交。长2.7千米，宽50米。水泥路面。原为省道英八线，1952年开工，1956年建成，土路路面。1994年扩建，同年建成。因其为进入市区的主干道得名。两侧有市工商局、市电信局等。通公交车。

滨海南路［Bīnhǎi Nánlù］　在市区西北部。南起八所港，北至滨海北路。与友谊路、东港路等相交。长2千米，宽50米。沥青路面。1986年开工，同年建成。两侧有铁路中学、市建设局等。通公交车。

二环路［Èrhuán Lù］　在市区中部。南起疏港大道，北至滨海北路。与工业大道、东方大道等相交。长6.1千米，宽30米。水泥路面。1996年开工，同年建成。因环半个城区得名。以东方大道为界分南、北两段。两侧有市供电局、南天宾馆、市二中等。通公交车。

东河镇［Dōnghé Zhèn］　东方市辖镇。在

市境中部。面积323.2平方千米。面积320平方千米。人口2.2万。黎族占92%,还有汉族、苗族。辖19村委会,有24自然村。镇人民政府驻东方村。1958年为东方公社。1987年改镇。1997年改名东河镇。2002年广坝乡划入。因东方河流经得名。地势四周高中间低,大部为山区盆地。有大广坝水库。昌化江及支流东方河流经。有中学1所,小学15所,卫生院1个。有省级文物保护单位镇州故城等2个。农业以水稻、香蕉、杧果种植为主,兼种甘蔗、冬季瓜菜等。有国营广坝农场。省道天新线过境。

东方村 [Dōngfāngcūn] 东河镇人民政府驻地。在市政府驻地八所镇东南30千米。人口1700。因处西方村东边得名。聚落呈团块状。有小学。1952年为东方县治所。农业以水稻、瓜菜种植为主。为市东部山区交通要冲和农副产品集散地。省道天新线经此。

大田镇 [Dàtián Zhèn] 东方市辖镇。在市境中部。面积331平方千米。人口2.7万。以黎族为主,还有汉、壮、苗等民族。辖24村委会,有26自然村。镇人民政府驻抱板村。1962年由居便公社析置抱板、大田2公社。1987年改抱板镇和大田乡。2002年合并为大田镇。以原大田乡驻地大田村旁有大田洋而得名。地势东高西低,为丘陵地貌。有探贡水库。昌化江流经。有中学1所,小学21所,卫生院1个。有国家级自然保护区大田坡鹿。农业以粮食作物、经济作物为主,主产水稻、香蕉、杧果、甘蔗、瓜菜。有国营红泉农场。海南西环铁路、海南环岛高速、225国道、省道天新线过境。

抱板村 [Bàobǎncūn] 大田镇人民政府驻地。在市政府驻地八所镇东北24千米。人口3200。为黎族村。黎语地名,意为新村。聚落呈团块状。有小学、卫生室。农业以水稻、甘蔗、杧果、香蕉等种植为主,有猪、牛、羊、鸡、鸭、鹅养殖。225国道经此。

感城镇 [Gǎnchéng Zhèn] 东方市辖镇。在市境西南部。西临北部湾。面积181平方千米。人口4.8万。以汉族为主,还有黎族。辖15村委会,有23自然村。镇人民政府驻感城村。1952年设感城乡。1958年和板桥乡合并为感城公社。1987年改镇。因镇政府驻地得名。西部为感恩平原,东部为丘陵山地,地势自东向西倾斜。有陀兴水库。感恩河流经。有中学1所,小学13所,卫生院1个。有省级文物保护单位感恩学宫。农业以经济作物杧果、香蕉种植为主。有国营公爱农场。滨海地带多产海盐。感城港为浅水渔港。海南西环铁路、海南环岛高铁、海南环岛高速、225国道过境。有感城高铁站。

感城村 [Gǎnchéngcūn] 感城镇人民政府驻地。在市政府驻地八所镇南27千米。人口1.6万。因村在旧感恩县城得名感恩县治所。聚落呈团块状。有中学、卫生室。有省级文物保护单位感恩学宫。农业以粮食种植为主,以反季节瓜菜、热带水果种植为支柱产业。225国道经此。

板桥镇 [Bǎnqiáo Zhèn] 东方市辖镇。在市境西南部。面积304平方千米。人口3.5万。以汉族为主,还有黎族。辖21村委会,有24自然村。镇人民政府驻板桥村。1957年设板桥乡。1958年和感城乡合并为感城公社。1959年析设板桥公社。1987年改镇。2002年中沙乡划入。因镇政府驻地得名。地势自东向西倾斜,为丘陵台地地貌。有陀兴水库。有中学1所,小学19所,卫生院1个。农业以香蕉、杧果等热带水果种植为主,平原地区多种植反季节瓜菜,近海地区以高位池养殖、捕捞为主。海南西环铁路、海南环岛高铁、海南环岛高速、西线高速、225国道过境。

板桥村 [Bǎnqiáocūn] 板桥镇人民政府驻地。在市政府驻地八所镇南33千米。人口9300。因村西有一洪沟涨潮时阻挡村民出入,后搭架木板为桥通行,故名。聚落呈团块状。有中小学、卫生室。农业以水稻种植为主,南瓜、辣椒、黄瓜、玉米为辅,还有哈密瓜、香蕉。225国道经此。

三家镇 [Sānjiā Zhèn] 东方市辖镇。在市境北部。面积123平方千米。人口3.5万。辖14村委会,有14自然村。镇人民政府驻三家村。1957年设三家乡。1958年改公社。1961年析出成立三家公社。1987年改乡。2001年改镇。因镇政府驻地得名。为丘陵地貌。有天惠水库。昌化江流经。有中学1所,小学14所,卫生院1个。农业以反季节瓜菜、热带水果和高效经济作物花生、辣椒、甘蔗、南瓜、毛豆、圣女果等种植为主。为市重要产粮区和瓜菜主产区。产优质香米。海南环岛高铁、海南环岛高速过境。

三家村 [Sānjiācūn] 三家镇人民政府驻地。在市政府驻地八所镇东北20千米。人口5200。因村民多赵、符、周3姓而得名。清代建村。聚落呈团块状。有中小学、卫生室1个。主产反季节瓜菜、热带水果和高效经济作物花生、辣椒、甘蔗、南瓜、毛豆、圣女果等。县道三新线经此。

四更镇 [Sìgēng Zhèn] 东方市辖镇。在市境西北部。面积83平方千米。人口3.6万。辖20村委会,有23自然村。镇人民政府驻四更村。1957年设四更乡。1958年改公社。1959年析设四更公社。1987年改镇。因镇政府驻地得名。地处海滨沙滩,为昌化江下游冲积平原。昌化江流经。有中学1所,小学13所,卫生院1个。有省级文物保护单位1个。主产水稻、花生、尖椒、大西瓜等。有海水养殖。有土特产黑脸琵鹭、烤乳猪、白斩羔羊等。省道英八线过境。

四更村 [Sìgēngcūn] 四更镇人民政府驻地。在市政府驻地八所镇北15千米。人口1.1万。先祖于明代由福建迁来,先后更换老盐墟、响网、东六3村(均废),后迁定此村,故名。聚落呈矩形。有中小学、文化站。主产水稻、花生、尖椒、大西瓜等。特产四更烤乳猪。省道英八线经此。

新龙镇 [Xīnlóng Zhèn] 东方市辖镇。在市境西部。面积186平方千米。人口2.1万。辖9村委会,有9自然村。镇人民政府驻龙佑村。1957年设新村乡。1958年改公社。1961年析设新村公社。1982年改名新龙公社。1987年改镇。取原新村乡政府驻地新村和镇政府驻地龙佑村首字得名。西临北部湾,地势东高西低,西部为丘陵,东部为台地平原。有湾溪水库。通天河流经。有中学1所,小学8所,卫生院1个。农业以水稻、蔬菜种植为主。有海水养殖业和捕捞业。有国营华侨农场。海南西环铁路、海南环岛高铁、海南环岛高速、225国道过境。

龙佑村 [Lóngyòucūn] 新龙镇人民政府驻地。在市政府驻地八所镇南15千米。人口1600。清康熙五十一年(1712)建村。初名橄榄村,因地处龙卧村西(右侧),后改名龙佑村。聚落呈团块状。有小学、卫生室。农业以水稻、番薯种植为主,兼种花生、南瓜、杧果。225国道、海南环岛高铁经此。

天安乡 [Tiān'ān Xiāng] 东方市辖乡。在市境中部。面积149平方千米。人口1.3万。黎族占98%。辖15村委会,有29自然村。乡人民政府驻安都村。1953年设天安乡。1958年改公社。1961年析设天安公社。1987年改为乡。2002年公爱乡划入。取辖区天村、安都2村首字得名。地处山区盆地,四周高中间低,地势自西南向东北倾斜。有天安水库。东方河流经。有中学1所,小学16所,卫生院1个。农业以水稻、玉米、木薯、橡胶等种植为主。工业有农具、锯木、砖瓦等小厂。县道东公线过境。

安都村 [Āndūcūn] 天安乡人民政府驻地。在市政府驻地八所镇东29千米。人口600。为黎族村。清末乐东县居民迁此成村。因村地多,黎语称为"亚对"的野生树,后按音转写为今名。聚落呈矩形。有小学、卫生室。主产橡胶、杧果、甘蔗等。有橡胶加工厂。县道东公线经此。

江边乡 [Jiāngbiān Xiāng] 东方市辖乡。在市境东南部。面积292.2平方千米。人口6000。黎族占91%,还有苗族、汉族。辖10村委会,有20自然村。乡人民政府驻江边村。宋代以来先后隶属于感恩县、乐东县、东方县。1958年设江边乡。1961年改为江边公社。1987年改乡。因乡政府驻地得名。为山地地貌。有大广坝水库。昌化江流经。有小学7所,卫生院1个。以农业为主,主产水稻、橡胶等。有农具厂、木材小加工厂。省道天新线过境。

江边村 [Jiāngbiāncūn] 江边乡人民政府驻地。在市政府驻地八所镇东南39千米。人口400。宋代成村。因处昌化江畔得名。聚落呈凹字形。主要经济作物有香蕉、橡胶和冬季瓜菜。有农具厂、木材加工厂。省道天新线经此。

白查村 [Báichácūn] 在市政府驻地八所镇南16千米。江边乡辖自然村。人口500。为黎族村。据《感恩县志》载,原名八差村。为原村内一棵大树名的黎语音译。1949年后地名登记为白査村,1955年地名普查后改今名。聚落呈矩形。为中国传统村落。有国营华侨农场。省道天新线经此。

定 安 县

定安县 [Dìng'ān Xiàn] 海南省直辖县。北纬19°13′,东经110°7′。在海南岛东北部。面积1196平方千米。人口34.3万。辖10镇。县人民政府驻定城镇。元至元二十九年(1292)析琼山县南境并新附一部分黎峒设置定安县,取"安居乐业"之意命名。治新寨岭下南资都(今县境南部龙门镇西北),属琼州。元天历二年(1329)升定安县为南建州,州治琼牙乡(今定城镇杨墩坡村),直属海北元帅府。明洪武二年(1369)废南建州,复置定安县,属琼州府,治所迁至南渡江畔今址。清沿明制。1912年后属广东省海南特别行政区。1935年划出县境五指山以南和以西地区归入保亭、乐东、白沙3民族县。1950年设置定安县,驻定城镇。同年划出枫木、乌坡、南闾地区归新民县(今属屯昌县),万泉河以南归乐会县(今属琼海市),岭门、思河地区归琼中县。1955、1957年先后划出五区和龙门区罗陵乡9自然村归琼东县(今琼海市)。1958年划出龙塘乡部分地域归屯昌县,划出黄竹乡部分地域归文昌县。同年和屯昌县合并,称定昌县,县治屯昌镇。1961年定县安析出复置,县人民政府迁回定城镇。1949年后至建省前属广东省海南行政区,1988年海南建省后直属省。建省前县城仅有10余条街路。至1998年已新建富民大道、兴安大道、见龙大道等10多条街路。进入21世纪后,实施县城东扩、南拓,新建塔岭五纵五横、环城北路、环城南路等10条道路和江滨公园,改造老城区10

条道路，县城面积扩大4倍。地势由南向北缓度倾斜，有高丘陵、低丘陵、台地、阶地、水域等。平均海拔95米。有南牛岭、加峰岭等山。年均气温24.2℃，1月平均气温18℃，7月平均气温28.6℃。年均降水量2015毫米。有琼北地区最大的人工湖南丽湖和南扶水库。南渡江、龙州河、万泉河流经。有矿产资源金、锌、铀、铬、钛、石墨等。有野生植物1700多种，其中国家重点保护野生植物有坡垒、子京、青梅等4种。有野生动物37种，其中国家重点保护野生动物有穿山甲、枭、金钱龟等9种。森林覆盖率59.2%。有中学20所，小学69所，二级医院2个，舞蹈、音乐、戏曲等知名文艺团体4个，体育场馆1个。有省级文物保护单位8个，纪念地18个，国家级爱国主义教育基地1个，中国历史文化名城1个，中国历史文化名村1个，中国传统村落1个，省级风景名胜区1个。国家非物质文化遗产1项。地方特色文化有琼剧、军坡节、八音、民间歌谣。三次产业比例39∶15∶46。农业以粮食作物谷物、薯类、食用豆类，经济作物水果、花卉、调料、饮料、茶叶、橡胶、槟榔等种植为主。有南海、中瑞、金鸡岭3国营农场和1国营林场。工业以橡胶与槟榔加工为主。环岛高速，223、224国道，省道云文、塔龙、加龙、黄屯线过境。有定安长途汽车站。通多路公交车。

潭榄桥［Tánlǎn Qiáo］　在县城东南部。长92米，宽23.8米，最大跨度25米，桥下净高5.5米。1994年开工，同年建成。因跨潭榄溪得名。为中型河道桥梁，结构型式为钢筋砼双曲拱桥。最大载重20吨。通公交车。

定安汽车站［Dìng'ān Qìchēzhàn］　见交通运输设施部分"定安汽车站"条。

定城镇［Dìngchéng Zhèn］　定安县人民政府驻地。在县境北部。面积147平方千米。人口9.5万。辖13居委会、21村委会，有138自然村。镇人民政府驻仙沟墟。1950年置定城镇。1958年改公社。1980年改镇。2002年仙沟镇、龙州乡划入。因明洪武三年(1370)至今县治于此得名。地势南高北低，以台地、阶地和水域为主，平均海拔70米。南渡江、龙州河流经。为国家历史文化名镇。有中学4所，小学17所，二级医院2个，体育场馆1个。有省级文物保护单位4个。农业以水稻、番薯、胡椒、槟榔、冬季瓜菜等种植为主。工业以绿色农产品、药品保健品加工为主。海南东环高速，省道云文、塔龙线过境。有定安长途汽车站。通公交车。

见龙大道［Jiànlóng Dàdào］　在县城中部。东起东线高速，西至南珠路。与人民路、富民大道、兴安大道等相交。长2.9千米，宽50米。水泥路面。1993年开工，1994年建成。因见龙古塔得名。贯穿定城镇新、老区。两侧有县人民医院、交警大队、广隆运输公司等多个单位和企业。通公交车。

人民北路［Rénmín Běilù］　在县城西部。南起见龙大道，北至沿江路。长865米，宽19米。沥青路面。1983年开工，1984年建成。因处人民路北段得名。两侧有定城财政所、定安中学等。通公交车。

人民南路［Rénmín Nánlù］　在县城西部。南起塔南路，北至见龙大道。与环城南路相交。长1.1千米，宽12.5米。沥青路面。1983年开工，1985年建成。因处人民路南段得名。两侧有蓝天宾馆、定安中学初中部等。通公交车。

环城南路［Huánchéng Nánlù］　在县城南部。南起兴安路，北至见龙大道。与富民大道、张岳崧路等相交。长2.5千米，宽16米。水泥路面。2000年开工，2001年建成。因环县城南部得名。两侧有省工业学校、温泉雅苑等。通公交车。

环城北路［Huánchéng Běilù］　在县城北部。南起见龙大道，北至映斗路。与富民大道等相交。长2千米，宽15米。水泥路面。2001年开工，2002年建成。因环县城北部得名。两侧有县市场监督管理局等。通公交车。

富民大道［Fùmín Dàdào］　在县城南部。南起环城南路，北至见龙大道。与塔南路、塔北路相交。长1.9千米，宽19米。沥青、水泥路面。1998年开工，1999年建成。寓"人民富康强盛"之意。两侧有飞禽世界等。通公交车。

兴安大道［Xīng'ān Dàdào］　在县城南部。南起环城南路，北至见龙大道。与塔南路、塔北路相交。长1.8千米，宽16.5米。水泥路面。1998年开工，1999年建成。寓"振兴定安"之意。两侧有县委政府大楼等。通公交车。

仙沟墟［Xiāngōuxū］　定城镇人民政府驻地。在镇境东部。人口3400。始建于五代至宋初，以原住居民封、高2氏取名封高村。某年瘟疫流行，有老妪精通医术，济世救人，驱除瘟疫，人们以"仙人"相称。后老妪仙逝，为缅怀其功德，建"感应庙"并立碑纪念，每年农历八月十五日祭祀，村名亦改称"仙沟"至今。聚落呈团块状。有中小学、卫生院、文化站。农业以水稻、槟榔、冬季瓜菜种植为主。工业以绿色农产品加工为主。仙沟牛市形成于清同治五年(1867)，每年农历七、八月为交易旺季。省道云文线经此。通公交车。

新竹镇［Xīnzhú Zhèn］　定安县辖镇。在县境西北部。面积83平方千米。人口2万。辖7村委会，有61自然村。镇人民政府驻新竹墟。1950年设新竹乡。1958年改公社。1961年成立新竹公社。1987年改镇。因镇政府驻地得名。地势西高东低，西部为丘陵地，东南为半丘陵地。有大路东、尖岭等水库。龙州河流经。有中学1所，小学8所，卫生院1个。主产水稻和橡胶、胡椒、槟榔、水果等经济作物。有淡水养殖。有新竹四季鹅。224国道、省道云文线过境。

新竹墟［Xīnzhúxū］　新竹镇人民政府驻地。在县政府驻地定城镇西南16千米。人口1900。原称山竹堀市，因附近多山竹得名。1921年因与澄迈县新吴墟争夺市场税收，迁来现址改今名。聚落呈丁字状。有中小学、卫生院。主产水稻、橡胶、槟榔。为县第二大耕牛交易市场。省道云文线经此。

龙湖镇［Lónghú Zhèn］　定安县辖镇。在县境东北部。面积99平方千米。人口2.1万。辖1居委会、11村委会，有86自然村。镇人民政府驻居丁墟。1950年设居丁乡。1957年成立居丁公社。1975年析为居丁、永丰2公社。1987年分别改为居丁镇和永丰乡。2002年居丁镇和永丰乡合并为龙湖镇。因镇墟依托南丽湖，人们期盼人才辈出，藏龙于湖，以此得名。属丘陵地带，地势南高北低，平均海拔75米。有高林水库。有中学2所，小学2所，卫生院2个。有省级文物保护单位1个。农业以水稻和橡胶、槟榔等种植为主。工业以橡胶、槟榔、椰子加工为主。盛产荔枝、青橘、波罗蜜等热带水果，为县热带水果生产基地。海南环岛高速过境。

居丁墟［Jūdīngxū］　龙湖镇人民政府驻地。在县政府驻地定城镇东12千米。人口2700。原称永隆市，因生意兴隆得名，后因北侧加丁山以"加丁"谐音改今名。聚落呈平行四边形。有中小学、卫生院、文化站。主产水稻、橡胶、胡椒、槟榔等。海南环岛高速经此。

高林村［Gāolíncūn］　在县政府驻地定城镇东21千米。龙湖镇辖自然村。人口200。原名白猴枕村，1809年张岳崧考中探花后改今名，寓"高地儒林"之意。聚落呈团块状。为中国历史文化名村、中国传统村落。民居90%为清代建筑，有省级文物保护单位张岳崧故居。主产橡胶、槟榔等。县道甲蓬线经此。

黄竹镇［Huángzhú Zhèn］　定安县辖镇。在县境东部。面积161平方千米。人口3.4万。辖8村委会，有54自然村。镇人民政府驻黄竹墟。1958年成立黄竹公社。1987年成立黄竹镇。因镇政府驻地得名。属高丘地貌，大致地势为东高西低。有白塘水库。有中学1所，小学10所，卫生院2个。有黄竹革命烈士纪念陵园等纪念地。农业以粮食作物谷物、薯类、食用豆类，经济作物甘蔗、茶叶、橡胶、槟榔、胡椒等为主。有国营南海农场。工业以茶叶、橡胶、槟榔加工为主。东线高速、223国道、省道黄屯线过境。

黄竹墟［Huángzhúxū］　黄竹镇人民政府驻地。在县政府驻地定城镇东南35千米。人口1.02万。明弘治二年(1489)形成墟集，因当地盛产黄色竹子得名。聚落呈三角形。有中小学、卫生院、文化站。农业以水稻种植为主。工业以橡胶、茶叶加工为主。223国道经此。

雷鸣镇［Léimíng Zhèn］　定安县辖镇。在县境中部。面积129平方千米。人口3.2万。辖11村委会，有117自然村。镇人民政府驻雷鸣墟。民国设雷鸣乡。1958年成立雷鸣公社。1987年改镇。因镇政府驻地得名。地貌以丘陵为主。有琼北地区最大人工湖南丽湖及长埔等水库。龙州河流经。有中学1所，小学11所，卫生院1个。有省级文物保护单位3个，纪念地有冯白驹将军抗日驻地遗址。农业以水稻、橡胶、木薯、甘蔗等种植为主。工业以榨油、铸造、机械维修、爆竹生产为主。省道培龙线过境。

雷鸣墟［Léimíngxū］　雷鸣镇人民政府驻地。在县政府驻地定城镇南14千米。人口3000。因该地多雷区得名。聚落呈钥匙状。有中小学、卫生院、文化站。主产水稻、橡胶、胡椒、槟榔等。省道培龙线经此。

龙梅村［Lóngméicūn］　在县政府驻地定城镇南9千米。雷鸣镇辖自然村。人口2300。明正德末年先祖迁此，因地势逶迤如龙，期望子孙像梅树一样坚强，故取名龙梅。聚落呈矩形。有卫生室、文化室。为明南京礼部尚书王弘海故里，有省级文物保护单位王氏宗祠、太史坊。主产水稻、橡胶、槟榔等。

龙门镇［Lóngmén Zhèn］　定安县辖镇。在县境中部。面积120平方千米。人口2.4万。辖12村委会，有90自然村。镇人民政府驻龙门村。民国设龙门乡。1958年成立龙门公社。1987年改镇。因镇政府驻地得名。地貌以丘陵为主，平均海拔70米。有岭前东水库。龙州河流经。有中学1所，小学10所，卫生院1个。有热带火山久温塘冷泉。粮食作物以水稻为主，经济作物有橡胶、槟榔等。省道培龙、黄屯线过境。2014年被评为全国文明镇。

龙门村［Lóngméncūn］　龙门镇人民政府驻地。在县政府驻地定城镇南33千米。人口4900。旧名那危，更名隆门。后谐音为龙门，寓"鱼跃龙门"之意。聚落呈三角形。有中小学、卫生院、文化站。主产水稻、橡胶、槟榔等。有橡胶、槟榔加工厂。为县南部农副产品集散地。省道培龙、黄屯线经此。

久温塘村［Jiǔwēntángcūn］　在县政府驻地定城镇南45千米。龙门镇辖自然村。人口1700。因村前石水塘喷泉终年不断，夏凉冬暖，故名。聚落呈散状。有小学、卫生室、文化站。有热带富硒火山冷泉，有泉眼十多个，每日自涌量达4万立方米，长年水温23—25℃，夏凉冬暖，清甘可口。农业以水稻、甘蔗、热带水果等种植为主。

龙河镇［Lónghé Zhèn］ 定安县辖镇。在县境西部。面积120平方千米。人口3.4万。辖1居委会、13村委会，有98自然村。镇人民政府驻龙河墟。民国设龙塘乡。1958年成立龙塘公社。1987年改镇。2002年更今名。因镇政府驻地得名。属低丘陵地区。有中学1所，小学14所，卫生院1个。有元代南建州大王庙。农业以粮食作物谷物、薯类、食用豆类，经济作物甘蔗、茶叶、橡胶、槟榔、胡椒等种植为主。工业以橡胶、槟榔、甘蔗加工为主。有蔗根糖厂，为县南部蔗糖集散中心。省道黄屯、加龙线过境。

龙河墟［Lónghéxū］ 龙河镇人民政府驻地。在县政府驻地定城镇西南52千米。人口4600。原名龙塘，因镇墟附近有一常年不干的洼地，当地居民认为是龙造的，以此得名。2002年龙塘镇更名为龙河镇，墟亦更名为龙河墟。聚落呈梯形。有中小学、卫生院、文化站。农业以水稻、橡胶、槟榔等种植为主。有塑料等加工厂。省道黄屯、加龙线经此。

岭口镇［Lǐngkǒu Zhèn］ 定安县辖镇。在县境南部。面积64平方千米。人口2.6万。辖9村委会，有72自然村。镇人民政府驻岭口墟。民国时期设岭口乡。1957年成立岭口公社。1987年改镇。因镇政府驻地得名。地势东南稍高且多山岭，西北略低，属丘陵地貌。有中学1所，小学10所，卫生院1个。有元代南建州遗址、岭口烈士纪念碑等。农业以水稻、甘蔗、槟榔等种植为主。工业以槟榔加工、编织竹器为主。省道加龙线过境。

岭口墟［Lǐngkǒuxū］ 岭口镇人民政府驻地。在县政府驻地定城镇南45千米。人口1800。因山岭环抱，有3峡口得名。聚落呈平行四边状。有中小学、卫生院、文化站。农业以水稻、橡胶、槟榔、胡椒等种植为主。为县南部农副产品集散地。省道加龙线经此。

岭尾村［Lǐngwěicūn］ 在县政府驻地定城镇南47千米。岭口镇辖自然村。人口400。原名"岭文"，为纪念元文宗图帖睦尔王妃青梅，更名岭梅。1949年后更名岭尾村，因位于虎头岭尾部得名。聚落呈散状。有小学。农业以水稻、槟榔等种植为主。有槟榔加工业。省道加龙线经此。2009年被评为全国文明村。

翰林镇［Hànlín Zhèn］ 定安县辖镇。在县境南部。面积152平方千米。人口3万。辖6村委会，有59自然村。镇人民政府驻翰林墟。1971年由龙塘、岭口2公社析出6生产大队成立翰林公社。1987年改镇。因镇政府驻地得名。地势东北高西南低，海拔50—200米，属丘陵地貌。有中学1所，小学10所，卫生院2个。有国家级爱国主义教育基地母瑞山革命根据地纪念园。农业以水稻、橡胶、槟榔及热带水果种植为主。有国营中瑞农场。工业以槟榔加工为主。省道加龙线过境。

翰林墟［Hànlínxū］ 翰林镇人民政府驻地。在县政府驻地定城镇南60千米。人口2100。原称来统路市，因形似犁头，俗称犁头市。清末民初迁今址重建。后以元翰林大学士王仕熙曾到此避难并客居改今名。聚落呈伞形。有中小学、卫生院、文化站。农业以水稻、橡胶、槟榔等种植为主。省道加龙线经此。

富文镇［Fùwén Zhèn］ 定安县辖镇。在县境西部。面积122平方千米。人口2.6万。辖10居委会，有71自然村。镇人民政府驻九所墟。1961年成立九所公社。1981年因与乐东县九所公社重名更名富文公社。1987年改乡。2002年与坡寨乡合并为富文镇。寓"富裕文明"之意。属半山区半丘陵，地形狭长。有同岭水库。龙州河流经。有中学1所，小学3所，卫生院2个。农业以水稻、橡胶、槟榔、椰子及热带水果种植为主。为县主要林业生产基地之一。有国营金鸡岭农场。县道定南、雷富、富新线过境。

九所墟［Jiǔsuǒxū］ 富文镇人民政府驻地。在县政府驻地定城镇西南28千米。人口500。初称古爽墟，因明清时期定安县第九所驻地九所村改今名。聚落呈带状。有中小学、卫生院、文化站。有明南京礼部尚书王弘海墓。农业以水稻、橡胶、胡椒、槟榔等种植为主。县道定南、雷富、富新线经此。

屯昌县

屯昌县［Túnchāng Xiàn］ 海南省直辖县。北纬19°08′，东经110°15′。在海南岛中部。面积1224平方千米。人口31万。以汉族为主，还有黎、苗、壮等民族。辖8镇。县人民政府驻屯城镇。1948年澄迈县第二区和琼山县第六区合置新民县，县政府驻南坤孔葵头村。1950年定西特别区并入新民县，移治屯昌县墟。因与辽宁省新民县重名，1952年改屯昌县。1958年与定安县合并为定昌县。1961年重新析出，恢复屯昌县建制，县政府驻地复名屯昌镇。随即琼中县南坤公社划归屯昌县。1988年海南建省后直属海南省。以建县时县政府驻地屯昌墟得名。1990—1994年修建、扩建、改造环南路等20多条街巷。21世纪后对224国道进行改造，2009—2011年先后竣工昌盛南路、昌盛北路和文化体育休闲公园、县中心公园。2014年年底"一环五纵十五横"的城区道路框架初步形成，城区面积比2006年扩大1倍。百佳汇、旺佳旺等大型超市和紫京皇冠、冠华大酒店等一批档次较高的酒店相继开业。地势西南高东北低，中间较平坦，丘陵约占总面积的90%。平均海拔158米。有鸡嘴岭。年均气温23.5℃，1月平均气温16.6℃，7月平均气温32.3℃。年均降水量2011毫米。有木色、加乐潭水库等。南渡江、龙州河流经。有矿产资源金、铅、锌、钼、铜、硅石、花岗岩、水晶、石灰石、石英石等。有野生植物200多种，其中国家重点保护野生植物有陆均松、红椎、乌格、油丹、绿南、赛胭脂、鸡尖等20多种。有野生动物近百种，国家重点保护野生动物有野山猪、蟒蛇、金钱龟等。森林覆盖率69.3%。有中学17所，小学71所，二级医院1个，体育场馆2个。有地方特色文化琼剧、盅盘舞、军坡节等。有油画一条街。有纪念地3个。有省级非物质文化遗产5项。三次产业比例41∶15∶44。农业以粮食作物、经济作物种植为主。有全国最大的南药生产基地。有南吕、中建、中坤、晨星、广青等国营农场。工业以农产品加工为主。服务业以旅游服务为主。海南中线高速，224国道，省道黄屯、屯大线过境。有屯昌车站、城南客运站。通多路公交车。

屯昌汽车站［Túnchāng Qìchēzhàn］ 见交通运输设施部分"屯昌汽车站"条。

屯城镇［Túnchéng Zhèn］ 屯昌县人民政府驻地。在县境中部偏东。面积211平方千米。人口9万。以汉族为主，还有黎、苗、壮等民族。辖8居委会、20村委会，有117自然村。镇人民政府位于双拥路。1949年为屯昌镇。1958年屯昌县与定安县合并更名定昌镇。1961年复名屯昌镇。2002年与屯郊、大同2乡合并设立屯城镇。因1949年后一直为屯昌县治而得名。地势自北向南增高，属丘陵地貌。有大同水库。龙州河流经。有中学3所，小学36所，二级医院1个，卫生院2个。农业以水稻、番薯、花生种植为主。为县蔗糖生产基地之一。工业以农产品加工为主。224国道、省道黄屯线过境。

昌盛路［Chāngshèng Lù］ 在县城中部。南起昌盛南路，北至八一东路、八一西路交接处。与双拥路、解放路等相交。长2.9千米，宽54米。混凝土路面。原为海榆中线经县城的一段，1992年扩建，同年建成。路名寓"屯昌兴盛"之意。两侧有县人民法院、县人民医院等。通公交车。

昌盛南路［Chāngshèng Nánlù］ 在县城南部。南起吉安桥，北至昌盛路、科技路交接处。与生态路、环南路等相交。长1.2千米，宽24米。混凝土路面。原为海榆中线经县城的一段，2001年扩建，2009年建成。因在昌盛路南面得名。两侧有县地方税务局、凌云小学等。通公交车。

昌盛北路［Chāngshèng Běilù］ 在县城北部。南起昌盛路、建文路交接处，北至屯昌大道。与建民路、昌源路等相交。长1.9千米，宽54米。水泥路面。原为海榆中线经县城的一段，2008年扩建，2010年建成。因在昌盛路北面得名。两侧有县政府政务服务中心、县检察院等。通公交车。

东风路［Dōngfēng Lù］ 在县城中部。东起昌盛二路，西至省道屯大线。与环东一路、昌盛路、新建路等相交。以昌盛路、新建路为界，分为东、中、西3段。总长1.3千米，东、中段宽8米，西段宽20米。水泥路面。1966年开工，同年建成。以"东风压倒西风"之意命名。两侧有国望幼儿园、屯城信用社、明珠广场等。通公交车。

环南路［Huánnán Lù］ 在县城南部。东起环东三路，西至环西三路。与昌盛南路相交。长1.5千米，宽34.5米。混凝土路面。1993年开工，同年建成。2012年扩建。因环县城南面得名。两侧有屯郊派出所、嘉家钢材店等。通公交车。

环东一路［Huándōng 1 Lù］ 在县城东部。南起环南路，北至屯昌大道。与东风东路、建民路、中山路相交。长6.0千米，宽40米。2007年开工，2014年建成。因环县城东部得名。两侧有吉安小区、县残联、县林业局等。通公交车。

新兴镇［Xīnxīng Zhèn］ 屯昌县辖镇。在县境北部。面积74平方千米。人口3万。辖1居委会、12村委会，有121自然村。镇人民政府驻新兴墟。1961年由东风公社析设新兴公社。1987年改镇。因镇政府驻地得名。属丘陵、台地地貌。有加乐潭、香车等水库。百家溪流经。有中学1所，小学14所，卫生院1个。有海瑞祖墓群、福庆寺、王家齐故居等古迹。农业以种植水稻、番薯、花生为主。工业以农产品加工为主。224国道过境。

新兴墟［Xīnxīngxū］ 新兴镇人民政府驻地。在县政府驻地屯城镇北19千米。人口1600。清同治九年(1870)陈氏25世九一公支系从澄迈县永发镇海丛村迁此建村，后发展成集市，故名。聚落沿224国道呈带状分布。有中小学、卫生院、文化站。为屯昌、澄迈、定安3县物资集散地。主产水稻、橡胶、槟榔、瓜菜。224国道经此。

石峡村［Shíxiácūn］ 在县政府驻地屯城镇北18千米。新兴镇辖自然村。人口400。因石头较多得名。聚落呈梯形。传海瑞祖父原居此，尚存始祖海答儿、海瑞母亲谢氏等海氏家族墓4座。主产水稻、橡胶。通乡村公路。

枫木镇［Fēngmù Zhèn］ 屯昌县辖镇。在县境南部。面积95平方千米。人口1.6万。以汉族为主，还有黎族、苗族。辖1居委会、9村委会，有36自然村。镇人民政府驻枫木墟。

1951年设枫木乡。1958年改公社。1961年析置枫木公社。1987年改镇。因镇政府驻地得名。地势西北高东南低,属低山、丘陵地貌。有木色、雷公滩水库。有中学1所,小学4所,卫生院1个。有枫木鹿场、木色湖等景点。农业以种植水稻、番薯、花生为主。有国营南吕农场。工业以农产品加工为主。224国道过境。2011年被评为全国文明镇。

枫木墟［Fēngmùxū］　枫木镇人民政府驻地。在县政府驻地屯城镇南22千米。人口1300。因早期枫树生长繁多得名。聚落沿224国道呈工字形分布。有中小学、卫生院、文化站。主产水稻、瓜菜。工业以农产品加工为主。224国道、省道三枫线经此。

乌坡镇［Wūpō Zhèn］　屯昌县辖镇。在县境南部。面积78平方千米。人口2万。以汉族为主,还有黎族、苗族。辖1居委会、11村委会,有72自然村。镇人民政府驻乌坡墟。1957年设乌坡乡。1958年改公社。1961年析设乌坡公社。1987年改镇。因镇政府驻地得名。地势北高南低,地形波状起伏,为剥蚀丘陵地貌。有满昌园水库。罗田溪流经。有中学1所,小学9所,卫生院1个。农业以种植粮食作物、经济作物为主。工业以农产品加工为主。为全国最大的南药生产基地。县道里中线过境。

乌坡墟［Wūpōxū］　乌坡镇人民政府驻地。在县政府驻地屯城镇南24千米。人口1400。原名粪箕肚,后以境域土地乌黑肥沃改今名。聚落呈三角形。有中小学、卫生院、文化站。主产水稻、橡胶等。有槟榔等加工厂。县道里中线经此。

南吕镇［Nánlǚ Zhèn］　屯昌县辖镇。在县境南部。面积82平方千米。人口3.4万。以汉族为主,还有黎族、苗族。辖1居委会、14村委会,有94自然村。镇人民政府驻南吕墟。1952年设南吕乡。1958年改公社。1968年复设南吕乡。1987年改镇。因镇政府驻地得名。属低山、丘陵地貌。有云岭、木合水库等。龙州河流经。有中学1所,小学11所,卫生院1个。农业以种植水稻、番薯、花生为主。工业以农产品加工为主。224国道过境。

南吕墟［Nánlǚxū］　南吕镇人民政府驻地。在县政府驻地屯城镇南15千米。人口2600。因历史上有南吕峒得名。聚落沿224国道呈Y形分布。有中小学、卫生院、文化站。主产水稻、橡胶等。有藤器加工业和农机修理厂。县道南红线经此。

咸六村［Xiánliùcūn］　在县政府驻地屯城镇南6千米。南吕镇辖自然村。人口500。聚落呈心形。有小学。2009年成立"油画村",有60多位村民从事油画行业,有职业画师前往广东等地工作。通乡村公路。

南坤镇［Nánkūn Zhèn］　屯昌县辖镇。在县境西部。面积314平方千米。人口3.7万。以汉族为主,还有黎族、苗族。辖1居委会、25村委会,有143自然村。镇人民政府驻南坤墟。1961年成立南坤公社。1987年改镇。2002年黄岭、藤寨2乡划入。因镇政府驻地得名。地势东南高西北低,属丘陵地貌。有良坡水库。南渡江流经。有中学2所,小学26所,卫生院5个。农业以种植水稻、番薯、花生为主。有国营中坤农场。工业以农产品加工为主。土特产有油茶。县道羊榕线过境。

南坤墟［Nánkūnxū］　南坤镇人民政府驻地。在县政府驻地屯城镇西南24千米。人口3700。因历史上有南坤峒得名。聚落呈团块状。有中小学、卫生院、文化站。主产水稻、橡胶等。为屯昌、琼中、澄迈3县和中坤、黄岭、新进等国营农场农副产品贸易场所。县道羊榕线经此。

坡心镇［Pōxīn Zhèn］　屯昌县辖镇。在县境南部。面积47平方千米。人口1.1万。以汉族为主,还有壮族、苗族。辖1居委会、8村委会,有44自然村。镇人民政府驻加买村。1974年由南吕公社析设坡心公社。1987年改乡。2002年改镇。以镇政府驻地附近坡心村得名。地势东南略高、西北偏低,属丘陵地貌。有香疗水库等。龙州河流经。有中学1所,小学5所,卫生院1个。农业以种植水稻、番薯、花生为主。有国营中建农场。工业以农产品加工为主。224国道过境。

加买村［Jiāmǎicūn］　坡心镇人民政府驻地。在县政府驻地屯城镇南7千米。人口1400。因村北加买岭得名。聚落呈矩形。有中小学、卫生院。主产水稻、果蔗、瓜菜等。有木材厂、榨油厂等。224国道经此。

西昌镇［Xīchāng Zhèn］　屯昌县辖镇。在县境西北部。面积37平方千米。人口0.9万。辖1居委会、5村委会,有39自然村。镇人民政府驻西昌墟。1961年由东风公社析设西昌公社。1987年改乡。2002年改镇。2004—2008年晨星农场土龙村、南田、茶根园3自然村先后并入。因镇政府驻地得名。地势东高西低,属半山半丘陵区地貌。南渡江流经。有中学1所,小学4所,卫生院1个。农业以种植水稻、番薯、花生为主。工业以农产品加工为主。省道屯大线过境。

西昌墟［Xīchāngxū］　西昌镇人民政府驻地。在县政府驻地屯城镇西北12千米。人口1200。因西部多田埇得名(海南闽语"昌"意为田埇,即四周高中间低的水田)。聚落沿省道和县道呈伞状分布。有小学、卫生院、文化站。主产水稻、橡胶等。省道屯大线经此。

南田村［Nántiáncūn］　在县政府驻地屯城镇西北17千米。西昌镇辖自然村。人口400。聚落呈矩形。有文化室、活动中心。主产橡胶、槟榔。通乡村公路接省道屯大线。2014年被评为全国文明村。

澄迈县

澄迈县［Chéngmài Xiàn］　海南省直辖县。北纬19°44′,东经110°00′。在海南岛北部。面积2072平方千米。人口58万。以汉族为主,还有黎、壮族。辖11镇。县人民政府驻金江镇。汉代置苟中县。隋大业三年(607)县治设老城,因傍"澄江""迈山",故取山水名之首字得今名,且从未更改,为海南岛沿用至今最久的县名。唐贞观十三年(639)在县东南境析琼山县地置曾口县。五代十国南汉时(917—971)废曾口县,地入澄迈县,复治址老城墟,属琼州府。后因盗患、地震、瘟疫,清光绪十八年(1892)治址迁南渡江边金江墟。清沿明制,仍隶琼州府。民国时期属广东省派出机关。1950年隶海南行政区。1958年与临高县合并,初称金江县。1959年复称澄迈县。1961年恢复澄迈、临高两县建置。海南建省后直隶海南省。1950年前县城仅有街路4条,小巷8条。街路总长约1.5千米,均为石板路。1950年后改建4条街路为水泥硬化路面,并重新命名。1955—1965年又新建和扩建数条街路。1978年后,建设文明路、文化路、人民路、立新路,均为水泥路面。1990年起,继续开辟、改建城市道路,整治市容市貌。对人行道重新铺设地砖,设立街灯、植树绿化,各条小巷均改建水泥路面,设立街灯。境内山岭较多,西南部为丘陵山岗,最高点大王岭海拔513米。中、东部为台地及南渡江沿岸河积平原,北部为滨海海积平原。平均海拔80米。属热带季风气候。年均气温23.5℃,1月平均气温17.2℃,7月平均气温28.4℃。年均降水量1263毫米。水源丰富,有大小河流20多条,南渡江流经。有矿产资源石油、石英石、硅石、水晶、石灰石、黄金、白银、锰、钨、高岭土、花岗岩等。有野生植物150多种,其中国家重点保护野生植物有花梨、青梅、母生、沉香等。有野生动物210多种,其中国家重点保护野生动物有猕猴、黄猄、狐狸、水獭、白鹭、灰鹤、红嘴鹤、猫头鹰、鹧鸪等50多种。森林覆盖率62%。有省级科研单位4家,中学29所,小学64所,二级医院1个,卫生院20个,图书馆1个,博物馆1个,档案馆1个,体育场馆1个。有全国重点文物保护单位美榔双塔,省级文物保护单位8个,省级爱国主义教育基地4个,纪念地7个。有中国历史文化名镇老城镇,海南省历史文化名镇1个、名村1个,中国传统村落9个。有国家级非物质文化遗产花瑰艺术,省级非物质文化遗产澄迈民间炭画像、七彩雕画。三次产业比例27∶47∶26。农业以种植水稻、薯类、菠萝、荔枝、龙眼、杧果、西瓜、香蕉、椰子、咖啡、甘蔗、橡胶、胡椒、南药、香茅为主,养殖牛、羊、猪、鸡、鸭、鹅、鱼、蛤蜊。有海水捕捞业,产对虾、海参。工业以石油和天然气开采、化工、建筑、食品加工、纺织为主。服务业以商贸、餐饮为主。有省级开发区1个。特产福橙、福山咖啡、桥头富硒地瓜、美亭西瓜、无核荔枝、瑞溪粽子、瑞溪牛肉干。海南环岛高铁、海南环岛高速,224、225国道,省道云文、老马、屯大、海口—老城快速干道过境。北部有东水港、玉包港、林诗港海运可通外地。

老城工业开发区［Lǎochéng Gōngyè Kāifāqū］　在县境北部。北至东港,南至昌盛村,西至马岛、花场港,东至龙吉村。规划面积60.1平方千米,已开发面积37平方千米。因位于老城镇得名。创办于1988年,1990年经国务院批准为省级经济开发区,由海南省政府管理。分为4功能小区:东部为城市中心和生活区,主要发展轻纺、电子、食品等工业;西部为工业区,主要发展石油、化工、机械、建材等工业;北部为港口区,为省内外物资集散中心;盈滨半岛为开发区与长流区间之绿化地段,主要发展旅游业。已有海南生态软件园、海口(马村)电厂、欣龙无纺布厂、鹏达冷轧薄板厂、中平木业厂、海南华盛新人造板有限公司、澄迈华盛天涯水泥有限公司、海南中海油气有限公司、武钢集团海南有限责任公司、海南生辉炭业有限公司、海南利蒙特生物农药有限公司、海南椰岛积谷科工贸有限公司、海南欣龙无纺制品有限公司、海南日樱肥料有限公司、海南翔泰渔业有限公司、海南睿丰光纤光缆有限公司、海南博士威农用化学有限公司、海南正红科技发展有限公司、海南宝丰农业开发有限公司等各类企业100多家入驻。有各类码头6个,其中泊位1万—3.5万吨级深水码头3个,年吞吐总量800万吨。区内以工业大道为中轴,"八纵五横"道路向四周铺展。海南环岛高速、海口绕城高速公路等与各地连接。

绿地广场［Lùdì Guǎngchǎng］　在县城中部。面积7.06万平方米。2010年开工,同年建成。因其草坪宽阔,芳草如茵,满地绿色得名。是居民活动休闲之地,也是可容纳7000人的二类地震应急避难场所。有大型雕像、游休亭、喷泉池、小型人文雕像牌、应急供水处及动物造型座椅、普通座椅、爱国宣传栏和双创宣传栏等。有塑胶跑道300米。

澄迈大桥［Chéngmài Dàqiáo］　在县城东部,横跨南渡江。长975米,宽14.5米,最大跨度402米,桥下净高4米。1988年开工,1990年建成。因系澄迈县城建设的第一座大桥,故名。混凝土路面，双向2车道。为钢混型制结构桥。最大载重30吨。通公交车。

金江大桥［Jīnjiāng Dàqiáo］ 在县城西部，横跨南渡江。长455米，宽15米，最大跨度50米，桥下净高5米。1990年开工，1991年建成。因位于金江镇得名。钢筋混凝土路面，双向2车道。为永久式空心板梁桥。最大载重20吨。通公交车。

澄迈汽车站［Chéngmài Qìchēzhàn］ 见交通运输设施部分"澄迈汽车站"条。

金江镇［Jīnjiāng Zhèn］ 澄迈县人民政府驻地。在县境中部。面积390平方千米。人口15.8万。辖11居委会、44村委会，有223自然村。镇人民政府位于文化北路。清光绪十八年(1892)澄迈县治自老城迁此。1958年成立金江公社。1980年改名金江镇。2002年金江、长安2镇，太平、美亭、山口3乡合并，仍为金江镇。元代形成墟市，因多打铁店铺而称打铁市。清乾隆时因发现附近南渡江段河沙含金，以物产得名"金江"，后墟镇皆以"金江"为名。地跨南渡江中游两岸。地势北高南低，南部为冲积平原沙泥土，北部是浅海相堆积台地红壤土。南渡江流经。有中学3所，小学43所，二级医院1个，卫生院6个。有全国重点文物保护单位美榔双塔，省级文物保护单位4个，省级爱国主义教育基地1个。有红色纪念地玉包港登陆作战纪念园、美合革命根据地纪念碑、解放海南决战胜利纪念碑、风门岭阻击战烈士纪念碑、冯平符节烈士纪念碑、王文儒烈士纪念碑、马白山将军纪念园。有中国传统村落美朗村、大美村、扬坤村。农业以种植水稻、蔬菜、香蕉、橡胶、槟榔等为主。工业以羽绒加工、木材加工、橡胶加工、环保砖生产为主。服务业以商贸、餐饮为主。特产京岭白鹅、龙腰福牛、长安肉鸭、美亭黑珍珠莲雾、山口蜜柚等。海南环岛高铁，225国道，省道金屯线，县道金永、金中、金福、金马等线过境。

立新路［Lìxīn Lù］ 在县城中部。西起文明路，东至文化北路。长402米，宽12米。混凝土路面。2008年开工，2009年建成。寓创新求实之意得名。两侧有澄迈县疾控中心、光明社卫站等。通公交车。

金山路［Jīnshān Lù］ 在县城西南部。西起金和线，东至环城西路。与大催路、金岸路相交。长534米，宽10米。混凝土路面。2010年开工，2011年建成。因景点金山寺得名。两侧有金江客运站、大催村、人口学校、青青幼儿园等。通公交车。

人民路［Rénmín Lù］ 在县城中部。西起环城西路，东至文化北路交叉口。与白山路、电厂路相交。长791米，宽24米。混凝土路面。2008年开工，2009年建成。因系全城人流量最大的街路得名。两侧有马村菜市场、马村边防派出所等。通公交车。

解放路［Jiěfàng Lù］ 在县城中部。西起环城西路，东至向阳路。与虹菜一条街、食品路、中山路相交。长2.5千米，宽22米。混凝土路面。2008年开工，2009年建成。为表人民群众庆祝解放喜悦之情得名。两侧有澄迈县第一小学、中山医院、县第三中学、县第二小学、县中医院等。通公交车。

环城西路［Huánchéng Xīlù］ 在县城西部。南起文化南路，北至解放路。与华兴路、文明路、兴吉巷相交。长1.4千米，宽20米。混凝土路面。2007年开工，2008年建成。因在城区西面环城而建得名。两侧有县人口和计划生育局、县邮政局、县交通运输局等。通公交车。

文明路［Wénmíng Lù］ 在县城西部。北起金马大道，南至解放路。与人民西路、建南巷、光华巷、富豪巷、富强巷、前进巷、金龙巷、和平路、国信路、光明路、陆通路相交。长1410米，宽20米。混凝土路面。2007年开工，2008年建成。取倡导文明之意得名。两侧有县教育局、人事劳动局、卫生局、计生防疫站、金宏水族馆、千秋体育广场等。通公交车。

文化路［Wénhuà Lù］ 在县城北部。北起解放路，南至金江大桥。与中山路相交。长585米，宽20米。混凝土路面。2007年开工，同年建成。两侧有县总工会、县体校、县人民医院、金江农贸市场、水上公社等。通公交车。

文化北路［Wénhuà Běilù］ 在县城北部。北起金马大道，南至金江防洪大桥。与中山路相交。长640米，宽20米。混凝土路面。2007年开工，同年建成。因处文化路北段得名。两侧有金江电影院、金江镇政府、县委招待所、县政府、县水务局等。通公交车。

文化南路［Wénhuà Nánlù］ 在县城南部。北起沿江路，南至屯大线。与长安路相交。长2.6千米，宽23米。混凝土路面。2007年开工，同年建成。因处文化路南段得名。两侧有县农业局、澄迈中学等。通公交车。

向阳路［Xiàngyáng Lù］ 在县城东部。北起解放东路，南至环村。与幸福路、前进东路相交。长1.1千米，宽16米。混凝土路面。2007年开工，同年建成。为寄托心向太阳，沐浴光明、追求幸福祈愿得名。两侧有澄迈中学、宝乐幼儿园等。通公交车。

美朗村［Měilǎngcūn］ 在县政府驻地金江镇东北46千米。金江镇辖自然村。人口600。宋元时期已建村。古称买郎村、美郎村、美罗村，后改为美榔村，因美榔姐妹塔命名。后为便于书写改为"美朗"。聚落呈团块状。为中国传统村落。有全国重点文物保护单位美榔双塔、灵照墓。特产咖啡、福橙、牛肉干。县道海黄线经此。

大美村［Dàměicūn］ 在县政府驻地金江镇西南21千米。金江镇辖自然村。人口2000。元代元统三年(1335)王恂七世裔孙王武功从澄邑道面村迁此建村。王武功通晓地理堪舆，感悟此方山水之美，命村名为"多美"。后世子孙兴盛，为望族，而"族盛则称大，里仁斯为美"，因此村名雅意为"大美"。聚落呈团块状。为中国传统村落。村民均为王姓，代代重视兴学办学，贤才辈出，有丰富的人文历史，并以古石屋民居特色著称。村中素有琼剧、"八音"传统技艺。特产香蕉、咖啡、牛肉干等。县道海黄线经此。

扬坤村［Yángkūncūn］ 在县政府驻地金江镇西南23千米。金江镇辖自然村。人口800。明成化年间王氏祖先迁此建村。清乾隆年间曾氏祖先亦迁居此。两姓累世和居睦处，生息繁衍。原名扬昆村，后因谐音改今名。聚落呈团块状。为中国传统村落。特产牛肉干、咖啡等。通乡村公路。

老城镇［Lǎochéng Zhèn］ 澄迈县辖镇。在县境北部。面积256平方千米。人口6.3万。辖3居委会、15村委会，有76自然村。镇人民政府位于南海大道。隋大业三年(607)澄迈县治迁此。清光绪十八年(1892)县治迁金江，遂名老城。1961年由白莲公社析设老城公社。1987年改置老城镇。后几经变化，2002年马村镇、白莲镇并入老城镇。地属台地，地势东高西低。城东有迈山。内澄江(九曲水)、外澄江(外桥水)流经。有中学3所，小学22所，卫生院1个，幼儿园11所。有省级文物保护单位3个，省级爱国主义教育基地2个，纪念地2个。有省历史文化名镇1个。有中国传统村落罗驿村、石石矍村、龙吉村、谭昌村。有国家3A级旅游景区1个。农业以种植水稻、玉米、番薯、木薯、蔬菜、芝麻、甘蔗为主，养殖牛、猪、羊、家禽及鱼、虾、螺、蟹类水产品。特产白莲鹅。工业以火力发电、石油化工、软件、水产加工、橡胶加工为主，有全省最大、开发最早的老城开发区。服务业以商贸、餐饮为主。海南环岛高铁、西环高速、粤海铁路过境。

罗驿村［Luóyìcūn］ 在县政府驻地金江镇西南8千米。老城镇辖自然村。人口5800。宋代文化古村，古驿站地。昔属倘驿都，名倘驿，当地称罗亦，故名。聚落呈团块状。为中国传统村落。村边有古琼州府通往岛西的驿道遗址。农业以种植水稻、甘蔗、花生、木薯、荔枝、香蕉为主。特产白莲鹅、牛肉干等。通乡村公路。2014年被评为全国文明村。

石石矍村［Shíshíjuécūn］ 在县政府驻地金江镇北24千米。老城镇辖自然村。人口1200。传村名得自村边的石石矍港，港岸滩礁石受海水拍击发出"石矍、石矍"之声，遂以声音命村名。聚落呈团块状。为中国传统村落。村史已1400多年。传隋文帝委派冼夫人巡视招抚俚民到崖州，于仁寿二年(602)仙逝，葬于本村西南富昌坡。每年农历正月初十至十二在此举行纪念冼夫人文化节活动。农业以种植甘蔗为主，有海水捕捞业。产甘蔗、鱼、虾。城区道路经此。

龙吉村［Lóngjícūn］ 在县政府驻地金江镇东北37千米。老城镇辖自然村。人口1900。宋时郑忠任广东巡按，被贬来琼定居。以村地貌似龙得名。聚落沿山坡呈带状分布。为中国传统村落。明清时"龙吉贡米"产地。农业以种植粮食、蔬果为主，养殖禽畜。特产白莲鹅。通乡村公路。

谭昌村［Tánchāngcūn］ 在县政府驻地金江镇东北25千米。老城镇辖自然村。人口1000。南宋进士罗侬有于建炎三年(1129)从闽迁琼，落籍澄邑西山上文，该地后为青山，前为深潭，遂命村名潭昌村。后演变为今名。聚落呈团块状。为中国传统村落。地处海防前线。为抗御海寇侵扰，村里筑起三座三层碉楼，以保卫家乡。至今三座碉楼依然屹立。通乡村公路。

瑞溪镇［Ruìxī Zhèn］ 澄迈县辖镇。在县境东部。面积99平方千米。人口3.7万。辖2居委会、14村委会，有59自然村。镇人民政府驻瑞溪墟。1957年设瑞溪乡，后改公社。1987年改置镇。因镇政府驻地得名。地势南高北低，属冲积平原。有观鱼岭、南桥冲岭、东头岭。平均海拔82米。南渡江、冷水溪、北云溪、南渐溪流经。有中学1所，小学1所，幼儿园6所，卫生院1个。农业以种植水稻、水果、反季节蔬菜、胡椒为主，养殖淡水鱼。为县粮食及冬季瓜菜生产基地。工业以手工业为主，有肉食品、竹器、草席及羽绒加工作坊。服务业以商贸、餐饮为主。特产瑞溪牛肉干、瑞溪腊肠、瑞溪粽子。省道金永线、县道基永线过境。

瑞溪墟［Ruìxīxū］ 瑞溪镇人民政府驻地。在县政府驻地金江镇东14千米。人口5100。原名崩溪市，清康熙二年(1663)福建人在此建舍、搭棚并摆摊，渐成集市。因位于南渡江边，波浪拍岸泥土崩落而得名。后因"崩"字寓意不雅，清嘉庆二十五年(1820)改今名。聚落呈散状。有中小学、卫生院、农业科技服务站。有木材加工厂场、农贸市场。隔日集市。特产瑞溪牛肉干、糯米粽及瑞溪麻绳、草席。省道金永线、县道基永线经此。

永发镇［Yǒngfā Zhèn］ 澄迈县辖镇。在县境东部。面积127平方千米。人口4.3万。辖2居委会、17村委会，有102自然村。镇人民政府驻永发墟。1961年由瑞溪公社析设永发公社。1986年置永发镇。2002年新吴镇并入。因镇政府驻地得名。地势东北高南部低。北部为低丘半山地，南部为平原地带。南渡江、龙州河、排坑岭溪流经。有中学1所,小学1所,幼儿园12所,卫生院2个。农业以种植粮食、蔬果为主。产甘蔗、波罗蜜、龙眼等。工业以农机修理、粮油加工、竹器编制、砖瓦烧制、沙石采制为主。服务业以商贸、餐饮为主。为县东部农副产品集散地。224国道过境。

永发墟［Yǒngfāxū］　永发镇人民政府驻地。在县政府驻地金江镇东20千米。人口3100。1953年前乡民在永发村李家祠堂处买卖成集。1954年海榆中线暨东山大桥(亦称永发桥)建成通车后,改在桥北合岭搭舍摆摊,渐成集市。因二地均在永发村附近,故名。聚落呈团块状。有中小学、卫生院、农业科技服务站、农机站。有明代安宁都大美村王震在合岭创建的"合峰书院"遗址。有农贸市场。每日有集市。224国道经此。

道吉村［Dàojícūn］　在县政府驻地金江镇东28千米。永发镇辖自然村。人口700。明万历年间唐氏祖先由琼山县攀丹村迁此建村,名道吉,取吉祥之意得名。聚落呈团块状。为中国传统村落。村中多古树,田园山野保持原生态。建于明清的火山石屋群,坐北朝南,皆为石木结构,院落四合,入口建门楼。公庙、唐氏宗祠房顶飞檐彩瓦,室内木雕精细,传统风格原貌保存。特产牛肉干、香蕉等。通乡村公路。

儒音村［Rúyīncūn］　在县政府驻地金江镇东30千米。永发镇辖自然村。人口600。聚落呈团块状。为中国传统村落。传统民居分十二行连片分布,排列整齐,十五条笔直巷道贯通村前后。石板路纵横交错,社庙、宗祠、古井、古民居等历史建筑传统风貌与历史格局保存完好。建筑梁架木雕工艺精湛。民居均为火山岩建筑,火山石墙身。村庄三面绿水环绕,清水池塘、古井相互映衬,村外田洋坡地平坦。特产牛肉干、香蕉等。通乡村公路。

南轩村［Nánxuāncūn］　在县政府驻地金江镇东26千米。永发镇辖自然村。人口400。因近有"南轩瀑布""南轩石壁"自然美景,故村以景名命名。聚落呈团块状。为中国传统村落。有明崇祯时江南泸州通判王炳儒故居。宅院大门前的"南轩照壁"由56块火山石砌成,中央篆刻寿字,四周塑有鹿、灵芝草等图案,工艺独特、雕刻精美,为海南省唯一保存完整无缺的明代石照壁。王家大宅极富中国传统文化特色,今虽崩塌,但规制仍在。特产龙眼、牛肉干等。县道海黄线经此。

加乐镇［Jiālè Zhèn］　澄迈县辖镇。在县境南部。面积119平方千米。人口2.6万。辖1居委会、10村委会,有72自然村。镇人民政府驻加乐墟。1958年成立加乐公社。1987年改置加乐镇。因镇政府驻地得名。位于半丘陵地,地势南高北低。楼水沟、加朗溪、牛温溪流经。加笼坪热带季雨林动植物资源丰富。有中学1所,小学1所,幼儿园4所,卫生院1个。农业以种植水稻、木薯、橡胶、槟榔、胡椒为主,养殖猪、羊、鸡。为县种猪苗和橡胶生产基地。工业以石料、橡胶、木材加工及烧制环保砖为主。服务业以商贸、餐饮为主。省道屯大线过境。

加乐墟［Jiālèxū］　加乐镇人民政府驻地。在县政府驻地金江镇东南约19千米。人口3800。旧称加秃市。明万历四十年(1612)在嘉玉岭西麓举办集市。清嘉庆时(1820)迁至营石坡村北,取僧人"山明水秀四方嘉,天布祥云乐洞华"诗句之"嘉、乐"二字,改名"嘉乐市"。清光绪时(1907)南黎二都又在安常坡西北园尾村建新市,并奉道宪批断为官市,更名"加乐市"。时新、旧两市同时举办集市。1950年旧嘉乐市废,新市"加乐"名沿用至今。聚落呈曲尺状。有中小学、卫生院。有木器、沉香加工厂。有农贸市场。每日有集市。特产山茶油和杂交黑猪苗。省道屯大线经此。

效古村［Xiàogǔcūn］　在县政府驻地金江镇南约16千米。加乐镇辖自然村。人口500。名取"仿效古人"之意。一说该村初名吊牛村,后因"吊牛"与"效古"的澄迈方言发音相似,故定为效古村。因俗名雅化得名。聚落呈团块状。有110多户村民在沿路山坡上种植沉香1000多亩,有沉香加工作坊,为海南沉香文化村。主产橡胶和沉香。通乡村公路。

文儒镇［Wénrú Zhèn］　澄迈县辖镇。在县境东南部。面积238平方千米。人口2.6万。辖13村委会,有72自然村。镇人民政府驻文儒墟。民国初期为北雁乡。1945年以原籍人国民党将军王毅之(字任之)改名任之乡。1950年任之乡复名北雁乡。1957年为纪念中国工农红军琼崖独立师师长王文宇(儒),北雁乡更名文儒乡。1958年改公社。1961年析置文儒公社。1987年复称文儒乡。2002年与石浮乡合并置文儒镇。属丘陵岗地,地势高,坡度陡,东北部为丘陵台地,地势低平缓。有多种矿产资源,石灰矿在省内享有盛名。有中学1所,小学1所,幼儿园6所,卫生院3个。农业以种植水稻、菠萝、橡胶、胡椒为主,养殖山寮鸡、牛、山猪、蜜蜂等。工业以橡胶、槟榔、胡椒加工为主。服务业以商贸、餐饮为主。省道金屯线过境。

文儒墟［Wénrúxū］　文儒镇人民政府驻地。在县政府驻地金江镇东南27千米。人口1.7万。清宣统元年(1909)永泰乡南黎都加旦村3户农民在村旁搭舍摆摊做买卖,名加旦铺子。民国初期与北雁铺子联建街铺渐成墟集。1950年北雁乡政府驻加旦铺子。1957年为纪念琼崖红军师长王文宇(儒)烈士,北雁乡改称文儒乡,加旦铺子改称文儒墟。聚落呈斗勺状。有中小学、卫生院、农业科技服务站。有橡胶厂、石材加工厂、服装加工厂。有农贸市场。每日有集市。省道金屯线经此。

中兴镇［Zhōngxīng Zhèn］　澄迈县辖镇。在县境西南部。面积65平方千米。人口2.1万。辖1居委会、11村委会,有69自然村。镇人民政府驻中兴墟。1931年为中兴乡。1946年改中南乡。1957年好保、福来、和安、坡厚、东岭等8小乡并为中兴乡。1958年中兴、仁兴2乡和西达、昆仑、和岭3农场合并成立中兴公社。1959年3农场析出。1961年仁兴乡析出。1986年置镇。2002年原山口乡5村并入成今境。因镇政府驻地得名。地势东南高西北低,属丘陵岗地。多低山矮岭,林木丰厚。南渡江及下岭河等多条小溪流经。有中学1所,小学12所,卫生院1个。农业以种植水稻、番薯、山薯、橡胶、槟榔等为主,养殖猪、牛、羊、家禽、罗非鱼。工业以橡胶加工、木材加工、运输业为主。服务业以商贸、餐饮为主。名优特产品有富绿山薯、玉香发糕、山茶油。县道金和、中美、中昆线过境。

中兴墟［Zhōngxīngxū］　中兴镇人民政府驻地。在县政府驻地金江镇西南约29千米。人口3200。清嘉庆六年(1801)永泰乡西黎正都二步岭西麓有西峰市。清道光十七年(1837)毁于大火。道光二十年(1840)多镰村王国清、王兰芳等集众移建于岭之东麓,名仍之。后墟常遭贼盗掠劫冷落。1925年初厚禄村王大秀、王大宏等经澄迈县署允准东迁于鲤鱼肚岭新建,改名中兴市,寓重新振兴之意。聚落呈Y形。有中小学、卫生院、农业科技服务站。有铁铺、木器厂。有农贸市场。隔日有集市。县道金和、中昆线经此。

福安村［Fú'āncūn］　在县政府驻地金江镇西南约24千米。中兴镇辖自然村。人口1900。清代建村时即取名福安。聚落呈团块状。为海南著名陶瓷文化村,古窑遗址众多,器物形式多样。农业以种植橡胶、山茶、柚子、菠萝、葡萄为主,有畜牧业。通乡村公路。

仁兴镇［Rénxīng Zhèn］　澄迈县辖镇。在县境西南部。面积65平方千米。人口1.1万。以汉族为主,还有苗族、黎族。辖6村委会,有36自然村。镇人民政府驻仁兴墟。抗日战争时期被日军焚掠殆尽。1947年重建。1957年设仁兴乡。1958年并入中兴公社。1961年析置仁兴公社。1987年复置仁兴乡。2002年置仁兴镇。因镇政府驻地得名。属丘陵岗地,西南高,向东北倾斜。砂壤土宜种植橡胶、甘蔗以及南药益智、砂仁、槟榔等多种作物。松运溪、下杨河、落坎河、下水河、铁炉河流经。有中学2所,小学2所,幼儿园3所,卫生院2个。农业以种植水稻、番薯、油茶、橡胶、槟榔、香茅、咖啡、胡椒等为主,养殖猪、牛、羊、家禽。工业以橡胶半成品、木材加工为主。服务业以商贸、餐饮为主。县道中昆、中美线过境。

仁兴墟［Rénxīngxū］　仁兴镇人民政府驻地。在县政府驻地金江镇南39千米。人口5600。清光绪十五年(1889)乡绅吴时纲聚众建造墟市,初称鸭姆坡市,后迁址宋坡,称新市,后改称仁兴,寓意"行仁必兴"。聚落呈散状。有中小学、卫生院。有农业科技服务站、农机站。有农贸市场。每日有集市。县道中美线经此。

新兴苗村［Xīnxīngmiáocūn］　在县政府驻地金江镇西南36千米。仁兴镇辖自然村。人口300,其中苗族占95%,还有黎族。为澄迈县唯一的苗族聚居村落。1975年苗族由黄姜村搬此新建,以希望新村兴旺发展之意得名。聚落呈团块状。农业以种植水稻、番薯、橡胶、槟榔等为主。通乡村公路。

福山镇［Fúshān Zhèn］　澄迈县辖镇。在县境西北部。面积79.3平方千米。人口1.96万。辖1居委会、7村委会,有44自然村。镇人民政府驻福山墟。1957年设福山乡,后改公社。1986年改置镇。因镇政府驻地得名。地处半丘陵台地,地势以海榆西线为分水岭,缓缓向东北方向倾斜。石油储量丰富。官族溪、候臣溪、礼查溪、丰门溪流经。有中学1所,小学25所,卫生院2个。有国家3A级旅游景区1个。农业以种植水稻、蔬菜、香蕉、甘蔗、莲雾、蜜枣、杨桃、橡胶等为主,养殖猪、牛、羊、家禽。为海南粮食、咖啡、福橙的重要产地。工业以机械加工、橡胶加工、鲜品冷冻、建筑材料为主。服务业以商贸、餐饮为主。有福山咖啡种植、加工、烘焙、品尝的中国咖啡风情小镇。有风味小吃福山烤乳猪、福山米粉、咖啡糕。海南环岛高铁、海南环岛高速、225国道、省道金马线过境。2011年被评为全国文明镇。

福山墟［Fúshānxū］　福山镇人民政府驻地。在县政府驻地金江镇西北17千米。人口9000。明万历年间由王姓招成墟市,集澄临2县贸易,因山深林密,称森山市。因古有"森山福地"之说,清嘉庆三年(1798)改称福山。民国时期为琼岛西北部交通枢纽和军事要地。聚落呈散状。有中小学、卫生院、农业科技服务站。有古迹元代巡检司、明清森山驿。有福山突破战旧址。有农贸市场。每日有集市。特产福山咖啡、福山烤乳猪。225国道、县道福桥线经此。

向阳村［Xiàngyángcūn］　在县政府驻地金江镇西北21千米。福山镇辖自然村。人口400。原为红光农场向阳队,后成为澄迈县首个美丽乡村。聚落呈团块状。四周橡胶林环抱,临湖傍水,村中楼房成列,道路畅通,绿树婆娑,环境优美。村边有福山咖啡文化园、世界咖啡与名人雕塑园、海南珍宝博物院、总理亲民亭、乡村度假酒店。咖啡加工业发达，特产咖啡系列产品。农业以种植橡胶为主。服务业以旅游、餐饮为主。县道福桥线经此。

桥头镇 [Qiáotóu Zhèn] 澄迈县辖镇。在县境西北部，北临琼州海峡。面积74.5平方千米。人口2.3万。辖1居委会、7村委会，有67自然村。镇人民政府驻桥头墟。1950年设桥头乡。1957年并入福山乡。1958年改为福山公社。1961年福山公社析置桥头公社。1987年改置镇。因镇政府驻地得名。有玉包港、林诗港、新兴港等沿海港湾。有中学1所，小学1所，幼儿园11所，卫生院2个。农业以种植水稻、紫薯、蔬菜、香蕉、荔枝、甘蔗为主，养殖猪、羊、家禽、石斑鱼、马鲛鱼、虾。特产沙土富硒地瓜、无核荔枝。工业以陶瓷生产、稻米加工为主。服务业以商贸、餐饮为主。县北沿海地区为农、渔产品集散地。县道福桥、桥红、桥玉线过境。

桥头墟 [Qiáotóuxū] 桥头镇人民政府驻地。在县政府驻地金江镇西北32千米。人口600。传明洪武年初洋水下桥头村一村妇最早在此建棚摆摊做小买卖，后逐渐形成墟区称"桥头市"。聚落呈团块状。有中小学、卫生院、农业科技服务站、农机站。有农贸市场。每日有集市。县道福桥、桥红、桥玉线经此。

大丰镇 [Dàfēng Zhèn] 澄迈县辖镇。在县境北部。面积104平方千米。人口1.8万。以汉族为主，还有黎、苗、壮等民族。辖2居委会、9村委会，有59自然村。镇人民政府驻大丰墟。1958年成立白莲公社。1976年改置大丰公社。1982年大丰公社并入澄迈华侨农场。2007年置大丰镇，并保留澄迈华侨农场名称。因镇政府驻地得名。地势南高北低，南部为丘陵山地，中部为河积平原，北部为台地和海积平原。水系以河沟为主，地下水资源丰富，海南最大的松涛水库渠道流经。有中学1所，小学8所，卫生院2个。有清代古街、商铺遗址及封平约亭。农业以种植水稻、瓜菜、香蕉、荔枝、龙眼、甘蔗为主，养殖猪、羊、家禽。特产"妃子笑"荔枝。有国家石油开采、加工企业。服务业以商贸、餐饮为主。粤海铁路、海南环岛高铁、海南环岛高速、225国道、金马大道过境。

大丰墟 [Dàfēngxū] 大丰镇人民政府驻地。在县政府驻地金江镇北16千米。人口3100。境内有"封平约亭"，此亭始建于清康熙六十一年(1722)，同治年间(1863)重修，今存。因当地方言称该区域为"多丰"，音译为"大丰"，故名。聚落呈带状。有中小学、卫生院、农业科技服务站、农机站。有农贸市场。每日有集市。粤海铁路、海南环岛高速、225国道、金马大道经此。

大丰村 [Dàfēngcūn] 在县政府驻地金江镇北22千米。大丰镇辖自然村。人口200。始建于明代，原名"多岸村"。抗日战争时期，改名"大丰"。聚落呈尖橛状。为琼北驿道古村，当代美丽新村。村中现代楼房与古老石屋共处。有建于清代的"封平约亭"。有矿产资源石油。农业以种植水稻、香蕉、橡胶等为主，养殖生猪。县道美大线经此。

美桃村 [Měitáocūn] 在县政府驻地金江镇东北28千米。大丰镇辖自然村。人口1600。传古代村中遍植桃林，桃花盛开时节如红云绕村，十分美丽，故以"美桃"为村名。聚落呈团块状。有百年古炮楼、古树、古井、古道、古屋。日军碉堡今犹存现。有山、湖、水库。盛产龙眼、荔枝、香蕉、橙子。通乡村公路。

临高县

临高县 [Língāo Xiàn] 海南省直辖县。北纬19°34′，东经109°30′。在海南岛西北部。面积1317平方千米。人口51.5万。辖11镇。县人民政府驻临城镇。唐武德五年(622)置临机县，属崖州，治那虞都临机村(今博厚镇海滨洋大附近)。开元二年(714)改临机为临高，今县名始此。唐贞元五年(789)归属琼州。五代十国南汉乾和十五年(957)废富罗县，部分县地并入临高县。南宋绍兴二年(1132)移县治于莫村(即今县城)。元明清沿袭旧制。1958年与澄迈县合并为金江县。1961年2县分开复置，临高县政府驻地为今县城至今。1949年至建省前属海南行政区，海南建省后直属海南省。因县城临近高山岭得名。1978年后县城建设加快。至2010年，新建和改造二环路等10多条道路；建成面积12000平方米的滨江公园；在贯穿城区的文澜河上新修4座大桥；颐和湾小区、半岛阳光小区等相继建成。城区面积从9平方千米扩展到12平方千米。2011年后按照"沿江靠海，城市扩张，中心北移"的发展思路，规划建设8.9平方千米的澜江新城。2013年新城区金澜路、德澜路、政澜路、武澜路已基本实现功能性通车。2014年凭海临江花园、公园一号、澜江花园、七彩文澜、碧桂园·都市豪苑、金澜湾等一批精品住宅项目相继动工建设。地处琼北台地，地势平缓，自南向北逐渐倾斜，南与东南部为丘陵，中部、北部为滨海海积平原。有高山岭。平均海拔80米。年均气温24℃，1月平均气温16.9℃，7月平均气温28.3℃。年均降水量1417毫米。有尧龙、跃进水库。文澜河流经。有矿产资源煤、铁、钨、泥炭、石灰石等。有省级自然保护区1个。森林覆盖率45.9%。有中学21所，小学69所，二级医院2个。有文艺团体4个。有全国重点文物保护单位1个，省级文物保护单位5个。有纪念地4个。有省级爱国主义教育基地1个。有省历史文化名镇1个。有国家级非物质文化遗产临高人偶戏、临高渔歌"哩哩美"。有省级风景名胜区1个。有地方特色文化临剧、赛龙舟等。三次产业比例70∶7∶23。农业以种植水稻为主。为国家制种基地。有红华、加来2国营农场。工业以水产品加工、船舶修造为主。海南西环铁路、海南环岛高铁、海南环岛高速、225国道和省道波洛、和新线过境。有临高南高铁站，临高、新盈、调楼长途汽车站。通多路公交车。新盈、头咀、调楼、黄龙等港口可通航货轮直达广州、湛江、海安、北海和省内各港口。

文澜江大桥 [Wénlánjiāng Dàqiáo] 在县城中部。长120米，宽9米，最大跨度120米，桥下净高6.5米。元代始建木桥，名太平桥。明永乐改为石桥，因桥身9孔，俗呼九眼桥。明万历十八年(1690)改名临江桥。后多次被洪水冲垮，历代皆有修葺。今桥1972年开工，同年建成。因跨文澜江得名。为中型河道桥梁，结构型式为钢筋混凝土结构桥。最大载重80吨。通公交车。

临高二号大桥 [Língāo 2 Hào Dàqiáo] 在县城中部。长120米，宽10米，最大跨度87米，桥下净高10米。1985年开工，1986年建成。因其为横跨文澜江第二座大桥得名。为中型河道桥梁，结构型式为钢筋混凝土结构桥。最大载重60吨。通公交车。

临高三号大桥 [Língāo 3 Hào Dàqiáo] 在县城东北部。长120米，宽16米，最大跨度120米，桥下净高7米。2007年开工，2008年建成。因其为横跨文澜江第三座大桥得名。为中型河道桥梁，结构型式为钢筋混凝土结构桥。最大载重80吨。通公交车。

临高汽车站 [Língāo Qìchēzhàn] 见交通运输设施部分"临高汽车站"条。

临城镇 [Línchéng Zhèn] 临高县人民政府驻地。在县境北部。面积164平方千米。人口13.7万。辖6居委会、33村委会，有155自然村。镇人民政府驻临城墟。1950年置附城镇。1957年改城镇乡。1961年改城镇公社。1964年设临城镇。2002年美台乡和博厚镇5村划入。因镇政府驻地得名。为平原地貌，地势平坦。文澜河流经。有中学3所，小学21所，二级医院2个，卫生院2个。有全国重点文物保护单位临高灯塔，省级文物保护单位3个。有省级爱国主义教育基地1个。有纪念地3个。有省级风景名胜区1个。农业以种植水稻为主，有高位池海水养殖虾等。海南环岛高铁，海南环岛高速，省道波洛、和新、临加线过境。有临高汽车站。通公交车。

临新路 [Línxīn Lù] 在县城西部。东起跃进路，西至文明路。与波莲、南宝等路相交。长18千米，宽9米。沥青路面。1978年开工，1979年建成。取起点和止点各一字命名。两侧有交警大队、西门派出所等。通公交车。

跃进路 [Yuèjìn Lù] 在县城西北部。南起江北路，西至临新路。与中镇街、工镇街、新镇路相交。长1.8千米，宽10米。沥青路面。1966年开工，同年建成。因寄托"快速发展"之意得名。两侧有西门市场、交通局等。通公交车。

临海路 [Línhǎi Lù] 在县城南部。西起临高汽车站，东至临美路。长2.5千米，宽8米。水泥、沥青路面。2011年开工，2012年建成。为省道临海线县城段。两侧有临高中学等。通公交车。

东英路 [Dōngyīng Lù] 在县城西北部。南起高山路，北至解放路。长6千米，宽12米。水泥路面。1966年开工，1967年建成。因往东英方向得名。两侧有县公路管理所、红山小学等。通公交车。

龙力路 [Lónglì Lù] 在县城东北部。南起临高汽车站，北至临高三号大桥。长1.8千米，宽8米。沥青路面。1975年开工，同年建成。因往龙力糖厂得名。两侧有县教育局、县实验小学等。通公交车。

临美路 [Línměi Lù] 在县城南部。南起临高汽车站，北至美台墟。与二环路相交。长8千米，宽10米。沥青路面。1967年开工，1968年建成。取起点和止点各一字得名。两侧有县检察院、文澜江中心小学等。通公交车。

二环路 [Èrhuán Lù] 在县城南部。西起临高二号大桥，东至临高三号大桥。与新桥南路、临美路、临海路等相交。长3.8千米，宽12米。水泥路面。2010年开工，2011年建成。因环绕半个县城得名。两侧有华侨医院、悦来登宾馆、半岛阳光等。通公交车。

临城墟 [Línchéngxū] 临城镇人民政府驻地。在镇境东南。人口1.3万。因南宋绍兴二年(1132)以来一直为县治得名。聚落呈团块状。有中小学、卫生院、文化站、体育场。有省级文物保护单位临高文庙等2个，临高文庙为海南省现存较完整、规模最大、历史最久的大型古建筑群。有高山岭"毗邪灵石"和高山神庙。有土特产临高烤乳猪、韭菜饼等。海南环岛高铁，海南环岛高速，省道波洛、和新、临加线经此。通公交车。

昌拱村 [Chānggǒngcūn] 在县政府驻地临城镇北14千米。临城镇辖自然村。人口1600。村名意为拱门昌世。聚落呈散状。有小学、卫生院、文化站。有全国重点文物保护单位临高灯塔。有省级爱国主义教育基地临高角解放海南纪念园。农业以种植水稻为主。有渔业及海上运输业。县道昌临线经此。

波莲镇 [Bōlián Zhèn] 临高县辖镇。在县境中部偏西北。面积119平方千米。人口2.7

万。辖1居委会、11村委会,有54自然村。镇人民政府驻波莲墟。1950年设波莲乡。1961年成立波莲公社。1987年改镇。因镇政府驻地得名。为平原地貌,地势平坦。文澜河流经。有中学1所,小学3所,卫生院1个。水稻制种、冬季瓜菜、热带水果、橡胶林木和纸浆林为五大支柱产业。海南环岛高铁,海南环岛高速,省道和新、波洛线过境。

波莲墟 [Bōliánxū] 波莲镇人民政府驻地。在县政府驻地临城镇西南7千米。人口3100。因原墟市周边绿波池塘多莲花得名。聚落呈团块状。有中小学、卫生院、文化站。农业以水稻制种、种植冬季瓜菜为主。有土特产临高烤乳猪。省道和新、波洛线经此。

东英镇 [Dōngyīng Zhèn] 临高县辖镇。在县境西北部,北临琼州海峡。面积83平方千米。人口2.6万。辖1居委会、12村委会,有48自然村。镇人民政府驻东英墟。隋曾于此置毗善县。1950年设东英乡。1958年改公社。1987年改镇。2002年美夏乡并入。因镇政府驻地得名。地势南高北低,南部为台地低丘,北部沿海为平原沙滩。有高山岭、美夏港。有中学1所,小学2所,卫生院2个。农业以种植水稻、甘蔗为主,有渔业捕捞。为县海水养殖主产区,有多家养虾厂。县道临美线过境。

东英墟 [Dōngyīngxū] 东英镇人民政府驻地。在县政府驻地临城镇西北7千米。人口1200。因明清为东塘都,寓"东部英豪"之意。聚落呈散状。有中小学、卫生院、文化站。农业以种植水稻、甘蔗为主。县道临美线经此。

博厚镇 [Bóhòu Zhèn] 临高县辖镇。在县境东北部。北临琼州海峡。面积158平方千米。人口3.8万。辖2居委会、20村委会,有108自然村。镇人民政府驻博厚墟。1950年设博厚乡。1958年改临高公社。1961年析设博厚公社。1987年改镇。2002年德老、西田、文书、龙跃、洋甘5自然村划出,马袅乡划入。因镇政府驻地得名。属平原半丘陵地貌。有潭泥水库。有金牌、马袅2港。有中学1所,小学3所,卫生院2个。有省级文物保护单位1个。农业以种植水稻、甘蔗为主。工业以造船为主。海南环岛高铁、海南环岛高速、省道和新线过境。有临高南站。

博厚墟 [Bóhòuxū] 博厚镇人民政府驻地。在县政府驻地临城镇东南7千米。人口2300。"博厚"为临高话音译,取地大物博、土地肥沃之意。聚落呈散状。有中小学、卫生院、文化站。主产水稻、甘蔗。省道和新线经此。

乐豪村 [Lèháocūn] 在县政府驻地临城镇东北24千米。博厚镇辖自然村。人口400。明弘治年间建村,原名龙府,后改今名,因能歌善舞,受邻近村民称赞感到自豪,故名。聚落呈散状。有小学。农业以种植花卉苗木为主,有渔业。县道金多线经此。2014年被评为全国文明村。

透滩村 [Tòutāncūn] 在县政府驻地临城镇南10千米。博厚镇辖自然村。人口400。因附近河流有三滩,该村所在透滩为首滩,故名(临高话透、首音近)。聚落呈三角形。有小学。为省十大文化名村。有明代著名诗人王佐故居。有礼魁坊、节孝坊等古迹。农业以种植水稻、橡胶等为主。

皇桐镇 [Huángtóng Zhèn] 临高县辖镇。在县境东部。面积124平方千米。人口2.2万。辖2居委会、16村委会,有62自然村。镇人民政府驻皇桐墟。1957年设皇桐乡。1958年改多文公社。1961年析设皇桐公社。1987年改皇桐乡。2002年与龙波镇7村合并改设皇桐镇。因镇政府驻地得名。地势低平,主体为丘陵。有中学1所,小学4所,卫生院2个。农业以种植水稻、甘蔗、橡胶、荔枝、香蕉等为主。海南西环铁路、海南环岛高铁、海南环岛高速、225国道、省道和新线过境。

皇桐墟 [Huángtóngxū] 皇桐镇人民政府驻地。在县政府驻地临城镇东南20千米。人口900。原名船肚小铺,因墟市处于低洼地,地势形似船底得名。1949年后更今名。聚落沿省道和新线呈带状分布。有中小学、卫生院、文化站、体育场。农业以种植水稻、瓜菜为主。省道和新线经此。

多文镇 [Duōwén Zhèn] 临高县辖镇。在县境中部。面积268平方千米。人口5.3万。辖1居委会、13村委会,有58自然村。镇人民政府驻多文墟。1950年设多文乡。1958年成立多文公社。1987年改镇。2002年东江乡划入。因镇政府驻地得名。地处丘陵地带,地面高低不平,四周倾斜。好林河流经。有中学2所,小学11所,卫生院1个。农业以种植水稻、橡胶为主。有土特产头神空心菜。有国营红华农场。海南西环铁路、225国道、省道和新线过境。

多文墟 [Duōwénxū] 多文镇人民政府驻地。在县政府驻地临城镇东南22千米。人口2700。原名那盆墟,因那盆岭得名。后那盆岭改称多文岭,那盆墟也更名为多文墟。聚落呈散状。有中小学、幼儿园、卫生院、文化站、体育场。农业以种植水稻、橡胶为主。有土特产东江玉兔。225国道经此。

和舍镇 [Héshè Zhèn] 临高县辖镇。在县境南部。面积132平方千米。人口2.5万。辖1居委会、10村委会,有85自然村。镇人民政府驻和舍墟。始建于清康熙六年(1667)。1957年设和舍乡。1958年改加来公社。1961年析设和舍公社。1987年改镇。因镇政府驻地得名。地处低丘地带。有尧龙、跃进2大水库。文澜河、好林河流经。有中学1所,小学8所,卫生院1个。农业以种植橡胶为主。工业以冶金铸造、建筑材料生产制造、橡胶加工为主。海南西环铁路、225国道过境。

和舍墟 [Héshèxū] 和舍镇人民政府驻地。在县政府驻地临城镇南42千米。人口4000。原称那舍,临高话意为茅草田。清雍正十二年(1734)博铺港巡检司移此,定名和舍巡检司,取自宋代赵希逢《和舍后植花竹》诗题,意为以和为贵、和和美美的住所。聚落呈团块状。有中小学、文化站、卫生院、体育场。农业以种植水稻、橡胶为主。有橡胶、木材等加工厂。为临高通往儋州门户。海南西环铁路、225国道经此。

南宝镇 [Nánbǎo Zhèn] 临高县辖镇。在县境西南部。面积81平方千米。人口1.6万。辖8村委会,有37自然村。镇人民政府驻南宝墟。1950年设南宝乡。1958年改加来公社。1961年析设南宝公社。1987年改乡。2002年改镇。因镇政府驻地得名。四周偏高,中间为平原,形似盆地。文澜河流经。有中学1所,小学2所,卫生院1个。农业以种植水稻、番薯、橡胶、香蕉为主。有橡胶加工厂。省道波洛线过境。

南宝墟 [Nánbǎoxū] 南宝镇人民政府驻地。在县政府驻地临城镇西南32千米。人口800。因处临高、儋州边界,俗名临儋。后以"县南部宝地"之意改今名。聚落呈散状。有中小学、卫生院、文化站、体育场。农业以种植水稻、橡胶等为主。有土特产南宝鸭。省道波洛线经此。

新盈镇 [Xīnyíng Zhèn] 临高县辖镇。在县境西北部。北临北部湾。面积52平方千米。人口5.8万。辖1居委会、14村委会,有40自然村。镇人民政府驻新盈墟。1950年置新盈镇。1957年改乡。1958年成立公社。1987年复置新盈镇。因镇政府驻地得名。地处沿海,地势东高西低,东南部为台地半丘陵状,西部为沙滩平原。有新市水库。有中学1所,小学9所,卫生院1个。为省十大文化名镇之一。有国家级非物质文化遗产临高渔歌(临高"哩哩美")。有省级文物保护单位1个,省级自然保护区1个。农业以种植水稻、冬季瓜菜为主,有捕鱼业。省道和新线过境。新盈港可通航广州、海口、合浦等地。

新盈墟 [Xīnyíngxū] 新盈镇人民政府驻地。在县政府驻地临城镇西22千米。人口7200。因新盈港得名。聚落呈团块状。有中小学、卫生院、文化站。经济以渔业、运输业为主。有土特产临高鱿鱼。省道和新线经此。

彩桥村 [Cǎiqiáocūn] 在县政府驻地临城镇西13千米。新盈镇辖自然村。人口700。原名上桥村,为临高语地名,因村处桥边高坡上得名。后以美化改今名。聚落呈散状。有省级红树林自然保护区。农业以种植水稻、冬季瓜菜为主。

调楼镇 [Diàolóu Zhèn] 临高县辖镇。在县境西北部。西临北部湾。面积58平方千米。人口5.2万。辖3居委会、16村委会,有40自然村。镇人民政府驻调楼墟。1950年设调楼乡。1958年改新盈公社。1961年析设调楼公社。1987年改乡。2002年与美良镇合并改今名。因镇政府驻地得名。地势东高西低,东南部为台地,西部为沙滩平原。有中学1所,小学7所,卫生院1个。农业以种植水稻、甘蔗为主,有捕鱼业。工业以渔业机械修造和海产品综合加工为主。县道临调线过境。有武莲、调楼、抱才、黄龙等渔港,其中武莲港为国家一级渔港。

调楼墟 [Diàolóuxū] 调楼镇人民政府驻地。在县政府驻地临城镇西北16千米。人口1.2万。清代称调顺村,风调雨顺之意。因村南有碉堡,"调楼"从碉楼谐音而来。聚落呈三角形。有中小学、卫生院(室)、文化站。以渔业为主,有渔业机械修造厂。为县内鱼产品、农副产品主要集散地。县道临调线经此。

加来镇 [Jiālái Zhèn] 临高县辖镇。在县境南部。面积113平方千米。人口3.2万。辖1居委会、3村委会,有74自然村。镇人民政府驻加来墟。1957年设加来乡。1958年改加来公社。1964年划出10个大队建立国营加来农场。1987年加来农场和加来居民大队合并置加来镇。因镇政府驻地得名。地势自南向北缓慢倾斜,北部台地,南部丘陵。有敦灵、美良水库。文澜河流经。有中学2所,小学9所,卫生院2个。农业以种植橡胶、胡椒、冬季瓜菜为主。为县冬季瓜菜主产地。225国道、省道临加线过境。

加来墟 [Jiāláixū] 加来镇人民政府驻地。在县政府驻地临城镇南21千米。人口1.2万。"加来"为临高语音译,意为"田洋上的集市"。聚落呈团块状。有中小学、卫生院。商贸繁荣,是县南部地区主要瓜菜集散地。225国道经此。

白沙黎族自治县

白沙黎族自治县 [Báishā Lízú Zìzhìxiàn] 海南省直辖自治县。北纬18°56′,东经109°02′。在省境中部偏西。面积2117平方千米。人口19.4万,其中黎族占61.7%,还有汉、苗、壮等民族。辖4镇、7乡。县人民政府驻牙叉镇。1935年置白沙县,县名由明洪武年间设于此的"薄沙营"演变而来。1951年属海南行政区。1952年改属海南黎族苗族自治区(州),同年划出一区番加乡给临高县,四区给东方县,二区给琼中县。1956年什运区牙合乡划归保亭县。1958年五指山公社划归琼中县,同年12月与东方县、昌感县合并为东方大县,设白沙办事处。1961年析出复置。1987年改为白沙黎族自治县。1988年直属海南省。1990年改造主干道牙叉南路、桥北路,1994年建成牙叉大桥,使处于南叉河北面的原城区得以扩展到南叉河南面。至2008年先后改造主干道牙叉中路、牙叉东路、石油路。2014年环城路、南叉河两岸综合整治工程全面完工,城区面积由原来的1.5平方千米扩大到3平方千米。初步形成原城区东片以商业区为主、西片以政府机关为主,南叉河南面新城区以新建单位和宿舍区为主的分布格局。地处黎母山脉中段西侧,南渡江上游。地势东南高西北低,东南部山地,中部盆地,北部丘陵,西北部多台地。海拔31—1546米。有鹦哥岭、雅加大岭,千米以上山峰22座。有珠碧江水库。南开河、珠碧江、石碌河流经。年均气温23.1℃,1月平均气温17.3℃,7月平均气温27.1℃。年均降水量1937.7毫米。有矿产资源硫、锑、铝、锡、锌、铁、钼、硅石、刚玉等。有野生植物154种,其中国家一级保护植物有坡垒、海南苏铁、台湾苏铁、伯乐树,国家二级保护植物25种。有国家一级保护野生动物坡鹿、黑冠长臂猿、云豹、小爪水獭、斑嘴鹈鹕、游隼,国家二级保护野生动物猕猴、穿山甲、巨松鼠、水獭、大灵猫、水鹿、白鹇、孔雀雉、蟒蛇等12种。有国家级自然保护区坝王岭,省级自然保护区1个。森林覆盖率83.5%。有中学12所,小学26所,三级医院1个,体育场馆1个。有知名文艺团体白沙黎族自治县民族歌舞团。有纪念地2个。有国家级非物质文化遗产黎族泥土贴筑法、黎族传统舞蹈"老古舞",省级非物质文化遗产6项。有民间艺术黎族打柴舞、黎族纺染织绣技艺等。三次产业比例50∶12∶38。是以种植业为主、农牧结合的农业县。中部和西北部以种植粮食作物水稻、坡稻、木薯、番薯、玉米,经济作物和水果甘蔗、花生、芝麻、菠萝、大豆(黑豆、黄豆),热带作物橡胶、槟榔、椰子、咖啡、益智、胡椒等为主,东南部以林牧业为主。有龙江、白沙、邦溪3国营农场。海南西线高速,225国道,省道什邦、白洋线过境。有白沙、七坊2长途汽车站。通多路公交车。

白沙大桥 [Báishā Dàqiáo] 在县城东南部。长151米,宽8.9米,最大跨度26米,桥下净高13.7米。1980年开工,同年建成。因邻近白沙农场场部得名。为中型河道桥梁,结构型式为板拱桥。最大载重20吨。通公交车。

牙叉大桥 [Yáchā Dàqiáo] 在县城中部。长115.7米,宽15.6米,最大跨度30米,桥下净高6.5米。1994年开工,同年建成。因位于牙叉镇区得名。为中型河道桥梁,结构型式为板拱桥。最大载重20吨。通公交车。

牙叉二桥 [Yáchā 2 Qiáo] 在县城西部,横跨南叉河。长120米,宽18米,最大跨度110米,桥下净高12米。2005年开工,同年建成。为牙叉所建第二座桥得名。为大型河道桥梁,结构型式为板拱桥。最大载重120吨。通公交车。

牙叉三桥 [Yáchā 3 Qiáo] 在县城南部,横跨南叉河。长80米,宽12米,最大跨度70米,桥下净高10米。2006年开工,2007年建成。为牙叉所建第三座桥得名。为中型河道桥梁,结构型式为板拱桥。最大载重80吨。通公交车。

白沙汽车站 [Báishā Qìchēzhàn] 见交通运输设施部分"白沙汽车站"条。

牙叉镇 [Yáchā Zhèn] 白沙黎族自治县人民政府驻地。在县境中部偏东。面积264平方千米。人口4.2万。以黎族为主,还有汉、苗、壮等民族。辖3居委会、13村委会,有85自然村。镇人民政府位于牙叉桥南路。1935年设牙叉乡。1958年改公社。1987年置镇。2002年白沙镇、南叉乡并入。因处南叉河的分支处得名。黎语"牙"意为分支,"叉"指南叉河。地处五指山腹地,东南高西北低,地形由山地、丘陵和部分平原组成。南渡江支流翁村河流经。有世界最大的无颗粒陨石坑。有中学2所,小学10所,三级医院1个,卫生院2个。粮食作物以水稻为主,经济作物主要有橡胶、甘蔗、木薯、南药等。为白沙绿茶主要产地。有国营白沙农场。省道什邦、白洋线过境。有白沙汽车站。

牙叉中路 [Yáchā Zhōnglù] 在县城北部。东起牙叉三桥,西至金沙西路。与石油路、卫生路、牙叉东路相交。长2.3千米,宽25米。水泥混凝土路面。20世纪70年代开工,多次扩建,2008年建成。两侧有白沙汽车站、县政府等。通公交车。

环城路 [Huánchéng Lù] 在县城西部。南起牙叉中路,北至石油路。与金沙南路相交。长5千米,宽30米。水泥混凝土路面。2005年开工,2010年建成。因环牙叉镇得名。两侧有白沙民族中学、白沙供电局、城北派出所等。通公交车。

石油路 [Shíyóu Lù] 在县城北部。南起牙叉中路,北至白洋线。长500米,宽18米。水泥混凝土路面。20世纪70年代开工,多次扩建,2008年建成。因通往白沙加油站得名。两侧有城北派出所、中石化加油站等。通公交车。

桥北路 [Qiáoběi Lù] 在县城北部。南起牙叉大桥,北至县文化馆。长292.7米,宽20米。水泥混凝土路面。20世纪70年代开工,多次扩建,1990年建成。以处牙叉大桥北面得名。两侧有县文化馆等。通公交车。

桥南路 [Qiáonán Lù] 在县城南部。南起什邦线,北至牙叉大桥。与金沙南路等相交。长913米,宽25米。水泥混凝土路面。20世纪70年代开工,1980年建成。因在牙叉大桥南面得名。两侧有县供电公司、县就业局等。通公交车。

牙叉东路 [Yáchā Dōnglù] 在县城东部。南起滨河北路,北至牙牙线。与牙叉中路相交。长780米,宽23米。水泥混凝土路面。20世纪70年代开工,多次扩建,2008年建成。两侧有雅登大酒店、白沙中学等。通公交车。

七坊镇 [Qīfāng Zhèn] 白沙黎族自治县辖镇。在县境西北部。面积276平方千米。人口2.5万。以黎族为主,还有汉族、苗族。辖14村委会,有79自然村。镇人民政府驻查苗墟。1935年设七坊乡。1958年成立和平公社。1987年改七坊镇。2002年广雅、七坊2镇合并为七坊镇。因明代吴典在境内三升村周围兴办七间土糖作坊得名。地势南高北低,南部边境崇山峻岭,北部较平坦,中部多为丘陵。珠碧江流经。有龙伟水库。有中学1所,小学14所,卫生院2个。粮食作物以水稻、玉米为主,经济作物以橡胶、甘蔗、木薯、槟榔为主。有国营龙江农场。海南西环铁路、省道什邦线过境。

查苗墟 [Chámiáoxū] 七坊镇人民政府驻地。在县政府驻地牙叉镇西北31千米。人口2300。传老千年前当地黎民在村边经常发现有山猫被打死,久而久之黎民就把村名叫作"死猫",儋州方言发音为"查苗",直至今日。聚落呈散点状。有中小学、卫生院。主产橡胶、槟榔。商贸发达。省道什邦线经此。

邦溪镇 [Bāngxī Zhèn] 白沙黎族自治县辖镇。在县境西北部。面积126平方千米。人口1.1万。以黎族为主,还有汉、苗、壮等民族。辖6村委会,有31自然村。镇人民政府驻孟果村。1935年设邦溪乡。1958年改公社。1987年置镇。因镇政府驻地位于邦溪村附近得名。地势东高西低,属台地地貌。珠碧江流经。有木棉、芭蕉水库。有省级邦溪自然保护区。有中学1所,小学2所,卫生院1个。农业以经济作物为主,有橡胶、椰子、槟榔、甘蔗、木薯、龙眼、菠萝、红心橙、杧果、西瓜、香蕉、芭蕉、番石榴、杨桃、莲雾、波罗蜜、柠檬、柚子等。有国营邦溪农场。工业以农林产品加工、建筑材料生产制造为主。西环铁路、225国道、省道什邦线过境。

孟果村 [Mèngguǒcūn] 邦溪镇人民政府驻地。在县政府驻地牙叉镇西北48千米。人口490。为黎族村。因村中有2株古老杧果树称杧果村,后以闽南方言谐音改今名。聚落呈散点状。主产水稻、橡胶等。海南西环铁路、225国道、省道什邦线经此。

打安镇 [Dǎ'ān Zhèn] 白沙黎族自治县辖镇。在县境北部。面积173平方千米。人口1.5万。以黎族为主,还有苗族、汉族。辖8村委会,有51自然村。镇人民政府驻打安村。1947年设打安乡。1959年成立公社。1987年复乡。2002年与狮球乡合并置打安镇。2007年国营卫星农场6自然村划入。因镇政府驻地得名。地势东南高西北低,属丘陵地区。珠碧江流经。有可情水库。有中学1所,小学9所,卫生院2个。农业主产水稻,兼种甘蔗、橡胶、木薯。为县南药主产地。省道什邦线过境。

打安村 [Dǎ'āncūn] 打安镇人民政府驻地。在县政府驻地牙叉镇西南13千米。人口300。以黎族为主。为避病灾,村民从原址迁此,起名打安村,意为打定主意安居下来。聚落沿省道什邦线呈带状分布。有小学、卫生院。主产橡胶。有淡水养殖业。省道什邦线经此。

地保村 [Dìbǎocūn] 在县政府驻地牙叉镇西北12千米。打安镇辖自然村。人口100。为黎族村。因土地较多,村民从芝冉村迁此建新村,取名地保。聚落呈矩形。主产橡胶、甘蔗、木薯等,以橡胶为最。村民生活富裕,半数家庭自建小洋楼,基本每家都有小轿车。省道什邦线经此。2005年被评为全国文明村。

细水乡 [Xìshuǐ Xiāng] 白沙黎族自治县辖乡。在县境东部。面积240平方千米。人口0.6万。以黎族为主,还有汉、苗、壮等民族。辖4村委会,有33自然村。乡人民政府驻福马二队。1959年为牙叉公社,后析设细水公社,复并入牙叉公社。1961年复细水公社。1987年改乡。因境内多河流且水流细小得名。地势四周高中间低,呈盆地状。黎办河、志口河流经。有坡生水库。有小学1所,卫生院1个。主产水稻,兼种甘蔗、橡胶、木薯以及益智、巴戟、砂仁、沉香等南药。县道牙细线过境。

福马二队 [Fúmǎ'èrduì] 细水乡人民政府驻地。在县政府驻地牙叉镇东19千米。人口100。为黎族村。村周盛产野薯,黎语称为"麻",黎村人常舂"麻"酿酒,当地黎语"舂麻"音为"福马",故名。聚落沿县道牙细线呈带状分布。有中小学、卫生院。主产橡胶等。县道牙细线经此。

元门乡 [Yuánmén Xiāng] 白沙黎族自治县辖乡。在县境东南部。面积200平方千米。人口0.8万。以黎族为主,还有汉、苗、壮等民族。辖6村委会,有33自然村。乡人民政府驻南训村。1935年设元门乡。1958年改公社。1959年析设元门公社。1987年复乡。因清康熙年间设元门峒得名,元门黎语原称"番满",意为老村。大部为山地,地势略为东高西低、南高北低，主要山脉有鹦哥岭。处松涛水库边缘，南渡江支流流经。有小学1所，卫生院1个。粮食作物以水稻为主，经济作物主要有橡胶、甘蔗、木薯、南药、藤等。天然草地成片，牧草丰盛。省道什邦线过境。

南训村［Nánxùncūn］　元门乡人民政府驻地。在县政府驻地牙叉镇东南11千米。人口500。为黎族村。"南"黎语意为水，"训"意为喷出，指有泉水喷出的地方。聚落沿省道什邦线呈散块状分布。主产橡胶、木薯等。省道什邦线经此。

罗帅村［Luóshuàicūn］　在县政府驻地牙叉镇东南22千米。元门乡辖自然村。人口200。为黎族村。黎语音译字，"帅"意为荔枝，"罗"意为似锣一样平坦之地。因建村时有很多荔枝树，所在位置比较平坦，故名。聚落呈半环状。南川河流经。主产甘蔗、橡胶、木薯等。2014年被评为全国文明村。

南开乡［Nánkāi Xiāng］　白沙黎族自治县辖乡。在县境南部。面积319平方千米。人口0.5万。以黎族为主，还有苗族、汉族。辖5村委会，有27自然村，其中有26黎族村、1苗族村。乡人民政府驻力保村。1935年设南开乡。1959年成立公社，随即并入白沙公社。1961年由白沙公社析出成立南开公社。1983年改区。1987年复乡。因南开河流经得名。有小学1所，卫生院1个。为国家非物质文化遗产黎族传统舞蹈"老古舞"主要诞生地。有民间艺术土鼓舞演奏等。粮食作物以水稻为主，经济作物以橡胶、甘蔗、木薯为主。县道白南线过境。

力保村［Lìbǎocūn］　南开乡人民政府驻地。在县政府驻地牙叉镇西南29千米。人口400。为黎族村。"力"黎语意为泥巴，"保"意为猪。因村边有一泥塘地，常有猪在此打滚，故名。聚落呈直角梯形。1946年白沙县民主政府位此。主产橡胶、甘蔗、木薯等。县道白南线经此。

阜龙乡［Fùlóng Xiāng］　白沙黎族自治县辖乡。在县境东北部。面积64平方千米。人口0.6万。以黎族为主，还有汉族、壮族。辖4村委会，有20自然村。乡人民政府驻可任村。1935年设阜青、龙头2乡。1944年合并为阜龙乡。1958年改公社。1970年析置可任公社。1987年复阜龙乡。以境内阜青、龙头2村各取首字得名。地势西高南低，平均海拔336米。有中学1所，小学4所，卫生院1个。主产橡胶、甘蔗、木薯、冬季瓜菜等。省道白洋线过境。

可任村［Kěrèncūn］　阜龙乡人民政府驻地。在县政府驻地牙叉镇北19千米。人口500。为黎族村。建村时多千任树，取名千任村，后改今名。聚落呈散点状。主产橡胶、木薯。有土特产红藤、白藤等和南药草寇仁、益智等。省道白洋线经此。

青松乡［Qīngsōng Xiāng］　白沙黎族自治县辖乡。在县境西南部。面积249平方千米。人口1万。以黎族为主，还有汉、苗、壮等民族。辖6村委会，有28自然村。乡人民政府驻益条村。1959年成立霸王公社。1968年改青松公社。1987年改乡。因盛产南亚松得名。地势南高北低，属高丘陵地区，海拔450—600米。石碌河多条支流流经。有黑冠长臂猿保护区。有小学2所，卫生院1个。主产橡胶、甘蔗、木薯、竹藤、南药。县道光青线过境。

益条村［Yìtiáocūn］　青松乡人民政府驻地。在县政府驻地牙叉镇西南46千米。人口600。以黎族为主，还有汉族。原称杂条村，黎语"杂"为田，"条"为坡，意为坡田，因村庄建在坡地上得名。后改今名。聚落呈缺口三角状。主产橡胶、甘蔗、木薯等。县道光青线经此。

金波乡［Jīnbō Xiāng］　白沙黎族自治县辖乡。在县境西部。面积117平方千米。人口0.5万。以黎族为主，还有汉族。辖3村委会，有18自然村。乡人民政府驻白打村。1971年成立金波公社。1987年改乡。因乡政府驻地在金波村附近得名。地处盆地。石碌河流经。有小学1所，卫生院1个。主产水稻、橡胶、木薯、甘蔗，有林下养殖。有国营龙江农场金波分场。县道阜金线过境。

白打村［Báidǎcūn］　金波乡人民政府驻地。在县政府驻地牙叉镇西49千米。人口300。为黎族村。村庄建在地势较高的田头，黎语称田地位置很高为"pada"，汉字音译"白打"，故名。聚落呈矩形。主产橡胶、木薯、甘蔗、生姜、瓜菜。产蜂蜜。县道阜金线经此。

荣邦乡［Róngbāng Xiāng］　白沙黎族自治县辖乡。在县境西北部。面积90平方千米。人口0.7万。以黎族为主，还有汉族。辖5村委会，有19自然村，其中有15黎族村。乡人民政府驻邦溪农场芙蓉田分场。1968年成立荣邦公社。1987年改乡。因光绪十三年(1887)在兵邦村(即今光村)附近屯兵营，后取儋州话"营"的谐音"荣"得名。地势南高北低，南半部为丘陵地带。有小学5所，卫生院1个。主产甘蔗、橡胶、水稻。为县甘蔗产区之一。有国营邦溪农场2分场。西线高速、225国道过境。

邦溪农场芙蓉田分场［Bāngxī Nóngchǎng Fúróngtián Fēnchǎng］　荣邦乡人民政府驻地。在县政府驻地牙叉镇西北62千米。人口5200。以汉族为主，还有黎族。因所在农场得名。聚落呈散状。主产甘蔗、橡胶、水稻。工业以农产品加工为主。225国道经此。

昌江黎族自治县

昌江黎族自治县［Chāngjiāng Lízú Zìzhìxiàn］　海南省直辖自治县。北纬18°53′，东经108°38′。在省境西北部偏西。面积1596平方千米。人口26.2万，其中黎族占35.5%，还有汉、苗、壮、回等民族。辖7镇、1乡。县人民政府驻石碌镇。隋大业三年(607)置昌化县(因昌化江得名)，治今东方市旦场村，属珠崖郡。唐宋隶属儋州、昌化军。明正统八年(1443)治迁千户所(时称昌化城，今昌化镇昌城村)。清道光二十一年(1841)县治迁今昌化镇新城村。清光绪十年(1884)迁回昌化城。民国三年(1914)易名昌江县，县城未变。1949年与感恩县合并为昌感县，县政府驻北黎镇。1958年昌感、白沙、东方3县合并为东方大县。1961年析出复设昌江县，县治设在石碌镇。因石碌山得名。原区域重分，以昌化江为界，北岸地域归属昌江县辖，属海南黎族苗族自治州。1987年改昌江黎族自治县。1988年海南建省，直属海南省。至2000年新建和改造东风路、铁城路等多条道路。2007—2011年新建和扩建城镇道路52千米，完成县文化公园与县城3条主干道改造、环城东路、环城西路、昌江污水处理厂、垃圾填埋厂等一批重大市政基础设施建设项目，县城"一轴两翼、南连北扩"格局基本形成，县城中心实现向北转移，城区面积从2006年的8.93平方千米增加到2011年的12.3平方千米。地势西北低东南高，西北部沿海为平原台地，东南丘陵起伏，高山连绵。平均海拔268米。海拔1000米以上山峰10座。最高峰猕猴岭海拔1655米。昌化江、珠碧江流经。有石碌水库。年均气温24.6℃，1月平均气温18.8℃，7月平均气温28.8℃。年均降水量1353.7毫米。有矿产资源铁、铜、钴、金、石灰岩、石英砂、花岗岩等。石碌铁矿为亚洲最大露天铁矿，占全国富铁矿储量71%。石灰岩已探明储量9800万吨，占海南石灰岩资源90%。有野生植物1400多种，其中国家重点保护野生植物有坡垒、子京、母生、花梨等120种。有野生动物1000多种，其中国家一级保护野生动物有黑冠长臂猿、云豹、坡鹿、山鹧鸪等，国家二级保护野生动物有黑熊、穿山甲、猕猴、果子狸、金钱龟等。有国家级霸王岭黑冠长臂猿自然保护区。森林覆盖率59.8%。有中学21所，小学41所，知名文艺团体3个，二级医院2个。有省级文物保护单位2个，纪念地6个。有国家级非物质文化遗产太坡黎族制陶工艺，省级非物质文化遗产3项。有民间艺术黎族传统"三月三"节及黎族舞蹈、对歌，汉族赛山歌、舞龙舞狮和歌会等。三次产业比例25∶49∶26。农业以粮食作物水稻为主，番薯、玉米为辅，经济作物有甘蔗、蔬菜、花生等。有国营红林农场。工业以采矿、冶炼、制糖、水泥及食品加工为主。海南西环铁路、海南环岛高铁、海南环岛高速、225国道、省道石昌线过境。有棋子湾站、昌江长途汽车站。通多路公交车。

石碌大桥［Shílù Dàqiáo］　在县城南部。长180米，宽20米，最大跨度6米，桥下净高16.4米。1956年开工，同年建成。因横跨石碌河得名。为小型河道桥梁，结构型式为石拱桥。最大载重100吨。沟通石碌镇南北两岸。通公交车。

石碌站［Shílù Zhàn］　见交通运输设施部分"石碌站"条。

昌江长途汽车站［Chāngjiāng Chángtú Qìchēzhàn］　见交通运输设施部分"昌江长途汽车站"条。

石碌镇［Shílù Zhèn］　昌江黎族自治县人民政府驻地。在县境东部。面积256平方千米。人口11.7万。以汉族为主，还有黎、壮、回等民族。辖10居委会、12村委会，有29自然村。镇人民政府位于人民北路。1958年成立石碌公社，属东方大县。1961年复归昌江县。1964年改镇。2002年太坡镇和十月田镇山竹沟村划入。因在石碌岭脚下得名。东、南、北三面环山。地势由东南向西北倾斜。石碌河流经。有山竹沟水库。有中学1所，小学9所，二级医院2个，卫生院4个。有纪念地2个。有国家级非物质文化遗产太坡黎族制陶工艺。农业以种植水稻、杧果、香蕉、橡胶等为主。工业以采矿、水泥及机械加工为主。有石碌铁矿、县红林农场。海南西环铁路，海南环岛高速，225国道，省道什邦、邦核、石昌线过境。有石碌站、昌江长途汽车站。通公交车。

东风路［Dōngfēng Lù］　在县城中部。东起环城东路，西至人民北路。与铁城北路相交。长1.5千米，宽32米。水泥路面。1964年开工，同年建成。1996年扩建。为通往东边方向的道路，寓意"顺着东风推动前进的力量"得名。两侧有县公安局、县民政局等。通公交车。

环城西路［Huánchéng Xīlù］　在县城西部。南起生态街，北至太坡高速。与环城西二路相交。长3.7千米，宽10米。水泥路面。2008年开工，2009年建成。因位于石碌城区西侧得名。两侧有欣诚酒店等。通公交车。

昌江大道［Chāngjiāng Dàdào］　在县城北部。北起环城西二路，南至保梅桥。与环城东二路相交。长2.2千米，宽10米。水泥路面。2002年开工，2008年建成。2010年扩建。为县城主要交通要道得名。两侧有县政府、县财政局等。通公交车。

人民北路［Rénmín Běilù］　在县城中部。南起石碌大桥，北至保梅桥。与环城西一路相交。长2.5千米，宽40米。水泥路面。1963年开工，同年建成。后多次改扩建。因在人民路北段得名。两侧有民族中学、县人民医院、南国超市等。通公交车。

人民南路［Rénmín Nánlù］ 在县城南部。南起地质路，北至石碌桥。与昌盛路、人民北路相交。长1.5千米，宽20米。水泥路面。1962年开工，同年建成。后多次改扩建。因在人民路南段得名。两侧有县中医院、县第二小学等。通公交车。

环城东路［Huánchéng Dōnglù］ 在县城东部。南起东风路，北至市民广场二路。与环城东一路相交。长2.6千米，宽33米。水泥路面。2004年开工，2005年建成。因位于县城东侧得名。两侧有保梅村、文化公园、昌江中学等。通公交车。

山竹沟村［Shānzhúgōucūn］ 在镇境西北部。石碌镇辖自然村。人口700。因村前山竹遍地野生得名。聚落呈倒凸字状。有小学。主产香蕉、甘蔗、杧果、水稻等。省道石昌线经此。通公交车。2014年被评为全国文明村。

叉河镇［Chàhé Zhèn］ 昌江黎族自治县辖镇。在县境南部。面积100平方千米。人口1.5万。以黎族为主，还有汉族。辖1居委会、7村委会，有14自然村。镇人民政府驻叉河村。1958年成立叉河公社。1987年改镇。2002年原保平乡红阳村划入。因镇政府驻地得名。属台地地貌。昌化江、石碌河流经。有尾矿水库。有中学1所，小学2所，卫生院1个。农业以经济作物甘蔗、橡胶、剑麻、杧果为主。工业以水泥、钢铁制造为主。为省重工业发展区之一，有大型工业企业3家。海南西环铁路、海南环岛高铁、海南环岛高速、225国道过境。

叉河村［Chàhécūn］ 叉河镇人民政府驻地。在县政府驻地石碌镇西北12千米。人口500。为黎族村。因邻近昌化江和石碌河交叉处得名。聚落主体呈矩形。1959年曾为东方县政府驻地。农业主产瓜菜。工业以玻璃钢制品加工为主。225国道经此。

十月田镇［Shíyuètián Zhèn］ 昌江黎族自治县辖镇。在县境西部。面积204平方千米。人口2.4万。以黎族为主，还有汉、壮、苗等民族。辖1居委会、11村委会，有30自然村。镇人民政府驻王炸新村。1958年成立十月田乡。后改公社。1961年复乡。1987年改镇。2002年保平乡除红阳村外并入。因昔日干旱缺水，稻一年一熟，十月始有收获，故名。地势东南高西北低，丘陵、台地地貌。昌化江流经。有白山马水库。有中学1所，小学10所，卫生院2个。农业以香蕉、甘蔗、杧果、圣女果、冬季瓜菜等经济作物和粮食作物水稻为主。是县高效农业生产主要基地，有十多家农业生产企业。省道石昌、邦核线过境。

王炸新村［Wángzhàxīncūn］ 十月田镇人民政府驻地。在县政府驻地石碌镇西14千米。人口800。为黎族村。因多厚皮树，黎语称"厚皮树"为王炸，该村迁自老村，故名。聚落呈梯形。主产水稻、甘蔗、香蕉等。省道石昌线经此。

乌烈镇［Wūliè Zhèn］ 昌江黎族自治县辖镇。在县境西南部。面积89平方千米。人口3.4万。以汉族为主，还有黎族。辖7村委会，有8自然村。镇人民政府驻乌烈村。1956年设乌烈乡。1958年改公社。1961年析设乌烈公社。1987年改镇。因镇政府驻地得名。台地、平原地貌。昌化江流经。有中学2所，小学10所，卫生院1个。农业主产水稻、花生、甘蔗及热带水果杧果、木瓜、香蕉等。乌烈万亩田洋为岛内最大粮食生产基地之一。为县第二大人流、物流中心，商品经济发达。海南环岛高铁、省道石昌线过境。

乌烈村［Wūliècūn］ 乌烈镇人民政府驻地。在县政府驻地石碌镇西30千米。人口1.4万。元代兵营驻地，居民为军人后裔。因明代成村时有古榕树林，乌鸦于林中筑巢，鸣声甚烈，故名。聚落呈团块状。有中小学、卫生院。主产瓜菜等。乌烈村分3片区。为昌化江北岸地区农副产品集散地。特产乌烈小羊、道隆阉鸡、白石黑米。省道石昌线经此。

昌化镇［Chānghuà Zhèn］ 昌江黎族自治县辖镇。在县境西南部。面积233平方千米。人口2.8万。以汉族为主，还有黎、回、壮等民族。辖2居委会、12村委会，有21自然村。镇人民政府驻昌化社区。自隋置昌化县至1949年治所几易，均在镇域内。1959年成立新港公社。1964年改昌化公社。1987年改镇。2002年昌城乡并入。因处昌化江出海口得名。主体为丘陵、平原地貌。昌化江流经。有先南水库。有中学2所，小学12所，卫生院2个。有省级文物保护单位昌化故城。有古迹4处。以渔业、商业为主，盛产红鱼、海鳗、马鲛鱼、鲳鱼、鱿鱼、鱼肚。省道石昌线过境。

昌化社区［Chānghuà Shèqū］ 昌化镇人民政府驻地。在县境西部。面积0.4平方千米。人口1700。因位于昌化江入海口处得名。1992年成立。有现代居民2层小洋楼。有调解会、治保会等。昌化派出所驻此。以海水养殖、海上捕捞为主。省道石昌线经此。

海尾镇［Hǎiwěi Zhèn］ 昌江黎族自治县辖镇。在县境西部。面积197平方千米。人口3.3万。以汉族为主，还有黎族。辖3居委会、12村委会，有37自然村。镇人民政府驻海尾市村。1958年成立海尾公社。1961年析出南罗公社。1987年改镇。2002年南罗镇并入。因镇政府驻地得名。为丘陵、平原地貌。珠碧江、南罗河流经。有中学1所，小学10所，卫生院2个。有海尾湿地公园。以农业为主，渔业为辅。主产水稻、甘蔗、橡胶等。海南环岛高铁、省道邦核线过境。

海尾市村［Hǎiwěishìcūn］ 海尾镇人民政府驻地。在县政府驻地石碌镇西北30千米。人口300。古与儋州海头俱属儋州，宋初立小市，因处海头尾端得名。聚落呈梨子状。以捕鱼为主。县道乌新线经此。

七叉镇［Qīchà Zhèn］ 昌江黎族自治县辖镇。在县境南部。面积254平方千米。人口1.9万。以黎族为主，还有汉族。辖9村委会，有32自然村。镇人民政府驻重合村。1961年由石碌公社析设七差公社。1987年改乡。2002年王下乡并入置镇。2006年王下乡析出。因镇政府驻地附近七差村得名。为山地、谷地地貌，地势四周高中间低，形成盆地。昌化江流经。有南雅、王化水库。有中学1所，小学5所，卫生院2个。有省级文物保护单位信冲洞遗址。有霸王岭国家级森林保护区。燕窝岭为黎族"三月三"发源地。有名胜古迹4处。主产水稻、木棉、杧果。县道石王线过境。

重合村［Chónghécūn］ 七叉镇人民政府驻地。在县政府驻地石碌镇南24千米。人口1100。为黎族村。原为黎族一支系代称，迁居后分数小村，1950年合为一自然村，故名。聚落呈坛罐状。有小学、卫生院、文化站。主产水稻、黑糯米、甘蔗等，养殖竹狸、山鸡、蚕等。县道霸七线经此。

王下乡［Wángxià Xiāng］ 昌江黎族自治县辖乡。在县境南部。面积345平方千米。人口0.3万，其中黎族占99.6%。辖4村委会，有13自然村。乡人民政府驻三派村。1961年成立王下公社。1987年改乡。2002年并入七叉镇。2006年析出复乡。因乡政府驻地位于霸王岭下得名。山地地貌，地势四周高中间低，以山间谷地为主。有小学1所，卫生院1个。主产水稻、玉米、木薯、橡胶。有特产红、白藤及松香、沉香、砂仁等。县道石三线过境。

三派村［Sānpàicūn］ 王下乡人民政府驻地。在县政府驻地石碌镇南52千米。人口400。为黎族村。地形似马鞍，"马"黎语音"派"，故名。聚落呈梯形。有小学、卫生院。主产木薯、橡胶等。有黎族风情一条街。县道石王线经此。

洪水村［Hóngshuǐcūn］ 在县政府驻地石碌镇南64千米。王下乡辖村。人口700。为黎族村。因乐东交界处山脉经此流洪水入南绕河得名。聚落呈雨伞状。为中国传统村落。有最原始、最传统的黎族山兰酒酿酒技艺、黎族织锦艺术、船型茅草屋等景观。主产水稻、橡胶。县道石王线经此。

乐东黎族自治县

乐东黎族自治县［Lèdōng Lízú Zìzhìxiàn］ 海南省直辖自治县。北纬18°22′，东经108°40′。在海南岛西南部。面积2766平方千米。人口54.6万。以汉族为主，还有黎、苗等民族，其中黎族占37.2%。辖11镇。县人民政府驻抱由镇。民国二十四年(1935)建乐安县，属广东省第九行政监督察专员公署，同年改称乐东县。1958年崖县四、五区并入。1960年析雅亮乡归崖县，江边乡归东方县。1986年析番阳区归五指山市，遂成今境。1948年县城迁抱由镇。1949年曾是琼崖少数民族行政委员会首府。1988年成立乐东黎族自治县。原名乐安，源自明万历年间在抱由峒近乐安水(今昌化江)建"乐安城"。后因与江西省乐安县同名改乐东县，取义"欢乐东风"以寄托美好祈愿。明代建乐安县城后，几经圮废重修。20世纪50年代只有1条土面街道，全是茅草房，居民100多人。1958年开始设县城汽车站。1968年建起车站大楼，站前广场设停车场。70年代建1条长600米的水泥路面街道。1980年增建4条宽12米沥青路面街道，两侧为机关单位和宿舍。1984年大规模改造扩建县城街道，陆续建成乐城大道、卫生路、行政路。1992—2000年铺建总长2400米，各宽6米的桥南路、乐富北路、乐安路车站至三角路口的两旁人行道。至2000年底县城共有街道10条，两侧企事业单位办公用房、商场、民居楼房林立，景观树木、路灯、卫生设施一应俱全。2014年，推进老城区改造和市政建设，改造县城5条街道和部分危房，统一改造2层以下临街建筑，启动抱由江北新区的开发建设，沿昌化江建南北2条防洪堤，2条沿江路，山荣、永甘2座大桥。建设江北新区，使抱由成为山城的中心。区境靠海多山川，地貌呈多种类型。北、东及东南面山脉环绕，地势西北、东北部高，海拔1000米以上的山岭连绵，山高谷深。东北至西南境低山横亘起伏，中部和东北部及昌化江两岸为丘陵盆地。西南部为海拔50米以下滨海平原和台地，低平开阔，形成东、北、西三面环山，西南部向南海敞开的特点。平均海拔287米。气温较低而湿度较大。昌化江、抱套河、望楼河、南巴河、乐中河、大安河、白沙河流经。属热带季风气候。年均气温24.5℃，1月气温沿海25—26℃，山区19—24℃，7月气温沿海28—29℃，山区27—28℃。年均降水量1584.8毫米。有矿产资源金、银、铜、铁、锡、铅、锌、铀、钼、钛、石墨、天然气等。有野生植物300种，其中国家重点保护野生植物有子京、坡垒、母生、花梨、荔枝、海南粗榧等25种。有野生动物4300种，其中国家重点保护野生动物有海南坡鹿、黑冠长臂猿、黑熊、云豹、猕猴、海南水鹿、孔雀雉等54种。有尖峰岭国家森林公园。有国家级自然保护区1个，省级自然保护区1个。森林覆盖率62.8%。有中学34所，小学184所，二级医院3个，体育场馆1个。有省级纪念地1个。有中国传统村落佛罗镇老丹村，省历史文化名镇1个。有国家级非物质文化遗产黎族传统纺染织绣技艺、黎族服饰、崖州民歌，省级非物质文化遗产黎族传统棉纺织工艺、黎族麻纺织工艺。三次产业比例61：11：28。农业以粮食、蔬果、林牧渔、热带经济作物为主，盛产水稻、瓜菜、香蕉、杧果、腰果、橡胶、槟榔，有"中国香蕉之乡"之称。工业以火力发电、制盐、黄金冶炼、水泥制品生产为主。服务业以商贸、餐饮、旅游为主。海南环岛高铁，海南环岛高速，225国道，省道毛九、天新线过境。

永明大桥［Yǒngmíng Dàqiáo］　在县城北部，横跨昌化江。长265.3米，宽12米，最大跨度20米，桥下净高5米。混凝土路面。1985年开工，1987年建成。因连接抱由镇与永明乡得名。通公交车。

乐东县汽车站［Lèdōng Xiàn Qìchēzhàn］　见交通运输设施部分"乐东县汽车站"条。

抱由镇［Bàoyóu Zhèn］　乐东黎族自治县人民政府驻地。在县境东北部。面积423平方千米。人口7.2万。以黎族为主，还有汉族、苗族。辖3居委会、26村委会，有92自然村。镇人民政府位于乐安路。1952年曾为海南黎族苗族自治区政府驻地。1956年设抱由镇。1958年成立公社。1983年复镇。黎语"抱"意为"村"（同"保"），"由"意为"同一姓族人居处"，"抱由"意为"一族人共居的村"，即同族聚居地。地势西高东低，属半丘陵地带。最高峰海岭海拔573米。有佳西自然保护区。昌化江、南丰河、南佛河流经。有小学30所，二级医院2个，卫生院1个，镇文化站、广播电视站各1个。农业以粮食、蔬果、林牧、水产业为主，产水稻、木薯、杧果、香蕉、龙眼、荔枝、瓜菜等。建成以香蕉产业为龙头的香蕉、龙眼、杧果、槟榔、反季节瓜菜等五大农业基地。服务业以商贸、餐饮、蔬果运输业为主。省道毛九、天新线过境。2014年被评为全国重点镇。

乐祥路［Lèxiáng Lù］　在镇境中部。南起迎宾路，北至绿茵路与人民路连接处。与乐财路、乐达路、乐兴路、振兴路、富强路等相交。长1.5千米，宽36米。沥青路面。1996年开工，2006年建成。是县城主要行政、商贸街，两侧有县政协、县住房与城乡建设局、广播电视局、乡村振兴局、县财政局、县发改委、盛盛百家商场、商业步行街、新汽车站。通公交车。

江南一路［Jiāngnán 1 Lù］　在镇境中部。南起乐安路、人民路、光明路连接处，北至永明桥。与南丰路、沿江北路等相交。长180米，宽20米。沥青路面。1984年开工，同年建成。因处昌化江南岸，为第一条主道得名。原名桥南路。两侧有金江大酒店、昌发大酒店。通公交车。

人民路［Rénmín Lù］　在镇境北部。东起乐安路与光明路连接处，西至乐祥路与吉祥西路连接处。长400米，宽27米。混凝土路面。1984年开工，同年建成。两侧有县委、县政府、县人民银行、税务人厅、县政法委、县图书馆。通公交车。

江南三路［Jiāngnán 3 Lù］　在镇境东部。东起乐东中学，西至乐安路。长474米，宽20米。混凝土路面。2010年开工，2011年建成。因处昌化江南岸，为第三条与江南一路同向主道得名。两侧有县自来水公司、县水务局、研训学校、县体校。通公交车。

迎宾南路［Yíngbīn Nánlù］　在镇境东部。东起迎宾北路，西至毛九线。与乐福路相交。长1千米，宽28米。沥青路面。2006年开工，同年建成。两侧有县实验小学、民族中学、嘉华宾馆、金龙大酒店。通公交车。

保定村［Bǎodìngcūn］　在镇境东部。抱由镇辖自然村。人口3100。为黎族村。黎语"保"意为"村"，"定"意为"红色"，词意为"红（土地）村"，因村地全为红土而得名。聚落呈散点状。有小学。保定村话属黎语侾（hā）方言罗活土语，语音为黎语的标准音，是国家创制黎文（黎语拼音文字）的语音依据。以农业为主，产水稻、反季节瓜菜、木薯、花生、甘蔗、香蕉、杧果、荔枝、龙眼、橡胶等。为橡胶产业村。

佳西村［Jiāxīcūn］　在镇境北部。抱由镇辖自然村。人口1300。为黎族村。原为老村，早有黎族、汉族、苗族聚居，民族交往密切。黎语"佳"意为"友好来往"，"西"意指"长居之地"，词意为"（居民）长居睦处的村"，以村民邻亲关系得名。聚落呈集聚状。地处山区，山中沟壑多乱石，为大广坝水库上游一处水源地。以农业为主，产水稻、菠萝、香蕉、橡胶等，有500亩佳西香水菠萝基地。村边为国家级佳西自然保护区。

万冲镇［Wànchōng Zhèn］　乐东黎族自治县辖镇。在县境东北部。面积300平方千米。人口2.7万，其中黎族、苗族占85%，还有汉族。辖15村委会，有122自然村。镇人民政府驻保健村。"万冲"黎语意为一种与龙眼树同科的灌木名，因村内外多"万冲"树而以物产名村。因镇政府原驻地万冲村得名。素有"人文海南，山水万冲"之称。1980年成立万冲公社。1983年置镇。2000年三平乡并入。地貌以丘陵为主，多谷地。昌化江流经。有中学3所，小学17所，卫生院2个。有鸭脚岭国家森林保护区。经济以农业为主，产水稻、蔬菜、香蕉、荔枝、龙眼、猪、牛、羊、禽类、淡水鱼、橡胶等。是冬季反季节瓜菜主要产地之一。服务业以商贾、餐饮为主。省道毛九线过境。

保健村［Bǎojiàncūn］　万冲镇人民政府驻地。在县政府驻地抱由镇东北24千米。人口200，其中黎族占90%。黎语"保"意为"村"，"健"意为"烧焦"，词意为"被烧焦的村"。传当年曾遭日军劫掠，房寮土地尽被烧焦，遂以此名铭记苦难历史。聚落呈集聚状。有卫生室。主要种植水稻、甘蔗、花生、木薯、橡胶、杧果、荔枝、龙眼等。省道毛九线经此。

卡法村［Kǎfǎcūn］　在县政府驻地抱由镇东南11千米。万冲镇辖自然村。人口100，其中黎族占90%。早年黎族春节期间狩猎归来，必在村中一棵大树上吊置腊肉、弓箭、炮枪等，违规者受罚。黎语"卡"意为"吊"，"法"意为"规定法则"，词意为"依规吊放猎物、猎具的村"，因习俗特点得名。聚落呈集聚状。村边有卡法岭国家森林保护区。主要种植水稻、甘蔗、花生、木薯、橡胶、杧果、荔枝、龙眼等。

大安镇［Dà'ān Zhèn］　乐东黎族自治县辖镇。在县境东北部。面积137平方千米。人口3万，其中黎族占97.7%，还有汉、苗、壮、土家等民族。辖15村委会，有65自然村。镇人民政府驻大炮村。民国时为大安乡。1958年为抱由公社。后析置大安公社。2002年设镇。当地自古有一片软泥细腻的肥沃水田，盛产供制糯米粄的优质糯稻。黎话"大"意为"田地"（同"什"），"安"意为"软粄（糯米软饼）"，词意为"拥有软粄水田的村"，因地貌物产特点得名。有小学14所，卫生院1个。处丘陵山地，南高北低，山岭较多，山峦和河谷、盆地相间分布。南丰河、南汇河、南阳河流经。有大安、南木、陈考等水库。有国家级非物质文化遗产大安剪纸艺术，为"中国民间剪纸艺术之乡"。有剪纸艺术基地1个，剪纸艺术展厅1个。农业以粮食、蔬果、经济作物种植及渔牧为主，产水稻、蔬菜、香蕉、杧果、油料作物、橡胶、甘蔗、淡水鱼、禽畜等。是乐东淡水养鱼基地之一。服务业以商贾、餐饮为主。省道天新线过境。

大炮村［Dàpàocūn］　大安镇人民政府驻地。在县政府驻地抱由镇南8千米。人口2900，其中黎族占80%。村边有沙地水田。黎话"大"意为"田地"（同"什"），"炮"意为"沙子"，词意为"一片沙地（水田）的村"，因地貌特点得名。聚落呈集聚状。有小学、卫生室。以种植水稻为主，兼种香蕉、橡胶、木薯、花生等。省道天新线经此。

志仲镇［Zhìzhòng Zhèn］　乐东黎族自治县辖镇。在县境东南部。面积190平方千米。人口3.9万，其中黎族占99.6%，还有汉、苗等民族。辖1居委会、12村委会，有72自然村。镇人民政府驻志仲墟。1950年设志仲区。1958年成立志仲公社。1987年置镇。因镇政府驻地得名。山地、丘陵地貌，地势东南偏高西北偏低。志仲河、望老河、南溪河流经。有毛公山。有中学3所，小学17所，卫生院2个。农业以粮食、蔬果、油料作物、经济作物种植及林牧渔为主，产水稻、毛豆、甘蔗、椰子、橡胶、木棉、麻竹、砂仁、沉香、益智、石斛等。是县毛豆主要生产区。工业以橡胶加工为主。服务业以商贸、餐饮为主。省道天新线过境。

志仲墟［Zhìzhòngxū］　志仲镇人民政府驻地。在县政府驻地抱由镇东南19千米。人口2.6万，其中黎族占98.2%。黎语"志仲"意为"大春桠"，词意为"大春桠村"。聚落呈散点状。有中小学、卫生院、农业科技服务站。有商店、饭店、茶店等。有农贸市场，每日集市。省道天新线经此。

千家镇［Qiānjiā Zhèn］　乐东黎族自治县辖镇。在县境中部。面积408平方千米。人口2.7万，其中黎族占94.5%。辖19村委会，有89自然村。镇人民政府驻千家村。1958年成立千家公社。1987年置镇。2002年福报乡并入。因镇政府驻地得名。西、南部为山岭地带，中部为丘陵地带。望楼河、南丰河、南马河、抱伦溪流经。有长茅、大安、响水、石门等水库。有中学3所，小学26所，卫生院2个。民间流传黎锦制作工艺。农业以粮食、蔬果、油料作物、经济作物种植及林牧渔为主，产杧果、龙眼、荔枝、槟榔、橡胶、香蕉、木瓜、禽畜、淡水鱼。工业以手工制作黎锦为主。服务业以商贸、餐饮、休闲农业和民俗乡村旅游为主。省道毛九线过境，为县道千福线起点。

千家村［Qiānjiācūn］　千家镇人民政府驻地。在县政府驻地抱由镇南16千米。人口3000。以黎族为主，还有汉、苗等民族。传早年此地有一水塘八亩多，环塘树草相映，住过近千人家，故名。聚落呈放射状。有卫生室。以种植龙眼、杧果、槟榔为主。省道毛九线、县道千福线经此。

九所镇［Jiǔsuǒ Zhèn］　乐东黎族自治县辖镇。在县境西南部。面积249平方千米。人口11.5万。以汉族为主，还有黎族。辖22村委会，有72自然村。镇人民政府驻九所新区。1987年置九所镇。2002年与乐罗镇、冲坡镇、莺歌海镇部分地域合并，仍称九所镇。因明代万历年间在此建海南卫守御千户所第九所得村名。镇以村名。地势东北高，多丘陵，有龙虾岭、大岭、龙栖岭、石牛岭，西南低，中、西南部为台地平原。抱套溪、鸭母沟、散田沟、小坝沟流经。有中学2所，小学26所，幼儿园15所，卫生院2个。农业以粮食、蔬果、油料作物种植及海洋捕捞、海淡水养殖为主，产水稻、玉米、豇豆、青椒、茄子、青菜、火龙果、杧果、花生、猪、羊、家禽、甘蔗、海淡水鱼类等，是我国南繁育种基地之一。工业有铝矿开采、竹器制造、纸箱制造和鲜品冷冻等产业。服务业以商贸、餐饮为主。为农副产品集散地。海南环岛高铁、三亚—黄流铁路、环岛高速、225国道、省道毛九线过境。

九所新区［Jiǔsuǒxīnqū］ 九所镇人民政府驻地。在县境西南部。人口8.2万。为乐东黎族自治县新开辟的城镇建设开发区。聚落呈集聚状。有中小学。有商店、饭店、茶店等。有农贸市场、每日集市。种植蔬菜、水果，经营水产养殖业，每年有大量香蕉、瓜菜、杧果、海产品等运往国内外各地。海南环岛高铁、三亚—黄流铁路、环岛高速、225国道经此。

利国镇［Lìguó Zhèn］ 乐东黎族自治县辖镇。在县境西南部。面积271平方千米。人口8.3万。以汉为主，还有黎族、苗族。辖2居委会、22村委会，有176自然村。镇人民政府驻利国墟。1959年成立冲坡公社。1987年改镇。2002年撤冲坡镇设利国镇，原乐罗镇溪西村球港、羊上、望楼划归利国镇。因镇政府驻地得名。北部为山地，东、中、南部为丘陵，西南沿海一带为沙堤地带。望楼河、文道河、藤坑河、西边河、长茅西干渠流经。有中学1所，小学22所，卫生院1个。农业以粮食、蔬果种植，畜牧，海淡水养殖为主，产冬季瓜菜、香蕉、龙眼、杧果、火龙果、哈密瓜、猪、牛、羊、禽类、海淡水鱼虾等。服务业以建筑业、收割机助农为主。海南环岛高铁、海南环岛高速、225国道、县道利红线过境。2014年被评为全国文明村镇。

利国墟［Lìguóxū］ 利国镇人民政府驻地。在县政府驻地抱由镇西南42千米。人口5700。以利国利民之意命名。聚落呈集聚状。有中小学、卫生院、农业科技服务站、农机站。有农产品、木材、石材加工（如铁器、木器、编制、椰雕、石材加工）厂。有茶店、饭店、商店、农贸市场。海南环岛高铁、225国道、县道利红线经此。

黄流镇［Huángliú Zhèn］ 乐东黎族自治县辖镇。在县境西南部。面积142平方千米。人口6.4万。以汉族为主，还有黎、苗等民族。辖22村委会，有32自然村。镇人民政府驻黄流墟。1987年置镇。因镇政府驻地得名。地势北高南低。北部为半丘陵地带，南部是浅海沉积平原，西临南海之滨。佛罗河、花塘沟流经。有三曲沟水库。有中学5所，小学25所，二级医院1个，卫生所23个。有民间文艺协会13个。有国家级非物质文化遗产崖州民歌。为省历史文化名镇。农业以粮食、蔬果、油料作物种植及林牧渔为主，是县最大的粮、蔗产区，产水稻、番薯、花生、杧果、香蕉、龙眼、木瓜、莲雾、波罗蜜、火龙果、甘蔗、腰果等。工业以手工业为主，古代就有手工作坊，有五金、铁木、造纸、竹编、制冰、印刷、家具、砖瓦等，是全县手工业最发达地区。服务业以商贸、餐饮、旅游为主，商品经济发达，是乐东黎族自治县外区商品集散和贸易中心。海南环岛高铁、海南环岛高速、225国道线过境。2014年被评为全国文明村镇。

黄流墟［Huángliúxū］ 黄流镇人民政府驻地。在县政府驻地抱由镇西南66千米。人口1.6万。以汉族为主，还有黎族等。传以黄帝后裔流播之地得名。唐武德年间一批汉人迁此建村，后建古庙，取门联"黄胄藩滋抨北阙，流风远播镇南疆"首字"黄""流"为村名，墟以村名。聚落呈集聚状。有中小学、卫生院、农业科技服务站、农机站。有服装、五金、纺织品、餐饮、奶茶、理发、文具、健身馆、电器、烟酒行、药店、农资等商铺。有木材、加工（如铁器、木器、编制、椰雕、石材加工）厂。有农贸市场。225国道经此。

抱本村［Bàoběncūn］ 在县政府驻地抱由镇西南45千米。黄流镇辖自然村。人口8000，其中黎族占50%。村建在隆起的田坎上，黎语"抱"意为"村"，"本"意为"坎"，词意为"坎村"，因聚落地貌得名。原为黎族村，明代有汉族移此，村名保留。聚落呈集聚状。主要种植水稻、甘蔗、花生、木薯、杧果、香蕉、荔枝、龙眼、橡胶、腰果等。

佛罗镇［Fóluó Zhèn］ 乐东黎族自治县辖镇。在县境西南部。面积73平方千米。人口4.2万。以汉族为主，还有黎族。辖1居委会、17村委会，有136自然村。镇人民政府驻佛罗村。原名五村，由月林、月村、苦连、东冲、敢教5村组成，后改今名。1958年成立佛罗公社。1987年改镇。因镇政府驻地得名。属浅海沉积平原地带。东、东北部均是台地平原。地势东高西低。白沙溪流经。有中学1所，小学13所，幼儿园6所，卫生院1个。有中国传统村落老丹村，全国美丽乡村新丹村。农业以粮食、蔬果、景观植物、经济作物种植为主，产水稻、哈密瓜、豇豆、西瓜、圣女果等。服务业以商贸、餐饮为主。为全省最大的金钱树生产基地。海南环岛高铁、海南环岛高速、225国道过境。

佛罗村［Fóluócūn］ 佛罗镇人民政府驻地。在县政府驻地抱由镇西南48千米。人口3.9万。以汉族为主，还有黎族等。清道光年间有广东博罗县人聚居此地经商，形成小墟。粤语"博"音与本地方言"佛"音相近，且当地人多信佛而称墟名为"佛罗"，因语言文化相互影响融合得名。聚落呈集聚状。有中小学、卫生院、农业科技服务站。有商店、饭店、茶店等。有冰厂、纸箱泡沫厂、石材加工厂。有农贸市场，每日集市。225国道经此。

老丹村［Lǎodāncūn］ 在县政府驻地抱由镇西南50千米。佛罗镇辖自然村。人口4500。明嘉靖庚子年（1540）石姓先民从儋州迁此建村，原名儋村。清初有明代遗民流落至此，因怀旧朝，遂借文天祥"留取丹心照汗青"诗句改"儋"为"丹"，以寄托情思而得名。聚落呈集聚状。为中国传统村落。有隋代延德县县衙遗址、唐造币厂遗址、宋甘泉驿遗址、宋司马迁驿遗址、明砖窑遗址、明丹村港码头遗址、明古墓、明烽火台遗址、明番人城遗址和清代民居等共12处。有丹村古榕、虎鼻朝晖、龙沐夕照、鹤白禾绿、村港唱晚等八景雅观。村临大海，河网纵横，水陆交通便利。

尖峰镇［Jiānfēng Zhèn］ 乐东黎族自治县辖镇。在县境西南部。面积2055平方千米。人口2.2万，其中黎族占69.6%，还有汉族。辖11村委会，有24自然村。镇人民政府驻牛泥头村。1958年成立尖峰公社。1987年改镇。因靠近尖峰岭得名。山地、平原地貌。北、东部多山，中、南部为冲积平原。南万河、南胜河、南巴河、天池河、南蛋河、白沙河、望楼河、龙沟河流经。有中学1所，小学11所，镇卫生院1个。有尖峰岭国家森林公园。有白沙河谷民族文化遗产，凤田村民间民族风情歌舞队。农业以粮食、蔬果、经济作物种植及畜牧为主，产水稻、番薯、山兰、玉米、豇豆、香蕉、花生、腰果。服务业以商贸、餐饮为主。海水高位池养虾为支柱产业。海南环岛高铁、海南环岛高速、225国道过境。

牛泥头村［Niúnítóucūn］ 尖峰镇人民政府驻地。在县政府驻地抱由镇西南41千米。人口600，其中黎族占90%。1954年新建。1988年形成村庄，多茅草房，搭建杂乱，村道弯窄坎坷，粪便垃圾随处可见，取名牛泥头村。"牛泥头"为农具犁的黎语汉字，因该村地形似犁而得名。聚落呈集聚状。有中小学。2007年开展建设文明生态村后，建起配卫生间的标准房、沼气池、文化室、篮球场，硬化村道、排水道，并种植椰树、槟榔、印度紫檀、柚木、花梨木，绿化美化，面貌焕然一新。产槟榔、荔枝、橡胶、甘蔗、花生、龙眼。县道海尖线经此。

莺歌海镇［Yīnggēhǎi Zhèn］ 乐东黎族自治县辖镇。在县境西南部。面积24平方千米。人口2.2万。以汉族为主，还有黎族。辖6居委会，有3自然村。镇人民政府驻莺歌海村。1959年成立莺歌海公社。1986年改镇。因镇政府驻地得名。平原地貌，地势平坦，气温高，光照强，热量丰富，蒸发量大，雨日少，夏季吹西南干热风，利于发展制盐业。佛罗河、盐场河流经。有初中1所，小学4所，幼儿园5所，卫生院1个。为渔业镇，有渔船多种，吨位较大，功用齐全，捕捞量大。产红鱼、鱿鱼、带鱼、鳗鱼、虾等。农业以蔬果种植，畜牧为主，产哈密瓜、猪、牛、羊、禽类。工业以造船、制盐、织网、维修、海产品加工为主。莺歌海盐场为海南岛最大海盐场。盐类产品有粗盐、日晒细盐、日晒优质盐、粉洗精盐等。服务业以商贸、餐饮、鲜品冷藏、货物运输为主。县道佛黄线过境。

莺歌海村［Yīnggēhǎicūn］ 莺歌海镇人民政府驻地。在县政府驻地抱由镇西南56千米。人口1.8万。以汉族为主。因地处北部湾海边，近有岬角多莺歌鸟，以物产特征得名莺歌海、莺歌角，村以海名。明末建村，清雍正后历来书写为"莺歌海"。聚落呈集聚状。有中小学、卫生院、农业科技服务站、农机站。有农贸市场。县道佛黄线经此。

陵水黎族自治县

陵水黎族自治县［Língshuǐ Lízú Zìzhìxiàn］ 海南省直辖自治县。北纬18°22′，东经110°08′。在海南岛东部。面积1128平方千米。人口39万，其中黎族占54.8%，还有汉、苗、回、壮等民族。辖9镇、2乡。县人民政府驻椰林镇。隋大业六年（610）置陵水县，属临振郡，治陵水峒（今属万宁县）。因治所建于陵棚水河畔得名。唐初属振州。龙朔二年（662）析崖州、振州地置万安州，改属万安州。北宋熙宁六年（1073）降为镇，属万安县。元丰三年（1080）复县，属万安军。南宋绍兴六年（1136）废万安军，改属琼州，十三年（1143）还属万安军。明属琼州府。唐至明县城几变，唐宋治里村（今椰林镇里村）。元初（1271）迁建今椰林镇下溪村与大园村交界处，皇庆元年（1312）迁今三才镇大港村旧县坡。明洪武二十七年（1394）迁今新村镇长坡村，正统五年（1440）迁南山千户所今址。清光绪三十一年（1905）划归崖州直隶州。1912年后属琼崖道。1921年废道直隶广东省。1951年属海南行政区。1952年改属海南黎族苗族自治州（区）。1958—1961年与崖县、保亭县合并为崖县，属海南行政区。1962年分出复置，复属海南黎族苗族自治州。1987年改为陵水黎族自治县，直属海南省。建省前陵水县城主干道仅老城区建设路、解放路等。建省后至20世纪末，先后建成包括宽50米的滨河北路在内的一批新街路。至2011年投入使用的重点基础设施项目有县城供水工程、桃源大桥、椰林大桥、椰林南北干道、滨河南北路、文化体育广场、陵河防洪堤和滚水坝、东环铁路陵水站站前广场、污水处理厂和垃圾处理厂等，其中椰林南北干道总长3576米，宽80米。城区面积由7.8平方千米扩展到16.3平方千米，初步形成东南为商贸服务区、中部为政府机关，西北为文体娱乐区，西南为文化教育区的分布格局。年均气温25℃，1月平均气温20.3℃，7月平均气温28.2℃。年均降水量1699.9毫米。地处吊罗山南麓，地势西北高东南低。从沿海至北部山区，依次为沿海林地、平原耕地、丘陵园地和低山林地。平均海拔180米。有吊罗山等。陵水河流经。有钛、硫铁、锆、锡、铅、石英、高岭土、花岗岩等矿产资源。有野生植物2127种，其中国家重点保护野生植物有红椆、黑椆、油丹、毛丹、母生、青皮、坡垒、橄榄、花梨。有野生动物369种，其中国家一级保护野生动物有海南坡鹿、海南山鹧鸪等3种，二级保护野生动物有10多种。森林覆盖率60%。有国家级自然保护区吊罗山国家森林公园。有中学22所，小学80所，二级医院2个，妇幼保健院1个，体育场馆2个。有全国重点文物保护单位1个，省级文物保护单位4个，省级爱国主义教育基地1个，纪念地26个。有省级非物质文化遗产3个，国家5A级风景名胜区1个，4A级风景名胜区2个，3A级风景名胜区1个，省级风景名胜区1个。有黎族歌舞、陵水琼剧、疍家习俗、庙会、黎族织锦、"三月三"文化风情节、元宵游灯等地方特色文化，有知名文艺团体陵河群众艺术团。三次产业比例35∶21∶44。农业以南繁育种，稻谷、番薯、马铃薯、大豆、绿豆、红豆种植为主。有岭门、南平2国营农场。服务业以商贸、旅游为主。海南环岛高铁，海南环岛高速，223国道，省道陵大、长本线过境。有高铁陵水站、陵水长途汽车站。通多路公交车。黎安港、新村港海运可与省内沿海各市县及湛江、广州、香港通航。

陵水黎族自治县文化广场［Língshuǐ Lízú Zìzhìxiàn Wénhuà Guǎngchǎng］ 在县城中部。面积6.7公顷。2007年开工，同年建成。因其为陵水黎族自治县各种文艺活动和市民休闲的主要场所得名。由广场和综合楼组成。有人造假山、景观亭、儿童活动游戏区等。为开展"群众文化活动—广场文化活动"的主阵地。2009年海南黎族苗族传统节日"三月三"曾在这里举行。周边有县廉政文化公园，陵水体育广场。通公交车。

桃源大桥［Táoyuán Dàqiáo］ 在县城中部。长294米，宽14.5米，最大跨度20米，桥下净高12米。1971年开工，同年建成。因其跨越陵水河得名为陵水大桥。2007年改建后改今名。为中型河道桥梁，结构型式为梁桥。通公交车。

椰林大桥［Yēlín Dàqiáo］ 在县城中部。长450米，宽20.5米，最大跨度30米。2006年开工，2007年建成。因在椰林镇境内得名。为中型河道桥梁。通公交车。

东环高铁陵水站［Dōnghuán Gāotiě Língshuǐ Zhàn］ 见交通运输设施部分"东环高铁陵水站"条。

陵水汽车站［Língshuǐ Qìchēzhàn］ 见交通运输设施部分"陵水汽车站"条。

椰林镇［Yēlín Zhèn］ 陵水黎族自治县人民政府驻地。在县境东部。面积77平方千米。人口10.5万。以汉族为主，还有黎、苗等民族。辖8居委会、15村委会，有70自然村。镇人民政府驻桃源村。1953年设附城镇。1958年属椰林公社。1980年复陵城镇。2002年与椰林乡合并为椰林镇。因境内椰林成片得名。属低丘台地地貌，平均海拔100米以下。陵水河流经。有中学7所，小学12所，二级医院2个，妇幼保健院1个，卫生院2个，体育场馆2个。有全国重点文物保护单位1个，省级文物保护单位2个，省级爱国主义教育基地1个，纪念地5个。农业以南繁育种，稻谷、番薯、马铃薯、大豆、绿豆、红豆、冬季瓜菜种植为主。工业以制糖，食品、服装加工为主。海南环岛高铁、海南环岛高速、223国道、省道陵大线过境。有陵水高铁站、陵水汽车站。通公交车。

滨河北路［Bīnhé Běilù］ 在县城中部。北起陵水大桥，南至椰子岛。与椰林北大道、桃源大道相交。长4.5千米，宽50米。混凝土路面。1987年开工，1989年建成。因地处陵水河北岸得名。两侧有椰子岛、陵水河、椰林大桥、桃源大桥等。通公交车。

滨河南路［Bīnhé Nánlù］ 在县城中部。西起陵水大桥，东至水口港。与椰林南大道、建设路相交。长5千米，宽50米。混凝土路面。2006年开工，2007年建成。因地处陵水河南岸得名。两侧有伯明顿酒店、文华体育广场等。通公交车。

北斗路［Běidǒu Lù］ 在县城西南部。南起文黎景观大道，北至北斗坎。与文教路、文化路、三才大道相交。长2.5千米，宽50米。混凝土路面。1978年开工，2011年建成。因路侧北斗坎得名。两侧有县水务局、县地方公路管理站等。通公交车。

建设路［Jiànshè Lù］ 在县城南部。南起北斗坎，北至桃源桥。与滨河南路、文教路、文化路相交。长1.7千米，宽80米。混凝土路面。1983年开工，1984年建成。两侧有县政府、县中医院、陵水中学等。通公交车。

解放路［Jiěfàng Lù］ 在县城东南部。西起建设路，东至扇园坡路。与解放西路相交。长702米，宽20米。混凝土路面。1951年开工，1952年建成。因纪念1950年陵水解放得名。两侧有苏维埃政府旧址等。通公交车。

椰林北大道［Yēlín Běidàdào］ 在县城北部。北起火车站，南至椰林大桥。与滨河北路相交。长1.6千米，宽80米。混凝土路面。2008年开工，2009年建成。因沿途椰林茂密且位于椰林大桥北段得名。两侧有县电信站、椰林二小等。通公交车。

椰林南大道［Yēlín Nándàdào］ 在县城南部。北起椰林大桥，南至北文路。与滨河南路、新丰路、文化路等相交。长2千米，宽80米。混凝土路面。2008年开工，2009年建成。因沿途椰林茂密且位于椰林大桥南段得名。两侧有文化广场、县公安局、县政府第二办公室、北斗小学等。通公交车。

桃源村［Táoyuáncūn］ 椰林镇人民政府驻地。在镇境中部。人口5200。因处山光水色之中，取"世外桃源"之意得名。聚落呈散状直角梯形。有文化站、体育场。农业以槟榔、香蕉、瓜菜种植为主。223国道经此。通公交车。

光坡镇［Guāngpō Zhèn］ 陵水黎族自治县辖镇。在县境东部。面积113平方千米。人口2.6万。以黎族为主，还有汉族、苗族。辖7村委会，有29自然村。镇人民政府驻米埇村。1950年设光坡乡。1959年成立光坡公社。1987年改镇。以镇内光岭村和港坡各取一字命名。溪仔河流经。有中学1所，小学13所，卫生院1个。有国家5A级风景名胜区分界洲。农业以稻谷、番薯、马铃薯、大豆、绿豆、红豆种植为主。有国营岭门农场。工业以农产品加工为主。服务业以旅游为主。海南环岛高铁、海南环岛高速、223国道过境。

米埇村［Mǐyǒngcūn］ 光坡镇人民政府驻地。在县政府驻地椰林镇北5千米。人口400。"米埇"意为盛产大米的低洼地。聚落呈散状直角梯形。有中小学、卫生院、文化站。农业以水稻和圣女果、杧果等种植为主。223国道经此。

港尾新村［Gǎngwěixīncūn］ 在县政府驻地椰林镇东北10千米。光坡镇辖自然村。人口400。原名港尾村，2013年因香水湾开发拆迁至此得名。聚落呈矩形。渔业以海洋捕捞为主。有商铺、敬老院、文体活动中心等。县道米谷线经此。2014年被评为全国文明村。

三才镇［Sāncái Zhèn］ 陵水黎族自治县辖镇。在县境东南部。面积44平方千米。人口1.5万。以汉族为主，还有黎族。辖6村委会，有18自然村。镇人民政府驻三才墟。1960年成立三才公社。1987年改镇。因镇政府驻地得名。有中学2所，小学6所，卫生院1个。大港村有新石器时代文化遗址。农业以稻谷、番薯、马铃薯、大豆、绿豆、红豆、反季节瓜菜种植为主。223国道过境。

三才墟［Sāncáixū］ 三才镇人民政府驻地。在县政府驻地椰林镇西南4千米。人口400。"三才"意指天才、地才、人才齐备。聚落沿223国道呈带状分布。有中小学、卫生院、文化站。农业以水稻、瓜菜种植为主，有渔业。工业以混凝土、石料、机砖加工为主。223国道经此。

大港村［Dàgǎngcūn］ 在县政府驻地椰林镇西南6千米。三才镇辖自然村。人口600。因在以港命名的3自然村中面积最大得名。聚落呈散状矩形。有海南地区迄今发现的最大史前遗址桥山遗址。农业以农作物种植，鱼、虾、蟹类养殖为主。通乡村公路。

英州镇［Yīngzhōu Zhèn］ 陵水黎族自治县辖镇。在县境西南部。面积137平方千米。人口4.2万。以黎族为主，还有汉族。辖17村委会，有92自然村。镇人民政府驻英州村。1951年设英州乡。1959年成立英州公社。1987年改镇。2002年军田乡、田仔乡和新村镇赤岭村并入。因镇政府驻地得名。有中学1所，小学1所，卫生院3个。有省级文物保护单位1个。有穆斯林古墓群、汉瓮棺葬、唐代珊瑚石室墓葬群等古迹。农业以冬季瓜菜、杧果、胡椒、椰子种植为主。为全县最大的农产品集贸交易中心。海南环岛高铁、海南环岛高速、223国道过境。

英州村［Yīngzhōucūn］ 英州镇人民政府驻地。在县政府驻地椰林镇西南21千米。人口800。因村背山面海像水中之洲，古人认为能造就英雄人物之地而得名。聚落沿英海大道呈团块状分布。有小学、卫生院、文化站。主产椰子、甘蔗、胡椒等。223国道经此。

隆广镇［Lóngguǎng Zhèn］ 陵水黎族自治县辖镇。在县境西南部。面积86平方千米。人口2.1万，其中黎族占98%。辖9村委会，有66自然村。镇人民政府驻隆广墟。1950年设隆广乡。1958年成立红专公社。1960年改隆广公社。1988年改镇。因镇政府驻地得名。陵水河支流流经。有中学1所，小学5所，卫生院1个。以水稻种植为主，牧、副、热作生产各业并举。海南环岛高铁、海南环岛高速过境。

隆广墟［Lóngguǎngxū］ 隆广镇人民政府驻地。在县政府驻地椰林镇西南15千米。人口4000。多为黎族。传原为较广阔的坡地，西南面有龙潭村，取名龙广坡，后改今名。聚落沿省道陵英线呈间隔带状分布。有中小学、文化站、卫生院。农业以稻谷、番薯、马铃薯、大豆、绿豆、红豆种植为主。海南环岛高铁经此。

文罗镇［Wénluó Zhèn］ 陵水黎族自治县辖镇。在县境中部。面积63平方千米。人口1.6万。以黎族为主，还有汉族。辖6村委会，有59自然村。镇人民政府驻英哥罗村。1952年设文罗乡。1958年改公社。1961年析设文罗公社。1988年改镇。以境内原邦文村（已废）和鹦哥罗村各取一字命名。陵水河流经。有中学1所，小学5所，卫生院1个。农业以稻谷、番薯、马铃薯、大豆、绿豆、红豆种植为主。工业以农产品加工为主。海南环岛高铁、海南环岛高速过境。

英哥罗村［Yīnggēluócūn］ 文罗镇人民政

府驻地。在县政府驻地椰林镇西 8 千米。人口 200。为黎族村。古时林茂树多,为鹦哥鸟栖息之所,故名。后以谐音改英歌罗村。聚落呈直角梯形。有中小学、卫生院。以稻谷、番薯、马铃薯、大豆、绿豆、红豆为主。县道陵英、文群线经此。

本号镇 [Běnhào Zhèn] 陵水黎族自治县辖镇。在县境北部。面积 398 平方千米。人口 3.2 万。以黎族为主,还有苗族。辖 22 村委会,有 134 自然村(含 2 苗族村)。镇人民政府驻本号墟。1961 年成立本号公社。1987 年改镇。2002 年祖关镇、大里乡并入。因镇政府驻地得名。深田河流经。有国家级自然保护区吊罗山森林公园。有中学 1 所,小学 15 所,卫生院 4 个。农业以水稻、橡胶、槟榔种植为主。有国营南平农场。省道陵大、长本线过境。

本号墟 [Běnhàoxū] 本号镇人民政府驻地。在县政府驻地椰林镇西北 13 千米。人口 2000。以黎族为主。传原为兵营,早晚吹号。俗称"吹"为"味",因称味号。1981 年地名普查时改今名。聚落沿 361 国道呈散带状分布。有中小学、卫生院、文化站。农业以稻谷、番薯、马铃薯、大豆、绿豆、红豆种植为主。省道陵大、长本线经此。

新村镇 [Xīncūn Zhèn] 陵水黎族自治县辖镇。在县境南部。面积 62 平方千米。人口 3 万。以汉族为主,还有黎族。辖 1 居委会、9 村委会,有 16 自然村。镇人民政府驻新村。1953 年设新村乡。1957 年改镇。1958 年成立新村公社。1988 年复改镇。2003 年长城乡并入。因镇政府驻地得名。濒临南海,属台地、平原地貌。有中学 1 所,小学 10 所,卫生院 2 个。有国家级风景名胜区南湾猴岛,省级文物保护单位 1 个。疍家风情浓厚。以渔业为主,有海水养殖以渔排网箱。有国家级中心渔港新村港。223 国道、省道曲新线过境。

新村 [Xīncūn] 新村镇人民政府驻地。在县政府驻地椰林镇西 13 千米。人口 600。因清以来闽、粤渔民来此捕捞,逐渐聚居成村而得名。聚落呈矩形。有中小学、卫生院、文化站。渔业以海洋捕捞、海水养殖为主。省道曲新线经此。

南湾村 [Nánwāncūn] 在县政府驻地椰林镇西南 13 千米。新村镇辖自然村。人口 600。因地处新村港南面且其形似一弯新月得名。聚落呈散状。有小学、文化站。有国家级风景名胜区南湾猴岛。半农半渔。通乡村公路。

桐栖村 [Tóngqīcūn] 在县政府驻地椰林镇西南 8 千米。新村镇辖自然村。人口 2200。因毗邻桐栖港得名。聚落呈矩形。有小学、卫生院、文化站。有海南省最早人类居住的侨山遗址。渔业以海洋捕捞、海水养殖为主。通乡村公路。

黎安镇 [Lí'ān Zhèn] 陵水黎族自治县辖镇。在县境东南部。面积 43 平方千米。人口 1.9 万。以汉族为主,还有黎族。辖 6 村委会,有 8 自然村。镇人民政府驻黎安村。1966 年成立黎安公社。1988 年改镇。因镇政府驻地得名。濒临南海,地势西北稍高东南略低,属沿海平原地貌。有黎安港。沿海钛矿藏丰富。有中学 1 所,小学 5 所,卫生院 1 个。农业以反季节瓜菜种植、海水养殖为主。工业以农产品加工为主。县道陵黎线过境。

黎安村 [Lí'āncūn] 黎安镇人民政府驻地。在县政府驻地椰林镇东南 9 千米。人口 3800。传原为黎族村,建有庵堂,故称黎庵村。后福建人迁此定居,以谐音改今名。聚落呈平行四边形。有中小学、卫生院。渔业以海洋捕捞、海水养殖为主。县道陵黎线经此。

提蒙乡 [Tíméng Xiāng] 陵水黎族自治县辖乡。在县境西北部。面积 47 平方千米。人口 1.9 万。以黎族为主,还有汉族。辖 6 村委会,有 55 自然村。乡人民政府驻提蒙墟。1962 年成立提蒙公社。1987 年改乡。因乡政府驻地得名。陵水河流经。有中学 1 所,小学 7 所,卫生院 1 个。有革命烈士纪念碑。以农业为主,为县主要粮食产区之一,产橡胶、槟榔等。省道陵大线过境。

提蒙墟 [Tíméngxū] 提蒙乡人民政府驻地。在县政府驻地椰林镇西北 7 千米。人口 1400。当地方言"提"和"黎"同音,老一辈人称"黎蒙",意为黎族群众聚居之地。聚落沿 361 国道呈带状分布。有中小学、卫生院。以农业为主,产橡胶、槟榔等。省道陵大线经此。

群英乡 [Qúnyīng Xiāng] 陵水黎族自治县辖乡。在县境西部中段。面积 49 平方千米。人口 0.7 万。均为黎族。辖 4 村委会,有 33 自然村。乡人民政府驻梯村。1952 年设立群英乡。1961 年成立群英公社。1988 年改乡。因群英村得名。属丘陵地貌,地势中间低南北高。陵水河流经。有中学 1 所,小学 6 所,卫生院 1 个。农业以反季节瓜菜种植、海水养殖为主。工业以农产品加工为主。县道文群线过境。

梯村 [Tīcūn] 群英乡人民政府驻地。在县政府驻地椰林镇西北 18 千米。人口 700。为黎族村。因村内沿山拾级而上得名。聚落呈间隔块状。有中小学、卫生院、文化站。农业以橡胶、槟榔种植为主。县道文群线经此。

保亭黎族苗族自治县

保亭黎族苗族自治县 [Bǎotíng Lízú Miáozú Zìzhìxiàn] 海南省直辖自治县。北纬 18°38′,东经 109°30′。在海南岛南部,五指山南麓。面积 1166 平方千米。人口 17.4 万。其中黎族占 56.2%,苗族占 4.1%,还有汉、壮等民族。辖 6 镇、3 乡。县人民政府驻保城镇。民国二十四年(1935)析陵水县南境置保亭县,县治保城镇,属广东省。1952 年属海南黎族苗族自治区。1955 年属海南黎族苗族自治州。1958 年与陵水、崖县合并为榆林县,属海南行政区公署。1959 年复置保亭县,县人民政府驻地迁通什镇。1962 年迁回保城镇,复属海南黎族苗族自治州。1987 年改置保亭黎族苗族自治县。1988 年属海南省。本黎语村名,初写为"賓停"。"賓"意为村,"停"意为红色(的土地),村名意为红色(土地上)的村。因聚落地貌得名。后因"賓"字笔画繁多,清乾隆二十九年(1764)官府在此地立一"奉府道禁牌",以同音替代刻书"保亭",遂得今名。1935 年置县后,保城虽是县治所在地,但人烟稀少,经济萧条。至 1948 年只有一条长 500 米、宽 30 米的沙土街道和十几间瓦房。全城建筑面积 637 平方米。城中居民多住狭小、低矮、破漏茅寮。1950—1969 年建筑面积达 2646 平方米。1990 年建筑面积达 38500 平方米,县城有大小街道 10 条,还有广播站、电视台、游泳池、电影院、文化馆、医院、灯光球场等文化卫生设施,并逐步完善供电、供水、排水、照明、公厕等民生公用设施,开展街道、公园、河岸绿化、美化、香化文明建设。2003 年建成七仙文化广场,成为县城新地标。至今日城区街道宽敞笔直,楼房高低林立,环境优美,人气兴旺,市场繁荣。地势西北高东南低。西北部为山地,中部为丘陵,东南部为河谷阶地。平均海拔 314 米。境内山峰林立,有最高峰头烈岭、马嘴岭、景观石峰、七仙岭等。年均气温 24.2℃,1 月平均气温 18.1℃,7 月平均气温 21.1℃。年均降水量 1500 毫米。有毛真湖、番娥湖。通什河、陵水河、藤桥东河、藤桥西河、宁远河流经。有矿产资源铁、砂金、水晶、石灰石、大理石等。有野生植物 1400 多种,其中国家重点保护野生植物有子京、坡垒、花梨、油楠等 36 种。有南药 148 种。有野生动物 500 多种,其中国家重点保护野生动物有巨蜥、猕猴、穿山甲、黑熊等 15 种。森林覆盖率 83%。有中学 12 所,小学 30 所,图书馆 1 个,档案馆 1 个,博物馆 1 个。有三级医院 1 个,卫生院 12 个。有国家级历史文化名镇三道镇,省级历史文化名镇 1 个。有国家级非物质文化遗产黎族传统纺染织绣技艺、黎族竹木器、黎族树皮布制作技艺、黎族钻木取火技艺,省级非物质文化遗产黎族传统棉纺织工艺、黎族传统器乐、黎族树皮布制作技艺、黎族钻木取火技艺、黎族文身。有国家 5A 级旅游景区呀诺达雨林文化旅游区、海南槟榔谷黎苗文化旅游区,省级旅游景区 4 个。有国家温泉森林公园七仙岭。三次产业比例 42:12:46。农业以种植粮食、蔬菜、热带水果、南药为主。产水稻、山兰稻、番薯、玉米、花生、红毛丹、山竹、茶叶、橡胶、沉香、巴戟、杜仲、砂仁、槟榔、益智。有国有农场 6 个。工业以木材、铁器、家具加工,水泥制造,纺织,酿酒为主。服务业以商贸、餐饮、旅游为主。224 国道、省道陵昌线、县道保七线过境。

七仙文化广场 [Qīxiān Wénhuà Guǎngchǎng] 在县城东南部。面积 62042 平方米。2003 年开工,同年建成。以七仙岭的七仙传说命名。广场竖有 7 根展示黎族传说中谷仙、雨仙、酒仙、乐仙、舞仙、药仙、织仙的图腾柱。花岗岩铺设面积 24772 平方米。可容纳 3 万多人,是县城居民休闲场所。周边有县影剧院、博物馆、万平花园小区。通公交车。

七仙桥 [Qīxiān Qiáo] 在县城东南部。长 67.1 米,宽 5 米,最大跨度 18.7 米,桥下净高 8.5 米。2008 年建成。以七仙女向往人间,下凡保亭七仙岭的传说命名。为跨河道桥梁,结构型式为吊桥型桥。最大载重汽 15 吨、挂 80 吨。通公交车。

团结桥 [Tuánjié Qiáo] 在县城西部。长 100 米,宽 6.9 米,最大跨度 20 米,桥下净高 6.5 米。1969 年建成。建桥期间正值中国共产党"九大"召开,为纪念这次团结、胜利的大会而取名团结桥。为跨河道桥梁,结构型式为圆拱形钢筋混凝土桥。最大载重汽 20 吨、挂 100 吨。通公交车。

文明桥 [Wénmíng Qiáo] 在县城西南部。长 62.7 米,宽 21.9 米,最大跨度 23 米,桥下净高 5.3 米。1997 年建成。因近保亭县城文明街得名。为跨河道桥梁,结构型式为永久性石拱桥。最大载重 30 吨。通公交车。

保亭县汽车站 [Bǎotíng Xiàn Qìchēzhàn] 见交通运输设施部分"保亭县汽车站"条。

保城镇 [Bǎochéng Zhèn] 保亭黎族苗族自治县人民政府驻地。在县境东北部。面积 177 平方千米。人口 3.4 万。以黎族为主,还有苗、汉、壮等民族。辖 2 居委会、8 村委会,有 54 自然村。镇人民政府位于温泉北路。1948 年设镇南乡。1958 年成立七峰公社。1987 年置保城镇。西北部为山地,东、南、西部为丘陵,城区周边为小谷地。通什河流经。有初中 1 所,小学 2 所,三级医院 1 个,卫生院 1 个,卫生室 7 个。有国家温泉森林公园七仙岭。农业以种植粮食作物、蔬菜、热带水果、南药为主,有林业、牧业、渔业。产山兰稻、玉米、花生、红毛丹、龙眼、杧果、山竹、青柠檬、椰子、橡胶、槟榔、沉香、巴戟、杜仲、砂仁、益智、香草兰、蜂蜜。工业以木材、铁器、家具加工,水泥制造,纺织,酿酒为主。服务业以商贸、餐饮、旅游为主。224 国道、省道陵大线、县道保七线过境。2008 年被评为全国文明镇。

新兴西路［Xīnxīng Xīlù］　在县城西部。东起文明中路，西至团结北路。与新民路相交。长200米，宽13米。混凝土路面。1993年开工，1995年建成。寓"新时代兴旺发达"之意命名。两侧多商铺。通公交车。

新兴东路［Xīnxīng Dōnglù］　在县城东部。东起明珠桥，西至文明中路。与温泉南路、教育路、七仙文化广场路、滨河西南路相交。长250米，宽13米。混凝土路面。1993年开工，1995年建成。两侧有镇派出所。通公交车。

保兴西路［Bǎoxīng Xīlù］　在县城西南部。东起团结南路，西至西环路。与文明中路相交。长600米，宽18米。混凝土路面。1993年开工，1995年建成。"保兴"寓意"保亭兴盛，奋发向上"。两侧有鸿祥家具、聚仙阁、地恒花园等。通公交车。

保兴中路［Bǎoxīng Zhōnglù］　在县城南部。东起文明中路，西至团结南路。长414米，宽15米。混凝土路面。1993年开工，1995年建成。两侧县妇幼保健院、中国人民银行、建设银行等。通公交车。

保兴东路［Bǎoxīng Dōnglù］　在县城东南部。东起七仙大道，西至文明南路。与团结南路相交。长400米，宽15米。混凝土路面。1993年开工，1995年建成。两侧有县质量技术监督局、保亭庄园豪都等。通公交车。

新民路［Xīnmín Lù］　在县城中部。南起沿河北中路，北至温泉路。与新兴西路、文明中路、文明北路、教育路相交。长400米，宽12米。混凝土路面。1956年开工，1958年建成。1958年命名为新民路，1967年改红旗街，1981年复名。因寄托祈愿得名，寓意"使民更新，引民向善"。两侧有湘医诊所、镇卫生院第五门诊等。通公交车。

文明中路［Wénmíng Zhōnglù］　在县城中部。南起沿河北路，北至新民路。与红毛丹东街、理文西街、新兴路相交。长400米，宽11.5米。混凝土路面。1980年开工，1981年建成。取"追求保亭社会和文化发展水平较高"之意，结合居该路中段得名。两侧有县文化馆、七仙岭温泉度假区等。通公交车。

文明南路［Wénmíng Nánlù］　在县城南部。南起南环路，北至沿河南路。与宝兴路相交。长200米，宽12米。混凝土路面。1980年开工，1981年建成。两侧有县食品药品监督管理局、山水楼等。通公交车。

温泉北路［Wēnquán Běilù］　在县城北部。南起温泉中路，北至西环路。与教育路、温泉中路相交。长300米，宽12米。混凝土路面。1993年开工，1995年建成。因直通七仙岭温泉度假区，结合居该路北段得名。两侧有保亭思源小学、县公安局新星分局、新星派出所第一社区警务室等。通公交车。

温泉中路［Wēnquán Zhōnglù］　在县城中东部。南起新兴东路，北至温泉北路。与理文西街、理文东街相交。长250米，宽12米。混凝土路面。1993年开工，1995年建成。两侧有镇政府、县委党校等。通公交车。

温泉南路［Wēnquán Nánlù］　在县城东部。南起沿河北路，北至新兴东路。长200米，宽12米。混凝土路面。1993年开工，1995年建成。两侧有县医院、卫生世纪大厦等。通公交车。

教育路［Jiàoyù Lù］　在县城东部。南起新兴东路，北至温泉路。与温泉中路相交。长400米，宽13米。混凝土路面。1980年开工，1981年建成。因沿路有教育局、多学校得名。有保亭小学、保亭中学、县教育与科学技术局等。通公交车。

七仙文化广场路［Qīxiān Wénhuà Guǎngchǎng Lù］　在县城东部。南起沿河北东路，北至新兴东路。长300米，宽5米。混凝土路面。2003年开工，同年建成。因途经七仙文化广场得名。两侧环境优美整洁。有保亭自行车运动协会、保亭影剧院等。通公交车。

七仙大道［Qīxiān Dàdào］　在县城东部。南起保兴东路，北至保亭大道。与温泉中路、教育路、育才路相交。长2千米，宽22米。沥青柏油路面。2002年开工，2004年建成。因其沿七仙河畔直达国家温泉森林公园七仙岭得名。通公交车。

什玲镇［Zálíng Zhèn］　保亭黎族苗族自治县辖镇。在县境东部。面积177平方千米。人口1.6万。以黎族为主，还有苗等民族。辖12村委会，有81自然村。镇人民政府驻什玲墟。1948年设七峰乡。1960年建公社。1987年置什玲镇。因镇政府驻地得名。地处山区、丘陵结合地带，地势北高南低。南部地势平坦，河沟密布，土地肥沃，宜种植多种农作物。什玲河、八村河、大田河流经。有中学1所，小学7所，卫生院1个。有国家级非物质文化遗产黎族钻木取火技艺、黎族传统纺染织绣技艺、黎族树皮布制作技艺。农业以种植粮食作物、蔬菜、热带水果为主，有林、牧、渔业。产水稻、番薯、木薯、玉米、蔬菜、红毛丹、香蕉、山竹、甘蔗、橡胶、槟榔、益智。特产什玲鸡。服务业以商贸、餐饮、旅游为主。省道陵大线过境。

什玲墟［Zálíngxū］　什玲镇人民政府驻地。在县政府驻地保城镇城东9千米。人口2600。以黎族为主。因墟市靠近什玲村、什玲河得名。"什"黎语意为田地，"玲"黎语意为坡顶，村名意为在坡顶耕种的村庄。聚落呈散状。有小学、卫生院。经济以种植槟榔、橡胶为主，水稻、冬季瓜菜为辅。通乡村道路。

坚固村［Jiāngùcūn］　在县政府驻地保城镇东南16千米。什玲镇辖自然村。人口200。为黎族聚居村。传1949年前村边筑有坚固的防御工事，故名。聚落呈碗状。有国家级非物质文化遗产黎族钻木取火技艺、黎族传统纺染织绣技艺、黎族树皮布制作技艺。产黎族传统乐器。有传统民俗"洗龙水"等。特产红毛丹、山竹等。通乡村公路。

加茂镇［Jiāmào Zhèn］　保亭黎族苗族自治县辖镇。在县境北部。面积111平方千米。人口1.2万。以黎族为主，还有苗、汉族。辖6村委会，有56自然村。镇人民政府驻加茂墟。1948年置加茂乡。1958年后成立公社。1987年置镇。因镇政府驻地得名。处热带雨林山地。西北部为低山丘陵，地势平缓，东南为山地次生丛林。藤桥东河流经。有小学7所，幼儿园1所，卫生院1个。农业以种植粮食作物、蔬菜、热带水果为主。产水稻、番薯、木薯、玉米、蔬菜、红毛丹、香蕉、山竹、甘蔗、橡胶、槟榔、益智。特产什玲鸡。服务业以商贸、餐饮为主。省道陵大线、县道丹什线过境。

加茂墟［Jiāmàoxū］　加茂镇人民政府驻地。在县政府驻地保城镇南10千米。人口1900。以黎族为主。"加"黎语意为一、小、特别，"茂"（与保、毛近音）意为氏族、宗族，村名意为一个特殊（与他人有不同方言）的氏族。聚落呈散状。有小学、卫生院。经济以种植槟榔、橡胶为主，水稻和冬季瓜菜为辅。通乡村公路。

金不弄村［Jīnbùnòngcūn］　在县政府驻地保城镇南6千米。加茂镇辖自然村。人口300。为黎族聚居村。明代1617年《万历琼州府志·舆图》中明文记载该村，已长达400年。聚落呈长条状。产槟榔、橡胶、辣椒、茄子、苦瓜等。通乡村公路。

响水镇［Xiǎngshuǐ Zhèn］　保亭黎族苗族自治县辖镇。在县境西南部。面积148平方千米。人口1.4万。以黎族为主，还有汉、苗、壮等民族。辖8村委会，有60自然村。镇人民政府驻响水墟。1948年设新政乡。1950年后称昂贡乡。1961年成立响水公社。1983年改称响水区公社。1987年置响水镇。因镇政府驻地得名。地势由西北向东南倾斜。北部为山地，东南部为丘陵。响水河流经。有小学1所，卫生院1个，村卫生室8个。农业以种植粮食作物、蔬菜、热带水果，养殖禽畜为主。产水稻、玉米、冬季瓜菜、龙眼、荔枝、红毛丹、柠檬、波罗蜜、猪、牛、羊、椰子、橡胶、槟榔等。服务业以商贸、餐饮、旅游为主。省道陵大线过境。

响水墟［Xiǎngshuǐxū］　响水镇人民政府驻地。在县政府驻地保城镇西南10千米。人口2100。以黎族为主。因境内有一河段落差大，河水下泻声响强烈，称"响水河"。村以近河得名。聚落呈团块状。有小学、卫生院。以种植槟榔、橡胶为主，水稻和冬季瓜菜为辅。通乡村公路。

什月村［Záyuècūn］　在县政府驻地保城镇西25千米。响水镇辖自然村。人口1600。为保亭黎族苗族自治县最大黎族村。村名源出《采访册》："打月峒长居此。""打月峒"即什月峒，今什月村。聚落呈散状。有文化室、篮球场。有舞蹈队。种植粮食作物、蔬菜、热带水果，养殖禽畜。产豆角、苦瓜、辣椒、青瓜、橡胶、槟榔、椰子、香蕉、龙眼、荔枝、红毛丹、益智。通乡村公路。

新政镇［Xīnzhèng Zhèn］　保亭黎族苗族自治县辖镇。在县境西南部。面积172平方千米。人口1.5万。以黎族为主，还有苗族。辖10村委会，有58自然村。镇人民政府驻新政墟。1948年设新政乡。1958年并入幸福公社。1959年析出成立新政公社。1987年置镇。因镇政府驻地得名。地势西高东低。西部山区多森林，水资源丰富，土地肥沃。脚下河、报什河、南改河流经。有中学1所，完全小学8所，幼儿园2所，卫生院1个。农业以种植粮食作物、蔬菜、热带水果为主，有林业、牧业、渔业。产水稻、旱粮、番薯、木薯、蔬菜、橡胶、油料作物、甘蔗、槟榔、椰子、香蕉、山竹、白藤、沉香、砂仁、益智、胡椒、牛、猪、羊、淡水鱼。产红毛丹、陆均松、子京、绿楠、坡垒、青梅等优质珍贵木材。服务业以商贸、餐饮、旅游为主。224国道过境。

新政墟［Xīnzhèngxū］　新政镇人民政府驻地。在县政府驻地保城镇西南24千米。人口2500。以黎族为主。古黎寨名，原称"毛政"，《采访册》载："某正即毛政。""毛"黎语意指氏族、宗族，"政"黎语意指健、壮、强，村名意为强大的氏族。1949年后赋予新意，得名"新政"。聚落呈长条状。有小学、卫生院。产山竹、沉香、白藤、砂仁和益智等。224国道经此。

三道镇［Sāndào Zhèn］　保亭黎族苗族自治县辖镇。在县境西南部。面积101平方千米。人口1.1万。以黎族为主，还有苗、汉族。辖4村委会，有49自然村。镇人民政府驻亚拾园村。1960年成立三道公社。1987年改置镇。因镇政府原驻地三道村得名。黎族村"三道"，原称亚拾园村。"三"黎语意为收拾，"道"黎语意为故园，村名意为收拾故园，成为村庄。地处半山区，西南、东北部为山地，东南部为低山丘陵，中部为由西北向东南延伸的带状盆地。藤桥西河支流田滚河流经。有国家5A级旅游景区呀诺达雨林文化旅游区、海南槟榔谷黎苗文化旅游区。有中学2所，小学6所，卫生院1个，村医疗站4个。农业以种植粮食作物、蔬菜、热带水果为主，有畜牧业。产水稻、旱粮、番薯、木薯、甘蔗、油料作物、蔬菜、杧果、椰子、龙眼、红毛丹、橡胶、槟榔、胡椒、咖啡、牛、羊等。

服务业以商贸、餐饮、旅游为主。224国道，县道藤加、毛密、合南线过境。2014年被评为全国文明村镇。

亚拾园村［Yàshíyuáncūn］ 三道镇人民政府驻地。在县政府驻地保城镇南30千米。人口200。为黎族聚居村。"亚拾园"黎语意为收拾故园，成为村庄。聚落呈团块状。有小学、卫生院。发展种植、养殖、蔬果运输业。产蔬菜、牛、猪、羊、龙眼、荔枝、杧果、波罗蜜、香蕉、红毛丹、橡胶、槟榔、益智等。224国道经此。

什纳村［Zánàcūn］ 在县政府驻地保城镇西南27千米。三道镇辖自然村。人口300。为黎族聚居村。村名黎语意为新的田地，与海南话"什纳"读音相近，故写作什纳村。聚落呈长形。经济以农业为主，产水稻、冬季瓜菜、橡胶、槟榔。通乡村公路。2011年被评为全国文明村。

六弓乡［Liùgōng Xiāng］ 保亭黎族苗族自治县辖乡。在县境东南部。面积82平方千米。人口0.8万，其中黎族占98.0%，还有汉、壮族。辖5村委会，有38自然村。乡人民政府驻大九村。1950年设六弓乡。1961年成立六弓公社。1987年复置六弓乡。传明洪武年间，保亭官命诸黎首射箭划分领地。有一箭排行第六，射获东南一隅，故得"六弓"地名，沿用至今。东南部为山地次生丛林，中、西北部为低山丘陵。石峒河流经。有水电站。有小学4所，幼儿园1所，乡卫生院1个，村卫生室5个。农业以种植粮食作物、蔬菜、热带水果为主，有牧、渔业。产水稻、木薯、蔬菜、龙眼、荔枝、红毛丹、杧果、鸡、鹅、猪、羊、牛、淡水鱼、橡胶、槟榔等。服务业以商贸、餐饮为主。县道丹什线过境。

大九村［Dàjiǔcūn］ 六弓乡人民政府驻地。在县政府驻地保城镇东南21千米。人口300。为黎族聚居村。因村民几乎家家养狗，且体型较大，故名"大狗村"。后因不雅，以海南话同音更名"大九"。当地黎人称该村为"田沟村"。聚落呈散状。有小学、卫生院。农业以种植粮食、蔬果，养殖禽畜为主。产水稻、玉米、黄秋葵、红毛丹、荔枝、甘蔗、椰子、龙眼、鹅、猪、羊、淡水鱼、橡胶、槟榔等。通乡村公路。

南林乡［Nánlín Xiāng］ 保亭黎族苗族自治县辖乡。在县境南部。人口0.6万，其中黎族占85.7%，还有汉、壮、苗、瑶等民族。辖3村委会，有24自然村。乡人民政府驻南林村。1950年置南林乡。1962年成立南林公社。1987年复置南林乡。因乡政府驻地得名。西部为罗葵盆地，东部为南林盆地。南林河流经。有小学1所，乡卫生院1个。农业以种植粮食作物、蔬菜、热带水果为主，有林、牧、渔业。产水稻、旱粮、番薯、木薯、甘蔗、油料作物、蔬菜、椰子、咖啡、牛、猪、山羊、淡水鱼、橡胶、槟榔等。服务业以商贸、餐饮为主。为县重要的槟榔产地。县道合南线过境。

南林村［Nánlíncūn］ 南林乡人民政府驻地。在县政府驻地保城镇西南42千米。人口1600。以黎族为主。因村近清澈的河流得名。"南"黎语意为水、溪流、河流，"林"意为卵、珠、润滑。村名意为(靠近)清澈润滑河流的村。聚落呈团块状。有小学、卫生院。种植泰国金椰、牛大力、槟榔等。养殖豪猪。通乡村公路。

毛感乡［Máogǎn Xiāng］ 保亭黎族苗族自治县辖乡。在县境西部。面积130平方千米。人口0.4万，其中黎族占88.6%，还有汉、苗、壮等民族。辖4村委会，有30自然村。乡人民政府驻什春村。1948年置毛感乡。1961年成立毛感公社。1987年复置毛感乡。黎语"毛"与保、母近音，意为氏族、宗族，"感"黎语意为含，村名意为居住在深山中的氏族。因居址地貌得名。地处高山地带，境内被山岭划分成4个盆地。毛感河、响水河支流流经。林业资源丰富。有母生、子京、坡垒、绿楠、陆均松等珍贵树种，有沉香、降香、巴戟、杜仲等20多种南药植物及红白藤、木棉花、山竹、红藤子等。有海南坡鹿、海南山鹧鸪、孔雀雉等珍贵野生动物。有千龙洞、仙安石林等旅游景点。有中学1所，小学7所，卫生院1个。农业以种植粮食作物、蔬菜、热带水果为主，有林、牧、渔业。产水稻、旱粮、番薯、木薯、蔬菜、甘蔗、椰子、牛、猪、山羊、淡水鱼、橡胶、槟榔等。服务业以商贸、餐饮为主。县道响毛线过境。

什春村［Záchūncūn］ 毛感乡人民政府驻地。在县政府驻地保城镇西南42千米。人口260。为黎族聚居村。黎语称田地为"什"，称鱼尾葵树为"春"。原村头有一棵高大棕榈树，以物产特征名村。聚落呈团块状。有小学、卫生院。村中房屋整体古朴，风格几乎一致。有一条鹅卵石铺成的沟渠，清澈见底。产水稻、瓜菜、红藤、益智、猪、鸡、鹅。通乡村公路。

琼中黎族苗族自治县

琼中黎族苗族自治县［Qióngzhōng Lízú Miáozú Zìzhìxiàn］ 海南省直辖自治县。北纬18°43′，东经110°09′。在海南岛中部。面积2704平方千米。人口23.4万，其中黎族占49.68%，苗族占10%，还有汉、壮等民族。辖7镇、3乡。县人民政府驻营根镇。1948年置琼中县，县政府驻中平南丘。1949年属琼崖少数民族自治区。1950年并人新民(今屯昌县)、万宁、保亭、白沙4县。1952年复置琼中县，属海南黎族苗族自治区(州)。1956年屯昌县腰子等17乡和万宁县长西等3乡划入，县城迁乘坡。1957年屯昌县南坤等4民族乡划入，长西等3乡划出复归万宁县，溪西、大理、会山、母瑞山、五指山6乡分别划归儋县、陵水、琼海、定安、屯昌和白沙县。1959年县政府迁驻营根镇。1961年南坤公社划归屯昌县，北大公社划归万宁县。1986年毛阳镇和五指山乡划归通什市(今五指山市)。1987年改为琼中黎族苗族自治县，属海南行政区。1988年直属海南省。因地处海南岛中部得名。2007—2011年先后建成县供水厂一期、污水处理厂、龙溪路、环城东路(南段)、"三月三"文化广场、新海汽客运站等市政工程。2012—2014年又新建营河北路、四季路和环城东路(北段)，并对贯通城区的海榆大道县城段及营盘路进行改造，县城面貌焕然一新。地处五指山北麓，地势自西南向东北倾斜。平均海拔416米。有五指山、鹦哥岭。年均气温23℃，1月平均气温13℃，7月平均气温33℃。年均降水量2444毫米。有牛路岭水库等。南渡江、万泉河、什运河流经。有金、银、铜、硫铁、铝、锌、石灰石、萤石等矿产资源。有野生植物2000余种，其中国家重点保护野生植物有母生、苦梓、八角、胭脂、波罗蜜、绿楠、油丹、花梨、紫丹、坡垒等。有野生动物735种，其中国家重点保护野生动物有猕猴、长臂猿、黑熊、金钱豹、蟒蛇、野猪、野羊、金钱龟、穿山甲、坡鹿等。森林覆盖率83.7%。有中学14所，小学29所，知名文艺团体1个，二级医院3个，体育场馆3个。有省级爱国主义教育基地1个，纪念地4个。国家级非物质文化遗产1项，省级非物质文化遗产8项，国家4A级旅游景区1个。地方特色文化有黎族苗族"三月三"节。三次产业比例44∶16∶40。农业以种植水稻、槟榔、橡胶为主。有乌石、阳江、长征3国营农场。工业以加工为主。服务业以旅游、餐饮等为主。224国道，长本、牛营、乌那、什邦线省道过境。有琼中汽车站。

百花廊桥［Bǎihuāláng Qiáo］ 在县城南部。长217米，宽16.5米，最大跨度204米，桥下净高7.5米。2007年开工，2011年建成。因位于百花岭脚下得名。为中型河道桥梁，结构型式为单跨上承式钢筋混凝土箱型拱桥。最大载重15吨。通公交车。

琼中汽车站［Qióngzhōng Qìchēzhàn］ 见交通运输设施部分"琼中车站"条。

营根镇［Yínggēn Zhèn］ 琼中黎族苗族自治县人民政府驻地。在县境中部。面积330平方千米。人口5.2万。以黎族为主，还有汉、苗族。辖3居委会、16村委会，有81自然村。镇人民政府驻营根墟。1960年成立营根公社。1986年改镇。2002年红岛乡划入。因镇政府驻地得名。低山、丘陵地貌。有红岭水库。大边河流经。有中学2所，小学14所，二级医院3个，卫生院2个。南部有百花岭瀑布游览区。农业以种植水稻和橡胶等经济作物为主，兼有养蜂，种植灵芝、兰花，种桑养蚕等特色产业。有国营加钗农场。224国道、省道牛营线过境。

海榆路［Hǎiyú Lù］ 在县城中部。东起国兴大道，西至海榆中线。与营根路、教育路、兴教路等相交。长4.3千米，宽18米。混凝土路面。1978年开工，1979年建成。因在224国道海榆(海口—三亚榆林)中线营根镇区路段得名。两侧有县人民法院、琼中车站和众多宾馆、商店。通公交车。

营根路［Yínggēn Lù］ 在县城南部。东起百花廊桥，北至山兰大厦。与虎头路相交。长562.6米，宽18.3米。混凝土路面。1959年开工，同年建成。因其为营根镇主要道路得名。两侧有县政府、琼中宾馆、县公安局等。通公交车。

教育路［Jiàoyù Lù］ 在县城南部。南起百花路，北至海榆路。与虎头路相交。长562.6米，宽18.3米。混凝土路面。1985年开工，同年建成。因沿途有多家文化教育单位得名。两侧有县体委、县一小等。通公交车。

营根墟［Yínggēnxū］ 营根镇人民政府驻地。在镇境中部。人口32500。原名什根。黎语"什"是田，"根"是烧火，"什根"意为"火烧之田"。火烧田为旧时黎族主要耕作方式。因元至元二十八年(1291)和明洪武七年(1374)均有军队在此扎营，后以此改名营根。聚落呈三角形。有中小学、卫生院、文化站、体育场。主产水稻、槟榔、橡胶等。224国道经此。

湾岭镇［Wānlǐng Zhèn］ 琼中黎族苗族自治县辖镇。在县境北部。面积326平方千米。人口2.4万。以黎族为主，还有汉、苗、壮等民族。辖2居委会、18村委会，有102自然村。镇人民政府驻乌石墟。1959年成立湾岭公社。1986年改镇。2002年乌石镇划入。因该地坡岭形如弯弓状得名。有红岭水库。大边河流经。有中学1所，小学11所，卫生院2个。盛产橡胶、槟榔、蚕桑、绿橙、蔬菜等。为琼中最大绿橙种植区。有国营乌石农场。224国道、乌那线省道过境。2009年被评为全国文明镇。

乌石墟［Wūshíxū］ 湾岭镇人民政府驻地。在县政府驻地营根镇东南14千米。人口3000。因旁侧山岭石壁乌黑得名。聚落呈团块状。有中小学、卫生院、文化站。为琼中绿橙主产地。有国营乌石农场场部。有名产白马红茶。224国道、省道乌那线经此。

黎母山镇［Límǔshān Zhèn］ 琼中黎族苗族自治县辖镇。在县境北部。面积429平方千米。人口2.6万。以黎族为主，还有汉、苗、壮等民族。辖1居委会、12村委会，有92自然村。镇人民政府驻腰子墟。1958年成立黎母山公社。1986年改镇。2002年松涛乡划入。

因地处黎母山下得名。属低丘、台地地貌。南渡江流经。有中学1所,小学8所,卫生院2个。盛产橡胶、蚕桑、槟榔、木薯、甘蔗、蔬菜等经济作物。有国营阳江农场和国营黎母山林业公司。省道乌那线过境。

腰子墟 [Yāozixū] 黎母山镇人民政府驻地。在县政府驻地营根镇东南35千米。人口900,其中黎族占14.7%。清代开始设铺成墟。因墟市后山岭形似猪肾(俗称腰子)得名。聚落呈带状。有中小学、卫生院、文化站。盛产橡胶、槟榔等。有橡胶加工厂。土特产有金钱龟和红藤、白藤等。省道乌那线经此。

和平镇 [Hépíng Zhèn] 琼中黎族苗族自治县辖镇。在县境东南部。面积384平方千米。人口1万。以黎族为主,还有汉族、苗族。辖1居委会、9村委会,有41自然村。镇人民政府驻和平墟。1958年成立和平公社。1986年改镇。因镇政府驻地得名。地势自东向北增高,属低山、高丘陵地貌。有牛路岭等水库。太阳河、乘坡河流经。有中学1所,小学5所,卫生院1个。盛产橡胶、槟榔、蜂蜜、益智、蚕桑等经济作物。省道牛营线过境。

和平墟 [Hépíngxū] 和平镇人民政府驻地。在县政府驻地营根镇东南33千米。人口1600。因寓意热爱和平,故名。聚落呈梯形。有中小学、卫生院、文化站。经济以种植槟榔、橡胶等为主。县道叉乘线经此。

新民村 [Xīnmíncūn] 在县政府驻地营根镇东南41千米。和平镇辖自然村。人口300。20世纪60、70年代客家人从广东省信宜县迁此建新村,故名。聚落呈散状。盛产水稻、橡胶、槟榔,发展特色农业。县道兴留线经此。2011年被评为全国文明村。

长征镇 [Chángzhēng Zhèn] 琼中黎族苗族自治县辖镇。在县境中部。面积201平方千米。人口1万。以黎族为主,还有汉、苗、壮等民族。辖1居委会、9村委会,有44自然村。镇人民政府驻营盘墟。1958年成立长征公社,取"弘扬红军精神"之意命名。1986年改镇。四周群山环抱,属山地、高丘地貌。有辉草水库。南什河、辉草河流经。有中学1所,小学3所,卫生院1个。盛产橡胶、槟榔、花生、木薯、益智等经济作物。有国营长征农场。省道牛营、长本线过境。

营盘墟 [Yíngpánxū] 长征镇人民政府驻地。在县政府驻地营根镇中部偏南10千米。人口700。有黎、苗等民族。清初由各县移民建村。清康熙二十八年(1689)和光绪十三年(1887)有军队在此扎寨,因此得名。聚落呈椭圆状。有中小学、卫生院、文化站。经济以种植槟榔、橡胶、香蕉为主。省道牛营、长本线经此。

红毛镇 [Hóngmáo Zhèn] 琼中黎族苗族自治县辖镇。在县境西部。面积269平方千米。人口1万。以黎族为主,还有汉、苗、壮等民族。辖11村委会,有45自然村。镇人民政府驻红毛墟。1961年成立红毛公社。1986年改镇。因镇政府驻地得名。山地面积占81%,地势呈从西南向东南延伸,属山地、高丘地貌。番响河流经。有中学1所,小学3所,卫生院1个。盛产水稻、番薯、槟榔、橡胶。224国道过境。

红毛墟 [Hóngmáoxū] 红毛镇人民政府驻地。在县政府驻地营根镇西南21千米。人口900。为黎族村。当地土著峒民头发呈褐色略红,旧志书称"红毛峒",故名。聚落呈散状。有中小学、卫生院、文化站。经济以种植橡胶、槟榔、水稻、蚕桑等为主。224国道经此。

番响村 [Fānxiǎngcūn] 在县政府驻地营根镇西25千米。红毛镇辖自然村。人口300。为黎族村。明正统二年(1437)由陵水黄姜村迁此建村,沿用原村名含义而改为黎语名番响村("黄姜"黎语称番响)。聚落呈散状。盛产橡胶、槟榔、水稻等。为白沙起义发生地,有起义首领王国兴故居、白沙起义纪念园。224国道经此。

中平镇 [Zhōngpíng Zhèn] 琼中黎族苗族自治县辖镇。在县境东部。面积243平方千米。人口1万。以汉族为主,还有黎、苗族。辖1居委会、6村委会,有41自然村。镇人民政府驻新堂墟。1958年成立中平公社。1986年改镇。因镇境周围高山环绕中间平坦而得名。属低山、低丘地貌。万泉河流经。有中学1所,小学5所,卫生院1个。盛产橡胶、槟榔、蚕桑、花生、蜂蜜等。县道里中、营南线过境。

新堂墟 [Xīntángxū] 中平镇人民政府驻地。在县政府驻地营根镇北31千米。人口700,其中黎族占9%。古名"粪塘"村,因饲养牛群多、牛粪多得名,1987年更名为新堂。聚落沿道路呈带状分布。有中小学、卫生院、文化站。经济以种植槟榔、橡胶为主。有土特产红藤、白藤。县道里中线经此。

吊罗山乡 [Diàoluóshān Xiāng] 琼中黎族苗族自治县辖乡。在县境南部。面积210平方千米。人口0.7万。以黎族为主,还有汉、苗、壮等民族。辖6村委会,有26自然村。乡人民政府驻太平墟。1958年成立太平公社。1980年因与澄迈太平公社重名更名吊罗山公社。1986年改乡。因境内吊罗山得名。四周群山拥抱,属山地、高丘地貌。有中学1所,小学3所,卫生院1个。盛产橡胶、槟榔、木薯、蔬菜等。养牛业发达。省道长本线过境。

太平墟 [Tàipíngxū] 吊罗山乡人民政府驻地。在县政府驻地营根镇南40千米。人口2000。因此地为古黎峒"太平峒",故名。聚落呈散状。有中小学、卫生院、文化站。盛产橡胶、槟榔、蚕桑等。省道长本线经此。

上安乡 [Shàng'ān Xiāng] 琼中黎族苗族自治县辖乡。在县境南部。面积205平方千米。人口0.7万。以黎族为主,还有汉、苗族。辖1居委会、7村委会,有39自然村。乡人民政府驻上安墟。1961年成立长安公社。1986年改上安乡。因乡政府驻地得名。四周群山拥抱,属山地地貌。有中学1所,小学2所,卫生院1个。盛产橡胶、槟榔、木薯等。省道长本线过境。

上安墟 [Shàng'ānxū] 上安乡人民政府驻地。在县政府驻地营根镇南26千米。人口800。1952年名长安墟,意为长治久安,1958年因其他公社重名依谐音改今名。聚落沿长安路呈散带状分布。有小学、卫生院、文化站。盛产橡胶、槟榔、红藤、白藤、金钱龟和南药等。省道长本线经此。

什运乡 [Záyùn Xiāng] 琼中黎族苗族自治县辖乡。在县境西部。面积127平方千米。人口0.6万,其中黎族占96%。辖6村委会,有23自然村。乡人民政府驻什运墟。1961年成立什运公社。1986年改乡。因乡政府驻地得名。地处山区。昌化江流经。有小学2所,卫生院1个。粮食作物以水稻、木薯为主,经济作物以橡胶、桑蚕等为主。224国道、省道什邦线过境。

什运墟 [Záyùnxū] 什运乡人民政府驻地。在县政府驻地营根镇西南35千米。人口400。因有木瓜田得名。黎语"什"为田,"运"即"冲运",为木瓜。聚落沿长安路呈散块状分布。有小学、卫生院、文化站。盛产橡胶、槟榔、益智等。省道什邦线经此。

便文村 [Biànwéncūn] 在县政府驻地营根镇西南47千米。什运乡辖自然村。人口100。为黎族村。因处黄稠山丘得名。黎语"便"为山丘,"文"为黄稠树。聚落呈梯形状。有小学。中共琼崖第五次代表大会发生地,有琼崖纵队司令部旧址。盛产橡胶、槟榔、益智。通公路。

旧地名

海南黎族苗族自治区 [Hǎinán Lízú Miáozú Zìzhìqū] 在海南岛南部。属广东省。1952年成立。辖白沙、乐东、东方、琼中、保亭5县,自治区首府驻乐东县抱由镇。1954年崖县、陵水2县划入。1955年撤自治区改为海南黎族苗族自治州。

海南黎族苗族自治州 [Hǎinán Lízú Miáozú Zìzhìzhōu] 在海南岛南部。1955年由海南黎族苗族自治区更名。辖琼中、保亭、白沙、昌江、东方、乐东、陵水7县,自治州首府驻保亭县通什镇。1958年自治州政府同海南行政公署合署办公。1987年自治州撤销,并入海南行政区。

通什市 [Tōngzá Shì] 在海南岛中部。原为通什镇,1986年由设立通什市(县级),为海南黎族苗族自治州首府。1987年海南黎族苗族自治州撤销后直属海南行政区。2001年更名为五指山市。

琼东县 [Qióngdōng Xiàn] 在海南岛东部。清嘉庆二十五年(1820)会同县改为琼东县。1958年与乐会、万宁2县合并为琼海县。

乐会县 [Lèhuì Xiàn] 在海南岛东部。唐显庆五年(660)为乐会县。元至元二十八年(1291)析置会同县。1958年与琼东、万宁2县合并为琼海县。

新民县 [Xīnmín Xiàn] 在海南岛中部。1948年澄迈县第二区和琼山县第六区合置新民县。1949年以南闾、乌坡、枫木、北海、岭门组成定西特别区(县级)。1950年定西特别区并入新民县。因与辽宁省新民县重名,1952年改为屯昌县。

昌感县 [Chānggǎn Xiàn] 在海南岛西部。1949年昌江县与感恩县合并为昌感县。1958年昌感、白沙、东方3县合并为东方大县。1961年撤东方大县析设白沙、昌江、东方3县,昌感县自行废弃。

第三卷汉语拼音音序索引

C

D

E

H

J

M

Q

R

T

W

X

Y

Z